Wolfgang Däubler
Thomas Klebe
Peter Wedde (Hrsg.)
BetrVG
Betriebsverfassungsgesetz

Kommentar für die Praxis

Wolfgang Däubler
Thomas Klebe
Peter Wedde (Hrsg.)

BetrVG
Betriebsverfassungsgesetz

Kommentar für die Praxis
mit Wahlordnung und EBR-Gesetz

19., überarbeitete und aktualisierte Auflage

Autoren:
Berg/Buschmann/Däubler/Deinert/
Dornberger/Homburg/Klebe/Trümner/
Wedde/Wenckebach

BUND
VERLAG

Bibliografische Information der Deutschen Bibliothek
Die Deutsche Nationalbibliothek verzeichnet diese Publikation in der Deutschen Nationalbibliografie; detaillierte bibliografische Daten sind im Internet über *http://dnb.d-nb.de* abrufbar.

19., überarbeitete und aktualisierte Auflage 2024

Umschlag: Neil McBeath, Stuttgart
Satz: Dörlemann Satz, Lemförde
Druck: Druckerei C. H. Beck, Bergerstr. 3–5, 86720 Nördlingen

ISBN 978-3-7663-7389-2

www.bund-verlag.de

Vorwort zur 19. Auflage

Auch die 19. Auflage hat sich wieder mit zahlreichen neuen Entwicklungen auseinander zu setzen. Im Vordergrund steht die Künstliche Intelligenz in ihren verschiedenen Anwendungsformen wie z. B. ChatGPT und Metaverse. Daneben gibt es weitere Überlegungen und praktische Schritte zu einer digitalisierten Interessenvertretung durch den Betriebsrat und die Gewerkschaft.

Schwerpunkte der Neubearbeitung sind u. a.

- Mitbestimmungsrechte beim Hinweisgeberschutzgesetz
- Pflicht des Arbeitgebers zur Zeiterfassung und Initiativrecht des Betriebsrats
- Erstreckung des § 87 Abs. 1 Nr. 6 und des § 111 BetrVG auf die Einführung von KI-Systemen; Beschaffung von Informationen und Heranziehung von Sachverständigen
- Digitalisierung der Betriebsratsarbeit durch hybride und online-Sitzungen.
- Digitalisierung der Gewerkschaftsarbeit durch E-Mail-Austausch und Link zwischen Homepage des Betriebsrats und Gewerkschaft
- Erste Rechtsprechung zur neuen Wahlordnung
- Diskussion von Lieferketten im Wirtschaftsausschuss
- Neuregelung zur Sicherung einer angemessenen Vergütung betrieblicher Interessenvertreter in den §§ 37 Abs. 4 und 78 BetrVG

Die Kommentierung berücksichtigt Gesetzgebung, Rechtsprechung, Literatur und neue Praxiserfahrungen bis einschließlich November 2023. Anregungen und Kritik sind bei allen Autorinnen und Autoren willkommen; sie können an barbara.albers@bund-verlag.de gesendet werden.

Bremen, Frankfurt, Wiesbaden im November 2023

Wolfgang Däubler
Thomas Klebe
Peter Wedde

Verzeichnis der Autorinnen und Autoren

Peter Berg, Rechtsanwalt in Düsseldorf, Sozietät Schwegler Rechtsanwälte

Rudolf Buschmann, Gewerkschaftliches Centrum für Revision und Europäisches Recht, Lehrbeauftragter an der Universität Kassel

Dr. Wolfgang Däubler, Prof. für Deutsches und Europäisches Arbeitsrecht, Bürgerliches Recht und Wirtschaftsrecht an der Universität Bremen

Dr. Olaf Deinert, Prof. für Bürgerliches Recht, Arbeits- und Sozialrecht an der Universität Göttigen, ehrenamtlicher Richter am Bundesarbeitsgericht

Dr. Lisa Dornberger, Juristin in Wiesbaden

Jochen Homburg, Rechtsanwalt und Tarifsekretär beim Vorstand der IG Metall

Dr. Thomas Klebe, Rechtsanwalt in der Anwaltskanzlei Apitzsch/Schmidt/Klebe, ehrenamtlicher Richter am Bundesarbeitsgericht, ehem. Justiziar der IG Metall

Ralf Trümner, Rechtsanwalt in Oldenburg, Partner der Sozietät Schwegler Rechtsanwälte

Dr. Peter Wedde, Prof. für Arbeitsrecht und Recht der Informationsgesellschaft an der Frankfurt University of Applied Sciences und wissenschaftlicher Leiter der Beratungsgesellschaft d+a consulting in Wiesbaden

Dr. Johanna Wenckebach, Leiterin des Hugo Sinzheimer Instituts für Arbeits- und Sozialrecht, Frankfurt am Main

Inhaltsverzeichnis

Verzeichnis der Bearbeiterinnen und Bearbeiter

Einleitung	
– Teil I	Deinert
– Teile II und III	Däubler
– Teil IV	Wedde
– Teil V	Klebe
– Teile VI, VII und VIII	Däubler
§ 1	Trümner
§ 2	Berg
§§ 3–5	Trümner
§ 6	aufgehoben
§§ 7–18	Homburg
§ 18a	Trümner
§§ 19, 20	Homburg
§§ 21–22	Buschmann
§ 23	Dornberger/Buschmann
§§ 24, 25	Buschmann
§§ 26–41	Wedde
§§ 42–46	Berg
§§ 47- 53	Deinert
§§ 54–59a	Wenckebach
§§ 60–73b	Dornberger
§§ 74–77	Berg
§ 78	Buschmann
§ 78a	Deinert
§§ 79–86a	Buschmann
§ 87	Klebe
§ 88	Berg
§ 89	Buschmann
§§ 90, 91	Klebe
§ 92	Homburg
§ 92a	Däubler
§ 93	Buschmann
§§ 94, 95	Klebe
§§ 96–98	Buschmann
§§ 99–101	Wenckebach
§§ 102–105	Deinert
§§ 106–110	Däubler
Anhang zu §§ 106–110 (UmwG)	Däubler
§§ 111–113	Däubler
Anhang zu §§ 111–113: §§ 121–128 InsO (Betriebsänderungen in der Insolvenz)	Däubler
§§ 114–116	nicht kommentiert (s. 5. Auflage)
§ 117	Däubler
§ 118	Wedde
§§ 119–132	Trümner

Verzeichnis der Bearbeiterinnen und Bearbeiter

Wahlordnung Vorbemerkungen, §§ 1–37, 41–43,	Homburg
Wahlordnung §§ 38–40	Homburg/Dornberger
EBRG	Däubler/Deinert/Klebe
SE	Deinert

Zitiervorschlag: z. B. DKW-Trümner, **§ 1 Rn. 73**

Abkürzungsverzeichnis

a. A.	anderer Auffassung
a. a. O.	am angegebenen Ort
ABl.	Amtsblatt.
ABl EU	Amtsblatt der Europäischen Union
ABM	Arbeitsbeschaffungsmaßnahme
ABM-Anordnung	Anordnung des Verwaltungsrats der Bundesanstalt für Arbeit über die Förderung von allgemeinen Maßnahmen zur Arbeitsbeschaffung
Abs.	Absatz
AC	Assessment Center
ACD	Automatic Call Distribution (automatische Anrufverteilung)
AcP	Archiv für die civilistische Praxis (Zeitschrift)
a. E.	am Ende
AEUV	Vertrag über die Arbeitsweise der Europäischen Union
a. F.	alte Fassung
AFG	Arbeitsförderungsgesetz
AfP	Archiv für Presserecht (Zeitschrift)
AFRG	Arbeitsförderungsreformgesetz
AG	Arbeitgeber; Aktiengesellschaft; Die Aktiengesellschaft (Zeitschrift); Amtsgericht
AGB	Allgemeine Geschäftsbedingungen
AGB-DDR	Arbeitsgesetzbuch der (ehemaligen) DDR
AGBG	Gesetz zur Regelung des Rechts der Allgemeinen Geschäftsbedingungen
AGG	Allgemeines Gleichbehandlungsgesetz
AiB	Arbeitsrecht im Betrieb (Zeitschrift)
AK-BGB	Kommentar zum Bürgerlichen Gesetzbuch – Reihe Alternativkommentare (hrsg. von R. Wassermann), 1980 ff. (Bd. 6: Erbrecht, 1990)
AK-GG	Kommentar zum Grundgesetz – Reihe Alternativkommentare (hrsg. von R. Wassermann), 3. Aufl. (2002)
AKRR	Annuß/Kühn/Rudolph/Rupp, EBRG (2014)
AK-StVollzG	Kommentar zum Strafvollzugsgesetz – Reihe Alternativkommentare, 5. Aufl. (2006)
AktG	Aktiengesetz
ALG	Gesetz über die Alterssicherung der Landwirte
Alt.	Alternative
a. M.	anderer Meinung
AMBV	Arbeitsmittelbenutzungsverordnung
Amtl. Begr.	Amtliche Begründung
Amtsbl.	Amtsblatt
AmtsG	Amtsgericht
AN	Arbeitnehmer/in
ANBA	Amtliche Nachrichten der Bundesanstalt für Arbeit
ÄndG	Änderungsgesetz
Ang.	Angestellter
Anm.	Anmerkung(en)

Abkürzungsverzeichnis

AO	Abgabenordnung
AOG	Gesetz zur Ordnung der nationalen Arbeit
AOGö	Gesetz zur Ordnung der nationalen Arbeit in öffentlichen Verwaltungen und Betrieben
AP	Arbeitsrechtliche Praxis (Nachschlagewerk des Bundesarbeitsgerichts)
AR	Aufsichtsrat
APS	Ascheid/Preis/Schmidt s. Literaturverzeichnis
Arb.	Arbeiter
ArbBeschFG	Arbeitsrechtliches Beschäftigungsförderungsgesetz
ArbG	Arbeitsgericht
ArbGeb	Der Arbeitgeber (Zeitschrift)
ArbGG	Arbeitsgerichtsgesetz
ArbGG	Arbeitsgerichtsgesetz, Kommentar für die Praxis (hrsg. von Düwell/Lipke), 2. Aufl. (2005)
AR-Blattei	Arbeitsrecht-Blattei
ArbMedVV	Verordnung zur Rechtsvereinfachung und Stärkung der arbeitsmedizinischen Vorsorge
ArbnErfG	Gesetz über Arbeitnehmererfindungen
ArbPlSchG	Arbeitsplatzschutzgesetz
ArbR	Arbeitsrecht aktuell (Zeitschrift)
ArbRB	Arbeitsrechtsberater (Zeitschrift)
ArbSchG	Arbeitsschutzgesetz
ArbStättV	Arbeitsstättenverordnung
ArbStoffV	Verordnung über gefährliche Arbeitsstoffe (Arbeitsstoffverordnung)
ArbVG	Arbeitsverfassungsgesetz (Österreich)
ArbZG	Arbeitszeitgesetz
ARGE	Arbeitsgemeinschaft/en
ARS	Arbeitsrechtssammlung (vormals Bensheimer Sammlung der Reichsarbeitsgerichts-Entscheidungen)
ARSt.	Arbeitsrecht in Stichworten
ASR	Technische Regeln für Arbeitsstätten
Art.	Artikel
ASiG	Gesetz über Betriebsärzte, Sicherheitsingenieure und andere Fachkräfte für Arbeitssicherheit (Arbeitssicherheitsgesetz)
AT	außertariflich(e)
AT-Angestellte	außertarifliche Angestellte
ATG	Altersteilzeitgesetz
AuA	Arbeit und Arbeitsrecht (Zeitschrift)
Aufl.	Auflage
AÜG	Gesetz zur Regelung der gewerbsmäßigen Arbeitnehmerüberlassung
AuR	Arbeit und Recht (Fachzeitschrift)
AuslG	Ausländergesetz
AVG	Angestelltenversicherungsgesetz
AVV	Allgemeine Verwaltungsvorschriften
AwbG	Arbeitnehmerweiterbildungsgesetz
AWD	Außenwirtschaftsdienst des »Betriebs-Beraters«
Az.	Aktenzeichen
AZG	Arbeitszeitgesetz
BA	Bundesagentur für Arbeit
BABl.	Bundesarbeitsblatt
BAG	Bundesarbeitsgericht
BAGE	Amtliche Sammlung der Entscheidungen des Bundesarbeitsgerichts
BAnz.	Bundesanzeiger

BAT	Bundes-Angestelltentarifvertrag
BAU	Bundesanstalt für Arbeitsschutz und Unfallforschung
BaustellV	Baustellenverordnung
BayObLG	Bayerisches Oberstes Landesgericht
BayVGH	Bayerischer Verwaltungsgerichtshof
BB	Betriebs-Berater (Zeitschrift)
BBergG	Bundesberggesetz
BBG	Bundesbeamtengesetz
BBiG	Berufsbildungsgesetz
Bd.	Band
Bde.	Bände
BDSG	Bundesdatenschutzgesetz
BDW	Brandl/Disselkamp/Wedde, Beschäftigungssicherung durch Innovation (2005)
Bea.	Beamte(r)
beE	betriebsorganisatorisch eigenständige Einheit
BEEG	Bundeselterngeld- und Elternzeitgesetz
BErzGG	Bundeserziehungsgeldgesetz
BeschFG	Beschäftigungsförderungsgesetz 1985
BeschSchG	Beschäftigtenschutzgesetz
BetrAVG	Gesetz zur Verbesserung der betrieblichen Altersversorgung
BetrR	Der Betriebsrat (Zeitschrift), ab 1988 Fachbeilage zur »Gewerkschaftlichen Umschau« der IG Chemie-Papier-Keramik
BetrSichV	Betriebssicherheitsverordnung
BetrVerf-ReformG	Gesetz zur Reform des Betriebsverfassungsgesetzes
BetrVG 1952	Betriebsverfassungsgesetz 1952
BetrVG 1972	Betriebsverfassungsgesetz 1972
BEV	Bundeseisenbahnvermögen
BF	Beschwerdeführer
BFDG	Gesetz über den Bundesfreiwilligendienst
BFH	Bundesfinanzhof
BFHE	Entscheidungen des Bundesfinanzhofs
BG	Die Berufsgenossenschaft (Zeitschrift)
BGB	Bürgerliches Gesetzbuch
BGBl.	Bundesgesetzblatt
BGH	Bundesgerichtshof
BGHSt.	Amtliche Sammlung der Entscheidungen des BGH in Strafsachen
BGHZ	Amtliche Sammlung der Entscheidungen des BGH in Zivilsachen
BGL	Betriebsgewerkschaftsleitung
BGV	Berufsgenossenschaftliche Vorschriften über Unfallverhütung
BHKC	Blanke, Hayen, Kunz, Carlson, Europäische Betriebsräte-Gesetz, 3. Aufl. (2019)
BImSchG	Bundesimmissionsschutzgesetz
BImSchV	Bundesimmissionschutzverordnung
BioStoffV	Biostoffverordnung
BK	Basiskommentar
BKK	Betriebskrankenkasse
BKV	Betriebskollektivvertrag
BLAH	Baumbach/Lauterbach/Albers/Hartmann, ZPO-Kommentar, 62. Aufl. (2004)
BlStSozArbR	Blätter für Steuerrecht, Sozialversicherung und Arbeitsrecht (Zeitschrift)
BMA	Bundesarbeitsministerium
BMAS	Bundesministerium für Arbeit und Sozialordnung
BMJ	Bundesminister der Justiz

BMWA	Bundesministerium für Wirtschaft und Arbeit
BNotO	Bundesnotarordnung
BordV	Bordvertretung
BPersVG	Bundespersonalvertretungsgesetz
BPG	Bergmannsprämiengesetz
BR	Betriebsrat
BRAGO	Bundesgebührenordnung für Rechtsanwälte
BRD	Bundesrepublik Deutschland
BR-Drucks.	Bundesrats-Drucksache
BremBRG	Bremisches Betriebsrätegesetz vom 10.1.1949
BremPersVG	Bremisches Personalvertretungsgesetz
BRG	Betriebsrätegesetz
brit.	britisch
BRRG	Rahmengesetz zur Vereinheitlichung des Beamtenrechts
brwo	Betriebsratswissen online – Software-Informationssystem für Betriebsräte
BSeuchG	Bundes-Seuchengesetz
BSG	Bundessozialgericht
BSWW	Blanke/Schüren/Wank/Wedde, Handbuch neue Beschäftigungsformen (2002)
BT	Bundestag
BT-Drucks.	Bundestags-Drucksache
B/U	Buschmann/Ulber, Kommentare zur Flexibilisierung und zum Arbeitsrecht
BundesdisziplinarG	Bundesdisziplinargericht
BUrlG	Bundesurlaubsgesetz
BUV	Betriebs- und Unternehmensverfassung (Zeitschrift)
BV	Betriebsvereinbarung
BVerfG	Bundesverfassungsgericht
BVerfGE	Amtliche Sammlung der Entscheidungen des BVerfG
BVerwG	Bundesverwaltungsgericht
BVerwGE	Amtliche Sammlung der Entscheidungen des BVerwG
BVG	Besonderes Verhandlungsgremium
BVW	Betriebliches Vorschlagswesen (Zeitschrift)
BWG	Bundeswahlgesetz
BZRG	Bundeszentralregistergesetz
bzw.	beziehungsweise
ca.	zirka
CAD	Computer Aided Design (Computergestützte Konstruktion)
CAM	Computer Aided Manufacturing (Computergestützte Fertigung)
CEN	Europäische Kommission für Normung
CENELEC	Europäische Kommission für elektrotechnische Normung
CF	Computer Fachwissen (Zeitschrift); ab 2007 Computer und Arbeit (CuA)
CGBCE	Christliche Gewerkschaft Bergbau, Chemie und Energie
CGHB	Christliche Gewerkschaft Holz und Bau
ChemG	Chemikaliengesetz
CIM	Computer Integrated Manufacturing (Computerintegrierte Konstruktionsplanung und Fertigung)
CNC	Computer Numerical Control (Numerische Steuerung durch Computer)
CR	Computer und Recht (Zeitschrift)
CRM	Customer Relationship Management (DV-System)
CuA	Computer und Arbeit (Zeitschrift)

DAG	Deutsche Angestelltengewerkschaft
DB	Der Betrieb (Zeitschrift)
DBAG	Deutsche Bahn AG
DBGrG	Gesetz über die Gründung einer Deutsche Bahn Aktiengesellschaft
dbr	Der Betriebsrat (Zeitschrift)
DDR	Deutsche Demokratische Republik
DDW	Däubler/Deinert/Walser, AGB-Kontrolle im Arbeitsrecht. Kommentierung zu den §§ 305–310. BGB, 5. Aufl. (2021)
DDZ	Däubler/Deinert/Zwanziger, Kündigungsschutzrecht, Kommentar für die Praxis, 11. Aufl. (2020)
DE	Dachroth/Engelbert, Praktikerkommentar zum Betriebsverfassungsrecht (2002)
ders.	derselbe
DGB	Deutscher Gewerkschaftsbund
DGUV	Deutsche Gesetzliche Unfallversicherung
d. h.	das heißt
DHZ	Deinert, Heuschmid, Zwanziger, Arbeitsrecht, Handbuch für die Praxis, 10. Aufl. (2019)
DWZ	Deinert, Wenckebach, Zwanziger, Arbeitsrecht, Handbuch für die Praxis, 11. Aufl. (2023)
Die AG	Die Aktiengesellschaft (Zeitschrift)
dies.	dieselbe(n)
Diss.	Dissertation
DIN	Deutsche Industrienorm
DJT	Deutscher Juristentag
DKWF	Däubler/Kittner/Klebe/Wedde (Hrsg.), Betriebsverfassungsgesetz, Formularbuch, 5. Aufl. (2021)
DKL	Däubler/Kittner/Lörcher (Hrsg.), Internationale Arbeits- und Sozialordnung, 2. Aufl. (1994)
DKWW	Däubler/Klebe/Wedde/Weichert, Bundesdatenschutzgesetz, Kompaktkommentar, 5. Aufl. (2016)
DLP	Data Loss oder Leakage Prevention
DM	Deutsche Mark
DMV	Deutscher Metallarbeiterverband
DP	Deutsche Partei
DPG	Deutsche Postgewerkschaft
DR	Dietz/Richardi, Kommentar zum BetrVG, 2 Bde., 6. Aufl. (1981/82), fortgeführt von Richardi
DRdA	Das Recht der Arbeit (österreichische Zeitschrift)
DRiG	Deutsches Richtergesetz
DRiZ	Deutsche Richterzeitung (Zeitschrift)
DRK	Deutsches Rotes Kreuz
DSB	Datenschutzberater (Zeitschrift)
DSGVO	Europäische Datenschutz-Grundverordnung
DStR	Deutsches Steuerrecht (Zeitschrift)
DSWR	Datenverarbeitung in Steuer, Wirtschaft und Recht (Zeitschrift)
DuD	Datenschutz und Datensicherung (Zeitschrift)
DuR	Demokratie und Recht (Zeitschrift)
DV	Datenverarbeitung
DVO	Durchführungsverordnung
DVO-TVG	Durchführungsverordnung zum Tarifvertragsgesetz
DWWS	Däubler/Wedde/Weichert/Sommer, EU-Datenschutz-Grundverordnung und BDSG-neu, Kompaktkommentar, 2. Aufl. (2020)
DZWir	Deutsche Zeitschrift für Wirtschaftsrecht

EASUG	Gesetz zur Umsetzung der EG-Rahmenrichtlinie Arbeitsschutz und weiterer Arbeitsschutzrichtlinien
ebd.	ebenda
EBR	Europäischer Betriebsrat
EBRG	Gesetz über Europäische Betriebsräte
ECM	Enterprise-Content-Management
ed.	editor (Hrsg.)
EDV	Elektronische Datenverarbeitung
EFZG	Entgeltfortzahlungsgesetz
EG	Europäische Gemeinschaft; Einführungsgesetz
EGBGB	Einführungsgesetz zum Bürgerlichen Gesetzbuch
EGMR	Europäischer Gerichtshof für Menschenrechte
EGStGB	Einführungsgesetz zum Strafgesetzbuch
EigÜbG	Eignungsübungsgesetz
Einf.	Einführung
Einl.	Einleitung
EMFV	Arbeitsschutzverordnung zu elektromagnetischen Feldern
EMRK	Europäische Menschenrechtskonvention
ErfK	Erfurter Kommentar zum Arbeitsrecht (hrsg. von Müller-Glöge, Preis, Schmidt), 23. Aufl. (2023)
Erl.	Erläuterung(en)
ESC	Europäische Sozialcharta
ESt.	Einigungsstelle
EStG	Einkommensteuergesetz
EStR	Einkommensteuer-Richtlinien
EU	Europäische Union
EuG	Europäisches Gericht erster Instanz
EuGH	Europäischer Gerichtshof
EuGHE	Sammlung der Rechtsprechung des Europäischen Gerichtshofs
EuGr-Ch	Charta der Grundrechte der EU
EuGRZ	Europäische Grundrechte-Zeitschrift
EuroAS	Europäisches Arbeits- und Sozialrecht, Informationsdienst
EUV	Vertrag über die Europäische Union
EuZA	Europäische Zeitschrift für Arbeitsrecht
EuZW	Europäische Zeitschrift für Wirtschaftsrecht
e. V.	eingetragener Verein
evtl.	Eventuell
EWG	Europäische Wirtschaftsgemeinschaft
EWiR	Entscheidungen zum Wirtschaftsrecht
EzA	Entscheidungssammlung zum Arbeitsrecht
EzA-SD	EzA-Schnelldienst
EzAüG	Entscheidungssammlung zum Arbeitnehmerüberlassungsgesetz
f.	folgend(e)
FA	Fachanwalt Arbeitsrecht (Zeitschrift)
FAK	Fitting/Auffarth/Kaiser, Kommentar zum BetrVG, 9. Aufl. (1970)
FDGB	Freier Deutscher Gewerkschaftsbund
FG	Finanzgericht
ff.	folgende
FIfF	Forum Informatiker für den Frieden
Fitting	Fitting/Schmidt/Trebinger/Linsenmaier/Schelz/Schmidt, Kommentar zum BetrVG, 31. Aufl. (2022)
FK-InsO	Frankfurter Kommentar zur Insolvenzordnung s. Wimmer
FKS	Feldes/Kohte/Stevens-Bartol (Hrsg.), SGB IX, Kommentar für die Praxis, 5. Aufl. (2023)

FMS	Finanzmarktstabilisierungsfonds (Gesetz)
FMStFG	Finanzmarktstabilisierungsfondsgesetz
Fn.	Fußnote(n)
FormVAnpG	Gesetz zur Anpassung der Formvorschriften des Privatrechts und anderer Vorschriften an den modernen Rechtsgeschäftsverkehr (Formvorschriftenanpassungsgesetz)
FPfZG	Familienpflegezeitgesetz
FR	Frankfurter Rundschau (Tageszeitung)
FS	Festschrift
G	Gesetz
GBl.	Gesetzblatt
GBR	Gesamtbetriebsrat
GbR	Gesellschaft bürgerlichen Rechts
GBV	Gesamtbetriebsvereinbarung
GdB	Grad der Behinderung
GdED	Gewerkschaft der Eisenbahner Deutschlands
GefStoffV	Verordnung über gefährliche Stoffe (Gefahrstoffverordnung)
GEMA	Gesellschaft für musikalische Aufführungs- und mechanische Vervielfältigungsrechte
gemB	gemeinsamer Betrieb
GenDG	Gendiagnostikgesetz
GenG	Gesetz betreffend die Erwerbs- und Wirtschaftsgenossenschaften (Genossenschaftsgesetz)
GenTG	Gentechnikgesetz
GenTSV	Verordnung über die Sicherheitsstufen und Sicherheitsmaßnahmen bei gentechnischen Arbeiten in gentechnischen Anlagen
GesO	Gesamtvollstreckungsordnung
GewO	Gewerbeordnung
GG	Grundgesetz
ggf.	gegebenenfalls
GJAV	Gesamt-Jugend- und Auszubildendenvertretung
GJV	Gesamtjugendvertreter; Gesamtjugendvertretung
GK	Gemeinschaftskommentar zum BetrVG (verfasst von Wiese/Kreutz/Oetker/Raab/Weber/Franzen/Gutzeit/Jacobs/Schubert), 2 Bde., 12. Aufl. (2022)
GK-TzA	Gemeinschaftskommentar zum Teilzeitarbeitsrecht (verfasst von Becker/Danne/Lang/Lipke/Mikosch/Steinwedel), 1987
GL	Galperin/Löwisch, Kommentar zum BetrVG, 6. Aufl. (1982)
GleiBG	Gleichberechtigungsgesetz
GmbH	Gesellschaft mit beschränkter Haftung
GmbHG	Gesetz betreffend die Gesellschaften mit beschränkter Haftung
GmbHR	GmbH-Rundschau (Zeitschrift)
GMH	Gewerkschaftliche Monatshefte (Zeitschrift)
GMP	Germelmann/Matthes/Prütting, Arbeitsgerichtsgesetz, Kommentar, 10. Aufl. (2022)
GmS-OGB	Gemeinsamer Senat der obersten Gerichtshöfe des Bundes
GO	Geschäftsordnung
GPS	Global-Positioning-System (globales Positionsbestimmungssystem)
GS	Gedächtnisschrift
GS	Großer Senat
GSBV	Gesamtschwerbehindertenvertretung/-vertretungen
GSG	Gerätesicherheitsgesetz
Großkomm. AktG	Großkommentar zum Aktiengesetz, 4. Aufl.
GUG	Gesetz über die Unterbrechung von Gesamtvollstreckungsverfahren

GüKG	Güterkraftverkehrsgesetz
GUS	Gemeinschaft Unabhängiger Staaten (Teilrechtsnachfolger der UdSSR)
GVG	Gerichtsverfassungsgesetz
GWB	Gesetz gegen Wettbewerbsbeschränkungen
GWBG	Grunsky/Waas/Benecke/Greiner, Arbeitsgerichtsgesetz, Kommentar, 8. Aufl. (2014)
GWR	Gesellschafts- und Wirtschaftsrecht (Zeitschrift)
HAG	Heimarbeitsgesetz
Hako-BetrVG	Düwell (Hrsg.), Betriebsverfassungsgesetz, Handkommentar, 6. Aufl. (2022)
HandwO	Gesetz zur Ordnung des Handwerks (Handwerksordnung)
Hans. OLG	Hanseatisches Oberlandesgericht
HB	Handelsblatt (Tageszeitung)
HBR	Herbst/Bertelsmann/Reiter, Arbeitsgerichtliches Beschlussverfahren, 2. Aufl. (1998)
HessBRG	Hessisches Betriebsrätegesetz vom 31. 5. 1948
HessLAG	Hessisches Landesarbeitsgericht
HessVGH	Hessischer Verwaltungsgerichtshof
HGB	Handelsgesetzbuch
HinSchG	Hinweisgeberschutzgesetz
HK-ArbR	Däubler/Hjort/Schubert/Wolmerath (Hrsg.), Arbeitsrecht. Individualarbeitsrecht mit kollektivrechtlichen Bezügen. Handkommentar, 4. Aufl. (2017)
HK-BGB	Dörner u. a., BGB, Handkommentar, 3. Aufl. (2003)
HK-InsO	s. Eickmann u. a.
h. M.	herrschende Meinung
HmbPersVG	Hamburgisches Personalvertretungsgesetz
HP	Helml/Pessinger, Arbeitsgerichtsgesetz, Kommentar, 5. Aufl. (2021)
Hrsg.; hrsg.	Herausgeber; herausgegeben
HSA	Hamann/Schmitz/Apitzsch, Überwachung und Arbeitnehmerdatenschutz, 3. Aufl. (2017)
HSI	Hugo Sinzheimer Institut
HWGNRH	Hess/Worzalla/Glock/Nicolai/Rose/Huke, Kommentar zum BetrVG, 10. Aufl. (2018)
HWK	Henssler/Willemsen/Kalb (Hrsg.), Arbeitsrecht Kommentar, 10. Aufl. (2022)
HwO	Gesetz zur Ordnung des Handwerks (Handwerksordnung)
IAO	Internationale Arbeitsorganisation
i. B.	in Bezug
i. d. F.	in der Fassung
i. d. R.	in der Regel
IEC	Internationale Elektronische Kommission
i. Erg.	Im Ergebnis
IG	Industriegewerkschaft
i. H. v.	in Höhe von
ILO	International Labour Organization (= IAO)
insbes.	insbesondere
InsO	Insolvenzordnung
IPR	Internationales Privatrecht
i. R. d.	im Rahmen des
i. S. d.	im Sinne des
ISO	International Standard Organization

i. S. v.	im Sinne von
IT	Informationstechnik
ITK	Informations- und Telekommunikationstechnik
IuK	Informations- und Kommunikationstechnik
i. V. m.	in Verbindung mit
IW	Institut der deutschen Wirtschaft (Köln)
JA	Juristische Arbeitsblätter (Zeitschrift)
JArbSchG	Jugendarbeitsschutzgesetz
JAV	Jugend- und Auszubildendenvertretung
JA-Versammlung	Jugend- und Auszubildendenversammlung
JAVG	Gesetz zur Bildung von Jugend- und Auszubildendenvertretungen in den Betrieben
JbArbR	Das Arbeitsrecht der Gegenwart, Jahrbuch für das gesamte Arbeitsrecht und die Arbeitsgerichtsbarkeit
JR	Juristische Rundschau (Zeitschrift)
juris PR-ArbR	juris Praxisreport Arbeitsrecht
JuS	Juristische Schulung (Zeitschrift)
JV	Jugendvertreter; Jugendvertretung
JVA	Justizvollzugsanstalt
JVEG	Justizvergütungs- und Entschädigungsgesetz
JW	Juristische Wochenschrift (Zeitschrift)
JWG	Jugendwohlfahrtsgesetz
JZ	Juristenzeitung (Zeitschrift)
KAPOVAZ	Kapazitätsorientierte variable Arbeitszeit
KassArbR	Kasseler Handbuch zum Arbeitsrecht (hrsg. von Leinemann), 2 Bde., 2. Aufl. (2000)
KBR	Konzernbetriebsrat
KBV	Konzernbetriebsvereinbarung
KFF	Kohte/Faber/Feldhoff (Hrsg.), Gesamtes Arbeitsschutzrecht, Handkommentar, 2.Aufl. (2018)
KG	Kammergericht; Kommanditgesellschaft
KGaA	Kommanditgesellschaft auf Aktien
KJ	Kritische Justiz (Zeitschrift)
KJAV	Konzern-Jugend- und Auszubildendenvertretung
KK	Kölner Kommentar zum Aktiengesetz, 2. Aufl. (1986)
KO	Konkursordnung
KP	Kübler/Prütting s. Literaturverzeichnis
KR	Gemeinschaftskommentar zum Kündigungsschutzgesetz und sonstigen kündigungsschutzrechtlichen Vorschriften: s. unter Bader u. a. im Literaturverzeichnis, 12. Aufl. 2019
KR	Kontrollrat
KRHS	Klebe/Ratayczak/Heilmann/Spoo, Betriebsverfassungsgesetz, Basiskommentar mit Wahlordnung, 21. Aufl. 2020
KRM	Koller/Roth/Morck, HGB-Kommentar, 3. Aufl. (1999)
KreisG	Kreisgericht
KRG	Kontrollratsgesetz
krit.	Kritisch
KSchG	Kündigungsschutzgesetz
KSPW	Kommission für die Erforschung des sozialen und politischen Wandels in den neuen Bundesländern e. V.
KSW	Kreikebohm/Spellbrink/Waltermann, Kommentar zum Sozialrecht, 3. Aufl. (2013)
KSzW	Kölner Schrift zum Wirtschaftsrecht (Zeitschrift)

KTS	Konkurs-, Treuhand- und Schiedsgerichtswesen (Zeitschrift)
KUG	Kunsturhebergesetz
KuG	Kurzarbeitergeld
KWG	Gesetz über das Kreditwesen
LärmVibrationsArbSchV	Verordnung zum Schutz der Beschäftigten vor Gefährdung durch Lärm und Vibrationen
LAG	Landesarbeitsgericht
LAGE	Entscheidungen der Landesarbeitsgerichte
LasthandhabV	Lastenhandhabungsverordnung
LFZG	Gesetz über die Fortzahlung des Arbeitsentgelts im Krankheitsfalle (Lohnfortzahlungsgesetz)
LG	Landgericht
lit.	Buchstabe
LK	Löwisch/Kaiser, Betriebsverfassungsgesetz (Bd. 1), 7. Aufl. (2017)
LKK	Löwisch/Kaiser/Klumpp, Betriebsverfassungsgesetz (Bd. 2). 7.Aufl. (2020)
LkSG	Lieferkettensorgfaltspflichtengesetz
LMS	Lohre/Mayer/Stevens-Bartol, Arbeitsförderung/Sozialgesetzbuch III, 3. Aufl. (2000)
LohnzG	Gesetz zur Regelung der Lohnzahlung an Feiertagen
LPG	Landwirtschaftliche Produktionsgenossenschaft
LPVG NW	Landespersonalvertretungsgesetz Nordrhein-Westfalen
Ls.	Leitsatz
LSG	Landessozialgericht
LStR	Lohnsteuerrichtlinien
MAGS	Ministerium für Arbeit, Gesundheit und Soziales NRW
MantelG	Mantelgesetz
MASSKS	Ministerium für Arbeit, Soziales und Stadtentwicklung, Kultur und Sport NRW
MBR	Mitglied des Betriebsrats
MDHS	Maunz/Dürig/Herzog/Scholz, Kommentar zum Grundgesetz (Loseblatt)
MDR	Monatsschrift für Deutsches Recht
m. E.	meines Erachtens
Meine	Handbuch Arbeit-Entgelt-Leistung (hrsg. von Meine/Rohnert/Schulte-Meine/Vetter), 8.Aufl. (2022)
MfS	Ministerium für Staatssicherheit der ehemaligen DDR
MgVG	Gesetz über die Mitbestimmung der Arbeitnehmer bei einer grenzüberschreitenden Verschmelzung
MHR	Mitteilungen des Hamburger Richtervereins
MiLoG	Mindestlohngesetz
Min.	Minister(ium)
MindArBG	Gesetz über die Festsetzung von Mindestarbeitsbedingungen
Mio.	Million(en)
MitbErgG	Gesetz zur Ergänzung des Gesetzes über die Mitbestimmung der Arbeitnehmer in den Aufsichtsräten und Vorständen der Unternehmen des Bergbaus und der Eisen und Stahl erzeugenden Industrie (Mitbestimmungsergänzungsgesetz)
Mitbest.	Die Mitbestimmung (Zeitschrift)
MitbestG; MitbG	Gesetz über die Mitbestimmung der Arbeitnehmer (Mitbestimmungsgesetz)
MitbGespr	Das Mitbestimmungsgespräch (Zeitschrift)

MontanMitbG	Gesetz über die Mitbestimmung der Arbeitnehmer in den Aufsichtsräten und Vorständen der Unternehmen des Bergbaus und der Eisen und Stahl erzeugenden Industrie
Mrd.	Milliarde(n)
MSW	Maas/Schmitz/Wedde, Datenschutz 2014, HSI-Schriftenreihe Band 9 (2014)
MTM	Methods Time Measurement
MünchAktG	Münchener Handbuch des Gesellschaftsrechts, Bd. 4, Aktiengesetz (1988)
MünchArbR	Münchener Handbuch zum Arbeitsrecht (hrsg. von Richardi/Wlotzke/Wißmann/Oetker), 3. Aufl., Bd. 1, Individualarbeitsrecht, Bd. 2, Kollektivarbeitsrecht/Sonderformen (2009)
MünchKomm	Münchener Kommentar zum Bürgerlichen Gesetzbuch (hrsg. von Rebmann/Säcker), 6. Aufl. (2012)
MünchKommInsO	Münchener Kommentar zur InsO, s. Kirchhof u. a.
MünchKommZPO	Lüke/Wax (Hrsg.), Münchener Kommentar zur ZPO, 2. Aufl. (2000)
MuSchG	Gesetz zum Schutz der erwerbstätigen Mutter (Mutterschutzgesetz)
m. V. a.	mit Verweis auf
m. w. N.	mit weiteren Nachweisen
m. W. v.	mit Wirkung vom
NATO	Nordatlantikpakt
NC	Numerical Control (Numerische Maschinensteuerung)
Nds.	Niedersachsen
n. F.	neue Fassung
NJW	Neue Juristische Wochenschrift
NK-GA	Nomos Kommentar-Gesamtes Arbeitsrecht (hrsg. von Boecken, Düwell, Diller, Hanau), 2016
Nr./Nrn.	Nummer/Nummern
n. rkr.	nicht rechtskräftig
NRW; NW	Nordrhein-Westfalen
NStZ	Neue Zeitschrift für Strafrecht
NVwZ-RR	Neue Zeitschrift für Verwaltungsrecht – RechtsprechungsReport Verwaltungsrecht
NZA	Neue Zeitschrift für Arbeitsrecht
NZA-RR	NZA, Rechtsprechungsreport
NZG	Neue Zeitschrift für Gesellschaftsrecht
NZS	Neue Zeitschrift für Sozialrecht
o.	oben
o. A.	ohne Autor/Angabe(n)
o. Ä.	oder Ähnliches
öD	Öffentlicher Dienst
OGH	Oberster Gerichtshof (Österreich)
OHG	Offene Handelsgesellschaft
OLG	Oberlandesgericht
ÖTV	Gewerkschaft öffentlicher Dienst, Transport und Verkehr
OVG	Oberverwaltungsgericht
OWiG	Gesetz über Ordnungswidrigkeiten
PA	Personalakte
ParteiG	Gesetz über die politischen Parteien
PC	Personalcomputer
PCB	Polychlorierte Biphenyle
PCT	Polychlorierte Terphenyle

PDA	Personal Digital Assistant
PEP-Systeme	Personaleinsatzplanungssysteme
PersR	Der Personalrat (Zeitschrift)
PersV	Die Personalvertretung (Zeitschrift)
PersVG	Personalvertretungsgesetz
PflegeZG	Pflegezeitgesetz
PGH	Produktionsgenossenschaft des Handwerks
PostPersRG	Postpersonalrechtsgesetz
ppm	part per million
PR	Personalrat
Prot.	Protokoll
PS	Preis/Sagan (Hrsg.), Europäisches Arbeitsrecht (2015)
PSA-BV	Verordnung über Sicherheit und Gesundheitsschutz bei der Benutzung persönlicher Schutzausrüstungen bei der Arbeit
PTNeuOG	Postneuordnungsgesetz
RabelsZ	Zeitschrift für ausländisches und internationales Privatrecht (begründet von Ernst Rabel)
RABl.	Reichsarbeitsblatt
RAG	Reichsarbeitsgericht
RdA	Recht der Arbeit (Zeitschrift)
RDG	Rechtsdienstleistungsgesetz
RDi	Recht Digital (Fachzeitschrift)
RDV	Recht der Datenverarbeitung (Zeitschrift)
Refa	Verband (früher: Reichsausschuss) für Arbeitsstudien
RefE	Referentenentwurf
RegE	Regierungsentwurf
RFID	Radio Frequency Identification
RG	Reichsgericht
RGBl.	Reichsgesetzblatt
RGSt.	Amtliche Sammlung der Entscheidungen des Reichsgerichts in Strafsachen
RGZ	Amtliche Sammlung der Entscheidungen des Reichsgerichts in Zivilsachen
RiA	Recht im Amt (Zeitschrift)
RIW	Recht der internationalen Wirtschaft (Zeitschrift)
RKV	Rahmenkollektivvertrag
RKW-Handbuch	Rationalisierungs-Kuratorium der Deutschen Wirtschaft e. V. (Hrsg.), RKW-Handbuch Personalplanung, 2. Aufl. (1990)
RL	Richtlinie
Rn.	Randnummer(n)
RPA	Robotic Process Automation
RPW	Richenhagen/Prümper/Wagner, Handbuch der Bildschirmarbeit (1997)
RRG	Rentenreformgesetz
RRWZ	Rehwald/Reineke/Wienemann/Zinke, Betriebliche Suchtprävention und Suchthilfe, Handbuch der IG Metall (2007)
RSG	Rosenberg/Schwab/Gottwald, Zivilprozessrecht, 15. Aufl. (1993)
Rspr.	Rechtsprechung
RVG	Rechtsanwaltsvergütungsgesetz
RVO	Reichsversicherungsordnung
S.	Seite
s.	siehe
SachsAnhPersVG	Personalvertretungsgesetz für das Land Sachsen-Anhalt

SAE	Sammlung arbeitsrechtlicher Entscheidungen (Zeitschrift)
SAG	Gesetz zur Sanierung und Abwicklung von Instituten und Finanzgruppen v. 10. 12. 14
SB	Siebert/Becker, Kommentar zum BetrVG, 11. Aufl. (2008)
SBV	Schwerbehindertenvertretung/-vertretungen
SBG	Soldatenbeteiligungsgesetz
SCE	Societas Cooperativa Europaea (Europ. Genossenschaft)
SchwbG	Schwerbehindertengesetz
SDB	Siebert/Degen/Becker, Kommentar zum BetrVG, 6. Aufl. (1986) mit Ergänzungsbd. 1989
SE	Societas Europaea (Europ. Aktiengesellschaft)
SEBG	Gesetz über die Beteiligung der Arbeitnehmer in einer Europäischen Gesellschaft
SEC	Securities and Exchange Commission
SG	Sozialgericht
SGB	Sozialgesetzbuch
SHS	Simitis/Hornung/Spiecker (Hrsg.), Datenschutzrecht, DSGVO mit BDSG (2019)
SigG	Gesetz über Rahmenbedingungen für elektronische Signaturen und zur Änderung weiterer Vorschriften (Signaturgesetz)
SKWPG	Gesetz zur Umsetzung des Spar-, Konsolidierungs- und Wachstumsprogramms
s. o.	siehe oben
sog.	so genannt
SoldG	Gesetz über die Rechtsstellung der Soldaten
SozplKonkG	Gesetz über den Sozialplan im Konkurs- und Vergleichsverfahren
SozSich	Soziale Sicherheit (Zeitschrift)
SpA	Sprecherausschuss der leitenden Angestellten
SpA-WO	Sprecherausschuss-Wahlordnung
SPD	Sozialdemokratische Partei Deutschlands
SprAuG	Gesetz über Sprecherausschüsse der leitenden Angestellten (Sprecherausschussgesetz)
SpTrUG	Gesetz über die Spaltung der von der Treuhandanstalt verwalteten Unternehmen
SR	Soziales Recht (Zeitschrift)
StA	Staatsanwalt, Staatsanwaltschaft
ständ.	ständig(e)
Statistisches Jahrbuch 90 ff.	Statistisches Bundesamt (Hrsg.), Statistisches Jahrbuch für die Bundesrepublik Deutschland, 1990 ff.
StGB	Strafgesetzbuch
StörfallVO	12. VO zur Durchführung des Bundes-Immissionsschutzgesetzes (Störfall-Verordnung)
StPO	Strafprozessordnung
str.	Streitig
StrlSchVO	Strahlenschutz-Verordnung
StUG	Stasi-Unterlagen-Gesetz
StVollzG	Strafvollzugsgesetz
StVZO	Straßenverkehrs-Zulassungsordnung
s. u.	siehe unten
SV	Sachverständige/r
SW	Schwab/Weth, Kommentar zum Arbeitsgerichtsgesetz, 4. Aufl. (2015)
SW-Arbeitszeit	Schumann/Wagner (Hrsg.), Handbuch Arbeitszeit, 4. Aufl. (2022)
SWK Schwebehindertenrecht	Deinert/Welti/Brockmann/Luik (Hrsg), Stichortkommentar Behindertenrecht, 3. Aufl. (2022)

SWS	Stege/Weinspach/Schiefer, BetrVG, Handkommentar für die betriebliche Praxis, 9. Aufl. (2002)
TAZ	Tageszeitung
TG	Transfergesellschaft
TGL	Technische Gütebezeichnung und Lieferbedingungen
TK	Taschenkommentar
TKG	Telekommunikationsgesetz
TKÜV	Telekommunikations-Überwachungsverordnung
TMG	Telemediengesetz
TN	Teilnehmer*innen
TQM	Total Quality Management
TRBS	Technische Regeln für Betriebssicherheit
TTDSG	Gesetz zur Regelung des Datenschutzes und des Schutzes der Privatsphäre in der Telekommunikation und bei Telemedien
TV	Tarifvertrag; Tarifvereinbarung
TVG	Tarifvertragsgesetz
TVVO	Tarifvertragsverordnung vom 23.12.1918
Tz.	Textziffer
TZA	Buschmann/Dieball/Stevens-Bartol, Das Recht der Teilzeitarbeit, Kommentar, 2. Aufl. (2001)
TzBfG	Teilzeit- und Befristungsgesetz
u.	unten; unter; und
u. a.	und andere; unter anderem
u. Ä.	und Ähnliche(s)
u. Ä. m.	und Ähnliches mehr
UdSSR	Union der Sozialistischen Sowjetrepubliken
Uhh	Unterhinninghofen
ULA	Union der Leitenden Angestellten
UmwBerG	Umwandlungsbereinigungsgesetz
UmwG	Umwandlungsgesetz
UN	Unternehmen; Unternehmer
UrhG	Urheberrechtsgesetz
usw.	und so weiter
u. U.	unter Umständen
uv.	unveröffentlicht
UVV	Unfallverhütungsvorschrift
UWG	Gesetz gegen den unlauteren Wettbewerb
v.	von; vom
VA	Verwaltungsakt
VAG	Gesetz über die Beaufsichtigung der Versicherungsunternehmer
VC	Vinylchlorid
VDE	Verband Deutscher Elektrotechniker
VDI	Verband Deutscher Ingenieure
VEB	Volkseigener Betrieb
VerglO	Vergleichsordnung
VermBG	Gesetz zur Förderung der Vermögensbildung der Arbeitnehmer
VermG	Gesetz zur Regelung offener Vermögensfragen
VersR	Versicherungsrecht (Zeitschrift)
VG	Verwaltungsgericht
VGH	Verwaltungsgerichtshof
vgl.	Vergleiche
VglO	Vergleichsordnung

VG WORT	Verwertungsgesellschaft WORT
v. H.	vom Hundert
VIZ	Zeitschrift für Vermögens- und Investitionsrecht
VO	Verordnung
VoIP	Voice over Internet Protocol
Vorbem.	Vorbemerkung(en)
Vss.	Voraussetzung(en)
VVaG	Versicherungsverein auf Gegenseitigkeit
VVDStRL	Veröffentlichungen der Vereinigung der Deutschen Staatsrechtslehrer
VwGO	Verwaltungsgerichtsordnung
VwVfG	Verwaltungsverfahrensgesetz
WA	Wirtschaftsausschuss
WEG	Wohnungseigentumsgesetz
WEHO	Weber/Ehrich/Hörchens/Oberthür, Handbuch zum Betriebsverfassungsrecht, 2. Aufl. (2003)
WestdArbRspr.	Westdeutsche Arbeitsrechtsprechung
WiB	Wirtschaftliche Beratung (Zeitschrift)
wistra	Zeitschrift für Wirtschaft, Steuer, Strafrecht
WO	Erste Verordnung zur Durchführung des Betriebsverfassungsgesetzes (Wahlordnung 1972)
WOPersVG	Wahlordnung zum Personalvertretungsgesetz
WOS	Zweite Verordnung zur Durchführung des Betriebsverfassungsgesetzes (Wahlordnung Seeschifffahrt)
WP	Wirtschaftsprüfer-Handbuch
WpHG	Wertpapierhandelsgesetz
WpHGMaAnzV	WpHG-Mitarbeiteranzeigeverordnung
WPK	Wlotzke/Preis/Kreft, Kommentar zum Betriebsverfassungsgesetz, 4. Aufl. (2009)
WpÜG	Wertpapiererwerbs- und Übernahmegesetz
WRP	Wettbewerb in Recht und Praxis (Zeitschrift)
WRV	Weimarer Reichsverfassung
WSI-Mitt.	WSI-Mitteilungen (Zeitschrift des Wirtschafts- und Sozialwissenschaftlichen Instituts des DGB in der Hans-Böckler-Stiftung)
WV	Wahlvorstand
WW	Weiss/Weyand, Betriebsverfassungsgesetz, Kommentar, 3. Aufl. (1994)
WWI-Mitt.	WWI-Mitteilungen (Zeitschrift des Wirtschaftswissenschaftlichen Instituts des DGB)
ZA-NATO-Truppenstatut	Zusatzabkommen zum NATO-Truppenstatut
z. B.	zum Beispiel
ZBR	Zeitschrift für Beamtenrecht
ZBVR	Zeitschrift für Betriebsverfassungsrecht
ZD	Zeitschrift für Datenschutz
ZDG	Zivildienstgesetz
ZDVG	Zivildienstvertrauensmann-Gesetz
ZESAR	Zeitschrift für europäisches Sozial- und Arbeitsrecht
ZfA	Zeitschrift für Arbeitsrecht
ZfPR	Zeitschrift für Personalvertretungsrecht
ZGR	Zeitschrift für Unternehmens- und Gesellschaftsrecht
ZgStW	Zeitschrift für die gesamte Staatsrechtswissenschaft

ZH 1	Verzeichnis von Sicherheitsregeln u. a., Schriften für Arbeitssicherheit und Arbeitsmedizin, Hauptverband der gewerblichen Berufsgenossenschaften
ZHR	Zeitschrift für das gesamte Handelsrecht und Wirtschaftsrecht
ZIAS	Zeitschrift für ausländisches und internationales Arbeits- und Sozialrecht
Ziff.	Ziffer(n)
ZInsO	Zeitschrift für das gesamte Insolvenzrecht
ZIP	Zeitschrift für Wirtschaftsrecht
zit.	zitiert
ZMR	Zeitschrift für Miet- und Raumrecht
ZPO	Zivilprozessordnung
ZRP	Zeitschrift für Rechtspolitik
ZSR	Zeitschrift für Sozialreform
z. T.	zum Teil
ZTR	Zeitschrift für Tarif-, Arbeits- und Sozialrecht des öffentlichen Dienstes
zz.	zurzeit

Literaturverzeichnis

Die in dieses Verzeichnis aufgenommenen Titel werden in den Erläuterungen i. d. R. nur mit dem Namen des Verfassers zitiert. Gibt es von einem Verfasser mehrere Titel, sind sie, wie durch fett gesetzte Hervorhebungen gekennzeichnet, gekürzt worden.

Agel-Pahlke, Der internationale Geltungsbereich des Betriebsverfassungsgesetzes (1988)

Akin/Dälken/Monz, Integration von Beschäftigten ausländischer Herkunft (2004)

Ales/Bell/Deinert/Robin-Olivier (Hrsg.), International and European Labour Law (2018); zit.: Ales/Bell/Deinert/Robin-Olivier-*Bearbeiter*

Ales/Deinert/Kenner (Hrsg.), Core and Contingent Work in the European Union (2017); zit.: Ales-*Bearbeiter*

Alexy, Theorie der Grundrechte (1986)

Altmann/Sauer (Hrsg.), Systemische Rationalisierung und Zulieferindustrie (1989)

Altvater/Baden/Baunack/Berg/Dierßen/Herget/Kröll/Lenders/Noll, Bundespersonalvertretungsgesetz mit Wahlordnung und ergänzenden Vorschriften, Kommentar, 10. Aufl. (2019); zit.: *Bearbeiter* in Altvater u. a.

Altvater/Peiseler, Bundespersonalvertretungsgesetz. Basiskommentar, 5. Aufl. (2009)

v. Alvensleben, Die Rechte der Arbeitnehmer bei Betriebsübergang im Europäischen Gemeinschaftsrecht (1992)

Andres/Leithner/Dahl, Insolvenzordnung. Kommentar, 2. Aufl. (2011)

Annuß/Kühn/Rudolph/Rupp, Europäisches Betriebsrätegesetz, SEBG/MgVG/SCEBG. Kommentar (2014); zit. AKRR-*Bearbeiter*

Apitzsch/Klebe/Schumann (Hrsg.), BetrVG '90, Der Konflikt um eine andere Betriebsverfassung (1988)

Arbeitnehmerkammer Bremen (Hrsg.), Bremisches Personalvertretungsgesetz. Praxis-Kommentar (2016)

Arbeitskreis GmbH-Reform, Thesen und Vorschläge zur GmbH-Reform, Bde. 1 und 2 (1971)

Ascheid, Urteils- und Beschlußverfahren, 2. Aufl. (1998)

Ascheid/Preis/Schmidt/Linck (Hrsg.), Kündigungsrecht. Großkommentar zum gesamten Recht der Beendigung von Arbeitsverhältnissen, 6. Aufl. (2021); zit.: APS-*Bearbeiter*

Asshoff/Bachner/Kunz, Europäisches Arbeitsrecht im Betrieb. Ein praktischer Ratgeber (1996)

Augsten, Mobile Arbeit – Homeoffice – Telearbeit, Praxisratgeber für Betriebs- und Personalräte (2021)

Auzero/Dockès, Droit du travail, 31 éd. (2018)

Bachner, Die Rechtsstellung des Europäischen Betriebsrats nach französischem und deutschem Arbeitsrecht, Diss. (1998)

Bachner/Heilmann, Handbuch Betriebsvereinbarungen, Rechtliche Grundlagen und Vorlagen – mit Onlinezugriff auf alle Mustertexte, 3. Aufl. (2018)

Bachner/Gerhardt/Matthießen, Arbeitsrecht bei der Umstrukturierung von Unternehmen und Betrieben, 5. Aufl. (2018) Zitierweise: BGM-*Bearbeiter*

Backmeister/Trittin/Mayer, Kündigungsschutzgesetz, 4. Aufl. (2008)

Bader/Fischermeier/Gallner//Klose/Kreft/Kreutzberg-Kowalczyk/ Krumbiegel/Link/Lipke/Rachor/Rinck/Spelge/Spilger/Treber/Vogt/Weigand, Gemeinschaftskommentar zum Kündigungsschutzgesetz und zu sonstigen kündigungsschutzrechtlichen Vorschriften, 13. Aufl. (2022); zit.: KR-Bearbeiter

Bahnmüller/Salm, Intelligenter, nicht härter arbeiten? (1996)
Balz, Das neue Gesetz über den Sozialplan im Konkurs- und Vergleichsverfahren (1985)
Balze/Bebel/Schuck, Outsourcing und Arbeitsrecht (1997)
Bauer, Betriebsänderungen (1992)
Bauer, Sprecherausschussgesetz mit Wahlordnung und Erläuterungen, 2. Aufl. (1990)
Bauer, Umstrukturierungen, 2. Aufl. (2009)
Bauer, Unternehmensveräußerung und Arbeitsrecht (1983)
Bauer/Krieger/Günther, AGG. Allgemeines Gleichbehandlungsgesetz und Entgelttransparenzgesetz. Kommentar, 5. Aufl. (2018)
Baumbach/Hopt, Handelsgesetzbuch, Kommentar, 34. Aufl. (2010)
Baumbach/Hueck, Kurzkommentar zum GmbH-Gesetz, begründet von Baumbach, fortgeführt von Hueck, 19. Aufl. (2010); zit.: BH-*Bearbeiter*
Baumbach/Lauterbach/Hartmann, Zivilprozessordnung, 69. Aufl. (2011); zit.: *BLH*
Baur/Stürner, Lehrbuch des Sachenrechts, 17. Aufl. (1999)
Bayer-Stiftung (Hrsg.), Der Transfer-Sozialplan. Neuer Rechtsrahmen zur Beschäftigungssicherung in Krisenzeiten (2000)
Bayreuther, Sicherung der Leistungsbedingungen von (Solo-)Selbständigen, Crowdworkern und anderen Plattformbeschäftigten, HSI-Schriftenreihe Bd. 26 (2018)
Bechmann, Ideenmanagement und betriebliches Vorschlagswesen, Betriebs- und Dienstvereinbarungen, Schriftenreihe der Hans Böckler Stiftung (2013)
Becker/Danne/Lang/Lipke/Mikosch/Steinwedel, Gemeinschaftskommentar zum Teilzeitarbeitsrecht (GK-TzA) (1987)
Becker/Wulfgramm, Arbeitnehmerüberlassungsgesetz, Kommentar, 3. Aufl. (1986)
Belling, Die Haftung des Betriebsrats und seiner Mitglieder für Pflichtverletzungen (1990)
Benner (Hrsg.), Crowdwork – zurück in die Zukunft? (2014); zit.: Benner-*Bearbeiter*
Benze/Föhr/Kehrmann/Kieser/Lichtenstein/Schwegler/Unterhinninghofen, Mitbestimmungsgesetz '76, Kommentar für die Praxis (1977)
Bepler, Gutachten B zum 70. Deutschen Juristentag (2014), zit.: Bepler, Gutachten
Berg/Bobke, Das Betriebsverfassungsgesetz – Ein Leitfaden für aktive Betriebsratsarbeit (1982)
Berg/Hayen/Heilmann/Ratayczak, Wahl des Betriebsrats, Praxisorientierte Arbeitshilfe für Wahlvorstände und Betriebsräte, 4. Aufl. (2013)
Berg/Kocher/Schumann (Hrsg.), Tarifvertragsgesetz und Arbeitskampfrecht, Kompaktkommentar, 7. Aufl. (2021); zit.: Berg/Kocher/Schumann-*Bearbeiter*
Berger, Organisation der Betriebsverfassung im matrixorganisierten Konzern (2017)
Berghahn/Egenberger/Klapp/Klose/Liebscher/Supik/Tischbirek, Evaluation des AGG (2016); zit.: Berghahn u. a., Evaluation des AGG
Bergmeier/Hoppe, Personalinformationssysteme (2006)
Bergwitz, Die Rechtsstellung des Betriebsrats (2003)
Berscheid, Arbeitsverhältnisse in der Insolvenz (1999)
Bertelsmann-Stiftung/Hans-Böckler-Stiftung (Hrsg.), Mitbestimmung und neue Unternehmenskulturen – Bilanz und Perspektiven (1998)
Besgen, Handbuch Betriebsverfassungsrecht – Verfahren, Gebühren und Streitwerte, 2. Aufl. (2010)
Bethmann/Kamm/Möller-Lücking/Peiseler/Westermann/Witt/Unterhinninghofen, Schwerbehindertengesetz, Basiskommentar, 3. Aufl. (1991)
Bichlmeier/Engberding/Oberhofer, Insolvenzhandbuch, 2. Aufl. (2003)
Bichlmeier/Oberhofer, Konkurshandbuch II. Arbeits- und Sozialrecht – ein praktischer Ratgeber, 2. Aufl. (1993)
Bichlmeier/Oberhofer, **Konkurshandbuch III,** 2. Aufl. (1994)
Biebl, Das Restmandat des Betriebsrats nach Betriebsstilllegung (1989)
Biedenkopf, S., Interessenausgleich und Sozialplan unter Berücksichtigung der besonderen Probleme bei der Privatisierung und Sanierung von Betrieben in den neuen Bundesländern (1994)
Birk, U. A., Die Mitbestimmung des Betriebsrats bei der betrieblichen Altersversorgung (1983)

Blank/Blanke, H./Klebe/Kümpel/Wendeling-Schröder/Wolter, Arbeitnehmerschutz bei Betriebsaufspaltung und Unternehmensteilung, 2. Aufl. (1987)
Blank/Fangmann/Hammer, Grundgesetz, Basiskommentar, 2. Aufl. (1996)
Blanke, H., Kurzarbeit (1984)
Blanke, H./Berg/Hawreliuk/Kamm/Schneider/Trümner, M./Trümner, R., Betriebsratswahl – Handlungsanleitung für die betriebliche Praxis, 3. Aufl. (1997)
Blanke, Th. (Hrsg.), Handbuch Außertarifliche Angestellte, 2. Aufl. (1998); zit.: Blanke-*Bearbeiter*
Blanke, Th./Hayen/Kunz/Carlson, Europäisches Betriebsräte-Gesetz, 3. Aufl. (2019); zit.: BHKC-*Bearbeiter*
Blanke, Th., Mitbestimmung im öffentlich-privatrechtlichen Gemeinschaftsbetrieb (1999)
Blanke, Th./Erd/Mückenberger/Stascheit (Hrsg.), Kollektives Arbeitsrecht – Quellentexte zur Geschichte des Arbeitsrechts in Deutschland, Bd. 1: 1840–1933 (1975)
Blanke/Schüren/Wank/Wedde, Handbuch neue Beschäftigungsformen (2002); zit.: BSWW-*Bearbeiter*
Blanke, Th./Sterzel, Privatisierungsrecht für Beamte (1999)
Blanke, Th./Trümner, R. (Hrsg.), Handbuch Privatisierung (1998)
Blanpain/Hanami, European Works Councils. The Implementation of the Directive in the Member States of the European Union (1995)
Blanpain/Windey, European Works Councils (1994)
Bley/Gitter/Heinze/Knopp/Lilge/Schneider-Danwitz/Schwerdtfeger, Gesamtkommentar Sozialversicherung (Loseblatt)
Blume, Normen und Wirklichkeit einer Betriebsverfassung (1964)
BMAS, Weißbuch Arbeiten 4.0 (2017)
Bobke, Arbeitsrecht für Arbeitnehmer, 5. Aufl. (1993)
Boecken, Unternehmensumwandlungen und Arbeitsrecht (1996)
Boecken/Düwell/Diller/Hanau (Hrsg.), Nomos-Kommentar- Gesamtes Arbeitsrecht, 2. Aufl. (2023), zit.: NK-GA/*Bearbeiter*
Boemke, Schuldvertrag und Arbeitsverhältnis (1999)
Boes/Schwemmle, Bangalore statt Böblingen? (2005)
Boewer, Die Betriebsratswahl (1990)
Böker, Arbeitszeiterfassungssysteme (2004)
Böker/Demuth, IKT-Rahmenvereinbarungen, Betriebs- und Dienstvereinbarungen, Schriftenreihe der Hans Böckler Stiftung, 2. Aufl. (2013)
Böker/Lindecke, Flexible Arbeitszeit – **Langzeitkonten,** Betriebs- und Dienstvereinbarungen, Schriftenreihe der Hans Böckler Stiftung, 2. Aufl. (2013)
Bopp, Die konstituierende Sitzung des Betriebsrats (1990)
Borgwardt/Fischer/Janert, Sprecherausschussgesetz für leitende Angestellte, 2. Aufl. (1990)
Bork, Einführung in das Insolvenzrecht, 3. Aufl. (2002)
Bosch/Engelhardt/Herrmann/Kurz-Scherf/Seifert, Arbeitszeitverkürzung im Betrieb, Die Umsetzung der 38, 5-Stunden-Woche in der Metall-, Druck- und Holzindustrie sowie im Einzelhandel (1988)
Bosch/Kohl/Schneider (Hrsg.), Handbuch Personalplanung (1995)
Bösche, Die Rechte des Betriebsrats bei Kündigungen (1979)
Brandl/Disselkamp/Wedde, Beschäftigungssicherung durch Innovation. Der neue § 92a BetrVG (2005); zit.: BDW-*Bearbeiter*
Brandmüller, Betriebsaufspaltung – Die aktuelle Rechtsform, Loseblatt (Stand 3/1989)
Brandmüller, Die Betriebsaufspaltung nach Handels- und Steuerrecht, 5. Aufl. (1985)
Braun, Die Fortgeltung von Betriebsvereinbarungen beim Betriebsübergang (2007)
Braun (Hrsg.), InsO. Kommentar, 5. Aufl. (2012)
Braun/Eggerdinger, Sucht und Suchtmittelmissbrauch (2004)
Brecht, Betriebsverfassungsgesetz, Kommentar (1972)
Brehm/Pohl (Hrsg.), Interessenvertretung durch Information (1978)
Breisig, Gruppenarbeit und ihre Regelung durch Betriebsvereinbarungen (1997)
Breisig, Entlohnen und Führen mit **Zielvereinbarungen** (2000)

Breisig, **Zielvereinbarungen im Fokus** von Betriebs- und Personalräten, 4. Aufl. (2013)
Breisig, **AT-Angestellte,** Betriebs- und Dienstvereinbarungen, Schriftenreihe der Hans Böckler Stiftung (2010)
Britschgi, Betriebliches Eingliederungsmanagement, 3. Aufl. (2014)
Brigl-Matthiaß, Das Betriebsräteproblem in der Weimarer Republik (1978)
Brock, Gewerkschaftliche Betätigung im Betrieb nach Aufgabe der Kernbereichslehre durch das Bundesverfassungsgericht (2002)
Brox/Rüthers, Arbeitskampfrecht, 2. Aufl. (1982)
Bücker/Feldhoff/Kohte, Vom Arbeitsschutz zur Arbeitsumwelt (1994)
Büntgen, Teilzeitarbeit, Betriebs- und Dienstvereinbarungen, Schriftenreihe der Hans Böckler Stiftung, 2. Aufl. (2013)
Bunge, Tarifinhalt und Arbeitskampf (1980)
Burghardt, Die Handlungsmöglichkeiten des Betriebsrats (1979)
Buschmann, Teilzeit- und Befristungsgesetz, Handlungshilfen für Betriebs- und Personalräte, 2. Aufl. (2007)
Buschmann/Dieball/Stevens-Bartol, TZA, Das Recht der **Teilzeitarbeit,** Kommentar für die Praxis, 2. Aufl. (2001); zit.: TZA-*Bearbeiter*
Buschmann/Mache/Nielebock/Palik/Rataczak/Schoden/Trümner, M., Die neuen Arbeitnehmerrechte (1999)
Buschmann/J. Ulber, Arbeitszeitgesetz, Basiskommentar mit Nebengesetzen und Ladenschluss, 8. Aufl. (2015)
Buschmann/J. Ulber, **Arbeitszeitrecht,** Kompaktkommentar zum Arbeitszeitgesetz mit Nebengesetzen und europäischem Recht (2019); zit.: Arbeitszeitrecht-*Bearbeiter*
Buschmann/J. Ulber, Flexibilisierung: Arbeitszeit – Beschäftigung, Basiskommentar (1989)

Carinci/De Luca Tamajo/Tosi/Treu, Diritto del Lavoro, Tomo 1. Il diritto sindacale, 4 ed. (2002), Tomo 2. Il rapporto di lavoro subordinato, 5 ed. (2003)
Caspers, Personalabbau und Betriebsänderung im Insolvenzverfahren (1998)
Christ, Freiwillige Tarifverträge (2007)
Christiansen, Betriebszugehörigkeit (1998)
Collardin, Aktuelle Rechtsfragen der Telearbeit (1995)
Colneric/Gerdemann, Die Umsetzung der Whistleblower-Richtlinie in deutsches Recht, HSI-Schriftenreihe Bd. 34 (2020)
Cox/Offermann, Wirtschaftsausschuss (2004)
Cronauge, Kommunale Unternehmen, 2. Aufl. (1996)

Dachrodt/Engelbert, Praktikerkommentar zum Betriebsverfassungsrecht (2002); zit.: *DE*
Däubler (Hrsg.), **Arbeitsbeziehungen** in Spanien (1982)
Däubler (Hrsg.), **Arbeitskampfrecht,** Handbuch für die Rechtspraxis, 4. Aufl. (2017); zit. *Bearbeiter* in Däubler, Arbeitskampfrecht
Däubler, **Arbeitsrecht,** Ratgeber für Beruf, Praxis und Studium, 14. Aufl. (2023)
Däubler, **Das Arbeitsrecht 1,** 16. Aufl. (2006)
Däubler, **Das Arbeitsrecht 2,** 12. Aufl. (2009)
Däubler, **BGB kompakt,** 3. Aufl. (2008)
Däubler, **Digitalisierung** und Arbeitsrecht, 8. Aufl. (2022)
Däubler, Der **Euro** im Betrieb (1998)
Däubler, Betriebsverfassung in globalisierter Wirtschaft (1999)
Däubler, Das **Grundrecht** auf Mitbestimmung, 4. Aufl. (1976)
Däubler, Das zweite Schiffsregister. Völkerrechtliche und verfassungsrechtliche Probleme einer deutschen »Billig-Flagge« (1988)
Däubler, **Gewerkschaftsrechte** im Betrieb, 12. Aufl. (2017)
Däubler, **Gläserne Belegschaften?** – Das Handbuch zum Beschäftigtendatenschutz, 9. Aufl. (2021)
Däubler, Gutachten zum Gesetzentwurf der Bundesregierung zum Tarifeinheitsgesetz (2015), *www.linksfraktion.de*, zit.: Däubler, Gutachten

Däubler, **Interessenvertretung** durch Betriebsrat und Gewerkschaften im digitalen Betrieb. HSI-Schriftenreihe Band 41 (2022)
Däubler, **Ratgeber Arbeitsrecht.** Mit den Übergangsregelungen für die neuen Bundesländer, 4. Aufl. (1996)
Däubler, Handbuch **Schulung** und Fortbildung. Gesamtdarstellung für betriebliche Interessenvertreter, 5. Aufl. (2004)
Däubler, **Schulungsanspruch** des Betriebsrats, (2022)
Däubler, **Tarifvertragsrecht,** 3. Aufl. (1993)
Däubler, Tarifverträge zur **Unternehmenspolitik?,** HSI-Schriftenreihe Band 16 (2016)
Däubler, **Klimaschutz** und Arbeitsrecht, HSI-Schriftenreihe Band 49 (2023)
Däubler (Hrsg.), **Kommentar zum Tarifvertragsgesetz,** 5. Aufl. (2022); zit.: Däubler-*Bearbeiter*, TVG.
Däubler/Bepler, Das neue Tarifeinheitsrecht (2015)
Däubler/Beck (Hrsg.), **Allgemeines Gleichbehandlungsgesetz.** Handkommentar, 5. Aufl. (2022); zit.: Däubler/Beck-*BearbeiterIn*
Däubler/Deinert/Walser, **AGB-Kontrolle** im Arbeitsrecht. Kommentierung zu den §§ 305–310 BGB, 5. Aufl. (2021); zit.: DDW-*Bearbeiter*
Däubler/Deinert/Zwanziger (Hrsg.), **Kündigungsschutzrecht,** 11. Aufl. (2020); zit.: DDZ-*Bearbeiter*
Däubler/Hege, **Koalitionsfreiheit** (1976)
Däubler/Hjort/Schubert/Wolmerath (Hrsg.), Arbeitsrecht. Individualarbeitsrecht mit kollektivrechtlichen Bezügen. Handkommentar, 5. Aufl. (2022); zit. HK-ArbR-*Bearbeiter*
Däubler/Kittner, Geschichte und Zukunft der Betriebsverfassung, 2. Aufl. (2022)
Däubler/Kittner/Lörcher (Hrsg.), Internationale Arbeits- und Sozialordnung, 2. Aufl. (1994); zit.: *DKL*
Däubler/Klebe/Wedde (Hrsg.), Betriebsverfassungsgesetz, Formularbuch, 5. Aufl. (2021); zit.: DKWF-*Bearbeiter*
Däubler/Klebe/Wedde/Weichert, Bundesdatenschutzgesetz, Kompaktkommentar, 5. Aufl. (2016); zit.: *DKWW*
Däubler/Küsel (Hrsg.), Verfassungsgericht und Politik (1979)
Däubler/Lecher (Hrsg.), Die Gewerkschaften in den zwölf EG-Ländern (1991)
Däubler/Wedde/Weichert/Sommer, EU-Datenschutz-Grundverordnung und BDSG-neu, Kompaktkommentar, 2. Aufl. (2020), zit.: DWWS-*Bearbeiter*
Däubler/Wohlmuth (Hrsg.), Transnationale Konzerne und Weltwirtschaftsordnung (1978)
Däubler/Wroblewski, Das Insolvenzhandbuch für die Praxis, 5. Aufl. (2021)
Dedering, Personalplanung und Mitbestimmung (1972)
Dehmer, Die Betriebsaufspaltung, 2. Aufl. (1987)
Dehmer, Umwandlungsgesetz – Umwandlungssteuergesetz, 2. Aufl. (1996)
Deinert, **Betriebsverfassung** in Zeiten der Globalisierung, HSI-Schriftenreihe Bd. 38 (2021)
Deinert, Privatrechtsgestaltung durch Sozialrecht. Begrenzungen des Akzeptanz- und Vermögenswertprinzips durch sozialrechtliche Regelungen (2007)
Deinert, Internationales Arbeitsrecht (2013)
Deinert/Heuschmid/Zwanziger (Hrsg.), Arbeitsrecht, Handbuch für die Praxis, 10. Aufl. (2019); zit.: DHZ-*Bearbeiter*
Deinert/Wenckebach/Zwanziger (Hrsg.), Arbeitsrecht, Handbuch für die Praxis, 11. Aufl. (2023); zit.: DWZ-*Bearbeiter*
Deinert/Welti/Brockmann/Luik (Hrsg), Stichwortkommentar Behindertenrecht, 3. Aufl. (2022) zit. SWK Behindertenrecht-*Bearbeiter*
Deinert/Treber, Europäische Arbeits- und Sozialordnung (2021)
Deppe, F./v. Freyberg/Kievenheim/Meyer/Werkmeister, Kritik der Mitbestimmung, 3. Aufl. (1972)
Deppe, J. (Hrsg.), Euro-Betriebsräte. Internationale Mitbestimmung (1992)
Dersch, Das Gesetz zur Ordnung der nationalen Arbeit, Kommentar (1934)
Deutscher Gewerkschaftsbund (Hrsg.), Gesetz zur Reform des BetrVG, Informationen zum Arbeitsrecht, Heft 2/2001

Deutscher Gewerkschaftsbund für die Britische Zone (Hrsg.), Das neue Recht im Betriebsrätewesen (1948)
Dieterich, Die betrieblichen Normen nach dem Tarifvertragsgesetz vom 9.4.1949 (1964)
Dietz, Betriebsverfassungsgesetz, Kommentar, 4. Aufl. (1967)
Dietz, Gesetz zur Ordnung der nationalen Arbeit, 7. Aufl. (1942)
Dietz/Richardi, Betriebsverfassungsgesetz, Kommentar, 2 Bde., 6. Aufl. (1981/82); zit.: *DR*
Dietz/Richardi, Bundespersonalvertretungsgesetz, Kommentar, 2 Bde., 2. Aufl. (1978)
di Fabio, Gesetzlich auferlegte Tarifeinheit als Verfassungsproblem, Gutachten (2014), (*www.marburger-bund.de*), zit.: *di Fabio*, Gutachten
Dirx/Klebe, Auswahlrichtlinien, Schriftenreihe der IG Metall »Für den BR«, 2. Aufl. (1987)
Dix, Gleichberechtigung durch Gesetz (1984)
Dobberahn, Das neue Arbeitszeitgesetz in der Praxis, 2. Aufl. (1996)
Doleschal, Die Automobil-Zulieferindustrie im Umbruch (Hans-Böckler-Stiftung, Graue Reihe – Neue Folge 15) (1989)
Doleschal/Klönne (Hrsg.), Just-in-time-Konzepte und Betriebspolitik (Hans-Böckler-Stiftung, Graue Reihe – Neue Folge 16) (1990)
Dornberger, Schutzmöglichkeiten gegen die Behinderung von Betriebsratswahlen seitens des Arbeitgebers, Diss. (2018)
Dornbusch/Krumbiegel/Löwisch (Hrsg.), Arbeitsrecht, 10. Aufl. (2021); zit.: DKL-*Bearbeiter*
Döring/Kempen (Hrsg.), Sozialistengesetz, Arbeiterbewegung und Demokratie (1979)
Dörner u. a., BGB, Handkommentar (2001); zit.: HK-BGB-*Bearbeiter*
Dorndorf, Sozialplan im Konkurs (1978)
Dreier (Hrsg.), GG-Kommentar, Bd. 1, 2. Aufl. (2004)
Dutta/Fornsier, Jenseits von weiblich und männlich – Menschen mit Varianten der Geschlechtsentwicklung im Arbeitsrecht du öffentlichen Dienstrecht des Bundes (2020)
Dütz/Thüsing, **Arbeitsrecht,** 25. Aufl. (2020)
Dütz, Unterlassungs- und Beseitigungsansprüche des Betriebsrats gegen den Arbeitgeber im Anwendungsbereich von § 87 BetrVG, Rechtsgutachten, erstattet für die Hans-Böckler-Stiftung (1983)
Düwell (Hrsg.), Betriebsverfassungsgesetz, Handkommentar, 6. Aufl. (2022); zit.: Hako-BetrVG/*Bearbeiter*
Düwell/Hanau/Molkenbur/Schliemann, Betriebsvereinbarungen (1995)
Düwell/Lipke (Hrsg.), Arbeitsgerichtsgesetz, Kommentar für die Praxis, 2. Aufl. (2005); zit.: ArbGG-*Bearbeiter*

Edenfeld, Betriebsverfassungsrecht, 4. Aufl. (2014)
Ehmann, Arbeitsschutz und Mitbestimmung bei neuen Technologien (1981)
Eickmann/Flessner/Irschlinger u. a., Heidelberger Kommentar zur Insolvenzordnung, 4. Aufl. (2006)
Eisenhardt, Gesellschaftsrecht, 8. Aufl. (1999)
Elert, Gruppenarbeit (2001)
Emmerich/Habersack/Sonnenschein, Konzernrecht, 9. Aufl. (2008)
Engels, Die Wahl von Sprecherausschüssen der leitenden Angestellten (1990)
Engler, Betriebsrätegesetz für das Land Hessen, Kommentar (1949)
Esser/Wolmerath, Mobbing und psychische Gewalt, 8. Aufl. (2011)
Estelmann, Rechtlich selbstständige Sozialeinrichtungen (1994)
Etzel, Betriebsverfassungsrecht – Eine systematische Darstellung, 7. Aufl. (2001)

Faas/Leininger, Wählen mit 16? Otto-Brenner-Stiftung (2020)
Fabricius/Kraft/Wiese/Kreutz/Oetker/Raab/Weber, Gemeinschaftskommentar zum Betriebsverfassungsgesetz, 2 Bde., 7. Aufl. (2002); zit.: GK-*Bearbeiter*, 7. Aufl. (11. Aufl. unter *Wiese*)
Falke/Höland/Rhode/Zimmermann, Kündigungspraxis und Kündigungsschutz in der Bundesrepublik Deutschland, hrsg. vom BMA (1981)
Färber/Theilenberg, Personaldatenverarbeitung im Einigungsstellenverfahren (1985)

Feichtinger, Die betriebsverfassungsrechtliche Regelungsbefugnis der Tarifvertragsparteien (1975)
Feldes/Kohte/Stevens-Bartol (Hrsg.), SGB IX, Kommentar für die Praxis, 5. Aufl. (2023); zit.: FKS-*Bearbeiter*
Fenski, Außerbetriebliche Arbeitsverhältnisse – Heim- und Telearbeit (1994)
Fischer, C., Die tarifwidrigen Betriebsvereinbarungen (1998)
Fischer, T., Strafgesetzbuch, Kommentar, 70. Aufl. (2023)
Fischer, U., Tele-Heimarbeit und Schutz der Arbeitnehmerschaft (1991)
Fitting/Auffarth/Kaiser, Betriebsverfassungsgesetz, Kommentar, 9. Aufl. (1970); 13. Aufl. (1980); zit.: *FAK*
Fitting/Auffarth/Kaiser/Heither, Betriebsverfassungsgesetz, Kommentar, 17. Aufl. (1992); zit.: *FAKH*
Fitting/Schmidt/Trebinger/Linsenmaier/Schelz/Schmidt, Betriebsverfassungsgesetz mit Wahlordnung, Handkommentar, 31. Aufl. (2022), zit.: *Fitting*
Fitting/Kraegeloh/Auffarth, Betriebsverfassungsgesetz, Kommentar, 8. Aufl. (1968)
Fitting/Wlotzke/Wißmann, Mitbestimmungsgesetz, 2. Aufl. (1978)
Flatow/Kahn-Freund, Betriebsrätegesetz, Kommentar, 13. Aufl. (1931)
Franz, Personalinformationssysteme und Betriebsverfassung (1983)
Franzen/Gallner/Oetker (Hrsg.), Kommentar zum europäischen Arbeitsrecht, 3. Aufl. (2020)
Frauenkron, Betriebsverfassungsgesetz, Kommentar (1972)
Freese, Die konstitutionelle Fabrik, 4. Aufl. (1922)
Freitag, Betriebsratsamt und Arbeitsverhältnis, Diss. (1972)
Frerichs/Möller/Ulber, Leiharbeit und betriebliche Interessenvertretung (1981)
Frey, E., Der Tendenzschutz im Betriebsverfassungsgesetz 1972 (1974)
Frey, H., Flexible Arbeitszeit (1985)
Fricke/Grimberg/Wolter (Hrsg.), Die Betriebsversammlung: so wird's gemacht! (2002)
Friedemann, Das Verfahren der Einigungsstelle für Interessenausgleich und Sozialplan (1997)
Friese, Kollektive Koalitionsfreiheit und Betriebsverfassung (2000)
Fröb, Die Bekämpfung von Rassismus und Fremdenfeindlichkeit im Betrieb (2018)
Froschauer, Arbeitsrecht und Umweltschutz, Diss. (1993)
Fuchs, **Konzernbetriebsrat**, Funktion und Kompetenz (1974)
Fuchs, H., Der **Sozialplan** nach dem Betriebsverfassungsgesetz 1972 (1977)
Fuchs, K.-D., Die gesicherten arbeitswissenschaftlichen Erkenntnisse (1984)

Gagel/Weiss (Hrsg.), Handbuch für Arbeits- und Sozialrecht, Loseblatt (1990)
Galperin/Löwisch, Betriebsverfassungsgesetz, Kommentar, 2 Bde., 6. Aufl. (1982); zit.: *GL*
Galperin/Siebert, Betriebsverfassungsgesetz, Kommentar, 4. Aufl. (1963)
Gamillscheg, Arbeitsrecht I, 8. Aufl. (2000)
Gamillscheg, Internationales Arbeitsrecht (1959)
Gamillscheg, Kollektives Arbeitsrecht, Bd. I (1997)
Gamillscheg, Kollektives Arbeitsrecht, Bd. II (2008)
Gaul, Björn, Das Arbeitsrecht der Betriebs- und Unternehmensspaltung (2002)
Gaul, Dieter, Die rechtliche Ordnung der Bildschirmarbeitsplätze, 2. Aufl. (1984)
Gaul, Dieter/Gajewski, Die Betriebsänderung (1993)
Gebhardt, Kurzarbeitergeld, Kommentar (Loseblatt)
Gege, Die Funktion des Wirtschaftsausschusses im Rahmen der wirtschaftlichen Mitbestimmung (1977)
Germelmann, Der Betriebsfrieden im Betriebsverfassungsgesetz (1972)
Germelmann/Matthes/Prütting, Arbeitsgerichtsgesetz, Kommentar, 10. Aufl. (2022); zit.: *GMP*
Geßler/Hefermehl/Eckardt/Kropff, Aktiengesetz (1976)
Gierke, Genossenschaftsrecht, Bd. I (1868)
Giesen, Tarifvertragliche Rechtsgestaltung für den Betrieb (2002)
Gilberg, Die Mitwirkung des Betriebsrats bei der Berufsbildung (1999)
Gittermann, Arbeitnehmerstatus und Betriebsverfassung in Franchise-Systemen (1995)

Glaubrecht/Halberstadt/Zander (Hrsg.), Betriebsverfassung in Recht und Praxis, Handbuch für Unternehmensleitung, Betriebsrat und Führungskräfte (Loseblatt)
Göhler, Gesetz über Ordnungswidrigkeiten, Kommentar, 18. Aufl. (2021); zit.: Göhler-*Bearbeiter*
Göpfert/Giese (Hrsg.), Beratungen im Wirtschaftsausschuss (2021)
Gola, DS-GVO (2017); zit.: Gola-*Bearbeiter*, DS-GVO
Gola, Handbuch Beschäftigtendatenschutz, 8. Aufl. (2019)
Gola/Heckmann (Hrsg.), BDSG, 13. Aufl. (2019)
Gola/Heckmann (Hrsg.), DS-GVO und BDSG, Kommentar, 3. Aufl. (2022)
Gola/Schomerus, BDSG, 12. Aufl. (2015)
Göritz/Laßmann/Pankau/Röhricht/Rupp/Teppich, Handbuch Einigungsstelle, 5. Aufl. (2017)
Grauvogel/Hase/Röhricht, Wirtschaftsausschuss und Betriebsrat, 2. Aufl. (2006); zit.: *Grauvogel u. a.*
Gresslin, Teilzeitbeschäftigte Betriebsratsmitglieder (2004)
Greve, Die Gesamt- und Konzernbetriebsvereinbarung im Betriebsübergang und bei Umwandlung nach dem Umwandlungsgesetz (2012)
Großfeld, Internationales Unternehmensrecht (1986)
Grotkamp, Die Bedeutung des Gesamtbetriebsrats und die Abgrenzung seiner Zuständigkeit zu den Einzelbetriebsräten im Rahmen des Strukturwandels in der deutschen Wirtschaft (1999)
Growe, Ordnungswidrigkeitenverfahren nach dem Betriebsverfassungsrecht (1990)
Grunsky/Waas/Benecke/Greiner, Arbeitsgerichtsgesetz, Kommentar, 8. Aufl. (2014); zit.: GWBG-*Bearbeiter*
Grupp/Weth (Hrsg.), Arbeitnehmerinteressen und Verfassung (1998)
Grzech-Sukalo/Hänicke, Diskontinuierliche Schichtsysteme, Betriebs- und Dienstvereinbarungen, Schriftenreihe der Hans Böckler Stiftung (2011)
Gussen, Die Fortgeltung von Betriebsvereinbarungen und Tarifverträgen beim Betriebsübergang (1989)
Gussen/Dank, Die Weitergeltung von Betriebsvereinbarungen und Tarifverträgen und Umwandlung, 2. Aufl. (1997)

Haag, Umstrukturierung und Betriebsverfassung (1996)
Haarmeyer/Wutzke/Förster, Handbuch zur Insolvenzordnung, 4. Aufl. (2007)
Haberkorn, Betriebsverfassungsrecht, 4. Aufl. (1998)
Halberstadt, Betriebsverfassungsgesetz mit Wahlordnung, Kommentar (1994)
Habib, BEM – Wiedereingliederung in kleinen und mittleren Betrieben (2014)
Haipeter/Röhrig/Röwer/Thünken, Ds Initiativrecht nach § 92a BetrVG zur Beschäftigungssicherung – ein hilfreiches Instrument für die Mitbestimmung? (2015), abrufbar unter *www.boeckler.de*
Haipeter/Hertwig/Rosenbohm, Vernetzt und verbunden – Koordinationsprobleme im Mehrebenensystem der Arbeitnehmervertretung (2019)
Hallmen, Die Beschwerde des Arbeitnehmers als Instrument innerbetrieblicher Konfliktregelung, Diss. (1996)
Halser, Die Betriebsvereinbarung, 2. Aufl. (1995)
Hamm, **Leiharbeit,** Betriebs- und Dienstvereinbarungen, Schriftenreihe der Hans Böckler-Stiftung (2015)
Hamm, **Flexible Arbeitszeiten**-Kontenmodelle, Betriebs- und Dienstvereinbarungen, Schriftenreihe der Hans Böckler Stiftung, 2. Aufl. (2013)
Hamm, Sozialplan und Interessenausgleich, 4. Aufl. (2004)
Hammann/Schmitz/Apitzsch, Überwachung und Arbeitnehmerdatenschutz, 3. Aufl. (2017); zit.: *HSA*
Hammer, Berufsbildung und Betriebsverfassung (1990)
Hanau, Die juristische Problematik des Entwurfs eines Gesetzes zur Verstärkung der Minderheitenrechte in den Betrieben und Verwaltungen, Rechtsgutachten (1986)
Hanau/Adomeit, Arbeitsrecht, 14. Aufl. (2007)

Hanau/Langanke/Preis/Widlak, Das Arbeitsrecht der neuen Bundesländer (1991)
Hanau/Steinmeyer/Wank, Handbuch des europäischen Arbeits- und Sozialrechts (2002)
Hanau/Ulmer, Mitbestimmungsgesetz (1981)
Hänecke/Grzech-Sukalo, Kontinuierliche Schichtsysteme, Betriebs- und Dienstvereinbarungen, Schriftenreihe der Hans Böckler Stiftung (2012)
Hartwich, Sozialstaatspostulat und gesellschaftlicher Status quo, 3. Aufl. (1978)
Hase/Mengay/Riegel/Rupp, Handbuch Interessenausgleich und Sozialplan, 4. Aufl. (2004)
Hässler, Die Geschäftsführung des Betriebsrats, 5. Aufl. (1984)
Helml/Pessinger, Arbeitsgerichtsgesetz, Kommentar, 5. Aufl. (2021); zit.: HP-*Bearbeiter*
Haufe-Verlag (Hrsg.), EG-Binnenmarkt '92 – Chancen und Risiken für Betriebe, 3. Aufl. (1991)
Heckenauer/Hexel/Selzer (Hrsg.), Soziale Demokratie gestalten (1988)
Heckes, Der Rechtsschutz gegen Behördenentscheidungen nach § 37 Abs. 7 BetrVG (2000)
Heidel/Hüßtege/Mansel/Noack, Nomos-Kommentar BGB Allgemeiner Teil/EGBGB, 4. Aufl. (2021), zit.: NK-BGB
Heilmann (Hrsg.), Gefahrstoffverordnung (GefStoffV), Basiskommentar, 3. Aufl. (2005)
Heilmann, Rauchen am Arbeitsplatz, Handlungshilfe für Betriebsräte (1995)
Heilmann, Verdachtskündigung und Wiedereinstellung nach Rehabilitation (1964)
Heinze, Personalplanung, Einstellung und Kündigung (1982)
Heither, Sozialplan und Sozialrecht. Der Einfluss von Förderungsmöglichkeiten auf die Gestaltung von Interessenausgleich und Sozialplan (2002)
Helm/Bundschuh/Wulff, Arbeitsrechtliche Beratungspraxis in Krisenzeiten (2020)
Hennige, Das Verfahrensrecht der Einigungsstelle (1996)
Henssler, Der Arbeitsvertrag im Konzern (1983)
Henssler/Moll (Hrsg.), Kündigung und Kündigungsschutz in der betrieblichen Praxis – Kölner Tage des Arbeitsrechts (2000)
Henssler/Willemsen/Kalb (Hrsg.), Arbeitsrecht Kommentar, 10. Aufl. (2022); zit.: HWK-*Bearbeiter*
Herbst/Bertelsmann/Reiter, Arbeitsgerichtliches Beschlussverfahren, 2. Aufl. (1998); zit.: *HBR*
Herdzina, Wettbewerbspolitik (1993)
Herlitzius, Lean Production – Arbeitsrechtsfragen bei Einführung und Gestaltung von Gruppenarbeit, 2. Aufl. (1997)
Herrmann, Der gemeinsame Betrieb mehrerer Unternehmen (1993)
Herschel/Löwisch, Kündigungsschutzgesetz, Kommentar, 6. Aufl. (1984)
Hess/Worzalla/Glock/NicolaiRose/Huke, Betriebsverfassungsgesetz, Kommentar, 10. Aufl. (2018); zit.: HWGNRH-*Bearbeiter*
Hess/Weis/Wienberg, Kommentar zur InsO mit EGInsO, 2. Aufl. (2001); zit.: *Hess u. a.*
Hetzel, Die Beteiligung des Betriebsrats an der Personalplanung (1975)
Hexel, Mensch im Computer, 2. Aufl. (1986)
Hilber (Hrsg.), Handbuch Cloud Computing (2014); zit.: Hilber-*Bearbeiter*
Hinrichs, Personalauswahl und Auswahlrichtlinien, Betriebs- und Dienstvereinbarungen, Schriftenreihe der Hans Böcker Stiftung (2011)
Hirte, Der qualifizierte faktische Konzern (1992)
Hofe, Betriebliche Mitbestimmung und Humanisierung der Arbeit (1978)
Hoffmann (Hrsg.), Konzernhandbuch (1995)
Hoffmann, Die Förderung von Transfersozialplänen. Zuschüsse zu beschäftigungswirksamen Sozialplanmaßnahmen nach den §§ 254 ff. SGB III (2002)
Hoffmann/Lehmann/Weinmann, Mitbestimmungsgesetz (1978)
Hofmann, Das Verbot parteipolitischer Betätigung im Betrieb (1984)
Höhn, Betriebsbeauftragte im Umweltrecht, Gutachten im Auftrag der IG Metall (1991)
Homburg/Perreng/Thon/Ulber/Werth, Mitbestimmung und Mitwirkung beim Arbeitsverhältnis (2008)
Hommelhoff, Die Konzernleitungspflicht (1982)
Hommelhoff (Hrsg.), Treuhandunternehmen im Umbruch (1991)
Horcher, Internationale betriebliche Vereinbarungen (2004)

Horn, N./J. Kocka (Hrsg.), Recht und Entwicklung der Großunternehmen im 19. und frühen 20. Jahrhundert (1979)
v. Hoyningen-Huene/Boemke, Die Versetzung (1993)
Hromadka (Hrsg.), Arbeitsrecht und Beschäftigungskrise (1997)
Hromadka, Das Recht der leitenden Angestellten (1979)
Hromadka (Hrsg.), Recht und Praxis der Betriebsverfassung (1996)
Hromadka, **Rechtsbrevier** für Führungskräfte (1987)
Hromadka/Sieg, Sprecherausschussgesetz **(SprAuG),** Kommentar, 2. Aufl. (2010)
Hueck, G., Die Betriebsvereinbarung (1952)
Hueck, G., Gesellschaftsrecht, 19. Aufl. (1991)
Hueck/Nipperdey, Lehrbuch des Arbeitsrechts, Bd. 1: 1./2. Aufl. (1928); 3./5. Aufl. (1931); 6. Aufl. (1959); 7. Aufl. (1963) – Bd. 2: 1./2. Aufl. (1930); 3./5. Aufl. (1932); 6. Aufl. (1957); 7. Aufl. Teilbd. 1 (1967), Teilbd. 2 (1970)
Hueck/Nipperdey/Dietz, Gesetz zur Ordnung der nationalen Arbeit, Kommentar, 4. Aufl. (1943)
Hüffer, Aktiengesetz, 9. Aufl. (2010)
Hümmerich, Die Zuständigkeitsabgrenzung zwischen Gesamtbetriebsrat und Einzelbetriebsräten (2010)
Hunold, Lean Production. Rechtsfragen bei der Einführung neuer Arbeitsformen und Techniken (1993)
Hüper, Der Betrieb im Unternehmerzugriff (1986)
Hürdler, Die Zuständigkeitsverteilung unter den Betriebsräten und Hierarchisierung betriebsverfassungsrechtlicher Mitbestimmungsangelegenheiten im matrixorganisierten Konzern (2019)
Huss-Schmidt (Hrsg.), Kooperation und Mitbestimmung (1972)

IG Metall (Hrsg.), Wofür wir streiten: Solidarität und Freiheit – Internationaler Zukunftskongress 1988 (1989)
Immenga/Mestmäcker, Wettbewerbsrecht, 4. Aufl. (2007)
Ingenfeld, Die Betriebsausgliederung aus der Sicht des Arbeitsrechts (1992)

Jahn, Die Beteiligung des Betriebsrats bei arbeitskampfbedingten Maßnahmen des Arbeitgebers (1993)
Jahna, Die Anrechnung von Tariflohnerhöhungen auf über- und außertarifliche Zulagen (1995)
Jahnke, Tarifautonomie und Mitbestimmung (1984)
Jauernig, Bürgerliches Gesetzbuch – Kommentar, 17. Aufl. (2018) zit.: Jauernig-*Bearbeiter*
Jentgens/Kamp, Betriebliches Verbesserungswesen (2004)
Joost, Betrieb und Unternehmen als Grundbegriffe im Arbeitsrecht (1988)
Julius, Arbeitsschutz und Fremdfirmenbeschäftigung (2004)
Junker, Internationales Arbeitsrecht im Konzern (1992)

Kador/Kempe/Pornschlegel, Handlungsanleitung zur betrieblichen Personalplanung, 3. Aufl. (1989)
Käufer, Weiterbildung im Arbeitsverhältnis (2002)
Kaiser, Sprecherausschüsse für leitende Angestellte (1995)
Kallmeyer (Hrsg.), Umwandlungsgesetz, Kommentar 4. Aufl. (2010); zit.: Kallmeyer-*Bearbeiter*
Kamanabrou, Arbeitsrecht (2017)
Kamlak, Bestandsschutz und Ablösung von Kollektivverträgen bei Betriebsübergang, Diss. jur. Bonn (1996)
Kammerer, Personalakte und Abmahnung, 3. Aufl. (2001)
Kamp, Gruppenarbeit, edition der Hans-Böckler-Stiftung 5 (1999)
Kamp, Telearbeit, edition der Hans-Böckler-Stiftung 31 (2000)
Kamp/Breisig, Mitbestimmung bei Gruppenarbeit. Die novellierte Betriebsverfassung Bd. 4, Hrsg. Hans Böckler Stiftung (2002)
Kamp/Roth/Klebe, EDV im BR-Büro, Schriftenreihe der IG Metall »Für den BR« (1989)

Kaven, Das Recht des Sozialplans – Ein Leitfaden zur Aufstellung und Durchführung von Sozialplänen (1977)
Kempen, Grund und Grenze gesetzlicher Personalvertretung in der parlamentarischen Demokratie (1985)
Kempen, Hugo Sinzheimer: Architekt des kollektiven Arbeitsrechts und Verfassungspolitikers (2017)
Kempen/Zachert (Hrsg.: Brecht-Heitzmann/Kempen/Schubert/Seifert), Tarifvertragsgesetz, Kommentar für die Praxis, 5. Aufl. (2014)
Kempff, Grundrechte im Arbeitsverhältnis – Zum Grundrechtsverständnis des Bundesarbeitsgerichts (1988)
Kern/Schumann, Ende der Arbeitsteilung? (1988)
Kiel/Lunk/Oetker (Hrsg.), Münchener Handbuch zum Arbeitsrecht, Band 1 und 2 Individualarbeitsrecht, 5. Aufl. (2021), Band 3 und 4 Kollektives Arbeitsrecht und Arbeitsgerichtsverfahren, 5. Aufl. (2022) zit.: MünchArbR-*Bearbeiter*, Zur 3. Aufl. s. Richardi/Wlotzke/Wißmann/Oetker
Kiesche, Betriebliches Gesundheitsmanagement, Betriebs- und Dienstvereinbarungen, Schriftenreihe der Hans Böckler Stiftung (2013)
Kilger, Konkursordnung, 15. Aufl. (1987)
Kilian/Borsum/Hoffmeister, Telearbeit und Arbeitsrecht (1986)
Kirchhof/Lwowski/Stürner (Hrsg.), Münchener Kommentar zur InsO, Bd. 2, 2. Aufl. (2008)
Kittner, Arbeits- und Sozialordnung, 48. Aufl. (2023)
Klapper, Unterstützung des Betriebsrats durch in- und externen Sachverstand (2007)
Klebe/Ratayczak/Heilmann/Spoo, Betriebsverfassungsgesetz, Basiskommentar, 22. Aufl. (2021); zit.: *KRHS*
Klebe/Roth, **Informationen ohne Grenzen** (1987)
Klebe/Roth, **Personalinformationssysteme,** Schriftenreihe der IG Metall »Für den BR« (1986)
Klebe/Schumann, Das Recht auf Beschäftigung im Kündigungsschutzprozess (1981)
Klein, Die Stellung der Minderheitsgewerkschaften in der Betriebsverfassung (2007)
Klein-Schneider, Flexible Arbeitszeit, edition der Hans-Böckler-Stiftung 6 (1999)
Klein-Schneider, Flexible Arbeitszeit, **Vertrauensarbeitszeit** (2007)
Kleinknecht/Meyer (Begr.), Strafprozessordnung, Kommentar, 54. Aufl. (2011)
Klinkhammer, Mitbestimmung im Gemeinschaftsunternehmen (1977)
Klinkhammer/Welslau, Europäische Betriebsräte in der Praxis (1995)
Klocke, Das BetrVG und der Arbeitskampf im Betrieb, HSI-Schriftenreihe Bd. 29 (2019)
Klöver, Der Sozialplan im Konkurs (1993)
Knorr, Der Sozialplan im Widerstreit der Interessen (1995)
Koberski/Clasen/Menzel, Tarifvertragsgesetz, Loseblatt (Stand 1/1995)
Koberski/Sahl/Hold, Arbeitnehmerentsendegesetz (1997)
Koch, Die Abmahnung eines Betriebsratsmitgliedes wegen Amtspflichtverletzung, Diss. (1991)
Kocher/Kädtler/Voskamp/Krüger/Vogel, Fernwirkung und Parität bei Arbeitskämpfen – Zur Verfassungsmäßigkeit von § 160 SGB III, HSI-Schriftenreihe Bd. 19 (2017); zit.: Kocher u. a.
Kölner Kommentar zum Aktiengesetz, 2. Aufl. (1986)
Körner, Wirksamer Beschäftigtendatenschutz im Lichte der Europäischen Datenschutz-Grundverordnung (DS-GVO) (2017)
Körner, Die Auswirkungen der Datenschutz-Grundverordnung (DSGVO) in der betrieblichen Praxis (2019)
Köstler, Das steckengebliebene Reformvorhaben (1987)
Köstler/Müller/Sick, Aufsichtsratspraxis, 10. Aufl. (2013)
Kohl, Arbeit für alle (1979)
Kohl/Knuth, Wenn Personalabbau droht. Handlungshilfe für Betriebsräte (1998)
Kohte, Arbeitnehmerhaftung und Arbeitgeberrisiko (1981)
Kohte, Betrieb und Unternehmen unter dem Leitbild des Organisationsvertrages, Habilitationsschrift, uv. Manuskript (1987)
Kohte, Der Einfluss der Treuhandanstalt auf die Gestaltung der arbeits- und sozialrechtlichen Verhältnisse, in: Beiträge zu den Berichten der KSPW, Bd. 6.5 (1997)

Kohte, Die Stärkung der **Partizipation** der Beschäftigten im betrieblichen Arbeitsschutz, edition der Hans-Böckler-Stiftung 9 (1999)
Kohte/Faber/Feldhoff (Hrsg.), Gesamtes Arbeitsschutzrecht, Handkommentar, 2. Aufl. (2018); zit.: KFF-*Bearbeiter*
Kolbe, Mitbestimmung und Demokratieprinzip (2013)
Koller/Roth/Morck, HGB, Kommentar, 3. Aufl. (1999); zit.: *KRM*
Kollmer/Klindt/Schucht, Arbeitsschutzgesetz mit Arbeitsschutzverordnungen, 4. Aufl. (2021); zit.: Kollmer-*Bearbeiter*
Kollmer/Vogl, Das Arbeitsschutzgesetz, 2. Aufl. (1999)
Konzen, Betriebsverfassungsrechtliche Leistungspflichten der Arbeitgeber (1984)
Konzen, Unternehmensaufspaltungen und Organisationsänderungen im Betriebsverfassungsrecht (1986)
Koppensteiner, Kölner Kommentar zum AktG, 2. Aufl. (1986 und 1987)
Kotthoff, Lehrjahre des Europäischen Betriebsrats (2006)
Krampe, Die Anfechtbarkeit der Wahl des Betriebsratsvorsitzenden (2006)
Kramer, Nadine, Amtsschutz durch Bestandsschutz, zur Frage des Bestehens einer Freikündigungsobliegenheit in den Fällen des § 15 Abs. 4, 5 KSchG und des § 78a BetrVG, 2009 (zugl. Mannheim, Univ., Diss. 2008)
Kramer (Hrsg.), IT-Arbeitsrecht, 2. Aufl. (2019); zit.: Kramer-*Bearbeiter*
Krause, Digitalisierung der Arbeitswelt – Herausforderungen und Regelungsbedarf, Gutachten B für den 71. Deutschen Juristentag, in: Verhandlungen des 71. Deutschen Juristentags, (2016).
Krause, Tarifverträge zur Begrenzung der Leiharbeit und zur Durchsetzung von Equal Pay, HSI-Schriftenreihe Band 2 (2012)
Krause, **Agile Arbeit** und Betriebsverfassung, HSI-Schriftenreihe Bd. 37 (2021)
Krauss, Das betriebliche Vorschlagswesen aus rechtlicher Sicht (1977)
Kreikebohm/Spellbrink/Waltermann, Kommentar zum Sozialrecht, 3. Aufl. (2013); zit.: KSW-*Bearbeiter*
Kreitner, Kündigungsrechtliche Probleme beim Betriebsinhaberwechsel (1989)
Krejci, Der Sozialplan – Ein Beitrag zu Recht und Praxis der Betriebsvereinbarung (1983)
Kreuder, Unternehmenskultur und Mitbestimmung (1992)
Kreuder, Desintegration und Selbststeuerung (1998)
Kreutz, Grenzen der Betriebsautonomie (1979)
Kronke, Regulierungen auf dem Arbeitsmarkt – Kernbereiche des Arbeitsrechts im internationalen Vergleich (1990)
Krumm-Mauermann, Rechtsgüterschutz durch die Straf- und Bußgeldbestimmungen des Betriebsverfassungsgesetzes (1990)
Kübler, Gesellschaftsrecht. Die privatrechtlichen Ordnungsstrukturen und Regelungsprobleme von Verbänden und Unternehmen, 4. Aufl. (1994)
Kübler/Prütting (Hrsg.), Kommentar zur Insolvenzordnung, Loseblatt
Küfner-Schmitt, Die soziale Sicherheit der Telearbeiter (1986)
Kühner, Geschäftsführung des Betriebsrats, 7. Aufl. (1988)
Küpferle/Wohlgemuth, Personaldatenverarbeitende Systeme (1987)
Küttner (Hrsg.), Personalbuch 2019, 26. Aufl. (2019)
Kulms, Schuldrechtliche Organisationsverträge in der Unternehmens-Kooperation (2000)
Kunz/Wedde, Entgeltfortzahlungsrecht, Kommentar für die Praxis, 2. Aufl. (2005)

Lackner/Kühl, Strafgesetzbuch Kommentar, 29. Aufl. (2018)
Landmann/Rohmer/Neumann, Gewerbeordnung, Kommentar (Loseblatt), 15. Aufl. (1990)
Lange, Das Recht der Netzwerke, Moderne Formen der Zusammenarbeit in Produktion und Vertrieb (1998)
Larenz, Methodenlehre der Rechtswissenschaft, 6. Aufl. (1990)
Laufersweiler, Ausstrahlung im Arbeits- und Sozialrecht (1999)
Laßmann/Mengay/Riegel/Rupp, Handbuch Interessenausgleich und Sozialplan. Handlungsmöglichkeiten bei Umstrukturierungen, 7. Aufl. (2016)

Laßmann/Overbeck/Pankau//Rupp/Teppich, Handbuch Einigungsstelle. Mitbestimmungsrechte gezielt durchsetzen, 6. Aufl. (2021)
Laßmann/Rupp, Handbuch Wirtschaftsausschuss. Handlungsmöglichkeiten für eine aktive Informationspolitik, 10. Aufl. (2016)
Lecheler, Das Subsidaritätsprinzip – Strukturprinzip einer europäischen Union (1993)
Le Friant, Die straf- und verwaltungsrechtliche Verantwortung des Arbeitgebers (1987)
Leffler, Das Heuerverhältnis auf ausgeflaggten deutschen Schiffen (1978)
Leinemann (Hrsg.), Kasseler Handbuch zum Arbeitsrecht, 2 Bde., 2. Aufl. (2000); zit.: KassArbR-*Bearbeiter*
Leonhardt/Smid/Zeuner (Hrsg.), Insolvenzordnung. Kommentar, 3. Aufl. (2010)
Lepke, Kündigung bei Krankheit, 16. Aufl. (2018)
Lerche, Der Europäische Betriebsrat und der deutsche Wirtschaftsausschuss (1997)
Leymann, Mobbing, Psychoterror am Arbeitsplatz und wie man sich dagegen wehren kann (1993)
Linck/Krause/Bayreuther, KSchG, 16. Aufl. (2019)
Linnenkohl, Fragerecht und Auskunftspflicht bei Einstellungen im Hinblick auf Vorstrafen des Bewerbers, Schriftenreihe des Fachbereichs Wirtschaftswissenschaften der Gesamthochschule Kassel, Nr. 1/81
Lipperheide, Die Arbeitnehmervertretungen und ihre Bedeutung bei einem deutschen Betrieb eines Unternehmens mit Sitz im Ausland (1980)
Lohre, Kartellfreie Gemeinschaftsunternehmen im europäischen Wettbewerbsrecht (1992)
Lohre/Mayer/Stevens-Bartol (Hrsg.), Arbeitsförderung/Sozialgesetzbuch III, 3. Aufl. (2000); zit.: LMS-*Bearbeiter*
Lorenz/Schneider (Hrsg.), Das neue Betriebsverfassungsgesetz – Eine Reform mit Perspektiven? (2002)
Löwe/Rosenberg, Die Strafprozessordnung, Großkommentar, 10 Bände, 26. Aufl. (2006–2010)
Löwisch, Sprecherausschussgesetz **(SprAuG)**, Kommentar, 2. Aufl. (1994)
Löwisch, Taschenkommentar zum Betriebsverfassungsgesetz **(TK-BetrVG)**, 4. Aufl. (1996)
Löwisch/Kaiser/Klumpp, (Hrsg.) Betriebsverfassungsgesetz, 8. Aufl. (2023); zit.: LKK-*Bearbeiter*
Löwisch/Rieble, Tarifvertragsgesetz, Kommentar, 4. Aufl. (2017)
Lukas/Dahl (Hrsg.), Konfliktlösung im Arbeitsleben (2013)
Lüke/Wax, (Hrsg.), Münchener Kommentar zur ZPO, 2. Aufl. (2000); zit.: MünchKommZPO-*Bearbeiter*
Lutter, Mitbestimmung im Konzern (1975)
Lutter (Hrsg.), Umwandlungsgesetz, Kommentar, 2. Aufl. (2000); zit.: Lutter-*Bearbeiter*
Lutter (Hrsg.), Verschmelzung, Spaltung, Formwechsel (1995)
Lutter/Hommelhoff, GmbH-Gesetz (1991)
Lutz/Risak (Hrsg.), Arbeit in der Gig-Economy (2017); zit.: Lutz/Risak-*Bearbeiter*

Maas/Schmitz/Wedde, Datenschutz 2014, HSI-Schriftenreihe Band 9 (2014); zit.: *MSW*
Magula-Lösche, Der Umfang betrieblicher Mitbestimmung nach § 87 Abs. 1 Nr. 10 BetrVG bei der Vergabe freiwilliger betrieblicher Leistungen (1991)
Martens, Das Arbeitsrecht der leitenden Angestellten (1982)
Martinek, Franchising (1987)
Maunz/Dürig/Herzog/Scholz, Grundgesetz, Kommentar (Loseblatt); zit.: *MDHS*
Meier-Krenz, Die Erweiterung von Beteiligungsrechten des Betriebsrats durch Tarifvertrag (1988)
Meine/Rohnert/Schulte-Meine/Vetter (Hrsg.), Handbuch Arbeit, Entgelt, Leistung, 8. Aufl. (2022); zit.: Meine
Meinhold, Rechtliche Anforderungen an die Reduktion von Entgelten in der Unternehmenskrise (1988)
Meisel, Die Mitwirkung und Mitbestimmung des Betriebsrats in personellen Angelegenheiten, 5. Aufl. (1984)
Meissinger, Die Rechtsprechung des Reichsarbeitsgerichts 1927–1945, Bd. I (1958)

Mendius/Wendeling-Schröder (Hrsg.), Zulieferer im Netz. Neustrukturierung der Logistik am Beispiel der Automobilzulieferung (1991)
Mengel, Umwandlungen im Arbeitsrecht (1997)
Menzler-Trott/Hasenmaile, Arbeitnehmer im Call-Center (2001)
Metzmaier, Die Eingliederungstheorie und die Lehre vom Arbeitsverhältnis (1968)
Meyenschein-Juen, Der arbeitswissenschaftlich ermittelte Zeitakkord (1962)
Milert/Tschirbs, Die andere Demokratie, 2. Aufl. (2015)
Mohr, Personalplanung und Betriebsverfassungsgesetz (1977)
Mohrbutter, Handbuch der Insolvenzverwaltung, 8. Aufl. (2007)
Molitor, E., Das Wesen des Arbeitsvertrags (1925)
Moll, Der Tarifvorrang im Betriebsverfassungsgesetz (1980)
Morlet, Psychische Belastungen am Arbeitsplatz erkennen und vermeiden (2012)
Müller, Europäische Betriebsräte-Gesetz (1997)
Müller-Glöge/Preis/Schmidt (Hrsg.), Erfurter Kommentar zum Arbeitsrecht, 23. Aufl. (2023); zit.: ErfK-*Bearbeiter*
Müller-Jentsch (Hrsg.), Konfliktpartnerschaft – Akteure und Institutionen der industriellen Beziehungen (1993)
Müllner, Aufgespaltene Arbeitgeberstellung und Betriebsverfassung (1978)
Münchener Handbuch für Gesellschaftsrecht, Bd. 4 Aktiengesellschaft (1988)
v. Münch/Kunig (Hrsg.), Grundgesetz-Kommentar, Bd. 1, 7. Aufl. (2021)

Nagel/Beschorner/Riess/Rüb, Information und Mitbestimmung im internationalen Konzern (1995)
Nagel/Riess/Theis, **Der Lieferant on line** (1990)
Nagel/Riess/Theis (Hrsg.), **Just-in-time-Strategien** – Arbeitsbeziehungen, Gestaltungspotentiale, Mitbestimmung (Hans-Böckler-Stiftung, Graue Reihe – Neue Folge 26) (1990)
Natter/Groß (Hrsg.), **Arbeitsgerichtsgesetz, 2. Aufl. (2013)**; zit.: Natter/Groß-*Bearbeiter*
v. Neumann-Cosel/Rupp, Der Wirtschaftsausschuss in der Mitbestimmungspraxis (1986)
v. Neumann-Cosel/Rupp, Handbuch Wirtschaftsausschuss, 5. Aufl. (2003)
Neumann-Duesberg, Betriebsverfassungsrecht (1960)
Neumann/Pahlen/Majerski-Pahlen, Sozialgesetzbuch IX, Kommentar, 12. Aufl. (2010)
Nick, Konzernbetriebsrat und Sozialplan im Konzern (1992)
Niesel, SGB III – Kommentar (1998)
Nikisch, Arbeitsrecht, **Bd. 1,** 3. Aufl. (1961); **Bd. 3,** 2. Aufl. (1966)
Nikisch, Das Gesetz zur Ordnung der nationalen Arbeit **(AOG)** (1934)
Nill, Selbstbestimmung in der Arbeitsgruppe? (2005)
Noll, Arbeitsrecht im Tendenzbetrieb (2001)
Nollert-Borasio, Dickerhof-Borello, Wenckebach, Allgemeines Gleichbehandlungsgesetz (AGG), Basiskommentar zum AGG unter Berücksichtigung des EntgTranspG, 5. Aufl. (2019); zit. Nollert-Borasio

Oechsler/Schönfeld, Die Einigungsstelle als Konfliktlösungsmechanismus (1989)
Oerder/Wenckebach, Entgelttransparenzgesetz, Basiskommentar (2018)
Ohl, Der Sozialplan – Recht und Praxis kompensatorischer Leistungen für den Verlust des Arbeitsplatzes (1977)
Osterland/Deppe/Gerlach/Mergner/Pelte/Schlösser, Materialien zur Lebens- und Arbeitssituation der Industriearbeiter in der BRD, 5. Aufl. (1973)

Palandt, Bürgerliches Gesetzbuch, Kommentar, 80. Aufl. (2021)
Pauli, Mitbestimmung in Arbeitsförderungsgesellschaften (1999)
Peix, Einrichtung und Fortbestand des Gesamtbetriebsrats unter Berücksichtigung von gewillkürten Arbeitnehmervertretungen und Unternehmensumstrukturierung (2008)
Peter, Büroausstattung des Betriebsrats (2002)
Pfarr, Frauenförderung und Grundgesetz (1988)
Pfarr/Bertelsmann, Diskriminierung im Erwerbsleben (1989)

Pfarr/Drüke, Rechtsprobleme der Telearbeit (1989)
Pfarr/Kocher, Kollektivverfahren im Arbeitsrecht (1998)
Pielsticker, Der Schutz in Ausbildung befindlicher Mitglieder von Betriebsverfassungsorganen nach § 78a BetrVG, 1987 (zugl. Münster, Univ., Diss. 1986/87)
Pieper, Arbeitsschutzrecht, Kommentar für die Praxis, 6. Aufl. (2017)
Pieper, Arbeitsstättenverordnung, Basiskommentar (2017)
Pieper, **Gefahrstoffverordnung,** Basiskommentar (2013)
Pieper/Vorath, Handbuch Arbeitsschutz, 2. Aufl. (2005)
Pietzko, Der Tatbestand des § 613a BGB (1988)
Polter, Das Betriebsverfassungsgesetz vom 15. Januar 1972 (2016)
Plander, Der Betriebsrat als Hüter des zwingenden Rechts (1982)
Plander, Flucht aus dem Normalarbeitsverhältnis: An den Betriebsräten und Personalräten vorbei? (1990)
Plander, Mitbestimmung in öffentlich-privatrechtlichen Mischkonzernen (1998)
Plander, Personalvertretungen als Grundrechtshilfe im demokratischen und sozialen Rechtsstaat (1995)
Plath (Hrsg.), DSGVO/BDSG, Kommentar, 3. Aufl. (2018); zit.: Plath-*Bearbeiter*
Plogstedt/Degen, Nein heißt nein! DGB-Ratgeber gegen sexuelle Belästigung am Arbeitsplatz (1992)
Pornschlegel/Birkwald, Mitbestimmen im Betrieb bei Lohn und Leistung, Bd. 1 (1994); Bd. 2 (1996)
Posser/Wassermann (Hrsg.), Freiheit in der sozialen Demokratie (1975)
Possienke, Der Weiterbeschäftigungsanspruch Auszubildender nach § 78a BetrVG (2011) (zugl. Hannover, Univ., Diss. 2011)
Potthoff/Blume/Duvernell, Zwischenbilanz der Mitbestimmung (1962)
Pottmeyer, Die Überleitung der Arbeitsverhältnisse im Falle des Betriebsinhaberwechsels nach § 613a BGB und die Mitbestimmung gemäß §§ 111 ff. BetrVG (1987)
Preis, Grundfragen der Vertragsgestaltung im Arbeitsrecht (1993)
Preis/Schwarz, Dienstreisen als Rechtsproblem, HSI-Schriftenreihe Bd. 31 (2020)
Preis/Sagan (Hrsg.), Europäisches Arbeitsrecht, 2. Aufl. (2019); zit.: PS-*Bearbeiter*
Preis/Willemsen (Hrsg.), Kölner Tage des Arbeitsrechts; Umstrukturierung von Betrieb und Unternehmen im Arbeitsrecht (1999)
Preller, Sozialpolitik in der Weimarer Republik (1949 – unveränderter Nachdruck 1978)
Pulte, Betriebsbeauftragte, 5. Aufl. (1992)
Pulte, Die Wahl der Jugend- und Auszubildendenvertretung (1992)
Pütz/Maschke (Hrsg.), Compliance – ein Thema für Betriebs- und Aufsichtsräte, edition 276 Hans Böckler Stiftung (2012); zit.: Pütz-Maschke-*Bearbeiter*

Quander, Betriebsinhaberwechsel bei Gesamtrechtsnachfolge (1990)

Raab, Negatorischer Rechtsschutz des Betriebsrats gegen mitbestimmungswidrige Maßnahmen des Arbeitgebers (1993)
Rademacher, Der Europäische Betriebsrat. Die Richtlinie 94/45/EG des Rates vom 22. 9. 1994 und ihre Umsetzung in nationales Recht (1996)
Raiser/Veil/Jacobs, Mitbestimmungsgesetz und Drittelbeteiligungsgesetz, Kommentar, 7. Aufl. (2019)
Ramm (Hrsg.), Arbeitsrecht und Politik (1966)
Rancke, F., Betriebsverfassung und Unternehmenswirklichkeit (1982)
Rationalisierungs-Kuratorium der Deutschen Wirtschaft e. V. (Hrsg.), RKW-Handbuch Personalplanung, 2. Aufl. (1990); 3. Aufl. (1996)
Rebmann/Säcker (Hrsg.), Zivilrecht im Einigungsvertrag (1991)
Rehwald/Reineke/Wienemann/Zinke, Betriebliche Suchtprävention und Suchthilfe, Handbuch der IG Metall (2007), zit.: *RRWZ*
Reichold, Betriebsverfassung als Sozialprivatrecht (1995)

Reinhard, Gesamtbetriebsrat und Gesamtbetriebsvereinbarungen nach Umstrukturierung (2011)
Refa, Methodenlehre der Betriebsorganisation, Anforderungsermittlung (Arbeitsbewertung) (1989)
Reifner (Hrsg.), Das Recht des Unrechtsstaates – Arbeitsrecht und Staatsrechtswissenschaften im Faschismus (1981)
Reuter, Der Sozialplan – Entschädigung für Arbeitsplatzverlust oder Steuerung unternehmerischen Handelns? (1983)
Richardi (Hrsg.), Betriebsverfassungsgesetz mit Wahlordnung, Kommentar, 17. Aufl. (2022); zit.: Richardi-*Bearbeiter*
Richardi, Sozialplan und Konkurs (1975)
Richardi/Bayreuther, Kollektives Arbeitsrecht, 4. Aufl. (2019)
Richardi/Wlotzke/Wissmann/Oetker (Hrsg.), Münchener Handbuch zum Arbeitsrecht, Bd. 1 Individualarbeitsrecht, Bd. 2 Kollektivarbeitsrecht/Sonderformen, 3. Aufl. (2009); zit.: MünchArbR-*Bearbeiter*
Richenhagen/Prümper/Wagner, Handbuch der Bildschirmarbeit (1997); zit.: *RPW*
Ritter, Der Wirtschaftsausschuss nach dem Betriebsverfassungsgesetz und die Rahmenrichtlinie 2002/14/EG (2006)
Robrecht, Die Gesamtbetriebsvereinbarung (2008)
Roccella, Manuale di Diritto del Lavoro, terza edizione (2008)
Röder/Baeck, Interessenausgleich und Sozialplan, 2. Aufl. (1997)
Rohlfing/Rewolle/Bader, Arbeitsgerichtsgesetz (Loseblatt)
Romahn, Betriebliches Eingliederungsmanagement, Betriebs- und Dienstvereinbarungen, Schriftenreihe der Hans Böckler Stiftung (2010)
Romahn, **Gefährdungsbeurteilungen**, Betriebs- und Dienstvereinbarungen, Schriftenreihe der Hans Böckler Stiftung, 2. Aufl. (2013)
Roos, Die genetische Analyse von Stellenbewerbern und das vorvertragliche Informationsstreben des Arbeitgebers (1999)
Rosenberg/Schwab/Gottwald, Zivilprozessrecht, 17. Aufl. (2010); zit.: *RSG*
Rosenfelder, Der arbeitsrechtliche Status der freien Mitarbeiter (1982)
Roß, Das Arbeitskampfverbot des Betriebsrates – Aktuelle Probleme zu einem klassischen Thema, Diss. (2010)
Roßnagel, Radioaktiver Zerfall der Grundrechte (1984)
Roßnagel (Hrsg.), Das neue Datenschutzrecht (2018); zit.: Roßnagel-*Bearbeiter*
Rotermund, Interessenwahrnehmung durch Jugendliche und Auszubildende in der Betriebsverfassung, Dissertation (2004)
Roth/Kohl (Hrsg.), Perspektive: Gruppenarbeit (1988)
Rumpff/Boewer, Mitbestimmung in wirtschaftlichen Angelegenheiten, 3. Aufl. (1990)
Runggaldier, Kollektivvertragliche Mitbestimmung bei Arbeitsorganisation und Rationalisierung (1983)

Säcker, Die Wahlordnungen zum Mitbestimmungsgesetz (1978)
Säcker, Grundprobleme der Kollektiven Koalitionsfreiheit (1969)
Säcker/Joost, Betriebszugehörigkeit als Rechtsproblem im Beriebsverfassungs- und Mitbestimmungsrecht (1980)
Säcker/Oetker, Grundlagen und Grenzen der Tarifautonomie (1992)
Säcker/Rixecker/Oetker/Limperg (Hrsg.), Bürgerliches Gesetzbuch – Münchener Kommentar, 9. Aufl. (2021); zit.: MünchKomm-*Bearbeiter*
Sahmer, Betriebsverfassungsgesetz, Kommentar (Loseblatt)
Salamon, Das Schicksal von Gesamtbetriebsvereinbarungen bei Betriebs- und Betriebsteilveräußerungen (2006)
Sandmann, Die Euro-Betriebsrats-Richtlinie 94/45/EG – Europäischer Betriebsrat und alternatives Verfahren zur Unterrichtung und Anhörung der Arbeitnehmer in transnationalen Unternehmen (1996)
Sandmann/Marschall, Arbeitnehmerüberlassungsgesetz, Kommentar (Loseblatt)

Sax, Die Strafbestimmungen des Betriebsverfassungsgesetzes (1975)
Schalle, Der Bestandsschutz der Arbeitsverhältnisse bei Unternehmensumwandlungen (1999)
Schang, Die Mitbestimmung des Betriebsrats bei neuen Formen der Leistungsvergütung (2002)
Schartel, Rechtsprobleme unternehmensübergreifender Sozialplandotierung (1992)
Schaub, Arbeitsrechts-Handbuch, 19. Aufl. (2021); zit.: Schaub-*Bearbeiter*
Schaub, Formularsammlung und **Arbeitsgerichtsverfahren,** 6. Aufl. (1994)
Schiebe, Die betriebsverfassungsrechtliche Funktionsnachfolge (2010)
Schiek, Zweites Gleichberechtigungsgesetz (1995)
Schiek (Hrsg.), Allgemeines Gleichbehandlungsgesetz (AGG). Ein Kommentar aus europäischer Perspektive (2007); zit.: Schiek-*Bearbeiter*
Schiek/Dieball/Horstkötter/Seidel/Vieten/Wankel, Frauengleichstellungsgesetze des Bundes und der Länder, 2. Aufl. (2002)
Schlachter, Die Vereinbarkeit gesetzlicher vorgeschriebener Tarifeinheit mit internationalem Recht, Gutachten (2015), *http://www.vaa.de/fileadmin/www.vaa.de/Inhalte/Sonstiges/Gutachten-zur-Vereinbarkeit-der-Tarifeinheit-mit-internationalem-Recht.pdf*
Schlachter (ed.), EU Labour Law. A Commentary (2015)
Schlachter/Heinig (Hrsg.), Europäisches Arbeit-und Sozialrecht, Enzyklopädie Europarecht Bd. 7 (2016)
Schleusener/Suckow/Plum, AGG. Kommentar zum Allgemeinen Gleichbehandlungsgesetz, 5. Aufl. (2019)
Schlünder, Die Rechtsfolgen der Mißachtung der Betriebsverfassung durch den Arbeitgeber (1991)
Schlüpers-Oehmen, Betriebsverfassung bei Auslandstätigkeit (1984)
Schmid/Roßmann, Das Arbeitsverhältnis der Besatzungsmitglieder in Luftfahrtunternehmen (1997)
Schmidbauer, Der Konzernbegriff im Aktien- und Betriebsverfassungsrecht (1976)
Schmidt, B., Tarifpluralität im System der Arbeitsrechtsordnung (2011)
Schmidt, E., Die verhinderte Neuordnung 1945–52, 8. Aufl. (1981)
Schmidt, H., Der Sozialplan in betriebswirtschaftlicher Sicht (1989)
Schmidt, I., Wettbewerbspolitik und Kartellrecht (1993)
Schmidt, K., Gesellschaftsrecht, 3. Aufl. (1997)
Schmidt/Koberski/Tiemann/Wascher, Heimarbeitsgesetz, 4. Aufl. (1998)
Schmitz, **Computernetze** und Mitbestimmung (1996)
Schmitz, Datenschutztechniken (1988)
Schneider, Betriebsratswahl, Kommentar (1978)
Schneider, Das Minderheitsgeschlecht und die Mindestquote, 1. Aufl. (2005)
Schneider/Kuda, Arbeiterräte in der Novemberrevolution, 4. Aufl. (1978)
Schoden, Betriebliche Altersversorgung, Kommentar für die Praxis, 2. Aufl. (2003)
Schoden, Betriebliche **Arbeitnehmererfindungen** und betriebliches Vorschlagswesen (1995)
Scholz (Begr.), Kommentar zum GmbH-Gesetz, 12. Aufl., Bd. 1 (2018); Bd. 2 (2021), Bd. 3 (2020)
Scholz, Personalmanagement (1989)
Scholz/Lingemann/Rutloff, Tarifeinheit und Verfassung, Gutachten (2015), NZA-Beilage 15/3, 1 ff.
Schönfeld, Das Verfahren vor der Einigungsstelle (1988)
Schönke/Schröder, Strafgesetzbuch, Kommentar, 30. Aufl. (2019)
Schoof, Betriebsratspraxis von A-Z, 15. Aufl. (2022)
Schraffer, Der kommunale Eigenbetrieb (1993)
Schubert, C., Betriebliche Mitbestimmung in Unternehmen und Konzernen mit Matrixorganisation (2017)
Schubert, J. (Mitarbeit Buschmann), Arbeitsvölkerrecht (2017)
Schubert, M., Der Anwalt im Arbeitsrecht, 2. Aufl. (2004)
Schul, Verlagerung der Betriebsratszuständigkeit (2009)
Schumacher, E. F., Small is beautiful, A study of economics as if people mattered, London (1973)

Schumann/Wagner (Hrsg.), Handbuch Arbeitszeit, 4. Aufl. (2022); zit.: SW-Arbeitszeit-*Bearbeiter*
Schuppert, Zutrittsrechte zu Telearbeitsplätzen (1997)
Schuster, Betriebsbedingte Kündigung in Deutschland und Frankreich. Übereinstimmungen und Unterschiede (2008)
Schüren/Hamann, Arbeitnehmerüberlassungsgesetz, Kommentar, 4. Aufl. (2018)
Schwab/Weth, Arbeitsgerichtsgesetz, Kommentar, 5. Aufl. (2018); zit.: SW-*Bearbeiter*
Schwanecke, Die grundlegende Änderung des Betriebszwecks im Sinne des § 111 Satz 2 Nr. 4 BetrVG 1972 (1989)
Schwarz, Arbeitnehmerüberwachung und Mitbestimmung (1982)
Seifert, Visualisieren, Präsentieren, Moderieren (2002)
Seiter, Betriebsinhaberwechsel (1980)
Selzner, Betriebsverfassungsrechtliche Mitbestimmung in Franchise-Systemen (1994)
Sendel-Müller/Weckes, Gewinn- und Erfolgsbeteiligung, Betriebs- und Dienstvereinbarungen, Schriftenreihe der Hans Böckler Stiftung (2013)
Siebert, Die Zuständigkeit des Gesamtbetriebsrats (1999)
Siebert/Becker, Betriebsverfassungsgesetz, Kommentar, 11. Aufl. (2008); zit.: *SB*
Sievers, Kommentar zum Teilzeit- und Befristungsgesetz, 2. Aufl. (2007)
Silberberger, Veränderungsprozesse in Betrieb, Unternehmen und Konzern (2000)
Silberberger, Weiterbeschäftigungsmöglichkeit und Kündigungsschutz im Konzern (1994)
Simitis/Hornung/Spiecker (Hrsg.),, Datenschutzrecht, DSGVO mit BDSG (2019); zit.: SHS-*Bearbeiter*
Simitis/Dammann/Mallmann/Reh, Bundesdatenschutzgesetz, Kommentar, 3. Aufl. (1981)
Smid (Hrsg.), Insolvenzordnung, Kommentar, 2. Aufl. (2001)
Sobotta, Die autonome Organisation der Betriebsverfassung durch Tarifverträge nach § 3 BetrVG (2009)
Söllner/Reinert, Personalvertretungsrecht, 2. Aufl. (1993)
Sparchholz/Trümner, Die strafrechtliche Verantwortung von Betriebsratsmitgliedern, Arbeitspapier der Hans-Böckler-Stiftung Nr. 173 (2009)
Spellbrink/Eicher (Hrsg.), Kasseler Handbuch des Arbeitsförderungsrechts. Das SGB III in Recht und Praxis (2003), zit.: *Spellbrink u. a.*
Spilger, Tarifvertragliches Betriebsverfassungsrecht – Rechtstatsachen und Rechtsfragen tarifvertraglicher Regelungen von Betriebsratsrechten (1988)
Spinti, Die Ansprüche aus Sozialplan (§ 112 BetrVG 72) und Nachteilsausgleich (§ 113 BetrVG 72) bei Insolvenz des Arbeitgebers (1989)
Staehle/Sydow (Hrsg.), Managementforschung 3 (1993)
Stahlhacke/Bader, Arbeitsgerichtsgesetz, Textausgabe mit Kurzerläuterungen (1991)
Stahlhacke/Preis/Vossen, Kündigung und Kündigungsschutz im Arbeitsverhältnis, 11. Aufl. (2015)
Statistisches Bundesamt (Hrsg.), Statistisches Jahrbuch 1990 für die Bundesrepublik Deutschland (1990)
v. Staudinger, Kommentar zum Bürgerlichen Gesetzbuch, 12. Aufl. (1978 ff.)
v. Staudinger, Kommentar zum Bürgerlichen Gesetzbuch, Zweites Buch, Recht der Schuldverhältnisse (§§ 616–619), 13. Bearbeitung 1997 von Hartmut Oetker
Steffen, Die Anrechnung von Abfindungen auf die Arbeitslosenunterstützung (1997)
Stege/Weinspach/Schiefer, Betriebsverfassungsgesetz, Handkommentar für die betriebliche Praxis, 9. Aufl. (2002); zit.: *SWS*
Steinbauer, Reorganisation in der Energiewirtschaft und deren arbeitsrechtliche Folgen (2006)
Steindorff, Neubestimmung der leitenden Angestellten, Untersuchung im Auftrag der Hans-Böckler-Stiftung (1987)
Sterzel, Tendenzschutz und Grundgesetz. Zu den verfassungsrechtlichen Voraussetzungen der betriebsverfassungsrechtlichen Mitbestimmungsordnung (2001)
Stoffels/Lembke, Betriebsverfassungsrecht, 7. Aufl. (2020)
Stumper/Lystander, Betriebsrat und Sachverständige (2004)
Sydow, Unternehmensnetzwerke (1991)

Szyperski (Hrsg.), Planung (1989)

Taeger, Die Offenbarung von Betriebs- und Geschäftsgeheimnissen (1988)
Taeger/Gabel (Hrsg.), Kommentar, DSGVO – BDSG, 3. Aufl. (2019); zit.: Taeger/Gabel-*Bearbeiter*
Teichmüller, Die Behandlung der Einzelfragen des § 37 Abs. 6 BetrVG, Schriftenreihe der IG Metall, Heft 63 (1975)
Teichmüller, Die **Betriebsänderung** – Handbuch mit zahlreichen Musterbeispielen und Checklisten (1983)
Temming, Alterdiskriminierung im Arbeitsleben. Eine rechtsmethodische Analyse (2008)
Teuteberg, Geschichte der industriellen Mitbestimmung in Deutschland (1961)
Theis, Neue Konzernstrategien und einheitliche Leitung im faktischen Konzern (1992)
Theisen, Der Konzern – Betriebswirtschaftliche und rechtliche Grundlagen der Konzernunternehmung, 2. Aufl. (2000)
Thomas/Putzo, Zivilprozessordnung, Kommentar, 42. Aufl. (2021)
Thüsing, Arbeitsrechtlicher Diskriminierungsschutz. Das Allgemeine Gleichbehandlungsgesetz und andere arbeitsrechtliche Benachteiligungsverbote, 2. Aufl. (2013)
Travlos-Tzanetatos, Die Regelungsbefugnis der Betriebspartner und ihre Grenzen zum Einzelarbeitsverhältnis (1974)
Trittin, W., Der Betriebsübergang, 4. Aufl. (2005)
Trittin, W., Die Sicherung und Durchsetzung von Betriebsratsrechten, 2. Aufl. (2001)
Trittin, W., Konzern und Arbeitnehmerinteressen (1993)
Tschöpe, Rechtsfolgen eines arbeitnehmerseitigen Widerspruchs beim Betriebsinhaberwechsel (1984)

Uhlenbruck, Kommentar zur InsO, 13. Aufl. (2010)
J. Ulber/D. Ulber (Hrsg.), Arbeitnehmerüberlassungsgesetz, Kommentar für die Praxis, 5. Aufl. (2017); zit.: Ulber-*Bearbeiter*
Ulber/Klocke, Diskriminierung Minderjähriger bei der Wahl zum BR, HSI-Schriftenreihe (2021)
Ulber, D., Vorgaben des EuGH zur Arbeitszeiterfassung, HSI-Schriftenreihe Bd. 32 (2020)
Ulmer/Habersack/Henssler, Mitbestimmungsrecht Kommentar, 2. Aufl. (2008)
Umnuß, Organisation der Betriebsverfassung und Unternehmerautonomie (1993)

Vogl/Nies, Mobile Arbeit, Betriebs- und Dienstvereinbarungen, Schriftenreihe der Hans Böckler Stiftung (2013)
Vogt, Die Betriebsversammlung, 3. Aufl. (1977)
Vogt, **Sozialpläne** in der betrieblichen Praxis, 2. Aufl. (1981)
Vollmer, Grenzen der politischen Betätigung im Betrieb (1977)

Waas, B., Betriebsrat und Arbeitszeit – Pauschale Abgeltung und Freistellung über das Gesetz hinaus, HSI-Schriftenreihe Bd. 4 (2012)
Waas, B., Mitbestimmung des Betriebsrats in Fragen der Ordnung des Betriebs und des Verhaltens der Arbeitnehmer im Betrieb, HSI-Schriftenreihe Bd. 33 (2020), zit.: Waas, Ordnung des Betriebs
Waas, B., **Künstliche Intelligenz** im Arbeitsrecht, HSI-Schriftenreihe Bd. 46 (2023)
Waas, B./Liebman/Lyubarsky/Kezuka, Crowdwork – A Comparative Law Perspective, HSI-Schriftenreihe Band 22 (2017); zit.: Waas u. a.- *Bearbeiter*
Wagner, U., Mitbestimmung bei Bildschirmtechnologien (1985)
Wahsner/Borgaes, Der folgenlose Rechtsbruch – Recht und Praxis der Bußgeldbestimmungen im Betriebsverfassungsgesetz (1982)
Waltermann, Arbeitsrecht, 19. Aufl. (2018)
Walz, Multinationale Unternehmen und internationaler Tarifvertrag – Eine arbeitskollisionsrechtliche Untersuchung (1981)
Wanhöfer, Gemeinschaftsbetrieb und Unternehmensmitbestimmung (1994)

Wank, Arbeiter und Angestellte (1992)
Wank, Arbeitnehmer und Selbstständige (1988)
Wank/Börgmann, Deutsches und europäisches Arbeitsschutzrecht (1992)
Warnecke, Die Fraktale Fabrik. Revolution der Unternehmenskultur (1996)
Warter, Crowdwork (2016)
Wassermann, R. (Hrsg.), Kommentar zum Grundgesetz für die Bundesrepublik Deutschland – Reihe Alternativkommentare, 2. Aufl. (1989); zit.: AK-GG-*Bearbeiter*
Wassermann, W., »Wir sind ein Teil des Betriebes!« (Hans-Böckler-Stiftung, Graue Reihe – Neue Folge 24) (1985)
Weber, Das aufgespaltene Arbeitsverhältnis (1992)
Weber, **Das Erzwingungsverfahren** gegen den Arbeitgeber nach § 23 Abs. 3 BetrVG (1979)
Weber/Ehrich/Hörchens/Oberthür, Handbuch zum Betriebsverfassungsrecht, 2. Aufl. (2003); zit.: *WEHO*
Wedde (Hrsg.), Arbeitsrecht Kompaktkommentar, 7. Aufl. (2022); zit.: Wedde-*Bearbeiter*
Wedde, Betriebsratswahl kompakt, 4. Aufl. (2014)
Wedde, EU-Datenschutz-Grundverordnung (2016)
Wedde, Handbuch Datenschutz und Mitbestimmung, 3. Aufl. (2023); zit.: Wedde-*Bearbeiter*, Handbuch
Wedde, **Konstituierung** des Betriebsrats, (2021)
Wedde, Telearbeit, 3. Aufl. (2002)
Weiss/Weyand, Betriebsverfassungsgesetz, Kommentar, 3. Aufl. (1994); zit.: *WW*
Weiß-Hartmann, Der Freie Gewerkschaftsbund Hessen 1945–1949 2. Aufl. (1978)
Wendeling-Schröder (Hrsg.), Die **Arbeitsbedingungen** des Betriebsrats, HSI-Schriftenreihe Band 11 (2014); zit.: Wendeling-Schröder-*Bearbeiter*
Wendeling-Schröder, Divisionalisierung, Mitbestimmung und Tarifvertrag (1984)
Wenning-Morgenthaler, Die Einigungsstelle, Praktische Hinweise, Fallbeispiele, Musterdokumente, 9. Aufl. (2022)
Werner, Die Aufgabe des Untersuchungsgrundsatzes beim Zustimmungsersetzungsverfahren nach § 103 Abs. 2 Betriebsverfassungsgesetz (2013)
Wetzling, Der Konzernbetriebsrat (1978)
Weyand, Die tarifvertragliche Mitbestimmung unternehmerischer Personal- und Sachentscheidungen (1989)
Widmann/Mayer (Hrsg.), Umwandlungsrecht, Loseblattkommentar (1995 ff.)
Wieczorek, Zivilprozessordnung und Nebengesetze, 2. Aufl. (1975 ff.)
Wiedemann, Die Unternehmensgruppe im Privatrecht (1988)
Wiedemann, Gesellschaftsrecht (1980)
Wiedemann (Hrsg.), Tarifvertragsgesetz, Kommentar, 8. Aufl. (2019); zit.: Wiedemann-*Bearbeiter*
Wiese/Kreutz/Oetker/Raab/Weber/Franzen/Gutzeit/Jacobs, Gemeinschaftskommentar zum Betriebsverfassungsgesetz, 2 Bde., 12. Aufl. (2022); zit.: GK-*Bearbeiter*
Willemsen/Hohenstatt/Schweibert/Seibt (Hrsg.), Umstrukturierung und Übertragung von Unternehmen, 5. Aufl. (2016); zit.: *Willemsen u. a.*
Wimmer, Die Gestaltung internationaler Arbeitsverhältnisse durch kollektive Normenverträge (1992)
Wimmer (Hrsg.), Frankfurter Kommentar zur Insolvenzordnung, 7. Aufl. (2013)
Windbichler, Arbeitsrecht im Konzern (1989)
Windeln, Die Reform des Betriebsverfassungsgesetzes im organisatorischen Bereich (2003)
Wirth, Die neue Unübersichtlichkeit im Einzelhandel. Belegschaftsstrukturen, Externalisierung von Arbeit und Interessenvertretung (1994)
Wisskirchen, Mittelbare Diskriminierung von Frauen im Erwerbsleben (1994)
Wißmann, T., Tarifvertragliche Gestaltung der betriebsverfassungsrechtlichen Organisation (2000)
Wlotzke/Preis/Kreft (Hrsg.), BetrVG Betriebsverfassungsgesetz, Kommentar, 4. Aufl. (2009); zit.: WPK-*Bearbeiter*
Wohlgemuth, Berufsbildungsgesetz, Kommentar, 3. Aufl. (2006)

Wohlgemuth, Datenschutz für Arbeitnehmer, 2. Aufl. (1988)
Wolff, **Vorläufiger Bestandsschutz** des Arbeitsverhältnisses durch Weiterbeschäftigung nach § 102 Abs. 5 BetrVG (2000)
Wolff/Brink (Hrsg.), Datenschutzrecht in Bund und Ländern, Kommentar (2013); zit.: Wolff/ Brink-*Bearbeiter*
Wolter, Für ein besseres **Arbeitsrecht** (1986)
Wolter, **Treuhandanstalt** und Treuhand-Unternehmen als qualifizierter faktischer GmbH-Konzern? (1992)
Worzalla, Mitbestimmung des Betriebsrats in Eil- und Notfällen (1992)
WSI-Projektgruppe, Vorschläge zum Unternehmensrecht (1981)
Würdinger, Aktien- und Konzernrecht, 4. Aufl. (1981)
Wunsch/Semmler, Entwicklungslinien einer europäischen Arbeitnehmermitwirkung (1995)

Zachert, Betriebliche Mitbestimmung – Eine problemorientierte Einführung (1979)
Zachert (Hrsg.), Die Wirkung des Tarifvertrags in der Krise (1991)
Zitzewitz, Die Vereinbarkeit internationaler Vertragskonzerne mit dem MitbG (1979)
Zöller, ZPO, 27. Aufl. (2006)
Zöllner, Colloque international sur le droit international privé des groupes de sociétés (1974)
Zöllner, Daten- und Informationsschutz im Arbeitsverhältnis (1982)
Zöllner/Loritz/Hergenröder, **Arbeitsrecht,** 7. Aufl. (2015)
Zügel, Mitwirkung der Arbeitnehmer nach der EU-Richtlinie über die Einsetzung eines Europäischen Betriebsrats (1995)
Zumbeck, Leiharbeit und befristete Beschäftigung, 2. Aufl. (2009)
Zwanziger, Das Arbeitsrecht der Insolvenzordnung, 4. Aufl. (2010)

Festschriften

FS zum 50jährigen Bestehen der *Arbeitsgerichtsbarkeit in Rheinland-Pfalz* (1999)
FS 25 Jahre Arbeitsgemeinschaft Arbeitsrecht im DAV (2006)
FS 25 Jahre *Bundesarbeitsgericht* (1979)
FS 50 Jahre *Bundesarbeitsgericht* (2004)
FS 50 Jahre *Bundesverfassungsgericht* (2001)
FS 100 Jahre *Deutscher Arbeitsgerichtsverband* (1994)
FS 100 Jahre *Betriebsverfassungsrecht* (2020)
FS für *Klaus Adomeit* (2008)
FS für *Kurt Ballerstedt* (1975)
FS für *Kurt Bartenbach* (2005)
FS für *Jobst-Hubertus Bauer* (2010)
FS für *Karl Beusch* (1993)
FS für *Martin Binder* (2010)
FS für *Rolf Birk* (2008)
FS für *Thomas Blanke* (2009)
FS für *Herbert Buchner* (2009)
FS für *Rudolf Buschmann* (2014)
FS für *Wolfgang Däubler* (1999)
FS für *Thomas Dieterich* (1999)
FS *(Liber amicorum) für Franz Josef Düwell* (2021)
FS für *Erich Fechner* (1973)
FS für *Hans Joachim Fleck* (1988)
FS für *Wolfgang Förster* (2001)
FS für *Dieter Gaul* (1992)
FS für *Wolfgang Gitter* (1995)
FS für *Albert Gnade* (1992)
FS für *Peter Hanau* (1999)
FS für *Joachim Heilmann* (2001)
GS für *Meinhard Heinze* (2005)
FS für *Wolfram Henckel* (1995)
FS für *Martin Henssler* (2023)
FS für *Wilhelm Herschel* (1982)
FS für *Marie-Luise Hilger/Hermann Stumpf* (1983)
FS für *Gerrick v. Hoyningen-Huene* (2014)
FS für *Wolfgang Hromadka* (2008)
FS für *Hans-Peter Ipsen* (1977)
FS für *Gerhard Kegel* (1977)
FS für *Karl Kehrmann* (1997)
FS für *Otto Ernst Kempen* (2013)
FS für *Katsutoshi Kezuka* (2015)
FS für *Otto Rudolf Kissel* (1994)
FS für *Michael Kittner* (2021)
FS für *Thomas Klebe* (2018)
FS für *Wolfhard Kohte* (2016)
FS für *Horst Konzen* (2006)

FS für *Alfons Kraft* (1998)
FS für *Peter Kreutz* (2009)
FS für *Günther Küchenhoff* (1972)
FS für *Wolfdieter Küttner* (2006)
FS für *Otto Kunze* (1969)
FS für *Wolfgang Leinemann* (2006)
FS für *Klaus Lörcher* (2013)
FS für *Walter Mallmann* (1978)
FS für *Karl Molitor* (1988)
FS für *Gerhard Müller* (1981)
FS für *Bernhard Nagel* (2007)
FS für *Arthur Nikisch* (1958)
FS für *Heide Pfarr* (2010)
FS für *Ulrich Preis* (2021)
FS für *Karlheinz Quack* (1991)
FS für *Norbert Reich* (1997)
FS für *Reinhard Richardi* (2007)
FS für *Günter Schaub* (1998)
FS für *Ingrid Schmidt* (2021)
FS für *Ludwig Schnorr von Carolsfeld* (1972)
FS für *Johannes Semler* (1993)
FS für *Eugen Stahlhacke* (1995)
FS für *Ernst Steindorff* (1990)
FS für *Dieter Stege* (1997)
GS für *Jürgen Sonnenschein* (2003)
FS für *Reinhold Trinkner* (1995)
FS für *Ulrike Wendeling-Schröder* (2009)
FS für *Harry Westermann* (1974)
FS für *Herbert Wiedemann* (2002)
FS für *Günther Wiese* (1998)
FS für *Heinz Josef Willemsen* (2018)
FS für *Hellmut Wißmann* (2005)
FS für *Otfried Wlotzke* (1996)
GS für *Ulrich Zachert* (2010)
FS für *Albrecht Zeuner* (1994)

Betriebsverfassungsgesetz

In der Fassung vom 25. September 2001 (BGBl. I S. 2518), zuletzt geändert durch Art. 6d des Gesetzes vom 16. September 2022 (BGBl. I S. 1454)

Erster Teil
Allgemeine Vorschriften

§ 1 Errichtung von Betriebsräten

(1) In Betrieben mit in der Regel mindestens fünf ständigen wahlberechtigten Arbeitnehmern, von denen drei wählbar sind, werden Betriebsräte gewählt. Dies gilt auch für gemeinsame Betriebe mehrerer Unternehmen.

(2) Ein gemeinsamer Betrieb mehrerer Unternehmen wird vermutet, wenn

1. zur Verfolgung arbeitstechnischer Zwecke die Betriebsmittel sowie die Arbeitnehmer von den Unternehmen gemeinsam eingesetzt werden oder
2. die Spaltung eines Unternehmens zur Folge hat, dass von einem Betrieb ein oder mehrere Betriebsteile einem an der Spaltung beteiligten anderen Unternehmen zugeordnet werden, ohne dass sich dabei die Organisation des betroffenen Betriebs wesentlich ändert.

§ 2 Stellung der Gewerkschaften und Vereinigungen der Arbeitgeber

(1) Arbeitgeber und Betriebsrat arbeiten unter Beachtung der geltenden Tarifverträge vertrauensvoll und im Zusammenwirken mit den im Betrieb vertretenen Gewerkschaften und Arbeitgebervereinigungen zum Wohl der Arbeitnehmer und des Betriebs zusammen.

(2) Zur Wahrnehmung der in diesem Gesetz genannten Aufgaben und Befugnisse der im Betrieb vertretenen Gewerkschaften ist deren Beauftragten nach Unterrichtung des Arbeitgebers oder seines Vertreters Zugang zum Betrieb zu gewähren, soweit dem nicht unumgängliche Notwendigkeiten des Betriebsablaufs, zwingende Sicherheitsvorschriften oder der Schutz von Betriebsgeheimnissen entgegenstehen.

(3) Die Aufgaben der Gewerkschaften und der Vereinigungen der Arbeitgeber, insbesondere die Wahrnehmung der Interessen ihrer Mitglieder, werden durch dieses Gesetz nicht berührt.

§ 3 Abweichende Regelungen

(1) Durch Tarifvertrag können bestimmt werden:

1. für Unternehmen mit mehreren Betrieben
   a) die Bildung eines unternehmenseinheitlichen Betriebsrats oder
   b) die Zusammenfassung von Betrieben,

   wenn dies die Bildung von Betriebsräten erleichtert oder einer sachgerechten Wahrnehmung der Interessen der Arbeitnehmer dient;
2. für Unternehmen und Konzerne, soweit sie nach produkt- oder projektbezogenen Geschäftsbereichen (Sparten) organisiert sind und die Leitung der Sparte auch Entscheidungen in beteiligungspflichtigen Angelegenheiten trifft, die Bildung von Betriebsräten in den Sparten (Spartenbetriebsräte), wenn dies der sachgerechten Wahrnehmung der Aufgaben des Betriebsrats dient;

3. andere Arbeitnehmervertretungsstrukturen, soweit dies insbesondere aufgrund der Betriebs-, Unternehmens- oder Konzernorganisation oder aufgrund anderer Formen der Zusammenarbeit von Unternehmen einer wirksamen und zweckmäßigen Interessenvertretung der Arbeitnehmer dient;
4. zusätzliche betriebsverfassungsrechtliche Gremien (Arbeitsgemeinschaften), die der unternehmensübergreifenden Zusammenarbeit von Arbeitnehmervertretungen dienen;
5. zusätzliche betriebsverfassungsrechtliche Vertretungen der Arbeitnehmer, die die Zusammenarbeit zwischen Betriebsrat und Arbeitnehmern erleichtern.

(2) Besteht in den Fällen des Absatzes 1 Nr. 1, 2, 4 oder 5 keine tarifliche Regelung und gilt auch kein anderer Tarifvertrag, kann die Regelung durch Betriebsvereinbarung getroffen werden.
(3) Besteht im Fall des Absatzes 1 Nr. 1 Buchstabe a keine tarifliche Regelung und besteht in dem Unternehmen kein Betriebsrat, können die Arbeitnehmer mit Stimmenmehrheit die Wahl eines unternehmenseinheitlichen Betriebsrats beschließen. Die Abstimmung kann von mindestens drei wahlberechtigten Arbeitnehmern des Unternehmens oder einer im Unternehmen vertretenen Gewerkschaft veranlasst werden.
(4) Sofern der Tarifvertrag oder die Betriebsvereinbarung nichts anderes bestimmt, sind Regelungen nach Absatz 1 Nr. 1 bis 3 erstmals bei der nächsten regelmäßigen Betriebsratswahl anzuwenden, es sei denn, es besteht kein Betriebsrat oder es ist aus anderen Gründen eine Neuwahl des Betriebsrats erforderlich. Sieht der Tarifvertrag oder die Betriebsvereinbarung einen anderen Wahlzeitpunkt vor, endet die Amtszeit bestehender Betriebsräte, die durch die Regelungen nach Absatz 1 Nr. 1 bis 3 entfallen, mit Bekanntgabe des Wahlergebnisses.
(5) Die aufgrund eines Tarifvertrages oder einer Betriebsvereinbarung nach Absatz 1 Nr. 1 bis 3 gebildeten betriebsverfassungsrechtlichen Organisationseinheiten gelten als Betriebe im Sinne dieses Gesetzes. Auf die in ihnen gebildeten Arbeitnehmervertretungen finden die Vorschriften über die Rechte und Pflichten des Betriebsrats und die Rechtsstellung seiner Mitglieder Anwendung.

§ 4 Betriebsteile, Kleinstbetriebe

(1) Betriebsteile gelten als selbständige Betriebe, wenn sie die Voraussetzungen des § 1 Abs. 1 Satz 1 erfüllen und
1. räumlich weit vom Hauptbetrieb entfernt oder
2. durch Aufgabenbereich und Organisation eigenständig sind.

Die Arbeitnehmer eines Betriebsteils, in dem kein eigener Betriebsrat besteht, können mit Stimmenmehrheit formlos beschließen, an der Wahl des Betriebsrats im Hauptbetrieb teilzunehmen; § 3 Abs. 3 Satz 2 gilt entsprechend. Die Abstimmung kann auch vom Betriebsrat des Hauptbetriebs veranlasst werden. Der Beschluss ist dem Betriebsrat des Hauptbetriebs spätestens zehn Wochen vor Ablauf seiner Amtszeit mitzuteilen. Für den Widerruf des Beschlusses gelten die Sätze 2 bis 4 entsprechend.
(2) Betriebe, die die Voraussetzungen des § 1 Abs. 1 Satz 1 nicht erfüllen, sind dem Hauptbetrieb zuzuordnen.

§ 5 Arbeitnehmer

(1) Arbeitnehmer (Arbeitnehmerinnen und Arbeitnehmer) im Sinne dieses Gesetzes sind Arbeiter und Angestellte einschließlich der zu ihrer Berufsausbildung Beschäftigten, unabhängig davon, ob sie im Betrieb, im Außendienst oder mit Telearbeit beschäftigt werden. Als Arbeitnehmer gelten auch die in Heimarbeit Beschäftigten, die in der Hauptsache für den Betrieb arbeiten. Als Arbeitnehmer gelten ferner Beamte (Beamtinnen und Beamte), Soldaten (Soldatinnen und Soldaten) sowie Arbeitnehmer des öffentlichen Dienstes einschließlich der zu ihrer Berufsausbildung Beschäftigten, die in Betrieben privatrechtlich organisierter Unternehmen tätig sind.
(2) Als Arbeitnehmer im Sinne dieses Gesetzes gelten nicht
1. in Betrieben einer juristischen Person die Mitglieder des Organs, das zur gesetzlichen Vertretung der juristischen Person berufen ist;

2. die Gesellschafter einer offenen Handelsgesellschaft oder die Mitglieder einer anderen Personengesamtheit, soweit sie durch Gesetz, Satzung oder Gesellschaftsvertrag zur Vertretung der Personengesamtheit oder zur Geschäftsführung berufen sind, in deren Betrieben;
3. Personen, deren Beschäftigung nicht in erster Linie ihrem Erwerb dient, sondern vorwiegend durch Beweggründe karitativer oder religiöser Art bestimmt ist;
4. Personen, deren Beschäftigung nicht in erster Linie ihrem Erwerb dient und die vorwiegend zu ihrer Heilung, Wiedereingewöhnung, sittlichen Besserung oder Erziehung beschäftigt werden;
5. der Ehegatte, der Lebenspartner, Verwandte und Verschwägerte ersten Grades, die in häuslicher Gemeinschaft mit dem Arbeitgeber leben.

(3) Dieses Gesetz findet, soweit in ihm nicht ausdrücklich etwas anderes bestimmt ist, keine Anwendung auf leitende Angestellte. Leitender Angestellter ist, wer nach Arbeitsvertrag und Stellung im Unternehmen oder im Betrieb

1. zur selbständigen Einstellung und Entlassung von im Betrieb oder in der Betriebsabteilung beschäftigten Arbeitnehmern berechtigt ist oder
2. Generalvollmacht oder Prokura hat und die Prokura auch im Verhältnis zum Arbeitgeber nicht unbedeutend ist oder
3. regelmäßig sonstige Aufgaben wahrnimmt, die für den Bestand und die Entwicklung des Unternehmens oder eines Betriebs von Bedeutung sind und deren Erfüllung besondere Erfahrungen und Kenntnisse voraussetzt, wenn er dabei entweder die Entscheidungen im Wesentlichen frei von Weisungen trifft oder sie maßgeblich beeinflusst; dies kann auch bei Vorgaben insbesondere aufgrund von Rechtsvorschriften, Plänen oder Richtlinien sowie bei Zusammenarbeit mit anderen leitenden Angestellten gegeben sein.

Für die in Absatz 1 Satz 3 genannten Beamten und Soldaten gelten die Sätze 1 und 2 entsprechend.

(4) Leitender Angestellter nach Absatz 3 Nr. 3 ist im Zweifel, wer

1. aus Anlass der letzten Wahl des Betriebsrats, des Sprecherausschusses oder von Aufsichtsratsmitgliedern der Arbeitnehmer oder durch rechtskräftige gerichtliche Entscheidung den leitenden Angestellten zugeordnet worden ist oder
2. einer Leitungsebene angehört, auf der in dem Unternehmen überwiegend leitende Angestellte vertreten sind, oder
3. ein regelmäßiges Jahresarbeitsentgelt erhält, das für leitende Angestellte in dem Unternehmen üblich ist, oder,
4. falls auch bei der Anwendung der Nummer 3 noch Zweifel bleiben, ein regelmäßiges Jahresarbeitsentgelt erhält, das das Dreifache der Bezugsgröße nach § 18 des Vierten Buches Sozialgesetzbuch überschreitet.

§ 6 (weggefallen)

Zweiter Teil
Betriebsrat, Betriebsversammlung, Gesamt- und Konzernbetriebsrat

Erster Abschnitt
Zusammensetzung und Wahl des Betriebsrats

§ 7 Wahlberechtigung

Wahlberechtigt sind alle Arbeitnehmer des Betriebs, die das 16. Lebensjahr vollendet haben. Werden Arbeitnehmer eines anderen Arbeitgebers zur Arbeitsleistung überlassen, so sind diese wahlberechtigt, wenn sie länger als drei Monate im Betrieb eingesetzt werden.

§ 8 Wählbarkeit

(1) Wählbar sind alle Wahlberechtigten, die das 18. Lebensjahr vollendet haben und sechs Monate dem Betrieb angehören oder als in Heimarbeit Beschäftigte in der Hauptsache für den Betrieb gearbeitet haben. Auf diese sechsmonatige Betriebszugehörigkeit werden Zeiten angerechnet, in denen der Arbeitnehmer unmittelbar vorher einem anderen Betrieb desselben Unternehmens oder Konzerns (§ 18 Abs. 1 des Aktiengesetzes) angehört hat. Nicht wählbar ist, wer infolge strafgerichtlicher Verurteilung die Fähigkeit, Rechte aus öffentlichen Wahlen zu erlangen, nicht besitzt.
(2) Besteht der Betrieb weniger als sechs Monate, so sind abweichend von der Vorschrift in Absatz 1 über die sechsmonatige Betriebszugehörigkeit diejenigen Arbeitnehmer wählbar, die bei der Einleitung der Betriebsratswahl im Betrieb beschäftigt sind und die übrigen Voraussetzungen für die Wählbarkeit erfüllen.

§ 9 Zahl der Betriebsratsmitglieder

Der Betriebsrat besteht in Betrieben mit in der Regel
5 bis 20 wahlberechtigten Arbeitnehmern aus einer Person,
21 bis 50 wahlberechtigten Arbeitnehmern aus 3 Mitgliedern,
51 wahlberechtigten Arbeitnehmern bis 100 Arbeitnehmern aus 5 Mitgliedern,
101 bis 200 Arbeitnehmern aus 7 Mitgliedern,
201 bis 400 Arbeitnehmern aus 9 Mitgliedern,
401 bis 700 Arbeitnehmern aus 11 Mitgliedern,
701 bis 1000 Arbeitnehmern aus 13 Mitgliedern,
1001 bis 1500 Arbeitnehmern aus 15 Mitgliedern,
1501 bis 2000 Arbeitnehmern aus 17 Mitgliedern,
2001 bis 2500 Arbeitnehmern aus 19 Mitgliedern,
2501 bis 3000 Arbeitnehmern aus 21 Mitgliedern,
3001 bis 3500 Arbeitnehmern aus 23 Mitgliedern,
3501 bis 4000 Arbeitnehmern aus 25 Mitgliedern,
4001 bis 4500 Arbeitnehmern aus 27 Mitgliedern,
4501 bis 5000 Arbeitnehmern aus 29 Mitgliedern,
5001 bis 6000 Arbeitnehmern aus 31 Mitgliedern,
6001 bis 7000 Arbeitnehmern aus 33 Mitgliedern,
7001 bis 9000 Arbeitnehmern aus 35 Mitgliedern.
In Betrieben mit mehr als 9000 Arbeitnehmern erhöht sich die Zahl der Mitglieder des Betriebsrats für je angefangene weitere 3000 Arbeitnehmer um 2 Mitglieder.

§ 10 (weggefallen)

§ 11 Ermäßigte Zahl der Betriebsratsmitglieder

Hat ein Betrieb nicht die ausreichende Zahl von wählbaren Arbeitnehmern, so ist die Zahl der Betriebsratsmitglieder der nächstniedrigeren Betriebsgröße zugrunde zu legen.

§ 12 (weggefallen)

§ 13 Zeitpunkt der Betriebsratswahlen

(1) Die regelmäßigen Betriebsratswahlen finden alle vier Jahre in der Zeit vom 1. März bis 31. Mai statt. Sie sind zeitgleich mit den regelmäßigen Wahlen nach § 5 Abs. 1 des Sprecherausschussgesetzes einzuleiten.
(2) Außerhalb dieser Zeit ist der Betriebsrat zu wählen, wenn
1. mit Ablauf von 24 Monaten, vom Tage der Wahl an gerechnet, die Zahl der regelmäßig beschäftigten Arbeitnehmer um die Hälfte, mindestens aber um fünfzig, gestiegen oder gesunken ist,
2. die Gesamtzahl der Betriebsratsmitglieder nach Eintreten sämtlicher Ersatzmitglieder unter die vorgeschriebene Zahl der Betriebsratsmitglieder gesunken ist,
3. der Betriebsrat mit der Mehrheit seiner Mitglieder seinen Rücktritt beschlossen hat,
4. die Betriebsratswahl mit Erfolg angefochten worden ist,
5. der Betriebsrat durch eine gerichtliche Entscheidung aufgelöst ist oder
6. im Betrieb ein Betriebsrat nicht besteht.

(3) Hat außerhalb des für die regelmäßigen Betriebsratswahlen festgelegten Zeitraums eine Betriebsratswahl stattgefunden, so ist der Betriebsrat in dem auf die Wahl folgenden nächsten Zeitraum der regelmäßigen Betriebsratswahlen neu zu wählen. Hat die Amtszeit des Betriebsrats zu Beginn des für die regelmäßigen Betriebsratswahlen festgelegten Zeitraums noch nicht ein Jahr betragen, so ist der Betriebsrat in dem übernächsten Zeitraum der regelmäßigen Betriebsratswahlen neu zu wählen.

§ 14 Wahlvorschriften

(1) Der Betriebsrat wird in geheimer und unmittelbarer Wahl gewählt.
(2) Die Wahl erfolgt nach den Grundsätzen der Verhältniswahl. Sie erfolgt nach den Grundsätzen der Mehrheitswahl, wenn nur ein Wahlvorschlag eingereicht wird oder wenn der Betriebsrat im vereinfachten Wahlverfahren nach § 14a zu wählen ist.
(3) Zur Wahl des Betriebsrats können die wahlberechtigten Arbeitnehmer und die im Betrieb vertretenen Gewerkschaften Wahlvorschläge machen.
(4) In Betrieben mit in der Regel bis zu 20 wahlberechtigten Arbeitnehmern bedarf es keiner Unterzeichnung von Wahlvorschlägen. Wahlvorschläge sind in Betrieben mit in der Regel 21 bis 100 wahlberechtigten Arbeitnehmern von mindestens zwei wahlberechtigten Arbeitnehmern und in Betrieben mit in der Regel mehr als 100 wahlberechtigten Arbeitnehmern von mindestens einem Zwanzigstel der wahlberechtigten Arbeitnehmer zu unterzeichnen. In jedem Fall genügt die Unterzeichnung durch 50 wahlberechtigte Arbeitnehmer.
(5) Jeder Wahlvorschlag einer Gewerkschaft muss von zwei Beauftragten unterzeichnet sein.

§ 14a Vereinfachtes Wahlverfahren für Kleinbetriebe

(1) In Betrieben mit in der Regel fünf bis 100 wahlberechtigten Arbeitnehmern wird der Betriebsrat in einem zweistufigen Verfahren gewählt. Auf einer ersten Wahlversammlung wird der Wahlvorstand nach § 17a Nr. 3 gewählt. Auf einer zweiten Wahlversammlung wird der

Betriebsrat in geheimer und unmittelbarer Wahl gewählt. Diese Wahlversammlung findet eine Woche nach der Wahlversammlung zur Wahl des Wahlvorstands statt.
(2) Wahlvorschläge können bis zum Ende der Wahlversammlung zur Wahl des Wahlvorstands nach § 17a Nr. 3 gemacht werden; für Wahlvorschläge der Arbeitnehmer gilt § 14 Abs. 4 mit der Maßgabe, dass für Wahlvorschläge, die erst auf dieser Wahlversammlung gemacht werden, keine Schriftform erforderlich ist.
(3) Ist der Wahlvorstand in Betrieben mit in der Regel fünf bis 100 wahlberechtigten Arbeitnehmern nach § 17a Nr. 1 in Verbindung mit § 16 vom Betriebsrat, Gesamtbetriebsrat oder Konzernbetriebsrat oder nach § 17a Nr. 4 vom Arbeitsgericht bestellt, wird der Betriebsrat abweichend von Absatz 1 Satz 1 und 2 auf nur einer Wahlversammlung in geheimer und unmittelbarer Wahl gewählt. Wahlvorschläge können bis eine Woche vor der Wahlversammlung zur Wahl des Betriebsrats gemacht werden; § 14 Abs. 4 gilt unverändert.
(4) Wahlberechtigten Arbeitnehmern, die an der Wahlversammlung zur Wahl des Betriebsrats nicht teilnehmen können, ist Gelegenheit zur schriftlichen Stimmabgabe zu geben.
(5) In Betrieben mit in der Regel 101 bis 200 wahlberechtigten Arbeitnehmern können der Wahlvorstand und der Arbeitgeber die Anwendung des vereinfachten Wahlverfahrens vereinbaren.

§ 15 Zusammensetzung nach Beschäftigungsarten und Geschlechtern

(1) Der Betriebsrat soll sich möglichst aus Arbeitnehmern der einzelnen Organisationsbereiche und der verschiedenen Beschäftigungsarten der im Betrieb tätigen Arbeitnehmer zusammensetzen.
(2) Das Geschlecht, das in der Belegschaft in der Minderheit ist, muss mindestens entsprechend seinem zahlenmäßigen Verhältnis im Betriebsrat vertreten sein, wenn dieser aus mindestens drei Mitgliedern besteht.

§ 16 Bestellung des Wahlvorstands

(1) Spätestens zehn Wochen vor Ablauf seiner Amtszeit bestellt der Betriebsrat einen aus drei Wahlberechtigten bestehenden Wahlvorstand und einen von ihnen als Vorsitzenden. Der Betriebsrat kann die Zahl der Wahlvorstandsmitglieder erhöhen, wenn dies zur ordnungsgemäßen Durchführung der Wahl erforderlich ist. Der Wahlvorstand muss in jedem Fall aus einer ungeraden Zahl von Mitgliedern bestehen. Für jedes Mitglied des Wahlvorstands kann für den Fall seiner Verhinderung ein Ersatzmitglied bestellt werden. In Betrieben mit weiblichen und männlichen Arbeitnehmern sollen dem Wahlvorstand Frauen und Männer angehören. Jede im Betrieb vertretene Gewerkschaft kann zusätzlich einen dem Betrieb angehörenden Beauftragten als nicht stimmberechtigtes Mitglied in den Wahlvorstand entsenden, sofern ihr nicht ein stimmberechtigtes Wahlvorstandsmitglied angehört.
(2) Besteht acht Wochen vor Ablauf der Amtszeit des Betriebsrats kein Wahlvorstand, so bestellt ihn das Arbeitsgericht auf Antrag von mindestens drei Wahlberechtigten oder einer im Betrieb vertretenen Gewerkschaft; Absatz 1 gilt entsprechend. In dem Antrag können Vorschläge für die Zusammensetzung des Wahlvorstands gemacht werden. Das Arbeitsgericht kann für Betriebe mit in der Regel mehr als zwanzig wahlberechtigten Arbeitnehmern auch Mitglieder einer im Betrieb vertretenen Gewerkschaft, die nicht Arbeitnehmer des Betriebs sind, zu Mitgliedern des Wahlvorstands bestellen, wenn dies zur ordnungsgemäßen Durchführung der Wahl erforderlich ist.
(3) Besteht acht Wochen vor Ablauf der Amtszeit des Betriebsrats kein Wahlvorstand, kann auch der Gesamtbetriebsrat oder, falls ein solcher nicht besteht, der Konzernbetriebsrat den Wahlvorstand bestellen. Absatz 1 gilt entsprechend.

§ 17 Bestellung des Wahlvorstands in Betrieben ohne Betriebsrat

(1) Besteht in einem Betrieb, der die Voraussetzungen des § 1 Abs. 1 Satz 1 erfüllt, kein Betriebsrat, so bestellt der Gesamtbetriebsrat oder, falls ein solcher nicht besteht, der Konzernbetriebsrat einen Wahlvorstand. § 16 Abs. 1 gilt entsprechend.
(2) Besteht weder ein Gesamtbetriebsrat noch ein Konzernbetriebsrat, so wird in einer Betriebsversammlung von der Mehrheit der anwesenden Arbeitnehmer ein Wahlvorstand gewählt; § 16 Abs. 1 gilt entsprechend. Gleiches gilt, wenn der Gesamtbetriebsrat oder Konzernbetriebsrat die Bestellung des Wahlvorstands nach Absatz 1 unterlässt.
(3) Zu dieser Betriebsversammlung können drei wahlberechtigte Arbeitnehmer des Betriebs oder eine im Betrieb vertretene Gewerkschaft einladen und Vorschläge für die Zusammensetzung des Wahlvorstands machen.
(4) Findet trotz Einladung keine Betriebsversammlung statt oder wählt die Betriebsversammlung keinen Wahlvorstand, so bestellt ihn das Arbeitsgericht auf Antrag von mindestens drei wahlberechtigten Arbeitnehmern oder einer im Betrieb vertretenen Gewerkschaft. § 16 Abs. 2 gilt entsprechend.

§ 17a Bestellung des Wahlvorstands im vereinfachten Wahlverfahren

Im Fall des § 14a finden die §§ 16 und 17 mit folgender Maßgabe Anwendung:
1. Die Frist des § 16 Abs. 1 Satz 1 wird auf vier Wochen und die des § 16 Abs. 2 Satz 1, Abs. 3 Satz 1 auf drei Wochen verkürzt.
2. § 16 Abs. 1 Satz 2 und 3 findet keine Anwendung.
3. In den Fällen des § 17 Abs. 2 wird der Wahlvorstand in einer Wahlversammlung von der Mehrheit der anwesenden Arbeitnehmer gewählt. Für die Einladung zu der Wahlversammlung gilt § 17 Abs. 3 entsprechend.
4. § 17 Abs. 4 gilt entsprechend, wenn trotz Einladung keine Wahlversammlung stattfindet oder auf der Wahlversammlung kein Wahlvorstand gewählt wird.

§ 18 Vorbereitung und Durchführung der Wahl

(1) Der Wahlvorstand hat die Wahl unverzüglich einzuleiten, sie durchzuführen und das Wahlergebnis festzustellen. Kommt der Wahlvorstand dieser Verpflichtung nicht nach, so ersetzt ihn das Arbeitsgericht auf Antrag des Betriebsrats, von mindestens drei wahlberechtigten Arbeitnehmern oder einer im Betrieb vertretenen Gewerkschaft. § 16 Abs. 2 gilt entsprechend.
(2) Ist zweifelhaft, ob eine betriebsratsfähige Organisationseinheit vorliegt, so können der Arbeitgeber, jeder beteiligte Betriebsrat, jeder beteiligte Wahlvorstand oder eine im Betrieb vertretene Gewerkschaft eine Entscheidung des Arbeitsgerichts beantragen.
(3) Unverzüglich nach Abschluss der Wahl nimmt der Wahlvorstand öffentlich die Auszählung der Stimmen vor, stellt deren Ergebnis in einer Niederschrift fest und gibt es den Arbeitnehmern des Betriebs bekannt. Dem Arbeitgeber und den im Betrieb vertretenen Gewerkschaften ist eine Abschrift der Wahlniederschrift zu übersenden.

§ 18a Zuordnung der leitenden Angestellten bei Wahlen

(1) Sind die Wahlen nach § 13 Abs. 1 und nach § 5 Abs. 1 des Sprecherausschussgesetzes zeitgleich einzuleiten, so haben sich die Wahlvorstände unverzüglich nach Aufstellung der Wählerlisten, spätestens jedoch zwei Wochen vor Einleitung der Wahlen, gegenseitig darüber zu unterrichten, welche Angestellten sie den leitenden Angestellten zugeordnet haben; dies gilt auch, wenn die Wahlen ohne Bestehen einer gesetzlichen Verpflichtung zeitgleich eingeleitet werden. Soweit zwischen den Wahlvorständen kein Einvernehmen über die Zuordnung besteht, haben sie in gemeinsamer Sitzung eine Einigung zu versuchen. Soweit eine Einigung zustande kommt, sind die Angestellten entsprechend ihrer Zuordnung in die jeweilige Wählerliste einzutragen.

(2) Soweit eine Einigung nicht zustande kommt, hat ein Vermittler spätestens eine Woche vor Einleitung der Wahlen erneut eine Verständigung der Wahlvorstände über die Zuordnung zu versuchen. Der Arbeitgeber hat den Vermittler auf dessen Verlangen zu unterstützen, insbesondere die erforderlichen Auskünfte zu erteilen und die erforderlichen Unterlagen zur Verfügung zu stellen. Bleibt der Verständigungsversuch erfolglos, so entscheidet der Vermittler nach Beratung mit dem Arbeitgeber. Absatz 1 Satz 3 gilt entsprechend.
(3) Auf die Person des Vermittlers müssen sich die Wahlvorstände einigen. Zum Vermittler kann nur ein Beschäftigter des Betriebs oder eines anderen Betriebs des Unternehmens oder Konzerns oder der Arbeitgeber bestellt werden. Kommt eine Einigung nicht zustande, so schlagen die Wahlvorstände je eine Person als Vermittler vor; durch Los wird entschieden, wer als Vermittler tätig wird.
(4) Wird mit der Wahl nach § 13 Abs. 1 oder 2 nicht zeitgleich eine Wahl nach dem Sprecherausschussgesetz eingeleitet, so hat der Wahlvorstand den Sprecherausschuss entsprechend Absatz 1 Satz 1 erster Halbsatz zu unterrichten. Soweit kein Einvernehmen über die Zuordnung besteht, hat der Sprecherausschuss Mitglieder zu benennen, die anstelle des Wahlvorstands an dem Zuordnungsverfahren teilnehmen. Wird mit der Wahl nach § 5 Abs. 1 oder 2 des Sprecherausschussgesetzes nicht zeitgleich eine Wahl nach diesem Gesetz eingeleitet, so gelten die Sätze 1 und 2 für den Betriebsrat entsprechend.
(5) Durch die Zuordnung wird der Rechtsweg nicht ausgeschlossen. Die Anfechtung der Betriebsratswahl oder der Wahl nach dem Sprecherausschussgesetz ist ausgeschlossen, soweit sie darauf gestützt wird, die Zuordnung sei fehlerhaft erfolgt. Satz 2 gilt nicht, soweit die Zuordnung offensichtlich fehlerhaft ist.

§ 19 Wahlanfechtung

(1) Die Wahl kann beim Arbeitsgericht angefochten werden, wenn gegen wesentliche Vorschriften über das Wahlrecht, die Wählbarkeit oder das Wahlverfahren verstoßen worden ist und eine Berichtigung nicht erfolgt ist, es sei denn, dass durch den Verstoß das Wahlergebnis nicht geändert oder beeinflusst werden konnte.
(2) Zur Anfechtung berechtigt sind mindestens drei Wahlberechtigte, eine im Betrieb vertretene Gewerkschaft oder der Arbeitgeber. Die Wahlanfechtung ist nur binnen einer Frist von zwei Wochen, vom Tage der Bekanntgabe des Wahlergebnisses an gerechnet, zulässig.
(3) Die Anfechtung durch die Wahlberechtigten ist ausgeschlossen, soweit sie darauf gestützt wird, dass die Wählerliste unrichtig ist, wenn nicht zuvor aus demselben Grund ordnungsgemäß Einspruch gegen die Richtigkeit der Wählerliste eingelegt wurde. Dies gilt nicht, wenn die anfechtenden Wahlberechtigten an der Einlegung eines Einspruchs gehindert waren. Die Anfechtung durch den Arbeitgeber ist ausgeschlossen, soweit sie darauf gestützt wird, dass die Wählerliste unrichtig ist und wenn diese Unrichtigkeit auf seinen Angaben beruht.

§ 20 Wahlschutz und Wahlkosten

(1) Niemand darf die Wahl des Betriebsrats behindern. Insbesondere darf kein Arbeitnehmer in der Ausübung des aktiven und passiven Wahlrechts beschränkt werden.
(2) Niemand darf die Wahl des Betriebsrats durch Zufügung oder Androhung von Nachteilen oder durch Gewährung oder Versprechen von Vorteilen beeinflussen.
(3) Die Kosten der Wahl trägt der Arbeitgeber. Versäumnis von Arbeitszeit, die zur Ausübung des Wahlrechts, zur Betätigung im Wahlvorstand oder zur Tätigkeit als Vermittler (§ 18a) erforderlich ist, berechtigt den Arbeitgeber nicht zur Minderung des Arbeitsentgelts.

Zweiter Abschnitt
Amtszeit des Betriebsrats

§ 21 Amtszeit

Die regelmäßige Amtszeit des Betriebsrats beträgt vier Jahre. Die Amtszeit beginnt mit der Bekanntgabe des Wahlergebnisses oder, wenn zu diesem Zeitpunkt noch ein Betriebsrat besteht, mit Ablauf von dessen Amtszeit. Die Amtszeit endet spätestens am 31. Mai des Jahres, in dem nach § 13 Abs. 1 die regelmäßigen Betriebsratswahlen stattfinden. In dem Fall des § 13 Abs. 3 Satz 2 endet die Amtszeit spätestens am 31. Mai des Jahres, in dem der Betriebsrat neu zu wählen ist. In den Fällen des § 13 Abs. 2 Nr. 1 und 2 endet die Amtszeit mit der Bekanntgabe des Wahlergebnisses des neu gewählten Betriebsrats.

§ 21a Übergangsmandat

(1) Wird ein Betrieb gespalten, so bleibt dessen Betriebsrat im Amt und führt die Geschäfte für die ihm bislang zugeordneten Betriebsteile weiter, soweit sie die Voraussetzungen des § 1 Abs. 1 Satz 1 erfüllen und nicht in einen Betrieb eingegliedert werden, in dem ein Betriebsrat besteht (Übergangsmandat). Der Betriebsrat hat insbesondere unverzüglich Wahlvorstände zu bestellen. Das Übergangsmandat endet, sobald in den Betriebsteilen ein neuer Betriebsrat gewählt und das Wahlergebnis bekannt gegeben ist, spätestens jedoch sechs Monate nach Wirksamwerden der Spaltung. Durch Tarifvertrag oder Betriebsvereinbarung kann das Übergangsmandat um weitere sechs Monate verlängert werden.
(2) Werden Betriebe oder Betriebsteile zu einem Betrieb zusammengefasst, so nimmt der Betriebsrat des nach der Zahl der wahlberechtigten Arbeitnehmer größten Betriebs oder Betriebsteils das Übergangsmandat wahr. Absatz 1 gilt entsprechend.
(3) Die Absätze 1 und 2 gelten auch, wenn die Spaltung oder Zusammenlegung von Betrieben und Betriebsteilen im Zusammenhang mit einer Betriebsveräußerung oder einer Umwandlung nach dem Umwandlungsgesetz erfolgt.

§ 21b Restmandat

Geht ein Betrieb durch Stilllegung, Spaltung oder Zusammenlegung unter, so bleibt dessen Betriebsrat so lange im Amt, wie dies zur Wahrnehmung der damit im Zusammenhang stehenden Mitwirkungs- und Mitbestimmungsrechte erforderlich ist.

§ 22 Weiterführung der Geschäfte des Betriebsrats

In den Fällen des § 13 Abs. 2 Nr. 1 bis 3 führt der Betriebsrat die Geschäfte weiter, bis der neue Betriebsrat gewählt und das Wahlergebnis bekannt gegeben ist.

§ 23 Verletzung gesetzlicher Pflichten

(1) Mindestens ein Viertel der wahlberechtigten Arbeitnehmer, der Arbeitgeber oder eine im Betrieb vertretene Gewerkschaft können beim Arbeitsgericht den Ausschluss eines Mitglieds aus dem Betriebsrat oder die Auflösung des Betriebsrats wegen grober Verletzung seiner gesetzlichen Pflichten beantragen. Der Ausschluss eines Mitglieds kann auch vom Betriebsrat beantragt werden.
(2) Wird der Betriebsrat aufgelöst, so setzt das Arbeitsgericht unverzüglich einen Wahlvorstand für die Neuwahl ein. § 16 Abs. 2 gilt entsprechend.
(3) Der Betriebsrat oder eine im Betrieb vertretene Gewerkschaft können bei groben Verstößen des Arbeitgebers gegen seine Verpflichtungen aus diesem Gesetz beim Arbeitsgericht beantragen, dem Arbeitgeber aufzugeben, eine Handlung zu unterlassen, die Vornahme einer Handlung zu dulden oder eine Handlung vorzunehmen. Handelt der Arbeitgeber der ihm durch rechtskräftige gerichtliche Entscheidung auferlegten Verpflichtung zuwider, eine Hand-

lung zu unterlassen oder die Vornahme einer Handlung zu dulden, so ist er auf Antrag vom Arbeitsgericht wegen einer jeden Zuwiderhandlung nach vorheriger Androhung zu einem Ordnungsgeld zu verurteilen. Führt der Arbeitgeber die ihm durch eine rechtskräftige gerichtliche Entscheidung auferlegte Handlung nicht durch, so ist auf Antrag vom Arbeitsgericht zu erkennen, dass er zur Vornahme der Handlung durch Zwangsgeld anzuhalten sei. Antragsberechtigt sind der Betriebsrat oder eine im Betrieb vertretene Gewerkschaft. Das Höchstmaß des Ordnungsgeldes und Zwangsgeldes beträgt 10 000 Euro.

§ 24 Erlöschen der Mitgliedschaft

Die Mitgliedschaft im Betriebsrat erlischt durch
1. Ablauf der Amtszeit,
2. Niederlegung des Betriebsratsamtes,
3. Beendigung des Arbeitsverhältnisses,
4. Verlust der Wählbarkeit,
5. Ausschluss aus dem Betriebsrat oder Auflösung des Betriebsrats aufgrund einer gerichtlichen Entscheidung,
6. gerichtliche Entscheidung über die Feststellung der Nichtwählbarkeit nach Ablauf der in § 19 Abs. 2 bezeichneten Frist, es sei denn, der Mangel liegt nicht mehr vor.

§ 25 Ersatzmitglieder

(1) Scheidet ein Mitglied des Betriebsrats aus, so rückt ein Ersatzmitglied nach. Dies gilt entsprechend für die Stellvertretung eines zeitweilig verhinderten Mitglieds des Betriebsrats.
(2) Die Ersatzmitglieder werden unter Berücksichtigung des § 15 Abs. 2 der Reihe nach aus den nichtgewählten Arbeitnehmern derjenigen Vorschlagslisten entnommen, denen die zu ersetzenden Mitglieder angehören. Ist eine Vorschlagsliste erschöpft, so ist das Ersatzmitglied derjenigen Vorschlagsliste zu entnehmen, auf die nach den Grundsätzen der Verhältniswahl der nächste Sitz entfallen würde. Ist das ausgeschiedene oder verhinderte Mitglied nach den Grundsätzen der Mehrheitswahl gewählt, so bestimmt sich die Reihenfolge der Ersatzmitglieder unter Berücksichtigung des § 15 Abs. 2 nach der Höhe der erreichten Stimmenzahlen.

Dritter Abschnitt
Geschäftsführung des Betriebsrats

§ 26 Vorsitzender

(1) Der Betriebsrat wählt aus seiner Mitte den Vorsitzenden und dessen Stellvertreter.
(2) Der Vorsitzende des Betriebsrats oder im Fall seiner Verhinderung sein Stellvertreter vertritt den Betriebsrat im Rahmen der von ihm gefassten Beschlüsse. Zur Entgegennahme von Erklärungen, die dem Betriebsrat gegenüber abzugeben sind, ist der Vorsitzende des Betriebsrats oder im Fall seiner Verhinderung sein Stellvertreter berechtigt.

§ 27 Betriebsausschuss

(1) Hat ein Betriebsrat neun oder mehr Mitglieder, so bildet er einen Betriebsausschuss. Der Betriebsausschuss besteht aus dem Vorsitzenden des Betriebsrats, dessen Stellvertreter und bei Betriebsräten mit
9 bis 15 Mitgliedern aus 3 weiteren Ausschussmitgliedern,
17 bis 23 Mitgliedern aus 5 weiteren Ausschussmitgliedern,
25 bis 35 Mitgliedern aus 7 weiteren Ausschussmitgliedern,
37 oder mehr Mitgliedern aus 9 weiteren Ausschussmitgliedern.

Die weiteren Ausschussmitglieder werden vom Betriebsrat aus seiner Mitte in geheimer Wahl und nach den Grundsätzen der Verhältniswahl gewählt. Wird nur ein Wahlvorschlag gemacht, so erfolgt die Wahl nach den Grundsätzen der Mehrheitswahl. Sind die weiteren Ausschussmitglieder nach den Grundsätzen der Verhältniswahl gewählt, so erfolgt die Abberufung durch Beschluss des Betriebsrats, der in geheimer Abstimmung gefasst wird und einer Mehrheit von drei Vierteln der Stimmen der Mitglieder des Betriebsrats bedarf.
(2) Der Betriebsausschuss führt die laufenden Geschäfte des Betriebsrats. Der Betriebsrat kann dem Betriebsausschuss mit der Mehrheit der Stimmen seiner Mitglieder Aufgaben zur selbständigen Erledigung übertragen; dies gilt nicht für den Abschluss von Betriebsvereinbarungen. Die Übertragung bedarf der Schriftform. Die Sätze 2 und 3 gelten entsprechend für den Widerruf der Übertragung von Aufgaben.
(3) Betriebsräte mit weniger als neun Mitgliedern können die laufenden Geschäfte auf den Vorsitzenden des Betriebsrats oder andere Betriebsratsmitglieder übertragen.

§ 28 Übertragung von Aufgaben auf Ausschüsse

(1) Der Betriebsrat kann in Betrieben mit mehr als 100 Arbeitnehmern Ausschüsse bilden und ihnen bestimmte Aufgaben übertragen. Für die Wahl und Abberufung der Ausschussmitglieder gilt § 27 Abs. 1 Satz 3 bis 5 entsprechend. Ist ein Betriebsausschuss gebildet, kann der Betriebsrat den Ausschüssen Aufgaben zur selbständigen Erledigung übertragen; § 27 Abs. 2 Satz 2 bis 4 gilt entsprechend.
(2) Absatz 1 gilt entsprechend für die Übertragung von Aufgaben zur selbständigen Entscheidung auf Mitglieder des Betriebsrats in Ausschüssen, deren Mitglieder vom Betriebsrat und vom Arbeitgeber benannt werden.

§ 28a Übertragung von Aufgaben auf Arbeitsgruppen

(1) In Betrieben mit mehr als 100 Arbeitnehmern kann der Betriebsrat mit der Mehrheit der Stimmen seiner Mitglieder bestimmte Aufgaben auf Arbeitsgruppen übertragen; dies erfolgt nach Maßgabe einer mit dem Arbeitgeber abzuschließenden Rahmenvereinbarung. Die Aufgaben müssen im Zusammenhang mit den von der Arbeitsgruppe zu erledigenden Tätigkeiten stehen. Die Übertragung bedarf der Schriftform. Für den Widerruf der Übertragung gelten Satz 1 erster Halbsatz und Satz 3 entsprechend.
(2) Die Arbeitsgruppe kann im Rahmen der ihr übertragenen Aufgaben mit dem Arbeitgeber Vereinbarungen schließen; eine Vereinbarung bedarf der Mehrheit der Stimmen der Gruppenmitglieder. § 77 gilt entsprechend. Können sich Arbeitgeber und Arbeitsgruppe in einer Angelegenheit nicht einigen, nimmt der Betriebsrat das Beteiligungsrecht wahr.

§ 29 Einberufung der Sitzungen

(1) Vor Ablauf einer Woche nach dem Wahltag hat der Wahlvorstand die Mitglieder des Betriebsrats zu der nach § 26 Abs. 1 vorgeschriebenen Wahl einzuberufen. Der Vorsitzende des Wahlvorstands leitet die Sitzung, bis der Betriebsrat aus seiner Mitte einen Wahlleiter bestellt hat.
(2) Die weiteren Sitzungen beruft der Vorsitzende des Betriebsrats ein. Er setzt die Tagesordnung fest und leitet die Verhandlung. Der Vorsitzende hat die Mitglieder des Betriebsrats zu den Sitzungen rechtzeitig unter Mitteilung der Tagesordnung zu laden. Dies gilt auch für die Schwerbehindertenvertretung sowie für die Jugend- und Auszubildendenvertreter, soweit sie ein Recht auf Teilnahme an der Betriebsratssitzung haben. Kann ein Mitglied des Betriebsrats oder der Jugend- und Auszubildendenvertretung an der Sitzung nicht teilnehmen, so soll es dies unter Angabe der Gründe unverzüglich dem Vorsitzenden mitteilen. Der Vorsitzende hat für ein verhindertes Betriebsratsmitglied oder für einen verhinderten Jugend- und Auszubildendenvertreter das Ersatzmitglied zu laden.

(3) Der Vorsitzende hat eine Sitzung einzuberufen und den Gegenstand, dessen Beratung beantragt ist, auf die Tagesordnung zu setzen, wenn dies ein Viertel der Mitglieder des Betriebsrats oder der Arbeitgeber beantragt.
(4) Der Arbeitgeber nimmt an den Sitzungen, die auf sein Verlangen anberaumt sind, und an den Sitzungen, zu denen er ausdrücklich eingeladen ist, teil. Er kann einen Vertreter der Vereinigung der Arbeitgeber, der er angehört, hinzuziehen.

§ 30 Betriebsratssitzungen

(1) Die Sitzungen des Betriebsrats finden in der Regel während der Arbeitszeit statt. Der Betriebsrat hat bei der Ansetzung von Betriebsratssitzungen auf die betrieblichen Notwendigkeiten Rücksicht zu nehmen. Der Arbeitgeber ist vom Zeitpunkt der Sitzung vorher zu verständigen. Die Sitzungen des Betriebsrats sind nicht öffentlich. Sie finden als Präsenzsitzung statt.
(2) Abweichend von Absatz 1 Satz 5 kann die Teilnahme an einer Betriebsratssitzung mittels Video- und Telefonkonferenz erfolgen, wenn
1. die Voraussetzungen für eine solche Teilnahme in der Geschäftsordnung unter Sicherung des Vorrangs der Präsenzsitzung festgelegt sind,
2. nicht mindestens ein Viertel der Mitglieder des Betriebsrats binnen einer von dem Vorsitzenden zu bestimmenden Frist diesem gegenüber widerspricht und
3. sichergestellt ist, dass Dritte vom Inhalt der Sitzung keine Kenntnis nehmen können.

Eine Aufzeichnung der Sitzung ist unzulässig.
(3) Erfolgt die Betriebsratssitzung mit der zusätzlichen Möglichkeit der Teilnahme mittels Video- und Telefonkonferenz, gilt auch eine Teilnahme vor Ort als erforderlich.

§ 31 Teilnahme der Gewerkschaften

Auf Antrag von einem Viertel der Mitglieder des Betriebsrats kann ein Beauftragter einer im Betriebsrat vertretenen Gewerkschaft an den Sitzungen beratend teilnehmen; in diesem Fall sind der Zeitpunkt der Sitzung und die Tagesordnung der Gewerkschaft rechtzeitig mitzuteilen.

§ 32 Teilnahme der Schwerbehindertenvertretung

Die Schwerbehindertenvertretung (§ 177 des Neunten Buches Sozialgesetzbuch) kann an allen Sitzungen des Betriebsrats beratend teilnehmen.

§ 33 Beschlüsse des Betriebsrats

(1) Die Beschlüsse des Betriebsrats werden, soweit in diesem Gesetz nichts anderes bestimmt ist, mit der Mehrheit der Stimmen der anwesenden Mitglieder gefasst. Betriebsratsmitglieder, die mittels Video- und Telefonkonferenz an der Beschlussfassung teilnehmen, gelten als anwesend. Bei Stimmengleichheit ist ein Antrag abgelehnt.
(2) Der Betriebsrat ist nur beschlussfähig, wenn mindestens die Hälfte der Betriebsratsmitglieder an der Beschlussfassung teilnimmt; Stellvertretung durch Ersatzmitglieder ist zulässig.
(3) Nimmt die Jugend- und Auszubildendenvertretung an der Beschlussfassung teil, so werden die Stimmen der Jugend- und Auszubildendenvertreter bei der Feststellung der Stimmenmehrheit mitgezählt.

§ 34 Sitzungsniederschrift

(1) Über jede Verhandlung des Betriebsrats ist eine Niederschrift aufzunehmen, die mindestens den Wortlaut der Beschlüsse und die Stimmenmehrheit, mit der sie gefasst sind, enthält. Die Niederschrift ist von dem Vorsitzenden und einem weiteren Mitglied zu unterzeichnen. Der Niederschrift ist eine Anwesenheitsliste beizufügen, in die sich jeder Teilnehmer eigenhändig einzutragen hat. Nimmt ein Betriebsratsmitglied mittels Video- und Telefonkonferenz

an der Sitzung teil, so hat es seine Teilnahme gegenüber dem Vorsitzenden in Textform zu bestätigen. Die Bestätigung ist der Niederschrift beizufügen.
(2) Hat der Arbeitgeber oder ein Beauftragter einer Gewerkschaft an der Sitzung teilgenommen, so ist ihm der entsprechende Teil der Niederschrift abschriftlich auszuhändigen. Einwendungen gegen die Niederschrift sind unverzüglich schriftlich zu erheben; sie sind der Niederschrift beizufügen.
(3) Die Mitglieder des Betriebsrats haben das Recht, die Unterlagen des Betriebsrats und seiner Ausschüsse jederzeit einzusehen.

§ 35 Aussetzung von Beschlüssen

(1) Erachtet die Mehrheit der Jugend- und Auszubildendenvertretung oder die Schwerbehindertenvertretung einen Beschluss des Betriebsrats als eine erhebliche Beeinträchtigung wichtiger Interessen der durch sie vertretenen Arbeitnehmer, so ist auf ihren Antrag der Beschluss auf die Dauer von einer Woche vom Zeitpunkt der Beschlussfassung an auszusetzen, damit in dieser Frist eine Verständigung, gegebenenfalls mit Hilfe der im Betrieb vertretenen Gewerkschaften, versucht werden kann.
(2) Nach Ablauf der Frist ist über die Angelegenheit neu zu beschließen. Wird der erste Beschluss bestätigt, so kann der Antrag auf Aussetzung nicht wiederholt werden; dies gilt auch, wenn der erste Beschluss nur unerheblich geändert wird.

§ 36 Geschäftsordnung

Sonstige Bestimmungen über die Geschäftsführung sollen in einer schriftlichen Geschäftsordnung getroffen werden, die der Betriebsrat mit der Mehrheit der Stimmen seiner Mitglieder beschließt.

§ 37 Ehrenamtliche Tätigkeit, Arbeitsversäumnis

(1) Die Mitglieder des Betriebsrats führen ihr Amt unentgeltlich als Ehrenamt.
(2) Mitglieder des Betriebsrats sind von ihrer beruflichen Tätigkeit ohne Minderung des Arbeitsentgelts zu befreien, wenn und soweit es nach Umfang und Art des Betriebs zur ordnungsgemäßen Durchführung ihrer Aufgaben erforderlich ist.
(3) Zum Ausgleich für Betriebsratstätigkeit, die aus betriebsbedingten Gründen außerhalb der Arbeitszeit durchzuführen ist, hat das Betriebsratsmitglied Anspruch auf entsprechende Arbeitsbefreiung unter Fortzahlung des Arbeitsentgelts. Betriebsbedingte Gründe liegen auch vor, wenn die Betriebsratstätigkeit wegen der unterschiedlichen Arbeitszeiten der Betriebsratsmitglieder nicht innerhalb der persönlichen Arbeitszeit erfolgen kann. Die Arbeitsbefreiung ist vor Ablauf eines Monats zu gewähren; ist dies aus betriebsbedingten Gründen nicht möglich, so ist die aufgewendete Zeit wie Mehrarbeit zu vergüten.
(4) Das Arbeitsentgelt von Mitgliedern des Betriebsrats darf einschließlich eines Zeitraums von einem Jahr nach Beendigung der Amtszeit nicht geringer bemessen werden als das Arbeitsentgelt vergleichbarer Arbeitnehmer mit betriebsüblicher beruflicher Entwicklung. Dies gilt auch für allgemeine Zuwendungen des Arbeitgebers.
(5) Soweit nicht zwingende betriebliche Notwendigkeiten entgegenstehen, dürfen Mitglieder des Betriebsrats einschließlich eines Zeitraums von einem Jahr nach Beendigung der Amtszeit nur mit Tätigkeiten beschäftigt werden, die den Tätigkeiten der in Absatz 4 genannten Arbeitnehmer gleichwertig sind.
(6) Die Absätze 2 und 3 gelten entsprechend für die Teilnahme an Schulungs- und Bildungsveranstaltungen, soweit diese Kenntnisse vermitteln, die für die Arbeit des Betriebsrats erforderlich sind. Betriebsbedingte Gründe im Sinne des Absatzes 3 liegen auch vor, wenn wegen Besonderheiten der betrieblichen Arbeitszeitgestaltung die Schulung des Betriebsratsmitglieds außerhalb seiner Arbeitszeit erfolgt; in diesem Fall ist der Umfang des Ausgleichsanspruchs unter Einbeziehung der Arbeitsbefreiung nach Absatz 2 pro Schulungstag begrenzt auf die Arbeitszeit eines vollzeitbeschäftigten Arbeitnehmers. Der Betriebsrat hat bei der Festlegung der

zeitlichen Lage der Teilnahme an Schulungs- und Bildungsveranstaltungen die betrieblichen Notwendigkeiten zu berücksichtigen. Er hat dem Arbeitgeber die Teilnahme und die zeitliche Lage der Schulungs- und Bildungsveranstaltungen rechtzeitig bekannt zu geben. Hält der Arbeitgeber die betrieblichen Notwendigkeiten für nicht ausreichend berücksichtigt, so kann er die Einigungsstelle anrufen. Der Spruch der Einigungsstelle ersetzt die Einigung zwischen Arbeitgeber und Betriebsrat.
(7) Unbeschadet der Vorschrift des Absatzes 6 hat jedes Mitglied des Betriebsrats während seiner regelmäßigen Amtszeit Anspruch auf bezahlte Freistellung für insgesamt drei Wochen zur Teilnahme an Schulungs- und Bildungsveranstaltungen, die von der zuständigen obersten Arbeitsbehörde des Landes nach Beratung mit den Spitzenorganisationen der Gewerkschaften und der Arbeitgeberverbände als geeignet anerkannt sind. Der Anspruch nach Satz 1 erhöht sich für Arbeitnehmer, die erstmals das Amt eines Betriebsratsmitglieds übernehmen und auch nicht zuvor Jugend- und Auszubildendenvertreter waren, auf vier Wochen. Absatz 6 Satz 2 bis 6 findet Anwendung.

§ 38 Freistellungen

(1) Von ihrer beruflichen Tätigkeit sind mindestens freizustellen in Betrieben mit in der Regel

200 bis	500 Arbeitnehmern	ein Betriebsratsmitglied,
501 bis	900 Arbeitnehmern	2 Betriebsratsmitglieder,
901 bis	1 500 Arbeitnehmern	3 Betriebsratsmitglieder,
1501 bis	2 000 Arbeitnehmern	4 Betriebsratsmitglieder,
2001 bis	3 000 Arbeitnehmern	5 Betriebsratsmitglieder,
3001 bis	4 000 Arbeitnehmern	6 Betriebsratsmitglieder,
4001 bis	5 000 Arbeitnehmern	7 Betriebsratsmitglieder,
5001 bis	6 000 Arbeitnehmern	8 Betriebsratsmitglieder,
6001 bis	7 000 Arbeitnehmern	9 Betriebsratsmitglieder,
7001 bis	8 000 Arbeitnehmern	10 Betriebsratsmitglieder,
8001 bis	9 000 Arbeitnehmern	11 Betriebsratsmitglieder,
9001 bis	10 000 Arbeitnehmern	12 Betriebsratsmitglieder.

In Betrieben mit über 10 000 Arbeitnehmern ist für je angefangene weitere 2000 Arbeitnehmer ein weiteres Betriebsratsmitglied freizustellen. Freistellungen können auch in Form von Teilfreistellungen erfolgen. Diese dürfen zusammengenommen nicht den Umfang der Freistellungen nach den Sätzen 1 und 2 überschreiten. Durch Tarifvertrag oder Betriebsvereinbarung können anderweitige Regelungen über die Freistellung vereinbart werden.
(2) Die freizustellenden Betriebsratsmitglieder werden nach Beratung mit dem Arbeitgeber vom Betriebsrat aus seiner Mitte in geheimer Wahl und nach den Grundsätzen der Verhältniswahl gewählt. Wird nur ein Wahlvorschlag gemacht, so erfolgt die Wahl nach den Grundsätzen der Mehrheitswahl; ist nur ein Betriebsratsmitglied freizustellen, so wird dieses mit einfacher Stimmenmehrheit gewählt. Der Betriebsrat hat die Namen der Freizustellenden dem Arbeitgeber bekannt zu geben. Hält der Arbeitgeber eine Freistellung für sachlich nicht vertretbar, so kann er innerhalb einer Frist von zwei Wochen nach der Bekanntgabe die Einigungsstelle anrufen. Der Spruch der Einigungsstelle ersetzt die Einigung zwischen Arbeitgeber und Betriebsrat. Bestätigt die Einigungsstelle die Bedenken des Arbeitgebers, so hat sie bei der Bestimmung eines anderen freizustellenden Betriebsratsmitglieds auch den Minderheitenschutz im Sinne des Satzes 1 zu beachten. Ruft der Arbeitgeber die Einigungsstelle nicht an, so gilt sein Einverständnis mit den Freistellungen nach Ablauf der zweiwöchigen Frist als erteilt. Für die Abberufung gilt § 27 Abs. 1 Satz 5 entsprechend.
(3) Der Zeitraum für die Weiterzahlung des nach § 37 Abs. 4 zu bemessenden Arbeitsentgelts und für die Beschäftigung nach § 37 Abs. 5 erhöht sich für Mitglieder des Betriebsrats, die drei volle aufeinanderfolgende Amtszeiten freigestellt waren, auf zwei Jahre nach Ablauf der Amtszeit.
(4) Freigestellte Betriebsratsmitglieder dürfen von inner- und außerbetrieblichen Maßnahmen der Berufsbildung nicht ausgeschlossen werden. Innerhalb eines Jahres nach Beendigung der

Freistellung eines Betriebsratsmitglieds ist diesem im Rahmen der Möglichkeiten des Betriebs Gelegenheit zu geben, eine wegen der Freistellung unterbliebene betriebsübliche berufliche Entwicklung nachzuholen. Für Mitglieder des Betriebsrats, die drei volle aufeinander folgende Amtszeiten freigestellt waren, erhöht sich der Zeitraum nach Satz 2 auf zwei Jahre.

§ 39 Sprechstunden

(1) Der Betriebsrat kann während der Arbeitszeit Sprechstunden einrichten. Zeit und Ort sind mit dem Arbeitgeber zu vereinbaren. Kommt eine Einigung nicht zustande, so entscheidet die Einigungsstelle. Der Spruch der Einigungsstelle ersetzt die Einigung zwischen Arbeitgeber und Betriebsrat.
(2) Führt die Jugend- und Auszubildendenvertretung keine eigenen Sprechstunden durch, so kann an den Sprechstunden des Betriebsrats ein Mitglied der Jugend- und Auszubildendenvertretung zur Beratung der in § 60 Abs. 1 genannten Arbeitnehmer teilnehmen.
(3) Versäumnis von Arbeitszeit, die zum Besuch der Sprechstunden oder durch sonstige Inanspruchnahme des Betriebsrats erforderlich ist, berechtigt den Arbeitgeber nicht zur Minderung des Arbeitsentgelts des Arbeitnehmers.

§ 40 Kosten und Sachaufwand des Betriebsrats

(1) Die durch die Tätigkeit des Betriebsrats entstehenden Kosten trägt der Arbeitgeber.
(2) Für die Sitzungen, die Sprechstunden und die laufende Geschäftsführung hat der Arbeitgeber in erforderlichem Umfang Räume, sachliche Mittel, Informations- und Kommunikationstechnik sowie Büropersonal zur Verfügung zu stellen.

§ 41 Umlageverbot

Die Erhebung und Leistung von Beiträgen der Arbeitnehmer für Zwecke des Betriebsrats ist unzulässig.

Vierter Abschnitt
Betriebsversammlung

§ 42 Zusammensetzung, Teilversammlung, Abteilungsversammlung

(1) Die Betriebsversammlung besteht aus den Arbeitnehmern des Betriebs; sie wird von dem Vorsitzenden des Betriebsrats geleitet. Sie ist nicht öffentlich. Kann wegen der Eigenart des Betriebs eine Versammlung aller Arbeitnehmer zum gleichen Zeitpunkt nicht stattfinden, so sind Teilversammlungen durchzuführen.
(2) Arbeitnehmer organisatorisch oder räumlich abgegrenzter Betriebsteile sind vom Betriebsrat zu Abteilungsversammlungen zusammenzufassen, wenn dies für die Erörterung der besonderen Belange der Arbeitnehmer erforderlich ist. Die Abteilungsversammlung wird von einem Mitglied des Betriebsrats geleitet, das möglichst einem beteiligten Betriebsteil als Arbeitnehmer angehört. Absatz 1 Satz 2 und 3 gilt entsprechend.

§ 43 Regelmäßige Betriebs- und Abteilungsversammlungen

(1) Der Betriebsrat hat einmal in jedem Kalendervierteljahr eine Betriebsversammlung einzuberufen und in ihr einen Tätigkeitsbericht zu erstatten. Liegen die Voraussetzungen des § 42 Abs. 2 Satz 1 vor, so hat der Betriebsrat in jedem Kalenderjahr zwei der in Satz 1 genannten Betriebsversammlungen als Abteilungsversammlungen durchzuführen. Die Abteilungsversammlungen sollen möglichst gleichzeitig stattfinden. Der Betriebsrat kann in jedem Kalenderhalbjahr eine weitere Betriebsversammlung oder, wenn die Voraussetzungen des § 42 Abs. 2 Satz 1

vorliegen, einmal weitere Abteilungsversammlungen durchführen, wenn dies aus besonderen Gründen zweckmäßig erscheint.
(2) Der Arbeitgeber ist zu den Betriebs- und Abteilungsversammlungen unter Mitteilung der Tagesordnung einzuladen. Er ist berechtigt, in den Versammlungen zu sprechen. Der Arbeitgeber oder sein Vertreter hat mindestens einmal in jedem Kalenderjahr in einer Betriebsversammlung über das Personal- und Sozialwesen einschließlich des Stands der Gleichstellung von Frauen und Männern im Betrieb sowie der Integration der im Betrieb beschäftigten ausländischen Arbeitnehmer, über die wirtschaftliche Lage und Entwicklung des Betriebs sowie über den betrieblichen Umweltschutz zu berichten, soweit dadurch nicht Betriebs- oder Geschäftsgeheimnisse gefährdet werden.
(3) Der Betriebsrat ist berechtigt und auf Wunsch des Arbeitgebers oder von mindestens einem Viertel der wahlberechtigten Arbeitnehmer verpflichtet, eine Betriebsversammlung einzuberufen und den beantragten Beratungsgegenstand auf die Tagesordnung zu setzen. Vom Zeitpunkt der Versammlungen, die auf Wunsch des Arbeitgebers stattfinden, ist dieser rechtzeitig zu verständigen.
(4) Auf Antrag einer im Betrieb vertretenen Gewerkschaft muss der Betriebsrat vor Ablauf von zwei Wochen nach Eingang des Antrags eine Betriebsversammlung nach Absatz 1 Satz 1 einberufen, wenn im vorhergegangenen Kalenderhalbjahr keine Betriebsversammlung und keine Abteilungsversammlungen durchgeführt worden sind.

§ 44 Zeitpunkt und Verdienstausfall

(1) Die in den §§ 14a, 17 und 43 Abs. 1 bezeichneten und die auf Wunsch des Arbeitgebers einberufenen Versammlungen finden während der Arbeitszeit statt, soweit nicht die Eigenart des Betriebs eine andere Regelung zwingend erfordert. Die Zeit der Teilnahme an diesen Versammlungen einschließlich der zusätzlichen Wegezeiten ist den Arbeitnehmern wie Arbeitszeit zu vergüten. Dies gilt auch dann, wenn die Versammlungen wegen der Eigenart des Betriebs außerhalb der Arbeitszeit stattfinden; Fahrkosten, die den Arbeitnehmern durch die Teilnahme an diesen Versammlungen entstehen, sind vom Arbeitgeber zu erstatten.
(2) Sonstige Betriebs- oder Abteilungsversammlungen finden außerhalb der Arbeitszeit statt. Hiervon kann im Einvernehmen mit dem Arbeitgeber abgewichen werden; im Einvernehmen mit dem Arbeitgeber während der Arbeitszeit durchgeführte Versammlungen berechtigen den Arbeitgeber nicht, das Arbeitsentgelt der Arbeitnehmer zu mindern.

§ 45 Themen der Betriebs- und Abteilungsversammlungen

Die Betriebs- und Abteilungsversammlungen können Angelegenheiten einschließlich solcher tarifpolitischer, sozialpolitischer, umweltpolitischer und wirtschaftlicher Art sowie Fragen der Förderung der Gleichstellung von Frauen und Männern und der Vereinbarkeit von Familie und Erwerbstätigkeit sowie der Integration der im Betrieb beschäftigten ausländischen Arbeitnehmer behandeln, die den Betrieb oder seine Arbeitnehmer unmittelbar betreffen; die Grundsätze des § 74 Abs. 2 finden Anwendung. Die Betriebs- und Abteilungsversammlungen können dem Betriebsrat Anträge unterbreiten und zu seinen Beschlüssen Stellung nehmen.

§ 46 Beauftragte der Verbände

(1) An den Betriebs- oder Abteilungsversammlungen können Beauftragte der im Betrieb vertretenen Gewerkschaften beratend teilnehmen. Nimmt der Arbeitgeber an Betriebs- oder Abteilungsversammlungen teil, so kann er einen Beauftragten der Vereinigung der Arbeitgeber, der er angehört, hinzuziehen.
(2) Der Zeitpunkt und die Tagesordnung der Betriebs- oder Abteilungsversammlungen sind den im Betriebsrat vertretenen Gewerkschaften rechtzeitig schriftlich mitzuteilen.

Fünfter Abschnitt
Gesamtbetriebsrat

§ 47 Voraussetzungen der Errichtung, Mitgliederzahl, Stimmengewicht

(1) Bestehen in einem Unternehmen mehrere Betriebsräte, so ist ein Gesamtbetriebsrat zu errichten.
(2) In den Gesamtbetriebsrat entsendet jeder Betriebsrat mit bis zu drei Mitgliedern eines seiner Mitglieder; jeder Betriebsrat mit mehr als drei Mitgliedern entsendet zwei seiner Mitglieder. Die Geschlechter sollen angemessen berücksichtigt werden.
(3) Der Betriebsrat hat für jedes Mitglied des Gesamtbetriebsrats mindestens ein Ersatzmitglied zu bestellen und die Reihenfolge des Nachrückens festzulegen.
(4) Durch Tarifvertrag oder Betriebsvereinbarung kann die Mitgliederzahl des Gesamtbetriebsrats abweichend von Absatz 2 Satz 1 geregelt werden.
(5) Gehören nach Absatz 2 Satz 1 dem Gesamtbetriebsrat mehr als vierzig Mitglieder an und besteht keine tarifliche Regelung nach Absatz 4, so ist zwischen Gesamtbetriebsrat und Arbeitgeber eine Betriebsvereinbarung über die Mitgliederzahl des Gesamtbetriebsrats abzuschließen, in der bestimmt wird, dass Betriebsräte mehrerer Betriebe eines Unternehmens, die regional oder durch gleichartige Interessen miteinander verbunden sind, gemeinsam Mitglieder in den Gesamtbetriebsrat entsenden.
(6) Kommt im Fall des Absatzes 5 eine Einigung nicht zustande, so entscheidet eine für das Gesamtunternehmen zu bildende Einigungsstelle. Der Spruch der Einigungsstelle ersetzt die Einigung zwischen Arbeitgeber und Gesamtbetriebsrat.
(7) Jedes Mitglied des Gesamtbetriebsrats hat so viele Stimmen, wie in dem Betrieb, in dem es gewählt wurde, wahlberechtigte Arbeitnehmer in der Wählerliste eingetragen sind. Entsendet der Betriebsrat mehrere Mitglieder, so stehen ihnen die Stimmen nach Satz 1 anteilig zu.
(8) Ist ein Mitglied des Gesamtbetriebsrats für mehrere Betriebe entsandt worden, so hat es so viele Stimmen, wie in den Betrieben, für die es entsandt ist, wahlberechtigte Arbeitnehmer in den Wählerlisten eingetragen sind; sind mehrere Mitglieder entsandt worden, gilt Absatz 7 Satz 2 entsprechend.
(9) Für Mitglieder des Gesamtbetriebsrats, die aus einem gemeinsamen Betrieb mehrerer Unternehmen entsandt worden sind, können durch Tarifvertrag oder Betriebsvereinbarung von den Absätzen 7 und 8 abweichende Regelungen getroffen werden.

§ 48 Ausschluss von Gesamtbetriebsratsmitgliedern

Mindestens ein Viertel der wahlberechtigten Arbeitnehmer des Unternehmens, der Arbeitgeber, der Gesamtbetriebsrat oder eine im Unternehmen vertretene Gewerkschaft können beim Arbeitsgericht den Ausschluss eines Mitglieds aus dem Gesamtbetriebsrat wegen grober Verletzung seiner gesetzlichen Pflichten beantragen.

§ 49 Erlöschen der Mitgliedschaft

Die Mitgliedschaft im Gesamtbetriebsrat endet mit dem Erlöschen der Mitgliedschaft im Betriebsrat, durch Amtsniederlegung, durch Ausschluss aus dem Gesamtbetriebsrat aufgrund einer gerichtlichen Entscheidung oder Abberufung durch den Betriebsrat.

§ 50 Zuständigkeit

(1) Der Gesamtbetriebsrat ist zuständig für die Behandlung von Angelegenheiten, die das Gesamtunternehmen oder mehrere Betriebe betreffen und nicht durch die einzelnen Betriebsräte innerhalb ihrer Betriebe geregelt werden können; seine Zuständigkeit erstreckt sich insoweit auch auf Betriebe ohne Betriebsrat. Er ist den einzelnen Betriebsräten nicht übergeordnet.

(2) Der Betriebsrat kann mit der Mehrheit der Stimmen seiner Mitglieder den Gesamtbetriebsrat beauftragen, eine Angelegenheit für ihn zu behandeln. Der Betriebsrat kann sich dabei die Entscheidungsbefugnis vorbehalten. § 27 Abs. 2 Satz 3 und 4 gilt entsprechend.

§ 51 Geschäftsführung

(1) Für den Gesamtbetriebsrat gelten § 25 Abs. 1, die §§ 26, 27 Abs. 2 und 3, § 28 Abs. 1 Satz 1 und 3, Abs. 2, die §§ 30, 31, 34, 35, 36, 37 Abs. 1 bis 3 sowie die §§ 40 und 41 entsprechend. § 27 Abs. 1 gilt entsprechend mit der Maßgabe, dass der Gesamtbetriebsausschuss aus dem Vorsitzenden des Gesamtbetriebsrats, dessen Stellvertreter und bei Gesamtbetriebsräten mit
9 bis 16 Mitgliedern aus 3 weiteren Ausschussmitgliedern,
17 bis 24 Mitgliedern aus 5 weiteren Ausschussmitgliedern,
25 bis 36 Mitgliedern aus 7 weiteren Ausschussmitgliedern,
mehr als 36 Mitgliedern aus 9 weiteren Ausschussmitgliedern
besteht.
(2) Ist ein Gesamtbetriebsrat zu errichten, so hat der Betriebsrat der Hauptverwaltung des Unternehmens oder, soweit ein solcher Betriebsrat nicht besteht, der Betriebsrat des nach der Zahl der wahlberechtigten Arbeitnehmer größten Betriebs zu der Wahl des Vorsitzenden und des stellvertretenden Vorsitzenden des Gesamtbetriebsrats einzuladen. Der Vorsitzende des einladenden Betriebsrats hat die Sitzung zu leiten, bis der Gesamtbetriebsrat aus seiner Mitte einen Wahlleiter bestellt hat. § 29 Abs. 2 bis 4 gilt entsprechend.
(3) Die Beschlüsse des Gesamtbetriebsrats werden, soweit nichts anderes bestimmt ist, mit Mehrheit der Stimmen der anwesenden Mitglieder gefasst. Mitglieder des Gesamtbetriebsrats, die mittels Video- und Telefonkonferenz an der Beschlussfassung teilnehmen, gelten als anwesend. Bei Stimmengleichheit ist ein Antrag abgelehnt. Der Gesamtbetriebsrat ist nur beschlussfähig, wenn mindestens die Hälfte seiner Mitglieder an der Beschlussfassung teilnimmt und die Teilnehmenden mindestens die Hälfte aller Stimmen vertreten; Stellvertretung durch Ersatzmitglieder ist zulässig. § 33 Abs. 3 gilt entsprechend.
(4) Auf die Beschlussfassung des Gesamtbetriebsausschusses und weitere Ausschüsse des Gesamtbetriebsrats ist § 33 Abs. 1 und 2 anzuwenden.
(5) Die Vorschriften über die Rechte und Pflichten des Betriebsrats gelten entsprechend für den Gesamtbetriebsrat, soweit dieses Gesetz keine besonderen Vorschriften enthält.

§ 52 Teilnahme der Gesamtschwerbehindertenvertretung

Die Gesamtschwerbehindertenvertretung (§ 180 Absatz 1 des Neunten Buches Sozialgesetzbuch) kann an allen Sitzungen des Gesamtbetriebsrats teilnehmen.

§ 53 Betriebsräteversammlung

(1) Mindestens einmal in jedem Kalenderjahr hat der Gesamtbetriebsrat die Vorsitzenden und die stellvertretenden Vorsitzenden der Betriebsräte sowie die weiteren Mitglieder der Betriebsausschüsse zu einer Versammlung einzuberufen. Zu dieser Versammlung kann der Betriebsrat abweichend von Satz 1 aus seiner Mitte andere Mitglieder entsenden, soweit dadurch die Gesamtzahl der sich für ihn nach Satz 1 ergebenden Teilnehmer nicht überschritten wird.
(2) In der Betriebsräteversammlung hat
1. der Gesamtbetriebsrat einen Tätigkeitsbericht,
2. der Unternehmer einen Bericht über das Personal- und Sozialwesen einschließlich des Stands der Gleichstellung von Frauen und Männern im Unternehmen, der Integration der im Unternehmen beschäftigten ausländischen Arbeitnehmer, über die wirtschaftliche Lage und Entwicklung des Unternehmens sowie über Fragen des Umweltschutzes im Unternehmen, soweit dadurch nicht Betriebs- und Geschäftsgeheimnisse gefährdet werden,

zu erstatten.

(3) Der Gesamtbetriebsrat kann die Betriebsräteversammlung in Form von Teilversammlungen durchführen. Im Übrigen gelten § 42 Abs. 1 Satz 1 zweiter Halbsatz und Satz 2, § 43 Abs. 2 Satz 1 und 2 sowie die §§ 45 und 46 entsprechend.

Sechster Abschnitt
Konzernbetriebsrat

§ 54 Errichtung des Konzernbetriebsrats

(1) Für einen Konzern (§ 18 Abs. 1 des Aktiengesetzes) kann durch Beschlüsse der einzelnen Gesamtbetriebsräte ein Konzernbetriebsrat errichtet werden. Die Errichtung erfordert die Zustimmung der Gesamtbetriebsräte der Konzernunternehmen, in denen insgesamt mehr als 50 vom Hundert der Arbeitnehmer der Konzernunternehmen beschäftigt sind.
(2) Besteht in einem Konzernunternehmen nur ein Betriebsrat, so nimmt dieser die Aufgaben eines Gesamtbetriebsrates nach den Vorschriften dieses Abschnitts wahr.

§ 55 Zusammensetzung des Konzernbetriebsrats, Stimmengewicht

(1) In den Konzernbetriebsrat entsendet jeder Gesamtbetriebsrat zwei seiner Mitglieder. Die Geschlechter sollen angemessen berücksichtigt werden.
(2) Der Gesamtbetriebsrat hat für jedes Mitglied des Konzernbetriebsrats mindestens ein Ersatzmitglied zu bestellen und die Reihenfolge des Nachrückens festzulegen.
(3) Jedem Mitglied des Konzernbetriebsrats stehen die Stimmen der Mitglieder des entsendenden Gesamtbetriebsrats je zur Hälfte zu.
(4) Durch Tarifvertrag oder Betriebsvereinbarung kann die Mitgliederzahl des Konzernbetriebsrats abweichend von Absatz 1 Satz 1 geregelt werden. § 47 Abs. 5 bis 9 gilt entsprechend.

§ 56 Ausschluss von Konzernbetriebsratsmitgliedern

Mindestens ein Viertel der wahlberechtigten Arbeitnehmer der Konzernunternehmen, der Arbeitgeber, der Konzernbetriebsrat oder eine im Konzern vertretene Gewerkschaft können beim Arbeitsgericht den Ausschluss eines Mitglieds aus dem Konzernbetriebsrat wegen grober Verletzung seiner gesetzlichen Pflichten beantragen.

§ 57 Erlöschen der Mitgliedschaft

Die Mitgliedschaft im Konzernbetriebsrat endet mit dem Erlöschen der Mitgliedschaft im Gesamtbetriebsrat, durch Amtsniederlegung, durch Ausschluss aus dem Konzernbetriebsrat aufgrund einer gerichtlichen Entscheidung oder Abberufung durch den Gesamtbetriebsrat.

§ 58 Zuständigkeit

(1) Der Konzernbetriebsrat ist zuständig für die Behandlung von Angelegenheiten, die den Konzern oder mehrere Konzernunternehmen betreffen und nicht durch die einzelnen Gesamtbetriebsräte innerhalb ihrer Unternehmen geregelt werden können; seine Zuständigkeit erstreckt sich insoweit auch auf Unternehmen, die einen Gesamtbetriebsrat nicht gebildet haben, sowie auf Betriebe der Konzernunternehmen ohne Betriebsrat. Er ist den einzelnen Gesamtbetriebsräten nicht übergeordnet.
(2) Der Gesamtbetriebsrat kann mit der Mehrheit der Stimmen seiner Mitglieder den Konzernbetriebsrat beauftragen, eine Angelegenheit für ihn zu behandeln. Der Gesamtbetriebsrat kann sich dabei die Entscheidungsbefugnis vorbehalten. § 27 Abs. 2 Satz 3 und 4 gilt entsprechend.

§ 59 Geschäftsführung

(1) Für den Konzernbetriebsrat gelten § 25 Abs. 1, die §§ 26, 27 Abs. 2 und 3, § 28 Abs. 1 Satz 1 und 3, Abs. 2, die §§ 30, 31, 34, 35, 36, 37 Abs. 1 bis 3 sowie die §§ 40, 41 und 51 Abs. 1 Satz 2 und Abs. 3 bis 5 entsprechend.
(2) Ist ein Konzernbetriebsrat zu errichten, so hat der Gesamtbetriebsrat des herrschenden Unternehmens oder, soweit ein solcher Gesamtbetriebsrat nicht besteht, der Gesamtbetriebsrat des nach der Zahl der wahlberechtigten Arbeitnehmer größten Konzernunternehmens zu der Wahl des Vorsitzenden und des stellvertretenden Vorsitzenden des Konzernbetriebsrats einzuladen. Der Vorsitzende des einladenden Gesamtbetriebsrats hat die Sitzung zu leiten, bis der Konzernbetriebsrat aus seiner Mitte einen Wahlleiter bestellt hat. § 29 Abs. 2 bis 4 gilt entsprechend.

§ 59a Teilnahme der Konzernschwerbehindertenvertretung

Die Konzernschwerbehindertenvertretung (§ 180 Absatz 2 des Neunten Buches Sozialgesetzbuch) kann an allen Sitzungen des Konzernbetriebsrats beratend teilnehmen.

Dritter Teil
Jugend- und Auszubildendenvertretung

Erster Abschnitt
Betriebliche Jugend- und Auszubildendenvertretung

§ 60 Errichtung und Aufgabe

(1) In Betrieben mit in der Regel mindestens fünf Arbeitnehmern, die das 18. Lebensjahr noch nicht vollendet haben (jugendliche Arbeitnehmer) oder die zu ihrer Berufsausbildung beschäftigt sind, werden Jugend- und Auszubildendenvertretungen gewählt.
(2) Die Jugend- und Auszubildendenvertretung nimmt nach Maßgabe der folgenden Vorschriften die besonderen Belange der in Absatz 1 genannten Arbeitnehmer wahr.

§ 61 Wahlberechtigung und Wählbarkeit

(1) Wahlberechtigt sind alle in § 60 Abs. 1 genannten Arbeitnehmer des Betriebs.
(2) Wählbar sind alle Arbeitnehmer des Betriebs, die das 25. Lebensjahr noch nicht vollendet haben oder die zu ihrer Berufsausbildung beschäftigt sind; § 8 Abs. 1 Satz 3 findet Anwendung. Mitglieder des Betriebsrats können nicht zu Jugend- und Auszubildendenvertretern gewählt werden.

§ 62 Zahl der Jugend- und Auszubildendenvertreter, Zusammensetzung der Jugend- und Auszubildendenvertretung

(1) Die Jugend- und Auszubildendenvertretung besteht in Betrieben mit in der Regel
5 bis 20 der in § 60 Abs. 1 genannten Arbeitnehmer aus einer Person,
21 bis 50 der in § 60 Abs. 1 genannten Arbeitnehmer aus 3 Mitgliedern,
51 bis 150 der in § 60 Abs. 1 genannten Arbeitnehmer aus 5 Mitgliedern,
151 bis 300 der in § 60 Abs. 1 genannten Arbeitnehmer aus 7 Mitgliedern,
301 bis 500 der in § 60 Abs. 1 genannten Arbeitnehmer aus 9 Mitgliedern,
501 bis 700 der in § 60 Abs. 1 genannten Arbeitnehmer aus 11 Mitgliedern,
701 bis 1000 der in § 60 Abs. 1 genannten Arbeitnehmer aus 13 Mitgliedern,
mehr als 1000 der in § 60 Abs. 1 genannten Arbeitnehmer aus 15 Mitgliedern.
(2) Die Jugend- und Auszubildendenvertretung soll sich möglichst aus Vertretern der verschiedenen Beschäftigungsarten und Ausbildungsberufe der im Betrieb tätigen in § 60 Abs. 1 genannten Arbeitnehmer zusammensetzen.
(3) Das Geschlecht, das unter den in § 60 Abs. 1 genannten Arbeitnehmern in der Minderheit ist, muss mindestens entsprechend seinem zahlenmäßigen Verhältnis in der Jugend- und Auszubildendenvertretung vertreten sein, wenn diese aus mindestens drei Mitgliedern besteht.

§ 63 Wahlvorschriften

(1) Die Jugend- und Auszubildendenvertretung wird in geheimer und unmittelbarer Wahl gewählt.
(2) Spätestens acht Wochen vor Ablauf der Amtszeit der Jugend- und Auszubildendenvertretung bestellt der Betriebsrat den Wahlvorstand und seinen Vorsitzenden. Für die Wahl der Jugend- und Auszubildendenvertreter gelten § 14 Abs. 2 bis 5, § 16 Abs. 1 Satz 4 bis 6, § 18 Abs. 1 Satz 1 und Abs. 3 sowie die §§ 19 und 20 entsprechend.
(3) Bestellt der Betriebsrat den Wahlvorstand nicht oder nicht spätestens sechs Wochen vor Ablauf der Amtszeit der Jugend- und Auszubildendenvertretung oder kommt der Wahlvorstand seiner Verpflichtung nach § 18 Abs. 1 Satz 1 nicht nach, so gelten § 16 Abs. 2 Satz 1 und 2,

Abs. 3 Satz 1 und § 18 Abs. 1 Satz 2 entsprechend; der Antrag beim Arbeitsgericht kann auch von jugendlichen Arbeitnehmern gestellt werden.
(4) In Betrieben mit in der Regel fünf bis 100 der in § 60 Abs. 1 genannten Arbeitnehmer gilt auch § 14a entsprechend. Die Frist zur Bestellung des Wahlvorstands wird im Fall des Absatzes 2 Satz 1 auf vier Wochen und im Fall des Absatzes 3 Satz 1 auf drei Wochen verkürzt.
(5) In Betrieben mit in der Regel 101 bis 200 der in § 60 Abs. 1 genannten Arbeitnehmer gilt § 14a Abs. 5 entsprechend.

§ 64 Zeitpunkt der Wahlen und Amtszeit

(1) Die regelmäßigen Wahlen der Jugend- und Auszubildendenvertretung finden alle zwei Jahre in der Zeit vom 1. Oktober bis zum 30. November statt. Für die Wahl der Jugend- und Auszubildendenvertretung außerhalb dieser Zeit gilt § 13 Abs. 2 Nr. 2 bis 6 und Abs. 3 entsprechend.
(2) Die regelmäßige Amtszeit der Jugend- und Auszubildendenvertretung beträgt zwei Jahre. Die Amtszeit beginnt mit der Bekanntgabe des Wahlergebnisses oder, wenn zu diesem Zeitpunkt noch eine Jugend- und Auszubildendenvertretung besteht, mit Ablauf von deren Amtszeit. Die Amtszeit endet spätestens am 30. November des Jahres, in dem nach Absatz 1 Satz 1 die regelmäßigen Wahlen stattfinden. In dem Fall des § 13 Abs. 3 Satz 2 endet die Amtszeit spätestens am 30. November des Jahres, in dem die Jugend- und Auszubildendenvertretung neu zu wählen ist. In dem Fall des § 13 Abs. 2 Nr. 2 endet die Amtszeit mit der Bekanntgabe des Wahlergebnisses der neu gewählten Jugend- und Auszubildendenvertretung.
(3) Ein Mitglied der Jugend- und Auszubildendenvertretung, das im Laufe der Amtszeit das 25. Lebensjahr vollendet oder sein Berufsausbildungsverhältnis beendet, bleibt bis zum Ende der Amtszeit Mitglied der Jugend- und Auszubildendenvertretung.

§ 65 Geschäftsführung

(1) Für die Jugend- und Auszubildendenvertretung gelten § 23 Abs. 1, die §§ 24, 25, 26, 28 Abs. 1 Satz 1 und 2, die §§ 30, 31, 33 Abs. 1 und 2 sowie die §§ 34, 36, 37, 40 und 41 entsprechend.
(2) Die Jugend- und Auszubildendenvertretung kann nach Verständigung des Betriebsrats Sitzungen abhalten; § 29 gilt entsprechend. An diesen Sitzungen kann der Betriebsratsvorsitzende oder ein beauftragtes Betriebsratsmitglied teilnehmen.

§ 66 Aussetzung von Beschlüssen des Betriebsrats

(1) Erachtet die Mehrheit der Jugend- und Auszubildendenvertreter einen Beschluss des Betriebsrats als eine erhebliche Beeinträchtigung wichtiger Interessen der in § 60 Abs. 1 genannten Arbeitnehmer, so ist auf ihren Antrag der Beschluss auf die Dauer von einer Woche auszusetzen, damit in dieser Frist eine Verständigung, gegebenenfalls mit Hilfe der im Betrieb vertretenen Gewerkschaften, versucht werden kann.
(2) Wird der erste Beschluss bestätigt, so kann der Antrag auf Aussetzung nicht wiederholt werden; dies gilt auch, wenn der erste Beschluss nur unerheblich geändert wird.

§ 67 Teilnahme an Betriebsratssitzungen

(1) Die Jugend- und Auszubildendenvertretung kann zu allen Betriebsratssitzungen einen Vertreter entsenden. Werden Angelegenheiten behandelt, die besonders die in § 60 Abs. 1 genannten Arbeitnehmer betreffen, so hat zu diesen Tagesordnungspunkten die gesamte Jugend- und Auszubildendenvertretung ein Teilnahmerecht.
(2) Die Jugend- und Auszubildendenvertreter haben Stimmrecht, soweit die zu fassenden Beschlüsse des Betriebsrats überwiegend die in § 60 Abs. 1 genannten Arbeitnehmer betreffen.
(3) Die Jugend- und Auszubildendenvertretung kann beim Betriebsrat beantragen, Angelegenheiten, die besonders die in § 60 Abs. 1 genannten Arbeitnehmer betreffen und über die

sie beraten hat, auf die nächste Tagesordnung zu setzen. Der Betriebsrat soll Angelegenheiten, die besonders die in § 60 Abs. 1 genannten Arbeitnehmer betreffen, der Jugend- und Auszubildendenvertretung zur Beratung zuleiten.

§ 68 Teilnahme an gemeinsamen Besprechungen

Der Betriebsrat hat die Jugend- und Auszubildendenvertretung zu Besprechungen zwischen Arbeitgeber und Betriebsrat beizuziehen, wenn Angelegenheiten behandelt werden, die besonders die in § 60 Abs. 1 genannten Arbeitnehmer betreffen.

§ 69 Sprechstunden

In Betrieben, die in der Regel mehr als fünfzig der in § 60 Abs. 1 genannten Arbeitnehmer beschäftigen, kann die Jugend- und Auszubildendenvertretung Sprechstunden während der Arbeitszeit einrichten. Zeit und Ort sind durch Betriebsrat und Arbeitgeber zu vereinbaren. § 39 Abs. 1 Satz 3 und 4 und Absatz 3 gilt entsprechend. An den Sprechstunden der Jugend- und Auszubildendenvertretung kann der Betriebsratsvorsitzende oder ein beauftragtes Betriebsratsmitglied beratend teilnehmen.

§ 70 Allgemeine Aufgaben

(1) Die Jugend- und Auszubildendenvertretung hat folgende allgemeine Aufgaben:

1. Maßnahmen, die den in § 60 Abs. 1 genannten Arbeitnehmern dienen, insbesondere in Fragen der Berufsausbildung und der Übernahme der zu ihrer Berufsausbildung Beschäftigten in ein Arbeitsverhältnis, beim Betriebsrat zu beantragen;

1a. Maßnahmen zur Durchsetzung der tatsächlichen Gleichstellung der in § 60 Abs. 1 genannten Arbeitnehmer entsprechend § 80 Abs. 1 Nr. 2a und 2b beim Betriebsrat zu beantragen;

2. darüber zu wachen, dass die zugunsten der in § 60 Abs. 1 genannten Arbeitnehmer geltenden Gesetze, Verordnungen, Unfallverhütungsvorschriften, Tarifverträge und Betriebsvereinbarungen durchgeführt werden;

3. Anregungen von in § 60 Abs. 1 genannten Arbeitnehmern, insbesondere in Fragen der Berufsbildung, entgegenzunehmen und, falls sie berechtigt erscheinen, beim Betriebsrat auf eine Erledigung hinzuwirken. Die Jugend- und Auszubildendenvertretung hat die betroffenen in § 60 Abs. 1 genannten Arbeitnehmer über den Stand und das Ergebnis der Verhandlungen zu informieren;

4. die Integration ausländischer, in § 60 Abs. 1 genannter Arbeitnehmer im Betrieb zu fördern und entsprechende Maßnahmen beim Betriebsrat zu beantragen.

(2) Zur Durchführung ihrer Aufgaben ist die Jugend- und Auszubildendenvertretung durch den Betriebsrat rechtzeitig und umfassend zu unterrichten. Die Jugend- und Auszubildendenvertretung kann verlangen, dass ihr der Betriebsrat die zur Durchführung ihrer Aufgaben erforderlichen Unterlagen zur Verfügung stellt.

§ 71 Jugend- und Auszubildendenversammlung

Die Jugend- und Auszubildendenvertretung kann vor oder nach jeder Betriebsversammlung im Einvernehmen mit dem Betriebsrat eine betriebliche Jugend- und Auszubildendenversammlung einberufen. Im Einvernehmen mit Betriebsrat und Arbeitgeber kann die betriebliche Jugend- und Auszubildendenversammlung auch zu einem anderen Zeitpunkt einberufen werden. § 43 Abs. 2 Satz 1 und 2, die §§ 44 bis 46 und § 65 Abs. 2 Satz 2 gelten entsprechend.

Zweiter Abschnitt
Gesamt-Jugend- und Auszubildendenvertretung

§ 72 Voraussetzung der Errichtung, Mitgliederzahl, Stimmengewicht

(1) Bestehen in einem Unternehmen mehrere Jugend- und Auszubildendenvertretungen, so ist eine Gesamt-Jugend- und Auszubildendenvertretung zu errichten.
(2) In die Gesamt-Jugend- und Auszubildendenvertretung entsendet jede Jugend- und Auszubildendenvertretung ein Mitglied.
(3) Die Jugend- und Auszubildendenvertretung hat für das Mitglied der Gesamt-Jugend- und Auszubildendenvertretung mindestens ein Ersatzmitglied zu bestellen und die Reihenfolge des Nachrückens festzulegen.
(4) Durch Tarifvertrag oder Betriebsvereinbarung kann die Mitgliederzahl der Gesamt-Jugend- und Auszubildendenvertretung abweichend von Absatz 2 geregelt werden.
(5) Gehören nach Absatz 2 der Gesamt-Jugend- und Auszubildendenvertretung mehr als zwanzig Mitglieder an und besteht keine tarifliche Regelung nach Absatz 4, so ist zwischen Gesamtbetriebsrat und Arbeitgeber eine Betriebsvereinbarung über die Mitgliederzahl der Gesamt-Jugend- und Auszubildendenvertretung abzuschließen, in der bestimmt wird, dass Jugend- und Auszubildendenvertretungen mehrerer Betriebe eines Unternehmens, die regional oder durch gleichartige Interessen miteinander verbunden sind, gemeinsam Mitglieder in die Gesamt-Jugend- und Auszubildendenvertretung entsenden.
(6) Kommt im Fall des Absatzes 5 eine Einigung nicht zustande, so entscheidet eine für das Gesamtunternehmen zu bildende Einigungsstelle. Der Spruch der Einigungsstelle ersetzt die Einigung zwischen Arbeitgeber und Gesamtbetriebsrat.
(7) Jedes Mitglied der Gesamt-Jugend- und Auszubildendenvertretung hat so viele Stimmen, wie in dem Betrieb, in dem es gewählt wurde, in § 60 Abs. 1 genannte Arbeitnehmer in der Wählerliste eingetragen sind. Ist ein Mitglied der Gesamt-Jugend- und Auszubildendenvertretung für mehrere Betriebe entsandt worden, so hat es so viele Stimmen, wie in den Betrieben, für die es entsandt ist, in § 60 Abs. 1 genannte Arbeitnehmer in den Wählerlisten eingetragen sind. Sind mehrere Mitglieder der Jugend- und Auszubildendenvertretung entsandt worden, so stehen diesen die Stimmen nach Satz 1 anteilig zu.
(8) Für Mitglieder der Gesamt-Jugend- und Auszubildendenvertretung, die aus einem gemeinsamen Betrieb mehrerer Unternehmen entsandt worden sind, können durch Tarifvertrag oder Betriebsvereinbarung von Absatz 7 abweichende Regelungen getroffen werden.

§ 73 Geschäftsführung und Geltung sonstiger Vorschriften

(1) Die Gesamt-Jugend- und Auszubildendenvertretung kann nach Verständigung des Gesamtbetriebsrats Sitzungen abhalten. An den Sitzungen kann der Vorsitzende des Gesamtbetriebsrats oder ein beauftragtes Mitglied des Gesamtbetriebsrats teilnehmen.
(2) Für die Gesamt-Jugend- und Auszubildendenvertretung gelten § 25 Abs. 1, die §§ 26, 28 Abs. 1 Satz 1, die §§ 30, 31, 34, 36, 37 Abs. 1 bis 3, die §§ 40, 41, 48, 49, 50, 51 Abs. 2 bis 5 sowie die §§ 66 bis 68 entsprechend.

Dritter Abschnitt
Konzern-Jugend- und Auszubildendenvertretung

§ 73a Voraussetzung der Errichtung, Mitgliederzahl, Stimmengewicht

(1) Bestehen in einem Konzern (§ 18 Abs. 1 des Aktiengesetzes) mehrere Gesamt-Jugend- und Auszubildendenvertretungen, kann durch Beschlüsse der einzelnen Gesamt-Jugend- und Auszubildendenvertretungen eine Konzern-Jugend- und Auszubildendenvertretung errichtet werden. Die Errichtung erfordert die Zustimmung der Gesamt-Jugend- und Auszubildendenver-

tretungen der Konzernunternehmen, in denen insgesamt mindestens 75 vom Hundert der in § 60 Abs. 1 genannten Arbeitnehmer beschäftigt sind. Besteht in einem Konzernunternehmen nur eine Jugend- und Auszubildendenvertretung, so nimmt diese die Aufgaben einer Gesamt-Jugend- und Auszubildendenvertretung nach den Vorschriften dieses Abschnitts wahr.
(2) In die Konzern-Jugend- und Auszubildendenvertretung entsendet jede Gesamt-Jugend- und Auszubildendenvertretung eines ihrer Mitglieder. Sie hat für jedes Mitglied mindestens ein Ersatzmitglied zu bestellen und die Reihenfolge des Nachrückens festzulegen.
(3) Jedes Mitglied der Konzern-Jugend- und Auszubildendenvertretung hat so viele Stimmen, wie die Mitglieder der entsendenden Gesamt-Jugend- und Auszubildendenvertretung insgesamt Stimmen haben.
(4) § 72 Abs. 4 bis 8 gilt entsprechend.

§ 73b Geschäftsführung und Geltung sonstiger Vorschriften

(1) Die Konzern-Jugend- und Auszubildendenvertretung kann nach Verständigung des Konzernbetriebsrats Sitzungen abhalten. An den Sitzungen kann der Vorsitzende oder ein beauftragtes Mitglied des Konzernbetriebsrats teilnehmen.
(2) Für die Konzern-Jugend- und Auszubildendenvertretung gelten § 25 Abs. 1, die §§ 26, 28 Abs. 1 Satz 1, die §§ 30, 31, 34, 36, 37 Abs. 1 bis 3, die §§ 40, 41, 51 Abs. 3 bis 5, die §§ 56, 57, 58, 59 Abs. 2 und die §§ 66 bis 68 entsprechend.

Vierter Teil Mitwirkung und Mitbestimmung der Arbeitnehmer

Erster Abschnitt Allgemeines

§ 74 Grundsätze für die Zusammenarbeit

(1) Arbeitgeber und Betriebsrat sollen mindestens einmal im Monat zu einer Besprechung zusammentreten. Sie haben über strittige Fragen mit dem ernsten Willen zur Einigung zu verhandeln und Vorschläge für die Beilegung von Meinungsverschiedenheiten zu machen.
(2) Maßnahmen des Arbeitskampfes zwischen Arbeitgeber und Betriebsrat sind unzulässig; Arbeitskämpfe tariffähiger Parteien werden hierdurch nicht berührt. Arbeitgeber und Betriebsrat haben Betätigungen zu unterlassen, durch die der Arbeitsablauf oder der Frieden des Betriebs beeinträchtigt werden. Sie haben jede parteipolitische Betätigung im Betrieb zu unterlassen; die Behandlung von Angelegenheiten tarifpolitischer, sozialpolitischer, umweltpolitischer und wirtschaftlicher Art, die den Betrieb oder seine Arbeitnehmer unmittelbar betreffen, wird hierdurch nicht berührt.
(3) Arbeitnehmer, die im Rahmen dieses Gesetzes Aufgaben übernehmen, werden hierdurch in der Betätigung für ihre Gewerkschaft auch im Betrieb nicht beschränkt.

§ 75 Grundsätze für die Behandlung der Betriebsangehörigen

(1) Arbeitgeber und Betriebsrat haben darüber zu wachen, dass alle im Betrieb tätigen Personen nach den Grundsätzen von Recht und Billigkeit behandelt werden, insbesondere, dass jede Benachteiligung von Personen aus Gründen ihrer Rasse oder wegen ihrer ethnischen Herkunft, ihrer Abstammung oder sonstigen Herkunft, ihrer Nationalität, ihrer Religion oder Weltanschauung, ihrer Behinderung, ihres Alters, ihrer politischen oder gewerkschaftlichen Betätigung oder Einstellung oder wegen ihres Geschlechts oder ihrer sexuellen Identität unterbleibt.
(2) Arbeitgeber und Betriebsrat haben die freie Entfaltung der Persönlichkeit der im Betrieb beschäftigten Arbeitnehmer zu schützen und zu fördern. Sie haben die Selbständigkeit und Eigeninitiative der Arbeitnehmer und Arbeitsgruppen zu fördern.

§ 76 Einigungsstelle

(1) Zur Beilegung von Meinungsverschiedenheiten zwischen Arbeitgeber und Betriebsrat, Gesamtbetriebsrat oder Konzernbetriebsrat ist bei Bedarf eine Einigungsstelle zu bilden. Durch Betriebsvereinbarung kann eine ständige Einigungsstelle errichtet werden.
(2) Die Einigungsstelle besteht aus einer gleichen Anzahl von Beisitzern, die vom Arbeitgeber und Betriebsrat bestellt werden, und einem unparteiischen Vorsitzenden, auf dessen Person sich beide Seiten einigen müssen. Kommt eine Einigung über die Person des Vorsitzenden nicht zustande, so bestellt ihn das Arbeitsgericht. Dieses entscheidet auch, wenn kein Einverständnis über die Zahl der Beisitzer erzielt wird.
(3) Die Einigungsstelle hat unverzüglich tätig zu werden. Sie fasst ihre Beschlüsse nach mündlicher Beratung mit Stimmenmehrheit. Bei der Beschlussfassung hat sich der Vorsitzende zunächst der Stimme zu enthalten; kommt eine Stimmenmehrheit nicht zustande, so nimmt der Vorsitzende nach weiterer Beratung an der erneuten Beschlussfassung teil. Die Beschlüsse der Einigungsstelle sind schriftlich niederzulegen und vom Vorsitzenden zu unterschreiben oder

in elektronischer Form niederzulegen und vom Vorsitzenden mit seiner qualifizierten elektronischen Signatur zu versehen sowie Arbeitgeber und Betriebsrat zuzuleiten.
(4) Durch Betriebsvereinbarung können weitere Einzelheiten des Verfahrens vor der Einigungsstelle geregelt werden.
(5) In den Fällen, in denen der Spruch der Einigungsstelle die Einigung zwischen Arbeitgeber und Betriebsrat ersetzt, wird die Einigungsstelle auf Antrag einer Seite tätig. Benennt eine Seite keine Mitglieder oder bleiben die von einer Seite genannten Mitglieder trotz rechtzeitiger Einladung der Sitzung fern, so entscheiden der Vorsitzende und die erschienenen Mitglieder nach Maßgabe des Absatzes 3 allein. Die Einigungsstelle fasst ihre Beschlüsse unter angemessener Berücksichtigung der Belange des Betriebs und der betroffenen Arbeitnehmer nach billigem Ermessen. Die Überschreitung der Grenzen des Ermessens kann durch den Arbeitgeber oder den Betriebsrat nur binnen einer Frist von zwei Wochen, vom Tage der Zuleitung des Beschlusses an gerechnet, beim Arbeitsgericht geltend gemacht werden.
(6) Im Übrigen wird die Einigungsstelle nur tätig, wenn beide Seiten es beantragen oder mit ihrem Tätigwerden einverstanden sind. In diesen Fällen ersetzt ihr Spruch die Einigung zwischen Arbeitgeber und Betriebsrat nur, wenn beide Seiten sich dem Spruch im Voraus unterworfen oder ihn nachträglich angenommen haben.
(7) Soweit nach anderen Vorschriften der Rechtsweg gegeben ist, wird er durch den Spruch der Einigungsstelle nicht ausgeschlossen.
(8) Durch Tarifvertrag kann bestimmt werden, dass an die Stelle der in Absatz 1 bezeichneten Einigungsstelle eine tarifliche Schlichtungsstelle tritt.

§ 76a Kosten der Einigungsstelle

(1) Die Kosten der Einigungsstelle trägt der Arbeitgeber.
(2) Die Beisitzer der Einigungsstelle, die dem Betrieb angehören, erhalten für ihre Tätigkeit keine Vergütung; § 37 Abs. 2 und 3 gilt entsprechend. Ist die Einigungsstelle zur Beilegung von Meinungsverschiedenheiten zwischen Arbeitgeber und Gesamtbetriebsrat oder Konzernbetriebsrat zu bilden, so gilt Satz 1 für die einem Betrieb des Unternehmens oder eines Konzernunternehmens angehörenden Beisitzer entsprechend.
(3) Der Vorsitzende und die Beisitzer der Einigungsstelle, die nicht zu den in Absatz 2 genannten Personen zählen, haben gegenüber dem Arbeitgeber Anspruch auf Vergütung ihrer Tätigkeit. Die Höhe der Vergütung richtet sich nach den Grundsätzen des Absatzes 4 Satz 3 bis 5.
(4) Das Bundesministerium für Arbeit und Soziales kann durch Rechtsverordnung die Vergütung nach Absatz 3 regeln. In der Vergütungsordnung sind Höchstsätze festzusetzen. Dabei sind insbesondere der erforderliche Zeitaufwand, die Schwierigkeit der Streitigkeit sowie ein Verdienstausfall zu berücksichtigen. Die Vergütung der Beisitzer ist niedriger zu bemessen als die des Vorsitzenden. Bei der Festsetzung der Höchstsätze ist den berechtigten Interessen der Mitglieder der Einigungsstelle und des Arbeitgebers Rechnung zu tragen.
(5) Von Absatz 3 und einer Vergütungsordnung nach Absatz 4 kann durch Tarifvertrag oder in einer Betriebsvereinbarung, wenn ein Tarifvertrag dies zulässt oder eine tarifliche Regelung nicht besteht, abgewichen werden.

§ 77 Durchführung gemeinsamer Beschlüsse, Betriebsvereinbarungen

(1) Vereinbarungen zwischen Betriebsrat und Arbeitgeber, auch soweit sie auf einem Spruch der Einigungsstelle beruhen, führt der Arbeitgeber durch, es sei denn, dass im Einzelfall etwas anderes vereinbart ist. Der Betriebsrat darf nicht durch einseitige Handlungen in die Leitung des Betriebs eingreifen.
(2) Betriebsvereinbarungen sind von Betriebsrat und Arbeitgeber gemeinsam zu beschließen und schriftlich niederzulegen. Sie sind von beiden Seiten zu unterzeichnen; dies gilt nicht, soweit Betriebsvereinbarungen auf einem Spruch der Einigungsstelle beruhen. Werden Betriebsvereinbarungen in elektronischer Form geschlossen, haben Arbeitgeber und Betriebsrat abweichend von § 126a Absatz 2 des Bürgerlichen Gesetzbuchs dasselbe Dokument elektro-

nisch zu signieren. Der Arbeitgeber hat die Betriebsvereinbarungen an geeigneter Stelle im Betrieb auszulegen.
(3) Arbeitsentgelte und sonstige Arbeitsbedingungen, die durch Tarifvertrag geregelt sind oder üblicherweise geregelt werden, können nicht Gegenstand einer Betriebsvereinbarung sein. Dies gilt nicht, wenn ein Tarifvertrag den Abschluss ergänzender Betriebsvereinbarungen ausdrücklich zulässt.
(4) Betriebsvereinbarungen gelten unmittelbar und zwingend. Werden Arbeitnehmern durch die Betriebsvereinbarung Rechte eingeräumt, so ist ein Verzicht auf sie nur mit Zustimmung des Betriebsrats zulässig. Die Verwirkung dieser Rechte ist ausgeschlossen. Ausschlussfristen für ihre Geltendmachung sind nur insoweit zulässig, als sie in einem Tarifvertrag oder einer Betriebsvereinbarung vereinbart werden; dasselbe gilt für die Abkürzung der Verjährungsfristen.
(5) Betriebsvereinbarungen können, soweit nichts anderes vereinbart ist, mit einer Frist von drei Monaten gekündigt werden.
(6) Nach Ablauf einer Betriebsvereinbarung gelten ihre Regelungen in Angelegenheiten, in denen ein Spruch der Einigungsstelle die Einigung zwischen Arbeitgeber und Betriebsrat ersetzen kann, weiter, bis sie durch eine andere Abmachung ersetzt werden.

§ 78 Schutzbestimmungen

Die Mitglieder des Betriebsrats, des Gesamtbetriebsrats, des Konzernbetriebsrats, der Jugend- und Auszubildendenvertretung, der Gesamt-Jugend- und Auszubildendenvertretung, der Konzern-Jugend- und Auszubildendenvertretung, des Wirtschaftsausschusses, der Bordvertretung, des Seebetriebsrats, der in § 3 Abs. 1 genannten Vertretungen der Arbeitnehmer, der Einigungsstelle, einer tariflichen Schlichtungsstelle (§ 76 Abs. 8) und einer betrieblichen Beschwerdestelle (§ 86) sowie Auskunftspersonen (§ 80 Absatz 2 Satz 4) dürfen in der Ausübung ihrer Tätigkeit nicht gestört oder behindert werden. Sie dürfen wegen ihrer Tätigkeit nicht benachteiligt oder begünstigt werden; dies gilt auch für ihre berufliche Entwicklung.

§ 78a Schutz Auszubildender in besonderen Fällen

(1) Beabsichtigt der Arbeitgeber, einen Auszubildenden, der Mitglied der Jugend- und Auszubildendenvertretung, des Betriebsrats, der Bordvertretung oder des Seebetriebsrats ist, nach Beendigung des Berufsausbildungsverhältnisses nicht in ein Arbeitsverhältnis auf unbestimmte Zeit zu übernehmen, so hat er dies drei Monate vor Beendigung des Berufsausbildungsverhältnisses dem Auszubildenden schriftlich mitzuteilen.
(2) Verlangt ein in Absatz 1 genannter Auszubildender innerhalb der letzten drei Monate vor Beendigung des Berufsausbildungsverhältnisses schriftlich vom Arbeitgeber die Weiterbeschäftigung, so gilt zwischen Auszubildendem und Arbeitgeber im Anschluss an das Berufsausbildungsverhältnis ein Arbeitsverhältnis auf unbestimmte Zeit als begründet. Auf dieses Arbeitsverhältnis ist insbesondere § 37 Abs. 4 und 5 entsprechend anzuwenden.
(3) Die Absätze 1 und 2 gelten auch, wenn das Berufsausbildungsverhältnis vor Ablauf eines Jahres nach Beendigung der Amtszeit der Jugend- und Auszubildendenvertretung, des Betriebsrats, der Bordvertretung oder des Seebetriebsrats endet.
(4) Der Arbeitgeber kann spätestens bis zum Ablauf von zwei Wochen nach Beendigung des Berufsausbildungsverhältnisses beim Arbeitsgericht beantragen,
1. festzustellen, dass ein Arbeitsverhältnis nach Absatz 2 oder 3 nicht begründet wird, oder
2. das bereits nach Absatz 2 oder 3 begründete Arbeitsverhältnis aufzulösen,

wenn Tatsachen vorliegen, aufgrund derer dem Arbeitgeber unter Berücksichtigung aller Umstände die Weiterbeschäftigung nicht zugemutet werden kann. In dem Verfahren vor dem Arbeitsgericht sind der Betriebsrat, die Bordvertretung, der Seebetriebsrat, bei Mitgliedern der Jugend- und Auszubildendenvertretung auch diese, Beteiligte.
(5) Die Absätze 2 bis 4 finden unabhängig davon Anwendung, ob der Arbeitgeber seiner Mitteilungspflicht nach Absatz 1 nachgekommen ist.

§ 79 Geheimhaltungspflicht

(1) Die Mitglieder und Ersatzmitglieder des Betriebsrats sind verpflichtet, Betriebs- oder Geschäftsgeheimnisse, die ihnen wegen ihrer Zugehörigkeit zum Betriebsrat bekannt geworden und vom Arbeitgeber ausdrücklich als geheimhaltungsbedürftig bezeichnet worden sind, nicht zu offenbaren und nicht zu verwerten. Dies gilt auch nach dem Ausscheiden aus dem Betriebsrat. Die Verpflichtung gilt nicht gegenüber Mitgliedern des Betriebsrats. Sie gilt ferner nicht gegenüber dem Gesamtbetriebsrat, dem Konzernbetriebsrat, der Bordvertretung, dem Seebetriebsrat und den Arbeitnehmervertretern im Aufsichtsrat sowie im Verfahren vor der Einigungsstelle, der tariflichen Schlichtungsstelle (§ 76 Abs. 8) oder einer betrieblichen Beschwerdestelle (§ 86).
(2) Absatz 1 gilt sinngemäß für die Mitglieder und Ersatzmitglieder des Gesamtbetriebsrats, des Konzernbetriebsrats, der Jugend- und Auszubildendenvertretung, der Gesamt-Jugend- und Auszubildendenvertretung, der Konzern-Jugend- und Auszubildendenvertretung, des Wirtschaftsausschusses, der Bordvertretung, des Seebetriebsrats, der gemäß § 3 Abs. 1 gebildeten Vertretungen der Arbeitnehmer, der Einigungsstelle, der tariflichen Schlichtungsstelle (§ 76 Abs. 8) und einer betrieblichen Beschwerdestelle (§ 86) sowie für die Vertreter von Gewerkschaften oder von Arbeitgebervereinigungen.

§ 79a Datenschutz

Bei der Verarbeitung personenbezogener Daten hat der Betriebsrat die Vorschriften über den Datenschutz einzuhalten. Soweit der Betriebsrat zur Erfüllung der in seiner Zuständigkeit liegenden Aufgaben personenbezogene Daten verarbeitet, ist der Arbeitgeber der für die Verarbeitung Verantwortliche im Sinne der datenschutzrechtlichen Vorschriften. Arbeitgeber und Betriebsrat unterstützen sich gegenseitig bei der Einhaltung der datenschutzrechtlichen Vorschriften. Die oder der Datenschutzbeauftragte ist gegenüber dem Arbeitgeber zur Verschwiegenheit verpflichtet über Informationen, die Rückschlüsse auf den Meinungsbildungsprozess des Betriebsrats zulassen. § 6 Absatz 5 Satz 2, § 38 Absatz 2 des Bundesdatenschutzgesetzes gelten auch im Hinblick auf das Verhältnis der oder des Datenschutzbeauftragten zum Arbeitgeber.

§ 80 Allgemeine Aufgaben

(1) Der Betriebsrat hat folgende allgemeine Aufgaben:
1. darüber zu wachen, dass die zugunsten der Arbeitnehmer geltenden Gesetze, Verordnungen, Unfallverhütungsvorschriften, Tarifverträge und Betriebsvereinbarungen durchgeführt werden;
2. Maßnahmen, die dem Betrieb und der Belegschaft dienen, beim Arbeitgeber zu beantragen;
2a. die Durchsetzung der tatsächlichen Gleichstellung von Frauen und Männern, insbesondere bei der Einstellung, Beschäftigung, Aus-, Fort- und Weiterbildung und dem beruflichen Aufstieg, zu fördern;
2b. die Vereinbarkeit von Familie und Erwerbstätigkeit zu fördern;
3. Anregungen von Arbeitnehmern und der Jugend- und Auszubildendenvertretung entgegenzunehmen und, falls sie berechtigt erscheinen, durch Verhandlungen mit dem Arbeitgeber auf eine Erledigung hinzuwirken; er hat die betreffenden Arbeitnehmer über den Stand und das Ergebnis der Verhandlungen zu unterrichten;
4. die Eingliederung schwerbehinderter Menschen einschließlich der Förderung des Abschlusses von Inklusionsvereinbarungen nach § 166 des Neunten Buches Sozialgesetzbuch und sonstiger besonders schutzbedürftiger Personen zu fördern;
5. die Wahl einer Jugend- und Auszubildendenvertretung vorzubereiten und durchzuführen und mit dieser zur Förderung der Belange der in § 60 Abs. 1 genannten Arbeitnehmer eng zusammenzuarbeiten; er kann von der Jugend- und Auszubildendenvertretung Vorschläge und Stellungnahmen anfordern;

6. die Beschäftigung älterer Arbeitnehmer im Betrieb zu fördern;
7. die Integration ausländischer Arbeitnehmer im Betrieb und das Verständnis zwischen ihnen und den deutschen Arbeitnehmern zu fördern sowie Maßnahmen zur Bekämpfung von Rassismus und Fremdenfeindlichkeit im Betrieb zu beantragen;
8. die Beschäftigung im Betrieb zu fördern und zu sichern;
9. Maßnahmen des Arbeitsschutzes und des betrieblichen Umweltschutzes zu fördern.

(2) Zur Durchführung seiner Aufgaben nach diesem Gesetz ist der Betriebsrat rechtzeitig und umfassend vom Arbeitgeber zu unterrichten; die Unterrichtung erstreckt sich auch auf die Beschäftigung von Personen, die nicht in einem Arbeitsverhältnis zum Arbeitgeber stehen, und umfasst insbesondere den zeitlichen Umfang des Einsatzes, den Einsatzort und die Arbeitsaufgaben dieser Personen. Dem Betriebsrat sind auf Verlangen jederzeit die zur Durchführung seiner Aufgaben erforderlichen Unterlagen zur Verfügung zu stellen; in diesem Rahmen ist der Betriebsausschuss oder ein nach § 28 gebildeter Ausschuss berechtigt, in die Listen über die Bruttolöhne und -gehälter Einblick zu nehmen. Zu den erforderlichen Unterlagen gehören auch die Verträge, die der Beschäftigung der in Satz 1 genannten Personen zugrunde liegen. Soweit es zur ordnungsgemäßen Erfüllung der Aufgaben des Betriebsrats erforderlich ist, hat der Arbeitgeber ihm sachkundige Arbeitnehmer als Auskunftspersonen zur Verfügung zu stellen; er hat hierbei die Vorschläge des Betriebsrats zu berücksichtigen, soweit betriebliche Notwendigkeiten nicht entgegenstehen.

(3) Der Betriebsrat kann bei der Durchführung seiner Aufgaben nach näherer Vereinbarung mit dem Arbeitgeber Sachverständige hinzuziehen, soweit dies zur ordnungsgemäßen Erfüllung seiner Aufgaben erforderlich ist. Muss der Betriebsrat zur Durchführung seiner Aufgaben die Einführung oder Anwendung von Künstlicher Intelligenz beurteilen, gilt insoweit die Hinzuziehung eines Sachverständigen als erforderlich. Gleiches gilt, wenn sich Arbeitgeber und Betriebsrat auf einen ständigen Sachverständigen in Angelegenheiten nach Satz 2 einigen.

(4) Für die Geheimhaltungspflicht der Auskunftspersonen und der Sachverständigen gilt § 79 entsprechend.

Zweiter Abschnitt
Mitwirkungs- und Beschwerderecht des Arbeitnehmers

§ 81 Unterrichtungs- und Erörterungspflicht des Arbeitgebers

(1) Der Arbeitgeber hat den Arbeitnehmer über dessen Aufgabe und Verantwortung sowie über die Art seiner Tätigkeit und ihre Einordnung in den Arbeitsablauf des Betriebs zu unterrichten. Er hat den Arbeitnehmer vor Beginn der Beschäftigung über die Unfall- und Gesundheitsgefahren, denen dieser bei der Beschäftigung ausgesetzt ist, sowie über die Maßnahmen und Einrichtungen zur Abwendung dieser Gefahren und die nach § 10 Abs. 2 des Arbeitsschutzgesetzes getroffenen Maßnahmen zu belehren.

(2) Über Veränderungen in seinem Arbeitsbereich ist der Arbeitnehmer rechtzeitig zu unterrichten. Absatz 1 gilt entsprechend.

(3) In Betrieben, in denen kein Betriebsrat besteht, hat der Arbeitgeber die Arbeitnehmer zu allen Maßnahmen zu hören, die Auswirkungen auf Sicherheit und Gesundheit der Arbeitnehmer haben können.

(4) Der Arbeitgeber hat den Arbeitnehmer über die aufgrund einer Planung von technischen Anlagen, von Arbeitsverfahren und Arbeitsabläufen oder der Arbeitsplätze vorgesehenen Maßnahmen und ihre Auswirkungen auf seinen Arbeitsplatz, die Arbeitsumgebung sowie auf Inhalt und Art seiner Tätigkeit zu unterrichten. Sobald feststeht, dass sich die Tätigkeit des Arbeitnehmers ändern wird und seine beruflichen Kenntnisse und Fähigkeiten zur Erfüllung seiner Aufgaben nicht ausreichen, hat der Arbeitgeber mit dem Arbeitnehmer zu erörtern, wie dessen berufliche Kenntnisse und Fähigkeiten im Rahmen der betrieblichen Möglichkeiten den künftigen Anforderungen angepasst werden können. Der Arbeitnehmer kann bei der Erörterung ein Mitglied des Betriebsrats hinzuziehen.

§ 82 Anhörungs- und Erörterungsrecht des Arbeitnehmers

(1) Der Arbeitnehmer hat das Recht, in betrieblichen Angelegenheiten, die seine Person betreffen, von den nach Maßgabe des organisatorischen Aufbaus des Betriebs hierfür zuständigen Personen gehört zu werden. Er ist berechtigt, zu Maßnahmen des Arbeitgebers, die ihn betreffen, Stellung zu nehmen sowie Vorschläge für die Gestaltung des Arbeitsplatzes und des Arbeitsablaufs zu machen.
(2) Der Arbeitnehmer kann verlangen, dass ihm die Berechnung und Zusammensetzung seines Arbeitsentgelts erläutert und dass mit ihm die Beurteilung seiner Leistungen sowie die Möglichkeiten seiner beruflichen Entwicklung im Betrieb erörtert werden. Er kann ein Mitglied des Betriebsrats hinzuziehen. Das Mitglied des Betriebsrats hat über den Inhalt dieser Verhandlungen Stillschweigen zu bewahren, soweit es vom Arbeitnehmer im Einzelfall nicht von dieser Verpflichtung entbunden wird.

§ 83 Einsicht in die Personalakten

(1) Der Arbeitnehmer hat das Recht, in die über ihn geführten Personalakten Einsicht zu nehmen. Er kann hierzu ein Mitglied des Betriebsrats hinzuziehen. Das Mitglied des Betriebsrats hat über den Inhalt der Personalakte Stillschweigen zu bewahren, soweit es vom Arbeitnehmer im Einzelfall nicht von dieser Verpflichtung entbunden wird.
(2) Erklärungen des Arbeitnehmers zum Inhalt der Personalakte sind dieser auf sein Verlangen beizufügen.

§ 84 Beschwerderecht

(1) Jeder Arbeitnehmer hat das Recht, sich bei den zuständigen Stellen des Betriebs zu beschweren, wenn er sich vom Arbeitgeber oder von Arbeitnehmern des Betriebs benachteiligt oder ungerecht behandelt oder in sonstiger Weise beeinträchtigt fühlt. Er kann ein Mitglied des Betriebsrats zur Unterstützung oder Vermittlung hinzuziehen.
(2) Der Arbeitgeber hat den Arbeitnehmer über die Behandlung der Beschwerde zu bescheiden und, soweit er die Beschwerde für berechtigt erachtet, ihr abzuhelfen.
(3) Wegen der Erhebung einer Beschwerde dürfen dem Arbeitnehmer keine Nachteile entstehen.

§ 85 Behandlung von Beschwerden durch den Betriebsrat

(1) Der Betriebsrat hat Beschwerden von Arbeitnehmern entgegenzunehmen und, falls er sie für berechtigt erachtet, beim Arbeitgeber auf Abhilfe hinzuwirken.
(2) Bestehen zwischen Betriebsrat und Arbeitgeber Meinungsverschiedenheiten über die Berechtigung der Beschwerde, so kann der Betriebsrat die Einigungsstelle anrufen. Der Spruch der Einigungsstelle ersetzt die Einigung zwischen Arbeitgeber und Betriebsrat. Dies gilt nicht, soweit Gegenstand der Beschwerde ein Rechtsanspruch ist.
(3) Der Arbeitgeber hat den Betriebsrat über die Behandlung der Beschwerde zu unterrichten. § 84 Abs. 2 bleibt unberührt.

§ 86 Ergänzende Vereinbarungen

Durch Tarifvertrag oder Betriebsvereinbarung können die Einzelheiten des Beschwerdeverfahrens geregelt werden. Hierbei kann bestimmt werden, dass in den Fällen des § 85 Abs. 2 an die Stelle der Einigungsstelle eine betriebliche Beschwerdestelle tritt.

§ 86a Vorschlagsrecht der Arbeitnehmer

Jeder Arbeitnehmer hat das Recht, dem Betriebsrat Themen zur Beratung vorzuschlagen. Wird ein Vorschlag von mindestens 5 vom Hundert der Arbeitnehmer des Betriebs unterstützt, hat der Betriebsrat diesen innerhalb von zwei Monaten auf die Tagesordnung einer Betriebsratssitzung zu setzen.

Dritter Abschnitt
Soziale Angelegenheiten

§ 87 Mitbestimmungsrechte

(1) Der Betriebsrat hat, soweit eine gesetzliche oder tarifliche Regelung nicht besteht, in folgenden Angelegenheiten mitzubestimmen:
1. Fragen der Ordnung des Betriebs und des Verhaltens der Arbeitnehmer im Betrieb;
2. Beginn und Ende der täglichen Arbeitszeit einschließlich der Pausen sowie Verteilung der Arbeitszeit auf die einzelnen Wochentage;
3. vorübergehende Verkürzung oder Verlängerung der betriebsüblichen Arbeitszeit;
4. Zeit, Ort und Art der Auszahlung der Arbeitsentgelte;
5. Aufstellung allgemeiner Urlaubsgrundsätze und des Urlaubsplans sowie die Festsetzung der zeitlichen Lage des Urlaubs für einzelne Arbeitnehmer, wenn zwischen dem Arbeitgeber und den beteiligten Arbeitnehmern kein Einverständnis erzielt wird;
6. Einführung und Anwendung von technischen Einrichtungen, die dazu bestimmt sind, das Verhalten oder die Leistung der Arbeitnehmer zu überwachen;
7. Regelungen über die Verhütung von Arbeitsunfällen und Berufskrankheiten sowie über den Gesundheitsschutz im Rahmen der gesetzlichen Vorschriften oder der Unfallverhütungsvorschriften;
8. Form, Ausgestaltung und Verwaltung von Sozialeinrichtungen, deren Wirkungsbereich auf den Betrieb, das Unternehmen oder den Konzern beschränkt ist;
9. Zuweisung und Kündigung von Wohnräumen, die den Arbeitnehmern mit Rücksicht auf das Bestehen eines Arbeitsverhältnisses vermietet werden, sowie die allgemeine Festlegung der Nutzungsbedingungen;
10. Fragen der betrieblichen Lohngestaltung, insbesondere die Aufstellung von Entlohnungsgrundsätzen und die Einführung und Anwendung von neuen Entlohnungsmethoden sowie deren Änderung;
11. Festsetzung der Akkord- und Prämiensätze und vergleichbarer leistungsbezogener Entgelte, einschließlich der Geldfaktoren;
12. Grundsätze über das betriebliche Vorschlagswesen;
13. Grundsätze über die Durchführung von Gruppenarbeit; Gruppenarbeit im Sinne dieser Vorschrift liegt vor, wenn im Rahmen des betrieblichen Arbeitsablaufs eine Gruppe von Arbeitnehmern eine ihr übertragene Gesamtaufgabe im Wesentlichen eigenverantwortlich erledigt;
14. Ausgestaltung von mobiler Arbeit, die mittels Informations- und Kommunikationstechnik erbracht wird.

(2) Kommt eine Einigung über eine Angelegenheit nach Absatz 1 nicht zustande, so entscheidet die Einigungsstelle. Der Spruch der Einigungsstelle ersetzt die Einigung zwischen Arbeitgeber und Betriebsrat.

§ 88 Freiwillige Betriebsvereinbarungen

Durch Betriebsvereinbarung können insbesondere geregelt werden
1. zusätzliche Maßnahmen zur Verhütung von Arbeitsunfällen und Gesundheitsschädigungen;

1a. Maßnahmen des betrieblichen Umweltschutzes;

2. die Errichtung von Sozialeinrichtungen, deren Wirkungsbereich auf den Betrieb, das Unternehmen oder den Konzern beschränkt ist;
3. Maßnahmen zur Förderung der Vermögensbildung;

4. Maßnahmen zur Integration ausländischer Arbeitnehmer sowie zur Bekämpfung von Rassismus und Fremdenfeindlichkeit im Betrieb;
5. Maßnahmen zur Eingliederung schwerbehinderter Menschen.

§ 89 Arbeits- und betrieblicher Umweltschutz

(1) Der Betriebsrat hat sich dafür einzusetzen, dass die Vorschriften über den Arbeitsschutz und die Unfallverhütung im Betrieb sowie über den betrieblichen Umweltschutz durchgeführt werden. Er hat bei der Bekämpfung von Unfall- und Gesundheitsgefahren die für den Arbeitsschutz zuständigen Behörden, die Träger der gesetzlichen Unfallversicherung und die sonstigen in Betracht kommenden Stellen durch Anregung, Beratung und Auskunft zu unterstützen.
(2) Der Arbeitgeber und die in Absatz 1 Satz 2 genannten Stellen sind verpflichtet, den Betriebsrat oder die von ihm bestimmten Mitglieder des Betriebsrats bei allen im Zusammenhang mit dem Arbeitsschutz oder der Unfallverhütung stehenden Besichtigungen und Fragen und bei Unfalluntersuchungen hinzuzuziehen. Der Arbeitgeber hat den Betriebsrat auch bei allen im Zusammenhang mit dem betrieblichen Umweltschutz stehenden Besichtigungen und Fragen hinzuzuziehen und ihm unverzüglich die den Arbeitsschutz, die Unfallverhütung und den betrieblichen Umweltschutz betreffenden Auflagen und Anordnungen der zuständigen Stellen mitzuteilen.
(3) Als betrieblicher Umweltschutz im Sinne dieses Gesetzes sind alle personellen und organisatorischen Maßnahmen sowie alle die betrieblichen Bauten, Räume, technischen Anlagen, Arbeitsverfahren, Arbeitsabläufe und Arbeitsplätze betreffenden Maßnahmen zu verstehen, die dem Umweltschutz dienen.
(4) An Besprechungen des Arbeitgebers mit den Sicherheitsbeauftragten im Rahmen des § 22 Abs. 2 des Siebten Buches Sozialgesetzbuch nehmen vom Betriebsrat beauftragte Betriebsratsmitglieder teil.
(5) Der Betriebsrat erhält vom Arbeitgeber die Niederschriften über Untersuchungen, Besichtigungen und Besprechungen, zu denen er nach den Absätzen 2 und 4 hinzuzuziehen ist.
(6) Der Arbeitgeber hat dem Betriebsrat eine Durchschrift der nach § 193 Abs. 5 des Siebten Buches Sozialgesetzbuch vom Betriebsrat zu unterschreibenden Unfallanzeige auszuhändigen.

Vierter Abschnitt
Gestaltung von Arbeitsplatz, Arbeitsablauf und Arbeitsumgebung

§ 90 Unterrichtungs- und Beratungsrechte

(1) Der Arbeitgeber hat den Betriebsrat über die Planung
1. von Neu-, Um- und Erweiterungsbauten von Fabrikations-, Verwaltungs- und sonstigen betrieblichen Räumen,
2. von technischen Anlagen,
3. von Arbeitsverfahren und Arbeitsabläufen einschließlich des Einsatzes von Künstlicher Intelligenz oder
4. der Arbeitsplätze

rechtzeitig unter Vorlage der erforderlichen Unterlagen zu unterrichten.
(2) Der Arbeitgeber hat mit dem Betriebsrat die vorgesehenen Maßnahmen und ihre Auswirkungen auf die Arbeitnehmer, insbesondere auf die Art ihrer Arbeit sowie die sich daraus ergebenden Anforderungen an die Arbeitnehmer so rechtzeitig zu beraten, dass Vorschläge und Bedenken des Betriebsrats bei der Planung berücksichtigt werden können. Arbeitgeber und Betriebsrat sollen dabei auch die gesicherten arbeitswissenschaftlichen Erkenntnisse über die menschengerechte Gestaltung der Arbeit berücksichtigen.

§ 91 Mitbestimmungsrecht

Werden die Arbeitnehmer durch Änderungen der Arbeitsplätze, des Arbeitsablaufs oder der Arbeitsumgebung, die den gesicherten arbeitswissenschaftlichen Erkenntnissen über die menschengerechte Gestaltung der Arbeit offensichtlich widersprechen, in besonderer Weise belastet, so kann der Betriebsrat angemessene Maßnahmen zur Abwendung, Milderung oder zum Ausgleich der Belastung verlangen. Kommt eine Einigung nicht zustande, so entscheidet die Einigungsstelle. Der Spruch der Einigungsstelle ersetzt die Einigung zwischen Arbeitgeber und Betriebsrat.

Fünfter Abschnitt
Personelle Angelegenheiten

Erster Unterabschnitt
Allgemeine personelle Angelegenheiten

§ 92 Personalplanung

(1) Der Arbeitgeber hat den Betriebsrat über die Personalplanung, insbesondere über den gegenwärtigen und künftigen Personalbedarf sowie über die sich daraus ergebenden personellen Maßnahmen einschließlich der geplanten Beschäftigung von Personen, die nicht in einem Arbeitsverhältnis zum Arbeitgeber stehen, und Maßnahmen der Berufsbildung anhand von Unterlagen rechtzeitig und umfassend zu unterrichten. Er hat mit dem Betriebsrat über Art und Umfang der erforderlichen Maßnahmen und über die Vermeidung von Härten zu beraten.
(2) Der Betriebsrat kann dem Arbeitgeber Vorschläge für die Einführung einer Personalplanung und ihre Durchführung machen.
(3) Die Absätze 1 und 2 gelten entsprechend für Maßnahmen im Sinne des § 80 Abs. 1 Nr. 2a und 2b, insbesondere für die Aufstellung und Durchführung von Maßnahmen zur Förderung der Gleichstellung von Frauen und Männern. Gleiches gilt für die Eingliederung schwerbehinderter Menschen nach § 80 Absatz 1 Nummer 4.

§ 92a Beschäftigungssicherung

(1) Der Betriebsrat kann dem Arbeitgeber Vorschläge zur Sicherung und Förderung der Beschäftigung machen. Diese können insbesondere eine flexible Gestaltung der Arbeitszeit, die Förderung von Teilzeitarbeit und Altersteilzeit, neue Formen der Arbeitsorganisation, Änderungen der Arbeitsverfahren und Arbeitsabläufe, die Qualifizierung der Arbeitnehmer, Alternativen zur Ausgliederung von Arbeit oder ihrer Vergabe an andere Unternehmen sowie zum Produktions- und Investitionsprogramm zum Gegenstand haben.
(2) Der Arbeitgeber hat die Vorschläge mit dem Betriebsrat zu beraten. Hält der Arbeitgeber die Vorschläge des Betriebsrats für ungeeignet, hat er dies zu begründen; in Betrieben mit mehr als 100 Arbeitnehmern erfolgt die Begründung schriftlich. Zu den Beratungen kann der Arbeitgeber oder der Betriebsrat einen Vertreter der Bundesagentur für Arbeit hinzuziehen.

§ 93 Ausschreibung von Arbeitsplätzen

Der Betriebsrat kann verlangen, dass Arbeitsplätze, die besetzt werden sollen, allgemein oder für bestimmte Arten von Tätigkeiten vor ihrer Besetzung innerhalb des Betriebs ausgeschrieben werden.

§ 94 Personalfragebogen, Beurteilungsgrundsätze

(1) Personalfragebogen bedürfen der Zustimmung des Betriebsrats. Kommt eine Einigung über ihren Inhalt nicht zustande, so entscheidet die Einigungsstelle. Der Spruch der Einigungsstelle ersetzt die Einigung zwischen Arbeitgeber und Betriebsrat.
(2) Absatz 1 gilt entsprechend für persönliche Angaben in schriftlichen Arbeitsverträgen, die allgemein für den Betrieb verwendet werden sollen, sowie für die Aufstellung allgemeiner Beurteilungsgrundsätze.

§ 95 Auswahlrichtlinien

(1) Richtlinien über die personelle Auswahl bei Einstellungen, Versetzungen, Umgruppierungen und Kündigungen bedürfen der Zustimmung des Betriebsrats. Kommt eine Einigung über die Richtlinien oder ihren Inhalt nicht zustande, so entscheidet auf Antrag des Arbeitgebers die Einigungsstelle. Der Spruch der Einigungsstelle ersetzt die Einigung zwischen Arbeitgeber und Betriebsrat.
(2) In Betrieben mit mehr als 500 Arbeitnehmern kann der Betriebsrat die Aufstellung von Richtlinien über die bei Maßnahmen des Absatzes 1 Satz 1 zu beachtenden fachlichen und persönlichen Voraussetzungen und sozialen Gesichtspunkte verlangen. Kommt eine Einigung über die Richtlinien oder ihren Inhalt nicht zustande, so entscheidet die Einigungsstelle. Der Spruch der Einigungsstelle ersetzt die Einigung zwischen Arbeitgeber und Betriebsrat.
(2a) Die Absätze 1 und 2 finden auch dann Anwendung, wenn bei der Aufstellung der Richtlinien nach diesen Absätzen Künstliche Intelligenz zum Einsatz kommt.
(3) Versetzung im Sinne dieses Gesetzes ist die Zuweisung eines anderen Arbeitsbereichs, die voraussichtlich die Dauer von einem Monat überschreitet, oder die mit einer erheblichen Änderung der Umstände verbunden ist, unter denen die Arbeit zu leisten ist. Werden Arbeitnehmer nach der Eigenart ihres Arbeitsverhältnisses üblicherweise nicht ständig an einem bestimmten Arbeitsplatz beschäftigt, so gilt die Bestimmung des jeweiligen Arbeitsplatzes nicht als Versetzung.

Zweiter Unterabschnitt
Berufsbildung

§ 96 Förderung der Berufsbildung

(1) Arbeitgeber und Betriebsrat haben im Rahmen der betrieblichen Personalplanung und in Zusammenarbeit mit den für die Berufsbildung und den für die Förderung der Berufsbildung zuständigen Stellen die Berufsbildung der Arbeitnehmer zu fördern. Der Arbeitgeber hat auf Verlangen des Betriebsrats den Berufsbildungsbedarf zu ermitteln und mit ihm Fragen der Berufsbildung der Arbeitnehmer des Betriebs zu beraten. Hierzu kann der Betriebsrat Vorschläge machen.
(1a) Kommt im Rahmen der Beratung nach Absatz 1 eine Einigung über Maßnahmen der Berufsbildung nicht zustande, können der Arbeitgeber oder der Betriebsrat die Einigungsstelle um Vermittlung anrufen. Die Einigungsstelle hat eine Einigung der Parteien zu versuchen.
(2) Arbeitgeber und Betriebsrat haben darauf zu achten, dass unter Berücksichtigung der betrieblichen Notwendigkeiten den Arbeitnehmern die Teilnahme an betrieblichen oder außerbetrieblichen Maßnahmen der Berufsbildung ermöglicht wird. Sie haben dabei auch die Belange älterer Arbeitnehmer, Teilzeitbeschäftigter und von Arbeitnehmern mit Familienpflichten zu berücksichtigen.

§ 97 Einrichtungen und Maßnahmen der Berufsbildung

(1) Der Arbeitgeber hat mit dem Betriebsrat über die Errichtung und Ausstattung betrieblicher Einrichtungen zur Berufsbildung, die Einführung betrieblicher Berufsbildungsmaßnahmen und die Teilnahme an außerbetrieblichen Berufsbildungsmaßnahmen zu beraten.
(2) Hat der Arbeitgeber Maßnahmen geplant oder durchgeführt, die dazu führen, dass sich die Tätigkeit der betroffenen Arbeitnehmer ändert und ihre beruflichen Kenntnisse und Fähigkeiten zur Erfüllung ihrer Aufgaben nicht mehr ausreichen, so hat der Betriebsrat bei der Einführung von Maßnahmen der betrieblichen Berufsbildung mitzubestimmen. Kommt eine Einigung nicht zustande, so entscheidet die Einigungsstelle. Der Spruch der Einigungsstelle ersetzt die Einigung zwischen Arbeitgeber und Betriebsrat.

§ 98 Durchführung betrieblicher Bildungsmaßnahmen

(1) Der Betriebsrat hat bei der Durchführung von Maßnahmen der betrieblichen Berufsbildung mitzubestimmen.
(2) Der Betriebsrat kann der Bestellung einer mit der Durchführung der betrieblichen Berufsbildung beauftragten Person widersprechen oder ihre Abberufung verlangen, wenn diese die persönliche oder fachliche, insbesondere die berufs- und arbeitspädagogische Eignung im Sinne des Berufsbildungsgesetzes nicht besitzt oder ihre Aufgaben vernachlässigt.
(3) Führt der Arbeitgeber betriebliche Maßnahmen der Berufsbildung durch oder stellt er für außerbetriebliche Maßnahmen der Berufsbildung Arbeitnehmer frei oder trägt er die durch die Teilnahme von Arbeitnehmern an solchen Maßnahmen entstehenden Kosten ganz oder teilweise, so kann der Betriebsrat Vorschläge für die Teilnahme von Arbeitnehmern oder Gruppen von Arbeitnehmern des Betriebs an diesen Maßnahmen der beruflichen Bildung machen.
(4) Kommt im Fall des Absatzes 1 oder über die nach Absatz 3 vom Betriebsrat vorgeschlagenen Teilnehmer eine Einigung nicht zustande, so entscheidet die Einigungsstelle. Der Spruch der Einigungsstelle ersetzt die Einigung zwischen Arbeitgeber und Betriebsrat.
(5) Kommt im Fall des Absatzes 2 eine Einigung nicht zustande, so kann der Betriebsrat beim Arbeitsgericht beantragen, dem Arbeitgeber aufzugeben, die Bestellung zu unterlassen oder die Abberufung durchzuführen. Führt der Arbeitgeber die Bestellung einer rechtskräftigen gerichtlichen Entscheidung zuwider durch, so ist er auf Antrag des Betriebsrats vom Arbeitsgericht wegen der Bestellung nach vorheriger Androhung zu einem Ordnungsgeld zu verurteilen; das Höchstmaß des Ordnungsgeldes beträgt 10000 Euro. Führt der Arbeitgeber die Abberufung einer rechtskräftigen gerichtlichen Entscheidung zuwider nicht durch, so ist auf Antrag des Betriebsrats vom Arbeitsgericht zu erkennen, dass der Arbeitgeber zur Abberufung durch Zwangsgeld anzuhalten sei; das Höchstmaß des Zwangsgeldes beträgt für jeden Tag der Zuwiderhandlung 250 Euro. Die Vorschriften des Berufsbildungsgesetzes über die Ordnung der Berufsbildung bleiben unberührt.
(6) Die Absätze 1 bis 5 gelten entsprechend, wenn der Arbeitgeber sonstige Bildungsmaßnahmen im Betrieb durchführt.

Dritter Unterabschnitt
Personelle Einzelmaßnahmen

§ 99 Mitbestimmung bei personellen Einzelmaßnahmen

(1) In Unternehmen mit in der Regel mehr als zwanzig wahlberechtigten Arbeitnehmern hat der Arbeitgeber den Betriebsrat vor jeder Einstellung, Eingruppierung, Umgruppierung und Versetzung zu unterrichten, ihm die erforderlichen Bewerbungsunterlagen vorzulegen und Auskunft über die Person der Beteiligten zu geben; er hat dem Betriebsrat unter Vorlage der erforderlichen Unterlagen Auskunft über die Auswirkungen der geplanten Maßnahme zu geben und die Zustimmung des Betriebsrats zu der geplanten Maßnahme einzuholen. Bei Ein-

stellungen und Versetzungen hat der Arbeitgeber insbesondere den in Aussicht genommenen Arbeitsplatz und die vorgesehene Eingruppierung mitzuteilen. Die Mitglieder des Betriebsrats sind verpflichtet, über die ihnen im Rahmen der personellen Maßnahmen nach den Sätzen 1 und 2 bekannt gewordenen persönlichen Verhältnisse und Angelegenheiten der Arbeitnehmer, die ihrer Bedeutung oder ihrem Inhalt nach einer vertraulichen Behandlung bedürfen, Stillschweigen zu bewahren; § 79 Abs. 1 Satz 2 bis 4 gilt entsprechend.

(2) Der Betriebsrat kann die Zustimmung verweigern, wenn

1. die personelle Maßnahme gegen ein Gesetz, eine Verordnung, eine Unfallverhütungsvorschrift oder gegen eine Bestimmung in einem Tarifvertrag oder in einer Betriebsvereinbarung oder gegen eine gerichtliche Entscheidung oder eine behördliche Anordnung verstoßen würde,
2. die personelle Maßnahme gegen eine Richtlinie nach § 95 verstoßen würde,
3. die durch Tatsachen begründete Besorgnis besteht, dass infolge der personellen Maßnahme im Betrieb beschäftigte Arbeitnehmer gekündigt werden oder sonstige Nachteile erleiden, ohne dass dies aus betrieblichen oder persönlichen Gründen gerechtfertigt ist; als Nachteil gilt bei unbefristeter Einstellung auch die Nichtberücksichtigung eines gleich geeigneten befristet Beschäftigten,
4. der betroffene Arbeitnehmer durch die personelle Maßnahme benachteiligt wird, ohne dass dies aus betrieblichen oder in der Person des Arbeitnehmers liegenden Gründen gerechtfertigt ist,
5. eine nach § 93 erforderliche Ausschreibung im Betrieb unterblieben ist oder
6. die durch Tatsachen begründete Besorgnis besteht, dass der für die personelle Maßnahme in Aussicht genommene Bewerber oder Arbeitnehmer den Betriebsfrieden durch gesetzwidriges Verhalten oder durch grobe Verletzung der in § 75 Abs. 1 enthaltenen Grundsätze, insbesondere durch rassistische oder fremdenfeindliche Betätigung, stören werde.

(3) Verweigert der Betriebsrat seine Zustimmung, so hat er dies unter Angabe von Gründen innerhalb einer Woche nach Unterrichtung durch den Arbeitgeber diesem schriftlich mitzuteilen. Teilt der Betriebsrat dem Arbeitgeber die Verweigerung seiner Zustimmung nicht innerhalb der Frist schriftlich mit, so gilt die Zustimmung als erteilt.

(4) Verweigert der Betriebsrat seine Zustimmung, so kann der Arbeitgeber beim Arbeitsgericht beantragen, die Zustimmung zu ersetzen.

§ 100 Vorläufige personelle Maßnahmen

(1) Der Arbeitgeber kann, wenn dies aus sachlichen Gründen dringend erforderlich ist, die personelle Maßnahme im Sinne des § 99 Abs. 1 Satz 1 vorläufig durchführen, bevor der Betriebsrat sich geäußert oder wenn er die Zustimmung verweigert hat. Der Arbeitgeber hat den Arbeitnehmer über die Sach- und Rechtslage aufzuklären.

(2) Der Arbeitgeber hat den Betriebsrat unverzüglich von der vorläufigen personellen Maßnahme zu unterrichten. Bestreitet der Betriebsrat, dass die Maßnahme aus sachlichen Gründen dringend erforderlich ist, so hat er dies dem Arbeitgeber unverzüglich mitzuteilen. In diesem Fall darf der Arbeitgeber die vorläufige personelle Maßnahme nur aufrechterhalten, wenn er innerhalb von drei Tagen beim Arbeitsgericht die Ersetzung der Zustimmung des Betriebsrats und die Feststellung beantragt, dass die Maßnahme aus sachlichen Gründen dringend erforderlich war.

(3) Lehnt das Gericht durch rechtskräftige Entscheidung die Ersetzung der Zustimmung des Betriebsrats ab oder stellt es rechtskräftig fest, dass offensichtlich die Maßnahme aus sachlichen Gründen nicht dringend erforderlich war, so endet die vorläufige personelle Maßnahme mit Ablauf von zwei Wochen nach Rechtskraft der Entscheidung. Von diesem Zeitpunkt an darf die personelle Maßnahme nicht aufrecht erhalten werden.

§ 101 Zwangsgeld

Führt der Arbeitgeber eine personelle Maßnahme im Sinne des § 99 Abs. 1 Satz 1 ohne Zustimmung des Betriebsrats durch oder hält er eine vorläufige personelle Maßnahme entgegen § 100

Abs. 2 Satz 3 oder Absatz 3 aufrecht, so kann der Betriebsrat beim Arbeitsgericht beantragen, dem Arbeitgeber aufzugeben, die personelle Maßnahme aufzuheben. Hebt der Arbeitgeber entgegen einer rechtskräftigen gerichtlichen Entscheidung die personelle Maßnahme nicht auf, so ist auf Antrag des Betriebsrats vom Arbeitsgericht zu erkennen, dass der Arbeitgeber zur Aufhebung der Maßnahme durch Zwangsgeld anzuhalten sei. Das Höchstmaß des Zwangsgeldes beträgt für jeden Tag der Zuwiderhandlung 250 Euro.

§ 102 Mitbestimmung bei Kündigungen

(1) Der Betriebsrat ist vor jeder Kündigung zu hören. Der Arbeitgeber hat ihm die Gründe für die Kündigung mitzuteilen. Eine ohne Anhörung des Betriebsrats ausgesprochene Kündigung ist unwirksam.

(2) Hat der Betriebsrat gegen eine ordentliche Kündigung Bedenken, so hat er diese unter Angabe der Gründe dem Arbeitgeber spätestens innerhalb einer Woche schriftlich mitzuteilen. Äußert er sich innerhalb dieser Frist nicht, gilt seine Zustimmung zur Kündigung als erteilt. Hat der Betriebsrat gegen eine außerordentliche Kündigung Bedenken, so hat er diese unter Angabe der Gründe dem Arbeitgeber unverzüglich, spätestens jedoch innerhalb von drei Tagen, schriftlich mitzuteilen. Der Betriebsrat soll, soweit dies erforderlich erscheint, vor seiner Stellungnahme den betroffenen Arbeitnehmer hören. § 99 Abs. 1 Satz 3 gilt entsprechend.

(3) Der Betriebsrat kann innerhalb der Frist des Absatzes 2 Satz 1 der ordentlichen Kündigung widersprechen, wenn

1. der Arbeitgeber bei der Auswahl des zu kündigenden Arbeitnehmers soziale Gesichtspunkte nicht oder nicht ausreichend berücksichtigt hat,
2. die Kündigung gegen eine Richtlinie nach § 95 verstößt,
3. der zu kündigende Arbeitnehmer an einem anderen Arbeitsplatz im selben Betrieb oder in einem anderen Betrieb des Unternehmens weiterbeschäftigt werden kann,
4. die Weiterbeschäftigung des Arbeitnehmers nach zumutbaren Umschulungs- oder Fortbildungsmaßnahmen möglich ist oder
5. eine Weiterbeschäftigung des Arbeitnehmers unter geänderten Vertragsbedingungen möglich ist und der Arbeitnehmer sein Einverständnis hiermit erklärt hat.

(4) Kündigt der Arbeitgeber, obwohl der Betriebsrat nach Absatz 3 der Kündigung widersprochen hat, so hat er dem Arbeitnehmer mit der Kündigung eine Abschrift der Stellungnahme des Betriebsrats zuzuleiten.

(5) Hat der Betriebsrat einer ordentlichen Kündigung frist- und ordnungsgemäß widersprochen, und hat der Arbeitnehmer nach dem Kündigungsschutzgesetz Klage auf Feststellung erhoben, dass das Arbeitsverhältnis durch die Kündigung nicht aufgelöst ist, so muss der Arbeitgeber auf Verlangen des Arbeitnehmers diesen nach Ablauf der Kündigungsfrist bis zum rechtskräftigen Abschluss des Rechtsstreits bei unveränderten Arbeitsbedingungen weiterbeschäftigen. Auf Antrag des Arbeitgebers kann das Gericht ihn durch einstweilige Verfügung von der Verpflichtung zur Weiterbeschäftigung nach Satz 1 entbinden, wenn

1. die Klage des Arbeitnehmers keine hinreichende Aussicht auf Erfolg bietet oder mutwillig erscheint oder
2. die Weiterbeschäftigung des Arbeitnehmers zu einer unzumutbaren wirtschaftlichen Belastung des Arbeitgebers führen würde oder
3. der Widerspruch des Betriebsrats offensichtlich unbegründet war.

(6) Arbeitgeber und Betriebsrat können vereinbaren, dass Kündigungen der Zustimmung des Betriebsrats bedürfen und dass bei Meinungsverschiedenheiten über die Berechtigung der Nichterteilung der Zustimmung die Einigungsstelle entscheidet.

(7) Die Vorschriften über die Beteiligung des Betriebsrats nach dem Kündigungsschutzgesetz bleiben unberührt.

§ 103 Außerordentliche Kündigung und Versetzung in besonderen Fällen

(1) Die außerordentliche Kündigung von Mitgliedern des Betriebsrats, der Jugend- und Auszubildendenvertretung, der Bordvertretung und des Seebetriebsrats, des Wahlvorstands sowie von Wahlbewerbern bedarf der Zustimmung des Betriebsrats.
(2) Verweigert der Betriebsrat seine Zustimmung, so kann das Arbeitsgericht sie auf Antrag des Arbeitgebers ersetzen, wenn die außerordentliche Kündigung unter Berücksichtigung aller Umstände gerechtfertigt ist. In dem Verfahren vor dem Arbeitsgericht ist der betroffene Arbeitnehmer Beteiligter.
(2a) Absatz 2 gilt entsprechend, wenn im Betrieb kein Betriebsrat besteht.
(3) Die Versetzung der in Absatz 1 genannten Personen, die zu einem Verlust des Amtes oder der Wählbarkeit führen würde, bedarf der Zustimmung des Betriebsrats; dies gilt nicht, wenn der betroffene Arbeitnehmer mit der Versetzung einverstanden ist. Absatz 2 gilt entsprechend mit der Maßgabe, dass das Arbeitsgericht die Zustimmung zu der Versetzung ersetzen kann, wenn diese auch unter Berücksichtigung der betriebsverfassungsrechtlichen Stellung des betroffenen Arbeitnehmers aus dringenden betrieblichen Gründen notwendig ist.

§ 104 Entfernung betriebsstörender Arbeitnehmer

Hat ein Arbeitnehmer durch gesetzwidriges Verhalten oder durch grobe Verletzung der in § 75 Abs. 1 enthaltenen Grundsätze, insbesondere durch rassistische oder fremdenfeindliche Betätigungen, den Betriebsfrieden wiederholt ernstlich gestört, so kann der Betriebsrat vom Arbeitgeber die Entlassung oder Versetzung verlangen. Gibt das Arbeitsgericht einem Antrag des Betriebsrats statt, dem Arbeitgeber aufzugeben, die Entlassung oder Versetzung durchzuführen, und führt der Arbeitgeber die Entlassung oder Versetzung einer rechtskräftigen gerichtlichen Entscheidung zuwider nicht durch, so ist auf Antrag des Betriebsrats vom Arbeitsgericht zu erkennen, dass er zur Vornahme der Entlassung oder Versetzung durch Zwangsgeld anzuhalten sei. Das Höchstmaß des Zwangsgeldes beträgt für jeden Tag der Zuwiderhandlung 250 Euro.

§ 105 Leitende Angestellte

Eine beabsichtigte Einstellung oder personelle Veränderung eines in § 5 Abs. 3 genannten leitenden Angestellten ist dem Betriebsrat rechtzeitig mitzuteilen.

Sechster Abschnitt
Wirtschaftliche Angelegenheiten

Erster Unterabschnitt
Unterrichtung in wirtschaftlichen Angelegenheiten

§ 106 Wirtschaftsausschuss

(1) In allen Unternehmen mit in der Regel mehr als einhundert ständig beschäftigten Arbeitnehmern ist ein Wirtschaftsausschuss zu bilden. Der Wirtschaftsausschuss hat die Aufgabe, wirtschaftliche Angelegenheiten mit dem Unternehmer zu beraten und den Betriebsrat zu unterrichten.
(2) Der Unternehmer hat den Wirtschaftsausschuss rechtzeitig und umfassend über die wirtschaftlichen Angelegenheiten des Unternehmens unter Vorlage der erforderlichen Unterlagen zu unterrichten, soweit dadurch nicht die Betriebs- und Geschäftsgeheimnisse des Unternehmens gefährdet werden, sowie die sich daraus ergebenden Auswirkungen auf die Personalplanung darzustellen. Zu den erforderlichen Unterlagen gehört in den Fällen des Absatzes 3 Nr. 9a insbesondere die Angabe über den potentiellen Erwerber und dessen Absichten im Hinblick auf die künftige Geschäftstätigkeit des Unternehmens sowie die sich daraus ergebenden Aus-

wirkungen auf die Arbeitnehmer; Gleiches gilt, wenn im Vorfeld der Übernahme des Unternehmens ein Bieterverfahren durchgeführt wird.

(3) Zu den wirtschaftlichen Angelegenheiten im Sinne dieser Vorschrift gehören insbesondere

1. die wirtschaftliche und finanzielle Lage des Unternehmens;
2. die Produktions- und Absatzlage;
3. das Produktions- und Investitionsprogramm;
4. Rationalisierungsvorhaben;
5. Fabrikations- und Arbeitsmethoden, insbesondere die Einführung neuer Arbeitsmethoden;

5a. Fragen des betrieblichen Umweltschutzes;

5b. Fragen der unternehmerischen Sorgfaltspflichten in Lieferketten gemäß dem Lieferkettensorgfaltspflichtengesetz,

6. die Einschränkung oder Stilllegung von Betrieben oder von Betriebsteilen;
7. die Verlegung von Betrieben oder Betriebsteilen;
8. der Zusammenschluss oder die Spaltung von Unternehmen oder Betrieben;
9. die Änderung der Betriebsorganisation oder des Betriebszwecks;

9a. die Übernahme des Unternehmens, wenn hiermit der Erwerb der Kontrolle verbunden ist, sowie

10. sonstige Vorgänge und Vorhaben, welche die Interessen der Arbeitnehmer des Unternehmens wesentlich berühren können.

§ 107 Bestellung und Zusammensetzung des Wirtschaftsausschusses

(1) Der Wirtschaftsausschuss besteht aus mindestens drei und höchstens sieben Mitgliedern, die dem Unternehmen angehören müssen, darunter mindestens einem Betriebsratsmitglied. Zu Mitgliedern des Wirtschaftsausschusses können auch die in § 5 Abs. 3 genannten Angestellten bestimmt werden. Die Mitglieder sollen die zur Erfüllung ihrer Aufgaben erforderliche fachliche und persönliche Eignung besitzen.

(2) Die Mitglieder des Wirtschaftsausschusses werden vom Betriebsrat für die Dauer seiner Amtszeit bestimmt. Besteht ein Gesamtbetriebsrat, so bestimmt dieser die Mitglieder des Wirtschaftsausschusses; die Amtszeit der Mitglieder endet in diesem Fall in dem Zeitpunkt, in dem die Amtszeit der Mehrheit der Mitglieder des Gesamtbetriebsrats, die an der Bestimmung mitzuwirken berechtigt waren, abgelaufen ist. Die Mitglieder des Wirtschaftsausschusses können jederzeit abberufen werden; auf die Abberufung sind die Sätze 1 und 2 entsprechend anzuwenden.

(3) Der Betriebsrat kann mit der Mehrheit der Stimmen seiner Mitglieder beschließen, die Aufgaben des Wirtschaftsausschusses einem Ausschuss des Betriebsrats zu übertragen. Die Zahl der Mitglieder des Ausschusses darf die Zahl der Mitglieder des Betriebsausschusses nicht überschreiten. Der Betriebsrat kann jedoch weitere Arbeitnehmer einschließlich der in § 5 Abs. 3 genannten leitenden Angestellten bis zur selben Zahl, wie der Ausschuss Mitglieder hat, in den Ausschuss berufen; für die Beschlussfassung gilt Satz 1. Für die Verschwiegenheitspflicht der in Satz 3 bezeichneten weiteren Arbeitnehmer gilt § 79 entsprechend. Für die Abänderung und den Widerruf der Beschlüsse nach den Sätzen 1 bis 3 sind die gleichen Stimmenmehrheiten erforderlich wie für die Beschlüsse nach den Sätzen 1 bis 3. Ist in einem Unternehmen ein Gesamtbetriebsrat errichtet, so beschließt dieser über die anderweitige Wahrnehmung der Aufgaben des Wirtschaftsausschusses; Sätze 1 bis 5 gelten entsprechend.

§ 108 Sitzungen

(1) Der Wirtschaftsausschuss soll monatlich einmal zusammentreten.

(2) An den Sitzungen des Wirtschaftsausschusses hat der Unternehmer oder sein Vertreter teilzunehmen. Er kann sachkundige Arbeitnehmer des Unternehmens einschließlich der in § 5 Abs. 3 genannten Angestellten hinzuziehen. Für die Hinzuziehung und die Verschwiegenheitspflicht von Sachverständigen gilt § 80 Abs. 3 und 4 entsprechend.

(3) Die Mitglieder des Wirtschaftsausschusses sind berechtigt, in die nach § 106 Abs. 2 vorzulegenden Unterlagen Einsicht zu nehmen.
(4) Der Wirtschaftsausschuss hat über jede Sitzung dem Betriebsrat unverzüglich und vollständig zu berichten.
(5) Der Jahresabschluss ist dem Wirtschaftsausschuss unter Beteiligung des Betriebsrats zu erläutern.
(6) Hat der Betriebsrat oder der Gesamtbetriebsrat eine anderweitige Wahrnehmung der Aufgaben des Wirtschaftsausschusses beschlossen, so gelten die Absätze 1 bis 5 entsprechend.

§ 109 Beilegung von Meinungsverschiedenheiten

Wird eine Auskunft über wirtschaftliche Angelegenheiten des Unternehmens im Sinn des § 106 entgegen dem Verlangen des Wirtschaftsausschusses nicht, nicht rechtzeitig oder nur ungenügend erteilt und kommt hierüber zwischen Unternehmer und Betriebsrat eine Einigung nicht zustande, so entscheidet die Einigungsstelle. Der Spruch der Einigungsstelle ersetzt die Einigung zwischen Arbeitgeber und Betriebsrat. Die Einigungsstelle kann, wenn dies für ihre Entscheidung erforderlich ist, Sachverständige anhören; § 80 Abs. 4 gilt entsprechend. Hat der Betriebsrat oder der Gesamtbetriebsrat eine anderweitige Wahrnehmung der Aufgaben des Wirtschaftsausschusses beschlossen, so gilt Satz 1 entsprechend.

§ 109a Unternehmensübernahme

In Unternehmen, in denen kein Wirtschaftsausschuss besteht, ist im Fall des § 106 Abs. 3 Nr. 9a der Betriebsrat entsprechend § 106 Abs. 1 und 2 zu beteiligen; § 109 gilt entsprechend.

§ 110 Unterrichtung der Arbeitnehmer

(1) In Unternehmen mit in der Regel mehr als 1000 ständig beschäftigten Arbeitnehmern hat der Unternehmer mindestens einmal in jedem Kalendervierteljahr nach vorheriger Abstimmung mit dem Wirtschaftsausschuss oder den in § 107 Abs. 3 genannten Stellen und dem Betriebsrat die Arbeitnehmer schriftlich über die wirtschaftliche Lage und Entwicklung des Unternehmens zu unterrichten.
(2) In Unternehmen, die die Voraussetzungen des Absatzes 1 nicht erfüllen, aber in der Regel mehr als zwanzig wahlberechtigte ständige Arbeitnehmer beschäftigen, gilt Absatz 1 mit der Maßgabe, dass die Unterrichtung der Arbeitnehmer mündlich erfolgen kann. Ist in diesen Unternehmen ein Wirtschaftsausschuss nicht zu errichten, so erfolgt die Unterrichtung nach vorheriger Abstimmung mit dem Betriebsrat.

Zweiter Unterabschnitt
Betriebsänderungen

§ 111 Betriebsänderungen

In Unternehmen mit in der Regel mehr als zwanzig wahlberechtigten Arbeitnehmern hat der Unternehmer den Betriebsrat über geplante Betriebsänderungen, die wesentliche Nachteile für die Belegschaft oder erhebliche Teile der Belegschaft zur Folge haben können, rechtzeitig und umfassend zu unterrichten und die geplanten Betriebsänderungen mit dem Betriebsrat zu beraten. Der Betriebsrat kann in Unternehmen mit mehr als 300 Arbeitnehmern zu seiner Unterstützung einen Berater hinzuziehen; § 80 Abs. 4 gilt entsprechend; im Übrigen bleibt § 80 Abs. 3 unberührt. Als Betriebsänderungen im Sinne des Satzes 1 gelten

1. Einschränkung und Stilllegung des ganzen Betriebs oder von wesentlichen Betriebsteilen,
2. Verlegung des ganzen Betriebs oder von wesentlichen Betriebsteilen,
3. Zusammenschluss mit anderen Betrieben oder die Spaltung von Betrieben,

4. grundlegende Änderungen der Betriebsorganisation, des Betriebszwecks oder der Betriebsanlagen,
5. Einführung grundlegend neuer Arbeitsmethoden und Fertigungsverfahren.

§ 112 Interessenausgleich über die Betriebsänderung, Sozialplan

(1) Kommt zwischen Unternehmer und Betriebsrat ein Interessenausgleich über die geplante Betriebsänderung zustande, so ist dieser schriftlich niederzulegen und vom Unternehmer und Betriebsrat zu unterschreiben; § 77 Absatz 2 Satz 3 gilt entsprechend. Das Gleiche gilt für eine Einigung über den Ausgleich oder die Milderung der wirtschaftlichen Nachteile, die den Arbeitnehmern infolge der geplanten Betriebsänderung entstehen (Sozialplan). Der Sozialplan hat die Wirkung einer Betriebsvereinbarung. § 77 Abs. 3 ist auf den Sozialplan nicht anzuwenden.
(2) Kommt ein Interessenausgleich über die geplante Betriebsänderung oder eine Einigung über den Sozialplan nicht zustande, so können der Unternehmer oder der Betriebsrat den Vorstand der Bundesagentur für Arbeit um Vermittlung ersuchen, der Vorstand kann die Aufgabe auf andere Bedienstete der Bundesagentur für Arbeit übertragen. Erfolgt kein Vermittlungsersuchen oder bleibt der Vermittlungsversuch ergebnislos, so können der Unternehmer oder der Betriebsrat die Einigungsstelle anrufen. Auf Ersuchen des Vorsitzenden der Einigungsstelle nimmt ein Mitglied des Vorstands der Bundesagentur für Arbeit oder ein vom Vorstand der Bundesagentur für Arbeit benannter Bediensteter der Bundesagentur für Arbeit an der Verhandlung teil.
(3) Unternehmer und Betriebsrat sollen der Einigungsstelle Vorschläge zur Beilegung der Meinungsverschiedenheiten über den Interessenausgleich und den Sozialplan machen. Die Einigungsstelle hat eine Einigung der Parteien zu versuchen. Kommt eine Einigung zustande, so ist sie schriftlich niederzulegen und von den Parteien und vom Vorsitzenden zu unterschreiben.
(4) Kommt eine Einigung über den Sozialplan nicht zustande, so entscheidet die Einigungsstelle über die Aufstellung eines Sozialplans. Der Spruch der Einigungsstelle ersetzt die Einigung zwischen Arbeitgeber und Betriebsrat.
(5) Die Einigungsstelle hat bei ihrer Entscheidung nach Absatz 4 sowohl die sozialen Belange der betroffenen Arbeitnehmer zu berücksichtigen als auch auf die wirtschaftliche Vertretbarkeit ihrer Entscheidung für das Unternehmen zu achten. Dabei hat die Einigungsstelle sich im Rahmen billigen Ermessens insbesondere von folgenden Grundsätzen leiten zu lassen:
1. Sie soll beim Ausgleich oder bei der Milderung wirtschaftlicher Nachteile, insbesondere durch Einkommensminderung, Wegfall von Sonderleistungen oder Verlust von Anwartschaften auf betriebliche Altersversorgung, Umzugskosten oder erhöhte Fahrtkosten, Leistungen vorsehen, die in der Regel den Gegebenheiten des Einzelfalles Rechnung tragen.
2. Sie hat die Aussichten der betroffenen Arbeitnehmer auf dem Arbeitsmarkt zu berücksichtigen. Sie soll Arbeitnehmer von Leistungen ausschließen, die in einem zumutbaren Arbeitsverhältnis im selben Betrieb oder in einem anderen Betrieb des Unternehmens oder eines zum Konzern gehörenden Unternehmens weiterbeschäftigt werden können und die Weiterbeschäftigung ablehnen; die mögliche Weiterbeschäftigung an einem anderen Ort begründet für sich allein nicht die Unzumutbarkeit.

2a. Sie soll insbesondere die im Dritten Buch des Sozialgesetzbuches vorgesehenen Förderungsmöglichkeiten zur Vermeidung von Arbeitslosigkeit berücksichtigen.

3. Sie hat bei der Bemessung des Gesamtbetrages der Sozialplanleistungen darauf zu achten, dass der Fortbestand des Unternehmens oder die nach Durchführung der Betriebsänderung verbleibenden Arbeitsplätze nicht gefährdet werden.

§ 112a Erzwingbarer Sozialplan bei Personalabbau, Neugründungen

(1) Besteht eine geplante Betriebsänderung im Sinne von § 111 Satz 3 Nr. 1 allein in der Entlassung von Arbeitnehmern, so findet § 112 Abs. 4 und 5 nur Anwendung, wenn

1. in Betrieben mit in der Regel weniger als 60 Arbeitnehmern 20 vom Hundert der regelmäßig beschäftigten Arbeitnehmer, aber mindestens 6 Arbeitnehmer,
2. in Betrieben mit in der Regel mindestens 60 und weniger als 250 Arbeitnehmern 20 vom Hundert der regelmäßig beschäftigten Arbeitnehmer oder mindestens 37 Arbeitnehmer,
3. in Betrieben mit in der Regel mindestens 250 und weniger als 500 Arbeitnehmern 15 vom Hundert der regelmäßig beschäftigten Arbeitnehmer oder mindestens 60 Arbeitnehmer,
4. in Betrieben mit in der Regel mindestens 500 Arbeitnehmern 10 vom Hundert der regelmäßig beschäftigten Arbeitnehmer, aber mindestens 60 Arbeitnehmer

aus betriebsbedingten Gründen entlassen werden sollen. Als Entlassung gilt auch das vom Arbeitgeber aus Gründen der Betriebsänderung veranlasste Ausscheiden von Arbeitnehmern aufgrund von Aufhebungsverträgen.

(2) § 112 Abs. 4 und 5 findet keine Anwendung auf Betriebe eines Unternehmens in den ersten vier Jahren nach seiner Gründung. Dies gilt nicht für Neugründungen im Zusammenhang mit der rechtlichen Umstrukturierung von Unternehmen und Konzernen. Maßgebend für den Zeitpunkt der Gründung ist die Aufnahme einer Erwerbstätigkeit, die nach § 138 der Abgabenordnung dem Finanzamt mitzuteilen ist.

§ 113 Nachteilsausgleich

(1) Weicht der Unternehmer von einem Interessenausgleich über die geplante Betriebsänderung ohne zwingenden Grund ab, so können Arbeitnehmer, die infolge dieser Abweichung entlassen werden, beim Arbeitsgericht Klage erheben mit dem Antrag, den Arbeitgeber zur Zahlung von Abfindungen zu verurteilen; § 10 des Kündigungsschutzgesetzes gilt entsprechend.

(2) Erleiden Arbeitnehmer infolge einer Abweichung nach Absatz 1 andere wirtschaftliche Nachteile, so hat der Unternehmer diese Nachteile bis zu einem Zeitraum von zwölf Monaten auszugleichen.

(3) Die Absätze 1 und 2 gelten entsprechend, wenn der Unternehmer eine geplante Betriebsänderung nach § 111 durchführt, ohne über sie einen Interessenausgleich mit dem Betriebsrat versucht zu haben, und infolge der Maßnahme Arbeitnehmer entlassen werden oder andere wirtschaftliche Nachteile erleiden.

Fünfter Teil
Besondere Vorschriften für einzelne Betriebsarten

Erster Abschnitt
Seeschifffahrt

§ 114 Grundsätze

(1) Auf Seeschifffahrtsunternehmen und ihre Betriebe ist dieses Gesetz anzuwenden, soweit sich aus den Vorschriften dieses Abschnitts nichts anderes ergibt.
(2) Seeschifffahrtsunternehmen im Sinne dieses Gesetzes ist ein Unternehmen, das Handelsschifffahrt betreibt und seinen Sitz im Geltungsbereich dieses Gesetzes hat. Ein Seeschifffahrtsunternehmen im Sinne dieses Abschnitts betreibt auch, wer als Korrespondenzreeder, Vertragsreeder, Ausrüster oder aufgrund eines ähnlichen Rechtsverhältnisses Schiffe zum Erwerb durch die Seeschifffahrt verwendet, wenn er Arbeitgeber des Kapitäns und der Besatzungsmitglieder ist oder überwiegend die Befugnisse des Arbeitgebers ausübt.
(3) Als Seebetrieb im Sinne dieses Gesetzes gilt die Gesamtheit der Schiffe eines Seeschifffahrtsunternehmens einschließlich der in Absatz 2 Satz 2 genannten Schiffe.
(4) Schiffe im Sinne dieses Gesetzes sind Kauffahrteischiffe, die nach dem Flaggenrechtsgesetz die Bundesflagge führen. Schiffe, die in der Regel binnen 24 Stunden nach dem Auslaufen an den Sitz eines Landbetriebs zurückkehren, gelten als Teil dieses Landbetriebs des Seeschifffahrtsunternehmens.
(5) Jugend- und Auszubildendenvertretungen werden nur für die Landbetriebe von Seeschifffahrtsunternehmen gebildet.
(6) Besatzungsmitglieder im Sinne dieses Gesetzes sind die in einem Heuer- oder Berufsausbildungsverhältnis zu einem Seeschifffahrtsunternehmen stehenden im Seebetrieb beschäftigten Personen mit Ausnahme des Kapitäns. Leitende Angestellte im Sinne von § 5 Abs. 3 dieses Gesetzes sind nur die Kapitäne.

§ 115 Bordvertretung

(1) Auf Schiffen, die mit in der Regel mindestens fünf wahlberechtigten Besatzungsmitgliedern besetzt sind, von denen drei wählbar sind, wird eine Bordvertretung gewählt. Auf die Bordvertretung finden, soweit sich aus diesem Gesetz oder aus anderen gesetzlichen Vorschriften nicht etwas anderes ergibt, die Vorschriften über die Rechte und Pflichten des Betriebsrats und die Rechtsstellung seiner Mitglieder Anwendung.
(2) Die Vorschriften über die Wahl und Zusammensetzung des Betriebsrats finden mit folgender Maßgabe Anwendung:
1. Wahlberechtigt sind alle Besatzungsmitglieder des Schiffes.
2. Wählbar sind die Besatzungsmitglieder des Schiffes, die am Wahltag das 18. Lebensjahr vollendet haben und ein Jahr Besatzungsmitglied eines Schiffes waren, das nach dem Flaggenrechtsgesetz die Bundesflagge führt. § 8 Abs. 1 Satz 3 bleibt unberührt.
3. Die Bordvertretung besteht auf Schiffen mit in der Regel
   5 bis 20 wahlberechtigten Besatzungsmitgliedern aus einer Person,
   21 bis 75 wahlberechtigten Besatzungsmitgliedern aus drei Mitgliedern,
   über 75 wahlberechtigten Besatzungsmitgliedern aus fünf Mitgliedern.
4. (weggefallen)
5. § 13 Abs. 1 und 3 findet keine Anwendung. Die Bordvertretung ist vor Ablauf ihrer Amtszeit unter den in § 13 Abs. 2 Nr. 2 bis 5 genannten Voraussetzungen neu zu wählen.

6. Die wahlberechtigten Besatzungsmitglieder können mit der Mehrheit aller Stimmen beschließen, die Wahl der Bordvertretung binnen 24 Stunden durchzuführen.
7. Die in § 16 Abs. 1 Satz 1 genannte Frist wird auf zwei Wochen, die in § 16 Abs. 2 Satz 1 genannte Frist wird auf eine Woche verkürzt.
8. Bestellt die im Amt befindliche Bordvertretung nicht rechtzeitig einen Wahlvorstand oder besteht keine Bordvertretung, wird der Wahlvorstand in einer Bordversammlung von der Mehrheit der anwesenden Besatzungsmitglieder gewählt; § 17 Abs. 3 gilt entsprechend. Kann aus Gründen der Aufrechterhaltung des ordnungsgemäßen Schiffsbetriebs eine Bordversammlung nicht stattfinden, so kann der Kapitän auf Antrag von drei Wahlberechtigten den Wahlvorstand bestellen. Bestellt der Kapitän den Wahlvorstand nicht, so ist der Seebetriebsrat berechtigt, den Wahlvorstand zu bestellen. Die Vorschriften über die Bestellung des Wahlvorstands durch das Arbeitsgericht bleiben unberührt.
9. Die Frist für die Wahlanfechtung beginnt für Besatzungsmitglieder an Bord, wenn das Schiff nach Bekanntgabe des Wahlergebnisses erstmalig einen Hafen im Geltungsbereich dieses Gesetzes oder einen Hafen, in dem ein Seemannsamt seinen Sitz hat, anlauft. Die Wahlanfechtung kann auch zu Protokoll des Seemannsamtes erklärt werden. Wird die Wahl zur Bordvertretung angefochten, zieht das Seemannsamt die an Bord befindlichen Wahlunterlagen ein. Die Anfechtungserklärung und die eingezogenen Wahlunterlagen sind vom Seemannsamt unverzüglich an das für die Anfechtung zuständige Arbeitsgericht weiterzuleiten.

(3) Auf die Amtszeit der Bordvertretung finden die §§ 21, 22 bis 25 mit der Maßgabe Anwendung, dass
1. die Amtszeit ein Jahr beträgt,
2. die Mitgliedschaft in der Bordvertretung auch endet, wenn das Besatzungsmitglied den Dienst an Bord beendet, es sei denn, dass es den Dienst an Bord vor Ablauf der Amtszeit nach Nummer 1 wieder antritt.

(4) Für die Geschäftsführung der Bordvertretung gelten die §§ 26 bis 36, § 37 Abs. 1 bis 3 sowie die §§ 39 bis 41 entsprechend. § 40 Abs. 2 ist mit der Maßgabe anzuwenden, dass die Bordvertretung in dem für ihre Tätigkeit erforderlichen Umfang auch die für die Verbindung des Schiffes zur Reederei eingerichteten Mittel zur beschleunigten Übermittlung von Nachrichten in Anspruch nehmen kann.

(5) Die §§ 42 bis 46 über die Betriebsversammlung finden für die Versammlung der Besatzungsmitglieder eines Schiffes (Bordversammlung) entsprechende Anwendung. Auf Verlangen der Bordvertretung hat der Kapitän der Bordversammlung einen Bericht über die Schiffsreise und die damit zusammenhängenden Angelegenheiten zu erstatten. Er hat Fragen, die den Schiffsbetrieb, die Schiffsreise und die Schiffssicherheit betreffen, zu beantworten.

(6) Die §§ 47 bis 59 über den Gesamtbetriebsrat und den Konzernbetriebsrat finden für die Bordvertretung keine Anwendung.

(7) Die §§ 74 bis 105 über die Mitwirkung und Mitbestimmung der Arbeitnehmer finden auf die Bordvertretung mit folgender Maßgabe Anwendung:
1. Die Bordvertretung ist zuständig für die Behandlung derjenigen nach diesem Gesetz der Mitwirkung und Mitbestimmung des Betriebsrats unterliegenden Angelegenheiten, die den Bordbetrieb oder die Besatzungsmitglieder des Schiffes betreffen und deren Regelung dem Kapitän aufgrund gesetzlicher Vorschriften oder der ihm von der Reederei übertragenen Befugnisse obliegt.
2. Kommt es zwischen Kapitän und Bordvertretung in einer der Mitwirkung oder Mitbestimmung der Bordvertretung unterliegenden Angelegenheit nicht zu einer Einigung, so kann die Angelegenheit von der Bordvertretung an den Seebetriebsrat abgegeben werden. Der Seebetriebsrat hat die Bordvertretung über die weitere Behandlung der Angelegenheit zu unterrichten. Bordvertretung und Kapitän dürfen die Einigungsstelle oder das Arbeitsgericht nur anrufen, wenn ein Seebetriebsrat nicht gewählt ist.
3. Bordvertretung und Kapitän können im Rahmen ihrer Zuständigkeiten Bordvereinbarungen abschließen. Die Vorschriften über Betriebsvereinbarungen gelten für Bordvereinbarungen entsprechend. Bordvereinbarungen sind unzulässig, soweit eine Angelegenheit durch eine Betriebsvereinbarung zwischen Seebetriebsrat und Arbeitgeber geregelt ist.

4. In Angelegenheiten, die der Mitbestimmung der Bordvertretung unterliegen, kann der Kapitän, auch wenn eine Einigung mit der Bordvertretung noch nicht erzielt ist, vorläufige Regelungen treffen, wenn dies zur Aufrechterhaltung des ordnungsgemäßen Schiffsbetriebs dringend erforderlich ist. Den von der Anordnung betroffenen Besatzungsmitgliedern ist die Vorläufigkeit der Regelung bekannt zu geben. Soweit die vorläufige Regelung der endgültigen Regelung nicht entspricht, hat das Schifffahrtsunternehmen Nachteile auszugleichen, die den Besatzungsmitgliedern durch die vorläufige Regelung entstanden sind.
5. Die Bordvertretung hat das Recht auf regelmäßige und umfassende Unterrichtung über den Schiffsbetrieb. Die erforderlichen Unterlagen sind der Bordvertretung vorzulegen. Zum Schiffsbetrieb gehören insbesondere die Schiffssicherheit, die Reiserouten, die voraussichtlichen Ankunfts- und Abfahrtszeiten sowie die zu befördernde Ladung.
6. Auf Verlangen der Bordvertretung hat der Kapitän ihr Einsicht in die an Bord befindlichen Schiffstagebücher zu gewähren. In den Fällen, in denen der Kapitän eine Eintragung über Angelegenheiten macht, die der Mitwirkung oder Mitbestimmung der Bordvertretung unterliegen, kann diese eine Abschrift der Eintragung verlangen und Erklärungen zum Schiffstagebuch abgeben. In den Fällen, in denen über eine der Mitwirkung oder Mitbestimmung der Bordvertretung unterliegenden Angelegenheit eine Einigung zwischen Kapitän und Bordvertretung nicht erzielt wird, kann die Bordvertretung dies zum Schiffstagebuch erklären und eine Abschrift dieser Eintragung verlangen.
7. Die Zuständigkeit der Bordvertretung im Rahmen des Arbeitsschutzes bezieht sich auch auf die Schiffssicherheit und die Zusammenarbeit mit den insoweit zuständigen Behörden und sonstigen in Betracht kommenden Stellen.

§ 116 Seebetriebsrat

(1) In Seebetrieben werden Seebetriebsräte gewählt. Auf die Seebetriebsräte finden, soweit sich aus diesem Gesetz oder aus anderen gesetzlichen Vorschriften nicht etwas anderes ergibt, die Vorschriften über die Rechte und Pflichten des Betriebsrats und die Rechtsstellung seiner Mitglieder Anwendung.

(2) Die Vorschriften über die Wahl, Zusammensetzung und Amtszeit des Betriebsrats finden mit folgender Maßgabe Anwendung:

1. Wahlberechtigt zum Seebetriebsrat sind alle zum Seeschifffahrtsunternehmen gehörenden Besatzungsmitglieder.
2. Für die Wählbarkeit zum Seebetriebsrat gilt § 8 mit der Maßgabe, dass
   a) in Seeschifffahrtsunternehmen, zu denen mehr als acht Schiffe gehören oder in denen in der Regel mehr als 250 Besatzungsmitglieder beschäftigt sind, nur nach § 115 Abs. 2 Nr. 2 wählbare Besatzungsmitglieder wählbar sind;
   b) in den Fällen, in denen die Voraussetzungen des Buchstabens a nicht vorliegen, nur Arbeitnehmer wählbar sind, die nach § 8 die Wählbarkeit im Landbetrieb des Seeschifffahrtsunternehmens besitzen, es sei denn, dass der Arbeitgeber mit der Wahl von Besatzungsmitgliedern einverstanden ist.
3. Der Seebetriebsrat besteht in Seebetrieben mit in der Regel
   5 bis 400 wahlberechtigten Besatzungsmitgliedern aus einer Person,
   401 bis 800 wahlberechtigten Besatzungsmitgliedern aus drei Mitgliedern,
   über 800 wahlberechtigten Besatzungsmitgliedern aus fünf Mitgliedern.
4. Ein Wahlvorschlag ist gültig, wenn er im Fall des § 14 Abs. 4 Satz 1 erster Halbsatz und Satz 2 mindestens von drei wahlberechtigten Besatzungsmitgliedern unterschrieben ist.
5. § 14a findet keine Anwendung.
6. Die in § 16 Abs. 1 Satz 1 genannte Frist wird auf drei Monate, die in § 16 Abs. 2 Satz 1 genannte Frist auf zwei Monate verlängert.
7. Zu Mitgliedern des Wahlvorstands können auch im Landbetrieb des Seeschifffahrtsunternehmens beschäftigte Arbeitnehmer bestellt werden. § 17 Abs. 2 bis 4 findet keine Anwendung. Besteht kein Seebetriebsrat, so bestellt der Gesamtbetriebsrat oder, falls ein solcher nicht besteht, der Konzernbetriebsrat den Wahlvorstand. Besteht weder ein

Gesamtbetriebsrat noch ein Konzernbetriebsrat, wird der Wahlvorstand gemeinsam vom Arbeitgeber und den im Seebetrieb vertretenen Gewerkschaften bestellt; Gleiches gilt, wenn der Gesamtbetriebsrat oder der Konzernbetriebsrat die Bestellung des Wahlvorstands nach Satz 3 unterlässt. Einigen sich Arbeitgeber und Gewerkschaften nicht, so bestellt ihn das Arbeitsgericht auf Antrag des Arbeitgebers, einer im Seebetrieb vertretenen Gewerkschaft oder von mindestens drei wahlberechtigten Besatzungsmitgliedern. § 16 Abs. 2 Satz 2 und 3 gilt entsprechend.

8. Die Frist für die Wahlanfechtung nach § 19 Abs. 2 beginnt für Besatzungsmitglieder an Bord, wenn das Schiff nach Bekanntgabe des Wahlergebnisses erstmalig einen Hafen im Geltungsbereich dieses Gesetzes oder einen Hafen, in dem ein Seemannsamt seinen Sitz hat, anläuft. Nach Ablauf von drei Monaten seit Bekanntgabe des Wahlergebnisses ist eine Wahlanfechtung unzulässig. Die Wahlanfechtung kann auch zu Protokoll des Seemannsamtes erklärt werden. Die Anfechtungserklärung ist vom Seemannsamt unverzüglich an das für die Anfechtung zuständige Arbeitsgericht weiterzuleiten.
9. Die Mitgliedschaft im Seebetriebsrat endet, wenn der Seebetriebsrat aus Besatzungsmitgliedern besteht, auch, wenn das Mitglied des Seebetriebsrats nicht mehr Besatzungsmitglied ist. Die Eigenschaft als Besatzungsmitglied wird durch die Tätigkeit im Seebetriebsrat oder durch eine Beschäftigung gemäß Absatz 3 Nr. 2 nicht berührt.

(3) Die §§ 26 bis 41 über die Geschäftsführung des Betriebsrats finden auf den Seebetriebsrat mit folgender Maßgabe Anwendung:

1. In Angelegenheiten, in denen der Seebetriebsrat nach diesem Gesetz innerhalb einer bestimmten Frist Stellung zu nehmen hat, kann er, abweichend von § 33 Abs. 2, ohne Rücksicht auf die Zahl der zur Sitzung erschienenen Mitglieder einen Beschluss fassen, wenn die Mitglieder ordnungsgemäß geladen worden sind.
2. Soweit die Mitglieder des Seebetriebsrats nicht freizustellen sind, sind sie so zu beschäftigen, dass sie durch ihre Tätigkeit nicht gehindert sind, die Aufgaben des Seebetriebsrats wahrzunehmen. Der Arbeitsplatz soll den Fähigkeiten und Kenntnissen des Mitglieds des Seebetriebsrats und seiner bisherigen beruflichen Stellung entsprechen. Der Arbeitsplatz ist im Einvernehmen mit dem Seebetriebsrat zu bestimmen. Kommt eine Einigung über die Bestimmung des Arbeitsplatzes nicht zustande, so entscheidet die Einigungsstelle. Der Spruch der Einigungsstelle ersetzt die Einigung zwischen Arbeitgeber und Seebetriebsrat.
3. Den Mitgliedern des Seebetriebsrats, die Besatzungsmitglieder sind, ist die Heuer auch dann fortzuzahlen, wenn sie im Landbetrieb beschäftigt werden. Sachbezüge sind angemessen abzugelten. Ist der neue Arbeitsplatz höherwertig, so ist das diesem Arbeitsplatz entsprechende Arbeitsentgelt zu zahlen.
4. Unter Berücksichtigung der örtlichen Verhältnisse ist über die Unterkunft der in den Seebetriebsrat gewählten Besatzungsmitglieder eine Regelung zwischen dem Seebetriebsrat und dem Arbeitgeber zu treffen, wenn der Arbeitsplatz sich nicht am Wohnort befindet. Kommt eine Einigung nicht zustande, so entscheidet die Einigungsstelle. Der Spruch der Einigungsstelle ersetzt die Einigung zwischen Arbeitgeber und Seebetriebsrat.
5. Der Seebetriebsrat hat das Recht, jedes zum Seebetrieb gehörende Schiff zu betreten, dort im Rahmen seiner Aufgaben tätig zu werden sowie an den Sitzungen der Bordvertretung teilzunehmen. § 115 Abs. 7 Nr. 5 Satz 1 gilt entsprechend.
6. Liegt ein Schiff in einem Hafen innerhalb des Geltungsbereichs dieses Gesetzes, so kann der Seebetriebsrat nach Unterrichtung des Kapitäns Sprechstunden an Bord abhalten und Bordversammlungen der Besatzungsmitglieder durchführen.
7. Läuft ein Schiff innerhalb eines Kalenderjahres keinen Hafen im Geltungsbereich dieses Gesetzes an, so gelten die Nummern 5 und 6 für europäische Häfen. Die Schleusen des Nordostseekanals gelten nicht als Häfen.
8. Im Einvernehmen mit dem Arbeitgeber können Sprechstunden und Bordversammlungen, abweichend von den Nummern 6 und 7, auch in anderen Liegehäfen des Schiffes durchgeführt werden, wenn ein dringendes Bedürfnis hierfür besteht. Kommt eine Einigung nicht zustande, so entscheidet die Einigungsstelle. Der Spruch der Einigungsstelle ersetzt die Einigung zwischen Arbeitgeber und Seebetriebsrat.

(4) Die §§ 42 bis 46 über die Betriebsversammlung finden auf den Seebetrieb keine Anwendung.
(5) Für den Seebetrieb nimmt der Seebetriebsrat die in den §§ 47 bis 59 dem Betriebsrat übertragenen Aufgaben, Befugnisse und Pflichten wahr.
(6) Die §§ 74 bis 113 über die Mitwirkung und Mitbestimmung der Arbeitnehmer finden auf den Seebetriebsrat mit folgender Maßgabe Anwendung:

1. Der Seebetriebsrat ist zuständig für die Behandlung derjenigen nach diesem Gesetz der Mitwirkung oder Mitbestimmung des Betriebsrats unterliegenden Angelegenheiten,
   a) die alle oder mehrere Schiffe des Seebetriebs oder die Besatzungsmitglieder aller oder mehrerer Schiffe des Seebetriebs betreffen,
   b) die nach § 115 Abs. 7 Nr. 2 von der Bordvertretung abgegeben worden sind oder
   c) für die nicht die Zuständigkeit der Bordvertretung nach § 115 Abs. 7 Nr. 1 gegeben ist.
2. Der Seebetriebsrat ist regelmäßig und umfassend über den Schiffsbetrieb des Seeschifffahrtsunternehmens zu unterrichten. Die erforderlichen Unterlagen sind ihm vorzulegen.

Zweiter Abschnitt
Luftfahrt

§ 117 Geltung für die Luftfahrt

(1) Auf Landbetriebe von Luftfahrtunternehmen ist dieses Gesetz anzuwenden. Auf im Flugbetrieb beschäftigte Arbeitnehmer von Luftfahrtunternehmen ist dieses Gesetz anzuwenden, wenn keine Vertretung durch Tarifvertrag nach Absatz 2 Satz 1 errichtet ist.
(2) Für im Flugbetrieb beschäftigte Arbeitnehmer von Luftfahrtunternehmen kann durch Tarifvertrag eine Vertretung errichtet werden. Über die Zusammenarbeit dieser Vertretung mit den nach diesem Gesetz zu errichtenden Vertretungen der Arbeitnehmer der Landbetriebe des Luftfahrtunternehmens kann der Tarifvertrag von diesem Gesetz abweichende Regelungen vorsehen. Auf einen Tarifvertrag nach den Sätzen 1 und 2 ist § 4 Absatz 5 des Tarifvertragsgesetzes anzuwenden.

Dritter Abschnitt
Tendenzbetriebe und Religionsgemeinschaften

§ 118 Geltung für Tendenzbetriebe und Religionsgemeinschaften

(1) Auf Unternehmen und Betriebe, die unmittelbar und überwiegend

1. politischen, koalitionspolitischen, konfessionellen, karitativen, erzieherischen, wissenschaftlichen oder künstlerischen Bestimmungen oder
2. Zwecken der Berichterstattung oder Meinungsäußerung, auf die Artikel 5 Abs. 1 Satz 2 des Grundgesetzes Anwendung findet,

dienen, finden die Vorschriften dieses Gesetzes keine Anwendung, soweit die Eigenart des Unternehmens oder des Betriebs dem entgegensteht. Die §§ 106 bis 110 sind nicht, die §§ 111 bis 113 nur insoweit anzuwenden, als sie den Ausgleich oder die Milderung wirtschaftlicher Nachteile für die Arbeitnehmer infolge von Betriebsänderungen regeln.
(2) Dieses Gesetz findet keine Anwendung auf Religionsgemeinschaften und ihre karitativen und erzieherischen Einrichtungen unbeschadet deren Rechtsform.

Sechster Teil
Straf- und Bußgeldvorschriften

§ 119 Straftaten gegen Betriebsverfassungsorgane und ihre Mitglieder

(1) Mit Freiheitsstrafe bis zu einem Jahr oder mit Geldstrafe wird bestraft, wer

1. eine Wahl des Betriebsrats, der Jugend- und Auszubildendenvertretung, der Bordvertretung, des Seebetriebsrats oder der in § 3 Abs. 1 Nr. 1 bis 3 oder 5 bezeichneten Vertretungen der Arbeitnehmer behindert oder durch Zufügung oder Androhung von Nachteilen oder durch Gewährung oder Versprechen von Vorteilen beeinflusst,
2. die Tätigkeit des Betriebsrats, des Gesamtbetriebsrats, des Konzernbetriebsrats, der Jugend- und Auszubildendenvertretung, der Gesamt-Jugend- und Auszubildendenvertretung, der Konzern-Jugend- und Auszubildendenvertretung, der Bordvertretung, des Seebetriebsrats, der in § 3 Abs. 1 bezeichneten Vertretungen der Arbeitnehmer, der Einigungsstelle, der in § 76 Abs. 8 bezeichneten tariflichen Schlichtungsstelle, der in § 86 bezeichneten betrieblichen Beschwerdestelle oder des Wirtschaftsausschusses behindert oder stört oder
3. ein Mitglied oder ein Ersatzmitglied des Betriebsrats, des Gesamtbetriebsrats, des Konzernbetriebsrats, der Jugend- und Auszubildendenvertretung, der Gesamt-Jugend- und Auszubildendenvertretung, der Konzern-Jugend- und Auszubildendenvertretung, der Bordvertretung, des Seebetriebsrats, der in § 3 Abs. 1 bezeichneten Vertretungen der Arbeitnehmer, der Einigungsstelle, der in § 76 Abs. 8 bezeichneten Schlichtungsstelle, der in § 86 bezeichneten betrieblichen Beschwerdestelle oder des Wirtschaftsausschusses um seiner Tätigkeit willen oder eine Auskunftsperson nach § 80 Absatz 2 Satz 4 um ihrer Tätigkeit willen benachteiligt oder begünstigt.

(2) Die Tat wird nur auf Antrag des Betriebsrats, des Gesamtbetriebsrats, des Konzernbetriebsrats, der Bordvertretung, des Seebetriebsrats, einer der in § 3 Abs. 1 bezeichneten Vertretungen der Arbeitnehmer, des Wahlvorstands, des Unternehmers oder einer im Betrieb vertretenen Gewerkschaft verfolgt.

§ 120 Verletzung von Geheimnissen

(1) Wer unbefugt ein fremdes Betriebs- oder Geschäftsgeheimnis offenbart, das ihm in seiner Eigenschaft als

1. Mitglied oder Ersatzmitglied des Betriebsrats oder einer der in § 79 Abs. 2 bezeichneten Stellen,
2. Vertreter einer Gewerkschaft oder Arbeitgebervereinigung,
3. Sachverständiger, der vom Betriebsrat nach § 80 Abs. 3 hinzugezogen oder von der Einigungsstelle nach § 109 Satz 3 angehört worden ist,

3a. Berater, der vom Betriebsrat nach § 111 Satz 2 hinzugezogen worden ist,

3b. Auskunftsperson, die dem Betriebsrat nach § 80 Absatz 2 Satz 4 zur Verfügung gestellt worden ist, oder

4. Arbeitnehmer, der vom Betriebsrat nach § 107 Abs. 3 Satz 3 oder vom Wirtschaftsausschuss nach § 108 Abs. 2 Satz 2 hinzugezogen worden ist,

bekannt geworden und das vom Arbeitgeber ausdrücklich als geheimhaltungsbedürftig bezeichnet worden ist, wird mit Freiheitsstrafe bis zu einem Jahr oder mit Geldstrafe bestraft.

(2) Ebenso wird bestraft, wer unbefugt ein fremdes Geheimnis eines Arbeitnehmers, namentlich ein zu dessen persönlichen Lebensbereich gehörendes Geheimnis, offenbart, das ihm in seiner Eigenschaft als Mitglied oder Ersatzmitglied des Betriebsrats oder einer der in § 79 Abs. 2 bezeichneten Stellen bekannt geworden ist und über das nach den Vorschriften dieses Gesetzes Stillschweigen zu bewahren ist.

(3) Handelt der Täter gegen Entgelt oder in der Absicht, sich oder einen anderen zu bereichern oder einen anderen zu schädigen, so ist die Strafe Freiheitsstrafe bis zu zwei Jahren oder Geldstrafe. Ebenso wird bestraft, wer unbefugt ein fremdes Geheimnis, namentlich ein Betriebs- oder Geschäftsgeheimnis, zu dessen Geheimhaltung er nach den Absätzen 1 oder 2 verpflichtet ist, verwertet.
(4) Die Absätze 1 bis 3 sind auch anzuwenden, wenn der Täter das fremde Geheimnis nach dem Tode des Betroffenen unbefugt offenbart oder verwertet.
(5) Die Tat wird nur auf Antrag des Verletzten verfolgt. Stirbt der Verletzte, so geht das Antragsrecht nach § 77 Abs. 2 des Strafgesetzbuches auf die Angehörigen über, wenn das Geheimnis zum persönlichen Lebensbereich des Verletzten gehört; in anderen Fällen geht es auf die Erben über. Offenbart der Täter das Geheimnis nach dem Tode des Betroffenen, so gilt Satz 2 sinngemäß.

§ 121 Bußgeldvorschriften

(1) Ordnungswidrig handelt, wer eine der in § 90 Abs. 1, 2 Satz 1, § 92 Abs. 1 Satz 1 auch in Verbindung mit Absatz 3, § 99 Abs. 1, § 106 Abs. 2, § 108 Abs. 5, § 110 oder § 111 bezeichneten Aufklärungs- oder Auskunftspflichten nicht, wahrheitswidrig, unvollständig oder verspätet erfüllt.
(2) Die Ordnungswidrigkeit kann mit einer Geldbuße bis zu zehntausend Euro geahndet werden.

Siebenter Teil
Änderung von Gesetzen

§ 122 (Änderung des Bürgerlichen Gesetzbuchs)

(gegenstandslos)

§ 123 (Änderung des Kündigungsschutzgesetzes)

(gegenstandslos)

§ 124 (Änderung des Arbeitsgerichtsgesetzes)

(gegenstandslos)

Achter Teil
Übergangs- und Schlussvorschriften

§ 125 Erstmalige Wahlen nach diesem Gesetz

(1) Die erstmaligen Betriebsratswahlen nach § 13 Abs. 1 finden im Jahre 1972 statt.
(2) Die erstmaligen Wahlen der Jugend- und Auszubildendenvertretung nach § 64 Abs. 1 Satz 1 finden im Jahre 1988 statt. Die Amtszeit der Jugendvertretung endet mit der Bekanntgabe des Wahlergebnisses der neu gewählten Jugend- und Auszubildendenvertretung, spätestens am 30. November 1988.
(3) Auf Wahlen des Betriebsrats, der Bordvertretung, des Seebetriebsrats und der Jugend- und Auszubildendenvertretung, die nach dem 28. Juli 2001 eingeleitet werden, finden die Erste Verordnung zur Durchführung des Betriebsverfassungsgesetzes vom 16. Januar 1972 (BGBl. I S. 49), zuletzt geändert durch die Verordnung vom 16. Januar 1995 (BGBl. I S. 43), die Zweite Verordnung zur Durchführung des Betriebsverfassungsgesetzes vom 24. Oktober 1972 (BGBl. I S. 2029), zuletzt geändert durch die Verordnung vom 28. September 1989 (BGBl. I S. 1795) und die Verordnung zur Durchführung der Betriebsratswahlen bei den Postunternehmen vom 26. Juni 1995 (BGBl. I S. 871) bis zu deren Änderung entsprechende Anwendung.
(4) Ergänzend findet für das vereinfachte Wahlverfahren nach § 14a die Erste Verordnung zur Durchführung des Betriebsverfassungsgesetzes bis zu deren Änderung mit folgenden Maßgaben entsprechende Anwendung:

1. Die Frist für die Einladung zur Wahlversammlung zur Wahl des Wahlvorstands nach § 14a Abs. 1 des Gesetzes beträgt mindestens sieben Tage. Die Einladung muss Ort, Tag und Zeit der Wahlversammlung sowie den Hinweis enthalten, dass bis zum Ende dieser Wahlversammlung Wahlvorschläge zur Wahl des Betriebsrats gemacht werden können (§ 14a Abs. 2 des Gesetzes).
2. § 3 findet wie folgt Anwendung:
   a) Im Fall des § 14a Abs. 1 des Gesetzes erlässt der Wahlvorstand auf der Wahlversammlung das Wahlausschreiben. Die Einspruchsfrist nach § 3 Abs. 2 Nr. 3 verkürzt sich auf drei Tage. Die Angabe nach § 3 Abs. 2 Nr. 4 muss die Zahl der Mindestsitze des Geschlechts in der Minderheit (§ 15 Abs. 2 des Gesetzes) enthalten. Die Wahlvorschläge sind abweichend von § 3 Abs. 2 Nr. 7 bis zum Abschluss der Wahlversammlung zur Wahl des Wahlvorstands bei diesem einzureichen. Ergänzend zu § 3 Abs. 2 Nr. 10 gibt der Wahlvorstand den Ort, Tag und Zeit der nachträglichen Stimmabgabe an (§ 14a Abs. 4 des Gesetzes).
   b) Im Fall des § 14a Abs. 3 des Gesetzes erlässt der Wahlvorstand unverzüglich das Wahlausschreiben mit den unter Buchstabe a genannten Maßgaben zu § 3 Abs. 2 Nr. 3, 4 und 10. Abweichend von § 3 Abs. 2 Nr. 7 sind die Wahlvorschläge spätestens eine Woche vor der Wahlversammlung zur Wahl des Betriebsrats (§ 14a Abs. 3 Satz 2 des Gesetzes) beim Wahlvorstand einzureichen.
3. Die Einspruchsfrist des § 4 Abs. 1 verkürzt sich auf drei Tage.
4. Die §§ 6 bis 8 und § 10 Abs. 2 finden entsprechende Anwendung mit der Maßgabe, dass die Wahl aufgrund von Wahlvorschlägen erfolgt. Im Fall des § 14a Abs. 1 des Gesetzes sind die Wahlvorschläge bis zum Abschluss der Wahlversammlung zur Wahl des Wahlvorstands bei diesem einzureichen; im Fall des § 14a Abs. 3 des Gesetzes sind die Wahlvorschläge spätestens eine Woche vor der Wahlversammlung zur Wahl des Betriebsrats (§ 14a Abs. 3 Satz 2 des Gesetzes) beim Wahlvorstand einzureichen.
5. § 9 findet keine Anwendung.
6. Auf das Wahlverfahren finden die §§ 21 ff. entsprechende Anwendung. Auf den Stimmzetteln sind die Bewerber in alphabetischer Reihenfolge unter Angabe von Familienname, Vorname und Art der Beschäftigung im Betrieb aufzuführen.
7. § 25 Abs. 5 bis 8 findet keine Anwendung.

8. § 26 Abs. 1 findet mit der Maßgabe Anwendung, dass der Wahlberechtigte sein Verlangen auf schriftliche Stimmabgabe spätestens drei Tage vor dem Tag der Wahlversammlung zur Wahl des Betriebsrats dem Wahlvorstand mitgeteilt haben muss.
9. § 31 findet entsprechende Anwendung mit der Maßgabe, dass die Wahl der Jugend- und Auszubildendenvertretung aufgrund von Wahlvorschlägen erfolgt.

§ 126 Ermächtigung zum Erlass von Wahlordnungen

Das Bundesministerium für Arbeit und Soziales wird ermächtigt, mit Zustimmung des Bundesrates Rechtsverordnungen zu erlassen zur Regelung der in den §§ 7 bis 20, 60 bis 63, 115 und 116 bezeichneten Wahlen über

1. die Vorbereitung der Wahl, insbesondere die Aufstellung der Wählerlisten und die Errechnung der Vertreterzahl;
2. die Frist für die Einsichtnahme in die Wählerlisten und die Erhebung von Einsprüchen gegen sie;
3. die Vorschlagslisten und die Frist für ihre Einreichung;
4. das Wahlausschreiben und die Fristen für seine Bekanntmachung;
5. die Stimmabgabe;

5a. die Verteilung der Sitze im Betriebsrat, in der Bordvertretung, im Seebetriebsrat sowie in der Jugend- und Auszubildendenvertretung auf die Geschlechter, auch soweit die Sitze nicht gemäß § 15 Abs. 2 und § 62 Abs. 3 besetzt werden können;

6. die Feststellung des Wahlergebnisses und die Fristen für seine Bekanntmachung;
7. die Aufbewahrung der Wahlakten.

§ 127 Verweisungen

Soweit in anderen Vorschriften auf Vorschriften verwiesen wird oder Bezeichnungen verwendet werden, die durch dieses Gesetz aufgehoben oder geändert werden, treten an ihre Stelle die entsprechenden Vorschriften oder Bezeichnungen dieses Gesetzes.

§ 128 Bestehende abweichende Tarifverträge

Die im Zeitpunkt des Inkrafttretens dieses Gesetzes nach § 20 Abs. 3 des Betriebsverfassungsgesetzes vom 11. Oktober 1952 geltenden Tarifverträge über die Errichtung einer anderen Vertretung der Arbeitnehmer für Betriebe, in denen wegen ihrer Eigenart der Errichtung von Betriebsräten besondere Schwierigkeiten entgegenstehen, werden durch dieses Gesetz nicht berührt.

§ 129 Sonderregelungen aus Anlass der COVID-19-Pandemie

(1) Versammlungen nach den §§ 42, 53 und 71 können bis zum Ablauf des 7. April 2023 auch mittels audiovisueller Einrichtungen durchgeführt werden, wenn sichergestellt ist, dass nur teilnahmeberechtigte Personen Kenntnis von dem Inhalt der Versammlung nehmen können. Eine Aufzeichnung ist unzulässig.
(2) Die Teilnahme an Sitzungen der Einigungsstelle sowie die Beschlussfassung können bis zum Ablauf des 7. April 2023 auch mittels einer Video- und Telefonkonferenz erfolgen, wenn sichergestellt ist, dass Dritte vom Inhalt der Sitzung keine Kenntnis nehmen können. Eine Aufzeichnung ist unzulässig. Die Teilnehmer, die mittels Video- und Telefonkonferenz teilnehmen, bestätigen ihre Anwesenheit gegenüber dem Vorsitzenden der Einigungsstelle in Textform.

§ 130 Öffentlicher Dienst

Dieses Gesetz findet keine Anwendung auf Verwaltungen und Betriebe des Bundes, der Länder, der Gemeinden und sonstiger Körperschaften, Anstalten und Stiftungen des öffentlichen Rechts.

§ 131 (Berlin-Klausel)

(gegenstandslos)

§ 132 (Inkrafttreten)

Gesetz über die Drittelbeteiligung der Arbeitnehmer im Aufsichtsrat Drittelbeteiligungsgesetz (DrittelbG – Gesetzestext)

Vom 18. Mai 2004 (BGBl. I S. 974), zuletzt geändert durch Artikel 21 des Gesetzes vom 7. August 2021 (BGBl. I S. 3311)

Teil 1 Geltungsbereich

§ 1 Erfasste Unternehmen

(1) Die Arbeitnehmer haben ein Mitbestimmungsrecht im Aufsichtsrat nach Maßgabe dieses Gesetzes in

1. einer Aktiengesellschaft mit in der Regel mehr als 500 Arbeitnehmern. Ein Mitbestimmungsrecht im Aufsichtsrat besteht auch in einer Aktiengesellschaft mit in der Regel weniger als 500 Arbeitnehmern, die vor dem 10. August 1994 eingetragen worden ist und keine Familiengesellschaft ist. Als Familiengesellschaften gelten solche Aktiengesellschaften, deren Aktionär eine einzelne natürliche Person ist oder deren Aktionäre untereinander im Sinne von § 15 Abs. 1 Nr. 2 bis 8, Abs. 2 der Abgabenordnung verwandt oder verschwägert sind;
2. einer Kommanditgesellschaft auf Aktien mit in der Regel mehr als 500 Arbeitnehmern. Nummer 1 Satz 2 und 3 gilt entsprechend;
3. einer Gesellschaft mit beschränkter Haftung mit in der Regel mehr als 500 Arbeitnehmern. Die Gesellschaft hat einen Aufsichtsrat zu bilden; seine Zusammensetzung sowie seine Rechte und Pflichten bestimmen sich nach § 90 Abs. 3, 4, 5 Satz 1 und 2, nach den §§ 95 bis 114, 116, 118 Abs. 3, § 125 Abs. 3 und 4 und nach den §§ 170, 171, 268 Abs. 2 des Aktiengesetzes;
4. einem Versicherungsverein auf Gegenseitigkeit mit in der Regel mehr als 500 Arbeitnehmern, wenn dort ein Aufsichtsrat besteht;
5. einer Genossenschaft mit in der Regel mehr als 500 Arbeitnehmern. § 96 Absatz 4 und die §§ 97 bis 99 des Aktiengesetzes sind entsprechend anzuwenden. Die Satzung kann nur eine durch drei teilbare Zahl von Aufsichtsratsmitgliedern festsetzen. Der Aufsichtsrat muss zwei Sitzungen im Kalenderhalbjahr abhalten.

(2) Dieses Gesetz findet keine Anwendung auf

1. die in § 1 Abs. 1 des Mitbestimmungsgesetzes, die in § 1 des Montan-Mitbestimmungsgesetzes und die in den §§ 1 und 3 Abs. 1 des Montan-Mitbestimmungsergänzungsgesetzes bezeichneten Unternehmen;
2. Unternehmen, die unmittelbar und überwiegend
   a) politischen, koalitionspolitischen, konfessionellen, karitativen, erzieherischen, wissenschaftlichen oder künstlerischen Bestimmungen oder
   b) Zwecken der Berichterstattung oder Meinungsäußerung, auf die Artikel 5 Abs. 1 Satz 2 des Grundgesetzes anzuwenden ist,

dienen.

Dieses Gesetz ist nicht anzuwenden auf Religionsgemeinschaften und ihre karitativen und erzieherischen Einrichtungen unbeschadet deren Rechtsform.

(3) Die Vorschriften des Genossenschaftsgesetzes über die Zusammensetzung des Aufsichtsrats sowie über die Wahl und die Abberufung von Aufsichtsratsmitgliedern gelten insoweit nicht, als sie den Vorschriften dieses Gesetzes widersprechen.

§ 2 Konzern

(1) An der Wahl der Aufsichtsratsmitglieder der Arbeitnehmer des herrschenden Unternehmens eines Konzerns (§ 18 Abs. 1 des Aktiengesetzes) nehmen auch die Arbeitnehmer der übrigen Konzernunternehmen teil.
(2) Soweit nach § 1 die Beteiligung der Arbeitnehmer im Aufsichtsrat eines herrschenden Unternehmens von dem Vorhandensein oder der Zahl von Arbeitnehmern abhängt, gelten die Arbeitnehmer eines Konzernunternehmens als solche des herrschenden Unternehmens, wenn zwischen den Unternehmen ein Beherrschungsvertrag besteht oder das abhängige Unternehmen in das herrschende Unternehmen eingegliedert ist.

§ 3 Arbeitnehmer, Betrieb

(1) Arbeitnehmer im Sinne dieses Gesetzes sind die in § 5 Abs. 1 des Betriebsverfassungsgesetzes bezeichneten Personen mit Ausnahme der in § 5 Abs. 3 des Betriebsverfassungsgesetzes bezeichneten leitenden Angestellten.
(2) Betriebe im Sinne dieses Gesetzes sind solche des Betriebsverfassungsgesetzes. § 4 Abs. 2 des Betriebsverfassungsgesetzes ist anzuwenden.
(3) Die Gesamtheit der Schiffe eines Unternehmens gilt für die Anwendung dieses Gesetzes als ein Betrieb. Schiffe im Sinne dieses Gesetzes sind Kauffahrteischiffe, die nach dem Flaggenrechtsgesetz die Bundesflagge führen. Schiffe, die in der Regel binnen 48 Stunden nach dem Auslaufen an den Sitz eines Landbetriebs zurückkehren, gelten als Teil dieses Landbetriebs.

Teil 2
Aufsichtsrat

§ 4 Zusammensetzung

(1) Der Aufsichtsrat eines in § 1 Abs. 1 bezeichneten Unternehmens muss zu einem Drittel aus Arbeitnehmervertretern bestehen.
(2) Ist ein Aufsichtsratsmitglied der Arbeitnehmer oder sind zwei Aufsichtsratsmitglieder der Arbeitnehmer zu wählen, so müssen diese als Arbeitnehmer im Unternehmen beschäftigt sein. Sind mehr als zwei Aufsichtsratsmitglieder der Arbeitnehmer zu wählen, so müssen mindestens zwei Aufsichtsratsmitglieder als Arbeitnehmer im Unternehmen beschäftigt sein.
(3) Die Aufsichtsratsmitglieder der Arbeitnehmer, die Arbeitnehmer des Unternehmens sind, müssen das 18. Lebensjahr vollendet haben und ein Jahr dem Unternehmen angehören. Auf die einjährige Unternehmensangehörigkeit werden Zeiten der Angehörigkeit zu einem anderen Unternehmen, dessen Arbeitnehmer nach diesem Gesetz an der Wahl von Aufsichtsratsmitgliedern des Unternehmens teilnehmen, angerechnet. Diese Zeiten müssen unmittelbar vor dem Zeitpunkt liegen, ab dem die Arbeitnehmer zur Wahl von Aufsichtsratsmitgliedern des Unternehmens berechtigt sind. Die weiteren Wählbarkeitsvoraussetzungen des § 8 Abs. 1 des Betriebsverfassungsgesetzes müssen erfüllt sein.
(4) Unter den Aufsichtsratsmitgliedern der Arbeitnehmer sollen Frauen und Männer entsprechend ihrem zahlenmäßigen Verhältnis im Unternehmen vertreten sein.
(5) Unter den Aufsichtsratsmitgliedern der Arbeitnehmer eines in § 1 Absatz 1 Nummer 1 und 3 bezeichneten Unternehmens mit Mehrheitsbeteiligung des Bundes im Sinne des § 393a Absatz 1 des Aktiengesetzes oder des § 77a Absatz 1 des Gesetzes betreffend die Gesellschaften mit beschränkter Haftung müssen im Fall der Getrennt-erfüllung entsprechend § 96 Absatz 2 Satz 3 des Aktiengesetzes Frauen und Männer jeweils mit einem Anteil von mindestens 30 Prozent vertreten sein.

§ 5 Wahl der Aufsichtsratsmitglieder der Arbeitnehmer

(1) Die Aufsichtsratsmitglieder der Arbeitnehmer werden nach den Grundsätzen der Mehrheitswahl in allgemeiner, geheimer, gleicher und unmittelbarer Wahl für die Zeit gewählt, die im Gesetz oder in der Satzung für die von der Hauptversammlung zu wählenden Aufsichtsratsmitglieder bestimmt ist.
(2) Wahlberechtigt sind die Arbeitnehmer des Unternehmens, die das 18. Lebensjahr vollendet haben. § 7 Satz 2 des Betriebsverfassungsgesetzes gilt entsprechend.

§ 6 Wahlvorschläge

Die Wahl erfolgt auf Grund von Wahlvorschlägen der Betriebsräte und der Arbeitnehmer. Die Wahlvorschläge der Arbeitnehmer müssen von mindestens einem Zehntel der Wahlberechtigten oder von mindestens 100 Wahlberechtigten unterzeichnet sein.

§ 7 Ersatzmitglieder

(1) In jedem Wahlvorschlag kann zusammen mit jedem Bewerber für diesen ein Ersatzmitglied des Aufsichtsrats vorgeschlagen werden. Ein Bewerber kann nicht zugleich als Ersatzmitglied vorgeschlagen werden.
(2) Wird ein Bewerber als Aufsichtsratsmitglied gewählt, so ist auch das zusammen mit ihm vorgeschlagene Ersatzmitglied gewählt.
(3) Im Fall des § 4 Absatz 5 in Verbindung mit § 96 Absatz 2 Satz 3 des Aktiengesetzes ist das Nachrücken eines Ersatzmitglieds ausgeschlossen, wenn dadurch der Anteil von Frauen und

Männern unter den Aufsichtsratsmitgliedern der Arbeitnehmer nicht mehr den Vorgaben des § 4 Absatz 5 entspricht; § 7a Absatz 2 Satz 2 gilt entsprechend.

§ 7a Nichterreichen des Geschlechteranteils

(1) Ergibt im Fall des § 4 Absatz 5 in Verbindung mit § 96 Absatz 2 Satz 3 des Aktiengesetzes die Auszählung der Stimmen und ihre Verteilung auf die Bewerber, dass die Vorgaben des § 4 Absatz 5 nicht erfüllt wurden, ist folgendes Geschlechterverhältnis für die Aufsichtsratssitze der Arbeitnehmer herzustellen:

1. in Aufsichtsräten mit einer Größe von sechs, neun oder zwölf Mitgliedern müssen unter den Aufsichtsratsmitgliedern der Arbeitnehmer jeweils mindestens eine Frau und mindestens ein Mann vertreten sein;
2. in Aufsichtsräten mit einer Größe von 15, 18 und 21 Mitgliedern müssen unter den Aufsichtsratsmitgliedern der Arbeitnehmer jeweils mindestens zwei Frauen und mindestens zwei Männer vertreten sein.

(2) Um die Verteilung der Geschlechter nach Absatz 1 zu erreichen, ist die Wahl derjenigen Bewerber um einen Aufsichtsratssitz der Arbeitnehmer unwirksam, deren Geschlecht nach der Verteilung der Stimmen auf die Bewerber mehrheitlich vertreten ist und die nach der Reihenfolge der auf die Bewerber entfallenden Stimmenzahlen die niedrigsten Stimmenzahlen erhalten haben. Die durch unwirksame Wahl nach Satz 1 nicht besetzten Aufsichtsratssitze werden im Wege der gerichtlichen Ersatzbestellung nach § 104 des Aktiengesetzes oder der Nachwahl besetzt; § 4 Absatz 2 Satz 2 ist zu beachten.

§ 8 Bekanntmachung der Mitglieder des Aufsichtsrats

Das zur gesetzlichen Vertretung des Unternehmens befugte Organ hat die Namen der Mitglieder und der Ersatzmitglieder des Aufsichtsrats unverzüglich nach ihrer Bestellung in den Betrieben des Unternehmens bekannt zu machen und im Bundesanzeiger zu veröffentlichen. Nehmen an der Wahl der Aufsichtsratsmitglieder des Unternehmens auch die Arbeitnehmer eines anderen Unternehmens teil, so ist daneben das zur gesetzlichen Vertretung des anderen Unternehmens befugte Organ zur Bekanntmachung in seinen Betrieben verpflichtet.

§ 9 Schutz von Aufsichtsratsmitgliedern vor Benachteiligung

Aufsichtsratsmitglieder der Arbeitnehmer dürfen in der Ausübung ihrer Tätigkeit nicht gestört oder behindert werden. Sie dürfen wegen ihrer Tätigkeit im Aufsichtsrat nicht benachteiligt oder begünstigt werden. Dies gilt auch für ihre berufliche Entwicklung.

§ 10 Wahlschutz und Wahlkosten

(1) Niemand darf die Wahl der Aufsichtsratsmitglieder der Arbeitnehmer behindern. Insbesondere darf niemand in der Ausübung des aktiven und passiven Wahlrechts beschränkt werden.

(2) Niemand darf die Wahlen durch Zufügung oder Androhung von Nachteilen oder durch Gewährung oder Versprechen von Vorteilen beeinflussen.

(3) Die Kosten der Wahlen trägt das Unternehmen. Versäumnis von Arbeitszeit, die zur Ausübung des Wahlrechts oder der Betätigung im Wahlvorstand erforderlich ist, berechtigt nicht zur Minderung des Arbeitsentgelts.

§ 11 Anfechtung der Wahl von Aufsichtsratsmitgliedern der Arbeitnehmer

(1) Die Wahl eines Aufsichtsratsmitglieds oder eines Ersatzmitglieds der Arbeitnehmer kann beim Arbeitsgericht angefochten werden, wenn gegen wesentliche Vorschriften über das Wahlrecht, die Wählbarkeit oder das Wahlverfahren verstoßen worden und eine Berichtigung nicht

erfolgt ist, es sei denn, dass durch den Verstoß das Wahlergebnis nicht geändert oder beeinflusst werden konnte.

(2) Zur Anfechtung berechtigt sind
1. mindestens drei Wahlberechtigte,
2. die Betriebsräte,
3. das zur gesetzlichen Vertretung des Unternehmens befugte Organ.

Die Anfechtung ist nur binnen einer Frist von zwei Wochen, vom Tag der Veröffentlichung im Bundesanzeiger an gerechnet, zulässig.

§ 12 Abberufung von Aufsichtsratsmitgliedern der Arbeitnehmer

(1) Ein Aufsichtsratsmitglied der Arbeitnehmer kann vor Ablauf der Amtszeit auf Antrag eines Betriebsrats oder von mindestens einem Fünftel der Wahlberechtigten durch Beschluss abberufen werden. Der Beschluss der Wahlberechtigten wird in allgemeiner, geheimer, gleicher und unmittelbarer Abstimmung gefasst; er bedarf einer Mehrheit von drei Vierteln der abgegebenen Stimmen. Auf die Beschlussfassung findet § 2 Abs. 1 Anwendung.

(2) Absatz 1 ist für die Abberufung von Ersatzmitgliedern entsprechend anzuwenden.

Teil 3
Übergangs- und Schlussvorschriften

§ 13 Ermächtigung zum Erlass von Rechtsverordnungen

Die Bundesregierung wird ermächtigt, durch Rechtsverordnung Vorschriften über das Verfahren für die Wahl und die Abberufung von Aufsichtsratsmitgliedern der Arbeitnehmer zu erlassen, insbesondere über

1. die Vorbereitung der Wahl, insbesondere die Aufstellung der Wählerlisten und die Errechnung der Zahl der Aufsichtsratsmitglieder der Arbeitnehmer;
2. die Frist für die Einsichtnahme in die Wählerlisten und die Erhebung von Einsprüchen gegen sie;
3. die Wahlvorschläge und die Frist für ihre Einreichung;

3a. das Verfahren zur Berücksichtigung der Geschlechter;

4. das Wahlausschreiben und die Frist für seine Bekanntmachung;
5. die Teilnahme von Arbeitnehmern eines in § 3 Abs. 3 bezeichneten Betriebs an der Wahl;
6. die Stimmabgabe;
7. die Feststellung des Wahlergebnisses und die Fristen für seine Bekanntmachung;
8. die Anfechtung der Wahl;
9. die Aufbewahrung der Wahlakten.

§ 14 Verweisungen

Soweit in anderen Gesetzen auf Vorschriften verwiesen wird, die durch Artikel 6 Abs. 2 des Zweiten Gesetzes zur Vereinfachung der Wahl der Arbeitnehmervertreter in den Aufsichtsrat aufgehoben werden, treten an ihre Stelle die entsprechenden Vorschriften dieses Gesetzes.

§ 15 Übergangsregelung

(1) Auf Wahlen von Aufsichtsratsmitgliedern der Arbeitnehmer, die bis einschließlich 31. März 2022 abgeschlossen sind, ist dieses Gesetz in der bis zum 11. August 2021 geltenden Fassung anzuwenden.

(2) Eine Wahl von Aufsichtsratsmitgliedern der Arbeitnehmer gilt als abgeschlossen, wenn die Bekanntmachung der Mitglieder des Aufsichtsrats nach § 8 Satz 1 durch das zur gesetzlichen Vertretung des Unternehmens befugte Organ erfolgt ist.

Für die Mitbestimmung relevante Gesetzesauszüge

Arbeitsgerichtsgesetz (ArbGG)

in der Fassung der Bekanntmachung vom 2. Juli 1979 (BGBl. I S. 853, 1036), zuletzt geändert durch Gesetz vom 4. Januar 2023 (BGBl I Nr. 10)

§ 2a Zuständigkeit im Beschlußverfahren

(1) Die Gerichte für Arbeitssachen sind ferner ausschließlich zuständig für

1. Angelegenheiten aus dem Betriebsverfassungsgesetz, soweit nicht für Maßnahmen nach seinen §§ 119 bis 121 die Zuständigkeit eines anderen Gerichts gegeben ist;
2. Angelegenheiten aus dem Sprecherausschußgesetz, soweit nicht für Maßnahmen nach seinen §§ 34 bis 36 die Zuständigkeit eines anderen Gerichts gegeben ist;
3. Angelegenheiten aus dem Mitbestimmungsgesetz, dem Mitbestimmungsergänzungsgesetz und dem Drittelbeteiligungsgesetz, soweit über die Wahl von Vertretern der Arbeitnehmer in den Aufsichtsrat und über ihre Abberufung mit Ausnahme der Abberufung nach § 103 Abs. 3 des Aktiengesetzes zu entscheiden ist;

3a. Angelegenheiten aus den §§ 177, 178 und 222 des Neunten Buches Sozialgesetzbuch;

3b. Angelegenheiten aus dem Gesetz über Europäische Betriebsräte, soweit nicht für Maßnahmen nach seinen §§ 43 bis 45 die Zuständigkeit eines anderen Gerichts gegeben ist;

3c. Angelegenheiten aus § 51 des Berufsbildungsgesetzes;

3d. Angelegenheiten aus § 10 des Bundesfreiwilligendienstgesetzes;

3e. Angelegenheiten aus dem SE-Beteiligungsgesetz vom 22. Dezember 2004 (BGBl. I S. 3675, 3686) mit Ausnahme der §§ 45 und 46 und nach den §§ 34 bis 39 nur insoweit, als über die Wahl von Vertretern der Arbeitnehmer in das Aufsichts- oder Verwaltungsorgan sowie deren Abberufung mit Ausnahme der Abberufung nach § 103 Abs. 3 des Aktiengesetzes zu entscheiden ist;

3f. Angelegenheiten aus dem SCE-Beteiligungsgesetz vom 14. August 2006 (BGBl. I S. 1911, 1917) mit Ausnahme der §§ 47 und 48 und nach den §§ 34 bis 39 nur insoweit, als über die Wahl von Vertretern der Arbeitnehmer in das Aufsichts- oder Verwaltungsorgan sowie deren Abberufung zu entscheiden ist;

3g. Angelegenheiten aus dem Gesetz über die Mitbestimmung der Arbeitnehmer bei einer grenzüberschreitenden Verschmelzung vom 21. Dezember 2006 (BGBl. I S. 3332) in der jeweils geltenden Fassung mit Ausnahme der §§ 34 und 35 und nach den §§ 23 bis 28 nur insoweit, als über die Wahl von Vertretern der Arbeitnehmer in das Aufsichts- oder Verwaltungsorgan sowie deren Abberufung mit Ausnahme der Abberufung nach § 103 Abs. 3 des Aktiengesetzes zu entscheiden ist;

3h. Angelegenheiten aus dem Gesetz über die Mitbestimmung der Arbeitnehmer bei grenzüberschreitendem Formwechsel und grenzüberschreitender Spaltung vom 4. Januar 2023 (BGBl. 2023 I Nr. 10) in der jeweils geltenden Fassung mit Ausnahme der §§ 38 und 39 und nach den §§ 25 bis 30 nur insoweit, als über die Wahl von Vertretern der Arbeitnehmer in das Aufsichts- oder Verwaltungsorgan sowie deren Abberufung mit Ausnahme der Abberufung nach § 103 Absatz 3 des Aktiengesetzes zu entscheiden ist;

4. die Entscheidung über die Tariffähigkeit und die Tarifzuständigkeit einer Vereinigung;
5. die Entscheidung über die Wirksamkeit einer Allgemeinverbindlicherklärung nach § 5 des Tarifvertragsgesetzes, einer Rechtsverordnung nach § 7 oder § 7a des Arbeitnehmer-Entsendegesetzes und einer Rechtsverordnung nach § 3a des Arbeitnehmerüberlassungsgesetzes;
6. die Entscheidung über den nach § 4a Absatz 2 Satz 2 des Tarifvertragsgesetzes im Betrieb anwendbaren Tarifvertrag.

(2) In Streitigkeiten nach diesen Vorschriften findet das Beschlußverfahren statt.

Allgemeines Gleichbehandlungsgesetz (AGG)

vom 14. August 2006 (BGBl. I S. 1897), zuletzt geändert durch Gesetz vom 19. Dezember 2022 (BGBl. I S. 2510)

§ 13 Beschwerderecht

(1) Die Beschäftigten haben das Recht, sich bei den zuständigen Stellen des Betriebs, des Unternehmens oder der Dienststelle zu beschweren, wenn sie sich im Zusammenhang mit ihrem Beschäftigungsverhältnis vom Arbeitgeber, von Vorgesetzten, anderen Beschäftigten oder Dritten wegen eines in § 1 genannten Grundes benachteiligt fühlen. Die Beschwerde ist zu prüfen und das Ergebnis der oder dem beschwerdeführenden Beschäftigten mitzuteilen.
(2) Die Rechte der Arbeitnehmervertretungen bleiben unberührt.

§ 17 Soziale Verantwortung der Beteiligten

(1) Tarifvertragsparteien, Arbeitgeber, Beschäftigte und deren Vertretungen sind aufgefordert, im Rahmen ihrer Aufgaben und Handlungsmöglichkeiten an der Verwirklichung des in § 1 genannten Ziels mitzuwirken.
(2) In Betrieben, in denen die Voraussetzungen des § 1 Abs. 1 Satz 1 des Betriebsverfassungsgesetzes vorliegen, können bei einem groben Verstoß des Arbeitgebers gegen Vorschriften aus diesem Abschnitt der Betriebsrat oder eine im Betrieb vertretene Gewerkschaft unter der Voraussetzung des § 23 Abs. 3 Satz 1 des Betriebsverfassungsgesetzes die dort genannten Rechte gerichtlich geltend machen; § 23 Abs. 3 Satz 2 bis 5 des Betriebsverfassungsgesetzes gilt entsprechend. Mit dem Antrag dürfen nicht Ansprüche des Benachteiligten geltend gemacht werden.

Aktiengesetz (AktG)

vom 6. September 1965 (BGBl. I S. 1089), zuletzt geändert durch Gesetz vom 19. Juni 2023 (BGBl. I Nr. 154)

§ 98 Gerichtliche Entscheidung über die Zusammensetzung des Aufsichtsrats

(1) Ist streitig oder ungewiss, nach welchen gesetzlichen Vorschriften der Aufsichtsrat zusammenzusetzen ist, so entscheidet darüber auf Antrag ausschließlich das Landgericht, in dessen Bezirk die Gesellschaft ihren Sitz hat.
(2) Antragsberechtigt sind
1. der Vorstand,
2. jedes Aufsichtsratsmitglied,
3. jeder Aktionär,
4. der Gesamtbetriebsrat der Gesellschaft oder, wenn in der Gesellschaft nur ein Betriebsrat besteht, der Betriebsrat,
5. der Gesamt- oder Unternehmenssprecherausschuss der Gesellschaft oder, wenn in der Gesellschaft nur ein Sprecherausschuss besteht, der Sprecherausschuss,
6. der Gesamtbetriebsrat eines anderen Unternehmens, dessen Arbeitnehmer nach den gesetzlichen Vorschriften, deren Anwendung streitig oder ungewiß ist, selbst oder durch Delegierte an der Wahl von Aufsichtsratsmitgliedern der Gesellschaft teilnehmen, oder, wenn in dem anderen Unternehmen nur ein Betriebsrat besteht, der Betriebsrat,
7. der Gesamt- oder Unternehmenssprecherausschuss eines anderen Unternehmens, dessen Arbeitnehmer nach den gesetzlichen Vorschriften, deren Anwendung streitig oder ungewiss ist, selbst oder durch Delegierte an der Wahl von Aufsichtsratsmitgliedern der Gesellschaft teilnehmen, oder, wenn in dem anderen Unternehmen nur ein Sprecherausschuss besteht, der Sprecherausschuss,
8. mindestens ein Zehntel oder einhundert der Arbeitnehmer, die nach den gesetzlichen Vorschriften, deren Anwendung streitig oder ungewiß ist, selbst oder durch Delegierte an der Wahl von Aufsichtsratsmitgliedern der Gesellschaft teilnehmen,
9. Spitzenorganisationen der Gewerkschaften, die nach den gesetzlichen Vorschriften, deren Anwendung streitig oder ungewiß ist, ein Vorschlagsrecht hätten,
10. Gewerkschaften, die nach den gesetzlichen Vorschriften, deren Anwendung streitig oder ungewiß ist, ein Vorschlagsrecht hätten.

Ist die Anwendung des Mitbestimmungsgesetzes oder die Anwendung von Vorschriften des Mitbestimmungsgesetzes streitig oder ungewiß, so sind außer den nach Satz 1 Antragsberechtigten auch je ein Zehntel der wahlberechtigten in § 3 Abs. 1 Nr. 1 des Mitbestimmungsgesetzes bezeichneten Arbeitnehmer oder der wahlberechtigten leitenden Angestellten im Sinne des Mitbestimmungsgesetzes antragsberechtigt.
(3) Die Absätze 1 und 2 gelten sinngemäß, wenn streitig ist, ob der Abschlußprüfer das nach § 3 oder § 16 des Mitbestimmungsergänzungsgesetzes maßgebliche Umsatzverhältnis richtig ermittelt hat.
(4) Entspricht die Zusammensetzung des Aufsichtsrats nicht der gerichtlichen Entscheidung, so ist der neue Aufsichtsrat nach den in der Entscheidung angegebenen gesetzlichen Vorschriften zusammenzusetzen. § 97 Abs. 2 gilt sinngemäß mit der Maßgabe, daß die Frist von sechs Monaten mit dem Eintritt der Rechtskraft beginnt.

§ 104 Bestellung durch das Gericht

(1) Gehört dem Aufsichtsrat die zur Beschlußfähigkeit nötige Zahl von Mitgliedern nicht an, so hat ihn das Gericht auf Antrag des Vorstands, eines Aufsichtsratsmitglieds oder eines Aktionärs auf diese Zahl zu ergänzen. Der Vorstand ist verpflichtet, den Antrag unverzüglich zu stellen, es sei denn, daß die rechtzeitige Ergänzung vor der nächsten Aufsichtsratssitzung zu erwarten ist. Hat der Aufsichtsrat auch aus Aufsichtsratsmitgliedern der Arbeitnehmer zu bestehen, so können auch den Antrag stellen

1. der Gesamtbetriebsrat der Gesellschaft oder, wenn in der Gesellschaft nur ein Betriebsrat besteht, der Betriebsrat, sowie, wenn die Gesellschaft herrschendes Unternehmen eines Konzerns ist, der Konzernbetriebsrat,
2. der Gesamt- oder Unternehmenssprecherausschuss der Gesellschaft oder, wenn in der Gesellschaft nur ein Sprecherausschuss besteht, der Sprecherausschuss sowie, wenn die Gesellschaft herrschendes Unternehmen eines Konzerns ist, der Konzernsprecherausschuss,
3. der Gesamtbetriebsrat eines anderen Unternehmens, dessen Arbeitnehmer selbst oder durch Delegierte an der Wahl teilnehmen, oder, wenn in dem anderen Unternehmen nur ein Betriebsrat besteht, der Betriebsrat,
4. der Gesamt- oder Unternehmenssprecherausschuss eines anderen Unternehmens, dessen Arbeitnehmer selbst oder durch Delegierte an der Wahl teilnehmen, oder, wenn in dem anderen Unternehmen nur ein Sprecherausschuss besteht, der Sprecherausschuss,
5. mindestens ein Zehntel oder einhundert der Arbeitnehmer, die selbst oder durch Delegierte an der Wahl teilnehmen,
6. Spitzenorganisationen der Gewerkschaften, die das Recht haben, Aufsichtsratsmitglieder der Arbeitnehmer vorzuschlagen,
7. Gewerkschaften, die das Recht haben, Aufsichtsratsmitglieder der Arbeitnehmer vorzuschlagen.

Hat der Aufsichtsrat nach dem Mitbestimmungsgesetz auch aus Aufsichtsratsmitgliedern der Arbeitnehmer zu bestehen, so sind außer den nach Satz 3 Antragsberechtigten auch je ein Zehntel der wahlberechtigten in § 3 Abs. 1 Nr. 1 des Mitbestimmungsgesetzes bezeichneten Arbeitnehmer oder der wahlberechtigten leitenden Angestellten im Sinne des Mitbestimmungsgesetzes antragsberechtigt. Gegen die Entscheidung ist die Beschwerde zulässig.

(2) Gehören dem Aufsichtsrat länger als drei Monate weniger Mitglieder als die durch Gesetz oder Satzung festgesetzte Zahl an, so hat ihn das Gericht auf Antrag auf diese Zahl zu ergänzen. In dringenden Fällen hat das Gericht auf Antrag den Aufsichtsrat auch vor Ablauf der Frist zu ergänzen. Das Antragsrecht bestimmt sich nach Absatz 1. Gegen die Entscheidung ist die Beschwerde zulässig.

(3) Absatz 2 ist auf einen Aufsichtsrat, in dem die Arbeitnehmer ein Mitbestimmungsrecht nach dem Mitbestimmungsgesetz, dem Montan-Mitbestimmungsgesetz oder dem Mitbestimmungsergänzungsgesetz haben, mit der Maßgabe anzuwenden,

1. daß das Gericht den Aufsichtsrat hinsichtlich des weiteren Mitglieds, das nach dem Montan-Mitbestimmungsgesetz oder dem Mitbestimmungsergänzungsgesetz auf Vorschlag der übrigen Aufsichtsratsmitglieder gewählt wird, nicht ergänzen kann,
2. daß es stets ein dringender Fall ist, wenn dem Aufsichtsrat, abgesehen von dem in Nummer 1 genannten weiteren Mitglied, nicht alle Mitglieder angehören, aus denen er nach Gesetz oder Satzung zu bestehen hat.

(4) Hat der Aufsichtsrat auch aus Aufsichtsratsmitgliedern der Arbeitnehmer zu bestehen, so hat das Gericht ihn so zu ergänzen, daß das für seine Zusammensetzung maßgebende zahlenmäßige Verhältnis hergestellt wird. Wenn der Aufsichtsrat zur Herstellung seiner Beschlußfähigkeit ergänzt wird, gilt dies nur, soweit die zur Beschlußfähigkeit nötige Zahl der Aufsichtsratsmitglieder die Wahrung dieses Verhältnisses möglich macht. Ist ein Aufsichtsratsmitglied zu ersetzen, das nach Gesetz oder Satzung in persönlicher Hinsicht besonderen Voraussetzungen entsprechen muß, so muß auch das vom Gericht bestellte Aufsichtsratsmitglied diesen Voraussetzungen entsprechen. Ist ein Aufsichtsratsmitglied zu ersetzen, bei dessen Wahl eine Spitzenorganisation der Gewerkschaften, eine Gewerkschaft oder die Betriebsräte

ein Vorschlagsrecht hätten, so soll das Gericht Vorschläge dieser Stellen berücksichtigen, soweit nicht überwiegende Belange der Gesellschaft oder der Allgemeinheit der Bestellung des Vorgeschlagenen entgegenstehen; das gleiche gilt, wenn das Aufsichtsratsmitglied durch Delegierte zu wählen wäre, für gemeinsame Vorschläge der Betriebsräte der Unternehmen, in denen Delegierte zu wählen sind.
(5) Die Ergänzung durch das Gericht ist bei börsennotierten Gesellschaften, für die das Mitbestimmungsgesetz, das Montan-Mitbestimmungsgesetz oder das Mitbestimmungsergänzungsgesetz gilt, nach Maßgabe des § 96 Absatz 2 Satz 1 bis 5 vorzunehmen.
(6) Das Amt des gerichtlich bestellten Aufsichtsratsmitglieds erlischt in jedem Fall, sobald der Mangel behoben ist.
(7) Das gerichtlich bestellte Aufsichtsratsmitglied hat Anspruch auf Ersatz angemessener barer Auslagen und, wenn den Aufsichtsratsmitgliedern der Gesellschaft eine Vergütung gewährt wird, auf Vergütung für seine Tätigkeit. Auf Antrag des Aufsichtsratsmitglieds setzt das Gericht die Auslagen und die Vergütung fest. Gegen die Entscheidung ist die Beschwerde zulässig; die Rechtsbeschwerde ist ausgeschlossen. Aus der rechtskräftigen Entscheidung findet die Zwangsvollstreckung nach der Zivilprozeßordnung statt.

§ 205 Ausgabe gegen Sacheinlagen; Rückzahlung von Einlagen

(1) Gegen Sacheinlagen dürfen Aktien nur ausgegeben werden, wenn die Ermächtigung es vorsieht.
(2) Der Gegenstand der Sacheinlage, die Person, von der die Gesellschaft den Gegenstand erwirbt, und der Nennbetrag, bei Stückaktien die Zahl der bei der Sacheinlage zu gewährenden Aktien sind, wenn sie nicht in der Ermächtigung festgesetzt sind, vom Vorstand festzusetzen und in den Zeichnungsschein aufzunehmen. Der Vorstand soll die Entscheidung nur mit Zustimmung des Aufsichtsrats treffen.
(3) § 27 Abs. 3 und 4 gilt entsprechend.
(4) Die Absätze 2 und 3 gelten nicht für die Einlage von Geldforderungen, die Arbeitnehmern der Gesellschaft aus einer ihnen von der Gesellschaft eingeräumten Gewinnbeteiligung zustehen.
(5) Bei Ausgabe der Aktien gegen Sacheinlagen hat eine Prüfung durch einen oder mehrere Prüfer stattzufinden; § 33 Abs. 3 bis 5, die §§ 34, 35 gelten sinngemäß. § 183a ist entsprechend anzuwenden. Anstelle des Datums des Beschlusses über die Kapitalerhöhung hat der Vorstand seine Entscheidung über die Ausgabe neuer Aktien gegen Sacheinlagen sowie die Angaben nach § 37a Abs. 1 und 2 in den Gesellschaftsblättern bekannt zu machen.
(6) Soweit eine Prüfung der Sacheinlage nicht stattfindet, gilt für die Anmeldung der Durchführung der Kapitalerhöhung zur Eintragung in das Handelsregister (§ 203 Abs. 1 Satz 1, § 188) auch § 184 Abs. 1 Satz 3 und Abs. 2 entsprechend.
(7) Das Gericht kann die Eintragung ablehnen, wenn der Wert der Sacheinlage nicht unwesentlich hinter dem geringsten Ausgabebetrag der dafür zu gewährenden Aktien zurückbleibt. Wird von einer Prüfung der Sacheinlage nach § 183a Abs. 1 abgesehen, gilt § 38 Abs. 3 entsprechend.

§ 251 Anfechtung der Wahl von Aufsichtsratsmitgliedern

(1) Die Wahl eines Aufsichtsratsmitglieds durch die Hauptversammlung kann wegen Verletzung des Gesetzes oder der Satzung durch Klage angefochten werden. Ist die Hauptversammlung an Wahlvorschläge gebunden, so kann die Anfechtung auch darauf gestützt werden, daß der Wahlvorschlag gesetzwidrig zustande gekommen ist. § 243 Abs. 4 und § 244 gelten.
(2) Für die Anfechtungsbefugnis gilt § 245 Satz 1 Nummer 1, 2 und 4 sowie Satz 2. Die Wahl eines Aufsichtsratsmitglieds, das nach dem Montan-Mitbestimmungsgesetz auf Vorschlag der Betriebsräte gewählt worden ist, kann auch von jedem Betriebsrat eines Betriebs der Gesellschaft, jeder in den Betrieben der Gesellschaft vertretenen Gewerkschaft oder deren Spitzenorganisation angefochten werden. Die Wahl eines weiteren Mitglieds, das nach dem Montan-Mitbestimmungsgesetz oder dem Mitbestimmungsergänzungsgesetz auf Vorschlag der übri-

gen Aufsichtsratsmitglieder gewählt worden ist, kann auch von jedem Aufsichtsratsmitglied angefochten werden.

(3) Für das Anfechtungsverfahren gelten die §§ 246, 247, 248 Abs. 1 Satz 2 und § 248a.

Gesetz über Betriebsärzte, Sicherheitsingenieure und andere Fachkräfte für Arbeitssicherheit (ASiG)

vom 12. Dezember 1973 (BGBl. I S. 1885), zuletzt geändert durch Gesetz vom 20. April 2013 (BGBl. I S. 868)

§ 8 Unabhängigkeit bei der Anwendung der Fachkunde

(1) Betriebsärzte und Fachkräfte für Arbeitssicherheit sind bei der Anwendung ihrer arbeitsmedizinischen und sicherheitstechnischen Fachkunde weisungsfrei. Sie dürfen wegen der Erfüllung der ihnen übertragenen Aufgaben nicht benachteiligt werden. Betriebsärzte sind nur ihrem ärztlichen Gewissen unterworfen und haben die Regeln der ärztlichen Schweigepflicht zu beachten.
(2) Betriebsärzte und Fachkräfte für Arbeitssicherheit oder, wenn für einen Betrieb mehrere Betriebsärzte oder Fachkräfte für Arbeitssicherheit bestellt sind, der leitende Betriebsarzt und die leitende Fachkraft für Arbeitssicherheit, unterstehen unmittelbar dem Leiter des Betriebes.
(3) Können sich Betriebsärzte oder Fachkräfte für Arbeitssicherheit über eine von ihnen vorgeschlagene arbeitsmedizinische oder sicherheitstechnische Maßnahme mit dem Leiter des Betriebs nicht verständigen, so können sie ihren Vorschlag unmittelbar dem Arbeitgeber und, wenn dieser eine juristische Person ist, dem zuständigen Mitglied des zur gesetzlichen Vertretung berufenen Organs unterbreiten. Ist für einen Betrieb oder ein Unternehmen ein leitender Betriebsarzt oder eine leitende Fachkraft für Arbeitssicherheit bestellt, steht diesem das Vorschlagsrecht nach Satz 1 zu. Lehnt der Arbeitgeber oder das zuständige Mitglied des zur gesetzlichen Vertretung berufenen Organs den Vorschlag ab, so ist dies den Vorschlagenden schriftlich mitzuteilen und zu begründen; der Betriebsrat erhält eine Abschrift.

§ 9 Zusammenarbeit mit dem Betriebsrat

(1) Die Betriebsärzte und die Fachkräfte für Arbeitssicherheit haben bei der Erfüllung ihrer Aufgaben mit dem Betriebsrat zusammenzuarbeiten.
(2) Die Betriebsärzte und die Fachkräfte für Arbeitssicherheit haben den Betriebsrat über wichtige Angelegenheiten des Arbeitsschutzes und der Unfallverhütung zu unterrichten; sie haben ihm den Inhalt eines Vorschlages mitzuteilen, den sie nach § 8 Abs. 3 dem Arbeitgeber machen. Sie haben den Betriebsrat auf sein Verlangen in Angelegenheiten des Arbeitsschutzes und der Unfallverhütung zu beraten.
(3) Die Betriebsärzte und Fachkräfte für Arbeitssicherheit sind mit Zustimmung des Betriebsrats zu bestellen und abzuberufen. Das gleiche gilt, wenn deren Aufgaben erweitert oder eingeschränkt werden sollen; im übrigen gilt § 87 in Verbindung mit § 76 des Betriebsverfassungsgesetzes. Vor der Verpflichtung oder Entpflichtung eines freiberuflich tätigen Arztes, einer freiberuflich tätigen Fachkraft für Arbeitssicherheit oder eines überbetrieblichen Dienstes ist der Betriebsrat zu hören.

§ 10 Zusammenarbeit der Betriebsärzte und der Fachkräfte für Arbeitssicherheit

Die Betriebsärzte und die Fachkräfte für Arbeitssicherheit haben bei der Erfüllung ihrer Aufgaben zusammenzuarbeiten. Dazu gehört es insbesondere, gemeinsame Betriebsbegehungen vorzunehmen. Die Betriebsärzte und die Fachkräfte für Arbeitssicherheit arbeiten bei der Erfüllung ihrer Aufgaben mit den anderen im Betrieb für Angelegenheiten der technischen Sicherheit, des Gesundheits- und des Umweltschutzes beauftragten Personen zusammen.

§ 11 Arbeitsschutzausschuß

Soweit in einer sonstigen Rechtsvorschrift nichts anderes bestimmt ist, hat der Arbeitgeber in Betrieben mit mehr als zwanzig Beschäftigten einen Arbeitsschutzausschuß zu bilden; bei der Feststellung der Zahl der Beschäftigten sind Teilzeitbeschäftigte mit einer regelmäßigen wöchentlichen Arbeitszeit von nicht mehr als 20 Stunden mit 0,5 und nicht mehr als 30 Stunden mit 0,75 zu berücksichtigen. Dieser Ausschuß setzt sich zusammen aus:
dem Arbeitgeber oder einem von ihm Beauftragten,
zwei vom Betriebsrat bestimmten Betriebsratsmitgliedern,
Betriebsärzten,
Fachkräften für Arbeitssicherheit und
Sicherheitsbeauftragten nach § 22 des Siebten Buches Sozialgesetzbuch.
Der Arbeitsschutzausschuß hat die Aufgabe, Anliegen des Arbeitsschutzes und der Unfallverhütung zu beraten. Der Arbeitsschutzausschuß tritt mindestens einmal vierteljährlich zusammen.

Gesetz zur Regelung der gewerbsmäßigen Arbeitnehmerüberlassung (Arbeitnehmerüberlassungsgesetz – AÜG)

in der Fassung der Bekanntmachung vom 3. Februar 1995 (BGBl. I S. 158), zuletzt geändert durch Gesetz vom 28. Juni 2023 (BGBl. I Nr. 172)

§ 14 Mitwirkungs- und Mitbestimmungsrechte

(1) Leiharbeitnehmer bleiben auch während der Zeit ihrer Arbeitsleistung bei einem Entleiher Angehörige des entsendenden Betriebs des Verleihers.

(2) Leiharbeitnehmer sind bei der Wahl der Arbeitnehmervertreter in den Aufsichtsrat im Entleiherunternehmen und bei der Wahl der betriebsverfassungsrechtlichen Arbeitnehmervertretungen im Entleiherbetrieb nicht wählbar. Sie sind berechtigt, die Sprechstunden dieser Arbeitnehmervertretungen aufzusuchen und an den Betriebs- und Jugendversammlungen im Entleiherbetrieb teilzunehmen. Die §§ 81, 82 Abs. 1 und §§ 84 bis 86 des Betriebsverfassungsgesetzes gelten im Entleiherbetrieb auch in bezug auf die dort tätigen Leiharbeitnehmer. Soweit Bestimmungen des Betriebsverfassungsgesetzes mit Ausnahme des § 112a, des Europäische Betriebsräte-Gesetzes oder der auf Grund der jeweiligen Gesetze erlassenen Wahlordnungen eine bestimmte Anzahl oder einen bestimmten Anteil von Arbeitnehmern voraussetzen, sind Leiharbeitnehmer auch im Entleiherbetrieb zu berücksichtigen. Soweit Bestimmungen des Mitbestimmungsgesetzes, des Montan-Mitbestimmungsgesetzes, des Mitbestimmungsergänzungsgesetzes, des Drittelbeteiligungsgesetzes, des Gesetzes über die Mitbestimmung der Arbeitnehmer bei einer grenzüberschreitenden Verschmelzung, des Gesetzes über die Mitbestimmung der Arbeitnehmer bei grenzüberschreitendem Formwechsel und grenzüberschreitender Spaltung, des SE- und des SCE-Beteiligungsgesetzes oder der auf Grund der jeweiligen Gesetze erlassenen Wahlordnungen eine bestimmte Anzahl oder einen bestimmten Anteil von Arbeitnehmern voraussetzen, sind Leiharbeitnehmer auch im Entleiherunternehmen zu berücksichtigen. Soweit die Anwendung der in Satz 5 genannten Gesetze eine bestimmte Anzahl oder einen bestimmten Anteil von Arbeitnehmern erfordert, sind Leiharbeitnehmer im Entleiherunternehmen nur zu berücksichtigen, wenn die Einsatzdauer sechs Monate übersteigt.

(3) Vor der Übernahme eines Leiharbeitnehmers zur Arbeitsleistung ist der Betriebsrat des Entleiherbetriebs nach § 99 des Betriebsverfassungsgesetzes zu beteiligen. Dabei hat der Entleiher dem Betriebsrat auch die schriftliche Erklärung des Verleihers nach § 12 Absatz 1 Satz 3 vorzulegen. Er ist ferner verpflichtet, Mitteilungen des Verleihers nach § 12 Abs. 2 unverzüglich dem Betriebsrat bekanntzugeben.

(4) Die Absätze 1 und 2 Satz 1 und 2 sowie Absatz 3 gelten für die Anwendung des Bundespersonalvertretungsgesetzes sinngemäß.

Arbeitszeitgesetz (ArbZG)

vom 6. Juni 1994 (BGBl. I S. 1170, 1171), zuletzt geändert durch Gesetz vom 22. Dezember 2020 (BGBl. I S. 3334)

§ 7 Abweichende Regelungen

(1) In einem Tarifvertrag oder auf Grund eines Tarifvertrags in einer Betriebs- oder Dienstvereinbarung kann zugelassen werden,

1. abweichend von § 3
   a) die Arbeitszeit über zehn Stunden werktäglich zu verlängern, wenn in die Arbeitszeit regelmäßig und in erheblichem Umfang Arbeitsbereitschaft oder Bereitschaftsdienst fällt,
   b) einen anderen Ausgleichszeitraum festzulegen,
2. abweichend von § 4 Satz 2 die Gesamtdauer der Ruhepausen in Schichtbetrieben und Verkehrsbetrieben auf Kurzpausen von angemessener Dauer aufzuteilen,
3. abweichend von § 5 Abs. 1 die Ruhezeit um bis zu zwei Stunden zu kürzen, wenn die Art der Arbeit dies erfordert und die Kürzung der Ruhezeit innerhalb eines festzulegenden Ausgleichszeitraums ausgeglichen wird,
4. abweichend von § 6 Abs. 2
   a) die Arbeitszeit über zehn Stunden werktäglich hinaus zu verlängern, wenn in die Arbeitszeit regelmäßig und in erheblichem Umfang Arbeitsbereitschaft oder Bereitschaftsdienst fällt,
   b) einen anderen Ausgleichszeitraum festzulegen,
5. den Beginn des siebenstündigen Nachtzeitraums des § 2 Abs. 3 auf die Zeit zwischen 22 und 24 Uhr festzulegen.

(2) Sofern der Gesundheitsschutz der Arbeitnehmer durch einen entsprechenden Zeitausgleich gewährleistet wird, kann in einem Tarifvertrag oder auf Grund eines Tarifvertrags in einer Betriebs- oder Dienstvereinbarung ferner zugelassen werden,

1. abweichend von § 5 Abs. 1 die Ruhezeiten bei Rufbereitschaft den Besonderheiten dieses Dienstes anzupassen, insbesondere Kürzungen der Ruhezeit infolge von Inanspruchnahmen während dieses Dienstes zu anderen Zeiten auszugleichen,
2. die Regelungen der §§ 3, 5 Abs. 1 und § 6 Abs. 2 in der Landwirtschaft der Bestellungs- und Erntezeit sowie den Witterungseinflüssen anzupassen,
3. die Regelungen der §§ 3, 4, 5 Abs. 1 und § 6 Abs. 2 bei der Behandlung, Pflege und Betreuung von Personen der Eigenart dieser Tätigkeit und dem Wohl dieser Personen entsprechend anzupassen,
4. die Regelungen der §§ 3, 4, 5 Abs. 1 und § 6 Abs. 2 bei Verwaltungen und Betrieben des Bundes, der Länder, der Gemeinden und sonstigen Körperschaften, Anstalten und Stiftungen des öffentlichen Rechts sowie bei anderen Arbeitgebern, die der Tarifbindung eines für den öffentlichen Dienst geltenden oder eines im wesentlichen inhaltsgleichen Tarifvertrags unterliegen, der Eigenart der Tätigkeit bei diesen Stellen anzupassen.

(2a) In einem Tarifvertrag oder auf Grund eines Tarifvertrags in einer Betriebs- oder Dienstvereinbarung kann abweichend von den §§ 3, 5 Abs. 1 und § 6 Abs. 2 auch zugelassen werden, die werktägliche Arbeitszeit auch ohne Ausgleich über acht Stunden zu verlängern, wenn in die Arbeitszeit regelmäßig und in erheblichem Umfang Arbeitsbereitschaft oder Bereitschaftsdienst fällt und durch besondere Regelungen sichergestellt wird, dass die Gesundheit der Arbeitnehmer nicht gefährdet wird.

(3) Im Geltungsbereich eines Tarifvertrags nach Absatz 1, 2 oder 2a können abweichende tarifvertragliche Regelungen im Betrieb eines nicht tarifgebundenen Arbeitgebers durch Be-

triebs- oder Dienstvereinbarung oder, wenn ein Betriebs- oder Personalrat nicht besteht, durch schriftliche Vereinbarung zwischen dem Arbeitgeber und dem Arbeitnehmer übernommen werden. Können auf Grund eines solchen Tarifvertrags abweichende Regelungen in einer Betriebs- oder Dienstvereinbarung getroffen werden, kann auch in Betrieben eines nicht tarifgebundenen Arbeitgebers davon Gebrauch gemacht werden. Eine nach Absatz 2 Nr. 4 getroffene abweichende tarifvertragliche Regelung hat zwischen nicht tarifgebundenen Arbeitgebern und Arbeitnehmern Geltung, wenn zwischen ihnen die Anwendung der für den öffentlichen Dienst geltenden tarifvertraglichen Bestimmungen vereinbart ist und die Arbeitgeber die Kosten des Betriebs überwiegend mit Zuwendungen im Sinne des Haushaltsrechts decken.

(4) Die Kirchen und die öffentlich-rechtlichen Religionsgesellschaften können die in Absatz 1, 2 oder 2a genannten Abweichungen in ihren Regelungen vorsehen.

(5) In einem Bereich, in dem Regelungen durch Tarifvertrag üblicherweise nicht getroffen werden, können Ausnahmen im Rahmen des Absatzes 1, 2 oder 2a durch die Aufsichtsbehörde bewilligt werden, wenn dies aus betrieblichen Gründen erforderlich ist und die Gesundheit der Arbeitnehmer nicht gefährdet wird.

(6) Die Bundesregierung kann durch Rechtsverordnung mit Zustimmung des Bundesrates Ausnahmen im Rahmen des Absatzes 1 oder 2 zulassen, sofern dies aus betrieblichen Gründen erforderlich ist und die Gesundheit der Arbeitnehmer nicht gefährdet wird.

(7) Auf Grund einer Regelung nach Absatz 2a oder den Absätzen 3 bis 5 jeweils in Verbindung mit Absatz 2a darf die Arbeitszeit nur verlängert werden, wenn der Arbeitnehmer schriftlich eingewilligt hat. Der Arbeitnehmer kann die Einwilligung mit einer Frist von sechs Monaten schriftlich widerrufen. Der Arbeitgeber darf einen Arbeitnehmer nicht benachteiligen, wenn dieser die Einwilligung zur Verlängerung der Arbeitszeit nicht erklärt oder die Einwilligung widerrufen hat.

(8) Werden Regelungen nach Absatz 1 Nr. 1 und 4, Absatz 2 Nr. 2 bis 4 oder solche Regelungen auf Grund der Absätze 3 und 4 zugelassen, darf die Arbeitszeit 48 Stunden wöchentlich im Durchschnitt von zwölf Kalendermonaten nicht überschreiten. Erfolgt die Zulassung auf Grund des Absatzes 5, darf die Arbeitszeit 48 Stunden wöchentlich im Durchschnitt von sechs Kalendermonaten oder 24 Wochen nicht überschreiten.

(9) Wird die werktägliche Arbeitszeit über zwölf Stunden hinaus verlängert, muss im unmittelbaren Anschluss an die Beendigung der Arbeitszeit eine Ruhezeit von mindestens elf Stunden gewährt werden.

§ 12 Abweichende Regelungen

In einem Tarifvertrag oder auf Grund eines Tarifvertrags in einer Betriebs- oder Dienstvereinbarung kann zugelassen werden,

1. abweichend von § 11 Abs. 1 die Anzahl der beschäftigungsfreien Sonntage in den Einrichtungen des § 10 Abs. 1 Nr. 2, 3, 4 und 10 auf mindestens zehn Sonntage, im Rundfunk, in Theaterbetrieben, Orchestern sowie bei Schaustellungen auf mindestens acht Sonntage, in Filmtheatern und in der Tierhaltung auf mindestens sechs Sonntage im Jahr zu verringern,
2. abweichend von § 11 Abs. 3 den Wegfall von Ersatzruhetagen für auf Werktage fallende Feiertage zu vereinbaren oder Arbeitnehmer innerhalb eines festzulegenden Ausgleichszeitraums beschäftigungsfrei zu stellen,
3. abweichend von § 11 Abs. 1 bis 3 in der Seeschiffahrt die den Arbeitnehmern nach diesen Vorschriften zustehenden freien Tage zusammenhängend zu geben,
4. abweichend von § 11 Abs. 2 die Arbeitszeit in vollkontinuierlichen Schichtbetrieben an Sonn- und Feiertagen auf bis zu zwölf Stunden zu verlängern, wenn dadurch zusätzliche freie Schichten an Sonn- und Feiertagen erreicht werden.

§ 7 Abs. 3 bis 6 findet Anwendung.

Gesetz über Teilzeitarbeit und befristete Arbeitsverträge (Teilzeit- und Befristungsgesetz – TzBfG)

vom 21. Dezember 2000 (BGBl. I S. 1966), zuletzt geändert durch Gesetz vom 20. Juli 2022 (BGBl. I S. 1174)

§ 7 Ausschreibung; Erörterung; Information über freie Arbeitsplätze

(1) Der Arbeitgeber hat einen Arbeitsplatz, den er öffentlich oder innerhalb des Betriebes ausschreibt, auch als Teilzeitarbeitsplatz auszuschreiben, wenn sich der Arbeitsplatz hierfür eignet.

(2) Der Arbeitgeber hat mit dem Arbeitnehmer dessen Wunsch nach Veränderung von Dauer oder Lage oder von Dauer und Lage seiner vertraglich vereinbarten Arbeitszeit zu erörtern und den Arbeitnehmer über entsprechende Arbeitsplätze zu informieren, die im Betrieb oder Unternehmen besetzt werden sollen. Dies gilt unabhängig vom Umfang der Arbeitszeit. Der Arbeitnehmer kann ein Mitglied der Arbeitnehmervertretung zur Unterstützung oder Vermittlung hinzuziehen.

(3) Der Arbeitgeber hat einem Arbeitnehmer, dessen Arbeitsverhältnis länger als sechs Monate bestanden und der ihm in Textform den Wunsch nach Absatz 2 Satz 1 angezeigt hat, innerhalb eines Monats nach Zugang der Anzeige eine begründete Antwort in Textform mitzuteilen. Hat der Arbeitgeber in den letzten zwölf Monaten vor Zugang der Anzeige bereits einmal einen in Textform geäußerten Wunsch nach Absatz 2 Satz 1 in Textform begründet beantwortet, ist eine mündliche Erörterung nach Absatz 2 ausreichend.

(4) Der Arbeitgeber hat die Arbeitnehmervertretung über angezeigte Arbeitszeitwünsche nach Absatz 2 sowie über Teilzeitarbeit im Betrieb und Unternehmen zu informieren, insbesondere über vorhandene oder geplante Teilzeitarbeitsplätze und über die Umwandlung von Teilzeitarbeitsplätzen in Vollzeitarbeitsplätze oder umgekehrt. Der Arbeitnehmervertretung sind auf Verlangen die erforderlichen Unterlagen zur Verfügung zu stellen; § 92 des Betriebsverfassungsgesetzes bleibt unberührt.

§ 20 Information der Arbeitnehmervertretung

Der Arbeitgeber hat die Arbeitnehmervertretung über die Anzahl der befristetet beschäftigten Arbeitnehmer und ihren Anteil an der Gesamtbelegschaft des Betriebes und des Unternehmens zu informieren.

Kündigungsschutzgesetz (KSchG)

in der Fassung der Bekanntmachung vom 25. August 1969 (BGBl. I S. 1317), zuletzt geändert durch Gesetz vom 14. Juni 2021 (BGBl. I S. 1762)

§ 1 Sozial ungerechtfertigte Kündigungen

(1) Die Kündigung des Arbeitsverhältnisses gegenüber einem Arbeitnehmer, dessen Arbeitsverhältnis in demselben Betrieb oder Unternehmen ohne Unterbrechung länger als sechs Monate bestanden hat, ist rechtsunwirksam, wenn sie sozial ungerechtfertigt ist.

(2) Sozial ungerechtfertigt ist die Kündigung, wenn sie nicht durch Gründe, die in der Person oder in dem Verhalten des Arbeitnehmers liegen, oder durch dringende betriebliche Erfordernisse, die einer Weiterbeschäftigung des Arbeitnehmers in diesem Betrieb entgegenstehen, bedingt ist. Die Kündigung ist auch sozial ungerechtfertigt, wenn

1. in Betrieben des privaten Rechts
   a) die Kündigung gegen eine Richtlinie nach § 95 des Betriebsverfassungsgesetzes verstößt,
   b) der Arbeitnehmer an einem anderen Arbeitsplatz in demselben Betrieb oder in einem anderen Betrieb des Unternehmens weiterbeschäftigt werden kann

   und der Betriebsrat oder eine andere nach dem Betriebsverfassungsgesetz insoweit zuständige Vertretung der Arbeitnehmer aus einem dieser Gründe der Kündigung innerhalb der Frist des § 102 Abs. 2 Satz 1 des Betriebsverfassungsgesetzes schriftlich widersprochen hat,
2. in Betrieben und Verwaltungen des öffentlichen Rechts
   a) die Kündigung gegen eine Richtlinie über die personelle Auswahl bei Kündigungen verstößt,
   b) der Arbeitnehmer an einem anderen Arbeitsplatz in derselben Dienststelle oder in einer anderen Dienststelle desselben Verwaltungszweiges an demselben Dienstort einschließlich seines Einzugsgebietes weiterbeschäftigt werden kann

   und die zuständige Personalvertretung aus einem dieser Gründe fristgerecht gegen die Kündigung Einwendungen erhoben hat, es sei denn, daß die Stufenvertretung in der Verhandlung mit der übergeordneten Dienststelle die Einwendungen nicht aufrechterhalten hat.

Satz 2 gilt entsprechend, wenn die Weiterbeschäftigung des Arbeitnehmers nach zumutbaren Umschulungs- oder Fortbildungsmaßnahmen oder eine Weiterbeschäftigung des Arbeitnehmers unter geänderten Arbeitsbedingungen möglich ist und der Arbeitnehmer sein Einverständnis hiermit erklärt hat. Der Arbeitgeber hat die Tatsachen zu beweisen, die die Kündigung bedingen.

(3) Ist einem Arbeitnehmer aus dringenden betrieblichen Erfordernissen im Sinne des Absatzes 2 gekündigt worden, so ist die Kündigung trotzdem sozial ungerechtfertigt, wenn der Arbeitgeber bei der Auswahl des Arbeitnehmers die Dauer der Betriebszugehörigkeit, das Lebensalter, die Unterhaltspflichten und die Schwerbehinderung des Arbeitnehmers nicht oder nicht ausreichend berücksichtigt hat; auf Verlangen des Arbeitnehmers hat der Arbeitgeber dem Arbeitnehmer die Gründe anzugeben, die zu der getroffenen sozialen Auswahl geführt haben. In die soziale Auswahl nach Satz 1 sind Arbeitnehmer nicht einzubeziehen, deren Weiterbeschäftigung, insbesondere wegen ihrer Kenntnisse, Fähigkeiten und Leistungen oder zur Sicherung einer ausgewogenen Personalstruktur des Betriebes, im berechtigten betrieblichen Interesse liegt. Der Arbeitnehmer hat die Tatsachen zu beweisen, die die Kündigung als sozial ungerechtfertigt im Sinne des Satzes 1 erscheinen lassen.

(4) Ist in einem Tarifvertrag, in einer Betriebsvereinbarung nach § 95 des Betriebsverfassungsgesetzes oder in einer entsprechenden Richtlinie nach den Personalvertretungsgesetzen festgelegt, wie die sozialen Gesichtspunkte nach Absatz 3 Satz 1 im Verhältnis zueinander zu bewerten sind, so kann die Bewertung nur auf grobe Fehlerhaftigkeit überprüft werden.
(5) Sind bei einer Kündigung auf Grund einer Betriebsänderung nach § 111 des Betriebsverfassungsgesetzes die Arbeitnehmer, denen gekündigt werden soll, in einem Interessenausgleich zwischen Arbeitgeber und Betriebsrat namentlich bezeichnet, so wird vermutet, dass die Kündigung durch dringende betriebliche Erfordernisse im Sinne des Absatzes 2 bedingt ist. Die soziale Auswahl der Arbeitnehmer kann nur auf grobe Fehlerhaftigkeit überprüft werden. Die Sätze 1 und 2 gelten nicht, soweit sich die Sachlage nach Zustandekommen des Interessenausgleichs wesentlich geändert hat. Der Interessenausgleich nach Satz 1 ersetzt die Stellungnahme des Betriebsrates nach § 17 Abs. 3 Satz 2.

§ 17 Anzeigepflicht

(1) Der Arbeitgeber ist verpflichtet, der Agentur für Arbeit Anzeige zu erstatten, bevor er
1. in Betrieben mit in der Regel mehr als 20 und weniger als 60 Arbeitnehmern mehr als 5 Arbeitnehmer,
2. in Betrieben mit in der Regel mindestens 60 und weniger als 500 Arbeitnehmern 10 vom Hundert der im Betrieb regelmäßig beschäftigten Arbeitnehmer oder aber mehr als 25 Arbeitnehmer,
3. in Betrieben mit in der Regel mindestens 500 Arbeitnehmern mindestens 30 Arbeitnehmer

innerhalb von 30 Kalendertagen entläßt. Den Entlassungen stehen andere Beendigungen des Arbeitsverhältnisses gleich, die vom Arbeitgeber veranlaßt werden.
(2) Beabsichtigt der Arbeitgeber, nach Absatz 1 anzeigepflichtige Entlassungen vorzunehmen, hat er dem Betriebsrat rechtzeitig die zweckdienlichen Auskünfte zu erteilen und ihn schriftlich insbesondere zu unterrichten über
1. die Gründe für die geplanten Entlassungen,
2. die Zahl und die Berufsgruppen der zu entlassenden Arbeitnehmer,
3. die Zahl und die Berufsgruppen der in der Regel beschäftigten Arbeitnehmer,
4. den Zeitraum, in dem die Entlassungen vorgenommen werden sollen,
5. die vorgesehenen Kriterien für die Auswahl der zu entlassenden Arbeitnehmer,
6. die für die Berechnung etwaiger Abfindungen vorgesehenen Kriterien.

Arbeitgeber und Betriebsrat haben insbesondere die Möglichkeiten zu beraten, Entlassungen zu vermeiden oder einzuschränken und ihre Folgen zu mildern.
(3) Der Arbeitgeber hat gleichzeitig der Agentur für Arbeit eine Abschrift der Mitteilung an den Betriebsrat zuzuleiten; sie muß zumindest die in Absatz 2 Satz 1 Nr. 1 bis 5 vorgeschriebenen Angaben enthalten. Die Anzeige nach Absatz 1 ist schriftlich unter Beifügung der Stellungnahme des Betriebsrates zu den Entlassungen zu erstatten. Liegt eine Stellungnahme des Betriebsrates nicht vor, so ist die Anzeige wirksam, wenn der Arbeitgeber glaubhaft macht, daß er den Betriebsrat mindestens zwei Wochen vor Erstattung der Anzeige nach Absatz 2 Satz 1 unterrichtet hat, und er den Stand der Beratungen darlegt. Die Anzeige muß Angaben über den Namen des Arbeitgebers, den Sitz und die Art des Betriebes enthalten, ferner die Gründe für die geplanten Entlassungen, die Zahl und die Berufsgruppen der zu entlassenden und der in der Regel beschäftigten Arbeitnehmer, den Zeitraum, in dem die Entlassungen vorgenommen werden sollen und die vorgesehenen Kriterien für die Auswahl der zu entlassenden Arbeitnehmer. In der Anzeige sollen ferner im Einvernehmen mit dem Betriebsrat für die Arbeitsvermittlung Angaben über Geschlecht, Alter, Beruf und Staatsangehörigkeit der zu entlassenden Arbeitnehmer gemacht werden. Der Arbeitgeber hat dem Betriebsrat eine Abschrift der Anzeige zuzuleiten. Der Betriebsrat kann gegenüber der Agentur für Arbeit weitere Stellungnahmen abgeben. Er hat dem Arbeitgeber eine Abschrift der Stellungnahme zuzuleiten.
(3a) Die Auskunfts-, Beratungs- und Anzeigepflichten nach den Absätzen 1 bis 3 gelten auch dann, wenn die Entscheidung über die Entlassungen von einem den Arbeitgeber beherrschenden Unternehmen getroffen wurde. Der Arbeitgeber kann sich nicht darauf berufen, daß das

für die Entlassungen verantwortliche Unternehmen die notwendigen Auskünfte nicht übermittelt hat.

(4) Das Recht zur fristlosen Entlassung bleibt unberührt. Fristlose Entlassungen werden bei Berechnung der Mindestzahl der Entlassungen nach Absatz 1 nicht mitgerechnet.

(5) Als Arbeitnehmer im Sinne dieser Vorschrift gelten nicht

1. in Betrieben einer juristischen Person die Mitglieder des Organs, das zur gesetzlichen Vertretung der juristischen Person berufen ist,
2. in Betrieben einer Personengesamtheit die durch Gesetz, Satzung oder Gesellschaftsvertrag zur Vertretung der Personengesamtheit berufenen Personen,
3. Geschäftsführer, Betriebsleiter und ähnliche leitende Personen, soweit diese zur selbständigen Einstellung oder Entlassung von Arbeitnehmern berechtigt sind.

Gesetz über die Mitbestimmung der Arbeitnehmer bei einer grenzüberschreitenden Verschmelzung (MgVG)

vom 21. Dezember 2006 (BGBl. I S. 3332) zuletzt geändert durch Gesetz vom 4. Januar 2023 (BGBl. I Nr. 10)

§ 2 Begriffsbestimmungen

(1) Der Begriff des Arbeitnehmers richtet sich nach den Rechtsvorschriften und Gepflogenheiten der jeweiligen Mitgliedstaaten. Arbeitnehmer eines inländischen Unternehmens oder Betriebes sind Arbeiter und Angestellte einschließlich der zu ihrer Berufsausbildung Beschäftigten und der in § 5 Abs. 3 Satz 2 des Betriebsverfassungsgesetzes genannten leitenden Angestellten, unabhängig davon, ob sie im Betrieb, im Außendienst oder mit Telearbeit beschäftigt werden. Als Arbeitnehmer gelten auch die in Heimarbeit Beschäftigten, die in der Hauptsache für das Unternehmen oder den Betrieb arbeiten.
(2) Beteiligte Gesellschaften sind die Kapitalgesellschaften, die unmittelbar an der Verschmelzung beteiligt sind.
(3) Tochtergesellschaften sind rechtlich selbständige Unternehmen, auf die eine andere Gesellschaft einen beherrschenden Einfluss im Sinne von Artikel 3 Absatz 2 bis 7 der Richtlinie 2009/38/EG des Europäischen Parlaments und des Rates vom 6. Mai 2009 über die Einsetzung eines Europäischen Betriebsrats oder die Schaffung eines Verfahrens zur Unterrichtung und Anhörung der Arbeitnehmer in gemeinschaftsweit operierenden Unternehmen und Unternehmensgruppen (ABl. L 122 vom 16. 5. 2009, S. 28), die zuletzt durch die Richtlinie (EU) 2015/1794 vom 6. Oktober 2015 (ABl. L 263 vom 8. 10. 2015, S. 1) geändert worden ist, ausüben kann. § 6 Absatz 2 bis 4 des Europäische Betriebsräte-Gesetzes ist anzuwenden.
(4) Betroffene Tochtergesellschaften oder betroffene Betriebe sind Tochtergesellschaften oder Betriebe einer beteiligten Gesellschaft, die zu Tochtergesellschaften oder Betrieben der aus einer grenzüberschreitenden Verschmelzung hervorgehenden Gesellschaft werden sollen.
(5) Leitung bezeichnet das Organ der unmittelbar an der Verschmelzung beteiligten Gesellschaften oder der aus einer grenzüberschreitenden Verschmelzung hervorgehenden Gesellschaft selbst, das die Geschäfte der Gesellschaft führt und zu ihrer Vertretung berechtigt ist.
(6) Arbeitnehmervertretung bezeichnet jede Vertretung der Arbeitnehmer nach dem Betriebsverfassungsgesetz (Betriebsrat, Gesamtbetriebsrat, Konzernbetriebsrat oder eine nach § 3 Abs. 1 Nr. 1 bis 3 des Betriebsverfassungsgesetzes gebildete Vertretung).
(7) Mitbestimmung bedeutet die Einflussnahme der Arbeitnehmer auf die Angelegenheiten einer Gesellschaft durch

1. die Wahrnehmung des Rechts, einen Teil der Mitglieder des Aufsichts- oder Verwaltungsorgans der Gesellschaft zu wählen oder zu bestellen, oder
2. die Wahrnehmung des Rechts, die Bestellung eines Teils oder aller Mitglieder des Aufsichts- oder Verwaltungsorgans der Gesellschaft zu empfehlen oder abzulehnen.

(8) Eine grenzüberschreitende Verschmelzung ist eine Verschmelzung nach dem Ersten Teil des Sechsten Buches des Umwandlungsgesetzes.
(9) Eine innerstaatliche Umwandlung ist eine Verschmelzung nach dem Zweiten Buch des Umwandlungsgesetzes, eine Spaltung nach dem Dritten Buch des Umwandlungsgesetzes oder ein Formwechsel nach dem Fünften Buch des Umwandlungsgesetzes.

Gesetz zum Personalrecht der Beschäftigten der früheren Deutschen Bundespost (Postpersonalrechtsgesetz – PostPersRG)

vom 14. September 1994 (BGBl. I S. 2325, 2353), zuletzt geändert durch Gesetz vom 28. Juni 2021 (BGBl. I S. 2250)

§ 28 Beteiligung des Betriebsrats in Angelegenheiten der Beamten

(1) Der Betriebsrat ist in den Angelegenheiten der Beamten nach § 78 Absatz 1, § 84 Absatz 1 Nummer 4 bis 6 und § 86 Satz 1 bis 3 des Bundespersonalvertretungsgesetzes sowie nach § 4 Abs. 4 Satz 1 und 2 zu beteiligen. In diesen Angelegenheiten sind nach gemeinsamer Beratung im Betriebsrat nur die Vertreter der Beamten zur Beschlußfassung berufen, es sei denn, daß die Beamten im Betriebsrat nicht vertreten sind. 3§ 33 Abs. 1 und 2 des Betriebsverfassungsgesetzes gilt entsprechend.

(2) Bei Entscheidungen und Maßnahmen des Postnachfolgeunternehmens nach Absatz 1 Satz 1, die Beamte betreffen, denen nach § 4 Abs. 4 Satz 1 und 2 Tätigkeiten bei einem Unternehmen zugewiesen sind, ist der bei dem Postnachfolgeunternehmen gebildete Betriebsrat nach Maßgabe der Vorschriften dieses Abschnitts zu beteiligen; gleichzeitig ist der Betriebsrat des Betriebs, in dem der Beamte die zugewiesene Tätigkeit ausübt, hierüber zu unterrichten und ihm Gelegenheit zur Stellungnahme zu geben. Entsprechendes gilt für die Beteiligung der Schwerbehindertenvertretung.

§ 29 Verfahren

(1) Der Betriebsrat hat in den in § 78 Absatz 1 des Bundespersonalvertretungsgesetzes genannten Personalangelegenheiten der Beamten ein Mitbestimmungsrecht. Auf das Mitbestimmungsrecht in den in § 78 Absatz 1 des Bundespersonalvertretungsgesetzes genannten Angelegenheiten finden die Regelungen des § 78 Absatz 3 bis 5 des Bundespersonalvertretungsgesetzes entsprechende Anwendung. 3Entsprechendes gilt bei der Zuweisung nach § 4 Abs. 4 Satz 1 und 2.

(2) Verweigert der Betriebsrat in den Fällen des Absatzes 1 seine Zustimmung, so hat er dies unter Angabe von Gründen innerhalb einer Woche nach Unterrichtung durch den Arbeitgeber diesem schriftlich mitzuteilen. Teilt der Betriebsrat dem Arbeitgeber die Verweigerung seiner Zustimmung nicht innerhalb der Frist schriftlich mit, so gilt die Zustimmung als erteilt.

(3) Ergibt sich zwischen dem Arbeitgeber und dem Betriebsrat in den Fällen des § 78 Absatz 1 des Bundespersonalvertretungsgesetzes sowie des § 4 Abs. 4 Satz 1 und 2 keine Einigung, so ist die Einigungsstelle anzurufen, die binnen zwei Monaten entscheiden soll. Sie stellt fest, ob ein Grund zur Verweigerung der Zustimmung im Sinne des § 78 Absatz 5 des Bundespersonalvertretungsgesetzes vorliegt. Schließt sich die Einigungsstelle nicht der Auffassung des Arbeitgebers an, so gibt sie diesem eine Empfehlung. Folgt der Arbeitgeber der Empfehlung der Einigungsstelle nicht, so hat er innerhalb von zehn Arbeitstagen die Angelegenheit mit der Empfehlung der Einigungsstelle dem Bundesministerium der Finanzen zur endgültigen Entscheidung vorzulegen.

(4) § 76 des Bundespersonalvertretungsgesetzes gilt für Maßnahmen nach Absatz 1 entsprechend.

(5) Der Betriebsrat wirkt in den in § 84 Absatz 1 Nummer 4 bis 6 des Bundespersonalvertretungsgesetzes genannten Personalangelegenheiten der Beamten mit. Auf dieses Mitwirkungsrecht finden § 84 Absatz 2 sowie die §§ 81 und 83 des Bundespersonalvertretungsgesetzes entsprechende Anwendung.

(6) Der Betriebsrat kann die in Absatz 5 genannten Personalangelegenheiten binnen drei Tagen nach Zugang der seine Einwendung ganz oder zum Teil ablehnenden Mitteilung des Arbeitgebers dem in § 1 Abs. 7 genannten Vorstandsmitglied mit dem Antrag auf Entscheidung vorlegen. Dieses entscheidet nach Verhandlung mit dem Betriebsrat endgültig. Eine Abschrift seines Antrags leitet der Betriebsrat dem Arbeitgeber zu.
(7) Ist ein Antrag gemäß Absatz 6 gestellt, so ist die beabsichtigte Maßnahme bis zur Entscheidung des in § 1 Abs. 7 genannten Vorstandsmitglieds auszusetzen.
(8) Der Betriebsrat ist vor fristlosen Entlassungen von Beamten entsprechend § 86 Satz 1 bis 3 des Bundespersonalvertretungsgesetzes anzuhören.
(9) In Streitigkeiten nach den Absätzen 1 bis 8 sind die Verwaltungsgerichte zuständig. Die Vorschriften des Arbeitsgerichtsgesetzes über das Beschlußverfahren gelten entsprechend.

Gesetz über die Beteiligung der Arbeitnehmer und Arbeitnehmerinnen in einer Europäischen Genossenschaft (SCE-Beteiligungsgesetz – SCEBG)

vom 14. August 2006 (BGBl. I S. 1911, 1917), zuletzt geändert durch Gesetz vom 16. September 2022 (BGBl. I S. 1454)
Dieses Gesetz dient der Umsetzung der Richtlinie 2003/72/EG des Rates vom 22. Juli 2003 zur Ergänzung des Statuts der Europäischen Genossenschaft hinsichtlich der Beteiligung der Arbeitnehmer (ABl. EU Nr. L 207 S. 25).

Teil 1 – Allgemeine Vorschriften

§ 1 Zielsetzung des Gesetzes

(1) Dieses Gesetz regelt die Beteiligung der Arbeitnehmer in einer Europäischen Genossenschaft, die Gegenstand der Verordnung (EG) Nr. 1435/2003 des Rates vom 22. Juli 2003 über das Statut der Europäischen Genossenschaft (SCE) (ABl. EU Nr. L 207 S. 1) ist. Ziel dieses Gesetzes ist, in einer Europäischen Genossenschaft die erworbenen Rechte der Arbeitnehmer (Arbeitnehmerinnen und Arbeitnehmer) auf Beteiligung an Unternehmensentscheidungen zu sichern. Maßgeblich für die Ausgestaltung der Beteiligungsrechte der Arbeitnehmer in der Europäischen Genossenschaft sind die bestehenden Beteiligungsrechte in den beteiligten juristischen Personen, die die Europäische Genossenschaft gründen.
(2) Zur Sicherung des Rechts auf grenzüberschreitende Unterrichtung, Anhörung, Mitbestimmung und sonstige Beteiligung der Arbeitnehmer wird eine Vereinbarung über die Beteiligung der Arbeitnehmer in der Europäischen Genossenschaft getroffen. Kommt es nicht zu einer Vereinbarung, wird eine Beteiligung der Arbeitnehmer in der Europäischen Genossenschaft kraft Gesetzes sichergestellt.
(3) Die Vorschriften dieses Gesetzes sowie die Vereinbarung nach Absatz 2 sind so auszulegen, dass die Ziele der Europäischen Gemeinschaft, die Beteiligung der Arbeitnehmer in der Europäischen Genossenschaft sicherzustellen, gefördert werden.
(4) Die Grundsätze der Absätze 1 bis 3 gelten auch für strukturelle Änderungen einer gegründeten Europäischen Genossenschaft sowie für deren Auswirkungen auf die betroffenen Unternehmen und Betriebe und ihre Arbeitnehmer.

§ 2 Begriffsbestimmungen

(1)-(5) nicht abgedruckt
(6) Arbeitnehmervertretung bezeichnet jede Vertretung der Arbeitnehmer nach dem Betriebsverfassungsgesetz (Betriebsrat, Gesamtbetriebsrat, Konzernbetriebsrat oder eine nach § 3 Abs. 1 Nr. 1 bis 3 des Betriebsverfassungsgesetzes gebildete Vertretung).
(7) SCE-Betriebsrat bezeichnet das Vertretungsorgan der Arbeitnehmer der Europäischen Genossenschaft, das durch eine Vereinbarung nach § 21 oder kraft Gesetzes nach den §§ 22 bis 33 eingesetzt wird, um die Rechte auf Unterrichtung und Anhörung der Arbeitnehmer der Europäischen Genossenschaft, ihrer Tochtergesellschaften und Betriebe und, wenn vereinbart, Mitbestimmungsrechte und sonstige Beteiligungsrechte in Bezug auf die Europäische Genossenschaft wahrzunehmen.

(8) Beteiligung der Arbeitnehmer bezeichnet jedes Verfahren – einschließlich der Unterrichtung, Anhörung und Mitbestimmung –, durch das die Vertreter der Arbeitnehmer auf die Beschlussfassung in einer juristischen Person Einfluss nehmen können.
(9) Beteiligungsrechte sind Rechte, die den Arbeitnehmern und ihren Vertretern im Bereich der Unterrichtung, Anhörung, Mitbestimmung und der sonstigen Beteiligung zustehen. Hierzu kann auch die Wahrnehmung dieser Rechte in den Konzernunternehmen der Europäischen Genossenschaft gehören.
(10) Unterrichtung bezeichnet die Unterrichtung des SCE-Betriebsrats oder anderer Arbeitnehmervertreter durch die Leitung der Europäischen Genossenschaft über Angelegenheiten, welche die Europäische Genossenschaft selbst oder eine ihrer Tochtergesellschaften oder einen ihrer Betriebe in einem anderen Mitgliedstaat betreffen oder die über die Befugnisse der zuständigen Organe auf der Ebene des einzelnen Mitgliedstaats hinausgehen. Zeitpunkt, Form und Inhalt der Unterrichtung sind so zu wählen, dass es den Arbeitnehmervertretern möglich ist, zu erwartende Auswirkungen eingehend zu prüfen und gegebenenfalls eine Anhörung mit der Leitung der Europäischen Genossenschaft vorzubereiten.
(11) Anhörung bezeichnet die Einrichtung eines Dialogs und eines Meinungsaustauschs zwischen dem SCE-Betriebsrat oder anderen Arbeitnehmervertretern und der Leitung der Europäischen Genossenschaft oder einer anderen zuständigen mit eigenen Entscheidungsbefugnissen ausgestatteten Leitungsebene. Zeitpunkt, Form und Inhalt der Anhörung müssen dem SCE-Betriebsrat auf der Grundlage der erfolgten Unterrichtung eine Stellungnahme zu den geplanten Maßnahmen der Leitung der Europäischen Genossenschaft ermöglichen, die im Rahmen des Entscheidungsprozesses innerhalb der Europäischen Genossenschaft berücksichtigt werden kann.
(12) Mitbestimmung bedeutet die Einflussnahme der Arbeitnehmer auf die Angelegenheiten einer juristischen Person durch

1. die Wahrnehmung des Rechts, einen Teil der Mitglieder des Aufsichts- oder Verwaltungsorgans der juristischen Person zu wählen oder zu bestellen, oder
2. die Wahrnehmung des Rechts, die Bestellung eines Teils oder aller Mitglieder des Aufsichts- oder Verwaltungsorgans der juristischen Person zu empfehlen oder abzulehnen.

§ 3 Geltungsbereich

(1) Dieses Gesetz gilt für eine Europäische Genossenschaft mit Sitz im Inland. Es gilt unabhängig vom Sitz der Europäischen Genossenschaft auch für Arbeitnehmer der Europäischen Genossenschaft, die im Inland beschäftigt sind, sowie für beteiligte juristische Personen, betroffene Tochtergesellschaften und betroffene Betriebe mit Sitz im Inland.
(2) Mitgliedstaaten im Sinn dieses Gesetzes sind die Mitgliedstaaten der Europäischen Union und die anderen Vertragsstaaten des Abkommens über den Europäischen Wirtschaftsraum.

Teil 2 – Beteiligung der Arbeitnehmer in einer Europäischen Genossenschaft, die durch mindestens zwei juristische Personen oder durch Umwandlung gegründet wird

Kapitel 4 – Beteiligung der Arbeitnehmer kraft Vereinbarung

§ 21 Inhalt der Vereinbarung

(1) In der schriftlichen Vereinbarung zwischen den Leitungen und dem besonderen Verhandlungsgremium wird, unbeschadet der Autonomie der Parteien im Übrigen und vorbehaltlich des Absatzes 5, festgelegt:

1. der Geltungsbereich der Vereinbarung, einschließlich der außerhalb des Hoheitsgebiets der Mitgliedstaaten liegenden juristischen Personen und Betriebe, sofern diese in den Geltungsbereich einbezogen werden,
2. die Zusammensetzung des SCE-Betriebsrats, die Anzahl seiner Mitglieder und die Sitzverteilung, einschließlich der Auswirkungen wesentlicher Änderungen der Zahl der in der Europäischen Genossenschaft beschäftigten Arbeitnehmer,
3. die Befugnisse und das Verfahren zur Unterrichtung und Anhörung des SCE-Betriebsrats,
4. die Häufigkeit der Sitzungen des SCE-Betriebsrats,
5. die für den SCE-Betriebsrat bereitzustellenden finanziellen und materiellen Mittel,
6. der Zeitpunkt des Inkrafttretens der Vereinbarung und ihre Laufzeit sowie die Fälle, in denen die Vereinbarung neu ausgehandelt werden soll und das dabei anzuwendende Verfahren.

(2) Wenn kein SCE-Betriebsrat gebildet wird, haben die Parteien die Durchführungsmodalitäten des Verfahrens oder der Verfahren zur Unterrichtung und Anhörung festzulegen. Absatz 1 gilt entsprechend.

(3) Für den Fall, dass die Parteien eine Vereinbarung über die Mitbestimmung treffen, ist deren Inhalt festzulegen. Insbesondere soll Folgendes vereinbart werden:

1. die Zahl der Mitglieder des Aufsichts- oder Verwaltungsorgans der Europäischen Genossenschaft, welche die Arbeitnehmer wählen oder bestellen können oder deren Bestellung sie empfehlen oder ablehnen können,
2. das Verfahren, nach dem die Arbeitnehmer diese Mitglieder wählen oder bestellen können oder deren Bestellung empfehlen oder ablehnen können,
3. die Rechte dieser Mitglieder,
4. dass auch vor strukturellen Änderungen der Europäischen Genossenschaft, ihrer Tochtergesellschaften oder ihrer Betriebe, die nach Gründung der Europäischen Genossenschaft eintreten, Verhandlungen über die Beteiligung der Arbeitnehmer in der Europäischen Genossenschaft aufgenommen werden und welches Verfahren dabei anzuwenden ist.

(4) Die Vereinbarung kann bestimmen, dass die §§ 22 bis 33 über den SCE-Betriebsrat kraft Gesetzes und die §§ 34 bis 38 über die Mitbestimmung kraft Gesetzes ganz oder in Teilen gelten.

(5) Unbeschadet des Verhältnisses dieses Gesetzes zu anderen Regelungen der Mitbestimmung der Arbeitnehmer auf Unternehmensebene muss in der Vereinbarung im Fall einer durch Umwandlung gegründeten Europäischen Genossenschaft in Bezug auf alle Komponenten der Arbeitnehmerbeteiligung zumindest das gleiche Ausmaß gewährleistet werden, das in der Genossenschaft besteht, die in eine Europäische Genossenschaft umgewandelt werden soll. Dies gilt auch bei einem Wechsel der Genossenschaft von einer dualistischen zu einer monistischen Organisationsstruktur und umgekehrt.

Kapitel 5 – Beteiligung der Arbeitnehmer kraft Gesetzes

Abschnitt 1 – SCE-Betriebsrat kraft Gesetzes

Unterabschnitt 1 – Bildung und Geschäftsführung

§ 22 Voraussetzung

(1) Die §§ 23 bis 33 über den SCE-Betriebsrat kraft Gesetzes finden ab dem Zeitpunkt der Eintragung der Europäischen Genossenschaft Anwendung, wenn
1. die Parteien dies vereinbaren oder
2. bis zum Ende des in § 20 angegebenen Zeitraums keine Vereinbarung zustande gekommen ist und das besondere Verhandlungsgremium keinen Beschluss nach § 16 gefasst hat.

(2) Absatz 1 gilt entsprechend im Fall des § 18 Abs. 3.

Unterabschnitt 2 – Aufgaben

§ 27 Zuständigkeiten des SCE-Betriebsrats

Der SCE-Betriebsrat ist zuständig für die Angelegenheiten, die die Europäische Genossenschaft selbst, eine ihrer Tochtergesellschaften oder einen ihrer Betriebe in einem anderen Mitgliedstaat betreffen oder die über die Befugnisse der zuständigen Organe auf der Ebene des einzelnen Mitgliedstaats hinausgehen.

§ 28 Jährliche Unterrichtung und Anhörung

(1) Die Leitung der Europäischen Genossenschaft hat den SCE-Betriebsrat mindestens einmal im Kalenderjahr in einer gemeinsamen Sitzung über die Entwicklung der Geschäftslage und die Perspektiven der Europäischen Genossenschaft unter rechtzeitiger Vorlage der erforderlichen Unterlagen zu unterrichten und ihn anzuhören. Zu den erforderlichen Unterlagen gehören insbesondere
1. die Geschäftsberichte,
2. die Tagesordnung aller Sitzungen des Leitungsorgans und des Aufsichts- oder Verwaltungsorgans und
3. die Kopien aller Unterlagen, die der Generalversammlung vorgelegt werden.

(2) Zu der Entwicklung der Geschäftslage und den Perspektiven im Sinn des Absatzes 1 gehören insbesondere
1. die Struktur der Europäischen Genossenschaft sowie die wirtschaftliche und finanzielle Lage,
2. die voraussichtliche Entwicklung der Geschäfts-, Produktions- und Absatzlage,
3. die Beschäftigungslage und ihre voraussichtliche Entwicklung,
4. Investitionen (Investitionsprogramme),
5. grundlegende Änderungen der Organisation,
6. die Einführung neuer Arbeits- und Fertigungsverfahren,
7. die Verlegung von Unternehmen, Betrieben oder wesentlichen Betriebsteilen sowie Verlagerungen der Produktion,
8. Zusammenschlüsse oder Spaltungen von Unternehmen oder Betrieben,
9. die Einschränkung oder Stilllegung von Unternehmen, Betrieben oder wesentlichen Betriebsteilen und
10. Massenentlassungen.

(3) Die Leitung der Europäischen Genossenschaft informiert die Leitungen über Ort und Tag der Sitzung.

§ 29 Unterrichtung und Anhörung über außergewöhnliche Umstände

(1) Über außergewöhnliche Umstände, die erhebliche Auswirkungen auf die Interessen der Arbeitnehmer haben, hat die Leitung der Europäischen Genossenschaft den SCE-Betriebsrat rechtzeitig unter Vorlage der erforderlichen Unterlagen zu unterrichten. Als außergewöhnliche Umstände gelten insbesondere
1. die Verlegung oder Verlagerung von Unternehmen, Betrieben oder wesentlichen Betriebsteilen,
2. die Stilllegung von Unternehmen, Betrieben oder wesentlichen Betriebsteilen und
3. Massenentlassungen.

(2) Der SCE-Betriebsrat hat das Recht, auf Antrag mit der Leitung der Europäischen Genossenschaft oder den Vertretern einer anderen zuständigen, mit eigenen Entscheidungsbefugnissen ausgestatteten Leitungsebene innerhalb der Europäischen Genossenschaft zusammenzutreffen, um zu den außergewöhnlichen Umständen angehört zu werden.

(3) Auf Beschluss des SCE-Betriebsrats stehen die Rechte nach Absatz 2 dem geschäftsführenden Ausschuss (§ 23 Abs. 4) zu. Findet eine Sitzung mit dem geschäftsführenden Ausschuss statt, haben auch die Mitglieder des SCE-Betriebsrats, die von diesen Maßnahmen unmittelbar betroffene Arbeitnehmer vertreten, das Recht, daran teilzunehmen.

(4) Wenn die Leitung der Europäischen Genossenschaft beschließt, nicht entsprechend der von dem SCE-Betriebsrat oder dem geschäftsführenden Ausschuss abgegebenen Stellungnahme zu handeln, hat der SCE-Betriebsrat das Recht, ein weiteres Mal mit der Leitung der Europäischen Genossenschaft zusammenzutreffen, um eine Einigung herbeizuführen.

§ 30 Information durch den SCE-Betriebsrat

Der SCE-Betriebsrat informiert die Arbeitnehmervertreter der Europäischen Genossenschaft, ihrer Tochtergesellschaften und ihrer Betriebe über den Inhalt und die Ergebnisse der Unterrichtungs- und Anhörungsverfahren. Sind keine Arbeitnehmervertreter vorhanden, sind die Arbeitnehmer zu informieren.

Abschnitt 2 – Mitbestimmung kraft Gesetzes

§ 34 Besondere Voraussetzungen

(1) Liegen die Voraussetzungen des § 22 vor, finden die Regelungen über die Mitbestimmung der Arbeitnehmer kraft Gesetzes nach den §§ 35 bis 38 Anwendung
1. im Fall einer durch Umwandlung gegründeten Europäischen Genossenschaft, wenn in der Genossenschaft vor der Umwandlung Bestimmungen über die Mitbestimmung der Arbeitnehmer im Aufsichts- oder Verwaltungsorgan galten,
2. im Fall einer durch Verschmelzung gegründeten Europäischen Genossenschaft, wenn
   a) vor der Eintragung der Europäischen Genossenschaft in einer oder mehreren der beteiligten Genossenschaften eine oder mehrere Formen der Mitbestimmung bestanden und sich auf mindestens 25 Prozent der Gesamtzahl der bei ihnen und den betroffenen Tochtergesellschaften beschäftigten Arbeitnehmer erstreckten oder
   b) vor der Eintragung der Europäischen Genossenschaft in einer oder mehreren der beteiligten Genossenschaften eine oder mehrere Formen der Mitbestimmung bestanden und sich auf weniger als 25 Prozent der Gesamtzahl der bei ihnen und den betroffenen Tochtergesellschaften beschäftigten Arbeitnehmer erstreckten und das besondere Verhandlungsgremium einen entsprechenden Beschluss fasst,
3. im Fall einer auf andere Weise gegründeten Europäischen Genossenschaft, wenn
   a) vor der Eintragung der Europäischen Genossenschaft in einer oder mehreren der beteiligten juristischen Personen eine oder mehrere Formen der Mitbestimmung be-

standen und sich auf mindestens 50 Prozent der Gesamtzahl der bei ihnen und den betroffenen Tochtergesellschaften beschäftigten Arbeitnehmer erstreckten oder

b) vor der Eintragung der Europäischen Genossenschaft in einer oder mehreren der beteiligten juristischen Personen eine oder mehrere Formen der Mitbestimmung bestanden und sich auf weniger als 50 Prozent der Gesamtzahl der bei ihnen und den betroffenen Tochtergesellschaften beschäftigten Arbeitnehmer erstreckten und das besondere Verhandlungsgremium einen entsprechenden Beschluss fasst.

(2) Bestand in den Fällen des Absatzes 1 Nr. 2 und 3 mehr als eine Form der Mitbestimmung im Sinn des § 2 Abs. 12 in den verschiedenen beteiligten juristischen Personen, entscheidet das besondere Verhandlungsgremium, welche von ihnen in der Europäischen Genossenschaft eingeführt wird. Wenn das besondere Verhandlungsgremium keinen solchen Beschluss fasst und eine inländische juristische Person, deren Arbeitnehmern Mitbestimmungsrechte zustehen, an der Gründung der Europäischen Genossenschaft beteiligt ist, ist die Mitbestimmung nach § 2 Abs. 12 Nr. 1 maßgeblich. Ist keine inländische juristische Person, deren Arbeitnehmern Mitbestimmungsrechte zustehen, beteiligt, findet die Form der Mitbestimmung nach § 2 Abs. 12 Anwendung, die sich auf die höchste Zahl der in den beteiligten juristischen Personen beschäftigten Arbeitnehmer erstreckt.

(3) Das besondere Verhandlungsgremium unterrichtet die Leitungen über die Beschlüsse, die es nach Absatz 1 Nr. 2 Buchstabe b und Nr. 3 Buchstabe b und Absatz 2 Satz 1 gefasst hat.

§ 35 Umfang der Mitbestimmung

(1) Liegen die Voraussetzungen des § 34 Abs. 1 Nr. 1 (Gründung einer Europäischen Genossenschaft durch Umwandlung) vor, bleibt die Regelung zur Mitbestimmung erhalten, die in der Genossenschaft vor der Umwandlung bestanden hat.

(2) Liegen die Voraussetzungen des § 34 Abs. 1 Nr. 2 (Gründung einer Europäischen Genossenschaft durch Verschmelzung) oder des § 34 Abs. 1 Nr. 3 (Gründung auf andere Weise) vor, haben die Arbeitnehmer der Europäischen Genossenschaft, ihrer Tochtergesellschaften und ihrer Betriebe oder ihr Vertretungsorgan das Recht, einen Teil der Mitglieder des Aufsichts- oder Verwaltungsorgans der Europäischen Genossenschaft zu wählen oder zu bestellen oder deren Bestellung zu empfehlen oder abzulehnen. Die Zahl dieser Arbeitnehmervertreter im Aufsichts- oder Verwaltungsorgan der Europäischen Genossenschaft bemisst sich nach dem höchsten Anteil an Arbeitnehmervertretern, der in den Organen der beteiligten juristischen Personen vor der Eintragung der Europäischen Genossenschaft bestanden hat.

Gesetz über die Beteiligung der Arbeitnehmer in einer Europäischen Gesellschaft (SE-Beteiligungsgesetz – SEBG)

vom 22. Dezember 2004 (BGBl. I S. 3675, 3686), zuletzt geändert durch Gesetz vom 16. September 2022 (BGBl. I S. 1454)

Dieses Gesetz dient der Umsetzung der Richtlinie 2001/86/EG des Rates vom 8. Oktober 2001 zur Ergänzung des Statuts der Europäischen Gesellschaft hinsichtlich der Beteiligung der Arbeitnehmer (ABl. EG Nr. L 294 S. 22).

Teil 1 – Allgemeine Vorschriften

§ 1 Zielsetzung des Gesetzes

(1) Das Gesetz regelt die Beteiligung der Arbeitnehmer in einer Europäischen Gesellschaft (SE), die Gegenstand der Verordnung (EG) Nr. 2157/2001 des Rates vom 8. Oktober 2001 über das Statut der Europäischen Gesellschaft (ABl. EG Nr. L 294 S. 1) ist. Ziel des Gesetzes ist, in einer SE die erworbenen Rechte der Arbeitnehmer (Arbeitnehmerinnen und Arbeitnehmer) auf Beteiligung an Unternehmensentscheidungen zu sichern. Maßgeblich für die Ausgestaltung der Beteiligungsrechte der Arbeitnehmer in der SE sind die bestehenden Beteiligungsrechte in den Gesellschaften, die die SE gründen.

(2) Zur Sicherung des Rechts auf grenzüberschreitende Unterrichtung, Anhörung, Mitbestimmung und sonstige Beteiligung der Arbeitnehmer wird eine Vereinbarung über die Beteiligung der Arbeitnehmer in der SE getroffen. Kommt es nicht zu einer Vereinbarung, wird eine Beteiligung der Arbeitnehmer in der SE kraft Gesetzes sichergestellt.

(3) Die Vorschriften dieses Gesetzes sowie die nach Absatz 2 zu treffende Vereinbarung sind so auszulegen, dass die Ziele der Europäischen Gemeinschaft, die Beteiligung der Arbeitnehmer in der SE sicherzustellen, gefördert werden.

(4) Die Grundsätze der Absätze 1 bis 3 gelten auch für strukturelle Änderungen einer gegründeten SE sowie für deren Auswirkungen auf die betroffenen Gesellschaften und ihre Arbeitnehmer.

§ 2 Begriffsbestimmungen

(1)-(5) nicht abgedruckt

(6) Arbeitnehmervertretung bezeichnet jede Vertretung der Arbeitnehmer nach dem Betriebsverfassungsgesetz (Betriebsrat, Gesamtbetriebsrat, Konzernbetriebsrat oder eine nach § 3 Abs. 1 Nr. 1 bis 3 des Betriebsverfassungsgesetzes gebildete Vertretung).

(7) SE-Betriebsrat bezeichnet das Vertretungsorgan der Arbeitnehmer der SE, das durch eine Vereinbarung nach § 21 oder kraft Gesetzes nach den §§ 22 bis 33 eingesetzt wird, um die Rechte auf Unterrichtung und Anhörung der Arbeitnehmer der SE, ihrer Tochtergesellschaften und Betriebe und, wenn vereinbart, Mitbestimmungsrechte und sonstige Beteiligungsrechte in Bezug auf die SE wahrzunehmen.

(8) Beteiligung der Arbeitnehmer bezeichnet jedes Verfahren – einschließlich der Unterrichtung, Anhörung und Mitbestimmung, durch das die Vertreter der Arbeitnehmer auf die Beschlussfassung in der Gesellschaft Einfluss nehmen können.

(9) Beteiligungsrechte sind Rechte, die den Arbeitnehmern und ihren Vertretern im Bereich der Unterrichtung, Anhörung, Mitbestimmung und der sonstigen Beteiligung zustehen. Hierzu kann auch die Wahrnehmung dieser Rechte in den Konzernunternehmen der SE gehören.
(10) Unterrichtung bezeichnet die Unterrichtung des SE-Betriebsrats oder anderer Arbeitnehmervertreter durch die Leitung der SE über Angelegenheiten, welche die SE selbst oder eine ihrer Tochtergesellschaften oder einen ihrer Betriebe in einem anderen Mitgliedstaat betreffen oder die über die Befugnisse der zuständigen Organe auf der Ebene des einzelnen Mitgliedstaats hinausgehen. Zeitpunkt, Form und Inhalt der Unterrichtung sind so zu wählen, dass es den Arbeitnehmervertretern möglich ist, zu erwartende Auswirkungen eingehend zu prüfen und gegebenenfalls eine Anhörung mit der Leitung der SE vorzubereiten.
(11) Anhörung bezeichnet die Einrichtung eines Dialogs und eines Meinungsaustauschs zwischen dem SE-Betriebsrat oder anderer Arbeitnehmervertreter und der Leitung der SE oder einer anderen zuständigen mit eigenen Entscheidungsbefugnissen ausgestatteten Leitungsebene. Zeitpunkt, Form und Inhalt der Anhörung müssen dem SE-Betriebsrat auf der Grundlage der erfolgten Unterrichtung eine Stellungnahme zu den geplanten Maßnahmen der Leitung der SE ermöglichen, die im Rahmen des Entscheidungsprozesses innerhalb der SE berücksichtigt werden kann.
(12) Mitbestimmung bedeutet die Einflussnahme der Arbeitnehmer auf die Angelegenheiten einer Gesellschaft durch

1. die Wahrnehmung des Rechts, einen Teil der Mitglieder des Aufsichts- oder Verwaltungsorgans der Gesellschaft zu wählen oder zu bestellen, oder
2. die Wahrnehmung des Rechts, die Bestellung eines Teils oder aller Mitglieder des Aufsichts- oder Verwaltungsorgans der Gesellschaft zu empfehlen oder abzulehnen.

§ 3 Geltungsbereich

(1) Dieses Gesetz gilt für eine SE mit Sitz im Inland. Es gilt unabhängig vom Sitz der SE auch für Arbeitnehmer der SE, die im Inland beschäftigt sind sowie für beteiligte Gesellschaften, betroffene Tochtergesellschaften und betroffene Betriebe mit Sitz im Inland.
(2) Mitgliedstaaten im Sinne dieses Gesetzes sind die Mitgliedstaaten der Europäischen Union und die anderen Vertragsstaaten des Abkommens über den Europäischen Wirtschaftsraum.

Teil 3 – Beteiligung der Arbeitnehmer in der SE

Kapitel 1 – Beteiligung der Arbeitnehmer kraft Vereinbarung

§ 21 Inhalt der Vereinbarung

(1) In der schriftlichen Vereinbarung zwischen den Leitungen und dem besonderen Verhandlungsgremium wird, unbeschadet der Autonomie der Parteien im Übrigen und vorbehaltlich des Absatzes 6, festgelegt:

1. der Geltungsbereich der Vereinbarung, einschließlich der außerhalb des Hoheitsgebietes der Mitgliedstaaten liegenden Unternehmen und Betriebe, sofern diese in den Geltungsbereich einbezogen werden;
2. die Zusammensetzung des SE-Betriebsrats, die Anzahl seiner Mitglieder und die Sitzverteilung, einschließlich der Auswirkungen wesentlicher Änderungen der Zahl der in der SE beschäftigten Arbeitnehmer;
3. die Befugnisse und das Verfahren zur Unterrichtung und Anhörung des SE-Betriebsrats;
4. die Häufigkeit der Sitzungen des SE-Betriebsrats;
5. die für den SE-Betriebsrat bereitzustellenden finanziellen und materiellen Mittel;
6. der Zeitpunkt des Inkrafttretens der Vereinbarung und ihre Laufzeit; ferner die Fälle, in denen die Vereinbarung neu ausgehandelt werden soll und das dabei anzuwendende Verfahren.

(2) Wenn kein SE-Betriebsrat gebildet wird, haben die Parteien die Durchführungsmodalitäten des Verfahrens oder der Verfahren zur Unterrichtung und Anhörung festzulegen. Absatz 1 gilt entsprechend.

(3) Für den Fall, dass die Parteien eine Vereinbarung über die Mitbestimmung treffen, ist deren Inhalt festzulegen. Insbesondere soll Folgendes vereinbart werden:

1. die Zahl der Mitglieder des Aufsichts- oder Verwaltungsorgans der SE, welche die Arbeitnehmer wählen oder bestellen können oder deren Bestellung sie empfehlen oder ablehnen können;
2. das Verfahren, nach dem die Arbeitnehmer diese Mitglieder wählen oder bestellen oder deren Bestellung empfehlen oder ablehnen können und
3. die Rechte dieser Mitglieder.

(4) In der Vereinbarung soll festgelegt werden, dass auch vor strukturellen Änderungen der SE Verhandlungen über die Beteiligung der Arbeitnehmer in der SE aufgenommen werden. Die Parteien können das dabei anzuwendende Verfahren regeln.

(5) Die Vereinbarung kann bestimmen, dass die Regelungen der §§ 22 bis 33 über den SE-Betriebsrat kraft Gesetzes und der §§ 34 bis 38 über die Mitbestimmung kraft Gesetzes ganz oder in Teilen gelten.

(6) Unbeschadet des Verhältnisses dieses Gesetzes zu anderen Regelungen der Mitbestimmung der Arbeitnehmer im Unternehmen muss in der Vereinbarung im Fall einer durch Umwandlung gegründeten SE in Bezug auf alle Komponenten der Arbeitnehmerbeteiligung zumindest das gleiche Ausmaß gewährleistet werden, das in der Gesellschaft besteht, die in eine SE umgewandelt werden soll. Dies gilt auch bei einem Wechsel der Gesellschaft von einer dualistischen zu einer monistischen Organisationsstruktur und umgekehrt.

Kapitel 2 – Beteiligung der Arbeitnehmer kraft Gesetzes

Abschnitt 1 – SE-Betriebsrat kraft Gesetzes

Unterabschnitt 1 – Bildung und Geschäftsführung

§ 22 Voraussetzung

(1) Die Regelungen der §§ 23 bis 33 über den SE-Betriebsrat kraft Gesetzes finden ab dem Zeitpunkt der Eintragung der SE Anwendung, wenn
1. die Parteien dies vereinbaren oder
2. bis zum Ende des in § 20 angegebenen Zeitraums keine Vereinbarung zustande gekommen ist und das besondere Verhandlungsgremium keinen Beschluss nach § 16 gefasst hat.

(2) Absatz 1 gilt entsprechend im Fall des § 18 Abs. 3.

Unterabschnitt 2 – Aufgaben

§ 27 Zuständigkeiten des SE-Betriebsrats

Der SE-Betriebsrat ist zuständig für die Angelegenheiten, die die SE selbst, eine ihrer Tochtergesellschaften oder einen ihrer Betriebe in einem anderen Mitgliedstaat betreffen oder die über die Befugnisse der zuständigen Organe auf der Ebene des einzelnen Mitgliedstaats hinausgehen.

§ 28 Jährliche Unterrichtung und Anhörung

(1) Die Leitung der SE hat den SE-Betriebsrat mindestens einmal im Kalenderjahr in einer gemeinsamen Sitzung über die Entwicklung der Geschäftslage und die Perspektiven der SE unter rechtzeitiger Vorlage der erforderlichen Unterlagen zu unterrichten und ihn anzuhören. Zu den erforderlichen Unterlagen gehören insbesondere
1. die Geschäftsberichte,
2. die Tagesordnung aller Sitzungen des Leitungsorgans und des Aufsichts- oder Verwaltungsorgans,
3. die Kopien aller Unterlagen, die der Hauptversammlung der Aktionäre vorgelegt werden.

(2) Zu der Entwicklung der Geschäftslage und den Perspektiven im Sinne von Absatz 1 gehören insbesondere
1. die Struktur der SE sowie die wirtschaftliche und finanzielle Lage;
2. die voraussichtliche Entwicklung der Geschäfts-, Produktions- und Absatzlage;
3. die Beschäftigungslage und ihre voraussichtliche Entwicklung;
4. Investitionen (Investitionsprogramme);
5. grundlegende Änderungen der Organisation;
6. die Einführung neuer Arbeits- und Fertigungsverfahren;
7. die Verlegung von Unternehmen, Betrieben oder wesentlichen Betriebsteilen sowie Verlagerungen der Produktion;
8. Zusammenschlüsse oder Spaltungen von Unternehmen oder Betrieben;
9. die Einschränkung oder Stilllegung von Unternehmen, Betrieben oder wesentlichen Betriebsteilen;
10. Massenentlassungen.

(3) Die Leitung der SE informiert die Leitungen über Ort und Tag der Sitzung.

§ 29 Unterrichtung und Anhörung über außergewöhnliche Umstände

(1) Über außergewöhnliche Umstände, die erhebliche Auswirkungen auf die Interessen der Arbeitnehmer haben, hat die Leitung der SE den SE-Betriebsrat rechtzeitig unter Vorlage der

erforderlichen Unterlagen zu unterrichten. Als außergewöhnliche Umstände gelten insbesondere

1. die Verlegung oder Verlagerung von Unternehmen, Betrieben oder wesentlichen Betriebsteilen;
2. die Stilllegung von Unternehmen, Betrieben oder wesentlichen Betriebsteilen;
3. Massenentlassungen.

(2) Der SE-Betriebsrat hat das Recht, auf Antrag mit der Leitung der SE oder den Vertretern einer anderen zuständigen, mit eigenen Entscheidungsbefugnissen ausgestatteten Leitungsebene innerhalb der SE zusammenzutreffen, um zu den außergewöhnlichen Umständen angehört zu werden.

(3) Auf Beschluss des SE-Betriebsrats stehen die Rechte nach Absatz 2 dem geschäftsführenden Ausschuss (§ 23 Abs. 4) zu. Findet eine Sitzung mit dem geschäftsführenden Ausschuss statt, so haben auch die Mitglieder des SE-Betriebsrats, die von diesen Maßnahmen unmittelbar betroffene Arbeitnehmer vertreten, das Recht, daran teilzunehmen.

(4) Wenn die Leitung der SE beschließt, nicht entsprechend der von dem SE-Betriebsrat oder dem geschäftsführenden Ausschuss abgegebenen Stellungnahme zu handeln, hat der SE-Betriebsrat das Recht, ein weiteres Mal mit der Leitung der SE zusammenzutreffen, um eine Einigung herbeizuführen.

§ 30 Information durch den SE-Betriebsrat

Der SE-Betriebsrat informiert die Arbeitnehmervertreter der SE, ihrer Tochtergesellschaften und Betriebe über den Inhalt und die Ergebnisse der Unterrichtungs- und Anhörungsverfahren. Sind keine Arbeitnehmervertreter vorhanden, sind die Arbeitnehmer zu informieren.

Abschnitt 2 – Mitbestimmung kraft Gesetzes

§ 34 Besondere Voraussetzungen

(1) Liegen die Voraussetzungen des § 22 vor, finden die Regelungen über die Mitbestimmung der Arbeitnehmer kraft Gesetzes nach den §§ 35 bis 38 Anwendung

1. im Fall einer durch Umwandlung gegründeten SE, wenn in der Gesellschaft vor der Umwandlung Bestimmungen über die Mitbestimmung der Arbeitnehmer im Aufsichts- oder Verwaltungsorgan galten;
2. im Fall einer durch Verschmelzung gegründeten SE, wenn
   a) vor der Eintragung der SE in einer oder mehreren der beteiligten Gesellschaften eine oder mehrere Formen der Mitbestimmung bestanden und sich auf mindestens 25 Prozent der Gesamtzahl der Arbeitnehmer aller beteiligten Gesellschaften und betroffenen Tochtergesellschaften erstreckten oder
   b) vor der Eintragung der SE in einer oder mehreren der beteiligten Gesellschaften eine oder mehrere Formen der Mitbestimmung bestanden und sich auf weniger als 25 Prozent der Gesamtzahl der Arbeitnehmer aller beteiligten Gesellschaften und betroffenen Tochtergesellschaften erstreckten und das besondere Verhandlungsgremium einen entsprechenden Beschluss fasst;
3. im Fall einer durch Errichtung einer Holding-Gesellschaft oder einer Tochtergesellschaft gegründeten SE, wenn
   a) vor der Eintragung der SE in einer oder mehreren der beteiligten Gesellschaften eine oder mehrere Formen der Mitbestimmung bestanden und sich auf mindestens 50 Prozent der Gesamtzahl der Arbeitnehmer aller beteiligten Gesellschaften und betroffenen Tochtergesellschaften erstreckten oder
   b) vor der Eintragung der SE in einer oder mehreren der beteiligten Gesellschaften eine oder mehrere Formen der Mitbestimmung bestanden und sich auf weniger als 50 Prozent der Gesamtzahl der Arbeitnehmer aller beteiligten Gesellschaften und

betroffenen Tochtergesellschaften erstreckten und das besondere Verhandlungsgremium einen entsprechenden Beschluss fasst.

(2) Bestanden in den Fällen von Absatz 1 Nr. 2 und 3 mehr als eine Form der Mitbestimmung im Sinne des § 2 Abs. 12 in den verschiedenen beteiligten Gesellschaften, so entscheidet das besondere Verhandlungsgremium, welche von ihnen in der SE eingeführt wird. Wenn das besondere Verhandlungsgremium keinen solchen Beschluss fasst und eine inländische Gesellschaft, deren Arbeitnehmern Mitbestimmungsrechte zustehen, an der Gründung der SE beteiligt ist, ist die Mitbestimmung nach § 2 Abs. 12 Nr. 1 maßgeblich. Ist keine inländische Gesellschaft, deren Arbeitnehmern Mitbestimmungsrechte zustehen, beteiligt, findet die Form der Mitbestimmung nach § 2 Abs. 12 Anwendung, die sich auf die höchste Zahl der in den beteiligten Gesellschaften beschäftigten Arbeitnehmer erstreckt.

(3) Das besondere Verhandlungsgremium unterrichtet die Leitungen über die Beschlüsse, die es nach Absatz 1 Nr. 2 Buchstabe b und Nr. 3 Buchstabe b und Absatz 2 Satz 1 gefasst hat.

§ 35 Umfang der Mitbestimmung

(1) Liegen die Voraussetzungen des § 34 Abs. 1 Nr. 1 (Gründung einer SE durch Umwandlung) vor, bleibt die Regelung zur Mitbestimmung erhalten, die in der Gesellschaft vor der Umwandlung bestanden hat.

(2) Liegen die Voraussetzungen des § 34 Abs. 1 Nr. 2 (Gründung einer SE durch Verschmelzung) oder des § 34 Abs. 1 Nr. 3 (Gründung einer Holding-SE oder Tochter-SE) vor, haben die Arbeitnehmer der SE, ihrer Tochtergesellschaften und Betriebe oder ihr Vertretungsorgan das Recht, einen Teil der Mitglieder des Aufsichts- oder Verwaltungsorgans der SE zu wählen oder zu bestellen oder deren Bestellung zu empfehlen oder abzulehnen. Die Zahl dieser Arbeitnehmervertreter im Aufsichts- oder Verwaltungsorgan der SE bemisst sich nach dem höchsten Anteil an Arbeitnehmervertretern, der in den Organen der beteiligten Gesellschaften vor der Eintragung der SE bestanden hat.

Sozialgesetzbuch (SGB)
Drittes Buch Arbeitsförderung

Artikel 1 des Gesetzes vom 24. März 1997, BGBl. I S. 594, zuletzt geändert durch Gesetz vom 16. August 2023 (BGBl. I Nr. 217)

§ 99 Anzeige des Arbeitsausfalls

(1) Der Arbeitsausfall ist bei der Agentur für Arbeit, in deren Bezirk der Betrieb seinen Sitz hat, schriftlich oder elektronisch anzuzeigen. Die Anzeige kann nur vom Arbeitgeber oder der Betriebsvertretung erstattet werden. Der Anzeige des Arbeitgebers ist eine Stellungnahme der Betriebsvertretung beizufügen. Mit der Anzeige ist glaubhaft zu machen, dass ein erheblicher Arbeitsausfall besteht und die betrieblichen Voraussetzungen für das Kurzarbeitergeld erfüllt sind.
(2) Kurzarbeitergeld wird frühestens von dem Kalendermonat an geleistet, in dem die Anzeige über den Arbeitsausfall bei der Agentur für Arbeit eingegangen ist. Beruht der Arbeitsausfall auf einem unabwendbaren Ereignis, gilt die Anzeige für den entsprechenden Kalendermonat als erstattet, wenn sie unverzüglich erstattet worden ist.
(3) Die Agentur für Arbeit hat der oder dem Anzeigenden unverzüglich einen schriftlichen Bescheid darüber zu erteilen, ob auf Grund der vorgetragenen und glaubhaft gemachten Tatsachen ein erheblicher Arbeitsausfall vorliegt und die betrieblichen Voraussetzungen erfüllt sind.

§ 100 Kurzarbeitergeld bei Arbeitskämpfen

(1) § 160 über das Ruhen des Anspruchs auf Arbeitslosengeld bei Arbeitskämpfen gilt entsprechend für den Anspruch auf Kurzarbeitergeld bei Arbeitnehmerinnen und Arbeitnehmern, deren Arbeitsausfall Folge eines inländischen Arbeitskampfes ist, an dem sie nicht beteiligt sind.
(2) Macht der Arbeitgeber geltend, der Arbeitsausfall sei die Folge eines Arbeitskampfes, so hat er dies darzulegen und glaubhaft zu machen. Der Erklärung ist eine Stellungnahme der Betriebsvertretung beizufügen. Der Arbeitgeber hat der Betriebsvertretung die für die Stellungnahme erforderlichen Angaben zu machen. Bei der Feststellung des Sachverhalts kann die Agentur für Arbeit insbesondere auch Feststellungen im Betrieb treffen.
(3) Stellt die Agentur für Arbeit fest, dass ein Arbeitsausfall entgegen der Erklärung des Arbeitgebers nicht Folge eines Arbeitskampfes ist, und liegen die Voraussetzungen für einen Anspruch auf Kurzarbeitergeld allein deshalb nicht vor, weil der Arbeitsausfall vermeidbar ist, wird das Kurzarbeitergeld insoweit geleistet, als die Arbeitnehmerin oder der Arbeitnehmer Arbeitsentgelt (Arbeitsentgelt im Sinne des § 115 des Zehnten Buches) tatsächlich nicht erhält. Bei der Feststellung nach Satz 1 hat die Agentur für Arbeit auch die wirtschaftliche Vertretbarkeit einer Fortführung der Arbeit zu berücksichtigen. Hat der Arbeitgeber das Arbeitsentgelt trotz des Rechtsübergangs mit befreiender Wirkung an die Arbeitnehmerin oder den Arbeitnehmer oder an einen Dritten gezahlt, hat die Empfängerin oder der Empfänger des Kurzarbeitergeldes dieses insoweit zu erstatten.

Sozialgesetzbuch (SGB)
Siebtes Buch Gesetzliche Unfallversicherung

Artikel 1 des Gesetzes vom 7. August 1996, BGBl. I S. 1254, zuletzt geändert durch Gesetz vom 17. Juli 2023 (BGBl. I Nr. 191)

§ 193 Pflicht zur Anzeige eines Versicherungsfalls durch die Unternehmer

(1)-(4) nicht abgedruckt

(5) Die Anzeige ist vom Betriebs- oder Personalrat mit zu unterzeichnen; bei Erstattung der Anzeige durch Datenübertragung ist anzugeben, welches Mitglied des Betriebs- oder Personalrats vor der Absendung von ihr Kenntnis genommen hat. Der Unternehmer hat die Sicherheitsfachkraft und den Betriebsarzt über jede Unfall- oder Berufskrankheitenanzeige in Kenntnis zu setzen. Verlangt der Unfallversicherungsträger zur Feststellung, ob eine Berufskrankheit vorliegt, Auskünfte über gefährdende Tätigkeiten von Versicherten, haben die Unternehmer den Betriebs- oder Personalrat über dieses Auskunftsersuchen unverzüglich zu unterrichten.

(6)-(9) nicht abgedruckt

Sozialgesetzbuch (SGB)
Neuntes Buch Rehabilitation und Teilhabe behinderter Menschen

Artikel 1 des Gesetzes vom 19. Juni 2001, BGBl. I S. 1046, zuletzt geändert durch Gesetz vom 6. Juni 2023 (BGBl. I Nr. 146)

§ 182 Zusammenarbeit

(1) Arbeitgeber, Inklusionsbeauftragter des Arbeitgebers, Schwerbehindertenvertretung und Betriebs-, Personal-, Richter-, Staatsanwalts- oder Präsidialrat arbeiten zur Teilhabe schwerbehinderter Menschen am Arbeitsleben in dem Betrieb oder der Dienststelle eng zusammen.
(2) Die in Absatz 1 genannten Personen und Vertretungen, die mit der Durchführung dieses Teils beauftragten Stellen und die Rehabilitationsträger unterstützen sich gegenseitig bei der Erfüllung ihrer Aufgaben. Vertrauensperson und Inklusionsbeauftragter des Arbeitgebers sind Verbindungspersonen zur Bundesagentur für Arbeit und zu dem Integrationsamt.

Umwandlungsgesetz (UmwG)

vom 28. Oktober 1994 (BGBl. I S. 3210, (1995, 428), zuletzt geändert durch Gesetz vom 22. Februar 2023 (BGBl. I Nr. 51)

§ 5 Inhalt des Verschmelzungsvertrags

(1) Der Vertrag oder sein Entwurf muß mindestens folgende Angaben enthalten:

1. den Namen oder die Firma und den Sitz der an der Verschmelzung beteiligten Rechtsträger;
2. die Vereinbarung über die Übertragung des Vermögens jedes übertragenen Rechtsträgers als Ganzes gegen Gewährung von Anteilen oder Mitgliedschaften an dem übernehmenden Rechtsträger;
3. das Umtauschverhältnis der Anteile und gegebenenfalls die Höhe der baren Zuzahlung oder Angaben über die Mitgliedschaft bei dem übernehmenden Rechtsträger;
4. die Einzelheiten für die Übertragung der Anteile des übernehmenden Rechtsträgers oder über den Erwerb der Mitgliedschaft bei dem übernehmenden Rechtsträger;
5. den Zeitpunkt, von dem an diese Anteile oder die Mitgliedschaften einen Anspruch auf einen Anteil am Bilanzgewinn gewähren, sowie alle Besonderheiten in bezug auf diesen Anspruch;
6. den Zeitpunkt, von dem an die Handlungen der übertragenden Rechtsträger als für Rechnung des übernehmenden Rechtsträgers vorgenommen gelten (Verschmelzungsstichtag);
7. die Rechte, die der übernehmende Rechtsträger einzelnen Anteilsinhabern sowie den Inhabern besonderer Rechte wie Anteile ohne Stimmrecht, Vorzugsaktien, Mehrstimmrechtsaktien, Schuldverschreibungen und Genußrechte gewährt, oder die für diese Personen vorgesehenen Maßnahmen;
8. jeden besonderen Vorteil, der einem Mitglied eines Vertretungsorgans oder eines Aufsichtsorgans der an der Verschmelzung beteiligten Rechtsträger, einem geschäftsführenden Gesellschafter, einem Partner, einem Abschlußprüfer oder einem Verschmelzungsprüfer gewährt wird;
9. die Folgen der Verschmelzung für die Arbeitnehmer und ihre Vertretungen sowie die insoweit vorgesehenen Maßnahmen.

(2) Befinden sich alle Anteile eines übertragenden Rechtsträgers in der Hand des übernehmenden Rechtsträgers, so entfallen die Angaben über den Umtausch der Anteile (Absatz 1 Nr. 2 bis 5), soweit sie die Aufnahme dieses Rechtsträgers betreffen.

(3) Der Vertrag oder sein Entwurf ist spätestens einen Monat vor dem Tage der Versammlung der Anteilsinhaber jedes beteiligten Rechtsträgers, die gemäß § 13 Abs. 1 über die Zustimmung zum Verschmelzungsvertrag beschließen soll, dem zuständigen Betriebsrat dieses Rechtsträgers zuzuleiten.

§ 126 Inhalt des Spaltungs- und Übernahmevertrags

(1) Der Spaltungs- und Übernahmevertrag oder sein Entwurf muß mindestens folgende Angaben enthalten:

1. den Namen oder die Firma und den Sitz der an der Spaltung beteiligten Rechtsträger;
2. die Vereinbarung über die Übertragung der Teile des Vermögens des übertragenden Rechtsträgers jeweils als Gesamtheit gegen Gewährung von Anteilen oder Mitgliedschaften an den übernehmenden Rechtsträgern;

3. bei Aufspaltung und Abspaltung das Umtauschverhältnis der Anteile und gegebenenfalls die Höhe der baren Zuzahlung oder Angaben über die Mitgliedschaft bei den übernehmenden Rechtsträgern;
4. bei Aufspaltung und Abspaltung die Einzelheiten für die Übertragung der Anteile der übernehmenden Rechtsträger oder über den Erwerb der Mitgliedschaft bei den übernehmenden Rechtsträgern;
5. den Zeitpunkt, von dem an diese Anteile oder die Mitgliedschaft einen Anspruch auf einen Anteil am Bilanzgewinn gewähren, sowie alle Besonderheiten in bezug auf diesen Anspruch;
6. den Zeitpunkt, von dem an die Handlungen des übertragenden Rechtsträgers als für Rechnung jedes der übernehmenden Rechtsträger vorgenommen gelten (Spaltungsstichtag);
7. die Rechte, welche die übernehmenden Rechtsträger einzelnen Anteilsinhabern sowie den Inhabern besonderer Rechte wie Anteile ohne Stimmrecht, Vorzugsaktien, Mehrstimmrechtsaktien, Schuldverschreibungen und Genußrechte gewähren, oder die für diese Personen vorgesehenen Maßnahmen;
8. jeden besonderen Vorteil, der einem Mitglied eines Vertretungsorgans oder eines Aufsichtsorgans der an der Spaltung beteiligten Rechtsträger, einem geschäftsführenden Gesellschafter, einem Partner, einem Abschlußprüfer oder einem Spaltungsprüfer gewährt wird;
9. die genaue Bezeichnung und Aufteilung der Gegenstände des Aktiv- und Passivvermögens, die an jeden der übernehmenden Rechtsträger übertragen werden, sowie der übergehenden Betriebe und Betriebsteile unter Zuordnung zu den übernehmenden Rechtsträgern;
10. bei Aufspaltung und Abspaltung die Aufteilung der Anteile oder Mitgliedschaften jedes der beteiligten Rechtsträger auf die Anteilsinhaber des übertragenden Rechtsträgers sowie den Maßstab für die Aufteilung;
11. die Folgen der Spaltung für die Arbeitnehmer und ihre Vertretungen sowie die insoweit vorgesehenen Maßnahmen.

(2) Soweit für die Übertragung von Gegenständen im Falle der Einzelrechtsnachfolge in den allgemeinen Vorschriften eine besondere Art der Bezeichnung bestimmt ist, sind diese Regelungen auch für die Bezeichnung der Gegenstände des Aktiv- und Passivvermögens (Absatz 1 Nr. 9) anzuwenden. § 28 der Grundbuchordnung ist zu beachten. Im übrigen kann auf Urkunden wie Bilanzen und Inventare Bezug genommen werden, deren Inhalt eine Zuweisung des einzelnen Gegenstandes ermöglicht; die Urkunden sind dem Spaltungs- und Übernahmevertrag als Anlagen beizufügen.

(3) Der Vertrag oder sein Entwurf ist spätestens einen Monat vor dem Tag der Versammlung der Anteilsinhaber jedes beteiligten Rechtsträgers, die gemäß § 125 in Verbindung mit § 13 Abs. 1 über die Zustimmung zum Spaltungs- und Übernahmevertrag beschließen soll, dem zuständigen Betriebsrat dieses Rechtsträgers zuzuleiten.

§ 323 Bekanntmachung des Spaltungsplans

§ 308 Absatz 1 gilt für die Bekanntmachung des Spaltungsplans oder seines Entwurfs entsprechend.

§ 324 Spaltungsbericht

(1) Das Vertretungsorgan der übertragenden Gesellschaft erstellt einen Spaltungsbericht. § 309 Absatz 1 bis 5 und § 310 Absatz 1 und 3 gelten für den Spaltungsbericht entsprechend.

(2) In den Fällen des § 8 Absatz 3 Satz 1, 2 und 3 Nummer 2 und des § 135 Absatz 3 ist der Bericht für die Anteilsinhaber nicht erforderlich. Der Bericht für die Arbeitnehmer ist nicht erforderlich, wenn die übertragende Gesellschaft und ihre etwaigen Tochtergesellschaften keine anderen Arbeitnehmer haben als diejenigen, die dem Vertretungsorgan angehören. Der Spaltungsbericht ist insgesamt entbehrlich, wenn die Voraussetzungen der Sätze 1 und 2 vorliegen.

§ 325 Spaltungsprüfung

Der Spaltungsplan oder sein Entwurf sind nach den §§ 9 bis 12 zu prüfen; § 48 ist nicht anzuwenden. Der Prüfungsbericht muss den Anteilsinhabern spätestens einen Monat vor dem Tag der Versammlung der Anteilsinhaber, die nach § 13 über die Zustimmung zum Spaltungsplan beschließen soll, zugänglich gemacht werden.

Einleitung

Inhaltsübersicht

I. Geschichte der Betriebsverfassung

1. Paulskirche, Kaiserreich

1 Der erste rechtspolitische Vorschlag zur Regelung einer selbstständigen betrieblichen Interessenvertretung wurde in der **Frankfurter Nationalversammlung** (Paulskirche) als Minderheitsentwurf zur Reichsgewerbeordnung vorgelegt.[1] Er zielte auf die Einrichtung von Fabrikausschüssen mit beratender Funktion, ausgerichtet auf Vermittlung und die Aufrechterhaltung der Ordnung in der Fabrik. Die Nationalversammlung wurde aufgelöst, ehe sie ein neues, nationales Gewerbe- und Arbeitsrecht beraten konnte.[2]

2 Die Zeit nach der endgültigen Niederlage der 48er-Revolution war im Bereich des Arbeitslebens geprägt von Industrialisierung, Herausbildung der Gewerkschaften, ihrem Kampf um Selbstbehauptung und die Unterdrückungsphase der Sozialistengesetze. Der Gedanke der betrieblichen Mitbestimmung geriet regelrecht **zwischen die Fronten:** Die großen Industriellen lehnten sie als Eingriff in ihre Stellung als »Herren im Hause« ab, und Sozialdemokratie bzw. Gewerkschaften sahen in ihr nur eine Ablenkung vom »Klassenkampf«. Sie wurde nur von einer Minderheit von Sozialreformern (»Kathedersozialisten«), christlichen Politikern und aufgeschlossenen kleinen Unternehmern verfochten.[3]

3 1889 wurde im Verlaufe des großen Bergarbeiterstreiks die Forderung nach obligatorischen Arbeiterausschüssen erhoben. Sie sollten die Beschwerden der Belegschaften vorbringen und bei einzelnen Angelegenheiten mitbestimmen dürfen. Obwohl sich der seit kurzem regierende Kaiser Wilhelm hierfür einsetzte, scheiterte die obligatorische Einrichtung von Arbeiterausschüssen am Widerstand *Bismarcks*, von Großindustrie und einigen Landesregierungen (*Bismarck* musste freilich nicht zuletzt wegen dieser Auseinandersetzung zurücktreten). Das Gesetz betreffend Abänderung der GewO (**Arbeiterschutzgesetz**) vom 1. 6. 1891[4] beließ es bei freiwil-

1 Hierzu und zum Folgenden vgl. *Däubler/Kittner*, Geschichte und Zukunft der Betriebsverfassung, 2. Aufl. 2022; *Milert/Tschirbs*, Die andere Demokratie. Betriebliche Interessenvertretung in Deutschland, 2. Aufl. 2015; *Teuteberg*, Geschichte der industriellen Mitbestimmung in Deutschland, 1961.
2 Zur Geschichte des Arbeitsrechts *Preis*, RdA 19, 75.
3 Vgl. *Freese*, Die konstitutionelle Fabrik, 1922.
4 RGBl. I 261.

lig zu bildenden Arbeitervertretungen und der gesetzlichen Pflicht des AG, nach Anhörung der Belegschaft eine Arbeitsordnung mit bestimmtem Mindestinhalt zu erlassen.

4 Das erste Gesetz zur Errichtung obligatorischer Arbeiterausschüsse wurde im Jahre 1900 in Bayern verabschiedet. Als Folge einer erneuten großen Arbeitsniederlegung im Bergbau beschloss das Preußische Abgeordnetenhaus **1905** die **obligatorische Einrichtung von Arbeiterausschüssen auf allen Bergwerken** mit mehr als 100 AN.[5] Sie wurden aber von den Bergbauunternehmern nie akzeptiert. Und auch die Mehrheit der AN lehnte sie ab.

5 Einen qualitativen Sprung bedeutete erst das **Gesetz über den vaterländischen Hilfsdienst** vom 5.12.1916.[6] Um die Arbeiterbewegung zur Erreichung kriegswirtschaftlicher Ziele enger in das bestehende Herrschaftssystem einzubinden sowie generell zur Stabilisierung der Systemloyalität unter Kriegsbedingungen, wurden erstmals reichsweit obligatorische Arbeiter- und Angestelltenausschüsse in Betrieben mit mehr als 50 AN eingerichtet. Außerdem wurden erstmals die Gewerkschaften über ihre Vorschlagsberechtigung für Beisitzer von Schlichtungsausschüssen gesetzgeberisch nicht nur geduldet, sondern positiv anerkannt. Die **Ambivalenz des Gesetzes** ist deutlich: Die Gewerkschaften begriffen seine Möglichkeiten als »Tropfen sozialen Öls« in einem »Zwangsgesetz«, das man als kleineres Übel hinnahm.[7] Das Gesetz erfüllte seinen eigentlichen Zweck kaum, dafür brachte es mit dem nun ermöglichten Zugang zu den großen Betrieben einen deutlichen Mitgliederzuwachs bei den Gewerkschaften. Die AG akzeptierten die Zugeständnisse des Gesetzes lediglich als kriegsbedingt und verlangten, dass sie nach Kriegsende wieder rückgängig gemacht würden. Die Gewerkschaften forderten dagegen in ihren Programmen für die Nachkriegszeit die Etablierung von Arbeiterausschüssen als Normalfall. In diese Richtung zielten auch Pläne der Regierung für die Nachkriegszeit.[8]

2. Revolution 1918, Weimarer Republik

6 Alle derartigen Hoffnungen und Planungen wurden durch die **Revolution vom November 1918** durchkreuzt. Sie etablierte mit dem »Aufruf des Rates der Volksbeauftragten an das deutsche Volk« vom 12.11.1918[9] die Demokratie im Staate und dem **»Stinnes-Legien-Abkommen«** vom 15.11.1918 eine neue sozialstaatliche Arbeitsverfassung.[10] Darin waren Arbeiterausschüsse vor allem als Hilfsorgane der Gewerkschaften für die Durchsetzung der Tarifverträge vorgesehen.

7 Rechtsförmig umgesetzt wurde dieses Konzept mit der **»Verordnung über Tarifverträge, Arbeiter- und Angestellten-Ausschüsse und Schlichtung von Arbeitsstreitigkeiten«** vom 23.12.1918.[11] Damit erhielten TV erstmals eine rechtliche Grundlage, und Arbeiterausschüsse wurden im Sinne des Stinnes-Legien-Abkommens geregelt.

8 Mit diesem kargen Ergebnis wollte sich die revolutionäre Arbeiterschaft nicht abfinden. Nachdem die Räte im staatlichen Leben zugunsten einer parlamentarischen Demokratie abgedankt hatten, wollten sie ihre Teilhabe in der Wirtschaft nicht völlig aufgeben. Es kam zu einer Art **»zweiter Revolution« im Frühjahr 1919** mit ausgedehnten »Generalstreiks« im Ruhrgebiet, Mitteldeutschland und Berlin. Dort standen Forderungen nach betrieblicher Mitbestimmung im Mittelpunkt, und es kam unter Vermittlung der Reichsregierung zu Verhandlungsergebnissen mit weitreichenden Mitbestimmungsrechten von nunmehr erstmals so genannten »Betriebsräten«. Sie wurden ausdrücklich als Vorbild für ein nunmehr in Angriff genommenes »Betriebsrätegesetz« bezeichnet.

---

5 Gesetz betreffend Abänderung einzelner Bestimmungen des Berggesetzes für die preußischen Staaten 1865/1892, Preußische Gesetzessammlung 1905, S. 307; abgedruckt bei *Zachert*, Betriebliche Mitbestimmung, S. 22f.

6 RGBl. 1333; vgl. *Wroblewski*, AuR 18, G 21.

7 So der DMV-Vorsitzende *Schlicke*, zit. bei *Schneider/Kuda*, S. 18.

8 Vgl. *Kittner*, AuR 20, G 5.

9 RGBl. 1303.

10 Vgl. *Kittner*, SR 19, 118; zum Folgenden auch *Bepler*, FS 100 Jahre Betriebsverfassungsrecht, S. 73ff.

11 RGBl. 1456.

Vor diesem Hintergrund kam es zu einer ersten programmatischen Gesetzgebung zur Sozialisierung[12] und kurz danach der **Weimarer Reichsverfassung** vom 11. 8. 1919.[13] Sie enthielt Koalitionsfreiheit (Art. 159) und eine Räteverfassung (Art. 165) – beides vor allem von Hugo Sinzheimer konzipiert.[14] Sozialisierung und Räteverfassung blieben unvollendetes »Zukunftsrecht«, von dem nur das Betriebsrätegesetz Wirklichkeit werden sollte.[15] Seine Konzeption und Praxis litt von Anfang an daran, dass es als Teil eines größeren Ganzen geplant war, das aber nicht realisiert wurde.[16] 9

Das **Betriebsrätegesetz** (BRG) vom 4. 2. 1920[17] hatte außer dem Namen »Räte« mit dem Rätegedanken der Revolution nichts mehr gemein. Es brachte der Sache nach eine Weiterführung der Gesetzgebung über Arbeiterausschüsse,[18] freilich mit deutlich mehr Organisations- und Beteiligungsrechten. Diese waren allerdings im Laufe des Gesetzgebungsverfahrens gegenüber den TV-Modellen aus Mitteldeutschland und Berlin deutlich »abgespeckt« worden.[19] Es fehlte weitestgehend an »harten« Mitbestimmungsrechten mit verbindlicher und durchsetzbarer Letztentscheidung eines neutralen Dritten und insbesondere an Einflussmöglichkeiten auf die übertarifliche Entlohnung. 10

Das BRG von 1920 sah erstmals auch eine Beteiligung von **AN-Vertretern im Aufsichtsrat** vor. § 70 BRG bestimmte: »In Unternehmungen, für die ein Aufsichtsrat besteht und nicht auf Grund anderer Gesetze eine gleichartige Vertretung der Arbeitnehmer im Aufsichtsrate vorgesehen ist, werden nach Maßgabe eines besonders hierüber zu erlassenden Gesetzes ein oder zwei Betriebsratsmitglieder in den Aufsichtsrat entsandt, um die Interessen und Forderungen der Arbeitnehmer sowie deren Ansichten und Wünsche hinsichtlich der Organisation des Betriebs zu vertreten. Die Vertreter haben in allen Sitzungen des Aufsichtsrats Sitz und Stimme, erhalten jedoch keine andere Vergütung als eine Aufwandsentschädigung. Sie sind verpflichtet, über die ihnen gemachten vertraulichen Angaben Stillschweigen zu bewahren.« Das Ausführungsgesetz hierzu erging als »Gesetz über die Entsendung von Betriebsratsmitgliedern in den Aufsichtsrat« vom 15. 2. 1922.[20] Es enthielt über Verfahrensfragen hinaus auch den wichtigen Grundsatz, dass für die in den Aufsichtsrat entsandten BR-Mitglieder die gleichen gesetzlichen Bestimmungen wie für die übrigen Aufsichtsratsmitglieder gelten. Kompetenzverlagerungen aus dem Aufsichtsrat oder in Ausschüsse waren allerdings häufig.[21] 11

Als unternehmensbezogenes Beteiligungsrecht des BR regelte **§ 72 BRG** die **»Vorlegung der Betriebsbilanz und Betriebs-Gewinn- und Verlustrechnung«.** Das entsprechende Ausführungsgesetz erging als »Gesetz über die Betriebsbilanz und die Betriebsgewinn- und Verlustrechnung« vom 5. 2. 1921.[22] 12

3. Nationalsozialismus

Der Nationalsozialismus drehte das Rad der Geschichte hinsichtlich der Beziehungen zwischen AG und AN in ungeahnter Weise zurück: Die Gewerkschaften wurden zerschlagen, ihre Funktionäre eingesperrt, ermordet oder ins Exil getrieben. Das **Gesetz zur Ordnung der nationalen Arbeit** (AOG) vom 20. 1. 1934[23] setzte das Betriebsrätegesetz sowie das Gesetz über die Entsendung von Betriebsratsmitgliedern in den Aufsichtsrat und das Gesetz über die Betriebsbilanz usw. förmlich außer Kraft. Von da an galt das »Führerprinzip« in den Betrieben mit ei- 13

12 Vgl. »Sozialisierungsgesetz« vom 23. 3. 1919, RGBl. 341; »Gesetz über die Regelung der Kohlewirtschaft« vom 23. 3. 1919, RGBl. 342.
13 RGBl. 1383.
14 Vgl. *Kempen*, Hugo Sinzheimer, 2017.
15 Vgl. auch *Reichold*, ZFA 20, 5 [7 f.].
16 Zur Praxis unter dem BRG vgl. *Brigl/Matthiaß*.
17 RGBl. S. 147.
18 Vgl. *Reichold*, ZFA 20, 5 [8 ff.].
19 Zum Gesetz vgl. *Flatow/Kahn-Freund*, BRG, zuletzt 13. Aufl. 1931.
20 RGBl. 209.
21 Vgl. *Köstler*, Mitb. 86, 429.
22 RGBl. 159.
23 RGBl. I 45.

nem vom Unternehmer und der NSDAP eingesetzten »Vertrauensrat« der Arbeitnehmer – eine Karikatur des früheren BR. Seine Funktion richtete sich auf eine maximale Unterordnung der AN unter dem Stichwort des »gegenseitigen Vertrauens innerhalb der Betriebsgemeinschaft« (§ 6). Die Entrechtung der AN im Nationalsozialismus ist durch eine Vielzahl formalisierter Hoheitsakte (Arbeitsdienst, Kriegswirtschaftsverordnungen) fortgeführt und vertieft worden, bis dessen militärische Niederlage den Weg zu einem Neuanfang frei machte.

4. Neuanfang nach 1945

14 Der Neuanfang nach 1945 in Bezug auf die Frage der Mitbestimmung bestand in der zurückhaltenden **Wiederherstellung der Betriebsverfassung durch Besatzungsrecht.** Dazu diente zunächst die Aufhebung des nationalsozialistischen Rechts durch das Gesetz Nr. 1 der Militärregierung vom 30. 8. 1945. Mit dem Gesetz Nr. 22 des Kontrollrates vom 10. 4. 1946[24] wurde die Errichtung von BR gestattet. Allerdings brachte dieses Gesetz keine ausdrücklich verankerten Mitbestimmungsrechte, sondern überließ es den Kräfteverhältnissen »vor Ort«, welchen Einfluss die BR in ihrem jeweiligen Wirkungsbereich auszuüben in der Lage waren.[25]

15 Ein herausragendes Beispiel für die Erringung weitgehender Mitbestimmungsrechte unmittelbar nach dem Kriege ist die **Betriebsvereinbarung** bei der Firma **Bode-Panzer** vom Dezember 1946. Dieser Betriebsvereinbarung war der erste gewerkschaftlich organisierte Streik der Nachkriegszeit unter der Führung des späteren ersten Vorsitzenden der IG Metall, Otto Brenner, vorangegangen.[26] In ihr war u. a. Folgendes festgelegt:

- Einstellungen und Entlassungen, Versetzungen und Beförderungen, Lohn- und Gehaltsregelungen sowie Veränderungen in der arbeitsvertraglichen Stellung werden durch den Vorstand im Einverständnis des BR nach den gesetzlichen und tariflichen Vorschriften unter Berücksichtigung rein sachlicher Gesichtspunkte durchgeführt. Es sollen nur Personen eingestellt werden, die nachgewiesenermaßen nicht unsozial, antidemokratisch oder militaristisch eingestellt sind.
- Der BR wirkt bei dem betrieblichen Wiederaufbau, bei der Festlegung des Produktionsprogramms und bei der Schaffung neuer Arbeitsmethoden mit. Soll der Betrieb erweitert, eingeschränkt oder stillgelegt werden, so bedarf es darüber der Zustimmung des BR wie bei der Aufgabe bisheriger und Aufnahme neuer Produktionszweige.
- Der Vorstand gibt dem BR über alle das Arbeitsverhältnis und die Tätigkeit der AN berührenden Betriebsvorgänge Aufschluss. Dem Vorsitzenden des BR sind bei berechtigten Gründen die Lohnbücher und Personalakten vorzulegen. Gleichfalls ist eine einwandfreie Übersicht über den Vermögensstand zu gewährleisten.[27]

16 Ähnlich weitgehende Mitbestimmungsrechte in wirtschaftlichen Angelegenheiten enthielten andere Betriebsvereinbarungen in einer Reihe von UN.[28]

17 Der Gedanke der Wirtschaftsdemokratie in Form der Mitbestimmung der Arbeitnehmer auf allen Stufen der Wirtschaft fand Eingang in fast alle **Verfassungen der Länder.**[29] In Anlehnung an die Bestimmungen der Weimarer Verfassung sehen sie eine umfassende gleichberechtigte Beteiligung der AN im Arbeits- und Wirtschaftsleben vor. Allerdings sind alle diese Bestimmungen wiederum nur Programmsätze geblieben, die durch die spätere Entwicklung der Bundesrepublik Deutschland praktisch gegenstandslos geworden sind.

18 Unmittelbar nach Erlass des Kontrollratsgesetzes (KRG) Nr. 22 wurden in den **Ländern Betriebsverfassungsgesetze** erlassen.[30] In den westlichen Besatzungszonen erfolgte dies in Baden, Bayern, Bremen, Hessen, Rheinland-Pfalz, Schleswig-Holstein, Württemberg-Baden und Württemberg-Hohenzollern. Diese Gesetze waren sehr voneinander verschieden. Teils wurden

---

24 ABl. des Kontrollrates, S. 133.
25 Vgl. *Blanke/Erd/Mückenberger/Stascheit* [Hrsg.], Bd. 1, S. 158 ff.
26 Vgl. *Däubler/Kittner*, Geschichte und Zukunft der Betriebsverfassung, S. 323 f.
27 Vgl. *DGB-Brit. Zone* [Hrsg.], Das neue Recht im Betriebsrätewesen, 1948, S. 35 ff.
28 *Däubler/Kittner*, Geschichte und Zukunft der Betriebsverfassung, S. 327.
29 Vgl. *Potthoff*, Zur Geschichte der Mitbestimmung, in *Potthoff* u. a., S. 28 ff.
30 Ausf. *Däubler/Kittner*, Geschichte und Zukunft der Betriebsverfassung, S. 331 ff.

nur die Aufgaben der BR, teils die ganze Betriebsverfassung geregelt, teils fehlten Vorschriften über wirtschaftliche Mitbestimmungsrechte.[31]

Besonders weitreichende Mitbestimmungsrechte enthielt das **Hessische Betriebsrätegesetz** vom 26. 5. 1948, insbesondere in wirtschaftlichen Angelegenheiten. § 52 Abs. 1 des Hessischen Betriebsrätegesetzes lautete: 19

»Das Mitbestimmungsrecht des Betriebsrats in wirtschaftlichen Angelegenheiten erstreckt sich auf folgende Aufgaben: 20

a) Änderung des Betriebszwecks und Veränderungen in den Betriebsanlagen, die geeignet sind, die Beschäftigungsverhältnisse der Arbeitnehmer des Betriebs wesentlich umzustellen,
b) Entscheidungen, die geeignet sind, durch Umstellungen in dem Verlauf, der Erzeugung oder dem Absatz die Grundlagen des Betriebes wesentlich zu verändern,
c) Einführung grundlegend neuer Arbeitsmethoden,
d) wesentliche Änderungen des Betriebsumfanges bei Betriebseinschränkungen, Verschmelzungen und Betriebsstilllegungen.«

So wie schon auf Grund des BRG von 1920 sollten gem. § 55 dieses Gesetzes zwei BR-Mitglieder in den Aufsichtsrat entsandt werden. Diese Vorschriften genehmigte die amerikanische Militärregierung unter General Clay mit Hinweis auf die laufenden Beratungen über die Verfassung eines westdeutschen Staates nicht.[32]

Bei der Gründung der Bundesrepublik Deutschland und der **Schaffung des Grundgesetzes** wurde eine Klärung des Mitbestimmungsproblems i. S. einer bestimmten Wirtschafts- und Sozialverfassung etwa nach Vorbild der vorhandenen Länderverfassungen nicht vorgenommen. Die SPD, die hierfür eingetreten war, setzte vielmehr auf entsprechende einfachgesetzliche Regelungen nach Inkrafttreten des Grundgesetzes.[33] 21

5. BetrVG 1952

Schon im November 1949 forderte die bürgerliche Bundestagsmehrheit die Bundesregierung auf, den **Entwurf eines »Betriebsverfassungsgesetzes«** vorzulegen, bestand doch die »Gefahr«, dass die bislang nur durch ein alliiertes Veto blockierten landesrechtlichen Vorschriften über das wirtschaftliche Mitbestimmungsrecht in Kraft treten würden.[34] Nachdem die sog. Hattenheimer Gespräche zwischen Arbeitgebern und Gewerkschaften bei den wesentlichen Fragen der Mitbestimmung ohne Ergebnis geblieben waren, veröffentlichte der DGB seine Vorschläge zur Neuordnung der deutschen Wirtschaft[35] und forderte u. a., in allen UN mit mehr als dreihundert AN die Hälfte der Aufsichtsratssitze der AN-Seite einzuräumen, widmete jedoch der innerbetrieblichen Mitbestimmung keinerlei Aufmerksamkeit.[36] Der Ende August 1950 vorgelegte Regierungsentwurf eines BetrVG[37] ging weit hinter die Betriebsrätegesetze der Länder und das KRG Nr. 22 zurück, indem er einen extrem sozialpartnerschaftlichen Kurs steuerte[38] und weniger Mitbestimmungsrechte als selbst das BRG 1920 gewährte. 22

Nachdem die Gewerkschaften im Jahre 1951 die Montanmitbestimmung mit Hilfe einer Streikdrohung gesichert hatten, stellte sich ihnen die Frage, ob die Ausdehnung der paritätischen Mitbestimmung auf alle Groß-UN mit Kampfmaßnahmen erzwungen und die Entmachtung der BR verhindert werden könnte. Die Meinungen hierzu waren geteilt, so dass nur zögernd Demonstrationen und Warnstreiks organisiert wurden. Der vom 27. – 29. 5. 1952 durchgeführte sog. Zeitungsstreik legte zwar die gesamte Tagespresse lahm, fand jedoch in der Öffent- 23

31 Vgl. *Däubler*, Arbeitsrecht 1, S. 382 f.
32 Vgl. *Weiß-Hartmann*, S. 198 ff.
33 Vgl. *Hartwich*, Sozialstaatspostulat, S. 50 ff.; zur verfassungsrechtlichen Grundlegung vgl. *Kempen*, AuR 86, 129; s. auch Rn. 39, 71.
34 Vgl. *E. Schmidt*, Die verhinderte Neuordnung, S. 193 ff.
35 Abgedruckt in RdA 50, 183 und 227.
36 *Däubler/Kittner*, Geschichte und Zukunft der Betriebsverfassung, S. 346 ff.
37 Abgedruckt in RdA 50, 343.
38 Zweifelnd *Reichold*, ZFA 20, 5 [28 f.]: »neue(r) Aufbruch anno 1952 in den Worten, aber nicht in der Sache«.

lichkeit ein ausgesprochen negatives Echo. Mit den Stimmen der aus CDU/CSU, FDP und Deutscher Partei bestehenden Regierungskoalition und gegen das Votum von SPD und KPD wurde am **19.7.1952** das (erste) **BetrVG** vom Bundestag **verabschiedet,** das am 11.11.1952 in Kraft trat[39] und rund 20 Jahre lang die betriebliche Realität zumindest mitbestimmte.

24 Abgesehen von der Regelung der Mitbestimmung im Aufsichtsrat fanden verschiedene, im Hinblick auf die bisherige Entwicklung bemerkenswerte Vorschriften die **Kritik der Gewerkschaften:**

- Das Gesetz beschränkte sich auf die gewerbliche Wirtschaft und klammerte im Gegensatz zum KRG Nr. 22 sowie den Betriebsrätegesetzen der Länder den öffentlichen Dienst aus. Es ging damit vom Grundsatz der Gleichbehandlung aller AN ab und schuf so die Gefahr eines desolidarisierenden Gruppenrechts.
- Das Gesetz trennte BR und Gewerkschaften; Letztere konnten nicht einmal einen eigenen Wahlvorschlag einreichen, ihr Zutrittsrecht zum Betrieb blieb zweifelhaft.
- Das Gesetz stellte die gesamte BR-Tätigkeit unter das Gebot der vertrauensvollen Zusammenarbeit mit dem AG. Nach § 49 Abs. 1 hatten beide dem »Wohl des Betriebs und seiner Arbeitnehmer zu dienen und das Gemeinwohl zu berücksichtigen«. Über das BRG 1920 hinaus war dem BR nicht nur jede Förderung von Arbeitskämpfen untersagt; er musste vielmehr alles unterlassen, »was geeignet« war, »die Arbeit und den Frieden des Betriebs zu gefährden«, und sich jeder politischen Betätigung enthalten.
- Die Mitbestimmungsrechte gingen zwar über den ursprünglichen Regierungsentwurf hinaus, doch beschränkten sie sich praktisch auf die in § 56 aufgeführten sozialen Angelegenheiten. Die Mitbestimmung bei Einstellungen war wenig effektiv, bei Kündigungen bestand nur ein Anhörungsrecht, und bei Betriebsänderungen war bestenfalls eine Milderung der sozialen Auswirkungen durch Gewährung einer Abfindung an die Entlassenen erreichbar.

24a Es ist andererseits nicht zu übersehen, dass das Gesetz im Vergleich mit dem Betriebsrätegesetz von 1920 durchaus **auch Fortschritte** gebracht hat durch echte Mitbestimmungsrechte mit Entscheidung der Einigungsstelle, zwingender Wirkung von BV und Sicherungen gegen Umgehungen und Rechtsbruch.[40]

25 Das **BetrVG 1952** wurde während seiner 20-jährigen Geltung nur **wenig geändert:**[41]

- Mit Gesetz vom 15.12.1964[42] wurde die Amtszeit der BR auf drei Jahre erhöht.
- Mit Art. 40 des Einführungsgesetzes zum AktG vom 6.9.1965[43] wurden die – heute noch geltenden – Vorschriften über die AN-Beteiligung im Aufsichtsrat insbes. den konzernrechtlichen Vorschriften des neuen AktG angepasst.

26 Die erste **WO zum BetrVG 1952** wurde mit VO vom 18.3.1953[44] erlassen. Mit der Änderungs-VO vom 7.2.1962[45] wurde insbesondere die Möglichkeit der Briefwahl eingeführt.

6. BetrVG 1972

27 Nach einigen Jahren der Arbeit mit dem neuen BetrVG wurden dessen Rahmenbedingungen vielfach als zu eng empfunden, viele Tarifverträge sahen über das Gesetz hinausgehende Rechte der Betriebsräte vor. Dies mündete in eine rechtspolitische Diskussion über eine Neuordnung der Betriebsverfassung.[46] Der Verabschiedung des BetrVG 1972 in der 6. Wahlperiode des Bundestages gingen **Gesetzesentwürfe** der im Bundestag vertretenen Parteien der **5. Legislaturperiode** voraus:

28 Die CDU/CSU-Fraktion brachte am 2.11.1967 den Entwurf eines Gesetzes zur Änderung des BetrVG[47] im Bundestag ein, dessen erste Lesung am 13.12.1967 stattfand. Der Ausschuss für

39 BGBl. I 681.
40 *Däubler/Kittner*, Geschichte und Zukunft der Betriebsverfassung, S. 388 f.
41 Vgl. *Fitting/Kraegeloh/Auffarth*, BetrVG 1952, 7. Aufl. 1966, Einl. S. 36.
42 BGBl. I 1065.
43 BGBl. I 1185.
44 BGBl. I 58.
45 BGBl. I 64.
46 *Däubler/Kittner*, Geschichte und Zukunft der Betriebsverfassung, S. 435 ff.
47 BT-Drs. V/2234.

Arbeit führte auf der Grundlage dieses Entwurfs am 9. 5. 1968 eine öffentliche Anhörung (Prot. Nr. 61) durch. Die SPD-Fraktion legte ihren Entwurf eines Gesetzes zur Neuregelung der Betriebsverfassung[48] am 16. 12. 1968 vor. Er wurde am 22. 1. 1969 im Bundestag in erster Lesung behandelt. Am 20. 3. 1969 folgte die FDP-Fraktion mit dem Entwurf eines Gesetzes zur Änderung des BetrVG,[49] dessen erste Lesung am 23. 4. 1969 stattfand.

Die Gesetzentwürfe konnten in der 5. Legislaturperiode nicht mehr abschließend beraten **29** werden.[50]

Die während dieser Zeit **von den Gewerkschaften vorgelegten Entwürfe** zum Ausbau der **30** Betriebsverfassung[51] zeigten dabei zugleich deutlich die Akzeptanz der Grundstrukturen der Parteientwürfe.[52]

Auf Grund der Regierungserklärung des Bundeskanzlers Willy Brandt vom 28. 10. 1969 griff **31** die damalige sozialliberale Koalition das Vorhaben eines neuen BetrVG in der **6. Legislaturperiode** wieder auf. Die Stationen des Gesetzgebungsverfahrens waren:

- Regierungsentwurf vom 29. 1. 1971;[53]
- Entwurf der CDU/CSU vom 8. 2. 1971;[54]
- Anhörungen des Ausschusses für Arbeit und Sozialordnung am 24./25. 2. 1971 und am 13./14. 5. 1971;[55]
- Ausschussbericht;[56]
- Verabschiedung in 2. und 3. Lesung am 10. 11. 1971;[57]
- Anrufung des Vermittlungsausschusses durch den Bundesrat am 3. 12. 1971;[58]
- Zustimmung des Bundesrats nach Ablehnung von Änderungen durch den Vermittlungsausschuss am 17. 12. 1971.[59]

Das neue Gesetz lässt sich auf folgende Kurzformel bringen: **Ausbau der Betriebsverfassung** **32** unter **Beibehaltung ihrer grundlegenden Strukturen.**[60] Grundlage bleibt das Konzept der unterschiedlichen Konfliktlösung mit Arbeitskampfverbot und dem Gebot der vertrauensvollen Zusammenarbeit. Unter Beibehaltung der formalen Trennung zwischen Gewerkschaften und Betriebsräten werden jedoch die Rechte der Gewerkschaften verstärkt. Neu aufgenommen sind Individualrechte des einzelnen AN. Auf der Grundlage verbesserter Organisationsrechte[61] werden die Mitbestimmungsrechte des BR ausgebaut. Im Bereich der wirtschaftlichen Mitbestimmung bleibt es jedoch bei bloßer Information, Beratung und Folgenmilderung durch Interessenausgleich und Sozialplan. Gleichwohl hinderte alldies eine weit überwiegend konservative (Arbeits-) Rechtswissenschaft nicht daran, umfangreiche rechtspolitische und verfassungsrechtliche Bedenken zu formulieren. Sie blieben aber ohne politische und juristische Wirkung.[62]

(unbesetzt) **33**

Die **wesentlichen Änderungen** des BetrVG[63] waren Folgende: **34**

48 BT-Drs. V/3658.
49 BT-Drs. V/4011.
50 RegE, BT-Drs. VI/1786, S. 31.
51 DGB-Vorschläge 1967 und 1970, abgedruckt in RdA 67, 462 und 70, 242.
52 *Däubler/Kittner*, Geschichte und Zukunft der Betriebsverfassung, S. 436.
53 BT-Drs. VI/1786.
54 BT-Drs. VI/1806.
55 Prot. Nrn. 45, 46, 57, 58.
56 BT-Drs. VI/2729 und zu BT-Drs. VI/2729.
57 150. Sitzung, Sitzungsprot., S. 8586 ff., 8633 ff. und 8645 ff.
58 374. Sitzung, Sitzungsprot., S. 341 ff.
59 375. Sitzung, Sitzungsprot., S. 369 ff.
60 Vgl. *Arendt*, BABl. 72, 273; *Fitting*, BABl. 72, 276; *Schneider*, BABl. 72, 292; *Farthmann*, GMH 72, 7; *Wisskirchen*, BABl. 72, 288; *Biedenkopf*, BB 72, 1513; *Auffarth*, AuR 72, 33; *Richardi*, JA 72, 137; *Dütz*, JuS 72, 685.
61 Hierzu siehe *Breinlinger/Kittner*, BB 82, 20.
62 Ausf. *Däubler/Kittner*, Geschichte und Zukunft der Betriebsverfassung, S. 437 f.
63 Gesamtüberblick bei *Fitting*, Einl. Rn. 13 ff.

Gesetz zum Schutze in Ausbildung befindlicher Mitglieder von Betriebsverfassungsorganen vom 18.1.1974:[64]
Weil auf Grund des BetrVG 1972 die Tätigkeit der Jugendvertretungen stark ausgebaut werden konnte, kam es in diesem Bereich zu verstärkten Konflikten mit den AG. Nach Angaben des DGB wurden über 600 Jugendvertreter, die Auszubildende waren, nur wegen ihrer Eigenschaft als Jugendvertreter nicht in ein Arbeitsverhältnis übernommen. Daraufhin wurde § 78a in das BetrVG eingefügt.
Beschäftigungsförderungsgesetz 1985 vom 26.4.1985:[65]
Mit dem BeschFG 1985 wurden die möglichen Inhalte von Sozialplänen drastisch beschnitten (vgl. nunmehr § 112 Abs. 4 und 5 und § 112a). Unter dem irreführenden Etikett der »Beschäftigungsförderung« sollen damit Entlassungen finanziell erleichtert werden.[66]
Gesetz zur Bildung von Jugend- und Auszubildendenvertretungen in den Betrieben vom 13.7.1988:[67]
Mit diesem Gesetz wurde der Tatsache Rechnung getragen, dass junge Menschen zunehmend später ins Berufsleben eintreten, mithin der von den Jugendvertretungen erfasste Personenkreis immer mehr abnahm. Das führte vor allem zu einer immer geringeren Repräsentanz der Jugendvertretungen für Auszubildende. Daraus erwuchs die gewerkschaftliche Forderung nach Schaffung von »Jugend- und Auszubildendenvertretungen«. Dieser Forderung wurde Rechnung getragen, nicht jedoch der nach gleichzeitiger Verbesserung ihrer Arbeitsmöglichkeiten. Außerdem wurde der Grundsatz der Mehrheitswahl durch den der Verhältniswahl abgelöst (§ 63), ersichtlich im Bestreben, die Wahlchancen von Minderheitsgruppierungen zu verbessern.[68]
Gesetz zur Änderung des Betriebsverfassungsgesetzes, über Sprecherausschüsse der leitenden Angestellten und zur Sicherung der Montanmitbestimmung vom 20.12.1988:[69]
Nach mehrmaligen Anläufen und vielen Protesten der Gewerkschaften hat die Regierungskoalition aus CDU/CSU und FDP ihre Pläne zur Änderung der Betriebsverfassung Ende 1988 realisiert. Ein entsprechendes Vorhaben in der 10. Legislaturperiode des Bundestages[70] war insbes. nach der Auseinandersetzung um § 116 AFG aus wahltaktischen Gesichtspunkten verschoben worden.[71]
Das BetrVG wurde insbesondere in folgender Hinsicht geändert:
- verstärkter Minderheitenschutz bei der BR-Wahl und in der BR-Arbeit (Freistellungen und Ausschussbesetzung nach Verhältniswahl);
- Verlängerung der Amtsperiode der BR von 3 auf 4 Jahre;
- Begrenzung der Kosten für ESt.-Verfahren;
- Präzisierung der Informationspflichten des AG bei der Einführung neuer Technologien;
- Neuformulierung der Definition des »leitenden Angestellten«;[72] diese steht in direktem Zusammenhang zur gesetzlichen Einführung von SpA der leitenden Angestellten.

Diese Änderungen sind von den Gewerkschaften heftig bekämpft worden, weil unter dem Deckmantel des »Minderheitenschutzes« erklärtermaßen die Möglichkeit einer geschlossenen Interessenvertretung innerhalb der Betriebsverfassung geschwächt werden sollte.[73] Die AG haben gleichfalls den Sinn der Reform bezweifelt.[74]

---

64 BGBl. I S. 85.
65 BGBl. I S. 710.
66 Hierzu s. *Unterhinninghofen*, AiB 84, 116; *Scherer*, NZA 85, 764.
67 BGBl. I S. 1034.
68 Zu diesem Gesetz s. *Engels/Natter*, BB 88, 1453; *Schwab*, NZA 88, 687.
69 BGBl. I S. 2312.
70 BT-Drs. 10/3384.
71 Zur Kritik der damaligen Pläne s. *Trittin*, AiB 85, 119; *Spieker*, NZA 85, 681; *Hanau*, RdA 85, 291; *Richardi*, AuR 86, 33; *Schumann*, GMH 87, 721.
72 Zur historischen Entwicklung des Begriffs der »leitenden Angestellten« *Hromadka*, FS 100 Jahre Betriebsverfassungsrecht, S. 227ff.; *Kock*, FS 100 Jahre Betriebsverfassungsrecht, S. 335ff.
73 Vgl. insgesamt *Apitzsch/Klebe/Schumann* [Hrsg.]; *Schneider*, GMH 88, 409; *Hanau*, AuR 88, 261; *Plander*, AiB 88, 272; Schwerpunktheft »Die Novelle zum BetrVG«, Mitb 6/88; *Bobke*, WSI-Mitt. 89, 16; *Wlotzke*, DB 89, 111 und 173.
74 Vgl. *Weinrich*, ArbGeb 89, 454.

Arbeitsrechtliches Gesetz zur Förderung von Wachstum und Beschäftigung (Arbeitsrechtliches Beschäftigungsförderungsgesetz) vom 25.9.1996:[75]
Mit diesem außerordentlich umstrittenen Gesetz sind mit der Begründung, so für mehr Beschäftigung zu sorgen, vor allem die Entgeltfortzahlung im Krankheitsfalle und das Kündigungsschutzrecht reduziert worden. Das BetrVG wurde unmittelbar nur durch Einfügung der Sätze 2 und 3 in § 113 Abs. 3 geändert. Danach wurden Fristen zur Begrenzung der Dauer von Verhandlungen über einen Interessenausgleich eingeführt, sodass nach Fristablauf eine Betriebsänderung ohne drohenden Nachteilsausgleich durchgeführt werden konnte. Aufgrund § 1 Abs. 4 und 5 KSchG sind kündigungsschutzrechtliche Erleichterungen im Falle von Auswahlrichtlinien und bei der namentlichen Nennung zu kündigender AN in einem Interessenausgleich geregelt worden.[76]
Gesetz zu Korrekturen in der Sozialversicherung und zur Sicherung der Arbeitnehmerrechte vom 19.12.1998:[77]
Unmittelbar nach dem Wahlsieg der rot-grünen Regierungskoalition wurden die kündigungsschutzrechtlichen Neuerungen auf Grund des Arbeitsrechtlichen Beschäftigungsförderungsgesetzes 1996 weitestgehend wieder zurückgenommen. Das betraf bezüglich der Betriebsverfassung die Streichung der Sätze 2 und 3 des § 113 Abs. 3, mit dem die zeitliche Dauer von Interessenausgleichsverhandlungen begrenzt werden sollte.[78]
Die geänderte **WO 1972** auf Grund der neuen Gesetzeslage wurde am 29.9.1989 erlassen.[79]

7. Vereinigung Deutschlands und Betriebsverfassung

Im Zusammenhang mit der **Vereinigung Deutschlands** im Jahre 1990 stellte sich, wie in allen 35
anderen Lebensbereichen auch, die Frage der Harmonisierung der betrieblichen Interessenvertretung. In der DDR waren in der Nachkriegszeit die BR abgeschafft und stattdessen ein One-channel-System mit einer Betriebsgewerkschaftsleitung errichtet.[80] Nach anfänglichen Überlegungen, ausgehend von einem länger dauernden staatlichen Nebeneinander von BRD und DDR,[81] mündete die Entwicklung sehr schnell in die **vollständige Übernahme des BetrVG** für ganz Deutschland.[82] Dies erfolgte bereits zum 1.7.1990 mit dem Vertrag über die Herstellung der **Währungs-, Wirtschafts- und Sozialunion** vom 18.5.1990[83] durch entsprechende DDR-Gesetzgebung.[84] Da die DDR keine Unterscheidung zwischen **Arbeitern und Angestellten** kannte, erhielt § 6 eine spezielle Fassung mit Kriterien der diesbezüglichen Abgrenzung.[85] Die **ersten BR-Wahlen** waren bis spätestens 30.6.1991 durchzuführen. Gleichzeitig wurde bestimmt, dass BR und andere vor dem 31.10.1990 nach demokratischen Grundsätzen gewählte AN-Vertretungen bis zur Wahl eines BR, längstens bis zum 30.6.1991 im Amt bleiben.[86] Eine Wahl hat nicht nach **demokratischen Grundsätzen** stattgefunden, wenn an ihr nur FDGB-Mitglieder teilnehmen konnten.[87] Der **Einigungsvertrag** vom 31.8.1990[88] ließ diese Übergangs-

75 BGBl. I 1476.
76 Vgl. *Kittner,* AuR 97, 182 [186, 189] m.w.N.; zum Gesetz insgesamt vgl. *Bader,* NZA 96, 1126; *Buschmann,* AuR 96, 285; *Däubler,* BetrR 97, 1; *Etzel,* FAZ – Blick durch die Wirtschaft 21.10.96, S. 10; *Hinrichs,* AiB 96, 589; *v. Hoyningen-Huene/Linck,* DB 97, 41; *Lakies,* Neue Justiz 97, 121; *Leinemann,* BB 96, 1381; *Lorenz,* DB 96, 1973; *Löwisch,* NZA 96, 1009; *Preis,* NJW 96, 3369; *Wlotzke,* BB 97, 414.
77 BGBl. I 3843.
78 Zum Gesetz vgl. *Däubler,* NJW 99, 601; *Hinrichs,* AiB 99, 3; *Löwisch,* BB 99, 104; *Schiefer,* BB 99, 48.
79 Zu den geänderten Wahlvorschriften insgesamt s. *Dänzer-Vanotti,* AuR 89, 204; BGBl. I 1793.
80 *Däubler/Kittner,* Geschichte und Zukunft der Betriebsverfassung, S. 414ff.
81 Vgl. *Däubler,* AiB 90, 95; *Kittner,* GMH 90, 151; *Schumann,* GMH 90, 164.
82 Dazu *Däubler/Kittner,* Geschichte und Zukunft der Betriebsverfassung, S. 489ff.
83 BGBl. II 518.
84 GBl. I 357, 361, 362; vgl. *Lorenz,* DB 90, 3037; *ders.,* DB-DDR-Report 90, S. 37; *Kissel,* NZA 90, 545; *Scholz,* BB-Beilage 23/90, 1ff.
85 Vgl. *Wlotzke/Lorenz,* BB-Beilage 35/90, S. 5.
86 Hierzu auch VO vom 11.7.1990, GBl. I 715; vgl. *Schneider,* AiB 90, 303; *Stadtbezirksgericht Berlin-Köpenick* 17.7.90, AiB 90, 310.
87 *BAG* 12.11.92 – 8 AZR 232/92, DB 93, 542.
88 BGBl. II 889.

vorschrift auf dem Gebiet der ehemaligen DDR bis zum 30. 6. 1991 weiterbestehen. § 6 galt in abweichender, der DDR-Übergangsregelung entsprechender Fassung bis zum 31. 12. 1991.[89] Zunächst wirksam abgeschlossene **Betriebskollektivvereinbarungen** (BKV) wurden vom *BAG* nur **bis zum 3. 10. 1990 als wirksam** anerkannt.[90]

36 Eine weitere betriebsverfassungsrechtlich bedeutsame Folgegesetzgebung auf Grund der staatlichen Vereinigung erfolgte mit dem Gesetz über die **Spaltung der von der Treuhand verwalteten Unternehmen** (SpTrUG) vom 5. 4. 1991[91] und dem Gesetz zur Regelung offener Vermögensfragen (VermG) vom 18. 4. 1991.[92] Beide Gesetze enthalten sowohl ein **besonderes Informationsrecht** des BR (§ 2 Abs. 4 SpTrUG, § 6b Abs. 1 VermG) als auch die Regelung eines **Übergangsmandats des bestehenden BR** für die aufgespaltenen Folgeunternehmen (§ 13 SpTrUG, § 6b Abs. 9 VermG).[93]

8. Das BetrVerf-ReformG 2001

37 **Gewerkschaften** forderten in den 90er-Jahren mit wachsendem Nachdruck einen **Ausbau der betrieblichen Mitbestimmung.** Der DGB legte am 3. 2. 1998 seine »Novellierungsvorschläge zum Betriebsverfassungsgesetz 1972« vor, die sich sowohl auf die Stärkung der Arbeitsgrundlagen der BR wie auch auf die Erweiterung von Mitbestimmungsrechten beziehen. Als Reaktion auf die organisatorischen Veränderungen in der Wirtschaft, die immer mehr AN der Vertretung durch BR entziehen, sollte vor allem der Betriebsbegriff mehr an der Intensität der Zusammenarbeit zwischen den AN als an den Organisationsentscheidungen des AG ausgerichtet werden.[94] Außerdem sollte durch Veränderung des Arbeitnehmerbegriffs dem Phänomen der »Scheinselbstständigkeit« entgegengewirkt werden.[95] Die Stellung der Gewerkschaften sollte insbesondere durch ein eigenes Klagerecht gegen tarifwidrige Betriebsvereinbarungen und Regelungsabreden gestärkt werden. Die wichtigsten gewerkschaftlichen Forderungen sind in der **»Bonner Erklärung für eine moderne Betriebsverfassung«** vom Juni 1998 zusammengefasst. Die (damalige) **DAG** hat im März 1999 ebenfalls einen Vorschlag zur Novellierung des BetrVG vorgelegt. Im Unterschied zum DGB wollte sie die bisherigen Gruppenrechte in der Betriebsverfassung beibehalten.

38 Die gewerkschaftlichen Forderungen sind von der im Herbst 1998 gewählten rot-grünen Regierungsmehrheit im Grundsatz positiv aufgenommen worden. In der **Koalitionsvereinbarung** wurde die »Stärkung der Mitbestimmung« und eine Anpassung an die geänderten Umstände vorgesehen; zu diesem Zweck sollte das BetrVG novelliert werden. Die **Arbeitgeberseite** lehnte einen weiteren Ausbau der Mitbestimmung nachhaltig ab: »(Sie) würde die deutschen Unternehmen im Vergleich zu ihren internationalen Wettbewerbern zusätzlich benachteiligen«.[96]

39 Nach knapp zweijähriger Vorarbeit legte das BMA Mitte Dezember 2000 einen **Referentenentwurf** vor,[97] der in leicht verwässerter Form Grundlage des **RegE**[98] wurde.[99] Opposition und Arbeitgeberverbände äußerten heftige Kritik; in der juristischen Literatur wurden insbesondere zahlreiche **handwerkliche Mängel** beanstandet.[100] Der RegE wurde dennoch im Wesentlichen

---

89 Vgl. *Wlotzke/Lorenz,* BB-Beilage 35/90, S. 5.
90 *BAG* 1. 12. 92 – 1 ABR 28/92, EzA § 28 AGB-DDR 1977 Nr. 2; hierzu eingehend 4. Auflage, § 132 Rn. 15 ff.; vgl. auch *Mayer,* AiB 95, 215.
91 BGBl. I 854.
92 BGBl. I 957.
93 Hierzu *Engels,* DB 91, 966.
94 Vgl. *Bolt/Gosch,* AiB 99, 380; dazu *Löwisch,* DB 99, 2209; *Reichold,* NZA 99, 561.
95 Vgl. *Rost,* NZA 99, 113.
96 Arbeitgeber 19/99, 18.
97 Zu ihm *Däubler,* AuR 01, 1 ff.
98 BT-Drs. 14/5741.
99 Dazu *Engels/Trebinger/Löhr-Steinhaus,* DB 01, 532; zu Einzelheiten des Gesetzgebungsverfahrens s. *Däubler,* WSI-Mitt 01, 63 ff.
100 *Hanau,* RdA 01, 65; *Konzen,* RdA 01, 76; *Richardi/Annuß,* DB 01, 41.

unverändert vom Gesetzgeber verabschiedet; die Neufassung des Gesetzes trat am 28.7.2001 in Kraft.[101]

Die zahlreichen **Änderungen** betrafen insbesondere die organisatorische Struktur der Betriebsverfassung, während die Mitbestimmungsrechte – von § 97 einmal abgesehen – eine eher symbolische Erweiterung erfahren haben. Hervorzuheben sind folgende Punkte:[102] 40

- **Vereinfachtes Wahlverfahren** in Betrieben mit bis zu 50 Beschäftigten nach § 14a; besteht Einvernehmen zwischen Wahlvorstand und AG, kann dieses auch in Betrieben bis zu 100 AN praktiziert werden.
- Der **GBR** und unter bestimmten Voraussetzungen auch der KBR erhalten das Recht, in Betrieben ohne Betriebsrat einen **Wahlvorstand** einzusetzen, § 17. Dadurch soll – genau wie durch das vereinfachte Wahlverfahren – die **Bildung von BR erleichtert** werden.
- Das Mandat von **GBR und KBR** wird auch auf **Einheiten ohne Vertretung** erstreckt.
- Die Arbeitsbedingungen der BR werden dadurch verbessert, dass die in § 9 vorgesehene Zahl etwas erhöht sowie die Staffel für die **Freistellungen** nach § 38 nach oben korrigiert wird. Auf Grund einer Ergänzung von § 40 Abs. 2 haben BR nunmehr auch ausdrücklich Anspruch auf Informations- und Kommunikationstechnik.
- Der BR kann unter erleichterten Voraussetzungen **Ausschüsse** bilden und sich nach näherer Maßgabe des § 80 Abs. 2 Satz 3 an innerbetriebliche **Auskunftspersonen** wenden und mit diesen zusammen ggf. Projektgruppen bilden. Weiter kann er auf Grund einer Rahmenvereinbarung nach § 28a **Befugnisse auf Arbeitsgruppen delegieren.**
- Die Basis des BR wird insofern erweitert, als nach § 7 Satz 2 auch solche **AN wahlberechtigt** sind, **die** dem Arbeitgeber für einen Zeitraum von **mehr als drei Monaten** von einem Dritten **überlassen** worden sind. Eine Ausdehnung auf arbeitnehmerähnliche Personen ist nicht erfolgt.
- Das Gruppenprinzip ist abgeschafft. § 15 Abs. 2 verlangt jedoch, dass **das in der Minderheit befindliche Geschlecht** mindestens entsprechend seinem Anteil an der Belegschaft im BR repräsentiert sein muss.
- Die **Einheit,** in der BR zu wählen sind, kann nach § 3 **tariflich festgelegt** werden. Soweit ein UN nicht tarifgebunden ist, ist auch eine Regelung durch Betriebsvereinbarung möglich. Ausdrücklich zugelassen sind unternehmensübergreifende Vertretungsstrukturen.
- **Übergangs- und Restmandat** sind in den §§ 21a, 21b ausdrücklich verankert.
- Der **Gemeinschaftsbetrieb** wird als solcher im Gesetz (§ 1) anerkannt; auch ergibt sich aus § 47 Abs. 9, dass der dort gewählte BR Vertreter in die Gesamtbetriebsräte der Trägerunternehmen entsenden kann.

Was die **Tätigkeitsfelder** des BR betrifft, so ist durch die Neufassung des § 80 Abs. 1 formal eine erhebliche Erweiterung eingetreten. In der Realität war allerdings schon bisher die Möglichkeit gegeben, sich beispielsweise um betrieblichen Umweltschutz oder die Vereinbarkeit von Familie und Beruf zu kümmern. Auch die Beschäftigungssicherung, die nunmehr in § 92a besonders hervorgehoben wird, gehört zum traditionellen Kernbereich der BR-Aufgaben. 41

Eine **Erweiterung der Mitbestimmungsrechte** beschränkt sich auf folgende Tatbestände: 42

- Erweiterung des Anwendungsbereichs von **§ 99 und § 111,** da die Mindestzahl an AN nicht mehr auf den Betrieb, sondern **das UN** abstellt. § 95 Abs. 2 senkte die Grenze für die Erzwingbarkeit von Personalrichtlinien auf 500 AN ab.
- Der BR kann der unbefristeten Einstellung eines Externen mit der Begründung widersprechen, ein gleich geeigneter befristet beschäftigter Bewerber sei im Betrieb vorhanden.
- Das Mitbestimmungsrecht nach § 87 erstreckt sich nunmehr auch auf die »Grundsätze der Durchführung« von teilautonomer Gruppenarbeit.
- § 97 schafft ein Mitbestimmungsrecht in Bezug auf **Maßnahmen der Weiterbildung,** sofern eine Divergenz zwischen den am Arbeitsplatz bestehenden Anforderungen und der Qualifikation der Beschäftigten besteht.

---

101 BGBl. I 1852; zu den Problemen beim Übergang zum neuen Betriebsverfassungsrecht s. *Däubler*, DB 01, 1669. Kritik und erste Anwendungsprobleme bei *Däubler*, AuR 01, 285; *Hanau*, NJW 01, 2513; *Löwisch*, BB 01, 1734 u. 1790; *Reichold*, NZA 01, 857.

102 Vgl. auch *Windeln*, S. 5ff.

42a **Die neue WO** vom 11. 12. 2001[103] berücksichtigt die Änderungen des Wahlverfahrens (vgl. die Kommentierung der WO 2001 im Anhang A).

42b Zahlreiche **Beteiligungsrechte** des BR sind **in anderen Gesetzen** außerhalb des BetrVG festgelegt, wobei es sich allerdings nur ausnahmsweise – etwa in § 9 Abs. 3 ASiG – um Mitbestimmungsrechte handelt.[104] Inhaltlich sei auf die oben abgedruckten »Für die Mitbestimmung relevanten Gesetzesauszüge« verwiesen.

9. Entwicklung nach Inkrafttreten des BetrVG-Reformgesetzes (seit 2002)

43 Das Gesetz war auch seither Gegenstand zahlreicher kleinerer Änderungen.[105] »Große Würfe« sind nicht mehr gekommen. *Däubler* resümiert: »Die Zeit der großen Entwürfe und ihrer zumindest partiellen Realisierung scheint vorbei zu sein; die politischen Entscheidungsprozesse sind viel zu schwerfällig um einen sozialstaatlichen Wandel herbeizuführen.«[106] Auch die europäische Richtlinie 2002/14/EG zur Unterrichtung und Anhörung der Arbeitnehmer[107] konnte insoweit keine Impulse setzen. Der Gesetzgeber sah bis heute – zu Unrecht[108] – keinen Umsetzungsbedarf.

44 Das Gesetz zur Begrenzung der mit Finanzinvestitionen verbundenen Risiken (»**Risikobegrenzungsgesetz**«) v. 19. 8. 2008[109] hat die §§ 106 Abs. 2 Satz 2, 106 Abs. 3 Nr. 9a und 109a in das BetrVG eingefügt; WA bzw. BR müssen demnach unterrichtet werden, wenn ein Erwerber die Kontrolle über das UN erlangt. Einzelheiten bei § 106 Rn. 86 ff.

44a Auf der Grundlage der EU-Richtlinie 2014/95/EU (ABlEU v. 15. 11. 2014 – L 330/1) wurde die Verpflichtung geschaffen, in den gemeinsam mit der Bilanz veröffentlichten Lagebericht des UN sog. nichtfinanzielle Informationen aufzunehmen.[110] § 289c HGB konkretisiert dies im Einzelnen und bestimmt in Abs. 2 Nr. 2, auch »Arbeitnehmerbelange« müssten einbezogen werden. Es folgt eine nicht abschließende Aufzählung, die u. a. Maßnahmen zur Gewährleistung der Geschlechtergleichstellung, die Arbeitsbedingungen, die Umsetzung der grundlegenden ILO-Übereinkommen, die Achtung der Arbeitnehmerrechte, informiert und konsultiert zu werden, sowie die Achtung der Rechte der Gewerkschaften als Beispiele nennt. In der Literatur wird betont, es könne sich anbieten, diese Erklärungen zusammen mit dem Betriebsrat oder anderen Mitbestimmungsorganen zu erarbeiten.[111]

44b Mit der zum 1. 4. 2017 in Kraft getretenen Reform des AÜG[112] wurde die gegenüber dem BR bestehende **Unterrichtungspflicht des AG des Einsatzbetriebes beim Einsatz von Drittpersonal** konkretisiert. Zu echten Mitbestimmungsrechten hinsichtlich des Einsatzes von Drittpersonal konnte sich der Gesetzgeber hingegen nicht durchringen. Diese Verpflichtung bezieht sich nach § 80 Abs. 2 Satz 1 auch auf die Beschäftigung von Personen, die nicht in einem Arbeitsverhältnis zum AG stehen (§ 80 Rn. 85 ff.). Das gilt sowohl für Leih-AN als auch für sog. »Fremdfirmen-AN«, also Erfüllungsgehilfen Dritter, die für den AG aufgrund eines Werk- oder Dienstvertrags tätig werden. Außerdem ist die Vorlage der Verträge erforderlich, die der Beschäftigung dieser Personen dienen (§ 80 Abs. 2 Satz 3, § 80 Rn. 112 ff.). Nach der gesetzlichen Neuregelung in § 14 Abs. 2 AÜG sind bei der **Berechnung der betriebsverfassungsrechtlichen Schwellenwerte** Leih-AN auch im Entleiherbetrieb mitzuzählen, soweit die entsprechenden gesetzlichen Bestimmungen eine bestimmte Anzahl oder einen bestimmten Anteil von AN voraussetzen; eine Ausnahme gilt nur für § 112a. Von der gesetzlichen Regelung ausdrücklich ausgenommen sind die Schwellenwerte nach § 112a. Auf eine bestimmte Einsatzdauer kommt

---

103 BGBl. I 3494.
104 Eingehend *Engels* AuR 09, 10 ff., 65 ff.
105 *Däubler/Kittner*, Geschichte und Zukunft der Betriebsverfassung, S. 484 ff.; *Kittner*, Arbeits- und Sozialordnung, Einl. I 3 zum BetrVG, Nr. 12.
106 *Däubler/Kittner*, Geschichte und Zukunft der Betriebsverfassung, S. 484.
107 ABl. L 80/29.
108 *Bonin*, AuR 04, 321 ff.; *Deinert*, NZA 99, 800 ff.; *Reichold*, RdA 03,289.
109 BGBl. I 1666.
110 Überblick bei *Sommer*, RdA 16, 291.
111 *Sommer*, RdA 16, 291, 294.
112 V. 21. 2. 2017, BGBl. I 258.

es nicht an; nach § 14 Abs. 2 Satz 6 AÜG wird ein solches Erfordernis nur für die Anwendung des MitbestG und des DittelbG sowie weiterer Gesetze zur Unternehmensmitbestimmung aufgestellt.

(unbesetzt) 45

Zusätzliche Aufgaben hat der BR durch das **Entgelttransparenzgesetz**[113] erhalten (s. § 80 Rn. 1). 45a

Für den Sonderfall eines EBR in der Seeschifffahrt hat § 41a **Beschlüsse durch Videokonferenz** zugelassen (s. dort), was jedoch nicht auf andere Fälle erstreckt werden kann. 45b

Die Sonderregelung für den **Luftverkehr** in § 117 wurde im Zuge des sog. Qualifizierungschancengesetzes[114] um eine Auffanglösung mit Wirkung ab 1.5.2019 erweitert, um vertretungslose Zustände durch Verhandlungsverweigerung seitens des AG zu vermeiden. 45c

Damit der durch die **Corona-Pandemie** Ende März 2020 bundesweit eingeführte Lockdown nicht zum vollständigen Erliegen der betrieblichen Interessenvertretung führt, wurde durch Art. 5 des Gesetzes zur Förderung der beruflichen Weiterbildung im Strukturwandel und zur Weiterentwicklung der Ausbildungsförderung[115] eine bis Ende 2020 befristete Sonderregelung in § 129 eingefügt, die die Beschlussfassung durch Telefon- und **Videokonferenzen** ermöglicht.[116] Eine vergleichbare Regelung wurde durch Art. 9 dieses Gesetzes in § 41b EBRG eingefügt. Die Regelungen wurden durch das Beschäftigungssicherungsgesetz[117] bis Ende Juni 2021 verlängert. Sie wurden durch das Gesetz zur Stärkung der Impfprävention[118] wiederum bis 19.3.2022 in ähnlicher Form erneut befristet eingeführt und durch das Gesetz zur Stärkung des Schutzes der Bevölkerung und insbesondere vulnerabler Personengruppen vor COVID-19[119] befristet bis 7.4.2023 erneuert. 45d

10. Betriebsrätemodernisierungsgesetz

Die Große Koalition (2018–2021) plante nach ihrem **Koalitionsvertrag** eine Erleichterung der Betriebsratswahlen durch Ausweitung des erleichterten Wahlverfahrens.[120] Ob dies nachhaltig wirken wird, um weiße Flecken auf der Landkarte der mitbestimmten Betriebe zu beseitigen, bleibt abzuwarten. Es gibt dazu durchaus weitergehende Überlegungen.[121] Außerdem plante die Koalitionsregierung eine Stärkung des Initiativrechts für Weiterbildung. Arbeitgeber und Betriebsrat sollten über Berufsbildung beraten und mangels Einigung eine Moderation ohne Einigungszwang in Anspruch nehmen können. Diesbezügliche Aktivitäten wurden möglicherweise ein Stück weit durch die Corona-Pandemie »ausgebremst«. Dabei hat der Lockdown gezeigt, dass die Unternehmen und Betriebe erheblichen Nachholbedarf hinsichtlich der Digitalisierung haben. Umso deutlicher zeigt sich der Bedarf, das Gesetz auch in dieser Hinsicht zukunftsfähig zu machen, damit der digitale Wandel mitbestimmt gestaltet werden kann.[122] Der hochtrabende Name des Gesetzes hält allerdings nicht, was er verspricht. Es handelt sich eher um ein »Reförmchen«. 45e

Im Winter 2020/21 und damit relativ spät im Hinblick auf die Gefahr, vor der Bundestagswahl im September 2021 nicht mehr realisiert werden zu können, wurde zunächst ein Referentenentwurf des Bundesministeriums für Arbeit und Soziales für ein Betriebsrätestärkungsgesetz 45f

113 V. 30.6.2017, BGBl. I 2152.
114 V. 18.12.2018, BGBl. I 2651.
115 V. 20.5.2020, BGBl. I 1044.
116 Dazu *Däubler/Klebe*, NZA 20, 545 ff.
117 Gesetz zur Beschäftigungssicherung infolge der COVID-19-Pandemie (Beschäftigungssicherungsgesetz – BeschSiG) v. 3.12.2020, BGBl. I 2691.
118 Gesetz zur Stärkung der Impfprävention gegen COVID-19 und zur Änderung weiterer Vorschriften im Zusammenhang mit der COVID-19-Pandemie v. 10.12.2021, BGBl. I 5162.
119 V. 16.9.2022, BGBl. I 1454.
120 »Ein neuer Aufbruch für Europa, Eine neue Dynamik für Deutschland, Ein neuer Zusammenhalt für unser Land«, Koalitionsvertrag zwischen CDU, CSU und SPD, 19. Legislaturperiode, S. 51.
121 Vgl. *Kittner*, Editorial NZA 9/2020.
122 S. dazu den Antrag der Fraktion BÜNDNIS 90/DIE GRÜNEN im Bundestag, BT-Drs. 19/16843.

v. 21. 12. 2020 erarbeitet.[123] Dieser wurde allerdings in einem wesentlichen Punkt im Kabinett »geschliffen«: der Sonderkündigungsschutz für Wahlinitiatoren und sogenannte Vorfeldinitiatoren war im Referentenentwurf noch mit einer Verstärkung des Schutzes gegen außerordentliche Kündigungen durch ein Zustimmungserfordernis nach § 103 bzw. die Zulässigerklärung durch das ArbG verbunden. Dies wurde im Regierungsentwurf vom 1. 4. 2021[124] in diesem entscheidenden Punkt beseitigt: eine Zustimmung des Betriebsrats bzw. des Arbeitsgerichts zu einer außerordentlichen Kündigung war darin nicht mehr vorgesehen. Die Ausrichtung war damit klar, was auch in der Änderung des Titels des Gesetzentwurfs zum Ausdruck kam: so war nicht mehr von einer Stärkung der Betriebsräte die Rede, sondern von einer Modernisierung, wobei es ein Geheimnis der Bundesregierung bleibt, warum das Gesetz als Betriebsrätemodernisierungsgesetz bezeichnet wurde und nicht als Betriebsverfassungsmodernisierungsgesetz. Es konnte ja nicht ernsthaft die Vorstellung herrschen, dass die Betriebsräte einer Modernisierung bedürften. Vielmehr galt der Änderungsbedarf doch eigentlich den gesetzlichen Rahmenbedingungen. Im Zuge der Ausschussberatungen[125] wurde wesentlich das Wahlalter für das aktive Wahlrecht auf 16 gesenkt und im SGB VII der Versicherungsschutz im Homeoffice eingeführt.

45g Abgesehen von der Problematik des Sonderkündigungsschutzes brachte das Gesetz[126] u. a. folgende Änderungen:

- Heraufsetzung der Schwellenwerte für das obligatorische und das fakultative erleichterte Wahlverfahren auf 100 bzw. 200 Arbeitnehmer,
- Möglichkeit virtueller Betriebsratssitzungen unter Vorrang der Präsenzsitzung,
- Herabsetzung des Wahlalters auf 16 Jahre,
- Abschaffung des Höchstalters für Auszubildende bei der Wahl der JAV,
- Möglichkeit der elektronischen Form für Beschlüsse der Einigungsstelle und Betriebsvereinbarungen,
- Klarstellung, dass der Betriebsrat Teil der verarbeitenden Stelle im Sinne des Datenschutzes ist,
- grundsätzlicher Anspruch auf Hinzuziehung von Sachverständigen in Fragen der künstlichen Intelligenz,
- Klarstellung, dass Rechte des Betriebsrats bei Planung von Arbeitsverfahren und -abläufen auch im Falle des Einsatzes künstlicher Intelligenz greifen,
- Mitbestimmung bei mobiler Arbeit und
- Initiativrecht des Betriebsrats bei der Berufsbildung mit (bloßer) Vermittlungsmöglichkeit der Einigungsstelle.

45h Im April 2022 hat der **DGB**-Bundesvorstand einen von Praktikern und Wissenschaftlern erarbeiteten deutlich darüberhinausgehenden **Entwurf für ein Reformgesetz** vorgelegt.[127] Er zeigt Verbesserungsbedarf des Gesetzes und Regelungspotenzial für den Gesetzgeber auf.[128]

45i Eine mittelbare Bedeutung könnte die **Umsetzung der Transparenzrichtlinie** (EU) 2019/1152[129] bedeuten, ohne dass die Betriebsverfassung dort ausdrücklich einbezogen worden

123 Dazu *Düwell/Nielebock*, jurisPR-ArbR 2/21, Anm. 1; *Keitel/Busch*, BB 21, 564 ff.

124 Entwurf eines Gesetzes zur Förderung der Betriebsratswahlen und der Betriebsratsarbeit in einer digitalen Arbeitswelt (Betriebsrätemodernisierungsgesetz), BR-Drs. 271/21 = BT-Drs. 19/28899; dazu *Düwell/Nielebock*, jurisPR-ArbR 15/21, Anm. 1; *Winzer/Baeck/Hilgers*, NZA 21, 620 ff.; *Schiefer/Worzalla*, NZA 21, 817 ff.

125 Beschlussempfehlung und Bericht des Ausschusses für Arbeit und Soziales, BT-Drs. 19/29819.

126 Gesetz zur Förderung der Betriebsratswahlen und der Betriebsratsarbeit in einer digitalen Arbeitswelt (Betriebsrätemodernisierungsgesetz) v. 14. 6. 2021, BGBl. I 1762; dazu *Däubler/Kittner*, Geschichte und Zukunft der Betriebsverfassung, S. 486 ff.; *Möllenkamp*, DB 21, 1198 ff.; *Düwell/Nielebock*, jurisPR-ArbR 15/21, Anm. 1; *Reinartz*, NZA-RR 21, 457 ff.; *Wandscher*, AuR 21, 446 ff.

127 Betriebliche Mitbestimmung für das 21. Jahrhundert, AuR Sonderausgabe April 2022.

128 Dazu *Annuß*, NZA 22, 694 ff.; *Däubler/Kittner*, Geschichte und Zukunft der Betriebsverfassung, S. 641 ff.; *Deinert*, RdA 23, 81 ff.; *zu Dohna*, swp 3/2022, 43 ff.; *Klapp/Klebe*, NZA 2022, 683 ff.; *Klebe*, AuR Sonderausgabe April 2022, 2 ff.

129 Gesetz zur Umsetzung der Richtlinie (EU) 2019/1152 des Europäischen Parlaments und des Rates vom 20. Juni 2019 über transparente und vorhersehbare Arbeitsbedingungen in der Europäischen Union im Bereich des Zivilrechts und zur Übertragung von Aufgaben an die Sozialversicherung für

wäre. Denn in der Folge muss der AG nach § 2 Abs. 1 Satz 1 Nr. 14 NachwG den AN im Nachweis »über das bei der Kündigung des Arbeitsverhältnisses einzuhaltende Verfahren« unterrichten.[130] Dies dürfte sich auch auf die Notwendigkeit der Betriebsratsanhörung nach § 102 (vgl. § 102 Rn. 3b) sowie das Verfahren bei Sonderkündifgungsschutz nach § 103 bei Mandatsträgern (vgl. § 103 Rn. 8a) erstrecken.

II. Das BetrVG im System der Mitbestimmung

1. und Marktwirtschaft

Als Grundprinzip ist die **Beteiligung der AN** an den Entscheidungen im Produktions- und Dienstleistungsprozess heute im Wesentlichen **unbestritten.** Niemand propagiert offen die Rückkehr zum »Herr-im-Hause«-Standpunkt. Dies darf jedoch nicht zu der Fehleinschätzung verführen, Einigkeit bestehe auch über konkrete Formen. Im Gegenteil: Je **präziser und verbindlicher AN-Rechte** festgeschrieben werden sollen, **umso erbitterter der Widerstand von AG-Seite.**[131] Dies wurde u. a. an der Auseinandersetzung um die Reform der Betriebsverfassung deutlich (o. Rn. 37 ff.). Insofern verhält es sich mit der Mitbestimmung nicht anders als mit der Gleichberechtigung von Mann und Frau, mit der Krisenbekämpfung oder mit der Vollbeschäftigung. Es bedarf des entschiedenen politischen und sozialen Engagements, um das »Im-Prinzip-ja« aus seiner Sonntagsreden-Existenz herauszuholen und es zu einem realen Veränderungsfaktor zu machen. 46

Mitbestimmung rechtfertigt sich mit einer **grundsätzlichen Wertentscheidung:** Der **Mensch** soll in die Lage versetzt werden, im Rahmen des Möglichen **seine Umwelt selbst und nach eigenen Vorstellungen zu gestalten.**[132] Der Einzelne darf nicht fremd gesteuert, nicht in existenzieller Abhängigkeit vom unkontrollierten Willen eines Dritten oder von »Systemzwängen« gehalten werden. Dies ist nicht Wunschdenken einiger »Radikaler«, sondern findet sich in voller Deutlichkeit im Bericht der ersten **Biedenkopf-Kommission,** der 1970 der Bundesregierung vorgelegt wurde.[133] Dort heißt es:[134] »Inhaltlich beruht die Wertentscheidung [für die Mitbestimmung – W. D.] auf dem grundlegenden Bekenntnis zur Würde der Person, zu den unverletzlichen und unveräußerlichen Menschenrechten als Grundlage jeder menschlichen Gemeinschaft und zum Recht auf freie Entfaltung der Persönlichkeit (Art. 1 und 2 GG). Zunächst allgemein ausgedrückt, besagt sie, dass die Unterordnung des Arbeitnehmers unter fremde Leitungs- und Organisationsgewalt im Unternehmen mit seiner Selbstbestimmtheit, der ihm rechtlich zuerkannten Möglichkeit, seine Zwecke selbst zu wählen und eigene Initiativen zu entfalten, nur so lange vereinbar ist, als sie ihre Entsprechung in Gestalt der Freiheit der Beteiligung an den Entscheidungen findet, die den Arbeitsprozess regeln und gestalten.« 47

Mitbestimmung ist nach dieser Auffassung nicht nur ein rechtspolitisches Postulat, sondern eine **verfassungsrechtliche Wertentscheidung.**[135] Zutreffend betont *Häberle,*[136] die emanzipatorische Kraft der Menschenwürde müsse sich am Arbeitsplatz entfalten: »Der Einzelne darf nicht nur nicht Objekt staatlicher Verfahren (Dürig) werden, der Staat hat auch den Schutzauftrag, ihn davor zu bewahren, zum Objekt gesellschaftlicher Verfahren zu werden«. Die Verfassung will **Demokratie auch in der Wirtschaft.**[137] 48

Selbstbestimmung und Demokratie kennen **viele Erscheinungsformen. Im staatlichen Bereich** ist das allgemeine, gleiche und geheime Wahlrecht ebenso anerkannt wie Meinungs- und Pressefreiheit. Unterschiedliche Auffassungen existieren insbesondere zu der Frage, inwieweit 49

Landwirtschaft, Forsten und Gartenbau v. 20. 7. 22, BGBl. I 1174; dazu *Gaul/Pitzer/Pionteck*, DB 22, 1833 ff.; *Preis/Schulze*, NJW 22, 2297 ff.

130 Dazu *Maul-Sartori*, SR 22, 226 ff.; *Rolfs/Schmidt*, NZA 22, 945 ff.

131 Eingehend *Engels* AuR 09, 10 ff., 65 ff.

132 Vgl. auch *Wiese*, FS Kissel, S. 1278 ff.

133 BT-Drucks. VI/334.

134 A. a. O., S. 56.

135 Eingehend *Däubler*, Grundrecht, S. 129 ff.

136 VVDStRL 30, S. 85 Fn. 181.

137 Im Grundsatz zustimmend *von Hoyningen-Huene*, FS Stahlhacke, S. 175.

das Volk selbst in die Entscheidung einzelner Sachprobleme eingeschaltet werden soll (»Volksbegehren«, »Volksentscheid«).[138] **Im Bereich der Wirtschaft** hat sich ein sehr viel weniger weitreichender Konsens herausgebildet: Umfassende Mitgestaltung aller dort fallenden Entscheidungen würde das Privateigentum an Produktionsmitteln in seiner heutigen Form aufheben. Über die Folgen, die eine solche »Makro-Entscheidung« hätte, ist noch zu wenig nachgedacht worden. Die Entwicklung in der früheren DDR und in Osteuropa hat bei vielen die Ratlosigkeit verstärkt. Auch bestehen derzeit keine guten Voraussetzungen dafür, selbst auf der Basis eines durchdachten Modells die nötige Unterstützung in der Gesellschaft zu finden. Im Mittelpunkt politischer Aktivitäten steht der Klimaschutz und die Bekämpfung der Corona-Pandemie, die nicht oder nur ansatzweise mit der Struktur des Wirtschaftens in Verbindung gebracht werden.

50 Die Diskussion um Mitbestimmung beschränkt sich deshalb im Wesentlichen darauf, die **soziale Marktwirtschaft als »Rahmenbedingung«** zugrunde zu legen und die verstärkte Einschaltung der AN in die hier stattfindenden Entscheidungsprozesse zu fordern. Von unserer Verfassung her ist dies trotz der Garantie des Privateigentums in Art. 14 Abs. 1 GG nicht zwingend geboten, da sie wirtschaftsverfassungsrechtlich neutral ist.[139] Zulässig wäre deshalb auch eine Gesetzgebung und eine Wirtschafts- wie eine Tarifpolitik, die in kleineren oder größeren Teilen der Wirtschaft nicht den höchstmöglichen Gewinn, sondern reale Bedürfnisse der Bevölkerung zum Ausgangspunkt nehmen würde. In der Gegenwart wird demgegenüber eine »Arbeitsteilung« der Art (fast) allgemein akzeptiert, wonach die Erzeugung aller nicht Gewinn bringenden Güter und Dienstleistungen im Wesentlichen dem Staatsapparat, vom Staat unterstützten Unternehmen und dem ehrenamtlichen Bürgerengagement vorbehalten ist.

51 Legt man die marktwirtschaftliche Ordnung zugrunde, so stellt die **Einschaltung der AN** und ihrer Vertretungen in die Entscheidungsprozesse **nicht etwa** ein **»Hemmnis« für effizientes Wirtschaften** dar. Immer mehr setzt sich auch auf AG-Seite die Einsicht durch, dass Betriebe mit einem Stück Demokratie Betrieben mit Kommandosystem überlegen sind.[140] Entscheidungen werden besser akzeptiert, wenn die AN und ihre Vertretungen an der Ausarbeitung beteiligt waren und wenn sie sich deshalb besser mit ihrer Arbeit identifizieren können. »Motivierte Menschen sind ein Wettbewerbsvorteil« – so schreibt völlig zutreffend der (damalige) Arbeitsdirektor von VW.[141] Dies gilt insbesondere für solche Beschäftigtengruppen, die auf Grund ihres Expertenwissens und ihrer Spielräume am Arbeitsplatz die **Arbeitsproduktivität** unmittelbar **beeinflussen** können: Die Umstellung auf SAP – um ein einfaches Beispiel aufzugreifen – lohnt sich ersichtlich nur, wenn die neuen Systeme akzeptiert werden und wenn insbesondere Störungen schnell und unbürokratisch behoben werden. Die Zahl der Arbeitskräfte, die angesichts neuer Technologien selbst auf »gutes« oder »schlechtes« Funktionieren Einfluss nehmen können, dürfte schon in der nahen Zukunft noch erheblich zunehmen. Mitbestimmung wird deshalb auch für die AG zu einem brennenden Problem, das in die Diskussion über »neue Produktionskonzepte« eingeht.[142]

52 Relativ wenig beachtet blieb in den bisherigen Überlegungen der **Vergleich mit autoritären Arbeitsbeziehungen.** In Spanien hatte sich beispielsweise bis zum Ende der Franco-Ära die Erkenntnis praktisch durchgesetzt, dass die traditionell-autoritäre UN-Führung weniger produktives Wirtschaften ermöglichte als demokratischere Formen.[143] Eine neuere Untersuchung der Europäischen Stiftung zur Verbesserung der Lebens- und Arbeitsbedingungen mit Sitz in Dublin hat interessante Aufschlüsse gebracht, die in dieselbe Richtung weisen.[144] Gegenstand

---

138 S. *J. Seifert*, GMH 90, 614 ff.

139 *BVerfG* v. 1.3.79, BVerfGE 50, 290 ff.

140 Vgl. *Windeln*, S. 3. Zur Mitbestimmung als Standortvorteil s. *Däubler/Kittner*, Geschichte und Zukunft der Betriebsverfassung, S. 511 ff. m.w.N.

141 *Briam* in Roth/Kohl [Hrsg.], S. 165.

142 Vgl. *Kern/Schumann* sowie insbes. *Bertelsmann-Stiftung/Hans-Böckler-Stiftung* [Hrsg.], Mitbestimmung und neue Unternehmenskulturen – Bilanz und Perspektiven, Bericht der Kommission Mitbestimmung, Gütersloh 1998.

143 Dazu *Rodriguez-Piñero* in *Däubler* [Hrsg.], Arbeitsbeziehungen, S. 21 ff.

144 *European Foundation for the Improvement of Living and Working Conditions*, New Information Technology and Participation in Europe, Dublin 1989.

war der Einfluss von AN-Vertretern bei der Einführung neuer Informationstechnologien, der vergleichend in Großbritannien, Frankreich, Italien, Dänemark und der Bundesrepublik untersucht wurde. Bemerkenswert war, dass der Informationsstand wie die **Intensität der Arbeitnehmerbeteiligung** bei der Einführung neuer Technologien **in Dänemark und der Bundesrepublik am höchsten** waren; es folgten Italien und Frankreich – Großbritannien war am Ende zu finden.[145] Obwohl dies in der Studie nicht ausdrücklich betont wurde, liegt der Schluss nahe, dass die sehr hohe Arbeitsproduktivität in der Bundesrepublik und in Dänemark eben auch Folge der besser ausgebauten AN-Beteiligung ist.[146] Entsprechendes ergab ein Vergleich zwischen Genossenschaften und normalen privatkapitalistischen Firmen in Norditalien.[147] Wenig Erkenntnisfortschritt hat demgegenüber im vorliegenden Zusammenhang bisher die sog. ökonomische Analyse des Rechts erbracht.[148]

2. Formen der Arbeitnehmerbeteiligung

Die **Einschaltung der AN** in wirtschaftliche Entscheidungsprozesse kann grundsätzlich **auf zwei Wegen** erfolgen. Die eine – elementare – Form ist der **Kollektivvertrag** und der hinter ihm stehende Streik. Die andere ist die sog. **institutionalisierte Mitbestimmung,** also die Repräsentation der AN in bestimmten Gremien, die für einzelne Sachbereiche zuständig sind. Beispiel hierfür ist der BR oder die AN-Vertretung im Aufsichtsrat.[149] **53**

Neben diesen rechtlich verfassten Einflussmöglichkeiten existieren in vielen Betrieben (wenig erforschte) **informelle Einflussstrukturen.** Sie können dazu führen, dass das gesetzliche Niveau überschritten wird (beispielsweise keine Kündigung ohne Zustimmung des BR ausgesprochen wird); sie können aber auch zur Folge haben, dass der vom Recht ermöglichte Standard bei weitem nicht erreicht wird. Die bestehenden Rechtsnormen dürfen deshalb nicht einfach mit der betrieblichen Realität gleichgesetzt werden.[150] **54**

AN-Beteiligung ist in der einen wie in der anderen Form **überall dort vorstellbar, wo Entscheidungen fallen.** Der marktwirtschaftlichen Grundstruktur unserer Wirtschaftsordnung entspricht es, dass sich Gesetzgeber wie Praxis vorwiegend auf die wirtschaftliche Einheit **»Unternehmen«** und »Konzern« (dazu vor § 54 Rn. 1 ff.) sowie auf den **Betrieb** als arbeitstechnische (Umsetzungs-)Einheit (§ 1 Rn. 31 ff.) konzentrieren. Hier ist die Domäne der institutionalisierten Mitbestimmung. Die Tarifpolitik erfasst häufig regional oder auf Bundesebene die Unternehmen einer Branche; insoweit lässt sich der **Tarifvertrag als Mittel überbetrieblicher Mitbestimmung** qualifizieren. **55**

Andere potentielle Einflussfelder der AN stehen mehr oder weniger im Hintergrund. Dies gilt einmal für die »unterbetriebliche« Ebene, also für **Arbeitsgruppen, Abteilungen** usw. Die Installierung von Arbeitsgruppensprechern[151] ist auf das Bedenken gestoßen, dass dadurch das Vertretungsmandat des BR gefährdet sein könnte. Die heutige Diskussion einer Mitbestimmung im überschaubaren Bereich, insbesondere am Arbeitsplatz, wird unter dem Stichwort der Humanisierung der Arbeitsbedingungen und der Gruppenarbeit geführt. Dabei steht insbesondere der Übergang zu kooperativen Arbeitsformen im Vordergrund.[152] Auch wird **56**

145 Zusammenfassende Darstellung bei *Fröhlich/Krieger,* WSI-Mitt. 89, 628.
146 Weitere Beispiele bei *Däubler,* GMH 01, 212 ff.
147 *Burtlett u. a.,* Industrial und Labour Relations Review 46 [1992] 103 ff.
148 *Behrens,* ZfA 89, 234; *Schäfer/Ott* (Hrsg.), Ökonomische Analyse des Arbeitsrechts, 2000; dazu *Däubler,* Arbeitsrecht 1, Rn. 69b.
149 Zu dieser Unterscheidung siehe auf rechtsvergleichender Ebene *Hepple* [ed.], The Making of Labour Law in Europe. A Comparative Study of Nine Countries up to 1945, London und New York 1986, Kap. 5 und 6.
150 Zu informellen Abkommen siehe etwa *Birk,* ZfA 86, 73; *Däubler,* Arbeitsrecht 1, Rn. 943; grundlegend *Artus,* Interessenhandeln jenseits der Norm: Mittelständische Betriebe und prekäre Dienstleistungsarbeit in Deutschland und Frankreich, 2008; *dies.* Betriebe ohne Betriebsrat: Informelle Interessenvertretung im Unternehmen, 2006. S. weiter *Däubler/Kittner,* Geschichte und Zukunft der Betriebsverfassung, § 33 III (S. 507 ff.).
151 Dazu insbesondere *Huss-Schmidt* [Hrsg.].
152 Vgl. den von *Roth/Kohl* hrsg. Sammelband und dort die Beiträge von *Dressler, Klaus* und *Däubler.*

Gruppenarbeit immer häufiger als Mittel effizienterer Produktion gesehen,[153] wobei Gruppensprecher dann im Widerspruch zu betriebsverfassungsrechtlichen Grundstrukturen stehen, wenn sie die Gruppe nicht nur gegenüber dem AG, sondern auch gegenüber dem BR repräsentieren.[154] Initiativen des einzelnen AN sollen durch den 2001 eingefügten § 86a erleichtert werden. Auch die Einschaltung von AN als Auskunftspersonen nach § 80 Abs. 2 Satz 3 kann zu einer noch größeren Problemnähe des BR und zur Beteiligung einzelner an seiner Willensbildung führen. Inwieweit die durch den neuen **§ 28a** geschaffene Möglichkeit zur **Delegierung von Betriebsratsbefugnissen** auf Arbeitsgruppen in der Praxis jemals Bedeutung gewinnt, erscheint höchst zweifelhaft.[155] Dasselbe gilt für die Auswirkungen des 2001 geschaffenen Mitbestimmungsrechts nach § 87 Abs. 1 Nr. 13 (dazu § 87 Rn. 374 ff.). Das aktuelle Konzept des »agilen Arbeitens« wirkt der Bildung fester Gruppen entgegen, da die Bildung von Gruppen projektbezogen und damit auf (relativ kurze) Zeit erfolgt.

57 **Wenig entwickelt** ist zum andern die **überbetriebliche Mitbestimmung,** soweit sie nicht die tarifliche Festsetzung von Mindestarbeitsbedingungen betrifft.[156] Dies wird z. B. besonders deutlich bei der Krisenbewältigung in bestimmten Branchen oder Regionen. Erst im Zeitalter des shareholder-value-Kapitalismus[157] wurde ein weiteres elementares Defizit der Mitbestimmung wie des ganzen Arbeitsrechts deutlich: Veränderungen in der Kapitalsphäre, **Aufkauf, Zerschlagung und Umgestaltung von Unternehmen** vollziehen sich **außerhalb der Sphäre des Arbeitsrechts.**[158] Die stillschweigend unterstellte Existenz eines AG, der auf nachhaltige Entwicklung seines UN setzt, ist in der Realität eher zur Ausnahme geworden.[159] Viele Arbeitsrechtsnormen laufen leer, wenn der »Finanzinvestor« den Sozialplan längst einkalkuliert hat oder wenn er den Kauf des UN durch dieses selbst finanzieren lässt. Die Träger der Mitbestimmung sind auf mehr oder weniger hilflose »Aufräumarbeiten« beschränkt. Der Ruf nach dem Staat ist derzeit allgegenwärtig, doch **fehlt** auch hier ein ausreichend abgesicherter **Einfluss der AN-Seite auf die zu treffenden Entscheidungen.** Vom Parlament her lässt sich die Verwaltung nur unzureichend kontrollieren.[160] Auch auf europäischer Ebene sind meist nur informelle Einflussnahmen zu verzeichnen. Eine gewisse Ausnahme stellt der sog. Soziale Dialog dar, der vor längerer Zeit zum Erlass der Richtlinien über Teilzeit und Befristung geführt hat,[161] der jedoch in den letzten Jahren keine vergleichbaren Ergebnisse erbracht hat.

58 Die **Intensität der AN-Beteiligung** kann sehr unterschiedlich sein. Im Bereich der institutionalisierten Mitbestimmung existiert eine genaue Abstufung von Rechten, die von der schlichten **Anhörung** und Beratung bis hin zur Mitwirkung und zur **Mitbestimmung** reichen. Die letztere setzt dabei voraus, dass die AG-Seite ohne Zustimmung der AN-Vertretung nicht wirksam handeln kann. Gleichzeitig kann die AN-Seite auch von sich aus aktiv werden und der AG-Seite bestimmte Vorschläge machen. Bei Nichteinigung entscheidet eine paritätisch besetzte Kommission mit neutralem Vorsitzenden (ESt.). Im Bereich der Tarifpraxis existieren auch **Vetorechte des BR,** die nicht durch einen ESt.-Spruch ausgeräumt werden können.[162] Denkbar sind schließlich auch **Alleinentscheidungsrechte** der AN-Seite in bestimmten eng umschriebenen Sektoren.[163] **Bei der »vertraglichen« Mitbestimmung hängt die Qualität des Rechts von außerjuristischen Faktoren wie der Kampfbereitschaft** der betroffenen AN ab. Bemerkenswert ist, dass in zahlreichen westeuropäischen Rechtsordnungen sowie in Schweden Unternehmensentscheidungen tariflich regelbar sind, dass die Praxis jedoch weit hinter den

153 S. *Hunold,* Lean Production, S. 4 ff., 21 ff.; *Breisig,* Gruppenarbeit.
154 *Trümner,* FS *Däubler,* S. 295 ff.
155 Vgl. *Engels,* FS Wißmann, S. 302 ff.; *Linde,* AiB 04, 334; *Däubler,* Arbeitsrecht 1, Rn. 827 f.
156 Vgl. *WSI-Projektgruppe,* S. 220 ff.
157 Dazu schon *Dieterich* AuR 97, 1, 4 f.
158 *Wolter* AuR 08, 325 ff.
159 Zum Schlagwort von den »Heuschrecken« s. *Luecke-Markus* dbr 8/07 S. 28 ff.
160 Dazu *Däubler,* Arbeitsrecht 1, Rn. 171 ff.
161 S. *Lörcher* NZA 03, 184; *Röthel,* NZA 00, 65.
162 Beispiele aus der Metallindustrie in Nordwürttemberg/Nordbaden bei *Richardi,* NZA 88, 677.
163 Vgl. *BAG* 24. 4. 86, AP Nr. 7 zu § 87 BetrVG 1972 Sozialeinrichtung: Verwaltung der Kantine durch den Betriebsrat.

an sich gegebenen Möglichkeiten zurückbleibt.[164] Beide Mitbestimmungsformen tendieren im Übrigen dazu, nur »reaktives« Verhalten der AN-Seite hervorzubringen und z. B. die Unternehmensexpansion auch dann undiskutiert zu lassen, wenn sie langfristige Risiken enthält. Auch können sie die Neugründung von Unternehmen und Betrieben nur schwer erfassen.

3. Insbesondere: Betriebsverfassung und gewerkschaftliche Interessenvertretung

a) Das sog. duale System

Auf der betrieblichen Ebene existiert in der Bundesrepublik eine **Doppelstruktur:** AN-Interessen können sowohl über den BR wie auch über die Gewerkschaft einschließlich der gewerkschaftlichen Vertrauensleute (dazu § 2 Rn. 49 ff.), wahrgenommen werden. Auf rechtlicher Ebene sind die Unterschiede zwischen beiden »Einrichtungen« beträchtlich. Der **BR** ist gewählter Sprecher der gesamten Belegschaft, hat bestimmte, im Gesetz ausdrücklich festgelegte Rechte und kann im Konfliktfalle nur die ESt. bzw. das ArbG bemühen, nicht aber einen Streik organisieren. Die **Gewerkschaft** vertritt demgegenüber juristisch nur ihre Mitglieder. Ihre Rechte sind nicht gesetzlich festgelegt, sondern ergeben sich aus der Rechtsprechung zu Art. 9 Abs. 3 GG.[165] 59

In der Praxis hat sich eine **enge Kooperation** zwischen (den allermeisten) BR und der zuständigen Gewerkschaft herausgebildet. Über 70 % der BR-Mitglieder sind gewerkschaftlich organisiert.[166] Entscheidend dafür ist neben den im BetrVG ausdrücklich vorgesehenen Gewerkschaftsrechten[167] die **»Dienstleistungsfunktion« der Gewerkschaft;** Letztere bietet Schulungs- und Bildungsveranstaltungen an und verfügt über Expertenwissen, das von der Protokollanfertigung bis zur Aushandlung einer IT-Betriebsvereinbarung reicht. Auch findet sich bei vielen Beteiligten die zutreffende Einschätzung, dass der **gewerkschaftliche Rückhalt für betriebliche Verhandlungen oft unerlässlich** ist, während umgekehrt die Gewerkschaft weiß, dass sie gegen den Willen eines von der Belegschaft getragenen BR nur eine sehr bescheidene Stellung im Betrieb erreichen könnte. Faktisch ist der BR häufig die unterste Ebene der Gewerkschaft, die sich somit in Form des BetrVG einer eingehenden gesetzlichen Regelung ausgesetzt sieht.[168] Faktisch ist der gewerkschaftliche Einfluss in den letzten zwanzig Jahren erheblich zurückgegangen, was dazu führt, dass BR in nicht wenigen Betrieben auf sich selbst gestellt sind oder gar keine wirksame Interessenvertretung mehr stattfindet.[169] 60

Schließlich ist – insbes. für ausländische Beobachter – hervorzuheben, dass es **von den Verhandlungsgegenständen her eine Arbeitsteilung** zwischen BR und Gewerkschaften gibt. Während sich die gewerkschaftliche Tarifpolitik insbes. auf Löhne und andere Vergütungsbestandteile, Arbeitszeit und Arbeitsplatzschutz konzentriert, geht es bei der Mitbestimmung des BR in erster Linie um die Art und Weise der Verausgabung der Arbeitskraft im Betrieb. Beides bezeichnet allerdings nur Schwerpunkte; im Einzelfall kann die Gewerkschaft durchaus auch um qualitative Forderungen wie z. B. Besetzungsregeln kämpfen, während umgekehrt der BR an § 77 Abs. 3 BetrVG vorbei über Vergütungen und Arbeitszeit verhandelt. In den vergangenen 20 Jahren hat sich der Schwerpunkt aller Verhandlungsgegenstände immer mehr auf die betriebliche Ebene verlagert.[170] 61

b) Vorzüge und Nachteile

Das **duale System** der Interessenvertretung ist **keine Naturnotwendigkeit.** In manchen anderen westlichen Ländern wie z. B. in Schweden und Großbritannien existiert eine »einspurige« 62

164 Vgl. *Runggaldier,* S. 392 ff.; *Weyand,* S. 207.
165 Überblick bei *Däubler,* Gewerkschaftsrechte, Rn. 258 ff.; zur historischen Entwicklung s. insbes. *Gamillscheg,* FS Stahlhacke, S. 129 ff.
166 *Däubler,* Arbeitsrecht 1, Rn. 829.
167 Überblick bei *Däubler,* a. a. O., Rn. 89 ff.
168 Dazu *Bösche/Grimberg,* FS Däubler, S. 355 ff.
169 Eingehender dazu *Däubler/Kittner,* Geschichte und Zukunft der Betriebsverfassung, § 34 V (S. 522 f.).
170 Däubler-*Däubler,* TVG, Einl. Rn. 55 ff. m. w. N.

Struktur: Auch auf betrieblicher Ebene gibt es nur gewerkschaftliche Organe.[171] Ist die Zweispurigkeit vorzuziehen?

63 Ein **bewertender Vergleich** ist insofern immer **problematisch,** als in eine nationale Regelung sehr viele Faktoren eingehen, die außerhalb des geschriebenen Rechts liegen und die beispielsweise bei einer »Verpflanzung« nicht gegeben wären.[172] Sinnvoll ist daher zunächst nur eine Auseinandersetzung mit der bei uns bestehenden Situation.

64 Ein Vorzug des dualen Systems liegt sicherlich darin, dass nicht nur auf Branchen-, sondern auch auf Betriebsebene verhandelt wird. Weiter ist eine **demokratische Kontrolle durch die Belegschaften** im relativ überschaubaren Bereich eines Betriebs eher machbar als in einer Massenorganisation von vielen 100 000 Mitgliedern. Beides ist allerdings auch im Rahmen einer rein gewerkschaftlichen Interessenvertretung möglich, sofern die betriebliche Ebene über ein gewisses Maß an Autonomie verfügt. Entscheidend ist allerdings, dass die Beschäftigten im einen wie im anderen System befähigt werden, gegenüber einzelnen Vorhaben des AG »nein« zu sagen und so das Unterworfensein unter fremde Entscheidungen zu durchbrechen.

65 Die Besonderheit des BR liegt nun aber darin, dass er **aus der gewerkschaftlichen Hierarchie herausgenommen** ist. In der Wahrnehmung seiner Aufgaben ist er lediglich seinem gesetzlichen Auftrag verpflichtet, kann jedoch nicht zu einem bestimmten Verhalten angewiesen werden. Diese **relative Unabhängigkeit** gewährt unter unseren Bedingungen einen gewissen **Minderheitenschutz.** Innergewerkschaftliche Gruppierungen, die für ihre Politik keine Mehrheit finden, können in BR weiter existieren und so die Chance bewahren, eines Tages Mehrheit zu werden. Die Tatsache, dass Minderheiten auf diese Weise nicht »auf Null gebracht« werden können, verbessert die Formen der Auseinandersetzung und veranlasst die Mehrheit, sich grundsätzlich tolerant zu verhalten und sich bisweilen auch die Frage zu stellen, ob man von den »Dissidenten« nicht einiges lernen könnte. Auch ein evtl. Ausschluss aus der Gewerkschaft wegen Kandidatur auf einer Konkurrenzliste[173] hat in der Praxis keineswegs immer endgültigen Charakter.

66 Der wesentlichste Vorzug von BR scheint mir allerdings in ihrer **Innovationsfunktion** zu liegen. Auf Grund ihrer Mitbestimmungsrechte sind sie gezwungen, sich mit einzelnen Problemen auseinanderzusetzen, zu ihnen eine bestimmte Haltung einzunehmen. Das Argument, der Vorstand oder der Gewerkschaftstag habe noch nicht entschieden, würde von niemandem ernst genommen. Werden etwa Informationstechnologien eingeführt oder wollen viele Beschäftigte Gleitzeit, so **muss der BR** reagieren und **eigene Lösungsvorschläge** entwerfen. Da er dies in der Regel nicht allein kann, werden entsprechende Anforderungen in den hauptamtlichen Apparat der Gewerkschaft hineingetragen, der sich auf diese Weise gleichfalls der sich wandelnden Realität stellen muss. Vieles spricht dafür, dass **»Zukunftsdiskussionen«,** wie sie die IG Metall Anfang der 70er-Jahre[174] und Ende der 80er-Jahre führte,[175] ohne diesen Mechanismus nicht möglich gewesen wären. In der Gegenwart ist die Verklammerung sehr viel weniger ausgeprägt, da die Gewerkschaft für viele BR keinen Expertenstatus mehr besitzt und man sich deshalb anderwärts Rat holt.

67 Auf der anderen Seite sollte man auch vor **Risiken und Nachteilen** die Augen nicht verschließen. In der rechtlichen Selbstständigkeit einer betrieblichen Interessenvertretung liegt immer auch die Gefahr des **Betriebsegoismus,** der Abkoppelung von der gemeinsamen Interessenvertretung aller abhängig Beschäftigten. Weiter machen sich **BR** häufig die **betriebswirtschaftliche Perspektive der UN-Leitung zueigen.** Dies wird als der wichtigste Grund dafür gesehen, dass die Lohnentwicklung in Deutschland in den Jahren 2000 bis 2007 weit hinter der vergleichbarer westeuropäischer Länder zurückgeblieben ist; den BR kommt in den gewerkschaftlichen Tarifkommissionen erfahrungsgemäß ein ausschlaggebender Einfluss zu. Dem lässt sich

---

171 S. *Däubler/Lecher* [Hrsg.], S. 15 ff., 131 ff.

172 Zu wenig erfolgreichen Versuchen eines »transplant« der Betriebsverfassung s. *Däubler,* Arbeitsrecht 1, Rn. 73iff. (abrufbar unter *www.daeubler.de/bucher/*).

173 *BVerfG* 24.2.99, AuR 99, 236.

174 *Friedrichs* [Redaktion], Aufgabe Zukunft: Qualität des Lebens, Beiträge zur Vierten Internationalen Arbeitstagung der IG Metall, 11.-14. April 1972 in Oberhausen, 10 Bde., 1973.

175 *IG Metall* [Hrsg.], Die andere Zukunft: Solidarität und Freiheit, 6 Materialbde., 1988, sowie *IG Metall* [Hrsg.], Wofür wir streiten: Solidarität und Freiheit, Internationaler Zukunftskongress 1988, 1989.

durch überzeugende politische Konzepte, theoretisch aber auch durch eine funktionierende Vertrauensleutestruktur gegensteuern.[176] Wirkliche Fortschritte in Sachen Entgelt und Arbeitszeit sind ersichtlich nur über die Gewerkschaft und das ihr zustehende Streikrecht möglich.

4. Betriebsverfassung und »Mitbestimmung« im Aufsichtsrat

Keine grundsätzlichen Probleme wirft das Verhältnis zwischen BR und AN-Vertretern im Aufsichtsrat auf. Da sich Letztere – von der Montanmitbestimmung einmal abgesehen – zumindest stimmenmäßig immer in einer Minderheitenposition befinden, sind sie im Regelfall **kein »Durchsetzungsinstrument«.** Mehr Lohn, kürzere Arbeitszeit, sozial verträglicher Technikeinsatz, Überstunden und Kurzarbeit lassen sich nicht über den **Aufsichtsrat** steuern, was allerdings nicht allein mit seiner Zusammensetzung, sondern auch mit seinen Kompetenzen und den Arbeitsbedingungen der AN-Vertreter zusammenhängt.[177] Die AN-Vertretung im Aufsichtsrat ist jedoch insofern von Nutzen, als auf diese Weise wichtige Informationen über die aktuelle Situation und die Zukunft des Unternehmens gewonnen werden können. Im Verhältnis zu BR-Mitgliedern sollte die Verschwiegenheitspflicht der Aufsichtsratsmitglieder keine Rolle spielen.[178] Die Probleme vereinfachen sich, wenn innerbetriebliche AN-Vertreter im Aufsichtsrat zugleich dem BR angehören. 68

III. Natur, Auslegung und Weiterentwicklung des BetrVG durch Tarifvertrag und Betriebsvereinbarung

1. Das BetrVG als Teilkodifikation des Arbeitsrechts

Das **Betriebsverfassungsrecht gehört zum privaten,** nicht zum öffentlichen **Recht.**[179] In der Weimarer Zeit war dies noch anders beurteilt worden.[180] Für die heute vorgenommene Qualifizierung spricht, dass die Wahl eines BR letztlich von der Initiative einiger Belegschaftsangehöriger, einer Gewerkschaft oder des GBR bzw. des KBR abhängt und dass der BR ebenso wenig wie der Arbeitgeber Hoheitsakte erlassen kann, die ohne Zwischenschaltung eines Gerichts verbindlich wären. Die Vorschriften über Ordnungswidrigkeiten und Straftaten nach §§ 119–121 ändern daran nichts; die »Strafbewehrung« als solche beeinflusst nicht die Natur von Rechtsnormen, wie nicht zuletzt die §§ 16 ff. UWG 2004 für die unstreitig »zivilrechtliche« Materie des unlauteren Wettbewerbs belegen. 69

Das Betriebsverfassungsrecht ist **im BetrVG kodifiziert,** d. h., es hat insoweit eine **im Prinzip abschließende gesetzliche Regelung** erfahren. Ausnahmen sind allerdings nicht zu übersehen:[181] Dem BR sind auch in anderen Vorschriften Befugnisse bis hin zu Mitbestimmungsrechten eingeräumt worden. Zu nennen wäre etwa § 14 Abs. 3 AÜG, § 9 Abs. 3 ASiG sowie § 325 UmwG.[182] 70

Die gesetzliche Regelung darf auch nicht darüber hinwegtäuschen, dass zahlreiche Rechtsnormen ihre konkrete Gestalt erst durch die **Rechtsprechung des *BAG*** erhalten haben. Wer klären will, welche Gegenstände zu der »erforderlichen« Schulung und Fortbildung von BR-Mitgliedern gehören, wird dies nur unter Rückgriff auf die *BAG*-Rechtsprechung tun können (§ 37 Rn. 108 ff.), und dasselbe gilt für die Frage, wann § 87 Abs. 1 Nr. 6 bei der Verarbeitung personenbezogener Daten der AN eingreift (§ 87 Rn. 168 ff.). Besonders weitreichend ist die richterliche Intervention im Bereich von Interessenausgleich und Sozialplan: Wann ein 71

176 *Klebe,* AiB 06, 558 ff.
177 Dazu *Däubler,* FS Nagel, S. 267 ff. m. w. N.
178 *Köstler/Müller/Sick,* Rn. 549 ff. m. w. N.
179 GK-*Wiese,* Einl. Rn. 89 ff.; *GL,* vor § 1 Rn. 8; Richardi-*Richardi,* Einl. Rn. 130 f.; *Zöllner/Loritz/Hergenröder,* Arbeitsrecht, § 46 III 1; nunmehr auch HWGNRH-*Rose,* Einl. Rn. 89.
180 Nachweise bei GK-*Wiese,* Einl. Rn. 90.
181 Zusammenfassend *Pulte,* Beteiligungsrechte außerhalb der Betriebsverfassung, 1997; *ders.,* NZA 00, 234 ff.; *Engels* AuR 09, 10 ff., 65 ff.
182 Zu weiteren betriebsverfassungsrechtlichen Regelungen im UmwG s. *Berscheid,* FS Stahlhacke, S. 42 ff.; *Däubler,* RdA 95, 140 und Anhang zu §§ 106 – 110.

»wesentlicher Betriebsteil« vorliegt, unter welchen Voraussetzungen von einer »Betriebseinschränkung« oder von »Betriebsanlagen« die Rede sein kann und wann »grundlegend« neue Arbeitsmethoden eingeführt werden – dies alles wird mangels anderer Anhaltspunkte von der Rechtsprechung durch einen Rückgriff auf die »Grenzwerte« des § 17 KSchG geklärt (§ 111 Rn. 64, 69 ff., 100 und 106).

72 Das **Arbeitsrecht** ist ein gegenüber dem traditionellen BGB wie gegenüber dem Verwaltungsrecht gleichermaßen **selbstständiges Rechtsgebiet.** Dies hat strukturelle, im zu regelnden Gegenstand liegende Ursachen, die hier nicht näher dargelegt werden können.[183] Die **Eigenständigkeit** wird im Betriebsverfassungsrecht sogar besonders deutlich: Während das bürgerliche Recht auf den »Aktstypen« Vertrag und unerlaubte Handlung aufbaut, geht es im Betriebsverfassungsrecht um eine gesetzlich verfasste Organisation, die durch Wahlakt ins Leben gerufen wird. Die Mitbestimmungsrechte des BR knüpfen häufig nicht an rechtsgeschäftlichen Abmachungen, sondern an tatsächlichen Vorgängen an; als Beispiel mag die Betriebsstilllegung stehen (§ 111 Rn. 49 ff.).

73 Die Eigenständigkeit des Arbeits- und speziell des Betriebsverfassungsrechts schließt es allerdings nicht aus, **im Einzelfall** auf **Rechtsgrundsätze** zurückzugreifen, **die in anderen Rechtsgebieten entwickelt** wurden. Wird etwa eine BR-Wahl erfolgreich angefochten, so bleiben die vom »vorläufigen« BR abgeschlossenen Betriebsvereinbarungen grundsätzlich gültig.[184] Dies lässt sich am ehesten durch eine entsprechende Heranziehung verwaltungsrechtlicher Grundsätze (Beispiel: Anfechtung einer Gemeinderatswahl) begründen. Auf der anderen Seite erscheint es sinnvoll, die im Gesetz niedergelegten Mitbestimmungsrechte denselben Grundsätzen wie andere subjektive Privatrechte zu unterwerfen; Konsequenzen hat dies insbes. für den Erlass einer einstweiligen Verfügung.[185]

2. Auslegungsgrundsätze

74 Die Interpretation des BetrVG folgt den allgemeinen Grundsätzen der Gesetzesauslegung, die sich allerdings nicht immer durch systematische Folgerichtigkeit auszeichnen (dazu weiterführend *Schlachter,* Auslegungsmethoden im Arbeitsrecht. Am Beispiel von § 87 BetrVG, 1987). Die analoge Anwendung von Normen des Betriebsverfassungsrechts ist grundsätzlich möglich[186] und wurde im Falle des (nunmehr gesetzlich geregelten) Übergangsmandats erfolgreich erprobt.[187] Daneben kennt das BetrVG eine Reihe eigenständiger **Leitprinzipien,** die in einzelnen Bestimmungen wie z. B. in § 75 Abs. 2 BetrVG ausdrücklich niedergelegt sind oder die sich aus einer Zusammenschau verschiedener Normen ergeben. Der Rückgriff auf diese »Direktiven« kann nicht nur Zweifelsfragen beseitigen, die auf Grund des Wortlauts und der Entstehungsgeschichte einzelner Vorschriften bleiben. Vielmehr geht es darum, **das BetrVG nach einheitlichen Wertmaßstäben zu handhaben,** wodurch Widersprüche und Lücken im Rahmen des Möglichen vermieden werden.[188] Einzelne Leitprinzipien sind als solche erkannt und anerkannt; andere werden von der Rechtsprechung nur mehr oder weniger unbewusst zu Grunde gelegt. Ohne Anspruch auf Vollständigkeit lassen sich folgende Grundsätze bestimmen:

75 Die **Betriebsverfassung dient dem Schutz des Einzelnen,**[189] sie will – wie nicht zuletzt § 75 Abs. 2 deutlich macht – die Partizipationsmöglichkeit des Individuums erweitern. Dies bedeutet, dass die Vorschriften über die BR-Wahl und die Betriebsversammlung, aber auch die sonstigen **Grundsätze über die Kommunikation zwischen dem Einzelnen und dem BR »beteiligungsfreundlich« zu interpretieren** sind. Die Vorschrift des § 39 Abs. 3, wonach während der bezahlten Arbeitszeit der BR aufgesucht werden darf, ist daher grundsätzlich weit aus-

183 *Däubler,* NZA 88, 862 ff.; FS 50 Jahre BAG, S. 3 ff.
184 *Fitting,* § 19 Rn. 50.
185 *Däubler,* AuR 82, 10.
186 *Bachner,* NZA 99, 1241; *Kreft,* FS 100 Jahre Betriebsverfassungsrecht, S. 369 ff.
187 *BAG* 31. 5. 00 – 7 ABR 78/92, NZA 00, 1350.
188 Vgl. auch *Hanau,* FS Zeuner, S. 59 ff.
189 GK-*Wiese,* Einl. Rn. 78.

zulegen. Außerdem wäre es beispielsweise unzulässig, ohne absolut zwingende betriebliche Erfordernisse die »Freizügigkeit« des AN innerhalb des Betriebsgeländes zu beschränken und ihm den **Zugang zu anderen Abteilungen** zu untersagen. Auf derselben »kommunikationsfreundlichen« Linie liegt es, wenn dem BR auch ohne ausdrückliche Ermächtigung im Gesetz die Befugnis eingeräumt wird, ein **Schwarzes Brett** zu benutzen oder ein **Mitteilungsblatt** herauszugeben.[190] Aktueller ist das Recht, den Beschäftigten **E-Mails** zu schicken oder eine **Homepage** ins Intranet zu stellen.[191]

Mit Rücksicht auf die Grundentscheidung des § 75 Abs. 2 sind auch die Beteiligungs-, insbes. **76**
die Mitbestimmungsrechte des BR weit auszulegen.[192] Dies darf allerdings nicht dazu führen, dass eine Art mitbestimmungsrechtlicher Generalklausel entsteht:[193] Das Gesetz unterwirft nur einzelne Sachgebiete der Mitbestimmung; anders als etwa das Personalvertretungsrecht von Bremen[194] und Schleswig-Holstein[195] kennt es keine allumfassende Generalklausel. Sind im konkreten Fall die Voraussetzungen mehrerer BR-Befugnisse gegeben, bestehen sie nebeneinander (s. als Beispiel § 111 Rn. 184).

Ein **weiteres Leitprinzip** ist die **Unabhängigkeit des BR** vom AG. Sie kommt im Einzelnen im **77**
Kündigungsschutz der BR-Mitglieder nach §§ 103 BetrVG, 15 KSchG sowie im Behinderungsverbot nach §§ 78, 119 Abs. 1 Nr. 2 zum Ausdruck. Auf demselben Grundgedanken beruht es, dass der BR nicht im Wege der einstweiligen Verfügung gezwungen werden kann, auf die weitere Ausübung seines Amtes zu verzichten:[196] Er soll nicht befürchten müssen, wegen eines (vielleicht allzu streng beurteilten) Fehltritts von heute auf morgen seiner Rechte verlustig zu gehen. Mit dem Gedanken der Unabhängigkeit lässt sich weiter der Grundsatz legitimieren, wonach der **AG** nach § 40 BetrVG auch solche **Aufwendungen ersetzen** muss, die an sich objektiv nicht notwendig waren, die der BR jedoch vernünftigerweise für erforderlich halten konnte (§ 40 Rn. 7). Eine »Totalkontrolle« von der finanziellen Seite her würde die Handlungsmöglichkeiten des BR drastisch beschränken. Weiter gehört in diesen Zusammenhang das Prinzip, dass das BR-Mitglied bei der Abmeldung vom Arbeitsplatz nur den Anlass »BR-Tätigkeit«, nicht aber deren konkreten Inhalt angeben muss (§ 37 Rn. 45). Auch die fehlende Kontrollkompetenz des vom AG eingesetzten betrieblichen Datenschutzbeauftragten in Bezug auf die Datenverarbeitung durch den BR[197] lässt sich hier einordnen. Schließlich folgt aus der Unabhängigkeit des BR, dass das einzelne Mitglied **von Haftungsrisiken freigestellt** sein muss. Will etwa der BR seine Zustimmung zu Überstunden verweigern, darf der AG nicht etwa damit drohen, wegen Eingriffs in den Gewerbebetrieb seien die BR-Mitglieder ersatzpflichtig. Die §§ 823 ff. BGB »passen« nicht auf die Wahrnehmung eines Vertretungsmandats; ihre Anwendung würde den BR erpressbar machen. Die traditionelle Kommentarliteratur pflegt dies nicht zur Kenntnis zu nehmen, doch gibt es zahlreiche Autoren, die eine Haftung mit Recht auf den Extremfall einer vorsätzlichen sittenwidrigen Schädigung beschränken.[198] Im Übrigen sind Schadensersatzklagen gegen BR-Mitglieder bislang nur in einem Fall (§ 111 Rn. 183a) bekannt. geworden.

Eine **weitere Leitlinie** für die Auslegung des Betriebsverfassungsrechts liegt in der Grund- **78**
entscheidung für die **Konfliktlösung durch Dialog.**[199] Sie kommt in der vertrauensvollen Zusammenarbeit nach § 2 Abs. 1 BetrVG, insbes. aber in dem Arbeitskampfverbot des § 74

---

190 *BAG* 21.11.78, AP Nr. 4 zu § 50 BetrVG 1972.
191 Dazu *BAG* 3.9.03 – 7 ABR 12/03, NZA 04, 278; *Däubler,* Digitalisierung, § 13 Rn. 7 ff.
192 *Fitting,* § 75 Rn. 169.
193 *Hanau,* FS G. Müller, S. 170.
194 § 52 BremPersVG. Dazu *Rust,* in: Arbeitnehmerkammer Bremen (Hrsg.), Erl. zu § 52.
195 Zu Letzterem *Neumann/Sievers,* PersR 91, 7 ff.
196 HWGNRH-*Huke,* § 23 Rn. 54; Richardi-*Thüsing,* § 23 Rn. 63; allgemeine Meinung.
197 *BAG* 11.11.97 – 1 ABR 21/97, DB 98, 627. Zur Situation nach der DSGVO und dem BDSG-neu ebenso *Däubler,* Gläserne Belegschaften, Rn. 641c m. w. N. Inwieweit das auch noch nach § 79a aufrechtzuerhalten ist, s. dort und *Däubler,* Digitalisierung und Arbeitsrecht, § 13 Rn. 69a.
198 *Brill,* AuR 80, 358; *Derleder,* AuR 80, 366; *Säcker,* RdA 65, 377; *Weiss,* RdA 74, 278; *Däubler,* Arbeitsrecht 1, Rn. 892, 892a; eine Beschränkung auf vorsätzliche unerlaubte Handlungen erwägt für den Fall der Alleinverwaltung einer Sozialeinrichtung durch den BR *BAG* 24.4.86, AP Nr. 7 zu § 87 BetrVG 1972 Sozialeinrichtung, Bl. 5 R.
199 Vgl. *v. Hoyningen-Huene,* FS Stahlhacke, S. 179.

Abs. 2 Satz 1 BetrVG zum Ausdruck.[200] Was in anderen Rechtsordnungen durch Streik und ggf. Aussperrung entschieden wird, soll im System des deutschen Betriebsverfassungsrechts Gegenstand von Verhandlungen sein, die »mit dem ernsten Willen zur Einigung« geführt werden (§ 74 Abs. 1 Satz 2). Ist dem aber so, dann ist besonderer Wert gerade darauf zu legen, dass die AN-Seite in diesem »**Argumentationskampf**« nicht von vornherein ins Hintertreffen gerät und keine wirklichen Chancen zur Durchsetzung eigener Positionen besitzt. **Umfassender Informationsstand** und Schulung u. a. auch in der verbalen Fähigkeit zur Durchsetzung von Interessen gewinnen in diesem System einen besonders hohen Stellenwert. Dies findet beispielsweise seinen Niederschlag in einer weiten Auslegung der Informationsrechte des BR (vgl. § 80 Rn. 82 ff.). Kritik verdient demgegenüber die Rechtsprechung des *BAG*,[201] wonach die **Zuziehung eines Sachverständigen** nach § 80 Abs. 3 BetrVG erst dann als »erforderlich« angesehen wird, wenn zunächst alle denkbaren innerbetrieblichen Erkenntnismöglichkeiten ausgeschöpft sind (§ 80 Rn. 161): Ein BR hat keine gleichen Chancen mehr, wenn er sich primär von den Personen beraten lassen muss, die beispielsweise in der EDV- oder der Personalabteilung für den AG tätig sind. Auch die **Rechtsprechung zu § 37 Abs. 6 und 7 BetrVG** hat sich nicht immer konsequent am Gedanken gleicher argumentativer Durchsetzungschancen orientiert.[202]

79 Das **BetrVG** ist weiter dadurch charakterisiert, dass es sich der **betrieblichen Realität öffnet,** gleichzeitig diese aber **bewusst gestalten** will. Die Öffnung macht sich insbes. darin bemerkbar, dass in § 87 Abs. 1 Nr. 6, aber auch in § 111 Satz 3 Nr. 4 und 5 sowie in §§ 90, 91 ausdrücklich auf technische und arbeitsorganisatorische Veränderungen Bezug genommen wird. Auch die Vorschriften über den Arbeitsschutz (§ 87 Abs. 1 Nr. 7, § 89) gehen davon aus, dass der vom Gesetz gewollte Schutzstandard unter den jeweiligen konkreten Bedingungen realisiert wird. Die **Rechtsprechung zu § 87 Abs. 1 Nr. 6** hat dem in sehr einleuchtender Weise Rechnung getragen und die Vorschrift auf Sachverhalte der Datenverarbeitung erstreckt, die bei Verabschiedung des Gesetzes nicht mitbedacht worden waren (§ 87 Rn. 135 ff.). Weiter kennt das BetrVG **Mechanismen, die für** seine **Beachtung in der Realität sorgen sollen.** Dazu gehören etwa die Vorschriften über die Wahl von BR in betriebsratslosen Betrieben (§§ 17, 17a). Nicht recht verständlich ist es deshalb, wenn das *BAG* dem BR das Recht abspricht, den AG im Wege des Beschlussverfahrens auf Beachtung einer BV in Anspruch zu nehmen, die den einzelnen AN Ansprüche einräumt.[203] Die Existenz eines **spezifischen Implementationsinstrumentariums,** zu dem etwa auch die Vorschrift des § 23 Abs. 3 sowie die Möglichkeit einer einstweiligen Verfügung bei Verletzung von Mitbestimmungsrechten gehören, rechtfertigt sich mit der asymmetrischen Machtbeziehung, in die der BR gestellt ist: Wer die Macht des Stärkeren in Grenzen halten will, bedarf dazu anderer Mittel als derjenige, der auf der Basis der Gleichordnung etwa auf der Durchführung vertraglicher Abmachungen besteht.

80 Schließlich ist bei der Konkretisierung betriebsverfassungsrechtlicher Normen von Bedeutung, dass durch diese **AN-Grundrechte realisiert** werden.[204] Die Fundierung der Mitbestimmung durch Art. 1 und 2 GG wurde bereits angesprochen (o. Rn. 47). Da Art. 12 GG auch die unselbstständige Tätigkeit schützt,[205] ist Arbeit im Betrieb »**arbeitsteilige Grundrechtsausübung**«;[206] die Vorschriften des Betriebsverfassungsrechts haben u. a. den Sinn, die Berufsfreiheit des AG und die des AN gegeneinander abzugrenzen.[207] Einzelne Bestimmungen dienen der Realisierung spezifischer Grundrechte. Dies gilt etwa für § 87 Abs. 1 Nr. 6 und Nr. 7, die das informationelle Selbstbestimmungsrecht nach den Art. 1 und 2 GG bzw. das Grundrecht auf Leben und Gesundheit nach Art. 2 Abs. 2 GG realisieren wollen. Während dies die Rechtsprechung im ersten Fall durchaus ernst genommen hat (§ 87 Rn. 166), hat sie im zweiten Bereich das Grundrecht aus Art. 2 Abs. 2 kaum zur Kenntnis genommen.[208]

---

200 Vgl. *Däubler,* Schulung, Rn. 99 ff.
201 4. 6. 87, AP Nr. 30 zu § 80 BetrVG 1972.
202 Einzelheiten bei *Däubler,* Schulung, Rn. 148 ff. und – aktueller – Schulungsanspruch § 2 Rn. 14 ff.
203 *BAG* 17. 10. 89, AP Nr. 53 zu § 112 BetrVG 1972.
204 *Kempen,* AuR 86, 129 ff.
205 *BVerfG* 24. 4. 91, NJW 91, 1667.
206 *Hoffmann-Riem,* FS Ipsen, S. 385.
207 *Bryde,* NJW 84, 2183.
208 Eingehend *Däubler,* Arbeitsrecht 2, Rn. 376 ff.

3. Tarifliche Regelung der Betriebsverfassung

a) Zwingende organisatorische Struktur

Die organisatorischen Bestimmungen des BetrVG können grundsätzlich **nicht durch TV verändert oder abbedungen werden.** Dies folgt u. a. aus einem Umkehrschluss aus § 3, der keineswegs beliebige Abweichungen vom gesetzlichen Modell zulässt. Auch die Ermächtigungen in § 38 Abs. 1 Satz 2 (freigestellte BR-Mitglieder), § 47 Abs. 4 (Mitgliederzahl des GBR), § 55 Abs. 4 (Mitgliederzahl des KBR) und § 117 Abs. 2 (Errichtung einer tariflichen Vertretung für die im Flugbetrieb beschäftigten AN von Luftfahrtunternehmen) legen einen entsprechenden Gegenschluss nahe. Soweit ersichtlich, bestand in dieser Frage immer Einigkeit.[209] Es ist daher nicht möglich, z. B. dem GBR durch Tarifvertrag entgegen § 50 zusätzliche Kompetenzen einzuräumen.[210] Nicht der Betriebsbegriff, wohl aber eine weitgehend vom Gesetz abweichende Festlegung der betriebsverfassungsrechtlichen Organisationseinheiten, für die BR zu wählen sind, ist zwar seit 2001 regelbar (s. § 3 Rn. 2, 195 ff.), doch ist es z. B. weiterhin ausgeschlossen, den BR durch ein gewerkschaftliches Vertretungsorgan zu ersetzen, oder einem im Rahmen des § 3 gewählten BR gesetzliche Rechte zu entziehen und diese einem anderen Gremium zuzuweisen.[211] **Das duale System steht nicht zur Disposition der Tarifparteien.** Dies schließt es rechtlich nicht aus, durch tarifliche Absicherung der Rechte gewerkschaftlicher Vertrauensleute eine »zweite Säule« im Betrieb zu schaffen,[212] doch wird davon nur sehr selten Gebrauch gemacht. 81

Soweit das **BetrVG nicht eingreift,** kommt die **tarifliche Regelungsbefugnis** über betriebsverfassungsrechtliche Fragen nach § 3 Abs. 2 TVG voll **zur Geltung** (unten § 3 Rn. 21 ff.). So könnte für mehrere Kleinstbetriebe mit weniger als 5 Beschäftigten ein gemeinschaftlicher BR errichtet werden,[213] selbst wenn dabei der Rahmen des § 3 verlassen wäre. Zulässig ist auch die Errichtung einer **Interessenvertretung in reinen Ausbildungsbetrieben,** wo die Azubis nicht zur Belegschaft gezählt werden.[214] In dem vom BetrVG ausgeklammerten Bereich sind auch arbeitsvertragliche Einheitsregelungen zulässig, die Beteiligungsrechte vorsehen. So hat das *BAG*[215] ein durch Gesamtzusage und damit letztlich arbeitsvertraglich begründetes Redaktionsstatut für zulässig erklärt, das sich ausschließlich mit Fragen der »Tendenzverwirklichung« befasste. Dies ist in neueren Entscheidungen des *BAG* nicht beachtet worden.[216] So soll etwa ein von der Vertretung des Kabinenpersonals einer Luftverkehrsgesellschaft abgeschlossener Tarifvertrag auch dann nicht für das Cockpit-Personal Wirkung entfalten, wenn deren Arbeitsverträge uneingeschränkte Bezugnahmeklauseln enthalten.[217] 82

So gut wie gar nicht angesprochen wird das Problem, ob innerhalb des Geltungsbereichs des BetrVG **in Betrieben ohne BR auf arbeitsvertraglicher Grundlage Vertretungsgremien geschaffen** werden können, denen bestimmte Beteiligungsrechte zustehen. In der Praxis ist dies ein durchaus relevantes Problem. Schätzungen gehen davon aus, dass es in 8 % aller unter das BetrVG fallenden Betriebe sog. Andere Vertretungsorgane der AN **(AVOs)** gibt; da vorwiegend kleine Betriebe erfasst sind, werden allerdings höchstens 11 % der AN von einem solchen 83

209 Vgl. *BAG* 17.1.78, AP Nr. 1 zu § 1 BetrVG 1972; Berg/Kocher/Schumann-*Heilmann,* § 1 TVG Rn. 138a; *Birk,* ZfA 88, 307; *Däubler,* Arbeitsrecht 1, Rn. 369; *Fitting,* § 3 Rn. 2; *Däubler-Klein,* TVG, § 1 Rn. 975; Wiedemann-*Thüsing,* § 1 Rn. 726.

210 Ebenso *BAG* 11.11.98 – 4 ABR 40/97, NZA 99, 1056 = DB 99, 1458.

211 *BAG* 18.11.14 – 1 ABR 21/13, DB 15, 929.

212 Dazu *LAG Düsseldorf* 25.8.95 – 17 Sa 324/95, AuR 96, 238; näher *Däubler,* Arbeitsrecht 1, Rn. 412, 1189.

213 *Däubler,* Grundrecht, S. 381 ff.; in gleichem Sinne *Heither,* FS Schaub, S. 309.

214 *BAG* 24.8.04 – 1 ABR 208/03, NZA 05, 371.

215 19.6.01 – 1 AZR 463/00, NZA 02, 397 = DB 02, 223 – Mannheimer Morgen; s. auch die Vorinstanz *LAG Baden-Württemberg* 5.5.00, NZA-RR 00, 479.

216 *BAG* 20.1.21 – 4 AZR 283/20, NZA 21, 792 Rn. 26; 20.1.21 – 4 AZR 286/20, NZA 21, 798; 21.1.20 – 1 AZR 149/19, NZA 21, 731 Rn. 52.

217 *BAG* 21.1.20 – 1 AZR 149/19, NZA 21, 731 Rn. 52.

Gremium repräsentiert.[218] Nur 44 % dieser »Interessenvertreter« waren von den Belegschaften gewählt; 56 % wurden vom Arbeitgeber ernannt.[219]

83a Würde man eine solche Praxis rechtlich akzeptieren, so würde man die Errichtung von BR entgegen den Intentionen des Gesetzes nicht erleichtern, sondern erschweren: Der AG hätte es in der Hand, durch Schaffung ihm genehmer Vertretungsstrukturen das Bedürfnis nach Interessenvertretung in seinem Sinne zu kanalisieren und AN, die von ihrem Recht zur Gründung eines BR Gebrauch machen wollen, als »Störer« erscheinen zu lassen. Dies **verstößt gegen § 20 Abs. 1.**[220] Der Sache nach würde es sich um einen »gelben« Betriebsrat handeln, vergleichbar den vom AG ausgehaltenen »gelben« Gewerkschaften, die 1918 abgeschafft wurden. Den organisatorischen Normen des BetrVG kommt insoweit zwingender Charakter zu, als nur auf dem durch sie gewiesenen Weg eine für die gesamte Belegschaft (oder ihre Untergliederungen) sprechende Vertretung installiert werden darf. Konsequenterweise werden privatautonom begründete Redaktionsräte lediglich insoweit zugelassen, als sie nicht in den Kompetenzbereich des BR eingreifen;[221] andernfalls verstoßen sie gegen § 134 BGB. Selbst dem SprAuG wird insoweit exklusive Wirkung beigemessen, als in seinem Geltungsbereich keine privatautonom gebildeten Sprecherausschüsse möglich seien (§ 5 Rn. 217). Erst recht gilt dies in Betrieben, die über einen BR verfügen – § 78 verbietet, ihn durch die Etablierung einer Konkurrenzorganisation zu behindern.[222]

84 **Abmachungen,** die ein solches »privatautonom« gewähltes **Gremium** mit dem AG **schließt,** haben keine Rechtswirkung; im Einzelfall kann es jedoch gegen Treu und Glauben verstoßen, wenn sich der AG auf die Unwirksamkeit beruft.[223]

b) Keine Unterschreitung des gesetzlichen Schutzstandards

85 Unproblematischer ist die gleichfalls von allen geteilte Auffassung, dass TV die vom BetrVG vorgesehenen Rechte des Einzelnen wie des BR und anderer Organe nicht verschlechtern können.[224] In der Tat geht es um **»Mindestanforderungen an wirksame Interessenvertretung«,**[225] die genau wie andere Schutzgarantien nicht unterschritten werden dürfen. Sie können auch nicht durch Verwirkung verloren gehen.[226] Unausgesprochen mag auch der Gedanke eine Rolle spielen, dass die Tarifparteien den »zweiten Strang« der Interessenvertretung nicht entmachten oder »aushungern« dürfen.

86 Eine mittelbare Ausnahme ergibt sich allerdings insofern, als es den **Tarifparteien** freisteht, **bestimmte Gegenstände einer umfassenden inhaltlichen Regelung zu unterwerfen,** so dass für die Mitbestimmung des BR im Ergebnis kein Raum mehr bleibt. Sind etwa alle Lohnfragen im TV abschließend geregelt und existieren im Betrieb auch keine übertariflichen Vergütungen, stehen die Mitbestimmungsrechte nach § 87 Abs. 1 Nr. 10 und Nr. 11 praktisch auf dem Papier. Eine derartige Verschiebung der Gewichte zwischen Betriebsverfassung und Tarifsystem erscheint nach allen bisherigen Erfahrungen gleichwohl wenig wahrscheinlich: Die Tarifparteien können und wollen in zahlreichen Bereichen keine erschöpfende Regelung treffen; außerdem wäre es in vielen Fällen sachwidrig, weil zu schematisch, wollte man bestimmte Fragen wie z. B.

---

218 *Hauser-Ditz/Hertwig/Pries*, Industrielle Beziehungen 16 (2009) S. 142. Niedrigere Schätzungen bei *Ellguth*, in: Artus u. a., Betriebe ohne Betriebsrat, S. 47. S. weiter *Däubler/Kittner*, Geschichte und Zukunft der Betriebsverfassung, § 37 II 5 (S. 559 ff.).

219 *Hauser-Ditz/Hertwig/Pries*, a. a. O., S. 140.

220 Näher *Däubler*, FS Wißmann, S. 280 ff.

221 *BAG* 19. 6. 01 – 1 AZR 463/00, NZA 02, 397 = DB 02, 223; *Fitting*, § 118 Rn. 50 ff.; GK-*Weber*, § 118 Rn. 45.

222 Beispielsfall bei *Däubler*, AiB 12/17 S. 24.

223 Näher *Däubler*, FS Wißmann, S. 283 f.

224 *BAG* 14. 2. 67, AP Nr. 9 zu § 56 BetrVG 1952 Wohlfahrtseinrichtung; 29. 11. 83, AP Nr. 10 zu § 113 BetrVG 1972; 4. 5. 93, AiB 93, 732; *Fitting*, § 1 Rn. 334; *Gamillscheg*, Koll. ArbeitsR I, S. 596 f.; *Heither*, FS Schaub, S. 308; HWGNRH-*Rose*, Einl. Rn. 292; *Jahnke*, S. 192; Kempen/Zachert-*Wendeling-Schröder*, § 1 Rn. 824; Wiedemann-*Thüsing*, § 1 Rn. 728; *Däubler-Klein*, TVG, § 1 Rn. 994; *Däubler*, Tarifvertragsrecht, Rn. 1050 ff.

225 So *HSWG*, 6. Aufl. vor § 1 Rn. 64; ähnlich HSWGN-*Rose* Einl. Rn. 292.

226 *LAG Schleswig-Holstein* 4. 3. 08 – 2 TaBV 42/07, NZA-RR 08, 414.

Beginn und Ende der täglichen Arbeitszeit einheitlich auf Branchenebene regeln. Die Zeichen der Zeit weisen ganz im Gegenteil auf Dezentralisierung.

c) Erweiterung der Beteiligungsrechte des Betriebsrats

Sehr viel kontroverser ist die Frage, ob die gesetzlichen Rechte des BR durch TV erweitert werden können. In Betracht kommt einmal, **Gegenstände der Mitbestimmung** zu unterwerfen, auf die der BR bisher keinen oder nur einen geringen Einfluss (»Anhörung«) hat. Zum zweiten kann es darum gehen, die **Qualität des Mitbestimmungsrechts** insgesamt zu **verändern,** z. B. dem BR ein nicht über die ESt. ausräumbares Vetorecht gegenüber bestimmten Maßnahmen des AG zu gewähren. 87

In der Literatur waren die Meinungen zum ersten Bereich seit jeher geteilt; **eine knappe Mehrheit der Autoren sprach sich wohl immer für die Möglichkeit tariflicher Erweiterung aus.**[227] Die **Rechtsprechung des *BAG*** hat sich in der zweiten Hälfte der 80er-Jahre **eindeutig für eine Erweiterung** ausgesprochen.[228] Zulässig ist es danach, Sonderzahlungen aus dem sog. Tronc einer Spielbank von der Zustimmung des BR abhängig zu machen,[229] die Wochenfrist des § 99 Abs. 3 Satz 1 zu verlängern,[230] die Mitbestimmung nach § 87 Abs. 1 Nr. 2 auf die Dauer der Arbeitszeit zu erstrecken[231] und dem BR ein volles Mitbestimmungsrecht bei Einstellungen und Beförderungen einzuräumen[232] – und zwar auch bei Tendenzbetrieben.[233] Dieses kann weiter auf Voraussetzungen und Höhe einer Erschwerniszulage erstreckt werden.[234] Möglich ist außerdem, die Kündigung von der Zustimmung des BR abhängig zu machen.[235] Schließlich kann durch Tarifvertrag jedenfalls bei karitativer und erzieherischer Zwecksetzung des Unternehmens auf den Tendenzschutz verzichtet werden.[236] 88

Dem *BAG* ist zuzustimmen. Die in den §§ 1 Abs. 1 und 3 Abs. 2 TVG anerkannte Rechtsetzungsbefugnis der Tarifparteien in betriebsverfassungsrechtlichen Fragen wird durch das BetrVG nicht generell eingeschränkt; dieses hat vielmehr in § 2 Abs. 3 die Befugnisse der Koalitionen unberührt gelassen. Die ausdrücklichen gesetzlichen Ermächtigungen zu abweichender tariflicher Regelung (o. Rn. 81) lassen einen **Umkehrschluss nur in organisatorischen Angelegenheiten** zu; zur Frage des möglichen Inhalts von BR-Befugnissen sagen sie nichts.[237] Hinzu kommt die vom *BAG* nicht angeschnittene **verfassungsrechtliche Dimension:** Da sich die tarifliche Regelungsbefugnis an sich auf den Gesamtbereich der Arbeits- und Wirtschaftsbedingungen erstreckt,[238] bedürfen Eingriffe einer in der Sache liegenden Rechtfertigung, die hier nicht ersichtlich ist. Weiter gilt im Verhältnis zwischen arbeitnehmerschützenden Normen und Tarifverträgen grundsätzlich das **Günstigkeitsprinzip;**[239] für eine ausnahmsweise denkbare Abweichung sprechen keinerlei Anhaltspunkte. Zu berücksichtigen ist schließlich, dass die Gefahr einer Kräfteverschiebung innerhalb des dualen Systems hier keine Rolle spielt: Der BR erhält seine **Zusatzrechte nur »auf Widerruf«**, den Tarifparteien steht es juristisch frei, eine vorhandene Regelung aufzuheben oder nicht wieder zu erneuern. Auch dürfte es in der Recht- 89

227 S. die Nachweise bei *Däubler,* Grundrecht, S. 88 Fn. 62 und S. 89 Fn. 63 sowie zur gegenwärtigen Diskussion *Däubler-Klein,* TVG, § 1 Rn. 995 ff.

228 S. etwa *BAG* 24.8.04 – 1 ABR 28/03, NZA 05, 371.

229 *BAG* 16.7.85, DB 86, 231.

230 *BAG* 22.10.85, DB 86, 593.

231 *BAG* 18.8.87, AP Nr. 23 zu § 77 BetrVG 1972.

232 *BAG* 10.2.88, AP Nr. 53 zu § 99 BetrVG 1972.

233 *BAG* 31.1.95 – 1 ABR 35/94, DB 95, 1670.

234 *BAG* 9.5.95 – 1 ABR 56/94, DB 95, 2610.

235 *BAG* 21.6.00 – 4 AZR 379/99, NZA 01, 271 = DB 01, 389, bestätigt durch *BAG* 23.4.09 – 6 AZR 263/08 DB 09, 1995 = NZA 09, 915.

236 *BAG* 5.10.00 – 1 ABR 14/00, DB 00, 2126. Weitere Fälle aus der instanzgerichtlichen Rechtsprechung bei *Lerch/Weinbrenner,* NZA 11, 665 ff.

237 Dazu schon *Däubler,* Grundrecht, S. 364 f.; ähnlich Kempen/Zachert-*Wendeling-Schröder*, § 1 Rn. 826.

238 So auch *BAG* 3.4.90, DB 91, 181 = PersR 90, 239 mit Anm. *Däubler.*

239 So ausdrücklich *BAG* GS 16.9.86, AP Nr. 17 zu § 77 BetrVG 1972 = AuR 87, 378.

sprechung eine beträchtliche Rolle gespielt haben, dass die **Tarifpraxis** seit langer Zeit über das BetrVG hinausging; ein Verbot durch das *BAG* hätte wohl kaum Zustimmung gefunden.[240]

90 Die grundsätzliche Zulässigkeit sagt noch nichts über die **Grenzen** aus. In seiner Entscheidung vom 3.4.90[241] grenzt das *BAG* die Tarifautonomie in der Weise ein, dass lediglich die soziale Seite von Investitionen und anderen unternehmerischen Entscheidungen geregelt werden könne. Andernfalls wäre die als Teil der Berufsfreiheit in Art. 12 Abs. 1 GG garantierte **Unternehmensautonomie** übermäßig eingeschränkt. Obwohl es in jener Entscheidung um eine Sachfrage (konkret: um ein Personalbemessungssystem) ging, liegt es nahe, dieselben Maßstäbe auch dann anzuwenden, wenn es um den potentiellen Gegenstand tariflich begründeter Mitbestimmungsrechte geht. Ob die unternehmerische Freiheit direkt durch den Tarifvertrag oder nur durch die auf seiner Grundlage entstehenden Mitbestimmungsrechte eingeschränkt wird, kann keinen Unterschied machen. Legt man deshalb die *BAG*-Rechtsprechung zugrunde, so bestehen gegen eine Erstreckung der **Mitbestimmung auf alle sozialen und personellen Angelegenheiten keine Bedenken.** Dabei ist zu beachten, dass die tarifliche Festlegung der »Personalbemessung« auf lange Sicht weiter gehende Wirkungen hat als die Mitbestimmung bei einzelnen Einstellungen oder Kündigungen. In **wirtschaftlichen Angelegenheiten** müsste das *BAG* einen Tarifvertrag billigen, der den Interessenausgleich insoweit erzwingbar macht, als es um die Gestaltung der personellen, arbeitsmäßigen und sozialen Auswirkungen einer Betriebsänderung geht (§ 111 Rn. 185). Ob eine volle Mitbestimmung bei allen Betriebsänderungen »gerichtsfest« wäre, ist nicht eindeutig zu beantworten.[242]

91 Die vom *BAG* errichtete **Schranke** kann **wenig überzeugen.** Zunächst fällt in terminologischer Hinsicht auf, dass lediglich bei der Tarifautonomie von der Gewährleistung eines »Kernbereichs« die Rede ist; die Unternehmensautonomie wird ohne derartige Relativierung schlicht als Teil der Berufsfreiheit nach Art. 12 Abs. 1 GG angesehen. Nach Preisgabe der Kernbereichslehre durch das BVerfG[243] hat dies sowieso seine Gültigkeit verloren. Viel gravierender ist allerdings die Tatsache, dass das *BAG* der Sache nach eine Art praktischer Konkordanz zwischen Tarifautonomie und Unternehmerfreiheit sucht. Dies steht im Widerspruch zur überkommenen Rechtsprechung, wonach die **Tarifparteien an Grundrechte gebunden** sind, diese jedoch in gleichem (oder ähnlichem) Umfang wie der Gesetzgeber beschränken können. So ist es etwa zulässig, die Übernahme von Nebentätigkeiten im TV von bestimmten Voraussetzungen abhängig zu machen und so in das Grundrecht der AN aus Art. 12 Abs. 1 GG einzugreifen.[244] Folgt man der neueren Rspr. des *BAG*,[245] wonach grundrechtsbeschränkende TVe nur dann zu beanstanden sind, wenn der Staat auf Grund seiner Schutzpflicht eingreifen muss, sind sogar weiter gehende Beschränkungen der unternehmerischen Freiheit möglich. Davon ganz abgesehen, geht das *BAG* von der unzutreffenden Vorstellung aus, die Tarifautonomie sei eine Art Belastung der unternehmerischen Freiheit, gewissermaßen eine Hypothek, die man nicht allzu weit ausdehnen dürfe. In Wirklichkeit ist jedoch **auch der Abschluss von TV ein Stück (kollektiver) Ausübung unternehmerischer Betätigungsfreiheit:** Je nach den Umständen kann der AG sich mit Hilfe des Individualvertrags oder mit Hilfe eines Kollektivvertrags mit seiner »Umwelt« verständigen. Niemand ist je auf den Gedanken verfallen, für die Unternehmen eine »vertragsfreie« Zone zu reklamieren und beispielsweise zu behaupten, Investitionen dürften nicht Gegenstand (individual-)vertraglicher Abreden sein: Das Gegenteil ist ständige Praxis, wenn sich beispielsweise die Hausbank wesentlichen Einfluss auf bestimmte wichtige Entscheidungen vorbehält. Warum soll für tarifliche Abmachungen anderes gelten, ist die Tarifautonomie doch der Sache nach nichts anderes als eine auf die kollektive Ebene gehobene (und damit erst funktionsfähig gemachte) Vertragsfreiheit? In späteren Entschei-

240 Zur Praxis s. *Kurz-Scherf*, WSI-Mitt. 86, 185 ff.; *Spilger*, S. 116 ff. Formulierungsbeispiel bei DKWF-*Däubler*, §§ 111–113 Rn. 88 ff.

241 DB 91, 181 = PersR 90, 239.

242 Für Zulässigkeit *Fitting*, § 1 Rn. 344; *Däubler-Heuschmid/Klug*, TVG, § 1 Rn. 1010 ff. m. w. N.; *Lerch/Weinbrenner* NZA 11, 669; enger *Birk*, ZfA 88, 315; Wiedemann-*Thüsing*, § 1 Rn. 734 ff.

243 14.11.95 – 1 BvR 601/92, BVerfGE 93, 352 ff.

244 Vgl. *BAG* 13.6.58, AP Nr. 6 zu Art. 12 GG.

245 25.2.98 – 7 AZR 641/96, NZA 98, 715; 11.3.98, NZA 98, 716; unentschieden 20.8.02 – 9 AZR 353/01, NZA 03, 333.

dungen hat das BAG deshalb auch eine weitreichende tarifliche Regelung unternehmerischer Entscheidungen akzeptiert.[246]

Eine **weitere Grenze** ergibt sich im zweiten oben genannten Bereich, d. h. in Bezug auf die »**Intensivierung**« der Mitbestimmung: Ein **Vetorecht des BR darf das Unternehmen nicht funktionsunfähig machen.**[247] Ein Vetorecht ist daher nur dann zulässig, wenn die entsprechende Handlungsweise des AG ohne Grundrechtsverstoß **auch ganz verboten werden könnte.** So ist es etwa möglich, die Betriebsnutzungszeiten tariflich zu regeln.[248] Möglich wäre daher ein **generelles Verbot der Wochenendarbeit** mit der Folge, dass man diese auch von der (nicht ersetzbaren) Zustimmung des BR abhängig machen kann.[249] Im selben Umfang könnte theoretisch auch ein Alleinbestimmungsrecht der AN-Seite vorgesehen werden. Zulässig ist es schließlich, im Falle eines »nein« des BR zu einer Kündigung den AG an das Arbeitsgericht zu verweisen.[250] Dies läuft im Ergebnis auf eine Weiterbeschäftigung bis zur rechtskräftigen Entscheidung durch die Arbeitsgerichtsbarkeit hinaus. 92

Einzelfragen tariflicher Gestaltung sind im jeweiligen Sachzusammenhang erörtert (§ 87 Rn. 45 ff.; § 99 Rn. 31 ff.; § 102 Rn. 338 ff.; § 106 Rn. 4; § 111 Rn. 185). Ergänzend ist noch darauf hinzuweisen, dass insbes. auch Beteiligungsrechte des BR bei der Humanisierung der Arbeitsbedingungen tariflich festgeschrieben werden können, die über die bescheidenen Bestimmungen der §§ 90, 91 BetrVG hinausgehen.[251] Auch die »operativen Rechte des Betriebsrats«[252] wie Freistellung, Geschäftsbedarf, Heranziehung von Sachverständigen usw. können günstiger als im Gesetz ausgestaltet werden.[253] 93

4. Veränderung der Rechte durch Betriebsvereinbarung, Betriebsabsprache und Arbeitsvertrag?

Die **Befugnisse des BR** können auch **durch BV** (sowie durch GBV und KBV) **erweitert** werden.[254] Dafür spricht zum einen **§ 76 Abs. 6,** wonach sich die Betriebsparteien auch in nicht mitbestimmungspflichtigen Angelegenheiten dem verbindlichen Spruch der ESt. unterwerfen können: Niemand verbietet ihnen, dies auch im Voraus bei Vorliegen bestimmter Voraussetzungen (z. B. Veränderung in der Zusammensetzung einer Arbeitsgruppe, Einstellung zusätzlicher Teilzeitkräfte) zu tun.[255] Zum Zweiten spricht hierfür die Aussage des *Großen Senats,* dem **BR** komme eine **umfassende Kompetenz** in allen betrieblichen Angelegenheiten zu, soweit diese nicht wie z. B. durch § 77 Abs. 3 eingeschränkt sei.[256] § 88 ist deshalb Ausdruck eines allgemeinen Prinzips, keine Einzelregelung, die einen Gegenschluss erlauben würde.[257] 94

Grenzen ergeben sich aus der **funktionellen Zuständigkeit des BR,** so dass ein Bezug zu den betrieblichen Arbeitsbedingungen gegeben sein muss. Er ist nicht nur bei allen sozialen Angelegenheiten, auch den nicht in § 88 genannten, vorhanden, sondern auch in personellen 95

246 Einzelheiten bei *Däubler*, Tarifverträge zur Unternehmenspolitik, S. 46 ff. (Fremdvergabe, Werkverträge, Standortsicherung), abrufbar unter *https://www.hugo-sinzheimer-institut.de/faust-detail.htm?sync_id=7944* und *www.daeubler.de* (13. 6. 20).

247 Zu dieser aus Art. 14 Abs. 1 GG folgenden Grenze gesetzgeberischer und tariflicher Intervention s. *BVerfG* 1. 3. 79, BVerfGE 50, 290 ff.; kritisch dazu *Mückenberger* in Däubler/Küsel [Hrsg.], S. 49 ff.; die Grenze bereits früher ziehend *Löwisch,* DB 98, 882.

248 *BVerfG* 18. 12. 85, NJW 86, 1601, Nr. 3 der Gründe.

249 Ebenso *Richardi,* NZA 88, 677; *Lerch/Weinbrenner* NZA 11, 665.

250 *BAG* 21. 6. 00, NZA 01, 271 = DB 01, 389.

251 *Beuthien,* ZfA 86, 144; *Däubler,* Tarifvertragsrecht, Rn. 1071; Kempen/Zachert-*Wendeling-Schröder,* § 1 Rn. 833.

252 *Kittner/Breinlinger,* BB 82, 20.

253 Vgl. *Gamillscheg,* Koll. ArbeitsR I, S. 609; für **Festlegung der PC-Ausstattung** im Wege der Regelungsabrede *BAG* 12. 5. 99 – 7 ABR 36/97, NZA 99, 1291.

254 *BAG* 18. 8. 09 – 1 ABR 49/08, NZA 10, 112; *BAG* 23. 8. 16 – 1 ABR 22/14, NZA 17, 194.

255 S. *Lerch/Weinbrenner* NZA 11, 666; GK-*Wiese* § 87 Rn. 10 m. w. N.; wenig überzeugend HWGNRH-*Rose* Einl. Rn. 299.

256 *BAG* 7. 11. 89, DB 90, 1724.

257 A. A. *Ehmann,* FS Kissel, S. 180 ff. ohne Erwähnung des *Großen Senats;* einschränkend auch *Veit,* S. 140 ff., 204.

und wirtschaftlichen Fragen.[258] Mit Recht hat deshalb das *BAG* die Möglichkeit bejaht, für künftige Betriebsänderungen einen Rahmensozialplan zu vereinbaren.[259] Auch aus der **unternehmerischen Autonomie** folgen keine spezifischen Grenzen, da es ja um eine freiwillige Abmachung (und damit um ein »autonomes« Verhalten) geht. Zu beachten sind allerdings in allen Fällen der Tarifvorrang des § 77 Abs. 3 sowie zwingende Vorgaben für das arbeitsgerichtliche Verfahren.[260] Nach einer neueren BAG-Entscheidung kann im Rahmen des § 99 zwar die Frist für den BR verlängert und auf einen abschließenden Katalog von Zustimmungsverweigerungsgründen verzichtet werden, doch muss im Übrigen die Struktur des § 99 unangetastet bleiben.[261] Auch kann dem BR kein Mitbestimmungsrecht durch eine Mehrheitsentscheidung der ESt aufgezwungen werden.[262]

96 Ist die funktionelle Zuständigkeit des BR überschritten, ist zwar keine BV, wohl aber ein **normaler schuldrechtlicher Vertrag** möglich. Entsprechende Abmachungen zu verbieten, wäre ein Eingriff auch in die Vertragsfreiheit des AG; dafür ist weder eine Rechtsgrundlage noch eine Rechtfertigung ersichtlich. Nach der Rechtsprechung[263] fehlt dem BR als Gremium allerdings insoweit die Rechtsfähigkeit, so dass allein die BR-Mitglieder berechtigt und verpflichtet wären.

97 Eine **Erweiterung durch Betriebsabsprache** ist **vom BAG**[264] **bejaht** worden; alle Gegenstände, die durch BV regelbar seien, könnten auch zum Gegenstand einer Betriebsabsprache gemacht werden. Auch das fehlende Formerfordernis stehe nicht entgegen. Allerdings wird auf diesem Wege nur eine (durchaus vollwertige) Rechtsbeziehung zwischen AG und BR begründet, deren Beachtung mit gerichtlichen Mitteln durchgesetzt werden kann.[265] Im Gegensatz zur BV tritt jedoch keine Wirkung gegenüber den einzelnen AN ein, so dass eine Maßnahme des AG wirksam bleibt, die das durch Betriebsabsprache begründete Mitbestimmungsrecht verletzt.[266] Hier wäre allerdings die Frage zu stellen, ob eine **Betriebsabsprache** nicht den Charakter eines Vertrages **zu Gunsten Dritter** haben könnte; soweit dies zu bejahen ist, könnte sich der AG auch dem einzelnen AN gegenüber nicht auf sein mitbestimmungswidriges Verhalten berufen.

98 Eine **arbeitsvertragliche Erweiterung** von Mitbestimmungsrechten ist jedenfalls dann unzulässig, wenn sie sich nur auf einzelne Personen oder Gruppen von Beschäftigten bezieht;[267] dies würde die Wahrung der Interessen aller Belegschaftsmitglieder erschweren. Eine Erweiterung durch allgemeine Vertragsbedingungen, die mit allen vereinbart werden, kommt jedoch ähnlich wie in den nicht vom BetrVG erfassten Bereichen (ob. Rn. 82) durchaus in Betracht. Dasselbe gilt, wenn eine **Betriebsübung** besteht, die beispielsweise alle ordentlichen Kündigungen von der Zustimmung des Betriebsrats abhängig macht.

5. Verzicht auf Mitbestimmungsrechte?

99 Ein **Verzicht** des BR auf seine Beteiligungsrechte ist **weder durch Abmachung** mit dem AG **noch durch einseitige Erklärung** des BR **möglich.** Das Gesetz weist dem BR im Interesse der Belegschaft bestimmte Aufgaben zu; werden sie nicht erfüllt, so stellt dies eine Pflichtverletzung dar, die bei entsprechender Schwere die Sanktionen nach § 23 Abs. 1 auslöst. Dies ist in Literatur und Rechtsprechung im Wesentlichen unbestritten.[268] Mitbestimmungsrechte können

258 *Fitting*, § 1 Rn. 339.
259 *BAG* 29.11.83, AP Nr. 10 zu § 113 BetrVG 1972; vgl. weiter *BAG* 14.8.01 – 1 AZR 744/00, DB 02, 902 = AuR 02, 118.
260 *BAG* Beschl. v. 18.8.09 – 1 ABR 49/08, NZA 10, 112.
261 *BAG* 23.8.16 – 1 ABR 22/14, NZA 17, 194.
262 *BAG* Beschl. v. 15.5.01 – 1 ABR 39/00, NZA 01, 1154; *Lerch/Weinbrenner*, NZA 11, 666.
263 *BAG* 29.9.04 – 1 ABR 30/03, NZA 05, 123; dazu *Däubler*, Arbeitsrecht 1, Rn. 893af. (abrufbar unter *www.daeubler.de/bucher/*).
264 14.8.01 – 1 AZR 744/00, DB 02, 902 = AuR 02, 118.
265 *BAG* a.a.O.
266 *BAG* a.a.O. Dazu auch *Lerch/Weinbrenner* NZA 11, 666.
267 *BAG* 23.4.09 – 6 AZR 263/08, DB 09, 1995 = NZA 09, 915.
268 S. *Joussen*, RdA 05, 31 ff.; s. auch § 87 Rn. 49, § 102 Rn. 52 und §§ 112, 112a Rn. 195.

auch nicht dadurch verloren gehen, dass sie jahrelang nicht ausgeübt werden;[269] sie unterliegen **nicht** der **Verwirkung.** Diese würde voraussetzen, dass sich der AG auf die Nichtausübung der Beteiligungsrechte in der Zukunft verlassen kann und dass er insoweit ein schützenswertes Vertrauen hat; davon kann jedoch angesichts des zwingenden Charakters des BetrVG niemals die Rede sein.[270]

Nicht definitiv geklärt ist demgegenüber die Frage, ob und in welchem Umfang der BR in Ausübung seiner Rechte eine **Regelung** treffen kann, die auf dem fraglichen Sachgebiet **dem AG eine einseitige Entscheidungsbefugnis zuweist.** Die Betriebsparteien haben ersichtlich das Recht, nicht nur einen konkreten Fall, sondern eine Vielzahl gleich gelagerter Situationen zu regeln und die Feststellung, ob eine solche Situation vorliegt, dem AG zu überlassen. So ist es möglich, **Schichtpläne** lediglich mit bestimmten Vorgaben zu versehen oder **Überstunden** unter bestimmten Voraussetzungen generell zuzulassen. Ein **unzulässiger Verzicht** läge dagegen vor, würde man den **AG** ermächtigen, Schichtpläne oder Überstunden **nach seinen Vorstellungen** festzulegen. Dasselbe Prinzip hat das BAG bei Sozialplänen zu Grunde gelegt, allerdings recht großzügig gehandhabt (§§ 112, 112a Rn. 197: Geplante Betriebsänderung muss »in groben Umrissen« abschätzbar sein), doch ist offen, ob diese Rechtsprechung heute noch gültig ist.[271]. Keine Grundlage im Gesetz hat dagegen die Überlegung, zwischen freiwillig geschlossenen Betriebsvereinbarungen und Entscheidungen der ESt zu differenzieren und einen mittelbaren Verzicht nur im zweiten Fall auszuschließen.[272] Großzügigere Maßstäbe sind allenfalls bei einer Delegierung auf paritätische Kommissionen angebracht. Zur durch § 28a geregelten **Delegierung auf Arbeitsgruppen** s. *Trümner.*[273] 100

IV. Organisationsgrundsätze der Betriebsverfassung

1. Der einzelne Arbeitnehmer im Betriebsverfassungsrecht

Das BetrVG ist **Teil des Systems der Mitbestimmung** (vgl. Rn. 46 ff.) und hat als **arbeitsrechtliches Gesetz** wesentlichen Einfluss auf die Begründung, den Inhalt und die Beendigung des Einzelarbeitsverhältnisses. Beispielhaft zu nennen sind der Gleichbehandlungsgrundsatz (§ 75), Einzelrechte der AN (§§ 81–85, 86a), Auswirkungen der Gestaltung von Arbeitsplatz, Arbeitsablauf und Arbeitsumgebung auf die AN (§§ 90, 91), Förderung der Berufsbildung der AN (§ 96), personelle Einzelmaßnahmen (§§ 99, 102, 104) und Anspruchsgrundlagen der AN aus Interessenausgleich und Sozialplan (§§ 112, 113). 101

Das BetrVG wird auch als **arbeitsrechtliche Grundordnung** für die betriebliche Zusammenarbeit zwischen AG und AN bezeichnet. Wegen der gegebenen Interdependenz mit anderen arbeitsrechtlichen Rechtsbereichen übernimmt es viele arbeitsrechtliche Grundbegriffe. Einzelne betriebsverfassungsrechtliche Definitionen und Begrifflichkeiten weichen aber von allgemeinen arbeitsrechtlichen Bewertungen ab. 102

Diese Abweichung wird etwa am **AN-Begriff** deutlich. Der einschlägige **betriebsverfassungsrechtliche Begriff** geht zwar von dem allgemeinen arbeitsvertraglichen AN-Begriff aus, ist aber zu diesem nicht deckungsgleich. So verlangt die betriebsverfassungsrechtliche Schutzfunktion, die in allgemeinen (vgl. z. B. § 75, § 80 Abs. 1) wie in speziellen Beteiligungsrechten bei sozialen, personellen und wirtschaftlichen Angelegenheiten (z. B. § 87 Abs. 1, §§ 99, 102 und 112) zum Ausdruck kommt, dass vom BR auch in einem faktischen Arbeitsverhältnis stehende AN vertreten werden. Für Leih-AN hat der Gesetzgeber dies inzwischen durch die Regelung in § 7 Satz 2 anerkannt. Diese Beschäftigten können die Betriebsvertretung durch ihre Teilnahme an der Wahl zu legitimieren. Darüber hinaus ist die Qualifikation als »AN des Betriebs« i. S. d. § 5 auch zu bejahen, wenn im Betrieb tätige Personen ohne Arbeitsvertrag mit dem Betriebsinhaber dessen arbeitgeberischen Weisungsbefugnissen unterliegt und so eingegliedert sind, 103

269 *LAG Schleswig-Holstein* 4.3.08 – 2 TaBV 42/07, NZA-RR 08, 414.
270 Vgl. *LAG Schleswig-Holstein* a. a. O.
271 *BAG* 22.3.16 – 1 ABR 12/14, NZA 16, 894 Os 2: Vorsorglicher Sozialplan und Rahmensozialplan gleichgesetzt.
272 So aber *Joussen*, RdA 05, 36 ff.; zum Ganzen eingehend unten § 87 Rn. 49 f.
273 FS 50 Jahre Arbeitsgerichtsbarkeit Rheinland-Pfalz, S. 395 ff.

dass sie sich von einem vergleichbaren (Vertrags-)AN im Wesentlichen nur durch das Fehlen direkter arbeitsvertraglicher Beziehungen unterscheiden.[274] Diese Voraussetzungen erfüllen insbesondere viele sog. **Solo-Selbstständige.**[275] Hierbei handelt es sich um Personen, die zwar formal selbstständige Unternehmerinnen oder Unternehmer sind, die aber im Rahmen ihrer ausgeführten Tätigkeiten im Wesentlichen ohne eigenes Personal tätig werden und dabei ausschließlich ihre eigene Arbeitskraft vermarkten.[276]

104 Die große Reichweite des betriebsverfassungsrechtlichen AN-Begriffs wird an der ausdrücklichen Einbeziehung von im **Betrieb oder** im **Außendienst** beschäftigten Personen deutlich. Gleiches gilt **für mobil** außerhalb des Betriebs, in **Telearbeit** oder im **»Homeoffice«** tätige Personen. Der persönliche Geltungsbereich des Gesetzes erstreckt sich auf alle AN des Betriebs einschließlich der zu ihrer Berufsausbildung Beschäftigten sowie auf in Heimarbeit tätige Personen (vgl. § 5 Rn. 8 ff.). Darüber hinaus erfasst das Gesetz die AN anderer AG, die länger als drei Monate im Betrieb eingesetzt sind **(»Leih-AN«).** Diesen steht nach § 7 das Wahlrecht zu (vgl. insgesamt §§ 5 Rn. 86 ff., 7 Rn. 7 ff.). Die Rechte des BR kommen auf sie uneingeschränkt zur Anwendung. Leih-AN sind bei der Zahl der nach § 38 Abs. 1 freizustellenden Betriebsräte zu berücksichtigen.[277] Ausgeschlossen bleiben andere Beschäftigte wie insbesondere »Ein-Euro-Jobber« (vgl. ausführlich § 5 Rn. 145).

105 Auch die Abgrenzung des Personenkreises der **leitenden Angestellten** nach § 5 Abs. 3 verdeutlicht, dass das BetrVG nach seinem Gesetzeszweck **eigenständige Begriffsbestimmungen** enthält. Die betriebsverfassungsrechtliche Definition legt diesen Personenkreis anders fest als arbeitsrechtliche Gesetze (vgl. etwa §§ 14, 17 Abs. 5 Nr. 3 KSchG; § 22 Abs. 2 Nr. 2 ArbGG; dagegen mit Bezug auf § 5 Abs. 3 BetrVG § 18 Abs. 1 Nr. 1 ArbZG). Entsprechendes gilt auch für die **Nicht-AN** i. S. d. BetrVG. Es werden insbesondere solche im Betrieb tätigen Personen vom betriebsverfassungsrechtlichen AN-Begriff ausgenommen, die ihrer Funktion nach der AG-Seite zuzuordnen sind, etwa Organmitglieder juristischer Personen und vertretungs- oder geschäftsführungsbefugte Gesellschafter von Personengesellschaften (§ 5 Abs. 2 Nrn. 1 und 2). Als weitere Nicht-AN treten Personen hinzu, die entweder schon nach allgemeiner Auffassung keine AN sind (§ 5 Abs. 2 Nrn. 3 und 4) oder kraft spezieller Wertung des BetrVG nicht als AN gelten (§ 5 Abs. 2 Nr. 5).

106 Mit dem Vorliegen des betriebsverfassungsrechtlichen AN-Status verbinden sich für AN **unterschiedliche Rechtspositionen** wie insbesondere

- aktives und passives Wahlrecht zum BR, sofern die entsprechenden gesetzlichen Voraussetzungen vorliegen (§§ 7, 8);
- Antragsrecht zur gerichtlichen Bestellung eines WV (mindestens drei wahlberechtigte AN, § 16 Abs. 2 Satz 1);
- Antragsrecht zur Einberufung einer Betriebsversammlung zwecks Bildung eines WV (mindestens drei wahlberechtigte AN, § 17 Abs. 2 Satz 1);
- Anfechtung der BR-Wahl (mindestens drei wahlberechtigte AN, § 19 Abs. 2);
- Antragsrecht auf gerichtlichen Ausschluss einzelner BR-Mitglieder oder Auflösung des BR (mindestens ein Viertel der wahlberechtigten AN, § 23 Abs. 1);
- Antragsrecht zur Einberufung einer außerordentlichen Betriebsversammlung (mindestens ein Viertel der wahlberechtigten AN, § 43 Abs. 3 Satz 1);
- Teilnahmerecht an Betriebsversammlungen (§§ 42 ff.);
- individuelle Mitwirkungs- und Beschwerderechte (§§ 81–86);
- individuelles Vorschlagsrecht (§ 86a).

274 Vgl. *LAG Frankfurt* 25. 1. 85, BB 85, 2173.
275 Vgl. zum Reformbedarf aus kollektivrechtlicher Sicht *Wedde*, Reformbedarf kollektivrechtlicher Regelungsmöglichkeiten aus Sicht von Solo-Selbstständigen, Rechtsgutachten, Wiesbaden 2022, S. 21 ff (elektronisch abrufbar unter *https://hausderselbststaendigen.info/wp-content/uploads/2023/03/2022_11_28_Wedde_Gutachten_fuer_Haus_der_Selbststaendigen__EF.pdf* – Abrufdatum 20. 6. 2023).
276 Vgl. BT-Drs. 18/10762, S. 2.
277 *BAG* 5. 12. 12 – 7 ABR 17/11, NZA 13, 690; vgl. § 38 Rn. 9 und § 5 Rn. 8 und 81.

Der einzelne AN ist **Teil der Belegschaft** (vgl. Rn. 92) und zugleich **Subjekt von Rechten,** die der BR nach dem Gesetz für den einzelnen AN, Teile der Belegschaft oder die Belegschaft insgesamt wahrnimmt.

2. Die betriebsverfassungsrechtliche Stellung der Belegschaft

Der Begriff »Belegschaft« erfasst die **Arbeitnehmerschaft eines Betriebs** (zum Betriebsbegriff vgl. Rn. 96) oder Teile davon. Er wird im Gesetz verschiedentlich als Synonym verwendet, etwa bezogen auf die AN des Betriebs (vgl. etwa § 80 Abs. 1 Nr. 2, § 111). Der einzelne AN wird durch die Zuordnung zur Belegschaft zugleich Beteiligter einer die anderen AN einschließenden überindividuellen Einheit, die mehr ist als die bloße Summe aller Beteiligten.[278] **107**

Am deutlichsten sichtbar wird dies bei der **organisatorischen Einheit »Betriebsversammlung«, in der es** um die gemeinschaftliche Willensbildung und Willensäußerung geht. Der Gesetzgeber hat ihr darüber hinaus bestimmte **Aufgaben** zugewiesen: Wahl des WV in einem betriebsratsfähigen, aber betriebsratslosen Betrieb (§ 17); Entgegennahme des Tätigkeitsberichts des BR und Diskussion darüber (§ 43 Abs. 1 Satz 1); Entgegennahme des Berichts des AG über das Personal- und Sozialwesen und über die wirtschaftliche Lage und Entwicklung des Betriebs (§ 43 Abs. 2 Satz 3). Von besonderer Bedeutung ist, dass die Betriebsversammlung Angelegenheiten behandeln kann, die den Betrieb oder seine AN unmittelbar betreffen, wobei das Gesetz Angelegenheiten tarifpolitischer, sozialpolitischer, umweltpolitischer und wirtschaftlicher Art hervorhebt (§ 45). **108**

Die Beteiligungsrechte nach dem Gesetz werden nicht von der Belegschaft, sondern von den **Kollektivvertretungen** wie insbes. **BR** und **GBR** wahrgenommen. Diese werden als Organe der Betriebsverfassung im eigenen Namen kraft Amtes tätig. Das gilt auch für die Stellung des BR und des GBR gegenüber der Belegschaft und einzelnen Betriebsangehörigen.[279] Daher binden beispielsweise Abstimmungen der Betriebsversammlung den BR nicht. Sie können aber deutlich machen, wie die Auffassung und Position der Belegschaft oder einzelner Gruppen zu betrieblichen Fragen und Problemen ist. **109**

3. Der Betrieb als zentraler Ausgangspunkt der Betriebsverfassung

Der Begriff »Betrieb« ist für die Praktizierung des Betriebsverfassungsrechts von **entscheidender** Bedeutung. Er setzt den Rahmen für die Abgrenzung der Belegschaft und die sich im Betrieb vollziehende Bildung der Betriebsvertretung und den Wirkungsbereich für die BR Arbeit. Die Anzahl der AN des Betriebs gemäß § 5 Abs. 1 sowie der gem. § 7 Satz 2 zu berücksichtigen überlassenen AN, die im Betrieb beschäftigt ist, bildet die Ausgangsgröße für die zahlenmäßige Größe des BR (§ 9) und teilweise auch für das Einsetzen von Beteiligungsrechten (vgl. § 99 Abs. 1 Satz 1, § 106 Abs. 1 Satz 1, § 111 Satz 1, zu den Beteiligungsrechten von überlassenen AN vgl. § 7 Rn. 21). Der BR soll möglichst ein Spiegelbild der Belegschaft sein (vgl. § 15). Die Anzahl der AN in einem Betrieb ist dafür maßgebend, wieviel BR-Mitglieder von ihrer beruflichen Tätigkeit freizustellen sind (§ 38 Abs. 1) und ob ein BR-Ausschuss gemäß § 27 Abs. 1 bzw. Ausschüsse gemäß § 28 Abs. 1 gegründet werden können. **110**

Das BetrVG definiert den Begriff des »Betriebs« trotz seiner großen juristischen wie praktischen Bedeutung nicht, sondern **setzt ihn voraus.** Definitionen aus anderen Rechtsbereichen, wie etwa dem Handels- und Wirtschaftsrecht oder Sozialrecht, können für den Bereich des BetrVG nicht unmittelbar herangezogen werden.[280] Das gilt umso mehr, als dass dieser Begriff in einzelnen arbeitsrechtlichen Gesetzen (etwa im Kündigungsschutzrecht und Tarifvertragsrecht) unterschiedlich verwendet wird.[281] Nach Auffassung des *BAG* soll allerdings der Betriebsbegriff des KSchG mit dem des BetrVG übereinstimmen (vgl. § 1 Rn. 143). Der Betriebsbegriff des BetrVG muss sich am **Sinn und Zweck des Betriebsverfassungsrechts** orientieren. **111**

---

278 Vgl. auch *GK-Franzen,* § 1 Rn. 89 ff.
279 *Fitting,* § 1 Rn. 186 ff.
280 GK-*Franzen,* § 1 Rn. 26.
281 *Fitting,* § 1 Rn. 62.

112 Die **Unterscheidung zwischen Betrieb und UN** wird in Rspr. und Literatur weitgehend darin gesehen, dass der Betrieb einem **arbeitstechnischen Zweck,** das UN dagegen einem hinter dem arbeitstechnischen Zweck liegenden Ziel, nämlich regelmäßig einem **wirtschaftlichen oder ideellen Zweck** dient (vgl. dazu Rn. 103 ff.). Nach der Rspr. des *BAG* ist der »Betrieb die organisatorische Einheit, innerhalb derer der UN allein oder zusammen mit seinen Mitarbeitern mit Hilfe sächlicher und immaterieller Mittel bestimmte arbeitstechnische Zwecke fortgesetzt verfolgt«.[282]

113 Die vom **BAG geprägte Definition** trägt einem eigenständigen Betriebsbegriff, wie er vom Sinn und Zweck des BetrVG her zu entwickeln ist, **nur ungenügend Rechnung.** So kommt nicht zum Ausdruck, dass der Betrieb ein **Sozialgebilde** ist, das durch die soziale Ungleichheit geprägt wird, mit der sich die Parteien des Arbeitsvertrages – AN und AG – gegenüberstehen. Im Betrieb setzt sich die wirtschaftliche Macht des UN in die soziale Macht des AG um. Die aus der wirtschaftlichen Unterlegenheit des AN resultierende faktische Unmöglichkeit der gleichberechtigten Mitbestimmung der Arbeitsbedingungen wird nur bis zu einem gewissen Grad durch Betriebsvereinbarungen, Tarifverträge oder arbeitsrechtliche Schutzgesetze ausgeglichen. Die betriebliche Mitbestimmung nach dem BetrVG hat in diesem System einen eigenen Stellenwert.[283]

114 Es kommt hinzu, dass bei der konkreten Ausfüllung des Betriebsbegriffs auf einen **Merkmalskatalog** zur Abgrenzung betriebsratsfähiger Einheiten abgestellt wird, der weitere Unsicherheiten erzeugt (vgl. dazu § 1 Rn. 71 ff.). Bereits das Merkmal »räumliche Einheit«, in § 4 Abs. 1 Nr. 1 ist beispielsweise für die Feststellung eines »Betriebs« keineswegs zwingend. Es ist nämlich nicht nur im Sinne einer geschlossenen, abgegrenzten und zusammengehörigen Einheit gemeint, was § 4 mit den Begriffen »Betriebsteil« und »Kleinstbetrieb« verdeutlicht. Deshalb führt etwa die räumliche Trennung von Betriebsteilen nicht automatisch dazu, dass ein einheitlicher Betrieb verneint werden kann.[284] Die Einheit des Inhabers (Inhaberidentität) ist ebenfalls kein entscheidendes Merkmal für die Feststellung eines Betriebs, wie sich an der Form des **Gemeinschaftsbetriebs** illustrieren lässt, die ihren normativen Niederschlag in § 1 Abs. 2 gefunden hat (vgl. zur aktuellen Situation § 1 Rn. 88 ff., 126 ff.). In diesem Zusammenhang ist auch das Problem der Spartenorganisation entlang von Produktgruppen, die Trennung von produzierenden Bereichen und Vertrieb oder Verwaltung oder das Entstehen virtueller Betriebsstrukturen zu nennen.[285]

115 Genauso wenig kann die Verfolgung bestimmter arbeitstechnischer Zwecke ein **ausschlaggebendes Kriterium** für die Feststellung eines Betriebs sein, da es vielfach kaum möglich ist, genau festzulegen, was ein arbeitstechnischer Zweck im konkreten Fall ist (vgl. § 1 Rn. 83 f.). Aber selbst, wenn dies möglich ist, kommt hinzu, dass in einem einheitlichen Betrieb **mehrere arbeitstechnische Zwecke** verfolgt werden können. Angesichts der immer stärker um sich greifenden industriellen Arbeitsteilung ist dies in der Praxis häufig der Fall. Damit könnte es zur Atomisierung einer an sich betriebsratsfähigen Einheit kommen.[286] Entsprechendes gilt für die **einheitliche technische Leitung,** die jedenfalls dann, wenn mehrere arbeitstechnische Zwecke in einem Betrieb verfolgt werden, zwar möglicherweise sinnvoll, aber keineswegs notwendig ist.[287] Das Kriterium der einheitlichen technischen Leitung ist in solchen Fällen fragwürdig, der Begriff des einheitlichen Leitungsapparates wird diffus (§ 1 Rn. 78 ff.).

116 Es ist somit zur besseren Ausfüllung der Betriebsdefinition erforderlich, sich künftig auf Merkmale konzentrieren, die stärker am Gesetzeszweck des BetrVG orientiert sind. Dieser besteht entscheidend darin, dass eine **Betriebsvertretung der AN** in einer auf **Dauer angelegten**

---

282 Vgl. etwa *BAG* 18.1.90 – 2 AZR 355/89, AP Nr. 9 zu § 23 KSchG 1969; 14.9.88, AP Nr. 9 zu § 1 BetrVG 1972; vgl. zu der Rspr. des *BAG* zum Betriebsbegriff und zur Literatur umfassend § 1 Rn. 58 ff.
283 *Muhr,* AuR 82, 1 ff.
284 Vgl. ausführlich § 4 Rn. 54 ff.
285 Vgl. *Däubler,* Das Arbeitsrecht 1, Rn. 753r.
286 Vgl. GK-*Franzen,* § 1 Rn. 38, der darauf hinweist, dass es genüge, wenn mehrere Zwecke innerhalb einer einheitlichen, auf einen arbeitstechnischen Gesamtzweck gerichteten Organisation verfolgt werden.
287 GK-*Franzen,* § 1 Rn. 39.

organisatorischen Einheit gebildet werden kann, die zu einer **effektiven Wahrnehmung der Interessen der AN** in der Lage ist (vgl. § 1 Rn. 79 f.).

Dabei soll nicht verkannt werden, dass jedes Abstellen auf einen Merkmalskatalog erhebliche Unsicherheiten mit sich bringt (vgl. § 1 Rn. 72 ff.). Im Zweifel müssen dann die Merkmale den **Ausschlag** geben, die am stärksten für den **Gesetzeszweck sprechen.** Es kommt darauf an, die Einheit »Betrieb« so abzugrenzen, dass dort eine **vernünftige Ordnung der Betriebsverfassung** verwirklicht werden kann.[288] Eine sachgerechte Wahrnehmung der AN-Interessen und damit der Beteiligungsrechte, die der BR wahrnimmt, ist zu gewährleisten.[289] Vor diesem Hintergrund ist es zu begrüßen, dass etwa AN in betriebsratsfähigen Betriebsteilen gemäß § 4 Abs. 1 Satz 2 nunmehr beschließen können, an der BR-Wahl im Hauptbetrieb teilzunehmen (vgl. § 4 Rn. 100 ff.). Auch die Möglichkeiten der Bildung von Unternehmensbetriebsräten nach § 3 Abs. 1 bieten neue Wege für eine effektive Interessenwahrnehmung beim Vorliegen bestimmter Betriebsgestaltungen (vgl. § 3 Rn. 37 ff.). Gleiches gilt für die Ausweitung der Zuständigkeit eines GBR auf die AN in betriebsratslosen Betrieben eines Unternehmens durch die Ergänzung des § 50 Abs. 1 (vgl. § 50 Rn. 55 ff.) bzw. für die entsprechenden Zuständigkeiten eines KBR nach § 58 (vgl. § 58 Rn. 44 ff.). 117

4. Unternehmen und Betriebsverfassung

Für den Begriff des »Unternehmens« gibt es ebenso wie für den des »Betriebs« (vgl. Rn. 110 ff.) im BetrVG keine gesetzliche Definition. Nach der Rspr. des BAG ist das UN die organisatorische Einheit, mit der ein UN seine wirtschaftlichen oder ideellen Zwecke verfolgt.[290] **Weitergehender** ist die in Art. 4 Nr. 18 DSGVO für den **datenschutzrechtlichen Bereich** enthaltene Legaldefinition, nach der ein UN eine natürliche oder juristische Person ist, die eine wirtschaftliche Tätigkeit ausübt, unabhängig von ihrer Rechtsform, einschließlich Personengesellschaften oder Vereinigungen, die regelmäßig einer wirtschaftlichen Tätigkeit nachgehen.[291] 118

Das UN kann einen oder **mehrere Betriebe** haben. Ist Letzteres der Fall, kommt dem Begriff des UN eine eigenständige betriebsverfassungsrechtliche Bedeutung zu, wenn zugleich mehrere BR bestehen. Es ist dann ein **Gesamt-BR** zu errichten (§ 42 Abs. 1). Dagegen ist die Bildung eines WA auch für ein UN mit nur einem Betrieb vorgesehen, sofern mehr als 100 ständig beschäftigte AN vorhanden sind (§ 106 Abs. 1 Satz 1). 119

Es ist möglich, dass mehrere rechtlich selbstständige UN einen **gemeinsamen Betrieb** im betriebsverfassungsrechtlichen Sinne bilden.[292] Dies berücksichtigt § 1 Abs. 2 BetrVG. Gemäß Abs. 2 Nr. 1 wird ein **gemeinsamer Betrieb** mehrerer Unternehmen vermutet, wenn zur Verfolgung arbeitstechnischer Zwecke die Betriebsmittel sowie die Arbeitnehmer von den Unternehmen gemeinsam eingesetzt werden. Voraussetzung für das Vorliegen eines gemB, aber nicht für die Vermutung, ist ein einheitlicher Leitungsapparat. Es geht bei der einheitlichen Leitung um Entscheidungen des AG bei den personellen und sozialen Angelegenheiten. Die Wahrnehmung einheitlicher unternehmerischer Funktionen im Bereich der wirtschaftlichen Mitbestimmung ist nicht erforderlich.[293] 120

Das Entstehen eines Gemeinschaftsbetriebs muss keineswegs in der Weise geschehen, dass mehrere UN einen neuen Betrieb bilden, wie das etwa in der Form einer Arbeitsgemeinschaft für größere Bauvorhaben geschieht, die als BGB-Gesellschaft den Betrieb leitet. Es kann gemäß § 1 Abs. 2 Nr. 2 auch die Folge einer **Unternehmensaufspaltung** sein. So ist denkbar, dass Produktgruppen oder einzelne Abteilungen, wie Vertrieb, Kundendienst usw., von bisher unselbstständigen Abteilungen unternehmensübergreifend zu selbstständigen UN umgewandelt werden (vgl. § 1 Rn. 146). Für diesen Fall der Zusammenlegung von Betriebsbereichen sowie für die verschiedenen Varianten der Betriebsspaltung sieht § 21a ausdrücklich ein Übergangs- 121

---

288 GK-*Franzen*, § 1 Rn. 35.
289 Vgl. *Fitting*, § 4 Rn. 2; GK-*Franzen*, a. a. O.
290 *BAG* 7. 8. 86, AP Nr. 5 zu § 1 BetrVG 1972; 5. 3. 87, AP Nr. 30 zu § 15 KSchG 1969.
291 Vgl. hierzu DWWS-*Weichert*, Art. 4 DSGVO, Rn. 153 ff.
292 *BAG* 18. 1. 90 – 2 AZR 355/89, AP Nr. 9 zu § 23 KSchG 1969; 14. 9. 88, AP Nr. 9 zu § 1 BetrVG 1972.
293 *BAG* 29. 1. 87, AP Nr. 6 zu § 1 BetrVG 1972; vgl. im Übrigen § 1 Rn. 88 ff.

mandat des BR mit der Zielsetzung vor, für eine Übergangszeit die Schutzfunktion des Betriebsverfassungsrechts zu erhalten und sicherzustellen, dass in den neu entstandenen betrieblichen Einheiten WV zur Einleitung einer BR-Wahl bestellt werden (vgl. § 21a Rn. 4).

122 Für den Begriff UN ist die **rechtliche Selbstständigkeit** entscheidend. Es kann sich dabei um eine natürliche Person, um eine Personengesamtheit oder um eine juristische Person handeln.[294]

123 Eine Einschränkung von Beteiligungsrechten des BR bzw. GBR ist gegeben, wenn es sich um **Tendenz-UN** i. S. d. § 118 Abs. 1 BetrVG handelt. Die betriebsverfassungsrechtlichen Bestimmungen finden in einem solchen Fall keine Anwendung, soweit die Eigenart des UN (oder des Betriebs) dem entgegensteht. Die Vorschriften über die Bildung und Tätigkeit des WA sind überhaupt nicht, die Bestimmungen, die sich mit dem Interessenausgleich und Sozialplan bei Betriebsänderungen befassen, nur insoweit anzuwenden, als sie den Ausgleich oder die Milderung wirtschaftlicher Nachteile für die AN infolge von Betriebsänderungen regeln.[295]

5. Konzern und Betriebsverfassung

124 Dem Konzernbegriff kommt eine betriebsverfassungsrechtliche Bedeutung zu, wenn es sich um einen **Konzern i. S. d. § 18 Abs. 1 AktG,** also um einen sog. **Unterordnungskonzern,** handelt. In einem solchen Fall kann durch Beschlüsse der einzelnen GBR der UN ein KBR errichtet werden (vgl. § 54).

125 Ein Unterordnungskonzern i. S. d. § 18 Abs. 1 AktG setzt voraus, dass ein herrschendes und ein oder mehrere abhängige UN unter der **einheitlichen Leitung** des **herrschenden UN** zusammengefasst sind. Die Rechtsform des herrschenden oder der abhängigen UN ist dabei unerheblich. Ein KBR kann auch dann gebildet werden, wenn die einzelnen UN des Konzerns nicht in der Form einer AG, sondern etwa als GmbH oder als Personengesellschaften geführt werden. In einem Gleichordnungskonzern nach § 18 Abs. 2 AktG ist ein KBR nicht zu errichten (vgl. § 53 Rn. 12.).

126 Besondere Probleme entstehen, wenn innerhalb eines Konzerns ein **Unterkonzern** besteht, der für seinen Bereich gegenüber abhängigen UN Leitungsbefugnisse ausübt. Nach dem Grundgedanken des Gesetzes ist die Möglichkeit eines **»Konzerns im Konzern«** zu bejahen, so dass bei der Konzernspitze eines Unterkonzerns (Tochtergesellschaft) jedenfalls dann ein KBR zu errichten ist, wenn der Unterkonzernspitze in einem wesentlichen Bereich von beteiligungspflichtigen Angelegenheiten eine nicht durch konkrete Weisungen der Konzernspitze (Muttergesellschaft) gebundene Entscheidungskompetenz zusteht und sie von dieser Kompetenz auch tatsächlich Gebrauch macht.[296]

6. Die Rechtsstellung des Betriebsrats

127 Der BR ist die **gesetzliche Interessenvertretung** (Repräsentant) der AN **des Betriebs** innerhalb der Betriebsverfassung.[297] Weiterhin ist er gem. § 7 Satz 2 zuständig für alle überlassenen AN, die mehr als drei Monate im Betrieb tätig sind (vgl. § 7 Rn. 21). Der BR hat somit – in Zusammenarbeit mit der Gewerkschaft (vgl. § 2 Rn. 49 ff) – die **betrieblichen Interessen der AN gegenüber dem AG** zu vertreten. Im Rahmen des § 2 Abs. 1 BetrVG hat er die Interessen des Betriebs zu berücksichtigen. Von ihm werden alle AN i. S. d. § 5 Abs. 1 BetrVG vertreten. Die leitenden Angestellten vertritt er nicht. Deren Vertretung erfolgt, sofern die Voraussetzungen zur Bildung dieses Vertretungsorgans vorhanden sind, durch den SpA (§§ 1, 25 SprAuG).

---

294 *Fitting,* § 1 Rn. 146.
295 Vgl. § 118 Rn. 2 ff.; 65 ff.
296 *BAG* 21. 10. 80, AP Nr. 1 zu § 54 BetrVG 1972; vgl. auch § 54 Rn. 5.
297 *Fitting,* § 1 Rn. 188; zur systematischen Einordnung und begrifflichen Erfassung der Rechtsstellung des BR vgl. *Däubler,* Arbeitsrecht 1/2006, Rn. 893 ff.; GK-*Franzen,* § 1 Rn. 62 ff.

Der BR ist einerseits Organ der Belegschaft,[298] andererseits wie der AG Verfassungsorgan des Betriebs.[299] Als Organ der Betriebsverfassung wird der BR kraft seines Amtes im **eigenen Namen** tätig. Während seiner Amtszeit ist der BR nicht von der Zustimmung der Arbeitnehmerschaft abhängig. Es gibt kein »imperatives Mandat«.[300] 128

Das Gesetz weist dem BR eine Reihe von gesetzlichen Aufgaben und Rechten zu. Von erheblicher Bedeutung ist die von ihm wahrnehmende »**Schutzfunktion**«: Er hat von Amts wegen darauf zu achten, dass die zugunsten der AN geltenden Gesetze, Tarifverträge, Betriebsvereinbarungen und sonstigen Vorschriften eingehalten werden (§ 80 Abs. 1 Nr. 1). Es gehört zu seinen allgemeinen Aufgaben, darüber zu wachen, dass alle im Betrieb tätigen Personen nach den Grundsätzen von Recht und Billigkeit behandelt werden (§ 75 Abs. 1). Darüber hinaus hat er die freie Entfaltung der Persönlichkeit der im Betrieb beschäftigten AN zu fördern (§ 75 Abs. 2). 129

Zum **sozialpolitischen Aufgabenbereich** des BR gehört die Berechtigung und Verpflichtung, für die Eingliederung von Schwerbehinderten und von sonstigen schutzbedürftigen Personen in den Betrieb zu sorgen (§ 80 Abs. 1 Nr. 4). Gleiches gilt bezüglich der **Integration ausländischer AN** in den Betrieb (§ 80 Abs. 1 Nr. 7) sowie bezüglich der Durchsetzung der tatsächlichen **Gleichstellung** von Frauen und Männern (§ 80 Abs. 1 Nr. 2a), der Förderung der **Vereinbarkeit von Familie und Erwerbstätigkeit** (§ 80 Abs. 1 Nr. 2b) sowie der Beantragung von Maßnahmen **zur Bekämpfung von Rassismus und Fremdenfeindlichkeit** im Betrieb (§ 80 Abs. 1 Nr. 8 und 9).[301] 130

Ein Schwerpunkt der Rechte des BR liegt in der **Gestaltungsfunktion.** Durch die ihm vom Gesetz zugewiesenen Mitwirkungs- und Mitbestimmungsrechte gestaltet er durch BV betriebliche Arbeitsbedingungen mit. Der Wirkungsbereich des BR reicht dabei von Fragen der Ordnung des Betriebs und der Lohngestaltung (vgl. § 87 Abs. 1) und Problemen der Arbeitsorganisation (vgl. §§ 90, 91) über personelle Maßnahmen (vgl. §§ 99, 102) bis hin zu Betriebsänderungen (§§ 111–113). 131

Die vom Gesetz gewährten **Beteiligungsrechte** sind **abgestuft.** Die rechtliche Einflussnahme, die der BR auf den Willensbildungsprozess des AG hat, wird dadurch unterschiedlich ausgestaltet. So räumt ihm das Gesetz Rechte ein, die den AG lediglich zur Unterrichtung und Beratung verpflichten (vgl. § 90). Darüber hinaus bestehen Vetorechte in Form eines Zustimmungsverweigerungs- oder Widerspruchsrechts (vgl. §§ 99, 102). In bestimmten Angelegenheiten hat der BR gleichberechtigt mitzubestimmen (vgl. § 87). 132

Seine Rechte und Aufgaben nimmt der BR als **gemeinsame Vertretung aller AN** wahr. Diese Aufgabe wird in der Praxis durch die Verhältniswahl innerhalb des BR-Gremiums erschwert, die im Ergebnis zu erheblichen **Spaltungstendenzen** bei der Wahl des BR und seiner Tätigkeit führt. So benötigen die in Ausschüssen tätigen oder die freigestellten BR-Mitglieder für ihre Arbeit nicht mehr unbedingt das Vertrauen der Mehrheit im BR, sondern nur das ihrer eigenen politischen Gruppierung. Es kommt deshalb nicht mehr allein auf die Persönlichkeit und die Fähigkeiten der einzelnen BR-Mitglieder an.[302] Den sich aus den Spaltungstendenzen ergebenden Gefahren ist nur dadurch zu begegnen, dass sich die einzelnen BR-Mitglieder ungeachtet unterschiedlicher Auffassungen und politischer und weltanschaulicher Einstellungen nicht als Vertreter einer bestimmten Gruppierung begreifen. Jedes Mitglied des BR sollte sich als »**Repräsentant« aller Beschäftigten** verstehen. 133

Der BR nimmt seine Aufgaben und Rechte gegenüber dem AG wahr. Im Rahmen des § 2 Abs. 1 arbeitet der BR mit dem AG zusammen. Die **einseitige Entscheidungsbefugnis des AG** soll durch eine Repräsentation der AN-Interessen **eingeschränkt werden.** Die Betriebsverfassung zielt damit auf eine **Gewaltenteilung** im Betrieb ab (vgl. auch § 4 Rn. 30). Die Tätigkeit des BR vollzieht sich unabhängig von jeglichen Weisungen und Kontrollbefugnissen des AG. Deshalb sind BR-Rechte diesem gegenüber **gerichtlich durchsetzbar.** Der BR kann das ArbG in 134

298 *BAG* 6.11.59, AP Nr. 15 zu § 13 KSchG.
299 Zu den unterschiedlichen Auffassungen zur Rechtsstellung des BR vgl. GK-*Franzen,* § 1 Rn. 62 ff.
300 *BAG* 27.6.89, DB 89, 2543; *Fitting,* § 1 Rn. 190.
301 Vgl. allg. *Däubler,* Arbeitsrecht 1/2006, Rn. 897 ff.
302 Vgl. *Wlotzke,* DB 88, 111 ff.

eigenem Namen anrufen. Er ist im Beschlussverfahren nach § 10 ArbGG beteiligungsfähig (zur Durchsetzung von Rechten des BR vgl. Rn. 96 ff.).

135 Die BR-Tätigkeit schließt **Außenbeziehungen** nicht aus. Bestimmte betriebs-, unternehmens- und konzernübergreifende Außenbeziehungen des BR als Organ der Betriebsverfassung sind selbstverständlich.[303]

136 Außenbeziehungen des BR sind auf der Grundlage gesetzlicher Ermächtigungen möglich. In dieser Hinsicht sind insbes. die **Behörden und sonstigen außenstehenden Stellen** zu erwähnen, zu denen der BR bei der Wahrnehmung seiner gesetzlichen Rechte und Pflichten in Kontakt tritt. Als Beispiele sind die BR-Aufgaben beim Arbeits- und Gesundheitsschutz (vgl. § 87 Abs. 1 Nr. 7, § 89) oder bei der Förderung der Berufsbildung (vgl. § 96 Abs. 1) anzuführen.[304] Außenbeziehungen entstehen aber auch, wenn der BR zur ordnungsgemäßen Erfüllung seiner Aufgaben auf die Hilfe eines **außenstehenden Sachverständigen** (vgl. § 80 Abs. 3) bzw. **Beraters** (§ 111 Satz 2) zurückgreift oder bei der **Anrufung der Einigungsstelle** mit einer als Einigungsstellenvorsitzenden vorgesehenen Person Verbindung aufnimmt.

137 Einen Sonderfall stellen die Außenbeziehungen dar, die der BR zur **Sicherung der BR-tätigkeit** oder zur **Wiederherstellung einer ungestörten BR-Arbeit** aufnehmen muss. Es handelt sich dabei um Kontakte zu Ordnungsbehörden bei Verfahren wegen Ordnungswidrigkeiten (§ 121 BetrVG) und zur Staatsanwaltschaft bei Straftaten gegen Betriebsverfassungsorgane und ihre Mitglieder (vgl. § 119). Dagegen sind die Beziehungen zwischen BR und Gewerkschaft schon deswegen nicht als Außenbeziehungen zu bezeichnen, weil die Gewerkschaft Teil des dualen Systems zur Interessenvertretung der AN ist (vgl. Rn. 59), der BR gesetzlich zur Zusammenarbeit mit der Gewerkschaft verpflichtet wird (§ 2 Abs. 1 BetrVG) und darüber hinaus der Gewerkschaft im BetrVG eigenständige Rechte und umfassende Unterstützungsfunktionen eingeräumt worden sind (vgl. Rn. 160 f., § 2 Rn. 74 ff.).

138 Die zulässigen Außenkontakte beschränken sich nicht auf gesetzlich begründete Sachverhalte. So kann es für den BR erforderlich werden, sich unabhängig von dem Recht auf Hinzuziehung von Sachverständigen nach § 80 Abs. 3 BetrVG bzw. eines Beraters gemäß § 111 Satz 2 oder der Entsendung von BR-Mitgliedern zu Schulungs- und Bildungsveranstaltungen nach § 37 Abs. 6 und 7 BetrVG Informationen zu beschaffen, die ihn in die Lage versetzen, bestimmte Rechte sachgerechter auszuüben. Nur beispielhaft sei auf sein Initiativrecht verwiesen, gegenüber dem Arbeitgeber Vorschläge für die Einführung einer Personalplanung und ihre Durchführung zu machen (§ 92 Abs. 2). Die Wahrnehmung dieses Rechts kann wesentlich wirksamer erfolgen, wenn der BR an »**Arbeitsmarktgesprächen**« der zuständigen Agentur für Arbeit beteiligt wird, in denen die Besonderheiten und Probleme des regionalen Arbeitsmarktes behandelt werden.[305] Die Teilnahme eines oder mehrerer BR-Mitglieder als Zuhörer an einem Arbeitsgerichtsverfahren kann erforderlich sein, wenn es sich um einen Rechtsstreit von grundsätzlicher Bedeutung handelt, bei dem es zugleich um eine für die Arbeit des betreffenden BR wesentliche Frage geht.

139 Aktivitäten des BR müssen sich nicht auf die Bundesrepublik Deutschland beschränken, sondern können in bestimmten Fällen auch im internationalen Rahmen erfolgen, etwa die Anhörung rechtlich anerkannter Vertreter im Zusammenhang mit der geplanten Gründung eines grenzüberschreitenden Gemeinschaftsunternehmens (vgl. § 26 Rn. 21).

140 Es wäre **nicht sachgerecht,** den BR darauf beschränken zu wollen, Außenbeziehungen nur dann anzuknüpfen und zu unterhalten, wenn hierfür eine ausdrückliche gesetzliche Ermächtigung in der betreffenden Angelegenheit besteht.[306] Ausreichend ist ein **Zusammenhang** zwischen der Betriebsratstätigkeit und der Aufnahme von Außenbeziehungen bestehen. Bei der

---

303 Vgl. ausführlich *Plander,* AuR 93, 161 ff.; vgl. auch *v. Hoyningen-Huene,* RdA 92, 355 ff.

304 Zu den Außenbeziehungen im Rahmen ausdrücklicher gesetzlicher Ermächtigungen vgl. *Plander,* a. a. O., S. 162 ff.

305 Grundsätzlich bejahend zum Teilnahmerecht an einer solchen Veranstaltung *BAG* 23.9.82, AP Nr. 42 zu § 37 BetrVG 1972.

306 So aber offensichtlich *BAG* 18.9.91, NZA 92, 315; vgl. ähnlich *v. Hoyningen-Huene,* RdA 92, 355; a. A. *Buschmann,* AiB 87, 53; *Herschel,* ZfA 84, 65; *Kittner,* Die Quelle 4/92, 91; *Simitis/Kreuder,* NZA 92, 1009 [1010].

Frage, ob dies der Fall ist, hat der BR einen **Beurteilungs- und Ermessensspielraum.**[307] Bei den Außenbeziehungen des BR sind die **gesetzlichen Gebote und Verbote** zu beachten, wie sie etwa in den Grundsätzen für die Zusammenarbeit mit dem AG (§ 74 Abs. 1 und 2) und dem Verbot für den BR, nicht durch einseitige Handlungen in die Leitung des Betriebs einzugreifen (§ 77 Abs. 1 Satz 2), enthalten sind.[308]

Der BR ist **außerhalb seines gesetzlichen Wirkungsbereichs** weder **rechts- noch vermögensfähig,** stellt also kein Rechtssubjekt dar.[309] Anders ist es jedoch, soweit der BR **innerhalb seines gesetzlichen Wirkungsbereichs** tätig wird. Innerhalb dieses Rahmens kann er **berechtigt und verpflichtet werden.**[310] 141

Im Rahmen seines gesetzlichen Wirkungsbereichs hat der BR eine **Teilrechtsfähigkeit,** z. B. aus § 40.[311] Diese besteht zunächst im Verhältnis zum AG. Zu diesem ist auf der Grundlage des § 40 (Kostentragungspflicht) ein »**gesetzliches Schuldverhältnis**« gegeben. Die in § 40 enthaltene Kostentragungspflicht des AG macht deutlich, dass der BR im Rahmen des Gesetzes auch **Träger vermögensrechtlicher Ansprüche und Rechtspositionen** sein kann.[312] Darüber hinaus ist der BR im Bereich des Privatrechtsverkehrs mit Dritten für solche Rechtsgeschäfte teilrechtsfähig, die er zur Erfüllung des ihm gesetzlich zugewiesenen Wirkungsbereiches tätigt. 142

Verschiedentlich wird die Auffassung vertreten, dass BR-Mitglieder, die für den BR Verträge abgeschlossen haben, diesbezüglich haften. Das wird damit begründet, dass der BR nicht Schuldner sein könnte.[313] Diese Auffassung berücksichtigt jedoch nicht die gesetzlichen Bestimmungen, mit denen die **Funktionsfähigkeit** des BR überhaupt erst gesichert wird. Das ist neben § 10 ArbGG, der die Parteifähigkeit des BR im Beschlussverfahren garantiert, vor allem der § 40 Abs. 1. Der AG hat nach dieser Vorschrift, bereits bedingt durch das Umlageverbot des § 41, die durch die Tätigkeit des BR entstehenden Kosten zu tragen. Es soll sichergestellt werden, dass es **nicht zu einer finanziellen Belastung** weder des einzelnen BR-Mitglieds noch der Arbeitnehmerschaft kommt, wenn der BR seine gesetzlich vorgeschriebenen Aufgaben wahrnimmt.[314] 143

Es wäre mit **§ 40 Abs. 1 BetrVG nicht vereinbar,** BR-Mitglieder, die für den BR Verträge unterzeichnet haben, persönlich haften zu lassen, wenn zugleich anerkannt wird, dass der BR auf der Grundlage eines entsprechenden Beschlusses beispielsweise das Recht hat, Sachverständige oder Rechtsanwälte bei der Wahrnehmung seiner Aufgaben beizuziehen, und dadurch selbstverständlich Kosten entstehen. Dies gilt insbes. für die Zuziehung von **Beratern**[315] gemäß § 111 Satz 2 (vgl. die Kommentierung zu § 111 Rn. 31 f., 166 ff.), die beim Vorliegen der gesetzlichen Voraussetzungen ohne vorherige Beratung mit dem AG bzw. ohne seine Zustimmung erfolgen kann (vgl. § 40 Rn. 50 ff.). Der hier vertretenen Auffassung steht nicht entgegen, dass der AG verpflichtet ist, die Verträge abzuschließen, die für die Aufgabenerfüllung des BR notwendig sind. Schließt ein BR-Mitglied in Wahrnehmung seiner kollektivrechtlichen Aufgaben Verträge mit Dritten im eigenen Namen ab, haftet er diesen gegenüber zwar zunächst persönlich. Im Rahmen der bestehenden Kostentragungspflicht des AG hat das BR-Mitglied diesem gegenüber aber einen Freistellungs- und Erstattungsanspruch.[316] 144

Der AG wird durch die Rechtsgeschäfte des BR, die dieser in seinem Wirkungsbereich tätigt, nicht unmittelbar (abgesehen vom Vertrag zu Gunsten Dritter bzw. Stellvertretung) berechtigt oder verpflichtet. § 40 beinhaltet zwar eine Kostentragungspflicht, **nicht** aber eine **gesetzliche** 145

307 Vgl. auch *LAG Baden-Württemberg* 10.11.77, DB 78, 799.
308 Vgl. *LAG Baden-Württemberg*, a. a. O.
309 Vgl. *BAG* 24.4.86, AP Nr. 7 zu § 87 BetrVG 1972 Sozialeinrichtung; vgl. *Fitting*, § 1 Rn. 194 ff.; GK-*Franzen/Franzen*, § 1 Rn. 72 ff., jeweils m. w. N.
310 Offen gelassen in *BAG* 24.6.86, a. a. O.
311 Vgl. Richardi-*Thüsing*, Vorbem. § 26 Rn. 10 ff.; GK-*Franzen*, § 1 Rn. 73.
312 GK-*Franzen*, a. a. O.
313 *Fitting*, § 1 Rn. 212; *Vollrath/Heidemann*, AiB 06, 745.
314 Vgl. *Fitting*, § 40 Rn. 5.
315 Zur möglichen Haftung bei nicht erforderlichen Beratungsleistungen *BGH* 25.10.12 – III ZR 266/11, NZA 12, 1382; vgl. § 40 Rn. 54.
316 *Fitting*, § 1 Rn. 2207.

Vertretungsmacht des BR für den AG.[317] Der entstehende Anspruch richtet sich grundsätzlich gegen den BR. Eine Ausnahme besteht nach § 76a Abs. 3 bezüglich der Kosten der E-Stelle.[318] Der BR kann seine Ansprüche aus § 40 an den Dritten abtreten (vgl. § 40 Rn. 157).

146 Der AG trägt nicht deswegen ein erhöhtes finanzielles Risiko, weil der BR innerhalb seines gesetzlichen Wirkungsbereichs nur teilrechtsfähig ist und die für handelnden BR-Mitglieder im Rahmen des § 40 Dritten gegenüber nicht haften. Die Vorschrift des § 40 bürdet dem AG ohnehin Kosten auf.

147 Kommt es bei rechtsgeschäftlicher Tätigkeit des BR, die er im Rahmen seines Wirkungsbereichs ausübt, zu einem **Schadenseintritt,** hat der AG die daraus entstehenden Kosten nach § 40 zu tragen, da diese sich letztlich aus der Tätigkeit des BR ergeben.[319]

148 Eine Kostenerstattungspflicht des AG besteht nach Auffassung des *BAG* nicht, wenn der BR **außerhalb seines gesetzlichen Wirkungsbereichs** tätig wird. Danach haftet das BR-Mitglied (bei mehreren gesamtschuldnerisch), das einem Dritten gegenüber für den BR tätig geworden ist. Nach der Rspr. des *BAG* ist diese Haftung persönlich und ohne Haftungsprivilegien.[320]

149 Der BR haftet **als Organ nicht für unerlaubte Handlungen.**[321] Die vorstehend bejahte Teilrechtsfähigkeit steht dem nicht entgegen, da deliktische Handlungen ohnehin nicht zum gesetzlichen Wirkungsbereich des BR gehören.

150 Deshalb gelten die allgemeinen Haftungsregelungen des BGB auch nicht für die einzelnen BR-Mitglieder.[322] Ihre Anwendung würde den BR erpressbar machen. Allenfalls käme eine Haftung einzelner BR-Mitglieder in Extremfällen einer vorsätzlichen sittenwidrigen Schädigung in Betracht (vgl. auch Rn. 77). Entschieden abzulehnen ist der Weg, eine Haftung über die Annahme eines zwischen AG und BR sowie zwischen AG und BR-Mitglied bestehenden gesetzlichen Sozialrechtsverhältnisses zu begründen.[323] Da das BR-Amt ein Ehrenamt ist, scheidet auch eine Haftung des BR gegenüber den vertretenen AN in Analogie z. B. zur Haftung des Insolvenzverwalters aus.[324]

151 Die Mitglieder des BR haften **nicht aus dem Arbeitsvertrag,** wenn sie vorsätzlich oder grob fahrlässig ihre Pflichten bei der Amtsausübung verletzen, da die sich aus dem Amt des BR ergebenden Pflichten keine Pflichten aus dem Arbeitsvertrag sind.[325] Gerät das Mitglied des BR in eine durch das Mandat bedingte Interessenkollision mit den Pflichten aus dem Arbeitsverhältnis, so haben die **Pflichten aus dem BR-Amt Vorrang,** da es ansonsten zu einer Behinderung der Arbeit des BR kommen würde.

152 Unterstellt man die Möglichkeit einer Haftung des BR nach den §§ 823 ff. BGB, so wird häufig ein Beschluss des BR vorliegen. In diesem Falle würden nur die BR-Mitglieder haften, die dem Beschluss zugestimmt haben.[326] Entgegen einer teilweise vertretenen Auffassung[327] ist jedoch **§ 830 Abs. 1 Satz 2 BGB nicht anwendbar.** Diese Vorschrift regelt nur den Fall, dass sich nicht ermitteln lässt, wer von mehreren Beteiligten den Schaden durch seine unerlaubte Handlung verursacht hat.[328] Als Beteiligter kommt somit nur in Betracht, wer durch eine rechtswidrige und schuldhafte unerlaubte Handlung die Gefahr der Rechtsgutverletzung begründet oder erhöht hat.[329]

317 Richardi-*Thüsing,* § 40 Rn. 44 ff.; GK-*Franzen,* § 1 Rn. 73 f.
318 *Fitting,* § 1 Rn. 204.
319 Zur Haftung des BR nach BGB-Grundsätzen vgl. einerseits Richardi-*Thüsing,* Vorbem. § 26 Rn. 8 ff.; andererseits u. a. *Brill,* AuR 80, 358 und *Derleder,* AuR 80, 366.
320 Vgl. *BAG* 24.4.86, AP Nr. 7 zu § 87 BetrVG 1972 Sozialeinrichtung.
321 Vgl. *Fitting,* § 1 Rn. 209 ff.; GK-*Franzen,* § 1 Rn. 73 m. w. N.; a. A. *Belling,* S. 218 ff.
322 Vgl. jedoch Richardi-*Thüsing,* Vorbem. § 26 Rn. 16; *Fitting,* § 1 Rn. 212 ff.; GK-*Franzen,* § 1 Rn. 77 ff.; vgl. ferner die krit. Anm. *Gamillscheg,* AuR 92, 176 ff., zu der Habilitationsschrift von *Belling,* Tübingen 1990.
323 So aber *Neumann-Duesberg,* NJW 54, 617 ff.; *Belling,* S. 358; vgl. im Einzelnen *Fitting,* § 1 Rn. 213 m. w. N.
324 So aber *Belling,* S. 218.
325 A. A. *GK-Franzen,* § 1 Rn. 80.
326 Vgl. *Fitting* Rn. 217; GK-*Franzen,* § 1 Rn. 85; Richardi-*Thüsing,* Vorbem. § 26 Rn. 16.
327 *Fitting,* § 1 Rn. 217; *GL,* a. a. O.; GK-*Kraft/Franzen,* § 1 Rn. 85.
328 Vgl. MünchKomm-*Mertens,* § 830 Rn. 21; Richardi-*Thüsing,* Vorbem. § 26 Rn. 16.
329 *Mertens,* a. a. O., § 830 Rn. 26.

Nach der vorstehend zitierten Auffassung soll § 830 Abs. 1 Satz 2 BGB hingegen gerade dann Anwendung finden, wenn nicht feststeht, wer dem Beschluss des BR zugestimmt hat. Die **Teilnahme an der Abstimmung** bei einem Beschluss des BR ist aber keine unerlaubte Handlung, sondern sogar eine **Pflicht aus dem BR-Amt.** Das BR-Mitglied darf sich der Teilnahme an der Abstimmung nicht entziehen. Im Übrigen bedeutet die Auffassung, das in Anspruch genommene BR-Mitglied solle nachweisen, dass es für den rechtswidrigen Beschluss nicht gestimmt habe, im Ergebnis eine teilweise Offenlegung der Abstimmung. Es würde daher eine grobe Behinderung der Tätigkeit des BR darstellen, wollte man Pflichten aus dem BR-Amt der Haftung gemäß § 830 Abs. 1 Satz 2 BGB unterwerfen. 153

7. Die Rechtsstellung des Arbeitgebers

Mangels gesetzlicher Definition des Begriffs des »Arbeitgebers« ist **die allgemeine arbeitsrechtliche Definition** heranzuziehen. AG ist »jeder, der einen anderen als AN beschäftigt«.[330] Das BetrVG versteht den AG jedoch grundsätzlich nicht als Vertragspartner der AN, sondern als **Organ der Betriebsverfassung.** Als Vertragspartner der AN erfasst das BetrVG den AG nur insoweit, als sich die BR-Tätigkeit oder die Tätigkeit anderer betriebsverfassungsrechtlicher Organe auf den Inhalt des Einzelarbeitsverhältnisses auswirkt.[331] Das ist etwa der Fall, wenn es um die Entgeltfortzahlung bei der Freistellung von BR-Mitgliedern (§§ 37, 38) oder die Teilnahme von AN als Mitglieder der Belegschaft an Betriebs- und Abteilungsversammlungen (§ 44) geht. 154

Das BetrVG befasst sich mit dem AG als **Inhaber des Betriebs.**[332] Gemeint ist der Inhaber der **betrieblichen Organisationsgewalt.** Das BetrVG spricht jedoch nicht nur die arbeitsrechtliche Leitungsmacht an. In wirtschaftlichen Angelegenheiten (vgl. etwa § 106 Abs. 3, §§ 111 ff.) wird zugleich die unternehmerische Funktion in Bezug genommen. Der betriebsverfassungsrechtliche Begriff des AG ist daher mit dem des UN identisch. Das Gesetz verwendet den Begriff UN nur als andere Bezeichnung für den AG.[333] 155

Der AG ist **sozialer Gegenspieler** der übrigen betriebsverfassungsrechtlichen Institutionen, insbesondere des BR. Er hat Rechte und Pflichten nach dem BetrVG (vgl. z. B. § 23 Abs. 1 Satz 1, § 29 Abs. 4, § 40, § 43 Abs. 2). Gegenüber dem BR hat der AG umfassende Unterrichtungs- und Beratungspflichten (vgl. etwa § 80 Abs. 2, § 97, § 99 Abs. 1 und 2, § 102 Abs. 1, § 105, § 111 Satz 1). Der AG hat durch organisatorische und finanzielle Voraussetzungen dafür zu sorgen, dass die BR-Tätigkeit reibungslos ablaufen kann (vgl. beispielsweise §§ 37, 38, 39 Abs. 1, §§ 40, 80 Abs. 3). Gemeinsam mit dem BR setzt der AG **Normen** (grundsätzlich in der Form von BV), die der generellen Regelung der betrieblichen und betriebsverfassungsrechtlichen Ordnung sowie der Gestaltung der individuellen Rechtsbeziehungen zwischen dem AG und den AN dienen. 156

Der AG ist entweder eine natürliche oder eine juristische Person. Auch ein nichtrechtsfähiger Personenverband (BGB-Gesellschaft, OHG und KG) kann AG sein.[334] Soweit der AG eine juristische Person ist, handeln für ihn seine gesetzlichen Vertreter, also die nach Gesetz, Gesellschaftsvertrag oder Satzung vertretungsberechtigten Personen. Gesetzliche Vertreter können ihrerseits Abteilungen oder Personen (etwa die Personalabteilung) mit der Wahrnehmung von AG-Aufgaben bevollmächtigen. 157

Das Gebot der vertrauensvollen Zusammenarbeit (§ 2 Abs. 1) verpflichtet den AG (bei juristischen Personen seine gesetzlichen Vertreter), möglichst **selbst mit dem BR** zu beraten und zu verhandeln.[335] Verschiedentlich verlangt das Gesetz vom AG bzw. UN ausdrücklich, gegenüber einer betriebsverfassungsrechtlichen Institution zu berichten (vgl. § 43 Abs. 2, § 108 Abs. 2). Ansonsten muss der AG die nach dem BetrVG bestehenden Rechte und Pflichten nicht unbe- 158

330 Vgl. zur Definition etwa GK-*Franzen*, § 1 Rn. 92 ff. m. w. N.
331 *Richardi*, Einl. Rn. 118.
332 *BAG* 5.2.91 – 1 ABR 32/90.
333 *Richardi*, Einl. Rn. 119.
334 GK-*Franzen*, § 1 Rn. 92 ff.
335 *Fitting*, § 1 Rn. 240.

dingt selbst wahrnehmen. Eine Vertretung kann nur durch solche Personen erfolgen, die den AG bzw. UN allgemein in seiner **Funktion als Betriebsinhaber oder UN** vertreten können.[336] Das können auch leitende Angestellte sein.

159 Im **Insolvenzfall des AG** werden dessen Rechte und Pflichten nach dem BetrVG vom **Insolvenzverwalter** wahrgenommen.[337] Dieser ist daher auch gehalten, die Rechte des BR zu beachten.[338]

8. Rechte der Gewerkschaften in der Betriebsverfassung

160 Der **Gewerkschaftsbegriff** wird im BetrVG vorausgesetzt und ist für das **gesamte Arbeitsrecht** einheitlich.[339] Damit geht das BetrVG von dem historischen und traditionell vorgezeichneten Begriff der Gewerkschaft aus. Dieser ist durch die klassischen AN-Organisationen entstanden, die sich als **Gegengewicht zur wirtschaftlichen Übermacht der AG** herausgebildet haben. Ihr vorrangiges Ziel ist die tarifautonome Gestaltung und sinnvolle Ordnung des Arbeits- und Wirtschaftslebens.

161 Der Gewerkschaftsbegriff deckt sich jedoch nicht mit dem allgemeinen Koalitionsbegriff des Art. 9 Abs. 3 GG. Er ist enger. Die **Gewerkschaftseigenschaft** kommt nur den AN-Vereinigungen (Koalition) zu, die **tariffähig** sind. Wesentliche Voraussetzung für die Gewerkschaftseigenschaft ist somit die Tariffähigkeit und damit zusammenhängend die grundsätzliche Bereitschaft zum Arbeitskampf (zum Gewerkschaftsbegriff vgl. § 2 Rn. 10 ff.).

162 Innerhalb der Betriebsverfassung haben die Gewerkschaften **rechtlich abgesicherte Aufgaben und Rechte.** Neben Grundsatznormen, von denen insbesondere das Zusammenwirken von BR und Gewerkschaft nach § 2 Abs. 1 anzuführen ist, sind die Gestaltungsfunktion, die Initiativ- und Antragsrechte sowie die Unterrichtungs-, Teilnahme- und Beratungsrechte anzuführen (vgl. etwa § 2 Abs. 2, § 16 Abs. 2, § 17 Abs. 3 und 4, § 18 Abs. 1 und 2, § 19 Abs. 2, § 23 Abs. 1 und 3, § 31, § 35 Abs. 1, § 37 Abs. 7, § 43 Abs. 4, § 119 Abs. 2). Die betriebsverfassungsrechtlichen Aufgaben und Rechte bestehen **unabhängig** von der **koalitionsrechtlichen Betätigung** der Gewerkschaft (§ 2 Abs. 3).

163 Bereits die im Gesetz festgeschriebenen, aber keineswegs abschließend (vgl. § 2 Rn. 27 ff.) aufgeführten Aufgaben und Rechte der Gewerkschaften nach dem BetrVG zeigen ihr **legitimes Interesse** an einer **funktionsfähigen Betriebsverfassung.** Auch im Rahmen der betrieblichen Mitbestimmung fördern die Gewerkschaften die Arbeits- und Wirtschaftsbedingungen ihrer Mitglieder und nehmen eine verfassungsrechtlich geschützte Funktion wahr.[340] Vor diesem Hintergrund wird deutlich, dass sich BR und Gewerkschaft trotz der organisatorischen und funktionalen Trennung nicht isoliert gegenüberstehen. Von der gesetzlichen Konzeption her haben sie nicht nur punktuell, sondern **umfassend zusammenzuarbeiten.** Das ist umso notwendiger, als BR und Gewerkschaft, wenn auch auf verschiedenen Ebenen, AN-Interessen wahrnehmen. Beide üben in der Zielsetzung gleichartige und gleichgerichtete Aufgaben und Funktionen aus. Der gemeinsame sozialpolitische Nenner führt nicht nur zu keinem »Gegeneinander«, vielmehr kommt es erst durch das Miteinander von Gewerkschaft und BR zu einer **optimalen Interessenwahrnehmung.** Zwischen Gewerkschaft und BR besteht somit ein **Verhältnis der Kooperation,** nicht der Konkurrenz.[341]

164 In der betrieblichen Praxis zeigt sich, dass die historisch begründete und in vielen Jahrzehnten bewährte enge Zusammenarbeit zwischen BR und Gewerkschaft erforderlich ist. Die BR bedienen sich in umfassender Weise der **gewerkschaftlichen Unterstützungsfunktion,** die von der unmittelbaren Beratung des BR bis zur umfassenden Schulung von BR-Mitgliedern reicht. Viele BR-Mitglieder sind gewerkschaftlich organisiert und nehmen gewerkschaftliche Funktionen wahr.

---

336 So grundsätzlich auch *Fitting,* a. a. O. m. w. N.
337 GK-*Franzen,* § 1 Rn. 95 m. w. N.
338 Vgl. *Fitting,* § 1 Rn. 239.
339 Vgl. etwa *BAG* 15.3.77, AP Nr. 24 zu Art. 9 GG; *Fitting,* § 2 Rn. 32 ff. m. w. N.
340 *BVerfG* 24.2.99 – 1 BvR 123/93.
341 *Däubler,* Gewerkschaftsrechte, Rn. 70 ff.

Der Bedeutung der gewerkschaftlichen Unterstützungs- und Beratungsfunktion im Rahmen der Betriebsverfassung würde es entsprechen, die **gesetzlichen Grundlagen** für die Zusammenarbeit zwischen Gewerkschaft und BR zu **verbreitern.**[342] Mit den am 1.1.1989 in Kraft getretenen Änderungen des BetrVG[343] hat der Gesetzgeber jedoch den umgekehrten Weg eingeschlagen. Die Gesetzesänderungen haben eine Begünstigung von Kleinstgewerkschaften und Randgruppierungen, denen der Wähler noch bei jeder BR-Wahl eine Absage erteilt hat, bei der Wahl der Betriebsvertretung und der Besetzung von BR-Positionen gebracht. Zugleich sind **Spaltungstendenzen** durch die Förderung des Listenwahlrechts anstelle der Persönlichkeitswahl und durch eine Erhöhung der betriebsverfassungsrechtlichen Gruppenschranken zwischen Angestellten und Arbeitern, entgegen der sich seit Jahrzehnten vollziehenden gesellschaftlichen und rechtlichen Entwicklung, in die Betriebsverfassung hineingetragen worden. Eine gesetzgeberische Trendwende ist derzeit nicht zu erwarten. 165

9. Der Gesamtbetriebsrat

Die Errichtung eines **GBR** setzt das Bestehen eines UN voraus (zum UN-Begriff vgl. Rn. 118ff.). Weitere Bedingung ist, dass in dem UN **mehrere BR** bestehen. Sind diese Voraussetzungen gegeben, ist die Errichtung eines GBR **zwingend** vorgeschrieben (§ 47 Rn. 3). Nicht erforderlich ist, dass in allen Betrieben des UN ein BR vorhanden ist, sofern in mindestens zwei Betrieben BR bestehen. Auch ein BR, der aus einer Person besteht, ist ein BR i.S.v. § 47. Die Bildung eines GBR verlangt nicht, dass der Sitz des UN innerhalb der Bundesrepublik liegt, so dass ein GBR auch dann zu errichten ist, wenn ein ausländisches UN mehrere Betriebe, von denen wenigstens in zweien ein BR besteht, im Geltungsbereich des BetrVG hat.[344] 166

Der GBR wird nicht durch unmittelbare Wahl der AN des UN gewählt. Seine Zusammensetzung erfolgt vielmehr durch die **Entsendung von BR-Mitgliedern** durch die einzelnen BR des UN (zur Zusammensetzung vgl. § 47 Rn. 81ff.). Der GBR ist eine **Dauereinrichtung.** Er hat deshalb keine feststehende Amtszeit.[345] 167

Der GBR ist einzelnen lokalen BR nicht übergeordnet. Seine **Zuständigkeit** beschränkt sich auf die gesetzlich vorgesehene Behandlung **überbetrieblicher Angelegenheiten.** Voraussetzung ist, dass sie das Gesamt-UN oder zumindest mehrere Betriebe betreffen und diese Angelegenheiten nicht durch die einzelnen BR innerhalb ihrer Betriebe geregelt werden können (§ 50 Abs. 1). Ist dies der Fall, ist der GBR gemäß § 50 Abs. 1 letzter Halbs. auch für betriebsratslose Betriebe seines Unternehmens zuständig. Im Übrigen entspricht die Rechtsstellung des GBR und seiner Mitglieder der Rechtsstellung der BR der einzelnen Betriebe bzw. der einzelnen BR-Mitglieder. 168

10. Der Konzernbetriebsrat

In Konzernen könnte ein Vertretungsvakuum für die AN dadurch entstehen, dass faktische **Entscheidungsbefugnisse beim herrschenden Konzern-UN** gegeben sind und die Entscheidungsmacht der abhängigen UN eingeschränkt wird. Deshalb gewährt das BetrVG die Möglichkeit, in sog. Unterordnungskonzernen (§ 18 Abs. 1 AktG) einen Konzern-BR zu errichten. Die AN sollen durch eine solche Vertretung auch auf der Ebene des Entscheidungsträgers im Konzern beteiligt werden, um einer Aushöhlung betriebsverfassungsrechtlicher Beteiligungsrechte auf UN-Ebene zu begegnen.[346] 169

342 Vgl. dazu den Gesetzesvorschlag des DGB zur Änderung des Betriebsverfassungsrechts, hrsg. vom *DGB-Bundesvorstand,* Oktober 1985 i.d.F. des Beschlusses des *DGB-Bundesvorstands* vom 3.2.1998.

343 BGBl. I S. 2312.

344 *Fitting,* § 47 Rn. 22m.w.N.

345 Vgl. *BAG* 5.12.75, AP Nr. 1 zu § 47 BetrVG 1972; vgl. auch GK-*Franzen,* § 47 Rn. 62f., der diese Auffassung ebenfalls als im Ansatz richtig ansieht, die praktische Relevanz jedoch verneint.

346 GK-*Franzen,* § 54 Rn. 4m.w.N.

170 Im Gegensatz zur Errichtung eines GBR ist das Entstehen des KBR nicht zwingend vorgeschrieben. Seine **Errichtung** ist **freiwillig** und erfolgt durch Beschlüsse der einzelnen GBR der Konzern-UN (zur Errichtung vgl. § 54 und die dortigen Erl.).

171 Der KBR ist – wie auch der GBR – ein **selbstständiges betriebsverfassungsrechtliches Organ.** Er wird zwar durch Beschlüsse der einzelnen GBR errichtet und setzt sich aus entsandten GBR-Mitgliedern zusammen (vgl. §§ 54 und 55). Gleichwohl ist er weder den einzelnen GBR übergeordnet noch an deren Weisungen gebunden. Der KBR ist vielmehr zuständig für die Behandlung von Angelegenheiten, die den Konzern oder mehrere Konzern-UN betreffen und nicht durch die einzelnen GBR innerhalb der einzelnen Konzern-UN geregelt werden können (§ 58 Abs. 1).

11. Der Wirtschaftsausschuss

172 Der WA ist als ein reines Informations- und Beratungsgremium in wirtschaftlichen Angelegenheiten nicht Träger von Mitbestimmungsrechten, sondern trotz seiner relativen Eigenständigkeit ein Hilfsorgan des BR.[347] Er dient nicht allein der Unterrichtung des BR, wie sie insbesondere nach § 108 Abs. 4 zu erfolgen hat. Angesichts seiner umfassenden Unterrichtungs- und Beratungsrechte hat der WA als ein besonderes betriebsverfassungsrechtliches Organ die **Zusammenarbeit und Information zwischen UN und BR** in wirtschaftlichen Angelegenheiten **zu fördern.**[348] Ist im UN ein GBR vorhanden, hat gegenüber diesem grundsätzlich die Unterrichtung durch den WA (vgl. § 108 Abs. 4) und die Förderung der Zusammenarbeit mit dem UN in wirtschaftlichen Angelegenheiten zu erfolgen. Dadurch wird eine **Unterrichtung der einzelnen BR** durch den WA **keineswegs ausgeschlossen.** Das gilt vor allem für die Fälle, in denen wirtschaftliche Angelegenheiten nur einzelne Betriebe betreffen oder im GBR nicht sämtliche BR vertreten sind.[349]

173 Ein WA ist in allen UN zu bilden, in denen **in der Regel mehr als 100 AN** ständig beschäftigt sind (§ 106 Abs. 1). Das gilt unabhängig von der Zahl der in dem UN vorhandenen Betriebe und der gebildeten BR. Es muss jedoch für mindestens einen der Betriebe ein BR errichtet worden sein. Es kann aber auch sein, dass ein UN nur aus einem Betrieb besteht. Gleichwohl ist ein WA zu bilden, sofern dieses UN mehr als 100 ständig beschäftigte AN hat und ein BR gebildet worden ist.

174 In UN, die nicht die Zahl von 100 ständig beschäftigten AN erreichen, ist zwar kein WA zu bilden. In solchen UN ist der **BR** aber nach § 80 Abs. 2 **unmittelbar** über wirtschaftliche Angelegenheiten unter Vorlage der erforderlichen Unterlagen zu unterrichten, wenn und soweit er diese zur Wahrnehmung konkreter Aufgaben benötigt.[350]

175 Die Bestimmungen zur Bildung und Tätigkeit des WA (§§ 106–110) finden keine Anwendung auf sog. **Tendenzbetriebe bzw. -unternehmen** (zur Kritik vgl. § 118 Rn. 65 ff.). Für Konzerne ist die Errichtung eines WA nicht vorgesehen. Gleichwohl kann er auf **freiwilliger Basis** errichtet werden.[351]

12. Die Jugend- und Auszubildendenvertretung durch JAV, GJAV und KJAV

176 Die JAV vertritt nicht nur die Belange der jugendlichen AN. Sie ist darüber hinaus auch für diejenigen zuständig, die in der Berufsausbildung stehen und das 18. Lebensjahr bereits überschritten haben, sofern sie noch nicht 25 Jahre alt sind (vgl. § 60). Dementsprechend ist die Altersgrenze für die Wählbarkeit auch anderer AN des Betriebs vom 24. auf das 25. Lebensjahr erhöht worden (§ 61 Abs. 2). Für die Wählbarkeit ist nicht Voraussetzung, dass der Betreffende in der Berufsausbildung steht (§ 61 Rn. 8).

---

347 Vgl. *BAG* 25.6.87, AP Nr. 6 zu § 108 BetrVG 1972.
348 *Fitting*, § 106 Rn. 23.
349 Vgl. *Fitting*, § 108 Rn. 26.
350 *BAG* 5.2.91, BB 91, 1635.
351 *Fitting*, § 106 Rn. 4.; a. A. *BAG* 23.8.89 – 7 ABR 39/88, NZA 90, 863.

Die Zahl der JAV-Vertreter gem. § 62 wurde im Rahmen der Novelle 2001 leicht erhöht (vgl. § 62 Rn. 1). Ebenso wie der BR ist die JAV beim Vorliegen mehrerer Wahlvorschläge nach den Grundsätzen der **Verhältniswahl** zu wählen (§ 63 Abs. 2 i.V.m. § 14 Abs. 3). Die Gewerkschaften haben zu den Wahlen der JAV ein eigenständiges Vorschlagsrecht erhalten (§ 63 Abs. 2 i.V.m. § 14 Abs. 5 und 8). 177

Die Handlungsmöglichkeiten der JAV beschränken sich nicht auf die Betriebsebene. Entsprechend den gesetzlichen Vorgaben des § 47 für GBR kann gem. § 72 durch Errichtung einer **GJAV** eine Vertretung auf Unternehmensebene eingerichtet werden. Innerhalb eines Konzerns ist die Einrichtung einer **KJAV** gem. § 73a entsprechend der Regeln möglich, die gem. § 54 für einen KBR gelten. 178

Ungeachtet der erfolgten Gesetzesänderungen ist die JAV kein gleichberechtigtes, neben dem BR stehendes Organ der Betriebsverfassung, das die Interessen der jugendlichen AN und der zu ihrer Berufsausbildung Beschäftigten unter 25 Jahren unmittelbar gegenüber dem AG vertritt. Die Wahrnehmung der Interessen der AN des Betriebs, damit auch der in § 60 Abs. 1 genannten AN, obliegt **allein dem BR.**[352] Die JAV hat ihre Aufgaben in **enger Zusammenarbeit mit dem BR** zu erfüllen. Ihr obliegt es, die jungen AN mit der innerbetrieblichen Demokratie vertraut zu machen und deren Interessen, insbesondere in Fragen der Berufsausbildung, zu vertreten.[353] 179

13. Die Einigungsstelle

Der BR nimmt im betrieblichen Bereich die Interessen der von ihm vertretenen AN gegenüber dem AG wahr (vgl. Rn. 127). Damit entstehen **häufig widerstreitende Zielvorstellungen und gegensätzliche Interessen.** Der Gesetzgeber hatte für diese Fälle einen **spezifischen Konfliktlösungsmechanismus** vorgesehen[354], der die Betriebsparteien vor einer »Selbstblockade« bewahren soll. In diesem Sinn hat die ESt. eine **Schlichtungsfunktion.**[355] 180

Sinn und Zweck der ESt. ist es, Meinungsverschiedenheiten zwischen den kollektivrechtlich zuständigen Betriebsparteien beizulegen. Das Gesetz unterscheidet zwischen dem **zwingenden** und dem **freiwilligen ESt.-Verfahren.** In bestimmten Angelegenheiten wird die ESt. auf Antrag einer Seite (BR oder AG) tätig und fällt im Falle einer Nichteinigung zwischen den Betriebsparteien einen für beide Parteien verbindlichen Spruch (vgl. z.B. § 37 Abs. 6 Sätze 1 und 5, § 38 Abs. 2 Sätze 6–9, § 87 Abs. 2, § 91 Sätze 2 und 3, § 94 Abs. 1 Sätze 2 und 3, § 109, § 112 Abs. 4). Bei dem freiwilligen ESt.-Verfahren wird die ESt. nur auf einen übereinstimmenden Antrag der Parteien tätig. Ein verbindlicher ESt.-Spruch ist in diesen Fällen nur möglich, wenn Betriebsparteien sich diesem im Voraus unterworfen oder wenn sie diesen nachträglich annehmen (§ 76 Abs. 6). 181

Gegenstand der Schlichtung vor der ESt. sind **Regelungsstreitigkeiten.** Über **Rechtsfragen,** etwa das Bestehen einer zwingenden Mitbestimmung zu einem bestimmten Thema, kann hingegen nur das ArbG entscheiden. Da aber reine Regelungsstreitigkeiten in der Praxis selten sind, hat die ESt. als Vorfrage ihrer Tätigkeit auch ihre Zuständigkeit zu prüfen und muss hierbei die entsprechenden Rechtsfragen bewerten.[356] Weitere Rechtsfragen können sich auf dieser Ebene beispielsweise stellen, wenn es um Angelegenheiten des § 37 Abs. 6 und 7 und des § 109 geht. Die ESt. kann auch über diese Themen als **Vorfragen** entscheiden, erzeugt damit aber keine verbindliche Rechtswirkung gegenüber AG und BR (vgl. auch § 76 Rn. 14, 87). 182

Das Gesetz enthält nur wenige Regelungen zur Errichtung und zum Tätigwerden der ESt. Hervorzuheben ist, dass die ESt. **paritätisch zusammengesetzt** sein muss. Weiterhin müssen sich die Betriebsparteien auf einen **unparteiischen Vorsitzenden** verständigen. Kommt diese Einigung oder eine einvernehmliche Verständigung über die Anzahl der Beisitzer nicht zu- 183

352 Vgl. etwa *BAG* 21.1.82, AP Nr. 1 zu § 70 BetrVG 1972; *Fitting,* § 60 Rn. 4, m.w.N.; zu der Frage, ob eine JAV nur in einem Betrieb gewählt werden kann, in dem ein BR besteht, vgl. § 60 Rn. 34f.

353 *Engels/Natter,* BB 88, 1454.

354 GK-*Kreutz/Jacobs,* § 76 Rn. 1.

355 Vgl. dazu umfassend GK-*Kreutz/Jacobs,* § 76 Rn. 5ff.

356 Vgl. etwa *BAG* 22.1.80, AP Nr. 3 zu § 87 BetrVG 1972 Lohngestaltung.

stande, entscheidet das ArbG (§ 76 Abs. 2). Für das ESt.-Verfahren ist die **mündliche Beratung** vorgeschrieben. Der ESt.-Spruch ist unter angemessener Berücksichtigung der Belange des Betriebs und der betroffenen AN nach billigem Ermessen zu fassen, schriftlich niederzulegen, vom Vorsitzenden zu unterschreiben und AG und BR zuzuleiten (§ 76 Abs. 3 und 5; zur Errichtung der ESt. und zu ihrer Tätigkeit vgl. im Übrigen die Erl. zu § 76). Die **Kosten** der ESt. hat der **AG zu tragen** (§ 76a).

14. Schriftform/elektronische Form in der Betriebsverfassung

184 Das BetrVG verlangt an verschiedenen Stellen für bestimmte Aktivitäten bzw. Willenserklärungen des AG oder des BR die **Schriftform** (z. B. §§ 28a Abs. 1, 99 Abs. 3, 102 Abs. 2).[357] Dabei bezieht sich das Gesetz auf die hierfür in §§ 126 ff. BGB geregelten Anforderungen. Diese Anforderungen sind durch das FormVAnpG vom 13.7.2001[358] erweitert worden, das mit Wirkung zum 1.8.2001 in Kraft getreten ist. Durch dieses Gesetz sind die §§ 126 ff. BGB modifiziert und erweitert worden. Eine gesetzlich vorgeschriebene **»Schriftform«** kann **gem. § 126 BGB** nunmehr auf zweierlei Weise verwirklicht werden: Durch **»konventionelle« Schriftform** (Rn. 186) und durch **elektronische Form** (Rn. 187 ff.). Dabei sind Mischformen denkbar, bei denen eine Partei ein Dokument elektronisch signiert und die andere ein gleich lautendes Dokument konventionell unterzeichnet.[359] Neben die Schriftform kann gem. **§ 126b BGB** die **Textform** treten (vgl. Rn. 189 ff.).

185 Das FormVAnpG **setzt die EG-Richtlinien** über die gemeinschaftlichen Rahmenbedingungen für elektronische Signaturen vom 13.12.1999 (1999/93/EG) und über den elektronischen Geschäftsverkehr vom 8.6.2000 (2000/31/EG) **in nationales Recht um.**[360] Das Gesetz will darüber hinaus mit der Einbeziehung elektronischer Unterschriften den **Entwicklungen im modernen Rechtsgeschäftsverkehr** Rechnung tragen. Das Privatrecht (und damit auch das Arbeitsrecht) soll an die aktuellen Möglichkeiten im Bereich der Informations- und Kommunikationstechnik angepasst werden.[361] Neben der konventionellen Schriftform ist nunmehr die elektronische Form rechtsverbindlich, wenn sie nicht durch spezielle Regelungen ausnahmsweise ausgeschlossen ist. Dies ist im arbeitsrechtlichen Bereich etwa bezüglich der Kündigung gem. § 623 BGB, für die Erteilung eines Arbeitszeugnisses gem. § 630 BGB oder für den Nachweis der wesentlichen Vertragsbedingungen gem. § 2 Abs. 1 S. 2 NachweisG der Fall. Hier bleibt nach dem FormVAnpG ausdrücklich die konventionelle Schriftform zwingend.[362] Die Missachtung einer vorgeschriebenen Schriftform führt nicht zu einer angestrebten rechtlichen Wirkung.[363]

186 **Konventionelle Schriftform** wird durch eine Urkunde erfüllt, die durch eine eigenhändige Unterschrift abgeschlossen wird (§ 126 BGB). Es muss jeweils derjenige unterschreiben, der zur Abgabe der entsprechenden Erklärung zuständig ist bzw. dessen Vertreter, soweit das Gesetz eine Vertretung zulässt.[364] Bei Unterzeichnung durch einen Vertreter muss die Vertreter-Stellung aus der Urkunde hervorgehen.[365]

187 Die Voraussetzungen der **elektronischen Schriftform** enthält § 126a. Diese Vorschrift bestimmt, dass bei der elektronischen Schriftform der Aussteller einer Erklärung dieser seinen

---

357 im Ergebnis ähnlich *Gotthardt/Beck*, NZA 02, 876, 882; a. A. bezgl. § 99 Abs. 3 *BAG* 11.6.02 – 1 ABR 43/01, NJW 02, 843 = NZA 03, 226, das die Einlegung eines Widerspruchs durch den BR per Telefax zur Fristwahrung als wirksam anerkennt und die zwingende Notwendigkeit der Schriftform gem. § 126 BGB verneint.

358 BGBl. I S. 1542.

359 BT-Drucks. 14/4987, S. 18; *Scheffler/Dressler*, CR 00, 379; allgemein *Fehr/Wichert*, DB 22, 255; *Patora/Neugebauer*, BB 22, 564; *Kramer*, DB 06, 502; *Peetz/Rose*, DB 06, 2346.

360 BT-Drucks. 14/4987, S. 1, 10 f.

361 BT-Drucks. 14/4987, S. 1 und 14/5561, S. 1.

362 Vgl. Art. 1 und 32 des FormVAnpG, BGBl. I 1542.

363 BAG 20.10.21 – 7 ABR 36/20 – hat beispielsweise den Scan der Zustimmungserklärung von Wahlbewerbern als Teil einer Vorschlagsliste nach § 6 Abs 3 S. 2 BetrVGDV1WO mangels Einhaltung der vorgeschriebenen Schriftform nicht anerkannt.

364 Vgl. eingehend Kittner/Zwanziger-*Kittner*, § 8 Rn. 41 ff.

365 Kittner/Zwanziger-*Kittner*, § 8 Rn. 56.

Namen hinzufügen und das elektronische Dokument mit einer qualifizierten elektronischen Signatur nach dem Signaturgesetz versehen muss.[366] Gemäß § 126a Abs. 2 BGB müssen die Parteien eines Vertrages jeweils ein gleich lautendes Dokument in der vorstehend bezeichneten Weise elektronisch signieren. Eine E-Mail ohne entsprechende qualifizierte digitale Signatur erfüllt die Schriftformvoraussetzungen nicht.[367]

Ziel einer **elektronischen Signatur** (nach der Diktion des SigG a. F. auch »digitale Signatur«) ist es, die eindeutige Zuordnung eines Dokuments zu einem Verfasser zu ermöglichen und gleichzeitig eine Veränderung des Inhalts zu verhindern bzw. erkennbar zu machen. Der Begriff ist nicht gleichzusetzen mit einer »elektronischen« Unterschrift als Abbild einer »konventionellen« Unterschrift. Es handelt sich vielmehr um ein Verfahren, das die **sichere Zuordnung eines Dateiinhalts zu einer bestimmten Person** ermöglicht. Im Rahmen dieses Verfahrens werden sog. asymmetrische Kryptographieverfahren eingesetzt. Der Zugang zu derartigen Verfahren setzt voraus, dass Versender und Empfänger über eine entsprechende Chip- oder Smart-Card sowie über einen nur ihm bekannten persönlichen Schlüssel (Passwort) verfügen.[368] Jeder Teilnehmer an elektronischen Signaturverfahren ist zudem mit einem sog. öffentlichen Schlüssel in ein öffentliches Verzeichnis aufgenommen. **188**

Nicht als **elektronische Schriftform** im Sinne von § 126 Abs. 3 BGB sind Fälle zu qualifizieren, bei denen eine konventionelle Unterschrift auf mechanisch/technischem Weg erzeugt wird oder bei denen die Übermittlung nach der Digitalisierung elektronisch erfolgt. Unterschriften unter ein Dokument, die per Faksimile, Telefax, Fernschreiber, E-Mail, PDF-Datei, Stempel, Telegramm oder Unterschriftenautomat übermittelt oder ausgeführt werden, erfüllen nicht die gesetzlichen Voraussetzungen des § 126 BGB.[369] **189**

Wird die Schriftform i. S. von § 126 nicht ausdrücklich durch eine gesetzliche Vorgabe des BetrVG oder einer anderen einschlägigen Norm vorgeschrieben, sind für die Praxis andere Ausgestaltungen schriftlicher Erklärungen möglich, insbesondere in der in § 126b BGB genannten Textform. Die Verwendung von Erklärungen in Textform im kollektivrechtlichen Rahmen kommt nur in Betracht, wenn an die Sicherheit im Rechtsverkehr reduzierte Ansprüche zu stellen sind.[370] **190**

An die formelle Ausgestaltung einer Erklärung in Textform, die als sog. **rechtsgeschäftsähnliche Handlung** zu qualifizieren ist, sind begrenzte Ansprüche zu stellen.[371] Allgemeine Anforderungen lassen sich aus der Vorgabe in **§ 126b BGB ableiten.** Wird in einem Gesetz **Textform** vorgeschrieben, muss hiernach die Erklärung in einer Urkunde oder auf andere zur dauerhaften Weitergabe in Schriftzeichen geeigneten Weise abgegeben werden. Weiterhin muss die Person des Erklärenden genannt und der Abschluss der Erklärung durch eine Nachbildung der Namensunterschrift oder auf andere Weise erkennbar gemacht werden. Die Nachbildung der Namensunterschrift ist indes nicht zwingend. Mindestanforderung ist, dass erkennbar ist, wo die Erklärung beginnt bzw. wo sie endet und wer der Verfasser bzw. der »Erklärende« ist. **191**

Für Erklärungen, die den reduzierten Formvorschriften des § 126b BGB entsprechen, kommen **Übermittlungsvarianten** wie Telefax, E-Mail, Dateien im PDF-Format, Fernschreiben, Telegramm usw. in Betracht.[372] Gleiches gilt für die Abgabe einer Unterschrift per Stempel oder Unterschriftenautomat. So kann beispielsweise eine schriftliche Erklärung des AG an den BR-Vorsitzenden gem. § 26 Abs. 3 Satz 2 (vgl. § 26 Rn. 26) ohne Beachtung der Formvorschriften **192**

---

366 Zur elektronischen Signatur allgemein *Roßnagel*, MMR 03, 164 ff.
367 *HessLAG* 18.9.07 – 4 TaBV 83/07, AuR 08, 77.
368 Vgl. *Hähnchen*, NJW 01, 2833 m. w. N.
369 *Hamburgisches OVG* 15.1.10 – 8 Bf 27209.PVL, ZfPR online 10, Nr. 3, 10 für E-Mails; allg. Kittner/Zwanziger-*Kittner*, § 8 Rn. 57 m. w. N.
370 Vgl. BT-Drucks. 14/4987, S. 18 zur Anwendung des § 126b BGB.
371 Vgl. § 127 BGB; ähnlich Kittner/Zwanziger-*Kittner*, § 8 Rn. 57.
372 Ähnlich Palandt-*Ellenberger*, § 126b Rn. 3; *HessLAG* 6.8.09 – 14Sa 563/09, juris, das eine E-Mail ausreichen lässt, wenn ein TV die Zurückweisung durch einfache Schriftform vorsieht; zur begrenzten Beweiskraft von E-Mails auf Grund des hohen Verfälschungsrisikos *Roßnagel/Pfitzmann*, NJW 03, 1209, 1212; ähnlich *Splittgerber*, CR 03, 23 ff.; nach BGH 29.9.04 – VIII ZR 341/03, ZMR 04, 901 ist die Schriftform gewahrt, wenn eine Verbindung zwischen einem unterzeichneten Dokument und nicht unterschriebenen Anlagen gegeben ist.

einer Urkunde gem. § 126 BGB bzw. der elektronischen Form gem. § 126a BGB wirksam abgegeben werden. Nicht zur Anwendung kommen die reduzierten Anforderungen, wo eine rechtsgeschäftliche Willenserklärung erforderlich ist (vgl. die Beispiele in Rn. 184).

193 Es obliegt in den vorstehenden Fällen weitgehend den **Parteien,** die **konkreten Formanforderungen frei zu bestimmen.**[373] Sie können auf die Bestimmung von Formanforderungen aber auch vollständig verzichten. Wirksamkeitsvoraussetzung von so abgegebenen Erklärungen ist in jedem Fall, dass einerseits klar zu erkennen ist, wer die Erklärung abgegeben hat und an wen sie gerichtet ist. Andererseits muss es sich gerade im betrieblichen Rahmen bei der gewählten Übermittlungsform für Erklärungen in Textform um einen im Betrieb **üblichen Kommunikationsweg** handeln. Die Beachtung dieser Voraussetzung schützt den Empfänger der Nachricht vor Überraschungen. Diese könnten beispielsweise eintreten, wenn eine Nachricht per Fernschreiben verschickt wird, obwohl diese Kommunikationsform nur noch ausnahmsweise genutzt wird und das hierfür notwendige Gerät in der Ecke eines Aktenraums des Empfängers so aufgestellt ist, dass der Eingang von Mitteilungen nur zufällig zur Kenntnis genommen werden kann. Grundsätzlich anders stellt sich die Situation dar, wenn etwa ein E-Mail-System im Betrieb als Standardkommunikationsmittel eingeführt ist, von BR und AG vorrangig oder ausschließlich genutzt wird und wenn damit sichergestellt ist, dass Mitteilungen die andere Partei auf diesem Weg sicher erreichen. In diesen Fällen ergibt sich die Üblichkeit aus dem konkludenten Handeln der Parteien.[374]

194 Bezüglich des **Zugangs** einer Erklärung oder Nachricht in Textform gelten die allgemeinen Grundsätze. Der Empfänger muss sich den Inhalt erst dann als zugegangen zurechnen lassen, wenn ihn Nachrichten auf diesem Weg üblicherweise erreichen.[375] Wird eine E-Mail etwa erst nach Ende der üblichen Arbeitszeit im elektronischen Briefkasten des Empfängers gespeichert, ist sie erst mit dem nächsten Tag zugegangen. Entsprechendes gilt, wenn der Empfänger sein E-Mail-Programm nachweislich so eingestellt hat, dass eingehende Nachrichten nur zu bestimmten Zeitpunkten (etwa zweimal pro Tag) abgefragt und angezeigt werden. Dann ist vom Zugang beim nächsten regelmäßigen Zugriff auszugehen. Die gleichen Grundsätze kommen entsprechend für die Nutzung eines Telefax- oder eines Fernschreib-Geräts zur Anwendung. Zur Vermeidung von Missverständnissen empfiehlt sich für die betriebliche Praxis eine klare Vereinbarung bezüglich dieser Versendungsformen. Die **Beweislast** für den Zugang einer schriftlichen Mitteilung liegt auch ohne eine entsprechende Vereinbarung nach allgemeinen Grundsätzen bei dem, der sich auf den Zugang beruft und hieraus Rechte herleitet.[376]

195 Die Beachtung der Textform nach § 126b BGB ist für eine wirksame Erklärung nicht zwingend. Wird eine Mitteilung, Erklärung oder Nachricht im Verhältnis zwischen AG, BR und AN **nicht mündlich,** aber **unterhalb der vereinbarten** oder **üblichen Schwelle einer schriftlichen Erklärung in Textform abgegeben,** obliegt es den beteiligten Parteien, die konkret zu nutzende Form einvernehmlich auszugestalten. In Betracht kommen alle Formen telekommunikativer Übermittlungen wie etwa das Einstellen einer Mitteilung in eine Internet-Homepage oder in eine gemeinsam genutzte elektronische Arbeitsoberfläche, wenn sicher oder vereinbart ist, dass der BR die eingegangen Nachrichten dort täglich abruft, die Übersendung einer SMS an das Handy des Empfängers, eine Nachricht über Dienste wie beispielsweise Facebook oder Twitter, das Verschicken einer Datei auf ein Smartphone per WLAN, Bluetooth oder Infrarot-Schnittstelle. BR ist allerdings anzuraten, derartige Formen der Übermittlung nur in den Fällen zu akzeptieren, in denen hierdurch keine Rechtsfristen ausgelöst werden (zur Beweislast vgl. Rn. 194).

---

373 Vgl. Palandt-*Ellenberger,* § 127 Rn. 1; zur allgemeinen Situation im Zivilprozessrecht vgl. *Splittgerber,* CR 03, 23, 26.

374 A. A. *LAG Thüringen* 5.8.04 – TaBV 2/04, dbr 05, 46; *ArbG Bielefeld* 15.1.03 – 3 BV 78/02, NZA 04, 511, die per E-Mail gemäß § 99 eingelegte Widersprüche für nicht rechtswirksam halten.

375 Vgl. § 130 BGB; *LAG Niedersachsen* 26.11.07 – 6 TaBV 34/07, das im Ergebnis den BR-Vorsitzenden für verpflichtet hält, am Ende der üblichen Arbeitszeit noch einmal in den Briefkasten zu sehen; zur Situation beim Zugang in einem Postfach § 102 Rn. 159; ähnlich im Ergebnis GK-*Raab,* § 26 Rn. 54; zum fehlenden Anscheinsbeweis bei E-Mails *Roßnagel/Pfitzmann,* NJW 03, 1209, 1212.

376 Vgl. Palandt-*Ellenberger,* § 130 Rn. 21.

V. Durchsetzung von Rechten

1. Vorbemerkungen

In diesem Kommentar können nur Grundzüge des arbeitsgerichtlichen Verfahrens behandelt werden. Die Fragen, die bei der gerichtlichen Durchsetzung betriebsverfassungsrechtlicher Positionen auftauchen, sind im **ArbGG 1979** geregelt. Auf die hierzu verfassten Kommentare wird verwiesen.[377] Zudem befinden sich weiterführende Hinweise zu Verfahrensfragen häufig unter dem Stichwort **»Streitigkeiten«** am Ende der Kommentierung zu den einzelnen Paragraphen. 196

Die Durchsetzbarkeit der Rechte entscheidet letztlich über die Effizienz der von der Betriebsverfassung eingeräumten Positionen. Diese Feststellung gilt allerdings in erster Linie für den BR. Der AG, der den Betrieb leitet (§ 77 Abs. 1) und das Direktionsrecht gegenüber den Beschäftigten ausübt, ist sehr viel weniger auf gerichtliche Hilfe angewiesen.[378] Häufig kann er **einseitig Fakten schaffen,** z. B. indem er die Überstunden trotz des Streits mit dem BR anordnet oder den Lohn des BR-Mitglieds um einige Stunden kürzt, weil es angeblich in dieser Zeit keine BR-Tätigkeit verrichtet habe. Der BR wird dadurch prozessual in der Regel in die **Rolle des »Klägers«,** des Angreifenden, gedrängt, während der AG als **»Richter in eigenen Sachen«**[379] sich sein vielleicht nur vermeintliches Recht nimmt. Die Anordnungen des AG gelten dann zunächst einmal, bis der BR eine gerichtliche Korrektur erstritten hat. 197

Diese **strukturelle Unterlegenheit des BR** wird zusätzlich dadurch verstärkt, dass Rechtsdurchsetzung Zeit braucht. Die **Verfahrensdauer** ist oft erheblich. Häufig sind zudem nur rechtskräftige Beschlüsse vollstreckbar (vgl. Rn. 218). Je nach Länge des Verfahrens kann sich daher der Anspruch des BR durch bloßen Zeitablauf erledigen, wie es z. B. regelmäßig bei der Zustimmungsersetzung für befristete Einstellungen der Fall ist. Ähnlich stellt sich das Problem bei der Einführung und Anwendung elektronischer Datenverarbeitung oder auch bei vielen Produktentscheidungen. Hier kommt es entscheidend darauf an, dass der BR die erforderlichen Kenntnisse bereits in der Planungsphase, nämlich »rechtzeitig«, erlangt. Andernfalls wird er kaum in der Lage sein, die Technologie sozial zu gestalten bzw. bei Produktentscheidungen für eine interne Fertigung, also i. S. v. Beschäftigungssicherung, tätig zu werden. Bei der **Verletzung von Mitbestimmungsrechten** schließlich nimmt die Wahrscheinlichkeit, die AG-Maßnahme noch korrigieren zu können, mit fortschreitender Verfahrensdauer ständig weiter ab: Die Macht des Faktischen, insbes. der investierten Gelder, schließt substantielle Veränderungen dann häufig aus.[380] Berücksichtigt man weiter, dass die moderne Datenverarbeitung die Umsetzung von Managemententscheidungen enorm beschleunigt, so liegt auf der Hand, welche Bedeutung die schnelle Durchsetzung seiner Rechte für den BR hat. Damit gewinnen insbes. die **einstweilige Verfügung** (§ 85 Abs. 2 ArbGG) und das **Bestellungsverfahren für die ESt.** (§ 100 ArbGG) eine wachsende Bedeutung gegenüber dem normalen Beschlussverfahren. Diese Entwicklung muss die Rspr. stärker als bisher bei der Interpretation der gesetzlichen Vorschriften berücksichtigen.[381] 198

Neben dem Rechtsweg entstehen in den Betrieben häufig **informelle Strukturen** zur Lösung der Probleme. Nur ein Bruchteil der arbeitsrechtlichen Konflikte kommt bekanntlich vor Gericht.[382] In größeren Betrieben werden offene Rechtsbrüche vermieden und häufig Lösungen 199

---

377 Vgl. z. B. *Düwell/Lipke,* ArbGG; ErfK-*Koch,* ArbGG (Nr. 60); *GMP; GWBG; HP; HWK-Ziemann, Treber* und *Kalb,* ArbGG; KassArbR-*Ascheid,* 9, Rn. 1033 ff.; DHZ-*Zwanziger,* §§ 127 ff.; *Natter/Gross; Rohlfing/Rewolle/Bader; Schaub,* Formularsammlung; *Schwab/Weth*; *Stahlhacke/Bader* und die entsprechenden Musterantragsschriften und Formulare in DKWF; zu den **Streitwerten** vgl. z. B. HaKo-*Kreuder/Matthiesen-Kreuder,* Anhang 1 Gebühren- und Kostenrecht; *Willemsen/Schipp/Oberthür/Reinhard,* NZA 14, 356 ff. und *Streitwertkommission der Arbeitsgerichtsbarkeit,* Überarbeitete Fassung v. 9. 2. 18, NZA 18, 498 ff. mit Einführung *Jörchel,* ebd. 497 und Stellungnahme *DAV,* ebd. 502.

378 *Däubler,* Das Arbeitsrecht 2, Rn. 2172; *HBR,* Rn. 4 ff.

379 Vgl. *Nickel,* AuR 75, 97 (101).

380 Vgl. auch *BAG* 3. 5. 94 – 1 ABR 24/93, NZA 95, 40 (43).

381 Vgl. hierzu auch *BAG* 14. 9. 84 – 1 ABR 23/82, AP Nr. 9 zu § 87 BetrVG 1972 Überwachung und *HBR,* Rn. 10 ff.

382 *Däubler,* Das Arbeitsrecht 2, Rn. 2242 ff. m. w. N.

bei gegenseitigem Nachgeben unter **Kopplung unterschiedlicher Verhandlungsfelder** erreicht (vgl. auch § 87 Rn. 16). Aufgeklärtere AG erkennen, dass die Mitwirkung und Mitgestaltung des BR durchaus Vorteile bringen: Fehler werden vermieden, die Legitimation des AG-Vorgehens gegenüber den Beschäftigten erhöht sich. Hierauf kann sich jedoch ein BR letztlich nicht verlassen. Regelmäßig ist er darauf angewiesen, seine Rechte schnell durchsetzen zu können. Ist dies der Fall und dem AG bewusst, werden im Übrigen Verhandlungslösungen geradezu provoziert. Die Betriebsparteien können auch nach § 76 Abs. 6 BetrVG vereinbaren, dass bei betriebsverfassungsrechtlichen Meinungsverschiedenheiten, wie z. B. über die Auslegung einer BV, zunächst vor Einleitung einer arbeitsgerichtlichen Auseinandersetzung ein **innerbetriebliches Schlichtungsverfahren** inklusive ESt. durchzuführen ist. Dies gilt sowohl für Regelungs- wie auch für Rechtsfragen. Ein ohne vorherige Durchführung eingeleitetes Beschlussverfahren ist dann unzulässig. Eine solche Vereinbarung schließt allerdings nicht den einstweiligen Rechtsschutz aus. Die Gewährung effektiven Rechtsschutzes darf durch das innerbetriebliche Verfahren nicht beeinträchtigt werden.[383]

2. Urteils- und Beschlussverfahren

200 Streitigkeiten vor den ArbG werden im **Urteils-** (§ 2 ArbGG) oder **Beschlussverfahren** (§ 2a ArbGG) entschieden. Im Urteilsverfahren streiten die Parteien um bürgerlich-rechtliche Ansprüche, die vor allem aus dem Arbeitsverhältnis resultieren oder in unmittelbarem Zusammenhang hiermit stehen. In diesem Verfahren werden ca. 97 v. H. aller ArbG-Prozesse geführt.[384] Das Beschlussverfahren greift bei allen **betriebsverfassungsrechtlichen Streitigkeiten** und denen aus dem SprAuG sowie dem EBRG ein, soweit es nicht um Straftaten oder Ordnungswidrigkeiten nach §§ 119–121, §§ 34–36 SprAuG bzw. §§ 43–45 EBRG geht (§ 2a Abs. 1 Nr. 1, 2 und 3b ArbGG). Im Beschlussverfahren wird zudem über die Wahl von Arbeitnehmervertretern in den AR nach dem MitbG 1976, dem MitbErgG und dem Drittelbeteiligungsgesetz sowie Angelegenheiten der Schwerbehindertenvertretung (§§ 177, 178 SGB IX) und der Werkstatträte in Werkstätten für behinderte Menschen (§ 222 SGB IX) entschieden (§ 2a Abs. 1 Nr. 3 und 3a ArbGG). Weiter ist diese Verfahrensart vorgesehen bei Angelegenheiten aus § 51 BBiG (§ 2a Abs. 1 Nr. 3c ArbGG), § 10 BFDG (§ 2a Nr. 3d), dem SE-Beteiligungsgesetz (§ 2a Abs. 1 Nr. 3e ArbGG: mit Ausnahme der §§ 43–45 und begrenzt für §§ 34 bis 39),[385] dem SCE-Beteiligungsgesetz (§ 2a Abs. 1 Nr. 3f; mit Ausnahme der §§ 47, 48 und begrenzt für die §§ 34–39) und dem Gesetz über die Mitbestimmung der AN bei grenzüberschreitender Verschmelzung (§ 2a Abs,1 Nr. 3g; mit Ausnahme der §§ 34, 35 und begrenzt für die §§ 23–28) sowie bei Entscheidungen über die Tariffähigkeit und die Tarifzuständigkeit einer Vereinigung (§ 2a Abs. 1 Nr. 4 i. V. m. § 97 ArbGG). Dieses Beschlussverfahren soll die durch Art. 9 Abs. 3 GG gewährleistete Tarifautonomie sichern. Deshalb ist ein Antrag, der auf Feststellung einer bloß auf eine Branche bezogenen, also partiellen, Tarifunfähigkeit gerichtet ist, unzulässig. Die Tariffähigkeit einer Arbeitnehmervereinigung ist, wie das *BAG* zu Recht feststellt, einheitlich und unteilbar für den von ihr beanspruchten Zuständigkeitsbereich.[386] Zudem kommt das Beschlussverfahren zur Anwendung bei der Entscheidung über die Wirksamkeit einer Allgemeinverbindlichkeitserklärung nach § 5 TVG, einer RechtsVO nach § 7 oder § 7a AEntG und einer RechtsVO nach § 3a AÜG (§ 2a Abs. 1 Nr. 5 i. V. m. § 98 ArbGG). Nach § 2a Abs. 1 Nr. 6 ArbGG (i. V. m. § 99 ArbGG) wird schließlich in dieser Verfahrensart darüber entschieden, welcher TV nach § 4a Abs. 2 Satz 2 TVG im Betrieb anwendbar ist. Bei der Abgrenzung zwischen Beschluss- und Urteilsverfahren ist zu beachten, dass auch **im BetrVG bürgerlich-rechtliche Ansprüche** der AN gegen den AG geregelt sind. Daher sind z. B. Lohnansprüche eines BR-Mitglieds wegen BR-Tätigkeit ebenso im Urteilsverfahren zu entscheiden (vgl. § 37 Rn. 193) wie der Anspruch auf Weiterbeschäftigung nach Widerspruch des BR gemäß § 102 Abs. 5 (vgl. § 102 Rn. 294)

---

383 *BAG*, 11. 2. 14 – 1 ABR 76/12, NZA 15, 26 (27); 23. 2. 16 – 1 ABR 5/14, NZA 16, 972 (974 Tz. 21 ff.).
384 *Däubler*, Das Arbeitsrecht 2, Rn. 2229 Fn. 178; ebenso *Grotmann-Höfling*, AuR 21, 159, 163 (für 2019); *ders.*, AuR 22, 14 ff.
385 Hierzu ausführlich *BAG* 23. 3. 23 – 1 ABR 43/18, juris Tz. 14 ff.
386 *BAG* 13. 9. 22 – 1 ABR 24/21, NZA 23, 117 (118 Tz. 15 ff.).

oder Streitigkeiten zwischen AG und AN über die Ausübung des Einsichtsrechts in die Personalakte (vgl. § 83 Rn. 38). Das ArbG hat von Amts wegen zu befinden, ob eine Streitigkeit im Urteils- oder Beschlussverfahren zu entscheiden ist.[387] Parteivereinbarungen hierüber sind unwirksam.[388] Hält das ArbG die vom Antragsteller gewählte **Verfahrensart** für unrichtig, muss es den Rechtsstreit in die richtige verweisen (vgl. § 48 Abs. 1 ArbGG i. V. m. § 17a Abs. 2 GVG). Bestehen Zweifel, kann es die Verfahrensart vorab für zutreffend erklären; es muss eine Entscheidung treffen, falls die Zulässigkeit vom Antragsgegner oder einem anderen Beteiligten gerügt wird (§ 48 Abs. 1 ArbGG i. V. m. § 17a Abs. 3 Satz 1 und 2 GVG).[389] Der entsprechende Beschluss des ArbG unterliegt der sofortigen Beschwerde und u. U. auch der weiteren Beschwerde. Gemäß §§ 65, 93 Abs. 2 ArbGG prüfen die Rechtsmittelgerichte Rechtsweg und Verfahrensart nicht mehr. Liegt eine Konkurrenz zwischen einer betriebsverfassungsrechtlichen und einer bürgerlich-rechtlichen Anspruchsgrundlage vor, kann das Gericht den Anspruch in der gewählten Verfahrensart unter sämtlichen rechtlichen Gesichtspunkten prüfen (§ 48 Abs. 1 ArbGG i. V. m. § 17 Abs. 2 Satz 1 GVG).[390]

Im Beschlussverfahren entscheidet das Gericht über **Rechtsstreitigkeiten,** wie z. B. die Frage, **201**
ob ein Mitbestimmungsrecht besteht. **Regelungsstreitigkeiten,** beispielsweise die Frage, welche Arbeitszeitregelung im Rahmen der Tarifverträge für den Betrieb gewählt werden soll, gehören demgegenüber vor die ESt. (zu Ausnahmen von diesem Grundsatz vgl. § 76 Rn. 14).

Die Unterschiede zwischen Urteils- und Beschlussverfahren sind zunächst formaler Art. So **202**
heißt es z. B. im Beschlussverfahren Beschwerde statt Berufung, Beschluss statt Urteil oder Antrag statt Klage. Darüber hinaus bestehen jedoch auch inhaltliche Besonderheiten. Im Beschlussverfahren werden **keine Kosten** erhoben, § 2 Abs. 2 GKG. Zudem gilt dort der **Untersuchungsgrundsatz,** wenngleich in modifizierter Form. Nach § 83 ArbGG erforscht das Gericht den Sachverhalt im Rahmen der gestellten Anträge von Amts wegen. Der Antragsteller bestimmt also den Verfahrensgegenstand **(Dispositionsgrundsatz).** Der wirkliche Inhalt des Antrags kann durch Auslegung ermittelt werden; wegen § 308 Abs. 1 ZPO darf das Gericht allerdings nicht zusprechen, was nicht beantragt ist.[391] Gleichzeitig wird eine **Mitwirkungspflicht** der Beteiligten an der Aufklärung des Sachverhalts statuiert. Insgesamt bedeutet dies, dass sich das ArbG mit dem in das Verfahren eingebrachten Tatsachenstoff umfassend auseinandersetzen muss und bei vorhandenen Zweifeln selbst dann aus eigener Initiative Beweis zu erheben hat, wenn die Beteiligten einzelne Punkte als »unstreitig« bezeichnen.[392] Die gerichtliche Bewertung eines Vorbringens als unzureichend ist im Übrigen nur statthaft, wenn das Gericht auf diese Einschätzung hingewiesen und zur Ergänzung des Vortrags anhand konkreter Fragestellungen aufgefordert hat.[393] Ein **Beweisangebot** ist nicht erforderlich.[394] Andererseits ist das ArbG nicht verpflichtet, jeder theoretisch denkbaren Sachverhaltsvariante nachzugehen, und auch nicht befugt, von sich aus neuen Streitstoff in das Verfahren einzuführen.[395] Diese Begrenzung des Untersuchungsgrundsatzes ist allerdings durch den Wortlaut des § 83 Abs. 1 Satz 2 ArbGG keineswegs vorgegeben und schränkt die Möglichkeit, zu einer umfassenden Aufklärung des Konflikts zu kommen, wesentlich ein.[396] §§ 83 Abs. 1a, 87 Abs. 3 ArbGG geben dem Gericht auch für das Beschlussverfahren die Möglichkeit, **verspätetes Vorbringen** zurück-

387 Vgl. *BAG* 5.4.84 – 6 AZR 70/83, AP Nr. 13 zu § 78a BetrVG 1972; *GMP,* § 2a Rn. 97 m. w. N.; HP-*Helml,* § 80 Rn. 4.

388 ArbGG-*Reinfelder,* § 80 Rn. 1; *GMP,* a. a. O.; GWBG-*Greiner,* § 80 Rn. 9.

389 Hierzu *BAG* 23.3.23 – 1 ABR 43/18, juris Tz. 11 ff.

390 *BAG* 4.12.13 – 7 ABR 7/12, NZA 14, 803 (807 Tz. 47 f.).

391 Vgl. z. B. *BAG* 8.11.83 – 1 ABR 57/81, DB 84, 1479 (1480); 19.7.95 – 7 ABR 60/94, BB 96, 328; 18.11.14 – 1 AZR 257/13, NZA 15, 306 (307); *LAG Niedersachsen* 18.10.94 – 11 TaBV 90/94, LAGE § 95 BetrVG 1972 Nr. 15 (bei einstweiliger Verfügung); *Thon,* AuR 96, 175 (177 f.).

392 *BAG* 10.8.94 – 7 ABR 35/93, BB 95, 1034 (1035); 11.3.98 – 7 ABR 59/96, NZA 98, 953 (955); GWBG-*Greiner,* § 83 Rn. 6; HWK-*Treber,* § 83 ArbGG Rn. 3 f.; Natter/Gross-*Roos,* § 83 Rn. 29 ff.; SW-*Weth,* § 83 Rn. 8.

393 *BAG* 12.5.99 – 7 ABR 36/97, NZA 99, 1290 (1291); HWK-*Treber,* § 83 ArbGG Rn. 4.

394 ErfK-*Koch,* § 83 ArbGG Rn. 5; HWK-*Treber,* § 83 ArbGG Rn. 3.

395 *BAG* 2.2.62 – 1 ABR 5/61, AP Nr. 10 zu § 13 BetrVG; 10.12.92 – 2 ABR 32/92, DB 93, 889 (890); 21.9.16 – 10 ABR 48/15, *BAGE* 156, 289; HP-*Helml,* § 83 Rn. 6; *Thon,* AuR 96, 175 (176).

396 Kritisch auch *Däubler,* Das Arbeitsrecht 2, Rn. 2233.

zuweisen. Dies betrifft allerdings die Mitwirkungspflicht, nicht die Substantiierung des Vortrags. Die richterliche Aufklärungspflicht hat unverändert Vorrang.[397]

3. Grundzüge des Beschlussverfahrens

203 Den Parteien des Urteilsverfahrens entsprechen im Beschlussverfahren die Beteiligten, wobei es nach der Terminologie des *BAG*[398] unter den Beteiligten zwar einen Antragsteller, aber keinen Antragsgegner gibt.[399] Beteiligter kann jede Stelle sein, die von der zu erwartenden Entscheidung in ihrer betriebsverfassungsrechtlichen Stellung unmittelbar betroffen oder berührt wird[400] oder – so jedenfalls eine neuere, die frühere Sichtweise wieder aufgreifende Tendenz des *BAG*[401] – unmittelbar betroffen sein kann. Dies können neben BR und AG auch einzelne BR-Mitglieder, eine Gruppe von AN oder die im Betrieb vertretene Gewerkschaft sein. Der AG ist dabei **immer zu beteiligen,** selbst wenn es um eine **BR-interne Auseinandersetzung** geht, weil er durch die betriebsverfassungsrechtliche Ordnung stets betroffen ist.[402] Verlangt der BR in einem **Gemeinschaftsbetrieb** z. B. die Unterlassung von Maßnahmen, muss sich der entsprechende Antrag gegen sämtliche an der Betriebsführung beteiligte UN richten.[403] Geht während eines Beschlussverfahrens ein Betrieb unter Wahrung seiner Identität auf einen Erwerber über, tritt dieser prozessual an die Stelle des bisherigen Inhabers. Der **Betriebsübergang** führt zu einem automatischen Austausch des beteiligten AG.[404] Geht im Verfahren die Zuständigkeit zur Wahrnehmung eines Mitbestimmungsrechts auf ein anderes **betriebsverfassungsrechtliches Gremium** über, wird dieses als **Nachfolger** des bisherigen Gremiums ebenso Beteiligter wie der neugewählte BR als Funktionsnachfolger des bisherigen.[405] Dies gilt bei unverändertem Betrieb ebenso wie beim Wechsel von den gesetzlichen zu gewillkürten Betriebsverfassungsstrukturen und umgekehrt, sowie bei der Änderung eines Tarifvertrags nach § 3 Abs. 1 Nr. 1–3,[406] jeweils nach Maßgabe der Regelungen zum Übergangsmandat in den §§ 21a, 21b BetrVG[407] und auch dann, wenn während eines laufenden Beschlussverfahrens anstelle des für zwei Betriebsstätten des UN gewählten BR für jede ein eigener BR gewählt wird.[408] Ist die Beteiligtenfähigkeit des Betriebsrats streitig, wird sie in Bezug auf die Zulässigkeit eines Rechtsmittels unterstellt.[409]

204 Die Rspr. definiert den Kreis der Beteiligten häufig sehr eng. So soll z. B. der von der personellen Einzelmaßnahme **betroffene AN** nicht an dem Verfahren zu beteiligen sein, in dem über die Wirksamkeit der Zustimmungsverweigerung des BR entschieden wird.[410] Ebenso wird zu Unrecht eine Beteiligung der **TV-Parteien** verneint, wenn die Wirksamkeit einer BV im Hin-

---

397 ArbGG-*Reinfelder,* § 83 Rn. 9.
398 20.4.99 – 1 ABR 13/98, NZA 99, 1235 (1237).
399 Vgl. etwa *BAG* 17.5.17 – 7 ABR 22/15, NZA 17, 1405; a. A. z. B. SW-*Weth,* § 83 Rn. 41 ff.; zweifelnd auch *Busemann,* NZA-RR 18, 513 (515).
400 Vgl. z. B. *BAG* 28.9.88 – 1 ABR 37/87, AP Nr. 55 zu § 99 BetrVG 1972; 22.7.08 – 1 ABR 40/07, NZA 08, 1248 (1251); 18.3.15 – 7 ABR 42/12, NZA 15, 1144 (1145 ff.); 1.6.22 – 7 ABR 41/20, NZA 22, 1542 (1543 Tz. 12); 25.1.23 – 4 ABR 4/22, juris Tz. 26; 23.3.23 – 1 ABR 43/18, juris Tz. 26; *GMP,* § 83 Rn. 13 ff.; HP-*Helml,* § 83 Rn. 16.
401 *BAG* 16.1.18 – 7 ABR 21/16, NZA 18, 675; zustimmend *Busemann,* NZA-RR 18, 513 (514); ebenso schon SW-*Weth,* § 83 Rn. 49, 55, 57.
402 *BAG* 16.3.05 – 7 ABR 43/04, NZA 05, 1072 (1073); 23.11.16 – 7 ABR 13/15, NZA 17, 589.
403 *BAG* 15.5.07 – 1 ABR 32/06, NZA 07, 1240 (1244).
404 *BAG* 9.12.08 – 1 ABR 75/07, NZA 09, 254 f. m. w. N.; 23.6.10 – 7 ABR 3/09, NZA 10, 1361 (1362); 20.8.14 – 7 ABR 60/12, NZA 15, 1530 (1531 Tz. 17); *Fitting,* Anhang 3 Rn. 43.
405 *BAG* 23.6.10, a. a. O. m. w. N.; 8.12.10 – 7 ABR 69/09, NZA 11, 362 (363); 18.5.16 – 7 ABR 81/13, NZA-RR 16, 582 (584 Tz. 32); 7.6.16 – 1 ABR 30/14, NZA 16, 1350 (1351 Tz. 12); 19.12.18 – 7 ABR 79/16, NZA 19, 940 (941 Tz. 19); *Fitting,* Anhang 3 Rn. 43.
406 *BAG* 13.2.13 – 7 ABR 36/11, NZA 13, 521 (523); 22.8.17 – 1 ABR 52/14, NZA 18, 50 (52).
407 *BAG* 22.8.17, a. a. O. unter Verweis auf *Linsenmaier,* RdA 17, 128 (137).
408 *BAG* 11.12.18 – 1 ABR 17/17, NZA 19, 714 (716 Tz. 13).
409 *BAG* 1.6.22 – 7 ABR 41/20, NZA 22, 1542 (1543 Tz. 14); 19.10.22 – 7 ABR 27/21, NZA 23, 379 (380 Tz. 11).
410 *BAG* 27.5.82 – 6 ABR 105/79, AP Nr. 3 zu § 80 ArbGG 1979; 17.5.83 – 1 ABR 5/80, AP Nr. 18 zu § 99 BetrVG 1972; zustimmend HP-*Helml,* § 83 Rn. 29; inzwischen auch ArbGG-*Reinfelder,* § 83 Rn. 22; vgl. im Übrigen § 99 Rn. 243.

blick auf den Tarifvorrang umstritten ist.[411] Es erscheint ebenso wenig überzeugend, die im Betrieb vertretenen Gewerkschaften bei der Anfechtung von BR-Wahlen und der AR-Wahl nach dem BetrVG 1952 nur zu beteiligen, wenn sie von ihrem Anfechtungsrecht Gebrauch gemacht haben.[412] Insbes. bei der BR-Wahl zeigen das eigene Anfechtungs- und Vorschlagsrecht der Gewerkschaften, dass diese durch die Anfechtungsentscheidung in ihrer betriebsverfassungsrechtlichen Rechtsstellung unmittelbar betroffen sind.[413] Die Sichtweise der Rspr. verwundert umso mehr, als sie für die Anfechtung der Wahl eines freizustellenden BR Mitglieds keine persönliche Betroffenheit verlangt.[414] Es bleibt zu hoffen, dass sich die oben (Rn. 203) erwähnte Tendenz des *BAG* fortsetzt, die eine potenzielle Betroffenheit ausreichen lässt.

Das Gericht hat in jeder Lage des Verfahrens **von Amts wegen** zu prüfen, wer **Beteiligter** ist.[415] **205** Werden Personen oder Stellen nicht beteiligt, so ist die Entscheidung fehlerhaft. Das Gericht muss den Fehler, wenn möglich, ausbessern,[416] andererseits ist für das *BAG* eine rechtsfehlerhafte Nichtbeteiligung ohne eine entsprechende Verfahrensrüge bedeutungslos.[417] Die Beteiligungsfähigkeit, die der Parteifähigkeit entspricht, ist in § 10 ArbGG geregelt.

Die Anträge im Beschlussverfahren können auf **Leistung** (z. B. Zahlung von BR-Kosten oder **206** Unterlassung einer Handlung), **Feststellung** (z. B. hinsichtlich des Bestehens oder Nichtbestehens eines Mitbestimmungsrechts, ggf. auch als Zwischenfeststellungsantrag)[418] oder **Gestaltung** (z. B. Ausschluss aus dem BR oder Ersetzung der AG-Zustimmung nach § 80 Abs. 3 BetrVG) gerichtet sein. Dabei kann der Antragsteller den Verfahrensgegenstand bestimmen, aber nicht bindend vorgeben, anhand welcher Rechtsnormen sein Antragsbegehren vom Gericht geprüft werden soll.[419] In einem Verfahren können mehrere Anträge im Wege der **Antragshäufung** nebeneinander gestellt werden.[420] Der Antrag (Klageziel) und der zugehörige Lebenssachverhalt (Klagegrund) bestimmen auch im Beschlussverfahren den **Streitgegenstand** und legen fest, welche Frage mit Bindungswirkung entschieden wird.[421] Der Antrag muss also entsprechend genau abgefasst sein (§ 253 Abs. 2 Nr. 2 ZPO).[422] Dies gilt selbstverständlich und ganz besonders auch für **Feststellungsklagen.**[423] Für den in Anspruch genommenen Beteiligten muss eindeutig erkennbar sein, was von ihm verlangt wird, was in Rechtskraft erwächst. Diese Frage darf nicht in das Vollstreckungsverfahren verlagert werden.[424] Im Rahmen der Anhörung ist vor allem der **wirkliche Wille** zu ermitteln.[425] Ist ein Feststellungsantrag insgesamt zu **unbestimmt,** ist er als unzulässig abzuweisen.[426] **Globalanträge** können dagegen

411 So jedenfalls *BAG* 9. 2. 84 – 6 ABR 10/81, AP Nr. 9 zu § 77 BetrVG 1972; 25. 1. 23 – 4 ABR 4/22, juris Tz. 27; ErfK-*Koch,* § 83 ArbGG Rn. 8; vgl. aber auch zur Antragsbefugnis *BAG* 20. 4. 99 – 1 ABR 72/98, DB 99, 1555 (1556) und Rn. **207.**

412 So aber *BAG* 27. 1. 93 – 7 ABR 37/92, DB 93, 2030 f. m. w. N. auch zur früheren Rspr. des *BAG,* die eine Beteiligung von Amts wegen bejahte; *GMP,* § 83 Rn. 72; GWBG-*Greiner,* § 83 Rn. 43.

413 Vgl. *HBR,* Rn. 141.

414 St. Rspr., zuletzt *BAG* 22. 11. 17 – 7 ABR 26/16, NZA 18, 523 (524).

415 Vgl. z. B. *BAG* 11. 11. 97 – 1 ABR 21/97, DB 98, 627; 26. 10. 04 – 1 ABR 31/03A, NZA 05, 538 (539).

416 *BAG* 20. 2. 86 – 6 ABR 25/85, AP Nr. 1 zu § 63 BetrVG 1972; 15. 5. 07 – 1 ABR 32/06, NZA 07, 1240 (1241 f.).

417 *BAG* 21. 3. 18 – 7 ABR 29/16, NZA 18, 948 m. w. N.

418 *BAG* 19. 11. 19 – 1 ABR 2/18, ZTR 20, 310 (311); 1. 2. 89 – 4 ABR 86/88, DB 90, 132; HP-*Helml,* § 81 Rn. 10.

419 *BAG* 15. 4. 08 – 1 ABR 44/07, NZA-RR 09, 98 (99).

420 Vgl. z. B. KassArbR-*Ascheid,* 10. Rn. 1112 m. w. N.

421 Vgl. z. B. *BAG* 19. 1. 10 – 1 ABR 55/08, NZA 10, 659 (660); 18. 11. 14 – 1 AZR 257/13, NZA 15, 306 (308); 18. 5. 16 – 7 ABR 81/13, NZA-RR 16, 582 (583 Tz. 14).

422 Vgl. *BAG* 24. 1. 01 – 7 ABR 2/00, DB 01, 1424; 18. 8. 09 – 1 ABR 4308/09, 1434 (1435); 27. 7. 10 – 1 ABR 74/09, DB 10, 2624 (Ls.); 27. 10. 11 – 7 ABR 36/09, NZA 11, 527 (528); vgl. insgesamt auch *Klocke,* AuR 21, 440 ff.

423 *BAG* 14. 12. 11 – 4 AZR 242/10, NZA 12, 1452 (1453 f.); 18. 5. 16 – 7 ABR 41/14, NZA 17, 342 (344 Tz. 20); 19. 11. 19 – 1 ABR 2/18, ZTR 20, 310 (312).

424 *BAG* 29. 4. 04 – 1 ABR 30/02, NZA 04, 670 (674); 9. 12. 08 – 1 ABR 75/07, NZA 09, 254 (255); 14. 9. 10 – 1 ABR 32/09, NZA 11, 364 (365); 18. 11. 14 – 1 AZR 257/13, NZA 15, 306 (310); 27. 7. 16 – 7 ABR 16/14, NZA 16, 1555 (1556 Tz. 13, auch zur **richterlichen Hinweispflicht** in Tz. 20 f.).

425 *BAG* 7. 8. 90 – 1 ABR 68/89, NZA 91, 150 (ebd.) m. w. N.

426 *BAG* 25. 1. 17 – 4 AZR 517/15, NZA 17, 1623 (1624) m. w. N.

zulässig sein. Sie sind aber unbegründet, wenn sie auch nur einen Sachverhalt mit umfassen, bei dem das begehrte Recht nicht oder nicht ohne Einschränkung bzw. das geleugnete Recht doch oder jedenfalls unter bestimmten Voraussetzungen besteht.[427] Beantragt der BR z. B. global die Feststellung eines Mitbestimmungsrechts bei der Anordnung von Überstunden, ist der Antrag unbegründet, da dies bei Maßnahmen ausscheidet, die nur durch die individuellen Umstände des einzelnen AN veranlasst worden sind (vgl. § 87 Rn. 23). Diese Grundsätze gelten allerdings dann nicht, wenn sich der Antrag auf voneinander zu trennende, **abgrenzbare Sachverhalte** bezieht. Hier kann das Gericht dem Antrag auch hinsichtlich eines Teilbereichs als weniger gegenüber dem Gesamtantrag stattgeben.[428] So umfasst z. B. der Antrag, die Unwirksamkeit eines Spruchs der ESt. festzustellen, als Minus auch eine Prüfung, ob einzelne Regelungen unwirksam sind.[429] Ein unzulässiger oder unbegründeter **Leistungsantrag** kann auch im Beschlussverfahren ohne Verstoß gegen § 308 Abs. 1 Satz 1 ZPO in einen **Feststellungsantrag umgedeutet** werden.[430]

207 Der Antrag ist nur zulässig, wenn der Antragsteller die **Antragsbefugnis** besitzt. Diese ist Voraussetzung für eine Sachentscheidung und während des gesamten Verfahrens vom Gericht zu prüfen.[431] Die Antragsbefugnis entspricht der Prozessführungsbefugnis im Zivilprozess.[432] Sie soll **Popularanträge,** also die Geltendmachung fremder Rechte, ausschließen.[433] Antragsberechtigt ist daher nur derjenige, der ein eigenes Recht geltend macht, der vorträgt, aus dem strittigen Rechtsverhältnis unmittelbar berechtigt oder verpflichtet zu sein,[434] es sei denn, es liegt eine **Prozessstandschaft** vor, wie z. B. nach § 23 Abs. 3 Satz 1 BetrVG, die es BR oder Gewerkschaft auch ermöglicht, Rechte Dritter, wie z. B. einzelner AN, geltend zu machen.[435] So können **BR-Mitglieder** die Unwirksamkeit eines Beschlusses oder die Rechtswidrigkeit von Handlungen des BR nur geltend machen, wenn sie mit einem Eingriff in eine eigene betriebsverfassungsrechtliche Rechtsposition, in ein eigenes mitgliedschaftliches Recht, verbunden sind. Dies kann z. B. das Recht auf Teilnahme an Sitzungen, das Rederecht oder das Recht auf Stimmabgabe betreffen.[436] Umgekehrt soll dem BR die Antragsbefugnis bezüglich der Geltendmachung **individualrechtlicher Ansprüche** von BR-Mitgliedern auf bezahlte Arbeitsbefreiung gem. § 37 Abs. 2 BetrVG (vgl. dazu § 37 Rn. 50 ff., 199) fehlen, wenn der BR durch die Ablehnung nicht in eigenen Rechten beeinträchtigt ist.[437] Danach wäre die Antragsbefugnis des BR zu bejahen, wenn sich aus dem Verhalten des AG gegenüber einzelnen BR-Mitgliedern eine **Behinderung** der BR-Arbeit ergibt. Macht ein auf der Grundlage eines **Tarifvertrags nach § 3 Abs. 1 BetrVG** gebildetes BR-Gremium ein Recht geltend, ist eine Antragsbefugnis nur gegeben, wenn der TV und damit die Bildung des Gremiums (noch) wirksam ist.[438] Hinsichtlich der Antragsbefugnis ist die Rspr. teilweise unverständlich restriktiv. So soll z. B. eine **Gewerkschaft** nicht die Feststellung beantragen können, dass in einem Betrieb ein BR gewählt

---

427 *BAG* 11.12.91 – 7 ABR 16/91, DB 92, 1732 m. w. N.; 28.2.06 – 1 ABR 460/04, NZA 06, 798 (803) m. w. N.; 10.3.09 – 1 ABR 8707, NZA 10, 180 (182); 29.6.11 – 7 ABR 135/09, NZA 12, 47 (48); ErfK-*Koch*, § 81 ArbGG Rn. 3; Natter/Gross-*Pfitzner/Ahmed*, § 46 Rn. 85; kritisch zur Rspr. des *BAG Thon*, AuR 96, 175 (177); hierzu auch *Klocke*, AuR 21, 440 (442).

428 *BAG* 19.7.95 – 7 ABR 60/94, BB 96, 328; 28.2.06 – 1 AZR 460/04, NZA 06, 798 (803) m. w. N.; 19.11.19 – 1 ABR 2/18, ZTR 20, 310 (313).

429 *BAG* 19.11.19 – 1 ABR 36/18, NZA 20, 389 (390 Tz. 14).

430 *BAG* 27.10.10 – 7 ABR 36/09, NZA 11, 527 (528).

431 Vgl. z. B. *BAG* 25.8.81 – 1 ABR 61/79, AP Nr. 2 zu § 83 ArbGG 1979; 18.4.07 – 7 ABR 30/06, NZA 07, 1375 (1379).

432 *GMP*, § 81 Rn. 49; Natter/Gross-*Roos*, § 81 Rn. 25.

433 *BAG* 18.4.07, a. a. O.; 5.3.13 – 1 ABR 75/11, DB 13, 1423 (1424); 7.6.16 – 1 ABR 30/14, NZA 16, 1350 (1351 Tz. 15).

434 Vgl. z. B. *BAG* 18.2.03, a. a. O.; 18.1.05 – 3 ABR 21/04, DB 05, 2417 (2418); 20.5.08 – 1 ABR 19/07, NZA-RR 09, 102 (103); 25.2.20 – 1 ABR 38/18, NZA 20, 1128 (bejaht für Anspruch eines GBR auf Durchführung des von ihm abgeschlossenen Sozialplans) und die Einzelfälle bei *GMP*, § 81 Rn. 57 ff. und HP-*Helml*, § 81 Rn. 14.

435 *BAG* 16.11.04 – 1 ABR 53/03, DB 05, 504 f.; Natter/Gross-*Roos*, § 81 Rn. 34; SW-*Weth* § 81 Rn. 67.

436 *BAG* 7.6.16 – 1 ABR 30/14, NZA 16, 1350 (1351 Tz. 16, 21).

437 *BAG* 21.3.17 – 7 ABR 17/15, NZA 17, 1014.

438 *BAG* 25.2.20 – 1 ABR 40/18, NZA 20, 881.

werden kann.[439] Das Recht, gegen eine **tarifwidrige BV** vorzugehen, das der Gewerkschaft im Rahmen v. § 23 Abs. 3 zu Unrecht nur bei Verstoß gegen § 77 Abs. 3 zugebilligt wird,[440] ergibt sich nach der Rspr. des *BAG*[441] jetzt allgemein aus §§ 1004 Abs. 1 Satz 2, 823 Abs. 1 BGB i. V. m. Art. 9 Abs. 3 GG, sofern eine Tarifnorm durch eine kollektive betriebliche Konkurrenzordnung verdrängt werden und damit ihre zentrale Funktion verlieren soll (vgl. hierzu im Einzelnen § 2 Rn. 143, § 77 Rn. 176 ff.). Dabei kann der Antrag auf **Unterlassung** tarifwidrigen Verhaltens bzw. **Beseitigung** eines tarifwidrigen Zustands gerichtet sein.[442] Richtet sich der Antrag gegen eine tarifwidrige BV, ist er im Beschlussverfahren geltend zu machen.[443] Der Anspruch besteht dagegen nicht, wenn eine Tarifnorm nach § 4 Abs. 5 TVG lediglich nachwirkt.[444] Ist zwischen AG und BR allein die Auslegung einer **Tarifnorm** streitig, ohne dass ein eigenes Recht des BR betroffen wäre, fehlt dem BR die Antragsbefugnis.[445]

Auch im Beschlussverfahren ist von Amts wegen zu prüfen, ob der Antragsteller ein **Rechtsschutzinteresse** an der begehrten Entscheidung hat.[446] Bei **Leistungsanträgen** ist ein Rechtsschutzinteresse ohne weiteres anzunehmen.[447] Ist der konkrete Vorgang allerdings abgeschlossen und erzeugt keine Rechtswirkungen mehr, besteht das Rechtsschutzbedürfnis für einen Unterlassungsanspruch nur dann, wenn der konkrete Streitfall Ausdruck einer generellen Streitfrage ist, die immer wieder zu ähnlichen Auseinandersetzungen führen kann.[448] Bei **Gestaltungsanträgen** fehlt ein Rechtsschutzbedürfnis, wenn die Entscheidung keine Gestaltungswirkung mehr haben kann. Dies ist z. B. der Fall bei einem Antrag auf Ausschluss eines BR-Mitglieds aus dem BR nach § 23 Abs. 1, wenn die Amtszeit abgelaufen ist (§ 23 Rn. 21 m. w. N.),[449] oder bei der Anfechtung einer BR-Wahl, nachdem ein neuer BR gewählt worden ist.[450] **208**

Von besonderer Bedeutung ist das Rechtsschutzinteresse in Form des **Feststellungsinteresses** bei Feststellungsanträgen. Es besteht immer dann, wenn zwischen den Beteiligten Streit über das Bestehen[451] oder Nichtbestehen[452] eines gegenwärtigen[453] Rechtsverhältnisses[454] herrscht. Dies ist insbes. der Fall, wenn für eine konkrete betriebliche Angelegenheit Meinungsverschie- **209**

439 *BAG* 3.2.76 – 1 ABR 59/75, AuR 76, 119; *HBR*, Rn. 142.

440 *BAG* 20.8.91 – 1 ABR 85/90, DB 92, 275 ff., kritisch hierzu der in gleicher Sache ergangene Beschluss des *BVerfG* 29.6.93, NZA 94, 34.

441 20.4.99 – 1 ABR 72/98, DB 99, 1555 (1557 ff.); 7.6.17 – 1 ABR 32/15, NZA 17, 1410 (1412 f.); vgl. auch *LAG Sachsen-Anhalt* 1.7.15 – 4 TaBV 32/13, AuR 16, 82 f. (Ls.) = juris; hierzu z. B. *Dieterich*, FS Wißmann, S. 114 ff.; DHZ-*Deinert*, § 12 Rn. 178 ff.; *Richardi* Anm. zu AP Nr. 89 zu Art. 9 GG, alle m. w. N.

442 *BAG* 17.5.11 – 1 AZR 473/09, NZA 11, 1169 (1172 f.); *Reichold*, RdA 12, 245 (247); *Däubler*, AiB 99, 481 (483).

443 *BAG* 13.3.01 – 1 AZB 19/00, BB 01, 2119 f. m. w. N.; 17.5.11 – 1 AZR 473/09, NZA 11, 1169 f.; HWK-*Treber*, § 2a ArbGG Rn. 13.

444 *BAG* 7.6.17 – 1 ABR 32/15, NZA 17, 1410 (1413).

445 *BAG* 19.12.17 – 1 ABR 33/16, NZA 18, 678.

446 Vgl. z. B. *BAG* 29.7.82, AP Nr. 5 zu § 83 ArbGG 1979; 10.4.84, AP Nr. 3 zu § 81 ArbGG 1979; GWBG-*Greiner*, § 80 Rn. 18.

447 *BAG* 25.8.83, AP Nr. 14 zu § 59 KO.

448 *BAG* 20.4.99 – 1 ABR 13/98, DB 99, 2016, m. w. N.

449 Hierzu und mit weiteren Beispielen auch *GMP*, § 81 Rn. 26.

450 *BAG* 13.3.91 – 7 ABR 5/90, DB 91, 2495.

451 Vgl. z. B. *BAG* 14.12.99 – 1 ABR 27/98, NZA 00, 783 m. w. N.; 14.12.11 – 4 AZR 242/10, NZA 12, 1452 (1453).

452 Zu negativen Feststellungsanträgen vgl. z. B. *BAG* 31.1.89 – 1 ABR 69/87, AuR 90, 133 mit Anm. *Buschmann*; *GMP*, § 81 Rn. 9, 16 m. w. N.

453 Vgl. z. B. *BAG* 20.1.15 – 1 ABR 1/14, NZA 15, 765 (767) m. w. N.

454 § 256 Abs. 1 ZPO; hierzu auch *BAG* 18.2.03 – 1 ABR 2/02, NZA 03, 742 (743 f.); 24.4.07 – 1 ABR 27/06, DB 07, 1651 (1652); 20.5.08 – 1 ABR 19/07, NZA-RR 09, 102 (104): Jedes durch die Herrschaft einer Rechtsnorm über einen konkreten Sachverhalt entstandene rechtliche Verhältnis einer Person zu einer anderen oder zu einer Sache, nicht jedoch abstrakte Rechtsfragen, bloße Elemente eines Rechtsverhältnisses oder rechtliche Vorfragen, wie z. B. rechtliche Eigenschaften oder Fähigkeiten einer Person, es sei denn, es ist vom Gesetz, wie z. B. in § 18 Abs. 2 BetrVG, ausdrücklich vorgesehen; 18.3.15 – 7 ABR 42/12, NZA 15, 1144 (1146).

denheiten über das Bestehen und den **Umfang von Mitbestimmungsrechten** entstehen[455] oder z. B. die Geltung einer Betriebsvereinbarung umstritten ist.[456] Dabei kann sich der Antrag auch auf einzelne Beziehungen, Ansprüche und Verpflichtungen, die aus dem Rechtsverhältnis folgen, oder den Umfang einer Leistungspflicht beschränken.[457] Fraglich kann das Feststellungsinteresse insbes. dann sein, wenn die strittige Maßnahme bereits abgeschlossen oder ein Leistungsantrag möglich ist. Nach der Rspr. des *BAG* fehlt es, wenn die **abgeschlossene Maßnahme** für alle Beteiligten im Zeitpunkt des Beschlusses keine Rechtswirkungen mehr entfaltet,[458] wie z. B. bei dem Antrag auf Feststellung der Wirksamkeit einer ohne Nachwirkung beendeten BV[459] oder eines Einigungsstellenspruchs nur für die Vergangenheit,[460] oder wenn sich das Feststellungsbegehren nur auf eine »Dokumentation« i. S. einer Tatsachenfeststellung bezieht.[461] In diesem Fall werde nur eine abstrakte Rechtsfrage geklärt bzw. eine Art Rechtsgutachten[462] erstellt, das im Verhältnis der Beteiligten zueinander keine konkrete Bedeutung habe. Ebenso verhält es sich nach Auffassung des *BAG*,[463] wenn sich die Betriebsparteien trotz fortdauernder Meinungsverschiedenheiten über das Bestehen eines Mitbestimmungsrechts in der ESt. auf eine einvernehmliche Regelung dieser Angelegenheit verständigt haben oder nur die **Vorfrage eines Rechtsverhältnisses** betroffen ist wie bei dem Antrag, die Tendenzeigenschaft eines UN festzustellen.[464] Auch Beschlüsse der ESt. zu ihrer Zuständigkeit begründen als Entscheidung über eine Rechtsfrage nach Auffassung des *BAG* kein feststellungsfähiges Rechtsverhältnis. In einem solchen Fall kann der Feststellungsantrag allerdings auf Bestehen oder Nichtbestehen eines Mitbestimmungsrechts für den entsprechenden Vorgang gerichtet werden.[465] Ein alsbaldiges Feststellungsinteresse lässt sich jedenfalls nicht allein mit der **theoretischen Möglichkeit** begründen, dass künftig ein derartiger Streitfall eintreten könnte. Ist allerdings zu erwarten, dass bei künftigen Vorgängen gleicher Art die Streitfrage unter den Beteiligten wieder auftreten wird, kann das Problem auf diese zukünftigen Fälle bezogen zur Entscheidung gestellt werden. Für **diesen** Antrag ist dann das Feststellungsinteresse zu bejahen.[466] Dies bedeutet für den Antragsteller, dass er sein über den bereits abgeschlossenen Einzelfall hinausgehendes Interesse an der Entscheidung einer strittigen Rechtsfrage nur durch einen **gesonderten,** hierauf gerichteten **Feststellungsantrag** geltend machen kann.[467] Besteht also z. B. ein prinzipieller Streit zwischen BR und AG darüber, ob die Beschäftigung von bei Drittfirmen angestellten AN § 99 unterliegt, so kann diese Frage auch dann im Beschlussverfahren geklärt werden, wenn z. Z.

---

455 *BAG* 1. 7. 03 – 1 ABR 20/02, NZA 04, 620 (621); vgl. auch 17. 9. 13 – 1 ABR 24/12, DB 13, 2806 (2807); 19. 11. 19 – 1 ABR 2/18, ZTR 20, 310 (311); 19. 11. 19 – 1 ABR 2/18, NZA 20, 404 (405 Tz. 15).
456 *BAG* 20. 7. 20 – 1 ABR 4/19, NZA 20, 1548 (1549 Tz. 9).
457 *BAG* 14. 12. 10 – 1 ABR 93/09, NZA 11, 473 (474); 9. 7. 13 – 1 ABR 2/13, NZA 13, 1433 (1434); 20. 1. 15 – 1 ABR 1/14, NZA 15, 765 (767); 18. 5. 16 – 7 ABR 41/14, NZA 17, 342 (343 Tz. 13); 19. 11. 19 – 1 ABR 2/18, NZA 20, 404 (406 f. Tz. 30); 23. 3. 23 – 1 ABR 43/18, juris Tz. 46 f.
458 *BAG* 6. 5. 03 – 1 AZR 340/02, NZA 03, 1422 (1423) m. w. N.; 22. 3. 16 – 1 ABR 19/14, NZA 16, 909 (910 Tz. 14); 22. 9. 21 – 1 ABR 13/20, NZA 22, 359 (361 Tz. 20).
459 *BAG* 20. 1. 15 – 1 ABR 1/14, NZA 15, 765 (767).
460 *BAG* 19. 12. 17 – 1 ABR 33/16, NZA 18, 678 (690).
461 Vgl. z. B. *BAG* 5. 10. 00 – 1 ABR 52/99, DB 01, 2056 m. w. N.: Feststellungsantrag des BR, um ein Verfahren nach § 23 Abs. 3 vorzubereiten, ohne dass das Bestehen des Mitbestimmungsrechts streitig ist; vgl. auch *BAG* 19. 2. 03 – 1 ABR 20/01, NZA 03, 1159 (1161); 16. 11. 04 – 1 ABR 53/03, DB 05, 504 (505).
462 Vgl. auch *BAG* 10. 6. 09 – 4 ABR 21/08, NZA 09, 51 (52); 18. 3. 15 – 7 ABR 42/12, NZA 15, 1144 (1146 Tz. 23); 19. 11. 19 – 1 ABR 2/18, ZTR 20, 310 (312); 23. 3. 23 – 1 ABR 43/18, juris Tz. 36.
463 11. 6. 02 – 1 ABR 44/01, DB 02, 2727 (2728 f.).
464 *BAG* 14. 12. 10 – 1 ABR 93/09, NZA 11, 473 (474); 22. 7. 14 – 1 ABR 93/12, NZA 14, 1417 (1419); 20. 1. 15 – 1 ABR 1/14, NZA 15, 765 (767); 18. 3. 15 – 7 ABR 42/12, NZA 15, 1144 (1146 Tz. 23); 28. 3. 17 – 1 ABR 40/15.
465 23. 2. 16 – 1 ABR 18/14, NZA 16, 838 (839 Tz. 13, 15); 18. 5. 16 – 7 ABR 41/14, NZA 17, 342 (343 Tz.14).
466 Vgl. im Einzelnen z. B. *BAG* 29. 7. 82 – 6 ABR 51/79, AP Nr. 5 zu § 83 ArbGG 1979; 15. 4. 08 – 1 ABR 44/07, NZA-RR 09, 98 (99 f.); 27. 10. 11 – 7 ABR 36/09, NZA 11, 527 (528; 8. 11. 11 – 1 ABR 37/10, NZA 12, 462 (463); 22. 3. 16 – 1 ABR 19/14, NZA 909 (911 Tz. 19); 19. 11. 19 – 1 ABR 2/18, ZTR 20, 310 (311); *HBR,* Rn. 185 ff.; ErfK-*Koch,* § 81 ArbGG Rn. 8, jeweils m. w. N.
467 Vgl. z. B. *BAG* 10. 4. 84 – 1 ABR 73/82, AP Nr. 3 zu § 81 ArbGG 1979.

keiner dieser AN beschäftigt wird, eine erneute Beschäftigung aber demnächst ansteht. Voraussetzung für das Feststellungsinteresse ist allerdings immer, dass der zwischen den Parteien bestehende Streit mit der Entscheidung insgesamt bereinigt wird.[468] Das Feststellungsinteresse kann aus Gründen der Prozessökonomie auch entfallen, weil ein **Leistungsantrag** möglich ist. Dies gilt für Einzelansprüche, die den Streit abschließend erfassen. Geht es allerdings um die **grundsätzliche Klärung** eines streitigen Rechtsverhältnisses zwischen den Betriebsparteien und kann durch die begehrte Feststellung eine Auseinandersetzung in künftigen gleichgelagerten Fällen vermieden werden, ist der Feststellungsantrag zulässig.[469] Das Feststellungsinteresse fehlt auch dann, wenn dem Antragsteller ein einfacherer Weg zur Erreichung seines Ziels zur Verfügung steht als das gerichtliche Verfahren.[470] Haben AG und BR vereinbart, dass bei Streit über die Auslegung einer BV zunächst eine **innerbetriebliche Schlichtung** durchzuführen ist und erst nach deren Scheitern ein Beschlussverfahren, so ist das Beschlussverfahren unzulässig, falls diese Regelung nicht eingehalten wird.[471]

Nach Ansicht des *BAG*[472] soll der AG dem in einem Beschlussverfahren geltend gemachten **209a** Unterlassungsanspruch des BR gemäß § 23 Abs. 3 bzw. § 87 Abs. 1 den **Einwand unzulässiger Rechtsausübung** aus § 2 Abs. 1 entgegenhalten dürfen. Dies gelte zwar nur in besonders schwerwiegenden, eng begrenzten Ausnahmefällen, da das Rechtsverhältnis zwischen AG und BR durch die Wahrnehmung strukturell gegensätzlicher Interessen gekennzeichnet sei. Doch selbst wenn das Verhalten des BR im konkreten Fall obstruktiv und daher – so das *BAG* – betriebsverfassungswidrig gewesen sein mag, darf die Entscheidung keinesfalls als Aufforderung zu einseitigem Handeln des AG verstanden werden (vgl. hierzu auch § 23 Rn. 159 ff.; § 87 Rn. 392, jeweils m. w. N.).[473]

Die Regelung des § 11 ArbGG zur **Prozessvertretung** findet auch im Beschlussverfahren An- **210** wendung (§ 80 Abs. 2 ArbGG). Betriebsverfassungsrechtliche Organe können sich daher durch Vertreter der zuständigen Gewerkschaften vertreten lassen.[474] Diese Vertretungsbefugnis setzt voraus, dass wenigstens ein Mitglied des Organs Mitglied der betreffenden Gewerkschaft ist. Es reicht nicht aus, dass lediglich ein Mitglied der Belegschaft der betreffenden Gewerkschaft angehört.[475] Die Vertretungsbefugnis durch einen gewerkschaftlichen **Rechtsschutzsekretär** gilt umfassend für die 1. und 2. Instanz. Gemäß § 11 Abs. 4 ArbGG muss die Vertretung vor dem *BAG* durch Gewerkschaften, Arbeitgeberverbände oder die in § 11 Abs. 2 Satz 2 Nr. 5 ArbGG genannten juristischen Personen allerdings durch Personen mit Befähigung zum Richteramt erfolgen. Dies gilt auch für die Unterzeichnung der **Rechtsbeschwerdeschrift** und der **Rechtsbeschwerdebegründung** (§ 94 Abs. 1 ArbGG). Auch wenn für den BR die Möglichkeit besteht, sich durch einen Rechtsschutzsekretär vertreten zu lassen, behält er das Recht, einen Rechtsanwalt einzuschalten (vgl. im Einzelnen § 40 Rn. 34, 36). Für **Verfahrenseinleitung** und Beauftragung des Prozessvertreters ist ein **wirksamer BR-Beschluss bzw. eine nachträgliche Genehmigung** erforderlich, die bis zu einer fehlerfreien Prozessentscheidung möglich ist., Anderenfalls sind für den BR gestellte Anträge unzulässig.[476] Ein ordnungsgemäßes Protokoll über eine BR-Sitzung begründet zwar keine gesetzliche Vermutung bezüglich einer wirksamen Beschlussfassung des BR; ihm kommt aber ein hoher Beweiswert zu, den der AG nur durch geeigneten Vortrag erschüttern kann.[477] Die **Änderung des § 30** durch das zum 18. 6. 21 in

468 *BAG* 22. 9. 21 – 1 ABR 13/20, NZA 22, 359 (360 Tz. 17, 21).

469 *BAG* 27. 10. 98 – 1 ABR 3/98, NZA 99, 381 (384); 9. 12. 03 – 1 ABR 44/02, NZA 04, 746 (748); 18. 3. 15 – 7 ABR 42/12, NZA 15, 1144 (1146 Tz. 26); 15. 4. 20 – 10 AZR 507/18, NZA 20, 1650, Rn. 40.

470 *BAG* 27. 1. 04 – 1 ABR 5/03, NZA 04, 941 (943): Verhinderung von Feiertagsarbeit durch Verweigerung der Zustimmung durch BR.

471 *BAG* 11. 2. 14 – 1 ABR 76/12, NZA 15, 26 (27).

472 *BAG* 12. 3. 19 – 1 ABR 42/17, NZA 19, 843.

473 Vgl. *Fischer*, jurisPR-ArbR 30/2019 Anm. 1.

474 Zur zulässigen Vertretung durch Rechtssekretäre, die bei der **DGB-Rechtsschutz GmbH** beschäftigt sind vgl. § 11 Abs. 2 Satz 2 Nr. 5 ArbGG und ArbGG-*Wolmerath*, § 11 Rn. 21 f.

475 *BAG* 3. 12. 54 – 1 AZR 381/54, AP Nr. 7 zu § 11 ArbGG 1953; *GMP*, § 11 Rn. 96; *HBR*, Rn. 57; GWBG-*Waas*, § 11 Rn. 18.

476 Vgl. z. B. *BAG* 18. 2. 03 – 1 ABR 17/02, DB 03, 2290 (2291) m. w. N.; 29. 4. 04 – 1 ABR 30/02, NZA 04, 670 (674); 4. 11. 15 – 7 ABR 61/13, NZA 16, 256 (259 Tz. 24 f.).

477 *BAG* 22. 11. 17 – 7 ABR 46/16, NZA 18, 732 (735).

Kraft getretene Betriebsrätemodernisierungsgesetz sieht die Möglichkeit vor, BR-Beschlüsse im Wege der **Video- oder Telefonkonferenz** zu fassen, wenn es eine entsprechende Geschäftsordnung gibt (vgl. im Einzelnen § 30 Rn. 17 ff.).

211 Das ArbG hat das Verfahren ggf. durch **Beschluss** (§ 84 ArbGG) zu entscheiden. Wird hiergegen kein Rechtsmittel eingelegt bzw. ist kein Rechtsmittel mehr möglich, erwächst der Beschluss in **formelle Rechtskraft,** er kann von keinem Beteiligten mehr angefochten werden. Den Entscheidungen im Beschlussverfahren kommt auch **materielle Rechtskraft** zu, d. h., eine rechtskräftige Entscheidung hat zur Folge, dass der gleiche Verfahrensgegenstand bei unverändertem Sachverhalt und Identität der Beteiligten nicht erneut zur gerichtlichen Entscheidung gestellt werden kann. Ein entsprechender Antrag ist unzulässig.[478] Die Grenzen der Rechtskraft werden dabei durch den Streitgegenstand des früheren Verfahrens festgelegt, somit nach Antrag und Lebenssachverhalt.[479] Weiter ist zu berücksichtigen, ob es sich um eine z. B. abweisende Entscheidung handelt, die die Begründetheit verneint oder die Zulässigkeit ablehnt. Dies ist bei einer Antragsabweisung danach zu entscheiden, was tragender Abweisungsgrund ist. Wird lediglich die Zulässigkeit verneint, erwächst die Entscheidung nicht in materielle Rechtskraft.[480] Die Erhebung einer Verfassungsbeschwerde an sich hemmt die Rechtskraft nicht.[481] Bei Entscheidungen mit Dauerwirkung kommt allerdings eine Beendigung der Rechtskraft in Betracht, wenn sich die maßgeblichen rechtlichen oder tatsächlichen Verhältnisse wesentlich ändern.[482]

212 Die Rechtskraft einer Entscheidung im Beschlussverfahren kann auch **präjudizielle Wirkungen für nicht am Verfahren Beteiligte**[483] haben. Dies ist insbes. bei gestaltenden Beschlüssen, wie beispielsweise der Entscheidung über die Anfechtung einer BR-Wahl, der Fall. Die Entscheidung kann allerdings auch bei anderen Streitigkeiten gegenüber Dritten wirken. So bindet die rechtskräftige Feststellung zwischen AG und BR, dass eine bestimmte Maßnahme keine Betriebsänderung darstellt, auch den einzelnen AN, der nach § 113 Abs. 3 wegen dieser Maßnahme einen Nachteilsausgleich einklagt.[484] Ebenso verhält es sich bei einer zwischen BR und AG ergangenen rechtskräftigen Entscheidung über den Inhalt einer BV im Hinblick auf Individualansprüche der AN aus der BV[485] und bei rechtskräftiger Ablehnung eines Mitbestimmungsrechts im Verfahren zwischen BR und AG hinsichtlich einer AN-Forderung, die auf die Unwirksamkeit der AG-Maßnahme wegen Verletzung dieses Mitbestimmungsrechts gestützt wird.[486] Der nachfolgende Rechtsstreit muss allerdings nach Auffassung des *BAG*[487] als **inhaltliche Fortsetzung** des abgeschlossenen **ersten Verfahrens** erscheinen. So ist z. B. eine rechtskräftige Entscheidung gem. § 18 Abs. 2, ob ein Gemeinschaftsbetrieb vorliegt, für das Verhältnis von AG und AN nur dann maßgeblich, wenn dieses durch betriebsverfassungsrechtliche Normen bestimmt wird. Dies ist in einem nachfolgenden Kündigungsschutzverfahren,

---

478 Vgl. z. B. *BAG* 20.3.96 – 7 ABR 41/95, NZA 96, 1058; 19.1.10 – 1 ABR 55/08, NZA 10, 659 (660); 13.3.13 – 7 ABR 69/11, NZA 13, 789; 8.12.15 – 1 ABR 83/13, NZA 16, 504 (505 Tz. 15); 28.3.17 – 1 ABR 25/15, NZA 17, 1132; *GMP*, § 84 Rn. 22 ff.

479 *BAG* 8.12.15 – 1 ABR 83/13, NZA 16, 504 (506 Tz. 16) 28.3.17 – 1 ABR 25/15, NZA 17, 1132; 28.7.20 – 1 ABR 45/18, NZA 20, 1491 (1494 Tz. 30 f.).

480 *BAG* 15.6.16 – 4 AZR 485/14, NZA 17, 593 (596 Tz. 39 ff.).

481 *BAG* 16.4.14 – 10 AZB 6/14, NZA 15, 183 (184).

482 *BAG* 6.6.00 – 1 ABR 21/99, NZA 01, 156 (158) m. w. N.; *GMP*, § 84 Rn. 26.

483 Vgl. auch *BAG* 13.3.13 – 7 ABR 69/11, NZA 13, 789 (790) und *Treber*, NZA 16, 744 ff.

484 Vgl. *BAG* 10.11.87, AP Nr. 15 zu § 113 BetrVG 1972; vgl. auch 9.4.91 – 1 AZR 488/90, BB 91, 2087 f.; ErfK-*Koch*, § 84 Rn. 2; *GMP*, § 84 Rn. 29; enger *v. Hoyningen-Huene*, RdA 92, 355 (364); *HBR*, Rn. 227.

485 *BAG* 17.2.92 – 10 AZR 448/91, DB 92, 1833 ff.; 28.8.96 – 10 AZR 886/95, BB 96, 2624 (2626) auch zur **Aussetzung** von Individualklagen analog § 148 ZPO bis zur Anpassung eines Sozialplans nach Wegfall der Geschäftsgrundlage; 17.8.99 – 3 ABR 55/98, DB 00, 774 (775); 25.2.20 – 1 ABR 38/18, NZA 20, 1128 (1129 Tz. 16 f.); *GMP*, a. a. O.; a. A. GWBG-*Greiner*, § 84 Rn. 9: Präjudizielle Wirkung nur bei Gestaltungsbeschlüssen und feststellenden Statusentscheidungen; vgl. auch *Dütz* in FS Gnade, S. 487 ff. und § 77 Rn. 171.

486 *BAG* 10.3.98 – 1 AZR 658/97, NZA 98, 1242 (1244); 23.2.16 – 1 ABR 73/14, NZA 16, 906 (908 Tz. 22 f.).

487 18.10.06 – 2 AZR 434/05, NZA 07, 552 (556).

bei dem es ebenfalls um den Betriebsbegriff geht, nicht der Fall, da es hier um eine vor allem individualrechtlich geprägte Vorfrage geht.[488]

Das Gericht entscheidet auf Grund mündlicher Verhandlung. Bei Einverständnis der Beteiligten kann allerdings der Beschluss auch im **schriftlichen Verfahren** ergehen. Ein Versäumnisverfahren findet nicht statt.[489] Das Gericht kann den Beteiligten eine Mediation oder ein anderes Verfahren außergerichtlicher Konfliktbeilegung vorschlagen (§ 54a Abs. 1 ArbGG). Zudem kann der Vorsitzende die Parteien für die Güteverhandlung sowie deren Fortsetzung vor einen hierfür bestimmten und nicht entscheidungsbefugten sog. Güterichter[490] verweisen, der alle Methoden der Konfliktbeilegung einschließlich der Mediation einsetzen kann (§ 54 Abs. 6 ArbGG).[491] 213

Das Beschlussverfahren kann auch durch **Vergleich** der Beteiligten beendet werden (§ 83a Abs. 1 ArbGG). Voraussetzung ist allerdings, dass sie über den Gegenstand des Vergleichs verfügen können. Dies ist eine Frage des materiellen Rechts. Ein Vergleich kommt daher insbes. bei vermögensrechtlichen Streitigkeiten, z. B. wegen der Erstattung von BR Kosten, in Betracht. Bei Streitigkeiten über organisatorische Vorschriften des BetrVG (wie z. B. den Betriebsbegriff), die regelmäßig zwingend sind, scheidet ein Vergleich demgegenüber i. d. R. aus. 214

Daneben kann das Verfahren durch **Rücknahme** des Antrags (§ 81 Abs. 2 ArbGG) und gemeinsame **Erledigungserklärung** (§ 83a Abs. 2 ArbGG; nach Abs. 3 gilt die Zustimmung zur Erledigung als erteilt, wenn sich der Beteiligte nicht innerhalb der vom Vorsitzenden bestimmten Frist von mindestens zwei Wochen äußert) beendet werden. Die einseitige Rücknahme durch den Antragsteller kommt nur in der 1. Instanz in Betracht.[492] In der Rechtsmittelinstanz setzt eine wirksame Erledigungserklärung die Zulässigkeit des Rechtsmittels voraus.[493] Beim LAG und BAG setzt die wirksame Antragsrücknahme die **Zustimmung der anderen Beteiligten** voraus (§§ 87 Abs. 2, 92 Abs. 2 ArbGG).[494] Die Zustimmung der anderen Beteiligten ist erforderlich, da die Rücknahme zur Folge hat, dass das Verfahren als nicht anhängig geworden anzusehen ist und es demzufolge jederzeit wieder eingeleitet werden kann. Erklärt lediglich der Antragsteller das Verfahren **einseitig für erledigt,** ist es entsprechend § 83a Abs. 2 ArbGG einzustellen, wenn nach Rechtshängigkeit Umstände eingetreten sind, die ihn hindern, seinen Antrag mit Aussicht auf Erfolg, weil jetzt unzulässig oder unbegründet, weiterzuverfolgen.[495] Es kommt dabei nicht darauf an, ob der Antrag von Anfang an zulässig und begründet war.[496] 215

Eine Änderung des Antrags und damit des Streitgegenstands ist vor dem **ArbG** und dem **LAG** zulässig, wenn die übrigen Beteiligten zustimmen oder das Gericht die Änderung für sachdienlich hält (§§ 81 Abs. 3, 87 Abs. 2 ArbGG a. E.).[497] Im **Rechtsbeschwerdeverfahren** ist grundsätzlich keine Antragsänderung möglich.[498] § 92 Abs. 2 ArbGG verweist nicht auf § 81 Abs. 3 ArbGG. Die Rspr. macht allerdings aus prozessökonomischen Gründen eine Ausnahme und lässt die Antragsänderung zu, wenn der geänderte Sachantrag sich auf den vom Beschwerdegericht festgestellten oder von den Beteiligten übereinstimmend vorgetragenen Sachverhalt 216

488 *BAG,* 18. 10. 06, a. a. O.

489 Vgl. z. B. *GMP,* § 80 Rn. 34 und § 83 Rn. 112.

490 Hierzu mit Praxisbericht *Francken,* NZA 15, 641 ff.

491 Vgl. auch §§ 64 Abs. 7; 80 Abs. 2 Satz 1, 87 Abs. 2 Satz 1 ArbGG und zum Mediationsgesetz GWBG-*Benecke,* § 54a Rn. 2 ff.; *Francken,* NZA 12, 836 ff.; *Schubert,* FS Kempen 401 ff.; *Stiel/Stoppkotte,* AuR 12, 385 ff.; hierzu und allgemein zu Fragen der Konfliktlösung und -vermeidung *Lukas/Dahl,* S. 31 ff. und 1 ff.

492 Hierzu *Klocke,* NZA-RR 16, 561 ff.

493 *BAG* 29. 7. 20 – 7 ABR 27/19, NZA-RR 20, 641.

494 Gemeint sind alle Beteiligten: *GMP,* § 87 Rn. 25 m. w. N.; vgl. auch *BAG* 23. 6. 93 – 2 ABR 58/92, NZA 93, 1052 f.

495 *BAG* 15. 2. 12 – 7 ABN 74/11, DB 12, 812 (Ls.).

496 Vgl. *BAG* 19. 6. 01 – 1 ABR 48/00, DB 01, 2659 f.; 8. 12. 10 – 7 ABR 69/09, NZA 11, 362 (363); HP-*Helms,* § 83a Rn. 9.

497 Vgl. hierzu z. B. *BAG* 2. 4. 87, AP Nr. 3 zu § 87 ArbGG 1979; *LAG Frankfurt* 12. 11. 91 – 4 TaBV 148/91, NZA 92, 853 f. m. w. N.; GWBG-*Greiner,* § 87 Rn. 25.

498 Vgl. z. B. *BAG* 10. 4. 84, AP Nr. 3 zu § 81 ArbGG 1979; *GMP,* § 94 Rn. 18.

stützt, sich das rechtliche Prüfprogramm nicht wesentlich ändert und Verfahrensrechte der anderen Beteiligten nicht eingeschränkt werden.[499]

217 Gegen den Beschluss des ArbG findet die **Beschwerde** an das LAG statt (§ 87 Abs. 1 ArbGG). Es kommt weder auf die Höhe der Beschwer noch auf eine Zulassung der Beschwerde durch das ArbG an. Gegen die Beschlüsse des LAG kann **Rechtsbeschwerde** eingelegt werden, wenn diese in dem Beschluss zugelassen worden ist (§ 92 Abs. 1 ArbGG).[500] Dabei folgt die Rechtsmittelbefugnis immer der Beteiligungsbefugnis. Ist also z. B. das Amt eines BR erloschen, der am Verfahren beteiligt war, und kein neuer BR gewählt, endet die Beteiligtenfähigkeit und Beschwerde bzw. Rechtsbeschwerde werden unzulässig.[501] In entsprechender Anwendung von § 72 Abs. 2 ArbGG ist die Rechtsbeschwerde zuzulassen, wenn entweder eine entscheidungserhebliche Rechtsfrage **grundsätzliche Bedeutung** hat oder der Beschluss von einer Entscheidung der dort in Nr. 2 genannten Gerichte abweicht und auf dieser Abweichung beruht oder Verfahrensfehler nach § 547 ZPO und Art. 103 GG (rechtliches Gehör) geltend gemacht werden und vorliegen.[502] Die **Nichtzulassung** der Rechtsbeschwerde durch das LAG kann selbstständig durch Beschwerde gemäß § 92a ArbGG angefochten werden. Dabei ist § 72a Abs. 2–7 ArbGG entsprechend anzuwenden. Eine Nichtzulassungsbeschwerde wegen **Divergenz** setzt voraus, dass alle tragenden Begründungen des LAG entsprechend begründet angegriffen werden. Dabei kommt eine Divergenz auch in Betracht, wenn das LAG in seinem Urteil zwar nicht ausdrücklich einen **abstrakten Rechtssatz** aufgestellt hat, sich aber aus scheinbar nur fallbezogenen Ausführungen zwingend ergibt, dass es von einem solchen Rechtssatz ausgegangen ist.[503] Eine **Nichtzulassungsbeschwerde,** die auf die **grundsätzliche Bedeutung** einer entscheidungserheblichen **Rechtsfrage** gestützt wird, setzt voraus, dass die Entscheidung des Rechtsstreits von einer klärungsfähigen und klärungsbedürftigen Rechtsfrage abhängt und die Klärung entweder von allgemeiner **Bedeutung für die Rechtsordnung** ist oder wegen ihrer **tatsächlichen Auswirkungen** die Interessen zumindest eines **größeren Teils der Allgemeinheit** berührt.[504] Klärungsfähig ist die Rechtsfrage, wenn der Beschluss hierauf beruht,[505] klärungsbedürftig ist sie, wenn sie entweder höchstrichterlich noch nicht entschieden worden ist oder aber gegen eine solche Entscheidung gewichtige Gesichtspunkte vorgebracht werden.[506]

218 Aus rechtskräftigen Beschlüssen der ArbG bzw. gerichtlichen Vergleichen, durch die einem Beteiligten eine Verpflichtung auferlegt wird, kann **zwangsvollstreckt** werden (§ 85 Abs. 1 ArbGG). Hierfür gelten prinzipiell die §§ 704 ff. ZPO. § 23 Abs. 3 enthält zwar eine spezielle Regelung, schließt aber die allgemeinen Zwangsvollstreckungsmaßnahmen nicht aus (vgl. § 23 Rn. 189 ff.). Allerdings kann im Hinblick auf § 85 Abs. 1 Satz 3 ArbGG keine Ordnungshaft für den Fall angedroht und verhängt werden, dass das Ordnungsgeld zur Durchsetzung einer Unterlassungsverpflichtung nach § 23 Abs. 3 oder dem allgemeinen Unterlassungsanspruch nicht beigetrieben werden kann.[507] Aus Beschlüssen in **vermögensrechtlichen Streitigkeiten** kann bereits vollstreckt werden, wenn diese noch nicht rechtskräftig sind.[508] Eine vermögensrechtliche Streitigkeit liegt immer dann vor, wenn der Kläger/Antragsteller in erheblichem Umfang

---

499 *BAG* 5. 11. 85, AP Nr. 2 zu § 98 BetrVG 1972; 24. 4. 07 – 1 AZR 252/06, NZA 07, 987 (991 f.); 18. 5. 16 – 7 ABR 81/13, NZA-RR 16, 582 (584 Tz. 24); 25. 1. 23 – 4 ABR 4/22, juris Tz. 36.

500 Zu den Anforderungen an eine Rechtsbeschwerdebegründung vgl. etwa *BAG* 20. 3. 18 – 1 ABR 50/16, juris.

501 *BAG* 30. 6. 21 – 7 ABR 24/20, NZA 21, 1561 (1562 f. Tz. 16 f.).

502 Vgl. *BAG* 5. 2. 13 – 7 AZR 947/12(F), NZA 13, 1376; 25. 9. 13 – 5 AZR 617/13(F), DB 13, 2686.

503 *BAG* 6. 12. 06 – 4 AZN 529/06, NZA 07, 349 (350) m. w. N.

504 Vgl. z. B. *BAG* 14. 4. 05 – 1 AZN 840/04, NZA 05, 708 (710); 5. 11. 08 – 5 AZN 842/08, NZA 09, 55 (56); 5. 10. 10 – 5 AZN 666/10, NZA 10, 1372; *Bepler,* RdA 05, 65 (70 f.); SW-*Busemann,* § 92a Rn. 11 f.

505 Vgl. auch *BAG* 13. 6. 06 – 9 AZN 226/06, NZA 06, 1004 (1005).

506 Vgl. z. B. *BAG* 15. 2. 05 – 9 AZN 982/04, NZA 05, 542 (543 f.) m. w. N.; 14. 4. 05 – 1 AZN 840/04, NZA 05, 708 (710); ArbGG-*Düwell,* § 92a Rn. 6; § 72a Rn. 51 ff.; *GMP,* § 92a Rn. 4; § 72a Rn. 12 ff.; zur Nichtzulassungsbeschwerde wegen Verletzung des Anspruchs auf rechtliches Gehör vgl. *BAG* 22. 3. 05 – 1 ABN 1/05, a. a. O.; 5. 11. 08 – 5 AZN 842/08, NZA 09, 55; 18. 11. 08 – 9 AZN 836/08, NZA 09, 223 f.; SW-*Ulrich,* § 72a Rn. 38d; ArbGG-*Düwell,* § 72a Rn. 66 ff.; § 72 Rn. 46 ff.; *Zwanziger,* NJW 08, 3388 f.

507 *BAG* 5. 10. 10 – 1 ABR 71/09, NZA 11, 174.

508 Vgl. im Einzelnen *Rudolf,* NZA 88, 420 ff.

wirtschaftliche Zwecke verfolgt,[509] wenn die Streitigkeit auf **Geld oder Geldwert** geht oder der Streitgegenstand auf einem vermögensrechtlichen Rechtsverhältnis beruht, das auf Gewinn in Geld oder geldwerten Gegenständen gerichtet ist.[510] Danach sind vor allem Streitigkeiten über Sachmittel und solche, die die Ansprüche auf Erstattung der Kosten aus BR-Tätigkeit und der Wahlkosten gegenüber dem AG betreffen, vermögensrechtliche Streitigkeiten. Diese sind allerdings keineswegs auf Ansprüche auf Kostenersatz beschränkt. Auch die Wahrnehmung und Beachtung von Beteiligungsrechten des BR betrifft i. d. R. **entgegen der h. M.** vermögenswerte Interessen der AN und/oder des AG sowie deren wirtschaftliche Zwecke und lässt sich daher ggf. als vermögensrechtliche Streitigkeit bewerten.[511] Ein gegen den BR als Gremium titulierter Anspruch einzelner BR-Mitglieder auf Vornahme einer unvertretbaren Handlung kann nicht in entsprechender Anwendung von § 731 ZPO gegenüber anderen BR-Mitgliedern vollsteckt werden, wenn gegen diese kein Titel vorliegt.[512] Bei späterer Aufhebung des angefochtenen Beschlusses **haftet der Vollstreckungsgläubiger** in betriebsverfassungsrechtlichen Streitigkeiten **nicht** nach § 717 Abs. 2 ZPO. Da für die Vollstreckung von einstweiligen Verfügungen die Anwendbarkeit der entsprechenden Vorschrift des § 945 ZPO ausdrücklich ausgeschlossen wird (§ 85 Abs. 2 ArbGG), kann für § 717 Abs. 2 ZPO nichts Anderes gelten. Der maßgebliche Grund, die Vermögenslosigkeit von betriebsverfassungsrechtlichen Organen, gilt auch hier.[513]

Besondere Grundsätze gelten für ein Beschlussverfahren, mit dem Streitigkeiten über die **Besetzung der ESt.** entschieden werden (§ 100 ArbGG; § 76 Abs. 2 Satz 2 und 3).[514] Bei Streit über das Bestehen von Mitbestimmungsrechten leiten BR dieses Verfahren häufig ein, da sich hierin eine relativ schnelle Entscheidung erzielen lässt. Die **Einlassungs-** und **Ladungsfristen** sind auf 48 Stunden verkürzt. Gegen den Beschluss des Vorsitzenden, der den Beteiligten innerhalb von zwei Wochen nach Eingang des Antrags zugestellt werden soll, spätestens innerhalb von vier Wochen zugestellt werden muss, findet lediglich die Beschwerde an das LAG statt (§ 100 Abs. 2 ArbGG). Diese ist innerhalb einer Frist von zwei Wochen einzulegen und zu begründen (§ 100 Abs. 2 ArbGG). Zudem können die Anträge nur zurückgewiesen werden, wenn die ESt. **offensichtlich unzuständig** ist, wenn also auf den ersten Blick erkennbar ist, dass ein Mitbestimmungsrecht des BR in der fraglichen Angelegenheit **unter keinem denkbaren rechtlichen Gesichtspunkt** in Frage kommt (vgl. § 76 Rn. 61 ff.)[515] oder die Verhandlungen der Betriebsparteien noch nicht gescheitert sind. Der antragstellende Beteiligte muss zumindest den Versuch unternommen haben, mit der anderen Seite in Verhandlungen zum Thema zu kommen.[516] Die genannten Regelungen führen dazu, dass die Bildung der ESt. jedenfalls schneller zu erreichen ist als ein die Mitbestimmungsrechte anerkennender Beschluss der ArbG. Da in der ESt. oft einverständliche Regelungen zwischen AG und BR auf Grund der Eigendynamik des Verfahrens und der Moderation des/der Vorsitzenden zustande kommen, empfiehlt sich diese Vorgehensweise für den BR häufig eher als die Einleitung eines normalen Beschlussverfahrens. Auch ein Spruch der ESt. ist vom AG bis zu einer rechtskräftigen gerichtlichen Feststellung der Unwirksamkeit oder einer gegenteiligen Vereinbarung mit dem BR durchzuführen.[517] Überlässt der Spruch der ESt. die Regelung der Angelegenheit dem AG, ist die ESt. ihrem Regelungsauf- 219

509 *BAG* 24. 2. 82, 28. 9. 89, AP Nrn. 3, 14 zu § 64 ArbGG 1979.

510 Vgl. *BAG* 24. 3. 80, AP Nr. 1 zu § 64 ArbGG 1979; 22. 5. 84, AP Nr. 7 zu § 12 ArbGG 1979; *GMP,* § 85 Rn. 5; *Rudolf,* NZA 88, 420 (421), jeweils m. w. N.

511 Vgl. *Rudolf,* NZA 88, 420; *HBR,* Rn. 175; **sehr eng die h. M.:** ErfK-*Koch,* § 85 ArbGG Rn. 1; *GMP,* § 85 Rn. 6 m. w. N.; HP-*Helms,* § 85 Rn. 7 f.; *HWK-Treber,* § 85 ArbGG Rn. 2; vgl. auch *LAG Hamburg,* NZA 93, 42 (43).

512 *BAG* 23. 10. 19 – 7 ABR 7/18, ZTR 20, 313.

513 Vgl. ArbGG-*Reinfelder,* § 85 Rn. 17; GWBG-*Greiner,* § 85 Rn. 1, jeweils m. w. N.; HP-*Helms,* § 85 Rn. 11.

514 Es ist umstritten, ob in diesem Verfahren ein Widerantrag zulässig ist (dafür *LAG Berlin-Brandenburg* 28. 7. 11 – 26 TaBV 1298/11, juris Tz. 35; dagegen *LAG München* 25. 3. 21 – 3 TaBV 3/21, juris Tz. 79 = jurisPR-ArbR 13/22 Nr. 8 mit Anm. v. *Bleck-Vogdt*; GMP, § 100 Rn. 16c.

515 *GMP,* § 100 Rn. 7, 9 ff. m. w. N.; zum **Streitwert** vgl. *Bader/Jörchel,* NZA 13, 809 (811) und auch *LAG Berlin-Brandenburg* 17. 11. 22 – 26 Ta (Kost) 6090/22, NZA 23, 383 f.

516 Vgl. z. B. *ArbG Stuttgart* 1. 12. 22 – 25 BV 187/22, NZA-RR 23, 89 (90 Tz. 16 f.).

517 *BAG* 18. 11. 14 – 1 ABR 21/13, NZA 15, 694 f.

trag nicht gerecht geworden und der Spruch unwirksam.[518] Eine **einstweilige Verfügung** ist im Bestellungsverfahren schon wegen § 100 Abs. 1 Satz 3 ArbGG, der nicht auf § 85 Abs. 2 ArbGG verweist, ausgeschlossen (vgl. § 76 Rn. 166 m. w. N.).[519]

4. Einstweilige Verfügung

220 § 85 Abs. 2 ArbGG erklärt **den Erlass einstweiliger Verfügungen** auch im Beschlussverfahren für zulässig. Zuständig für die Entscheidung ist gemäß §§ 937, 943 ZPO das **Gericht der Hauptsache.** Die Entscheidung kann gemäß § 937 Abs. 2 ZPO in dringenden Fällen **ohne mündliche Anhörung** der Beteiligten ergehen.[520] Auch dann entscheidet die voll besetzte Kammer, § 85 Abs. 2 Satz 2 ArbGG. Aus dieser Regelung ergibt sich, dass § 944 ZPO, wonach in dringenden Fällen der Vorsitzende allein entscheidet, keine Anwendung findet.[521] Gemäß § 85 Abs. 2 ArbGG gilt eine in das Schutzschriftenregister nach § 945a Abs. 1 ZPO eingestellte **Schutzschrift** auch als bei allen ArbG der Länder eingereicht.[522]

221 Hat das Gericht über die einstweilige Verfügung nach mündlicher Anhörung entschieden, ist für die Beteiligten das Rechtsmittel der **Beschwerde** nach § 87 ArbGG gegeben. Hat das Gericht die einstweilige Verfügung ohne mündliche Anhörung erlassen, kann der Antragsgegner dagegen **Widerspruch** einlegen (§ 924 ZPO). Hierüber entscheidet das ArbG nach mündlicher Anhörung der Beteiligten.

222 Eine Rechtsbeschwerde zum *BAG* ist nicht zulässig. Bei späterer Aufhebung der einstweiligen Verfügung ist **kein Schadensersatzanspruch** nach § 945 ZPO gegeben (§ 85 Abs. 2 ArbGG).

223 Der Erlass einer einstweiligen Verfügung setzt voraus, dass ein **Verfügungsanspruch** und ein **Verfügungsgrund** bestehen.[523] Als Verfügungsanspruch kommt jeder betriebsverfassungsrechtliche Anspruch in Betracht, gleich, ob er auf Gesetz, BV oder TV beruht. Aus der Sicht des BR sind dies vor allem seine Ansprüche auf Information, Beratung und Mitbestimmung (zum Unterlassungsanspruch und einstweiliger Verfügung des **EBR** vgl. z. B. Anhang B Vorbem. Rn. 23 ff.; § 5 Rn. 10; § 30 Rn. 6). Dabei wird die Sicherung des Mitbestimmungsrechts häufig davon abhängig gemacht, ob ein **Unterlassungsanspruch** allgemein (§ 87 Rn. 392 m. w. N.)[524] oder nach § 23 Abs. 3 (vgl. § 23 Rn. 114 ff.) besteht. Die sich aus § 23 Abs. 3 ergebenden Verpflichtungen können dem AG danach auch im Wege der einstweiligen Verfügung auferlegt werden (§ 23 Rn. 186 ff. m. w. N.).

224 Nach richtiger Auffassung kommt es allein darauf an, ob der BR ein **Beteiligungsrecht** hat. Dieses Beteiligungsrecht kann durch eine einstweilige Verfügung gesichert werden (vgl. dazu z. B. § 23 Rn. 202 ff.; 90 Rn. 38 m. w. N.; §§ 112, 112a Rn. 52 ff.).[525]

225 Ein **Verfügungsgrund** liegt vor, wenn objektiv die Gefahr besteht, dass durch die Fortdauer oder eine Veränderung des bestehenden Zustands die Verwirklichung des Anspruchs vereitelt oder wesentlich erschwert werden könnte (§ 935 ZPO) oder bei einem streitigen Rechts-

---

518 *LAG Schleswig-Holstein* 16. 1. 18 – 1 TaBV 14/17, ArbR 18, 213 mit Hinweis *Kern*.

519 ErfK-*Koch*, § 100 ArbGG Rn. 4; *HBR*, Rn. 366 f.; Natter/Gross-*Roos*, § 85 Rn. 61; *Henssler*, FS *Hanau*, S. 413 (427).

520 Vgl. z. B. *ArbG Offenbach* 1. 8. 13 – 2 BVGa 12/13, AiB 14, 72 f. mit Anm. v. *Zabel*; ErfK-*Koch*, § 85 Rn. 6; *GMP*, § 85 Rn. 46.

521 So auch *BAG* 28. 8. 91 – 7 ABR 72/90, DB 92, 380 (381); *ArbG Köln* 27. 10. 93 – 2 BVGa 24/93, BB 93, 2311, Ls.; ArbGG-*Reinfelder*, § 85 Rn. 33; Natter/Gross-*Roos*, § 85 Rn. 67; *Worzalla*, S. 67; **a. A.** GWBG-*Greiner*, § 85 Rn. 18 (Alleinentscheidung des Vorsitzenden, wenn die Heranziehung der ehrenamtlichen Richter zu einer unvertretbaren Verzögerung führen würde, insbes. einer zwischenzeitlichen Rechtsvereitelung); ähnlich ErfK-*Koch*, § 85 Rn. 6; HP-*Helml*, § 85 Rn. 24; zum **Streitwert** vgl. I. Nr. 7 Streitwertkatalog für die Arbeitsgerichtsbarkeit, NZA 18, 498 (501).

522 Vgl. ausführlich *GMP*, § 62 Rn. 100a ff.

523 Vgl. auch Natter/Gross-*Roos*, § 85 Rn. 41 ff. mit einer Reihe von Beispielen.

524 Zum allgemeinen Unterlassungsanspruch *BAG* 3. 5. 94 – 1 ABR 24/93, DB 94, 2450 ff.

525 So vor allem ErfK-*Koch*, § 85 ArbGG Rn. 4; *Fitting*, Anhang 3 Rn. 68 und § 111 Rn. 160 ff.; *GMP*, § 85 Rn. 34; HWK-*Treber*, § 85 ArbGG Rn. 9 f.; **a. A.** vor allem *Heinze*, RdA 86, 273 (285, 289 ff.), beide m. w. N.

verhältnis z. B. zur Abwendung wesentlicher Nachteile eine Regelung nötig erscheint (§ 940 ZPO).[526]

Einstweilige Verfügungen haben stark an Bedeutung gewonnen. Oft kann nur durch ihren Erlass verhindert werden, dass **Rechte des BR leerlaufen.** Ordnet z. B. der AG einseitig für den nächsten Tag Überstunden an, besteht nur dann die Chance, die Mitbestimmungsrechte wahrzunehmen, wenn ihm das ArbG diese Maßnahme mit einer einstweiligen Verfügung untersagt.[527] Hinzu kommt, dass die Ausübung der Beteiligungsrechte des BR oft langfristige Wirkung hat. Insbes. gilt dies beim Einsatz **neuer Technologien.** So kann der BR seine Beratungs- und Mitbestimmungsrechte z. B. nur dann wirklich wahrnehmen, wenn er rechtzeitig alle erforderlichen Informationen erhält. Sind die entsprechenden Entscheidungen auf AG-Seite bereits gefallen, wird es je nach Zeitablauf zunehmend unrealistischer, tatsächlich, wie vom Gesetz z. B. in § 90 Abs. 2 vorausgesetzt, die Planung des AG noch zu beeinflussen. Ebenso verhält es sich bei einer Verletzung der Mitbestimmungsrechte. Sind technische Einrichtungen bereits im Betrieb installiert, wird man schon im Hinblick auf die investierten Beträge nicht davon ausgehen können, dass der BR noch eine Chance hat, seine Mitbestimmungsrechte unvoreingenommen im Interesse von Betrieb und Belegschaft auszuüben. Auch hier hat die Verletzung des Mitbestimmungsrechts häufig Langzeitwirkungen. Dies gilt um so mehr, als nach Auffassung des *BAG* der **Beseitigungsanspruch** des BR auf Beendigung eines mitbestimmungswidrigen Zustands zu Unrecht[528] **nicht die Rückgängigmachung daraus entstandener Folgen,** in diesem Fall die Verpflichtung zur Löschung mitbestimmungswidrig erhobener Daten bei einem Dritten, erfassen soll.[529] Berücksichtigt man weiter, dass nach wohl h. M. (vgl. auch Rn. 218) oft eine **vorläufige Vollstreckbarkeit** nicht in Betracht kommt, da es sich um keine vermögensrechtliche Streitigkeit handelt, wird deutlich, dass ohne einstweilige Verfügung die BR einen mitbestimmungswidrigen Zustand über sehr lange Zeit, nämlich bis zur rechtskräftigen Entscheidung im Beschlussverfahren, dulden müssten. Demgegenüber können Gesichtspunkte wie der, dass bei Aufhebung der einstweiligen Verfügung **kein Schadensersatzanspruch** besteht und für die Vergangenheit irreversible Zustände geschaffen werden,[530] kein entscheidendes Gewicht beanspruchen. Auch wenn eine einstweilige Verfügung nicht ergeht, ist der Zustand für die Vergangenheit, allerdings zu Lasten des BR und ohne Würdigung der materiellen Rechtslage, irreversibel. Zudem ist die faktische Ausgangslage zu sehen: Der AG hat die Möglichkeit, gewissermaßen im ersten Zugriff, seine Rechtsauffassung zur betrieblichen Praxis zu machen. Von Mitbestimmung kann dann nur die Rede sein, wenn der BR nicht zur Duldung dieser einseitigen Entscheidung jedenfalls faktisch verpflichtet wird, sondern er auch die Möglichkeit zur zeitnahen Korrektur erhalt.[531] 226

Für den Erlass einer einstweiligen Verfügung zur Sicherung von Mitbestimmungsrechten kann es auch nicht darauf ankommen, ob für die Zeit bis zum In-Kraft-Treten einer mitbestimmten Regelung der damit bezweckte notwendige **Schutz der Arbeitnehmer** unwiederbringlich vereitelt wird.[532] Danach soll z. B. eine einstweilige Verfügung gegen die einseitige Anordnung von **Kurzarbeit** ausscheiden, da die AN bei ohne Beachtung des Mitbestimmungsrechts eingeführter Kurzarbeit ihre Lohnansprüche behielten. Ebenso wenig soll eine einstweilige Verfügung zur **Unterlassung von Kündigungen** vor Anhörung des BR in Betracht kommen, da eine ohne Anhörung des BR ausgesprochene Kündigung ohnehin unwirksam sei. Gegen diese zusätzlichen Anforderungen an den Verfügungsgrund spricht bereits, dass auch BR-Rechte An- 227

526 Vgl. z. B. ErfK-*Koch*, § 85 Rn. 5.
527 Vgl. auch *ArbG Berlin* 21. 11. 08 – 28 BVGa 18414/08, dbr 09, 40.
528 Vgl. § 87 Rn. 392.
529 *BAG* 23. 3. 21 – 1 ABR 31/19, NZA 21, 959 (967 Tz. 86).
530 Vgl. aber *GMP*, § 85 Rn. 36.
531 Ebenso *Däubler*, Das Arbeitsrecht 1, Rn. 918.
532 So aber *LAG Köln* 7. 6. 10 – 5 Ta 176/10, NZA-RR 10, 469; *ErfK-Koch*, § 85 ArbGG Rn. 5; *GMP*, § 85 Rn. 37; *Matthes*, FS Dieterich, S. 355 (357 f.); vgl. auch HP-*Helms*, § 85 Rn. 20 und HWK-*Treber*, § 85 ArbGG Rn. 12; **a. A. und wie hier:** *LAG Niedersachsen*, 6. 4. 09 – 9 TaBVGa 15/09; *HessLAG* 4. 10. 07 – 5 TaBVGa 91/07, AiB 08, 100 f. mit Anm. v. *Klimaschewski*; *HBR*, Rn. 472; GWBG-*Greiner*, § 85 Rn. 24 f.; *Bertelsmann*, AiB 98, 681 (684); *Soost/Hummel*, AiB 00, 621 (625); offengelassen v. *LAG Berlin-Brandenburg* 12. 7. 16 – 7 TaBVGa 520/16, juris (Tz. 34 f.).

sprüche sind (vgl. § 194 Abs. 1 BGB und Rn. 223 f.). Zudem lässt sich aus der gesetzlichen Konstruktion, dass der AG in mitbestimmungspflichtigen Angelegenheiten nur mit Zustimmung des BR oder entsprechendem Spruch der ESt. handeln soll, entnehmen, dass die AN eben gerade auch vor einseitigen Anordnungen geschützt werden sollen. Dies ist auch sinnvoll, da der einzelne Beschäftigte ohne den Schutz des BR häufig nicht tätig werden wird. So ist es z. B. mehr als zweifelhaft, ob der einzelne AN tatsächlich den Lohn einklagen wird, der ihm durch die einseitige Einführung von Kurzarbeit verloren geht. Einmal ausgesprochene Kündigungen führen zudem fast zwangsläufig zum Verlust des Arbeitsplatzes, wie diverse Statistiken belegen.[533] Schließlich ist auch zu berücksichtigen, dass der BR im **Interesse der gesamten Belegschaft** tätig wird, das nicht notwendig mit dem des Teils identisch sein muss, für den z. B. zu Unrecht Kurzarbeit angeordnet wurde.

228 **Zusammenfassend** lässt sich daher feststellen, dass mit der Nichtbeachtung der Beteiligungsrechte des BR diese Ansprüche regelmäßig vereitelt werden. Wegen der Langzeitwirkung von betrieblichen Entscheidungen insbes. bei neuen Technologien wird die Realisierung von Mitbestimmungsrechten zudem häufig schon bei Nichtbeachtung von Informations- und Beratungsrechten wesentlich erschwert. Die **Abwägung der unterschiedlichen Interessen** muss daher in aller Regel bei der Verletzung von Beteiligungsrechten des BR zum Erlass einer einstweiligen Verfügung führen.[534]

229 Bei der Verletzung von Mitbestimmungsrechten und eigenem Regelungsziel bietet sich für den BR die Möglichkeit an, **gleichzeitig ein Bestellungsverfahren** für die ESt. nach § 100 ArbGG durchzuführen. Hat das Gericht z. B. dann Bedenken im einstweiligen Verfügungsverfahren wegen des Verfügungsgrundes, wird sich in aller Regel die Einrichtung der ESt. rechtskräftig durchsetzen lassen. Zumindest insoweit wäre dann eine gewisse Beschleunigung des Rechtsschutzes für den BR erreicht.

230 In **Regelungsstreitigkeiten** kommt eine einstweilige Verfügung nicht in Betracht (vgl. § 87 Rn. 29). Bei personellen Einzelmaßnahmen enthält § 100 für den AG eine **Sondervorschrift,** die einstweilige Verfügungen ausschließt.[535] Das Mitbestimmungsrecht des BR gemäß § 99 kann demgegenüber im Wege der einstweiligen Verfügung gesichert werden (vgl. § 101 Rn. 24, 22). Nach Auffassung des *BAG*[536] kommt hierfür ein Unterlassungsanspruch allerdings nur im Rahmen von § 23 Abs. 3. in Betracht. Darüber hinaus sieht das Gericht auch die Möglichkeit, den Aufhebungs-/Beseitigungsanspruch aus § 101 Satz 1 mit einer einstweiligen Verfügung zu sichern (vgl. auch § 101 Rn. 22 f.).

VI. Betriebsverfassung und Internationalisierung der Wirtschaft

1. Nationales Arbeitsrecht trotz weltwirtschaftlicher Verflechtung

231 Die **deutsche Wirtschaft** ist **in hohem Maße internationalisiert.** Der Wert des Exports belief sich im Zeitraum von März 2018 bis einschließlich Februar 2019 auf 1323,5 Mrd. Euro, der des Imports auf 1098,6 Mrd. Euro.[537] Der Rückgang durch die Corona-Krise ist weitgehend aufgeholt und ließ im Übrigen den Exportüberschuss als solchen in seiner Größenordnung

533 Vgl. z. B. *Däubler,* Das Arbeitsrecht 2, Rn. 1187 ff., 2242 ff. m. w. N.

534 *HBR,* Rn. 379 ff., 430 ff., 454 ff., 471 ff.; *Leisten,* BB 92, 266 (271 f.); vgl. auch *LAG Baden-Württemberg* 14. 1. 97 – 8 TaBV 13/96; und 5. 8. 05 – 5 TaBV 5/05, AiB 06, 381 ff. mit Anm. v. *Klar; LAG Hamburg* 5. 5. 00 – 3 TaBV 6/00, AuR 00, 356; *LAG Düsseldorf* 12. 12. 07 – 12 TaBVGa8/07, AuR 08, 270 (271) m. Anm. v. *Schoof; HessLAG* 4. 10. 07 – 5 TaBVGa 91/07, AiB 08, 100 f. mit Anm. v. *Klimaschewski; LAG Niedersachsen* 6. 4. 09 – 9 TaBVGa 15/09 und *ArbG Bremen-Bremerhaven* 7. 4. 04 – 10 HBVGa 8/04 und 21. 4. 05 – 1 BVGa 14/05, beide AiB 08, 175 f. mit Anm. v. *Grimberg* zu einer Zwischenverfügung vor der mündlichen Verhandlung.

535 Vgl. z. B. *Fitting,* § 100 Rn. 1; GWBG-*Greiner,* § 85 Rn. 19 Natter/Gross-*Roos,* § 85 Rn. 56 und § 100 Rn. 1.

536 23. 6. 09 – 1 ABR 23/08, NZA 09, 1430 (1432 f.).

537 Angabe nach *https://de.statista.com/statistik/daten/studie/151631/umfrage/deutsche-exporte-und-importe/* (Abfrage am 25. 4. 19).

unberührt.[538] Auch die **Direktinvestitionen** (d. h. Beteiligungen ab 25 %) deutscher Firmen im Ausland sind beträchtlich. Nach Feststellungen der Bundesbank gab es 2016 insgesamt 27 594 ausländische Unternehmen, die von Investoren aus Deutschland kontrolliert wurden; mit 5,272 Mio. Beschäftigten erwirtschafteten sie einen Umsatz von über 2 Billionen Euro.[539] Ausländische Direktinvestitionen deutscher UN betrugen Ende 2021 1426 Mrd. Euro, denen lediglich 615 Mrd. Euro ausländische Direktinvestitionen in Deutschland gegenüber standen, bei denen zudem in der Gegenwart ein leichter Rückgang zu verzeichnen ist.[540] Außerdem arbeiteten im Juni 2017 insgesamt 3,470 Mio. **ausländische Arbeitnehmer** in der Bundesrepublik.[541] Bis September 2020 war diese Zahl auf 4,36 Mio. gestiegen, was einen Anteil von 12,9 % aller sozialversicherungspflichtig Beschäftigten ausmachte.[542] Bis März 2023 gab es einen weiteren Anstieg auf 5,21 Mio.[543]

Eine vergleichbare Internationalisierung der Arbeitsbeziehungen existiert nicht. Arbeit 232
wird in der Bundesrepublik fast immer nach deutschem Recht und zu hier herrschenden Bedingungen erbracht. Umgekehrt gelten in ausländischen Tochtergesellschaften deutscher Firmen in der Regel »Ortstarife« und das dortige Arbeitsrecht. Dies ist auch in anderen EU-Mitgliedstaaten so; die Beschränkung des Wahlrechts zum Aufsichtsrat auf in Deutschland Arbeitende ist vom EuGH als unbedenklich qualifiziert worden.[544] Auch für Tarifverhandlungen und Streiks ist die Internationalisierung der Wirtschaft im Grunde nur eine Rahmenbedingung neben anderen: Gute Exportkonjunktur kann den Verteilungsspielraum erhöhen, im Ausland gemachte Verluste können das Unternehmen wie die ganze Branche in Schwierigkeiten bringen. Der grenzüberschreitende Solidaritätsstreik ist die Ausnahme.[545]

Die **nationale Orientierung der Arbeitsbeziehungen,** die sich auch in anderen Ländern 233
wiederfindet, hat den Fortbestand sehr unterschiedlicher Arbeitsrechtsordnungen zur Folge. Anders als etwa im Zivilrecht haben sich **kaum »Rechtsfamilien«** herausgebildet, die mehr oder weniger einheitliche Strukturen aufweisen würden; die Vielfalt dominiert, nicht die Einheit.[546] Auch Löhne und Arbeitszeit liegen oft weit auseinander. In der Diskussion um den **Standort Bundesrepublik** wird oft darauf verwiesen, die Stundenlöhne seien nach der Schweiz die höchsten und die Jahresarbeitszeit sei nach Schweden die zweitkürzeste.[547] So wichtig die letzten beiden Faktoren sind – es ginge nicht an, sie zu verabsolutieren und Rechte, die sich wie Meinungsfreiheit am Arbeitsplatz, Streik und Mitbestimmung nicht in Mark und Pfennig ausdrücken lassen, von vornherein aus der vergleichenden Betrachtung auszunehmen. Auch aus UN-Sicht wäre dies zu kurz gedacht: **Die Verfügbarkeit qualifizierter Arbeitskräfte, eine bestimmte Arbeitshaltung, aber auch die gut ausgebaute Infrastruktur sowie ein berechenbares Verhalten der Behörden sind u. a. Standortvorteile,** die den hohen Preis der Arbeitskraft mehr als ausgleichen. Andernfalls wäre der vorhandene Ausfuhrüberschuss nicht zu erklären. Arbeitskosten und Arbeitsbeziehungen sind nur ein Faktor im internationalen

538 Nähere Angaben bei *https://de.statista.com/statistik/daten/studie/151631/umfrage/deutsche-exporte-und-importe/* (17.6.21).

539 *https://www.bundesbank.de/Redaktion/DE/Downloads/Statistiken/Aussenwirtschaft/Auslandsunternehmenseinheiten-fats/2016-11-struktur-und-taetigkeit-von-auslandsunternehmenseinheiten-fats.pdf?--blob=publicationFile* (Abfrage am 27.8.17).

540 *https://www.bundesbank.de/de/statistiken/aussenwirtschaft/direktinvestitionen/bestandsangaben-772320* (Abruf am 8.6.2023).

541 *https://statistik.arbeitsagentur.de/Statistikdaten/Detail/201712/analyse/analyse-d-arbeitsmarkt-auslaender/analyse-d-arbeitsmarkt-auslaender-d-0-201712-pdf.pdf* (sozialversicherungspflichtig Beschäftigte – Abruf am 25.4.2019).

542 *https://statistik.arbeitsagentur.de/SiteGlobals/Forms/Suche/Einzelheftsuche_Formular.html?nn=25122&topic_f=analyse-d-arbeitsmarkt-auslaender* (17.6.21).

543 *https://statistik.arbeitsagentur.de/Statistikdaten/Detail/202305/arbeitsmarktberichte/monatsbericht-monatsbericht/monatsbericht-d-0-202305-pdf.pdf?__blob=publicationFile&v=1* (abgerufen am 8.6.2023)

544 *EuGH* 18.7.17 – C-566/15, NZA 17, 1000.

545 Beispiele jedoch bei *Hergenröder,* Der Arbeitskampf mit Auslandsberührung, 1987, S. 3 ff.; aktueller *Dorssemont/Jaspers/van Hoek* (ed.), Cross-border collective actions in Europe: A legal challenge, 2007 sowie *Däubler-Däubler,* Arbeitskampfrecht, § 32 Rn. 52 ff.

546 *Däubler,* Comparative Labor Law 1981, 79 ff.; *Moll,* RdA 84, 223 ff.

547 Angaben nach *Vogel* in Haufe-Verlag (Hrsg.), EG-Binnenmarkt '92, S. 38 ff.

Wettbewerb.[548] Dies macht die vorhandenen Unterschiede wirtschaftlich möglich.[549] Dennoch schließt dies selbstredend nicht aus, dass durch den internationalen Wettbewerb Arbeitsplätze verloren gehen, weil es immer häufiger dazu kommt, dass die Qualität von Produkten und Dienstleistungen dieselbe ist wie in Deutschland, obwohl die Herstellungskosten wegen des Lohnniveaus anderer Länder sehr viel niedriger sind. Durch verstärkte Innovation auf Gebieten, wo die einheimische Wirtschaft tendenziell einen Vorsprung hat, kann eine Kompensation geschaffen werden.[550]

2. Betriebsverfassung bei ausländischer Unternehmens- oder Konzernspitze

a) Rechtsstellung der Interessenvertretung in der Bundesrepublik

234 Die **nationalstaatliche Ausrichtung** der Arbeitsbeziehungen macht sich **auch im Betriebsverfassungsrecht** bemerkbar. Dieses gehört nach herrschender Praxis zum zwingenden Recht i. S. d. Art. 34 EGBGB, der am 17. 12. 2009 durch Art. 9 Abs. 1 der sog. Rom I-Verordnung abgelöst wurde (Verordnung (EG) Nr. 593/2008 des Europ. Parlaments und des Rates vom 17. Juni 2008 über das auf vertragliche Schuldverhältnisse anzuwendende Recht, ABl EU v. 4. 7. 2008 L 177/6). Das bedeutet, dass in allen Betrieben, die sich auf dem Gebiet der Bundesrepublik befinden und die die Voraussetzungen des § 1 BetrVG erfüllen, Betriebsräte zu wählen sind. Dies folgt nicht so sehr aus dem angreifbaren (§ 1 Rn. 27 ff.) Territorialitätsprinzip als aus dem **Grundgedanken des BetrVG,** das auch dann wirksam sein und »greifen« muss, wenn die relevanten Entscheidungen jenseits der deutschen Grenzen getroffen werden.[551] Im Einzelnen bedeutet dies:

235 Erfüllt die inländische Niederlassung nicht die Voraussetzungen des Betriebsbegriffs nach dem BetrVG (u. § 1 Rn 58 ff.), weil – so der wichtigste Anwendungsfall – der **Leitungsapparat jenseits der deutschen Grenzen** angesiedelt ist, so findet deutsches Recht in der Regel nach § 4 Abs. 1 S. 1 Nr. 1 gleichwohl Anwendung, weil es sich um einen Betriebsteil handelt, der räumlich weit vom Hauptbetrieb entfernt ist und deshalb eine selbständige Interessenvertretung beanspruchen kann. Das Vorliegen eines »Betriebsteils« kann auch nicht mit dem Argument verneint werden, dass nicht einmal Teile des Leitungsapparats vor Ort seien. Vielmehr genügt es, wenn es wie in fast jeder arbeitsteiligen Organisation einen oder mehrere Vorgesetzte gibt, die zur Erteilung von Weisungen befugt sind (u. § 4 Rn 30). Dies dürfte zudem auch dem Betriebsbegriff des EuGH für das Unionsrecht entsprechen, der im Bereich des Massenentlassungsrechts auch für die deutsche Praxis verbindlich ist.[552]

236 Die **deutsche Betriebsverfassung** greift **auch dann** ein, **wenn** ein beträchtlicher Teil der Belegschaft **nach ausländischem Arbeitsvertragsrecht arbeitet,** weil dieses nach Art. 30 Abs. 1 EGBGB (nunmehr Art. 8 Abs. 1 Rom I – VO) gewählt wurde oder weil zu ihm die »engeren Verbindungen« i. S. d. Art. 30 Abs. 2 EGBGB (nunmehr Art. 8 Abs. 3 Rom I-VO) bestehen.[553] Die **Irrelevanz des Arbeitsvertragsstatuts** folgt unmittelbar aus der selbstständigen Anknüpfung der Betriebsverfassung.[554] Ob dasselbe auch dann gilt, wenn sämtliche Belegschaftsangehörigen ausländischem Recht unterliegen, hat das *BAG* nicht entschieden. Die Frage ist zu bejahen,[555] soweit nicht – so eine Meinung im Schrifttum – durch Firmentarif oder eine 75 %-Mehrheit

548 Zu seinen Auswirkungen s. *Däubler,* Arbeitsrecht 1, Rn. 60 ff.

549 Näher *Däubler,* DB 93, 781 ff.; zur Unternehmensmitbestimmung als Standortvorteil s. *Schumann,* FS *Däubler,* S. 399 ff.; zur betrieblichen Mitbestimmung o. Rn. 51 f.

550 Zu den Auswirkungen der Globalisierung auf das deutsche Arbeitsrecht s. *Eylert/Gotthardt* RdA 07, 61; *Däubler,* FS Küttner, S. 531 ff.

551 Weiter gehende Überlegungen bei *Däubler,* Betriebsverfassung in globalisierter Wirtschaft, S. 64 ff.; *Deinert,* Internationales Arbeitsrecht, § 17 Rn. 18 ff.

552 S. § 111 Rn. 184a.

553 S. den Beispielsfall *BAG* 24. 8. 89, DB 90, 1666.

554 *BAG* 9. 11. 77, DB 78, 451. Dazu *Deinert,* Internationales Arbeitsrecht, § 17 Rn. 17.

555 *LAG Berlin-Brandenburg* 30. 10. 09 – 6 TaBVGa 2284/09, LAGE § 117 BetrVG 2001 Nr. 1 Tz 33; *Bayreuther* NZA 10, 265.

der Belegschaft für eine ausländische Form der Interessenvertretung optiert wird.[556] Zum **Betriebsverfassungsstatut** zählen auch die Individualrechte nach §§ 81–84.[557] Der Weiterbeschäftigungsanspruch nach § 102 Abs. 5 greift nur dann ein, wenn das Arbeitsvertragsstatut eine Rückkehr in den Betrieb nach gewonnenem Kündigungsschutzprozess vorsieht.[558]

Hat das ausländische UN mehrere Betriebe in der Bundesrepublik, ist ein **GBR** zu bilden (§ 1 Rn. 24 m. w. N.). Werden mehrere in der Bundesrepublik ansässige Unternehmen von einer ausländischen Konzernspitze – und sei es nur an »langer Leine« – gesteuert, kann ein **KBR** nach § 54 gebildet werden, und zwar entgegen BAG[559] auch dann, wenn keine »Deutschlanddirektion« oder Zwischenholding für die verschiedenen UN existiert. Die Belegschaften abhängiger UN müssen auch dann mit einer Stimme sprechen können, wenn die Konzernspitze im Ausland sitzt. Mit Hilfe des in jedem Mitbestimmungsrecht enthaltenen Initiativrechts kann bei einer sich verweigernden Spitze eine ESt. gebildet werden, die verbindliche Entscheidungen trifft. Dasselbe gilt dann, wenn eine deutsche Niederlassung (Betrieb oder UN) zwar einem ausländischen UN zugeordnet ist, dieses aber seinerseits von einer deutschen Mutter gesteuert wird: Die **»Zwischenschaltung« einer ausländischen Gesellschaft** kann und darf die Mitbestimmungsmöglichkeiten nicht aushebeln. Der BR der deutschen Niederlassung ist daher an einem etwaigen KBR im Inland zu beteiligen. Sind bei den inländischen Niederlassungen eines ausländischen UN mehr als 100 AN ständig beschäftigt, ist ein **WA** zu bilden.[560] Zur Frage, ob auch die im Ausland beschäftigten AN mitzuzählen sind, s. § 106 Rn. 28. Die **Mitglieder des WA** müssen nach § 107 Abs. 1 »dem Unternehmen« angehören; dies ist auch bei Angehörigen ausländischer Niederlassungen des in der Bundesrepublik ansässigen UN,[561] nicht jedoch bei AN von »Schwestergesellschaften« der Fall. Eine Ausnahme gilt jedoch nach der Ausstrahlungstheorie für solche AN, die weiter dem inländischen UN zugeordnet sind (§ 1 Rn. 23 ff.). 237

Wenig erörtert ist die Frage, ob und inwieweit **die in der Bundesrepublik tätigen AN** oder die hier errichtete Interessenvertretung **an ausländischen Interessenvertretungen beteiligt** sein könnten. Dies entscheidet sich nach ausländischem Recht. Soweit dieses eine institutionalisierte Interessenvertretung kennt, erweist es sich als vergleichbar »national-introvertiert« wie das deutsche Recht. So war es etwa in Frankreich sogar strittig, ob die nach dort aus anderen EG-Ländern entsandten Arbeitskräfte ein comité d'entreprise mitwählen durften[562] – an eine Einbeziehung deutscher BR-Mitglieder in eine Vertretung auf Unternehmens- oder Konzernebene ist erst recht nicht zu denken. Zur Schaffung eines EBR s. Anhang B. 238

Die **Existenz einer ausländischen Unternehmens- oder Konzernspitze** ist auch bei der Handhabung einzelner betriebsverfassungsrechtlicher Vorschriften zu beachten. Die **Informationsrechte** des BR nach § 80 Abs. 2 BetrVG und des WA nach § 106 BetrVG machen nicht an den nationalen Grenzen halt (§ 106 Rn. 29). Planungen der ausländischen Konzernspitze, im Ausland erstellte Bilanzen usw. müssen daher auch der inländischen Interessenvertretung zugänglich gemacht werden.[563] Ob sich ihr Informationsanspruch auf Gegenstände beschränkt, bei denen Auswirkungen auf die hier tätigen AN nicht auszuschließen sind, oder ob der Anspruch noch umfassender ist, ist ohne größere Bedeutung: Es sind kaum Fälle denkbar, in denen Veränderungen, die sich in einem anderen Standort eines Konzerns vollziehen, mit Sicherheit 239

---

556 Dafür *Junker*, S. 378; kritisch *Deinert*, Internationales Arbeitsrecht, § 17 Rn. 25; s. weiter *Däubler*, AWD 72, 8; *Gamillscheg*, AuR 89, 35.

557 *Deinert*, Internationales Arbeitsrecht, § 17 Rn. 49; anders Vorauflage.

558 *Deinert*, Internationales Arbeitsrecht, § 17 Rn. 43; *Däubler*, Betriebsverfassung in globalisierter Wirtschaft, S. 31 m. w. N., auch für die Gegenmeinung (abrufbar unter *www.daeubler.de/bucher/*).

559 *BAG* 14.2.07 – 7 ABR 26/06, DB 07, 1589 = ZIP 07, 1518, zuletzt bestätigt durch *BAG* 23.5.18 – 7 ABR 60/16, NZA 18, 1562.

560 *Deinert*, Internationales Arbeitsrecht, § 17 Rn. 40; *LK* § 106 Rn. 1.

561 *Bobke*, AiB 89, 233; *Fitting*, § 107 Rn. 7; GK-*Fabricius*, 6. Aufl., § 106 Rn. 39; a. A. GK-*Oetker*, § 107 Rn. 9; *GL*, § 107 Rn. 5.

562 Siehe *Le Friant/Zachert*, AiB 89, 50 ff. und *Le Friant/Lyon-Caen*, AiB 89, 406.

563 *U. Fischer*, AuR 02, 8 ff.

ohne Bedeutung für den deutschen Standort bleiben.[564] Ein **»Informationsdurchgriff«** ist im Übrigen **nichts Ungewöhnliches;** so wird etwa den **Kartellbehörden** von der Rechtsprechung die Befugnis eingeräumt, eine inländische Gesellschaft zur Herausgabe von Informationen zu verpflichten, die lediglich bei der ausländischen Mutter vorhanden sind.[565] § 294 Abs. 3 HGB bezieht ausländische Tochtergesellschaften in die **Konzernbilanz** ein und verpflichtet sie zu umfassender Information.[566] Auch **Mitbestimmungsrechte** werden durch die Existenz einer ausländischen Muttergesellschaft nicht beeinträchtigt. Übergeht diese ihre inländische Tochter und versendet Personalfragebögen per E-Mail an deren AN, so ist § 94 BetrVG verletzt; die inländische Tochter kann auf Unterlassung in Anspruch genommen werden.[567]

240 Die **Zugehörigkeit** des Betriebs oder UN **zu einem multinationalen Konzern** kann auch in der **ESt.** eine Rolle spielen.[568] So darf sie etwa keinen Spruch fällen, der die **Übermittlung personenbezogener Daten ins Ausland** ermöglicht, ohne dass gleichzeitig der in Art. 44 ff. DSGVO vorgeschriebene Schutz sichergestellt ist.[569] Selbst wenn diese Voraussetzung im Einzelfall erfüllt ist, kann eine derartige Regelung deshalb unbillig sein, weil eine im Ausland erfolgende Speicherung und Verarbeitung eine **Kontrolle durch den BR praktisch unmöglich** macht.[570] Weiter kann die internationale Verflechtung für die ESt. dann von Bedeutung sein, wenn durch Überstunden in der Bundesrepublik ein streikbedingter Arbeitsausfall im Ausland aufgefangen werden soll; ein Spruch, durch den eine solche **Streikarbeit** unmöglich gemacht würde, wäre nicht ermessensmissbräuchlich.[571] Die »Belange der betroffenen Arbeitnehmer« i. S. d. § 76 Abs. 5 Satz 3 BetrVG wären auch dann verletzt, wenn eine **Arbeitszeitregelung** nicht beachten würde, dass dadurch eine Standortkonkurrenz z. B. in Bezug auf Wochenendarbeit vorangetrieben wird.[572] Auf der anderen Seite ist auch bei der Bestimmung der auf dem Spiel stehenden AG-Interessen eine Gesamtbetrachtung vorzunehmen. Dies bedeutet beispielsweise, dass die **»wirtschaftliche Vertretbarkeit« von Sozialplanleistungen** die Situation auch der ausländischen UN- und Konzernteile einzubeziehen hat.[573] Nur auf diese Weise kann dem Geltungsanspruch des BetrVG, der durch die Qualifizierung als zwingendes Recht i. S. des Art. 34 EGBGB/Art. 9 Abs. 1 Rom I-VO unterstrichen wird, voll Rechnung getragen werden.[574]

b) Zusammenarbeit mit ausländischen Interessenvertretungen

241 Für eine sachgerechte Interessenvertretung reicht es nicht aus, nur bis zum eigenen Werkstor oder zur eigenen Grenze zu schauen: Da das **AG-Verhalten** aus durchaus einsichtigen Gründen **grenzüberschreitende Dimensionen besitzt,** muss auch die Interessenvertretung an einem Strang ziehen können.[575] Eine Aufteilung in voneinander isolierte nationale Vertretungsstrukturen würde der AG-Seite einen zusätzlichen Machtvorsprung verschaffen (»teile und herrsche«). Die Wirksamkeit des BetrVG, aber auch die von ihm gewollte Konfliktlösung durch Dialog (o. Rn. 78 f.) wären gefährdet, wenn Kontakte zu ausländischen Interessenvertretungen im selben Unternehmen oder Konzern nur auf Grund privater Initiative möglich wären. In

---

564 Zum Ganzen s. auch die Nachweise bei GK-*Fabricius,* 6. Aufl., § 106 Rn. 29 ff. und *Junker,* S. 403, sowie *Däubler/Schulze* in Brehm/Pohl (Hrsg.), S. 58; *Walz,* S. 77 ff.

565 *KG Berlin,* WRP 74, 338 f.; *Däubler,* Betriebsverfassung in globalisierter Wirtschaft, S. 70 – mit weiteren Anwendungsfällen.

566 Einzelheiten bei *Großfeld,* Bilanzrecht, 2. Aufl. (1990), Rn. 723 ff.

567 *HessLAG* 5.7.01 – 5 TaBV 153/00, AuR 02, 33; dazu eingehend *U. Fischer,* AuR 02, 7. Ablehnend dagegen mit wenig überzeugender Begründung *Zaumseil,* NZA 19, 1331.

568 *HessLAG* 5.7.01 – 5 TaBV 153/00, AuR 02, 33; vgl. auch *U. Fischer,* BB 00, 562.

569 *Däubler,* Gläserne Belegschaften?, Rn. 499a ff. zum heute geltenden und AiB 97, 258 ff. zum früheren Recht.

570 Vgl. *ArbG Berlin* 27.10.83, DB 84, 410.

571 Zum Recht des Einzelnen, Streikarbeit zu verweigern, s. *Däubler-Ögüt,* Arbeitskampfrecht, § 19 Rn. 60 ff.

572 S. den Fall Gilette, dargestellt bei *Bobke,* AiB 89, 230 f.

573 So insbes. auch *Zöllner,* Schweizerische Beiträge zum Europarecht, Bd. 14, Genève 1974, S. 216; näher §§ 112, 112a Rn. 192.

574 Dazu auch *U. Fischer,* AuR 02, 11.

575 *Klebe,* FS Gnade, S. 663 ff.

Übereinstimmung mit dem niederländischen[576] und dem französischen Recht[577] **ist** deshalb der **BR** auch nach dem BetrVG **befugt, sich mit ausländischen Interessenvertretungen direkt in Verbindung zu setzen.**[578] Dafür aufgewandte Zeit ist »BR-Arbeit« i. S. d. § 37 Abs. 2 BetrVG. Der AG hat die **Telefon- und Reisekosten** nach § 40 BetrVG zu tragen.[579] Auch Reisekosten nach Brüssel sind zu erstatten, wenn dort über Fusionspläne des Arbeitgeber-UN verhandelt wird[580] – ein weiteres Indiz dafür, dass BR-Aktivitäten nicht an den deutschen Grenzen enden. Die **Geheimhaltungspflicht** des § 79 BetrVG ist dann ohne Bedeutung, wenn die ausländische Interessenvertretung vergleichbaren Bindungen unterliegt. § 79 Abs. 1 Satz 3 und Abs. 2 sind insoweit entsprechend anzuwenden.[581]

Wer als **Ansprechpartner** in Betracht kommt, bestimmt sich nach ausländischem Recht. Dies **242** können gewerkschaftliche, aber auch von der Gesamtbelegschaft gewählte Organe sein.[582]

Die **Kooperation** mit ausländischen Interessenvertretungen kann sich zu einer **ständigen Ein- 243** **richtung** verfestigen. Ein Beispiel ist der (ursprüngliche) Europäische KBR bei VW.[583] In den 70er-Jahren wurden zahlreiche **»Weltkonzernausschüsse«** gebildet,[584] deren praktische Wirksamkeit jedoch nicht sehr hoch einzuschätzen ist.[585] Häufig **weigerte sich die AG-Seite,** einer solchen »supranationalen« Vertretungsstruktur **eine vertragliche Grundlage** zu geben, da dies als Einschränkung der eigenen Handlungsmöglichkeiten angesehen wurde. Eine frühe Ausnahme bildeten insoweit neben VW die französischen Konzerne Thomson Consumer Electronics, BSN und Bull.[586] In der Folgezeit haben andere Unternehmen wie Europipe und Renault[587] nachgezogen. Seit Verabschiedung der EBR-Richtlinie wurde in einer wachsenden Zahl europaweit tätiger Konzerne über die Einrichtung eines EBR oder grenzüberschreitender Konsultationsverfahren verhandelt, die den Vorrang vor der Richtlinie haben. Siehe die Erl. zu Anhang B.

Solange sich Kontakte mit ausländischen Interessenvertretungen noch nicht »eingespielt« ha- **244** ben, sind **erste Schritte** von entscheidender Bedeutung. Sie können beispielsweise im Rahmen von **Schulungs- und Bildungsveranstaltungen** nach § 37 Abs. 6 und 7 BetrVG getan werden.[588] Außerdem ist es der **Gewerkschaft** unbenommen, wen sie als ihren **Vertreter** in eine Betriebsversammlung, eine Betriebsratssitzung oder in den WA **entsendet:** Es kann dies auch ein Interessenvertreter aus einer ausländischen Niederlassung sein.[589] Möglich ist weiter, einen Interessenvertreter aus einem ausländischen Schwester-UN als **Referenten zur Betriebsversammlung** einzuladen, soweit das Thema ausreichenden Bezug zum Betrieb hat; dabei muss der AG Reise- und ggf. Dolmetscherkosten übernehmen.[590] Eine Zwischenform stellten das »Europäische Informationsforum« bei der Bayer AG und eine entsprechende Einrichtung bei

576 *Jacobs,* AiB 89, 31 f.
577 *Le Friant,* AiB 89, 34 f.
578 *Bobke,* AiB 89, 231 f.; *Däubler,* Arbeitsrecht 1, Rn. 1212 f.; *Ehrich/Hoß,* NZA 96, 1076; *Fitting,* § 40 Rn. 49; *Klebe,* FS Gnade, S. 669; *Plander,* AiB 97, 199; Muster für Kontaktaufnahme in DKWF-*Däubler,* EBRG Rn. 4; zur Nutzung moderner Kommunikationsmittel in diesem Zusammenhang *Zielke/Greger* AiB 08, 71 ff.
579 Ebenso *Fitting,* § 40 Rn. 49 sowie *ArbG München* 29. 8. 91, AiB 91, 429 für die Flugreise eines GBR-Vorsitzenden zur österreichischen Schwestergesellschaft.
580 *LAG Niedersachsen* 10. 6. 92, DB 93, 1043.
581 So wohl auch *Bobke,* AiB 89, 233 sowie insbes. *Klebe,* FS Gnade, S. 671.
582 Einen Überblick über die in allen damaligen EG-Staaten vorhandenen Strukturen geben *Mielke/Rütters/Tudyka* in Däubler/Lecher (Hrsg.), S. 131 ff. m. w. N. auch zu Nicht-EG-Staaten. Zur Situation in Japan s. *Tonai,* AiB 92, 592, zur (damaligen) Interessenvertretung in Brasilien s. *Däubler,* AiB 93, 826.
583 Seine Geschäftsordnung ist abgedruckt in *Hans-Böckler-Stiftung* (Hrsg.), Europäische Betriebsräte, 1991, S. 35 ff.; die später mit der Geschäftsleitung getroffene Abmachung findet sich bei *J. Deppe,* Euro-Betriebsräte, S. 263 ff.
584 *Piehl,* S. 261 ff.
585 *Tudyka* in Spyropoulos (ed.), Trade Unions in a Changing Europe, 1987, S. 219 ff.
586 Näher *Europäisches Gewerkschaftsinstitut,* Die soziale Dimension des Binnenmarkts, Teil 2, Brüssel 1988, S. 25 ff.
587 Dazu *W. Müller* in J. Deppe, S. 159 ff.; *Gester/Bobke,* FS Gnade, S. 732 ff.
588 *Blank,* AiB 93, 487; *Klebe,* FS Gnade, S. 671.
589 *Bobke,* AiB 89, 233.
590 *LAG Baden-Württemberg* 16. 1. 98, AiB 98, 342.

der Hoechst AG (jetzt: Sanofi) dar,[591] die jährlich einmal stattfanden und die auf einer informellen Absprache zwischen der IG Chemie und dem AG-Verband Chemie beruhten.[592]

3. Betriebsverfassung bei inländischer Unternehmens- oder Konzernspitze

245 Die in den Rn. 234 ff. erörterten Probleme stellen sich in prinzipiell gleicher Weise, wenn es um ein deutsches Unternehmen oder einen deutschen Konzern geht, der Tochtergesellschaften oder Zweigstellen in anderen Ländern besitzt. **Die Bildung betriebsverfassungsrechtlicher Organe macht im Grundsatz keine Schwierigkeiten.** Die in den ausländischen Niederlassungen tätigen Belegschaften und ihre Interessenvertretungen werden jedoch nach herrschender Auffassung nicht in das System der deutschen Interessenvertretung einbezogen; die AN bei VW do Brasil können daher keine Delegierten in den KBR nach Wolfsburg entsenden.[593] Die dagegen vorgetragenen Einwände[594] können unter veränderten Bedingungen, insbes. bei wachsender Sensibilität für grenzüberschreitende Zusammenarbeit, erneut Bedeutung gewinnen.[595] Anerkannt ist derzeit lediglich, dass sich das Vertretungsmandat des BR auf solche im Ausland tätigen AN erstreckt, die nur vorübergehend dorthin entsandt wurden oder die zwar auf Dauer dort tätig sind, jedoch weiter an den inländischen Betrieb »angekoppelt« bleiben, was sich u. a. in der Planung ihrer Arbeit und in einer Möglichkeit zum Rückruf zeigt.[596] Richtigerweise wird nicht verlangt, dass die betreffenden Personen zunächst im Inland tätig waren; auch ein **reines Auslandsarbeitsverhältnis** kann sich im Rahmen einer »Betriebsausstrahlung« vollziehen.[597] Soweit Arbeitnehmer auf Grund dieser Begrenzung aus dem Anwendungsbereich des BetrVG »herausfallen«, sind zwei Gestaltungsmöglichkeiten denkbar. Handelt es sich um einen Auslandsbetrieb, in dem (fast) nur Arbeitnehmer unter deutschem Arbeitsvertragsstatut arbeiten, kommt die **Errichtung eines BR auf Grund TV** oder auf Grund einer Mehrheitsentscheidung der Belegschaft in Betracht.[598] Der BR würde Delegierte in den GBR bzw. KBR entsenden; die Beschäftigten wären voll in die deutsche Betriebsverfassung integriert. Möglich wäre auch, den Interessenvertretungen ausländischen Rechts durch TV die Befugnis einzuräumen, Delegierte in den deutschen GBR bzw. KBR zu entsenden.[599] In allen übrigen Fällen kommt die **tarifliche Errichtung einer »Sondervertretung«** der in ausländischen Niederlassungen Tätigen in Betracht, die neben der Betriebsverfassung stehen würde; nach deutschem Recht ist ein solcher Tarifvertrag zulässig.[600] Schon das *RAG* hatte im Übrigen eine durch einheitliche Arbeitsverträge geschaffene »Interessenvertretung« von Auslandsbeschäftigten für zulässig erklärt, ihren Mitgliedern allerdings nicht dieselben Rechte wie einem Betriebsratsmitglied eingeräumt.[601]

246 Die **Informationsrechte des BR und des WA** erstrecken sich auch auf ausländische Aktivitäten der deutschen UN- bzw. Konzernleitung. Soweit mit Hilfe der Rechtsfigur der Ausstrahlung oder auf andere Weise eine Einbeziehung von Beschäftigten in die deutsche Betriebsverfassung erfolgt, kommen die Mitbestimmungsrechte voll zur Geltung. Wichtig ist dies etwa für Einstellungen und Kündigungen (§§ 99, 102), aber auch für den Abschluss eines Sozialplans. Bei der Erfassung und Verarbeitung von Arbeitnehmerdaten greift § 87 Abs. 1 Nr. 6 ein.

247 Die Möglichkeiten zur Kooperation mit ausländischen Interessenvertretungen weisen keine rechtlichen Besonderheiten auf (s. o. Rn. 241 ff.). Ein Gesetzentwurf der SPD-Fraktion[602] wollte Vertreter der in ausländischen Niederlassungen Beschäftigten in den WA aufnehmen.

591 S. die Beiträge bei *J. Deppe*, S. 101, 123, 139.
592 Wortlaut bei *J. Deppe*, S. 261; zu der Absprache s. *Goos*, FS 50 Jahre Arbeitsgerichtsbarkeit Rheinland-Pfalz, S. 85 – Sozialpartnervereinbarung.
593 Vgl. *Fitting*, § 1 Rn. 16 ff. m. w. N.; *Junker*, S. 396.
594 *Däubler*, RabelsZ 39, 1975, 458 ff.
595 Wie hier im Prinzip auch *Birk*, FS Schnorr von Carolsfeld, S. 61 ff.; *Grasmann*, ZGR 1973, 317 ff.
596 *BAG* 7. 12. 89, DB 90, 992.
597 *Junker*, S. 385 m. w. N. in Fn. 177; so inzwischen auch *BAG* 20. 2. 01 – 1 ABR 30/00, NZA 01, 1033.
598 *Junker*, S. 378, 389; *Däubler*, Betriebsverfassung in globalisierter Wirtschaft, S. 61.
599 *Däubler*, Betriebsverfassung in globalisierter Wirtschaft, S. 61.
600 *Däubler*, Tarifvertragsrecht, Rn. 1675; *Junker*, S. 463, jeweils m. w. N.
601 *RAG*, JW 32, 606 mit zustimmender Anm. *Kahn-Freund*.
602 BT-Drucks. 12/4620.

4. Europäische Entwicklungen

a) Unionsrecht

Auf der Ebene der EU entwickelt sich ein **immer dichteres Netz von Normen,** das mittlerweile auch für die deutsche Betriebsverfassung von Bedeutung ist. Dabei ist zu beachten, dass das **EU-Recht** im Konfliktfalle **dem nationalen Recht vorgeht** – und zwar mit dem Inhalt, den ihm der EuGH gibt. Kommt es in einem Rechtsstreit auf die Auslegung des EU-Rechts an, kann jedes Gericht nach Art. 267 Abs. 2 AEUV (früher: Art. 234 Abs. 2 EGV) den *EuGH* einschalten und ihn um eine »authentische« Interpretation bitten. Letztinstanzliche Gerichte sind dazu nach Art. 267 Abs. 3 AEUV (früher: 234 Abs. 3 EGV) sogar verpflichtet. 248

Zum sog. primären **EU-Recht** (das in etwa dem nationalen Verfassungsrecht entspricht) gehören der **EU-Vertrag, der AEUV** sowie die allgemeinen Rechtsgrundsätze der Union, zu denen auch **Grundrechte** zählen. Diese haben in der EU-Grundrechtecharta eine Kodifizierung erfahren. Unter dem primären Unionsrecht stehen die von der Union abgeschlossenen völkerrechtlichen Verträge wie z. B. das von der EU ratifizierte UN-Behindertenrechtsabkommen. Zum sog. **sekundären Unionsrecht,** das mit dem primären Unionsrecht und den völkerrechtlichen Abkommen vereinbar sein muss, gehören insbes. Verordnungen und Richtlinien. Die Ersteren gelten im gesamten Territorium der EU wie ein Gesetz; die Letzteren geben nur den Mitgliedstaaten mehr oder weniger präzise formulierte Ziele vor, die durch die nationale Gesetzgebung zu realisieren sind (vgl. § 89 Rn. 10). Sie stehen im Arbeitsrecht bei weitem im Vordergrund. Bleibt der nationale Gesetzgeber untätig, können **Richtlinien** mit einem ausreichend konkreten Inhalt zumindest im Verhältnis Bürger-Staat wie unmittelbar geltende Normen angewandt werden; auch macht sich der Staat seinen Bürgern gegenüber unter bestimmten Voraussetzungen schadensersatzpflichtig (vgl. § 87 Rn. 212 ff. m. w. N.). Wird die Richtlinie zwar umgesetzt, bestehen aber im Einzelfall Zweifel über den Inhalt des deutschen Rechts, so muss eine **richtlinienkonforme Auslegung** gewählt werden. Dies ist beispielsweise im Zusammenhang mit Diskriminierungsverboten von Bedeutung (vgl. § 75 Rn. 20). 249

b) EBR-Richtlinie

Die seit 1994 bestehende EBR-Richtlinie ist durch das **EBR-Gesetz** vom 28. 10. 1996[603] in Deutschland umgesetzt worden. Die auf diese Weise geschaffenen europäischen Betriebsräte ergänzen die nationale Interessenvertretung. Seiner erheblichen Bedeutung wegen ist das EBR-Gesetz in **Anhang B** kommentiert. Es gilt nunmehr in der Fassung des Änderungsgesetzes vom 14. 6. 2011[604], durch das die EG-Richtlinie 2009/38/EG vom 6. Mai 2009[605] umgesetzt wurde. **Durch Art. 5** des Gesetzes »zur Verbesserung der Leistungen bei Renten wegen verminderter Erwerbsfähigkeit und zur Änderung anderer Gesetze« (**EM-Leistungsverbesserungsgesetz**) vom 17. Juli 2017[606] wurde **§ 41a** in das **EBRG** eingefügt, der EBR-Beschlüsse auch dann zulässt, wenn ein auf hoher See befindliches Besatzungsmitglied eines Schiffes per Videokonferenz zugeschaltet ist; gemäß Art. 8 Abs. 2 des genannten Gesetzes ist die Vorschrift am 10. Oktober 2017 in Kraft getreten (s. dort). 250

c) Richtlinie über Unterrichtung und Anhörung

Die Richtlinie 2002/14/EG vom 11. 3. 2002 zur Festlegung eines allgemeinen Rahmens für die Unterrichtung und Anhörung der Arbeitnehmer in der Europäischen Gemeinschaft[607] war nach ihrem Art. 11 **bis 23. März 2005 umzusetzen.** Nach der Rechtsprechung des *EuGH*[608] 251

603 BGBl. I S. 1548.
604 BGBl. I S. 1050.
605 ABlEU v. 15. 5. 2009, L 122/28.
606 BGBl. I, 2509, 2512.
607 ABl. vom 23. 3. 02, L 80/29 ff.
608 8. 10. 87, Slg. 87, 3969, 3987.

musste sie allerdings schon zuvor im Wege richtlinienkonformer Auslegung Beachtung finden.[609] Der Richtlinientext ist als **Anhang C** abgedruckt.

252 Kern der Richtlinie ist ihr Art. 4, der in Abs. 2 die **Gegenstände der Unterrichtung und Anhörung** umschreibt. Letztere meint entgegen dem üblichen deutschen Sprachgebrauch die »Durchführung eines Meinungsaustauschs und eines Dialogs zwischen Arbeitnehmervertretern und Arbeitgeber« (so Art. 2 Buchst. g). Während die wirtschaftliche Situation und ihre wahrscheinliche Weiterentwicklung nach Art. 4 Abs. 2 Buchst. a nur Gegenstand der Unterrichtung ist, wird zur »Beschäftigungssituation, Beschäftigungsstruktur und wahrscheinlichen Beschäftigungsentwicklung im Unternehmen oder Betrieb« durch Buchst. b auch eine Anhörung vorgeschrieben, wobei die ggf. geplanten »antizipativen Maßnahmen« bei drohendem Beschäftigungsabbau einzubeziehen sind. Mit dem **Ziel, zu einer Vereinbarung zu gelangen,** sind schließlich nach Buchst. c die Entscheidungen zu behandeln, die »wesentliche Veränderungen der Arbeitsorganisation oder der Arbeitsverträge« mit sich bringen können. Nach Art. 4 Abs. 3 muss die Unterrichtung zu einem **Zeitpunkt,** in einer Weise und in einer inhaltlichen Ausgestaltung erfolgen, dass es insbesondere den Arbeitnehmervertretern möglich ist, die Informationen angemessen zu prüfen und ggf. die Anhörung vorzubereiten. Nach Art. 8 Abs. 1 muss jeder Mitgliedstaat Verwaltungs- oder Gerichtsverfahren vorsehen, mit deren Hilfe die geschuldete Unterrichtung und Anhörung erzwungen werden kann. Für den Fall von Verstößen müssen außerdem nach Art. 8 Abs. 2 »wirksame, angemessene und abschreckende Sanktionen« vorgesehen werden.

253 Obwohl es nicht um Mitbestimmung, sondern nur um Unterrichtung und (in üblicher Terminologie gesprochen) Beratung geht, lässt sich keineswegs eine pauschale Aussage dahingehend treffen, dass das **BetrVG** den Anforderungen der Richtlinie in vollem Umfang gerecht werde.[610] Es ergeben sich eine ganze Reihe von **Friktionen,** von denen hier nur die wichtigsten erwähnt werden können.

254 Die Richtlinie erstreckt sich nach ihrem Art. 3 Abs. 1 auf **alle UN mit mindestens 50 AN oder** – nach Wahl des jeweiligen Mitgliedstaats – **auf alle Betriebe mit mindestens 20 AN.**[611] Der Begriff des Unternehmens ist dabei sehr viel weiter als im deutschen Recht bestimmt und umfasst **auch Teile der öffentlichen Hand,** soweit diese Dienstleistungen erbringt (z. B. Arbeitsvermittlung, Schule) und nicht ausschließlich administrativ tätig ist.[612] Damit sind Teile des Anwendungsbereichs der Personalvertretungsgesetze gleichfalls erfasst. **Einrichtungen der Kirchen** wie Caritas und Diakonisches Werk sind anders als in § 118 Abs. 2 **nicht mehr ausgenommen,** unterliegen jedoch nach Art. 3 Abs. 2 genau wie andere Tendenzbetriebe spezifischen innerstaatlichen Regeln, wobei jedoch die Grundsätze und Ziele der Richtlinie einzuhalten sind.[613]

255 Die **Unterrichtung** muss **vorab** erfolgen, nicht erst auf Verlangen der AN-Vertretung. Dem trägt zwar § 106 im Verhältnis zum WA Rechnung, doch ist schon zweifelhaft, ob dieser als »Arbeitnehmervertretung« zu qualifizieren ist, da ihm auch nicht gewählte Personen und leitende Angestellte angehören können. Selbst wenn man insoweit keine Bedenken hat, wäre der Richtlinie deshalb nicht genüge getan, weil der Grenzwert nicht bei 50, sondern bei mehr als 100 liegt. Außerdem fehlt diese Institution in Tendenzbetrieben sowie außerhalb des Geltungsbereichs des BetrVG. Notwendig ist daher eine **richtlinienkonforme Interpretation** einzelner Bestimmungen wie § 90 und § 111. Auch kommt eine erweiternde Auslegung von § 80 Abs. 2 in Betracht.[614]

---

609 Ebenso *Wendeling-Schröder/Welkoborsky,* NZA 02, 1373.

610 So auch *Bonin,* AuR 04, 321; *Deinert,* NZA 99, 800; *Reichold,* NZA 03, 289 ff.: *Ritter,* S. 168 ff.; *Stoffels,* GS Heinze, S. 892.

611 Zum Betriebsbegriff s. *Weiler,* AiB 02, 266.

612 *Reichold,* NZA 03, 293.

613 *Weiler,* AiB 02, 267; *Weiss,* NZA 03, 183.

614 Für ausdrückliche Änderung *U. Fischer,* Beilage zu NZA Heft 16/2003, 62; *Ritter,* S. 293 ff.; *Weber* in: Franzen/Gallner/Oetker, Art. 4 RL 2002/14/EG Rn. 25 und wohl auch *Bonin,* AuR 04, 321 ff. sowie *Greiner,* in: Schlachter/Heinig (Hrsg.) § 21 Rn. 25.

Die Richtlinie geht davon aus, dass eine **AN-Vertretung existiert.** Sie schafft jedoch (wohl) keine Pflicht, dort BR bzw. Personalräte zu wählen, wo es diese noch nicht gibt.[615] Allerdings enthält der Text der Richtlinie auch keine Anhaltspunkte dafür, dass sie in einem solchen Fall leer laufen müsste. Da es ihr ausweislich ihres Titels sowie der in Art. 1 Abs. 1 niedergelegten Zielsetzung um die Unterrichtung und Anhörung »der Arbeitnehmer« geht, sind in solchen Fällen **die einzelnen Beschäftigten zu unterrichten** und anzuhören.[616] Dies entspricht der Regelung in § 613a Abs. 5 BGB. Auch wird auf diese Weise ein Defizit des Arbeits- im Verhältnis zum überkommenen Verbraucherrecht beseitigt, das vom Leitbild des »informierten Verbrauchers« ausgeht. Zumindest ließe sich § 110 richtlinienkonform handhaben und deshalb auf Betriebe ohne BR erstrecken (s. dort Rn. 2). 256

Information und Anhörung müssen nach Art. 8 Abs. 1 der Richtlinie **durch geeignete Verwaltungs- oder Gerichtsverfahren durchgesetzt werden können.** Da ein Hauptverfahren seiner üblichen Dauer wegen hierfür wenig geeignet ist, wird in der Literatur zu Recht ein »besonders effektiv ausgestaltetes Eilverfahren«[617] bzw. eine Ergänzung des § 23 Abs. 3 um die Möglichkeit des **einstweiligen Rechtsschutzes** bejaht.[618] Dies hat insbesondere dann praktische Bedeutung, wenn mit dem Ziel der Einigung nach Art. 4 Abs. 2 Buchst. c über Entscheidungen beraten wird, die wesentliche Veränderungen der Arbeitsorganisation oder der Arbeitsverträge mit sich bringen können. Dies betrifft im Wesentlichen die Fälle des § 111, bei denen nunmehr klargestellt ist, dass die Verhandlungen nicht durch vorweg ausgesprochene Kündigungen gegenstandslos gemacht werden dürfen.[619] Auch die Ausgangsfälle Renault-Vilvoorde und Sabena, die Anlass für die Verabschiedung der Richtlinie waren,[620] sprechen für eine solche Handhabung.[621] 257

d) Verordnung über die Europäische Gesellschaft (SE) und ergänzende Richtlinie

Am 8.10.2001 hat der Rat die **VO Nr. 2157/2001 über das Statut der** Europäischen Gesellschaft **(SE)** erlassen, die am 8.10.2004 in Kraft getreten ist.[622] Untrennbar verknüpft mit ihr ist die am selben Tag erlassene **Richtlinie 2001/86/EG »zur Ergänzung des Statuts der Europäischen Gesellschaft hinsichtlich der Beteiligung der Arbeitnehmer«.**[623] Auch sie war **bis 8.10.2004 umzusetzen.** Der deutsche Gesetzgeber hat diese Frist beinahe eingehalten; das **SE-Ausführungsgesetz**[624] und das SE-Beteiligungsgesetz[625] sind am 29.12.2004 in Kraft getreten. Bezüglich aller Einzelheiten der Verordnung und der Richtlinie kann auf die Kommentare von *Manz/Mayer/Schröder* (3. Aufl. 2019) sowie von *Nagel/Freis/Kleinsorge*, SEBG, SCEBG, MgVG. Beteiligung der AN im UN auf der Grundlage europäischen Rechts, 3. Aufl. (2018) sowie auf die Darstellung von *Seifert* (in: Schlachter/Heinig, § 20 Rn. 36 ff.) und von *Oetker* (in: Franzen/Gallner/Oetker, Nr. 540) verwiesen werden. Der Kommentar von *Blanke/Hayen/Kunz/Carlson* zum EBRG enthält auch eine eingehende Darstellung der Mitbestimmung der AN in der SE (Verf.: Carlson). Eine Übersicht findet sich auch unten Anhang D Rn. 1 ff. 258

Die SE untersteht nicht der deutschen Unternehmensmitbestimmung. Um eine »**Mitbestimmungsflucht**« zu verhindern oder jedenfalls zu erschweren, sieht die Richtlinie eingehende 259

615 *Hanau*, in: Hanau/Steinmeyer/*Wank*, § 19 Rn. 130; *Reichold*, NZA 03, 294 f.; *Ritter*, S. 253; *Stoffels*, GS Heinze, S. 898.
616 So auch *Reichold*, NZA 03, 295 li. Sp.; a. A. *Bonin*, AuR 04, 323.
617 *Reichold*, NZA 03, 298.
618 So *Hanau*, in: Hanau/Steinmeyer/Wank, § 19 Rn. 134.
619 *U. Fischer*, Beilage zu NZA Heft 16/2003, 61; vgl. auch *Wendeling-Schröder/Welkoborsky*, NZA 02, 1373; Nachweise aus der LAG-Rechtsprechung u. §§ 112, 112a Rn. 56.
620 *Weiler*, AiB 02, 265 ff.
621 Wie hier im Ergebnis auch *Bonin*, AuR 04, 328.
622 ABl. vom 10.11.2001, Nr. L 294/1 ff.
623 ABl. vom 10.11.2001, Nr. L 294/22 ff. – beide auch abgedruckt als Sonderbeilage zu NZA Heft 7/2002.
624 BGBl. 2004 I 3675.
625 BGBl. 2004 I 3686.

Verhandlungsprozeduren und eine Auffangregelung vor.[626] Die Einzelheiten sind hier nicht zu erörtern.[627]

260 Was die **betriebsverfassungsrechtliche Ebene** angeht, so wird für grenzüberschreitende Angelegenheiten in ähnlicher Weise wie nach der EBR-Richtlinie durch Verhandlungen ein **Vertretungsgremium installiert, das Informations- und Konsultationsrechte** hat. Es ersetzt nach Art. 13 Abs. 1 der Richtlinie den EBR, es sei denn, im Vereinbarungswege würde Abweichendes vorgesehen.

261 Die nach **nationalem Recht bestehenden betrieblichen Interessenvertretungen** werden nach Art. 13 Abs. 3 der Richtlinie **nicht berührt.** Entsprechend dem oben in Rn. 234 ff. Ausgeführten bleiben BR, GBR und KBR bestehen, wenn das UN bzw. die Konzernspitze ins Ausland abwandert.[628]

e) Gesellschaften ausländischen Rechts mit Sitz in Deutschland

262 Nach der Rechtsprechung des **EuGH** in den Fällen »Centros«,[629] »Überseering«[630] und »Inspire Art«[631] können die eine Gesellschaft gründenden Personen **frei bestimmen, in welchem Mitgliedstaat** sie diese **registrieren lassen** wollen. Auch wenn die Geschäftstätigkeit sich z. B. ausschließlich in Deutschland abspielt, führt die Eintragung in das niederländische (so der Fall »**Überseering**«) oder in das irische Register dazu, dass es sich um eine Gesellschaft des niederländischen bzw. des irischen Rechts handelt. Dies hat zur Folge, dass die deutsche **Unternehmensmitbestimmung** unabhängig von der Zahl der beschäftigten Arbeitnehmer unanwendbar ist. Viele (d. h. ca. 30 000) UN hatten die Rechtsform einer englischen **Limited** (Ltd.) gewählt. Dies ist nach dem Brexit nicht mehr möglich. Eine fortbestehende Limited wurde wie eine OHG behandelt, so dass die Beteiligten entsprechend § 54 Satz 2 BGB persönlich haften würden..[632] Der Gesetzgeber hat allerdings die Möglichkeit einer Verschmelzung mit einer KG oder einer anderen deutschen Personenhandelsgesellschaft geschaffen.[633] Daneben kam eine Umwandlung in eine deutsche GmbH oder UG, eine niederländische BV oder eine Limited nach irischem oder maltesischem Recht in Betracht. **Für die Betriebsverfassung** ergeben sich **keine unmittelbaren Konsequenzen,** da sich diese ohne Rücksicht auf die »Staatsangehörigkeit« des Arbeitgebers auf alle in Deutschland gelegenen Betriebe erstreckt (s. oben Rn. 234 ff.). Inwieweit bei einzelnen Fragen auf die hinter einer solchen Figur stehenden Personen »durchgegriffen« werden kann, ist eine weitere Frage, die sich danach beantwortet, ob das »Heimatrecht« einen funktional vergleichbaren Schutz gewährt.[634]

f) Grenzüberschreitende Umwandlung

263 Nach der Rechtsprechung des *EuGH*[635] ist die EU-rechtliche Niederlassungsfreiheit verletzt, wenn es einer deutschen Gesellschaft unmöglich gemacht wird, eine ausländische (hier: luxemburgische) Gesellschaft aufzunehmen und so mit ihr zu fusionieren. Am 26. 10. 2005 wurde deshalb die **Richtlinie 2005/56/EG über die Verschmelzung von Kapitalgesellschaften aus verschiedenen Mitgliedstaaten** verabschiedet.[636] Ist an der Fusion ein Unternehmen beteiligt, das mehr als 500 AN beschäftigt und einem nationalen Mitbestimmungssystem unterliegt, so

---

626 Dazu *Kleinsorge,* RdA 02, 347; *Nagel,* AuR 01, 406; *Weiss,* NZA 03, 180.
627 Näher *Däubler,* Arbeitsrecht 1, Rn. 1353 ff.
628 Vgl. auch *Hanau,* in: Hanau/Steinmeyer/*Wank,* § 19 Rn. 155.
629 9. 3. 99 – C-212/97, NJW 99, 2027.
630 5. 11. 02 – C-208/00, NJW 02, 3614.
631 30. 9. 03 – C-167/01, NJW 03, 3331.
632 *Bauerfeind/Tamcke,* GmbH-Rdsch 19, 11 ff.
633 *Lieder/Bialluch,* NJW 19, 805 ff.
634 Bejaht für das englische Recht von *Zessel,* Durchgriffshaftung gegenüber einer in Deutschland ansässigen Limited, 2008. Zur geplanten Neuregelung des internationalen Gesellschaftsrechts mit Recht kritisch *Seyboth* AuR 08, 132.
635 13. 12. 05 – C-411/03 BB 06, 11 – Sevic.
636 ABlEG v. 25. 11. 05, Nr. L 310/1.

muss ein sog. **besonderes Verhandlungsgremium** gebildet werden, das mit den Leitungen der beteiligten UN die künftige Vertretung der AN auf UN-Ebene aushandelt.[637] Im Juni 2006 wurde ein deutscher Gesetzentwurf zur Umsetzung der mitbestimmungsbezogenen Teile der Richtlinie vorgelegt;[638] er führte zum »Gesetz über die Mitbestimmung der Arbeitnehmer bei einer grenzüberschreitenden Verschmelzung« (**MgVG**) vom 21.12.2006,[639] das anders als bei der SE kein der betrieblichen Mitbestimmung entsprechendes Organ schafft. Die gesellschaftsrechtlichen Bestimmungen finden sich in den §§ 122aff. UmwG.[640] In der Literatur wird mit guten Gründen die Auffassung vertreten, die grenzüberschreitende Fusion werde in Zukunft sehr viel mehr Interesse finden als die SE.[641] Die betriebliche Mitbestimmung nach nationalem Recht ist nicht betroffen.

Die grenzüberschreitende Fusion hatte in gewisser Weise Vorreiterfunktion. Die EU-Richtlinie 2019/2121 vom 27. November 2019[642] erstreckte die Verschmelzungsrichtlinie auf andere Formen der grenzüberschreitenden Umwandlung, insbesondere auf die Spaltung und den Formwechsel. Der deutsche Gesetzgeber trug dem durch das »Gesetz zur Umsetzung der Umwandlungsrichtlinie und zur Änderung weiterer Gesetze« vom 22.2.2023[643] Rechnung. Die gesellschaftsrechtlichen Regeln über die grenzüberschreitende Umwandlung sind nunmehr in den §§ 305 – 345 UmwG kodifiziert. Was die Erhaltung der Unternehmensmitbestimmung betrifft, so ist sie Gegenstand des Gesetzes »zur Umsetzung der Bestimmungen der Umwandlungsrichtlinie über die Mitbestimmung der Arbeitnehmer bei grenzüberschreitenden Umwandlungen, Verschmelzungen und Spaltungen« vom 4.1.2023.[644] Die betriebsverfassungsrechtliche Ebene ist nicht angesprochen. **263a**

g) »Wegzug« deutscher Gesellschaften

Durch das Gesetz zur Modernisierung des GmbH-Rechts und zur Bekämpfung von Missbräuchen (**MoMiG**) vom 23.10.2008[645] haben deutsche Gesellschaften das Recht erhalten, ihren Verwaltungssitz ins Ausland zu verlegen. Solange sie sich in der Satzung wie zuvor **dem deutschen Recht zuordnen,** bleiben sie diesem weiterhin unterworfen, **nehmen dieses also ins Ausland mit.**[646] Machen sie von dieser Möglichkeit Gebrauch, ändert sich an der Unternehmensmitbestimmung nichts, doch wird sich der Grundsatz, dass nur die im Inland Beschäftigten das Wahlrecht zum Aufsichtsrat haben[647] nicht mehr aufrechterhalten lassen. Die Betriebsverfassung wird selbständig angeknüpft, sodass ggf. auch in der in London oder Madrid gelegenen Hauptniederlassung eine betriebliche Interessenvertretung nach dem dortigen Recht errichtet werden muss. Eine **Verlagerung des Verwaltungssitzes unter Änderung des auf die Gesellschaft anwendbaren Rechts** ist im Grundsatz weiterhin nur in der Weise möglich, dass sich diese in Deutschland auflöst und im Ausland neu gründet. Der Niederlassungsfreiheit nach EU-Recht ist schon dadurch Rechnung getragen, dass ein »Wegzug« unter Beibehaltung des bisherigen Rechts möglich ist.[648] Die Neuregelung 2023 eröffnet überdies die Möglichkeit, einen abgespaltenen (großen) Teil einer ausländischen Rechtsordnung zu unterstellen. **264**

637 Einzelheiten bei *Heuschmid,* AuR 06, 121 ff.
638 *Heuschmid,* AuR 06, 184 ff.
639 BGBl. I S. 3332; zu diesem Gesetz s. auch *Lunk/Hinrichs* NZA 07, 773 sowie zum Entwurf *C. Schubert,* RdA 07, 9.
640 Eingefügt durch das 2. Gesetz zur Änderung des Umwandlungsgesetzes vom 19.4.2007, BGBl. I S. 542.
641 *Weiss/Wöhlert,* WM 07, 580 ff.
642 ABl. v. 12.12.2019, L 321/1
643 BGBl I Nr. 51 v. 28.2.2023
644 BGBl I Nr. 10 v. 13.1.2023
645 BGBl. I 2026.
646 *Kindler* NZG 09, 130, 132; *Behme/Nohlen* BB 09, 14; *Knof/Mock* ZIP 09, 32; *Däubler/Heuschmid* NZG 09, 494.
647 So Wlotzke/Wißmann/Koberski/Kleinsorge-*Koberski* § 3 MitbG Rn. 27 ff. m.w.N.; anders bereits *Däubler* RabelsZ 39 (1975) 444, 451.
648 Näher dazu *Däubler/Heuschmid* NZG 09, 493 unter eingehender Verarbeitung von *EuGH* 16.12.08 – C-210/06 NZG 09, 61 – Cartesio.

h) Fusionskontroll-VO

265 Die EG-VO Nr. 139/2004 »über die Kontrolle von Unternehmenszusammenschlüssen«[649] wird üblicherweise als »FusionsVO« bezeichnet, erfasst jedoch außer der (erst jetzt möglichen) eigentlichen Verschmelzung auch andere Vorgänge wie den Erwerb von Anteilsrechten, die zur Kontrolle über ein anderes UN führen. Soweit dadurch bestimmte Größenordnungen überschritten sind, bedarf es einer Genehmigung der EG-Kommission.[650] Nach Art. 18 Abs. 4 Satz 2 der VO haben **AN-Vertreter** (in Deutschland also insbesondere BR in dem betroffenen UN) ein **Recht auf »Anhörung«** durch die EG-Kommission. Voraussetzung ist, dass diese ein förmliches Untersuchungsverfahren eröffnet und dass die Arbeitnehmervertretung einen entsprechenden Antrag stellt. Sie kann insbesondere wettbewerbspolitische Argumente vortragen, aber auch auf mögliche negative Auswirkungen für die AN hinweisen.[651]

5. Regelung der Lieferketten?

265a Soweit die grenzüberschreitende Dimension überhaupt zur Kenntnis genommen wird,[652] beschränkt man sich – wie in den obigen Ausführungen – darauf, die mögliche Zusammenarbeit von Interessenvertretungen über die Staatsgrenzen hinweg zum Thema zu machen. In vielen Ländern der Dritten Welt existieren jedoch nur ganz ausnahmsweise überhaupt Vertretungen der Beschäftigten, die man in einen »Verbund« einbeziehen könnte. **Im Regelfall** herrscht ein **unbeschränkter betrieblicher Autoritarismus, verbunden mit inhumanen Arbeitsbedingungen,** die man allenfalls dann vorübergehend zur Kenntnis nimmt, wenn wie bei Rana Plaza ein Unglück geschieht, bei dem viele Menschen zu Tode kommen.[653]

265b Überlegungen, an diesem Zustand etwas zu ändern und die Einhaltung elementarer Sozialstandards in Ländern der Dritten Welt zu sichern, gab es schon vor bald 30 Jahren – sogar im arbeitsrechtlichen Schrifttum.[654] Die Resonanz in der Praxis war gering: für eine Verbesserung der Arbeitsbedingungen in fernen Ländern mehr als verbal zu kämpfen, liegt nicht in der Tradition der deutschen Gewerkschaftsbewegung.[655] Mittlerweile ist die **internationale Arbeitsteilung immer intensiver geworden;** die Corona-Krise hat gezeigt, dass schon der Ausfall eines kleinen Kettenglieds die ganzen nachfolgenden Produktionsschritte unmöglich machen kann. Es besteht so ein gewisses Eigeninteresse der deutschen Wirtschaft an der Stabilität und Nachhaltigkeit von **Lieferketten,** wozu in erster Linie **die Sicherung elementarer Menschenrechte** in den Ländern des »Südens« gehört. CDU und SPD haben deshalb auf ihren Parteitagen den Erlass eines »Lieferkettengesetzes« gefordert.[656] Dieses ist im Juni 2021 vom Bundestag beschlossen worden.[657] Zentraler Punkt ist die **Verantwortung der großen Auftraggeber** in Deutschland, für menschenwürdige Arbeitsbedingungen bei ihren Zulieferern zu sorgen; sie zu missachten wäre eine Sorgfaltspflichtverletzung, die mit Bußgeldern und anderen Sanktionen geahndet werden kann, aber (leider) nicht zu Schadensersatzpflichten führt.[658] Das *OLG Hamm*[659] sah im Fall KiK auch nach bisherigem Recht, d. h. nach allgemeinem Delikts-

---

649 ABlEG v. 29. 1. 04, Nr. L 24.
650 Einzelheiten bei *Büggel,* AiB 05, 458 ff.
651 Einzelheiten bei *Büggel,* AiB 05, 458 ff.
652 In der FS 100 Jahre Betriebsverfassungsrecht wird dieser Bereich in keinem Beitrag angesprochen.
653 Am 24. April 2013 starben bei einem Gebäudeeinsturz in einem Vorort von Dhaka (Bangladesh) 1136 Textilarbeiterinnen und Textilarbeiter – s. *https://www.bpb.de/politik/hintergrund-aktuell/268127/textilindustrie-bangladesch.*
654 *Däubler,* AiB 93, 819 ff.
655 Zur erfolgreichen Abwehr einer Betriebsschließung in Mexiko, wo die Beschäftigten ohne Unterstützung der deutschen Gewerkschaften durch ihr Auftreten in der Hauptversammlung einen Wandel bewirkten, s. *Däubler,* FS Blanke, S. 114 ff. unter Bezugnahme auf die Studie von *Mechthild Dortmund.*
656 *Lorenzen,* AuR 2020, 244 ff.
657 Gesetz über die unternehmerischen Sorgfaltspflichten vom 16. 7. 21, BGBl I S. 2959.
658 Einzelheiten bei § 106 Rn. 81a ff. Wichtig auch *Vassiliadis,* AuR 20, 258, der die hier vertretene Position nachdrücklich unterstützt.
659 21. 5. 19 – I-9 U 44//19, NJW 19, 3527.

recht keine Möglichkeit, den Hinterbliebenen, die ihre Angehörigen bei einem Fabrikbrand verloren hatten, Schadensersatz zuzusprechen.[660]

VII. Digitalisierung als Herausforderung

Die Schaffung und immer weitere Verbreitung von Informationstechniken ließ sich im Grundsatz innerhalb des überkommenen Systems bewältigen: Wird am Arbeitsplatz mit dem PC statt mit der Maschine gearbeitet, muss der Betriebsrat für die Einhaltung der einschlägigen Schutzgesetze sorgen, die andere sein mögen, die aber seine Rolle als solche nicht tangieren. Durch den Gedanken der Überwachungsabwehr sind seine rechtlichen **Einflussmöglichkeiten** im Vergleich zur traditionellen Fabrik sogar erheblich **größer geworden.** 266

Die fortschreitende Digitalisierung ändert erstmals die Rahmenbedingungen und stellt die Gleichsetzung Computer = Maschine fundamental in Frage. Ohne sich auf zweifelhafte Prognosen über die »Arbeit 4.0« einzulassen, kann man schon heute eine Reihe von Veränderungen feststellen, die nicht nur den Betriebsrat mit neuen Aufgaben konfrontieren, sondern im Extremfall seine Existenz in Frage stellen können. 267

1. Probleme der Arbeitszeit

Die Verfügbarkeit von Laptop, Tablet-Computer und Smartphone macht es möglich, **zu jeder Zeit und von jedem Ort aus zu arbeiten.** Dies bedeutet insbesondere: Was im Büro nicht geschafft wurde, wird auf der Heimfahrt oder zu Hause erledigt. Ob dies dann auch als »Arbeitszeit« erfasst wird, steht auf einem anderen Blatt. Dazu kommt: Einzelne Beschäftigte identifizieren sich so stark mit ihrer Aufgabe, dass sie nicht mehr nach der Zehn-Stunden-Grenze des § 3 Satz 2 ArbZG, nach den Pausen des § 4 ArbZG und den Ruhezeiten des § 5 ArbZG fragen. Dies kann bei der sog. **Vertrauensarbeitszeit** besonders nahe liegen, ist aber nicht auf diesen Fall beschränkt. Findet **während des Urlaubs** eine **Telefonkonferenz** statt, so nehmen viele Mitarbeiter gleichwohl teil; dies geschieht aus »Pflichtbewusstsein« oder deshalb, weil sie die eigene Unentbehrlichkeit unterstreichen wollen. Doch es geht nicht nur um diese »Workaholics«: In vielen Fällen wird erwartet, dass Gruppen von Beschäftigten **auch während ihrer Freizeit erreichbar** sind und bei Bedarf innerhalb kurzer Frist mit der Arbeit beginnen. Auch dies kann (und wird häufig) zu einer Verletzung des ArbZG führen. 268

Wirksame Gegenmittel sind rar. Betriebsräte neigen wie die meisten Juristen dazu, die **konsequente Umsetzung des ArbZG** zu fordern und bei Bedarf die vorgesehenen Sanktionen zu erhöhen. Selbst der an sich naheliegende Gedanke, die jederzeitige Erreichbarkeit als Fall der Rufbereitschaft zu qualifizieren, die mitbestimmungspflichtig ist,[661] wird in der Praxis kaum aufgegriffen. Sich neuen Herausforderungen zu stellen, erscheint vielen Betriebsräten höchst ungewohnt. Der Kern des Problems liegt darin, dass die **anfallende Arbeitsmenge** typischerweise **nicht in** den arbeitsvertraglich vereinbarten **37 bis 40 Stunden bewältigt** werden kann. Hier müsste die Arbeitnehmerseite ansetzen und den Versuch unternehmen, die Arbeitsbelastung zu begrenzen. Dies ließe sich am einfachsten mit einem **neuen Mitbestimmungsrecht** über die zugewiesene Arbeitsmenge bewältigen, doch kommt auch in Betracht, besonders gravierende Fälle aufzugreifen und von den Möglichkeiten des Beschwerderechts nach §§ 84, 85 BetrVG bis hin zur Einschaltung der Einigungsstelle Gebrauch zu machen.[662] 269

---

660 Es ging um eine Brandkatastrophe bei einem Zulieferer in Pakistan, bei der 259 Menschen starben. § 3 Abs. 3 des neuen Lieferkettensorgfaltspflichtengesetzes sieht für die dort niedergelegten Pflichten ebenfalls keine Schadensersatzsanktion vor. Näher § 106 Rn. 81aff.

661 *BAG* 21.12.82 – 1 ABR 14/81, AP Nr. 9 zu § 87 BetrVG 1972 Arbeitszeit.

662 Einzelheiten bei *Däubler*, ZTR 16, 359, abrufbar auch unter *www.daeubler.de/Aufsaetze/*.

2. Probleme des Arbeitsschutzes

270 Infolge der Intensivierung der Arbeitsprozesse nehmen die **psychischen Belastungen an vielen Arbeitsplätzen** zu.[663] Es verwundert daher nicht, dass die Zahl psychischer Erkrankungen, die auf arbeitsbedingten Ursachen beruhen, in den letzten zehn bis 15 Jahren deutlich gestiegen ist.[664] So haben sich die Krankheitstage, die auf einem Burn-out-Syndrom beruhen, zwischen 2004 und 2010 auf das Neunfache erhöht.[665] Zwischen dauernder Erreichbarkeit und Stress besteht ein unmittelbarer Zusammenhang: 36 % derjenigen, die sich als »häufig gestresst« empfinden, geben zugleich an, fast durchgehend online zu sein.[666]

271 Wichtigstes Gegenmittel für den Betriebsrat ist die **Gefährdungsbeurteilung,** die sich seit 2013 auch auf »psychische Belastungen bei der Arbeit« bezieht (§ 5 Abs. 3 Nr. 6 ArbSchG). Zwar stehen dem Betriebsrat Mitbestimmungsrechte in Bezug auf die konkret zu erforschenden Gefahren und die Auswahlkriterien für den »Untersucher« zu,[667] doch fällt es in der Praxis wegen einer verhaltenen Reaktion der Arbeitgeberseite oft schwer, davon wirklich Gebrauch zu machen. Erst recht wird nur von wenigen Fällen berichtet, in denen eine einmal erstellte Gefährdungsbeurteilung zu einem effektiven Abbau von Überforderungen und damit von Gesundheitsgefährdungen geführt hat.[668] Gleichwohl steht dem BR auch insoweit ein **Mitbestimmungsrecht** zu.[669]

3. Homeoffice und mobile Arbeit

272 Digitalisierte Arbeit kann nicht nur zu beliebiger Zeit, sondern oft auch an beliebigem Ort geleistet werden. Viele Arbeitnehmer haben überdies den **Wunsch,** ihre **Arbeit** teilweise oder ganz **zu Hause zu erledigen** und so ohne den beschwerlichen, oft Zeit und Nerven kostenden Weg zum Betrieb und zurück auszukommen. Weiter können familiäre Pflichten für eine solche Lösung sprechen. Auch bei der Arbeitgeberseite besteht häufig Entgegenkommen, weil selbst bei nur zwei Homeoffice-Tagen pro Woche weniger Bürokapazität vorgehalten werden muss und Desk-Sharing praktiziert werden kann.[670]

273 Soweit die Arbeit zu Hause nur einen kleineren Teil der Woche betrifft, gibt es keine grundsätzlichen Bedenken; in Bezug auf die Ausgestaltung greift das neue Mitbestimmungsrecht nach § 87 Abs. 1 Nr. 14 ein. Anders verhält es sich dann, wenn die gesamte oder fast die gesamte Arbeit in der eigenen Wohnung erledigt wird: Der **betriebliche Zusammenhalt geht** in solchen Fällen **verloren,** Betriebsversammlungen dünnen aus, der Betriebsrat handelt wie ein »Geschäftsführer ohne Auftrag«, seine Basis wird immer kleiner und unsichtbarer. Ob er von real auftauchenden Problemen Kenntnis erhält, beruht eher auf Zufall als auf Normalität. Dazu kommt das Problem, dass arbeitsrechtliche Vorschriften wie das ArbZG und das Arbeitsschutzrecht mangels wirksamer Kontrolle aller Erfahrung nach lax gehandhabt werden. Dies alles konnte schon bei der traditionellen Telearbeit auftauchen, doch bewegte sich diese in engen zahlenmäßigen Grenzen. Beim Homeoffice ist dies aufgrund der Corona-Pandemie anders: Nach einer Bitkom-Umfrage waren bereits Mitte März 2020 etwa **20 % aller Beschäftigten erstmals im Homeoffice tätig.**[671] Die mobile Arbeit, die unterwegs oder beim Kunden geleistet wird, ist noch schwieriger mit rechtlichen Leitplanken zu versehen. Einzelprobleme sind an anderer Stelle behandelt.[672]

---

663 *Gaul*, DB 13, 60; *J. Schneider*, DB 13, 1351, 1353.

664 Eingehend *Krause*, 71. DJT, B 66 ff.

665 *Welkoborsky/Baumgarten*, AiB 12/2014, 51 unter Bezugnahme auf eine Untersuchung des Wissenschaftlichen Instituts der AOK.

666 *Krause*, 71. DJT, B 68. Weitere Angaben bei *Däubler*, Digitalisierung und Arbeitsrecht, 8. Aufl., § 6 Rn. 18 ff.

667 *BAG*, 8.6.04 – 1 ABR 13/03, AP Nr. 13 zu § 87 BetrVG 1072 Gesundheitsschutz.

668 *Däubler*, Digitalisierung, § 6 Rn. 33 ff.

669 *BAG* 19.11.19 – 1 ABR 22/18, NZA 20, 266.

670 Weitere Einzelheiten bei *Däubler*, Digitalisierung, § 15 Rn. 1 ff.

671 Mitgeteilt bei *Krieger/Rudnik/Povedano Peramato*, NZA 20, 473.

672 *Däubler*, Digitalisierung, § 15. S. auch *Stefan Müller*, Homeoffice in der arbeitsrechtlichen Praxis, 3. Aufl., Baden-Baden 2022.

4. Die Matrixorganisation – der Vorgesetzte in der Ferne

Die Matrixorganisation von Unternehmen und Konzernen befindet sich in einem Prozess der Expansion, der durch die Digitalisierung verstärkt wird. Betriebsverfassungsrechtlich ist insbesondere das Phänomen von Bedeutung, dass der Disziplinarvorgesetzte als Repräsentant des Vertragsarbeitgebers und der Fachvorgesetzte in verschiedenen Betrieben oder Unternehmen angesiedelt sind. Dabei können die fachlichen »Kommandostellen« auch im Ausland liegen; der bei der deutschen Niederlassung von IBM beschäftigte Informatiker erhält z. B. seine Weisungen direkt aus den USA.[673] Ändert sich dadurch etwas an der Betriebszugehörigkeit und damit an dem Kreis derer, für die der Betriebsrat sprechen kann? 274

Der **Weisungsempfänger gehört** unbestrittenermaßen **weiter zum** bisherigen **Betrieb,** doch kann die Unterstellung unter eine externe Führungskraft eine Versetzung darstellen.[674] Er befindet sich insoweit in einer ähnlichen Lage wie ein Leiharbeitnehmer, der mit Rücksicht auf seinen Arbeitsvertrag Teil des Verleiherbetriebs bleibt, obwohl er im Betrieb des Entleihers arbeitet und dort seine arbeitsbezogenen Weisungen erhält. Zweifelhaft kann deshalb nur sein, ob auch die **Führungskraft,** die die Weisungen erteilt, **zur Belegschaft gehört.** Dies hätte u. a. zur Folge, dass dem Betriebsrat nach § 99 BetrVG ein Zustimmungsverweigerungsrecht zustehen würde, wenn eine Person mit dieser Aufgabe betraut wird. Diese Frage wurde von mehreren Landesarbeitsgerichten bejaht – allerdings nur für rein innerstaatliche Tatbestände.[675] Dieser Rechtsprechung ist zuzustimmen, da die Einstellung im Sinne des § 99 BetrVG nur eine Eingliederung in die betriebliche Organisation verlangt, die bei einer mit Weisungsbefugnissen ausgestatteten Person eindeutig zu bejahen ist. Die frühere Zwei-Komponenten-Lehre, die neben der Eingliederung auch die Existenz eines Arbeitsvertrags mit dem Betriebsinhaber verlangte, ist vom BAG aufgegeben worden.[676] 275

Die Eingliederung in den Betrieb kann nicht davon abhängen, wo sich die konkrete Arbeitsstätte einer Person befindet. Das BAG hat mit Recht darauf abgestellt, dass es letztlich darauf ankommt, wer das Arbeitsverhalten der fraglichen Person steuert. Insoweit ist es auch möglich, dass eine auf Dauer ins Ausland entsandte Person weiter dem inländischen Betrieb zugeordnet ist.[677] Anders ist es nur, wenn die in Betracht kommende Person voll in den ausländischen Betrieb integriert ist und keine Weisungen mehr aus dem Inland erhält.[678] Ob dies der Fall ist, bestimmt sich nach den Umständen des Einzelfalls. Allerdings besteht insoweit eine **Anbindung an den im Inland gelegenen Betrieb,** als der Vertragsarbeitgeber zustimmen muss, dass das Direktionsrecht vom Ausland aus ausgeübt werden kann. Ist hierfür nicht nur eine Pauschalgenehmigung, sondern eine Abstimmung in Einzelfällen erforderlich, würde dies für die Einbeziehung in den Betrieb sprechen. 276

In der Literatur wurde die Frage aufgeworfen, ob **überhaupt noch ein innerstaatlicher Betrieb besteht,** wenn alle in einer Arbeitsstätte Tätigen ihre Weisungen von jenseits der deutschen Grenzen erhalten. Hier wird es genügen, wenn außerhalb der von außen gesteuerten Arbeit ein gewisses Maß an eigenständiger Organisation verbleibt, die sich beispielsweise auf betriebliche Sozialeinrichtungen und auf Verhaltensregeln in der in Deutschland befindlichen »Einheit« bezieht.[679] Fehlt es daran, stellt sich die Frage, ob mehrere Arbeitnehmer, die demselben Fachvorgesetzten im Ausland unterstellt sind, ihrerseits einen selbständigen Betrieb bilden. Möglich 277

---

673 Näher zum Matrix-System s. *C. Schubert*, Betriebliche Mitbestimmung in Unternehmen und Konzernen mit Matrixorganisation, Frankfurt/M. 2017, S. 15 ff.; *Fritz*, Beilage 4/2018 zu NZA, S. 98 ff.

674 Dazu *Bachner*, NZA 19, 134, 135.

675 *LAG Düsseldorf* 20. 12. 17 – 12 TaBV 66/17, NZA-RR 2018, 298 (auch für betriebsübergreifende Matrix innerhalb eines Unternehmens); *LAG Düsseldorf* 10. 2. 16 – 7 TaBV 63/15, LAGE § 101 BetrVG 2001 Nr. 5 (unternehmensübergreifende Matrixstrukturen); *LAG Baden-Württemberg* 28. 5. 14 – 4 TaBV 7/13, BB 2014, 2298 (unternehmensübergreifende Matrixstrukturen); vgl. auch *LAG Berlin-Brandenburg* 17. 6. 15 – 17 TaBV 277/15, NZA-RR 2015, 529 (Übernahme der Personalverantwortung im Betrieb).

676 *BAG* 5. 12. 12 – 7 AZR 48/11, NZA 2013, 793; bestätigt durch *BAG* 13. 3. 13 – 7 ABR 69/11, NZA 2013, 789.

677 *BAG* 7. 12. 89 – 2 AZR 228/89, DB 1990, 992.

678 Ebenso *Reiter*, in: Maschmann/Fritz, Matrixorganisationen, München 2019, Kapitel 3 Rn. 666 ff.

679 Ähnlich *Reiter*, a. a. O., Rn. 679.

ist auch eine doppelte Betriebszugehörigkeit, wenn die Einbindung in die Einheit, aus der die Weisungen kommen, eine entsprechend intensive ist.[680] Ohne auf weitere Details eingehen zu können, lässt sich jedenfalls die Feststellung treffen, dass die Betriebsverfassung durch Matrixstrukturen nicht prinzipiell in Frage gestellt wird. Dass die eine oder andere neue Rechtsfrage auftaucht, vermag daran nichts zu ändern.

5. Plattformökonomie

278 In der Digitalisierungsdebatte haben »**neue Beschäftigungsformen**«, die im Zusammenhang mit Plattformen entstehen (sollen), ein hohes Maß an Aufmerksamkeit erfahren. Dabei lassen sich zwei Erscheinungsformen unterscheiden. Zum einen geht es darum, dass **Tätigkeiten in der realen Welt** unter Nutzung einer Plattform (und damit des Internet) vermittelt werden. Der Kunde bestellt Essen, das ihm kurz darauf nach Hause geliefert wird (Foodora, Deliveroo, heute: »Gorillas«, Lieferando), er will mit dem Auto von A nach B gebracht werden (Uber) oder er würde gerne Dienstleistungen im Haushalt in Anspruch nehmen (TaskRabbit). Die zweite Form besteht darin, dass nicht nur die Vermittlung, sondern auch die **Arbeitsleistung selbst im Internet** erbracht wird: Die Plattform schreibt einen Auftrag aus, um den sich jeder User des Internet bewerben kann. Insoweit ist von Crowdwork die Rede. In beiden Fällen können sich erhebliche Auswirkungen auf die Betriebsverfassung ergeben.

a) Vermittlung von Aufträgen übers Internet

279 Die **Plattformen** vertreten in der Regel den Standpunkt, dass die von ihnen vermittelten Dienste von **Selbständigen** erbracht werden. Die Verkaufs- und Taxifahrer seien ebenso wie die Dienstleister im Haushalt nicht etwa ihre Arbeitnehmer; vielmehr seien sie in der Lage, den einzelnen Einsatz abzulehnen und auch sonst ihre Arbeit weithin selbst zu organisieren. Viele Betroffene betonen demgegenüber, ihr **Spielraum sei eher geringer als der eines Arbeitnehmers,** so dass sie nicht nur auf den Schutz des Arbeitsrechts angewiesen seien, sondern auch in die Sozialversicherung einbezogen werden müssten. Dies hat in zahlreichen Ländern zu gerichtlichen Verfahren geführt,[681] die überwiegend zugunsten der klagenden Beschäftigten ausgingen. So entschied der **Supreme Court von Kalifornien,** dass es sich bei den Uber-Fahrern um **Arbeitnehmer** handle, weil der Auftraggeber nicht beweisen konnte, dass die Voraussetzungen einer selbständigen Tätigkeit erfüllt waren.[682] Der französische Kassationshof nahm ebenfalls ein Arbeitsverhältnis an.[683] Dasselbe gilt für den britischen Supreme Court.[684] Das *BAG* hat in seiner Entscheidung vom 1.12.20[685] den Arbeitnehmerbegriff des § 611a BGB weiterentwickelt und der **Weisungsabhängigkeit** eine **Anreizstruktur** gleichgestellt, die dem AG vergleichbare Steuerungsmöglichkeiten eröffnet.[686] Da Anreizstrukturen in diesem Teil der Plattformökonomie weit verbreitet sind, geht es derzeit primär darum, aus der BAG-Entscheidung Konsequenzen zu ziehen und beispielsweise wie bei Lieferando und »Gorillas« Betriebsräte zu bilden. Bei **anderen Geschäftsmodellen der »economy on demand«** kann wegen der abweichenden Ausgestaltung der Verträge das Resultat ein anderes sein.[687]

280 Soweit die Arbeitenden nicht als Arbeitnehmer oder als Heimarbeiter qualifiziert werden können, **fallen sie aus der Betriebsverfassung heraus.** Versuche, zumindest **arbeitnehmerähnliche Personen** in die Betriebsverfassung einzubeziehen, sind bislang gescheitert. Die Tatsache, dass § 5 Abs. 1 Satz 2 BetrVG die in Heimarbeit Beschäftigten, die »in der Hauptsache« für den

680 Dazu *Bachner*, NZA 19, 134, 137.
681 Überblick bei *Schneider-Dörr*, Erwerbsarbeit in der Plattformökonomie, Working Paper Forschungsförderung der Hans Böckler Stiftung, Nummer 116, Februar 2019, S. 75 ff.
682 Supreme Court of California v. 30.4.2018, Dynamics Operation West v. Superior Court, AuR 2019, 479.
683 Cour de Cassation v. 4.3.2020, No. 374, AuR 2020, 233.
684 AuR 2021, 185 f.
685 9 AZR 102/20, NZA 21, 552.
686 Näher zu dieser Entscheidung *Däubler*, VSSAR 2022 Heft 5.
687 Zu TaskRabbitt s. *Prassl/Risak* (Fn. 2).

Betrieb arbeiten, ausdrücklich einbezieht, legt den Gegenschluss nahe, alle anderen arbeitnehmerähnlichen Personen seien ausgeklammert.[688] Theoretisch wäre es möglich, durch einen **Tarifvertrag nach § 12a TVG** für arbeitnehmerähnliche Personen eine betriebsverfassungsrechtliche Vertretung zu schaffen,[689] doch ist die Praxis weit davon entfernt, von dieser Möglichkeit Gebrauch zu machen. Konkret bedeutet dies, dass die Plattformbeschäftigten keinen Betriebsrat (oder ein vergleichbares Gremium) bilden können, soweit sie die Voraussetzungen des Arbeitnehmer- oder des Heimarbeiterbegriffs nicht erfüllen.

b) Crowdwork

Anders als die Vermittlung von Dienstleistungsaufträgen steht **Crowdwork** in Deutschland **noch am Anfang.** Dabei muss man von vorne herein berücksichtigen, dass es nicht »die« Crowdwork gibt, sondern unterschiedliche Erscheinungsformen, die sozialökonomisch wie betriebsverfassungsrechtlich differieren.[690] 281

Es gibt einmal die sog. **interne Crowdwork,** die innerhalb eines internationalen Konzerns praktiziert wird. Die einzelnen Beschäftigten müssen sich um Aufträge bewerben, für deren Abarbeitung sie dann von ihrem Vertragsarbeitgeber freigestellt werden. Das Arbeitsverhältnis bleibt erhalten, ebenso die Einbeziehung in die Betriebsverfassung.

Die sog. **externe Crowdwork** ist der sehr viel typischere Fall und kann von beliebigen Interessenten erbracht werden. Quantitativ am meisten dürften die sog. **Microtasks** ins Gewicht fallen, einfachste Aufgaben wie das Eingeben von Daten in ein IT-System, was entsprechend niedrig vergütet wird. Daneben gibt es den Bereich der **Kreativwettbewerbe** (Ein Firma sucht ein neues Logo), bei denen nur der »Sieger« ein angemessenes Entgelt erhält. Anders als bei traditionellen Ausschreibungen muss der einzelne Interessent nicht nur einen Plan für die Arbeit, sondern diese selbst abliefern. Dies wirft die Frage auf, ob Arbeit nach Art eines Preisausschreibens vergütet werden darf – insbesondere dann, wenn sie nicht nur eine Art Hobby ist, sondern wesentliche wirtschaftliche Existenzgrundlage sein soll. Schließlich gibt es die **Expertencrowdwork;** gesucht sind einzelne (gut bezahlte) Spezialisten, aber auch Teams, die eine komplexe Aufgabe wie die Entwicklung einer Werbestrategie bewältigen sollen und deren Arbeitsformen durchaus in das traditionelle Muster passen.[691]

Bei der Crowdwork stellt sich nicht anders als bei den skizzierten Dienstleistungen das Problem, **ob** die Arbeitenden **als Arbeitnehmer anzusehen** sind oder nicht. Den für ein Arbeitsverhältnis sprechenden Anreizstrukturen kommt vermutlich eine sehr viel geringere Bedeutung als bei den Lieferdiensten zu. Man wird sich auf eine differenzierende Lösung einstellen müssen, die auf den tatsächlichen zeitlichen und inhaltlichen Spielraum des Crowdworkers abstellt.[692] Hier besteht die Gefahr, dass die Betriebsverfassung einem Erosionsprozess unterliegt. 282

Crowdwork wird in beträchtlichem Umfang auch **grenzüberschreitend** geleistet. Dabei legen ausländische Plattformen ihre AGBs zugrunde, die sich häufig nicht mit unserem Rechtsverständnis vereinbaren lassen.[693] Doch dies ist letztlich gar nicht entscheidend: Verträge dieser Art kommen praktisch nie vor die Gerichte, weil im Verhältnis zu Selbständigen auch der Gerichtsstand von der stärkeren Seite bestimmt werden kann und ein Crowdworker schwer vorstellbar ist, der vor einem US-amerikanischen oder australischen Gericht z. B. Rechte aus einem Werkvertrag oder gar den deutschen Mindestlohn einklagt. Im Ergebnis führt dies zu Verträgen, deren Inhalt nicht durch irgendwelche rechtlichen Vorgaben, sondern allein durch den Markt bestimmt wird: Das einzige Korrektiv für ungerechte Verträge ist nicht die Sitten- 283

688 Eingehend *Plander*, in: FS *Däubler*, Frankfurt/M. 1999, S. 272 ff. Zum aktuellen Diskussionsstand s. GK-*Raab*, § 5 Rn. 107.

689 *Reinecke/Rachor*, in: Däubler (Hrsg.), TVG, § 12a Rn. 72 ff.; *Wank*, in: Wiedemann (Hrsg.), TVG, 8. Aufl., München 2019, § 12a Rn. 133. Möglich ist aber nur eine Sondervertretung, keine Einbeziehung in die Betriebsverfassung.

690 Überblick bei *Däubler*, Digitalisierung, § 18.

691 Dazu auch *Kocher/Hensel*, NZA 2016, 984 ff.

692 Überlegungen dazu bei *Däubler*/Klebe, NZA 2015, 1032 ff.

693 Material dazu bei *Däubler*, in: Benner (Hrsg.), Crowdwork – zurück in die Zukunft? Frankfurt/M. 2015, S. 243, 248 ff.

widrigkeit, sondern die für die Plattform entstehende Gefahr, zu den in den AGB festgelegten Bedingungen keine Interessenten mehr zu finden. **Von betriebsverfassungsrechtlicher Interessenvertretung ist man noch weiter entfernt als sonst.**

6. Neue Arbeitsformen des Betriebsrats?

284 Die Digitalisierung kann die technisch-praktischen Funktionsbedingungen der Betriebsverfassung verändern.[694] Soll es nicht möglich sein, die Stimme bei der Betriebsratswahl online abzugeben? Lassen sich Sitzungen des Betriebsrats nicht als Telefon- oder Videokonferenz organisieren? Sollte man dabei nicht auch Beschlüsse fassen können? Kann man Betriebsversammlungen nicht ebenfalls durch Nutzung moderner Technik erleichtern? Mit Rücksicht auf die **Corona-Pandemie** hat der bis Juni 21 geltende **§ 129** dies (mit Ausnahme der digitalen Stimmabgabe bei einer Wahl) vorübergehend zugelassen. Die durch das Betriebsrätemodernisierungsgesetz geschaffene Dauerregelung lässt BR-Sitzungen per Video- oder Telefonkonferenz im Ausnahmefall zu; Näheres ist bei § 30 dargestellt. Die **überkommenen Formen der Beratung und Beschlussfassung werden vom Gesetzgeber als verlässlicher** angesehen und ermöglichen eine differenziertere Kommunikation.[695] Auch ist die **Nichtöffentlichkeit von Sitzungen** nicht wirklich gesichert, wenn einzelne oder alle Teilnehmer an unterschiedlichen Orten in Räumen sitzen, wo die Anwesenheit Dritter nicht wirklich ausgeschlossen werden kann.

VIII. Weitere Herausforderungen

285 **Globalisierung und Digitalisierung** sind **nicht die einzigen Herausforderungen,** mit denen sich die Betriebsverfassung konfrontiert sieht. Das hundertjährige Bestehen von Betriebsräten bot Anlass, sich damit auseinander zu setzen.[696] Die (aus Sicht des Verfassers) drei wichtigsten zusätzlichen Probleme seien hier kurz aufgegriffen.

286 Der BR ist **nicht mehr Sprecher der »ganzen Belegschaft«.** Leiharbeitnehmer, geringfügig Beschäftigte und Arbeitnehmer mit befristetem Arbeitsvertrag sind dort faktisch nicht vertreten. Erst recht gilt dies für alle formal Selbständigen, die zwar auf demselben Gelände wie die AN-Belegschaft tätig sind, die jedoch von der Betriebsverfassung nicht erfasst werden. Dasselbe gilt für Personen, die auf der Grundlage eines von ihrem Arbeitgeber geschlossenen Werkvertrags mit dem Betriebsinhaber dort tätig werden. Obwohl alle diese Gruppen zum wirtschaftlichen Erfolg des Unternehmens beitragen, sind sie nicht durch den Betriebsrat repräsentiert. Sie sind »Randbelegschaften«, die im Falle des Auftragsrückgangs als erste ihre Tätigkeit beenden müssen. Der BR verliert so einen Teil seiner Basis; er ist nur noch **Repräsentant der Stammbelegschaft.** Dies kann u. a. dazu führen, dass seine Kompromissfähigkeit leidet, weil er zustande gekommene Vereinbarungen nicht mehr gegenüber Gruppen durchsetzen kann, die ihm distanziert gegenüberstehen.[697]

287 **Klimawandel und Umweltschutz** sind für die Gesellschaft ein zentrales Thema geworden. Auch Betriebe müssen ihren Beitrag dazu leisten, dass sich – vorsichtig ausgedrückt – die Belastungen für künftige Generationen im Rahmen halten, genauer: dass ihnen die **Lebensgrundlage erhalten** bleibt. Dies ist **bisher kein wesentliches Thema** für die betriebliche Interessenvertretung. Das mag damit zusammenhängen, dass sich die meisten AN mit den Interessen des Unternehmens identifizieren, dessen wirtschaftlicher Erfolg ihre Arbeitsplätze sichert; Maßnahmen des Umweltschutzes werden dabei tendenziell als nicht zu begrüßende Belastungen angesehen. Dazu kommt, dass der Betriebsrat in diesem Bereich **nur Beratungs- und Mitwirkungsrechte** hat, aber nicht mitbestimmen kann, so dass auch engagierte Minderheiten nur wenig erreichen können. Hier muss in absehbarer Zeit Abhilfe geschaffen werden.[698] Dies hat

694 Überblick bei *Neu*, in: Kramer (Hrsg.), IT-Arbeitsrecht, Teil C Rn. 96 ff.
695 *Krois*, DB 20, 677.
696 Eingehend *Klebe*, AuR 20, 196 ff.
697 Näher *Däubler*, NZA 19, 1601 ff.
698 Näher *Däubler*, NZA 20, 1155 ff.

mit bemerkenswerter Deutlichkeit das BVerfG festgestellt; die Verfassung verlange von Staat und Gesellschaft ein Verhalten, das die Freiheit künftiger Generationen achtet und deshalb die CO2-Emissionen drastisch reduziert.[699]

Die **Zahl der Betriebsräte geht** langsam, aber kontinuierlich **zurück.** Nach dem Betriebspanel des IAB verfügten im Jahre **2017 nur 9 %** der vom BetrVG erfassten Betriebe über einen **Betriebsrat.** Da es sich dabei meist um mittlere und größere Betriebe handelt, werden **im Westen rund 40 %** und **im Osten rund 37 %** aller unter das BetrVG fallenden AN von einem BR vertreten. Das BetrVG wird somit nur für eine Minderheit wirksam. Im Jahre 1996 arbeiteten im Westen noch 51 %, im Osten 43 % der AN in einem Betrieb mit Betriebsrat.[700] Diesem Trend kann man entgegenwirken, was nicht zuletzt daran deutlich wird, dass die Zahl der Betriebsräte zwischen 1968 und 1978 um mehr als 40 % zugenommen hatte.[701] Es gibt zahlreiche Vorschläge, wie die **Wahl von BR erleichtert** werden kann.[702] Dazu kommt der Gedanke, **BR vom Arbeitsgericht bestellen** zu lassen[703] und damit ein Modell zu übernehmen, das im Gesellschaftsrecht bei nicht oder nicht ausreichend besetzten Aufsichtsräten oder Vorständen erfolgreich praktiziert wird. **288**

Wie diesen Herausforderungen zu begegnen ist, wurde zunächst insbes. in **der Partei DIE LINKE** und in der Partei **Bündnis 90/DIE GRÜNEN** diskutiert. Weiterführende Vorschläge in: BT-Drucksache 19/27318 (deutliche Erweiterung der Mitbestimmungsrechte) und BT-Drucksache 19/860 (»Betriebsratswahlen erleichtern und Betriebsräte besser schützen«) – beides Anträge von DIE LINKE sowie BT-Drucksache 18/2750 (»Mehr Betriebsrätinnen und Betriebsräte braucht das Land«) und BT-Drucksache 19/16843 (»Digitalisierung – Update für die Mitbestimmung«) – beides Anträge von Bündnis 90/DIE GRÜNEN. Weitere Überlegungen in den Broschüren *https://www.linksfraktion.de/fileadmin/user_upload/PDF_Dokumente/Sonderheft_Mitbestimmung.pdf* und *https://www.linksfraktion.de/themen/a-z/detailansicht/mitbestimmung/*. Einen umfassenden **Gesetzentwurf** hat der **DGB** im Frühjahr 2022 vorgelegt,[704] der durch deutliche Verbesserung der Arbeitsmöglichkeiten der Betriebsräte und durch starke Erweiterung ihrer Rechte diesen Herausforderungen begegnen will.[705] **289**

699 *BVerfG* 24.3.21 – 1 BvR 2656/18 u.a., NJW 21, 1723 ff.

700 Näher *Ellguth*, IAB-Forum v. 24. Mai 2018, abrufbar unter *https://www.iab-forum.de/die-betriebliche-mitbestimmung-verliert-an-boden/*.

701 Nachweise bei *Däubler/Kittner*, Geschichte und Zukunft der Betriebsverfassung, § 37 II 6 (S. 561).

702 *Däubler/Kittner*, Geschichte und Zukunft der Betriebsverfassung, § 37 III (S. 563 ff.).

703 *Kittner*, NZA-Editorial, Heft 10/2020, S. III.

704 Im Wortlaut abgedruckt als Beilage zu AuR Heft 4/2022 sowie im Internet nachlesbar unter *https://www.dgb.de/themen/++co++02729430-b4bf-11ec-9dbe-001a4a160123* (27.6.2022).

705 Zum Entwurf *Däubler/Kittner*, Geschichte und Zukunft der Betriebsverfassung, § 43, und *Klapp/Klebe*, NZA 2022, 689; kritische Einschätzung durch *Annuß*, NZA 2022, 694 ff.

Betriebsverfassungsgesetz (BetrVG) – Kommentierung

Erster Teil
Allgemeine Vorschriften

§ 1 Errichtung von Betriebsräten

(1) In Betrieben mit in der Regel mindestens fünf ständigen wahlberechtigten Arbeitnehmern, von denen drei wählbar sind, werden Betriebsräte gewählt. Dies gilt auch für gemeinsame Betriebe mehrerer Unternehmen.
(2) Ein gemeinsamer Betrieb mehrerer Unternehmen wird vermutet, wenn
1. zur Verfolgung arbeitstechnischer Zwecke die Betriebsmittel sowie die Arbeitnehmer von den Unternehmen gemeinsam eingesetzt werden oder
2. die Spaltung eines Unternehmens zur Folge hat, dass von einem Betrieb ein oder mehrere Betriebsteile einem an der Spaltung beteiligten anderen Unternehmen zugeordnet werden, ohne dass sich dabei die Organisation des betroffenen Betriebs wesentlich ändert.

Inhaltsübersicht

I. Vorbemerkungen

1 Der **Betrieb** ist für das BetrVG der **grundlegende Anknüpfungspunkt** im Hinblick auf die Regelung vor allem der Zusammenarbeit von BR und AG. Das BetrVG war bis 1989 die einzige gesetzliche Regelung über die innere Verfassung der privatwirtschaftlichen Betriebe. Auf Grund des SprAuG vom 20.12.1988[1] können seit 1990 neben den BR auch SpA für leitende Angestellte gewählt werden. Vorschriften über die freiwillige Zusammenarbeit von BR und SpA sind nur in § 2 SprAuG enthalten (vgl. zu den Grundzügen des SprAuG § 5 Rn. 207 ff.).

2 Trotz des eindeutigen Wortlauts besagt Abs. 1 Satz 1 nicht etwa, dass die **Wahl von BR** eine von Gesetzes wegen durch die Beteiligten zu erfüllende Pflicht ist, die mit Hilfe staatlicher Zwangsmaßnahmen durchgesetzt werden kann.[2] Vielmehr kommt es auf den Willen der Belegschaft zur Wahl eines BR an. Hat diese sich aber entschlossen, in einem betriebsratsfähigen Betrieb einen BR zu wählen, so trifft den AG eine **Duldungspflicht,**[3] eine **Auskunfts- und Unterstützungspflicht,** insbesondere in Bezug auf die zur Erstellung der Wählerliste not-

1 BGBl. I S. 2316.
2 Vgl. hierzu *Däubler,* Das Arbeitsrecht 1, Rn. 759 ff.; MünchArbR-*Joost,* § 216 Rn. 1.
3 GK-*Franzen,* Rn. 2; Richardi-*Maschmann,* Rn. 117.

wendigen Unterlagen (vgl. WO), eine **Kostentragungspflicht** (§ 20 Abs. 3) und gemäß § 119 Abs. 1 Nr. 1 auch ein mit Strafsanktionen bewehrtes **Störungsverbot** (vgl. auch § 20 Abs. 2). Darüber hinaus enthält das Gesetz eine Reihe von Vorschriften, mit denen die **Bildung eines BR erleichtert** werden soll (vgl. § 14a, § 16 Abs. 2, 3 und § 17, § 17a). Zur Frage, ob an Stelle eines BR privatautonome Vertretungen zulässig sind, vgl. Rn. 12.

Die Internationale Arbeitsorganisation hat am 23.6.1971 das **Übereinkommen Nr. 135** nebst Empfehlung Nr. 143 über Schutz und Erleichterungen für AN-Vertreter im Betrieb angenommen. Diese Dokumente verpflichten die Unterzeichnerstaaten, durch innerstaatliches Recht AN-Vertreter im Betrieb gegen jede Benachteiligung einschließlich solcher auf Grund ihrer Stellung oder Betätigung oder Zugehörigkeit zu einer Gewerkschaft wirksam zu schützen. Außerdem sind die Unterzeichnerstaaten verpflichtet, durch nationale Rechtsnormen den AN-Vertretern Erleichterungen zur Durchführung ihrer Aufgaben zu gewähren. Die Bundesrepublik Deutschland hat das IAO-Übereinkommen Nr. 135 durch Gesetz vom 23.6.1973[4] ratifiziert. 3

II. Verfassungsrechtliches Fundament des BetrVG

Bislang ist in der Kommentarliteratur die Frage wenig erörtert worden, ob und inwieweit betriebliche **AN-Vertretungen und Mitbestimmung** gewissermaßen **»verfassungsfest«** sind und damit als Institutionen nicht zur Disposition des Gesetzgebers stehen.[5] Zumeist ist insoweit bisher nur festgestellt worden, dass das GG dem Mitbestimmungsgedanken gegenüber zwar nicht neutral sei, eine Garantie der Mitbestimmung im Betrieb aber fehle.[6] Andererseits wird der Gesetzgeber aber für verpflichtet gehalten, wegen des **Sozialstaatsprinzips** Mitbestimmungsrechte zu schaffen, um den Gedanken der **Selbstbestimmung,** der den im Grundrechtskatalog genannten Freiheitsrechten zugrunde liegt, **für die AN im Betrieb und UN** zu verwirklichen.[7] Nach Ansicht des *BAG* sei jedoch auch vom Sozialstaatsprinzip keine bestimmte Ausgestaltung der Betriebsverfassung von Verfassungs wegen geboten.[8] Soweit keine gesetzlichen Mitbestimmungsrechte bestehen, greift als »Auffanglösung« die Möglichkeit tariflicher Regelung ein: Sie erstreckt sich auf alle Arbeits- und Wirtschaftsbedingungen, durch die die Stellung des Arbeitnehmers im Betrieb beeinflusst wird.[9] 4

Das **GG** enthält den Begriff »Betriebsverfassung« lediglich in **Art. 74 Abs. 1 Nr. 12,** wo es diese Materie der konkurrierenden Gesetzgebung zuweist. Diese Kompetenzbestimmung verleiht jedoch dem Bund und den Ländern **nur eine Befugnis zum Tätigwerden** auf dem Gebiet des Betriebsverfassungsrechts. Eine darüber hinausgehende Pflicht des Gesetzgebers zur Regelung kann sich jedoch aus grundrechtlichen Erwägungen ergeben.[10] Diesbezüglich ist vor allem der in der Grundrechtstheorie entwickelte Gedanke der **»Grundrechtsverwirklichung und -sicherung durch Organisation und Verfahren«** zu nennen.[11] Danach ist der Staat verpflichtet, durch konkretisierende Rechtssetzung dafür zu sorgen, dass die Grundrechte ihre Funktion erfüllen können, sofern ein bestimmtes gesellschaftliches Konfliktfeld (hier: die rechtliche Binnenorganisation der Betriebe) sich dem Normbereich eines entsprechenden Grundrechts zuordnen lässt.[12] Dort nämlich, wo die Verwirklichung menschlicher Freiheit und Teilhabe 5

---

4 BGBl. II S. 953, abgedruckt auch bei *Däubler/Kittner/Lörcher* [Hrsg.] unter Nr. 212.

5 Vgl. aber Einl. Rn. 80; ferner ausführlich GK-*Wiese,* Einleitung Rn. 49ff.; zur Verfassungswidrigkeit des Tendenzschutzes für weltlich-karitative UN umfassend *Sterzel,* Tendenzschutz [2001].

6 Vgl. *Richardi,* Einl. Rn. 45f.

7 *Richardi,* a.a.O.

8 Vgl. *BAG* 29.5.70, AP Nr. 13 zu § 81 BetrVG zu I 2a der Gründe; bestätigt durch *BAG* 7.4.81, AP Nr. 16 zu § 118 BetrVG 1972, Bl. 558, und *BAG* 24.5.95 – 7 ABR 48/94, PersR 96, 79 [81] mit krit. Anm. *Trümner;* weiter gehend *Sterzel,* a.a.O.

9 Grundlegend *Däubler,* Grundrecht, S. 129ff., 174ff.; weitgehend in diese Richtung auch *BAG* 24.8.04 – 1 ABR 28/03, AP Nr. 12 zu § 98 BetrVG 1972.

10 Vgl. AK-GG-*Bothe,* Art. 70 Rn. 25.

11 Grundlegend *Häberle,* VVDStRL Bd. 30 [1972]; zusammenfassend *Bethge,* NJW 82, 1; für die Betriebsverfassung ausführlich *Sterzel,* Tendenzschutz, S. 182ff.; *Hammer,* JbArbR 32 [1995], 21 [25ff.].

12 Darin gerade besteht die Furcht von *Loritz,* ZfA 91, 1 [15], der im BetrVG keinen Beitrag zum Austarieren der Grundrechtspositionen von AG und AN sehen will.

vor allem von staatlicher Unterstützung bzw. der wechselseitigen Abgrenzung miteinander im Konflikt stehender Freiheitsräume abhängig ist, erweisen sich Organisation und/oder Verfahren oft als möglicherweise sogar einzige Mittel, ein grundrechtsgemäßes Ergebnis herbeizuführen und damit Grundrechte wirksam zu sichern.[13]

6 In der **Rechtsprechung des *BVerfG***[14] ist anerkannt, dass die staatliche Verpflichtung zur organisations- und verfahrensförmigen Ausgestaltung der Grundrechte direkt aus dem jeweiligen Grundrecht abzuleiten ist und nicht (bloß) aus dem allgemeinen Sozialstaatsprinzip.[15] Im Kern lässt sich daher jedem materiellen Grundrecht ein entsprechendes Recht auf Verfahren zuordnen[16] und damit eine Verpflichtung des Staates zum Tätigwerden im Rahmen seiner Gesetzgebungskompetenz begründen, soweit es sich bei den in Art. 73, 74 GG genannten Bereichen um grundrechtsbezogene Materien handelt. Insoweit hat das *BVerfG*[17] zutreffend hervorgehoben, dass erst zwingende Regelungen des Arbeitsrechts den Rahmen schaffen, in dem die mehrheitlich abhängig Beschäftigten ihre Grundrechte aus Art. 12 Abs. 1 GG unter angemessenen Bedingungen verwirklichen können.

7 Vor allem im Anschluss an das **Mitbestimmungsurteil**[18] ist herausgearbeitet worden, dass die **Berufsfreiheit** gemäß **Art. 12 GG als AN-Grundrecht** zu verstehen sei[19] und dieses Grundrecht den Gesetzgeber verpflichte, im Rahmen des Art. 74 Abs. 1 Nr. 12 GG tätig zu werden. Daraus ergibt sich einerseits, dass ein gänzlicher **Abbau des Betriebsverfassungsrechts verfassungswidrig** wäre,[20] und andererseits, dass der Gesetzgeber im Hinblick auf die sich mit den neuen Techniken in den Betrieben verbindenden Freiheitsgefährdungen für die AN verpflichtet ist, die volle Mitbestimmung bei Einführung und Anwendung neuer Techniken vorzusehen.[21] Dies gilt umso mehr, als durch die Tendenzen der Technikentwicklung sogar bestehende Mitbestimmungsrechte einem Prozess der schleichenden Aushöhlung unterworfen sind und leer zu laufen drohen.[22] Darüber hinaus machen die betrieblichen Strukturveränderungen die Verankerung qualitativ neuartiger Rechte in einer modernen Betriebsverfassung erforderlich.[23] Diesen und weiteren aktuellen Anforderungen an ein modernes BetrVG widmet sich der DGB – Gesetzgebungsvorschlag »*Betriebliche Mitbestimmung für das 21. Jahrhundert*«, der am 6. 4. 22 vorgestellt wurde.[24]

8 Daher **gewährleistet das GG sowohl** die Existenz betrieblicher **AN-Vertretungen als auch ein bestimmtes Niveau der betrieblichen Mitbestimmung** in Sachfragen und entzieht diese Bereiche damit einer beliebigen Disposition des Gesetzgebers.[25] Darüber hinaus misst das *BVerfG* im Bereich des Personalvertretungsrechts **Beschränkungen** bei der Ausübung **des Wahlrechts** an **Art. 3 Abs. 1 GG** (AP Nr. 1 zu § 48 LPVG Bremen), ein Gedanke, der ohne weiteres auf

13 Vgl. *Hesse,* EuGRZ 78, 427 [435]; zur grundrechtsrealisierenden Funktion des Arbeitsrechts insgesamt *Plander,* FS Gnade, S. 79 ff., sowie zur betrieblichen Mitbestimmung im Besonderen *Plander,* Personalvertretungen als Grundrechtshilfe, Rn. 47 ff.; *Sterzel,* a. a. O.; vgl. auch zur Bedeutung des Art. 12 GG für das Arbeitsrecht *Söllner,* AuR 91, 45, und *Dieterich,* RdA 95, 129.

14 20. 12. 79, BVerfGE 53, 30 [65] m. w. N.

15 So aber noch *Richardi,* Einl. Rn. 45 f.; vgl. oben Rn. 4.

16 *Alexy,* S. 433.

17 6. 10. 87, BVerfGE 77, 84 [116].

18 *BVerfG* 1. 3. 79, BVerfGE 50, 290 [349].

19 Grundlegend dazu *Kempen,* AuR 86, 129 [133] m. w. N.; umfassend *Sterzel,* S. 140 ff., 162 ff.

20 *Kempen,* a. a. O., S. 135; *Sterzel,* S. 198 f.

21 *Kempen,* AuR 88, 271 [278].

22 Vgl. *Klebe/Roth* in Apitzsch/Klebe/Schumann, S. 177 ff.; *Trümner* in Heckenauer/Hexel/Selzer, S. 106 [113 ff.].

23 Vgl. *Klebe/Roth,* a. a. O., S. 189.

24 Abdruck in AuR Sonderausgabe April 2022, dort erläutert von *Klebe,* S. 2 ff.; ferner dazu *Klapp/Klebe,* NZA 22, 689 ff.; kritisch hiergegen *Annuß,* NZA 22, 694.

25 Vgl. zur Grundrechtsrealisierung durch betriebliche Mitbestimmung sowohl im betriebsverfassungs- als auch personalvertretungsrechtlichen Bereich eingehender *Altvater u. a.,* BPersVG, § 1 Rn. 14, sowie die dortigen Erl. zu § 104; *Kempen,* Grund und Grenze, S. 19 ff.; *ders.,* PersR 87, 179 [180 f.]; *Wendeling-Schröder,* AuR 87, 381 [385]; *Roßnagel,* Radioaktiver Zerfall, S. 132; *Söllner/Reinert,* S. 21 ff.; *Plander,* PersR 89, 238 [247]; *ders.,* PersR 90, 349; *Däubler,* Das Arbeitsrecht 1, Rn. 906; *Weiss/Weyand,* AuR 90, 33 [35].

die Betriebsverfassung übertragbar ist.[26] Dieser Maßstab ist aber auch dann anzulegen, wenn **Beteiligungsrechte** nur in Bezug auf bestimmte Angehörige der Belegschaft anzuwenden sind, auf andere jedoch nicht, und ein Differenzierungskriterium dafür nicht erkennbar ist.[27]

Aus der »Verfassungsfestigkeit« des Betriebsverfassungsrechts folgt weiter, dass es mit Art. 12 GG und den Vorschriften des geltenden BetrVG nicht zu vereinbaren wäre, wenn aus sicherheitspolitischen Motiven durch die Rechtsprechung oder die staatlichen Aufsichtsbehörden für sog. **Risikotechnologien** (Nuklear-, Chemie-, Pharma-, Rüstungs- und Biotechnologieindustrie) eine »Sonderbetriebsverfassung« konstituiert würde, in der die AN als »Risikofaktoren« einer weitestgehenden Reglementierung und Überwachung unter gleichzeitigem Wegfall von Mitbestimmungsrechten unterworfen wären.[28] Für derartige Ausnahmen vom sachlichen Geltungsbereich des Gesetzes fehlt es im Übrigen an einer entsprechenden Bestimmung. § 118 lässt sich hierfür nicht heranziehen (vgl. Rn. 10 ff.). Das *BVerfG*[29] hatte die gegen den Beschluss des *BAG*[30] durch den BR eingelegte Verfassungsbeschwerde allerdings mangels grundsätzlicher verfassungsrechtlicher Bedeutung nicht zur Entscheidung angenommen. 9

III. Geltungsbereich des Gesetzes

1. Gegenständlicher Geltungsbereich

a) Betriebe der Privatwirtschaft

Die Bestimmung gilt grundsätzlich für alle Betriebe der **Privatwirtschaft,** sofern in ihnen eine Mindestzahl wahlberechtigter und wählbarer AN vorhanden ist. Ein Betrieb gehört zur Privatwirtschaft, wenn dessen Inhaber dem Privatrecht zuzuordnen ist (vgl. zu den möglichen Rechtsformen des Inhabers § 5 Rn. 162 ff., 172 ff.). Die bei einer **Parlamentsfraktion** angestellten AN und die in den einzelnen Abgeordnetenbüros dieser Fraktion angestellten Mitarbeiter sollen nach Ansicht des *ArbG Düsseldorf*[31] **keinen Betrieb** i. S. d. BetrVG darstellen, weshalb die dafür auf Grundlage eines TV nach § 3 Abs. 1 Nr. 3 (abgeschlossen zwischen dem Fraktionsvorstand, den einzelnen Abgeordneten und der Gewerkschaft) durchgeführte **BR-Wahl** wegen offensichtlicher Verkennung des Betriebsbegriffes **nichtig** sei. Diese Bewertung ist zu weitgehend, zumal schon in der Rspr. der *OVGe* umstritten ist, ob eine Fraktion ihrer Rechtsnatur nach öff.-rechtlich oder privatrechtlich zu qualifizieren ist.[32] Hiervon allerdings hängt schon die Vorfrage ab, ob das BetrVG oder ein PersVG anzuwenden ist.[33] Es spricht jedoch vieles dafür, dass es sich bei dem Zusammenschluss von Fraktion und Abgeordneten zur Koordination ihrer Arbeitgeberfunktionen um eine BGB-Gesellschaft handelt, so dass der Anwendungsbereich des BetrVG eröffnet ist. 10

Ist der Rechtsträger dagegen dem inländischen **öffentlichen Recht** zuzuordnen, findet grundsätzlich das Personalvertretungsrecht des Bundes bzw. der Länder Anwendung, es sei denn, 11

---

26 *Kohte,* Anm. zu AP Nr. 1 zu § 7 BetrVG 1972, Bl. 884; vgl. zu einem Fall der verfassungswidrigen Wahlrechtsdiskriminierung unten § 5 Rn. 91.

27 Vgl. *BVerfG* 22.2.94, NZA 94, 661: unterschiedlich starke Beteiligungsrechte für Arbeiter und Angestellte; 8.10.96, NZA 97, 263: Benachteiligung der Zivilangestellten bei den Stationierungsstreitkräften gegenüber solchen der Bundeswehrdienststellen; vgl. Rn. 18.

28 Verkannt in *BAG* 26.5.88, AuR 89, 95; kritisch zu dieser Entscheidung *Beck/Trümner,* AuR 89, 77; auch verkannt in *BAG* 9.7.91 – 1 ABR 57/90, DB 92, 143, ohne sich mit der Gegenmeinung auseinander zu setzen; dem *BAG* zustimmend aber *Fabricius,* SAE 89, 140, sowie *Löwisch/Rieble,* Anm. zu EzA § 87 BetrVG 1972 Nr. 11; vgl. auch § 87 Rn. 35.

29 22.8.94, NZA 95, 129.

30 9.7.91, a. a. O.

31 19.8.16 – 4 BVGa 11/16, juris; 27.5.16 – 11 BV 318/15, n. v.

32 Für priv.-rechtl. Qualifizierung *BayVGH* 9.3.88 – 4 B 86.03226, NJW 88, 2754: nicht rechtsfähiger bürgerl.-rechtl. Verein; für öff.-rechtl. Qualifizierung dagegen *OVG Münster* 21.11.88 – 15 B 2380/88, NJW 89, 1105.

33 In der Beschwerdeinstanz zu *ArbG Düsseldorf* v. 27.5.16 (a. a. O.) beim *LAG Düsseldorf,* Az. 8 TaBV 73/16, hat die Kammer erkennen lassen, dass sie mangels vorhergehender Anfechtung der BR-Wahl von der rechtlichen Existenz des BR ausgehe (vgl. Pressemitteilung des *LAG Düsseldorf* Nr. 6/17 v. 31.1.17).

dass nach den personalvertretungsrechtlichen Bestimmungen (z. B. §§ 1, 112 BPersVG) auch die Anwendbarkeit des Personalvertretungsrechts ausgeschlossen ist.[34] Somit ist das BetrVG auf Betriebe und Verwaltungen der **Amtskirchen,** die als Körperschaften des öffentlichen Rechts organisiert sind, ebenso wenig anzuwenden wie auf den **Klosterbrauereibetrieb,** der in Trägerschaft einer öffentlich-rechtlich organisierten **Benediktinerabtei** steht (vgl. § 130 Rn. 5). Der Ausschluss dieser Betriebe aus der Betriebsverfassung folgt nach Ansicht des *BAG*[35] aus § 130 und nicht etwa aus § 118 Abs. 2 (vgl. auch § 118 Rn. 135). Umgekehrt findet aber auf den **Gemeinschaftsbetrieb eines privatrechtl. und eines öffentl.-rechtl.** organisierten **AG** das BetrVG Anwendung, weil die der Betriebsführung zu Grunde liegende BGB-Gesellschaft (§ 705 BGB) dem Privatrecht zugeordnet ist.[36] Ob dies mit der Folge der Anwendung des BetrVG gleichermaßen gilt, wenn **zwei öffentl.-rechtl. AG einen Gemeinschaftsbetrieb** bilden, ist nicht abschließend geklärt[37], könnte nach Maßgabe des jeweils zu beachtenden Verwaltungsorganisationsrechts wohl aber dann angenommen werden, wenn die Voraussetzungen einer **gemeinsamen Dienststelle**[38], auf die dann das jeweilige PersVG anzuwenden wäre, auch nicht vorliegen[39].

12 Gelegentlich findet man (insbes. im Bereich der »new-economy«) **an Stelle von gesetzlichen BR** durch schlichte Vereinbarungen gegründete Sprecher, Gremien oder **Vertrauensräte.**[40] Derartiges ist nur zulässig, wenn das BetrVG nicht greift, etwa weil die Voraussetzungen des § 1 Abs. 1 nicht vorliegen. In betriebsratsfähigen Betrieben stellt die privatautonome Schaffung von Vertrauensräten u. Ä. dagegen eine **Behinderung der BR-Wahl** dar.[41] Auch dann, wenn aus anderen Gründen der gesetzliche Anwendungsbereich nicht greift, bleiben abweichende Vereinbarungen zulässig.[42]

b) Bereichsausnahmen

13 Die Vorschrift findet **keine Anwendung**

14 • auf **echte Kleinstbetriebe,** die nicht die nötige Mindestzahl wahlberechtigter und wählbarer AN haben; das sind solche Betriebe, bei denen es sich um die einzige arbeitstechnische Organisation eines (kleinen) AG handelt (vgl. zu privatautonomen Gremien Rn. 12; zu TV gemäß §§ 1 Abs. 1, 3 Abs. 2 TVG für Bereiche, in denen das BetrVG nicht anwendbar ist, § 3 Rn. 21 ff.; zu Fällen konstruktiver Betriebsratsunfähigkeit Rn. 246 f.). **Unechte Kleinstbetriebe** sind dagegen nach **§ 4 Abs. 2** in die Betriebsverfassung des Hauptbetriebs des UN integriert (näher § 4 Rn. 135 ff.);

---

34 Vgl. zur Abgrenzung der Geltungsbereiche von BetrVG und PersVG allein nach der formellen Rechtsnatur des Trägers *BAG* 7. 11. 75, 30. 7. 87, AP Nrn. 1, 3 zu § 130 BetrVG 1972; näher dazu § 130 Rn. 2; dort auch zu der Frage eines Übergangsmandats bei Privatisierung öffentlich-rechtlicher Organisationseinheiten, die bisher dem Personalvertretungsrecht unterlagen.

35 30. 7. 87, a. a. O.

36 *BAG* 24. 1. 96, NZA 96, 1110 [1113]; 28. 3. 01 – 7 ABR 21/00, EzA § 7 BetrVG 1972 Nr. 2; BVerwG 13. 6. 01, NZA 03, 115.

37 *BAG* 12. 11. 98 – 2 AZR 459/97, BeckRS 98, 30033088 [unter II.3. der Gründe] hatte dies zwar angesprochen, ließ die verwaltungsrechtliche Zulässigkeit einer solchen Verbindung aber dahinstehen; anders *LAG Meck.-Vorp.* 25. 1. 22 – 2 Sa 173/21, BeckRS 22, 2909, Rn. 39, welches die Bildung einer gem. Verwaltung analog des gemB aus zwei öff.-rechtl. Körperschaften für unbedenklich hält. Beide Entscheidungen betrafen den Betriebsbegriff des § 23 KSchG.

38 Vgl. z. B. § 6 Abs. 2 BPersVG und die entsprechenden Bestimmungen der jeweiligen LPersVG.

39 Vgl. zu einem solchen Fall *BayVGH* 4. 2. 87 – 17 C 86.03446, ZBR 88, 136, wonach die enge Kooperation dreier Sozialversicherungskörperschaften keine gemeinsame Dienststelle entstehen lässt. Vielmehr bilden die Körperschaften je für sich weiter eine eigene Dienststelle, die dem PersVG unterliegt und jeweils einen PR wählt.

40 Näher *Däubler,* FS Wißmann, S. 275 ff.

41 *Däubler* a. a. O., S. 280.

42 *BAG* 19. 6. 01 – 1 AZR 463/00, AP Nr. 3 zu § 3 BetrVG 1972 für Redaktionsstatute; 24. 8. 04 – 1 ABR 28/03, AP Nr. 12 zu § 98 BetrVG 1972 für tarifliche Auszubildendenvertretungen in sog. reinen Ausbildungsbetrieben.

- auf die im **Flugbetrieb** beschäftigten AN **von Luftfahrt-UN.** Dieser Anwendungsausschluss besteht jedoch gem. Art. 4e des Qualifizierungschancengesetzes[43] seit dem 1.5.2019 nur noch dann, wenn für den Flugbetrieb eine Vertretung durch TV errichtet ist (vgl. § 117 Abs. 1 Satz 2 i.V.m. Abs. 2 Satz 1 n.F.; zur Neuregelung näher § 117 Rn. 3 und Rn. 9ff.). Aufgrund von § 117 Abs. 2 Satz 3 n.F. i.V.m. § 4 Abs. 5 TVG haben die Rechtsnormen eines solchen TV im Falle seines Ablaufs Nachwirkung. Das **BetrVG gilt seit 1.5.2019 in den Flugbetrieben deshalb jedoch** dann, wenn keine Vertretung durch TV errichtet ist. Solange die Nachwirkung des TV andauert, ist aber die Anwendung des BetrVG gesperrt, da die normative Wirkung des TV in diesem Falle fortbesteht. Entfällt aber später die Nachwirkung des TV, gilt das Gesetz unmittelbar. Für **Landbetriebe der Luftfahrt-UN** gilt das BetrVG dagegen stets uneingeschränkt (vgl. § 117 Abs. 1 Satz 1; zur Hinzurechnung der im Flugbetrieb beschäftigten AN bei Ermittlung der zahlenmäßigen Voraussetzungen für die Errichtung eines WA vgl. § 106 Rn. 33). Zum **Landbetrieb** zählen bei Luftrettungsdiensten allerdings auch die Piloten und Bordmechaniker auf Hubschraubern, wenn deren Einsatzdauer und -entfernung nicht groß ist[44]; 15
- auf die **privatrechtlich** organisierten **Religionsgemeinschaften** und deren karitative und erzieherische Einrichtungen (vgl. § 118 Rn. 123ff.); 16
- auf den gesamten **staatlichen öffentlichen Dienst;**[45] 17

Für **Zivilbeschäftigte bei der Bundeswehr** gilt das BPersVG.[46] **Soldaten** in den **militärischen Gliederungen** der Bundeswehr wählen besondere Vertrauensleute.[47] Soweit **Soldaten** ihren Dienst nicht in den in § 35 SoldG genannten Gliederungen der Streitkräfte verrichten, unterfallen sie grundsätzlich dem BPersVG (vgl. § 35a SoldG) und bilden eine besondere Soldatenvertretung (vgl. auch § 92 BPersVG), welche als weitere **Gruppe im PR** gilt (§ 36a Abs. 3 SoldG). 18

Besonderheiten gelten für **Zivilbeschäftigte und Soldaten** der Bundeswehr, wenn die Bundeswehr mit **Wirtschafts-UN eine Kooperation** eingeht und dabei zivile Beschäftigte und Soldaten dem UN zugewiesen werden;[48] hierauf ist das **BwKoopG**[49] anzuwenden. Danach **gelten Beamte, Soldaten und AN,** die einem Kooperations-UN zugewiesen werden gem. § 6 Abs. 1 BwKoopG **als AN des Kooperationsbetriebs** und sind dort aktiv und passiv wahlberechtigt; zugleich behalten die Beamten und AN ihr aktives und passives Wahlrecht zum PR ihrer Stammdienststelle (§§ 2, 3 BwKoopG). 19

Sonderregelungen im Rahmen dieses Gesetzes gelten für die **Seeschifffahrt** (§§ 114–116) und **Tendenzbetriebe** (§ 118 Abs. 1). 20

c) Fremde Streitkräfte

Hinsichtlich der deutschen AN in militärischen **Dienststellen der westlichen alliierten Streitkräfte** ist gemäß Art. 56 Abs. 9 des Zusatzabkommens v. 3.8.59 zur Ergänzung des NATO-Truppenstatuts (ZA-NATO-Truppenstatut) zwar grundsätzlich das BPersVG anzuwenden. 21

43 BGBl. I 2018, S 2651.
44 Vgl. *BAG* 20.2.01 – 1 ABR 27/00, NZA 01, 1089.
45 Vgl. § 130 Rn. 1; insoweit gilt Personalvertretungsrecht, dazu Rn. 11; wegen der Besonderheiten hinsichtlich der Beamten bei der Bahn- und Postprivatisierung vgl. § 5 Rn. 148; umfassend *Blanke/Sterzel,* Privatisierungsrecht, Rn. 264ff.; *Blanke,* Mitbestimmung im öffentlich-privatrechtlichen Gemeinschaftsbetrieb, S. 43ff.; ausführliche Erläuterungen zur Beamten-Interessenvertretung nach dem DBGrG bei *Altvater u.a.,* Anhang III C; zur betrieblichen Interessenvertretung bei den Postnachfolge-UN gem. PostPersRG *Altvater u.a.,* Anhang IV B.
46 Vgl. § 70 Abs. 1 SoldG; vgl. dazu die Erl. bei *Altvater* u.a., § 92 Rn. 1ff. und Anhang V A § 70 SoldG Rn. 1ff.
47 Vgl. § 35 SoldG i.V.m. SBG; dazu die Erl. bei *Altvater u.a.,* Anhang V A § 35 SoldG und Anhang V B [SBG].
48 Näher *Altvater u.a.,* Anhang V E.
49 BGBl. I S. 2027.

Diese Rechtslage gilt seit 1. 7. 63,[50] bedeutet aber letztlich, dass eine Vielzahl mitbestimmungseinschränkender Vorschriften zu beachten ist.[51]

22 Aus zwingenden Gründen der **Verteidigungsbereitschaft** der Truppe soll sogar durch Erklärung der obersten Dienststelle gemäß Abs. 6a des Unterzeichnungsprotokolls zu Art. 56 Abs. 9 des Zusatzabkommens zum NATO-Truppenstatut das ohnehin schon eingeschränkte Mitbestimmungsrecht der Betriebsvertretung sowohl gänzlich ausgeschlossen als auch hinsichtlich des Regelungsfreiraums eingeschränkt werden können.[52] Auf Grund des Vorlagebeschlusses des *ArbG Kaiserslautern*[53] hat das *BVerfG* erkannt, dass die in Abs. 6a und 6b des Unterzeichnungsprotokolls zu Art. 56 Abs. 9 ZA-NATO-Truppenstatut liegenden Benachteiligungen der Zivilangestellten zwar dem Gleichheitsgrundsatz des Art. 3 Abs. 1 GG widersprechen, jedoch im Hinblick auf die außenpolitischen Handlungsmöglichkeiten der BRD hinzunehmen und deswegen nicht verfassungswidrig seien.[54]

2. Räumlicher Geltungsbereich, Auslandsberührung und grenzüberschreitende Sachverhalte

23 Eine normative Bestimmung (Kollisionsnorm), die Auskunft darüber gibt, welchem Recht die Betriebsverfassung in Fällen mit **Auslandsberührung** unterliegt oder welchen räumlichen Geltungsbereich das BetrVG beansprucht (Internationales Betriebsverfassungsrecht), existiert bis heute nicht.[55] Für das BetrVG gilt nach Ansicht des *BAG*[56] und wohl (noch) h. M. das **Territorialitätsprinzip** (vgl. *Einleitung*, Rn. 234 ff.)[57], welches zur Bestimmung des räumlich-geographischen Geltungsbereichs des Gesetzes dient.[58] Mit der **Lehre von der Ausstrahlung**[59] **des BetrVG** werden dagegen Fragen des persönlichen Geltungsbereichs gelöst, und zwar unabhängig davon, ob es sich bei dem fraglichen Sachverhalt um einen solchen mit Auslandsbezug handelt oder nicht.[60] Die Ausstrahlungsproblematik ist im Wesentlichen mit dem Begriff der Betriebszugehörigkeit verknüpft (vgl. § 5 Rn. 13 ff.).

23a Demgegenüber wird in jüngerer Zeit für die Suche nach der maßgeblichen **allseitigen Kollisionsnorm** vorgeschlagen, auf den **Lageort des Betriebs** abzustellen, also darauf, wo das jeweilige Rechtsverhältnis seinen Schwerpunkt hat.[61] Dabei ist wegen der erforderlichen Schwerpunktanknüpfung gerade keine ausschließlich physisch-geographische Lageortbestimmung geboten, so dass auch weniger »ortsfeste« Sachverhalte (z. B. »virtuelle« Betriebe) besser eingeordnet werden könnten, als bei bloßer Orientierung an Landesgrenzen.[62] Wenn in Anwendung

---

50 Vgl. *Fitting*, Rn. 44, § 130 Rn. 8.
51 Einzelheiten bei *Altvater u. a.*, Anhang VII A-C.
52 *BAG* 22.10.91 – 1 ABR 6/91, AP Nr. 14 zu Art. 56 ZA-NATO-Truppenstatut.
53 2. 8. 91, PersR 92, 215.
54 *BVerfG* 8. 10. 96, NZA 97, 263.
55 Vgl. schon *Gamillscheg*, Kollektives Arbeitsrecht, Bd. II, S. 198 f.; *Deinert*, RdA 09, 144; *ders.* Betriebsverfassung in Zeiten der Globalisierung (2021), S. 24. ff.
56 *BAG* 22. 3. 00 – 7 ABR 34/98, NZA 00, 1119; 24. 5. 18 – 2 AZR 54/18, NZA 18, 1396 Rn. 13.
57 Zusammenfassende Kritik hieran bereits bei *Däubler*, Betriebsverfassung in globalisierter Wirtschaft, S. 24 und jüngst *Deinert*, Betriebsverfassung, a. a. O., S. 27 ff.; zu den Einzelheiten dieses »Prinzips« vgl. *Auffarth*, FS Hilger/Stumpf, S. 31 ff.; *Birk*, FS Schnorr v. Carolsfeld, 1972, S. 61 [77 ff.]; *ders.*, RabelsZ 46 [1982], S. 384 [407]; *Däubler*, AWD 72, 1 [5 ff.]; *ders.*, RabelsZ 39 [1975], S. 444 [459]; *Fikentscher*, RdA 69, 207 ff.; *Gamillscheg*, AcP 155 [1956], S. 49 [70]; *ders.*, Internationales Arbeitsrecht, S. 121 f., 370 ff.; *ders.*, Kollektives Arbeitsrecht, Bd. II, S. 202 ff.; *Schnorr v. Carolsfeld*, RdA 58, 201 [203]; *Simitis*, FS Kegel, 1977, S. 153 [177 f.]; *Schlüpers-Oehmen*, S. 14 ff.
58 Kritisch aber schon MünchArbR-*v. Hoyningen-Huene*, § 211 Rn. 12, der zu Recht darauf hinweist, dass das Territorialitätsprinzip eine dem öffentlichen Recht entstammende Kollisionsnorm ist; ebenso *Deinert*, Betriebsverfassung, a. a. O., S. 27 f.; zur Untauglichkeit dieses Prinzips auch *Fischer*, RdA 02, 160 ff.; *Deinert*, RdA 09, 144, Fn. 7, sieht in dem betriebsverfassungsrechtlichen Territorialitätsprinzip eine Ähnlichkeit zur sachenrechtlichen *lex-rei-sitae*-Regel.
59 Dazu *Däubler*, Betriebsverfassung, a. a. O., S. 33 ff.; *Deinert*, Betriebsverfassung, a. a. O., S. 30, 37 ff.; *Laufersweiler*, Ausstrahlung im Arbeits- und Sozialrecht, S. 89.
60 Zutreffend *Boemke*, NZA 92, 112 [113].
61 *Deinert*, Betriebsverfassung, a. a. O., S. 31 f.
62 *Deinert*, ebenda.

dieser Lageortregel als Kollisionsnorm das BetrVG zur Anwendung berufen ist, sind dessen Rechtsnormen anzuwenden und wird damit die kollisionsrechtliche Ebene verlassen und zur Anwendung des Sachrechts übergegangen.[63] BetrVG-Sachnormen sind insoweit auch dann anzuwenden, wenn sich gewisse Tatbestände im Ausland abspielen.[64]

Die Geltung des Gesetzes ist zwar im Ansatz **auf den Bereich der Bundesrepublik be- 24
schränkt**[65], kann aber sehr wohl auch Sachverhalte mit Auslandsbezug erfassen (s. *Einleitung* Rn. 235 ff.).[66] Davon abweichende Vereinbarungen der Arbeitsvertragsparteien sind unzulässig[67], weil das BetrVG zum zwingenden Recht zählt. Auch für inländische **Betriebe eines UN mit Sitz im Ausland,** sind daher **BR zu wählen**[68], selbst wenn mit den Beschäftigten ausländisches Arbeitsrecht vereinbart wurde (s. *Einleitung* Rn. 236).[69] Ist zweifelhaft, ob die inländische **Niederlassung des ausländischen UN** den Betriebsbegriff des BetrVG erfüllt, weil der betriebskonstituierende **Leitungsapparat** im Ausland angesiedelt ist, kann unter den Voraussetzungen des § 4 Abs. 1 Satz 1 Nr. 1 dennoch für den inländischen Betriebsteil ein BR gebildet werden, da es für den räumlich weit vom (ausländischen) Hauptbetrieb entfernt liegenden Betriebsteil ohnehin nicht auf einen dortselbst ausgeprägten Leitungsapparat ankommt (vgl. § 4 Rn. 45 ff.; *Einleitung*, Rn. 235). Für **inländische Betriebe eines ausländischen UN** sind auch der GBR[70] und **ein WA**[71] **zu bilden** (s. a. *Einleitung*, Rn. 237), sofern hierfür die allgemeinen Voraussetzungen vorliegen. Dagegen soll nach Ansicht des *BAG*[72] **kein KBR** gebildet werden können, **wenn** die inländischen UN **von einer ausländischen Konzernobergesellschaft beherrscht** werden (dazu Vor § 54 Rn. 23 ff.).

BR sind dagegen sowohl nach dem Territorialitätsprinzip als auch der Lageort – Regel nicht 25
für **im Ausland liegende (echte) *Betriebe*** deutscher UN zu wählen.[73] Auf sie ist das ggf. vorhandene ausländische Recht über die Errichtung einer Belegschaftsvertretung anzuwenden.[74] Gibt es ein solches jedoch nicht, wirken beide Theorien hilflos, indem sie den AN die Teilhabe an einer Interessenvertretung versperren (vgl. jedoch zur dennoch möglichen Einbeziehung durch TV näher § 3 Rn. 214 und *Einleitung*, Rn. 245).[75] Anders soll zu entscheiden sein, wenn es sich um **im Ausland liegende** *Betriebsteile* des im Inland liegenden **Hauptbetriebs** eines deutschen UN handelt: Nach der Lageort-Regel und der darin liegenden Schwerpunktanknüpfung (s. Rn. 23) müssten **Betriebsteile,** die die Schwellenwerte des Abs. 1 Satz 1 nicht erfüllen oder diese zwar erfüllen aber nicht räumlich weit vom Hauptbetrieb entfernt liegen oder nicht durch Aufgabenbereich und Organisation hinreichend eigenständig sind (unselbständige Betriebsteile) **dem inländischen Hauptbetrieb zugerechnet** werden und damit trotz Auslandslage in vollem Umfang am BetrVG teilhaben.[76] Für die **als Betriebe fingierten** (selbständigen) **Betriebsteile** im Ausland soll dagegen dasselbe wie für (echte) Betriebe gelten: Sie **fallen aus der deutschen Betriebsverfassung heraus.**[77]

63 *Deinert*, a. a. O., S. 36.
64 Ebenda.
65 Vgl. nur *BAG* 24. 5. 18, a. a. O., Rn. 13.
66 Vgl. zu Einzelfällen *Deinert*, Betriebsverfassung, a. a. O., S. 36 ff.
67 *Fitting*, Rn. 12, 22.
68 *BAG* 9. 5. 59, AP Nr. 3 zu Internationales Privatrecht, Arbeitsrecht.
69 Vgl. *BAG* 9. 11. 77, AP Nr. 13 zu Internationales Privatrecht, Arbeitsrecht; guter Überblick bei *Fischer*, AuR 99, 169 ff.
70 Vgl. § 47 Rn. 35; *Richardi*, Einl. Rn. 71; *Fitting*, Rn. 20.
71 *BAG* 1. 10. 74, 31. 10. 75, AP Nrn. 1, 2 zu § 106 BetrVG 1972.
72 14. 2. 07 – 7 ABR 26/06, AuR 07, 93, Ls.; 23. 5. 18 – 7 ABR 60/16, NZA 18, 1562.
73 Vgl. *BAG* 10. 9. 85, AP Nr. 3 zu § 117 BetrVG 1972; *Deinert*, Betriebsverfassung, a. a. O., S. 10, 50; GK-*Franzen*, Rn. 9.
74 MünchArbR-*v. Hoyningen-Huene*, § 211 Rn. 16; wohl auch *Deinert*, a. a. O., S. 10.
75 Nach *Deinert*, a. a. O., S. 33, soll die entsprechende Tarifmacht nur durch zwingendes Betriebsverfassungsrecht am Lageort beschränkt werden können.
76 Ebenso GK-*Franzen*, Rn. 11.
77 GK-*Franzen*, Rn. 11..

25a Rechte von AN, die vorübergehend ins Ausland entsandt werden, bleiben nach der Lehre von der sog. Ausstrahlung unberührt.[78] Sie besitzen ungeachtet ihrer **vorübergehenden Auslandstätigkeit** daher beispielsweise das aktive und passive Wahlrecht.[79] Anders wurde bei **dauernder Entsendung ins Ausland** entschieden,[80] doch besteht für diese Rechtsverkürzung kein sachlicher Grund.[81] Inzwischen hat selbst das *BAG*[82] diesen **Schematismus etwas aufgelockert** und wenigstens jenen Arbeitnehmern den Schutz der Betriebsverfassung zuerkannt, die wie ein Reiseleiter zwar auf Dauer ins Ausland entsandt sind, wegen ihrer engen Anbindung an die deutsche Zentrale jedoch nach wie vor dem Inlandsbetrieb zuzuordnen sind (vgl. zur Betriebszugehörigkeit bei Auslandseinsätzen auch § 5 Rn. 56 ff.). Wirklich durchgreifende Bedenken gegen eine Wahl des deutschen Rechts bei Auslandsbetrieben mit enger Inlandsbindung lassen sich kaum noch aufrechterhalten.[83] Dies bedeutet, dass genau wie im Falle der Ausstrahlung der BR nach § 102 Abs. 1 vor jeder Kündigung anzuhören ist.[84] Anders ist dies, wenn diese »Bindung« ans Inland nicht mehr besteht. Sie soll dann fehlen, wenn der AN für einen **einmaligen befristeten Auslandseinsatz** eingestellt wurde.[85] Soweit jedoch ein deutsches Lufttransport-UN ausländische Leih-AN zum ausschließlichen Einsatz auf einer inneramerikanischen Flugstrecke einstellt, sind die Beteiligungsrechte der deutschen AN-Vertretung in personellen Angelegenheiten zu beachten.[86] Auch bei AN-Überlassung gehört der **Leih-AN** dem Betrieb des deutschen Verleih-AG an, selbst wenn der Einsatz **im ausländischen Betrieb** des Entleihers erfolgt.[87]

26 Nach Ansicht des *BAG*[88] soll das Territorialitätsprinzip dazu führen, dass die **Tätigkeit des BR** grundsätzlich **auf das Inland beschränkt** sei. Somit dürfe der BR selbst für nur vorübergehend ins Ausland entsandte AN dort keine Betriebsversammlungen, Teil- und Abteilungsversammlungen abhalten.[89] Damit wird das *BAG* seiner eigenen Ausstrahlungstheorie untreu, die die Betroffenen ja weiter zum inländischen Betrieb rechnet (vgl. Rn. 25a). Richtigerweise sind Versammlungen daher zulässig, es sei denn, sie würden durch zwingende Normen des ausländischen Staates (Ortsrecht) verboten.[90] Als Auffangposition käme auch auf der Basis der bisherigen Rspr. des *BAG* in Betracht, dass der BR von Zeit zu Zeit ein Mitglied an den ausländischen Arbeitsort schickt, das dort Sprechstunden abhält.[91]

27 Die vom *BAG* zur Begründung seiner Entscheidungen zum **Auslandsbezug der Betriebsverfassung** wahlweise herangezogenen Begründungsmuster (»Territorialitätsprinzip« zumeist beim räumlichen Geltungsbereich; »Ausstrahlungstheorie« meist beim persönlichen Geltungsbereich bzw. der Mitwirkung in personellen Angelegenheiten) sind in hohem Maße

---

78 Kritisch zur »Ausstrahlungstheorie«, im Ergebnis aber ebenso *Richardi,* Einl. Rn. 73 ff.; zur »Ausstrahlungstheorie« *Boemke,* NZA 92, 112 ff.

79 Vgl. auch *BAG* 25.4.78, AP Nr. 16 zu Internationales Privatrecht, Arbeitsrecht.

80 *BAG,* a.a.O.

81 *Däubler,* AuR 90, 1.

82 7.12.89, DB 90, 992.

83 Zu den Einzelheiten *Däubler,* Betriebsverfassung in globalisierter Wirtschaft, S. 28 f.

84 *BAG* 7.12.89, a.a.O.

85 Vgl. *BAG* 21.10.80, AP Nr. 17 zu Internationales Privatrecht, Arbeitsrecht; kritisch dazu *Corts,* AuR 81, 254.

86 *BAG* 10.9.85, AP Nr. 3 zu § 117 BetrVG 1972; vgl. zum Ganzen *Däubler,* AuR 90, 1 ff., und *Kraushaar,* AiB 89, 53 ff.; *Boemke,* NZA 92, 112 ff.; *B. Gaul,* BB 90, 697; MünchArbR-*v. Hoyningen-Huene,* § 211 Rn. 19 mit zum Teil abweichenden Ansichten.

87 *BAG* 22.3.00 – 7 ABR 34/98, NZA 00, 1119; 24.5.18 – 2 AZR 54/18, NZA 18, 1396, 1397 Rn. 15.

88 27.5.82, AP Nr. 3 zu § 42 BetrVG 1972; 25.4.78, AP Nr. 16 zu Internationales Privatrecht, Arbeitsrecht.

89 *BAG* 27.5.82, a.a.O.

90 So zutreffend *Beitzke,* Anm. zu AP Nrn. 13 und 17 zu Internationales Privatrecht, Arbeitsrecht, der selbst die Bildung eines deutschen BR nach § 4 im Ausland für zulässig hält; wie hier auch *Boemke,* NZA 92, 112 [116]; *Däubler,* Betriebsverfassung in globalisierter Wirtschaft, S. 51; *Laufersweiler,* S. 114; Richardi-*Annuß,* vor § 42 Rn. 9; *Fitting,* Rn. 31; *Steinmeyer,* DB 80, 154 f.; *LAG Hamm* 12.3.80, DB 80, 1030 f.; a.A. MünchArbR-*Joost,* § 224 Rn. 7.

91 *Däubler,* Das Arbeitsrecht 1, Rn. 1208; *Fitting,* Rn. 31; näher zu allem § 42 Rn. 16.

widersprüchlich und führen zu willkürlich anmutenden Ergebnissen.[92] Gerade bei der Frage, ob unter den erwähnten Voraussetzungen Betriebsversammlungen im Ausland durchgeführt werden dürfen, ist die **Unterscheidung nach** der **mit dem Territorialitätsprinzip** zu bestimmenden Betätigungsbefugnis des BR einerseits **und den** mit der Ausstrahlungstheorie zu bestimmenden **persönlichen Wirkungen des Gesetzes praktisch nicht durchführbar.** Dies wird etwa daran sichtbar, dass die Pflicht zur Durchführung von Betriebsversammlungen nicht ausschließlich von der Initiative des BR abhängt, sondern nach § 43 Abs. 3 auch von den AN ausgehen kann.

Die dogmatische **Begründung des Territorialitätsprinzips** krankt vor allem daran, dass sie kritiklos an die zum BRG 1920 vertretene Rechtsauffassung anknüpft, die das Betriebsverfassungsrecht als dem öffentlichen Recht zugehörige Materie begriff.[93] Zwar war es nach dieser Grundannahme konsequent, dass eine inländische öffentlich-rechtliche Norm in der Regel im Ausland keine Geltung beanspruchen kann, weil die dortigen Hoheitsrechte dem entgegenstehen.[94] Das heutige **Betriebsverfassungsrecht** wird aber nach einhelliger Auffassung dem **Privatrecht** zugeordnet.[95] Damit fehlt es nach heutigem Recht an einer Grundlage für die in sich widerspruchsfreie Geltung des Territorialitätsprinzips überhaupt.[96] An dieser Situation haben weder das **Gesetz zur Neuregelung des Internationalen Privatrechts** vom 25.7.1986[97] noch die europäische **Rom I-Verordnung** (Verordnung (EG) Nr. 593/2008, ABl. Nr. L 177/6)[98] oder die **Rom II-Verordnung** (Verordnung (EG) Nr. 864/2007, ABl.Nr. L 199/40) etwas geändert, da sämtliche dieser Rechtsquellen keine Kollisionsnormen für das kollektive Arbeitsrecht enthalten.[99] Fremde Souveränitätsrechte können zur Begründung des Territorialitätsprinzips schon deswegen nicht herangezogen werden, weil ein (deutscher) BR im Ausland nicht als Hoheitsorgan, sondern als dem Privatrecht zugeordnete Vertretung tätig würde.[100] 28

Aus diesem Grunde wird die Praxis bemüht sein müssen, **pragmatische Lösungen** zu finden.[101] Die sich stellenden Fragen sind aus Sicht der Bundesrepublik auch mit Blick auf die jeweils fremde Rechtsordnung zu beantworten.[102] Insbesondere wird es darauf ankommen, stabile Kommunikationsbeziehungen zwischen den in- und ausländischen Interessenvertretungen aufzubauen.[103] Vgl. zur tariflichen Lückenschließung im BetrVG-Geltungsbereich bei Auslandsbetrieben und zur möglichen wechselseitigen Entsendung von Delegierten in die jeweils »fremde« (ausländischem Recht folgende) Interessenvertretung auf Grundlage tariflicher Regelungen *Einleitung*, Rn. 245. 29

---

92 Kritisch schon *Däubler*, RabelsZ 39 [1975], S. 444 [447 ff.], der tarifvertragliche Regelungen vorschlägt; *Birk*, RIW 1975, 589 [590], nennt das Territorialitätsprinzip eine »dogmatische Wundertüte«; vgl. ausführlich *ders.*, FS Schnorr v. Carolsfeld, S. 61 [78]; *Fischer*, RdA 02, 160 [162] nennt es ein »Gespenst« der deutschen Betriebsverfassung.

93 Vgl. eingehend *Schlüpers-Oehmen*, S. 17 ff. m. w. N.

94 So *RAG* 1.4.31, ARS 12, 111.

95 Vgl. statt vieler *Richardi*, Einl. Rn. 130 m. w. N.; *Reichold*, Betriebsverfassung, S. 310 ff.

96 Zutreffend insoweit *Schlüpers-Oehmen*, a. a. O., S. 27 f.

97 BGBl. I S. 1142.

98 Hierzu *Deinert*, RdA 09, 144 ff.

99 Vgl. zur Neuregelung des IPR auch *Däubler*, RIW 87, 249 ff. und den weiteren Entwicklungen *ders.*, RIW 00, 255 ff.; *Basedow*, NJW 86, 2971 ff.; *Hickl*, NZA-Beilage 1/87, S. 10 ff.; *Deinert*, Betriebsverfassung, a. a. O., S. 25, sieht Rspr. und Wissenschaft in der Pflicht, ein allgemeines Kollisionsrecht der Betriebsverfassung herauszubilden, solange der deutsche Gesetzgeber dies nicht tut. Im Rechtsstaat kann dies immer nur ein Notbehelf sein, da die Normsetzung Sache des Gesetzgebers ist.

100 *Deinert*, Betriebsverfassung, a. a. O., S. 29, 40; ähnlich auch GK-*Franzen*, Rn. 12.

101 Vgl. zu Rechtsfragen bei grenzüberschreitenden betrieblichen Regelungen *Birk*, FS Trinkner, S. 461 ff.; bedenkenswert auch die Empfehlung bei *Gamillscheg*, Kollektives Arbeitsrecht, Bd. II, S. 207, nötige Klärungen durch TV gem. § 3 Abs. 1 Nr. 3 BetrVG herbeizuführen.

102 Vgl. *Jacobs* [Niederlande], AiB 89, 30 ff.; *Le Friant* [Frankreich], AiB 89, 33 ff.; *Napier* [Großbritannien], AiB 89, 36 ff.; *Malagugini* [Italien], AiB 89, 41 ff.; *Däubler*, AiB 89, 44 ff.; *Le Friant/Zachert*, AiB 89, 50 ff.; *Zachert*, AuR 82, 20 ff.; *Kraushaar*, AiB 89, 53 ff.; knapper europäischer Rechtsvergleich bei *Junker*, RIW 02, 81.

103 Dazu *Bobke-v. Camen*, AiB 89, 230 ff.; *Däubler*, Betriebsverfassung in globalisierter Wirtschaft, S. 78 ff.

30 Vgl. zu der nach ausländischem Recht zu beurteilenden Frage, ob die in der BRD tätigen AN oder deren BR an ausländischen Interessenvertretungen beteiligt sein können, *Einleitung*, Rn. 238). Vgl. zum **EBRG** Anhang B und zum SE – Betriebsrat §§ 22 ff. SEBG sowie Anhang B, Vorbem. EBRG Rn. 12.

3. Persönlicher Geltungsbereich

31 Soweit die sonstigen Geltungsvoraussetzungen in gegenständlicher, räumlicher und zeitlicher Hinsicht vorliegen, findet das Gesetz für alle AN i. S. d. § 5 Anwendung. Dabei ist insbesondere zu klären, ob und gegebenenfalls welchem Betrieb ein AN zugehört (vgl. zur **Ausstrahlungsproblematik** oben Rn. 23, 25a; zur Betriebszugehörigkeit § 5 Rn. 13 ff.).

32 Dies betrifft vor allem auch Fälle der mehr oder weniger lang andauernden Beschäftigung von AN aus einem ausländischen Betrieb im Inland, die sich teilweise mit der sog. **Einstrahlungstheorie** lösen lassen.[104]

IV. Betriebsbegriff

1. Aspekte der Begriffsgeschichte

a) Ausgangspunkt: die fehlende gesetzliche Definition

33 Das Gesetz definiert trotz aller Vorankündigungen im Koalitionsvertrag von 1998[105] auch nach der **Novellierung 2001** und dem **Betriebsrätemodernisierungsgesetz 2021** den Begriff »Betrieb« nicht, sondern setzt ihn offenbar als mit einem bestimmten Inhalt versehenen **Rechtsbegriff** voraus.[106] Damit bleibt es bereits seit langem bei dem Missstand, dass der »Grundbegriff« des BetrVG als wesentliche Funktionsvoraussetzung des Gesetzes durch den Gesetzgeber ungeregelt geblieben ist.[107] Ein für alle Rechtsgebiete gleichermaßen verwendbarer Begriffsinhalt lässt sich nicht ohne weiteres annehmen, da die Gesetzeszwecke zu verschieden sind.[108] Auch für das **BetrVG** ist daher von einem **eigenen Begriffsinhalt** auszugehen.[109] Allerdings geben insoweit auch die im Gesetz verwandten Begriffe »Hauptbetrieb« (vgl. § 4 Rn. 12 ff.) und »Betriebsteil« (vgl. § 4 Rn. 42 ff.) keinen näheren Aufschluss. Auch in den bundes- bzw. reichsrechtlichen Vorläuferregelungen[110] des Gesetzes waren **keine Legaldefinitionen** des Begriffs enthalten. Einzig § 6 Abs. 1 des Bayerischen BRG vom 25. 10. 1950[111] und § 5 Abs. 1 des Hessischen BRG vom 31. 5. 1948[112] enthielten Legaldefinitionen.
§ 6 Abs. 1 des Bayerischen BRG lautete:

Betrieb im Sinne dieses Gesetzes ist jede auf räumlicher Einheit beruhende Sammlung von Arbeitnehmern zur fortgesetzten Erzielung von Arbeitsergebnissen ohne Rücksicht darauf, ob der Betrieb wirtschaftlichen oder anderen Zwecken dient.

---

104 Näher dazu MünchArbR-*v. Hoyningen-Huene*, § 211 Rn. 21, der die Einstrahlungsthematik allerdings nicht dem persönlichen, sondern dem räumlichen Geltungsbereich des Gesetzes zuordnet.
105 AuR 98, 477.
106 So etwa Richardi-*Maschmann*, Rn. 15; *Fitting*, Rn. 88.
107 Anders aber nun der DGB-Gesetzesvorschlag für ein modernes BetrVG, AuR Sonderausgabe April 2022, S. 6 ff.
108 Vgl. *Preis*, RdA 00, 257 ff.; *Richardi*, FS Wiedemann, 493 ff.; für den KSchG-Betriebsbegriff *Preis*, in: *Henssler/Moll* (Hrsg.), S. 1 ff.; *DDZ*, § 1 KSchG Rn. 18 f. Der RefE zum Hinweisgeberschutzgesetz (HinSchG) verwendet z. B. den sprachlich an §§ 3 Abs. 5, 18 Abs. 2 BetrVG angelehnten Begriff »Organisationseinheit«, um den Geltungsbereich des HinSchG zu beschreiben; dazu *Gortan*, NZA 22, 838, 839.
109 Vgl. *Fitting*, Rn. 92.
110 BetrVG 1952, BRG 1920.
111 GVBl. 1950 S. 227.
112 GVBl. 1948 S. 117.

§ 5 Abs. 1 des Hessischen BRG lautete:

Unter Betrieb ist jede auf die Erzeugung, Herstellung oder Verteilung von Gütern oder auf sonstige gewerbliche Leistungen (…) gerichtete Einheit sachlicher Betriebsmittel zu verstehen, in der Arbeitnehmer tätig sind.

Beiden vorstehend wiedergegebenen Legaldefinitionen ist der Versuch zu entnehmen, für den jeweiligen Gesetzeszweck geeignete **Beschreibungen desjenigen Zusammenhangs von AN** zu liefern, innerhalb dessen und **für den ein BR zu wählen ist.** Dabei verdient es besondere Erwähnung, dass in beiden Definitionen die **Arbeitgeberseite** nicht als Begriffsmerkmal erwähnt wird, was den Schluss zulässt, dass es hier primär um die Interessenvertretung der AN und die Voraussetzungen zur Bildung von deren **Handlungsorganisation** (Betriebsräte) geht, während die von der Arbeitgeberseite geschaffene **Leitungsorganisation** zur Koordination der unternehmerischen Zielsetzungen, die in und mit dem Betrieb verfolgt werden, offensichtlich **keine Rolle** spielen sollte.[113] In dieser Tradition einer stärker auf die AN-Seite und die Aufgaben des BR bezogenen Begriffsbildung scheint auch die Definition des **§ 1 Abs. 3 DGB-Entwurf 2022** zu stehen. Sie lautet: 34

*»Der Betrieb ist eine unterscheidbare Einheit, die zur Erledigung einer oder mehrerer Aufgaben bestimmt ist und die über eine Gesamtheit von Arbeitnehmer*innen sowie in der Regel über technische Mittel sowie über eine organisatorische Struktur zur Erfüllung dieser Aufgaben verfügt. Bei der Bestimmung des Betriebs sind die Ausübung der arbeitgeber- und belegschaftsbezogenen Aufgaben des Betriebsrates zu berücksichtigen mit dem Ziel, dass eine umfassende Wahrnehmung seiner Beteiligungsrechte ermöglicht wird.«*

Auch **der europarechtliche Betriebsbegriff** der Massenentlassungsrichtlinie, der nicht anhand der Rechtsvorschriften der Mitgliedstaaten zu bestimmen, sondern in der Unionsrechtsordnung autonom und einheitlich auszulegen ist[114], setzt keine entscheidungsbefugte Handlungs- und Leitungsorganisation des AG in der bzw. für die betreffende(n) Organisationseinheit(en) voraus.[115] Der Betrieb als Einheit muss deshalb weder rechtliche noch wirtschaftliche, finanzielle, verwaltungsmäßige oder technologische Autonomie besitzen.[116] Es genügt eine »unterscheidbare Einheit von einer gewissen Dauerhaftigkeit und Stabilität, die zur Erledigung einer oder mehrerer bestimmter Aufgaben bestimmt ist und über eine Gesamtheit von Arbeitnehmern sowie über technische Mittel und eine organisatorische Struktur zur Erfüllung dieser Aufgaben verfügt«.[117] Das *BAG* hat seinen im Rahmen von § 17 KSchG früher an §§ 1, 4 BetrVG orientierten Betriebsbegriff daraufhin unionsrechtskonform ausgelegt und verzichtet hier auf das sonst zwingend verlangte Leitungserfordernis.[118] Infolgedessen kann es wegen fehlender Deckungsgleichheit beider Begriffe zum Auseinanderfallen zwischen dem Bereich der betriebsverfassungsrechtlichen BR-Zuständigkeit und dem Bereich kommen, für den die Berechnung der Schwellenwerte des § 17 KSchG maßgeblich ist.[119] Hiervon sind wiederum zu unterscheiden die jeweiligen **unionsrechtlichen Betriebsbegriffe in der Betriebsübergangsrichtlinie**[120]**, der AN-Beteiligungsrichtlinie**[121] **und der Unterrichtungs- und Anhörungsrichtlinie**[122]. Funktionell stehen die beiden letztgenannten Richtlinien dem Sachkomplex der 35

113 So auch *Kohte*, Betrieb und Unternehmen, S. 390, 393.
114 So explizit *EuGH* 13.5.15 – C-392/13, NZA 669, 671 Rn. 42.
115 Vgl. *EuGH* 7.12.95, Slg. 95, I-4306 [Rockfon A/S] = AuR 96, 113.
116 Vgl. *EuGH* 15.2.07 – C-270/05, NZA 07, 319, 320; ebenso *EuGH* 30.4.15 – C- 80/14, NZA 15, 601, 602, Rn. 47; dazu *Kleinebrink/Commandeur*, NZA 15, 853 ff.
117 *EuGH* 13.5.15 – C-182/13, NZA 15, 731, 732 Rn. 30.
118 Vgl. *BAG* 26.1.17 – 6 AZR 442/16, NZA 17, 577 Rn. 21; dazu ErfK-*Kiel*,§ 17 KSchG Rn. 9; EuArbRK-*Spelge*, RL 98/59/EG, Art. 1 Rn. 59.
119 ErfK-*Kiel*, a.a.O. und mit weiteren Einzelheiten Rn. 10, 10a.
120 Dazu EuArbRK-*Winter*, RL 2001/23/EG, Art. 1 Rn. 6 ff.
121 Vgl. EuArbRK-*Oetker*, RL 2001/86/EG, Art. 2 Rn. 12: zwar enthält diese Richtlinie keinen eigenen Betriebsbegriff, es empfiehlt sich wegen vergleichbarer Zwecksetzungen aber eine Orientierung an der Definition des Betriebsbegriffes der Unterrichtungs- und Anhörungsrichtlinie.
122 Vgl. EuArbRK-*Weber*, RL 2002/14/EG, Art. 2 Rn. 10.

Betriebsverfassung im deutschen Rechtsverständnis noch am nächsten, im Übrigen folgen die durchaus unterschiedlichen Betriebsbegriffe des Unionsrechts jedoch dem Regelungszweck der jeweiligen Richtlinien, so dass das Auseinanderfallen der Begrifflichkeiten zwar zu beklagen aber auch nicht zu vermeiden ist.

36 Für den **Bereich des PersVR** nimmt der *BayVGH*[123] unter Aufgabe seiner bisherigen Rspr.[124] an, dass wesentliche Entscheidungskompetenzen in personellen und sozialen Angelegenheiten bei der Leitung einer Teildienststelle nicht erforderlich seien, um diese als nach Aufgabenbereich und Organisation eigenständig zu bezeichnen (Art. 6 Abs. 3 BayPVG).

b) Definitionsbemühungen des Gesetzgebers

37 Zwar hielt auch die **Bundesregierung** bei den Vorbereitungsarbeiten zum **BetrVG 1952** noch eine Legaldefinition für erforderlich. § 3 Abs. 1 des Gesetzentwurfs lautete:[125]

»Betrieb im Sinne dieses Gesetzes ist der Arbeitsverband von Arbeitgebern und Arbeitnehmern, der mit Hilfe von Arbeitsmitteln bei räumlicher Zusammenfassung bestimmte nicht-hoheitliche Aufgaben verfolgt.«

Im Zuge der weiteren Beratungen wurde jedoch **auf Intervention des Bundesrates** der Versuch einer Legaldefinition aufgegeben, weil »eine eindeutige begriffliche Abgrenzung im Gesetz nicht möglich« sei[126] und man meinte, »auf dem von Rechtsprechung und Wissenschaft entwickelten Betriebsbegriff aufbauen« zu können.[127] Insbesondere der Begriff »Arbeitsverband« wurde offenbar als untunlich empfunden.[128]

38 Auch fast 50 Jahre später, bei der **BetrVG-Novelle 2001**, ist es letztlich bei dem von *Sabel* im Jahre 1952 referierten Erkenntnisstand geblieben, indem der Gesetzgeber auf eine Definition verzichtete,[129] obgleich die Koalitionsvereinbarung zwischen SPD und GRÜNEN vom 20. 10. 1998 noch eben dies als herausragendes Beispiel für eine grundlegende Novellierung benannt hatte. Die bislang vergeblich gebliebenen gesetzgeberischen Definitionsbemühungen verweisen darauf, dass die präzise und praktisch leicht handhabbare Beschreibung des Betriebsbegriffs nicht nur zu einer der schwierigsten Fragen des BetrVG zählt.[130] Darüber hinaus lässt sich diesen Versuchen aber auch entnehmen, dass die **räumliche Einheit** der miteinander arbeitenden Personen immerhin als ein für den Begriff **nicht unwesentliches Merkmal** anzusehen ist.[131] Der **Novellierungsgesetzgeber 2001** wollte anscheinend mittelbar durch die Neufassung von § 5 Abs. 1 den räumlichen Aspekt in den Betriebsbegriff integrieren, wenn dort *inner*betriebliche und *außer*betriebliche AN in einen scheinbaren Gegensatz gestellt werden.[132]

---

123 26. 11. 97, PersR 98, 337.

124 16. 6. 94, PersR 95, 189.

125 Vgl. BT-Drucks. 1/1546, S. 2.

126 BT-Drucks. 1/1546, S. 71.

127 Bericht des Ausschussvorsitzenden *Sabel*, RdA 52, 281 ff.

128 Vgl. *Joost*, S. 76; *Kohte*, Betrieb und Unternehmen, S. 390; so aber wieder *Reuter*, Anm. zu AP Nr. 9 zu § 1 BetrVG 1972.

129 Vgl. Begründung des RegE, BT-Drucks. 14/5741, 26; dazu Richardi-*Maschmann*, Rn. 15: Realitätssinn des Gesetzgebers.

130 Vgl. schon *LAG Frankfurt* 10. 3. 49, RdA 50, 33 [34]; ähnlich auch *Gamillscheg*, Anm. zu *BAG* 3. 12. 85, 7. 8. 86, EzA § 4 BetrVG 1972 Nrn. 4, 5, S. 35, der mit Recht von der »unbewältigten Gegenwart des Betriebsbegriffs« spricht; *Zöllner*, FS Semler, S. 995 [1004], sieht sogar »Abgründe des Betriebsbegriffs«; *Richardi*, FS Wiedemann, S. 493 nennt ihn ein »Chamäleon«.

131 Vgl. aber die Relativierung dieses Kriteriums bei Richardi-*Maschmann*, Rn. 32 ff.; *Fitting*, Rn. 104, die jedoch nicht auf den historischen Zusammenhang Bezug nehmen; für die Betonung der räumlichen Nähe *Gamillscheg*, ZfA 75, 357 [399], sowie insbesondere *Joost*, S. 241 f., 265, der der räumlichen Verbundenheit gruppenkonstituierende Wirkung beimisst und diesen Gesichtspunkt für die Bildung »homogener Wählerschaften« für letztlich ausschlaggebend ansieht; auch *Rancke*, S. 253, misst der AN-Nähe der Vertretungsorgane größtes Gewicht bei; für eine Relativierung, aber als Untermerkmal des »vagen Klassenbegriffs Betrieb« *Kohte*, Betrieb und Unternehmen, S. 394, 396; zur wechselvollen Geschichte dieses Merkmals in den verschiedenen Begriffsdefinitionen und vor allem bei *Nipperdey* vgl. näher die *3. Aufl. 1992*, Rn. 31 ff.

132 So die Deutung von *Däubler*, AuR 01, 1 [4]; zurückhaltender *Trümner*, FA 01, 133 [136].

Ob dies allerdings absichtsvoll geschehen ist, erscheint auf Basis der Regierungsbegründung durchaus zweifelhaft.[133]

Keine echte Begriffsdefinition, wohl aber die gesetzliche Anerkennung eines von der Rspr. entwickelten Topos sowie eine **Beweislastregelung** enthält seit 2001 **Abs. 1 Satz 2 bzw. Abs. 2** mit der Bestimmung zum gemeinsamen Betrieb mehrerer UN. Mittelbar werden dadurch die Rspr. des BAG zum gemeinsamen Betrieb und die dort entwickelten Obersätze zu gesetzlichen Merkmalen erhoben (zum gemeinsamen Betrieb näher Rn. 88 ff.).[134] 39

c) Heutiger Meinungsstand in Kommentarliteratur und Rechtsprechung

Für gewöhnlich nimmt die **Kommentarliteratur** auch **heute** noch ganz i. S. d. BetrVG-Gesetzgebers aus dem Jahre 1952 (vgl. Rn. 37) Zuflucht zu dem von Rspr. und Lehre herausgebildeten Betriebsbegriff,[135] der zwar nach verbreiteter Auffassung auf Erwin Jacobi[136] zurückgehen soll, dessen einzelne Elemente aber in der sozialversicherungsrechtlichen Begriffsbildung des ausgehenden 19. Jahrhunderts wurzeln.[137] Jacobis Anliegen war es zum einen, die **Unterscheidung von Betrieb und Unternehmen** zu ermöglichen, und ferner, einen für alle Rechtsdisziplinen brauchbaren Betriebsbegriff als **objektiven Begriff** zu entwickeln.[138] 40

Jacobi[139] definierte *»als Begriff des Betriebes im objektiven Sinne die Vereinigung von persönlichen, sächlichen und immateriellen Mitteln zur fortgesetzten Verfolgung eines von einem oder von mehreren Rechtssubjekten gemeinsam gesetzten technischen Zweckes«*. Zugleich behauptete er die **Deckungsgleichheit** dieses objektiven Begriffes mit dem des BRG 1920,[140] was in der Folgezeit dafür ursächlich wurde, dass die Besonderheiten des betriebsverfassungsrechtlichen Normenzusammenhanges praktisch nicht in die Begriffsabgrenzung einbezogen wurden.[141] Das Merkmal des (heute so bezeichneten) »arbeitstechnischen Zwecks« (das bei Jacobi – dort als »technischer Zweck« bezeichnet – zur Unterscheidung von dem entfernteren ideellen oder wirtschaftlichen Zweck des UN diente) und das Merkmal der »Betreibereinheit«, die wenigstens in gesellschaftsrechtlicher Form vermittelt sein musste (Bildung einer Personengesellschaft), erlangten daher besondere Bedeutung,[142] während räumliche Gesichtspunkte eher nachrangigen Stellenwert besaßen. 41

Elemente der von *Jacobi* gefundenen Definition finden sich in nahezu allen Begriffsbildungen,[143] wobei es durchaus erhebliche formulierungstechnische Differenzen gibt, die über bloß semantische Unterschiede hinausgehen. Die vom ***BAG*** zu Grunde gelegte **Betriebsdefinition** lautet: *»Danach ist als Betrieb die organisatorische Einheit anzusehen, innerhalb derer der Unternehmer allein oder zusammen mit seinen Mitarbeitern mit Hilfe sächlicher und immaterieller Mittel bestimmte arbeitstechnische Zwecke fortgesetzt verfolgt«*.[144] Teilweise wird die Definition 42

133 Begr. zu Art. 1 Nr. 5, *BT-Drucks.* 14/5741, S. 35; vgl. auch die ergänzenden Erl. bei *Engels/Trebinger/Löhr-Steinhaus,* DB 01, 532 [536, Fn. 34].

134 Vgl. Rn. 66; ähnlich *Fitting,* Rn. 94.

135 Vgl. nur *Fitting,* Rn. 93; GK-*Franzen,* Rn. 28; HaKo-BetrVG-*Kloppenburg,* Rn. 9; kritisch zu Recht Richardi-*Maschmann,* Rn. 15, 19.

136 FS Ehrenberg, S. 1 [9].

137 Näher dazu *Joost,* S. 23, 49; MünchArbR-*Richardi,* § 22 Rn. 3; daneben ist vom *LAG Niedersachsen* 23.4.90 – 3 TaBV 27/90, LAGE § 1 BetrVG 1972 Nr. 3, S. 4, zusätzlich auf die in der Tradition der Reichsstatistik stehende Herkunft des *Jacobischen* Betriebsbegriffes hingewiesen worden, was dessen Tauglichkeit zur Lösung betriebsverfassungsrechtlicher Probleme zumindest auf den ersten Blick zweifelhaft erscheinen lässt.

138 Vgl. zu den Einzelheiten *3. Aufl. 1992,* Rn. 23 ff.; kritisch auch MünchArbR-*Richardi,* § 22 Rn. 4.

139 A. a. O., S. 9 f.

140 A. a. O., S. 36.

141 Ebenso MünchArbR-*Richardi,* § 22 Rn. 4.

142 Vgl. zur Kritik dieser Begriffsbildung im Einzelnen *3. Aufl. 1992,* Rn. 24 f., 26.

143 Vgl. zu den Begriffsmetamorphosen bei *Hueck* und *Nipperdey 3. Aufl. 1992,* Rn. 37 f. bzw. 31 ff.

144 *BAG* 9.12.92 – 7 ABR 15/92, uv. [Deutscher Herold], für das BetrVG; 18.1.90 – 2 AZR 355/89, AP Nr. 9 zu § 23 KSchG 1969, unter Betonung der Begriffsidentität im BetrVG und KSchG; dieselbe Formel wird in *BAG* 7.8.86, 29.1.87, 25.9.86, 14.9.88, AP Nrn. 5–7, 9 zu § 1 BetrVG 1972; 29.5.91 – 7 ABR 54/90, NZA 92, 74 [75], benutzt; anders noch in den früheren *BAG*-Entscheidungen zum Betriebsbegriff, vgl. nur *BAG* 3.12.54, AP Nr. 1 zu § 88 BetrVG; 13.7.55, AP Nr. 1 zu § 81 BetrVG,

noch mit dem Zusatz versehen, dass die fortgesetzte Verfolgung der arbeitstechnischen Zwecke »sich nicht in der Befriedigung von Eigenbedarf erschöpfen« dürfe,[145] womit offenkundig vor allem **private Haushalte** ausgeklammert werden sollen[146], was aber in jüngerer Zeit und vor dem Hintergrund der ab 1. 9. 2014 in Deutschland wirksam gewordenen ILO – Konvention 189 über menschenwürdige Arbeit für Hausangestellte[147] zu Recht als nicht mehr haltbar anzusehen ist.[148] Das Argument, es werde **im Haushalt nur der Eigenbedarf** gedeckt, überzeugt nicht, denn auch sonst wird beim Betriebsbegriff nicht auf die wirtschaftliche Bedeutung der betrieblichen Arbeitsorganisation abgestellt, sondern auf die Verfolgung arbeitstechnischer Zwecke, deren fortgesetzte Verfolgung durch Etablierung einer arbeitgeberseitigen Leitungsorganisation gewährleistet wird. Warum in einem Privathaushalt, der die nach Abs. 1 Satz 1 notwendige Zahl von AN als Hausangestellte beschäftigt, kein BR sollte gewählt werden können, bedarf einer besonderen Rechtfertigung. Die besondere soziale Nähe zwischen AG und AN stellt sich hier nicht anders dar, als in einem familiär geführten kleinen Handwerksbetrieb, der unter gleichen zahlenmäßigen Voraussetzungen ohne Zweifel dem BetrVG unterfällt, und scheidet daher als Sachgrund für eine Differenzierung aus.

43 Eine nähere Analyse des Prozesses der Begriffsbildung seit *Jacobi* ergibt, dass die vom *BAG*[149] verwendete Formel gar nicht auf *Jacobi* zurückgeht, sondern vielmehr identisch ist mit der Begriffsbestimmung, die das Beratungsergebnis im »Arbeitsrechtsausschuß der Akademie für Deutsches Recht« von 1938 darstellte und von *A. Hueck* seit 1959 maßgeblich propagiert wurde.[150] Während sich in der Definition von *Jacobi* die »Vereinigung« (i. S. v. organisatorischer Zusammenfassung) auf die Arbeitsmittel bezog (zu denen er auch die AN zählte), gibt die »organisatorische Einheit« in der Definition von *A. Hueck/BAG* einen Rahmen an für den Tätigkeitszusammenhang von Menschen (»innerhalb derer«; »UN mit seinen Mitarbeitern«) und damit wiederum – wenn auch nicht so maßgeblich wie bei *Joost – ein* immerhin mögliches **Datum** für die Einbeziehung **auch** des Merkmals **der räumlichen Nähe bzw. Einheit** in die Begriffsbestimmung.[151] Dieser Interpretationsrahmen ist bislang jedoch nicht ausgeschöpft worden.[152]

d) Der »Betrieb« als Typus (Fromen)?

44 Da es offenbar eine »Patentlösung« zur Bestimmung des Betriebs und damit der jeweils betriebsratsfähigen Einheit nicht gibt, wenn man sich an einer aus festen Merkmalen bestehen-

wo wie zuvor bei *Nikisch*, Bd. 1, S. 150 f., und bereits *ders.*, ZgStW, Bd. 103 [1943], S. 357, sowie *Dietz*, BetrVG, 4. Aufl., § 1 Rn. 36, der Betrieb definiert wird als die »organisatorische Einheit von Arbeitsmitteln, mit deren Hilfe jemand allein oder in Gemeinschaft mit seinen Mitarbeitern einen bestimmten arbeitstechnischen Zweck fortgesetzt verfolgt«.

145 Vgl. z. B. *BAG* 23. 3. 84, AP Nr. 4 zu § 23 KSchG 1969; 13. 9. 84, AP Nr. 3 zu § 1 BetrVG 1972; 16. 10. 87, AP Nr. 69 zu § 613a BGB.

146 Vgl. Richardi-*Maschmann*, Rn. 50; *Fitting*, Rn. 95; *Hueck-Nipperdey*, Bd. 1, 7. Aufl. 1963, S. 93; *Nikisch*, Bd. 1, S. 149, meint, dem Haushalt fehle es an einem nach außen in Erscheinung tretenden selbstständigen Lebensbereich, was für den Betrieb aber erforderlich sei; so schon *ders.*, ZgStW, Bd. 103, S. 357; anders noch *Dietz*, a. a. O., Rn. 36, der aus dem Definitionsmerkmal »Unternehmer« ableitet, dass der Haushalt ausscheidet.

147 BGBl. II 2013, 922.

148 Dazu *Kocher*, NZA 13, 929, 931, 932; vgl. aber *LAG Düsseldorf* 10. 5. 16 – 14 Sa 82/16, juris, das den Privathaushalt nicht als Betrieb i. S. d. §§ 1, 23 KSchG ansieht und hierbei auch keinen Verstoß gegen Grundrechte des AN oder die ILO-Konvention 189 annimmt (in der Revision beim *BAG* Az. 2 AZR 500/16 wurde die Sache durch Vergleich erledigt).

149 9. 12. 92 – 7 ABR 15/92, uv. [Deutscher Herold].

150 Zu den Einzelheiten *3. Aufl. 1992,* Rn. 31 ff.

151 Vgl. zu den formulierungstechnischen Versionen und ihren Verwendern *Joost*, S. 82 m. w. N.; in der h. M. wird freilich der räumlichen Einheit von Arbeitsstätten allenfalls ein indizieller Wert für die Annahme eines einheitlichen Betriebs beigemessen, vgl. etwa *BAG* 24. 2. 76, 23. 9. 82, AP Nrn. 2, 3 zu § 4 BetrVG 1972.

152 *Joost*, S. 147 f., weist darauf hin, dass in der Praxis die unterschiedlichen Formeln jedenfalls bisher nicht zu unterschiedlichen Sachaussagen geführt hätten.

den Definition orientiert, hat *Fromen*[153] vorgeschlagen, den Betrieb nicht als Begriff, sondern als **Typus** zu begreifen. Danach wäre der Betrieb durch eine Vielzahl von Merkmalen zu beschreiben, die in sehr unterschiedlichen Abstufungen im Sinne von »mehr oder weniger« vorliegen, im Einzelfall aber auch fehlen können. Ob ein zur Entscheidung stehender Einzelfall dem Typus entspricht, kann folglich **nicht** durch **Subsumtion** im herkömmlichen Sinne entschieden werden, **sondern** nur durch eine **wertende Zuordnung.** Der Einzelfall ist dem Typus zuzuordnen, wenn die typischen Merkmale in solcher Zahl und Stärke vorliegen, dass der Sachverhalt im Ganzen dem Typus entspricht. Methodisch durchaus ähnlich verfährt der ***EuGH*** in seiner Rspr. zum Betriebsbegriff nach der Betriebsübergangsrichtlinie[154], wenn er im Rahmen des sog. Sieben-Punkte-Katalogs die **wertende Gesamtbetrachtung** als maßgeblich erklärt.

Die **Struktur des Merkmalskomplexes,** der den Typus Betrieb beschreibt, ist nach *Fromen* aus **sechs Merkmalsgruppen** (Identität des Betriebsinhabers, Leitung, räumlicher Zusammenhang, soziale Verbundenheit, gemeinsame Nutzung der Betriebsmittel, Verknüpfung der Arbeitsabläufe) zusammengesetzt, die ihrerseits in Untergruppen zergliedert werden können.[155] Diese Methode ähnelt dem Vorschlag von *Kohte,*[156] der in Anknüpfung an die ältere Rspr. des *BAG* (Rn. 68 f.) die Merkmale der räumlichen Einheit, des Tätigkeitszusammenhangs und der informell-sozialkommunikativen Beziehungen als Ausgangspunkte wählt und diesen wiederum Untermerkmale zuordnet, die allerdings nicht fest konturiert sind – ebenso wenig wie der von ihm so bezeichnete »vage Klassenbegriff« Betrieb dies ist; ebenso wie bei *Fromen* erhält der arbeitgeberseitige **Leitungsapparat** in den sozialen und personellen Mitbestimmungsangelegenheiten »nur« den **Stellenwert eines Untermerkmals.** Der **DGB-Gesetzesvorschlag 1998** zu einer Betriebsdefinition, der sich methodisch an dem Vorstehenden orientierte, hat z. T. schroffe Ablehnung – gerade auch wegen der Nutzung der typologischen Methode – erfahren.[157] Ob die **Legaldefinition** in § 1 Abs. 3 des **DGB-Gesetzentwurfes 2022**[158] eine größere Akzeptanz finden wird, bleibt abzuwarten.[159] 45

Es könnte sich jedoch zur Verfeinerung der Vorgehensweise bei einer wertenden Zuordnung (vgl. Rn. 44) anbieten, die **Konturierung der Merkmalsgruppen** in der Weise vorzunehmen, dass als **Ausgangspunkt** der Typisierung die von *Rancke* festgestellten **sozialtypischen Betriebsformen**[160] herangezogen werden, um so zu einer möglichst präzisen idealtypischen Beschreibung des jeweiligen Betriebstypus zu gelangen. Dies könnte helfen, die Bedenken zu zerstreuen, die vor allem wegen der vermeintlich zu großen **Offenheit der typologischen Methode** gegen diese eingewandt werden.[161] Die Charakterisierung des Betriebsbegriffs als unbestimmter Rechtsbegriff (vgl. Rn. 71) durch das *BAG* selbst böte bereits heute einen geeigneten methodischen und prozeduralen Ansatzpunkt, um den Tatsacheninstanzen eine Abkehr von dem auf den Leitungsapparat fixierten Denken zu »erlauben«.[162] 46

---

153 FS Gaul, S. 151 [174].

154 Vgl. etwa *EuGH*, NZA 97, 433 und *EuGH*, NZA 16, 31.

155 Zu den Einzelheiten *Fromen,* FS Gaul, S. 178–182.

156 Betrieb und Unternehmen, S. 394.

157 Vgl. *Richardi,* NZA 00, 161 [163]; *Reichold,* NZA 99, 561 [566 f.]; ablehnend auch *Däubler,* AuR 01, 1 [2].

158 Vgl. AuR Sonderausgabe April 2022, S. 6.

159 Kritisch bereits *Annuß,* NZA 22, 694, der dieser Definition einen »nahezu vollständigen Verlust ihrer Differenzierungskraft« vorwirft.

160 Ein-Betrieb-UN, Punktbetrieb, Filial-UN, UN mit neuartiger Leitungs- und Organisationsstruktur, a. a. O., S. 173, 177, 186, 194.

161 Vgl. *Fromen,* FS Gaul, S. 176; als weitere Gesichtspunkte müssten in die Merkmalsgruppen eingeordnet werden: Effizienz der betrieblichen Mitbestimmungsordnung in Bezug auf die Erreichung von Grenz-Schwellenwerten für Mitbestimmungsrechte und Organisationsrechte des BR [vgl. Rn. 42]; Bedeutung der bisherigen Vertretungsorganisation [Tradition]; zu weiteren Elementen *Gamillscheg,* Anm. zu EzA § 4 BetrVG 1972 Nrn. 4 und 5, S. 56 ff.

162 Beispielgebend insoweit *LAG Niedersachsen* 23. 4. 90 – 3 TaBV 27/90, LAGE § 1 BetrVG 1972 Nr. 3.

2. Normzweck: die Abgrenzung betriebsratsfähiger Einheiten

a) Betriebsratsfähige Einheiten als Organisationsgliederungen von UN

47 BR werden gemäß § 1 **in Betrieben** gewählt, die über eine gewisse Mindestzahl von wahlberechtigten und wählbaren AN i.S.d. Gesetzes verfügen (vgl. zum AN-Begriff § 5 Rn. 8 ff.; zur Wahlberechtigung § 7; zur Wählbarkeit § 8). Der betriebsverfassungsrechtliche Begriff des Betriebs darf **nicht** mit dem des UN verwechselt werden: **ein UN ist nicht** der Betrieb i.S.d. BetrVG; **ein UN hat** einen (oder mehrere) Betrieb(e), aber dies ist nicht zwingend, weil es durchaus UN ohne Betrieb i.S.d. Gesetzes geben kann: Der Betrieb eines arbeitnehmerlosen UN ist jedenfalls wegen der in § 1 aufgestellten Voraussetzungen für die Errichtung von BR betriebsverfassungsrechtlich uninteressant[163]. Das UN ist somit entweder allein oder mit anderen UN gemeinsam (dazu unten Rn. 88 ff.) Rechtsträger/Inhaber eines Betriebs oder mehrerer Betriebe (vgl. zum Begriff »Inhaber« Einl. Rn. 155). Weil ein UN mehrere Betriebe haben kann (diese müssen nicht etwa als Filiale oder **Zweigniederlassung** i.S.v. §§ 13 ff. HGB anzusehen sein, sie können »unterhalb« dieser handelsrechtlichen Formalisierung bleiben), besteht auch die vom Gesetz mitbedachte Möglichkeit, dass innerhalb des Gesamtbereichs eines UN mehrere BR gewählt werden können (sog. mehrbetrieblich aufgebautes UN). Das Gesetz trägt dem durch die seit 1972 in § 47 zwingend vorgesehene Errichtung eines GBR auf der Ebene des UN Rechnung, sobald innerhalb eines UN mindestens zwei BR-Gremien gebildet sind, und grenzt in § 50 die Zuständigkeitsbereiche des GBR von denjenigen der örtlichen, auf Betriebs- oder Betriebsteilebene errichteten BR ab.[164]

48 Das Gesetz kennt darüber hinaus in § 4 aber auch noch die Begriffe **Hauptbetrieb, Betriebsteil** und **Kleinstbetrieb** und knüpft hieran bezüglich der BR-Bildung gewisse Besonderheiten (vgl. zu diesen Begriffen § 4 Rn. 12 ff., 42 ff., 135 ff.). Die Vorschrift fingiert unter den in ihr genannten Voraussetzungen, dass ein Betrieb vorliegt und somit ein BR auch für den Betriebsteil zu wählen ist. § 4 soll vor allem dem heute eher üblichen – für bestimmte Gewerbezweige des Handels und Dienstleistungssektors geradezu typischen – Erscheinungsbild eines UN mit notwendigerweise hochgradig dezentraler und räumlich weit verteilter Aufbauorganisation hinsichtlich seiner Betriebsstätten Rechnung tragen (z.B. Einzelhandelsfilialunternehmen, Banken, Versicherungen usw.; vgl. zum Sonderproblem der **Filial-UN** § 4 Rn. 88 ff.).

49 **Keiner dieser** für die BR-Bildung und damit für die konkrete Mitbestimmungsentfaltung der AN so grundlegenden **Begriffe wird** jedoch **im Gesetz näher bestimmt.** Dies führte aber zu der bisher allgemein verbreiteten These (vgl. Rn. 40 f.), dass auch im Betriebsverfassungsrecht an den im Jahre 1926 von *Jacobi* (allerdings zu anderen Zwecken) begründeten und in der Folgezeit von Rspr. und Literatur weiterentwickelten **allgemein-arbeitsrechtlichen Begriff** anzuknüpfen sei (vgl. zur Begriffsgeschichte näher *3. Aufl. 1992,* Rn. 18 ff.). Dass dieser vermeintlich allgemeingültige Begriff gerade **für betriebsverfassungsrechtliche Zwecke** weitestgehend **untauglich** ist, haben eine Reihe von Untersuchungen deutlich belegt.[165] Heute wächst demgegenüber die Erkenntnis, dass eine **objektive Definition** dieser für die Betriebsverfassung konstitutiven Begriffe im Grunde **unmöglich** ist, da es sich um Funktions- oder Gebrauchs-

---

163 Vgl. insoweit *BAG* 10.4.91 – 4 AZR 467/90, NZA 91, 856, wonach die Mitarbeiter im Betrieb eines alternativen Zimmerei-UN keine AN sind, wenn sie alle Gesellschafter dieses UN und zugleich alle zu Geschäftsführern bestellt sind; andererseits steht die Gesellschaftereigenschaft als solche nicht schon der Annahme des AN-Status entgegen; vgl. dazu *BAG* 28. 11. 904 AZR 198/90, DB 91, 659).

164 Zu diesem für den Betriebsbegriff grundlegenden Funktionszusammenhang näher *Kohte,* Betrieb und Unternehmen, S. 390 ff.

165 Vgl. *Joost,* Betrieb und Unternehmen als Begriff im Arbeitsrecht, 1988; *Kohte,* Betrieb und Unternehmen unter dem Leitbild des Organisationsvertrages, 1987; Zweifel waren allerdings bereits von *Gamillscheg,* ZfA 1975, 357 ff., geäußert worden – allerdings ohne entsprechenden Widerhall in der Rspr. hervorzurufen; vgl. auch *Rancke,* Betriebsverfassung und Unternehmenswirklichkeit, 1982, S. 251 ff., der drei gesetzesleitende Prinzipien für die Abgrenzung betriebsratsfähiger Einheiten angibt, nämlich [1] die bereichsgebundene Institution zur Verwirklichung effektiver Mitbestimmung bei größtmöglicher Entscheidungsnähe, [2] die Arbeitnehmernähe des gesetzlichen Vertretungsorgans [Ortsnähe], [3] die Einheitlichkeit des BR, und sie auf ihre Realisierung hin mit der Rechtswirklichkeit abgleicht; vgl. auch unten Rn. 53 f.

begriffe handelt, deren konkreter Inhalt aus dem jeweiligen Normzweck zu bestimmen ist.[166] Hierin liegt der Grund dafür, dass der Gesetzgeber die Möglichkeiten zur vom Gesetz abweichenden kollektivvertraglichen Regelung der Betriebsverfassungsstrukturen in § 3 durch die **Novellierung 2001** erheblich erweitert hat, wenngleich der Betriebsbegriff des Gesetzes in seiner Auslegung durch Rspr. und Lit. als solcher unverändert geblieben ist. Freilich haben auch die seither verstrichenen Jahre und damit verbundene Entwicklungen der Betriebswirklichkeit (z. B. der **Matrixorganisation,** vgl. Rn. 78, 81 ff. und *Einleitung*, Rn. 274, 277) bereits neue Anpassungs- und Ergänzungsbedarfe selbst zu § 3 erkennbar werden lassen[167], denen der Gesetzgeber jedoch im sog. **Betriebsrätemodernisierungsgesetz v. 14.6.2021**[168], das am 18.6.2021 in Kraft getreten ist, keine einzige Zeile gewidmet hat.

b) Zentralität der BR-Struktur als Leitbild des Gesetzes?

Wie die im Zusammenhang mit § 50 zu lesende Regelung der §§ 1, 4 ergibt, will das Gesetz gerade **unterhalb der UN-Ebene** eine Vertretungsorganisation der Arbeitnehmer schaffen, die die gesetzliche Mitbestimmungsordnung (und die Kommunikationsstrukturen) möglichst **ortsnah und effektiv** verwirklicht.[169] Diesem Gesichtspunkt trägt der **Novellierungsgesetzgeber 2001** durch eigene **Optionsrechte der Belegschaft** (§ 3 Abs. 3, § 4 Abs. 1 Satz 2 n. F.) in allerdings engem Rahmen Rechnung. 50

§ 50 Abs. 1 weist dem **GBR** überdies eine bloß **subsidiäre** funktionale **Zuständigkeit** zu, so dass es jedenfalls in Anwendung der gesetzlichen Vorschriften über die Repräsentationsbereiche auch falsch wäre, bei einem in mehrere Betriebsstätten gegliederten UN die Bildung nur eines zentralen BR vorzunehmen.[170] Gerade § 47 verdeutlicht, dass bei dezentraler Aufbauorganisation ein BR nicht für den Gesamtbereich eines UN gebildet werden kann, sondern dort zu wählen ist, wo gearbeitet wird.[171] Dagegen sollen Fragen, die das Gesamt-UN betreffen, dem GBR vorbehalten bleiben. Aus dieser **Normzweckanalyse** ergibt sich weiter, dass **methodisch nicht** davon auszugehen ist, die Betriebsfiktion für Betriebsteile gemäß § 4 nur in Ausnahmefällen anzuwenden, d. h., die Vorschrift eng auszulegen, und damit einer **eher zentralistischen Betriebsräteorganisation** das Wort zu reden.[172] Denn anders als noch die Vorläuferbestimmung des § 3 BetrVG 1952, die bereits eindeutig vom Wortlaut her (»nur dann«) als Ausnahmevorschrift konzipiert war, enthält § 4 BetrVG 1972 derlei Ansatzpunkte für eine einschränkende Auslegung schon seinem Wortlaut nach nicht. Nach § 46 BetrVG 1952 war im Unterschied zu der seit 1972 geltenden Rechtslage (vgl. § 47) die Bildung eines GBR zudem nicht zwingend vorgesehen, so dass es damals durchaus sinnvoll war, vom Prinzip eines ein- 51

---

166 So auch MünchArbR-*Richardi*, § 22 Rn. 15 f., 26 im Anschluss an *Joost*, a. a. O.

167 Dazu nunmehr DGB-Gesetzesvorschlag 2022, AuR – Sonderheft April 2022, S. 7 f., der eine ganz erhebliche Ausdifferenzierung des § 3 BetrVG vorschlägt; zuvor auch schon mit einem dezidierten Vorschlag für die Gesetzgebung *Claudia Schubert*, Betriebliche Mitbestimmung in Unternehmen und Konzernen mit Matrixorganisation, HSI-Schriftenreihe, Band 23 (2017), S. 77 f.; vgl. auch *Beschlüsse des 71. Deutschen Juristentages 2016 zum Arbeits- und Sozialrecht*, der eine Änderung des § 3 Abs. 1 und 5 dahingehend empfiehlt, durch TV auch von den Vorschriften des BetrVG zur Organisationsstruktur abweichen und zusätzliche AN-Vertretungsgremien einrichten zu können, die mit Rechten ausgestattet werden, wie sie für BR vorgesehen sind. Hierzu auch das vorbereitende DJT-Gutachten von *Krause*, Digitalisierung und Arbeitswelt – Herausforderungen und Regelungsbedarf, 2016, S. B 88 ff.

168 BGBl. I S. 1762 ff.

169 *BAG* 3.12.85, AP Nr. 28 zu § 99 BetrVG 1972; *Kohte*, Betrieb und Unternehmen, S. 392; *ders.*, Anm. zu *BAG* 29.1.92 – 7 ABR 27/91, AP Nr. 1 zu § 7 BetrVG 1972; *ders.*, BB 92, 137 ff.; *ders.*, RdA 92, 302 ff.; *LAG Niedersachsen* 23.4.90 – 3 TaBV 27/90, LAGE § 1 BetrVG 1972 Nr. 3; vgl. zu diesem Normzweck bereits die ältere Rspr.: *BAG* 23.9.60, 1.2.63, 5.6.64, AP Nrn. 4, 5, 7 zu § 3 BetrVG; 5.4.63 – 1 ABR 7/62, uv., dieser Beschluss erlaubte bei der Frage, wie sinnvollerweise im konkreten Fall die Abgrenzung erfolgen soll, den Willen der Arbeitnehmerschaft zu Grunde zu legen.

170 *Joost*, S. 93.

171 MünchArbR-*Richardi*, § 22 Rn. 16, 28.

172 So aber noch *BAG* 24.2.76, AP Nr. 2 zu § 4 BetrVG 1972 in offenbar unkritischer Fortschreibung der Begriffsbildung, wie sie zu § 3 BetrVG 1952 vorgenommen worden war; vgl. auch § 4 Rn. 44.

heitlichen BR für das UN nur ausnahmsweise abzuweichen.[173] Durch §§ 3 Abs. 1 Nr. 1, Abs. 3; 4 Abs. 1 Satz 2, die durch TV bzw. Option der Belegschaft eine unternehmensbezogene, einstufige Repräsentation erlauben, wird diese Sichtweise vom **Novellierungsgesetzgeber 2001** gleichsam bestätigt.

52 Andererseits zwingt das Gebot effektiver Verwirklichung der gesetzlichen Mitbestimmungsordnung (vgl. Rn. 50; man könnte deshalb vom betriebsverfassungsrechtlichen **Effizienzprinzip** sprechen) dazu, auch unter Berücksichtigung von § 4 die Abgrenzung der jeweiligen betriebsratsfähigen Organisationseinheit so vorzunehmen, dass möglichst **das vollständige Spektrum von Beteiligungsrechten** erreicht wird **und** eine **arbeitsfähige betriebsrätliche Arbeitsorganisation** möglich ist (z. B. Bildung eines BR, der aus mehreren Personen besteht, vgl. § 9; Aufrechterhaltung von Kontinuität trotz möglicher Fluktuation der Mitglieder infolge Rücktritts oder Ausscheidens, vgl. §§ 13 Abs. 2, 24 Abs. 1 Nr. 2–4; Ausschussbildung, vgl. §§ 27, 28; Freistellungen, vgl. § 38).

c) Leitungsorganisation des AG oder Handlungsorganisation der AN?

53 BR haben – worauf *Birk*[174] und *Oehmann*[175] bereits früher hingewiesen hatten – sowohl **auf den AG bezogene Aufgaben** (z. B. bei der Wahrnehmung ihrer Mitbestimmungsfunktionen durch Verhandlungen, Beratungen, Gespräche usw.) als auch **auf die AN bezogene Aufgaben** (z. B. Betriebsversammlungen durchführen, Sprechstunden einrichten, erreichbar sein, Aufsuchen der AN an den Arbeitsplätzen usw.).[176] Das erfordert bei der Bestimmung dessen, was im konkreten Fall als Betrieb anzusehen ist und deshalb – bildlich gesprochen – als Wahlkreis gilt, für den ein BR (nicht etwa: ein BR-Mitglied) zu wählen ist, eine **Verknüpfung von organisations- und belegschaftsbezogenen Momenten bei der Begriffspräzisierung.**[177] Die **notwendige Kombination beider Gesichtspunkte** schließt es nach hier vertretener Ansicht deshalb **entgegen** einer starken anders lautenden Tendenz in der Rspr. – insbesondere des *7. Senats des BAG*[178] – aus, den Betrieb oder die betriebsratsfähigen Einheiten unter Vernachlässigung der belegschaftsbezogenen Momente im Wesentlichen **allein** nach der vom AG (zudem ohne jede Einwirkungsmöglichkeit der AN-Seite) geschaffenen **Leitungsorganisation** bezüglich der Wahrnehmung der **Kernaufgaben** im Bereich der sozialen und personellen **Mitbestimmungsangelegenheiten** zu bestimmen.[179]

54 **Richtig** an der Sichtweise, die sich auf den Leitungsapparat des AG fixiert, **ist lediglich,** dass ein BR zur Wahrnehmung der Mitbestimmungsrechte eines Repräsentanten/Vertreters des AG bedarf (arbeitgeberbezogenes Aufgabenmoment des BR). **Falsch ist jedoch** die Annahme, dass deswegen ein BR stets nur in der und für die Organisationseinheit zu bilden ist, in der diese Leitungsorganisation personell, physisch oder institutionell angesiedelt ist.[180] Wollte man dies annehmen, könnte eine arbeitgeberseitige Zentralisierung von Befugnissen in den Mitbestimmungsangelegenheiten auf der Ebene der Unternehmensleitung ohne weiteres dazu führen, dass für ein an sich mehrbetrieblich, d. h. dezentral, organisiertes Unternehmen **nur noch ein**

173 Näher dazu *Kohte,* Betrieb und Unternehmen, S. 391.
174 AuR 78, 226 [230].
175 DB 64, 587 [588].
176 Dazu etwa *Neumann-Duesberg,* AuR 67, 161 [164].
177 So zutreffend noch *BAG* 24. 2. 76, AP Nr. 2 zu § 4 BetrVG 1972; 29. 3. 77, AuR 78, 254 [256], wo auf den arbeitgeberseitigen Leitungsapparat als einem lediglich *mit* entscheidenden [aber eben nicht *allein* entscheidenden] Gesichtspunkt abgestellt wird; vgl. näher *Kohte,* BB 92, 137, 140.
178 Vgl. 9. 12. 92 – 7 ABR 15/92, uv. [Deutscher Herold]; 29. 1. 92, NZA 92, 894; 29. 5. 91, NZA 92, 74; 26. 7. 89 – 7 ABR 22/88, uv. [Dialysezentrum]; 18. 1. 89, EzA § 14 AÜG Nr. 1; 14. 9. 88, EzA § 1 BetrVG 1972 Nr. 7.
179 Gegen die Dominanz der Leitungsstrukturen bei der Begriffsbildung des Betriebs auch *Däubler,* Anm. zu AP Nr. 8 zu § 1 BetrVG 1972 Gemeinsamer Betrieb; auch *Zöllner,* FS Semler, S. 995 ff., plädiert vorsichtig für die Abkehr von einer allzu einseitig auf die Leitungsorganisation ausgerichteten Denkweise bei der Bestimmung des Begriffs »Betrieb«; vgl. zur europarechtlichen und personalvertretungsrechtlichen Begriffsbildung o. Rn. 35, 36.
180 *Joost,* S. 247.

BR gebildet werden könnte.[181] Das würde allerdings der im Gesetz selbst zum Ausdruck gekommenen und der daraus folgenden Aufgabenzuweisung an die BR einerseits und den GBR andererseits zuwiderlaufen.

Die Anknüpfung an den »Kernaufgaben im Bereich der sozialen und personellen Mitbestimmungsangelegenheiten« offenbart gerade in Bezug auf UN mit **Arbeitsdirektor** (vgl. §§ 33 Abs. 1 MitbG, 13 Abs. 1 MontanMitbG und § 13 Satz 1 MitbErgG) für die Frage der betriebsratsfähigen Einheit eine problematische Situation: Soll etwa wegen der kraft Gesetzes stets notwendig auf der Ebene des vertretungsberechtigten Organs des UN angesiedelten »Kernbereichszuständigkeit« in derartigen UN (mit i. d. R. mehreren auch großen Betriebsstätten) immer nur ein einziger BR gebildet werden können?[182] 55

Die Fixierung auf den arbeitgeberseitigen **Leitungsapparat** trägt allein **einem** Gesichtspunkt einer effektiven Mitbestimmungsordnung besonders Rechnung, nämlich dem der **Entscheidungsnähe.**[183] Die hinter dieser Verfahrensweise stehende Befürchtung, dass Verhandlungen des BR erfolglos bleiben müssten, wenn sie nicht mit demjenigen geführt werden, der die Entscheidungen für den AG **tatsächlich** trifft, vermengt die tatsächliche **Entscheidungszuständigkeit** (Leitungsapparat) mit der rechtlichen **Entscheidungszurechnung** zum AG. Der BR ist nicht bei einem (mehr oder weniger zufällig vorhandenen, vor allem austauschbaren) physischen Entscheidungsträger zu bilden, sondern für eine mit Hilfe des Betriebsbegriffs abzugrenzende AN-Gruppe; sodann hat er die gesetzlichen Rechte und Pflichten gegenüber dem jeweiligen Entscheidungsträger wahrzunehmen;[184] dies können durchaus verschiedene Personen sein.[185] 56

Die Unterscheidung von Betrieb und Unternehmen in §§ 1, 4, 47 hat den Zweck, die **Interessenvertretung der AN** und nicht etwa eine auf die AN zielende Handlungsorganisation für den arbeitgeberseitigen Leitungsapparat zu schaffen. Es geht dabei um die **Regelung von Wahlkreisen** oder, was dasselbe meint, die **Bildung homogener Wählerschaften** innerhalb des UN-Bereichs, für die zur praktischen Realisierung der gesetzlichen Mitbestimmungs- und Kommunikationsordnung die Bildung eigener BR sinnvoll ist.[186] Die vom Gesetz als **Betriebsrat** bezeichnete **Handlungsorganisation der Arbeitnehmerseite** soll möglichst ortsnah und effektiv verwirklicht werden. Sie dient den AN-Belangen, »um derentwillen es überhaupt eine Betriebsverfassung gibt«.[187] Deshalb ist es richtig, in Zweifelsfällen bei der Abgrenzung bzw. Festlegung der betriebsratsfähigen Einheiten **den belegschaftsbezogenen Momenten Vorrang** gegenüber möglicherweise zu einem anderen Ergebnis führenden arbeitgeberbezogenen Momenten **zu geben,** weil dies dem grundsätzlichen Anliegen des Betriebsverfassungsrechts als **Organisationsrecht für die arbeitnehmerseitige Handlungsorganisation** besser entspricht.[188] 57

---

181 So tatsächlich die Konsequenz in *LAG Hamm* 7.3.90 – 3 TaBV 139/89, uv., wo die – naturgemäß – beim Vorstandsmitglied ressortierende allumfassende Zuständigkeit im Personal- und Sozialwesen als Kristallisationspunkt des einheitlichen Leitungsapparats angenommen wurde und in dem UN mit bisher mehreren BR in den verschiedenen räumlich getrennten Betriebsstätten somit nur noch ein BR unter Wegfall des bisherigen GBR gebildet werden kann.

182 Vgl. zum arbeitsdirektorialen Zuständigkeitsbereich *Köstler/Kittner/Zachert/Müller,* Aufsichtsratspraxis, Rn. 678 ff.; *Schiessl,* ZGR 92, 64, 72; *Hammacher,* RdA 93, 163.

183 Dazu und zum Spannungsfeld zwischen Entscheidungsnähe und Arbeitnehmernähe *Rancke,* S. 254, 256, der für eine Abwägung beider Momente plädiert; die Untersuchung von *Rancke* ergab rechtstatsächlich eine Dominanz des Prinzips der Entscheidungsnähe zu Lasten der Arbeitnehmernähe bei der Abgrenzung betriebsratsfähiger Einheiten, vgl. ebd., S. 265, 267, 272, 276.

184 *Joost,* S. 247.

185 Vgl. *Däubler,* Anm. zu AP Nr. 8 zu § 1 BetrVG 1972 Gemeinsamer Betrieb; zum betriebsverfassungsrechtlichen AG-Begriff auch *Wißmann,* NZA 01, 409 ff.; *ders.,* NZA 03, 1 [2 f.] und *Joost,* FS Zeuner, S. 67 ff.

186 *Gamillscheg,* ZfA 75, 357, 361 f.; *ders.,* AuR 89, 33; *Joost,* S. 93, 239, 308, 399; MünchArbR-*Richardi,* § 22 Rn. 16, 27; *Kohte,* Betrieb und Unternehmen, S. 393, 396.

187 So schon *Oehmann,* DB 64, 587, 588, und *BAG* 5.4.63 – 1 ABR 7/62, uv., das dem *Willen der Belegschaft* bei der Abgrenzung erheblichen Stellenwert beimisst [vgl. Rn. 70].

188 Für eine arbeitnehmerorientierte Sichtweise bereits *Hessel,* RdA 51, 450 [451]; *Kohte,* BB 92, 137 [141]; *ders.,* RdA 92, 302 [310] mit dem Hinweis, dass eine dominierende Orientierung am Gesichtspunkt der arbeitgeberseitig geschaffenen Leitungsorganisation [Leitungsapparat] zur Auflösung

3. Die Rechtsprechung des BAG

a) Allgemeines, Begriffsmerkmale

58 Nach der vom *BAG* seit Beginn der 80er Jahre bis in die heutige Zeit (mit kleinen begrifflichen Unterschieden) gleich bleibend zugrunde gelegten **Definition** ist der »**Betrieb** die organisatorische Einheit, innerhalb derer der Unternehmer allein oder zusammen mit seinen Mitarbeitern mit Hilfe sächlicher und immaterieller Mittel bestimmte arbeitstechnische Zwecke fortgesetzt verfolgt«.[189] Obgleich das *BAG* selbst meinte, dass für das **BetrVG** von einem **besonderen Betriebsbegriff** auszugehen sei, der an den Gesetzeszwecken ausgerichtet werden müsse,[190] wird in der Rspr.-Praxis somit eine Definition benutzt, die nicht für betriebsverfassungsrechtliche Zwecke entwickelt wurde, sondern auf den allgemeinen Betriebsbegriff zurückgeht, der in den 30er Jahren unter maßgeblicher Beteiligung von *A. Hueck* geprägt worden ist.[191]

59 Auf der Basis dieser Definition erscheint es zunächst formal folgerichtig, als **Merkmale des Betriebsbegriffs** anzusehen:

60 • die **Einheit des Inhabers** (Inhaberidentität; bisweilen – so vor allem bei Betriebsübergängen gemäß § 613a BGB in kurzer Folge – ist es schwierig festzustellen, wer gerade Inhaber im Rechtssinne ist und damit AG bzw. UN im betriebsverfassungsrechtlichen Regelungszusammenhang), so dass die als »Betrieb« zu beurteilende Einheit grundsätzlich nur **einen** bestimmten Inhaber haben kann, der zudem in gesellschaftsrechtlicher Weise organisiert sein muss (natürliche oder juristische Person oder Personengesamtheit).[192] Wie wenig die Begriffsdefinition der h. M. mit der Betriebsverfassung zu tun hat, zeigt sich schon daran, dass danach auch ein »Alleinbetrieb« des UN (ohne AN!) möglich ist; für das BetrVG ist das allerdings eine unbeachtliche Konstellation.[193] § 1 Abs. 1 Satz 2 zeigt freilich, dass die Einheit des Inhabers gerade kein Merkmal des betriebsverfassungsrechtlichen Betriebsbegriffs ist;[194]

61 • **nicht** begriffsnotwendig soll das **Vorhandensein von AN** nach h. M. sein,[195] eine in der Tat groteske Annahme,[196] die – jedenfalls für das Betriebsverfassungsrecht – nur als völlig weltfremd bezeichnet werden kann;

62 • das **Vorhandensein von Betriebsmitteln,** was freilich nur in den seltensten Fällen zum ausschlaggebenden Kriterium werden dürfte.[197] Die **Betriebsmittel müssen nicht im Eigentum des Inhabers stehen;** eine tatsächliche Nutzungsmöglichkeit (Besitz i. S. v. §§ 854 BGB) zur Verfolgung des vom Inhaber vorgegebenen Zweckes genügt, was schon daran deutlich wird, dass die von UN genutzten sachlichen Betriebsmittel oftmals nur gemietet, gepachtet, geleast oder sonst zur Nutzung überlassen sind, also im Eigentum eines Dritten i. S. v. §§ 903 ff. BGB stehen, der nicht Betriebsinhaber ist;

---

gewachsener BR führe und im Übrigen mit der Entdeckung einer irgendwie »zuständigen« Personalleitung ende [a. a. O., S. 310 mit entsprechender Erwähnung von *LAG Hamm* 15. 5. 91 – 3 TaBV 184/90, uv.; 22. 1. 92 – 3 TaBV 133/91, uv.; vgl. auch *LAG Hamm* 7. 3. 90 – 3 TaBV 139/90, oben Rn. 54 a. E.]; zur Kritik auch § 4 Rn. 81.

189 Vgl. *BAG* 9. 12. 92 – 7 ABR 15/92, uv. [Deutscher Herold]; 29. 1. 92, NZA 92, 894; 29. 5. 91, NZA 92, 74; 18. 1. 90, AP Nr. 9 zu § 23 KSchG 1969; 14. 9. 88, AP Nr. 9 zu § 1 BetrVG 1972; vgl. zu früheren vom *BAG* verwendeten Definitionen Rn. 42.

190 Vgl. *BAG* 1. 2. 63, AP Nr. 5 zu § 3 BetrVG.

191 Dazu Rn. 43; vgl. auch *Joost*, S. 84.

192 Vgl. *BAG* 5. 12. 75, 11. 12. 87, AP Nrn. 1, 7 zu § 47 BetrVG 1972; 29. 11. 89, DB 90, 1568; so schon *Jacobi*, S. 9, 11; *Hueck/Nipperdey*, Bd. 1, 7. Aufl. 1963, S. 93 f.; vgl. zur weitgehenden Beseitigung dieses Erfordernisses in der jüngsten Rspr. des *BAG* zum Gemeinschaftsbetrieb mehrerer UN Rn. 92 ff.

193 Vgl. aber *BAG* 22. 5. 79, AP Nr. 4 zu § 111 BetrVG 1972.

194 Vgl. *Fitting*, Rn. 98.

195 Vgl. nur *Nikisch*, Bd. 1, S. 149.

196 *Wagner*, AuR 90, 245 [250]; kritisch auch *Joost*, S. 236.

197 Und in der Rspr. bisher auch nicht geworden ist; der von *Joost*, S. 233, angeführte Fall einer betriebsmittellosen Pantomimengruppe ist zwar exotisch, zeigt aber auch, wie wenig es für den betriebsverfassungsrechtlichen Begriff, der den Bereich angeben soll, für den ein BR gewählt werden kann, auf derartige Merkmale ankommen kann; unverständlich *Nikisch*, Bd. 1, S. 150, der einen Betrieb ohne Sachmittel für undenkbar hält; gekünstelt auch die Bemühung *Galperins*, BABl. 50, 61, den Bauchladenbetrieb eines Einzel-UN aus dem Betriebsbegriff auszugrenzen, weil die technische Betriebsanlage nicht ganz unbedeutend sein dürfe.

- die **Verfolgung** eines **arbeitstechnischen Zweckes,** wobei es praktisch unmöglich ist, zu bestimmen, was ein arbeitstechnischer Zweck im konkreten Fall ist;[198] 63
- die **Art des verfolgten Zweckes** (Produktion, Vertrieb, Verwaltung, Dienstleistung usw.) spielt für den Begriff des Betriebs keine Rolle; lediglich der **Familienhaushalt** (vgl. Rn. 42) ist nach h. M. kein Betrieb i. S. d. Gesetzes, allerdings nicht wegen seines besonderen Zweckes, sondern weil er nur der Befriedigung des Eigenbedarfs dient;[199] 64
- die **Einheit der Organisation,** die offenbar wegen der Unschärfen der vorgenannten Merkmale – insbesondere des arbeitstechnischen Zwecks – letztlich zum ausschlaggebenden Kriterium wenigstens in der heutigen Rspr. geworden ist.[200] Die Betonung dieses Kriteriums erscheint zunächst plausibel, wenn man bedenkt, dass der Betrieb definitionsgemäß »die organisatorische Einheit« darstellt. Insofern könnte die Bevorzugung dieser Definition gegenüber der früher verwandten (vgl. Rn. 42) ihren Grund in der Unzulänglichkeit einer zu sehr auf den arbeitstechnischen Zweck ausgerichteten Begriffsbildung haben. Was aber nun wiederum für die Einheit der Organisation kennzeichnend ist, beantwortet das *BAG* unter Hinweis auf den **einheitlichen Leitungsapparat,** von dem aus der Einsatz der menschlichen Arbeitskraft gesteuert wird. Die Begriffsbildung der h. M. verschiebt damit das Abgrenzungsproblem, was denn nun einen Betrieb ausmacht, von einem schillernden Topos zum anderen, ohne dass dadurch ein höheres Maß an Konkretisierung erreicht würde (vgl. aber die Fälle in Rn. 73 ff.). Zu Recht stellt *Maschmann*[201] die Frage, welche Leitungsbefugnisse denn nun betriebskonstituierend sind, auch er kann jedoch hierauf keine überzeugende Antwort geben. 65

Seit *BAG* 18. 1. 90[202] und ebenso in den zahlreichen in *BAG* 14. 9. 88[203] angeführten Entscheidungen heißt es zur **Frage der einheitlichen Organisation:** 66

»Mit und in einem Betrieb können gleichzeitig verschiedene arbeitstechnische Zwecke verfolgt werden (…). In erster Linie kommt es auf die Einheit der Organisation, weniger dagegen auf die Einheitlichkeit der arbeitstechnischen Zweckbestimmung an (…). Regelmäßig liegt ein einheitlicher Betrieb vor, wenn die in einer Betriebsstätte vorhandenen materiellen und immateriellen Betriebsmittel für den oder die verfolgten arbeitstechnischen Zwecke zusammengefasst, geordnet und gezielt eingesetzt werden und der Einsatz der menschlichen Arbeitskraft von einem einheitlichen Leitungsapparat gesteuert wird.«

Damit hat sich das *BAG* allerdings in der Substanz von der alten Lehrbuchdefinition entfernt und den Begriff auf die **einfache Formel** reduziert: Betrieb = Einheit der Organisation, Einheit der Organisation = einheitlicher Leitungsapparat, einheitlicher Leitungsapparat = Stelle, die die Kernaufgaben in den sozialen und personellen Mitbestimmungsangelegenheiten wahrnimmt (zur Kritik oben Rn. 53 f., vgl. auch Rn. 78). 67

---

198 Dazu schon *3. Aufl. 1992,* Rn. 25; insoweit zutreffend die Kritik *Nikischs,* Bd. 1, S. 153 f., wonach es auf die Einheitlichkeit des Zweckes für die Annahme eines Betriebs nicht ankommen könne, weil derselbe UN denselben Zweck durchaus in mehreren selbstständigen Betrieben verfolgen könne; bei gleicher theoretischer Begriffsbildung sind offenbar keine konsistenten Auslegungsergebnisse zu erzielen: In *BAG* 24. 1. 64, AP Nr. 6 zu § 3 BetrVG wurde für ein Zeitungsverlags-UN mit Sitz in Düsseldorf und zehn in der gesamten BRD verstreut liegenden Geschäftsstellen wegen der Verfolgung desselben Zweckes ein [bundesweiter] Betrieb angenommen; auch in *BAG* 3. 12. 85, EzA § 4 BetrVG 1972 Nr. 4 wurde für ein UN der Erwachsenenbildung, das diesen »Zweck« in mehreren räumlich weit getrennt voneinander liegenden Kleinstbetrieben mit jeweils nur 2–3 AN verfolgte, ein einheitlicher Betrieb angenommen; umgekehrt käme niemand auf den Gedanken, einen einheitlichen Betrieb desselben Automobilherstellers anzunehmen, der in Emden ein Werk betreibt, in dem der Autotyp X hergestellt wird, während er in Hannover den Typ Y erzeugt, obgleich es doch in beiden Werken um die Verfolgung desselben arbeitstechnischen Zwecks »Automobilherstellung« geht; vgl. im Übrigen Rn. 74 und die weiteren Rspr.-Fälle zu »parallelen« Zwecken und bundesweiten einheitlichen Betrieben unten § 4 Rn. 64 ff.

199 Vgl. *Fitting,* Rn. 95; Richardi-*Maschmann,* Rn. 50.

200 Vgl. insbesondere *BAG* 14. 9. 88, AP Nr. 9 zu § 1 BetrVG 1972 m. w. N.

201 Richardi-*Maschmann,* Rn. 28.

202 AP Nr. 9 zu § 23 KSchG 1969.

203 AP Nr. 9 zu § 1 BetrVG 1972.

b) Die ältere Rechtsprechung des BAG

68 Unklar ist bis heute geblieben, warum das *BAG* – die Unzulänglichkeit der an einer allgemeinen arbeitsrechtlichen Definition orientierten Begriffsbildung offenbar selbst verspürend – seinen mit der **Entscheidung vom 23. 9. 60**[204] begonnenen und im Beschluss vom 1. 2. 63[205] zusammengefassten **Ansatz** wieder **verlassen** hat, weniger von einer Lehrbuchdefinition auszugehen und sich stattdessen auf Merkmale zu konzentrieren, die zumindest teilweise am Gesetzeszweck orientiert sind und damit vorrangig die Bildung von BR und deren Aufgabenerfüllung ins Auge fassen.

69 Nach der Entscheidung vom 1. 2. 63[206] waren folgende Gesichtspunkte bei der Abgrenzung betriebsratsfähiger Einheiten zu beachten:[207]

- bei der Bestimmung des Betriebs soll es weniger auf die wirtschaftliche (auf diese kommt es nach der Definition der h. L. niemals an!) als vielmehr auf die **arbeitstechnische Seite** der Organisation ankommen;
- **kein Betrieb** mit der entsprechenden Mindestzahl von AN solle **ohne BR** bleiben;
- die Abgrenzung setze daher **Belegschaften** voraus, die möglichst **oberhalb** der Grenze der **Betriebsratsfähigkeit** lägen;
- die BR-Fähigkeit nicht selbstständiger **Betriebsteile** und **Nebenbetriebe** sei in § 3 BetrVG 1952 als Ausnahme formuliert und somit eng auszulegen (insoweit hat sich die Rechtslage jedoch mit dem BetrVG 1972 geändert, vgl. Rn. 51);
- ein **unfruchtbares Nebeneinanderarbeiten** mehrerer in ihrem Aufgabenbereich sich überschneidender BR und eine **unerquickliche Rivalität** müssten vermieden werden;
- von großer Bedeutung sei das Vorliegen einer **lebendigen Betriebsgemeinschaft,** d. h. nach Möglichkeit eine im persönlichen Zusammenarbeiten erworbene nähere Verbundenheit innerhalb der Belegschaft;
- ein **enges Verhältnis** sei auch zwischen **BR und Belegschaft** erforderlich; die zu wählenden BR-Mitglieder sollten die Betriebs- und Arbeitsbedingungen aus eigener Anschauung und Sachkunde beurteilen können;
- es gehe darum, möglichst sichere und **stabile Verhältnisse** zu schaffen, so dass eine **klare Abgrenzbarkeit** gefördert werde;
- es sei **entscheidend »mit« zu berücksichtigen,** wo die Entscheidungen des AG insbesondere in mitbestimmungspflichtigen Angelegenheiten getroffen würden (es handelt sich hierbei augenscheinlich in der älteren Rspr. nur um einen von vielen anderen Gesichtspunkten).

70 Schließlich könnte es nach der *BAG*-Rspr. als einem weiteren Faktor auch darauf ankommen, **was die Belegschaft wünscht.**[208]

71 Die damit gewählte **Methode des *BAG*,** anstatt auf einen definierten Begriff zur Abgrenzung betriebsratsfähiger Einheiten auf einen **Merkmalskatalog** abzustellen, birgt allerdings neue Unsicherheiten. Dies erkannte das Gericht auch selbst. Es gibt nämlich Fälle, in denen sowohl Merkmale vorliegen, die für die Betriebseinheit sprechen, als auch solche, die gegen sie angeführt werden können.[209] In derartigen Fällen spiele »das Moment des Überwiegens eine entscheidende Rolle«, wobei »weniger auf die Anzahl der einzelnen für oder gegen die Betriebseinheit sprechenden Gründe« abzustellen sei als vielmehr »auf ihr Gewicht«, da andernfalls

---

204 AP Nr. 4 zu § 3 BetrVG.
205 AP Nr. 5 zu § 3 BetrVG.
206 A. a. O.
207 Vgl. auch die Zusammenfassung bei *Kohte,* Betrieb und Unternehmen, S. 385 f., und die umfangreiche Auseinandersetzung mit dem Beschluss vom 1. 2. 63 bei *Joost,* S. 149–164.
208 *BAG* 5. 4. 63 – 1 ABR 7/62, u. v., S. 15: »Die Belegschaft wünscht, daß in H. nur ein Betriebsrat gebildet wird. Nach Möglichkeit ist aber auch dieser Wille der Belegschaft zu beachten, wenn es sich [wie beim Betriebsrat] um Dinge handelt, die in erster Linie die Belegschaft angehen« [in der Entscheidung handelte es sich darum, ob zwei Versicherungsgesellschaften, die aus versicherungsaufsichtsrechtlichen Gründen das Lebensversicherungsgeschäft und das Sach- und Haftpflichtgeschäft in getrennten Gesellschaften betreiben müssen, einen einheitlichen Betrieb haben; vgl. Rn. 106 und zu derselben Frage auch *BAG* 1. 12. 61, AP Nr. 1 zu § 80 ArbGG 1953; 14. 9. 88, AP Nr. 9 zu § 1 BetrVG 1972]; zum »Willen der AN« auch Rn. 50, Fn. 136.
209 *BAG* 1. 2. 63, AP Nr. 5 zu § 3 BetrVG.

das Ergebnis oft »von Zufälligkeiten abhängen könnte«.[210] Der Betriebsbegriff sei ein **unbestimmter Rechtsbegriff,** weshalb die Abwägung der einzelnen Merkmale grundsätzlich Sache der Tatsacheninstanz sei, die einen gewissen Beurteilungsspielraum habe. In neuerer Zeit hat *Fromen*[211] versucht, an den Gedanken eines nicht völlig in sich abgeschlossenen Merkmalkatalogs einer Definition anzuknüpfen, und angeregt, den **Betrieb** nicht als Begriff, sondern **als Typus** zu verstehen (näher dazu Rn. 44 ff.).

Wie *Joost*[212] gezeigt hat, sind die vom *BAG*[213] zusammengestellten Untermerkmale zum Teil sogar mit dem Gesetz nicht zu vereinbaren, die einzelnen **Merkmale** sind überdies **nicht** miteinander **kompatibel,** so dass die **Methode des Gewichtens** versagen muss, weil keine rationalen Abwägungskriterien angebbar sind (Äpfel-Birnen-Vergleich). Hierin dürfte auch der eigentliche Grund dafür liegen, weshalb die fallbezogene Analyse der *BAG*-Entscheidungen[214] zu keinen präzisen Aussagen berechtigt: Eine tatsächliche Gewichtung der in der Entscheidung vom 1. 2. 63[215] benannten Merkmale ist denn auch in keiner der danach ergangenen Entscheidungen mehr vorgenommen worden.[216] **72**

Der Übergang von einer Begriffsdefinition zu einem Merkmalskatalog war aber methodisch möglicherweise gerade die Weichenstellung dafür, dass das Merkmal der **Leitungsorganisation** schrittweise als **besonders wichtiges Kriterium** betont werden konnte. Infolgedessen scheint die Behauptung berechtigt, dass das *BAG* entgegen der bisweilen beschwörenden Berufung auf *Jacobis* Formel in Wahrheit gar nicht mehr dessen Begriffsdefinition benutzt, sondern einen **eigenen Betriebsbegriff** geprägt hat, der am deutlichsten in *BAG* 14. 9. 88[217] zum Ausdruck kommt: »Regelmäßig liegt ein einheitlicher Betrieb vor, wenn (…) der Einsatz der (…) Arbeitskraft von einem einheitlichen Leitungsapparat gesteuert wird.« Diese Formulierung hat zumindest den Vorteil, die Probleme zu beseitigen, die das Merkmal des arbeitstechnischen Zwecks aufwarf. **73**

Da es nach der heute h. M. für die Betriebseinheit weder auf die **Art des** im »Betrieb« verfolgten **arbeitstechnischen Zweckes** noch darauf ankommt, ob **ein oder mehrere Zwecke** verfolgt werden,[218] ist dieses bei *Jacobi* zentrale Begriffsmerkmal (dort aber »technischer Zweck« genannt) praktisch aufgegeben worden. Wenn es gar nicht darauf ankommt, ob in einem »Betrieb« Produktion, Vertrieb, Verwaltung oder Dienstleistung oder alles zusammen stattfindet, und wenn es ferner gleichgültig ist, wie viele Zwecke verfolgt werden, dann kommt es auch nicht mehr darauf an, ob der arbeitstechnische Zweck auf größtmöglichem Abstraktionsniveau formuliert wird[219] oder durch Summierung von konkret benannten Teilzwecken.[220] Methodisch ist es dann aber ausgeschlossen, den Betrieb überhaupt noch über das Merkmal des oder **74**

---

210 *BAG* a. a. O.
211 FS *Gaul,* S. 151 [174 ff.].
212 S. 150 ff.
213 1. 2. 63, AP Nr. 5 zu § 3 BetrVG.
214 Dazu eingehend *Joost,* S. 160 ff.
215 A. a. O.
216 So auch der ernüchternde Befund bei *Joost,* S. 161; nach *Kohte,* Betrieb und Unternehmen, S. 386, erfolgte eine willkürlich anmutende Herausnahme einzelner Faktoren durch die Rspr.
217 AP Nr. 9 zu § 1 BetrVG 1972; vgl. Rn. 66.
218 Vgl. nur oben Rn. 63; *Fitting,* Rn. 99.
219 Z. B. Herstellung von Waren; dafür *Birk,* AuR 78, 226 [231].
220 Herstellung von Hämmern, Zangen, Nägeln usw.; in dieser Richtung *BAG* 17. 12. 85, NZA 86, 804: die Spielart »Monte Carlo« ist anderer arbeitstechnischer Zweck als die Spielart »Las Vegas«; die Spielbank hatte also nicht etwa das »Glücksspiel« als arbeitstechnischen Zweck [so aber die Vorinstanz *LAG Niedersachsen* 10. 5. 83 – 12 TaBV 9/82]; vgl. auch *BAG* 28. 4. 93 – 10 AZR 38/92, EzA § 111 BetrVG 1972 Nr. 28: Rinder-, Kälber- und Schweineschlachtung als einheitlicher arbeitstechnischer Zweck, nicht etwa »Tierschlachtung«; s. dagegen *BAG* 9. 2. 94 – 2 AZR 666/93, EzA § 613a BGB Nr. 116: Rindfleischzerlegung im Schlachthof als selbstständiger Betriebsteil mit ebendiesem speziellen arbeitstechnischen Zweck; wieder anders *BAG* 21. 1. 96, NZA 96, 1107 [1108]: Produktion und Verwaltung sind jeweils verschiedene arbeitstechnische Zwecke; nach *BAG* 13. 5. 04 – 8 AZR 331/03, EzA § 613a BGB 2002 Nr. 26 liegt beim Übergang von der (industriellen) Schuh-Massenfertigung zur (handwerklichen) Schuh-Musterfertigung eine Änderung des Betriebszwecks vor; vgl. zur Kritik des Zweck-Begriffs auch *Gamillscheg,* Anm. zu EzA § 4 BetrVG 1972 Nrn. 4 und 5, S. 49 ff.; für konkrete Betrachtung *Schwanecke,* S. 46.

der arbeitstechnischen Zwecke(s) zu definieren. Diese Aufgabe kommt nun dem Merkmal des Leitungsapparates zu. Allerdings ist der vom *BAG* in ständiger Rspr. verwendeten Formulierung (vgl. Rn. 66) auch zu entnehmen, dass **Einheit der Organisation** (= einheitlicher Leitungsapparat) und **arbeitstechnischer Zweck** in einem Rangverhältnis zueinanderstehen: **Primär** kommt es auf die Einheit der **Organisation** an, der arbeitstechnische Zweck spielt (richtigerweise) nur eine untergeordnete Rolle (ist aber zumindest der Form nach als Merkmal nicht aufgegeben worden).

c) Die Begriffsmerkmale in den neueren Entscheidungen

aa) Abgrenzungsproblem: mehrere Betriebe oder einheitlicher Betrieb desselben UN?

75 Die Abgrenzung betriebsratsfähiger Einheiten ist dann noch relativ einfach zu bewältigen, wenn es »nur« um die Frage geht, ob ein und dasselbe UN einen oder mehrere Betriebe hat. Die *BAG*-Entscheidung vom 23. 9. 82[221] hatte sich damit zu befassen, ob die **Hauptverwaltung** und eines von vielen Produktionswerken einer Mineralölgesellschaft, die auf demselben Betriebsgelände lagen, zusammen einen Betrieb bilden, und verneinte dies. Obgleich für die Belegschaften beider Teilbereiche des UN durchaus Gemeinsamkeiten bestanden (teilweise Unterbringung in denselben Räumen; Benutzung derselben Kantine, Betriebskrankenkasse und Unterstützungskasse; gemeinsamer Werkschutz und gemeinsames Wohnungswesen), stellte das *BAG* darauf ab, dass sowohl jeweils **verschiedene arbeitstechnische Zwecke** verfolgt wurden (Verwaltung einerseits, Produktion andererseits) als auch für diese Bereiche eine **getrennte Leitungsorganisation** in den mitbestimmungspflichtigen sozialen und personellen Angelegenheiten bestand. Demgegenüber sei die **räumliche Einheit** nicht entscheidend, da sie **nicht ein Merkmal** für die Annahme eines einheitlichen Betriebs darstelle, **sondern nur** einen **Anhaltspunkt** hierfür.[222] Zur Frage, ob der Hauptverwaltungsbetrieb zugleich Hauptbetrieb i. S. v. § 4 ist, vgl. § 4 Rn. 23 ff.

76 In einem an das LAG zurückverwiesenen Beschlussverfahren[223] ging es darum, ob durch die umzugsbedingte **räumliche Zusammenlegung von zwei** bisher selbstständigen **Betrieben** desselben UN fortan nur noch ein Betrieb existierte. Der Betrieb »Vertriebsniederlassung K.« des UN, der bisher in Kassel in der F.-Straße lag, zog in die Betriebsstätten in der L.-Straße um, in dem bis dahin nur die Geschäftsbereiche Anlagentechnik und Hausgeräte untergebracht waren. Letztere bildeten für sich genommen einen einheitlichen Betrieb. Trotz des Umzugs blieb die Vertriebsniederlassung fachlich und organisatorisch der zentralen Vertriebsverwaltung in F. unterstellt. Gemeinsamkeiten beider »Betriebe« bestanden insoweit, als die Werkskantine, der Betriebsarzt, die Energieversorgung, die Telefonanlage und das Ausbildungswesen für die zusammengelegten Teile des UN gleichermaßen zuständig waren.[224] Auch hier prüfte das Gericht **unter den Gesichtspunkten des arbeitstechnischen Zwecks und des einheitlichen Leitungsapparates,** ob eine Betriebseinheit angenommen werden konnte. Die **Verschiedenheit der arbeitstechnischen Zwecke** wurde bejaht, weil die bloß marginalen arbeitstechnischen Gemeinsamkeiten des Vertriebsbereichs mit der Produktionsstätte durch gemeinsame Benutzung »unwesentlicher Randfunktionen wie die Energieversorgung, Telefonanlage und Hausverwaltung«[225] gegenüber der weiterbestehenden **fachtechnischen Unterstellung** des Vertriebs unter die Zentrale in F. nicht ins Gewicht falle. Weil damit aber letztendlich nur eine **Mehrzahl arbeitstechnischer Zwecke** anzunehmen ist, was der Annahme eines einheitlichen Betriebs

---

221 AP Nr. 3 zu § 4 BetrVG 1972.

222 In *BAG* 9. 5. 58, AP Nr. 1 zu § 3 BetrVG waren Hauptverwaltung und Produktionsbereich u. a. dann als einheitlicher Betrieb angesehen worden, wenn das UN überhaupt nur eine Betriebsstätte hat oder zwar mehrbetrieblich organisiert ist, die Hauptverwaltung aber räumlich oder organisatorisch eng mit einem dieser Betriebe zusammenhängt und der betreffende Produktionsbetrieb gegenüber den übrigen zum UN gehörenden Betrieben nach der Zahl der Belegschaftsmitglieder von besonderer Bedeutung ist.

223 *BAG* 25. 9. 86, AP Nr. 7 zu § 1 BetrVG 1972.

224 Vgl. auch den Umzugsfall *RAG* 11. 11. 31, ARS 13, 435 [Konfektionsgeschäft], *3. Aufl. 1992, Rn. 50.*

225 *BAG*, a. a. O.

gerade nicht entgegenstehen muss, kommt es wiederum darauf an, wo die maßgeblichen **mitbestimmungspflichtigen Entscheidungen** in personellen und sozialen Angelegenheiten fielen. Dies konnte aus tatsächlichen Gründen nicht festgestellt werden; deshalb erfolgte Zurückverweisung an das *LAG*.

Dagegen führt die Verrichtung **bloß paralleler arbeitstechnischer Zwecke** in verschiedenen Betriebsstätten häufig zur Annahme nur eines einheitlichen – bisweilen bundesweiten – Betriebs (näher dazu § 4 Rn. 63 ff.; vgl. zu Filialbetrieben § 4 Rn. 88 ff.). Ein »paralleler« Zweck liegt vor, wenn das UN den gleichen Zweck in verschiedenen Betriebsstätten verfolgt.[226] 77

bb) Leitungsorganisation; insbes. Matrixstrukturen

Bereits in den vorgenannten Beispielen aus der Rspr. des *BAG* (Rn. 75, 76) ist deutlich geworden, dass selbst bei der unproblematischen Frage, ob dasselbe UN einen oder mehrere Betriebe hat, letztlich die **Leitungsorganisation** des UN **entscheidend** für die Abgrenzung der betriebsratsfähigen Einheiten ist.[227] Andere Gesichtspunkte (dazu Rn. 87) werden auch methodisch nicht gegen dieses Kriterium in Abwägung gebracht, so dass hiernach etwa die **räumlich enge Verbindung** von Belegschaften nicht geeignet ist, bei verschiedenen Leitungsapparaten gleichwohl einen einheitlichen Betrieb anzunehmen.[228] Insoweit erscheint es bemerkenswert, dass in der Entscheidung vom 25.9.86[229] die im Grunde nicht mehr in der Tradition *Jacobis* stehende neuartige Definition des Betriebsbegriffs, die letztlich den »einheitlichen Leitungsapparat« über die Einheit des Betriebs entscheiden lässt, in den Rang eines Leitsatzes erhoben worden ist.[230] 78

Allerdings ist nach der Rspr. des *BAG* auch der **Begriff des einheitlichen Leitungsapparates** sehr diffus. Ob und wo der einheitliche Leitungsapparat vorhanden ist, hängt maßgeblich wiederum davon ab, wo die Entscheidungen in den sozialen und personellen Angelegenheiten[231] getroffen werden.[232] Während das *BAG* zunächst auch der in der Praxis weit verbreiteten dezentralisierten Leitungsorganisation Rechnung trug[233] und den nach zentralen Weisungen handelnden Betriebsleiter (der noch nicht einmal stets als leitender Angestellter innerhalb des UN anzusehen sein muss) als in diesem Sinne »personifizierte institutionelle Leitung« für die Annahme der Eigenbetrieblichkeit einer Arbeitsstätte genügen lässt, selbst wenn dieser **nicht** die Kompetenz für **alle betriebsverfassungsrechtlich relevanten Maßnahmen** hat, erfolgte eine derartige differenzierte Betrachtung bis in neuere Zeit nicht mehr. Erst mit der Entscheidung des *BAG* vom 9.12.09[234] wurde dieser Aspekt wieder aufgenommen. Danach bedeutet die unternehmerische **Weisung** an dezentrale Leitungen, **sich vor eigenen Entscheidungen** in personellen/sozialen Angelegenheiten durch die zentrale Personalrechtsabteilung **beraten zu lassen,** nicht, dass es den dezentralen Leitungen an der erforderlichen Leitungsmacht fehlen würde, die Voraussetzung für das Vorliegen eines Betriebes i. S. v. § 1 Abs. 1 Satz 1 BetrVG ist[235]. Deshalb kann selbst bei zwei unter derselben Betriebsadresse unterhaltenen Einrichtungen desselben UN aus der auch dort angesiedelten **Einheit der Personalverwaltung** (einheitliche Personalabteilung mit einheitlicher Personalaktenführung) allein noch **nicht** auf eine auch betriebskonstituierende **einheitliche Leitung** für beide Einrichtungen geschlossen werden, 79

---

226 Z. B. Lebensmittelgeschäfte in verschiedenen Orten, vgl. *BAG* 24.2.76, AP Nr. 2 zu § 4 BetrVG 1972.

227 Zu dem in dieser Hinsicht atypischen Fall des *BAG* 3.12.85, EzA § 4 BetrVG Nr. 4 sogleich Rn. 83.

228 Vgl. *BAG* 21.7.04 – 7 ABR 57/03, EzA § 4 BetrVG 2001 Nr. 1.

229 AP Nr. 7 zu § 1 BetrVG 1972.

230 Vgl. Rn. 73; ähnlich zwar schon *BAG* 7.8.86, AP Nr. 5 zu § 1 BetrVG 1972, dort aber für den besonderen Fall eines Gemeinschaftsbetriebs mehrerer UN.

231 Nicht auch den wirtschaftlichen Angelegenheiten, vgl. *BAG* 29.1.87, AP Nr. 6 zu § 1 BetrVG 1972.

232 Vgl. schon *BAG* 29.3.77, AuR 78, 254; ständige Rspr. seit der Klarstellung in *BAG* 29.1.87, a. a. O.; *BAG* 18.1.90 – 2 AZR 355/89, AP Nr. 9 zu § 23 KSchG 1969; unzutreffend daher *LAG Düsseldorf* 17.1.95 – 3 TaBV 97/94, LAGE § 4 BetrVG 1972 Nr. 7, das auch die Entscheidungskompetenz in wirtschaftlichen Fragen verlangt.

233 Vgl. *BAG* 23.9.82, AP Nr. 3 zu § 4 BetrVG 1972.

234 7 ABR 38/08, DB 10, 1409.

235 Das *LAG Sachsen-Anhalt* 21.4.15 – 2 TaBV 27/14, juris, wertet das Fehlen der Einstellungs- bzw. Kündigungsbefugnis bei einem Vorgesetzten in der Außenstelle eines UN daher als Umstand, der gegen die Qualifizierung dieser Außenstelle als »echten« Betrieb gem. § 1 Abs. 1 spricht.

wenn die Leitung der Personalabteilung nicht auch die Entscheidungen auf personellem und sozialem Gebiet trifft, sondern diese Kompetenzen durch Geschäftsordnung bei den Einrichtungsleitern liegen *und* von diesen auch tatsächlich ausgeübt werde.[236] Daran ändere auch ein sog. Vier-Augen-Prinzip (Unterzeichnung durch Personalabteilung *und* Einrichtungsleitung) nichts, wenn die Personalabteilung dadurch nur ihre die Entscheidung vorbereitende Funktion dokumentiere; anders könne das aber dann sein, wenn die Leitung solche Entscheidungen im Auftrage der Geschäftsführung trifft.[237]

80 Als ausreichend wurde – trotz Konsultationspflichten – die Entscheidungsmacht über Einstellungen, Befristungen, Abmahnungen und Kündigungen angesehen sowie die Funktion als Ansprechpartner des jeweiligen BR in betriebsverfassungsrechtlichen Angelegenheiten und die Zuständigkeit, BVen auszuhandeln und zu unterzeichnen. Der bis dahin Einzige vom *BAG*[238] insoweit entschiedene Fall (die übrigen Verfahren wurden an die *LAG* zur Sachaufklärung zurückverwiesen) nahm das **Vorliegen eines Leitungsapparates** und damit Betriebseinheit für die Fallkonstellation »Zwei UN – ein Betrieb« (näher dazu Rn. 88f.) an, wenn die Vorstandsressorts »Personal und Verwaltung« der beteiligten UN in Personalunion geführt werden und die darunter liegenden Leitungsebenen ebenfalls für die beteiligten UN zuständig sind. Damit suggeriert die Rspr. allerdings ein zentralistisches Bild einer Leitungsorganisation, die so häufig nicht anzutreffen ist. In *BAG* 23.9.82[239] war es für die Annahme einer Leitung noch ausreichend, wenn dort »erkennbar die **deutliche Mehrheit der Entscheidungen** getroffen werden, die der Mitbestimmung unterliegen« (vgl. zur Problematik dieser Merkmale in Bezug auf UN mit arbeitsdirektorialem Zuständigkeitsbereich o. Rn. 55).

81 Da es – gänzlich anders als das Rechtsprechungsbild des *BAG* suggeriert – in der Betriebswirklichkeit gerade der jüngeren Zeit häufig zu einer **»verteilten« (dezentralen) Leitungsorganisation** kommt und nicht ein und dieselbe Person oder Stelle für alle Mitbestimmungsangelegenheiten zuständig ist, darf eine derartige Arbeitsteilung auf der AG-Seite nicht zu der Annahme führen, ein einheitlicher Leitungsapparat liege nicht mehr vor.[240] Dass auf Grund der Zuständigkeitsregelungen auf AG-Seite (Binnenorganisation) **verschiedene Verhandlungspartner** als Beauftragte oder Vertreter des AG für den BR vorhanden sein können, ist daher für die Annahme eines einheitlichen Leitungsapparates unschädlich.[241] Die Schwäche der für den Betriebsbegriff allein noch auf die Leitungsorganisation fixierten h. M. offenbart sich im Zusammenhang mit **Matrix-Strukturen von Betrieben, UN und Konzernen**[242] in besonders deutlicher Form (vgl. dazu knapp § 47 Rn. 18: Matrixzelle ist kein UN; ferner Vor § 54 Rn. 30ff. und *Einleitung* Rn. 274, 277). Da hier gerade typischer Weise selbst an einem (physischen) Betriebs-»Standort« keine dafür insgesamt zuständige einheitliche Leitung mehr vorgesehen ist, sondern die Leitungsmacht auf die nach Geschäftsbereichen gegliederte Struktur von Berichtslinien aufgeteilt wird, **droht die Annahme des einheitlichen Leitungsapparates,** der nach h. M. die Betriebseinheit konstituieren soll, **zur bloß noch formelhaften Fiktion jenseits der Wirklichkeit** zu verkommen.[243] Im Extremfall wäre dann lediglich noch von der Existenz einer Mehrzahl von Betriebsteilen i. S. d. § 4 Abs. 1 Satz 1 Nr. 2 am selben Standort

---

236 *LAG Berlin-Brandenburg* – 26 TaBV 1459/14, NZA-RR 16, 19ff.

237 Ebenda, Rn. 31, 33.

238 14.9.88, AP Nr. 9 zu § 1 BetrVG 1972.

239 AP Nr. 3 zu § 4 BetrVG 1972.

240 Dazu im Ganzen *Kreuder,* Desintegration, 1998.

241 So ausdrücklich im Falle des gemB *BAG* 23.9.03 – 1 ABR 35/02, AP Nr. 28 zu § 99 BetrVG 1972 Eingruppierung, wonach die personellen Beteiligungsrechte nur gegenüber dem jeweiligen Vertrags-AG bestehen; vgl. zur Frage der Vertretung des AG durch AN auch *BAG* 11.12.91 – 7 ABR 16/91, NZA 92, 850, wonach es von dem jeweiligen Beteiligungstatbestand abhängt, ob und inwieweit der AG sich durch hinreichend fachkompetente AN vertreten lassen kann.

242 Vgl. zu betriebsverfassungsrechtlichen Aspekten von Matrix-Strukturen Richardi-*Maschmann,* Rn. 101–105; Maschmann/Fritz-*Berger,* Matrixorganisationen, 2019, Kap. 3, E. Rn. 359ff.; *Berger,* Organisation der Betriebsverfassung im matrixorganisierten Konzern, Diss. Jur., 2017; *C. Schubert,* Betriebliche Mitbestimmung in Unternehmen und Konzernen mit Matrixorganisation, 2017, S. 31ff.; *Bachner,* NZA 19, 134ff.; *Kort,* NZA 13, 1318ff.; *Meyer,* NZA 13, 1326ff.; *Reinhard/Kettering,* ArbRB 14, 87ff.; am Rande auch *Rieble,* NZA-Beil. 1/14, 28ff.; zum »Matrix-BR« *Siebens,* AuR 18, 268ff.

243 Ähnlich auch *Schrader,* NZA 19, 951, 956, 957; wie hier *LAG Köln* 17.7.20 – 9 TaBV 73/19, Rn. 43.

auszugehen und ein einheitlicher Betrieb i.S.v. Abs. 1 Satz 1 läge überhaupt nicht mehr vor.[244] Dieser Auslegung des Betriebsbegriffes bei Matrix-Strukturen ist allerdings entgegenzutreten, denn »die Annahme des Vorliegens eines Betriebs kann nicht davon abhängig gemacht werden, wie ein UN Berichtslinien organisiert, diese für einzelne Abteilungen oder Bereiche außerhalb ansiedelt und eine umfassende Leitung erst auf höherer Hierarchieebene oder gar außerhalb Deutschlands etabliert«.[245]

Zur Lösung dieses strukturellen Problems in der **Matrixorganisation** müsste selbst auf der Basis des zweifelhaften **Leitungsapparatedogmas** der h.M. zunächst festgestellt werden, ob sich in zulässiger Weise (dazu ist eine sachlich beschränkte Bevollmächtigung nach §§ 164ff. BGB erforderlich) eingeräumte **Entscheidungskompetenzen** des sog. **Matrixmanagers** nur auf fachliche Weisungsrechte oder auch auf mitbestimmungsrelevante soziale und personelle Angelegenheiten erstrecken und auf welcher rechtlichen Grundlage genau derartige Weisungsrechte beruhen sollen.[246] Notfalls muss ein zweifelnder BR seinen Aufklärungsanspruch wegen der behaupteten, Entscheidungskompetenzen verschaffenden, aber strittigen Bevollmächtigung **gerichtlich geltend machen,** wenn seine Zuständigkeit vom UN oder Betriebsleiter in Abrede gestellt wird. Im Zweifel bleibt aber die tatsächliche Handhabungspraxis – wie auch sonst im Rechtsleben – entscheidend. 81a

Ohne Auswirkungen auf die gegebene Betriebsstruktur bleibt es, wenn die funktionale Aufgabensteuerung ausschließlich auf der Ebene der Geschäftsleitung des UN und auf Grundlage von **gesellschaftsrechtlichen Weisungen, etwa aufgrund Beherrschungsvertrags,** stattfindet, weil dann der Matrixmanager nicht in die betriebskonstituierenden AG-Funktionen einbezogen ist.[247] Handelt es sich nur um **fachliche Weisungsrechte des Matrixmanagers,** sind diese für die Feststellung der **betriebs**konstituierenden Leitungsmacht schlechterdings unerheblich[248], denn die bloße Schaffung der Stellung eines Fachvorgesetzten lässt ganz allgemein noch keine betriebsratsfähige Organisationseinheit i.S.d. § 18 Abs. 2 entstehen. Ohne Auswirkungen auf die Betriebsstruktur bleibt es ferner, wenn nur **strategische und/oder wirtschaftliche Entscheidungen** vom Matrixmanager ausgehen, denn diese sind ganz allgemein nicht betriebskonstituierend.[249] Dasselbe gilt, wenn durch Bevollmächtigung eingeräumte **Beratungsrechte** oder eingeräumte allgemeine **Richtlinienkompetenzen** gegenüber der UN- oder Betriebsleitung wahrgenommen werden oder der Matrixmanager nur **ausnahmsweise im Einzelfall** einmal **auch mitbestimmungsrelevante Entscheidungen** von den dafür grundsätzlich weiterhin entscheidungsbefugten Betriebsleitungen an sich zieht.[250] Solche punktuellen Entscheidungsvorbehalte etwa einer UN-Leitung gegenüber einer Betriebsleitung berühren auch sonst nicht den Fortbestand eines betriebskonstituierenden Leitungsapparates.[251] **Unerheblich** soll es auch sein, wenn umgekehrt der Matrixmanager zwar Entscheidungen auf mitbestimmungsrelevantem Gebiet trifft, diese aber an einen **Letztentscheidungsvorbehalt der UN- oder Betriebsleitung** gebunden sind[252] und zwar selbst dann, wenn die örtliche Be- 81b

244 So auch die Befürchtung des *ArbG Frankfurt* 21.7.09 – 12 BV 184/09, das dies jedoch für unvereinbar mit der Zielsetzung des BetrVG hält und deshalb für Matrix-Organisationen annimmt, die Anforderungen an das Mindestmaß organisatorischer Selbständigkeit einer Einheit dürften nicht überspannt werden; ebenso *LAG Köln* 17.7.20 – 9 TaBV 73/19, Rn. 43.

245 *LAG Köln* 17.7.20 – 9 TaBV 73/19, Rn. 47; *LAG Hessen* 13.4.11 – 8 Sa 922/10, BeckRS 11, 75839; zustimmend *Kort*, a.a.O.; *Schrader*, NZA 19, 951, 957; *Bachner*, NZA 19, 134, 138; in diese Richtung *BAG* 26.5.21 – 7 ABR 17/20, NZA 21, 1494 Rn. 43, ähnlich schon 12.6.19 – 1 ABR 5/18, NZA 19, 1288 Rn. 21, wo angenommen wird, dass der (scheinbar) außerhalb des Betriebs stehende Vorgesetzte durch die Wahrnehmung von Führungsaufgaben in den Betrieb der ihm unterstellten AN eingegliedert werde; ebenso *LAG Köln* 29.10.21 – 9 TaBV 17/21, NZA-RR 22, 133 Rn. 27.

246 Dazu Maschmann/Fritz-*Berger*, a.a.O., Rn. 374ff.

247 Maschmann/Fritz-*Berger*, a.a.O., Rn. 375.

248 Ebenso *Bachner*, NZA 19, 134, 139, der deshalb z.B. das Entstehen eines gemB ablehnt, wenn der einem anderen UN angehörende Matrixmanager nur fachliche Weisungsrechte ausübt; zur Unerheblichkeit nur fachlicher Weisungen auch Maschmann/Fritz-*Berger*, a.a.O., Rn. 376.

249 Maschmann/Fritz-*Berger*, a.a.O., Rn. 376.

250 Maschmann/Fritz-*Berger*, a.a.O., Rn. 377.

251 Vgl. dazu schon *BAG* 23.9.82, AP Nr. 3 zu § 4 BetrVG 1972.

252 Maschmann/Fritz-*Berger*, a.a.O., Rn. 378.

triebsleitung die entsprechenden Weisungen lediglich vom Matrixmanager entgegennimmt und dann selbst im Betrieb umsetzt.[253]

81c **Weitaus schwieriger** ist es aber, wenn dem Matrixmanager auch **Elemente der betrieblichen Leitungsmacht** gerade auf mitbestimmungsrelevantem sozialem und personellem Gebiet zur *eigenständigen* Entscheidung eingeräumt werden. Dies ist zunächst vom konkreten Inhalt der Bevollmächtigung nach §§ 164 BGB abhängig, die der BR sich nachweisen lassen kann (Rn. 81a). Ist die Bevollmächtigung nicht zu beanstanden, kann nur – wie auch sonst – darauf abgestellt werden, ob und wo über den **wesentlichen Kern** der mitbestimmungsrelevanten Angelegenheiten tatsächlich Entscheidungen getroffen werden (vgl. zum erforderlichen **Leitungsniveau** § 4 Rn. 53). Genau an dieser Stelle versagt das traditionelle Leitungsapparatedenken der h. M. vollständig, da es weder anzugeben vermag, auf welche beteiligungspflichtigen Angelegenheiten qualitativ abzustellen ist (z,B.: welche Mitbestimmungsrechte, welche Mitwirkungsrechte, welche Informations- und Beratungsrechte?), noch angeben kann, wie diese quantitativ und qualitativ zu bestimmen sind (wie häufig müssen Beteiligungsrechte welcher Qualität berührt sein?) oder wie Beteiligungsrechte unterschiedlicher Qualität gegeneinander nach Gewicht und/oder Häufigkeit ins Verhältnis zu setzen sind. In der Tat kann das im Extremfall auch zur **Zerstörung der bestehenden betrieblichen Organisation** führen[254], bedürfte dann aber ggfls. eines vorhergehenden Statusfeststellungsverfahrens nach § 18 Abs. 2 und wegen damit verbundener Betriebsspaltung i. S. d. § 111 Satz 3 Nr. 3 auch der Verfahren nach §§ 111, 112, wenn hiervon legale betriebsverfassungsrechtliche Wirkungen (z. B. Betriebsspaltung) für die Zukunft abgeleitet werden sollen. Regelmäßig ist davon auszugehen, dass **Weisungsbefugnisse gegenüber einer Minderheit von AN** des vermeintlich eigenständigen Betriebsteils nicht ausreichen, um einen nach § 4 fingierten Betrieb kraft organisatorischer Verselbständigung anzunehmen.[255]

81d Gelegentlich gehen allerdings fachliche **Weisungen** und betriebsverfassungsrechtlich relevante, mitbestimmungsunterworfene Weisungen eines Matrixmanagers auch **schlicht faktisch** ineinander über (Beispiel: die ordnungsgemäße Ausführung einer fachlichen Weisung bedingt die Erbringung von Überstunden i. S. d. § 87 Abs. 1 Nr. 3). Derartige, womöglich nur »angemaßte«, aber rechtlich nicht eingeräumte Befugnisse auf mitbestimmungsrechtlichem Gebiet können bei der **Beurteilung des betriebskonstituierenden Leitungsniveaus** (Rn. 81c) keine Rolle spielen. Der Übergang zwischen fachlichen Weisungsrechten und mitbestimmungsrelevanten Entscheidungen kann jedoch fließend sein. Der **Praxis wird daher empfohlen,** ein derartiges »Hineinregieren« in bestehende Betriebe und Mitbestimmungsstrukturen dadurch zu vermeiden, dass beabsichtigte mitbestimmungsrelevante Weisungen des Matrixmanagers an die UN- oder Betriebsleitung adressiert werden und diese sodann mit dem BR das nötige Mitbestimmungsverfahren durchlaufen.[256] Eine andere Möglichkeit besteht für den BR darin, das **Verfahren nach § 101** durchzuführen, weil i. d. R. der einem anderen Betrieb zugehörige Vorgesetzte infolge der Ausübung von Weisungsrechten gegenüber AN eines anderen Betriebs in den Betrieb der weisungsunterworfenen AN eingegliedert und nur in den seltensten Fällen dabei das MBR aus § 99 wegen Einstellung beachtet wird.[257]

81e Die Praxis mag etwaigen Auswüchsen, insbes. bei **Matrixstrukturen,** durch TV gem. § 3 Abs. 1 Nr. 2 (Sparten-BR; vgl. § 3 Rn. 64) oder Nr. 3 (andere AN-Vertretungen; vgl. § 3 Rn. 103) begegnen können[258], allerdings hängt dabei für deren rechtliche Zulässigkeit und Wirksamkeit vieles von den einzelfallbezogenen Gegebenheiten ab.[259] In Matrix-Organisationen werden ge-

---

253 Maschmann/Fritz-*Berger*, a. a. O., Rn. 378.

254 Vgl. *Bachner*, a. a. O., 138 f.; im Fall des *BAG* 26. 5. 21, a. a. O., unter Prüfung von § 4 Abs. 1 Satz 1 Nr. 2 aber verworfen (wobei auch die [geringe] Anzahl unterstellter AN im betroffenen Betriebsteil eine Rolle spielte).

255 *BAG* 28. 4. 21 – 7 ABR 10/20, NZA 21, 1646 Rn. 25 f., 28.

256 Ebenso Maschmann/Fritz-*Berger*, a. a. O., Rn. 379, 380.

257 Vgl. dazu BAG 26. 5. 21, a. a. O.; zur Betriebszugehörigkeit von AN in Matrixorganisationen auch *C. Schubert*, NZA 22, 145 ff. (wobei angemerkt sei, dass die dortige Erörterung des Begriffs der Betriebszugehörigkeit ohne Reflexion des Betriebsbegriffs unvollständig wirkt).

258 Vgl. auch *Günther/Böglmüller*, NZA 17, 546, 548 f.

259 Dazu auch *Kort*, a. a. O., 1321 f.

rade nicht immer die Geschäftsbereiche produkt- oder projektbezogen organisiert, wie es von § 3 Abs. 1 Nr. 2 verlangt wird. Auch bestehen nach § 3 Abs. 1 Nr. 3 berechtigte Zweifel daran, ob durch einen von der gesetzlichen Struktur abweichenden TV dann stets wirksamere und zweckmäßigere Vertretungsverhältnisse erzeugt werden können (wegen der rechtspolitischen Vorschläge zur Anpassung des § 3 siehe oben Rn. 49 a. E.). § 3 Abs. 1 Nr. 3 n. F. des **DGB-Gesetzesvorschlags 2022** widmet sich der Möglichkeit, durch TV speziell für Matrixorganisationen maßgeschneiderte Vertretungsstrukturen zu schaffen.[260]

Das BetrVG setzt einer völlig freien Beauftragungs- und Aufteilungsmöglichkeit hinsichtlich der Wahrnehmung der betrieblichen Leitungsmacht allerdings insoweit Grenzen, als der AG den BR z. B. für Verhandlungen **nicht** auf **Personen ohne Entscheidungskompetenzen** verweisen darf.[261] Auch mit betriebs- oder unternehmensfremden UN-Beratern als Vertretern des AG braucht sich der BR nicht abzufinden.[262] Die derartige Verhinderung echter Einwirkungschancen des BR ist betriebsverfassungswidrig.[263] Dies gilt auch für die Konstellation »Zwei UN – ein Betrieb«, bei der häufig in personellen Mitbestimmungsangelegenheiten die Zuständigkeit eines Repräsentanten des Vertrags-AG für die dortigen AN bestehen bleibt, was der Betriebseinheit nicht entgegensteht.[264] Von einer derartigen funktionellen **Arbeitsteilung in der Vertretungsorganisation** der beteiligten UN, die ja auch jederzeit geändert werden könnte, kann nicht das Vorliegen oder Nicht-Vorliegen eines einheitlichen Betriebs abhängen (vgl. auch Rn. 56). Mit Recht werden daher die beteiligten UN für verpflichtet gehalten, eine Regelung darüber zu treffen, wer in welchen Angelegenheiten Ansprechpartner des BR ist.[265] 82

cc) Arbeitstechnischer Zweck

In einer besonderen Konstellation maß das *BAG*[266] dem arbeitstechnischen Zweck sehr wohl noch betriebskonstituierende Bedeutung bei. Verfolgt ein und derselbe UN den gleichen arbeitstechnischen Zweck in mehreren selbstständigen Klein-Betrieben, von denen nur einer die Voraussetzungen des § 1 BetrVG erfüllt, so bilden die übrigen nicht betriebsfähigen Kleinbetriebe mit dem betriebsratsfähigen Betrieb **einen Betrieb** im Sinne des BetrVG (vgl. auch Rn. 77). 83

In der etwas älteren Rspr.[267] war angenommen worden, dass trotz der prinzipiell anerkannten Möglichkeit, in einem Betrieb mehrere arbeitstechnische Zwecke verfolgen zu können, die **Verschiedenheit der** festgestellten arbeitstechnischen **Zwecke** jedenfalls dann auch zur **Mehrheit von Betrieben** führt, wenn der jeweilige arbeitstechnische Zweck (angenommen war hierfür die Erzeugung unterschiedlicher Produkte [Kurbelwellen einerseits und Maschinen andererseits]) sich mit dem jeweils unterschiedlichen UN-Zweck deckt (im gegebenen Fall Fa. Nabenfabrik GmbH & Co. KG bzw. Fa. Maschinenfabrik GmbH & Co. KG) und eine räumliche Trennung gegeben ist (die dort in Form eines Zaunes zwischen den grundbuchmäßig getrennten Grundstücken vorhanden war). 84

Erhebliche praktische Bedeutung kann dem »arbeitstechnischen Zweck« dagegen im Anwendungszusammenhang von §§ 106 Abs. 3 Nr. 9 und 111 Satz 2 Nr. 4 bei der näheren Bestimmung des Begriffs »**Betriebszweck**« zukommen (vgl. § 111 Rn. 106). Dort dürfte es nicht dem Schutzzweck entsprechen, den »arbeitstechnischen Zweck« durch Bildung eines relativ allgemeinen Oberbegriffs zu bestimmen (vgl. aber die in Rn. 74 angegebene, gerade auch insoweit nicht konsistente Rspr. des *BAG*). Aus diesem Grunde kann auch der Rückgriff auf die Gesellschaftssatzung und dortige Angaben zum **UN-Gegenstand** (vgl. z. B. § 3 Abs. 1 Nr. 2 GmbHG) bestenfalls nur einen ersten Anhaltspunkt liefern.[268] 85

---

260 Vgl. AuR Sonderausgabe April 2022, S. 7.
261 Vgl. *Joost*, S. 248; *Weber*, ZfA 92, 527 [620].
262 Vgl. *ArbG Marburg* 10.12.92 – 2 BV 21/92.
263 *Joost*, a. a. O.
264 *BAG* 24. 1. 96, AP Nr. 8 zu § 1 BetrVG 1972 Gemeinschaftsbetrieb.
265 *Konzen*, Unternehmensaufspaltung, S. 108 ff.; *Kort*, ZfA 00, 329 [369].
266 3. 12. 85, EzA § 4 BetrVG 1972 Nr. 4.
267 *BAG* 17. 1. 78, AP Nr. 1 zu § 1 BetrVG 1972.
268 Die gesellschaftsrechtliche Literatur fordert zu Recht auch hier konkrete Angaben, vgl. *Scholz/Emmerich*, § 3 GmbHG Rn. 13: »Handel mit Waren aller Art« zu ungenau, näher *ebd.*, Rn. 14a, Fn. 29.

86 Schließlich ist der Begriff »arbeitstechnischer Zweck« im Anwendungsbereich des § 99 bei der Mitwirkung des BR bei Einstellungen von Bedeutung. Als **Eingliederung von Personen** in den Betrieb gilt es nämlich, wenn diese zusammen mit den im Betrieb beschäftigten AN den **arbeitstechnischen Zweck** des Betriebs durch weisungsgebundene Tätigkeit verwirklichen sollen (näher § 99 Rn. 39 ff.).

dd) Räumliche Nähe; historische Entwicklung; Betriebsgemeinschaft

87 Nicht als Merkmale, sondern lediglich als **Indizien** für das Vorliegen eines Betriebes wertet die Rspr. des *BAG* die **räumliche Nähe bzw. Einheit einer Betriebsstätte,**[269] die **historische Entwicklung**[270] und die **Betriebsgemeinschaft der Belegschaften;** dies aber auch nur, wenn die Arbeitsstätten nicht räumlich getrennt sind.[271]

4. Der gemeinsame Betrieb mehrerer Unternehmen (Abs. 1 Satz 2, Abs. 2)

88 **Mit** der Einfügung von **Abs. 1 Satz 2 und Abs. 2 durch die Novellierung 2001** hat der Gesetzgeber **das** bis dahin nur im am 1.1.1995 in Kraft getretene UmwG 1995 (§ 322 a.F., entspr. § 132 Abs. 1 UmwG 2023) ausdrücklich erwähnte, in Rspr. und Lehre aber bereits **seit langem**[272] **bekannte Phänomen des gemeinsamen Betriebs** mehrerer Unternehmen **zum betriebsverfassungsrechtlichen Gesetzesbegriff erhoben.** Teilweise wird auch vom »Gemeinschaftsbetrieb«, »Einheitsbetrieb« oder »einheitlichen Betrieb« gesprochen, was freilich nur terminologische und keine sachlichen Unterschiede sind.[273]

89 Ausweislich der Begründung zu Art. 1 Nr. 2 Buchstabe c) des BetrVerf-ReformG[274] will der Gesetzgeber mit der Erwähnung des Begriffes »gemeinsamer Betrieb« nur an der Rspr. des *BAG* anknüpfen, ohne damit eine konstitutive Normsetzung zu betreiben: Insoweit handelt es sich demnach um eine bloß deklaratorische Rechtssetzung durch Anerkennung des ohnehin Bestehenden.[275] Weil die eingefügte Bestimmung keine eigenständige Begriffsbestimmung gibt, sondern nur eine widerlegbare Vermutung enthält,[276] kann selbst bei Nichtvorliegen des Vermutungstatbestands ein GemB vorliegen.[277] Daher ist trotz der Novellierung 2001 prinzipiell am früheren Erkenntnisstand der Rspr. und Lit. festzuhalten (vgl. Rn. 91 ff.). Dies gilt im Wesentlichen auch hinsichtlich der aus § 322 Abs. 1 UmwG 1995 herausgelösten und in **Abs. 2 Nr. 2** überführten – allerdings modifizierten und bereinigten – **Vermutungsregel,** die sich auf den spezielleren Fall eines **gemB im Zusammenhang mit einer UN-Spaltung** bezieht (näher dazu Rn. 145 ff.). Neu ist dagegen die in ihrer Bedeutung und Funktion **wenig transparente Vermutungsregel des Abs. 2 Nr. 1.**[278]

---

269 *BAG* 23.9.82, AP Nr. 3 zu § 4 BetrVG 1972; 25.9.86, AP Nr. 7 zu § 1 BetrVG 1972.
270 »Wir haben immer schon so gewählt«; *BAG* 25.9.86, a.a.O.
271 25.9.86, a.a.O.
272 Beginnend mit *RAG* 23.2.38, ARS 32, 169 [173] und 17.6.39, ARS 36, 385 [390]: dort – ganz in der Tradition von *Jacobi* – die Betriebseinheit verneint, weil unternehmensrechtlich verschiedene Handelsfirmen als Betriebsinhaber vorlagen; vgl. aber *LAG Mainz,* AP 51 Nr. 169, S. 65 f.: Betriebseinheit trotz Verschiedenheit der UN; auch *Nikisch,* Arbeitsrecht, 1. Aufl. 1951, S. 72 f. nahm anfangs an, die Betriebseinheit könne trotz Inhabermehrheit bei gemeinsamer Verfolgung desselben Betriebszwecks vorliegen; vgl. zur früheren Auseinandersetzung mit dem »gemeinsamen Betrieb« *Neumann-Duesberg,* S. 162 ff. und *Kraft,* FS Hilger/Stumpf, S. 395 ff.; umfassende Nachweise zu Rspr. und Lit. bei *Wiese,* FS Gaul, S. 553 [561, Fn. 16].
273 Dazu *Zöllner,* FS Semler, S. 995.
274 BT-Drucks. 14/5741, S. 33.
275 Ebenso *Däubler,* AiB 01, 313 [314].
276 *BAG* 22.10.03 – 7 ABR 18/03, AP Nr. 21 zu § 1 BetrVG 1972 Gemeinsamer Betrieb.
277 *BAG* 11.2.04 – 7 ABR 27/03, AP Nr. 22 zu § 1 BetrVG 1972 Gemeinsamer Betrieb mit Anm. *Joost.*
278 Vgl. Rn. 131 ff.; in den Stellungnahmen vor Verkündung des Gesetzes überwogen Zweifel, Irritationen, Befürchtungen und Warnungen; vgl. *Berger-Delhey,* ZTR 01, 108; *Däubler,* AuR 01, 1 [2]; *ders.,* AiB 01, 313 [314]; *Hanau,* RdA 01, 65 [67]; *Richardi/Annuß,* DB 01, 41; *Richardi,* NZA 01, 346 [349]; *Ulrich,* FA 01, 137 ff.; für sinnvoll hält allein *Konzen,* RdA 01, 76 [81] die doppelte Vermutungsregel.

Das **Phänomen des gemB,** bei dem trotz mehrerer UN nur ein BR zu wählen ist, kann nach der Neuordnung durch die Novellierung 2001 auf **verschiedenen rechtlichen Grundlagen** beruhen: 90

- als gemB im Sinne der bisherigen Rspr. (§ 1 Abs. 1 Satz 2; sog. **echter gemB,** dazu Rn. 92 ff.);
- als gemB kraft gesetzlicher Vermutung (§ 1 Abs. 2 Nrn. 1 und 2; sog. **vermuteter gemB;** dazu Rn. 126 ff.); steht allerdings bereits fest, dass kein (echter) gemB vorliegt, kommt es auf die Vermutungsregeln des Abs. 2 nicht mehr an;[279]
- als **gemB kraft Kollektivvertrags gem. § 3 Abs. 1 Nrn. 2 und 3,** wie etwa im Rahmen einer unternehmensübergreifenden Sparten-BR-Organisation (dazu § 3 Rn. 69) oder eines Standort-BR (dazu § 3 Rn. 108). Man kann die auf § 3 beruhenden Fälle zur besseren Unterscheidung von den anderen Fällen des gemB auch als **vereinbarten (unechten oder atypischen) gemB** bezeichnen, zumal dessen Wirkungen nach § 3 Abs. 5 i. d. R. auf das BetrVG begrenzt sind (vgl. § 3 Rn. 195 ff.), während der echte und der vermutete gemB rechtliche Wirkungen i. d. R. auch in anderen Gebieten des Arbeitsrechts, z. B. im KSchG, haben.

Tatsächlicher Ausgangspunkt für die Annahme eines gemB ist i. d. R. eine UN-Umstrukturierung, zudem meist innerhalb eines Konzerns: Immer häufiger zergliedern UN ihren aus einem Betrieb oder mehreren Betrieben bestehenden Tätigkeitsbereich durch **unternehmensrechtliche Umstrukturierungen** – sei es durch »klassische« einzelrechtsgeschäftliche UN-Teilung und/oder Betriebsspaltung, sei es durch Umwandlungen im Wege der (partiellen) Gesamtrechtsnachfolge nach dem UmwG – so dass dieselben ehemaligen Funktionsbereiche nunmehr in rechtlicher Trägerschaft mehrerer formalrechtlich selbstständiger UN stehen. Es stellt sich dann die Frage, ob derartige Veränderungen auf UN-Seite entsprechende Veränderungen auf Seiten der betriebsverfassungsrechtlichen Vertretungsstrukturen und Organisationseinheiten nach sich ziehen müssen. Dies ist im Grundsatz zu verneinen, da das Betriebsverfassungsrecht und damit das Vorhandensein von Betrieben prinzipiell nicht von der gesellschaftsrechtlichen Form abhängt, in der ein UN betrieben wird.[280] Die Parzellierung z. B. einer Aktiengesellschaft mit einem bisher einheitlichen Betrieb in drei rechtlich selbstständige GmbHs hat also nicht notwendigerweise die Entstehung von drei selbstständigen Betrieben und drei eigenständigen BR zur Folge. Der gemB kann jedoch auch durch **Zusammenschluss von bislang getrennten Betrieben** verschiedener UN i. S. v. § 111 Satz 3 Nr. 3 entstehen (dazu § 111 Rn. 93), welcher dann eines IA und SP bedarf.[281] Eine derartige Betriebsänderung soll dagegen nicht vorliegen, wenn es zu einem **bloß »virtuellen« gemB** kommt, indem durch eine nur auf dem Papier existierende Führungsvereinbarung ein real bereits zwar vorhandener Betrieb des einen UN mit einem völlig betriebsmittellosen und AN-losen Betrieb eines neu gegründeten UN zusammengelegt wird.[282] 91

Neuartig ist das gesetzliche **Verbot des gemeinsamen Betriebs** mehrerer Unternehmen **in der Fleischwirtschaft.** Das am 1. 1. 2021 als Artikelgesetz in Kraft getretene »Gesetz zur Verbesserung des Vollzugs im Arbeitsschutz (Arbeitsschutzkontrollgesetz – ASG)«[283] v. 22. 12. 20 hat durch seinen Art. 2 den § 6a in das »Gesetz zur Sicherung von Arbeitnehmerrechten in der Fleischwirtschaft – GSA Fleisch«[284] eingefügt. Nach § 6a Abs. 1 GSA Fleisch wird ein **Unternehmer** verpflichtet, seinen Betrieb, in dem geschlachtet wird, Schlachtkörper zerlegt werden 91a

279 *BAG* 13. 2. 13 – 7 ABR 36/11, BB 13, 1395.

280 Deutlich bereits *BAG* 4. 7. 57, AP Nr. 1 zu § 21 KSchG, das es für unerheblich erklärte, dass statt des bisher einen nunmehr zwei Handelsgesellschaften vorlagen, aber dieselbe arbeitsmäßige Tätigkeit verrichtet wurde; eine ausdrückliche Vereinbarung über die gemeinsame Führung des bisherigen Betriebs sei nicht zu verlangen, es komme auf die tatsächlichen Verhältnisse an, denn: »Der Betrieb entsteht nicht durch ein Rechtsgeschäft, sondern durch einen tatsächlichen Vorgang« (*BAG* 4. 7. 57, a. a. O. mit zustimmender Anm. *Herschel*).

281 Vgl. auch *Fitting*, § 111 Rn. 84.

282 Zu einem solchen Sachverhalt *LAG Berlin-Brandenburg* 10. 12. 20 – 26 TaBVGa 1498/20, NZA-RR 21, 183, Rn. 31.

283 BGBl. I, S. 3334, veröffentlicht am 30. 12. 2020; dazu *Thüsing*, NZA 20, 1160; *Deinert*, AuR 20, 344; *Däubler*, NZA 21, 86.

284 BGBl. I, S. 2541, 2572.

oder Fleisch verarbeitet wird, als **alleiniger Inhaber** zu führen. § 14 BGB definiert den Unternehmerbegriff im tradierten Verständnis des Gesellschaftsrechts und knüpft an dessen Kanon der Rechtsformen an. Somit dürfen in der Fleischwirtschaft seit dem 1. 1. 21 z. B. das UN einer GmbH und das UN einer KG mit ihren jeweiligen AN keinen gemB mehr i. S. d. BetrVG bilden.[285] Weil nach § 6a Abs. 2 GSA Fleisch die AN überdies einheitlich ihr Arbeitsverhältnis zum alleinigen UN als dem (alleinigen) Betriebsinhaber haben müssen, ist seit dem 1. 4. 21 auch die Leiharbeit in der Fleischwirtschaft nur noch in sehr eingeschränktem Umfang zulässig.[286] Das Verbot des gemB mehrerer UN in der Fleischwirtschaft flankiert daher zugleich das Verbot der Leiharbeit in dieser Branche, weil andernfalls die Anwahl der Organisationsform des gemB aufgrund der Rspr. des *BAG* (vgl. Rn. 230) dazu hätte führen können, dass auf legalem Wege die nach § 6a Abs. 2 GSA Fleisch unerwünschte Leiharbeit mittels Errichtung eines gemB hätte umgangen werden können.[287] Aufgrund dieses branchenbezogenen spezialgesetzlichen Verbotes des gemB kann auch die **Vermutung eines gemB** nach § 1 Abs. 2 BetrVG damit innerhalb dieser Branche **nicht mehr** greifen, sondern ist stets *ex lege* als widerlegt anzusehen.[288]

91b Sofern jedoch ein solcher **gemB verbotswidrig weiter aufrechterhalten** wird, ist dieser nicht etwa kraft Gesetzes seit dem 1. 1. 21 aufgelöst, sondern besteht weiter, bis er tatsächlich durch die an ihm beteiligten UN aufgelöst wird. Bis dahin amtiert der BR ungeschmälert mit allen Rechten und Pflichten weiter.[289] Entsprechendes gilt **bei verbotswidriger Neuerrichtung** eines gemB, weil sich die Betriebsratsfähigkeit einer Organisationseinheit nach den tatsächlichen organisatorischen Vorgaben der UN richtet, denn entscheidend ist für die Möglichkeit zur Wahl eines BR der rein faktische Vollzug einer (sogar rechtswidrigen) ausdrücklich oder konkludent abgeschlossenen Führungsvereinbarung.[290] Die **Auflösung** eines verbotswidrigen **gemB** kann – wie auch sonst – nur auf betriebsverfassungsrechtlichem Weg durch Beendigung des gemB erfolgen, da die GSA Fleisch insoweit keine Vorgaben macht. In Betracht kommt daher die Spaltung des illegal gewordenen gemB (§ 111 Satz 3 Nr. 3), ggfls. mit der Folge eines Übergangsmandats nach § 21a für den bestehenden BR.[291]

91c Trotz des gemB – Verbotes nach § 6a Abs. 2 GSA Fleisch kann es auch und gerade im Interesse der AN liegen, eine einheitliche und starke Interessenvertretung beizubehalten, anstatt womöglich infolge der Auflösung des gemB in die BR-losigkeit zu geraten. Hierzu bietet es sich an, entweder auf Grundlage von § 3 Abs. 1 Nr. 3 BetrVG Kooperationsverbünde der beteiligten UN zu schaffen, um so die einheitliche BR-Vertretung aufrechtzuerhalten oder aber die bisherigen UN durch Verschmelzung zu einem Rechtsträger zusammenzufassen, so dass auch in diesem Fall der bestehende BR weiter bestehen kann.[292]

a) Voraussetzungen nach bisherigem Recht

92 Rspr. und Literatur gehen nahezu einhellig dann vom Vorliegen bzw. Fortbestand eines einheitlichen Betriebes aus, wenn trotz rechtsformaler Mehrheit von UN der Betrieb diesen UN

---

285 Ebenso *Däubler*, NZA 21, 86, 88; *Linsenmaier*, NZA 21, 1315, 1318 ff.
286 Zum betrieblichen Anwendungsbereich dieses Verbots näher *Zimmer*, NZA 22, 4 ff.
287 Das *BVerfG* 1. 6. 22 – 1 BvR 2888/20 u. a. hat gegen das Leiharbeitsverbot erhobene Verfassungsbeschwerden aus verfahrensrechtlichen Gründen nicht zur Entscheidung angenommen.
288 Anders jedoch *Linsenmaier*, a. a. O., 1318, der den Gesetzesverstoß nicht auf § 1 Abs. 2 BetrVG durchschlagen lassen will, die verbotswidrig abgeschlossene Führungsvereinbarung aber richtigerweise gemäß § 134 BGB für nichtig hält.
289 *Linsenmaier*, a. a. O., 1319.
290 *Linsenmaier*, a. a. O., 1318.
291 Ebenso *Linsenmaier*, a. a. O., 1319; vgl. zur Auflösung eines gemB durch Spaltung *BAG* 8. 3. 22 – 1 ABR 19/21, BeckRS 22, 15914 Rn. 54 ff.
292 Dazu *Linsenmaier*, a. a. O., 1319; freilich lässt sich bei einer Lösung auf Grundlage von § 3 Abs. 1 Nr. 3 das Leiharbeitsverbot zwischen den beteiligten UN nicht aushebeln: Die Überlassung von AN zwischen UN, die an einem gewillkürten (unechten) gemB beteiligt sind, stellt – anders als beim echten gemB – tatbestandlich Leiharbeit dar, die nach der GSA Fleisch grundsätzlich verboten ist.

zugeordnet ist bzw. bleibt.[293] Auch in einem solchen Fall muss aber die fragliche Einheit begrifflich einen Betrieb i. S. d. BetrVG darstellen. Sofern daher mehrere UN gemeinsam *verschiedene* Betriebe führen, werden diese verschiedenen Betriebe durch die gemeinsame Führung der beteiligten UN noch nicht zu einem einheitlichen Betrieb, vielmehr führen dann die beteiligten UN mehrere jeweils gemeinsame Betriebe.[294]

Wenig anwendungssicher sind dabei die Voraussetzungen, unter denen von einer solchen Zuordnung ausgegangen werden kann, außerdem variieren die Begründungen z. T. erheblich. Hier will der Gesetzgeber mit der Vermutungsregel des Abs. 2 Nr. 1 für mehr Handhabungssicherheit sorgen (vgl. Rn. 131 ff.). Nach der Rspr. des *BAG* müssen zwei Voraussetzungen vorliegen: **Erstens** muss ein **einheitlicher Leitungsapparat** vorhanden sein, der die Gesamtheit der für die Erreichung der arbeitstechnischen Zwecke eingesetzten personellen, technischen und immateriellen Mittel lenkt,[295] und dies setze **zweitens** voraus, dass die beteiligten UN sich zur **gemeinsamen Führung eines Betriebs** rechtlich verbunden haben, sog. **Führungsvereinbarung.**[296] Danach ist ein Gemeinschaftsbetrieb anzunehmen, wenn die beteiligten UN die bei ihnen angestellten Vertrags-AN sowie ihre materiellen und immateriellen **Betriebsmittel für** einen einheitlichen Betriebszweck oder mehrere nebeneinander bestehende **Betriebszwecke** zusammengefasst, gezielt und geordnet **einsetzen und** dieser Einsatz von einem einheitlichen, vereinbarten **Leitungsapparat** gesteuert wird.[297] Diese Vereinbarung muss nicht ausdrücklich, sie kann auch konkludent geschlossen sein, wobei die Existenz einer derartigen konkludenten Vereinbarung daraus abgeleitet werden kann, dass nach den Umständen des Einzelfalles der Kern der AG-Funktionen **im sozialen und personellen Bereich** von derselben institutionellen Leitung ausgeübt wird.[298] 93

Damit handelt es sich bei der »rechtlichen Vereinbarung« im Grunde aber gar nicht um eine zweite Voraussetzung, da jedenfalls bei der Suche nach der konkludenten Führungsvereinbarung regelmäßig aus den **tatsächlichen Umständen,** die für den einheitlichen Leitungsapparat maßgebend sind, auf das **Vorliegen der Führungsvereinbarung** geschlossen wird. Insofern kommt der Führungsvereinbarung kaum noch selbstständige Bedeutung zu.[299] Selbst wenn aber eine ausdrückliche und schriftliche Führungsvereinbarung vorliegt, genügt wiederum dieser Tatumstand *allein* nicht für die Annahme eines gemB.[300] In der obergerichtlichen Rspr.-Praxis sind jedoch kaum Gestaltungen nachweisbar, bei denen etwa eine **ausdrücklich** geschlossene Führungsvereinbarung vorlag.[301] Konsequenterweise ist daher mit den über- 94

293 Vgl. aus der **Literatur:** *Däubler,* FS Zeuner, S. 19 ff.; *Zöllner,* FS Semler, S. 995 f.; *Kohte,* RdA 92, 302 ff.; *Fromen,* FS Gaul, S. 151 ff.; *Wiese,* FS Gaul, S. 553 ff.; *Sick,* BB 92, 1129 ff.; *Konzen,* Unternehmensaufspaltungen, S. 103 ff.; *Hermann,* S. 24 ff.; *Ingenfeld,* S. 188 ff.; *Küttner,* FS Hanau, S. 465 ff.; aus der **Rspr.** für das **BetrVG:** *BAG* 22.6.05 – 7 ABR 57/04, NZA 05, 1248; 25.5.05 – 7 ABR 38/04, EzA § 1 BetrVG 2001 Nr. 3; 11.2.04 – 7 ABR 27/03, NZA 04, 618; 31.5.00, NZA 00, 1350); 11.11.97 – 1 ABR 6/97, NZA 98, 723; 24.1.96 – 7 ABR 10/95, NZA 96, 1110; 14.12.94 – 7 ABR 26/94, EzA § 1 BetrVG 1972 Nr. 9; für das **KSchG:** *BAG* 18.10.06 – 2 AZR 434/05, NZA 07, 552; 18.1.90, NZA 90, 977; 5.5.94 – 2 AZR 917/93, AiB 94, 698 mit Anm. *Trittin;* 29.4.99 – 2 AZR 352/98, NZA 99, 932.

294 *BAG* 18.1.12 – 7 ABR 72/10, AP Nr. 33 zu § 1 BetrVG 1972 Gemeinsamer Betrieb Nr. 33.

295 *BAG* 13.6.85, AP Nr. 10 zu § 1 KSchG 1969, seither ständ. Rspr.

296 Vgl. *Däubler,* FS Zeuner, S. 19 [21]; s. aber Rn. 94; Beispiele einer Führungsvereinbarung in DKWF-*Trittin,* § 1 Rn. 5–6.

297 *BAG* 11.2.04 – 7 ABR 27/03, NZA 04, 618; im Wesentlichen ebenso *BAG* 24.1.96, NZA 96, 1110.

298 Zusammenfassend *BAG* 18.1.90 – 2 AZR 355/89, NZA 90, 977.

299 So explizit *Steckhan,* JbArbR 34 (1997), S. 113; *Fitting,* Rn. 124, scheint das von der Rspr. postulierte Erfordernis einer Führungsvereinbarung der Zeit vor der BetrVG-Novelle 2001 zuschreiben zu wollen, während seither durch die Vermutungsregel des Abs. 2 der Nachweis einer Führungsvereinbarung entfallen sei, vgl. *Fitting,* Rn. 126.

300 *BAG* 8.3.22 – 1 ABR 19/21, BeckRS 22, 15914 Rn. 51; 20.2.18 – 1 ABR 53/16, NZA 18, 954 Rn. 11.

301 Vgl. *Sick,* BB 92, 1129; in der Praxis kommen sie aber bisweilen vor, z. B. auch im Rahmen von gerichtlich protokollierten Vergleichen, vgl. zu einem solchen Fall *ArbG Duisburg* 3.9.96 – 2 BVGa 7/96; vgl. aber auch *LAG Düsseldorf* 5.9.19 – 11 TaBV 82/18, BeckRS 19, 53672, wo zwar eine ausdrücklich geschlossene Führungsvereinbarung von den UN vorgelegt worden war, diese jedoch nach den gerichtlichen Feststellungen nur auf dem Papier stand und in der betrieblichen Wirklichkeit keine praktische Entsprechung gefunden hatte: entscheidend sei nicht eine zentrale Personalabtei-

wiegenden Stimmen in der Literatur[302] und einer Reihe von *LAG*[303] auf das Erfordernis einer »rechtlichen Vereinbarung« zu verzichten.[304] In diese Richtung weist auch die **Vermutungsregel** nach Abs. 2 Nr. 1, die bewusst auf das Kriterium der **Führungsvereinbarung und deren Nachweis verzichtet.**[305]

95 Die Wahrnehmung auch der unternehmerischen Funktionen im Bereich der **wirtschaftlichen Angelegenheiten** durch diese institutionelle Leitung ist nicht erforderlich.[306] Sofern danach auf AG-Seite die Entscheidungen in sozialen und personellen Angelegenheiten »in einer Hand« liegen, ist die Schlussfolgerung gerechtfertigt, dass es sich um einen einheitlichen Betrieb handelt.[307] Entgegen immer noch anzutreffenden Ansichten in der Literatur[308] hält das *BAG* es nicht für stets erforderlich, dass die Annahme des gemB notwendigerweise die Zuordnung zu einem einheitlichen Rechtsträger wenigstens in Form der BGB-Gesellschaft verlange.[309]

96 Das **Vorhandensein derselben institutionellen Leitung** kann nach der Rspr.[310] wiederum von verschiedenen tatsächlichen Umständen abhängen; genannt werden vor allem:[311]

- gemeinsame Nutzung von Betriebsmitteln;
- gemeinsame räumliche Unterbringung;
- personelle, technische und organisatorische Verknüpfung der Arbeitsabläufe;
- Vorhandensein zentraler gemeinsamer Betriebseinrichtungen (z. B. Lohnbüro, Buchhaltung, Sekretariat, Druckerei, Kantine, betriebliche Altersversorgung);
- Arbeitnehmeraustausch;
- Einheitliche Dienst- und Urlaubspläne;
- Personenidentitäten in den Unternehmensorganen (Geschäftsführung, Vorstand, Gesellschafter)[312], aber auch in der ersten Ebene nach den Organpersonen;
- räumliche Nähe von verschiedenen Funktionsbereichen (Produktion und Vertrieb);
- gemeinsame Wahrnehmung von Ausbildungsaufgaben;
- schließlich auch das Zusammengehörigkeitsgefühl der Belegschaft.

97 Letztendlich kann jedoch niemals allein auf eines der genannten Kriterien abgestellt werden.[313] Es kommt ggf. darauf an, welche Merkmale überwiegen, wobei es methodisch noch erwägenswert wäre, entsprechend typischen Betriebskonstellationen die hier jeweils besonders charakteristischen Gesichtspunkte in ein Wertigkeitsverhältnis zueinander zu setzen.[314] Im Rahmen der **Vermutungsregel des Abs. 2 Nr. 1** findet sich allerdings nur eine stark reduzierte Bezeichnung von Tatumständen, bei deren Vorliegen der gemB zu vermuten ist (vgl. Rn. 131 ff.).

---

lung als bloßer Dienstleister (a. a. O., Rn. 144), sondern der arbeitgeberübergreifende, wechselseitige Personalaustausch zwischen den verschiedenen UN.

302 *Blank/Blanke u. a.,* S. 143 ff.; *Gamillscheg,* ZfA 75, 360 f.; *ders.,* Anm. zu EzA § 4 BetrVG 1972 Nrn. 4, 5, S. 35 ff.; *Kohte,* RdA 92, 302 ff.; *Konzen,* SAE 88, 94 [96]; *Wendeling-Schröder,* NZA 84, 247 [249]; *Wiedemann,* FS Fleck, S. 447 [460]; wohl auch *Däubler,* FS Zeuner, S. 19 [22 f.].

303 *Berlin* 22.11.85, BB 86, 593; *Düsseldorf* 7.5.86, BB 86, 1851; *Hamm* 14.2.90 – 3 TaBV 141/89, DB 90, 2531; *Niedersachsen* 2.6.83 – 6 Sa 3/83; 23.4.90 – 3 TaBV 27/90, LAGE § 1 BetrVG 1972 Nr. 3; *Hamburg* 22.10.97 – 4 TaBV 9/95, LAGE § 1 BetrVG 1972 Nr. 4.

304 A. A. GK-*Franzen,* Rn. 48.

305 So jedenfalls *Engels/Trebinger/Löhr-Steinhaus,* DB 01, 532; *Fitting,* Rn. 126.

306 *BAG* 29.1.87, AP Nr. 6 zu § 1 BetrVG 1972; 14.9.88, EzA § 1 BetrVG 1972 Nr. 7 = AiB 89, 156 [mit Anm. *Wendeling-Schröder*] = BetrR 89, 6 [mit Anm. *Trümner*].

307 Vgl. ausführlich *BAG* 18.1.90 – 2 AZR 355/89, NZA 90, 977.

308 Vgl. etwa *Richardi,* RdA 94, 394 [397 f.]; *ders.,* FS Wiedemann, S. 510.

309 Näher dazu Rn. 173 ff.; *BAG* 11.11.97 – 1 ABR 6/97, NZA 98, 723 [725]; ebenso schon *Konzen,* AuR 85, 341 [350 f.].

310 Vgl. die mit weiteren Nachweisen auf die Rspr. versehene Zusammenstellung bei *Sick,* BB 92, 1129 ff.

311 Siehe auch DKWF-*Trittin,* § 1 Rn. 4.

312 Nach *BAG* 20.5.21 – 2 AZR 560/20, NZA 21, 1096 Rn. 19, ist die Personenidentität für sich allein jedoch nicht ausreichend, es müssen daneben ergänzende Anhaltspunkte/Indizien festgestellt werden; ähnlich auch *BAG* 25.5.05 – 7 ABR 38/04, NZA 05, 1080.

313 Vgl. zusammenfassend *Kamphausen,* NZA-Beilage 4/88, S. 13 ff.; *Sick,* BB 92, 1129 ff., und vor allem auch *LAG Niedersachsen* 23.4.90 – 3 TaBV 27/90, LAGE § 1 BetrVG 1972 Nr. 3.

314 Zu neueren theoretischen Ansätzen in dieser Richtung oben Rn. 44 ff.; s. auch *Umnuß,* S. 96, zu den Haupttypen funktionaler, produktorientierter und marktorientierter Organisationskonzepte und daraus möglichen Konsequenzen für die BR-Organisation.

Nicht gefolgt werden kann der Ansicht, ein gemB zweier UN liege trotz zahlreicher äußerer Übereinstimmungen mit der Situation vor UN-Teilung dann nicht vor, wenn bei **nur teilweise personenidentisch zusammengesetzten Geschäftsführungen** in den beteiligten UN die in beiden Gesellschaften als **Gesellschafter-Geschäftsführer** fungierenden Personen den nur in der einen Gesellschaft zusätzlich bestellten Gesellschafter-Geschäftsführer deswegen nicht majorisieren könnten, weil dieser »Außenseiter-Geschäftsführer« eine **Sperrminorität** in Bezug auf Beschlussfassungen in der Gesellschafterversammlung besitze.[315] Damit würde der Betriebsbegriff quasi zur gesellschaftsvertraglichen Dispositionsmasse erklärt und vom wechselnden Anteilsbesitz abhängig gemacht.[316] 98

Obgleich allgemein anerkannt ist, dass **UN-Spaltungen** vor allem auch **aus steuerrechtlichen Motiven** erfolgen und aus diesem Grunde allein nicht von der Spaltung auch des Betriebs auszugehen ist,[317] ist bislang nicht genügend beachtet worden, dass auch bei Herbeiführung einer **steuerrechtlichen Organschaft**[318] zwischen den beteiligten Gesellschaften vom Steuerrecht das Vorliegen tatsächlicher und rechtlicher Voraussetzungen verlangt wird, die zumindest teilidentisch mit den in Rn. 96 genannten Tatumständen sind: 99

- die **finanzielle Eingliederung** der Organgesellschaft (i. d. R. Tochter-UN) in die Organträgergesellschaft (i. d. R. Mutter-UN) erfordert eine **Stimmrechtsmehrheit** – nicht stets auch Kapitalmehrheit – an der Organgesellschaft;
- die **organisatorische Eingliederung** wird häufig durch einen Beherrschungsvertrag gewährleistet, ausreichend können aber auch die **Personalunion** in den Geschäftsleitungen oder **vertragliche Bindungen** sein, durch die der Wille des Organträgers in der Geschäftsführung der Organgesellschaft durchgeführt werden kann;[319]
- die **wirtschaftliche Eingliederung** liegt vor, wenn die Organgesellschaft dem Organträgerbetrieb nach Art einer unselbstständigen Geschäftsabteilung zuarbeitet, was bei einem wirtschaftlichen Zusammenhang zwischen den Tätigkeiten beider UN dergestalt vorliegt, dass die Organgesellschaft wenigstens überwiegend dem wirtschaftlichen Zweck des Organträgers dient; ausreichend dabei ist die Erfüllung einer Teilfunktion im wirtschaftlichen Aufbau des UN-Komplexes i. S. eines Gliedes innerhalb der Kette.

Insbesondere die tatsächlichen Umstände der wirtschaftlichen Eingliederung werden i. d. R. ein hohes Maß an **arbeitstechnischen Zusammenhängen** sowie enge Koordination im **organisatorischen Aufbau und Ablauf** erfordern, so dass insgesamt das Vorliegen einer steuerlichen **Organschaft** zumindest als **Indiz für** den **gemeinsamen Betrieb** der beteiligten UN in Betracht kommt.[320] Dies steht nicht im Widerspruch zur ständ. Rspr. des *BAG,* wonach die lediglich unternehmerische Zusammenarbeit von UN etwa auf der Grundlage von Organ- oder Beherrschungsverträgen für die Annahme des gemB nicht ausreiche,[321] wohl aber kann das Vorliegen solcher UN-Verträge Anlass zu genauerer Prüfung geben, ob die Konzernleitungsmacht auf die betrieblich-arbeitstechnische Ebene »durchschlägt«.[322] 100

Die rechtsdogmatische **Unterscheidung zwischen konzernrechtlicher Weisung bzw. Leitung und betriebsbezogenem, arbeitstechnisch-organisatorisch geprägtem Leitungsapparat** er- 101

---

315 So aber *LAG Niedersachsen* 12.10.92 – 2 Ta BV 40/92.

316 Gegen die Maßgeblichkeit gesellschaftsrechtlicher Zuständigkeitsregelungen für die betriebskonstituierenden Elemente der Leitungsbefugnis auch Richardi-*Maschmann,* Rn. 29; gegen die Hereinnahme systemfremder Vertragselemente in die ansonsten nicht dispositiv ausgestalteten Organisationsbegriffe des BetrVG auch *Däubler,* FS Zeuner, S. 19 [23]; für die Anerkennung des gemeinsamen Betriebs trotz nur teilweise personenidentischer Geschäftsführungen und Gesellschafter aber zutreffend *ArbG Augsburg* 12. 1. 94 – 2 BV 1/92 N; zur Verzichtbarkeit einer Führungsvereinbarung bei vollständiger Personenidentität in den Geschäftsführungen *LAG Schleswig-Holstein* 22. 4. 97 – 1 Sa 384/96, DB 97, 1980; *LAG Düsseldorf* 26. 2. 98 – 13 TaBV 49/97, rk., uv.

317 Vgl. etwa *Fitting,* Rn. 133; ebenso die Begründung zu § 322 Abs. 1 UmwG in *BR-Drucks.* 75/94, S. 174.

318 Überblick bei *Emmerich/Habersack,* § 1 IV; zu den arbeitsrechtlichen Aspekten *Growe,* AiB 01, 582 ff.

319 Näher *BFH* 28. 1. 99, BB 99, 670 und 8. 1. 01, BB 01, 430 [434].

320 Ebenso *Growe,* AiB 01, 582.

321 Vgl. zusammenfassend *BAG* 29. 4. 99 – 2 AZR 352/98, NZA 99, 932 [933] m. w. N.

322 Vgl. zur Abgrenzung zwischen konzernrechtlicher Leitungsmacht und betriebsbezogenem Leitungsapparat *BAG* 29. 4. 99 – 2 AZR 352/98, a. a. O.; 11. 12. 07 – 1 AZR 824/06, EzA § 77 BetrVG 2001 Nr. 21.

scheint nicht unplausibel. Allerdings lässt diese Differenzierung gerade die Schlussfolgerung zu, dass die bislang von der Rspr. geforderte **rechtliche Vereinbarung** zur Schaffung bzw. Sicherung des betrieblichen Leitungsapparats **nicht notwendigerweise eine organisationsrechtliche oder gar gesellschaftsvertragliche Qualität** (»BGB-Gesellschaft«) besitzen muss, sondern auch schlichte Rechtsgeschäfte, insbesondere schuldrechtliche Austauschverträge oder sogar Realakte ausreichend sind, wenn nur ihr »Gegenstand« der betriebsbezogene Leitungsapparat ist.[323] Daher ist es sehr wohl möglich, dass die einer **UN-Kooperation** zu Grunde liegenden Vereinbarungen (vgl. die Beispiele Rn. 106–119) Elemente enthalten, die sich – ggf. auch in ihrer Gesamtschau – als »rechtliche Vereinbarung« erweisen.[324] Umso gravierender ist es daher, wenn steuerrechtlich die Einheitlichkeit der Willensbildung zwischen Mutter- und Tochter-UN gegenüber dem Finanzamt geltend gemacht wird.[325]

102 Allerdings soll die nach dem Umsatzsteuer-, Körperschaftssteuer- und Gewerbesteuergesetz erforderliche organisatorische bzw. finanzielle Eingliederung der Organgesellschaft in den Organträger nach Ansicht des *BAG* allein **kein** für den gemB und den Betriebsbegriff nach § 1 BetrVG wesentliches **Kriterium, wohl aber ein Indiz** für die Führung eines gemB sein,[326] da sie sich auf die unternehmerische Ebene beziehe. Dagegen sei das **Vorhandensein einer gemeinsamen Personalabteilung kein Indiz** für einen einheitlichen Leitungsapparat, wenn die Personalabteilung selbst keine Entscheidungen in mitbestimmungsrechtlich relevanten Angelegenheiten trifft, sondern sich im Wesentlichen auf **Beratungs- und Unterstützungsfunktionen** beschränkt.[327] Letzteres ist aber dann nicht der Fall, und es liegt ein gemB vor, wenn die gemeinsame Personalabteilung selbst für die verschiedenen AG in gleicher Weise z. B. über Beginn und Beendigung von AV, den Abschluss von AV, Abmahnungen, Vergütungsanpassungen, Höhergruppierungen usw. entscheidet und damit im Kernbereich der jeweiligen personellen und sozialen AG-Funktionen tätig ist.[328] Müssen in filialisierten UN-Gruppen mit jeweils gleichartigem arbeitstechnischen Zweck in den einzelnen Niederlassungen (hier: Systemgastronomie) dezentral eingesetzte Betriebsleiter bei AV-Unterzeichnung, Kündigungen und Abmahnungen diese Maßnahmen zuvor mit übergeordneten Führungskräften absprechen, so sind nicht die Betriebsleiter als »Leitungsapparat« anzusehen, sondern ist dies die übergeordnete Führung, bei der die Entscheidungen für die jeweils zugeordneten Niederlassungen zusammenlaufen.[329]

103 Wird ein UN in der Weise gespalten, dass das **Alt-UN beherrschendes UN der ausgegründeten UN** wird, kann der Konzern- und/oder kapitalmäßige Einfluss des Alt-UN Anknüpfungspunkt für die Prüfung der Frage sein, ob ein gemB vorliegt.[330] Nach *Wiedemann*[331] setzt der gemB in derartigen Fällen erstens voraus, dass zwischen den beteiligten UN ein **gesellschaftsrechtlicher Verbund** besteht, der §§ 17, 18 AktG genügt, und zweitens der Betrieb weder dem einen noch den/dem anderen UN allein zugerechnet werden kann. Drittens ist schließlich Voraussetzung, dass eine enge **räumliche und soziale Betriebsgemeinschaft** vorliegt, deren Aufteilung in zwei/mehrere Betriebe mit zwei/mehreren BR der Interessenwahrung der AN nicht entsprechen würde.

---

323 Ähnlich *Wiedemann*, Anm. zu *BAG* AP Nr. 5 zu § 18 BetrVG 1972.

324 In diese Richtung weist nunmehr auch *BAG* 9.2.00 – 7 ABR 21/98, uv.; ähnlich auch *BAG* 13.8.08 – 7 ABR 21/07, NZA-RR 09, 255, im entschiedenen Fall allerdings verneint, weil lediglich eine unternehmerische Zusammenarbeit ohne einheitliche Leitungsstruktur bestanden habe.

325 *LAG Baden-Württemberg* 6.7.01 – 5 TaBV 2/99, AiB 02, 110, m. Anm. *Growe*; *Growe*, AiB 01, 582; vgl. auch den Fall einer kündigungsrechtlichen Unbeachtlichkeit des Bestehens einer umsatzsteuerlichen Organschaft in *BAG* 26.9.02 – 2 AZR 636/01, AP Nr. 124 zu § 1 KSchG 1969 Betriebsbedingte Kündigung.

326 *BAG* 17.8.05 – 7 ABR 62/04, uv.; 25.5.05, EzA § 1 BetrVG 2001 Nr. 3.

327 *BAG* 13.8.08, a. a. O.

328 *LAG Rhl.-Pf.* 8.11.16 8TaBV2215 juris Rn. 68 f.; bestätigt durch Verwerfung der NZB durch *BAG* 30.5.17 7 ABN 1217.

329 *BAG* 23.11.16 – 7 ABR 3/15, juris Rn. 43 f. = AuR 17, 267 (Ls.).

330 Vgl. *Kohte*, RdA 92, 302 [305]; ähnlich *LAG Baden-Württemberg* 13.4.94 – 9 TaBV 4/94, DB 94, 1091, Ls.

331 FS Fleck, S. 447 [461 f.].

Gerade weil bei derartigen UN-Teilungen meist **Unterordnungskonzerne** i. S. d. § 18 Abs. 1 AktG entstehen, bei denen die abhängigen UN am gemB beteiligt sind, kann vermutet werden, dass bei unveränderter Beibehaltung der bisherigen Betriebsstätten hierfür gleich lautende Weisungen der Konzernspitze ursächlich sind (zur Vermutungsregel des Abs. 2 vgl. Rn. 126 ff.). Derartige Weisungen als betriebskonstituierendes Merkmal sind jedoch entbehrlich, wenn – was in der Praxis häufig vorkommt – die Konzernspitze die wesentlichen **Arbeitgeberfunktionen** in den sozialen und personellen Mitbestimmungsangelegenheiten selbst wahrnimmt.[332] Insofern muss es genügen, wenn objektiv die Fähigkeit zur einheitlichen Willensbildung besteht. Dies ist zu bejahen, wenn eine **Konzernleitungsmacht** vorliegt. Daher **bedarf es** auch **keiner** ausdrücklichen oder stillschweigenden **Absprache** unter den beteiligten neuen UN zur Führung des gemeinsamen Betriebs in Form einer BGB-Gesellschaft (§§ 705 ff. BGB) oder Gemeinschaft (§§ 741 ff. BGB).[333] 104

Ausländische Betriebsverfassungsrechte kennen das Phänomen des gemB ebenfalls: So bilden etwa die verschiedenen Franchise-UN der McDonald's-Kette in **Frankreich** eine »wirtschaftliche und soziale Einheit« trotz einer Mehrzahl von Gesellschaften, so dass auch nur ein *comité d'entreprise* zu bilden ist.[334] Die dabei herangezogenen Gesichtspunkte ähneln frappierend den unter Rn. 116 f. Genannten.[335] Das *BAG*[336] sah sich freilich bei einem **Franchise-System** (Drogeriemärkte) außerstande, trotz der rechtlichen Verschiedenheit der Franchisenehmer-UN das Fortbestehen des einheitlichen Betriebs anzunehmen, obgleich die betreffenden Drogerien nach einheitlichen Franchise-Standards zu führen waren. 105

b) Einzelne Anwendungsfälle

Einen gemB bilden z. B. **Versicherungsgesellschaften,** die aus versicherungsaufsichtsrechtlichen Gründen die verschiedenen Sparten des Versicherungsgeschäfts getrennt betreiben müssen,[337] sofern die sonstigen Voraussetzungen für die Erfüllung des Betriebsbegriffs gegeben sind. Die versicherungsaufsichtsrechtlichen Vorgaben des nationalen Rechts werden jedoch durch europarechtlich induzierte Lockerungen des Spartentrennungsprinzips wieder an Bedeutung verlieren;[338] das Problem des gemB wird noch zusätzlich durch die ausgeprägte Filialstruktur der Branche überlagert (vgl. dazu § 4 Rn. 88 ff.). 106

Arbeitsgemeinschaften, die im **Baugewerbe** häufig auftreten und als BGB-Gesellschaft anzusehen sind (sog. ARGE), betreiben, bezogen auf das gemeinsame Bauprojekt, zu dem sie gebildet sind, nach Ansicht des *BAG* einen gemB.[339] Meist liegt jedoch hier bei genauer handelsrechtlicher Betrachtung gar kein Fall eines Gemeinschafts**betriebs** mehrerer UN vor, sondern ein Betrieb des eigens zum Betreiben der Gemeinschaftsbaustelle gebildeten Gemeinschafts-**Unternehmens** in Form einer Außen-BGB-Gesellschaft oder OHG). Das schließt nicht aus, dass für diejenigen Betriebe, die von den in der ARGE zusammengeschlossenen UN außerhalb des ARGE-Zweckes betrieben werden, eigenständige BR zu bilden sind. 107

Auch im **Druck- und Verlagsgewerbe** sind gemB eine eher branchenübliche Erscheinung in dem Sinne, dass sie hier häufiger aufzutreten scheinen.[340] Eine bestimmte Branchenzugehörigkeit des Betriebs spricht freilich noch nicht für oder gegen das Vorliegen der Voraussetzungen eines gemB. 108

---

332 Eingehend dazu *Konzen,* S. 58, 62; *ders.,* AuR 85, 345; *ders.,* SAE 88, 92 [95]; *Kohte,* RdA 92, 302 [305].

333 Kritisch zur [gesellschaftsrechtlich nicht durchzuhaltenden] Konstruktion der BGB-Innengesellschaft vor allem *Kohte,* RdA 92, 302 [304 f.]; s. aber Rn. 109.

334 *Tribunal d'instance de Lyon* 1.7.93, AuR 94, 277 mit Anm. v. *Le Friant.*

335 Näher *Le Friant,* a. a. O.; zur Beachtlichkeit ausländischer Rechtsordnungen *Däubler,* FS Zeuner, S. 19 [38].

336 26.6.96 – 7 ABR 51/95, nv.

337 *BAG* 1.12.61, AP Nr. 1 zu § 80 ArbGG 1953; 5.4.63 – 1 ABR 7/62, uv. [vgl. Rn. 70]; 1.10.74, AP Nr. 1 zu § 106 BetrVG 1972; 14.9.88, DB 89, 127.

338 Näher dazu *Dreher,* DB 92, 2605 [2607].

339 Vgl. *BAG* 11.3.75, AP Nr. 1 zu § 24 BetrVG 1972.

340 Vgl. *BAG* 14.11.75, BB 76, 183; *LAG Bremen* 6.3.90 – 1 TaBV 41/89; s. aber auch *LAG Düsseldorf* 17.1.96, LAGE § 4 BetrVG 1972 Nr. 7; verneint in *BAG* 13.8.08, NZA-RR 09, 255.

109 Ein gemB kann auch bei entsprechend enger **Kooperation** zwischen einer **Körperschaft des öffentlichen Rechts** und einer juristischen **Person des Privatrechts** gegeben sein.[341] Im Beschluss v. 24. 1. 96[342] verlangte das *BAG* gerade nicht einen einheitlichen Rechtsträger, der nach außen als UN in Erscheinung tritt, sondern ließ die privatrechtliche Qualifizierung des von den beteiligten AG geschaffenen einheitlichen Leitungsapparats zur Verfolgung gemeinsamer arbeitstechnischer Zwecke als **BGB-Innengesellschaft ohne Gesamthandsvermögen** genügen, um gemäß § 130 BetrVG diesen gemB der Geltung des BetrVG zu unterstellen mit der Folge, dass ungeachtet der individualvertragsrechtlichen Zuordnung der AN zu verschiedenen AG, alle betriebszugehörigen AN das Wahlrecht zum BR dieses gemB haben (vgl. auch den Fall Rn. 113 f.).

110 **Kommunalrechtliche Bestimmungen** über die wirtschaftliche Betätigung von Gemeinden stehen einer Absprache über die Führung eines gemischt kommunal-privaten gemB nicht entgegen. Die Tatsache nämlich, dass eine **kommunalrechtlich erforderliche Beteiligung der Aufsichtsbehörde** in Form der vorherigen Anzeige bei Gründung einer BGB-Gesellschaft durch die Gebietskörperschaft vonnöten und nicht beachtet worden ist, führt allerdings selbst nicht zur Nichtigkeit der abgeschlossenen gesellschaftsrechtlichen Vereinbarung; Vielmehr ist diese **Rechtshandlung gegenüber Dritten voll rechtswirksam** und kann allenfalls nachträglich Gegenstand von repressiven Maßnahmen der Kommunalaufsicht sein.[343] Gerade im Zuge vermehrter **Teilprivatisierungen** im öffentlichen Sektor dürften sich die Fälle intensiver Kooperationen der vorgenannten Art häufiger zeigen.[344] Vgl. zur Frage, ob diese Grundsätze auch bei gemeinsamen **Kooperationseinrichtungen zweier öff.-rechtl. Körperschaften** mit der Folge gelten können, dass hierauf das BetrVG und nicht mehr das PersVG anzuwenden ist, oben, Rn. 11.

111 Ein gewichtiger Umstand für das Vorliegen des gemB ist es, **wenn** die Beschäftigten **Arbeitsverträge mit beiden UN** haben (Doppel-Arbeitsverhältnis; diese Gestaltung ist bisweilen anzutreffen bei in räumlicher Verbundenheit kooperierenden öffentlich-rechtlichen Versicherungsanstalten und ihren privatrechtlichen Rückversicherungs-UN). Aufgrund von **Vermögensteilübertragungen** (§§ 174 ff. UmwG) könnte es häufiger als bisher zu derart gemischten Kooperationen in der Versicherungsbranche kommen (vgl. auch Rn. 148).

112 Entsprechendes wird zu gelten haben, wenn es infolge von § 147 Abs. 2 SGB V zum **Übergang von Personal auf eine BKK** kommt,[345] zwischen dem bisherigen AG und »seiner« BKK aber die bisherige Arbeitsorganisation aufrechterhalten werden soll: Durch Abschluss einer Betriebsführungsvereinbarung könnte der Geltungsbereich des BetrVG beibehalten werden, obgleich BKK Körperschaften des öffentl. Rechts sind (vgl. § 4 Abs. 1 SGB V) und daher an sich dem PersVG unterfallen (vgl. § 130 Rn. 6).

113 Das von einer GmbH betriebene **Krankenhaus,** in welches auf Grund eines **Gestellungsvertrages** mit einem **DRK-Schwesternschaft e. V.** bei dem e. V. angestellte sog. **Gastschwestern** (vgl. § 5 Rn. 183 f.) zur Leistung von Pflegediensten »abgestellt« werden, bildet einen **Gemeinschaftsbetrieb** der GmbH und des e. V., so dass die Gastschwestern jedenfalls diesem Betrieb

---

341 BVerwG 13. 6. 01 – 6 P 8/00, NZA 03, 115; *BAG* 24. 1. 96 – 7 ABR 10/95, NZA 96, 1110 [Forschungsinstitut]; vom *BAG* 18. 1. 89, EzA § 14 AÜG Nr. 1, unter III.1.b) aa) offen gelassen, ob in solchen Fällen die Beteiligten stets eine juristische Person des Privatrechts gründen müssten; ähnlich wie *BAG* 24. 1. 96, a. a. O., schon *BAG* 11. 4. 58, AP Nr. 1 zu § 6 BetrVG für die Kooperation zweier Städte durch Einbringung spielfertiger Bühnen in eine *Theatergemeinschaft:* dort erfolgte Wahl eines BR, obgleich das *BAG* die Rechtsnatur der »Gemeinschaft« nicht näher prüfte; deutlicher *BAG* 18. 4. 67, AP Nr. 3 zu § 63 BetrVG, wo das *Gemeinschaftsorchester* zweier Städte als BGB-Außengesellschaft qualifiziert und damit dem BetrVG unterstellt wurde.

342 A. a. O.

343 *BAG* 16. 4. 08 – 7 ABR 4/07, NZA-RR 08, 583.

344 Für die Anwendung des BetrVG auf öffentlich-private Mischbetriebe auch *Däubler,* FS Zeuner, S. 19 [30]; dazu *Blanke,* Mitbestimmung im öffentlich-privatrechtlichen Gemeinschaftsbetrieb, S. 27 ff.; *Plander,* PersR 99, 190 ff.; siehe auch *ders.,* Mitbestimmung in öffentlich-privatrechtlichen Mischkonzernen, 1998; vgl. zur Rechtsstellung von Beamten im privat-öffentlichen Gemeinschaftsbetrieb § 5 Rn. 147.

345 Vgl. dazu i. E. *Wank/Brüning,* ZfA 95, 699 ff.

angehören und dort zum BR wahlberechtigt und wählbar sind[346] (vgl. dazu allgemein § 5 Rn. 13 ff.; zu den Gastschwestern noch § 5 Rn. 184). Das *BAG* verneinte ausdrücklich die Annahme, die Gastschwestern bildeten **etwa** einen **Betrieb** des e. V. **innerhalb des Betriebes** der GmbH.[347] Es begründete seine Auffassung damit, dass der e. V. keinen eigenständigen Betriebsteilzweck »Pflegedienst« im Einsatz-Krankenhaus verfolge (vgl. zur Problematik des Begriffs »arbeitstechnischer Zweck« auch Rn. 74, 77, 83 ff.), sondern vielmehr von dem **einheitlichen Gesamtbetriebszweck** der »Patientenversorgung« auszugehen sei. Die pflegerische Versorgung von Patienten durch die AN des e. V. sei eine damit arbeitszwecktechnisch untrennbar verbundene Komponente, die den Gesamtzweck mit konstituiere. Bei einer derartigen Sachlage sei die Annahme eines »Betriebes im Betrieb« unstatthaft.[348] Hinzu kam neben der gemeinsamen Verfolgung eines einheitlichen arbeitstechnischen Gesamtzwecks, dass der e. V. angesichts seiner **Beteiligung am** den Betrieb steuernden **Leitungsapparat** als Mitbetreiber des Krankenhauses angesehen wurde. Dafür wurde auf folgende maßgebende Gesichtspunkte abgestellt:

- die **Leitungsfunktion** der Oberin (Vorstandsvorsitzende des e. V.) **im gesamten Personalbereich** durch ihre Stellung sowohl als (Mit-)Geschäftsführerin der Krankenhaus-GmbH als auch Mitglied der aus drei Personen bestehenden Krankenhaus-Betriebsleitung (ein durch spezielles öffentlich-rechtliches Krankenhausbetriebsrecht vorgegebenes Kollegialorgan);
- die **Wahrnehmung von** mitbestimmungspflichtigen **AG-Entscheidungen** (Einstellungen, Kündigungen, Einsatz- und Dienstplanung, Urlaubsplanung und -erteilung usw.) teils allein durch einen beim e. V. angestellten und in das Krankenhaus »gestellten« Oberpfleger, teils durch diesen im Zusammenwirken mit der Oberin, teils auch durch die Oberin im Zusammenwirken mit dem weiteren GmbH-Geschäftsführer (der nicht zugleich Mitglied oder AN des e. V. ist).

Hinzuweisen ist darauf, dass – wie vom *BAG*[349] angenommen – diese »nahezu beherrschende Führung des gesamten Krankenhausbetriebes« durch den e. V. keineswegs nur den zufällig so angetroffenen Umständen geschuldet ist, sondern in den DRK-typischen Gestellungsverträgen regelmäßig sogar ausdrücklich abgesichert wird. In diesen Fällen sind gerade in den meist sehr langfristig geschlossenen **Gestellungsverträgen** neben den die Personalgestellung selbst betreffenden Fragen auch Regelungen über **Benennungs- und Besetzungsrechte** des e. V. hinsichtlich von Führungspositionen in der Betriebsleitung enthalten. Diese vertraglichen Bindungen genügen jedenfalls meist den rechtlichen Anforderungen, die von der Rspr. des *BAG* (Rn. 93) an das Vorliegen einer sogar ausdrücklichen rechtlichen **Vereinbarung über die Führung eines gemeinsamen Betriebs** gestellt werden. 114

Dagegen soll es im Falle des **Einsatzes von Leih-AN** an der einheitlichen Leitung zur Wahrnehmung der maßgeblichen AG-Funktionen zwischen Entleiher-UN und Verleiher-UN fehlen, wenn sich die Beteiligung des Verleihers darauf beschränkt, seine AN an den Entleiher zur Verfügung zu stellen[350]. 115

Gemeinschaftsbetriebe und -betriebsteile (zu Letzteren u. Rn. 187 f.) mehrerer UN ähnlich dem Krankenhaus-Fall (Rn. 113) oder dem Forschungsinstituts-Fall (Rn. 109 f.) können auch **bei industriellen UN-Kooperationen** in enger räumlicher und arbeitstechnischer Verbundenheit »unter einem Dach« entstehen. Immer häufiger treten in der Betriebswirklichkeit – vor allem im Bereich der Automobilproduktion – Kooperationsformen zwischen UN auf, bei denen rechtlich selbstständige Fremd-UN innerhalb eines Gesamtarbeitsablaufs, an dessen Ende ein Produkt oder eine Dienstleistung steht, einen meist für sich allein betrachtet und gemessen am »Endprodukt« relativ bedeutungslosen Teilzweck erfüllen.[351] 116

---

346 *BAG* 14.12.94 – 7 ABR 26/94, EzA § 1 BetrVG 1972 Nr. 9; über eine möglicherweise weitere Betriebszugehörigkeit im »Stammbetrieb« des e. V. war nicht zu entscheiden.

347 Sog. »shop-in-shop«; vgl. dazu auch *Mayer,* AiB 94, 692.

348 *BAG,* a. a. O., unter B. I. 1.

349 A. a. O.

350 *LAG Rhl.-Pf.* 21.1.10 – 10 TaBV 37/09, LAGE § 1 BetrVG 2001 Nr. 4.

351 Beispiele: Leergut-Rückversand durch Fremdfirma bei Opel/Bochum, vgl. zum Sachverhalt *BAG* 18.10.94 – 1 ABR 17/94, NZA 95, 281; dort aber nur zum – verneinten – Mitbestimmungsrecht des Opel-BR gemäß § 99; näher § 99 Rn. 59 ff.; zu nennen wären auch die Tachometer-Installation sowie

117 Charakteristisch ist in derartigen Fällen, dass

1. häufig eine Just-in-time-**Produktionsverkettung** mit einem Rahmenvertrag zwischen den beteiligten UN zu Grunde liegt (zur Just-in-time-Problematik ausführlich *7. Aufl., Rn. 123 ff.*),
2. vor Eingehung der unternehmerischen Kooperation der in den Prozessablauf »eingepasste« **arbeitstechnische Teilzweck** durch den Betrieb des Endhersteller-UN mit eigenen personellen und ggf. sächlichen Mitteln erfüllt wurde (also zwischen früherer und jetziger Situation i. d. R. ein »Outsourcing« erfolgte),
3. die **Feinabstimmung** des arbeitstechnischen Gesamtzweckes zu einem **arbeitsorganisatorischen Ganzen** auf Grund der EDV-technischen Vorgaben und Steuerungen des marktstarken Endhersteller-UN vorgenommen wird und
4. das aktuelle äußere Erscheinungsbild des Betriebs sich bestenfalls darin von der früheren Situation unterscheidet, dass die Fremdfirmenleute eine andere Arbeitskleidung tragen, und somit ungünstigstenfalls der Eindruck eines **»Betriebsteils im Betrieb«** (sog. »shop-in-shop«) entsteht.[352]

118 Konstellationen der genannten Art (Rn. 116) weisen hochgradige Ähnlichkeiten mit der in Rn. 113 erwähnten Sachlage auf. Hier wie dort fußt die **Kooperation auf** einer **Vertragsbeziehung** zwischen den beteiligten UN, durch die die rechtliche Grundlage zur **Verwirklichung eines** nur einheitlich zu betrachtenden arbeitstechnischen **Gesamtzwecks** gelegt wird, oder anschaulicher: Ein Krankenhaus ohne Pflegedienste ist ebenso undenkbar wie eine Automobilherstellung, bei der die Fahrzeuge ohne Sitzgarnituren oder Tachometereinheit usw. vom Band rollen. Es liegt daher nahe, in dem die Kooperation herstellenden Vertrag nicht nur den **Werk-, Dienstleistungs**-, Auftrags- oder Arbeitnehmerüberlassungsvertrag zu sehen (vgl. zur Bedeutung derartiger Verträge als Instrumente der Aufrechterhaltung der bisherigen Betriebsorganisation Rn. 156). Je nach Lage des Falles kann ein solcher Vertrag auch **Elemente einer** wenigstens partiellen **gemeinsamen Betriebsführung** beinhalten, durch die der von der Rspr. zum Gemeinschaftsbetrieb (vgl. o. Rn. 92 ff.) geforderte **Leitungsapparat** (institutionelle Leitung, die den Kern der AG-Funktionen im sozialen und personellen Bereich wahrnimmt) geschaffen und abgesichert wird. Anders als im Krankenhaus-Fall (Rn. 113) muss nicht notwendig eine Funktion bis hin zur Geschäftsführungsmitgliedschaft abgesichert sein. Es genügt, wenn auf Grund der Vertragsgestaltung einige personalwirtschaftliche Aufgaben, und auch nur für einen abgegrenzten Betriebsbereich, auf diesen Leitungsapparat übertragen werden. Schließlich wird auch für den Betriebsteil i. S. v. § 4 Satz 1 für eine Betriebsleitung nicht die Wahrnehmung **aller** mitbestimmungspflichtigen AG-Funktionen verlangt (näher dazu § 4 Rn. 84). Häufig wird in der Praxis – schon um Konflikte mit dem AÜG zu vermeiden – der Einsatz von eigenem und von Vertragspersonal des Fremd-UN im Einsatzbetrieb durch **Ansprechpartner** (Kolonnenführer, Koordinatoren) beider Seiten entsprechend den konkreten betrieblichen Erfordernissen koordiniert. Je nachdem, wie weitreichend die Befugnisse dieses **»Koordinationspersonals«** sind, kann hierin die »Personifizierung« des Leitungsapparats gesehen werden, der den Gemeinschaftsbetriebsteil (mit)konstituiert. Allerdings muss ein arbeitgeberübergreifender Personaleinsatz praktiziert werden, der charakteristisch für den normalen Betriebsablauf ist. Nicht ausreichend soll es demnach sein, wenn die beteiligten UN im Rahmen der Kooperation jeweils eigenständig die Nutzung der Betriebsmittel und die Steuerung des Personaleinsatzes vornehmen.[353]

119 Ebenfalls muss die Frage der Verselbständigung der Personalverantwortung im **Konzern** im Rahmen der **Organisation interner Personalmärkte**[354] differenziert betrachtet werden: Soweit die Entscheidungsbefugnisse der Tochtergesellschaften des Konzerns auf die **Personaldienst-**

---

die Sitzgarnituren- und Stoßfängermontage oder Ähnliches durch Fremd-UN im Rahmen der Fließfertigung.

352 Vgl. zur einheitlichen Berufskleidung als Bestandteil des Kooperationsvertrags die Angaben im Sachverhalt von *BAG* 18.10.94, a. a. O.

353 *BAG* 22.6.05 – 7 ABR 57/04, NZA 05, 1248, 1249.

354 Siehe dazu *Klein-Schneider* [Hrsg.], Interner Arbeitsmarkt, 2003.

leister übergehen, entsteht ein gemB aller Tochtergesellschaften.[355] Handelt es sich dagegen um **reine Personalserviceagenturen,** die lediglich Personal auf Anforderung der Tochtergesellschaften zur Verfügung stellen, wird man nicht von einem gemB ausgehen können. Ausschlaggebend ist deshalb, ob in den sozialen und personellen Angelegenheiten die Entscheidungen letztlich von der zentralen Personalverwaltung aus getroffen werden und getroffen werden können.

Der Annahme eines gemB steht es nicht entgegen, wenn die beteiligten UN ihre unter einheitlichem Leitungsapparat koordinierten Aktivitäten in **räumlich voneinander getrennten Betriebsstätten** verfolgen.[356] Entsprechend der gesetzlichen Wertung aus § 4 Abs. 1 Satz 1 Nr. 1 darf die räumliche Trennung der Betriebsstätten aber nicht eine räumlich weite Entfernung darstellen, da andernfalls die nicht widerlegbare Fiktion der betriebsverfassungsrechtlichen Selbständigkeit kraft Gesetzes greift[357] (s. u. Rn. 167b). Der Begriff »Betriebsstätte« ist in diesem Zusammenhang kein definierter juristischer Fachbegriff, sondern entstammt der Umgangssprache und umschreibt den Ort, an dem sich das betriebliche Geschehen abspielt.[358] Ebenso wenig vermag allein der **Umzug des einen UN** mit »seinem« Betriebsteil den bisherigen Gemeinschaftsbetrieb zu trennen.[359] Umgekehrt löst der Umzug des einen UN an den Betriebsort des anderen UN noch nicht die Vermutung des gemeinsamen Betriebsmitteleinsatzes nach Abs. 2 Nr. 1 und damit des gemB aus.[360] 120

Die Mitglieder von Hubschrauberbesatzungen eines Luftrettungs-UN, die auf **bundesweit** unterhaltene **Stützpunkte** verteilt sind, gehören zum gemB am Ort der Einsatzzentrale in München.[361] 121

Die Annahme, ein auf der Grundlage von **§ 44b SGB II a. F.**[362] durch die Agentur für Arbeit und eine Kommune gebildetes **Job-Center** stelle einen gemB dar, erscheint zumindest bei summarischer Prüfung im Eilverfahren vertretbar.[363] 122

Keinen Gemeinschaftsbetrieb mehrerer UN sollen dagegen die Wohnungseigentümergemeinschaft (die Hausmeister und Gärtner beschäftigt) zusammen mit einer anderen Firma bilden, die als Verwalter gemäß §§ 20 ff. WEG fungiert, selbst wenn das Büro der Firma auf die Tätigkeit für dieselbe Wohnanlage begrenzt ist.[364] 123

In der Regel wird bei **Matrix-Organisationen** (o. Rn. 81- 81d) die für den gemB erforderliche enge Voraussetzung einer *einheitlichen und deswegen gemeinsamen* Leitung der Matrix-Einheit durch das UN, das Vertrags-AG ist und durch das andere UN, bei dem die steuernde Einheit/der Matrixmanager angesiedelt ist, fehlen.[365] Bloß fachliche Weisungen oder rein »koordinie- 123a

355 Dazu *BAG* 11. 2. 04 – 7 ABR 27/03, NZA 04, 618.

356 So die Sachverhalte in folgenden Entscheidungen: *BAG* 13. 9. 95, DB 96, 330, Entfernung von 3 km; *LAG Meckl.-Vorp.* 21. 1. 20 – 2 Sa 147/19, juris = FA 20, 179 (Ls.), Verteilung des unternehmerischen Geschäftsbetriebs auf 10 Fahrradstationen in den größeren Ortschaften auf dem Darß; *LAG Köln* 20. 9. 19 – 9 TaBV 14/19, Verteilung auf mindestens vier Standorte/polit. Gemeinden in 11, 20 und 44 km Entfernung von der Zentrale Gummersbach.

357 *LAG Köln* 20. 9. 19 – 9 TaBV 14/19, Rn. 72 ff., wo die einzelnen Betriebsstätten eines insgesamt zwar als gemB qualifizierten Krankenhauskonzerns in 11, 20 und 44 km Entfernung zum Zentralbetrieb in Gummersbach lagen, wegen der gem. § 4 als zu weit eingestuften Entfernung der beiden 20 und 44 km entfernten Betriebsstätten diesen jedoch eigene BR zugestanden wurden; näher hierzu auch Rn. 187 f.

358 *LAG Meckl.-Vorp.* 21. 1. 20, a. a. O., Rn. 43.

359 *LAG Hamm* 18. 9. 96, BB 96, 2622.

360 *LAG Rhl.-Pf.* 13. 6. 19 – 2 TaBV 28/18, juris, Rn. 47.

361 *BAG* 20. 2. 01 – 1 ABR 27/00, NZA 01, 1089.

362 Das Organisationsrecht des SGB II ist mit Wirkung seit dem 1. 1. 2011 neu gefasst; nach § 44h SGB II n. F. unterliegen die sog. Job-Center als gemeinsame Einrichtungen dem BPersVG, so dass dort eine Personalvertretung zu bilden ist.

363 *HessLAG* 7. 8. 08 – 9 TaBV Ga 188/08, ZTR 08, 696, Ls.

364 *LAG Köln* 6. 11. 91 – 7 Sa 627/91, ZMR 92, 205.

365 Dazu *Kort*, NZA 13, 1318, 1322; *Reinhard/Kettering*, ArbRB 14, 87, 88 f.; *Bachner*, NZA 19, 134, 139; ebenso zu Recht *C. Schubert*, Betriebliche Mitbestimmung in Unternehmen und Konzernen mit Matrixorganisation, 2017, S. 51, 54 f., 56.

rende« **Eingriffe des betriebsfremden Matrixmanagers** konstituieren keinen institutionalisierten Leitungsapparat mit *Entscheidungs*charakter.[366]

124 Seit dem Inkrafttreten des geänderten **EnWG** (Gesetz v. 7.7.05, BGBl. I S. 1970) sind bestimmte UN der Elektrizitäts- und Gasversorgung zur gesellschaftsrechtlichen Verselbständigung ihres Netzbetriebs gegenüber den sonstigen UN – Funktionen verpflichtet (§ 7 Abs. 1 EnWG). Ferner ist es danach nicht mehr zulässig, dass Leitungspersonen der Netzgesellschaft zugleich Leitungsfunktionen im ausgliedernden Mutter-UN innehaben (§ 7a Abs. 2 Nr. 1 EnWG). Damit entfällt zwar ein wesentliches Kriterium (Personenidentität in den Geschäftsleitungen), anhand dessen in der Praxis auf das Vorliegen eines gemB der beteiligten UN geschlossen wurde. Dagegen kann aber **nicht** bereits aus diesen energierechtlichen Bestimmungen **eine Art gesetzliches Verbot des gemB** abgeleitet werden.[367] Zum einen kann der für den gemB maßgebliche Leitungsapparat auch unterhalb der Organpersonen angesiedelt sein und zum anderen dient die vorgeschriebene rechtliche und organisatorische Entflechtung dazu, die **unternehmerische Eigenständigkeit** der Netzgesellschaft herzustellen, was – im Falle eines gemB – allenfalls im Bereich der wirtschaftlichen Mitbestimmungsangelegenheiten zu Problemen führen könnte; gerade dieser Bereich ist aber nicht notwendiger Weise in den Zuständigkeitsbereich des einheitlichen Leitungsapparates zu integrieren (vgl. Rn. 94 f.), so dass das EnWG der Bildung eines gemB durch Errichtung eines auf die sozialen und personellen Angelegenheiten beschränkten **Leitungsapparates unterhalb der Gesellschaftsorgane** nicht entgegensteht.[368] Weitgehende Übereinstimmung besteht aber dahingehend, dass die bisherige **Betriebseinheit durch TV** gem. § 3 Abs. 1 Nr. 3 gesichert werden kann[369], was in der Branche auch sehr verbreitet geschieht.

125 **Schwierig** ist die Beurteilung, **wenn** eine UN-Umstrukturierung erst geplant ist und daher sichere **tatsächliche Anhaltspunkte** für die künftige Leitungsstruktur **noch fehlen.** Bloß konzeptionelle Veränderungen, die sich (noch) nicht in der Betriebswirklichkeit niedergeschlagen haben, ziehen **keine Veränderungen der Vertretungsstrukturen** nach sich. Das Übergangsmandat (§ 21 a) macht in derartigen Fällen »rein vorsorgliche« Neuwahlen zur Vermeidung betriebsratsloser Zeiten überflüssig (zur Vermutung des gemB Rn. 145 ff.). Häufig werden – wie die Praxis zeigt – Veränderungen gegenüber den bisherigen Verhältnissen auch erst im Laufe der Zeit eintreten, so dass während einer Übergangszeit der einheitliche Betrieb erhalten bleibt.[370] **In der Praxis** werden vielfach zur Beseitigung von Rechtsunsicherheiten und zur Wahrung der Belegschaftsrechte besondere Vereinbarungen nach Art eines »Tatsachenvergleichs« getroffen.[371] Diese Vereinbarungen werden wegen der unsicheren Vermutungsregeln des Abs. 2 voraussichtlich zunehmen (vgl. Rn. 161, 165), jedenfalls aber trotz der Vermutungsregeln ihre Bedeutung behalten. In jüngerer Zeit scheinen sogar die Fälle zuzunehmen, in denen auf schriftlicher Grundlage die beteiligten UN mittels »Führungsvereinbarung über den gemB« eine rechtssichere Gestaltung vornehmen.[372] Eine solche Vorgehensweise stellt aus der

---

366 *C. Schubert*, a. a. O., S. 56.

367 In diese Richtung aber wohl *Bachner*, DBR 8/05, 13, 15 f.; *Trenkle*, AiB 05, 13, 14 f.; zum sondergesetzlichen Verbot des gemB in der Fleischwirtschaft o. Rn. 91a.

368 Näher dazu *Trümner*, Arbeits- und mitbestimmungsrechtliche Implikationen des »legal unbundling« auf dem Energiebinnenmarkt, Rechtsgutachten für die Hans-Böckler-Stiftung, Mskr., 2004, S. 26 ff.; ähnlich auch *Seitz/Werner*, BB 05, 1961, 1964; ausführlich *Steinbauer*, Reorganisation in der Energiewirtschaft und deren arbeitsrechtliche Folgen, 2006, S. 72 ff.

369 Vgl. § 3 Rn. 110; *Fitting*, Rn. 82; *Bachner*, a. a. O.; *Trenkle*, a. a. O.; *Seitz/Werner*, a. a. O.; *Trümner*, a. a. O.; *Steinbauer*, a. a. O., S. 100 ff.

370 Vgl. auch *LAG Düsseldorf* 20.7.88, AiB 89, 78.

371 Vgl. zur Vorgehensweise *Blank/Blanke u. a.*, S. 202 ff.; zu den Inhalten solcher Regelungen *dies.*, S. 345 f.; ein Beispiel für eine praktisch häufig getroffene Regelung findet sich *ebd.*, S. 329 ff.; vgl. ferner *Klebe/Wendeling-Schröder*, AiB 92, 77 ff. [87], sowie den zwischen Digital Equipment und IGM am 25.6.1993 geschlossenen TV; ferner *Trittin*, UN-Spaltung und die sozialen Folgen für AN [Muster-BV mit kurzen Anm.], AiB 95, 315.

372 Vgl. etwa die in *HessLAG* 2.9.19 – 16 TaBV 33/19, juris, Rn. 2, im Tatbestand mitgeteilte »Kooperationsvereinbarung zum Gemeinschaftsbetrieb«; der Abschluss einer solchen Führungsvereinbarung allein genügt jedoch nicht, um einen gemB zu gründen, es bedarf auch des tatsächlichen Vollzuges; vgl. *BAG* 8.3.22 – 1 ABR 19/21, BeckRS 22 15914 Rn. 51.

Sicht der betroffenen Ausgangsbetriebe eine geplante **Betriebsänderung** in Gestalt des einen **neuen Betrieb** erzeugenden Zusammenschlusses von Betrieben nach § 111 Satz 3 Nr. 3 dar und bedarf des IA und SP.

c) Die Vermutung des gemeinsamen Betriebs (Abs. 2)

aa) Grundsätze

Durch Abs. 2, der mit der **Novellierung 2001** eingefügt wurde, wird für **zwei** unterschiedliche **Anwendungsfälle** eine gesetzliche **Vermutung** bezüglich des Rechtsbegriffs **des gemeinsamen Betriebs** aufgestellt.[373] Daher dürfte es sich der Sache nach um eine sog. **Rechtsvermutung** und **nicht** – wie die Gesetzesbegründung offenbar annimmt – um eine **Tatsachenvermutung** handeln (vgl. zur Unterscheidung Rn. 128), was jedoch insoweit keinen Unterschied macht, als § 292 ZPO verdeutlicht, dass mangels anderweitiger gesetzlicher Vorschrift die Vermutung in beiden Fällen widerlegbar ist.[374] Gesetzliche Vermutungen enthalten i. d. R. **Beweislastnormen,** die primär eine **prozessrechtliche Bedeutung** haben. Sie erleichtern zugunsten des Beweisführers den Beweis und sollen einer vereinfachten Rechtsdurchsetzung dienen.[375] Zwar gibt es **im** arbeitsgerichtlichen **Beschlussverfahren** gem. § 18 Abs. 2 i. V. mit §§ 2a, 80 ff. ArbGG, in dem Streitigkeiten über das Vorliegen eines gemB i. d. R. auszutragen sind, **keine Beweisführungslast** im strengen zivilprozessualen Sinne,[376] gleichwohl bedarf es eines schlüssigen Tatsachenvortrags durch den Antragsteller.[377] Meist wird dies der BR oder ein WV sein. Allerdings folgt aus dem **Untersuchungsgrundsatz,** wie er im arbeitsgerichtlichen Beschlussverfahren gilt, auch keine völlig freie Ermittlung des Sachverhalts durch das Gericht. Vielmehr bestimmen die Verfahrensbeteiligten durch Anträge und Tatsachenbehauptungen den Streitstoff, so dass jedenfalls eine **Behauptungslast (Darlegungslast)** anzuerkennen ist.[378] Letztlich hat das Gericht nach Ausschöpfung aller Beweismittel aber nach Beweislastgrundsätzen zu entscheiden.[379] 126

Nach dem Willen des Gesetzgebers ist es **Ziel der gesetzlichen Vermutungsregelung,** für die betriebliche Praxis den Anlass zu Streitigkeiten über das Vorliegen oder Nichtbestehen des gemB dadurch zu verringern, dass vor allem den WV und BR eine entsprechende **Nachweiserleichterung** verschafft wird.[380] Insoweit soll die Vermutungsregel über ihre prozessrechtliche Bedeutung hinaus auch eine faktische Bedeutung bei vor- oder außerprozessualen Konfliktlösungsbemühungen erlangen (näher Rn. 161 ff.). 127

Die **Funktionsweise** einer gesetzlichen Vermutung liegt im Allgemeinen darin, dass auf Grund einer oder mehrerer Tatsachen (sog. **Ausgangstatsachen** oder Indizien) der **Vermutungsbasis** (auch Vermutungstatbestand genannt) das Bestehen eines Tatbestandsmerkmals einer anderen Norm (hier: »gemeinsamer Betrieb« i. S. von Abs. 1 Satz 2) vermutet wird (sog. **Vermutungsfolge** oder -inhalt). Bei dem vermuteten Tatbestandsmerkmal kann es sich um eine **Tatsache** (sog. Tatsachenvermutung) **oder** ein Recht bzw. einen **Rechtszustand** handeln (sog. Rechtsvermutung). Im Fall der Rechtsvermutung wird somit der Rechtsanwender der sonst notwendigen vollständigen Tatsachenfeststellungen über den Rechtszustand enthoben. Die von der Vermutungsregel begünstigte Partei (meist der AN, der BR oder WV; aber richtigerweise auch der SpA bzw. SpA-WV, da es sich um eine allgemeine betriebsverfassungsrechtliche Vorschrift 128

373 Anders aber *Engels/Trebinger/Löhr-Steinhaus,* DB 01, 532 und die *Begründung* zu Art. 1 Nr. 2 des BetrVerf-ReformG [*BT-Drucks.* 14/5741, S. 33], wo für den Fall der Nr. 1 als Vermutungsinhalt das Bestehen der »einheitlichen Leitung mit wesentlichen Arbeitgeberfunktionen in sozialen und personellen Angelegenheiten« bzw. »eine einheitliche Leitung *der Unternehmen* [gemeint ist wohl: »einheitl. Leitung des Betriebs *durch die beteiligten UN*«] angenommen wird; näher Rn. 90 ff.

374 Vgl. *BLAH,* § 292 ZPO Rn. 4, 6, 8; *Däubler,* AuR 01, 1 [2]; *Engels/Trebinger/Löhr-Steinhaus,* a. a. O.; ebenso *BAG* 22. 10. 03 – 7 ABR 18/03, AP Nr. 21 zu § 1 BetrVG 1972 Gemeinsamer Betrieb.

375 *BLAH,* § 292 ZPO Rn. 8, 9.

376 Vgl. *Kamphausen,* NZA-Beilage 4/88, S. 10 [15].

377 *Kamphausen,* a. a. O.; Letzteres bestritten bei *HBR,* Rn. 92.

378 Vgl. Einl. Rn. 202; MünchArbR-*Jacobs,* § 345 Rn. 26.

379 Näher Einl. Rn. 202; *HBR,* Rn. 91 ff.

380 Vgl. *BT-Drucks.* 14/5741, S. 33.

handelt) braucht nur die Tatsachen, die zur »Vermutungsbasis« gehören, darzulegen und ggf. zu beweisen. Es ist sodann Sache der anderen Partei, evtl. den »**Beweis des Gegenteils**« als Hauptbeweis zu führen, indem sie darlegt und beweist, dass entweder – bei einer Tatsachenvermutung – die vermutete Tatsache unwahr ist oder – bei einer Rechtsvermutung – aus den Tatsachen der Vermutungsbasis notwendig ein anderer Schluss zu ziehen ist und somit jede Möglichkeit des gesetzlichen Schlusses wegfällt[381] oder andere Tatsachen vorliegen, aus denen sich ergibt, dass der vermutete Rechtszustand nicht oder nur anders besteht.[382] Bei einer Vermutungsregel handelt es sich mithin um den Fall einer gesetzlich angeordneten **Beweislastumkehr,**[383] die im Beschlussverfahren eine Umkehrung der Behauptungslast bewirkt.

129 Zweifelhaft ist allerdings, ob im Falle der Vermutungsregel des **Abs. 2 Nr. 1** normsetzungstechnisch überhaupt eine **gesetzliche Vermutung** formuliert wurde **oder** ob nicht vielmehr eine **verdeckte Legaldefinition** des gemB aufgestellt worden ist (dazu Rn. 135, 139 ff.).

130 Selbst wenn die Vermutungstatbestände des Abs. 2 nicht eingreifen, etwa weil kein Austausch von AN oder/und keine gemeinsamen Nutzung von Betriebsmitteln stattfindet, sind die ArbGe verpflichtet zu überprüfen, ob sich aus den konkreten betrieblichen Umständen die Führung eines gemB durch die UN ergibt. **Für eine gemeinsame Führung sprechen** nach der jüngeren Rspr. folgende **Indizien:**

- Der Leiter eines eingetragenen Vereins ist identisch mit der Geschäftsführung der GmbH und die GmbH wird im **Organigramm** wie jeder andere rechtlich unselbständige Betriebsteil des Vereins aufgeführt. Die **Personalakten** der AN der GmbH werden beim Verein verwaltet und die Arbeitsverträge und sonstige personenbezogene Schriftstücke werden beim Verein für die GmbH erstellt.[384]
- Für eine institutionell einheitliche Leitung spricht auch, wenn durch eine Organisationsverfügung der Kommune die Personalverwaltung und -betreuung für die von der Kommune gestellten Mitarbeiter auf eine GmbH übergeht,[385] auf den Austausch von AN oder die gemeinsame Nutzung von Betriebsmitteln kommt es dann jedenfalls nicht mehr an.

bb) Gemeinsamer Einsatz von Betriebsmitteln sowie AN (Nr. 1)

131 Nach Nr. 1 wird ein gemB mehrerer UN vermutet, wenn zur Verfolgung arbeitstechnischer Zwecke die Betriebsmittel sowie die Arbeitnehmer von den UN gemeinsam eingesetzt werden.[386] Zur **Vermutungsbasis** (vgl. Rn. 128) gehören folgende Tatumstände (Indizien), die hinsichtlich des Einsatzes der Betriebsmittel und AN kumulativ (»sowie«) vorliegen müssen, so dass allein ein gemeinsamer AN-Einsatz nicht ausreicht, wenn nicht auch ein gemeinsamer Betriebsmitteleinsatz vorliegt (und umgekehrt)[387]:

132 • Verfolgung **arbeitstechnischer Zwecke:** Hierbei ist es vollkommen gleichgültig, welcher Art, Qualität oder Quantität die arbeitstechnischen Zwecke sind (vgl. zur Unbestimmtheit dieses Merkmals Rn. 83, 77, 74). Auch darauf, ob ein oder mehrere Zwecke verfolgt werden, kommt es – wie auch sonst bei der Beurteilung der Betriebseinheit – nicht an (vgl. Rn. 66). Die arbeitstechnischen Zwecke müssen weder identisch sein, noch sonst in einem funktionellen Zusammenhang zueinander stehen.[388]

133 • Gemeinsamer **Einsatz von Betriebsmitteln:** Es handelt sich um einen Gesichtspunkt, der in der bisherigen Rspr.-Praxis als ein wesentlicher Tatumstand unter mehreren (vgl. Rn. 96) herangezogen wurde, um den Rückschluss auf das Vorliegen einer wenigstens konkludent

381 So *BLAH*, § 292 ZPO Rn. 9 m. w. N.
382 Vgl. *RSG*, § 114 I 4, S. 655 f.
383 MünchKommZPO-*Prütting*, § 292 Rn. 24.
384 *BAG* 11.2.04 – 7 ABR 27/03, NZA 04, 618, 619.
385 *HessLAG* 24.8.06 – 9 TaBV 215/05 uv.
386 Ähnlich die von *Benz-Overhage/Klebe*, AiB 00, 24 [25] vorgeschlagene Formulierung hinsichtlich der als ausschlaggebend erachteten Kriterien für eine Neuregelung des gemB.
387 *LAG Rhl.-Pf.* 13.6.19 – 2 TaBV 28/18, juris, Rn. 44 ff. [Rn. 48].
388 *LAG Rhl.-Pf.* 19.1.16 – 6 TaBV 18/15 juris Rn. 40 f. = AE 16, 152.

geschlossenen Führungsvereinbarung (Rn. 93) zu ermöglichen.[389] Zu den **Betriebsmitteln** zählen sowohl materielle als auch immaterielle Betriebsmittel. *Hanau*[390] hat problematisiert, ob diese »Vergemeinschaftung« **alle** Betriebsmittel der beteiligten UN betreffen müsse oder ob insoweit auch eine Teilmenge davon genügen könne.[391] Aus den Obersätzen der jüngeren Rspr. des *BAG* ergibt sich jedoch ohne weiteres, dass keineswegs das gesamte Betriebsmittelvermögen eines UN der gemeinsamen Nutzung zugeführt werden muss, sondern es vielmehr ausreicht, »wenn die in *einer Betriebsstätte* (Hervorheb. des Verf.) vorhandenen materiellen und immateriellen Betriebsmittel«[392] dergestalt nutzbar sind. Insoweit kann schon die gemeinsame Nutzung von Räumlichkeiten im Betriebsgebäude, der Sanitärräume und der Küche sowie eine gemeinsam genutzte Zeiterfassung ausreichend sein.[393] In weitgehend betriebsmittellosen UN kann die Vermutung des GemB bereits aufgrund des Fehlens von wesentlichen Betriebsmitteln scheitern.[394] Für die Vermutung ist es unschädlich, wenn das eine UN nur die Betriebsmittel und das andere nur die AN in die »vergemeinschaftete« Organisation einbringt.[395]

- Gemeinsamer **Einsatz von Arbeitnehmern:** Es muss sich um AN i. S. v. § 5 Abs. 1 handeln, **134** wobei es nicht darauf ankommt, mit welchem der am vermeintlich gemB beteiligten AG der jeweilige Arbeitsvertrag abgeschlossen oder ggf. ein faktisches Arbeitsverhältnis anzunehmen ist. Auch hier handelt es sich um einen Tatumstand, der bisher bei der Prüfung einer konkludenten Führungsvereinbarung (Rn. 93) von Bedeutung gewesen ist (AN-Austausch, personelle Verknüpfung von Arbeitsabläufen).[396] Der praktizierte AG-übergreifende Personaleinsatz muss aber charakteristisch für den normalen Betriebsablauf sein.[397] Auch hier ist es für die Vermutung unschädlich, wenn das eine UN nur die Betriebsmittel und das andere nur die AN in die »vergemeinschaftete« Organisation einbringt.[398]
- Von den beteiligten UN **gemeinsam bewirkter Einsatz** (von Personal und Betriebsmitteln): **135** Da es den Gesetzesverfassern offenbar darum ging, auf der Seite der Vermutungsbasis nicht auf das Kriterium eines vereinbarten Leitungsapparates abstellen zu wollen,[399] muss hier die Anforderung an den Nachweis eines »gemeinsamen Einsatzes« jedenfalls geringer sein.[400] Es sollte deshalb als ausreichend angesehen werden, wenn die **Verfügungsmacht über die betrieblichen Infrastruktureinrichtungen** weder dem einen noch dem oder den anderen UN allein zugerechnet werden kann. Für diese Auslegung spricht *erstens,* dass bei einer gesetzlichen Vermutungsregel nicht zur Vermutungsbasis gehören kann, was Gegenstand der Vermutungsfolge ist.[401] Dabei ist auch zu beachten, dass das Gesetz von »gemeinsam

389 Unberechtigt daher die Kritik bei *Richardi/Annuß,* DB 01, 41 und *Konzen,* RdA 01, 76 [80], der Gesetzgeber hätte die von der Rspr. entwickelten Indizien nicht aufgegriffen: er hat sie nur nicht *vollständig* aufgegriffen; zutreffend daher die Feststellung bei *Ulrich,* FA 01, 137 [138].

390 RdA 01, 65 [67].

391 ErfK-*Koch,* Rn. 15 lässt die gem. Nutzung der »wesentlichen« Betriebsmittel genügen.

392 So ausdrücklich *BAG* 24. 1. 96, AP Nr. 8 zu § 1 BetrVG 1972 Gemeinsamer Betrieb [unter B. 3.a] mit Anm. *Däubler.*

393 So das *LAG Rhl.-Pf.* 19. 1. 16, a. a. O.

394 Vgl. *LAG BaWü* 6. 2. 18 – 19 TaBV 3/17, juris, das aus diesem Grunde für mehrere UN der ANÜ-Branche im selben Konzern die Vermutung des GemB ablehnte, jedoch den immateriellen Betriebsmitteln (ANÜ-Verträge mit den Entleihern) nicht ausreichend Beachtung schenkte; die RB beim *BAG* ist unter Az. 7 ABR 9/18. anhängig.

395 Vgl. nur den Fall *BAG* 3. 12. 97 – 7 AZR 764/96, NZA 98, 876, Rn. 2; ebenso *Hamann,* jurisPR-ArbR 35/2017 Anm. 1, S. 6; wohl auch GK-*Franzen,* Rn. 48; a. A. *Schönhöft/Lermen,* BB 08, 2515, 2518: jedes der beteiligten UN muss Personal zum gemB beisteuern.

396 Vgl. *Benz-Overhage/Klebe,* AiB 00, 24 [25]; auf die eingeschränkte Aufnahme von derartigen Merkmalen in die Vermutungsregelung weist zutreffend *Ulrich,* FA 01, 137 [138] hin.

397 *LAG Rhl.-Pf.* 19. 1. 16, a. a. O.

398 Vgl. *BAG* 3. 12. 97, a. a. O., und oben Rn. 133 a. E.

399 So explizit *Engels/Trebinger/Löhr-Steinhaus,* DB 01, 532.

400 Ebenso, wenn auch gerade deshalb kritisch: *Ulrich,* FA 01, 137 [138 f.].

401 Hier: der gemeinsame Betrieb [so der Gesetzeswortlaut] bzw. die einheitliche Leitung des Betriebs [so die *Begründung* zum BetrVerf-ReformG, *BT-Drucks.* 14/5741, S. 33 und *Engels/Trebinger/Löhr-Steinhaus,* a. a. O.].

einsetzen« spricht und nicht von »gemeinsam leiten« oder »führen«.[402] *Zweitens* jedoch würden gerade die (nach dem in der Gesetzesbegründung zum Ausdruck gekommenen Willen des Gesetzgebers) zugunsten der AN-Seite bewirkten Erleichterungen wieder zunichte gemacht, wenn es schon bei den Ausgangstatsachen um den Nachweis eines vereinbarten Leitungsapparates gehen würde. Und *drittens* wäre dann jedenfalls völlig richtig, dass es sich – entgegen der gewählten Regelungstechnik einer Vermutungsregel – stets schon immer um den Vollbeweis bezüglich des gemB handelte, so dass es nichts mehr zu vermuten gäbe.[403] Die **Darlegung** einer **Führungsvereinbarung oder** Darlegungen zum Vorliegen eines **Leitungsapparates,** der die wesentlichen, der Beteiligung des BR unterworfenen sozialen und personellen Angelegenheiten wahrnimmt, ist daher **nicht erforderlich,** um die Vermutungsfolge auszulösen.[404] Es genügt die Existenz eines Betriebsleiters, der die Disposition über Personal und Material trifft. Ähnlich wie hier vertreten, stellt auch das *BAG* nicht auf das Vorliegen von vereinbarten Leitungsapparaten ab, sondern lässt das faktische Geschehen den Ausschlag geben, so dass **kein gemB vermutet** werden kann, wenn die Betriebsmittel **nur von einem** der beiden an einem vermeintlichen gemB beteiligten AG »genutzt« werden.[405] Deshalb ist es auch hinzunehmen, dass nunmehr – anders als nach bisherigem Recht – auch »schlichte« UN-Kooperationen (Projekt- und Dienstleistungsgemeinschaften)[406] in den Anwendungsbereich der Vermutungsregel gelangen können. Dies kann freilich dazu führen, dass nicht zweifelsfrei feststellbar ist, ob und wann die betroffenen AN aus ihrer bisherigen Betriebsverfassung »herausfallen«, sofern der Gegenbeweis nicht gelingt.[407] Das Problem kann jedoch nur dann wirklich auftreten, wenn nicht ohnehin die gesamte betriebliche Infrastruktur der beteiligten UN »vergemeinschaftet« wird; diese Schwierigkeiten sind allerdings auch heute – zumindest theoretisch – schon beim gemB einer ARGE nicht ausgeschlossen (Rn. 107). Im Übrigen ist es durchaus möglich, ein und denselben AN als betriebszugehörig in verschiedenen Betrieben anzusehen (vgl. § 5 Rn. 55), so dass das von *Hanau* befürchtete »betriebsverfassungsrechtliche Chaos« gar nicht eintreten muss (vgl. zu Beginn und Ende der Vermutungsfolge Rn. 164 ff.), zumindest aber nicht größere Schwierigkeiten eintreten als in den Fällen eines sonstigen drittbezogenen AN-Einsatzes (vgl. § 5 Rn. 81 ff.). Beachtenswert ist in jedem Fall *Hanaus* Hinweis, bei einer »Zusammenarbeit von UN«, die bei Abs. 2 Nr. 1 stets vorliegt, die Details der betriebsverfassungsrechtlichen Konsequenzen tarifvertraglich zu regeln,[408] denn § 3 Abs. 1 Nr. 3 lässt gerade bei UN-Kooperationen **andere AN-Vertretungsstrukturen durch TV** zu (näher § 3 Rn. 91 ff.).

136 • Verfolgung arbeitstechnischer Zwecke durch **Unternehmen:** Hinsichtlich der UN-Eigenschaften gelten keine Besonderheiten, so dass der betriebsverfassungsrechtliche UN-Begriff zu Grunde zu legen ist (vgl. § 47 Rn. 17 ff.).

137 Durch die Vermutungstatbestände des Abs. 2 wird nur die Existenz eines einheitlichen Leitungsapparates widerleglich angenommen.[409] **Vermutungsfolge ist** dann jedenfalls nach dem Wortlaut des Gesetzes **der gemeinsame Betrieb** und nicht etwa das Bestehen einer »einheitlichen Betriebsleitung«, wie die *Begründung* zum Gesetzentwurf sowie die Erläuterungen der Entwurfsverfasser meinen,[410] auch nicht die »gemeinsame Betriebsführung«[411] oder das Vorliegen einer »Führungsvereinbarung«.[412] Gerade die Diskrepanz zwischen Gesetzeswort-

---

402 Vgl. *Fitting,* Rn. 126; ErfK-*Koch,* Rn. 15.
403 *Richardi,* NZA 01, 346, [349].
404 *Fitting,* Rn. 126.
405 *BAG* 16.4.08 – 7 ABR 4/07, NZA-RR 08, 583.
406 Vgl. zu möglichen Beispielen *Ulrich,* a.a.O., 139 und *SWS,* Rn. 25; vgl. auch Rn. 144.
407 So *Hanau,* RdA 01, 65 [67].
408 *Hanau,* ebd.
409 *BAG* 22.6.05 – 7 ABR 57/04, NZA 05, 1248.
410 Vgl. *BT-Drucks.* 14/5741, S. 33; *Engels/Trebinger/Löhr-Steinhaus,* DB 01, 532.
411 So die Erwartung bei *Richardi/Annuß,* DB 01, 41.
412 *Konzen,* RdA 01, 76 [80] und *Däubler,* AiB 01, 313 [314], prognostizieren deshalb auch zu Recht trotz der Vermutungsregel das Fortbestehen des Streits um das Erfordernis dieser »Führungsvereinbarung«.

laut und Gesetzeserläuterungen hinsichtlich der Vermutungsfolge ist Gegenstand kritischer Auseinandersetzungen mit der Neuregelung. Dabei wird teilweise angenommen, dass unter der Hand womöglich eine **Änderung des Betriebsbegriffs** eintrete[413] bzw. es künftig weder auf geordnet und gezielt eingesetzte Betriebsmittel noch auf einen einheitlichen Leitungsapparat mehr ankäme.[414]

138 Die Schwierigkeiten bei der Deutung der neuen Bestimmung dürften wohl in der Deduktionskette begründet sein, die das *BAG* in seinen Entscheidungen zum gemB verwendet (vgl. Rn. 66, 67) und bei der letztlich die Feststellung der Betriebseinheit – also des *gemeinsamen* Betriebs – subsumtionstechnisch mit der Wahrnehmung von Kernaufgaben in den betrieblichen Mitbestimmungsangelegenheiten durch einen »Leitungsapparat« verschmilzt, welcher auf einer Führungsvereinbarung beruhen muss, wobei deren konkludenter Abschluss ausreicht. Allenfalls unter diesem Gesichtspunkt und gegen den Wortlaut der Vermutungsregel ließe sich daher im Wege einer vom Normzweck geleiteten Auslegung vertreten, dass **Vermutungsfolge bei Abs. 2 Nr. 1** eben **doch** das Vorliegen einer **Führungsvereinbarung** sein müsse.[415] Konsequenz eines solchen Normverständnisses wäre allerdings auch, dass es sich um eine **Tatsachenvermutung** und nicht um eine **Rechtsvermutung** handelt (vgl. zur Unterscheidung Rn. 128).

139 Die verbreitete **Ratlosigkeit bei den Deutungsversuchen** zur Vermutungsregel des Abs. 2 Nr. 1 ist zuerst von *Däubler*[416] und *Richardi/Annuß*[417] zum Ausdruck gebracht worden. Während *Richardi/Annuß*[418] in den Tatbestandsvoraussetzungen der Nr. 1 offenbar **abschließende Merkmale des gemB** sehen und deshalb meinen, dass beim Nachweis der quasi nur fälschlich vom Gesetzgeber als Indiztatsachen einer Vermutungsregel angegebenen Tatumstände der gemB bereits vorliege – also nichts mehr vermutet werden könne, weil es feststehe, sieht *Däubler*[419] die Gefahr, dass sogar die relative Sicherheit, die die Rspr. bzgl. der Voraussetzungen des gemB mittlerweile hergestellt hat,[420] wieder zerstört werden könnte: Nach der Logik einer gesetzlichen Vermutung, die ja gerade widerlegbar sei, könne es nämlich Fälle geben, bei denen zwar Betriebsmittel und AN gemeinsam eingesetzt würden, gleichwohl aber kein gemB vorliege. Dabei komme als einzig denkbarer Fall in Betracht, dass zwar auf Grund der Indizien ein gemeinsamer Leitungsapparat existiere, dieser aber nicht auf einer *nachweisbaren* Führungsvereinbarung beruhe.

140 Zur **Vermeidung der** vorhersehbaren **Anwendungsprobleme** ist deshalb vorgeschlagen worden, die Vermutungsregel des Abs. 1 Nr. 2 zu einer gesetzlichen Definition umzuformen.[421] Dem ist der Gesetzgeber jedoch nicht gefolgt, so dass es sehr zweifelhaft erscheint, ob man in Anlehnung an *Richardi/Annuß*[422] in die Vermutungsregel des Abs. 2 Nr. 1 jetzt noch eine Art Legaldefinition des gemB »hineinlesen« kann.[423] Hiergegen spricht neben dem Wortlaut (»wird vermutet«), dass der Gesetzgeber gerade **keine** neue oder angemessenere **Definition** des »Betriebs« vornehmen,[424] **sondern** sich mit **Nachweiserleichterungen** bzgl. des gemB begnügen wollte. Deshalb spricht vieles dafür, dass auch nach neuem Recht für das Vorliegen des gemB an den Obersätzen der jüngeren **Rspr. des *BAG*** anzuknüpfen ist (vgl. Rn. 39, 66), die – abgeleitet aus der allgemeinen Definition des Betriebs – bereits nach Art eines Vermutungssatzes formulierte: »… (…) von einem gemeinsamen Betrieb *(ist) auszugehen*, wenn …«[425] bzw. »…

413 So *Ulrich*, FA 01, 137 ff.
414 So *Berger-Delhey*, ZTR 01, 108.
415 So *Richardi*, NZA 01, 346 [349], offenbar um der »nichts sagenden« Bestimmung noch einen praktikablen Anwendungsbereich zu verschaffen.
416 AuR 01, 1 [2].
417 DB 01, 41.
418 A. a. O.; ebenso *Buchner*, NZA 01, 633 [634].
419 A. a. O.
420 *BAG* 24. 1. 96, AP Nr. 8 zu § 1 BetrVG 1972 Gemeinsamer Betrieb.
421 *Däubler*, AuR 01, 1 [2]; *ders.*, AiB 01, 313 [314 f.] mit konkretem Formulierungsvorschlag; vgl. auch *Trümner*, FA 01, 133 [135].
422 DB 01, 41.
423 Dagegen *BAG* 11. 2. 04 – 7 ABR 27/03, AP Nr. 22 zu § 1 BetrVG 1972 Gemeinsamer Betrieb.
424 Vgl. Gesetzesbegründung, *BT-Drucks.* 14/5741, S. 26 f.
425 Hervorheb. d. Verf.; vgl. *BAG* 24. 1. 96 – 7 ABR 10/95, AP Nr. 8 zu § 1 BetrVG 1972 Gemeinsamer Betrieb mit Anm. *Däubler*, unter B. 3. a).

ein Gemeinschaftsbetrieb mehrerer Unternehmen *(kann) angenommen werden* (…), wenn …«[426]. Die in den genannten Entscheidungen verwendete Ausdrucksweise ähnelt damit solchen Bestimmungen, bei denen der Gesetzgeber zwar von »vermuten« spricht, dies allerdings im Sinne von »annehmen« oder »für möglich halten« meint und damit einen Fall der bloßen **Beweismaßsenkung** regelt, bei dem etwa das Glaubhaftmachen ausreicht (z.B. § 611a Abs. 1 Satz 3 BGB in der bis zum Inkrafttreten des AGG am 18.8.2006 geltenden Fassung).[427] Beweismaßsenkungen ändern aber nichts an der Beweislastverteilung, die als solche fortbesteht.

141 Hier nun lässt sich für ein **normzweckorientiertes Verständnis** der neuen Vermutungsregel ansetzen, um der nichts sagend erscheinenden Vorschrift einen praktikablen Sinn abzugewinnen: Mit der Bestimmung sollen **Beweiserleichterungen** erreicht werden. Dies geschieht einerseits (insoweit im Gegensatz zu der in Rn. 140 erwähnten Rspr. des *BAG*) durch die mit der gesetzlichen Vermutung verbundene **Beweislastumkehr.** Zum anderen wird gegenüber einer Definition (die den Nachweis aller Begriffsmerkmale erfordert) die **Zahl der Merkmale** (die in der Vermutungsregel als Indizien der sog. Vermutungsbasis verwendet werden) **reduziert,** insbesondere der Nachweis der Führungsvereinbarung für entbehrlich erklärt (vgl. Rn. 135 und im Folgenden). Aber auch im Vergleich zu dem vom *BAG* verwendeten »Vermutungssatz« fällt die Sparsamkeit der jetzt vom Gesetzgeber als Vermutungstatsachen benannten Gesichtspunkte auf: der Vermutungssatz des *BAG*[428] lautet: »… von einem gemeinsamen Betrieb mehrerer Unternehmen (ist) auszugehen, wenn die in einer Betriebsstätte vorhandenen materiellen und immateriellen Betriebsmittel für einen einheitlichen arbeitstechnischen Zweck *zusammengefasst, geordnet und gezielt* eingesetzt werden *und der Einsatz der menschlichen Arbeitskraft von einem einheitlichen Leitungsapparat gesteuert wird*«. Alles was der neuen gesetzlichen Vermutungsregel demnach sachlich fehlt, sind die in der Formel des *BAG* kursiv gekennzeichneten Bestandteile. Die einer Definition schon sehr nahe kommende *BAG*-Formel verlangt mit ihrem nachgestellten »Und-Satz« anscheinend zwar konstitutiv den durch Führungsvereinbarung gesicherten Leitungsapparat für den Betriebsmitteleinsatz und lässt den »schlicht-faktischen«, kooperativen Einsatz von Personal und Material nicht ausreichen (obgleich gerade die Entscheidung v. 24.1.96, a.a.O., exemplarisch belegt, wie sehr die nötige Existenz der Führungsvereinbarung bereits relativiert worden ist, wenn es – wie die Begründung selbst zeigt – im Grunde allein auf eine tatsächlich vernetzte Arbeitsablauforganisation ankommt). Anders dagegen verhält sich dies nach der Struktur der Vermutungsvoraussetzungen in der neuen gesetzlichen Vermutungsregel, deren Rechtsfolge dann allerdings auch »nur« in die widerlegbare Vermutung des gemB mündet.

142 Die Widerlegung der Vermutung erfordert – **sofern man die Fälle der Nr. 1 als Rechtsvermutung** qualifiziert – entweder den vollen Nachweis des Nichtvorliegens aller dem vermuteten Rechtszustand zugrunde liegenden (Indiz-)**Tatsachen** (zu diesen Rn. 132–136), so dass gerade die Tatsachen **nicht vorliegen,** aus denen sich der vermutete Rechtszustand ergeben könnte:[429] dann lässt sich die Vermutungswirkung schon nicht herstellen und im Rahmen der Anwendung von § 1 Abs. 1 Satz 2 kann das Tatbestandsmerkmal »gemeinsame Betriebe« nicht mithilfe der Vermutungsregel aufgefüllt werden. Es besteht aber bei Vorliegen der Indiztatsachen und damit dem »Greifen« der Vermutungsregel auch die Möglichkeit, den Gegenbeweis und damit die Widerlegung dadurch zu bewirken, indem **andere** Tatsachen dargelegt und bewiesen werden, aus denen sich ergibt, dass der vermutete Rechtszustand »gemeinsamer Betrieb« nicht oder nur anders – etwa als nur gemeinsamer **Betriebsteil** (vgl. Rn. 187f.) – vorliegt.[430] Dies kann beispielsweise dadurch erfolgen, dass das Nichtvorliegen der weiteren vom *BAG* angenommenen Merkmale des gemB, die in der Vermutungsbasis gerade nicht enthalten sind (vgl. Rn. 140), bewiesen wird. Das ist aber typischerweise der **Negativbeweis** bezüglich der **Führungsvereinbarung.**

---

426 Hervorheb. d. Verf.; vgl. *BAG* 9.2.00 – 7 ABR 21/98 uv.
427 Vgl. auch MünchKommZPO-*Prütting*, § 292 Rn. 18: Fälle der Beweismaßsenkung fallen nicht unter die Beweiserleichterung und Beweislastumkehr des § 292 ZPO.
428 *BAG* 24.1.96 – 7 ABR 10/95, *BAG* 9.2.00 – 7 ABR 21/98, AP Nr. 8 zu § 1 BetrVG 1972 Gemeinsamer Betrieb bzw. *BAG* 9.2.00 – 7 ABR 21/98 uv. [unter B.I. der Gründe].
429 Vgl. MünchKommZPO-*Prütting*, § 292 Rn. 22f.
430 Vgl. zur alternativen Widerlegbarkeit *RSG*, § 114 I 4, S. 655f.

Allerdings reicht das bloße (unsubstantiierte) **Bestreiten** einer solchen Vereinbarung oder die Behauptung, dass ein entsprechender **Bindungswille** fehle oder etwa gefehlt hätte,[431] oder gar die Vorlage einer sog. **Trennungsvereinbarung**[432] oder die **Kündigung**[433] einer zuvor einmal schriftlich geschlossenen Führungsvereinbarung nicht aus.[434] Eine derartige Einlassung ist als unbeachtliche »protestatio facto contraria« unmaßgeblich,[435] wenn die Tatsachen dem entgegenstehen. Es **muss zudem bewiesen werden,** dass auch solche Tatsachen fehlen, deren Vorliegen für den konkludenten Abschluss einer Führungsvereinbarung spricht, und schließlich muss bewiesen werden, dass jedes der beteiligten UN **eine eigene Personalleitung** hat, die jeweils für sich und getrennt von den anderen allein und ohne Rücksprache die eigenen Belegschaftsteile einsetzt und verwaltet und die beteiligungspflichtigen Angelegenheiten autonom mit dem BR verhandelt.[436] In der Regel wird der Gegenbeweis aber daran scheitern, dass einige wesentliche Tatumstände als Vermutungsbasis ja vorliegen, die bislang als Merkmale heranzuziehen waren, um die Feststellung einer konkludent geschlossenen Führungsvereinbarung zu erlauben.[437]

Qualifiziert man die Fälle der **Nr. 1 dagegen als Tatsachenvermutung,** wonach eine einheitliche **Leitung** bzw. eine **Führungsvereinbarung** vermutet wird, so ist die Beweisführung zur Widerlegung der Vermutung grundsätzlich auf die Darlegung der Unwahrheit der vermuteten Tatsache gerichtet (die Führungsvereinbarung), so dass sich hinsichtlich der Anforderungen an den Widerlegungsbeweis im Ergebnis keine Abweichungen ergeben werden (vgl. Rn. 142). **143**

Nach ihrem äußeren Erscheinungsbild eines kooperativen Einsatzes von Betriebsmitteln und AN können beispielsweise folgende Konstellationen der betrieblichen Realität in den **Anwendungsbereich der Vermutung nach Nr. 1** einbezogen werden: **144**

- **Shop-in-shop**-Systeme bei Warenhäusern und Einkaufsmeilen;[438]
- **Just-in-time**-Betriebe (vgl. Rn. 116, 117 und *7. Aufl., Rn. 127*);
- **Industrieparks;**[439]
- **Industriekooperationen** zur Planung, Konstruktion und Entwicklung von technischen Großprojekten;[440]
- Formen der Zusammenarbeit von **Rechtsträgern des öffentlichen** und privaten **Rechts** (vgl. Rn. 109 f.);
- **Virtuelle »Fabriken«.**[441]

cc) Gemeinsamer Betrieb als Folge einer UN-Spaltung (Nr. 2)

Der zweite Vermutungstatbestand führt als **Aufgreifsachverhalt** eine **UN-Spaltung** an, in deren Zusammenhang es zur Bildung eines gemB mehrerer UN kommen kann. Die mit der **Novellierung 2001** eingefügte Bestimmung knüpft an § 322 Abs. 1 UmwG 1995 an, wodurch erstmals die Anerkennung des gemB durch den Gesetzgeber erfolgte. Sie stellt jedoch nur eine sprachliche Bereinigung dieser umwandlungsrechtlichen Vorläufernorm dar und stellt ferner klar, dass die Vermutung immer dann greift, wenn eine UN-Spaltung vorliegt, gleichgültig, ob sie umwandlungsrechtlich (§§ 123 ff. UmwG) und damit im Wege partieller Gesamtrechtsnachfolge oder »klassisch« (rechtsgeschäftlich; § 613a BGB) im Wege der Einzelrechtsnachfolge bewirkt wird.[442] **145**

---

431 *Löwisch,* RdA 76, 35 [38]; *Boecken,* Rn. 391; *Rieble,* FS Wiese, S. 453 [476].
432 Dazu *Däubler,* RdA 95, 136 [143].
433 So schon *Konzen,* AuR 85, 341 [344]; Richardi-*Maschmann,* Rn. 76.
434 Zusammenfassend Kallmeyer-*Willemsen,* UmwG § 322 Rn. 17; Lutter-*Joost,* UmwG § 322 Rn. 16.
435 Vgl. *Küttner,* FS Hanau, S. 465 [483]; *Däubler,* FS Zeuner, S. 19 [22].
436 »Getrennte Leitungsapparate«; ähnlich *Rieble,* a. a. O., 476 f.; *Engels/Trebinger/Löhr-Steinhaus,* DB 01, 532, Fn. 5.
437 Ähnlich ErfK-*Koch,* Rn. 15, der deshalb eine Fiktion und keine Vermutung annimmt.
438 Vgl. auch Rn. 116 f. und *Birk,* FS Kraft, S. 11 [15] für industrielle Beispiele, dort auch Inhouse-Produktion genannt.
439 Vgl. *Konzen,* RdA 01, 76 [80].
440 Beispiele bei *Ulrich,* FA 01, 139.
441 Vgl. *Birk,* a. a. O., S. 16; *Lange,* BB 98, 1165 ff.; *Wolmerath,* FS Däubler, S. 717 [724 ff.].
442 *Engels/Trebinger/Löhr-Steinhaus,* DB 01, 532.

146 Die UN-Praxis kennt verschiedene tatsächliche Gestaltungen der UN-Spaltungen, z. B. die Spaltung in Besitz- und Betriebsgesellschaft, (im Handels- und Steuerrecht »Betriebsaufspaltung« genannt), UN-Spaltungen in Form der Spartenorganisation oder entlang von Produkten bzw. Produktgruppen, Trennung von produzierenden Bereichen und Vertrieb bzw. Dienstleistungen allgemein.[443] Die gewählte Terminologie (Ausgründung, Ausgliederung, Aufspaltung, Abspaltung, rechtliche Verselbstständigung usw. als meist umgangssprachliche – nicht notwendig rechtlich zutreffende – Bezeichnung des Sachverhalts) ist nicht immer klar, so dass es stets darauf ankommt, den rechtlich zu würdigenden Sachverhalt genauestens zu ermitteln.

147 Nach Nr. 2 wird ein gemB vermutet, wenn die Spaltung eines UN zur Folge hat, dass von einem Betrieb ein oder mehrere Betriebsteile einem an der Spaltung beteiligten anderen UN zugeordnet werden, ohne dass sich dabei die Organisation des betroffenen Betriebes wesentlich ändert. Zur **Vermutungsbasis** (vgl. Rn. 128) gehören folgende Tatumstände (Indizien):

148 • Es muss eine **UN-Spaltung** vorliegen. Die Spaltung muss sich also auf die Ebene des Rechtsträgers beziehen (demgegenüber ist die Spaltung des Betriebs als der arbeitstechnisch-organisatorischen Ebene Gegenstand von §§ 21a, 111 Satz 3 Nr. 3). Damit umfasst die Vermutungsregel zunächst **sämtliche Arten** der durch das Prinzip der **Gesamtrechtsnachfolge** gekennzeichneten gesellschaftsrechtlichen **Spaltung eines Rechtsträgers nach dem UmwG** (der Begriff Rechtsträger ist vorliegend gleichbedeutend mit dem Begriff Unternehmen), dies sind gem. §§ 123 ff. UmwG die Aufspaltung, Abspaltung und Ausgliederung (einschließlich der **privatisierenden Ausgliederung** gem. § 168 UmwG) von UN-Teilen.[444] Auch sog. **Teilübertragungen** von Rechtsträgern i. S. v. §§ 175, 177, 179 UmwG wird man als mit erfasst ansehen müssen, auch wenn Nr. 2 sie nicht ausdrücklich erwähnt. Die Teilübertragungen richten sich aber weitestgehend nach den umwandlungsrechtlichen Bestimmungen über die Spaltung, sie **sind Spaltungssonderfälle.** Zu den Teilübertragungen zählen Übertragungen jeweils von Vermögensteilen (i. d. R. Betriebe oder Betriebsteile) von Kapitalgesellschaften (AG, GmbH, KGaA) auf die öffentliche Hand (Verstaatlichung; § 177 UmwG); von Versicherungsaktiengesellschaften auf VVaG oder öffentlich-rechtliche Versicherungs-UN (§ 179 UmwG); von VVaG auf Versicherungsaktiengesellschaften oder öffentlich-rechtliche Versicherungs-UN (§ 184 UmwG) und von öffentlich-rechtlichen Versicherungs-UN auf Versicherungsaktiengesellschaften oder VVaG (§ 189 UmwG). Weil bestimmte Arten der Spaltung mit einer Privatisierung verbunden sein können, greift die Vermutungswirkung bezüglich des gemB grundsätzlich auch dann, wenn an dem gesellschaftsrechtlichen Vorgang ein Rechtsträger beteiligt ist, der dem öffentlichen Recht angehört (vgl. zu diesen Mischbetrieben Rn. 109 f.). Sowohl § 322 Abs. 1 UmwG 1995 als auch Abs. 2 Nr. 2 ist das Bestreben gemeinsam, Spaltungen bzw. Teilübertragungen eines Rechtsträgers, die bloß **aus steuerrechtlichen** (z. B. reiche, aber AN-lose Besitzgesellschaft und arme Betriebsgesellschaft), **haftungsrechtlichen** oder **wettbewerbsrechtlichen** Gründen erfolgen, aber nicht die bestehende Arbeitsorganisation antasten, weil ein langjährig eingespielter Betrieb durchaus vorteilhaft ist,[445] nicht auf die betriebsverfassungsrechtliche Vertretungssituation »durchschlagen« zu lassen. Daher werden auch UN-Spaltungen im Wege der **Einzelrechtsnachfolge** von der Vermutungsregel erfasst. Das war allerdings im Wege der Analogie auch schon zu § 322 Abs. 1 UmwG 1995 überwiegend bejaht worden (vgl. zu Einzelheiten *5. Aufl., Rn. 89g*).[446] Verfolgt ein UN in seinem Betrieb bislang zwei verschiedene Geschäfte (arbeitstechnische Zwecke) und gründet sodann ein weiteres UN mit dem Ziel, das eine Geschäft zukünftig insoweit »selbständig« durch das neue UN zu

---

443 Vgl. *Blank/Blanke* u. a., S. 45 ff.; *Wendeling-Schröder,* NZA 84, 247; *Loritz,* RdA 87, 65 [77]; *BAG* 16. 6. 87, AP Nr. 19 zu § 111 BetrVG 1972.

444 Näher zum gesellschaftsrechtlichen Vorgang *Boecken,* ZIP 94, 1087 f.; *Däubler,* RdA 95, 136 f.; *Herbst,* AiB 95, 5 [6 f.]; *Kallmeyer,* ZIP 94, 1746; *Kreßel,* BB 95, 925; *Neye,* DB 94, 2069; *Wlotzke,* DB 95, 40.

445 So ausdrücklich *BR-Drucks.* 75/94, 174; *BT-Drucks.* 14/5741, S. 33; und schon *Engels,* FS Wlotzke, S. 279 f. [291]; *Bauer/Lingemann,* NZA 94, 1057 [1060].

446 Zu Anwendungsfällen einer gesetzlichen Sonderrechtsnachfolge bei Umstrukturierung früherer DDR-UN *7. Aufl. § 21 Rn. 63 ff.*.

führen, so spricht eine Vermutung i.S.v. Nr. 2 dafür, dass beide UN den bisherigen Betrieb dennoch zunächst gemeinsam führen.[447]

- Als Folge der UN-Spaltung muss vom Ausgangsbetrieb ein **Betriebsteil** einem spaltungsbeteiligten UN **zugeordnet** werden. Als Ausgangs*betrieb* kann auch ein *Betriebsteil* i.S. von §4 Abs. 1 in Betracht kommen, da das Gesetz diese **Betriebsteile** jedenfalls für den Anwendungsbereich des BetrVG **als Betrieb** fingiert. Gegenstand der Vermutungsregel kann aber auch eine nach §3 Abs. 1 Nr. 1 bis 3 *kollektivvertraglich gebildete Organisationseinheit* sein, da diese gem. §3 Abs. 5 gleichfalls als Betrieb gilt. Die **Zuordnung** des betreffenden Betriebsteils zu dem anderen UN meint hier die zivilrechtliche Zugehörigkeit von Betriebsmitteln und AN zu dem anderen Rechtsträger,[448] denn eine UN-Spaltung bewirkt naturgemäß den eigentumsrechtlichen (bei Spaltungen nach dem UmwG immer) oder besitzrechtlichen Übergang (dies in der Regel bei Spaltung im Wege der Einzelrechtsnachfolge z.B. bei Pacht eines Betriebs/-teils) von Vermögensgegenständen und den Übergang von Arbeitsverhältnissen nach Maßgabe von §613a BGB (ggf. i.V. mit §324 UmwG 1995, entspr. §35a Abs. 2 UmwG 2023) auf den erwerbenden Rechtsträger/UN. Bei Spaltungen nach dem UmwG gibt der **Spaltungs- und Übernahmevertrag** wegen der in ihm notwendigen Angaben nach §126 Abs. 1 Nr. 9 UmwG Auskunft über die Zuordnung von Betrieben und Betriebsteilen. Gerade dort spricht das Gesetz auch von der »Zuordnung übergehender Betriebe und Betriebsteile zu den übernehmenden Rechtsträgern«. Die Kenntniserlangung über den Vertragsinhalt erfolgt durch Zuleitung des Vertrags an den BR gem. §126 Abs. 3 UmwG, außerhalb der umwandlungsrechtlichen Spaltungsfälle geschieht dies über den WA (§106 Abs. 3 Nr. 8). Besteht kein WA, folgt der Informationsanspruch des BR unmittelbar aus §80 Abs. 2 i.V.m. §80 Abs. 1 Nr. 1 und §1 Abs. 2 Nr. 2, denn der BR muss beurteilen können, ob er seine (fortdauernde) Amtsstellung aus der Vermutung des gemB ableiten kann oder ob er nach §21a nur ein zeitlich befristetes Übergangsmandat ausübt. 149
- **Spaltungsbeteiligt** ist ein UN, das selbst als Vertragspartei an dem Spaltungsgeschäft mitwirkt oder (in Fällen der spaltungsbedingten Neugründung) infolge der Spaltung entweder im Wege einer sog. Sachgründung oder im Wege einer Spaltung zur Neugründung (Fälle des §123 Abs. 1 Nr. 2, Abs. 2 Nr. 2, Abs. 3 Nr. 2 UmwG) erstmals entsteht. 150
- Die spaltungsrechtliche Zuordnung von Betriebsteilen zu dem oder den anderen UN muss **ohne** *wesentliche* Änderung der Organisation des Ausgangsbetriebs vonstatten gehen. Während die alte Vermutungsregel des §322 Abs. 1 UmwG 1995 nach ihrem Wortlaut die Vermutungsfolge nur auslöste, wenn die Organisation nicht geändert wurde – also schon kleinste Änderungen an sich zur Unanwendbarkeit der Vermutungsregel hätten führen können –, bereinigt die Neufassung der Nr. 2 diesen Mangel.[449] Weitaus gravierender für die Handhabung der Vermutungsregel ist allerdings die Frage, welche **Gesichtspunkte zur Konkretisierung des** in der Arbeitsrechtsordnung nirgends definierten **Begriffs »Organisation«** heranzuziehen sind, damit überhaupt die Erheblichkeit einer etwaigen Änderung der Organisation beurteilbar ist. Das Problem lässt sich in einem ersten Schritt ausgehend vom speziellen Gesetzeszweck allerdings leichter durch Aufstellung einer **Negativkriterienliste** lösen. 151
- Erfolgt die unternehmensrechtliche Spaltung/Teilübertragung aus steuer-, haftungs- oder wettbewerbsrechtlichen Gründen, soll dies nach allgemeiner Ansicht prima facie gegen eine Organisationsänderung im betriebsverfassungsrechtlichen Sinn sprechen.[450] Typisch für Fallgestaltungen dieser Art sind die Aufspaltung eines Rechtsträgers in eine (reiche) Anlage-/**Besitzgesellschaft** und in eine (arme) **Betriebsgesellschaft**[451] sowie die Spaltung nach dem Prinzip der funktionalen Divisionalisierung (Verwaltung/Service, Vertrieb, Pro- 152

447 *LAG Mecklenburg-Vorpommern* 8.5.12 – 5 Sa 172/11, LAGE §253 ZPO 2002 Nr. 1.
448 Ebenso ErfK-*Koch*, Rn. 15.
449 Allerdings wurde dieser zuvor schon mehrheitlich durch eine normzweckorientierte Auslegung behoben, vgl. *Willemsen*, RdA 93, 133 [140]; *Däubler*, RdA 95, 136 [143]; Lutter-*Joost*, §322 UmwG Rn. 12; a.A. *Mengel*, S. 310.
450 Vgl. nur *BR-Drucks.* 75/94, S. 174; *Bauer/Lingemann*, NZA 94, 1057 [1060]; *Däubler*, RdA 95, 136 [143]; *Engels*, FS Wlotzke, S. 279f.; *Gaidies*, BetrR 95, 29 [31]; *Wlotzke*, DB 95, 40 [46].
451 Vgl. *Wlotzke*, a.a.O.; *Brandmüller*, Betriebsaufspaltung, Gruppe 7, S. 25f., 28c.

duktion).[452] Auch Vorteile einer steuerlichen **Organschaft** können Motive zur Umwandlung sein (vgl. Rn. 99 f.);

153 • Außer Acht zu bleiben haben solche Faktoren, deren Änderung naturgemäß infolge der gesellschaftsrechtlichen Spaltung/Teilübertragung eintritt, also die Entstehung neuer **rechtlicher** Organisationsmomente: neue Gesellschaften, neue Geschäftsführungen, und zwar unabhängig von ihrer personellen Identität, neue/andere Gesellschafter bzw. Veränderungen im Anteilsbesitz der Gesellschafter;

154 • Keine Berücksichtigung können ferner die »normalen« arbeitsrechtlichen Folgen der Spaltung/Teilübertragung finden: also der Übergang der Arbeitsverhältnisse gemäß § 613a BGB (s. § 324 UmwG 1995, entspr. § 35a Abs. 2 UmwG 2023 und unten § 111 Rn. 129) und der damit verbundene AG-Wechsel sowie der rechtliche Zuständigkeitswechsel in Bezug auf die Ausübung der arbeitsvertraglichen Befugnisse des AG (Leitungsmacht, Direktionsrecht, Weisungsrecht).

155 Die Unbeachtlichkeit dieser Gesichtspunkte folgt daraus, dass sie gerade nicht als Änderung der **Betriebs**organisation, sondern als Merkmale der **UN/AG**-Organisation anzusehen sind und die genannten Faktoren nunmehr kraft Gesetzes für die Betriebsverfassung bloß noch »neutrale« Bedeutung besitzen.

156 Demgegenüber wird man wegen der insoweit geänderten Rechtslage nunmehr **Verträge zwischen den** aus einer Spaltung/Teilübertragung **hervorgehenden UN** nicht für unbeachtlich halten dürfen, deren objektive Funktion darin besteht, den bisherigen Zusammenhang von Arbeitsprozessen, -abläufen usw. trotz Mehrzahl von UN aufrechtzuerhalten,[453] und zwar unabhängig davon, ob bei der wechselseitigen Gewährung von Dienstleistungen usw. diese gegen Rechnung erfolgt oder nicht, und auch unabhängig davon, ob gleichartige Leistungen auch gegenüber UN erbracht werden, die mit der Spaltung/Teilübertragung nichts zu tun haben. Derartige »Kooperationsverträge« **dokumentieren** vielmehr gerade die **Beibehaltung der bisherigen Organisation** i. S. d. Abs. 2 Nr. 2.

157 Wenngleich der **Begriff »Organisation«** denkbar unscharf ist, sollte sich die Praxis zur Vermeidung von Unsicherheiten an den Vorgaben orientieren, die die *BAG*- Rspr. zum Begriff »Betriebsorganisation« selbst aufgestellt hat. Danach[454] lassen sich als **Positivkriterien** folgende Gesichtspunkte bezeichnen, bei deren Vorliegen die Vermutung für den Fortbestand des einheitlichen Betriebes greift:

- gemeinsame **räumliche Unterbringung** (auf demselben Grundstück, im selben Gebäude, in denselben Räumen);
- gemeinsame **Benutzung** wesentlicher materieller oder immaterieller **Betriebsmittel;** insoweit kann eine aus Abs. 2 Nr. 1 herrührende Vermutung auch die Vermutung im Rahmen der Nr. 2 stützen;
- personelle, technische und organisatorische (!) **Verknüpfung von Arbeitsabläufen;**
- nur relativ aussagekräftig:[455] die einheitliche **Arbeitsordnung**/Betriebsordnung (deren Einheitlichkeit aber meist als bloße Rechtsfolge gemäß § 613a BGB aufrecht erhalten bleibt).

158 Dagegen kann von demjenigen, der die Tatsachen der **Vermutungsbasis** (dazu Rn. 128) darzulegen hat, um die Vermutungsfolge auszulösen, **nicht** gefordert werden, Behauptungen aufzustellen und ggf. Beweis anzutreten bezüglich des Vorliegens einer **Führungsvereinbarung** oder des Fortbestehens eines einheitlichen **Leitungsapparates** bzw. der tatsächlichen einheitlichen Wahrnehmung von Aufgaben, die der Beteiligung des BR in sozialen und personellen Angelegenheiten unterworfen sind. Dies liefe auf eine systemwidrige Verlagerung der Vermutungsfolge in den Vermutungstatbestand selbst hinaus (dazu schon Rn. 135). Aus diesem Grund darf der Tatumstand »unwesentliche Organisationsänderung« nicht mit Merkmalen

452 Vgl. *Wlotzke,* a. a. O.

453 Nach bisheriger Rspr. sind dies Fälle der sog. »bloß unternehmerischen Zusammenarbeit«, vgl. etwa *BAG* 18. 1. 90 – 2 AZR 355/89, NZA 90, 977; vgl. o. Rn. 78d.

454 Zusammenfassend *BAG* 18. 1. 90 – 2 AZR 355/89, NZA 90, 977; vgl. zu weiteren Entscheidungen, die sich explizit mit dem Merkmal »einheitliche arbeitstechnische Organisation« im Zusammenhang mit dem Gemeinschaftsbetrieb mehrerer UN befassen, näher die Zusammenstellung bei *Sick,* BB 92, 1129 [1130 ff.].

455 Vgl. *BAG* 17. 1. 78, AP Nr. 1 zu § 1 BetrVG 1972, Bl. 151 R.

belegt werden, die zur Vermutungsfolge »gemeinsamer Betrieb« und damit der Sache nach zum Gegenbeweis desjenigen gehören, der die Vermutung widerlegen will. Bezüglich der Indiztatsache einer nicht vorhandenen oder nur unwesentlichen Organisationsänderung genügt für die Herbeiführung der Vermutungswirkung der Sachvortrag, wonach sich die »Positivkriterien« (vgl. Rn. 157) vor der UN-Spaltung nicht (wesentlich) anders darstellen als nach der UN-Spaltung. Wenn man den Eintritt der mit der Vermutungsregel verfolgten Zielsetzung des Gesetzgebers nicht verfehlen möchte, lässt sich deshalb Abs. 2 Nr. 2 sinnvoll nur als Vermutung verstehen, dass bei einer UN-Spaltung die bisherige Betriebseinheit nunmehr in Gestalt des gemB mehrerer UN fortbesteht.[456]

Die **Vermutungsfolge** ist auf den gemB (vgl. Rn. 137) gerichtet. Gegenüber der bisherigen 159
Rechtslage wird insoweit eine »Arbeitserleichterung« für die Rechtsanwendung geschaffen, als **nicht** mehr der **Positivbeweis** desjenigen geführt werden muss, der sich auf das Bestehen der Führungsvereinbarung beruft, **sondern** jetzt der diesbezügliche **Negativbeweis** desjenigen erforderlich ist, der die Vermutungswirkung widerlegen will.[457] Hierfür ist ein Tatsachenvortrag erforderlich, aus dem sich ergibt, dass eine Führungsvereinbarung **weder ausdrücklich noch konkludent** geschlossen worden ist.[458] Damit ist die Vorlage einer Trennungsvereinbarung (Rn. 142) oder eine Prozesseinlassung der beteiligten UN dergestalt, eine gemeinsame Betriebsführung doch gar nicht zu wollen,[459] als bloße »protestatio facto contraria« und damit unerheblich zurückzuweisen,[460] wenn die **Tatsachen,** die die Vermutungswirkung erzeugen (vgl. Rn. 157), feststehen (zum **Beweis durch Augenscheinseinnahme** des Gerichts vgl. Rn. 228).[461]

dd) Normadressaten

Die zweifache Vermutungsregel des Abs. 2 richtet sich grundsätzlich an die **Arbeitsgerichte** 160
als **Normadressaten. Nicht etwa** wird es den **Betriebsparteien** damit erlaubt, über das Vorliegen oder Nichtvorliegen eines einheitlichen Betriebs vertragliche Dispositionen zu treffen. Die Festlegung der betriebsratsfähigen Organisationseinheit durch die Betriebsparteien ist ausschließlich in dem engen Rahmen des § 3 Abs. 2 zulässig. Die Arbeitsgerichte haben die Frage der Betriebseinheit bei Kooperation von UN und bei vorangegangenen Spaltungen oder Teilübertragungen im **Beschlussverfahren** gem. § 2a Abs. 1 Nr. 1 ArbGG i. V. m. § 18 Abs. 2 BetrVG zu beurteilen, allerdings nicht mehr anhand der allgemeinen Begriffskriterien, sondern nur noch anhand der Vermutungsregeln.[462] Damit wird die (ohnehin in bloßen Fiktionen endende) Suche nach der ausdrücklichen oder konkludenten Führungsvereinbarung überflüssig.[463]

Andererseits ist **die Rechtsanwendung nicht auf die Gerichte beschränkt.**[464] Die betrieblichen 161
Praktiker sind naturgemäß in einer Vielzahl von Situationen gezwungen, ohne vorangegangene gerichtliche Klärung das Gesetz ihrem Handeln zugrunde zu legen.[465] So verlangt beispielsweise schon die Entscheidung über die **Bestellung eines WV** von dem jeweils nach Maßgabe von §§ 16–17a Bestellungsberechtigten eine nach pflichtgemäßem Ermessen vorzunehmende Beurteilung darüber, was im gegebenen Fall der Betrieb ist, für den der WV zu bestellen ist. Ist der WV bestellt, hat dieser seinerseits vor Erlass des Wahlausschreibens zu prüfen und durch das

456 Ähnlich schon zur alten Rechtslage *Däubler,* FS Zeuner, S. 25.
457 Vgl. *Bauer/Lingemann,* NZA 94, 1057 [1060]; *Kreßel,* BB 95, 925 [927]; *Wlotzke,* DB 95, 40 [46].
458 *Kreßel,* a. a. O.
459 Dazu *Däubler,* FS Zeuner, S. 19 [22 f.].
460 Ebenso *Küttner,* FS Hanau, S. 465 [483].
461 Zur praktisch unmöglichen Negativbeweisführung auch *Bauer/Lingemann,* a. a. O.; *Wlotzke,* a. a. O.
462 Anders aber *BAG* 11.2.04 – 7 ABR 27/03, AP Nr. 22 zu § 1 BetrVG 1972 Gemeinsamer Betrieb, das bei Nichtvorliegen des Vermutungstatbestands dennoch das Vorliegen eines gemB für möglich hält.
463 *Däubler,* BR-Info 7/94, 6 [8]; *Herbst,* AiB 95, 5 [9]; ähnlich *Engels,* FS Wlotzke, S. 279 [291 f.], und *Wlotzke,* DB 95, 40 [46], die von der »Überbrückung« der schwierigen Feststellung in Bezug auf die Führungsvereinbarung sprechen.
464 Zu sehr auf die prozessuale Seite bezogen Kallmeyer-*Willemsen,* § 322 UmwG Rn. 13.
465 Von dieser praktischen Wirkungsweise der Neuregelung geht ersichtlich auch *Ulrich,* FA 01, 137 [139] aus.

Wahlausschreiben zu konkretisieren, welcher Organisationsbereich als der Betrieb anzusehen ist, für den die Wahl durchgeführt werden soll. Dabei darf und muss der BR/GBR/KBR bzw. der WV auch die Vermutungsregeln des Abs. 2 beachten. Nur wenn hiernach Zweifel bleiben, besteht die Möglichkeit (nicht die Pflicht!), gem. § 18 Abs. 2 auch selbst eine arbeitsgerichtliche Entscheidung zu beantragen. Es ginge jedoch an den Bedürfnissen der Praxis vorbei, wollte man annehmen, dass in einem solchen Fall **stets** eine arbeitsgerichtliche Klärung herbeigeführt werden müsse. Insoweit wird man davon sprechen können, dass dem **betrieblichen Rechtsanwender** in der jeweiligen Beurteilungssituation durch die Vermutungsregeln des Abs. 2 ein **Entscheidungsvorrecht** eingeräumt wird. Hält ein anderer der in § 18 Abs. 2 genannten Antragsberechtigten die der Entscheidung zugrunde gelegte Vermutung zugunsten des gemB für unzutreffend, steht es ihm frei, seinerseits die Klärung im arbeitsgerichtlichen Beschlussverfahren nach § 18 Abs. 2 herbeizuführen, in dem sodann die Vermutung zu widerlegen ist. Wird das gerichtliche Verfahren zur Widerlegung der Vermutung dagegen nicht betrieben, entfaltet die unwiderlegte Vermutung **Rechtswirkungen** dergestalt, dass die betreffende Organisationseinheit als gemB zu behandeln ist (vgl. nachfolgende Rn. 162 ff.).[466] Dementsprechend sieht das *BAG*[467] in einer vom AG **nicht angegriffenen BR-Wahl** bei erstmaliger Annahme eines gemB mehrerer UN auch einen erheblichen **Umstand, der erkennen lasse, wie die beteiligten UN den Sachverhalt betriebsverfassungsrechtlich gewertet wissen wollten.**[468]

ee) Rechtswirkungen

162 Im Falle der Vermutung nach **Abs. 2 Nr. 1** ist gerade auch die **Konstellation** mit erfasst, bei der sich die Vermutung auf UN mit ihren bisher eigenständigen Betrieben bzw. Betriebsteilen erstmals erstreckt und somit rechtstechnisch eine **Zusammenlegung von Betrieben gem. § 111 Satz 3 Nr. 3** – eben zum gemB – anzunehmen ist.[469] Die Vertretung der AN der beteiligten UN erfolgt sodann im Wege eines entsprechend § 21a Abs. 3 i. V. mit Abs. 2 begründeten **Übergangsmandats** durch den BR des größeren bzw. größten Betriebs, der an der Bildung des gemB teilnimmt (vgl. § 21a Rn. 40 ff.). Die anderen BR entfallen und die Amtsstellung der betroffenen BR-Mitglieder endet, sofern sich nicht ein Restmandat ergibt (vgl. § 21b Rn. 16 f.). Die Weitergeltung der vormaligen Betriebsvereinbarungen der zusammengeführten Betriebe richtet sich nach denselben Grundsätzen, die auch sonst bei Betriebszusammenlegungen gelten, sie bestehen also i. d. R. weiter (vgl. § 77 Rn. 31 ff. m. w. N.[470]). Die Zusammenlegung von Betrieben erfüllt den Katalogtatbestand des § 111 Satz 3 Nr. 3, da auch die Zusammenlegung von Betrieben verschiedener UN als **Betriebsänderung** anzusehen ist (vgl. § 111 Rn. 96), so dass **Interessenausgleich** und **Sozialplan** zu verhandeln sind. Denkbar ist auch, dass die Zusammenfassung zum gemB durch Eingliederung geschieht. Für ein Übergangsmandat analog § 21a Abs. 3 ist dann kein Raum, weil in entsprechender Anwendung von § 21a Abs. 2 i. V. mit Abs. 1 Satz 1 nur der BR des »aufnehmenden« Betriebs fortamtiert; ggf. ist gem. § 13 Neuwahl notwendig. Gegen die Annahme einer so entstandenen Betriebseinheit könnte es indiziell freilich sprechen, wenn das notwendige Verfahren nach § 111 unterblieben ist; dies kann aber dann nicht gelten, wenn die beteiligten UN dieses bewusst unterlassen haben.

163 Die Vermutung im Falle von **Abs. 2 Nr. 2** betrifft dagegen die umgekehrte Konstellation: Hier stellt sich bei einem bislang einheitlichen Betrieb wegen einer UN-Spaltung die Frage, ob es wegen der Vermutung des gemB bei der Betriebseinheit verbleibt, oder ob die UN-Spaltung auch eine Teilung des Betriebs nach sich zieht. Greift die Vermutung des gemB mangels Widerlegung, besteht die betriebliche Einheit als solche fort.[471] Der bisherige, vor der UN-Spaltung gewählte BR bleibt im Amt.[472] Die persönliche Amtsstellung eines BR-Mitglieds bleibt auch dann

466 Vgl. auch Lutter-*Joost,* § 322 UmwG Rn. 17.
467 3. 12. 97 – 7 AZR 764/96, NZA 98, 876.
468 Vgl. auch *BAG* 18. 10. 00– 2 AZR 494/99, NZA 01, 321 für den Fall eines von den UN hervorgerufenen Anscheins eines gemB.
469 So auch GK-*Kreutz,* § 21a Rn. 94.
470 A. A. jedoch *Schönhöft/Brahmstaedt,* NZA 10, 851 ff.
471 So zur Vorgängerbestimmung des § 322 Abs. 1 UmwG a. F. Lutter-*Joost,* § 322 Rn. 17.
472 *BAG* 18. 1. 90 – 2 AZR 355/89, AP Nr. 9 zu § 23 KSchG 1969; Lutter-*Joost,* a. a. O.

erhalten, wenn dessen Arbeitsverhältnis infolge des § 613a BGB auf den an der UN-Spaltung beteiligten Betriebs(teil)erwerber übergeht. Ein Fall des § 24 Abs. 1 Nr. 4 liegt deswegen nicht vor, weil die Zugehörigkeit zum unverändert fortbestehenden Betrieb erhalten bleibt (vgl. § 24 Rn. 29). Für die **Annahme eines Übergangsmandats,** das stets die Spaltung auch des Betriebs voraussetzen würde, ist **kein Raum.**[473] Die Vermutungsregel des **Abs. 2 Nr. 2 verdrängt** somit **§ 21a.**[474] Der BR vertritt die AN des vermuteten gemB einheitlich gegenüber den beteiligten UN bzw. der Betriebsleitung.[475] BV, die vor UN-Spaltung galten, gelten auch nach UN-Spaltung bei vermutetem gemB als **BV** – also kollektivrechtlich – weiter, sie **werden nicht** nach § 613a Abs. 1 Satz 2 BGB ins Individualrecht **transformiert.**[476] Fraglich erscheint, ob dann, wenn nur eine für die Vermutungsfolge unbeachtliche, weil »unwesentliche« Organisationsänderung gegeben ist, eine **Betriebsänderung** dennoch vorliegen kann. Klar ist, dass ein Fall des § 111 Satz 3 Nr. 4 ausscheidet, weil dieser eine »grundlegende« Änderung der Betriebsorganisation erfordert und deshalb eine bloß unwesentliche Änderung nicht genügt. Dagegen enthält § 111 Satz 3 Nr. 3 gerade keinen derartigen Bagatellvorbehalt, so dass bei einer **Bagatellausgründung** im Wege der UN-Spaltung zwar die Vermutung des gemB nach Abs. 2 Nr. 2 nicht erschüttert würde, wohl aber hierin tatbestandlich eine Betriebsänderung gem. § 111 Satz 3 Nr. 3 gesehen werden könnte (vgl. § 111 Rn. 100). Zu weiteren betriebsverfassungsrechtlichen Wirkungen der Vermutung vgl. Rn. 179 ff.; zu Anwendungsmöglichkeiten außerhalb des BetrVG, Rn. 168 ff.

ff) Beginn und Ende der Vermutungswirkungen

164 Weitere praktische Probleme ergeben sich im Hinblick auf die zeitlichen Grenzen der Vermutungswirkungen. Liegt ein Fall der Rechtsanwendung **durch betriebliche Kreise** vor (Rn. 161), **ohne** dass die Frage Gegenstand **gerichtlicher Klärung** (geworden) ist, entfalten sich die Rechtwirkungen (z. B. Rn. 162, 163) ab dem Zeitpunkt, zu dem die kraft Vermutung angenommene Betriebseinheit praktische Folgen hat und daher in Vollzug gesetzt wird:

> **Beispiel:**
> Der BR des aus einem Betrieb mit 150 AN bestehenden UN A und der BR des aus einem Betrieb mit 100 AN bestehenden UN B kommen in Ansehung von § 1 Abs. 1 Satz 2 und Abs. 2 Nr. 1 zu der Schlussfolgerung, dass zwischen den UN A und B ein gemB zu vermuten sei. Der BR des Betriebs A als dem größeren Betrieb beschließt daraufhin gem. § 21a Abs. 2 die Bestellung eines aus fünf Personen bestehenden WV.

Die Rechtswirkungen der Vermutung beginnen in diesem Fall mit dem Zeitpunkt der WV-Bestellung, so dass der BR des Betriebs B nun lediglich noch ein Restmandat (§ 21 b) wahrnimmt (z. B. wegen der Wahrnehmung der Rechte aus §§ 111, 112).

165 Schwierige Fragen stellen sich, wenn zwischen den betrieblichen Kreisen **keine Übereinstimmung** in der rechtlichen Einschätzung der tatsächlichen Verhältnisse besteht oder hergestellt werden kann (hier gewinnen die in Rn. 125 a. E. angesprochenen Vereinbarungen [Tatsachenvergleich, rechtl. Beurteilungskonsens] praktische Bedeutung) und sich diese »latente« Beurteilungsdivergenz aktualisiert.

> **Beispiel:**
> Im vorliegenden Fall (Rn. 164) wollen sich die UN A und B nicht mit einem vermuteten gemB und dessen Konsequenzen abfinden. Einerseits missfällt ihnen die möglicherweise ausgelöste Pflicht zur Beteiligung des BR wegen Betriebsänderung und andererseits wird trotz des »Vorteils« einer in der Summe geringeren Zahl von BR-Mitgliedern bei nur einem Gremium (9 BRM statt 12) der »Nachteil« einer Freistellung bei einem gemB mit 250 AN für schwerwiegender erachtet. Die UN A und B beantragen daher im arbeitsgerichtlichen Beschlussverfahren Feststellung, dass sie keinen gemB

473 Zu Recht hat *BAG* 31. 5. 00 – 7 ABR 78/98, NZA 00, 1350, betont, dass stets vorrangig zu prüfen sei, ob ein gemB vorliege, weil dieser denklogisch ein Übergangsmandat ausschließt.

474 Ebenso zum Verhältnis zwischen § 322 Abs. 1 und § 321 UmwG a. F. Lutter-*Joost,* § 322 UmwG Rn. 17.

475 ErfK-*Eisemann/Koch,* 2. Aufl., § 322 UmwG Rn. 3.

476 ErfK-*Eisemann/Koch,* a. a. O.; *Düwell,* NZA 96, 393 [398]; *Rieble,* FS Wiese, S. 453 [469].

haben. Der Prozess endet nach 2½ Jahren durch Beschluss des *BAG* mit der Feststellung, dass kein gemB vorliege, weil die Vermutung als widerlegt angesehen wird.

Zweifelhaft bleibt trotz rechtskräftiger Entscheidung, ob die materiellen Wirkungen aus der rechtkräftigen Entscheidung nur ab dem Zeitpunkt der Entscheidung in die Zukunft reichen (ex nunc) oder ob sie in die Vergangenheit zurückwirken (ex tunc) – etwa auf den Zeitpunkt der WV-Bestellung (vgl. Beispiel Rn. 164). Letzteres ist vor allem dann von erheblicher Bedeutung, falls die gerichtliche Beschlusstenorierung dahin geht, dass die UN A und B schon im Zeitpunkt der WV-Bestellung und auch danach keinen gemB hatten. Sämtliche zwischenzeitlich bis zur Rechtskraft des Beschlusses eingetretenen Änderungen (Wahl eines BR für den vermuteten gemB, Beteiligung des BR in soz. und pers. Angelegenheiten usw.) würden sodann »in der Luft hängen«.

166 Der Rückgriff auf die allgemeinen Grundsätze der formellen und materiellen Rechtskraft und deren Grenzen[477] hilft hier nicht weiter, da gerade in der skizzierten Streitkonstellation (Rn. 164, 165) auch der auf die negative **Feststellung eines vergangenen Rechtsverhältnisses** gerichtete Antrag **zulässig** wäre, weil sich daraus Rechtsfolgen für die Gegenwart (z. B. wirksamer BR; wirksame Betriebsvereinbarung?) und Zukunft (welches ist der »richtige« BR als Verhandlungspartner?) ergeben.[478] Die Frage der Rechtskraftwirkungen darf daher nicht von dem Problemkreis getrennt werden, der auch sonst auftritt, wenn es zu einer unerkannten, aber objektiv fehlerhaften Abgrenzung der betrieblichen Organisationseinheit kommt, diese Fehlerhaftigkeit aber erst zu einem späteren Zeitpunkt gerichtlich festgestellt wird. Die im Verfahren nach § 18 Abs. 2 festzustellende **Widerlegung der Vermutung** nach § 1 Abs. 2 kann daher sinnvoll nur als ein – im Gesetz angesprochener – besonderer Fall der **Verkennung des Betriebsbegriffs** angesehen werden.[479] Hier gilt nach ständiger Rspr. des *BAG*,[480] dass die Verkennung des Betriebsbegriffs nur die Anfechtbarkeit der BR-Wahl nach sich zieht und die in der Vergangenheit begründete Rechtsunwirksamkeit rechtliche Wirkungen erst ab dem Zeitpunkt einer formell rechtskräftigen arbeitsgerichtlichen Entscheidung für die Zukunft (ex nunc) zeitigt.

167 Die rechtlichen **Folgen einer Widerlegung** der Vermutung können schon deshalb nicht weiter gehen als bei einer **Verkennung des Betriebsbegriffs,** weil der Vermutungstatbestand im Fall der **Nr. 1** in hohem Maße Unsicherheiten aufwirft (vgl. Rn. 131 f.) und im Fall der **Nr. 2** die Beurteilung, ob eine nur »unwesentliche Organisationsänderung« vorliegt, von einer Vielzahl unbestimmter Merkmale abhängt, so dass u. U. auch bei Anwendung sorgfältigsten pflichtgemäßen Ermessens verschiedene Entscheidungen vertretbar erscheinen können. Diese Begrenzung der Vermutungswirkungen gilt umso mehr, als auch in einem arbeitsgerichtlichen Verfahren (z. B. im Eilverfahren) anhand der Vermutungsregel eine Entscheidung ergehen kann, die keinen dauerhaften Bestand hat, weil (etwa im Hauptsacheverfahren) später der Widerlegungsbeweis gelingt. Schließlich ist zu bedenken, dass die betriebsverfassungsrechtlichen Rechtsverhältnisse zwischen AG, BR, AN, Gewerkschaft und Betrieb von so komplexer Natur sind,[481] dass deren Rückabwicklung bezogen auf den in der Vergangenheit liegenden Zeitpunkt des Eintritts rechtsfehlerhafter Verhältnisse regelmäßig unmöglich sein dürfte. Insoweit spricht alles dafür, auf das fehlerhafte Betriebsverfassungsrechtsverhältnis die **Grundsätze der fehlerhaften Gesellschaft**[482] entsprechend anzuwenden, da dort ähnlich komplexe Rechtsbeziehungen zwischen Gesellschaft, Organen der Gesellschaft, AN und Dritten auftreten, deren Rückabwicklung kaum möglich ist.[483] Somit tritt eine Beendigung der Vermutungswirkungen aus Abs. 2 erst mit formell rechtskräftiger arbeitsgerichtlicher Entscheidung und nur für die Zukunft (ex nunc) ein. Bis zu diesem Zeitpunkt müssen alle Handlungen innerhalb des be-

---

477 Vgl. Einl., Rn. 211; *Grunsky,* § 80 ArbGG Rn. 50; *HBR,* Rn. 226.
478 Vgl. *BAG* 22.9.92 – 9 AZR 404/90, AP Nr. 17 zu § 256 ZPO 1977.
479 Ähnlich *Ulrich,* FA 01, 137 [140]; wohl auch ErfK-*Koch,* Rn. 16.
480 Vgl. *BAG* 27.6.95 – 1 ABR 62/94, NZA 96, 164 [165]; näher § 19 Rn. 10 f.
481 Vgl. nur MünchArbR-*von Hoyningen-Huene,* §§ 212–213.
482 Vgl. dazu etwa Palandt-*Thomas,* § 705 BGB Rn. 11; HK-BGB-*Schulze,* § 705 Rn. 26 ff.
483 So schon *Trümner* in: Hromadka (Hrsg.), Recht und Praxis, S. 143 [156]; ähnlich *Däubler,* Anm. zu BAG AP Nr. 8 zu § 1 BetrVG 1972 Gemeinsamer Betrieb, Bl. 741 f. mit Blick auf allgemeine Regeln über die Unwirksamkeit von Organisationsverträgen.

triebsverfassungsrechtlichen Rechtsverhältnisses als fehlerfrei gelten, soweit sie sich aus der Vermutung des gemB herleiten (vgl. § 21a Rn. 30 f.). Die Frist des § 21a Abs. 1 Satz 3 kann erst zu laufen beginnen, wenn die geänderten Betriebsstrukturen bekannt sind.[484]

Die Vermutung des gemB kann jedoch von Anfang an dann nicht greifen, wenn – wie in der Fleischwirtschaft – bereits eine spezialgesetzliche Regelung (vgl. Rn. 91a) den gemB verbietet. 167a

Eine **Widerlegung der Vermutung** aufgrund gegenläufiger gesetzlicher Wertung kann in Betracht kommen, wenn die mutmaßlich zu einem gemB »vergemeinschafteten« **Betriebsteile** i. S. v. § 4 Abs. 1 Satz 1 Nr. 1 **räumlich weit** voneinander entfernt liegen. Das kann z. B. bei einer nur geplanten Verschmelzung von UN mit jeweils einem Betrieb der Fall sein, wenn bereits **vor der handelsregisterlichen Eintragung der Verschmelzung** zunächst ein einheitlicher Leitungsapparat etabliert oder eine Führungsvereinbarung über den gemeinsamen Betrieb geschlossen und praktiziert wird.[485] Die zwingende gesetzliche Fiktion der betriebsverfassungsrechtlichen Selbständigkeit nach § 4 bei räumlich weiter Entfernung der Betriebsteile kann jedoch auch durch eine Führungsvereinbarung über den gemB nicht überwunden werden.[486] Wohl aber könnte diese Selbständigkeit **nach handelsregisterlicher Eintragung der Verschmelzung** beseitigt werden, indem nach § 3 Abs. 1 Nr. 1 die bislang getrennten Betriebe auf kollektivvertraglicher Grundlage zusammengefasst werden. 167b

Ein **Indiz für die Widerlegung** der Vermutung des gemB kann darin liegen, wenn die Betriebsparteien z. B. deswegen einen **Spaltungs-IA** nach § 111 Satz 3 Nr. 3 abschließen, weil sie der (möglicherweise auch irrigen) Meinung sind, durch bestimmte geänderte Tatumstände seien die Voraussetzungen für die Annahme einer wenigstens konkludent geschlossenen Führungsvereinbarung über den gemB entfallen (s. Rn. 187 ff.). 167c

gg) Anwendungszusammenhänge außerhalb des BetrVG?

Der Anwendungsbereich der beiden Vermutungsregeln des Abs. 2 scheint der gewählten Regelungstechnik zufolge auf die **BR-Wahl im gemB** und damit auf das BetrVG beschränkt zu sein.[487] Hier geht es darum, das Tatbestandsmerkmal »gemeinsamer Betrieb« (Abs. 1 Satz 2) leichter feststellen zu können (vgl. Rn. 128). Allerdings **strahlt** dieser unmittelbare Anwendungszusammenhang wegen der Wirkungsweise der Vermutungsregel (vgl. Rn. 162 f., 161 f.) **auf andere betriebsverfassungsrechtliche Normen aus,** bei denen es um die Frage der Betriebseinheit geht. Dies betrifft jedenfalls das **SprAuG,** das einen Teilbereich der Betriebsverfassung regelt, so dass ein vermuteter gemB auch dort der Normanwendung zu Grunde zu legen ist (vgl. Rn. 128).[488] Ein sachliches Auseinanderfallen der betrieblichen Organisationseinheiten BetrVG einerseits und SprAuG andererseits ist aus Gründen des funktionellen Zusammenhanges der beiden Organisationsrechte – wie § 18a BetrVG zeigt – nicht vertretbar. Allerdings kann ein SpA oder SpA-WV nicht direkt auf die Erleichterungen des § 1 Abs. 2 BetrVG zurückgreifen: Der Gesetzgeber hat offenbar vergessen, § 1 SprAuG um eine dem § 1 Abs. 2 BetrVG entsprechende Bestimmung zu ergänzen (diese »Vergesslichkeit« betrifft auch eine Regelung zum Übergangsmandat von SpA entsprechend § 21a BetrVG). Gleichwohl »partizipieren« SpA und SpA-WV quasi indirekt an der Vermutungswirkung aus § 1 Abs. 2 BetrVG, weil die Sprecherausschussverfassung insoweit akzessorisch zur Betriebsverfassung ist. 168

484 *ArbG Frankfurt* 24.9.01 – 151 8 BV 187/01, AiB 02, 629 m. Anm. *Steiner*.

485 In der Praxis besteht gelegentlich das Bedürfnis, aus betriebsablauforganisatorischen Gründen solche fusionsähnlichen Verhältnisse bereits vor dem rechtsformalen Bewirken einer Verschmelzung herbeizuführen. Gelegentlich kommt es auch vor, dass die eng miteinander kooperierenden UN eine vollkommen personenidentische Organ- und Leitungsstruktur ausprägen, jedoch gesellschaftsrechtlich eigenständige Firmen bleiben.

486 Dasselbe hat für einen Zusammenschluss-IA nach § 111 Satz 3 Nr. 3 zu gelten, durch den versucht werden könnte, die Betriebseinheit entgegen der Wertung des § 4 Abs. 1 Nr. 1 BetrVG herzustellen.

487 Vgl. *SWS*, Rn. 28; *Reichold*, NZA 01, 858.

488 Von der Übereinstimmung des Betriebsbegriffs in beiden Organisationsgesetzen gehen auch MünchArbR-*Joost*, § 233 Rn. 15 und ErfK-*Oetker*, § 1 SprAuG Rn. 2 aus.

169 Die sich aus der Anwendung von Abs. 2 ergebenden Konsequenzen für die Festlegung der betrieblichen Organisationseinheiten sind wegen der ausdrücklichen Regelung in § 170 Abs. 1 Satz 2 SGB IX jedenfalls bei der Frage zu beachten, für welchen Bereich die **betriebliche SBV** zu wählen ist (§ 177 Abs. 1 SGB IX). Der Betriebsbegriff beider Gesetze stimmt nämlich überein, um den Zusammenhang beider für die Schwerbehinderten zuständigen Interessenvertretungen nicht zu gefährden.[489] Umgekehrt kann aber die SBV nicht selbst die Vermutungsregel des § 1 Abs. 2 BetrVG anwenden, sondern bleibt gleichsam dabei auf den BR angewiesen.

170 Durch die Herauslösung der Vermutungsregel nach Abs. 2 Nr. 2 aus § 322 UmwG 1995 bestand dieser gem. Art. 3 Nr. 2 des BetrVerf-ReformG (BGBl. I 2001, S. 1852 [1863]) zunächst lediglich noch aus dem früheren § 322 Abs. 2 UmwG 1995, der sich mit dem gemB im Kündigungsschutzrecht befasste und seit dem 1.3.2023 inhaltlich unverändert als § 132 Abs. 1 UmwG 2023 fortbesteht. Hiernach gilt ein Betrieb dann als Betrieb auch i.S.d. Kündigungsschutzrechts, wenn die an einer umwandlungsrechtlichen Spaltung oder Teilübertragung beteiligten Rechtsträger nach Wirksamwerden dieser Umwandlung den Betrieb gemeinsam führen. Regelungstechnisch handelt es sich hier um eine **Fiktion,**[490] die allerdings eine gemeinsame Betriebsführung positiv voraussetzt und eine Vermutung hierfür nach wohl noch mehrheitlich vertretener Ansicht nicht ausreichen lässt.[491] Allerdings ist die Möglichkeit eines gemB i.S.d. KSchG **nicht auf** vorangegangene **umwandlungsrechtliche Spaltungen** bzw. Teilübertragungen **beschränkt.** Vielmehr bringt diese Vorschrift nur einige der denkbaren Anwendungsfälle des kündigungsrechtlich relevanten gemB zum Ausdruck und bestätigt die insoweit ständige Rspr. des *BAG*[492] wonach mehrere UN auch im kündigungsrechtlichen Sinne einen gemB haben können. Diese Sicht ist vom *BAG*[493] ausdrücklich bestätigt worden. Zugleich hat es allerdings auch für die kündigungsrechtlichen Zusammenhänge des gemB außerhalb von § 322 UmwG 1995, entspr. § 132 Abs. 1 UmwG 2023, verdeutlicht und damit die ständ. Rspr. bestätigt, dass eine aus den tatsächlichen Umständen zu entnehmende **konkludente Führungsvereinbarung genüge,** um den gemB i.S.d. BetrVG auch als Betrieb i.S.d. KSchG ansehen zu können. Wenngleich damit die Anforderungen an die Darlegungs- und Beweislast des AN im KSch-Prozess bezüglich des Vorliegens eines gemB größer zu sein scheinen als die eines BR im Statusverfahren auf Basis der Vermutungsregeln nach Abs. 2 i.V.m. § 18 Abs. 2, darf nicht übersehen werden, dass die Rspr. des *BAG* eine **präjudizielle Bindungswirkung** rechtskräftiger arbeitsgerichtlicher Beschlüsse auch für nicht an diesem Verfahren beteiligte AN bejaht.[494] Somit gilt Folgendes:

171 Wurde etwa im **Beschlussverfahren** gemäß § 18 Abs. 2 ausdrücklich oder in einem anderen Beschlussverfahren als Vorfrage (inzident) auf Grund der Vermutungsregel gem. Abs. 2 festgestellt, dass ein einheitlicher Betrieb vorliegt, so wirkt diese betriebsverfassungsrechtliche Entscheidung nach neuerer Ansicht des *BAG*[495] auch im **Verhältnis zwischen den beteiligten UN und ihren AN,** z.B. in einem zwischen diesen geführten Kündigungsschutzprozess. Abs. 2 Nr. 1, 2 kann kaum als bewusste gesetzgeberische Entscheidung gegen diesen von der Sache her gebotenen »Gleichklang« zwischen kollektivem und individuellem Arbeitsrecht aufgefasst werden. Die gegenteilige Annahme kann auch aus prozessökonomischen und aus gesetzgebungspolitischen Gründen nicht überzeugen, denn der Gesetzgeber wollte schon bei der Vorläuferbestimmung des § 322 UmwG 1995 gerade an die ihm bekannte Rspr. zu kündigungsrechtlichen Fragen im gemB anknüpfen,[496] sie aber nicht beseitigen. Hat somit ein **Beschlussverfahren** stattgefunden und greift die Vermutungswirkung des § 1 Abs. 2, so hat der AN in

489 Vgl. dazu auch schon GK-SchwbG-*Steinbrück,* § 17 Rn. 11.
490 *Kreßel,* BB 95, 925 [928].
491 Vgl. zu Einzelheiten *7. Aufl., Rn. 89l;* a.A. Lutter-*Joost,* § 322 UmwG Rn. 22; ErfK-*Eisemann/Koch,* 2. Aufl., § 322 UmwG Rn. 5, die aus Gründen der Sachgerechtigkeit die Vermutungsregel für analog anwendbar halten.
492 Vgl. *Bauer/Lingemann,* NZA 94, 1057 [1076]; *Wlotzke,* DB 95, 40 [44]; vgl. Rn. 201 ff.
493 12.11.98 – 2 AZR 459/97, EzA § 23 KSchG Nr. 20.
494 Vgl. dazu Einl. Rn. 212; *HBR,* Rn. 227; kritisch *Jox,* NZA 90, 424; *Weth,* S. 369 ff.
495 9.4.91 – 1 AZR 488/90, EzA § 18 BetrVG 1972 Nr. 7 mit zust. Anm. *Dütz/Rotter;* näher *Dütz,* FS Gnade, S. 487 ff.; im Ergebnis zustimmend auch *Däubler,* FS Zeuner, S. 19 [37].
496 Vgl. *BR-Drucks.* 75/94, S. 174.

einem etwaigen späteren **Urteilsverfahren** seiner Darlegungs- und Beweislast genügt, wenn er die immer noch fortdauernde, einheitliche Organisation des Betriebs anhand derselben Gesichtspunkte nachweist, die im vorangegangenen Beschlussverfahren dafür ausreichten. Hat ein Beschlussverfahren nicht stattgefunden und greift die Vermutungswirkung deswegen, weil die Widerlegung nicht betrieben wird, kommen dem AN **im Urteilsverfahren Beweiserleichterungen** dergestalt zugute, dass er nur die Darlegungs- und Beweislast hinsichtlich des äußeren Tatbestandes trägt, der für den einheitlichen Betrieb spricht. Dies sind im Regelfall die in Rn. 157 genannten Gesichtspunkte.

Die Beantwortung der Frage, ob auch der lediglich *vermutete* gemB nach § 1 Abs. 2 BetrVG im Rahmen z. B. der §§ 1, 23 Abs. 1 KSchG anwendbar ist, hat das *BAG* jüngst noch offengelassen.[497] **171a** Für deren Bejahung spricht, dass § 1 Abs. 2 BetrVG – anders als § 3 Abs. 5 (»Betriebe im Sinne dieses Gesetzes«) – gerade keine ausdrückliche Begrenzung seiner Wirkungen auf das BetrVG vornimmt und das *BAG*[498] wegen § 3 Abs. 5 die Annahme verneinte, dass die tariflich geschaffene betriebsverfassungsrechtliche Organisationseinheit auch im KSchG anzuwenden sei.

d) Gemeinsamer Betrieb und GBR bzw. WA sowie KBR

Vor der Novellierung 2001 hatte die Frage der Repräsentation des BR eines gemB in den unternehmensbezogenen Organen GBR (WA) und KBR in der Rspr. vage Antworten gefunden[499] **172** und in der Literatur widerstreitende Ansichten hervorgerufen.[500] Durch die **Novellierung 2001** ist in § 47 Abs. 9 und indirekt auch in § 55 Abs. 4 Satz 2 erstmals im Gesetz selbst das Problem der Repräsentation des BR eines gemB im GBR bzw. KBR erwähnt worden (vgl. § 47 Rn. 130, 135, 136). Danach kann für solche Mitglieder des GBR, die aus einem gemB entsandt worden sind, die gem. § 47 Abs. 7, 8 vorgesehene Stimmgewichtung im GBR bzw. KBR durch TV und BV abweichend geregelt werden (näher dazu § 47 Rn. 135 f.). Damit soll ausweislich der Begründung zum Regierungsentwurf des BetrVerf-ReformG[501] dem Umstand Rechnung getragen werden, dass nicht im GBR eines der am gemB beteiligten UN in solchen Angelegenheiten, die nur dieses UN und dessen AN betreffen (Beispiel: Altersversorgung), das Stimmengewicht der AN des anderen UN mit in die Waagschale fällt. Der Gesetzgeber geht demnach mit der h. M. (vgl. Rn. 178) ersichtlich davon aus, dass es schon nach geltendem Recht grundsätzlich zu einer **Entsendung von Delegierten des »gemB BR« in sämtliche GBR der am gemB beteiligten UN** kommen muss,[502] denn nicht die Entsendung als solche, sondern nur die Stimmgewichtung wird durch die Neufassung des Gesetzes kollektivvertragsdispositiv ausgestaltet. Die Entsendung selbst ist dabei als vorgelagerter Akt jedoch vorausgesetzt.[503]

aa) Vorfrage: die gemeinsame Betriebsführungsgesellschaft als UN-Trägerin?

Die Frage der »richtigen« Repräsentation eines BR, der für einen gemB gewählt wurde, in dem/ den unternehmensbezogenen Organ/en (GBR/WA/KBR) muss an dem Problem ansetzen, ob **173** die bisweilen[504] als **BGB-Gesellschaft** qualifizierte rechtliche Verbindung der an einem gemB kraft konkludenter Führungsvereinbarung beteiligten UN selbst UN-Trägerin ist.[505] Dann wäre

497 *BAG* 20.5.21 – 2 AZR 560/20, NZA 21, 1096, Rn. 23.
498 *BAG* 27.6.19 – 2 AZR 38/19, NZA 19, 1427, Rn. 22 ff.
499 Vgl. *BAG* 21.10.69, AP Nr. 10 zu § 3 BetrVG: Entsendung in die GBR der beteiligten UN sei »nahe liegend«.
500 Für Entsendungsrecht: *Säcker,* Wahlordnungen, Rn. 209; *Joost,* S. 264; *Däubler,* FS Zeuner, S. 19 [29]; dagegen: GK-*Kreutz,* 6. Aufl., § 47 Rn. 16; *Konzen,* S. 118 f.
501 *BT-Drucks.* 14/5741, S. 42.
502 Vgl. *BAG* 13.2.07 – 1 AZR 184/06, AP Nr. 17 zu § 47 BetrVG 1972; einschränkend zum alten Recht *Rieble,* FS Wiese, S. 453 [464].
503 *Fitting,* § 47 Rn. 80; GK-*Kreutz/Franzen,* § 47 Rn. 119; Richardi-*Maschmann,* Rn. 82.
504 So ausdrücklich *BAG* 5.3.87 – 2 AZR 623/85, AP Nr. 30 zu § 15 KSchG 1969, Bl. 909; *BAG* 24.1.96 – 7 ABR 10/95, AP Nr. 8 zu § 1 BetrVG 1972 Gemeinsamer Betrieb, Bl. 1816 R; Richardi-*Maschmann,* Rn. 71; *Windbichler,* S. 289.
505 Vgl. zur Kritik des Erfordernisses einer BGB-Gesellschaft Rn. 101, 104; näher *Joost,* S. 258 ff.; *Kohte,* RdA 92, 303 [303 f.].

nämlich die nach § 47 vorausgesetzte rechtliche Einheit des UN-Trägers (dazu § 47 Rn. 18 ff.), bei dem ein GBR zu errichten ist, nicht gegeben: denn die UN-tragende BGB-Gesellschaft könnte nicht als identisch mit den UN der an ihr beteiligten Gesellschafter angesehen werden. Anlass zur neuerlichen Auseinandersetzung mit dieser Frage (vgl. aber Rn. 201 ff. wegen kündigungsrechtlicher Besonderheiten des gemB) ist die durch den *BGH* der BGB-Gesellschaft zuerkannte **Rechts- und Parteifähigkeit,** wonach »eine (Außen-)GbR Rechtsfähigkeit besitzt, soweit sie durch Teilnahme am Rechtsverkehr eigene Rechte und Pflichten begründet«.[506] Als insoweit rechtsfähige Außengesellschaft wird eine GbR dann bezeichnet, wenn sie **mit eigenem Namen,** eigener **Handlungsorganisation** (Geschäftsführung) und eigener **Haftungssubstanz** (Vermögen) am **Rechtsverkehr** teilnimmt[507] – Merkmale, die bei den hier in Rede stehenden Kooperationen von UN zur Führung eines gemB i. S. d. BetrVG regelmäßig nicht vorliegen werden. Die Bedeutung der *BGH*-Entscheidung relativiert sich allerdings zusätzlich noch erheblich, wenn man Folgendes in Betracht zieht:

174 • Zunächst kann es **keineswegs als sicher** gelten, dass die Rechtsnatur der »rechtlichen Vereinbarung« zwischen den am gemB beteiligten UN überhaupt stets als **BGB-Gesellschaft** (GbR) zu qualifizieren ist. Nur zwei der bislang ergangenen Entscheidungen des *BAG*[508] haben dies ausdrücklich so gesehen – allerdings in Fällen mit besonderer Sachverhaltskonstellation.[509] Die älteren *BAG*-Entscheidungen haben explizit nur **beispielhaft** auf die **GbR als** *einer* Möglichkeit zur rechtlichen Qualifizierung des fraglichen Zusammenschlusses hingewiesen und i. Ü. angenommen, dass *auch andere Formen* der Zusammenarbeit der betreffenden UN in Betracht zu ziehen sind.[510] Dementsprechend ist in der Lit. auch erwogen worden, in der rechtlichen Verbindung der am gemB beteiligten UN eine **Gemeinschaft** (§§ 741 ff. BGB) zu sehen.[511] Dies liegt zumindest dann nahe, wenn man die Annahme ablehnt, schon das bloße Halten und Verwalten eines Vermögensgegenstandes könne einen zulässigen Gesellschaftszweck gem. § 705 BGB darstellen.[512] Gerade die Gemeinschaft ist aber typischerweise und im Gegensatz zur GbR auf die gemeinschaftliche Berechtigung an einem oder mehreren gemeinsamen Gegenständen und deren Verwaltung gerichtet.[513] Und schließlich können auch **Auftragsverhältnisse**[514] und die schlichte **Interessengemeinschaft,** die der InnenGbR nahe steht,[515] nicht von vornherein aus dem Bereich der rechtlichen Möglichkeiten ausgeschlossen werden. Die Mehrzahl der *BAG*-Entscheidungen – gerade in der jüngeren Zeit sogar durchgängig – lässt die Frage der Rechtsnatur der Führungsvereinbarung völlig unerwähnt.[516] Erweist sich daher im konkreten Fall, dass jedenfalls schon **keine gesellschaftsrechtlich relevante Verbindung der beteiligten**

---

506 *BGH* 29.1.01, NJW 01, 1056 = ZIP 01, 330, erster Leitsatz; die Bedeutung der Entscheidung ausschließlich für sog. Außengesellschaften betonen zu Recht *K. Schmidt,* NJW 01, 993 [995, 1001]; *Ulmer,* ZIP 01, 585 [592]; *H. P. Westermann,* ZGR 01, 289 [290, 291]; kritisch zur Abgrenzung gegenüber Innengesellschaften *Hadding,* ZGR 01, 712 [714 f.]; *Lessner/Klebeck,* ZIP 02, 1385 sehen insoweit eine Divergenz zur *BAG*-Rspr., die bislang die Arbeitgeberfähigkeit der GbR verneint.

507 Vgl. nur für die h. M. MünchKommBGB-*Ulmer,* § 705 Rn. 209, 221 ff.; weiter gehend *K. Schmidt,* § 58 II 2b, S. 1701.

508 5.3.87, AP Nr. 30 zu § 15 KSchG 1969, Bl. 909; 24.1.96, AP Nr. 8 zu § 1 BetrVG 1972 Gemeinsamer Betrieb mit Anm. *Däubler.*

509 Streng genommen lässt sich *BAG* 5.3.87, a. a. O., hier nicht einordnen, weil das *BAG* an die revisionsgerichtlich nicht zu beanstandende Qualifizierung durch das *LAG* gebunden war.

510 *BAG* 5.12.75, AP Nr. 1 zu § 47 BetrVG 1972, Bl. 217 R; 17.1.78, AP Nr. 1 zu § 1 BetrVG 1972, Bl. 151; 7.8.86, AP Nr. 5 zu § 1 BetrVG 1972, Bl. 737; 29.1.87, AP Nr. 6 zu § 1 BetrVG 1972, Bl. 743.

511 Vgl. GK-*Fabricius,* 6. Aufl., § 111 Rn. 325.

512 So aber *BGH* 20.5.81, NJW 82, 170; kritisch *K. Schmidt,* NJW 01, 993 [1001]; *Ulmer,* ZIP 01, 585 [592].

513 HK-BGB-*Saenger,* § 705 BGB Rn. 34, § 741 BGB Rn. 4.

514 Z. B. wenn Merkmale der InnenGbR fehlen, vgl. Palandt-*Sprau,* § 705 Rn. 30.

515 Die der InnenGbR nahe steht, vgl. Palandt-*Sprau,* § 705 Rn. 9, 42.

516 *BAG* 13.6.85, AP Nr. 10 zu § 1 KSchG 1969; 11.11.97, NZA 98, 723; 3.12.97, NZA 98, 876; 12.11.98, EzA § 23 KSchG Nr. 20; 29.4.99, NZA 99, 932; 9.2.00 – 7 ABR 21/98 – uv.; 31.5.00, NZA 00, 1350.

UN besteht,[517] so bleibt die Rspr. des *BGH* (Rn. 173) zur Rechtsfähigkeit der GbR betriebsverfassungsrechtlich folgenlos.

- Bislang nicht restlos geklärt ist, ob dort, wo die »rechtliche Vereinbarung« zwischen den am gemB beteiligten UN vom *BAG*[518] als **BGB-Gesellschaft** qualifiziert wurde, diese **lediglich als sog. Innengesellschaft** anzusehen ist[519] und somit aus diesem Grunde die *BGH*-Entscheidung zur Rechtsfähigkeit der (Außen-)GbR (Rn. 173) keine praktischen Folgen erlangen kann. Die **Innen-GbR** ist dadurch gekennzeichnet, dass die Gesellschafter zwar einen gemeinsamen Gesellschaftszweck verfolgen, im Rechtsverkehr aber nur ein Gesellschafter im eigenen Namen auftritt und nicht im Namen der GbR.[520] Überdies ist kennzeichnend das Fehlen von Gesamthandsvermögen. Die bislang einschlägige Entscheidung[521] hatte die entscheidungserhebliche Frage zu beantworten, ob die Kooperation einer juristischen Person des öffentlichen Rechts (Universität) mit einem privatrechtlichen Verein (e. V.) einen Betrieb hervorgebracht hatte, der gem. § 130 dem BetrVG unterfällt.[522] Das *BAG* hat dies unter Annahme einer eben dem Privatrecht zugehörenden BGB-Gesellschaft bejaht. In der Entscheidung vom 24. 1. 96[523] heißt es, dass sich die Vereinbarung zwecks Schaffung eines einheitlichen Leitungsapparates zur Verfolgung gemeinsamer arbeitstechnischer Zwecksetzungen mangels entgegenstehender Anhaltspunkte *regelmäßig* in Form einer BGB-Gesellschaft vollziehe. Der für jede GbR nötige **Gesellschaftszweck** liege in der Verfolgung gemeinsamer arbeitstechnischer Zwecksetzungen, die gesellschaftsrechtliche **Förder-** oder **Beitragspflicht** sei in der gemeinsamen Bildung und Beibehaltung eines einheitlichen Leitungsapparates im Bereich der sozialen und personellen Mitbestimmungsangelegenheiten zu sehen.[524] Wenn es sodann weiter heißt, dass **weder Gesamthandsvermögen** noch wirtschaftlich gemeinsames Vermögen vonnöten sei und auch die Bildung dieser GbR **nicht** den **Übergang der Arbeitsverhältnisse** auf die GbR bewirke,[525] so werden damit gerade diejenigen Tatumstände genannt, bei denen (nur) eine Innen-GbR angenommen werden kann, denn deren Wesensmerkmal liegt im Unterschied zur Außen-GbR vor allem im Fehlen eines Gesamthandsvermögens.[526] Dieser Sichtweise entspricht es auch, wenn in *BAG* 5. 3. 87[527] die Liquidationsbestimmungen der §§ 730 ff. BGB für unanwendbar erklärt wurden, denn mangels Gesellschaftsvermögens der Innen-GbR können diese Vorschriften gar nicht angewandt werden.[528] Mithin liegt den *BAG*-Entscheidungen, die sich mit der Rechtsnatur der sog. Führungsvereinbarung fallbezogen näher auseinander setzen mussten, die Annahme einer Innen-GbR zu Grunde. Aus diesem Zusammenhang heraus bleibt die *BGH*-Entscheidung zur Rechtsfähigkeit der Außen-GbR (Rn. 173) gleichfalls betriebsverfassungsrechtlich folgenlos. 175
- Gewisse Schwierigkeiten bereitet freilich die Annahme der Irrelevanz der genannten *BGH*-Entscheidung (Rn. 173) dann, wenn man die Abgrenzung von Innen- und Außen- 176

517 Auch die Kommentarliteratur verzichtet regelmäßig auf eine klare gesellschaftsrechtl. Qualifizierung, vgl. nur ErfK-*Koch*, Rn. 14; *Fitting*, Rn. 121; GK-*Franzen*, Rn. 48.

518 24. 1. 96, AP Nr. 8 zu § 1 BetrVG Gemeinsamer Betrieb; BVerwG 13. 6. 01, NZA 03, 115.

519 So im Ergebnis die Deutungen bei *Herrmann*, S. 92; *Konzen*, Unternehmensaufspaltungen, S. 98; *Reuter*, Anm. zu *BAG* AP Nr. 9 zu § 1 BetrVG 1972, Bl. 5 R; wohl auch *Gamillscheg*, Anm. zu *BAG* EzA § 4 BetrVG 1972, Nr. 4 und 5, S. 38.

520 Palandt-*Sprau*, § 705 BGB Rn. 33; HK-BGB-*Saenger*, § 705 BGB Rn. 25.

521 *BAG* 24. 1. 96, a. a. O.

522 Vgl. Rn. 109; in einer ähnlich gelagerten Situation [Kooperation zweier Städte zur Führung eines gemeinsamen Orchesters] war das *BAG* aus revisionsrechtlichen Gründen an die Feststellungen der Tatsacheninstanzen gebunden, die eine Außen-GbR angenommen hatten; vgl. *BAG* 18. 4. 67, AP Nr. 3 zu § 63 BetrVG.

523 A. a. O.

524 A. a. O.

525 Ebenso schon *BAG* 5. 3. 87, AP Nr. 30 zu § 15 KSchG 1969.

526 Vgl. HK-BGB-*Saenger*, § 705 BGB Rn. 25.

527 A. a. O.

528 Vgl. *BGH* 22. 6. 81, NJW 82, 99; *BGH* NJW 90, 573; HK-BGB-*Saenger*, a. a. O., Rn. 25a. E.; Palandt-*Sprau*, § 705 BGB Rn. 35.

gesellschaft mit der traditionellen Ansicht[529] nicht so sehr nach dem Vorhandensein von Gesamthandsvermögen, sondern entscheidend danach beurteilt, ob es an einem gemeinsamen Auftreten nach außen und der Teilnahme am Rechtsverkehr fehlt.[530] Gerade in Anbetracht des vermeintlichen Gesellschaftszweckes »Verfolgung gemeinsamer arbeitstechnischer Zwecksetzungen« und der damit verbundenen Errichtung einer Betriebsleitung als insoweit eigenständiger Vertretungsorganisation[531] kann man an einem fehlenden »Außenauftritt« – wenn auch im begrenzten betriebsverfassungsrechtlichen Rahmen – durchaus zweifeln:[532] *Gamillscheg*[533] hat zu Recht bemerkt, dass nach dem Verständnis der Rspr. zur Rechtsnatur der Führungsvereinbarung die angenommene BGB-Gesellschaft »eine Art Generalbevollmächtigter für den Umgang mit dem BR« sei. *Kohte*[534] weist darauf hin, dass der **BR** jedenfalls nicht Mitglied dieser GbR, sondern insoweit **außenstehender Dritter** ist. *Joost*[535] hat diese Sichtweise noch bekräftigt, wenn er betont, dass aus der Perspektive der am gemB beteiligten UN als den Gesellschaftern der angenommenen GbR das **Betriebsverfassungsrecht Außenrecht zwischen dem Betriebsinhaber und der Belegschaft** bzw. dem BR sei und nicht etwa Innenrecht für die Gesellschafter. Diese Problematik lässt sich nicht etwa mit einer vordergründigen Analogie zur Stellung des BR im datenschutzrechtlichen Sinne überspielen, wonach der BR nicht Dritter außerhalb der verantwortlichen Stelle i. S. d. § 3 Abs. 8 BDSG n. F. ist, sondern deren Bestandteil.[536] Im betriebsverfassungsrechtlichen Handlungssystem nimmt der BR gegenüber dem AG und UN definierte rechtliche Handlungsspielräume ein und fungiert als deren Vertragspartner. Insoweit handelt es sich zwar bei dieser Beziehung zwischen AG und BR um »Teilnahme am Rechtsverkehr«. Rechtsverkehr der GbR wäre dies aber nur, wenn die **GbR als solche** vermittels der Betriebsleitung dem BR des gemB in den personellen und sozialen Beteiligungsangelegenheiten gegenübertritt. Gerade dieses eigenständige Auftreten als GbR und das Handeln in deren Namen fehlte jedoch bisher regelmäßig in den vom *BAG* entschiedenen Fällen,[537] was freilich nicht heißt, dass dies immer so bleiben muss. Sollte dies dennoch einmal praktisch auftreten, muss das allerdings noch nicht notwendigerweise gegen das Vorliegen[538] einer bloßen Innengesellschaft sprechen, denn auch bei sog. kooperativen Innengesellschaften kommt es vor, dass zwar die Gesellschaft erkennbar nach außen in Erscheinung tritt, in Wahrheit aber doch nur Verpflichtungen mit Wirkung für bzw. gegen den oder die Gesellschafter begründet werden (sollen).[539]

177 • Aber selbst wenn in Fällen, wie in Rn. 176 a. E. erörtert, eine **Außen-GbR** vorliegen sollte oder diese aus einem zunächst unbemerkten »Überwechseln« aus einer Innen-GbR entsteht (z. B. beginnt die »Betriebsführungs-Innen-GbR« nach einer gewissen Zeit, unter eigenem Namen und auf eigene Rechnung mit neu einzustellenden AN die Arbeitsverträge abzuschließen, während die vorhandenen AN weiterhin ihre Verträge mit den an der Innen-GbR beteiligten UN behalten), ändert dies noch nichts an der Existenz des gemB i. S. d. BetrVG, so dass dessen Repräsentation im GBR der beteiligten UN auf Grund der speziellen Bestimmung des § 47 Abs. 9, der dem allg. Gesellschaftsrecht vorgeht, weiterhin gewährleistet bleibt. Anderes könnte überhaupt erst dann gelten, wenn die »betriebsführende« Innen-GbR sich vollständig in eine **»unternehmensführende« Außen-GbR** verwandeln würde. Im Bereich der gewerblichen Wirtschaft erfolgt in einem solchen Fall aus handelsrecht-

529 Vgl. etwa *Hueck,* Gesellschaftsrecht, S. 12, 43; ebenso noch *BGH* 22. 6. 81, NJW 82, 99.
530 So auch *Hadding,* ZGR 01, 712 [714].
531 Handlungsorganisation; vgl. *Ulmer,* ZIP 01, 585 [592 f.].
532 So auch schon *Konzen,* Unternehmensaufspaltungen, S. 98.
533 Anm. zu EzA § 4 BetrVG 1972 Nr. 4 und 5, S. 40.
534 RdA 92, 302 [304].
535 RdA 96, 380, r. Sp.
536 Vgl. § 94 Rn. 50; *BAG* 11. 11. 97, NZA 98, 385 [386], zum Begriff »speichernde Stelle« i. S. v. § 3 Abs. 9 BDSG a. F.
537 Vgl. *Kohte,* a. a. O.
538 Dazu der Fall einer Theatergemeinschaft zweier Städte in *BAG* 6. 7. 89, AP Nr. 4 zu § 705 BGB.
539 Vgl. *K. Schmidt,* Anm. zu BAG AP Nr. 4 zu § 705 BGB, Bl. 437 R; *ders.,* JuS 88, 444 f.

lichen Gründen von Gesetzes wegen meist ein Rechtsformwechsel zur OHG,[540] weil der Gegenstand der Gesellschaft, die als solche am Rechtsverkehr teilnimmt, regelmäßig im **Betrieb eines Handelsgewerbes** i. S. v. §§ 1, 105 Abs. 1 HGB zu sehen ist,[541] so dass von der Fortexistenz einer GbR ohnehin nicht mehr gesprochen werden kann und sie als mögliche UN-Trägerin (vgl. Rn. 173) schon deshalb nicht in Betracht zu ziehen ist. Entsteht auf diese Weise allerdings ein (neues) **Gemeinschafts-UN** der vormals am gemB beteiligten UN, so ist nunmehr dieses Gemeinschafts-UN Rechtsträger des betreffenden Betriebs (vgl. § 47 Rn. 15, 20, allerdings ohne den möglichen »schleichenden« Wandel von der Innen-GbR zur Außen-GbR oder OHG zu erwähnen). Der vorherige gemB verliert zugleich seine Besonderheit, zu mehreren UN zu gehören, existiert aber als Betrieb i. S. v. § 1 unverändert weiter. Dennoch verliert der BR des gemB seine ggfls. zuvor bestehende Repräsentation in dem oder den GBR seiner früheren Träger-UN, weil er dann nicht mehr einen gemeinsamen Betrieb dieser mehreren UN, sondern nur noch des Gemeinschafts-UN darstellt.

bb) Entsendung in den GBR/Bildung eines »gemeinsamen« GBR?

Nach der in § 47 Abs. 9 getroffenen Grundentscheidung kann es nicht mehr zweifelhaft sein, dass der BR eines gemB Delegierte in alle **bei den Träger-UN errichteten GBR** zu entsenden hat.[542] Der gemB gehört zu jedem der an ihm beteiligten UN, so dass u. U. **erstmals ein GBR** zu errichten ist, wenn z. B. eines der Träger-UN neben dem gemB nur noch einen weiteren Betrieb oder Betriebsteil i. S. v. § 4 hat. Vor In-Kraft-Treten der Gesetzesänderung war vereinzelt angenommen worden, dass die GBR-Mitglieder eines gemB im GBR nur so viele Stimmen haben, wie das betreffende UN, für das dieser GBR errichtet ist, im gemB AN beschäftigt.[543] Dem ist der Novellierungsgesetzgeber 2001 jedoch nicht gefolgt, weil er mit § 47 Abs. 9 gerade diese **angeblich nur quotale Stimmgewichtung im GBR** davon abhängig macht, dass sie kollektivvertraglich vorgesehen wird (vgl. Rn. 172). Besteht eine solche Regelung nicht, bleibt es beim vollen Stimmgewicht ungeachtet der arbeitsvertraglichen Zuordnung der AN zu dem jeweiligen UN, zumal in den beteiligten UN auch über das Schicksal aller im gemB Beschäftigten (mit)entschieden wird.[544] Die **in den jeweiligen GBR entsandten Mitglieder** aus dem BR des gemB **müssen nicht AN des betreffenden UN sein** (vgl. § 47 Rn. 22 m. w. N.),[545] weil andernfalls ein unzumutbarer Eingriff in die Entscheidungsrechte des entsendenden BR vorläge, für den keine Rechtsgrundlage besteht. 178

Schwierige Probleme können bei der **Bildung eines GBR** auftreten, wenn ein ursprünglich mehrbetriebliches UN eine UN-Teilung in der Weise vollzieht, dass z. B. verschiedene Produktsparten rechtlich verselbstständigt werden, aber nicht an allen Standorten dieselben Sparten vorhanden sind. 179

Beispiel:[546]

Ein UN hatte drei Betriebe an den Standorten 1, 2 und 3. Nach der UN-Teilung sind am Standort 1 die Sparten A, B, C und D mit den jeweils zugehörigen UN a, b, c und d vorhanden. Es ist dort ein Gem-BR gebildet worden. Am Standort 2 sind die Sparten B und C mit den UN b und c und am Standort 3 die Sparten B, C, D mit UN b, c, d vertreten. Auch hier sind standortbezogene Gem-BR gebildet worden. Vor der UN-Teilung bestand ein GBR, in dem Vertreter der BR aus den Betrieben 1, 2, und 3 vertreten waren. Das *ArbG Dortmund* nahm an, dass nach der UN-Teilung aus den gemB der drei Standorte nur ein gemeinsamer GBR zu bilden sei. 180

540 Vgl. HK-BGB-*Saenger*, § 705 Rn. 38.
541 Vgl. *BGH* 29.1.01, NJW 01, 1056; *Dehmer*, § 190 UmwG Rn. 4, § 191 UmwG Rn. 5; vgl. zu den Rechtsfolgen eines solchen Formwechsels im Innen- und Außenverhältnis *KRM*, § 105 HGB Rn. 10, § 123 HGB Rn. 2f.
542 Vgl. Rn. 172; *Fitting*, Rn. 152; Richardi-*Maschmann*, Rn. 82; ErfK-*Koch*, Rn. 16.
543 Vgl. *Sick*, BB 92, S. 1133; *Küttner*, FS Hanau, S. 465 [475].
544 Vgl. *Däubler*, FS Zeuner, S. 19 [29].
545 *BAG* 1.6.22 – 7 ABR 41/20, NZA 22, 1542 ff., Rn. 35; a. A. Richardi-*Annuß*, § 47 Rn. 77.
546 Nach *ArbG Dortmund* 16.9.93 – 3 BV 27/93 rk.

181 In derartigen Fällen (Bsp. Rn. 180) war früher sehr verbreitet angenommen worden, es sei zulässig, als Gesamtrepräsentation einen **Gemeinschafts-GBR** der jeweils bestehenden örtlichen Gem-BR zu bilden.[547] Nach nunmehr gefestigter **Ansicht des *BAG***[548] ist jedoch die Bildung eines GBR, an dem Betriebe verschiedener UN beteiligt sind, grundsätzlich **nicht zulässig,** es sei denn, es lägen besondere Umstände in der UN-Organisation[549] vor. Die prinzipielle Unzulässigkeit eines UN-übergreifenden Gemeinschafts-GBR gilt auch für gemB[550] und zwar auch dann, wenn an allen gemB dieselben UN als Träger beteiligt sind.[551] Ein dennoch derart rechtswidrig gebildeter Gemeinschafts-GBR ist rechtlich inexistent, sein Handeln unbeachtlich und von ihm geschlossene BV und SP unwirksam.[552]

182 Die Zulässigkeit eines gemeinsamen GBR für mehrere gemB kann sich aber auf der **Grundlage eines TV nach § 3 Abs. 1 Nr. 2 oder 3** ergeben.[553] Damit ließe sich für die im Beispielsfall (Rn. 180) vertretene Ansicht des *ArbG Dortmund*[554] eine sichere Grundlage schaffen. Nach diesen Bestimmungen kann auch für die **unternehmens**bezogene Vertretungsebene eine Regelung **durch TV** vorgenommen werden.[555]

cc) Wirtschaftsausschuss/Schwellenwerte

183 Zur **Bildung eines WA** für die einen gemB unterhaltenden UN vgl. § 106 Rn. 20 ff. Wie dort auch *BAG,*[556] wonach in Ausfüllung einer planwidrigen Regelungslücke in §§ 106 ff. ein WA auch dann zu bilden ist, wenn mehrere UN einen gemB mit in der Regel mehr als 100 ständig beschäftigten AN haben und keines der beteiligten UN für sich allein diese Beschäftigtenzahl erreicht.[557] Hier ist allein die Zahl der AN im gemB maßgeblich[558], nicht die AN-Zahl des jeweiligen UN. Berichtspflichtig gegenüber dem einheitlichen WA des gemB sind die jeweiligen UN über ihre wirtschaftlichen Angelegenheiten. Anders ist dies, wenn das allein schon WA-pflichtige Mutter-UN mit 400 AN zusammen mit dem selbst nicht WA-fähigen Tochter-UN (60 AN) einen gemB bildet und daher nur für das Mutter-UN ein WA errichtet werden konnte. Hier will das *BAG* allerdings dem **WA keine Auskunftsansprüche gegen die GF des Tochter-UN** einräumen, weil der WA diese Ansprüche gegen die Mutter richten könne. Die Mutter sei nämlich verpflichtet, auch über die wirtschaftlichen Angelegenheiten der Tochter zu berichten, so dass eine planwidrige Regelungslücke nicht vorliege.[559] Vgl. zum WA im **Tendenz-GemB** Rn. 189a.

183a Wie zu verfahren ist, wenn der **gemB Träger-UN** hat, die jeweils **mehr als 100 AN** haben, ist bisher nicht höchstrichterlich geklärt. Insbesondere die Rspr. zum Tendenz-GemB (s. auch § 106 Rn. 20a) legt es zwar nahe, in diesem Fall nicht vom strikten Prinzip der rechtsträger-

547 So noch *12. Aufl., § 1 Rn. 134 f.*: ebenso *Konzen,* AuR 85, 341 [353]; *Blank/Blanke u. a.,* S. 162 ff.; *Joost,* S. 264; Hinweise in diese Richtung finden sich bereits in *BAG* 21.10.69, AP Nr. 10 zu § 3 BetrVG; a. A. *Windbichler,* S. 294, die einen solchen GBR nur bei Identität der UN-Trägergruppe an allen Standorten von gemB für zulässig hält.

548 13.2.07 – 1 AZR 184/06, NZA 07, 825; 23.1.08 – 1 AZR 988/06, NZA 08, 709; 17.3.10 – 7 AZR 706/08, DB 10, 2812.

549 In *BAG* 13.2.07, a. a. O., noch offen gelassen, welches diese Umstände sein könnten; in *BAG* 17.3.10, a. a. O., wird auf den Fall einer über alle beteiligten UN gebildeten UN-Betriebsführungsgesellschaft verwiesen; diese würde aber ein gemUN darstellen, so dass sich hieraus keine rechtlichen Besonderheiten für die GBR-Bildung ergeben.

550 *Fitting,* § 47 Rn. 10; *BAG* 17.3.2010, a. a. O.

551 *BAG* 17.3.10, a. a. O.; **a. A.** für diesen Fall GK-*Kreutz/Franzen,* § 47 Rn. 22, der dann nur einen GBR dieser gemB für erforderlich hält.

552 Ausdrücklich *BAG* 17.3.10, a. a. O.

553 So wohl auch *BAG* 17.3.10, a. a. O., das diese Frage mangels Vorliegens einschlägiger Regelung nicht näher ausführte; *Hoffmann/Alles,* NZA 14, 757, 759, halten dies allenfalls in engen Grenzen für zulässig.

554 16.9.93 – 3 BV 27/93 rk.

555 Vgl. § 3 Rn. 103; in diese Richtung bereits zum alten Recht *Däubler,* FS Zeuner, S. 19 [30].

556 1.8.90 (EzA § 106 BetrVG 1972 Nr. 16 m. krit. Anm. *Rüthers/Franke.*

557 Ebenso *Windbichler,* S. 295; *ArbG Lörrach* 5.3.96, AiB 96, 667.

558 *Fitting,* Rn. 144; *Boecken,* Rn. 39.

559 *BAG* 22.3.16, NZA 16, 969; dazu auch *Salamon,* NZA 17, 891 ff.

gebundenen WA-Errichtung abzurücken. Hier wäre dann für jedes am gemB beteiligte UN ein WA zu bilden, in dem wegen § 107 Abs. 1 Satz 1 dann wohl auch nur dem jeweiligen UN zugehörige Mitglieder vertreten sein dürfen (s. § 106 Rn. 21 m. w. N.). Dass dies zu praktischen Ergebnissen führt, muss bezweifelt werden, zumal nach § 108 Abs. 4 ohnehin derselbe BR des gemB über die verschiedenen WA-Sitzungen zu informieren ist. Nahe liegender ist es daher, im Falle eines gemB § 107 Abs. 1 Satz 1 so zu verstehen, dass es ausreicht, wenn das WA-Mitglied einem am gemB beteiligten UN angehört[560] (vgl. § 107 Rn. 7 im Falle eines unechten gemB nach § 3 Abs. 1 Nr. 3).

Mit der Novellierung 2001 sind in §§ 99, 111 die Schwellenwerte vom »Betrieb« auf das »UN« umgestellt worden. Im Wege analoger Anwendung von § 99 ist die Mitbestimmung des BR auch auf den Fall zu erstrecken, wenn zwei AG mit jeweils nicht mehr als 20 AN einen gemB führen, der mehr als 20 AN hat. Maßgeblich ist hier (wie auch bei § 111, vgl. Rn. 195 f.) die Zahl der AN im gemB.[561] **184**

dd) Konzernbetriebsrat

Wird der gemB von UN gebildet, die keine anderen Betriebe haben, jedoch zu einem **Konzern gehören,** so kann – soweit die übrigen Voraussetzungen vorliegen – der BR des gemB direkt seine Delegierten in den **KBR** entsenden,[562] ansonsten verbleibt es aber bei der Delegation durch den GBR (vgl. Rn. 172 wegen Änderungen durch die **Novellierung 2001**).[563] Der BR des gemB entsendet allerdings nur zwei seiner Mitglieder, nicht etwa zwei Mitglieder je Träger-UN des gemB in den KBR, wobei er ebenso wie beim GBR (o. Rn. 178) berechtigt ist, UN-fremde BRM in den KBR zu entsenden.[564] **185**

e) Sonderfragen des gemeinsamen Betriebs

aa) Auslandsberührung

Fraglich ist, ob eines der am gemB **beteiligten UN** auch im **Ausland** seinen Sitz haben kann.[565] Dies ist zu bejahen, weil insoweit nichts anderes gelten kann als in den Fällen, in denen ein ausländisches UN Betriebe im Geltungsbereich des Gesetzes hat (vgl. Rn. 24 m. w. N.). Denkbar ist z. B., dass der im Inland gelegene, wegen seiner AN-Zahl für sich allein genommen jedoch nicht betriebsratsfähige Teil eines ausländischen UN zusammen mit der im Inland gelegenen Betriebsstätte eines inländischen UN einen gemB bildet, sofern beide UN-Teile räumlich nicht weit voneinander entfernt sind und die übrigen Voraussetzungen eines gemB vorliegen.[566] **186**

bb) Gemeinschaftsbetriebsteile/Tendenzgemeinschaftsbetriebe?

(1) Gemeinschaftsbetriebsteile

Wird **nur eine Abteilung** eines bisher einheitlichen Betriebs zwei (oder mehreren) UN zugeordnet, stellt sich ebenfalls die Frage, ob damit die bisherige Betriebseinheit angetastet wird.[567] **187**

560 A. A. *HessLAG* 7.2.17 – 4 TaBV 155/16, BeckRS 17/109504, Rn. 20.
561 *BAG* 29.9.04 – 1 ABR 39/03, NZA 05, 420.
562 Analog § 54 Abs. 2; ebenso *Däubler,* FS Zeuner, S. 19 [29 f.]; Richardi-*Maschmann,* Rn. 83.
563 Vgl. zur KBR-Bildung im o. Rn. 180 gegebenen Beispiel *Däubler,* a. a. O. mit dem Hinweis, tarifvertragliche Vertretungsgremien zu bilden; zu atypischen Formen der BR-Kooperation auch *Plander,* AiB 97, 195 ff.
564 *BAG* 29.7.20 – 7 ABR 27/19, NZA-RR 20, 641, 646 Rn. 53.
565 Offen gelassen in *BAG* 18.1.90, NZA 90, 977; kritisch *Küttner,* FS Hanau, S. 465 [470 f.].
566 So *BAG* 18.1.90, a. a. O., allerdings mit Hinweis darauf, dass dann die UN-übergreifende Leitungsstruktur zur Durchführung des arbeitstechnischen Zwecks besonders deutlich zutage treten müsse.
567 Vgl. zu Formen der bloßen Mitbenutzung von Abteilungen durch verschiedene UN auch *Zöllner,* FS Semler, S. 995 [996, 1007], der jedenfalls die bisherige betriebliche Einheit durch derlei Gestaltungen nicht beeinträchtigt sieht, solange der betriebliche Rahmen durch das bisherige UN geordnet wird.

> **Beispiel:**
>
> 188 Die X-GmbH hat in A einen Betrieb u. a. mit einer Vertriebsabteilung. Es wird eine Y-GmbH gegründet, deren Gesellschafter mit denen der X-GmbH identisch sind. Die Vertriebsabteilung umfasst AN sowohl von X als auch von Y und ist funktional sowohl X als auch Y zugeordnet. Sie wickelt den Vertrieb von Produkten beider UN ab.

Es ist sogar die Frage, ob dann ein betriebsverfassungsrechtlich eigenständiger **Gemeinschafts-Betriebsteil** zweier UN entsteht, in dem ein eigener BR zu wählen ist (§ 4 analog; die wohl h. M. wendet § 4 allerdings ohnehin grundsätzlich nur auf Betriebsteile ein und desselben UN an).[568] Im Ergebnis ist vom Fortbestand des bisherigen Betriebs auszugehen.[569] Dabei kann entweder darauf abgestellt werden, dass jede andere Lösung das Entstehen von möglicherweise rivalisierenden BR auf engstem Raume mit Zuständigkeiten für z. T. dieselben AN riskiert,[570] oder man geht davon aus, dass eine nur partielle »Ansteckung« des bisherigen Betriebs mit einem weiteren UN an der bisherigen Betriebseinheit ebenso wenig zu ändern vermag wie dann, wenn neben dem bisherigen UN ein weiteres UN als vollwertiger Mitträger des Betriebs auftritt. Auch hier spricht die Vermutung des Abs. 2 Nr. 2 für den Fortbestand eines einheitlichen Betriebs. Wer dies in Zweifel ziehen will, muss im Streitfalle das Verfahren gem. § 18 Abs. 2 betreiben (vgl. Rn. 161).

188a Ebenso wie ein »normaler« Betrieb, kann auch ein gemB in einen Hauptbetrieb und mehrere Betriebsteile zerfallen (vgl. Rn. 120). Dies ist etwa der Fall, wenn fünf UN desselben Konzerns an einem Ort einen gemB als Hauptbetrieb haben, in dem die arbeitgeberübergreifende Leitungsapparatur angesiedelt ist, diese UN als Trägergruppe aber ebenfalls an räumlich hiervon weit entfernten Standorten weitere »vergemeinschaftete« Betriebsstätten haben.[571]

(2) Tendenzgemeinschaftsbetriebe

189 Häufig entstehen gemB durch die rechtliche **Verselbständigung von Service- und Verwaltungsbereichen,** die für sich betrachtet nicht den Betriebszweck charakterisieren (Beispiel: Die kommunale Theater GmbH überträgt den gesamten nicht künstlerischen Bereich auf eine eigenständige GmbH). Dabei stellt sich die Frage, welche Folgen sich ergeben, wenn das Haupt-UN Tendenzschutz nach § 118 genießt, nicht jedoch das ausgegliederte UN als Vertragspartner der AN in den Service- und Verwaltungsbereichen (bislang vom *BAG* nicht entschieden). Das *BAG* und die h. M. verlangen für die Inanspruchnahme des Tendenzschutzes im Allgemeinen, dass sowohl für das UN als auch für den Betrieb der Tendenzschutz gelten müsse, wenn der Tendenzschutz greifen soll.[572] Unproblematisch ist deshalb nur die Fallkonstellation, dass zwei dem Tendenzschutz gleichermaßen unterliegende UN und Betriebe einen gemB bilden. Ist dies nicht der Fall, kann sich nur dasjenige UN als Vertrags-AG auf den Tendenzschutz berufen, welches die Tendenz auch verwirklicht (vgl. auch § 118 Rn. 17). Das UN und auch der Betrieb, der wiederum **reiner Wirtschaftsbetrieb ohne weitergehende ideelle Zwecksetzung** ist, kann sich demzufolge nicht auf den Tendenzschutz berufen. Eine derartige Unterscheidung für den gemB vorzunehmen ist unproblematisch bei einzelpersonellen MBR und ist auch im Rahmen der sozialen Mitbestimmung umsetzbar. Praktische Umsetzungsprobleme ergeben sich möglicherweise im Rahmen der wirtschaftlichen MBR des BR, insbesondere bei der Beteiligung des BR im Rahmen von § 111. Jedoch darf hier nicht von einer Gesamtbetrachtung ausgegangen werden, sondern von den jeweiligen Vertrags-AGen, die letztlich auch zuständig für die Beendigung der Arbeitsverhältnisse sind. Hinzu kommt, dass die Entscheidungen in wirtschaftlichen Angelegenheiten von der UN-Leitung getroffen werden und deshalb derartige

568 Vgl. dazu *Fitting,* § 3 Rn. 27, 33.
569 Ebenso HaKo-BetrVG/*Kloppenburg,* Rn. 73.
570 Dagegen schon *BAG* 1.2.63, AP Nr. 5 zu § 3 BetrVG.
571 *LAG Köln* 20.9.19 – 9 TaBV 14/19, Verteilung auf mindestens vier Standorte/polit. Gemeinden in 11, 20 und 44 km Entfernung von der Zentrale Gummersbach: wegen räumlicher Nähe wurde der 11 km entfernte BT dem HB zugeschlagen, die beiden weiteren Standorte aber als räumlich weit entfernt eingeordnet, so dass sie jeweils ihren eigenen gemBR für den Gemeinschafts-Betriebsteil erhielten.
572 *BAG* 27.7.93, NZA 94, 329; *Fitting,* § 118 Rn. 7; GK-*Weber,* § 118 Rn. 48.

Maßnahmen i. d. R. nicht der einheitlichen Betriebsleitung zugerechnet werden können. Für die Annahme eines gemB ist deshalb auch nur entscheidend, ob die personellen und sozialen Angelegenheiten von der gemeinsamen Betriebsleitung getroffen werden. Deshalb muss bei betriebsändernden Entscheidungen des UN, das nicht tendenzgeschützt ist, ein vollständiges Verfahren nach §§ 111, 112 durchgeführt werden.[573]

Bilden ein **Tendenz-UN** mit mehr als 100 AN **und** ein **tendenzfreies UN,** das weniger als 100 AN hat, einen **gemB,** soll nach Ansicht des *BAG* die Errichtung des WA nach § 106 ausgeschlossen sein, wenn in dem gemB nach Zahl der AN überwiegend tendenzgeschützte Zwecke verfolgt werden.[574] Bilden jedoch ein Tendenz-UN und ein tendenzfreies UN mit jeweils mehr als 100 AN einen gemB, kann der BR zwar einen **WA bilden,** diesem stehen jedoch gegenüber dem Tendenz-UN keine Rechte zu.[575] **189a**

cc) Wahlvorbereitung/Wahlkosten/Sonstige Kosten

Nach § 2 Abs. 2 WO-BetrVG sind die an einem gemB beteiligten Firmen verpflichtet, dem WV für die BR-Wahl die **Angaben zur Anfertigung der Wählerlisten** zur Verfügung zu stellen.[576] In diesem Fall besteht allerdings keine gesamtschuldnerische Verpflichtung der UN, da der Schuldinhalt je UN ein verschiedener ist.[577] **190**

Kommt es zwischen AG und WV zu einem Rechtsstreit über die Befugnis des WV, für einen gemB die Wahlvorbereitung und -durchführung besorgen zu können, so sind beim Streit über das Bestehen eines gemB mehrerer UN und die sich daraus ergebenden Konsequenzen für die Wahl eines BR diejenigen (beteiligten) AG als kostentragungspflichtige AG i. S. d. § 20 Abs. 3 Satz 1 anzusehen, die Umstände gesetzt haben, die das Vorliegen eines von ihnen gemeinsam geführten Betriebs ernsthaft als möglich erscheinen lassen. Für die Kostentragungspflicht in derlei Fällen ist es nicht erforderlich, dass auch wirklich ein gemB dieser UN besteht.[578] **191**

Nicht gefolgt werden kann der Ansicht des *ArbG Berlin*[579], wonach sog. **Wahlinitiatoren** (§ 17 Abs. 3) keinen Anspruch gegen den bzw. die Arbeitgeber eines vermeintlichen gemB haben sollen, analog § 2 Abs. 2 WO **Auskünfte über die zum Betrieb gehörenden AN** zu erhalten, wenn damit gewährleistet werden soll, dass an der Betriebsversammlung zur Wahl eines WV wirklich nur betriebsangehörige Personen teilnehmen und somit etwaige Anfechtungsgründe vermieden werden können. **191a**

Soweit die UN keine Regelung getroffen haben, ist bei den Kosten der BR-Arbeit danach zu unterscheiden, ob es sich um **Kosten des** einzelnen **Mitglieds** (z. B. Freistellung, Schulungsteilnahme) **oder des Organs** (sog. allg. Kosten, etwa für Büro, Personal, Sachverständige usw.) handelt: Die personengebundenen Kosten hat der Vertragsarbeitgeber, die organbezogenen Kosten haben die beteiligten UN gesamtschuldnerisch zu tragen.[580] **192**

dd) Berichts- und Unterrichtungspflichten der UN

Wird von den Beschäftigten mehrerer UN ein einheitlicher BR gewählt, muss der Bericht nach **§ 43 Abs. 2** von sämtlichen betroffenen AG für alle UN in einer **Betriebsversammlung** gegeben werden.[581] **193**

---

573 A. A. *Lunk,* NZA 05, 841, 848.
574 *BAG* 19. 11. 19, NZA 20, 598.
575 *BAG* 26. 2. 20, NZA 20, 960.
576 *LAG Düsseldorf* 7. 5. 86, BB 86, 1851; vom *LAG MV* 21. 2. 18 – 3 TaBVGa 1/18, ArbR 18, 239, gerade auch dann im Wege ew. Vfg. bejaht, wenn das Bestehen eines gemB strittig ist.
577 *Däubler,* FS Zeuner, S. 19 [28].
578 *BAG* 8. 4. 92, AP Nr. 15 zu § 20 BetrVG 1972.
579 26. 8. 22 – 41 BVGa 7430/22, BeckRS 22, 31499 = ArbRAktuell 22, 629 m. krit. Anm. *Czoske/Uhlenbruch.*
580 ErfK-*Koch,* Rn. 16; *Fitting,* Rn. 151; vgl. zur entsprechenden Situation beim Übergangsmandat § 21a Rn. 60.
581 *LAG Hamburg* 15. 12. 88, BB 89, 628; ebenso schon *BAG* 8. 3. 77, AP Nr. 1 zu § 43 BetrVG 1972.

194 Entsprechendes hat zu gelten für die **Unterrichtungs- und Beratungspflichten** der UN **gegenüber dem WA,** sofern für den gemB ein WA zu bilden ist,[582] und entsprechend für die Unterrichtung der AN gemäß § 110.[583] Die **Androhung eines Ordnungsgelds** nach § 23 Abs. 3 muss in der Weise erfolgen, wie dies bei einer Personengesellschaft der Fall wäre, die Inhaberin eines Betriebs ist.[584]

194a Soweit der BR eines gemB allerdings **Informationsansprüche** mit Bezug zum Arbeitsvertrag geltend machen möchte (z. B. Auskünfte über Entgelte), muss er dabei den jeweiligen Vertrags-AG des betreffenden AN in Anspruch nehmen.[585]

ee) Sozialplan; wirtschaftliche Vertretbarkeit und Haftung

195 Kein Problem bereitet zunächst die Anwendbarkeit der §§ 111 ff., soweit es die von der **Betriebsgröße** abhängigen Rechte des BR **und** die »**Relevanzschwellen**« (5 %-Schwelle in § 111 Satz 3 Nrn. 1, 4; Staffelung für erzwingbaren Sozialplan in § 112a Abs. 1) betrifft: Hier ist auf die Beschäftigtenzahl des gemB abzustellen.[586] Dies gilt auch für die Frage, ob ein »wesentlicher« Betriebsteil stillgelegt wird.[587] Durch die **Novellierung 2001** ist aber der bisherige Bezug auf den »Betrieb« in § 111 Satz 1 durch den Bezug auf das »Unternehmen« ersetzt worden, so dass sich die Frage stellt, ob die §§ 111 ff. noch anwendbar sind, wenn zwar der gemB mehr als in der Regel zwanzig wahlberechtigte AN hat, jedoch einzelne oder sogar alle an ihm beteiligten UN diese Schwellenzahl nicht erreichen (vgl. § 111 Rn. 33; z. B.: gemB mit 21 AN aus drei Klein-UN zu je 7 AN). Schon nach alter Rechtslage hatte das *BAG*[588] im Rahmen des § 111 ausschließlich und ohne Rücksicht auf die Beteiligung eines Klein-UN mit weniger als zwanzig AN am gemB auf die AN-Zahl des gemB abgestellt und im Rahmen des § 106, wo der Bezug ausdrücklich auf das »Unternehmen« erfolgt, gleichfalls die AN-Zahl des gemB zugrunde gelegt und nicht die der an ihm beteiligten UN.[589] Da es dem Gesetzgeber der **Novellierung 2001** ausweislich der Begründung zum Regierungsentwurf[590] mit der Bezugnahme auf das »Unternehmen« darum ging, **Beteiligungsrechte zu verbessern,** aber nicht abzubauen, wird man die erwähnte Rspr. weiterhin für maßgeblich halten müssen.[591]

196 Für den Fall, dass die beteiligten UN weniger als zwanzig wahlberechtigte AN beschäftigen, der gemB jedoch den Schwellenwert überschreitet, kann die Rechtsprechung des *BAG* zu den Mitbestimmungsrechten bei der Einstellung nach § 99 herangezogen werden.[592] Das *BAG* hat auch für diesen Fall auf das Erreichen des Schwellenwerts im gemB abgestellt und nicht auf die UN-Größe.[593]

197 Dagegen ist die Frage, ob es hinsichtlich der **wirtschaftlichen Vertretbarkeit des Sozialplans** (§ 112 Abs. 5) auf eine getrennte Betrachtung der jeweils beteiligten UN oder auf die wirtschaftlichen Möglichkeiten aller beteiligten UN ankommt, nicht eindeutig zu beantworten: Nach der Rspr. des *BAG*[594] ist zwar die einheitliche Wahrnehmung der unternehmerischen Funktionen in den wirtschaftlichen Angelegenheiten nicht notwendige Voraussetzung für die Annahme einer wenigstens konkludent geschlossenen Vereinbarung über die gemeinsame

---

582 Vgl. § 106 Rn. 20; *BAG* 1. 8. 90, EzA § 106 BetrVG 1972 Nr. 16.
583 Dazu *Däubler,* FS Zeuner, S. 19 [28]; *Zöllner,* FS Semler, S. 995 [1000].
584 *LAG Baden-Württemberg* 30. 4. 92, BB 92, 2431.
585 *BAG* 23. 3. 21 – 1 ABR 7/20, a. a. O., Rn. 19, entschieden für den Fall eines atypischen gemB nach § 3 Abs. 1 Nr. 3, wo sich dasselbe Problem stellen kann.
586 *Däubler,* FS Zeuner, S. 19 [26]; *Zöllner,* FS Semler, S. 995 [1000]; *Hanau,* ZfA 90, 115 [126]; *BAG* 11. 11. 97, NZA 98, 723; 9. 4. 91, NZA 91, 812 [813]; *Herrmann,* S. 184.
587 *BAG,* 11. 11. 97, a. a. O.
588 11. 11. 97, NZA 98, 723.
589 Vgl. *BAG* 1. 8. 90, NZA 91, 643.
590 *BT-Drucks.* 14/5741, S. 51.
591 Vgl. auch § 111 Rn. 33; *LAG Berlin* 23. 1. 03 – 18 TaBV 2141/02 – stellt jedenfalls dann, wenn schon der gemB mehr als 20 AN hat, auf die Gesamtzahl aller AN in den beteiligten UN ab und nicht auf die jedes einzelnen UN.
592 *BAG* 29. 9. 04 – 1 ABR 39/03, NZA 05, 420.
593 Siehe dazu auch *Boecken,* FS 50 Jahre BAG, S. 931 ff. mit der Darstellung des Meinungsstreits.
594 29. 1. 87, NZA 87, 707.

Betriebsführung; andererseits kann die Betriebsführung tatsächlich auch in diesem Bereich gemeinschaftlich organisiert sein.[595] Ist Letzteres der Fall, bestehen keine Bedenken, auf die wirtschaftlichen Möglichkeiten aller beteiligten UN abzustellen (vgl. §§ 112, 112a Rn. 152).[596] Zudem wird **in den meisten Fällen** eines gemB ohnehin ein **Konzern** zu Grunde liegen, so dass eine konzernbezogene Beurteilung der »wirtschaftlichen Vertretbarkeit« geboten ist (zum sog. **Haftungs- und Berechnungsdurchgriff** §§ 112, 112a Rn. 186ff.).

Demgegenüber wird bei fehlenden vertraglichen Anhaltspunkten angenommen, dass die am gemB beteiligten UN nicht etwa gesamtschuldnerisch auf **Erfüllung von Sozialplanleistungen** gegenüber jedem betriebszugehörigen AN haften, sondern nur jeweils im Verhältnis zum »eigenen« Vertrags-AN.[597] Anders sei dies nur, wenn eine derartige Ausweitung der **Sozialplanschuldner** im Sozialplan vorgesehen ist (ebd.) oder die am gemB beteiligten UN eine BGB-Gesellschaft vereinbaren, die zugleich AG aller im Betrieb zusammengefassten AN wird (dazu Rn. 175). Letzteres wird im Regelfall jedoch ausscheiden, weil die allenfalls als Innen-GbR zu qualifizierende Leitungsorganisation kein Gesamthandsvermögen hat und gerade nicht zum AG der im gemB beschäftigten AN wird.[598] 198

Die Frage der arbeitgeberseitigen **Schuldnerschaft aus BV im gemB** stellt sich in der gleichen Weise wie beim SP. Da die Errichtung eines gemB typischerweise nicht zu einem Arbeitgeberwechsel führt (vgl. Rn. 201f.), lässt sich der Arbeitseinsatz im gemB als eine **Erscheinungsform arbeitsrechtlicher Drittbeziehungen** ansehen,[599] so dass es sachgerecht ist, nach den Normtypen einer BV zu differenzieren, um festzustellen, ob nur eine Leistung des Vertrags-AG oder eine gemeinsame Leistung aller UN geschuldet ist. Ist nichts anderes bestimmt, greift die unmittelbare und zwingende Wirkung einer *Inhalts*norm nur zwischen den Arbeitsvertragsparteien.[600] Dies gilt auch für Ansprüche des AN aus einer betrieblichen Vergütungsordnung im GemB, die ausschließlich gegen den Vertrags-AG gerichtet werden können.[601] 199

ff) Gleichbehandlungsgrundsatz

Im gemB sollen die AN des einen UN **nicht Gleichbehandlung** bezüglich der Zahlung einer Jahressonderzahlung mit den AN des anderen UN verlangen können.[602] Das *BAG* sieht offenbar in der unterschiedlichen vertragsrechtlichen Stellung der AN einen sachlichen Grund, der die Ungleichbehandlung rechtfertigt.[603] Der Gleichbehandlungsgrundsatz sei arbeitgeberbezogen, nicht betriebsbezogen anzuwenden, insoweit hatte das *RAG*,[604] keine Probleme, weil es die Figur des gemB mehrerer UN nicht zuließ, wenn die UN nicht wenigstens eine gesellschaftsrechtlich vermittelte Form der gemeinsamen Betriebsführung gewählt hatten (näher dazu *3. Aufl. 1992,* § 1 Rn. 43). Das *BAG* verkennt mit seiner Reduktion des Gleichbehandlungsgrundsatzes auf eine bloß vertragsrechtliche Größe den schlichten Umstand, dass eben dieser Grundsatz eine Reaktion des Arbeitsrechts darauf ist, dass sich der Status von AN nicht darin erschöpft, Vertragspartner eines AG, sondern zugleich Angehöriger einer betriebsgebundenen Belegschaft zu sein.[605] 200

595 Dazu auch *BAG* 7.8.86, NZA 87, 131.
596 Offen gelassen von *BAG* 11.11.97, a.a.O., S. 726.
597 *BAG* 12.11.02 – 1 AZR 632/01, EzA § 112 BetrVG 2001 Nr. 2.
598 *BAG* 5.3.87, NZA 88, 32.
599 Vgl. *Trümner,* Anm. zu HessLAG 17.7.01 – 4 Sa 491/00 [Vorinstanz zu *BAG* 12.11.02, a.a.O.], BB 02, 1425 [1427].
600 *Trümner,* a.a.O., m.w.N.; in diese Richtung weist auch *Wißmann,* NZA 03, 1 [2f.].
601 *BAG* 12.12.06 – 1 ABR 38/05, EzA § 87 BetrVG 2001 Betriebliche Lohngestaltung Nr. 13.
602 *BAG* 19.11.92 – 10 AZR 290/91, NZA 93, 405; ebenso schon für die Gleichbehandlung von in denselben Räumen beschäftigten AN verschiedener UN wegen des Anspruchs auf Weihnachtsgratifikation *RAG* 17.6.39, ARS 36, 385 [390].
603 Differenzierter *Richardi,* FS Wiedemann, 493 [512ff.].
604 A.a.O.
605 Näher *Plander,* AiB 93, 561, [563]; ablehnend auch *Preis,* SAE 94, 20 [24ff.]; zu Recht weist *Däubler,* FS Zeuner, S. 19 [35], darauf hin, dass im Ergebnis die Argumentation des *BAG* die Schutzwirkung von § 75 Abs. 1 unterlaufe; dem *BAG* beipflichtend *Küttner,* FS Hanau, S. 465 [478].

gg) Kündigungsschutzrecht und Befristungsabrede (Neueinstellung)

201 Da nach ständiger Rspr. des *BAG* der Betriebsbegriff im BetrVG mit dem im **KSchG** übereinstimmt,[606] ist insbesondere

- für den sachlichen bzw. persönlichen **Geltungsbereich** des KSchG (§§ 1 Abs. 1, 23 Abs. 1 KSchG),[607]
- für die Grundsätze über die **soziale Auswahl** (§ 1 Abs. 3 Satz 1 KSchG),[608]
- für die Beurteilung einer **Versetzungs- und Weiterbeschäftigungsmöglichkeit** im Betrieb (§§ 1 Abs. 2, 15 Abs. 5 KSchG),[609]
- für die Feststellung der **Schwellenwerterreichung bei Massenentlassungen** (§ 17 KSchG)[610]

auf die **Verhältnisse im gemB** und den hieran beteiligten UN abzustellen.[611] Diese Rechtslage ist in § 322 UmwG 1995 (entspr. § 132 Abs. 1 UmwG 2023) ausdrücklich bestätigt worden.[612]

202 Die an sich notwendige unternehmensübergreifende **Sozialauswahl im GemB** soll allerdings dann entfallen, wenn der GemB im Zeitpunkt der Kündigung nicht mehr besteht.[613] Wenngleich es richtig ist, dass mit der Bildung einer einheitlichen Leitung des gemB die (stillschweigende) Bildung einer GbR (§§ 705 ff. BGB; vgl. auch Rn. 174 ff.) einhergehen **kann** (aber nicht muss), so werden i. d. R. dennoch nicht die am gemB beteiligten UN Vertragsarbeitgeber **aller** im Betrieb beschäftigten AN,[614] sondern bleiben dies nur im Verhältnis zu ihren bisherigen AN, weil die Gründung dieser GbR durch die beteiligten UN als einer sog. Innengesellschaft nicht zu einem AG-Wechsel im Verhältnis zu ihren AN führt.[615] Umfasst dagegen der Gesellschaftsvertrag auch die Überleitung der vertragsrechtlichen AG-Stellung auf die GbR, so fällt nach noch maßgeblicher Rspr. des *BAG* mangels einer auch nur partiellen eigenen Rechtsfähigkeit der GbR die AG-Stellung nur den Gesellschaftern gemeinschaftlich, nicht aber der GbR als solcher zu.[616] Die Gesellschafter üben nach Ansicht des *BAG* diese Funktion in ihrer gesamthänderischen Verbundenheit gemeinschaftlich aus; sie haften gemäß § 427 BGB für Verbindlichkeiten der Gesellschaft als Gesamtschuldner (§ 421 BGB). Die gesamtschuldnerische Haftung gemäß § 427 BGB setzt freilich nur eine gemeinschaftliche Verpflichtung voraus – einer BGB-Gesellschaft bedarf es dazu nicht.

203 Die **soziale Auswahl erstreckt sich dann nicht mehr auf den gemB,** wenn zum Zeitpunkt der Kündigung der Arbeitsverhältnisse einer der AG-Betriebe, die den gemB mit gebildet haben, **bereits stillgelegt** ist. Nach Ansicht des *BAG*[617] fehlt es dann an der »gemeinsamen Klammer«, die eine UN-übergreifende Sozialauswahl veranlasst hat. Dies gilt aber nur dann, wenn die Stilllegung endgültig erfolgt ist. Weiter gehend will das *LAG Schleswig-Holstein*[618] es der definitiven Stilllegung gleichstellen, wenn im Zeitpunkt der Kündigungserklärung der eine Betriebsteil zwar noch nicht endgültig stillgelegt ist, aufgrund einer unternehmerischen Entscheidung, die bereits **greifbare Formen** angenommen hat, aber feststeht, dass er bei Ablauf der Kündigungsfrist stillgelegt sein wird.

---

606 *BAG* 18.1.90, AP Nr. 9 zu § 23 KSchG 1969 m. w. N.; ablehnend *Preis,* RdA 00, 257 [263].

607 Vgl. *BAG* 4.5.57, AP Nr. 1 zu § 21 KSchG; 23.3.84, 18.1.90, AP Nrn. 4, 9 zu § 23 KSchG 1969.

608 Vgl. *BAG* 13.6.85, AP Nr. 10 zu § 1 KSchG 1969; 5.5.94, EzA § 1 KSchG Soziale Auswahl Nr. 1 = AiB 94, 698 m. Anm. *Trittin.*

609 Vgl. *BAG* 5.3.87, AP Nr. 30 zu § 15 KSchG 1969.

610 Vgl. *BAG* 14.8.07 – 8 AZR 1034/06, NZA 07, 1431, 1436, Rn. 35; hieran zweifeln mit Blick auf den unionsrechtlichen Betriebsbegriff der Massenentlassungsrichtlinie und die dazu ergangene jüngste Rspr. des *EuGH* 30.4.15, NZA 15, 601, allerdings nunmehr *Kleinebrink/Commandeur*, NZA 15, 853, 857.

611 *BAG* 13.6.85, a. a. O.

612 Näher o. Rn. 170; vgl. auch *Bepler,* AuR 97, 54 [57] mit Hinweisen zum Betriebsbegriff des KSchG.

613 *BAG* 29.11.07 – 2 AZR 763/06, NJW-Spezial 08, 276.

614 *BAG* 5.3.87, 13.6.85, a. a. O.; 17.1.02 – 2 AZR 57/01, EzA § 4 KSchG n. F. Nr. 62.

615 So schon *BAG* 13.6.85, a. a. O.

616 *BAG* 6.7.89, BB 89, 2481; dagegen bejaht *BGH* 29.1.01, NJW 01, 1056 die Rechtsfähigkeit einer solchen Außen-GbR; vgl. näher Rn. 177; zur Divergenz zwischen *BGH* und *BAG: Lessner/Klebeck,* ZIP 02, 1385 ff.

617 24.2.05 – 2 AZR 214/04, NZA 05, 867.

618 27.1.10 – 3 Sa 312/09, juris.

Im **Kündigungsschutzverfahren** trägt der AN, soweit zwischen den Betriebsparteien Streit über das Bestehen eines gemB besteht, die **Darlegungs- und Beweislast** für das Vorhandensein eines gemB. Der AN muss allerdings nur die äußeren Umstände schlüssig darlegen, die für die Annahme einer einheitlichen Führung des gemB sprechen. Umgekehrt muss bei Bestehen eines gemeinsamen Betriebsrats der AG darlegen, dass kein gemB besteht.[619] 204

Selbst wenn man davon ausgeht, dass die Funktion der von der *BAG*-Rspr. zumindest teilweise für erforderlich gehaltenen »BGB-Gesellschaft zur Führung des gemeinsamen Betriebs« allein darin bestehen kann (und mangels eines weiterreichenden Bindungswillens der Gesellschafter-UN i. d. R. auch nicht weiter gehen wird), die gemeinsame Verwaltung der betriebsverfassungsrechtlich erheblichen Angelegenheiten zu besorgen und damit – wie *Gamillscheg*[620] treffend bemerkt – diese Gesellschaft »eine Art Generalbevollmächtigter für den Umgang mit dem Betriebsrat« darstellt, so bleibt es dabei, dass wegen der mit Hilfe des identischen Betriebsbegriffs bewirkten Verknüpfung des Kündigungsschutzrechts mit dessen betriebsverfassungsrechtlicher Flankierung[621] vor allem die i. d. R. auf den Betrieb bezogene **Sozialauswahl** sich auf alle vergleichbaren AN des Gemeinschaftsbetriebs ohne Rücksicht auf ihre arbeitsvertragsrechtliche Zuordnung zu erstrecken hat.[622] 205

Beispiel:

X-GmbH und Y-GmbH haben einen Gemeinschaftsbetrieb. Der dort beschäftigte AN Müller, der einen Arbeitsvertrag mit der X-GmbH hat, wird von dieser betriebsbedingt gekündigt. Müller wendet im Kündigungsschutzprozess, in dem nur die X-GmbH Beklagte ist, ein, dass AN Schulze von der Y-GmbH weniger schutzwürdig sei und deshalb eher als er selbst entlassen werden müsste. Das Gericht kommt zu derselben Auffassung, stellt fest, dass das Arbeitsverhältnis durch die Kündigung nicht aufgelöst sei, und verurteilt daher die X-GmbH, den AN Müller weiterzubeschäftigen. 206

Hier ist es Sache der beteiligten UN, sich darauf zu verständigen, welcher der in ihrem Betrieb beschäftigten AN am wenigsten schutzwürdig erscheint und daher – das Vorliegen betriebsbedingter Gründe unterstellt – zu entlassen ist.[623] Weigert sich die X-GmbH, den AN Müller weiterzubeschäftigen, kann aus dem Urteil vollstreckt werden. Der Betrieb hat dann zwar einen AN »zu viel«; die Weiterbeschäftigungspflicht erzeugt aber einen ökonomischen Druck auf die beteiligten UN, die zutreffende Sozialauswahl vorzunehmen und nunmehr den »richtigen« AN zu kündigen.[624] Entgegen der legislatorischen Wertung des § 323 Abs. 1 UmwG 1995 (entspr. § 132 Abs. 2 UmwG 2023) soll es nach *BAG*[625] möglich sein, den **Kündigungsschutz** nach § 1 Abs. 3 KSchG (Sozialauswahl) zu **umgehen,** indem die Führungsvereinbarung gekündigt, dadurch der gemB gespalten und anschließend der eine Betriebsteil stillgelegt wird, ohne eine auf den früheren gemB bezogene Sozialauswahl durchführen zu müssen. Hiergegen ist einzuwenden, dass der gemB noch keineswegs mit der bloßen Aufhebung oder Kündigung der Leitungsvereinbarung endet. Dadurch würde nur die BGB-Gesellschaft aufgelöst, nicht aber 207

619 *BAG* 18.10.06 – 2 AZR 434/05, NZA 07, 552, 557.

620 Anm. zu *BAG* 3.12.85, 7.8.86, EzA § 4 BetrVG 1972 Nrn. 4, 5, S. 40.

621 Vgl. §§ 99, 102 BetrVG; ebenso schon *Kamphausen,* NZA-Beilage 4/88, S. 10 [12]; *Oetker,* SAE 87, 301.

622 ErfK-*Oetker,* § 1 KSchG Rn. 322; *DDZ* § 1 KSchG Rn. 474; Schaub-*Linck,* § 135 Rn. 5; wie hier *Küttner,* FS Hanau, S. 465 [477f.]; ablehnend *LAG Köln* 29.9.93, LAGE § 1 KSchG Soziale Auswahl Nr. 7; *Richardi,* FS Wiedemann, S. 511f.; *Annuß,* NZA-Sonderheft 2001, 12 [22f.]; zur ausnahmsweise UN-bezogenen Sozialauswahl *Müller,* DB 75, 2133; zum konzernbezogenen Kündigungsschutz *Fiebig,* DB 93, 582, sowie umfassend *Silberberger,* 1994.

623 Vgl. zu der praktisch bedeutsamen Frage, ob je nach Inhalt der Betriebsführungsvereinbarung (vgl. o. Rn. 202) die Kündigung zu ihrer Wirksamkeit durch nur eines der UN [Vertrags-AG] oder durch alle BGB-Gesellschafter [als Gesamthandsgemeinschaft] erklärt werden muss, *BAG* 5.3.87, AP Nr. 30 zu § 15 KSchG 1969 unter B. III.

624 Zweifelnd insoweit *Zöllner,* FS Semler, S. 995 [1008]; zustimmend *Däubler,* FS Zeuner, S. 19 [36]; weiter gehend § 323 Abs. 1 UmwG selbst für Fälle, in denen kein gemB vorliegt, näher dazu *Trümner,* AiB 95, 309.

625 13.9.95, DB 96, 330.

beendet,[626] so dass mindestens auch die Abwicklung der Gesellschaft tatsächlich erfolgen müsste, um den gemB zu beenden.[627]

208 Da es für die anderweitige **Möglichkeit zur Weiterbeschäftigung** auf die unternehmensbezogene Prüfung dieser Frage ankommt,[628] muss jedenfalls auch die Situation **in anderen Betrieben des** am gemB beteiligten **Vertrags-AG** mit berücksichtigt werden.[629] Erweiternd gilt dies grundsätzlich **auch für** die weiteren Betriebe des am gemB beteiligten **Nicht-Vertrags-AG.**[630] Allerdings muss in diesem Fall der gemB im Zeitpunkt des Kündigungszugangs noch bestehen.[631]

209 Tritt ein Arbeitgeber gegenüber BR und Belegschaft so auf, als betreibe er mit anderen UN einen gemB, so muss er sich z. B. im Hinblick auf den **Sonderkündigungsschutz von BR-Mitgliedern** (§ 15 KSchG) so behandeln lassen, als bestehe ein gemB.[632] Dies kann zur Folge haben, dass die Übernahme des BR-Mitglieds in eine andere Abteilung notfalls durch **Freikündigen** eines geeigneten Arbeitsplatzes sicherzustellen ist,[633] auch wenn diese Freikündigung nur durch das andere UN (NichtVertrags-AG des BR-Mitglieds) erklärt werden kann.

210 Werden rechtlich selbstständige UN im Personalbereich einheitlich geleitet (gemeinsames Lohnbüro und wechselseitiger Personalaustausch), so bilden diese nach Ansicht des *BAG*[634] dennoch keinen **einheitlichen AG i. S. v. § 14 TzBfG.**[635] Daher handele es sich grundsätzlich um eine **Neueinstellungsbefristung** i. S. v. § 14 Abs. 2 Satz 1 und 2 TzBfG, wenn ein AN zunächst bei einem der beteiligten UN ein Arbeitsverhältnis eingeht und sodann bei dem anderen am gemB beteiligten UN befristet angestellt wird, sofern keine rechtsmissbräuchliche Gestaltung vorliegt.[636] Diese Rspr. des *BAG* ist abzulehnen, weil sie die Beweislast für das Vorliegen eines Rechtsmissbrauchs auf den AN überbürdet und auch damit die von § 14 TzBfG verfolgten beschäftigungspolitischen Zwecke im Ansatz verfehlt werden.[637]

hh) Tarifvertragsrecht

211 Beim gemB mehrerer UN ist zur Ermittlung des **betrieblich-fachlichen Geltungsbereichs** eines TV entsprechend den zum Problem der sog. Mischbetriebe entwickelten Grundsätzen nach den im Betrieb **überwiegenden** arbeitstechnischen **Zwecken,** die arbeitsstundenmäßig überwiegen, zu fragen.[638] Der danach anwendbare TV erfasst sodann auch fachfremde Betätigungen. Dieser Grundsatz gilt umso mehr, als der betriebsverfassungsrechtliche Betriebsbegriff in seiner speziellen Ausformung des gemB grundsätzlich auch für das Tarifvertragsrecht gilt[639] und sofern die am gemB beteiligten UN kraft Verbandsmitgliedschaft, eigener Parteienstellung beim Firmen-TV oder Allgemeinverbindlicherklärung an dieselben TV gebunden sind.[640]

---

626 Zutreffend Richardi-*Maschmann*, Rn. 90.
627 Ebenso *Däubler*, Anm. zu AP Nr. 8 zu § 1 BetrVG 1972 Gemeinsamer Betrieb; *Küttner*, FS Hanau, S. 465 [485]; vgl. auch Rn. 158 f.
628 Vgl. *DDZ*, § 1 KSchG Rn. 417.
629 Ebenso *Zöllner*, FS Semler, S. 995 [1006]; *Däubler*, FS Zeuner, S. 19 [36]; *Küttner*, FS Hanau, S. 465 [477]; *DDZ*, § 1 KSchG Rn. 417.
630 *BAG* 18. 10. 12 – 6 AZR 41/11, DB 13, 586.
631 *BAG* 18. 10. 12, a. a. O.
632 *BAG* 18. 10. 00, NZA 01, 321.
633 *BAG*, a. a. O.
634 25. 4. 01 – 7 AZR 376/00, AP Nr. 10 zu § 1 BeschFG 1996 m. krit. Anm. *Däubler*; vgl. auch *DDZ*, § 14 TzBfG Rn. 207.
635 Zu Recht sehen *LAG Köln* 9. 3. 12 – 4 Sa 1184/11, juris, Rn. 35, und *Greiner*, DB 14, 1987, in den am gemB beteiligten UN denselben AG.
636 *BAG* 24. 6. 15 – 7 AZR 452/13, juris, Rn. 16, sieht Rechtsmissbrauch aber dann, wenn keine Änderung der Tätigkeit erfolgte und nur der formale AG wechselte.
637 Vgl. *Däubler*, a. a. O.; zur unionsrechtlich gebotenen Vorlage solcher Verfahren an den *EuGH* näher *DDZ*, § 14 TzBfG Rn. 207 m. w. N.
638 *Däubler*, Tarifvertragsrecht, Rn. 269, 273a.
639 Vgl. *LAG Hamm* 18. 2. 92, LAGE § 4 TVG Geltungsbereich Nr. 4; im Ansatz ebenso *Hromadka/Maschmann/Wallner*, Rn. 217.
640 Däubler/*Deinert*, TVG, § 4 Rn. 287.

Da jedoch der gemB nicht selbst rechts- und tariffähig ist, weil er nicht über einen einheitlichen, gesellschaftsrechtlich verfassten Inhaber verfügt, sondern nur die an ihm beteiligten UN tariffähig sind[641], lässt sich das mit den Regeln zum Mischbetrieb verfolgte Prinzip der **Tarifeinheit** im gemB **nicht** stets verwirklichen. Ist nämlich nur eines der beteiligten UN TV-gebunden oder gehören die UN verschiedenen Verbänden an oder sind sie selbst Partei verschiedener Firmen-TV, kann es im gemB zu unterschiedlichen Tarifgeltungen kommen, je nachdem, ob der AN **nur einen Vertrags-AG** hat – was der Regelfall ist – und er seinerseits Mitglied der tarifschließenden Gewerkschaft ist[642] oder im Arbeitsvertrag auf die einschlägigen TV verwiesen wurde.[643] Mit dem **TarifeinheitsG** v. 3.7.2015[644] soll nunmehr auch für den gemB nach Maßgabe von § 4a Abs. 2 TVG n. F. mittels des neuen Mehrheitsprinzips die Tarifeinheit hergestellt werden (näher dazu § 3 Rn. 221a ff.). 212

Liegt der (seltenere) Fall vor, dass der AN **sämtliche UN** als **gemeinsame** (gesamthänderische) **Vertrags-AG** hat, weil der Arbeitsvertrag mit der den gemB führenden GbR abgeschlossen wurde (vgl. zur Vertragsbeziehung mit der GbR Rn. 174 ff., 201 ff.), kann es vorkommen, dass sogar ein und dasselbe Arbeitsverhältnis durch unterschiedliche TV gestaltet wird.[645] 213

Die vorstehenden Überlegungen können praktische Wirkungen in erheblichem Ausmaß nach sich ziehen, wenn man z. B. bei organisatorischen oder rechtlichen Verselbstständigungen sog. **Profitcenter** davon ausgeht, dass ein neuer Betrieb entsteht[646] und der einschlägige TV diese Profitcenter als eigenständige Betriebe begreift, die anderen tariflichen Regelungen folgen als der »Haupt«-Betrieb.[647] Insoweit gilt es **tarifpolitisch zu beachten,** dass tarifvertragsgesetzlicher und betriebsverfassungsrechtlicher Betriebsbegriff in Bezug auf **Inhalts-, Abschluss- und Beendigungsnormen** nicht notwendig identisch sind.[648] Für **betriebsverfassungsrechtliche Normen** eines TV ist dagegen der betriebsverfassungsrechtliche Betriebsbegriff maßgebend, so dass nach den Grundsätzen des Mischbetriebs zu entscheiden ist, welche TV-Norm im gemB gilt:[649] Dieser Normtyp kann notwendigerweise nur betriebseinheitlich gelten.[650] 214

ii) Entfallen der Führungsvereinbarung

Nur ansatzweise ist geklärt, welche Folgen es hat, wenn die von der *BAG*-Rspr. (vgl. o. Rn. 92 ff.) für die Existenz des gemB für erforderlich gehaltene **Führungsvereinbarung entfällt.** Nach der 215

641 Unzutreffend daher Löwisch/*Rieble*, TVG, § 3 Rn. 219, der die Tarifgebundenheit der für die Führung des gemB gebildeten GbR fordert, aber übersieht, dass diese bloße Innengesellschaft keine Rechts- und Vermögensfähigkeit besitzt.

642 Zu einer solchen Konstellation *ArbG Celle* 1.8.95, DB 96, 738 [Ls.], rk.

643 Däubler/*Deinert,* TVG, § 4 Rn. 284, unter Rn. 286 auch zu Sonderfragen im Zusammenhang mit betriebsverfassungsrechtlichen Normen; dazu auch Kempen/Zachert-*Stein,* § 4 Rn. 99; ausführlich *Waas,* NZA 99, 841; *Braner,* NZA 07, 596 ff.

644 BGBl. I, S. 1130, in Kraft getreten am 10.7.2015; das *BVerfG* 11.7.17 – 1 BvR 1571/15 u. a., NZA 17, 915 ff. hat das TarifeinheitsG weitgehend für mit dem GG übereinstimmend erklärt. § 4a Abs. 2 S. 2 TVG sei jedoch insoweit mit Art. 9 Abs. 3 GG unvereinbar, als es die Interessen der Berufsgruppen, deren TV verdrängt werde, nicht durch eigene Vorkehrungen hinreichend berücksichtige. Die vom *BVerfG* bis zum 31.12.18 verlangte Neuregelung hat der Gesetzgeber im Rahmen des sog. QualifizierungschancenG als dessen Art. 4f am 18.12.18 durch bloße Wiedergabe der *BVerfG*-Formulierungen geschaffen (vgl. BGBl. I 2018, S. 2651).

645 Näher dazu Däubler/*Deinert,* TVG, § 4 Rn. 285.

646 So etwa *Kreuder,* Die AG 92, 375 ff.

647 Vgl. z. B. *BAG* 11.9.91, DB 92, 1297: Profitcenter »Isolierarbeiten« im UN des Baugewerbes unterfallen dem TV des Isoliergewerbes; Profitcenter »Backstube« im UN des Lebensmitteleinzelhandels unterfällt dem [schlechteren] allgemeinverbindlich erklärten MTV-Bäckereien, vgl. *BAG* 30.11.94 – 10 AZR 628/92.

648 Vgl. Kempen/Zachert-*Stein,* § 4 Rn. 99; zu dieser Differenzierung nach den Normtypen des TV auch *Hromadka/Maschmann/Wallner,* Rn. 221 f.

649 Vgl. Kempen/Zachert-*Stein,* a. a. O.; *Hromadka/Maschmann/Wallner,* Rn. 222 f., wollen dies auch für Betriebsnormen annehmen.

650 § 3 Abs. 2 TVG; näher hierzu *Waas,* NZA 99, 841 (844 f.).

Logik der *BAG*-Rspr. müsste sodann auch der gemB sein Ende finden[651] und an dessen Stelle ggf. einzelne Betriebe der vormals am gemB beteiligten UN treten. Der Sachverhalt ähnelt damit einer UN-Teilung, die zur Spaltung auch des bisher einheitlichen Betriebs führt. Allerdings liegt dieser Annahme eine petitio principii zugrunde: Dass die Auflösung oder Teilung eines UN stets auch das Ende seines Betriebs bzw. die automatische Entstehung einer Vielzahl neuer (betriebsratsloser) Betriebe entsprechend der Zahl von UN, die aus der UN-Teilung hervorgehen, zur Folge hat, wäre erst noch zu beweisen, was wegen der Vermutungsregeln nach Abs. 2 (Rn. 126 ff.) zunehmend schwerer fallen dürfte. Demgemäß bewirkt die **Eröffnung des Insolvenzverfahrens** über das Vermögen eines der UN allein ebenso wenig bereits die Beendigung des gemB[652], wie das gesetzliche Verbot des gemB nach § 6a Abs. 2 GSA Fleisch (zu letzterem o. Rn. 91b). Vielmehr muss hinzutreten, dass der Insolvenzverwalter den von ihm geführten Betriebsteil *tatsächlich* stilllegt[653] oder bei einem **Liquidationsbeschluss des UN** die Auflösung der Betriebsgemeinschaft tatsächlich erfolgt.[654] Denkbar ist jedoch, dass es zur Fortführung des insolvenz-/liquidationsbefangenen Betriebsteils durch das andere UN kommt,[655] so dass der Betrieb i. S. v. § 1 unverändert bleibt. Denkbar ist auch, dass ein gemB durch »schleichende« Betriebsaufspaltung, nämlich konsequente Beseitigung der Indizien, die bisher für die Annahme einer Führungsvereinbarung ausschlaggebend waren, in zwei oder mehrere Betriebe auseinanderfällt.[656]

216 Die Aufhebung oder **Kündigung der Führungsvereinbarung** beendet als bloßes Rechtsgeschäft ebenso wenig den gemB[657], wie zur Bildung des gemB der bloße Abschluss einer Führungsvereinbarung nicht ausreicht.[658] Entscheidend ist vielmehr, dass es tatsächlich zur grundlegenden Änderung der den Betrieb bildenden Organisationseinheit oder deren Auflösung als Realakt kommt,[659] weil andernfalls die Vermutungswirkungen aus Abs. 2 andauern. Erforderlich ist deshalb eine Auflösung der Betriebsführungsgemeinschaft durch Betriebsspaltung und getrennte Fortführung der daraus hervorgehenden Betriebsteile in eigenständigen Betrieben.[660] Hierbei kommt einer **Einigung im Interessenausgleich** wegen der Betriebsspaltung zwar ein deutlicher **Indizwert** zu. Richtigerweise muss der AG jedoch mit der bloßen Behauptung, die Führungsvereinbarung sei beendet und der gemB damit geteilt, ungehört bleiben, wenn er keine Maßnahmen zur Durchführung des Verfahrens nach §§ 111, 112 wegen der vermeintlichen **Betriebsspaltung** ergreift[661], oder dies zwar tut, aber anschließend keine Anstalten macht, das im Interessenausgleich Vereinbarte – nämlich die Spaltung des Betriebs – auch tatsächlich zu vollziehen. Entsprechendes wird zu gelten haben, wenn vor einer anstehenden BR-Wahl die Behauptung aufgestellt wird, ein gemB läge nicht (mehr) vor und trotz Durchführung einheitlicher BR-Wahlen die Wahlanfechtung wegen Verkennung des Betriebsbegriffs unterbleibt.

217 Demgegenüber hat das *LAG Hamm*[662] festgestellt, dass der dort angenommene **Wegfall der Führungsvereinbarung** infolge Sequestration (vgl. § 21 Abs. 2 InsO) über das an einem gemB beteiligte UN nur als **Neuwahltatbestand analog § 13 Abs. 2** anzusehen ist, so dass der für den gemB seinerzeit gewählte BR entsprechend § 22 die Geschäfte unverändert weiterführt,

---

651 So in der Tat die Konsequenz in *BAG* 5. 3. 87, AP Nr. 30 zu § 15 KSchG 1969, wo infolge Konkurseröffnung über das Vermögen des einen an der GbR beteiligten UN gemäß §§ 728, 730 BGB die Gesellschaft aufgelöst wurde und damit die Führungsvereinbarung einschließlich gemB entfiel.

652 So fälschlich *Fitting*, Rn. 136 und *BAG* 13. 6. 19 – 6 AZR 459/18, BeckRS 19,21908 Rn. 55; wie hier aber noch *BAG* 19. 11. 03 – 7 AZR 11/03, AP Nr. 19 zu § 1 BetrVG 1972 Gemeinsamer Betrieb.

653 *BAG* 17. 1. 02 – 2 AZR 57/01, EzA § 4 KSchG n. F. Nr. 62; 24. 2. 05 – 2 AZR 214/04, EzA § 1 KSchG Soziale Auswahl Nr. 59.

654 *LAG Bremen* 17. 10. 02 – 3 Sa 147/02, NZA-RR 03, 189.

655 Vgl. Rn. 218; *BAG* 17. 1. 02, a. a. O.

656 *LAG Düsseldorf* 8. 11. 90 – 5 TaBV 81/90: Beseitigung der zwischen zwei Werkhallen bestehenden Türöffnungen. Vgl. zur bejahten Zuständigkeit der ESt. wegen Betriebsänderung/-spaltung durch Auflösung des gemB *LAG Nürnberg* 22. 3. 95, DB 95, 1972.

657 *Annuß*, NZA-Sonderheft 2001, 12 [22]; *BAG* 8. 3. 22 – 1 ABR 19/21, NZA 22, 1068.

658 BAG 20. 2. 18 – 1 ABR 53/16, NZA 18, 954 Rn. 11 m. w. N.

659 Ebenso Richardi-*Maschmann*, Rn. 90.

660 *BAG* 8. 3. 22, a. a. O.

661 So *LAG Düsseldorf* 18. 5. 99 – 6 TaBV 101/98, uv.

662 14. 2. 90, DB 90, 2530.

bis neue BR gewählt und die Wahlergebnisse bekannt gegeben sind (vgl. zum Restmandat bzw. Übergangsmandat § 21b bzw. § 21 a). Zwar stellt das *LAG Hamm*[663] ganz richtig darauf ab, dass, wollte man schon in der bloßen Führungsänderung einen Tatbestand sehen, der zur Auflösung des BR führe, BR und Belegschaft kollektivrechtlich der Manipulation und Willkür der UN ausgesetzt würden. Denn andernfalls könnten die beteiligten UN heute behaupten, es läge eine Führungsvereinbarung vor, um diese bei »passender« Gelegenheit – wenn z.B. eine sozialplanpflichtige Betriebsänderung ansteht – aufzuheben und damit den (rechtlich nicht mehr existenten) BR ins Leere laufen zu lassen. Daher ist davon auszugehen, dass dann, wenn die UN-Seite sich auf zwischenzeitlich eingetretene rechtserhebliche Veränderungen der tatsächlichen Umstände beruft, wegen der Bestandswirkungen der BR-Wahl ein hieraus hervorgegangener BR so lange im Amt bleibt, bis durch rechtskräftigen arbeitsgerichtlichen Beschluss nach § 18 Abs. 2 Klarheit darüber gewonnen worden ist, ob der vormals einheitliche Betrieb fortbesteht oder nicht.[664]

Hatten zwei UN bisher einen gemB und **scheidet ein UN** unter Belassung der von ihm eingebrachten Betriebsmittel beim anderen UN **aus** dieser **Gemeinschaft aus,** so gehen die mit dem ausscheidenden UN bestehenden Arbeitsverhältnisse gemäß § 613a BGB auf das allein verbleibende UN über (vgl. zum Betriebsübergang des gemB in Sonderfällen aber auch unten, Rn. 232a).[665] Der Betrieb als solcher existiert dann – nun aber nicht mehr als Gemeinschaftsbetrieb – unverändert fort und damit auch der BR. **218**

Stellt ein am gemB beteiligtes UN seine **betriebliche Tätigkeit ein,** ohne dass es die Betriebsmittel auf das verbleibende UN überträgt **und** wird die **Führungsvereinbarung aufgehoben,** so wird auch der gemB aufgelöst. Dennoch führt dies nicht zur Beendigung des BR-Amtes, weil durch die als Teilstilllegung anzusehende Tätigkeitseinstellung der Betrieb als solcher in seiner Identität nicht berührt wird.[666] Der Gemeinschaftsbetrieb besteht regelmäßig auch dann fort, wenn das eine UN lediglich seinen Betriebszweck einschränkt oder ändert und der von diesem bisher verfolgte (Teil)-Zweck nun von dem anderen UN erfüllt wird.[667] **219**

Bilden die räumlich nur unwesentlich **voneinander entfernt** liegenden **Betriebsstätten** (drei Kilometer) zweier UN den gemB dieser UN und legt das eine UN »seine« Betriebsstätte still und beschließt die Liquidation, so bewirkt die tatsächliche **Betriebsteilstilllegung und** die nachfolgende **Liquidation** zugleich die **Beendigung des gemB:** es existiert sodann nur noch der verbleibende Betrieb des anderen UN fort.[668] **220**

Durch Struktur-TV gem. § 3 Abs. 1 Nr. 3 soll ein **bestehender gemB,** der auf Grundlage einer ausdrücklichen »Kooperationsvereinbarung zum Gemeinschaftsbetrieb« errichtet worden war, **nicht in zwei BR-Wahlkreise aufgeteilt** werden können, weil darin keine bessere Eignung zur Vertretung der AN-Interessen zu sehen sei.[669] **220a**

jj) Prozessuale Fragen

Die **Antragsbefugnis** einer Gewerkschaft im Statusfeststellungsverfahren gemäß § 18 Abs. 2 setzt nicht voraus, dass sie in allen in Frage kommenden UN des gemB vertreten ist; »im Betrieb vertreten« ist die Gewerkschaft bereits dann, wenn sie nur im potentiellen gemB Mitglieder hat, nicht jedoch auch bei allen beteiligten UN.[670] **221**

Beteiligte an einem Beschlussverfahren über die Wirksamkeit von Arbeitgebermaßnahmen im gemB sind alle den Betrieb führenden UN.[671] **222**

---

663 A. a. O.

664 Wie hier GK-*Kreutz,* § 18 Rn. 68; *Küttner,* FS Hanau, S. 465 [485]; ebenso *LAG Hamm* 18.9.96, BB 96, 2622; a. A. *Annuß,* NZA-Sonderheft 2001, 12 [22].

665 *LAG Köln* 29.3.93 – 13 Sa 912/92.

666 *BAG* 19.11.03 – 7 AZR 11/03, AP Nr. 19 zu § 1 BetrVG 1972 Gemeinsamer Betrieb.

667 *BAG* 29.11.07 – 2 AZR 763/06, NJW-Spezial 08, 276.

668 *BAG* 13.9.95, DB 96, 330; vgl. aber Rn. 207, 142.

669 *HessLAG* 2.9.19 – 16 TaBV 33/19, juris, Rn. 56ff.

670 *ArbG Paderborn* 8.7.92, AiB 92, 736; vgl. zum Nachweis des Vertretenseins der Gewerkschaft im Betrieb § 2 Rn. 79f.

671 *BAG* 29.9.04 – 1 ABR 39/03, NZA 05, 420.

223 **Der GBR** ist, wenn seine Zuständigkeit bestritten wird, für die Feststellung des gemB nach § 18 Abs. 2 **antragsbefugt,** unabhängig davon, ob die BR-Wahl eingeleitet ist.[672] Wird eine **Wahlanfechtung** darauf gestützt, dass der WV rechtsirrig die Voraussetzungen für das Vorliegen eines gemB bejaht habe, obgleich getrennte Betriebe vorgelegen hätten, so ist für die **Beurteilung der Tatsachen,** aus denen das Vorliegen einer Führungsvereinbarung hergeleitet werden kann (dazu Rn. 96), auf den **Zeitpunkt** des **Erlasses des Wahlausschreibens** abzustellen; spätere »schleichende« Veränderungen sind nicht zu berücksichtigen.[673]

224 Für ein **Eilverfahren,** mit dem der AG einem bereits für den gemB bestellten WV **vor Erlass des Wahlausschreibens** untersagen lassen will, für die AN zweier UN einen gemeinsamen BR wählen zu lassen, **fehlt** es jedenfalls zu diesem Zeitpunkt am erforderlichen **Rechtsschutzbedürfnis.**[674] Selbst wenn man die Möglichkeit des Eingreifens in ein laufendes Wahlverfahren per einstweiliger Verfügung bejaht, weil der Betriebsbegriff verkannt worden ist (grundsätzlich ablehnend aber die h. M., vgl. § 19 Rn. 16 f.), so liegt jedoch eine offensichtliche Verkennung der Rechtslage dann nicht vor, wenn die **Organisationsstrukturen** der beteiligten UN sich **gegenseitig ergänzen** und nur **marktstrategische Gründe** zu einer firmenmäßigen Trennung des vormals einheitlichen UN geführt haben; dies gilt umso mehr, wenn über die sich dergestalt ergänzenden Firmen (Tochtergesellschaften) eine einheitliche **Leitungsmacht** durch eine **Holdinggesellschaft** ausgeübt wird.[675]

225 Im **Bestellungsverfahren nach § 98 ArbGG** ist eine Entscheidung darüber, ob mehrere UN einen gemB haben oder nicht, unmöglich, da das bloß summarische Verfahren hierfür ungeeignet ist.[676]

226 Kommt im summarischen Verfahren die **Bestellung der ESt.** zustande, bestreitet aber die AG-Seite, dass eine einheitliche Leitung und damit ein gemB vorliege, hat die ESt. die beteiligten UN aufzufordern, die **AG-Beisitzer zu benennen.** Es ist interne Sache der UN, sich hierbei zu einigen.[677] In dieser Zusammensetzung ist sodann von der ESt. die **Vorfrage zu entscheiden,** ob ein gemB besteht und damit die Zuständigkeit der ESt. vorliegt.[678] Keinesfalls darf sich das angerufene Gericht jedoch einer Entscheidung deshalb entziehen, weil es im summarischen Verfahren die dem Verfahren nach § 18 Abs. 2 vorbehaltene Klärung der Vorfrage für unmöglich hält. Es ist für die im Verfahren nach § 98 ArbGG zu treffende Entscheidung an die tatsächliche vertretungsrechtliche Lage gebunden, wie sie im Zeitpunkt der letzten mündlichen Verhandlung besteht.

227 Steht auf Grund einer im **Beschlussverfahren** nach § 18 Abs. 2 ergangenen Entscheidung rechtskräftig fest, dass zwei UN keinen gemB bilden, dann wirkt diese Entscheidung auch im Verhältnis zwischen den UN und ihren AN.[679] Die Bindungswirkung **unter den Verfahrensbeteiligten** besteht solange, wie sich die für die gerichtliche Entscheidung maßgeblichen Umstände nicht ändern.[680] Es empfiehlt sich, bei Zweifeln hierüber, ein erneutes Verfahren gem. § 18 Abs. 2 durchzuführen, weil z. B. eine unter Missachtung der Vorentscheidung durchgeführte **BR-Wahl dann nichtig** ist, wenn die Bindungswirkung noch andauert, weil sich die Tatsachen nicht geändert haben.[681]

228 Da es sich in dem Verfahren nach § 18 Abs. 2 um die rechtsverbindliche **Feststellung eines tatsächlichen Zustandes** handelt, kann es für das ArbG ratsam sein, sich nicht auf Angaben der

672 *BAG* 22. 6. 05 – 7 ABR 57/04, NZA 05, 1248.
673 *LAG Düsseldorf* 8. 11. 90 – 5 TaBV 81/90; vgl. Rn. 215.
674 *LAG Baden-Württemberg* 13. 4. 94, AiB 94, 420 = DB 94, 1091 [Ls.] mit Anm. *Gnann.*
675 *LAG Baden-Württemberg,* a. a. O.; zur Konzernleitungsmacht o. Rn. 104.
676 *LAG Hamm* 11. 3. 87 – 12 TaBV 9/87.
677 *LAG Nürnberg* 22. 3. 95, DB 95, 1972.
678 *Däubler,* FS Zeuner, S. 19 [27].
679 *BAG* 9. 4. 91, EzA § 18 BetrVG 1972 Nr. 7 mit Anm. *Gamillscheg;* zur Rechtskrafterstreckung im Beschlussverfahren auch *BAG* 10. 11. 87, AP Nr. 15 zu § 113 BetrVG 1972; 17. 2. 92, AP Nr. 1 zu § 84 ArbGG 1979.
680 *BAG* 19. 11. 03 – 7 ABR 25/02, AP Nr. 55 zu § 19 BetrVG 1972.
681 *BAG,* a. a. O.

Verfahrensbeteiligten zu verlassen, sondern die Verhältnisse durch **Augenscheinseinnahme** zu erforschen.[682]

kk) Unternehmensmitbestimmung

Umstritten ist die Behandlung des gemB im Rahmen der **Schwellenwertberechnung** und des Wahlrechts in der Unternehmensmitbestimmung.[683] Überwiegend wird angenommen, dass **sämtliche AN** des gemB bei allen an ihm beteiligten UN **zur Ermittlung der »Schwellenwerte«** (mehr als 500 bzw. 2000 AN, s. §§ 1 Abs. 1, 2 Abs. 2 DrittelbG bzw. §§ 1 Abs. 1, 5 Abs. 1 MitbG) jeweils voll **heranzuziehen** sind.[684] Nach ebenfalls überwiegender Ansicht sind die AN des gemB an der Wahl zu den AR aller am gemB beteiligten UN **aktiv und** (nach Maßgabe von § 8 BetrVG) auch **passiv wahlberechtigt** und nicht nur bei dem UN, mit dem der Arbeitsvertrag abgeschlossen ist.[685] Ist eine inländische Muttergesellschaft an einem inländischen gemB beteiligt und beschäftigt im Ausland in einem Tochter-UN weitere AN, so sind auch die AN der ausländischen Tochtergesellschaft zur Ermittlung der Schwellenwerte nach § 1 Abs. 1 MitbG bei der Muttergesellschaft zu berücksichtigen.[686] Das ***BAG***[687] bejaht ausdrücklich das **aktive Wahlrecht** aller AN des gemB zu den jeweiligen AR der am gemB beteiligten UN, wenn diese AR jeweils **nach dem DrittelbG** zu bilden sind. Eine arbeitsvertragliche Beziehung zu dem betreffenden aufsichtsratspflichtigen UN ist also nicht erforderlich, es **genügt die Zugehörigkeit des AN zum gemB.** Die Probleme der Zurechnung zwecks Schwellenwertberechnung und des passiven Wahlrechts im Allgemeinen hat das Gericht aufgrund des begrenzten Streitgegenstandes – in Rede stand nur das aktive Wahlrecht nach dem DrittelbG – aussparen müssen, wenngleich es aufgrund der Entscheidungsbegründung ausgesprochen naheliegend erscheint, dass auch diese Fragen zu bejahen sind.[688] 229

ll) Arbeitnehmerüberlassungsrecht

Es besteht gelegentlich das Bedürfnis, **innerhalb von Konzernen AN-Überlassung** dergestalt zu betreiben, dass die Arbeit nicht bloß vorübergehend, sondern **dauerhaft** nicht beim Vertrags-AG geleistet wird. Das Konzernprivileg des § 1 Abs. 3 Nr. 2 AÜG a. F. (»vorübergehend«) konnte dann nicht mehr greifen.[689] Um die damit ausgelöste und Kosten verursachende Erlaubnispflicht zu vermeiden, greifen UN häufiger zu folgendem Modell: Bilden Vertrags-AG und der AG des Beschäftigungsbetriebs einen gemB, findet das AÜG mangels tatbestandlichen Vorliegens einer AN-Überlassung auf diesen gemeinschaftlichen Arbeitskräfteeinsatz im gemB nach Ansicht des *BAG* gar keine Anwendung.[690] Stellt das eine UN dem anderen aber 230

682 Vgl. den Hinweis in *BAG* 1.12.61, AP Nr. 1 zu § 80 ArbGG 1953, Bl. 1454 R.

683 Überblick zum Meinungsstand bei ErfK-*Oetker*, § 1 MitbestG Rn. 6; WKS-*Wißmann*, § 3 MitbestG Rn. 65 f.; *Thüsing/Forst*, FS Kreutz, S. 867 ff.; sehr restriktiv *Hohenstatt/Schramm*, NZA 10, 846 ff.

684 Vgl. *LG Hamburg* 21.10.08 – 417 O 171/07, ZIP 08, 2364; nur im Grundsatz schon ebenso *BAG* 1.12.61 – 1 ABR 15/60, AP Nr. 1 zu § 77 BetrVG; wie hier: HaKo-BetrVG/*Kloppenburg*, Rn. 90; WKS-*Wißmann*, a.a.O.; grundsätzlich auch UHH-*Henssler*, § 3 MitbestG Rn. 120; ErfK-*Oetker*, a.a.O.; *Boecken*, Rn. 431; *Däubler*, FS Zeuner, 19, 31; *Gaul*, § 34 Rn. 45; *Hanau*, ZfA 90, 115, 127; *Hjort*, NZA 01, 696, 698; *Kohte*, RdA 92, 302, 307; a. A.: *Säcker*, Wahlordnungen, Rn. 215: nur proportionale Berücksichtigung; differenzierend *Wanhöfer*, S. 78 ff.

685 *Kloppenburg*, a.a.O., Rn. 90; WKS-*Wißmann*, § 10 MitbestG Rn. 26; UHH-*Henssler*, § 10 MitbestG Rn. 21; *Däubler*, a.a.O., S. 31; *Hanau*, a.a.O.;; *Hjort*, a.a.O., S. 701; *Joost*, RdA 98, 311; *Säcker*, Wahlordnungen, Rn. 213 f.; *ders.*, ZfA 08, 51, 61; *Thüsing/Forst*, a.a.O.; enger hier aber noch ErfK-*Oetker*, §§ 10–17 MitbestG Rn. 3: Wahlrecht nur beim UN des Vertrags-AG; differenzierend *Wanhöfer*, S. 110 ff.; a. A.: *Zöllner*, FS Semler, S. 995,1012: nur wer Weisungen des UN befolgen muss.

686 *LG Frankfurt/M.* 16.2.15 – 3–16 O 1/14 –, ZIP 15, 634=AuR 15, 205 (Kurzwiedergabe).

687 *BAG* 13.03.13, NZA 13, 853; m. Anm. *Mückl*, BB 13, 2301; bestätigt durch *BAG* 14.8.13 – 7 ABR 46/11, juris.

688 Ebenso *Mückl*, a.a.O.; a.A. Bonanni/Otte, BB 16, 1653, 1657.

689 Vgl. etwa *ArbG Köln* 9.2.96, BB 96, 800 mit Anm. *Liebscher* und *Gaul*, BB 96, 1224; *ArbG Köln* 7.3.96, DB 96, 1342 mit Anm. *Wrede*.

690 Ausführlich *BAG* 24.5.22 – 9 AZR 337/21, NZA 22, 1530 ff.; zuvor schon ebenso *BAG* 3.12.97, SAE 99, 81 m. Anm. *Windbichler*; 25.10.00, NZA 01, 259 [260].

lediglich seine AN zur Arbeitsleistung im Wege der Personalgestellung/AN-Überlassung zur Verfügung, wird hierdurch allein noch kein gemB begründet, sofern das überlassende UN zur Verfolgung des arbeitstechnischen Zweckes nicht auch wenigstens materielle oder immaterielle Betriebsmittel beisteuert.[691] Trotz der mit dem **AÜGÄndG v. 28. 4. 2011**[692] scheinbar bewirkten Einengung des sog. Konzernprivilegs[693], mit der vor allem konzerninternen Personalservicegesellschaften das Privileg erlaubnisfreier Überlassungen genommen werden sollte[694], **änderte** sich hierdurch **nichts an** der vom *BAG* vorgenommenen **Abgrenzung** zwischen dem weiterhin nicht dem AÜG unterliegenden *gemeinschaftlichen* Personaleinsatz im gemB und dem *allein vom Entleiher organisierten* Personaleinsatz im Rahmen der AN-Überlassung. Der Anwendungsbereich des AÜG kann – bis zur Missbrauchsgrenze – selbst unter dem **AÜG 2017** weiterhin mittels einer den gemB konstituierenden Führungsvereinbarung vermieden werden.[695]

mm) Unfallversicherungsrecht

231 Haben mehrere UN einen gemB, so kann zugleich eine »gemeinsame Betriebsstätte« i. S. d. § 106 Abs. 3 SGB VII vorliegen, so dass die **Haftungsbeschränkungen** der §§ 104, 105 SGB VII zur Anwendung gelangen können.[696] Allerdings muss es sich dafür um bloß **vorübergehende** Formen der **Zusammenarbeit** handeln (z. B. projektbefristete ARGE); bei gemB von unbestimmter Dauer fehlt es hieran, so dass diese Haftungsbeschränkungen dann nicht anzuwenden sind und der **Schmerzensgeldanspruch** des AN erhalten bleibt.[697]

nn) Abgrenzung zum Betriebsführungsvertrag mit einer Betriebsführungsgesellschaft

232 Bei dieser Art der Betriebsführung übernimmt die Betriebsführungsgesellschaft auf Grund eines Auftrags (§ 662 BGB) oder Geschäftsbesorgungsvertrags die Betriebsführung hinsichtlich des gesamten UN oder einzelner Betriebe/Betriebsteile zumeist – aber nicht stets – für Rechnung und im Namen des den Auftrag erteilenden UN. In diesem Falle agiert die Betriebsführungsgesellschaft jedoch nur als Vertreter des UN, das selbst Inhaber des Betriebs bleibt: ein gemB liegt daher nicht vor,[698] weil **keine gemeinsame** Führung des Betriebs durch beide UN erfolgt.

oo) Betriebsübergang

232a Nur scheinbar geklärt ist die Frage, ob auch ein **gemB** als solcher den **Gegenstand eines Betriebsübergangs** i. S. d. § 613a BGB bilden kann.[699] In Rspr.[700] und Lit.[701] wird dies zwar grundsätzlich für möglich gehalten. Bei näherer Betrachtung der denkbaren Sachverhalte erweist sich diese Annahme jedoch für einige Sachverhaltskonstellationen als **zweifelhaft.** Unproblematisch sind nur die Fälle, in denen das eine am gemB beteiligte UN »seinen« Betriebsteil auf

691 *BAG* 17. 2. 10 – 7 ABR 51/08, DB 10, 1298.

692 BGBl. I S. 642, verkündet am 29. 4. 11, in Kraft getreten teils seit 30. 4. 11, teils seit 1. 12. 11 (vgl. Art. 2 des Gesetzes); Überblick bei *Leuchten*, NZA 11, 608 ff.

693 In § 1 Abs. 3 Nr. 2 AÜG n. F. ist das bisherige Merkmal »vorübergehend« entfallen und durch die Einfügung »nicht zum Zweck der Überlassung eingestellt und beschäftigt wird« ersetzt worden; *Lembke*, NZA 11, 319 [320], und *Wank*, RdA 10, 193 [203], halten die Neufassung des Konzernprivilegs für europarechtswidrig. Das zuletzt durch Art. 1 des Gesetzes v. 21. 2. 17 (BGBl. I 258) geänderte AÜG 2017 hat insoweit den § 1 Abs. 3 Nr. 2 i. d. F. des ÄndG v. 28. 4. 11 völlig unberührt gelassen.

694 Vgl. Begründung zum Gesetzentwurf *BR-Drucks.* 847/10, S. 7; näher *Hamann*, NZA 11, 70 [71].

695 *LAG Rhl.-Pf.* 1. 2. 18 – 4 Sa 136/17, juris, Rn. 42, im Anschluss an *BAG* 3. 12. 97, a. a. O.

696 Vgl. *BGH* 17. 10. 00, NZA 01, 103; *BAG* 12. 12. 02 – 8 AZR 94/02, BB 03, 690.

697 Näher *Baethge*, NZA 99, 73 ff.

698 Vgl. *Bonanni*, S. 86; zur Betriebsführung auch *Rüthers*, BB 77, 605, 607 f.

699 Eingehend dazu *Jochums*, Gemeinschaftsbetrieb als Betrieb im Sinne des § 613a BGB, Diss. jur., Berlin 2010, insbes. S. 32 ff.

700 Vgl. *BAG* 10. 11. 11 – 8 AZR 546/10, NZA 12, 509, Rn. 26.

701 ErfK-*Koch*, Rn. 12; GK-*Franzen*, Rn. 59; MüKoBGB/Müller-*Glöge*, § 613a Rn. 19.

das andere bereits am gemB beteiligte UN überträgt[702] oder eines der UN unter Auflösung der Führungsvereinbarung aus dem gemB ausscheidet[703] oder nach Übertragung eines normalen Betriebs auf ein Dritt-UN dieses erwerbende UN nun mit dem übertragenden UN erstmals einen gemB bildet.[704]

Unklarheiten ergeben sich dagegen, wenn – was in der Konzernpraxis häufig vorkommt – zwei UN deswegen einen **gemB** gebildet hatten, um die **Risiken aus dem AÜG zu umgehen** (dazu oben, Rn. 230), jedoch das eine UN nur die Betriebsmittel und das andere UN nur die AN in den gemB einbringt[705] und dieser gemB als Ganzes nun auf ein am gemB bisher nicht beteiligtes, aber konzernzugehöriges Dritt-UN übertragen werden soll. Motiv einer solchen Umstrukturierung ist oftmals, alle nur entfernt denkbaren **Restrisiken aus dem AÜG 2017** zu vermeiden, insbesondere wenn die rechtliche Grundlage für den ursprünglich angenommenen gemB zweifelhaft geworden ist, etwa weil es sich um einen **nur vermuteten gemB** (Abs. 2 Nr. 1 oder 2) handelte. Weil die dem Leitungsapparat des gemB i. d. R. zu Grunde liegende vermögenslose Innen-GbR (Einzelheiten dazu oben, Rn. 173–177) nach §§ 705 ff. BGB wegen ihrer fehlenden Rechtssubjektivität nicht Betriebsinhaberin des gemB ist, kann diese auch nicht als übertragendes UN im Rahmen von § 613a BGB in Erscheinung treten.[706] Und selbst nur in Bezug auf die betriebliche Leitungsmacht und ohne Rücksicht auf die rechtliche Inhaberschaft an den Betriebsmitteln bzw. den Arbeitsverhältnissen gibt es im gemB keinen einheitlichen Rechtsträger, sondern bleiben Inhaber der betrieblichen Leitungsmacht *die* UN, die sich zur einheitlichen Leitung des Betriebs verbunden haben.[707] Die zivilrechtliche Übertragung lediglich der Betriebsmittel durch das AN-lose UN bewirkt dann keinen Arbeitsverhältnisübergang und das betriebsmittellose aber AN-führende UN hat gerade keinen übertragungsfähigen Betrieb oder Betriebsteil, so dass dessen Arbeitsverhältnisse nicht nach § 613a BGB auf das Dritt-UN übergehen können. Damit es zu einem Arbeitsverhältnisübergang in solchen Fällen kommen kann, bedarf es einer außerhalb des § 613a BGB liegenden Grundlage (z. B. dreiseitiger Vertrag zur Überleitung des Arbeitsverhältnisses, ggfls. orientiert an § 613a BGB). Selbst aus der **Übertragung des Schutzgedankens** aus der explizit nur zur Arbeitnehmerüberlassung ergangenen Entscheidung des *EuGH*[708] im Rahmen der RL 2001/23 (**Betriebsübergangsrichtlinie**) folgt nichts Gegenteiliges. Zum einen handelte es sich dort um einen Fall der konzerninternen **Arbeitnehmerüberlassung** (die im Falle eines gemB denklogisch gerade ausgeschlossen ist) und zum anderen ging es – anders als im hier diskutierten Ausgangsfall – um die Veräußerung an ein konzern*externes* UN.[709] 232b

5. Gesamthafenbetrieb

Ein Betrieb i. S. d. Gesetzes ist auch der nach dem »Gesetz über die Schaffung eines besonderen Arbeitgebers für Hafenarbeiter« vom 3. 8. 1950[710] gebildete Gesamthafenbetrieb als fiktiver AG für die Gesamthafenarbeiter, die nicht Stamm-AN eines Hafeneinzelbetriebs sind.[711] Im Hafen- 233

702 Dazu *BAG* 15. 2. 07 – 8 AZR 310/06, AP Nr. 2 zu § 613a BGB Widerspruch.

703 Vgl. *BAG* 27. 11. 03 – 2 AZR 48/03, NZA 04, 477, Rn. 27 f.

704 *BAG* 16. 2. 06 – 8 AZR 211/05, NZA 06, 592, Rn. 18 ff.

705 Eine solche Aufteilung der »Einbringungsanteile« beider UN steht der Annahme eines gemB nicht entgegen, vgl. nur *BAG* 3. 12. 97 – 7 AZR 764/96, NZA 98, 876, Rn. 2; ebenso *Hamann*, jurisPR-ArbR 35/2017 Anm. 1, S. 6; wohl auch GK-*Franzen*, Rn. 48; a. A. *Schönhöft/Lermen*, BB 08, 2515, 2518: jedes der beteiligten UN muss Personal zum gemB beisteuern.

706 Vgl. *Jochums*, a. a. O., S. 32.

707 *BAG* 15. 5. 07 – 1 ABR 32/06, NZA 07, 1240, Leitsatz 1.

708 *EuGH* 21. 10. 10 – C-242/09 (Albron), NZA 10, 1225.

709 Zur mangelnden Verallgemeinerungsfähigkeit der EuGH-Entscheidung v. 21. 10. 10 auch *Willemsen*, NJW 11, 1546, 1549; *Bauer/v. Medem*, NZA 11, 20; *Junker*, NZA 11, 950, 952; *Forst*, RdA 11, 228, 230; *Gaul/Ludwig*, DB 11, 298, 299; *Greiner*, NZA 14, 284, 288; etwas unklar zunächst *BAG* 9. 2. 11 – 7 AZR 32/10, NZA 11, 791, 796; deutlich aber *BAG* 12. 12. 13 – 8 AZR 1023/12, NZA 14, 436: übernommene Leih-AN sind kein Betriebsteil i. S. d. § 613a BGB.

710 BGBl. I S. 352, i. d. F. v. 23. 12. 2003 (BGBl. I 2848).

711 Vgl. zu den Besonderheiten *BAG* 14. 12. 88, AP Nr. 4 zu § 1 GesamthafenbetriebsG; 1. 8. 89, EzA § 99 BetrVG 1972 Nr. 75 zur Beteiligung eines Hafeneinzel-BR bei der Einstellung von Tallymännern.

einzelbetrieb kann der für den Gesamthafenbetrieb errichtete BR keine **Beteiligungsrechte wahrnehmen,** wenn auf Grund der zwischen Gesamthafenbetrieb und Inhaber des Hafeneinzelbetriebs **aufgespaltenen AG-Stellung** bezüglich der Gesamthafenarbeiter Letzteren gegenüber der Inhaber des Hafeneinzelbetriebs AG-Funktionen ausübt. Dann ist der dortige BR auch für die Gesamthafenarbeiter zuständig,[712] weil diese für die Dauer ihres Einsatzes dem Hafeneinzelbetrieb angehören; dasselbe gilt für Aushilfsarbeiter.[713] Übt dagegen der Gesamthafen-AG entsprechende AG-Funktionen aus, ist der für den Gesamthafenbetrieb errichtete BR für diesen Personenkreis zuständig.[714] Dies ist etwa der Fall, wenn im **Gesamthafen Lübeck** einem Gesamthafenarbeiter ein anderer Arbeitsbereich beim selben oder einem anderen Hafeneinzelbetrieb durch den Hafenbetriebsverein als dem Gesamthafen-AG zugewiesen wird (Versetzung gemäß § 99), und zwar selbst dann, wenn der AN dem bisherigen Hafeneinzelbetrieb jahrelang ununterbrochen zugewiesen war.[715] Die **Wahrnehmung des Mitbestimmungsrechts** bei Versetzungen nach § 99 bei der hier vorliegenden sog. **aufgespaltenen AG-Stellung** erfolgt durch den BR im Betrieb desjenigen AG, der die mitbestimmungspflichtige Maßnahme »auslöst«.[716] Im Gesamthafen Hamburg **gehören** die **Gesamthafenarbeiter** auch während ihres Einsatzes im Hafeneinzelbetrieb **dem Gesamthafenbetrieb** an. Bei der Bemessung der Zahl der in der Regel Beschäftigten (§ 9) sind in den Hafeneinzelbetrieben im Hafen Hamburg auch die vom Gesamthafenbetrieb zugeteilten bzw. zugewiesenen Gesamthafenarbeiter und Aushilfsarbeiter zu berücksichtigen.[717] Die Vorschriften des GesamthafenbetriebsG und der aufgrund dessen erlassenen Vorschriften sind gegenüber §§ 1 Abs. 1 Satz 1, 10 Abs. 1 i. V. m. 9 Abs. 1 Nr. 1, Nr. 1a und Nr. 1b AÜG lex specialis, so dass der Erlaubnisvorbehalt des AÜG aber auch dessen Rechtsfolgensystem auf die Überlassung von Gesamthafenarbeitern durch den Gesamthafenbetrieb nicht anwendbar ist[718]

6. Beendigung, Übertragung, Verlegung und Zweckänderung des Betriebs

234 Fasst der Inhaber den Entschluss, die **Organisation aufzulösen,** die im betriebsverfassungsrechtlichen Sinn als Betrieb anzusehen ist, und wird dieser Entschluss nach außen erkennbar (z. B. durch Veräußerung der Betriebsmittel, Entlassung der AN), so **endet** der Betrieb **durch Stilllegung** (vgl. § 111 Rn. 49). Ein Betrieb findet auch dann sein Ende, wenn er in einen anderen **eingegliedert** oder mit einem anderen **zusammengelegt** wird. Bei der Zusammenlegung enden beide Betriebe unter Bildung eines neuen. Für die **Zusammenlegung** von Betrieben nahm das *RAG* an, dass die bisherigen BR im Amt bleiben, bis der neue einheitliche BR gebildet ist.[719] § 21a Abs. 2 sieht dagegen ein Übergangsmandat des BR aus dem größten beteiligten Betrieb vor (vgl. § 21a Rn. 43). Bei der **Eingliederung** endet nur der »aufgesogene« Betrieb, der aufnehmende bleibt erhalten. Die klare Abgrenzung beider Formen der Integration ist nicht immer möglich (vgl. dazu näher § 111 Rn. 93). Die Praxis ist wegen der vielfältigen Unsicherheiten, die dabei auftreten können, gut beraten, zur Klarstellung der BR-Zuständigkeiten **Übergangsregelungen** unter Einschluss aller Beteiligten zu vereinbaren.[720] Da der Zusammenschluss von Betrieben eine Betriebsänderung darstellt (§ 111 Satz 3 Nr. 3; vgl. § 111 Rn. 93 ff.), wäre es beispielsweise zulässig, **im Interessenausgleich** zu vereinbaren, **in welcher Weise** (Eingliederung oder Zusammenlegung) der Zusammenschluss zu erfolgen hat (vgl. §§ 112, 112a Rn. 21).

---

712 *BAG* 25. 11. 92, AiB 93, 564.
713 *BAG,* a. a. O.
714 Vgl. Richardi-*Maschmann,* Rn. 95; *Gramm,* RdA 58, 330, 335.
715 *BAG* 2. 11. 93, NZA 94, 627.
716 *BAG* 2. 11. 93, a. a. O.; vgl. § 99 Rn. 21, 124.
717 *BAG* 25. 11. 92, a. a. O.; vgl. zur Schuldnerstellung des Hafeneinzelbetriebs wegen Ansprüchen auf Zusatzversorgung im Hafen Hamburg *BAG* 6. 10. 92, EzA § 9 BetrAVG Nr. 7; zu weiteren Fragen *H.-P. Martens,* NZA 00, 449 ff.
718 *BAG* 5. 7. 22 – 9 AZR 476/21, NZA 23, 712.
719 Vgl. *RAG* 15. 2. 28, ARS 2, 76; 11. 11. 31, ARS 13, 435; 13. 2. 32, ARS 14, 491.
720 Ebenso *Kreßel,* DB 89, 1623 ff.; s. aber Rn. 125.

Die **Übertragung eines Betriebs,** sei es im Wege der Einzelrechtsnachfolge (§ 613a BGB), sei es im Wege der umwandlungsrechtlichen Gesamtrechtsnachfolge (Verschmelzung, Spaltung, Vermögensübertragung nach dem UmwG), berührt nicht den Bestand des Betriebs als solcher, wenn im Rahmen der Übertragung **der gesamte Betrieb** auf einen anderen Inhaber übergeht[721] und damit die **betrieblich-organisatorische Identität** gewahrt bleibt.[722] Nach traditionellem Verständnis dauert die **Betriebsidentität auch dann** fort, **wenn** eine zivilrechtliche Übertragung des Betriebs auf einen anderen Inhaber die Betriebsorganisation i. S. d. BetrVG deswegen nicht berührt, weil der Betrieb **nunmehr als gemB** mehrerer UN fortgeführt wird (vgl. Rn. 126ff.), obgleich dies nach Abs. 2 Nr. 2 durchaus mit einer (allerdings unwesentlichen) Organisationsänderung verbunden sein kann.[723] 235

Wird dagegen bei einem **Betriebsübergang** die **Betriebsidentität zerstört,** vgl. 236

- wegen des **Übergangsmandats** des BR § 21a Rn. 23ff.;
- wegen der Rechtsstellung der einzelnen BR-Mitglieder § 24 Rn. 23, 29; insbesondere bei Widerspruch gegen den Übergang des Arbeitsverhältnisses § 24 Rn. 22;
- wegen der **Aufrechterhaltung von BVen** § 77 Rn. 97ff.,**GBVen** § 50 Rn. 163ff. und **KBVen** § 58 Rn. 61; wegen der möglichen Gegenstandslosigkeit von GBV § 50 Rn. 171; wegen der Ablösung von bisherigen GBV beim übertragenden UN durch GBV des Erwerber-UN zum selben Regelungsgegenstand § 50 Rn. 175
- wegen der **Information des WA** § 106 Rn. 84;
- wegen Mitwirkung des BR aufgrund **Betriebsänderung** § 111 Rn. 125ff.

Keine Übertragung eines Betriebs liegt vor, wenn in dem UN, zu dem der Betrieb gehört, ein **Wechsel der Gesellschafter** erfolgt. Ein solcher Vorgang berührt die Betriebsinhaberschaft des bisherigen UN nicht:[724] das bisherige UN bleibt dabei AG. Ebenso wenig ändert sich dadurch der Betrieb i. S. d. BetrVG. Gleiches gilt in den Fällen der bloß **rechtsformwechselnden Umwandlung** (vgl. §§ 190ff. UmwG), bei der das UN sich ein anderes »Rechtskleid« zulegt (z. B.: eine GmbH wird zur AG usw.). Eine derartige Veränderung unterfällt nicht § 613a BGB, weil es zu keinerlei Übertragung von Betriebsmitteln kommt. Die **betriebsverfassungsrechtliche Ebene des Betriebs bleibt** hiervon völlig **unberührt,** es sei denn, dass der Rechtsformwechsel ausnahmsweise einmal von einem UN in Privatrechtsform zu einem Rechtsträger des öffentlichen Rechts vollzogen wird (Verstaatlichung, die zwar vom UmwG nicht erfasst, wegen § 190 Abs. 2 UmwG aber auf Grund Sondergesetzes möglich ist). In einem derartigen Fall scheidet wegen § 130 der Betrieb aus dem Geltungsbereich des BetrVG aus und es ist das maßgebliche Landespersonalvertretungsgesetz oder das BPersVG anzuwenden. Gleichfalls betriebsverfassungsrechtlich belanglos ist die **Änderung des Firmennamens** (Umfirmierung), bei der nicht einmal die UN-Identität geändert wird (z. B. »Stahlhandel Fritz Müller GmbH« wird zu »Stahlimport und -export Fritz Müller GmbH«; erkennbar ist dies z. B. an der Beibehaltung der Handelsregisternummer). Die Rechtsform des UN (hier: GmbH) bleibt dabei erhalten. 237

Eine **Betriebsverlegung** (vgl. § 111 Rn. 87ff.) stellt grundsätzlich nicht die Aufgabe des Betriebs dar, sofern die bisherige Belegschaft im Wesentlichen erhalten bleibt.[725] Bei einer nicht unerheblichen Verlegung der Betriebsstätte unter gleichzeitigem **Aufbau einer neuen Belegschaft** ist dagegen von der Beendigung des Betriebs auszugehen,[726] und zwar selbst dann, wenn der bisherige Betriebszweck am neuen Ort weiterverfolgt wird.[727] 238

Eine **Änderung des Betriebszwecks** (vgl. zur Problematik dieses Begriffs o. Rn. 63, 74, 83ff.; § 111 Rn. 99) berührt den Fortbestand des Betriebs grundsätzlich nicht. Ebenso wenig führt die bloße **Insolvenzeröffnung** zum Wegfall des Betriebs. Erst nach der endgültigen Schließung hört der Betrieb auf zu existieren. 239

721 *Fitting,* Rn. 161ff.
722 Zu Recht kritisch gegenüber der Identitätsthese allerdings GK-*Kreutz,* § 21a Rn. 19ff., 24.
723 Für ein Festhalten an der Identitätsthese *Rieble/Gutzeit,* NZA 03, 233ff.
724 *BGH* 8.11.65, BGHZ 44, 229; *BAG* 3.5.83, AP Nr. 4 zu § 128 HGB; 12.7.90, BB 91, 140.
725 Vgl. Richardi-*Maschmann,* Rn. 38; *Fitting,* Rn. 111; GK-*Franzen,* Rn. 58.
726 *BAG* 12.2.87, AP Nr. 67 zu § 613a BGB.
727 *BAG* 6.11.59, AP Nr. 15 zu § 13 KSchG.

240 Wenn auch nach der Definition der h. M. (vgl. oben Rn. 58) die Organisation auf ein **fortgesetztes Betreiben** eines Zweckes gerichtet sein muss, so sind **Saison- und Kampagnebetriebe** dennoch Betriebe i. S. d. Gesetzes und finden nicht automatisch mit Abschluss der Saison oder Kampagne ihr Ende (vgl. Rn. 254 ff.).[728] Derartige Schwankungen in der betrieblichen Tätigkeit und Auslastung gehören zum Wesen dieser Betriebsart. Bei **Saisonbetrieben**[729] wird das ganze Jahr gearbeitet, jedoch ist das Ausmaß der Tätigkeit zu bestimmten Jahreszeiten (eben der »Saison«) höher. Bei **Kampagnebetrieben** besteht der Betrieb als solcher nur zu einer bestimmten Jahreszeit (der Kampagne),[730] aber eben **immer** dann, so dass ein dort bestehender BR nicht zu Beginn der nächsten Kampagne neu zu wählen ist. Wegen des »regelmäßigen« Erscheinungsbildes derartiger Betriebe vgl. Rn. 249 ff.

V. Betriebsratsfähigkeit von Betrieben

241 Damit ein BR gewählt werden kann, muss der Betrieb über **»in der Regel«** (dazu Rn. 249 ff.) mindestens fünf **»ständige«** (dazu Rn. 242 ff.) wahlberechtigte AN verfügen, von denen drei wählbar sind. Diese Bedingung gilt auch für Betriebsteile i. S. d. § 4 und fiktive Betriebe i. S. d. § 3 Abs. 5, wenn dort ein BR gewählt werden soll. Durch **Abs. 1 Satz 2** wird klargestellt, dass die notwendige Zahl von AN **auch beim gemB** vorliegen muss. Dies kann etwa **bei kleinen Familienkonzernen** den Weg zum BR ermöglichen, wenn jedes UN gezielt unterhalb der Schwellenzahl des Abs. 1 Satz 1 gehalten wird, diese UN aber in Wahrheit einen gemB bilden. Leitende Ang. sind nicht mit zu zählen, da das Gesetz auf sie nicht anzuwenden ist. Vgl. zum **AN-Begriff** die Erl. zu § 5, zur **Wahlberechtigung** die Erl. zu § 7 und zur **Wählbarkeit** die Erl. zu § 8. AN in nicht betriebsratsfähigen Betriebsteilen und Kleinstbetrieben (§ 4), die die Schwellenzahl nicht erreichen, sind beim **Hauptbetrieb** mitzuzählen.

1. »Ständige« AN

242 Ein AN ist jedenfalls immer dann **ständig beschäftigt,** wenn er für eine unbestimmte Zeit in den Betrieb eingegliedert ist.[731] Weil es aber auf die ständig vorhandenen Arbeitsplätze (Arbeitsaufgaben) ankommt und nicht auf die gewählte vertragsrechtliche Gestaltungsform,[732] können auch AN, die **befristet eingestellt** sind, i. S. d. Bestimmung dann ständig beschäftigt sein, wenn es sich hierbei um einen nicht unerheblichen Zeitraum handelt[733] und solche Beschäftigungen im Betrieb üblich sind.

243 **Zu berücksichtigen** sind daher:

- Alle **Stamm-AN,** da sie auf ständigen Arbeitsplätzen beschäftigt sind, auch wenn sie z. B. Springertätigkeiten verrichten;
- **Neu eingestellte AN,** wenn das Arbeitsverhältnis von einiger Dauer sein soll, da es auf den ständig zu besetzenden Arbeitsplatz ankommt.[734] Es ist dabei unschädlich, wenn eine **Probezeit** vereinbart wurde, die nur der erleichterten Beendigungsmöglichkeit dient;[735]
- **Teilzeitbeschäftigte,** die nicht lediglich als zeitlich eng begrenzte Aushilfen tätig werden, da die Dauer der vertraglich vereinbarten täglichen bzw. wöchentlichen Arbeitszeit nicht maßgebend zur Bestimmung des Merkmals »ständig« ist;[736]
- **AN mit ruhendem Arbeitsverhältnis,**[737] z. B. Beurlaubung, AN in Mutterschutz, Elternzeit, Pflegezeit, AN in Sabbaticals;

---

728 Vgl. Richardi-*Maschmann,* Rn. 134.
729 Z. B. Zuckerrübenfabrik; Fremdenpension an Ferienorten; vgl. Richardi-*Maschmann,* Rn. 135.
730 Z. B. Skischule, Bootsverleih, Obstkonservenfabrik, Heringsalzerei; vgl. *RAG* 20. 9. 30, ARS 10, 184.
731 *Fitting,* Rn. 369.
732 ErfK-*Koch,* Rn. 20; *Fitting,* Rn. 369; HaKo-BetrVG/*Kloppenburg,* Rn. 107, Richardi-*Maschmann,* Rn. 125.
733 Richardi-*Maschmann,* Rn. 126.
734 *Fitting,* Rn. 367.
735 Richardi-*Maschmann,* Rn. 127.
736 *Buschmann/Dieball/Stevens-Bartol,* § 8 BetrVG Rn. 4.
737 GK-*Franzen,* Rn. 102; *Boemke,* Schuldvertrag, S. 436.

- Bei **befristeten AN** ist zu differenzieren (vgl. auch Rn. 242)[738]: nehmen sie Aufgaben an einem ständig vorhandenen Arbeitsplatz wahr, zählen sie mit;[739]
- **Leih-AN,** auch wenn sie nur vorübergehend einen ständigen Arbeitsplatz bekleiden[740] (vgl. näher dazu Rn. 245); denn auch im Rahmen des § 111 Satz 1 zählt das *BAG* die nach § 7 Satz 2 *wahlberechtigten* Leih-AN dann zu den »in der Regel« Beschäftigten, jedenfalls wenn sie länger als sechs Monate im Betrieb beschäftigt werden;[741]
- **Unbefristet geringfügig beschäftigte AN** (auch regelmäßig herangezogene **Abrufkräfte**), da auch sie mit Daueraufgaben befasst werden, selbst wenn die wahrzunehmenden Aufgaben nur in bestimmten Intervallen anfallen.

Nicht zu berücksichtigen sind[742]: 244
- **Aushilfen** zur Abdeckung echter Arbeitsspitzen; anders aber, wenn es sich um »Daueraushilfen« handelt[743];
- **Vertretungen,** die für ständige, z. B. beurlaubte, AN eingesetzt werden;
- **Saisonarbeiter,** sofern es sich nicht um einen Saisonbetrieb handelt; gehören sie dagegen zur Normalbelegschaft des Saisonbetriebs, sind sie »ständige« AN (vgl. Rn. 256).

Nachdem der **7. Senat des BAG** für die Fälle des sog. drittbezogenen Personaleinsatzes die zum betriebsverfassungsrechtlichen AN-Begriff entwickelte **»Zwei-Komponentenlehre« ausdrücklich aufgegeben**[744] und dogmatisch **durch** eine **normzweckorientierte Auslegung der jeweiligen betriebsverfassungsrechtlichen Bestimmung ersetzt** hat, ist es geboten, auch im Rahmen des Schwellenwertes von mindestens »fünf« AN generell Leih-AN einzubeziehen. Ob dies nur dann gilt, wenn sie zumindest länger als sechs Monate im Betrieb beschäftigt werden, ist mit der Rspr. des *BAG* nicht sicher zu beantworten. Explizit liegen bisher nur *BAG*-Entscheidungen zu §§ 9[745], 42[746], 111 BetrVG[747] und § 23 Abs. 1 Satz 3 KSchG[748] vor, nicht aber zu § 1 BetrVG, so dass sich wegen der »Zufälligkeiten« einer letztlich nur am Normzweck orientierten Auslegung der jeweiligen Einzelbestimmung hier eine gewisse Unsicherheit ergibt, die aber der Gesetzgeber beseitigt haben dürfte. Aufgrund von § 14 Abs. 2 Satz 4 AÜG i. d. F. des Art. 1 des Gesetzes v. 21. 2. 17[749] sind Leih-AN auch im Entleiherbetrieb zu berücksichtigen, soweit Bestimmungen des BetrVG eine bestimmte Anzahl von AN voraussetzen. Eine solche Bestimmung ist auch § 1 Abs. 1 Satz 1 BetrVG. Diese Norm kann jedoch nicht durch Rückgriff auf § 14 Abs. 2 **Satz 6** AÜG 2017 dahingehend korrigiert werden, dass nur solche Leih-AN, deren Einsatzdauer sechs Monate übersteigt, zu berücksichtigen sind. Satz 6 bezieht sich auf den vorhergehenden § 14 Abs. 2 Satz 5 AÜG 2017, der die etwas restriktivere Berücksichtigung von länger eingesetzten Leih-AN nur im Rahmen der UN-mitbestimmungsrechtlichen Gesetze betrifft, sich explizit aber nicht auf das nur in Satz 4 genannte BetrVG bezieht.[750] 245

Die frühere, aber jetzt aufgegebene Rspr. des *7. Senats* (Rn. 245) eröffnete **Missbrauchsmöglichkeiten,** indem sie UN die Gelegenheit vermittelte, **Betriebe bewusst betriebsratsunfähig** aufzubauen: Nur die Anzahl des Führungspersonals musste unterhalb der § 1-Schwellenwerte bleiben und das zur Verfolgung der arbeitstechnischen Betriebszwecke erforderliche, operativ 246

738 Übersehen bei *Boemke*, Schuldvertrag, S. 435.
739 *LAG Berlin*, DB 90, 538.
740 *Fitting*, Rn. 370.
741 *BAG* 18. 10. 11 – 1 AZR 335/10, NZA 12, 221, 222.
742 Vgl. auch HaKo-BetrVG/*Kloppenburg*, Rn. 108.
743 Dazu etwa *BAG* 12. 10. 76, DB 77, 356.
744 Vorsichtige Ankündigung von Zweifeln an der Sachgerechtigkeit dieser »Lehre« in *BAG* 10. 10. 12 – 7 ABR 53/11, juris, Rn. 18 = AuR 13, 100 (Ls.); nähere Begründung des Rechtsprechungswandels in *BAG* 5. 12. 12 – 7 ABR 48/11, NZA 13, 793 ff., Rn. 17 ff; Bekräftigung dieser Aufgabe der früheren Senatsrechtsprechung in *BAG* 13. 3. 13 – 7 ABR 69/11, NZA 13, 789 ff., Rn. 21.
745 *BAG* 13. 3. 13, a. a. O.
746 *BAG* 5. 12. 12, a. a. O.
747 *BAG* 18. 10. 11 – 1 AZR 335/10, NZA 12, 221.
748 *BAG* 24. 1. 13 – 2 AZR 140/12, NZA 13, 726.
749 BGBl. I, 258.
750 Der Gesetzesbegründung (*BT-Drucks.* 18/9232, S. 29) ist zu entnehmen, dass der Gesetzgeber offenbar nur die Rspr. des *BAG* aufgreifen wollte. Er hat aber offenkundig gerade die zu § 1 BetrVG noch bestehende Rspr.-Lücke geschlossen.

tätige Personal hätte von Verleih-Firmen bezogen werden können. Da die Leih-AN keine AN i. S. d. § 5 Abs. 1 waren, blieben sie bei der Ermittlung der Betriebsratsfähigkeit außer Acht.

247 Diese immer schon verfehlte und zu Recht korrigierte Rspr. des *7. Senats* führte überdies zu erheblichen **Mitbestimmungslücken:** Im Zusammenhang mit privatisierenden Umstrukturierungen bei juristischen Personen des öffentlichen Rechts wurden z. B. häufig unterhalb einer der öffentlichen Körperschaft gehörenden Tochtergesellschaft aus dieser weitere Enkelgesellschaften gegründet, die Funktionen übernahmen, die vormals die privatisierte Tochtergesellschaft wahrgenommen hatte. Dennoch ließ man aus Gründen des Sozialschutzes die Beschäftigten ohne Arbeitsverhältnisübergang im Wege der (konzerninternen) AN-Überlassung diese Tätigkeiten bei der Enkelgesellschaft wahrnehmen. Diese selbst hatte – zumindest anfangs – keine eigenen (Vertrags-)AN, sondern befriedigte den Personalbedarf aus der AN-Überlassung. Es entstand auf diese Weise ein ausschließlich aus Leih-AN bestehender Betrieb, der nicht die Voraussetzungen des § 1 BetrVG erfüllte. Dennoch übte die Enkelgesellschaft die zur Organisierung ihres Geschäftsbetriebs notwendigen Weisungen gegenüber diesen Leih-AN aus, ohne dass es allerdings einen BR gegeben hätte, der die an sich gegebenen MBR ausüben konnte.[751] Auch § 5 Abs. 1 S. 3 konnte hier nicht helfen, denn diese gesetzliche Fiktion gilt nur, wenn die Gestellung unmittelbar von der öffentlichen Körperschaft zum privaten UN erfolgt (näher § 5 Rn. 116 f).

248 Bereits vor dem *7. Senat* (vgl. Rn. 245) hatte der ***1. Senat des BAG*** eine vorsichtige Neuorientierung bei der Schwellenwertberücksichtigung von Leih-AN im Einsatzbetrieb eingeleitet: Danach sind **Leih-AN,** die länger als drei Monate im UN eingesetzt werden – also gem. § 7 Satz 2 das aktive Wahlrecht im Einsatzbetrieb erlangt haben – bei der Ermittlung der UN-Größe gem. **§ 111 Satz 1 mitzuzählen,** wenn sie zudem dort auch zu den »in der Regel« Beschäftigten gehören[752]. Letzteres ist der Fall, wenn sie während des größten Teils eines Jahres, d. h. länger als sechs Monate beschäftigt werden. Der 1. Senat begründet seine Ansicht mit einem je nach Vorschrift des BetrVG zu differenzierenden Normzweck, der bei § 111 im Schutz kleinerer UN vor finanzieller Überforderung zu sehen sei. Dieser Klein-UN-Schutzzweck liegt zwar auch § 1 Abs. 1 zu Grunde, jedoch hat der Gesetzgeber (vgl. Rn. 245) diesen hier nicht für erheblich erachtet.

2. »In der Regel« beschäftigte AN

249 Mit dem Begriff **»in der Regel«** meint das Gesetz AN, die **üblicherweise** ständig beschäftigt werden. Dieser Begriff findet sich in **weiteren Vorschriften** und hat dort den gleichen Inhalt (vgl. etwa § 9 Abs. 1, § 14a Abs. 1, 3, 5, § 38 Abs. 1, § 62 Abs. 1, § 63 Abs. 4, 5, § 99 Abs. 1, § 106 Abs. 1, § 110 Abs. 1; § 111 Abs. 1, § 112a Abs. 1 Nrn. 1–4, § 115 Abs. 1, Abs. 2 Nr. 3, § 116 Abs. 2; § 1 Abs. 1 Nr. 2 MitbG, § 1 Abs. 1 DrittelbG). Es ist **nicht** entscheidend, ob der Betrieb z. B. gerade im Zeitpunkt der **Wahleinleitung** die erforderliche Regelzahl aufweist: Ergibt sich, dass zu diesem Zeitpunkt nur vier AN vorhanden sind, von denen drei wählbar sind, beträgt aber die nach den folgenden Grundsätzen zu bestimmende Zahl der in der Regel beschäftigten ständigen wahlberechtigten AN mindestens fünf, so ist gleichwohl ein BR zu wählen.[753]

250 Der Beschäftigungsstand darf **nicht durch bloßes Abzählen** zu einem bestimmten Stichtag festgestellt werden.[754] Es ist vielmehr vom normalen Betriebsverlauf auszugehen.[755] Dabei ist auf den im größten Teil des Jahres (mehr als sechs Monate) bestehenden Normalzustand abzustellen[756] und **nicht** auf eine **Durchschnittsbetrachtung.**[757] Vorübergehende Zeiten eines

751 Vgl. zur Mitbestimmung des – hier nicht vorhandenen – BR des Entleihers etwa *BAG* 15.12.92, AP Nr. 7 zu § 14 AÜG; zur Aufteilung der Mitbestimmung zwischen Entleiher- und Verleiherbetrieb bzw. -betriebsrat *BAG* 19.6.01 – 1 ABR 43/00, AP Nr. 1 zu § 87 BetrVG 1972 Leiharbeitnehmer.

752 *BAG* 18.10.11 – 1 AZR 335/10, NZA 12, 221 ff.; harsche Kritik bei *Rieble*, NZA 12, 485.

753 Vgl. *Fitting*, Rn. 364.

754 *Fitting*, Rn. 360; Richardi-*Maschmann*, Rn. 129; GK-*Franzen*, Rn. 103.

755 *Fitting*, Rn. 361 ff.; Richardi-*Maschmann*, Rn. 129; *Boemke*, Schuldvertrag, S. 437.

756 *BAG* 16.11.04 – 1 AZR 642/03, AP Nr. 58 zu § 111 BetrVG 1972; 18.10.11 – 1 AZR 335/10, NZA 12, 221, 222.

757 Richardi-*Maschmann*, Rn. 129.

gesteigerten Arbeitsanfalls (z. B. Jahresabschlussarbeiten, Inventur, Ausverkaufsaktionen, Weihnachtsgeschäft) sind dabei genauso außer Betracht zu lassen, wie Zeiten eines betriebstypischen, vorübergehenden Arbeitsrückgangs (z. B. Reise-/Urlaubszeiten, Nachsaison im Hotelgewerbe).[758] Die durchschnittliche Jahresbelegschaft entspricht eben keineswegs immer der regelmäßigen AN-Zahl.[759]

Die Feststellung der »in der Regel« beschäftigten AN bedarf **eines Rückblickes** auf die Vergangenheit **und** einer **Prognose** der künftigen Entwicklung.[760] Zu erwartende Veränderungen in der Zukunft sind aber nur bedeutsam, wenn **konkreten Entscheidungen des AG** vorliegen, die eine Veränderung zum Gegenstand haben[761]; bloße Spekulationen oder vage Planungen – zumal wenn diese eine Betriebsänderung darstellen und die entsprechenden Verhandlungen über den IA noch nicht begonnen haben – sind nicht zu berücksichtigen.[762] Sind AN **zwar nicht ständig, aber doch immer wieder zeitweilig** beschäftigt, kommt es für die Frage der regelmäßigen Beschäftigung darauf an, ob diese während des größeren Teils des Jahres vorliegt.[763] 251

Dementsprechend sind **zu berücksichtigen:** 252

- Die bereits als »ständige« AN zu berücksichtigenden **Stamm-Beschäftigten** (vgl. Rn. 243) und ständigen Leih-AN (Rn. 245);
- **Teilzeit-AN** nach Köpfen und nicht nur proportional zu ihrer Arbeitszeit[764];
- **Altersteilzeitler,** soweit noch in der Aktivphase tätig[765];
- AN im **ruhenden Arbeitsverhältnis**[766];
- Zur **Berufsausbildung** Beschäftigte (einschließlich Praktikanten, Umschüler, Volontäre).[767]

Nicht zu **berücksichtigen** sind: 253

- **Vertretungen** für bereits nach Rn. 252 berücksichtigte AN, weil es sonst zu Doppelzählungen käme.[768] Stellt aber die vertretungsweise Ausfüllung von Dauerarbeitsplätzen einen Normalzustand dar, sind auch Vertretungen mit zu berücksichtigen[769];
- **Helfer** im freiwilligen sozialen Jahr[770];
- **Saison-AN**[771] **und Aushilfen,** aber nur bei echtem Kurzzeiteinsatz; nicht bei sog. Daueraushilfen, wenn diese z. B. aufgrund von Dauer-Rahmenvereinbarungen regelmäßig herangezogen werden.[772]

3. Kampagne- und Saisonbetriebe

Besonderheiten ergeben sich bei sog. **Kampagne- und Saisonbetrieben.**[773] 254

Unter einem **Kampagnebetrieb** versteht man einen Betrieb, der nur für eine bestimmte Dauer besteht (z. B. Durchführung eines bestimmten Bauprojektes) oder nur für eine bestimmte Zeit im Jahr, aber immer wieder alljährlich tätig ist (z. B. Skischule, Bootsverleih).[774] Die begrenzte 255

758 GK-*Franzen,* Rn. 103.
759 H. M.; vgl. Richardi-*Maschmann,* Rn. 116; *Fitting,* Rn. 361.
760 *BAG* 16.4.03 – 7 ABR 53/02, NZA 03, 1345; 16.11.04, 18.10.11, a. a. O.
761 Vgl. GK-*Franzen,* Rn. 99 m. w. N.
762 Näher GK-*Franzen,* Rn. 103.
763 *BAG* 16.11.04, a. a. O.
764 ErfK-*Koch,* Rn. 21.
765 *Fitting,* Rn. 362.
766 *Boemke,* Schuldvertrag, S. 438.
767 *Fitting,* Rn. 362.
768 ErfK-*Koch,* Rn. 21.
769 *Boemke,* a. a. O., S. 438.
770 *BAG* 12.2.92, NZA 93, 334.
771 HaKo-BetrVG/*Kloppenburg,* Rn. 110.
772 Näher dazu HaKo-BetrVG/*Kloppenburg,* Rn. 109.
773 Zur Unterscheidung der Begriffe insoweit immer noch aktuell *Gumpert,* BB 61, 645; Diese spielen in der Praxis für BR-Wahlen freilich kaum eine Rolle, weil deren Kleinbetriebsstrukturen und die relativ unbeständige Betriebsorganisation der auf Kontinuität abzielenden Interessenvertretung entgegenstehen; vgl. zur Begrifflichkeit i. S. d. § 22 KSchG auch *LAG Meckl.-Vorp.* 21.1.20 – 2 Sa 147/19, juris = FA 20, 179 (Ls.).
774 Dazu i. E. Richardi-*Maschmann,* Rn. 134.

Dauer des Betriebs steht der Betriebsratsfähigkeit als solcher nicht entgegen.[775] Hier zählen alle AN, die für die begrenzte Dauer des Betriebs oder der Kampagne eingestellt sind, sowohl zu den ständigen als auch in der Regel beschäftigten AN.[776]

256 Im **Saisonbetrieb** (Schulbeispiel: Zuckerrübenfabrik) wird dagegen ganzjährig durchgearbeitet, wobei das Ausmaß der Tätigkeit zu bestimmten Jahreszeiten (der Saison) gesteigert ist. Die AN, die nur für die Dauer der Saison eingestellt werden, gehören nicht zu den »ständigen« Beschäftigten.[777] Das gilt aber nur, wenn die Saison lediglich einen kurzen Zeitraum innerhalb des Jahres umfasst. Nimmt der Saisonbetrieb dagegen den größeren Teil des Jahres ein (z. B. Betriebe mit Sommer- und Wintersaison von zusammen mehr als sechs Monaten), so sind auch die nur in der jeweiligen Saison Beschäftigten als ständige AN zu berücksichtigen.[778] Vgl. zum Begriff »in der Regel« auch § 9 Rn. 6 ff.

4. Absinken der AN-Zahl

257 Die Mindestzahlen sind nicht nur Voraussetzung für die Errichtung des BR, sondern auch für dessen Fortbestand, soweit es um die Zahl der **ständigen** AN geht. **Sinkt** nach der BR-Wahl die Zahl der **ständigen wahlberechtigten** AN **nicht nur vorübergehend** unter fünf, so endet mangels eines betriebsratspflichtigen Betriebs das Amt des BR.[779] Dagegen kann die Zahl der **wählbaren** AN auch unter drei sinken, ohne dass damit der Fortbestand des BR gefährdet würde, denn diese Zahl muss nur bei der Wahl selbst vorliegen, damit überhaupt eine Auswahlmöglichkeit besteht.[780]

258 Fraglich ist, ob das gelegentliche **Absinken auf vier ständig Beschäftigte** schon immer zum Wegfall des BR führt, denn immerhin kann es ja sein, dass sich bis zur nächsten Wahl die Verhältnisse doch wieder ändern.[781] Aus diesem Grunde enthält § 13 Abs. 2 Nr. 1 gerade den strikten 24-monatigen Referenzzeitraum, um derartige Zufälligkeiten auszuschließen; diese Referenzbetrachtung muss daher zur Vermeidung von Wertungswidersprüchen auch auf die Schwellenwertunterschreitung in § 1 Abs. 1 angewendet und der Interessenvertretungskontinuität Vorrang eingeräumt werden.[782]

259 Würde aber dennoch wegen **Unterschreitens der Fünf-Personengrenze** der BR entfallen, ist für die Frage der weiteren Einbeziehung in die Betriebsverfassung nach der **Art der Organisationseinheit** und danach zu differenzieren, ob es sich bei der kleinen Einheit um die einzige arbeitstechnische Organisationseinheit desselben AG handelt – dann endgültiger **Wegfall** des BR – **oder** ob der AG noch weitere betriebsverfassungsrechtliche Organisationseinheiten hat – dann erfolgt eine **Zuordnung** zu einer anderen Einheit des AG wie folgt:
(1) Handelt es sich um einen **Kleinstbetrieb (§ 4 Abs. 2),** so ist dieser schon kraft Gesetzes automatisch **dem Hauptbetrieb zugeordnet** (vgl. § 4 Rn. 135 ff.). Aus diesem Grunde bleiben die AN des Kleinstbetriebs trotz Wegfalls des eigenen BR nicht ohne AN-Vertretung.
(2) Handelt es sich bei der kleinen Einheit um einen **Betriebsteil (§ 4 Abs. 1),** gilt grundsätzlich dasselbe wie im Fall (1), allerdings kann es sich bei *diesem* Hauptbetrieb dann nach h. M. um eine andere Einheit des AG handeln als derjenigen, der der Kleinstbetrieb zuzuordnen ist (näher § 4 Rn. 16 ff.). Für die Ausübung des Optionsrechts (§ 4 Abs. 1 Satz 2) ist hier kein Raum, denn der unter den Schwellenwert abgesunkene Betriebsteil erfüllt gerade nicht mehr die Voraussetzungen des § 1 Abs. 1 Satz 1.

---

775 Richardi-*Maschmann*, Rn. 134.
776 *Fitting*, Rn. 365; Richardi-*Maschmann*, Rn. 134; GK-*Franzen*, Rn. 104.
777 *Fitting*, Rn. 365; Richardi-*Maschmann*, Rn. 135.
778 *Fitting*, Rn. 365; Richardi-*Maschmann*, Rn. 135; GK-*Franzen*, Rn. 104.
779 *BAG* 7.4.04 – 7 ABR 41/03, NZA 05, 311; *Fitting*, Rn. 358 m. w. N.; GK-*Franzen*, Rn. 106; vgl. auch § 21 Rn. 26; nach *BAG* 19.10.22 – 7 ABR 27/21, NZA 23, 379 endet dagegen das Amt einer SchbV nicht, wenn der Schwellenwert nach § 177 Abs. 1 Satz 1 SGB IX während der Amtszeit unterschritten wird.
780 *Fitting*, Rn. 358; Richardi-*Maschmann*, Rn. 144.
781 Vgl. dazu auch *Däubler*, FS Kreutz, S. 69, 73.
782 *Däubler*, a. a. O., mit Hinweis auf die entsprechende Rspr. des *österreichischen OGH*.

Die Zuordnung eines Betriebsteils zum Hauptbetrieb erfolgt auch, wenn bei der Wahlvorbereitung im Hauptbetrieb **irrtümlich ein** betriebsratsfähiger **selbständiger Betriebsteil** (§ 4 Abs. 1) angenommen wird und daher nur im Hauptbetrieb und von dessen Belegschaft ein BR gewählt wird: dieser BR ist trotzdem für den Gesamtbetrieb (einschließlich des Betriebsteils) zuständig, wenn im Betriebsteil tatsächlich keine BR-Wahl durchgeführt wird.[783] 260

VI. Streitigkeiten

Das ArbG entscheidet im **Beschlussverfahren** (§§ 2a, 80 ff. ArbGG) über Streitigkeiten hinsichtlich der Betriebsratsfähigkeit sowie der Frage, ob **zwei selbstständige** Betriebe vorliegen.[784] Dasselbe gilt, wenn Streit darüber besteht, ob **mehrere UN** einen gemB haben.[785] Durch die **Novellierung 2001** ist im Wege einer sprachlichen Neufassung des § 18 Abs. 2 (»betriebsratsfähige Organisationseinheit«) diese Rechtslage klargestellt worden.[786] Da es sich bei diesen Entscheidungen um die rechtliche Feststellung eines tatsächlichen Zustandes handelt, ergeben sich Besonderheiten bzgl. der **materiellen Rechtskraft:** Erfolgt im Verfahren nach § 18 Abs. 2 etwa die Feststellung, dass zwei UN einen gemB haben, so bindet dies die Verfahrensbeteiligten nur so lange, wie sich die für diese Entscheidung maßgeblichen tatsächlichen Umstände nicht ändern.[787] Richtiger Ansicht nach bedarf eine solche Durchbrechung der Rechtskraft wegen erheblicher Änderung der tatsächlichen Umstände allerdings einer vorhergehenden gegenläufigen rechtskräftigen Entscheidung, damit hiervon Rechtswirkungen für das betriebsverfassungsrechtliche Rechtsverhältnis ausgehen können. Wird der Streit dagegen in einem **Wahlanfechtungsverfahren** gem. § 19 geführt (vgl. wegen Besonderheiten bei der Anfechtung im gemB unten, Rn. 263) und **endet die Amtszeit** des BR während des laufenden Anfechtungsverfahrens, so **fehlt** es für die Weiterführung des Verfahrens am notwendigen **Rechtsschutzinteresse.**[788] 261

Die **Rechtskraft** eines solchen Beschlusses sollte allerdings nach früher vertretener Ansicht des *BAG* nur zwischen den Beteiligten (AG und BR, ggf. auch der im Betrieb vertretenen Gewerkschaft und dem WV) wirken und sich dagegen nicht auf die Parteien eines Kündigungsschutzprozesses erstrecken, in dem zu prüfen war, ob der richtige BR ordnungsgemäß vor Ausspruch der Kündigung gehört wurde.[789] Umgekehrt entfaltet aber die Rechtskraft in einem Kündigungsschutzprozess, in dem die richtige Abgrenzung der betriebsratsfähigen Einheiten als Vorfrage geprüft worden ist, keine präjudiziellen Bindungswirkungen zwischen den Betriebsparteien. Andernfalls könnte die der Klarstellung dienende Anfechtungsfrist des § 19 Abs. 2 unterlaufen werden, zumal die **Verkennung des Betriebsbegriffs** regelmäßig die Wahl nur anfechtbar, nicht aber nichtig macht.[790] Eine zur etwaigen **Nichtigkeit der Wahl** führende offensichtliche Verkennung des Betriebsbegriffs durch den WV liegt **nicht** vor, wenn dieser annimmt, es liege ein einheitlicher Betrieb vor, weil die **Kundenkontakte von Fahrradkurieren über ein und dieselbe App gesteuert** wird und er deshalb eine einheitliche Namensliste zur Wahlvorbereitung einer einheitlichen BR-Wahl anfordert; das gilt sogar dann, wenn die Kuriere ursprünglich zwei konkurrierenden UN angehörten, das eine UN aber das andere UN 262

783 *LAG München* 28.4.04 – 5 Sa 1375/03, EzA-SD 18/04, 13 = AuR 05, 118 (Ls.).
784 Vgl. *BAG* 17.1.78, AP Nr. 1 zu § 1 BetrVG 1972.
785 *BAG* 25.9.86, AP Nr. 7 zu § 1 BetrVG 1972.
786 Vgl. *BT-Drucks.* 14/5741, S. 38.
787 *BAG* 19.11.03 – 7 ABR 25/03, AP Nr. 55 zu § 19 BetrVG.
788 *BAG* 16.4.08 – 7 ABR 4/07, NZA-RR 08, 583.
789 *BAG* 29.1.87, AP Nr. 6 zu § 1 BetrVG 1972; anders jetzt aber *BAG* 9.4.91, EzA § 18 BetrVG 1972 Nr. 7, das eine solche präjudizielle Bindungswirkung des Beschlussverfahrens nach § 18 Abs. 2 für die Individualrechtsverhältnisse zwischen AG und AN bejaht; ähnlich, wenn auch enger, bereits *BAG* 10.11.87, EzA § 113 BetrVG 1972 Nr. 19.
790 *BAG* 13.9.84, EzA § 19 BetrVG 1972 Nr. 20; vgl. zur betriebsverfassungsrechtlichen Bestandskraft von zwar anfechtbaren, aber wegen Fristablaufs unanfechtbar gewordenen BR-Wahlen *BAG* 27.6.95, BB 96, 1504.

im Rahmen einer Umwandlung übernommen hatte und die beiden Gruppen von Kurieren weiterhin von zwei unterschiedlichen HR-Managern betreut werden.[791]

263 **Beim gemB** sind wegen der **Anfechtungsberechtigung** Besonderheiten zu beachten, die wegen der unsteten Rechtsprechungsentwicklung schwer zu durchschauen sind. Während zunächst davon auszugehen war, dass bei einer Anfechtung wegen **Verkennung des Betriebsbegriffs** die Wahl aller BR angefochten werden müsste[792], will das *BAG* jetzt nach Fallgruppen differenzieren[793]: (1) Ist das Vorliegen eines gemB unzweifelhaft und wollen die an ihm beteiligten AG die BR-Wahl aus anderen Gründen anfechten, so müssen sie dies gemeinsam tun.[794] (2) Liegt der Grund der Anfechtung aber gerade darin, dass es an einem gemB fehle und wird deshalb geltend gemacht, es hätten getrennte Wahlen erfolgen müssen, soll es für die Anfechtungsberechtigung genügen, wenn nur ein am mutmaßlichen gemB beteiligter AG anficht.[795] (3) Entsprechendes gilt im umgekehrten Fall, wenn die AN eines AG eine BR-Wahl nur für dessen Betriebsstätte durchgeführt haben, der AG diese Wahl aber mit der Behauptung anficht, es hätte ein einheitlicher BR für einen mit anderen UN geführten gemB gewählt werden müssen.[796]

264 Im arbeitsgerichtlichen Beschlussverfahren über Streitigkeiten wegen der MBR eines BR, der für einen gemB errichtet ist, sind dagegen alle am gemB beteiligten UN verfahrensbeteiligt.[797]

§ 2 Stellung der Gewerkschaften und Vereinigungen der Arbeitgeber

(1) Arbeitgeber und Betriebsrat arbeiten unter Beachtung der geltenden Tarifverträge vertrauensvoll und im Zusammenwirken mit den im Betrieb vertretenen Gewerkschaften und Arbeitgebervereinigungen zum Wohl der Arbeitnehmer und des Betriebs zusammen.

(2) Zur Wahrnehmung der in diesem Gesetz genannten Aufgaben und Befugnisse der im Betrieb vertretenen Gewerkschaften ist deren Beauftragten nach Unterrichtung des Arbeitgebers oder seines Vertreters Zugang zum Betrieb zu gewähren, soweit dem nicht unumgängliche Notwendigkeiten des Betriebsablaufs, zwingende Sicherheitsvorschriften oder der Schutz von Betriebsgeheimnissen entgegenstehen.

(3) Die Aufgaben der Gewerkschaften und der Vereinigungen der Arbeitgeber, insbesondere die Wahrnehmung der Interessen ihrer Mitglieder, werden durch dieses Gesetz nicht berührt.

Inhaltsübersicht

791 *LAG Köln* 22. 1. 20 – 6 TaBVGa 4/19, juris.; *HessLAG* 12. 3. 21 – 14 Sa 306/20, BeckRS 21, 15627, ordnete solche App-gesteuerten Fahrradkuriere als AN ein und konzedierte diesen folgerichtig einen Anspruch auf ein verkehrstüchtiges Fahrrad sowie ein internetfähiges Mobiltelefon.

792 So noch *BAG* 7. 12. 88 – 7 ABR 10/88, BAGE 60, 276; 31. 5. 00 – 7 ABR 78/98, BAGE 95, 15.

793 Zusammenfassend *BAG* 16. 1. 18 – 7 ABR 21/16, NZA 18, 675.

794 *BAG* 28. 11. 77 – 1 ABR 36/76, AP Nr. 6 zu § 19 BetrVG 1972.

795 *BAG* 10. 11. 04 – 7 ABR 17/04, AP Nr. 4 zu § 3 BetrVG 1972.

796 *BAG* 16. 1. 18 – 7 ABR 21/16, NZA 18, 675; vgl. auch *BAG* 22. 11. 17 – 7 ABR 40/16, NZA 18, 724 unter Aufgabe von *BAG* 31. 5. 00 – 7 ABR 78/98, a. a. O. und *BAG* 7. 12. 88 – 7 ABR 10/88, a. a. O.; dies offen gelassen in *BAG* 21. 9. 11 – 7 ABR 54/10, AP Nr. 9 zu § 3 BetrVG 1972, Rn. 20.

797 *BAG* 15. 5. 07 – 1 ABR 32/06, NZA 07, 1240.

I. Vorbemerkungen

Die Vorschrift enthält in **Abs. 1** zunächst das **Gebot der vertrauensvollen Zusammenarbeit** 1
zwischen AG und BR. Dieser Grundsatz sowie das in § 74 Abs. 2 enthaltene **Arbeitskampfverbot** für den BR (vgl. § 74 Rn. 16 ff.), aber auch die Bindung des BR an das gesetzlich nicht näher definierte **»Betriebswohl«**[1] legen den BR zumindest auf ein »wirtschaftsfriedliches« Verfahren im Umgang mit dem AG fest. Gleichwohl behält er auch nach Ansicht des *BAG*[2] seinen Charakter als Interessenvertretung, weil er zumindest **in erster Linie** die **AN-Interessen** vertritt. Dies schließt es jedenfalls aus, den BR als ordnungspolitisches Instrument zur Durchsetzung von AG-Interessen zu begreifen. Darüber hinaus erstreckt sich der Kooperationsgrundsatz des Abs. 1 auch auf das Verhältnis zwischen BR und Gewerkschaft. Eine – zudem gerichtlich erzwingbare – **wechselseitige Kooperationspflicht** lässt sich hieraus aber nicht ableiten (vgl. Rn. 42 ff.).

Abs. 2 betrifft als originären Anspruch das **Zugangsrecht der Gewerkschaften** zur Erfüllung 2
ihrer betriebsverfassungsrechtlichen Aufgaben und Befugnisse (vgl. Rn. 78 ff.). Diese Rechtsposition verstößt nicht gegen das Grundrecht der Unverletzlichkeit der Wohnung (Art. 13 GG),[3] wohl aber muss hierfür stets ein Bezug zu den betriebsverfassungsrechtlichen Angelegenheiten vorliegen.[4]

Die spezifischen **koalitionspolitischen Aufgaben** von Gewerkschaften und AG-Verbänden 3
sind in **Abs. 3** angesprochen (vgl. Rn. 98 ff.). Zugleich wird darin klargestellt, dass die Funktionen und Aufgaben von BR und Gewerkschaften im Betrieb und im Rahmen der Betriebsverfassung verschiedenartig sind. Insbesondere vertritt der BR auch die Belange der nicht oder in einer anderen Gewerkschaft organisierten AN. Abs. 3 hat zugleich die Funktion, zu verdeutlichen, dass die **betrieblichen und überbetrieblichen koalitionspolitischen Aufgaben** (Art. 9 Abs. 3 GG) weder durch die gesetzliche Regelung der Betriebsverfassung noch durch die in Abs. 2 angesprochenen betriebsverfassungsrechtlichen Aufgaben der Gewerkschaften eingeschränkt werden (zur Doppelstruktur der Wahrnehmung der AN-Interessen auf betrieblicher Ebene durch BR und Gewerkschaften [sog. duales System] vgl. Einl. Rn. 59 ff.; zur Rechtsstellung der Gewerkschaften nach Abs. 3 i. V. m. Art. 9 Abs. 3 GG vgl. Rn. 98 ff.).[5] Dies bedeutet, dass der **BR** – auch wenn er die Belange der nicht organisierten AN vertritt – **keine »Ersatzgewerkschaft«** ist und die gewerkschaftliche Interessenvertretung als solche im Betrieb nicht verdrängen darf:[6] BR dürfen nicht dazu benutzt werden, »die Stellung der beteiligten Ge-

---

1 Zur Entstehungsgeschichte vgl. Richardi-*Maschmann*, Rn. 15 ff.
2 2. 11. 55, AP Nr. 1 zu § 23 BetrVG.
3 Vgl. *BVerfG* 14. 10. 76, AP Nr. 3 zu § 2 BetrVG 1972.
4 *BAG* 26. 6. 73, AP Nr. 2 zu § 2 BetrVG 1972.
5 *Bösche/Grimberg*, FS Däubler, 355; *Gamillscheg*, Kollektives Arbeitsrecht, Bd. II, S. 61 ff., insbesondere auch zur historischen Entwicklung und mit rechtsvergleichenden Hinweisen; *Krause*, RdA 09, 129 ff.; umfassend *Däubler*, Gewerkschaftsrechte, Rn. 256–683.
6 *Fitting*, Rn. 11; *Krause*, a. a. O., 135.

werkschaften oder ihrer Vertreter zu untergraben«.[7] Die materiellen Arbeitsbedingungen der AN können wirkungsvoll nur von den Gewerkschaften durch – auch **im Wege des Arbeitskampfes durchsetzbare – Tarifverträge** geregelt werden.[8]

II. Zusammenarbeit zwischen Betriebsrat und Arbeitgeber

1. Der Grundsatz der vertrauensvollen Zusammenarbeit

4 Das in Abs. 1 angesprochene Prinzip der **vertrauensvollen Zusammenarbeit** wird in Rspr. und Literatur als eine **Generalklausel** verstanden.[9] Sie stellt nach h. M. eine unmittelbar **verpflichtende Rechtsnorm** und nicht nur einen unverbindlichen Programmsatz dar.[10] Aus dieser Vorschrift lassen sich jedoch unabhängig vom Bestehen konkreter betriebsverfassungsrechtlicher Rechtsvorschriften keine gegenseitigen Rechte und Pflichten der Betriebsparteien herleiten[11] oder »ungeschriebene« Mitwirkungs- und Mitbestimmungsrechte des BR begründen, die im Gesetz nicht geregelt sind.[12] Das Gebot der vertrauensvollen Zusammenarbeit betrifft lediglich die Art und Weise der Ausübung bestehender Rechte.[13] Es ist allerdings bei der **Auslegung** der gesetzlichen Mitwirkungs- und Mitbestimmungstatbestände und der Bestimmung des Inhalts und der Abgrenzung der Rechte und Pflichten von BR und AG zu berücksichtigen.[14] Aus ihm leiten sich – den Grundsätzen von Treu und Glauben entsprechend[15] – **wechselseitige Pflichten zur Rücksichtnahme**[16] und **Verhaltens- und Nebenpflichten**[17] von BR und AG bei der Wahrnehmung ihrer Rechte und Erfüllung ihrer Pflichten aus dem Gesetz ab[18] (vgl. dazu Rn. 8 ff., 29 ff.). So hat der AG beispielsweise alles zu unterlassen, was der Wahrnehmung der Mitbestimmungsrechte durch den BR entgegensteht.[19] Aus Abs. 1 ergibt sich allerdings nicht die Verpflichtung der Betriebsparteien, sich auf ein **freiwilliges ESt.-Verfahren** (vgl. dazu § 76 Rn. 10 ff.) einzulassen.[20] Das Gebot der vertrauensvollen Zusammenarbeit kann unter bestimmten Voraussetzungen auch zu einer **weiten Auslegung der Informations- und Auskunftspflichten** des AG (vgl. § 80 Rn. 64 ff.) führen[21] und ist etwa bei der Bestimmung der Erforderlichkeit der Kosten und des Sachaufwands des BR (vgl. § 40 Rn. 15 ff., 116 ff.) zu beachten.[22] Das Gebot der vertrauensvollen Zusammenarbeit erstreckt sich auf das **betriebsverfassungsrechtliche Rechtsverhältnis** zwischen BR und AG.[23] Als **Adressaten des Gebots der vertrauensvollen Zusammenarbeit** gelten über den Wortlaut von Abs. 1 hinaus nach h. M. der **GBR** und **KBR**, die **JAV**, die **Schwerbehindertenvertretung** und der **Betriebsausschuss** sowie die sonstigen **Ausschüsse des BR,** soweit ihnen Aufgaben zur selbstständigen Erledigung

---

7 ILO-Abkommen Nr. 135, abgedruckt bei *Däubler*, a. a. O., Rn. 18; dazu auch *Däubler*, a. a. O., Rn. 84; *Fitting*, Rn. 48.
8 *Fitting*, a. a. O.; Berg/Kocher/Schumann-*Berg*, Grundl. Rn. 19 ff.
9 Vgl. etwa *BAG* 2. 11. 55, 22. 5. 59, AP Nrn. 1, 3 zu § 23 BetrVG; 5. 2. 71, AP Nr. 6 zu § 61 BetrVG; *Fitting*, Rn. 2; *GL*, Rn. 2 ff.; *Gamillscheg*, Kollektives Arbeitsrecht, Bd. II; S. 140; GK-*Franzen*, Rn. 5; MünchArbR-*v. Hoyningen-Huene*, § 214 Rn. 2; Richardi-*Maschmann*, Rn. 4 ff.
10 *BAG* 21. 2. 78 – 1 ABR 54/76, DB 78, 1547; ErfK-*Koch*, Rn. 1; GK-*Franzen*, a. a. O., m. w. N.
11 *BAG* 28. 5. 14 – 7 ABR 36/12, NZA 14, 1213.
12 *BAG* 3. 5. 94 – 1 ABR 24/93, DB 94, 2450; WPK-*Preis*, Rn. 6.
13 *BAG* 19. 11. 19 – 7 ABR 52/17, NZA 20, 727; 26. 9. 18 – 7 ABR 18/16, NZA 19, 181 (Rn. 56); 28. 5. 14, a. a. O.; 23. 8. 84 – 6 AZR 520/82, NZA 85, 566.
14 *BAG* 3. 5. 94; a. a. O.; *Fitting*, Rn. 23; *Freckmann/Koller-van Delden*, BB 06, 490, 491.
15 *BAG* 14. 2. 23 – 1 ABR 28/21, NZA 23, 70; 19. 11. 19, a. a. O.; 12. 3. 19 – 1 ABR 42/17, NZA 19, 843; 26. 9. 18 – 7 ABR 18/16, NZA 19, 181; 28. 5. 14, a. a. O.
16 *BAG* 19. 11. 19, a. a. O.; 18. 5. 10 – 1 ABR 6/09; NZA 10, 1433; *Fitting*, a. a. O.; MünchArbR-*v. Hoyningen-Huene*, § 213 Rn. 17.
17 *BAG* 28. 5. 14, a. a. O.
18 *Fitting*, a. a. O.; GK-*Franzen*, a. a. O.; WPK-*Preis*, Rn. 5.
19 *BAG* 18. 5. 10, a. a. O.; 3. 5. 94, a. a. O.
20 *BAG* 11. 12. 18 – 1 ABR 17/17, NZA 19, 714; GK-*Jacobs*, § 76 Rn 34.
21 *Fitting*, Rn. 24, m. w. N.
22 *BAG* 8. 3. 23 – 7 ABR 10/22; 17. 11. 21 – 7 ABR 27/20, NZA 22, 564; 24. 10. 18 – 7 ABR 23/17; 23. 6. 10 – 7 ABR 103/08, NZA 10, 1298; *Fitting*, a. a. O.; WPK-*Preis*, Rn. 5.
23 *Fitting*, Rn. 17; Richardi-*Maschmann*, Rn. 8 f.; ErfK-*Koch*, Rn. 1.

übertragen sind (§§ 27, 28).[24] Für die Zusammenarbeit zwischen BR und **SpA** gilt Abs. 1 nicht.[25] Im Rahmen der Ausübung ihrer betriebsverfassungsrechtlichen Aufgaben haben auch die einzelnen **Mitglieder des BR** das Gebot der vertrauensvollen Zusammenarbeit zu beachten.[26] Dies gilt jedoch nicht für das Verhältnis der BR-Mitglieder zueinander und deren Zusammenarbeit[27] und die Beziehungen der **AN** zueinander oder deren Rechtsverhältnis zum AG[28]. Das Gebot der vertrauensvollen Zusammenarbeit kann unter Berücksichtigung des Wortlauts des Abs. 1 und der unterschiedlichen Stellung und Aufgabe von BR und **Gewerkschaften** auch **nicht auf das Verhältnis von AG und Gewerkschaften** übertragen werden.[29]

Dem Gebot der vertrauensvollen Zusammenarbeit liegt eine **bestimmte Konzeption** des Gesetzes zu Grunde. Die Austragung der betrieblichen Konflikte soll nicht in offener Auseinandersetzung erfolgen (wie auf der Ebene der TV-Parteien in Form des Arbeitskampfes), sondern durch den **ständigen Dialog** und die **Mitwirkung des BR** an betrieblichen Entscheidungen. Im Falle unüberbrückbarer Meinungsverschiedenheiten sieht das Gesetz die Möglichkeit der Schlichtung durch eine ESt. vor (zu den Einzelheiten der Errichtung und der Tätigkeit der ESt. vgl. § 76 und die dortigen Erl.). Es hat den **institutionellen Weg** einer **Konfliktregulierung** gewählt.[30] Die eigentliche Bedeutung des Abs. 1 liegt somit in dem **Gebot einer fairen und jede Schikane ausschließenden Verfahrensweise.**[31] Nach der Rspr. des *BAG* sollen die Beteiligten bei der Ausübung der ihnen eingeräumten Rechte nach der Betriebsverfassung nicht mutwillig oder gar rechtsmissbräuchlich handeln;[32] die Zusammenarbeit zum Ausgleich der Interessengegensätze soll vielmehr in gegenseitiger »Ehrlichkeit und Offenheit« erfolgen.[33] 5

Die gesetzlich geforderte »vertrauensvolle Zusammenarbeit« ist nicht darauf ausgerichtet, bestehende **soziale Gegensätze** zu leugnen und die voneinander unabhängige Interessenwahrung durch die Betriebsparteien zu beschränken, sondern setzt diese voraus und soll durch die Vorgabe bestimmter gegenseitiger Verhaltenspflichten einen angemessenen Ausgleich der widerstreitenden Interessenlagen fördern.[34] BR und AG befinden sich in ungleichen Positionen. In das soziale Spannungsfeld, das durch die natürlichen **Interessengegensätze zwischen dem AG** und den AN gekennzeichnet wird,[35] ist der **BR als Vertreter der AN-Interessen** im betrieblichen Bereich einbezogen. Es kommt hinzu, dass Vertrauen ohnehin eine nicht durch Gesetzesbefehl zu erzwingende innere Einstellung ist. Die Formulierung »vertrauensvolle Zusammenarbeit« darf daher nicht den falschen Eindruck erwecken, die im Betrieb bestehenden und auszutragenden Konflikte könnten wesentlich durch bloße harmonische Verhaltensweisen gelöst werden. Aus Abs. 1 ergeben sich allerdings i. V. m. §§ 74, 78 **gegenseitige Verhaltenspflichten.** In **betriebsöffentlichen Auseinandersetzungen** ist durch AG und BR ein **Mindestmaß an gegenseitiger Rücksichtnahme** zu beachten[36] (vgl. dazu Rn. 18 f., 37) 6

24 *Fitting*, Rn. 17; ErfK-*Koch*, Rn. 1; GK-*Franzen*, Rn. 7; Richardi-*Maschmann*, Rn. 11.
25 *Fitting*, Rn. 3; GK-*Franzen* Rn. 9; Richardi-*Maschmann*, Rn. 8.
26 *BAG* 21.2.78 – 1 ABR 54/76, DB 78, 1547; *HessLAG* 19.9.13 – 9 TaBV 225/12, juris, anhängig *BAG* 7 ABR 81/13; *HessLAG* 7.3.13 – 9 TaBV 197/12, AiB 14, 68 mit Anm. *Trittin*; *Fitting*, a. a. O.; GK-*Franzen*, a. a. O.; Richardi-*Maschmann*, Rn. 10.
27 *BAG* 5.9.67 – 1 ABR 1/67, AP Nr. 8 zu § 23 BetrVG; *Fitting*, Rn. 19; GK-*Franzen*, Rn. 8; Richardi-*Maschmann*, Rn. 8: a. A. HWGNRH-*Rose*, Rn. 55.
28 *BAG* 13.7.67 – 1 AZR 496/60, AP Nr. 1 zu § 242 BGB; *Fitting*, a. a. O.; ErfK-*Koch*, Rn. 1; GK-*Franzen*, a. a. O.; HWGNRH-*Rose*, Rn. 54; *Richardi*, a. a. O.
29 *Sächsisches LAG* 27.3.06 – 3 TaBV 6/06; *LAG Hamm* 25.1.08 – 10 TaBV 75/07; 17.11.00 – 10 TaVB 55/00, AiB 01, 723, 724 mit Anm. *Pahde; Brecht*, Rn. 4; *Buchner*, DB 74, 530, 534; WPK-*Preis*, Rn. 12; a. A. soweit die Gewerkschaften ihre betriebsverfassungsrechtlichen Aufgaben und Befugnisse wahrnehmen *BAG* 14.2.67 – 1 ABR 7/66, BB 67, 584; ErfK-*Koch*, Rn. 1; *Fitting*, Rn. 18; GK-*Franzen*, Rn. 10; HWGNRH-*Rose*, Rn. 158; HWK-*Gaul*, Rn. 3; Richardi-*Maschmann*, Rn. 11.
30 *Zachert*, MitbGespr 75, 189.
31 *Däubler*, Grundrecht, S. 389.
32 *BAG* 3.10.78, AP Nr. 14 zu § 40 BetrVG 1972.
33 So *BAG* 22.5.59, AP Nr. 3 zu § 23 BetrVG; vgl. dazu auch *Gamillscheg*, Kollektives Arbeitsrecht, Bd. II, S. 140 f.
34 *LAG Düsseldorf* 7.3.12 – 4 TaBV 87/11, RDV, 12, 310, juris.
35 Ähnlich ErfK-*Koch*, Rn. 1; *Fitting*, Rn. 21; GK-*Franzen*, Rn. 14; *GL*, Rn. 12.
36 *BAG* 28.5.14 – 7 ABR 36/12, NZA 14, 1213, Rn. 35; *LAG Mecklenburg-Vorpommern* 20.1.16 – 5 TaBV 11/15, Juris, Rn. 166.

7 Der Grundsatz der vertrauensvollen Zusammenarbeit wird in einer Reihe weiterer Vorschriften des Gesetzes **konkretisiert.** So sind **Maßnahmen des Arbeitskampfes** zwischen AG und BR unzulässig (vgl. § 74 Rn. 16 ff.). AG und BR haben Betätigungen zu unterlassen, durch die der **Arbeitsablauf** oder der **Frieden des Betriebs** beeinträchtigt werden (vgl. § 74 Rn. 44 ff.). Zur Beilegung von Meinungsverschiedenheiten zwischen AG und BR, soweit diese **Regelungsstreitigkeiten** betreffen, wird bei Bedarf eine **ESt.** gebildet bzw. kann die ESt. als ständige Einrichtung durch BV errichtet werden (vgl. § 76 Abs. 1 Satz 2). Betrifft die Meinungsverschiedenheit dagegen eine **Rechtsstreitigkeit,** ist grundsätzlich die arbeitsgerichtliche Zuständigkeit gegeben (näher dazu § 76 Rn. 14).

2. Verhaltenspflichten und Rechte des Arbeitgebers

8 Die aus sich Abs. 1 ergebenden Verhaltenspflichten und Rechte des AG lassen sich wie folgt exemplarisch konkretisieren:

9 • Der AG darf keine Maßnahmen ergreifen, die darauf abzielen, die **Wahrnehmung der Informations- und Mitbestimmungsrechte** durch den BR **zu unterbinden bzw. zu behindern.**[37] So verstößt es gegen Abs. 1, wenn der AG sich weigert, dem BR im Rahmen des **Anhörungsverfahrens gem. § 99 BetrVG** die von ihm angefertigten schriftlichen Aufzeichnungen zur tatsächlichen und rechtlichen) Begründung einer von ihm beabsichtigten **Ein- oder Umgruppierung** zur Verfügung zu stellen (vgl. dazu auch § 99 Rn. 154).

10 • Der AG darf **keine vollendeten Tatsachen schaffen,**[38] z. B. durch die einseitige Regelung mitbestimmungspflichtiger Angelegenheiten kurz vor der Konstituierung des BR[39] (vgl. dazu auch § 26 Rn. 6).

11 • Es verstößt gegen Abs. 1, wenn der AG in einer mitbestimmungspflichtigen Angelegenheit vom BR verlangt, sich seinen Regelungsvorstellungen bedingungslos zu unterwerfen, und ihm für den Fall der Ablehnung des Regelungsvorschlags die **Umgehung der zwingenden Mitbestimmung** oder das **missbräuchliche Ausweichen auf mitbestimmungsfreie Regelungsspielräume** androht[40] (vgl. dazu auch § 87 Rn. 315).

12 • Verstöße des BR gegen Abs. 1 oder der **rechtsmissbräuchliche Ausübung von Mitbestimmungsrechten** geben dem AG – auch in eilbedürftigen Angelegenheiten – nicht das Recht, z. B. im Bereich der Mitbestimmung in sozialen Angelegenheiten, **einseitige Anordnungen** zu treffen (vgl. dazu auch § 87 Rn., 9, 23).[41]

13 • Nach der erstmaligen Wahl eines BR ist der AG nach Abs. 1 verpflichtet, zur Regelung bisher vom ihm **einseitig getroffener mitbestimmungspflichtiger Maßnahmen** unverzüglich in Verhandlungen einzutreten und sich ggf. auch auf ein Verfahren vor der ESt. einzulassen[42] (vgl. dazu auch § 87 Rn. 15).

13a • Die Weigerung des AG, dass er oder seine Vertreter:innen **in Besprechungen oder Verhandlungen mit dem BR in deutscher Sprache** sprechen, kann einen Verstoß gegen Abs. 1 darstellen. Das gilt zumindest dann, wenn die Mitglieder des BR die vom AG bevorzugte Sprache nicht ausreichend beherrschen. Die Erschwerung und Fehleranfälligkeit der Kommunikation in einer Fremdsprache **belasten unter diesen Umständen das vertrauensvolle Zusammenwirken der Betriebsparteien** und können auch durch die Hinzuziehung weiterer Personen zur Dolmetschung nicht ausreichend kompensiert werden[43] (zum Mitbestimmungsrecht des BR gem. § 87 Abs. 1 Nr. 1 BetrVG s. § 87 Rn. 68).

---

37 *LAG Rheinland-Pfalz* 19. 2. 09 – 11 TaBV 29/08, juris; *Fitting*, Rn. 26.

38 Fitting, a. a. O.

39 *LAG Rheinland-Pfalz* 19. 2. 09, a. a. O.

40 So *BAG* 26. 5. 98 – 1 AZR 704/97, DB 98, 2119, für die Mitbestimmung des BR bei der Anrechnung einer Tariferhöhung auf übertarifliche Zulagen gem. § 87 Abs. 1 Nr. 10; *Fitting*, Rn. 25.

41 *HessLAG* 11. 11. 10 – 5 TaBV 60/10, juris; *LAG Niedersachsen* 26. 2. 91 – 6 TaBV 70/90; in extremen Notsituationen sind vorläufig einseitige Maßnahmen des AG denkbar, wenn er unverzüglich die Beteiligung des BR nachholt: *BAG* 19. 2. 91 – 1 ABR 31/90, DB 91, 2043.

42 *LAG Sachsen-Anhalt* 17. 6. 08 – 8 TaBVGa 10/08.

43 Vgl. auch *Gutmann*, AuR 08, 81 ff. (unter 4.4); a. A. *LAG Nürnberg* 18. 6. 20 – 1 TaBV 33/19, NZA-RR 20, 528.

- Es stellt einen groben Verstoß gegen Abs. 1 dar, wenn der AG BR-Mitglieder in einem **Brief an die Beschäftigten** als »unsolidarisch und verantwortungslos« kritisiert, weil sie nicht bereit sind, zum Zweck des »Ausstiegs aus dem BAT« eine entsprechende Bezugnahmeklausel in ihren Arbeitsverträgen zu ändern.[44] 14
- Droht der AG die **Streichung freiwilliger Sozialleistungen** (z. B. Weihnachtsfeier, Zulagen, kostenlose Parkplatznutzung) oder sonstige **Nachteile für die Belegschaft** an, weil der BR in einer mitbestimmungspflichtigen Angelegenheit eine dem AG nicht genehme Haltung einnimmt[45] oder nicht bereit ist, auf die Durchführung eines Verfahrens vor der ESt. zu verzichten,[46] ist dies ebenfalls mit Abs. 1 nicht vereinbar. 15
- Die Entscheidungsfreiheit des BR wird unzulässig beeinträchtigt, wenn der AG eine **Prämienzahlung wegen verlängerter Ladenöffnungszeiten** davon abhängt macht, dass eine zu diesem Zweck abgeschlossene befristete in eine unbefristete BV abgeändert wird,[47] 16
- Es kann dem Arbeitgeber verwehrt sein, sich auf die wirtschaftliche **Unvertretbarkeit eines angemessenen Sozialplanvolumens** (vgl. § 112 Abs. 5 Satz 1) zu berufen, wenn er im Vorfeld einer Betriebsänderung durch treuwidriges Verhalten (z. B. Betriebsaufspaltung, Herbeiführung der Verschlechterung der wirtschaftlichen Lage, Vermögensvermischung) die wirtschaftliche Unvertretbarkeit eines angemessenen Sozialplanvolumens verursacht hat[48] (vgl. dazu §§ 112, 112a Rn. 150ff., 186ff.). 16a
- Es stellt einen Verstoß gegen das Gebot der vertrauensvollen Zusammenarbeit dar, wenn der Arbeitgeber ein BR-Mitglied erfolglos zum Abschluss eines Aufhebungsvertrages drängt und anschließend durch einen Aushang im Betrieb die Behauptung veröffentlicht, das BR-Mitglied habe durch die Forderung nach einer zu hohen Abfindung das Vertrauen der Belegschaft und seine Verantwortung gegenüber dieser missbraucht und gegen das Verbot der Begünstigung verstoßen.[49] Das gilt ebenso, wenn der Arbeitgeber diese Veröffentlichung durch das Intranet, eine App und einen Aushang zusätzlich in anderen Betrieben des Unternehmens bekannt macht.[50] Abwertende und entstellende Äußerungen des AG zur **betriebsöffentlichen Herabsetzung des BR** können wegen des Gebots der vertrauensvollen Zusammenarbeit auch nicht mit der Meinungsfreiheit aus Art. 5 Abs. 1 GG gerechtfertigt werden.[51] 17
- Es ist unzulässig, wenn der AG durch betriebsöffentliche **Äußerungen zur Arbeit des Betriebsrats und ihren Folgen** das Ansehen des Betriebsrats herabmindert,[52] z. B. durch die Äußerung auf einer Betriebsversammlung, er sei zu einer **Zusammenarbeit mit dem BR** wegen dessen personeller Zusammensetzung nicht mehr bereit.[53] 18
- Dies gilt auch, wenn ein AG eine in einer Betriebsversammlung geführte Auseinandersetzung dadurch fortsetzt, dass er ein **an den BR gerichtetes Schreiben,** in dem er diesem vorwirft, er »wende sich mit verbissener Aggressivität gegen das UN«, »führe mit bösartiger Häme rhetorische Rundumschläge« und »handle bewusst unredlich und verbreite billige Stimmungsmache«, an einen **größeren Personenkreis** (z. B. 69 Betriebsangehörige) **zur Kenntnis** verschickt.[54] 19

---

44 *ArbG Stralsund* 14.12.04 – 5 BV 1/04, AiB 05, 498 mit Anm. *Eisenreich-Redekes*.
45 *ArbG Regensburg* 30.5.00, AiB 01, 51 mit Anm. *Helm*.
46 *HessLAG* 31.7.08 – 9/4 TaBV 24/08, juris.
47 *LAG Hamburg* 20.12.10 – 7 TaBV 4/10, AiB 11, 469 mit Anm. *Brinkmeier*; juris.
48 *LAG Berlin-Brandenburg* 18.10.18 – 21 TaBV 1372/17, juris, Rn. 10ff. (im entschiedenen Fall verneint), anhängig *BAG* 1 ABR 7/19.
49 *LAG Nürnberg* 14.11.22 – 1 TaBVGa 4/22.
50 *LAG Nürnberg* 14.11.22, a.a.O.
51 *LAG Niedersachsen* 6.4.04 – 1 TaBV 64/03, DB 04, 1735; a. A. *Wichert*, NZA 18, 381, 384.
52 *BAG* 12.11.97 – 7 ABR 14/97, BB 98, 1006 = AiB 98, 341 mit Anm. *Metzko*; *LAG Berlin-Brandenburg* 31.5.17 – 15 TaBV 1979/16, juris, Rn. 49; *HessLAG* 31.7.08, a.a.O.; *ArbG Köln* 17.3.08 – 15 BV 286/07, AuR 08, 362.
53 *ArbG Bremen* 4.7.91 – 4a BVGa 12/91.
54 *LAG Köln* 16.11.90, BB 91, 1191 = AuR 91, 121.

20 • **Provoziert** der AG den BR jahrelang und hartnäckig **durch Missachtung und Rechtsverstöße,** kann er sich nicht unter Bezugnahme auf Abs. 1 zur Wehr setzen, wenn der BR seinerseits den AG gegenüber Dritten diffamiert und beleidigt.[55]

21 • Gegen das Gebot der vertrauensvollen Zusammenarbeit verstößt das **Betreten des BR-Büros** durch den AG ohne Zustimmung des BR oder in dessen Abwesenheit.[56]

22 • Das **Öffnen der an den BR gerichteten Post** durch den AG verletzt u.a. auch das Gebot zur vertrauensvollen Zusammenarbeit.[57] Das gilt auch für den Zugriff des AG auf **Akten und Dateien** bzw. das **Betriebsratslaufwerk des betrieblichen EDV-Systems**[58] (vgl. dazu auch § 34 Rn. 12).

23 • Die **Veröffentlichung der Kosten der BR-Arbeit** durch die AG durch Aushang oder durch eine entsprechende Darstellung auf einer Betriebsversammlung ist in der Regel ebenfalls unzulässig.[59]

24 • Ein Verstoß gegen das Gebot der vertrauensvollen Zusammenarbeit kann auch in der willkürlichen und das **Kommunikationsrecht von Betriebsrat und Belegschaft** (vgl. dazu § 42 Rn. 2 ff.) ignorierenden Bestimmung der **Standorte der sog. Schwarzen Bretter** des BR (vgl. dazu § 40 Rn. 146 ff.) durch den AG liegen.[60]

25 • Vor Einleitung von gerichtlichen Schritten mit dem Ziel des **Ausschlusses eines BR-Mitglieds aus dem BR** oder der **Auflösung des BR** wegen Verletzung betriebsverfassungsrechtlicher Pflichten kann der AG gehalten sein, eine **betriebsverfassungsrechtliche Abmahnung** auszusprechen (vgl. dazu § 23 Rn. 148 ff.).

26 • Werden von einer im Betrieb vertretenen Gewerkschaft die AN zu einer **Betriebsversammlung gemäß § 17** eingeladen, ist der AG nach Abs. 1 verpflichtet, die Gewerkschaft bei der Bekanntmachung der Einladung im Betrieb, ggf. durch Unterrichtung aller AN auf Kosten der Gewerkschaft, zu unterstützen (vgl. dazu § 17 Rn. 5).[61]

27 • Dem Gebot der vertrauensvollen Zusammenarbeit entsprechend ist der AG verpflichtet, dem BR zu gestatten, auf seinem Briefpapier und seinen Veröffentlichungen das **Logo des Unternehmens** zu verwenden (vgl. dazu auch § 40 Rn. 127).[62]

27a • Hat der AG über einen längeren Zeitraum die **Wirksamkeit eines BR-Beschlusses** (etwa zur innerbetrieblichen Stellenausschreibung gemäß § 93) nicht in Zweifel gezogen und sich vorbehaltlos dem Beschluss entsprechend verhalten, kann es ihm wegen widersprüchlichen Verhaltens gemäß Abs. 1 verwehrt sein, sich später auf die Unwirksamkeit des Beschlusses zu berufen.[63]

28 • Zu weiteren Beispielen s. auch § 74 Rn. 74 ff. und § 78 Rn. 17 ff.; zur strafrechtlichen Relevanz von Behinderungen oder Störungen der Tätigkeit des BR s. § 119 Rn. 14 ff.

3. Verhaltenspflichten und Rechte des Betriebsrats

29 Für die sich aus Abs. 1 ergebenden Verhaltenspflichten und Rechte des BR gilt exemplarisch folgendes:

30 • Die **Wahrnehmung der Rechte des BR oder der AN** durch den BR im Rahmen der ihm gesetzlich zugewiesenen Aufgaben kann grundsätzlich nicht als Verstoß gegen das Gebot der vertrauensvollen Zusammenarbeit gewertet werden (vgl. dazu auch – unter dem

---

55 *HessLAG* 13.9.12 – 9 TaBV 79/12, juris; *ArbG Marburg* 28.5.99, DB 01, 156.
56 *ArbG Mannheim* 20.10.99, AiB 01, 48 mit Anm. *Stather*.
57 *ArbG Wesel* 23.1.92, AiB 93, 43; *ArbG Stuttgart* 22.12.87, BetrR 88, 17.
58 *LAG Düsseldorf* 7.3.12 – 4 TaBV 87/11, RDV, 12, 310, juris.
59 *BAG* 12.11.97, a.a.O.; 19.7.95, BB 96, 328; *LAG Niedersachsen* 6.4.04, DB 04, 1735; *ArbG Wesel* 10.4.96, AiB 97, 52 mit Anm. *Grimberg*; *Fitting*, Rn. 25.
60 Vgl. die Sachverhalte bei *LAG Rheinland Pfalz* 23.9.09 – 7 TaBV 20/09; *HessLAG* 15.3.07 – 9 TaBVGa 32/07 9 TaBVGa 32/07.
61 *LAG Hamburg* 16.6.92 – 2 TaBV 10/91, BetrR 94, 121 mit Anm. *Fahlbusch*.
62 *HessLAG* 28.8.73 – 5 TaBV 66/73, DB 73, 2451; *ArbG Oberhausen* 15.12.10 – 1 BV 58/10, AuR 11, 266 Ls., juris.
63 *LAG Berlin-Brandenburg* 5.9.13 – 21 TaBV 843/13, BB 14, 819, juris.

Gesichtspunkt der Beeinträchtigung des Betriebsfriedens – § 74 Rn. 76).[64] So stellt z. B. die ständige Beschäftigung des AG mit der **Anforderung von Informationsunterlagen, Tabellenaufbereitungen, Bücherbestellungen** und **Gerichtsverfahren** keinen Verstoß gegen den Grundsatz der vertrauensvollen Zusammenarbeit dar.[65] Auch eine **konsequente, extensive** und an den Vorstellungen der Gewerkschaften orientierte Wahrnehmung von Rechtspositionen und Interessen der AN verstößt nicht gegen Abs. 1.

- Die **Kündigung und Anfechtung** von 16 vom Vorgänger-BR abgeschlossener (teilweise unwirksamer) **BV** verletzt nicht das Gebot der vertrauensvollen Zusammenarbeit.[66] **30a**
- Die – nicht rechtsmissbräuchliche oder schikanöse – **Einleitung zahlreicher Beschlussverfahren** durch den BR gegen den AG kann grundsätzlich nicht als Verstoß gegen die vertrauensvolle Zusammenarbeit bewertet werden.[67] Dies gilt z. B. auch für die **gerichtliche Verfolgung eines Unterlassungsanspruchs** des BR wegen des Verstoßes gegen eine BV oder der Verletzung von Mitbestimmungsrechten durch den AG,[68] selbst wenn der BR diesen zunächst mehrere Jahre lang hingenommenen hat.[69] Etwas anderes kann nach der Rspr. des *BAG*[70] in eng begrenzten Ausnahmefällen dann gelten, wenn der BR Unterlassungsansprüche wegen Verletzung von Mitbestimmungsrechten des BR durch den AG gerichtlich verfolgt, die er seinerseits durch eine schwerwiegende Verletzung des Gebots der vertrauensvollen Zusammenarbeit und der Grundsätze der Zusammenarbeit der Betriebsparteien gemäß § 74 Abs. 1 Satz 2 erlangt hat. Eine missbräuchliche und damit gegen Abs. 1 verstoßende Ausübung einer formalen Rechtsstellung durch den BR kommt wegen der Besonderheiten des durch die Wahrnehmung strukturell gegensätzlicher Interessen gekennzeichneten Rechtsverhältnisses zwischen AG und BR aber nur **in besonders schwerwiegenden, eng begrenzten Ausnahmefällen** in Betracht.[71] **31**
- Der BR ist nach Abs. 1 auch bei einem **eilbedürftigen Regelungsbegehren** des AG nicht verpflichtet, sich den Vorstellungen des AG über den Regelungsgegenstand, die Person des Vorsitzenden und/oder die Anzahl der Beisitzer einer **Einigungsstelle** zu unterwerfen, sondern kann zur rechtskräftigen Klärung dieser Fragen das gerichtliche Bestellungsverfahren ausschöpfen. Führt der AG in einem solchen Fall eine von ihm beabsichtigte Maßnahme ohne Zustimmung des BR einseitig durch, kann die für den Erlass einer – auf die Untersagung der Durchführung dieser Maßnahme gerichteten – einstweiligen Verfügung des BR erforderliche Eilbedürftigkeit bzw. das Vorliegen eines Verfügungsgrunds in der Regel nicht wegen unzureichender Mitwirkung des BR verneint werden.[72] Dies gilt insbesondere dann, wenn der AG die rechtzeitige und ordnungsgemäße Beteiligung des BR unterlassen und damit die Eilbedürftigkeit der Angelegenheit selbst verursacht hat (vgl. dazu auch § 76 Rn. 54). **31a**
- Ein BR-Mitglied, dass der **gewerkschaftlichen Tarifkommission** angehört, kann während der **Tarifverhandlungen** über einen Firmen-TV den Arbeitgeber darauf hinweisen, dass der BR in Erwägung zieht, die Einhaltung von Fristenregelungen in einer BV durch den Arbeitgeber zukünftig weniger großzügig, sondern nach strenger nach den in der BV festgelegten Regelungen zu überprüfen. Dies stellt keine Verletzung des Grundsatzes der vertrauensvollen Zusammenarbeit dar, da der AG auch unabhängig von den Tarifverhandlungen rechtlich verpflichtet ist, abgeschlossene BV einzuhalten.[73] **31b**
- Die Verknüpfung der Zustimmung des BR zu einer vom AG verfolgten Änderung einer Arbeitszeitregelung mit der Gewährung einer **finanziellen Kompensation** an die betrof- **32**

64 *LAG Hamm* 17.2.93 – 3 TaBV 180/92.
65 *LAG Köln* 14.02.22 – 9 TaBV 34/21.
66 *HessLAG* 13.9.12 – 9 TaBV 79/12, juris.
67 *LAG Niedersachsen* 3.7.178TaBV4216, NZA-RR 17, 536; *HessLAG* 13.9.12, a. a. O.
68 *HessLAG* 11.11.10 – 5 TaBV 60/10, juris.
69 *LAG Schleswig-Holstein* 4.3.08 – 2 TaBV 42/07, NZA-RR 08, 414 = AuR 08, 61.
70 *BAG* 12.3.19 – 1 ABR 42/17, NZA 19, 843; zur Kritik dieses Beschlusses s. *Gast*, AuR 20, 129.
71 *BAG* 8.3.23 – 7 ABR 10/22, Tz. 36.
72 A. A. *LAG Nürnberg* 15.6.18 – 3 TaBVGa 2/18, juris (Verneinung des Vorliegens eines Verfügungsgrundes wegen der Verweigerung von Verhandlungen mit dem AG und rechtsmissbräuchlichen Verhaltens des BR im gerichtlichen ESt.-Bestellungsverfahren).
73 *LAG Berlin-Brandenburg* 1.10.15 – 5 TaBV 876/15, AuR 16, 256 Ls. = juris, Rn. 51.

fenen AN stellt keinen Verstoß gegen Abs. 1 dar (zu sog. Koppelungsgeschäften vgl. auch § 87 Rn. 16).[74]

32a • Macht ein Vorsitzender des BR die **Fortsetzung von Verhandlungen mit dem AG** und das Maß der **Berücksichtigung der Forderungen des AG** davon abhängig, dass der AG ihm bezüglich seiner **individuellen Vergütung zukünftig Vorteile gewährt,** ist dies mit dem Grundsatz der vertrauensvollen Zusammenarbeit nicht vereinbar.[75]

33 • Die **Information der Öffentlichkeit durch den BR** über einen vom AG beabsichtigten umfangreichen **Arbeitsplatzabbau** oder eine geplante **Betriebsschließung bzw. Standortverlagerung** im Interesse der Sicherung der gefährdeten Beschäftigungsmöglichkeiten verstößt regelmäßig nicht gegen Abs. 1.[76] Das gilt auch für öffentliche Stellungnahmen des BR (z. B. in einem Fernsehinterview), in denen er Kritik an der Betriebsführung des AG übt.[77] Die Information des **Aufsichtsrates,** der **Gesellschafter** und der **Belegschaft** in einem **»Offenen Brief«** des BR, u. a. auch mit einer kritischen Bewertung der Tätigkeit der Geschäftsführung des Unternehmens, verletzt nicht den Grundsatz der vertrauensvollen Zusammenarbeit.[78] Bei **öffentlichen Stellungnahmen,** auch bei Äußerungen des BR über einen **Twitter-Account,**[79] kann sich der BR unter Berücksichtigung der aus Abs. 1 folgenden gegenseitigen Pflicht zu einem Mindestmaß an Rücksichtnahme (vgl. Rn. 4 ff.) grundsätzlich auf das **Recht der freien Meinungsäußerung gemäß Art. 5 GG** berufen.[80]

33a • Die Befragung der AN durch eine **Fragebogenaktion des BR** zur Vorbereitung einer Betriebs- oder Jugendversammlung stellt keinen Verstoß gegen Abs. 1 dar, auch wenn in dem Fragebogen angeregt wird, betriebliche Missstände zu benennen, und eine innerbetriebliche Veröffentlichung der gewonnen Informationen beabsichtigt ist.[81] Der BR ist nicht verpflichtet, vor Durchführung der Fragebogenaktion die Zustimmung des Arbeitgebers einzuholen.[82]

34 • Die Veröffentlichung **betriebsinterner** oder **betriebsratsinterner Informationen** durch eine **öffentliche,** allgemein zugängliche **Homepage im Internet** durch den BR oder ein BR-Mitglied kann im Einzelfall einen Verstoß gegen Abs. 1 darstellen (vgl. dazu auch § 40 Rn. 150 ff.).[83] Dies gilt nicht, wenn sich einzelne BR-Mitglieder in Wahrnehmung ihrer berechtigten Interessen aus Anlass eines betriebsratsinternen Konflikts zum Zweck der Streitschlichtung an die zuständige Gewerkschaft wenden.[84] Die mit dem wiederholten **unberechtigten Zugriff** eines BR-Mitglieds **auf (elektronisch geführte) Personalakten** verbundene Verletzung zum Schutz der AN bestehender Rechtsvorschriften ist eine erhebliche Beeinträchtigung des Gebots der vertrauensvollen Zusammenarbeit.[85]

35 • Aus Abs. 1 ergibt sich keine Verpflichtung des BR den AG nachträglich über **Beginn und Ende von BR-Sitzungen** informiert, weil der AG den Umfang der BR-Tätigkeit einzelner BR-Mitglieder kontrollieren will.[86]

36 • Der BR handelt im Rahmen seiner Pflichten aus Abs. 1 und seiner funktionellen Zuständigkeit, wenn er anlässlich eines **nicht von einer Gewerkschaft getragenen Streiks** als **Ver-**

74 Sog. Koppelungsgeschäft, vgl. dazu *LAG Düsseldorf* 12.12.07 – 12 TaBVGa 8/07, AuR 08, 270 mit Anm. *Schoof.*
75 *LAG München* 17.01.17 – 6 TaBV 97/16, juris; anhängig *BAG* – 7 ABR 20/17.
76 *Leuze,* ZTR 09, 6, 7.
77 *LAG Rheinland-Pfalz* 8.7.11 – 6 Sa 713/10, juris.
78 *LAG Berlin-Brandenburg* 8.9.16 – 5 TaBV 780/15, juris.
79 *LAG Niedersachsen* 6.12.18 – 5 TaBV 107/17, juris (Twitter-Account des BR).
80 *LAG Niedersachsen* 6.12.18, a. a. O.; *LAG Rheinland-Pfalz* 8.7.11, a. a. O.; ErfK-*Schmidt,* GG Art. 5 Rn. 40; zum Schutz der Meinungsfreiheit im Betrieb und der Abgrenzung scharf geführter verbaler Auseinandersetzungen von einer unzulässigen »Schmähkritik« s. *BVerfG* 30.5.18 – 1 BvR 1149/17, NZA 18, 924.
81 *LAG Sachsen* 15.7.22 – 4 TaBVGa 1/22, NZA-RR 23, 250.
82 *LAG Sachsen* 15.7.22, a. a. O.
83 *HessLAG* 7.3.13 – 9 TaBV 197/12, AiB 14, 68, mit Anm. *Trittin*; 15.7.04 – 9 TaBV 190/03, DB 05, 617; *ArbG Paderborn* 29.1.98, DB 98, 678 = AiB 98, 282, mit Anm. *Klebe/Wedde.*
84 *HessLAG* 7.3.13, a. a. O.
85 *LAG Berlin-Brandenburg* 12.11.12 – 17 TaBV 1318/12, NZA-RR 13, 293.
86 *ArbG Hamburg* 8.9.99, AiB 00, 102 mit Anm. *Hjort.*

mittler zwischen dem AG und den beteiligten AN tätig wird und mit diesen zu diesem Zweck Gespräche führt.[87]

- Im scharfen Ton ausgetragene **Meinungsverschiedenheiten** durch den BR über einen bestimmten sachlichen Anlass in **Verhandlungen** der Betriebsparteien oder in der **Betriebsöffentlichkeit** verstoßen nicht gegen das Gebot der vertrauensvollen Zusammenarbeit.[88] Die **Meinungsfreiheit aus Art. 5 Abs. 1 Satz 1 GG** ist für die Tätigkeit des BR ebenso konstitutiv wie für die politische Willensbildung. Für die Grenzen des Diskurses der Betriebsparteien sind daher ähnliche Maßstäbe[89] heranzuziehen wie für den öffentlichen Meinungsstreit.[90] Das gilt auch für die Vorführung eines satirischen Videos über Vorgänge im Betrieb durch den BR auf einer Betriebsversammlung[91] (zur Meinungsäußerungsfreiheit der Mitglieder des BR und der AN allgemein vgl. auch § 74 Rn. 66 und auf Betriebsversammlungen § 45 Rn. 18).[92] 37
- Ändern BR und AG kurz vor Ende der Amtszeit des BR die an § 77 Abs. 5 orientierten Kündigungsmodalitäten von zwischen ihnen abgeschlossenen BV dahingehend ab, dass die BV zukünftig frühestens zu einem Zeitpunkt in drei Jahren gekündigt werden können, kann darin unter Verstoß gegen Abs. 1 ein rechtsmissbräuchlicher Gebrauch betriebsverfassungsrechtlicher Gestaltungsmöglichkeiten zu Lasten des neu zu wählenden BR liegen.[93] 37a
- Die **Bestellung eines ehemaligen Mitglieds des BR,** dessen Arbeitsverhältnis wegen persönlichkeits- und ehrverletzender Äußerungen gegenüber Führungskräften des AG (durch gerichtlichen Vergleich) beendet wurde, **zum außerbetrieblichen Beisitzer einer ESt.,** stellt keinen Verstoß gegen die vertrauensvolle Zusammenarbeit dar, wenn die bestellte Person nicht offensichtlich ungeeignet ist, die Aufgabe eines Beisitzers wahrzunehmen und über die in der Einigungsstelle zu behandelnden Regelungsgegenstand zu entscheiden[94] (vgl. dazu auch § 76 Rn. 29, 33). Ein Verstoß gegen Abs. 1 kann vorliegen, wenn die Auswahlentscheidung des BR über die zu bestellenden externen Beisitzer:innen einer ESt. – bei Anwendung eines strengen Maßstabs – wesentlich von **offenkundig sachwidrigen Motiven** getragen wird, etwa der sachlich nicht gebotenen Erhöhung der Kosten der Einigungsstelle[95] (s. dazu auch § 76 Rn. 29). 37b
- Eine leichtfertig erstattete **Strafanzeige** bzw. ein leichtfertig gestellter Strafantrag (z. B. auf Grundlage unwahrer Tatsachenbehauptungen oder offensichtlich haltloser Vorwürfe) durch ein BR-Mitglied gegen den AG kann Abs. 1 verletzten, wenn dies im Zusammenhang mit dem Handeln des BR steht.[96] 37c

4. Das Wohl der Arbeitnehmer und des Betriebs

Die Zusammenarbeit von AG und BR soll sich nach Abs. 1 auf das **Wohl der AN** und das **Wohl des Betriebs** richten. Aus dieser Zielsetzung ergibt sich für beide Betriebsparteien die **inhaltliche Vorgabe,** bei der Verfolgung ihrer eigenen Ziele im Rahmen der Betriebsverfassung **die Interessenlage der jeweils anderen Seite nicht von vornherein auszublenden.** So ist es dem AG beispielsweise verwehrt, in der Zusammenarbeit mit dem BR ausschließlich auf die Durchsetzung seiner wirtschaftlichen Interessen und Gewinnerwartungen abzustellen oder Forderungen des BR ungeprüft zurückzuweisen.[97] Für den BR ergibt sich aus der Bindung an 38

87 *BAG* 5.12.78 – 6 AZR 485/76, AiB 11, 471 mit Anm. *Däubler*; *ArbG Hagen* 6.10.11 – 4 BV 39/10, AuR 12, 180, juris.
88 *LAG Köln* 14.1.22 – 9 TaBV 34/21.
89 *HessLAG* 19.3.18 – 16 TaBV 185/17, juris; Vgl. dazu ErfK-*Schmidt*, Art. 5 GG Rn. 28 ff.
90 *LAG Köln* 14.1.22, a. a. O.
91 Vgl. dazu *Thrun/Tenostendarp*, NVwZ 19, 938 und *VG Düsseldorf* 18.2.19 – 40 K 196518.PVL, juris (die personalvertretungsrechtliche Personalversammlung betreffend).
92 *LAG Schleswig-Holstein* 1.4.09 – 3 TaBVGa 2/09; *HessLAG* 2.5.03 – 12 Sa 742/01, RDV 05, 172.
93 *HessLAG* 3.3.11 – 9 TaBV 168/10, juris.
94 *BAG* 28.5.14 – 7 ABR 36/12, NZA 14, 1213.
95 *BAG* 19.11.19 – 7 ABR 52/17, NZA 20, 727.
96 *LAG Berlin-Brandenburg* 31.5.17 – 15 TaBV 1979/16, juris, Rn. 46.
97 ErfK-*Koch*, Rn. 2; GK-*Franzen*, Rn. 12; MünchArbR-*v. Hoyningen-Huene*, § 214 Rn. 4.

das Wohl der AN **und** des Betriebs – im Unterschied zur Gewerkschaft, die etwa als Tarifpartei in der Wahl der von ihr verfolgten Zwecke rechtlich nicht in dieser Weise gebunden ist[98] – die Verpflichtung, die »wirtschaftliche Vertretbarkeit« seines Handelns in der Zusammenarbeit mit dem AG zu berücksichtigen.[99]

39 Die **inhaltliche Bindung** des Handelns des BR auch **an das Betriebswohl** ändert jedoch nichts daran, dass sein **Charakter als Interessenvertretungsorgan der AN** – auch nach dem Gesetz – deutlich im Vordergrund steht.[100] Abs. 1 schließt die Wahrnehmung gegensätzlicher Interessen nicht aus.[101] Aus dieser Bestimmung kann nicht die Verpflichtung der Betriebsparteien hergeleitet werden, die Interessen der jeweils anderen Seite wahrzunehmen.[102] Zu berücksichtigen ist schließlich, dass sich das Betriebswohl nicht allein über die wirtschaftlichen Interessen des AG definieren lässt, sondern unmittelbar auch von der Wahrung grundlegender AN-Interessen (z. B. Arbeitsplatzsicherung, menschengerechte Arbeitsbedingungen, langfristige Personalplanung, Fortbildung und Qualifizierung) abhängig ist.[103]

40 Unabhängig davon ergibt sich aus Abs. 1 keine Möglichkeit der **gerichtlichen Überprüfung** (»inhaltliche Zensur«) von **Forderungen** oder **Gestaltungsvorschlägen** des BR.[104] Für die inhaltliche Überprüfung von Forderungen oder Gestaltungsvorschlägen der Betriebsparteien, auch am Maßstab der inhaltlichen Vorgaben des Abs. 1, und den Ausgleich der gegensätzlichen Interessen stellt die Betriebsverfassung ein auf **Dialog und Kooperation gegründetes Verfahren** (Verhandlungsauftrag gemäß § 74 Abs. 1, Einigungsstellenverfahren gemäß § 76) zur Verfügung. § 76 Abs. 5 Satz 3 und § 112 Abs. 5 Satz 1, Satz 2 Nr. 3 nehmen die inhaltlichen Vorgaben des Abs. 1 insoweit konsequenterweise wieder auf.

41 Die Verpflichtung der Betriebsparteien auf das Wohl der AN in Abs. 1 kann nicht als Ausrichtung der Zusammenarbeit von AG und BR auf ein **betriebsegoistisches Handeln** verstanden werden. Der BR ist nicht nur auf die Vertretung der im Betrieb beschäftigten AN beschränkt, sondern kann auch die Wahrung der AN-Interessen darüber hinaus vertreten. Schon aus dem Gebot der Beachtung der geltenden Tarifverträge und der Zusammenarbeit mit den im Betrieb vertretenen Gewerkschaften sowie aus den allgemeinen Aufgaben des BR gemäß § 80 folgt zumindest, dass der BR bei seiner Tätigkeit **überbetriebliche Gesichtspunkte** berücksichtigen und geltend machen kann.[105] Dies ergibt sich schließlich auch aus den Vorschriften des § 80 Abs. 1 Nrn. 4, 6, 7, 8, § 92a, § 112 Abs. 5. Schließlich wird darauf hingewiesen, dass die Betriebsparteien wegen der **sozialstaatlichen Prinzipien** des GG an sozialpflichtiges Handeln gebunden sind (zu den sog. Außenbeziehungen des BR vgl. auch Einl. Rn. 135 ff.).[106]

III. Zusammenwirken mit Gewerkschaften und Arbeitgebervereinigungen

1. Grundsätze

42 Neben der Zusammenarbeit zwischen AG und BR spricht Abs. 1 das **Zusammenwirken** beider Betriebsverfassungsorgane **mit den Tarifvertragsparteien** im Rahmen der Betriebsverfassung an, wobei sich der AG der Unterstützung eines AG-Verbandes, der BR der Unterstützung einer

98 Dazu *Däubler,* Tarifvertragsrecht, Rn. 177 m. w. N.
99 *Däubler,* Gewerkschaftsrechte, Rn. 74; MünchArbR-*v. Hoyningen-Huene,* a. a. O.; zur Kritik an dieser Konzeption des Gesetzes und der mit ihr verbundenen Gefahren für die Wahrnehmung von AN-Interessen vgl. *Däubler,* Gewerkschaftsrechte, Rn. 74 f.
100 *BAG* 2.11.55, AP Nr. 1 zu § 23 BetrVG.
101 *Fitting,* Rn. 21; GK-*Franzen,* a. a. O.; *GL,* Rn. 4.
102 GK-*Franzen,* a. a. O.
103 *Gamillscheg,* Kollektives Arbeitsrecht Bd. II, S. 139; MünchArbR-*v. Hoyningen-Huene,* a. a. O.
104 Etwa für den Abschluss einer BV; vgl. dazu auch *Heinze,* NZA 94, 580, 585; zur Problematik sog. Eil- und Notfälle vgl. § 87 Rn. 21 ff.
105 Z. B. Vorrang der Besetzung von Arbeitsplätzen mit Arbeitslosen vor der Anordnung von Überstunden oder Beschäftigung von Leih-AN; ähnlich ErfK-*Koch,* Rn. 2; *Fitting,* Rn. 20, 57 ff.; HaKo-BetrVG-*Kloppenburg,* Rn. 5; *Krause,* RdA 09, 129, 137; zu den sog. Außenbeziehungen des BR vgl. auch Einl. Rn. 118 ff.
106 So ErfK-*Koch,* Rn. 2; *Fitting,* a. a. O.; Richardi-*Maschmann,* Rn. 15 unter Hinweis auf die Gesetzesmaterialien, BT-Drucks. VI/1786, S. 35.

Gewerkschaft bedienen werden. Das Gebot des Zusammenwirkens ist auf **die im Betrieb vertretenen** Gewerkschaften und Arbeitgebervereinigungen beschränkt. Eine **Arbeitgebervereinigung** ist im Betrieb vertreten, wenn der AG bei ihr Mitglied ist.[107] Eine **Gewerkschaft** ist im Betrieb vertreten, wenn mindestens ein AN des Betriebes bei ihr Mitglied ist (zu den Einzelheiten vgl. Rn. 79 ff.)

Zusammenschlüsse bzw. Organisationen von AN oder AG müssen die **Tariffähigkeit** besitzen, um für sich die Eigenschaft einer Gewerkschaft oder einer Arbeitgebervereinigung i. S. d. des Abs. 1 in Anspruch nehmen zu können (vgl. zu den Voraussetzungen Rn. 48 ff.). 43

Das an die Betriebsparteien gerichtete Gebot des Zusammenwirkens mit den Gewerkschaften und Arbeitgebervereinigungen verhilft insbesondere dem BR im Verhältnis zum AG zu dem Recht, sich der Unterstützung durch eine Gewerkschaft zu versichern und mit ihr eng zusammenzuarbeiten.[108] Die Unterbindung oder **Störung des Zusammenwirkens von BR und Gewerkschaft durch den AG** verstößt nicht nur gegen Abs. 1, sondern kann sich auch als Behinderung der BR-Arbeit (§ 78) und grober Verstoß gegen betriebsverfassungsrechtliche Pflichten (§ 23 Abs. 3) darstellen. Die Regelung des Abs. 1 verdeutlicht weiterhin, dass die Zusammenarbeit des BR mit der Gewerkschaft nicht nur dort vorgesehen ist, wo diese konkrete betriebsverfassungsrechtliche Aufgaben erfüllt (vgl. Rn. 74), wie z. B. durch die Teilnahme an BR-Sitzungen (§ 31) oder Betriebs- und Abteilungsversammlungen (§ 46 Abs. 1), sondern schlechthin in **allen Fragen der Betriebsverfassung.**[109] 44

Soweit der Gewerkschaft durch das Gesetz betriebsverfassungsrechtliche Rechte und Aufgaben zugewiesen sind (vgl. Rn. 74), ist der **BR** (und der AG) **zur Zusammenarbeit** mit der Gewerkschaft **verpflichtet.**[110] Jenseits der gesetzlich ausdrücklich geregelten betriebsverfassungsrechtlichen Befugnisse der Gewerkschaft besteht keine Rechtspflicht des BR zur Zusammenarbeit. Das bedeutet aber nicht, dass die Entscheidung des BR über die Zusammenarbeit mit der Gewerkschaft in sein freies Belieben gestellt, sondern dass sie nach **pflichtgemäßem Ermessen** zu treffen ist.[111] Kann der BR seine Verpflichtungen und Aufgaben nicht i. S. des durch das Gesetz bezweckten AN-Schutzes sachgerecht erfüllen[112] und ist davon auszugehen, dass dies bei entsprechender Unterstützung durch die Gewerkschaft vermieden werden könnte, ist der BR gehalten, sich der Zusammenarbeit mit der Gewerkschaft nicht zu verschließen.[113] Eine generelle **Verweigerung jeglicher Zusammenarbeit** mit der Gewerkschaft durch den BR kann die Voraussetzungen einer Amtspflichtverletzung i. S. d. § 23 Abs. 1 erfüllen.[114] Demgegenüber lässt sich die Kooperation des BR mit der Gewerkschaft von dieser nicht in einem gerichtlichen Verfahren unmittelbar durchsetzen.[115] 45

Sind **konkurrierende Gewerkschaften** (zum Gewerkschaftsbegriff vgl. Rn. 49 f.) im Betrieb vertreten (zum Vertretensein im Betrieb vgl. Rn. 79 ff.), ist der BR im Hinblick auf das Gebot zur Kooperation nicht verpflichtet, i. S. einer Gleichbehandlung mit allen Gewerkschaften zu kooperieren bzw. mit gleicher Intensität die Zusammenarbeit zu pflegen.[116] Es besteht insbesondere auch keine Verpflichtung des BR, mit einer vom AG favorisierten Gewerkschaft zusammenzuarbeiten. Wertende Stellungnahmen und Äußerungen des BR zur Gewerkschafts- und Tarifpolitik konkurrierender Gewerkschaften und zu den von ihnen abgeschlossenen Tarifverträgen und ihren Auswirkungen auf die Interessen der Belegschaft sind auch unter dem Gesichtspunkt der Verhaltenspflichten aus Abs. 1 und § 74 nicht zu beanstanden.[117] 46

107 HaKo-BetrVG-*Kloppenburg*, Rn. 19.
108 GK-*Franzen*, Rn. 22; *Krause*, RdA 09, 129, 140.
109 GK-*Franzen*, Rn. 24; *Krause*, a. a. O.
110 *LAG Köln* 24. 8. 18 – 9 TaBV 7/18, NZA-RR, 659; *Fitting*, Rn. 53; GK-*Franzen*, a. a. O.; *HSWGN-Rose*, R. 62; *Krause*, RdA 09, 129, 141.
111 *Däubler*, Gewerkschaftsrechte, Rn. 169 ff.; *Gamillscheg*, Kollektives Arbeitsrecht, Bd. II, S. 75; *Krause*, a. a. O.
112 Vgl. die Beispiele bei *Däubler*, a. a. O., Rn. 170.
113 *Däubler*, a. a. O., Rn. 170 f.; ähnlich auch *Fitting*, a. a. O.; *Gamillscheg*, a. a. O.
114 Krause, a. a. O.
115 *Däubler*, a. a. O., Rn. 169; *Krause*; a. a. O.
116 *Däubler*, a. a. O., Rn. 584n; *Gamillscheg*, a. a. O.; *Krause*, a. a. O., 143.
117 *LAG Hamm* 20. 3. 09 – 10 TaBV 149/08; *Krause*, a. a. O.

47 Eine rechtlich zwingende **Verpflichtung der Gewerkschaft zur Zusammenarbeit mit dem BR** kann demgegenüber aus Abs. 1 nicht abgeleitet werden.[118] Einer solchen Verpflichtung würde Art. 9 Abs. 3 GG entgegenstehen. So ist die Gewerkschaft auch nicht auf dem Umweg über Abs. 1 (vgl. dazu auch Rn. 1) bei der Ausübung ihrer Koalitionstätigkeit verpflichtet, den **Betriebsfrieden** zu wahren (vgl. § 74 Rn. 47 ff.) oder auch die Interessen der **Anders- oder Nichtorganisierten** zu vertreten.

47a Die sich aus dem Gesetz (vgl. Rn. 74 ff.) und Art. 9 Abs. 3 GG (vgl. Rn. 105 ff., 120 ff.) ergebenden **Betätigungsrechte der Gewerkschaften im Betrieb** und die Art und Weise ihrer Ausübung können nicht Gegenstand von Regelungen durch die Betriebsparteien sein[119] und sind deren Zugriff entzogen.[120] Abgesehen davon, dass die Rechte und Aufgaben der Gewerkschaften gemäß Abs. 3 von den Vorschriften des Gesetzes nicht berührt werden, nehmen die Gewerkschaften und der BR im Betrieb grundsätzlich unterschiedliche Aufgaben wahr (»duales System«, vgl. dazu Einl. Rn. 59 ff.)

2. Arbeitgebervereinigungen

48 **AG-Vereinigungen** sind freiwillige Zusammenschlüsse von AG. Sie müssen unabhängig von der Gegenseite und auf überbetrieblicher Grundlage errichtet sein. Ihre Aufgabe ist es, die Arbeitsbedingungen der bei ihren Mitgliedern beschäftigten AN durch Abschluss von TV zu regeln.[121] Rein **wirtschaftspolitische Vereine** (Industrieverbände) sind keine AG-Vereinigungen i. S. d. Vorschrift.[122] Grundsätzlich gilt, dass eine AG-Vereinigung **tariffähig** sein muss, wie dies auch für eine Gewerkschaft vorausgesetzt wird (vgl. zu den Einzelheiten Rn. 50 ff.). Ein Unterschied ergibt sich daraus, dass für die Tariffähigkeit einer AG-Vereinigung keine bestimmte **Mächtigkeit** verlangt wird.[123] **Innungen** ist die Tariffähigkeit gesetzlich verliehen.[124]

3. Gewerkschaften

a) Gewerkschaftsbegriff

49 Der Begriff **Gewerkschaft** wird weder im BetrVG noch in anderen Gesetzen definiert.[125] Der Gesetzgeber geht von dem **historischen** und **traditionell** vorgezeichneten Begriff der Gewerkschaft aus, wie er durch die klassischen AN-Organisationen entstanden ist, die sich als **Gegengewicht zur wirtschaftlichen Übermacht** der AG herausgebildet haben. Ihr vorrangiges Ziel ist die **tarifautonome Gestaltung** und **sinnvolle Ordnung** des Arbeits- und Wirtschaftslebens. In diesem Sinne hat der Begriff Gewerkschaft in allen arbeitsrechtlichen Gesetzen dieselbe Bedeutung.[126]

---

118 *BAG* 14. 1. 83, AP Nr. 12 zu § 76 BetrVG 1972; *LAG Köln* 24. 8. 18, a. a. O.; *Fitting*, Rn. 54; GK-*Franzen*, Rn. 23; Richardi-*Maschmann*, Rn. 36; WPK-*Preis*, Rn. 16.

119 *BAG* 28. 7. 20 – 1 ABR 41/18, NZA 20, 1413.

120 *Däubler*, Gewerkschaftsrechte, Rn. 638.

121 *Fitting*, Rn. 41; GK-*Franzen*, Rn. 36; Richardi-*Maschmann*, Rn. 62 ff.; zu den Einzelheiten des Begriffs der AG-Vereinigung Berg/Kocher/Schumann-*Kocher*, § 2 Rn. 78 ff.; Däubler-*Peter*, TVG, § 2 Rn. 105 ff.

122 *Fitting*, a. a. O.; GK-*Franzen*, a. a. O.

123 *BAG* 10. 12. 02 – 1 AZR 96/02, NZA 03, 734, 736 ff.; 20. 11. 90 – 1 ABR 62/89, DB 91, 1027; Berg/Kocher/Schumann-*Kocher*, § 2 Rn. 85 ff.; Däubler-*Peter*, TVG, Rn. 116; ErfK-*Koch*, Rn. 4; *Fitting*, a. a. O.; a. A. *Löwisch/Rieble*, § 2 Rn. 64; kritisch auch ErfK-*Linsenmaier*, Art. 9 GG, Rn. 67; *Hanau*, NZA 03, 128, 129; *Schrader*, NZA 01, 1337; zu den Einzelheiten vgl. Rn. 13.

124 § 54 Abs. 3 Nr. 1 HwO; vgl. Berg/Kocher/Schumann-*Kocher*, § 2 Rn. 88; zur Vereinbarkeit mit dem GG vgl. *BVerfG* 19. 10. 66, AP Nr. 24 zu § 2 TVG; Richardi-*Maschmann*, Rn. 61 spricht Innungen die Koalitionseigenschaft i. S. v. Art. 9 Abs. 3 GG ab.

125 Zur Entwicklung des Gewerkschaftsbegriffs in der höchstrichterlichen Rspr. vgl. *Dütz*, DB 96, 2385.

126 *BAG* 19. 9. 06 – 1 ABR 53/05, NZA 07, 518; Berg/Kocher/Schumann-*Kocher*, § 2 Rn. 6; *Fitting*, Rn. 32; HWGNRH-*Rose*, Rn. 113; kritisch bzw. differenzierend *Buchner*, FS 25 Jahre BAG, S. 55 ff.; *Dütz*, a. a. O., 2390; GK-*Franzen*, Rn. 33; *LK*, Rn. 17.

Der allgemeine **Koalitionsbegriff** des Art. 9 Abs. 3 GG und der **Gewerkschaftsbegriff** stimmen nicht vollständig überein.[127] Insbesondere können dem Koalitionsbegriff auch solche **Vereinigungen** unterfallen, die **nicht tariffähig** sind.[128] Dagegen kommt einem Zusammenschluss von AN die **Gewerkschaftseigenschaft nur dann** zu, wenn er über die Erfüllung der Voraussetzungen des Art. 9 Abs. 3 GG hinaus auch tariffähig ist.[129] Die **Tariffähigkeit** ist damit unerlässliche Voraussetzung der **Gewerkschaftseigenschaft.**[130] Somit können **nicht tariffähige** AN-Vereinigungen, die zwar möglicherweise im allgemeinen Sinne als Koalitionen gem. Art. 9 Abs. 3 GG anzusehen sind, **betriebsverfassungsrechtliche Befugnisse** dann **nicht** für sich reklamieren, wenn das BetrVG diese Rechtspositionen bzw. Befugnisse **nur den Gewerkschaften** einräumt. Eingeschränkte Anforderungen an die Tariffähigkeit bestehen lediglich für reine **Beamtenverbände** im **Personalvertretungsrecht.**[131] Der Status der Tariffähigkeit wir nicht durch einen staatlichen Anerkennungsakt oder eine arbeitsgerichtliche Entscheidung »verliehen«, sondern ergibt sich aus der faktischen Erfüllung ihrer Voraussetzungen. Die an die Tariffähigkeit zu stellenden Anforderungen sind gesetzlich nicht geregelt. Sie werden in dem durch Art. 9 Abs. 3 GG vorgegebenen Rahmen gerichtlich festgelegt, wenn gemäß § 97 Abs. 1 ArbGG Streitigkeiten über die Tariffähigkeit einer Arbeitnehmerkoalition den Arbeitsgerichten vorgelegt werden.[132] 50

b) Voraussetzungen der Tariffähigkeit

Hinsichtlich der **Tariffähigkeit einer Arbeitnehmerkoalition** sind folgende **Mindestanforderungen** zu stellen: Die Koalition muss sich als satzungsgemäße Aufgabe die **Wahrnehmung der Interessen ihrer Mitglieder in deren Eigenschaft als AN** zum Ziel gesetzt haben und willens sein, TV für ihre Mitglieder abzuschließen. Sie muss **frei gebildet, gegnerfrei, unabhängig, durchsetzungsfähig** und auf **überbetrieblicher Grundlage** organisiert sein[133] sowie eine **demokratische Binnenstruktur** haben.[134] Sie muss nach Auffassung des BAG das geltende Tarifrecht als für sich verbindlich anerkennen.[135] 51

Die Gewerkschaft muss wegen der im Allgemeininteresse **liegenden Funktionsfähigkeit der Tarifautonomie** so **mächtig** und **durchsetzungsfähig** sein, dass sie auf die Gegenseite einen fühlbaren Druck ausüben kann, die den sozialen Gegenspieler veranlasst, auf Verhandlungen über den Abschluss einer tariflichen Regelung der Arbeitsbedingungen einzugehen und zum Abschluss eines TV zu kommen.[136] Mächtig und leistungsfähig ist eine Koalition nur, wenn sie Autorität gegenüber ihrem Gegenspieler und gegenüber ihren Mitgliedern besitzt. Dies erfordert unter Berücksichtigung des regionalen und branchenmäßigen Umfangs der jeweils 52

127 Vgl. ErfK-*Linsenmaier,* Art. 9 GG Rn. 21 ff., 26, 66.

128 *BAG* 19.9.06 – 1 ABR 53/05, NZA 07, 518; 17.2.98, AuR 98, 335; vgl. Kempen/Zachert-*Kempen,* § 2 Rn. 4.

129 *Fitting,* Rn. 33.

130 Vgl. etwa *Sarge/Gester,* AiB 88, 228.

131 *BVerwG,* 25.7.06 – 6 P 17/05, PR 06, 512; *BAG,* 19.9.06 – 1 ABR 53/05, NZA 07, 518; weitergehend *Fitting,* Rn. 34; Rn. 35: Einschränkung auch für die privatisierten Nachfolgeunternehmen von Bahn und Post, die weiterhin Beamte beschäftigen, vgl. dazu WO 2001, Vorbem., Rn. 5.

132 *BAG* 14.12.10 – 1 ABR 19/10, NZA 11, 289, 295; 5.10.10 – 1 ABR 88/09, NZA 11, 300, 302.

133 Vgl. zuletzt *BAG* 19.9.06 – 1 ABR 53/05, NZA 07, 518; 28.3.06 – 1 ABR 58/04, NZA 06, 1112; 14.12.04 – 1 ABR 51/03, BB 05, 1054 [1056]; Berg/Kocher/Schumann-*Kocher,* § 2 Rn. 6 ff.

134 *Däubler,* Tarifvertragsrecht, Rn. 48; Kempen/Zachert-*Kempen,* § 2 Rn. 36 ff.; Richardi-*Maschmann,* Rn. 59; Wiedemann-*Oetker,* § 2 Rn. 453 ff.

135 *BAG* 14.12.10, NZA 11, 289, 295; 15.11.63, AP Nr. 14 zu § 2 TVG; *BAG* 15.3.77, AP Nr. 24 zu Art. 9 GG; 25.11.86, a.a.O., im Anschluss an *BVerfG* 18.11.54, AP Nr. 1 zu Art. 9 GG und 6.5.64, AP Nr. 15 zu § 2 TVG; zu Recht a.A. Däubler-*Peter,* TVG § 2 Rn. 50; Kempen/Zachert-*Kempen,* § 2 Rn. 83 ff., die darauf hinweisen, dass die Vertragsfreiheit eines Privatrechtssubjekts ansonsten nirgends von dessen Anerkennung des Zivilrechtssystems als für sich verbindlich abhängig gemacht wird.

136 *BAG* 14.3.78 – 1 ABR 2/76, AP Nr. 30 zu § 2 TVG [bestätigt durch *BVerfG* 20.10.81, AP Nr. 31 zu § 2 TVG]; 25.11.86 – 1 ABR 10/89, 16.1.90, AP Nrn. 36, 39 zu § 2 TVG; 6.6.00 – 1 ABR 10/99, NZA 01, 160; 14.12.04 – 1 ABR 51/03, BB 05, 1054; 28.3.06 – 1 ABR 58/04, NZA 06, 1112; 5.10.10, NZA 11, 302 ff.; 14.12.10; a.a.O.; zu den Einzelheiten vgl. Berg/Kocher/Schumann-*Kocher,* § 2 Rn. 31 ff.

beanspruchten **Tarif- bzw. Organisationszuständigkeit** insbesondere eine ausreichende hohe **Mitgliederzahl** (Organisationsgrad), die erforderlichen **finanziellen Mittel** und eine leistungsfähigen **organisatorischen Apparat.**[137] In einer seiner neueren Entscheidungen zur Tariffähigkeit einer Arbeitnehmerkoalition hat das BAG in diesem Zusammenhang festgestellt, dass der **Mitgliederzahl** dabei eine **entscheidende Bedeutung** zukommt.[138] Die von der Rspr. entwickelten Kriterien **»Mächtigkeit«** und **»Durchsetzungsfähigkeit«** für das Vorliegen der Gewerkschaftseigenschaft sind durch die Ratifizierung des Staatsvertrages mit der DDR über die Währungs-, Wirtschafts- und Sozialunion in den **Willen des Gesetzgebers** aufgenommen und bestätigt worden.[139] Gerade mit Blick auf die **betriebsverfassungsrechtliche Stellung der Gewerkschaften** muss die Gewerkschaft auf Grund einer ausreichenden **Mitgliederanzahl** und **Finanzkraft** sowie ihres außerhalb des Betriebs vorhandenen **Organisationsapparats** in der Lage sein, die ihr nach dem Gesetz zugewiesenen Aufgaben (vgl. Rn. 74) auch tatsächlich wahrzunehmen.[140] Allein diese spezielle betriebsverfassungsrechtliche Aufgabenstellung erfordert einen **leistungsfähigen organisatorischen Apparat** und eine entsprechend **hohe Anzahl von hauptberuflichen Gewerkschaftssekretären.**[141]

53 Abzulehnen ist die Rspr. des *BAG*,[142] nach der im Hinblick auf die Anerkennung der **Tariffähigkeit der CGM** schon der Abschluss von sog. **Anschluss-TV** ein Indiz für die erforderliche Durchsetzungskraft sein könne.[143] Selbst nach dieser Rspr. reicht es jedoch nicht aus, wenn die Vereinigung von der AG-Seite nicht ernst genommen wird, was z. B. der Fall ist, wenn der Anschluss-TV nicht das Ergebnis echter Verhandlungen war oder einem Diktat der AG-Seite entspringt. Ein **Mangel der Ernsthaftigkeit** solcher Verhandlungen liegt dann vor, wenn der Anschluss-TV in Wirklichkeit nur ein **Schein-TV** oder **Gefälligkeits-TV** ist.[144] Letzteres ist der Fall, wenn mit dem TV-Abschluss neben der Regelung der Arbeitsbedingungen **koalitionspolitische Zwecke** verfolgt werden. Eine solche Zweckverfolgung kann vorliegen, wenn es dem AG darum geht, eine AN-Vereinigung »ins Spiel zu bringen«, um einen ihm genehmen »pflegeleichten« Partner für künftige Verhandlungen zu bekommen. Dasselbe gilt, wenn es darum geht, durch Gefälligkeit und ohne dass substantielle Verhandlungen geführt wurden, der AN-Vereinigung zu erleichtern, den von der Rspr. bisweilen verlangten Nachweis zu erbringen, dass bereits eine gewisse Anzahl von TV abgeschlossen wurde.[145] In diesem Zusammenhang ist der Hinweis angebracht, dass die innerbetrieblichen Rechtsanwender (z. B. WV, BR) sich bei der kursorischen Prüfung, ob eine AN-Vereinigung als Gewerkschaft anzusehen ist und daher betriebsverfassungsrechtliche Rechtspositionen beanspruchen kann, auch davon leiten lassen dürfen, ob die betreffende AN-Vereinigung i. S. d. soeben genannten Kriterien »ernsthafte« TV abgeschlossen hat, unter deren Geltungsbereich der betreffende Betrieb fällt.[146] Ein Mangel an der Ernsthaftigkeit von TV-Verhandlungen liegt auch dann vor, wenn die Vereinigung in den **Entstehungsprozess eines TV,** dem sie sich anschließt, nicht in formaler und inhaltlicher Weise einbezogen wurde (z. B. durch Unterrichtung über den jeweiligen Verhandlungsstand

---

137 *BAG* 15. 3. 77, a. a. O.; 6. 6. 00, a. a. O.; 14. 12. 04, a. a. O.; 5. 10. 10; a. a. O.
138 *BAG* 5. 10. 10, a. a. O., 303.
139 *BAG* 14. 12. 04 – 1 ABR 51/03, BB 05, 1054, 1056; 6. 6. 00 – 1 ABR 21/99, NZA 01, 156; 6. 6. 00 – 1 ABR 10/99, NZA 01, 160.
140 *BAG* 19. 9. 06 – 1 ABR 53/05 NZA 07, 518.
141 Einschränkend für sog. Spezialisten- bzw. Berufsgruppenverbände mit begrenztem räumlichen Zuständigkeitsbereich allerdings *BAG* 14. 12. 04 – UFO –, a. a. O., 1059.
142 28. 3. 06, NZA 06, 1112 zur Anerkennung der Tariffähigkeit der CGM und 25. 11. 86, 16. 1. 90, AP Nrn. 36, 38, 39 zu § 2 TVG zur – im Ergebnis allerdings verneinten – Tariffähigkeit von CGBCE bzw. CGHB.
143 Kritisch *Kocher,* AuR 05, 337; *Unterhinninghofen,* AuR 06, 7, 8 ff.; *Zachert,* AuR 86, 321 ff.
144 Ständige Rspr.; vgl. *BAG* 10. 9. 85, 25. 11. 86, AP Nrn. 34, 36 zu § 2 TVG; 14. 12. 04, a. a. O., 1058; 28. 3. 06, a. a. O.
145 Dazu *BAG* 10. 9. 85, a. a. O.; *BAG* 25. 11. 86, a. a. O., sah in 30 Anschluss-TV einen möglicherweise rechtserheblichen Vorgang.
146 Vgl. *Engels/Natter,* BB-Beilage 8/89, S. 19.

nach Art, Umfang und Zeitpunkt; Entwicklung eigener Vorstellungen über den Inhalt der abzuschließenden TV und deren eigene Verhandlung mit der AG-Seite).[147]

In seiner Entscheidung zur fehlenden Tariffähigkeit der Gewerkschaft für Kunststoffgewerbe und Holzverarbeitung (**GKH**) hat das BAG klargestellt, dass der Mitgliederzahl eine entscheidende Bedeutung bei der Beurteilung der Mächtigkeit einer Arbeitnehmerorganisation zu kommt (vgl. dazu auch Rn. 52) und dass deshalb die Offenlegung und der Nachweis der Mitgliederzahl unverzichtbar ist.[148] Durch die Feststellung der Mitgliederzahl wird vermieden, dass eine »imaginäre Verbandsmacht« geschützt und sogenannten »Phantomgewerkschaften« Vorschub geleistet wird.[149] Erst bei Zweifeln an der durch die Mitgliederzahl vermittelten Mächtigkeit kann die **langjährige Teilnahme** einer Arbeitnehmerkoalition **am Tarifgeschehen** in die Beurteilung einbezogen werden kann.[150] Dabei ist zu berücksichtigen, dass die Indizwirkung abgeschlossener Tarifverträge bei einer **jungen Arbeitnehmerkoalition** und im **zeitlichen Zusammenhang mit ihrer Gründung** abgeschlossener Tarifverträge eingeschränkt ist und von einer **Tarifgemeinschaft** abgeschlossene oder von einer nicht tariffähigen Arbeitnehmerorganisation übernommene Tarifverträge eine entsprechende Indizwirkung nicht vermitteln können.[151] 54

Die **Tariffähigkeit** setzt nach zutreffender, aber umstrittener Ansicht auch die **Bereitschaft und Fähigkeit zum Arbeitskampf** voraus.[152] Nur wenn auf Seiten der AN-Vereinigung die Bereitschaft zum Arbeitskampf und die Fähigkeit, diesen auch durchzuführen, vorhanden sind, kann die Bildung von Gegenmacht auf AN-Seite gelingen und das Ziel, der AG-Seite **Zugeständnisse abzutrotzen,** erreicht werden und damit von einer Gewerkschaft die Rede sein. Demgegenüber hat das *BAG*[153] gemeint, im Anschluss an die sog. Hausgehilfinnen-Entscheidung des *BVerfG*[154] davon ausgehen zu müssen, dass anstelle der Kampfbereitschaft für die Tariffähigkeit einer AN-Vereinigung lediglich zu verlangen sei, dass der jeweilige Verein »die tarifrechtlichen Aufgaben einer Koalition sinnvoll, d. h. durch einen im Rahmen der Rechtsordnung sich haltenden wirkungsvollen Druck und Gegendruck erfüllen« könne.[155] 55

Die nähere **Analyse der** *BVerfG*-Entscheidung zum »Berufsverband katholischer Hausgehilfinnen«[156] zeigt jedoch, dass es dem *BVerfG* nicht so sehr darum gegangen war, verallgemeinerbare Kriterien für den Gewerkschaftsbegriff schlechthin und speziell hinsichtlich der Tariffähigkeit zu gewinnen. Vielmehr stand ausweislich der Entscheidungsgründe offenbar im Vordergrund, für **besondere Bereiche** des Arbeitslebens an das Merkmal der Tariffähigkeit einer AN-Ver- 56

147 Vgl. eingehend *LAG Düsseldorf* 20.9.88, BetrR 89, 137 ff., das die Gewerkschaftseigenschaft des CGBCE verneint hat; bestätigt durch *BAG* 16.1.90, a.a.O.

148 *BAG* 5.10.10, NZA 11, 300, 303 f.= AiB 11, 410, mit Anm. *Zimmer*; a.A. aber in der Vorinstanz noch *LAG Hamm* 13.3.09 – 10 TaBV 89/08, juris, unter Berufung auf die CGM-Entscheidung des *BAG* 28.3.06, NZA 06, 1112; vgl. dazu *Klimpe-Auerbach*, AuR 10, 362, 364 und AuR 11, 285; nach Zurückverweisung durch das *BAG* (5.10.10, a.a.O.) hat das *LAG Hamm* (23.9.11 – 10 TaBV 14/11, NZA-RR 12, 25) die Tariffähigkeit der GKH verneint (rk.).

149 *BAG* 5.10.10, a.a.O.; dazu eingehend auch *Greiner*, NZA 11, 825; *Ulber*, RdA 11, 353.

150 *BAG* 5.10.10, a.a.O.

151 *BAG* 5.5.10, a.a.O., 304, 305 f.

152 Berg/Kocher/Schumann-*Kocher*, § 2 Rn. 26 ff.; *Däubler*, Arbeitsrecht 1, Rn. 124; *Däubler-Peter*, TVG, § 2 Rn. 26 ff.; Kempen/Zachert-*Kempen*, § 2 Rn. 61 ff.; Richardi-*Maschmann*, Rn. 564; Schaub-*Koch*, § 187 Rn. 20; so auch das *BAG* in seinen früheren Entscheidungen zum Gewerkschaftsbegriff; vgl. *BAG* 6.7.56., AP Nr. 11 zu § 11 ArbGG 1953; 19.1.62., AP Nr. 13 zu § 2 TVG mit umfassenden Nachweisen auf die damalige h.M. in der Literatur; a.A. GK-*Franzen*, Rn. 29; HWK-*Henssler*, TVG § 2 Rn. 17; MünchArbR-*Rieble/Klumpp*, § 164 Rn. 23; Wiedemann-*Oetker*, § 2 Rn. 492 ff.; differenzierend HSWGN-*Rose*, Rn. 139 ff.: ob die Arbeitskampfbereitschaft Voraussetzung für die Tariffähigkeit ist, muss im Einzelfall festgestellt werden.

153 9.7.68, AP Nr. 25 zu § 2 TVG.

154 6.5.64, AP Nr. 15 zu § 2 TVG.

155 *BAG* 9.7.68, a.a.O.; noch geringere Anforderungen in *BAG* 16.11.82, AP Nr. 32 zu § 2 TVG, wonach die Fähigkeit des »Verbands der oberen Angestellten der Eisen- und Stahlindustrie«, auf die Gegenseite Druck ausüben zu können, bereits wegen dessen »psychologisch-argumentativen« Möglichkeiten bejaht wurde; dazu auch *Hagemeier*, DB 84, 718; *Ramm*, AuR 88, 369.

156 6.5.64, AP Nr. 15 zu § 2 TVG.

einigung geringere Anforderungen als sonst üblich stellen zu wollen,[157] wenn es dort heißt:[158] »Gleichwohl wird das sinnvolle Funktionieren der Tarifautonomie **wenigstens für die Berufe des Haushalts** nicht dadurch in Frage gestellt, daß die Koalitionen tariffähig sind, obgleich sie den Arbeitskampf ablehnen (…). Die Forderung der Kampfbereitschaft als einer unerlässlichen Voraussetzung für das Funktionieren der Tarifautonomie und damit für die Tariffähigkeit der Koalitionen beruht auf der Überzeugung, dass die möglichen Tarifpartner (…) wegen der zwischen Arbeitgebern und Arbeitnehmern natürlicherweise bestehenden Gegensätzlichkeiten nicht von sich aus die Einsicht und den guten Willen aufbrächten, um freiwillig eine die Befriedung in sich schließende Regelung der Arbeitsbedingungen auszuhandeln, sondern dass diese Einsicht und dieser Wille lediglich durch den Druck sich bilden könnte, der von dem Arbeitskampf oder der Drohung mit ihm ausgehe. Ein solches **generelles Misstrauen ist** jedenfalls **für die Berufe des Haushalts unbegründet**« (Hervorheb. d. Verf.).

57 Die vorstehend wiedergegebenen Erwägungen des *BVerfG* lassen nur den Schluss zu, dass ein genereller **Verzicht** auf das Merkmal der **Arbeitskampfbereitschaft,** wie er vom *BAG*[159] in der Folgezeit zumindest teilweise vollzogen wurde (zu Widersprüchen mit der eigenen Rspr. sogleich Rn. 58), **weder geboten noch erforderlich** gewesen ist.[160]

58 Der partielle Verzicht auf das Merkmal der Arbeitskampfbereitschaft in der koalitionsrechtlichen Rspr. des *BAG* ist im Übrigen **nicht kompatibel** mit der **Arbeitskampfrechtsprechung** des *BAG,*[161] wo der **Arbeitskampf als Institution** für die Tarifautonomie vorausgesetzt wird, weil sonst weder das Zustandekommen noch die inhaltliche Sachgerechtigkeit tariflicher Regelungen gewährleistet wären und »ohne das Druckmittel des Streiks die Tarifautonomie nicht wirksam werden« könne.[162] Wenn es – woran kein Zweifel bestehen kann – richtig ist, dass der Arbeitskampf auch nach Ansicht des *BAG* unerlässliche Voraussetzung einer funktionsfähigen Tarifautonomie ist, dann überzeugt es auch nicht im Ansatz, dass die ernsthafte Bereitschaft einer AN-Koalition, notfalls einen Streik zur Durchsetzung ihrer sozialpolitischen Ziele zu führen, für deren Tariffähigkeit verzichtbar sein soll.[163] Während das BAG in einer späteren Entscheidung[164] die Tariffähigkeit einer AN-Vereinigung allerdings u. a. auch unter dem Gesichtspunkt der **ernsthaften Bereitschaft** und **Fähigkeit** zur **Führung eines Arbeitskampfes** prüft, spielt dieses Kriterium bei der neueren Entscheidung des BAG zur Anerkennung der **Tariffähigkeit der CGM** keine Rolle. Obwohl an der erforderlichen sozialen Mächtigkeit der CGM unter dem Gesichtspunkt der **Organisationsstärke** Zweifel bestehen, wird das Ausmaß, »in dem sich die CGM (…) in das tarifliche Geschehen aktiv eingemischt (!) hat«, nämlich durch den Abschluss von **Anschluss-TV,** für die Anerkennung der Tariffähigkeit als ausreichend bewertet.[165] Die **Arbeitskampfbereitschaft** wird lediglich beiläufig unter Hinweis auf die sog. Hausgehilfinnen-Entscheidung des BVerG (vgl. Rn. 55 f.) erwähnt, aber nicht konkret geprüft.[166]

59 Der Gewerkschaftsbegriff setzt ferner voraus, dass die AN-Vereinigung **gegnerfrei** und **unabhängig** ist. Gegnerfreiheit bedeutet, dass der Vereinigung grundsätzlich nur AN angehören dürfen.[167] Handeln und Entscheidungen der Gewerkschaft dürfen nicht tatsächlich oder recht-

157 Ähnlich Richardi-*Maschmann,* Rn. 56; ders., RdA 07, 117, 120.
158 Unter B. III. 2 der Gründe.
159 9. 7. 68, AP Nr. 25 zu § 2 TVG.
160 Ebenso Kempen/Zachert-*Kempen,* § 2 Rn. 63; *Richardi,* RdA 07, 117, 120.
161 Vgl. *BAG [GS]* 28. 1. 55, 21. 4. 71, AP Nrn. 1, 43 zu Art. 9 GG Arbeitskampf; *BAG* 10. 6. 80, AP Nr. 64 zu Art. 9 GG Arbeitskampf.
162 *BAG* 10. 6. 80, a. a. O.; auch in *BAG* 21. 11. 75, AP Nr. 6 zu § 118 BetrVG 1972 erwägt der Senat noch, dass es bei Prüfung der Tariffähigkeit auf die Anwendung gewerkschaftlicher Kampfmittel ankomme, lässt dies aber sodann in Anbetracht des entscheidenden Sachverhalts [Marburger Bund] dahinstehen.
163 a. A. zuletzt noch *BAG* 25. 11. 86, 16. 1. 90, AP Nrn. 36, 38 zu § 2 TVG, wo auf die Durchsetzungskraft und Leistungsfähigkeit der Organisation anstelle der Arbeitskampfbereitschaft abgestellt wird.
164 14. 12. 04 – 1 ABR 51/03, BB 05, 1054, 1058 – UFO –.
165 28. 3. 06 – 1 ABR 58/04, NZA 06, 1112.
166 Vgl. dazu auch *Richardi,* RdA 07, 117, 120.
167 *BAG* 14. 12. 04 – 1 ABR 51/03, BB 05, 1054, 1056.

lich vom Willen und Einfluss des sozialen Gegenspielers abhängig sein.[168] Es ist unschädlich, wenn vereinzelt AG oder AG-ähnliche Personen, wie z. B. Arbeitsdirektoren, Mitglied der Gewerkschaft sind.[169]

Vom Staat sowie von anderen gesellschaftlichen Gruppen, wie Parteien und Kirchen, muss die Gewerkschaft ebenfalls unabhängig sein. Die Unabhängigkeit bedeutet aber keineswegs, dass sich die Gewerkschaft nicht für Programme oder Forderungen politischer Parteien aussprechen darf, die ihrer Zielsetzung entsprechen. Entscheidend ist, dass sie ihren Willen selbst bilden kann und sich diese Willensbildung innerhalb der Gewerkschaft auf einer **demokratischen Grundlage** vollzieht.[170] 60

Erforderlich ist auch, dass eine Gewerkschaft auf **überbetrieblicher Grundlage** organisiert ist.[171] Eine auf ein einzelnes wirtschaftliches Unternehmen beschränkte Arbeitnehmerkoalition kann die Erfordernisse der Durchsetzungsfähigkeit und Gegnerunabhängigkeit nicht ausreichend erfüllen, da ihre Existenz unmittelbar von der wirtschaftlichen Entwicklung und dem Bestand des Unternehmens abhängig ist.[172] Zusammenschlüsse von AN, die unternehmensweit (also überbetrieblich) zu BR-Wahlen kandidieren, sind zwar u. U. als AN-Vereinigung anzusehen, sie bilden aber keine Gewerkschaft im Rechtssinne. 61

Zur Erfüllung des Gewerkschaftsbegriffs ist es schließlich notwendig, dass ein Zusammenschluss von AN auf **freiwilliger Basis** vorliegt. Zwangssyndikate oder öffentlich-rechtlich organisierte berufsständische Vereinigungen erfüllen diese Voraussetzungen nicht.[173] Somit sind die im Land Bremen und im Saarland als öffentlich-rechtliche **Zwangsverbände** konstituierten Arbeiter- und Angestelltenkammern keine Gewerkschaften; darüber hinaus sind sie auch keine Koalitionen i. S. v. Art. 9 Abs. 3 GG.[174] Die AN-Vereinigung muss auch **auf Dauer** angelegt sein. Daher sind sog. **Ad-hoc-Zusammenschlüsse** (die zumeist im Zusammenhang mit spontanen Arbeitsniederlegungen auf betrieblicher Ebene entstehen) keine Gewerkschaften; allerdings können sie sich auch auf den Schutz aus Art. 9 Abs. 3 GG berufen.[175] 62

Unter den Begriff »Gewerkschaft« fallen unter bestimmten Voraussetzungen auch **internationale Zusammenschlüsse** von Gewerkschaften[176] und **Untergliederungen** von Gewerkschaften.[177] Zusammenschlüsse von (tariffähigen) Gewerkschaften und von Vereinigungen von Arbeitgebern (Spitzenorganisationen gemäß § 2 Abs. 3 TVG) können grundsätzlich auch in eigenem Namen als Tarifvertragspartei auftreten, verfügen aber über keine originäre Tariffähigkeit.[178] 63

c) Tariffähigkeit einzelner Arbeitnehmerkoalitionen

In Anwendung der vorstehend dargestellten Kriterien wurden in der Rspr. bei folgenden Vereinigungen die **Tariffähigkeit** – und damit auch die **Gewerkschaftseigenschaft im betriebsverfassungsrechtlichen Zusammenhang – verneint:** 64

- Deutscher Arbeitnehmer-Verband Marl;[179]
- Christliche Gewerkschaft Bergbau, Chemie und Energie;[180]

---

168 *BAG* 5.5.10, NZA 11, 300, 302; 19.1.62, AP Nr. 13 zu § 2 TVG *ArbG Köln* 30.10.08 – 14 BV 324/08, AuR 09, 100; bestätigt durch *LAG Köln* 20.5.09 – 9 TaBV 105/08, AuR 09, 316 [GNBZ].
169 Däubler-*Peter,* TVG, § 2 Rn. 43.
170 Däubler-*Peter,* TVG, § 2 Rn. 36.
171 *BVerfG* 6.5.64, AP Nr. 15 zu § 2 TVG; *BAG* 14.12.10, NZA 11, 289, 295; 5.5.10, NZA 11, 300, 302; 25.11.86, 16.1.90 – 1 ABR 10/89, AP Nrn. 24, 39 zu § 2 TVG; *LAG Berlin-Brandenburg* 16.2.10, AuR 11, 180 Ls. = juris.
172 Däubler-*Peter,* TVG, § 2 Rn. 52.
173 *BVerfG* 19.10.66, BVerfGE 20, 312.
174 Vgl. Däubler-*Däubler,* TVG, Einleitung, Rn. 87.
175 Berg/Kocher/Schumann-*Kocher,* § 2 Rn. 19; *Däubler,* Das Arbeitsrecht 1, Rn. 122 m. w. N.; *Zachert,* AuR 01, 401, 403.
176 Vgl. Berg/Kocher/Schumann-*Kocher,* § 2 Rn. 91 ff.
177 Vgl. *Oetker,* AuR 01, 82.
178 Zu den Voraussetzungen vgl. *BAG* 14.12.10, a. a. O.; 296 ff.
179 *BAG* 14.3.78, AP Nr. 30 zu § 2 TVG; bestätigt durch *BVerfG* 20.10.81, AP Nr. 31 zu § 2 TVG.
180 *BAG* 14.3.78, AP Nr. 3 zu § 97 ArbGG 1953; 25.11.86, 16.1.90, AP Nrn. 36, 39 zu § 2 TVG.

- Christliche Gewerkschaft Holz und Bau;[181]
- Verband der oberen Angestellten der Eisen- und Stahlindustrie;[182]
- Verband Deutscher Zahntechniker;[183]
- Berliner Akademiker Bund;[184]
- Arbeitnehmerverband land- und ernährungswirtschaftlicher Berufe;[185]
- Gewerkschaft der Kraftfahrer Deutschlands;[186]
- Bedienstete der Technischen Überwachung (BTÜ);[187]
- Christliche Gewerkschaft Deutschlands (CGD);[188]
- Gewerkschaft der Neuen Brief- und Zustelldienste (GNBZ);[189]
- Freie ArbeiterInnen Union (FAU);[190]
- Gewerkschaft für Kunststoffgewerbe und Holzverarbeitung (GKH);[191]
- Tarifgemeinschaft Christlicher Gewerkschaften für Zeitarbeit und Personalserviceagenturen (CGZP),[192] (vgl. dazu auch Rn. 66 f.);
- Medsonet – Die Gesundheitsgewerkschaft[193] (vgl. dazu auch Rn. 69);
- Gewerkschaft Beschäftigtenverband Industrie, Gewerbe, Dienstleistung (BIGD);[194]
- Arbeitnehmerverband Land- und Ernährungswirtschaftliche Berufe (ALEB);[195]
- Neue Assekuranz Gewerkschaft e. V. (NAG);[196]
- DHV – Die Berufsgewerkschaft[197] (vgl. dazu auch Rn. 68).

Demgegenüber wurden von der Rspr. in den letzten Jahren auch die Gewerkschaftseigenschaft bestimmter kleiner Arbeitnehmerkoalitionen (sog. **Berufsgruppen- bzw. Spartengewerkschaften**) anerkannt, die ihre Zuständigkeit – im Unterschied zu den nach dem Industrie- bzw. Branchenverbandsprinzip organisierten DGB-Gewerkschaften – auf spezialisierte Berufs-

181 *BAG* 16.1.90, AP Nr. 38 zu § 2 TVG.
182 *LAG Düsseldorf* 23.12.77, AuR 78, 381; a. A. *BAG* 16.11.82, AP Nr. 32 zu § 2 TVG, wonach es ausreiche, dass dieser Verband tarifwillig sei und »psychologisch-argumentativ« auf den tariflichen Gegenspieler Druck ausüben könne.
183 *BAG* 1.2.83, AP Nr. 14 zu § 322 ZPO.
184 *BAG* 9.7.86, AP Nr. 25 zu § 2 TVG.
185 *BAG* 10.9.85, AP Nr. 34 zu § 2 TVG.
186 *LAG Berlin* 21.6.96, AuR 97, 38.
187 *BAG* 6.6.00, NZA 01, 160.
188 *ArbG Gera* 17.10.02, AuR 03, 198; AuR 04, 149.
189 *ArbG Köln* 30.10.08 – 14 BV 324/08, AuR 09, 100; bestätigt durch *LAG Köln* 20.5.09 – 9 TaBV 105/08, AuR 09, 316, nach Rücknahme der Rechtsbeschwerde [*BAG* – 1 ABR 101/09] durch die GNBZ und den beteiligten AG-Verband rechtskräftig, Pressemitteilung *BAG* 18.4.10, BB10, 1083.
190 *LAG Berlin-Brandenburg* 16.2.10, AuR 11, 180, Ls. = juris.
191 *BAG* 5.10.10, NZA 11, 300 = AiB 11, 411, mit Anm. *Zimmer*; *LAG Hamm* 23.9.11 – 10 TaBV 14/11, NZA-RR 12, 25; dazu eingehend auch *Greiner*, NZA 11, 825; *Ulber*, RdA 11, 353.
192 *BAG* 14.12.10, NZA 11, 289 = AiB 11, 330, mit Anm. *M. Trümner*; vgl. dazu auch *Brors*, AuR 11, 138; *Klebe*, AiB 11, 140; *Schlegel*, NZA 11, 380; *Ulber*, a. a. O.; Vorinstanz: *LAG Berlin* 7.12.09 – 23 TaBV 1016/09, AuR 10, 172, mit Anm. *Ulber*. Der CGZP fehlte die Tariffähigkeit seit ihrer Gründung und im zeitlichen Geltungsbereich aller ihrer seitdem geltenden Satzungen: *BAG* 23.5.12 – 1 AZB 67/11, NZA 12, 625; 22.5.12 – 1 ABN 27/12, AuR 12, 270, juris; s. dazu auch den Nichtannahmebeschluss des *BVerfG* 25.4.15 – 1 BvR 2314/12, NZA 15, 757, zu den gegen die Rückwirkung der BAG-Entscheidungen gerichteten Verfassungsbeschwerden mehrerer Unternehmen der Leiharbeitsbranche.
193 *BAG* 11.6.13 – 1 ABR 33/12, NZA-RR 13, 64; zur fehlenden Tariffähigkeit der Medsonet vgl. auch *Ulber*, AuR 11, 430; *ders.*, RdA 11, 353.
194 *ArbG Duisburg* 22.8.12 – 4 BV 29/12, AuR 12, 375, juris (rkr.).
195 *ArbG Bonn* 31.10.12 – 4 BV 90/12, AuR 12, 501, juris (rkr.).
196 *Hessisches LAG* 9.4.15 – 9 TaBV 225/14, NZA-RR 15, 482 (Nichtzulassungsbeschwerde zurückgewiesen: *BAG* 17.11.15 – 1 ABN 39/15); vgl. auch BVerfG 16.6.16 – 1 BvR 2257/15, NZA 16, 893; *LAG Düsseldorf* 15.8.18 – 12 TaBV 55/17, juris.
197 *BAG* 22.6.21 – 1 ABR 28/20, AuR 22, 131 mit Anm. *Klocke/Langer*; vorgehend *LAG Hamburg* 22.5.20 – 5 TaBV 15/18, NZA-RR 20, 672; s. auch *BAG* 26.6.18 – 1 ABR 37/16, NZA 19, 188; die Verfassungsbeschwerde der DHV – Die Berufsgewerkschaft gegen den Beschluss des *BAG* v. 22.6.21, a. a. O., wurde nicht zur Entscheidung angenommen: *BVerfG* 31.5.22 – 1 BvR 2387/21.

gruppen beschränkt haben.[198] Soweit deren Gewerkschaftseigenschaft rechtlich umstritten war, wurde diese in folgenden Fällen von der Rspr. bejaht:

- **Unabhängige Flugbegleiter Organisation (UFO);**[199]
- **Gewerkschaft der Flugsicherung (GdF).**[200]

Diese Entscheidungen stellen im Wesentlichen darauf ab, dass sich die Durchsetzungsfähigkeit einer im Hinblick auf ihren Mitgliederbestand kleinen Gewerkschaft daraus ergeben kann, dass deren Mitglieder aufgrund ihrer **Spezial- bzw. Schlüsselqualifikationen** im Falle eines Arbeitskampfes bereits mit wenigen Streikenden eine sehr hohe Wirkung erzielen und vom Arbeitgeber nicht oder nur mit sehr großem Aufwand ersetzt werden können. In der UFO-Entscheidung des BAG wird auch das **Erfordernis der Arbeitskampfbereitschaft** (vgl. Rn. 55 ff.) mit positivem Ergebnis geprüft. Obwohl der überwiegende Anteil der Mitglieder der genannten Gewerkschaften bei nur einem Arbeitgeber beschäftigt ist, wird die Gewerkschaftseigenschaft, soweit überhaupt für entscheidungserheblich erachtet, in diesen Fällen auch unter den Gesichtspunkten der Gegnerunabhängigkeit und Überbetrieblichkeit bejaht. 65

Anlässlich des erstmaligen Zustandekommens von **Tarifverträgen** in der **Leiharbeit**[201] in Folge der zum 1. 1. 2004. in Kraft getretenen Reform des Arbeitnehmerüberlassungsgesetzes ist es auch zum Abschluss von »Billig-Tarifverträgen« durch die nicht tariffähige[202] **Tarifgemeinschaft Christliche Gewerkschaften Zeitarbeit und PSA (CGZP)** gekommen. Die CGZP ist ein Zusammenschluss aus den CGB-Organisationen CGM, DHV und GÖD (die ursprünglich zusätzlich beteiligte CGPT ist zwischenzeitlich ausgetreten).[203] Die Umstände der Gründung der CGZP, die verbreitete Praxis des über den Arbeitgeber vermittelten Beitritts neu eingestellter Leiharbeitnehmer in eine Mitgliedsgewerkschaft des CGZP einschließlich des Einzugs der Mitgliedsbeiträge durch den Arbeitgeber[204] und das Zustandekommen und der materielle Gehalt der von ihr abgeschlossenen Tarifverträge sprechen dafür, dass ihr die erforderliche Gegnerunabhängigkeit und organisatorische Leistungsfähigkeit fehlt. Auch die von ihr abgeschlossenen **(Gefälligkeits-)Tarifverträge** indizieren nicht das Vorliegen der Tariffähigkeit, selbst auf der Grundlage der die Anforderungen an die Tariffähigkeit relativierenden Maßstäbe (vgl. Rn. 70) der CGM-Entscheidung des *BAG*.[205] Dem von der Arbeitgeberseite in der Leiharbeitsbranche ausdrücklich gewünschten Abschluss von Tarifverträgen zur deutlichen Unterschreitung des gesetzlichen Gleichbehandlungsgrundsatzes (equal-pay-Gebot gem. § 3 Abs. 1 Nr. 3 und § 9 Nr. 2 AÜG) durch eine **zweckentfremdende Nutzung der Tarifdispositivität des equal-pay-Gebots** kann keine indizielle Bedeutung für das Vorliegen des Erfordernisses der Durchsetzungsfähigkeit der tarifschließenden Arbeitnehmerkoalition beigemessen werden.[206] Es liegt auf der Hand, dass aus der Tarifierung des arbeitgeberseitigen Programms zur Verschlechterung der Entgelt- und Arbeitsbedingungen der Leiharbeitnehmer nicht die soziale Mächtigkeit und organisatorische Leistungsfähigkeit der (vermeintlich) auf Arbeitnehmerseite handelnden CGZP abgeleitet werden kann. 66

Da die CGZP die fraglichen Tarifverträge für die Leiharbeitsbranche als **Spitzenorganisation** im eigenen Namen abgeschlossen hat und somit gem. § 2 Abs. 3 TVG als Tarifvertragspartei 67

---

198 Zu den Ursachen deren aktuellen Bedeutungszuwachses und konkurrierenden Auftretens gegenüber den DGB-Gewerkschaften vgl. Berg/Kocher/Schumann-*Berg*, Grundl. Rn. 181, § 4 Rn. 51 ff.

199 *BAG* 14. 12. 04 – 1 ABR 51/03, BB 05, 1054.

200 *LAG Rheinland-Pfalz* 14. 6. 07 – 11 Sa 208/07, DB 07, 2432; *HessLAG* 22. 7. 04 – 9 SaGa 593/04, AP Nr. 169 zu Art. 9 GG Arbeitskampf mit zustimmender Anm. *Däubler*; *ArbG Offenbach* 2. 6. 05 – 3 BV 11/04; a. A. *LAG Rheinland-Pfalz* 22. 6. 04 – 11 Sa 2096/03, AP Nr. 169 zu Art. 9 GG Arbeitskampf mit krit. Anm. *Däubler*.

201 Vgl. dazu die Übersicht bei *Martin*, AuR 04, 247.

202 *BAG* 14. 12. 10, a. a. O.; Vorinstanz: *LAG Berlin* 7. 12. 09 – 23 TaBV 1016/09, AuR 10, 172, mit Anm. Ulber; *Berg*, JbArbR Bd. 46, 2009, S. 69 ff.; Berg/Kocher/Schumann-*Kocher*, § 2 Rn. 40 ff.; *Schüren*, AuR 08, 239; *ders.*, NZA 08, 453; *Schindele*, AuR 08, 33; *Ulber, D.*, NZA 08, 438; a. A, *Lembke*, NZA 07, 1333; *Buchner*, BB 04, 1042.

203 *BAG* 14. 12. 10, a. a. O., 290.

204 Vgl. dazu das Beispiel bei *Schindele*, AuR 08, 31, 33.

205 *Schindele*, AuR 08, 33, 35; *Ulber*, § 9 Rn. 191 ff.

206 *ArbG Berlin* 1. 4. 09, a. a. O.; *ArbG Osnabrück* 15. 1. 07, AuR 07, 182.

aufgetreten ist,[207] hängt ihre Tariffähigkeit darüber hinaus auch vom Vorliegen der **Tariffähigkeit ihrer Mitgliedsorganisationen** ab.[208] Für die **GÖD** ist die Tariffähigkeit bereits instanzgerichtlich in Zweifel gezogen worden[209] (zum **DHV** vgl. Rn. 68, zur **CGM** Rn. 70). Da allerdings die Satzungen der CGZP und deren Mitgliedsorganisationen unterschiedliche Organisations- bzw. Tarifzuständigkeitsbereiche der Spitzenorganisation einerseits und der Mitgliedsorganisationen andererseits vorsehen, fehlt es bereits aus diesem Grund an der Tariffähigkeit der CGZP als Spitzenorganisation.[210] Aus diesem Grund konnte es das *BAG* dahingestellt sein lassen, ob die Mitgliedsorganisationen der CGZP überhaupt tariffähig sind und ob die von der CGZP abgeschlossenen Vereinbarungen (»Tarifverträge«) in der Leiharbeitsbranche deren Tariffähigkeit indizieren.[211]

68 Die **fehlende Tariffähigkeit** der **DHV-Die Berufsgewerkschaft e. V.** ist inzwischen zu Recht höchstrichterlich abschließend geklärt.[212] Denn die Aktivitäten des DHV beschränken sich auf tarifpolitischem Gebiet überwiegend auf den Abschluss von **Anschluss- und Gefälligkeitstarifverträgen,** um **auf Initiative oder in Absprache mit der Arbeitgeberseite** die Durchsetzung von Tarifverträgen durch DGB-Gewerkschaften zu erschweren oder deren betriebliche Anwendung zu unterlaufen.[213] Zusätzlich ins Zwielicht ist der DHV durch das Bekanntwerden **direkter und indirekter finanzieller Zuwendungen durch Arbeitgeber** als Gegenleistung für den Abschluss von Gefälligkeitstarifverträgen und Zahlung von Prämien an Arbeitnehmer bei Eintritt in den DHV oder Gründung einer DHV-Betriebsgruppe.[214] Finanzielle Zuwendungen der Arbeitgeberseite haben bereits in älteren Rechtsstreitigkeiten zur Frage der Gewerkschaftseigenschaft des DHV eine Rolle gespielt.[215] Unabhängig davon fehlt dem DHV die **Tarifzuständigkeit** für gewerbliche AN mit der Folge der Unwirksamkeit der vom DHV für diese AN abgeschlossenen Tarifverträge.[216]

69 Zur Vermeidung dieser Problematik wurde im Jahr 2008 im Rahmen des CGB die Arbeitnehmervereinigung **»medsonet – die Gesundheitsgewerkschaft«** gegründet, die »in enger Zusammenarbeit mit dem DHV« im Bereich des Gesundheitswesens und der sozialen Dienste dessen Aktivitäten übernehmen soll.[217] Diese Neugründung des CGB und des DHV hatte ersichtlich im Wesentlichen die Funktion, vom DHV und den Arbeitgebern außerhalb des Zuständigkeitsbereich des DHV abgeschlossene Tarifverträge – den eigenen Bekundungen zu folge – »nachzuzeichnen«, um deren Nichtigkeit zu vermeiden. Die Organisation beschäftigte zwei hauptamtlich Beschäftigte, stützte sich auf die personelle und organisatorische Infrastruktur des DHV und verfügte nach ihrer eigenen Darstellung in dem von ihr beanspruchten bundesweiten Zuständigkeitsbereich mit mindestens 2,2 Millionen AN lediglich über 7000 Mitglieder (Organisationsgrad 0, 32 %).[218] Die Organisation »medsonet – die Gesundheitsgewerk-

---

207 *BAG* 14. 12. 10, a. a. O.

208 *BAG* 14. 12. 10, a. a. O.; A. A. *Lembke*, a. a. O.

209 *LAG Niedersachsen* 2. 7. 07, 16 Ta 108/07; vgl. zum satzungsmäßigen Zuständigkeitsbereich und den sich daraus ergebenden Problemen für die Tariffähigkeit der GÖD auch die Ausführungen des *BAG* in der CGZP-Entscheidung, 14. 12. 10, a. a. O., 299 f.

210 *BAG* 14. 12. 10, a. a. O., 298 ff.

211 *BAG* 14. 12. 10, a. a. O.

212 *BAG* 22. 6. 21 – 1 ABR 28/20, AuR 22, 131 mit Anm. *Klocke/Langer*; vorgehend *LAG Hamburg* 22. 5. 20 – 5 TaBV 15/18, NZA-RR 20, 672; s. auch *BAG* 26. 6. 18 – 1 ABR 37/16, NZA 19, 188; die Verfassungsbeschwerde der DHV – Die Berufsgewerkschaft gegen den Beschluss des *BAG* v. 22. 6. 21, a. a. O., wurde nicht zur Entscheidung angenommen: *BVerfG* 31. 5. 22 – 1 BvR 2387/21.

213 Vgl. etwa den Sachverhalt bei *LAG Hamm* 20. 3. 09 – 10 TaBV 149/08, und *ArbG Mannheim* 4. 3. 05, AiB 05, 692.

214 So das Ergebnis der Recherchen des Fernsehmagazins Report Mainz für eine am 7. 4. 08 ausgestrahlte Sendung, s. Presseinformation von Report Mainz v. 8. 4. 08 und *www.reportmainz.de*.

215 *ArbG Hamburg* 10. 12. 56 – 2 BV 366/56; vgl. zu diesem Aspekt auch RdA 53, 396.

216 *BAG* 17. 4. 12 – 1 ABR 5/11, NZA 12, 1104; *BAG* 10. 2. 09 – 1 ABR 36/08, NZA 09, 908; 15. 11. 06, NZA 07, 448; Berg/Kocher/Schumann-*Kocher*, § 2 Rn. 110; dies galt zumindest bis zum 9. 1. 2013: mit einer zum 10. 1. 2013 wirksam gewordenen Satzungsänderung hatte der DHV seine Tarifzuständigkeit für bestimmte Wirtschaftszweige und Unternehmen auf gewerbliche AN erweitert, vgl. dazu *BAG* 11. 6. 13 – 1 ABR 32/12, NZA 13, 1363.

217 Pressemitteilung v. 25. 3. 08, *www.medsonet.de*.

218 *BAG* 11. 6. 13 – 1 ABR 33/12, NZA-RR 13, 64; vgl. dazu auch *Ulber*, AuR 11, 430; *ders.*, RdA 11, 353.

schaft« ist somit nicht tariffähig.[219] Selbst der behauptete Abschluss von rund 100 TV seit Gründung der Organisation, der überwiegend gemeinsam oder mit direkter Unterstützung des DHV erfolgte, kann unter Berücksichtigung der neueren höchstrichterlichen Rspr. zur erheblich eingeschränkten Indizwirkung der Tarifabschlüsse von jungen Arbeitnehmerkoalitionen und in Tarifgemeinschaft bzw. gemeinsam mit anderen Organisationen abgeschlossener TV (vgl. dazu Rn. 54) die Tariffähigkeit dieser Arbeitnehmerorganisation nicht begründen.

Die jahrzehntlang umstrittene Tariffähigkeit der **Christlichen Gewerkschaft Metall** (CGM) 70 wurde vom *BAG* anerkannt.[220] Dabei soll sich die soziale Mächtigkeit der CGM aus ihrer »aktiven Einmischung« in das Tarifgeschehen durch Abschluss von **Anschluss-TV** ergeben, während der **Mitgliederzahl** und **Organisationsstärke** nur noch eine geringe und der **Arbeitskampfbereitschaft** überhaupt keine Relevanz für die Tariffähigkeit beigemessen wird.[221] In Teilen der Literatur wird die CGM-Entscheidung (zur Kritik vgl. Rn. 53, 58) in ihren Auswirkungen als **Stärkung von Kleingewerkschaften,** Impuls für einen **Wettbewerb von Gewerkschaften** und Tarifvertragen[222] und **Schwächung** des Einflusses der **DGB-Gewerkschaften** bewertet.[223]

IV. Beachtung der geltenden Tarifverträge

Das Gesetz verlangt eine Zusammenarbeit zwischen AG und BR **»unter Beachtung der geltenden Tarifverträge«.** Dadurch wird die besondere Bedeutung der TV im Rahmen der Betriebsverfassung hervorgehoben und der allgemeine Grundsatz festgeschrieben, dass die **Betriebsparteien** auch im Rahmen ihrer Zuständigkeit **an die Vorgaben aus den TV gebunden sind.**[224] Das bedeutet, dass die Betriebsparteien verpflichtet sind, bei ihren jeweiligen Maßnahmen, insbesondere im Rahmen ihrer Zusammenarbeit und der Ausgestaltung ihrer Vereinbarungen, **die normativen Regelungen der TV einzuhalten** und die **tarifkonforme Anwendung der TV** im Betrieb zu gewährleisten. (zum Tarifvorbehalt gem. § 77 Abs. 3 und Tarifvorrang gem. § 87 Abs. 1 Eingangssatz gegenüber BV vgl. § 77 Abs. 3 Rn. 126ff. und § 87 Rn. 36ff.). Der **BR** hat gem. § 80 Abs. 1 Nr. 1 u. a. explizit **die Aufgabe, darüber zu wachen,** dass die zugunsten der AN geltenden Tarifverträge durchgeführt werden (vgl. dazu § 80 Rn. 11). 71

Das Gebot der **»Beachtung der geltenden Tarifverträge«** knüpft an § 3 und § 4 TVG über 72 die Tarifgeltung an und setzt voraus, dass der Betrieb unter den räumlichen, fachlichen und zeitlichen Geltungsbereich des TV fällt (vgl. zu den Voraussetzungen der Sperrwirkung eines TV vgl. § 77, Rn. 126ff., 137ff. und § 87 Rn. 36ff.). Soweit es um Inhalts-, Abschluss- und Beendigungsnormen des TV geht, muss der AG entweder selbst TV-Partei (Firmen-TV) sein oder dem tarifschließenden AG-Verband angehören oder wenigstens bei Abschluss des TV angehört haben. Darüber hinaus müssen AN im Betrieb beschäftigt sein, die Mitglieder der tarifschließenden Gewerkschaft sind oder bei Abschluss des TV waren. Die Tarifbindung des AG allein reicht allerdings aus, wenn der TV lediglich betriebliche oder betriebsverfassungsrechtliche Fragen regelt.[225] Bei einer Allgemeinverbindlichkeit des TV (§ 5 TVG) sind alle AG und AN ohne Rücksicht auf ihre Verbandszugehörigkeit tarifgebunden, wenn der TV den Betrieb in seinen räumlichen und fachlichen Geltungsbereich einschließt.

Werden die Arbeitsverhältnisse im Betrieb vom Geltungsbereich **mehrerer TV** erfasst, kann 73 es zur **Tarifkonkurrenz** oder **Tarifpluralität** kommen. Nach der früheren, aber umstrittenen,

219 *BAG* 11.6.13, a.a.O.
220 28.3.06 – 1 ABR 58/04, NZA 06, 1112.
221 kritisch Berg/Kocher/Schumann-*Kocher,* § 2 Rn. 40; zur Bewertung der Auseinandersetzung vgl. ferner *Unterhinninghofen,* AuR 06, 7; *Kocher,* AuR 05, 337; *Deinert,* AuR 04, 212; *Richardi,* NZA 04, 1025; *Rieble,* BB 04, 885.
222 *Hümmerich/Holthausen,* NZA 06, 1070.
223 *Buschmann,* FS Nagel, S. 245, 247; *Richardi,* RdA 07, 117, 118; dazu eingehend Berg/Kocher/Schumann-*Kocher,* § 2 Rn. 40.
224 *Fitting,* Rn. 29; ErfK-*Koch,* Rn. 3; GK-*Franzen,* Rn. 15; Richardi-*Maschmann,* Rn. 24.
225 § 3 Abs. 2 TVG; vgl. Berg/Kocher/Schumann-*Dierßen,* § 3 Rn. 63ff.; Kempen/Zachert-*Kempen* § 3 Rn. 21ff.

Rspr. des *BAG*[226] konnte nur einer der konkurrierenden TV zur Anwendung kommen, und es war dann nach dem **Grundsatz der Tarifeinheit** festzustellen, welcher TV im Betrieb gilt. Nachdem das **BAG** diese **Rspr.** teilweise **geändert** und bei Tarifpluralität den Grundsatz der Tarifeinheit für die **Inhaltsnormen von TV** konkurrierender Gewerkschaften aufgegeben hatte,[227] galten die Inhaltsnormen der von konkurrierenden Gewerkschaften abgeschlossenen TV für die jeweils der tarifschließenden Gewerkschaft angehörenden AN im Betrieb und kamen nebeneinander zur Anwendung (vgl. dazu auch § 77 Rn. 143 ff., § 87 Rn. 37 ff.; zur neuen Rechtslage nach Inkrafttreten des **Tarifeinheitsgesetzes** am 10. 7. 2015[228] s. Rn. 73a f.).[229]

73a Mit dem am 10. 7. 2015 in Kraft getretenen **Tarifeinheitsgesetz**[230] wurde mit der neu in das TVG eingefügten Vorschrift des **§ 4a TVG** der **Grundsatz der Tarifeinheit** gesetzlich geregelt.[231] Vordergründig aus Anlass der Änderung der Rspr. des BAG zur Tarifeinheit im Jahr 2010[232] (vgl. dazu Rn. 17) – im Kern aber wegen der seit Jahren tarifpolitisch selbstständig agierenden **Berufsgruppengewerkschaften** und der Zunahme von **Streiks im Bereich der öffentlichen und privaten Dienstleistungen** – wurden bereits in deren Vorfeld **verschiedene rechtspolitische Initiativen** der Öffentlichkeit vorgestellt, die, im Ergebnis übereinstimmend, darauf abzielten, den Grundsatz der Tarifeinheit durch eine Änderung des TVG gesetzlich festzuschreiben.[233] Diese Forderungen wurden – trotz ihrer Ablehnung durch große Teile der Rechtswissenschaft, der Arbeitsgerichtsbarkeit und mehrere DGB-Gewerkschaften (ver.di, NGG, GEW), des DBB und der Berufsgruppengewerkschaften im Jahr 2015 durch das Tarifeinheitsgesetz von der Großen Koalition aus CDU/CSU und SPD umgesetzt. § 4a Abs. 2 TVG stellt den zentralen Bestandteil der Neuregelung dar. Nach dieser Vorschrift soll die Tarifeinheit im Betrieb dadurch herbeigeführt werden, dass beim Auftreten einer Tarifkollision i. S. d. § 4a Abs. 2 Satz 2 TVG nur die **Rechtsnormen** des **Mehrheitstarifvertrages** anwendbar sind (dies gilt gem. § 13 Abs. 3 TVG im Sinne eines Bestandsschutzes allerdings nicht für kollidierende Tarifverträge, die bereits am 10. 7. 2015 galten[234]). Eine Tarifkollision liegt vor, wenn sich die Geltungsbereiche nicht inhaltsgleicher Tarifvertrag verschiedener Gewerkschaften überschneiden (§ 4a Abs. 2 Satz 2 TVG). In diesem Fall sind im Betrieb nur die **Rechtsnormen** des **Tarifvertrages derjenigen Gewerkschaft** anwendbar, die zum Zeitpunkt des Abschlusses des zuletzt abgeschlossenen Tarifvertrages **im Betrieb** die **meisten Mitglieder** hat (§ 4a Abs. 2 Satz 2 TVG).[235] Für die **Mitglieder der Minderheitsgewerkschaft** und die **nicht organisierten Arbeitnehmer** richtet sich die Anwendung eines Tarifvertrages in diesem Fall nach dem Inhalt der mit ihnen getroffenen arbeitsvertraglichen Vereinbarung. Für den Fall, dass die **Mehrheitsverhältnisse** im Betrieb (und damit auch die ausschließliche Anwendbarkeit einer der kollidierenden Tarifverträge) zwischen den beteiligten Tarifvertragsparteien streitig sind, wurde durch das Tarifeinheitsgesetz das ArbGG um ein besonderes **Beschlussverfahren** zur Feststellung des im Betrieb anwendbaren Tarifvertrages ergänzt (§ 2a Abs. 1 Nr. 6, § 58 Abs. 3, § 99 ArbGG). Antragsberechtigt sind nur die Tarifvertragsparteien der kollidierenden Tarifverträge.[236]

73b Die von mehreren Gewerkschaften wegen erheblicher Zweifel an der Vereinbarkeit des Tarifeinheitsgesetzes mit Art. 9 Abs. 3 GG (s. dazu Rn. 73c) beim *BVerfG* eingelegten **Verfassungsbeschwerden** wurden überwiegend **zurückgewiesen,** so dass nach dieser Entscheidung des

---

226 Vgl. dazu Berg/Kocher/Schumann-*Berg*, § 4 Rn. 91 ff.

227 *BAG* 27. 1. 10 – 4 AZR 549/08 A, NZA 10, 645; 23. 6. 10 – 10 AS 2/10, AuR 10, 349, juris; 7. 7. 10 – 4 AZR 549/08, NZA 10, 1068; dazu Berg/Kocher/Schumann-*Berg*, § 4 Rn. 98 ff.

228 BGBl. I. 1130.

229 Eingehend zur tarifrechtlichen Kontroverse um die Zukunft des Grundsatzes der Tarifeinheit: Berg/Kocher/Schumann-*Berg*, § 4 Rn. 51 ff., 82 ff. m. w. N.

230 BGBl. I. 1130.

231 Zum Ablauf des Gesetzgebungsverfahrens s. *Düwell*, jurisPR-ArbR 22/2015 Anm.

232 *BAG* 7. 7. 2010, a. a. O.

233 Überblick bei *Bepler*, Gutachten, B 85 ff.; *Greiner*, NZA 12, 529; *Hanau*, DB 10, 2107; zur Kritik einer entsprechenden gemeinsamen Initiative von BDA und DGB im Jahr 2010 s. *Berg*, KJ 14, 72; Schaub-*Treber*, § 204 Rn. 57 ff.

234 Vgl. dazu Berg/Kocher/Schumann-*Berg*, § 4a Rn. 22.

235 Zu den Einzelheiten ausführlich Berg/Kocher/Schumann-*Berg*, § 4a Rn. 1 ff., 23 ff.

236 Vgl. Berg/Kocher/Schumann-*Berg*, § 4a Rn. 84 ff.

BVerfG[237] § 4a TVG, allerdings nach Maßgabe zahlreicher Vorgaben des BVerfG in den Urteilsgründen zur **grundrechtsschonenden restriktiven Auslegung dieser Vorschrift** und unter Beachtung der **Verpflichtung des Gesetzgebers zur Beseitigung der verfassungsrechtlichen Beanstandungen** bis zum 31.12.18, **mit Art. 9 Abs. 3 GG vereinbar** ist.[238] Insbesondere ist danach die Anwendung des § 4a TVG tarifdispositiv und führt nicht zu einer Einschränkung des Streikrechts zur Durchsetzung eines Minderheits-TV. Eine Verdrängung des Minderheits-TV scheidet aus, wenn nach dem Willen der TV-Parteien bestimmte TV mit unterschiedlichen Regelungsgegenständen nebeneinander anwendbar bleiben sollen oder wenn der TV längerfristig angelegte Ansprüche begründet, auf deren Bestand die AN bei ihrer Lebensplanung typischerweise vertrauen können. Nach Beendigung des verdrängenden Mehrheits-TV lebt der verdrängte Minderheits-TV wieder mit normativer Wirkung auf. Schließlich scheidet die Verdrängung des Minderheits-TV aus, wenn der AG seiner Verpflichtung zur rechtzeitigen Information und Anhörung der nicht beteiligten Gewerkschaften über die von ihm geführten Tarifverhandlungen nicht nachkommt. Die hohen **verfassungsrechtlichen Hürden für die Anwendung** des § 4a TVG dürften dazu führen, dass die gesetzlich angeordnete Tarifeinheit für das Tarifgeschehen nur eine **geringe praktische Bedeutung** erlangen wird.[239] Mit der am 01.01.19 durch Art. 4f des Qualifizierungschancengesetzes[240] in Kraft getretenen **Änderung des § 4a Abs. 2 Satz 2 TVG** war die Absicht des Gesetzgebers verbunden, die Unvereinbarkeit der bis dahin geltenden Fassung der Vorschrift mit Art. 9 Abs. 3 GG zu beseitigen. Das Gesetzgebungsverfahren und der Inhalt der Änderung des § 4a Abs. 2 TVG sind in der Literatur überwiegend sehr kritisch aufgenommen worden.[241] Die wegen der Neufassung des § 4a Abs. 2 Satz 2 TVG von einigen Gewerkschaften, u.a. durch den Beamtenbund (dbb),[242] erneut eingelegten Verfassungsbeschwerden wurden von der 3. Kammer des 1. Senats des **BVerfG**[243] **nicht zur Entscheidung angenommen.** Den vom DBB, der GDL und dem MB beim **Europäischen Gerichtshof für Menschenrechte (EGMR)** wegen Verstoßes des Tarifeinheitsgesetzes bzw. des § 4a TVG gegen Art. 11 EMRK eingelegten Beschwerden hat der EGMR nicht stattgegeben, sondern entschieden, dass § 4a TVG Art. 11 EMRK nicht verletzt.[244]

Die mit der ausschließlichen Anwendbarkeit des Mehrheitstarifvertrages verbundene **Verdrängung** der **Rechtsnormen** des **Tarifvertrages** einer **Minderheitsgewerkschaft** stellt nach hier vertretener Auffassung einen **verfassungswidrigen Eingriff** in die **kollektive** und **individuelle**[245] **Koalitionsfreiheit** der Gewerkschaft und ihrer Mitglieder dar,[246] ist mit **Art. 3 ILO-Übereinkommen Nr. 87** und **Art. 4 ILO-Abkommen Nr. 98** nicht vereinbar und verstößt gegen **Art. 11 EMRK** i.V.m. **Art. 14 EMRK.**[247] Die tarifpolitische Gestaltung der Arbeitsbedingungen durch den Abschluss von Tarifverträgen ist eine der **konstitutiven Betätigungen einer Gewerkschaft.** Kommen die von einer Gewerkschaft abgeschlossenen Tarifverträge nor- 73c

237 *BVerfG* 11.7.17, – 1 BvR 1571/15, 1 BvR 1588/15, 1 BvR 2883/15, 1 BvrR 1043/16, 1 BvR 1477/16, NZA 17, 915.

238 Siehe dazu *Berg*, AiB 10/17, 28ff.; *ders.*, FS Willemsen, 45ff.

239 Zu den Einzelheiten vgl. näher Berg/Kocher/Schumann-*Berg*, TVG § 4a, Rn. 1ff.

240 BGBl. 2018 I Nr. 48.

241 Zu den Einzelheiten und zur Kritik vgl. *Bepler*, jurisPR-ArbR 51/2018; ErfK-*Franzen*, TVG § 4a Rn. 1b; *Klein*, DB 19, 545; *Löwisch*, RdA 19, 169; Schaub-*Treber*, § 203, Rn. 24; *Thüsing*, NZA-Editorial 24/18, III; Wiedemann-*Jacobs*, § 4a Rn. 351; a.A. *Giesen/Rixen*, NZA 19, 577.

242 *https://www.dbb.de/teaserdetail/artikel/tarifeinheitsgesetz-dbb-legt-erneut-verfassungsbeschwerde-ein.html.*

243 *BVerfG* 19.5.20 – 1 BvR 672/19, 1 BvR 797/19, 1 BvR 2832/19, juris.

244 *EGMR* 5.7.22 – 815/18, 3278/18, 12380/18, 12693/18, 14883/18; zur Kritik s. *Kocher, https://verfassungsblog.de/fiktive-einheit-vor-pluralitat/* (11.7.22).

245 *BAG* 7.7.10, a.a.O.

246 *Bepler*, Gutachten, B 90ff.; *Däubler*, Gutachten, S. 21; *Dieterich*, AuR 11, 46, 47ff.; *di Fabio*, Gutachten, S. 23, 31, 37; *Greiner*, RdA 15, 36ff.; *Konzen/Schliemann*, RdA 15, 1, 11ff.; *Löwisch*, BB 14, Heft 48, 1; *Preis*, FA 14, 354ff.; *Richardi*, NZA 14, 1233, 1235; Schaub-*Treber*; § 204 Rn. 58f.; a.A. *Giesen*, ZFA 2011, 1: *Hufen*, NZA 14, 1237; *Kempen*, AuR 2011, 46; *Papier/Kröncke*, ZFA 11, 807; *Scholz*, ZFA 2010, 681; *Scholz/Lingemann/Ruttloff*, Gutachten, NZA-Beilage 15, Nr. 1, 3, 43; *Waas*, AuR 11, 93.

247 *Schlachter*, Gutachten, S. 13ff., 27ff.; a.A. *Scholz/Lingemann/Ruttloff*, Gutachten, a.a.O., 43ff. (bzgl. Art. 11 EMRK).

mativ nicht zur Anwendung, ist deren Abschluss für die Gewerkschaft weitgehend sinnlos und führt zur Tariflosigkeit ihrer Mitglieder. Damit wird die betroffene Gewerkschaft als autonom agierende **Tarifvertragspartei** im Kern **handlungsunfähig** und büßt erheblich an Attraktivität für ihre aktuellen und potentiellen Mitglieder ein. Die **zwingende Wirkung der Tarifnormen** für die Mitglieder der tarifschließenden Gewerkschaft gehört aber zum **verfassungsrechtlich verbürgten Mindeststandard** des Tarifvertragssystems. Hinzu kommt, dass sich aus der gesetzlichen Anordnung der ausschließlichen Anwendbarkeit des Mehrheitstarifvertrages eine indirekte **Einschränkung des Streikrechts** der Minderheitsgewerkschaft, zumindest aber eine erhebliche Beeinträchtigung seiner effektiven Wahrnehmung, ergibt.[248] In der Gesamtbewertung ist § 4a TVG daher nach hier vertretener Auffassung verfassungswidrig, was gem. § 95 Abs. 3 Satz 1 BVerfGG die **Nichtigkeit** dieser Norm hätte nach sich ziehen müssen.[249]

V. Betriebsverfassungsrechtliches Zugangsrecht von Gewerkschaftsbeauftragten

1. Unterstützungsfunktion der Gewerkschaften für die Betriebsverfassung

74 Zur Wahrnehmung ihrer **betriebsverfassungsrechtlichen Aufgaben** haben die im Betrieb vertretenen Gewerkschaften – unabhängig von ihrer **koalitionsrechtlichen Betätigung aus Art. 9 Abs. 3 GG** (vgl. Rn. 98 ff.) – ein ausdrücklich normiertes Zugangsrecht zum Betrieb.[250] Im Rahmen der **betriebsverfassungsrechtlichen Unterstützungsfunktion der Gewerkschaften** sind im Gesetz neben dem Zugangsrecht insbesondere noch folgende gewerkschaftliche Befugnisse ausdrücklich geregelt:

- Einreichung von Wahlvorschlägen für die BR-Wahl (§ 14 Abs. 5);
- Antrag auf Bestellung eines WV beim ArbG, wenn acht Wochen vor Ablauf der Amtszeit des amtierenden BR noch kein WV besteht (§ 16 Abs. 2);
- Einberufung einer Betriebs- oder Wahlversammlung zur Bestellung eines WV in einem betriebsratslosen Betrieb (§§ 17 Abs. 2, 3, 17a Nr. 3);
- Antrag auf Bestellung eines WV beim ArbG, wenn gemäß §§ 17 Abs. 1 und 2 oder 17a Nr. 3 kein WV bestellt ist (§§ 17 Abs. 4, 17a Nr. 4);
- Antrag beim ArbG auf Ersetzung eines untätigen WV (§ 18 Abs. 1);
- Antrag beim ArbG auf Feststellung der Selbstständigkeit eines Nebenbetriebs oder Betriebsteils oder der Zuordnung zum Hauptbetrieb (§ 18 Abs. 2);
- Anfechtung der BR-Wahl (§ 19 Abs. 2);
- Antrag beim ArbG gegen den AG bei groben Verstößen gegen dessen betriebsverfassungsrechtliche Verpflichtungen (§ 23 Abs. 3);
- Antrag beim ArbG auf Auflösung des BR oder Ausschluss eines Mitglieds aus dem BR (§ 23 Abs. 1);
- Teilnahme an BR-Sitzungen auf Antrag von einem Viertel der Mitglieder oder der Mehrheit einer Gruppe des BR (§ 31);
- Hilfe bei Verständigung nach Aussetzung eines BR-Beschlusses (§ 35 Abs. 1);
- Teilnahme an Beratungen bei der Anerkennung von Schulungs- und Bildungsveranstaltungen (§ 37 Abs. 7);
- Antrag beim BR auf Einberufung einer Betriebsversammlung, wenn im vorhergegangenen Kalenderhalbjahr keine Betriebsversammlung oder keine Abteilungsversammlungen durchgeführt worden sind (§ 43 Abs. 4);
- Teilnahme an Betriebs- oder Abteilungsversammlungen (§ 46 Abs. 1);
- Teilnahme an der Betriebsräteversammlung (§ 53 Abs. 3);
- Strafantragsrecht wegen Straftaten gegen Betriebsverfassungsorgane (§ 119 Abs. 2).

75 Diese – nicht vollständige – Aufzählung der betriebsverfassungsrechtlichen Befugnisse der Gewerkschaften macht deutlich, dass sich BR und Gewerkschaft trotz der organisatorischen und

248 Berg/Kocher/Schumann-*Berg*, § 4a Rn. 14 ff.
249 Siehe dazu die abweichende Meinung des Richters *Paulus* und der Richterin *Baer* in *BVerfG* 11.7.17 – 1 BvR 1571/15, 1 BvR 1588/15, 1 BvR 2883/15, 1 BvR 1043/16, 1 BvR 1477/16, a. a. O., Rn. 22.
250 Vgl. eingehend *Däubler*, Gewerkschaftsrechte, Rn. 205 ff.; *Sarge/Gester*, AiB 88, 228 ff.

funktionalen Trennung **nicht isoliert** gegenüberstehen. Von der Konzeption des Gesetzes her haben sie nicht nur punktuell, sondern **umfassend zusammenzuarbeiten** (vgl. dazu Rn. 42 ff.). Das Zutrittsrecht der Gewerkschaft zum Betrieb nach dieser Vorschrift ist daher nicht nur gegeben, wenn es sich um eine ausdrücklich im Gesetz angeführte Aufgabe der Gewerkschaft handelt. Das Recht auf Zugang ist vielmehr auch dann vorhanden, wenn die Gewerkschaft Aufgaben wahrnimmt, die in irgendeinem Zusammenhang, gleich welcher Art, mit dem BetrVG stehen.[251]

Sind **konkurrierende Gewerkschaften** (zu den vom Gesetz verlangten Voraussetzungen für die Erfüllung der Gewerkschaftseigenschaft vgl. Rn. 49 ff.) im Betrieb vertreten (zu den Voraussetzungen des Vertretenseins vgl. Rn. 79 ff.) stehen die betriebsverfassungsrechtlichen Befugnisse jeder dieser Gewerkschaften zu. Sie können grundsätzlich **von mehreren Gewerkschaften parallel** ausgeübt werden.[252] Zum **Zusammenwirken der Betriebsparteien** mit konkurrierenden Gewerkschaften vgl. Rn. 46. 76

Zur Ausübung der betriebsverfassungsrechtlichen Befugnisse unter besonderen Bedingungen vgl. für **dezentrale Betriebsstrukturen** Rn. 116, für **Industrieparks** und **Einkaufszentren** Rn. 117 f. und für die **Nutzung elektronischer Medien** Rn. 125 ff. Die dortigen Ausführungen zur koalitionsrechtlichen Betätigung sind im Prinzip auf die betriebsverfassungsrechtlichen Befugnisse übertragbar. 77

2. Zugangsrecht von Gewerkschaftsbeauftragten

a) Voraussetzungen des Zugangsrechts

Der gesetzliche Anspruch auf Zugang zum Betrieb nach dieser Vorschrift ist nur dann gegeben, wenn es sich um eine Gewerkschaft handelt, auf die die oben angeführten Voraussetzungen zutreffen (vgl. Rn. 49 ff.). Zusätzliche Anforderungen müssen nicht erfüllt werden; insbesondere bedarf es nicht des Nachweises der **Tarifzuständigkeit** der Gewerkschaft für den Betrieb.[253] Die Tarifzuständigkeit als Wirksamkeitsvoraussetzung eines abgeschlossenen Tarifvertrages hat allein Bedeutung für die Legitimation der Schaffung von Tarifnormen durch die Gewerkschaft, nicht aber für die sonstige Betätigung der Gewerkschaft, etwa im Rahmen der Betriebsverfassung.[254] 78

b) Im Betrieb vertretene Gewerkschaft

Darüber hinaus muss die Gewerkschaft im Betrieb vertreten sein. Nach h. M. ist es dazu erforderlich, dass sie mindestens ein Mitglied im Betrieb hat, das nicht zu den leitenden Angestellten i. S. d. § 5 Abs. 3 zählt[255] und dessen Mitgliedschaft nicht offenkundig und zweifelsfrei mit der satzungsrechtlichen Organisationszuständigkeit der Gewerkschaft für den Betrieb unvereinbar ist.[256] Der Nachweis, dass die Gewerkschaft im Betrieb vertreten ist,[257] kann durch die Gewerkschaft auf jede dem Gericht geeignet erscheinende Weise erfolgen, so etwa durch die Vernehmung eines Gewerkschaftssekretärs als Zeugen, wobei die Namensnennung der Gewerkschaftsmitglieder, die dem Betrieb angehören, nicht erforderlich ist.[258] 79

---

251 Ähnlich *BAG* 26.6.73 – 1 ABR 24/72, NJW 1973, 2222.
252 Däubler, Gewerkschaftsrechte, Rn. 548j.
253 *BAG* 13.3.07 – 1 ABR 24/06, NZA 07, 1069; 10.11.04 – 7 ABR 19/04, NZA 05, 427 = AiB 05, 373 mit Anm. *Rudolph; Gamillscheg*, Kollektives Arbeitsrecht, Bd. I, S. 530 ff.; *LK*, Rn. 18.
254 *BAG* 10.11.04, a. a. O.; *Fitting*, Rn. 43; a. A. *Feudner*, DB 95, 2114; GK-*Franzen*, Rn. 38; *Hanau*, NZA 03, 128, 130 HWGNRH-*Rose*, Rn. 128.
255 *BAG* 25.3.92 – 7 ABR 65/90, DB 93, 95 = AuR 93, 88; ErfK-*Koch*, Rn. 4; *Fitting*, Rn. 43; GK-*Franzen*, Rn. 38; Richardi-*Maschmann*, Rn. 69.
256 *BAG* 10.11.04, a. a. O.; *Fitting*, a. a. O.
257 Dazu ausführlich *Trümner*, BetrR 89, 145 ff.; *Grunsky*, AuR 90, 105.
258 *BAG* 25.3.92 – 7 ABR 65/90, DB 93, 95 = AuR 93, 88; die gegen diese Entscheidung eingelegte Verfassungsbeschwerde wurde vom *BVerfG* nicht angenommen, *BVerfG* 21.3.94, AuR 94, 313; *LAG Baden-Württemberg* 20.9.73, ARSt 74, 88; *LAG Düsseldorf* 6.4.78, DB 79, 110; *LAG Düsseldorf* 5.12.88, LAGE § 2 BetrVG 1972 Nr. 6; *LAG Nürnberg* 18.7.90 – 8 TaBV 41/89, AuR 91, 220; *LAG Köln*

80 Der Nachweis kann auch durch notarielle Erklärung[259] oder eidesstattliche Versicherung eines Gewerkschaftssekretärs erfolgen,[260] und zwar ebenfalls ohne Namensnennung.[261] Die ohne ausdrückliche Einwilligung des betroffenen AN erfolgende Namensnennung wäre überdies unzulässig, weil die Gewerkschaftszugehörigkeit zu den besonders geschützten Daten eines AN gehört (vgl. § 94 Rn. 12). Dies ergibt sich zum einen daraus, dass vertragsrechtlich insoweit dem AG weder ein Fragerecht zusteht, noch den AN eine Offenbarungspflicht trifft,[262] und zum anderen aus der Tatsache, dass die Gewerkschaftszugehörigkeit zu den sensitiven Daten im Sinne des BDSG (vgl. § 3 Abs. 9) gehört und damit besonderen gesetzlichen Schranken der Verarbeitung unterliegt (vgl. § 94 a. a. O.). Selbst auf Grund eines der Mitbestimmung des BR nach § 94 unterliegenden Personalfragebogens kann in diese Individualrechtsposition des AN durch die Betriebsparteien nicht eingegriffen werden. Was dem AG auf individual- und kollektivrechtlichem Gebiet versagt ist, kann daher auch nicht über den Weg einer Beweisfrage im Prozess zulässig sein, da er als Prozesspartei stets Kenntnis über die Gewerkschaftszugehörigkeit erlangen würde.

81 Darüber hinaus würde die Pflicht zur Offenbarung der Gewerkschaftszugehörigkeit eines AN durch die Gewerkschaft sowohl deren nach Art. 9 Abs. 3 GG geschützte Bestandsgarantie, die gerade auch den Mitgliederbestand im Betrieb erfasst,[263] verletzen als auch gegen das Grundrecht auf positive Koalitionsfreiheit des betreffenden AN und den betriebsverfassungsrechtlichen Schutz freier gewerkschaftlicher Betätigung nach § 75 Abs. 1 verstoßen.[264] Diese Grundrechtsposition des AN verbietet es der Gewerkschaft, die Mitgliedschaft gegenüber Dritten zu offenbaren, da schon der mittelbare Zwang zum Fernbleiben von einer Gewerkschaft (etwa durch Austritt wegen der Furcht vor Repressalien des AG bei Bekanntwerden der Mitgliedschaft) verfassungsrechtlich verboten ist.[265]

81a Wenn die Gewerkschaft trotz entsprechender fehlender Verpflichtung (vgl. Rn. 79 ff.) zum Nachweis, dass sie im Betrieb vertreten ist, die Namen mehrerer Gewerkschaftsmitglieder nennt, steht es ihrem Vertretensein nicht entgegen, wenn der AG alle **benannten Gewerkschaftsmitglieder außerordentlich kündigt** (zumindest soweit Kündigungsschutzverfahren wegen der Rechtswirksamkeit der Kündigung anhängig sind).[266]

c) Inhalt und Ausübung des Zugangsrechts

81b Es ist zulässig, dass die Gewerkschaft ihr Zugangsrecht durch mehrere Personen wahrnimmt. Wenn sie es für erforderlich hält, kann sie gleichzeitig **mehrere Gewerkschaftsbeauftragte** in den Betrieb entsenden[267] (zur Zulässigkeit der Teilnahme mehrerer Gewerkschaftsbeauftragter an Sitzungen des BR aufgrund eines entsprechenden Antrags gem. § 31 oder Beschlusses des BR gem. § 33 vgl. Rn. 84).

6.10.89, LAGE § 2 BetrVG 1972 Nr. 7; nach *LAG Hamm* 10.8.94 – 3 TaBV 92/94, DB 94, 2193, steht dem als Zeugen geladenen Gewerkschaftssekretär hinsichtlich der Namensnennung gemäß § 383 Abs. 1 Nr. 6 ZPO ein Aussageverweigerungsrecht zu, wenn die AN mit der Nennung ihrer Namen nicht einverstanden sind; abwegig die Gegenansicht von *Prütting/Weth*, DB 89, 2273, und *dies.*, AuR 90, 269, wo von »Geheimverfahren« die Rede ist.

259 *LAG Rheinland-Pfalz* 11.1.13 – 9 TaBVGa 2/12, juris.

260 *ArbG Verden* 7.10.13 – 1 BVGa 1/13, NZA-RR 14, 19, 21; *ArbG Heilbronn* 13.7.95 – 7 BVCa 1/95 C.

261 *BAG* 25.3.92, a. a. O.; *LAG Rheinland-Pfalz* 11.1.13 – 9 TaBVGa 2/12, juris; *ArbG Aachen* 8.11.12 – 9 BVGa 11/12, juris; ErfK-*Koch*, Rn. 4; *Fitting*, Rn. 43; *GL*, Rn. 18; Richardi-*Maschmann*, Rn. 71; *SWS*, Rn. 9; *v. Hoyningen-Huene*, S. 76; *Däubler;* Gewerkschaftsrechte, Rn. 87; einschränkend GK-*Franzen*, Rn. 40.

262 *Simitis*, AuR 77, 99; vgl. § 94 Rn. 20.

263 Vgl. *BAG* 2.6.87, AP Nr. 49 zu Art. 9 GG.

264 So auch *BAG* 25.3.92, a. a. O., für den Fall, dass es für Repressalien des AG gegen Mitglieder der Gewerkschaft konkrete Anhaltspunkte gibt.

265 Vgl. *BAG* 2.6.87, a. a. O.

266 *ArbG Aachen* 8.11.12 – 9 BVGa 11/12, juris.

267 *ArbG Weiden* 23.2.22 – 4 BVGa 3/22; *ArbG Gießen* 5.10.18 – 7 BV 15/17, juris; *Fitting*, Rn. 69; Richardi-*Richardi*, Rn. 117.

Das **Zugangsrecht der Gewerkschaft** ist **nicht auf bestimmte Betriebsbereiche,** wie etwa das BR-Büro, den Ort der Betriebsversammlung oder die Pausen- und Sozialräume der AN, **beschränkt.**[268] Dies ergibt sich bereits aus den in Abs. 2 2. Halbsatz aufgeführten Gründen, die es dem AG unter bestimmten Voraussetzungen erlauben, den Zugang zum Betrieb räumlich oder zeitlich zu beschränken oder zu verweigern (Störung des Betriebsablaufs, Einhaltung zwingender Sicherheitsvorschriften, Schutz von Betriebsgeheimnissen, vgl. dazu Rn. 94 ff.). Nahezu unbestritten ist das Zugangsrecht, wenn es aus der betriebsverfassungsrechtlichen Unterstützungsfunktion der Gewerkschaft heraus erforderlich wird,[269] den Betrieb zu betreten **(spezielles Zugangsrecht),** wie etwa bei Streitigkeiten über Leistungslohnfragen oder zur Vorbereitung einer BR-Wahl,[270] nicht zuletzt in einem betriebsratslosen Betrieb. In derartigen Fällen, die ohne Zweifel einen **konkreten,** sich aus einzelnen betriebsverfassungsrechtlichen Bestimmungen ergebenden Aufgabenbezug aufweisen, erstreckt sich das Zutrittsrecht aufgabenbezogen auch auf die einzelnen **Betriebsteile, Arbeitsplätze** und **Kantine** und **Sozial- und Pausenräume.**[271] Das Recht zum Zutritt zu einzelnen Arbeitsplätzen bezieht sich auch auf ausgelagerte Arbeitsplätze, wie dies etwa bei Bewachungs-UN der Fall sein kann.[272] Dasselbe wird für ausgelagerte Arbeitsplätze von **Tele-AN** und **Außendienstlern** zu gelten haben. 82

Allerdings stellen sich hinsichtlich des Zutrittsrechts zu den Arbeitsplätzen der letztgenannten Personen, die ihren **Arbeitsplatz** häufig (auch) **in der eigenen Wohnung** haben, zusätzliche Probleme. Nach zutreffender Ansicht gehört der ausgelagerte (Tele-)Arbeitsplatz zum Betrieb (vgl. § 5 Rn. 47). Weitestgehend ungeklärt ist jedoch, ob Art. 13 GG oder §§ 854 ff. BGB dem **Zutrittsrecht** des BR **zu den Arbeitsplätzen**[273] sowie dem Zugangsrecht der **Gewerkschaften** und der **Arbeitsschutzbehörden** entgegensteht.[274] Das *BVerfG*[275] hat in anderem Zusammenhang Vertreter der Wirtschafts-, Arbeits- und Steueraufsicht ein Zugangsrecht zu den Räumen versagt, in denen eine berufliche Tätigkeit ausgeübt wird, wenn diese Räume zur Wohnung »im engeren Sinne« gehörten. Dies ist der Fall, wenn die beruflich genutzten Räume nicht über eine »Offenheit nach außen« verfügen und nicht als reine Geschäftsräume anzusehen sind (z. B. bei gemischter Nutzung). Somit kann i. d. R. gegen den Willen des Tele-AN oder zu Hause arbeitenden AN kein Vertreter staatlicher Aufsichtsorgane (z. B. Gewerbeaufsichtsamt) Zugang zur Wohnung erlangen. Für private Personen (BR-Mitglieder, Gewerkschaftsbeauftragte) ergibt sich dieselbe Rechtslage aus §§ 854 ff. BGB, so dass deren **Zugangsbefugnis** im Grundsatz ebenfalls von der **Zustimmung** des betreffenden AN abhängig ist. In diesem Zusammenhang wäre an die **vertragliche Vereinbarung besonderer Zutrittsrechte** und deren Ausübungsmodalitäten zu denken,[276] etwa in der Form, dass die Zustimmung des BR zur Auslagerung von Arbeitsplätzen von einer Klausel über das Zugangsrecht abhängig gemacht wird. 83

Neben dem speziellen, konkret aufgabenbezogenen Zugangsrecht besteht das gewerkschaftliche Zugangsrecht auch immer dann, wenn es der Wahrnehmung der betriebsverfassungsrecht- 84

268 *BAG* 17. 1. 89, AP Nr. 1 zu § 2 LPVG NW; *ArbG Elmshorn* 16. 6. 03, AiB 04, 40 mit Anm. *Zabel; ArbG Elmshorn* 28. 5. 99, AiB 99, 521 mit Anm. *Zabel; Däubler,* Gewerkschaftsrechte, Rn. 226 ff. m. w. N.; *Fitting,* Rn. 72; GK-*Franzen,* Rn. 64; Richardi-*Maschmann,* Rn. 122 f.

269 *Fitting,* a. a. O. m. w. N.

270 *LAG Mecklenburg-Vorpommern* 11. 11. 13 – 5 TaBVGa 2/13, NZA-RR 14, 130; *LAG Rheinland-Pfalz* 11. 1. 13 – 9 TaBVGa 2/12, juris; *LAG Köln* 8. 1. 13 – 11 TaBVGa 9/12, juris; *ArbG Verden* 7. 10. 13 – 1 BVGa 1/13, NZA-RR 14, 19, 21.

271 Vgl. *LAG Hamm* 5. 10. 72, DB 73, 141; *ArbG Elmshorn,* a. a. O; *ArbG Heilbronn* 18. 2. 75, BB 75, 1205; *Fitting,* a. a. O.; GK-*Franzen,* a. a. O.; Richardi-*Maschmann,* a. a. O.

272 Vgl. *BAG* 13. 6. 89, DB 89, 2439, für das entsprechende Recht des BR; siehe auch *BAG* 17. 1. 89, a. a. O., für das Zugangsrecht eines Gewerkschaftsbeauftragten zu dem Arbeitsplatz, um dort zusammen mit dem Personalrat die Eingruppierung eines AN zu überprüfen.

273 Vgl. dazu allgemein § 5 Rn. 41, § 39 Rn. 27a, § 80 Rn. 14 ff.; *Fitting,* § 80 Rn. 80; *BAG* 17. 1. 89, AP Nr. 1 zu § 2 LPVG NW; 13. 6. 89, DB 89, 2439, wonach der Betriebsbegriff des BetrVG nicht auf die räumliche Einheit einer Betriebsstätte beschränkt ist und ein Zutrittsrecht des BR auch außerhalb der Betriebsstätte selbst bestehen kann, wenn dort betriebliche Einrichtungen, z. B. Wachstellen eines Bewachungs-UN, vorhanden sind.

274 Vgl. *Däubler,* Gewerkschaftsrechte, Rn. 379a ff.; ausführlich *Wedde,* Telearbeit und Arbeitsrecht, S. 153 ff.

275 13. 10. 71, NJW 71, 2299.

276 Vgl. GK-*Franzen,* Rn. 65; *Wedde,* a. a. O., S. 154; *ders.,* AuR 87, 325, 332.

lichen Aufgaben der Gewerkschaft »dient« oder ein **»in einem inneren Zusammenhang zum BetrVG«**[277] stehender Sachverhalt gegeben ist.[278] Davon ist jedenfalls stets auszugehen, wenn der BR die Gewerkschaft im Rahmen der Kooperationsmaxime gem. Abs. 1 um **Unterstützung** bittet.[279] Hierfür genügt es, wenn die Einladung des Gewerkschaftsbeauftragten durch den BR-Vorsitzenden oder einen Ausschussvorsitzenden ausgesprochen wird.[280] Die regelmäßige Hinzuziehung bzw. Einladung eines oder mehrerer Gewerkschaftsbeauftragten, z. B. zu BR-Sitzungen oder zur Beratung des BR, kann grundsätzlich und nicht einzelfallbezogen in der **Geschäftsordnung des BR** geregelt werden (vgl. § 31 Rn. 5 ff., 14). Zur **Wahrnehmung ihrer eigenständigen Antragsrechte,** z. B. aus § 23 Abs. 1, 3 oder § 119 Abs. 2, besteht das Zugangsrecht der Gewerkschaft auch unabhängig vom Ersuchen des BR.[281]

85 **Unabhängig** davon besteht das Recht der Gewerkschaft auf Zugang zum Betrieb und ggf. auch zu einzelnen Betriebspunkten im Rahmen ihrer **koalitionsrechtlichen Aufgaben** nach Art. 9 Abs. 3 GG (vgl. Rn. 98 ff.).

86 Eine Beschränkung des Zugangs ergibt sich nur aus dem Zweck des betriebsverfassungsrechtlichen Zugangsrechts, nämlich der Wahrnehmung der im Gesetz geregelten Aufgaben und Befugnisse. Soweit nicht eine Einladung des BR Voraussetzung des Zugangs zum Betrieb ist (vgl. Rn. 82), ist dieser **unabhängig von der Zustimmung des BR.** Das ergibt sich bereits daraus, dass den Gewerkschaften betriebsverfassungsrechtliche Aufgaben, die den Zugang zum Betrieb notwendig machen, selbst in den Fällen zugewiesen sind, in denen ein BR nicht besteht, wie etwa nach §§ 17, 17a Nrn. 3, 4. In diesen Fällen entscheidet die Gewerkschaft über den **Zeitpunkt,** die **Häufigkeit** und die **Dauer** ihrer Anwesenheit[282].

87 Die Gewerkschaft entscheidet selbst, wen sie als Beauftragten in den Betrieb entsenden will.[283] Ein solcher Beauftragter kann auch ein **ehrenamtlicher Funktionär** eines anderen Betriebs sein.[284] Die Gewerkschaft kann auch **mehrere Beauftragte** entsenden.[285]

88 Der AG ist über den beabsichtigten Zugang der Gewerkschaft zum Betrieb zu **unterrichten;**[286] das **Einverständnis** des AG ist **keine Voraussetzung** des Zutrittsrechts.[287] Die Unterrichtung unmittelbar vor Beginn des Besuchs reicht regelmäßig aus.[288] Weitere Anforderungen sind an die Unterrichtung nicht zu stellen, wie sich aus dem Gesetzeswortlaut ergibt. Sinn der Vorschrift ist es, der Gewerkschaft die **Ausübung ihrer eigenen Rechte** nach dem Gesetz zu ermöglichen. Grenzen ergeben sich lediglich aus den in Abs. 2 abschließend aufgeführten Ausnahmefällen (vgl. Rn. 90 ff.). Die formelle Unterrichtung des AG ist nicht erforderlich, wenn dieser ausdrücklich oder stillschweigend darauf verzichtet.[289] Ein solcher Verzicht kann sich auch aus einer **entsprechenden Übung** ergeben.[290]

89 Ein **Recht des AG zur Begleitung des Gewerkschaftsbeauftragten,** etwa beim Zutritt zu bestimmten Betriebsteilen oder Arbeitsplätzen, besteht nicht.[291] Eine **Beaufsichtigung,** ins-

---

277 *BAG* 26.6.73 – 1 ABR 24/72, NJW 1973, 2222; *LAG Köln* 8.1.13 – 11 TaBVGa 9/12, juris; *Fitting,* Rn. 64, 66; HaKo-BetrVG-*Kloppenburg,* Rn. 26; WPK-*Preis,* Rn. 25.
278 Zu den hierbei denkbaren Fällen *Däubler,* Gewerkschaftsrechte, Rn. 218 ff.
279 Sog. akzessorisches Zugangsrecht der Gewerkschaft; vgl. *BAG* 17.1.89, AP Nr. 1 zu § 2 LPVG NW.
280 *Däubler,* a. a. O., Rn. 219.
281 *Däubler,* a. a. O., Rn. 221; *Zabel,* Anm. zu *ArbG Elmshorn* 28.5.99, AiB 99, 521, 523.
282 *Fitting,* a. a. O.; ErfK-Koch, Rn. 6; Richardi-*Maschmann,* Rn. 120.
283 *Fitting,* Rn. 69.
284 *Fitting,* a. a. O.; *Däubler,* Gewerkschaftsrechte, Rn. 223; Richardi-*Maschmann,* Rn. 117; WPK-*Preis,* Rn. 28.
285 *Däubler,* a. a. O.; ErfK-*Koch,* Rn. 6; *Fitting,* a. a. O.; Richardi-*Maschmann,* Rn. 119.
286 Vgl. dazu das Musterschreiben in DKWF-*Berg,* § 2 Rn. 2.
287 *Fitting,* Rn. 75; *GL,* Rn. 84; HWGNRH -*Rose,* Rn. 177; Richardi-*Maschmann,* Rn. 124.
288 HaKo-BetrVG-*Kloppenburg,* Rn. 28; enger, ausreichend nur in Eilfällen: *Fitting,* Rn. 74; *GL,* Rn. 84; GK-*Franzen,* Rn. 69; HWGNRH -*Rose,* Rn. 179; Richardi-*Maschmann,* Rn. 125.
289 *Däubler,* Gewerkschaftsrechte, Rn. 253; GK-*Franzen,* Rn. 67.
290 *Däubler,* a. a. O.
291 *LAG Hamm* 5.10.72, EzA § 2 BetrVG 1972, Nr. 4; *Däubler,* Gewerkschaftsrechte, Rn. 230; GK-*Franzen,* Rn. 64; HaKo-BetrVG-*Kloppenburg,* Rn. 27; KassArbR-*Etzel,* 7.1., Rn. 1328.

besondere durch Werkschutzmitarbeiter, stellt eine unzulässige Behinderung des Zugangsrechts dar.[292]

d) Grenzen des Zugangsrechts

Nur in **besonderen Ausnahmefällen** kann der AG einem bestimmten Gewerkschaftsbeauftragten (also niemals der Gewerkschaft generell) den Zutritt zum Betrieb verweigern, so etwa dann, wenn der Gewerkschaftsbeauftragte seine Befugnisse im Wiederholungsfall rechtsmissbräuchlich überschritten oder den AG oder dessen Vertreter grob beleidigt hat und eine Wiederholung zu befürchten ist.[293] Gleichwohl verliert die Gewerkschaft als solche ihr Zutrittsrecht nicht.[294] In scharfer Form mit dem AG ausgetragene sachliche Differenzen oder aggressiv vorgetragene öffentliche Kritik am Verhalten des AG in Presseerzeugnissen oder Flugblättern kann die Verweigerung des Zutritts bzw. ein Hausverbot nicht rechtfertigen.[295] Selbst wenn auf den AG bezogene Äußerungen eines Gewerkschaftsbeauftragten beleidigenden Charakter haben, können sie ein Hausverbot nur begründen, wenn sie im Bereich des Betriebsgeschehens zu ernstlichen Störungen schwerwiegender Art geführt haben und eine Wiederholungsgefahr besteht. Sind die Äußerungen als Reaktion auf polemische und aggressive verbale Angriffe oder ein offen rechtswidriges Verhalten des AG erfolgt oder entschuldigt sich der Gewerkschaftsbeauftragte für seine Äußerungen, kann der Zutritt zum Betrieb in der Regel nicht verweigert werden.[296] Ebenso wenig kann der AG einem Gewerkschaftsbeauftragten das Zutrittsrecht versagen, wenn dieser als AN-Vertreter dem AR eines Konkurrenz-UN angehört.[297] 90

Auch **vor** einem **Arbeitskampf** bestehen keine besonderen Beschränkungen für das betriebsverfassungsrechtliche Zugangsrecht der Gewerkschaft.[298] Dasselbe gilt **während** eines Arbeitskampfes.[299] Die Gegenmeinung übersieht, dass Arbeitskämpfe tariffähiger Parteien vom Gebot der vertrauensvollen Zusammenarbeit und der Wahrung des Friedens des Betriebs ausdrücklich nicht berührt werden (§ 74 Abs. 2), das BR-Amt im Arbeitskampf uneingeschränkt fortbesteht (vgl. § 74 Rn. 30) und auf den BR gerade im Arbeitskampf vielfältige Aufgaben zukommen (insbesondere zur Zulässigkeit von Betriebsversammlungen, Betriebsbegehungen und Sprechstunden vgl. § 74 Rn. 40 ff.), die für ihn den Rückgriff auf die Gewerkschaft in ihrer betriebsverfassungsrechtlichen Unterstützungsfunktion in besonderem Maße erforderlich machen können. 91

Hinzu kommt, dass das **Arbeitskampfgeschehen** stärker als in der Vergangenheit dadurch geprägt ist, dass Belegschaften nicht vollständig zum Streik aufgerufen werden, nur eine Minderheit der Belegschaft dem Streikaufruf folgt und durch den Einsatz nicht streikfähiger oder -williger AN (z. B. Beamte, AN aus nicht in den Streik einbezogenen Filialen oder Betriebsteilen, Leih-AN) der **Betrieb** (teilweise) trotz des Arbeitskampfes **nicht ruht.** Hier hat der BR allein gem. **§ 80 Abs. 1 Nr. 1** (vgl. dort Rn. 6 ff.) regelmäßig vielfältige Aufgaben wahrzunehmen und 92

---

292 *ArbG Elmshorn* 28. 5. 99, AiB 99, 521, 522.

293 *Fitting,* Rn. 69; GK-*Franzen,* Rn. 76; vgl. auch *BAG* 18. 3. 64, 14. 2. 67, AP Nrn. 1, 2 zu § 45 BetrVG; *LAG Rheinland-Pfalz* 11. 1. 13 – 9 TaBVGa 2/12, juris; *HessLAG* 3. 2. 11 – 9 TaBV 137/10, juris; *Sächsisches LAG* 27. 3. 06 – 3 TaBV 6/06; *LAG Hamm* 3. 6. 05 – 13 TaBV 58/05, AuR 05, 465; *ArbG Arnsberg* 22. 12. 11 – 2 BVGa 3/11; *ArbG Gießen* 5. 10. 18 – 7 BV 15/17, juris.

294 *Fitting,* a. a. O.

295 *HessLAG* 3. 2. 11 – 9 TaBV 137/10, juris; *Sächsisches LAG* 27. 3. 06 – 3 TaBV 6/06; *LAG Hamm* 12. 9. 08 – 10 TaBV 25/08, juris; 25. 1. 08 – 10 TaBV 75/07; 3. 6. 05, AuR 05, 465; 17. 11. 00 – 10 TaBV 55/00, AiB 01, 723 mit Anm. *Pahde.*

296 *LAG Hamm* 25. 1. 08, a. a. O.

297 Vgl. *LAG Hamburg* 28. 11. 86, Mitb. 87, 782; vgl. dazu das Musterschreiben bei Auseinandersetzungen um das Zutrittsrecht des Gewerkschaftsbeauftragten im DKWF-*Berg,* § 2 Rn. 2 ff.

298 *Fitting,* Rn. 71; *GL,* Rn. 89; Richardi-*Maschmann,* Rn. 121; HWK/*Gaul,* Rn. 19; a. A. GK-*Franzen,* Rn. 78; HWGNRH -*Rose,* Rn. 232 f.

299 *ArbG Frankfurt* 24. 3. 99, AuR 99, 412; *Däubler,* Gewerkschaftsrechte, Rn. 242a; *DE,* Rn. 93; ErfK-*Koch,* Rn. 6; *Fitting,* a. a. O.; *Gamillscheg,* Kollektives Arbeitsrecht, Bd. I, S. 1277; HWK-*Gaul,* a. a. O.; *Klosterkemper,* S. 70; *Kremp,* AuR 73, 200; *WW,* Rn. 15; a. A. GK-*Franzen,* a. a. O.; *GL,* Rn. 89; HSWGN, a. a. O.; *SWS,* Rn. 21a; differenzierend Richardi-*Maschmann,* a. a. O.: Ruhen des Zugangsrechts nur während des Arbeitskampfes, wenn der Betrieb in diesen bereits einbezogen ist.

ist ggf. auf die Unterstützung der Gewerkschaft angewiesen. Gerade in der Ausnahmesituation eines Streiks kann die rechtlich kompetente Beratung des BR von besonderer Bedeutung sein.[300] Das wird nicht ausreichend berücksichtigt, wenn geäußert wird, während des Arbeitskampfes seien selten betriebsverfassungsrechtliche Aufgaben für die Gewerkschaft zu erledigen[301]

93 Die Wahrnehmung betriebsverfassungsrechtlicher Aufgaben durch eine streikführende Gewerkschaft ist **durch das Gesetz nicht eingeschränkt.** Die in der Literatur geäußerte Befürchtung der rechtsmissbräuchlichen Ausübung des Zugangsrechts ergibt sich weder zwingend aus dem Charakter eines Arbeitskampfes, noch ist sie als rechtlich durchgreifendes Argument zur vorsorglichen Einschränkung des Zugangsrechts geeignet.[302]

94 Soweit in der Vorschrift zum Ausdruck kommt, dem Zugang der Gewerkschaftsbeauftragten könnten unumgängliche **Notwendigkeiten des Betriebsablaufs,** zwingende **Sicherheitsvorschriften** oder der Schutz von **Betriebsgeheimnissen** entgegenstehen, handelt es sich um eine abschließende Aufzählung. Es sind überdies Gründe, die kaum praktische Bedeutung haben. Ihr Vorliegen hat der AG zu beweisen.

95 Auf eine **unumgängliche Notwendigkeit des Betriebsablaufs** kann sich der AG nur berufen, wenn der Zugang zu einer schwerwiegenden und nachhaltigen. Beeinträchtigung des Betriebsablaufs führen würde. Bloße Störungen oder Verzögerungen können für sich allein eine Beschränkung des Zugangsrechts nicht rechtfertigen.[303] **Zwingende Sicherheitsvorschriften** können nur eingreifen, wenn sie das Betreten bestimmter Räumlichkeiten allgemein für alle dort nicht beschäftigten Personen verbieten.[304] Dabei ist zu beachten, dass Gewerkschaftsvertreter in ihrem Zugangsrecht nicht stärker eingeschränkt werden dürfen als AN des Betriebs selbst.[305] Entsprechendes gilt für eine Verweigerung unter Hinweis auf den **Schutz von Betriebsgeheimnissen.** In diesem Zusammenhang ist darauf hinzuweisen, dass Vertreter von Gewerkschaften bei der Wahrnehmung von Aufgaben nach dem BetrVG gemäß § 79 Abs. 2 ohnehin der Verschwiegenheitspflicht unterliegen.[306]

96 Der AG muss darlegen, dass ein Grund vorhanden ist, der dem Zugang des Gewerkschaftsvertreters entgegensteht.[307] Eine bloße Behauptung des AG, dem Zugang des Gewerkschaftsbeauftragten zum Betrieb stünden unumgängliche Notwendigkeiten des Betriebsablaufs, zwingende Sicherheitsvorschriften oder der Schutz von Betriebsgeheimnissen entgegen, genügt nicht. Er muss vielmehr **Tatsachen** vortragen, aus denen sich ergibt, dass diese Gründe vorliegen.[308]

97 Aber selbst dann, wenn der AG dem verlangten Zugang des Gewerkschaftsbeauftragten zu Recht einen der Gründe des § 2 Abs. 2 entgegenhalten könnte, ist er nach dem **Grundsatz der Verhältnismäßigkeit** verpflichtet, die mildeste mögliche Maßnahme anzuwenden, z. B. die Verweigerung des Zutritts auf bestimmte Tageszeiten zu beschränken.[309] Im Übrigen ergibt sich aus der Art der Verweigerungsgründe die offensichtliche Vorstellung des Gesetzgebers, dass der Zutritt der Gewerkschaftsbeauftragten gerade auch **während der Arbeitszeit** zulässig ist.[310]

---

300 *ArbG Frankfurt* 24. 3. 99, a. a. O.
301 So ErfK-*Koch* a. a. O.; *Fitting,* a. a. O.
302 So aber GK-*Franzen,* a. a. O.
303 ErfK-*Koch,* Rn. 7; *Fitting,* Rn. 77; GK-*Franzen,* Rn. 73; Richardi-*Maschmann,* Rn. 128.
304 Vgl. *Fitting,* Rn. 78.
305 *ArbG Elmshorn* 28. 5. 99, AiB 99, 521, 522; *Fitting,* a. a. O.; Richardi-*Maschmann,* Rn. 129.
306 ErfK-*Koch,* Rn. 7; *Fitting,* Rn. 79; WPK-*Preis,* Rn. 30; ähnlich GK-*Franzen,* Rn. 75; a. A. Richardi-*Maschmann,* Rn. 130; *GL,* Rn. 87.
307 *Fitting,* Rn. 76.
308 *Fitting,* a. a. O.; GK-*Franzen,* Rn. 77; Richardi-*Maschmann,* Rn. 131.
309 ErfK-*Koch,* Rn. 7; *Fitting,* Rn. 76; Richardi-*Maschmann,* Rn. 127.
310 *ArbG Elmshorn* 28. 5. 99, AiB 99, 521, 522; im Ergebnis übereinstimmend: ErfK-*Koch,* Rn. 6; *Fitting,* Rn. 70.

VI. Koalitionsaufgaben der Gewerkschaften und Vereinigungen der Arbeitgeber

1. Grundsätze

Die sich unmittelbar aus **Art. 9 Abs. 3 GG** ergebende **gewerkschaftliche Betätigungsfreiheit im Betrieb**[311] wird durch die den Gewerkschaften verliehenen betriebsverfassungsrechtlichen Befugnisse nicht berührt. Die Vorschrift des Abs. 3 stellt klar, dass die **Gewerkschaften berechtigt** sind, die Interessen ihrer Mitglieder auch im Betrieb zu vertreten.[312] Der Schutz des Art. 9 Abs. 3 GG erstreckt sich auch auf die **gewerkschaftliche Betätigung der einzelnen Mitglieder** der Gewerkschaft[313] (s. dazu auch § 74 Rn. 75 ff.) Aufgrund einer **Vielzahl unmittelbarer und mittelbarer Rechtsbeziehungen,** insbesondere aus dem BetrVG und TVG, zwischen AG und der für ihn tarifzuständigen Gewerkschaft, steht der AG der Gewerkschaft **nicht als unbeteiligter Dritter** gegenüber, zumal er in seinem Betrieb AN und damit tatsächliche oder potenzielle Gewerkschaftsmitglieder beschäftigt.[314] Die Vorstellung des Betriebs als rechtlich »gewerkschaftsfreie Zone« ist demnach der Rechtsordnung nicht nur fremd, sondern mit ihr grundsätzlich nicht vereinbar. Zu der durch Art. 9 Abs. 3 GG gewährleisteten Betätigungsfreiheit der Gewerkschaft gehört auch die **autonome Entscheidung der Gewerkschaft** darüber, auf welche Art und Weise und mit welchen Mitteln sie die Arbeitnehmer im Betrieb informiert und die Mitgliederwerbung betreibt.[315] Die koalitionsmäßige Bestätigung der Gewerkschaft **unterliegt nicht der Regelungsmacht des AG,** deren Ausgestaltung wird **nicht vom Mitbestimmungsrecht des BR gem. § 87 Abs. 1 Nr. 1 BetrVG erfasst** und es besteht diesbezüglich **keine Regelungskompetenz der Betriebsparteien.**[316] 98

Nach der früheren Rspr. sollte Art. 9 Abs. 3 GG der Gewerkschaft und ihren Mitgliedern lediglich einen **Kernbereich koalitionsmäßiger Betätigung** garantieren, der die Tätigkeiten umfasst, für die die Gewerkschaft gegründet ist und die für die Erhaltung und Sicherung ihrer Existenz als unerlässlich betrachtet werden müssen.[317] Dabei ist allerdings zu berücksichtigen, dass die **Gewerkschaft in der Wahl der** ihr zur Erreichung ihrer Ziele geeignet erscheinenden **Mittel frei ist,** und dass diese Mittel selbst vom **Schutz des Art. 9 Abs. 3 GG** erfasst werden, soweit die Verfolgung des Koalitionszwecks vom Einsatz eben dieser Mittel abhängt. Das ***BVerfG*** hat in seinen **jüngeren Entscheidungen zu Art. 9 Abs. 3 GG,**[318] davon abgesehen, auf eine – von vornherein auf einen Kernbereich beschränkte – koalitionsmäßige Betätigung im Rahmen des Art. 9 Abs. 3 GG abzustellen und die Koalitionsfreiheit **lediglich zum Schutz von Grundrechten Dritter oder anderer mit Verfassungsrang ausgestatteter Rechte** für einschränkbar gehalten (ob Einschränkungen auch zum Schutz sonstiger Rechtsgüter zulässig sein könnten, blieb dahingestellt). Mit der in diesen Entscheidungen bekräftigten Auffassung, den Kernbereich koalitionsmäßiger Betätigung vor allem als Schranke für gesetzgeberische Eingriffe zu verstehen, ist die in Anknüpfung an die Entscheidung des *BVerfG* zum Zutrittsrecht außerbetrieblicher Gewerkschaftsbeauftragter zum Betrieb einer kirchlichen Anstalt[319] vom *BAG* ursprünglich verfolgte Konzeption (vgl. dazu Rn. 106 ff.) nicht vereinbar, Art. 9 Abs. 3 GG durch die formelhafte Umschreibung seines Garantiegehalts auf einen **vorgegebenen »Kernbereich«** und das aus Zweckmäßigkeitserwägungen abgeleitete **»Unerlässliche«** zu reduzieren.[320] 99

---

311 Vgl. dazu eingehend *Däubler,* Gewerkschaftsrechte, Rn. 258 ff.

312 So auch *BAG* 28.7.20 – 1 ABR 41/18, NJW 20, 3404; 28.2.06 – 1 AZR 460/04, NZA 06, 798.

313 *BAG* 28.7.20, a.a.O.

314 *BAG* 28.2.06, a.a.O.

315 *BAG* 28.7.20, a.a.O.

316 *BAG* 28.7.20, a.a.O.

317 Zur Entwicklung der Rspr. des *BVerfG* zu Art. 9 Abs. 3 GG vgl. *Brock,* S. 32 ff.; *Däubler,* Gewerkschaftsrechte, Rn. 263 ff.; *Pieroth,* FS Bundesverfassungsgericht, S. 293 ff.

318 26.6.91, AuR 92, 29; vgl. dazu auch *Däubler,* AuR 92, 1; *ders.,* Gewerkschaftsrechte, Rn. 264a; *Kühling,* AuR 94, 126, 131 f.; *Schmalz,* PersR 91, 401; 10.1.95, NZA 95, 272; 4.7.95, NZA 95, 754; 14.11.95, NZA 96, 381 = AuR 96, 151, vgl. dazu *Hanau,* ZIP 96, 447; *Heilmann,* AuR 96, 121; 24.4.96, NZA 96, 1157; 24.2.99, AuR 99, 406; 6.2.07 – 1 BvR 978/05, NZA 07, 394; vgl. zum Ganzen auch BFH-*Blank,* Art. 9 Rn. 19; ErfK-*Linsenmaier,* Art. 9 GG Rn. 31, 41; *Fitting,* Rn. 82 ff.

319 17.2.81, AP Nr. 9 zu Art. 140 GG.

320 *Däubler,* Gewerkschaftsrechte, Rn. 269.

100 Diese Konzeption hat das *BAG* in Anknüpfung an die neuere Rspr. des *BVerfG* zwischenzeitlich aufgegeben.[321] Die in der Vergangenheit restriktive Rspr. des *BAG* zur gewerkschaftlichen Betätigung im Betrieb, etwa zum **Zutrittsrecht außerbetrieblicher Gewerkschaftsbeauftragter** (vgl. Rn. 105f.), zur **Gewerkschaftswerbung während der Arbeitszeit** (vgl. Rn. 120) oder über ein **betriebsinternes Postverteilungssystem** (vgl. Rn. 124), zur Nutzung eines arbeitgebereigenen **Schutzhelms für Gewerkschaftsaufkleber** (vgl. § 74 Rn. 85f.) oder zur **Wahl gewerkschaftlicher Vertrauensleute** (vgl. Rn. 134) kann deshalb keinen Bestand haben und bedarf der Revision.[322]

101 Die koalitionsrechtliche Betätigung der Gewerkschaft kann sich auch auf solche Bereiche erstrecken, bei denen das **BetrVG dem BR** die Regelung **betrieblicher Angelegenheiten übertragen hat.** So fällt es z. B. unter den Schutz der Koalitionsfreiheit, wenn die Gewerkschaft eine Belegschaftsbefragung zu einem von der Gewerkschaft vorgeschlagenen BV-Entwurf in einer bestimmten Frage durchführt und das Befragungsergebnis den Betriebsparteien vorlegt.[323] Das System der Betriebsverfassung hat die Vertretung der AN durch die Gewerkschaft im Betrieb nicht verdrängt, sondern lediglich eine bestimmte Form der Interessenvertretung für die gesamte Betriebsbelegschaft, unabhängig von deren Gewerkschaftszugehörigkeit, konstituiert sowie in ihren Rechten und Aufgaben umschrieben[324] (zum Verhältnis von Gewerkschafts- und BR-Rechten vgl. auch § 74 Rn. 75ff.).

102 Das Recht zur koalitionsrechtlichen Betätigung im Betrieb aus Art. 9 Abs. 3 GG steht nicht nur den **Gewerkschaften** (zum Gewerkschaftsbegriff vgl. Rn. 49ff.) zu, sondern auch den sonstigen – nicht tariffähigen – **AN-Koalitionen** (zur Unterscheidung des Gewerkschaftsbegriffs vom allgemeinen Koalitionsbegriff vgl. Rn. 50), die ansonsten von der Wahrnehmung der gesetzlich geregelten betriebsverfassungsrechtlichen Befugnisse der Gewerkschaften ausgeschlossen sind.[325]

103 Die **nicht tariffähigen AN-Vereinigungen** nehmen in gleicher Weise wie die Gewerkschaften am Schutzbereich des Art. 9 Abs. 3 GG teil und können daher auch das Recht für sich in Anspruch nehmen, im Betrieb zum Zweck der Information und Mitgliederentwicklung aufzutreten.[326]

104 Auch mehrere **konkurrierende Gewerkschaften** (oder **AN-Vereinigungen**) können die Rechte zur Werbung und Information im Betrieb aus Art. 9 Abs. 3 GG **parallel** für sich **in Anspruch nehmen.**[327] Dabei dürfen sie allerdings nicht rechtswidrig (Art. 9 Abs. 3 Satz 2 GG) in die Koalitionsfreiheit konkurrierender Gewerkschaften bzw. Koalitionen eingreifen,[328] etwa durch **rechtswidrige Werbung mit unwahren oder beleidigenden Äußerungen** über die Konkurrenz oder durch sonstige **unlautere Maßnahmen,** die auf die **Vernichtung** der gegnerischen Koalition bzw. Gewerkschaft gerichtet sind. Gleichzeitig sind die Gewerkschaften und Koalitionen aus Art. 9 Abs. 3 Satz 2 GG auch gegen **gewerkschaftsfeindliche** und seine **Neutralitätspflicht verletzende Maßnahmen des AG** geschützt,[329] etwa gegen – möglicherweise noch mit

321 28.2.06 – 1 AZR 460/04, NZA 06, 798; 25.1.05 – 1 AZR 657/03, NZA 05, 592, 593f.; 20.4.99 – 1 ABR 72/98, DB 99, 1555.

322 Zu den Einzelheiten *Brock*, S. 148ff.; *Däubler,* DB 98, 2014 m. w. N.; *Hanau,* in *Grupp/Weth,* AN-Interessen und Verfassung, S. 79, spricht davon, die einschlägige Rspr. des *BAG* sei »Makulatur«. Die Rspr. zu diesem Bereich stehe auf dem »verfassungsrechtlichen Prüfstand« und es könne zu einer Erweiterung der gewerkschaftlichen Werbemöglichkeiten im Betrieb kommen, *ders.,* a. a. O.; ähnlich *Brock,* S. 28; ErfK-*Linsenmaier,* Art. 9 GG Rn. 41; *Fitting,* Rn. 82; Kittner/Zwanziger/*Deinert-Deinert,* § 7 Rn. 35; deutlich zurückhaltender GK-*Franzen,* Rn. 87f.; Richardi-*Maschmann,* Rn. 152ff.; WPK-*Preis,* Rn. 35.

323 *ArbG Siegburg* 23.5.85, AuR 86, 56; *Zachert,* AiB 83, 23ff.

324 *Pfarr,* AuR 79, 245.

325 *BVerfG* 26.1.95 – 1 BvR 2071/94, NJW 95, 3377; *BAG* 22.5.12 – 1 ABR 11/11, NZA 12, 1176; 19.6.06 – 1 ABR 53/05, NZA 07, 518.

326 *BAG* 22.5.12, a. a. O.; 19.6.06, a. a. O.; *LAG Niedersachsen* 4.11.19 – 8 Sa 460/19; *Däubler*, Gewerkschaftsrechte, Rn. 549ff.; *Fitting*, Rn. 86.

327 *Däubler*, a. a. O., Rn. 548rff.

328 *BAG* 31.05.05 – 1 AZR 141/04, NZA 2005, 1182; *Däubler*, a. a. O., Rn. 548sff.; ErfK-*Linsenmaier*, GG, Art. 9 Rn. 45.

329 *Däubler*, a. a. O., Rn. 548xff.; ErfK-*Linsenmaier*, a. a. O., Rn. 45.

der Androhung von Maßregelungen verbundene – **Aufforderungen** an die AN **zum Aus- oder Eintritt** in eine bzw. aus einer der konkurrierenden Gewerkschaften oder die **Verletzung des Gleichbehandlungsgrundsatzes** bei der freiwilligen Einräumung zusätzlicher Gelegenheiten zur Werbung und Information im Betrieb.

2. Koalitionsrechtliches Zugangsrecht von Gewerkschaftsbeauftragten

Außerordentlich umstritten war in der Vergangenheit die Frage, ob **außerbetriebliche Gewerkschaftsbeauftragte** ein allgemeines, koalitionsrechtlich begründetes **Zutrittsrecht** zum Betrieb haben, um dort ihren **Betreuungs-, Werbe- und Informationsaufgaben** (dazu auch § 74 Rn. 81 ff.) nachgehen zu können. Durch eine neuere Entscheidung des *BAG*[330] ist diese Frage grundsätzlich i. S. einer **höchstrichterlichen Anerkennung des gewerkschaftlichen Zutrittsrechts** zu Informations- und Werbezwecken beantwortet.[331] Ein derartiges Zutrittsrecht lässt sich zwar nicht aus Abs. 2 herleiten, nach richtiger Auffassung aber aus Art. 9 Abs. 3 GG.[332] Nach dieser zunächst vom *BAG* im Jahre 1978[333] bestätigten Rechtslage war der Zutritt durch außerbetriebliche Gewerkschaftsbeauftragte zum Zweck der **Materialverteilung, Mitgliederbetreuung** und **Mitgliederwerbung** in den Betriebsräumen **außerhalb der Arbeitszeit** jedenfalls dann erlaubt, wenn in dem Betrieb bereits Gewerkschaftsmitglieder vorhanden waren. 105

Die gegen das BAG-Urteil v. 14.2.78,[334] in dem es um das **Zutrittsrecht zum Betrieb einer kirchlichen Anstalt** ging, gerichtete Verfassungsbeschwerde führte zu dessen Aufhebung durch das *BVerfG*.[335] In den Entscheidungsgründen kehrte das *BVerfG* den gedanklichen Ansatzpunkt des *BAG* geradezu um, wenn es dort herausstellt, dass im Sinne der (überholten) **Kernbereichslehre** (vgl. Rn. 98 ff.) ein solches koalitionsrechtliches Zutrittsrecht jedenfalls dann nicht als unerlässlicher Bestandteil der koalitionsmäßigen Bestätigung gemäß Art. 9 Abs. 3 GG anzusehen sei, wenn die Gewerkschaft in dem betreffenden Betrieb bereits durch Mitglieder vertreten ist. Vielmehr könne die Gewerkschaft die zur Sicherung des Fortbestands dienenden zulässigen Maßnahmen (Werbung, Plakataushang, Prospektauslage, Gespräche mit Kollegen) durch ihre zur Belegschaft gehörenden Mitglieder wahrnehmen lassen.[336] Das *BAG* hatte sich wegen der aus § 31 Abs. 1 BVerfGG folgenden Bindungskraft verfassungsgerichtlicher Entscheidungen in der Folgezeit diesem Verständnis des Unerlässlichkeitskriteriums angeschlossen[337] und es auch auf den außerkirchlichen Bereich übertragen. Unter Berücksichtigung der Aufgabe der Kernbereichsformel durch das BVerfG (vgl. Rn. 98 ff.) geht auch das BAG nunmehr davon aus, dass die Entscheidung des *BVerfG*[338] zumindest für **Betriebe nicht kirchlicher AG keine Bindungswirkung** mehr entfaltet.[339] Weil der Verzicht auf das Unerlässlichkeitskriterium durch das BVerfG – auch im Hinblick auf den kirchlichen Bereich – einschränkungslos erfolg- 106

330 28.2.06 – 1 AZR 460/04, NZA 06, 798.

331 Vgl. dazu die Anm. v. *Dieterich*, RdA 07, 110 und *Richardi*, *BAG* AP Nr. 127 zur Art. 9 GG.

332 Wie hier mit eingehender Begründung *Däubler*, Gewerkschaftsrechte, Rn. 407 ff.; ErfK-*Koch*, Rn. 8; ErfK-*Linsenmaier*, Art. 9 GG, Rn. 41; *Fitting*, Rn. 86; *Gamillscheg*, Kollektives Arbeitsrecht, Bd. I, S. 259; HWK-*Gaul*, Rn. 12, 20; KassArbR-*Etzel*, 9.1., Rn. 1413; a. A. Richardi-*Maschmann*, Rn. 151 ff., 149 ff.; GK-*Franzen*, Rn. 95 f.; HWGNRH -*Rose*, Rn. 197 ff.; einschränkend *GL*, Rn. 90; so auch nach anfänglicher Unentschlossenheit noch *BAG* 14.2.78, AP Nr. 26 zu Art. 9 GG unter Hinweis darauf, dass dem weder das Hausrecht des AG gemäß Art. 13 GG noch das nach Art. 14 GG geschützte Recht am eingerichteten und ausgeübten Gewerbebetrieb entgegenstünde.

333 14.2.78, a. a. O.

334 AP Nr. 26 zu Art. 9 GG.

335 17.2.81, AP Nr. 9 zu Art. 140 GG.

336 *BVerfG* 17.2.81, a. a. O.; kritisch zu dieser Rspr. auch ErfK-*Schmidt*, Art. 4 GG, Rn. 56; *Pieroth*, FS Bundesverfassungsgericht, S. 293, 302.

337 19.1.82, AP Nr. 10 zu Art. 140 GG.

338 V. 17.2.81 – 2 BvR 384/78 AP Nr. 9 zu Art. 140 GG.

339 *BAG* 28.2.06 – 1 AZR 460/04, NZA 06, 798; zustimmend *Dieterich*, RdA 07, 110, 112; *Fitting*, Rn. 86; ablehnend HWGNRH -*Rose*, Rn. 197 ff.; *Richardi*, Anm. zu *BAG* AP Nr. 127 zu Art. 9 GG, unter I 1; Richardi-*Maschmann*, Rn. 151 ff.

te, kommt seiner früheren Entscheidung allerdings **auch für den kirchlichen Bereich keine Bindungswirkung** mehr zu.[340]

107 Aus diesen Gründen sprechen unter Zugrundelegung der neueren einschlägigen höchstrichterlichen Rspr. (vgl. dazu die Nachweise in Rn. 106) keine durchgreifenden Gesichtspunkte mehr gegen die Zulässigkeit gewerkschaftlicher Information und Werbung durch einen **außerbetrieblichen Gewerkschaftsbeauftragten** auch im **kirchlichen Bereich.**[341] Diese Auffassung findet ihre mittelbare Bestätigung neuerdings in den Grundsatzentscheidungen des BAG zur Frage der Zulässigkeit **gewerkschaftlicher Streiks in kirchlichen Einrichtungen.**[342] Danach ist die koalitionsmäßige Betätigung der Gewerkschaften in kirchlichen Einrichtungen grundsätzlich in den Schutzbereich des Art. 9 Abs. 3 GG einbezogen. Art. 9 Abs. 3 Satz GG ordnet die Drittwirkung dieses Grundrechts auch gegenüber privatrechtlich organisierten kirchlichen Einrichtungen an. Dies hat nach Auffassung des BAG zur Konsequenz, dass die Gewerkschaften – zur Vermeidung der ansonsten grundsätzlich zulässigen Durchsetzung von Tarifverträgen durch Arbeitskampf – von den Kirchen in deren kollektives Regelungsverfahren zur Festlegung der Arbeitsbedingungen ihrer Beschäftigten angemessen eingebunden werden müssen. Die Beteiligung der Gewerkschaften muss so ausgestaltet werden, dass die durch Art. 9 Abs. 3 GG gewährleistete Freiheit der koalitionsspezifischen Betätigung nur so soweit einschränkt wird, wie dies durch das Leitbild der kirchlichen Dienstgemeinschaft zwingend erforderlich ist. Für den **Umfang der gewerkschaftlichen Information und Werbung** im Allgemeinen und das **Zugangsrecht von Gewerkschaftsbeauftragten** zum Betrieb im Besonderen muss dies die weitgehende Geltung der für nichtkirchlichen Einrichtungen bzw. Betriebe geltenden Grundsätze zu Folge haben. Die effektive Wahrnehmung der Interessen ihrer Mitglieder setzt auch im Rahmen der Mitwirkung an den kirchlichen Arbeitsrechtsregelungsverfahrener voraus, dass die Gewerkschaft in der Lage ist, **in den kirchlichen Einrichtungen** ihre Durchsetzungsfähigkeit durch die Werbung von Mitgliedern zu erhalten und auszubauen, mit ihren Mitgliedern zu kommunizieren und über ihre Ziele und Leistungen zu informieren. Unter Berücksichtigung der auch im allgemeinen geltenden Grenzen der gewerkschaftlichen Information und Werbung (vgl. dazu Rn. 108 ff., 121, 90, 95 ff.) ist es nicht ersichtlich, dass sich aus dem Schutzbereich des kirchlichen Selbstbestimmungsrechts überzeugend weitergehende Beschränkungen begründen lassen. Beispielsweise beeinträchtigt das Anbringen von Informationen und Werbematerial an einem sog. Schwarzen Brett und die Aktualisierung dieser Aushänge durch einen außerbetrieblichen Gewerkschaftsbeauftragten das kirchliche Selbstbestimmungsrecht (Art 140 GG i. V. m. Art. 137 Abs. 3 WRV) in einem derartig geringen Maße, dass es gegenüber dem Grundrecht der Koalitionsfreiheit insoweit zurücktreten muss.[343] Diese Art der gewerkschaftlichen Information und Werbung durch einen außerbetrieblichen Gewerkschaftsbeauftragten war Gegenstand eines Revisionsverfahrens beim *BAG*, das durch Anerkenntnis der Beklagten (einer diakonischen Einrichtung) beendet wurde.[344] Dies lässt die Schlussfolgerung zu, dass das Zugangsrecht außerbetrieblicher Gewerkschaftsbeauftragter seitens der Diakonie nicht mehr grundsätzlich in Frage gestellt werden dürfte. Auch das Zugangsrecht von Gewerkschaftsbeauftragten zum Betrieb zum **Einsatz anderer Mittel der gewerkschaftlichen Information und Werbung** (statt des Aktualisierung von Aushängen am sog. Schwarzen Brett) wird durch das

340 *Däubler*, Gewerkschaftsrechte, Rn. 785 ff., 786; ErfK-*Schmidt*, GG, Art. 4 Rn. 56; so wohl auch *Fitting*, a. a. O.; ausdrücklich offen gelassen von *BAG* 28. 2. 06, a. a. O.; a. A. *LAG Baden-Württemberg* 8. 9. 10 – 2 Sa 24/10, AuR 10, 528, Ls. = ZTR 11, 121; juris; erledigt durch Anerkenntnisurteil *BAG* 11. 12. 12 – 1 AZR 552/10.

341 *Däubler*, a. a. O.; *ErfK-Schmidt*, a. a. O.

342 *BAG* 20. 11. 12 – 1 AZR 179/11, NZA 13, 448; 20. 11. 12 – 1 AZR 611/11, NZA 13, 437; die gegen das Urteil des *BAG* 20. 11. 12, NZA 13, 448, von ver.di eingelegte Verfassungsbeschwerde wurde mangels Beschwerdebefugnis als unzulässig zurückgewiesen: *BVerfG* 15. 7. 15 – 2 BvR 2292/13, NZA 15, 1117.

343 So auch *LAG Baden-Württemberg* 8. 9. 10, a. a. O. 10 – 2 Sa 24/10, AuR 10, 528, Ls. = ZTR 11, 121; juris; erledigt durch Anerkenntnisurteil *BAG* 11. 12. 12 – 1 AZR 552/10, für ein Diakonie-Klinikum mit ca. 1300 Arbeitnehmern, von denen ca. 10 Prozent einer Schwesternschaft angehören.

344 *BAG* 11. 12. 12, a. a. O.

kirchliche Selbstbestimmungsrecht jedenfalls nicht stärker eingeschränkt als in nichtkirchlichen Bereichen.[345]

Das **Zugangsrecht außerbetrieblicher Gewerkschaftsbeauftragter** zum Zwecke der Information und Mitgliederwerbung ist – jedenfalls jenseits des Bereichs kirchlicher AG – durch die neuere Rspr. des *BAG* **höchstrichterlich dem Grunde nach anerkannt.**[346] Da das sich aus Art. 9 Abs. 3 GG ergebende **Recht zur gewerkschaftlichen Betätigung im Betrieb** mit dem durch Art. 13, 14 Abs. 1 GG geschützten **Haus- und Eigentumsrecht** und der sich aus Art. 12 Abs. 1 GG ergebenden **wirtschaftlichen Betätigungsfreiheit des AG** in Kollision geraten kann, ist zwischen den entgegenstehenden Grundrechtspositionen praktische Konkordanz herzustellen.[347] Dies wird vom *BAG* nunmehr typisierend dahingehend konkretisiert, dass ein **einmaliger Betriebsbesuch pro Kalenderhalbjahr** bei Einhaltung einer **Ankündigungsfrist von einer Woche** in der Regel dem Gebot praktischer Konkordanz entspricht.[348] Beschränkt die Gewerkschaft ihre gewerkschaftliche Information und Werbung im Betrieb durch externe Beauftragte auf diesen Umfang, bedarf es demnach für die Zulässigkeit des Zutrittsbegehrens in der Regel keiner besonderen Begründung im Einzelfall. **108**

Auch bei typisierender Betrachtung ist diese **Ausgestaltung** des gewerkschaftlichen Zugangsrechts durch das BAG **nicht überzeugend** und im Ergebnis zu restriktiv. Zunächst ist die Ableitung der Beschränkung der Häufigkeit der Betriebsbesuche aus § 43 Abs. 4 BetrVG nicht sehr naheliegend. Das der Gewerkschaft in dieser Vorschrift im Rahmen ihrer betriebsverfassungsrechtlichen Unterstützungsfunktion (vgl. Rn. 74ff.) eingeräumte Antragsrecht zur Durchsetzung eines Minimalstandards von Betriebsversammlungen (eine Betriebsversammlung pro Kalenderhalbjahr) hat den Zweck, die Durchführung der gesetzlich vorgeschriebenen Betriebsversammlungen zu fördern und diesbezüglich den untätigen und seine betriebsverfassungsrechtlichen Pflichten verletzenden BR einer gewissen Kontrolle durch die Gewerkschaft zu unterwerfen (vgl. § 43 Rn. 1, 40ff.). Der Regelungsgehalt der §§ 43 Abs. 4, 46 Abs. 1 bezieht sich weder auf die koalitionsrechtliche Betätigung der Gewerkschaft im Betrieb noch enthält er eine Aussage zur Häufigkeit der Ausübung des betriebsverfassungsrechtlichen Zugangsrechts (vgl. dazu Rn. 86). **109**

Hinzukommt, dass der gesetzestreue BR mindestens in jedem Kalendervierteljahr eine Betriebsversammlung durchführt (vgl. § 43 Abs. 1 Satz 1), zu denen der AG den Zutritt eines Gewerkschaftsbeauftragten ausnahmslos dulden muss (vgl. § 46 Abs. 1). Bei Anknüpfung an einem gesetzlich geregelten Fall in der Betriebsverfassung, in dem der AG den Betriebsbesuch eines Gewerkschaftsbeauftragten ohne nähere Begründung zur Häufigkeit zu dulden hat[349], hätte man aus der gesetzlichen Wertung in § 43 Abs. Satz 1 ableiten können, dass zum Zwecke der Mitgliederwerbung auch **ein einmaliger Betriebsbesuch pro Kalendervierteljahr** dem Gebot praktischer Konkordanz entspricht. Unabhängig davon muss der AG im Rahmen der betriebsverfassungsrechtlichen Unterstützungsfunktion der Gewerkschaft (vgl. dazu die Übersicht in Rn. 74f.) noch wegen zahlreicher weiterer Anlässe (vgl. etwa zur Teilnahme an BR-Sitzungen § 31) in einer Vielzahl von Fällen pro Kalenderjahr die Anwesenheit eines Gewerkschaftsbeauftragten im Betrieb dulden. Der Ausgestaltung des betriebsverfassungsrechtlichen Zugangsrechts der Gewerkschaft lässt sich demnach die gesetzliche Wertung entnehmen, dass jedenfalls im Rahmen der Betriebsverfassung die häufige und wiederholte Anwesenheit von Gewerkschaftsbeauftragten im Betrieb den AG nicht durchgreifend in seinen – auch verfassungsrechtlich geschützten – Rechten beeinträchtigt. **110**

---

345 *Däubler*, a. a. O.; *ErfK-Schmidt*, a. a. O.

346 *BAG* 22.6.10 – 1 AZR 179/09, NZA 10, 1365, 1367 = AuR 11, 361 mit krit. Anm. *Däubler* = AiB 11, 137 mit Anm. *Ratayczak*; 28.2.06, a. a. O.; *LAG Niedersachsen* 4.11.19 – 8 Sa 460/19; *LAG Köln* 16.9.16 – 10 Sa 328/16, AuR 17, 221 (Ls.); *LAG Hamm* 16.12.14 – 12 Sa 1020/14, NZA 15, 249; *LAG Bremen* 28.11.13 – 1 Sa 74/13, ZTR 14, 286; *LAG Berlin-Brandenburg* 3.8.11 – 4 Sa 839/11, AuR 12, 83 Ls.; juris.

347 *BAG* 22.6.10 a. a. O.

348 *BAG* 22.6.10, a. a. O., 1368; zustimmend *LAG Bremen* 28.11.13, a. a. O.; *LAG Berlin-Brandenburg* 3.8.11, a. a. O.

349 *BAG* 22.6.10, a. a. O.

111 Die nicht näher begründete Annahme des *BAG*, ein **einmaliger Betriebsbesuch** der Gewerkschaft **pro Kalenderhalbjahr** sei **»typischerweise« ausreichend,** um für die Gewerkschaftsmitgliedschaft zu werben und für die AN präsent zu bleiben,[350] widerspricht nicht nur den Erfahrungen gewerkschaftlicher Betriebsarbeit und entsprechenden Werbeaktivitäten sowie den Ergebnissen einschlägiger sozialwissenschaftlicher Studien, sondern ist auch mit der höchstrichterlichen Erkenntnis nicht vereinbar, dass die Präsenz der Gewerkschaft im Betrieb und am Arbeitsplatz für die effektive Wahrnehmung ihres Betätigungsrechte aus Art. 9 Abs. 3 GG von hervorragender Bedeutung ist, und dass es der Gewerkschaft selbst überlassen bleibt, über Anlass, Inhalt, Ort und konkreter Durchführung von Informations- und Werbemaßnahmen zu befinden.[351] Diese Einschätzungsprärogative muss sich grundsätzlich auch auf die **Häufigkeit der Betriebsbesuche** erstrecken. Z. B. ist in Betrieben mit hoher Personalfluktuation, vielen Außendienstmitarbeitern, größeren Randbelegschaften mit kurzzeitig befristet Beschäftigten, Teilzeitarbeitsverhältnissen oder Leiharbeitnehmern sowie in Betrieben mit Schichtensystemen oder ausdifferenzierten Arbeitszeiten ein einmaliger Besuch pro Kalenderhalbjahr schon aufgrund der betrieblichen Gegebenheiten nicht ausreichend. Das kann etwa auch für Betriebsbesuche aus Anlass der Vorbereitung von Tarifverhandlungen oder während laufender Tarifauseinandersetzungen gelten (zum Zugangsrecht im Zusammenhang mit Arbeitskämpfen vgl. Rn. 91 f.).

112 Unter Berücksichtigung der bisherigen **Praxiserfahrungen** mit der Ausübung des betriebsverfassungs- und koalitionsrechtlichen Zugangsrechts von Gewerkschaftsbeauftragten sind nennenswerte **Störungen der Betriebsabläufe** oder die Beeinträchtigung sonstiger geschützter Interessen des AG in der Regel **nicht zu befürchten** (nahezu alle dokumentierten gerichtlichen Auseinandersetzungen um das Zugangsrecht hatten bisher die Person und das Verhalten von Gewerkschaftsbeauftragten und nicht gegenläufige Betriebsablaufstörungen oder Sicherheits- und Geheimhaltungsinteressen des AG zum Gegenstand (vgl. dazu Rn. 90, 95 ff.). Bei den vom *BAG*[352] angesprochenen Haus- und Eigentumsrechten des AG aus Art. 13, 14 Abs. 1 GG ist bei der erforderlichen Abwägung die Sozialbindung des Eigentums und die nur eingeschränkte Geltung des Hausrechts für Betriebs- und Geschäftsräume zu berücksichtigen. Die darüber hinaus angeführten gegenläufigen Interessen und Rechte des AG, die neben einer **Störung des Betriebsablaufs** noch relevant werden könnten (**Wahrung des Betriebsfriedens, Geheimhaltungs- und Sicherheitsinteressen**), sind in ihrer Abstraktheit wenig aussagekräftig.[353]

113 Diese Problemlagen sind auch im Rahmen des **betriebsverfassungsrechtlichen Zugangsrechts** gem. Abs. 2 zu verarbeiten, so dass viel dafür spricht, die dort geltenden Grundsätze weitgehend zu übertragen.[354] Dies dürfte auch für die Fragen des **Ausmaßes und der Intensität** des koalitionsrechtlichen Zugangsrechtes gelten (Häufigkeit, zeitlicher Umfang, Zeitpunkt, räumliche Beschränkungen, Besuch der Arbeitsplätze, Anzahl der Gewerkschaftsbeauftragten, Ankündigung beim AG usw.; zum **Umfang** und zu den **Grenzen der praktischen Ausübung des Zugangsrechts** vgl. daher auch die Ausführungen bei Rn. 82 f., 86 ff).[355] Demgegenüber ist die in Abweichung davon vom *BAG* neuerdings verlangte **einwöchige Regelfrist** für die vorherige **Ankündigung des Betriebsbesuchs beim AG** zu starr und lässt sich auch bei typisierender Betrachtung nicht regelhaft aus dem »organisatorischen Aufwand« des AG herleiten.[356] Der AG hat danach – von Ausnahmefällen einer Störung des Betriebsablaufs oder bei der Beeinträchtigung von Sicherheits- oder Geheimhaltungsbelangen **im konkreten Einzelfall**[357] abgesehen –

350 *BAG* 22.6.10, a.a.O., 1368.
351 *BAG* 22.6.10, a.a.O., 1367; 28.3.06, a.a.O.
352 28.2.06 – 1 AZR 460/04, NZA 06, 798.
353 Kritisch dazu *Buschmann*, FS Nagel, S. 245, 262 f.; *Dieterich*, RdA 07, 110, 113 f.
354 *ArbG Emden* 12.11.75 – Ca 402/72, AuR 76, 185; *Däubler*, Gewerkschaftsrechte, Rn. 438 ff.; *Dieterich*, a.a.O., 113; WPK-*Preis*, Rn. 38; für die erforderliche vorherige Unterrichtung des AG wird dies auch vom BAG erwogen: 28.2.06 – 1 AZR 460/04, a.a.O.
355 Das *LAG Bremen* 26.11.13, ZTR 14, 286, gewährt in diesem Zusammenhang der Gewerkschaft die Einschätzungsprärogative, welche Räumlichkeiten im Betrieb, etwa ein Pausen- oder Sozialraum, für die Mitgliederwerbung am geeignetsten sind.
356 *BAG* 22.6.10, a.a.O., 1368.
357 Vgl. *BVerfG* 14.11.95, NZA 96, 381.

Gewerkschaftsbeauftragten zum Zwecke der gewerkschaftlichen Information und Werbung Zugang zum Betrieb zu gewähren,[358] und kann das Zugangsrecht **nicht regelhaft** auf einen **einmaligen Betriebsbesuch pro Kalenderhalbjahr** beschränken. Etwaige Ankündigungspflichten und das Ausmaß und die Intensität des koalitionsrechtlichen Zugangsrechts sind an den für das betriebsverfassungsrechtliche Zugangsrecht geltenden Maßstäben zu orientieren. Die demgegenüber restriktivere Rspr. des BAG[359] kann jedenfalls nicht ohne weiteres auf Betriebe übertragen werden, die, wie etwa Einzelhandelsgeschäfte, grundsätzlich dem **allgemeinen Publikumsverkehr** geöffnet sind.[360] Wenn ein AG seinen Betrieb dem allgemeinen Publikumsverkehr öffnet, kann er nicht verlangen, dass der Gewerkschaftsbeauftragte seinen Besuch eine Woche vorher ankündigt und die Häufigkeit seiner Besuche an § 43 Abs. 4 orientiert.[361] Jedenfalls wenn sich die Aktivität des Gewerkschaftsbeauftragten auf die Aushändigung einer schriftlichen gewerkschaftlichen Information an die AN beschränkt, kann dies auch **während der Arbeitszeit** erfolgen. AN verbringen – bei Akzeptanz durch den AG – üblicherweise einen kurzen, den Betriebsablauf nicht beeinträchtigenden Anteil ihrer Arbeitszeit beim privaten Gespräch mit ihren Kolleginnen und Kollegen oder privaten Verrichtungen (vgl. zu diesem Gesichtspunkt auch Rn. 122). Wie beim betriebsverfassungsrechtlichen Zugangsrecht wird das koalitionsrechtliche Zugangsrecht in diesen Fällen nur durch berechtigte betriebliche Belange des AG an einem störungsfreien Betriebsablauf beschränkt.[362]

Werden in einer Branche oder in einem Betrieb gewerkschaftliche Betriebsbesuche seit Jahren oder Jahrzehnten im Einvernehmen aller Beteiligten z. B. monatlich durchgeführt, kann dies eine auf **Gewohnheitsrecht** oder **Betriebsübung** fußende Rechtsgrundlage für das Zugangsrecht erzeugt haben.[363] 114

Das Zugangsrecht von Gewerkschaftsbeauftragten zum Betrieb kann – wie die gewerkschaftliche Betätigung im Betrieb überhaupt[364] – auch **durch TV geregelt und konkretisiert** werden[365] (zur fehlenden Regelungskompetenz der Betriebsparteien in diesem Zusammenhang vgl. Rn. 47a und § 87 Rn. 66). 115

Nehmen unternehmens- oder konzernangehörige AN in **Konzernen oder UN mit dezentralen Betriebsstrukturen** (z. B. Filialorganisation) die Funktion von Gewerkschaftsbeauftragten wahr, ist diesen bereits auf der Grundlage der bisher engeren höchstrichterlichen Rspr. (vgl. Rn. 106) vom AG auch Zugang zu Betrieben (bzw. Filialen) zwecks gewerkschaftlicher Werbung und Information zu gewähren, in denen diese AN selbst nicht beschäftigt sind. Art. 9 Abs. 3 GG garantiert auch die **zwischen- und überbetriebliche Kommunikation von Gewerkschaftsmitgliedern.**[366] 116

Für sog. **Industrieparks, Einkaufszentren** oder sonstige **abgeschlossene Gewerbegebiete,** in denen mehrere wirtschaftlich und/oder rechtlich selbstständige Betriebe eine von einem sog. **Betreiber** zur Verfügung gestellte Infrastruktur (z. B. Administration, Logistik, sonstige Dienstleistungen) gemeinsam nutzen,[367] kann sich für das betriebliche Zugangsrecht außer- 117

---

358 Im Ergebnis wie hier *Däubler,* Arbeitsrecht 1, Rn. 1199; *ders.,* Gewerkschaftsrechte, Rn. 407 ff; *ders.,* DB 98, 2014, 2016; *Buschmann,* FS Nagel, S. 245, 259 ff.; HWK-*Gaul,* Rn. 20; KassArbR-*Etzel,* 9.1., Rn. 1499; ErfK-*Linsenmaier,* Art. 9 GG Rn. 41; WPK-Preis, Rn. 38; auch für kirchliche Einrichtungen: Buschmann, a. a. O., S. 264; ErfK-*Schmidt,* Art. 4 GG Rn. 56; *Fitting,* Rn. 86; *Gamillscheg,* Kollektives Arbeitsrecht, Bd. I, S. 259;; KassArbR-*Etzel,* 9.1.; Rn. 1413; Schaub-*Koch,* § 215 Rn. 8; a. A. *Brock,* S. 210 ff.; GK-*Franzen,* Rn. 95 f.; HWGNRH-*Rose* Rn. 197; Richardi-*Maschmann,* Rn. 151 ff.; für ein Zugangsrecht zumindest in Betrieben ohne Gewerkschaftsmitglieder GK-*Franzen,* Rn. 96; MünchArbR-*Löwisch/Rieble,* § 157 Rn. 81; *GL,* Rn. 66, 90; *Hanau,* in *Grupp/Weth,* AN-Interessen und Verfassung, S. 80.

359 *BAG* 22. 6. 10, a. a. O.

360 *HessLAG* 5. 1. 11 – 16 Sa 863/11. Schaub-*Koch,* § 215 Rn. 8.

361 *HessLAG* 5. 1. 11, a. a. O.

362 *HessLAG* 5. 1. 11, a. a. O.

363 Dazu im einzelnen *Däubler,* Gewerkschaftsrechte, Rn. 434 ff.

364 Vgl. *Däubler,* a. a. O., Rn. 653 ff.

365 Vgl. etwa § 13 BRTV; dazu *BAG* 22. 6. 10, a. a. O., 1366; *ArbG Frankfurt/M.* 3. 11. 04; *ArbG Bremerhaven* 2. 9. 04, AiB 05, 118, mit Anm. *Ulrich.*

366 Vgl. *Däubler,* a. a. O., Rn. 377 ff.

367 Vgl. dazu *Kittner,* AuR 98, 98 ff.

betrieblicher Gewerkschaftsbeauftragter (aber auch für die sonstige Ausübung gewerkschaftlicher Werbung und Information) die Frage nach der räumlichen Ausdehnung der Einheit »Betrieb«[368] bzw. das Problem stellen, ob der mit dem AG nicht identische Betreiber unter Bezugnahme auf das **Recht am eingerichteten und ausgeübten Gewerbebetrieb** oder auf **Eigentums- und Besitzrechte** das Recht auf gewerkschaftliche Information und Werbung beschränken kann. Denkbar wären Zutritts- oder Hausverbote für von den Betrieben gemeinsam genutzte **Zufahrtswege, Parkplätze, Ladenpassagen oder sonstige Räume.**[369]

118 Zunächst findet durch gewerkschaftliche Werbung und Information, die auf die in den Betrieben beschäftigten AN gerichtet sind, ein Eingriff in die auf die Bereitstellung von Räumen, Gelände und Dienstleistungen beschränkte gewerbliche Betätigung des Betreibers nicht statt. Mit dem Betreten und der Nutzung der Grundstücksflächen des Betreibers sind dessen Eigentums- und Besitzrechte nicht in rechtlich relevantem Umfang berührt. Der Betreiber stellt sein Grundstück ohnehin für den Zutritt und das Verweilen einer zahlenmäßig grundsätzlich nicht beschränkten Anzahl von Personen zur Verfügung, die als AN, Kunden, Lieferanten, Dienstleister, Besucher etc. der angesiedelten Betriebe das Gelände des Betreibers betreten und nutzen. Da der **AG** gesetzlich verpflichtet ist, Gewerkschaftsbeauftragten den Zugang zum Betrieb zu gewähren, ist er im Zweifel **verpflichtet, im Binnenverhältnis zum Betreiber** ggf. die entsprechenden **rechtlichen Grundlagen für den ungehinderten Zugang zu schaffen.** Auch die auf Seiten des Betreibers in Frage kommenden Grundrechte aus Art. 13, 14 GG sind nur marginal berührt, während Art. 9 Abs. 3 GG bei Verweigerung des Zutrittsrechts zu Betrieben in derartigen Gewerbe- oder Einkaufsgebieten praktisch leer laufen würde. Der Betreiber muss daher das Betreten und die Nutzung seiner Grundstücksflächen durch inner- und außerbetriebliche Gewerkschaftsbeauftragte bzw. -mitglieder zum Zwecke der gewerkschaftlichen Werbung und Information hinnehmen.

119 Einschränkungen des koalitionsmäßigen Zugangsrechts außerbetrieblicher Gewerkschaftsbeauftragter ergeben sich auch nicht in **Vorbereitung einer Tarifrunde,** z. B. zur Information über die Tarifforderungen oder den Stand der Tarifverhandlungen (vgl. dazu auch § 45 Rn. 8, § 46 Rn. 7). Umstritten ist das Zugangsrecht zum Zwecke des **Aufrufs zum gewerkschaftlichen Streik.**[370] Wenn das gewerkschaftliche Streikrecht von der Rechts- und Verfassungsordnung als Rechtsinstitut anerkannt und garantiert ist, kann die Ausübung dieses Rechts mit Unterstützung außerbetrieblicher Gewerkschaftsbeauftragter nicht von vornherein für den AG als nachteilig Betroffenen unzumutbar bzw. unverhältnismäßig sein.[371]

3. Information und Werbung durch die Gewerkschaften und betriebsangehörige Gewerkschaftsmitglieder

120 Die koalitionsmäßige Betätigung **der im Betrieb beschäftigten** Gewerkschaftsmitglieder (und AN) blieb auch von der früher restriktiven Rspr. des *BAG* unberührt, so dass insbesondere die **Plakatwerbung,**[372] die **Verteilung von Informationsmaterial,**[373] die Verteilung einer **Gewerkschaftszeitung**[374] (die Verteilung einer Gewerkschaftszeitung ist auch nicht in kirchlichen Ein-

---

368 Vgl. *Däubler,* a. a. O., Rn. 373 ff.

369 *Zachert/Binkert,* NZA 98, 337, aus deren Überlegungen die folgende Argumentation entwickelt wurde, haben diesen Sachverhalt unter arbeitskampfrechtlichen Fragestellungen untersucht.

370 Bejahend *ArbG Mainz* 18.4.96 – 8 Ga 1014/96; Berg/Kocher/Schumann-*Berg,* AKR, Rn. 526; *Däubler,* Gewerkschaftsrechte, Rn. 501; *Wolter/Schubert/Rödl,* in *Däubler,* Arbeitskampfrecht, § 16 Rn. 14 ff.; a. A. *Otto,* § 12 Rn. 21; ähnlich *LAG Hamm* 23.4.97 – 18 Sa 164/97, BB 97, 1537 [lediglich in Ausnahmefällen denkbar]; *LAG Bremen* 14.1.83, DB 83, 778; *ArbG Bamberg* 30.6.75 – Ga 6/75, BB 76, 978.

371 *Däubler,* a. a. O.

372 *BAG* 30.8.83, AP Nr. 38 zu Art. 9 GG; ErfK-*Koch,* Rn. 8; *Fitting,* Rn. 85; GK-*Franzen,* Rn. 93; Richardi-*Maschmann,* Rn. 159; vgl. auch § 74 Rn. 58.

373 *BAG* 12.6.86, NZA 87, 153; näher *Däubler,* Gewerkschaftsrechte, Rn. 354 ff.

374 Das *BAG* 23.2.79, AP Nr. 29 zu Art. 9 GG, will dies nicht zulassen, wenn es um die Verteilung ausschließlich an die Mitglieder der eigenen Organisation geht, weil hierin keine Werbung liege; kritisch *Däubler,* DB 98, 2014, 2015; *Fitting,* § 74 Rn. 73; *Hanau,* AuR 83, 261; Richardi-*Maschmann,* Rn. 167; *Schulte Westenberg,* NJW 97, 376; a. A. GK-*Franzen,* a. a. O.

richtungen, etwa durch die Grundsätze der Kirchenautonomie, eingeschränkt[375]), die **Nutzung »Schwarzer Bretter«,**[376] **Befragungen der AN** mittels eines Fragebogens,[377] u. U. auch der Einsatz eines **Megaphons,**[378] nach h. M. zulässig sind, soweit dies **außerhalb der Arbeitszeit** (also z. B. in den Pausen oder vor Beginn und nach Ende der Arbeitszeit) geschieht.[379] In diesem Zusammenhang ist es auch zulässig, dass sich die Gewerkschaft **kritisch mit der Arbeit des BR** auseinandersetzt oder z. B. eine Befragungsaktion innerhalb der Belegschaft durchführt, in der diese Gelegenheit erhält, zu den Verhandlungen der Betriebsparteien über eine BV oder zu einem **Vorschlag der Gewerkschaft zum Abschluss einer BV** Stellung zu nehmen.[380]

Diese Mittel der gewerkschaftlichen Information und Werbung (z. B. das Anbringen eines »Schwarzen Brettes«, Verteilung gewerkschaftlicher Informationsschriften oder einer Betriebszeitung) können von im Betrieb beschäftigten Gewerkschaftsmitgliedern auch in **kirchlichen Einrichtungen** eingesetzt werden. Dem steht das **kirchliche Selbstbestimmungsrecht** nicht entgegen[381] (vgl. dazu auch Rn. 107). **120a**

Die ältere Rspr. des ***BAG,*** nach der die **Verteilung gewerkschaftlichen Informationsmaterials** grundsätzlich nicht während der **Arbeitszeit** erfolgen darf, weil dies zum Schutz der Existenz der Gewerkschaft nicht unerlässlich sei,[382] beruhte auf einer **Missdeutung der Kernbereichslehre** des *BVerfG* (vgl. zu seinen neueren Art. 9 Abs. 3 GG betreffenden Entscheidungen Rn. 98 ff., 106 ff.) und lässt eine **Abwägung der Grundrechtsgüter** der Gewerkschaftsmitglieder einerseits und des AG andererseits vermissen. Nach der vom ***BVerfG***[383] vertretenen Auffassung sind die gewerkschaftliche Werbung und Information im Betrieb **während der Arbeitszeit** im Rahmen der Koalitionsbetätigungsgarantie des Art. 9 Abs. 3 GG jedenfalls immer dann **zulässig,** wenn die gewerkschaftliche Betätigung, z. B. wegen ihres Zeitpunktes oder Umfangs, nicht zu erheblichen Störungen des Arbeitsablaufs führt. Das *BVerfG*[384] hat festgestellt, dass die gewerkschaftliche Werbung Voraussetzung dafür sei, dass eine Gewerkschaft ihre in Art. 9 Abs. 3 genannten Aufgaben erfüllen könne. Durch Werbemaßnahmen würden der Fortbestand und die Verhandlungsstärke einer Gewerkschaft gesichert. Die mit Grundrechtsschutz versehene Mitgliederwerbung könne für den betrieblichen Bereich allein durch grundrechtlich geschützte Positionen des AG beschränkt werden. Es sei daher das Interesse des AN, während der Arbeitszeit gewerkschaftliche Werbung im Betrieb zu tätigen (Art. 9 Abs. 3 GG), gegen das Interesse des AG an einem ungestörten Arbeitsablauf und Betriebsfrieden (Art. 2 Abs. 1 GG) abzuwägen. **121**

Soweit der AG also keine nachhaltige Störung vom Arbeitsablauf oder Betriebsfrieden darlegen kann, ist gewerkschaftliche Werbung auch **während der Arbeitszeit** grundsätzlich **zulässig** und stellt demnach keine Verletzung arbeitsvertraglicher Pflichten dar.[385] Ist eine Störung von Arbeitsablauf oder Betriebsfrieden überhaupt darzulegen, sind bei der Feststellung des vom AG hinzunehmenden Grades der Störung die Bedeutung der auf beiden Seiten beteiligten Grundrechte und die Tatsache zu berücksichtigen, dass der betriebliche Arbeitsablauf notwendig in soziale und zwischenmenschliche Kommunikationsprozesse eingebunden und damit prinzipiell störanfällig ist. Gewerkschaftliche Werbung, die sich im Rahmen betriebsüblicher privater **122**

375 *LAG Köln* 19. 2. 99 – 11 Sa 962/98, AuR 99, 419.
376 Vgl. *Däubler,* Gewerkschaftsrechte, Rn. 358 m. w. N.
377 *ArbG Siegburg* 23. 5. 95 – 3 BV 7/85, juris = AuR 86, 56 Ls.
378 Dazu *Däubler,* a. a. O., Rn. 372.
379 Gegen diese Einschränkung aus grundsätzlichen Erwägungen hinsichtlich des Vorrangs von Art. 9 Abs. 3 GG vor arbeitsvertraglichen Pflichten, aber auch wegen Art. 5 des IAO-Übereinkommens Nr. 135 v. 26. 3. 1971 [BGBl. 1973 II S. 953]: *Däubler,* a. a. O., Rn. 384 ff.
380 *ArbG Siegburg* 23. 5. 95, a. a. O.
381 *BVerfG* 17. 2. 81, AP Nr. 9 zu Art. 140 GG; *LAG Köln* 19. 2. 99 – 11 Sa 962/98, AuR 99, 411; *ArbG Bielefeld* 7. 3. 12 – 4 Ca 3194/10; *ArbG Siegen* 20. 5. 10 – 1 Ca 1808/09.
382 Vgl. *BAG* 26. 1. 82, DB 82, 1327 = AuR 82, 293 mit krit. Anm. *Herschel;* 13. 11. 91, DB 92, 843 = AiB 92, 353 mit krit. Anm. *Vogelsang,* aufgehoben durch *BVerfG* 14. 11. 95, NZA 96, 381 = AuR 96, 151; vgl. dazu *Hanau,* ZIP 96, 447; *Heilmann,* AuR 96, 121.
383 14. 11. 95, a. a. O.
384 14. 11. 95, a. a. O.
385 *LAG Schleswig-Holstein* 1. 12. 00 – 6 Sa 562/99, AuR 01, 71 mit Anm. *Rehwald* = AiB 01, 305 mit Anm. *Klebe/Wedde; Buschmann,* FS Nagel, S. 245, 259 f.; *Däubler,* a. a. O., Rn. 404; ErfK-*Kania,* § 74 Rn. 36; *Fitting,* Rn. 85, § 74 Rn. 72; Hako-BetrVG-*Kloppenburg,* Rn. 48; HWK-*Gaul,* Rn. 20.

Kontakte und Unterhaltungen zwischen AN während der Arbeitszeit am Arbeitsplatz oder in sonstigen Räumlichkeiten des Betriebs bewegt, ist daher auch während der Arbeitszeit in jedem Fall zulässig,[386] ohne darauf von vornherein beschränkt zu sein.[387]

123 Bereits auf Grundlage der früheren restriktiven höchstrichterlichen Rspr. zur gewerkschaftlichen Informations- und Werbetätigkeit während der Arbeitszeit war es von der Rspr. anerkannt, dass das **Tragen von gewerkschaftlichen Plaketten, Buttons oder Anstecknadeln** an der eigenen (Arbeits-)Kleidung auch **während der Arbeitszeit** zulässig ist.[388] Gewerkschaftsmitglieder haben danach am Arbeitsplatz das **Recht auf ein persönliches Bekenntnis zu ihrer Gewerkschaft,** das als individuelle Ausprägung der koalitionsmäßigen Betätigung aus Art. 9 Abs. 3 GG verfassungsrechtlich gewährleistet ist.[389] Nach Auffassung des *BAG*[390] gibt es auch keinen Erfahrungssatz des Inhalts, dass derartige Formen der Meinungsäußerung das Betriebsgeschehen oder die Arbeitssicherheit beeinträchtigen (zur Zulässigkeit des Tragens von Plaketten und Buttons mit politischen und sonstigen Aussagen vgl. § 74 Rn. 67).

123a Soweit Gewerkschaftsmitglieder an einem Arbeitsplatz mit **Kontakt zu Kunden des AG** (z.B. Einzelhandel, Gastronomie, Bankhaus, Gesundheitswesen) oder in der Öffentlichkeit (z.B. Straßenbau, Verkehrswesen) tätig sind, bestehen grundsätzlich keine Einschränkungen.[391] Wenn den Gewerkschaften das Recht eingeräumt wird, die Interessen der AN auch gegenüber der Allgemeinheit, dem Staat und den Regierungen zu vertreten,[392] kann man gerade die Kunden des AG als besonders interessierter und dem betrieblichen Geschehen nahe stehender Teil der Allgemeinheit nicht als Adressat gewerkschaftlicher Informationstätigkeit grundsätzlich ausnehmen.[393] Kunden des AG können durch die Gewerkschaft auch im Betrieb zur Solidarität mit bestimmten Anliegen der AN, z.B. in Form eine **Unterschriftensammlung,** aufgefordert werden[394] (vgl. dazu auch Rn. 124). Als zulässig wurde von der Rspr. auch die **Verteilung gewerkschaftlicher Informationen an Kunden des AG** anerkannt, in denen über eine laufende **Tarifauseinandersetzung** informiert wird oder die **Arbeitsbedingungen kritisiert** werden.[395]

123b Der zulässige **Inhalt der gewerkschaftlichen Informationen,** die von den betriebsangehörigen Gewerkschaftsmitgliedern (oder AN) im Betrieb verteilt und bekannt gemacht werden können, erstreckt sich auf alle von der koalitionsmäßigen Betätigung der Gewerkschaften erfasste Themen, und schließt somit auch jede Art von Informationen über **Tarifauseinandersetzungen** und gewerkschaftliche Aktionen in diesem Zusammenhang ein, einschließlich des Verteilens eines **Streikaufrufs** (zumindest vor Beginn des Streiks oder durch nicht – oder noch nicht – am Streik beteiligte Gewerkschaftsmitglieder und AN).

124 Das Recht auf koalitionsmäßige Betätigung wird vom *BAG*[396] in unvertretbarer Weise eingeschränkt, wenn es das Verbot des AG, **gewerkschaftliche Werbe- und Informationsschriften**

---

386 So auch *Brock,* S. 192; *Fitting,* Rn. 85, § 74 Rn. 72; *Hanau* in *Grupp/Weth,* AN-Interessen und Verfassung, S. 79; *Heilmann,* a. a. O., 123 f.; grundsätzlich wie hier bejahend *Däubler,* a. a. O., Rn. 384 ff., 398; a. A. GK-*Franzen,* Rn. 89; *GL,* Rn. 67; HWGNRH-*Rose,* Rn. 182 f., der sogar die Werbung während der Pausen (!) einschränken will, um »das berechtigte Interesse des AG an ausgeruhten Arbeitnehmern« (!) zu schützen; Richardi-*Maschmann,* Rn. 156, 168; wohl auch WPK-*Preis,* Rn. 36.

387 Zum zulässigen Inhalt gewerkschaftlicher Information und Werbung vgl. *Däubler,* a. a. O., Rn. 283 ff.

388 *BAG* 23.2.79 – 1 AZR 172/78, DB 79, 1089.

389 *BAG* 23.2.79, a. a. O.

390 23.3.79, a. a. O.

391 *ArbG Hamburg* 19.4.12 – 7 Ga 5/12; *LAG Berlin* 21.12.87 – 5 Sa 119/87.

392 Zuletzt *BVerfG* 6.2.07 – 1 BvR 978/05, NZA 07, 394, *Fitting,* Rn. 82.

393 *Däubler*, Gewerkschaftsrechte, Rn. 489d.

394 Däubler, a. a. O., Rn. 489a, unter Verweis auf *BAG* 25.1.05 – 1 AZR 657/03, NZA 05, 394, das eine solche Aktion im speziellen Fall der Unterschriftensammlung der Gewerkschaft in einer Polizeidienststelle wegen der Verletzung des Grundsatzes der Gesetzmäßigkeit der Verwaltung für unzulässig gehalten, aber gleichzeitig daraufhin gewiesen hat, dass das von einer solchen Aktion berührte Eigentums- und Hausrecht eines privaten AG zugunsten der gewerkschaftlichen Betätigungsfreiheit eine Einschränkung erfahren könnte.

395 *ArbG Hamburg* 19.4.12 – 7 Ga 5/12; 30.6.92, AiB 92, 530 mit Anm. *Grimberg* = AuR 93, 189 mit Anm. *Sudhof;* vgl. ebenso *LAG Köln* 3.2.95 – 12 Sa 1073/94, AP Nr. 145 zu Art. 9 Abs. 3 GG Arbeitskampf; HWK-*Gaul*, Rn. 21, verneint die Zulässigkeit gewerkschaftlicher Information und Werbung »in eigenen Interessen« gegenüber Kunden.

396 23.9.86, AP Nr. 45 zu Art. 9 GG.

über ein **hausinternes Postverteilungssystem** an die AN zu verteilen, nicht als Verstoß gegen Art. 9 Abs. 3 GG wertet.[397] Das Gericht führt zwar aus, dass das Recht auf koalitionsmäßige Betätigung erst dort seine Grenze finden könne, wo durch diese Betätigung Rechte anderer berührt werden. Im Ergebnis lässt das *BAG* jedoch das **Eigentumsrecht** des AG an den Postfächern über das Koalitionsrecht aus Art. 9 Abs. 3 GG dominieren. Damit erweist sich die Kritik von *Herschel*[398] an derartigen Ergebnissen der Rspr. nach wie vor als stichhaltig, dass »der Eigentümer einer Stecknadel insofern im Prinzip verfassungsrechtlich mehr geschützt (wird) als die großen, unsere gesellschaftliche Struktur mitprägenden Organisationen«.[399] Im Rahmen gewerkschaftlicher Information ist es auch zulässig, wenn **Zeitungszusteller Informationsblätter über eine Tarifrunde und einen Arbeitskampf** gleichzeitig mit der Zeitung an deren Abonnenten verteilen.[400] Dies stellt keine unzulässige Nutzung der **Vertriebsorganisation** des AG dar. Demgegenüber soll die **Unterschriftensammlung** einer Gewerkschaft in einer **Polizeidienststelle** beim dort verkehrenden Publikum zur Unterstützung der Forderung nach Einstellung zusätzlichen Personals wegen des durch Art. 20 Abs. 3 GG garantierten Grundsatzes der **Gesetzmäßigkeit der Verwaltung** unzulässig sein.[401] Die vom BVerfG[402] bestätigte Entscheidung lässt sich allerdings auf die **Privatwirtschaft** nicht übertragen. Wenn ein privater AG keine unzumutbare Störung des Betriebsablaufes geltend machen kann, ist die gewerkschaftliche Unterschriftensammlung zulässig.[403]

Die Ausbreitung **elektronischer Kommunikationsformen** in vernetzten UN und die **»Digitalisierung der Betriebe«**[404] werfen im Zusammenhang mit der Ausübung des Rechts auf gewerkschaftliche Werbung und Information im Betrieb die Frage auf, in welchem Umfang Gewerkschaften das Recht haben, unter Nutzung **elektronischer Medien** bzw. der **betrieblichen IT-Struktur** mit den AN im Betrieb zu kommunizieren und gewerkschaftliche Information und Werbung zu betreiben.[405] Neuere Untersuchungen, etwa aus dem Jahr 2016, haben ergeben, dass – mit weiter zunehmender Tendenz – inzwischen rund 60 Prozent der AN (im Durchschnitt der Betriebe aller Größenklassen und aller Branchen) am Arbeitsplatz einen **Computer als Arbeitsmittel** nutzen und rund 50 Prozent über einen **Internetanschluss** verfügen.[406] Nicht zuletzt aus Anlass der Corona-Krise ist zusätzlich der Anteil der Arbeit im **Homeoffice** und der **mobilen Arbeit** in den letzten Jahren auf bis zu 27 % der AN angewachsen.[407] Hinzu kommt als weitere Erscheinungsform der Digitalisierung der Arbeitswelt die zunehmende Verbreitung neuer **Beschäftigungsformen auf digitalen Plattformen.**[408] Die **digitale gewerkschaftliche Information und Werbung ist** deshalb für die effektive Wahrnehmung der verfassungsrechtlich gewährleisteten Betätigung der Gewerkschaften im digitalisierten Betrieb unverzichtbar.[409] Dieser Einschätzung ist auch der Gesetzgeber im Rahmen der Novellierung des BPersVG ge- 125

397 Für eine Revision der Rspr. *Däubler,* DB 98, 2014, 2016; *Klebe/Wedde,* AuR 00, 401, 405, Fn. 47; *Rehwald,* AuR 01, 71 [72]; *Schulte Westenberg,* NJW 97, 376; a. A. GK-*Franzen,* Rn. 93; Richardi-*Maschmann,* Rn. 167; WPK-*Preis,* Rn. 36; erste Ansätze zu einer Änderung der Rspr. bei *BAG* 25. 1. 05 – 1 AZR 657/03, NZA 05, 592, 594 f.

398 AuR 81, 265, 268.

399 Vgl. zur Kritik auch *Kittner,* BetrR 82, 401 ff.; *Herschel,* AuR 82, 294 ff.; *Hanau,* AuR 83, 257 ff.

400 *LAG Köln* 3. 2. 95 – 12 Sa 1073/94, AP Nr. 145 zu Art. 9 Abs. 3 GG Arbeitskampf.

401 *BAG* 25. 1. 05 – 1 AZR 657/03, NZA 05, 592; dazu kritisch *Buschmann,* FS Nagel, S. 245, 261 f., *Höfling,* Anm. zu BAG AP Nr. 123 zu Art. 9 GG.

402 6. 2. 07 – 1 BvR 978/05, NZA 07, 394.

403 So auch die Erwägung des *BAG,* 25. 1. 05 – 1 AZR 657/03, a. a. O.

404 Vgl. die Darstellung bei *Däubler,* Digitalisierung, § 1 Rn. 1 ff.; *Klebe/Wedde,* AuR 00, 401.

405 Dazu eingehend *Berg,* AuR 22, 424; *Däubler,* Digitalisierung, § 13 Rn. 1 ff.; ders., Interessenvertretung, S. 27 ff.; *Klebe/Wedde,* AuR 00, 401.

406 Statistisches Bundesamt, Unternehmen und Arbeitsstätten. Nutzung von Informations- und Kommunikationstechnologien in Unternehmen, Wiesbaden 2016, S. 31(*https://www.statistischebibliothek.de/mir/servlets/MCRFileNodeServlet/DEHeft_derivate_00042592/5529102167004.pdf*).

407 *https://www.boeckler.de/de/auf-einen-blick-17945-Auf-einen-Blick-Studien-zu-Homeoffice-und-mobiler-Arbeit-28040.htm*; *https://www.boeckler.de/pdf/p_wsi_report_65_2021.pdf.*; *Wenckebach,* SR 20, 165, 173.

408 *Lücking,* Arbeiten in der Plattformökonomie. Über digitale Tagelöhner, algorithmisches Management und die Folgen für die Arbeitswelt, Hans-Böckler-Stiftung, Forschungsförderung Report Nr. 5, 2019.

409 *Däubler,* Interessenvertretung, 58 f.; s. auch *BAG* 20. 1. 09 – 1 AZR 515/08, NZA 09, 615, 621, Rn. 49.

folgt: der Bundestagsausschuss für Inneres und Heimat hat die Gewährung eines digitalen Kommunikationsrechts der Gewerkschaften in Gestalt einer Verlinkung auf den Internetauftritt der Gewerkschaften im Intranet der Dienststelle in § 9 Abs. 2 BPersVG[410] u. a. damit begründet, dass die Gewerkschaften in der digitalisierten Arbeitswelt die AN mit den herkömmlichen Mitteln der Information und Werbung nicht mehr zuverlässig erreichen können.[411] Der Ausschluss der Gewerkschaften von der digitalen betrieblichen Kommunikation würde dazu führen, dass die Gewerkschaften von den AN als »veraltet« angesehen und Akzeptanzverluste erleiden würden.[412] Dies gilt insbes. für Betriebe der IT-Branche,[413] aber auch branchenübergreifend für alle Betriebe mit einer etablierten digitalen Kommunikationsstruktur. Der Einsatz und die Nutzung digitaler Kommunikationsmittel hat daher für die Gewerkschaften in den letzten Jahren einen zunehmend größeren Stellenwert bekommen und reicht vom Versand von Informationen an die **betrieblichen E-Mail-Adressen der AN** über die **Verlinkung** in den Internetauftritten der Unternehmen oder der BR **auf die Internetseiten der Gewerkschaften** bis zu eigenen **Präsentationen** der Gewerkschaften in den **betrieblichen Netzwerken** bzw. im **betrieblichen Intranet.**[414]

126 Der **Versand gewerkschaftlicher Informationen** von einem **externen gewerkschaftlichen Rechner** an die **betrieblichen E-Mail-Adressen der AN** ist auch ohne Einwilligung des AG und/oder Aufforderung durch die AN grundsätzlich zulässig.[415] Die vom *BAG*[416] nicht abschließend beantwortete Frage der Zulässigkeit der Zusendung gewerkschaftlicher E-Mails nicht nur an die Gewerkschaftsmitglieder, sondern an alle AN im Betrieb, wird für den Fall, dass die E-Mail-Adressen der AN nicht ohnehin bekannt bzw. öffentlich zugänglich sind[417] oder z. B. nach dem Muster »Vorname.Nachname@Unternehmen.de« erzeugt werden, vor allem unter dem Gesichtspunkt des **Datenschutzes** und des **Rechts auf informationelle Selbstbestimmung** der AN problematisiert.[418] Bei der gebotenen Abwägung der widerstreitenden Grundrechtspositionen kommt dem Recht auf gewerkschaftliche Information und Werbung aus Art. 9 Abs. 3 GG unter Berücksichtigung der Voraussetzungen seiner effektiven Wahrnehmung im digitalisierten Betrieb und des mit dem Erhalt einer gewerkschaftlichen E-Mail verbundenen geringen Eingriffs in das informationelle Selbstbestimmungsrecht der AN ein größeres Gewicht zu.[419] Datenschutzrechtlich liegt mit der Nutzung der betrieblichen E-Mail-Adressen der AN durch die Gewerkschaft eine rechtmäßige Verarbeitung personenbezogener Daten i. S.d d. Art. 6 Abs. 1 Satz 1 f) DSGVO vor. Die Datenverarbeitung ist zur Wahrung des berechtigten Interesses der Gewerkschaft, ihre verfassungsrechtlich gewährleistete Betätigung und Aufgabe effektiv auszuüben, erforderlich, ohne dass die Interessen und Grundrechte der AN demgegenüber überwiegen.[420] Dementsprechend kann die Gewerkschaft vom **Arbeitgeber** verlangen, ihr eine regelmäßig aktualisierte **Liste der E-Mail-Adressen** aller AN zum

---

410 S. dazu *Berg* in Altvater u. a., § 9 Rn. 52.
411 Beschlussempfehlung und Bericht des Ausschusses für Inneres und Heimat, BT-Drucksache 19/28839, 21. 4. 21, S. 9.
412 *BAG* 20. 1. 09, a. a. O.
413 *Däubler*, Interessenvertretung, S. 59.
414 *Däubler*, Digitalisierung, § 13 Rn. 1 ff.; ders., Interessenvertretung, S. 58 ff.
415 *BAG* 20. 1. 09 – 1 AZR 515/08, NZA 09, 615; *ArbG Bonn* 11. 5. 22 – 2 Ca 93/22, NZA-RR 22, 351 353, mit Anm. *Mamerow*, 355 f.; *ArbG Dortmund* 9. 10. 08 – 4 Ga 103/08 [u. a. auch für den Versand von Streikaufrufen]; *Buschmann*, FS Nagel, S. 245, 265 f.; *Däubler*, Interessenvertretung, S. 60 ff.; *ders.*, Gewerkschaftsrechte, Rn. 547i ff., 547n; *ders.*, DB 04, a. a. O., 2103; *Fitting*, Rn. 85b; HaKo-BetrVG-*Kloppenburg*, Rn. 50; *Heilmann*, FS Schmidt, S. 135, 138 ff.; *Hjort/Mamerow*, NZA 21, 1758, 1959 ff.; HWK-*Gaul*, Rn. 13; *Klebe/Wedde*, a. a. O., 405 f.; Richardi-*Maschmann*, Rn. 162, 167; *Schwarze*, RdA 10, 115 ff.; *Stück*, ArbRAktuell 21, 516; a. A. *Arnold/Wiese*, NZA 09, 716; *Beckschulze*, DB 07, 1526, 1535; *Dumke*, RdA 09, 77; *Göpfert/Stöckert*, NZA 21, 1209, 1213 ff.; GK-*Franzen*, Rn. 94; *Maschmann*, NZA 08, 613, 617 f.; *Mehrens*, BB 09, 2086; *Rieble*, BB 09, 1016, 1019; einschränkend; *Hopfner/Schrock*, DB 04, 1558; *Lelley* BB 02, 252; bejahend bei erlaubter privater Nutzung des Intranets; *Hopfner/Schrock*, a. a. O., 1359.
416 *BAG* 20. 1. 01, a. a. O., Rn. 53.; s. auch *ArbG Bonn* 11. 5. 22, a. a. O. mit kritischer Anm. *Mamerow*.
417 S. zu den Fallkonstellationen *Däubler*, Interessenvertretung, S. 66.
418 S. dazu *Göpfert/Stöckert*, a. a. O.
419 *Däubler*, Interessenvertretung, S. 67f,; *Fitting*, Rn. 85b.; *Hjort/Mamerow*, a. a. O., 1760 f.
420 *Däubler*, Interessenvertretung, a. a. O.; *Fitting*, a. a. O.; a. A. *Göpfert/Stöckert*, a. a. O., 1213.

Zweck der – gewerkschaftlichen Information und Werbung **zur Verfügung zu stellen.**[421] Folgt man der hier vertretenen datenschutzrechtlichen Bewertung nicht, kann die Gewerkschaft zumindest verlangen, dass ihr der Versand gewerkschaftlicher E-Mails an alle AN über einen **anonymisierten** – die betrieblichen E-Mail-Adressen aller AN umfassenden und regelmäßig aktualisierten – **Verteiler (»Alias«),** den der AG ihr zur Verfügung stellt, ermöglicht wird. Dem Rechtsgedanken des Art. 21 Abs. 2 DSGVO folgend ist den AN durch entsprechende Vorkehrungen die Möglichkeit einzuräumen, die automatische Löschung ihrer E-Mail-Adresse aus dem Verteiler zu veranlassen.[422]

Das Recht zur Versendung gewerkschaftlicher E-Mails an die E-Mail-Adressen der AN wird **127**
auch nicht dadurch eingeschränkt, dass der AG die Nutzung der E-Mail-Adressen **zu privaten Zwecken untersagt** hat.[423] Solange nicht nennenswerte Betriebsablaufstörungen oder spürbare, der Gewerkschaft zuzurechnende wirtschaftliche Belastungen damit verbunden sind, haben das durch Art. 14 Abs. 1 GG geschützte Eigentumsrecht des AG und sein von Art. 2 Abs. 1 GG erfasstes Recht am eingerichteten und ausgeübten Gewerbebetrieb zurückzutreten.[424] Deshalb wird auch die mit dem Versand gewerkschaftlicher E-Mails verbundene Inanspruchnahme der zum Empfang der E-Mail-Schreiben vorhandenen Betriebsmittel des AG grundsätzlich vom Schutzbereich des Art. 9 Abs. 3 GG umfasst. Auch im Zusammenhang mit dem Recht der Gewerkschaft, im Betrieb Informationstafeln anzubringen (sog. Schwarzes Brett), ist der AG unstreitig in gewissem Umfang dazu verpflichtet, zur Realisierung der gewerkschaftlichen Betätigung im Betrieb mitzuwirken und Einwirkungen auf sein Eigentum hinzunehmen. Der Verweis der Gewerkschaft auf herkömmliche schriftliche Informationen, das »Schwarze Brett« oder Plakate würde im digitalisierten Betrieb das Informations- und Werberecht aus Art. 9 Abs. 3 GG leer laufen lassen, während durch die Mitbenutzung der betrieblichen digitalen Kommunikationsinstrumente durch die Gewerkschaft das Eigentum des AG in seiner potentiellen Nutzung nicht beeinträchtigt wird. Weder die Sprengung von **Speicher- und Übertragungskapazitäten** ist durch den üblichen Umfang gewerkschaftlicher Informationen zu erwarten, noch fällt die Mitbenutzung durch die Gewerkschaft **finanziell** ins Gewicht. Dies gilt im Ergebnis erst recht, wenn mit Billigung des AG die digitalen Kommunikationsmittel von den AN ohnehin für **private Kontakte und Kommunikation** genutzt werden kann.[425]

Zulässig ist auch der Versand von E-Mail-Schreiben von einem **externen privaten Rechner** **128**
außerhalb der Arbeitszeit mit gewerkschaftlicher Werbung durch einen **betriebsangehörigen AN** an die betrieblichen E-Mail-Adressen der AN. Dieses Verhalten stellt keine arbeitsvertragliche Pflichtverletzung dar.[426]

Die Weiterleitung bzw. Bekanntmachung gewerkschaftlicher Informationen durch **betriebs-** **129**
angehörige Gewerkschaftsmitglieder von einem **betriebsinternen Rechner** über die **betrieblichen E-Mail-Adressen** der AN oder im **Intranet** des Betriebes ist ebenfalls rechtlich unbedenklich, zumindest dann, wenn wegen des damit verbundenen Zeitaufwandes die Arbeitsabläufe nicht beeinträchtigt werden.[427] Dies gilt auch, wenn der AG die Kommunikation per E-Mail auf dienstliche bzw. betriebliche Zwecke beschränkt hat.[428] Auch für **gewerkschaftliche Wahlwerbung** im Zusammenhang mit der Durchführung von **BR- oder AR-Wahlen** kann das

421 *Däubler*, Interessenvertretung, a. a.O.; *Hjort/Mamerow*, a. a. O., 1759 f.

422 *Däubler*, Interessenvertretung, S. 68.

423 *BAG* 20.1.09, a. a. O.

424 *BAG* 20.1.09, a. a. O.; eingehend zu den auf AG-Grundrechte gestützten Einwänden gegen die Zulässigkeit des Versands gewerkschaftlicher E-Mails an die betrieblichen E-Mail-Adressen der AN *Däubler*, Interessenvertretung, S. 61 ff.

425 Vgl. zu diesen Aspekten *Klebe/Wedde*, DB 93, 1418, 1420; *dies.*, AuR 00, 401, 404.

426 *LAG Schleswig-Holstein* 1.12.00 – 6 Sa 562/99, AuR 01, 71 mit Anm. *Rehwald* = AiB 01, 305 mit Anm. *Klebe/Wedde*; *ArbG Wiesbaden* 10.9.03 – 3 Ca 230/03, RDV 04, 227; a. A. *Beckschulze*, DB 07, 1526, 1535.

427 *HessLAG* 20.8.10 – 10 Sa 1835/09, AuR 11, 129, Ls., juris; *ArbG Hamburg* 16.1.1824Ca13517 – 24 Ca 135/17, s. dazu die auch *Wulff*, AiB 7–8/18, 50; *Däubler*, Gewerkschaftsrechte, Rn. 537; *ders.*, Interessenvertretung, S. 69 f.; *Klebe/Wedde*, a. a. O., 406.

428 *HessLAG* 20.8.10, a. a. O.; *ArbG Hamburg* 16.1.18, a. a. O.; a. A. für den Versand eines Streikaufrufs per E-Mail *BAG* 15.10.13 – 1 ABR 31/12, NZA 14, 319.

betriebliche Intranet durch betriebsangehörige Gewerkschaftsmitglieder benutzt werden.[429] Es ergeben sich für die Zulässigkeit des E-Mail-Versands nach hier vertretener Auffassung auch keine Einschränkungen daraus, dass per E-Mail über eine **Tarifauseinandersetzung** informiert und ein **Streikaufruf**[430] verschickt wird. Das **BAG**[431] **verneint** allerdings eine entsprechende **Duldungspflicht des AG,** da vom ihm unter Berücksichtigung seiner entgegenstehenden Rechtspositionen aus Art. 14 Abs. 1 GG nicht verlangt werden könne, dass er durch die Bereitstellung eigener Betriebsmittel an der Verbreitung eines gewerkschaftlichen Streikaufrufs mitwirkt. Wenn ein AG einen rechtmäßigen Streik hinnehmen muss, überzeugt es nicht, dass es für ihn unzumutbar sein soll, dass von Gewerkschaftsmitgliedern im Betrieb über die üblichen Kommunikationswege der Streikaufruf verbreitet wird. Die damit verbundene – quantitativ und qualitativ zu vernachlässigende – Eigentumsbeeinträchtigung wiegt nicht schwerer als die bei der Anbringung von Informationstafeln (»Schwarzes Brett«) im Betrieb. Schließlich ist zu berücksichtigen, dass dem AG die im Betrieb üblichen Kommunikationsmittel als Instrument der Streikabwehr zur Verfügung stehen und in der Regel auch von ihm genutzt werden.

130 Die Gewerkschaft kann auch die Einräumung der Möglichkeit der gewerkschaftlichen Information und Werbung im betrieblichen **Intranet,** die **Verlinkung** über das Intranet des Betriebs oder durch den Betriebsrat auf das **digitale Informationsangebot der Gewerkschaften** verlangen.[432] Die AN haben grundsätzlich das Recht, im Betrieb **gewerkschaftlicher Informationsangebote im Internet** zu nutzen.[433] Insbesondere in Betrieben, in denen die Kommunikation üblicherweise überwiegend elektronisch erfolgt und/oder in denen die AN oder bestimmte AN-Gruppen (z. B. Homeoffice, mobile Arbeit, Außendienstmitarbeiter, Tele-AN, Projekt-AN bei Kunden, Service-AN) ständig außerhalb des Betriebs tätig sind und mit Vorgesetzten, anderen Abteilungen oder AN vor allem mit Hilfe der elektronischen Vernetzung kommunizieren (»virtueller Betrieb«), ist der **Gewerkschaft** auch das Recht einzuräumen, eine eigene **Homepage im betrieblichen Intranet** einzurichten.[434] In derartigen Betrieben haben AN auch das Recht, **digitale betriebliche Kommunikationseinrichtungen,** die Besprechungen, den Meinungsaustausch, Versammlungen usw. mittels **Video- und Telefonkonferenztechnik** ermöglichen (z. B. **MS Teams**), für gewerkschaftliche Informationen und Aussprachen einzusetzen, soweit damit nicht eine Beeinträchtigung betrieblicher Abläufe oder eine Verletzung der Arbeitspflicht verbunden ist. Die Nutzung derartiger digitaler betrieblicher Kommunikationseinrichtungen durch die Gewerkschaft und deren Mitglieder ist zunehmend **Gegenstand tarifvertraglicher und sonstiger kollektivvertraglicher Regelungen.**[435] So hat aktuell die Gewerkschaft IG BCE für mehrere Branchen in ihrem Organisationsbereich sog. Sozialpartnervereinbarungen abgeschlossen, die u. a. die Nutzung betrieblicher digitaler Informationssysteme für die gewerkschaftliche Kommunikation und betrieblich eingerichteter Videokonferenzsysteme für gewerkschaftliche digitale Zusammenkünfte ermöglichen.[436] Wenn der AG gewerkschaftliche Information und Werbung im Intranet unterbindet, ist die **Sperrung bzw. das Verbot des Zugriffs** der AN auf eine von der **Gewerkschaft eingerichtete Homepage im Internet** als Behinderung der koalitionsmäßigen Betätigung im Sinne von Art. 9 Abs. 3 Satz 2 GG unzulässig.[437]

---

429 *ArbG Brandenburg a. d. H.*, 1. 12. 04 – 3 Ca 1231/04, – 3 Ca 1231/04; *ArbG Frankfurt*, 22. 1. 03 – 9 Ca 5820/02, RDV 04, 179; a. A. *Beckschulze*, DB 07, 1526, 1534; *Maschmann*, NZA 08, 613, 617 f.

430 *HessLAG* 20. 8. 10, a. a. O.; *ArbG Dortmund* 9. 10. 08, 4 Ga 103/08; dazu Berg/Kocher/Schumann-*Schumann*, Rn. 253a.

431 15. 10. 13, a. a. O.; zur Kritik (und zu weiteren Handlungsmöglichkeiten) s. eingehend Berg/Kocher/Schumann-*Schumann*, a. a. O.

432 *Däubler*, Interessenvertretung, S. 69 ff.

433 *Däubler*, Gewerkschaftsrechte, Rn. 533; *Klebe/Wedde*, AuR 00, 401, 407.

434 Ähnlich *Buschmann*, FS Nagel, S. 245, 265 f.; *Däubler*, Interessenvertretung, S. 75 f.; *ders.*, DB 04, 2102, 2105; *ders.*, DB 98, 2014, 2016; *ders.*, Gewerkschaftsrechte, Rn. 547y; *Klebe/Wedde*, a. a. O., 407; Richardi-*Maschmann*, Rn. 162; a. A. *Beckschulze*, DB 03, 2777; GK-*Franzen*, a. a. O.; *Hopfner/Schrock*, a. a. O., 1561; *Lelley*, a. a. O., 255.

435 S. dazu im Einzelnen *Berg*, a. a. O., 426 f.

436 *Berg*, a. a. O.

437 Ähnlich *Klebe/Wedde*, a. a. O., 407.

Beamten, die sich innerhalb oder außerhalb der Dienststelle als Gewerkschaftsvertreter zu innerdienstlichen Angelegenheiten äußern, steht grundsätzlich der sich aus Art. 9 Abs. 3 GG für nicht verbeamtete Gewerkschaftsvertreter ergebende Freiraum zur Verfügung.[438] 131

4. Gewerkschaftliche Vertrauensleute

Da nach der in der Vergangenheit äußerst restriktiven Rspr. das *BAG* zur Kernbereichslehre (vgl. Rn. 98 ff.) die Ausübung autonomer Gewerkschaftsrechte durch betriebsexterne Gewerkschaftsbeauftragte eingeengt war und noch ist, kam der klassischen **innerbetrieblichen gewerkschaftlichen Organisation** durch **Vertrauensleute** besondere Bedeutung zu.[439] Das Institut der gewerkschaftlichen Vertrauensleute als Bindeglied zwischen dem hauptamtlichen Funktionärskörper der Gewerkschaft und den Gewerkschaftsmitgliedern im Betrieb ist ebenso verfassungsrechtlich abgesichert wie die Repräsentantenrolle der Vertrauensleute für die Gewerkschaft gegenüber den sonstigen AN.[440] Auch hier ergibt sich jedoch ein ganz ähnliches Bild wie bei der ebenfalls im Grundsatz von der Rspr. bejahten koalitionsmäßigen Betätigungsfreiheit: Das Rechtsinstitut als solches wird garantiert, der Ausübung werden im Einzelnen jedoch enge Grenzen gezogen. 132

Einigkeit besteht zunächst darüber, dass Vertrauensleute wegen ihrer gewerkschaftlichen Betätigung gegenüber anderen AN nicht unterschiedlich behandelt, insbesondere **nicht benachteiligt** oder gemaßregelt werden dürfen.[441] 133

Mit der umfassenden koalitionsrechtlichen Aufgabenwahrnehmung der gewerkschaftlichen Vertrauensleute ist es nicht zu vereinbaren, wenn sich das *BAG*[442] auf den Standpunkt stellt, die Gewerkschaft habe keinen gesetzlichen Anspruch gegenüber dem AG, die Wahlen der gewerkschaftlichen Vertrauensleute **im Betrieb** durchführen zu lassen. Zutreffend weist demgegenüber *Pfarr*[443] darauf hin, das *BAG* habe nicht nur darauf verzichtet, Rechte des AG gegen solche der AN und ihrer Koalition abzuwägen, sondern überhaupt davon abgesehen, die Rechte des AG wenigstens zu benennen, die einer betrieblichen Wahl der gewerkschaftlichen Vertrauensleute entgegenstehen könnten.[444] Für die Wahl der Vertrauensleute im Betrieb können zusätzliche kollektivvertragliche Rechtsgrundlagen, wie z. B. durch einen TV (vgl. dazu Rn. 54), geschaffen werden.[445] 134

Findet die Wahl von Vertrauensleuten – etwa auf Grund einer betrieblichen Übung (vgl. Rn. 138) – in den Betriebsräumen statt, kann sie – soweit keine Sonderregelungen bestehen – auch **während der Arbeitszeit** stattfinden, wenn dies nicht zu einer nachhaltigen Beeinträchtigung der Betriebsabläufe führt (vgl. dazu Rn. 121 f.). Die in einer weitgehenden Beschränkung der gewerkschaftlichen Betätigung auf die Freizeit liegende **Benachteiligung** der Kommunikationsstruktur »Gewerkschaft« gegenüber der Kommunikationsstruktur »Betriebsverfassung« und der damit verbundene **Verstoß gegen Art. 5** des IAO-Übereinkommens Nr. 135 wurde in 135

---

438 *OVG Rheinland-Pfalz* 4.12.98, AuR 99, 413 mit Anm. *Dietel/Güntzel*, 378; *Bundesdisziplinargericht* 10.3.99, AuR 99, 414.

439 Zum aktuellen Stellenwert s. Bösche/Grimberg, FS *Däubler*, S. 355, 378 ff.; *Dorsch-Schweizer/Schulte*, WSI-Mitt. 01, 113; *Prott*, WSI-Mitt. 06, 507; zur historischen Entwicklung *Däubler*, Gewerkschaftsrechte, Rn. 45 ff.

440 *BAG* 8.12.78, AP Nr. 28 zu Art. 9 GG.

441 Vgl. § 75 Abs. 1; *Fitting*, Rn. 88; GK-*Franzen*, Rn. 100; HWGNRH-*Rose*, Rn. 169; vgl. auch das IAO-Übereinkommen Nr. 135, 23.6.1971, BGBl. 1973 II S. 953.

442 8.12.78, AP Nr. 28 zu Art. 9 GG.

443 AuR 79, 244.

444 Vgl. zur Kritik auch ErfK-*Koch*, Rn. 8; *Fitting*, Rn. 89; HaKo-BetrVG-*Kloppenburg*, Rn. 53; *Hunnekuhl/Zäh*, NZA 06, 1022, 1023; Richardi-*Maschmann*, Rn. 174; *Zachert*, AuR 79, 358; *Däubler*, Gewerkschaftsrechte, Rn. 506; *Rose*, BetrR 79, 143 ff.; *WP-Preis*, Rn. 41; a. A. GK-*Franzen*, Rn. 99; HSWGN-*Rose*, Rn. 168; *Rieble*, BB 09, 1016, 1019.

445 Vgl. *Däubler*, a. a. O., Rn. 510; zu vereinbarten Befugnissen der gewerkschaftlichen Vertrauensleute auch *Schönfeld*, BB 89, 1818.

der Vergangenheit mit dem Hinweis überspielt, das IAO-Übereinkommen begründe ohnehin keine unmittelbaren Rechtsansprüche.[446]

136 Auf die **Rechtsstellung der Vertrauensleute** findet mit Ausnahme des Diskriminierungsverbots gemäß § 75 Abs. 1 und den weiteren Bestimmungen über die Rechte einzelner AN das BetrVG keine Anwendung, da es sich bei ihnen nicht um eine betriebsverfassungsrechtliche, sondern gewerkschaftliche Einrichtung handelt. Somit **fehlt** es insbesondere an einem effektiven **Bestandsschutz** für das Arbeitsverhältnis von Vertrauensleuten, obgleich diese doch sehr leicht in Konfliktsituationen mit dem AG geraten können. Allenfalls dann, wenn die Vertrauensperson **zugleich BR-Mitglied** ist, wächst ihr auf diesem mittelbaren Wege ein »Mehr« an Rechtspositionen zu. Weiter ist auf die ebenfalls fehlende Möglichkeit hinzuweisen, Arbeitsbefreiung zur Wahrnehmung der gewerkschaftlichen Aufgaben und ggf. von Weiterbildungsangeboten beanspruchen zu können.[447]

137 Nach erst in neuerer Zeit[448] umstrittener Ansicht kann die **Rechtsstellung der Vertrauensleute durch TV geregelt** werden,[449] ohne dass darin ein Verstoß gegen das Prinzip der **Gegnerunabhängigkeit,** den **Gleichheitssatz** oder **§ 3 BetrVG** gesehen werden kann.[450] Somit wäre es möglich, durch TV insbesondere zu regeln, dass die Wahlen der Vertrauensleute im Betrieb und während der Arbeitszeit stattfinden, Vertrauensleute bei Lohnfortzahlung zur Erfüllung ihrer Aufgaben und zur Fortbildung von der Arbeit freigestellt werden und ein besonderer Kündigungs- und Versetzungsschutz vorgesehen wird.[451] Ob tarifvertragliche Regelungen über die Schaffung **betrieblicher Vertrauensleutegremien** mit weitgehenden **Beteiligungsrechten** unter dem Gesichtspunkt einer **Konkurrenz zur Institution des BR** und **Behinderung der Arbeit des BR** unzulässig wären, ist umstritten.[452] Vereinbarungen über die Freistellung von Vertrauensleuten stellen jedenfalls keine unzulässige Wahlbeeinflussung i. S. d. § 20 Abs. 2 BetrVG dar.[453]

138 Soweit – wie in vielen Betrieben üblich – Vertrauensleuten ohne ausdrückliche Abmachungen bestimmte Rechte durch den AG eingeräumt werden, kann u. U. eine entsprechende **betriebliche Übung** im arbeitsrechtlichen Sinne entstanden sein,[454] so dass der AG diese zum Bestandteil des Arbeitsvertrags gewordenen Ansprüche nur durch **Änderungskündigung,** die allerdings sozial gerechtfertigt sein muss, wieder beseitigen kann bzw. sie gegenüber neu eingestellten AN ausdrücklich ausschließen müsste.

139 Gewerkschaftsmitgliedern ist aus Art. 9 Abs. 3 GG zur Ausübung ihres Mandats auf einem **Gewerkschaftstag** ein **Anspruch auf unbezahlte Freistellung** gegen den AG einzuräumen.[455]

---

446 Vgl. *BAG* 8. 12. 78, AP Nr. 28 zu Art. 9 GG; 19. 1. 82, AP Nr. 10 zu Art. 140 GG; kritisch dazu *Däubler,* Gewerkschaftsrechte, Rn. 511 f.; vgl. auch Rn. 46 f.

447 Vgl. zum Schutz der Vertrauensleute bei Kündigungen wegen gewerkschaftlicher Betätigung im Wege einstweiliger Verfügung *Klebe/Schumann,* S. 436 f. m. w. N.

448 Vgl. zum Meinungsstand bis zum Beginn der siebziger Jahre *Däubler,* Grundrecht, S. 392; *Hueck/Nipperdey,* Bd. 2/2, S. 1326.

449 Vgl. dazu Kempen/Zachert-*Zachert,* § 1 Rn. 531 ff.

450 Eingehend *Däubler,* Gewerkschaftsrechte, Rn. 523 ff.; für die Zulässigkeit tariflicher Regelungen auch *BAG* 8. 10. 97 – 4 AZR 87/96, NZA 98, 492, vgl. dazu *Bauer/Haußmann,* NZA 98, 854; *LAG Düsseldorf* 25. 8. 95 – 17 Sa 324/95, AuR 96, 238 – für einen Firmen-TV –; *ArbG Kassel* 5. 8. 76, BB 76, 1127; *Fitting,* Rn. 90; GK-*Franzen,* Rn. 101; *Hunnekuhl/Zäh,* NZA 06; *Krause,* RdA 09, 129, 136; *Rieble,* BB 09, 1016, 1020; WPK-*Preis,* Rn. 42; *Zachert,* BB 76, 514; *Wlotzke,* RdA 76, 80; *Herschel,* AuR 77, 137; *Mayer,* BlStSozArbR 77, 17; *Gamillscheg,* FS Molitor, S. 133 [148 f.]; dagegen *Blomeyer,* DB 77, 101 ff.; *Bötticher,* RdA 78, 133; *Bulla,* BB 75, 889; HWGNRH-*Rose,* Rn. 170; Richardi-*Maschmann,* Rn. 176.

451 Zur offensichtlichen Unwirksamkeit der Kündigung des Arbeitsverhältnisses eines Mitglieds einer gewerkschaftlichen Tarifkommission aus § 612a BGB, Art. 9 Abs. 3 Satz 2 GG, vgl. *ArbG Berlin* 7. 4. 10 – 29 Ga 5197/10. AuR 10, 1020.

452 Für einen weiten Gestaltungsspielraum der TV-Parteien *Däubler,* Gewerkschaftsrechte, Rn, 530 ff.; a. A. *Krause,* a. a. O.; *Rieble,* a. a. O.

453 *LAG Niedersachsen* 16. 6. 08 – 9 TaBV 14/07, juris; zustimmend *Rieble,* a. a. O.

454 Auf diese mögliche Rechtsgrundlage für Ansprüche von Vertrauensleuten weist *Däubler,* Gewerkschaftsrechte, Rn. 539 ff., hin.

455 Vgl. *LAG Bremen* 4. 4. 03 – 2 Ta 20/03, AuR 03, 238; *ArbG Kassel* 14. 8. 86, AiB 87, 195; *LAG Köln* 11. 1. 90 – 8 Sa 1020/89, BetrR 90, 83 = DB 90, 1291, allerdings nur unter dem Gesichtspunkt der Fürsorgepflicht des AG; *Brock,* S. 193 f.; *Gamillscheg,* Kollektives Arbeitsrecht, S. 255; a. A. *Rieble,* BB 09,

VII. Streitigkeiten

Kommt es zu Streitigkeiten über Fragen der vertrauensvollen Zusammenarbeit, der Zusammenarbeit mit Gewerkschaften bzw. AG-Verbänden oder des Wohls der AN und des Betriebs, entscheidet das ArbG im **Beschlussverfahren** (§ 2a ArbGG), wobei derartige Streitigkeiten häufig im Zusammenhang mit anderen Einzelbestimmungen des Gesetzes als Vorfragen auftreten werden. Der **AG** hat **keinen gerichtlich durchsetzbaren Anspruch auf Unterlassung** von Handlungen des BR, mit denen dieser gegen seine betriebsverfassungsrechtlichen Pflichten verstößt[456] (vgl. dazu auch § 74 Rn. 88 ff.), kann derartige Pflichtverletzungen allerdings zum Gegenstand entsprechender Feststellungsanträge machen. Nach früherer Ansicht des *BAG*[457] konnte die Gewerkschaft im Wege des Beschlussverfahrens die Tarifwidrigkeit einer BV geltend machen.[458] **Grobe Verstöße** gegen die genannten Gebote können im Verfahren nach § 23 geltend gemacht werden (vgl. § 23 und die dortigen Erläuterungen). 140

Über das **Zugangsrecht** der Gewerkschaften nach Abs. 2 wird ebenfalls im Beschlussverfahren entschieden; in dringenden Fällen, wenn z. B. dem Gewerkschaftsbeauftragten der Zugang verweigert wird, hat dies regelmäßig **im Wege einstweiliger Verfügung** (§ 85 Abs. 2 ArbGG) zu erfolgen,[459] selbst wenn damit das Ergebnis eines Hauptverfahrens vorweggenommen wird.[460] Die Eilbedürftigkeit ergibt sich bereits daraus, dass es andernfalls der AG in der Hand hätte, durch prozessuale Verzögerungstaktik (z. B. Beschlussverfahren durch alle Instanzen) der Gewerkschaft über einen erheblichen Zeitraum hinweg die Ausübung ihrer vom Zutritt abhängigen Rechte zu beschneiden[461] (zur Einschaltung der Polizei).[462] Muss die Gewerkschaft ihr Zugangsrecht gerichtlich im Beschlussverfahren durchsetzen, kann sie mangels entsprechender Anspruchsgrundlage im BetrVG vom AG **nicht die Erstattung** der ihr entstandenen **Rechtsanwaltskosten** verlangen. Diese außergerichtlichen Verfahrenskosten sind auch kein nach § 280 Abs. 1 BGB erstattungsfähiger Schaden.[463] Will der BR das Zugangsrecht des Gewerkschaftsbeauftragten nach einem Hausverbot des AG aus eigenem Recht (z. B. Hinzuziehung eines Gewerkschaftsbeauftragten zur BR-Sitzung gemäß § 31 BetrVG) gerichtlich durchsetzen, hat der AG die außergerichtlichen Verfahrenskosten des BR gemäß § 40 Abs. 1 zu tragen. 141

Die **örtlichen oder bezirklichen Gliederungen der Gewerkschaft** sind im Beschlussverfahren wegen Streitigkeiten aus Abs. 2 antragsberechtigt, wenn sie durch Satzung oder Vollmacht dazu ermächtigt sind.[464] 142

Nach der abzulehnenden Rspr. des *BAG*[465] soll der Gewerkschaft zur Wahrnehmung ihrer **koalitionsmäßigen Rechte** aus Abs. 3 i. V. m. Art. 9 Abs. 3 GG die **allgemeine Antragsbefugnis** jedoch dann fehlen, wenn sie im Rahmen einer betriebsverfassungsrechtlichen Streitigkeit die 143

1016, 1019; vgl. aber auch die äußerst formalistisch begründete, einengende Interpretation des *BAG* 19.7.83, AuR 84, 220 ff. m. krit. Anm. *Weiss* zum Freistellungsanspruch eines Tarifkommissionsmitglieds nach einer einschlägigen TV-Klausel, die auch Entgeltfortzahlung beinhaltet; ablehnend für die Teilnahme an der Ortsvorstandssitzung einer Gewerkschaft auch *BAG* 13.8.10 – 1 AZR 173/09, DB 11, 1115; Bestätigung von *LAG Rheinland-Pfalz* 20.11.08 – 2 Sa 328/08, ZTR 09, 274; vgl. dazu die kritische Anm. *Oberhofer*, jurisPR-ArbR 24/09.

456 *BAG* 28.5.14 – 7 ABR 36/12, NZA 14, 1213; 15.10.13, NZA 14, 319; 17.3.10, NZA 10, 1133.

457 16.9.60, AP Nr. 1 zu § 2 ArbGG 1953 Betriebsvereinbarung; weitere Nachweise bei *Däubler*, BB 90, 2256 Fn. 15.

458 Aufgegeben in *BAG* 23.2.88, AP Nr. 9 zu § 81 ArbGG 1979; vgl. dazu Rn. 60; wie die frühere *BAG*-Rspr. noch *LAG Schleswig-Holstein* 27.8.86, NZA 86, 796, und bereits *RAG* 19.9.28, RAGE 2, 219.

459 *LAG Mecklenburg-Vorpommern* 11.11.13 – 5 TaBVGa 2/13, NZA-RR 14, 130; *LAG Rheinland-Pfalz* 11.1.13 – 9 TaBVGa 2/12, juris; *LAG Köln* 8.1.13 – 11 TaBVGa 9/12, juris; *ArbG Verden* 7.10.13 – 1 BVGa 1/13, NZA-RR 14, 19, 21; *Däubler*, Gewerkschaftsrechte, Rn. 729 ff.; *Fitting*, Rn. 94; Richardi-*Maschmann*, Rn. 178; vgl. das Muster einer Antragsschrift bei DKWF-*Berg*, § 2 Rn. 5.

460 *LAG Mecklenburg-Vorpommern* 11.11.13, a. a. O.; *LAG Köln* 8.1.13, a. a. O.; *LAG Hamm* 9.3.72, AP Nr. 1 zu § 2 BetrVG 1972.

461 Vgl. *LAG Hamm*, a. a. O.

462 AuR 92, 335 ff.

463 *BAG* 2.10.07 – 1 ABR 59/06, NZA 08, 372.

464 *BAG* 7.12.55, AP Nr. 5 zu § 18 BetrVG; 6.12.77, AP Nr. 10 zu § 118 BetrVG 1972; 14.12.65, AP Nr. 5 zu § 16 BetrVG.

465 18.8.87, 23.2.88, AP Nrn. 6, 9 zu § 81 ArbGG 1979.

Unwirksamkeit einer BV rügt, **die** ihrer Ansicht nach **gegen** einen von ihr abgeschlossenen **TV** zur Arbeitszeitverkürzung **verstößt,** weil es sich hierbei nicht um die Wahrnehmung eigener Rechte aus der Betriebsverfassung handele.[466] Während das *BAG* **einen auf die Nichtanwendung einer BV gerichteten Antrag der Gewerkschaft** gegen den AG nach § 23 Abs. 3 für zulässig hält, wenn eine abgeschlossene BV gegen § 77 Abs. 3 und damit **gegen die betriebsverfassungsrechtliche Ordnung verstößt,** lehnt es einen **Unterlassungsanspruch der Gewerkschaft** ab, wenn eine nach § 87 Abs. 1 grundsätzlich zulässige BV gegen zwingende tarifliche Vorgaben verstößt.[467] Unabhängig von den sich nach der hier vertretenen Auffassung aus § 23 Abs. 3 i. V. m. §§ 77 Abs. 3, 87 Abs. 1 Eingangssatz ergebenden Anspruchsgrundlagen der Gewerkschaft für Unterlassungsanträge gegen den tarifbrüchigen AG kann die Gewerkschaft **wegen Verletzung des Art. 9 Abs. 3 GG aus eigenem Recht** direkt gegen den AG vorgehen, auch wenn die tarifwidrigen Arbeitsbedingungen nicht in einer BV, sondern durch Regelungsabreden und einzelvertragliche Vereinbarungen mit kollektivem Charakter geregelt und zur Anwendung gebracht werden[468] (vgl. zum Ganzen eingehend § 77 Rn. 176 ff.).

144 Soweit die spezifisch **koalitionsrechtlichen Befugnisse** der Gewerkschaft nach Abs. 3 betroffen sind, entscheidet das ArbG nach § 2 Abs. 1 Nr. 2 ArbGG im **Urteilsverfahren.**[469] Hierher gehört auch der Abwehranspruch der Gewerkschaft gegen einen AG, der die Einstellung eines AN von dessen vorherigen Austritt aus der Gewerkschaft abhängig gemacht hatte.[470] § 2 Abs. 1 Nr. 2 ArbGG erfasst auch Streitigkeiten über **Widerrufs- und Unterlassungsansprüche** wegen **unwahrer** oder **ehrverletzender Behauptungen** im Zusammenhang mit der Betätigung der Koalitionen im Arbeitsleben.[471]

145 In Streitigkeiten über die **Tariffähigkeit** oder **Tarifzuständigkeit einer Vereinigung** (vgl. Rn. 49 ff.) findet gemäß § 2a Abs. 1 Nr. 4, Abs. 2 i. V. m. § 97 ArbGG ein **Beschlussverfahren** in besonderen Fällen statt. Der **BR** gehört nicht zu den in einem solchen Beschlussverfahren gem. § 97 Abs. 1 ArbGG **Antragsberechtigten.**[472] Hängt die Entscheidung eines Rechtsstreits, etwa über das Bestehen oder den Umfang betriebsverfassungsrechtlicher Befugnisse, davon ab, ob eine Vereinigung tariffähig oder tarifzuständig ist, so hat das Gericht das Verfahren bis zur Erledigung des Beschlussverfahrens nach § 2a Abs. 1 Nr. 4 i. V. m. § 97 Abs. 1 ArbGG auszusetzen.[473] In diesem Fall gehört der **BR** als Beteiligter des ausgesetzten Beschlussverfahrens über die erweiterte Antragsbefugnis gemäß § 97 Abs. 5 Satz 2 ArbGG zu den Antragsberechtigten. Die Antragsbefugnis ist allerdings auf die entscheidungserhebliche Vorfrage beschränkt, wegen derer das Beschlussverfahren ausgesetzt wurde.[474]

§ 3 Abweichende Regelungen

(1) Durch Tarifvertrag können bestimmt werden:
1. für Unternehmen mit mehreren Betrieben

---

466 Dazu durchweg ablehnend die Literatur, vgl. *Matthießen,* DB 88, 285; *Kempen,* AuR 89, 262; *Kempff,* AiB 89, 67; *Grunsky,* DB 90, 526; *Däubler,* BB 90, 2256). Während das *BAG* (20. 8. 91 – 1 ABR 85/90, NZA 92, 317.

467 *BAG* 20. 8. 91, NZA 92, 317; die gegen diese Entscheidung eingelegte Verfassungsbeschwerde wurde zwar vom *BVerfG* [29. 6. 93, AP Nr. 2a zu § 77 BetrVG 1972 Tarifvorbehalt] nicht angenommen, doch lassen sich der Begründung des Beschlusses Zweifel des *BVerfG* entnehmen, ob bei Verstößen einer BV gegen § 77 Abs. 3 § 23 Abs. 1 oder 3 als Anspruchsgrundlage ausreichend ist und ob die Auffassung des *BAG,* bei tarifwidrigen BV im Bereich des § 87 Abs. 1 Schutzansprüche der Gewerkschaft generell zu verneinen, als verfassungskonform angesehen werden kann; vgl. dazu auch *Kühling,* AuR 94, 126, 130 f.

468 *BAG* 20. 4. 99 – 1 ABR 72/98, DB 99, 1555.

469 Vgl. *BAG* 29. 6. 65, 14. 2. 67, AP Nrn. 6, 10 zu Art. 9 GG.

470 Vgl. *BAG* 2. 6. 87, AP Nr. 49 zu Art. 9 GG.

471 *BAG* 29. 10. 01 – 5 AZB 44/00, DB 02, 280; BGH 28. 3. 00 – VI ZB 31/99, NZA 00, 735.

472 *BAG* 13. 3. 07 – 1 ABR 24/06, NZA 07, 1069.

473 § 97 Abs. 5 ArbGG; vgl. etwa *BAG* 17. 4. 12 – 1 ABR 5/11, NZA 12, 1104, wegen Tarifzuständigkeit des DHV; *LAG Düsseldorf* 2. 3. 06 – 6 Ta 89/06, wegen Zutrittsrechts der Christlichen Gewerkschaft Postservice und Telekommunikation [CGPT] zu einer Betriebsversammlung.

474 *LAG Hamburg* 23. 12. 10, a. a. O.

a) die Bildung eines unternehmenseinheitlichen Betriebsrats oder
b) die Zusammenfassung von Betrieben,
wenn dies die Bildung von Betriebsräten erleichtert oder einer sachgerechten Wahrnehmung der Interessen der Arbeitnehmer dient;

2. für Unternehmen und Konzerne, soweit sie nach produkt- oder projektbezogenen Geschäftsbereichen (Sparten) organisiert sind und die Leitung der Sparte auch Entscheidungen in beteiligungspflichtigen Angelegenheiten trifft, die Bildung von Betriebsräten in den Sparten (Spartenbetriebsräte), wenn dies der sachgerechten Wahrnehmung der Aufgaben des Betriebsrats dient;

3. andere Arbeitnehmervertretungsstrukturen, soweit dies insbesondere aufgrund der Betriebs-, Unternehmens- oder Konzernorganisation oder aufgrund anderer Formen der Zusammenarbeit von Unternehmen einer wirksamen und zweckmäßigen Interessenvertretung der Arbeitnehmer dient;

4. zusätzliche betriebsverfassungsrechtliche Gremien (Arbeitsgemeinschaften), die der unternehmensübergreifenden Zusammenarbeit von Arbeitnehmervertretungen dienen;

5. zusätzliche betriebsverfassungsrechtliche Vertretungen der Arbeitnehmer, die die Zusammenarbeit zwischen Betriebsrat und Arbeitnehmern erleichtern.

(2) Besteht in den Fällen des Absatzes 1 Nr. 1, 2, 4 oder 5 keine tarifliche Regelung und gilt auch kein anderer Tarifvertrag, kann die Regelung durch Betriebsvereinbarung getroffen werden.

(3) Besteht im Fall des Absatzes 1 Nr. 1 Buchstabe a keine tarifliche Regelung und besteht in dem Unternehmen kein Betriebsrat, können die Arbeitnehmer mit Stimmenmehrheit die Wahl eines unternehmenseinheitlichen Betriebsrats beschließen. Die Abstimmung kann von mindestens drei wahlberechtigten Arbeitnehmern des Unternehmens oder einer im Unternehmen vertretenen Gewerkschaft veranlasst werden.

(4) Sofern der Tarifvertrag oder die Betriebsvereinbarung nichts anderes bestimmt, sind Regelungen nach Absatz 1 Nr. 1 bis 3 erstmals bei der nächsten regelmäßigen Betriebsratswahl anzuwenden, es sei denn, es besteht kein Betriebsrat oder es ist aus anderen Gründen eine Neuwahl des Betriebsrats erforderlich. Sieht der Tarifvertrag oder die Betriebsvereinbarung einen anderen Wahlzeitpunkt vor, endet die Amtszeit bestehender Betriebsräte, die durch die Regelungen nach Absatz 1 Nr. 1 bis 3 entfallen, mit Bekanntgabe des Wahlergebnisses.

(5) Die aufgrund eines Tarifvertrages oder einer Betriebsvereinbarung nach Absatz 1 Nr. 1 bis 3 gebildeten betriebsverfassungsrechtlichen Organisationseinheiten gelten als Betriebe im Sinne dieses Gesetzes. Auf die in ihnen gebildeten Arbeitnehmervertretungen finden die Vorschriften über die Rechte und Pflichten des Betriebsrats und die Rechtsstellung seiner Mitglieder Anwendung.

Inhaltsübersicht Rn.

I. Vorbemerkungen und Allgemeines

1. Übersicht

Die Bestimmung war durch die **Novellierung 2001** völlig neu gefasst worden (vgl. zu den ggü. 1
§ 3 a. F. erfolgten Änderungen *12. Aufl. Rn. 1*). Nach der vom ***BAG*** für die Praxis geklärten Rechtslage bestehen **keine Bedenken an der Verfassungsmäßigkeit** der Regelung: sie verstößt weder gegen das Rechtsstaats- und Demokratieprinzip (Art 20 Abs. 3 GG) noch gegen die negative Koalitionsfreiheit der Außenseiter-AN nach Art. 9 Abs. 3 GG.[1]

Kernstück der Regelung ist Abs. 1, der in zwar abgeschlossenem Katalog, in den einzelnen 2
Fallgruppen aber teilweise generalklauselartig weit gefasst, die Möglichkeiten zur kollektivvertraglichen Abweichung von der gesetzlichen »Normalstruktur« der betriebsverfassungsrechtlichen Organisationseinheiten beschreibt, in denen (bzw. für die) Repräsentationsorgane der AN gebildet werden können oder zu bilden sind (nach dem Gesetz sind das: der *Betriebsteil* nach § 4 Abs. 1, der *Kleinstbetrieb* nach § 4 Abs. 2, der *Betrieb* und *gemB* nach § 1 Abs. 1, das *Unternehmen* [mit dem GBR] nach §§ 47 ff. und der *Konzern* [mit dem KBR] nach §§ 54 ff.).

Nach **Abs. 1 Nr. 1 a)** kann die Bildung eines **unternehmenseinheitlichen BR** vorgesehen wer- 3
den, wenn das UN mehrere Betriebe oder Betriebsteile hat (dazu Rn. 41 ff.). Dann fallen die sonst zu unterscheidenden Tätigkeitsbereiche von UN und Betrieb in nur *einer* betriebsverfassungsrechtlichen Organisationseinheit i. S. d. Abs. 5 Satz 1 zusammen. Das UN hat nur noch einen Betrieb und der GBR entfällt. Der UN-einheitliche BR hat sämtliche Rechte und Pflichten inne, die sonst zwischen örtlichen BR und GBR nach § 50 Abs. 1 und 2 aufgeteilt sind.

Abs. 1 Nr. 1 b) lässt bei UN mit mehreren Betrieben oder Betriebsteilen auch eine weniger 4
zentralistische Aufbauorganisation der lokalen BR-Strukturen zu, indem etwa nur einzelne auf lokaler oder regionaler Ebene angesiedelte Filialen/Niederlassungen usw. zusammengefasst werden (dazu Rn. 45 ff.). Soweit hieraus mindestens zwei zusammengefasste Organisationseinheiten innerhalb des UN entstehen, bleibt der GBR bestehen; ggfls sind aber die Entsendungen in den GBR neu zu beschließen.

Nach **Abs. 1 Nr. 2** wird eine vor allem in der tariflichen Praxis großer Konzerne vorfindbare 5
Form der Vertretungsorganisation – sog. **Spartenbetriebsräte** – erwähnt und auf eine gesetzliche Basis gestellt (näher dazu Rn. 63 ff.).[2]

Die auf den ersten Blick unverständlich erscheinende Fallgruppe nach **Abs. 1 Nr. 3** knüpft of- 6
fenbar an die generalklauselartige Bestimmung in § 3 Nr. 1 des DGB-Novellierungsentwurfes von 1998 an, wonach Besonderheiten in der Betriebs-, UN- oder Konzernorganisation auch zu gänzlich andersartigen Vertretungs*strukturen* führen dürfen (vgl. Rn. 91 ff.).

Bei den in **Abs. 1 Nr. 4 und Nr. 5** genannten *zusätzlichen* Gremien bzw. Vertretungen handelt es 7
sich im Gegensatz zu Nr. 1–3 **nicht** um **Mitbestimmungsorgane** der AN, sondern um »Hilfselemente« zur Optimierung der BR-Arbeit: **Abs. 1 Nr. 4** knüpft an schon vor der BetrVG-Novelle 2001 verbreitete Praktiken an und dient der Kooperation von BR/GBR/KBR, die auf gesetzlicher oder ggf. tariflicher Grundlage beruhen, aber **zu verschiedenen UN/Konzernen** gehören (vgl. Rn. 121 ff.).

---

1 *BAG* 13.3.13 – 7 ABR 70/11, NZA 13, 738, 742 f.; *BAG* 29.7.09 – 7 ABR 27/08, NZA 09, 1424; näher dazu *Ulber*, Anm. zu *BAG* 29.7.09, EzA § 3 BetrVG 2001 Nr. 3; zum Diskussionsstand auch GK-*Franzen*, Rn. 71, 72; **a. A.** *Giesen*, BB 02, 1483 ff.; *Picker*, RdA 01, 282 ff.; *Rolf*, S. 185 ff., 198 ff.

2 Vgl. *Bachner*, NZA 96, 400 ff.; dazu *Trümner*, JbArbR 36 [1999], 59 [68 f.]; deren Zulässigkeit nach altem Recht bezweifelte *Preis*, RdA 00, 257 [264]; weniger eng *Heither*, JbArbR 36 [1999], 37 [46 f.].

8 Die in **Abs. 1 Nr. 5** genannten zusätzlichen Vertretungen sind dagegen ein **innerbetrieblicher Unterbau der lokalen BR,** setzen dessen Existenz voraus und müssen stets von den AN gewählt werden, so dass eine **Ernennung oder** nur beschlussförmige **Einsetzung** durch den BR **unzulässig** ist (Rn. 135 ff.; wegen des Verhältnisses zu Arbeitsgruppen und Gruppenarbeit vgl. § 28a, § 87 Abs. 1 Nr. 13, unten Rn. 151 ff.). Die Bestimmung trägt der als zu eng empfundenen Regelung des § 3 Abs. 1 Nr. 1 a. F. Rechnung[3] und stellt geringere sachliche Anforderungen als die Vorläuferbestimmung auf.[4]

8a **Abs. 2** bestimmt, unter welchen Voraussetzungen **ausnahmsweise eine BV** abweichende Strukturregelungen vorsehen darf (näher Rn. 20 ff. und Rn. 158 ff.). Regelungen zu anderen AN-Vertretungsstrukturen i. S. d. Abs. 1 Nr. 3 können niemals Gegenstand einer BV sein. Dadurch wird zugleich der **TV-Vorrang für strukturverändernde Regelungen** festgelegt.

8b Nach **Abs. 3** kann ein UN-einheitlicher BR i. S. d. Abs. 1 Nr. 1 a) äußerst hilfsweise auf Grundlage eines Beschlusses der AN des UN gewählt werden. Das ist aber nur zulässig, wenn im UN keine abweichende TV-Struktur besteht und bisher auch keinerlei BRe gewählt sind (vgl. Rn. 176 ff.).

9 **Abs. 4** (dazu im einzelnen Rn. 186 ff.) regelt den Übergang zur abweichenden Struktur scheinbar stets erst bei der nächsten regelmäßigen BR-Wahl i. S. d. § 13 Abs. 1 (also zum jeweiligen Vierjahresturnus), räumt aber diesbezüglich dem TV/der BV **Regelungsvorrang** ein, so dass **Abs. 4 Satz 1 eine Auffangregelung** darstellt, die nur dann greift, wenn der Kollektivvertrag zu seiner erstmaligen Anwendung nichts enthält.

9a Zum anderen bestimmt **Abs. 4 Satz 2 im Sinne eines Legitimations- und Kontinuitätsprinzips** jedoch für den Fall, dass der TV/die BV einen von § 13 Abs. 1 abweichenden Wahlzeitpunkt vorsieht, dass die **Amtszeit eines noch bestehenden BR,** der durch die kollektivvertragliche Regelung »beseitigt« würde, erst mit Bekanntgabe des Ergebnisses der BR-Wahl für die durch TV/BV abweichend festgelegten Einheit **endet,** so dass jedenfalls eine lückenlose Vertretung der bisher von »ihrem« eigenen BR repräsentierten AN gewährleistet ist und es hier des Übergangsmandats nach § 21a zur Sicherung der Vertretungskontinuität an sich nicht stets und zwingend bedarf. Zugleich zeigt diese Regelung, dass die AN, die ihren bisherigen BR durch den TV oder die BV »verlieren«, den nach TV/BV an seine Stelle tretenden **Funktionsnachfolger-BR**[5] durch Wahlteilnahme mitlegitimieren müssen.[6]

10 **Abs. 5 Satz 1** enthält im Wege einer nicht widerlegbaren gesetzlichen Fiktion die wichtige Festlegung, dass **die nach Abs. 1 Nrn. 1 bis 3 durch TV/BV** gebildete **betriebsverfassungsrechtliche Organisationseinheit als Betrieb i. S. d. BetrVG** gilt. Somit ist bei Anwendung aller gesetzlichen Normen, die auf den »Betrieb« abstellen, zwingend der in dem Kollektivvertrag definierte Repräsentationsbereich zu Grunde zu legen (näher Rn. 195 ff.).

> **Beispiel:**
> Ist nach § 1 Abs. 1 Nr. 1 a) bei einem aus zwei Betrieben bestehenden UN ein unternehmenseinheitlicher BR gewählt worden, so ist dieser einheitliche »UN-Betrieb« Betrieb i. S. aller BetrVG-Bestimmungen, die an den »Betrieb« als Rechtsbegriff anknüpfen (z. B. §§ 9, 27, 28, 38, aber auch § 112a Abs. 1 Nr. 1–4; vgl. § 111 Rn. 48).

10a **Abs. 5 Satz 2 betrifft demgegenüber die** organrechtliche Stellung der für die durch TV/BV strukturierten Einheiten gebildeten AN-Vertretungen (**Organrechte**) und die Rechte von deren Mitgliedern (**persönliche Rechtsstellung**). Indem Satz 2 insoweit auf jedwede Bestimmungen

3 Dazu vor allem *Gamillscheg,* FS Molitor, S. 133 [139]; *Heither,* FS Schaub, S. 295 [300 f.].
4 Zu § 3 Abs. 1 Nr. 1 a. F. *Trümner,* JbArbR 36 [1999], 59, 67.
5 Zur Funktionsnachfolge *BAG* 22. 8. 17 – 1 ABR 52/14, NZA 18, 50 ff., das aber § 21a im Falle der Ablösung einer zuordnungstariflichen Struktur durch eine andere für anwendbar hält.
6 Anders aber beim Übergangsmandat nach § 21a, wo im Falle der Eingliederung in einen Betrieb mit bereits bestehendem BR das »Legitimationsdefizit« vom Gesetz hingenommen wird, weil der BR des eingegliederten Betriebs mit der Eingliederung sogleich sein Amt verliert und die AN vom BR des aufnehmenden Betriebs im Rahmen von dessen Vollmandat ohne Wahlerfordernis mitvertreten werden (dazu § 21a Rn. 38).

zu den Organrechten und zur persönlichen Rechtsstellung verweist, werden dafür auch Bestimmungen außerhalb des BetrVG in Bezug genommen (näher Rn. 198).

2. Grundsätze

§ 3 eröffnet die Möglichkeit, durch **TV oder (insoweit aber nach Abs. 2 eingeschränkt) BV** von den organisatorischen Bestimmungen des Gesetzes zur Betriebe- und (damit verbunden) Betriebsräte-Struktur abzuweichen. Diese betriebsverfassungsrechtlichen Normen eines Struktur-TV bzw. einer Struktur-BV treten sodann in ihrem Geltungsbereich an die Stelle der im BetrVG enthaltenen organisatorischen Bestimmungen, wenn die allgemeinen Wirksamkeitsvoraussetzungen erfüllt sind und außerdem den weiteren Anforderungen (Dienlichkeitsklauseln) des Abs. 1 genügt wird.[7] **Zweck** der Bestimmungen ist es, möglichst allen AN eine den jeweiligen betrieblichen oder unternehmensbezogenen Gegebenheiten entsprechende, **wirkungsvolle Interessenvertretung** zu geben.[8] Die Zulässigkeit sonstiger tariflicher Regelungen, die sich nicht auf organisatorische Fragen erstrecken, bleibt durch diese Bestimmung unberührt. Die **Erweiterung aller Beteiligungsrechte** des BR durch TV ist deshalb **zulässig** (vgl. Einl. Rn. 87 ff.).[9] Dies gilt **auch** für die Erweiterung der Beteiligungsrechte des BR durch TV **im Tendenzbetrieb** i. S. v. § 118. Der Tendenzschutz ist jedenfalls insoweit tarifdispositiv,[10] als er karitative oder erzieherische Zwecksetzungen des Betriebes betrifft, weil hier keine unverzichtbare Grundrechtsposition des UN berührt wird.[11] Dagegen **erlaubt es § 3 Abs. 1 nicht,** im Rahmen eines nach Abs. 1 abgeschlossenen Kollektivvertrags, den danach gewählten Betriebsräten **betriebsverfassungsrechtliche Befugnisse zu entziehen** und diese stattdessen z. B. auf eine nach dem TV gebildete »Betriebsrätegemeinschaft« zu verlagern.[12] 11

Ein von der speziellen Tarifierungsbefugnis nach dieser Vorschrift zu unterscheidendes Problem ist die durch TV erfolgende Begründung eines der Sache nach betriebsverfassungsrechtlichen Organisationsstatuts für solche **Bereiche, in denen** das **BetrVG** ohnehin **nicht gilt** (vgl. Rn. 15 ff.). 12

Neben § 3 lassen ausdrücklich nur noch die folgenden Bestimmungen Abweichungen von den gesetzlichen Organisationsnormen durch **TV** (ggf. auch BV) zu: § 21a Abs. 1, § 38 Abs. 1, § 47 Abs. 4 und Abs. 9, § 55 Abs. 4, § 72 Abs. 4 und Abs. 8, § 76 Abs. 8, § 76a Abs. 5, § 86, § 117 Abs. 2; § 325 Abs. 2 UmwG. 13

3. Regelung durch Tarifvertrag

TV nach § 3 sind nach vom ***BAG*** klargestellter Rechtslage **erstreikbar.**[13] Tarifbestimmungen, die im Rahmen des § 3 geschaffen werden, sind Rechtsnormen über **betriebsverfassungsrechtliche Fragen** i. S. v. § 3 Abs. 2 TVG.[14] Für ihre Geltung reicht es deshalb aus, wenn allein der AG tarifgebunden ist, sei es als Partei des TV oder kraft Mitgliedschaft im Arbeitgeberverband, der den TV abschließt.[15] Soll ein schon bestehender **gemB** in den Geltungsbereich eines solchen TV einbezogen werden, müssen alle den gemB tragenden UN kraft Parteienstellung bzw. Ver- 14

---

7 *BAG* 29.7.09 – 7 ABR 27/08, NZA 09, 1424.

8 Vgl. auch Begründung zum Regierungsentwurf, *BT-Drucks.* 14/5741, S. 23, 27, 33.

9 Eingehend – auch zu einzelnen Beteiligungstatbeständen – und mit Vorschlägen für tarifliche Regelungen *Däubler,* Grundrecht, S. 361 ff.; grundsätzlich die Erweiterbarkeit bejahend: *BAG* 18.8.87, AP Nr. 23 zu § 77 BetrVG 1972; 10.2.88, AP Nr. 53 zu § 99 BetrVG 1952, jeweils m. w. N.; nach den einzelnen Regelungsinstrumenten differenzierend *Lerch/Weinbrenner,* NZA 11, 664 ff.; kritisch *Richardi,* Einl. Rn. 138 ff.

10 Vgl. *BAG* 31.1.95 – 1 ABR 35/94, NZA 95, 1059.

11 *BAG* 5.10.00 – 1 ABR 14/00, NZA 01, 1325.

12 *BAG* 18.11.14 – 1 ABR 21/13, NZA 15, 694.

13 *BAG* 29.7.09 – 7 ABR 27/08, NZA 09, 1424; zuvor schon *Däubler,* AuR 01, 285, 288; *Giesen,* Tarifvertragliche Rechtsgestaltung, S. 563; *Konzen,* RdA 01, 76, 86; *Plander,* NZA 02, 488; *Rieble,* ZIP 01, 133, 139; *Wißmann,* AiB 00, 322; *Gamillscheg,* Kollektives Arbeitsrecht, Bd. II, S. 218; näher dazu Rn. 215.

14 Vgl. *Thüsing,* ZIP 03, 693 [698]; Kempen/Zachert-*Kempen,* § 3 Rn. 15; a. A. *Eich,* EuroAS 03, 12 [15].

15 *BAG* 29.7.09, a. a. O.

bandsmitgliedschaft tarifgebunden sein.[16] Die tarifliche Regelung nach § 3 gilt auch für solche AN, die nicht tarifgebunden sind.[17] Neben **Verbands-TV**[18] sind auch **Firmen-TV** zulässig.[19] Letztere stellen in der bisherigen Tarifpraxis den Regelfall dar. Wenn eine UN-übergreifende Regelung durch Firmen-TV getroffen werden soll, müssen alle betroffenen UN als Partei des TV beteiligt sein; der Abschluss des TV allein durch das herrschende UN eines Konzerns reicht nicht aus[20], allerdings kann eine rechtsgeschäftliche Vertretung der weiteren **Konzern-UN** vorliegen, die sich die Gewerkschaft nachweisen lassen sollte.
Die Missachtung dieser wesentlichen vertragsrechtlichen Grundbedingungen kann zur **Nichtigkeit** der durch TV geschaffenen Vertretungen führen.[21] Später ggf. hinzutretende UN können die Tarifbindung durch **Vertragsbeitritt** herstellen. Dies bedarf aber der Zustimmung aller anderen an dem TV bereits beteiligten Parteien. Als TV-Partei auf AG-Seite kommen allerdings **nicht** in Betracht **jur. Personen des öff. Rechts** (Anstalten, Körperschaften und Stiftungen des öff. Rechts), wenn diese nicht wenigstens schon mit einem anderen an dem TV beteiligten UN einen (echten) gemB i. S. v. § 1 Abs. 1 S. 2 haben,[22] weil diese nach § 130 nicht dem Geltungsbereich des BetrVG unterliegen, wohl aber der gemB, an dem eine jur. Person des öff. Rechts beteiligt ist (vgl. § 1 Rn. 109). Als TV-Partei auf AN-Seite kommen nur Gewerkschaften im Rechtssinne in Frage, also **tariffähige** AN-Koalitionen (vgl. § 2 Rn. 49 ff.). Im Zweifel ist wegen der **Tariffähigkeit** das besondere Statusfeststellungsverfahren gem. **§ 97 ArbGG** durchzuführen. Da feststeht, dass der Verein »Die Berufsgewerkschaft e. V. (DHV)« nicht tariffähig ist[23], bilden auch die von ihm teilweise mit Einzelhandels-UN abgeschlossenen (vermeintlichen) TV nach § 3 keine Grundlage mehr für die dort vom Gesetz abweichend geregelten BR-Strukturen.

14a Der **Struktur-TV muss vor der Bestellung des WV (§ 16) geschlossen** sein, weil der den WV bestellende BR und der WV ihn kennen müssen, um die vom Gesetz abweichenden Strukturen bei der Wahleinleitung berücksichtigen zu können.[24] Andernfalls – sofern nicht noch Abbruch und Neueinleitung der BR-Wahl in Betracht kommen – kann er u. U. erst bei der nächstfolgenden BR-Wahl angewendet werden. Eher rein theoretischer Natur ist deshalb meistens, ob auch der Abschluss eines **Struktur-TV mit rückwirkender Geltung** möglich ist. Das wird man zwar in den ganz allgemein für TV mit Normen über betriebsverfassungsrechtliche Fragen (§ 3 Abs. 2 TVG) bestehenden Grenzen[25] (ggfls. bestehender Vertrauensschutz und Abwägung mit dem Regelungsinteresse) **nicht** bereits von vornherein für **unzulässig** halten dürfen[26] (vgl. zum Sonderfall eines vorangegangene Wahlfehler »heilenden Struktur-TV« näher Rn. 189a ff.). **Freilich** wird eine rückwirkende Geltung des Struktur-TV (jedenfalls für Sachverhalte der Vergangenheit) regelmäßig keine tatsächlichen und rechtlichen Gestaltungwirkungen mehr entfalten können und wäre meist wohl schon deswegen **sinnlos.**

15 Obgleich es – wie § 3 Abs. 2 TVG verdeutlicht – nach h. M. beim Abschluss von TV über betriebsverfassungsrechtliche Normen im Allgemeinen nicht erforderlich ist, dass die Gewerk-

---

16 Wiedemann-*Oetker*, TVG, 8. Aufl., § 3 Rn. 83; anders offenbar Däubler-*Deinert,* TVG, 4. Aufl., § 4 Rn. 286, der – aber wohl nur für den bei ZuO-TV selteneren Fall der Tarifpluralität – es für möglich hält, dass auch der AG nicht tarifgebunden ist; vgl. dazu auch Däubler-*Zwanziger*, TVG, 4. Aufl., § 4a Rn. 52.

17 Ausführlich zur verfassungsrechtlichen Problematik der Außenseiterwirkung von Normen nach § 3 Abs. 2 TVG *Dieterich*, FS Däubler, S. 451 [455 ff.]; durch § 4a Abs. 2 Satz 4 TVG n. F. ist dieser frühere Streit wohl obsolet geworden; dazu Wiedemann-*Wank,* TVG, 8. Aufl., § 4 Rn. 168; Däubler-*Deinert,* a. a. O., § 4 Rn. 286.

18 Ggf. auch firmenbezogene Verbands-TV, vgl. *Eich*, a. a. O.; *Thüsing*, a. a. O., 697.

19 Vgl. *Richardi*, Rn. 56; *Fitting*, Rn. 13.

20 Ausführlich *BAG* 25. 2. 20 – 1 ABR 40/18, NZA 20, 881, 882, Rn. 16 ff.; zuvor schon *BAG* 13. 12. 16 – 1 AZR 148/15, juris, Rn. 14.

21 *BAG* 25. 2. 20, a. a. O.

22 Dazu *LAG München* 17. 9. 15 – 4 Sa 997/14, LAGE Nr. 3 zu § 3 BetrVG 2001.

23 *BAG* 22. 6. 21 – 1 ABR 28/20, NZA 22, 575 ff.; bestätigt durch *BVerfG* 31. 5. 22 – 1 BvR 2387/21, NZA 22, 983, das die Verfassungsbeschwerde schon nicht zur Entscheidung angenommen hat.

24 *Fitting*, Rn. 74.

25 Dazu Däubler-*Deinert*, TVG, § 4 Rn. 51 und Rn. 71.

26 Enger aber wegen Unmöglichkeit der Rückwirkung Wiedemann-*Wank*, TVG, § 4 Rn. 310 m. w. N.

schaft in den betreffenden Bereichen mindestens ein Mitglied hat,[27] verlangt das *BAG* dennoch zusätzlich,[28] dass ein § 3-TV nur **durch eine im Betrieb vertretene Gewerkschaft** abgeschlossen werden kann.[29] Unklar bleibt in der Entscheidung jedoch schon, auf welchen betrieblichen Einzugsbereich sich die vom *BAG* geforderte gewerkschaftliche Repräsentation beziehen muss. Dies könnten nämlich sowohl die vor der Tarifierung bestehenden gesetzlichen Betriebe/Betriebsteile sein als auch die jeweils nach dem angestrebten TV erst noch zu schaffende betriebsverfassungsrechtliche Organisationseinheit. Ausgehend vom Ansatz des *BAG*, wonach die Gewerkschaft mit den mitbestimmungsrechtlich relevanten Abläufen in den betroffenen Betriebsstätten vertraut sein müsse, um die Sachgerechtigkeit einer tariflichen Abweichung vom gesetzlichen Organisationsmodell beurteilen zu können, mag man zwar verlangen, dass die Gewerkschaft in den vor der tariflichen Neuordnung jeweils bestehenden Betrieben bzw. als Betrieb fingierten Betriebsteilen (§§ 1, 4) über **mindestens ein Mitglied** verfügen müsse[30], dennoch ist sehr zweifelhaft, ob damit der wohl vom *BAG* intendierte »Legitimationsgewinn« überhaupt begründbar ist, denn »das Gesetz ist Legitimation genug«.[31]

Außerdem muss die **Gewerkschaft nach allgemeinem Tarifrecht bei Abschluss des TV** nach ihrer Satzung **tarifzuständig** sein sowohl für die von der Vereinbarung erfassten Betriebe und Einheiten als auch alle Arbeitsverhältnisse der im Betrieb bzw. Einheiten beschäftigten AN,[32] andernfalls ist der TV wegen Fehlens einer Wirksamkeitsvoraussetzung zumindest teilweise unwirksam. Die Tarifzuständigkeit muss bei Abschluss des TV vorliegen[33]. Dies hat zur Folge, dass TV nach § 3, die von sog. **Fach- oder Berufsgewerkschaften** abgeschlossen werden, i. d. R. unwirksam sind, wenn und weil im Betrieb auch AN beschäftigt sind, auf die sich diese auf Angehörige bestimmter Berufsgruppen satzungsmäßig eingeschränkte Tarifzuständigkeit nicht erstreckt (vgl. auch Rn. 221 b). Geht ein solcher TV auch nur teilweise in seinem Geltungsbereich über die satzungsmäßige Tarifzuständigkeit hinaus, ist er aber nur insoweit nichtig, als er über die Tarifzuständigkeit hinausgeht und bleibt im Übrigen wirksam.[34] Die satzungsmäßigen Vorgaben sind daher genauestens zu beachten. Eventuelle **Lücken in der Tarifzuständigkeit** lassen sich durch auf AN-Seite **mehrgliedrigen TV-Abschluss als sog. Einheits-TV**[35] füllen.[36] Nur in einem solchen Falle handelt es sich dann um eine **notwendige Tarifgemeinschaft.**[37] Auch über die **Tarifzuständigkeit** kann das besondere Statusfeststellungsverfahren gem. **§ 97 ArbGG** durchgeführt werden. 16

Bei **Überschneidungen in der Tarifzuständigkeit von DGB-Gewerkschaften** erfolgt die Bestimmung der zuständigen Gewerkschaft entweder durch deren Einigung oder durch Schiedsspruch nach **§ 16 der DGB-Satzung;** in beiden Fällen ist der AG hieran gebunden.[38] **Unterlassen** aber konkurrierende DGB - Gewerkschaften die **Durchführung des Schiedsverfahrens,** so ist tarifzuständig diejenige Gewerkschaft, die sich der Tarifzuständigkeit zuerst berühmt hat und als zuständig angesehen worden war.[39] Gleichwohl muss aber auch die zuerst tätig gewordene Gewerkschaft nach ihrer Satzung tarifzuständig sein (vgl. oben, Rn. 16). Zuordnungs-TV können auch für eine **zukünftige Gesellschaft** im Rahmen wirksamer Stellvertretung (etwa durch die Gründungsgesellschafter) geschlossen werden.[40] 17

---

27 *Thüsing*, ZIP 03, 693 [697]; *Gamillscheg*, Bd. 1, S. 717 f.; Wiedemann-*Oetker*, TVG, a. a. O., § 3 Rn. 181 m. w. N.; a. A. *Eich*, EuroAS 03, 12 [15].
28 29.7.09, a. a. O.
29 Kritisch, aber im Ergebnis dem *BAG* zustimmend *Schliemann*, FS Etzel, 351 ff.
30 So auch *Dzida*, NZA 10, 80 f.
31 Zutreffend *Gamillscheg*, a. a. O., S. 719.
32 *BAG* 29.7.09, a. a. O.; *BAG* 14.1.14 – 1 ABR 66/12, NZA 14, 910; *Thüsing*, a. a. O., S. 698 f.
33 *BAG* 14.1.14, a. a. O.
34 *BAG* 29.7.09, a. a. O.
35 Dazu *BAG* 8.11.06 – 4 ABR 590/05, EzA Nr. 14 zu § 5 TVG.
36 Dazu *Thüsing*, a. a. O.; *Fitting*, Rn. 17 m. w. N.; ebenso *Gaul/Mückl*, NZA 11, 657; zu allgemeinen Unwirksamkeitsgründen näher *Spinner/Wiesenecker*, FS Löwisch, S. 375, 377 ff.
37 Vgl. *Fitting*, Rn. 17.
38 Vgl. *BAG* 14.12.99 – 1 ABR 74/98, AP Nr. 14 zu § 2 TVG Tarifzuständigkeit; *Eich*, a. a. O. m. w. N.
39 *BAG* 12.11.96 – 1 ABR 33/96, EzA § 2 TVG Tarifzuständigkeit Nr. 6; dies gilt auch bei § 3-TV, vgl. *HessLAG* 21.4.05 – 9/5 TaBV 115/04 uv.
40 *BAG* 24.1.01, AP Nr. 1 zu § 3 BetrVG 1972; *Sobotta*, S. 249.

18 Die Ansicht, wirksame TV nach § 3 könnten generell (zu einem Ausnahmefall o. Rn. 16) nur im Rahmen einer **notwendigen Tarifgemeinschaft** aller in den vom TV erfassten Betrieben vertretenen und zuständigen Gewerkschaften, d. h. auch gegnerischer und nicht im DGB verbundener Organisationen, abgeschlossen werden, **findet im Gesetzeswortlaut keine Stütze** und lässt sich auch nicht aus anderen methodischen Gründen herleiten.[41] Deshalb ist dem früheren Vorschlag bei *Fitting*[42] nicht zuzustimmen, wonach die Absicht, einen TV abschließen zu wollen, zunächst betriebsöffentlich bekundet werden müsse, um einer konkurrierenden Gewerkschaft Gelegenheit zur Beteiligung zu geben. Wollte man an die Unterlassung eines solchen Vorgehens die **Unwirksamkeit eines TV** knüpfen, liefe das vielfach auf die Wirkungslosigkeit des § 3 insgesamt hinaus, denn es dürfte praktisch nicht vorstellbar sein und ist auch mit Art. 9 Abs. 3 GG nicht zu vereinbaren, gegnerische Gewerkschaften in eine Art notwendige Tarifgemeinschaft zu zwingen.[43] Selbst **§ 4a Abs. 5 TVG n. F.** (eingefügt durch das TarifeinheitsG v. 3. 7. 2015[44], das am 10. 7. 15 in Kraft getreten ist), der die Pflicht zur Bekanntgabe über die Aufnahme von TV-Verhandlungen vorsieht, enthält eine solche Unwirksamkeitsfolge nicht (näher zur Bedeutung des TarifeinheitsG für Zuordnungs-TV unten, Rn. 221a ff.).

19 § 3 Abs. 1 stellt keine besonderen Voraussetzungen für den Abschluss von Zuordnungs-TV auf, sondern nimmt auf das allgemeine Tarifrecht Bezug.[45] Mit der verfehlten Ansicht zur notwendigen Tarifgemeinschaft (Rn. 18) soll offensichtlich das schwierige Problem der **Auflösung etwaiger Tarifkonkurrenzen** (dazu Rn. 217 ff. und zum TarifeinheitsG Rn. 221a ff.) schon im Vorfeld vermieden werden.[46] Sie wird überdies mit der gleichfalls verfehlten Ansicht verbunden, TV nach § 3 seien nicht erstreikbar: auch dies soll ersichtlich nur das Problem der Tarifkonkurrenz erst gar nicht entstehen lassen. Damit wird aber das rein hypothetische Problem der möglicherweise später einmal eintretenden Tarifkonkurrenz in unzulässiger Weise bereits in das Stadium des TV-Abschlusses selbst vorverlagert und zu einer besonderen Wirksamkeitsvoraussetzung des rechtsgeschäftlichen Zustandekommens eines TV selbst gemacht, ohne dass hierfür eine Rechtsgrundlage ersichtlich wäre (insbes. §§ 1 Abs. 1, 3 Abs. 2 TVG enthalten dazu keinerlei Anhaltspunkte und selbst § 4a Abs. 5 TVG n. F. gibt dafür nichts her). Dies würde eine unverhältnismäßige **Beschränkung der Abschlussfreiheit** der Koalitionen darstellen und ist gleichfalls nicht mit Art. 9 Abs. 3 GG zu vereinbaren.[47] Eine derartige – zudem nur »erfundene« nicht aber im Gesetzeswortlaut auch nur annähernd verankerte – »Vorfeldkontrolle« hätte einer ausdrücklichen Gesetzesbestimmung bedurft[48]; reine Praktikabilitätserwägungen können nicht dem System der Kollektivvertragsfreiheit Grenzen auferlegen.[49] Im Ergebnis würde damit ein Zustand wiederhergestellt, der dem früheren ministeriellen Zustimmungserfordernis nahe kommt. Das allerdings geht nicht nur am Wortlaut, sondern auch am Sinn und Zweck der Bestimmung vorbei.

19a Wegen der möglichen Vielgestaltigkeit ihrer konkreten Ausprägungen kaum in allen Details mehr überschaubar sind die betriebsverfassungsrechtlichen Folgen einer insbes. **UN-übergreifenden Umstrukturierung** für bestehende Struktur-TV und der auf ihrer Grundlage gebildeten AN-Vertretungen.[50] Die von der bisher wohl h. M. zur Lösung der damit verbundenen Fragen ins Feld geführte **Betriebs-Identitätslehre** und die **Ablösungstheorie** für Kollektivvertragsnormen sowie die schematische Anwendung von Abs. 5 Satz 1 auf die durch TV geschaffe-

---

41 *BAG* 29. 7. 09 – 7 ABR 27/08, NZA 09, 1424.
42 *24. Aufl.*, Rn. 16.
43 *BAG* 29. 7. 09, a. a. O.; ausdrücklich die »Zwangstarifgemeinschaft« als verfassungsrechtlich unzulässigen Eingriff in die Abschlussfreiheit der Gewerkschaft und des AG wertend auch *BAG* 9. 12. 09 – 4 AZR 190/08, NZA 2010, 712.
44 *BGBl.* I S. 1130.
45 Zutreffend *Heinkel*, S. 193.
46 Dazu auch *Wendeling-Schröder*, NZA 15, 525, 526: »eine antizipierte Auflösung einer antizipierten Tarifkonkurrenz kann es … nicht geben.«.
47 *BAG* 29. 7. 09, a. a. O.
48 § 4a Abs. 5 TVG n. F. sieht zwar eine Pflicht zur Bekanntgabe von TV-Verhandlungen vor, enthält aber keine Unwirksamkeitsfolge für den TV, wenn diese Verpflichtung nicht eingehalten wird.
49 Das wird auch von Kempen/Zachert-*Wendeling-Schröder*, § 1 Rn. 564, übersehen.
50 Dazu in Ansätzen GK-*Franzen*, Rn. 63 – 66; *Fitting*, Rn. 86 ff; vgl. aber auch die hochkomplexe Darstellung bei *Linsenmaier*, RdA 17, 128 ff.

nen Repräsentationseinheiten (Betriebsfiktion, mit der Folge einer ebenso schematischen Anwendung von §§ 111, 21a und ggfls. 21b) führt oft **in der Praxis** zu völlig unpraktikablen **Unzuträglichkeiten** (dazu nur für die Folgen von Umstrukturierungen bei Struktur-BV sogleich unten, Rn. 20dff. und insbes. beispielhaft für nur *einen* Lebenssachverhalt Rn. 174bff.) und häufig wegen unbedachten Zugriffs auf § 21a sogar zur vorzeitigen Beseitigung von gewählten BR, obgleich der Normzweck des § 3 mit der Zulassung abweichender Strukturen gerade auf eine höhere Durchdringungsdichte von Betrieben und UN mit BR durch Beseitigung »weißer Flecken« – also vertretungsloser Zonen – gerichtet ist. Einige der mit Umstrukturierungen verbundenen Folgen lassen sich durch Anwendung der allgemeinen Regeln über die **Rechtsnachfolge in TV** in den Griff bekommen (dazu unten, Rn. 222ff.). Vgl. nur exemplarisch zur Problemtiefe unten, Rn 20dff. und Rn. 174bff.; an die dort entwickelten Grundprinzipien kann strukturell auch zur Lösung offen bleibender Fragen im Zusammenhang mit den Folgen von Umstrukturierungen für Struktur-TV angeknüpft werden.

4. Regelung durch Betriebsvereinbarung

Die **Regelbarkeit durch BV** (dazu weitere Einzelheiten Rn. 158ff.) nach Abs. 2 in den Fällen des Abs. 1 Nr. 1, 2, 4 und 5 (**niemals** aber anderer **AN-Vertretungsstrukturen** nach Nr. 3) ist ein gesetzgebungstechnisches Novum, mit dem augenscheinlich einem beständig vorgetragenen Wunsch aus der rechtspolitischen Diskussion Rechnung getragen werden sollte.[51] Dieses Konzept birgt viele rechtliche Zweifelsfragen. Zu Recht ist es im Vorfeld des Gesetzesbeschlusses beispielsweise als anstößig empfunden worden, wenn »sich die Akteure wie Münchhausen am eigenen Zopf aus dem Sumpf ziehen, indem sie sich durch die Betriebsvereinbarung erst die Legitimation für deren Abschluss verschaffen«[52] oder gar GBR bzw. KBR sich mittels entsprechender Betriebszusammenlegungen durch BV »die eigene Basis zusammenzimmern«,[53] bzw. der GBR einen »widerspenstigen BR majorisiert«, weil dieser sich nicht von der GBR-Stimmenmehrheit aus anderen Betrieben des UN »wegvereinbaren« lassen möchte.[54] Dies alles hat beim Gesetzgeber kein Gehör gefunden.[55] Die (G)BV spielte bisher in der Praxis des § 3 nur eine geringe Rolle, scheint aber in jüngerer Zeit durchaus bedeutsamer zu werden. 20

Struktur-BVen jeglicher Regelungsebene (BV/GBV/KBV) sind freiwillige BV i.S.v. § 88 und **weder** mithilfe der ESt. **erzwingbar noch** haben sie **Nachwirkung**,[56] freilich kann die Nachwirkung, wie auch sonst in den Fällen des § 88, vereinbart werden.[57] Soll gem. Abs. 1 Nr. 1 a) für mehrere Betriebe eines UN ein UN-einheitlicher BR durch BV geschaffen werden, ist dafür der GBR gem. § 50 Abs. 1 zuständig und **steht einem einzelnen BR**, der dadurch untergeht, **kein Vetorecht** zu.[58] Vgl. zur auch denkbaren Einrichtung eines UN-einheitlichen BR im BR-losen und tariflosen UN lediglich aufgrund Beschlusses der AN näher Rn. 176ff. 20a

Konkurrenzen von BR-Gremien können sich ergeben, **wenn** bei einer stark zergliederten betrieblichen Organisation des UN **erstmals** von einer bisher nur nach dem Gesetz oder durch vorherige GBV regional strukturierten Vertretungsorganisation zu einem **UN-einheitlichen BR auf Grundlage einer GBV** übergegangen werden soll. Noch bestehende oder in der laufenden Wahl begriffene lokale/regionale BR, die der neuen GBV ablehnend gegenüberstehen, sind bisweilen geneigt, die Wahl des UN-einheitlichen BR zu verhindern, weil damit ihre eigene Existenz als lokaler/regionaler BR absehbar auf dem Spiel steht. In solchen Fällen kommt 20b

---

51 Vgl. hierzu etwa *Hanau,* Mitb. 6+7/99, 21 [24]; so schon *ders.,* NZA 93, 817 [818]; *Kreßel,* JbArbR 36 [1999], 49 [56]; *Löwisch,* DB 99, 2209 [2211]; *Reichold,* NZA 99, 561 [570].

52 So der damalige *BAG-Präsident Wißmann,* AiB 00, 321 [322].

53 *Däubler,* AiB 01, 313 [316]; ähnlich *Rieble,* ZIP 01, 133 [138]: der BR habe so auch die Möglichkeit, sein »Wahlvolk« zu bestimmen.

54 *Trümner,* FA 01, 133 [135].

55 Vgl. *BT-Drucks.* 14/5741, S. 34.

56 ErfK-*Koch,* Rn. 9; *Fitting,* Rn. 71.

57 *Fitting,* Rn. 71, will die vereinbarte Nachwirkung nur bis zum Ablauf der regelmäßigen Amtszeit zulassen.

58 *BAG* 24.4.13 – 7 ABR 71/11, DB 13, 1913; vgl. dagegen aber *Richardi,* Rn. 86, zur insoweit fehlenden Legitimation von KBR und GBR, durch KBV bzw. GBV bestehende BR »auszuschalten«.

eine **einstweilige Verfügung auf Abbruch der Wahl** zum UN-einheitlichen BR nur dann in Betracht, wenn die **GBV nichtig** wäre. Das ist nicht der Fall, wenn sie – wie regelmäßig – nur wegen Verkennung des Betriebsbegriffs bzw. der Sachvoraussetzungen des Abs. 1 Nr. 1 (Dienlichkeit) möglicherweise nur schlicht (teil)unwirksam ist.[59] Da das Prioritätsprinzip hier nicht gilt, kann der Abbruch der Wahl auch nicht darauf gestützt werden, dass entgegen der GBV bereits örtliche BR gewählt wurden.[60] Vielmehr kommt zunächst der UN-einheitliche BR ins Amt und endet damit die Amtszeit der zuvor gebildeten örtlichen BR, da eine sich überschneidende Zuständigkeit mehrerer BRe innerhalb desselben Betriebs ausgeschlossen ist.[61] Die bereits gewählten lokalen/regionalen BRe kommen auch nicht etwa rückwirkend wieder ins Amt, wenn im nachfolgenden Anfechtungsverfahren die Unwirksamkeit der Wahl des UN-einheitlichen BR festgestellt würde. Die rechtlichen Wirkungen der erfolgreichen Anfechtung sind nämlich ausschließlich zukunftsbezogen zu sehen, so dass vergangenheitsbezogene Sachverhalte, wie die bereits eingetretene Amtsbeendigung der lokalen BR, nicht mehr revidiert werden können.

20c Häufig nur schwer auflösbare **Konkurrenzlagen** ergeben sich für bestehende BRe und (G)BV regelmäßig dann, wenn **bei UN-übergreifenden Umstrukturierungen** gesetzliche und/oder anderweitig abweichend vom Gesetz durch Struktur-(G)BV geregelte Vertretungsstrukturen aufeinandertreffen. Das hierfür an sich erforderliche spezielle **Kollisionsrecht** ist vom Gesetzgeber mit Abs. 4 (und teilweise Abs. 5) nur ansatzweise und unzureichend ausgeprägt worden. Ob die (ergänzende) schematische Anwendung von §§ 21a, 21b stets zu vernünftigen Ergebnissen führt, muss bezweifelt werden (vgl. Rn. 158b). Mit den sonst allgemein anzuwendenden Regeln zur Auflösung von BV/GBV-Kollisionen lassen sich nicht immer für die Kollision betriebsverfassungsrechtlicher Normen in Struktur-(G)BV praxistaugliche und sinnvolle Lösungen finden (näher dazu Rn. 174 ff.).

5. Das Grundproblem: Zusammenfassung und Teilung von Betrieben durch TV/BV als Betriebsänderung und Anwendungsfall des Übergangsmandats?

20d Durch Struktur-BV/TV wird je nach konkretem Regelungsgegenstand die **Zusammenfassung** (Abs. Nr. 1 und Nr. 3) **oder Aufteilung** (Abs. 1 Nr. 2 und Nr. 3) **bislang bestehender Betriebe** zu neuen Repräsentationseinheiten bewirkt, die sodann nach Abs. 5 Satz 1 als Betriebe fingiert werden (zur Fiktion des Betriebs und ihren weiteren Folgen näher Rn. 195 ff.). Im umgekehrten Fall der **Beendigung einer Struktur-BV/TV** und dem damit verbundenen Rückfall der Betriebe in die gesetzlich strukturierte Betriebsverfassung treten dann spiegelbildlich eine Teilung der bis dahin nach Abs. 5 fingierten Betriebseinheit bzw. die etwaige Zusammenfassung von bisher z. B. in Sparten zergliederten Organisationseinheiten auf (nun wieder zu einheitlichen gesetzlichen Betrieben). Das jeweilige betriebsverfassungsstrukturelle Bild ähnelt damit derselben Situation, wie sie typischerweise beim Betriebszusammenschluss oder der Betriebsspaltung i. S. d. **§ 111 Satz 3 Nr. 3** auftritt. Die unvollkommen ausgestaltete Regelung der Abs. 4 und 5 wirft insoweit grundsätzliche Fragestellungen nach der Anwendbarkeit der §§ 111, 21a und 21b und ihrem Verhältnis zu diesen Bestimmungen auf, die bislang nur wenig behandelt sind (vgl. aber unten, Rn. 166 ff. 192, 194, 196; ferner auch § 21 Rn. 41–43; § 21a Rn. 33; § 111 Rn. 93).[62] Man muss hierbei zunächst die beiden **Grundsachverhalte des erstmaligen Wechsels** von der gesetzlichen zur abweichend vereinbarten Struktur (Rn. 20e, 20f) **und des Rückfalls** der vereinbarten in die gesetzliche Struktur (Rn. 20g ff.) voneinander unterscheiden. Beim **Rückfall in die gesetzliche Struktur** kann allerdings nach hier vertretener Ansicht die **Art und Weise der Beendigung** entscheidend sein, durch die das Ende des abweichenden Kollektivvertrags ausgelöst wird, und es **ist** dann weiter **zu differenzieren** (Rn. 20g, 20h).

---

59 Vgl. *LAG Düsseldorf* 2. 5. 18 – 12 TaBVGa 3/18, juris.
60 Ebenda.
61 Ebenda, Rn. 116.
62 Verstreut aber im GK-BetrVG: bei *Franzen*, § 3 Rn. 62, *Kreutz*, § 21a Rn. 6 und § 21b Rn. 4 sowie *Oetker*, § 111 Rn. 140.

Weitgehende Übereinstimmung besteht darin, dass **beim erstmaligen Übergang** von der gesetzlichen **zur kollektivvertraglich vereinbarten Struktur** keine betriebsändernde Spaltung/Zusammenlegung i. S. v. §§ 111 ff., 21a, 21b vorliegt.[63] Das gilt aber nur dann, wenn hierbei die organisatorischen Rahmenbedingungen nicht geändert werden und sich der Zusammenschluss nach Abs. 1 Nrn. 1a) und 1b) oder Nr. 3 allein in der Zusammenfassung ihrer ansonsten ihre jeweilige **Identität bewahrenden Betriebe oder Betriebsteile** erschöpft.[64] Begründet wird dies mit dem Fehlen der Veränderung der UN-Organisation, die durch den Abschluss des TV/der BV nicht eintrete und deshalb auch die Identität der vormaligen Teilbetriebe sich nicht ändere. Ersichtlich soll mit der These von der gewahrten Identität und der fehlenden Organisationsänderung aber vor allem begründet werden, dass und warum in diesem Falle schon bestehende BVen normativ mit ihrem gegenständlich beschränkten Geltungsbereich weitergelten können.[65] Abgesehen davon, dass die Unbestimmtheit des Konglomerats von Kriterien, die dann auch noch einer wertenden Betrachtung unterzogen werden müssen, anhand derer die Frage der Identität nach Ansicht des *BAG*[66] zu bestimmen sei (und eben deswegen selten zu klaren Antworten gelangen wird), läge ein völlig anderer Erklärungsansatz wesentlich näher: eine **Betriebsänderung** i. S. d. § 111 setzt **eine** *einseitige* unternehmerische Maßnahme betriebsändernder Art voraus. Hieran fehlt es, wenn die Kollektivparteien durch *zweiseitigen* Vertrag (TV/BV) *einvernehmlich* vom Gesetz abweichende Repräsentationseinheiten schaffen und nur deswegen ist es richtig, hierin gerade keine Betriebsänderung zu sehen. Unklarheiten bestehen darüber, **ob im Erstanwendungsfall § 21a maßgeblich** ist.[67] Wohl weit überwiegend wird das zu Recht verneint, weil für die erstmalige Anwendung eines TV/einer BV die **Regelung des Abs. 4 als speziellere Norm** Vorrang genießt (vgl. § 21a Rn. 33) und es des § 21a daher zur Sicherung der **Amtskontinuität** eines BR nicht bedarf.[68] 20e

Die Kommentarliteratur verhält sich dagegen bislang nicht dazu, ob man die **Frage einer Betriebsänderung** dann anders zu beurteilen hat, wenn z. B. das UN seinen **vormaligen Betrieb in Sparten** gliedert (Abs. 1 Nr. 2) und nun erstmals Sparten-BR errichtet werden sollen, die den gesetzlichen Betrieb in Sparten **aufteilen** würden. Die beim Übergang vom Gesetz zur Spartenstruktur dann anzunehmende Betriebsänderung (§ 111) ist jedoch aus mehreren Gründen naheliegend: hier setzt der AG überhaupt erst durch die **organisatorische Änderung** in eine Spartenstruktur des Gesamtbetriebs den *tatsächlichen* Grund für eine nachfolgend *rechtlich* zulässige abweichende Struktur-Vereinbarung. Ferner lässt sich gerade bei Zuordnung von Befugnissen auf personellem und sozialem Gebiet zu einer **Spartenleitung** nicht mehr zweifelsfrei unterscheiden, wann i. S. v. Abs. 1 Nr. 2 nur »auch« Entscheidungen in beteiligungspflichtigen Angelegenheiten getroffen werden und wann diese »Leitungsintensität« bereits in die einer **echten Betriebsleitung oder** der **Leitung eines** gem. § 4 Abs. 1 Satz 1 Nr. 2 durch Aufgabenbereich und Organisation als eigenständig anzunehmenden **Betriebsteils** umschlägt (zu diesem allgemeinen Grundproblem der völlig zu Unrecht allein noch leitungsfixierten h. M. näher Rn. 72 ff.; zur abgestuften Leitungsintensität von Betriebsleitungen auch § 4 Rn. 45 ff. und Rn. 53; ganz allgemein zum wirklichkeitsfremden Leitungsapparatedenken des *BAG* und der h. M. kritisch § 1 Rn. 78 ff.). Das alles spricht sehr dafür, jedenfalls im Zweifel das **Vorliegen ei-** 20f

63 GK-*Franzen*, Rn. 62; GK-*Oetker*, § 111 Rn. 140; wohl auch HaKo-Kloppenburg, Rn. 91; WHSS-*Hohenstatt*, Teil D Rn. 190; *Trebeck/Kania*, BB 14, 1595, 1596; *Ludwig/Glau*, BB 19, 310; nur andeutungsweise ebenso wohl ErfK-*Koch*, Rn. 11, 12; anders dagegen *Fitting*, Rn. 85: zwar keine Identitätswahrung der Betriebe aber kollektivrechtliche Fortgeltung von BVen als normative Teilordnungen im nun nach Abs. 5 Satz 1 fingierten Betrieb.

64 So *BAG* 7.6.11, EzA Nr. 4 zu § 3 BetrVG 2001, Rn. 14; *BAG* 18.3.08, NZA 08, 1259, 1262, Rn. 29.

65 *BAG* 7.6.11, 18.3.08, a. a. O.

66 *BAG* 18.3.08, a. a. O.

67 *BAG* 22.8.17 – 1 ABR 52/14, AuR 18, 46 will offenbar in abweichenden Strukturen stets §§ 21a, 21b anwenden, was allerdings apodiktisch anmutet, wenig durchdacht erscheint und die gesetzliche Wertung in Abs. 4 völlig außer Acht lässt.

68 HaKo-*Düwell*, § 21a Rn. 18: Abs. 4 ist nur Auffangnorm; *Fitting*, § 21a Rn. 11: bei Zusammenfassung durch § 3 – Regelungen handelt es sich nicht um Zusammenfassungen nach § 21a Abs. 2; ErfK-*Koch*, § 21a Rn. 3: das Übergangsmandat ist zu § 3 Abs. 4 nur subsidiär; GK-*Kreutz*, § 21a Rn. 6: § 21a betrifft nicht die in § 3 angesprochenen Zusammenschlüsse/Spaltungen; Richardi-*Thüsing*, § 21a Rn. 31: vieles ist dazu ungeklärt, aber wohl Vorrang des § 3 Abs. 4.

ner Betriebsänderung i. S. d. § 111 auch dann anzunehmen, wenn erstmals von einer gesetzlichen Struktur in eine Spartenstruktur gewechselt werden soll, denn nicht einmal die klassische Spaltung des Betriebs nach § 111 Satz 3 Nr. 3 in mehrere Betriebsteile nach § 4 Abs. 1 könnte dann mit Sicherheit mehr ausgeschlossen werden. **Anders** mag dies beurteilt werden können, wenn die Einrichtung der Sparten-BR – Struktur zwar auf einer Organisationsentscheidung des AG beruht, diese aber nach Gesetz **keine Betriebsänderung** darstellen könnte, weil der Zerfall des bisher einheitlichen Betriebs in mehrere Betriebsteile nach § 4 und damit eine Betriebsspaltung ganz zweifelsfrei nicht vorliegen würde. Dann würde die nur vertretungsrechtliche Teilung des Betriebs nicht auf eine *einseitige* Maßnahme des UN allein zurückführbar sein (wie es für § 111 erforderlich ist), sondern nur auf eine *zweiseitige einvernehmliche* Entscheidung der Betriebs- oder TV-Parteien. Das nimmt der durch TV/BV bewirkten betriebsverfassungsrechtlichen Teilung des Betriebs in Sparten den Charakter einer Betriebsänderung i. S. d. § 111.

20g Die **Rückkehr von der vereinbarten zur gesetzlichen Struktur** bei Beendigung der abweichenden kollektivvertraglichen Regelung soll nach wohl überwiegender Ansicht ebenfalls **keine betriebsändernde Spaltung/Zusammenlegung** i. S. v. §§ 111 ff., 21a, 21b sein (§ 111 Rn. 93; vgl. aber anders § 21a Rn. 33 a. E.).[69] Diese Ansicht unterliegt allerdings schon in ihrer Allgemeinheit durchaus Bedenken. Während der Abschluss des TV/der BV einen *zweiseitigen* Vertrag und schon deswegen i. d. R. keine *einseitige* betriebsändernde *unternehmerische* Maßnahme i. S. d. § 111 darstellt, so kann dies bei der Beendigung des TV/der BV anders gesehen werden. Eine den nach Abs. 5 Satz 1 fingierten Betrieb ändernde *unternehmerische Maßnahme* ließe sich nämlich schon allein in der arbeitgeberseitigen *Kündigung* des Kollektivvertrags sehen. Es können sich hier dieselben Regelungsfragen stellen, wie bei einer Betriebsänderung i. S. d. § 111, selbst wenn dabei typischerweise keine wirtschaftlichen Nachteile auftauchen sollten (vgl. § 111 Rn. 93). Schließlich ist es sogar sehr wahrscheinlich, dass während der durch TV/BV strukturierten Vertretungsphase weitere BVen abgeschlossen wurden, über deren Weitergeltung bei Rückkehr in die gesetzliche Vertretungsorganisation sinnvoller Weise – wie auch sonst bei Spaltungen und Zusammenschlüssen – Regelungen getroffen werden müssen. Es wäre wegen der Parallelwertung zur klassischen Betriebsänderung ein **Wertungswiderspruch,** wenn hierfür nicht das geordnete Verfahren der §§ 111, 112 zur Verfügung stehen sollte. Der **Gestaltungspraxis** ist allerdings zu empfehlen, derartige Beendigungssachverhalte und ihre Folgen bereits beim Abschluss der Vereinbarung mit zu regeln und sei es nur – wegen der Unvorhersehbarkeit der später konkret zu behandelnden Fragen – in Form einer Verfahrensregelung (Konsultations- und Verhandlungspflichten).

20h **Entscheidend** ist **nach hier vertretener Ansicht** für die Lösung der bei Beendigung und Rückfall in die gesetzliche Struktur auftretenden Frage, ob es sich um eine Betriebsspaltung/einen -zusammenschluss mit den Folgen aus §§ 111, 21a, 21b handelt, **welcher Sphäre** der beendigende **Umstand zuzurechnen ist,** also wer den Beendigungstatbestand gesetzt hat. Dabei ist für die Frage der Betriebsänderung (wie oben, Rn. 20e erläutert) darauf abzustellen, ob es sich um **einvernehmliche oder einseitige Beendigungstatbestände** handelt.

Deshalb **entfällt die Beteiligung nach § 111,** wenn die Beendigung eintritt durch

- Befristung oder einvernehmliche Beendigung des TV/der BV,
- Kündigung der Struktur- BV seitens des BR,
- Kündigung seitens des Arbeitgeberverbands oder der Gewerkschaft (im Falle eines eher seltenen Struktur-Verbands-TV) oder
- Kündigung seitens der Gewerkschaft (im Falle eines Struktur-Firmen-TV).

Diese Beendigungsformen lassen sich nicht *allein* dem AG zurechnen.

Die Beteiligung nach **§ 111 entfällt dagegen nicht,** wenn die Beendigung durch *arbeitgeberseitige Kündigung* der Struktur-BV oder des Struktur-Firmen-TV erfolgt (vgl. insoweit wegen **Wegfalls** des betrieblichen **Regelungssubstrats** infolge Umstrukturierung näher Rn. 174a ff.).

---

69 GK-*Franzen*, Rn. 62 a. E.: nur actus contrarius; Fitting, Rn. 86; *Trebeck/Kania*, BB 14, 1595; HaKo-*Düwell*, § 21a Rn. 18, 86, Richardi-*Thüsing*, § 21a Rn. 31; GK-*Kreutz*, § 21a Rn. 6; ErfK-*Koch*, § 21a Rn. 3: das Übergangsmandat ist subsidiär und erfasse die fingierten Einheiten nicht; a. A. das *BAG* 22. 8. 17 – 1 ABR 52/14, AuR 18, 46, das dagegen auf fingierte Einheiten offenbar stets §§ 21a, 21b für anwendbar hält.

II. Tarifvertragliche Arbeitnehmervertretungen außerhalb der Vorschrift und Änderbarkeit des BetrVG

1. Zum Verhältnis zwischen § 3 BetrVG und § 1 Abs. 1 TVG

Ob für bestimmte **Betriebe und Bereiche,** auf die das Gesetz insbesondere wegen der Einschränkungen seines gegenständlichen Geltungsbereichs **nicht anwendbar** ist (vgl. § 1 Rn. 13f.), durch TV eine betriebliche AN-Vertretung errichtet werden kann, ist nach den allgemeinen Grundsätzen zu beurteilen. Insoweit sehen die §§ 1 Abs. 1, 3 Abs. 2 TVG gerade die Möglichkeit vor, auch **betriebsverfassungsrechtliche Fragen in TV** regeln zu können.[70] Durch das *BAG*[71] ist verdeutlicht worden, dass die tarifliche Schaffung von Vertretungsstrukturen und Beteiligungsrechten durch Art. 9 Abs. 3 GG, § 3 Abs. 2 TVG dort gedeckt ist, wo durch diese Tarifnormen ein gesetzlich ungeregelter Bereich erfasst wird und wenn hierbei nicht in eine anderweitige gesetzliche Kompetenzabgrenzung eingegriffen wird (vgl. Rn. 31). In der Praxis ist von dieser Möglichkeit gerade dort Gebrauch gemacht worden, wo es bei Privatisierungen zu umfangreichen Personalgestellungen von dem öffentlichen Arbeitgeber zu einer ausgegliederten privatrechtlichen Einheit kam, diese aber mangels eigenen Personals selbst nicht die in § 1 Abs. 1 Satz 1 erforderlichen Voraussetzungen erfüllte. Da nach der bisherigen Rspr. des BAG die Möglichkeit zur Bildung eines BR somit nicht bestand, wurden vielfach **betriebsverfassungsrechtliche Sondervertretungen für das gestellte Personal** durch TV geschaffen. Nach Inkrafttreten des neu gefassten § 5 am 4.8.2009 (dazu § 5 Rn. 108ff.) besteht für diese Hilfskonstruktionen aber kein Bedürfnis mehr, weil das gestellte Personal im Einsatzbetrieb nunmehr volles aktives und passives Wahlrecht besitzt und auch zählerheblich ist. 21

Demgegenüber wurde vor der Novellierung 2001 teilweise angenommen,[72] aus § 3 BetrVG und der gesetzlichen Betriebsverfassung als solcher ergäbe sich eine ausschließliche **Normsetzungsbefugnis** des Gesetzgebers,[73] so dass etwa für nicht betriebsratsfähige Betriebe i.S.v. § 1 durch TV keine Betriebsvertretung geschaffen werden könne.[74] Diese Ansicht übersieht jedoch, dass die in § 1 Abs. 1 TVG angesprochene Normsetzungsbefugnis nicht nach betriebsverfassungsrechtlichen Fragen mit organisationsrechtlichem Charakter einerseits und solchen etwa der Erweiterung von materiellen Beteiligungsbefugnissen des BR andererseits differenziert, sondern **beide Aspekte** umfasst.[75] 22

Demzufolge ist es richtig, als **betriebsverfassungsrechtliche Normen** i.S.d. § 1 Abs. 1 TVG diejenigen Regelungen zu bezeichnen, »die sich auf alle mit der Betriebsverfassung, d.h. der rechtlich verbindlichen Organisation des sozialen Gebildes Betrieb zusammenhängenden Angelegenheiten, einschließlich der Vertretungsorgane, ihrer Rechte und Pflichten sowie ihrer Stellung zum Arbeitgeber, beziehen«.[76] Obwohl das TVG das ältere Gesetz ist,[77] ist § 1 Abs. 1 TVG nicht etwa gemäß der Zeitkollisionsregel (»lex posterior derogat legi priori«) auf Grund der Betriebsverfassungsgesetze von 1952, 1972 oder der Novellierung 2001 außer Kraft getreten.[78] Dagegen spricht schon, dass selbst legislatorische Maßnahmen nach Erlass des BetrVG 1952 bzw. 1972 nichts an § 1 Abs. 1 TVG geändert haben.[79] Vielmehr haben sowohl § 2 BetrVG 1952 als auch § 2 Abs. 3 BetrVG 1972 bestimmt, dass die Aufgaben der Gewerkschaften durch 23

70 Vgl. *T. Wißmann*, Tarifvertragliche Gestaltung der betriebsverfassungsrechtlichen Organisation, 2000, S. 29ff.

71 24.8.04 – 1 ABR 28/03, AP Nr. 12 zu § 98 BetrVG 1972.

72 Vgl. z.B. *GL*, Rn. 22; *Martens*, S. 330m.w.N.

73 Dagegen schon *Däubler*, Tarifvertragsrecht, Rn. 1031ff.; *Säcker*, BB 72, 1197 [1198].

74 So z.B. *GL*, Rn. 22; dagegen GK-*Franzen*, § 1 Rn. 18.

75 Vgl. zur Bandbreite der denkbaren »betriebsverfassungsrechtlichen Fragen« Kempen/Zachert-*Kempen*, § 3 Rn. 26.

76 Vgl. *Feichtinger*, S. 3; *Weyand*, S. 99; Wiedemann-*Thüsing*, § 1 Rn. 754; etwas anders *BAG* 23.2.88 – 3 AZR 300/86, NZA 88, 614; vgl. auch *Giesen*, BB 02, 1480 [1482].

77 Vom 9.4.49; vgl. zur Geschichte und den verschiedenen Übernahmegesetzen nach In-Kraft-Treten des BetrVG 1952 näher Wiedemann-*Oetker*, Geschichte, Rn. 58ff.

78 Vgl. nur *Säcker/Oetker*, S. 129m.w.N.; *T. Wißmann*, S. 30.

79 Dies anerkennt auch MünchArbR-*v. Hoyningen-Huene*, (1. Aufl.), § 297 Rn. 102; zu Recht lehnt es *Gamillscheg*, Kollektives Arbeitsrecht, Bd. I, S. 598, ab, § 1 TVG als historisch obsolet gewordene Vorschrift zu bezeichnen.

die Betriebsverfassungsgesetze gerade nicht berührt werden.[80] Deren außerhalb des BetrVG bestehende Aufgaben werden nämlich durch dessen Vorschriften weder geregelt noch beeinträchtigt.[81] Derselbe Befund ergibt sich aus der Tatsache, dass eine §§ 3, 97 BPersVG entsprechende globale Untersagung abweichender tariflicher Regelungen in das BetrVG gerade nicht eingefügt wurde.[82]

24 Dennoch ist das **TVG nachkonstitutionelles Recht,**[83] weil der nachkonstitutionelle Gesetzgeber das TVG erkennbar bestätigend in seinen Willen aufgenommen hat.[84] Demgemäß hat das *BVerfG* erkannt,[85] dass das TVG im Ganzen mit dem GG vereinbar ist. Das Tarifvertragssystem des TVG erhielt gewissermaßen durch das später verabschiedete GG eine verfassungsrechtliche Stütze. Der vom **TVG** verbürgte Rahmen der **Tarifvertragsfreiheit** ist Teil der von **Art. 9 Abs. 3** GG gewährleisteten (darüber sachlich noch hinausgehenden) allgemeinen **Kollektivvertragsfreiheit** der arbeitsrechtlichen Koalitionen. Daher wäre selbst dann, wenn es das TVG nicht gäbe, das Recht zur Setzung betriebsverfassungsrechtlicher Normen seitens der arbeitsrechtlichen Koalitionen durch Art. 9 Abs. 3 GG gedeckt.[86] Selbst wenn man mit dem *BVerfG*[87] dem Gesetzgeber einen weiten Spielraum zur Ausgestaltung der Tarifautonomie konzediert und damit eine Ewigkeitsgarantie für das im Zeitpunkt des In-Kraft-Tretens des GG vorgefundene Tarifvertragssystem nicht grundrechtlich fundieren kann,[88] bleibt die Behauptung eines Regelungsvorranges des Gesetzgebers vor den TV-Parteien fragwürdig, soweit damit ein weitgehendes Untätigkeitsverdikt für die Koalitionen verhängt würde. Es bliebe dann nämlich für die nähere Begrenzung sowohl der Spielräume des Gesetzgebers als auch der TV-Parteien völlig außer Acht, dass die Grundfreiheit aus Art. 9 Abs. 3 GG als **Grundrecht ohne Gesetzesvorbehalt** ausgestaltet ist.[89] Jedenfalls enthält § 1 Abs. 1 TVG keine Einschränkung in dem Sinne, dass die Tarifierungsbefugnis von der Beachtung der durch das BetrVG angeblich gesetzten Grenzen abhängig sei.[90] Deshalb ist bei vermeintlichen Konkurrenzen oder Sphären-Kollisionen zwischen Tarifautonomie und Gesetzesrecht eine **»koalitionsgrundrechtsoptimierende« Auslegung geboten.**[91]

25 Wenngleich aus der Vorbehaltslosigkeit des Grundrechts nach Art. 9 Abs. 3 GG andererseits auch nicht dessen gänzliche Schrankenlosigkeit abgeleitet werden kann,[92] so bleibt doch der Befund, dass in Bezug auf Koalitionsfreiheit und Tarifautonomie eine **Normsetzungsprärogative**[93] der Koalitionen gegenüber dem Gesetzgeber gilt, die die einfachgesetzliche Tätigkeit auf dem Gebiet der Regelung der Arbeits- und Wirtschaftsbedingungen zurückdrängt.[94] *Säcker/*

80 Näher *Feichtinger,* S. 88 f.
81 Vgl. *BAG* 14. 2. 78, AP Nr. 26 zu Art. 9 GG.
82 Zuvor schon § 78 Abs. 1, 92 BPersVG 1955; die gesetzgeberische Konzeption im Personalvertretungsrecht dürfte in dieser strengen Form kaum mit Art. 9 Abs. 3 GG zu vereinbaren sein; dazu *Däubler,* Tarifvertragsrecht, Rn. 1091 ff.; Kempen/Zachert-*Kempen,* Grundlagen, Rn. 271, § 1 Rn. 578; zur die Tarifautonomie beschränkenden Reichweite der §§ 3, 97 BPersVG auch *Plander,* Mitbestimmung in öffentlich-rechtlichen Mischkonzernen, S. 49 ff.; kritisch – im Ergebnis aber den Status quo sanktionierend – *Säcker/Oetker,* S. 198.
83 Das Grundgesetz wurde am 23. 5. 1949 verkündet, also nach In-Kraft-Treten des TVG am 22. 4. 1949; rein zeitlich handelt es sich also beim TVG an sich um vorkonstitutionelles Recht, vgl. *BVerfG* 14. 6. 83, BVerfGE 64, 27.
84 *BVerfG* 24. 5. 77, BVerfGE 44, 322.
85 24. 5. 77, a. a. O.
86 Ähnlich *Säcker/Oetker,* S. 80; *T. Wißmann,* S. 32.
87 19. 10. 66, BVerfGE 20, 312 [317].
88 Vgl. Kempen/Zachert/*Kempen,* Grundlagen, Rn. 135.
89 Ähnlich auch der Hinweis bei *Gamillscheg,* FS Molitor, S. 133.
90 Anders wohl *Martens,* S. 330, der insoweit offenbar § 1 Abs. 1 TVG wie ein Verbot mit gesetzlichem Erlaubnisvorbehalt gemäß § 3 BetrVG versteht.
91 Kempen/Zachert/*Kempen,* a. a. O., Rn. 136.
92 Vgl. zur »Schrankendogmatik« sog. vorbehaltloser Grundrechte AK-GG-*Kittner,* Art. 9 Abs. 3 Rn. 34 f.; aus verfassungsdogmatischer Sicht näher *Butzer,* RdA 94, 375.
93 Grundlegend *Säcker,* Grundprobleme, S. 55 ff.; *Butzer,* a. a. O., 379; relativiert durch *BVerfG* 24. 4. 96, E 94, 268 [284]: »Normsetzungsrecht«.
94 Missverstanden bei GK-*Franzen,* Rn. 3, der den Normsetzungs*vorrang* in ein – hier jedoch nicht behauptetes – Normsetzungs*monopol* umdeutet.

Oetker[95] sowie *Däubler*[96] haben eingehend nachgewiesen, dass die normsetzende Betätigung der Koalitionen auf dem Gebiet des Betriebsverfassungsrechts nicht aus dem in Art. 9 Abs. 3 GG enthaltenen Begriffspaar »Arbeits- und Wirtschaftsbedingungen« ausgeblendet werden kann.[97] Damit ist der **von staatlicher Rechtsetzung freigelassene Raum**[98] allemal tarifvertraglicher Regelung zugänglich, ja sogar noch mehr: Eine Ausgestaltung der Betriebsverfassung ohne jede Möglichkeit zu tarifautonomer Regelung verstieße gegen den Grundsatz der Normsetzungsprärogative der Koalitionen gegenüber dem Gesetzgeber.[99] Zu klären bleibt freilich, was im Hinblick auf die organisatorischen Vorschriften des BetrVG als in diesem Sinne »freigelassener« Raum anzusehen ist (dazu im Einzelnen Rn. 29).

Auch eine Art. 9 Abs. 3 GG ernst nehmende »koalitionsgrundrechtsoptimierende« Auslegung hat anzuerkennen, dass nach **Art. 74 Abs. 1 Nr. 12 GG** die »Betriebsverfassung« zum **Gegenstand der konkurrierenden Gesetzgebung** erklärt ist.[100] Ein beliebiger, den normativen Willen des Verfassungsgesetzgebers derogierender Vorrang tariflicher Normsetzung lässt sich daher auch nicht mit dem Hinweis auf die Normsetzungsprärogative der Tarifvertragsparteien behaupten.[101] Vielmehr geht es darum, die Normsetzungssphären gegeneinander abzugrenzen. Insoweit ist zu akzeptieren, dass der Gesetzgeber auch im Rahmen des Art. 74 Abs. 1 Nr. 12 GG befugt ist, zum Schutze anderer **in der Verfassung** niedergelegter Rechtsgüter **zwingende** Regelungen zu erlassen.[102] 26

Das **Regelungsziel der Vorschrift,** durch die in Abs. 1 genannten Ausnahmen vom betriebsverfassungsrechtlich vorgesehenen »Normalfall« **störende Einwirkungen auf den gesetzlichen BR fern zu halten,** wird jedenfalls dann überhaupt nicht berührt, wenn es einen zu »schützenden« BR wegen der Unanwendbarkeit des Gesetzes gar nicht gibt. § 3 BetrVG **modifiziert** daher die allgemeine Befugnis zur tarifvertraglichen Setzung von betriebsverfassungsrechtlichen Normen mit organisationsrechtlichem Inhalt zunächst lediglich insoweit, als das **Gesetz selbst** und damit diese Vorschrift auf den betreffenden Ausschnitt aus der betrieblich-sozialen Realität überhaupt anwendbar ist. Darüber hinaus sperrt die Vorschrift auch nicht die Tarifierung solcher Bereiche, in denen der Gesetzgeber keine oder **keine in sich erkennbar** nach allen Seiten **abgeschlossene Regelung** vorgenommen hat, lässt also auch außerhalb der in Abs. 1 Nr. 1 bis 5 angesprochenen Sachmaterien eine **tarifliche Ergänzung** des gesetzlichen Modells **im Sinne einer Effektivierung und Optimierung** zu.[103] Letzteres muss wegen Art. 9 Abs. 3 GG zulässig bleiben, weil anderenfalls die in § 3 BetrVG trotz seiner großen Reichweite liegende Beschränkung der Tarifautonomie unverhältnismäßig und damit unzulässig wäre.[104] 27

2 Einzelne Anwendungsfälle

Die kollektivvertragsrechtliche **Einrichtung** einer **AN-Vertretung** beispielsweise für **Religionsgemeinschaften** (§ 118 Abs. 2) und **Kleinst-UN** (vgl. § 1 Rn. 13) ist daher **zulässig.**[105] Somit ließe sich auch bei **Tageszeitungen** usw. ein **Redaktionsstatut** tarifieren, das die Rechte 28

---

95 S. 55 ff., 80.
96 Tarifvertragsrecht, Rn. 1032.
97 Ebenso *T. Wißmann,* S. 26 f.
98 Kempen/Zachert/*Kempen,* Grundlagen, Rn. 139.
99 Dazu insbes. *Däubler,* a. a. O., Rn. 1040, 1055.
100 *Däubler,* Tarifvertragsrecht, Rn. 1031, 1040; vgl. auch *BVerfG* 24.4.96, E 94, 268.
101 Ebenso *Butzer,* RdA 94, 375 [379]; ähnlich *BVerfG,* a. a. O.: Normsetzungsrecht, kein Normsetzungsmonopol der TV-Parteien.
102 *BVerfG* 3.4.01, NZA 01, 777 [778]; *BVerfG* 26.6.91, NZA 91, 809; 14.11.95, AuR 96, 111; 24.4.96, E 94, 268 [284 f.] mit abw. Votum *Kühling; Däubler,* a. a. O., Rn. 1033.
103 Dafür vor allem *Gamillscheg,* Kollektives Arbeitsrecht, Bd. I, S. 599; dies anerkennt im Kern auch GK-*Franzen,* Rn. 3, trotz seiner i. Ü. restriktiven Ansichten zur tariflichen Abänderbarkeit der org. Bestimmungen des BetrVG.
104 Vgl. *Däubler,* Tarifvertragsrecht, Rn. 1040; nach AK-GG-*Kittner,* Art. 9 Abs. 3 Rn. 68, war das Zustimmungserfordernis des § 3 Abs. 2 a. F. sogar verfassungsrechtlich nicht haltbar; zur historischen Herkunft des Zustimmungserfordernisses, das mit dem Schutz der Tarifaußenseiter nichts zu tun hat, näher *Trümner,* JbArbR 36 [1999], S. 59 [61 ff.].
105 *Hanau,* RdA 73, 293; *Heither,* FS Schaub, 307 f.; *Däubler,* Grundrecht, S. 381 ff.

haben könnte, die ein BR hätte, wenn nicht der Tendenzschutz diese ausschlösse,[106] weil eine unzulässige Konkurrenz zum BR und damit ein Verstoß gegen dessen **Vertretungsmonopol** dann nicht vorliegt, wenn der BR gerade keine Mitbestimmungsrechte auf diesem Gebiet hat. Die **Befugnisse** einer solchen Vertretung richten sich dann ausschließlich **nach dem TV,** eine »Pauschalverweisung« auf das BetrVG dürfte – wegen des strafrechtlichen Analogieverbotes jedoch nicht hinsichtlich der §§ 119 ff. – bedenkenfrei sein.[107]

29 Nach h. M. im tarifrechtlichen Schrifttum[108] ist es zulässig, für **AN-ähnliche** Personen eine **Sondervertretung** einzurichten und darüber hinaus auch ein **Konsultationsgremium** mit dem BR bzw. einer zusätzlichen AN-Vertretung i. S. v. Abs. 1 Nr. 5 vorzusehen (vgl. auch Rn. 133, 136 f.).

30 Für **kleine Konzerne,** deren UN jeweils nicht die Voraussetzungen des § 1 Abs. 1 Satz 1 erfüllen, kann durch TV eine einheitliche Konzern-AN-Vertretung geschaffen werden (vgl. auch Rn. 37).

31 **Durch TV** kann für Auszubildende **in sog. reinen Ausbildungsbetrieben,** für die nach der Rspr.[109] keine gesetzliche JAV gewählt werden kann, eine besondere **Ausbildungsvertretung** vorgesehen werden, wenn diese nicht in die Kompetenz z. B. eines BR eingreift;[110] ihr können auch Beteiligungsrechte zugeordnet werden.[111] Dagegen stellt eine derartige außerhalb von § 3 BetrVG, aber auf Grundlage von Art. 9 Abs. 3 GG, § 3 Abs. 2 TVG geschaffene Ausbildungsvertretung *sui generis* keine AN-Vertretung i. S. v. Abs. 1 Nr. 3 dar, weshalb auf sie auch Abs. 5 Satz 2 nicht anwendbar sei und demzufolge auch die Rechte aus §§ 78, 78a BetrVG für ihre Mitglieder leer laufen sollen.[112]

32 Bei gemischt **privat-öffentlichen UN-Gruppen** (z. B. Konzern-Stadt, vgl. Rn. 132) könnte auf Basis eines TV eine gemeinsame Konzern-AN-Vertretung von BR und Personalrat errichtet werden, die aber keine Kompetenzen haben dürfte, die in den Zuständigkeitsbereich des PR oder BR fallen (vgl. aber oben, Rn 14).

33 Hinsichtlich der u. U. eintretenden »Vertretungslücke« **beim Wechsel vom Personalvertretungsrecht zum BetrVG** infolge privatisierender Umwandlung muss wegen der Anforderungen in Art. 6 der Richtlinie 2001/23/EG v. 12. 3. 01[113] die Möglichkeit zur Tarifierung einer **Übergangsvertretung** gewährleistet sein (vgl. auch § 130 Rn. 12).[114] Gelegentlich findet sich zur Regelung des Übergangsmandats bei Privatisierungen und der kollektivrechtlichen Fortgeltung von vormaligen Dienstvereinbarungen als BV **landesgesetzliches Sonderbetriebsverfassungsrecht.**[115] Nach Wegfall der bindenden Wirkungen des Bundesrahmenrechts aus § 97 BPersVG infolge der Föderalismusreform sind die Länder befugt, im LandesPersVR Bestimmungen nach dem Vorbild des § 3 BetrVG zu erlassen.

34 Das BetrVG schließt jedoch die Errichtung solcher betrieblichen Vertretungen aus, die in die Zuständigkeiten des BR eingreifen.[116] Das gilt etwa für die sog. **betrieblichen Vertrauensleute,** die verschiedentlich von den AG als Instrument gegen die gewerkschaftlichen Vertrauensleute gefördert werden.[117]

35 Auch die Errichtung anderer quasibetriebsverfassungsrechtlicher Vertretungsorgane, wie sie nach früherer Rechtslage insbesondere die **Sprecherausschüsse** für leitende Angestellte darstellten, ist unzulässig. Das ergibt sich aus § 37 Abs. 2 SprAuG, wonach das Amt solcher freiwilligen SpA spätestens mit dem 31. 5. 1990 endete (vgl. § 5 Rn. 217; zur Frage, ob eine tarifliche

106 Vgl. *BAG* 19. 6. 01 – 1 AZR 463/00, NZA 02, 397 für ein auf Gesamtzusage beruhendes Redaktionsstatut.

107 Näher *Däubler,* Grundrecht, S. 382.

108 Detaillierte Nachweise bei *Däubler,* AiB 01, 313 [317, Fn. 22].

109 Vgl. *BAG* 12. 9. 96 – 7 ABR 79/95, AP Nr. 11 zu § 5 BetrVG 1972 Ausbildung.

110 *BAG* 24. 8. 04 – 1 ABR 28/03, AP Nr. 12 zu § 98 BetrVG 1972.

111 Näher zur Ausgestaltung *Klinkhammer,* 50 Jahre BAG, S. 963 ff.

112 *BAG* 13. 8. 08 – 7 AZR 450/07 uv; vgl. aber Rn. 203.

113 ABl. EG Nr. L 82, S. 18.

114 Näher dazu *Trümner,* in Blanke/Trümner (Hrsg.), Handbuch Privatisierung, Rn. 713.

115 Z. B. im WestLB – Privatisierungsgesetz, GVBl. NW 2002, S. 284; ein derartiges Landesgesetz ist rechtlich bedenkenfrei zulässig, vgl. *BAG* 23. 11. 04 – 9 AZR 639/03, EzA § 75 BetrVG 2001 Nr. 1.

116 *BAG* 19. 6. 01, NZA 02, 397.

117 Vgl. ausführlich zur unzulässigen Einrichtung betrieblicher Vertrauensleute *Däubler,* Gewerkschaftsrechte, Rn. 543 ff.; vgl. auch Rn. 145.

Regelung nach Abs. 1 **Nr. 1–3** Auswirkungen auf die Bestimmung des Bereichs hat, für den ein SpA nach dem SprAuG zu bilden ist, Rn. 204; vgl. zur Unzulässigkeit privatautonomer »**Vertrauensräte**« u. Ä. § 1 Rn. 12).

3. Mitbestimmungsbeibehaltung bei Betriebsspaltungen (§ 325 Abs. 2 UmwG)

§ 325 Abs. 2 UmwG erwähnt die Möglichkeit, bei Betriebsspaltungen **mitbestimmungssichernde Regelungen** durch TV oder BV vereinbaren zu können, und bestätigt somit die These von der Erweiterbarkeit der gesetzlichen Mitbestimmungsordnung durch Kollektivvertrag (vgl. Rn. 11; vgl. zu den Einzelheiten des § 325 UmwG *8. Aufl., Rn. 20a – 20 j*). 36

III. Die einzelnen Fallgruppen des Abs. 1

1. UN mit mehreren Betrieben (Nr. 1, Eingangssatz)

Nach Abs. 1 Nr. 1 kann für **UN** mit mehreren Betrieben entweder ein unternehmenseinheitlicher BR (Buchst. a); dazu Rn. 41 ff.) oder innerhalb des UN die Zusammenfassung nur einzelner Betriebe (Buchst. b); dazu Rn. 45 ff.) vorgesehen werden. Bevor die Regelung eines UN-einheitlichen BR erwogen wird, ist stets genau zu prüfen, ob die Bildung eines BR nicht bereits durch die Zusammenfassung nur einzelner Betriebe zur Bildung von Regionalbetrieben erleichtert wird,[118] denn das BAG gibt wegen des Prinzips der Ortsnähe eines BR dezentralen Lösungen den Vorrang. Um ein **UN mit mehreren Betrieben** i. S. d. neu gefassten Bestimmung handelt es sich immer dann, wenn ein und demselben privatrechtlich organisierten UN-Träger (Rechtsträger; vgl. zum UN-Begriff § 47 Rn. 14 ff.) mehrere **Betriebe i. S. v. § 1 Abs. 1 Satz 1** zugeordnet sind. Hat das UN A allerdings einen allein ihm zugehörigen Betrieb »a« und ist A daneben mit einem oder mehreren anderen **UN an einem gemB** »b« beteiligt (§ 1 Abs. 1 Satz 2; vgl. § 1 Rn. 88 ff.), so handelt es sich bei A gleichwohl um ein mehrbetriebliches UN i. S. der Bestimmung, denn der **gemB gehört zu jedem** an ihm beteiligten **Träger-UN,**[119] weil sowohl § 1 Abs. 1 Satz 2 als auch § 47 Abs. 9 den gemB betriebsverfassungsrechtlich mit einem »Normalbetrieb« gleichstellt.[120] Eine tarifliche Regelung nach Abs. 1 müsste im Fall eines gemB allerdings mit allen an ihm beteiligten UN abgeschlossen werden, weil insoweit nur jedes UN selbst **tariffähig ist** und **nicht der gemB als solcher** (vgl. § 1 Rn. 212), denn andernfalls könnte die notwendig betriebseinheitliche Normgeltung i. S. v. § 3 Abs. 2 TVG nicht herbeigeführt werden.[121] Die nach der Vorschrift erlaubte **Integration** verschiedener Betriebe und ihrer AN-Vertretungen **endet** grundsätzlich **an der UN-Grenze**, so dass nur innerhalb desselben UN entsprechende Zusammenfassungen möglich sind[122] und daher z. B. für kleine mittelständische Konzerne ein **konzerneinheitlicher BR nicht kraft Kollektivvertrags** nach § 3 Abs. 1 Nr. 1 gebildet werden kann,[123] obgleich dies für alle Beteiligten durchaus förderliche Effekte mit sich bringen oder sogar gewünscht sein könnte. Hier kann – neben der Möglichkeit eines TV nach Abs. 1 Nr. 3 (Rn. 104) – aber u. U. die Bildung eines gemB durch Abschluss einer ausdrücklichen Führungsvereinbarung und Schaffung eines einheitlichen Leitungsapparates (vgl. § 1 Rn. 88 ff.) in Betracht gezogen werden, sofern hierzu der Wille und die Bereitschaft auf Seiten der betroffenen UN vorhanden ist. Die Alternative läge in der Nutzung der Vermutungsregel des § 1 Abs. 2, zumal rechtstatsächlich der **gemB mehrerer UN typischerweise ein Konzernphänomen** ist.[124] Zur Frage, wann ausnahmsweise **durch TV** gemäß § 1 Abs. 1 TVG eine **Konzernvertretung** geschaffen werden kann, vgl. Rn. 30. 37

---

118 *BAG* 24.4.13 – 7 ABR 71/11, DB 13, 1913.
119 Vgl. § 1 Rn. 178; *Sobotta*, S. 58 f., 66.
120 A. A. *Fitting*, Rn. 27.
121 ErfK-*Koch*, Rn. 3; zur notwendigen Tarifgemeinschaft in diesem Sinne auch *BAG* 29.6.04 – 1 AZR 143/03, AP Nr. 36 zu § 1 TVG.
122 *BAG* 13.3.13 – 7 ABR 70/11, NZA 13, 738, 742.
123 Vgl. *Däubler*, AiB 01, 313 [315].
124 Vgl. *Kohte*, RdA 92, 302 ff.; zur Konzernthematik beim gemB näher § 1 Rn. 99 ff.; zu kleinen Familienkonzernen auch § 1 Rn. 241 sowie *Konzen*, RdA 01, 76 [87].

38 Um ein **mehrbetriebliches UN** handelt es sich auch dann, wenn dem UN neben einem »echten« Betrieb i. S. v. § 1 nur noch ein oder mehrere **Betriebsteile nach § 4 Abs. 1** angehören, denn § 4 Abs. 1 Satz 1 enthält unter den dort genannten Voraussetzungen die **Fiktion,** dass der Betriebsteil dann **als Betrieb** zu gelten hat und somit alle diejenigen Vorschriften des BetrVG auf den Betriebsteil anzuwenden sind, die an das Vorliegen eines »Betriebs« anknüpfen.[125] Dies gilt auch dann, wenn es sich um einen (noch) **betriebsratslosen Betriebsteil** i. S. v. **§ 4 Abs. 1 Satz 2** handelt,[126] denn § 3 Abs. 1 Nr. 1 zielt gerade darauf, derartige vertretungslose Verhältnisse zu beseitigen, wie der in Nr. 1 nachgestellte »Wenn-Satz« anzeigt.[127] Die tarifliche Zuordnung nach Nr. 1 hat **Vorrang vor der Belegschaftsoption** nach § 4 Abs. 1 Satz 2 (vgl. § 4 Rn. 109 f.).[128]

39 **Zweifelhaft** kann erscheinen, ob ein **mehrbetriebliches UN** auch dann vorliegt, wenn es aus einem (Haupt-)Betrieb und nur einem oder mehreren **Kleinstbetrieben i. S. v. § 4 Abs. 2** besteht, weil Letztere schon nach gesetzlicher Bestimmung dem Hauptbetrieb zuzuordnen sind, so dass in betriebsverfassungsrechtlicher Hinsicht stets nur **eine Organisationseinheit** vorliegt und sich das kollektivvertraglich zu lösende Zuordnungsproblem des Abs. 1 Nr. 1 eigentlich gar nicht stellt. Die Begründung zu § 4 des Regierungsentwurfs zum BetrVerf-ReformG sieht dies allerdings anders,[129] wenn dort die **Zuordnungsentscheidung des Gesetzes** zu Gunsten des Hauptbetriebs gem. § 4 Abs. 2 für **kollektivvertragsdispositiv** erklärt wird. Demnach soll also eine kollektivvertragliche Zuordnung des Kleinstbetriebs auch zu einem anderen Bereich als dem Hauptbetrieb des UN zulässig sein. Da ausweislich der Gesetzesbegründung zu § 4 Abs. 2[130] keine Einschränkungen der bislang nach § 3 Abs. 1 Nr. 3 a. F. gegebenen Zuordnungsmöglichkeiten vorgenommen werden sollten (anders dagegen in der Begründung zu § 3 Abs. 1 Nr. 1 [a. a. O., S. 34], wo nur auf betriebsratsfähige Betriebe oder Betriebsteile i. S. v. § 4 Abs. 1 Satz 1 abgestellt wird), ist es sachgerecht, auch den Kleinstbetrieb i. S. v. § 4 Abs. 2 als »Betrieb« i. S. v. § 3 Abs. 1 Nr. 1 anzusehen. Dafür spricht neben dem Wortlaut, der gerade die Integration von »Betrieben« erlaubt, dass ein Kleinstbetrieb innerhalb desselben UN ein nur wegen nicht ausreichender AN-Zahl nicht betriebsratsfähiger, im Übrigen aber »vollwertiger« Betrieb mit eigener Leitung ist und nicht »nur« Betriebsteil (vgl. § 4 Rn. 135 ff.). Mithin können durch Kollektivvertrag gem. § 3 Abs. 1 Nr. 1 b) z. B. **mehrere Kleinstbetriebe** zu einer betriebsverfassungsrechtlichen Organisationseinheit **zusammengefasst** werden.[131] Der so für die Kleinstbetriebe gebildete BR hat dann allerdings in den Mitbestimmungsfragen mit einer Vielzahl von Betriebsleitungen eben dieser Kleinstbetriebe zu tun, so dass je nach betrieblicher Struktur zu entscheiden ist, ob dies eine sachgerechte Wahrnehmung der AN-Interessen ermöglicht.

40 Da in beiden Varianten der Zusammenfassung von Betrieben u. U. die Nähe und der Zugang der Belegschaft zum BR und dessen Mitgliedern verloren gehen oder erschwert werden kann, ist es bedenkenswert, eine **Kombination von Regeln nach Nr. 1 mit solchen nach Nr. 5** (zusätzliche Vertretungen) zu vereinbaren. Dies sollte immer dann geschehen, wenn in den UN-BR oder den BR für den zusammengefassten Bereich kein Repräsentant aus zusammengefassten Betriebsteilen gewählt wird, um so ein Mindestmaß an »Rückkoppelung« zur Belegschaft zu gewährleisten.[132]

40a Vor dem Hintergrund, dass beide Alternativen der Nr. 1 der Zielvorgabe (»Erleichterung der Bildung von BR« oder »sachgerechte Wahrnehmung der AN-Interessen«) genügen müssen

125 Klargestellt schon für die alte Rechtslage durch *BAG* 27.6.95 – 1 ABR 62/94, BB 96, 1504 mit Anm. *Kohte,* NZA 96, 164; wie hier für die neue Rechtslage auch *Engels/Trebinger/Löhr-Steinhaus,* DB 01, 532 [533]; *Fitting,* Rn. 26.

126 ErfK-*Koch,* Rn. 3.

127 Vgl. auch *BT-Drucks.* 14/5741, S. 33 f. zu Nr. 3.

128 Ebenso *LK,* Rn. 24.

129 Vgl. *BT-Drucks.* 14/5741, S. 35 zu Nr. 4.

130 A. a. O., S. 35.

131 A. A. ErfK-*Koch,* Rn. 4; wie hier GK-*Franzen,* Rn. 11; *LK,* Rn. 6.

132 Vgl. *Trümner,* FS Däubler, S. 295 [299] mit Hinweis auf eine entsprechende Vereinbarungspraxis noch unter Geltung des alten Rechts; siehe auch *BT-Drucks.* 14/5741, S. 34 zu Abs. 1 Nr. 5 des neuen Rechts.

und das *BAG*[133] diese Bedingung wie einen Schrankenvorbehalt[134] versteht, muss man praktisch **zwischen den Alternativen Nr. 1 a) und Nr. 1 b) ein Rangverhältnis** sehen: Die unternehmensweite, zentrale Zusammenfassung nach Nr. 1 a) kommt demnach nur in Betracht, wenn der mit den Zielvorgaben intendierte Zweck nicht bereits durch die weniger zentralisierte, etwa regionale Zusammenfassung von Betrieben nach Nr. 1 b) erreicht werden kann[135].

a) Zentraler BR auf UN-Ebene (UN-BR) nach Nr. 1 a)

Die kollektivvertragliche Zusammenfassung kann nach Alternative Nr. 1 a) in der Weise 41
erfolgen, dass für das UN nur eine **einstufige Vertretungsorganisation** der AN vorgesehen und somit eine betriebsverfassungsrechtliche Vertretungslage erzielt wird **wie bei einem UN, das** überhaupt **nur einen Betrieb** hat.[136] Der GBR entfällt. Die Repräsentation in einem evtl. vorzusehenden KBR erfolgt unmittelbar aus dem UN-BR heraus. Eine derartige einstufige Vertretungsorganisation war von der Rspr. gelegentlich schon unter Anwendung von § 4 a.F. angenommen worden – meist im Zusammenhang mit relativ kleinen UN[137] und sollte nach gewerkschaftlicher Vorstellung auch bei einer Novellierung des BetrVG tunlichst auf **Kleinbetriebsstrukturen** begrenzt bleiben.[138] Dies legt zwar auch die Begründung zum BetrVerfReformG nahe,[139] findet aber im Gesetzeswortlaut keinen Niederschlag, so dass grundsätzlich durchaus auch in größeren UN von dieser Möglichkeit Gebrauch gemacht werden kann. Dann bedarf es allerdings einer genauen Prüfung, ob dies der sachgerechten AN-Interessenwahrnehmung dient (dazu Rn. 52ff.). Das *BAG*[140] hat verdeutlicht, dass die Nähe eines BR zu dem Ort, an dem arbeitgeberseitig die mitbestimmungspflichtigen Entscheidungen getroffen werden ebenso wie die **Ortsnähe der Betriebsvertretung** bezüglich der vertretenen AN gleichermaßen für die Beurteilung der Sachdienlichkeit eine gewichtige Rolle spielen und erkennen lassen, dass **überzentralisierte BR-Strukturen** eine weniger sachgerechte Lösung darstellen können, als z.B. »nur« regionalisierte. Die einstufige Vertretungsorganisation ähnelt strukturell dem UN-SpA nach § 20 SprAuG, wo die entsprechende Option allerdings durch Urabstimmung der leit. Ang. erfolgt (vgl. auch § 37 WO-SprAuG; näher § 5 Rn. 211).

Praktisch soll, so wiederum die Gesetzesbegründung[141], das betriebsverfassungsrechtliche 42
Modell der einstufigen AN-Repräsentation dort bedenkenswert sein, wo die **Entscheidungskompetenzen** in den beteiligungspflichtigen Angelegenheiten **zentral** auf der Ebene der UN-Leitung angesiedelt sind. Dies wird aber nur dort angenommen werden können, wo die in den Betrieben des UN am häufigsten vorkommenden oder die ihrer Bedeutung nach wichtigsten Mitbestimmungsfragen von einer zentralen Leitung entschieden und nicht bloß anhand abstrakter Richtlinien »vorgegeben« werden. Die Begründung scheint damit nahe legen zu wollen, dass diese Zuordnungsvariante vor allem dort in Betracht zu ziehen ist, wo bei Anwendung von § 4 Abs. 1 Nr. 1 wegen räumlich weiter Entfernung vom Hauptbetrieb für einen Betriebsteil ein eigener BR zu wählen wäre, dieser aber »vor Ort« keinen kompetenten Vertreter des AG findet, so dass die Mitbestimmung des dezentral gewählten BR faktisch »leer läuft«. Ob es sich in derartigen Fällen einer zentralistischen Entscheidungsorganisation auf AG-Seite ohnehin immer nur um einen einheitlichen Betrieb handelt[142] und damit die tarifliche Regelung eigentlich obsolet wäre, darf man wohl bezweifeln: § 4 Abs. 1 Nr. 1 signalisiert vielmehr, dass die gesetzliche Regelung gerade den **Aspekt einer möglichst ortsnahen Einrichtung des BR als Repräsentation** der von ihm vertretenen AN vor den Aspekt einer möglichst entscheidungsnahen Errichtung von BR am Sitz des *funktionellen* AG stellt, welcher die Mitbestimmungs-

133 *BAG* 13.3.13 – 7 ABR 70/11, NZA 13, 738.
134 Dazu *Richardi*, NZA 14, 232.
135 *BAG* 24.4.13 – 7 ABR 71/11, DB 13, 1913; ebenso *Richardi*, NZA 14, 232, 233.
136 Mustervereinbarung in DKWF-*Bachner*, § 3 Rn. 2.
137 Vgl. *BAG* 3.12.85, AP Nr. 28 zu § 99 BetrVG 1972; weitere Beispiele unter § 4 Rn. 65ff.
138 Dazu *Benz-Overhage/Klebe*, AiB 00, 24 [25].
139 Vgl. *BT-Drucks.* 14/5741, S. 33f.
140 *BAG* 24.4.13 – 7 ABR 71/11, DB 13, 1913.
141 A.a.O.
142 So die Kritik von *Konzen*, RdA 01, 76 [86f.] an dieser Begründung.

angelegenheiten als Vertreter des *vertragsrechtlichen* AG (also des UN als Rechtsträger) wahrnimmt. Diese Wertung muss sich eine kollektivvertragliche Regelung nach Nr. 1 a) gerade nicht zu Eigen machen, denn möglicherweise steht der Errichtung eines eigenen BR im Betriebsteil der profane Umstand entgegen, dass es nicht genügend geeignete Kandidaten für das BR-Amt gibt (AN-Sicht) oder aber ein weiteres Gremium aus Sicht des AG u. U. zusätzliche Kosten verursacht, wenn auch derlei Erwägungen *allein* nicht ohne weiteres zu einer Abweichung von der gesetzlichen Struktur Veranlassung geben dürfen (vgl. Rn. 56).

43 Die Bildung eines (zentralen) UN-BR bewirkt jedenfalls die Projektion der betriebsverfassungsrechtlichen **Schwellenwerte auf die Ebene des UN,** was – zumal bei Klein-UN mit dezentraler betrieblicher Aufbauorganisation – eine Effektivierung der Mitbestimmung herbeiführen kann.[143] Da dies allerdings das UN nicht dazu zwingt, die betrieblichen Entscheidungsebenen (Werksleitung, Niederlassungsleitung usw.) aufzuheben oder umzustellen, hat der UN-BR dann ggf. mit mehreren Betriebsleitungen als Verhandlungspartnern zu tun, was aber auch nach altem Recht keineswegs undenkbar war (vgl. § 1 Rn. 81, 82) und insbesondere beim gemB eher häufiger vorkommen wird (vgl. § 1 Rn. 92 f.).[144] Umgekehrt verliert eine durch Kollektivvertrag gewillkürte Organisationseinheit aber nicht immer schon dann ihre Betriebsidentität, wenn sich die Zuständigkeiten der Ansprechpartner auf der AG-Seite ändern, etwa indem die zentrale Leitung dezentralisiert wird[145]. Zwar ist der AG nicht grundsätzlich gehindert, während der Laufzeit eines Kollektivvertrages nach § 3 Umstrukturierungen vorzunehmen, dies kann jedoch dortselbst anders geregelt sein, so dass es einer vorherigen Kündigung des Kollektivvertrages bedarf, wenn die Betriebsfiktion nach § 3 Abs. 5 beendet und der gewillkürte Betrieb aufgelöst werden soll.[146]

44 Das Ergebnis einer »schlanken«, d. h. nur **einstufigen Vertretungsorganisation** im UN kann ggf. auch **ohne Regelung durch TV oder BV** trotz an sich mehrbetrieblicher Aufbauorganisation des UN

1. dadurch erzielt werden, dass (vgl. Rn. 39) als Kleinstbetriebe nach § 4 Abs. 2 qualifizierte Einheiten ohne weiteres dem Hauptbetrieb zugeordnet sind;
2. ferner dadurch, dass die AN eines betriebsratslosen Betriebsteils nach § 4 Abs. 1 Satz 2 für die Teilnahme an der BR-Wahl im Hauptbetrieb optieren (vgl. zum Vorrang der TV-Zuordnung aber § 4 Rn. 109) und
3. schließlich dadurch, dass bei **Fehlen einer tarifvertraglichen Regelung** zur Wahl eines unternehmenseinheitlichen BR **und zugleich vollständiger Betriebsratslosigkeit** des UN die AN mit Stimmenmehrheit die Wahl eines unternehmenseinheitlichen BR beschließen (§ 3 Abs. 3; vgl. auch Rn. 176), sofern nicht ein ggf. zuständiger KBR nach § 17 Abs. 1 bereits die Bestellung von WV vorgenommen hat (vgl. dazu Rn. 181).

b) Zusammenfassung von Betrieben nach Nr. 1 b)

45 Nach Alternative Nr. 1 b) können bei einem mehrbetrieblichen UN auch nur einige **Betriebe** (und **Betriebsteile** bzw. **Kleinstbetriebe,** vgl. Rn. 39) zu betriebsverfassungsrechtlichen Organisationseinheiten kraft Kollektivvertrags derart zusammengefasst werden,[147] dass die zweistufige Vertretungsorganisation durch örtliche BR und GBR nicht aufgegeben wird.[148] Dies kann dort sinnvoll sein, wo ein in sich abgeschlossener Hauptverwaltungsbetrieb existiert und die Zusammenfassung mit operativen Einheiten untunlich erscheint, während u. U. gerade die Zusammenfassung dieser operativen Einheiten insgesamt (oder nach geographischen Ge-

143 *Konzen,* a. a. O.
144 Wie hier *Konzen,* a. a. O.
145 *LAG Köln* 28.7.11 – 7 TaBV 31/11, juris (Einstellung des Verf. in der Rechtsbeschwerde *BAG* 15.1.13 – 7 ABR 80/11); *BAG* 24.4.13, DB 13, 1913 betont, dass die Frage der arbeitgeberseitigen Leitung für die Beurteilung der Dienlichkeit einer kollektivvertraglichen Regelung von besonderer Bedeutung sei, hebt jedoch zu Recht auch hervor, dass hierbei weitere Aspekte, *insbesondere* die Ortsnähe der Betriebsvertretung zu berücksichtigen sind.
146 *LAG Köln* 13.5.15 – 9 TaBV 29/15 und 9 TaBV 73/14, juris = AuR 16, 126 (Ls.).
147 Vgl. *Trümner,* FA 01, 133 [135].
148 Beispiel in DKWF-*Bachner,* § 3 Rn. 3.

sichtspunkten gegliedert) sachgerecht ist.[149] Da es vorkommen kann, dass ein **UN mehrere Hauptbetriebe** hat (vgl. § 4 Rn. 3), die über jeweils ihnen zugeordnete Betriebsteile verfügen, können diese jeweiligen Betriebsteile entweder zentral mit »ihrem« Hauptbetrieb zusammengefasst werden oder man lässt die Hauptbetriebe als solche bestehen und fasst nur die ihnen jeweils zugehörenden Betriebsteile (nach z. B. regionalen Gesichtspunkten gegliedert) zu weniger zersplitterten Repräsentationseinheiten zusammen, als dies bei nur gesetzlicher Struktur der Fall wäre. Insoweit hat der Gesetzgeber mit der **Novellierung 2001** zunächst einmal die nach altem Recht (§ 3 Abs. 1 Nr. 3 a. F.) umstrittene Frage positiv entschieden, ob innerhalb desselben UN **auch selbständige Betriebe** zusammengefasst werden dürfen.[150] Verdienstvoll ist die Klarstellung des Gesetzgebers, dass es nicht mehr – wie noch bei § 3 Abs. 1 Nr. 3 a. F. – auf die Eingangsqualifikation einer Organisationseinheit als »Betriebsteil« bzw. »Nebenbetrieb« ankommt. Deshalb ist auch schon zur **Ausräumung von Zweifeln** über die rechtlich zutreffende Abgrenzung der betriebsverfassungsrechtlichen Organisationseinheiten die kollektivvertragliche Regelung wirksam möglich. Nicht zulässig soll es sein, wenn durch die Zusammenfassung Betriebsstätten BR-los gestellt werden, die nach dem gesetzlichen Modell von einem BR repräsentiert würden.[151]

Die Rspr. lässt es zu, in einem TV die Zusammenfassung dergestalt **dynamisch zu regeln,** 45a

- dass BR jeweils in den Regionen zu wählen sind, in denen nach den organisatorischen Vorgaben des AG Bezirksleitungen bestehen[152] oder
- dass auch in der jeweiligen TV-Region liegende und gem. § 613a BGB übernommene Betriebe automatisch unter den TV-Geltungsbereich fallen, selbst wenn in diesen nach dem Gesetz gewählte BRe bestehen[153], mit der Folge, dass diese BRe erlöschen.

Das erscheint allerdings in dieser Allgemeinheit zweifelhaft, weil zum Zeitpunkt des TV-Abschlusses nicht von vornherein beurteilt werden kann, ob zu dem jeweils späteren Zeitpunkt die Sachvoraussetzungen der »Dienlichkeit« tatsächlich auch (noch) gegeben sind. Dies erfordert aber stets eine konkrete eigenverantwortliche Beurteilung durch die TV/BV-Parteien unter Beachtung ihres Beurteilungs- und Gestaltungsspielraumes.[154] Deshalb sollten **dynamische Regelungen** als Regelungsinstrument nur **differenziert verwendet** werden, weil es vor dem Hintergrund des Normzweckes nicht sinnvoll sein kann, dort BR mittels TV/BV »abzuschaffen«, wo sie bislang und über Jahre hinweg ohne Schwierigkeiten errichtet worden sind. Für nach dem TV/BV-Abschluss **neu auftretende Sachverhalte,** sollte besser eine allgemeine **Revisionsklausel** vereinbart werden, mit deren Hilfe dann die ggfls. erforderlichen Anpassungen zu bewältigen sind.

In UN mit meist nach regionalen Gesichtspunkten gegliederten Kundenservices, die durch **Außendienst** verrichtende AN Gruppen geprägt sind, besteht gelegentlich das Bedürfnis, für diese Personen eine klare betriebsverfassungsrechtliche Zuordnung vorzusehen. Zweifel an der Zulässigkeit einer derartigen kollektivvertraglichen Regelung ergeben sich daraus, dass Abs. 1 Nr. 1 nur die **Zuordnung** von Betrieben und Betriebsteilen, nicht aber **von AN zu bestimmten Organisationseinheiten** vorsieht. Gerade beim Außendienst-AN kann jedoch die eindeutige Zuordnung zu einem Betrieb erhebliche Schwierigkeiten bereiten (vgl. § 5 Rn. 55). Ob eine Außendienstgruppe schon für sich betrachtet einen Betriebsteil darstellt und damit einer Zuordnung durch TV zugänglich ist, wird sich kaum pauschal beantworten lassen. Liegt der Sachverhalt aber so, dass die nach dem Gesetz vorzunehmende betriebliche Zuordnung zweifelhaft 46

149 So auch *Engels/Trebinger/Löhr-Steinhaus,* DB 01, 532 [533], die auch »sachliche Schwerpunkte« als Kriterium der Zusammenfassung gelten lassen wollen.

150 ErfK-*Koch,* Rn. 3; zum früheren Streit vgl. *8. Aufl., Rn. 25* m. w. N.

151 So missverständlich ErfK-*Koch,* Rn. 4 a. E., der damit aber wohl meint, dass die tarifliche Zusammenfassung *lückenlos* sein muss und ihrerseits keine neuen »weißen Flecken« hervorrufen darf, denn nach gesetzlicher Struktur bestehende BR können durchaus durch den TV/die BV untergehen, werden aber durch einen Funktionsnachfolge-BR ersetzt, wie Abs. 4 Satz 2 zeigt.

152 *BAG* 21.9.11 – 7 ABR 54/10, NZA-RR 12, 186.

153 *LAG Köln* 18.12.12 – 7 TaBV 44/12-, juris; *HessLAG* 12.4.12 – 9 TaBV 35/11, juris; die RB wurde vom *BAG* 27.5.15 – 7 ABR 20/13, AP Nr. 15 zu § 3 BetrVG 1972, wegen fehlenden Feststellungsinteresses zurückgewiesen.

154 Zutreffender Hinweis bei *Fitting,* Rn. 28.

bleibt oder die rechtliche Qualifizierung einer **Außendienstgruppe als Betriebsteil** zumindest nicht völlig abwegig erscheint, bestehen keine durchgreifenden Bedenken, auch insoweit die Möglichkeit einer tariflichen Zuordnung vorzusehen. Dies geschieht zweckmäßiger Weise durch **Regelungen zum persönlichen Geltungsbereich.** Insoweit besteht eine Annexkompetenz der TV-Parteien, da andernfalls die Gefahr besteht, dass AN aus der Vertretungsorganisation »herausfallen« könnten (vgl. auch Rn. 45 a. E.). Dies widerspräche aber dem Anliegen des Gesetzgebers, der gerade »weiße Flecken« in der Mitbestimmungsorganisation von UN beseitigen wollte. Der Gesichtspunkt der **Ausräumung von Zweifeln** (vgl. Rn. 45 a. E.) spricht auch hier für die Regelungsmöglichkeit, zumal dies der AN – Interessenwahrnehmung eher dienlich sein dürfte, als eine mit Zweifeln belastete Rechtslage (vgl. auch Rn. 52).

47 Nicht ganz zweifelsfrei ist, ob an der Zusammenfassung auch **gemB oder gemeinsame Betriebsteile,** die mehreren UN zugeordnet sind, beteiligt werden können.[155] Dies wurde überwiegend zur Vorläuferbestimmung des § 3 Abs. 1 Nr. 3 a. F. verneint (vgl. die Nachweise in der *8. Aufl., Rn. 26*). Während sich die Mehrheitsmeinung auf Basis einer engen Wortlautinterpretation (»Betriebsteil«) und unter Vernachlässigung des Gesetzeszweckes[156] durchaus vertretbar auf die These stützen konnte, das Gesetz lasse keine unternehmensübergreifenden Integrationsformen für BR zu,[157] ist dieser Ansicht jedenfalls bzgl. der sog. gemB der Boden entzogen, denn zusammenfassbare »Betriebe« (nicht mehr »Betriebsteile«!) sind nach der **Systematik des Gesetzes** auch gemB i. S. v. § 1 Abs. 1 Satz 2 (vgl. Rn. 37) und solche Betriebsteile, die zu verschiedenen UN gehören **(Gemeinschaftsbetriebsteil)** und von § 4 Abs. 1 Satz 1 als Betrieb fingiert werden.[158] In jedem Fall lässt sich die entsprechende Zusammenfassung aber im Rahmen von Regelungen nach Nr. 2 bzw. Nr. 3 herbeiführen.[159]

48 Eine von den zuvor erörterten Sachverhalten (bei denen ein gemB mehrerer UN bereits vorlag, bevor es zum Abschluss des TV bzw. der behördlichen Zustimmungserteilung nach § 3 a. F. kam) zu unterscheidende Frage ist, ob Abs. 1 Nr. 1 b) eine bisweilen in der Praxis offenbar auch vorkommende[160] **unternehmensübergreifende Zusammenfassung** von Betrieben bzw. Betriebsteilen dergestalt erlaubt, dass gleichsam erst **durch den TV** selbst **der gemB mehrerer UN begründet** wird. Das in Rede stehende betriebsverfassungsrechtliche Problem in dieser Konstellation unterscheidet sich allerdings konzeptionell grundlegend von einer tariflichen Zusammenfassung zweier oder mehrerer Betriebe desselben UN im Falle des Abs. 1 Nr. 1 a): Auch dort geht es zwar um die Integration von u. U. eigenständigen Betrieben mit (definitionsgemäß) eigenen Leitungsapparaten (vgl. § 1 Rn. 78 ff.) zu *einem* Repräsentationsbereich der AN. Allerdings bewirkt diese Zusammenfassung i. d. R. nur, dass ein einheitlicher »Wahlkreis« zur Wahl eines gemeinsamen BR für mehrere Betriebe oder Betriebsteile zu bilden ist, die als solche aber weiterbestehen, und sodann nach Abs. 5 Satz 1 die gesetzliche Betriebs**fiktion** für den dergestalt gebildeten »Wahlkreis« greift.[161] Dagegen wird die vom UN bestimmte Leitungsorganisation der Ausgangsbetriebe allein dadurch nicht geändert,[162] wenngleich dies infolge eines entsprechenden Kollektivvertrags auch aus der Sicht des UN durchaus ratsam sein oder sogar ausdrücklich durch die Vertragsparteien geregelt werden könnte.

49 Anders verhält es sich beim gemB: Hier existiert – folgt man der Ansicht des *BAG* (vgl. § 1 Rn. 92) – notwendigerweise **ein einheitlicher Leitungsapparat,** der die Betriebseinheit erzeugt. Somit liegt schon tatbestandsmäßig kein Fall der Nr. 1 vor, der stets eine Mehrheit von betrieblichen Organisationseinheiten und damit Leitungen voraussetzt. Vielmehr handelt es sich bei den hier (Rn. 48) diskutierten Fällen regelmäßig darum, dass im Rahmen einer

---

155 Ablehnend wohl *Fitting*, Rn. 27; *Kort*, AG 03, 18.

156 Zur Kritik insbesondere *Gamillscheg*, FS Molitor, S. 133 [144 f.]; *Heither*, FS Schaub, S. 295 [304 f.].

157 So zur alten Rechtslage *BAG* 10. 11. 04 – 7 ABR 17/04, EzA § 3 BetrVG 2001 Nr. 1.

158 So auch schon *LAG Düsseldorf* 11. 11. 99 – 5 TaBV 55/99, LAGE, § 3 BetrVG 1972 Nr. 4, wo ein TV nach § 3 Abs. 1 Nr. 3 a. F. mit BMA-Genehmigung vorlag, der offenkundig Gemeinschaftsbetriebsteile verschiedener UN zu Regionalbetrieben zusammenfasste.

159 So auch *Fitting*, Rn. 27; bestätigt durch *BAG* 10. 11. 04 – 7 ABR 17/04, a. a. O.

160 Vgl. dazu die Sachverhalte in den Entscheidungen der *LAG Düsseldorf* [Rn. 26] und *Brandenburg* [9. 8. 96 – 2 TaBV 9/96, LAGE § 3 BetrVG 1972 Nr. 2].

161 Ebenso *BAG* 18. 3. 08 – 1 ABR 3/07, NZA 08, 1259; kritisch dazu *Salamon*, NZA 09, 74 ff.

162 Vgl. Rn. 43 a. E.; *Konzen*, RdA 01, 76 [86 f.]; *Buchner*, NZA 01, 633 [634].

kollektivvertraglichen Abrede die Verpflichtung oder sogar nur die Absicht erklärt wird, mehrere bislang verschiedenen UN zugehörige eigenständige Betriebe oder Betriebsteile künftig als gemB führen zu wollen. **Durch** das **Verpflichtungsgeschäft** im TV allein **entsteht** aber ebenso wenig wie in den sonstigen Fällen einer rechtlichen Vereinbarung **kein gemB.** Nur der in der Folge (oder gleichzeitig mit dem Vertragsabschluss) tatsächlich errichtete einheitliche Leitungsapparat – gleichsam als **Vollzugshandlung zur Erfüllung** der tariflichen Pflichten verstanden – stellt den einheitlichen Betrieb mehrerer UN her (vgl. auch § 1 Rn. 125 wegen der Technik eines Tatsachenvergleichs).

Durch den Kollektivvertrag (im streng kausalen Sinne) können jedoch zwei **Betriebe verschiedener UN** unter Wahrung ihrer jeweiligen organisatorischen, d. h. leitungsmäßigen Selbständigkeit **nicht nach Nr. 1 zusammengefasst** und als Betrieb fingiert werden. Dem steht der **Wortlaut** des Abs. 1 Nr. 1, der die gleiche UN-Zugehörigkeit der zusammengefassten Einheiten bedingt, entgegen. Ferner ist der **Systematik** der in Abs. 1 geregelten Fallgruppen zu entnehmen, dass Nr. 1 sich mit den unternehmensinternen Formen einer »Wahlkreis«-Integration befasst, während die Fallgruppen der Nrn. 2, 3 und 4 gerade auch unternehmensübergreifende Modifikationen der gesetzlichen Ordnung ermöglichen. Schließlich ist auch **Sinn und Zweck** der in Nr. 1 geregelten Konstellationen zu beachten: beide Varianten befassen sich mit der gegenüber dem gesetzlichen Modell modifizierten **Bildung des Basis-Vertretungsorgans »Betriebsrat«,** das jedenfalls im Regelfall (die Ausnahme ist gerade der gemB) in oder bei einem UN gewählt wird. Bei Aufrechterhaltung getrennter Leitungsapparate für die Betriebe verschiedener UN würde diese gesetzliche Grundentscheidung der Nr. 1 von den Kollektivvertragspartnern missachtet, weil gerade nicht der Sonderfall eines gemB vorliegt, der trotz einer Mehrheit von UN zur **Wahl nur eines Mitbestimmungsorgans** berechtigt. Zur Möglichkeit, nach Abs. 1 Nr. 3 dennoch nur ein Vertretungsorgan für mehrere Betriebe verschiedener UN errichten zu können, vgl. Rn. 108 ff. 50

Praxishinweis: Die nach dieser Vorschrift mögliche Zusammenfassung von Betrieben soll vor allem bei **UN mit ausgeprägter Filialstruktur** und meist dreigliedrigem Organisationsaufbau (UN-Zentrale mit Hauptverwaltung – regionale Niederlassungen/Kopfstellen – lokales Geschäft/Markt/Laden usw.) eine erleichterte BR-Bildung ermöglichen, durch die alle AN des UN eine Repräsentation durch BR erhalten.[163] Dabei bedienen sich die TV-Parteien häufig zur Abgrenzung der **Regionalbetriebe** entsprechender **Einzeichnungen in einer Landkarte,** die als Anlage zum TV genommen wird. Dieses Verfahren kann aber zu Abgrenzungsschwierigkeiten führen, wenn die zeichnerische Darstellung ungenau oder unleserlich ist. In einem derartigen Fall entspricht der TV nicht dem **Gebot der Normenklarheit,** so dass der Abgrenzungs- oder Zuordnungszweck verfehlt wird.[164] Bei einer derartigen Unbestimmtheit des sachlichen Geltungsbereichs ist von der **Unwirksamkeit des TV** auszugehen.[165] Enthält der TV aber eine Unklarheitenklausel, gilt das dort vorgesehene Verfahren, um eine zweifelsfreie Zuordnung herbeizuführen. Besser, weil klarer und nur so dem zwingenden **Schriftformerfordernis** genügend, ist es allerdings, die zu Regionalbetrieben zusammengefassten Betriebe/Betriebsteile in einer besonderen Liste deutlich identifizierbar als Anlage zum TV aufzuführen und diese Anlage ausdrücklich zum integralen **Bestandteil der Haupturkunde** zu erklären[166], auch um einer einseitigen Änderung durch den AG den Boden zu entziehen. Ferner unterliegen die TV-Parteien einem strikten **Selbstregelungserfordernis,** so dass sie nicht im TV die Konkretisierung offen gelassener Fragen den Betriebsparteien[167] oder gar den WV[168] überantworten dürfen. 51

163 *BT-Drucks.* 14/5741, S. 34; *Däubler,* AuR 01, 1 [2]; *Engels/Trebinger/Löhr-Steinhaus,* DB 01, 532 [533]; *Konzen,* RdA 01, 76 [87].
164 Vgl. zu einem derartigen Fall *LAG Baden-Württemberg* 21. 11. 08 – 7 TaBV 3/08, EzA-SD 6/09, S. 14.
165 *BAG* 24. 1. 01 – 4 ABR 16/00, juris; ebenso *HessLAG* 7. 10. 10 – 9 TaBV 86/10, juris = ArbR 11, 388 (Kurzwiedergabe).
166 So auch *BAG* 21. 9. 11 – 7 ABR 54/10, NZA-RR 12, 186 ff., mit weiteren Hinweisen zum Bestimmtheits- und Normenklarheitsgebot.
167 *BAG* 10. 11. 04 – 7 ABR 17/04, AP Nr. 4 zu § 3 BetrVG 1972.
168 Zu einem derartigen Fall *HessLAG* 7. 10. 10 – 9 TaBV 86/10, juris = ArbR 11, 388 (Kurzwiedergabe).

c) Erleichterte BR-Bildung/Sachgerechte Interessenwahrnehmung

52 Die kollektivvertragliche Abweichung vom gesetzlichen Organisationsmodell der betrieblichen Interessenvertretung durch BR nach Nr. 1 ist zulässig, »wenn dies die Bildung von Betriebsräten erleichtert oder einer sachgerechten Wahrnehmung der Interessen der Arbeitnehmer dient«. Andere Gesichtspunkte – wie z. B. die Absicht der **Einsparung von Kosten** der BR-Tätigkeit – dürfen demnach keine Rolle spielen, andernfalls wäre die Regelung unwirksam.[169] Die **erste Alternative** ist nahezu identisch mit der Bedingung, die § 3 Abs. 1 Nr. 3 a. F. formulierte. Hierzu ist anerkannt, dass diese **Voraussetzung** immer schon dann **vorliegt, wenn** für Teile der vom TV erfassten UN-Bereiche **bisher kein BR gebildet** worden war und die Belegschaft dort deswegen außerhalb des Schutzes durch das BetrVG stand.[170] Dieser Aspekt hat nicht etwa seine Bedeutung dadurch verloren, dass nunmehr der GBR nach § 50 Abs. 1, 2. Halbsatz auch für betriebsratslose Betriebe zuständig ist, denn diese Mit-Zuständigkeit erstreckt sich nur auf den Bereich der sog. originären GBR-Zuständigkeit, so dass im betriebsratslosen Betrieb die »Mitbestimmungslücken« in einer Vielzahl betriebsbezogener Angelegenheiten fortbestehen. Die Bildung von Betriebsräten wird **auch dann** erleichtert, **wenn** durch die Tarifierung **tatsächliche Zweifel an der BR-Fähigkeit** von Betriebsteilen oder Kleinstbetrieben (z. B. um die Schwellenzahl des § 1 Abs. 1 schwankender Beschäftigtenstand) **ausgeräumt** werden.[171]

53 Zweifelhaft kann aber erscheinen, ob im Falle der Nr. 1 b) dem Erfordernis einer erleichterten BR-Bildung dann genügt wird, wenn ein **bereits länger bestehender BR,** der problemlos seinen Aufgaben nachgegangen ist, durch den Kollektivvertrag auf Grund einer anderweitigen Wahlkreisbildung (z. B. bei der Bildung von Regional-BR) »untergeht« und die dortige Belegschaft nunmehr mit anderen Belegschaftsteilen zu einem größeren Wahlkörper zusammengefasst wird. Solche Fälle können z. B. vorkommen, wenn bisher eigenständige – etwa einzelkaufmännisch geführte – UN mit Einzelbetrieben und womöglich seit Jahrzehnten eingespieltem BR **im Wege eines Betriebsübergangs** von einem Erwerber-UN mit weit verzweigter Filialstruktur übernommen werden, in dem ein TV nach § 3 besteht.[172] Die Bestimmung lässt es in derlei Fällen durchaus zu, die gewachsene **Vertretungsstruktur** durch den Kollektivvertrag **unangetastet** zu lassen,[173] es muss dann aber durch den Kollektivvertrag für den Fall eine Regelung bedacht werden, wenn es in diesem »Sonderbetrieb« nicht mehr zur Wahl eines BR kommen sollte, weil sonst das normative Regelungsziel einer erleichterten BR-Bildung verfehlt würde (vgl. Rn. 45 a. E.). Andererseits besteht auch kein Zwang zur Aussparung von Betrieben mit funktionierendem BR aus der kollektivvertraglichen Vertretungsstruktur, denn die Beurteilung des von der Norm geforderten »Erleichterungseffekts« hat vor allem auf den gesamten Geltungsbereich des Kollektivvertrags abzustellen, wobei die Vertragspartner einen Beurteilungsspielraum haben.[174] Außerdem kann die Einbeziehung eines Belegschaftsteils, der bisher einen eigenen BR hatte, in einen größeren Wahlkörper durchaus auch der sachgerechten **Wahrnehmung der Interessen der AN** dienen, wie es die zweite Alternative des »Wenn-Satzes« ja auch für ausreichend erklärt (sogleich Rn. 55).

54 **Unzulässig** wäre wegen offensichtlicher Zielverfehlung und Zweckwidrigkeit allerdings eine kollektivvertragliche Regelung, durch die Betriebsstätten, die bislang vertretungslos waren, auch künftig außerhalb der vereinbarten Vertretungsstrukturen gestellt bleiben würden. Nach altem Recht (§ 3 Abs. 1 Nr. 3 a. F.) genügte die erleichterte »Bildung von Vertretungen der AN«, während die neugefasste Bestimmung ausdrücklich nur die Erleichterung der Bildung des BR als dem Basisorgan der betrieblichen Mitbestimmung erwähnt. Deshalb wäre es nach neuem

169 Problematisch daher die Ausführungen bei *Gaul/Mückl*, NZA 11, 657 ff, die durchgängig die Aspekte der Reduzierung von Mandatsträgern und die Senkung von BR-Kosten in ihren strategischen Überlegungen hervorheben.
170 Vgl. ErfK-*Koch*, Rn. 4; *Fitting*, Rn. 29.
171 ErfK-*Koch*, Rn. 4.
172 So auch der Sachverhalt in *LAG Düsseldorf* 11.11.99, LAGE § 3 BetrVG 1972 Nr. 4; näher zu den betriebsverfassungsrechtlichen Folgen *Trümner*, FA 07, S. 226 ff.
173 Skeptisch zur Ausklammerung einzelner Arbeitsstätten wegen des Gleichbehandlungsgrundsatzes aber *Gamillscheg*, Kollektives Arbeitsrecht, Bd. I, S. 604.
174 So schon zum alten Recht 7. Aufl., Rn. 43a; *LAG Düsseldorf* 11.11.99, a. a. O., S. 5.

Recht gem. Abs. 1 Nr. 1 **nicht zulässig,** wenn der Kollektivvertrag lediglich die erleichterte Bildung einer JAV, eines GBR, eines KBR oder einer SBV zum Gegenstand hätte.[175] Unzulässig, weil rechtsmissbräuchlich, wäre es auch, wenn die tarifliche Regelung allein dazu dient, innerhalb eines GBR oder KBR »komfortablere Mehrheitsverhältnisse« herzustellen.[176]

Die alternative Voraussetzung der **Dienlichkeit »zur sachgerechten Wahrnehmung der AN-Interessen«** war in dieser Form nicht als Merkmal in § 3 Abs. 1 a. F. enthalten. Eine ähnliche Formulierung enthält auch der neue »Wenn-Satz« in Abs. 1 Nr. 2; dort bezieht sich die »Dienlichkeit zur sachgerechten Wahrnehmung« allerdings auf die **Aufgaben des BR,** so dass man wohl annehmen darf, dass dieser sprachlichen Differenzierung auch eine inhaltliche Verschiedenheit zugrunde liegt. Die Begründung zum Regierungsentwurf des BetrVerf-ReformG schweigt allerdings zur Formulierung in Nr. 1[177] und nennt für den Fall der Nr. 2 erläuternd die Situation, dass eine sachgerechte Wahrnehmung der BR-Aufgaben vor allem dann anzunehmen sei, wenn der BR dort errichtet wird, wo ihm ein kompetenter Ansprechpartner und Entscheidungsträger des UN gegenübersteht.[178] Diese Annahme entspricht allerdings einer nicht bestrittenen Ansicht zu § 3 Abs. 1 Nr. 3 a. F. im Zusammenhang mit dem Merkmal der erleichterten Bildung von AN-Vertretungen (vgl. *7. Aufl.,* Rn. 43), so dass eine bewusst differenzierende Wortwahl des Gesetzgebers möglicherweise doch nicht vorgelegen hat. Will man dem alternativen Merkmal der Nr. 1 (Wahrnehmung der Interessen der AN) **einen eigenständigen Inhalt** beilegen (weil sonst die Alternative keinen Sinn ergeben würde), so ist etwa an den Fall zu denken, dass durch die Zusammenfassung von Betrieben die Wahrnehmbarkeit von Mitwirkungs- und **Mitbestimmungsmöglichkeiten** in der Weise **optimiert** wird, dass betriebsbezogene Schwellenwerte überschritten werden (z. B. in § 92a Abs. 2 [100 AN] bzw. § 95 Abs. 2 Satz 1 [500 AN]).[179] 55

Eine **Dienlichkeit** zur sachgerechten Wahrnehmung der AN-Interessen **liegt vor,** wenn die Zusammenfassung von Betrieben die Bildung von **BR-Gremien** in einer Größenordnung erlaubt, die ein **Mindestmaß an Professionalität** durch Aufgabenteilung, **Spezialisierung** usw.[180] ermöglicht. Denn erst wenn der BR selbst seine Arbeit effektiv wahrnehmen kann, wird auch eine sachgerechte Wahrnehmung der AN-Interessen möglich. Dagegen wird wie bisher die Zielrichtung einer bloßen **Erleichterung der BR-Arbeit** – sofern nur nach innen gerichtet und nicht auf die AN-Interessen bezogen – ebenso wenig zu einer abweichenden kollektivvertraglichen Regelung berechtigen, wie das **Interesse des UN an einer Kosteneinsparung** durch Verringerung von BR-Gremien und BR-Mitgliedern per saldo.[181] **Indizien** für solche unzulässigen, kosteneinsparungsmotivierten Vereinbarungen sind Vorteilsgewährungen aller Art im zeitlichen und sachlichen Zusammenhang mit dem Vertragsabschluss (z. B. ungewöhnlich repräsentative Büroausstattung, Zuweisung von hohen BR-Budgets zur eigenverantwortlichen Bewirtschaftung, Anhebung von Dienstwagenkategorien für BR-Mitglieder usw.). 56

Zweifelhaft kann die Erfüllung der »Dienlichkeit« sein, wenn die **Zusammenfassung von Betrieben/Betriebsteilen so großflächig** erfolgt, dass die Wahrnehmung der Interessen der AN deswegen leidet, weil der BR nicht mehr in der Lage ist, sich aus eigener Anschauung ein Bild über die Verhältnisse zu machen oder die AN in entlegenen Betriebsstätten nicht mehr in der Lage sind, den BR überhaupt aufzusuchen.[182] Zwar kann der räumliche Maßstab des § 4 Abs. 1 Satz 1 nicht gedankenlos hierher übertragen werden, da andernfalls die Möglichkeiten 57

---

175 ErfK-*Koch,* Rn. 4.

176 *Däubler,* Das Arbeitsrecht 1, Rn. 753y.

177 Vgl. *BT-Drucks.* 14/5471, S. 34.

178 A. a. O., S. 34, l. Sp.; so auch für Nr. 1 *Fitting,* Rn. 30; ebenso *BAG* 21.9.11 – 7 ABR 54/10, NZA-RR 12, 186 ff.

179 Ebenso ErfK-*Koch,* Rn. 4; durch Änderung der Bezugspunkte für die Schwellenzahlen in §§ 99, 111 vom »Betrieb« auf das »UN« kommt diesem Gesichtspunkt allerdings nur noch eine geringere Bedeutung zu.

180 Ggf. auch Freistellung gem. § 38; dazu explizit auch *LAG Düsseldorf* 11.11.99 – 5 TaBV 55/99, LAGE § 3 BetrVG 1972 Nr. 4, S. 5; *LAG Schleswig-Holstein* 9.7.08 – 3 TaBV 4/08, DB 09, 71.

181 Ebenso *Fitting,* Rn. 31.

182 Vgl. zur Praxis *Trümner/Sparchholz,* AiB 09, 98 ff.; Abhilfe kann in gewissem Rahmen aber durch zusätzliche Vertretungen nach Abs. 1 Nr. 5 geschaffen werden.

zur Zusammenfassung nach Abs. 1 Nr. 1 häufig leerliefen. Die gesetzliche **Grundwertung aus § 4** muss allerdings von den TV/BV-Parteien dennoch ernst genommen werden.[183] Weist ein UN eine **hohe territoriale Flächendeckung** durch eine Vielzahl von Betriebsstätten auf, dürfte eine z. B. auf Ebene eines Flächen-Bundeslandes erfolgende Zusammenfassung zum **Regionalbetrieb** nur selten den gesetzlichen Voraussetzungen der Dienlichkeit entsprechen. Anders kann dies sein, wenn das UN nur eine **geringe Flächendeckung** aufweist und ohne Zusammenfassung die Wahrscheinlichkeit steigt, dass es mangels genügender Kandidaten überhaupt zur BR-Bildung kommt.

58 Gründe der »**Betreuungsökonomie**« auf Seiten der zuständigen **Gewerkschaft** dürfen ebenso wenig Motiv gebend für eine bestimmte Form der Zusammenfassung sein, wie das **Kosteneinsparungsinteresse** des AG. Eindeutig nicht mehr von den gesetzlichen Bedingungen gedeckt ist es, wenn durch die Zusammenfassung die Zahl der BR-Mitglieder auf 8 % des Wertes absinkt, der bei Anwendung der gesetzlichen Strukturen zu veranschlagen wäre – zumal dann, wenn vor der tariflichen Zusammenfassung in 94 % der Betriebe bereits ein BR errichtet worden war[184] und der tariflich gebildete zentrale BR weder vor Ort **Sprechstunden** abhält, noch die gesetzlich vorgeschriebenen **Betriebsversammlungen** durchführt. Da der BR zudem gehalten ist, bei beabsichtigten Kündigungen den betroffenen **AN anzuhören (vgl. § 102 Abs. 2 Satz 4)**, muss gewährleistet sein, dass dies auch tatsächlich durchgeführt werden kann.[185]

59 In den kritischen Bemerkungen zum BetrVerf-ReformG ist zu Recht darauf hingewiesen worden, dass die im 2. Halbsatz zusätzlich formulierten tatbestandlichen Anforderungen zum **Kristallisationspunkt für** die Frage der **Wirksamkeit von Kollektivverträgen** geraten könnten[186] und sinnvoll eben nur seien, wenn sie nicht nur eine Richtschnur für die Kollektivvertragsparteien, sondern zugleich eine Vorgabe für die staatliche (d. h. gerichtliche) Kontrolle darstellten. Sieht man in diesen zusätzlichen Merkmalen eine Art funktionelles Äquivalent für das entfallene behördliche Zustimmungserfordernis – wofür manches sprechen mag –, so wird man eine eingeschränkte Rechtskontrolle nicht ausschließen können.[187] Immerhin haben auch in der Vergangenheit die Gerichte bei TV nach § 3 a. F. trotz erteilter behördlicher Zustimmung eine insoweit allerdings eingeschränkte **Rechtskontrolle** dahin gehend ausgeübt, ob der den TV-Parteien durch das Gesetz eingeräumte **Beurteilungsspielraum** beachtet wurde.[188]

59a Das *BAG*[189] hat im Rahmen seiner Erwägungen zur Verfassungsmäßigkeit der Regelungen in Abs. 1 Nr. 1–3 gerade darauf abgestellt, dass der mit den Dienlichkeitsklauseln vom Gesetzgeber gezogene Rahmen für die Gestaltungsmöglichkeiten durch die Kollektivvertragsparteien diesen **keine beliebige Ausgestaltung** gestatte.[190] Den Arbeitsgerichten stünde vielmehr anhand der vom Gesetzgeber verwendeten unbestimmten Rechtsbegriffe eine **Wirksamkeitskontrolle** zu, um z. B. TV die rechtliche Anerkennung zu versagen, die lediglich verbandspolitisch motiviert seien, aus Kostengründen keine ausreichend legitimierte Repräsentationsstruktur schüfen oder nicht sicherstellten, wer der tariflichen AN-Vertretung als AG gegenüberstehe. Diese materiellen **Anforderungen** an die »Dienlichkeit« dürfen jedoch auch **nicht überspannt** werden, wie sich aus der Parallelwertung zum Optionsrecht der AN nach Abs. 3 ergibt: Dort bestehen diese zusätzlichen Voraussetzungen gerade nicht (vgl. Rn. 176a), weil es darum geht, dass AN einen BR errichten können, um die Mitbestimmungsordnung im Betrieb überhaupt erstmals zu entfalten. Diese grundsätzliche Wertung gilt jedoch häufig in gleicher Weise auch für die Regelung durch TV/BV, wenn dadurch erstmals betriebliche Einheiten in die Vertretungs- und Mitbestimmungsordnung einbezogen werden, die daran bisher nicht partizipieren konnten. Ein TV/eine BV nach § 3 erfüllt deshalb immer bereits dann die Anforderung der

---

183 In diese Richtung auch *BAG* 24.4.13, DB 13, 1913, Rn. 28, das zu Recht einer regionalisierten BR-Struktur den Vorrang gegenüber einem UN-einheitlichen BR einräumt.

184 Reales Beispiel bei *Trümner/Sparchholz*, a. a. O.: statt gesetzlich möglicher 1155 BRM nunmehr lediglich 92 BRM!.

185 So im Fall, der bei *Trümner/Sparchholz*, a. a. O., kritisch beleuchtet wird.

186 Vgl. *Richardi*, NZA 01, 346 [350]; *Däubler*, AiB 01, 313 [315].

187 Ähnlich ErfK-*Koch*, Rn. 1; *Fitting*, Rn. 21; näher Rn. 175 und *Trümner/Sparchholz*, AiB 09, 98 ff.

188 Vgl. *LAG Düsseldorf* 11.11.99, LAGE § 3 BetrVG 1972 Nr. 4).

189 29.7.09, NZA 09, 1424 (Rn. 22 a. E.).

190 Vgl. auch *Richardi*, NZA 14, 232: kein »Wie es Euch gefällt!«.

Dienlichkeit, wenn dadurch »weiße Flecken« in der Vertretungslage minimiert oder besser sogar: beseitigt werden.

d) Keine Aufteilung von Betrieben?

Ebenso wenig wie nach h. M. § 3 Abs. 1 Nr. 3 a. F.,[191] erlaubt die Neuregelung in Nr. 1 ihrem 60
Wortlaut nach die tarifvertragliche **Aufteilung eines Betriebs** oder Betriebsteils in mehrere »Wahlkreise«, allerdings ohne dass dafür immer ein einsichtiger Grund erkennbar wäre.[192] Hier gilt grundsätzlich das Gleiche wie bei der Zusammenfassung nach Nr. 1 a) und b): schon die Beseitigung etwaiger Zweifel über die richtige Organisationsabgrenzung nach der gesetzlichen Regel des § 4 berechtigt vernünftigerweise zur tarifvertraglichen Festlegung der Wahlkreise, zumal Betriebsteile und »echte« Betriebe nach wie vor nicht wirklich sicher voneinander abgegrenzt werden können (vgl. Rn. 45, 52) und gerade § 4 Abs. 1 Satz 1 Nr. 2 verdeutlicht, dass **selbst bei engster räumlicher Nähe** von Organisationseinheiten (UN-Teilen) eine betriebsverfassungsrechtlich **eigenständige Vertretungseinheit** vorliegen kann, wenn eine auch nur relative Verselbstständigung in Aufgabenbereich und Organisation gegeben ist (vgl. § 4 Rn. 62 ff.). Es kann auch nicht angenommen werden, dass der **Novellierungsgesetzgeber 2001** mit seinem Schweigen eine grundsätzliche und bewusste Entscheidung gegen die Möglichkeit zur Teilung eines Betriebs in mehrere »Wahlkreise« getroffen hat, denn beispielsweise kann ja auch die kollektivvertragliche Regelung nach Abs. 1 Nr. 2 (Sparten-BR) zu einer vertretungsrechtlichen Organisationstrennung führen (dazu das Beispiel in Rn. 65) und wird dies regelmäßig auch. Vgl. zur problematischen **Aufteilung eines gesetzlichen gemB durch TV** nach Abs. 1 Nr. 3 unten Rn. 119 a. E. und § 1 Rn. 220a

Das Gesetz selbst enthält außerdem noch weitere Fälle, in denen es zur **Teilung der** betriebs- 61
verfassungsrechtlichen **Organisationseinheit** kommt:

(1) Nach **§ 4 Abs. 1 Sätze 2–5** kann mit Wirkung für die nächsten regelmäßigen BR-Wahlen eine zunächst von der **Belegschaft des Betriebsteils** gewünschte wahlrechtliche **Zuordnung zum Hauptbetrieb** widerrufen werden, so dass eine **Teilung des Wahlkörpers** erfolgt, und zwar – wie auch beim Zusammenfassungsvotum – ohne dass sich die Belegschaft des Hauptbetriebs hiergegen zur Wehr setzen kann.[193] In derartigen Fällen wäre es aus Gründen der »besseren« Legitimation zumindest sinnvoller, diese Sachentscheidung auch und gerade durch TV zuzulassen.

(2) **Kleinstbetriebe** i. S. v. § 4 Abs. 2 sind nur so lange dem Hauptbetrieb zugeordnet, wie die Voraussetzungen der Betriebsratsfähigkeit fehlen. Steigt die Beschäftigtenzahl über den **Schwellenwert des § 1 Abs. 1 Satz 1,** entfallen – soweit nicht ein Fall des § 13 Abs. 2 vorliegt, allerdings erst mit dem Zeitpunkt der nächsten regelmäßigen BR-Wahlen – auch die Voraussetzungen der Zuordnung zum Hauptbetrieb, so dass gleichfalls eine Teilung des Wahlkörpers erfolgt, sofern nicht ein Kollektivvertrag nach § 3 Abs. 1 Nr. 1 diesen Effekt »auffängt«, der sonst möglicherweise zur Betriebsratslosigkeit des betreffenden Betriebs führen könnte.

Weitere praktisch denkbare Konstellationen lassen ein generelles **Verbot zur Teilung des** 62
Wahlkörpers zweifelhaft erscheinen:

(1) **Nach § 3 Abs. 3** kann es zur Bildung eines **UN-BR** kommen, obgleich ja unter Zugrundelegung der gesetzlichen Abgrenzung von Organisationseinheiten ein mehrbetriebliches UN vorliegt. Sollte es hier etwa keinerlei Möglichkeit geben, diese zentralistische Struktur bei sich ergebendem Bedarf in eine weniger zentrale – etwa nach Abs. 1 Nr. 1 b) – zu überführen (dazu auch Rn. 185)? Die **Zulässigkeit einer** derartigen **kollektivvertraglichen Teilungsvereinbarung muss** m. E. schon deshalb **bejaht werden,** weil Abs. 3 (anders als § 4 Abs. 1 Satz 5) gerade keine Aussage darüber trifft, ob und ggf. welche Änderungen der ursprünglichen Struk-

---

191 Vgl. nur *Fitting,* Rn. 36 m. w. N.

192 Zur Kritik schon *Gamillscheg,* Kollektives Arbeitsrecht, S. 605, unter Hinweis auf die von *Rancke,* Betriebsverfassung, S. 205 ff., [279 ff.] rechtstatsächlich gefundenen Beispiele sog. *Hallenbetriebsräte* in großen UN; ablehnend gegenüber einer »Zerlegung« aber GK-*Franzen,* Rn. 9; *Fitting,* Rn. 36.

193 Kritisch zu dieser von einer Minderheit erzwingbaren Vertretungsstruktur allerdings *Franzen,* ZfA 00, 285 [311]; *Konzen,* RdA 01, 76 [81]; Richardi-*Annuß,* DB 01, 41 [42].

tur durch Belegschaftsentscheid möglich sind (s. Rn. 185). Es stellt sich nämlich die Frage, ob etwa auch bloß die Rückkehr zur gesetzlichen Vertretungsstruktur nur in der Weise erfolgen kann, dass die künftige Wahl des UN-BR unterbleibt und dann nach § 18 Abs. 2 i. V. m. § 17 Abs. 2 Wahlvorstände bestellt werden müssen, um ggf. für die einzelnen Betriebsteile BR-Wahlen durchzuführen, oder ob zwecks Übergangs zur gesetzlichen Vertretungsstruktur nur der UN-BR Maßnahmen zur Einleitung von dezentralen BR-Wahlen ergreifen kann (durch die Bestellung von mehreren WV gem. § 16 Abs. 1).

(2) In Fällen der Nr. 1 a) (und teilweise auch der Nr. 1 b)) wäre ohne Anerkennung der Möglichkeit zur tarifvertraglichen Teilung von betriebsverfassungsrechtlichen Organisationseinheiten nicht einmal durch Folge-TV der Übergang von einer Struktur nach Nr. 1 a) zur Struktur nach Nr. 1 b) möglich. Stets müsste erst der »Umweg« über die Beendigung des TV, den anschließenden »Rückfall« in die gesetzliche Struktur und dann die Zusammenfassung nach Nr. 1 b) gegangen werden. Es darf unterstellt werden, dass dies kaum der Absicht des Gesetzgebers entspricht, der gerade eine Vereinfachung der Möglichkeiten zur Herstellung effektiver Vertretungsstrukturen für die AN anstrebte. Vor diesem Hintergrund ist entsprechend den sachlichen Vorgaben in Abs. 1 Nr. 1 davon auszugehen, dass jedenfalls in den hier (Rn. 61, 62) genannten Fällen auch eine Teilung des Betriebs in mehrere betriebsverfassungsrechtliche Organisationseinheiten durch TV möglich und zulässig ist[194].

2. UN und Konzerne mit Spartenorganisation (Sparten-BR) nach Nr. 2

63 Nach Nr. 2 können durch Kollektivvertrag sog. **Sparten-BR** für UN und Konzerne vorgesehen werden, soweit diese nach **produkt- oder projektbezogenen Geschäftsbereichen** (Sparten) organisiert sind und die Spartenleitung auch Entscheidungen in beteiligungspflichtigen Angelegenheiten trifft, wenn diese abweichende Gestaltung der Vertretungsstrukturen der sachgerechten Wahrnehmung der Aufgaben des BR dient.[195] Die Bestimmung **erlaubt** an sich **sowohl** die spartenmäßige **Zusammenfassung der AN** verschiedener Betriebe zur BR-Wahl, **als auch** die spartenmäßige **Zergliederung** der AN eines Betriebs, so dass innerhalb eines Betriebs durchaus mehrere BR errichtet werden könnten.[196] Letzteres kann aber zu einer problematischen **Überschneidung in den Aufgabenbereichen** dieser Mehrheit von BR führen (vgl. auch Rn. 76)[197] und sollte daher von den Kollektivvertragsparteien ausgeschlossen werden (vgl. aber das Beispiel in Rn. 65).

a) Produkt- oder Projektbezug

64 Voraussetzung der Bestimmung ist das **Vorliegen einer Spartenorganisation,** wobei ausschließliche Kriterien der Spartenbildung **Produkte** oder **Projekte** sind, so dass andere organisatorische Merkmale einer Spartenbildung, wie etwa die Ausrichtung auf bestimmte Kundengruppen oder Marktteilnehmer bzw. Marktsegmente, Vertriebswege oder Absatzregionen, nicht ausreichen (obgleich auch diese Spartenbildung praktisch anzutreffen ist),[198] wenn sich diese Orientierung nicht auf eine produkt- oder projektbezogene Spartenbildung stützt. So-

194 Davon scheint jetzt auch das *BAG* 24.8.11 – 7 ABR 8/10, NZA 12, 223, 224 (Rz. 15) selbst auszugehen.

195 Vgl. ausführlich *Friese,* RdA 03, 92 ff.; zur Spartenorganisation auch *12. Aufl., Vor § 54 Rn. 71 ff.; Wendeling-Schröder,* Divisionalisierung, S. 9 ff.; *Joost,* S. 80, 122 ff., 245; Beispiel eines TV in DKWF-*Bachner,* § 3 Rn. 4.

196 Zutreffend *Buchner,* NZA 01, 633 [634]; a. A. *LK,* Rn. 10; wie hier aber HaKo-BetrVG-*Kloppenburg,* Rn. 50; ErfK-*Koch,* Rn. 5; *Fitting,* Rn. 37; *Richardi,* Rn. 29.

197 Gegen eine solche Vornahme der BR-Errichtung schon *BAG* 1.2.63 [AP Nr. 5 zu § 3 BetrVG 52] mit dem Argument, ein »unfruchtbares Nebeneinander und eine unerquickliche Rivalität« der BR müsste vermieden werden.

198 Vgl. dazu *Joost,* S. 123 m. w. N.; näher zum Spartenbegriff *Friese,* RdA 03, 92 [93]; ohne weitere Problematisierung hatte das *LAG Köln* 29.10.21 – 9 TaBV 17/21, NZA-RR 22, 133 sogar eine tarifvertragliche Kombination aus Abs. 1 Nr. 1 (Regional-BR) und Abs. 3 (Sparte »Vertrieb«) hingenommen, obgleich schon diese Spartenbildungsart mit Zweifeln belastet ist.

mit bildet z. B. der Geschäftsbereich »Privatkunden« einer Bank keine Sparte i. S. d. Vorschrift. **Nicht erfasst** sind auch Fälle der sog. funktionalen Divisionalisierung, bei denen der Tätigkeitsbereich eines UN etwa in die Bereiche **Produktion, Vertrieb** und **Kundenservice** aufgeteilt wird.[199] Die Anknüpfung an einem **Produktbezug** legt zwar ein eher auf **industrielle Verhältnisse bezogenes Verständnis der Norm** nahe; dies entspricht aber wohl nicht dem Anliegen des Gesetzgebers, denn Spartenbildungen erfolgen durchaus auch im **Dienstleistungssektor,**[200] so dass dieser Bereich nicht grundsätzlich aus dem Anwendungsbereich ausgeblendet werden kann. Dafür spricht auch die Einbeziehung eines **Projektbezuges** in den Normbereich, womit nicht nur industrielle Großprojekte mehrerer UN gemeint sein dürften, bei denen die finanzielle Leistungskraft eines Einzel-UN überschritten wird, sondern auch die typischerweise projektförmig organisierte Arbeitsweise in größeren Forschungseinrichtungen. Nicht aus dem Anwendungsbereich der Norm ausgeschlossen sein dürfte trotz des nicht ganz klaren Wortlauts eine Spartenbildung entlang von **Produktgruppen,** die durch artspezifische Gegebenheiten eine »Nähe« zueinander aufweisen.[201] Die gesetzliche Einengung auf den Produkt- oder Projektbezug kann im Einzelfall verhindern, bei konzern- oder unternehmensorganisatorischen **Matrix-Strukturen** (dazu o. § 1 Rn. 81 ff.) angemessene Vertretungsstrukturen durch Kollektivvertrag nach Nr. 2 zu schaffen, wenn die geschäftsbereichsbezogene Matrixorganisation entlang anderer Gesichtspunkte (z. B. Regionen, Kundensegmente o. ä.) erfolgt. Denkbar bleibt zwar, dann auf der Grundlage von Nr. 3 vorzugehen (vgl. Rn. 103), was aber eine genaue Prüfung der gesetzlichen Voraussetzungen (»wirksame und zweckmäßige« Interessenvertretung der AN) bezogen auf den konkreten Sachverhalt erfordert und stets nur durch TV, niemals aber durch BV möglich ist.

b) Spartenorganisation im UN

Die Bildung von Sparten-BR kann sich sowohl auf den Einzelbetrieb eines UN, also **betriebsintern** (vgl. Rn. 63), aber auch **betriebsübergreifend** innerhalb desselben UN vollziehen (zu Letzterem Rn. 66). 65

> **Beispiel 1 (UN mit einem Betrieb):**
> Die X-GmbH hat nur ein Werk Y, in dem die Produkte a, b, c und d erzeugt werden. Die dementsprechenden bisherigen Abteilungen werden unter Ernennung von Spartenleitern zu Sparten umgebildet.

Soweit die weiteren Voraussetzungen gegeben sind (Spartenleitung mit entsprechenden Befugnissen, sachgerechte Aufgabenwahrnehmung), wäre es denkbar, dass im Werk Y vier Sparten-BR gebildet werden.[202] Es ergibt sich dann keine andere Vertretungslage, als wenn man die vier Sparten unter Anwendung der gesetzlichen Betriebsabgrenzung gem. §§ 1, 4 als durch Aufgabenbereich (= Sparteneigenschaft) und Organisation (= Spartenleitung) eigenständigen Betriebsteil gem. § 4 Abs. 1 Satz 1 Nr. 2 qualifiziert. Somit tritt eine **Teilung des** an sich einheitlichen **Wahlkörpers** ein, die ähnliche Folgen für die Anwendung des Betriebsverfassungsrechts im konkreten Bereich nach sich zieht, wie sie bei einer Spaltung des Betriebs i. S. v. § 111 Satz 3 Nr. 3 auftreten. Schon die weitere Frage, ob diese vier Sparten-BR – da zum selben UN gehörend – einen **GBR gem. § 47** zu bilden haben oder ob die bei der UN-Leitung integrierende Interessenvertretung durch den womöglich neben den Sparten-BR fortbestehenden BR für das Werk Y wahrgenommen wird, hängt von der Lösung der in der Literatur umstrittenen Problematik ab, ob Sparten-BR nach Nr. 2 als **alternative** Form zu den nach der gesetzlichen Normalstruktur zu bildenden BR **oder** als diese **ergänzende** Vertretungen anzusehen sind (dazu Rn. 81 ff.). Je nachdem, wie man diese Frage beurteilt, käme es nämlich zur Bildung

199 *Fitting,* Rn. 39.
200 Vgl. dazu schon *Wendeling-Schröder,* Divisionalisierung, S. 19 f., 114.
201 Z. B. Betriebe der Sparte Wasserkraftwerke, der Sparte Braunkohlekraftwerke, der Sparte Kernkraftwerke innerhalb eines UN oder Konzerns der Energieerzeugung; ähnlich *Joost,* a. a. O.
202 So auch die Annahme in der Begründung zum Regierungsentwurf, vgl. *BT-Drucks.* 14/5741, S. 34.

eines GBR aus den Sparten-BR oder es bliebe bei der umfassenden Zuständigkeit des gesetzlich gebildeten BR.

66 Zu einer **betriebsübergreifenden** (aber UN-internen) **Bildung eines Sparten-BR** kann es nur kommen, wenn das betreffende UN mindestens zwei Betriebe hat, in denen die verschiedenen Sparten vertreten sind.[203]

> **Beispiel 2 (UN mit mehreren Betrieben):**
> Die X-GmbH hat zwei Werke an unterschiedlichen Orten (Werk 1 und Werk 2). Im Werk 1 gibt es die produktbezogenen Sparten a und b. Diese Sparten sind auch im Werk 2 vertreten. Unterhalb der GmbH-Geschäftsführung sind die Spartenleiter a und b installiert, die als werkübergreifende Spartenleitungen fungieren.

Für beide Werke könnten – zumal bei räumlich weiter Entfernung der Werke (vgl. § 4 Abs. 1 Satz 1 Nr. 1) – jeweils zwei örtliche Sparten-BR a und b (also insgesamt vier Gremien) gebildet werden (Variante 1), ebenso denkbar und zulässig (Variante 2) ist aber eine **betriebsübergreifende Bildung von** nur jeweils einem **Sparten-BR** a (aus Werk 1 und 2) bzw. einem Sparten-BR b (aus Werk 1 und 2).[204] Das Problem der Bildung eines GBR stellt sich in beiden Varianten analog dem Beispiel 1 (Rn. 65), denn nach gesetzlicher Vertretungsorganisation wäre der GBR aus den örtlichen Einzel-BR der Werke 1 und 2 zu bilden, während man bei Annahme einer Verdrängung der gesetzlichen durch die kollektivvertraglichen Gremien zur Bildung des GBR aus den örtlichen bzw. betriebsübergreifend gebildeten Sparten-BR käme.[205] Wohl durch den Wortlaut der Vorschrift ausdrücklich ausgeschlossen wäre bei Variante 1 allerdings die Bildung eines Sparten-GBR a *und* eines Sparten-GBR b,[206] denn die Bestimmung regelt »die Bildung von **Betriebsräten** in den Sparten«, meint also offenbar nur die Basisebene der betrieblichen Mitbestimmung (dazu passt freilich nicht ganz die in der Begründung [*BT-Drucks.*, a. a. O., S. 34] angesprochene Möglichkeit zur Bildung von **»Spartengesamtbetriebsräten«**, auch wenn diese Gestaltung sich der Begründung zufolge nur auf solche Fälle beziehen soll, in denen einer Sparte mehrere UN angehören, nicht aber, wenn innerhalb desselben UN die Sparten jeweils mehrere »Sparteneinzelbetriebsräte« haben).[207] Wollte man dies anders sehen, würde es beim selben UN-Träger zu einem Nebeneinander mehrerer sektoral zuständiger »GBR« kommen können, was aber einer grundsätzlich einheitlichen AN-Repräsentation gegenüber dem Arbeitgeber durch den vom Gesetz zwingend vorgesehenen GBR gem. § 47 völlig zuwiderlaufen würde.[208] Eine derartige Gestaltung würde gerade deshalb auch nicht der sachgerechten Wahrnehmung der Aufgaben des BR dienen, wie es in Nr. 2 zur Voraussetzung einer kollektivvertraglichen Abweichung von der gesetzlichen Normalbetriebsverfassung gemacht wird. Es kann nicht überzeugen, den Normbereich in einer Form auszuweiten, dass er Gestaltungen beinhaltet, die dem verfolgten Regelungsziel entgegenstehen. Im Falle der **Regelung durch BV** sind bei betriebsübergreifenden Gestaltungen die (betriebsbezogenen) Grenzen der Vereinbarungsbefugnis des Einzel-BR zu beachten. Hier kommt allenfalls die GBV als Regelungsinstrument in Betracht (vgl. Rn. 168, 171).

67 Nicht ausdrücklich geregelt hat der Gesetzgeber den Fall, dass nicht die gesamte betriebliche Infrastruktur in die Spartenbildung einbezogen wird, sondern Teile (z. B. **Stabsstellen, Querschnittsbereiche, interne Servicefunktionen**) des Betriebs hiervon unberührt bleiben. Ob derartige Bereiche ihrerseits als Sparte anzusehen sein können, ist wegen des erforderlichen Produkt- oder Projektbezuges sehr zweifelhaft (Rn. 64), denn UN-interne »shared services«

---

203 ErfK-*Koch*, Rn. 5; *Fitting*, Rn. 43.
204 So auch die Annahme in *BT-Drucks.* 14/5471, S. 34.
205 Dazu Rn. 81 ff.; so wohl auch *Fitting*, Rn. 42; *LK*, Rn. 8; *Richardi*, Rn. 34.
206 So aber das Verständnis eines Sparten-GBR bei *Joost*, S. 80; wie hier *Thüsing*, ZIP 03, 693 [703].
207 *Friese*, RdA 03, 92 [95] meint, auch ein GBR oder KBR sei »Betriebsrat« im Sinne des Wortlauts der Bestimmung; das *BAG* hat in einer unveröff. Nichtzulassungsbeschwerdesache (16.5.07 – 7 AZN 34/07) gemeint, Sparten-GBR seien jedenfalls im Ergebnis zulässig, wobei offenblieb, ob diese sich auf den Tatbestand der Nr. 2 oder Nr. 3 stützen und ferner, von welchem Phänomen dabei ausgegangen worden ist; näher auch *Fitting*, Rn. 45.
208 *Fitting*, Rn. 42.

weisen i. d. R. eine hohe Artverschiedenheit auf (z. B. Finanzen/Controlling, Personal, Recht), so dass es meist an der für die Spartenqualifikation nötigen Homogenität des Geschäfts und der Tätigkeiten fehlen wird. In derartigen Fällen bleibt es für die AN dieser **nicht spartenbezogenen Betriebsbereiche** grundsätzlich bei der Bildung eines gesetzlichen BR neben dem Sparten-BR, sofern nach §§ 1, 4 die Betriebsratsfähigkeit vorliegt.[209] Dies ergibt sich aus dem Begriff »soweit«. Schwierigkeiten bereitet dies jedoch dann, wenn solche spartenfreien Betriebsteile innerhalb des UN verstreut auf mehrere Betriebsstätten auftreten und jeweils nicht die Voraussetzungen des § 1 Abs. 1 Satz 1 erfüllen. Eine Zusammenfassung nach Abs. 1 Nr. 1 b) könnte dann zwar Abhilfe schaffen, führt aber u. U. zur Bildung einer außerordentlich ortsfernen Vertretung. In derartigen Fällen sollte die Möglichkeit zur Zusammenfassung von spartenfreien Betriebsteilen mit ortsnahen Spartenbetrieben zu einer Vertretungseinheit nicht ausgeschlossen werden (vgl. auch zum ähnlichen Problem der Zuordnung von Außendienstlern o. Rn. 46). Der TV kann aber auch eine andere sachgerecht erscheinende Zuordnung vornehmen, etwa durch Kombination mit der Fallgruppe nach Abs. 1 Nr. 3.

c) Spartenorganisation im Konzern

Klärungsbedürftig ist zunächst der dem Verwendungszusammenhang der Nr. 2 zu Grunde liegende **Konzernbegriff** (vgl. dazu allgemein und zu den Konzernierungsformen: § 54 Rn. 4 ff.). Die Frage konzentriert sich darauf, ob neben dem **Unterordnungskonzern** auch der **Gleichordnungskonzern** in die abweichende Regelung der Vertretungsorganisation einbezogen werden kann. Insbesondere *Richardi*[210] nimmt an, hier wie auch in § 54 Abs. 1 werde ausschließlich der Unterordnungskonzern angesprochen.[211] Die amtliche Begründung zur Nr. 2 im Regierungsentwurf schweigt, erwähnt aber für die Fallgruppe der **Nr. 3** ausdrücklich die danach mögliche Errichtung eines KBR auch für den Gleichordnungskonzern.[212] Im Rahmen der Nr. 2 hat die Klärung dieser Frage allerdings nur geringen Stellenwert, weil es wohl eher selten vorkommen wird, dass ein Gleichordnungskonzern Spartenorganisationsstrukturen aufweist. Beachtlich ist aber zunächst, dass das Gesetz dort, wo es die gesetzliche **Normalbetriebsverfassung** regelt und den Konzern erwähnt (§§ 54 Abs. 1, 73a Abs. 1) durch den Hinweis auf § 18 Abs. 1 AktG **nur den Unterordnungskonzern** meint (vgl. Vor § 54 Rn. 3 ff.).[213] Auch § 109a Abs. 1 des RefE zum BetrVerf-ReformG, der den obligatorischen Konzern-WA noch vorsah (was dann aber im Laufe der interministeriellen Einigungen fallen gelassen wurde), enthielt den Hinweis auf § 18 Abs. 1 AktG. Weil also bei Entstehung des BetrVerf-ReformG zugleich ein Nebeneinander von neuen konzernbezogenen Bestimmungen mit und ohne Bezugnahme auf den Unterordnungskonzern vorlag, wird man im **Fehlen der Verweisungen auf das AktG** in Nr. 2 (aber auch Nr. 3) **kein** bloßes **Redaktionsversehen** erblicken können. Dies spricht vielmehr für die Annahme eines »beredten Schweigens« des Gesetzes, zumal auch die Gesetzgebungsmaterialien zu § 3 einen Hinweis auf den Gleichordnungskonzern enthalten.[214] **Teleologische Gesichtspunkte** sprechen zudem für die Einbeziehung auch des Gleichordnungskonzerns in den Konzernbegriff des § 3 Abs. 1 Nr. 2 (und Nr. 3), denn hier will der Gesetzgeber gerade Abweichungen von der insoweit von engeren Voraussetzungen abhängenden gesetzlichen Normalbetriebsverfassung zulassen. 68

209 *Fitting*, Rn. 42; *Richardi*, Rn. 36; GK-*Franzen*, Rn. 17; *LK*, Rn. 8; HWGNRH-*Rose*, Rn. 55; *SWS*, Rn. 26; jetzt auch ErfK-*Koch*, Rn. 5, wonach entweder eine lückenlose Zuordnung aller AN zu den Sparten erfolgen sollte oder der »Rest« zu einem betriebsratsfähigen Betriebsteil zusammengefasst werden müsste.

210 NZA 01, 346 [350]; vgl. auch *Richardi/Annuß*, DB 01, 41 f.

211 Weniger streng jetzt *Richardi*, Rn. 30; ErfK-*Koch*, Rn. 6; wie hier *Trümner*, FA 01, 133 [135, Fn. 32]; *Friese*, RdA 03, 92 [94]; *LK*, Rn. 9; *Fitting*, Rn. 44; HWGNRH-*Rose*, Rn. 58.

212 Vgl. *BT-Drucks.* 14/5741, S. 34; ebenso *Engels/Trebinger/Löhr-Steinhaus*, DB 01, 532 [533r. Sp.].

213 Zutreffend insoweit *Diringer*, AuA 01, 172 [174].

214 Vgl. *BT-Drucks.*, a. a. O., S. 34.

69 Zur **unternehmensübergreifenden** Bildung von **Sparten-BR** kann es **innerhalb von Konzernen** mit Spartenorganisation kommen.[215]

Beispiel 3 (Grundfall eines Konzerns mit Konzernmutter-UN, Spartenführungs-Tochtergesellschaften und operativen Enkel-UN):[216]
Die X-AG als herrschendes UN hat Y-GmbH und Z-GmbH als Spartenführungsgesellschaften und beherrschte UN. Die Y-GmbH besitzt und führt die UN Y 1, Y 2 und Y 3, die wiederum an verschiedenen, aber teilweise eng benachbarten Orten jeweils zwei eigene Werke als Betriebe i.S.v. § 1 unterhalten (insgesamt also haben Y 1-Y 3 sechs Betriebe). So liegt z.B. Werk 1 der Y 1 nur wenige hundert Meter von Werk 2 der Y 2 entfernt. Die Z-GmbH verfügt nur über zwei weitere UN, Z 1 und Z 2, die wiederum jeweils zwei eigene Werke als Betriebe unterhalten (insgesamt also vier Betriebe in der Z-Sparte).

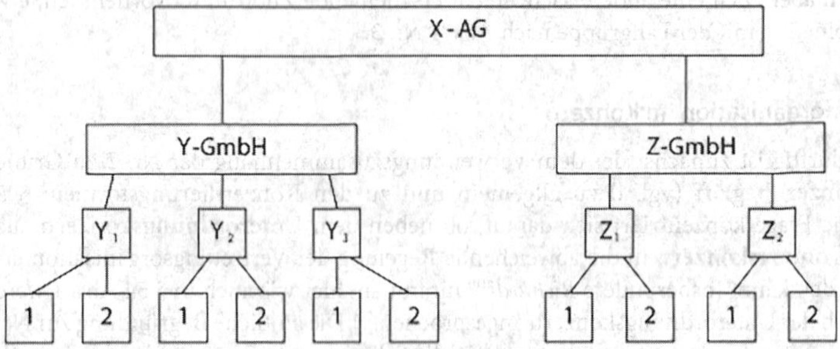

Hier besteht die Möglichkeit, für das Werk 1/Y 1 und das Werk 2/Y 2 einen (unternehmensübergreifenden) Sparten-BR zu errichten, was wegen der räumlichen Nähe der Werke zueinander sinnvoll sein kann, während bei den übrigen Werken der UN in der Y-Sparte und der Z-Sparte »normale« BR am jeweiligen Ort gebildet werden. Im Falle der **Regelung durch BV** sind bei unternehmensübergreifenden Gestaltungen die (betriebs- bzw. unternehmensbezogenen) Grenzen der Vereinbarungsbefugnis des Einzel-BR bzw. des GBR zu beachten. Hier kommt allenfalls eine KBV in Betracht (vgl. Rn. 168, 172). Vgl. wegen nicht in die Spartenorganisation einbezogener Betriebsbereiche Rn. 67.

70 Die Bestimmung soll **der Gesetzesbegründung**[217] zufolge ermöglichen, dass aus den Einzel-BR einschließlich des unternehmensübergreifenden Sparteneinzel-BR ein **Sparten-GBR** für die Y-Sparte (vgl. das Beispiel in Rn. 69) gebildet wird. Entsprechendes gilt für die Z-Sparte. Eine solche Integration wäre unter alleiniger Anwendung des gesetzlichen Strukturmodells zur Bildung eines GBR nach § 47 wegen der rechtlichen Verschiedenheit der UN, aus denen die BR dann kommen, allerdings nicht zulässig. Der Gesetzeswortlaut der Nr. 2 kann für die Zulässigkeit der Bildung von solchen Sparten-GBR nicht herangezogen werden. Dort ist nur von der »Bildung von *Betriebsräten* in den Sparten« die Rede. Im Allgemeinen spricht der Gesetzgeber dort, wo er einen »Gesamtbetriebsrat« meint, auch ausdrücklich von ihm, während in der Gesetzessprache der Begriff »Betriebsrat« den örtlichen BR meint.[218] Sparten**gesamt**betriebsräte werden dagegen nur in der Gesetzesbegründung erwähnt, dürften aber als sinnvolle Fortsetzung der auf Sparteneinzel-BR gegründeten Betriebsräteaufbauorganisation dann ein unverzichtbares Element sein, wenn die **Spartenleitung** bei der Spartenführungsgesellschaft angesiedelt ist (hier: Y-GmbH bzw. Z-GmbH) und ihrerseits Entscheidungen in beteiligungspflichtigen Angelegenheiten trifft, die innerhalb der Sparten-UN selbst (hier Y 1-Y 3 bzw. Z

215 Der in der Gesetzesbegründung [*BT-Drucks.* 14/5471, S. 34] genannte weitere Fall, dass mehrere UN einer Sparte angehören, wird wohl ohne Konzernzusammenhang kaum vorstellbar sein.
216 Vgl. das Beispiel bei *Trümner*, JbArbR 36 [1999], S. 69.
217 Vgl. *BT-Drucks.*, a.a.O., S. 34; anders aber unten Rn. 51 ff.
218 *Friese*, RdA 03, 92 [95] hält das nicht für zwingend; *Gaul/Hartmann*, ArbRB 14, 48, 49, meinen, der Begriff »BR« in Nr. 2 erfasse auch GBR und KBR.

1-Z 2) nicht getroffen werden können oder dürfen. Die Gemeinsamkeiten, die auf AN-Seite zur Wahlkreisbildung für die BetrVG-Organe führen, werden bei einer Spartenorganisation im Konzern häufig eben nicht mehr durch eine identische UN-Zugehörigkeit vermittelt, sondern durch für die Sparte maßgebliche Besonderheiten der Spartenführung jenseits der unternehmens- oder gesellschaftsrechtlichen Grenzen.[219]

Unklar bleibt nach dem Wortlaut der Norm, ob bei Bildung eines **Sparten-GBR** analog Nr. 2 (dazu unten Rn. 78 ff.) die regulären GBR gem. § 47 ersetzt werden, die im Beispiel 3 (Rn. 69) wegen mehrbetrieblicher Aufbauorganisation an sich bei den fünf UN Y 1-Y 3 und Z 1-Z 2 (insgesamt also fünf GBR) zu bilden sind oder daneben weiterbestehen (vgl. Rn. 81 ff.). Der Sache nach handelt es sich bei der in Beispiel 3 (Rn. 69) vorliegenden Struktur bei den beiden Sparten-GBR für die Sparten Y bzw. Z um **Teilkonzern-BR** für die beiden Teilkonzerne der X-AG, bei der wiederum ein KBR errichtet werden könnte. Damit ließe sich zumindest in pragmatischer Weise der für das BetrVG längst entschiedene, in der Praxis aber immer wieder aufkommende Streit um den »Konzern im Konzern« (vgl. Vor § 54 Rn. 17) entschärfen. Das Problem der »richtigen« Bildung von betriebsverfassungsrechtlichen Gremien setzt sich hier mit der Frage fort, aus welchen GBR der KBR zu bilden ist: den beiden Sparten-GBR analog § 3 Abs. 1 Nr. 2 oder den nach Gesetz daneben u. U. fortbestehenden fünf GBR gem. § 47 (näher Rn. 81 ff.). Wegen einer Vielzahl noch völlig ungeklärter Fragen mit erheblichen Auswirkungen auf den (rechtswirksamen) Bestand von Gremien kann es praktisch ratsam sein, es zunächst bei der Bildung der Vertretungen nach den gesetzlichen Bestimmungen zu belassen und einige Effekte eines Sparten-BR/Sparten-GBR durch **Einrichtung von Spartenausschüssen** beim KBR (bzw. GBR) zu erzielen. Freilich haben solche Spartenausschüsse – anders als die Sparten-BR nach Nr. 2 – keine eigenen Vereinbarungsbefugnisse, da sie, wie Abs. 5 Satz 2 zeigt, nicht die Rechte und Pflichten eines gesetzlichen BR für sich beanspruchen können und deshalb keine Mitbestimmungsorgane sind. 71

d) Spartenleitung als funktioneller Arbeitgeber i. S. d. BetrVG

Die kollektivvertragliche Möglichkeit zur Bildung von Sparten-BR i. S. d. Vorschrift setzt des Weiteren voraus, dass die Spartenleitung auch **Entscheidungen in beteiligungspflichtigen Angelegenheiten** trifft. Damit ist augenscheinlich gemeint, dass die Entscheidungen dort **tatsächlich** getroffen werden und es keine Rolle spielen soll, ob dies auf Weisung der Konzernmutter, im Auftrag des jeweiligen Sparten-UN, im eigenen Namen (z. B. der Spartenführungsgesellschaft) oder auch nur berechtigterweise (also etwa mit wirksamer Vollmacht) geschieht.[220] Der gewählten Formulierung zufolge (»auch«) muss die Spartenleitung **keineswegs** mit einem derart weitreichendem Entscheidungsspektrum begabt sein, wie dies nach Ansicht der h. M. und des *BAG* für den betriebskonstituierenden einheitlichen **Leitungsapparat der** Fall ist, der den **wesentlichen Kern** der der Mitbestimmung eines BR unterliegenden sozialen und personellen (nicht auch: wirtschaftlichen) Angelegenheiten **wahrnimmt.**[221] Dieses der Spartenleitung zugeordnete mindere Maß an Leitungsintensität im Vergleich zu einer »echten« Betriebsleitung ist aus gesetzgebungstechnischer Sicht konsequent: Hätte die Spartenleitung nämlich den Kern der Entscheidungsbefugnisse in den beteiligungspflichtigen sozialen und personellen Angelegenheiten inne, so wäre *sie* quasi der Kristallisationspunkt eines einheitlichen Betriebs i. S. v. §§ 1, 4 BetrVG – u. U. auch (bei unternehmensübergreifender Spartenleitung) in der Form des gemB mehrerer UN[222]. In dem von § 3 Abs. 1 Nr. 2 zu Gunsten von TV oder BV an sich eröffneten Raum bliebe dann nichts mehr zur Regelung übrig.[223] 72

Nicht erforderlich ist, dass die Spartenleitung Entscheidungen in **Mitbestimmungs**angelegenheiten trifft, es genügen **beteiligungspflichtige Angelegenheiten.** Die Intensität der vom Gesetz in einer bestimmten Angelegenheit vorgesehenen Beteiligung des BR (Information, 73

219 Vgl. auch *Trümner,* JbArbR 36 [1999], S. 59 [69]; *Bachner,* NZA 96, 401.
220 Vgl. zu dieser Problematik schon *Konzen,* Unternehmensaufspaltungen, S. 100 f.
221 Vgl. § 1 Rn. 79 f.; *Friese,* RdA 03, 92 [94].
222 Siehe auch den entsprechenden Hinweis bei *Richardi,* NZA 14, 232, 233.
223 Ebenso *Konzen,* RdA 01, 76 [87]; *Friese,* a. a. O.

Beratung, Mitwirkung, Vetorecht, Mitbestimmung usw.) ist hier gleichgültig. Damit reicht u. U. schon die **Entscheidungskompetenz** der Spartenleitung **in den wirtschaftlichen Beteiligungstatbeständen,** die typischerweise auf der Ebene des betriebskonstituierenden, auf den arbeitstechnischen Zweck ausgerichteten Leitungsapparates nicht angesiedelt ist.[224] Liegt allerdings eine derartige sektorale Teilung der Entscheidungskompetenzen zwischen Spartenleitung und Betriebsleitung vor, stellt sich das Problem, ob ein Sparten-BR nach Abs. 1 Nr. 2 die gesetzlich vorgesehene Vertretung durch einen Einzel-BR ersetzt, umso drängender (dazu eingehend Rn. 81 ff.).[225] Wollte man dies annehmen, wäre höchst erklärungsbedürftig, worin dann die sachgerechte Aufgabenwahrnehmung des BR, die Abs. 1 Nr. 2 zur weiteren Voraussetzung macht (vgl. sogleich Rn. 75), eigentlich noch liegen sollte, denn zu Recht ist moniert worden, dass nur **geringe Leitungsbefugnisse bei der Spartenleitung** keine Ersetzung des gesetzlichen BR rechtfertigen.[226] Eine solche Struktur würde vielmehr die Arbeit eines BR erheblich behindern (vgl. auch Rn. 76).

74 Ein **sinnvoller Anwendungsbereich** für die Norm kann sich allerdings dann erschließen, wenn man berücksichtigt, dass die Frage, ob bei einer bestimmten Stelle der »Kern der Arbeitgeberbefugnisse« liegt oder nicht, bislang weder in Rspr. noch Literatur befriedigend beantwortet werden kann.[227] Denn weder ist geklärt, ob dabei im Bereich der sozialen Angelegenheiten auf eine überwiegende Zuständigkeit für den Katalog der 13 Ziffern des § 87 (also etwa für sieben der dort genannten Angelegenheiten) oder deren qualitative Bedeutung oder deren Häufigkeit des Auftretens abzustellen ist, noch ist klar, ob ein relativ geringes Maß an Zuständigkeiten in sozialen Angelegenheiten durch ein hohes Maß an Zuständigkeiten in personellen Angelegenheiten kompensiert werden kann.[228] Gerade dort, wo diese Beurteilung nicht ganz eindeutig möglich ist, sondern Unschärfen aufweist, vermag eine kollektivvertragliche Regelung nach Nr. 2 die nötige Klarheit herzustellen.

e) Sachgerechte Wahrnehmung der BR-Aufgaben

75 Die abweichende kollektivvertragliche Regelung der Interessenvertretungen nach Nr. 2 setzt des Weiteren voraus, dass die Bildung von Sparten-BR »der sachgerechten Wahrnehmung der Aufgaben des BR dient«. Dem **Regelungsziel** der Norm zufolge muss es sich gerade um die **optimierte Aufgabenwahrnehmung durch den Sparten-BR** handeln, denn um dessen Errichtung geht es in Nr. 2. Deshalb ist an dieser Stelle die Betrachtung von der weiteren Frage zu trennen, ob bei Errichtung von Sparten-BR notwendigerweise die nach gesetzlichem Modell errichteten BR untergehen (dazu Rn. 81 ff.).

76 Die Voraussetzung soll der amtlichen Begründung zufolge vor allem dann erfüllt sein, wenn der Sparten-BR dort errichtet wird, wo ihm ein **kompetenter Ansprechpartner und Entscheidungsträger** gegenübersteht.[229] Wie bereits gezeigt (oben Rn. 72 ff.), handelt es sich aber gerade bei diesem Kriterium um eine außerordentlich **problematische Größe,** weil das Maß an Entscheidungsbefugnissen einer Spartenleitung nach den sonstigen Tatbestandsvoraussetzungen nicht einmal sehr hoch sein muss, um die Errichtung eines Sparten-BR in Erwägung ziehen zu können. Man wird die »Dienlichkeitsklausel« hier deshalb als **Fingerzeig des Gesetzgebers** lesen müssen, Sparten-BR nur dann zu errichten, wenn die Spartenleitung auch wirklich **effektive Befugnisse** innehat und ausübt[230]. Insoweit ist *Buchner*[231] zuzustimmen, dass nur geringe Leitungsbefugnisse bei der Spartenleitung gerade nicht erlauben, den gesetzlichen BR

---

224 Dazu schon *BAG* 29. 1. 87, AP Nr. 6 zu § 1 BetrVG 1972.

225 Kritisch auch *Däubler,* AuR 01, 1 [2]; *ders.,* AiB 01, 313 [315]; *Buchner,* NZA 01, 633 [634]; *Hanau,* RdA 01, 65 [66]; *Konzen,* RdA 01, 76 [87].

226 *Buchner,* a. a. O.

227 *Buchner,* a. a. O.

228 Ähnlich schon *Däubler,* a. a. O.

229 *BT-Drucks.* 14/5741, S. 34.

230 Davon gehen auch *Richardi,* NZA 14, 234 (»wenn … *alle* Entscheidungen in beteiligungspflichtigen Angelegenheiten der Leitung der Sparte zugewiesen sind.«) und *Wendeling-Schröder,* NZA 15, 525 (»die *maßgeblichen* Entscheidungen in betriebsverfassungsrechtlichen Angelegenheiten«) aus.

231 NZA 01, 633 [634].

durch einen Sparten-BR zu ersetzen. Letztlich **obliegt** aber die Beurteilung, ob eine konkret gewählte Gestaltung der sachgerechten Aufgabenwahrnehmung dient, den **Kollektivvertragsparteien.** Diese werden jedoch sehr genau prüfen müssen, ob eine spartenmäßige Zergliederung der AN eines Betriebs dieser Vorgabe entspricht (vgl. das Beispiel in Rn. 65). Schon das *BAG*[232] hatte zur Betriebsabgrenzung nach dem Gesetz die **Vermeidung eines »unfruchtbaren Nebeneinanderarbeitens** mehrerer in ihrem Aufgabenbereich sich überschneidender BR« als Richtschnur genannt, was als Problematik nach bisher geltendem Recht freilich auch durch die **Zuständigkeitsabgrenzung** zwischen BR und GBR nach § 50 etwas entschärft ist.

Auch wenn die Kollektivvertragsparteien einen entsprechenden **Beurteilungsspielraum** besitzen, kann nicht ausgeschlossen werden, dass der »Wenn-Satz« (wie auch bei Nr. 1) zum Einfallstor einer weitgehenden **gerichtlichen Kontrolle** über entsprechende Kollektivverträge geraten kann.[233] Auch aus diesem Grunde sollten entsprechende Vereinbarungen nur unter genauer Beachtung der einzelnen Tatbestandsvoraussetzungen abgeschlossen werden[234], weil sich der TV andernfalls als unwirksam erweisen könnte. 77

f) Zulässigkeit von Sparten-GBR?

Der Begriff »Spartengesamtbetriebsrat« **existiert als Gesetzesbegriff** des BetrVG **nicht.** Aus der betrieblichen Gestaltungspraxis der jüngeren Zeit sind jedoch (regelmäßig) **konzerninterne Konstruktionen** bekannt geworden, bei denen in deutlicher Analogie zu § 47 aus BR von spartenzugehörigen Betrieben, gleich welcher UN-Zugehörigkeit, derartige Sparten-GBR gebildet wurden. Dies geschieht **teils neben der Errichtung gesetzlicher GBR, teils** auch **unter Ersetzung derselben.**[235] Manchmal werden unter diesem Begriff auch als »Gemeinsame GesamtBR« bezeichnete Organe geschaffen, die eine UN-bezogene Repräsentation von BR aus gemB innerhalb eines Konzerns bewerkstelligen sollen; auch hier liegen oftmals Spartenorganisationsstrukturen zugrunde.[236] Deutlich wird hieran auch, dass **Spartenorganisation und gemB** in der Wirklichkeit häufig auf das engste **miteinander verknüpft** sind. Eine gesicherte empirische Basis für solche Phänomene existiert bislang ebenso wenig wie eine Art begrifflich-inhaltliche Verständigung über das Gemeinte.[237] 78

Beispiel: 78a
In dem vom *HessLAG*[238] behandelten Fall bezeichnete der strittige Sparten-TV die in ihm u.a. geregelten Gremien selbst als »Spartengesamtbetriebsräte«.[239] Diese Vertretungen waren UN-übergreifend (aber [teil]konzernintern) für mit internen Kürzeln angegebene Sparten errichtet.[240] Allerdings sollten sie neben den (zunächst) weiter bestehenden gesetzlichen GBRen der einzelnen (Teil)

232 1.2.63, AP Nr. 5 zu § 3 BetrVG.
233 Vgl. Rn. 59; die Rechtskontrolle gerade insoweit bejahend *Fitting,* Rn. 21.
234 Vgl. auch die Hinweise bei *Trümner/Sparchholz,* AiB 09, 98 ff.
235 Näher dazu *Bachner,* NZA 96, 400 [401]; *Trümner,* JbArbR 36 [1999], S. 59 [68 f.].
236 Vgl. *Trümner,* a.a.O.
237 Vgl. *Zöllner,* ZfA 83, 93 [99–101]: »Teil-GBR« bzw. »Bereichs-GBR« für eine Vertretungsebene unterhalb des GBR oder oberhalb des Einzel-BR; *Hanau,* ZGR 84, 476: »Zwischen-KBR« für den Teilkonzern oberhalb von UN des Konzerns, aber unterhalb der Konzernspitze; *Joost,* S. 80: »Sparten-GBR« für die Zusammenfassung von mehreren Sparteneinzel-BR innerhalb desselben UN; siehe auch *Konzen,* Unternehmensaufspaltungen, S. 100 f.; *Friese,* RdA 03, 92 [95] spricht im Zusammenhang mit Nr. 2 von »Gesamtspartenräten« und »Konzernspartenräten«, was aber auch keine größere Klarheit schafft. Verwirrend auch *BAG* 9.2.11, NZA 11, 866 (Rn. 36), das unvermittelt vom »Sparten-KBR« spricht, das Gemeinte aber nicht einmal in tatsächlicher Hinsicht näher erklärt; nichts zum Begriffsverständnis beitragend auch *BAG* 16.5.07 – 7 AZN 34/07, BeckRS 11, 69152, wenngleich Sparten-GBR im Ergebnis für zulässig haltend und *BAG* 17.4.12 – 1 ABR 84/10, NZA 13, 230, 231.
238 21.4.05 – 9/5 TaBV 115/04, juris (Volltext), AiB 09, 522 (Ls.); der Beschluss ist anderweitig nicht veröffentlicht worden.
239 Nach *HessLAG* 21.4.05, a.a.O., Rn. 46, seien diese Sparten-GBR »in den klassischen Strukturen gedacht an sich Spartenkonzernbetriebsräte«.
240 Ob die konkrete Spartenausprägung, die nach dem mitgeteilten Sachverhalt reine Dienstleistungen vermuten lässt, überhaupt dem engen gesetzlichen Begriff (Produkt, Projekt) genügte, wird an keiner Stelle der Entscheidung untersucht (vgl. zum Spartenbegriff des Gesetzes oben, Rn. 64).

Konzern-UN errichtet werden. Die Entsendung in die Sparten-GBRe erfolgte nach dem TV durch die in gesetzlicher Struktur errichteten Einzel-BRe. Aus den so zusammengesetzten Sparten-GBRen erfolgte die Entsendung in den für den Konzern der Obergesellschaft nach Gesetz errichteten KBR. Die gesetzlichen GBRe entsandten hingegen keine Vertreter in den KBR. Zur Abgrenzung der Zuständigkeiten zwischen den Sparten-GBRen und den gesetzlich gebildeten GBRen heißt es in § 5 des TV: »Die Spartengesamtbetriebsräte … sind jeweils zuständig für die Behandlung von Angelegenheiten, die die gesamte Sparte, mehrere Unternehmen der Sparte oder mehrere Betriebe verschiedener spartenangehöriger Unternehmen betreffen. Die in den Unternehmen … errichteten Unternehmensgesamtbetriebsräte (Anmerkung: gemeint sind hier die nach § 47 errichteten GBRe) sind für die Behandlung von Angelegenheiten zuständig, die ein einzelnes Unternehmen oder mehrere Betrieb desselben betreffen.« (vgl. zum rechtlichen Ergebnis des *HessLAG* unten, Rn. 80a ff.).

78b Wegen weiterer beispielhafter Illustrationen zu typischen Strukturen aus der der Praxis und der damit verbundenen Folgeprobleme wird auch auf die typisierten Fälle in Rn. 65, 66, 69 verwiesen. Trotz des wenig gesicherten tatsächlichen Befundes zum Phänomen des Sparten-GBR muss es verwundern, dass die **amtliche Begründung zu Abs. 1 Nr. 2,**[241] nicht aber das Gesetz selbst, den »Spartengesamtbetriebsrat« als eine im Rahmen der Nr. 2 denkbare Gestaltungsmöglichkeit erwähnt. Auch die §§ 47 ff. haben durch die **Novellierung 2001** keine auf das Spartenphänomen oder § 3 Abs. 1 Nr. 2 Bezug nehmende Modifikation erfahren. Der amtlichen Begründung zufolge[242] soll es sich bei dem **Sparten-GBR** um ein **oberhalb der UN-Ebene** liegendes Gremium handeln, wenn nämlich einer Sparte mehrere UN angehören, wie etwa im oben (Rn. 78a) wiedergegebenen Beispiel des *HessLAG.* Dagegen ist es wohl **ausgeschlossen,** diesen Sparten-GBR so zu konstruieren, dass er bei einer Sparte mit mehreren Sparteneinzelbetrieben **innerhalb desselben UN** gebildet wird, also praktisch analog der üblichen GBR-Struktur[243] – wohl um dadurch potentielle Zuständigkeitskonflikte zwischen AN-Vertretungen unterschiedlicher Struktur zu verhindern (vgl. das Beispiel in Rn. 66 und die dort erwogene GBR-Bildung).

79 Schon der **Wortlaut der Nr. 2** weckt Zweifel, ob die von der amtlichen Begründung (vgl. Rn. 78) angeführte Gestaltungsoption für Kollektivverträge wirklich dort eine Basis findet. Gegenstand der Bestimmung ist die Bildung von »Sparten**betriebsräten**«, also eines **Basisorgans** der Mitbestimmung, nicht ein oberhalb der Betriebsebene angenommenes Vertretungsorgan.[244] Dass ein Basisorgan durchaus betriebsübergreifend oder sogar unternehmensübergreifend konstruiert werden kann, liegt hier im System der Spartenorganisation begründet, ist aber auch außerhalb dieses Bereichs nicht ganz unbekannt: So kann auch die Integration nach Abs. 1 Nr. 1 über den Betrieb hinausgreifen und beim gemB nach § 1 Abs. 1 Satz 2 wird durchaus auch über die UN-Grenze hinausgreifend der »Betrieb« als Repräsentationsbereich, für den ein BR zu wählen ist, abgegrenzt. Eine andere Deutung wäre dem Wortlaut nach nur möglich, wenn man in der vom Gesetz gewählten Pluralform (»Spartenbetriebs*räte*«) nicht nur eine syntaktische Konsequenz aus der Pluralform des Satzanfangs (»für Unternehmen und Konzerne«) sehen wollte, sondern eine Art Oberbegriff, der den Sparten**einzel**-BR ebenso umfasst, wie den in der amtlichen Begründung erwähnten und in der Praxis anzutreffenden Sparten**gesamt**-BR. Dies übersteigt aber den zulässigen Rahmen einer Wortlautauslegung, weil eine allgemein anerkannte Begriffsbildung dieser Art bislang nicht vorliegt.[245] Außerdem wäre dann nicht verständlich, warum ein Sparten-GBR als UN-interne Zusammenfassung von Sparteneinzel-BR nicht möglich sein sollte. Im Übrigen spricht auch der gesetzessystematische Zusammenhang mit Abs. 5 gegen ein solch extensives Begriffsverständnis. Nach Abs. 5 Satz 1 wird nämlich zunächst einmal die Annahme bestätigt, wonach es in Nr. 2 um die Bildung eines **Basis**vertretungsorgans geht, denn dort wird **die** kollektivvertraglich gebildete **betriebsverfassungs-**

241 *BT-Drucks.*, 14/5741, S. 34.
242 A. a. O.
243 So aber das Verständnis über den Sparten-GBR bei *Joost,* S. 80; wohl auch *Richardi,* Rn. 34.
244 Wie hier *Thüsing,* ZIP 03, 693 [703]; *LK,* Rn. 9; *Kort,* Die AG 03, 13 [20]; gegen Sparten-GBR wohl auch *Giesen,* BB 02, 1480 [1481].
245 Vgl. Rn. 78; *Friese,* RdA 03, 92 [95] sieht für die Gegenansicht die Wortlautgrenze noch nicht überschritten; dagegen *Thüsing,* a. a. O.

rechtliche Organisationseinheit als Betrieb i. S. d. BetrVG **fingiert,** nicht als UN (für das dann ggf. auch ein atypischer »GBR« in Betracht gezogen werden könnte!). Darüber hinaus erklärt Abs. 5 Satz 2 jedoch ausdrücklich (und als Konsequenz aus der Betriebsfiktion) auf die kollektivvertraglich gebildeten AN-Vertretungen des Abs. 1 Nrn. 1 bis 3 die Rechte und Pflichten **eines Betriebsrates** (also wiederum des Basisorgans!) für anwendbar. Und schließlich spricht auch **Abs. 4 Satz 2** gegen die Annahme, dass auch »Sparten-GBR« von Abs. 1 Nr. 2 miterfasst sein könnten und sogar eher dafür, dass es in Nr. 2 nur um die Bildung des Basisorgans BR (hier: Sparten**einzel**-BR) geht, weil dort die Amtszeitbeendigung für bestehende BR festgelegt wird. Eine Amtszeit sieht das Gesetz aber nur für das Basisorgan BR vor. GBR und KBR haben hingegen keine Amtszeit, sondern sind Dauerorgane, die nur enden, wenn ihre Errichtungsvoraussetzungen entfallen.

Ist mithin nach hier vertretener Ansicht davon auszugehen, dass **Nr. 2 keine Grundlage für** die Errichtung von **Sparten-GBR** bietet,[246] so heißt dies nicht, dass etwa Abs. 1 **Nr. 3** dafür nicht in Betracht kommt.[247] Es sind dann aber tarifliche Vorkehrungen zu treffen, damit ein solcher »Sonder-GBR« keine Zuständigkeitsüberschneidungen mit dem ggf. nach gesetzlicher Vorgabe gebildeten GBR bzw. KBR hat.[248] Nach wenig überzeugender Ansicht des *ArbG Frankfurt/M.*[249] soll die Errichtung eines **UN-übergreifenden Sparten-GBR** innerhalb eines Teilkonzerns unwirksam sein, wenn dies nach erfolgter Wahl der Einzel-BR und während deren Amtsperiode geschieht, selbst wenn der Sparten-GBR **keinen »Unterbau« aus Sparteneinzel-BR** hat, sondern die betreffenden, nur nach Gesetz (§§ 1, 4) gebildeten, lokalen Einzel-BR die Entsendung sowohl in den Sparten-GBR als auch die jeweiligen daneben bestehenden gesetzlichen GBR vornehmen (vgl. das Beispiel oben, Rn. 74a). **80**

In seiner dazu ergangenen Beschwerdeentscheidung[250] hat das *HessLAG* gemeint, aus der Betriebsfiktion des Abs. 5 Satz 1 folge, dass ein Sparten-GBR nach Abs. 1 Nr. 2 jedenfalls nicht ohne den **Unterbau aus Sparten-EinzelBRen** gebildet werden könne.[251] Nach Abs. 5 Satz 1 werde nämlich auch der Organisations- und Zuständigkeitsbereich des Sparten-GBR als Betrieb fingiert, so dass neben den damit teilweise überschneidenden gesetzlichen Betrieben, für die örtliche BRe gebildet waren, keine gewillkürten Vertretungen gebildet werden könnten.[252] Die Installation solcher **doppelten Vertretungsstrukturen** für Sparten einerseits und nach Gesetz bestehen bleibende Betriebe und BRe andererseits sei mit § 3 Abs. 5 nicht zu vereinbaren, weil damit **Zuständigkeitsprobleme** heraufbeschworen würden. *Zum einen* sei im TV ungeregelt, welches die gesetzlichen Betriebe seien, in denen BRe gebildet sind und in den jeweiligen gesetzlich gebildeten GBR und daneben in den tariflich vorgesehenen Sparten-GBR entsenden. *Zum anderen* fehle im TV auch eine klare **Zuordnung der gesetzlichen Betriebe** zu den jeweiligen Sparten. Überdies führten Sparten-GBR neben gesetzlichen GBR zu nicht sachgerechten Parallelstrukturen und sei die in § 5 des TV dazu vorgenommene **Zuständigkeitsabgrenzung** **80a**

---

246 Anders die Begründung zum BetrVerf-ReformG, *BT-Drucks.* 14/5741, S. 34; wörtlich identisch *Engels/Trebinger/Löhr-Steinhaus,* DB 01, 532 [533]; HaKo-BetrVG-*Kloppenburg,* Rn. 49; *ArbG Frankfurt/M.* 24.5.06, NZA-RR 07, 25, Ls.; wie hier dagegen *Kania/Klemm,* RdA 06, 22, 26; *LK,* Rn. 9; *Kort,* AG 03, 13, 20f.; *Sobotta,* S. 92ff.; nicht grundsätzlich Abs. 1 **Nr. 2** ablehnend aber *HessLAG* 21.4.05 – 9/5 TaBV 115/04, a.a.O., Rn. 46 a.E., wenngleich dort (Rn. 47) auf den Fall bezogen aus anderen Gründen verneinend.

247 Vgl. Rn. 103 und zur »Nützlichkeit« dieses Gremiums Rn. 70; ebenso *Kania/Klemm,* a.a.O.; *Fitting,* Rn. 45; dagegen aber *Sobotta,* S. 113; dies offen lassend und nur im Ergebnis bejahend wohl *BAG* 16.5.07 – 7 AZN 34/07, BeckRS 11, 69152; Abs. 1 **Nr. 3** für die Möglichkeit von Sparten-GBR gänzlich ablehnend aber *HessLAG* 21.4.05 – 9/5 TaBV 115/04, a.a.O., Rn. 49 [die RB dagegen fand mit Beschluss des *BA G* 16.6.06 – 7 ABR 50/05 sonstige Erledigung und konnte zu der offen geblieben Frage nichts mehr beitragen].

248 Ebenso *Gaul/Mückl,* NZA 11, 657, 661.

249 30.3.04 – 4 BV 438/03, AuR 04, 398.

250 Nur der Leitsatz ist in AiB 09, 522 mitgeteilt: *»Ein durch Spartentarifvertrag bestimmter unternehmensübergreifender Spartengesamtbetriebsrat ohne Spartenbetriebsräte unter Beibehaltung der Betriebsräte und Unternehmensgesamtbetriebsräte ist mit § 3 Abs. 1 Nr. 2 und 3, Abs. 5 BetrVG nicht in Einklang zu bringen.«.*

251 *HessLAG* 21.4.05 – 9/5 TaBV 115/04, a.a.O., Rn. 45.

252 *HessLAG* a.a.O., Rn. 47.

zwischen den gesetzlichen lokalen BR, den gesetzlichen GBRen und den jeweiligen tariflichen Sparten-GBRen nicht hinreichend bestimmbar, weil es dafür im TV schon **keine nachvollziehbaren Kriterien** gebe.[253] **Sparten-GBRe** als möglicher Regelungsgegenstand eines TV fielen dagegen **niemals** unter **Abs. 1 Nr. 3,** denn dieser Tatbestand stelle gegenüber Abs. 1 Nr. 2 nur einen **Auffangtatbestand** dar. Das Spartenphänomen werde aber bereits in Nr. 2 erwähnt, so dass es i. S. d. Nr. 3 schon tatbestandlich keine Sonderform der Betriebs-, UN- oder Konzernorganisation sein könne.[254]

80b Aus der Entscheidung des ***HessLAG***[255] ergeben sich trotz ihrer stark auf den konkreten Fall bezogenen Erwägungen dennoch folgende **Erkenntnisse,** die für die Praxis verallgemeinerbare Anhaltspunkte bieten können:
1.) § 3 Abs. 1 Nr. 2 lässt entgegen der h. M. im Schrifttum grundsätzlich die Errichtung auch von sog. Sparten-GBRen zu.
2.) Ein Sparten-GBR kann i. d. R. nur durch Entsendung aus Sparten-EinzelBR errichtet werden, die an die Stelle von nach gesetzlicher Struktur gebildeten lokalen BR treten müssten, es sind aber Ausnahmen denkbar.
3.) Nicht von § 3 Abs. 1 Nr. 2 gedeckt ist es wohl, den Sparten-GBR zwar ausnahmsweise durch die Entsendung aus gesetzlich gebildeten lokalen Einzel-BR personell zusammenzusetzen, wenn der TV diese gesetzlich bestehenden Betriebe nicht einer bestimmten Sparte zuordnet.
4.) Die betrieblichen Organisationsbereiche von gesetzlichen BR und/oder tariflichen Sparten-EinzelBRen müssen bei einer Mischung aus gesetzlichen und vereinbarten Strukturen im TV exakt bestimmt werden, um dem Bestimmtheitserfordernis für TV-Normen zu genügen.
5.) Die Abgrenzung von Zuständigkeiten zwischen einem (fortbestehenden) gesetzlichen GBR und einem tariflichen Sparten-GBR müssen jedenfalls im TV exakt und anhand nachvollziehbarer Kriterien bestimmt werden, sofern man eine derartige Parallelstruktur überhaupt für wirksam halten sollte.
6.) Abs. 1 Nr. 3 kommt für Sparten-GBR als rechtliche Grundlage niemals in Betracht, da es sich nur um einen Auffangtatbestand handele und Sparten-GBR ihre Grundlage bereits in Abs. 1 Nr. 2 fänden.

80c Aus diesen Erkenntnissen (Rn. 80b) können **Hinweise für die Gestaltungspraxis** abgeleitet werden. Um jede Unklarheit und Zweifel an der **Bestimmtheit der TV-Normen** und damit der Wirksamkeit des TV als solchem zu beseitigen, sollte der TV zunächst eine Art beschreibende »Bestandsaufnahme« für alle vor dem Inkrafttreten des TV vorhandenen gesetzlichen bzw. bereits ggfls. auch anderweitig tariflich geregelten Einheiten unter Bezeichnung des jeweils gebildeten lokalen BR, GBR und KBR enthalten (**Ist-Struktur**). Sodann sind die neu zu ordnenden Strukturen festzulegen und zwar unter genauer Nennung der in der Ist-Struktur genannten Einheiten und mit der Angabe, dass und wie diese z. B. zusammengefasst werden oder welche Einheit z. B. welcher Sparte angehört und welche künftige Bezeichnung die so als Betrieb nach Abs. 5 fingierte Einheit und deren BR trägt (**Soll-Struktur**). Sinnvoll sind auch weitere Regelungen und Klarstellungen über **Wirkungen der neuen Struktur,** insbes. auf andere AN-Vertretungen und etwaige **Entsendungen** in diese (GBR, KBR, JAV, GJAV, SBV, GSBV usw.) sowie immer eine Bestimmung zum erstmaligen **Wahlzeitpunkt.** Soweit, insbesondere in UN- oder konzernbezogenen Strukturregelungen, Kombinationen aus gesetzlicher und abweichender Struktur geregelt werden sollen, muss zwingend eine klare **Abgrenzung von Zuständigkeiten** vorgesehen werden[256], die aber Zuständigkeiten von nach Gesetz bestehen bleibenden BR oder GBR nicht entziehen und auf andere Gremien in der gewillkürten Struktur verlagern darf.[257] Schließlich sollte stets auch ein Regelungspunkt zu später eintretenden **Umstrukturierungen** und ggfls. abweichenden Wahlzeitpunkten im Falle des Hinzutretens neuer

---

253 Ebenda, Rn. 48.
254 Ebenda, Rn. 49.
255 *HessLAG* 21.4.05 – 9/5 TaBV 115/04, juris.
256 Das *HessLAG* a. a. O., Rn. 48, sieht Zuständigkeitsregelungen zwar nicht per se als unzulässig an, stellt aber sehr hohe Anforderungen an den Grad ihrer Konkretisierung und will allgemein-abstrakte Regelungen offensichtlich nicht genügen lassen.
257 So jedenfalls – wenn auch zu allgemein und apodiktisch – *BAG* 18.11.14 – 1 ABR 21/13, NZA 15, 694; vgl. dazu unten, Rn. 90.

betrieblicher Einheiten vorgesehen werden. Klauseln zur Nachverhandlung und Anpassung (**Revisionsklauseln**) im Falle unvorhergesehener neu auftretender Verhältnisse helfen, Streit darüber zu vermeiden, ob dann der TV noch gilt oder gegenstandlos geworden sein könnte. **Beendigungs- und Nachwirkungsregelungen** müssen berücksichtigen, dass ausreichende Zeit vor der Einleitung der nächsten regelmäßigen Wahlen zur Verfügung steht, um entweder noch **Nachfolgeverhandlungen** zu einem neuen TV führen und rechtzeitig abschließen zu können oder die **Überleitung zurück in die gesetzliche Struktur** spätestens zum folgenden regelmäßigen Wahlzeitraum nach § 13 Abs. 1 bewerkstelligen zu können. Erfahrungsgemäß werden die ersten Wahlvorbereitungshandlungen bereits ab der Mitte des Jahres vor dem Wahljahr in die Wege geleitet, so dass spätestens dann Klarheit herrschen muss, ob auf Grundlage eines TV oder wieder des Gesetzes zu wählen ist.

g) Sparten-BR als Ersatz für die gesetzliche Struktur?

Von außerordentlicher Bedeutung für die **Funktionsfähigkeit der Betriebsverfassung** und ihrer Gremien bei potentieller Vermehrung von Vertretungsgremien durch vertragliche Abweichungen von der gesetzlichen Normalstruktur ist die Bestimmung des Verhältnisses vereinbarter Gremien zu gesetzlichen Vertretungen danach, ob sie funktional an die Stelle der Letzteren treten oder diese nur ergänzen.[258] Hat man eine ersetzende (alternative) Funktion vorgesehen, ist das Auftreten etwaiger **Zuständigkeitskonflikte** ausgeschlossen. Tritt ein vereinbartes Gremium aber neben das nach Gesetz geschaffene Organ (komplementäre Funktion), müssen die Zuständigkeiten jedenfalls dann bestimmt werden, wenn diese Mehrheit von Gremien für denselben Repräsentationsbereich (»Wahlkreis«) gebildet werden oder diese Bereiche sich überschneiden. Nach § 3 Abs. 1 a. F. war das Beziehungsgefüge der Gremien relativ transparent strukturiert: § 3 Abs. 1 Nr. 1 a. F. verdeutlichte mit dem Begriff »zusätzliche«, dass es um Vertretungen **neben dem BR** ging, beschränkte sie demgemäß aber auch auf den Umgang allein mit dem BR und gab ihnen keine eigenständige Position gegenüber dem AG.[259] **§ 3 Abs. 1 Nr. 2 a. F.** kennzeichnete die dort genannten Gremien der AN als »andere Vertretungen«, womit ihre den gesetzlichen **BR ersetzende Bedeutung** klargestellt wurde. In § 3 Abs. 1 Nr. 3 a. F. ging es schließlich nur um die abweichende Bestimmung des Betriebs-»Gebiets«, für den ein im Übrigen ganz »normaler« BR zu wählen war. Gemeinsam war allen drei Fällen abweichender Gestaltung, dass sie sich ausschließlich auf die unterste Ebene der AN-Repräsentation, den Betrieb, bezogen[260] und schon deshalb nichts über die Zulässigkeit einer tariflichen Modifikation der weiteren Ebenen der Repräsentation von AN-Interessen aussagten. 81

Die heutige Bestimmung knüpft zum Teil an der Regelungstechnik des § 3 a. F. an, indem sie in Abs. 1 Nr. 4 und 5 durch das Wort »zusätzliche« den komplementären und in Nr. 3 durch das Wort »andere« den alternativen Charakter der jeweils genannten Gremien bzw. Vertretungen betont.[261] Bei Abs. 1 Nr. 1 a) und b) erschließt sich schon ohne weiteres aus dem sachlichen Regelungsgehalt der Norm, dass es ausschließlich um die Wahl des Betriebsrates in einem abweichend definierten »Wahlgebiet« geht; funktional entspricht diese Fallgruppe § 3 Abs. 1 Nr. 3 a. F. Schwieriger ist das Verhältnis zur gesetzlichen Struktur aber bei **Abs. 1 Nr. 2** zu bestimmen, da diese Fallgruppe **weder eine strikt betriebsbezogene Errichtung von AN-Vertretungen** betrifft, noch auch die sonst anzutreffende sprachliche Klarstellung des Gemeinten sicher erkennen lässt.[262] Die Stellungnahmen in der Literatur zum Gesetzesentwurf haben denn auch gerade diese Unklarheit der Regelung beklagt.[263] Die Unklarheit lässt sich durch Auslegung 82

258 Richtig im Ansatz daher auch *Friese*, RdA 03, 92 [96].
259 Dazu *Trümner*, FS Däubler, S. 295 [298 ff.].
260 Vgl. *Trümner*, JbArbR 36 [1999], S. 59 [66]; *Heither*, FS Schaub, S. 295 [301].
261 Allein daraus folge bereits nach *Fitting*, Rn. 52, der Ausschluss komplementärer Strukturen im Rahmen von Nr. 2.
262 Insoweit berechtigte Kritik von *Däubler*, AuR 01, 1 [2], zumal die ansonsten »kreative« amtliche Begründung [vgl. z. B. Rn. 78 wegen des Sparten-GBR] gerade hier schweigt.
263 Vgl. *Däubler*, AiB 01, 313 [315], mit ausformuliertem Klarstellungszusatz zu Nr. 2 im Sinne der Zulassung auch einer komplementären Struktur; *Hanau*, RdA 01, 65 [66]; *Konzen*, RdA 01, 76 [87]; anders aber *Buchner*, NZA 01, 633 [634], der in Nr. 2 wohl eine alternative Struktur geregelt sieht;

des etwas unübersichtlichen Normengefüges von § 3 allerdings beheben. Dabei ist Folgendes (Rn. 83 ff.) zu berücksichtigen:

83 **Sparten-BR ersetzen** in dem betrieblichen Geltungsbereich, für den sie gebildet werden, zwar grundsätzlich **die** dort ggf. **bestehenden BR,** nicht jedoch stets, wie sich aus einer teleologischen Erweiterung der Norm ergibt (näher Rn. 88 ff.). Diese grundsätzlich verdrängende Funktion ergibt sich aus Abs. 4 Satz 2, dessen Relativsatz (»die durch die Regelungen nach Abs. 1 Nr. 1 bis 3 entfallen«) grundsätzlich keinen anderen Schluss ermöglicht. Ferner verdeutlicht **Abs. 4 Satz 1 i. V. m. Abs. 5 Satz 1,** dass nach Nr. 2 gebildete Sparten-BR für eine als »Betrieb« angenommene Basisebene gewählt werden, denn sonst würde die Regelung zur erstmaligen Anwendung (Abs. 4 Satz 1) des abweichenden Kollektivvertrags bei der »BR-Wahl« sinnlos sein. Dieser Befund wird wiederum in Abs. 5 Satz 1 bestätigt, wonach der betriebliche Bereich, für den der Sparten-BR gebildet wird – sog. **betriebsverfassungsrechtliche Organisationseinheit** –, eben als Betrieb i. S. d. BetrVG gilt, so dass es in Anwendung von § 1 Abs. 1 Satz 1 ausgeschlossen ist, für den gesetzlich abgegrenzten Betrieb einen »normalen« BR zu wählen und daneben in dem fingierten Betrieb, der entweder Teil des gesetzlichen Betriebs ist oder ihn als Bestandteil mit umfasst, einen Sparten-BR. Diese Struktur soll offenbar jedenfalls grundsätzlich gewährleisten, dass es **nicht** zu einem **Nebeneinander von mehreren BR** kommen kann,[264] was aber wohl nicht stets vermeidbar sein dürfte (vgl. Rn. 63, das Beispiel in Rn. 65, die Problematik in Rn. 67 und Rn. 76 a. E.). Und schließlich kann auch Abs. 4 Satz 2 nur entnommen werden, dass die Errichtung der Vertretung nach Nr. 2 zur Ersetzung des vorhandenen, gesetzlich gebildeten Basisorgans »Betriebsrat« führt, weil dort dessen **Amtszeitbeendigung** geregelt wird.

84 Demgegenüber lässt sich Abs. 5 Satz 2 nichts Gegenteiliges entnehmen: Der **Begriff »AN-Vertretungen«** deutet nicht eine mögliche Doppelstruktur von gesetzlichen und vertraglichen Vertretungen an, sondern dient als Oberbegriff zur Bezeichnung der vom Gesetz abweichend gem. Abs. 1 Nr. 1 bis 3 gebildeten vertraglichen Mitbestimmungsorgane der AN (UN-BR, Regional-BR, Bereichs-BR, Sparten-BR usw.). Dass Abs. 5 Satz 2 diese Vertretungen mit dem Rechtsbestand eines gesetzlichen BR ausstattet, lässt sich als »Unklarheitentatbestand« nicht zu Gunsten der Möglichkeit einer etwaigen Doppelstruktur anführen.[265] Diese Bestimmung dient nur dazu – ähnlich wie § 3 Abs. 3 a. F. – die vereinbarten Vertretungen mit einem Mindestbestand an Befugnissen (aber auch Pflichten) auszustatten, damit nicht etwa in unzulässiger Weise durch die Vertragsparteien womöglich verschlechternde Dispositionen getroffen werden. Außerdem wird die **persönliche Rechtsstellung** der Mitglieder einer vereinbarten Vertretung ausdrücklich geregelt (dies fehlte in § 3 Abs. 3 a. F.). Anlass zur Unklarheit über das Verhältnis von gesetzlichen zu vereinbarten AN-Vertretungen gibt allerdings die amtliche Begründung selbst, insoweit sie dem Tatbestand der Nr. 2 auch die Bildung eines **Sparten-GBR** zuordnet, also eines Organs, das als überbetriebliches Gremium typischerweise nicht basisgebunden gebildet wird, sondern durch Delegation aus den Basiseinheiten der Mitbestimmungsorgane (dazu schon oben, Rn. 78 ff.). Für diese Annahme kann sich die Begründung zum Gesetzentwurf allerdings – wie gezeigt (Rn. 78 ff.) – gerade nicht auf die Nr. 2 stützen, so dass auch daraus kein Argument für eine mögliche Parallelität vertraglicher und gesetzlicher Vertretungen abzuleiten ist.

85 Geht man davon aus, dass das Gesetz in Fällen der Nr. 2 eine prinzipielle Verdrängung der gesetzlichen BR anordnet, so ist die in dem **Beispiel 1 (Rn. 65)** aufgeworfene Frage nach der Befugnis zur GBR-Bildung dahin zu beantworten, dass die gebildeten vier Sparten-BR nach § 3 Abs. 5 als BR i. S. v. § 1 Abs. 1 gelten und somit gem. § 47 Abs. 1 einen GBR für die X-GmbH errichten. Mit der Bildung der Sparten-BR entfällt der vormalige Einzel-BR. Mitbestimmungsangelegenheiten, in denen nicht die Spartenleitung entscheidet, sind zwischen UN-Leitung und GBR zu verhandeln. Im **Beispiel 2 (Rn. 66)** wird bei Variante 1 der GBR durch die vier

---

ebenso *Trümner,* FA 01, 133 [135] unter Hinweis auf Abs. 5; zum Meinungsstand ausführlich *Friese,* RdA 03, 92 [96 f.].

264 So auch *Fitting,* Rn. 52; *SWS,* Rn. 26; *Diringer,* AuA 01, 172 [174]; *Thüsing,* ZIP 03, 693 [702]; *Löwisch,* BB 01, 1734 [1735].

265 So aber *Däubler,* AiB 01, 313 [315].

Sparten-BR, in Variante 2 durch die zwei Sparten-BR gebildet. Die Zuständigkeiten in den Mitbestimmungsangelegenheiten sind analog dem Beispiel 1 verteilt (vgl. aber sogleich Rn. 88 ff.). Im **Beispiel 3 (Rn. 69, 71)** kann die Errichtung eines Sparten-GBR jedenfalls nicht auf Abs. 1 Nr. 2 gestützt werden (Rn. 70), wenn man der hier vertretenen Ansicht (Rn. 78 ff.) folgt. Somit ist der jeweilige gesetzliche GBR der UN Y 1-Y 3 aus den örtlichen BR zu bilden. Der gemeinsame, unternehmensübergreifende Sparteneinzel-BR für Werk 1/Y 1 und Werk 2/Y 2 nimmt sowohl an der Bildung des GBR für Y 1 als auch für Y 2 teil, weil der Spartenvertretungsbereich dieses Sparteneinzel-BR gem. Abs. 5 Satz 1 als Betrieb gilt und im Rahmen von § 47 Abs. 1 die Rechte eines BR gem. § 3 Abs. 5 Satz 2 vom Spartenbetriebsrat auszuüben sind.

Die **Errichtung eines KBR bei der X-AG** (Beispiel 3, Rn. 69, 71) erfolgt durch die gesetzlichen GBR entsprechend dem zuvor Gesagten (Rn. 85). Wollte man auf der Basis der Gesetzesbegründung (vgl. dazu Rn. 70 und Rn. 78 ff.) die Errichtung eines Sparten-GBR (quasi als Teilkonzern-BR) für zulässig halten, so fehlte es dennoch an einer gesetzlichen Bestimmung in § 54 dergestalt, dass nicht die gesetzlichen GBR, sondern die vertraglich gebildeten Sparten-GBR die Aufgaben eines GBR im Rahmen von § 54 wahrnehmen. Im genannten Beispiel ergibt sich die Möglichkeit zur Errichtung einer für die Sparte (hier: den Teilkonzern/Unterkonzern der Y-GmbH) zuständigen AN-Vertretung ohnehin schon aus dem Gesetz, denn beim »Konzern im Konzern« (vgl. Vor § 54 Rn. 17) ist die Bildung von Unter-KBR zulässig. Die Errichtung eines KBR für den Gesamtkonzern erfolgt dann aber gleichwohl nicht durch die Teil/Unter-KBR, sondern kraft zwingender gesetzlicher Bestimmung durch die in den Teilkonzern-UN errichteten GBR bzw. BR.[266] Im Übrigen könnte ein gesetzlicher GBR auch nicht von einem vertraglich gebildeten Sparten-BR verdrängt werden, selbst wenn man dessen Errichtung für möglich halten wollte, denn Abs. 4 und 5, die die Verdrängung eines gesetzlichen Einzel-BR durch den Sparten-BR regeln, sind mangels ausreichender Bestimmtheit der Vorschrift nicht auf diesen Fall übertragbar (vgl. aber zur Möglichkeit, Derartiges nach Nr. 3 vorzusehen, unten Rn. 103). Außerdem ist § 47 aus Anlass der nach § 3 modifizierbaren Betriebsverfassung nicht entsprechend angepasst worden und **§ 3 Abs. 5 fingiert nur einen Betrieb, nicht aber ein UN.** **86**

In der rechtspolitischen Diskussion vor Verkündung des BetrVerf-ReformG ist dafür plädiert worden, klarzustellen, dass Sparten-BR zusätzliche Gremien seien,[267] bzw. wenigstens durch Vereinbarung zu ermöglichen, dass neben ihnen auch nach den allgemeinen Grundsätzen errichtete BR fortbestehen können.[268] Zur Begründung dieser Vorschläge ist darauf hingewiesen worden, dass wegen der ungesicherten gesellschaftsrechtlichen Grundlagen der Spartenorganisation die UN-Leitung oder Konzernleitung im Grunde jederzeit die Zuständigkeiten der Spartenleitung in den betriebsverfassungsrechtlichen Beteiligungsangelegenheiten beseitigen könne, um diese an sich zu ziehen. Auf diese Weise könnte einem Sparten-BR der arbeitgeberseitige Mitbestimmungspartner entzogen werden und die betriebliche Mitbestimmung liefe – wie vor Errichtung von Sparten-BR – wiederum ins Leere, wenn nicht das gesetzlich vorgesehene Mitbestimmungsorgan als »Auffanglinie« existiere.[269] Gerade von dem auch in der Gesetzesbegründung zum Ausdruck gelangenden Grundgedanken ausgehend, dass dort mitbestimmt werden solle, wo in betriebsverfassungsrechtlich relevanten Angelegenheiten entschieden werde, müsse man auch eine Doppelstruktur der AN-Vertretungen für zulässig halten.[270] Dafür spreche auch die Überlegung, dass die Spartenleitung keineswegs die ausschließliche Kompetenz in allen beteiligungspflichtigen Angelegenheiten haben wird, so dass ohne Doppelstruktur wie unter altem Recht arbeitgeberseitige Entscheidungskompetenz und Mitbestimmungsrechte auseinander fallen.[271] **87**

Ausgehend von der h. M., wonach die Abgrenzung betriebsverfassungsrechtlicher Organisationseinheiten letztlich der arbeitgeberseitigen Leitungsorganisation folge, sind die geltend gemachten Einwände nur allzu verständlich. Immer schon dann, wenn das Gesamtspektrum der **88**

---

266 A. A. *Friese,* RdA 03, 92 [99].
267 *Konzen,* RdA 01, 76 [78].
268 So der ausformulierte Vorschlag von *Däubler,* AiB 01, 313 [315].
269 Ähnlich *Konzen,* a. a. O.
270 *Däubler,* AuR 01, 1 [2]; *ders.,* AuR 01, 285 [288]; *Plander,* NZA 02, 483 [485].
271 *Däubler,* AiB 01, 313 [315].

beteiligungspflichtigen Angelegenheiten auf verschiedene Leitungen oder Leitungsebenen aufgeteilt wird, besteht das Risiko von praktisch auftretenden **Mitbestimmungswahrnehmungslücken,** da der arbeitgeberseitige Entscheider nicht unbedingt »am Ort« des zuständigen BR zur Verfügung steht.[272] Beispielhaft lässt sich dieser Mechanismus anhand einer **Abwandlung von Beispiel 2 (Rn. 66, 85) verdeutlichen:** Angenommen, die Zuständigkeiten und deren Wahrnehmung in den beteiligungspflichtigen Angelegenheiten werden zwischen UN-Leitung (Geschäftsführung), Spartenleitungen und den beiden Werksleitungen aufgeteilt, so kann zwar der gesetzliche GBR in den unternehmenseinheitlich zu behandelnden Fragen (§ 50 Abs. 1) die Geschäftsführung »erreichen«; Ähnliches gilt für die beiden Sparten-BR hinsichtlich der nur jeweils spartenbezogenen Fragen. Liegen aber bei den Werksleitungen Entscheidungsbefugnisse, die als nur werksbezogene zwar spartenübergreifende, aber nicht unternehmenseinheitliche Regelungsfragen betreffen (z. B. Fragen der Ordnung des Betriebs), so könnte ein einzelner der im Werk vorhandenen beiden Sparteneinzel-BR diese Frage jedenfalls nicht für das betreffende Werk mit der Werksleitung allein regeln. Gleiches gilt, falls betriebsübergreifende Sparteneinzel-BR gebildet worden sind. Es ließe sich zwar vertreten, hier liege quasi ein klassischer Fall des § 50 Abs. 1 vor, so dass die Zuständigkeit des GBR begründet sei, weil das im Einzelwerk auftretende spartenübergreifende Regelungsproblem mehrere »Betriebe« betreffe. Denn als »Betrieb« gilt ja bei Sparten-BR-Organisation nach Abs. 1 Nr. 2 gemäß Abs. 5 Satz 1 gerade die Sparte und nicht das Werk (das nur bei Anwendung der gesetzlichen Organisationsabgrenzung als Betrieb anzusehen ist), so dass ein Fall des »Nicht-regeln-Könnens« i. S. v. § 50 Abs. 1 vorliegt. Allerdings kann eine solche Verteilung der Mitbestimmungsausübungszuständigkeit zu höchst unpraktikablen Verhältnissen führen, wenn z. B. die beiden Werke des UN räumlich weit voneinander entfernt liegen und der GBR nicht am Ort der betreffenden Werksleitung »residiert«, also das **Prinzip der Entscheidungsnähe** praktisch nicht mehr realisiert werden kann. Hier wie auch in dem in Rn. 73 erörterten Fall würde die Verdrängung eines gesetzlichen Einzel-BR durch die Sparten-BR zu einem normzweckwidrigen Ergebnis führen, denn weder einer sachgerechten Aufgabenwahrnehmung des BR wäre damit gedient noch das **Effektivierungsgebot** (Rn. 27) beachtet.[273]

89 Das soeben (Rn. 88) behandelte Beispiel zeigt aber auch, dass die entgegen der hier vertretenen Ansicht (Rn. 78 ff.) für möglich gehaltene Verdrängung eines gesetzlichen GBR durch einen nach Nr. 2 gebildeten Sparten-BR innerhalb des UN zu dysfunktionalen Mitbestimmungsstrukturen führen würde: Angenommen im **Beispiel 2 (Rn. 66, 85)** hätten die örtlichen Sparten-BR zwei Sparten-GBR innerhalb des UN gebildet und diese Sparten-GBR würden den gesetzlichen GBR ersetzen, dann wäre kein Mitbestimmungsorgan mehr existent, das die spartenübergreifenden Mitbestimmungsangelegenheiten wahrnehmen könnte. Dies wäre nur durch ein wiederum oberhalb der Sparten-GBR anzusiedelndes, integrierendes Organ möglich. Auch dieser Fall zeigt, dass zumindest die Möglichkeit, auch komplementäre Vertretungsorgane im Rahmen der Nr. 2 schaffen zu können, nicht von vornherein ausgeschlossen werden darf, weil sonst normzweckwidrige Ergebnisse riskiert werden, die mit der gesetzlichen Anforderung einer sachgerechten Aufgabenwahrnehmung des BR nicht in Übereinstimmung gebracht werden können.[274]

90 Sofern im Rahmen von Vereinbarungen nach Nr. 2 zur Vermeidung normzweckwidriger Vertretungsstrukturen komplementäre Vertretungen vorgesehen werden, muss allerdings der jeweilige Kollektivvertrag eine genaue Zuständigkeitsregelung enthalten, die den »Aktionsradius« des jeweiligen Organs festlegt, damit es nicht zu Kompetenzüberschneidungen kommt (dazu oben, Rn. 80a–80c).[275] Eine solche Bestimmung kann sich zwar im strukturell-konstruktiven Ansatz an die gesetzlichen Vorbilder in §§ 50, 58 anlehnen, muss aber weit genauere Kriterien nennen, ggfls. sogar durch Auflistung einzelner Gegenstände der beteiligungspflich-

272 Zur Kritik dieser konzeptionellen Fehlvorstellung, der aber auch der Novellierungsgesetzgeber 2001 weiter anhängt, schon *Joost*, 247 f.; vgl. auch § 1 Rn. 56, 81 f.

273 Skeptisch auch *Thüsing*, ZIP 03, 693 [702].

274 So auch im Ergebnis *Friese*, RdA 03, 92 [97 ff.].

275 Das schließt auch *Thüsing*, ZIP 03, 693 [702 r. Sp.] offenbar nicht aus.

tigen Angelegenheiten.[276] Fraglich ist, ob nicht selbst einer solchen Konkretisierung nicht die Entscheidung des *BAG* v. 18. 11. 14[277] entgegensteht, wonach der § 3 – TV die betriebsrätliche Zuständigkeit für die Ausübung der Beteiligungsrechte nicht abweichend vom Gesetz bestimmen könne. Der *Erste Senat des BAG* wäre gut beraten, seine allzu apodiktischen Aussagen mit Blick auf die Bestimmungen des Abs. 1 Nr. 2 und 3 zu relativieren, denn anders als in dem vom *BAG* entschiedenen Fall geht es hier nicht um die Beschneidung von Kompetenzen eines örtlichen BR. Zugleich sollten dann auch zwingend die Entscheidungszuständigkeiten der jeweiligen Leitungsebenen vertraglich geregelt werden, um der Gefahr vorzubeugen, dass durch einseitige Änderungen der arbeitgeberseitigen Wahrnehmungszuständigkeiten in den beteiligungspflichtigen Angelegenheiten die vereinbarte Vertretungsorganisation der AN-Seite wiederum leer zu laufen droht (zu dieser Befürchtung schon oben Rn. 87) und damit die Wirksamkeitsvoraussetzung für den TV nachträglich entfällt.[278]

3. Andere Strukturen der AN-Vertretung bei Organisationsbesonderheiten oder UN-Kooperationen (Nr. 3)

a) Grundsätze

Nach Abs. 1 Nr. 3 können **ausschließlich durch TV** und nicht durch BV (vgl. Abs. 2) **andere** 91
AN-Vertretungs**strukturen** bestimmt werden, soweit dies insbesondere entweder
(1) auf Grund der Betriebs-, Unternehmens- oder Konzernorganisation oder
(2) auf Grund anderer Formen der Zusammenarbeit von UN
einer wirksamen und zweckmäßigen Interessenvertretung der AN dient.
Es handelt sich um eine Generalklausel, die ohne Vorbild in der bisherigen Rechtslage ist und einige **Ähnlichkeiten mit § 3 Satz 3 Nr. 1 des DGB-Novellierungsvorschlags** von 1998 aufweist, welcher wie folgt lautet:

»Insbesondere können durch Tarifvertrag bestimmt werden:
1. andere Vertretungen der Arbeitnehmerinnen und Arbeitnehmer, sofern dies auf Grund der Betriebs- bzw. Unternehmensstrukturen für die Interessenvertretung zweckmäßig erscheint«

Mit diesem Vorschlag sollte die grundsätzliche Tarif-Dispositivität der organisatorischen Bestimmungen des BetrVG im Gesetz verankert werden.[279]

Man mag die Bestimmung der neuen Nr. 3 auf den ersten Blick für »nichts sagend« halten,[280] 92
sie ist es indes nicht, wenn man sie in ihre Strukturelemente zerlegt und den Zusammenhang innerhalb des Katalogs der einzelnen Fallgruppen des Abs. 1 einerseits und die Rückverweisungen in Abs. 4 und 5 andererseits in den Blick nimmt.[281] Die **generalklauselartige Offenheit des Tatbestandes** (»insbesondere«) dient nach der Zielsetzung des Gesetzgebers dem Zweck, auf künftige **neue Entwicklungen** von UN-Strukturen seitens der TV-Parteien schnell und angemessen reagieren zu können, ohne dabei auf ein Tätigwerden des Gesetzgebers angewiesen zu sein.[282] Der Gesetzgeber traut damit den Tarifparteien offenbar auf Grund ihrer größeren Problem- und Sachnähe zu, eine jederzeit angemessene, **funktionsfähige Betriebsverfassung** bereitstellen zu können. Wegen seiner extremen Offenheit lassen sich gegen den Tatbestand der Nr. 3 noch am ehesten verfassungsrechtliche Bedenken unter dem Aspekt der **Verletzung des Bestimmtheitsgrundsatzes** anführen.[283] Letztlich wird man ihn aber als noch hinreichend

276 So jedenfalls wohl im Ansatz auch *HessLAG* 21. 4. 05 – 9/5 TaBV 115/04, juris, Rn. 48.
277 1 ABR 21/13, NZA 15, 694.
278 Zum Erfordernis einer rechtlich gesicherten Leitungsmacht der Spartenleitung auch *Richardi*, NZA 14, 233.
279 Vgl. DGB [Hrsg.], Novellierungsvorschläge des DGB zum BetrVG 1972, 1998, S. 12 [zu § 3].
280 So *Konzen*, RdA 01, 76 [87].
281 Vgl. auch *Annuß*, NZA 02, 290.
282 Vgl. *BT-Drucks.* 14/5741, S. 34.
283 Dazu *Giesen*, BB 02, 1480 [1484].

konturiert ansehen müssen[284], wie auch die nachfolgende Auslegung erkennen lässt.[285] Die Bestimmung nennt zwei generalklauselhaft umschriebene Hauptgruppen von Aufgreiftatbeständen, bei deren Vorliegen eine tarifliche Sonderregelung der Vertretungsstrukturen denkbar erscheint. Zum einen können das **Besonderheiten in der** Betriebs-, Unternehmens- oder Konzern**organisation** sein (näher Rn. 102 ff.). Zum anderen soll es sich um »andere« Formen der **Zusammenarbeit von UN** handeln können (näher Rn. 105 ff.). Beide dergestalt umschriebenen Aufgreiftatbestände sollen die grobe Richtung angeben, in die eine Konkretisierung durch die TV-Parteien gehen kann.[286] Der Nr. 3 soll nach Ansicht des *ArbG Düsseldorf*[287] nicht unterfallen die auf tariflicher Grundlage erfolgte Errichtung eines BR für die AN einer **Parlamentsfraktion** und die AN der einzelnen Abgeordnetenbüros dieser Fraktion, weil eine Parlamentsfraktion schon nicht den Begriffen »Betrieb« bzw. »Unternehmen« zugeordnet werden könne (vgl. § 1 Rn. 10).

93 Der Tatbestand der Nr. 3 stellt allerdings **nicht** in allen Punkten eine **grundlegende Innovation** dar. In einigen Bereichen knüpft er an § 3 Abs. 1 Nr. 2 a. F. an, der anstelle des gesetzlichen Basisorgans »Betriebsrat« die Errichtung einer »anderen Vertretung« der AN für solche Betriebe ermöglichte, in denen wegen ihrer Eigenart der Errichtung von BR besondere Schwierigkeiten entgegenstehen (dazu *7. Aufl., Rn. 29 ff.*). Auch die heutige Nr. 3 deutet mit den Begriffen »andere AN-Vertretungsstrukturen« an, dass es um eine **alternative** Vertretungs**organisation** geht, sieht diese alternative Möglichkeit aber nicht mehr – wie § 3 Abs. 1 Nr. 2 a. F. – ausschließlich für die Ebene des **Basis**vertretungsorgans »Betriebsrat« vor, sondern bezieht **alle Ebenen** ein, auf denen nach dem gesetzlichen Modell AN-Vertretungen gebildet werden,[288] und möchte überdies ermöglichen, dass der nach dem gesetzlichen Strukturmodell maximal dreistufige Aufbau der betriebsähnlichen Vertretungsorganisation aus BR, GBR und KBR selbst dort als nur einstufige oder zweistufige Form ausgebildet werden kann, wo an sich nur eine dreistufige Form zulässig ist.[289] Schon aus diesem Grunde ist es treffender, wenn das Gesetz nicht mehr nur von »anderen Vertretungen« spricht, sondern »von anderen Vertretungs*strukturen*«. Demgegenüber will *Sobotta*[290] den Tatbestand der Nr. 3 allein auf die vorhergehenden Nrn. 1 und 2 zurückbeziehen, die er als Spezialtatbestände mit Sperrwirkung gegenüber Nr. 3 bezeichnet und so zu dem Ergebnis kommt, dass Nr. 3 nicht als generalklauselartiger Auffangtatbestand zu sehen sei, weshalb Fallgestaltungen, die schon den Tatbeständen der Nrn. 1 u. 2 nicht zugeordnet werden können (z. B. Sparten-GBR), auch nicht unter Nr. 3 zu subsumieren seien. Eine derartige Einengung des Anwendungsbereiches lässt sich freilich kaum mit dem ausdrücklich erklärten Willen des Gesetzgebers vereinbaren. Diesem ging es nach den Gesetzgebungsmaterialien deutlich erkennbar gerade darum, mit Nr. 3 eine Abweichungsmöglichkeit zu schaffen, die auch über die Nrn. 1 und 2 hinausgehen können.[291] Das ***BAG***[292] hält es demgemäß grundsätzlich für möglich, im Rahmen eines TV nach Nr. 3 die Errichtung eines **unternehmensübergreifenden GBR** (dazu Rn. 103a) vorzusehen – etwa bei personeller Kongruenz von tatsächlichen Entscheidungsträgern auf Seiten der UN – allerdings nur, wenn auch die weiteren tatbestandlichen Voraussetzungen dafür gegeben sind (insbes. die Dienlichkeit).

94 Das Gesetz spricht zwar von Vertretungs**strukturen** und **nicht** mehr von **Vertretungen** innerhalb dieser vereinbarten Strukturen, so dass bei enger Wortlautinterpretation zweifelhaft

284 So auch *BAG* 13.3.13 – 7 ABR 70/11, NZA 13, 738, 743.
285 Gegen *Giesen*, a. a. O., auch *Annuß*, NZA 02, 290 [291 f.] und *Thüsing*, ZIP 03, 693 [694 f.], wobei Letzterer für eine verfassungskonforme enge Interpretation der Generalklauseln eintritt.
286 Siehe dazu die Vereinbarungsmuster in DKWF-*Bachner*, § 3 Rn. 5, 6.
287 27.5.16 – 11 BV 318/15 (n. v.) und 19.8.16 – 4 BVGa 11/16, juris.
288 Betrieb, UN, Konzern; ebenso *Fitting*, Rn. 49 f.; *Annuß*, NZA 02, 290 [292]; grundsätzlich ebenso *BAG* 13.3.13 – 7 ABR 70/11, NZA 13, 738, wenn es nach Nr. 3 einen UN-übergreifenden GBR für möglich hält; ablehnend aber *Thüsing*, ZIP 03, 693 [703 f.].
289 So die Begründung zum Regierungsentwurf, *BT-Drucks.* 14/5741, S. 34, für mittelständische Konzerne mit wenigen kleinen Konzern-UN.
290 S. 106 f., 109 ff.; ähnlich für Spartenstrukturen *HessLAG* 21.4.05 – 9/5 TaBV 115/04, juris, Rn. 49, wo die Nr. 3 gegenüber der Nr. 2 nur als Auffangtatbestand bezeichnet wird.
291 Vgl. BT-Drucks. 14/5741, S. 34.
292 *BAG* 13.3.13 – 7 ABR 70/11, NZA 13, 738, 742, 743.

erscheinen könnte, ob beispielsweise nach Nr. 3 **Sparten-BR** gebildet werden können für UN-Sparten, **die nicht** – wie Abs. 1 Nr. 2 dies verlangt (dazu Rn. 64) – **nach** dem Kriterium von **Produkten oder Projekten** strukturiert sind. Dies ist aber zu bejahen, denn Abs. 4 nimmt ausdrücklich auf die Fallgruppe des Abs. 1 Nr. 3 Bezug und regelt die Amtszeitbeendigung von BR, die im Geltungsbereich eines TV nach Nr. 3 entfallen. Somit geht das Gesetz selbst davon aus, dass im Rahmen von **Vereinbarungen nach Nr. 3** sogar **regelmäßig AN-Vertretungen** gebildet werden.[293] Auch Abs. 5 (Betriebsfiktion und Rechtsstellung der Mitbestimmungsorgane und ihrer Mitglieder), der gleichfalls die Vereinbarungen nach Abs. 1 Nr. 3 zitiert, bestätigt diese Auslegung. Richtigerweise ist Nr. 3 daher so zu verstehen, dass er »andere Arbeitnehmervertretungen und Arbeitnehmervertretungsstrukturen« durch TV für regelbar erklärt.[294]

Wie auch die Vertretungen nach Nrn. 1 und 2 sind die im Rahmen anderer Vertretungs- 95
strukturen nach Nr. 3 geschaffenen AN-Vertretungen **Mitbestimmungsorgane.** Nach Abs. 5 Satz 2 sind hierauf die Rechte und Pflichten eines BR nach dem BetrVG und anderen Bestimmungen, die die Rechtsstellung eines BR und seiner Mitglieder betreffen, anzuwenden (vgl. Rn. 198f.).

Aus dem Umstand, dass die nach Nr. 3 geschaffenen AN-Vertretungen Mitbestimmungs- 96
organe sind, ergibt sich die Notwendigkeit, deren **Verhältnis zu** etwa schon oder noch **nach den gesetzlichen Bestimmungen errichteten Vertretungen** zu bestimmen. Anders als bei den Fallgruppen nach Nrn. 1 und 2 müssen im Rahmen der Regelung nach Nr. 3 aber keineswegs immer nur die Basisorgane der Mitbestimmung betroffen sein, denn die Strukturabweichung könnte sich hier auch auf die Ebene oberhalb der Einzelbetriebe oder der Unternehmen beziehen, während die Basisebene unberührt bleibt. Aus Abs. 4 und 5, die nur das Verhältnis zu bestehenden Basisorganen betreffen, ergibt sich dann nämlich unmittelbar keine Lösung. Irritierend wirkt insoweit Abs. 5 Satz 1, der auch bei TV im Rahmen von Abs. 1 Nr. 3 die tariflich gebildeten betriebsverfassungsrechtlichen Organisationseinheiten als Betrieb i. S. d. § 1 BetrVG fingiert, obwohl ein nur **struktur**regelnder TV sich ja auf die Ebene des Konzerns oder des UN beschränken könnte. Man wird dies so verstehen müssen, dass die Betriebsfiktion des Abs. 5 Satz 1 in Fällen eines TV nach Abs. 1 Nr. 3 nur dann und insoweit für anwendbar zu halten ist, als durch ihn überhaupt betriebsverfassungsrechtliche Organisationseinheiten (»Wahlgebiete« oder »Wahlkreise«) gebildet werden. Soweit dagegen oberhalb der Betriebsebene angesiedelte Vertretungsorgane durch den TV betroffen sind, **muss der TV selbst eine Regelung** bezüglich des Verhältnisses verschiedener Organe auf derselben Vertretungsstufe **treffen,** weil es andernfalls zu Kompetenzüberschneidungen kommen kann. Eine solche Regelung kann vorsehen, dass Gremien nebeneinander bestehen, dann muss eine tarifliche **Zuständigkeitsregelung** – etwa nach Art des § 50 – jedoch für Klarheit in den Kompetenzen sorgen (zu den konkreten Anforderungen oben, Rn. 90). Die tarifliche Regelung könnte aber auch vorsehen, dass gesetzliche Gremien durch die tariflichen Strukturmodelle der Vertretungsorganisation verdrängt werden, indem etwa auf die Bildung des GBR verzichtet wird und dessen Rechte auf den KBR übertragen werden.[295] Die letztgenannte Sichtweise legt der Gesetzgeber in Abs. 4 zumindest als Regelfall nahe (jedenfalls für die Ebene der Basisvertretung »Betriebsrat«). Unterbleiben die notwendigen tariflichen Klarstellungen über die Zuständigkeiten, ist sehr fraglich, ob derartige Strukturen noch einer wirksamen und zweckmäßigen Interessenvertretung der AN dienen und damit den gesetzlichen Anforderungen entsprechen.

Nicht zweifelsfrei zu beurteilen ist, ob die neue Bestimmung auch voraussetzt, dass die in eine 97
alternative Struktur einbezogenen betrieblichen Organisationsbereiche selbst jeweils die **Betriebsratsfähigkeit** i. S. v. § 1 Abs. 1 Satz 1 haben müssen. Dies war nach altem Recht eine logische Konsequenz aus dem Umstand, dass ein an sich zu bildender BR durch die tarifliche

293 Vgl. auch *Fitting*, Rn. 46.

294 So auch das Verständnis der Gesetzesänderung, *BT-Drucks.* 14/5741, S. 34, wo explizit an die Vertretungen nach Nr. 1 und Nr. 2 anknüpfend erläutert wird, dass nach Nr. 3 darüberhinausgehend Interessenvertretungen der AN errichtet werden können; a. A. *Annuß*, NZA 02, 290 [292] allerdings ohne Begründung.

295 Vgl. *Hohenstatt-Dzida*, DB 01, 2498 [2499]; *SWS*, Rn. 28; *LK*, Rn. 11; a. A. *Thüsing*, ZIP 03, 693 [703f.].

Vertretung ersetzt wurde (vgl. *7. Aufl., Rn. 32*) und auch Abs. 4 Satz 2 scheint dies nahe zu legen, denn er lässt die Amtszeit bestehender BR enden, wenn eine tarifliche Vertretung gewählt worden ist. Nach geltendem Recht erscheint dieser Schluss jedoch **nicht zwingend.** Zum einen lässt sich der Relativsatz in Abs. 4 Satz 2 auch so verstehen, dass Amtszeiten von BR nur enden, »soweit« diese BR durch TV entfallen, d.h., wenn es überhaupt einen betroffenen BR gibt (was dann gerade nicht der Fall ist, wenn die erfasste Organisationseinheit als solche nicht betriebsratsfähig ist), und zum anderen wäre schon nach allgemeinem Tarifrecht (vgl. Rn. 28, 30) nichts dagegen einzuwenden, wenn ein nicht betriebsratsfähiger Betrieb durch TV eine AN-Vertretung erhielte. Im Übrigen dient diese Auslegung eher dem vom Gesetzgeber generell verfolgten Zweck, die betrieblichen Bereiche ohne Repräsentationsorgan der AN zu verringern.[296]

98 Der im Rahmen von Abs. 1 Nr. 3 verwendete **Konzernbegriff** umfasst auch den **Gleichordnungskonzern** i. S. v. § 18 Abs. 2 AktG (vgl. dazu schon Rn. 68).[297] Die von *Richardi*[298] vorgetragenen Argumente gegen die Eignung einer BV als Regelungsinstrument im Rahmen von Abs. 1 (wer kann zuständige Vertragspartei sein; dazu auch unten Rn. 168 ff.), greifen hier ohnehin nicht durch, weil die Regelung nach Nr. 3 stets nur und ausschließlich durch TV zulässig ist. Grundsätzlich ist es daher denkbar, auch für den Gleichordnungskonzern einen KBR auf Basis eines TV nach Nr. 3 zu errichten.[299]

99 Mit der Bestimmung ist zudem klargestellt, dass die **Besonderheiten** im Bereich der Organisation oder der UN-Kooperation **nicht branchenspezifischer Natur** sein müssen, sondern es ausreicht, wenn sie nur in dem zur Regelung vorgesehenen Bereich vorliegen.[300] Dies war zu § 3 Abs. 1 Nr. 2 a. F. umstritten geblieben (umfassende Nachweise *7. Aufl., Rn. 30*). Nr. 3 stellt nämlich nicht einmal mehr vom Wortlaut her auf »besondere Schwierigkeiten« bei der Errichtung von AN-Vertretungen ab, sondern überlässt es den TV-Parteien, selbst zu beurteilen, ob die gewollte abweichende Struktur einer wirksamen und zweckmäßigen Interessenvertretung der AN dient. Unsinnigerweise zitiert aber die Gesetzesbegründung zu Nr. 3[301] »generelle und besondere Schwierigkeiten in rechtlicher oder tatsächlicher Hinsicht« bei der Errichtung einer gesetzlichen AN-Vertretung. Dies übersteigt allerdings den Wortlaut des Gesetzes nach Nr. 3 und widerspricht zudem auch dem von der Gesetzesbegründung selbst gegebenen Beispiel eines mittelständischen Konzerns, für den anstelle einer dreistufigen z. B. eine einstufige Interessenvertretung errichtet werden könne. Warum soll in diesem Fall eigentlich eine besondere Schwierigkeit zur Wahl gesetzlicher BR, GBR und KBR vorliegen? Im Kern geht es doch bei dem Beispiel lediglich um eine **vereinfachte** Vertretungsorganisation und eine geringere Komplexität der Strukturen sowie um durchaus sinnvolle Einsparungseffekte.

b) »Andere« Vertretungsstrukturen

100 Die **Andersartigkeit** der möglichen tariflichen Vertretungsstrukturen bezieht sich **nicht nur** auf die in Abs. 1 Nr. 1 und 2 genannten Fälle einer **kollektivvertraglichen** Abweichung (UN-BR, Filial-BR, Regional-BR, Sparten-BR), **sondern** umfasst **auch** jedwede **Abweichung von der gesetzlichen Struktur** der Vertretungsorganisation,[302] soweit dies einer wirksamen und zweckmäßigen Interessenvertretung dient. Für diese sehr weitgehende Auslegung spricht nicht

296 Vgl. zu diesem Anliegen *BT-Drucks.* 14/5741, S. 23, 25 f.

297 Wie hier auch *Engels/Trebinger/Löhr-Steinhaus*, DB 01, 532 [535]; ErfK-*Koch*, Rn. 6; *Fitting*, Rn. 50; *LK*, Rn. 11; so jetzt auch *Richardi*, Rn. 43 f.; a. A. noch *Richardi*, NZA 01, 346 [350]; *SWS*, Rn. 29; *Annuß*, NZA 02, 290 [292]; rechts*politische* Einwände erhebt *Konzen*, RdA 01, 76 [87] gegen die von der Entwurfsbegründung betonte Einbeziehung des Gleichordnungskonzerns.

298 A. a. O., S. 347 r. Sp.

299 Ebenso *Engels/Trebinger/Löhr-Steinhaus*, a. a. O.; *Trümner*, FA 01, 133 [135, Fn. 32].

300 So jedenfalls *BT-Drucks.* 14/5741, S. 27, wo auf die das einzelne UN betreffenden Besonderheiten abgestellt wird.

301 A. a. O., S. 34.

302 Vgl. *BT-Drucks.* 14/5741, S. 34, die Nr. 3 zu den Möglichkeiten der Nrn. 1 und 2 in Beziehung setzen, aber darüber hinaus gehen lassen will; ähnlich auch DGB [Hrsg.], BetrVerf-ReformG [Informationen zum Arbeitsrecht 2/01], S. 10.

nur das in der Begründung zum Gesetzentwurf gegebene Beispiel einer nur einstufigen Vertretungsorganisation innerhalb von kleinen Konzernen,[303] sondern auch der Umstand, dass wegen der besonderen **Tragweite der Regelung** in Nr. 3 nur der TV als Instrument in Betracht kommen soll (vgl. Abs. 2). Da der Gesetzgeber gerade auch eine **Kombination** von gesetzlichen und vertraglichen Lösungen ermöglichen will,[304] kann daher grundsätzlich auch eine **andere Art der Ausübung des Übergangsmandats** in Fällen des § 21a Abs. 2 (Zusammenfassung von Betrieben) tariflich vorgesehen werden, etwa indem sämtliche BR der zusammenzufassenden Betriebe/Betriebsteile ein Übergangsorgan unter Beteiligung von Vertretern aller betroffenen Organisationsbereiche entsprechend dem zahlenmäßigen Verhältnis der jeweiligen Beschäftigten bilden[305]. Dadurch kann der möglicherweise eintretende **Entfremdungseffekt vermieden** werden, der sonst riskiert wird, wenn Belegschaftsteile von BR-Mitgliedern vertreten werden, die nicht von den betreffenden Teilen der Arbeitnehmerschaft gewählt worden sind. Kann hierdurch die **Akzeptanz** gegenüber der Amtsausübung des Übergangs-BR innerhalb der Gesamtbelegschaft **erhöht** werden, dient dies ohne Zweifel einer wirksamen und **zweckmäßigen Interessenvertretung.**

Ob die Bestimmung auch die **Bildung von Wahlkreisen** (vgl. aber dazu § 4 Rn. 8) für die BR-Wahl[306] ermöglicht, wird man verneinen müssen, da hierbei ein ganz allgemeines Wahlprinzip (Grundsatz der freien Wahl) verletzt sein dürfte[307] und die Vorschrift Abweichungen vom Wahlrecht der WO-BetrVG gerade nicht erlaubt. 100a

c) Alternative 1: Besonderheiten in der Organisation

Die Begründung des Gesetzentwurfes nennt erläuternd für diese Fallgruppe, dass »auf Grund von Sonderformen der Betriebs-, Unternehmens- oder Konzernorganisation« der Errichtung einer wirksamen Interessenvertretung Schwierigkeiten entgegenstehen. Es ist offenbar gemeint, dass diese Schwierigkeiten jedenfalls bei bloßer Anwendung der gesetzlichen Bestimmungen auftreten[308] und auch nicht in Anwendung der vertraglichen Gestaltungsmöglichkeiten nach Abs. 1 Nr. 1 und 2 ausgeräumt werden können. Dieses Erfordernis ist entgegen der Ansicht des *BAG*[309] als Voraussetzung einer tariflichen Regelbarkeit allerdings abzulehnen (vgl. auch Rn. 99), weil es im Wortlaut der Bestimmung keinen Ansatzpunkt findet und für die Nutzung der Gestaltungsmöglichkeiten durch die TV-Parteien unzumutbare Unwägbarkeiten heraufbeschwört[310]. Die TV-Parteien sind damit aufgrund der *BAG*-Entscheidung v. 13.3.13 praktisch gezwungen, zunächst anhand einer fiktiven gesetzlichen Vertretungsstruktur deren Defizite zu bestimmen, um sodann gezielt im Rahmen der tariflichen Regelung **besser geeignete Strukturen** zu schaffen. Es ist zu empfehlen, diese Erwägungen im TV selbst zu dokumentieren, etwa in einer ausführlichen Präambel, damit erkennbar ist, warum und in welcher Weise der den TV-Parteien eingeräumte Beurteilungs- und Gestaltungsspielraum genutzt worden ist. 101

Besonderheiten in der betrieblichen Organisation können etwa vorliegen bei **Profitcenter-Strukturen,** die zu einer Art »UN im UN« führen, aber nicht stets mit einer Sparten-Bildung 102

303 *BT-Drucks.*, a. a. O.
304 *BT-Drucks.*, a. a. O., S. 26, 27.
305 Eine strukturähnliche Regelung enthält z. B. § 44 LPVG NW.
306 So aber *LAG Hamm* 27.6 03 – 10 TaBV 22/03, BeckRS 03, 30798824; zum BetrVG 1952 bejahte die Wahlkreisbildung (fälschlich) allerdings auch *LAG Hannover* 13.2.54, BetrR 54, 200 [mit zutreffend ablehnender Anm. von Bührig].
307 Ebenso *Fitting*, Rn. 51 und ganz allgemein Wahlkreisbildungen ablehnend auch *Fitting*, § 4 Rn. 3; Richardi-*Maschmann*, § 4 Rn. 2.
308 So auch *BAG* 13.3.13 – 7 ABR 70/11, NZA 13, 738, 742, 743, das stets eine »bessere« Verwirklichung der gesetzlichen Zwecke innerhalb der tariflichen Repräsentationsstruktur als im Rahmen des gesetzlichen Vertretungsmodells verlangt.
309 *BAG* 13.3.13 – 7 ABR 70/11, NZA 13, 738, 743.
310 *BAG* 13.3.13 – 7 ABR 70/11, NZA 13, 738, 743, nimmt dies allerdings hin und hilft nur insoweit, als die Verkennung der gesetzlichen Voraussetzungen in Nr. 3 durch die TV-Parteien lediglich zur Anfechtbarkeit der auf dieser TV-Grundlage gebildeten BR führen soll.

einhergehen müssen.[311] Denkbar wäre auch der Fall, wenn ein Betrieb in personeller Hinsicht derart strukturiert ist, dass einer relativ kleinen Zahl von Stamm-AN ständig eine wesentlich größere Zahl von kurzzeitig oder **unständig Beschäftigten** gegenübersteht, wie etwa in Betrieben von UN der **Zeitarbeitsbranche** (Arbeitnehmerüberlassung), kommunalen **Beschäftigungsförderungsgesellschaften,** industriellen **Qualifizierungsgesellschaften** und den sog. **reinen Ausbildungsbetrieben.**[312] Zweifellos gehören hierher auch die Fälle, die zwar theoretisch schon bisher durch § 3 Abs. 1 Nr. 2 a. F. hätten erfasst werden können, praktisch aber ohne Regelung geblieben sind, wie z. B. **Betriebe mit kontinuierlichem Personalwechsel** (z. B. Varietés) oder **ständig wechselnden Betriebsstätten.**[313]

103 **Organisationsbesonderheiten auf der UN-Ebene** können z. B. darauf beruhen, dass eine **Spartenbildung** besteht, die allerdings nicht – wie Abs. 1 Nr. 2 dies verlangt – nach Produkten oder Projekten erfolgt, sondern nach anderen Gesichtspunkten (z. B. Produktion, Vertrieb usw.; vgl. Rn. 64), wie dies häufig in **Matrix-Strukturen**[314] (vgl. dazu § 1 Rn. 81) der Fall ist.[315] Hält man es mit der hier zu Abs. 1 Nr. 2 vertretenen Ansicht (vgl. Rn. 66, 78 ff.) für unzulässig, dass durch TV oder BV ein **UN-interner Sparten-GBR** gebildet werden kann, der mehrere Sparten-einzel-BR zusammenfasst, so lassen sich die dort erhobenen Einwände jedoch nicht gegenüber einer – allerdings nur als TV zulässigen – Regelung im Rahmen von Abs. 1 Nr. 3 aufrechterhalten. Nach dem erklärten Willen des Gesetzgebers[316] soll es gerade mit Nr. 3 ermöglicht werden, über die Gestaltungsmodelle der Nr. 2 hinausgehen zu können. Da hier auch gänzlich von der gesetzlichen Vertretungsstruktur abgewichen werden kann (vgl. Rn. 100), wäre es deshalb sogar denkbar, den tariflichen Sparten-GBR **an die Stelle eines gesetzlichen GBR** gem. §§ 47 ff. treten zu lassen. **Ebenso** wäre es denkbar, ihn **neben** diesem **GBR** zu errichten, da der Gesetzgeber erklärtermaßen (vgl. Rn. 100) auch Kombinationen von gesetzlichen und vertraglichen Vertretungen ermöglichen wollte. Sofern der TV aber ein solches komplementäres Vertretungsmodell vorsieht, muss er selbst eine Zuständigkeitsabgrenzung vorsehen – etwa nach Art der §§ 50, 58 –, weil andernfalls wegen unvermeidbarer Kompetenzkonflikte der Vertretungen kaum mehr angenommen werden kann, dass dieser TV einer wirksamen und zweckmäßigen Interessenvertretung der AN dient (vgl. dazu die Gestaltungshinweise oben, Rn. 80c und Rn. 90).

103a Eine **Besonderheit in der Organisation** stellt auch die verbreitet in der Praxis vorkommende tarifliche Ausprägung eines **gemeinsamen GBR** (gemGBR) als integrierende Vertretung »oberhalb« der lokalen Ebene für die BRe in einer Vielzahl von gemB mehrerer UN derselben Arbeitgebergruppe dar, die als Träger der gemB fungiert (vgl. zum Grundproblem oben, § 1 Rn. 181). Der *1. Senat des BAG* hält bei diesem Sachverhalt die Bildung eines gemGBR allein **auf gesetzlicher Grundlage** des § 47 i. d. R. für **unzulässig** (vgl. auch § 47 Rn. 22, 23) und deutete zunächst nur an, dass dies bei *Besonderheiten in der Organisation* auch anders entschieden werden könne.[317] Mit seinem Beschluss vom 13. 3. 13 hat der *7. Senat des BAG* jedoch die **Errichtung eines gemGBR** auf der Grundlage von § 3 Abs. 1 Nr. 3 für grundsätzlich **möglich** erklärt (vgl. Rn. 93 a. E.).[318] Für die betriebliche Praxis war damit zunächst eine hinreichend sichere Basis auch zur Schaffung von gemGBR durch TV gegeben. Der *1. Senat des BAG* hat

---

311 Vgl. *Kreuder*, Desintegration und Selbststeuerung, S. 99 [101].

312 Vgl. *LAG Düsseldorf*, 27. 1. 00 – 11 TaBV 73/99, AiB 00, 569 m. Anm. *Schneider;* vgl. auch Rn. 31; dazu *Trümner*, JbArbR 36 [1999], 59 [77 f.]; *Pauli*, Mitbestimmung in Arbeitsförderungsgesellschaften, S. 150, 155 f., 164 f.

313 Z. B. in der Forstwirtschaft, der Binnenschifffahrt, bei Wanderbühnen, Zirkussen usw., vgl. insoweit *7. Aufl. Rn. 29;* ErfK-*Koch*, Rn. 6; *Fitting*, Rn. 50.

314 Dazu *Kort*, NZA 13, 1318, 1322, allerdings mit Zweifeln daran, ob durch TV stets eine wirksamere und zweckmäßigere als die gesetzlich vorgesehene Interessenvertretung geschaffen würde; näher auch *Bauer/Herzberg*, NZA 11, 713, 719.

315 *Rieble*, NZA-Beil. 1/14, 28, 30, hält bei Matrix-Strukturen zwar grundsätzlich § 3 Abs. 1 Nr. 3 für einschlägig, sieht aber je nach Ausprägung der Matrix durchaus zu Recht Bedenken wegen der Dienlichkeit einer abweichenden BR-Struktur.

316 *BT-Drucks.* 14/5741, S. 34.

317 *BAG* 13. 2. 07 – 1 AZR 184/06, NZA 07, 825; nicht mehr weiter reflektiert in *BAG* 17. 3. 10 – 7 ABR 706/08, DB 10, 2812.

318 *BAG* 13. 3. 13 – 7 ABR 70/11, NZA 13, 738, 742 f.

jüngst wieder erneute Unsicherheit zu dieser Frage heraufbeschworen, ohne freilich überhaupt noch erkennen zu lassen, wie er denn diese Grundsatzfrage beurteilen möchte.[319]

Soll ein gemGBR durch TV errichtet werden, müssen die TV-Parteien aber bedenken, wie die weiteren, nach Gesetz gewöhnlich auf der UN-Ebene »oberhalb« der lokalen BR zu bildenden Vertretungen, wie etwa die **GJAV oder die GSBV** in die abweichende Struktur einzupassen sind. Während für die lokale Vertretungsebene geklärt ist, dass wegen der Betriebsfiktion nach Abs. 5 Satz 1 der abweichend gebildete Betrieb ebenfalls für die lokale JAV[320] und SBV[321] maßgebend ist (vgl. Rn. 200, 205), wurde vom Gesetzgeber nicht mitbedacht, dass insbesondere nach Abs. 1 Nr. 3 die Abweichung von der gesetzlichen Vertretungsstruktur »oberhalb« der Basiseinheit Betrieb und BR auch UN-übergreifend geregelt werden kann und deshalb Folgeprobleme für die weiteren (an sich rein unternehmensgebundenen) Vertretungen entstehen, wenn z. B. ein gemGBR errichtet wird. **103b**

Die Frage ist also, ob die mit dem gemGBR abweichend geregelte betriebsrätliche AN-Vertretungsstruktur i. S. v. Nr. 3 auch für die GJAV bzw. GSBV durch den TV – dann entsprechend als **gemGJAV bzw. gemGSBV** – gleichartig ausgeprägt werden kann. Geht man mit hier vertretener Ansicht (vgl. Rn. 94) von einem weiten Verständnis des Begriffes »andere AN-Vertretungsstrukturen« aus und bezieht auch die Möglichkeit ein, andere **AN-Vertretungen durch TV** bilden zu können, so unterliegt es keinem durchgreifenden Zweifel, dass der TV nach Abs. 1 Nr. 3 die für den gemGBR geschaffene Struktur auch für die Bildung von gemGJAV und gemGSBV nachprägen kann. **Dafür** sprechen **mehrere Gründe,** denn die gesetzlichen Normalvertretungsstrukturen sind als **Parallelsystem** aufgebaut: § 72 zeichnet für die GJAV eine strukturell enge Anlehnung an das UN und (wenn auch nicht notwendig) den GBR nach. § 180 Abs. 1 SGB IX setzt mehrere Betriebe desselben AG und den GBR als Errichtungsvoraussetzung für die GSBV voraus. Beide Vertretungen sind damit wie der »normale« GBR also im Grundsatz zwar UN-gebundene Organe. Mit Blick auf den »normalen« GBR bestehen für alle diese Organe **wechselseitige Kooperationsrechte und -pflichten** (vgl. wegen der GJAV etwa: §§ 73 Abs. 2 i. V. m. 66 – 68, 70 BetrVG[322]; wegen der GSBV etwa: § 52 BetrVG, §§ 180 Abs. 6, 182, § 180 Abs. 7 i. V. m. 178 SGB IX). Dieses **Kooperationsgeflecht** würde aber **gestört,** wenn die überbetrieblich zu bildende GJAV und GSBV nicht eben der tariflichen Struktur des gemGBR folgen würde, in der sie ihren in der »höheren« Ebene zuständigen betriebsrätlichen Kooperationspartner finden kann. Ebenso wie die lokale JAV und die lokale SBV zur abweichend vereinbarten **Betriebsstruktur akzessorisch** ausgeprägt ist (dies folgt für die JAV unmittelbar aus Abs. 5 Satz 1 und für die SBV aus § 170 Abs. 1 Satz 2 SGB IX i. V. m. § 3 Abs. 5 Satz 1 BetrVG), kann man diese **Akzessorietät auch bei** der Schaffung von **abweichenden AN-Vertretungsstrukturen** »oberhalb« der Basiseinheit Betrieb nicht anders sehen. Für die GSBV wird insoweit zu recht angenommen, dass nur durch ein notwendiges **Parallelsystem von BR und SBV auf allen Entscheidungsebenen** das Teilnahme- und Beratungsrecht nach § 178 Abs. 4 Satz 1 SGB IX in geeigneter Weise wahrgenommen werden kann, um die Interessen der schwerbehinderten Menschen in die zuständigen Mitbestimmungsorgane der Betriebsverfassung einzubringen.[323] Wollte man die Ermächtigung der Nr. 3 für TV dagegen enger als hier vertreten auslegen, müsste man freilich die tarifliche Nachzeichnung der mit dem gemGBR ohne Zweifel zulässig geschaffenen Struktur auch für GJAV und GSBV auf eine von der Sache her gebotene **Annexkompetenz der TV-Parteien** stützen. **103c**

---

319 *BAG* 25.2.20 – 1 ABR 40/18, NZA 20, 881, 882f; im Orientierungssatz Nr. 2 schimmert zwar eine grundsätzlich denkbare tarifliche Gestaltungsmöglichkeit für einen UN-übergreifenden GBR durch, während in Rn. 15f. der Gründe dann die in der Tat lückenhafte Tarifbindung das »Aus« bringt; dennoch schiebt der Senat noch sybillinisch hinterher (Rn. 17 a. E.), dass nun offenbleiben könne, ob der TV insoweit den Vorgaben des Abs. 1 entspricht. Der Praxis ist mit derartigen Offenlassungen nicht geholfen. Sie bleibt auch nach der vierten einschlägigen BAG-Entscheidung zu dieser Grundfrage ratlos sich selbst überlassen.

320 GK-*Franzen,* Rn. 61; *Fitting,* Rn. 79.

321 GK-*Franzen,* Rn. 61; *Fitting,* Rn. 79; *BAG* 10.11.04 – 7 ABR 17/04, EzA § 3 BetrVG 2001 Nr. 1.

322 § 70 gilt analog für die GJAV, auch wenn § 73 Abs. 2 ihn nicht erwähnt, vgl. *Fitting,* § 70 Rn. 2.

323 Vgl. etwa Dau/*Düwell*/Joussen, Sozialgesetzbuch IX, 5. Aufl. 2019, § 180 Rn. 3.

104 Eine Sonderform der **Konzernorganisation,** die zu anderen Vertretungsstrukturen durch TV führen kann, ist insbesondere der – allerdings eher seltene – **Gleichordnungskonzern,** für den ein KBR eingerichtet werden könnte (vgl. schon Rn. 98 m. w. N.). Dasselbe gilt für die Errichtung einer AN-Vertretung bei Bundeszentralen von politischen Parteien, selbst wenn die Bundespartei und ihre Landesverbände rechtlich selbständige Rechtsträger sind.[324] Man wird zu dieser Fallgruppe **bei tief gestaffelten Konzernen** mit einer Vielzahl von Teil- oder Unterkonzernen (»Konzern im Konzern«) auch die Möglichkeit zählen müssen, durch den TV nach Nr. 3 die Vielzahl von Einzel-KBR zu einem **Gesamt-KBR** zusammenzufassen.[325] Des Weiteren wäre es beim Zusammentreffen des »Konzerns im Konzern« mit einer Konzernspartenorganisation möglich, die nach der Gesetzesbegründung (vgl. Rn. 86) nach Abs. 1 Nr. 2 zulässigen **unternehmensübergreifenden Sparten-GBR** (vgl. zu deren Unzulässigkeit im Rahmen einer Regelung nach Nr. 2 nach hier vertretener Ansicht Rn. 78 ff.), die eigentlich Teil-KBR sind, anstelle der nach der gesetzlichen Regelung dazu berufenen GBR die Bildung des KBR vornehmen zu lassen.[326] Ähnlich wie beim **unternehmensinternen Sparten-GBR** (soeben Rn. 103) muss der TV dann aber die Zuständigkeitsabgrenzung zwischen einem tariflichen Sparten-GBR und einem etwa fortbestehenden, gesetzlichen Teil-KBR vornehmen (entsprechend § 58; vgl. Rn. 90). Schließlich ließe sich auch daran denken, bei **kleinen mittelständischen Konzernen** anstelle der dreistufigen Vertretungsorganisation aus BR, GBR und KBR nur eine einheitliche Konzern-AN-Vertretung zu bilden.[327] Dies dürfte sich insbesondere dann anbieten, wenn die Konzern-UN ihre Betriebe in enger räumlicher Nähe zueinander unterhalten; notwendige Voraussetzung ist das aber nicht.

105 Schwieriger ist die Frage zu beurteilen, ob nach dieser Vorschrift beim sog. **»Konzern Stadt«**[328] auch eine die beiden gesetzlichen Zweige der betrieblichen Interessenvertretungsstrukturen (BetrVG, PersVG) integrierende »Konzernbeschäftigtenvertretung« begründet werden könnte. Eine **Sonderform der Konzernorganisation** i. S. v. Abs. 1 Nr. 3 liegt hier zweifellos vor, wenn in einem städtischen »Amt für Beteiligungsmanagement« die strategische Steuerung der wirtschaftlichen Aktivitäten sowohl für die dem PersVG unterfallenden Regie- und Eigenbetriebe als auch die dem BetrVG unterfallenden Tochter- und Beteiligungsgesellschaften liegt (vgl. auch § 130 Rn. 1 ff.). Versteht man § 3 Abs. 1 Nr. 3 als spezialgesetzliche Ermächtigung zur Tarifierung der betrieblichen Mitbestimmung, so stünde § 130 einer solchen Erstreckung von tariflichen Mitbestimmungsstrukturen auf (Teil-)Bereiche des öffentlichen Dienstes entgegen, denn auf diesen Sektor ist das BetrVG und damit die in ihm enthaltene Tarifierungsmöglichkeit nach Abs. 1 Nr. 3 nicht anwendbar. Probleme ergeben sich des Weiteren aus dem Umstand, dass die auf dem TV nach Nr. 3 beruhenden Vertretungen **Mitbestimmungsorgane** sind, wie sich aus Abs. 4 und 5 ergibt (vgl. Rn. 95) und entsprechende Regelungen in den Personalvertretungsgesetzen fehlen. Aus **§§ 3, 97 BPersVG** (und den entsprechenden Bestimmungen der Landespersonalvertretungsgesetze) ergibt sich jedenfalls keine Möglichkeit zur Schaffung anderer Mitbestimmungsorgane im **Bereich der öffentlichen Verwaltung,** selbst wenn man diese Normen nicht als generelles TV-Verbot missversteht.[329] Allerdings kann nicht von vornherein die tarifliche Schaffung von **Arbeitsgemeinschaften der Betriebs- und Personalräte** im »Konzern Stadt« gem. Abs. 1 Nr. 4 ausgeschlossen werden (vgl. Rn. 127 ff.).

---

324 Ebenso *Däubler,* AuR 01, 285 [288]; dazu der Fall *BAG* 9. 8. 00 – 7 ABR 56/98, NZA 01, 106; ausführlich *Preis,* FS Däubler, S. 261 ff.

325 Nach der gesetzlichen Regelung [§ 54] zu Recht abgelehnt von GK-*Franzen,* § 54 Rn. 41.

326 Die Zulässigkeit eines UN-übergreifenden Sparten-GBR nach Abs. 1 Nr. 3 bejahend jüngst auch *Salamon,* NZA 18, 143 ff.

327 So ausdrücklich *BT-Drucks.* 14/5741, S. 34; *Engels/Trebinger/Löhr-Steinhaus,* DB 01, 532 [535]; *Fitting,* Rn. 50; skeptisch *Thüsing,* ZIP 03, 693 [704].

328 Vgl. zu diesem bei Verwaltungsmodernisierungen im öffentlichen Sektor immer häufiger anzutreffenden Phänomen *Bell,* Mitb. 1+2/98, 70; *Trümner,* Mitb. 1+2/98, 71 f.; *ders.,* in Blanke/Trümner (Hrsg.), Rn. 731 ff.; *Nassauer,* ZfPR 00, 242 [244]; *Löwisch/Schuster,* ZTR 09, 58; umfassend *Plander,* Mitbestimmung in öffentlich-privatrechtlichen Mischkonzernen.

329 Vgl. *Plander,* a. a. O., S. 49 ff.

d) Alternative 2: »Andere« Formen der Zusammenarbeit von UN

Gewisse Schwierigkeiten bietet zunächst die Ermittlung des Bezugspunktes für die »anderen« Formen der Zusammenarbeit von UN, denn nicht nur bei den Fällen der Alternative 1 können Formen der Zusammenarbeit von UN vorliegen. Dies wird **regelmäßig bei Konzernsachverhalten** so sein. Ebenso werden schon in Abs. 1 Nr. 2 bei der Spartenorganisation UN-Kooperationen erfasst. Die Frage ist, ob sich die mit Nr. 3 gemeinten »anderen« Formen der Zusammenarbeit nur auf die in Abs. 1 bereits in anderem Zusammenhang erwähnten Fälle der Zusammenarbeit beziehen und nur hieran zu messen sind oder ob in diese Betrachtung und damit über den Normbereich des § 3 hinausgehend etwa auch der gemB i. S. v. § 1 Abs. 2 einzubeziehen ist, der kraft Betriebsführungsabrede letztlich ebenfalls eine UN-Kooperation darstellt. Aus den bereits dargelegten Gründen (vgl. Rn. 100) ist einer **weiten Auslegung** der Vorzug zu geben. Dafür sprechen auch die von der Gesetzesbegründung selbst angeführten Beispiele der **Just-in-time**-Produktion, der **fraktalen Fabrik** und der **Shop-in-shop**-Systeme,[330] die mit Hilfe der tariflichen Regelung nach Nr. 3 angemessene Vertretungsstrukturen erhalten können. Gerade diese letztgenannten Formen können je nach konkreter Ausgestaltung freilich schon über die Vermutungsregel des § 1 Abs. 2 Nr. 1 zum Anwendungsfall des gemB werden.[331] 106

Mit der Bezeichnung »andere Formen« verdeutlicht das Gesetz zugleich, dass es sich nicht – wie z. B. bei der Konzernorganisation – um **organisationsvertragliche** Formen der UN-Kooperation handeln muss, sondern **auch schuldrechtliche Austauschverträge** einer solchen von Nr. 3 erfassten UN-Kooperation zugrunde liegen können.[332] Ausreichend wäre aber auch die Zusammenarbeit auf Grund von **Rahmenverträgen** mit den einzelnen UN, wie das etwa bei Einkaufsparks der Fall ist, wenn Rahmenzeiten für die Öffnung der Geschäfte und andere im Interesse einer gewissen Einheitlichkeit notwendige Festlegungen vereinbart werden. Die denkbaren Anwendungsfelder sind auf Grund der Offenheit des Tatbestandes sehr weit. Es lassen sich jedoch zwei grobe Kategorien bilden. Zum einen sind dies eher **traditionelle Sachverhalte** (Rn. 108) sowie letztlich und vor allem die beispielhaft vom Gesetzgeber genannten **modernen Erscheinungsformen** von UN-Kooperationen (Rn. 109 ff).[333] 107

Zu den eher **traditionellen Sachverhalten,** die von dieser Alternative der Nr. 3 erfasst sein können, gehört die Bildung eines BR für zwei oder mehr **Betriebe bzw. Betriebsteile verschiedener UN,** die miteinander kooperieren. Insoweit schließt der Tatbestand die von Abs. 1 Nr. 1 hinterlassene Lücke, weil dort nur mehrere Betriebe desselben UN zusammengefasst werden können und der echte gemB mehrerer UN gerade nicht durch TV nach Nr. 1 hergestellt werden kann (vgl. Rn. 48 f.). Nr. 3 lässt dagegen den **gemeinsamen BR für Betriebe verschiedener UN** zu.[334] Nicht möglich ist es jedoch, hieran eine jur. Person des öff. Rechts zu beteiligen (vgl. oben, Rn. 14), wenn zwischen dieser und einem andern UN nicht schon ein gemB besteht, der nur dann dem BetrVG unterfällt. Allerdings ist es auch **unzulässig,** die Etablierung tariflicher »Standort-BR« von einem **Zustimmungsvotum der AN** abhängig zu machen: dadurch würde der TV unwirksam.[335] Weil diese Art der Zusammenfassung nur durch TV erlaubt ist, können sich die Betriebsparteien **nicht im Rahmen eines arbeitsgerichtlichen Vergleichs** auf die unternehmensübergreifende Bildung betriebsratsfähiger Organisationseinheiten nach dieser Vorschrift verständigen.[336] Geschieht dies dennoch, kann in einem solchen Vergleich u. U. aber ein sog. Tatsachenvergleich gesehen werden, der die Feststellung eines echten oder vermuteten gemB (§ 1 Abs. 1 Satz 2, § 1 Abs. 2) zum Inhalt hat. Die Gestaltungsmöglichkeit nach Nr. 3 108

---

330 *BT-Drucks.* 14/5741, S. 34.

331 Dazu *Trümner,* AiB 01, 507, [511 f.].

332 Vgl. zu den rechtlichen Typen von Kooperationsvereinbarungen infolge veränderter Fertigungs- und Absatzmethoden in Industrie und Handel *Kulms,* S. 23 ff.

333 Vgl. *BT-Drucks.* 14/5741, S. 34.

334 Verneint nach altem, aber grundsätzlich bejaht nach heutigem Recht durch *BAG* 10.11.04 – 7 ABR 17/04, EzA § 3 BetrVG 2001 Nr. 1 für sog. »Standortbetriebsräte« verschiedener UN am selben Ort; bestätigt durch *BAG* 13.3.13 – 7 ABR 70/11, NZA 13, 738, 743; ganz selbstverständlich von der Zulässigkeit ausgehend *BAG* 23.3.21 – 1 ABR 7/20, NZA 21, 1261 ff.; ebenso ErfK-*Koch*, Rn. 6; *Fitting*, Rn. 51.

335 *BAG* 10.11.04, a. a. O.; vgl. auch Rn. 240 f.

336 Vgl. *LAG Hamm* 29.3.06 – 13 TaBV 26/06.

kann damit helfen, trotz unternehmensrechtlicher Umstrukturierungen (UN-Spaltung) eine bewährte Struktur der AN-Vertretung dauerhaft zu bewahren,[337] selbst **wenn die Voraussetzungen eines echten gemB nicht vorliegen** bzw. das sich auf maximal 12 Monate belaufende Übergangsmandat gem. § 21a keine genügende Kontinuität ermöglicht. Dies ist vor allem dort zu bedenken, wo die Rspr. des *BAG* die Annahme eines gemB mit dem Hinweis darauf versagt, dass die **Zusammenarbeit rechtlich selbständiger UN auf der Basis von Organverträgen** nicht genüge.[338] Soweit der BR eines solchen gemB Informationsansprüche mit Bezug zum Arbeitsvertrag geltend machen möchte, muss er dabei allerdings den jeweiligen Vertrags-AG des betreffenden AN in Anspruch nehmen.[339]

109 Soweit – wie auch sonst erforderlich – die »Dienlichkeit« zu bejahen ist, wird man auf Grundlage des Abs. 1 Nr. 3 auch die tarifliche **Zusammenfassung von Betrieben verschiedener UN innerhalb von Regionen** und nicht nur am räumlich begrenzten Standort für zulässig halten müssen, die nach Abs. 1 Nr. 1 gerade nicht möglich ist.[340] In Betracht kommen z. B. standortverschiedene Betriebe, die gleiche oder ähnliche arbeitstechnische Zwecke verfolgen, wenn sie von Regionalleitungen geführt werden.[341]

110 Ein bedeutsamer Anwendungsbereich eröffnet sich für Nr. 3 bei **UN der Energieversorgung,** die auf Grund von §§ 7 ff. EnWG[342] zur gesellschaftsrechtlichen Abtrennung ihres Netzbetriebs verpflichtet sind und damit häufig nicht mehr die Voraussetzungen des echten gemB erfüllen werden (dazu § 1 Rn. 124).[343] Die bisherige betriebsverfassungsrechtliche Einheit kann dann aber durch TV aufrechterhalten werden.[344]

111 Nunmehr ließe sich auch – wie schon in Frankreich mit den dortigen »délégués du site«[345] – eine **AN-Vertretung für** räumlich eng zusammengefasste **Ansammlungen von Kleinbetrieben** auf Flughäfen, Bahnhöfen, in Ladenstraßen, Einkaufsparks, aber auch in Bürohäusern oder Technologiezentren einrichten.[346] Voraussetzung bleibt aber auch dann eine Zusammenarbeit dieser verschiedenen UN (vgl. Rn. 107).

112 Sofern bei **Franchising-Systemen** (dazu § 5 Rn. 73; *16. Aufl. vor § 54 Rn. 103*)[347] nicht ohnehin bereits eine KBR-Struktur errichtet werden kann (§ 5 Rn. 78 m. w. N.), ließe sich daran denken, für die (meist kleinen) **Betriebe der Franchisepartner** eine einheitliche Interessenvertretung nach Abs. 1 Nr. 3 zu errichten. Bedenkenswert erscheint der Vorschlag, die Norm auch zur Herstellung betriebsverfassungsgleicher Einrichtungen **in Betrieben mit deutschen AN im Ausland** zu nutzen[348] oder Anwendbarkeitszweifel bei betriebsverfassungsrechtlichen Sachverhalten mit Auslandsberührung auszuräumen (vgl. dazu unten, Rn. 214).

113 Unterschiedlich wird beurteilt[349], ob trotz der Betriebsfiktion des Abs. 5 die tarifliche Regelung anderer Vertretungsstrukturen gerade in den vorher (Rn. 108 ff.) skizzierten Fällen auch eine **von § 9 abweichende Größe** der Vertretung vorsehen könnte.[350] Unter der Voraussetzung einer

---

337 Vgl. auch *Däubler,* AuR 01, 285 [288].

338 Vgl. § 1 Rn. 99 ff.; *BAG* 29. 4. 99, NZA 99, 932 [933] m. w. N. und wiederum *BAG* 18. 10. 00, DB 01, 1729 [1731].

339 *BAG* 23. 3. 21 – 1 ABR 7/20, a. a. O., Rn. 19.

340 Ebenso *Sobotta,* S. 104 f.; im Grundsatz auch *BAG* 13. 3. 13 – 7 ABR 70/11, NZA 13, 738, 743; den Fall eines solchen für zulässig gehaltenen tariflichen »Gemeinschafts-RegionalBR« mehrerer UN betraf die Entscheidung des *HessLAG* 12. 4. 12 – 9 TaBV 35/11-, juris.

341 Vgl. *Richardi,* NZA 14, 232, 234.

342 BGBl. 2005, Teil I S. 1970 ff.; dazu auch *Fitting,* § 1 Rn. 56e.

343 Zu gesellschaftsrechtl. Aspekten dieses »legal-unbundling« *Säcker,* DB 04, 691 ff.; zu arbeitsrechtlichen Folgen *Seitz/Werner,* BB 05, 1961 ff.

344 So *LAG Köln* 15. 2. 13 – 4 TaBV 74/12, RdE 13, 499 ff., das dies ausdrücklich auch für vereinbar mit dem EnWG erklärt hat.

345 Dazu *Gamillscheg,* FS Molitor, S. 133 [147].

346 Vgl. *Däubler,* Das Arbeitsrecht 1, Rn. 753v: Leipziger Hauptbahnhof.

347 *Kulms,* S. 113.

348 *Gamillscheg,* Kollektives Arbeitsrecht, Bd. II, S. 226.

349 Eingehende Darstellung dazu bei *Jacobs/Münder,* NZA 18, 148 ff.

350 Bejahend: *Jacobs/Münder,* a. a. O.; *Hohenstatt-Dzida,* DB 01, 2498 [2500]; ErfK-*Koch,* Rn. 6; grundsätzlich auch *Gamillscheg,* Kollektives Arbeitsrecht, Bd. II, S. 225, der jedoch auch die Vereinbarung einer gegenüber § 9 geringeren Zahl von Mandaten für zulässig hält; zweifelnd *Fitting,* Rn. 51; gegenüber jeder Abweichung von § 9 ablehnend: *Annuß,* NZA 02, 290 [292]; *Thüsing,* ZIP 03, 693 [704];

dadurch bewirkten »wirksamen und zweckmäßigen Interessenvertretung« und der Beachtung der tragenden Grundsätze des Gesetzes wird man Derartiges nicht von vornherein ausschließen können, wobei allerdings die Unterschreitung der von § 9 vorgesehenen Zahl nicht in Betracht kommt. Bei unternehmensübergreifenden AN-Vertretungen sollte auch die **Quotierung bei der Zusammensetzung** des Gremiums möglich sein, um sicherzustellen, dass die AN jedes beteiligten UN mit einer Mindestanzahl von Mitgliedern vertreten sind.[351]

Als eher **moderne Erscheinungsformen** der unternehmerischen Zusammenarbeit, die abweichende Interessenvertretungsstrukturen nach Abs. 1 Nr. 3 bedingen können, nennt die Begründung zum Regierungsentwurf (*BT-Drucks.* 14/5741, S. 34) **Just-in-time-Konzepte,** die **fraktale Fabrik** und **Shop-in-shop-Modelle.** Bei Just-in-time-Konzepten (dazu umfassend *7. Aufl., § 1 Rn. 123ff.*)[352] hat sich der Gedanke, auf Basis eines spezifisch betriebsverfassungsrechtlichen Konzernbegriffs einen KBR entlang der logistischen Kette zu etablieren[353] weder theoretisch noch praktisch verankern lassen. Mit Abs. 1 Nr. 3 stellt der Gesetzgeber jetzt aber einen entsprechenden Organisationsrahmen zur Verfügung, so dass zumindest die Einwände gegen die theoretische Möglichkeit einer unternehmensübergreifenden (u. U. sogar konzernübergreifenden) AN-Vertretung entlang der logistischen Kette ihre Grundlage verloren haben.[354] 114

Veränderte Fertigungs- und Absatzmethoden in Industrie und Handel[355] haben **fraktale Fabriken,**[356] **Inhouse-Produktion,**[357] eine industrielle Spielart des **Shop-in-shop-Systems,** das vornehmlich im Handel anzutreffen ist,[358] sowie **Industrieparks**[359] hervorgebracht. **UN-Netzwerke** und **strategische Allianzen** von UN als weitere Erscheinungsformen von in zeitlicher und arbeitstechnischer Hinsicht intensiver und nicht nur punktueller Kooperation treten hinzu *(16. Aufl., Vor § 54 Rn. 107)*[360] und überschreiten bisweilen die Konzerngrenzen.[361] **Virtuelle UN**[362] als dynamische Netzwerke[363], die nicht einmal mehr standortbezogen kooperieren (wie beim Shop-in-shop-System, der fraktalen Fabrik oder der Inhouse-Produktion), sondern als vernetzte standortverteilte Organisationseinheiten an einem koordinierten, arbeitsteiligen Wirtschaftsprozess beteiligt sind, lassen die arbeitsvertragliche Zuordnung der einbezogenen AN zu ihren verschiedenen AG als dem wesentlichen Organisationsmoment, an das die gesetzliche Normalbetriebsverfassung die Interessenvertretungsstrukturen der AN nach Ansicht der h. M. anknüpfen will, immer weniger als geeignet erscheinen. Besondere Schwierigkeiten werfen Phänomene wie **Industrie 4.0** oder **Crowdwork** (dazu § 5 Rn. 62aff.) auf, weil hierbei sowohl der »Ort« Betrieb in seiner traditionellen Verfassung als auch der personale Bezugspunkt der Mitbestimmung, das vertretene »Wahlvolk«, zusehends konturenloser und unstetiger zu werden drohen.[364] Da selbst eine Regelung nach Abs. 1 Nr. 3 stets die gesetzliche Betriebsverfassung nach §§ 1, 4 verdrängen würde und daher zu Unzuträglichkeiten für die 115

GK-*Franzen,* Rn. 61; wohl auch *BAG* 7.5.08 – 7 ABR 17/07, NZA 08, 1142, wenn auch nicht im Zusammenhang mit einem ZuordnungsTV entschieden; *BAG* 24.4.13 – 7 ABR 711/11, DB 13, 1913, Rn. 43 hält das aber wohl im Rahmen eines TV nach Abs. 1 Nr. 3 für möglich.

351 So *Hohenstatt-Dzida,* a. a. O.

352 *Däubler,* CR 88, 834ff.; *Wagner,* AuR 90, 245ff.; *Wellenhofer-Klein,* DB 97, 978ff.

353 So vor allem *Däubler,* a. a. O.; aber auch *Wellenhofer-Klein,* a. a. O.; zurückhaltender *Nagel/Riess/Theiss,* DB 89, 1505 [1506].

354 Nur noch praktische Bedenken wegen der möglichen Belastung von Zulieferer-UN mit übermächtigen BR äußert *Buchner,* NZA 01, 633 [634f.].

355 Dazu insgesamt *Lange,* Das Recht der Netzwerke, 1998.

356 Vgl. *Warnecke,* Die Fraktale Fabrik. Revolution der Unternehmenskultur, 1996; *Kamp,* Mitb. 6/96, 61f.; *Kreuder,* Desintegration, S. 19, 57; *Birk,* FS Kraft, S. 11.

357 *Birk,* a. a. O., S. 15.

358 Vgl. *Kulms,* Schuldrechtliche Organisationsverträge, S. 111f.; *Wirth,* Mitb 11/93, 30f.; umfassend *ders.,* Die neue Unübersichtlichkeit im Einzelhandel, 1994.

359 *Konzen,* RdA 01, 76 [80].

360 *Kulms,* a. a. O., S. 184ff.

361 *Konzen,* a. a. O., S. 87.

362 *Birk,* a. a. O., S. 16; *Lange,* BB 98, 1165ff.; *Wolmerath,* FS Däubler, S. 717ff.

363 Vgl. zum »Crowdsourcing«, das hierzu gehört, näher *Klebe/Neugebauer,* AuR 14, 4ff.

364 Vgl. dazu Krause, Digitalisierung der Arbeitswelt – Herausforderungen und Regelungsbedarf, Gutachten B zum 71. DJT, S. B 89ff.; ferner Däubler, Digitalisierung und Arbeitsrecht, SR, Sonderausgabe Juli 2016, S. 42f.

meist daneben fortbestehenden traditionellen Bereiche und AN der betroffenen UN riskiert würden, ist **rechtspolitisch zu erwägen,** den Tatbestand des Abs. 1 Nr. 3 dahin zu erweitern, dass Sondervertretungen für AN in derart flexiblen und temporären Einsatzformen neben die traditionellen Strukturen der BRe treten können.[365] Freilich ist damit noch nicht geklärt, ob die z. B. als Crowdworker beschäftigten Personen als AN i. S. d. Gesetzes anzusehen sind oder nicht vielmehr auch insoweit eine **Ausweitung des AN-Begriffs,** insbesondere durch Einbeziehung der **AN-ähnlichen Personen,** erforderlich ist (dazu § 5 Rn. 62aff.; 125a; 128).

116 Eine wesentliche Gemeinsamkeit der genannten Phänomene sind entweder die räumliche Nähe, in der kooperierende Unternehmen einen in **Teilzwecke zerlegten** fortdauernden **Gesamtzweck** (Schuhgeschäft innerhalb des Einkaufszentrums, Armaturenmontage im Automobilwerk) verfolgen, oder die Überbrückung der fehlenden Nähe mit Hilfe informationstechnischer Einrichtungen. Stets wird dieser **Gesamtprozess** jedoch durch mehr oder weniger enge Vorgaben koordiniert, so dass wichtige Eckdaten des arbeitstechnischen Vollzuges dieses Gesamtprozesses – also die immer wieder ins Spiel kommenden sozialen und personellen Angelegenheiten, die der Beteiligung des BR unterliegen – hiervon in gleichfalls mehr oder weniger intensiver Form präformiert werden. Derartigen »systembedingten« Präformierungen mitbestimmungspflichtiger Angelegenheiten lässt sich eben nicht mehr auf der Ebene von Mitbestimmungswahrnehmungsformen des Einzelbetriebs angemessen begegnen. Denkbar ist deshalb, eine nach Nr. 3 abweichende Vertretungsstruktur so auszubilden, dass sie als **zusätzliche Mitbestimmungsorgane** Vertretungen vorsieht, die in denjenigen Angelegenheiten zuständig sind, die der betriebs- oder unternehmensbezogenen Entscheidungsautonomie bereits weitgehend entzogen sind.[366] Gerade so, wie das virtuelle UN eines durch **Rahmenverträge** abgesicherten stabilen Beziehungsnetzwerkes bedarf,[367] bedürfen die AN und ihre Vertretungen innerhalb solcher Strukturen funktionsfähiger Repräsentationen zur Mitbestimmungsausübung.

e) Wirksame und zweckmäßige Interessenvertretung der AN

117 Mit dem »Soweit-Satz« liefert Nr. 3 nach den »Dienlichkeitsklauseln« in Nrn. 1 und 2 ein weiteres **Konglomerat** kaum noch präzise deutbarer **unbestimmter Begriffe** als Bedingung einer tariflichen Regelung und damit ein mögliches Einfallstor für umfangreiche gerichtliche Zulässigkeits- und Wirksamkeitskontrollen (vgl. schon Rn. 59). Die adjektivische Kombination (»wirksam und zweckmäßig«) soll offenbar die größere **Effektivität und Praktikabilität** der anderen Vertretungsstrukturen gegenüber einer nur gesetzlichen Vertretungsorganisation betonen. Es dürfte nicht völlig fehlgehen, wenn man hierin den Versuch einer Kombination der Kriterien sieht, die der Gesetzgeber offenbar in den »Dienlichkeitsklauseln« der Nrn. 1 und 2 gemeint hat (dazu Rn. 52ff. bzw. Rn. 75ff.).[368] Insoweit sind als wesentliche Prüfkriterien, an denen die TV-Parteien sich zu orientieren haben, vor allem zu nennen:

- Einbeziehung möglichst aller AN des vom TV erfassten Geltungsbereichs in die Vertretungsorganisation;
- Effektivierung der Mitbestimmungsordnung durch Überschreiten von Schwellenzahlen;
- Professionalisierung der Interessenvertretung (vgl. Rn. 55ff.);
- Optimierte Mitbestimmungsausübung durch Einrichtung von Vertretungen in der Nähe des wirklichen Entscheidungsträgers auf der AG-Seite (Rn. 76).

118 Der außerordentlichen Unschärfe des gesetzlichen Tatbestandes, durch den freilich nach Ansicht des *BAG*[369] die Organisation der Betriebsverfassung dennoch nicht gänzlich in die Disposition der TV-Parteien gestellt werde, kann richtigerweise nur ein entsprechend **großer Be-**

365 Krause, a. a. O., S. B 93f.; dies ist freilich keineswegs bahnbrechend neu: § 20 Abs. 1 BetrVG 1952 sah bereits Sondervertretungen für nicht ständig beschäftigte AN vor, was damals als ein »neues« Phänomen erschien; zum nur temporären Betrieb auch § 111 Rn. 135.
366 Ähnlich *Hanau*, RdA 01, 65 [66].
367 Vgl. *Birk*, FS Kraft, S. 11 [16].
368 Näher auch *Trümner/Sparchholz*, AiB 09, 98ff.
369 *BAG* 13.3.13 – 7 ABR 70/11, NZA 13, 738, 742.

urteilungs- und Ermessensspielraum der mit der Normausfüllung befassten **TV-Parteien** gegenüberstehen.[370] Unzutreffend ist allerdings die Annahme, die TV-Parteien könnten sogar die Voraussetzungen für die Schaffung neuartiger AN-Vertretungsstrukturen selbst bestimmen, weil der in Nr. 3 verwendete Begriff »insbesondere« auch andere Prüfkriterien als die »wirksame und zweckmäßige Interessenvertretung der AN« erlaube.[371] Der Begriff »insbesondere« bezieht sich ausweislich des Satzbaus auf die beiden Aufgreifalternativen (Organisationsbesonderheiten bzw. Kooperationsformen von UN), nicht aber auf die »Dienlichkeitsklausel«.

Auf Grund der Tatsache, dass es im Rahmen von Nr. 3 zu UN-übergreifenden Interessenver- 119
tretungen kommen kann, stellt sich die Frage, wer dem so gebildeten AN-Gremium als **»funktioneller Arbeitgeber«** i. S. d. Gesetzes gegenübersteht.[372] Es spricht vieles dafür, die **Grundsätze des gemB** hier entsprechend anzuwenden.[373] Die TV-Parteien sollten diese Frage mitbedenken, da ein fortwährender Kompetenzstreit zwischen den beteiligten UN die gesetzlichen Voraussetzungen des TV entfallen lassen könnte.[374] Beispielsweise soll es den TV-Parteien auf Grundlage des Abs. 1 Nr. 3 nicht gestattet sein, einen durch ausdrückliche und schriftliche Führungsvereinbarung konstituierten gemB nach § 1 Abs. 1 Satz 2 in zwei BR-Wahlkreise aufzuteilen.[375] Nach Ansicht des *ArbG Stuttgart*[376] soll es im Rahmen der Gestaltung nach Abs. 1 Nr. 3 zwar möglich sein, auch einen überörtlichen (atypischen) gemB zu konfigurieren, nicht jedoch sei es angängig, einen insoweit 460 km vom Hauptbetrieb entlegenen und selbst BR-fähigen Betriebsteil in einen solchen Flächen-gemB einzubeziehen.

Die anderen Vertretungsstrukturen müssen der **Interessenvertretung der AN** dienen, so dass 120
Vertretungen für andere Beschäftigte (z. B. AN-ähnliche Personen oder Beamte sowie die Nicht-AN nach allg. Arbeitsrecht [vgl. § 5 Rn. 146 ff.]) nach dieser Bestimmung nicht in die abweichende Vertretungsorganisation einbezogen werden können, mit Ausnahme der **Heim-AN,** deren AN-Eigenschaft für die Betriebsverfassung durch § 5 Abs. 1 Satz 2 fingiert wird, sofern sie in der Hauptsache **für den Betrieb** arbeiten. Wegen § 3 Abs. 5 Satz 1 ist diese »Hauptsächlichkeit« allerdings dann gegenüber der tariflich geschaffenen betriebsverfassungsrechtlichen Organisationseinheit zu beurteilen.

4. Arbeitsgemeinschaften (Nr. 4)

a) Grundsätze und Rechtsstellung

Nach diesem Tatbestand können durch TV oder – unter Beachtung von Abs. 2 – auch durch BV 121
zusätzliche Gremien (Arbeitsgemeinschaften) geschaffen werden, die der UN-übergreifenden Zusammenarbeit von AN-Vertretungen dienen. Aus der Kennzeichnung als »zusätzliche« Einrichtung sowie der fehlenden Erwähnung in Abs. 4 und Abs. 5 Satz 1 ergibt sich, dass diese Gremien **keine Mitbestimmungsorgane** sind,[377] insbesondere also nicht in die Amtsstellung der vorhandenen gesetzlich oder kollektivvertraglich nach Nrn. 1 bis 3 eingerichteten Vertretungen eingreifen dürfen.[378]

---

370 Für einen großen Ausgestaltungsspielraum auch *BT-Drucks.* 14/5741, S. 34; zweifelnd *Annuß,* NZA 02, 290 [292]; einen großen »Beurteilungs- und Gestaltungsspielraum« nimmt auch *BAG* 13. 3. 13 – 7 ABR 70/11, NZA 13, 738, 742 an; etwas anders aber *BAG* 24. 4. 13, DB 13, 1913, Rn. 31: »Einschätzungsspielraum« hinsichtlich des Vorliegens der gesetzlichen Voraussetzungen und »Beurteilungs- und Ermessensspielraum« hinsichtlich der inhaltlichen Ausgestaltung einer Regelung.

371 So aber *Diringer,* AuA 01, 172 [175].

372 Berechtigte Skepsis bei *SWS,* Rn. 31; ebenso *Richardi,* NZA 14, 232, 234.

373 *Thüsing,* ZIP 03, 693 [706]; in diese Richtung auch *Wißmann,* NZA 03, 1 [3].

374 *LK,* Rn. 13, schlagen die Schaffung einheitlicher Leitungsstrukturen durch schuldrechtliche Absprache zwischen den TV-Parteien vor.

375 *HessLAG* 2. 9. 19 – 16 TaBV 33/19, juris, Rn. 56 ff.

376 6. 4. 23 – 21 BV 54/22, BeckRS 2023, 6916, n. rk.

377 ErfK-*Koch,* Rn. 7; *Fitting,* Rn. 53; *Richardi,* Rn. 46.

378 Vgl. *BT-Drucks.* 14/5741, S. 34; *Engels/Trebinger/Löhr-Steinhaus,* DB 01, 532 [535]; auch *Hanau,* RdA 01, 65 [66], bezeichnet sie als Einrichtung »ohne Kompetenzen« [was in dieser Form unzutreffend ist, da sie einen Zusammenarbeitszweck erfüllen sollen] und wertet sie zugleich als »betriebsverfassungsrechtliche Stammtische« [a. a. O.] ab; dagegen zu Recht *Fitting,* Rn. 55; *Konzen,* RdA 01, 76

122 Die **Rechtsstellung dieser Gremien und ihrer Mitglieder** wird vom Gesetz nur an wenigen Stellen ausdrücklich angesprochen (§§ 78, 79 Abs. 2, 119; nicht aber in § 120, vgl. dazu § 120 Rn. 6), so dass ausgehend vom gesetzlich vorgegebenen Zusammenarbeitszweck die Einzelheiten **durch TV bzw. BV zu regeln** sind.[379] Die fehlende Einbeziehung der Vertretungen nach Nr. 4 in den strafrechtlichen Wahlschutz gem. § 119 Abs. 1 Nr. 1 verdeutlicht, dass es sich nicht um ein Wahlorgan handelt, sondern um ein aus Delegation durch entsendende Vertretungen zusammengesetztes Gebilde (vgl. aber Rn. 125). Das **Strafantragsrecht** nach § 119 Abs. 2 steht auch einer Arbeitsgemeinschaft gem. Nr. 4 zu. Die Bezeichnung als »Gremium« schließt es zudem aus, sie als AN-Vertretung i. S. v. Abs. 5 Satz 2 zu bezeichnen, so dass die Rechtsstellung der Gremienmitglieder keine besondere Regelung erfahren hat. Mangels Anwendbarkeit des Abs. 5 Satz 2 findet deshalb der besondere **Kündigungsschutz für Amtsträger** der Betriebsverfassung nach § 15 KSchG **keine Anwendung,**[380] was jedenfalls dann keinen Mangel darstellt, wenn das zusätzliche Gremium ohnehin aus Amtsträgern der entsendenden BR besteht.[381]

123 Nicht zum Tatbestand der Nr. 4 gehören **Gemeinsame Ausschüsse,** die gelegentlich auf Grundlage einer GBV **aus Einzel-BR und** dem **GBR** desselben UN gebildet werden: hier fehlt es bereits am »unternehmensübergreifenden« Charakter solcher Kooperationsformen. Andererseits sind solche UN-internen Gremien auch nicht durch Abs. 1 Nr. 4 verboten, zumal die Bestimmung schon die wesentlich weiter gehende Form der unternehmensübergreifenden Kooperation zulässt.

b) »Betriebsverfassungsrechtliches« Gremium

124 Das Gesetz bezeichnet diese Einrichtungen als **betriebsverfassungsrechtliche** Gremien, ohne anzugeben, was diese Qualifizierung eigentlich prägt. Der Gesetzeswortlaut knüpft an § 3 Abs. 1 Nr. 1 a. F. an, der zusätzliche »betriebsverfassungsrechtliche« Vertretungen der AN ermöglichte (vgl. auch Rn. 141). Dazu war anerkannt, dass es sich um eine bewusste Abgrenzung gegenüber den »gewerkschaftlichen« Vertretungsstrukturen handelte, die auf der Satzungsautonomie der Gewerkschaften beruhen.[382] Insoweit liegt ein »betriebsverfassungsrechtliches« Gremium vor, wenn es (1) nach den **Grundsätzen demokratischer** (d. h. nicht verbandsmitgliedschaftlicher) Legitimation gebildet und eine irgendwie geartete gewerkschaftliche Bindung des Mitglieds dieses Gremiums gerade nicht erforderlich ist sowie (2) die **Amtsstellung auf** einen **Wahlakt** und nicht bloße Ernennung im Rahmen geschäftsführender Maßnahmen **zurückzuführen** ist.[383]

125 Das letztgenannte Kriterium lässt sich freilich nicht ohne weiteres erfüllen, da das zusätzliche Gremium eher einem Arbeitsausschuss des BR ähnelt als einer Repräsentation der AN. Auch deshalb spricht das Gesetz im Unterschied zu Nr. 5 hier wohl von »Gremien« und nicht von »Vertretungen«. Das Erfordernis eines demokratischen Wahlvorgangs wird am ehesten dadurch erfüllt, wenn auf den **Bestellungsvorgang** (Entsendungsbeschluss) nicht Beschlussrecht (§ 33) sondern **materielles Wahlrecht** angewendet wird (analog §§ 27, 28). Damit kann zugleich die Anfechtbarkeit (dazu sogleich Rn. 126) einer solchen Wahl gewährleistet werden, denn nach der Rspr. des *BAG* ist auf die BR-internen Wahlen gem. §§ 27, 28 auch § 19 Abs. 2 analog anzuwenden[384], nicht jedoch auf Beschlussfassungen nach § 33.[385]

126 Das Merkmal »betriebsverfassungsrechtlich« enthält eine mittelbare Bezugnahme auf **allgemeine Grundprinzipien,** die für betriebsverfassungsrechtliche Vertretungen, also vor allem

---

[87] sieht kein schützenswertes Interesse an einem damit ermöglichten Austausch wirtschaftlicher Informationen; *Buchner,* NZA 01, 633 [635] hält sie für einen zusätzlichen Belastungsfaktor.

379 *Fitting,* Rn. 56; Mustervereinbarung in DKWF-*Bachner,* § 3 Rn. 7.

380 ErfK-*Koch,* Rn. 7; *Fitting,* Rn. 57.

381 Wovon der Gesetzgeber wie selbstverständlich auszugehen scheint, obgleich der Wortlaut so eindeutig nicht ist; die Mitgliedschaft von BR-fremden Personen verneinen *Fitting,* Rn. 56; GK-*Franzen,* Rn. 26.

382 Vgl. *Trümner,* FS Däubler, S. 295 [305].

383 Vgl. ErfK-*Koch,* Rn. 7; *Trümner,* a. a. O., S. 304 ff.

384 *BAG* 20.10.93, NZA 94, 567.

385 Vgl. nur *Fitting,* § 33 Rn. 51 m. w. N.

den BR, gelten. Dies sind über die vom Gesetz selbst genannten §§ 78, 79 Abs. 2 und § 119 (vgl. Rn. 122) hinaus: **Friedenspflicht** und **Arbeitskampfverbot** (§ 74), **Ehrenamtlichkeit** und **Unentgeltlichkeit** der Amtsausübung (§ 37 Abs. 1), **Anfechtbarkeit** des Wahlvorgangs (§ 19 analog) sowie **Kostentragungspflicht** des AG bezüglich der Aufwendungen für die Amtsausübung.[386]

c) Unternehmensübergreifender Charakter des Gremiums

Zusätzlich vereinbarte Gremien nach Nr. 4 müssen sich durch ihren **UN-übergreifenden Charakter** auszeichnen, so dass prinzipiell alle diejenigen Sachverhalte mit unternehmensüberschreitendem Zuschnitt, die schon nach Nr. 3 durch TV der abweichenden Regelung zugänglich sind, auch im Rahmen der Nr. 4 aufgegriffen werden können (dann allerdings ohne die Befugnisse eines Mitbestimmungsorgans, wie sich aus Abs. 5 Satz 2 ergibt).[387] Dies kann sich anbieten, wenn ein so weitgehender **Einschnitt in die** gesetzliche Grundstruktur der **Vertretungsorganisation,** wie er mit einem TV nach Nr. 3 verbunden sein wird, **untunlich** erscheint, aber dennoch ein Koordinationsbedürfnis der vorhandenen AN-Vertretungen besteht. 127

So ist es denkbar, **bei vorangegangener UN-Spaltung,** die zu einer Spaltung auch des Betriebs führte, wo also z.B. die Vermutung des gemB nach **§ 1 Abs. 2 fehlgeschlagen** ist, dennoch einen interessenvertretungsmäßigen Zusammenhang der BR verschiedener UN aufrecht zu erhalten. Eine solche Arbeitsgemeinschaft der BR kann eine Art **Clearing-Stelle** auch zur Entwicklung gemeinsamer Positionen zu bestimmten Mitbestimmungsangelegenheiten darstellen,[388] die jeder BR sodann in seinem betrieblichen Verhandlungssystem etwa durch Abschluss von inhaltsgleichen »parallelen« BV gegenüber dem »eigenen« AG durchzusetzen versuchen kann. 128

Hierher ist auch die **Arbeitsgemeinschaft von BR und PR** innerhalb des **»Konzern Stadt«** zu zählen (vgl. Rn. 105), soweit man PR als AN-Vertretungen ansehen kann (sogleich Rn. 132) und die UN-Eigenschaft von Organisationseinheiten bejaht, die dem PersVG unterliegen (insbesondere bei Kommunal-UN in Form einer AöR, bei Regie- und Eigenbetrieben; vgl. § 130 Rn. 3, 4). Der UN-übergreifende Charakter des Gremiums setzt dem Wortlaut nach nicht voraus, dass nur die Zusammenarbeit von AN-Vertretungen innerhalb desselben Konzerns (vgl. Rn. 68) erfasst wäre. Somit kann nach dieser Bestimmung auch ein **Kooperationsgremium** von AN-Vertretungen **verschiedener Konzerne** geschaffen werden. 129

Allerdings werden **konstruktive Schwierigkeiten** aufgeworfen, wenn eine Arbeitsgemeinschaft nicht durch TV, sondern **BV** vereinbart werden soll: Sobald die Grenze des eigenen Konzerns überschritten wird, geht auch das Instrument der Konzern-BV fehl, denn deren normative Wirkungen enden an der Konzerngrenze. Die Erwägung, auf **gleich lautende (Gesamt-)BV** der zu beteiligenden UN zurückzugreifen[389] hilft nicht weiter, weil daraus **keine normative Regelung** des zusätzlichen Gremiums **insgesamt** folgt, sondern bestenfalls eine Addition von Regelungsbruchstücken, wie z.B. das Teilnahmerecht des *jeweiligen* Mitglieds an den Besprechungen oder die Kostentragungspflicht des *jeweiligen* AG betreffend Reiseaufwand usw. Die Parallelität von gleich lautenden BV lässt keinen neuen Typ von Kollektivvertrag als »Gesamtnormenvertrag« entstehen. Die funktionellen Grenzen einer BV, die durch den Zuständigkeitsbereich des BR und des AG/UN markiert werden, lassen sich normativ nur durch TV »überbrücken« (vgl. auch Rn. 168ff.). 130

d) Kooperation von »AN-Vertretungen«

Das zusätzliche Gremium muss schließlich der Kooperation von AN-Vertretungen dienen. Dieser Begriff, der im Rahmen des § 3 auch noch in Abs. 5 Satz 2 verwendet wird, bezeichnet 131

386 Vgl. zusammenfassend *Trümner,* a.a.O., S. 306f.; ErfK-*Koch,* Rn. 7.
387 Ebenso *BT-Drucks.* 14/5741, S. 34.
388 Vgl. auch *Däubler,* AuR 01, 285 [291], der die Koordination von Handlungsstrategien als »Geschäftsgegenstand« dieser Gremien nennt und *BT-Drucks.,* a.a.O., wonach Nr. 4 ein Angebot für Best-practice-Verfahren sei, das den Betriebspartnern gleichermaßen zu Gute kommen werde.
389 So *Däubler,* AiB 01, 313 [315]; *ders.,* DB 01, 1669 [1672, Fn. 23].

zum einen die nach dem **gesetzlichen** Strukturmodell gebildeten **AN-Vertretungen,** also BR/GBR/KBR, aber darüber hinaus auch alle auf kollektivvertraglicher Grundlage **gem. Abs. 1 Nrn. 1 bis 3 gebildeten Vertretungen,** die als Mitbestimmungsorgan die Stellung eines BR einnehmen (vgl. Rn. 84).[390] Insoweit ist es verkürzt, wenn die Begründung zum Regierungsentwurf davon spricht, es gehe in Nr. 4 nur um die Zusammenarbeit von »Betriebsräten«.[391]

132 Als **AN-Vertretungen sind auch** die **PR** anzusehen, mit denen im Rahmen einer Arbeitsgemeinschaft die Zusammenarbeit der AN-Vertretungen im »**Konzern Stadt**« vereinbart wird (vgl. Rn. 129). Dies ergibt sich aus einer europarechtskonformen Auslegung des BetrVG. In Fn. 1 zu § 21a[392] wird darauf hingewiesen, dass mit dieser Vorschrift Art. 6 der Richtlinie 2001/23/EG des Rates vom 12.3.2001 (sog. Betriebsübergangsrichtlinie) umgesetzt werde. Art. 6 der Richtlinie zitiert aber die dort vorgegebenen gemeinschaftsrechtlichen Begriffe »Vertreter der Arbeitnehmer« (Legaldefinition in Art. 2 Ziff. 1 lit. c) und »Unternehmen« (vgl. Art. 1 Ziff. 1 lit. c), so dass man davon ausgehen kann, dass der deutsche Gesetzgeber keine Begriffe verwenden wollte, die dem Gemeinschaftsrecht widersprechen würden. Der gemeinschaftsrechtliche Begriff »Vertreter der Arbeitnehmer« umfasst auch Personalräte nach deutschem Recht,[393] selbst wenn ihnen Beamtenvertreter angehören. Und der gemeinschaftsrechtliche Begriff des »Unternehmens« differenziert gerade nicht danach, ob der UN-Träger dem öffentlichen oder privaten Recht zugeordnet ist, so dass auch **der UN-übergreifende Charakter** einer solchen **gemischt privat-öffentlichen Arbeitsgemeinschaft** von BR und PR nicht zweifelhaft sein kann. Aus Sicht des jeweiligen PersVG können gleichfalls keine Einwände erhoben werden, denn §§ 3, 97 BPersVG (bzw. die entsprechenden Vorschriften der LPersVG) werden deswegen nicht verletzt, weil eine solche Arbeitsgemeinschaft keine Funktionen eines Mitbestimmungsorgans innehat und deshalb die Vertretungsstrukturen des PersVG nicht berührt. Als **Vereinbarungsinstrument** kommt hierbei allerdings **nur der TV** in Betracht, da die Dienstvereinbarung in Abs. 2 nicht erwähnt und sie in ihrer funktionellen Reichweite auf die Dienststelle in personalvertretungsrechtlichem Sinne begrenzt ist. Umgekehrt könnte eine BV nicht aus dem Bereich des Betriebs oder UN in den Bereich der Dienststelle »hinübergreifen« (vgl. zum ähnlichen Problem bei konzernübergreifenden Arbeitsgemeinschaften, Rn. 130).

133 Nach Nr. 4 ist es ausgeschlossen, eine Arbeitsgruppe oder ein Koordinationsgremium von BR und einer tariflichen **Sondervertretung der AN-ähnlichen Personen** gem. § 12a TVG zu bilden, da es sich bei dieser **nicht** um eine **AN-Vertretung** gem. Nr. 4 handelt.[394] Derartiges könnte allerdings auf Basis eines TV gem. § 1 Abs. 1 TVG vorgesehen werden (vgl. Rn. 29).

134 Eine aus Sicht der Gewerkschaften **kritische Dimension** kann darin liegen, dass auf Basis von Vereinbarungen nach Nr. 4 eine Art **arbeitgeberfinanzierte »Parallelgewerkschaft«** nicht undenkbar wäre. Der überbetriebliche, UN-übergreifende und nicht einmal auf den jeweiligen Konzern begrenzte Zuschnitt derartiger Arbeitsgemeinschaften ließe sich auch zu einer Branchen-Sondervertretung von BR wichtiger UN oder UN-Gruppen »umfunktionieren«.[395] Da jedoch die BV als Regelungsinstrument nicht in Betracht kommt (Rn. 130), wird die Gewerkschaft vor dem Abschluss eines derartigen TV das Risiko abschätzen müssen, ob ihr eine unerwünschte Konkurrenz erwachsen könnte.

---

390 ErfK-*Koch*, Rn. 7; *Richardi*, Rn. 47.
391 *BT-Drucks.* 14/5741, S. 34; ebenso allerdings DGB [Hrsg.], BetrVerf-Reformgesetz, Anm. zu § 3 Abs. 1 Nr. 4, S. 10; *Engels/Trebinger/Löhr-Steinhaus*, DB 01, 532 [535].
392 BGBl. I 2001 S. 1852 [1855].
393 Dazu *von Roetteken*, in Blanke/Trümner (Hrsg.), Rn. 528 ff.
394 Weiter gehend offenbar *Däubler*, AuR 01, 285 [286].
395 *Däubler*, AuR 01, 285 [291], nennt als Beispiel eine Arbeitsgemeinschaft der BR aller Flughafengesellschaften; Derartiges existiert bereits in manchen Branchen, wie z. B. den Energieversorgungs-UN; ferner die Beispiele bei *LK*, Rn. 14, die allerdings fälschlich von »einer Art gemeinsamen BR« sprechen; *SWS*, Rn. 33.

5. Zusätzliche Vertretungen der AN (Nr. 5)

a) Grundsätze und Rechtsstellung

Nach Nr. 5 können durch TV/BV zusätzliche betriebsverfassungsrechtliche **Vertretungen der AN** vorgesehen werden, die die Zusammenarbeit zwischen BR und AN erleichtern. Die Vorschrift schreibt in leicht modifizierter Form § 3 Abs. 1 Nr. 1 a. F. fort,[396] so dass ihre Anwendbarkeit grundsätzlich die **Existenz eines BR** in dem betreffenden Betrieb voraussetzt.[397] Hierfür kommt ein gesetzlicher BR ebenso in Frage, wie ein kollektivvertraglich gebildetes Mitbestimmungsorgan gem. Abs. 1 Nrn. 1 bis 3.[398] Stets muss es sich aber um das **Basisvertretungsorgan** handeln, da die Bestimmung den Zweck verfolgt, diesem Mitbestimmungsorgan eine Art vertretungsrechtlichen »Unterbau« zu verschaffen.[399] Auch hier ergibt sich wie bei Nr. 4 (Rn. 121) aus der Kennzeichnung als »zusätzliche« Vertretung und der fehlenden Erwähnung in Abs. 4 und 5, dass diese **Vertretungen selbst keine Mitbestimmungsorgane** sind.[400] Damit wird die zu § 3 Abs. 1 Nr. 1 a. F. bestehende Rechtslage bestätigt, wonach zusätzliche Vertretungen der AN **nicht anstelle des BR** Vertretungsaufgaben gegenüber dem AG wahrnehmen dürfen,[401] insbesondere keine Beteiligungsrechte des BR ausüben oder Vereinbarungen mit dem AG abschließen können. Anders ist dies nur, wenn der BR gem. § 28a eine **Aufgabenübertragung auf Arbeitsgruppen** vorgenommen hat (dazu Rn. 151 ff.). 135

Nicht mehr vorausgesetzt ist, dass die zusätzliche AN-Vertretung nur für AN mit gesetzlich bestimmten gemeinsamen Merkmalen gebildet werden kann.[402] Der Begriff »Arbeitsgruppe« dient nun in § 28a als Anknüpfungspunkt für die Delegation von BR-Befugnissen. Deshalb könnten jetzt grundsätzlich auch z. B. für **Frauen, nicht ständige AN** oder **ausländische AN** derartige Vertretungen vorgesehen werden.[403] Weiterhin **ausgeschlossen** ist nach dieser Bestimmung allerdings, für **AN-ähnliche Personen** eine zusätzliche Vertretung einzurichten, da es sich nicht um AN gem. § 5 handelt, für die allein Nr. 5 diesen Gestaltungsspielraum eröffnet (vgl. aber Rn. 29). 136

Die Abgrenzung des jeweiligen **Wahlkörpers** einer zusätzlichen Vertretung (zum Wahlerfordernis Rn. 138, 141) und die dabei maßgebende **Kriterienbildung** (Arbeitsgruppen, Tätigkeitsarten, ständige/nicht ständige AN, Geschlecht, Alter, Staatsangehörigkeit usw.) obliegt der Vereinbarung im TV bzw. der BV. Vorsicht ist allerdings bei Kriterien angeraten, die dem **Diskriminierungsverbot** des § 75 Abs. 1 unterliegen, weil damit eine potentielle Ungleichbehandlung verbunden sein kann, wenn sie nicht sachlich begründbar ist. 137

Die **Rechtsstellung** der Vertretung und ihrer Mitglieder wird nur in § 78 (Verbot der Tätigkeitsstörung oder -behinderung, der Benachteiligung oder Begünstigung), § 79 (Geheimhaltungspflicht) und § 119 Abs. 1 Nr. 1 bis 3 ausdrücklich erwähnt (vgl. zur unklaren Einbeziehung in den potentiellen Täterkreis des strafrechtlichen Geheimnisschutzes § 120 Rn. 6). Im Unterschied zu den Gremien nach Abs. 1 Nr. 4 sind die zusätzlichen Vertretungen der Nr. 5 auch in den strafrechtlichen Wahlschutz des § 119 Abs. 1 Nr. 1 eingeschlossen. Damit ist klargestellt, dass diese Vertretungen **Wahlorgane** sind und daher **nicht etwa vom BR ernannt** oder durch Beschluss gem. § 33 bestimmt werden können.[404] Dieser Umstand belegt, dass vom AG 138

396 *BT-Drucks.* 14/5741, S. 34; *Konzen,* RdA 01, 76 [86].
397 So schon für das frühere Recht *Gamillscheg,* Kollektives Arbeitsrecht, S. 602; ErfK-*Koch,* Rn. 8; *Fitting,* Rn. 60; *Richardi,* Rn. 54.
398 So die Begründung zum Gesetzentwurf, *BT-Drucks.,* a. a. O., wo auf die Verbindung einer Regelung nach Nr. 1 mit einer solchen nach Nr. 5 abgestellt wird; ebenso *Fitting,* a. a. O.; *Richardi,* a. a. O.
399 So schon *Däubler,* AuR 01, 285 [289].
400 So auch *Engels/Trebinger/Löhr-Steinhaus,* DB 01, 532 [535].
401 Vgl. *Trümner,* JbArbR 36 [1999], S. 59 [67]; *ders.,* FS Däubler, 295 [307]; ErfK-*Koch,* Rn. 8.
402 Nach § 3 Abs. 1 Nr. 1 a. F. waren das: Beschäftigungsarten und Arbeitsbereiche; vgl. zur Herkunft dieser Begriffe § 15 Abs. 1 und § 14 BetrVG 1952: »Beschäftigungsart« meinte Berufsgruppe; »Arbeitsbereich« meinte Arbeitsgruppe – deshalb auch der entsprechende Klammerzusatz in § 3 Abs. 1 Nr. 1 a. F.
403 Ebenso ErfK-*Koch,* Rn. 8; *Fitting,* Rn. 62; *Richardi,* Rn. 52; dies war bis zuletzt nach altem Recht umstritten; vgl. *7. Aufl., Rn. 22* m. w. N.; zu einem TV-Muster über Zweigniederlassungssprecher siehe DKWF-*Bachner,* § 3 Rn. 8.
404 Vgl. ErfK-*Koch,* Rn. 8.

bestellte **Arbeitsgruppensprecher** nicht als Vertretung gem. Nr. 5 angesehen werden können, selbst wenn dem Bestellungsvorgang eine Wahl vorangegangen ist (näher auch Rn. 153 f.). Entscheidend ist, dass die Rechtsstellung unmittelbar und ursächlich aus der Wahl folgt und kein zusätzlicher Bestimmungsakt dazwischentritt. Das **Strafantragsrecht** nach § 119 Abs. 2 steht auch der zusätzlichen Vertretung zu.

139 Nach § 3 Abs. 1 Nr. 1 a. F. war umstritten, ob auf Mitglieder einer zusätzlichen Vertretung die für die **persönliche Rechtsstellung von BR-Mitgliedern** maßgebenden Vorschriften des BetrVG und anderer Gesetze anwendbar waren (vgl. *8. Aufl., Rn. 100*). Vor allem geht es um die Anwendung des besonderen Kündigungsschutzes nach § 103 BetrVG und § 15 KSchG. Eine ausdrückliche Einbeziehung der Mitglieder von Vertretungen nach Nr. 5 ist in diesen Vorschriften zwar nicht erfolgt, allerdings lässt Abs. 5 Satz 2 erkennen, dass die Mitglieder von AN-Vertretungen in betriebsverfassungsrechtlichen Organisationseinheiten, die auf kollektivrechtlicher Grundlage nach Abs. 1 Nr. 1 bis 3 beruhen, u. a. die persönliche Rechtsstellung von BR-Mitgliedern genießen. Die zusätzlichen AN-Vertretungen nach Nr. 5 dürften aber typischerweise gerade in Kombination mit TV oder BV nach Abs. 1 Nr. 1 bis 3 geregelt werden,[405] so dass sie dann jedenfalls auch AN-Vertretungen i. S. v. Abs. 5 Satz 2 sind, es sei denn, man wollte in den kleinen Unterschied zwischen den Begriffen »Arbeitnehmervertretungen« (Abs. 5 Satz 2) und »Vertretungen der Arbeitnehmer« (Abs. 1 Nr. 5) einen fundamentalen Gegensatz hineininterpretieren. Es spricht daher einiges dafür, dass die o. a. Meinungsdivergenz zur Frage der persönlichen Rechtsstellung von Mitgliedern der zusätzlichen AN-Vertretungen zumindest indirekt durch den Gesetzgeber bereinigt worden ist.[406] Gleichwohl ist es praktisch nach wie vor zu empfehlen, sämtliche Fragen, insbesondere die der persönlichen Rechtsstellung, in dem betreffenden Kollektivvertrag präzise festzulegen.

140 Die **Dauer der Amtszeit** richtet sich nach TV/BV. Da zusätzliche Vertretungen nur für Betriebe in Betracht kommen, in denen ein BR bzw. ein anderes Mitbestimmungsorgan i. S. d. Abs. 1 Nrn. 1 bis 3 besteht, **endet** die **Amtszeit** jedenfalls dann vorzeitig, wenn das Amt der betreffenden Haupt-AN-Vertretung nicht nur vorübergehend endet.[407] Der kollektivvertraglich geregelte **Lauf der Amtszeit** muss nicht an die Amtszeit des BR gekoppelt werden.[408]

b) »Betriebsverfassungsrechtliche« Vertretung

141 Mit der Bezeichnung als »betriebsverfassungsrechtliche« Vertretung knüpft auch diese Bestimmung neben der Nr. 4 an das frühere Recht an. Auf die dazu oben, Rn. 124 ff., gegebenen Erl. kann daher verwiesen werden. Weder auf Seiten der Repräsentierten noch auf Seiten der Vertreter darf es auf eine gewerkschaftliche Bindung ankommen.[409] Das Vertretungsmandat muss **durch eine Wahl** erteilt werden, wobei mehrheitlich vertreten wird, dass diese nicht notwendig schriftlich erfolgen muss, sondern auch per Akklamation erfolgen kann.[410] Die **Bestellung oder Ernennung** der zusätzlichen Vertretungen durch den BR oder womöglich den AG **unzulässig** (vgl. Rn. 138).

142 **Keine betriebsverfassungsrechtlichen Vertretungen** stellen die **gewerkschaftlichen Vertrauensleute** dar, da sie nicht auf betriebsverfassungsrechtlichen Organisationsprinzipien beruhen, sondern ihre Grundlage in Art. 9 Abs. 3 GG und satzungsautonomen Bestimmungen der Gewerkschaften haben.[411] Ihre Wahl kann aus vereinsrechtlichen Gründen stets nur durch Mitglieder der Gewerkschaft erfolgen.[412]

143 Aus der Charakterisierung als »betriebsverfassungsrechtliche« Vertretung ergibt sich richtigerweise zudem die Anwendbarkeit allgemeiner betriebsverfassungsrechtlicher Grundprinzi-

---

405 So jedenfalls das Beispiel in *BT-Drucks.* 14/5741, S. 34.
406 A. A. ErfK-*Koch*, Rn. 8; *Fitting*, Rn. 64.
407 *Fitting*, Rn. 60; ErfK-*Koch*, Rn. 8.
408 ErfK-*Koch*, a. a. O.; *Fitting*, a. a. O.
409 Vgl. *Trümner*, FS *Däubler*, S. 295 [304]; *Fitting*, Rn. 63; *Richardi*, Rn. 51.
410 Vgl. *Fitting*, Rn. 63; *GL*, Rn. 12; *Trümner*, a. a. O., S. 305; GK-*Franzen*, Rn. 58.
411 *Richardi*, Rn. 51; ErfK-*Koch*, Rn. 8; *Fitting*, Rn. 62.
412 Vgl. *Trümner*, FS Däubler, S. 295 [305].

pien,[413] so dass auch ohne besondere tarifliche Regelung die **Kostentragung** durch den AG analog § 40 zu erfolgen hat,[414] die **Tätigkeit** der Vertretung während der **Arbeitszeit** durchzuführen,[415] und die **Vergütung** der Mitglieder fortzuzahlen ist.[416]

Die Vereinbarung zusätzlicher Vertretungen ist vor allem **dort sinnvoll,** wo sog. **Regional-BR** oder sogar **bundesweit operierende BR nach Abs. 1 Nr. 1** errichtet werden und bestimmte Betriebsteile nicht durch ein BR-Mitglied im BR vertreten sind.[417] Dort lässt sich die Voraussetzung der sachgerechten AN-Interessenwahrnehmung sogar ohne zusätzliche Vertretungen gem. Nr. 5 häufig gar nicht verwirklichen; eine Kombination von verschiedenen Regelungsmöglichkeiten des Kataloges nach Abs. 1 in demselben Kollektivvertrag ist jedenfalls zulässig.[418] 144

Nach früherem Recht war die Einrichtung von sog. **betrieblichen Vertrauensleuten** (im Gegensatz zu gewerkschaftlichen Vertrauensleuten, Rn. 142) auf Grundlage von BV nicht zulässig (dazu *7. Aufl., Rn. 19*),[419] denn das alte Recht ließ insoweit Abweichungen vom gesetzlichen Organisationsrecht überhaupt nur durch TV zu.[420] Da aber nach heutigem Recht eine Regelung nach Nr. 5 auch durch BV möglich ist, kann die Einrichtung betrieblicher Vertrauensleute durch BV zumindest nicht mehr prinzipiell als rechtswidrig angesehen werden.[421] Freilich ist wegen Abs. 2 zu beachten, dass die BV als Regelungsinstrument in einem **Betrieb mit Tarifgeltung nicht** in Frage kommt, so dass die im Bereich der chemischen Industrie immer noch verbreiteten BV über betriebliche Vertrauensleute[422] nach wie vor rechtswidrig sind.[423] Darüber hinaus sind betriebliche Vertrauensleute – selbst wenn sie unter Beachtung von Abs. 2 zulässigerweise durch TV oder BV errichtet werden sollen – aber dann **rechtswidrig,** wenn sie auch nur partiell **Funktionen des BR** oder Bindegliedfunktion in Richtung des AG oder von Vorgesetzten übernehmen, denn es ist nicht ersichtlich, dass die Novellierung 2001 mit der Einführung des geänderten Abs. 1 Nr. 5, die in § 3 Abs. 1 Nr. 1 aF. enthaltene Schutzrichtung aufgegeben hätte, das betriebsverfassungsrechtliche **Vertretungsmonopol der BR** als dem Basisvertretungsorgan der betrieblichen Mitbestimmung vor einer Unterminierung durch »Nebenvertretungen« zu bewahren.[424] 145

c) Innerbetrieblicher Charakter der Vertretung?

Ausgehend vom Normalfall der gesetzlichen Struktur in der Vertretungsorganisation und der Zielrichtung der Bestimmung, eine erleichterte Zusammenarbeit zwischen AN und BR zu ermöglichen, ist die zusätzliche Vertretung quasi **betriebsratsakzessorisch** konstruiert, so dass ihr »Aktionsradius« auf den innerbetrieblichen Bereich begrenzt ist. Daran ändert sich im Prinzip auch dann nichts, wenn der Sonderfall eines **gemB** vorliegt. Gerade dann kann es u. U. sogar sinnvoll sein, wegen der unterschiedlichen »Vertragsanbindung« der AN bei den am gemB beteiligten UN die zusätzlichen Vertretungen für die entsprechenden Teil-Belegschaften der einzelnen UN einzurichten.[425] 146

---

413 Ferner auch ErfK-*Koch,* Rn. 8.
414 ErfK-*Koch,* a. a. O.; *Fitting,* Rn. 64.
415 ErfK-*Koch,* a. a. O.
416 *Fitting,* a. a. O.
417 Vgl. *Fitting,* Rn. 61, 65; *Trümner,* FS Däubler, S. 295 [299]; zu sog. Zweigniederlassungssprechern auch *Bachner,* NZA 96, 400 [402, 405].
418 So auch *BT-Drucks.* 14/5741, S. 34.
419 *Däubler,* Gewerkschaftsrechte, Rn. 543 ff.; *Trümner,* FS Däubler, S. 295 [305]; GK-*Kraft/Franzen,* 7. Aufl., Rn. 36 ff.
420 Vgl. *Trümner,* a. a. O.
421 Vgl. *Däubler,* AuR 01, 285 [289]; ErfK-*Koch,* Rn. 8.
422 Dazu *Trümner,* a. a. O., S. 305 [Fn. 66].
423 H. M.; a. M. nur *H. P. Müller,* DB 78, 743 und GK-*Kraft/Franzen,* 7. Aufl., Rn. 36 mit unterschiedlichen Begründungen.
424 Zum betriebsverfassungsrechtlichen Vertretungsmonopol des BR nach § 3 *Trümner,* a. a. O., S. 299 f.; *BAG* 19. 6. 01 – 1 AZR 463/00, NZA 02, 397; 24. 8. 04 – 1 ABR 28/03, AP Nr. 12 zu § 98 BetrVG 1972.
425 Ebenso *Fitting,* Rn. 65.

147 BR (als Basisvertretungsorgan) können nach Abs. 1 Nr. 1 aber auch **betriebsübergreifend** und nach Abs. 1 Nrn. 2 und 3 sogar **UN-übergreifend** oder **konzernübergreifend** konstruiert werden.[426] Ihr Tätigkeitsbereich erstreckt sich dann auf die gem. Abs. 5 Satz 1 »als Betrieb« geltende betriebsverfassungsrechtliche Organisationseinheit.[427] Dieses Vorgehen dürfte sich regelmäßig empfehlen, je intensiver an sich jeweils allein betriebsratsfähige Einheiten zu einer Organisationseinheit mit nur einer Arbeitnehmervertretung zusammengefasst werden, damit ein Mindestmaß an **Basisnähe des Mitbestimmungsorgans** gewahrt wird.

d) Zusammenarbeit zwischen AN und BR

148 Geschäftsgegenstand der zusätzlichen Vertretungen ist die **Erleichterung der Zusammenarbeit** zwischen BR und AN. Somit erfüllt die zusätzliche Vertretung als Teil der arbeitnehmerseitigen Handlungsorganisation eine **Bindegliedfunktion** zwischen den AN und dem BR und ist Bestandteil dieser Kommunikationsbeziehung.[428] Deshalb ist es ausgeschlossen, dass sie zugleich als Kommunikationsbrücke zwischen den AN und dem AG fungiert, denn ihr stehen gerade nicht die Rechte und Pflichten, und damit die Zuständigkeiten eines BR zu,[429] wie dem Umkehrschluss aus Abs. 5 Satz 2 zu entnehmen ist. Sie besitzen auch keine Vertretungsbefugnis gegenüber dem AG, sondern sind **Teil der Vertretungsorganisation des BR,** indem sie dessen »Unterbau« bilden.[430] Gerade aus dieser Eigenschaft heraus ist es höchst zweckmäßig, ein beratendes **Teilnahmerecht** an den **BR-Sitzungen** vorzusehen.[431] **Stimmrecht** kann ihnen jedoch selbst durch TV nicht eingeräumt werden,[432] weil andernfalls die Stimmen der AN des betreffenden Bereichs doppelt wirksam würden: zum einen durch die von ihnen gewählten BR-Mitglieder und zum anderen durch die der zusätzlichen Vertretungen. Dies ist jedoch mit dem **Prinzip der Wahlgleichheit** nicht vereinbar.

149 Allerdings wird bestritten, dass der Kollektivvertrag der zusätzlichen Vertretung ein **eigenständiges Teilnahmerecht** an den BR-Sitzungen einräumen könne,[433] weil ein so weit gehender Eingriff in die zwingende Organisation der Betriebsverfassung nicht statthaft sei, bzw. das Nichtöffentlichkeitsprinzip verletzt werde (§ 30). Dem kann nicht zugestimmt werden. Soweit nach geltendem Recht die zusätzliche Vertretung auch durch BV eingerichtet werden könnte, beinhaltet ein Beschluss über diese BV jedenfalls zugleich auch die generelle Zustimmung zur Teilnahme an den BR-Sitzungen (sofern dies in der BV so vorgesehen ist). Allerdings kann auch ein TV ein solches Teilnahmerecht unmittelbar begründen, denn eine derartige Regelung läge vollkommen im Rahmen des vom Normzweck des Abs. 1 Nr. 5 verfolgten Zieles einer erleichterten Zusammenarbeit zwischen AN und BR: gerade auf den BR-Sitzungen, in denen die Fragen behandelt werden, die die Belange der AN betreffen, für die die zusätzliche Vertretung gebildet ist, kann und muss die Bindeglied- und Vermittlungsfunktion der zusätzlichen Vertretung erfüllt werden.

150 Wenngleich die zusätzlichen Vertretungen kein Recht zur Vertretung gegenüber dem AG besitzen, so ist nichts dagegen einzuwenden, sie zu **Beratungen zwischen AG und BR** in solchen Angelegenheiten als Auskunftspersonen hinzuzuziehen, die die jeweilige AN-Gruppe betreffen.[434]

---

426 Vgl. Rn. 135; ErfK-*Koch*, Rn. 8.

427 Ähnlich *Fitting*, a. a. O.

428 ErfK-*Koch*, Rn. 8; *Fitting*, Rn. 61; GK-*Franzen*, Rn. 29; *Trümner*, FS Däubler, S. 295 [307]; vgl. zu sog. Kommunikationsbeauftragten des BR, die zwar mangels Organstruktur keine Vertretung nach Nr. 5, wohl aber Hilfspersonen des BR nach § 40 Abs. 2 sind, auch *BAG* 29.4.15 – 7 ABR 102/12, NZA 15, 1397 ff.

429 Ebenso ErfK-*Koch*, a. a. O.

430 *Däubler*, AuR 01, 285 [289], spricht insoweit von den betrieblichen Vertrauenskörpern als »Vermittlungsinstanz«; vgl. auch *ders.*, Tarifvertragsrecht, Rn. 1036.

431 *Fitting*, Rn. 61, will das nur durch BR-Beschluss gestatten.

432 H. M., vgl. ErfK-*Koch*, a. a. O.; *Fitting*, Rn. 61; GK-*Franzen*, Rn. 59; *Gamillscheg*, Kollektives Arbeitsrecht, Bd. I, S. 602.

433 So bezüglich des TV vor allem GK-*Franzen*, Rn. 59; auch *Fitting*, Rn. 61 und ErfK-*Koch*, Rn. 8, die aber immerhin eine »Hinzuziehung« durch den BR für möglich halten.

434 Vgl. *Trümner*, FS Däubler, S. 295 [307]; GK-*Franzen*, Rn. 29.

e) Arbeitsgruppen und Gruppensprecher (§ 28a, § 87 Abs. 1 Nr. 13)

Schwer durchschaubar ist das Verhältnis von Vertretungen nach Abs. 1 Nr. 5 zu solchen im Rahmen von Vereinbarungen nach § 28a bzw. § 87 Abs. 1 Nr. 13 geschaffenen Vertretern von Arbeitsgruppen (Gruppensprecher) bei Gruppenarbeit, aber auch anderen Formen der Arbeitsorganisation.[435] Der BR kann **nach § 28a** nach Maßgabe einer mit dem AG abzuschließenden Rahmenvereinbarung bestimmte **Aufgaben auf Arbeitsgruppen übertragen,** die sodann mit dem AG im Rahmen der übertragenen Aufgaben BV-ähnliche Gruppenvereinbarungen abschließen können. Gegenstand der Rahmenvereinbarung kann dabei u. a. sein, dass die Arbeitsgruppe einen **Gruppensprecher** wählt (vgl. § 28a Rn. 19), der die Gruppe sodann auch bei den Verhandlungen mit dem AG **vertreten** kann (vgl. § 28a Rn. 37). 151

Nach § 87 Abs. 1 Nr. 13 unterliegen die Grundsätze über die Durchführung von teilautonomer Gruppenarbeit der erzwingbaren Mitbestimmung, die regelmäßig gleichfalls durch Abschluss einer BV auszuüben sein wird (vgl. § 87 Rn. 384). Zu den mitbestimmungspflichtigen »Grundsätzen« zählt auch die **Ausgestaltung der gruppeninternen Entscheidungsstrukturen,** wie z. B. die Wahl von Gruppensprechern (§ 87 Rn. 382). In beiden Fällen ist es somit denkbar, eine auf den ersten Blick der zusätzlichen Vertretung nach Abs. 1 Nr. 5 ähnelnde Institution zu schaffen, so dass sich fragt, ob Derartiges auch nur unter den weiteren Voraussetzungen der Nr. 5 zulässig ist. Vor allem tritt das Problem auf, ob im Rahmen von Regelungen nach §§ 28a, 87 Abs. 1 Nr. 13 die Wahl von Gruppensprechern nur dann durch BV vorgesehen werden könnte, wenn der **Betrieb völlig tariflos** i. S. d. § 3 Abs. 2 ist. Wäre dem so, würden die Möglichkeiten der §§ 28a, 87 Abs. 1 Nr. 13 weitgehend »tote Buchstaben« bleiben (vgl. auch Rn. 156). 152

Man wird jedoch davon auszugehen haben, dass beide Normenkomplexe (§ 3 Abs. 1 Nr. 5 einerseits, §§ 28a, 87 Abs. 1 Nr. 13 andererseits) nur scheinbar Ähnliches, im Kern aber Verschiedenes als Regelungsgegenstand haben. Die durch demokratische Wahlen zu bildenden zusätzlichen Vertretungen nach Abs. 1 Nr. 5 sind als reine »Unterbau«-Einrichtungen des BR konstruiert und nehmen nur i. B. auf den BR Funktionen wahr.[436] Arbeitsgruppen nach § 28a (oder bei Gruppenarbeit nach § 87 Abs. 1 Nr. 13) und ihre Vertretungs- und Entscheidungsstrukturen stellen dagegen **keine Unterorganisation des BR dar,**[437] sie sind als solche nicht demokratisch legitimiert.[438] Rechtsträger der nach § 28a delegierten Befugnisse eines BR ist die Arbeitsgruppe,[439] während bei Vertretungen nach Abs. 1 Nr. 5 der BR alleiniger Rechtsinhaber bleibt. Da **Arbeitsgruppen** i. S. v. § 28a als **Teil der vom Arbeitgeber geschaffenen Arbeitsorganisation** hinsichtlich der Kriterien ihrer Zusammensetzung und der zugeordneten AN i. d. R. dem alleinigen Bestimmungsrecht des AG unterliegen,[440] wird ein hierfür vorgesehener Gruppenvertreter selbst dann nicht zu einer zusätzlichen Vertretung i. S. d. Abs. 1 Nr. 5, wenn er auf Grund demokratischer Wahlen bestimmt wird, denn die **Bestimmung des Wahlkörpers,** für den eine zusätzliche Vertretung i. S. v. Abs. 1 zu wählen ist, obliegt der **gemeinsamen Bestimmung** durch die gem. § 3 regelungsbefugten Kollektivvertragsparteien (vgl. Rn. 136 f.). 153

Sofern die Arbeitsgruppen als Träger der gem. § 28a delegierten Befugnisse zu deren tatsächlichen Ausübung einen Gruppensprecher wählen, **vertritt** dieser die AN der Gruppe auch **gegenüber dem Arbeitgeber** (§ 28a Rn. 38). Gerade diese »Vertretungsrichtung« steht aber einer zusätzlichen Vertretung i. S. v. Abs. 1 Nr. 5 nicht zu (oben Rn. 135, 148). Wenn es richtig ist, dass ein im Rahmen einer Regelung nach § 28a zuvor gewählter Gruppensprecher zu seiner **wirksamen Einsetzung** eines förmlichen Beschlusses des BR bedarf, verhindert gerade dieser Umstand die Annahme, es könnte sich um eine zusätzliche Vertretung nach Abs. 1 Nr. 5 handeln (vgl. Rn. 138 für den umgekehrten Fall der Bestimmung durch den AG). An der Richtigkeit des Beschlusserfordernisses bestehen jedoch keine Bedenken, da der BR die Bestimmung derjenigen, die in seinem funktionellen Zuständigkeitsbereich an seiner Stelle Rechte ausüben sollen, nicht Dritten überlassen darf (Selbstvornahmepflicht). 154

---

435 Darin ist *Richardi,* NZA 01, 346 [351] zuzustimmen.
436 Ebenso *LK,* Rn. 17.
437 *Natzel,* BB 01, 1362.
438 Vgl. *Wendeling-Schröder,* NZA 01, 357 [359].
439 *Wendeling-Schröder,* a. a. O., S. 359.
440 Vgl. *Natzel,* a. a. O.

155 Die Annahme, dass die zusätzlichen Vertretungen i. S. v. Abs. 1 Nr. 5 und die §§ 28a, 87 Abs. 1 Nr. 13 verschiedene Regelungsgegenstände eines ähnlichen sozialen Phänomens betreffen und insoweit nebeneinander bestehen, wird auch durch den **rechtspolitischen Kontext** belegt, in dem die Normierung von §§ 28a, 87 Abs. 1 Nr. 13 steht. Der Gesetzgeber hat offenbar erkannt, dass die bereits unter dem alten Recht **begonnene Praxis** der Vertretung von Arbeitsgruppen durch gewählte Gruppensprecher und die Regelung von mitbestimmungspflichtigen Angelegenheiten der Gruppen durch **multilaterale Gruppenabsprachen** »am BR vorbei« ohne betriebsverfassungsrechtliche Grundlagen und unter Verstoß gegen § 3 Abs. 1 Nr. 1 a. F. erfolgte, wodurch zugleich das mit § 3 geschützte betriebsverfassungsrechtliche **Vertretungsmonopol** der BR **unterminiert** wurde.[441] §§ 28a und 87 Abs. 1 Nr. 13 stellen insoweit die rechtspolitische Billigung eines vormals rechtlich zweifelhaften Zustandes dar. Insoweit wird quasi eine Rechtsgrundlage »nachgereicht«.

156 Rechtstechnisch lassen sich daher Arbeitsgruppenvertretungen, die im Rahmen von §§ 28a und 87 Abs. 1 Nr. 13 geschaffen werden, **gegenüber Abs. 1 Nr. 5 als speziellere Anwendungsfälle** verstehen, die eigenen Regeln unterworfen sind. Für die Annahme, dass die übrigen Voraussetzungen der Nr. 5 nicht auch bei gewählten Arbeitsgruppenvertretungen vorliegen müssen, sprechen noch weitere Überlegungen, die den genannten Bestimmungen überhaupt einen praktischen Anwendungsbereich eröffnen:

(1) Arbeitsgruppenvertretungen auf Grundlage von §§ 28a, 87 Abs. 1 Nr. 13 beruhen i. d. R. auf BV. Wäre Abs. 1 Nr. 5 hierauf zusätzlich anzuwenden, hätten die Bestimmungen aber keinen praktisch wirksamen Anwendungsbereich, denn BV wären nach Abs. 1 Nr. 5 i. V. m. Abs. 2 nur im völlig tariflosen Betrieb zulässig. Eine derartige Tariflosigkeit des Betriebs wird von §§ 28a, 87 Abs. 1 Nr. 13 allerdings nicht vorausgesetzt, damit entsprechende Rahmen- bzw. Grundsatzvereinbarungen abgeschlossen werden können.

(2) Die Rahmenvereinbarung nach § 28a muss nicht notwendigerweise eine BV sein, es kann u. U. auch eine Regelungsabrede ausreichen;[442] auch die Mitbestimmungsausübung nach § 87 Abs. 1 Nr. 13 zwingt nicht dazu, eine BV abzuschließen. Gemessen an den Voraussetzungen des Abs. 1 Nr. 5 i. V. m. Abs. 2 hätten §§ 28a, 87 Abs. 1 Nr. 13 gleichfalls keinen Anwendungsbereich, weil selbst das lediglich subsidiäre BV-Erfordernis nicht einmal beachtet würde.

(3) Der Gesetzgeber selbst hat in der Amtlichen Begründung einen Hinweis zum Verständnis des § 28a gegeben, indem er die Übertragung von Befugnissen auf Arbeitsgruppen auch für bestimmte »Beschäftigungsarten und Arbeitsbereiche« als möglich ansieht.[443] Damit werden genau die Tatbestandsmerkmale »zitiert«, die zwar nach alter Rechtslage notwendige Voraussetzung für die Tarifierung von zusätzlichen Vertretungen waren (vgl. § 3 Abs. 1 Nr. 1 a. F.; dazu Rn. 136), in Abs. 1 Nr. 5 aber gerade entfallen sind; außerdem ist der in § 3 a. F. noch enthaltene Klammerzusatz »Arbeitsgruppen« entfallen. Dieser Begriff dient jetzt zur Umgrenzung des Anwendungsbereiches von § 28a.

157 Weitgehend unklar ist, ob eine Kombination von Arbeitsgruppen-Vertretungen nach § 28a mit den Zwecken einer zusätzlichen Vertretung i. S. v. § 3 Abs. 1 Nr. 5 vorgesehen werden könnte. Klar ist zumindest, dass hierfür jedenfalls das notwendige Regelungsinstrument eingesetzt werden müsste, i. d. R. also der TV, da eine BV nur beim völlig tariflosen Betrieb zulässig ist (Abs. 2). *Däubler*[444] scheint dem zuzuneigen. Auf den ersten Blick lassen sich in der Tat keine durchgreifenden Bedenken gegen eine nach Abs. 1 Nr. 5 zu vereinbarende Struktur geltend machen, die aus allen Arbeitsgruppenvertretern einen Wahlkörper bildet, der wiederum eine Art **Vertretung der Arbeitsgruppensprecher** wählt, und wenn dieser Vertretung die Aufgaben nach Abs. 1 Nr. 5 zugewiesen werden. Zweifel ergeben sich allerdings dann, wenn die Arbeitsgruppensprecher selbst nicht hinreichend demokratisch legitimiert sind, also etwa vom AG

441 Vgl. zur Kritik dieses »Zustandes« *Trümner,* FS Däubler, S. 295 ff.; *ders.,* FS zum 50-jährigen Bestehen der Arbeitsgerichtsbarkeit in Rheinland-Pfalz, S. 395 ff.; *Konzen,* RdA 01, 76 [84 f.] stellt diesen Zusammenhang völlig zu Recht her.

442 Str.; für BV: § 28a Rn. 35; für die Möglichkeit auch der formlosen Regelungsabrede: *Natzel,* BB 01, 1362.

443 *BT-Drucks.* 14/5741, S. 40.

444 AuR 01, 285 [290].

bestellt oder eingesetzt wurden, weil dann schwerlich noch von einer »Vertretung der AN« (Abs. 1 Nr. 5) gesprochen werden kann. Auch bereitet die Vorstellung Schwierigkeiten, dass dieselben Personen sowohl in Richtung des AG wirken als auch Unterbau des BR sein könnten. Abs. 1 Nr. 5 geht es gerade um die klare Entscheidung zwischen beiden Möglichkeiten.[445]

IV. Regelung durch BV (Abs. 2)

1. Grundlagen und nachträglich entstehende Tarifbindung

Nach Abs. 2 besteht eine subsidiäre Möglichkeit zur Regelung von vier der fünf Fallgruppen des Abs. 1 durch BV.[446] Wollen die Betriebsparteien eine Regelung nach Abs. 2 herbeiführen, müssen sie jedoch nach Ansicht des *LAG Nürnberg* stets prüfen, ob die Variante nach Abs. 1 Nr. 1 a) oder die nach Nr. 1 b) sachgerechter ist, wobei im Zweifel die Errichtung eines ortsnäheren BR den Vorzug verdient: anstelle eines UN-einheitlichen BR sei eher eine regionalisierte BR-Struktur anzuraten.[447] Im Fall des Abs. 1 Nr. 3 (andere Strukturen der AN-Vertretungen) ist eine Regelung durch BV wegen der besonderen Tragweite dieser Fallgruppe ausgeschlossen und nur durch TV zulässig.[448] Die Befugnis zur Regelung durch BV steht allerdings unter einem **doppelten Zulässigkeitsvorbehalt:** Es darf keine einschlägige – also die in Abs. 1 angesprochenen Materien betreffende – tarifvertragliche Regelung *bestehen* **und** es darf auch kein anderer TV *gelten*. Der für die Regelung durch BV ins Auge gefasste betriebliche **Bereich muss völlig tariflos** sein. Anders formuliert: Selbst wenn die TV-Parteien bislang keine Regelung über die in Abs. 1 Nr. 1, 2, 4 und 5 angesprochenen Vereinbarungsgegenstände getroffen haben, aber ein Urlaubs-TV »gilt«, kann nicht mittels einer BV die Zusammenfassung von mehreren Filialen zu einem Regionalbetrieb (Abs. 1 Nr. 1 b) erfolgen. Diese vielfach als zu eng empfundene Schranke für BV[449] soll gewährleisten, dass der **TV das maßgebliche Regelungsinstrument** für Vereinbarungen über die betriebsverfassungsrechtlichen Organisationsstrukturen bleibt[450] und damit einer denkbaren Tendenz der Betriebsparteien entgegenwirken, aus u. U. nur sehr kurzfristigen Gründen eine wenig tragfähige BV-Lösung vorzusehen.[451] Wann in diesem Sinne **keine tarifliche Regelung** *besteht*, ist mit dem TVG zu beantworten: Bei Struktur-TVen handelt es sich um solche, die Rechtsnormen enthalten, mit denen betriebsverfassungsrechtliche Fragen geordnet werden (§§ 1 Abs. 1 und 3 Abs. 2 TVG). Die Rechtsnormen eines solchen TV gelten betriebseinheitlich und ohne Rücksicht auf die Tarifgebundenheit der einzelnen AN, **sofern nur** der **AG tarifgebunden,** also Partei des betreffenden TV ist (§ 3 Abs. 2 TVG). Im Sinne des Abs. 2 »besteht« daher dann keine tarifvertragliche Regelung, wenn der AG weder firmentariflich, noch verbandstariflich an einen TV i. S. d. Abs. 1 gebunden ist. Zur Frage, wann auch kein *anderer* TV »gilt«, unten Rn. 164 ff. 158

Die nach Abs. 2 vorausgesetzte **Tariflosigkeit kann nachträglich entfallen,** wenn später auch nur »irgendein« TV in Kraft tritt, also dann ein entweder einschlägiger Struktur-TV *besteht* oder ein anderer TV *gilt* (vgl. auch Rn. 163). Beide Alternativen können auch **als Folge einer UN-Umstrukturierung** auftreten, wie etwa bei einer Verschmelzung des UN mit einem tarifgebundenen anderen UN. Die Struktur-(G)BV kann dann wegen des Entfalls ihrer von Abs. 2 vorausgesetzten Geltungsbedingungen nicht mehr die vom Gesetz abweichende Gestaltungsmacht behalten und erlischt nachwirkungslos. Dies löst grundsätzlich die Rückkehr in die 158a

---

445 Ähnlich *LK*, Rn. 17.

446 *Wendeling-Schröder*, NZA 15, 525, bezeichnet dies völlig zu Recht als »Notlösung« wegen der Eigenbetroffenheit der Betriebsräte.

447 *LAG Nürnberg* 26. 1. 23 – 1 TaBV 22/22, BeckRS 2023, 2355 = ArbRAktuell 23, 134 m. Anm. *Schindele*; die RB ist unter Az. 7 ABR 2/23 beim *BAG* anhängig.

448 *BT-Drucks.* 14/5741, S. 34.

449 Vgl. *Hanau*, RdA 01, 65 [66]; *Buchner*, NZA 01, 633 [635]; *Konzen*, RdA 01, 76 [86]; Richardi-*Annuß*, DB 01, 41 [42].

450 Vgl. *BT-Drucks.* 14/5741, S. 34; *Engels/Trebinger/Löhr-Steinhaus*, DB 01, 532 [535].

451 Vgl. zu einem derartigen Fall die Entscheidung *BAG* 24. 4. 13, DB 13, 1913; freilich kommt es in der Praxis vor, dass auch TVe nach Abs. 1 Regelungen von eher nur mittlerer Art und Güte enthalten, was in ihrem Kompromisscharakter eine natürliche Erklärung findet, zumal das Druckinstrument des Streiks praktisch – nicht rechtlich – meist ausfällt.

gesetzliche Vertretungsstruktur aus (vgl. dazu Rn. 166). Wenn aber die vormals durch BV geregelte Struktur erhalten bleiben und der Wechsel zurück in die gesetzliche Struktur vermieden werden soll, empfiehlt es sich, die **entfallende Struktur-(G)BV durch** einen inhalts- und strukturgleichen und ggfls. nur sektoral für die bisher durch (G)BV erfassten Einheiten geltenden **Struktur-TV** ohne dazwischentretenden Rückfall in die gesetzliche Struktur zu **ersetzen.** Das wird jedoch nur dann zu verträglichen Gesamtlösungen im UN führen, wenn die nachträglich entstandene Tarifbindung nicht gerade durch einen Struktur-TV ausgelöst wurde, der nach seinem Geltungsbereich auch die von der bisherigen (G)BV erfassten Einheiten einbezieht (dazu Rn. 158b und Rn. 174bff.). Schließt der hinzugekommene Struktur-TV diese Einheiten nicht ein (was durch Auslegung zu ermitteln ist), kann auch daran gedacht werden, diese Einheiten durch **Ergänzungs-TV** in den Geltungsbereich des im Übrigen unverändert weitergeltenden TV als gesonderte organisatorische Einheit aufzunehmen. In diesem Fall würde der noch auf Grundlage der Struktur-(G)BV gebildete BR bis zum normalen Ablauf seiner Amtszeit weiter bestehen können.

158b Schwieriger ist es, wenn die **nachträgliche Tarifbindung** bei UN-Umstrukturierungen gerade **durch einen Struktur-TV** hervorgerufen wird, der nach seinem Geltungsbereich auch die bisher von der Struktur-(G)BV erfassten Einheiten einschließt. Der Sache nach geht es dann *zum einen* um den Wechsel von der bisher durch Struktur-BV bestehenden zu der durch Struktur-TV geschaffenen abweichenden Regelung. *Zum anderen* können mit Blick auf die bisher jeweils nach Abs. 5 Satz 1 als Betrieb fingierten Einheiten Effekte auftreten, die einer Betriebsspaltung bzw. Betriebszusammenlegung i. S. d. § 111 Satz 3 Nr. 3 rechtsähnlich sind, so dass **hier das Übergangsmandat** nach § 21a greift (dazu § 21 Rn. 41 und § 21a Rn. 33). Bei genauerer Betrachtung ist dies **aber nicht stets zwingend** anzunehmen. Erlischt nämlich die GBV, müsste rechtskonstruktiv für eine logische Sekunde zunächst die Rückkehr in die gesetzliche Struktur angenommen werden. Durch die gleichsam in der nächsten logischen Sekunde entstehende Normwirkung aus dem Struktur-TV entsteht dann aber dieselbe Situation wie beim erstmaligen Übergang von der gesetzlichen zur tariflich geregelten Struktur, so dass die **Wertungen aus Abs. 4 nicht** völlig **außer Acht** gelassen werden dürften. Danach griffe wohl die Auffangregelung des Abs. 4 Satz 1, wenn der Struktur-TV, wie sich meist durch Auslegung ergeben wird, für derartige Sachverhalte »nichts anderes« zu seiner erstmaligen Anwendung auf hinzutretende Einheiten bestimmt. Die Amtszeit des noch unter der Struktur-(G)BV gewählten BR würde in diesem Fall fortdauern und der Struktur-TV erst bei der nächsten regelmäßigen BR-Wahl (vgl. § 13 Abs. 1) auf die bisher durch Struktur-(G)BV erfassten Einheiten anzuwenden sein (vgl. aber auch nachfolgend Rn. 158c).

158c Die wohl h. M. wendet allerdings auf den **Wechsel** von einer vorhergehenden kollektivvertraglichen Struktur **zu einer anderen kollektivvertraglichen Struktur** aufgrund der Fiktion aus Abs. 5 Satz 1 und unter Annahme, dass es sich i. d. R. um Spaltungs- oder Zusammenlegungsfälle von fingierten Betrieben handele, ungeachtet des Abs. 4 nur § 21a an, um die **vorläufige Amtskontinuität** des BR durch ein Übergangsmandat zu sichern.[452] Im Ergebnis führt dies selbst im günstigen Falle aber zur vorzeitigen Neuwahl, da das Übergangsmandat gesetzlich auf sechs Monate befristet ist. Im ungünstigen Fall, etwa der Eingliederung der betroffenen Einheiten in den nach Abs. 5 Satz 1 fingierten Betrieb des Struktur-TV, entfällt jedoch sogar das Übergangsmandat, wenn im Betrieb des Struktur-TVs ein BR bereits besteht. Der offenkundige **Wertungswiderspruch zu Abs. 4 Satz 2,** der beim durch TV bewirkten Entfall bestehender BR von der notwendigen Mitlegitimation durch Beteiligung der AN an der Wahl dieses gewillkürten BR ausgeht, wird von dieser Ansicht nicht genügend beachtet.

159 Außerordentlich bedenklich erscheint die Annahme, die TV-Parteien könnten in § 3 TV durch **Öffnungsklauseln** zu Gunsten der Betriebsparteien die gesetzliche Regelungssperre des Abs. 2 quasi aushebeln.[453] Dagegen spricht nicht nur das in der Gesetzesbegründung explizit angegebene Regelungsziel, die TV-Partner selbst in die Pflicht nehmen zu wollen, sondern auch der

---

452 So *BAG* 22.8.17 – 1 ABR 52/14, NZA 18, 50, Rn. 13, freilich nur sehr apodiktisch; ebenso aber auch *Linsenmaier*, RdA 17, 128, 137.

453 Wie hier: *Richardi*, Rn. 82; dafür aber – wenn auch ohne Begründung – *SWS*, Rn. 14; *Hanau*, NJW 01, 2513 [2514]; *Hohenstatt/Dzida*, DB 01, 2498 [2500]; *Plander*, NZA 02, 483 [488].

Umstand, dass in Abs. 2 – anders als in § 77 Abs. 3 – die Möglichkeit von Öffnungsklauseln nicht vorgesehen ist.[454] Ausgeschlossen ist die Delegation stets im Falle der Nr. 3.[455] Nach einer vermittelnden Ansicht soll die tarifliche Normsetzungsdelegation bei nicht tarifgebundenen AG in den Fallgruppen der Nrn. 1, 2, 4 und 5 dann zulässig sein, wenn sich die TV-Parteien die Zustimmung als Wirksamkeitsvoraussetzung der BV vorbehalten.[456]

Selbst wenn aber die **Subdelegation** an ein Zustimmungs- oder Genehmigungserfordernis der TV-Parteien geknüpft wird, bleiben Bedenken: So hat das *BAG*[457] im Rahmen des § 3 Abs. 1 Nr. 3 zu Recht betont, die **TV-Parteien** müssten die vom Gesetz abweichenden Arbeitnehmervertretungsstrukturen **abschließend selbst regeln** und könnten AN nicht durch Vorabstimmungen z. B. die Entscheidung überlassen, ob sie getrennte oder gemeinsame BR haben wollen. 160

2. Nicht*bestehen* einer tarifvertraglichen Regelung

Eine **tarifvertragliche Regelung** nach Abs. 1 Nr. 1, 2, 4 oder 5 **besteht** auch dann bereits und sperrt die BV als Instrument, wenn der betreffende TV z. B. nur eine BR-Arbeitsgemeinschaft regelt (Fall der Nr. 4), die Betriebsparteien aber einen Sparten-BR errichten möchten (Fall der Nr. 2). Dahinter steht wohl die Überlegung, dass die TV-Parteien eine nach allen Seiten abgewogene Lösung gewählt haben werden, die nicht durch komplementäre Muster der Betriebsparteien »gestört« werden soll.[458] Im Übrigen ergibt sich diese Reichweite der **Sperrwirkung** auch daraus, dass sogar **schon bei** Vorliegen z. B. eines gar nicht für Fragen der Betriebsverfassungsorganisation **einschlägigen Entgelt-TV** eine Regelung zu Fragen des Abs. 1 durch BV ausgeschlossen wäre. Daher muss die Sperrwirkung erst recht angenommen werden, wenn ein TV besteht, der zwar nicht sachgegenständlich die Fallgruppe betrifft, zu der eine Regelung durch BV angestrebt werden soll, wohl aber einer der in Abs. 1 genannten Fallgruppen überhaupt zugeordnet ist.[459] Eine tarifliche Regelung besteht auch dann, wenn die zu Abs. 1 vereinbarten Bestimmungen des TV keineswegs als den **Gesamtspielraum der möglichen Regelungen** ausgeschöpft habende Normierung anzusehen sind, sondern – gemessen an einem theoretisch optimalen Modell – lückenhaft oder weniger effektiv erscheinen. Anders als bei § 87 Abs. 1 Eingangssatz heißt es in § 3 Abs. 2 nämlich nicht: »*soweit* keine tarifvertragliche Regelung besteht«. Voraussetzung ist hier eben nicht eine in sich abgeschlossene Regelung, sondern nur, dass überhaupt eine Regelung besteht. 161

Schwieriger zu beurteilen ist der Fall, dass bei einer angestrebten konzerninternen, aber **UN-übergreifenden Lösung** z. B. bezüglich von Sparten-BR (Fall der Nr. 2) nur bei einem der beteiligten UN bereits ein TV nach § 3 Abs. 1 Nr. 1 b) vorliegt, die anderen UN aber tariffrei sind und auch sonst kein anderer TV gilt. Auch hier wird man die Möglichkeit ausschließen müssen, mit einer BV (richtigerweise dann: einer KBV; vgl. Rn. 168, 172) zu einer Lösung zu gelangen: Dem Wortlaut nach darf **keine tarifvertragliche Regelung** zu den Sachgegenständen von Abs. 1 bestehen, wenn die BV zulässig sein soll. In die Prüfung der Frage, ob keine tarifliche Regelung besteht, sind **sämtliche Betriebe** bzw. UN **einzubeziehen,** für die die angestrebte Regelung nach Abs. 1 gelten soll. Ist danach auch nur einer der potentiell beteiligten AG tarifgebunden, scheidet bereits die Regelung durch BV aus.[460] Dasselbe ist anzunehmen, wenn es »nur« um die Frage geht, ob auch kein anderer TV »gilt«, also der zweite Zulässigkeitsvorbehalt des Abs. 2 greift (dazu Rn. 164). 162

---

454 Vgl. im Einzelnen *Annuß,* NZA 02, 290 [293]; wie hier *Thüsing,* ZIP 03, 693 [701]; GK-*Franzen,* Rn. 41; siehe auch *Trümner,* in: DAI (Hrsg.), Brennpunkte des Arbeitsrechts 2002, S. 269 [284 f.]; zum Problem tariflicher TV-Öffnungsklauseln umfassend *Friese,* Kollektive Koalitionsfreiheit und Betriebsverfassung, 2000, S. 157 ff., 426 ff.

455 *Richardi,* Rn. 82; *Eich,* FS Weinspach, S. 17, 25.

456 So *Eich,* EuroAS 03, 12 [17]; *Fitting,* Rn. 68.

457 10. 11. 04– 7 ABR 170/04, EzA § 3 BetrVG 2001 Nr. 1.

458 Vgl. ErfK-*Koch,* Rn. 9; *Fitting,* Rn. 66; *Richardi,* Rn. 81; a. A. *LK,* Rn. 19.

459 *Fitting,* Rn. 68, will die Sperrwirkung des TV nur bei »einschlägigen« TV – also wohl fallgruppenidentischer Regelung – bejahen.

460 Vgl. dazu auch *Däubler,* AiB 01, 313 [315, Fn. 10].

163 Die Regelung von immerhin denkbaren **Kollisionen** zwischen BV-Normen und TV-Normen ist im Gesetz unterblieben, obgleich im rechtspolitischen Vorfeld dazu kontroverse Standpunkte bezogen worden waren.[461] Denkbar ist, dass eine Regelung nach Abs. 1 in einem zunächst völlig tariflosen Bereich durch BV erfolgt und etwas später ein TV zu diesem Sachgegenstand abgeschlossen wird. Nicht nur der in Abs. 2 enthaltene spezielle Tarifvorrang, sondern auch die allgemeinen Grundsätze zur Lösung von Normenkollisionen zwischen BV und TV (Rangprinzip) führen dazu, dass die vortarifliche BV ihre Geltung verliert,[462] zumal das Günstigkeitsprinzip zur Entscheidung einer Normenkollision in organisationsrechtlichen Fragen praktisch kaum durchführbar ist.[463] Dasselbe wird allerdings aus den in Rn. 161 genannten Gründen zu gelten haben, wenn der spätere TV eine Regelung zu einem anderen Sachgegenstand des Abs. 1 Nr. 1–5 trifft als die BV. Trotz der Beendigung der BV tritt kein sofortiger Wegfall eines auf der Vereinbarung beruhenden BR ein, da sowohl § 21a als auch § 3 Abs. 4 Übergangsregeln enthalten, die den Eintritt von Betriebsratslosigkeit verhindern (vgl. oben, Rn. 158a ff. und unten, Rn. 186 ff.).

3. Nicht*geltung* anderer TV

164 Im Sinne des zweiten Zulässigkeitsvorbehalts kommen alle Arten »anderer« TV in Betracht, also nicht nur solche über betriebsverfassungsrechtliche Fragen. Zunächst »gilt« auch kein anderer TV, wenn dessen **tarifrechtliche Geltungsvoraussetzungen** nicht vorliegen. Daher greift die Sperrwirkung nach Abs. 2 gegenüber einer BV immer schon dann, wenn nur »irgendein« anderer TV »gilt«. Dies ist nach § 3 Abs. 1 TVG immer der Fall, wenn beiderseitige Tarifbindung an einen nach seinem Geltungsbereich auf den Betrieb anwendbaren TV besteht, entweder als Firmen-TV oder als Verbands-TV; bei TV über betriebsverfassungsrechtliche Fragen genügt die Tarifbindung allein des AG (§ 3 Abs. 2 TVG). Aber auch **im Falle des Ablaufes eines TV** – etwa bei Kündigung oder Aufhebungsvereinbarung – gelten seine Rechtsnormen gem. § 4 Abs. 5 TVG weiter. Und schließlich gilt ein TV gem. § 5 Abs. 4 TVG unter nicht tarifgebundenen AG und AN, wenn **Allgemeinverbindlichkeit** vorliegt.[464] An Letzterem hat der Gesetzgeber festgehalten, trotz entsprechender rechtspolitischer Einwände in der Literatur.[465] Deshalb sperrt auch eine durch RechtsVO gem. § 1 Abs. 3a AEntG hergestellte Tarifbindung[466] die Regelung durch BV.

165 Fraglich ist, ob i. S. v. Abs. 2 eine Nichtgeltung von anderen TV auch dann angenommen werden kann, wenn zwar keine Tarifbindung vorliegt, einschlägige TV aber im Rahmen von gleichförmig verwendeten **arbeitsvertraglichen Einbeziehungsabreden** – etwa durch Verweis auf Allgemeine Anstellungsbedingungen – in Bezug genommen werden.[467] Im Rahmen der Sperrklausel des § 77 Abs. 3 genügt die einzelvertraglich vereinbarte TV-Geltung freilich nicht (vgl. § 77 Rn. 160), allerdings verlangt der Gesetzeswortlaut dort auch – anders als hier in Abs. 2 –, dass die Arbeitsbedingungen »durch TV geregelt sind«, um die Sperrwirkung für BV zu begründen. Die gleiche Formel findet sich auch in § 613a Abs. 1 Satz 3 BGB, wonach beim Betriebsübergang die Ablösung bisher tarifvertraglich geregelter Arbeitsbedingungen durch die TV des Betriebserwerbers nur dann eintritt, wenn die Rechte und Pflichten bei dem neuen Inhaber durch Rechtsnormen eines anderen TV geregelt werden. »Geregelt werden« bedeutet allerdings, dass es nicht ausreicht, wenn nur der neue AG an diese TV gebunden ist; auch der AN muss kraft Mitgliedschaft in der tarifschließenden Gewerkschaft an den betreffenden TV

461 Dazu *Franzen,* ZfA 00, 285 [300 f.] m. w. N.
462 Vgl. etwa Wiedemann-*Wank,* TVG, § 4 Rn. 633 ff.
463 Vgl. *Franzen,* a. a. O., S. 301.
464 ErfK-*Koch,* Rn. 9; *Richardi,* Rn. 81, HaKo-BetrVG/*Kloppenburg,* Rn. 71; *Spinner/Wiesenecker,* FS Löwisch, S. 375, 385.
465 Vgl. Richardi-*Annuß,* DB 01, 41 [42]; klargestellt bei *Engels/Trebinger/Löhr-Steinhaus,* DB 01, 532 [535].
466 Vgl. *Richardi,* a. a. O.
467 Ablehnend die h. M.: *BAG* 24. 4. 13, DB 13, 1913, Rn. 40; ErfK-*Koch,* Rn. 9; *Fitting,* Rn. 68; GK-*Franzen,* Rn. 40; *Richardi,* Rn. 81; *Spinner/Wiesenecker,* FS Löwisch, S. 375, 384.

gebunden sein.[468] Demgegenüber verlangt § 3 Abs. 2 nur, dass kein anderer TV »gilt«, lässt aber den Geltungsgrund im Vagen. Diese begrifflichen Differenzen in den einzelnen Bestimmungen lassen für den hier interessierenden Zusammenhang allerdings entgegen der Ansicht des *BAG*[469] den Rückschluss zu, dass es nicht auf den rechtstechnischen Geltungsgrund eines TV ankommt, sondern neben der durch Tarifbindung vermittelten auch die durch Einbeziehungsabrede herbeigeführte Geltung eines anderen TV bereits die Sperrwirkung für BV auslöst.[470]

4. Rechtsnatur der BV und Nachwirkung

Kommt entsprechend den in Abs. 2 aufgestellten Voraussetzungen ausnahmsweise eine BV als Regelungsinstrument in Frage, so handelt es sich um eine **freiwillige BV,** die – mangels entsprechender Bestimmung – nicht mit Hilfe der ESt. erzwungen werden kann.[471] Die in ihr enthaltenen Normen sind solche über betriebsverfassungsrechtliche Fragen. Eine **Nachwirkung kommt** bei Ablauf der BV zwar regelmäßig wegen der fehlenden Erzwingbarkeit ohnehin **nicht** in Betracht (§ 77 Abs. 6). Aus den gleichen Gründen, die gegen die Nachwirkung von betriebsverfassungsrechtlichen TV sprechen (Rn. 231 ff.), könnte allerdings auch eine ausdrücklich **vereinbarte Nachwirkung** bei Ablauf der BV nicht die gesetzliche Vertretungsstruktur auf Dauer ausschalten.[472] Das Problem der BR-Vertretungskontinuität bei Ablauf einer BV ist in Abs. 4 allerdings nicht mit geregelt worden. Hierbei treten jedoch Änderungen in der Vertretungsorganisation ein, wie sie auch bei Betriebsspaltungen oder Betriebszusammenlegungen vorkommen, obgleich streng genommen die Rückkehr z. B. von einem durch BV geregelten UN-BR gem. Abs. 1 Nr. 1 a) zur gesetzlichen Vertretungsorganisation keine klassische betriebsändernde Spaltung des Betriebs i. S. d. § 111 Satz 3 Nr. 3 darstellt (vgl. § 111 Rn. 93 a. E.; siehe aber oben, Rn. 20d ff.), sondern nur die Teilung der nach Abs. 5 Satz 1 als Betrieb fingierten betriebsverfassungsrechtlichen Organisationseinheit.[473] 166

Sieht man in der **Rückkehr zur gesetzlichen Vertretungsorganisation** nur den *actus contrarius*[474] zur vorhergegangenen kollektivvertraglichen Zusammenfassung der früheren gesetzlichen Betriebe, was für sich allein genommen keinen betriebsändernden Zusammenschluss darstellt (vgl. oben, Rn. 20e und unten, Rn. 196), so erscheint es auf den ersten Blick zwingend logisch, auch für die Rückführung in den *status quo ante* nichts anderes annehmen zu können. Indes sind beide Sachverhalte nicht stets vergleichbar (näher Rn. 20e ff.): Während der Abschluss der (G)BV einen zweiseitigen Vertrag und schon deswegen keine *einseitige* betriebsändernde *unternehmerische* Maßnahme i. S. d. § 111 darstellt, so kann dies bei der Beendigung der (G)BV doch anders gesehen werden. Eine den fingierten Betrieb ändernde **unternehmerische Maßnahme** ließe sich nämlich etwa in der arbeitgeberseitigen **Kündigung der Struktur-(G)BV** sehen. Es können sich hier dieselben Regelungsfragen stellen, wie bei einer Betriebsänderung i. S. d. § 111, selbst wenn dabei typischerweise keine wirtschaftlichen Nachteile auftauchen dürften (vgl. § 111 Rn. 93). Immerhin ist aber denkbar, dass während der durch (G)BV strukturierten Vertretungsphase weitere BVen abgeschlossen wurden, über deren Weitergeltung bei Rückkehr in die gesetzliche Vertretungsorganisation sinnvoller Weise – wie auch sonst bei Spaltungen und Zusammenschlüssen – Regelungen getroffen werden müssen. Demgemäß ist es sachlich geboten, in solchen Fällen sowohl eine Betriebsänderung anzunehmen als auch zur Vermeidung von sonst ggfls. eintretenden vertretungslosen Verhältnissen das **Übergangs-** 166a

468 *BAG* 21. 2. 01 – 4 AZR 18/00, BB 01, 1847 ff. m. Anm. *Waas;* 30. 8. 00 – 4 AZR 581/99, NZA 01, 510.
469 *BAG* 24. 4. 13, a. a. O., Rn. 40.
470 Vgl. auch *Däubler,* Tarifvertragsrecht, Rn. 338 m. w. N., zu der Möglichkeit, die Einbeziehungsabrede durch AAB als eine Art Rechtswahl zu deuten, die eine unabdingbare Tarifnormgeltung bewirkt; ebenso *Herschel,* BB 69, 659 ff.; *v. Hoyningen-Huene,* RdA 74, 138 ff.
471 ErfK-*Koch,* Rn. 9; *Fitting,* Rn. 71; GK-*Franzen,* Rn. 45.
472 ErfK-*Koch,* a. a. O.
473 Vgl. GK-*Franzen,* Rn. 62.
474 GK-*Franzen,* Rn. 62 a. E.

mandat nach § 21a und evtl. auch das **Restmandat** nach § 21b entsprechend anzuwenden (vgl. auch § 21 Rn. 41 und § 21a Rn. 33).[475]

167 Für den umgekehrten Fall einer Zusammenfassung von nach einem Zuordnungs-TV geschaffenen Regionen geht das *ArbG Nürnberg*[476] davon aus, dass hierin eine **Zusammenlegung** von tariflichen Regionalbetrieben i. S. v. § 111 Satz 3 Nr. 3 zu sehen ist, die aber während der Geltung des TV gegen diesen verstoße, jedenfalls aber **das Amt eines** nach dem TV **gewählten BR,** dessen Regionalbetrieb einer anderen Region zugeordnet wird, **nicht berühre.**[477] Da die gesetzliche Fiktion des § 3 Abs. 5 allein aufgrund der tariflichen Regelung besteht, ist der AG tarifrechtlich gehindert, durch Zusammenlegung von Wahlbetrieben einen neuen Betrieb zu bilden.[478] Sollen Änderungen gegenüber dem vereinbarten TV-Inhalt erfolgen, ist ggf. ein Änderungs-TV abzuschließen, andernfalls verbleibt es bei den tariflichen Betrieben und dafür errichteten BR.[479] Dies gilt entsprechend, wenn ein Betrieb oder Betriebsteil durch Erwerbsvorgänge hinzukommt (vgl. auch Rn. 190ff.). Gleiches hat man für Zuordnungsregelungen in einer BV anzunehmen.

5. Zuständige BR-Gremien

168 Die Bestimmung wirft schwer lösbare Anwendungsprobleme hinsichtlich der Frage auf, welcher funktionell zuständige BR (Einzel-BR, GBR, KBR) bei den einzelnen Fallgruppen des Abs. 1 überhaupt zur Regelung berechtigt ist. Dies hängt damit zusammen, dass **in Abs. 1 Nr. 1** stets betriebsübergreifende, aber UN-interne Sachverhalte, **in Abs. 1 Nr. 2** sowohl betriebsinterne als auch betriebsübergreifende und UN-interne, aber auch UN-übergreifende und konzerninterne Sachverhalte, **in Abs. 1 Nr. 4** unternehmensübergreifende, aber konzerninterne und sogar konzernübergreifende Sachverhalte und schließlich in **Abs. 1 Nr. 5** alle denkbaren Sachverhaltsebenen bis hin zu konzernübergreifenden Konstellationen denkbar sind (vgl. Rn. 135). Demgegenüber ist auch durch die Novellierung 2001 der Grundsatz beibehalten worden, dass der jeweils zuständige BR äußerstenfalls bis zur sachlich-räumlichen Grenze des Bereichs, für den er gebildet ist, eine Regelung durch BV herbeiführen kann.[480] Jede andere Lösung lässt sich nach geltendem Recht wegen der damit provozierten **Legitimationsprobleme** bezüglich der Normgeltung einer BV nicht begründen. Die Hilfsüberlegung, die räumlichen Grenzen der Regelungsbefugnis durch **Abschluss von parallelen, gleich lautenden BV/GBV/KBV** zu überbrücken,[481] würde einen neuen Typ der betriebsverfassungsrechtlichen Gesamtvereinbarung erfordern (gleichsam als notwendiges Gegenstück zur neuen Gruppenvereinbarung nach § 28a Abs. 2), wofür jedoch gerade – anders als in § 28a – die gesetzliche Grundlage fehlt (vgl. auch Rn. 130). Entsprechende rechtspolitische Anregungen[482] hat der Gesetzgeber aber nicht aufgegriffen.

169 Daraus folgt zunächst, dass der **Einzel-BR** mittels BV von der Gestaltungsoption nach **Abs. 1 Nr. 1** keinen Gebrauch machen kann,[483] weil dort immer betriebsübergreifende Fallgestaltungen im Spiel sind. Nach **Abs. 1 Nr. 2** käme allenfalls eine betriebsbezogene Spartenbildung durch BV in Betracht (vgl. Rn. 65). **Abs. 1 Nr. 3** ist der Regelung durch BV völlig versperrt, wie sich aus Abs. ergibt. **Abs. 1 Nr. 4** ist überhaupt nicht durch BV aktivierbar, weil dem Einzel-BR

475 Davon geht jetzt auch das *BAG* 22.8.17 – 1 ABR 52/14, NZA 18, 50, Rn. 13 ganz allgemein im Rahmen abweichender Strukturregelungen und im Anschluss an *Linsenmaier*, RdA 17, 128, 137 aus.
476 30.7.03 – 14 BVGa 22/03.
477 *ArbG Nürnberg* 23.7.03 – 15 BVGa 25/03; ebenso *ArbG Köln* 20.10.03 – 14 BVGa 40/03.
478 Auch *LAG Köln* 29.10.21 – 9 TaBV 17/21, NZA-RR 22, 133 Rn. 43, hält es für möglich, dass ein ZuO-TV dem AG Umstrukturierungen während der Laufzeit des TV verbieten kann, verlangt aber dafür eine eindeutige Regelung.
479 *ArbG Nürnberg* 23.7.03, a. a. O.
480 Vgl. bezüglich des maximalen räumlichen Geltungsbereichs einer BV § 77 Rn. 75f.
481 Vgl. *Däubler,* AiB 01, 313 [315].
482 Vgl. *Kreßel,* AuA 98, 145 [148]; *Franzen,* ZfA 00, 285 [299].
483 Anders offenbar *BT-Drucks.* 14/5741, S. 35 r. Sp., wonach ein betriebsratsloser Kleinstbetrieb i. S. d. § 4 Abs. 2 durch BV auch einem anderen Betrieb als dem Hauptbetrieb zugeordnet werden kann.

die Zuständigkeit für eine unternehmensübergreifende BV fehlt. Bei **Abs. 1 Nr. 5** könnten zumindest auf der Ebene des Einzelbetriebs zusätzliche AN-Vertretungen vorgesehen werden.

Der GBR könnte sich zwar grundsätzlich im Anwendungsbereich des **Abs. 1 Nr. 1** betätigen, allerdings stellt sich schon die Frage, ob er dazu betriebs*politisch* legitimiert ist, an Regelungen mitzuwirken, durch die ein Betrieb oder Betriebsteil gem. Abs. 4 bei den nächsten BR-Wahlen seinen eigenen BR verliert.[484] Die Antwort auf die Frage nach der betriebsverfassungs*rechtlichen* Legitimation ist in § 50 Abs. 1 zu suchen. Die originäre Zuständigkeit des GBR ergibt sich vorliegend aus der rechtlichen Unmöglichkeit, eine Zusammenfassung von Betrieben durch BV der einzelnen BR bewirken zu können (vgl. Rn. 168)[485]. Nur auf diese Weise ließe sich auch die anderweitige Zuordnung des betriebsratslosen Kleinstbetriebs bewerkstelligen, zumal durch die **Erweiterung der originären Zuständigkeit** des GBR auf Betriebe ohne BR gem. § 50 Abs. 1 Satz 1, 2. Halbsatz auch insoweit die notwendige Legitimation besteht.[486] Ohnehin sollte ein GBR sein Augenmerk stärker auf Betriebe ohne BR richten, als ausgerechnet vorhandene BR »abzuschaffen«.[487] Entsprechend differenzierte Lösungen sind im Rahmen von Abs. 1 Nr. 1 b) durchaus möglich (vgl. Rn. 53). Sofern es dem GBR dennoch einmal darum geht, einen »oppositionellen« Einzel-BR mit Hilfe von Abs. 1 Nr. 1 a) wegzuvereinbaren, liegt natürlich der **Gedanke des Rechtsmissbrauchs** nahe.[488] Ausgehend von der »Dienlichkeitsklausel« des Abs. 1 Nr. 1 könnte eine solche GBV auch der gerichtlichen Billigkeitskontrolle unterzogen werden (vgl. Rn. 175). Indizien einer rechtsmissbräuchlichen und unbilligen GBV könnten »Vorteile« sein, die in auffälligem Zusammenhang mit der »Verschlankung« der Vertretungsorganisation vom AG gewährt werden. Liegen diese besonderen Umstände jedoch nicht vor, hat ein einzelner BR gegen derartige Gremienverminderungen kein Vetorecht (vgl. Rn. 20). Eine **einstw. Verfügung. auf Wahlabbruch** wäre nur begründet, wenn die zur Wahl des UN-einheitlichen BR abgeschlossene GBV nichtig ist (Einzelheiten dazu oben, Rn. 20b).[489] 170

Abs. 1 Nr. 2 eröffnet dem **GBR** nur in Fällen einer betriebsübergreifenden, aber UN-internen Spartenorganisation die Möglichkeit, überörtliche Sparten-BR durch GBV einzuführen. **Abs. 1 Nr. 4** bleibt dem GBR ebenso wie dem Einzel-BR verschlossen, weil auch die GBV nicht über die UN-Grenze hinausgreifen kann. **Abs. 1 Nr. 5** erlaubt nur die Schaffung eines »Unterbaus« für das Basisorgan der betrieblichen Mitbestimmung (vgl. Rn. 135), so dass hier kein Betätigungsfeld für den GBR besteht. 171

Im Rahmen einer originären Zuständigkeit nach § 58 Abs. 1 hat der **KBR** wegen des i. d. R. UN-bezogen regelbaren Bereichs des **Abs. 1 Nr. 1** keine Regelungsmöglichkeiten. Anders ist dies bei konzerninterner Spartenorganisation nach **Abs. 1 Nr. 2** (vgl. Rn. 69), weil hier die Regelungszuständigkeit eines GBR begrenzt ist (vgl. Rn. 171). Der KBR ist die einzige Repräsentation der Betriebsverfassung, die nach **Abs. 1 Nr. 4** die UN-übergreifenden Arbeitsgemeinschaften durch KBV vereinbaren könnte. Konzernübergreifende Arbeitsgemeinschaften kann allerdings auch der KBR wegen seiner auf den eigenen Konzern begrenzten Regelungsmacht nicht vereinbaren (vgl. auch Rn. 130).[490] 172

6. Gewerkschaftsbetriebe

Die zur früheren Rechtslage bestehende Unsicherheit darüber, ob für Gewerkschaften anstelle des dort nicht möglichen Abschlusses von TV stattdessen die abweichende Regelung der betriebsverfassungsrechtlichen Organisation mittels BV zulässig ist,[491] hat sich durch Abs. 2 er- 173

484 Zu Recht kritisch *Richardi,* NZA 01, 346 [350]; vgl. auch *Trümner,* FA 01, 133 [135].
485 Ebenso *BAG* 24.4.13, DB 13, 1913.
486 Nach altem Recht noch a. A. *Franzen,* ZfA 00, 285 [299 f.]; zweifelnd wohl *Richardi,* a. a. O.
487 Zu einem derartigen Fall *LAG Düsseldorf* 2.5.18 – 12 TaBVGa 3/18, juris, in dem von einer Regional-BR – Struktur zu einem UN-einheitlichen BR durch GBV gewechselt wurde; das UN hatte 1800 AN, verteilt auf 300 Shops, für die bis dato fünf Regional-BR bestanden.
488 Vgl. dazu das Beispiel bei *Trümner,* a. a. O.
489 *LAG Düsseldorf,* 2.5.18, a. a. O.
490 Ebenso *Richardi* Rn. 85.
491 Dazu *Trümner,* JbArbR 36 [1999], S. 59 [70]; unentschieden geblieben in *LAG Düsseldorf* 29.4.99, LAGE § 3 BetrVG 1972 Nr. 3.

ledigt. Da Gewerkschaften typischerweise völlig tariflose Betriebe haben, steht ihnen nunmehr das Instrument der BV zweifelsfrei zur Verfügung. Dies wird auch für die Fallgruppe des Abs. 1 Nr. 3 anzunehmen sein, die an sich nicht der Regelung durch BV zugänglich ist.

7. Probleme der Rechtsnachfolge und UN-Umstrukturierung

174 Im Rahmen von Abs. 2 abgeschlossene BV regeln betriebsverfassungsrechtliche Fragen. Die Auswirkungen, die ein **Betriebsinhaberwechsel** auf den Bestand solcher BV haben kann, können je nach Abschlussebene (BV/GBV/KBV) und Regelungsgegenstand des Abs. 1-Kataloges sowie des Umfangs der zur Übertragung auf einen Betriebserwerber gelangenden Betriebe höchst unterschiedlich ausfallen. Damit verbietet sich an sich schon jeder Versuch einer allzu schematischen Lösung. Im Ansatz treten allerdings i. d. R. ähnliche **Probleme wie bei einer firmentariflichen Regelung** auf, so dass zunächst auch hierauf verwiesen wird (vgl. Rn. 224 f.).

174a Kritisch sind vor allem solche Fallgestaltungen, bei denen die von der Struktur-BV geregelten betriebsverfassungsrechtlichen Organisationseinheiten i. S. v. Abs. 5 Satz 1 durch den Betriebsinhaberwechsel so zerlegt werden, dass die BV danach nicht mehr praktikabel ist. Weil je nach Sachlage auch der ersatzlose **Wegfall der BV** eintreten kann und sodann ggfls. die gesetzliche Normalbetriebsverfassung wieder anzuwenden ist, sollten die BV-Partner stets und dringend etwaige **Übergangsbestimmungen oder Anpassungsklauseln** sowohl für Fälle der UN-internen als auch der UN-übergreifenden Umstrukturierung vorsehen.[492] Zu warnen ist vor allzu **gedankenlos verwendeten dynamischen Einbeziehungsklauseln** für nach dem Vertragsabschluss hinzutretende oder abgegebene Betriebe oder Betriebsteile (gleich aus welchem Grund): Sie können sich als für den AG willkommene Instrumente der Vernichtung von BR-Gremien erweisen, die in den hinzu tretenden Einheiten bereits bestehen und ja immerhin durch demokratische Wahl legitimiert worden sind.

174b **Schwierig** ist eine **schematische Beurteilung** der betriebsverfassungsrechtlichen Folgen für BR und den Bestand von Struktur-BVen vor allem dann, wenn **unternehmensüberschreitende Umstrukturierungen** erfolgen, insbesondere durch **Verschmelzung zweier oder mehrerer UN,** bei denen teils keine oder sogar jeweils GBVen/KBVen zur Vertretungsstruktur bestehen. Die denkbaren tatsächlichen und strukturellen Konstellationen sind mannigfaltig, die aufeinander treffen können. Es können z. B. nur gesetzliche Strukturen auf übertragender Seite auf kollektivvertraglich geregelte Strukturen jeder Ausprägung (Abs. 1 Nr. 1a, 1b oder Nr. 2) auf übernehmender Seite und umgekehrt treffen (disharmonische Strukturen). Aber selbst auf beiden Seiten bereits kollektivvertraglich geregelte Strukturen (scheinbar normtypgleiche harmonische Strukturen) sind in ihrer möglichen Anzahl und Kombination des etwaigen Aufeinandertreffens nahezu unübersehbar vielgestaltig, denn **regelungsgegenständlich** kann es sich nach Abs. 2 im Falle fehlender tariflicher Regelungen handeln um
(1) UN-einheitliche BRe auf beiden Seiten (Abs. 1 Nr. 1a),
(2) Regional-BRe auf beiden Seiten (Abs. 1 Nr. 1b),
(3) Sparten-BRe im UN oder gar Konzern auf beiden Seiten (Abs. 1 Nr. 2) oder
(4) bei den verschmelzungsbeteiligten UN konträr laufende, heterogene und insoweit gerade disharmonische Kombinationen jeweils aus (1) bis (3), wie etwa UN-einheitlicher BR des einen UN und Regional-BRe bei dem anderen UN (und *vice versa*), Regional-BRe des einen und Sparten-BRe des anderen UN (und *vice versa*), spartenstrukturverschiedene BRe auf beiden Seiten usw.).

174c Auch die **Art der umstrukturierenden Übertragung** darf nicht unbeachtet bleiben, da es sich um einzelrechtsgeschäftliche oder umwandlungsrechtliche Übertragungen handeln kann. **Verschmelzungsrechtlich** sind dabei wiederum Verschmelzungen zur Aufnahme und zur Neubildung (vgl. § 2 UmwG) **zu unterscheiden.** Möglicherweise treten diese auch in Kombination mit den drei Spaltungsarten auf (jeweils zudem noch in Kombination mit aufnehmenden oder neubildenden Spaltungen, vgl. § 123 Abs. 1 und 2 UmwG). Das alles trägt zur schier unüber-

492 Dazu raten auch *Hohenstatt/Dzida,* DB 01, 2498 [2502]), denn dieser Fall ist in Abs. 4 nicht bedacht worden (vgl. auch Rn. 167 für das gleichartige Problem von Umstrukturierungen im Anwendungsbereich eines TV).

sehbaren Vielzahl tatsächlicher und rechtlicher Konstellationen bei und verbietet abstrakte und scheinbar einfache Lösungen. Das **Aufeinandertreffen von Struktur-BV und Struktur-TV** ist hierbei sogar noch außer Acht gelassen (vgl. Rn. 158a für den Fall, dass damit die Struktur-BV erlischt).

Für **unternehmensüberschreitende Umstrukturierungen** werden bislang folgende Lösungsansätze vertreten[493] **174d**

1.) Werden alle Betriebe des übertragenden UN, das eine Struktur-GBV hat, auf ein UN ohne BR übertragen, wirkt die Struktur-GBV nach allgemeinen Grundsätzen fort; dem ist zuzustimmen und zwar für alle Strukturgegenstände nach Abs. 1 Nr. 1a, 1b und Nr. 2, denn hier stellt sich die Frage nicht, ob eine Kollisionslage im übernehmenden UN entstehen kann.

2.) Werden alle Betriebe des übertragenden UN auf ein UN mit UN-einheitlichem BR übertragen, sollen *in der Regel* die BRe des übertragenden UN erlöschen, aber nur, wenn die GBV des erwerbenden UN die Aufnahme weiterer Einheiten *dynamisch* vorsieht; dem kann nicht für alle denkbaren Konstellationen zugestimmt werden: Nicht erkennbar ist, ob auf der übertragenden Seite nur nach §§ 1, 4 oder auch nach § 3 strukturierte Fälle gemeint sind, welches die Ausnahmen von der behaupteten *Regel* wären und wie die dynamische Regelung der Erwerber-GBV aussehen müsste, um – an sich schon normzweckwidrig – zur Beseitigung gewählter BRe des übertragenden UN führen zu können.

3.) Dasselbe (wie bei 2.) soll gelten, wenn das erwerbende UN über eine Struktur nach Abs. 1 Nr. 1b (regionale BR/Betriebe) verfügt oder nicht alle Einheiten des abgebenden UN übertragen werden;

4.) Anders als 3.) aber, wenn im erwerbenden UN keine dynamisch wirkende Struktur-GBV gilt: dann soll für die BRe der übergehenden Betriebe nur ein Übergangsmandat nach § 21a Abs. 2 Satz 1 entstehen;

5.) Allein *pragmatisch* und nicht rechtsdogmatisch will *Fitting*[494] den Fall lösen, wenn beim übertragenden UN kraft Kollektivvertrags ein UN-einheitlicher BR (Abs. 1 Nr. 1a) besteht und beim durch umwandlungsrechtliche Verschmelzung erwerbenden UN nur nach Gesetz errichtete BRe und ein GBR bestehen: dann soll der UN-einheitliche BR, aber nur für die Dauer der restlichen Wahlperiode, wie ein Regional-BR (Abs. 1 Nr. 1b) angesehen werden und Vertreter in den beim aufnehmenden UN bestehenden GBR entsenden.

Diese Lösungen können nur teilweise überzeugen und erfassen auch nicht alle denkbaren Konstellationen.

Allein der an sich noch relativ einfache Grundfall (vgl. Rn. 174b, Fall [1] – UN-einheitliche BRe auf beiden Seiten) bei einer Verschmelzung des UN a auf das UN b (angenommene Variante: Verschmelzung zur Aufnahme) mag die praktischen und rechtlichen Probleme verdeutlichen. Angenommen, das UN a hat seine filialisierten Betriebsstätten z. B. nur in *Nordrhein-Westfalen* und das UN b die seinen nur in *Sachsen*, so stellt sich zunächst die Frage, ob die GBV des UN a durch Verschmelzung auf das UN b untergeht, weil das UN a verschmelzungsbedingt erlischt. Das ist jedoch zu verneinen, weil nach zutreffender Ansicht des *BAG* ein Inhaberwechsel generell nicht zum Erlöschen von GBVen führt.[495] Freilich soll dann anderes gelten, wenn im Erwerber-UN eine **GBV zum gleichen Regelungsgegenstand**[496] und – wie immer bei Fällen des Abs. 1 Nr. 1 a) – in Zuständigkeit nach § 50 Abs. 1 besteht: diese **GBV des Erwerber-UN soll** sodann die GBV des übertragenden UN **ablösen.**[497] Für Struktur-GBVen erscheint dieses Ergebnis in seiner Allgemeinheit wenig plausibel. Mit dem Wegfall der GBV des UN a verlöre der dort bestehende BR seine kollektivrechtliche Grundlage und es würde für eine logische **174e**

---

493 Vgl. dazu *Fitting*, Rn. 86e; *Linsenmaier*, RdA 17, 128, 139 f.

494 A. a. O.

495 *BAG* 18.9.02, AP Nr. 7 zu § 77 BetrVG 1972 Betriebsvereinbarungen; 10.10.06, EzA Nr. 18 zu § 77 BetrVG 2001, Rn. 16; 18.5.10, EzA Nr. 30 zu § 77 BetrVG 2001, Rn. 20; näher dazu GK-*Kreutz*, § 50 Rn. 90 m. w. N.

496 Andere Unklarheiten entstehen, wenn der UN-einheitliche BR i. S. v. Abs. 1 Nr. 1 a) beim aufnehmenden UN b nur auf Grundlage der AN-Option nach Abs. 3 errichtet worden ist; zu einem solchen Fall – allerdings mit gesetzlicher BR-Struktur beim übertragenden UN – näher Rn. 177: kein Untergang der BRe des übertragenden UN.

497 So GK-*Kreutz*, § 50 Rn. 94.

Sekunde wieder die gesetzliche Normalbetriebsverfassung gelten, die aber sogleich durch die Zuordnungswirkungen aus der GBV des Erwerber-UN beseitigt würde. Folge könnte dann sein, dass der BR des UN a erlischt und die AN des UN a sofort in die Vertretungszuständigkeit des BR des UN b fallen, obgleich sie diesen durch Wahl nicht legitimiert haben. Das **widerspricht offenkundig der Wertung aus Abs. 4 Satz 1,** der die Verdrängung eines bestehenden BR allenfalls bei der nächsten regelmäßigen BR-Wahl, jedenfalls aber erst mit Bekanntgabe des Wahlergebnisses erlaubt (**Abs. 4 Satz 2**). Wollte man insofern wenigstens eine **vorübergehende Amtsfortdauer des BR** im UN a bis zur nächsten Wahl bejahen, stellte sich allerdings sofort ein **weiteres Problem:** Die bisher jeweils bei UN a und UN b zusammengefassten Betriebs-Regionen *Nordrhein-Westfalen* und *Sachsen* liegen extrem weit auseinander, so dass mehr als fraglich ist, ob bei Anwendung dann allein noch der GBV des UN b diese **Großflächenstruktur** für den UN-einheitlichen BR dienlich i. S. v. Abs. 1 Nr. 1 oder nicht vielmehr wegen Nichterfüllung der **Dienlichkeitsvoraussetzungen** diese GBV unwirksam geworden ist (dazu Rn. 57).[498] Dies legte dann eher den **Wegfall der Geschäftsgrundlage** infolge tatsächlich und nachträglich geänderter Verhältnisse nahe, wiederum mit der Folge, dass es zur Rückkehr in die gesetzlichen Strukturen infolge Beendigung der kollektivvertraglichen Grundlage einer vom Gesetz abweichenden BR-Struktur kommen muss.

174f Die **Ablösungsthese zeitigt** – wie beispielhaft in Rn. 174e lediglich an einem Fallbeispiel ausgeführt – bei Struktur-GBVen schon bei einem relativ einfach strukturierten Grundfall **keine überzeugenden Ergebnisse,** sondern führt häufig lediglich zu neuen Problemen, die die kollektivrechtliche Ordnung der Repräsentationseinheiten selbst wieder in Frage stellen können. Schon der Ausgangspunkt der Ablösungsthese (gleicher Regelungsgegenstand der verdrängenden GBV?) bedarf genauerer Betrachtung. *Zum einen* stellt sich die Frage, ob immer schon dann **der gleiche Regelungsgegenstand** vorliegt, wenn der Vereinbarungsgegenstand »UN-einheitlicher BR« lautet, denn die GBV des Erwerber-UN hat regelmäßig gerade nur die Betriebe dieses UN zum Zeitpunkt des GBV-Abschlusses zum Gegenstand, so dass es streng vertragsrechtlich schon an der Identität des Regelungsgegenstandes fehlt und die Ablösung ins Leere geht. Der Regelungsgegenstand der GBV ist nämlich nicht allein aus ihrer Überschrift abzuleiten, sondern aus **dem betrieblich-gegenständlichen Regelungssubstrat,** auf das sich die Regelung bezieht. Gelegentlich enthalten Struktur-Kollektivverträge zum betrieblichen Geltungsbereich allerdings **dynamische Regelungen** dahingehend, dass auch hinzutretende Betriebe/Betriebsteile in den **Geltungsbereich** einbezogen sein sollen.[499] Das wirft *zum anderen* allerdings für **Struktur-GBV** ein gravierendes **Legitimationsproblem** auf, denn die Zuständigkeit nach § 50 Abs. 1 kann sich nur auf die *diesem* UN im GBV-Abschlusszeitpunkt zugehörige Betriebe erstrecken, nicht aber auf von einem anderen UN im Wege des Inhaberwechsels hinzutretende Betriebe.[500] Allenfalls ist bei einer dynamischen Regelung zum betrieblichen Geltungsbereich in einer Struktur-GBV denkbar und zulässig, dass **von demselben UN neu geschaffene Betriebe** oder aus UN-interner Betriebsspaltung hervorgehende Einheiten mit erfasst werden können.

174g **Naheliegender als die Ablösungsthese** dürfte es dagegen zur Bewältigung der mit dem Aufeinandertreffen von Struktur-GBVen/KBVen bei UN-Umstrukturierungen (oben Rn. 174b) verbundenen Fragen sein, von **folgenden Grundprinzipien** auszugehen:

1.) Die UN-Umstrukturierung bewirkt als solche nicht den Untergang der Struktur-Normenverträge, sondern lässt diese als sektorale aber weiterhin normative Teilordnungen bestehen, wenn das betriebliche Regelungssubstrat erhalten bleibt. Dafür spricht bei Umwandlungen nach dem UmwG das **Prinzip der Gesamtrechtsnachfolge** (§§ 20 Abs. 1 Nr. 1, 131 Abs. 1

---

498 Sehr berechtigte Skepsis deswegen gegenüber »Großflächen-BR« in *BAG* 24. 4. 13 – 7 ABR 71/11, AP Nr. 11 zu § 3 BetrVG 1972: Vorrang regionalisierter gegenüber UN-einheitlichen (bundesweiten) BR-Strukturen.

499 Nach *BAG* 21. 9. 11, NZA-RR 12, 186 soll das für TV bedenkenlos zulässig sein, wenngleich dies wegen des Schriftform- und Bestimmtheitserfordernisses für TV-Normen größten Zweifeln unterliegt; vgl. zur Kritik Rn. 45a und Rn. 51.

500 Wegen der andersartigen Legitimationsgrundlage von TV mag man dies bei dynamischen Regelungen in Struktur-TV für hinzu erworbene Betriebe anders beurteilen; vgl. Rn. 45a und die dort angegebene Rspr. der LAG.

Nr. 1), im Übrigen aber auch Art. 3 Abs. 3 und Art. 6 Abs. 1 Unterabs. 1 der unionsrechtlichen **Betriebsübergangsrichtlinie**[501], wonach sowohl die Aufrechterhaltung der vor einer Umstrukturierung bestehenden Normenordnung als auch der hiernach errichteten Interessenvertretung (**Prinzip der Norm- und Organerhaltung**) geboten ist (dazu Rn. 225, 226);
2.) Die UN-Umstrukturierung ändert als solche auch nicht die jeweils gegebene Betriebestruktur, weder beim veräußernden noch beim erwerbenden UN, so dass **das betriebliche Regelungssubstrat,** das den Gegenstand der jeweiligen Struktur-GBVen/KBVen bildet, **in seiner Identität gewahrt** bleibt und damit die Anwendbarkeit der Strukturvereinbarungen in ihrem jeweiligen bisherigen Geltungsbereich nicht tangiert wird (**Prinzip der Strukturerhaltung**);
3.) **In** dennoch verbleibenden **Zweifelsfällen** sind die aufeinandertreffenden Struktur-GBVen/KBVen vor dem Hintergrund der jeweils geschaffenen Betriebsstruktur i. S. v. Abs. 5 nach ihrem Regelungszweck möglichst **norm-, struktur- und organerhaltend auszulegen,** wobei der Wegfall eines bestehenden BR i. d. R. weder dem Zweck der Kollektivverträge noch dem von § 3 insgesamt verfolgten Anliegen des Gesetzgebers entspricht, möglichst lückenlose aber auch möglichst ortsnahe Interessenvertretungen zu etablieren (**Prinzip der konkreten Vertretungskontinuität**);
4.) Entfällt aber dennoch das jeweilige Regelungssubstrat oder kann eine sinnvolle Ordnungsstruktur auch im Wege der Auslegung nicht mehr aufrechterhalten werden, ist vom **Wegfall der Geschäftsgrundlage** wegen grundlegend geänderter tatsächlicher Verhältnisse auszugehen. In diesem Falle sind **Anpassungs-, Änderungs- oder Neufassungsverhandlungen** zu führen. Die noch auf Grundlage der zweifelhaft gewordenen GBV/KBV gewählten BR bleiben jedoch bis zum Ablauf ihrer regulären Amtszeit im Amt und erlöschen ggfls. vorzeitig gem. Abs. 4 erst, wenn auf Grundlage einer neuen oder geänderten Kollektivvereinbarung BR-Wahlen erfolgten und die Wahlergebnisse bekannt gegeben worden sind. Kommt eine neue Struktur-Kollektivvereinbarung nicht zustande, ist die gesetzliche Betriebsverfassungsstruktur anzuwenden (§§ 1, 4, 47, 54; vgl. zum Rückfall in die gesetzliche Struktur auch oben, Rn. 20 g).

Für den diskutierten **Grundfall** (oben, Rn. 174b und 174e Fall [1]) führen die vorstehenden Erwägungen **zu folgendem Ergebnis:** Das UN b tritt im Wege der Gesamtrechtsnachfolge in die GBV zur Errichtung eines UN-einheitlichen BR für die Betriebe des UN a ein. Beim UN b ändert sich an seiner GBV gleichfalls nichts. Beide BR bleiben bestehen und haben nun gem. § 47 einen GBR für das UN b zu errichten. In entsprechender Weise können unter Beachtung der in Rn. 174g entwickelten Grundprinzipien auch für die vielfältigen Sachverhaltsvarianten und -kombinationen (oben, Rn. 174b) eher tragfähige Lösungen entwickelt werden, als mit der für Struktur-GBV/KBV nicht tragfähigen Ablösungsthese. 174h

8. Billigkeitskontrolle durch die Arbeitsgerichte

Durch die grundsätzliche – wenn auch sachlich beschränkte – Berechtigung der Betriebsparteien, mittels BV Änderungen der gesetzlichen Betriebsverfassung herbeizuführen, ist die **Gefahr** gewachsen, durch BV eine Art **Tauschhandel**[502] zu betreiben: Indem Betriebsteile zu größeren Einheiten zusammengefasst werden (Abs. 1 Nr. 1), können per saldo BR-Mitglieder eingespart und Folgekosten aus der Amtstätigkeit reduziert werden. Die Relation zwischen AN-Zahlen und BR-Mitgliedern, u. U. auch die konkrete Betreuungslage wegen zunehmender räumlicher Entfernung zwischen AN und BR-Mitgliedern, verändert sich nachteilig. Insofern kann sich hier sehr konkret bestätigen, was die ArbG in ständiger Rspr. veranlasst, BV einer **Billigkeitskontrolle** zu unterziehen,[503] weil **BR-Mitglieder** trotz besonderen Bestandsschutzes vom AG **abhängig** sind und ihnen gerade auch wegen der betriebsverfassungsrechtlichen Friedenspflicht nur begrenzte Durchsetzungsmittel zur Verfügung stehen. Als Maßstäbe für die Ausübung dieser Billigkeitskontrolle sind dabei die generalklauselartigen Erleichterungs- und Dienlichkeitsformeln des Abs. 1 Nrn. 1, 2, 4 und 5 heranzuziehen (vgl. auch Rn. 59). **Verstößt** 175

501 Richtlinie 2001/23/EG v. 12.3.2001, ABl. EG Nr. L 82, S. 17.
502 *Däubler,* AuR 01, 1 [3].
503 Vgl. nur *BAG* 30.1.70, AP Nr. 142 zu § 242 BGB Ruhegehalt mit Anm. *Richardi;* umfassend GK-*Kreutz,* § 77 Rn. 342 ff.

die BV gegen diese Sachvoraussetzungen oder verletzt sie die von Abs. 2 gezogenen Schranken, so ist sie **unwirksam.**[504] Dies kann als Vorfrage in Verfahren nach § 18 Abs. 2 oder bei der Wahlanfechtung (§ 19) geltend gemacht werden. Eine **Nichtigkeit der BR-Wahl** wird man aber dennoch **nur ausnahmsweise** annehmen können (vgl. Rn. 237).

V. Besonderheiten in tariflosen UN ohne BR (Abs. 3)

176 **Satz 1** der Bestimmung betrifft den Fall eines **UN mit mehreren Betrieben** bzw. Betriebsteilen i. S. v. Abs. 1 Nr. 1 a).[505] Ein UN mit mehreren Betrieben liegt auch dann vor, wenn es sich in als Betriebe fingierte Betriebsteile nach § 4 Abs. 1 Satz 1 gliedert.[506] Ist in keinem Betrieb dieses UN ein BR eingerichtet und besteht keine einschlägige Regelung durch Struktur-TV, so können die unternehmensangehörigen AN mit Stimmenmehrheit die Wahl eines UN-einheitlichen BR beschließen (AN-Option). Gelten andere TV ohne zuordnungsrechtlichen Gehalt, hindert dies die Ausübung der AN-Option für einen UN- BR nicht.[507] Die **Tariflosigkeit** muss also **nicht »total«** sein. Wesentlich enger sind dagegen die Zulässigkeitsvoraussetzungen für Struktur-BV nach Abs. 2. Die BR-losen **Betriebe** des UN müssen auch **nicht betriebsratsfähig** i. S. v. §§ 1, 4 sein, denn im Falle des Abs. 3 kommt es nur darauf an, ob das UN die Voraussetzungen des § 1 erfüllt.[508] **Das gesamte UN** *gilt* dann als Betrieb (vgl. zur Anwendung von Abs. 5 Rn. 195a).[509] **Satz 2** betrifft Fragen des Abstimmungsverfahrens und der dazu Initiativberechtigten. Es muss sich um **Betriebe desselben UN** handeln. Unzulässig ist es deshalb, mittels der AN-Option BR-lose **Betriebe verschiedener UN** zusammenzufassen. Die BR-Wahl soll dann wegen offensichtlichen Verstoßes gegen die gesetzliche Vorgabe sogar **nichtig** sein.[510] Das ist jedoch abzulehnen, weil die scharfe Nichtigkeitsfolge mit den weniger scharfen rechtlichen Wirkungen der bloßen Anfechtbarkeit wegen **Verkennung des Betriebsbegriffs** nicht harmoniert: In einem solchen Fall würden ebenso wie bei einem unwirksamen TV nur die rechtlichen Voraussetzungen der BR-Errichtung verkannt und selbst beim unwirksamen Struktur-TV führt dieser Mangel nur zur **Anfechtbarkeit der BR-Wahl** (vgl. Rn. 237 und sogleich Rn. 176a wegen der i. d. R. fehlenden Fachkunde im BR-losen Betrieb). Umgekehrt **endet** jedoch die **Wirkung des Optionsbeschlusses,** wenn im Zuge von Umstrukturierungen ein **gemB mit einem anderen UN** entsteht, weil hierbei die Grenze der nach Abs. 3 zulässigen Gestaltung überschritten würde, da ja nur Betriebe *desselben* UN zusammengefasst werden können, nicht aber Betriebe eines anderen UN und sei es auch nur in der Weise, dass das andere UN an einem gemB mit dem hiesigen beteiligt ist.[511]

176a Anders als bei der strukturgleichen Regelung eines UN-einheitlichen BR durch TV/BV nach Abs. 1 Nr. 1 a) stellt das Gesetz nach seinem Wortlaut für das **Optionsrecht der AN** auch die zusätzliche Anforderung der **Dienlichkeit** (Erleichterung der BR-Bildung oder sachgerechte Wahrnehmung der AN-Interessen) gerade **nicht als weitere Voraussetzung** auf.[512] Das ist plausibel, denn mit Abs. 3 geht es darum, dass überhaupt ein BR erstmals errichtet werden kann, um die vom historischen Gesetzgeber der BetrVG-Novelle 2001 missbilligte BR-losigkeit zu beseitigen. Zusätzliche inhaltliche Anforderungen stünden diesem Anliegen entgegen. Insoweit gäbe es auch in der bislang BR-losen Belegschaft wohl nur selten die Möglichkeit, eine Art fachkundige Vorprüfung vorzunehmen.[513] Wenn in einem BR-losen UN erstmals überhaupt ein UN-einheitlicher BR gewählt wird, so spricht dies *ipso facto* für die Dienlichkeit.

---

504 *Fitting,* Rn. 70.
505 Dazu Rn. 37, 41 ff.; ErfK-*Koch,* Rn. 10; *Fitting,* Rn. 91.
506 *BAG* 24. 3. 21 – 7 ABR 16/20, NZA 21, 1337 Rn. 37.
507 HaKo-BetrVG/*Kloppenburg,* Rn. 80; ebenso Richardi/*Annuß,* DB 01, 41, 42.
508 HaKo-BetrVG/*Kloppenburg,* Rn. 79.
509 HaKo-BetrVG/*Kloppenburg,* Rn. 79.
510 *ArbG Hamburg* 13. 6. 06, NZA-RR 06, 645 = AuR 06, 413, Ls.
511 *BAG* 24. 3. 21 – 7 ABR 16/20, a. a. O., Rn. 56 ff.
512 Enger wohl *Fitting,* Rn. 94: dies erscheine »nicht eindeutig«; wie hier jetzt auch *BAG* 24. 3. 21, a. a. O., Rn. 34 f.
513 Dies anerkennt auch *Fitting,* Rn. 94.

Unzutreffend ist die Ansicht, der **Optionsbeschluss** entfalte erst **Wirkungen** bei der nächsten regelmäßigen BR-Wahl.[514] Dann wären die AN u. U. zum Abwarten mit der Wahl bis zum nächsten Vier-Jahresturnus gem. § 13 Abs. 1 verpflichtet, was dem Sinn und Zweck der Regelung völlig widerspricht. Vielmehr ist in entsprechender Anwendung von § 13 Abs. 2 Nr. 6 die **Wahl außerhalb des regelmäßigen Wahlzeitraums** durchzuführen, weil es sich ja gerade um bis dato vollkommen BR-lose Betriebe des UN handelt. **176b**

Sofern ein UN, in dem ein oder mehrere BR bestehen, **auf ein UN verschmolzen wird,** bei dem ein UN-einheitlicher BR nach Abs. 3 bereits besteht, führt dies nach hier vertretener Ansicht nicht zum Untergang der BRe des übertragenden UN, wenn die Betriebsidentität der betreffenden Betriebe erhalten bleibt.[515] Anders sieht dies jetzt jedoch das *BAG*[516] und folgert aus der an sich richtig erkannten Dauerwirkung des Optionsbeschlusses, dass wegen der Unanwendbarkeit des § 13 Abs. 2 Nr. 1 auf Beschlüsse nach § 3 Abs. 3 weder durch ein erhebliches Anwachsen der AN-Zahlen in der Folgezeit nach dem Beschluss, noch durch das verschmelzungsbedingte Hinzutreten von Betrieben eines übertragenden UN die Dauerwirkung des Beschlusses erschüttert werde.[517] Vielmehr verlieren die hinzutretenden AN die von ihnen gewählten BRe als Organe, deren durch demokratische Wahl begründete Mandate mit der Verschmelzung erlöschen. Diese Folge trete unabhängig davon ein, ob die übernommenen Betriebe ihre Identität behielten oder eingegliedert würden.[518] **177**

Die Bestimmung stellt neben § 4 Abs. 1 Satz 2 die einzige Möglichkeit der AN dar, selbst und unmittelbar auf die Struktur der Interessenvertretungsorganisation Einfluss zu nehmen. Als Ausnahmebestimmung ist sie eng auszulegen, so dass es beispielsweise unzulässig wäre, in einem BR-losen **UN mit nur einem Betrieb** eine Urabstimmung darüber durchzuführen, ob die AN überhaupt einen BR wünschen.[519] **178**

Anders als in Abs. 2 ist lediglich das **Nichtbestehen eines einschlägigen (Zuordnungs)-TV** nach Abs. 1 Nr. 1 a) Voraussetzung für die Ausübung der Belegschaftsoption zugunsten eines UN-einheitlichen BR,[520] also einer einstufigen Vertretungsorganisation. Dies ist auch verständlich, soll doch nach dem Willen des Gesetzgebers die Hürde zur Überwindung des BR-losen Zustandes nicht allzu hochgelegt sein. Dagegen geht es in Abs. 2 um die Sicherung des Tarifvorrangs gegenüber der BV, so dass dort die Voraussetzungen enger gefasst sind. Somit hindert eine sonstige Tarifgeltung in dem UN nicht die Ausübung des Optionsrechts nach Abs. 3. **179**

Weitere Voraussetzung ist, dass in **keinem Betrieb** oder Betriebsteil des UN bereits **ein BR** besteht. Der Sinn dieser Einschränkung ist nicht leicht zu erfassen. Sicherlich soll der Bestand **180**

---

514 So – aber ohne nachvollziehbare Begründung – Richardi/*Richardi-Maschmann*, Rn. 97 und HaKo-BetrVG/*Kloppenburg*, Rn. 82.

515 *ArbG Hamburg* 13. 6. 06, NZA-RR 06, 645 = AuR 06, 413, Ls.; abweichend dazu *Trappehl/Zimmer*, BB 08, 778 ff., die eine umfassende Zuständigkeit des UN-BR auch für die hinzukommenden Betriebe annehmen; vgl. auch Rn. 167.

516 24. 3. 21, a. a. O., Rn. 45 ff.; bedauerlich ist die wenig reflektierte Aussage des *BAG*, das Fehlen der demokratischen Legitimation infolge Nichtbeteiligung an der Wahl des UN-BR sei hinzunehmen und damit zugleich die Selbstbestimmung der hinzutretenden AN zu missachten (vergessen wird zudem, dass die hinzutretenden AN ja nicht einmal abstrakt die Möglichkeit hatten, an der in der Vergangenheit liegenden Grundentscheidung über den UN-BR teilzunehmen); dem *BAG* zustimmend HaKo-BetrVG/*Kloppenburg*, Rn. 79.

517 Insoweit völlig zu Recht kritisch zu diesem Teil des *BAG*-Beschlusses *Oltmanns*, NZA 21, 1742, 1746, der dafür plädiert, in solchen Fällen bis zum Ablauf der Amtszeiten eine Koexistenz des UN-BR mit den hinzugetretenen BRen anzunehmen, sogleich einen GBR zu errichten bzw. in diesen nachzuentsenden und ggfls. eine erneute Abstimmung über den UN-BR durchzuführen; ähnlich auch *Fitting*, Rn. 86e; GK-*Franzen*, Rn. 65; Richardi-*Richardi/Maschmann*, Rn. 96, mit dem berechtigten Hinweis, dass die Wirkungen eines Optionsbeschlusses nach § 3 Abs. 3 nicht weitergehen könnten, als die Rechtskraftwirkungen einer Statusfeststellung nach § 18 Abs. 2, die schließlich bei zwischenzeitlicher Änderung der maßgeblichen Verhältnisse auch entfalle; gegen automatische Mitvertretung des UN-BR und für differenzierte Lösungen auch WHSS-*Hohenstatt/Sittard*, D Rn. 198, 199 mit zutreffendem Hinweis auf die doch gebotene Wahrung eines Minimums an demokratischer Legitimation.

518 *BAG* 24. 3. 21, a. a. O., Rn. 50.

519 Ebenso *Richardi*, Rn. 91; vgl. zum Ausnahmecharakter der Vorschrift auch *Richardi*, NZA 01, 346 [350].

520 ErfK-*Koch*, Rn. 10; *Fitting*, Rn. 94.

eines schon existierenden BR nicht durch etwaige Wahl eines UN-BR, die zudem noch ungewiss ist, aufs Spiel gesetzt werden. Die Bestimmung lässt sich aber auch dahin verstehen, dass bei einem mehrbetrieblichen UN, in dem bereits ein oder mehrere BR vorliegen, die Initiative zur Überwindung der BR-Losigkeit in den anderen Betrieben primär beim GBR oder KBR liegen soll, zumal mit der **Novellierung 2001** das Recht des **GBR** bzw. KBR zur **Bestellung des Wahlvorstands** in BR-losen Betrieben des UN überhaupt erstmals eingeführt worden ist (§ 17 Abs. 1). Selbst **wenn** in dem betreffenden UN **nur ein BR besteht,** aber weitere BR-lose Betriebe vorhanden sind, wird es vereinzelt für möglich gehalten, dass **ein GBR gebildet werden kann,** der sodann die WV-Bestellungen nach § 17 Abs. 1 durchführen muss.[521]

181 Damit ist auch zugleich eine Antwort auf die denkbare Problemlage gefunden, dass nämlich in dem betreffenden UN zwar noch kein BR anderweitig gewählt worden ist, hierzu aber **bereits** Veranstaltungen getroffen wurden, etwa durch **Bestellung von WV** seitens eines GBR oder KBR nach § 17 Abs. 1. Auch in einer solchen Situation wird man die Ausübung des Optionsrechts der AN zu Gunsten eines UN-BR für nicht zulässig halten müssen, um Störeinflüsse auf das damit bereits anderweitig in Gang gesetzte Wahlverfahren zu vermeiden.[522] Regelmäßig entspricht diese Rangreihenfolge zur Bildung von BR auch eher der Interessenlage der initiativberechtigten AN nach Satz 2, die nämlich nicht in den besonderen Kündigungsschutz des § 15 Abs. 3a KSchG einbezogen worden sind.[523] Insofern hat man die für das Optionsrecht notwendige Voraussetzung des Fehlens eines BR entsprechend dem Normzweck dahin zu präzisieren, dass ein **in Entstehung befindlicher BR** die Beschlussfassung der AN gem. Abs. 3 zwecks Bildung eines UN-BR ebenso hindert wie ein **bereits konstituierter BR.** Demgegenüber nimmt das ***LAG München***[524] an, die unternehmensweite Abstimmung bleibe solange zulässig, als bei einem bereits initiierten Wahlverfahren noch kein BR gewählt worden ist; die **bloße WV-Bestellung sperre** also **die Abstimmung nicht.** Betreibt allerdings der zunächst nur für die Wahl eines örtlichen BR gebildete örtliche WV nach Durchführung der unternehmensweiten Abstimmung die Wahl zu einem unternehmensweiten BR, so ist die auf diese Weise durchgeführte **BR-Wahl anfechtbar,** aber nicht nichtig; der örtliche WV ist nämlich unzuständig, weil die Bestellung des WV zur Durchführung der Wahl eines UN-BR auf einer unternehmensweiten Versammlung erfolgen muss.[525]

182 Zur Abstimmung darüber, ob ein UN-BR gewählt werden soll, sind die »Arbeitnehmer« berechtigt, ohne dass es auf deren Wahlberechtigung (§ 7) oder Wählbarkeit (§ 8) ankommt. Gemeint sind hierbei allerdings die **dem UN angehörenden AN,** also solche, die mit dem UN als Rechtsträger einen Arbeitsvertrag abgeschlossen haben, insofern genügt die bloße Betriebszugehörigkeit ohne Arbeitsvertrag mit dem UN hier nicht (vgl. § 5 Rn. 13 ff.). Damit es zur Wahl eines UN-BR kommen kann, ist ein **Mehrheitsbeschluss** der abstimmungsberechtigten AN des UN erforderlich.[526] Es bedarf also der **absoluten Mehrheit der Stimmen aller AN des UN.**[527] Die Bedeutung des absoluten Mehrheitserfordernisses darf in der Praxis nicht unterschätzt werden, denn in der Instanzrechtsprechung findet sich verbreitet die Ansicht, dass ein Verstoß die **Nichtigkeit der BR-Wahl** zur Folge habe.[528] Die Abstimmung über das Options-

---

521 Vgl. dazu *Helm/Müller,* AiB 01, 449 ff. und bis *16. Aufl.* auch *Trittin,* § 47 Rn. 35; dagegen aber die ganz h. M.: vgl. § 47 Rn. 32 m. w. N.; *Fitting,* § 47 Rn. 20; Richardi-*Annuß,* § 47 Rn. 16; GK-*Franzen,* § 47 Rn. 4.

522 Ebenso *LAG Hamm* 31.8.16 – 7 TaBVGa 3/16, juris Rn. 42; ErfK-*Koch,* Rn. 10, wenn die Wahl durch den WV bereits eingeleitet worden ist; ablehnend *Richardi,* Rn. 92.

523 Diese »Vergesslichkeit« des Gesetzgebers rügt zu Recht *Däubler,* AuR 01, 1 [3]; *Fitting,* Rn. 97, wollen insoweit mit dem relativen Kündigungsschutz aus § 78 i. V. m. § 134 BGB helfen.

524 31.8.07 – 3 TaBV 84/07, juris.

525 *LAG München,* a. a. O.; *Fitting,* Rn. 98, mit dem zutreffenden Hinweis, dass dies zu erheblichen praktischen Schwierigkeiten führe.

526 *BT-Drucks.* 14/5741, S. 34.

527 *ArbG Düsseldorf* 12.6.08 – 6 BV 58/08 uv.; *ArbG Darmstadt* 6.8.08 – 1 BV 5/08 uv.; ErfK-*Koch,* Rn. 10; *Fitting,* Rn. 95; a. A.: *LK,* Rn. 24, die die relative Mehrheit für genügend erachten; vgl. auch *ArbG Dresden* 19.6.08 – 5 BV 25/08 uv., das einfache Stimmenmehrheit der Wahlteilnehmer genügen lässt; das *BAG* 24.3.21, a. a. O., Rn. 32, hat die Frage des qualifizierten Mehrheitserfordernisses offengelassen.

528 *ArbG Düsseldorf,* a. a. O.; *ArbG Darmstadt,* a. a. O.

recht selbst kann **formlos** erfolgen und muss **nicht geheim** sein.[529] Sie kann daher in geeigneten Fällen auch im Umlaufverfahren und mit Hilfe eines betrieblichen Intranets durchgeführt werden, sofern dabei die Authentizität des Abstimmungsvermerks jedes einzelnen AN technisch gewährleistet ist. Die Mehrheit der auf mehreren Betriebsversammlungen anwesenden AN genügt dem absoluten Mehrheitserfordernis nicht in jedem Falle.[530] In der Tat stellt dies eine hohe Hürde dar,[531] weshalb praktisch vieles für die oben, Rn. 181, beschriebene Vorgehensweise spricht.

Die **Initiative zur Abstimmung** kann von mindestens drei wahlberechtigten AN des UN ausgehen, wodurch klargestellt ist, dass diese nicht aus demselben Betrieb des UN kommen müssen. Das bereits erwähnte Fehlen eines besonderen Kündigungsschutzes (§ 15 Abs. 3a KSchG; vgl. Rn. 181) wird allerdings dazu führen, dass von dem Initiativrecht i. d. R. die im UN vertretene Gewerkschaft Gebrauch macht. **Im UN vertreten** ist die **Gewerkschaft**, wenn sie mindestens ein Mitglied in einem Betrieb des UN hat (vgl. § 2 Rn. 79).[532] 183

Wollen die AN in einem BR-losen **Betriebsteil** i. S. v. § 4 Abs. 1 Satz 2 ihre BR Losigkeit aufgeben, ohne aber selbst einen eigenen BR zu wählen, geht das Optionsrecht aus § 3 Abs. 3 fehl, wenn und weil im Fall des § 4 Abs. 1 bereits ein BR im Hauptbetrieb vorhanden ist. Liegt der Fall dagegen so, dass das UN aus einem BR-losen Hauptbetrieb besteht und weiteren **Kleinstbetrieben** i. S. v. § 4 Abs. 2, besteht für das Optionsrecht nach Abs. 3 gleichfalls kein Raum, denn die Kleinstbetriebe sind bereits kraft Gesetzes (§ 4 Abs. 2) dem Hauptbetrieb zuzuordnen; einer besonderen Zusammenfassung zu einer betriebsverfassungsrechtlichen Wahleinheit kraft Belegschaftsbeschlusses bedarf es hier nicht. 184

Zur Frage, ob die durch den AN-Entscheid herbeigeführte **zentrale BR-Struktur** wieder **rückgängig gemacht werden** kann, vgl. zunächst Rn. 60, 62. Anders als im Fall des § 4 Abs. 1 Satz 2 ist in § 3 Abs. 3 keine Widerruflichkeit des Votums für einen UN-BR vorgesehen, so dass bei positivem Votum und den anschließend entsprechend durchgeführten Wahlen diese Struktur **Dauerwirkung** hat und nicht nur für die jeweilige Amtszeit gilt.[533] Dennoch wird man es auch für zulässig halten müssen, dass nicht nur drei wahlberechtigte AN oder die im UN vertretene Gewerkschaft (Abs. 3 Satz 2), sondern auch der gewählte UN-BR als »Abstimmungsinitiator« die notwendigen Schritte zur **Einführung der gesetzlichen Vertretungsstruktur** einleitet (das sind die erfolgreiche gegenläufige Abstimmung der AN zwecks Widerrufs des ursprünglichen Votums und die hieran anschließende Bestellung der nötigen WV), sofern sich dies wegen der betrieblichen Bedingungen (z. B. großer räumlicher Entfernungen der Betriebe zueinander) als sinnvoller erweist und nicht zu erwarten ist, dass dann wiederum Betriebsteile betriebsratslos werden.[534] Der UN-BR kann jedoch grundsätzlich nicht einfach von sich aus die WV zur Wahl örtlicher BR bestellen, ohne dass zuvor eine gegenläufige Abstimmung stattgefunden hat.[535] Anders kann dies jedoch sein, wenn die **Dauerwirkung** eines z. B. bereits lange zurückliegenden Votums der AN deswegen **keine rechtliche Bindungswirkung mehr** beanspruchen kann, weil sich in der Zwischenzeit die maßgeblichen tatsächlichen Verhältnisse, insbesondere die identitätsprägenden betrieblichen Strukturen geändert haben und denklogisch das Wählervotum keine weitergehende Bindungswirkung haben kann, als eine gerichtliche Entscheidung im Statusfeststellungsverfahren nach § 18 Abs. 2.[536] 185

---

529 *Fitting*, Rn. 96; kritisch gerade wegen des Fehlens formaler Sicherungen *Däubler,* AuR 01, 1 [3].
530 *Fitting*, Rn. 95.
531 *Fitting*, a. a. O.
532 ErfK-*Koch,* Rn. 10.
533 So jetzt auch *BAG* 24. 3. 21, a. a. O., Rn. 40 ff.; ErfK-*Koch,* Rn. 10; *Fitting,* Rn. 100.
534 Vgl. auch Rn. 194; *Richardi,* Rn. 96, *Fitting*, Rn. 100, und ErfK-*Koch,* Rn. 10, halten den vorangehenden Widerruf des Beschlusses bzw. erneute, gegenläufige Abstimmung der AN für erforderlich.
535 *HessLAG* 10. 2. 20 – 16 TaBV 32/19, juris Rn. 156.
536 *HessLAG* 10. 2. 20, a. a. O., Rn. 157, ebenso *Fitting*, Rn. 100 und Richardi-*Richardi/Maschmann*, Rn. 96 m. w. N.; a. A. *BAG* 24. 3. 21, a. a. O., Rn. 40 ff.

VI. Erstmalige Anwendbarkeit kollektivvertraglicher Regelungen (Abs. 4)

1. Allgemeines und Anwendungsbereich

186 Abs. 4 befasst sich mit den **organrechtlichen Folgen** des In-Kraft-Tretens einer vom Gesetz abweichenden Regelung nach Abs. 1 Nr. 1 bis 3. **Satz 1** sieht zwar im Interesse möglichst vollständiger Amtszeiten vor, dass die abweichenden Regelungen erstmals bei der nächsten regelmäßigen BR-Wahl (§ 13 Abs. 1) anzuwenden sind, fasst dies aber lediglich als **Auffangregelung,** wenn der TV/die BV die wichtige Frage der erstmaligen Anwendung nicht selbst regelt. Grundsätzlich muss der TV/die BV spätestens vor der Bestellung des WV abgeschlossen sein, damit dieser die vom Gesetz abweichenden Regelungen im Rahmen des Wahlverfahrens berücksichtigen kann.[537] **Satz 2** bestätigt den Vorrang einer kollektivvertraglichen Festlegung des Wahlzeitpunktes und bestimmt, dass die Amtszeit von BR, die durch die kollektivrechtlichen Regelungen entfallen, stets erst mit der **Bekanntgabe des Wahlergebnisses** endet. Zugleich ist dieser Regelung zu entnehmen, dass der Gesetzgeber beim Übergang von der gesetzlichen zur kollektivvertraglich geregelten Betriebsverfassung den Eintritt vertretungsloser Zeiten in einer Übergangsphase vermeiden will. Dies entspricht der auch in § 21a enthaltenen allgemeinen Wertung zugunsten des Vorrangs der **Vertretungskontinuität trotz** oder bei Eintritt von Bedingungen, die eine **Diskontinuität der organisatorischen Grundlagen** für das Vertretungsorgan herbeiführen.

187 **Nicht zutreffend** ist die Ansicht des *ArbG Frankfurt/M.*,[538] ein TV über die Errichtung eines **UN-übergreifenden SpartenGBR** durch Entsendung aus gesetzlichen BR sei deswegen unwirksam, weil ein derartiges Gremium nicht nach erfolgter Wahl gesetzlicher Einzel-BR und **während deren Amtsperiode** errichtet werden könne, da der Wähler wissen müsse, zu welche Gremien der von ihm gewählte BR weitere Repräsentanten entsende: auch bei UN- und Konzernumstrukturierungen weiß der Wähler allerdings nicht im Vorhinein, ob und in welchen GBR oder KBR »sein« Einzel-BR zu entsenden hat, wenn die Voraussetzungen zur Errichtung eines GBR/KBR erst nach der BR-Wahl eintreten (näher zu diesem Fall oben, Rn. 74a und Rn. 80 ff.).

187a Die Erwähnung allein von Regelungen nach Abs. 1 Nr. 1 bis 3 verdeutlicht, dass nur bei diesen Fallgruppen **Mitbestimmungsorgane** geschaffen werden, die an die Stelle von gesetzlichen BR treten können. Zugleich kann dem entnommen werden, dass nur diejenigen Regelungen z. B. eines TV, die z. B. eine Zusammenfassung zu Regionalbetrieben vorsehen, ggf. erst bei den nächsten regelmäßigen BR-Wahlen anzuwenden sind, während in demselben TV enthaltene Bestimmungen über **zusätzliche AN-Vertretungen** i. S. v. Abs. 1 Nr. 5 durchaus auch schon zu dem Zeitpunkt des In-Kraft-Tretens des TV – also früher – anwendbar sein können. Diese Einzelheiten festzulegen obliegt allerdings der Regelungsbefugnis der Kollektivvertragsparteien.

188 **Abs. 4** ist **sinngemäß** wohl auch anzuwenden, wenn eine vorhergehende kollektivvertragliche Struktur durch eine nachfolgende andere kollektivvertragliche Regelung abgelöst wird. Andernfalls müsste man sich konstruktiv damit behelfen, für eine logische Sekunde den Rückfall in die gesetzliche Struktur anzunehmen, um sodann erneut für den Wechsel in die abweichend neu/anders geregelte Struktur wieder auf Abs. 4 zurückzugreifen (dazu oben, Rn. 158b und 174e).[539] Vgl. zum Fall der Ablösung einer Regional-BR – Struktur durch einen UN-einheitlichen BR auf Grundlage einer GBV oben, Rn. 174b.

189 Sofern der Kollektivvertrag jedoch keine spezielle Regelung zu einem abweichenden Wahlzeitpunkt trifft, greift **Satz 1** ein, der die bestehenden BR bis zu den **nächsten regelmäßigen BR-Wahlen** weiter amtieren lässt und erst dann den Übergang zur abweichenden Regelung ermöglicht. Insoweit unterliegt es auch keinen durchgreifenden Bedenken, wenn ein TV zwar mit sofortiger Wirkung die in ihm geregelten Strukturabweichungen in Kraft setzt, die amtierenden BR jedoch im Amt belässt und die weiteren Auswirkungen – etwa in der Organzusammensetzung – erst mit den später folgenden Neuwahlen gem. der tariflichen Regelung greifen lässt. Anders ist dies nur dann, wenn entweder kein (in seiner Amtszeit zu schützender) BR besteht oder aus den Gründen des § 13 Abs. 2 ohnehin außerordentliche Neuwahlen erforderlich sind.

---

537 *Fitting*, Rn. 74.
538 30. 3. 04 – 4 BV 438/03, AuR 04, 398.
539 Unklar bei ErfK-*Koch*, Rn. 11.

Im letzteren Falle dürfte der TV, durch den zwar die Strukturveränderung sofort in Kraft gesetzt, von einer Neuwahl aber zunächst noch abgesehen wird, um die amtierenden BR in ihrer Kontinuität zu schützen, wohl dann nicht von einer Neuwahl absehen, wenn in Anlehnung an § 13 Abs. 2 Nr. 1 die Belegschaftsstärke durch tarifliche Zusammenfassung von Betrieben/Betriebsteilen einer erheblichen Schwankung ausgesetzt ist. Diese Einschränkung der tariflichen Gestaltungsfreiheit wird jedoch dann nicht berührt, wenn durch unternehmensrechtliche **Ausgliederung von Betriebsteilen aus einem Betrieb** i. S. v. §§ 1, 4 nunmehr zwar eine Mehrheit von UN entsteht, diese jedoch – etwa weil die Voraussetzungen eines gesetzlichen gemB nicht vorliegen – durch Kollektivvertrag wieder **zu einem Standortbetrieb zusammengefasst** werden, der seine vormalige Gestalt damit beibehält (vgl. hierzu die typischen Fälle aus der Energiewirtschaft, oben Rn. 110 und § 1 Rn. 124). In diesem Falle ändert sich – sofern nicht zusätzlich erhebliche Neueinstellungen erfolgen – die personelle Zusammensetzung des Wahlkörpers nicht, so dass die demokratische Legitimation des BR vorher wie nachher besteht.

2. Rückwirkender Abschluss von »heilenden« Struktur-TV/BV?

Ähnlich wie bei Rn. 189 ausgeführt, wo zur Aufrechterhaltung der bestehenden Vertretungsorganisation lediglich über eine vormalige gesetzliche Struktur nun wegen geänderter rechtlicher Verhältnisse für die Zukunft ein strukturidentischer TV »gelegt« wird, stellt sich in der Praxis bisweilen die Frage, ob eine in der gesetzlichen Struktur (§§ 1, 4) unter **Verkennung des Betriebsbegriffs** fehlerhaft durchgeführte und allein deswegen angefochtene BR-Wahl geheilt werden kann, indem die TV-Parteien den vom WV fehlerhaft angenommenen Betrieb als »Wahlbetrieb« nachzeichnen. 189a

Beispiel:
UN a hat seine Hauptverwaltung (Hauptbetrieb) mit BR in B, daneben eine Vielzahl von produzierenden Werken mit jeweils eigenen BR und zwei (möglicherweise) vom Hauptbetrieb räumlich weit entfernte Betriebsteile in C und D, für die keine BRe errichtet sind. Tatsächlich werden in den Betriebsteilen C und D dem Hauptbetrieb in B dienende Verwaltungstätigkeiten verrichtet. Funktionell und leitungsmäßig werden C und D von der Hauptverwaltung in B geführt. Zuordnungsbeschlüsse nach § 4 Abs. 1 Satz 2 waren in C und D vor Wahleinleitung nicht gefasst worden. Der BR in B bestellte den WV, der wiederum zu der Ansicht gelangte, die AN der Betriebsteile C und D seien in die Wahl des BR für den Hauptbetrieb B einzubeziehen, so dass in der anschließenden BR-Wahl die Belegschaften aus B, C und D einen einheitlichen Wahlkörper bildeten und einen gemeinsamen BR wählten. Hiergegen richtet sich die wegen Verkennung des gesetzlichen Betriebsbegriffs beim ArbG eingelegte Wahlanfechtung. Daraufhin schließen das UN a und die zuständige Gewerkschaft einen TV, durch den der Hauptbetrieb B und die Betriebsteile C und D zu einer betriebsverfassungsrechtlichen Organisationseinheit zusammengefasst werden.

Ob im Einzelfall die Heilung der wegen Verkennung des Betriebsbegriffs möglicherweise fehlerhaften Wahl durch Struktur-TV/BV in Betracht kommt, hängt allerdings von mehreren Faktoren ab. Der heilende TV/die BV müsste gemäß den allgemeinen Voraussetzungen des Abs. 1 zunächst nach **Regelungsgegenstand und Dienlichkeit** zulässig sein und gerade die nach Gesetz fehlerhafte Struktur in eine nach den erfassten Einheiten strukturell **völlig kongruente** (identische) aber fehlerfreie **Ordnung** überführen (dazu Rn. 189c). Überdies aber dürfte auch **keine unzulässige Rückwirkung** eines solchen, sich nachträglich heilende Wirkungen beilegenden Kollektivvertrags anzunehmen sein (dazu Rn. 189d ff.). 189b

Regelungsgegenständlich ergeben sich für das gegebene Fallbeispiel (Rn. 189a) keine Zweifel an der Möglichkeit dieser Zusammenfassung von Betrieben i. S. d. Abs. 1 Nr. 1 b). Auch wenn unterstellt würde, dass die räumliche Entfernung zwischen B und C bzw. D nach den Maßstäben des § 4 Abs. 1 Satz 1 Nr. 1 sehr »weit« wäre, schlösse das die tarifliche Zusammenfassung nicht aus.[540] Der Gesetzgeber lässt es in Abs. 3 sogar zu, UN-einheitliche BR ohne jede 189c

540 Insoweit etwas vorsichtiger *BAG* 24. 4. 13 – 7 ABR 71/11, AP Nr. 11 zu § 3 BetrVG 1972, das die Entfernungswertung aus § 4 neben anderen Gesichtspunkten, insbes. die Entscheidungsnähe, mit in die Beurteilung von Struktur-TV einbezieht; vgl. dazu aber oben, Rn. 57.

Dienlichkeitsvoraussetzung und nur durch Optionsrecht der Belegschaft zu etablieren. Bei zu scharfen **Anforderungen wegen der Entfernung** liefe zudem auch die an sich schon zulässige Möglichkeit des UN-einheitlichen BR (Abs. 1 Nr. 1 a) vielfach völlig leer (vgl. Rn. 57). Die im Fallbeispiel vorliegende leitungsmäßige und funktionelle Verknüpfung zwischen B, C und D erfüllt mindestens die erste Alternative der gesetzlichen **Dienlichkeitsanforderungen,** denn die bisher BR-losen Betriebe C und D erhalten nun erstmals einen für sie zuständigen BR (vgl. Rn. 52).

189d Problematisch erscheint im Fallbeispiel (Rn 189a), ob der fehlerkorrigierende Struktur-TV selbst **nach** bereits durchgeführter **fehlerbehafteter Wahl** und sogar noch **während** eines etwa laufenden arbeitsgerichtlichen **Wahlanfechtungsverfahrens** abgeschlossen werden kann. Er müsste sich dann wohl jedenfalls **rückwirkende Kraft** beilegen, wenn der ja in der Vergangenheit begangene Wahlfehler nachträglich »neutralisiert« werden soll. Dagegen spricht zwar auf den ersten Blick, dass im Allgemeinen der TV/die BV *vor* Bestellung des WV abgeschlossen worden sein muss (Rn. 186). Dadurch soll aber nur seine wahlrechtliche Funktion sichergestellt werden. Unbestritten kann ein TV vorsehen, dass die organisationsstrukturellen Wirkungen bereits sofort eintreten sollen (Rn. 189, 201, 202), und die Wahlen erst zu einem späteren Zeitpunkt erfolgen. Das folgt aus der Gestaltungsfreiheit der TV-Parteien, die es auch sonst allein in der Hand haben, das Datum der Unterzeichnung, des Inkrafttretens und des Wahlzeitpunktes auseinanderfallen zu lassen.

189e Generell liegt es in der **Tarifmacht** der TV-Parteien begründet, dass sie in dem vom Recht und der Verfassung gezogenen Rahmen auch **TV mit rückwirkender Kraft** abschließen können.[541] Dies lässt sich auch für TV über betriebsverfassungsrechtliche Fragen nicht generell verneinen.[542] Die wegen der Rückwirkung von TV geltenden **Schranken** für die TV-Parteien unterscheiden sich nicht von denen, die der staatliche Gesetzgeber zu beachten hat.[543] Die Zulässigkeit hängt von der **Art der Rückwirkung** ab. Insoweit werden echte (retroaktive) und unechte Rückwirkung unterschieden. Die *echte* Rückwirkung[544] bezeichnet ändernde Eingriffe in **bereits abgeschlossene Tatbestände**[545] und erfasst auch die Rückwirkung von Rechtsfolgen[546]. *Unechte* Rückwirkung liegt dagegen vor, wenn eine Regelung auf gegenwärtige, **noch nicht abgeschlossene Rechtsbeziehungen für die Zukunft** einwirkt *und* damit zugleich die betroffene Rechtsposition nachträglich beeinträchtigt.[547] Die eindeutige Qualifizierung der Rückwirkungsart im Fallbeispiel (Rn. 189a) ist allerdings nicht sicher möglich[548]: Man kann den »heilenden« TV als retroaktiven Eingriff in den bereits abgeschlossenen Tatbestand des begangenen Wahlfehlers und als Rückwirkung von Rechtsfolgen (Eliminierung der Verkennung des Betriebsbegriffs) ebenso gut einordnen wie als unechte Rückwirkung mit Blick auf die ja wegen des schwebenden Anfechtungsverfahrens gerade noch nicht abgeschlossene Klärung von kollektiven Rechtsbeziehungen für das betriebsverfassungsrechtliche Rechtsverhältnis (welches ist der »richtige« BR für welche AN in welchen Betrieben und Betriebsteilen?). Bei letzterem stellt sich allerdings die Frage, welche **betroffene Rechtsposition** dadurch überhaupt nachträglich beeinträchtigt würde. Das abstrakte rechtliche Interesse der Antragsteller im Anfechtungsverfahren daran, ihre Rechtsauffassung bestätigt zu bekommen oder das abstrakte Interesse, die Rechtslage geklärt zu erhalten, kann dafür schwerlich genügen: im ersten Fall bleibt der Ausgang des schwebenden Rechtsstreits ohnehin ungewiss und bleibt auch das verfahrensimmanente Risiko, noch zu unterliegen. Im zweiten Fall würden aber selbst beim Obsiegen von dem Beschluss keine Rechtswirkungen für die Zukunft mehr zu erwarten sein. Denn würde das Verfahren mit der Unwirksamkeitsfeststellung enden, wären Neuwahlen –

541 Vgl. nur Wiedemann-*Wank*, TVG, 8. Aufl. § 4 Rn. 284.
542 Däubler-*Deinert*, TVG, § 4 Rn. 51, 71.
543 Wiedemann-*Thüsing*, TVG, 8. Aufl., § 1 Rn. 151.
544 Das *BVerfG* 22. 3. 83, BVerfGE 63, 343 spricht insoweit von »Rückbewirkung«.
545 *Thüsing*, a. a. O., Rn. 151.
546 Wiedemann-*Jacobs*, TVG, 8. Aufl., Einl. Rn. 532.
547 *Jacobs*, a. a. O., Rn. 533; *Thüsing*, a. a. O., Rn. 151.
548 Zu Recht weist *Thüsing*, a. a. O., Rn. 152 auf den nur graduellen Unterschied der Rückwirkungsarten für den Aspekt des Vertrauensschutzes hin.

nun aber nach dem neuen Struktur-TV – die Folge und das »Wahlgebiet« und das »Wahlvolk« wären im Prinzip dasselbe wie bei der angefochtenen Wahl.

Nimmt man einen **Fall echter Rückwirkung** an, so kann unter dem Gesichtspunkt des **Vertrauensschutzes** eine zulässige rückwirkende Gestaltung dennoch vorliegen, wenn das Vertrauen von Betroffenen deswegen nicht schützenswert ist, weil sie zu dem Zeitpunkt, auf den der Eintritt der Rechtsfolge bezogen wird, mit einer Neuregelung rechnen mussten oder wenn das geltende Recht unklar und verworren ist oder wenn durch die Rückwirkung kein nennenswerter Schaden entsteht.[549] Da im Arbeitsleben stets mit tariflichen Neuregelungen gerechnet werden muss, die gesetzliche Abgrenzung betriebsverfassungsrechtlicher Organisationseinheiten nach geltendem Recht (§§ 1, 4) alles andere als klar ist (deshalb führt die Verkennung des Betriebsbegriffs regelmäßig gerade nur zur Anfechtbarkeit aber nicht zur Nichtigkeit der Wahl!) und die nachträgliche »Heilung« des Wahlfehlers sogar weiteren Schaden in Form von zusätzlichen Wahlwiederholungskosten erspart, ist kein durchgreifender Gesichtspunkt erkennbar, der für ein schützenswertes Vertrauen der Betroffenen streitet. Nimmt man einen **Fall unechter Rückwirkung** an, so ist diese nicht von vornherein unzulässig, sondern bedarf nur einer **Abwägung zwischen den Kollektivinteressen** an der rückwirkenden Neuregelung **und dem Vertrauen** einzelner auf den Fortbestand der gegebenen Rechtslage.[550] Im Regelfall sind die Kollektivinteressen höher zu gewichten und genügen hierfür vernünftige Gründe.[551] Durch den »wahlfehlerheilenden« TV wäre die durchgängige Vertretung der AN in den einbezogenen Betriebsteilen gesichert. Bei dagegen (unterstellt) schützenswertem Vertrauen der Antragsteller in den Fortbestand der nur gesetzlichen Struktur *und* im Falle ihres Obsiegens im Wahlanfechtungsverfahren würden dagegen die AN der einbezogenen Betriebsteile ihres gewählten BR »beraubt« und es wäre zudem ungewiss, ob die Errichtung eines eigenen BR überhaupt gelingen würde. Hinzu kommt aber ganz entscheidend, dass selbst dann die Wiederholungswahl dasselbe Wahlgebiet und dasselbe Wahlvolk umfassen würde (oben, Rn. 189e). Insoweit sind »vernünftige Gründe« für die im Kollektivinteresse zu bejahende Rückwirkung des TV nicht von der Hand zu weisen. 189f

3. Betriebsübergang auf UN mit Struktur-TV

Wird ein **Betrieb oder Betriebsteil**, in dem ein BR nach den gesetzlichen Bestimmungen gewählt worden ist, auf ein Unternehmen **übertragen**, in dem die BR-Strukturen durch ZuordnungsTV geregelt sind, geht der BR des übergehenden Betriebs entgegen irriger Annahmen in der Instanzrechtsprechung (dazu Rn. 191) auch dann nicht im Zeitpunkt des Betriebsübergangs automatisch unter, wenn der ZuordnungsTV in abstrakt-genereller Weise die Zuordnung hinzu erworbener Betriebsstätten zu den tariflichen Wahlbetrieben vorsieht.[552] Insoweit hat das ***BAG***[553] zutreffend entschieden, dass mit dem ZuordnungsTV selbst **keine Veränderungen der bisherigen Betriebsstruktur** verbunden sind und ein Verlust der Betriebsidentität nicht eintritt, es sei denn, es werden zugleich zusätzliche Maßnahmen zur Änderung der Organisations- und Leitungsstrukturen ergriffen; erst nach der ersten BR-Wahl unter dem ZuordnungsTV in der neuen Einheit haben die tariflich zusammengefassten Betriebe keine eigenständige AN-Vertretung mehr. 190

Demgegenüber vertreten einige ***Landesarbeitsgerichte*** fälschlich[554] die Ansicht, bereits mit dem Betriebsübergang nach § 613a BGB in den durch ZuordnungsTV gebildeten Regionalbetrieb erfolge die Eingliederung in diesen, so dass der BR des übertragenen Betriebs sein 191

549 *Thüsing*, a. a. O., Rn. 151.
550 *Jacobs*, a. a. O., Einl. Rn. 535; *Thüsing*, a. a. O., § 1 Rn. 151.
551 *Jacobs*, a. a. O., Einl. Rn. 535.
552 Sog. dynamischer Zuordnungs-TV; dazu *Trümner*, FA 07, 266 f.; ähnlich auch *ArbG Hamburg* 13. 6. 06, NZA-RR 06, 645 ff. = AuR 06, 413, Ls., für den Fall der Verschmelzung eines Betriebs mit BR auf ein UN mit einheitlichem BR nach Abs. 3.
553 18. 3. 08 – 1 ABR 3/07, NZA 08, 1259; 7. 6. 11 – 1 ABR 110/09, NZA 12, 110 ff.
554 Und ohne Auseinandersetzung mit der gegenläufigen Ansicht des *BAG* 18. 3. 08, a. a. O.

Mandat verliere.[555] Begnügt sich der TV damit, lediglich den im Zeitpunkt seines Abschlusses vorgefundenen Status an Betriebsstätten zu erfassen (**statischer Zuordnungs-TV**), scheidet eine Anwendung des TV auf hinzutretende Organisationseinheiten ohnehin schon aus; es wäre dann ggf. ein Ergänzungs-TV abzuschließen. Die Anwendbarkeit des TV auf einen hinzukommenden Betrieb i. S. d. § 1 kann schon daran scheitern, wenn er in gegenständlicher Hinsicht lediglich die Zusammenfassung von Betriebs*teilen,* nicht aber auch von Betrieben vorsieht. Nach neuerer Ansicht des *BAG*[556] soll ein Zuordnungs-TV jedoch seinen betrieblichen **Geltungsbereich auch dynamisch regeln** können, etwa indem er die Errichtung von BR für Regionen/Bezirke vorsieht, in denen eine Regional-/Bezirksleitung des AG etabliert ist. Es erscheint allerdings einigermaßen rätselhaft, wie eine solche gewillkürte Betriebsstruktur, die von der wandelbaren Leitungsstruktur des AG abhängt, mit dem vom *BAG* selbst zu Recht betonten **Gebot der Bestimmtheit** und der Normenklarheit zu vereinbaren sein soll. Ferner bestehen erhebliche Zweifel daran, dass zum Zeitpunkt einer vereinbarten Dynamik überhaupt schon diejenigen Sachverhalte zutreffend beurteilt werden können, die sich erst in der Zukunft ereignen werden. Da der TV als Wirksamkeitsvoraussetzung stets die »Dienlichkeitsvorgabe« erfüllen muss, wäre bei einem solchen künftig eintretenden Sachverhalt eine erneute **Überprüfung durch die TV-Parteien erforderlich,** da sie ihren Beurteilungsspielraum aufgrund der gesetzlichen Voraussetzungen nach pflichtgemäßem Ermessen auszuüben haben.

192 Die erstmalige **Anwendbarkeit des TV auch auf den hinzutretenden Betrieb oder Betriebsteil** setzt aber auch im Falle eines Ergänzungs-TV nach Abs. 4 Satz 1 die Beteiligung der hinzukommenden Belegschaft an der Wahl nach dem TV voraus.[557] Die »andere« Bestimmung i. S. d. Abs. 4 Satz 1 lässt nämlich nur die abweichende Regelung des Wahlzeitpunktes zu,[558] nicht aber die Integration des Betriebs unter Erlöschen eines bestehenden BR.[559] Ein Zusammenschluss der beteiligten Betriebe mit der dann ggf. eintretenden betriebsverfassungsrechtlichen Wirkung des Untergangs von BR **bedarf vielmehr des Verfahrens nach §§ 111, 112.** Solange dies nicht durchgeführt ist, kann sich der Erwerber nicht auf den Untergang des BR berufen.[560] Auch steht den Parteien des TV ohnehin nicht die Rechtsmacht zu, anstelle der Betriebsparteien über eine Betriebsänderung i. S. d. § 111 (Zusammenschluss nach § 111 Satz 3 Nr. 3 im Wege der Eingliederung) zu entscheiden, denn diese Bestimmung steht nicht unter Tarifvorbehalt, so dass eine **tarifliche Beseitigung dieses Beteiligungsrechts des BR nicht möglich** ist. Der BR und auch der erworbene Betrieb bestehen insoweit zunächst unverändert fort. Ggf. hat der hinzu kommende BR in den GBR des übernehmenden UN zu entsenden oder es ist erstmals überhaupt ein GBR zu bilden.[561] Infolge der – ggf. nur bis zum Abschluss des Interessenausgleichsverfahrens vorübergehenden – **Fortdauer der** Betriebsidentität bleiben auch die vorhandenen BV des übertragenen Betriebs unberührt.[562]

193 *(unbesetzt)*

4. Rückkehr zur gesetzlichen Regelung über die Organisationsstruktur

194 Dagegen hat der Gesetzgeber in Abs. 4 nicht die Fragen bedacht und geregelt, die mit der **Rückkehr** von der kollektivvertraglichen Regelung **zum gesetzlichen Modell der Betriebsverfassung** verbunden sind, insbesondere bei ersatzloser Beendigung eines Kollektivvertrags nach Abs. 1 Nr. 3 (vgl. dazu auch Rn. 20g und Rn. 166). In den Anwendungsfällen des **Abs. 1 Nr. 1** tritt dabei regelmäßig eine der **Betriebsspaltung** ähnliche Situation auf. Da bei Ablauf des vorangehenden TV bzw. BV eine Nachwirkung nicht eintritt, sondern sofort die gesetzliche Re-

555 Vgl. *LAG Schleswig-Holstein* 9.7.08 – 3 TaBV 4/08, DB 09, 71 [Ls.]; *LAG Niedersachsen* 22.8.08 – 12 TaBV 14/08 uv.; *LAG Mecklenburg-Vorpommern* 8.10.08 – 2 TaBV 6/08 uv.; *LAG Hamm* 23.1.09 – 10 TaBV 67/08 uv.
556 21.9.11. – 7 ABR 54/10, NZA-RR 12, 186 ff.
557 *BAG* 13.8.08, a. a. O.
558 *Fitting,* Rn. 75.
559 A. A. offenbar WHSS-*Hohenstatt/Sittard,* D. Rn. 198.
560 Vgl. *LAG Düsseldorf* 18.5.99 – 6 TaBV 101/98, uv., für den umgekehrten Fall der Betriebsspaltung.
561 Ebenso WHSS-*Hohenstatt/Sittard,* a. a. O.; GK-*Franzen,* Rn. 65.
562 *BAG* 13.8.08, a. a. O.

gelung gilt (vgl. Rn. 231 ff.), lässt sich die Vertretungskontinuität nur durch eine entsprechende **Anwendung des § 21a** sichern, sofern der jeweilige, auslaufende Kollektivvertrag nicht selbst eine Regelung für diese Situation enthält.[563] In den Anwendungsfällen des **Abs. 1 Nr. 2** werden dagegen die zuvor in Sparten aufgetrennten Betriebe wieder zu einheitlichen Betrieben zusammengefügt, so dass auch hier – mangels etwaiger Regelung in dem Kollektivvertrag – die entsprechende Anwendung von § 21a den Eintritt vertretungsloser Zeiten verhindert.[564] Es empfiehlt sich, **in Struktur-TV/BV** stets **Regelungen zur frühestmöglichen Kündbarkeit** aufzunehmen, die gewährleisten, dass der Übergang in die gesetzliche Struktur immer nur zum Zeitpunkt der nächsten regelmäßigen Wahlen (§ 13 Abs. 1) erfolgen kann. Dies hilft, den Rückgriff auf § 21a zu vermeiden, der sonst zu vorzeitigen Wahlen führen würde. Beim Übergang von der gesetzlichen zur gewillkürten Struktur und umgekehrt sowie bei Änderungen eines Zuordnungs-TV wird der jeweils neu gewählte BR **Funktionsnachfolger** seines Vorgängers und tritt z. B. in dessen Beteiligtenstellung in einem arbeitsgerichtlichen Beschlussverfahren ein; entstehen hierbei mehrere neue Einheiten, sind die neuen BR zusammen Funktionsnachfolger des einen bisherigen BR[565]. Allerdings setzt die Funktionsnachfolge voraus, dass die vor und nach der jeweiligen Änderung von den BR jeweils repräsentierten organisatorischen Einheiten zuverlässig voneinander abgegrenzt werden können. Vgl. zu den **Auswirkungen auf bestehende BV** in den zusammengefassten bzw. getrennten Betrieben Rn. 208 f.

VII. Wirkung: Die Fiktion von Betrieben und Betriebsräten (Abs. 5)

1. Grundsätze

Abs. 5 Satz 1 enthält eine **gesetzliche Fiktion** dahin gehend, dass die durch TV oder auf Grundlage von Abs. 2 ausnahmsweise zulässige BV nach § 3 Abs. 1 Nrn. 1 bis 3 gebildeten betriebsverfassungsrechtlichen Organisationseinheiten so anzusehen sind, als seien sie ein **Betrieb** im Sinne des BetrVG. Sofern der TV/die BV gem. Abs. 4 S. 1 ein sofortiges Inkrafttreten anordnet, greift die Fiktionswirkung bereits sofort, so dass etwa für die Frage der Freistellungen gem. § 38 die größere Zahl der AN in den zusammengefassten Einheiten maßgeblich ist. Die Bestimmung ähnelt der Betriebsfiktion des § 4 Abs. 1 Satz 1 (vgl. § 4 Rn. 133 ff.). Werden durch TV Sparten-GBR im Konzern errichtet, greift diese **Betriebsfiktion** naturgemäß nicht ein, da es sich nicht um eine Regelung zur Basisorganisationseinheit »Betrieb« handelt.[566] **Satz 1 begrenzt** die rechtlichen **Fiktionswirkungen auf das BetrVG,** so dass in anderen arbeitsrechtlichen Gesetzen grundsätzlich der dort u. U. abweichende Betriebsbegriff maßgebend bleibt, es muss aber differenziert werden (vgl. dazu Rn. 199 ff.).[567] **Satz 2** bezieht demgegenüber wegen der organrechtlichen Rechte und Pflichten des BR und wegen der individuellen Rechtsstellung der BR-Mitglieder generell auch **Vorschriften außerhalb des BetrVG** mit in die Wirkungen der abweichend geregelten Struktur mit ein.[568] 195

Wegen des in Abs. 5 enthaltenen Bezuges allein auf TV/BV als Regelungsinstrumente ist **unklar,** ob die **Fiktionswirkungen** nach Abs. 5 auch dann greifen, wenn ausnahmsweise ein UN-einheitlicher BR i. S. v. Abs. 1 Nr. 1a) **aufgrund der AN-Option** gem. Abs. 3 gebildet worden ist.[569] Gleichwohl handelt es sich auch dann um eine von der gesetzlichen Struktur abweichend gebildete Organisationseinheit, denn die mehreren Betriebe oder Betriebsteile desselben UN werden durch die ausgeübte Option der AN und Wahl des UN-einheitlichen BR nun zu einer Repräsentationseinheit zusammengefasst, die genau dasselbe Bild aufweist wie im Fall des Abs. 1 Nr. 1 a), wenn diese durch TV/BV geregelt würde. Es handelt sich mithin ebenfalls 195a

563 Dafür wohl auch *Richardi,* Rn. 70.
564 Ebenso ErfK-*Koch,* Rn. 11.
565 *BAG* 24. 8. 11 – 7 ABR 8/10, NZA 12, 223, 224.
566 *ArbG Frankfurt/M.* 24. 5. 06, NZA-RR 07, 25, Ls.
567 Vgl. *Däubler,* AuR 01, 285 [288]; *Franzen,* ZfA 00, 285 [304 f.]; ErfK-*Koch,* Rn. 12; *Fitting,* Rn. 76; *LAG Hamburg* 20. 9. 04 – 8 Sa 109/03 uv.; näher unter Rn. 198 f., 210.
568 ErfK-*Koch,* Rn. 12.
569 Vgl. ErfK-*Koch,* Rn. 11, der hier offenbar stets nur die gesetzlichen Bestimmungen für anwendbar hält.

um eine »gewillkürte«, vom Gesetz abweichende Struktur, so dass es zur Vermeidung von Wertungswidersprüchen geboten ist, auch auf die durch AN-Option geschaffene Struktur die Fiktionswirkungen des **Abs. 5 anzuwenden.**

196 Eine Regelung nach Abs. 1 Nr. 1 bis 3 grenzt **nicht** den **Betriebsbegriff** anders ab, indem etwa andere Begriffsmerkmale zugrunde gelegt werden könnten (zu deren Indifferenz § 1 Rn. 59ff.), sondern legt in Abweichung von der gesetzlichen Struktur eine anders abgegrenzte organisatorische Einheit **für die Dauer ihrer Laufzeit** als Betrieb fest, in dem die gesetzliche Mitbestimmungsordnung gilt.[570] Die kollektivvertragliche Ordnung der Betriebsverfassung lässt jedoch nur **einen fingierten Betrieb** entstehen, bewirkt dadurch allein aber regelmäßig **keine Betriebsänderung** i. S. d. § 111 Satz 3 Nr. 3 (näher oben, Rn. 20dff.). Aus diesem Grunde führt nach h. M. etwa auch die Zusammenfassung von Betrieben nach Abs. 1 Nr. 1 b) **nicht** zum **Verlust der Betriebsidentität.** Wollte man das Gegenteil annehmen, müsste man auf die darin liegende Spaltung bzw. den Zusammenschluss die §§ 21a, 21b anwenden mit der Folge, dass BR unmittelbar ihr reguläres Amt verlieren könnten, wenn eine Eingliederung in einen Betrieb mit BR vorliegt. Gerade dies wird durch die speziellere Bestimmung des Abs. 4 vermieden, indem der Wahlzeitpunkt abweichend von § 21a geregelt wird (vgl. § 21a Rn. 33).[571] Deshalb **gelten** auch bei einer kollektivvertraglichen Zusammenfassung von Betrieben/Betriebsteilen **die bestehenden BV** in ihrem bisherigen Wirkungsbereich unverändert als Kollektivordnungen **weiter** (vgl. Rn. 208f.).[572]

197 Entsteht durch die kollektivvertragliche Zusammenfassung eine an AN **größere Einheit,** so sind die höheren Schwellenwerte dort zugrunde zu legen, wo das BetrVG für **Beteiligungsrechte** des BR, aber auch für dessen **Organisationsrechte** (§§ 9, 27, 28, 38) eine bestimmte Größenordnung voraussetzt.[573] Nicht ausgeschlossen ist es aber, in einem TV nach Abs. 1 Nr. 3 einen **nach Mitgliederzahl größeren BR** vorzusehen, als er sich nach § 9 ergeben würde.[574] Gleichwohl sollte die kollektivrechtliche Zusammenfassung von Betrieben/Betriebsteilen gut bedacht sein, weil hierdurch eine **Verschlechterung der Beteiligungsrechte** eintreten kann: So soll bei der Beurteilung, ob eine den §§ 111, 112 unterliegende Betriebsänderung gegeben ist, auf die Größe des nach Abs. 5 fingierten Betriebs abzustellen sein, so dass bei einem durch TV zu einem unternehmensweit zusammengefasstem Betrieb eines Filial-UN mit mehr als 1500 AN die Schließung einer Filiale mit 40 AN in Ansehung von § 17 Abs. 1 KSchG, §§ 111, 112a BetrVG nicht von einer Betriebsänderung auszugehen wäre, weil es sich hierbei nicht um einen wenigstens wesentlichen Betriebsteil handelt.[575] Ohne Zuordnungstarifvertrag wäre diese Filiale als gesetzlich fingierter Betrieb nach § 4 Abs. 1 einzuordnen und von einer interessenausgleichs- und sozialplanpflichtigen Betriebsänderung auszugehen (näher § 111 Rn. 48).

198 **Abs. 5 Satz 2** verdeutlicht, dass die in den gem. Abs. 1 Nrn. 1 bis 3 gebildeten Organisationseinheiten errichteten UN-BR, Regional-BR, Sparten-BR usw. als legitimierte AN-Vertretungen anzusehen sind, die sämtliche Rechte und Pflichten eines BR innehaben. Sie **ersetzen** insoweit den nach gesetzlicher Abgrenzung der Betriebe an sich **zuständigen BR,** treten also **im Grundsatz nicht neben** ihn.[576] Dass die Mitglieder einer kollektivvertraglich eingerichteten AN-Vertretung die **Rechtsstellung eines BR-Mitgliedes** einnehmen, sichert die zur Amtsausübung notwendige Unabhängigkeit gegenüber dem AG. Zu beachten ist, dass in Satz 2 – anders als in Satz 1 – nicht nur die im BetrVG enthaltenen Vorschriften für anwendbar erklärt sind, sondern auch solche in anderen Gesetzen. Daher sind insbesondere die die Amtsträger schützenden kündigungsrechtlichen Bestimmungen (§ 15 KSchG) in Bezug genommen.[577] Im Falle einer **Betriebsstilllegung nach § 15 Abs. 4 KSchG,** von der nur ein Teil des kollektivvertraglich

---

570 *LAG Köln* 13.5.15 – 9 TaBV 29/15, juris = AuR 16, 126 (Ls.); das Verfahren wurde in der RB beim *BAG* (7 ABR 39/15) mit B. v. 10.2.16 eingestellt.
571 Ebenso *BAG* 18.3.08, a. a. O.
572 *BAG* 18.3.08, a. a. O.
573 Vgl. auch *BT-Drucks.* 14/5741, S. 35; *Fitting,* Rn. 77; wegen etwaiger Abweichungen siehe auch Rn. 113.
574 Dazu umfassend *Jacobs/Münder,* NZA 18, 148ff.
575 So *LAG Köln* 3.3.08 – 14 TaBV 83/07, BB 08, 1570; ähnlich *ArbG Flensburg* 24.1.08, AiB 08, 351.
576 ErfK-*Koch,* Rn. 12; *Fitting,* Rn. 80; vgl. zu Ausnahmen Rn. 103.
577 ErfK-*Koch,* a. a. O.; *Fitting,* Rn. 78.

zusammengefassten Betriebs erfasst wird, ist deshalb das in dem stillzulegenden Betriebsteil beschäftigte BR-Mitglied in eine andere Betriebsabteilung des »Tarifbetriebs« zu übernehmen, weil im Rahmen des § 15 Abs. 4 KSchG entgegen der nicht überzeugenden und sogar teilweise mit Fehlzitaten[578] begründeten Ansicht des *BAG* auf den betriebsverfassungsrechtlichen Betriebsbegriff und mithin den nach Abs. 5 fingierten Betrieb im Falle einer durch Struktur-TV/BV geschaffenen Repräsentationseinheit abzustellen ist.[579] Denn immerhin zitiert die Titelüberschrift vor § 15 KSchG für den Amtsträgerschutz sogar den vorgegebenen »Rahmen der Betriebsverfassung«, so dass es ausgesprochen naheliegend ist, hierüber die Maßgeblichkeit der gewillkürten Betriebsverfassungsstruktur und damit des betriebsverfassungsrechtlichen Betriebsbegriffs für den Sonderkündigungsschutz der Amtsträger anzunehmen. Um eine Stilllegung i. S. d. **§ 15 Abs. 5 KSchG** handelt es sich deshalb nur, wenn die gesamte Einheit, die von einer Regelung nach § 3 Abs. 1 erfasst wird, ihre Tätigkeit vollständig einstellt, nicht aber wenn nur ein darin enthaltener Teilbetrieb stillgelegt wird, denn dieser ist vor dem Hintergrund von § 15 Abs. 4 KSchG i. V. m. § 3 Abs. 5 Satz 2 BetrVG nur eine »Betriebsabteilung«.[580] Dies gilt ebenso für die Mitglieder eines UN-einheitlichen BR nach Abs. 3[581], der nach hier vertretener Ansicht (Rn. 195a) in den Anwendungsbereich des Abs. 5 einzubeziehen ist. Praktisch betrachtet sollten die TV-Parteien aus der verfehlten Ansicht des *BAG* die Konsequenz ziehen und versuchen, sachlich angemessene Übernahmepflichten im Struktur-TV für den Fall von (Teil-)Stilllegungen selbst zu regeln.[582] Die in Satz 2 enthaltene Bezugnahme auf andere als im BetrVG enthaltene Vorschriften über die Rechte und Pflichten des BR bedeutet z. B., dass die **Kooperationspflichten aus § 9 ASiG** gegenüber dem BR der kollektivvertraglich gebildeten Organisationseinheit zu erfüllen sind.

2. Sperre für Organisationsänderungen während der Laufzeit von TV/BV?

Während der **Dauer der Fiktionswirkungen** nach Abs. 5 Satz 1 ist zwar die Durchführung von Umstrukturierungen oder **Betriebsänderungen** nicht grundsätzlich unzulässig.[583] Dies folgt schon daraus, dass die fingierte Einheit nunmehr auch i. S. d. § 111 als Betrieb gilt (Rn. 197). Es muss aber wohl differenziert werden: Besteht nach Abs. 1 Nr. 1b eine regionale BR- und Betriebestruktur und will der AG hiernach durch den TV gebildete Regionen zusammenfassen, geht das *ArbG Nürnberg*[584] zu Recht davon aus, dass hierin eine **Zusammenlegung** von tariflichen Regionalbetrieben i. S. v. § 111 Satz 3 Nr. 3 zu sehen sei, die aber während der Geltung des Struktur-TV gegen diesen verstoße, jedenfalls aber **das Amt eines** nach dem TV **gewählten BR,** dessen Regionalbetrieb einer anderen Region zugeordnet wird, **nicht berühre.**[585] Da die gesetzliche Fiktion des Abs. 5 aufgrund der tariflichen Regelung bestehe, sei der AG **tarifrechtlich gehindert,** durch Zusammenlegung von tariflichen Wahlbetrieben **einen neuen Betrieb zu bilden,** den der TV gerade nicht regelt. Sollen Änderungen gegenüber dem vereinbarten Inhalt erfolgen, ist ggf. ein Änderungs-TV abzuschließen, andernfalls verbleibt es bei den tariflichen Betrieben und dafür errichteten BR.[586] 198a

578 Siehe dazu nur die Nachweise bei Deinert, Anm. zu BAG AP Nr. 78 zu § 15 KSchG 1969, unter IV.

579 *LAG Rheinland-Pfalz* 25. 1. 07 – 4 Sa 797/06 uv.; *ArbG Cottbus* 18. 7. 07 – 6 Sa 209/06 uv.; dagegen aber *BAG* 27. 6. 19 – 2 AZR 38/19, NZA19, 1427, Rn. 22 ff. = AP Nr. 78 zu § 15 KSchG 1969 mit abl. Anm. von *Deinert*; weitere Einzelheiten zum Schutz aus § 15 Abs. 4 und 5 KSchG bei Struktur-TV bei *Valgolio*, AuR 19, 264 ff.

580 Ebenso *Valgolio*, a. a. O.; *LAG Berlin-Brandenburg*, 7. 12. 18 – 6 Sa 709/18, juris; anders aber ohne überzeugende Begründung *BAG* 27. 6. 19, a. a. O.; kritisch dazu auch *Deinert*, a. a. O.

581 Ebenso *Valgolio*, a. a. O.

582 Hinweise dazu bei *Deinert*, a. a. O., unter V.

583 So *Fitting*, Rn. 86; ErfK-*Koch*, Rn. 1 a. E.; *ArbG Ulm* 12. 8. 09 – 4 BV 5/09, juris = NZA-RR 10, 27 ff.,, Rn. 46.

584 30. 7. 03 – 14 BVGa 22/03.

585 *ArbG Nürnberg* 23. 7. 03 – 15 BVGa 25/03; ebenso *ArbG Köln* 20. 10. 03 – 14 BVGa 40/03.

586 *ArbG Nürnberg* 23. 7. 03, a. a. O.; ebenso wohl *Matthes*, jurisPR-ArbR 7/2010 Anm. 6, S. 5, der bei einer geänderten UN-Organisation nur die Änderung des ZuO-TV für geboten hält, wenn die dort geregelte Struktur nicht mehr »passe«.

198b Allerdings kann sich aus dem Kollektivvertrag selbst ergeben, dass derartige, die Vertretungsstruktur verändernden Umstrukturierungsmaßnahmen nicht statthaft sein sollen,[587] etwa dann, wenn in der Vereinbarung vorgesehen ist, dass eine Kündigung des TV oder der BV nur mit Wirkung auf den Zeitpunkt der regelmäßigen BR-Wahlen zulässig ist: in diesem Fall kann die betriebsverfassungsrechtliche Fiktionswirkung nur beseitigt werden, wenn auch zuvor der Struktur-Kollektivvertrag gekündigt würde.[588] Andernfalls bestünde ein **kollektivvertragliches Verbot,** den gewillkürten **Betrieb** z. B. **durch Aufspaltung aufzulösen** und damit dem bestehenden BR den Boden zu entziehen. Hiervon geht auch das *ArbG Ulm*[589] aus, indem es feststellt, dass der Struktur-TV nicht etwa automatisch ende, wenn der AG Umstrukturierungen vornehme. Vielmehr könne es nur sein, dass für die vereinbarte Einheit und deren BR dann das **Regelungssubstrat entfalle,** wenn die Einheit dabei ihre Identität verliere und dadurch die Amtszeit des BR in der errichteten Einheit ende. Nur in dem danach vom TV/BV selbst zugelassenen oder sich aufgrund der Identitätsbeurteilung ergebenden Spielraum dürften die §§ 21a, 21b dann wohl auch im Rahmen gewillkürter Betriebsstrukturen anwendbar sein.[590] Anzuraten ist, in der Kollektivvereinbarung Fragen der Umstrukturierung und deren Auswirkung selbst zu regeln. Das schließt ein, auch Kriterien zur Beurteilung der etwa fortbestehenden Identität zu vereinbaren (vgl. aber auch oben, Rn. 20dff. und Rn. 174aff.).[591]

3. Weitere Fiktionswirkungen

199 Wegen andernfalls möglicherweise auftretender Lücken im betriebsverfassungsrechtlichen Gesamtsystem sollte Abs. 5 Satz 1 (»im Sinne dieses Gesetzes«) allerdings dahin **erweiternd** verstanden werden, dass die abweichend vom Gesetz gebildete Organisationseinheit nicht nur als Betrieb im Sinne des BetrVG gilt, sondern auch »im **Sinne sonstiger mitbestimmungs- und betriebsverfassungsrechtlicher Normen«** zu verstehen ist.[592] Das gilt insbes. dort, wo in einem anderen Gesetz direkt oder der Sache nach auf den betriebsverfassungsrechtlichen Betriebsbegriff verwiesen wird. Im Einzelnen gilt folgendes:

a) JAV und GJAV bzw. gemGJAV

200 Die anderweitig festgelegte betriebsverfassungsrechtliche Organisationseinheit nach Abs. 1 Nr. 1 bis 3 ist grundsätzlich auch der **JAV-Bildung** zu Grunde zu legen, da es sich hierbei um eine betriebsverfassungsrechtliche Vertretung handelt.[593] **Fraglich** ist aber, **ob** und ggf. wann eine **JAV,** die noch unter nach dem Gesetz abgegrenzten Einheiten gewählt wurde, ihr **Amt verliert,** wenn eine anderweitige Regelung durch TV/BV getroffen wird. Das Problem ist auch für SchwbV und SpA von Bedeutung (vgl. Rn. 204 bzw. 205). Dabei sind verschiedene Konstellationen zu unterscheiden[594]:

201 • Trifft der TV bzw. die BV selbst **keine Regelung über die erstmalige Wahl** (Fall des Abs. 4 Satz 1), tritt der Kollektivvertrag aber bereits vor dem Zeitpunkt der nächsten regelmäßigen BR-Wahlen in Kraft[595], dann ist die anderweitige Betriebsabgrenzung analog Abs. 4 Satz 1 bereits bei der nächstfolgenden regelmäßigen JAV-Wahl anzuwenden, selbst wenn zu diesem Zeitpunkt noch der gesetzliche BR amtiert. Zwar spricht das Gesetz insoweit

587 *LAG Köln* 13.5.15 – 9 TaBV 29/15, juris = AuR 16, 126 (Ls.), Rn. 55.
588 *Ebenda*, Rn. 56.
589 12.8.09 – 4 BV 5/09, a.a.O.
590 Im Ansatz zutreffend aber zu allgemein daher *BAG* 22.8.17 – 1 ABR 52/14, NZA 18, 50ff., Rn. 13; dazu grundsätzlicher *Linsenmaier,* RdA 17, 128 [137].
591 *Fitting,* Rn. 86a.
592 Ebenso *Sobotta*, S. 218; GK – *Franzen*, Rn. 70; ausführlich *Mückl*, DB 10, 2615ff.
593 Anders aber ArbG Köln 27.4.15, juris = ZBVR online 2015, Nr. 9, 16–18, für einen Fall von Sparten-BR, wenn die Spartenstruktur die Ineffizienz der Interessenvertretung durch die JAV nach sich ziehen würde.
594 Zur Klarstellung sollte diese Frage in der Tarifpraxis mit bedacht werden.
595 Das wird vielfach nicht bedacht, wenn die Vertragsparteien üblicherweise nur bestimmen, dass der Vertrag bereits »mit seiner Unterzeichnung in Kraft« trete.

nur von der »regelmäßigen *BR*-Wahl«, offenbar hat der Gesetzgeber aber das Problem der asynchronen Amts- und Wahlzeitpunkte für den BR und die JAV nicht bedacht. Sollen nach dem Vereinbarungsinhalt dagegen **Wirkungen des TV/der BV** erst zu den nächsten regelmäßigen BR-Wahlen eintreten, bleibt es für etwa zuvor noch fällige JAV-Wahlen bei der gesetzlichen Betriebsabgrenzung. Die so gewählte gesetzliche JAV bleibt aber auch dann noch bestehen, wenn nachfolgend der BR nach dem TV/der BV gewählt wird, denn Abs. 4 Satz 2 lässt selbst für den BR die Amtszeit nur dann vorzeitig enden, wenn der TV/die BV ausdrücklich einen anderen Wahlzeitpunkt vorsieht. Da insoweit eine Regelung zur JAV fehlt, ist es umso weniger möglich, diese vorzeitig »aus dem Amt zu tarifieren«; es hätte dazu einer ausdrücklichen Regelung bedurft.

- **Sieht der TV** oder die BV dagegen einen **anderen Wahlzeitpunkt** für die BR-Wahl vor (Fall des Abs. 4 Satz 2), endet nach dem Gesetzeswortlaut nur die Amtszeit bestehender BR mit Bekanntgabe des Wahlergebnisses. Ist zu diesem Zeitpunkt noch eine gesetzliche JAV im Amt, besteht diese bis zum Ablauf ihrer regulären Amtszeit fort und ist erst dann für den fingierten Betrieb neu zu wählen. Dass der BR dann ggf. vorübergehend mit mehreren JAV zu tun hat, ist hinzunehmen; ähnliches gilt auch im Falle von SpA und SBV (vgl. Rn. 204 bzw. 205). Zweifelhaft erscheint, ob durch TV/BV auch für JAV ein vom Gesetz abweichender Wahlzeitpunkt festgelegt werden könnte. Damit wäre u. U. zu Lasten des Auszubildenden ein Eingriff in den zwingenden Schutz nach § 78a Abs. 3 verbunden, weshalb dies ausscheidet. Im Übrigen lässt schon der Wortlaut des § 3 Abs. 4 Satz 2, der nur die BR-Wahlen betrifft, derartiges für JAV wohl nicht zu[596]. 202

Wird eine **JAV abweichend vom Gesetz** nach Abs. 1 Nr. 3 eingeführt, **gelten §§ 78, 78a** über Abs. 5 Satz 2 auch **für die Mitglieder** dieser tariflichen Vertretung.[597] Handelt es sich aber um eine Ausbildungsvertretung *sui generis* (dazu Rn. 31), soll Abs. 5 Satz 2 nicht anzuwenden sein,[598] so dass die Rechte aus §§ 78, 78a für deren Mitglieder leer laufen würden, wenn sie nicht durch den TV ausdrücklich mit geregelt werden. 203

Durch Abs. 5 nicht geregelt ist der Fall, dass ein TV nach Abs. 1 Nr. 3 z. B. die **Bildung** eines gemGBR und zugleich einer strukturentsprechenden **gemGJAV** vorsieht (zur Zulässigkeit oben, Rn. 103bff.). Da die gemGJAV nicht durch Wahl, sondern Entsendung aus den lokalen JAVen gebildet wird, lassen sich **Abs. 4 Sätze 1 und 2** hierauf auch nicht sinngemäß anwenden, denn diese Bestimmungen betreffen nur die durch Wahl errichteten, **betriebsrätlichen Basisorgane,** nicht jedoch abweichend vorgesehene Organe anderer Vertretungsebenen. Für den Übergang von noch nach dem Gesetz bestehenden GJAVen zu den tariflichen gemGJAVen empfiehlt es sich deshalb, im TV selbst Übergangsregelungen vorzusehen, die sich vom in Abs. 4 grundsätzlich enthaltenen Kontinuitätsprinzip leiten lassen können. Dennoch schließt Abs. 4 Satz 2 es grundsätzlich gerade auch nicht aus, dass durch Struktur-TV sogar bestehende BR entfallen können. 203a

b) Sprecherausschuss und leitende Angestellte

Auf die organisatorischen **Grundlagen des SpA** wirkt sich die vom BetrVG abweichende Organisationseinheit nur scheinbar nicht aus, weil die gesetzliche SpA-Struktur an sich nicht der kollektivvertraglichen Änderung zugänglich ist.[599] **Auch** das **SprAuG** gehört jedoch materiell zum **Betriebsverfassungsrecht**[600], so dass auf die organisatorische Einheit des Betriebs einschließlich ihrer anderweitigen Regelbarkeit gem. § 3 abzustellen ist, selbst wenn es an einer ausdrücklichen Verweisung im SprAuG fehlt.[601] Das ergibt sich aus **§ 3 Abs. 2 TVG,** wonach betriebsverfassungsrechtliche Normen ohne Rücksicht auf die Tarifgebundenheit der AN not- 204

596 Kritisch zur vom Gesetz zugelassenen tariflichen Amtszeitverkürzung selbst für BR auch *Fitting*, Rn. 75.
597 *LAG München* 6.9.06 – 9 TaBV 84/05, LAGE § 78a BetrVG 2001 Nr. 3.
598 *BAG* 13.8.08 – 7 AZR 450/07 uv.
599 *Fitting*, Rn. 79; wie hier GK - *Franzen*, Rn. 70.
600 *Mückl*, DB 10, 2615, 2617 m.w.N.
601 ErfK-*Oetker*, § 1 SprAuG Rn. 2.

wendig nur einheitlich in den Betrieben des AG gelten können. Auch den **Wahlen eines SpA** ist daher die **nach § 3 abweichend vom BetrVG** geregelte Organisationseinheit als Betrieb zu Grunde zu legen. Dafür spricht auch die durch wechselseitige Kooperationspflichten zwischen BR und SpA gekennzeichnete **Verzahnung** beider Vertretungsrechte.[602] Ob durch eine Regelung zur Bildung eines UN-einheitlichen BR nach Abs. 1 Nr. 1a) durch TV auch **den leit. Ang. ein UN-SpA oktroyiert** werden könnte, erscheint wegen des Optionsrechts der leit. Ang. nach § 20 Abs. 1 SprAuG fraglich, muss aber wohl wegen des notwendigen strukturellen Gleichlaufs beider Vertretungsrechte und wegen des TV-Vorrangs hingenommen werden. Ähnlich wie bei den JAVen (Rn. 201, 202) tritt bei asynchronen Wahlzeitpunkten und Amtszeiten allerdings auch hier **kein sofortiger Amtsverlust** des SpA ein.

204a Die Betriebsfiktion gem. Abs. 5 kann **Wirkungen auf den Status eines leit. Ang.** nach sich ziehen. Wurde ein leit. Ang. mit der Befugnis zur Einstellung und Entlassung nach § 5 Abs. 3 Nr. 1 für alle AN eines Filialbetriebs versehen und werden dann mehrere solcher Filialen nach Abs. 1 Nr. 1 b) zu einem tariflichen **Regionalbetrieb** zusammengefasst, so wird der leit. Ang. hierdurch gleichsam betriebsverfassungsrechtlich »entleitet«. Die nur für eine Einzelfiliale eingeräumte **Personalverantwortung** bezieht sich dann **nicht mehr** auf **sämtliche AN des Betriebs,** denn Betrieb i. S. d. § 5 Abs. 3 Nr. 1 ist wegen der Fiktion aus Abs. 5 Satz 1 nun der der tariflich geschaffene größere Regionalbetrieb.[603]

c) SchwbV und GSBV bzw. gemGSBV

205 Nach **§ 170 Abs. 1 Satz 2 SGB IX** richtet sich der für die Wahlen der **SBV** maßgebliche Begriff des Betriebs nach dem BetrVG. Deshalb sind die SBV **entsprechend der tariflichen Betriebsstruktur** zu wählen, nicht nach der gesetzlichen Betriebsabgrenzung gem. §§ 1, 4.[604] Wegen der der ggü. den BR asynchronen Wahlzeitpunkten und Amtszeiten gilt wegen eines evtl. **Amtsverlustes** das zu den JAVen Gesagte (Rn. 201, 202) entsprechend.

205a Mit Abs. 5 nicht geregelt ist der Fall, dass ein TV nach Abs. 1 Nr. 3 z. B. die **Bildung** eines gemGBR und zugleich einer strukturentsprechenden **gemGSBV anstelle von GSBV nach § 180 Abs. 1 SGB IX** vorsieht (zur Zulässigkeit oben, Rn. 103b ff.). Da die gemGSBV dann aber durch Wahl der lokalen SchwbVen entsprechend § 180 Abs. 1 SGB IX gebildet wird, lassen sich wohl **Abs. 4 Sätze 1 und 2** hierauf auch nicht nur sinngemäß anwenden, denn diese Bestimmungen betreffen die durch Wahl errichteten, **betriebsrätlichen Basisorgane,** nicht jedoch abweichend vorgesehene Organe anderer Vertretungsebenen und schon gar nicht anderer Vertretungsgesetze. Für den Übergang von noch nach dem Gesetz bestehenden GSBVen zu den tariflichen gemGSBVen empfiehlt es sich deshalb, im TV selbst Übergangsregelungen vorzusehen (vgl. wegen des rechtsähnlichen Problems bei der gemGJAV auch oben, Rn. 203a).

d) Unternehmensmitbestimmung

206 Aufgrund des mitbestimmungssystematischen Zusammenhanges (vgl. Rn. 199) ist jedenfalls in den folgenden Fällen einer ausdrücklichen **Bezugnahme auf den Betriebsbegriff** des BetrVG auch die kollektivvertraglich abweichend geregelte Organisationseinheit als Betrieb und der in ihnen gebildeten BR für die Rechtsanwendung zu Grunde zu legen[605]:

- **§§ 4 Abs. 2, §§ 8 SEBG, SCEBG** (Information über die Gründung einer SE oder SCE; Bildung des Besonderen Verhandlungsgremiums);
- **Grenzüberschreitende Verschmelzungen** (§ 2 Abs. 6 MgVG);
- § 3 Abs. 2 **MitbG 1976,** § 3 Abs. 2 **DrittelbG,** § 6 **Montan-MitbG,** § 5 Abs. 6 **MontanMitbErgG;**

---

602 So wohl auch *Sobotta*, S. 221.

603 *ArbG Neumünster* 27.6.18 – 3 BV 3a/18, NZA-RR 18, 661, Rn. 26 ff.; Beschwerde ist beim *LAG SH* zum Az. 4 TaBV 16/18 anhängig.

604 *BAG* 10.11.04 – 7 ABR 17/04, EzA § 3 BetrVG 2001 Nr. 1; *Fitting*, Rn. 79 ebenso *Sobotta*, S. 217 f.; anders noch *BAG* 7.4.04 – 7 ABR 42/03, AP Nr. 3 zu § 94 SGB IX zu § 3 BetrVG a. F.

605 Ausführlich dazu mit zutreffenden Erwägungen *Mückl*, DB 10, 2615 f.

• UN-Mitbestimmung bei **Kapitalanlagegesellschaften** (§ 6 Abs. 1, 4 InvG).

Sieht man richtiger Weise im Gleichlauf des betriebsverfassungs- und des mitbestimmungsrechtlichen Betriebsbegriffs das Bestreben des Gesetzgebers, die Wahlkörper für die Wahl der BRe und der AN-Vertreter im AR in Deckung zu bringen[606], so treten für die Anwendung der genannten Mitbestimmungsgesetze grundsätzlich dieselben Folgen für die Bestimmung der Schwellenwerte und das Wahlrecht ein, wie sie für den gemB nach § 1 anzunehmen sind (vgl. § 1 Rn. 229). Das kann in Einzelfällen zu einer substanziellen Anhebung des Mitbestimmungsniveaus führen, wenn etwa ein erstmaliger Wechsel in das DrittelbG oder von diesem zum MitbG wegen Erhöhung der zählerheblichen betriebszugehörigen AN erfolgt, weil UN-überschreitende Zusammenfassungen von Betrieben durch Struktur-TV vorgenommen wurden. Die nötigen Klärungen zum etwaigen Wechsel des Mitbestimmungsstatuts müssen dann mittels des besonderen Statusfeststellungs- und -überleitungsverfahrens nach §§ 97, 98 ff. AktG erfolgen. 207

e) BV-Geltung

Vom Gesetzgeber nicht geregelt ist, welche Auswirkungen sich sowohl beim **Übergang** von der gesetzlichen Vertretungsstruktur **zur kollektivvertraglich** strukturierten **und** bei der **Rückkehr** zu ihr bezüglich der vorgefundenen bzw. unter Geltung des TV bzw. der BV geschaffenen BV ergeben. Auch wenn eine Reihe der konkreten Ausprägungen bei den Fallgruppen nach Abs. 1 Nr. 1 bis 3 hohe Ähnlichkeiten mit Betriebsspaltungen und Betriebszusammenschlüssen aufweisen (vgl. beispielhaft Rn. 194), lässt sich dennoch nicht vertreten, dass hier stets eine Betriebsänderung i. S. v. § 111 Satz 3 Nr. 3 vorliegt, nur weil die arbeitnehmerseitigen Repräsentationsbereiche anders zugeschnitten werden (vgl. Rn. 20d ff., 174a ff., 196; anders ist das, wenn bei fortbestehendem TV Zusammenlegungen erfolgen, vgl. Rn. 167) 208

Daher besteht auch kein Grund zu der Annahme, dass etwa wegen der kollektivvertraglichen Zusammenfassung von Betrieben dort bestehende BV verdrängt werden könnten oder in das Stadium der Nachwirkung hinabsinken. Die vormaligen **BVen bleiben** vielmehr mit ihrem jeweiligen sachlichen und persönlichen Wirkungsbereich **in Kraft und bilden** innerhalb der zusammengefassten betriebsverfassungsrechtlichen Organisationseinheiten sektorale **normative Teilordnungen.**[607] Ihre Geltung ist auf den jeweiligen, i. d. R. seine Identität wahrenden, Betriebsteil des (gewillkürten) Einheitsbetriebs beschränkt, der ihrem bisherigen Geltungsbereich entspricht[608]. Schließt sodann die nach TV oder BV gebildete AN-Vertretung für den fingierten Betrieb eine andere BV zu demselben Sachgegenstand, verdrängt diese jüngere BV die ältere des jeweiligen Vorgänger-»Betriebs« nach der Zeitkollisionsregel.[609] Denkbar ist aber auch, dass neue BVen ihren Geltungsbereich im Sinne eines Bestandsschutzes so umgrenzen, dass eine Verdrängungswirkung für bereits im Betrieb beschäftigte AN nicht entsteht. Kehrt die kollektivvertraglich gebildete Organisationseinheit unter die Geltung des Gesetzes zurück, wirken z. B. die in einer tariflichen Organisationseinheit abgeschlossenen BV gleichfalls als sektorale normative Teilordnungen in den nun wieder betriebsverfassungsrechtlich eigenständigen Betrieben/Betriebsteilen grundsätzlich ebenfalls kollektivrechtlich fort, sofern die organisatorische Struktur des fingierten Betriebs in der Zwischenzeit nicht geändert wurde. 209

Werden AN in den fingierten Betrieb neu eingestellt, kann die Geltung mehrerer normativer Teilordnungen zum gleichen Regelungsgegenstand wegen der Anwendung auf **neu eingestellte AN** Schwierigkeiten bereiten. Grundsätzlich sollten die TV/BV-Parteien solche Folgeprobleme bereits bei Abschluss einer kollektivrechtlichen Strukturregelung oder aber spätestens im Rahmen des Beteiligungsverfahrens wegen der Einstellung nach § 99 mitberücksichtigen. Ist das nicht der Fall, müssen praktikable und plausible Lösungen gefunden werden. Soweit die 209a

606 Vgl. *Raiser/Veil/Jacobs*, § 3 MitbG Rn. 46 m. w. N.; davon geht ersichtlich nun auch das *BAG* 21. 4. 20 – 7 ABN 78/19, BeckRS 20, 45447, Rn. 27, aus.

607 So auch *BAG* 18. 3. 08 – 1 ABR 3/07, NZA 08, 1259; 7. 6. 11 – 1 ABR 110/09, NZA 12, 110, 111; 24. 8. 11 – 7 ABR 8/10, NZA 12, 223, 224; GK-*Franzen*, Rn. 62; ErfK-*Koch*, Rn. 12.

608 *BAG* 7. 6. 11, a. a. O. (dort Rz. 14).

609 Ebenso ErfK-*Koch*, a. a. O.

jeweilige Teilordnung – wie meistens – in ihrem Betriebsteil normativ weitergilt, ist danach zu entscheiden, **für welchen Betriebsteil** die Einstellung erfolgen soll. Sind an einer zusammengefassten Einheit mehrere UN beteiligt, kann danach entschieden werden, mit welchem **der beteiligten UN** das Arbeitsverhältnis geschlossen wird und ist sodann diejenige sektorale BV maßgeblich, die für den im fingierten Betrieb fortbestehenden Betriebsteil dieses UN gilt.

209b Lassen die Anknüpfungen an den Betriebsteil oder den AG (Rn. 209a) jedoch keine klaren Entscheidungen zu, etwa weil – was jedoch nur schwer rechtssicher festzustellen sein wird – die **Identität** der Betriebsteile innerhalb des fingierten Betriebs sich im Laufe der Zeit **geändert** hat, versagen die zuvor erörterten Lösungen, weil eine *BV-Pluralität*[610] der ja ranggleichen BVen im selben Betrieb nach der gesetzlichen BetrVG-Struktur an sich schon nicht vorkommen kann. **Hilfsweise** kann dann auf den persönlichen Geltungsbereich aller in Betracht kommenden BVen abgestellt und danach entschieden werden, welcher BV nach ihrem **persönlichen Geltungsbereich** das Arbeitsverhältnis des neu eingestellten AN am ehesten zugeordnet sein würde.[611] Äußerst hilfsweise ließe sich daran denken, bei Neueinstellungen eine Art **modifizierte Zeitkollisionsregel** zu Grunde zu legen und die jüngere der im fingierten Betrieb normativ als Teilordnung geltenden BVen anzuwenden. Ebenso plausibel, wenn auch ebenso »zufällig« wäre es, nur die BV anzuwenden, die im fingierten Betrieb die **Mehrzahl der Arbeitsverhältnisse** erfasst.

f) KSchG

210 Für die §§ 1, 23 **KSchG** verbleibt es dagegen bei der herkömmlichen Betriebsabgrenzung nach dem **Betriebsbegriff des KSchG,** so dass die tariflich geschaffene Organisationseinheit insoweit keine kündigungsschutzrechtliche Bedeutung erlangt.[612] Das *BAG* lässt selbst eine nach dem früheren § 4 Abs. 1 Nr. 1 BetrVG vorgenommene betriebsverfassungsrechtliche Zuordnung nicht auf den Betriebsbegriff des § 23 KSchG »durchschlagen«.[613] Dies kann bei einem Fall nach Abs. 1 Nr. 1b dazu führen, dass die **soziale Auswahl** auf der Ebene der Filiale (als dem hier i. S. d. KSchG unterstellten »Betrieb«) und nicht auf der der Region (wo der tarifliche Regional-BR errichtet wurde) vorzunehmen ist.[614] Insoweit lässt sich nicht unbedingt vermeiden, dass die Zuständigkeit des BR nach § 102 und die betrieblich-personelle Reichweite der Sozialauswahl auseinander fallen können.[615] Nicht ausgeschlossen erscheint, dass etwa bei tarifierter Betriebseinheit mehrerer UN (Rn. 108) sich nach und nach ein gesetzlicher gemB entwickelt, der dann auch wieder kündigungsrechtlich von Bedeutung ist (§ 1 Rn. 201 ff.).

211 Für den Fall der **Massenentlassungsanzeige (§ 17 KSchG)** ist wegen der Einbeziehung des BR in das Anzeigeverfahren auf den Betrieb i. S. d. § 3 abzustellen[616], für die Feststellung, ob eine Massenentlassung i. S. v. § 17 Abs. 1 KSchG vorliegt, ist dagegen auf den Betriebsbegriff des KSchG und vorrangig der EU-Massenentlassungsrichtlinie[617] abzustellen[618].

---

610 In Anlehnung an den sachverhaltsähnlichen Begriff der Tarifpluralität, die vorliegt, wenn der AG an die TV-Normen mehrerer Gewerkschaften in seinem Betrieb gebunden ist und für manche AN diese und für andere AN jene TV wirken, vgl. etwa Wiedemann-*Jacobs*, TVG, § 4a Rn. 9.

611 Dafür im Allgemeinen GK-*Kreutz*, § 77 Rn. 426, wenn die räumliche oder organisatorische Abgrenzung versagt.

612 *BAG* 31. 5. 07 – 2 AZR 276/08, NZA 08, 33; 27. 6. 19, NZA 19, 1427; vgl. aber oben, Rn. 198, wegen der Berücksichtigung des gesetzlich fingierten Betriebs im Rahmen des Sonderkündigungsschutzes für BR-Mitglieder aus § 15 Abs. 4 KSchG.

613 Vgl. *BAG* 21. 6. 95, AP Nr. 16 zu § 1 BetrVG 1972, unter II 3b, aa.

614 Ebenso *Däubler*, AuR 01, 285 [288]; ausführlich dazu *Plander*, NZA 02, 483 [489 ff.]; *Thüsing*, ZIP 03, 693 [705]; wie hier auch *Sobotta*, S. 220.

615 Vgl. *Franzen*, ZfA 00, 285 [304 f.].

616 Ebenso *Mückl*, DB 10, 2615, 2618.

617 Richtlinie 98/59/EG des Rates v. 20. 7. 1998.

618 Vgl. zu den sich aus dem unionsrechtlichen Betriebsbegriff der Massenentlassungsrichtlinie (vgl. dazu *EuGH* 30. 4. 15, NZA 15, 601) ergebenden Unvereinbarkeiten mit dem BetrVG-Betriebsbegriff und dem KSchG-Betriebsbegriff im einzelnen *Kleinebrink/Commandeur*, NZA 15, 853, 856.

g) Arbeitnehmerüberlassung

212 Vereinbaren Verleiher und Entleiher unter Schaffung eines einheitlichen Leitungsapparates einen echten gemB, so liegt schon tatbestandmäßig keine **Arbeitnehmerüberlassung** vor (§ 1 Rn. 230)[619]. Ob dies auch dann gilt, wenn beide AG auf Grundlage eines TV gem. Abs. 1 Nr. 3 unter Aufrechterhaltung getrennter Leitungsorganisationen einen nur fiktiven gemB bilden, ist zweifelhaft. Das BAG[620] geht davon aus, dass quasi »unter dem Mantel des TV« die bisherigen Betriebe ihre Identität bewahren. Das spricht dafür, diese Betriebe auch **im Sinne des AÜG als rechtlich getrennte Einheiten** anzusehen und die gesetzliche Fiktion des Abs. 5 Satz 1 nicht auf die AN-Überlassung durchschlagen zu lassen[621], so dass das AÜG trotz einheitlicher Repräsentationseinheit zu beachten bleibt.

h) Betriebsübergang

213 Der nur fingierte Betrieb gilt ferner **nicht als Betrieb i. S. v. § 613a BGB**[622], denn die Frage der Identität einer übertragungsfähigen wirtschaftlichen Einheit ist wegen des zwingenden Charakters des § 613a BGB keiner abweichenden Vereinbarung zugänglich.[623]

i) Zuständigkeit des Arbeitsgerichts

213a Der nach Abs. 5 fingierte Betrieb ist grundsätzlich auch für die Bestimmung der örtl. Zuständigkeit des ArbG nach § 82 Abs. 1 ArbGG[624] zu Grunde zu legen. Zwar enthält das ArbGG keinen ausdrücklichen Bezug auf den Betriebsbegriff des BetrVG und damit Abs. 5. Dennoch wird dessen analoge Anwendbarkeit bejaht.[625] Bei der örtl. Zuständigkeit ergeben sich jedoch dann Probleme, wenn die fingierte Einheit sich über mehrere Gerichtsbezirke hinweg erstreckt. *Mückl* will dann auf den Sitz der für die Organisationseinheit maßgeblichen Leitung abstellen[626], was wegen der für die ähnliche Fiktion aus § 4 Abs. 1 Satz 1 BetrVG angenommenen Folge[627] auch hier zwar grundsätzlich zutrifft, aber übersieht, dass gerade in den Fällen des § 3 nicht stets die Frage des Leitungssitzes das strukturgebende Kriterium für den tarifierten Wahlbereich eines BR sein muss. In derartigen unklaren Fällen dürfte der Sitz des UN der zutreffende Anknüpfungspunkt sein.[628] Vgl. auch Rn. 236.

VIII. Einbeziehung von im Ausland liegenden Betriebsstätten

214 Insbesondere im grenznahen Bereich kann die Frage auftreten, ob im Ausland liegende Teile des UN durch TV/BV in die deutsche Betriebsverfassung einbezogen werden können. Hier gilt im Grundsatz Gleiches wie im Falle der optionalen Zuordnung zum Hauptbetrieb (vgl. § 4 Rn. 106). Zwingendes **Ortsrecht des Auslands** darf dem aber nicht entgegenstehen.[629] Sofern es sich dabei um nicht betriebsratsfähige Betriebsteile oder Kleinstbetriebe handelt, die ohnehin dem deutschen Hauptbetrieb zugeordnet sind, bestehen keine durchgreifenden Bedenken ggü. einer tariflichen Einbeziehung in die deutsche Betriebsverfassung.[630] Trotz der Bedenken der h. M. wird man aber auch Betriebsteile i. S. v. § 4 Abs. 1 einbeziehen können, denn es ist wenig

---

619 Dazu *Schönhöft/Lermen*, BB 08, 2515.
620 18. 3. 08 – 1 ABR 3/07, NZA 08, 1259.
621 Im Ergebnis ebenso *Mückl*, DB 10, 2615, 2619.
622 *Mückl*, a. a. O.
623 *BAG* 21. 2. 08 – 8 AZR 77/07, NZA 08, 825.
624 A. A. jedoch wegen unzulässiger Dispositivität der Vorschrift *LAG Baden-Württemberg* 7. 8. 09 – 3 SHa 2/09, LAGE Nr. 2 zu § 82 ArbGG 1979; *HessLAG* 7. 10. 10 – 9 TaBV 86/10; *ArbG Potsdam* 10. 2. 10 – 7 BV 149/09.
625 Vgl. GK-ArbGG/*Ahrendt*, § 82 Rn. 31 ff.; ErfK-*Koch*, § 82 ArbGG Rn. 2; GMP-*Spinner*, § 82 Rn. 1.
626 A. a. O., S. 2617.
627 ErfK-*Koch*, § 82 ArbGG Rn. 2.
628 ErfK-*Koch*, § 82 ArbGG Rn. 2.
629 *BAG* 11. 9. 91, AP Nr. 29 zu IPR-Arbeitsrecht.
630 GK-*Franzen*, Rn. 60.

einleuchtend, zwar das Optionsrecht nach § 4 Abs. 1 Satz 2 für diese ausländischen Betriebsteile zu bejahen, deren tarifliche Einbeziehung aber zu verneinen.[631]

214a Umgekehrt kann sich spiegelbildlich die Frage stellen, ob ein **ausländisches Tarifrecht** im deutschen Inland für die hier liegenden ausländ. UN-Teile eine vom BetrVG abweichende Betriebsverfassung etablieren könnte.[632] Mit der **Lageortanknüpfung** (§ 1 Rn. 23a) kommt man zur Anwendung des deutschen BetrVG, so dass dessen Sachnormen anzuwenden sind. Soweit man § 3 Abs. 5 als abschließende und zwingende Norm für tarifliche Abweichungen von der deutschen gesetzlichen Betriebsverfassung ansieht, könnte dadurch das nach Deutschland hineinwirkende ausländische Strukturtarifrecht allerdings beschränkt sein. Es ist allerdings kein vernünftiger Grund erkennbar, warum einem ausländischen Tarifrecht, wenn es materiell wenigstens dem Regelungstyp des § 3 Abs. 1 Nr. 3 (andere AN-Vertretungsstrukturen) entsprechen würde und ja immerhin die Einbeziehung der AN in eine Betriebsverfassung überhaupt bewirkt, die deutsche Anerkennung vermittels der Betriebsfiktion des Abs. 5 versagt werden sollte. Immerhin kümmert sich der deutsche Staat auch sonst nicht darum, dass flächendeckend Betriebsräte eingerichtet werden.[633]

IX. Tarifrechtliche Besonderheiten

1. Zulässigkeit von Arbeitskämpfen und »Tarifzensur« durch gerichtliche Inhaltskontrolle des TV?

215 Auch wenn **Arbeitskämpfe** um TV nach § 3 **in der Praxis bislang nicht** aufgetreten sind,[634] lässt sich dies nicht als Indiz für einen stillschweigenden rechtlichen Beurteilungskonsens zwischen AG und Gewerkschaften dahin gehend deuten, dass diese unzulässig seien. **Die h. M. in der Literatur und** nunmehr auch **das *BAG*** stehen auf dem Standpunkt, dass auch **TV nach § 3 erstreikt werden** können.[635] Im Vorfeld der Novellierung 2001 hatte es rechtspolitische Empfehlungen an den Gesetzgeber gegeben, Arbeitskämpfe um betriebsverfassungsorganisatorische TV gem. § 3 generell für unzulässig zu erklären.[636] Der Gesetzgeber ist diesen Vorschlägen nicht gefolgt. Das *BAG* sieht hierin zu Recht ein beredtes Schweigen des Gesetzgebers zugunsten der arbeitskampfförmigen Erzwingbarkeit von TV nach § 3[637] und hat zudem klar gestellt, dass eine weitere tarifzuständige Gewerkschaft, die bei einem TV nach § 3 mit einer konkurrierenden Gewerkschaft nicht beteiligt worden ist, ihrerseits mithilfe des Arbeitskampfes den Arbeitgeber zur Beendigung des bestehenden und zum Neuabschluss eines anderen TV nach § 3 mit ihr anhalten könne.

216 Anders als BV (dazu Rn. 175) **unterliegen TV keiner Billigkeitskontrolle** durch die Arbeitsgerichte, die unweigerlich zu einer »Tarifzensur« führen müsste.[638] Eine **Inhaltskontrolle** von TV kommt grundsätzlich **nicht** in Betracht, **wohl aber** eine **Rechtskontrolle.** Dies folgt schon aus § 18 Abs. 2 i. V. m. § 3 Abs. 5 Satz 1. *Däubler*[639] und *Richardi*[640] haben noch vor Verkündung des Gesetzes auf die Gefahr aufmerksam gemacht, dass vor allem die »Erleichterungs- und Dienlichkeitsformeln« in den Einzeltatbeständen des Abs. 1 Nr. 1 bis 5 als materiell-rechtliche Beschränkungen der Regelungsbefugnisse auch der TV-Parteien zu einer weitgehenden inhaltlichen Kontrolle durch die Gerichte genutzt werden könnten (vgl. auch Rn. 59, 77, 175). Nach

---

631 Zutreffend daher GK-*Franzen*, Rn. 60 m. w. N.
632 Siehe auch *Deinert*, Betriebsverfassung in Zeiten der Globalisierung, S. 33.
633 So völlig zu Recht die Erwägung von *Gamillscheg*, Kollektives Arbeitsrecht II, S. 200.
634 Vgl. *Trümner*, JbArbR 36 [1999], S. 59 [71].
635 *BAG* 29.7.09 – 7 ABR 27/08, NZA 09, 1424; vgl. zuvor schon *Wißmann*, AiB 00, 321 [322]; *Trümner*, JbArbR 36 [1999], S. 59 [71] m. w. N.; *Däubler*, AuR 01, 285 [288]; *Plander*, NZA 02, 483, 488; *Giesen*, BB 02, 1480 [1484]; *Rieble*, ZIP 01, 133 [139]; *Konzen*, RdA 01, 76 [78]; HaKo-BetrVG/*Kloppenburg*, Rn. 30; *Teusch*, NZA 07, 124, 130; *Gamillscheg*, Kollektives Arbeitsrecht, Bd. II, S. 218; vgl. auch oben, Rn. 14, m. w. N.
636 Vgl. *Franzen*, ZfA 00, 285 [297]; *Reichold*, NZA 99, 561 [570]; zuvor schon *Umnuß*, S. 272.
637 *BAG* 29.7.09, a. a. O.
638 Dazu *Däubler*, Tarifvertragsrecht, Rn. 382 m. w. N.
639 AiB 01, 313 [315].
640 DB 01, 41 [42] und NZA 01, 346 [350].

hier vertretener Ansicht (insbes. Rn. 117 f.) gewähren die Formeln jedoch den TV-Parteien nur einen (allerdings großen) **Beurteilungs- und Ermessensspielraum,** so dass die gerichtliche **Rechtskontrolle** darauf **beschränkt** ist, ob **grobe Fehler** in der **Beurteilung** bzw. der **Ermessensausübung** seitens der TV-Parteien vorliegen. Der Maßstab der Verletzung »zwingenden Gesetzesrechts« bei der Rechtskontrolle dieser TV erscheint jedenfalls in Anbetracht der generalklauselartigen Offenheit der Tatbestände des Abs. 1 wenig hilfreich, so dass die Rechtskontrolle überhaupt nur in dem angesprochenen Sinne statthaft ist.[641] Die **Instanzrechtsprechung** verhält sich jedenfalls deutlich zurückhaltend und billigt den TV-Parteien einen sehr weiten Gestaltungsspielraum zu.[642] Während das *BAG*[643] zunächst noch die arbeitsgerichtliche Rechtskontrolle auf Grundlage der vom Gesetzgeber verwendeten unbestimmten Rechtsbegriffe auf besonders eklatante Verstöße und sachwidrige Motive (Verbandspolitik, Kosteneinsparung) beschränken wollte, deutet sich seit den Entscheidungen vom 13.3.13[644] und 24.4.13[645] allerdings eine gewisse Verschärfung an: danach unterliegt die Frage, ob ein TV die inhaltlichen Anforderungen der jeweiligen gesetzlichen Öffnungsklausel erfüllt, der vollen Überprüfung durch die Arbeitsgerichte[646].

2. Tarifkonkurrenzen

216a Aufgrund des bestehenden **Gewerkschaftspluralismus,** insbesondere des eigenständigen tarifpolitischen Auftretens sog. **Berufsgruppengewerkschaften** in jüngerer Zeit, besteht die abstrakte Möglichkeit, dass mehrere Zuordnungs-TV, die mit verschiedenen Gewerkschaften abgeschlossen werden, denselben betrieblichen Organisationsbereich erfassen oder sich in diesem überschneiden, so dass es zu einem Nebeneinander von § 3 – TVen kommen kann. Es liegt auf der Hand, dass diese Konkurrenzlage schon aus rein praktischen Gründen aufgelöst werden muss, weil es mit dem betriebsverfassungsrechtlichen Grundsatz, dass es nicht verschiedene BR für dieselbe betriebsverfassungsrechtliche Einheit oder auch nur Teile davon geben kann, unvereinbar ist, wenn man allen divergierenden Zuordnungs-TVen dieselbe Wirksamkeit konzedieren wollte. Das **am 10.7.15 in Kraft getretene TarifeinheitsG (TEG)**[647] versuchte für TV über betriebsverfassungsrechtliche Fragen eine Klärung mithilfe des § 4a Abs. 3 TVG herbeizuführen: Hiernach gilt für Rechtsnormen eines TV nach §§ 3 und 117 Abs. 2 BetrVG § 4a Abs. 2 Satz 2 TVG nur dann, wenn diese betriebsverfassungsrechtliche Frage bereits durch TV einer anderen Gewerkschaft geregelt ist[648]. Der von § 4a Abs. 3 TVG in Bezug genommene § 4a Abs. 2 Satz 2 TVG i. d. F. v. 10.7.15 bestimmte zunächst nur, dass dann der TV Vorrang hat, der von der Gewerkschaft abgeschlossen ist, die die meisten Mitglieder in der tariflich geregelten betriebsverfassungsrechtlichen Einheit hat (zu den Einzelheiten unten, Rn. 221 a ff.).

216b Das **BVerfG hatte am 11.7.17**[649] **jedoch entschieden,** dass § 4a TVG insoweit mit Art. 9 Abs. 3 GG nicht vereinbar ist, als es an Vorkehrungen fehlt, die sicherstellen, dass die Interessen der Berufsgruppen, deren TV nach § 4a Abs. 2 Satz 2 TVG verdrängt wird, im verdrängenden TV hinreichend berücksichtigt werden. Durch Art. 4f des Qualifizierungschancengesetzes

---

641 Vgl. zur gerichtlichen Kontrolle von TV bei gesetzlich eingeräumten Beurteilungsspielräumen auch *Plander*, NZA 02, 483, 487 f.; näher auch *Gamillscheg*, Kollektives Arbeitsrecht, Bd. II, S. 218, der zutreffend davor warnt, die Abschaffung der behördlichen Genehmigung nun durch eine enge gerichtliche Kontrolle zu unterlaufen.

642 Vgl. dazu *Trümner/Sparchholz*, AiB 09, 98 ff. m. w. N.

643 29.7.09 – 7 ABR 27/08, NZA 09, 1424, Rn. 22.

644 *BAG* 13.3.13 – 7 ABR 70/11, NZA 13, 738, 743.

645 *BAG* 24.4.13, DB 13, 1913, Rn. 31.

646 Kritisch zu der damit verbundenen Gefahr einer arbeitsgerichtlichen Inhaltskontrolle dessen, was als »wirksam und zweckmäßig« anzusehen ist, auch *Homburg/Mittag*, AuR 13, 253 f.

647 BGBl. I, S. 1130.

648 Damit sollen – neben dem Bestandsschutz gem. § 13 Abs. 3 TVG für am 10.7.15 bereits geltende TV – auch nach dem 10.7.15 vereinbarte § 3-TV und damit die Kontinuität der betrieblichen Interessenvertretung gesichert werden; vgl. hierzu *BT-Drucks.* 18/4062, S. 14.

649 Urt. v. 11.7.17 in den Verfahren 1 BvR1571/15, 1 BvR 1588/15, 1 BvR 2883/15, 1BvR 1043/16 und 1 BvR 1477/16, NZA 17, 915 ff.

v. 18. 12. 2018[650] wurde dieser Beanstandung Rechnung getragen, indem die Ausführungen des *BVerfG* **mit Wirkung ab dem 1. 1. 2019** nahezu wörtlich zum Gesetzestext erhoben worden sind: § 4a Abs. 2 Satz 2 TVG erhielt einen entsprechenden Halbsatz anfügt.[651] Das TEG verstößt nicht gegen die Versammlungs- und Vereinigungsfreiheit aus Art. 11 Abs. 1 EMRK.[652]

216c Auf solche **TV, die am 10. 7. 2015 bereits galten** (Tag des Inkrafttretens des TEG) findet die Tarifkollisionsregelung des § 4a TVG gemäß § 13 Abs. 3 TVG jedoch keine Anwendung. Etwaige **Kollisionen** bei derartigen **Alt-TV** sind deshalb nach den bisher in der Literatur und Rspr. angebotenen Lösungen zu behandeln (nachfolgend Rn. 217 ff.).

a) Bisheriger Meinungsstand

217 Der beachtliche argumentative Aufwand in der Literatur zur Problematik der Tarifkonkurrenz bei TV nach § 3 steht in auffälligem Kontrast zu ihrem praktisch nicht feststellbaren Vorkommen[653], denn Fälle einer solchen Konkurrenz sind bislang nicht ersichtlich. So kann es nicht verwundern, dass diese Frage bisher letztlich auch nicht gerichtlich geklärt worden ist[654]. Ein Rechtssatz des Inhalts, dass bei einem TV über betriebsverfassungsrechtliche Normen nur derjenige wirksam ist, der mit der repräsentativsten Gewerkschaft abgeschlossen wird, war bis zum Inkrafttreten des TarifeinheitsG am 10. 7. 2015 nicht ersichtlich,[655] so dass selbst bei Vorliegen eines solchen TV dieser nicht einmal den Abschluss eines anderen TV sperrte.[656] Der Hinweis, zur Vermeidung von Tarifkonkurrenz einen TV nur mit der repräsentativsten Gewerkschaft abzuschließen,[657] entspricht zwar praktischer Vernunft, eine entsprechende Rechtspflicht des AG ist aber nicht erkennbar. Ansätzen, die bereits über die **Beschränkung der Abschlussfreiheit** der TV-Parteien zu einer Lösung gelangen wollten, hatte das *BAG*[658] einerseits zwar eine klare Absage erteilt, andererseits aber auch die Frage der Auflösung einer entstandenen Tarifkonkurrenz offen gelassen, wenngleich mit Zweifeln gegenüber dem **Majoritäts- oder Repräsentationsprinzip** jedenfalls dann, wenn auch die Mehrheitsgewerkschaft nur über eine sehr geringfügige Anzahl von Mitgliedern im Betrieb verfügt (zehn von insgesamt 1600 AN).[659] Der Gesetzgeber hatte das Problem offenbar nicht gesehen, jedenfalls ist es bei Inkrafttreten der BetrVG-Novelle 2001 ungeregelt und auch in den Materialien unerwähnt geblieben.[660]

218 **Ob** eine **Tarifkonkurrenz** vorliegt, ist zunächst durch genaue Auslegung i. S. einer größtmöglichen Geltungserhaltung zu ermitteln.[661] Aufgrund des bestehenden **Gewerkschaftspluralismus** ist es aber dennoch denkbar, dass ein Betrieb bzw. eine Organisationseinheit (§ 3 Abs. 5) von mehreren TV nach § 3 erfasst wird. Dann ist nach h. M. mit den tarifvertragsrechtlichen Grundsätzen über die Tarifkonkurrenz zu ermitteln, welcher TV gilt.[662] Bei Normen über betriebsverfassungsrechtliche Fragen kann es **keine Tarifpluralität** geben, weil derartige Normen alle Arbeitsverhältnisse im Betrieb gleichermaßen erfassen, also auch die der nicht oder anders organisierten AN. Andererseits wäre es mit Art. 9 Abs. 3 GG nicht zu vereinbaren, wenn § 3

---

650 BGBl. I, S. 2651.

651 *Hromadka*, NZA 19, 215, weist zu Recht darauf hin, dass der Gesetzgeber sich – insoweit anders als die Formulierung des BVerfG – zulässiger Weise für eine Verfahrenslösung beim Zustandekommen des Mehrheits-TV entschieden hat.

652 *EGMR* 5. 7. 22 – 815/18 u. a., NZA 22, 1058.

653 Ähnlich auch *Gamillscheg*, Kollektives Arbeitsrecht, Bd. II, S. 218.

654 So auch der Befund bei *Wendeling-Schröder*, NZA 15, 525, 526 f.

655 *Thüsing*, ZIP 03, 693 [698].

656 A. A. noch *Fitting, 27. Aufl.*, Rz. 16 ff., 16d, wonach gem. dem Prioritätsprinzip der spätere TV unwirksam sei, diese Ansicht ist mit der *28. Aufl.*, Rn. 16c aufgegeben worden.

657 *Engels/Trebinger/Löhr-Steinhaus*, DB 01, 532 [533].

658 29. 7. 09 – 7 ABR 27/08, NZA 09, 1424.

659 Offen gelassen, ob das Spezialitätsprinzip auch für die Auflösung der Konkurrenz von Betriebsnormen tauglich ist, in *BAG* 9. 12. 09 – 4 AZR 190/08, NZA 10, 712.

660 *Richardi*, Rn. 61; *Gamillscheg*, a. a. O., S. 217.

661 In diese Richtung weist zutreffend *Thüsing*, a. a. O., S. 699.

662 Richardi-*Maschmann*, § 2 Rn. 25 ff.; GK-*Franzen, 10. Aufl.* Rn. 33 – 34; umfassender Überblick zu den in der Literatur vertretenen Lösungsansätzen bei *Sobotta*, S. 255 ff.

BetrVG dort, wo eine Gewerkschaft im Rahmen des § 3 BetrVG bereits tätig geworden ist, einer anderen zuständigen Gewerkschaft die Möglichkeit zur Tarifierung versperren würde.[663]

Die Anwendung der Grundsätze über die Tarifkonkurrenz[664], insbes. das **Spezialitätsprinzip**[665], 219
könnte geeignet sein, diese Probleme zu lösen.[666] Diese Grundsätze müssen aber modifiziert werden.[667] Dabei ist zunächst zu unterscheiden,[668] ob die **Tarifkonkurrenz tarifautonom** ausgelöst (wenn die TV-Parteien der fraglichen TV nicht übereinstimmen, z. B.: TV-1 zwischen AG und IG Metall, TV-2 zwischen AG und IG BCE) **oder** ob sie **staatlich veranlasst** wurde (durch Ausdehnung der Tarifgeltung z. B. kraft Allgemeinverbindlicherklärung). Bei TV nach § 3 handelt es sich allerdings stets um Fälle tarifautonomer Konkurrenz. Richtiger, aber umstrittener Ansicht zufolge gilt bei der Konkurrenz von Betriebsnormen bzw. Betriebsverfassungsnormen das **Prinzip des Vorrangs stärkerer mitgliedschaftlicher Legitimation.**[669] Der Vorrang gebührt daher dem TV, der von der Gewerkschaft abgeschlossen wurde, die die meisten Mitglieder im Geltungsbereich des TV hat.[670] Dagegen wird das alte Argument von *Dietz*[671] ins Feld geführt, auf die größere Zahl organisierter AN könne es schon deswegen nicht ankommen, weil gerade § 3 Abs. 2 TVG zeige, dass es für die Normgeltung überhaupt nicht auf die Tarifgebundenheit der AN-Seite ankomme.[672] Dieser Einwand hat allerdings keine größere oder geringere Plausibilität als die These, bei Normenkonkurrenz seien alle einander widersprechenden Regelungen unwirksam.[673] Immerhin sollte nicht aus dem Auge verloren werden, dass es bei TV nach § 3 um die **Organisation der AN-Repräsentation** geht. Dies spricht stark dafür, dass es doch auf das »Prinzip der größeren Zahl« ankommt, was dem Meinungsstand in der h. L. entspricht.[674]

Zur Vermeidung der vermeintlich nicht befriedigend lösbaren Tarifkonkurrenzprobleme 220
vertrat *Fitting*[675] zunächst, dass bei Zuständigkeit sowohl einer DGB-Gewerkschaft als auch einer nicht dem DGB angehörenden konkurrierenden Gewerkschaft der TV nach Abs. 1 nur mit beiden Gewerkschaften einheitlich geschlossen werden könne. Sieht man einmal von der praktisch kaum vorstellbaren Lage ab, dass sich gegnerische Gewerkschaften in eine Art **»notwendige Zwangstarifgemeinschaft«** begeben werden (und dann eine sinnvolle Regelung insgesamt unmöglich würde), so lässt sich derartiges nicht mit Art. 9 Abs. 3 GG vereinbaren: Die Tarifvertragsfreiheit schließt auch die Willensfreiheit der Gewerkschaften ein, sich in einer Tarifgemeinschaft zusammenzuschließen (näher Rn. 18 f.). Das ***BAG*** hat denn auch zutreffend die These von der notwendigen Tarifgemeinschaft **abgelehnt.**[676]

---

663 *BAG* 29.7.09, a. a. O.; so auch *Hohenstatt/Dzida*, DB 01, 2498 [2500].
664 Zu den verschiedenen Ansätzen auch *Fitting*, Rn. 16e.
665 Vom *BAG* 14.6.89 – 4 AZR 200/89, AP Nr. 16 zu § 4 TVG Tarifkonkurrenz, bislang bevorzugte Lösung.
666 *FKHE*, 20. Aufl., Rn. 13, wiesen zur Rechtslage nach § 3 Abs. 2 a. F. darauf hin, dass diese Grundsätze bereits von der Zustimmungsbehörde zu prüfen seien, sobald ihr derartige TV vorgelegt werden – diese Vorprüfung ist aber gerade entfallen; nach *Dietz*, BetrVG, 4. Aufl., § 47 Rn. 26, soll u. U. der zeitlich frühere TV vorgehen; sog. **Prioritätsprinzip.**
667 Die von *Teusch*, NZA 07, 124, 129, vorgeschlagenen Konkretisierungen auf Grundlage des Spezialitätsprinzips führen allerdings geradewegs zu einer umfassenden gerichtlichen Inhaltskontrolle und sind daher abzulehnen.
668 Zu dieser Differenzierung *Löwisch/Rieble*, TVG, § 4 Rn. 274 f., 278.
669 So schon *Dieterich*, S. 104; wie hier – jedenfalls für den Normalfall – *Gamillscheg*, Kollektives Arbeitsrecht, Bd. I, S. 606; *Däubler*, AuR 01, 285 [288]; *Konzen*, RdA 01, 76 [86]; *Hohenstatt/Dzida*, DB 01, 2498 [2500]; *LK*, Rn. 21.
670 Ebenso *Löwisch/Rieble*, TVG, § 4 Rn. 303 m. w. N.; Kempen/Zachert/*Wendeling-Schröder*, § 4 Rn. 186; *Kempen*, FS Schaub, S. 357 [370 f.]; *Wiedemann/Arnold*, ZTR 94, 404; zusammenfassend *Trümner*, JArbR 36 [1999], S. 59 [72 f.].
671 4. Aufl., § 47 Rn. 26, dort gegen *Nipperdey*.
672 So *Annuß*, NZA 02, 290 [293]; auch *Thüsing*, ZIP 03, 693 [299]; *Eich*, EuroAS 03, 12 [15]; ähnlich GK-*Franzen*, *10. Aufl.* Rn. 34.
673 So *Annuß*, a. a. O. im Anschluss an *Biedenkopf*, Grenzen der Tarifautonomie, 1964, S. 318; gegen *Annuß* insoweit auch *Thüsing*, a. a. O.
674 Ablehnend: *Sobotta*, S. 258.; zustimmend: *Wendeling-Schröder*, NZA 15, 525, 527; *Fitting*, Rn. 16g; *Richardi*, Rn. 61, alle m. w. N.
675 *27. Aufl.*, Rn. 16c.
676 *BAG* 29.7.09 – 7 ABR 27/08, NZA 09, 1424; 9.12.09 – 4 AZR 190/08, NZA 10, 712.

221 *Sobotta*[677] hat eine sehr erwägenswerte Lösung mit Hilfe eines **modifizierten Prioritätsprinzips** vorgeschlagen. Danach sei der zuerst abgeschlossene TV wirksam und könne grundsätzlich nicht während seiner Laufzeit durch einen zeitlich folgenden anderen TV einer konkurrierenden Gewerkschaft abgelöst werden. Dies folge aus § 3 Abs. 4 S. 1, der auch die aufgrund eines vorhergehenden TV gewählten BR in ihrer Amtszeit schütze. Ferner greife Abs. 5 Satz 1, der die tarifliche Organisationseinheiten als Betriebe fingiere, woran auch die Tarifparteien gebunden seien, die einen nachfolgenden abweichenden TV abzuschließen wünschten, so dass diese überhaupt nur solche Betriebe zusammenfassen könnten, die aufgrund des vorgefundenen TV als Betriebe gelten. Soweit diese Vorgabe beachtet werde, sei die sich ergebende **Konkurrenz anhand des aus den Dienlichkeitsklauseln abzuleitenden Optimierungsgebotes aufzulösen.** Dieser Ansatz hat den Vorteil, sich auf im Gesetz selbst zum Ausdruck gebrachte Wertungen berufen zu können. Seine Schwäche liegt freilich darin, während der aufgrund des ersten TV angelaufenen Amtszeit möglicherweise zu einer vorzeitigen Neuwahl zu zwingen. *Sobotta*[678] selbst bezweifelt, ob eine derart mögliche laufende Änderung des Betriebsbegriffs durch TV einer effektiven Vertretung der AN-Interessen zuträglich sei und entwickelt deshalb als »Faustregel« den Grundsatz, innerhalb der zeitlichen Intervalle der regulären BR-Wahlen könne nur *einmal* eine betriebsverfassungsrechtliche Organisationsänderung außerhalb des regelmäßigen Turnus erfolgen. In praktischer Hinsicht ist zu ergänzen, dass über die Auflösung der Konkurrenz mittels dieses modifizierten Prioritätsprinzips zumeist dann ohnehin die Arbeitsgerichte entscheiden dürften und Rechtskraft nur selten vor Ablauf der Amtszeit des BR eintreten wird.

b) Das TarifeinheitsG und § 4a TVG n. F.

221a Das als Artikelgesetz konzipierte **TarifeinheitsG v. 3.7.2015**[679] trat gem. seinem Art. 3 **am 10.7.15 in Kraft.** Durch Art. 1 Nrn. 1 des Gesetzes wurde § 4a in das TVG eingefügt. Aufgrund der Entscheidungen des *BVerfG* über die dagegen erhobenen Verfassungsbeschwerden (vgl. oben, Rn. 216b) ist durch Art. 4f des Qualifizierungschancengesetzes v. 18.12.2018[680] **mit Wirkung ab dem 1.1.2019** der § 4a Abs. 2 *Satz 2* TVG durch Einfügung eines zweiten Halbsatzes **nachgebessert** worden und lautet nunmehr wie folgt (die Nachbesserung ist *kursiv* wiedergegeben):

»Soweit sich die Geltungsbereiche nicht inhaltsgleicher Tarifverträge verschiedener Gewerkschaften überschneiden (kollidierende Tarifverträge), sind im Betrieb nur die Rechtsnormen des Tarifvertrags derjenigen Gewerkschaft anwendbar, die zum Zeitpunkt des Abschlusses des zuletzt abgeschlossenen kollidierenden Tarifvertrags im Betrieb die meisten in einem Arbeitsverhältnis stehenden Mitglieder hat (Mehrheitstarifvertrag); wurden beim Zustandekommen des Mehrheitstarifvertrags die Interessen von Arbeitnehmergruppen, die auch von dem nach dem ersten Halbsatz nicht anzuwendenden Tarifvertrag erfasst werden, nicht ernsthaft und wirksam berücksichtigt, sind auch die Rechtsnormen dieses Tarifvertrags anwendbar.«

§ 4a Abs. 3 TVG bezieht sich speziell auf **TV über betriebsverfassungsrechtliche Fragen** und legt unverändert folgendes fest:

»Für Rechtsnormen eines Tarifvertrages über eine betriebsverfassungsrechtliche Frage nach § 3 Absatz 1 und § 117 Absatz 2 des Betriebsverfassungsgesetzes gilt Absatz 2 Satz 2 nur, wenn diese betriebsverfassungsrechtliche Frage bereits durch Tarifvertrag einer anderen Gewerkschaft geregelt ist.«

677 S. 258 ff.
678 S. 260.
679 BGBl. I, S. 1130.
680 BGBl. I, S. 2651.

Man muss diese nur auf Abs. 2 ***Satz 2*** zurückverweisende Sonderregelung für betriebsverfassungsrechtliche TV wohl dahingehend verstehen, dass in diesen Fällen die weiteren Bestimmungen in Abs. 2 **Sätze 4 und 5** nicht zur Anwendung kommen sollen. **§ 13 Abs. 3 TVG** enthält eine Bestimmung zum zeitlichen Geltungsbereich und sieht vor:

»§ 4a ist nicht auf Tarifverträge anzuwenden, die am 10. Juli 2015 gelten.«

Damit wird die **rückwirkende Anwendung** auch des »nachgebesserten« Rechts auf schon am 10.7.15 bestehende und gerade auch solche TV, die betriebsverfassungsrechtliche Fragen i.S.d. § 3 BetrVG regeln, **ausgeschlossen** und ein Bestandsschutz festgelegt.[681] Der **Bestandsschutz endet** jedoch, wenn nach dem 10.7.15 nicht lediglich redaktionelle Änderungen vorgenommen werden[682], so dass danach § 4a TVG anzuwenden ist, wenn es später zu Kollisionen kommen sollte.

Die praktischen **Auswirkungen der Neuregelung** auf TV nach § 3 Abs. 1 BetrVG dürften bis auf Weiteres begrenzt bleiben. *Einerseits* ist die gesetzliche Regelung zur Kollisionsbeseitigung in § 4a TVG aufgrund von § 13 Abs. 3 TVG **auf bereits am 10.7.15 geltende Zuordnungs-TV nicht anzuwenden.** Treten bezüglich solcher »Alt-TV« noch Tarifkollisionen auf, so müssen diese unter Anwendung der bisher schon entwickelten Regeln gelöst werden (siehe dazu Rn. 217 ff). *Andererseits* ist für **nach dem 10.7.15 erstmals abgeschlossene** oder noch abzuschließende § 3 – TV durch § 4a Abs. 3 TVG eine gewisse Erleichterung geschaffen, weil das in § 4a Abs. 2 Satz 2 TVG geregelte Mehrheitsprinzip nur dann greift, wenn die mit dem neuen TV zu regelnde Frage bereits durch einen TV einer anderen Gewerkschaft geregelt ist, also überhaupt eine **regelungsgegenständliche Konkurrenz** vorliegt.[683] Das bedeutet: 221b

Wird für einen Betrieb oder bestimmte Organisationsbereiche erstmals überhaupt eine tarifliche Regelung nach § 3 Abs. 1 BetrVG erstrebt und besteht dort bisher kein diesbezüglicher § 3-TV einer anderen Gewerkschaft, so kann sogar die nach Mitgliederzahl im Betrieb kleinere Gewerkschaft einen solchen Zuordnungsvertrag wirksam abschließen[684], sofern sie tarifzuständig ist. Das verträgt sich allerdings nicht mit dem von § 4a grundsätzlich verfolgten Anliegen der tariflichen Alleinrepräsentation durch die Mehrheitsgewerkschaft, wenn letztere überhaupt keinen TV abschließen möchte, weil sie z.B. die gesetzliche Betriebsverfassung für sachgerechter hält[685]. Selbst die bloße inhaltsgleiche Nachzeichnung der gesetzlichen Struktur durch einen TV der Mehrheitsgewerkschaft soll dann nicht vor dem Struktur-TV der Minderheitsgewerkschaft schützen können, weil es sich dabei eben nicht um eine »abweichend« geregelte Struktur i.S.d. § 3 BetrVG handele.[686] In derartigen Fällen spricht allerdings vieles dafür, dass der Struktur-TV der Minderheitsgewerkschaft die Dienlichkeitsanforderungen nach § 3 Abs. 1 Nr. 1 BetrVG nicht erfüllt und deshalb unwirksam ist. Notfalls muss das arbeitsgerichtlich geklärt werden. 221ba

Trifft nach dem 10.7.15 ein Minderheits-TV aber auf einen bereits bestehenden Zuordnungs-TV der Mehrheitsgewerkschaft, der ebenfalls nach dem 10.7.15 abgeschlossen wurde, kommt aufgrund der »Nachbesserung« des Gesetzgebers der Minderheits-TV gemäß § 4a Abs. 2 Satz 2, 1. Halbs. TVG nur noch grundsätzlich nicht zur Anwendung[687], könnte nach dem eingefügten 2. Halbsatz des Abs. 2 Satz 2 ausnahmsweise aber doch anwendbar werden, wenn beim Zustandekommen des Mehrheits-TV die Interessen von AN-Gruppen, die vom Minderheits-TV erfasst werden, nicht ernsthaft und wirksam berücksichtigt wurden.[688] Das führt freilich zu völlig widersinnigen Ergebnissen, denn Struktur-TV nach § 3 Abs. 1 BetrVG können gem. § 3 Abs. 2 TVG nur betriebseinheitlich und ohne Rücksicht auf die Tarifgebundenheit der 221bb

681 Vgl. auch Wiedemann-*Jacobs*, TVG, § 4a Rn. 162.
682 Ebenda.
683 *Jacobs*, a.a.O., § 4a Rn. 149.
684 Vgl. Berg/Kocher/Schumann-*Berg*, 5. Aufl. 2015, § 4a Rn. 31.
685 Zutreffend *Jacobs*, a.a.O., § 4a Rn. 153.
686 *Jacobs*, a.a.O., Rn. 154.
687 Berg/Kocher/Schumann-*Berg*, a.a.O., Rn. 33.
688 Zu den damit verbundenen Problemen der Darlegungs- und Beweislast näher *Giesen/Rixen*, NZA 19, 577, 580.

AN gelten (Rn. 218). Die Kollisionsregel des § 4a TVG in der Fassung der »Nachbesserung« führte dann wieder zu einer Tarifmehrheit, die es ja gerade aufzuheben gilt. Ursächlich dafür ist eine offenbar gedankenlos vorgenommene »Nachbesserung«, die sich hier als »Verschlimmbesserung« erweist. Denn § 4a Abs. 3 TVG hätte dergestalt angepasst werden müssen, dass die dortige Bezugnahme nur auf Abs. 2 Satz 2, 1. Halbsatz unter Ausschluss des 2. Halbsatzes gerichtet sein kann. Nur so ergibt sie Sinn und bliebe auch anwendbar. Dies folgt unmittelbar aus der Entscheidung des BVerfG[689] zur partiellen Unvereinbarkeit des § 4a TVG mit Art. 9 Abs. 3 GG: Die Erwägungen zur verfassungskonformen Auslegung[690], die die Grundlage für die vorläufige »Maßgabeanordnung« des Gerichts bildeten, betreffen ausschließlich solche Interessen der minderheitsgewerkschaftlich organisierten AN, die typischerweise nur in Inhalts-, Abschluss- oder Beendigungsnormen eines TV geregelt sein können. Die beispielhaft genannten Regelungsgegenstände[691] »die Lebensplanung der Beschäftigten berührenden Ansprüche«, »längerfristig bedeutsame Leistungen«, »Leistungen zur Alterssicherung«, »Arbeitsplatzgarantie«, »Lebensarbeitszeit« und »berufliche Bildungsmaßnahmen« haben gegenständlich nichts mit den betriebsverfassungsrechtlichen Regelungsgegenständen eines Struktur-TV nach § 3 BetrVG zu tun.

221bc Zuordnungs-TV, die von Berufsgewerkschaften abgeschlossen werden, sind i. d. R. allerdings schon nach den allgemeinen tarifrechtlichen Grundsätzen unwirksam, weil es meist an der flächendeckenden Tarifzuständigkeit für alle Arbeitsverhältnisse des Betriebs mangelt (dazu ausführlich oben, Rn. 16), so dass schon keine aufzulösende Tarifkollision vorliegt. Vgl. zur Bestimmung des Betriebes bzw. der Betriebe, die für die Feststellung der Mehrheitsverhältnisse maßgeblich sind, Rn. 221d und 221e.

221c Die **Anwendung des Mehrheitsprinzips** nach § 4a Abs. 2 Satz 2 TVG **kann** von den konkurrierenden Gewerkschaften **vermieden werden**[692], wenn:

- die Gewerkschaften gemeinsam ihre Tarifverträge in einer Tarifgemeinschaft verhandeln,
- die Gewerkschaften, ohne in einer Tarifgemeinschaft verbunden zu sein, inhaltsgleiche Tarifverträge abschließen,
- eine Gewerkschaft den Tarifvertrag der anderen Gewerkschaft gem. § 4a Abs. 4 TVG nachzeichnet (sogenannter Anschlusstarifvertrag),
- innerhalb eines Zusammenschlusses mehrerer Gewerkschaften verbandsinterne Konfliktlösungsverfahren genutzt werden (vgl. Rn. 17) oder
- eine Gewerkschaft die Ergänzung ihres Tarifwerks durch tarifvertragliche Regelungen einer anderen Gewerkschaft gestattet.

221d Als sachlichen **Bezugspunkt für die Mehrheitsfeststellung** nennt § 4a Abs. 2 Satz 2 TVG den Betrieb. Fraglich ist aber, **auf welchen Betrieb bzw. welche Betriebe** für die **Feststellung der Mehrheitsverhältnisse** abzustellen ist. Dies kann – weil das Gesetz hier undeutlich ist – nämlich der durch den Zuordnungs-TV der Minderheitsgewerkschaft gebildete Betrieb oder der vor Inkrafttreten des Zuordnungs-TV der Minderheitsgewerkschaft bestehende Betrieb sein. Da § 4a Abs. 2 Satz 2 TVG für den Regelfall am Betriebsbegriff gem. § 1 Abs. 1 Satz 1 BetrVG anknüpft, ist der **vor Inkrafttreten des Minderheits-TV bestehende Betrieb** maßgeblich[693]. Wurden auf Grundlage des Zuordnungs-TV der Minderheitsgewerkschaft mehrere Betriebe gebildet bzw. bestanden vor seinem Inkrafttreten mehrere Betriebe, kann zusätzlich das Problem auftreten, dass sich die Mehrheitsverhältnisse in den einzelnen Betrieben unterschiedlich darstellen. Da ein Zuordnungs-TV in vielen Fällen eine ursprünglich aus zahlreichen Betrieben bestehende Betriebsrats- bzw. Vertretungsstruktur neu regelt, kann er sinnvoll auch nur für alle von ihm erfassten Betriebe einheitlich gelten. Aus diesem Grund kann in diesem Fall nicht auf die Mehrheitsverhältnisse in den einzelnen Betrieben abgestellt werden, sondern nur auf die **Mehrheit der Gewerkschaftsmitglieder in der Gesamtheit aller vom Zuordnungs-TV**

---

689 *BVerfG* 11.7.17, NZA 17, 915.
690 *BVerfG* 11.7.17, a. a. O., Rn. 166–199.
691 *Ebd.*, Rn. 187.
692 *BT-Drucks.* 18/4062, S. 9; Berg/Kocher/Schumann-*Berg*, a. a. O., Rn. 24.
693 Berg/Kocher/Schumann-*Berg*, a. a. O., Rn. 32.

erfassten Betriebe.[694] Dies kann im Ergebnis dazu führen, dass neben dem Zuordnungs-TV der Mehrheitsgewerkschaft (die über die Mehrheit der Gewerkschaftsmitglieder in der Gesamtheit aller vom Zuordnungs-TV erfassten Betriebe verfügt) in einigen dieser Betriebe die den Inhalt der Arbeitsverhältnisse regelnden TVe der Gewerkschaft gelten, die zwar bezogen auf die Gesamtheit der Betriebe die Minderheitsgewerkschaft ist, in einzelnen dieser Betriebe aber Mehrheitsgewerkschaft[695].

Weitere sachliche Bezugspunkte für die Mehrheitsfeststellung sind gem. § 4a Abs. 2 Satz 4 TVG **der gemeinsame Betrieb mehrerer UN** und die durch TV **gewillkürte betriebsverfassungsrechtliche Organisationseinheit** nach § 3 Abs. 1 Nr. 1 bis 3 BetrVG, die aber unter tatbestandlich völlig unbestimmten Voraussetzungen sogleich wieder ausgeschlossen werden: 221e

»Als Betriebe gelten auch ein Betrieb nach § 1 Absatz 1 Satz 2 des Betriebsverfassungsgesetzes und ein durch Tarifvertrag nach § 3 Absatz 1 Nummer 1 bis 3 des Betriebsverfassungsgesetzes errichteter Betrieb, es sei denn, dies steht den Zielen des Absatzes 1 offensichtlich entgegen. Dies ist insbesondere der Fall, wenn die Betriebe von Tarifvertragsparteien unterschiedlichen Wirtschaftszweigen oder deren Wertschöpfungsketten zugeordnet worden sind.«

Durch diese Regelung wird dem **Gestaltungsmissbrauch** Tür und Tor geöffnet[696]. Da somit in einem **fingierten Betrieb gem. § 3 Abs. 1 Nr. 1–3 i. V. m. Abs. 5 BetrVG** der ausschließlich anwendbare TV ebenfalls nach dem Mehrheitsprinzip zu ermitteln ist, wird es gestattet, die jeweils genehmen Mehrheitsverhältnisse herbeizuführen. Abgesehen davon, dass die Gestaltungsmöglichkeiten für betriebsratsfähige Organisationseinheiten gemäß § 3 Abs. 1 Nr. 1–3 BetrVG dem Zweck jener Vorschrift entsprechend relativ großzügig geregelt sind, kann der **AG nunmehr gemeinsam mit einer der konkurrierenden Gewerkschaften** zu Lasten einer anderen Gewerkschaft die betriebsratsfähigen Organisationseinheiten tarifvertraglich so gestalten, dass die »andere« Gewerkschaft in den tarifvertraglich errichteten Betrieben vollständig oder weitgehend zur Minderheitsgewerkschaft wird. So wäre es insbesondere möglich, dass der Arbeitgeber mit der Gewerkschaft, die in der Gesamtheit aller Betriebe des Unternehmens am meisten Mitglieder hat, gem. § 3 Abs. 1 Nr. 1 a) BetrVG einen **unternehmenseinheitlichen Betriebsrat** errichtet[697] oder gem. § 3 Abs. 1 Nr. 1 b) BetrVG die Betriebe des Unternehmens jeweils so zu neuen **Betrieben zusammenfasst,** dass die Konkurrenzgewerkschaft stets die Minderheitsgewerkschaft ist und auch bleiben wird. Die sich aus § 3 Abs. 1 Nr. 1–3 BetrVG ergebenden Gestaltungsmöglichkeiten sind gem. § 4a Abs. 2 Satz 4, 2. Halbsatz, Satz 5 TVG lediglich dadurch beschränkt, dass die tarifvertragliche Errichtung der Betriebe **den in § 4a Abs. 1 TVG genannten Zielen nicht »offensichtlich« entgegenstehen** dürfen.[698] Es lässt sich nicht rechtssicher feststellen, unter welchen Voraussetzungen die abweichende Zuordnung von Betrieben den abstrakt formulierten Zielen in § 4a Abs. 1 TVG »offensichtlich« entgegensteht. Das gilt insbesondere unter Berücksichtigung der konturlosen und bisher unbekannten Gesetzesbegriffe »Wirtschaftszweig« und »Wertschöpfungskette«, mit denen ein Regelbeispiel für eine missbräuchliche Zuordnung von Betrieben in einem Zuordnungs-TV umschrieben werden soll. Da vor allem § 3 Abs. 1 Nr. 3 BetrVG darauf angelegt ist, durch TV **andere Arbeitnehmervertretungsstrukturen in konzernweiten Zusammenhängen** und anderen Formen der Zusammenarbeit von UN zu bestimmen, ist § 3 Abs. 1 BetrVG gerade nicht darauf angelegt, die Zuordnung von Betrieben auf Betriebe eines Wirtschaftszweigs bzw. einer Wertschöpfungskette zu beschränken.[699] Die Wirksamkeit und Zweckmäßigkeit der Interessenvertretung der Arbeitnehmer kann vielmehr gerade die Überwindung derartiger Beschränkungen erfordern (zu den dies veranschaulichenden typischen Anwendungsfällen oben, Rn. 115). Man muss deshalb § 4a Abs. 2 Satz 5 TVG dahingehend eng auslegen, dass ein durch Zuordnungs-TV er-

694 Berg/Kocher/Schumann-*Berg*, a. a. O., Rn. 32.
695 Ebenda.
696 Vgl. dazu Berg/Kocher/Schumann-*Berg*, a. a. O., Rn. 56.
697 So auch zur DB AG *Greiner*, RdA 15, 36, 40.
698 Näher dazu Berg/Kocher/Schumann-*Berg*, a. a. O., Rn. 57.
699 Zutreffend daher Berg/Kocher/Schumann-*Berg*, a. a. O., Rn. 58.

richteter Betrieb i. S. d. § 4a Abs. 2 Satz 2 TVG immer dann vorliegt, wenn die TV-Parteien bei Abschluss eines TV gem. § 3 Abs. 1 Nr. 1–3 BetrVG im Rahmen ihrer Tarifzuständigkeit und unter Beachtung der sich unmittelbar aus § 3 Abs. 1 Nr. 1–3 BetrVG ergebenden Regelungsschranken gehandelt haben. Alles andere liefe darauf hinaus, mittels § 4a Abs. 2 Satz 4 und 5 TVG den gesamten Regelungsgehalt des § 3 Abs. 1 BetrVG gleichsam aufzuheben.

221f Der **Nachweis der Gewerkschaftsmitgliederzahl** kann erhebliche praktische und rechtliche Probleme bereiten[700]. **§ 58 Abs. 3 ArbGG** i. d. F. des TarifeinheitsG v. 3. 7. 15 stellt klar, dass der Beweis durch Vorlegung öffentlicher Urkunden angetreten werden kann. In Betracht kommt daher vor allem die Beweisführung durch **Vorlage notarieller Bescheinigungen** zur Zahl der Arbeitnehmer, die Mitglied der Gewerkschaft sind, sowie über das Vertretensein der Gewerkschaft im Betrieb. Die Bescheinigung muss aber erkennen lassen, auf welche der in Betracht kommenden Einheiten (Rn. 21d) sich die Mitgliedszahlen beziehen.

221g Durch Art. 2 Nrn. 1 und 3 des TarifeinheitsG sind weitere Änderungen des ArbGG erfolgt. **§ 2a Abs. 1 Nr. 6 ArbGG n. F.** legt das Beschlussverfahren als Verfahrensart für Entscheidungen über den im Betrieb nach § 4a Abs. 2 Satz 2 TVG anwendbaren TV fest. **§ 99 ArbGG n. F.** regelt dazu Einzelheiten des Verfahrens (Antragsbefugnis, Verfahren in drei Rechtszügen, *erga-omnes* – Wirkung des rechtskräftigen Beschlusses [Wirkung für und gegen jedermann] sowie Besonderheiten der Wiederaufnahme bei unrichtigen Angaben).[701]

3. Rechtsnachfolge in einen Tarifvertrag

222 TV nach § 3 sind solche über betriebsverfassungsrechtliche Fragen und setzen die **bloß einseitige Tarifbindung** des AG voraus (§ 3 Abs. 2 i. V. m. Abs. 1 und § 2 Abs. 1 TVG; vgl. oben Rn. 6). Diese einseitige Tarifbindung erfolgt beim **Firmen-TV** über die Parteistellung des einzelnen AG (§ 3 Abs. 1, § 2 Abs. 1 TVG), beim **Verbands-TV** über die Mitgliedschaft des AG im tarifschließenden AG-Verband. Für die Frage, ob bei einer Rechtsnachfolge auf AG-Seite (Betriebsinhaberwechsel; insbesondere bei UN-Teilungen oder sonstigen umwandlungsrechtlichen Umstrukturierungen) die **Bindung des neuen Inhaber-UN an den TV** fortbesteht, ist daher zu differenzieren, ob es sich bei dem TV nach § 3 um einen Firmen- oder einen Verbands-TV handelt, und insoweit wiederum jeweils, ob der Betriebsinhaberwechsel **rechtsgeschäftlicher** (vgl. § 613a BGB; z. B. durch sog. Sachgründung einer neuen Gesellschaft mittels Einbringung von Betrieben oder Betriebsteilen)[702] **oder universalsukzessorischer** Natur ist (Letzteres ist etwa durch § 20 UmwG für die umwandlungsrechtliche Verschmelzung bzw. durch § 131 UmwG für die Spaltung geregelt).

223 Für die Hauptanwendungsfälle des universalsukzessorischen AG-Wechsels sieht **§ 324 UmwG** in sprachlich verunglückter Form gleichfalls die Anwendung von § 613a Abs. 1 BGB vor.[703] Gerade für die hier in Rede stehende Nachfolge in betriebsverfassungsrechtliche Normen **gibt** diese Vorschrift jedoch **nichts her,** weil dieser Normtyp aus dem Anwendungsbereich von § 613a Abs. 1 Satz 2 BGB ausgenommen ist.[704]

---

700 Dazu im Einzelnen Berg/Kocher/Schumann-*Berg*, a. a. O., Rn. 59 ff., Rn. 84 ff.

701 Das früher in § 98 und seit 2014 in § 99 ArbGG geregelte Einigungsstellen-Bestellungsverfahren findet sich seit dem 10. 7. 2015 nunmehr in § 100 ArbGG.

702 Dazu *BAG* 25. 6. 85, 19. 1. 88, EzA § 613a BGB Nrn. 48, 69.

703 Dazu *Boecken,* ZIP 94, 1087; *Däubler,* RdA 95, 136, 139; zur Frage, ob es sich um eine Rechtsgrund- oder Rechtsfolgenverweisung handelt, *Kreßel,* BB 95, 925 [928]; *Dehmer,* § 324 UmwG Rn. 1; *Joost,* in: Lutter [Hrsg.], § 324 UmwG Rn. 3; gegen die Anwendung von § 613a BGB auf universalsukzessorische AG-Wechsel schon *Trümner,* BetrR 92, 8 [10 ff.].

704 H. M., vgl. nur ErfK-*Preis,* § 613a BGB Rn. 114; differenzierend *Däubler,* Tarifvertragsrecht, Rn. 1541; anders auch KDZ-*Zwanziger,* § 613a BGB Rn. 62.

a) Firmentarifvertrag und Rechtsnachfolge

aa) Firmen-TV und Einzelrechtsnachfolge

Handelt es sich (wie bei TV nach § 3 zumeist) **um einen Firmen-TV** und dabei um einen Anwendungsfall des **§ 613a BGB,** soll nach älterer Literaturansicht[705], die auch vom *BAG* geteilt wird, sowohl die kollektivrechtliche Fortgeltung des TV ausgeschlossen sein als auch die Transformation ins Individualrecht gemäß § 613a Abs. 1 S. 2 BGB.[706] Letzteres überzeugt nur insoweit, als die **Transformation betriebsverfassungsrechtlicher Normen** in der Vorschrift gerade **nicht** vorgesehen ist. Zudem wäre die Überführung dieses Normtyps in das Vertragsrecht geradezu sinnwidrig, weil so die notwendig betriebseinheitliche Normgeltung nicht gewährleistet werden könnte.[707] Immerhin hält das *BAG*[708] es für möglich, einen **Firmen-TV** bereits für eine **künftige** – aber wohl mindestens **in Gründung befindliche – Gesellschaft** abzuschließen. Soweit gegen die vor In-Kraft-Treten des § 613a Abs. 1 Sätze 2 bis 4 BGB weit überwiegend vertretene kollektivrechtliche Fortgeltung von Firmen-TV[709] Bedenken wegen des Rechts der negativen Koalitionsfreiheit des Betriebserwerbers angemeldet wurden,[710] geht dies fehl: Beim Firmen-TV ist die TV-Bindung gerade nicht koalitionsförmig, d. h. durch Verbandsmitgliedschaft vermittelt, sondern knüpft an die schlichte Vertragsposition des »Arbeitgebers« an,[711] so dass richtiger Ansicht nach, die allerdings vom *BAG* und h. M.[712] nicht geteilt wird, in diesen Fallgestaltungen **der Firmen-TV auch den Betriebserwerber bindet.**[713] 224

Zutreffend hatte das **BAG ursprünglich**[714] den **Auffangcharakter** der Regelung in § 613a Abs. 1 Sätze 2 bis 4 BGB herausgestellt und den **Vorrang einer kollektivrechtlichen Weitergeltung** angenommen,[715] soweit die betriebsverfassungs- bzw. tarifrechtlichen Voraussetzungen dafür vorliegen. Schließlich gebietet Art. 3 Abs. 3 der Richtlinie 2001/23/EG v. 12. 3. 01[716] die Aufrechterhaltung der in Kollektivverträgen vereinbarten Arbeitsbedingungen »in dem gleichen Maße« wie beim Rechtsvorgänger, so dass der Wegfall jeder Tarifwirkung in keinem Falle europarechtskonform wäre.[717] Dennoch nimmt das **BAG in seiner jüngeren Rspr.** an,[718] dass der Betriebserwerber **nicht automatisch** Partei eines Firmen-TV wird, den der Betriebsveräußerer abgeschlossen hat, ohne sich hierbei jedoch mit den Besonderheiten von betriebsverfassungsrechtlichen TV nach § 3 auseinander gesetzt zu haben. Danach würde es zum Entfallen des TV gem. § 3 kommen können – ein seltsames Ergebnis, wenn man bedenkt, dass die Tarifgeltung unverändert aufrechterhalten bleibt, wenn dasselbe wirtschaftlich-organisatorische Ergebnis 225

---

705 Vgl. *Gussen,* S. 64 ff., 70 f. m. w.N.; *Hanau/Vossen,* FS Hilger/Stumpff, S. 271 [295 f.].

706 So schon *BAG* 20.6.01 – 4 AZR 295/00, NZA 2002, 518; 29.8.01 – 4 AZR 332/00, RdA 02, 299; ebenso für den Fall eines Betriebsteilübergangs *BAG* 18. 1. 12 – 7 ABR 72/10, AP Nr. 33 zu § 1 BetrVG 1972 Gemeinsamer Betrieb.

707 *Däubler,* Tarifvertragsrecht, Rn. 1541, nimmt zur Herstellung eines EG-richtlinienkonformen Ergebnisses die Nebenpflicht des Erwerbers aus den Arbeitsverträgen an, mit den übergehenden, aber auch neu eintretenden AN die Weitergeltung der betriebsverfassungsrechtlichen Normen zu vereinbaren.

708 24. 1. 01 – 4 ABR 4/00, SAE 02, 88 m. Anm. *Weber* = AP Nr. 1 zu § 3 BetrVG 1972 m. Anm. *Kort.*

709 Vgl. die Nachweise bei *Seiter,* DB 80, 877, 879 [Fn. 16]; *Kempen,* BB 91, 2006, 2008.

710 So etwa *Gussen,* S. 67.

711 Zutreffend *Kempen,* a. a. O.

712 Vgl. Wiedemann-*Oetker,* TVG, § 3 Rn. 217 m. w. N.

713 Ebenso *Kempen,* a. a. O.; *Jung,* RdA 81, 360; Kempen/Zachert/*Kempen,* § 3 Rn. 108; *Wank,* NZA 87, 505 [507]; *Moll,* RdA 96, 275.

714 5. 2. 91, AP Nr. 89 zu § 613a BGB; klarer 27. 7. 94, NZA 95, 222.

715 Vgl. dazu im Einzelnen *Däubler,* Tarifvertragsrecht, Rn. 1530 ff. m. w. N.

716 ABl. EG Nr. L 82, S. 17.

717 Ähnlich bereits *Seiter,* S. 93; nach *v. Alvensleben,* S. 308, steht das deutsche Recht insoweit klar im Widerspruch zum Gemeinschaftsrecht; vgl. auch *Thüsing,* ZIP 03, 705; *Däubler,* DB 05, 666 f.; *Friedrich,* S. 176 hält dagegen die kollektivrechtl. Fortgeltung nicht für europarechtlich geboten; a. A. auch *Hanau/Vossen,* a. a. O., S. 290, die betriebsverfassungsrechtliche Normen schon nicht zu den Normen über die in der Richtlinie angesprochenen »Arbeitsbedingungen« zählen wollen; dagegen dezidiert *Däubler,* a. a. O., Rn. 1541 m. w. N.; *Kamlah,* S. 61 f.

718 20. 6. 01 – 4 AZR 295/00, NZA 02, 518; 29. 8. 01 – 4 AZR 332/00, RdA 02, 299 m. Anm. *Däubler;* 18. 1. 12 – 7 ABR 72/10, AP Nr. 33 zu § 1 BetrVG 1972 Gemeinsamer Betrieb.

mit den umwandlungsrechtlichen Instrumenten der (partiellen) Gesamtrechtsnachfolge herbeigeführt würde.[719]

226 Wenig beachtet wird, dass der generelle Wegfall betriebsverfassungsrechtlicher Normen, beim Betriebsübergang auch mit Art. 6 Abs. 1 Unterabs. 1 der Richtlinie v. 12.3.01 (vgl. Rn. 225) nicht zu vereinbaren ist.[720] Danach bleiben die auf Grund einer Vereinbarung bestehenden Interessenvertretungen grundsätzlich erhalten, sofern die übertragene Organisationseinheit trotz Betriebsübergangs ihre Selbständigkeit behält. Auch TV gem. § 3 sind als solche »Vereinbarungen« anzusehen.[721] Geht man davon aus, dass das deutsche Recht aus den in Rn. 225 genannten Gründen hinsichtlich der Fortgeltung betriebsverfassungsrechtlicher Normen keine Regelung getroffen hat, aber eine richtlinienkonforme Rechtslage herzustellen ist, bleibt als plausibelste Lösung die entsprechende Anwendung von § 3 Abs. 3 TVG,[722] weil der Austritt aus dem Verband von den AN ebenso wenig zu beeinflussen ist, wie die Veräußerung des Betriebs.[723]

227 Allerdings kann die Voraussetzung der weiteren Tarifgeltung auch im veräußernden UN entfallen, wenn **nur Betriebsteile** Gegenstand der rechtgeschäftlichen Betriebsnachfolge sind und infolgedessen der bisherige Regelungszusammenhang des TV nach § 3 BetrVG nicht mehr aufrecht erhalten werden kann.[724] Der Wegfall der Tarifgeltung tritt aber nur ein, wenn die Organisationseinheiten, für die der TV bisher galt, so aufgelöst oder verändert werden, dass eine sinnvolle Handhabung des TV nicht mehr möglich ist.[725] Ob dies der Fall ist, bedarf der Auslegung. Dazu ist es empfehlenswert, im TV selbst eine Verfahrensregelung für diesen Fall vorzusehen. Selbst wenn die Aufrechterhaltung nicht mehr möglich sein sollte, bleibt der einmal gewählte BR trotz entfallender Rechtsgrundlage aber im Amt und führt sein Mandat zu Ende.[726]

227a Ungeachtet der zuvor erörterten unterschiedlichen Ansichten bleibt es immer möglich, dass der Erwerber den Firmenvertrag durch **Vertragsübernahme** mit der Gewerkschaft und dem Veräußerer fortführt oder ihn mit der tarifzuständigen Gewerkschaft inhaltsgleich neu abschließt.[727]

bb) Firmen-TV und Gesamtrechtsnachfolge

228 Handelt es sich – wie eigentlich stets – um einen **Firmen-TV und** dabei um einen Fall der vollständigen **Gesamtrechtsnachfolge (Verschmelzung),** so tritt der neue AG ohne weiteres als Vertragspartei an die Stelle des bisherigen AG; der Firmen-TV gilt mit seinem bisherigen betrieblich-räumlichen Geltungsbereich weiter.[728] Ähnlich wie in dem in Rn. 227 erwähnten Fall kann aber bei bloß partiell-universalsukzessorischen **Spaltungen** und Teilübertragungen (§§ 123 ff. UmwG)[729] der bisherige Regelungszusammenhang verloren gehen und der TV damit seine tatsächlichen Wirkungsvoraussetzungen verlieren.[730] **Nach neuer Ansicht des *BAG***[731] kommt es dagegen bei Spaltungen nach §§ 123 ff. UmwG generell **nicht** zu einem automatischen **Einrücken** des übernehmenden Rechtsträgers in die Rechtsstellung aus einem Firmen-TV **oder** eine inhaltsgleiche **Duplizierung** von dessen Bestimmungen. Vielmehr müsse

---

719 Zu Recht kritisch daher *Däubler,* RdA 02, 304.
720 Dazu *Däubler,* DB 05, 666 f.
721 *Däubler,* a. a. O.
722 Dafür auch Kempen/Zachert/*Kempen,* § 3 Rn. 108; abgelehnt aber durch *BAG* 18.1.12 – 7 ABR 72/10, AP Nr. 33 zu § 1 BetrVG 1972 Gemeinsamer Betrieb.
723 *Däubler,* DB 05, 666, 668.
724 Dazu *Kempen,* BB 91, 2006 [2008].
725 Ebenso im Ansatz *LAG Hamburg* 7.12.95, LAGE § 3 BetrVG 1972 Nr. 1.
726 *Fitting,* Rn. 89, 84; *Eich,* EuroAS 03, 20 f.; Däubler-*Bepler,* TVG, § 4 Rn. 875.
727 Wiedemann-*Oetker,* TVG, § 3 Rn. 217, 218.
728 So für Verschmelzungen ausdrücklich *BAG* 24.6.98, BB 99, 211; 4.7.07 – 4 AZR 491/06, NZA 08, 307; Einzelheiten zu den verschiedenen Konstellationen bei *Quander,* S. 276 ff.; näher für Spaltungen nach dem UmwG *Trümner,* JArbR 36 [1999], S. 59 [75 f.].
729 Zur Anwendbarkeit der Gesamtrechtsnachfolgegrundsätze *Trümner,* BetrR 91, 313 ff., und BetrR 92, 8 ff.; *Oetker,* NZA-Beilage 1/91, 18 [19]; vgl. nunmehr aber § 324 UmwG und oben Rn. 223.
730 Dazu *Kempen,* BB 91, 2006 [2011].
731 *BAG* 21.11.12 – 4 AZR 85/11, NZA 13, 512 ff., Rn. 25.

der Spaltungsvertrag ausdrücklich bestimmen, welcher der beteiligten Rechtsträger in diese Rechtsstellung eintreten soll; fehle es an einer solchen Regelung, so verbleibe die Rechtsstellung allein beim übertragenden Rechtsträger. Da allerdings die Literatur bisher weitaus mehrheitlich das automatische Einrücken des übernehmenden Rechtsträgers in die Stellung als TV-Partei im Falle der Spaltung bejahte und die **Spaltungsvertragspraxis** diese Frage eher dilatorisch behandelt hat,[732] muss jetzt in jedem Falle empfohlen werden, im Rahmen des Spaltungsvertrags die notwendige Klarstellung vorzunehmen, um die Rechtswirkungen gem. § 131 Abs. 1 Nr. 1 UmwG zweifelsfrei herbeizuführen.[733] Sicherer wäre auch hier die Vertragsübernahme oder der inhaltsgleiche Neuabschluss (vgl. Rn. 227a).

b) Verbandstarifvertrag und Rechtsnachfolge

aa) Verbands-TV und Einzelrechtsnachfolge

Handelt es sich – was selten der Fall ist – um einen **Verbands-TV und** dabei um einen Anwendungsfall des **§ 613a BGB,** bleibt die Tarifbindung erhalten, wenn der Betriebsbewerber Mitglied des tarifschließenden Verbandes ist. Ist er dies nicht, fehlt es an den Geltungsvoraussetzungen (Tarifbindung) für die Tarifwirkungen (§ 4 Abs. 1 TVG). Auch eine Transformation gemäß § 613a Abs. 1 Satz 2 BGB ins Vertragsrecht scheidet aus den oben in Rn. 225 genannten Gründen aus. Damit bliebe wegen des Wegfalls der Tarifbindung[734] lediglich die Möglichkeit einer **Nachwirkung** gemäß § 4 Abs. 5 TVG, die jedoch bei TV nach § 3 BetrVG **regelmäßig nicht** in Betracht kommt (vgl. dazu näher Rn. 231 ff.). Demzufolge könnte wegen der Transformationstechnik in § 613a BGB das von der EG-Richtlinie angestrebte Ziel, die bisherigen Arbeitsbedingungen aufrecht zu erhalten, bei dieser Variante gefährdet werden. Damit jedoch ein EG-richtlinienkonformes Auslegungsergebnis erzielt werden kann, wird man annehmen müssen, dass der Betriebserwerber entweder aus den (transformiertes Tarifrecht enthaltenden) Arbeitsverträgen verpflichtet ist, auch mit neu eingestellten AN gleich lautende Abmachungen zu treffen, bzw., dass die gemeinschaftsrechtskonforme Interpretation des Gleichbehandlungsgrundsatzes hinsichtlich der betriebsverfassungsrechtlichen Fragen zum Abschluss einer Gleichstellungsabrede zwingt[735] oder die Normerhaltung aus § 3 Abs. 3 TVG analog folgt (Rn. 226). Sicherer und wirksam wäre auch hier die Regelungsübernahme oder der inhaltsgleiche Neuabschluss, z. B. als betriebsbezogener Firmen-TV durch den Erwerber (vgl. Rn. 227a). 229

bb) Verbands-TV und Gesamtrechtsnachfolge

Handelt es sich um einen **Verbands-TV und** dabei um einen Fall der **Gesamtrechtsnachfolge,** bleibt die Tarifbindung erhalten, wenn auf Grund entsprechender Regelung in der Arbeitgeberverbandssatzung[736] eine Rechtsnachfolge auch in die Verbandsmitgliedschaft vorgesehen ist.[737] Die Mitgliedschaft kann wegen der höchstpersönlichen Natur des Mitgliedschaftsrechts nicht schon durch die Gesamtrechtsnachfolge selbst übertragen werden. Gegen die Rechtsnachfolge kraft Satzungsbestimmung werden allerdings Bedenken im Hinblick auf die negative Koalitionsfreiheit des Rechtsnachfolgers (Art. 9 Abs. 3 Satz 1 GG) geäußert.[738] Die **Rspr.**[739] verlangt, dass das Nachfolge-UN die Mitgliedschaft neu begründet, obgleich zunächst die einschlägige Satzung auf eine entsprechende Rechtsnachfolgebestimmung hin untersucht hätte 230

732 Vgl. nur *Däubler,* DB 05, 666 m. w. N.
733 Vgl. auch *Gaul/Otto,* BB 14, 500 ff.
734 Auf den *BAG* 18.3.92, DB 92, 1297; 13.7.94, NZA 95, 479, stets § 4 Abs. 5 TVG anwendet; zuvor schon *Seiter,* DB 80, 877 [879 f. m. w.N.].
735 Vgl. näher *Däubler,* Tarifvertragsrecht, Rn. 1541 m. w. N.; *ders.,* DB 05, 666, 667 f.
736 Vgl. §§ 38 Satz 2, 40 BGB; dazu *Seiter,* DB 80, 877 [880].
737 So *BAG* 4.12.74, DB 75, 695; 13.7.94, NZA 95, 479; *BGH* 30.6.80, WM 80, 1286.
738 Vgl. *Seiter,* S. 143 f.; *Quander,* S. 246 m. w. N.; Bedenken auch in *BAG,* 5.10.93, AP Nr. 42 zu § 1 BetrAVG Zusatzversorgungskassen, Bl. 1635 R.
739 *BAG* 10.11.93, EzA § 1 TVG Nr. 9.

werden müssen (vgl. § 293 ZPO). Von den in der Literatur sonst erwogenen Möglichkeiten zur Aufrechterhaltung der Tarifbindung (§ 3 Abs. 3 TVG analog, § 4 Abs. 5 TVG analog; § 613a Abs. 1 Satz 2 BGB analog)[740] wäre nur die analoge Anwendung von § 3 Abs. 3 TVG geeignet, eine lückenlose Kontinuität der tariflichen Betriebsverfassung zu gewährleisten.[741] Zumindest im Hinblick auf **Verschmelzungen** befriedigt diese Situation nach geltendem Recht nicht, da die EG-Richtlinie (vgl. Rn. 225) auch diese Form eines Betriebsinhaberwechsels in ihren Anwendungsbereich einbezieht (Art. 1 Abs. 1 der Richtlinie) und – wie ausgeführt (Rn. 225, 226) – eine Aufrechterhaltung der in Kollektivverträgen vereinbarten Arbeitsbedingungen »in dem gleichen Maße« wie beim Rechtsvorgänger anordnet bzw. gem. Art. 6 Abs. 1 eine »vereinbarte« Interessenvertretung erhalten will. Dem kann am besten dadurch Rechnung getragen werden, dass man bei dieser Fallkonstellation im Wege europarechtskonformer Auslegung des Tarifvertragsrechts die **fortdauernde Tarifbindung** des Rechtsnachfolgers **an den betriebsverfassungsrechtlichen Verbands-TV** analog § 3 Abs. 3 TVG annimmt. Sicherer und wirksam wäre auch hier die Regelungsübernahme oder der inhaltsgleiche Neuabschluss, z. B. als betriebsbezogener Firmen-TV durch den Erwerber (Rn. 227a, 229 a. E.).

4. Nachwirkung von Tarifverträgen nach § 3

231 **Nach überwiegender Ansicht** in der betriebsverfassungsrechtlichen Kommentarliteratur sollen TV nach § 3 im Falle ihrer Beendigung und entgegen der Regelung des § 4 Abs. 5 TVG **keine Nachwirkung** erfahren.[742] **Dagegen** steht die wohl **einhellige Meinung des tarifrechtlichen Kommentarschrifttums** und die *BAG*-Rspr. auf dem Standpunkt, dass die Wirkung des § 4 Abs. 5 TVG sich auch auf betriebsverfassungsrechtliche Normen i. S. v. § 1 Abs. 1 TVG erstreckt.[743] Die Frage der Nachwirkung eines TV nach § 3 BetrVG spielt praktisch für deren Befürworter dort eine Rolle, wo es darum geht, bei Beendigung eines TV wenigstens den **vorläufigen Fortbestand einer tariflichen AN-Vertretung** zu begründen, bis wieder ein neuer BR nach den Vorschriften des Gesetzes oder eines nachfolgenden TV gewählt worden ist. Es geht also um die Verhinderung der sog. betriebsratslosen Zeiten.

232 Es ist aber sehr fraglich, ob es zur **Verhinderung betriebsratsloser Zeiten** des Instituts der Nachwirkung bedarf, genauer: ob dieses Institut überhaupt geeignet ist, die erwünschte Rechtsfolge herbeizuführen. Nach § 4 Abs. 5 TVG gelten die Rechtsnormen eines abgelaufenen TV weiter, bis sie durch eine andere »Abmachung« ersetzt werden. Darunter ist normalerweise ein anderer TV, eine BV oder auch eine einzelvertragliche Abmachung zu verstehen.[744] Bei den betriebsverfassungsrechtlichen Normen kommt aber eine Ablösung regelmäßig durch TV und nur ausnahmsweise durch BV, nicht aber durch Arbeitsvertrag in Betracht.[745] Bei TV nach § 3 BetrVG geht es hierum jedoch i. d. R. nicht, sondern um die **Ablösung** der Tarifregelung **durch das Gesetz,** wenn ein Folge-TV oder eine Folge-BV nicht zustande kommt. Auch wenn mit dem Begriff »Abmachung« das Gesetz nicht gemeint ist, so heißt dies gleichwohl nicht, dass bei Ablauf eines solchen TV wegen der dann eintretenden Nachwirkung gemäß § 4 Abs. 5 TVG

---

740 Näher zu allen Varianten *Däubler,* Tarifvertragsrecht, Rn. 1565 ff.; *Quander,* S. 248 ff.; vgl. auch *Kempen,* BB 91, 2006 [2011].

741 Abgelehnt allerdings durch *BAG* 4. 12. 74, AP Nr. 2 zu § 3 TVG; 26. 9. 79, AP Nr. 17 zu § 613a BGB, wegen Bedenken hinsichtlich der positiven und negativen Koalitionsfreiheit; dagegen mit beachtlichen Argumenten *Quander,* S. 254, der im Ergebnis allerdings die Tarifwirkungen nicht auf neu eintretende AN erstreckt – weshalb diese Ansicht für betriebsverfassungsrechtliche Normen ergebnislos bleibt.

742 Vgl. *Hueck/Nipperdey,* Bd. 2, 2. Teilbd., S. 1223; ErfK-*Koch,* Rn. 2; *Richardi,* Rn. 70; wohl auch *Fitting,* Rn. 84; GK-*Franzen,* Rn. 37; HaKo-BetrVG/*Kloppenburg,* Rn. 89; HWGNRH-*Rose,* Rn. 117; WPK-*Preis,* Rn. 7; differenzierend *Gamillscheg,* Kollektives Arbeitsrecht, Bd. II, S. 218; **a. A.** *GL,* Rn. 4, 20; *Dietz,* 4. Aufl., § 20 Rn. 44; *Nikisch,* Bd. 3, S. 73.

743 Vgl. *Däubler,* Tarifvertragsrecht, Rn. 1454; Kempen/Zachert-*Kempen,* § 4 Rn. 554; *Löwisch/Rieble,* § 4 Rn. 237; Wiedemann-*Wank,* § 4 Rn. 344; *BAG* 18. 5. 77, AP Nr. 4 zu § 4 BAT; *BAG* 14. 2. 89, NZA 89, 601.

744 Vgl. zum Begriff »Abmachung« nur *Däubler,* Tarifvertragsrecht, Rn. 1449; Kempen/Zachert-*Kempen,* § 4 Rn. 562.

745 Vgl. *Löwisch/Rieble,* § 4 Rn. 232.

eine zeitlich praktisch unbegrenzte Verdrängung der gesetzlichen Regelung erfolgen würde: Wenn nämlich schon die ranggleichen bzw. rangniedrigeren Rechtsquellen die bloß nachwirkende Geltung von Tarifnormen beenden können, so muss dies erst recht für das ranghöhere Gesetz gelten, wenn es den betreffenden Gegenstand regelt (was bei TV nach § 3 BetrVG stets der Fall ist).

Im Falle der hier interessierenden Tarifbeendigung tritt also **keine Nachwirkung** ein, sondern gilt an sich sofort wieder die Gesetzesregelung, weil der TV das zwingende Gesetzesrecht nur während seiner vollen normativen Geltung zu verdrängen vermag.[746] Dieser Grundsatz gilt aber nicht uneingeschränkt: Die mit der Nachwirkungsregelung des § 4 Abs. 5 TVG bezweckte **Überbrückungsfunktion**[747] greift nämlich auch zugunsten solcher TV, die – wie hier – die Tarifdispositivität des staatlichen Arbeitsrechts nutzen; es soll **zwischen zwei TV** nicht die gesetzliche Regelung aufleben.[748] Diese durch § 4 Abs. 5 TVG gesetzlich bewirkte Umwandlung der zwingenden Tarifnormen in eine besondere Art dispositiven Rechts[749] führt deshalb auch bei abgelaufenen TV nach § 3 BetrVG jedenfalls dann zu deren Nachwirkung, wenn die Verhandlungen über den Abschluss eines Folge-TV noch schweben bzw. nicht endgültig gescheitert sind.[750] Darüber hinaus wäre es den TV-Parteien erlaubt, mit Hilfe einer **Verlängerungsklausel** sogar die **zwingende Wirkung eines TV** zu **erhalten,** bis ein neuer TV zustande kommt oder die Verhandlungen endgültig gescheitert sind.[751] Sobald das Scheitern feststeht, würde die Nachwirkung beendet sein und an Stelle dessen die gesetzliche Regelung gelten.[752] Das heißt jedoch **nicht,** dass nunmehr **automatisch die Amtszeit** der tariflichen Vertretung **endet** und der Betrieb vertretungslos würde, denn die Wirkungen des jetzt wieder geltenden Gesetzes können erst durch eine BR-Wahl für den konkreten, gesetzlichen Betrieb praktisch werden.[753] Damit bestätigt sich inzident, dass Abs. 4 Satz 2 auch für die Rückkehr zur gesetzlichen Betriebsverfassung entsprechend anwendbar ist, ebenso aber dann wohl auch i. d. R. für den Wechsel zwischen verschiedenen Systemen abweichender kollektivvertraglicher Vereinbarungen (vgl. Rn. 188) und es des Übergangsmandats gem. § 21a hierfür nicht bedarf, zumal dieses meist zu einer vorzeitigen Beendigung des BR-Amtes führen würde. 233

Richtiger Ansicht nach bleiben die AN-Vertretungen, die noch unter voller Geltung des TV (u. U. auch noch während der Tarif-Kündigungsfrist) gebildet wurden, im Amt, und zwar nicht nur geschäftsführend.[754] Ihre Amtszeit endet jedoch wegen des Vorranges der Gesetzesregelung mit dem Beginn der Amtszeit eines nachfolgend auf gesetzlicher Grundlage gewählten BR. Dies entspricht dem in Abs. 4 enthaltenen Gedanken für den Fall des Übergangs von der gesetzlichen zur kollektivvertraglich geregelten Ordnung. Längstens jedoch dauert diese **noch aus den Tarifnormen her wirkende Vertretungslage** bis zum Ablauf der gesetzlichen Amtszeit an.[755] Ist jedoch bis dahin kein neuer BR gewählt worden, findet § 21a entsprechende Anwendung (vgl. Rn. 194). Die tarifliche Vertretung hat gemäß § 16 den WV zu bestellen, da nach Abs. 5 eine solche Vertretung wie ein BR anzusehen ist. 234

---

746 So auch *LAG Hamburg* 7. 12. 95, LAGE § 3 BetrVG 1972 Nr. 1; ebenso *Richardi,* Rn. 70; GK-*Franzen,* Rn. 37; *Roßmann,* NZA 99, 1252 ff.; der Einwand von *Kempen,* FS Schaub, S. 357 [369], zwischen einem bloß nachwirkenden TV und dem BetrVG bestehe kein Rangverhältnis, beruht auf einem Missverständnis: § 4 Abs. 5 TVG enthält eine Bestimmung über die **Beendigung** der Nachwirkung, die aber zunächst einmal vorausgesetzt ist, damit es zu einer Beendigungswirkung überhaupt kommen kann; kritisch zu *Kempen* auch *T. Wißmann,* S. 175.

747 Dazu auch *BAG* 26. 4. 90, DB 90, 1919 [1921].

748 Vgl. dazu *Däubler,* a. a. O., Rn. 1450; *Löwisch/Rieble,* § 4 Rn. 223.

749 Vgl. *Herschel,* ZfA 73, 192 [193]; *Däubler,* a. a. O., Rn. 1451.

750 Ebenso *Oetker,* FS Schaub, S. 549.

751 Vgl. Wiedemann-*Wank,* § 4 Rn. 13; *Däubler,* a. a. O., Rn. 1454; ablehnend *Löwisch/Rieble,* § 4 Rn. 248.

752 *LAG Düsseldorf* 10. 4. 97, LAGE § 4 TVG Nachwirkung Nr. 4; offen gelassen vom *BAG* 11. 11. 98, AP Nr. 18 zu § 50 BetrVG 1972.

753 Ebenso *Fitting,* Rn. 84; *Richardi,* Rn. 70 m. w. N.

754 Vgl. *Däubler,* Tarifvertragsrecht, Rn. 1461.

755 Ebenso im Ergebnis GK-*Franzen,* Rn. 38; *Behrens/Hohenstatt,* DB 91, 1877 [1878]; anders aber *LAG München* 29. 6. 11 – 11 TaBV 4/11, LAGE § 3 BetrVG 2001 Nr. 3, das bei einem im gesetzlichen Wahlzeitraum gekündigten nachwirkungslosen TV die sofortige Neuwahl nach den gesetzlichen Betriebsstrukturen bejaht.

235 Obgleich bei **TV nach Nr. 4 und 5** das Problem einer möglichen Konkurrenz zu dem gesetzlichen Vertretungsorgan nicht auftreten kann, gilt hinsichtlich der Nachwirkung nichts anderes als bei TV nach Nrn. 1 bis 3. Auch er entfaltet allerdings noch Wirkungen über den Zeitpunkt seiner Beendigung hinaus (vgl. zur **Amtszeit** der zusätzlichen Vertretungen aber Rn. 140).

X. Streitigkeiten

236 Im **Beschlussverfahren** (§§ 2a, 80 ff. ArbGG) entscheiden die ArbG Streitigkeiten über die **Rechtsgültigkeit eines** von der gesetzlichen Regelung abweichenden **TV** bzw. BV (vgl. zur Billigkeitskontrolle bei BV Rn. 175; zur eingeschränkten Rechtskontrolle bei TV Rn. 216). Ob durch den ZuO-TV die fragliche Einheit wirksam als betriebsratsfähige Organisationseinheit geschaffen worden ist, der TV also wirksam oder unwirksam ist, kann nur im **Verfahren nach § 18 Abs. 2** durch die dort genannten antragsbefugten Kreise mit verbindlicher und der Rechtskraft zugänglicher Wirkung geklärt werden.[756] Im Beschlussverfahren sind auch etwaige Streitigkeiten über die Zusammensetzung, Wahl und Organisation sowie Rechte und Pflichten der zusätzlichen bzw. anderen Vertretungen der AN zu klären.[757] Es handelt sich dem Streitgegenstand nach um betriebsverfassungsrechtliche Streitigkeiten, auch wenn der TV die Rechtsgrundlage darstellt.[758] Vorsicht ist hinsichtlich der **Antragstellung** geboten, soweit die Feststellung der Unwirksamkeit des TV insgesamt begehrt wird: Häufig wird es sich dabei um einen unbegründeten **Globalantrag** handeln.[759] **Örtlich zuständig** ist bei Streitigkeiten über die Wirksamkeit der Aufteilung eines Betriebs in Sparten das ArbG, in dessen Bezirk der Betrieb liegt;[760] sofern der Streit die Betriebsgrenzen überschreitet, das Gericht am Sitz des UN[761] und sofern mehrere UN eines Konzerns betroffen sind, das ArbG am Sitz des herrschenden UN (vgl. auch oben, Rn. 213a).[762] Das *ArbG Köln*[763] nimmt dagegen bei einer Zusammenfassung von Betrieben nach § 3 Abs. 1 Nr. 1 lit. b) BetrVG zu Regionalbetrieben an, dass in einem Streit des BR des Regionalbetriebs mit dem AG wegen Dienstplänen nicht das ArbG am Sitz des UN örtlich zuständig ist, sondern das für den jeweiligen Betrieb örtlich zuständige ArbG, denn die Betriebsfiktion des Abs. 5 erstrecke sich gerade nicht auf das ArbGG[764], so dass es bei der betriebsbezogenen Zuständigkeit nach § 82 Abs. 1 Satz 1 bleibe und eine analoge Anwendung des § 82 Abs. 1 Satz 2 ArbGG ausscheide.

236a Sofern durch TV bzw. BV mehrere Repräsentationsbereiche gebildet sind, kann die einzelne BR-Wahl wegen Verkennung des Betriebsbegriffs auch isoliert angefochten werden.[765] Die ohnehin bereits vom *BAG*[766] modifizierten und teilweise aufgehobenen Grundsätze über die notwendige gemeinsame Anfechtung durch alle beteiligten UN im Falle eines gesetzlichen gemB nach § 1 (vgl. § 1 Rn. 263)[767] sind im Rahmen einer gewillkürten Betriebestruktur nicht anzuwenden, weil dies dazu führen könnte, dass ein betriebsverfassungs- und tarifgemäßer Zustand überhaupt nicht mehr hergestellt werden kann.[768]

236b Wenn **im Wahlanfechtungsverfahren** nach § 19 die Unwirksamkeit der Wahl mit der Unwirksamkeit des zugrundeliegende ZuO-TV begründet wird, sind die am TV-Abschluss beteiligten **Verbände nicht** verfahrensrechtlich notwendige **Beteiligte,** weil die Rechtsgültigkeit des TV

756 *BAG* 21.4.20 – 7 ABN 79/19, juris, Rn. 13.
757 Vgl. ErfK-*Koch*, Rn. 13; *Richardi*, Rn. 99; *Fitting*, Rn. 105.
758 ErfK-*Koch*, a.a.O.; *Fitting*, Rn. 104.
759 Allgemein dazu *BAG* 3.6.03 – 1 ABR 19/02, AP Nr. 1 zu § 89 BetrVG 1972; instruktiv bezüglich eines § 3 – TV insoweit *ArbG Frankfurt/M.* 24.5.06, NZA-RR 07, 25, Ls.
760 *Fitting*, Rn. 102.
761 GK-ArbGG-*Ahrendt*, § 82 Rn. 6b, 8; ErfK/*Koch*, § 82 ArbGG Rn. 2; *ArbG Potsdam* 10.2.10 – 7 BV 149/09, juris.
762 GK-ArbGG-*Ahrendt*, § 82 Rn. 10.
763 14.12.22 – 18 BVGa 17/22, BeckRS 2022, 41031.
764 Ebenso *LAG Baden-Württemberg* 7.8.09 – 3 SHa 2/09, juris, Rn. 17.
765 *BAG* 21.9.11 – 7 ABR 54/10, BAGE 139,197.
766 Dazu *BAG* 16.1.18 – 7 ABR 21/16, NZA 18, 675 ff., Rn. 21 ff.
767 Vgl. *BAG* 28.11.77 – 1 ABR 36/76, BAGE 29, 392; 31.5.00, AP Nr. 12 zu § 1 BetrVG 1972 Gemeinsamer Betrieb; 10.11.04 – 7 ABR 17/04, AP Nr. 4 zu § 3 BetrVG 1972.
768 Vgl. auch GK-*Franzen*, Rn. 77.

nur eine Vorfrage ist und deshalb an der Rechtskraftwirkung der Anfechtungsentscheidung nicht teilnimmt (zur Klärung der TV-Wirksamkeit als Hauptfrage s. o. Rn. 236).[769] Deswegen steht die Unwirksamkeit des TV noch nicht bereits dann bindend fest, wenn hierüber in einem arbeitsgerichtlichen Verfahren lediglich als Vorfrage entschieden wurde. Vielmehr kann diese Bindungswirkung nur in einem Verfahren nach § 18 Abs. 2 herbeigeführt werden.[770]

Stellt sich im Rahmen einer gerichtlichen Nachprüfung die Unwirksamkeit der getroffenen Ver- 237
einbarungen heraus, so ist die hierauf fußende **Wahl** einer AN-Vertretung dennoch regelmäßig nur **anfechtbar, aber nicht nichtig.**[771] **Nichtig** soll die Wahl nach abzulehnender Ansicht des *ArbG Hamburg*[772] jedoch dann sein, wenn im Rahmen von Abs. 3 Betriebe verschiedener UN auf Grundlage der AN-Option zusammengefasst worden sind (vgl. Rn. 176). In den Fällen des Abs. 3 führt die **Missachtung des absoluten Mehrheitserfordernisses** bei der Abstimmung über die Option für einen UN-BR zur **Nichtigkeit** der BR-Wahl.[773] Betreibt hierbei ein **nicht zuständiger** örtlicher **WV** die Wahl zum UN-BR, folgt aus dieser Verletzung des formellen Wahlrechts allerdings **nur die Anfechtbarkeit** der BR-Wahl.[774] Regelt ein Zuordnungs-TV die Bildung einer Vielzahl von Regionalbetrieben, so ist die isolierte Anfechtung einer einzelnen Regional-BR-Wahl zulässig; es müssen nicht alle BR-Wahlen im Geltungsbereich dieses TV zugleich angefochten werden[775].

Obgleich nach nunmehr gefestigter Rspr. die Unwirksamkeit eines Struktur-TV die daraus er- 237a
wachsenen lokalen **BR-Strukturen lediglich anfechtbar** macht, sollen nach Ansicht des *BAG* die darauf errichteten **überbetrieblichen Organstrukturen dennoch nichtig** sein können.[776] Nichtig ist z. B. die Errichtung eines UN-übergreifenden GBR, wenn nicht alle Gesellschaften am TV-Abschluss als Partei beteiligt gewesen sind, für die der tariflich gewillkürte GBR aber eine Zuständigkeit besitzen soll.[777]

Im Urteilsverfahren gemäß § 2 Abs. 1 Nr. 2 ArbGG ist dagegen die Klage gegen den AG auf 238
Rückgängigmachung und künftige Unterlassung der rechtswidrigen Einrichtung von betrieblichen Vertrauensleuten (vgl. Rn. 145) zu verfolgen,[778] da es sich hierbei um einen aus Art. 9 Abs. 3 GG abgeleiteten Anspruch handelt. Die im Betrieb **vertretene Gewerkschaft** ist insoweit **parteifähig** und braucht nicht im Namen ihrer Mitglieder aufzutreten (vgl. zur Frage des Vertretenseins im Betrieb § 2 Rn. 79 f.). Ob die Gewerkschaft nur durch den Hauptvorstand oder auch durch Organisationsgliederungen (Verwaltungsstellen, Bezirksverwaltungen) vertreten wird, richtet sich nach der Satzung; insoweit kommt aber auch Vollmachterteilung durch das nach der Satzung vertretungsberechtigte Organ in Betracht.[779]

Antragsberechtigt sind **im Beschlussverfahren** nach § 18 Abs. 2 die TV-Parteien und die BV- 239
Parteien sowie die BR bzw. die diese nach Abs. 1 ersetzenden Vertretungen, deren Amtszeit bzw. Amtsstellung durch den Kollektivvertrag beendet bzw. beeinträchtigt wird.[780] Die **Antragsbefugnis fehlt** jedoch einer am TV nicht beteiligten **Gewerkschaft,** wenn sie sich darauf beruft, der TV hätte wirksam nur unter Beteiligung aller in den vom TV erfassten Betrieben vertretenen Gewerkschaften abgeschlossen werden dürfen.[781] Aus **§ 9 TVG** folgt die Antrags-

769 *BAG* 21. 4. 20 – 7 ABN 79/19, juris, Rn. 13.
770 *BAG* 21. 4. 20 – 7 ABN 78/19, BeckRS 20, 45447, Rn. 14.
771 *BAG* 13. 3. 13 – 7 ABR 70/11, NZA 13, 738 f.; *BAG* 25. 2. 20, NZA 20, 881, 882, Rn. 16; *HessLAG* 2. 9. 19 – 16 TaBV 33/19, juris, Rn. 41; vgl. aber *Plander,* NZA 02, 483 [489], der von Nichtigkeit der Wahl ausgeht; ebenso *Richardi,* Rn. 102; *Spinner/Wiesenecker,* FS Löwisch, S. 375, 385 ff.; *Rolf,* S. 79; *Utermark,* S. 179 ff.
772 13. 6. 06 – 19 BV 16/06, NZA-RR 06, 645.
773 *ArbG Düsseldorf* 12. 6. 08 – 6 BV 58/08 uv.; *ArbG Darmstadt* 6. 8. 08 – 1 BV 5/08 uv.
774 *LAG München* 31. 8. 07 – 3 TaBV 84/07 uv.
775 *BAG* 21. 9. 11 – 7 ABR 54/10, NZA-RR 12, 186 ff., Rn. 18 ff.
776 *BAG* 25. 2. 20 – 1 ABR 40/18, NZA 20, 881, 882, Rn. 12 ff.
777 *BAG* 25. 2. 20, a. a. O.
778 Vgl. *Däubler,* Gewerkschaftsrechte, Rn. 739.
779 *Däubler,* a. a. O., Rn. 727 m. w. N.
780 ErfK-*Koch,* Rn. 13; *Fitting,* Rn. 102.
781 Damit sollen ersichtlich Popularklagen verhindert werden, vgl. *ArbG Frankfurt/M.* 24. 5. 06, NZA-RR 07, 25, Ls.; ebenso *ArbG Frankfurt/M.* 28. 3. 07 – 17 BV 216/06; a. A.: *LAG Köln* 30. 1. 08 – 8 TaBV 78/06; *Fitting,* Rn. 102 hält jede im Betrieb vertretene Gewerkschaft für antragsberechtigt – das ist

befugnis einer Gewerkschaft, wenn die Auslegung oder Wirksamkeit eines ZuordnungsTV zum selbständigen Gegenstand eines Rechtsstreits zwischen den TV-Parteien gemacht wird.[782] **Im Anfechtungsverfahren** nach § 19 Abs. 1 ist ein nach § 3 Abs. 3 gebildeter **UN-BR nicht antragsberechtigt,** da der Kreis der Anfechtungsberechtigten in § 19 Abs. 2 abschließend bestimmt ist und ein BR, aber auch ein WV, hierzu nicht zählt.[783] Treten gewillkürte Betriebsstrukturen in Kraft und erlischt der vorherige BR infolge BR-Wahl aufgrund eines TV oder einer BV, so tritt **der neue BR als Funktionsnachfolger** des vorherigen BR in dessen prozessuale Beteiligtenstellung nach § 83 Abs. 3 ArbGG automatisch ein.[784]

XI. Auswirkungen auf nach altem Recht geschlossene Tarifverträge

240 Aus Anlass der Novellierung 2001 sind anders als 1972 mit § 128 keine besonderen Übergangsvorschriften geschaffen worden, die die ausdrückliche Weitergeltung der unter dem früheren Recht abgeschlossenen TV anordnen,[785] von denen es sogar noch heute einige gibt. Da sämtliche Fallgruppen des alten Rechts in den neuen Bestimmungen mit enthalten sind und überdies das Zustimmungserfordernis entfallen ist, sind grundsätzlich keine Gründe ersichtlich, die einer Weitergeltung dieser alten TV entgegenstehen könnten.[786]

241 Soweit allerdings die **Wirksamkeit** eines ZuordnungsTV im Streit ist, der **nach altem Recht** geschlossen wurde, ist dessen Wirksamkeit von den Gerichten sowohl nach altem als auch neuem Recht zu prüfen.[787] Sah ein solcher, unter Geltung von § 3 a. F. geschlossener TV z. B. die Bildung eines einheitlichen BR für betriebsverfassungsrechtlich selbständige Betriebe verschiedener UN vor, war dieser – selbst bei Vorliegen der damals erforderlichen behördlichen Zustimmung – rechtsunwirksam, weil nach h. M. unter Geltung des alten Rechts diese Art der Zusammenfassung von Betrieben verschiedener UN nicht möglich war.[788]

242 TV, deren Zustimmungsfähigkeit nach altem Recht zweifelhaft geblieben war (noch schwebendes behördliches Zustimmungsverfahren vor Inkrafttreten der BetrVG-Novelle 2001), die jedoch einer der neuen Fallgruppen zugeordnet werden können, sind mit In-Kraft-Treten der Novelle am 28. 7. 2001 wirksam geworden, soweit die sonstigen tarifrechtlichen Geltungsvoraussetzungen zu diesem Zeitpunkt vorgelegen haben.[789] Nach altem wie neuem Recht unwirksam sind solche TV etwa dann, wenn die Parteien die von ihnen vorgesehene Regelung vom vorherigen Zustimmungs-Votum der AN abhängig machen, weil dann keine Regelung durch die TV-Parteien selbst vorliegt.[790] Soweit derartige Alt-TV jedoch **rechtskräftig für nichtig erklärt** worden sind,[791] leben sie nicht unter Geltung des neuen Rechts wieder auf. Sie müssten vielmehr neu in Kraft gesetzt werden.[792]

---

folgerichtig nur auf Grundlage der abzulehnenden Ansicht über die notwendige Tarifgemeinschaft; vgl. Rn. 18 f.; ErfK-*Koch,* Rn. 13, zählt ausdrücklich auch die konkurrierenden Verbände zu den Antragsberechtigten.

782 *Fitting,* Rn. 104.

783 *HessLAG* 4. 11. 19 – 16 TaBV 31/19, BeckRS 19, 38044, Rn. 14 ff.

784 *BAG* 22. 8. 17 – 1 ABR 52/14, NZA 18, 50, Rn. 13; zur Funktionsnachfolge der BR innerhalb von gewillkürten Betriebsverfassungsstrukturen und bei Abschluss, Änderung und Ende des TV auch *BAG* 9. 4. 19 – 1 ABR 25/17, AP Nr. 160 zu § 99 BetrVG 1972, Rn. 13.

785 Eine analoge Anwendung des § 128 wird in der Literatur erwogen, vgl. die Erl. zu § 128.

786 Im Ergebnis ebenso *Däubler,* DB 01, 1669 [1671].

787 Vgl. *BAG* 10. 11. 04 – 7 ABR 17/04, EzA § 3 BetrVG 2001 Nr. 1; *LAG Hamm* 23. 1. 09 – 10 TaBV 67/08 uv.; wohl auch *LAG Niedersachsen* 22. 8. 08 – 12 TaBV 14/08 uv.

788 *BAG* 10. 11. 04, a. a. O.; nach § 3 Abs. 1 Nr. 3 n. F. allerdings vom *BAG* für zulässig erachtet; vgl. Rn. 108.

789 Insoweit aber offen gelassen durch *BAG* 10. 11. 04, a. a. O.

790 *BAG* 10. 11. 04, a. a. O.

791 Zu einem solchen Fall *LAG Brandenburg* 9. 8. 96, LAGE § 3 BetrVG 1972 Nr. 2.

792 Zur **Nichtigkeit** von BR-Wahlen auf Grundlage eines TV nach § 3 a. F., für den die Zustimmung der Behörde im Zeitpunkt der Wahl (noch) nicht vorlag, *LAG München* 7. 8. 00 – 9 TaBV 45/00; *LAG Baden-Württemberg* 26. 3. 02 – 14 TaBV 10/00, wenn nicht die tarifliche Abgrenzung der Organisationseinheiten ohnehin mit der gesetzlichen Regelung gem. §§ 1, 4 übereinstimmt; Anfechtbarkeit nimmt dagegen *ArbG Frankfurt/M.* 25. 1. 01 – 3 BV 430/00 an.

Durch Art. 1 Nr. 1 des TarifeinheitsG v. 3.7.2015[793] ist § 4a neu in das TVG eingefügt worden, dessen Ziel es ist, Tarifkollisionen zu verhindern. § 4a Abs. 3 TVG erstreckt das in § 4a Abs. 2 Satz 2 TVG zur Kollisionsvermeidung enthaltene Mehrheitsprinzip zwar grundsätzlich auch auf Zuordnungs-TV nach § 3 Abs. 1 BetrVG. Andererseits bestimmt § 13 Abs. 3 TVG i. d. F. des TarifeinheitsG, dass § 4a TVG nicht auf TV anzuwenden ist, die am 10.7.15, also am Tage des Inkrafttretens der Gesetzesänderung, bereits gelten. Somit verbleibt es bei etwaigen Kollisionen mit solchen **am 10.7.15 in Kraft befindlichen TV** bei den bisherigen Regeln zur Auflösung etwaiger Tarifkonkurrenzen (vgl. dazu Rn. 217 ff.). **242a**

XII. Rechtspolitisches und Rechtsfortbildung

Der 71. Deutsche Juristentag (DJT) 2016 hat sich mit sehr großer Mehrheit dafür ausgesprochen, § 3 Abs. 1 und 5 dahingehend zu ändern, in weiterem Umfang als bisher durch TV von Vorschriften des BetrVG zur Organisationsstruktur abweichen zu können. Zielsetzung dessen solle sein, auch **zusätzliche AN-Vertretungsgremien** einrichten zu können, die Beteiligungsrechte haben, wie sie allgemein für BR bestehen. Diese wenig konkreten Beschlüsse nehmen deutlich Bezug auf die vorbereitende gutachtliche Stellungnahme des Schrifttums. *Krause*[794] stellt insoweit Defizite des § 3 Abs. 1 Nr. 3 und 4 bei UN-übergreifenden Kooperationen außerhalb von Konzernverflechtungen fest und schlägt vor, Nr. 3 in der zweiten Alternative dahin zu ändern, dass durch TV auch eine **vollständige Verdrängung der gesetzlichen Struktur sowohl auf horizontaler als auch vertikaler Ebene** vorgesehen werden kann und ferner zusätzliche AN-Vertretungen nur für solche Beteiligungsrechte zu ermöglichen, die der jeweiligen UN-Kooperation entsprechen. **243**

C. Schubert[795] hat für die Anpassung des § 3 einen kompletten Vorschlag zur Gesetzgebung unterbreitet, der insbesondere in Nr. 2 klarstellt, dass auch **Sparten-GBR und Sparten-KBR** möglich sind. Als neue Nr. 3 sollte ein speziell auf **Matrixorganisationen** bezogener Tatbestand aufgenommen werden, durch den ermöglicht wird, BR für die Matrixeinheiten (Matrixzellen) zu bilden. Als **zusätzliche AN-Vertretung** sollte für an einem Standort miteinander kooperierende UN insbesondere ein »**Koordinierungsrat**« eingerichtet werden können. Schließlich sollte sachgegenständlich die Befugnis, Strukturregelungen auch **durch BV** vorzunehmen, erheblich **ausgeweitet** werden, wobei aber zum Schutz der Tarifautonomie die tarifzuständige **Gewerkschaft ein Vetorecht** erhalten soll, das das Inkrafttreten der BV hindert. § 3 Abs. 5 sollte Klarstellungen erhalten, dass für übergeordnete tariflich geschaffene AN-Vertretungen die GBR/KBR Bestimmungen entsprechend gelten. **244**

Der am **6.4.2022** vom **DGB** der Öffentlichkeit vorgestellte »**Gesetzentwurf für ein modernes Betriebsverfassungsgesetz**«[796] enthält umfangreiche Änderungen und Ergänzungen auch zu § 3 und fügt einen § 3a an, der sich der länderübergreifenden Zusammenarbeit von AN-Vertretungen auf tariflicher Grundlage widmet. Die § 3 betreffenden Neuregelungen in knüpfen in zentralen Teilen an den Vorarbeiten von *C. Schubert* (vgl. Rn. 244) an und erweitern das kollektivvertraglich mögliche Spektrum der Änderung gegenüber den gesetzlichen Strukturen insbesondere **245**

- um **Spartengesamtbetriebsräte** und **Spartenkonzernbetriebsräte,**
- rechtsträgerübergreifende GBR,
- Sonderregelungen für **matrixförmig organisierte UN** und Konzerne,
- Standort-**Koordinierungsräte** für miteinander kooperierende UN.

Auch die Einbeziehung von **Personen** in die Interessenvertretung, die auf Grundlage von **Dienst- oder Werkverträgen** längere Zeit im Betrieb tätig sind, soll ermöglicht werden. Die als Einfallstor für eine umfassende Rechtskontrolle von ZuO-TV durch Gerichte missverstan-

793 BGBl. I, S. 1130.
794 Gutachten B zum 71. DJT, Digitalisierung der Arbeitswelt – Herausforderungen und Regelungsbedarf, 2016, S. B 92 ff.
795 Betriebliche Mitbestimmung in Unternehmen und Konzernen mit Matrixorganisation, 2017, S. 77 ff.
796 Der synoptisch neben das geltende Gesetz gestellte Abdruck des DGB-Entwurfes 2022 (nebst einer Einführung von *Klebe*) findet sich in der AuR Sonderausgabe April 2022.

denen »**Dienlichkeitsklauseln**« werden durch eine Vermutungsregel (neuer Abs. 1a) handhabbarer gemacht, indem der TV selbst indizieren soll, dass die kollektivvertragliche Regelung sachgerechter als die gesetzliche ist. Abs. 2 soll dahin modifiziert werden, dass die Zulässigkeit von **Regelungen durch BV** von einem Mitwirkungsrecht der tarifzuständigen Gewerkschaft abhängig gemacht wird, um die Tarifautonomie zu stärken und zu schützen. Abs. 6 des Gesetzesvorschlags enthält die zum **Schutz der Amts- und Organkontinuität** unerlässliche Klarstellung, dass bei Beendigung der kollektivvertraglichen Struktur das Amt **eines BR** stets erst mit dem Ablauf der Wahlperiode endet und dasselbe auch dann gilt, wenn die geregelte Organisationsstruktur durch Änderungen während der vereinbarten Laufzeit ihre ursprüngliche Gestalt verliert.

§ 4 Betriebsteile, Kleinstbetriebe

(1) Betriebsteile gelten als selbständige Betriebe, wenn sie die Voraussetzungen des § 1 Abs. 1 Satz 1 erfüllen und
1. räumlich weit vom Hauptbetrieb entfernt oder
2. durch Aufgabenbereich und Organisation eigenständig sind.
Die Arbeitnehmer eines Betriebsteils, in dem kein eigener Betriebsrat besteht, können mit Stimmenmehrheit formlos beschließen, an der Wahl des Betriebsrats im Hauptbetrieb teilzunehmen; § 3 Abs. 3 Satz 2 gilt entsprechend. Die Abstimmung kann auch vom Betriebsrat des Hauptbetriebs veranlasst werden. Der Beschluss ist dem Betriebsrat des Hauptbetriebs spätestens zehn Wochen vor Ablauf seiner Amtszeit mitzuteilen. Für den Widerruf des Beschlusses gelten die Sätze 2 bis 4 entsprechend.
(2) Betriebe, die die Voraussetzungen des § 1 Abs. 1 Satz 1 nicht erfüllen, sind dem Hauptbetrieb zuzuordnen.

Inhaltsübersicht Rn.

I. Vorbemerkungen

Die Vorschrift wurde durch Art. 1 Nr. 4 des BetrVerf-ReformG v. 23.7.01[1] neu gefasst. **Abs. 1 Satz 1** regelt im Wege einer Fiktion, unter welchen Voraussetzungen **Betriebsteile** einem echten Betrieb i. S. d. § 1 gleichgestellt sind. **Abs. 1 Sätze 2 bis 5** betreffen die Zuordnungsmöglichkeit eines zwar betriebsratsfähigen aber tatsächlich betriebsratslosen Betriebsteils zum Hauptbetrieb und deren Rückgängigmachung **durch entsprechendes Votum der AN** des Betriebsteils. Weist ein Betriebsteil nicht die nach § 1 Abs. 1 Satz 1 erforderliche AN-Zahl auf, gehören dessen AN zu dem Betrieb, dessen Bestandteil der Betriebsteil ist.[2] 1

Mit **Abs. 2** i. d. F. der BetrVG-Novelle 2001 ist der frühere, nebulöse Begriff »Nebenbetrieb« beseitigt worden. Die Bestimmung ordnet kraft Gesetzes **Kleinstbetriebe** dem Hauptbetrieb zu (vgl. Einzelheiten bei Rn. 135 ff).[3] Ein »Kleinstbetrieb« erfüllt an sich (bis auf die nach § 1 Abs. 1 nötige Zahl von AN) die Kriterien des allgemeinen betriebsverfassungsrechtlichen Betriebsbegriffs und hat daher einen **eigenen Leitungsapparat**[4], der wegen der geringen AN-Zahl allerdings praktisch nur selten errichtet sein wird. Fehlt einer Kleinsteinheit der Leitungsapparat, so handelt es sich um einen nicht betriebsratsfähigen Betriebsteil, der ebenfalls dem Hauptbetrieb zugehört (Umkehrschluss aus der Fiktion des Abs. 1 Satz 1). Zweifelhaft ist daher die Qualifikation des *HessLAG*[5], wenn es Einheiten mit 2 bzw. 3 AN als Betriebe i. S. d. Abs. 2 bezeichnete, obgleich deren »Leitung« nur **Urlaubs- und Schichtpläne** festlegen durfte, Kündigungen jedoch nicht allein zeichnen konnte. Hier fehlte es im Grunde an allem, was einen echten Leitungsapparat ausmacht, denn allenfalls lag hier das für einen Betriebsteil charakteristische mindere Leitungsniveau vor (dazu Rn. 44a ff.). 2

Nicht geklärt wurde dagegen im Rahmen der Novellierung 2001 der **Begriff des »Hauptbetriebs«**.[6] Das wäre aber eigentlich erforderlich gewesen, weil die Belegschaft eines Betriebsteils vor Ausübung ihres Optionsrechts auf Zuordnung zum Hauptbetrieb (Abs. 1 Satz 2) wissen muss, von welchem BR sie aufgrund positiver Optionsausübung vertreten würde. Dies festzustellen ist nach geltender Rechtslage nicht leicht und hat sogar das *BAG* zu dem Ergebnis gelangen lassen, dass in demselben UN eine Vielzahl von Hauptbetrieben vorkommen kann.[7] Ebenso kommt es für die AN eines Kleinstbetriebes darauf an zu wissen, welches der Hauptbetrieb ist, an dessen Betriebsverfassung und z. B. BVen sie dann partizipieren. 3

Die Vorschrift dient neben § 1 und § 3 der **Festlegung von betriebsratsfähigen Einheiten** (vgl. § 1 Rn. 47 f.). **Abs. 1 Satz 1** bedient sich einer **Fiktion,** wonach unter den in Nrn. 1 und 2 bestimmten Voraussetzungen ein **Betriebsteil als Betrieb** anzusehen ist. Liegen diese Voraussetzungen vor, gelten für den Betriebsteil dieselben Rechtsfolgen, die das Gesetz sonst an den 4

1 BGBl. I S. 1852 [1853].
2 GK-*Franzen*, Rn. 3.
3 *BAG* 17.1.07 – 7 ABR 63/05, NZA 07, 703 [Wohlfahrtspflege-UN I].
4 Vgl. nur *Fitting*, Rn. 12; GK-*Franzen*, Rn. 7.
5 *LAG Hessen* 2.8.21 – 16 TaBV 7/21, NZA-RR 22, 24 Rn. 30.
6 Ebenso *Richardi/Annuß*, DB 01, 41 [42].
7 Vgl. *BAG* 9.12.92 – 7 ABR 15/92 [Deutscher Herold], uv.; auch *ArbG Berlin* 19.11.99, NZA-RR 01, 36 [38] hält das für möglich.

Begriff des Betriebs knüpft.[8] Somit ist für einen als Betrieb geltenden Betriebsteil ein BR zu wählen, es sei denn, es erfolgt eine abweichende Zusammenfassung nach § 3 Abs. 1 oder die AN des Betriebsteils votieren für die Zuordnung zum Hauptbetrieb (vgl. Rn. 101 ff.).

5 Nach **Sinn und Zweck** der Vorschrift sollen **alle AN** desselben UN in die Betriebsverfassung einbezogen werden und **eine Interessenvertretung** erhalten.[9] Diese Zielsetzung kommt besonders in **Abs. 2** zum Ausdruck: Da auch Kleinstbetriebe echte Betriebe sind, würden sie vertretungslos bleiben, wenn Abs. 2 nicht anordnen würde, dass sie dem Hauptbetrieb zuzuordnen sind. So wird gewährleistet, dass AN in Kleinstbetrieben ebenso wie AN in nicht betriebsratsfähigen Betriebsteilen in jedem Fall an der Betriebsverfassung des Hauptbetriebs teilhaben.[10]

6 Zu § 3 BetrVG 1952 wurde unter Hinweis auf den Wortlaut (»… gelten *nur dann* als selbständige Betriebe …«) nur ausnahmsweise zugelassen, dass für Nebenbetriebe oder Betriebsteile eigene BR gewählt werden konnten.[11] Die früher angenommene **enge Auslegung der Vorschrift** entspricht heute wegen des inzwischen mehrfach geänderten Wortlauts (das »nur dann« ist entfallen; der GBR ist seit 1972 ein obligatorisches Organ) **nicht mehr** der **Rechtslage.**[12]

7 **Nach heutiger Rechtslage** liegt den §§ 1, 4, 47 **eine eher dezentrale BR-Struktur** als Leitbild des Gesetzes zu Grunde. Dennoch ist stets zu prüfen, ob dort, wo eine dezentrale betriebliche Aufbauorganisation von UN mit mehreren Betriebsstätten angetroffen wird, die Errichtung einer ortsnahen Interessenvertretung nicht zu Lasten des Effizienzprinzips geht (vgl. § 1 Rn. 52), weil die Bildung allzu kleiner betriebsratsfähiger Einheiten i. d. R. zu einer in ihrer Schutzwirkung **»verdünnten« Betriebsverfassung** führt. Andererseits führt aber auch ein eher größerer Wahlkörper nicht stets zu einer effektiveren Interessenvertretung, wie ein Blick auf die degressiven Größenstaffeln in **§§ 9, 38** erkennen lässt.[13]

8 Die **Bildung von Wahlkreisen,** in denen einzelne Betriebsbereiche ihre BR-Mitglieder allein wählen, um sie in einen einheitlichen BR zu entsenden, ist **nicht zulässig.** Auch **Betriebsabteilungen** bilden keinen Wahlkreis, weil das Gesetz **keine Abteilungsräte** kennt.[14] Entweder handelt es sich nämlich um einen Betriebsteil, der nach § 4 als Betrieb anzusehen ist und demzufolge einen eigenen BR erhält, oder es existiert ein Betrieb, der auch die »Betriebsteile« mit umfasst.[15] Dem Anliegen nach einer **bereichsbezogenen Repräsentation** sollte bei Aufstellung der Wahlvorschläge Rechnung getragen werden (vgl. § 15 Abs. 1). Wo dies nicht erreicht werden kann, ansonsten aber die Repräsentation der dort vorhandenen AN durch den BR Schaden

---

8 Generell klargestellt durch *BAG* 27.6.95 – 1 ABR 62/94, BB 96, 1504 mit Anm. *Kohte.*

9 Richardi-*Maschmann,* Rn. 48; *Fitting,* Rn. 1; ErfK-*Koch,* Rn. 1; ebenso schon *BAG* 1.2.63, AP Nr. 5 zu § 3 BetrVG.

10 Vgl. *Fitting,* Rn. 12; Richardi-*Maschmann,* Rn. 48; *Konzen,* RdA 01, 76 [82]; a. A. *LK,* Rn. 12.

11 Vgl. nur *Dietz,* 4. Aufl., § 3 Rn. 9; *BAG* 1.2.64, 5.6.64, AP Nrn. 5, 7 zu § 3 BetrVG.

12 Für eine enge Auslegung von § 4 aber auch nach In-Kraft-Treten des BetrVG 1972 immer noch *BAG* 24.2.76, AP Nr. 2 zu § 4 BetrVG 1972; näher dazu unten Rn. 42 ff.

13 Anschaulich zu den miteinander bisweilen im Widerstreit liegenden Gesichtspunkten »Qualität der Mitbestimmungsrechte« und der »BR-Organisation« [§§ 9, 27, 38] *Gamillscheg,* Anm. zu EzA § 4 BetrVG 1972 Nrn. 4 und 5, S. 58, mit dem Hinweis, dass dort, wo die Schwellenwerte ohnehin bereits überschritten werden, eine weitere Zentralisierung der Wahleinheit wegen der verhältnismäßig sinkenden Zahl von BR-Mitgliedern bzw. Freistellungen zu Lasten der personellen Leistungsfähigkeit des BR gehen kann; vgl. auch *Birk,* AuR 78, 226 [230], der unter Effizienzgesichtspunkten zum früheren Recht meint, wegen der Freistellungsmöglichkeit nach § 38 Abs. 1 sei bei Betriebsteilen eigentlich stets ab einer Belegschaftszahl von mehr als 300 AN [nach § 38 Abs. 1 n. F. sinngemäß: 200 AN] von einem nach Satz 1 zu fingierenden Betrieb auszugehen; die Größe der Belegschaft bezieht auch *LAG Köln* 28.6.89, LAGE § 4 BetrVG 1972 Nr. 4, S. 4, in die Beurteilung mit ein; ähnlich *Löwisch,* FS Kissel, S. 679 [682], allerdings gegen *BAG* 29.3.77, AuR 78, 254, das solche Erwägungen für nicht maßgeblich erklärt hatte.

14 *Gamillscheg,* ZfA 75, 357 [361]; gegen Wahlkreissysteme auch Richardi-*Maschmann,* Rn. 2; *Fitting,* Rn. 3; gleichwohl sollte die Existenz sog. Hallen- und Bereichs-BR, die *Rancke,* S. 279 ff., bei seiner Untersuchung vorfand, nicht unterschätzt werden; dazu auch *Gamillscheg,* Kollektives Arbeitsrecht, Bd. I, S. 605.

15 Wie hier Richardi-*Maschmann,* Rn. 2; *Fitting,* Rn. 3; das *LAG Hannover* 13.2.54, AuR 54, 284 = BetrR 54, 200 ff. [mit ablehnender Anm. *Bührig*] hält die Bildung von Wahlkreisen unter Hinweis auf die Grundsätze bei politischen Wahlen fälschlich für zulässig.

nehmen würde, besteht die Möglichkeit, durch TV **zusätzliche Vertretungen** nach § 3 Abs. 1 Nr. 5 zu errichten.[16]

Die sichere Bestimmung dessen, was als **Betriebsteil oder Hauptbetrieb** anzusehen ist, wird erheblich erschwert, weil das Gesetz selbst **keine Definition** gibt. Literatur und Rspr. haben bisher keine immer klaren Abgrenzungskriterien entwickelt.[17] Selbst bei Anwendung der vom *BAG* zugrunde gelegten unscharfen Kriterien ist **keine eindeutige Bestimmung** der Begriffe möglich. Dieses Eingeständnis findet sich explizit in *BAG* 3.12.85:[18] 9

»Eine solche Abgrenzung ist allein schon deswegen nicht möglich, weil § 4 Satz 1 Nr. 2 BetrVG davon ausgeht, dass auch Betriebsteile durch Aufgabenbereich und Organisation eigenständig, d. h. selbständig, sein können. Mag auch damit nur eine relative Selbständigkeit gemeint sein, so lässt sich auch zwischen dieser und einer größeren Selbständigkeit der selbständigen Betriebe keine sichere Unterscheidung treffen. Auch selbständige Betriebe sind von einer zentralen Leitung mehr oder weniger abhängig und damit nur relativ selbständig. Verlässliche Kriterien dafür, wann diese relative Selbständigkeit in eine Selbständigkeit umschlägt, die es rechtfertigt, die organisatorische Einheit nunmehr als selbständigen Betrieb im Sinne von § 1 BetrVG anzusehen, lassen sich nicht finden.«

Dieser Missstand wird in der Literatur allenthalben beklagt.[19] Da das *BAG*[20] das Merkmal »Organisation« in Abs. 1 Satz 1 Nr. 2 dahin gehend bestimmt, dass die **organisatorische Eigenständigkeit** zu bejahen ist, sofern in dem Betriebsteil der wesentliche Kern der der betrieblichen Mitbestimmung unterliegenden AG-Funktionen auszuüben ist, benutzt es **dieselbe Formel**, die es auch **zur Bestimmung des Begriffs »Betrieb«** verwendet.[21] Ein begrifflicher Unterschied zwischen einem echten Betrieb (§ 1) und einem Betriebsteil i. S. v. Abs. 1 Satz 1 Nr. 2 ist nach der Rspr. des *BAG* nicht mehr feststellbar, so dass es nicht verwundert, wenn kaum einmal Fälle des durch Aufgabenbereich und Organisation eigenständigen Betriebsteils auftreten (vgl. auch Rn. 81 ff.).[22] 10

Der betrieblichen Praxis ist zu empfehlen, von der **Möglichkeit nach § 3 Abs. 1 Nr. 1 a) und b)** Gebrauch zu machen, um eine sinnvolle **Zuordnung von Betriebsteilen und Kleinstbetrieben durch TV** vorzunehmen, soweit dadurch die Bildung von AN-Vertretungen erleichtert wird und **Abgrenzungszweifel** ausgeräumt werden können (vgl. § 3 Rn. 52). 11

Der **DGB-Gesetzesvorschlag 2022**[23] lässt die Bestimmung bis auf eine Sprach-Genderung unverändert, obgleich es doch nahe gelegen hätte, den Begriff »Hauptbetrieb«, der in Abs. 1 und 2 verwendet wird und dort unterschiedlichen Inhalt hat, näher zu bestimmen. Sinnvoll wären weitere klarstellende Ergänzungen des Abs. 2, denn nicht nur »Kleinst*betriebe*«, sondern auch Kleinst*betriebsteile*, die den Schwellenwert des § 1 Abs. 1 Satz 1 nicht erreichen, sind dem Hauptbetrieb zuzuordnen. Ferner sollte die Formulierung des Abs. 2 »sind dem Hauptbetrieb zuzuordnen« besser lauten: »sind dem Hauptbetrieb zugeordnet« oder »gelten als dem Hauptbetrieb zugeordnet«. Denn der appellative Wortlaut der geltenden Gesetzesfassung ist sprachlich unklar, weil man ihn dahin verstehen kann, dass es noch eines zusätzlichen gestaltenden Aktes (von wem?) bedarf, damit die Zuordnungswirkung eintritt (dazu auch Rn. 136). 11a

---

16 Vgl. § 3 Rn. 135 ff.; *Fitting*, Rn. 3.

17 Vorschläge de lege ferenda bei *Bachner*, NZA 96, 400 [405] und *Trümner*, Mitb 3/97, 44 ff.; zu optimistischer Glaube an die Leistungsfähigkeit der unbestimmten Rechtsbegriffe bei *Heither*, Mitb 3/97, 25.

18 AP Nr. 28 zu § 99 BetrVG 1972.

19 Vgl. WPK-*Preis*, Rn. 8 und schon frühzeitig *Gamillscheg*, ZfA 75, 357 [368 ff.]; *Birk*, AuR 78, 226 [227 f.]; *Joost*, S. 287, nennt die Einordnung ein »Spiel des Zufalls«; MünchArbR-Richardi, § 22 Rn. 5 ff., sieht in deutlicher Abkehr von *Jacobi* keine Möglichkeit zur objektiven Definition dieser Begriffe.

20 29. 1. 92 – 7 ABR 27/91, NZA 92, 894.

21 Vgl. *BAG* 14. 9. 88, AP Nr. 9 zu § 1 BetrVG 1972; auch schon *BAG* 14. 9. 82, AP Nr. 3 zu § 4 BetrVG 1972 unter III. 2. c; für den Betriebsteil i. S. v. § 4 Satz 1 Nr. 2 die Formel bestätigend *BAG* 9. 12. 92 – 7 ABR 15/92 [Deutscher Herold], uv.; zu den insoweit seit *Dietz* [FS Nikisch, S. 23, 33] retardierenden Momenten in der Rspr. des *BAG Trümner*, Anm. zu *BAG* 28. 6. 95 – 7 ABR 59/94, AiB 96, 241 [242, 243].

22 Zutreffende Kritik bei WPK-*Preis*, Rn. 9; aus jüngerer Zeit nur *BAG* 21. 7. 04 – 7 ABR 57/03, AP Nr. 15 zu § 4 BetrVG 1972 [Symphonieorchester].

23 AuR Sonderausgabe April 2022, S. 9.

II. Hauptbetrieb

1. Gesetzlicher Funktionszusammenhang

12 Der Begriff Hauptbetrieb spielt **in mehreren Konstellationen** eine entscheidende Rolle: Ob ein Betriebsteil, der die nach § 1 erforderliche AN-Zahl aufweist, einen eigenen BR wählen kann, bestimmt sich gemäß **Abs. 1 Satz 1 Nr. 1** nach seiner räumlichen **Entfernung zum Hauptbetrieb;** Nach **Abs. 2 Satz 2** sind **Kleinstbetriebe,** die nicht die betriebsratsfähige Größe erreichen, dem Hauptbetrieb zuzuordnen. AN eines nicht betriebsratsfähigen Betriebsteils gehören ohnehin zum Hauptbetrieb.[24] Die nach beiden Vorschriften erforderliche Abgrenzung setzt aber gerade die Klarheit darüber voraus, welche Einheit als Hauptbetrieb anzusehen ist. Andernfalls scheitert das Abgrenzungs- bzw. Zuordnungsproblem schon an der Frage, gegenüber welchem Betrieb z. B. die Entfernungsbestimmung vorzunehmen ist.

13 Mit Einfügung des **Belegschaftsoptionsrechts** auf Zuordnung zum Hauptbetrieb (Abs. 1 Satz 2) im Jahre 2001 wäre es geboten gewesen, eine gesetzliche Definition vorzunehmen,[25] was aber unterblieben ist. Daher muss die Auslegung und Konkretisierung vom Wortlaut ausgehen und die systematische Stellung im Gesetz sowie den Normzweck beachten. Eine **grundlegende Neubestimmung** scheint insoweit nun das *BAG*[26] einzuleiten, indem es ausdrücklich anerkennt, dass der Begriff Hauptbetrieb in Abs. 2 einen anderen Inhalt besitzt, als in Abs. 1.[27]

14 Die begriffliche **Unschärfe des Gesetzes** mag hingenommen werden können, wenn in einem UN nur *ein* Hauptbetrieb und ein oder mehrere Betriebsteile bzw. *ein* Hauptbetrieb und ein Kleinstbetrieb vorhanden sind. In derartigen Fällen kann man den umgangssprachlichen Wortinhalt heranziehen und als Hauptbetrieb den nach **AN-Zahl, Funktion und Bedeutung für das UN größten Betrieb** bezeichnen, um zu praktikablen Ergebnissen für die Abgrenzung bzw. Zuordnung der verschiedenen betrieblichen Organisationseinheiten eines UN zu gelangen.[28] Weitaus schwieriger sind jedoch die häufigen Fälle zu beurteilen, in denen ein UN mehrere echte Betriebe i. S. d. § 1 hat und daneben noch über Betriebsteile bzw. Kleinstbetriebe verfügt.[29] Für die Alternative des Abs. 1 Satz 1 Nr. 1 kommt es entscheidend darauf an, gegenüber welchem der mehreren Betriebe i. S. v. § 1 die räumliche Entfernung eines Betriebsteils zu beurteilen ist, um ihn entweder diesem Betrieb zuzurechnen (sofern keine weite Entfernung vorliegt) oder als betriebsverfassungsrechtlich selbstständigen Betriebsteil zu qualifizieren (sofern er räumlich weit entfernt ist).

2. Die Begriffsbestimmung der herrschenden Meinung

15 Trotz dieser herausragenden funktionellen Bedeutung des Begriffs »Hauptbetrieb« finden sich in Literatur und Rspr. kaum praktikable Hinweise zu seiner Auslegung.[30] Klarheit besteht nur insoweit, dass mit dem **Hauptbetrieb nicht notwendigerweise die Hauptverwaltung** eines UN gemeint ist, wenngleich das *BAG*[31] häufig beides gleichsetzt (näher dazu Rn. 23 f.). Geklärt

---

24 ErfK-*Koch,* Rn. 3; *Fitting,* Rn. 12.
25 Vgl. *Trümner,* FA 01, 133 [134]; berechtigte Kritik auch bei *Richardi,* NZA 01, 346 [348 f.].
26 Mit seiner Entscheidung vom 17. 1. 07 – 7 ABR 63/05, NZA 07, 703.
27 Ebenso *Fitting,* Rn. 10; Richardi-*Maschmann,* Rn. 8; GK-*Franzen,* Rn. 8 a. E.; WPK-*Preis,* Rn. 13.
28 *LAG Köln* 20. 9. 19 – 9 TaBV 14/19, BeckRS 19, 38865, Rn. 68, stellt auf eine Kombination aus UN-Sitz, Sitz der Geschäftsführung und die weitaus größte Zahl der AN ab.
29 Vgl. zu einem derartigen Sachverhalt z. B. *BAG* 17. 1. 07, a. a. O.; 7. 12. 88, AP Nr. 15 zu § 19 BetrVG 1972; *LAG Köln* 28. 6. 89, LAGE § 4 BetrVG 1972 Nr. 4; *LAG Rh.-Pfalz* 22. 11. 18 – 5 TaBV 10/18, BeckRS 18, 36710, Rn. 42, hat bei zwei nach AN-Zahl nahezu gleich großen Betrieben desselben UN dahinstehen lassen, welches davon der HB sei, und stattdessen angenommen, dass sie jedenfalls räumlich weit voneinander entfernte BT nach § 4 Abs. 1 Satz 1 Nr. 1 seien (obgleich an jedem Standort ärztlicher Direktor und Pflegedirektorin vorhanden waren).
30 Auch *Haas/Salamon,* NZA 09, 299 ff.; *Birk,* AuR 78, 226 ff.; *Grützner,* BB 83, 200 ff.; *Schimana,* BB 79, 892 ff. und *Zilius,* AiB 5/80, 10 f. geben keinen näheren Aufschluss.
31 Vgl. nur *BAG* 17. 1. 07, a. a. O. [Rn. 14, 19, 20]: Hauptverwaltung als Hauptbetrieb; *BAG* 7. 5. 08 – 7 ABR 15/07, NZA 09, 328 [Einzelhandelsfilial-UN; Rn. 29]: zentrale Verwaltung mit Sitz der Geschäftsführung als Hauptbetrieb.

scheint durch das *BAG*[32] mittlerweile, dass der Begriff einen unterschiedlichen Inhalt hat, je nachdem, ob es um das Verhältnis eines Betriebsteils zum Hauptbetrieb (Satz 1 Nr. 1) oder das Verhältnis eines Kleinstbetriebs zum Hauptbetrieb (Abs. 2) geht.[33]

a) Hauptbetrieb im Sinne von Absatz 1 Satz 1 Nr. 1

Im Falle von **Abs. 1 Nr. 1** nimmt die Lit. an, der Begriff Hauptbetrieb bringe zum Ausdruck, dass für die Bestimmung der räumlich weiten Entfernung der **Ort der zentralen Betriebsleitung** maßgebend sei, weil dort i. d. R. der **Hauptteil der Betriebsbelegschaft** beschäftigt werde.[34] **16**

In der Rspr.-Praxis ist anerkannt, dass als Hauptbetrieb auch ein **gemB mehrerer UN** in Betracht kommt (s. § 1 Rn. 120, 188a), zu dem dann auch ggfls. räumlich entfernte **gem-Betriebsteile** gehören können.[35] **16a**

Das ***BAG*** stellte zunächst auf das qualitative Verhältnis der arbeitstechnischen Zwecke zueinander ab[36] und stellte fest, dass die Verfolgung **paralleler** (gleicher) **arbeitstechnischer Zwecke** (hier: Umsatz eines Warensortiments) in allen Filialen des UN einschließlich des Hauptbetriebs **nicht** dazu führe, einer solchen Filiale den Status eines durch **Aufgabenbereich eigenständigen** Betriebsteils (Abs. 1 Nr. 2) zuzuerkennen. Somit blieb nur die Prüfung der Nr. 1 (Entfernung zum Hauptbetrieb, der hier zugleich mit dem Betrieb des UN-Sitzes unterstellt wurde; vgl. zu Sonderfragen bei Filialbetrieben Rn. 88 ff.). Mit der Entscheidung vom 17. 2. 83[37] ging das *BAG* jedoch dazu über, das Verhältnis zwischen Betriebsstellen desselben UN vornehmlich nach dem Gesichtspunkt zu bestimmen, ob und wo der für den Betriebsteil zuständige, in den mitbestimmungspflichtigen sozialen und personellen Angelegenheiten entscheidungsbefugte Leitungsapparat angesiedelt ist.[38] Seit der Entscheidung vom 23. 9. 82[39] postuliert das *BAG* den **Vorrang der Einheit der Organisation** vor der Einheitlichkeit der verfolgten arbeitstechnischen Zwecke und deren Verhältnis zueinander[40] und ebnete damit den Weg zur Verabsolutierung dieses Gesichtspunktes bei der Abgrenzung betriebsratsfähiger Einheiten.[41] **17**

Das *BAG*[42] bestimmt den Begriff des Hauptbetriebs im Verwendungszusammenhang des Abs. 1 Nr. 1 **nunmehr allein** danach, ob es sich um den Betrieb handelt, in dem die **für den** betreffenden **Betriebsteil maßgeblichen Leitungsfunktionen bezüglich der sozialen und personellen** **18**

---

32 *BAG* 17. 1. 07 – 7 ABR 63/05, a. a. O.: Hauptbetrieb i. S. v. Abs. 2; 7. 5. 08 – 7 ABR 15/07, a. a. O.: Hauptbetrieb i. S. v. Abs. 1.

33 Ähnlich Richardi-*Maschmann,* Rn. 8; Dagegen wiederum keine Ausführungen mehr zum Hauptbetrieb in *BAG* 9. 12. 09 – 7 ABR 38/08, NZA 10, 906 [Wohlfahrtspflege-UN II].

34 Richardi-*Maschmann,* Rn. 18 unter Hinweis darauf, dass der Begriff Hauptbetrieb in diesem Zusammenhang unglücklich sei, weil es in Satz 1 um die organisatorische Gliederung eines Betriebes in Betriebsteile gehe; ähnlich *Birk,* AuR 78, 226 [229]; *Gamillscheg,* Anm. zu EzA Nrn. 4, 5 zu § 4 BetrVG 1972, S. 56, bezeichnet als Hauptbetrieb i. S. d. Satzes 1 den »hauptsächlichen Teil des Betriebes«, ohne allerdings anzugeben, wonach diese Gewichtung erfolgen soll; stillschweigend setzt *LAG Rhl.-Pf.* 15. 4. 19 – 3 TaBV 16/18, juris, Rn. 2, offenbar den Betriebsteil des UN, in dem die größte Zahl der AN beschäftigt ist, mit dem Begriff »Hauptbetrieb« gleich.

35 Siehe dazu den Fall des *LAG Köln* 20. 9. 19 – 9 TaBV 14/19, BeckRS 19, 38865: GemB aus mindestens fünf Konzerngesellschaften und räumlicher Verteilung auf mindestens vier Standorte, von denen zwei als räumlich weit entfernt vom Standort der Konzernzentrale (wobei diese als HB klassifiziert wurde) angenommen wurden.

36 24. 2. 76, AP Nr. 2 zu § 4 BetrVG 1972.

37 AP Nr. 4 zu § 4 BetrVG 1972.

38 Ähnlich Richardi-*Maschmann,* Rn. 18.

39 AP Nr. 3 zu § 4 BetrVG 1972.

40 Unter fälschlicher Bezugnahme auf *BAG* 1. 2. 63, AP Nr. 5 zu § 3 BetrVG.

41 Vgl. *BAG* 29. 1. 92, AP Nr. 1 zu § 7 BetrVG 1972 mit Anm. *Kohte,* der darin wohl zu Recht eine versteckte Divergenz zwischen dem *1. Senat* und *7. Senat* des *BAG* sieht; näher *ders.,* Anm. zu *BAG* 27. 6. 95, BB 96, 1504 [1506].

42 Seit der Entsch. v. 9. 12. 92 – 7 ABR 15/92 [Deutscher Herold], uv; aus jüngerer Zeit *BAG* 7. 5. 08, NZA 09, 328 [330]; 17. 5. 17, NZA 17, 1282: Sitz der zentralen Personalabteilung, die für beide Betriebsstätten zuständig ist.

Mitbestimmungsangelegenheiten institutionalisiert ist.[43] Dabei schadet es nicht einmal, wenn der so bestimmte Hauptbetrieb als Organisationsgebilde selbst nicht betriebsratsfähig i. S. v. § 1 ist.[44]

19 Bestimmt man mit dem *BAG* den **Begriff des Hauptbetriebs** daher ausschließlich nach der **Beschaffenheit des Leitungsgefüges** zwischen verschiedenen abgrenzbaren Betriebsstätten, so ist auch klar, dass es in Abhängigkeit von der Ausgestaltung der Leitungsorganisation innerhalb desselben UN mit einer stark gegliederten betrieblichen Aufbauorganisation mehrere Hauptbetriebe geben kann. Von daher ist es somit **falsch,** innerhalb eines solchen UN **nur einen** »absoluten« **Hauptbetrieb anzunehmen,** also etwa den größten Betrieb als Hauptbetrieb anzusehen (vgl. Rn. 14; zur Filialorganisation Rn. 88 ff.).

b) Hauptbetrieb im Sinne von Absatz 2

20 **Im Falle des Abs. 2** versuchte das *BAG* nach früherem Recht, den Begriff im Hinblick auf das arbeitstechnische Verhältnis zum Nebenbetrieb – jetzt Kleinstbetrieb genannt – zu bestimmen und stellte darauf ab, dass im **Nebenbetrieb** stets eine arbeitstechnische **Hilfsfunktion** gegenüber dem arbeitstechnischen Zweck im **Hauptbetrieb** verfolgt werde.[45] Bereits daraus folgte jedoch, dass es nicht nur **einen** »absoluten« Hauptbetrieb innerhalb eines UN mit mehreren Betrieben nach § 1 und weiteren Betriebsteilen bzw. Kleinstbetrieben geben konnte.[46] Denn nach h. M. war der Hauptbetrieb i. S. v. Satz 2 a. F. der Betrieb, demgegenüber **ein Nebenbetrieb** (als organisatorisch selbstständiger Betrieb) unter eigener Leitung einen eigenen Betriebszweck verfolgt, der jedoch für den im Hauptbetrieb verfolgten Hauptbetriebszweck eine **arbeitstechnische Hilfsfunktion** erfüllt und den dortigen Betriebszweck unterstützt.[47] Gab es aber mehrere derartige Funktionsabhängigkeiten zwischen jeweils verschiedenen Haupt- und Nebenbetrieben, so konnte es auch innerhalb eines UN unter Umständen eine **Mehrzahl von Hauptbetrieben** geben.[48]

21 Das *BAG*[49] nimmt dagegen in derartigen Fällen seit 2007 an, **Hauptbetrieb** sei der Betrieb, der gegenüber dem zuzuordnenden Kleinstbetrieb und ggf. auch gegenüber anderen Betrieben des AG eine **»hervorgehobene Bedeutung«** besitze. Diese hervorgehobene Bedeutung ergebe sich aus einer besonderen Funktion dieses Betriebs für das UN des AG oder für den zuzuordnenden

---

43 Vgl. auch *Fitting,* Rn. 10.

44 So auch schon *LAG Frankfurt* 11. 11. 86 – 5 TaBV 9/86, uv., für den nicht betriebsratsfähigen Kleinstbetrieb einer Distriktleitung mit mehreren untergeordneten Vermietstationen [die wiederum als Betriebsteil i. S. v. Satz 1 Nr. 1 eingestuft wurden]; ebenso *ArbG Freiburg* 28. 1. 86 – 3 BV 13/85, uv.; es genügt insoweit, wenn die zur Betriebsratsfähigkeit erforderliche AN-Zahl gerade durch die Zuordnung des Betriebsteils erreicht wird [im entschiedenen Fall war der Betriebsteil personell übrigens mehr als doppelt so stark wie der Hauptbetrieb].

45 Vgl. *BAG* 9. 12. 92 – 7 ABR 15/92 [Deutscher Herold], uv.; 29. 1. 92, NZA 92, 894.

46 So wohl auch *LAG Köln* 28. 6. 89, LAGE § 4 BetrVG 1972 Nr. 4, das bei einem UN mit mehreren Betrieben im Bundesgebiet – sog. Zweigniederlassungen – für die etwaige Zuordnung eines in Bonn gelegenen technischen Büros als Betriebsteil lediglich auf die räumliche Entfernung zu der nächstgelegenen Zweigniederlassung in Köln abgestellt hatte, nicht aber auf die anderen Zweigniederlassungen.

47 *BAG* 29. 1. 92, a. a. O.

48 Zutreffend *Joost,* S. 280 Fn. 76; unklar *Schimana,* BB 79, 892, der wohl die Existenz eines »absoluten« Hauptbetriebs annimmt. Dass der Fall einer Mehrzahl von Hauptbetrieben im Verhältnis zu Nebenbetrieben desselben UN keineswegs bloß theoretischer Natur war, belegt eine nicht veröffentlichte Entscheidung des *BAG* [26. 7. 89 – 7 ABR 22/88]. Dort hatte das UN im gesamten Bundesgebiet 96 Dialysezentren sowie 10 Technikerzentralen. Die Dialysezentren waren als echte Betriebe i. S. v. § 1 klassifiziert worden, weil die jeweilige Verwaltungsleitung von der Hauptverwaltung des UN völlig unabhängig und keinerlei Weisungen unterworfen war. Die Technikerzentralen, deren Aufgabe in der Wartung der Dialysegeräte besteht, haben jeweils mehrere fest zugewiesene Dialysebetriebe zu betreuen. Vom *BAG* nicht beanstandet, waren die Betriebe der Technikerzentralen, die jeweils über etwa 12 AN verfügen, in der Vorinstanz vom *LAG Rheinland-Pfalz* [27. 1. 88 – 2 TaBV 20/87] als Nebenbetriebe eingestuft worden, weil sie mit ihrer Wartungsaufgabe den Hauptbetriebszweck der jeweiligen Dialysebetriebe unterstützen. Jeder der Dialysebetriebe stellt sich somit als Hauptbetrieb dar im Verhältnis zum Betrieb der ihm jeweils »zuarbeitenden« Technikerzentralen.

49 17. 1. 07 – 7 ABR 63/05, NZA 07, 703.

Kleinstbetrieb. Die hervorgehobene Bedeutung der als Hauptbetrieb zu qualifizierenden Einheit könne auch darin bestehen, dass **dessen Leitung** die Leitung des Kleinstbetriebes **in personellen und sozialen Angelegenheiten** des mitbestimmungsrelevanten Bereichs **unterstütze,** auch wenn dies nur in beratender Weise erfolge. Die Art der arbeitstechnischen Zwecksetzung oder die räumliche Entfernung zu anderen Betrieben des AG sei »in der Regel« für die Bestimmung des Hauptbetriebs nach Abs. 2 »nicht von entscheidender Bedeutung«.

Auch die **neue Abgrenzungsformel des *BAG*** (Rn. 21) **ist** freilich **»schwammig«** und offenbart zum wiederholten Male das Dilemma des Betriebsbegriffs, der unerklärlich bleiben muss, wenn er einseitig auf die Leitungs- und Vertretungsorganisation des AG bezogen wird. Die Formel lässt offen, welche anderen hervorgehobenen Bedeutungen ggf. auch den Ausschlag geben könnten, wenn es z. B. an der im entschiedenen Fall offensichtlich nur zufällig gefundenen Unterstützung des Personalwesens fehlt, weil der Kleinstbetrieb diese Funktionen selbst vollständig wahrnimmt.[50] **Unklar** bleibt ferner, wann abweichend von der vom *BAG* aufgestellten Regel **ausnahmsweise** doch die arbeitstechnische Zwecksetzung und/oder die **räumliche Entfernung** eine Bedeutung erlangt. Insoweit erwähnt das *BAG* nur den Fall, dass die Entfernung zwischen dem Kleinstbetrieb und dem beratenden Betrieb so erheblich ist, dass der BR seine MBR nicht mehr sinnvoll ausüben könne.[51] Gesetzessystematisch muss daher jedenfalls in solchen Fällen auf die **normative Wertung der räumlichen Entfernung** in Abs. 1 Satz 1 Nr. 1 abgestellt und der Kleinstbetrieb sodann einem räumlich näher liegenden Betrieb oder einem als Betrieb fingierten Betriebsteil zugeordnet werden.[52] Dasselbe wird dann zu gelten haben, wenn die beratenden Unterstützungsleistungen im Personalbereich von verschiedenen anderen Betrieben des UN bezogen werden, denn gerade hier versagt die neue Formel vollständig. **22**

c) Betrieb der Hauptverwaltung als Hauptbetrieb?

Obwohl nicht bestritten wird, dass der Begriff Hauptbetrieb **keineswegs notwendig identisch** sein muss mit dem Betrieb der Hauptverwaltung eines UN,[53] lässt sich in der **Entscheidungspraxis** der Gerichte eine entsprechende **unkritische Gleichsetzung** beider Begriffe feststellen. I. d. R. fehlt sogar jede Auseinandersetzung damit, warum gerade der Betrieb des handelsrechtlichen UN-Sitzes als Hauptbetrieb anzusehen sei.[54] **23**

---

50 So zutreffend WPK-*Preis*, Rn. 13; kritisch auch *Fitting*, Rn. 10; ggü. *BAG* offenbar distanziert (»soll«) auch ErfK-*Koch*, Rn. 6. Wie gering mittlerweile die vom *BAG* gestellten Anforderungen an die Eigenwahrnehmung der mitbestimmungsrelevanten Arbeitgeberfunktionen selbst bei einem echten Betrieb (§ 1) geworden sind, offenbart die Entscheidung vom 9.12.09 – 7 ABR 38/08 [, NZA 10, 906, 908 f.]: Ausreichend waren dem *7. Senat des BAG* die eher lückenhaften Feststellungen der Vorinstanz, wonach die jeweiligen Einrichtungsleiter über Einstellungen, Befristungen, Abmahnungen und Kündigungen entscheiden konnten [wobei man sich fragen muss, welche Bedeutung die ja mitbestimmungsfreien Entscheidungen über Abmahnungen und Befristungen hier überhaupt haben dürfen], allerdings auch dies nur nach vorheriger Konsultation der zentralen Personalabteilung; Ferner nahmen die Einrichtungsleiter die Rolle eines »Ansprechpartners« für den BR ein und verhandelten mit diesem über den Abschluss von BV, freilich auch dies nur in enger und ausdrücklich vorgeschriebener Abstimmung mit der Zentrale.

51 17.1.07, a. a. O. [Rn. 23 a. E.]; die im entschiedenen Fall festgestellten 55 km Entfernung waren entgegen der gesetzlichen Wertung in Abs. 1 Satz 1 Nr. 1 (vgl. die Erl. bei Rn. 54 ff.) als nicht erheblich gewertet worden.

52 Ebenso *Fitting*, Rn. 10; Richardi-*Maschmann*, Rn. 47; WPK-*Preis*, Rn. 13; wohl auch ErfK-*Koch*, Rn. 6; anders GK-*Franzen*, Rn. 7, der primär auf die Ähnlichkeit arbeitstechnischer Zwecke abstellen will und erst, wenn dies fehlgeht, die räumliche Nähe zu einem anderen betriebsratsfähigen Betrieb des UN Ausschlag gebend sein lassen will.

53 So etwa *Fitting*, 21. Aufl., Rn. 14.

54 Vgl. nur die Fälle *BAG* 25.11.93, NZA 94, 837; 29.5.91, AP Nr. 6 zu § 4 BetrVG 1972; 26.7.89 – 7 ABR 22/88 [Dialysezentrum/Technikerzentrale], uv.; 25.5.88 – 7 ABR 51/87 [Service-Niederlassungen bei MAN], uv.; 17.2.83, AP Nr. 4 zu § 4 BetrVG 1972; 24.2.76, AP Nr. 2 zu § 4 BetrVG 1972; *LAG Sachsen-Anhalt* 21.4.15 – 2 TaBV 27/14: HB der NL und nicht des UN-Sitzes; *LAG Köln* 13.4.89, AiB 90, 359, Ls.; *LAG Niedersachsen* 13.12.85 – 9 TaBV 7/84 [übereinstimmender Sachverhalt insoweit mit *BAG* 25.5.88, a. a. O.]; *LAG Hamburg* 1.11.82, BB 83, 1095; *LAG Baden-Württemberg* 29.10.71, DB 71, 2267; *LAG Düsseldorf* 16.9.71, DB 71, 2069; *LAG Düsseldorf* 28.4.95 – 15 TaBV 130/94; *ArbG Bochum* 28.4.94 – 4 (3) BV 7/94.

24 Dass die **Hauptverwaltung** eines UN **eigenständiger Betrieb** sein kann, ist anerkannt.[55] Liegen die Voraussetzungen vor, unter denen die Eigenbetrieblichkeit der Hauptverwaltung gegenüber anderen Betriebsstellen des UN (Werke, Fabriken usw.) zu bejahen ist, so handelt es sich bei der Hauptverwaltung stets um einen echten Betrieb i. S. v. § 1, **niemals** um einen **Nebenbetrieb oder** bloßen **Betriebsteil,** weil der dortige arbeitstechnische Zweck in der Gesamtleitung (umfassende Administration) des UN liegt und damit ein völlig anderer ist als derjenige, der etwa in Produktionsbetrieben oder Vertriebsniederlassungen des UN verfolgt wird.[56]

25 Soweit man mit der Literatur und älteren Rspr. (vgl. Rn. 16f.) im **Verwendungszusammenhang des Abs. 1 Nr. 1** das Verhältnis von Hauptbetrieb zum Betriebsteil danach bestimmt, ob der Betriebsteil einen dienenden Zweck oder Teilzweck gegenüber dem Hauptbetriebszweck verfolgt, kann der Hauptverwaltungsbetrieb wegen der völligen Andersartigkeit seines arbeitstechnischen Zwecks niemals als Hauptbetrieb in Betracht kommen; stellt man mit der neueren Auffassung des *BAG* (vgl. Rn. 18) dagegen auf den Ort der für den betreffenden Betriebsteil maßgeblichen Leitung in Bezug auf die Mitbestimmungsangelegenheiten ab, muss der **Hauptverwaltungsbetrieb** jedenfalls gerade insoweit »**Leitungssitz**« sein, wenn eine Zuordnung zu diesem Betrieb vorgenommen werden soll. In diesem Falle bilden Hauptverwaltung und operativer Betriebsteil, die im selben Gebäude untergebracht sind, einen einheitlichen Betrieb, sofern für beide Einheiten dieselbe Leitung in den sozialen und personellen Angelegenheiten zuständig ist. Liegt der Fall aber so, dass für den operativen Betriebsteil eine eigene Leitung besteht, die in wesentlichen (wenn auch nicht allen) Angelegenheiten zuständig ist, so handelt es sich um einen Betriebsteil nach Abs. 1 Nr. 2, der einen eigenen BR erhält, auch wenn keine räumlich weite Entfernung zum Hauptbetrieb vorliegt.

26 Im **Verwendungszusammenhang des Abs. 2** kann der Betrieb der Hauptverwaltung wegen der völligen Verschiedenartigkeit der arbeitstechnischen Zwecke niemals Hauptbetrieb im Verhältnis zu einem Kleinstbetrieb oder Nebenbetrieb sein,[57], wenn man zur Unterscheidung ausnahmsweise auf die Art der arbeitstechnischen Zwecksetzung abstellen wollte (vgl. zur denkbaren Ausnahme nach der neueren Rspr. Rn. 21, 22). Nach hier bereits ständig vertretener Ansicht sollte jedoch auch in derartigen Fällen im Interesse einer **ortsnahen und effektiven Interessenvertretung** für möglichst alle AN eines UN eine solche Zuordnungsmöglichkeit nicht von vornherein ausgeschlossen werden (näher Rn. 40). Dieser Gedanke liegt offenbar auch der **neuen Begriffsbildung in Abs. 2** zu Grunde. Das hat zwar nunmehr auch das *BAG*[58] zum Ausgangspunkt seiner Umorientierung gemacht, indem es die Beschaffenheit der arbeitstechnischen Zwecke für unmaßgeblich erklärt und stattdessen auf die **Beschaffenheit der Leitungsorganisation** abstellt. Damit verfehlt es aber wiederum den Aspekt einer ortsnahen Interessenvertretung, wenn es im entschiedenen Fall eine Entfernung von 55 km zwischen Hauptbetrieb und Kleinstbetrieb als unbeachtlich ansieht; eine derartige Entfernung wird nach der gesetzlichen Wertung in Abs. 1 Satz 1 Nr. 1 meist als für eine wirksame Interessenvertretung abträglich weit anzusehen sein (vgl. Rn. 60).

3. Kritik und Neubestimmung

a) Allgemeines

27 Die von der h. M. vor der Novellierung 2001[59] vorgenommene Begriffsbestimmung des Hauptbetriebs als Betrieb, dem die dienende Funktion eines Betriebsteils Nutzen bringt, deckte sich im Wesentlichen mit dem Merkmal der arbeitstechnischen Hilfsfunktion, wie es zur Beschrei-

---

55 Vgl. *BAG* 23.9.82, AP Nr. 3 zu § 4 BetrVG 1972; 9.5.58, AP Nr. 1 zu § 3 BetrVG; *LAG Düsseldorf/Köln* 4.8.53, BB 53, 767; *LAG Bremen* 13.6.53, BB 53, 559; *LAG München* 28.11.52, WestdArbRspr. 1953, 110; so schon *RAG* 3.10.31, ARS 13, 133; vgl. aber *Görner,* DB 53, 510.

56 So *BAG* 23.9.82, a. a. O.

57 Zutreffend daher Richardi-*Maschmann,* Rn. 8; vgl. auch GK-*Franzen,* Rn. 7.

58 17.1.07 – 7 ABR 63/05, NZA 07, 703.

59 Vgl. *Fitting,* 20. Aufl., Rn. 10.

bung des Verhältnisses zwischen Nebenbetrieb und Hauptbetrieb verwendet wurde.[60] Hieran erschien zunächst richtig, dass es nicht einzuleuchten vermochte, weshalb die Begriffsbestimmung des Hauptbetriebs nach Abs. 1 Nr. 1 und Abs. 2 anhand unterschiedlicher Merkmale erfolgen sollte, zumal der Wortlaut und die **Rechtsfolgen in beiden Vorschriften im Wesentlichen identisch** waren: Sowohl Betriebsteile als auch Nebenbetriebe – jetzt Kleinstbetriebe –, die die zahlenmäßigen Voraussetzungen des § 1 nicht erfüllen, sind dem Hauptbetrieb zuzuordnen, und zwar grundsätzlich (zu Ausnahmen bei Betriebsteilen sogleich Rn. 32 ff.; zu Ausnahmen bei Kleinstbetrieben vgl. Rn. 40) unabhängig von der Entfernung zum Hauptbetrieb. Soweit es sich um Betriebsteile und Nebenbetriebe handelte, die die zahlenmäßigen Voraussetzungen des § 1 erfüllten, war die Rechtsfolge in den genannten Vorschriften allerdings nur im Ergebnis, nicht jedoch in den Tatbestandsvoraussetzungen identisch: Während für den Nebenbetrieb dann stets und ohne Rücksicht auf die räumliche Lage ein eigener BR zu wählen war, konnte dies beim Betriebsteil nach Nr. 1 nur dann erfolgen, wenn er vom Hauptbetrieb weit entfernt war. Diese Konsequenz gilt für den Betriebsteil auch nach der Novellierung 2001 weiter. Handelt es sich aber um einen durch Aufgabenbereich und Organisation eigenständigen Betriebsteil (Nr. 2), ist unter der Voraussetzung des § 1 auch für diesen Betriebsteil ein eigener BR zu errichten, es sei denn, die **Belegschaft des Betriebsteils optiert** gem. dem neu eingefügten Abs. 1 Satz 2 bis 5 für ihre wahlrechtliche Zuordnung zum Hauptbetrieb (dazu Rn. 101 ff.).

Für die **Organisationsabgrenzung im Fall der Nr. 1** kam es bis zur Novellierung 2001 allein darauf an, ob die betreffende betriebliche Organisationseinheit als Betriebsteil oder Nebenbetrieb qualifiziert wurde. Die in der Literatur überwiegend herangezogenen Merkmale, die auf die Beschaffenheit des arbeitstechnischen Zweckes abstellten, ließen jedoch eine eindeutige Abgrenzung der Organisationseinheiten nicht zu,[61] Wie andernorts ausgeführt[62], ist das **Merkmal des arbeitstechnischen Zwecks** letztlich **weder für den Betriebsbegriff noch für die Abgrenzung** betrieblicher Organisationseinheiten innerhalb eines UN **von konstituierender Bedeutung.** Es dient selbst nach h. L. lediglich der Unterscheidung von Betrieben gegenüber dem Begriff des UN.[63] Im Regelungszusammenhang des § 4 ist es daher vom Novellierungsgesetzgeber 2001 aufgegeben worden, schon weil es hier nicht um Abgrenzungen zum UN-Begriff geht,[64] sondern um die Abgrenzung betriebsratsfähiger Organisationseinheiten. 28

Demzufolge ist der **Begriff »Hauptbetrieb« eigenständig** und ohne Bezugnahme auf die Art des arbeitstechnischen Zweckes im Betriebsteil bzw. Kleinstbetrieb anhand des Normzweckes und der von § 4 verfolgten Regelungsziele nach den funktionalen Gesichtspunkten seines Verwendungszusammenhangs **zu bestimmen.** Die Vorschrift geht nach ihrer Grundfunktion davon aus, dass AN desselben UN, die organisatorisch in Betriebsteilen bzw. Kleinstbetrieben zusammengefasst sind, nicht ohne Interessenvertretung bleiben sollen, sei es, dass sie den BR in einem Hauptbetrieb mitwählen, sei es, dass sie einen eigenen BR wählen.[65] Somit ergänzt § 4 die Vorschrift über den sachlichen Geltungsbereich des Gesetzes (§ 1) und legt die Organisationseinheiten fest, innerhalb deren eine Belegschaft ihren BR wählt, der vorbehaltlich der originären Zuständigkeit des GBR oder KBR in allen diese AN betreffenden Mitwirkungs- und Mitbestimmungsangelegenheiten zuständig ist. Dieser Zweck wird durch das neue **Optionsrecht** des Abs. 2 Sätze 2–5 in besonderer Weise betont, denn nach bisheriger Rechtslage konnten AN eines räumlich weit entfernten oder organisatorisch eigenständigen Betriebsteils (Nr. 2) überhaupt nicht an der Betriebsverfassung teilhaben, wenn es nicht gelang, dort selbst einen BR zu errichten.[66] 29

Die Zuordnungsvorschrift erfüllt jedoch keinen Selbstzweck, sondern soll gewährleisten, dass der **Sinn des Betriebsverfassungsrechts** auch für AN in dezentralen betrieblichen Or- 30

60 Vgl. *BAG* 3.12.85, AP Nr. 28 zu § 99 BetrVG 1972; 17.2.83, AP Nr. 4 zu § 4 BetrVG 1972; 5.6.64, AP Nr. 7 zu § 3 BetrVG.
61 So auch *BAG* 3.12.85, AP Nr. 28 zu § 99 BetrVG 1972; ebenso Richardi-*Maschmann*, § 1 Rn. 24.
62 Vgl. § 1 Rn. 83 ff.; *Joost*, S. 52 f., 128 f., 135, 297 f., 315, 334.
63 *Richardi*, 7. Aufl., Rn. 55 ff.; *Gamillscheg*, Anm. zu EzA Nrn. 4, 5 zu § 4 BetrVG 1972, S. 49; kritisch auch *Joost*, S. 135.
64 So zutreffend auch schon *Gamillscheg*, a. a. O., S. 51.
65 Vgl. *BAG* 3.12.85, AP Nr. 28 zu § 99 BetrVG 1972.
66 Vgl. *BT-Drucks.* 14/5741, S. 35.

ganisationseinheiten entfaltet werden kann. Dieser Sinn lässt sich verkürzt dahin gehend zusammenfassen, dass die Betriebsverfassung zum einen die **Leitungsmacht des AG durch eine Repräsentation der AN-Interessen einschränkt**[67] und damit auf eine **Gewaltenteilung im Betrieb** abzielt[68] und zum anderen der **Grundrechtsverwirklichung** und -sicherung durch Organisation und Verfahren dient (vgl. § 1 Rn. 4 ff.). Diese Funktionen können dann am besten erfüllt werden, wenn in der Organisationseinheit, für die ein BR zu bilden ist, auch ein zuständiger, mit Entscheidungsbefugnissen ausgestatteter Repräsentant des **AG als Adressat von Mitbestimmungsforderungen** und als Gegenspieler des BR in Beteiligungsverfahren vorhanden ist. Dieser funktionelle Grundsatz liegt auch der Rspr. zum **Gemeinschaftsbetrieb mehrerer UN** (allerdings in stark verabsolutierender Form) zugrunde (vgl. § 1 Rn. 88 ff.), wonach die Betriebseinheit letztlich davon abhängt, ob die AG-Funktionen im sozialen und personellen Bereich von derselben institutionellen Leitung ausgeübt werden. Auf diesen Gesichtspunkt stellte auch die frühere Rspr. im Rahmen der Abgrenzung von Betrieb, Betriebsteil und Nebenbetrieb maßgeblich ab.[69] Es wurde allerdings stets betont, dass dieser Aspekt nur »mit« entscheidend, also nicht »allein« entscheidend sei.[70]

b) Fälle des Absatzes 1 Nr. 1

31 In **Abs. 1 Nr. 1** geht es um die Zurechnung von Betriebsteilen. Lässt man das zur Definition des Betriebsteils untaugliche Kriterium »unselbstständiger arbeitstechnischer Teilzweck« außer Acht (vgl. Rn. 28), ergibt sich, dass ein **Betriebsteil als unterscheidbarer Teil der funktionellen Organisation** eines anderen Betriebes anzusehen ist (vgl. Rn. 42 f.).[71] Was dem Betriebsteil fehlt, um eigenständiger Betrieb zu sein, ist die voll ausgebildete institutionelle Leitung in sozialen und personellen Angelegenheiten. Somit ist als **Hauptbetrieb** i. S. v. Abs. 1 Satz 1 Nr. 1 zunächst derjenige Betrieb zu bezeichnen, in dessen Gesamtorganisation der ohne eigene institutionelle Leitung in sozialen und personellen Angelegenheiten ausgestattete Betriebsteil eingegliedert ist. Die **organisatorische Eingliederung** muss gerade auch **in Bezug auf die arbeitgebermäßigen Zuständigkeiten in sozialen und personellen Angelegenheiten** für die im Betriebsteil beschäftigten AN gegeben sein.[72]

32 Die insoweit **funktionsbezogene** (auf die möglichst problemlose Ausübung der betriebsverfassungsrechtlichen Beteiligungsverfahren bezogene) **Nähe der Betriebsparteien zueinander** (d. h. des BR im Betrieb, in dem die **institutionelle Leitung für den Betriebsteil** angesiedelt ist, und des AG i. S. desjenigen, der in den sozialen und personellen Angelegenheiten dieser AN Inhaber der betrieblichen Organisationsgewalt ist) gibt jedoch **nur** ein **Kriterium** des Begriffs Hauptbetrieb nach Satz 1 Nr. 1 an. Dieses Merkmal bezieht sich nur auf eine Seite des betriebsverfassungsrechtlichen Sinnzusammenhanges, nämlich die **Gestaltung des Zusammenwirkens der Betriebsparteien** (vgl. Rn. 30).

33 Dagegen kann das **Zusammenwirken zwischen BR und Belegschaft des Betriebsteils** (vgl. zur Bedeutung dieses Gesichtspunktes § 1 Rn. 53 ff.)[73] jedoch unter Umständen ebenso nur sehr eingeschränkt möglich sein wie die Kommunikation der Belegschaften im Betriebsteil und dem Hauptbetrieb untereinander: Sofern etwa ein **nicht betriebsratsfähiger Betriebsteil** (d. h. ein

67 Vgl. *Joost*, S. 275.

68 Vgl. *Trümner*, in Heckenauer/Hexel/Selzer [Hrsg.], S. 106 [113].

69 Vgl. *BAG* 23.9.60, 1.2.63, 5.6.64, AP Nrn. 4, 5, 7 zu § 3 BetrVG; 24.2.76, AP Nr. 2 zu § 4 BetrVG 1972.

70 Zuletzt *BAG* 29.3.77, AuR 78, 254 [256]; diese Relativierung ist seit *BAG* 23.9.82, AP Nr. 3 zu § 4 BetrVG 1972 nicht mehr anzutreffen; es heißt seither stereotyp: »eine Produktionsstätte ist dann als Betrieb anzusehen, wenn in ihr der Kern der Arbeitgeberfunktionen im Bereich der personellen und sozialen Mitbestimmung auszuüben ist«; gegen eine Verabsolutierung des »Leitungsapparats« auch *Löwisch*, FS Kissel, S. 679 f.; zur Kritik des »Leitungsapparatekonzeptes« näher *Trümner*, Anm. zu *BAG*, 28.6.95, AiB 96, 241 [242 ff.].

71 Ähnlich GK-*Franzen*, Rn. 4; Richardi-*Maschmann*, Rn. 11; *Fitting*, Rn. 7.

72 So auch *Joost*, S. 274 f.; Richardi-*Maschmann*, Rn. 18; *BAG* 9.12.92 – 7 ABR 15/92 [Deutscher Herold], uv.

73 Vgl. Richardi-*Maschmann*, Rn. 17; *BAG* 24.2.76, AP Nr. 2 zu § 4 BetrVG 1972; ablehnend *Heither*, JbArbR 36 [1999], S. 37 [41].

solcher, der nicht mindestens fünf ständige wahlberechtigte AN hat, von denen drei wählbar sind) weit entfernt von einem zunächst allein nach dem Sitz der institutionellen Leitung bestimmten Hauptbetrieb liegt, ist der dort an sich zuständige BR für die AN des Betriebsteils praktisch nicht mehr erreichbar (z. B. zum Aufsuchen der BR-Sprechstunde). In diesem Fall gebietet es der **Schutzzweck der Betriebsverfassung,** nämlich eine effektive Interessenvertretung zu ermöglichen, **als Hauptbetrieb** nicht den Betrieb mit der für die AN des Betriebsteils zuständigen institutionellen Leitung anzusehen, sondern **den zum Betriebsteil räumlich am nächsten gelegenen** betriebsratsfähigen Betrieb oder Betriebsteil.[74]

Der Einwand, als Hauptbetrieb könne stets nur der Betrieb mit der zuständigen Leitungsstelle angesehen werden, weil andernfalls den AN der arbeitgeberseitige Ansprechpartner genommen werde[75] überzeugt nicht: Die Beteiligungsrechte sind dann durch den BR, der nach dem oben Gesagten zuständig ist, wahrzunehmen. Dass aufgrund der arbeitgeberseitigen Vertretungsorganisation verschiedene »Stellen« zuständig sein können, ist kein Gegenargument, da die »Aufteilung« der Arbeitgeberfunktion auch vom gemB her bekannt ist und dort als geradezu selbstverständlich gilt (vgl. § 1 Rn. 81). 34

Die hier (Rn. 33) für richtig gehaltene Zuordnung kann zur Folge haben, dass der im räumlich nahe gelegenen Betrieb oder Betriebsteil vorhandene, zuständige BR **keinen** in diesem Betrieb befindlichen und für die Belegschaft des selbst nicht betriebsratsfähigen Betriebsteils in deren sozialen und personellen Angelegenheiten **zuständigen Ansprechpartner auf AG-Seite** hat.[76] Andererseits würde aber das Zusammenwirken zwischen diesem BR und den AN beider Organisationseinheiten erleichtert. Die vom Gesetz vorgesehene Kommunikation zwischen diesem BR und der für den Betriebsteil zuständigen institutionellen Leitung ist jedenfalls ohne größere Schwierigkeiten trotz einer auch in diesem Verhältnis unter Umständen großen Entfernung wesentlich leichter möglich. Hiervon geht das Gesetz im Übrigen selbst aus, wenn es für räumlich weit vom Hauptbetrieb gelegene betriebsratsfähige Betriebsteile die Bildung von BR vorschreibt.[77] Auch hier steht dem BR im Betriebsteil selbst keine institutionelle Leitung gegenüber; diese fehlt im Betriebsteil nach Abs. 1 Satz 1 Nr. 1 schon begriffsnotwendig (vgl. Rn. 31). Dennoch besteht der vom Gesetz hierbei hingenommene Zwang zur Kommunikation mit dem eigentlichen, weit entfernten AG i. S. d. BetrVG. 35

Gleiches gilt beim **Kleinstbetrieb nach Abs. 2.** Der für die Belegschaft des Kleinstbetriebes gesetzlich zuständige BR des Hauptbetriebes muss in den mitbestimmungspflichtigen Angelegenheiten des Kleinstbetriebes mit der dort begriffsnotwendig vorhandenen institutionellen Leitung trotz u. U. erheblicher Entfernungen in Verbindung treten. **Entfernungsmäßige Hindernisse** für die Kommunikation zwischen BR und AG-Seite sind umso **weniger bedeutsam,** als für die BR-Tätigkeit heute im Großen und Ganzen moderne Kommunikationsmittel genutzt werden können. Diese Frage stellt sich in der **Kommunikationsbeziehung zwischen BR und Belegschaft** allerdings völlig anders dar: Ob die Nutzung eines PC zur jederzeitigen Kommunikation mit einem entfernt arbeitenden BR für Belegschaftsangehörige möglich ist, hängt sehr vom Einzelfall ab und dürfte gerade innerhalb kleinbetrieblicher Strukturen noch immer eher die Ausnahme sein.[78] 36

---

74 So auch *Birk,* AuR 78, 226 [227]; *Gamillscheg,* ZfA 75, 357 [368 Fn. 53]; *Joost,* S. 291, befürwortet dies ausdrücklich nur für nicht betriebsratsfähige Nebenbetriebe – die jetzigen Kleinstbetriebe; *ArbG Hildesheim* 26.9.73, BB 74, 369 allerdings nur für das Verhältnis zwischen Nebenbetrieben und Hauptbetrieb; vgl. auch § 1 Abs. 2 SprAuG für die gesetzliche Zuordnung von leit. Ang. zum räumlich nächstgelegenen Betrieb, der gerade nicht Hauptbetrieb sein muss.

75 So aber ErfK-*Koch,* Rn. 2 a. E.

76 Zu dem von einigen für die Betriebsratsfähigkeit als notwendig erachteten Kristallisationspunkt eines »kompetenten« Ansprechpartners vgl. *LAG Hamburg* 1.11.82, BB 83, 1095 [1097]; *Grützner,* BB 83, 200; demgegenüber lassen *Birk,* AuR 78, 226 [231] und *Schimana,* BB 79, 892 [894], zu Recht das Vorhandensein eines verantwortlichen Ansprechpartners ohne autonome Entscheidungskompetenz ausreichen.

77 Auch die Möglichkeit des Einsatzes moderner Kommunikationsmittel ist unerheblich, um noch einen einheitlichen Betrieb annehmen zu können, vgl. *BAG* 7.5.08, NZA 09, 328, 331.

78 Vgl. hierzu *Klebe/Wedde,* DB 93, 1418; nach *BAG* 7.5.08, a. a. O., soll sogar für die Kommunikation zwischen Belegschaft und BR die Einsetzbarkeit moderner IuK-Techniken völlig unbeachtlich sein.

37 Für den **Begriff des Hauptbetriebs,** wie er in **Absatz 1 in Bezug auf Betriebsteile** verwendet wird, ergibt sich, sofern keine Option nach Satz 2 ausgeübt wird, für die Frage, gegenüber welchem Betrieb des UN die räumliche Nähe zu beurteilen ist, nach hier vertretener – aber vom *BAG* z. T. abgelehnter – Ansicht Folgendes:

38 1. **Übereinstimmend mit dem *BAG*** gilt: Als **Hauptbetrieb ist primär derjenige Betrieb** anzusehen, **in dem die** für die Belegschaft des Betriebsteils in den sozialen und personellen Mitbestimmungsangelegenheiten **zuständige institutionelle Leitung** organisatorisch **angesiedelt ist.** Liegt diese räumlich nahe, sind sowohl der betriebsratsfähige als auch der nicht betriebsratsfähige Betriebsteil diesem Betrieb als Hauptbetrieb zugeordnet. Die AN des Betriebsteils sind aktiv und passiv zum dortigen BR wahlberechtigt und werden von diesem in allen Belangen vertreten. **Für Betriebsteile nach Satz 1 Nr. 2** gilt das jedoch nur dann, wenn die Schwellenwerte des § 1 nicht erfüllt werden. Wenn dieser Betriebsteiltypus aber die betriebsratsfähige Größe erreicht erhält er wegen des zwingenden Gesetzeswortlauts einen eigenen BR oder kann nach Satz 2 für die Wahl zum BR des Hauptbetriebes optieren.

39 2. **Abweichend vom *BAG*** gilt: Befindet sich der **Betrieb mit der institutionellen Leitung räumlich weit** vom Betriebsteil entfernt, ist zu prüfen, ob ein anderer betriebsratsfähiger Betrieb oder Betriebsteil desselben UN räumlich näher zum fraglichen Betriebsteil liegt. Ist das der Fall, wird der wegen § 1 **nicht betriebsratsfähige Betriebsteil** dem räumlich nächstgelegenen betriebsratsfähigen Betrieb oder Betriebsteil als Hauptbetrieb zugeordnet. Dies gilt auch für nicht betriebsratsfähige Betriebsteile nach Abs. 1 Satz 1 Nr. 2. Versteht man wie hier in den vorbezeichneten Ausnahmefällen, in denen der Ort der institutionellen Leitung weit vom fraglichen Betriebsteil entfernt ist, unter einem Hauptbetrieb auch den räumlich nah gelegenen betriebsratsfähigen Betrieb oder Betriebsteil, kann auch ein an sich betriebsratsfähiger Betriebsteil in dieser Weise zugeordnet werden,[79] soweit es sich dabei **nicht** um einen **Betriebsteil nach Abs. 1 Satz 1 Nr. 2** handelt; jener kann aber im Falle der BR-losigkeit das Optionsrecht nach Satz 2 ausüben.

c) Fälle des Absatzes 2

40 Für den **Begriff des Hauptbetriebs i. S. v. Abs. 2** ergibt sich insofern eine Abweichung, als **bei Kleinstbetrieben** das Merkmal einer institutionellen Leitung in sozialen und personellen Angelegenheiten keine Rolle spielen kann, weil diese Betriebe begriffsnotwendig über einen solchen Leitungsapparat verfügen.[80] Als Hauptbetrieb kann nach jetzt h. A. der Lit. **jeder räumlich zum betreffenden Kleinstbetrieb nächstgelegene betriebsratsfähige Betrieb oder selbständige Betriebsteil** (Abs. 1 Satz 1 Nr. 2) in Betracht kommen.[81] Die Zuordnung zu einem selbst nicht betriebsratsfähigen Betrieb wurde vom *BAG*[82] sogar dann für zulässig gehalten, wenn die zusammengefasste Einheit erst dadurch betriebsratsfähig wird.[83] Damit ist es möglich, dass z. B. ein Produktions- oder Handelsbetrieb zum Betrieb der Hauptverwaltung im Verhältnis eines Haupt- und Kleinstbetriebes zueinander stehen kann und umgekehrt. Für eine Zuordnungsentscheidung nach der Beschaffenheit arbeitstechnischer Zwecke bietet das Gesetz seit der Novellierung 2001 keinen Anhaltspunkt mehr.[84]

79 So auch generell für sog. Betriebssplitter *Gamillscheg,* Anm. zu EzA Nrn. 4, 5 zu § 4 BetrVG 1972.
80 ErfK-*Koch,* Rn. 6.
81 Vgl. Richardi-*Maschmann,* Rn. 43; jetzt auch ErfK-*Koch,* Rn. 6; Fitting, Rn. 10; GK-*Franzen,* Rn. 7; *Birk,* AuR 78, 226 [227]; *Gamillscheg,* ZfA 75, 357 [368 Fn. 53]; *ders.,* Anm. zu EzA Nrn. 4, 5 zu § 4 BetrVG 1972; *ders.,* AuR 89, 33 [34]; *Joost,* S. 290 f.
82 9. 12. 92 – 7 ABR 15/92 [Deutscher Herold], uv.
83 Dafür auch Richardi-*Maschmann,* Rn. 48; ErfK-*Koch,* Rn. 6; *Fitting,* Rn. 13; *Reichold,* NZA 01, 857 [858]; *Konzen,* RdA 01, 76 [82]; ablehnend GK-*Franzen,* Rn. 8; *LK,* Rn. 12; anders aber § 1 Abs. 2 SprAuG für die Zuordnung von leit. Ang. zum nächstgelegenen Betrieb: Jener muss sprecherausschussfähig sein.
84 Richardi-*Maschmann,* Rn. 8, 47; GK-*Franzen,* Rn. 7, will dagegen auf Ähnlichkeit des Zweckes abstellen, was im Wortlaut aber keine Stütze findet.

Konträr zur herrschenden Literaturmeinung (Rn. 40), aber ohne sich mit ihr überhaupt auseinanderzusetzen, hat das *BAG*[85] begonnen, den **Begriff des Hauptbetriebs** im Rahmen **des Abs. 2 neu zu bestimmen.** Danach ist als Hauptbetrieb im Verhältnis zu einem Kleinstbetrieb derjenige Betrieb anzusehen, in dem eine dort vorhandene Leitung die Leitung des Kleinbetriebes in den sozialen und personellen Angelegenheiten unterstützt, selbst wenn diese Unterstützung rein beratender Natur ist (näher dazu bereits o. Rn. 21, 22). Im Ansatz durchaus richtig, leitet das *BAG* seine Neuorientierung aus der **Novellierung 2001** ab. Da der Begriff Nebenbetrieb entfallen sei, könne es jedenfalls nicht mehr auf die Art des im Kleinstbetrieb verfolgten arbeitstechnischen Zweckes ankommen, weil andernfalls – bei unterstellter Beziehungslosigkeit der Zwecke – dennoch eine Vertretungslosigkeit entgegen dem vom Gesetzgeber verfolgten Ziel der Einbeziehung aller AN eines UN in die Interessenvertretung eintreten könnte. 41

III. Betriebsteile

1. Allgemeines; Definition

Ein **Betriebsteil** ist nach beständig wiederholter **Definition des *BAG***[86] im Unterschied zum echten Betrieb nach § 1 42

»*auf den Zweck des Hauptbetriebs ausgerichtet und in dessen Organisation eingegliedert, ihm gegenüber aber organisatorisch abgrenzbar und relativ verselbständigt. Für die Abgrenzung von Betrieb und Betriebsteil ist der Grad der Verselbständigung entscheidend, der im Umfang der Leitungsmacht zum Ausdruck kommt. Erstreckt sich die in der organisatorischen Einheit ausgeübte Leitungsmacht auf alle wesentlichen Funktionen des Arbeitgebers in personellen und sozialen Angelegenheiten, handelt es sich um einen eigenständigen Betrieb i. S. von § 1 BetrVG. Für das Vorliegen eines Betriebsteils i. S. von § 4 Abs. 1 Satz 1 BetrVG genügt ein Mindestmaß an organisatorischer Selbständigkeit gegenüber dem Hauptbetrieb. Dazu reicht es aus, dass in der organisatorischen Einheit überhaupt eine den Einsatz der Arbeitnehmer bestimmende Leitung institutionalisiert ist, die Weisungsrechte des Arbeitgebers ausübt. Unter den Voraussetzungen des § 4 Abs. 1 BetrVG gilt ein Betriebsteil als eigenständiger*[87] *Betrieb. Liegen die Voraussetzungen des § 4 Abs. 1 BetrVG nicht vor, gehört der Betriebsteil zum Hauptbetrieb.*«

Betriebsteile **gelten** nach Abs. 1 Satz 1 Nrn. 1 und 2 **als Betrieb** (gesetzliche Fiktion) mit der Folge, dass sie einen eigenen BR wählen können, wenn sie entweder 43

1. die Voraussetzungen des § 1 BetrVG erfüllen (also mindestens fünf ständige wahlberechtigte AN haben, von denen drei wählbar sind) **und** räumlich weit vom Hauptbetrieb (vgl. Rn. 12 ff.) entfernt sind
   oder
2. die Voraussetzungen des § 1 erfüllen **und** durch Aufgabenbereich und Organisation eigenständig sind.

Mithin sind für die Frage des eigenen BR im Betriebsteil **zwei Varianten** zu unterscheiden: der weit **entfernte** Betriebsteil (Abs. 1 S. 1 Nr. 1; dazu Rn. 45 ff.) und der **eigenständige** Betriebsteil (Abs. 1 S. 1 Nr. 2; dazu Rn. 52 ff.).

Daher kann ein eigenständiger BR auch dann gebildet werden, wenn neben der Erfüllung der Voraussetzungen des § 1 zwar der Betriebsteil räumlich nah zum Hauptbetrieb liegt, der Betriebsteil aber durch Aufgabenbereich und Organisation eigenständig ist (dazu näher Rn. 62 ff.). Die **früher vertretene Ansicht,** wonach die Bestimmung über die Betriebsratsfähigkeit von Betriebsteilen stets **eng auszulegen** sei, um möglichst die Einheit des Betriebs und 44

85 *BAG* 17.1.07 – 7 ABR 63/05, NZA 07, 703; in selbstreferenzieller Form werden die Obersätze eigener Entscheidungen nach Art eines Katechismus präsentiert, ohne sich auch nur an einer Stelle mit abweichenden Ansichten auseinanderzusetzen.

86 Z. B. *BAG* 7.5.08 – 7 ABR 15/07, NZA 09, 328 Rn. 19 mit umfangr. Nachw. auf vorherige Entscheidungen; zuletzt wohl *BAG* 28.4.21 – 7 ABR 10/20, NZA 21, 1646 Rn. 25 ff.; vgl. auch *BAG* 9.12.09 – 7 ABR 38/08, NZA 10, 906, 908.

87 Anm. d. *Verf.*: Das Gesetz spricht freilich von »selbständigen« Betrieben – das scheint dem *BAG* entgangen zu sein.

damit des BR-Zuständigkeitsbereichs zu erhalten, wird heute wohl überwiegend **nicht mehr** vertreten (vgl. Rn. 6).[88]

2. Beschaffenheit der Leitungsorganisation

44a Das *BAG*[89] ordnet die Frage der Beschaffenheit der **Leitungsorganisation** dem Einleitungshalbsatz des Abs. 1 Satz 1 und hier dem **Begriff Betriebsteil** zu, wenn es heißt:
»Für das Vorliegen eines Betriebsteils i. S. von § 4 Abs. 1 Satz 1 BetrVG (....) reicht es aus, dass in der organisatorischen Einheit überhaupt eine den Einsatz der Arbeitnehmer bestimmende Leitung institutionalisiert ist, die Weisungsrechte des Arbeitgebers ausübt.«
Methodisch ist diese inhaltliche Aufladung des Begriffs Betriebsteil allerdings unrichtig, da Fragen der (Leitungs-)Organisation lediglich in Abs. 1 Satz 1 **Nr. 2** begrifflich eine Rolle spielen, nicht aber im Falle des Abs. 1 Satz 1 Nr. 1[90].

44b Soweit man es mit einem mutmaßlich selbständigen Betriebsteil zu tun hat und nach der maßgeblichen Leitungsstelle sucht, ist zu beachten, dass dann, wenn die **Leitungsmacht** einer vorgesetzten Person lediglich **gegenüber der Minderheit der AN** des mutmaßlichen Betriebsteils besteht, die organisatorische Verselbständigung nicht ausreichend ist und der Betriebsteil nicht als selbständiger Betrieb gilt, sondern an der Wahl im Hauptbetrieb teilnimmt.[91]

a) Entfernter Betriebsteil nach Abs. 1 Satz 1 Nr. 1

45 Nach der heutigen Rspr. des *BAG*[92] ist das nach der allgemeinen Betriebsteildefinition (Rn. 42) vorausgesetzte **Eingliederungsmoment** bei der **Fallgruppe gemäß Abs. 1 Satz 1 Nr. 1** nicht mehr von der Art des arbeitstechnischen Zweckes im Verhältnis zum Hauptbetrieb abhängig, sondern von der **Beschaffenheit der Leitungsorganisation** (vgl. oben Rn. 18). Obgleich diese Differenzierung für Betriebsteile i. S. d. Satzes 1 so bislang nicht vorgenommen wurde und auch in der systematischen Normstruktur, die Betriebsteile voraussetzt, nicht ohne weiteres sichtbar ist, muss nunmehr zwischen Betriebsteilen i. S. d. Nr. 1 und solchen der Nr. 2 auch begrifflich stärker unterschieden werden. Dabei ist folgende **graduelle Abstufung des Leitungsniveaus** zu beachten:

46 Nach der neueren *BAG*-Rspr.[93] haben nur der echte **Betrieb** (§ 1), der **Hauptbetrieb** und der **Kleinstbetrieb** (Abs. 2) einen **voll ausgebildeten Leitungsapparat,** der sich auf **alle wesentlichen** Funktionen des AG in personellen und sozialen Angelegenheiten erstreckt.

---

88 Vgl. *Birk*, AuR 78, 226 [229]; *Kohte*, BB 92, 137 [141]; *Fabricius/Decker*, SAE 77, 56; *Rancke*, Betriebsverfassung, S. 271; GK-*Franzen*, Rn. 10; *Schimana*, BB 79, 892; unentschieden *Gamillscheg*, ZfA 75, 337 [383 f.]; *ders.*, Anm. zu EzA § 4 Nrn. 4 und 5, S. 58 f.; **a. A.** auch nach In-Kraft-Treten des BetrVG 1972 mit seiner insoweit gerade geänderten Bestimmung [vgl. schon Rn. 6] immer noch *BAG* 24.2.76, AP Nr. 2 zu § 4 BetrVG 1972; Richardi-*Maschmann*, Rn. 15; *Grützner*, BB 83, 200.

89 Beginnend wohl mit *BAG* 29.5.91 – 7 ABR 54/90 [Telefonische Bestellannahme], AP Nr. 5 zu § 4 BetrVG 1972; fortgeführt und zusammengefasst in *BAG* 7.5.08 – 7 ABR 15/07 [Einzelhandelsfilialen], NZA 09, 328 Rn. 19 und *BAG* 17.5.17 – 7 ABR 21/15 [Produktionsanlagen im Chemiepark], NZA 17, 1282 Rn. 17, zuletzt 28.4.21 – 7 ABR 10/20 [IT-Unternehmen mit 520 km weit abgesetzter Bürobetriebsstätte], NZA 21, 1646 Rn. 25.

90 Auch die von *Fitting*, Rn. 7, 9, verwendete Unterscheidung von *einfachem* und *qualifiziertem* Betriebsteil hat keinen betriebsverfassungsrechtlichen Erkenntniswert, sondern entspricht dem schlichten Umstand, dass in § 4 Betriebsteile bei Erfüllung der zahlenmäßigen Voraussetzungen des § 1 und unter Hinzutreten der jeweils alternativen weiteren Merkmale in § 4 Abs. 1 Satz 1 Nr. 1 oder Nr. 2 als Betriebe fingiert werden.

91 *BAG* 28.4.21 – 7 ABR 10/20, NZA 21, 1646 Rn. 25; Hinweis: vor dem Hintergrund, dass die in diesem Fall vom Hauptbetrieb um 520 km weit abgesetzte Bürobetriebsstätte mit 11 AN schon nach § 4 Abs. 1 Nr. 1 als räumlich weit gelegener Betriebsteil zu qualifizieren ist, handelt es sich bei der vom *BAG* vorgenommenen Einordnung als dennoch nicht eigenständiger Betriebsteil i. S. v. Nr. 1 oder Nr. 2 (Rn. 25!) um eine normativ nicht mehr nachvollziehbare, krasse rechtliche Fehleinschätzung.

92 28.6.95, AiB 96, 241 mit Anm. *Trümner;* 9.12.92 – 7 ABR 15/92 [Deutscher Herold], uv.; 29.1.92, NZA 92, 894; 29.5.91, NZA 92, 74.

93 A. a. O.

Ein **Betriebsteil i. S. v. Abs. 1 Satz 1 Nr. 1** hat dagegen selbst keinen Leitungsapparat zur Wahrnehmung der mitbestimmungspflichtigen sozialen und personellen Angelegenheiten; vielmehr genügt dafür ein minderes Maß an Leitungsmacht, die aber wenigstens durch eine institutionalisierte Leitung repräsentiert wird, welche überhaupt (einfache) Weisungsrechte des AG ausübt. Diese »Leitung« deckt gerade nicht das vollständige Spektrum der möglichen Beteiligungsrechte ab. Hierfür ist vielmehr der **Leitungsapparat des Hauptbetriebs** zuständig, den das *BAG* nur noch nach diesem Gesichtspunkt bestimmen möchte (vgl. aber Rn. 16f.). Im Hinblick auf diesen Hauptbetrieb ist dann auch die räumliche Nähe oder Ferne i. S. d. Nr. 1 zu bestimmen. Insoweit ist es auch denkbar, dass es **gemB-Betriebsteile** geben kann, die einen eigenen BR erhalten, wenn der vollständig ausgeprägte Leitungsapparat des gemB mehrerer UN in dem räumlich weit entfernten **gemB-Hauptbetrieb** angesiedelt ist (vgl. o. Rn. 16a m. w. N.) 47

Nach Ansicht des *BAG* genügt für die organisatorische Abgrenzbarkeit des Betriebsteils nach Satz 1 Nr. 1 gegenüber dem Hauptbetrieb bereits, wenn nur eine »schlichte« **Vorgesetztenfunktion** im Betriebsteil vorhanden ist, durch die nur Teile des Weisungsrechts ausgeübt werden müssen.[94] Insoweit kann auch ein von Außendienstmonteuren bedientes **»Servicegebiet«,** das vom UN-Sitz weit entfernt liegt, gleichsam als **virtueller Betriebsteil** betriebsratsfähig sein, selbst wenn die »schlichte« Vorgesetztenperson auf eine bloße Konfliktschlichtung beschränkt ist und sie die Einsatzsteuerung gegenüber den Außendienstlern auf rein telekommunikativem Wege vornimmt.[95] 48

Bestimmt man mit dem *BAG* Betriebsteile i. S. v. Absatz 1 Satz 1 Nr. 1 auf diese Weise, so folgt daraus auch, dass vom Hauptbetrieb als dem Betrieb mit dem zuständigen Leitungssitz **weit entfernte Betriebsteile jeweils nur allein als** selbständige **Betriebe** gelten und deshalb je nach Belegschaftsstärke nur einen aus einer Person bestehenden BR oder jedenfalls zahlenmäßig sehr kleinen BR erhalten können, selbst wenn mehrere dieser **Betriebsteile** wiederum **sehr nahe beieinander** liegen.[96] Würden dagegen zwei oder mehrere derartige, weit vom Hauptbetrieb entfernte, Betriebsteile durch einen **zwischen den Betriebsteilen hin- und herpendelnden Niederlassungsleiter** geführt, so bilden diese Teile trotz einer dazwischen liegenden Entfernung von ca. 40 km einen einheitlichen Betriebsteil i. S. v. Absatz 1 Satz 1 Nr. 1 mit ein- 49

---

94 *BAG* 19.2.02 – 1 ABR 26/01, AP Nr. 13 zu § 4 BetrVG 1972: **Büroleiterin** mit einfacher Vorgesetztenfunktion gegenüber 40 AN; *BAG* 14.5.97 – 7 ABR 52/96 [KLM], uv.: **Bereichsleiter** mit Vorgesetztenfunktion für 11, 14 und 41 AN als »institutionelle Leitung« bei Einstellungs-/Entlassungsbefugnis, Einsatzplanung, Urlaubsgewährung und Überstundenanordnungsbefugnis für den jeweiligen Bereich; *BAG* 26.6.96 – 7 ABR 51/95 [Drogeriemärkte], uv.: **Franchisenehmer,** die im Wesentlichen einheitlich, aber für »ihre« jeweilige Filiale gegenüber dem Personal den Arbeitseinsatz regeln, AN einstellen/entlassen, Gehälter festsetzen, Arbeitszeiten festlegen, Urlaub regeln; *BAG* 25.11.93, NZA 94, 837: **Restaurantleiter,** der eines von 38 Restaurants desselben UN als Profitcenter leitet, gewisse sektoral begrenzte Personalbefugnisse hat, aber auf der vierten Hierarchiestufe des UN angesiedelt ist; *BAG* 9.12.92 – 7 ABR 15/92 [Deutscher Herold], uv.: **Geschäftsstellenleiter** einer Versicherungsrepräsentanz, der für die Urlaubsgewährung und Zeugniserstellung für die ihm zugeordneten Mitarbeiter zuständig ist; *BAG* 29.1.92, NZA 92, 894 [898]: **Inspektoren,** die zwar einstellen und entlassen dürfen, dabei aber keinen nennenswerten eigenen Dispositionsspielraum besitzen; *BAG* 29.5.91, NZA 92, 74 [76]: **Teamleiterin,** die den Arbeitseinsatz koordiniert und ggf. Mehrarbeit anordnet bzw. zusätzliche flexible Arbeitskräfte/Aushilfen aus anderen Betriebsteilen heranzieht.

95 *ArbG Berlin* 19.11.99, NZA-RR 01, 36.

96 *BAG* 29.5.91, NZA 92, 74; im dort entschiedenen Fall hätte die betriebsverfassungsrechtliche Zusammenfassung beider Betriebsteile zum Überspringen der Größenschwelle von 20 AN geführt; die Entfernung zwischen den Betriebsteilen [beide in Hamburg] mag etwa 8–10 km betragen haben; die beiden Belegschaften waren durch einen Umzug räumlich getrennt worden und zuvor im selben Bürohaus untergebracht gewesen; die Entfernung der beiden Betriebsteile zum Hauptbetrieb [auch hier als UN-Sitz in Frankfurt angenommen] beträgt etwa 500 km; zu den arbeitsrechtlichen Befugnissen der Teamleitung vor Ort vgl. Rn. 30 a. E.; ähnlich *LAG Berlin* 28.6.99 – 9 TaBV 479/99 uv., wo die Separierung in kleine Betriebsteile zur Unterschreitung des Schwellenwertes von 20 AN führte; vgl. zum Gesichtspunkt der Effizienz bei der Abgrenzung betriebsratsfähiger Einheiten § 1 Rn. 52.

heitlichem BR.[97] Sinnlos erscheinende Ergebnisse dieser Judikatur lassen sich dann nur durch **kollektivvertragliche Regelungen nach § 3 Abs. 1 Nr. 1** verhindern.

50 Liegt ein Betriebsteil mit der »minderen Leitungsqualität« nach Nr. 1 vor und befindet er sich räumlich nahe zum Hauptbetrieb, erhält er keinen eigenen BR[98], vielmehr wählt die Betriebsteil-Belegschaft den BR des Hauptbetriebs mit. Dies gilt selbst dann, wenn **im nahen Betriebsteil eine erhebliche Anzahl von AN** beschäftigt wird.[99] Eine angemessene Repräsentation kann u. U. durch entsprechende Kandidaturen aus dem Betriebsteil gewährleistet werden.

51 Erscheint es dagegen trotz der in ihren Ergebnissen kaum kalkulierbaren Rspr. opportun, insbesondere unter dem Gesichtspunkt einer möglichst **ortsnahen und effektiven Interessenvertretung**[100] eigene BR zu bilden, sollte genau geprüft werden, ob nicht ein **Fall des Absatzes 1 Satz 1 Nr. 2** vorliegt (zumal auch dort die Abgrenzung keineswegs eindeutig ist; vgl. näher Rn. 62 ff.), weil es dann auf das »unsichere« Merkmal der Entfernung jedenfalls nicht ankommt.

b) Selbständiger Betriebsteil nach Abs. 1 Satz 1 Nr. 2

52 Ausgehend von der allgemeinen Definition des Begriffs Betriebsteil setzt nach Ansicht des *BAG*[101] auch der **eigenständige** Betriebsteil i. S. v. Abs. 1 Satz 1 ***Nr. 2*** keinen umfassenden eigenen Leitungsapparat voraus, erfordert aber aufgrund des Definitionsmerkmals »relative Eigenständigkeit« im **Unterschied zum Betriebsteil** i. S. v. Abs. 1 Satz 1 ***Nr. 1,*** dass es in dem Betriebsteil eine eigenständige Leitung gibt, die in der Lage ist, die AG-Funktionen »in ***den*** *wesentlichen* Bereichen der betrieblichen Mitbestimmung« wahrzunehmen. Dagegen hebt sich wiederum das Leitungsniveau eines echten Betriebs (§ 1) ab, der eine Leitungsmacht »in ***allen*** *wesentlichen* Funktionen des AG in personellen und sozialen Angelegenheiten« erfordert.[102]

53 Die **Abgrenzung der betriebsverfassungsrechtlichen Organisationseinheiten** »Betrieb«, »einfacher Betriebsteil« (Nr. 1) und »eigenständiger Betriebsteil« (Nr. 2) folgt damit nach Ansicht des *BAG* allein noch nach dem Niveau der jeweils vorhandenen Leitungsmacht entsprechend folgendem Schema:

---

97 Vgl. *Fitting,* Rn. 11 und den Fall *BAG* 25. 5. 88 – 7 ABR 51/87 [MAN], uv.; zum selben UN und bei identischer Aufbauorganisation des Nutzkraftfahrzeugherstellers mit bundesweiten Service-Niederlassungen nahm das *LAG Niedersachsen* 13. 12. 85 – 9 TaBV 7/84, uv., wegen ausreichender Befugnisse des Niederlassungsleiters [Abschlussbefugnis für BV] allerdings an, dass es sich um einen Betriebsteil i. S. v. Absatz 1 Satz 1 Nr. 2 handelte, so dass es auf die Entfernung zum Hauptbetrieb in München gar nicht mehr ankam; im Fall des *LAG Hamm* 9. 12. 77, DB 78, 1282 = EzA § 4 BetrVG 1972 Nr. 3 stellten die beiden 17 km voneinander entfernten Betriebspunkte [Eisengroßhandel einerseits, Glashandel mit Verglasungsarbeiten andererseits] desselben UN sogar einen einheitlichen Betrieb i. S. v. § 1 dar, weil sie unter einheitlicher Leitung eines hin- und herpendelnden Prokuristen standen; der eine Betriebspunkt hatte 12, der andere 18 AN, so dass die Zusammenfassung half, die rechtlich bedeutsame Größenschwelle von 20 AN zu überspringen.

98 Umkehrschluss aus Satz 1 Nr. 1, wenn die dort genannten Voraussetzungen nicht vorliegen; vgl. auch *BAG* 9. 12. 92 – 7 ABR 15/92 [Deutscher Herold], uv.

99 Vgl. dazu *BAG* 29. 3. 77, AuR 78, 254 mit krit. Anm. *Birk,* AuR 78, 226 ff.: Die 640 AN des mehr als 45 km entfernten Zweigwerkes durften keinen eigenen BR wählen; anders aber bei gleich gelagerter Aufbauorganisation [Gesamtleitung und zentrale Personalleitung am Sitz des UN] *BAG* 5. 4. 64, AP Nr. 7 zu § 3 BetrVG, wo die 50 AN des 10 km vom Stahlbau[haupt]betrieb [ca. 400 AN] entfernt liegenden Heizungsbaubetrieb einen eigenen BR wählen konnten; für die Belegschaftsstärke als Gesichtspunkt zur Bildung eigener betriebsratsfähiger Einheiten schon *BAG* 9. 5. 58, BAGE 6, 19 [21]; ebenso aus neuerer Zeit und unter Betonung des Effizienzprinzips *LAG Köln* 28. 6. 89, LAGE § 4 BetrVG 1972 Nr. 4, übrigens unter Bewertung einer UN-Zweigniederlassung mit 2100 AN als Hauptbetrieb, dem gegenüber die räumliche Nähe eines Büros mit 300 AN zu beurteilen war; zur Belegschaftsstärke als Gesichtspunkt bei der sinnvollen Abgrenzung der Repräsentationsebenen auch *Löwisch,* FS für Kissel, S. 679 [682].

100 Dazu als in Satz 1 zum Ausdruck gekommener Zielvorstellung des BetrVG auch *BAG* 3. 12. 85, AP Nr. 28 zu § 99 BetrVG 1972; näher § 1 Rn. 52.

101 9. 12. 09 – 7 ABR 38/08, NZA 10, 906, 908 [Rn. 24], m. w. N. auf die eigene Rspr.

102 *BAG* 9. 12. 09, a. a. O. [Rn. 23].

1. Betrieb = Leitungsapparat, der **alle wesentlichen** Funktionen des AG in personellen und soz. Ang, ausübt;
2. eigenständiger Betriebsteil (Nr. 2) = Leitung, die **in wesentlichen, aber nicht allen** Bereichen AG-Funktionen der betrieblichen Mitbestimmung wahrnimmt;
3. einfacher Betriebsteil (Nr. 1) = schlichte Vorgesetztenfunktion ausreichend, die **überhaupt Weisungsrechte** des AG ausübt.

In der Rspr.-Praxis wird jedoch häufig auch diese an sich simple Dogmatik nicht einmal methodisch ernsthaft auf die jeweilige Streitkonstellation angewendet. Das *BAG* schiebt regelmäßig und nur noch formelhaft unter Berufung auf den unbestimmten Rechtsbegriff und den Beurteilungsspielraum (vgl. Rn. 132) den »schwarzen Peter« zurück an die Tatsacheninstanzen oder lässt deren Feststellungen unbeanstandet genügen.

3. Räumlich entfernter Betriebsteil (Abs. 1 Satz 1 Nr. 1)

a) Grundsätze

Die Frage der »räumlich weiten Entfernung« ist gegenüber dem Hauptbetrieb (vgl. Rn. 16 ff., 31 ff.) zu beurteilen und nicht allein unter dem Gesichtspunkt der **objektiven,** nach Kilometern bemessenen **Entfernung** zu prüfen; mitentscheidend ist auch die zur Überwindung **erforderliche Zeit**[103] und zwar unter den regelmäßigen (nicht den ungünstigsten) Bedingungen und das dabei nutzbare **Verkehrsmittel,** wobei es i. d. R. auf öff. Verkehrsmittel ankommt, wenn nicht allen AN ein PKW dauerhaft zur Verfügung steht oder ein betriebseigener **Zubringerdienst** eingerichtet ist.[104] 54

Der im Inland gelegene Betriebsteil eines ausländischen UN, dessen **Hauptbetrieb im Ausland** liegt, stellt gleichwohl eine BR-fähige Organisationseinheit i. S. d. Abs. 1 dar.[105] Zwar wird teilweise die Ansicht vertreten, dass der Bezugspunkt »Hauptbetrieb«, auf den hin die räumliche Entfernung zu beurteilen ist, ebenfalls im Inland liegen müsse.[106] Allerdings ist diese Frage bisher höchstrichterlich ungeklärt, wenngleich wohl mehrheitlich eine analoge Anwendung von § 4 Abs. 1 für möglich und geboten gehalten wird[107], so dass diese inländischen Betriebsteile nicht durch Verlagerung des Hauptbetriebs ins Ausland rechtskonstruktiv BR-los gehalten werden können, obgleich sie selbst die Voraussetzung des § 1 mühelos erfüllen. 54a

Entscheidend ist, ob trotz der gegebenen Entfernung eine **ordnungsgemäße Betreuung** der in dem Betriebsteil beschäftigten AN durch den BR des Hauptbetriebs möglich ist.[108] Dies kann im Einzelfall schon selbst dann nicht mehr der Fall sein, wenn die reine Entfernung lediglich 11 km beträgt.[109] Die Vorschrift verdeutlicht den Zweck der Bildung von »Wahlbereichen« dort, wo eine enge Kommunikation zwischen BR und AN besteht.[110] Es müssen die Voraussetzungen gegeben sein, die dazu führen, die Belegschaft als eine **Einheit** mit eigenem Leben anzusehen.[111] Ausschlaggebend sind somit die **tatsächlichen Lebensverhältnisse,** insbes. die Verkehrsmöglichkeiten (Qualität der Verbindungen, z. B. nur sporadisch verkehrende Busse oder Bahnen, häufiges Umsteigen, erforderliche Gesamtfahrzeit gemessen an der reinen km-Entfernung sehr hoch, trotz geringer km-Entfernung **häufige Staus** im Stadtverkehr usw.) und die Gewährleistung der Zusammenarbeit der AN mit dem BR. Abzustellen ist nicht auf die schlechteste 55

103 *BAG* 7. 5. 08 – 7 ABR 15/07, NZA 328, 331: einfache Strecke bei 55 Min. mit ÖPNV zzgl. Fußwege von und zu den Haltestellen ist als weit anzusehen.
104 *Ebd.* [Rn. 29].
105 *LAG Berlin-Brandenburg* 22. 2. 23 – 4 TaBVGa 1301/22, BeckRS 2023, 7476.
106 *Jacobs/Frieling,* FS 100 Jahre Betriebsverfassungsrecht, S. 243, 253.
107 Vgl. Einl. Rn. 235; oben § 1 Rn. 24; *Fitting,* § 1 Rn. 13; *Gallini/Koller-van Delden,* BB 21, 2484, 2488.
108 *BAG* 24. 2. 76, AP Nr. 2 zu § 4 BetrVG 1972; ErfK-*Koch,* Rn. 3; *Fitting,* Rn. 19; GK-*Franzen,* Rn. 10 ff.; Richardi-*Maschmann,* Rn. 17.
109 *BAG* 17. 5. 17 – 7 ABR 21/15, NZA 17, 1282.
110 Vgl. *Kohte,* Anm. zu *BAG* 29. 1. 92, AP Nr. 1 zu § 7 BetrVG 1972.
111 Ablehnend *Fitting,* Rn. 19.

Verkehrssituation, sondern auf die »regelmäßige«.[112] Unerheblich ist, ob die betreffenden Betriebsteile in derselben polit. Gemeinde liegen.[113]

56 Wenn die Entfernung persönliche Kontakte zwischen den Belegschaftsangehörigen unmöglich macht, wenn der BR nicht in der Lage ist, sich über die persönlichen Angelegenheiten aller Angehörigen des Betriebs und der Betriebsteile aus unmittelbarer und ständiger Anschauung selbst zu unterrichten, so kann der Betriebsteil nicht mehr zum Hauptbetrieb gerechnet werden.[114] Das Gleiche gilt, wenn BR-Mitglieder nicht mehr, ggf. auch kurzfristig, zu einer Sitzung zusammentreten können.[115] In neueren Entscheidungen wird wieder – wie schon in früheren Entscheidungen auch des *BAG* – entscheidend auch auf die **leichte Erreichbarkeit des BR** für die einzelnen AN des Betriebsteils abgestellt, so dass nicht nur die Kommunikationsbeziehung BR-AN von Bedeutung ist, sondern auch die Beziehung AN-BR.[116]

56a **Besondere Anforderungen** für den Begriff der räumlichen Entfernung können sich aber auch aus der Art des Betriebes ergeben. So ist für **Krankenhausbetriebe** aufgrund der betrieblichen Notwendigkeit, jederzeit die Patientenversorgung sicherzustellen, bereits ein **Hin- und Rückreisezeitaufwand von 50 Minuten** zu hoch, selbst wenn dabei ein PKW genutzt wird; erst recht sei der Zeitaufwand für denselben Weg zu hoch, wenn der Hin- und Rückweg mit dem ÖPNV 88 Minuten verbraucht und die reine Entfernung zwischen den beiden Standorten lediglich 16,4 km beträgt.[117]

57 Der Begriff »räumlich weit vom Hauptbetrieb entfernt«, wie er in Nr. 1 verwendet wird, ist ein **unbestimmter Rechtsbegriff,** so dass dem Tatsachengericht (ArbG, LAG) bei der **Gesamtwertung** der einschlägigen Tatsachen ein **Beurteilungsspielraum** zusteht, der nur beschränkt der Nachprüfung durch die Rechtsbeschwerde zugänglich ist.[118] Zu beachten ist freilich, dass der hiesige Begriff »räumlich weit« trotz seines gleichen Wortlauts einen anderen Bedeutungsinhalt aufweist, als in § 24 Abs. 3 WO-BetrVG.[119]

58 Für einen gewissen, nämlich sehr geringen Entfernungsbereich sind **relativ sichere Aussagen** darüber möglich, ob der Betriebsteil noch zum Hauptbetrieb zählt; sodann schließt sich ein Entfernungsbereich an, bei dem sichere **Prognosen** darüber, wie ein Gericht entscheiden würde, **kaum möglich** sind. Hier wird man neben der Qualität der **Verkehrsverbindungen** auch mit darauf abstellen müssen, wo die **Entscheidungen des Arbeitgebers** in mitbestimmungspflichtigen Angelegenheiten getroffen werden.[120] Ebenso sollte in die Wertung die **Belegschaftsstärke des Betriebsteils** einbezogen werden (vgl. Rn. 50). Schließlich gibt es den Entfernungsbereich, der wieder relativ **sichere Aussagen** zulässt, weil er bereits nach der Verkehrsanschauung als »weite Entfernung« angesehen wird, so dass der Betriebsteil einen eigenen BR erhält.[121] Die Maßstäbe für noch hinnehmbare räumliche Entfernungen könnten zwar u. U. dann großzügiger bemessen werden, wenn moderne **Informations- und Kommunikationstechnik** zur jederzeitigen uneingeschränkten Nutzung bereitsteht.[122] Allerdings darf nicht ver-

112 *BAG* 17.5.17, a. a. O., Rn. 23.
113 ErfK-*Koch*, a. a. O.
114 *BAG* 23.9.60 und 24.9.68, AP Nrn. 4, 9 zu § 3 BetrVG.
115 *Fitting*, Rn. 19.
116 Z. B. zwecks Aufsuchens der BR-Sprechstunde; vgl. etwa *LAG Köln* 13.4.89, AiB 90, 359, Ls.; *LAG Baden-Württemberg* 29.10.71, DB 71, 2267: »in erster Linie ist auf die Nähe des BR zur Belegschaft und erst in zweiter Linie auf die Nähe des BR zur Betriebsleitung abzustellen«; ebenso schon *BAG* 1.2.63, 23.9.60, AP Nrn. 5, 4 zu § 3 BetrVG; ähnlich bereits *LAG Hamm* 21.8.53, AuR 53, 380 mit Anm. *Schnorr*.
117 *LAG Rh.-Pfalz*, 22.11.18 – 5 TaBV 10/18, BeckRS 18, 36710, Rn. 47, 50; ähnlich ebenfalls für die Betriebe eines Krankenhauses auch *LAG Köln*, 20.9.19 – 9 TaBV 14/19, BeckRS 19, 38865, Rn. 91: eine Gesamtabwesenheitszeit von mehr als einer Stunde selbst bei PKW-Nutzung ist zu lang und daher eine räumlich weite Entfernung gegeben.
118 Vgl. *BAG* 29.3.77, AuR 78, 254.
119 *BAG* 16.3.22 – 7 ABR 29/20, NZA 22, 1062 Rn. 32.
120 Vgl. aber mit beachtlichen Argumenten *LAG Köln* 13.4.89, AiB 90, 359, Ls., das der Nähe zwischen BR und Belegschaft größeres Gewicht beimisst als dem Vorhandensein des sozialen Gegenspielers am Ort der Belegschaftsvertretung; ebenso die in Rn. 34 erwähnten älteren *BAG*-Entscheidungen.
121 Ebenso *LAG Köln* 13.4.89, a. a. O.
122 Vgl. Rn. 36 a. E.; beispielhaft insoweit *ArbG Berlin* 19.11.99, NZA-RR 01, 36, das einer Abteilung aus 26 im Außendienst tätigen Kundendienstmonteuren, deren Arbeitseinsatz von einer »schlichten«

kannt werden, dass die hierin liegende Reduzierung von Kommunikation auf einen technikgestützten Vorgang deren soziale Komponente verdrängen kann.[123] Das *BAG* hat jedoch jüngst wiederum ganz grundsätzlich die – auch uneingeschränkte – Verfügbarkeit von Post, Telefon und modernen IuK-Techniken zur Beurteilung der »räumlichen« Entfernung abgelehnt.[124]

b) Fälle naher Entfernung

Nach der Rspr. werden bei guter Straßen- und Bahnverbindung als **nicht räumlich weit** angesehen, so dass die Zuordnung des Betriebsteils zum Hauptbetrieb erfolgt: 59

- 7–14 km: *LAG Hannover* 13.2.54, BetrR 54, 200 ff.;
- 10 km: *BAG* 5.6.64, AP Nr. 7 zu § 3 BetrVG;
- 15 km: *ArbG Mannheim* 6.6.53 – 2 Ca 605/53;
- 17 km: *LAG Hamm* 9.12.77, DB 78, 1282;
- 20 km: *LAG München* 28.9.53, AP 54 Nr. 73; *LAG Köln* 4.5.00, AiB 01, 353 m. Anm. *W. Schneider*;
- 22 km: *BAG* 17.2.83, AP Nr. 4 zu § 4 BetrVG 1972; *LAG Hamburg* 1.11.82, BB 83, 1095;
- 27 km: *ArbG Lörrach* 5.3.81 – 3 BV 31/81;
- 30 km: *ArbG Braunschweig* 9.3.72 – 1 BV 1/72;
- 35 km: *ArbG Mannheim* 13.12.72 – 4 BV 5/72;
- 40–45 km: *BAG* 24.2.76, AP Nr. 2 zu § 4 BetrVG 1972; 29.3.77, AuR 78, 254, mit kritischer Anm. *Birk*, AuR 78, 226; *LAG Niedersachsen* 12.10.82 – 12 TaBV 5/81; *ArbG Hagen* 4.4.02 – 2 BV 35/01, wenn die notwendige **Fahrzeit unter einer Stunde** liegt;
- 50 km: *LAG Sachsen-Anhalt* 21.4.15 – 2 TaBV 27/14, bei Erreichbarkeit mit PKW innerhalb 35 Min., trotz schlechter ÖPNV-Verbindung von bis zu 2,25 Std., wenn von 60 AN 57 einen PKW haben und nur drei AN nicht, diese aber auf ausreichend Pool-Kfz. zurückgreifen können; 60–65 km: *ArbG Minden* 2.3.72 – BV 1/72, jedoch nur, weil eine optimale Betreuungsmöglichkeit durch den BR des Hauptbetriebes gewährleistet werden konnte;
- 70 km: *BAG* 24.9.68, AP Nr. 9 zu § 3 BetrVG; wegen optimaler Betreuung durch freigestellte BR-Mitglieder wurde die Entfernung Köln-Essen als nicht weit entfernt angesehen; *LAG Köln* 13.4.89, AiB 90, 359 sieht dieselbe Strecke **zu Recht als weit** an.

c) Fälle weiter Entfernung

Als **räumlich weit entfernte Betriebsteile**, die einen eigenen BR erhalten, sind angesehen worden (z. T. wegen der schlechten Verkehrsverbindungen): 60

- 11 km: *BAG* 17.5.17, NZA 17, 1282; Fahrzeit einfache Entfernung mit PKW 20–30 Min., mit ÖPNV aber 1,5 Std.;
- 20 km: *LAG Köln* 20.11.98 – 11 TaBV 6/98; Hauptverwaltung in Köln, Betriebsteil in Bonn; diese Ansicht erscheint jedoch wesentlich zu eng;
- 28 km: *BAG* 23.9.60, AP Nr. 4 zu § 3 BetrVG; mehrmaliges Umsteigen zwischen Autobus und Schwebebahn erforderlich;
- 29 km: *LAG Brandenburg* 11.10.06 – 23 TaBV 1/06 und 4/06, wonach für die Erreichbarkeit nicht auf die Nutzung eines PKW durch den AN abgestellt werden kann, sondern nur auf die Nutzung öffentlicher Beförderungsmittel. Eine Fahrtzeit von 55 Min. sind für die Erreichbarkeit des BR zu lang;
- 40 km: *LAG Köln* 28.6.89, LAGE § 4 BetrVG 1972 Nr. 4; **einstündige Fahrzeit** wegen häufiger Staus im Straßenverkehr; ebenso *LAG Köln* 13.4.89, AiB 90, 359;

Vorgesetztenstelle auf telekommunikativem Wege gesteuert wurde, wegen einer Entfernung des Servicegebietes vom Hauptbetrieb von ca. 500–800 km als betriebsratsfähigen Betriebsteil ansah.

123 Insoweit zutreffend *BAG* 7.5.08 – 7 ABR 15/07, NZA 09, 328, das der Erreichbarkeit mit Hilfe moderner Informations- und Kommunikationstechnik keine ausschlaggebende Bedeutung beimisst.

124 *BAG* 17.5.17, NZA 17, 1282, Rn. 23.

- 47 km: *ArbG Darmstadt* 6.8.08 – 1 BV 5/08, uv.; selbst ein **Zeitaufwand von 27 Min.** mit PKW bei einfacher Fahrt kann weit sein, wenn ohne PKW-Nutzungsmöglichkeit der Zeitbedarf für Hin- und Rückfahrt mehr als zwei Stunden beträgt);
- 50 km: *LAG Schleswig-Holstein* 29.6.72 – 3 TaBV 3/72;
- 60–72 km: *ArbG Rosenheim* 25.3.87 – 3 BV 3/87; *LAG München* 21.10.87, BB 88, 1182; *LAG Baden-Württemberg* 29.10.71, DB 71, 2267; *LAG Köln* 13.4.89, AiB 90, 359 für die Entfernungen Köln-Recklinghausen bzw. Köln-Essen; vgl. zur selben Strecke aber *BAG* 24.9.68, Rn. 59 am Ende!;
- 70 km: *BAG* 3.6.04 – 2 AZR 577/03, AP Nr. 141 zu § 102 BetrVG 1972 für die in **35–40 Min. mit** dem **Pkw** zwar überbrückbare Entfernung zwischen Bremen und Bremerhaven, die jedoch wegen schlechter ÖPNV-Anbindung dennoch als weit angesehen worden ist;
- 80–90 km: *LAG Schleswig-Holstein* 7.7.72 – 4 TaBV 4/72; *LAG Köln* 13.4.89, a.a.O., für die Entfernung Köln-Bochum bzw. Köln-Dortmund;
- 120 km: *ArbG Nürnberg* 25.4.75 – 4 BV 4/75;
- 143 km: *ArbG Hannover* 21.5.87, AuR 88, 59;
- 165 km: *LAG Frankfurt* 11.11.86 – 5 TaBV 9/86;
- 186 km: *LAG Brandenburg* 11.10.06 – 23 TaBV 1/06;
- 200 km: *LAG Düsseldorf* 16.9.71, DB 71, 2069; *LAG München* 18.5.53, BB 53, 797; selbst wenn günstigste Verkehrsverbindungen bestehen;
- 260 km: *BAG* 19.2.02 – 1 ABR 26/01, AP Nr. 13 zu § 4 BetrVG 1972;
- 280 km: *LAG Berlin* 28.6.99 – 9 TaBV 479/99 für die Entfernung Hamburg-Berlin; *LAG Rh.-Pf.* 15.4.19 – 3 TaBV 16/18, juris, Rn. 64;
- 300 km: *LAG Bremen* 30.10.86, LAGE § 111 BetrVG 1972 Nr. 5; *BAG* 15.12.11 – 8 AZR 692/10, EzA § 613a BGB 2002 Nr. 132 (dort Rz. 36 ff.);
- 500–800 km: *ArbG Berlin* 19.11.99, NZA-RR 01, 36.

d) Unsicherheitsbereich

61 Der Entfernungsbereich von **45 bis 60 km** ist entsprechend der Rspr.-Praxis (Rn. 59, 60) als Bereich zu bezeichnen, in dem eine klare Entscheidung jedenfalls **erheblichen Unsicherheiten** unterliegt. Andererseits kann aber auch der Entfernungsbereich von sogar weniger als 15–30 km zu erheblichen Wertungsproblemen führen, wenn die Leichtigkeit des Verkehrs unter bestimmten Voraussetzungen des konkreten Falles nicht mehr gewährleistet ist.[125] In diesen Fällen kommt dem zur Entfernungsüberwindung erforderlichen **Zeitaufwand** eine entscheidende Bedeutung zu: Die Instanzgerichte aber auch das **BAG** neigen dazu, eine Zeitspanne von etwas **weniger als einer Stunde** für den einfachen Weg **als noch »nah«** anzusehen.[126] Demgegenüber senken einige Gerichte in jüngerer Zeit zum einen vor dem Hintergrund von **Besonderheiten der Betriebsart** und zum anderen unter Berücksichtigung des **Gesamtwegezeitaufwandes** für Hin- und Rückweg die Grenze zur bereits räumlich weiten Entfernung mittlerweile erheblich ab, so dass schon der **Gesamtzeitaufwand von 50 – 60 Min.** zu einer weiten Entfernung führen kann. Zu berücksichtigen ist auch, dass es – wie das *BAG* formulierte – nicht zu einem unfruchtbaren Nebeneinander mehrerer in ihren Aufgabenbereichen sich überschneidender BR und zu einer unerquicklichen, mit dem Wohl der AN nicht mehr zu vereinbarenden Rivalität zwischen den Betriebsvertretungen kommen darf. Der BR kann häufig das ihm anvertraute Gesamtinteresse der AN umso nachhaltiger vertreten, je größer und einheitlicher er dem AG gegenübertreten kann. Daher kann für die Frage, ob ein Betriebsteil einen selbständigen Betrieb i.S.d. § 4 darstellt, auch wesentlich werden, wo die Entscheidungen des AG, insbesondere

---

125 Vgl. *LAG Köln* 13.4.89, AiB 90, 359, das die Entfernung Köln – Bonn bzw. Köln – Düsseldorf wegen ständiger Verkehrsstaus auf den im konkreten Fall zu befahrenden Strecken als räumlich weit angesehen hat.

126 Vgl. *LAG Köln*, a.a.O.; *ArbG Hagen* 4.4.02 – 2 BV 35/01 – bei einer Entfernung von 43 km; *BAG* 7.5.08 – 7 ABR 15/07, NZA 328, 331: einfache Strecke bei 55 Min. mit ÖPNV zzgl. Fußwege von und zu den Haltestellen ist als weit anzusehen.

im Mitbestimmungsbereich, getroffen werden.[127] Die Reduzierung der Frage allein auf den arbeitgeberseitigen Leitungsapparat dürfte dagegen kaum der gesetzlichen Konstruktion entsprechen (vgl. § 1 Rn. 53 f.).

4. Eigenständigkeit durch Aufgabenbereich und Organisation (Nr. 2)

Ist der Betriebsteil durch Aufgabenbereich und Organisation **eigenständig,** kommt es auf die Entfernung zum Hauptbetrieb nicht mehr an. Beide Voraussetzungen, d. h. die Eigenständigkeit in Bezug auf den Aufgabenbereich **und** die Organisation, müssen zusammen vorliegen.[128] 62

a) Arbeitstechnischer Zweck

aa) Allgemeines

Nach wohl allgemeiner Auffassung ist der **eigenständige Aufgabenbereich** dann zu bejahen, wenn in diesem organisatorisch abgegrenzten Teil des Betriebs ein besonders **ausgeprägter arbeitstechnischer** Zweck verfolgt wird.[129] Erforderlich sei insoweit nur eine **relative** Eigenständigkeit. Das könne der Fall sein, wenn im Betriebsteil gegenüber dem Gesamtbetrieb **fachlich** andersartige Zwecke verfolgt werden.[130] Indiziell kann sich dies aus der **Geltung verschiedener TVe** ergeben.[131] Insoweit sind die Grenzen zwischen dieser Art eines Betriebsteils und dem echten Betrieb i. S. d. § 1 fließend.[132] 63

bb) Parallele oder identische Zwecke in mehreren Einheiten

In der Rspr. sind allerdings Fälle nachweisbar, in denen die **Verfolgung bloß paralleler,** also identischer **Zwecke** als Umstand gewertet wurde, der zur Verneinung eines Betriebsteils i. S. v. Abs. 1 Satz 1 Nr. 2 bzw. eines durch Aufgabenbereich und Organisation eigenständigen Betriebsteils gemäß § 3 BetrVG 1952 führte: 64

- *BAG* 24.1.64, AP Nr. 6 zu § 3 BetrVG: Die 10 Vertriebsgeschäftsstellen eines Zeitungsverlages bilden zusammen mit dem Hauptbetrieb einen einzigen bundesweiten Betrieb, obgleich sie z. T. betriebsratsfähige Größe erreichten; 65
- *LAG Düsseldorf* 11.11.65, DB 66, 306: Die Auslieferungslager Hannover, Kassel, Hamburg, Frankfurt und Stuttgart einer Lackfabrik bilden keine betriebsratsfähigen Betriebe, sondern sind dem Betrieb der Lackfabrik zuzuordnen; 66
- *BAG* 26.8.71, AP Nr. 1 zu § 23 KSchG 1969: Die sechs hamburgischen und weiteren 45 Ladengeschäfte (teils in betriebsratsfähiger Größe) in der gesamten Bundesrepublik, die zu einem UN des Uhren- und Schmuckeinzelhandels gehören, bilden einen einheitlichen, bundesweiten Betrieb; 67
- *ArbG Hamburg* 17.7.73 – 12 BV 8/73, uv.; vgl. aber dazu *Gamillscheg,* Anm. zu EzA § 4 BetrVG 1972 Nr. 4 und 5, S. 47: Die Zentrale eines UN der Schönheitsindustrie mit sechs regionalen Verkaufsleitungen und ihrerseits vier bis sechs Bezirksleitungen (zu je fünf bis acht AN) und 40 Werbedamen bildet einen Betrieb; 68

---

127 *BAG* 24.2.76 und 17.2.83, AP Nrn. 2, 4 zu § 4 BetrVG 1972; vgl. auch *BAG* 29.3.77, AuR 78, 254; anders *LAG Köln* 28.6.89, LAGE § 4 BetrVG 1972 Nr. 4, das vor allem die Anzahl der AN im betreffenden Betriebsteil in die Wertung mit einbezieht; vgl. dazu Rn. 32.

128 Vgl. ErfK-*Koch,* Rn. 4; Richardi-*Maschmann,* Rn. 25; GK-*Franzen,* Rn. 15; *GL,* Rn. 16.

129 Richardi-*Maschmann,* Rn. 26; *Fitting,* Rn. 24; *Kohte,* BB 92, 137 [141] versteht den Begriff als Hinweis auf die arbeitstechnischen Abläufe, worin aber kein Unterschied liegen dürfte.

130 Z. B. Forschung und Entwicklung gegenüber Produktion und Vertrieb; so etwa Richardi-*Maschmann,* a. a. O.; *Fitting,* a. a. O.; *Gamillscheg,* ZfA 75, 357 [371]; *Birk,* AuR 78, 226 [231]; *Blanke/Berg u. a.,* Rn. 14; *Löwisch,* FS Kissel, S. 679 [682].

131 *LAG Berlin* 30.10.03, AP Nr. 12 zu § 18 BetrVG 1972, *Richardi,* DB 72, 483; *Fitting,* Rn. 24; GK-*Franzen,* Rn. 16; Richardi-*Maschmann,* Rn. 26, allerdings zu Recht hier stark relativierend.

132 GK-*Franzen,* Rn. 15; zur Untauglichkeit des arbeitstechnischen Zwecks als Begriffsmerkmal schon Rn. 28; zur Unmöglichkeit präziser Abgrenzungen im Rahmen des § 4 schlechthin Rn. 9 ff.; zu Recht kritisch ErfK-*Koch,* Rn. 4.

69 • *BAG* 24.2.76, AP Nr. 2 zu § 4 BetrVG 1972: Der »Umsatz eines Warensortiments« in der Filiale eines Lebensmittelfilial-UN als bloß »in allen Filialen erstrebter paralleler Zweck« bildet keinen eigenen Betriebszweck i. S. v. Satz 1 Nr. 2;

70 • *LAG Hamm* 9.12.77, EzA § 4 BetrVG 1972 Nr. 3: Der Handel mit Eisen bzw. Glas an unterschiedlichen Betriebspunkten ist als einheitlicher arbeitstechnischer Zweck anzusehen (Verkauf von Grundstoffen an Wiederverkäufer);

71 • *BAG* 3.12.85, AP Nr. 28 zu § 99 BetrVG: Die Gleichartigkeit der arbeitstechnischen Zwecke (Erwachsenenbildung) in den fünf Kleinstbetrieben mit jeweils zwei bis drei AN bei einer Stiftung für politische Bildung führt zur Bildung eines einheitlichen Betriebes am UN-Sitz in Kiel unter Einbeziehung der Kleinstbetriebe; im Ergebnis ebenso *LAG Düsseldorf*, 28.4.95 – 15 TaBV 130/94 für die kleinen Außenstellen eines Bildungswerks;

72 • *LAG Hamm* 2.12.87 – 3 TaBV 32/87; ebenso zum selben Sachverhalt *LAG Düsseldorf* 1.9.87 – 11 TaBV 148/86: Die 1300 Drogeriemärkte desselben UN mit je 4 bis 7 AN verfolgen nur parallele Zwecke und bilden, soweit sie je für sich die Voraussetzung des § 1 erfüllen, Betriebsteile i. S. v. § 4 Nr. 1; die nicht betriebsratsfähigen Märkte sind dem Betrieb am Sitz des UN zuzuordnen;

73 • *LAG Frankfurt* 3.3.88 – 12 TaBV 59/87: Bei identischer Aufbauorganisation des UN wie in Rn. 72 bilden die jeweils unter einem Bezirksleiter zusammengefassten ca. sieben Märkte (Filialen) eine betriebsratsfähige Organisationseinheit (ca. 35–56 AN); die **Parallelität** des arbeitstechnischen Zweckes **spielte keine Rolle** bei dieser Zusammenfassung;

74 • *ArbG Koblenz* 27.5.87 – 2 BV 6/87: Bei ebenfalls identischer Aufbauorganisation des UN wie in Rn. 72, 73 wurden bei gleichfalls absolut parallelem arbeitstechnischem Zweck die 43 Märkte (Filialen mit je drei bis neun AN) mit dem Betrieb am UN-Sitz (Lager, Fuhrpark, Verwaltung) als einheitlicher Betrieb erachtet (ähnlich Rn. 65–68); in der Beschwerdeinstanz wurde das **Verfahren durch Vergleich** (vgl. auch § 1 Rn. 94) derart **beendet,** dass die jeweils unter einem Bezirksleiter zusammengefassten sechs Märkte als betriebsratsfähige Einheit (jeweils ca. 12–54 AN) neben dem Betrieb am UN-Sitz angesehen wurden (LAG Rheinland-Pfalz, Vergleich v. 12.11.87 – 5 Ta BV 8/87);

75 • *ArbG Bochum* 28.4.94 – 4 (3) BV 7/94: Die 18 Filialen eines Sportartikelvertriebs-UN bilden mit dem Betrieb der Zentralverwaltung **einen Regionalbetrieb** mit etwa 370 AN, obwohl z. T. erhebliche Entfernungen (Bochum-Münster; Bochum-Düsseldorf: eine Autostunde) zu überbrücken sind;

76 • *ArbG Stuttgart* 16.2.99 – 11 BV 103/98: Die drei Verkaufsbüros in Berlin (18 AN), Düsseldorf (20 AN) und Frankfurt/M. (19 AN) einer Firma mit Sitz in Leonberg und dortigem »Hauptbetrieb« nebst weiterem Verkaufsbüro bilden einen einheitlichen Betrieb.

cc) Echte Betriebe trotz paralleler Zwecke

77 Es darf nicht verkannt werden, dass selbst bei Vorliegen bloß paralleler Zwecke noch nicht einmal die Annahme eines echten Betriebs i. S. v. § 1 scheitern muss, wie etwa das Beispiel des UN verdeutlicht, das **in verschiedenen Werken denselben Autotyp** produziert.[133] Als prägnantes Beispiel selbst höchstrichterlicher »Begriffsverwirrung« ist das eine Restaurantkette betreibende UN mit ca. 950 AN zu nennen, das dem **absolut parallelen Zweck** (Restaurantbetrieb mit sog. konfektioniertem Essen aufgrund zentral vorgegebener Speisekarte) in 38 räumlich getrennten Restaurants mit je ca. 25 AN nachgeht: Jedes Restaurant sei (alternativ!) als Betrieb, Betriebsteil gemäß § 4 Satz 1 Nr. 1 oder (!) § 4 Satz 1 Nr. 2 anzusehen.[134] Letztlich belegen die genannten Fälle nur die Fragwürdigkeit des Merkmals »arbeitstechnischer Zweck« als eines wesentlichen Gesichtspunkts zur Festlegung betriebsratsfähiger Einheiten; es sollte daher allenfalls als Hinweis des Gesetzes gewertet werden, dass dort, wo ein Zusammenhang von gleichartigen Tätigkeiten festgestellt werden kann, **möglicherweise** weitere Gemeinsamkeiten der AN vorliegen, die es sinnvoll erscheinen lassen, für diese AN-Gruppe einen eigenen BR zu wählen. Dies kann etwa angenommen werden für die meist territorial gegliederte **Außen-**

---

133 Vgl. MünchArbR-*Richardi*, § 22 Rn. 13; vgl. auch § 1 Rn. 63.
134 *BAG* 25.11.93, NZA 94, 837.

dienstorganisation von UN (vgl. Rn. 48 a. E.),[135] bei der nicht etwa der einzelne Außendienstler als Einmannbetrieb anzusehen ist.[136]

b) Organisation

Das Merkmal **eigenständige Organisation** setzt eine **eigene Leitung** in diesem verselbständigten Betriebsteil voraus.[137] Es handelt sich allerdings auch hier um eine **relative** Eigenständigkeit. Für die Annahme der Eigenständigkeit unschädlich ist es, wenn die Leitung des Hauptbetriebs Weisungen erteilen kann oder sich die Entscheidung in besonders wichtigen Fällen vorbehält,[138] sofern für die Leitung des Betriebsteils Raum für eigene Entscheidungen verbleibt.[139] Von den abstrakten Tatbestandsmerkmalen her gesehen ist damit der Betriebsteil nach Abs. 1 Satz 1 Nr. 2 schon sehr in die Nähe eines echten Betriebes gemäß § 1 gerückt. **78**

Die seit jüngerem vom *BAG* verwendete **Abgrenzungsformel** geht dahin, als **Betrieb** i. S. v. § 1 Abs. 1 Satz 1 eine Organisationseinheit anzusehen, deren Leitungsapparat *alle* wesentlichen Funktionen des AG in personellen/sozialen Angelegenheiten ausübt, während beim **Betriebsteil** nach § 4 Abs. 1 Satz 1 Nr. 2 eine Leitung genügt, die in der Lage ist, die AG-Funktionen in den **wesentlichen Bereichen** der betrieblichen Mitbestimmung wahrzunehmen, ohne dass hier ein umfassender Leitungsapparat besteht.[140] Die Unklarheiten in der Gewichtung von »wesentlichen« Bereichen der betrieblichen Mitbestimmung bestehen damit freilich fort. **79**

Um der Vorschrift einen eigenen Anwendungsbereich zu erhalten,[141] war bisher die Ansicht vertreten worden, dass zwar einerseits eine **rein arbeitstechnische Leitung** im Betriebsteil (etwa zur Erledigung der laufenden technischen Angelegenheiten, Erhaltung und Wartung von Anlagen, Erfüllung von kaufmännischen Funktionen, Einkauf von Vorprodukten und Rohstoffen, Auftragsakquisition usw.) für die Annahme einer eigenständigen Leitung und damit Organisation für sich allein **nicht** ausreiche, aber andererseits auch nicht verlangt werden könne, dass die Betriebsteil-Leitung auch befugt sein müsse, Angelegenheiten zu ordnen, an denen der BR zu beteiligen ist.[142] Demgegenüber meinte das *BAG*,[143] dass **kein nennenswerter Raum mehr für eigene Entscheidungen** der Betriebsteil-Leitung in personellen und sozialen Angelegenheiten verbleibe und damit **keine eigenständige Organisation** vorliege, wenn der Leitung lediglich eine für Ausnahmefälle begründete Zuständigkeit etwa zur **kurzfristigen Anordnung von Überstunden** oder Einstellung von Hilfspersonal eingeräumt sei (vgl. zum Kompetenzrahmen der jeweiligen Leitung eines Betriebsteils auch die oben in Rn. 48 f. erwähnten Beispiele zur Fallgruppe nach Satz 1 Nr. 1). **80**

Das *BAG*[144] charakterisierte den Betriebsteil nach Satz 1 Nr. 2 allerdings ursprünglich dahin gehend, dass er (neben dem besonderen Aufgabenbereich, vgl. Rn. 63) hinsichtlich seiner Organisation in der Weise eigenständig sein müsse, dass in ihm der wesentliche Kern der der **81**

135 *Bösche/Grimberg*, FS Gnade, S. 377 [380].

136 So aber die Annahme von *Joost*, S. 312 f.; dagegen zu Recht *ArbG Berlin*, 19. 11. 99, NZA-RR 01, 36.

137 Vgl. Richardi-*Maschmann*, Rn. 27; *Fitting*, Rn. 25; *GL*, Rn. 17; *ArbG Berlin* 23. 2. 73, AP Nr. 1 zu § 4 BetrVG 1972; *BAG* 17. 2. 83, AP Nr. 4 zu § 4 BetrVG 1972; 29. 1. 92, NZA 92, 894 [898]; enger GK-*Franzen*, Rn. 16, die im Bestehen einer eigenen Leitung nur ein Indiz für die organisatorische Eigenständigkeit sehen; ähnlich auch *Kohte*, BB 92, 137 [141], der jedoch zu Recht eine Verabsolutierung dieses Merkmals i. S. einer Ausrichtung am Leitungsapparat des AG ablehnt, weil die »Organisation« auch durch weitere, nicht in jedem Einzelfall gegebene Gesichtspunkte geprägt werde, die auf die AN bezogen sind [insbes. die Gesamtheit sozialkommunikativer Aspekte]; vgl. auch *Kohte*, RdA 92, 310, wo er der Leitungsorganisation nicht jede Bedeutung abspricht, sie aber nur als Untermerkmal des Organisationsbegriffes gewertet wissen will und als Indiz für Eigenständigkeit.

138 *BAG* 1. 2. 63, AP Nr. 5 zu § 3 BetrVG.

139 *Fitting*, Rn. 26; *BAG* 17. 2. 83, a. a. O.; *LAG Hamburg* 1. 11. 82, BB 83, 1095.

140 Zusammenfassend *BAG* 9. 12. 09 – 7 ABR 38/08, DB 10, 1409; *BAG* 17. 1. 07 – 7 ABR 63/05, AP Nr. 18 zu § 4 BetrVG 1972; *BAG* 21. 7. 04 – 7 ABR 57/03, AP Nr. 15 zu § 4 BetrVG 1972.

141 *Birk*, AuR 78, 226 [231 f.] hatte sie mit einleuchtenden Beispielen für überflüssig erklärt.

142 Vgl. Richardi-*Maschmann*, Rn. 27; falsch jedenfalls daher *LAG Düsseldorf* 19. 1. 96 – 17 TaBV 84/95, das ein Seniorenzentrum der AWO sogar als echten Betrieb i. S. v. § 1 einordnete [144 AN], obgleich dessen Leiterin [BAT III] doch nur das »Alltagsgeschäft« [= arbeitstechnische Leitung] abwickelte.

143 17. 2. 83, AP Nr. 4 zu § 4 BetrVG.

144 29. 1. 92, AP Nr. 1 zu § 7 BetrVG 1972 mit krit. Anm. *Kohte*.

betrieblichen Mitbestimmung unterliegenden AG-Funktionen auszuüben ist. *Kohte*[145] hat diese zurückhaltende Formulierung (»auszuüben ist« bedeute nicht »ausgeübt wird«!) vorsichtig dahin gewertet, der *7. Senat des BAG* wolle damit offenbar eine gewisse Abkehr von der allzu stark auf einen Leitungsapparat in Personalangelegenheiten abstellenden Sichtweise einleiten und damit den Organisationsbegriff auch für andere Gesichtspunkte öffnen.[146] Die nachfolgende *BAG*-Entscheidung lässt einen solchen Richtungswechsel allerdings nicht erkennen, wenn dort[147] ausgeführt ist, dass die eigenständige Organisation i. S. v. Satz 1 Nr. 2 das Bestehen einer eigenen **Leitung des Betriebsteils** voraussetze, **die** insbesondere auch über die dem Mitbestimmungsrecht unterliegenden Fragen **zu entscheiden hat.**[148] Die ausdrückliche Inbezugnahme der *BAG*-Entscheidung vom 17. 2. 83[149] deutet sogar eher auf eine »Verfestigung des Apparatedenkens« hin.[150]

82 In Anwendung der *BAG-Rspr.* hat das *LAG Hamm*[151] darauf abgestellt, dass die deutliche Mehrheit der Entscheidungen, an denen der BR zu beteiligen ist, vor Ort getroffen werden müsse, um von einem eigenständigen Betriebsteil auszugehen. Für die Annahme eines einheitlichen Leitungsapparates, mit der Folge, dass kein eigenständiger Betriebsteil vorliegt, genügt es danach schon, wenn eine zentrale Personalabteilung die Entscheidungen in betriebsverfassungsrechtlichen Angelegenheiten koordiniert. Mit der **Novellierung 2001** hat der Gesetzgeber im Rahmen des § 3 versucht, gegenzusteuern. Allerdings ist fraglich, ob gerade in den kritischen Fällen das Instrument des TV bzw. der BV aktuell eingesetzt werden kann (ähnliche Wirkungen kann das **Optionsrecht** nach Abs. 1 Satz 2 erzeugen, vgl. Rn. 101 ff.).

83 Für die Praxis ist damit die **Fallgruppe des Satzes 1 Nr. 2 im Grunde überflüssig** geworden, da in der jüngsten Auslegung der Tatbestandsmerkmale durch das *BAG* (vgl. Rn. 81 f.) weder rechtskonstruktiv noch in der Rechtsfolge ein Unterschied gegenüber dem echten Betrieb i. S. v. § 1 besteht.[152] Allerdings kommt der Vorschrift eine Art gesetzliche Hinweisfunktion dergestalt zu, dass nicht nur bei räumlich weiter Entfernung, sondern auch bei räumlicher Nähe von Arbeitsstätten eines UN durch die Beschäftigung in einer abgegrenzten Organisationseinheit eine Belegschaft vorhanden sein oder entstehen kann, für die die Bildung eines eigenen BR sinnvoll ist.[153] Zugleich zeigt sich darin, dass der **Gesichtspunkt räumlicher Nähe oder Ferne** keineswegs nur von untergeordneter Bedeutung bei der Abgrenzung betriebsratsfähiger Einheiten ist; allerdings verbietet sich wegen der insoweit nur begrenzten Aussagekraft (räumliche Nähe allein lässt nicht stets den Schluss auf Betriebseinheit zu) eine Verabsolutierung dieses Aspekts. Gerade dies macht ihn zum unbestimmten Rechtsbegriff (vgl. Rn. 57).

---

145 A. a. O.

146 Vgl. zu Versuchen, den Betriebs- und Organisationsbegriff nicht anhand eines abgeschlossenen Katalogs feststehender Merkmale zu definieren, *LAG Niedersachsen* 23. 4. 90, LAGE § 1 BetrVG 1972 Nr. 3 [insbes. 3. Ls.]; *Fromen*, FS Gaul, S. 151 [174 ff.], der den Betrieb nicht als Begriff, sondern als Typus beschreibt, dessen Merkmalskomplex weder in sich abgeschlossen ist noch ein vollständiges Vorliegen aller Gesichtspunkte im konkreten Einzelfall erfordert; näher § 1 Rn. 44 ff.

147 9. 12. 92 – 7 ABR 15/92 [Deutscher Herold], uv. unter B. II. 4.

148 Unter fälschlicher Berufung auf Richardi-*Maschmann*, Rn. 27, der derart weitreichende Leitungsbefugnisse gerade nicht fordert.

149 AP Nr. 4 zu § 4 BetrVG 1972.

150 Eine fatale Tendenz, weil die Orientierung an dem formalen Merkmal der Leitungsorganisation zwar dem Richter die Sache sehr erleichtert [so schon der warnende Hinweis von *Birk*, AuR 78, 226], die Frage der Errichtung von BR aber damit ins vollständige Belieben des UN stellt und somit riskiert, dass durch die heute eher zur Regel gewordenen und rascher wechselnden flexiblen Formen der UN-Leitungsorganisation den BR die Basis ihrer Arbeit unter den Füßen weggezogen wird; zu dieser von niemandem ernsthaft wünschbaren Gefahr *Gamillscheg*, ZfA 75, 357 [377]; *ders.*, Anm. zu EzA § 4 BetrVG 1972 Nr. 4 und 5, S. 39, 53; *ders.*, AuR 89, 33; *Kohte*, AuA 90, 150 [151 f.]; *ders.*, BB 92, 137 [141]; zu Recht sieht auch *Löwisch*, FS Kissel, S. 679 [680 f.] in der Auslieferung der BR an die Organisationsentscheidung des AG die Gefahr, dass die Funktionsfähigkeit der Betriebsverfassung in Frage gestellt werde; verkannt von *Heither*, JbArbR 36 [1999], S. 37 [42].

151 28. 10. 05 – 13 TaBV 98/05.

152 Vgl. auch *Birk*, AuR 78, 226 [232]; *Gamillscheg*, ZfA 75, 357 [359]; ablehnend *Fitting*, Rn. 22, unter Hinweis auf die Zuordnungsoption in Abs. 1 S. 2–5, die nur bei Vorliegen eines Betriebs*teils* eröffnet sei.

153 Vgl. MünchArbR-*Richardi*, § 22 Rn. 27; ErfK-*Koch*, Rn. 4.

Wenngleich es nach der *BAG*-Rspr. letztlich sowohl für den Begriff des Betriebs als auch den des Betriebsteils gemäß Satz 1 Nr. 2 entscheidend darauf ankommt, ob und dass eine Leitung existiert, die auch über die dem Mitbestimmungsrecht unterliegenden Fragen zu entscheiden hat (vgl. Rn. 81 f.), so bedeutet dies nicht, dass die Leitung des Betriebsteils im Vergleich zu den **vollständigen Befugnissen** und Zuständigkeiten der **UN-Leitung** etwa – wenn auch in der Sache auf den Betriebsteil begrenzt – allumfassende Befugnisse und Zuständigkeiten haben muss. Es genügt, wenn von der Betriebsstättenleitung nur erkennbar **die deutliche Mehrheit der Entscheidungen** getroffen wird, die der Mitbestimmung unterliegen.[154] Wenn auch **Weisungsrechte und Entscheidungsvorbehalte** seitens der UN-Leitung gegenüber der Betriebsleitung (sog. interne Bindungen) grundsätzlich für die Annahme der organisatorischen Eigenständigkeit unschädlich sind,[155] so scheitert die Annahme eines eigenständigen Betriebsteils i. S. d. Nr. 2 jedenfalls dann, wenn auf Grund entsprechender Organisationsentscheidungen des UN der Betriebsteilleitung nennenswerte Entscheidungsbefugnisse in Mitbestimmungsangelegenheiten überhaupt fehlen.[156] **84**

Deshalb muss auf Seiten der **Betriebsteilleitung** trotz interner Bindung eine **eigene Entscheidungsfreiheit** verbleiben, die zur Grundlage der Verhandlungen mit dem BR gemacht werden kann;[157] es kommt mithin auf das **Ausmaß der internen Rückanbindung** einer Betriebsleitung gegenüber der UN-Leitung an. Somit soll es für die Bejahung einer hinreichenden Selbstständigkeit noch unschädlich sein, wenn der Betriebsleiter bei Einstellungen und/oder Entlassungen lediglich ausnahmsweise gehalten ist, die Entscheidung der übergeordneten Stelle einzuholen.[158] Allerdings **darf sich** die **Selbstständigkeit** auch **nicht allein auf die personellen Angelegenheiten beziehen,** weil der Kern der AG-Funktionen gerade kumulativ in personellen *und* sozialen Angelegenheiten ausgeübt werden muss. So hat das *BAG*[159] die bloße Einstellungs- und Entlassungsbefugnis, die zudem an die zwingende **Verwendung zentral vorgegebener Formulare** gebunden war, nicht als ausreichend angesehen, um diese »Leitung« als hinreichend selbstständig zu qualifizieren. Die Leitung eines durch Aufgabenbereich und Organisation eigenständigen Betriebsteils ist **nicht** schon deswegen **leitende Angestellte** i. S. d. § 5 Abs. 3 Nr. 1, weil ihr die Einstellungs- und Entlassungsberechtigung für die AN des Betriebsteils eingeräumt wird. Vielmehr muss diese Personalbefugnis von erheblichem unternehmerischem Gewicht sein, was zu verneinen ist, wenn der Betriebsteil nur 5 AN umfasst.[160] **85**

Der *7. Senat des BAG* geht freilich in seinen jüngeren Entscheidungen[161] allzu leichtfertig mit seinen selbst aufgestellten Obersätzen um. Er ist aber auch von Nachlässigkeiten der Vorinstanzen als den Tatsachengerichten abhängig. Da es für die Abgrenzung zwischen einem echten Betrieb, dem eigenständigen Betriebsteil und dem einfachen Betriebsteil nur noch auf das **Ausmaß der** jeweils **von der Leitung ausgeübten Weisungsrechte** ankommt, wäre im Rahmen des im Beschlussverfahren geltenden **Amtsermittlungsgrundsatzes** zu verlangen, dass genaue Feststellungen darüber getroffen werden, in welchen personellen und welchen sozialen Angelegenheiten an welcher Stelle im UN, Betrieb oder Betriebsteil die jeweiligen der Beteiligung des BR unterliegenden Entscheidungen tatsächlich getroffen und nicht nur vorbereitet werden. Dazu wäre es **nach Art einer Matrix** erforderlich, entlang der Mitbestimmungskataloge in den gesetzlichen Tatbeständen festzustellen, ob und bei welchen Angelegenheiten an welcher Stelle die **Letztentscheidungsmacht** liegt. Sodann könnte auch in nachvollziehbarer Weise eine **Gewichtung** hinsichtlich **der »wesentlichen« Angelegenheiten** vorgenommen werden: dabei wäre sicherlich den Mitbestimmungsrechten eine höhere Bedeutung beizumessen, als den Mitwirkungs- oder sonstigen abgestuften Beteiligungsrechten. »Wesentlich« können hier- **86**

154 *BAG* 23.9.82, 17.2.83, AP Nrn. 3, 4 zu § 4 BetrVG 1972; sog. überwiegende Zuständigkeit in den Mitbestimmungsangelegenheiten, vgl. *Reuter*, Anm. zu *BAG* 14.9.88, AP Nr. 9 zu § 1 BetrVG 1972.
155 *BAG* 1.2.63, AP Nr. 5 zu § 3 BetrVG; 23.9.82, a. a. O.
156 *BAG* 17.2.83, a. a. O.; vgl. Rn. 44.
157 *LAG Hamburg* 1.11.82, BB 83, 1095 [1096].
158 *BAG* 1.2.63, a. a. O.; *LAG Hamburg* 1.11.82, a. a. O.
159 29.1.92, NZA 92, 894.
160 *BAG* 4.5.22 – 7 ABR 14/21, NZA 22, 1280 Rn. 38 ff.
161 17.1.07, NZA 07, 703; 7.5.08, NZA 09, 328; 9.12.09, NZA 10, 906.

bei allerdings auch nur solche Angelegenheiten sein, die in der jeweiligen Einheit tatsächlich oder typischer Weise auftreten, denn nicht alle potentiellen Beteiligungsrechte kommen in der Praxis in jedem Betrieb tatsächlich vor. Bei Beachtung dieser Vorgehensmethode gewönnen die Entscheidungen eine wesentlich höhere Überzeugungskraft. Bisher wirken sie häufig eher wie Zufallsergebnisse.

87 Das zu sehr verabsolutierte **Leitungsmoment** verliert allerdings in dem Maße an Aussagekraft hinsichtlich der Beurteilung von betriebsratsfähigen Einheiten, als die Gesamtleitung von UN durch **moderne Managementtechniken** sowohl horizontal als auch vertikal stärker aufgegliedert wird,[162] so dass die Leitungsstruktur »quer« zur Legalstruktur der UN als den rechtlichen Einheiten verläuft (z. B. **Matrix- oder Spartenorganisation; s. § 1 Rn. 81 ff. und § 3 Rn. 63 ff.**). Hier hilft dann wohl nur noch eine kollektivvertragliche Ordnung der betriebsverfassungsrechtlichen Organisationseinheiten gem. § 3.[163]

5. Sonderproblem: Filialen

88 UN mit Filialstruktur sind durch eine vielfache Aufteilung in **kleine und kleinste Einheiten** gekennzeichnet (Filialen, Zweigstellen, Zweigniederlassungen, Zweigbetriebe, Kopfstellen, Geschäftsstellen, Verwaltungsstellen oder wie immer auch die tatsächlich-umgangssprachliche Bezeichnung im Wirtschaftsleben lautet).[164] Sofern nicht aus praktischen Gründen ohnehin die **Abgrenzung der betriebsratsfähigen Gebilde durch TV** nach § 3 Abs. 1 Nr. 1 erfolgt, wirft die nach dem Gesetz vorzunehmende Abgrenzung erhebliche Schwierigkeiten auf, was unmittelbar einleuchten mag, wenn bedacht wird, dass die durchschnittliche Zahl von Betriebsstätten eines Filial-UN bei der Untersuchung von *Rancke* mit 92,4 pro UN bei einer Bandbreite von **10 bis 500 Betriebsstätten je UN** angegeben ist, während die Zahl der bei den untersuchten UN tatsächlich bestehenden **Betriebsratseinheiten** bei weitem nicht diese Größenordnung erreicht.[165]

89 Dieser Befund verweist auf ein sich hier besonders drängend stellendes Problem der Zusammenfassung von Betriebspunkten zu betriebsratsfähigen Einheiten. Dabei hat *Rancke*[166] in rechtstatsächlicher Hinsicht beobachtet, dass bei Filial-UN mit bloß **regionalem Tätigkeitszuschnitt** meist nur ein zentraler BR gebildet wird, während bei weniger »dichter« Struktur eine **Zusammenziehung von Betriebspunkten** selbst dann noch erfolgt, wenn diese schon entfernungsmäßig sehr weit auseinander liegen,[167] wobei die Gesichtspunkte »Qualität und Dichte der Verkehrsverbindungen«, »Betreuung der AN«, »enger Kontakt der Betriebsstätten untereinander« usw. offenbar nicht so sehr die faktisch zugrunde gelegten Kriterien sind; es dominiert offenbar der **Gesichtspunkt der Entscheidungsnähe,** d. h., die BR-Bildung wird eher als Folge der Konzentration von Leitungsmacht auf zentraler oder dezentraler Ebene begriffen: Die **Mitbestimmungsstruktur folgt der Führungsstruktur,** und zwar deutlich zu Lasten des Gesichtspunkts einer möglichst arbeitnehmernahen Vertretungsorganisation.[168]

90 Legt man das herrschende Verständnis über den Betriebsbegriff zugrunde, so können Filialen prinzipiell sowohl **echter Betrieb** als auch bloß **Betriebsteil** sein. Werden in den einzelnen Betriebsstätten jedoch **die gleichen arbeitstechnischen Zwecke** verfolgt wie im Hauptbetrieb, so scheidet jedenfalls die Annahme eines Nebenbetriebs (jetzt im Begriff »Kleinstbetrieb« des Abs. 2 aufgegangen) für die einzelnen Betriebsstätten aus, weil dort wegen der **Zweckidentität**

162 Vgl. zu entsprechenden Konzeptionswechseln in der Geschichte der UN-Organisation etwa *Schwark,* ZHR 78, 203 [211 f.]; *Umnuß,* S. 71 ff., 82 ff., 93 ff.; *Semler,* FS Beusch, S. 805 [806 f., 809 ff.]; *Kreuder,* Die AG 92, 375 ff.; verkannt in *BAG* 14. 5. 97 – 7 ABR 52/96 [KLM].

163 Vgl. die Erl. dort.

164 Vgl. zur Struktur von Filial-UN *Rancke,* S. 168 ff.; als Grundsatzentscheidung zur Problematik der Einzelhandelsfilialen anzusehen ist *BAG* 7. 5. 08 – 7 ABR 15/07, NZA 09, 328; dazu auch *Haas/Salamon,* NZA 09, 299 ff.; zuvor schon *dies.,* RdA 08, 146 ff.

165 *Rancke,* S. 187; vgl. das Bsp. o. Rn. 72, wo nach Erhebungen i. J. 1994 mittlerweile 4200 Drogeriemärkte mit durchschnittlich allerdings nur noch drei bis fünf AN [! vgl. § 1] vorhanden sind.

166 S. 264.

167 Vgl. z. B. auch den Fall *LAG Düsseldorf* 11. 11. 65, DB 66, 305, wo die Lackfabrik mit ihren Auslieferungslagern in Hannover, Kassel, Hamburg, Frankfurt und Stuttgart als ein Betrieb gewertet wurde.

168 *Rancke,* S. 267 f.; deutlich auch an den Beispielen Rn. 65 ff. ablesbar.

kein **eigener,** auf Hilfeleistung für den Hauptbetrieb ausgerichteter Zweck verfolgt wird.[169] Es kann sich dann nur um Betriebsteile handeln.

Allerdings kann **bei parallelen arbeitstechnischen Zwecken** der Betriebsstätten auch die Annahme eines eigenständigen Betriebsteils i. S. v. Satz 1 Nr. 2 scheitern, weil es sich dann nicht mehr um einen besonders ausgeprägten arbeitstechnischen Zweck handelt,[170] so dass sie nach Abs. 1 Satz 1 Nr. 1 zu qualifizieren ist und nur bei räumlicher Entfernung zum Hauptbetrieb einen eigenen BR wählen kann, sofern sie die betriebsratsfähige Größe hat. **91**

Hat aber die Filiale selbst trotz bloß paralleler Zweckverwirklichung im Vergleich zu den anderen Filialen eine **eigene Leitung,** die den wesentlichen Kern der mitbestimmungspflichtigen AG-Funktionen ausübt, handelt es sich um einen echten Betrieb (vgl. Rn. 6 f., 81 f.). Hat diese Filiale jedoch **nicht** die **betriebsratsfähige Größe,** so bleibt sie nicht etwa vertretungslos, sondern ist gem. Abs. 2 als **Kleinstbetrieb** dem Hauptbetrieb zugeordnet (näher Rn. 135 f.). **92**

Mehrere benachbarte Filialen bilden nur dann einen gemeinsamen Betriebsteil i. S. v. Abs. 1 Satz 1 Nr. 1, wenn sie jeweils vom Hauptbetrieb (zum Begriff Hauptbetrieb Rn. 16 f.) weit entfernt liegen und in der Aufbauorganisation des UN auf gleichrangiger Ebene angesiedelt sind, aber der eine Teil dem anderen dergestalt organisatorisch untergeordnet ist, dass er von dessen Leitung mitgeleitet wird.[171] **93**

Haben räumlich nahe beieinander liegende Filialen **jeweils eine eigene Leitung,** soll nach h. M. ihre Zusammenfassung zu einem einheitlichen Betriebsteil **trotz räumlicher Nähe** zueinander angeschlossen sein.[172] Dabei ist – weil es sich nur um einen Betriebsteil handelt – **nicht** einmal vorausgesetzt, dass diese **Leitungsmacht** den vollen Umfang oder den **Kern der AG-Funktionen** im sozialen und personellen Bereich umfasst.[173] Damit öffnet die Rspr. freilich einer **Atomisierung des Betriebs** Tür und Tor und nimmt billigend die faktische Vertretungslosigkeit erheblicher Belegschaftsteile in Kauf, was dem Normzweck eklatant zuwiderläuft (dazu o. Rn. 5).[174] **94**

Bei **Verfolgung fachfremder Zwecke** (zu dieser Kategorie Rn. 63) in den einzelnen Filialen kommt zwar grundsätzlich auch die Annahme eines Betriebsteils nach Abs. 1 Satz 1 Nr. 2 in Betracht; dies setzt allerdings eine dort vorhandene Leitung voraus, die über die wesentlichen, dem Mitbestimmungsrecht unterliegenden Fragen zu entscheiden hat.[175] **95**

Unklar sind häufig auch die betriebsverfassungsrechtlichen Verhältnisse bei UN, die über einen Hauptverwaltungsbetrieb gemäß § 1 am Ort des UN-Sitzes verfügen (vgl. Rn. 23 ff.) und darüber hinaus eine Vielzahl von Filialen mit identischer Aufgabenstellung haben, die regional oder distriktmäßig geführt werden und einer **Distriktleitung mit AG-Funktionen** in den Mitbestimmungsangelegenheiten unterstellt sind. Das *ArbG Kassel*[176] nahm für eine solche Konstellation an, dass zunächst die **Hauptverwaltung** wegen ihres gänzlich anderen Zweckes **nicht** als **Hauptbetrieb** anzusehen sei; dagegen bildeten die selbst nicht betriebsratsfähige Distriktleitungsstelle (maximal vier AN) und die ihr unterstehenden Filialen des Distrikts einen weiteren Betrieb i. S. v. § 1; selbst die räumlich weit entfernten betriebsratsfähigen Filialen könnten keinen eigenen BR wählen. **96**

Demgegenüber meinten zum selben Sachverhalt *LAG Frankfurt*[177] und *ArbG Freiburg*,[178] dass die kleine **Distriktleitungsstelle** zwar **als Hauptbetrieb** anzusehen sei, obgleich sie selbst nicht **97**

---

169 Vgl. *BAG* 9.12.92 – 7 ABR 15/92 [Deutscher Herold], uv.; zweifelhaft daher die Annahme, Außenstellen eines Bildungswerks seien »Nebenbetriebe«, vgl. aber *LAG Düsseldorf* 28.4.95 – 15 TaBV 130/94; zum Begriff Nebenbetrieb ausführlich *8. Aufl.; Rn. 54.*

170 Vgl. *BAG* 24.2.76, AP Nr. 2 zu § 4 BetrVG 1972; näher Rn. 63 f.

171 *BAG* 29.5.91, NZA 92, 74 [76]; 25.8.88 – 7 ABR 51/87 [MAN], uv.

172 *BAG* 26.7.89 – 7 ABR 22/88 [Technikerzentralen eines Dialyse-UN], uv.; 29.5.91, a.a.O.; vgl. wegen der Einzelheiten Rn. 20 mit Fn. 43.

173 *BAG* 29.5.91, a.a.O.

174 Musterbeispiel einer völlig verfehlten Atomisierungs-Rspr. *BAG* 14.5.97 – 7 ABR 52/96 [KLM] uv., dazu o. Rn. 48: Ergebnis waren drei Betriebsteile mit jeweils weniger als 20 bzw. 51 AN anstelle eines Betriebsteils mit mehr als 60 AN.

175 So jetzt *BAG* 9.12.92 – 7 ABR 15/92 [Deutscher Herold], uv.; 29.1.92, AP Nr. 1 zu § 7 BetrVG 1972 mit krit. Anm. *Kohte;* missverständlich *BAG* 29.5.91, NZA 92, 74 [76].

176 16.12.85, NZA 86, 723, Ls.

177 11.11.86 – 5 TaBV 9/86, uv.

178 28.1.86 – 3 BV 13/85, uv.

die betriebsratsfähige Größe erreichte,[179] und deshalb die einzelnen Filialen, soweit sie weit entfernt von der Dienststelle lägen, gemäß § 4 Abs. 1 Satz 1 Nr. 1 einen eigenen BR wählen könnten. Diese Entscheidung läuft im Ergebnis allerdings gleichfalls auf die in der Literatur zu Recht kritisierte **Atomisierung des Betriebs** hinaus,[180] zumal im entschiedenen Fall die meisten der Filialen sowohl weit entfernt von der Distriktstelle lagen als auch jeweils nur etwa zehn AN hatten. Deshalb erscheint es bei derartigen Fallgestaltungen richtiger, **die** räumlich **weit verstreuten Betriebsteile** betriebsverfassungsrechtlich **als einen Betrieb** zu begreifen, jedenfalls dann, wenn eine sklavische Anwendung des § 4 Abs. 1 Satz 1 Nr. 1 dazu führen würde, dass die Betriebsverfassung wegen der Unterschreitung von Grenzwerten für die AN eines UN, das diese Grenzwerte bei weitem übersteigt, praktisch nur noch eingeschränkte Anwendung findet.[181]

98 Ähnliche Gesichtspunkte dürften zur Bildung von sog. **Regional-BR** bei einer Einzelhandelskette im Fall des *LAG Bremen*[182] geführt haben, was vom *LAG Bremen* als Verkennung des Betriebsbegriffs moniert wurde, weil – so das *LAG* – alle Filialen bei räumlich weiter Entfernung vom Hauptbetrieb (der mit der Zentrale in Düsseldorf gleichzusetzen war) selbst betriebsratsfähig seien (§ 4 Satz 1 Nr. 1 a. F.). Für die Dauer seiner Amtszeit bleibt der unter Verkennung des Betriebsbegriffs »falsch« gewählte BR allerdings ohne Schmälerung seiner Rechtsposition auch für die selbstständigen Filialen zuständig und findet eine Einschränkung der Mitbestimmungsrechte bei Einstellungen und Betriebsänderungen wegen Unterschreitens der 21 AN in der Filiale nicht statt.[183] In derartigen Fällen ist die Wahl eines »Konkurrenz«-BR in einer Filiale bei noch laufender Amtszeit des Regional-BR nichtig.[184]

6. Gesetzliche Zuordnungsentscheidungen im Überblick

99 **Zusammenfassend** ist für die betriebsverfassungsrechtliche **Einordnung von Betriebsteilen** festzustellen:

1. wegen ihrer geringen Belegschaftszahl (§ 1) nicht betriebsratsfähige Betriebsteile sind unabhängig davon, ob es sich um einen Fall der Nr. 1 oder Nr. 2 handelt, dem Hauptbetrieb zuzuordnen (vgl. Rn. 16 ff.; 31 ff.);
2. diese nicht betriebsratsfähigen Betriebsteile sind in erster Linie dem Betrieb als **Hauptbetrieb** zuzuordnen, in dem die für die Arbeitnehmer des Betriebsteils in sozialen und personellen Angelegenheiten zuständige **institutionelle Leitung** organisatorisch angesiedelt ist;
3. befindet sich die dergestalt ermittelte institutionelle **Leitung weit** vom nicht betriebsratsfähigen Betriebsteil **entfernt,** ist dieser dem räumlich nächstgelegenen betriebsratsfähigen Betrieb oder Betriebsteil desselben Unternehmens zuzuordnen; str.; es reicht aus, wenn die Zusammenfassung zur Bildung einer betriebsratsfähigen Einheit führt;[185]
4. betriebsratsfähige **Betriebsteile nach Nr. 1** erhalten dann einen eigenen Betriebsrat, wenn sie weit vom betrieblichen Sitz der zuständigen Leitung entfernt sind und kein anderer betriebsratsfähiger Betrieb/Betriebsteil desselben Unternehmens räumlich näher gelegen ist.

---

179 Ebenso auch *BAG* 9.12.92 – 7 ABR 15/92 [Deutscher Herold], uv., für die Vertriebsdirektion eines Versicherungs-UN mit leitungstechnisch »angehängten« Repräsentanzen.

180 Vgl. *Löwisch*, FS Kissel, S. 679 [680].

181 Vgl. § 1 Rn. 51; ebenso noch teilweise die ältere Rspr. in den Fällen, in denen die Filialen praktisch alle die gleichen Funktionen erfüllten, vgl. die Nachweise Rn. 65 ff.; beachte jedoch die auf Atomisierung hinauslaufende BAG-Rspr. 29.5.91, NZA 92, 74: Die bundesweit etwa 120 Telefonbestellannahmen mit jeweils etwa 10 bis 15 AN sind alle jeweils allein wegen § 4 Abs. 1 Satz 1 Nr. 1 als ein Betrieb anzusehen; unter derartigen Bedingungen kommt es nur noch ausnahmsweise zur Wahl von Betriebsobleuten – ein Ergebnis, das dem Anliegen des Gesetzes nicht gerecht wird und als Rspr. *contra legem* bezeichnet werden muss.

182 31.10.86, LAGE § 111 BetrVG 1972 Nr. 5.

183 *LAG Bremen*, a. a. O.; ebenso *BAG* 27.6.95, BB 96, 1504.

184 Vgl. *ArbG Regensburg* 20.9.89, BB 90, 852; ebenso schon *BAG* 11.4.78, AP Nr. 8 zu § 19 BetrVG 1972.

185 Ebenso *BAG* 9.12.92 – 7 ABR 15/92 [Deutscher Herold], uv., für die Zuordnung eines Betriebsteils zum selbst nicht betriebsratsfähigen Kleinst-Hauptbetrieb.

Ist Letzteres der Fall, bilden die entsprechenden Organisationseinheiten die Einheit, für die ein Betriebsrat zu wählen ist (vgl. Rn. 39 a. E.; vgl. aber auch das neue Optionsrecht zwecks Zuordnung zum Hauptbetrieb, Rn. 101 ff.);

5. betriebsratsfähige **Betriebsteile nach Nr. 2** erhalten i. d. R. einen eigenen Betriebsrat. Eine Zuordnung zu einem anderen nahe gelegenen Unternehmensteil entfällt wegen des eindeutigen Gesetzeswortlauts, es sei denn, die Belegschaft optiert für die Zuordnung zum Hauptbetrieb (Abs. 1 Satz 2).

Abweichende kollektivvertragliche **Regelungen nach § 3 Abs. 1 Nr. 1** sind jedoch zulässig und bei einer andernfalls zu befürchtenden Atomisierung des Betriebs dringend zu empfehlen; diese haben Vorrang vor der Belegschaftsoption nach Abs. 1 Satz 2 (vgl. Rn. 109).[186] 100

7. Die optionale Zuordnung zum Hauptbetrieb (Abs. 1 Satz 2)

a) Grundsätze

Nach Abs. 1 Satz 2 können die **AN eines Betriebsteils,** in dem kein eigener BR besteht, **beschließen, an** der **Wahl** des BR im Hauptbetrieb **teilzunehmen.**[187] Der Gesetzgeber verfolgt auch mit dieser Bestimmung das Ziel, möglichst alle AN eines UN in die Repräsentation durch einen BR einzubeziehen, um damit Vertretungslücken zu schließen. **Rechtstatsächlich** ist erwiesen, dass insbesondere in eher kleinen Organisationseinheiten nur selten BR gewählt werden.[188] Ob in der Praxis von der Möglichkeit des Zuordnungsbeschlusses verstärkt Gebrauch gemacht wird, ist bislang nicht näher untersucht worden.[189] 101

Als **Betriebsteil,** dessen AN für die Mitvertretung durch den BR des Hauptbetriebs optieren können, sind **beide** in Abs. 1 Satz 1 genannten **Varianten** (Nr. 1 und Nr. 2) in Betracht zu ziehen.[190] Zugleich lassen sich damit auch gewisse unvermeidliche Unschärfen in der Beurteilung der räumlichen Entfernung zwischen Betriebsteil und Hauptbetrieb faktisch – nicht rechtlich – »überspielen« (vgl. zum »Unschärfebereich« oben, Rn. 61). Die Zuordnungsentscheidung kommt auch dann in Betracht, wenn der Betriebsteil über eine sehr erhebliche Zahl von AN verfügt.[191] 102

Schwierigkeiten können sich dann ergeben, wenn nicht sicher zu beurteilen ist, ob die fragliche Organisationseinheit **noch** einen **Betriebsteil** nach Abs. 1 Satz 1 Nr. 2 **oder schon** einen echten **Betrieb** i. S. v. § 1 darstellt (zur praktisch selbst vom *BAG* für unmöglich erachteten Abgrenzung o. Rn. 9), denn der echte Betrieb nach § 1 unterliegt nicht dem Optionsrecht der Belegschaft auf Zuordnung zum Hauptbetrieb.[192] 103

Dennoch ist der Vorschlag von *Henssler*[193] erwägenswert, das **Optionsrecht** des Abs. 1 Sätze 2–5 dann analog auch auf Betriebe nach § 1 anzuwenden, wenn diese in räumlicher Nähe zueinander liegen. Dasselbe muss dann erst recht sinngemäß gelten, wenn die **Abgrenzung** zwischen einem Betriebsteil und einem echten Betrieb **zweifelhaft** bleibt und **beide Ansichten rechtlich vertretbar** erscheinen. Von den betrieblichen Praktikern kann insoweit nicht mehr verlangt werden, als die Rechtsprechung des *BAG* nach eigenem Eingeständnis zu leisten vermag. Immerhin konzediert das *BAG* selbst den Tatsachengerichten einen **Beurteilungsspielraum,** der rechtsbeschwerderechtlich nur eingeschränkt überprüfbar ist (vgl. Rn. 132) und die vorherige Durchführung eines Statusverfahrens nach § 18 Abs. 2 erschiene als unzumutbare Erschwernis, das Ziel einer vollständigen Einbeziehung aller AN in die Betriebsverfassung desselben UN zu verwirklichen. Selbst bei Verkennung der zutreffenden Abgrenzung läge i. Ü. lediglich ein Fall der Verkennung des Betriebsbegriffs vor, der jedoch nicht zur Nichtigkeit, 104

186 So auch zutreffend *Richardi/Maschmann*, Rn. 35; GK-*Franzen*, Rn. 19.
187 Dazu *Rudolph*, AiB 18, Nr. 1, 44 ff.
188 Dazu *Junker*, NJW 04, Beilage zu Heft 27, S. 10 [15]; *Hanau*, Die Mitb 99, Heft 6/7, 21 [22].
189 Vgl. GK-*Franzen*, Rn. 19.
190 Ebenso *Konzen*, RdA 01, 76 [82]; *Richardi/Annuß*, DB 01, 41 [42].
191 *LAG Schl.-H.* 17.12.13 – 1 TaBV 35/12, NZA-RR 14, 242, 246: der Betriebsteil umfasste rund 240 AN.
192 Theoretisch zutreffender Hinweis bei GK-*Franzen*, Rn. 19, der freilich auch nur auf die Möglichkeiten des § 3 zu verweisen vermag.
193 FS Küttner, S. 479 [490].

sondern allenfalls zur Anfechtbarkeit der aus der optionalen Zuordnung folgenden BR-Wahl führen könnte.

105 Die betriebsorganisatorische Struktur, an der das Optionsrecht ansetzt, kann z. B. durch **innerhalb des UN vollzogene Betriebsspaltungen** (§ 111 Satz 3 Nr. 3) entstehen, so dass es u. U. übereinstimmender Interessenlage der Gesamtbelegschaft entspricht, wenn die bisherigen Vertretungsstrukturen aufrechterhalten oder wiederhergestellt werden, um so die Vorteile eines etablierten und durchsetzungsfähigen BR fortzuschreiben.[194] Der Organisationsautonomie des AG wird insoweit das **Optionsrecht** der Belegschaft gegenübergestellt und damit ein **Machtausgleich** ermöglicht.

106 Nach richtiger Ansicht[195] kann das Optionsrecht auch durch die AN eines **im Ausland liegenden Betriebsteils** eines deutschen UN ausgeübt werden, wenn die dortigen AN deutschem Arbeitsvertragsstatut unterliegen, die **ausländische Rechtsordnung** eine derartige Abstimmung nicht verbietet (Vorbehalt des *ordre public)* und der Hauptbetrieb in Deutschland liegt.

b) Betriebsratslosigkeit

107 Voraussetzung ist, dass in dem UN mindestens zwei betriebsratsfähige Organisationseinheiten vorliegen, von denen eine bereits einen BR hat; dies muss der **Hauptbetrieb** sein. Der **Betriebsteil,** dessen Belegschaft das Optionsrecht ausüben möchte, **muss BR-los sein.** Der Grund der BR-losigkeit ist unbeachtlich. Er kann auch vorliegen, wenn eine vorangegangene **BR-Wahl im Betriebsteil** durch rechtskräftige Entscheidung für **nichtig** erklärt worden ist.[196] Nicht statthaft ist es, etwa wegen Unzufriedenheit mit dem eigenen BR, eine Zuordnung zum Hauptbetrieb zu initiieren, wenn im Betriebsteil bereits ein eigener BR besteht,[197] denn das Optionsrecht kommt nur in betriebsratslosen Betriebsteilen in Betracht.

107a Offenbar vom Gesetzgeber nicht bedacht worden ist jedoch der Fall, dass bei Abspaltung eines Betriebsteils und dessen Übergang gem. § 613a BGB auf ein UN mit weit entfernt liegendem Hauptbetrieb wegen der Selbständigkeitsfiktion gem. Abs. 1 Nr. 1 eine Eingliederung in den Hauptbetrieb nicht angenommen werden kann und daher das **Entstehen des Übergangsmandats** gem. § 21a Abs. 1 Satz 1 die Folge ist. Ungeklärt ist, ob auch in diesem Fall die Zuordnungsoption möglich ist, denn der im Übergangsmandat für den abgespaltenen Betriebsteil zuständige BR hat in dieser Zeitspanne ein Vollmandat für den Betriebsteil. Im Wortsinne läge dann keine BR-losigkeit vor. Vielmehr soll der BR nach § 21a Abs. 1 Satz 2 einen WV bestellen, damit der Betriebsteil einen eigenen BR erhält. Sofern aber klar ist, dass die Belegschaft nicht einmal den WV personell bestücken will oder kann und überdies auch keine BR-Wahlkandidaten zu finden sind, spricht mehr dafür, auch dann das Optionsrecht zwecks Zuordnung zum Hauptbetrieb zuzulassen, weil andernfalls **nach Ablauf des Übergangsmandats die BR-losigkeit** des Betriebsteils eintreten würde. Dies stünde im klaren Gegensatz zum Willen des Gesetzgebers, mithilfe des Optionsrechts in jedem Falle eine Mitvertretung durch den BR des Hauptbetriebs zu gewährleisten.

108 Strittig ist, ob die **BR-Losigkeit** auch **willkürlich** hergestellt werden kann, indem der im Betriebsteil bereits bestehende BR seinen Rücktritt beschließt.[198] Das ist grundsätzlich zu verneinen, denn im Falle eines Rücktritts (§ 13 Abs. 2 Nr. 3) bleibt der zurückgetretene BR gem. § 22 geschäftsführend – aber im Sinne eines Vollmandats – im Amt (vgl. § 22 Rn. 8), so dass dann eine BR-losigkeit schon dem Wortlaut und der Sache nach nicht vorliegt. Die **Gründe eines Rücktritts** können zudem sehr unterschiedlich sein, so dass es keineswegs sicher ist, ob als dessen Folge die BR-losigkeit eintreten wird. Jedenfalls dann, wenn – wozu er verpflichtet ist – der zurückgetretene BR unverzüglich **einen neuen WV** bestellt hat, kann hiervon nicht

194 Vgl. *Richardi-Maschmann,* Rn. 34; *Konzen,* RdA 01, 76 [82]; *Gamillscheg,* ZfA 75, 357 [381 f.].
195 Ausführlich dazu GK-*Franzen,* Rn. 23.
196 HaKo-BetrVG/*Kloppenburg,* Rn. 19.
197 HWGNRH-*Rose,* Rn. 56.
198 So aber HaKo-BetrVG-*Kloppenburg,* Rn. 18.

ausgegangen werden.[199] Anders wäre nur der Fall zu beurteilen, wenn sich schon **keine AN** finden lassen, die das **Amt als WV-Mitglied** übernehmen. Erst dann steht auch aus Sicht des geschäftsführenden BR die alsbald eintretende BR-losigkeit mit hoher Sicherheit fest und ist zur Vermeidung der künftigen Vertretungslosigkeit ein Optionsbeschluss auch während der Restamtszeit des BR aus § 22 zulässig.

c) Zeitpunkt der Abstimmung/Sperrung des Optionsrechts

Die **BR-Losigkeit** könnte allerdings auch dadurch überwunden werden, dass – sofern vorhanden – der GBR (hilfsweise auch der KBR) gem. § 17 Abs. 1 einen Wahlvorstand zur Wahl eines BR in dem Betriebsteil bestellt.[200] Aus den gleichen Gründen wie bei § 3 Abs. 3 erörtert (vgl. § 3 Rn. 181), ist dann die **Durchführung der Abstimmung gesperrt.** Auch hier gilt, dass Voraussetzung für die Ausübung des Optionsrechts nicht nur das tatsächliche Nichtbestehen eines BR ist,[201] sondern – bezogen auf den Betriebsteil – **auch kein Fall des in Entstehung befindlichen BR** vorliegen darf. Letzteres wäre schon der Fall, wenn z. B. nach § 17 Abs. 2 Anstalten zur **Wahl eines WV** auf einer entsprechenden Betriebsversammlung des Betriebsteils getroffen wurden oder wie im Fall des zurückgetretenen BR dieser einen neuen WV bestellt hat (Rn. 108). **109**

Umgekehrt kann die optionale Abstimmung im Betriebsteil aber auch noch **nach Bestellung des WV im Hauptbetrieb** veranlasst werden; auch dann muss aber das Abstimmungsergebnis dem dortigen BR spätestens zehn Wochen vor Ablauf seiner Amtszeit mitgeteilt werden.[202] **110**

Die Notwendigkeit des Teilnahmebeschlusses als solchem und die Beachtung der förmlichen Anforderungen an die Abstimmung dürfen weder vom WV noch den AN auf die leichte Schulter genommen werden. Die Abstimmung der AN des Betriebsteils ist nach Ansicht des *ArbG Stuttgart*[203] nämlich auch dann nicht entbehrlich, wenn diese AN bereits jahrzehntelang und auch schon vor Inkrafttreten der BetrVG-Novelle 2001 an der Wahl des BR im räumlich weit entfernt liegenden Hauptbetrieb stets tatsächlich teilgenommen haben und dies niemals zuvor zu einem Wahlanfechtungsverfahren (§ 19) führte. Selbst das zurückliegende, konstante Wahlverhalten und die stetige Einbeziehung der AN des Betriebsteils in den Wahlausschreiben und Wählerlisten der vergangenen BR-Wahlen im Hauptbetrieb durch den WV führen hiernach nicht zur Fiktion eines Teilnahmebeschlusses und dessen Entbehrlichkeit. **110a**

Das **Optionsrecht** ist auch dann **gesperrt, wenn** die **Zuordnung** des betreffenden Betriebsteils **bereits durch TV und BV anderweitig geregelt** wurde, und zwar auch dann, wenn diese Regelung wegen § 3 Abs. 4 möglicherweise noch nicht in Vollzug gesetzt worden ist.[204] Diese Konsequenz ergibt sich daraus, dass § 3 die Möglichkeit kollektivvertraglicher Abweichungen von der gesetzlichen Struktur einräumen will und dabei den Kollektivvertragsparteien einen eigenen Beurteilungsspielraum überlässt. Das Optionsrecht nach § 4 Abs. 1 Satz 2 ist aber gleichfalls Bestandteil der gesetzlichen Struktur, von der Abweichungen erlaubt sein sollen. Würde das Optionsrecht Vorrang vor dem TV bzw. der BV haben, bliebe für die Ausschöpfung des § 3 Abs. 1 Nr. 1 nicht mehr viel Raum. Ferner sollte auch bedacht werden, dass die AN des BR-losen Betriebsteils sich nach der gesetzlichen Konstruktion dem u. U. auch kleineren Hauptbetrieb einseitig »aufdrängen« können und die AN des Hauptbetriebs keine Möglichkeit besitzen, den entsprechenden Beschluss abzuwenden,[205] während bei der BV nach § 3 Abs. 1 Nr. 1 b) – die dann wegen des betriebsübergreifenden Charakters der Zusammenfassung vom GBR abgeschlossen werden müsste (vgl. § 3 Rn. 168 ff.) – zumindest eine Beteiligung der anderen Belegschaft über ihre Repräsentanten im GBR stattfindet. **111**

---

199 A. A. HaKo-BetrVG/*Kloppenburg*, Rn. 20, der generell auch während bereits im Betriebsteil laufender Wahlverfahren bis zur Konstituierung des BR die Abstimmung der Belegschaft für zulässig hält.

200 Ebenso *Fitting*, Rn. 29.

201 Zutreffend *LK*, Rn. 10.

202 *ArbG Nürnberg* 29.11.01, AiB 02, 187, rk., mit Anm. *Manske*.

203 25.4.19 – 21 BV 62/18, juris = AuR 19, 289 (red. Ls.) = AiB 19, Heft 7/8, 61 f. (red. Ls. und Kurzwiedergabe); Beschwerde ist beim *LAG Baden-Württemberg* zum Az. 17 TaBV 3/19 anhängig.

204 Vgl. zum Vorrang der kollektivvertragl. Regelung vor dem Optionsrecht *BT-Drucks.* 14/5741, S. 35; ebenso *SWS*, Rn. 14; GK-*Franzen*, Rn. 19.

205 Vgl. *Richardi/Annuß*, DB 01, 41 [42].

d) Beschlussformalien und Rechtswirkungen

aa) Initiativberechtigung und Leitung der Abstimmung

112 Damit das Optionsrecht durch Abstimmung der Betriebsteil-Belegschaft ausgeübt werden kann, bedarf es einer **Initiative von Antragsberechtigten.** Das Gesetz begnügt sich dazu in Abs. 1 Satz 2, 2. Halbsatz mit einer knappen Verweisung auf die **entsprechende Geltung von § 3 Abs. 3 Satz 2.** Ob dies heißt, dass die Initiative zur Abstimmung auch hier von **drei wahlberechtigten AN des »UN«** (vgl. § 3 Rn. 183) ausgehen kann, die nicht dem Betriebsteil angehören, ist nicht ganz sicher. Mehrheitlich wird – gestützt auf die nur »entsprechende« Geltung von § 3 Abs. 3 Satz 2 – vertreten, dass es sich um drei wahlberechtigte **AN des Betriebsteils** handeln muss.[206] Dafür spricht, dass es sich hierbei um ein eigenes Recht der Belegschaft handelt, das ihr auch nicht mittelbar aufgezwungen werden sollte.

113 Dasselbe wird dann auch für die Frage zu gelten haben, ob die gleichfalls zur Initiative **berechtigte Gewerkschaft** nur im UN vertreten zu sein braucht oder auch **im Betriebsteil** selbst vertreten sein muss.[207]

114 Aufgrund eines Änderungsantrags der Parteien der Regierungskoalition[208] ist auch der **BR des Hauptbetriebs** in den Kreis der Initiativberechtigten aufgenommen worden. Er hat dann zu diesem Zweck ebenso wie die Gewerkschaftsbeauftragten nach § 2 Abs. 2 ein **Zutrittsrecht** zu den betreffenden BR-losen Betriebsteilen.

115 Vom Gesetz nicht geregelt ist die Frage, **wem gegenüber** die Initiativberechtigten den Wunsch nach einer Abstimmung über die **Zuordnungsoption zu äußern** haben und wer die **organisatorischen Formalia** in die Hand zu nehmen hat.[209] Da es sich um eine Initiative handelt, die ausschließlich das Optionsrecht der Belegschaft betrifft, muss diese Initiative jedenfalls **gegenüber den Beschäftigten** in der betriebsüblichen Weise (Rundschreiben, Aushang am schwarzen Brett, E-Mail usw.) **bekannt gemacht** werden. Weil der AG die **Kosten der Abstimmung** einschließlich der dazu gehörenden Vorbereitung zu tragen hat[210], ist es zweckmäßig, auch diesen zu informieren. Dasselbe gilt gegenüber den sonstigen Initiativberechtigten, auch um z. B. der Gewerkschaft oder dem BR des Hauptbetriebs **Gelegenheit zur Unterstützung** zu geben.

116 Obgleich der Gesetzgeber keine Bestimmung darüber getroffen hat, wer die **Abstimmung organisatorisch durchführen** kann, ist davon auszugehen, dass es sich um die initiativberechtigten Kreise handelt, also drei wahlberechtigte AN, die Gewerkschaft oder der BR des Hauptbetriebs.[211] Will der BR des Hauptbetriebs initiativ werden, erfordert dies einen wirksamen BR-Beschluss.[212] Der jeweilige Veranlasser sollte tunlichst auch die Leitung der Abstimmung übernehmen und für die rechtzeitige Mitteilung des Abstimmungsergebnisses an den BR des Hauptbetriebes sorgen.[213]

117 Wie auch im Falle des § 3 Abs. 3 genießen die initiativberechtigten AN **keinen besonderen Kündigungsschutz** nach § 15 Abs. 3a KSchG.[214] Sofern damit zu rechnen ist, dass den AN durch den AG »Steine in den Weg« gelegt werden könnten, empfiehlt es sich daher, die Initiative vom BR des Hauptbetriebs[215] oder der Gewerkschaft ausgehen zu lassen.

---

206 *Löwisch,* BB 01, 1734; *Reichold,* NZA 01, 857 [858]; ErfK-*Koch,* Rn. 5; *Fitting,* Rn. 31; GK-*Franzen,* Rn. 20; *Richardi-Maschmann,* Rn. 36; WPK-*Preis,* Rn. 16; nach Ansicht des *LAG Düsseldorf* 13. 1. 16 – 12 TaBV 67/14, juris = ArbR 16, 98 (Kurzwiedergabe), reicht auch die Initiative nur eines AN, wenn sich die weiteren AN diese Initiative zu eigen machen, indem sie an der formlosen Abstimmung anlässlich eines gemeinsamen Frühstücks teilnehmen.

207 *Fitting,* Rn. 31.

208 Vgl. *Ausschuss für Arbeit und Sozialordnung, BT-Drucks.* 14/6352 v. 20. 6. 01.

209 Zutreffender Hinweis bei GK-*Franzen,* Rn. 21.

210 GK-*Franzen,* Rn. 21.

211 Vgl. ErfK-*Koch,* Rn. 5; *Löwisch,* BB 01, 1734, der darüber hinaus annimmt, dass die Durchführung auch beim AG liegen könne.

212 *LAG Schl.-H.* 17. 12. 13 – 1 TaBV 35/12, NZA-RR 14, 242 ff.

213 *Fitting,* Rn. 33.

214 Vgl. auch § 3 Rn. 181; ErfK-*Koch,* Rn. 5; *Fitting,* Rn. 32.

215 Ebenso *Fitting,* Rn. 32.

bb) Abstimmung

Zur Ausübung des Optionsrechts sind **alle AN des Betriebsteils** berechtigt, nicht nur die Wahlberechtigten,[216] denn im Unterschied zur Umschreibung der initiativberechtigten »wahlberechtigten« AN[217] fehlt hier dieser begriffliche Zusatz. Die darin liegende Erweiterung des abstimmungsberechtigten Personenkreises erscheint deshalb sinnvoll, weil die Frage, welcher BR die Teilbelegschaft vertreten soll, auch die nicht wahlberechtigten Personen betrifft, für die dieser BR ggf. Beteiligungsrechte wahrzunehmen hat. Deshalb sind z. B. auch **Leih-AN** berechtigt, an der Abstimmung teilzunehmen. 118

Der Beschluss bedarf der **absoluten Mehrheit** der AN des Betriebsteils[218], so dass bei einem aus 200 AN bestehenden Betriebsteil sich mindestens 101 AN hierfür aussprechen müssen. Auf die ggf. auch große Zahl der AN im Betriebsteil kommt es nicht an, so dass auch die AN sehr großer Betriebsteile das Optionsrecht wahrnehmen können.[219] 119

Die **Abstimmung kann** nach dem Gesetzeswortlaut **formlos**[220] und muss nicht geheim[221] erfolgen, kann also auch im **Umlaufverfahren durchgeführt werden** – etwa durch Unterschriftenliste.[222] Die Formlosigkeit beruht auf einem Änderungsantrag der Parteien der Regierungskoalition,[223] dürfte aber lediglich eine Klarstellung sein. Eine besondere **Abstimmungsversammlung oder gar Betriebsversammlung** ist jedenfalls **nicht erforderlich.**[224] Wird die Umlauf-Abstimmung allerdings über mehr als vier Wochen ausgedehnt, um die notwendige Teilnehmermehrheit zu erzielen, ist die Abstimmung unwirksam.[225] Wegen denkbarer Behinderungen durch Vorgesetzte[226] muss es für zulässig gehalten werden, dass **auf Verlangen** schon eines AN die **Abstimmung geheim** durchzuführen ist.[227] In jedem Falle ist es aber erforderlich, die Zahl der AN des Betriebsteils, der Abstimmungsberechtigten und der Abstimmenden sowie das Ergebnis der Abstimmung **dokumentationssicher festzuhalten,** damit im Falle einer Wahlanfechtung keine Beweisnot eintritt.[228] 120

Der **Zuordnungsbeschluss** ist dem BR des Hauptbetriebs spätestens **zehn Wochen vor Ablauf** seiner Amtszeit mitzuteilen (Abs. 1 Satz 4), damit er bei der Wahlvorbereitung (vgl. § 16) berücksichtigt werden kann. Es könnte sich durch Zuordnung des Betriebsteils nämlich z. B. ergeben, dass das vereinfachte Wahlverfahren nach § 14a wegen Überschreitens der AN-Zahlen nicht mehr zulässig ist. **BR und WV** des Hauptbetriebs haben zu **prüfen,** ob ein wirksamer Zuordnungsbeschluss vorliegt[229] und sollten auf die **Beseitigung etwaiger Mängel** hinwirken. Der Beschluss hat **Dauerwirkung** und muss nicht vor jeder BR-Wahl erneuert werden;[230] er kann jedoch mit Wirkung für die jeweilige nächste Wahl zurückgenommen werden (vgl. Rn. 126).[231] 121

---

216 So zutreffend *Fitting,* Rn. 30; ErfK-*Koch,* Rn. 5; HaKo-BetrVG/Kloppenburg, Rn. 25; *Richardi-Maschmann,* Rn. 38; WPK-*Preis,* Rn. 16; unklar GK-*Franzen,* Rn. 21.

217 Vgl. Abs. 1 Satz 2, 2. Halbsatz i. V. m. § 3 Abs. 3 Satz 2; dazu auch § 3 Rn. 137; **a. A.** offenbar aber *Konzen,* RdA 01, 76 [82].

218 *Fitting,* Rn. 29; ErfK-*Koch,* Rn. 5; *Richardi-Maschmann,* Rn. 38; WPK-*Preis,* Rn. 16; *ArbG Nürnberg* 29. 11. 01, AiB 02, 187, rk., m. Anm. *Manske;* **a. A.** *LK,* Rn. 9.

219 So auch *LAG Schl.-H.* 17. 12. 13 – 1 TaBV 35/12, NZA-RR 14, 242 ff., das RB-Verfahren beim *BAG,* Az: 7 ABR 11/14, wurde eingestellt.

220 LAG *Schl.-H.* 17. 12. 13 – 1 TaBV 35/12, NZA-RR 14, 241 ff.; *LAG Düsseldorf* 13. 1. 16 – 12 TaBV 67/14, juris = ArbR 16, 98 (Kurzwiedergabe).

221 *LAG Düsseldorf* 13. 1. 16, a. a. O.

222 Vgl. aber auch § 3 Rn. 182; *Däubler,* FS Kreutz, S. 74; ErfK-*Koch,* Rn. 5; *Fitting,* Rn. 29; *Löwisch* BB 01, 1734.

223 BT-Drucks. 14/6352.

224 *LAG Schl.-H.* 17. 12. 13 – 1 TaBV 35/12, NZA-RR 14, 242, 246; *LAG Düsseldorf* 13. 1. 16; *LK,* Rn. 9; a. A. *Richardi-Maschmann,* Rn. 39, der eine Abstimmungsversammlung für notwendig hält.

225 *LAG Schl.-H.* 17. 12. 13, a. a. O.

226 Dazu *Däubler,* FS Kreutz, S. 74.

227 *Ebd.*.

228 Ähnlich *Fitting,* Rn. 29.

229 *Fitting,* Rn. 34; HWGNRH-*Rose,* Rn. 61.

230 *Fitting,* Rn. 35.

231 *Däubler,* FS Kreutz, S. 75.

122 Geht die Mitteilung über den Beschluss **nicht fristgerecht beim BR des Hauptbetriebs** ein, können die AN des Betriebsteils nach wohl h. M. dort nicht mitwählen, sondern erst bei der darauf folgenden Wahl.[232] Dagegen lässt sich aber durchaus einwenden, dass – weil die Mitteilungsfrist dem § 16 Abs. 1 angepasst ist – der WV im Hauptbetrieb auch einen **später eingehenden Zuordnungsbeschluss berücksichtigen** müsse, weil § 4 Abs. 3 Satz 2 WO die laufende Berichtigung der Wählerliste vorschreibt.[233] Dafür spricht das mit der Bestimmung verfolgte Ziel, alle AN an der Betriebsverfassung teilhaben zu lassen, da andernfalls ja die BR-losigkeit im Betriebsteil fortbestehen würde. Ob der WV des Hauptbetriebes bei einer verspätet eingehenden Mitteilung sogar ggf. die bereits eingeleitete **Wahl abbrechen** muss und im Unterlassensfalle ein **Wahlanfechtungsgrund** gegeben ist[234], erscheint dagegen zweifelhaft. Drängt sich die Belegschaft des Betriebsteils dem Hauptbetrieb nämlich verspätet auf und wäre – etwa weil nun nicht mehr im vereinfachten Wahlverfahren gewählt werden könnte – die Wahl abzubrechen und neu einzuleiten – so könnte dies dazu führen, dass der gesamte **Betrieb zumindest vorübergehend vertretungslos** wird. Die Berücksichtigung verspäteter Mitteilungen bei der bereits eingeleiteten Wahl kann daher überhaupt nur verlangt werden, wenn die Wahl i. Ü. gleichwohl ordnungsgemäß und noch rechtzeitig zum Ablauf der Amtszeit abgeschlossen werden kann.

cc) Rechtswirkungen

123 Neben der **Wahlteilnahme** im Hauptbetrieb liegt die allgemeine **Wirkung des Beschlusses** nach wohl h. M. auch darin, dass der Betriebsteil **nicht mehr** der **Betriebsfiktion** des Abs. 1 Satz 1 unterliegt, sondern Teil der Betriebsverfassung des Hauptbetriebs ist.[235] Die auf diese Weise zusammengefügten Einheiten bilden sodann gemeinsam eine betriebsverfassungsrechtliche Organisationseinheit i. S. v. § 18 Abs. 2 und damit einen echten Betrieb i. S. v. § 1.[236] Das ergibt sich freilich nicht schon aus dem Wortlaut der Norm, der nur die »Teilnahme an der Wahl des Hauptbetriebes« erwähnt, sondern aus dem Zweck der Bestimmung, die AN des BR-losen Betriebsteils an der Betriebsverfassung insgesamt teilhaben zu lassen, weil eine gespaltene und separierte Amtsstellung des BR einerseits für den Hauptbetrieb und andererseits für den Betriebsteil schlechterdings unvorstellbar ist und zu weitreichenden Friktionen führen würde.[237]

124 Mithin zählen die AN des Betriebsteils bei der **Ermittlung aller Schwellenwerte** mit (z. B. §§ 9, 27, 28a, 38, 92a, 95).[238] Allerdings kann damit auch eine negative Veränderung für die Anwendbarkeit bestimmter Beteiligungsrechte verbunden sein, wenn etwa die im Rahmen des § 112a erforderlichen Schwellenwerte infolge der vergrößerten Einheit nicht mehr erreicht werden.[239]

124a Die **BVen des Hauptbetriebs** gelten dann zwar grundsätzlich auch für die hinzutretenden AN des Betriebsteils,[240] nicht aber, wenn die Auslegung der BV ergibt, dass ihr Geltungsbereich auf den Hauptbetrieb beschränkt sein soll.[241] Liegt der Fall aber so, dass **im zugeordneten Betriebsteil bereits BVen** bestanden, muss dies nicht notwendiger Weise zum Wegfall dieser kollektiven Teilordnungen führen.[242] Die Lage ähnelt der kollektivvertraglichen Zusammen-

232 *LK*, Rn. 9; *SWS*, Rn. 13; ErfK-*Koch*, Rn. 5; *Fitting*, Rn. 33; WPK-*Preis*, Rn. 16; GK-*Franzen*, Rn. 22.
233 HaKo-BetrVG/*Kloppenburg*, Rn. 22.
234 So aber HaKo-BetrVG/*Kloppenburg*, Rn. 23.
235 Vgl. nur GK-*Franzen*, Rn. 22; nunmehr auch *BAG* 17.9.13 – 1 ABR 21/12, NZA 14, 96, Rn. 20.
236 Abweichend *LAG München* 26.1.11 – 11 TaBV 77/10, NZA-RR 11, 299, das (im summarischen Verfahren nach § 98 ArbGG) annimmt, trotz Wahlbeteiligung des Betriebsteils beim Hauptbetrieb würden die Fiktionswirkungen aus Abs. 1 Satz 1 nicht aufgehoben; ebenso § 111 Rn. 48 m. w. N.; dagegen mit beachtlichen Erwägungen *Bayreuther*, NZA 11, 727 ff.
237 Ausführlich *Bayreuther*, a. a. O.
238 ErfK-*Koch*, Rn. 5; GK-*Franzen*, Rn. 22; HaKo-BetrVG/*Kloppenburg*, Rn. 27.
239 Dazu etwa *Ullrich*, NZA 04, 1308 ff.
240 *Hanau*, ZIP 01, 1982; *SWS*, Rn. 13; *Fitting*, Rn. 27; ErfK-*Koch*, Rn. 5; HaKo-BetrVG/*Kloppenburg*, Rn. 28.
241 Vgl. GK-*Franzen*, Rn. 22; *Windirsch*, AiB 02, 534.
242 So auch *Salamon/Gebel*, NZA 14, 1319, 1321 ff.

fassung von Betrieben/Betriebsteilen gem. § 3 Abs. 1 Nr. 1. Für diesen Sachverhalt ist vom *BAG* angenommen worden, dass die bloße Zusammenfassung von Betrieben die Identität der zusammengefassten Betriebe unberührt lasse und damit auch die dortigen BVen (vgl. § 3 Rn. 209). Zudem gebietet es der **Schutzzweck der Zuordnungsbestimmung**[243], den Zuordnungsbeschluss **nicht** gleichsam mit dem automatischen **Wegfall von BVen** »zu ahnden«, denn richtiger Weise muss entscheidend sein, ob der betriebsverfassungsrechtliche Bezugspunkt der kollektiven Teilordnung fortbesteht.[244] Das wird i. d. R. auch einem praktischen Bedürfnis für die Abläufe im Betriebsteil entsprechen, denn sektorale BVen können – sofern es dafür Sachgründe gibt – sehr wohl auch in ein und demselben Betrieb nebeneinander bestehen.

Fraglich erscheint, mit welchem **Zeitpunkt** die **Rechtswirkungen** eintreten. Teilweise wird an- 125
genommen, dass die allgemeinen Wirkungen des (positiven) Beschlusses bereits unmittelbar mit seinem Zustandekommen[245] eintreten und nicht erst mit der Wahl des einheitlichen BR,[246] so dass selbst ein **nicht fristgerechter Wahlteilnahmebeschluss** insoweit bereits rechtsgestaltende **Wirkungen** hätte. Ob der Gesetzeswortlaut dieser Annahme entgegensteht, ist bislang nicht ausdrücklich entschieden worden, die Gesetzesbegründung spricht allerdings für diese Ansicht.[247] Will man dem nicht folgen, könnte der im Hauptbetrieb gewählte BR auch zurücktreten, um den Weg für eine gemeinsame Wahl freizumachen und jedenfalls dann die vollen Rechtswirkungen zu entfalten.[248] Der gemeinsam gewählte BR kann in jedem Falle BVen für den hinzugetretenen Betriebsteil abschließen.[249]

e) Widerruf

Der Beschluss kann jederzeit **widerrufen** werden (Abs. 1 Satz 5). Der Widerruf wirkt sich **wahl-** 126
rechtlich dann aber erst bei den folgenden Wahlen aus,[250] so dass es unzulässig ist, während der laufenden Amtszeit des gemeinsamen BR im Betriebsteil einen Widerruf zu beschließen um dort sofort einen eigenen BR zu wählen;[251] eine solche »Gegenwahl« wäre nichtig[252]. Aber auch **die allgemeinen Wirkungen** (Betriebsgröße, Geltung von BVen usw.) entfallen erst mit Wirkung zum Ablauf der Amtszeit des gemeinsam gewählten BR, da ein »gespaltene« Betriebsverfassung trotz einheitlichen BR undenkbar ist.

Für den Widerruf gelten die Bestimmungen des Abs. 1 Sätze 2 bis 4 entsprechend hinsichtlich 127
der Initiativberechtigten (Rn. 112), des qualifizierten Mehrheitserfordernisses (Rn. 119), der Formlosigkeit (Rn. 120) und der fristgebundenen Mitteilung an den BR des Hauptbetriebs. Unrichtig ist aus den oben, Rn. 120, genannten Gründen, dass wegen fehlender Formvorschriften der **Widerruf durch schlüssiges Wahlverhalten** (Wahl eines eigenen BR im Betriebsteil bei den nächsten regelmäßigen Wahlen) ausgeübt werden könne und dabei nicht einmal das Ende der Amtszeit des gemeinsamen BR abgewartet werden müsse.[253]

f) Wahlanfechtung

Fehler im Abstimmungsverfahren oder **Mängel des Zuordnungsbeschlusses** können im 128
Wahlanfechtungsverfahren nach § 19 geltend gemacht werden, sofern diese das Abstimmungsergebnis beeinflussen konnten.[254] Stellt sich die Mangelhaftigkeit heraus – etwa weil nicht die

243 Dazu *BT-Drucks.*14/5741, S. 23, 35.
244 Zutreffend daher *Salamon/Gebel*, NZA 14, 1322.
245 So wohl *BAG* 17.9.13 – 1 ABR 21/12, NZA 14, 96, Rn. 20, 26.
246 So auch HaKo-BetrVG-*Kloppenburg*, Rn. 27; ebenso *Däubler*, FS Kreutz, S. 75; anders GK-*Franzen*, Rn. 22: erst mit wirksamer Installation des gemeinsam gewählten BR.
247 Vgl. dazu die Hinweise bei HaKo-BetrVG/*Kloppenburg*, Rn. 27.
248 HaKo-BetrVG/*Kloppenburg*, Rn. 27.
249 GK-*Franzen*, Rn. 22.
250 ErfK-*Koch*, Rn. 5; *Fitting*, Rn. 36.
251 *Fitting*, Rn. 35.
252 Zutreffend GK-*Franzen*, Rn. 22; *Löwisch*, BB 01, 1734 [1735].
253 So aber HWGNRH-*Rose*, Rn. 63.
254 *Hanau*, NJW 01, 2513 [2514]; ErfK-*Koch*, Rn. 5; *Fitting*, Rn. 34; GK-*Franzen*, Rn. 21.

absolute Mehrheit für die Zuordnung votiert hat – und wurde die Belegschaft des Betriebsteils dennoch an der Wahl beteiligt, so liegt **nur ein Anfechtungs- und kein Nichtigkeitsgrund** vor.[255]

8. Fingierte Betriebe und Zuständigkeit des örtlichen BR

129 Die gesetzliche Fiktion eines Betriebsteils als Betrieb führt dazu, dass der dort gewählte BR in betriebsverfassungsrechtlicher Hinsicht so zu behandeln ist, wie der BR eines echten Betriebs. Somit **gilt** grundsätzlich auch die **Zuständigkeitsabgrenzung des § 50 im Verhältnis zum GBR.** In der Praxis treten freilich Fälle eines als Betrieb fingierten Betriebsteils nach Abs. 1 Satz 1 Nr. 2 so gut wie niemals auf, weil die jüngste Rspr. des *BAG* die Tendenz erkennen lässt, derartige Einheiten schon unter nur geringen Anforderungen an den Leitungsapparat als echte Betriebe zu qualifizieren.[256] Aus diesem Grunde konzentrieren sich die praktisch bedeutsamen Fälle des fingierten Betriebs auf den vom Hauptbetrieb räumlich weit entfernten Betriebsteil. Dort werden aber für die Leitungsqualität noch erheblich geringere Anforderungen als ausreichend erachtet, als im eigenständigen Betriebsteil (vgl. Rn. 52 f.), so dass i. d. R. dort der an sich zuständige örtliche BR in einer Vielzahl von relevanten Mitbestimmungsfragen keinen mit Verhandlungs- und Entscheidungsvollmachten ausgestatteten Vertreter des AG vorfindet (dazu o. Rn. 35). Soll ein als Betrieb fingierter Betriebsteil mit »seinem« Hauptbetrieb zusammengeschlossen werden, so stellt auch dies eine Betriebsänderung gem. § 111 dar. Praktisch kann dies freilich nur für die seltenen Fälle der Nr. 2 angenommen werden, da in den Fällen der Nr. 1 ohne gleichzeitige räumliche Verlegung des fingierten Betriebs stets die bisher bestehende räumlich weite Entfernung bestehen bleibt und damit weiterhin die gesetzliche Fiktion der Selbständigkeit nach Abs. 1 Eingangssatz fortdauert.

130 Das praktische Problem einer effektiven Mitbestimmungswahrnehmung wird anhand der präzisierten Rspr. des *BAG* zur Zuständigkeit der örtlichen BR in Fragen eines UN-weiten **Vergütungssystems für AT-Ang.**[257] besonders deutlich: derartige Systeme sind ein unternehmensbezogenes, strategisches Personalführungsinstrument und werden daher nahezu ausschließlich auf zentraler UN-Ebene entwickelt, betreut und verändert. Auf der Ebene des fingierten Betrieb wird hier regelmäßig keine sinnvolle Ordnung des Problems erzielt werden können, weil es schon an der Verhandlungs- und Vereinbarungskompetenz des örtlichen Vorgesetzten fehlen wird. Der BR müsste sich an den für diese Angelegenheit entscheidungszuständigen AG-Vertreter, ggf. am Sitz der UN-Leitung, halten. Allerdings kann sich gerade bei UN mit einer dezentralisierten Aufbauorganisation dasselbe Regelungsproblem in einer **Vielzahl weiterer fingierter Betriebe** stellen, so dass nicht nur eine Mehrzahl von Beteiligungsverfahren erforderlich würde, sondern auch – was untunlich erscheint – unterschiedliche Ergebnisse, ggf. in verschiedenen ESt.-Verfahren, anfallen könnten. **Theoretisch** lässt sich diese Problematik zwar durch **Auftragserteilungen gem. § 50 Abs. 2** lösen, **praktisch** allerdings bliebe dabei ungewiss, ob diese durchgängig erfolgen und selbst wenn dies erfolgte, ob die einzelnen BR ein gefundenes Ergebnis billigen würden, wenn sie sich – was üblich ist – die Letztentscheidung bei Auftragserteilung an den GBR vorbehalten haben.

131 Es ist – damit ein an sich gegebene MBR nicht aus den genannten Gründen (Rn. 130) praktisch leerläuft und andererseits das Regelungsinteresse des UN nicht unbeachtet bleibt – zu erwägen, ob nicht jedenfalls dann eine **Modifikation hinsichtlich der GBR-Zuständigkeit** in Betracht kommen muss, wenn es sich beim Betrieb des an sich zuständigen örtlichen BR um einen nur fingierten Betrieb handelt, mehrere fingierte Betriebe vorliegen, die Auftragserteilungen an den GBR nach § 50 Abs. 2 fehlschlagen und die im fingierten Betrieb ansässige Leitung in der fraglichen Angelegenheit ohnehin keinerlei Verhandlungs- und Abschlussvollmacht besitzt.

255 GK-*Franzen*, Rn. 22.
256 *BAG* 9.12.09 – 7 ABR 38/08, NZA 10, 906.
257 *BAG* 18.5.10 – 1 ABR 96/08, NZA 11, 171 ff.

9. Unbestimmter Rechtsbegriff und Beurteilungsspielraum

Die Begriffe »Betrieb«, »Hauptbetrieb«, »Betriebsteil« und das Merkmal »räumlich weite Entfernung« sind nach ständ. Rspr. des *BAG*[258] unbestimmte Rechtsbegriffe. Bei deren Beurteilung steht den Tatsacheninstanzen (*LAG, ArbG*) ein **Beurteilungsspielraum** zu, dessen Nutzung rechtsbeschwerderechtlich durch das *BAG* **nur eingeschränkt überprüfbar** ist (Verkennung des Rechtsbegriffs, Außerachtlassung wesentlicher Umstände, Verstoß gegen Denkgesetze, Auslegungsgrundsätze oder allgemeine Erfahrungssätze). Das betrifft vor allem die Frage, ob im konkreten Fall ein einziger oder mehrere Betriebe oder ein oder mehrere als selbständige Betriebe geltende Betriebsteile vorliegen, einschließlich der Bewertungen zur jeweils erforderlichen Leitungsintensität aufgrund der festgestellten Tatsachen. 132

10. Auswirkungen der Betriebsfiktion auf andere Rechtsgebiete

Die betriebsverfassungsrechtliche Fiktion eines Betriebsteils als Betrieb hat grundsätzlich keine präjudizierende Wirkung für den **Betriebsbegriff in anderen Gesetzen,** namentlich dem **KSchG,**[259] so dass auch ein räumlich weit vom Hauptbetrieb entfernt liegender Betriebsteil zusammen mit diesem durchaus nur einen **Betrieb i. S. d. KSchG** bilden kann und es dann erforderlich ist, eine aus betriebsverfassungsrechtlicher Sicht **betriebsübergreifende Sozialauswahl** im Falle betriebsbedingter Kündigungen vorzunehmen.[260] Dass es hierbei insbesondere bei Verzahnungen zwischen individualrechtlichem Kündigungsschutz und betriebsverfassungsrechtlichen Mitwirkungsrechten (z. B. §§ 95, 102, 111) zu Unzuträglichkeiten wegen der etwaigen Zuständigkeit mehrerer BR kommen kann, ist hinzunehmen[261], da der kündigungsrechtliche Betriebsbegriff zwingender Natur ist und nicht zu Lasten des AN abweichend geregelt oder angewendet werden kann. 133

Bei sog. **Massenentlassungen** (§ 17 KSchG) zeigt sich die aufgrund der jeweils unterschiedlichen gesetzlichen Zwecke mangelnde Kohärenz zwischen betriebsverfassungsrechtlichem, kündigungsschutzrechtlichem und massenentlassungsrechtlichem Betriebsbegriff. Bei der Ermittlung, ob die für eine anzeigepflichtige Massenentlassung erforderlichen **Schwellenwerte des § 17 KSchG** erreicht sind und damit das besondere **Konsultationsverfahren** mit dem zuständigen BR durchzuführen ist, geht das ***BAG*** bislang von der Übereinstimmung von betriebsverfassungsrechtlichem und kündigungsrechtlichem Betriebsbegriff aus[262] und **verlangt** insoweit **eine Leitung** in oder für diese Betriebseinheit. Der ***EuGH***[263] legt Art. 1 Abs. 1 der Richtlinie 98/59/EG v. 20. 7. 98 – sog. Massenentlassungsrichtlinie[264] aber dahin aus, dass es auf das **Vorhandensein einer Leitung nicht** ankomme, es genüge, dass es sich um eine innerhalb des Gesamt-UN »unterscheidbare Einheit« handele. »Betrieb« i. S. d. Richtlinie sei 133a

»eine unterscheidbare Einheit von einer gewissen Dauerhaftigkeit und Stabilität, die zur Erledigung einer oder mehrerer bestimmter Aufgaben bestimmt ist und über eine Gesamtheit von Arbeitnehmern sowie über technische Mittel und eine organisatorische Struktur zur Erfüllung dieser Aufgaben verfügt[265].«

Die fragliche Einheit müsse

»weder rechtliche noch wirtschaftliche, finanzielle, verwaltungsmäßige oder technologische Autonomie besitzen, um als Betrieb qualifiziert werden zu können[266].«

---

258 Vgl. aus neuerer Zeit mit umfassenden Nachweisen *BAG* 17. 1. 07 – 7 ABR 63/05, NZA 07, 703; 7. 5. 08 – 7 ABR 15/07, NZA 09, 328; 9. 12. 09 – 7 ABR 38/08, NZA 10, 906.

259 *BAG* 21. 6. 95, AP Nr. 16 zu § 1 BetrVG 1972; 20. 8. 98, NZA 99, 255, 257; 3. 6. 04– 2 AZR 577/03, AP Nr. 14 zu § 102 BetrVG 1972; *ArbG Gera* 16. 11. 21 – 2 Ca 329/20.

260 *BAG* 3. 6. 04, a. a. O.

261 Ebenso GK-*Franzen*, Rn. 24.

262 *BAG* 14. 8. 07 – 8 AZR 1043/06, NZA 07, 1431, 1436, Rn. 35; vgl. dazu KDZ-*Deinert*, § 17 KSchG Rn. 7 ff.

263 *EuGH 30. 4. 15* – C 80/14, NZA 15, 601 ff.

264 *AmtsBl.EG* Nr. L 225 v. 12. 8. 98, S. 16.

265 *EuGH* 30. 4. 15, a. a. O., Rn. 49.

266 *EuGH* 30. 4. 15, a. a. O., Rn. 51.

Diese *EuGH*-Entscheidung offenbart damit auch auf unionsrechtlicher Ebene das »Elend des Betriebsbegriffs« (vgl. zum Betriebsbegriff § 1 Rn. 33 ff.), denn wenn der *EuGH* einerseits eine organisatorische Struktur zur Aufgabenerfüllung verlangt, andererseits aber sogar eine verwaltungsmäßige Autonomie für entbehrlich erklärt, bleibt völlig nebulös, welches dann die strukturgebenden Elemente einer unterscheidbaren Einheit oder Organisation sein könnten. Ob die in der Literatur[267] dem *BAG* und den Rechtsanwendern der betrieblichen Praxis anempfohlene Anpassung der Auslegung von § 17 KSchG an die *EuGH*-Vorgaben befolgt werden wird, erscheint nicht gewiss: Immerhin hatte das *BAG*[268] bereits im Jahre 2007 die Europarechtskonformität seiner Auslegung des § 17 KSchG geprüft und bejaht.

133b **Tarifrechtlicher** und betriebsverfassungsrechtlicher **Betriebsbegriff** stimmen nicht notwendig überein.[269] Vorrang hat die Regelung zum betrieblichen Geltungsbereich, wie der TV ihn selbst festlegt. Deshalb kann eine **Tarifverschiedenheit** zwischen Hauptbetrieb und Betriebsteil selbst dann fortbestehen, wenn wegen einer Zuordnungsentscheidung nach Abs. 1 Satz 2 **Hauptbetrieb und Betriebsteil zusammengefasst** worden sind und nunmehr als einheitlicher Betrieb i. S. d. BetrVG gelten (vgl. Rn. 123 ff.). Allerdings wäre im Einzelfall zu prüfen, ob dann die Grundsätze über den **Mischbetrieb** anzuwenden sind (vgl. zum ähnlichen Problem im gemB § 1 Rn. 211 ff.).

134 Verweist dagegen ein anderes Gesetz auf den betriebsverfassungsrechtlichen Betriebsbegriff (vgl. etwa § 3 Abs. 2 MitbG bzw. DrittelbG, § 170 Abs. 1 Satz 2 SGB IX), so ist auch dort der nur fingierte Betriebsteil wie ein echter Betrieb zu behandeln. Dasselbe muss gelten, wenn ohne ausdrückliche Verweisungsvorschrift aus Gründen eines mitbestimmungsrechtlichen Gesamtzusammenhangs nur eine einheitliche Begriffsanwendung in Betracht kommt (näher dazu § 3 Rn. 195, 199 ff.).

IV. Kleinstbetriebe (Absatz 2)

135 Abs. 2 ist mit der **Novellierung 2001** an die Stelle des früheren § 4 Satz 2 getreten. Das Gesetz verlangt in § 1 für die Betriebsratsfähigkeit grundsätzlich, dass im Betrieb mindestens fünf ständige wahlberechtigte AN, von denen drei wählbar sein müssen, vorhanden sind. § 4 Abs. 2 stellt von diesem Grundsatz insoweit eine Ausnahme auf, als er für Kleinstbetriebe eines UN die Zuordnung zu einem Hauptbetrieb desselben UN vorschreibt, gerade weil die Voraussetzungen des § 1 nicht vorliegen. Es ist nämlich **verfassungsrechtlich nicht haltbar,** wenn die betreffende kleine Organisationseinheit zu einem UN gehört, das mehr als die in § 1 geforderten fünf AN hat, die Kleinsteinheit aus der Betriebsverfassung des AG herausfallen zu lassen. So hat auch das *BVerfG*[270] die Herausnahme von Kleinbetrieben aus dem Kündigungsschutz gem. § 23 Abs. 1 Satz 2 KSchG nur in der Weise als noch mit Art. 3 Abs. 1 GG vereinbar gehalten, als dort der Begriff des »Betriebs« als »Unternehmen« verstanden werden müsse, weil andernfalls in sachlich nicht zu rechtfertigender Weise auch **kleine Betriebe großer Unternehmen** außerhalb des KSchG-Geltungsbereichs stünden. Dieser für das KSchG geltende Maßstab wird durch Abs. 2 auch auf die Kleinbetriebsklausel des § 1 BetrVG übertragen, da der Entzug betriebsverfassungsrechtlicher Schutzpositionen für die Belegschaften in kleinen Betrieben großer UN gleichfalls sachlich nicht begründet werden kann.[271]

136 Die Gesetzesformulierung (»sind dem Hauptbetrieb zuzuordnen«) scheint anzudeuten, dass die Zugehörigkeit zum Hauptbetrieb sich noch nicht ohne weiteres aus der gesetzlichen Anordnung ergibt, sondern noch eines hinzutretenden Vorganges bedarf. Demgegenüber ist es zutreffend, dass mit In-Kraft-Treten des BetrVerf-ReformG am 28. 7. 2001 alle nicht betriebsratsfähigen Betriebe eines UN dem Hauptbetrieb *ex lege* zugeordnet waren, ohne dass es noch

---

267 Vgl. etwa *Kleinebrink/Commandeur*, NZA 15, 853 ff.
268 14. 8. 07, a. a. O., Rn. 35 m. w. N.
269 Vgl. etwa *LAG Hamm* 7. 2. 18 – 5 Sa 674/17, juris, Rn. 51 ff.
270 27. 1. 98, NZA 98, 470 [472 f.] = AuR 98, 207 m. Anm. *Buschmann*..
271 Billigend auch *Konzen*, RdA 01, 76 [82]; *Reichold*, NZA 01, 857 [858].

eines weiteren Umsetzungsaktes bedurfte.[272] Für die Wahl und die Mitbestimmung kommt es auf die AN-Zahl in den zusammengefassten Einheiten an.[273]

Die **Vertretung durch den BR des Hauptbetriebs** erfolgt selbst dann, wenn die AN des Kleinstbetriebes bei der Wahl übersehen worden waren.[274] Erlangt der Kleinstbetrieb freilich die von § 1 Abs. 1 Satz 1 geforderte AN-Zahl, entfällt die Zuständigkeit des BR des Hauptbetriebs; ihm kommt aber ein Übergangsmandat gem. § 21a zu, so dass er den WV zu bestellen hat; die bisher geltenden BVen gelten als solche auch im selbständig gewordenen Teil weiter.[275] Liegt der Fall umgekehrt (Absinken der AN-Zahl in der Kleineinheit), endet zwar das Amt des dort gewählten BR mangels eigener BR-Fähigkeit, es greift nun aber *ex lege* sofort die Zuordnung zum Hauptbetrieb nach Abs. 2 (vgl. § 1 Rn. 259), so dass keinerlei Vertretungslücke entsteht. **137**

Die in § 1 Abs. 1 Satz 1 geregelte Herausnahme von Betrieben eines **Kleinst-UN** aus dem gesetzlichen Geltungsbereich will bloß den Besonderheiten etwa des kleinen **Handwerksbetriebs, Rechtsanwaltsbüros** oder **Kaufmanns** (»Tante-Emma-Laden«) Rechnung tragen, wo wegen des engen persönlichen Kontakts zwischen AG und AN die Zwischenschaltung eines gesetzlichen Repräsentationsorgans untunlich erscheinen mag.[276] Deshalb wurde schon zu § 4 Satz 2 a. F. überwiegend unter Berufung auf den vom *BAG*[277] anerkannten Normzweck, wonach möglichst allen AN der Schutz des BetrVG zuteil werden soll, angenommen, dass nicht betriebsratsfähige Kleinbetriebe, die nicht Nebenbetrieb oder Betriebsteil sind, jedenfalls dann nicht vertretungslos bleiben, wenn das UN, dem der Kleinbetrieb angehört, noch weitere Betriebsstätten hat und insgesamt gesehen die Schwellenzahl des § 1 Abs. 1 erfüllt.[278] **138**

Die durch die **Novelle 2001** ebenso wenig wie im früheren § 4 Satz 2 gelöste Frage, welches der **»Hauptbetrieb«** im vorliegenden Zuordnungszusammenhang ist,[279] sollte nicht allzu sehr dogmatisiert werden: In solchen Fällen wird nach jetzt **herrschender Ansicht in der Literatur**[280] der selbst nicht betriebsratsfähige Kleinstbetrieb dem Betrieb zugeordnet, der **räumlich am nächsten** liegt (vgl. Rn. 40 m. w. N.),[281] oder dem Hauptbetrieb (im Sinne von Hauptverwaltung) zugeschlagen.[282] Sind die räumlichen Entfernungen nicht eindeutig als »nah« oder »fern« auszumachen, kann auch eine Zuordnung entsprechend einer Ähnlichkeit von arbeitstechnischen Zwecken den Ausschlag geben.[283] **139**

Ungelöst geblieben ist durch die Novelle 2001, ob eine Zuordnung auch derart vorgenommen werden kann, dass zwei jeweils nicht betriebsratsfähige **benachbarte Kleinstbetriebe** zu einem Betrieb zusammengefasst werden. Das *BAG*[284] nahm zumindest an, dass mehrere nicht betriebsratsfähige Kleinbetriebe, die alle **den gleichen arbeitstechnischen Zweck** verfolgen wie der einzige betriebsratsfähige Betrieb desselben UN, gemeinsam mit diesem einen ein- **140**

---

272 Ebenso HaKo-BetrVG-*Kloppenburg*, Rn. 36–38; *Däubler*, FS Kreutz, S. 69, 76.

273 ErfK-*Koch*, Rn. 6.

274 *Däubler*, FS Kreutz, S. 72.

275 *Däubler*, a. a. O.; arg.: ähnlich wie bei GBVen im Falle der Betriebsspaltung infolge eines Betriebsübergangs, vgl. dazu *BAG* 18. 9. 02, NZA 03, 670.

276 Vgl. *Gamillscheg*, ZfA 75, 357 [367].

277 23. 9. 60, AP Nr. 4 zu § 3 BetrVG.

278 *Richardi*, 7. Aufl., Rn. 42 f.; *GL*, § 1 Rn. 39; *Birk*, AuR 78, 226 [227]; *Gamillscheg*, a. a. O.; MünchArbR-*Richardi*, § 22 Rn. 33; *LAG Düsseldorf* 29. 8. 68, BB 68, 1245, das den aus zwei teilzeitbeschäftigten Angestellten bestehenden »Betriebssplitter« [eine Außenstelle des UN] dem Hauptbetrieb zuschlug.

279 Dazu aber jetzt *BAG* 17. 1. 07 – 7 ABR 63/05, NZA 07, 703; zur Kritik oben, Rn. 41.

280 Ablehnend aber wohl *BAG* 17. 1. 07, a. a. O.

281 Vgl. auch Richardi-*Maschmann*, Rn. 47; *Birk*, a. a. O.; ErfK-*Koch*, Rn. 6; *HessLAG* 2. 8. 21 – 16 TaBV 7/21, NZA-RR 22, 24 Rn. 31, betont zwar grundsätzlich zutreffend, dass räumliche Aspekte bei der Zuordnung nach Abs. 2 im Gesetzestext keine Rolle spielen, spricht sich aber dennoch für pragmatische Lösungen aus, wenn andernfalls die räumliche Entfernung zu groß werden würde, um eine sinnvolle Ausübung der MBR durch einen BR zu ermöglichen.

282 *Gamillscheg*, a. a. O.

283 Richardi-*Maschmann*, a. a. O.

284 3. 12. 85, AP Nr. 28 zu § 99 BetrVG 1972.

heitlichen Betrieb bilden.[285] In der *BAG*-Entscheidung vom 9. 12. 92[286] scheiterte die Zuordnung eines räumlich nahe gelegenen Betriebsteils i. S. d. § 4 Satz 1 Nr. 1 a. F. jedenfalls nicht daran, dass die als **Hauptbetrieb** qualifizierte Organisationseinheit selbst **nicht die betriebsratsfähige Größe** erreichte und die dort Beschäftigten nur auf diese Weise unter die Geltung des BetrVG gelangten. Warum dann nicht auch die Zusammenfassung von nicht betriebsratsfähigen Kleinstbetrieben zu einer sinnvollen Repräsentationseinheit möglich sein soll, ist vor dem Hintergrund des Normzweckes, eine **ortsnahe und effektive Vertretung der AN** zu ermöglichen,[287] kaum zu beantworten (die Praxis verfährt wohl allenthalben in dieser Weise).[288]

141 Ein Kleinstbetrieb i. S. v. § 1 Abs. 1 Satz 1 bleibt deshalb nur dann vertretungslos, wenn er die **alleinige** arbeitstechnische **Organisation des UN** darstellt, also einem Klein-UN gehört und mit diesem gleichsam identisch ist.[289]

V. Kollektivvertragliche Zuordnung

142 Durch TV (oder im Rahmen des § 3 Abs. 2 auch durch GBV) nach § 3 Abs. 1 Nr. 1 kann eine von den vorstehend erläuterten gesetzlichen Vorgaben abweichende Zuordnung **von Betriebsteilen und Kleinstbetrieben** erfolgen (vgl. § 3 Rn. 37 ff.).[290]

VI. Streitigkeiten

143 Das ArbG entscheidet im **Beschlussverfahren** (§ 2a i. V. m. §§ 80 ff. ArbGG) darüber, ob ein Betriebsteil als selbstständiger Betrieb anzusehen ist mit der Folge, dass dort ein eigener BR gewählt werden kann, oder ob er zu einem Hauptbetrieb gehört und die Belegschaft vom dortigen BR vertreten wird. Die Entscheidung kann praktisch jederzeit herbeigeführt werden.[291] Örtlich zuständig ist das ArbG, in dessen Bezirk der Betriebsteil liegt.[292]

144 **Antragsberechtigt** sind sowohl im besonderen Verfahren nach § 18 Abs. 2 als auch im allgemeinen Beschlussverfahren jeder beteiligte BR, der AG, jeder beteiligte WV (auch der SpA-WV) und jede im Betrieb vertretene Gewerkschaft (zum Gewerkschaftsbegriff § 2 Rn. 49 ff., zum Nachweis des Vertretenseins im Betrieb § 2 Rn. 79). Es genügt für die Antragsberechtigung einer Gewerkschaft, wenn sie in einem der strittigen betrieblichen Teile vertreten ist.[293]

145 Ist bei einer Wahl eine **falsche Zuordnung** eines Betriebsteils erfolgt, weil der Betriebsbegriff verkannt wurde, ist die BR-Wahl grundsätzlich nach § 19 **lediglich anfechtbar**[294] und nur ausnahmsweise in Fällen der besonders groben Verkennung des Betriebsbegriffs nichtig (dazu § 19 Rn. 43 ff.). Eine grobe Verkennung des Begriffs liegt nicht vor, wenn die Rechtsanwender im Betrieb, die i. d. R. keine juristischen Spezialisten sind, sich eine im Erläuterungsschrifttum vertretene – wenn auch umstrittene – Auffassung zu Eigen machen. Der BR, der aus einer anfechtbaren Wahl hervorgegangen ist, bleibt für die Dauer seiner Amtszeit mit allen Befugnissen

---

285 Im Ergebnis deshalb zutreffend *LAG Düsseldorf* 28. 4. 95 – 15 TaBV 130/94: Außenstellen und Zentrale des Bildungswerks sind ein Betrieb i. S. v. § 1 i. V. m. § 4 Satz 2 a. F. BetrVG; ob nach *BAG* 17. 1. 07, a. a. O., hieran weiter festgehalten werden kann, erscheint zweifelhaft.

286 7 ABR 15/92 [Deutscher Herold], uv.

287 So ausdrücklich *BAG* 3. 12. 85, a. a. O.

288 Vgl. *Rancke,* S. 263 f., und teilweise die Beispiele oben Rn. 65 ff.; für die neue Rechtslage ebenso im Ergebnis *Konzen,* RdA 01, 76 [82]; *Reichold,* NZA 01, 857 [858]; trotz berechtigter Kritik an der Gesetzesformulierung auch *Richardi,* NZA 01, 346 [348 f.]; Richardi-*Maschmann,* Rn. 48.

289 Richardi-*Maschmann,* Rn. 48; dieser Sachlogik folgt auch § 20 Abs. 1 SprAuG mit der Möglichkeit zur Bildung von UN-SpA.

290 *BT-Drucks.* 14/5741, S. 35; Richardi-*Maschmann,* Rn. 49.

291 Klargestellt durch die im Jahr 2001 erfolgte Neufassung von § 18 Abs. 2; schon zuvor aber h. M., vgl. *BAG* 1. 2. 63, AP Nr. 5 zu § 3 BetrVG; 25. 11. 80, AP Nr. 3 zu § 18 BetrVG 1972; zu den Wirkungen der Zuordnung, wenn das Verfahren nach § 18 Abs. 2 nicht in unmittelbarem Zusammenhang mit BR-Wahlen steht, vgl. Rn. 146 und § 18 Rn. 20 ff.

292 ErfK-*Koch,* § 82 ArbGG Rn. 2.

293 Vgl. *BAG* 5. 6. 64, AP Nr. 7 zu § 3 BetrVG.

294 Ständ. Rspr.; vgl. *BAG* 13. 9. 84, AP Nr. 3 zu § 1 BetrVG 1972; 7. 12. 88, DB 89, 1525; näher dazu § 19 Rn. 43 ff.

im Amt, wenn die zweiwöchige Anfechtungsfrist nach § 19 Abs. 2 verstrichen ist, ohne dass eine Anfechtung erfolgte. § 19 dient den Erfordernissen der Rechtssicherheit, so dass selbst bei einer falschen Zuordnung, die aber unanfechtbar geworden ist, beim Streit über die Ausübung von Beteiligungsrechten nicht mehr die ordnungsgemäße Amtsstellung des unangefochtenen BR in Zweifel gezogen werden darf.[295]

Soweit in anderen arbeitsgerichtlichen Verfahren über Fragen des § 4 als Vorfrage entschieden wird, entfaltet dieses andere Verfahren nur für den konkreten Fall **Rechtskraftwirkung.**[296] **146**

Daneben haben die **Wahlvorstände** faktisch eine Entscheidungsprärogative über die Zuordnung von betrieblichen Organisationseinheiten, indem sie dem Wahlausschreiben und der Wählerliste ihre – allerdings wenigstens vertretbare – rechtliche Sicht der Dinge zu Grunde legen.[297] Auch wenn z. B. der AG der Ansicht ist, es liege kein betriebsratsfähiger Betrieb vor, wird dadurch nicht der Anspruch des WV ausgeschlossen, auch **im Wege einstweiliger Verfügung** gegen den AG die Vorlage einer Liste aller AN durchzusetzen, um die Wählerliste anfertigen zu können.[298] Ausgeschlossen ist aber, dass ein WV die BR-Wahlen für mehr als einen Betrieb i. S. v. §§ 1, 4 durchführt. Nach der Rspr. hat der AG bei etwaiger Verkennung des Betriebsbegriffs durch den WV nur geringe rechtliche Handhaben gegen solche Maßnahmen des Wahlvorstands, weil eine Wahlabbruchverfügung nur in sicher zu erwartenden Nichtigkeitsfällen begründet sein kann[299] und der Streit wegen der etwaigen Verkennung des Betriebsbegriffes der Anfechtung nach § 19 Abs. 2 bzw. dem Statusverfahren nach § 18 Abs. 2 vorbehalten ist, aber nicht im bloß summarischen Eilverfahren ausgetragen werden kann. **147**

§ 5 Arbeitnehmer

(1) Arbeitnehmer (Arbeitnehmerinnen und Arbeitnehmer) im Sinne dieses Gesetzes sind Arbeiter und Angestellte einschließlich der zu ihrer Berufsausbildung Beschäftigten, unabhängig davon, ob sie im Betrieb, im Außendienst oder mit Telearbeit beschäftigt werden. Als Arbeitnehmer gelten auch die in Heimarbeit Beschäftigten, die in der Hauptsache für den Betrieb arbeiten. Als Arbeitnehmer gelten ferner Beamte (Beamtinnen und Beamte), Soldaten (Soldatinnen und Soldaten) sowie Arbeitnehmer des öffentlichen Dienstes einschließlich der zu ihrer Berufsausbildung Beschäftigten, die in Betrieben privatrechtlich organisierter Unternehmen tätig sind.

(2) Als Arbeitnehmer im Sinne dieses Gesetzes gelten nicht

1. **in Betrieben einer juristischen Person die Mitglieder des Organs, das zur gesetzlichen Vertretung der juristischen Person berufen ist;**
2. **die Gesellschafter einer offenen Handelsgesellschaft oder die Mitglieder einer anderen Personengesamtheit, soweit sie durch Gesetz, Satzung oder Gesellschaftsvertrag zur Vertretung der Personengesamtheit oder zur Geschäftsführung berufen sind, in deren Betrieben;**
3. **Personen, deren Beschäftigung nicht in erster Linie ihrem Erwerb dient, sondern vorwiegend durch Beweggründe karitativer oder religiöser Art bestimmt ist;**
4. **Personen, deren Beschäftigung nicht in erster Linie ihrem Erwerb dient und die vorwiegend zu ihrer Heilung, Wiedereingewöhnung, sittlichen Besserung oder Erziehung beschäftigt werden;**
5. **der Ehegatte, der Lebenspartner, Verwandte und Verschwägerte ersten Grades, die in häuslicher Gemeinschaft mit dem Arbeitgeber leben.**

---

295 *BAG* 27.6.95 – 1 ABR 62/94, BB 96, 1504 [1505].

296 Vgl. *BAG* 28.12.56, AP Nr. 1 zu § 22 KSchG; 3.12.85, AP Nr. 28 zu § 99 BetrVG 1972. Zur Rechtskraftwirkung auch § 1 Rn. 262; Einzelheiten bei *Dütz*, FS Gnade, S. 487 ff.

297 Vgl. *LAG MVP* 21.2.18 – 3 TaBVGa 1/18, juris = ArbR 18, 239, Kurzwiedergabe, für den Fall des (bejahten) Auskunftsanspruches zur Anfertigung der Wählerliste bei Beurteilungsdivergenz über das Bestehen eines gemB.

298 *LAG Hamm*, 14.3.05 – 10 TaBV 31/05, NZA-RR 05, 373.

299 Vgl. oben Rn. 145 und die Nachweise in Fußnote 278.

(3) Dieses Gesetz findet, soweit in ihm nicht ausdrücklich etwas anderes bestimmt ist, keine Anwendung auf leitende Angestellte. Leitender Angestellter ist, wer nach Arbeitsvertrag und Stellung im Unternehmen oder im Betrieb
1. **zur selbständigen Einstellung und Entlassung von im Betrieb oder in der Betriebsabteilung beschäftigten Arbeitnehmern berechtigt ist oder**
2. **Generalvollmacht oder Prokura hat und die Prokura auch im Verhältnis zum Arbeitgeber nicht unbedeutend ist oder**
3. **regelmäßig sonstige Aufgaben wahrnimmt, die für den Bestand und die Entwicklung des Unternehmens oder eines Betriebs von Bedeutung sind und deren Erfüllung besondere Erfahrungen und Kenntnisse voraussetzt, wenn er dabei entweder die Entscheidungen im Wesentlichen frei von Weisungen trifft oder sie maßgeblich beeinflusst; dies kann auch bei Vorgaben insbesondere aufgrund von Rechtsvorschriften, Plänen oder Richtlinien sowie bei Zusammenarbeit mit anderen leitenden Angestellten gegeben sein.**

Für die in Absatz 1 Satz 3 genannten Beamten und Soldaten gelten die Sätze 1 und 2 entsprechend.

(4) Leitender Angestellter nach Absatz 3 Nr. 3 ist im Zweifel, wer
1. **aus Anlass der letzten Wahl des Betriebsrats, des Sprecherausschusses oder von Aufsichtsratsmitgliedern der Arbeitnehmer oder durch rechtskräftige gerichtliche Entscheidung den leitenden Angestellten zugeordnet worden ist oder**
2. **einer Leitungsebene angehört, auf der in dem Unternehmen überwiegend leitende Angestellte vertreten sind, oder**
3. **ein regelmäßiges Jahresarbeitsentgelt erhält, das für leitende Angestellte in dem Unternehmen üblich ist, oder,**
4. **falls auch bei der Anwendung der Nummer 3 noch Zweifel bleiben, ein regelmäßiges Jahresarbeitsentgelt erhält, das das Dreifache der Bezugsgröße nach § 18 des Vierten Buches Sozialgesetzbuch überschreitet.**

Inhaltsübersicht Rn.

I. Vorbemerkungen

Die ausdrückliche Erwähnung von **Außendienst-AN** und **Tele-AN** durch Abs. 1 Satz 1, zweiter Satzteil, die auf der BetrVG-Novelle 2001 beruht, stellt **keine neue** oder gar andere rechtliche **Qualität** dar (vgl. auch Rn. 41 ff, Rn. 48 ff), sondern entspricht dem früheren Recht. Der Begründung zur BetrVG-Novelle 2001 zufolge soll diese Umschreibung lediglich »an den von Rechtsprechung und Literatur entwickelten allgemeinen Arbeitnehmerbegriff« anknüpfen.[1] Durch **Abs. 1 Satz 2** wird die Einbeziehung der **Heim-AN** in die Betriebsverfassung ihres hauptsächlichen Auftraggeber-UN gewährleistet. Es handelt sich um eine rein redaktionelle Änderung des Abs. 1, weil § 6 wegen der durch die **Novellierung 2001** erfolgten **Aufgabe der** 1

1 *BT-Drucks.* 14/5741, S. 35.

Unterscheidung von Arbeitern und Angestellten aufgehoben worden ist. Dass Abs. 1 Satz 1 dennoch diese Gruppen erwähnt, hat keine selbstständige Bedeutung für die Anwendung der BetrVG-Bestimmungen und ist rechtlich überflüssig. **Auszubildende** werden im gleichen Umfang zu den AN des Betriebs gezählt wie bisher. Zugleich hat der Gesetzgeber damit den von der Rspr. hervorgerufenen **Missstand zementiert,** wonach Auszubildende, die in außer- oder überbetrieblichen Ausbildungsstätten ausgebildet werden, **ohne Vertretung** im Einsatzbetrieb bleiben (dazu Rn. 133 f). Einem entsprechenden Korrekturvorschlag[2] ist der Gesetzgeber nicht gefolgt; stattdessen wurden zunächst §§ 18a, 18b mit Gesetz v. 8. 8. 02[3] in das BBiG eingefügt, so dass in »sonstigen Berufsbildungseinrichtungen« dann eine besondere Interessenvertretung gewählt werden konnte, wenn andernfalls überhaupt keine Wahlberechtigung gem. §§ 7, 60 BetrVG, § 36 SGB IX a. F. (= § 54 SGB IX) gegeben war. Diese Regelung ist in §§ 51, 52 BBiG n. F. überführt worden. **Nicht geregelt** worden ist mit der BetrVG-Novelle 2001 entgegen den gewerkschaftlichen Vorstellungen – sieht man von den seit langem einbezogenen Heim-AN ab – die allgemeine **Einbeziehung** der **arbeitnehmerähnlichen Personen** in die Betriebsverfassung.[4] Durch **Art. 9 des »Gesetzes zur Errichtung eines Bundesaufsichtsamtes für Flugsicherung und zur Änderung und Anpassung weiterer Vorschriften« – BAFGEG v. 29. 7. 2009**[5] ist Abs. 1 um einen Satz 3 (Fiktion der AN-Eigenschaft von **Beamten und Soldaten sowie AN des öD**) ergänzt und dem Abs. 3 ein neuer Satz, die Fiktion bestimmter Personen dieses Kreises als leitende Ang. betreffend, angefügt worden. Hierdurch wird der betriebsverfassungsrechtliche Status von Beamten, Soldaten und AN des öffentlichen Dienstes bei deren **Einsatz in Betrieben des Privatrechts** geklärt. Dieses Gesetz ist gem. Art. 17 **am 4. 8. 09 in Kraft getreten** (näher Rn. 108 ff.).[6]

2 Die Vorschrift verfolgt vor allem den Zweck, die vom BR vertretene Belegschaft eines Betriebs von dem Personenkreis abzugrenzen, der nicht in die Vertretungszuständigkeit des BR fällt. Sie legt daher den **persönlichen Geltungsbereich** des BetrVG fest. Allerdings enthält die Vorschrift gerade keine Begriffsdefinition des AN, sondern bezieht sich auf die Begriffe Arbeiter und Angestellte, obgleich das **Gruppenprinzip** in der Betriebsverfassung **beseitigt** worden ist. Diese ungeklärte Situation wird im Allgemeinen dahin gehend gedeutet, dass das BetrVG den AN-Begriff als gegeben voraussetzt. Daher nimmt die h. M. zur Bestimmung des AN-Begriffs nach dieser Vorschrift Bezug auf den allgemeinarbeitsrechtlichen AN-Begriff[7] und sieht die Besonderheit des speziellen betriebsverfassungsrechtlichen AN-Begriffs (das Gesetz formuliert mit Bedacht »Arbeitnehmer **im Sinne dieses Gesetzes** …«) lediglich darin, dass er teils weiter und teils enger als der vertragsrechtliche AN-Begriff gefasst ist.[8] Die übliche allgemeine Lehrbuchdefinition lautet: »AN ist, wer auf Grund eines privatrechtlichen Vertrags im Dienst eines anderen zur Leistung fremd bestimmter Arbeit in persönlicher Abhängigkeit verpflichtet ist«.[9] Durch Art. 2 des Gesetzes v. 21. 2. 17[10] ist seit dem 1. 4. 17 **§ 611a** in das **BGB** eingefügt worden, der nun eine gesetzliche **Definition des Arbeitsvertrags** bringt (nicht aber eine Definition des AN-Begriffs). Diese »Innovationsleistung« des Gesetzgebers wird einhellig[11] nicht als Änderung der Rechtslage, sondern als deren Fortbestehen verstanden (näher Rn. 10a ff.). Aus diesem Grunde kann auch im Rahmen des betriebsverfassungsrechtlichen AN-Begriffs an die bisherige Dogmatik und Rspr. angeknüpft werden.

---

2 *Däubler,* AiB 01, 313 [318].
3 BGBl. I S. 3140.
4 Kritisch auch *Hanau,* RdA 01, 65 [68]; *Däubler,* a. a. O., 317; vgl. zuvor schon § 5 Abs. 1 des DGB-Novellierungsvorschlags 1998 und den DGB-Gesetzesvorschlag 2022, AuR Sonderausgabe April 2022, S. 9.
5 BGBl. I S. 2424.
6 Zu einigen Fragen des Gesetzentwurfes *Blanke,* PersR 09, 249 ff.
7 Vgl. *Richardi/Maschmann,* Rn. 14; *Fitting,* Rn. 15 f.; GK-*Raab,* Rn. 16.
8 Vgl. *Fitting,* Rn. 15.
9 Vgl. *Fitting,* Rn. 15; *Richardi/Maschmann,* Rn. 14; alle m. w. N.
10 BGBl. I S. 258.
11 Vgl. etwa *Fandel/Kock* in: Herberger u. a. (Hrsg.), jurisPK-BGB, 8. Aufl. 2017, § 611a Rn. 2 m. w. N.: »1 : 1 – Kodifizierung der gefestigten höchstrichterlichen Rspr.«.

Die **Charakterisierung des betriebsverfassungsrechtlichen AN-Begriffs** als im Wesentlichen mit dem vertragsrechtlichen AN-Begriff identischer Begriff greift jedoch zu kurz. Zwar ist es grundsätzlich zutreffend, dass für die überwiegende Zahl der Beschäftigten beide AN-Begriffe übereinstimmen[12] und die im Zeitpunkt des In-Kraft-Tretens des Gesetzes hauptsächlich vorkommenden **Abweichungen vom vertragsrechtlichen AN-Begriff** im Gesetz selbst erwähnt werden: Obgleich **leitende Angestellte** vertragsrechtlich AN sind, fallen sie in der Regel nicht unter den persönlichen Geltungsbereich des Gesetzes (vgl. Abs. 3 Satz 1); das Gleiche gilt für einige der **in Abs. 2 genannten Personen,** die vertragsrechtlich durchaus AN sein können, wie etwa mitarbeitende Ehepartner oder Kinder des AG (vgl. Abs. 2 Nr. 5). Die zu ihrer **Berufsausbildung** Beschäftigten fallen unter den betriebsverfassungsrechtlichen AN-Begriff, obgleich deren vertragsrechtlicher Status als AN noch immer umstritten ist;[13] das Gleiche gilt für die in **Heimarbeit** Beschäftigten, obgleich sie im allgemeinen Sinne als arbeitnehmerähnliche Personen[14] oder sogar Nicht-AN bezeichnet werden. Die Bestimmung des betriebsverfassungsrechtlichen AN-Begriffs lediglich anhand der gesetzlichen »Gewinn- und Verlustliste«[15] greift jedoch vor allem dann **zu kurz,** wenn es um die Lösung der mit dem immer stärker vordringenden sog. **drittbezogenen Personaleinsatz** (Leiharbeit, Konzern-Arbeitsverhältnisse, mittelbare Arbeitsverhältnisse, vgl. Rn. 81 ff.)[16] verbundenen betriebsverfassungsrechtlichen Probleme geht.[17] Hier taucht die Frage auf, zu welchem bzw. welchen von mehreren möglichen Betrieben ein Beschäftigter betriebsverfassungsrechtlich gehört, denn in den meisten Fällen dieser Art steht die AN-Eigenschaft der betreffenden »Arbeitsperson« außer Zweifel; das Gleiche gilt bei **Beschäftigten,** die typischerweise **nicht stationär** innerhalb des (im rein räumlich-gegenständlichen Sinne verstandenen) Betriebs **arbeiten** (z. B. Außendienstler, vgl. Rn. 48). Bei derartigen Fallgestaltungen gewinnt das **Merkmal der Betriebszugehörigkeit** für die Bestimmung des persönlichen Geltungsbereichs des Gesetzes und damit für den betriebsverfassungsrechtlichen AN-Begriff besondere Bedeutung (vgl. Rn. 13 ff.).[18] Vor allem die Belegschaft eines gemB mehrerer UN beweist, dass vertragsrechtlicher und betriebsverfassungsrechtlicher AN-Begriff voneinander abweichen (vgl. § 1 Rn. 201 ff.). Bei der Fülle von Sonderproblemen, die allein mit dem vertragsrechtlichen AN-Begriff nicht sachgerecht zu lösen sind, tritt der Gesetzgeber gelegentlich durch **Sonderrecht außerhalb des BetrVG** die **Flucht in gesetzliche Fiktionen** an: Nach § 6 Abs. 1 BwKoopG[19] gelten nicht nur AN, sondern auch Beamte und sogar Soldaten, die einem privaten Kooperationsbetrieb der Bundeswehr zur Dienstleistung zugewiesen werden, dort als AN mit aktivem und passivem Wahlrecht.[20] 3

Auf **leitende Angestellte** i. S. des Abs. 3 findet das Gesetz nur insoweit Anwendung, als es dies selbst ausdrücklich bestimmt. Derartige Ausnahmeregelungen finden sich in § 105, § 107 Abs. 1 und 3, § 108 Abs. 2. BV entfalten hinsichtlich der leitenden Angestellten keine normative Wirkung.[21] Der AG ist auch nicht nach dem arbeitsrechtlichen Gleichbehandlungsgrundsatz verpflichtet, leitenden Angestellten analog den Vorschriften eines Sozialplanes eine Abfindung 4

12 Vgl. insoweit *Fitting,* Rn. 15.
13 Vgl. *Richardi/Maschmann,* Rn. 86 m. w. N.; *Fitting,* Rn. 289; *Däubler,* Das Arbeitsrecht 2, Rn. 2061 ff.
14 Vgl. *Däubler,* a. a. O., Rn. 2094; Schaub/*Vogelsang,* Arbeitsrecht-Handbuch, § 10 Rn. 3.
15 *Richardi/Maschmann,* Rn. 3.
16 Vgl. *Becker,* AuR 82, 369 ff.; *Heinze,* ZfA 76, 183 ff.; *Konzen,* ZfA 82, 259 ff.; *Richardi,* NZA 87, 145 ff.; *Rüthers/Bakker,* ZfA 90, 245 ff.; *Säcker/Joost,* S. 33 ff.; *Säcker,* FS Quack, S. 421 ff.; *Schneider/Trümner,* FS Gnade, S. 175 ff.
17 So jetzt auch *BAG* 5.12.12, NZA 13, 793, 794 f.
18 Nach *Richardi/Maschmann,* Rn. 5, regele § 5 nicht unmittelbar die Zuordnung zum Betrieb, sondern gebe nur eine Begriffsdefinition; richtig dort aber, dass die Einstellung die Betriebszugehörigkeit begründet.
19 BGBl. 2004 I, S. 2027.
20 Ähnlich zuvor schon bei der Bahn- und Postprivatisierung und nachfolgend der Errichtung der BRD-Finanzagentur GmbH durch Art. 2 des Bundesschuldenwesenmodernisierungsgesetzes v. 12.7.2006 [BGBl. I S. 1469]; vgl. zu weiteren Sonderfällen *Fitting,* Rn. 320 ff.
21 *BAG* 21.1.79, AP Nr. 8 zu § 112 BetrVG 72; 21.1.92, NZA 92, 659.

für den Verlust des Arbeitsplatzes zu zahlen.[22] Zu den leitenden Angestellten Rn. 221 ff.; zum Zuordnungsverfahren vgl. Erl. zu § 18a; wegen Grundzügen zum SpA Rn. 207 ff.

5 Der betriebsverfassungsrechtliche AN-Begriff hat vor allem im Zusammenhang mit den **Wahlvorschriften** konstitutive Bedeutung, z. B. hinsichtlich der Wahlberechtigung (§ 7), der Wählbarkeit (§ 8), der BR-Größe (§ 9), bei einer etwaigen ermäßigten Zahl der BR-Mitglieder (§ 11), kann aber sogar auch dazu führen, dass die **BR-Wahl anfechtbar wird,** wenn entgegen § 16 Abs. 1 ein leit. Ang. in den WV berufen und damit der Begriff des wahlberechtigten AN verkannt wurde.[23] Darüber hinaus ist der AN-Begriff des BetrVG überall dort zu beachten, wo das Gesetz für bestimmte Beteiligungsrechte eine Mindestanzahl von AN verlangt (z. B. §§ 95 Abs. 2, 99, 106, 110, 111, 112 a). Insbesondere wegen dieser Schwellenwertproblematik müssen auch **europarechtliche Vorgaben aus der Richtlinie 2002/14/EG v. 11. 3. 2002**[24] dann genauer beachtet werden, wenn bei der Berechnung der Beschäftigtenzahl die im deutschen Recht ggf. vorgesehene Nichtberücksichtigung bestimmter Beschäftigter dazu führt, dass die einschlägigen Schwellenwerte verfehlt und damit die von der Richtlinie zuerkannten Rechte auf Unterrichtung und Anhörung nicht entfaltet werden könnten. Der ***EuGH***[25] hat insoweit erkannt, dass eine Bestimmung des französischen Rechts, nach der AN, die im Rahmen eines bezuschussten Vertrags beschäftigt sind, bei der Berechnung des Schwellenwertes für die Errichtung einer AN-Vertretung unberücksichtigt bleiben, gegen die Richtlinie v. 11. 3. 02 verstößt.

5a Anderweitige **im Unionsrecht verwendete Begriffe des AN** müssen hinsichtlich ihrer Ausstrahlung auf deutsche Arbeitsrechtsnormen vor dem Hintergrund des jeweiligen Normzwecks kritisch auf die Übertragbarkeit geprüft werden (s. a. Einleitung Rn. 248 ff). Wenn etwa ein GmbH-**Geschäftsführer** im Sinne der **EU-Massenentlassungsrichtlinie** und damit auch im Rahmen des § 17 KSchG zu den dort mitzuzählenden AN zu rechnen sein kann,[26] so heißt das nicht, dass er entgegen der ausdrücklichen Regelung des § 5 Abs. 2 BetrVG deswegen auch AN i. S. d. BetrVG ist und die Ausschließungsnorm des § 5 Abs. 2 Nr. 1 BetrVG damit europarechtswidrig wäre.[27] Der **unionsrechtliche AN-Begriff** kann nur dann Relevanz bekommen, wenn z. B. nationales Recht richtlinienkonform umgesetzt oder ausgelegt werden muss, also dann, wenn unionsrechtliche Vorgaben für die jeweilige Regelungsmaterie existieren.[28] Das allgemeine deutsche Betriebsverfassungsrecht ist jedoch nicht in seiner Gesamtheit unionsrechtlich determiniert[29], zumal Art. 2 lit. d der Richtlinie 2020/14/EG auf den nationalen AN-Begriff verweist, so dass es für § 5 BetrVG beim national geprägten AN-Begriff verbleibt.[30]

6 Die **Vorschrift gehört** als organisationsrechtliche Norm des BetrVG **zum** beiderseits **zwingenden Recht** (näher dazu Rn. 234 ff.).[31]

7 Auch der AN-Begriff selbst **steht nicht zur Disposition der Parteien.**[32] Daher ist die Ansicht des *BAG*, wonach die Abgrenzung des AN-Begriffs etwa gegenüber dem freien Mitarbeiter

---

22 *BAG* 16. 7. 85, AP Nr. 32 zu § 112 BetrVG 1972; vgl. § 32 Abs. 2 SprAuG und *BAG* 10. 6. 86, AP Nr. 18 zu § 87 BetrVG 1972 Arbeitszeit.

23 Vgl. *BAG* 4. 5. 22 – 7 ABR 14/21, NZA 22, 1280: dies aber nur, sofern auch die weiteren Voraussetzungen des § 19 Abs. 1 vorliegen.

24 AmtsBl. Nr. L 80, S. 29.

25 *EuGH* 15. 1. 14 – C 176/12, AuR 14, 81 (Kurzmitt.) = NZA 14, 193.

26 So *EuGH* 9. 7. 15 – C-229/14, NZA 15, 861, auf den Vorlagebeschluss des *ArbG Verden* 6. 5. 14 – 1 Ca 35/15, NZA 14, 665.

27 Näher dazu GK-*Raab*, Rn. 145; daran ändert sich auch dann nichts, wenn die **Weisungsgebundenheit des Geschäftsführers** so stark ist, dass sie auf den Status als AN schließen lässt, vgl. dazu *BAG* 27. 4. 21 – 2 AZR 540/20, NZA 21, 857 Rn. 20 und 11. 6. 20 – 2 AZR 374/19, NZA 20, 1179 Rn. 25 m. w. N.; auch die **Sozialversicherungspflichtigkeit** des weisungsunterworfenen GmbH-Geschäftsführers [vgl. insoweit *BSG* 1. 2. 22 – B 12 KR 37/19 R, BeckRS 22, 1591] führt nicht dazu, den betriebsverfassungsrechtlichen AN-Begriff entgegen § 5 Abs. 2 Nr. 1 auszuweiten.

28 *BAG* 27. 5. 20 – 5 AZR 247/19, NZA 20, 1169 Rn. 15; 27. 4. 21 – 2 AZR 540/20, NZA 21, 857, Rn. 23.

29 Anders ist das bei Sondermaterien, wie etwa den von der Richtlinie 2002/14/EG v. 11. 3. 2002 erfassten Regelungsgegenständen (kritisch zu einigen Umsetzungsdefiziten insoweit *Einleitung*, Rn. 253).

30 Methodisch ebenso für das allgemeine KSchR der §§ 1, 23 KSchG *BAG* 27. 4. 21, a. a. O., Rn. 24; vgl. zur Tendenz eines europäisierten AN-Begriffes vor dem Hintergrund der Richtlinie 2019/1152/EU v. 20. 6. 19 [ABl. Nr. L 186 S. 105] näher *Henssler/Pant*, RdA 19, 321 ff.

31 Vgl. auch GK-*Raab*, Rn. 8; *Fitting*, Rn. 13.

32 *BAG* 13. 12. 62, 8. 6. 67, 28. 6. 73, 3. 10. 75, AP Nrn. 3, 6, 10, 16 zu § 611 BGB Abhängigkeit.

(vgl. zur Abgrenzung Rn. 63 ff.) im Zweifel nach dem zum Ausdruck gebrachten **Willen der Vertragsparteien** erfolgen darf,[33] bedenklich und für das BetrVG kaum hinnehmbar. Bisweilen misst die Rspr.[34] auch der **Verkehrsanschauung** eine indizielle Wirkung für das Vorliegen oder Nicht-Vorliegen der AN-Eigenschaft zu.[35] Dies mag für arbeits**vertrags**rechtliche Abgrenzungserfordernisse angehen. Wegen der konstitutiven Bedeutung des AN-Begriffs für den persönlichen Geltungsbereich des BetrVG, das der Grundrechtsverwirklichung durch Organisation und Verfahren dient,[36] ist zu verlangen, dass die Verkehrsanschauung zumindest ihren Niederschlag im objektiven Recht gefunden hat. In Betracht kommen hier die Normen eines Tarifvertrages.[37]

II. Begriff des Arbeitnehmers (Abs. 1)

1. Der betriebsverfassungsrechtliche Arbeitnehmerbegriff

Die Formulierung »im Sinne dieses Gesetzes« stellt klar, dass im Rahmen des BetrVG ein **spezieller AN-Begriff** gilt, der nicht notwendig mit dem AN-Begriff, wie er in anderen Gesetzen verwendet wird, identisch ist. Dieser Sonderbegriff kann im Ausgangspunkt zunächst mit Hilfe des vertragsrechtlichen AN-Begriffes eingegrenzt werden: Wer schon kraft eines privatrechtlichen Vertrages mit dem Betriebsinhaber innerhalb dessen Arbeitsorganisation weisungsgebundene abhängige Arbeit leistet, ist i. d. R. auch AN i. S. v. § 5 Abs. 1. Die erste notwendige Korrektur erfolgt dann mittels der »Gewinn- und Verlustliste« (Rn. 3). Da es für den betriebsverfassungsrechtlichen AN-Begriff aber vorrangig um die Abgrenzung der **betrieblichen** AN geht, die vom BR vertreten werden, der **Betrieb** aber – anders als das UN – selbst **kein Rechtssubjekt** ist, sondern einen (oder mehrere) Rechtsträger (UN) hat, vermag allein die vertragliche Rechtsbeziehung des AN zu einem AG noch nichts über die Zugehörigkeit des AN zu einem (oder mehreren) Betrieb(en) auszusagen. Schon der Fall, dass ein UN über zwei oder mehr Betriebe verfügt, belegt, dass der Arbeitsvertrag eines AN zu diesem UN als dem vertragsrechtlichen AG keine klare Aussage darüber zulässt, in welchem der Betriebe der AN zur Belegschaft gehört, weil sämtliche Betriebe in der rechtlichen Trägerschaft desselben UN stehen. Der **betriebsverfassungsrechtliche AN-Begriff** ist daher **nach hier vertretener Ansicht,** die allerdings nach der jüngst geänderten Rspr. vom *BAG*[38] nur für die Fälle des drittbezogenen Personaleinsatzes, insbesondere der Leiharbeit, geteilt wird, vor allem unter Heranziehung des Merkmals der **Betriebszugehörigkeit** zu konkretisieren.[39] 8

33 Vgl. aus neuerer Zeit *BAG* 9. 6. 10 – 5 AZR 332/09, EzA Nr. 18 zu § 611 BGB 2002 AN-Begriff; *BAG* 14. 2. 74, AP Nr. 12 zu § 611 BGB Abhängigkeit.

34 Vgl *BAG* 21. 1. 66, AP Nr. 2 zu § 92 HGB; 8. 6. 67, 28. 6. 73, 3. 10. 75, 8. 10. 75, AP Nrn. 6, 10, 16, 18 zu § 611 BGB Abhängigkeit.

35 Vgl. Kittner/Zwanziger/*Deinert,* § 3 Rn. 103 ff. zur Abgrenzung von anderen Vertragstypen.

36 Vgl. § 1 Rn. 4 ff; zu dieser Dimension anschaulich für den Beamteneinsatz im Gemeinschaftsbetrieb *Blanke,* Mitbestimmung im öffentlich-privatrechtlichen Gemeinschaftsbetrieb, S. 64 [68], wonach auch bei Dienstleistungs(ergebnis)überlassungskonstruktionen die Einbeziehung von Beamten in den betriebsverfassungsrechtlichen AN-Begriff verfassungsrechtlich geboten ist; anders aber *BAG* 25. 2. 98, NZA 98, 838; 28. 3. 01 – 7 ABR 21/00, EzA § 7 BetrVG 1972 Nr. 2, obsolet geworden durch die am 4. 8. 09 in Kraft getretene Änderung des § 5, vgl. oben Rn. 1 a. E.

37 In diesem Sinne *BAG* 29. 11. 58, AP Nr. 12 zu § 59 HGB für die nach früherem Recht notwendige Abgrenzung von Arbeitern gegenüber Angestellten.

38 *BAG* 5. 12. 12, NZA 13, 793 ff.; 13. 3. 13, NZA 13, 789 ff.

39 Wie hier insbes. auch grundlegend *Boemke,* Schuldvertrag und Arbeitsverhältnis, S. 425 [428, 430 ff.]; *Säcker/Joost,* S. 39 ff.; dagegen will GK-*Raab,* § 7 Rn. 17 ff., die Betriebszugehörigkeit nur als eigenständiges Tatbestandsmerkmal der Wahlberechtigung gemäß § 7 begreifen, obgleich schon dessen Wortlaut für eine solche Differenzierung kaum etwas hergibt; dies allein aus dem mit der Novellierung 2001 eingefügten »des Betriebs« herleiten zu wollen, geht fehl: Offenkundig soll dieser Zusatz nur betonen, dass neben AN des Betriebsinhabers auch – wie § 7 Satz 2 gegen den früheren § 14 Abs. 2 AÜG nunmehr festlegt – AN eines anderen AG das aktive Wahlrecht haben [vgl. insoweit *Fitting,* § 7 Rn. 18]; auch *Christiansen,* Betriebszugehörigkeit, S. 41, verneint die Bedeutung dieses Merkmals für den AN-Begriff des BetrVG.

a) Ausgangspunkt: Der allgemein-arbeitsrechtliche Arbeitnehmerbegriff

9 Nach allgemeiner Ansicht ist zur Ermittlung des betriebsverfassungsrechtlichen AN-Begriffs zunächst vom arbeitsvertragsrechtlichen AN-Begriff auszugehen.[40] Richtiger Weise geht es – mangels eines subsumtionsfähigen Rechtssatzes – allerdings weniger um eine **Begriffsausfüllung**, als vielmehr um die Feststellung der AN-**Eigenschaft** unter Anwendung der sog. typologischen Methode,[41] wobei gerade nicht erforderlich ist, dass sämtliche den AN-Typus kennzeichnenden Merkmale im Einzelfall vorliegen müssen, sondern das Gesamtbild maßgeblich ist. So ist es möglich, dass selbst ein **GmbH-Gesellschafter** in einem Arbeitsverhältnis zu »seiner« Gesellschaft stehen kann.[42] Davon ist jedoch nicht auszugehen, wenn der mitarbeitende Gesellschafter über mehr als 50 % der Stimmrechte verfügt[43] oder sogar nur eine Sperrminorität innehat.[44] Steht aber ein GmbH-Gesellschafter neben seiner arbeitsvertraglichen Bindung auch in einem organrechtlichem Verhältnis als Geschäftsführer, ist er im Zusammenhang mit dem BetrVG wegen Abs. 2 Nr. 1 schon kein AN i. S. v. Abs. 1.[45]

10 Nach h. M. ist AN, wer **auf Grund** eines privatrechtlichen Vertrages im Dienst eines anderen (des AG) zur **Leistung fremd bestimmter Arbeit in persönlicher Abhängigkeit** verpflichtet ist.[46] Der Vertragsabschluss kann ausdrücklich (mündlich oder schriftlich) oder stillschweigend (konkludent) durch ein entsprechendes tatsächliches Verhalten erfolgen.

10a Mit dem AÜG-ÄndG 2017[47] ist mit Wirkung ab dem 1. 4. 2017 ein **neuer § 611a in das BGB** eingefügt worden. Dieser lautet:

§ 611a Arbeitsvertrag
(1) Durch den Arbeitsvertrag wird der Arbeitnehmer im Dienste eines anderen zur Leistung weisungsgebundener, fremdbestimmter Arbeit in persönlicher Abhängigkeit verpflichtet. Das Weisungsrecht kann Inhalt, Durchführung, Zeit und Ort der Tätigkeit betreffen. Weisungsgebunden ist, wer nicht im Wesentlichen frei seine Tätigkeit gestalten und seine Arbeitszeit bestimmen kann. Der Grad der persönlichen Abhängigkeit hängt dabei auch von der Eigenart der jeweiligen Tätigkeit ab. Für die Feststellung, ob ein Arbeitsvertrag vorliegt, ist eine Gesamtbetrachtung aller Umstände vorzunehmen. Zeigt die tatsächliche Durchführung des Vertragsverhältnisses, dass es sich um ein Arbeitsverhältnis handelt, kommt es auf die Bezeichnung im Vertrag nicht an.
(2) Der Arbeitgeber ist zur Zahlung der vereinbarten Vergütung verpflichtet.

10b Die Legaldefinition des § 611a BGB begnügt sich allerdings mit einer **Übernahme von Leitsätzen des *BAG*** aus dessen ständiger Rspr. und schafft sachlich keine *neue* Regelung.[48] Daher kann an den bisher von der Rspr. entwickelten Erkenntnissen weiter angeknüpft werden. Allerdings kann nun mit dem kodifizierten AN-Begriff nicht mehr an der sogen. typologischen Begriffsbildung festgehalten werden, wonach entscheidend sein soll, inwieweit »typischerweise« ein AN oder ein Selbstständiger an dieser Stelle im Unternehmen beschäftigt wird.[49]

10c Die privatrechtliche Gültigkeit des Arbeitsvertrags ist nicht Voraussetzung für die AN-Eigenschaft. Die **soziale Schutzfunktion** des BetrVG führt dazu, dass – ohne Rücksicht auf einen bestehenden oder wirksamen Arbeitsvertrag – betriebsverfassungsrechtlich alle Personen AN

---

40 Vgl. nur *Richardi/Maschmann*, Rn. 14; *Fitting*, Rn. 15; siehe dazu die Checkliste in DKWF-*Homburg*, § 5 Rn. 2.
41 Kittner/Zwanziger/*Deinert*, § 3 Rn. 8, 23.
42 Vgl. ErfK/*Preis*, § 611 BGB Rn. 140; *Fitting*, Rn. 71a; GK-*Raab*, Rn. 108.
43 *BAG* 17. 9. 14– 10 AZB 43/14, NZA 14, 1293.
44 *BAG* 28. 11. 90, NZA 91, 392; 6. 5. 98, NZA 98, 939; 17. 1. 17 – 9 AZR 76/16, BeckRS 17, 106799.
45 Vgl. auch *Richardi/Maschmann*, Rn. 162 f.
46 Aus neuerer Zeit, *BAG* 16. 5. 07 – 5 AZR 270/06; vgl. auch Schaub/*Vogelsang*, Arbeitsrechts-Handbuch, § 8 Rn. 2; *Richardi/Maschmann*, Rn. 14; *Fitting*, Rn. 15; kritisch zum Begriff »persönliche Abhängigkeit« *Hilger*, RdA 89, 1 [2 f.]; *Bauschke*, RdA 94, 209 ff.
47 Gesetz v. 21. 2. 2017, BGBl. Teil I, S. 258.
48 Vgl. etwa *Richardi/Maschmann*, Rn. 19, 22; GK-*Raab*, Rn. 17, 25 f. *Preis*, NZA 18, 817, 822 ff., sieht dagegen in der Normierung des § 611a BGB »Potenziale« z. B. für die digitale Arbeit.
49 Vgl. *Preis*, NZA 18, 817, 822 zur Musiklehrerin-Entscheidung des *BAG* NZA 17, 1463, wonach entscheidend sein soll, in welchen Unterrichtsformen unterrichtet wird.

sind, bei denen eine **Eingliederung** in den Betrieb besteht und die in persönlicher Abhängigkeit für den Betriebsinhaber Arbeit leisten (dazu Rn. 24ff.). Selbst dann, wenn der Arbeitsvertrag **nichtig** oder **anfechtbar** ist, bleibt die Rechtsstellung als AN im Rahmen der Betriebsverfassung so lange bestehen, wie der AN im Betrieb tatsächlich beschäftigt wird.[50] Ein **faktisches** Arbeitsverhältnis genügt. Die Arbeit muss im Dienst **eines anderen** geleistet werden. Dabei ist es nicht notwendig, dass sie gegen Entgelt oder hauptberuflich ausgeübt wird (vgl. Rn. 12). Auch derjenige, der nebenher arbeitet, um sich etwa seinen Lebensunterhalt für das Studium zu verdienen, ist AN i.S.d. Gesetzes. Erforderlich ist jedoch, dass die Arbeitsleistung innerhalb der **betrieblichen Organisation** erbracht wird (vgl. zur **Heimarbeit** Rn. 126; zu **Tele-AN** Rn. 41ff.; zu **Außendienst-AN** Rn. 48ff.). »Innerhalb« der Organisation wird Arbeitsleistung auch dann erbracht, wenn dies nicht **in** der Betriebsstätte (im räumlich-gegenständlichen Sinne) geschieht. Insofern genügt die Arbeitsleistung **für** die von einem oder mehreren AG unterhaltene betriebliche Organisation.

Ein **wesentliches Kriterium** bei der Beantwortung der Frage, ob jemand AN ist, ergibt sich 11
nach h.M. aus dem Grad der **persönlichen Abhängigkeit** des zur Dienstleistung Verpflichteten vom Dienstberechtigten.[51] Von einem Arbeitsverhältnis ist immer dann auszugehen, wenn die Beziehungen der Vertragsparteien durch das Merkmal der persönlichen Abhängigkeit des dienstleistenden AN, insbesondere durch seine **Gebundenheit an Weisungen,** geprägt sind.[52] Der Grad der persönlichen Abhängigkeit zeigt sich häufig am Umfang und der Intensität der **Weisungsbefugnis.** Die Abhängigkeit wird wesentlich dadurch charakterisiert, dass der Beschäftigte hinsichtlich des **Ortes,** der **Zeit,**[53] der **Dauer und der Art und Weise**[54] der Dienstleistungen sowie der dabei verwendeten **Arbeitsmittel**[55] gebunden ist. Das war schon vor Einfügung von § 611a BGB durch § 6 Abs. 2 i.V.m. § 106 GewO i.d.F. des Gesetzes vom 24.8.02[56] für alle Arbeitsverhältnisse verdeutlicht worden.[57] Daher ist abhängige Arbeit eindeutig dann gegeben, wenn der Beschäftigte bei seinem persönlichen Leistungseinsatz und der fachlichen Durchführung seiner Tätigkeit einem weit gehenden, einseitigen Verfügungs- und Weisungsrecht des AG unterworfen ist.[58] Das kann auch dann der Fall sein, wenn das Weisungsrecht in Form von Vorgaben, Richtlinien usw. ausgeübt wird.[59] Aber selbst wenn eine fachliche **Weisungsgebundenheit fehlt,**[60] entfällt damit noch nicht notwendigerweise die AN-Eigenschaft. Der Grad der persönlichen Abhängigkeit kann auch von **der Eigenart der jeweiligen Tätigkeit** bestimmt sein, die etwa typischerweise nur bei intensiver Einbindung in den jeweiligen Geschäftsbetrieb ausgeübt werden kann,[61] wie dies bei **internetgestützten oder app-basierten**[62] Lieferdiensten für **Auslieferungs(rad)fahrer** oder sonstige Kurierdienste der Fall ist (s.a. Ein-

---

50 *BAG* 15.11.57, AP Nr. 2 zu § 125 BGB; 5.12.57, AP Nr. 2 zu § 123 BGB; *Richardi/Maschmann,* Rn. 78ff.; *Fitting,* Rn. 20, GK-*Raab,* Rn. 30.

51 Vgl. eingehend dazu *BAG* 25.8.82, AP Nr. 32 zu § 611 BGB Lehrer, Dozenten; 13.1.83, AP Nr. 42 zu § 611 BGB; instruktive Zusammenfassung der jüngeren Rspr. des BAG bei Reinecke, NZA-RR 16, 393ff. mit umfangreicher Erörterung von »Grenzfällen« unter Berücksichtigung der realen Veränderungen in der Arbeitswelt; vgl. auch Rn. 63ff.

52 Vgl. *BAG* 13.12.62, AP Nr. 3 zu § 611 BGB Abhängigkeit.

53 Ein vom AG einseitig vorgegebener Stundenplan kann für den Grad der pers. Abhängigkeit durch die damit verbundene zeitl./org. Einbindung in den Betrieb von entscheidender Bedeutung sein, vgl. *BAG* 15.2.12 – 10 AZR 301/10, BB 12, 1342 (red. Ls.).

54 Insbes. fachliche Weisungsgebundenheit, diese aber nur als relatives Merkmal, vgl. *Richardi/Maschmann,* Rn. 25f. m.w.N.

55 Zu Letzterem *Hilger,* RdA 89, 1 [3].

56 BGBl. I S. 3412.

57 Vgl. zur GewO-Novelle *Bauer/Opolony,* BB 02, 1590; *Düwell,* ZTR 02, 461; *Perreng,* AiB 02, 521; *Schöne,* NZA 02, 829.

58 Vgl. *BAG* 3.10.75, AP Nr. 15 zu § 611 BGB Abhängigkeit.

59 Vgl. *Trümner,* BetrR 6–7/88, S. 5f.

60 Z.B. Chefarzt [*BAG* 27.7.61, AuR 62, 55], hoch spezialisierter Techniker usw.; vgl. *Richardi/Maschmann,* a.a.O.

61 *BAG* 12.9.96, NZA 97, 600 [602].

62 Vgl. zur zentral bedeutsamen Funktion der verpflichtenden App-Nutzung als Mittel der Fremdbestimmung bei der Auftragsvergabe die »Crowdworker«-Entscheidung des *BAG* 1.12.20 – 9 AZR 102/20, NZA 21, 552, Rn. 45, 48ff.

leitung, Rn. 278.[63] Ähnliches gilt aber auch für **Telefonsex-Arbeiterinnen,**[64] die nach Lage der Tatumstände keine selbständigen Dienstleisterinnen waren. Mithin kann der AN-Status bei einer typisierenden Betrachtungsweise auch aus Art oder **Organisation der Tätigkeit** folgen,[65] so dass nicht einmal eine weitgehende **Selbstbestimmung über** die eigene **Arbeitszeit** den AN-Status aufhebt.[66] Auch durch neue Konzern- oder UN-Organisationsformen im Rahmen von **Matrix- und Netzwerkstrukturen** mit selbstständig arbeitenden Teams, die keine Weisungen erhalten, sowie durch agile Arbeitsmethoden, wie z. B. **Design Thinking** oder **Scrum,** wird durch den Verzicht auf die Ausübung von Weisungsrechten, der Charakter der fremdbestimmten Tätigkeit des AN nicht berührt.[67] Selbst wenn der AG sein **Weisungsrecht** längere Zeit **nicht ausübt,** vermag dies einen Statuswechsel vom AN zum freien Mitarbeiter nicht zu begründen.[68]

12 Auf die Länge der Arbeitszeit, die Verdiensthöhe und damit die **wirtschaftliche Abhängigkeit** kommt es grundsätzlich nicht an.[69] Daher sind **Auszubildende, Anlernlinge, Praktikanten** und **Volontäre** ebenso wie in **mehreren Betrieben Beschäftigte** AN i. S. d. Gesetzes (näher dazu Rn. 35, 130 ff.). **Teilzeitbeschäftigte** sind ebenfalls betriebsverfassungsrechtlich AN (vgl. Rn. 35 ff.). Gute Anhaltspunkte zur Einordnung gerade kritischer Fälle liefern die nach der Angehörigkeit zu bestimmten typischen **Personen- und Berufsgruppen** geordneten Übersichten in Handbüchern des Arbeitsrechts,[70] ferner die instruktive Darstellung zur Rspr. des *BAG* von *Reinecke.*[71]

b) Betriebszugehörigkeit als maßgebliches Kriterium

13 Die Begriffsbestimmung des AN, wie sie in Abs. 1 durch die Bezugnahme auf Arbeiter und Angestellte, die zu ihrer Berufsausbildung oder in Heimarbeit Beschäftigten sowie die Erwähnung von Außen-AN/Tele-AN zum Ausdruck kommt, enthält **nur scheinbar** eine abschließende **Definition des Personenkreises,** auf den sich die Vertretungszuständigkeit des BR erstreckt. Zu deren Bestimmung ist die Grundfunktion des betriebsverfassungsrechtlichen AN-Begriffs zu berücksichtigen, die u. a. darin besteht, innerhalb des räumlich-fachlichen Zuständigkeitsbereichs (Betrieb, Betriebsteil, Kleinstbetrieb) des BR den persönlichen Geltungsbereich des Gesetzes abzugrenzen.[72] Insofern ist es richtig, auf die **Betriebszugehörigkeit** eines AN als dem entscheidenden Merkmal des betriebsverfassungsrechtlichen AN-Begriffs abzustellen,[73] auch wenn dem Wortlaut nach nur § 8 dieses Kriterium zu kennen scheint. Der Betriebszugehörigkeit kommt in vielfältigen betriebsverfassungsrechtlichen Zusammenhängen ähnlich herausragende Bedeutung zu wie dem **Betriebsbegriff** selbst, sie ist schlechterdings **Voraussetzung für die Einbeziehung eines AN in die Betriebsverfassung.**[74] Von ihr hängen i. d. R. das aktive und passive Wahlrecht, die Zuständigkeit des BR für den betreffenden AN in dessen

---

63 Vgl. *LAG Köln* 22. 1. 20 – 6 TaBVGa 4/19, BeckRS 20, 10708, für die BR-Wahl in einem Fahrradkurierdienst-UN mit App-basierter Steuerung der Fahrereinsätze; *HessLAG* 12. 3. 21 – 14 Sa 306/20; BeckRS 21,15627, bejaht deshalb den Anspruch der Fahrradkuriere auf Stellung eines verkehrstüchtigen Fahrrades und internetfähigen Mobiltelefons.

64 Dazu *LAG Köln* 25. 8. 20 – 9 Ta 217/19, BeckRS 20, 22461.

65 *BAG* 12. 9. 96, a. a. O., m. w. N.

66 Vgl. etwa *BAG* 12. 6. 96, BB 97, 262 [Tankwarte, die ihre Arbeitszeit durch Listeneintrag selbst festlegen].

67 *Maschmann*, NZA 18, Beilage 4, 81, 82.

68 *BAG* 12. 9. 96, DB 97, 47.

69 Vgl. zur Auseinandersetzung mit dem von *Wank* insoweit geforderten Paradigmenwechsel *Richardi*, 15. Aufl., Rn. 31 ff.; DHZ-*Ulber*, § 3 Rn. 57.

70 Vgl. etwa Schaub/*Vogelsang*, Arbeitsrechts-Handbuch, § 8 Rn. 53, 54; DHZ-*Ulber*, § 3 Rn. 63 ff.

71 NZA-RR 16, 393 ff.

72 Vgl. *W. Schneider*, AiB 01, 128; *LAG Köln* 23. 7. 99, AiB 00, 429 m. Anm. *W. Schneider*.

73 GK-*Raab*, § 7 Rn. 17 ff., und *Joost*, S. 305, weisen zutreffend auf die nachlässige Behandlung dieses Merkmals in der Literatur hin; umfassend *Boemke*, Schuldvertrag und Arbeitsverhältnis, S. 425 ff.; vgl. auch *Rosendahl*, Anm. zu *BAG* 18. 1. 89, BetrR 89, 162; *Richardi*, NZA 87, 145; *Ziemann*, AuR 90, 58 [60]; *Rüthers/Bakker*, ZfA 90, 245 [306 ff.]; ausführlich *Christiansen*, Betriebszugehörigkeit S. 31 ff.

74 *Joost*, a. a. O.; aus jüngster Zeit *C. Schubert*, NZA 22, 145 ff., insbesondere bei Matrix- und agiler Organisation.

personellen Angelegenheiten, die betriebsverfassungsrechtlichen Individualrechte (§§ 81 ff.), die Geltung einer Betriebsvereinbarung für den AN usw. ab.[75]

Vor allem spielt das Erfordernis der Betriebszugehörigkeit neben den Fällen des drittbezogenen Personaleinsatzes (aufgespaltene AG-Position; vgl. Rn. 81 ff.) dort eine entscheidende Rolle, wo es um Beschäftigte geht, die ihre **Arbeitsleistung** gerade **nicht,** wie im Normalfall, **innerhalb der Betriebsstätte,** sondern andernorts erbringen (z. B. Tele-AN, ins Ausland Entsandte, Zeitungsausträger, Auslieferungsfahrer, Kundendienstberater, Montage-AN, reisende Vertreter, Pharmaberater, Service- und Wartungspersonal). Von daher lässt sich die Einfügung der Bezugnahme auf diese Erscheinungsformen durch die **Novellierung 2001** nur als Bestätigung der hier vertretenen Ansicht verstehen, wonach die **Betriebszugehörigkeit für den AN-Begriff** des BetrVG **konstitutiv** ist. Insbesondere dann, wenn das **UN mehrere Betriebe** hat, kann die Frage, in welchem Betrieb eine derartige Person AN i. S. d. § 5 Abs. 1 ist, Schwierigkeiten aufwerfen. Das gilt umso mehr, wenn die Arbeitsleistung selbst nicht eindeutig einem der in Betracht kommenden Betriebe zugeordnet werden kann oder der Betreffende sogar für mehrere Betriebe eingestellt worden ist (vgl. dazu Rn. 35 f., 48). Sämtliche vorgenannten Aspekte hat der ***7. Senat des BAG*** im Rahmen seiner Entscheidung v. 5. 12. 12[76] ausdrücklich anerkannt und die bisher unverrückbar anmutende **»Zwei-Komponentenlehre« (Kumulationstheorie)** für die Fälle des sog. drittbezogenen Personaleinsatzes als nicht sachgerecht **aufgegeben** (vgl. auch § 1 Rn. 245). 14

Dagegen verlangte die h. M. in der **Kommentarliteratur**[77] **und der** ***7. Senat*** des *BAG*[78] **bis zur Rspr.-Änderung** im Jahre 2012 (Rn. 14 a. E.) für den AN-Begriff des Abs. 1 grundsätzlich zwei Komponenten (sog. **Kumulationstheorie oder Zwei-Komponenten-Lehre**): Einerseits sei ein **Arbeitsverhältnis** zum Betriebsinhaber **und** andererseits eine **tatsächliche Eingliederung** des AN in die Betriebsorganisation dieses Betriebsinhabers notwendig.[79] Der *1. Senat* des *BAG*[80] hält jedenfalls bei Leih-AN trotz fehlender Vertragsbeziehung zum Inhaber des Entleiherbetriebs die Mitbestimmungszuständigkeit des dortigen BR in den auch die Leih-AN betreffenden Arbeitszeitfragen für gegeben, was Legitimationsprobleme hinsichtlich der Normgeltung einer BV heraufbeschwört, wenn diesem normunterworfenen Personenkreis im Entleiherbetrieb jegliches Wahlrecht fehlt.[81] Das Legitimationsproblem hatte der Gesetzgeber mit der **Novellierung 2001** durch Regelung des aktiven Wahlrechts von Leih-AN zum BR des Entleihbetriebs in Angriff genommen (näher Rn. 91 f.) Für die Frage, welcher BR bei Leih-AN die Mitbestimmungszuständigkeit besitzt, kommt es allerdings darauf an, ob der Verleih-AG oder der Entleih-AG die mitbestimmungspflichtige Maßnahme auslöst.[82] 15

Die nun modifizierte, frühere Auffassung des ***7. Senats*** (vgl. Rn. 15) in seiner Entscheidung vom 18. 1. 89[83] und den folgenden stand schon im **Widerspruch zu älteren Entscheidungen** 16

75 Vgl. *Joost,* a. a. O.; GK-*Raab,* a. a. O.; *Rosendahl,* a. a. O.

76 *BAG* 5. 12. 12, NZA 13, 793 ff., Rn. 17 ff.; bekräftigt in *BAG* 13. 3. 13, NZA 13, 789 ff., Rn. 21 ff.; den bevorstehenden Rspr.-Wechsel vorsichtig ankündigend bereits *BAG* 10. 10. 12, AP Nr. 15 zu § 8 BetrVG 1972, Rn. 18.

77 Vgl. *Fitting,* § 7 Rn. 16; *GL,* § 7 Rn. 7, anders aber § 5 Rn. 11; Überblick bei GK-*Raab,* § 7 Rn. 19 ff.; ErfK-*Koch,* § 7 Rn. 2.

78 18. 1. 89, AP Nr. 1 zu § 9 BetrVG 1972, dort allerdings zum Problem der maßgeblichen Zahl der zu wählenden BR-Mitglieder nach § 9; bekräftigt aber in *BAG* 25. 2. 98, NZA 98, 838; 22. 3. 00, AP Nr. 8 zu § 14 AÜG; 28. 3. 01, EzA § 7 BetrVG 1972 Nr. 2; 16. 4. 03 – 7 ABR 53/02, AP Nr. 7 zu § 9 BetrVG 1972; 22. 10. 03 – 7 ABR 3/03, AP Nr. 28 zu § 38 BetrVG 1972; 10. 3. 04 – 7 ABR 49/03, EzA § 9 BetrVG 2001 Nr. 2.

79 Kritisch zur Leitentscheidung des *BAG* v. 18. 1. 89, a. a. O., *Rosendahl,* BetrR 89, 162 f.; *Ziemann,* AuR 90, 58 ff.; *Rüthers/Bakker,* ZfA 90, 245 [308]; a. A. auch *LAG Frankfurt* 25. 1. 85, BB 85, 2173, das die Eingliederung genügen lässt; zurückhaltender gegenüber der »Zwei-Komponenten-These« offenbar auch *BAG* 4. 4. 90, AP Nr. 1 zu § 60 BetrVG 1972.

80 15. 12. 92; AuR 93, 188.

81 Auch *Richardi/Maschmann,* Rn. 66, hält den Vertrag mit dem Betriebsinhaber für keine notwendige Voraussetzung, sondern hält die Eingliederung und Weisungsunterworfenheit für maßgeblich.

82 *BAG* 19. 6. 01 – 1 ABR 43/00, NZA 01, 1263.

83 AP Nr. 1 zu § 9 BetrVG 1972.

des *1. Senats* **und des** *5. Senats.*[84] In den Entscheidungen vom 11.4.58 und 28.4.64[85] ging der *1. Senat* davon aus, dass die AN-Eigenschaft i.S.d. BetrVG nicht von einer formalen Rechtsstellung, sondern von der tatsächlichen Beziehung zum Betrieb (Eingliederung) abhängig sei. Der *5. Senat* stellte in ständiger Rspr. zur Abgrenzung des allgemein-arbeitsrechtlichen AN-Begriffs von der freien Mitarbeit maßgeblich auf das tatsächliche Merkmal der **Eingliederung in den Betrieb und die dortige Arbeitsorganisation** ab, um die persönliche Abhängigkeit und damit das Vorliegen eines Arbeitsverhältnisses zu bejahen.[86] Nach h.M. (vgl. Rn. 9) ist jedoch dieser allgemein-arbeitsrechtliche AN-Begriff gerade auch der Ermittlung des betriebsverfassungsrechtlichen AN-Begriffs zu Grunde zu legen.

17 Auch im Zusammenhang mit der Mitwirkung des BR **bei Einstellungen** kommt es nach zutreffender Ansicht des *1. Senats* des *BAG*[87] **nicht** auf den **rechtlichen Status** der betreffenden Person als Anwendungsvoraussetzung des § 99 Abs. 1 an, sondern wird allein darauf abgestellt, dass es sich um eine **tatsächliche Eingliederung in den Betrieb** handelt, wobei das Rechtsverhältnis des Betreffenden zum Betriebsinhaber keine Rolle spielt.[88] Zwar meint der *1. Senat,*[89] nicht alle Personen, deren »Einstellung« nach § 99 mitwirkungspflichtig sei, wären deshalb schon AN des Betriebs i.S.d. § 5 Abs. 1, vielmehr müsse der betriebsverfassungsrechtliche Status auf der Grundlage des § 5 Abs. 1 geprüft werden. Der *1. Senat*[90] hat jedoch offengelassen, welche Umstände im Einzelfall jemanden zum AN i.S.d. § 5 Abs. 1 machen, wenn er unter Bezugnahme auf die h.M. ausführt, »zunächst« sei betriebsverfassungsrechtlich AN, wer unmittelbar in einem Arbeitsverhältnis zum Betriebsinhaber stehe **und** auf Grund dieses Arbeitsverhältnisses zur Arbeit im Dienst des Betriebsinhabers verpflichtet sei. Unentschieden bleibt damit jedoch gerade die Frage, welches der **Begründungstatbestand** eines solchen betriebsverfassungsrechtlich maßgeblichen **Arbeitsverhältnisses** ist, der Arbeitsvertrag oder die Eingliederung in die betriebliche Arbeitsorganisation.[91]

18 Die wohl h.M.[92] verlangt im Übrigen auch beim **passiven Wahlrecht** nach § 8 für die sechsmonatige Betriebszugehörigkeit gerade nicht, dass diese Beschäftigungszeit notwendigerweise im Status eines AN i.S.d. Vorschrift erbracht worden sein muss.[93] Vielmehr genügt es nach Sinn und Zweck der Norm, wenn ein Wahlbewerber sich z.B. im Rahmen eines Leiharbeitsverhältnisses,[94] als Nicht-AN i.S.d. § 5 Abs. 2 oder als ehemaliger leitender Angestellter den notwendigen Einblick in die betrieblichen Verhältnisse verschafft hat.[95] Auch die gesetzliche Wertung in § 8 Abs. 1 Satz 2, wonach die **Konzernzugehörigkeit** auf die Betriebszugehörigkeit angerechnet wird, belegt, dass eine arbeitsvertragliche Beziehung zum aktuellen AG (Betriebsinhaber) nach Sinn und Zweck der Vorschrift vom Gesetz selbst für das Merkmal der Betriebszugehörigkeit gerade nicht verlangt wird.[96]

19 Der *7. Senat* des *BAG* stützte sich zur Untermauerung seiner früheren Ansicht, dass zur Betriebszugehörigkeit die Komponenten Arbeitsverhältnis (durch Vertrag oder – ausnahms-

---

84 Näher zu diesen Widersprüchen *Schneider/Trümner,* FS Gnade, S. 175 [185].
85 AP Nr. 1 zu § 6 BetrVG, AP Nr. 3 zu § 4 BetrVG.
86 Vgl. etwa *BAG* 3.10.75, 8.10.75, 9.3.77, 21.9.77, 15.3.78, 23.4.80, 13.1.83, AP Nrn. 16, 17, 18, 21, 24, 26, 34, 42 zu § 611 BGB Abhängigkeit.
87 15.4.86, 16.12.86, AP Nrn. 35, 40 zu § 99 BetrVG 1972; 1.8.89, DB 90, 483.
88 Vgl. auch *BAG* 18.4.89, AP Nr. 65 zu § 99 BetrVG 1972; aus neuerer Zeit 22.4.97 EzA § 99 BetrVG 1972 Einstellung Nr. 3 betreffend DRK-Schwestern.
89 18.4.89, a.a.O.
90 18.4.89, a.a.O.; so auch schon in der Entscheidung 15.4.86, a.a.O.
91 Dazu näher Rn. 24f.; vgl. auch *Schneider/Trümner,* FS Gnade, S. 175 [191], zur betriebsverfassungsrechtlichen Bedeutung des historischen Streits zwischen Vertragstheorie und Eingliederungstheorie; zu letzterem *Richardi,* FS Wank, S. 465ff.; zu Recht weist *Säcker,* FS Quack, S. 421 [426] auf die inhaltliche Identität des Eingliederungsbegriffs in jenem historischen Streit mit dem betriebsverfassungsrechtlich erheblichen Tatbestand i.S.d. § 99 BetrVG hin, der die Betriebszugehörigkeit begründet.
92 Vgl. Richardi-*Thüsing,* § 8 Rn. 20; *GL,* § 8 Rn. 6; *WW,* § 8 Rn. 2; *LK,* § 8 Rn. 3; *BAG* 28.11.77, AP Nr. 2 zu § 8 BetrVG 1972; a.A. GK-*Kreutz,* § 8 Rn. 29.
93 A.A. *ArbG Berlin* 23.5.90, EzA § 8 BetrVG 1972 Nr. 7.
94 So zutreffend nun auch *BAG* 10.10.12, AP Nr. 15 zu § 8 BetrVG 1972.
95 Vgl. Richardi-*Thüsing,* § 8 Rn. 20 m.w.N.
96 Zum Wahlrecht im Konzern *Richardi,* NZA 87, 145.

weise – durch Gesetz begründet) und Eingliederung gehören, ausschließlich auf § 14 Abs. 1 AÜG,[97] wonach Leih-AN auch während der Zeit ihrer Arbeitsleistung bei einem Entleiher Angehörige des Verleiher-Betriebs bleiben. Als **Ausnahmevorschrift** lässt § 14 Abs. 1 AÜG jedoch gerade die **verallgemeinernde Schlussfolgerung nicht zu,** die bloß tatsächliche Eingliederung begründe noch keine Betriebszugehörigkeit.[98] Zutreffend hatte der *1. Senat*[99] aber erkannt, dass § 14 AÜG nur eine partielle Zuordnung von Leih-AN zum Verleiherbetrieb regele und deshalb der Annahme einer zusätzlichen Betriebszugehörigkeit zum Entleiherbetrieb nicht entgegenstehe.[100] Das wird durch die Normgeschichte belegt.

§ 14 AÜG mit seinen Vorschriften über die betriebsverfassungsrechtliche Stellung von unechten Leih-AN ist erst durch das »Gesetz zur Bekämpfung der illegalen Beschäftigung« vom 15. 12. 1981[101] in das AÜG eingefügt worden.[102] Damit wurde jedoch der bis dahin anhaltende **Streit** um die **betriebsverfassungsrechtliche Stellung** der **Leih-AN** nur **teilweise** geklärt.[103] **Vor In-Kraft-Treten des AÜG** vom 7. 8. 1972[104] am 12. 10. 1972 war allgemein anerkannt, dass echte Leih-AN betriebsverfassungsrechtlich sowohl dem Verleiher- als auch dem Entleiherbetrieb angehören.[105] Vor allem hinsichtlich des Wahlrechts wurde auch noch **nach** dem **In-Kraft-Treten** des Gesetzes am 12. 10. 1972 vielfach die Ansicht vertreten, der Leih-AN nach dem AÜG sei in beiden Betrieben wahlberechtigt.[106] Im Ausschussbericht zum AÜG[107] wurde zwar die Meinung vertreten, der Leih-AN sei betriebsverfassungsrechtlich dem Verleiher-Betrieb zugeordnet und dort wahlberechtigt und wählbar, jedoch mochte selbst das *BAG*[108] allein deswegen nicht abschließend entscheiden, ob **daneben** die Betriebszugehörigkeit zum Entleiherbetrieb ausgeschlossen sei. In einer späteren Entscheidung[109] hat das *BAG* selbst klargestellt, dass es seine Entscheidung vom 14. 5. 74 dahin verstanden wissen wolle, dass Leih-AN i. S. d. AÜG betriebsverfassungsrechtlich **sowohl** dem Verleiherbetrieb **als auch** dem Entleiherbetrieb angehören. Vor diesem Hintergrund ist die Einfügung des § 14 in das AÜG zu sehen und damit als Versuch des Gesetzgebers zu werten, die in der Praxis auch nach In-Kraft-Treten des AÜG fortbestehende Rechtsunsicherheit in betriebsverfassungsrechtlichen Fragen bei der AN-Überlassung zu beseitigen.[110] 20

§ 14 Abs. 1 AÜG besagt zudem nur etwas hinsichtlich der **Aufrechterhaltung** der allgemeinen **Betriebszugehörigkeit zum Verleiherbetrieb.** Dagegen lässt die Vorschrift **keine** Entscheidung für eine **ausschließliche Betriebszugehörigkeit** im dortigen Betrieb erkennen.[111] 21

97 Vgl. *BAG* 18. 1. 89, AP Nr. 1 zu § 9 BetrVG 1972.
98 In einer weiteren Entscheidung vom 18. 1. 89, DB 89, 1419, hat der *7. Senat* § 14 AÜG im Anschluss an den *1. Senat* vom 20. 9. 00, DB 89, 434, als auf die echte, d. h. nicht gewerbsmäßige Leiharbeit entsprechend anwendbare Vorschrift erklärt; kritisch zu dieser unzulässigen Analogiebildung *Ziemann,* AuR 90, 58 [63]; ablehnend auch *Rüthers/Bakker* ZfA 90, 245 [308 ff.].
99 15. 12. 92, AuR 93, 188.
100 Ebenso *v. Hoyningen-Huene,* SAE 94, 112; *Boemke,* Schuldvertrag und Arbeitsverhältnis, S. 567.
101 BGBl. I S. 1390.
102 Eingehend zur Gesetzgebungsgeschichte des § 14 AÜG bis zur BetrVG-Novelle 2001, die der *7. Senat des BAG* völlig unbeachtet lässt, Schüren-*Hamann,* § 14, Rn. 34 ff.
103 Vgl. *Becker/Wulfgramm,* § 14 Rn. 4, 7; Schüren-*Hamann,* § 14 Rn. 29 ff.; *Boemke,* AÜG, § 14 Rn. 52.
104 BGBl. I S. 1393.
105 *BAG* 11. 4. 58, AP Nr. 1 zu § 6 BetrVG; 28. 4. 64, AP Nr. 3 zu § 4 BetrVG; *Dietz,* BetrVG, 4. Aufl., § 4 Rn. 14a; *Fitting/Auffarth,* 9. Aufl., § 6 Rn. 7; *Galperin/Siebert,* 4. Aufl., § 6 Rn. 14 m. w. N.; *Hueck/Nipperdey,* Bd. 1, S. 525; *Nikisch,* Bd. 1, S. 242, 244 f.
106 Vgl. GK-*Kraft,* § 5 Rn. 14 [2. Bearbeitung]; *Kraft,* Anm. zu *BAG* 14. 5. 74, AP Nr. 2 zu § 99 BetrVG 1972; *Etzel,* Betriebsverfassungsrecht, 2. Aufl. 1982, S. 25; *Halbach,* DB 80, 2389 [2391]; *Ramm,* DB 73, 1170 [1174]; bei echter Leiharbeit für ein Wahlrecht auch *Heinze,* ZfA 76, 183 [211]; *Dietz/Richardi, 6. Aufl.,* Rn. 82; *GL,* Rn. 10.
107 BT-Drucks. VI/3505, S. 4.
108 14. 5. 74, AP Nr. 2 zu § 99 BetrVG 1972.
109 *BAG* 6. 6. 78, AP Nr. 6 zu § 99 BetrVG 1972, unter II 1a der Gründe.
110 Vgl. BT-Drucks. 9/800, S. 7; *BAG* 15. 4. 86, AP Nr. 35 zu § 99 BetrVG 1972 unter B II 2c der Gründe; *Becker/Wulfgramm,* § 14 Rn. 4; ausführlich und die hier vertretene Ansicht teilend, Schüren-*Hamann,* § 14 Rn. 33 ff.; *Boemke,* AÜG, § 14 Rn. 53.
111 So auch *BAG* 15. 12. 92, AuR 93, 188; *Becker/Wulfgramm,* § 14 Rn. 6; Schüren-*Hamann,* § 14 Rn. 32; a. A. *Sandmann/Marschall,* § 14 Anm. 4.

Vielmehr geht der Gesetzgeber gerade von einer zumindest »partiellen« betriebsverfassungsrechtlichen Zugehörigkeit des Leih-AN zum Entleiherbetrieb aus,[112] wenn er in § 14 Abs. 2 und 3 AÜG einige betriebsverfassungsrechtliche Fragen beispielhaft geregelt hat. Gerade diese nur beispielhafte Regelung bedeutet nach unbestrittener Ansicht nicht, dass sich die betriebsverfassungsrechtliche Zugehörigkeit zum Entleiherbetrieb auf die dort genannten Bereiche beschränkt.[113] Schon aus diesem Grunde – und weil es sich um eine **Sondervorschrift für unechte Leiharbeit** handelt – ist § 14 AÜG für eine erweiternde Auslegung, wie sie der *7. Senat* des *BAG*[114] zur Begründung eines allgemeinen Begriffs der Betriebszugehörigkeit über das Spezialproblem der Leiharbeit hinaus vornimmt, vollkommen ungeeignet.[115] Auch die weitere Erwägung des *7. Senats,* wonach der Ausschluss des aktiven und passiven Wahlrechts im Entleiherbetrieb gem. § 14 Abs. 2 Satz 1 AÜG a. F.(diese alte Fassung ist durch Art. 2 des BetrVerf-ReformG v. 23. 7. 01 [BGBl. I, S. 1852, 1863] als Folgeänderung zur Einräumung des begrenzten aktiven Wahlrechts im Entleiherbetrieb gem. § 7 Satz 2 BetrVG geändert und der Ausschluss des aktiven Wahlrechts in § 14 Abs. 2 Satz 1 AÜG a. F. beseitigt worden) gegen die Annahme einer doppelten Betriebszugehörigkeit spreche, überzeugt nicht im Zusammenhang mit der Begründung eines allgemeinen Begriffs der Betriebszugehörigkeit. Der gesetzliche Ausschluss des Wahlrechts diente der **Klarstellung,** weil ohne diese Regelung, je nach Vorliegen der Voraussetzungen des § 7 BetrVG, das Wahlrecht für Leih-AN auch im Entleiherbetrieb jedenfalls nach der früheren Rspr. des *BAG* (vgl. Rn. 16, 17) zu bejahen wäre.[116] Gerade diese Ansicht wird durch die besondere Regelung zum aktiven Wahlrecht der Leih-AN nach § 7 Satz 2 durch die Novelle 2001 bestätigt.

22 Nimmt man den Inhalt des 2. Leitsatzes der Entscheidung vom 18. 1. 89[117] beim Wort, so führt dies zu einer für Leih-AN höchst bedenklichen betriebsverfassungsrechtlichen **Ungereimtheit.** Wären die beiden Komponenten (Arbeitsverhältnis zum Betriebsinhaber und Eingliederung) wirklich für einen allgemeinen Begriff der Betriebszugehörigkeit konstitutiv, so müsste dieser Begriff auch auf Leih-AN zur Bestimmung ihrer betriebsverfassungsrechtlichen Stellung anwendbar sein. Das ist jedoch nicht der Fall, wie schon das Beispiel einer typischen Leiharbeitsfirma zeigt, die zwar über einen Bürobetrieb zur Erledigung der mit der AN-Überlassung verbundenen verwaltungsmäßigen Aufgaben verfügt, jedoch keinen eigenen Produktionsbetrieb hat. Der **Leih-AN** einer solchen Firma wäre nach der Logik der *BAG*-Entscheidung vom 18. 1. 89[118] **weder im Verleiher- noch im Entleiherbetrieb betriebszugehörig:** Zum Verleiher besteht zwar ein durch Arbeitsvertrag begründetes Arbeitsverhältnis, mangels einer eigenen betrieblichen Organisation gibt es jedoch dort keine Eingliederung; zum Entleiher wiederum besteht zwar kein vertraglich oder gesetzlich begründetes Arbeitsverhältnis, jedoch erfolgt hier typischerweise die Eingliederung in die Betriebsorganisation. Mangels Betriebszugehörigkeit in beiden Betrieben entfiele damit jegliche Einbeziehung dieser AN in den betriebsverfassungsrechtlichen Schutzbereich überhaupt. Diesem Ergebnis widerspricht aber der klare Wortlaut des § 14 AÜG, der eine »partielle« Betriebszugehörigkeit differenziert nach unterschiedlichen Sachzusammenhängen in beiden Betrieben anordnet. Allein dies belegt zusätzlich, dass es sich bei § 14 AÜG um eine nicht verallgemeinerbare Sondervorschrift handelt, die für den Begriff der Betriebszugehörigkeit nach dem BetrVG nichts hergibt.[119]

23 Darüber hinaus führte die jetzt aufgegebene Ansicht des *7. Senats*[120] letztlich dazu, bereits immer dann Personen aus dem persönlichen **Geltungsbereich des BetrVG** im jeweiligen Beschäftigungsbetrieb **auszugliedern,** wenn entweder eine arbeitsvertragliche Beziehung zum

---

112 Zutreffend *Becker/Wulfgramm,* § 14 Rn. 19; Schüren-*Hamann,* § 14 Rn. 46, zu Recht kritisch zum Begriff »partielle« Betriebszugehörigkeit.
113 Statt aller *Becker/Wulfgramm,* a. a. O., m. w. N.
114 18. 1. 89, AP Nr. 1 zu § 9 BetrVG 1972.
115 Vgl. auch *Ziemann,* AuR 90, 58 [64].
116 Ebenso unter Hinweis auf den klar zum Ausdruck gekommenen Willen des Gesetzgebers Schüren-*Hamann,* § 14 Rn. 37.
117 AP Nr. 1 zu § 9 BetrVG 1972.
118 A. a. O.
119 Vgl. auch *Boemke,* AÜG § 14 Rn. 4; *ders.,* Schuldvertrag, S. 587.
120 18. 1. 89, AP Nr. 1 zu § 9 BetrVG 1972.

Betriebsinhaber nicht besteht (Fälle des drittbezogenen Personaleinsatzes, vgl. auch Rn. 81 ff.) oder fehlerhaft ist.[121] Sie hätte aber auch zur Folge gehabt, dass es in einem **Gemeinschaftsbetrieb mehrerer UN** keine betriebsangehörigen AN gibt: Nach Ansicht des *BAG* (vgl. § 1 Rn. 92) ist für die Annahme eines Gemeinschaftsbetriebs mehrerer UN die zumindest schlüssige Abrede der beteiligten UN über die einheitliche Leitung des gemeinsamen Betriebs (Betriebsführungsvereinbarung) erforderlich, die nach wohl herrschender, auch vom *BAG* gelegentlich sogar ausdrücklich geteilter Doktrin[122] oftmals zur Entstehung einer Gesellschaft bürgerlichen Rechts führen soll.[123] Gerade zu dieser BGB-Gesellschaft als Inhaberin der betriebsverfassungsrechtlich entscheidenden betrieblichen Organisationsgewalt[124] bestehen die Arbeitsvertragsbeziehungen der im Gemeinschaftsbetrieb beschäftigten Personen jedoch nicht, sondern (meist) ausschließlich zu nur einem der jeweils am Gemeinschaftsbetrieb beteiligten UN. Mangels Vertragsbeziehung zur BGB-Gesellschaft, die selbst und als solche indes ohnehin nicht (auch nicht partiell) rechtsfähig ist, wäre das Merkmal der Betriebszugehörigkeit nicht erfüllt; der Gemeinschaftsbetrieb hätte keine AN, und ein BR könnte demzufolge nicht gebildet werden – eine Konsequenz, die freilich das *BAG* selbst nicht zieht, die aber zeigt, dass die Inhaltsbestimmung des Merkmals der Betriebszugehörigkeit, wie der *7. Senat* sie vorgenommen hatte, nicht richtig sein konnte.[125]

Die frühere Auffassung des *7. Senats* (vgl. Rn. 15 ff.) führte – konsequent angewandt – deswegen zu nicht vertretbaren Ergebnissen, weil sie vor allem an der unkritischen Übernahme des von der Vertragstheorie[126] geprägten Verständnisses über den **Arbeitsvertrag** als dem **Begründungstatbestand des Arbeitsverhältnisses** und die angeblich darüber auch im BetrVG konstituierte AN-Eigenschaft krankt. So sehr es richtig ist, dass die individualarbeitsrechtlichen Problemfälle, die mit der Vertragstheorie nicht lösbar schienen (z. B. das fehlerhafte Arbeitsverhältnis), auch ohne die Eingliederungstheorie erklärbar sind, so falsch ist es, die Untauglichkeit aller **Elemente der Eingliederungstheorie** für das Arbeitsrecht insgesamt zu behaupten.[127] Deren Überzeugungskraft liegt gerade darin, dass sie tatsächlichen Verhältnissen und Vorgängen (Eingliederung) im Arbeitsleben auch rechtliche Bedeutung beimisst. Damit trifft die Eingliederungstheorie auf ein ganz ähnliches **Strukturmerkmal des Betriebsverfassungsrechts.** Auch das BetrVG knüpft vor allem an **tatsächliche Verhältnisse** an, was ein Blick auf die Mitbestimmung im Konzernbereich verdeutlicht. Hier ist das Bestehen eines vertraglich begründeten Arbeitsverhältnisses zu derjenigen Stelle, bei der Mitbestimmungsrechte ausgeübt werden, gerade kein konstitutives Prinzip der Betriebsverfassung. Die vertraglich begründeten Arbeitsverhältnisse der KBR-Mitglieder bestehen nur zu den einzelnen Konzern-UN, nicht zum Konzern und auch nicht notwendig zum herrschenden UN des Konzerns, bei dem der KBR gebildet wird.[128] Kerngedanke ist hier, dass die betriebliche Mitbestimmung dort auszuüben ist, wo die unternehmerische **Leitungsmacht tatsächlich** entfaltet wird.[129] Dann ist jedoch auch kein Grund dafür ersichtlich, weshalb es für die betriebsverfassungsrechtliche Zuordnung der Personen, in deren Interesse der BR auf der rein betrieblichen Ebene Mitwirkungs- und Mitbestimmungsrechte ausübt, auf deren vertragsrechtliche Beziehung zum 24

121 Sog. faktisches Arbeitsverhältnis; vgl. auch *Ziemann*, AuR 90, 58 [62].
122 Z. B. 7. 8. 86, AP Nr. 5 zu § 1 BetrVG 1972.
123 Kritisch zu dieser gekünstelten Annahme, die schon als vermögenslose BGB-Innengesellschaft äußerst problematisch erscheint, *Kohte*, RdA 92, 302 [304]; näher § 1 Rn. 173 ff.
124 Institutionelle Leitung in sozialen und personellen Angelegenheiten und somit »Generalbevollmächtigte im Umgang mit dem BR« [so treffend *Gamillscheg*, Anm. zu EzA § 4 BetrVG 1972 Nrn. 4 und 5, S. 40].
125 Wie hier *Ziemann*, a. a. O.; kritisch zu diesen merkwürdigen Konsequenzen bereits *Joost*, S. 263; GK-*Kreutz*, § 7 Rn. 19, will daher für die Betriebszugehörigkeit im Gemeinschaftsbetrieb das Bestehen eines Arbeitsvertrages zu nur einem der beteiligten AG genügen lassen.
126 Vgl. dazu *Hueck/Nipperdey*, Bd. 1, S. 37, 115 ff.; *Richardi/Maschmann*, Rn. 65.
127 Vgl. auch *Konzen*, ZfA 82, 259 [275 f.]; die Dissertation von *Metzmaier*, Die Eingliederungstheorie und die Lehre vom Arbeitsverhältnis [1968], geht nur auf die individualrechtlichen Aspekte des Theorienstreits ein.
128 Vgl. *Joost*, S. 264; *Ziemann*, AuR 90, 58 [62].
129 Vgl. *BAG* 18. 6. 70, AP Nr. 20 zu § 76 BetrVG; 21. 10. 80, AP Nr. 1 zu § 54 BetrVG 1972; 30. 10. 86, AP Nr. 1 zu § 55 BetrVG 1972.

Betriebsinhaber ankommen soll, wenn sich dessen tatsächlich ausgeübte Leitungsmacht auch auf diesen Personenkreis erstreckt.[130]

25 Für die Bestimmung des **Merkmals der Betriebszugehörigkeit** ist daher von der funktionellen Bedeutung des AN-Begriffs in der Betriebsverfassung und dem Betriebsbegriff selbst auszugehen. Im Allgemeinen wird der **AN-Begriff als Funktionsbegriff** bezeichnet, dessen Aufgabe darin besteht, den personellen Geltungsbereich des Arbeitsrechts richtig abzugrenzen. Nichts anderes gilt für den betriebsverfassungsrechtlichen AN-Begriff, der den persönlichen Geltungsbereich des BetrVG abgrenzen soll.[131] Neben den in § 5 selbst enthaltenen Modifikationen des allgemeinen AN-Begriffs (vgl. Rn. 1 f., 8 f.) ergibt sich jedoch aus dem teleologischen Zusammenhang der §§ 7 und 8 Abs. 1 Satz 1, dass AN i. S. d. Gesetzes nur betriebsangehörige AN sein können.[132] Dies wird nunmehr auch durch die Einfügung in § 7 Satz 1 (»des Betriebs«) verdeutlicht. Es ist daher nur folgerichtig, die **Betriebszugehörigkeit** unter Bezugnahme auf den **Betriebsbegriff** zu bestimmen.[133] Sieht man mit der h. M. (vgl. § 1 Rn. 58) den Betrieb als arbeitstechnische Organisation (vgl. zur Problematik dieses Merkmals für den Betriebsbegriff § 4 Rn. 28) bzw. organisatorische Einheit an, so ist Betriebszugehörigkeit gleichbedeutend mit **Organisationszugehörigkeit.**[134] Diese Organisationszugehörigkeit kann aber **nicht durch den Arbeitsvertrag** vermittelt werden, weil der Betrieb selbst kein Rechtssubjekt ist, zu dem eine Vertragsbeziehung unterhalten werden könnte. Die zum Betrieb durch das Merkmal der Betriebszugehörigkeit vermittelte Beziehung kann daher notwendigerweise nur eine tatsächliche sein.[135] Das wird offenbar auch vom Gesetzgeber so gesehen, denn er stellt in § 7 Satz 1 ausdrücklich auf »AN des Betriebs« ab und nicht auf »AN des Betriebsinhabers«.

26 Dieser tatsächliche Vorgang, der die **Betriebszugehörigkeit** begründet, ist die **Einstellung** i. S. d. § 99.[136] Diese kann (muss aber nicht) zusammenfallen mit der Begründung eines Arbeitsvertrags zum Betriebsinhaber (im Gemeinschaftsbetrieb: zu einem der beteiligten AG). Ausreichend ist jedoch stets, dass eine Person **in den Betrieb eingegliedert** wird, um zusammen mit den im Betrieb schon beschäftigten AN den arbeitstechnischen Zweck des Betriebes durch **weisungsgebundene Tätigkeit** zu verwirklichen.[137] Die Einstellung ist somit auch nicht identisch mit der bloßen Beschäftigung im Betrieb, sie setzt die Zuweisung eines Arbeitsbereichs innerhalb der Arbeitsorganisation des Beschäftigungsbetriebs durch den dortigen AG voraus.[138] Maßgebend ist, ob die von diesen Personen zu verrichtende Tätigkeit ihrer Art nach eine weisungsgebundene Tätigkeit ist, die der Verwirklichung des arbeitstechnischen Zwecks des

---

130 Schon deshalb zutreffend *BAG* 15. 12. 92, AuR 93, 188, das die Leih-AN unter die Mitbestimmungskompetenz des BR im Entleiherbetrieb stellt, wenn über das elementare Problem der auch von Leih-AN einzuhaltenden Arbeitszeitregelungen eine betriebliche Ordnung vereinbart werden soll; zustimmend *v. Hoyningen-Huene*, SAE 94, 112 ff.

131 Ebenso auch *LAG Köln* 23. 7. 99, AiB 00, 429, rk., m. Anm. *W. Schneider*.

132 Vgl. *Richardi*, NZA 87, 145.

133 So zutreffend GK-*Kreutz*, § 7 Rn. 17; *Christiansen*, S. 46 ff.; vgl. auch *Joost*, S. 306, 309, der auf der Basis des von ihm entwickelten Betriebsbegriffs jedoch jeden AN als betriebszugehörig bezeichnet, der in den *räumlichen* Zusammenhang von abhängig arbeitenden Menschen einbezogen ist; auch *Joost* verzichtet aber mit zutreffenden Argumenten auf das Erfordernis einer arbeitsvertraglichen Beziehung zum Betriebsinhaber.

134 Kritisch zur Verwendung des Organisationsbegriffs *Joost*, S. 126 f., 306 f.; wie hier *Ziemann*, AuR 90, 58 [64].

135 Im Ergebnis ebenso *Joost*, S. 309; *Säcker*, FS Quack, S. 421 [426].

136 Grundlegend dazu *Boemke*, Schuldvertrag und Arbeitsverhältnis, S. 302 f.; *Richardi*, NZA 87, 145 [146]; *Ziemann*, AuR 90, 58 [64]; zustimmend Schüren-*Hamann*, § 14 Rn. 20 ff.; ablehnend *Christiansen*, S. 76 f., die unter Anwendung letztlich des Betriebsbegriffs des *BAG* [»Leitungsapparat«, vgl. § 1 Rn. 78 f.] die Betriebszugehörigkeit der Entscheidungsunterworfenheit in den beteiligungspflichtigen Angelegenheiten folgen lässt.

137 Vgl. *BAG* 15. 4. 86, AP Nr. 35 zu § 99 BetrVG; 1. 8. 89, DB 90, 483; *LAG Köln* 23. 7. 99, AiB 00, 429.

138 Zutreffend *Boemke*, a. a. O.; *Richardi*, a. a. O.; zur inhaltlichen Identität mit dem Eingliederungsbegriff der Eingliederungstheorie o. Rn. 17; zur Eingliederung als dem maßgeblichen Tatbestand, der eine Arbeitsperson dem kollektiven Schutz des BetrVG unterstellt, auch *GmS-OGB* 12. 3. 87, AP Nr. 35 zu § 5 BetrVG 1972, Bl. 50 R, 51; *BAG* 26. 11. 87, NZA 88, 505 [506]; zum Einstellungs- und Eingliederungsbegriff ausführlich § 99 Rn. 39 ff.; zu dessen Entwicklung in der *BAG*-Rspr. auch *Hunold*, NZA 98, 1025.

Betriebs zu dienen bestimmt ist und daher vom Betriebsinhaber organisiert werden muss.[139] Ausreichend ist es, wenn dem AG des Einsatzbetriebs **wenigstens ein Teil der** für ein Arbeitsverhältnis **typischen Entscheidungen** über den Arbeitseinsatz zusteht, auch wenn das Rechtsverhältnis der tätigen Arbeitsperson kein Arbeitsvertragsverhältnis ist.[140]

Dieses Verständnis des betriebsverfassungsrechtlichen AN-Begriffs trägt dem Umstand Rechnung, dass es insbesondere **beim drittbezogenen Personaleinsatz** (vgl. zu den verschiedenen Formen Rn. 81 ff.) i. d. R. zur Aufspaltung der Rechtspositionen des Vertrags-AG kommt, wobei die faktische Komponente des unter der **Leitungsmacht des AG im Beschäftigungsbetrieb erfolgenden** Arbeitseinsatzes dazu führt, dergestalt überlassene Arbeitspersonen auch im Beschäftigungsbetrieb zu den AN i. S. d. BetrVG zu zählen. Soweit besondere Vorschriften (z. B. § 14 AÜG) den Rechtsstatus des eingegliederten AN im Beschäftigungsbetrieb einschränken, sind diese zu beachten, sie ändern jedoch nichts am **Grundtatbestand der Betriebszugehörigkeit.** Das Legitimationsproblem hinsichtlich der BV-Normgeltung (vgl. Rn. 15 a. E.) stellt sich umso schärfer, je länger die maximale Leihfrist nach dem AÜG ist und je länger damit der Entzug des Wahlrechts im Entleiher-Betrieb andauert. Der AÜG Gesetzgeber hatte ursprünglich den Ausschluss des Wahlrechts im Entleiher-Betrieb gerade auf die nur kurze Dauer des Arbeitseinsatzes gestützt; diese betrug damals drei Monate. Sie war seither schrittweise angehoben worden, bis sie aufgrund von Art. 6 Nr. 3 b) des Gesetzes vom 23. 12. 2002[141] zeitlich unbegrenzt zulässig wurde.[142] Diesen Bedenken hatte der Gesetzgeber mit der **Novellierung 2001** dadurch zum Teil Rechnung getragen, dass er nach § 7 Satz 2 das aktive Wahlrecht von Leih-AN vorsieht, wenn sie länger als drei Monate im Betrieb eingesetzt werden. Bei langfristig überlassenen AN erwächst hinsichtlich der Vorenthaltung des passiven Wahlrechts hieraus nach wie vor aber ein Gleichbehandlungsproblem (vgl. Rn. 91 f.). 27

Die Aufspaltung der Vertragsarbeitgeberposition in die Vertragskomponente, die beim Vertrags-AG verbleibt, und die Beschäftigungskomponente, die auf den Beschäftigungs-AG übergeht, und deren praktische Folgen müssen jedoch mit dem an sich nicht teilbaren persönlichen Geltungsbereich des BetrVG harmonisiert werden, weil das Gesetz sowohl Regelungsbereiche enthält, die sich auf die Vertragskomponente beziehen (z. B. in den personellen Einzelangelegenheiten), als auch solche, die an die tatsächliche Beschäftigung innerhalb der betrieblichen Arbeitsorganisation anknüpfen (i. d. R. bei den sozialen Angelegenheiten).[143] Wegen der **grundrechtsverwirklichenden Funktion** der betriebsverfassungsrechtlichen **Beteiligungstatbestande** (vgl. § 1 Rn. 4 ff. m. w. N.) wäre es nicht hinnehmbar, wenn Beteiligungsrechte, die der **Begrenzung des Arbeitgeberweisungsrechts** im Beschäftigungsbetrieb dienen, nur deshalb keine Wirkung für die dort eingegliederten AN entfalten sollten, weil diese Personen nicht in einem Arbeitsvertragsverhältnis zum Betriebsinhaber stehen.[144] Soweit dagegen betriebsverfassungsrechtliche Vorschriften den Bestand eines durch Arbeitsvertrag mit dem Betriebsinhaber begründeten Arbeitsverhältnisses voraussetzen, sind sie nicht anwendbar.[145] Die Wahrnehmung der Mitbestimmungsrechte richtet sich nach der Zuständigkeit eines BR, so 28

139 *BAG* 1. 8. 89, a. a. O.; zur nachfolgend restriktiveren Definition des Einstellungsbegriffes beginnend mit *BAG* 5. 3. 91, NZA 91, 687, ausführlich und kritisch § 99 Rn. 61 ff.

140 So zutreffend *BAG* 22. 4. 97, EzA § 99 BetrVG 1972 Einstellung Nr. 3 für DRK-Schwestern im Einsatzkrankenhaus.

141 »Hartz I«, BGBl. I S. 4607, 4617.

142 Vgl. näher dazu Schüren-*Hamann,* § 14 Rn. 62 f.; durch das AÜGÄndG 2011 ist diese zeitliche Grenzenlosigkeit wieder beseitigt worden.

143 Dazu im Einzelnen *Becker,* AuR 82, 369 [370, 375].

144 Ebenso *Blanke,* Mitbestimmung im öffentlich-privatrechtlichen Gemeinschaftsbetrieb, S. 68 f., unter Anwendung eines schutzzweckorientierten AN-Begriffs i. S. d. BetrVG; vgl. zu den beispielsweise im Drittbetrieb anwendbaren Tatbeständen *Becker,* a. a. O., S. 376; weiter gehend *Heinze,* ZfA 76, 183 [212], der prinzipiell von der Anwendbarkeit der gesamten Betriebsverfassung des Beschäftigungsbetriebs **neben** der des Verleiherbetriebs ausgeht und in den Fällen möglicher Kollisionen diese nach den Grundsätzen der Anspruchsnormenkonkurrenz löst.

145 Vgl. *Becker,* a. a. O., S. 370; ebenso jetzt *BAG* 15. 12. 92, AuR 93, 188; anders *Heinze,* a. a. O., S. 212.

dass bei Entscheidungen des Vertragsarbeitgebers der BR des Verleihers, bei Entscheidungen des Entleihers der dortige BR die MBR wahrnimmt.[146]

29 Für die Fälle des sog. drittbezogenen Personaleinsatzes will *v. Hoyningen-Huene*[147] in Anknüpfung an die klassische Unterscheidung von **Verpflichtungs- und Erfüllungsgeschäft** (im Beamtenrecht: Grundverhältnis bzw. Durchführungs- oder Erfüllungsverhältnis) die Mitbestimmungszuständigkeit des BR danach beantworten, auf welche Ebene (arbeits**vertragliches** Grundverhältnis bzw. betriebsbezogenes Durchführungsverhältnis) eine beteiligungspflichtige Maßnahme zielt: der BR des Stammbetriebs (gemeint ist der Betrieb des Vertrags-AG) ist zuständig in Angelegenheiten, die das **Grundverhältnis** betreffen, der BR des Einsatz-/Arbeitsbetriebs (gemeint ist der Betrieb des Fremd-AG) ist zuständig für Angelegenheiten, die das **Durchführungsverhältnis** betreffen.[148] Ein sachlicher Unterschied zur hier vertretenen Ansicht ergibt sich daraus nicht: Der sektoralen Aufspaltung der AG-Position folgt die sektorale Aufspaltung der BR-Zuständigkeit.[149] Die Beteiligung des zuständigen BR bedarf jedoch der demokratischen Legitimation, die ein wenigstens potentielles Wahlrecht zu beiden BR voraussetzt. Das Wahlrecht wird durch die AN-Eigenschaft **im Betrieb** vermittelt und erfordert die Zugehörigkeit zum Betrieb. Das **Legitimationsproblem** lässt sich bei aufgeteilten AG-Positionen nur durch die Anerkennung mehrfacher Betriebszugehörigkeit lösen, die Kumulationstheorie (o. Rn. 15) macht eine systemgerechte Lösung unmöglich, da sie auf die Ausnahmevorschrift des § 14 AÜG fixiert ist. Dies hat offenbar der Gesetzgeber erkannt und durch Änderung des § 14 AÜG (vgl. Rn. 27 a. E. und Rn. 21) sowie § 7 Satz 2 im Rahmen der **Novellierung 2001** versucht, die durch eine falsche Theorie erzeugten Systemwidrigkeiten zu beseitigen. Jedenfalls mit In-Kraft-Treten der Novelle 2001 war es – wie jetzt mit den Entscheidungen vom 5. 12. 12 und 13. 3. 13 geschehen (vgl. Rn. 14) – dringend geboten, dass der *7. Senat* des *BAG* seine Position zur Frage des AN-Begriffs und der Betriebszugehörigkeit überdenkt, denn das Wahlrecht für Leih-AN setzt deren Betriebszugehörigkeit im Entleiherbetrieb voraus, obgleich naturgemäß kein Arbeitsvertrag zu *diesem* AG vorliegt. Vom Standpunkt der hier vertretenen Ansicht ist es nur folgerichtig, wenn § 14 Abs. 1 AÜG die Zugehörigkeit zum Verleihbetrieb ausdrücklich anordnet, denn ohne diese Vorschrift gäbe es dort keine Betriebszugehörigkeit des Leih-AN.

30 Gleichwohl hatte der *7. Senat* des *BAG* auch in seinen bereits unter Geltung des 2001 novellierten BetrVG ergangenen Entscheidungen (vgl. Rn. 15) – auch unter neuerlicher Prüfung – zunächst daran fest gehalten, dass **Leih-AN im Entleiherbetrieb nicht zu den AN i. S. d. § 5 Abs. 1 BetrVG** gehören, selbst wenn ihnen nach § 7 Satz 2 das aktive Wahlrecht im Entleiherbetrieb zusteht.[150] Ihnen fehle die arbeitsvertragsrechtliche Beziehung zum Entleiher-AG und § 14 Abs. 1 AÜG lege die fortdauernde Betriebszugehörigkeit zum Verleiherbetrieb fest, so dass trotz tatsächlicher Eingliederung im Einsatzbetrieb infolgedessen **keine Betriebszugehörigkeit zum Entleiherbetrieb** entstehen könne. Indem der Gesetzgeber seit der Novellierung 2001 betone, dass es AN »des Betriebs« (§ 7 Satz 1) gebe und solche »eines anderen Arbeitgebers« (§ 7 Satz 2) werde zudem schon **vom Wortlaut her** verdeutlicht, dass Leih-AN keine AN des Einsatzbetriebes seien. Diese Auslegung überinterpretiert allerdings die Bedeutung des neu in die Bestimmung aufgenommenen Zusatzes »des Betriebs«, denn streng genommen kann es AN »des Betriebs« deswegen nicht geben, weil der **Betrieb selbst nicht rechtsfähig** ist, sondern nur dessen Inhaber. Demgegenüber stellt § 7 Satz 2 allein auf die vertragsrechtliche Beziehung des Leih-AN zu seinem AG ab, während die tatsächliche Komponente der Betriebszugehörigkeit zum Verleiherbetrieb in § 14 Abs. 1 AÜG thematisiert wird, der jedoch gerade keine Aussage zu einer daneben auch denkbaren zusätzlichen Zugehörigkeit zum Entleiherbetrieb trifft. **In**

---

146 *BAG* 19. 6. 01 – 1 ABR 43/00, NZA 01, 1263; dem folgend *BAG* 9. 6. 11 – 6 AZR 132/10, BB 11, 1587 f.; *BAG* 24. 8. 16 – 7 ABR 2/15, NZA 17, 269.

147 MünchArbR, (1. Aufl.), § 298 Rn. 38 ff., 45 ff.; *ders.*, SAE 94, 112 [113]; ihm folgend *Boemke*, Schuldvertrag und Arbeitsverhältnis, S. 230 ff., 279 ff., 428 ff.

148 V. *Hoyningen-Huene*, SAE 94, 113.

149 Ähnlich *BAG* 2. 11. 93, NZA 94, 627, das die BR-Zuständigkeit danach bestimmt, welcher der betreffenden AG [Entleiher oder Verleiher] die beteiligungspflichtige Maßnahme auslöst; vgl. auch *BAG* 19. 6. 01 – 1 ABR 43/00, NZA 01, 1263.

150 Vgl. zuletzt *BAG* 17. 2. 10 – 7 ABR 51/08, NZA 10, 832.

systematischer Hinsicht überzeugte die frühere Argumentation des *7. Senats* überdies nicht, weil § 7 BetrVG nur Fragen des – für die gewerbsmäßige Leiharbeit bis zur Novellierung 2001 ausgeschlossenen – aktiven Wahlrechts betrifft und daher für allgemeine Aussagen zur Betriebszugehörigkeit kaum aussagekräftig erscheint. Andernfalls würde auch der Umstand völlig außer Acht gelassen, dass die Einstellung eines Leih-AN in den Entleiherbetrieb und damit die betriebsverfassungsrechtlich erhebliche Begründung der Betriebszugehörigkeit auch in diesem Betrieb dem MBR des BR gem. § 99 unterliegt (vgl. § 14 Abs. 3 Satz 1 AÜG). Der **Wille des Gesetzgebers** war jedoch gerade daran orientiert, mit der Novellierung 2001 die Betriebszugehörigkeit der Leih-AN trotz fehlender Vertragsbeziehung zum Entleiher auch zu dessen Betrieb zu betonen.[151] Wenn insoweit davon die Rede ist, es gehe nicht darum, die Leih-AN »in rechtlich unzutreffender Weise als Arbeitnehmer des Entleiherbetriebs einzustufen«,[152] so wiederholt sich hier nur dieselbe sprachliche Nachlässigkeit, die in § 7 Satz 1 (»Arbeitnehmer des Betriebs«) festzustellen ist: Der Gesetzgeber wollte – wie § 7 Satz 2 zeigt – offensichtlich nur für die Frage der Wahlberechtigung danach differenzieren, zu welchem AG eine vertragsrechtliche Beziehung besteht, nicht aber allgemeine Aussagen zur Frage der Betriebszugehörigkeit treffen.

31 Der frühere Vorsitzende des 7. Senats, *Dörner,*[153] hatte im Jahre 2005 aufgrund der fortgesetzten Kritik an der Senatsrechtsprechung zu erkennen gegeben, dass die **Rspr. des 7. BAG-Senats modifiziert** werden könnte, sofern sich z. B. auf Grund tatsächlicher gewandelter Verhältnisse zeigen sollte, dass **Leiharbeit kein Randphänomen** mehr sei. Insbesondere die unbegrenzte, wiederholte bzw. dauerhafte und langfristige Heranziehung könnte ggf. Anlass zur Überprüfung der bisherigen Rspr. geben. Unter ausdrücklichem Bezug auf diese Andeutung eines möglichen Rspr.-Wandels hatte z. B. das *LAG Schleswig-Holstein*[154] nicht gewerbsmäßig überlassene AN dem Entleiherbetrieb zugeordnet und ihnen dort das aktive und passive Wahlrecht zuerkannt. § 14 AÜG sei deswegen nicht entsprechend anzuwenden, weil die Überlassung auf Dauer und ohne jeden Rückrufvorbehalt erfolgt sei. Der 7. Senat war dem in seiner Entscheidung v. 17. 2. 10 jedoch nicht gefolgt (vgl. Rn. 30).

32 Die hier vertretene Ansicht führt auch nicht zu Beurteilungsschwierigkeiten insbesondere bei der **Grenzziehung zu sog. Unternehmer-AN:** Zwar leisten Unternehmer-AN Arbeit in einem fremden Betrieb (vgl. Rn. 104). Sie unterstehen jedoch – sofern keine illegale AN-Überlassung (Scheinwerkvertrag) vorliegt – gerade nicht der Leitungsmacht des dortigen AG und bleiben in die Arbeitsorganisation ihres Stammbetriebs eingegliedert; sie sind aus dortiger Perspektive Außen-AN.

33 **Zusammenfassend** ist der betriebsverfassungsrechtliche AN-Begriff dahin gehend zu charakterisieren, dass er sich (neben den in § 5 ausdrücklich erwähnten Abweichungen) auch insoweit qualitativ vom allgemeinen arbeitsvertraglichen AN-Begriff unterscheidet, als er auf betriebsangehörige AN abstellt. Dieser betriebsverfassungsrechtliche AN-Status setzt anders als der vertragsrechtliche AN-Begriff nicht notwendig ein kraft Arbeitsvertrages mit dem AG begründetes Arbeitsverhältnis voraus. Für den **AN-Begriff i. S. d. BetrVG** genügt die Begründung eines **kraft Eingliederung in die Arbeitsorganisation** des Beschäftigungsbetriebs zustande gekommenen Arbeitsverhältnisses, das sich als **betriebsverfassungsrechtliches Arbeitsverhältnis** bezeichnen lässt und in dem die Leitungsmacht bezüglich des Einsatzes der abhängigen Arbeitskraft zumindest teilweise durch den AG des Beschäftigungsbetriebs ausgeübt wird.[155]

---

151 BT-Drucks. 14/5741, S. 27 f., 36.
152 A. a. O., S. 28.
153 FS Wißmann, 286, 295 ff.
154 14. 6. 07 – 1 TaBV 64/06.
155 So auch *Boemke,* Schuldvertrag und Arbeitsverhältnis, S. 431 f., der – ähnlich wie hier – das durch Zuweisung eines Arbeitsbereichs begründete arbeitsrechtliche Erfüllungsverhältnis als ausreichende rechtliche Beziehung zum Betriebsinhaber und Begründungstatbestand der betriebsverfassungsrechtlichen AN-Stellung ansieht; ähnlich *LAG Frankfurt,* 25. 1. 85, BB 85, 2173, das die AN-Eigenschaft i. S. v. § 5 Abs. 1 dann bejaht, wenn die betreffende Person den Weisungsbefugnissen des AG unterliegt und so eingegliedert ist, dass sie sich von vergleichbaren [Vertrags-]AN im Wesentlichen nur durch das Fehlen arbeitsvertraglicher Beziehungen zum Betriebsinhaber unterscheidet; ebenso

2. Sonderfälle

a) Befristet Beschäftigte

34 Da eine auf Dauer angelegte Beschäftigung weder vom allgemeinen AN-Begriff noch vom durch Eingliederung begründeten betriebsverfassungsrechtlichen AN-Status vorausgesetzt wird, sind auch befristet beschäftigte Personen AN i. S. d. BetrVG.[156] Auf den Grund der Befristung kommt es nicht an, so dass auch lediglich **zur Aushilfe** Eingestellte zu den AN i. S. d. Vorschrift zählen.[157] Eine andere Frage ist freilich, ob befristete Aushilfs-AN zu den »in der Regel« beschäftigten AN des Betriebs gehören und damit im Rahmen bestimmter, zusätzliche Tatbestandsmerkmale enthaltender Vorschriften des Gesetzes (z. B. §§ 1, 9, § 99 Abs. 1, § 106 Abs. 1, § 110 Abs. 1, § 111 Abs. 1) mit zu berücksichtigen sind.[158] Lediglich einen Sonderfall der Befristung stellte die Beschäftigung von AN im Rahmen sog. **Arbeitsbeschaffungsmaßnahmen** (gem. §§ 260 f. SGB III a. F.) dar. Auch diese Personen sind AN i. S. d. Gesetzes.[159] Gleiches gilt für Beschäftigte in sog. **Beschäftigungs- und Qualifizierungsgesellschaften.**[160]

b) Teilzeitarbeit

35 Für die AN-Eigenschaft kommt es grundsätzlich **nicht** auf den **zeitlichen Umfang** der Beschäftigung an.[161] Teilzeitbeschäftigt ist ein AN, dessen regelmäßige Arbeitszeit kürzer ist als die eines vergleichbaren vollzeitbeschäftigten AN, § 2 Abs. 1 TzBfG. Teilzeitkräfte zählen daher ebenfalls zu den AN i. S. d. Gesetzes,[162] und zwar gleichgültig, ob sie **in mehreren Betrieben** beschäftigt werden.[163] Liegt eine Doppelbeschäftigung vor, ist der Teilzeitbeschäftigte bei Vorliegen der sonstigen Voraussetzungen (vgl. §§ 7, 8) in beiden Betrieben wahlberechtigt und wählbar.[164] Teilweise wird angenommen, Teilzeitbeschäftigte müssten zumindest eine **tägliche Mindestarbeitszeit** erbringen[165] bzw. ihre **Tätigkeit** müsse **von** einiger betrieblicher **Bedeutung** sein, insbesondere **sozialversicherungspflichtigen Umfang** erreichen, damit sie als AN i. S. d. Gesetzes anzusehen seien. Derartige Auffassungen finden im Gesetz keine Stütze und sind abzulehnen.[166] Im Übrigen stellt § 2 Abs. 2 TzBfG klar, dass auch AN ist, wer eine geringfügige Beschäftigung nach § 8 Abs. 1 Nr. 1 SGB IV ausübt.[167]

36 Soweit Personen, die nur ganz gelegentlich mit geringfügigen und für den Betrieb unbedeutenden Arbeiten beschäftigt werden **(Kurzzeitbeschäftigte),** nicht zu den AN i. S. d. Gesetzes zählen sollen,[168] lässt sich diese Ansicht jedoch nicht mit dem Hinweis auf den zeitlichen Umfang der Tätigkeit begründen.[169] Vielmehr kommt es auf die Art der Tätigkeit als abhängiger Arbeit und die **Eingliederung in die Arbeitsorganisation** des Betriebes an.[170] Dabei darf das

---

LAG Köln 23.7.99, AiB 00, 429; in diese Richtung weist auch *BAG* 22.4.97, EzA § 99 BetrVG 1972 Einstellung Nr. 3; wie hier Schüren-*Hamann,* § 14 Rn. 20 f.; zur Eingliederung als Begründungstatbestand der AN-Eigenschaft i. S. d. § 5 Abs. 1 vgl. auch *LAG Hamm* 16.3.88, DB 88, 2058, sowie *BAG* 10.2.81, AP Nr. 25 zu § 5 BetrVG 1972 unter III 4 der Gründe, ferner *BAG* 26.11.87, NZA 88, 505 [506].

156 Vgl. *Fitting,* Rn. 104; *Richardi/Maschmann,* Rn. 55 f.

157 Vgl. *GL,* Rn. 7.

158 Vgl. dazu § 1 Rn. 242, 252; *BAG* 12.10.76, AP Nr. 1 zu § 8 BetrVG 1972.

159 Vgl. *Fitting,* 26. Aufl., Rn. 148; *BAG* 13.10.04 – 7 ABR 6/04, EzA § 5 BetrVG 2001 Nr. 1.

160 ErfK-*Koch,* Rn. 2; *Fitting,* Rn. 151.

161 Vgl. *BAG* 29.3.74, AP Nr. 2 zu § 19 BetrVG 1972.

162 *Richardi/Maschmann,* Rn. 57; *Fitting,* Rn. 173; *GL,* Rn. 7; GK-*Raab,* Rn. 49.

163 Sog. Doppelbeschäftigung, vgl. *BAG* 11.4.58, AP Nr. 1 zu § 6 BetrVG; GK-*Raab,* a. a. O.

164 Vgl. *BAG* 11.4.58, a. a. O.; 11.3.75, AP Nr. 1 zu § 24 BetrVG 1972; *Becker-Schaffner,* DB 86, 1773 [1778].

165 Vgl. z. B. *Wank,* RdA 85, 1 [11]; *Löwisch,* RdA 84, 197 [206].

166 H. M.; vgl. *Richardi/Maschmann,* Rn. 58; *Fitting,* Rn. 100; GK-*Raab,* Rn. 50.

167 *Buschmann/Dieball/Stevens-Bartol,* § 2 TzBfG Rn. 6.

168 Vgl. *LAG Hamm* 11.5.79, DB 79, 2380.

169 Ähnlich *Richardi/Maschmann,* Rn. 58.

170 GK-*Raab,* Rn. 36; vgl. zur Betriebszugehörigkeit bei »gelockerter« Beziehung zum Betrieb *Oetker,* AuR 91, 359 f.

Erfordernis der Eingliederung im hier vertretenen Sinne (vgl. oben Rn. 24 ff.) allerdings nicht dahin missverstanden werden, dass es auf die räumliche Einordnung in den Betrieb (»unter einem Dach«) ankomme.[171] Letzteres hat auch die Neufassung des Abs. 1 durch die Novellierung 2001 klargestellt. Entscheidend ist der **Bezug zur Arbeitsorganisation** des Betriebs, zu dem auch Tätigkeitsbereiche gehören, die außerhalb der Betriebsstätte selbst liegen (vgl. dazu Rn. 50 f.). Typischerweise ist es so, dass sachmittelgestützte Arbeitsvorgänge und -abläufe die enge Kooperation mit anderen Personen erfordern und daher in einer räumlich-gegenständlich begriffenen Arbeitsorganisation erbracht werden, während informationsgestützte Arbeitsvorgänge eher in gelockerter Beziehung zum materiellen Substrat des Betriebs denkbar sind, aber nicht schon allein deswegen zu einem geringeren Maß an persönlicher Abhängigkeit führen müssen.[172]

Auch Beschäftigte in sog. **Mini-Jobs** mit einem Arbeitsentgelt von nicht mehr als 450,- Euro (§ 8 Abs. 1 Nr. 1 SGB IV) sind AN i. S. des § 5, auch wenn mit den sog. Hartz-Gesetzen die stundenmäßige Begrenzung in § 8 Abs. 1 SGB IV entfallen ist. Mini-Jobs bleiben nur dann betriebsverfassungsrechtlich irrelevant, wenn deren Vollzug sich ausschließlich **in Privathaushalten** vollzieht (vgl. § 8a SGB IV), weil diese nicht als Betriebe i. S. d. § 1 gelten (§ 1 Rn. 42). Werden AN im Bereich der sog. **Gleitzonen-Jobs** mit einem Arbeitsentgelt von 450,01 bis 850,00 Euro im Monat (§ 20 Abs. 2 SGB IV) beschäftigt, sind auch diese AN i. S. v. § 5 BetrVG. 37

Teilzeitbeschäftigte sind im Rahmen derjenigen Vorschriften, die auf bestimmte **Zahlengrenzen** abstellen (z. B. auch bei § 38), genauso zu berücksichtigen wie **Vollzeit-AN.** Eine **Umrechnung** der Anzahl teilzeitbeschäftigter AN in eine entsprechende (niedrigere) Anzahl von Vollzeitarbeitskräften ist daher **unzulässig.**[173] Die im Zusammenhang mit dem Arbeitsrechtlichen BeschäftigungsförderungsG 1996 erwogene anteilige Umrechnung der Teilzeit-AN wurde mit der **Novellierung 2001** im BetrVG gerade nicht realisiert. Anders ist dies nur, wenn das Gesetz ausdrücklich festlegt, ob und wie die Mitzählung erfolgt. 38

Um welche **Form der Teilzeitarbeit** es sich im konkreten Fall handelt, ist für den betriebsverfassungsrechtlichen AN-Begriff ebenfalls grundsätzlich **unerheblich.** Die vorstehenden Grundsätze gelten daher auch für Abrufarbeit nach § 12 TzBfG,[174] Arbeitsplatzteilung nach § 13 TzBfG (Jobsharing, Jobsplitting) und sonstige flexible Arbeitseinsatzmodelle.[175] Auch sog. **Vertragsamateur-Fußballspieler,** deren Arbeitsleistung (Fußballspiel gegen – wenn auch geringfügiges – Entgelt) nicht hauptberuflich erbracht wird, sind AN i. S. d. Gesetzes, da sie zumindest während der Spielzeit zu vorgegebenen Zeiten und Orten an Spielerbesprechungen, am Training sowie an Fußballpunkt- und -freundschaftsspielen teilzunehmen haben und insoweit einem Weisungsrecht ihres Vereins unterliegen.[176] 39

Auch **Altersteilzeit** nach dem ATG ist eine Form der Teilzeitarbeit. Umstritten ist, ob das Wahlrecht mit Eintritt in die Freistellungsphase entfällt,[177] weil durch die damit verbundene endgültige »Ausgliederung« aus der betrieblichen Arbeitsorganisation das betriebsverfassungs- 40

171 So wohl die Annahme bei GK-TzA-*Lipke,* a. a. O., Rn. 411.

172 Näher dazu *Säcker,* FS Quack, S. 421 [426]; zur »informationellen« Abhängigkeit vor allem *Linnenkohl/Kilz/Rauschenberg/Reh,* AuR 91, 203 ff.

173 Vgl. *LAG Hamm* 11.5.79, DB 79, 2380; *LAG Baden-Württemberg* 16.6.87, LAGE § 111 BetrVG 1972 Nr. 6; *Löwisch,* RdA 84, 197 [206]; *Buschmann/Dieball/Stevens-Bartol,* § 8 BetrVG Rn. 7; GK-TzA-*Lipke,* Art. 1 § 2 Rn. 409, 413 f.

174 KAPOVAZ; dazu insbes. *Kleveman,* AiB 86, 156; *ders.,* AuR 87, 292; *Schaub,* BB 88, 2255; *Däubler,* Das Arbeitsrecht 2, Rn. 1959 ff.

175 Vgl. *Fitting,* Rn. 176.; GK-TzA-*Lipke,* Art. 1 § 2 Rn. 414; GK-TzA-*Mikosch,* Art. 1 § 4 Rn. 137; GK-TzA-*Danne,* Art. 1 § 5 Rn. 153, jeweils m. w. N.; zum Jobsharing *ArbG Solingen* 17.2.88, AiB 88, 312.

176 Vgl. *LAG Rheinland-Pfalz* 3.4.89, NZA 89, 966; enger *BAG* 10.5.90, AP Nr. 51 zu § 611 BGB Abhängigkeit, das eine über die mitgliedschaftsrechtliche Weisungsgebundenheit hinausgehende persönliche Abhängigkeit verlangt; zur AN-Eigenschaft von Eishockey-Spielern *BAG* 15.11.89, AP Nr. 6 zu § 611 BGB Berufssport mit Anm. *Däubler;* zur Abgrenzung der arbeitsvertraglichen von der über die Mitgliedschaft vermittelten verbandsrechtlichen Arbeitspflicht Rn. 183; eingehend *BAG* 22.3.95, NZA 95, 823 [Scientology].

177 Vgl. § 7 Rn. 12 m. w. N.; bejahend *BAG* 16.4.03 – 7 ABR 53/02, AP Nr. 7 zu § 9 BetrVG 1972.

rechtliche Arbeitsverhältnis (vgl. Rn. 33) endet und damit die für die AN-Eigenschaft i. S. v. § 5 Abs. 1 notwendige Betriebszugehörigkeit.[178]

c) Telearbeit

41 Der **allgemeine rechtliche Status** derjenigen Personen, die unter Nutzung moderner EDV-gestützter Informations- und Kommunikationstechnik an einem Arbeitsplatz außerhalb des eigentlichen Betriebs arbeiten (z. B. eigene Wohnung, Regionalbüro, Satellitenbüro, Internet-cafés, Nachbarschaftsbüro, mobile Telearbeit vom Kfz-Terminal aus),[179] kann von verschiedenen tatsächlichen Umständen des Einzelfalles abhängig sein. In Betracht kommen Arbeitsverhältnis, Heimarbeit, Arbeitnehmerähnlichkeit, freie Mitarbeit und Selbstständigkeit.[180]

42 Für die **betriebsverfassungsrechtliche AN-Eigenschaft** (vgl. Rn. 33) ist die arbeitsvertragsrechtliche Qualifizierung des jeweiligen Rechtsverhältnisses weitestgehend belanglos, da es insoweit nur darauf ankommt, ob die betreffende Person innerhalb der betrieblichen Arbeitsorganisation in persönlicher Abhängigkeit weisungsgebundene Arbeit verrichtet, dort also eingegliedert ist.[181] Soweit es sich daher um **Regional- oder Satellitenbüros** als ausgelagerte Abteilungen eines UN handelt, sind die dort Tätigen als AN i. S. d. Gesetzes anzusehen, weil deren Tätigkeit derjenigen im Betrieb selbst entspricht und die Inanspruchnahme der durch den AG gestellten Büroräume als Eingliederung in die Arbeitsorganisation (örtliche Fixierung der Arbeitsleistung) gewertet werden muss.[182]

43 Beim Arbeitseinsatz im **Nachbarschaftsbüro,** das von verschiedenen UN eingerichtet und betrieben wird,[183] kommt vor allem der **kommunikationstechnischen Anbindung** des Arbeitsplatzes an die jeweilige UN- bzw. Betriebszentrale maßgebliche Bedeutung zu, weil – anders als beim Satellitenbüro – die rein räumliche Betrachtung wegen der Mehrheit von UN, die an einem Nachbarschaftsbüro beteiligt sein können, noch keine eindeutige Aussage über das Vorliegen einer arbeitsorganisatorischen Eingliederung zulässt.[184] Handelt es sich um eine **Online-Verbindung,** ist regelmäßig der Tatbestand der Eingliederung gegeben, da der AG den jeweiligen Arbeitsbereich via Datenleitung und Programm zuweisen und kontrollieren kann.[185]

44 Handelt es sich dagegen um **Offline-Telearbeit,** ist das Maß der persönlichen Abhängigkeit und damit die AN-Eigenschaft z. B. nach folgenden Kriterien festzustellen:[186]

- vorgeschriebene Arbeits- und Bereitschaftszeit;

---

178 Für das aktive Wahlrecht: § 7 Rn. 12; *Däubler,* AiB 01, 684 [688 f.]; *Natzel,* NZA 98, 1262 [1264 f.], dagegen: *Fitting,* § 7 Rn. 32; *Rieble/Gutzeit,* BB 98, 638 [640]; *Haag/Gräter/Dangelmaier,* DB 01, 702; BVerwG 15. 5. 02 – 6 P 18/01, AP Nr. 1 zu § 10 LPVG NW; BayVGH 14. 11. 01, PersR 02, 173; krit. dazu *Rothländer,* PersR 02, 147 [150]; anders aber *OVG Schleswig-Holstein* 30. 11. 00, PersR 01, 217, n. rk., für die personalvertretungsrechtliche Parallele, wenn eine Heranziehbarkeit zur Arbeit für die Dienststelle auch während der Freistellungsphase möglich bleibt; nach *BAG* 25. 10. 00– 7 ABR 18/00, NZA 01, 461 soll allerdings die Mitgliedschaft im Aufsichtsrat enden; zum passiven Wahlrecht s. § 8 Rn. 22.

179 Vgl. den Überblick bei DHZ-*Becker,* § 118 Rn. 5; *Schaub/Vogelsang,* Arbeitsrechts-Handbuch, § 164; *Pfarr/Drüke,* S. 42 ff.; *Däubler,* Das Arbeitsrecht 2, Rn. 2123 ff.; *Wedde,* Rn. 5 ff.; *ders.,* AuR 87, 325 [326 f.]; *ders.,* BetrR 8/88, S. 1 [3]; *ders.,* AiB 92, 125 ff.; *ders.,* NJW 99, 527; *Wank,* NZA 99, 225; *Peter,* DB 98, 573; *IGM* [Hrsg.]. Teils im Betrieb – teils zu Hause [Neue Formen der Telearbeit], Bd. 135 der Schriftenreihe der IGM [1993] mit detaillierten Regelungsvorschlägen; *Fenski,* S. 126 ff.

180 Vgl. etwa *Pfarr/Drüke,* S. 30 ff.; *Wedde,* AuR 87, 325 [326 f.]; *ders.,* Rn. 92 ff., 190 ff., 233 ff.

181 Vgl. Rn. 26; *Boemke/Ankersen,* BB 00, 2254.

182 Vgl. im Einzelnen *Pfarr/Drüke,* S. 42; *Küfner-Schmitt,* S. 12; *Wedde,* Rn. 132 ff.; *Ulber,* AiB 85, 22 [24]; *Kilian/Borsum/Hoffmeister,* S. 78, 107; vgl. auch *Linnenkohl/Kilz/Rauschenberg/Reh,* AuR 91, 203 ff. zur sog. informationellen Abhängigkeit, die zum AN qualifiziert.

183 Vgl. zur begrifflichen Unterscheidung vom Satellitenbüro *Schaub/Vogelsang,* Arbeitsrechts-Handbuch, § 164 Rn. 3; *Pfarr/Drüke,* S. 23, 43; anders *Kappus,* CR 86, 31 [36].

184 Vgl. *Kilian/Borsum/Hoffmeister,* S. 6; *Pfarr/Drüke,* S. 44.

185 *Fitting,* Rn. 202; GK-*Raab,* Rn. 66; *Wahsner/Steinbrück,* AiB 84, 104 [105]; *Kappus,* NJW 84, 2384 [2385]; *Ulber,* AiB 85, 22 [24]; *Däubler,* Das Arbeitsrecht 2, Rn. 2132; *Kilian/Borsum/Hoffmeister,* NZA 87, 401 [404]; *Wahsner,* AiB 85, 95; *Wedde,* Rn. 132 ff.; *Paasch,* AiB 89, 278 [281].

186 Vgl. *Fitting,* Rn. 203; GK-*Raab,* Rn. 67; *Paasch,* AiB 89, 278 [281] m. w. N.

- vorgeschriebene Uhrzeiten, zu denen die Arbeitsergebnisse in den Betrieb (Zentrale) überspielt werden bzw. Disketten im Betrieb abgegeben werden müssen;
- Pflicht zur Anmeldung freier Tage bzw. Urlaubs unter Einbeziehung in den betrieblichen Urlaubsplan;
- Kontrollen durch den AG;
- Bindung an nur einen AG durch Zuweisung eines Arbeitsvolumens, das die Arbeit für andere AG unmöglich macht;
- Verbot, sich bei der Arbeitsverrichtung durch andere Personen vertreten zu lassen.

Liegen dementsprechend die Einzelmerkmale der persönlichen Abhängigkeit vor, kann die Frage der betriebsverfassungsrechtlichen AN-Eigenschaft praktisch nur dann noch Probleme aufwerfen, wenn die Arbeitsleistung für **mehrere Betriebe** erbracht wird. Handelt es sich um **dasselbe UN,** für dessen Betriebe die Arbeiten verrichtet werden, kann je nach Lage der Dinge dieselbe Person den betriebsverfassungsrechtlichen AN-Status in mehreren Betrieben des UN erfüllen. Dieser Fall stellt sich qualitativ nicht anders dar, als die Teilzeitbeschäftigung für mehrere Vertrags-AG, bei der eine mehrfache Betriebszugehörigkeit ebenfalls nicht ausgeschlossen ist (vgl. Rn. 35). Allerdings wird man unter Berücksichtigung des betriebsverfassungsrechtlichen Schutzzwecks, zu dessen Wahrung es der Feststellung über die AN-Eigenschaft (Betriebszugehörigkeit) bedarf, bei Identität des Vertrags-AG verlangen müssen, dass die Zuweisung von Arbeitsaufgaben für und von unterschiedliche(n) Betriebsorganisationen (Leitungsapparaten) erfolgt;[187] allein die bloße Beschäftigung für die jeweiligen Betriebe genügt auch hier nicht (vgl. Rn. 26). 45

Die vorstehenden Grundsätze (Rn. 43 f.) über die Ermittlung des betriebsverfassungsrechtlichen Status unter Berücksichtigung der kommunikationstechnischen Verbindung (Online- bzw. Offline-Betrieb) sind entsprechend anzuwenden, wenn es sich um mobile bzw. **in der eigenen Wohnung** stattfindende **Telearbeit** handelt. **Mobile Telearbeit** lässt sich jedoch nicht isoliert betrachten, sie ist in der Regel nur eine **Begleiterscheinung des Außendienstes.**[188] Wer unter Anwendung von computergestützten Techniken in der Wohnung **Schreib- und Satzarbeiten** ausschließlich für einen Auftraggeber ausführt, ist i. d. R. als AN anzusehen. Dabei ist es für die betriebsverfassungsrechtliche AN-Eigenschaft letztlich belanglos, ob es sich im konkreten Fall um Heimarbeit handelt,[189] da insoweit die Rechtsfolge (Betriebszugehörigkeit) dieselbe ist. 46

Nach zutreffender Ansicht gehört der ausgelagerte Telearbeitsplatz zum Betrieb.[190] Weitestgehend ungeklärt ist jedoch, ob Art. 13 GG oder §§ 854 ff. BGB dem **Zutrittsrecht** des **BR** zu den Arbeitsplätzen[191] oder dem Zugangsrecht der **Gewerkschaften** (vgl. § 2 Rn. 78 ff.) bzw. der **Arbeitsschutzbehörden** dann entgegensteht, wenn sich der Arbeitsplatz in der Wohnung des AN befindet.[192] Man wird insoweit den AG für verpflichtet halten müssen, durch eine entsprechende **Vertragsgestaltung** dafür zu sorgen, dass die betriebsverfassungsrechtlichen Befugnisse des BR auch wahrgenommen werden können, andernfalls der BR ggf. nach § 23 Abs. 3 vorgehen könnte.[193] 47

---

187 Ähnlich *Richardi/Maschmann*, Rn. 61 ff.

188 Vgl. Rn. 48; *Pfarr/Drüke*, S. 51.

189 Vgl. *LAG München* 31.10.84, LAGE § 6 BetrVG 1972 Nr. 2; *Paasch*, AiB 89, 278 [282]; *Wahsner*, AiB 85, 95.

190 *Fitting*, Rn. 193; klargestellt durch den mit der Novellierung 2001 geänderten Wortlaut des Abs. 1; vgl. *BT-Drucks.* 14/5741, S. 35.

191 Vgl. hierzu allgemein § 80 Rn. 14; *BAG* 17.1.89, DB 89, 1528; 13.6.89, DB 89, 2439, wonach der Betriebsbegriff des BetrVG nicht auf die räumliche Einheit einer Betriebsstätte beschränkt ist und ein Zutrittsrecht des BR auch außerhalb der Betriebsstätte selbst bestehen kann, wenn dort betriebliche Einrichtungen [hier: Wachstellen eines Bewachungs-UN] vorhanden sind.

192 Vgl. *Däubler*, Gewerkschaftsrechte, Rn. 681 f.; ausführlich *Wedde*, Rn. 493 ff.

193 Nach *BAG* 13.6.89, DB 89, 2439, stehen die BR-Rechte jedenfalls nicht zur vertraglichen Disposition in Abreden zwischen dem AG und Dritten; zur Vereinbarkeit mit Art. 13 insbes. *Schuppert*, Zutrittsrechte zu Telearbeitsplätzen, S. 44 ff.; *Collardin*, S. 41 ff.; dagegen nimmt *Fischer*, S. 275, einen Verstoß sowohl gegen Art. 13 GG als auch § 854 BGB an.

d) Außendienst und Auslandseinsatz

48 Unter dieser Personengruppe sind Beschäftigte zu verstehen, deren tatsächliche Beziehungen zum Betrieb vom idealtypischen Fall des Tätigseins innerhalb der räumlich abgegrenzten Betriebsstätte abweichen. Hierzu zählen z. B. Montage-AN, reisende Vertreter (Handelsreisende), Auslieferungsfahrer, fliegendes Personal, Kundendienstberater, Pharmaberater,[194] Service- und Wartungspersonal, Zeitungsausträger usw.[195] Deren allgemeinarbeitsrechtliche AN-Eigenschaft dürfte meist außer Zweifel stehen.[196] Die h. M. behilft sich bei der betriebsverfassungsrechtlichen Behandlung dieses Personenkreises mit der »Theorie der **Betriebsausstrahlungen**«, wonach Ausstrahlungen noch zum Betrieb zählen und die Annahme der Betriebszugehörigkeit nicht am Einsatz außerhalb der Betriebsstätte scheitere.[197] Abgesehen von der begrifflichen Unschärfe des Ausstrahlungsbegriffs[198] und seiner Verwendung vor allem bei betriebsverfassungsrechtlichen Auslandssachverhalten,[199] bei denen es sich um eine zudem nur **vorübergehende Lockerung** der tatsächlichen Beziehungen zum inländischen Betrieb handelt, in dem der Arbeitseinsatz normalerweise erfolgt, versagt diese »Theorie« immer dann, wenn das UN, für das der betreffende AN tätig wird, mehrere Betriebe hat und die Arbeitsleistung nicht nur einem Betrieb ausschließlich zugeordnet werden kann. Darüber hinaus sind die Außendienstbeschäftigungsformen meist dadurch gekennzeichnet, dass die **Lockerung der tatsächlichen Beziehungen** zu einem Betrieb **auf Dauer** erfolgt (vgl. zum Auslandseinsatz Rn. 56 ff.).

49 Zur Vermeidung von betriebsverfassungsrechtlichen Zuordnungsproblemen bei Außendienstlern wurde die mit der Novellierung 2001 (Einfügung in Abs. 1 Satz 1) allerdings überholte Ansicht vertreten, auf diesen Personenkreis zur Ermittlung der Betriebszugehörigkeit und damit der betriebsverfassungsrechtlichen AN-Eigenschaft § 4 i. V. m. § 5 Abs. 1 Satz 2 analog (Heimarbeit) anzuwenden.[200] Diese Meinung unterstellt jedoch unausgesprochen, dass ein AN nur in einem Betrieb desselben UN die AN-Eigenschaft i. S. d. Gesetzes besitzen könne. Dies ist jedoch nicht notwendigerweise der Fall.[201] Wegen der betriebsorganisatorischen Spezifika der Außendiensttätigkeit wird es häufig so sein, dass die gesamte Außendienstorganisation als **eigenständiger Betriebsteil** anzusehen ist.[202]

50 Für die Ermittlung der betriebsverfassungsrechtlichen AN-Eigenschaft von Außendienstlern ist wie auch in anderen Fällen auf den Begründungstatbestand der Betriebszugehörigkeit – die Einstellung i. S. d. § 99 – abzustellen (vgl. Rn. 26). Damit kommt es auf die **Eingliederung in** die betriebliche **Arbeitsorganisation,** d. h. die **Zuweisung eines Arbeitsbereichs** innerhalb der Arbeitsorganisation des Beschäftigungsbetriebs durch den dortigen AG **unter** dessen **Leitungsmacht,** an.[203] Dieser tatsächliche Vorgang darf jedoch nicht auf den räumlich-gegenständlichen Aspekt verkürzt werden.[204] Ob jemand innerhalb der betrieblichen Arbeitsorganisation steht und damit AN des Betriebs ist, bestimmt sich neben der räumlichen vor allem **nach der funktionalen Komponente des** zugewiesenen **Arbeitsbereichs** in Bezug auf den betrieblichen Gesamttätigkeitsbereich. Grenzt man mit der h. M. den Betrieb unter Berück-

---

194 Vgl. *LAG Hamm* 5. 10. 89, 13. 10. 89, LAGE § 611 BGB Arbeitnehmerbegriff Nrn. 13, 14.
195 *Fitting,* § 1 Rn. 23; GK-*Raab,* § 7 Rn. 36, 37; *Joost,* S. 167, 305, 307 f.
196 Vgl. aber Rn. 69 für die Abgrenzung bestimmter Außendienstgruppen von den Formen der freien Mitarbeit; vgl. auch *Grimberg/Peter,* AiB 01, 29 ff.
197 Vgl. MünchArbR-*v. Hoyningen-Huene,* (1. Aufl.), § 298 Rn. 35 ff.
198 Vgl. *Joost,* S. 307 f.
199 Vgl. § 1 Rn. 25 f.; *Fitting,* § 1 Rn. 22.
200 Vgl. GK-*Kreutz,* § 7 Rn. 32: Der einzelne oder eine Gruppe von Außendienst-AN könne Betriebsteil oder Kleinstbetrieb sein; *Joost,* S. 311 ff.: Der einzelne **Außendienstler** sei ein **Einmannbetrieb;** dagegen *ArbG Hamburg* 19. 8. 97, BetrR 97, 103; *ArbG Freiburg* 3. 7. 90, AfP 90, 340 [342 f.].
201 Vgl. Rn. 35, 45; Richardi-*Thüsing,* § 7 Rn. 28; so zu Recht auch GK-*Kreutz,* § 7 Rn. 32 a. E.
202 Näher *Bösche/Grimberg,* FS Gnade, S. 377 [380 ff.].
203 Vgl. *Richardi,* NZA 87, 145 [146]; *Ziemann,* AuR 90, 58 [64]; so auch *BAG* 10. 3. 04 – 7 ABR 36/03, das auf den Betrieb abstellt, der das Direktionsrecht ausübt, wobei die Fachaufsicht nur von untergeordneter Bedeutung ist.
204 Vgl. Rn. 36, 46; richtig *BAG* 13. 6. 89, DB 89, 2439 [2440]; *Fitting,* § 1 Rn. 23, setzen Außenarbeiten unzutreffend mit Arbeiten außerhalb einer betrieblichen Organisation gleich; *Richardi,* a. a. O., stellt im Sinne der h. M. folgerichtig auf die Verwirklichung des Betriebszwecks ab, so dass der Betriebszugehörigkeit die Tätigkeit außerhalb der Betriebsstätte im engeren Sinne nicht entgegensteht.

sichtigung seiner **arbeitstechnischen Zwecke** ab, so ist die Frage nach der funktionalen Zugehörigkeit des Arbeitsbereichs mit dem Hinweis auf die Verwirklichung des Betriebszwecks zu beantworten.[205] Dies führt jedoch nicht immer zu klaren Ergebnissen: Gehört es zum arbeitstechnischen Zweck eines Betriebes, Medikamente herzustellen (Produktion), und obliegt es den im Außendienst Beschäftigten, diese abzusetzen (durch Apotheken-, Arzt- und Krankenhausbesuche), so erfüllen Betrieb (Produktion) und Außendienst (Vertrieb) unterschiedliche Zwecke. Durch die **Atomisierung der Betriebszwecke** ist damit ein beliebiges Ergebnis vorprogrammiert; je nach Definition der Zwecke unterfiele der Außendienstler dem persönlichen Geltungsbereich des Gesetzes oder eben nicht. Diese Beliebigkeit der Ergebnisse widerspricht jedoch dem zwingenden Charakter der Norm und entzöge dem betreffenden Personenkreis die durch Verfahrens- und Organisationsnormen des BetrVG gewährleistete Grundrechtsausübung (vgl. § 1 Rn. 4 ff.).

Auch die Zuordnung zu demjenigen Betrieb, dessen **BR** im Rahmen des § 99 **beteiligt** worden ist, gibt nur einen **Anhaltspunkt** für die jeweilige Betriebszugehörigkeit. Wird ein an sich zuständiger BR vom AG übergangen oder ist ein BR nicht vorhanden, kann schließlich die betriebsverfassungsrechtliche AN-Eigenschaft hiervon nicht berührt werden. Ebenso wenig hilft die Anknüpfung an die vertragsrechtliche Beziehung zum Betriebsinhaber: Hat das UN nur einen Betrieb, ist die Zuordnung des Außendienstes generell unproblematisch; hat das UN jedoch mehrere Betriebe oder erbringt der Außendienstler für mehrere Betriebe desselben UN Arbeitsleistungen, lässt sich aus der vertragsrechtlichen Beziehung zum UN für die Betriebszugehörigkeit nichts ableiten. 51

Stattdessen wird man die Betriebszugehörigkeit des Außendienstlers auf Grund seiner tatsächlichen **Stellung im betrieblichen Funktionsorganismus** festzustellen haben, wie sie in aller Regel ihren Niederschlag im betrieblichen **Organisationsschema** gefunden hat. Auch eine solche betriebliche Teilorganisation ist jedoch ohne **Leitung**, die den Arbeitseinsatz lenkt und koordiniert, nur schwer denkbar. Insoweit kann es auch hier unter Berücksichtigung des Schutzzwecks des Betriebsverfassungsrechts, die arbeitgeberseitige Leitungsmacht zu begrenzen, für die Bestimmung der Betriebszugehörigkeit vor allem darauf ankommen, wo und von wem die sozialen und personellen **Mitbestimmungsangelegenheiten** dieses Personenkreises tatsächlich entschieden werden.[206] 52

Die Verabsolutierung dieses Merkmals kann jedoch bei den in der Praxis anzutreffenden unterschiedlichsten Organisationsformen des Außendienstes in Widerspruch mit dem **Ziel** einer **möglichst ortsnahen und effektiven Interessenvertretung** der AN geraten: Wenn z. B. die Außendienstorganisation beim Betrieb des UN-Sitzes in Hamburg angesiedelt ist, kann die Ausrichtung allein am Leitungsapparat dazu führen, dass ein Außendienst-AN, der seinen Bezirk in Süddeutschland hat, betriebsverfassungsrechtlich AN im Betrieb des UN-Sitzes in Hamburg ist.[207] 53

Gerade die unterschiedlichen **Organisationsformen des Außendienstes** führen häufig dazu, dass die personellen Einzelangelegenheiten der Außendienst-AN z. B. von der »Leitung« im Betrieb des UN-Sitzes entschieden werden, während Fragen des Arbeitseinsatzes, die meist die Ausübung der arbeitgeberischen Leitungsmacht im eigentlichen Sinne betreffen (z. B. Zuweisung von Kunden, Erstellen von Tourenplänen, Besuchsintensität, Arbeitszeit, Berichtswesen mittels EDV-Unterstützung) und zumindest teilweise soziale Mitbestimmungstat- 54

---

205 *Richardi*, a. a. O.; zutreffend insoweit *LAG Saarland* 7. 12. 16 – 2 TaBV 6/15, juris, das für den (umgekehrten) Fall der Entsendung von AN eines ausländischen Tochter-UN zur Schulung im inländischen Betrieb des Mutter-UN den AN-Status verneinte, weil eine konkretes Einbindung in den Produktionsablauf nicht erfolgt war (Einweisungen an einer eigens zu Schulungszwecken aufgebauten Fertigungsanlage außerhalb des normalen Produktionsablaufs).

206 So jetzt auch *BAG* 10. 3. 04 – 7 ABR 36/03, vgl. aber zur grundsätzlichen Problematik der ausschließlichen Anknüpfung am Leitungsapparat des AG § 1 Rn. 53, 54.

207 So etwa *BAG* 24. 1. 64, AP Nr. 6 zu § 3 BetrVG, wo die auf zehn Großstädte verteilten Außendienstler als betriebszugehörig am UN-Sitz angesehen wurden [ebenso *BAG* 28. 6. 95, AiB 96, 241 mit krit. Anm. *Trümner*]), obgleich vielleicht ein anderer Betrieb desselben UN räumlich näher gelegen ist (vgl. zur Zuordnung von Kleinstbetrieben § 4 Rn. 135 f.; zur Zuordnung von leitenden Angestellten zum nächstgelegenen Betrieb § 1 Abs. 2 SprAuG.

bestände berühren, häufig im Produktionsbetrieb koordiniert und entschieden werden, für den der Außendienstler im Produktabsatz/-vertrieb bzw. -service usw. tätig wird (zu diesem von *v. Hoyningen-Huene* so genannten »Durchführungsverhältnis« o. Rn. 29). In diesem Fall ist dem betreffenden AN ein Arbeitsbereich zugewiesen, der zur betrieblichen Organisation des Produktionsbetriebs gehört. Dass Fragen, die die vertragsrechtliche Komponente des Arbeitsverhältnisses betreffen, in einem anderen Betrieb entschieden werden, ist auch hier Folge der faktischen Aufspaltung der Position des (idealtypisch gedacht: einheitlichen) Vertrags-AG und berührt die Zugehörigkeit des Außendienstlers auch zum Produktionsbetrieb nicht.

55 Noch schwieriger wird die betriebliche Zuordnung der Außendienstler, wenn diese **für mehrere Betriebe Tätigkeiten** verrichten und Teil mehrerer betrieblicher Arbeitsorganisationen sind. In derartigen Fällen wird die Ansicht vertreten, dass die Betriebszugehörigkeit bei dem Betrieb besteht, für den die **Arbeitsleistung schwerpunktmäßig** erbracht wird.[208] Für diese Annahme spricht, dass in diesem Betrieb schon aus funktionellen Gesichtspunkten dann auch eine entsprechende weisungsbefugte Leitung vorhanden sein muss. Andererseits kann die tatsächliche Feststellung des Arbeitsschwerpunktes problematisch sein. Lassen sich keine eindeutigen Anhaltspunkte feststellen, bestehen keine durchgreifenden Bedenken, den betreffenden Außendienstler als betriebszugehörig in allen Betrieben anzusehen, für die er weisungsgebundene Arbeitsleistungen erbringt.[209] Bei bloßer Betrachtung des Arbeitsschwerpunktes kann außerdem leicht übersehen werden, dass die Eingliederung in die betriebliche Arbeitsorganisation und damit die Betriebszugehörigkeit generell **nicht** von einem bestimmten **Arbeitsumfang** abhängt (vgl. Rn. 35 ff.) und die bloße Beschäftigung im oder für den Betrieb noch nicht notwendig mit der Eingliederung als dem tatsächlichen Vorgang, der die Betriebszugehörigkeit begründet, identisch ist (vgl. Rn. 26).

56 Die Feststellung der Betriebszugehörigkeit kann des Weiteren Schwierigkeiten bereiten, wenn **AN ins Ausland entsandt** werden.[210] Für die gleichwohl denkbare Betriebszugehörigkeit im inländischen Betrieb des entsendenden UN wird meist darauf abgestellt, ob der Betreffende in eine betriebliche Organisation im Ausland eingegliedert wird[211] und ob der Auslandseinsatz vorübergehend oder auf Dauer angelegt ist.[212] Gegen die Zugehörigkeit zum inländischen Betrieb spricht es danach, wenn die Eingliederung in eine ausländische betriebliche Organisation des UN erfolgte bzw. die Person von Anfang an ausschließlich für den Auslandseinsatz eingestellt worden ist.[213] Im letzteren Fall soll auch die bloß vorübergehende **Vorbereitung auf** den **Auslandseinsatz** im Inlandsbetrieb keine Betriebszugehörigkeit zum Inlandsbetrieb entstehen lassen.[214]

57 Diese Lösungsansätze vermischen jedoch die Frage des räumlichen Geltungsbereichs mit dem Problem des persönlichen Anwendungsbereichs des Gesetzes. Soweit darauf abgestellt wird, ob die **Eingliederung in die ausländische** betriebliche **Organisation** erfolge, besagt dieser Hinweis nur, dass nach dem Territorialitätsprinzip (vgl. § 1 Rn. 23 ff.) auf diesen Auslandsbetrieb oder -betriebsteil des inländischen UN das BetrVG nicht anwendbar ist, damit wird jedoch nicht beantwortet, ob jemand, der im Auslands**betrieb** arbeitet, auch im Inlandsbetrieb zur Belegschaft gehören kann, es sei denn, man wollte behaupten, ein AN könne nur **eine** Betriebszugehörigkeit haben (was jedoch nicht zutrifft; vgl. Rn. 35). Ferner zeigt sich hier auch die Schwäche der Theorien, die auf Außendienst-AN zur Ermittlung der Betriebszugehörigkeit § 4 BetrVG (Einmannbetrieb/Betriebsteil; vgl. oben Rn. 49) anwenden wollen: Jeder ins Ausland entsandte AN wäre dem Geltungsbereich des BetrVG schlechterdings entzogen, wenn er als

---

208 Vgl. *Blanke/Berg u. a.*, Rn. 5, 108.
209 So auch *Blanke/Berg u. a.*, a. a. O.
210 Vgl. dazu umfassend *Birk*, FS Molitor, S. 19 [24 ff.], der aber ebenso wie *Boemke*, NZA 92, 112 [113], neben der tatsächlichen Eingliederung als rechtliches Kriterium einen Arbeitsvertrag mit dem Betriebsinhaber verlangt.
211 Vgl. *GK-Raab*, § 7 Rn. 48 f.; *BAG* 25.4.78, 7.12.89, AP Nrn. 16, 27 zu Internationales Privatrecht, Arbeitsrecht.
212 Vgl. *BAG* 21.10.80, AP Nr. 17 zu Internationales Privatrecht, Arbeitsrecht.
213 Vgl. *BAG* 25.4.78, 21.10.80, a. a. O.
214 Vgl. *Corts*, AuR 81, 254 [255]; *Schlüpers-Oehmen*, S. 112.

ausländischer Nebenbetrieb oder Betriebsteil angesehen würde,[215] da wegen des Territorialitätsprinzips § 4 unanwendbar wäre und eine Zuordnung zum Inlandsbetrieb als dem Hauptbetrieb schon von daher ausscheiden müsste.

Die Frage, welche Personen im Inlandsbetrieb betriebszugehörig und damit AN i. S. d. Gesetzes sind, ist bei den Fällen mit Auslandsberührung nach denselben Gesichtspunkten zu beantworten wie beim inländischen Personaleinsatz, der außerhalb des Betriebs (im Sinne einer räumlich abgegrenzten Einheit) erfolgt.[216] **Entscheidend ist** daher, ob der zugewiesene Aufgabenbereich, der Tätigkeiten im Ausland mit sich bringt, noch zur inländischen betrieblichen **Arbeitsorganisation** gehört oder nicht (vgl. Rn. 52). Aus diesem Grunde kann die Zugehörigkeit zum inländischen Betrieb auch dann fortbestehen, wenn die Arbeitsleistung bei einem Auslandsbetrieb erbracht wird.[217] 58

Es ist auch **nicht** danach zu differenzieren, ob der Auslandseinsatz **vorübergehend oder dauerhaft** erfolgt.[218] Zum einen wird auch für den Inlandsaußendienst dessen Betriebszugehörigkeit **nicht** vom zeitlichen Umfang einer außerhalb der Betriebsstätte erbrachten Arbeitsleistung abhängig gemacht,[219] zum anderen ist auch die von der Gegenmeinung gegebene Begründung rein spekulativ: Habe sich der AG das Recht des jederzeitigen Rückrufs vorbehalten, sei der Betreffende noch so eng an den inländischen Betrieb gebunden, dass eine fortbestehende Betriebszugehörigkeit angenommen werden müsse.[220] Damit könnte letztlich die **reine Vertragsgestaltung** darüber entscheiden, ob jemand dem persönlichen Geltungsbereich des Gesetzes unterfällt, und zwar unabhängig davon, ob das **Rückrufrecht** überhaupt jemals ausgeübt worden ist oder nicht.[221] Auf eine auf Dauer angelegte Beschäftigung innerhalb einer Betriebsstätte wird im Übrigen auch bei befristet Beschäftigten (vgl. Rn. 34) für die Betriebszugehörigkeit nicht abgestellt.[222] 59

Daher kann es sehr wohl vorkommen, dass jemand zwar ausschließlich für den Auslandseinsatz (z. B. Firmenrepräsentanten) eingestellt wird und im Ausland dauerhaft tätig wird, aber deswegen noch zum Inlandsbetrieb gehört, weil das Aufgabengebiet zu dessen Arbeitsorganisation zählt.[223] Diese Annahme ist umso mehr berechtigt, wenn **keine Eingliederung** in eine ausländische Betriebsorganisation erfolgt. Vom **Fortbestand der Betriebszugehörigkeit** zum Inlandsbetrieb ist daher regelmäßig bei Montage-AN (Facharbeiter, Ingenieure), fahrendem und fliegendem Personal, Servicepersonal usw. auszugehen, weil deren Einsatz ohnehin meist als Erfüllungsgehilfen (Unternehmer-Arbeiter, vgl. Rn. 104) in Einrichtungen eines Dritten (und nicht des eigenen UN) erfolgt. Sie bleiben Teil der inländischen Arbeitsorganisation. Für die Betriebszugehörigkeit kann es nicht darauf ankommen, ob die **Betriebszwecke** vorübergehend oder dauerhaft **im Ausland verfolgt** werden.[224] 60

Erfolgt dagegen eine Tätigkeit unter Eingliederung in eine ausländische Betriebsorganisation des UN, ist zu ermitteln, ob die betreffende Person in dem Sinne **eingegliedert** ist, dass sie unter der dortigen **Leitungsmacht** des AG abhängige Arbeitsleistungen erbringt. Ist dies nicht oder nur teilweise der Fall und bestehen trotz räumlicher Entfernung Weisungsbefugnisse des 61

---

215 Das sieht auch GK-*Raab*, § 7 Rn. 48.
216 Insoweit zutreffend *Schlüpers-Oehmen*, S. 111.
217 So zutreffend im Ansatz *BAG* 25.4.78, AP Nr. 16 zu Internationales Privatrecht, Arbeitsrecht, das jedoch sodann die Betriebszugehörigkeit im Inland verneint, wenn der Auslandseinsatz dauerhaft erfolgt; deutlicher jetzt *BAG* 7.12.89, AP Nr. 27 zu Internationales Privatrecht, Arbeitsrecht; vgl. auch *Fitting*, § 1 Rn. 24; a. A. GK-*Raab*, § 7 Rn. 48 f., der ungeachtet der Dauer des Auslandseinsatzes die Inlandsbetriebszugehörigkeit immer enden lässt, wenn eine Eingliederung in den Auslandsbetrieb erfolgt.
218 Zutreffend GK-*Raab*, a. a. O.; anders noch *BAG* 25.4.78, 21.10.80, AP Nrn. 16, 17 zu Internationales Privatrecht, Arbeitsrecht; *Fitting*, § 1 Rn. 24.
219 Mit zutreffender Begründung GK-*Raab*, § 7 Rn. 51.
220 Vgl. *Fitting*, § 1 Rn. 24; *Schlüpers-Oehmen*, S. 112.
221 Zu Recht sieht das *BAG* 7.12.89, AP Nr. 27 zu Internationales Privatrecht, Arbeitsrecht, im Rückrufrecht nur einen von mehreren Gesichtspunkten, die im Einzelfall sorgfältig gewichtet werden müssen.
222 Vgl. GK-*Raab*, § 7 Rn. 34.
223 So jetzt auch *BAG* 7.12.89, AP Nr. 27 zu Internationales Privatrecht, Arbeitsrecht.
224 Mit anderer Begründung, aber im Ergebnis ebenso GK-*Raab*, § 7 Rn. 51.

Leitungsapparates im Inlandsbetrieb fort, so bleibt eine (zumindest partielle) Betriebszugehörigkeit zum Inlandsbetrieb bestehen. Auf die **Dauer des Auslandsaufenthalts** kommt es auch in diesem Fall nicht an. Unter den vorstehend (Rn. 58 ff.) genannten Voraussetzungen sind daher auch ins Ausland entsandte Personen als AN i. S. d. BetrVG im Inlandsbetrieb anzusehen und insbesondere dort mit zu berücksichtigen, wo das Gesetz eine bestimmte AN-Zahl als Anwendungsvoraussetzung vorsieht (vgl. z. B. §§ 1, 9, 38, 95 Abs. 2, § 99 Abs. 1, § 106 Abs. 1, § 110 Abs. 1, § 111 Satz 1, § 112 a).

62 Zur Vermeidung der vielfältigen Probleme bei der Bestimmung der Betriebszugehörigkeit von Außendienstlern und zur Schaffung sinnvoller und funktionsfähiger Interessenvertretungsstrukturen kann es empfehlenswert sein, besondere **TV nach § 3** abzuschließen. Dabei kommt es darauf an, welche Variante des § 3 Abs. 1 in Bezug auf den Außendienst in Betracht zu ziehen ist: Nach **§ 3 Abs. 1 Nr. 5** können z. B. für Außendienstler zusätzliche Vertretungen geschaffen werden,[225] die jedoch den BR nicht ersetzen; nach **§ 3 Abs. 1 Nr. 1** kann die Zuordnung der Außendienstler selbst geregelt werden, wenn man auf diese Personengruppe § 4 entsprechend für anwendbar hält (vgl. Rn. 49) oder der **Einsatz von Außendienstlern von Regionalbüros aus** erfolgt, die als Betriebsteil oder – je nach Vorliegen der Voraussetzungen – als Kleinstbetrieb anzusehen sind. Letzteres wäre für den Auslandsaußendienst durchaus zulässig, da zwar das Territorialitätsprinzip die Anwendung von § 4 auf Auslandssachverhalte verbietet (vgl. Rn. 57), nicht aber TV, die sich auf Auslandssachverhalte beziehen.[226] Schließlich kann auch ein TV nach **§ 3 Abs. 1 Nr. 3** wegen Besonderheiten der Betriebs-/UN-Organisation in Betracht kommen.

e) Crowdworking und Crowdsourcing – Digitalisierung von Arbeitsprozessen und Fremdvergabe an unbestimmte Leistungserbringer mithilfe des Internet

62a Als Erscheinungsform der »**Flucht aus dem Arbeitsrecht**« tritt in jüngerer Zeit das sog. **Crowdsourcing und Crowdworking**[227] auf den Plan. Es handelt sich der Sache nach um eine weitere **Form des Outsourcing** von bisher schon oder neu anfallenden Leistungen an Dritte. Beim **Crowdsourcing** werden ganz überwiegend die von Auftraggeber-UN (»**Crowdsourcer**«) nachgefragten Leistungen oder Aufgaben über externe Internet-Plattformen an eine i. d. R. anonyme Masse potenzieller Leistungserbringer (»**Crowd**«) ausgeschrieben. Die Plattform dient üblicherweise als Vermittler zwischen Crowdsourcer und Crowdworker. Die einzelnen »**Crowdworker**« sind zwar häufig bei den Internet-Plattformen registrierte Interessenten für Aufträge, sie können aber auch situativ neu hinzutreten. Ihre Zahl reicht in den mehrstelligen Millionenbereich bei weltweit rapide wachsender Tendenz.[228] 2015 sollen weltweit ca. 2300 solcher Plattformen existieren, davon allein in Deutschland 65.[229] Crowdworker bieten mit ihrer Registrierung auf solchen Plattformen ihre Arbeitsbereitschaft und grundsätzliche Verfügbarkeit an. Das erinnert zwar etwas an »**Schilderträger« in den 20er Jahren des vorigen Jahrhunderts in Deutschland,** die ihre **Not** zur Schau stellten, auf jedwede Arbeit angewiesen zu sein und diese bedingungslos annehmen zu wollen. Freilich eignen sich für das Crowdsourcing nicht nur einfache und standardisierte Tätigkeiten, sondern auch hochwertige und sehr spezielle Aufgaben. Auf den heutigen Internet-Plattformen ergeht häufig die Aufforderung von UN an die anonyme Masse der potenziell interessierten Leistungserbringer (»**Crowdsourcees**«), ihre für die betrieblichen Arbeitsprozesse erforderlichen Teilleistungen nach Art eines **Wett-**

---

225 Vgl. *Fitting*, § 3 Rn. 61.

226 Näher zur Unanwendbarkeit des Territorialitätsprinzips auf TV über Auslandssachverhalte *Däubler*, Tarifvertragsrecht, Rn. 1658 m. w. N.

227 Der Begriff taucht wohl erstmals im Jahre 2006 bei *Jeff Howe* im »*Wired Magazine*« auf [vgl. dazu *Leimeister/Zogaj//Blohm*, in: Benner (Hrsg.), Crowdwork – zurück in die Zukunft? 2015, S. 14]; siehe auch *Einl.* Rn. 266a; § 87 Rn. 12; § 95 Rn. 32; ferner schon *Klebe/Neugebauer*, AuR 14, 4 ff.; umfassender Überblick aus integrierter betriebspraktischer, industriesoziologischer, politischer und juristischer Perspektive in den Einzelbeiträgen bei *Benner* (Hrsg.), Crowdwork, a. a. O.; *Däubler/Klebe*, NZA 15, 1032 ff.

228 Vgl. nur *Däubler*, NZA 14, Heft 7, S. III.

229 *Däubler/Klebe*, NZA 15, 1033.

bewerbs oder einer **Lotterie** vorzuweisen. **Aber:** Nur das/die vom **Nachfrager-UN** akzeptierte Ergebnis/Leistung erhält den »Zuschlag« und wird daher – allerdings zu regelmäßig horrend niedrigen Vergütungssätzen **unterhalb des gesetzlichen Mindestlohnniveaus** – von dem nachfragenden UN abgenommen. Die sich erfolglos verausgabenden Teilnehmer des »Wettbewerbs« gehen leer aus, selbst wenn jeder einzelne »Crowdworker« in diesem **Windhundrennen** unendliche Nachtschichten erbracht hat, um z. B. die »letzte Chance« bis zur Fälligkeit der nächsten Wohnungsmiete zu wahren. Während das Arbeitsrecht die bloße – auch erfolglose – Verausgabung der Arbeitskraft entlohnt, belohnt das Werkvertragsrecht eben nur das ordnungsgemäß abgelieferte und abgenommene Werk.

Beim **Crowdsourcing/Crowdworking** handelt es sich, neben der klassischen »**Flucht in den** 62b **Werkvertrag**« als traditioneller Option zur »Befreiung« des UN von sozialpolitisch/rechtlich unabdingbaren Bindungen des Arbeitsrechts, um eine neue Strategie der Kostenoptimierung, die die **Vorteile des freien Dienst- und Werkvertragsrechts mit den Möglichkeiten der weltweit digitalisierten, internetgestützten Lebenswirklichkeit paart.** Dem Kapital sind auf diesem strategischen Wege die menschlichen **Einzelschicksale** völlig **gleichgültig.** Das belegt die bisherige Entwicklung der Arbeitsrechtsgeschichte,[230] die zugleich aber auch zeigt, dass in Ansehung von sozialpolitisch brisanten Entwicklungen ohne staatliche Interventionen der soziale Frieden auf das Äußerste gefährdet würde. Diese Erkenntnis und der soziale Widerstand gegen die unerträglich gewordenen realen Verhältnisse markierten vor mehr als einhundert Jahren die **Geburtsstunde des modernen Arbeitsrechts.** Dies muss im Interesse einer **sozialstaatlichen Fortentwicklung (Art. 20 GG) des Rechts der nur über ihre Arbeitskraft (ohne sonstiges Produktionsmittel) verfügenden Personen** handlungsleitend gerade auch für den heutigen Gesetzgeber sein, wenn und weil dieses neuartige Phänomen mit den derzeit normierten Instrumenten der innerstaatlichen Rechtsordnung der BRD nicht mehr adäquat erfasst und reguliert werden kann.[231] Die **staatliche Wertschätzung der Arbeitskraft,** die jedenfalls für abhängige Arbeit nicht unterschritten werden darf, kommt im **MindestlohnG** zum Ausdruck. Das muss wegen des **Gleichheitssatzes (Art. 3 GG)** auch für andere als in Formen des Arbeitsrechts von Menschen erbrachten **produktionsmittellosen Arbeitsleistungen** die Richtschnur bilden, wenn diese Arbeitsleistung im wirtschaftlichen Interesse Dritter erbracht wird. **Im Interesse Dritter** ist die Leistung aber erbracht, wenn die **Nachfrage** vom Auftraggeber induziert ist, sei es durch direkte, herkömmliche Ansprache (Telefon, E-Mail, Brief o. ä.) oder Auslösung des vertrauensgeschützten Tätigwerdens des Crowdworkers vermittels einer Internet – Plattform, die typischer Weise Adressaten außerhalb des auftraggebenden UN versammelt.

Voraussetzung zur »**Crowdisierung« der Wertschöpfungskette** ist die **Zerlegung** des im 62c UN (oder bei dessen Zulieferern) bisher mehr oder weniger noch ganzheitlich organisierten Prozesses **der Produkt- oder Dienstleistungserstellung** in aufteilbare/absonderbare (Teil)-Leistungen, die auf diese Weise überhaupt erst an Dritte vergabefähig sind. Die **Taylorisierung oder Fordisierung** (arbeitsteilige Fließproduktion), das klassische Outsourcing und die herkömmliche Fremdvergabe bilden insoweit eine natürliche Vorstufe des »Crowdsourcing«. **Lean-Production oder Lean-IT** im UN sind unter den heutigen Bedingungen der weltweiten Vernetzung durch das Internet nur die **Vorboten** des daraus ableitbaren strategischen »Crowdsourcing«. Die **arbeitsteilige Produkt- oder Dienstleistungserstellung plus Digitalisierung der Arbeitsprozesse plus Internationalisierung der Nachfragemöglichkeiten mithilfe des grenzüberschreitenden Internet-Marktes** ermöglicht überhaupt erst die Heranbildung eines neuen **Proletariats der Crowdworker,** das nach Art von »Sekundenlöhnern« als »digitale Job-Nomaden« eine Chance des Erwerbs eröffnet bekommt. Dieser »Erwerb« durch menschliche Arbeitsleistung reicht häufig jedoch gerade nicht aus, um ein auskömmliches Leben etwa in den Hochpreisländern Mitteleuropas oder Nordamerikas zu bestreiten, weil i. d. R. nur Vergütungen weit unterhalb des gesetzlichen Mindestlohnes erzielt werden können. Man spricht

230 Siehe die Beiträge in: *Steindl* (Hrsg.), Wege zur Arbeitsrechtsgeschichte, 1984.

231 Vgl. insoweit *Krause*, NZA 22, 521 ff. wegen aktueller Ansätze zur unionsrechtlichen Regelung von Plattformtätigkeiten durch den »*Richtlinienvorschlag zur Verbesserung der Arbeitsbedingungen in der Plattformarbeit (COM[2021] 762 final)*«.

über Durchschnittsvergütungen von **zwei EURO je Stunde.**[232] Es handelt sich daher objektiv bestenfalls um einen **Zuerwerb.** Der heutige **Crowdworker** unterscheidet sich oftmals nicht wesentlich vom **altbekannten »Tagelöhner«**, dessen massenhaftes Auftreten gerade auch die **Geburtsstunde des modernen (sozialen) Arbeitsrechts** mitgeprägt hat.

62d Die **rechtliche Einordnung** des Beschäftigungsverhältnisses **eines Crowdworkers**[233] bereitet einige Schwierigkeiten.[234] Da meist mit den eigenen Arbeitsmitteln gearbeitet wird und konkrete Weisungen des Auftraggebers hinsichtlich des »Ob«, des »Wann«, des »Wo« und »Wie« der Leistungserbringung regelmäßig fehlen werden, mangelt es oft an den traditionellen Merkmalen für die persönliche Abhängigkeit, die das Arbeitsverhältnis im allgemein-arbeitsvertragsrechtlichen Sinne prägt (vgl. Rn. 63 ff.), so dass die Literatur bislang das **Arbeitsverhältnis eher verneint**[235] und Formen der **Selbständigkeit bejaht.**[236] Eindeutig und pauschal ist das freilich nicht zu entscheiden, denn auch z. B. eine »detailreiche Vorprogrammierung« der Tätigkeit im Vertrag selbst spricht in der zu eher traditionellen Fallgestaltungen ergangenen Rspr. des *BAG* einmal *gegen* und ein anderes Mal *für* das Vorliegen eines Arbeitsvertrags.[237]

62da In seiner grundlegenden **Crowdworker-Entscheidung** hat das *BAG*[238] nun jedoch zentral darauf abgestellt, dass die Weisungsgebundenheit und dadurch vermittelte persönliche Abhängigkeit gerade darauf beruhte, dass infolge verpflichtender **App-Nutzung** einseitig Beschäftigungsbedingungen vorgegeben würden und hierbei der **Zwang** für den Auftragnehmer entstehe, über einen längeren Zeitraum **regelmäßig Aufträge anzunehmen:** *»Lassen sich Crowdworker durch den Abschluss der Basis-Vereinbarung, die Registrierung auf der Plattform und deren Nutzung grundsätzlich auf diese Beschäftigungsform ein, lenkt die Bekl. das Nutzerverhalten durch den Zuschnitt und die Kombination der Aufträge nach ihrem Beschäftigungsbedarf, ohne dass konkrete Anweisungen nötig sind. Daraus ergibt sich die Fremdbestimmung der Tätigkeit.«*[239]

62db Ferner war aber die App auch so ausgelegt, dass sie einen im eigenen wirtschaftlichen Interesse handelnden Crowdworker veranlassen musste, die Angebotssituation ständig zu prüfen und sich dienstbereit zu halten, um eine sich für ihn ergebende günstige Angebotssituation zu nutzen.[240] Die darin liegende App-gesteuerte »Anreizfunktion«[241] ergab ein weiteres Element der bejahten Fremdbestimmung im vorliegenden Sachverhalt. Die zugrunde liegende **»Basis-Vereinbarung«** zwischen Auftraggeber und Crowdworker, die nach Ansicht des *LAG*

---

232 *Däubler/Klebe*, NZA 15, 1034; allerdings sollen die durchschnittlichen Stundenverdienste bei hochqualifizierten Crowdworkern durchaus auch 33 US-Dollar betragen können (z. B. Softwareentwickler).

233 Einzelheiten bei *Däubler/Klebe*, NZA 15, 1034 f.; die AN-Eigenschaft **bejahend** *BAG* 1. 12. 20 – 9 AZR 102/20, NZA 21, 552 ff. mit instruktiver Besprechung von *Söller*, NZA 21, 997 ff.; AN-Eigenschaft **verneinend** im Rahmen einer Rechtswegeentscheidung *HessLAG* 14. 2. 19 – 10 Ta 350/18, NZA-RR 19, 505 ff.; eine Bestandsaufnahme durch alle »arbeitsrechtlichen Abteilungen« liefert *Heckelmann*, NZA 22, 73 ff., u. a. auch zum Unionsrecht (S. 78); vgl. zum AN-Begriff der Richtlinie 2003/88/EG aber die restriktive Entscheidung des *EuGH* 22. 4. 20 – C-692/19, NZA 21, 1246 [**Yodel-Kurierfahrer** als Selbständige] und hierzu die Besprechung von *A. J. Schmidt*, NZA 21, 1232 ff.; vgl. demgegenüber *BAG* 10. 11. 21 – 5 AZR 334/21, NZA 22, 401 [**Fahrradlieferant/«Rider«**], das den mittels »Scoober App« einsatzgesteuerten Fahrradkurier als AN qualifizierte und demgemäß die Ansprüche auf ein verkehrstüchtiges Fahrrad und internetfähiges Mobiltelefon nebst monatlichem Mindestdatenvolumen als begründet erachtete.

234 *Schneider-Dörr*, Erwerbsarbeit in der Plattformökonomie – Arbeitnehmerbegriff, Working Paper Forschungsförderung der Hans-Böckler-Stiftung Nr. 116, Februar 2019, gibt einen guten Überblick über die tatsächlichen Verhältnisse und deren mögliche rechtliche Einordnung.

235 Vgl. etwa *Deinert*, RdA 17, 65, 68; *Hanau*, NJW 16, 2613, 2615; *Krause*, NZA 16, 1004, 1007; *C. Schubert*, RdA 18, 200, 203.

236 *Däubler/Klebe*, NZA 15, 1035.

237 Vgl. die Hinweise dazu bei *Däubler/ Klebe*, a. a. O.

238 *BAG* 1. 12. 20 – 9 AZR 102/20, NZA 21, 552 ff.; vgl. dazu auch den Besprechungs-Kommentar von *Martina*, NZA 21, 616 ff., ferner *Söller*, a. a. O.

239 *BAG*, a. a.O, Rn. 48.

240 *BAG* a. a.O, Rn. 49 a. E.

241 *BAG* a. a.O, Rn. 50.

München[242] in der Vorinstanz gerade **keinen Arbeitsvertrag** darstellte, weil durch sie keine Verpflichtung zur Arbeitsleistung begründet worden sei[243], erfuhr vor dem *BAG* eine völlig andere Bewertung, weil gerade die von der App induzierte Anreizfunktion eine langfristige und kontinuierliche Beschäftigung des Crowdworkers hervorrief und zu einer Verklammerung der einzelnen Aufträge zu einem einheitlichen unbefristeten Arbeitsverhältnis führte.[244] Mit ins Gewicht fiel wohl, dass die Auftraggeberin ihr Geschäftsmodell auf eine verstetigte Beschäftigung von Crowdworkern ausgerichtet hatte.[245]

Ginge man dagegen für die Zwecke des BetrVG vom eingliederungsrechtlich geprägten **betriebsverfassungsrechtlichen AN-Begriff** des Abs. 1 aus, müsste eine Einbindung in die vom Betriebsinhaber geschaffene betriebliche Organisationseinheit vorliegen. Das ließe sich annehmen, wenn man die Internet-Plattform als zur betrieblichen Arbeitsorganisation des Auftraggebers gehörig ansehen wollte; wie die Crowdworker-Entscheidung zeigt, *kann* dass in Gestalt des Internet und der App als unerlässlichen Instrumenten einer fremdbestimmten Integration des AN in die vom AG geschaffenen Organisation der Fall sein, sie *muss* dies indes nicht notwendiger Weise sein. **62dc**

Es spricht zwar Einiges für die Annahme, dass unter vom konkreten Einzelfall abhängigen Umständen Crowdworker wenn nicht als AN, so doch als **AN-ähnliche Personen** (vgl. Rn. 120 ff.) anzusehen sein können,[246] jedoch hilft dies für die mögliche Einbeziehung in die Betriebsverfassung des Auftraggeber-UN und damit in den Schutzbereich des BetrVG nicht weiter, weil auf Grundlage des geltenden Gesetzes selbst nach dem hier vertretenen betriebsverfassungsrechtlichen AN-Begriff die AN-ähnlichen Personen in ihrer Allgemeinheit (jedoch mit spezialrechtlicher Ausnahme der in Heimarbeit Beschäftigten i. S. d. Abs. 1 Satz 2) nicht zu den AN i. S. d. Abs. 1 zählen (vgl. Rn. 121).[247] **62e**

Die Einbeziehung von Crowdworkern in die Betriebsverfassung (siehe auch § 87 Rn. 12) könnte daher derzeit nur gelingen, wenn sie **als Heimarbeiter** (vgl. Rn. 126 ff.) anzusehen wären,[248] denn obgleich Heimarbeiter rechtssystematisch zu den **AN-ähnlichen Personen** gehören, ordnet Abs. 1 Satz 2 gerade ihre Zugehörigkeit zu den AN i. S. d. BetrVG im Wege einer Fiktion (»gelten als«) an. Allerdings wird es praktisch vielfach schwierig festzustellen sein, ob ein Crowdworker in der Hauptsache für den Betrieb arbeitet (näher dazu Rn. 126, 127a). Freilich führt das hauptsächliche Arbeiten für den Betrieb des Auftraggebers dazu, dass der heimarbeitende Crowdworker zu diesem Betrieb gehört und deshalb an dessen konkreter Betriebsverfassung teilhaben kann. Skepsis ist angebracht, wenn es darum geht, für die heimarbeitenden Crowdworker einen eigenen **Heimarbeiter-BR** zu etablieren. Dazu müsste die Plattform selbst als Teil der betrieblichen Arbeitsorganisation des Auftraggebers wenigstens im Sinne eines Betriebsteils (§ 4 BetrVG) verstanden werden können, was mit dem herkömmlichen Betriebsbegriff auf Schwierigkeiten stößt. Wenn jedoch die Zugehörigkeit zu dem auftraggebenden Betrieb festgestellt wäre, würde selbst eine **zuordnungstarifliche Separierung gem. § 3 BetrVG** zu einem reinen Crowdworker-Betrieb mit eigenem BR nach h. M. ausscheiden, da die Aufteilung von Betrieben mittels TV nicht gestattet sein soll und zwar weder nach § 3 Abs. 1 Nr. 1 noch gem. dessen Nr. 3 (vgl. § 3 Rn. 60 und Rn. 119 a. E.). Allenfalls ließe sich daran denken, **62f**

242 *LAG München* 4.12.19 – 8 Sa 146/19, NZA 20, 316 ff. m. Anm. *Frank/Heine*, NZA 20, 292 ff.: *Bayreuther*, RdA 20, 241 ff.; *C. Schubert*, RdA 20, 248 ff.

243 So *LAG München* 4.12.19, a. a. O.

244 *BAG* a. a.O, Rn. 52, 54.

245 *BAG* a. a.O, Rn. 54.

246 Dazu eingehend *Däubler/Klebe*, NZA 15, 1035 f.; vgl. auch *Deinert*, RdA 17, 65, 68; *C. Schubert*, a. a. O., 204; *Frank/Heine*, NZA 20, 292, 293.

247 Insoweit würde mit § 5 Abs. 1 des DGB-Gesetzesvorschlags 2022 Abhilfe geschaffen werden können, weil hiernach auch arbeitnehmerähnliche Personen zu den AN i. S. d. BetrVG zählen sollen; vgl. AuR Sonderausgabe April 2022, S. 9; merkwürdiger Weise »sind« dem Vorschlag zufolge die AN-Ähnlichen ganz allgemein nach Satz 1 bereits definitorisch AN, während die schon immer erfassten Heim-AN (als einer Untergruppe) nach Satz 2 nur als AN »gelten«. An sich bedarf es dieser Fiktion nicht mehr, weil der erweiterte Satz 1 alles Nötige sagt.

248 Skeptisch aber auch *Däubler/Klebe*, NZA 15, 1036; interessant die Auffassung von *Martina*, NZA 20, 988, 991, wonach eine Vielzahl von Werkverträgen, die im Fortsetzungszusammenhang stehen, zu einem Heimarbeitsverhältnis führen könnten.

gem § 3 Abs. 1 Nr. 5 eine **zusätzliche Vertretung der Heim-AN** zu etablieren, denn AN im Sinne dieser Bestimmung sind sie wegen der Fiktion aus § 5 Abs. 1 Satz 2.

62g Vgl. zu den **Handlungsmöglichkeiten des BR** beim internen und externen Crowdsourcing *Klebe*, in: Benner (Hrsg.), Crowdwork, S. 277 ff. sowie *Däubler/Klebe*, NZA 15, 1040. Zur **AGB-Kontrolle** der Vertragsbedingungen von Crowdworkern, Problemen beim **grenzüberschreitenden Crowdsourcing** und entsprechenden **gerichtlichen Zuständigkeiten** im Einzelnen *Däubler/Klebe*, NZA 15, 1037 f., 1038 f., 1039. Zur Relevanz der **Arbeitsbedingungen-Richtlinie** 2019/1152/EU v. 20. 6. 19[249] näher MünchArbR-*Temming*, Bd. 1, 5. Aufl. 21, § 21 Rn. 34. Siehe zu rechtspolitischen Ambitionen des **BMAS** dessen »Eckpunkte Faire Arbeit in der Plattformökonomie« v. 27. 11. 20. und zu unionsrechtlichen Aktivitäten zur Regelung der Plattformökonomie *Krause*, NZA 22, 521 ff.

3. Abgrenzung zu Formen der selbstständigen Tätigkeit

a) Allgemeines/»Freie« Mitarbeit

63 Die Grenzen zwischen dem Arbeitsverhältnis und anderen Rechtsverhältnissen, in denen menschliche Arbeitsleistungen erbracht werden können (z. B. freier Dienstvertrag [freie Mitarbeit], Werkvertrag, Auftrags- und Geschäftsbesorgungsvertrag), können fließend sein. Kann die vereinbarte Tätigkeit typologisch sowohl in einem Arbeitsverhältnis als auch selbstständig erbracht werden, ist die **Entscheidung der Vertragsparteien** für einen bestimmten Vertragstypus im Rahmen der erforderlichen **Gesamtabwägung** aller Umstände des Einzelfalles, so jedenfalls nach der früheren Rechtsprechung des *BAG*, zu berücksichtigen.[250] Geht man vom traditionellen, vertragsrechtlich orientierten AN-Begriff auch im Bereich des BetrVG aus, so kommt es für die Unterscheidung maßgeblich auf den **Grad der persönlichen Abhängigkeit** an, in der sich der zur Dienstleistung Verpflichtete gegenüber dem Dienstberechtigten befindet.[251] Wenn die betreffende Person zwar im Büro des AG **gegen Honorar** arbeitet, dies aber an selbstgewählten Tagen (Ausfüllen von **Steuererklärungen**) erledigt, ist sie freie Mitarbeiterin.[252] Dagegen ist der in einer Anwaltskanzlei beschäftigte **Betriebswirt** AN, auch wenn er keiner fachlichen Weisung unterworfen ist, seine Pausen frei gestalten kann und unfertige Arbeiten abends zu Hause und unter **Mithilfe der Ehefrau** erledigt, weil er i. Ü. überwiegend in der Kanzlei arbeitet und die dort vorhandenen Betriebsmittel nutzt; eine Vergütung auf Honoraranteilbasis steht dem nicht entgegen.[253] Unerheblich ist dabei, wie die Parteien das Rechtsverhältnis bezeichnen. Entscheidend ist vielmehr für die AN-Eigenschaft und Belegschaftszugehörigkeit, wie die Parteien ihr Vertragsverhältnis **tatsächlich** ausgestaltet und durchgeführt haben.[254] Somit kann sich etwa ein zunächst zutreffend als »freie Mitarbeit« ausgestaltetes Rechtsverhältnis durch die Art und Weise seines faktischen Vollzugs im Laufe der Zeit in ein Arbeitsverhältnis umwandeln. Umgekehrt wird aber ein AN nicht deshalb zum freien Mitarbeiter, wenn der AG sein Weisungsrecht nicht ausübt.[255] Eine Statusänderung bedarf

---

249 ABl. Nr. L 186 S. 105; dazu auch *Henssler/Pant*, RdA 19, 321, 323.

250 *BAG* 9. 6. 10 – 5 AZR 332/09, EzA Nr. 18 zu § 611 BGB AN-Begriff. Ob dies nach der Neuregelung des AN-Begriffs in § 611a BGB noch tauglich ist, wird die neuere Rechtsprechung zeigen.

251 Vgl. Rn. 12; zur ausufernden Kasuistik Kittner/Zwanziger/*Deinert*, § 3 Rn. 63 ff.; *Mayer*, AiB 99, 207 ff.; *Kerschbaumer/Eisch/Kossens*, Ratgeber freie Mitarbeit und Scheinselbstständigkeit, 2000; zusammenfassend *BAG* 9. 5. 96, NZA 96, 1145 [1148]; so ist nach *LAG Berlin* 25. 9. 89, BB 89, 1554, freier Mitarbeiter, wer an selbstgewählten Tagen zu Hause Vorarbeiten für einen *Steuerberater* erledigt, während der *Assessor*, der in einer Rechtsanwaltskanzlei als Sachbearbeiter während der Bürozeiten arbeitet, AN ist; vgl. *BAG* 15. 8. 75, AP Nr. 32 zu § 2 ArbGG 1953 Zuständigkeitsprüfung; *BSG* 30. 11. 78, AP Nr. 31 zu § 611 BGB Abhängigkeit; *LAG Berlin* 16. 12. 86, NZA 87, 488; *LAG Baden-Württemberg* 14. 3. 85, NZA 85, 739; *LAG Hamm* 20. 7. 89, DB 90, 691.

252 *LAG Köln* 23. 3. 88, LAGE § 611 BGB AN-Begriff Nr. 7; ähnlich, wenn der **Dolmetscher** einmal wöchentlich für vier Stunden im Rechtsanwaltsbüro arbeitet, *LAG Berlin* 11. 4. 88, LAGE § 611 BGB AN-Begriff Nr. 6.

253 *OLG Köln* 15. 9. 93, BB 94, 145.

254 *BAG* 26. 11. 87, NZA 88, 505 [506] m. w. N.; *Richardi/Maschmann*, Rn. 40; *Fitting*, Rn. 31; vgl. auch o. Rn. 16.

255 *BAG* 12. 9. 96, DB 97, 47.

eindeutiger Vereinbarung und der »Ausgliederung« aus der fremden Arbeitsorganisation.[256] Insbesondere dann, wenn innerhalb eines mit denselben Aufgaben betrauten Kreises von AN **keine wesentlichen Unterschiede zu der Tätigkeit** eines sog. freien Mitarbeiters festzustellen sind, ist regelmäßig bereits auf das Vorliegen eines Arbeitsverhältnisses zu schließen.[257] Unbeachtlich für die rechtliche Qualifizierung ist regelmäßig die umsatzsteuer- und gewerberechtliche Behandlung der betreffenden Person, so dass **Schlachter** und **Ausbeiner AN** sind.[258]

Maßgeblich für die Ermittlung des Grades der persönlichen Abhängigkeit ist der **Geschäftsinhalt** der Rechtsbeziehung. Dieser kann sich aus den ausdrücklichen Vereinbarungen und der tatsächlichen Durchführung des Vertrages ergeben. Widersprechen sich Vereinbarung und **praktische Durchführung,** ist auch nach der Vertragstheorie allein Letzteres entscheidend.[259] Darauf stellt auch der neugefasste § 611a Abs. 1 Satz 6 BGB ab, wonach es auf die Bezeichnung im Vertrag nicht ankommt. Im Ergebnis dürfte es in Bezug auf die Abgrenzung eines betriebsverfassungsrechtlichen Arbeitsverhältnisses (vgl. Rn. 33) von Formen der selbstständigen Tätigkeit kaum zu Abweichungen kommen. 64

Wenngleich die Rspr. den Grad der persönlichen Abhängigkeit auch anhand der **Eigenart der jeweiligen Tätigkeit** zu bestimmen sucht,[260] darf dennoch nicht übereilt aus der Berufsgruppenzugehörigkeit auf den Status geschlossen werden: Nach der Rspr. des *BAG*[261] sind **Zeitungszusteller,** die an sechs Wochentagen für 29 Stunden beansprucht werden, AN;[262] beim Einsatz nur am Sonntag für drei Stunden und der Berechtigung, Familienangehörige oder sonstige Dritte stattdessen beauftragen zu können, soll der Zusteller dagegen freier Mitarbeiter sein.[263] **Kein Arbeitsverhältnis** soll regelmäßig dann vorliegen, wenn der Verpflichtete nach den tatsächlichen Umständen gar nicht in der Lage ist, die vertraglich übernommenen Leistungspflichten allein zu erbringen, und er entweder berechtigt ist, sie durch Dritte erbringen zu lassen[264] oder dafür nur faktisch auf weitere Kräfte angewiesen ist, die er selbst anstellt.[265] 65

Die **persönliche Abhängigkeit** entsteht, wenn die Arbeitsleistung unter Zuweisung eines Arbeitsbereiches innerhalb der vom Betriebsinhaber bestimmten betrieblichen Arbeitsorganisation erbracht wird.[266] Auch bei einem selbstständigen **UN-Berater,** der als Projektdienstleister im UN beschäftigt wird, kommt es entscheidend darauf an, ob er von betrieblichen Daueraufgaben abgrenzbare Projekte bearbeitet und wie er in den Betrieb des UN eingegliedert ist.[267] Dabei kommt es nicht notwendigerweise auf das rein räumliche Zusammenwirken der AN innerhalb der Betriebsstätte an, weil die persönliche Abhängigkeit eines außerhalb des Betriebs Beschäftigten auch darin liegen kann, dass er **auf die Zusammenarbeit** mit den im Betrieb Beschäftigten und den dortigen technischen Apparat **angewiesen** ist,[268] selbst wenn die betreffende Person weder in fachlicher, örtlicher oder zeitlicher Hinsicht den Weisungen des Betriebsinhabers unterworfen ist.[269] Wer als **Kundenberater** für einen Auftraggeber dessen 66

256 A. a. O.
257 *BAG* 28.6.73, 3.10.75, 2.6.76, AP Nrn. 10, 17, 20 zu § 611 BGB Abhängigkeit.
258 *LG Oldenburg* 17.3.95, BB 95, 1697.
259 *BAG* 13.1.83, AP Nr. 42 zu § 611 BGB Abhängigkeit; BGH 25.6.02, AP Nr. 11 zu § 139 ZPO.
260 Vgl. Rn. 11; *BAG* 9.5.96, NZA 96, 1145 [1148] m. w. N.
261 29.1.92, BB 92, 1486.
262 Vgl. auch die Instanz-Rspr. *5. Aufl.*, Rn. 11.
263 *ArbG Oldenburg* 7.6.96, BB 96, 2148; zu Recht a. A. *LAG Düsseldorf* 5.3.96, LAGE § 611 BGB AN-Begriff Nr. 30; die Komplexität zusammenfassend *BAG* 16.7.97, BB 97, 2377.
264 *BAG* 12.12.01 – 5 AZR 253/00, 4.12.02 – 5 AZR 253/00, AP Nrn. 111, 115 zu § 611 BGB Abhängigkeit; BGH 21.10.98, NZA 99, 110.
265 *BAG* 20.1.10 – 5 AZR 99/09, EzA Nr. 16 zu § 611 BGB AN-Haftung: Organisator und Dirigent eines Kurorchesters, der einem Auftraggeber als Inhaber einer Musikagentur auftritt und zur Durchführung der musikalischen Unterhaltung selbst Arbeitsverträge mit Musikern abschließt.
266 Eingliederung; vgl. Rn. 26; *Fitting*, Rn. 45.
267 *LAG Köln* 8.5.19 – 9 Ta 31/19, juris: AN auch deshalb, weil der Dienstleister mit der üblichen Wochenarbeitszeit beschäftigt wurde und Büro und sonstige Arbeitsmittel zur Verfügung gestellt bekommen hat.
268 Sog. Abhängigkeit von »Team und Apparat« des AG, vgl. dazu *LAG Bremen* 25.10.89, LAGE § 611 BGB AN-Begriff Nr. 12; *BAG* 27.2.91, EzA § 611 BGB AN-Begriff Nr. 43.
269 *BAG* 9.3.77, 15.3.78, AP Nrn. 21, 26 zu § 611 BGB Abhängigkeit; vgl. aber dagegen auch *BAG* 27.3.91, AuR 91, 249; abschwächend auch *BAG* 30.11.94, DB 95, 1767, das unter Aufgabe von *BAG*

Kunden nach den terminlichen Wünschen und in den Räumen der Kundschaft entsprechend den inhaltlichen Vorgaben des Auftraggebers in der Handhabung von Geräten unterweist, ist AN.[270]

67 Zwar ist – wie der gem. § 6 Abs. 2 GewO für alle Arbeitsverhältnisse geltende § 106 GewO n. F. und nun § 611a BGB betonen – die **Weisungsgebundenheit in örtlicher, zeitlicher und sachlicher Hinsicht** als stärkstes Indiz für das Vorliegen persönlicher Abhängigkeit anzusehen, jedoch sind die **branchenspezifischen Eigenarten** der jeweiligen Tätigkeit zu berücksichtigen, so dass es neben dem Angewiesensein auf den technisch-personellen Apparat des Dienstberechtigten (vgl. Rn. 66) auch für ein Arbeitsverhältnis und gegen freie Mitarbeit spricht, wenn **bei Medienmitarbeitern** (Journalisten, Korrespondenten, Rundfunksprechern, Übersetzern usw.) eine **ständige Dienstbereitschaft,** von der bei **Bedarf** Gebrauch gemacht wird, erwartet wird.[271] Davon ist i. S. eines starken Indizes auszugehen, wenn der jeweilige Mitarbeiter **in Dienstplänen** aufgeführt wird.[272]

68 Ist auf Grund der tatsächlichen Ausgestaltung eines Rechtsverhältnisses und auf Grund der **faktischen Machtstellung** des Dienstberechtigten entgegen einer vertraglichen Festlegung ein gleich bleibender Arbeitseinsatz und damit eine faktische Arbeitspflicht der Mitarbeiter deshalb sichergestellt, weil diese ansonsten Gefahr laufen, ihre Tätigkeit überhaupt zu verlieren, liegt ein Arbeitsverhältnis und keine freie Mitarbeit vor.[273] Davon ist auszugehen, wenn der Dienstberechtigte die Arbeitsvorgänge so organisiert, dass zur Erledigung der täglich anfallenden Aufgaben jeweils nur einige Mitglieder einer zu gleichen Bedingungen angestellten Gruppe von Beschäftigten erforderlich sind, und es dieser Gruppe überlassen bleibt, wie sie den täglichen Arbeitseinsatz sicherstellt, so dass der faktische **Arbeitsdruck** (regelmäßige Teilnahmenotwendigkeit zur Vermeidung von Entgeltausfall) einer echten Arbeitspflicht gleichkommt und somit eine **persönliche Abhängigkeit** gegeben ist.[274]

b) Handelsvertreter/Propagandistinnen

69 Nach Ansicht des *BAG*[275] enthält **§ 84 Abs. 1 Satz 2 HGB** über den unmittelbaren Anwendungsbereich jener Vorschrift hinaus (Abgrenzung des Handelsvertreters von Handlungsgehilfen) eine allgemeine gesetzgeberische Wertung, die bei der Abgrenzung des (freien) Dienstvertrags vom Arbeitsvertrag zu beachten ist.[276] Danach ist selbstständig, wer im Wesentlichen **frei** seine **Tätigkeit gestalten** und seine **Arbeitszeit bestimmen** kann. Unselbstständig und damit persönlich abhängig ist demzufolge derjenige, dem diese Dispositionsfreiheit fehlt.

70 Unter Berücksichtigung der in § 84 Abs. 2 HGB enthaltenen Wertung (die Vorschrift enthält allerdings keine abschließende Umschreibung der für die AN-Eigenschaft maßgeblichen Gesichtspunkte)[277] sind z. B. **Versicherungsvertreter im Außendienst** keine Handelsvertreter, sondern AN, wenn sie in der für AN typischen Weise in die betrieblichen Abläufe eingegliedert sind.[278] Dies ist etwa der Fall, wenn sie in festgelegten und gegeneinander abgegrenzten Bezirken arbeiten, sich regelmäßig zu einem Gruppengespräch unter Führung eines Gruppenleiters

---

15. 3. 78, AP Nr. 26 zu § 611 BGB Abhängigkeit, die Abhängigkeit eines programmgestaltenden Rundfunk- und Fernsehmitarbeiters von Team und Apparat für sich allein nicht als ausreichend erachtet; fortgesetzt in *BAG* 19. 1. 00, NZA 00, 1102.

270 *BAG* 6. 5. 98, EzA § 611 BGB AN-Begriff Nr. 73.

271 *BAG* 7. 5. 80, AP Nr. 35 zu § 611 BGB Abhängigkeit; *LAG Köln* 28. 6. 89, BB 89, 1760.

272 *BAG* 9. 6. 93, 16. 2. 94, 16. 3. 94, 20. 7. 94, EzA § 611 BGB AN-Begriff Nrn. 51, 52, 53, 54). Daran ändert sich auch dann nichts, wenn dem Mitarbeiter zugestanden wird, einzelne dienstplanmäßige Einsätze abzulehnen; vgl. *BAG* 30. 11. 94, DB 95, 1767.

273 *LAG Düsseldorf* 5. 12. 88, DB 89, 1343.

274 *LAG Düsseldorf* 5. 12. 88, a. a. O.

275 13. 1. 83, 9. 5. 84, AP Nrn. 42, 45 zu § 611 BGB Abhängigkeit.

276 Kritisch zur »Überhöhung« der Normbedeutung *Wank*, AuR 01, 292 [299].

277 Vgl. *BAG* 21. 1. 66, AP Nr. 2 zu § 92 HGB.

278 Vgl. etwa *LAG Hamm* 16. 10. 89, ZIP 90, 880 mit Anm. *Gaul; ArbG Nürnberg* 31. 7. 96, AiB 96, 677 mit Anm. *U. Mayer;* ähnlich *LAG Nürnberg* 25. 2. 98, AiB 98, 296 m. Anm. *Fischer;* anders dagegen *LAG Nürnberg* 26. 1. 99, ZiP 99, 769, wenn die Tätigkeit und Arbeitszeit im Wesentlichen frei bestimmt werden können; zur Abgrenzungsproblematik in der Versicherungsbranche eingehend *Hanau/Strick,*

treffen müssen, bei dieser Gelegenheit Termine besprochen und Tätigkeitsberichte abgegeben werden sowie eine Kontrolle termingebundener Geschäfte erfolgt. Weitere für persönliche Abhängigkeit sprechende Merkmale können sein: die Festlegung einer Zielplanung für jeden dieser Mitarbeiter durch den Gruppenleiter, die gemeinsame Durchführung einer Urlaubsplanung sowie die Teilnahmepflicht an Schulungsveranstaltungen, die der Dienstgeber organisiert, eine Abmeldepflicht bei Erkrankungen.[279]

Andererseits hat der *BGH*[280] eine »freiberufliche« **Propagandistin im Kaufhaus,** die dort ausschließlich auf Provisionsbasis für ihren Dienstgeber Klebefolien verkaufte, als selbstständige Handelsvertreterin angesehen, u. a. weil keine persönliche Pflicht zur Einhaltung von Verkaufszeiten bestand, eine Urlaubsregelung nicht vorhanden war, die Beschäftigte selbst zwei Mitarbeiter eingestellt hatte, eine eigene Buchführung erfolgte, ein Gewerbe angemeldet war und die Mitgliedschaft in der Berufsgenossenschaft bestand.[281] **71**

Von dieser Fallgestaltung weichen jedoch die bekannt gewordenen Formen des Einsatzes von **Propagandistinnen, Kosmetikberaterinnen, Regalauffüllerinnen** usw. in Kaufhäusern in tatsächlicher Hinsicht erheblich ab,[282] so dass wegen deren hochgradiger Eingliederung in die Arbeitsabläufe des Kaufhausbetriebs meist die wesentlichen Merkmale der persönlichen Abhängigkeit vorliegen.[283] Andererseits kann es sich je nach tatsächlicher Gestaltung des Arbeitseinsatzes aber bei diesem Personenkreis auch um Außen-AN des entsendenden UN handeln,[284] so dass diese AN als Teil der dortigen betrieblichen Arbeitsorganisation anzusehen sein können (vgl. Rn. 48 ff.). **72**

c) Franchising

Umstritten ist der betriebsverfassungsrechtliche Status von Dienstleistenden im Zusammenhang mit **Franchise-Verträgen.**[285] Darunter ist ein durch Vertrag begründetes Dauerschuldverhältnis zu verstehen, auf Grund dessen der Franchise-Geber dem Franchise-Nehmer gegen Entgelt das Recht gewährt, bestimmte Waren und/oder Dienstleistungen unter Verwendung von Namen, Warenzeichen, Ausstattung oder sonstigen Schutzrechten sowie der technischen und gewerblichen Erfahrungen des Franchise-Gebers und unter Beachtung seiner Organisa- **73**

DB-Beilage 14/98 und zusammenfassend *BAG* 15.12.99, AiB 01, 310 m. Anm. *Mayer; BAG* 20.9.00, NZA 01, 210.

279 Vgl. im Einzelnen *LAG Köln* 16.10.95, AiB 96, 675 mit Anm. *U. Mayer* [Telefonmarketing im *Bankaußendienst*]; *ArbG Lübeck* 29.6.89, AiB 89, 349 [*Versicherungsaußendienst*]; ähnlich für Pharmaberater im Außendienst *LAG Hamm* 5.10.89, 13.10.89, LAGE § 611 BGB Arbeitnehmerbegriff Nrn. 13, 14; vgl. aber *LAG Düsseldorf* 6.3.91, LAGE § 611 BGB Arbeitnehmerbegriff Nr. 18, hinsichtlich der *Versicherungsaußendienst-AN* als freie Mitarbeiter; vgl. dagegen *LAG Niedersachsen* 7.9.90, LAGE § 611 BGB AN-Begriff Nr. 24, das den im Werbeaußendienst eines Versicherungs-UN tätigen *Einfirmenvertreter* als AN qualifizierte; ebenso *LAG Nürnberg* 30.10.92, NZA 93, 652; zu Letzteren Rn. 81; instruktiv zur Komplexität des notwendigen Abwägens unterschiedlicher Gesichtspunkte bei der rechtlichen Qualifizierung des *Finanzberaters im Bankaußendienst BAG* 30.8.94, SAE 95, 289 m. Anm. *Weber* [zurückverwiesen an das *LAG Düsseldorf*].

280 11.3.82, NJW 82, 1757, allerdings unter ausdrücklicher Bezeichnung als Grenzfall.

281 Vgl. zu einem ähnlich gelagerten Fall *BAG* 23.4.97 – 5 AZR 727/95, wo eine Sachentscheidung wegen Unzulässigkeit der Klage nicht ergehen konnte; Vorinstanz: *LAG Köln* 30.6.95, AuR 96, 413.

282 Vgl. *Mayer/Paasch,* AiB 88, 242 ff.

283 Vgl. *ArbG Herne* 16.5.84, DB 85, 393, das beim Einsatz von Kosmetikberaterinnen und Propagandistinnen im Kaufhaus sowohl die Mitwirkungsrechte nach § 99 bejahte als auch einen Fall illegaler AN-Überlassung annahm; ähnlich *ArbG Bremerhaven* 3.8.88, DB 89, 2131, das anhand der gleichen Arbeitszeit, gleichartiger Bekleidung, Vertretung durch Stammpersonal des Einsatzbetriebs während der Pausen, Benutzung derselben Sozialräume, Teilnahme am Personaleinkauf und Personalrabatt die Eingliederung einer *Propagandistin* bejahte; vgl. auch *LSG Hamburg* 19.6.83, AiB 88, 117, das die Selbstständigkeit einer *Modeschmuck-Verkäuferin* verneint hat; ähnlich *LSG Niedersachsen* 22.9.81 – L 4 KR 30/80 und *LSG Berlin* 14.8.96, EWiR 97, 275.

284 So die Annahme des *LAG Köln* 30.6.95, AuR 96, 413, mit Fundamentalkritik am AN-Begriff der h. M.; krit. auch *Kreuder,* AuR 96, 386.

285 Vgl. *Fitting,* Rn. 88; zu einigen namentlich genannten Markenfirmen *Blank/Blanke u. a.,* S. 48 ff.; *Skaupy,* NJW 92, 1785 [1787]; vgl. auch die Aufstellung in der Beilage zur FAZ v. 30.5.95, in der die Anzahl der Franchise-Nehmer in den 20 größten Franchise-Systemen mitgeteilt ist.

tion zu vertreiben, wobei dem Franchise-Geber dem Franchise-Nehmer gegenüber Beistand, Rat und Schulungspflichten obliegen sowie eine Kontrolle über den Geschäftsbetrieb eingeräumt wird.[286] Wegen der Vielzahl von denkbaren vertraglichen Gestaltungsformen beim Franchising[287] ist es möglich, dass auch hierbei rechtliche Bindungen des Franchise-Nehmers gegenüber dem Franchise-Geber vorliegen, die eine **persönliche Abhängigkeit** des Franchise-Nehmers begründen und diesen zum AN i. S. d. Abs. 1 machen.[288]

74 Auch wenn der Franchise-Nehmer im Allgemeinen als selbstständiger Gewerbetreibender anzusehen ist,[289] stellt sich die Problematik der Abgrenzung zum Arbeitsverhältnis hier in derselben Weise wie beim selbstständigen Handelsvertreter. Der rein begriffsjuristische Hinweis, wonach sich der Franchise-Vertrag vom Handelsvertretervertrag dadurch unterscheide, dass bei erstgenanntem »im eigenen Namen und für eigene Rechnung« gearbeitet werde, während dies im letztgenannten Fall »im fremden Namen auf fremde Rechnung« geschehe, vermag die Selbstständigkeit nicht zu begründen, sondern setzt sie bereits gedanklich voraus.[290]

75 Durch den Franchise-Vertrag wird jedoch nur dann kein Arbeitsverhältnis begründet, wenn dieser Vertrag nach seinem **Geschäftsinhalt** (vgl. Rn. 64 f.) vermeidet, die für die AN-Eigenschaft maßgeblichen Merkmale zu erfüllen.[291] Im Rahmen der anzustellenden **Gesamtbetrachtung** spricht es für einen hohen Grad von persönlicher Abhängigkeit des Franchise-Nehmers und damit für AN-Eigenschaft, wenn die **Kunden- und Interessentenkartei** des Franchise-Nehmers wöchentlich an den Franchise-Geber abzuliefern ist und in dessen Eigentum übergeht, der Franchise-Geber ein jederzeitiges **Zutrittsrecht** zu den Geschäftsräumen hat, ein **Bucheinsichtsrecht** des Franchise-Gebers ebenso besteht wie die **Vorlagepflicht** des Franchise-Nehmers hinsichtlich der Umsatzsteuervoranmeldungen. Ferner spricht es für den AN-Status, wenn die **Arbeits- und Präsenzzeiten** vom Franchise-Geber vorgegeben werden und **Bindungen** bezüglich des **Urlaubs** (max. vier Wochen innerhalb der Schul-Sommerferien des jeweiligen Bundeslandes) bestehen und der Franchise-Nehmer bezüglich seiner **Buchhaltung** nahezu in allen Belangen auf den **Apparat** des Franchise-Gebers angewiesen ist.[292] Soweit bei einem zum Franchising erklärten System der Vermittlung von Beförderungsleistungen die fahrenden Boten verpflichtet waren, fünf Stunden täglich zu arbeiten, einer Präsenzkontrolle unterlagen, Tourenbücher führen mussten und auf Grund von Kundenbeschwerden abgemahnt

---

286 Vgl. *Blanke, Th.*, in: BSWW, 5. Teil, Rn. 4; *Schaub-Vogelsang*, Arbeitsrechts-Handbuch, § 8 Rn. 39; DHZ-*Ulber*, § 3 Rn. 143; v. Staudinger-*Richardi*, Vor § 611 Rn. 92; *Selzner*, S. 19 f.

287 Vgl. *EuGH* 28. 1. 86, DB 86, 637; *Buschmann*, AiB 88, 51 ff.; *Buschbeck-Bülow*, BB 89, 352 ff.; *Skaupy*, BB 90, 134 ff.; *Weber*, JA 83, 347 ff.; *Joerges*, Die AG 91, 325 ff.; *Matthießen*, ZIP 88, 1089.

288 *LAG Düsseldorf* 20. 10. 87, LAGE § 5 BetrVG 1972 Nr. 16; *LAG Bremen* 21. 2. 07 – 2 Sa 206/05, das den Franchisenehmer der bundesweit tätigen Franchisegeberin »Deutscher Video-Ring« als AN ansah; *Buchner*, CR 89, 37 ff.; a. A. bei gleichgelagerter Sachverhaltsgestaltung wie in *LAG Düsseldorf*, a. a. O., aber nunmehr geänderten Vertragsbedingungen [»Jacques Wein-Depot«] *BAG* 21. 2. 90, BB 90, 1064 mit zustimmender Anm. *Skaupy;* skeptisch zur AN-Eigenschaft *Selzner*, S. 37 ff.; Hinweise zur »Sicherstellung der Selbstständigkeit« des Franchise-Nehmers bei *Flohr*, WiB 97, 281 ff.; grundlegend unter kritischer Auswertung der neueren Rspr. *Blanke, Th.*, a. a. O., Rn. 107 ff.; *Nagel*, FS Däubler, S. 100 ff.

289 H. M.; vgl. *BAG* 24. 4. 80, AP Nr. 1 zu § 84 HGB [»Manpower«-Fall]; *OLG Schleswig* 27. 8. 86, NJW-RR 87, 220 [»Eismann«-Fall; zur wechselvollen Würdigung des »Eismann«-Franchise-Systems *BAG* 16. 7. 97, NZA 97, 1126]; *OLG Düsseldorf* 30. 1. 98 – 16 U 182/96; *OLG Düsseldorf* 18. 3. 98, ZIP 98, 1039 = EWiR § 84 HGB 1/98, 897 m. Anm. *Wank; BGH* 4. 11. 98, ZIP 98, 2104 = EWiR § 2 ArbGG 2/99, 147 m. Anm. *Hromadka*, unter klarer Ablehnung der These, dass Franchise-Nehmer schon definitionsgemäß Gewerbetreibende und damit Selbstständige seien; *Skaupy*, NJW 92, 1785 ff.; *Weltrich*, DB 88, 806; *Bauder*, NJW 89, 78 jeweils m. w. N.; vgl. zu gegenläufigen Tendenzen der rechtlichen Bewertung von problematischen Franchise-Systemen im Kartellrecht und im Arbeitsrecht *Hänlein*, DB 00, 374 [377].

290 Dies verkennen *Weltrich und Bauder*, a. a. O.; wie hier *Wank*, DB 92, 90 [92].

291 *LAG Düsseldorf* 20. 10. 87, LAGE § 5 BetrVG 1972 Nr. 16 unter a) bb) der Gründe; im entschiedenen Fall handelte es sich allerdings der gewählten Rechtskonstruktion nach um eine Vermischung von Elementen des Franchising mit solchen des Handelsvertretersystems [Agentur], die in Wirklichkeit als Arbeitsverhältnis zu qualifizieren war.

292 Zu alledem im Einzelnen *LAG Düsseldorf* 20. 10. 87, a. a. O.; teilweise enger *BAG* 21. 2. 90, BB 90, 1064.

wurden, nahm *LAG Hamburg*[293] ein Arbeitsverhältnis an,[294] anders aber in einem franchisierten Zeitschriften- und Briefzustellsystem, bei dem sogar enge Vorgaben des Franchisegebers bestanden, die jedoch die zeitliche und örtliche Dispositionsfreiheit des Franchisenehmers nicht substanziell berührten.[295]

Für die Annahme einer Selbstständigkeit kann im Rahmen der erforderlichen Gesamtschau ausschlaggebend sein, dass der Franchisenehmer selbst AN einstellen darf und es auch tatsächlich tut.[296] Weitergehend will das *LAG Düsseldorf*[297] es neuerdings sogar genügen lassen, wenn der Franchisenehmer schon **nach den tatsächlichen Umständen** gar nicht in der Lage ist, die übernommenen Leistungspflichten in eigener Person zu erfüllen, sondern auf Hilfskräfte angewiesen ist, wozu er allerdings auch vertraglich berechtigt sein muss; selbst engmaschige Vorgaben des Franchisegebers zur Durchführung der Tätigkeit sollen dem nicht entgegenstehen. 76

Vor allem bei Formen des sog. **Subordinations-Franchising**[298] kann die Abgrenzung zum Arbeitsverhältnis schwierig sein, weil hier meist der franchisierte Betrieb von einer natürlichen Person der äußeren Form nach als einzelkaufmännisches UN geführt wird.[299] Demgemäß spielt die Abgrenzung zum Arbeitsverhältnis dort keine Rolle, wo als Franchisenehmer eine juristische Person auftritt, die naturgemäß nicht AN sein kann.[300] 77

Sofern nach dem Geschäftsinhalt **nicht** von einem **Arbeitsverhältnis** auszugehen ist, kann der vom Franchise-Nehmer organisierte Geschäftsbereich selbst einen Betrieb i. S. d. § 1 bilden und betriebsratsfähig sein.[301] Je nach Gestaltung der Franchise-Beziehungen kann in derartigen Fällen zusammen mit dem im Betrieb des Franchise-Gebers bestehenden BR ein GBR (beim Koalitions- und Konföderations-Franchising) oder KBR (beim Subordinations-Franchising) gebildet werden.[302] Nur ausnahmsweise kann es zwischen den Parteien eines Franchise-Systems zum **gemB** i. S. v. § 1 Abs. 1 Satz 2 kommen.[303] 78

Ist dagegen der **Franchisenehmer als AN** anzusehen und hat er **eigene AN angestellt,** stehen diese i. d. R. zum Franchisegeber in einem mittelbaren Arbeitsverhältnis[304] und zählen (auch) zu den AN im Betrieb des Franchisegebers.[305] 79

d) Einfirmen-Vertreter

Einen Sonderfall der selbstständig Tätigen stellt der sog. **Einfirmen-Vertreter** i. S. d. § 92a HGB dar, der auf Grund vertraglicher Regelung nicht für weitere UN tätig werden darf oder dem dies nach Art und Umfang der von ihm verlangten Tätigkeit nicht möglich ist. Er ist Handelsvertreter gemäß § 84 HGB und somit selbstständig, wenn er im Wesentlichen frei seine Tätigkeit gestalten und seine Arbeitszeit bestimmen kann. Andernfalls handelt es sich hierbei um 80

293 6. 2. 90 – 3 Sa 50/89, uv.; dazu *Wank*, DB 92, 90 [93].
294 Vgl. zu einem ähnlich gelagerten Fall von abhängiger »Selbstständigkeit« eines *Franchisenehmers im Transportgewerbe LSG Berlin* 27. 10. 93, NZA 95, 139; *LG München I* 15. 5. 97, NZA 97, 943.
295 *LAG Hamburg* 27. 2. 08 – 5 Sa 65/07, LAGE Nr. 3 zu § 611 BGB AN-Begriff.
296 Vgl. Rn. 65; *LAG Rheinland-Pfalz* 12. 7. 96, LAGE § 611 BGB AN-Begriff Nr. 32.
297 27. 8. 10 – 10 Sa 90/10, LAGE Nr. 5 zu § 611 BGB 2002 AN-Begriff.
298 Zur Definition vgl. Rn. 77; zu neuartigen Formen z. B. *Buschbeck-Bülow*, BB 89, 352 [353] m. w. N.
299 Vgl. v. Staudinger-*Richardi*, vor § 611 Rn. 94 m. w. N.
300 Zutreffend *Selzner*, S. 39.
301 Vgl. den Fall einer als Franchisenehmerin tätigen »Marktleiterin«, die Arbeitgeberin der im Markt tätigen Beschäftigten war, in *BAG* 27. 1. 00, NZA 00, 390.
302 Vgl. *Buschbeck-Bülow*, BB 89, 352 f.; *Blanke, Th.*, in: BSWW, 5. Teil, Rn. 121; dagegen aber *Skaupy*, BB 90, 134 [135]; ablehnend zur GBR-Bildung *Selzner*, S. 98 f., der aber nicht genügend zwischen den Formen des Franchisings differenziert; bejahend *ders.*, S. 108 ff., unter Zugrundelegung eines spezifischen betriebsverfassungsrechtlichen Konzernbegriffs aber die Möglichkeit zur KBR-Bildung bei der Franchise-Systemzentrale.
303 Dazu *Blanke, Th.*, a. a. O., Rn. 127 ff.; vgl. zu den nach § 3 erweiterten Möglichkeiten, bei Franchise-Systemen unternehmensübergreifende AN-Vertretungen zu errichten § 3 Rn. 108 ff.; *Blanke, Th.*, a. a. O., Rn. 133.
304 Vgl. Kittner/Zwanziger/*Deinert*, § 3 Rn. 126 a. E.
305 So allgemein für das mittelbare Arbeitsverhältnis *Fitting*, Rn. 229.

kaufmännische Angestellte,[306] etwa wenn der Dienstgeber den Kundenstamm zuteilt, die zu besuchende Mindestzahl von Kunden/Interessenten festlegt und den Tourenplan vorgibt.[307]

4. Arbeitnehmerüberlassung und andere Formen des sog. drittbezogenen Personaleinsatzes

a) Allgemeines und verbotene Leiharbeit

81 Im Zuge des von den UN immer stärker forcierten flexiblen Personaleinsatzes kommt es neben dem Rückgriff auf scheinbar selbstständige Personen (vgl. Rn. 63 ff.) immer häufiger auch zum Einsatz von Beschäftigten, die zwar **nicht** zum **Betriebsinhaber** in einem **Arbeitsvertragsverhältnis** stehen, wohl aber zu einem anderen AG.[308] Aus der Sicht dieses Vertrags-AG erfolgt der Einsatz »seines« Vertrags-AN als Erfüllungsgehilfe (§ 278 BGB) in einem anderen, dem sog. **Drittbetrieb;** man spricht dabei vom **drittbezogenen Personaleinsatz.**[309] Grundlage für den im Drittbetrieb erfolgenden Arbeitseinsatz ist ein zwischen dem Vertrags-AG und dem Inhaber des Beschäftigungsbetriebs (Drittbetrieb) abgeschlossener Vertrag, der seinem Geschäftsinhalt nach sehr unterschiedlich beschaffen sein kann (z. B. AN-Überlassungsvertrag, Werkvertrag[310], Dienstvertrag[311], Gestellungsvertrag [zu diesem näher Rn. 117]). Charakteristisch für die **Überlassung von AN** ist, dass der Verleiher dem Entleiher die Befugnis einräumt, das ihm als AG zustehende (arbeitsvertragliche) Weisungsrecht dem Leih-AN gegenüber auszuüben.[312]

82 Stets taucht jedoch unter betriebsverfassungsrechtlichem Blickwinkel die Frage auf, ob der betreffende zur Arbeitsleistung überlassene Beschäftigte als **AN** i. S. d. § 5 **im Beschäftigungsbetrieb** (Drittbetrieb, Einsatzbetrieb) anzusehen ist. Dabei ist selbst von denjenigen Autoren, die für die Betriebszugehörigkeit eines AN sowohl einen Arbeitsvertrag mit dem Betriebsinhaber als auch eine tatsächliche Beziehung zum Betrieb verlangen, anerkannt, dass beim drittbezogenen Personaleinsatz die Betriebszugehörigkeit eines AN zum Drittbetrieb nicht schon am fehlenden Arbeitsvertrag mit dem Inhaber des Drittbetriebs scheitere.[313] Vielmehr liege ein die Betriebszugehörigkeit begründendes Arbeitsverhältnis zum Inhaber des Drittbetriebs bereits dann vor, wenn die Stellung des Vertrags-AG aufgespalten werde und infolgedessen zwischen dem Beschäftigten und dem Inhaber des Drittbetriebs mehr oder weniger weitgehende arbeitsrechtliche Beziehungen bestehen.

83 Vom hier vertretenen **betriebsverfassungsrechtlichen AN-Begriff** ausgehend, wonach der AN-Status i. S. d. § 5 maßgeblich durch die Betriebszugehörigkeit und diese wiederum durch den tatsächlichen Vorgang der Einstellung i. S. d. § 99 begründet wird (vgl. Rn. 13 ff., 24, 26),

306 Ggf. im Außendienst; vgl. *BAG* 15.7.61, AP Nr. 1 zu § 92a HGB; 19.6.63, 21.1.66, AP Nrn. 1, 2 zu § 92 HGB; *ArbG Lübeck* 29.6.89, AiB 89, 349; *LAG Niedersachsen* 7.9.90, LAGE § 611 zu BGB AN-Begriff Nr. 24; *LAG Nürnberg* 30.10.92, NZA 93, 652.

307 Vgl. auch Rn. 70; *ArbG Lübeck* 26.10.95, BB 96, 177; zu scheinbar Selbstständigen im *Versicherungsaußendienst Mayer/Paasch,* WSI-Mitt. 87, 581 ff.; zur Scheinselbstständigkeit allgemein *Mayer/Paasch* AiB 87, 57 ff.; *dies.*, AiB 88, 242 ff.; *Däubler,* Das Arbeitsrecht 2, Rn. 2116 f.; zur abhängigen Selbstständigkeit *Paasch,* WSI-Mitt. 91, 216; zur »neuen Selbstständigkeit« *Wank,* DB 92, 90 ff.; vgl. auch zur Neufassung des sozialversicherungsrechtlichen Beschäftigtenbegriffs Rn. 12 ff.

308 Dabei muss das Rechtsverhältnis zwischen dem Beschäftigten und »seinem« Vertragspartner nicht notwendigerweise ein Arbeitsvertrag sein, vgl. *Ramm,* ZfA 73, 263 [267]; ebenso *Richardi/Maschmann,* Rn. 126; a. A. GK-*Raab,* Rn. 123.

309 Vgl. zur Terminologie *Becker,* AuR 82, 369 [370]; *Konzen,* ZfA 82, 259 [264 f.]; umfassend *Weber,* Das aufgespaltene Arbeitsverhältnis, 1992.

310 Zur Abgrenzung der ANÜ vom WerkV *BAG* 5.7.22 – 9 AZR 323/21, NZA 22, 1602, Rn. 18 ff; 27.9.22 – 9 AZR 468/21, NZA 23, 105, Rn. 33; zum arbeitsvertragl. WeisungsR *BAG* 1.12.20 – 9 AZR 102/20, NZA 21, 552.

311 Vgl. zur Frage, ob Geschäftsführer, die nur auf Grundlage eines Arbeitsvertrages (und nicht wie sonst üblich auf Grundlage eines Dienstvertrags) tätig sind, unter das AÜG fallen, wenn sie vom Vertrags-AG (meist die Konzernobergesellschaft) als GF in eine Tochtergesellschaft entsandt werden, *Werner,* NZA 23, 21 ff, der dies im Ergebnis verneint.

312 *BAG* 27.9.22, a. a. O., Rn. 31 [sog. Wet Lease in der Luftfahrt].

313 Vgl. für Leiharbeit *Wlotzke,* FS 50 Jahre BAG, S. 1149, 1160; anders aber noch *BAG* 18.1.89, AP Nr. 1 zu § 9 BetrVG 1972; zur Kritik dieser Ansichten o. Rn. 13 ff.

ist allein darauf abzustellen, ob eine Person ungeachtet ihres Rechtsstatus im Übrigen und ihrer sonstigen Rechtsbeziehungen zu anderen AG in den Drittbetrieb eingegliedert wird.[314] Als **Eingliederung** ist freilich nicht schon das bloße Tätigsein in einer oder für eine Betriebsstätte anzusehen,[315] sie setzt vielmehr die Zuweisung eines Arbeitsbereichs **innerhalb der Arbeitsorganisation** des Drittbetriebs und die Ausübung der arbeitgeberseitigen **Leitungsmacht** bezüglich der Modalitäten des Einsatzes der menschlichen Arbeitskraft durch den dortigen AG voraus (vgl. Rn. 26f.).

Immer ist beim drittbezogenen Personaleinsatz für die Betriebszugehörigkeit des Beschäftigten im Drittbetrieb erforderlich, dass zumindest eine **Aufspaltung** der im Normalfall in der Person des AG zusammenfallenden **Vertrags- und Beschäftigungskomponenten** des Arbeitsverhältnisses dergestalt erfolgt, dass die mit der (faktischen) Beschäftigungskomponente verbundene Organisationsgewalt vor allem in Bezug auf Zeit, Ort und Art und Weise der Arbeitsleistung (wenigstens: auch) auf den Inhaber des Drittbetriebs übergeht.[316] Die bei der Leiharbeit mit der künstlichen Aufspaltung des Arbeitsverhältnisses stets verbundenen (auch) rechtlichen Probleme für die Vertretung dieser AN will der **DGB- Gesetzesvorschlag 2022**[317] für ein modernes BetrVG dadurch beseitigen, dass er die Leih-AN generell – d. h. echte wie unechte Leiharbeit – in den AN-Begriff des Abs. 1 einbezieht. Dadurch erübrigt sich nicht nur die Differenzierung beim aktiven Wahlrecht nach § 7, sondern wird auch die gleichheitswidrige Differenzierung gegenüber den nach Abs. 1 Satz 3 aus dem öffentlichen Dienst in private UN entsendeten Beschäftigten wenigstens weitgehend[318] beseitigt (dazu Rn. 117).[319] 84

Gerade durch die Einordnung in eine fremde Arbeitsorganisation und die Unterstellung unter eine andere Leitungsmacht als die des eigenen Vertrags-AG unterscheiden sich die Formen des drittbezogenen Personaleinsatzes, bei denen auch eine Betriebszugehörigkeit im Drittbetrieb entsteht, von den Formen, bei denen zwar ebenfalls außerhalb des Stammbetriebs in einem Drittbetrieb gearbeitet wird, diese Beschäftigung als Erfüllungsgehilfe (§ 278 BGB) unter der dabei aber fortbestehenden Organisationsgewalt des eigenen Vertrags-AG erfolgt. Im letztgenannten Fall findet eine Aufspaltung der AG-Position gerade nicht statt.[320] Es handelt sich vielmehr aus der Sicht des Stammbetriebs um eine **Erscheinungsform des Außendienstes** (vgl. Rn. 48ff.) 85

Mit Art. 2 des am 1.1.2021 als Artikelgesetz in Kraft getretenen »Gesetz zur Verbesserung des Vollzugs im Arbeitsschutz (**Arbeitsschutzkontrollgesetz** – ASG)«[321] wurde § 6a in das »Gesetz zur Sicherung von Arbeitnehmerrechten in der Fleischwirtschaft – (**GSA Fleisch**)«[322] eingefügt. Hierdurch gilt seit dem 1.1.21 im Bereich der Fleischwirtschaft das Verbot, **Fremdpersonal** im Kernbereich der Fleischindustrie (Schlachtung, Zerlegung, Fleischverarbeitung) einzusetzen (§ 6a Abs. 2 GSA Fleisch).[323] Fremdpersonaleinsätze **auf werkvertraglicher Grundlage** sind bereits **seit 1.1.21 völlig** verboten. **Leiharbeit ist** zwar nach § 6a Abs. 2 Satz 3 GSA Fleisch grundsätzlich und erst **seit dem 1.4.21 verboten,** allerdings gibt es noch Ausnahmen: Nach 85a

---

314 Diese Sichtweise unter dem Aspekt des § 99 grundsätzlich teilend *BAG* 30.8.94, SAE 95, 289; 22.4.97, EzA § 99 BetrVG 1972 Einstellung Nr. 3.

315 *Richardi*, NZA 87, 145 [146].

316 Vgl. *Becker*, AuR 82, 369 [370]; *Konzen*, ZfA 82, 259 [265]; zur Differenzierung in »Grundverhältnis« und »Durchführungsverhältnis« bei *v. Hoyningen-Huene* vgl. o. Rn. 29 sowie *ders.*, FS Stahlhacke, S. 173 [182f.].

317 AuR Sonderausgabe April 2022, S. 9.

318 § 8 Abs. 3 des DGB-Entwurfes 2022 belässt es ausdrücklich beim Ausschluss des passiven Wahlrechts gem. § 14 Abs. 2 Satz 1 AÜG. Insoweit besteht eine Ungleichbehandlung mit den Beschäftigten des öffentlichen Dienstes fort, weil diese auch das passive Wahlrecht im privaten Einsatzbetrieb haben. (vgl. Rn. 108).

319 Vgl. zu dieser Ungleichbehandlung auch GK-Raab, Rn. 106f.

320 Sog. echte Werk- oder Dienstverträge, auch Unternehmer-AN oder Werk-AN genannt; vgl. *Becker*, AuR 82, 369 [379]; *BAG* 8.11.78, AP Nr. 2 zu § 1 AÜG; zur Abgrenzung aus neuerer Zeit *BAG* 5.7.22 – 9 AZR 323/21, NZA 22, 1602, Rn. 18ff.

321 BGBl. I, S. 3334, veröffentlicht am 30.12.2020; dazu *Thüsing*, NZA 20, 1160; *Deinert*, AuR 20, 344; *Däubler*, NZA 21, 86.

322 BGBl. I, S. 2541, 2572.

323 Vgl. zum betrieblichen Geltungsbereich des Verbotes näher *Zimmer*, NZA 22, 4ff.

§ 6a Abs. 3 GSA Fleisch gilt in einer Übergangszeit bis zum 31. 3. 24 und allein für den Sektor der Fleisch*verarbeitung* auf tarifvertraglicher Grundlage eine Bereichsausnahme vom Leiharbeitsverbot, so dass erst **ab dem 1. 4. 24 ein vollständiges Verbot des Einsatzes von Fremdpersonal** in der Fleischindustrie erreicht sein wird. Nach § 2 Abs. 2 GSA Fleisch ist außerdem das Fleischereihandwerk, das sind handwerksmäßig betriebene UN mit i. d. R. bis zu 49 beschäftigten Personen, von diesen Verboten ausgenommen (vgl. zum flankierenden Verbot des gemB in der Fleischwirtschaft o. § 1 Rn. 91a). Zu den besonderen Anzeigepflichten des AG, wenn er diese befristete Leiharbeit nutzen will, hat das *BMF* auf Grundlage von § 6a Abs. 3 Satz 9 Ziff. 1 und 3 eine besondere RechtsVO v. 6. 4. 21 über die Anzeigepflicht von Leiharbeit in der Fleischwirtschaft (ALFV) erlassen.[324]

85b § 6a Abs. 3 Satz 4 Ziff. 1 bis 3 GSA Fleisch legt eine **modifizierte Anwendung des AÜG** auf die nur noch vorübergehend zulässige Leiharbeit fest:

- die **Überlassungshöchstdauer beträgt nur 4 Monate** und frühere Einsätze zählen mit, wenn sie bis zu 6 Monate zurückliegen,
- ein erneuter Einsatz beim selben Entleiher **(Abstandsgebot)** ist erst nach mehr als 6 Monaten wieder zulässig,
- die **Verlängerung** der **Überlassungshöchstdauer** durch TV ist **unzulässig,**
- die für die Stammbelegschaft geltenden **Arbeitsbedingungen einschl. der Löhne** gelten für die Leih-AN vom ersten Einsatztag an **zwingend,**
- auch durch TV kann nicht von diesem Gleichbehandlungsprinzip abgewichen werden.

Verstöße gegen die Überlassungshöchstdauer können mit Geldbußen bis zu 30 000 EUR geahndet werden (§ 7 Abs. 3 GSA Fleisch).

b) Erlaubnispflichtige Arbeitnehmerüberlassung

86 Bereits das »Erste Gesetz zur Änderung des Arbeitnehmerüberlassungsgesetzes« v. 28. 4. 2011 (AÜGÄndG 2011)[325] hatte das Recht der **Arbeitnehmerüberlassung** teilweise **neu geordnet**[326], war aber wegen seiner vielfachen Unzuträglichkeiten auf massive Kritik gestoßen, so dass sich der Gesetzgeber zu einer neuerlichen Änderung durch das AÜGÄndG 2017[327] veranlasst sah, das am 1. 4. 2017 in Kraft trat. Wie schon die Änderung 2011, dient auch das AÜGÄndG 2017 (nachfolgend AÜG 2017) der Umsetzung der Richtlinie 2008/104/EG v. 19. 11. 08[328] – Leiharbeitsrichtlinie – und ist deshalb die im deutschen Recht noch bis 2011 geltende Differenzierung zwischen gewerbsmäßiger und nicht gewerbsmäßiger Arbeitnehmerüberlassung aufgehoben.[329] Mit Urteil v. 17. 3. 22[330] hat der ***EuGH*** wichtige Feststellungen zum in der Richtlinie verwendeten Begriff »vorübergehend« getroffen: 1.) Eine nur vorübergehende Überlassung liege auch dann vor, wenn der zeitlich begrenzt überlassene AN auf einem **Dauerarbeitsplatz** des Entleihers eingesetzt wird; 2.) Bei mehrfach aufeinanderfolgenden Einsätzen desselben AN auf demselben Arbeitsplatz des Entleihers sei es aber ein **missbräuchlicher Einsatz,** wenn diese Überlassungen insgesamt eine Dauer von **55 Monaten**[331] betragen; 3.) Aus dem Unionsrecht selbst folgt kein Anspruch des Leih-AN auf Begründung eines Arbeitsverhältnisses mit dem entleihenden UN, und zwar selbst dann nicht, wenn das nationale Recht keine Sanktion für die Nichteinhaltung der Leiharbeitsrichtlinie vorsieht.

---

324 BGBl. I, S. 762.
325 BGBl. I 2011 S. 642, in Kraft getreten gem. Art. 2 teils am 29. 4. 11, teils am 1. 12. 11.
326 Näher *Düwell*, DB 11, 1520 ff.; Leuchten, NZA 11, 608; zu den Gesetzentwürfen *Böhm*, NZA 10, 1218; *Düwell/Dahl*, NZA-RR 11, 1; *Hamann*, NZA 11, 70; *Lembke*, DB 11, 414; *Schüren/Wank*, RdA 11, 1.
327 Gesetz v. 21. 2. 2017, BGBl. Teil I, S. 258.
328 AmtsBl. L 327/9 v. 5. 12. 08; sie war in den Mitgliedstaaten gem. Art. 11 umzusetzen bis 5. 12. 11; zu dieser Richtlinie näher *Ulber*, AuR 10, 10 ff.
329 Vgl. *Leuchten*, NZA 11, 608; vgl. zu dieser Differenzierung, die auch betriebsverfassungsrechtliche Bedeutung besaß, *12. Aufl.*, § 5 Rn. 77 ff. bzw. Rn. 81 ff.
330 C-232/20, NZA 22, 549.
331 Das *BAG* 8. 11. 22 – 9 AZR 486/21, NZA 23, 505, Rn. 26 ff., erachtet eine nach Maßgabe des § 1 Abs. 1b Sätze 3 und 5 AÜG aufgrund eines TV der Einsatzbranche durch BV auf 48 Monate verlängerte Überlassungshöchstdauer als noch vorübergehend i. S. d. RL 2008/104/EG.

Zu einigen betriebsverfassungsrechtlich bedeutsamen Änderungen durch das AÜG 2017 zählen insbes. folgende Regelungen (vgl. Rn. 86c wegen der Sanktionsregelungen der §§ 9, 10 AÜG 2017): 86a

- Gem. § 1 Abs. 1 Satz 1 AÜG 2017 bedürfen – wie schon im AÜG 2011 – AG, die als Verleiher Dritten AN **im Rahmen ihrer wirtschaftlichen Tätigkeit** zur Arbeitsleistung überlassen wollen, der **Erlaubnis.** Das gilt auch dann, wenn der Verleiher seinen Sitz im Ausland hat.[332]
- Gem. § 1 Abs. 1 Satz 3 AÜG 2017 sind die Überlassung und das Tätigwerdenlassen von AN als Leih-AN **nur zulässig, wenn** zwischen dem Verleiher und dem Leih-AN ein **Arbeitsverhältnis** besteht.
- Gem. § 1 Abs. 1 Satz 5 AÜG 2017 müssen Verleiher und Entleiher die Überlassung von Leih-AN in ihrem **Vertrag** ausdrücklich **als Arbeitnehmerüberlassung bezeichnen,** bevor sie den Leih-AN überlassen oder tätig werden lassen.
- Gem. § 1 Abs. 1 Satz 6 AÜG 2017 müssen Verleiher und Entleiher **die Person des Leih-AN** unter Bezugnahme auf den AN-Überlassungsvertrag **konkretisieren.**
- Gem. § 1 Abs. 1 Satz 4 und Abs. 1b Sätze 1 u. 2 AÜG 2017 ist nun die **Überlassungsdauer**[333] grundsätzlich[334] auf maximal **18 Monate**[335] begrenzt, während sie im AÜG 2011 nur als »vorübergehend« statthaft bezeichnet worden war.
- Gem. § 1 Abs. 3 Nrn. 2b. und 2c. gelten **Bereichsausnahmen** für den öff. Dienst.[336]
- Nach Maßgabe von § 8 AÜG 2017 gilt der **Gleichstellungsgrundsatz** von Leih-AN und vergleichbaren AN des Entleiherbetriebs bzgl. der Arbeitsbedingungen und des Arbeitsentgelts.[337]
- Gem. § 14 Abs. 2 Satz 4 AÜG 2017 sind Leih-AN nunmehr im Entleiherbetrieb bei den **Schwellenwerten** des BetrVG, mit Ausnahme des § 112a, mitzuzählen.

Das Merkmal **»Im Rahmen ihrer wirtschaftlichen Tätigkeit«** hatte schon zum AÜG 2011 Anlass zu Meinungsverschiedenheiten gegeben.[338] Da aufgrund der Richtlinienvorgabe eine europarechtliche Interpretation dieses Merkmals geboten ist,[339] liegt eine wirtschaftliche Tätigkeit und damit erlaubnispflichtige Leiharbeit auch dann vor, wenn der Verleih **ohne Gewinnerzielungsabsicht** erfolgt.[340] Diese Änderung hat vor allem Konsequenzen für **konzernangehörige** 86b

---

332 Vgl. *BAG* 26.4.22 – 9 AZR 228/21, NZA 22, 1257, Rn. 21, jedoch führe die Verletzung der Erlaubnispflicht nicht zur Unwirksamkeit des Leiharbeitsvertrags, wenn das Leiharbeitsverhältnis dem Recht eines anderen Mitgliedstaates unterliegt, ebenso die Parallelentscheidung *BAG* 26.4.22 – 9 AZR 139/21, NZA 22, 1333, Rn. 34ff.; dagegen aber bereits *BAG* 21.3.17 – 7 AZR 207/15, NJOZ 18, 1744, Rn. 65 und BSG 29.6.16 – B 12 R 8/14, BSGE 121, 275, Rn. 16; zu Recht üben *Brors/Schüren*, NZA 22, 1310ff. hieran scharfe Kritik, insbesondere wegen der vom 9. Senat unterlassenen Divergenzanfrage beim 7. Senat aber vor allem wegen der nicht erfolgten Anrufung des GemSenOGB; wegen der beitragsrechtlichen Seite *Barkow von Creytz*, NZA 22, 1314.

333 Eine AN-bezogene (und nicht arbeitsplatzbezogene) Berechnungsweise der Überlassungsdauer steht im Einklang mit dem Unionsrecht, vgl. *BAG* 14.9.22 – 4 AZR 83/22, NZA 23, 305, Rn. 12 ff; *BAG* 8.11.22 – 9 AZR 486/21, NZA 23, 505, Rn. 18ff.

334 Ausnahmen von dieser Überlassungshöchstdauer sind in § 1 Abs. 1b S. 3–8 für TV, BV und die Kirchen/öff.-r. Religionsgesellschaften geregelt.

335 Nach § 19 Abs. 2 AÜG 2017 werden allerdings Überlassungszeiten vor dem 1.1.2017 bei der Berechnung der Überlassungshöchstdauer nach § 1 Abs. 1b und der Überlassungszeiten nach § 8 Abs. 4 S. 1 nicht berücksichtigt, was jedoch nicht im Einklang mit der Leiharbeitsrichtlinie steht, vgl. hierzu *EuGH* 17.3.22 – C-232/20, NZA 22, 549, Nr. 3 des Tenors.

336 Laut *EuGH* 22.6.23 – C-427/21, NZA 23, 815, ist die Richtlinie 2008/104/EG v. 19.11.08 nicht auf Personalgestellungen, wie etwa in § 4 Abs. 3 TVöD geregelt, anwendbar und somit die Bereichsausnahme in § 1 Abs. 3 Nr. 2b. AÜG nicht europarechtlich zu beanstanden.

337 Zum «Gesamtschutz« von Leih-AN nach der RL 2008/104/EG im Falle der Unterschreitung von Equal Pay und Equal Treatment durch TV *EuGH* 15.12.22 – C-311/21, NZA 23, 31 ff; dazu *Däubler*, NZA 23, 73; *Franzen*, NZA 23, 25; *Thüsing*, NZA 23, 36.

338 Unklar ist, ob hierunter auch wirtschaftliche Tätigkeiten fallen, bei denen – wie etwa bei gemeinnützigen UN – die Gewinnerzielungsabsicht fehlt: **dafür** mit beachtlichen europarechtlichen Gründen *Leuchten*, NZA 11, 608, 609; **dagegen** *Hamann*, NZA 11, 70, 71, der UN aus dem Anwendungsbereich ausnimmt, wenn sie ausschließlich gemeinnützige, karitative, wissenschaftliche, künstlerische oder sonstige ideelle Zwecke verfolgen.

339 Dazu eingehend *Thüsing/Thieken*, DB 12, 347ff.

340 Vgl. *Leuchten*, NZA 11, 608, 609; *Lembke*, DB 11, 414.

Personaldienstleistungsgesellschaften, die ihre AN anderen Konzern-UN zum »Selbstkostenpreis« zur Verfügung stellen und deshalb erlaubnispflichtig sind (näher dazu Rn. 101).

86c **Neu gefasst** worden sind die **Sanktionen bei Verstößen** gegen zwingende Vorgaben des AÜG 2017, insbesondere:

- Fehlt dem Verleiher die notwendige Erlaubnis oder
- ist die Arbeitnehmerüberlassung nicht ausdrücklich als solche bezeichnet oder
- ist die Person des Leih-AN nicht konkretisiert worden oder
- wird die Überlassungshöchstdauer überschritten oder
- wird der Gleichstellungsgrundsatz missachtet,

so sind nach Maßgabe von § 9 Abs. 1 Nrn. 1, 1a, 1b und 2 AÜG 2017 der Vertrag zwischen Verleiher und Entleiher bzw. auch der Vertrag zwischen Verleiher und dem Leih-AN unwirksam. Weitere Folge hiervon ist gem. § 10 Abs. 1 AÜG 2017 insbesondere, dass dann kraft Gesetzes ein **Arbeitsverhältnis zwischen dem Leih-AN und dem Entleiher** als zustande gekommen gilt (vgl. aber Rn. 86a). Auf diese Weise wächst sodann die Belegschaft des Entleiherbetriebs um auch vertragsrechtlich eigene AN des Entleiher-AG an.

86d Für die betriebsverfassungsrechtlichen Fragen hatte das *BAG* die Unterscheidung zwischen gewerbsmäßiger und nicht gewerbsmäßiger Leiharbeit im Ergebnis ohnehin bereits aufgegeben.[341] Die Aufgabe dieser Differenzierung zwischen den Formen der Arbeitnehmerüberlassung durch den Gesetzgeber führt dazu, dass die **betriebsverfassungsrechtliche Sonderbestimmung des § 14 AÜG** generell auf die erlaubnispflichtige Leiharbeit anzuwenden ist.

87 Zu der nach dem AÜG 2011 bis zum Inkrafttreten des AÜG 2017 unklar gebliebenen Rechtslage in Bezug auf die betriebsverfassungsrechtlichen Folgen vor allem bei einer nicht nur »vorübergehenden« AN-Überlassung vgl. *15. Aufl. 2016, § 5 Rn 87.*

88 Art. 7 der europäischen **Leiharbeitsrichtlinie** sieht vor, dass Leih-AN bei der **Schwellenwertermittlung im Verleih-UN** zu berücksichtigen sind, während dies von den Mitgliedstaaten auch für das Entleih-UN dann vorgesehen werden kann, wenn die Schwellenwertberücksichtigung für vergleichbar lang eingesetzte eigene AN des Entleihers nach dem Recht des Mitgliedstaates vorgesehen ist. Obgleich diese in Art. 7 Abs. 2 der **Leiharbeitsrichtlinie** dem nationalen Gesetzgeber eingeräumte Option zur Regelung auch der **betriebsverfassungsrechtlichen Stellung** von **Leih-AN im Entleiherbetrieb** Anlass geboten hätte, diese bereits seit langem umstrittene Frage einer klaren Regelung zuzuführen, wurde dieser Missstand erst mit dem AÜG 2017 durch **Anfügen der Sätze 4–6 in Abs. 2 des § 14 AÜG** behoben. Diese Ergänzungen lauten wie folgt:

§ 14 Abs. 2 Satz 4 AÜG 2017 betrifft die Betriebsverfassung:
»Soweit Bestimmungen des Betriebsverfassungsgesetzes mit Ausnahme des § 112a, des Europäische Betriebsräte-Gesetzes oder der auf Grund der jeweiligen Gesetze erlassenen Wahlordnungen eine bestimmte Anzahl oder einen bestimmten Anteil von Arbeitnehmern voraussetzen, sind Leiharbeitnehmer auch im Entleiherbetrieb zu berücksichtigen.

§ 14 Abs. 2 Satz 5 und 6 AÜG 2017 betreffen die UN-Mitbestimmung:
Soweit Bestimmungen des Mitbestimmungsgesetzes, des Montan-Mitbestimmungsgesetzes, des Mitbestimmungsergänzungsgesetzes, des Drittelbeteiligungsgesetzes, des Gesetzes über die Mitbestimmung der Arbeitnehmer bei einer grenzüberschreitenden Verschmelzung des SE- und des SCE-Beteiligungsgesetzes oder der auf Grund der jeweiligen Gesetze erlassenen Wahlordnungen eine bestimmte Anzahl oder einen bestimmten Anteil von Arbeitnehmern voraussetzen, sind Leiharbeitnehmer auch im Entleiherunternehmen zu berücksichtigen. Soweit die Anwendung der in Satz 5 genannten Gesetze eine bestimmte Anzahl oder einen bestimmten Anteil von Arbeitnehmern erfordert, sind Leiharbeitnehmer im Entleiherunternehmen nur zu berücksichtigen, wenn die Einsatzdauer sechs Monate übersteigt.«

341 *BAG* 17.2.10 – 7 ABR 51/08, NZA 10, 832.

In der Begründung zum **Gesetzentwurf der Bundesregierung** zum AÜG 2017[342] werden die betriebsverfassungsrechtlichen Ergänzungen dahingehend beschrieben, dass »*mit dem neuen Satz 4 in Absatz 2 klargestellt (werde), dass Leiharbeitnehmer mit Ausnahme des § 112a des BetrVG bei den betriebsverfassungsrechtlichen Schwellenwerten auch im Entleiherbetrieb mitzählen.*« Der Gesetzgeber greift seinem eigenen Bekunden zufolge dabei nur die **geänderte Rspr. des *BAG*** zum Mitzählen von Leih-AN bei betriebsverfassungsrechtlichen Schwellenwerten im Entleiherbetrieb auf.[343] Ein Mitzählen der Leih-AN sei danach für jeden Schwellenwert gesondert anhand dessen Zwecksetzung zu prüfen. Die neue gesetzliche Regelung wolle nach den vom *BAG* aufgestellten Grundsätzen nur klarstellen, bei welchen Schwellenwerten des BetrVG Leih-AN im Entleiherbetrieb mitzählen (dazu, welches diese Grundsätze sind, näher Rn. 89 ff.) Dem Wortlaut der Norm kann das allerdings nicht ohne weiteres entnommen werden, weshalb in der Begründung zum Gesetzentwurf eine nähere Erklärung des Gemeinten folgt: »*Die Vorschriften des BetrVG und der Wahlordnungen, die eine bestimmte Anzahl von Arbeitnehmern voraussetzen, umfassen ihrem Zweck nach grundsätzlich auch die Leiharbeitnehmer. Der Betriebsrat im Entleiherbetrieb ist in erheblichem Umfang für die Leiharbeitnehmer und deren Angelegenheiten zuständig und wird von den Leiharbeitnehmern mit gewählt.*[344] *Dementsprechend sind Leiharbeitnehmer dem Zweck nach bei den organisatorischen und wahlbezogenen Schwellenwerten zu berücksichtigen. Gleiches gilt grundsätzlich auch für die Schwellenwerte der materiellen Beteiligungsrechte. Die Regelung zum Mitzählen bewirkt, dass Leiharbeitnehmer bei der Berechnung der betriebsverfassungsrechtlichen Schwellenwerte grundsätzlich zu berücksichtigen sind. Sie fingiert nicht das Vorliegen der gegebenenfalls in der jeweiligen Norm enthaltenen weiteren Voraussetzungen wie zum Beispiel die Wahlberechtigung oder eine Beschränkung auf »in der Regel« Beschäftigte. Diese Voraussetzungen müssen in jedem Einzelfall wie bei Stammarbeitnehmern auch für die Leiharbeitnehmer gegeben sein, damit sie jeweils mitzählen*«.[345] Mehr als eine **bloße Nachzeichnung der** bisher vorliegenden **Rspr. des *BAG*** wird man daher dem angefügten Satz 4 des § 14 Abs. 2 AÜG 2017 nicht entnehmen können. Aus § 14 Abs. 5 und 6 AÜG folgt dagegen, dass Leih-AN in die Anwendungsschwellenwerte der **Mitbestimmungsgesetze** einzubeziehen sind und zwar mit einer arbeitsplatzbezogenen Perspektive hinsichtlich der sechsmonatigen Einsatzdauer.[346] **88a**

Die **Frage der Betriebszugehörigkeit** und der betriebsverfassungsrechtlichen Zuordnung von Leih-AN, die im Entleiherbetrieb wegen der aufgespaltenen AG-Position (vgl. Rn. 84) dem Weisungsrecht des dortigen AG unterliegen,[347] bemisst sich daher weiterhin im Ausgangspunkt nach § 14 AÜG. Somit **bleiben** Leih-AN während der Zeit ihrer Arbeitsleistung bei einem Entleiher jedenfalls **Angehörige des Verleiherbetriebs** (§ 14 Abs. 1 AÜG). Dort besitzen sie aktives und passives Wahlrecht und sind bei den betriebsverfassungsrechtlichen Schwellenwerten (z. B. §§ 9, 38) zu berücksichtigen. § 14 Abs. 1 AÜG fingiert insoweit die tatsächlich während des Einsatzes im Entleiherbetrieb beim Verleiherbetrieb fehlende Betriebszugehörigkeit. **Im Entleiherbetrieb** waren Leih-AN bis zur **BetrVG-Novellierung 2001** weder wahlberechtigt noch wählbar.[348] Mit der BetrVG-Novelle 2001 erhielten Leih-AN gem. § 7 Satz 2 das **aktive Wahlrecht** im Entleiherbetrieb, wenn sie länger als drei Monate eingesetzt werden sollen, und zwar gleichgültig, ob es sich um gewerbsmäßige oder nicht gewerbsmäßige bzw. echte oder unechte Leiharbeit handelte. **89**

Gestützt auf die in § 5 Abs. 1 angeblich verortete sog. **Kumulationstheorie** (fehlender Arbeitsvertrag mit dem Inhaber des Entleihbetriebs; vgl. Rn. 15 ff.) versagte das *BAG* zunächst den Leih-AN **im Entleiherbetrieb** aber das passive Wahlrecht und die Zählerheblichkeit im Hin- **89a**

342 BR-Drucks. 294/16 v. 2.6.16, S. 25 f.
343 Der RegE nimmt dafür Bezug auf *BAG* 18.10.11 – 1 AZR 335/10, NZA 12, 221 und *BAG* 13.3.13– 7 ABR 69/11, zu § 9 BetrVG.
344 Vgl. dazu § 7 Satz 2 BetrVG.
345 BR-Drucks. 294/16, S. 25 f.
346 *BGH* 25.6.19 – II ZB 21/18, NZA 19, 1232, Rn. 21; dazu auch *Markworth*, RdA 20, 119 ff.
347 *BAG* 15.6.83, AP Nr. 5 zu § 10 AÜG.
348 Vgl. § 14 Abs. 2 Satz 1 AÜG a. F.; *Becker*, AuR 82, 369 [372 f.], wies bereits früh und zutreffend darauf hin, dass der Ausschluss des Wahlrechts nicht unproblematisch sei; kritisch auch *Mayer*, AuR 86, 353 [357]; *Plander*, AiB 90, 19 [29]; *Stückmann*, DB 99, 1903; vgl. dazu o. Rn. 27 und u. Rn. 187.

blick auf die Schwellenwerte in §§ 9, 38.[349] Hier deutete sich in neueren Entscheidungen des *BAG* schon seit Ende 2011 ein **Meinungswandel** an, denn der **1. Senat des *BAG*** sieht auch Leih-AN, die das aktive Wahlrecht nach § 7 Satz 2 besitzen (also mehr als drei Monate eingesetzt werden sollen), als zählerheblich im Rahmen des § 111 an[350] und der **7. Senat des *BAG***[351] hatte bereits kurz danach erwogen, eine etwaige Ungleichheit gegenüber den nach § 5 Abs. 1 Satz 3 aus dem ö. D. überlassenen AN, die unzweifelhaft Zählwert bei den organisatorischen Bestimmungen des BetrVG besitzen, durch Berücksichtigung auch der »normalen« Leih-AN bei den Schwellenwerten zu beseitigen.

89b Beginnend mit der Entscheidung vom 10. 10. 12[352] hat der ***7. Senat des BAG*** in seinen Entscheidungen vom 5. 12. 12[353] und 13. 3. 13[354] für die Fälle des drittbezogenen Personaleinsatzes[355] die sog. Zwei-Komponenten-Lehre (auch Kumulationstheorie genannt) ausdrücklich aufgegeben. Damit ist **die frühere Rechtsprechung des Senats** zur betriebsverfassungsrechtlichen Stellung von Leih-AN im Entleiherbetrieb **obsolet** geworden. **Nunmehr** ist im Rahmen der jeweiligen gesetzlichen Bestimmung **aufgrund einer normzweckorientierten Auslegung** zu ermitteln, **welchen Status ein Leih-AN im Einsatzbetrieb** jeweils einnimmt. Es spricht aufgrund der vom *BAG* gegebenen Begründungen für die Aufgabe seiner früheren Ansicht alles dafür, jedenfalls die nach § 7 Satz 2 wahlberechtigten Leih-AN dort zu berücksichtigen, wo das Gesetz von »in der Regel« beschäftigten AN spricht (z. B. §§ 1 Abs. 1 Satz 1, 9 Satz 1, 13 Abs. 2 Nr. 1, 38 Abs. 1 Satz 1, 60 Abs. 1, 106 Abs. 1 Satz 1, 110 Abs. 1, 111 Satz 1, 112a Abs. 1 Satz 1), wenn jedenfalls der Einsatz von Leih-AN auf einem regelmäßigen Beschäftigungsbedarf beruht.[356]

90 Wegen der mit der Eingliederung im Entleiherbetrieb verbundenen **»partiellen« Betriebszugehörigkeit**[357] gehören **Leih-AN** jedenfalls aber dann zu den AN i. S. d. Abs. 1 im Entleiherbetrieb, wenn ihr dortiger Rechtsstatus oder die Anwendbarkeit betriebsverfassungsrechtlicher Vorschriften nicht zusätzlich von der Wahlberechtigung oder Wählbarkeit abhängt.[358] Somit sind z. B. im Rahmen von § 1 Leih-AN **bei den wählbaren AN nicht** zu berücksichtigen (wohl aber bei den »in der Regel« beschäftigten AN [vgl. § 1 Rn. 248]), während sie bei der Ermittlung der BR-Größe nach § 9 jedenfalls ab BR mit fünf Mitgliedern mitgerechnet werden müssen,[359] wenn Angehörige dieser Beschäftigtengruppe »in der Regel« im Betrieb vorhanden sind.[360] Unterhalb dieser BR-Größe sind sie nur zu berücksichtigen, wenn es sich um Leih-AN mit mindestens dreimonatiger Einsatzdauer i. S. v. § 7 Satz 2 handelt, weil auch sie dann zu den wahlberechtigten AN zählen.

---

349 Zusammenfassend *BAG* 17. 2. 10 – 7 ABR 51/08, NZA 10, 832; 10. 3. 04 – 7 ABR 49/03, NZA 04, 1340; 22. 10. 03– 7 ABR 3/03, NZA 04, 1052 = AuR 04, 196.

350 18. 10. 11 – 1 AZR 335/10, NZA 12, 221.

351 15. 12. 11 – 7 ABR 65/10, NZA 12, 519.

352 *BAG* 10. 10. 12 – 7 ABR 53/11, AP Nr. 15 zu § 8 BetrVG 1972, Rn 18, mit ersten Zweifeln an der Sachgerechtigkeit der sog. Zweikomponentenlehre beim drittbezogenen Personaleinsatz; Anrechnung der unmittelbaren Vorbeschäftigung als Leih-AN auf die 6-Monatsfrist des § 8 bejaht.

353 *BAG* 5. 12. 12 – 7 ABR 48/11, NZA 13, 793 ff.; Aufgabe der Zweikomponentenlehre.

354 *BAG* 13. 3. 13 – 7 ABR 69/11, NZA 13, 789 ff., Berücksichtigung der »regelmäßig« beschäftigten Leih-AN im Rahmen des § 9 bejaht.

355 *C. Schubert*, NZA 22, 145, 148, weist zu Recht auf diese nur eingeschränkte Aufgabe der »Kumulationstheorie« hin.

356 Ebenso *Hamann*, jurisPR-ArbR 32/2013 Anm. 2.

357 *Becker/Wulfgramm*, § 14 Rn. 19, 32; *Becker*, AuR 82, 369 [371 f.]; krit. zur Terminologie [partielle, also teilweise Zugehörigkeit zum Betrieb ist logisch undenkbar; besser: doppelte Zugehörigkeit], aber im Ergebnis ebenso Schüren-*Hamann*, § 14 AÜG Rn. 44, 46.

358 Ebenso auch *BAG* 15. 12. 92, NZA 93, 513 = AuR 93, 188; zustimmend *v. Hoyningen-Huene*, SAE 94, 112 f.; grundsätzlich a. A. der *7. Senat* des BAG seit 18. 1. 89, AP Nr. 1 zu § 9 BetrVG 1972, der für die Betriebszugehörigkeit und AN-Eigenschaft i. S. v. § 5 Abs. 1 eines AN stets einen Arbeitsvertrag mit dem Betriebsinhaber verlangt; vgl. zur Kritik dieser Ansicht Rn. 20 ff.

359 So jetzt *BAG* 13. 3. 13 – 7 ABR 69/11, NZA 13, 789.

360 Zur übrigen eingeschränkten Anwendbarkeit betriebsverfassungsrechtlicher Beteiligungstatbestände auf Leih-AN im Entleiherbetrieb, soweit diese einen Arbeitsvertrag mit dem Betriebsinhaber voraussetzen, vgl. Rn. 27; *BAG* 15. 12. 92, a. a. O., sieht eine derartige sachbezogene Einschränkung etwa bei Entlohnungsfragen als gegeben; ebenso schon *Becker*, AuR 82, 369 [376]; näher *Hamann*, NZA 03, 526 [530 ff.].

Der bis zur **Novellierung 2001** bestehende völlige **Ausschluss des aktiven und passiven Wahlrechts** für Leih-AN im Entleiherbetrieb war wegen Verstoßes gegen Art. 3 GG **verfassungswidrig.**[361] Das aktive Wahlrecht für Leih-AN gem. § 7 Satz 2 hat einen Teil dieser Probleme beseitigt, beinhaltet aber immer noch eine Diskriminierung.[362] Die fortbestehende **Versagung des passiven Wahlrechts** durch § 14 Abs. 2 Satz 1 AÜG war bei dessen In-Kraft-Treten am 1.1.82 nur wegen der rechtsähnlichen Einschränkung in § 13 Abs. 2 BPersVG bei bis zu dreimonatigen Abordnungen als vertretbar angesehen worden.[363] Trotz des jetzt wieder grundsätzlich geltenden Verbots der über 18 Monate hinaus gehenden AN-Überlassung kann ein Leih-AN immer noch problemlos die rein zeitlichen **Voraussetzungen der Wählbarkeit gemäß § 8** (sechsmonatige Betriebsangehörigkeit) erfüllen, was bei In-Kraft-Treten des § 14 AÜG im Jahre 1982 und einer damals max. dreimonatigen Leihfrist schon konstruktiv unmöglich gewesen ist. Der mit § 14 Abs. 2 Satz 1 AÜG fortbestehende **Ausschluss des passiven Wahlrechts** selbst für längerfristig eingesetzte Leih-AN bleibt trotz der BetrVG-Novelle 2001 aber auch der AÜG-Änderung 2017 **gleichheitswidrig und verstößt gegen Art 3 GG:** Ein nur für sieben Monate befristet eingestellter Normal-AN und die aus dem ö. D. überlassenen AN nach § 5 Abs. 1 Satz 3 hätten passives Wahlrecht, der ebenso lange oder sogar länger eingesetzte Leih-AN nicht. Ein **sachlicher Grund** für diese Ungleichbehandlung ist **nicht ersichtlich,**[364] zumal auch ein (etwa vorhandener) vom Leih-AN mit gewählter BR des Verleiherbetriebs keinerlei Kompetenzen im Entleiherbetrieb hat, durch die ggf. die Repräsentationslücken kompensiert werden könnten.[365] 91

Mit seiner Entscheidung vom 17.2.10[366] hatte der 7. Senat des ***BAG*** derartige Überlegungen abgelehnt, indem er in einem Fall langjähriger AN-Überlassung dem betreffenden AN die Wählbarkeit zum BR des Entleiherbetriebes absprach und hierin auch **keinen Verstoß gegen Art. 3 Abs. 1 GG** zu erblicken vermochte. Der Gesetzgeber sei auch trotz (der damals geltenden) Aufgabe der Höchstüberlassungsdauer berechtigt gewesen, weiterhin typisierend davon auszugehen, dass Leih-AN häufig nur vorübergehend und kurzzeitig im Entleiherbetrieb tätig sind. Die betriebsverfassungsrechtliche **Statusdifferenzierung** zwischen Stamm-AN und Leih-AN **sei daher sachlich begründet.** Ob dieses Verdikt in Anbetracht der neueren Rechtsprechung des 7. Senats (vgl. Rn. 89b) Bestand haben wird, bleibt abzuwarten. 92

Soweit dagegen ein **Fall illegaler AN-Überlassung** vorliegt, ist § 14 AÜG mit seinen Vorschriften über den betriebsverfassungsrechtlichen Status des Leih-AN nicht (auch nicht analog) anwendbar.[367] Illegale AN-Überlassung (vgl. Rn. 86c) kann z. B. vorliegen, wenn die erforderliche gültige Verleiherlaubnis überhaupt fehlt oder deswegen nicht vorhanden ist, weil die Voraussetzungen der Erlaubnisfreiheit nach § 1 Abs. 3 AÜG (dazu Rn. 95) verkannt wurden. Wegen der gesetzlichen Fiktion aus § 10 Abs. 1 i. V. m. § 9 Abs. 1 AÜG 2017, wonach dann ein vollgültiges Arbeitsverhältnis zwischen Entleiher und Leih-AN als zustande gekommen gilt, fehlt es hier an der Aufspaltung der AG-Position in eine Vertrags- und eine Beschäftigungskomponente.[368] Auch die in § 7 Satz 2 enthaltene Einschränkung des Wahlrechts findet dann keine Anwendung. Somit ist der Leih-AN in diesem Fall als betriebszugehörig und damit als AN i. S. d. BetrVG ausschließlich im Entleiherbetrieb anzusehen, selbst wenn die Parteien den unwirksamen Leiharbeitsvertrag praktizieren.[369] 93

361 So auch *Ulber,* § 14 Rn. 47b; zu den Einzelheiten *7. Aufl.,* Rn. 78a.
362 *Hamann,* NZA 03, 529.
363 Vgl. Schüren-*Hamann,* § 14 AÜG Rn. 34f.
364 Ebenso *Hamann,* NZA 03, 526, 529; anderer Ansicht *BAG* 17.2.10, a.a.O. Rn. 28, 32.
365 Zum Legitimationsdefizit des Entleiher-BR auch *Düwell,* AiB 96, 576 [578]; *Hamann,* a.a.O.
366 *BAG* 17.2.10 – 7 ABR 51/08, NZA 10, 832.
367 *Richardi/Maschmann,* Rn. 111; *Becker,* AuR 82, 369 [376].
368 Vgl. auch *BAG* 10.2.77, AP Nr. 9 zu § 103 BetrVG 1972, wonach bei Eintritt der Fiktion das Arbeitsverhältnis zum Verleiher rechtlich beendet wird.
369 Str.; wie hier *BAG* 20.4.05, NZA 05, 1006; 30.1.91, AP Nr. 8 zu § 10 AÜG; *Richardi/Maschmann,* Rn. 111; a. A. *Becker,* a.a.O., S. 376f.; *Becker/Wulfgramm,* § 14 Rn. 36, die wegen einer vergleichbaren Interessenlage wie bei erlaubter Leih-Arbeit § 14 AÜG analog anwenden und erst bei Beachtung der Fiktion nach § 10 Abs. 1 AÜG durch die Parteien die Betriebszugehörigkeit ausschließlich zum Entleiherbetrieb bejahen; Schüren/*Hamann,* § 10 Rn. 81, § 14 Rn. 503, nehmen dagegen doppelte Betriebszugehörigkeit nach den Grundsätzen des faktischen Arbeitsverhältnisses an.

94 Wegen des Streits über die Rechtsfolgen einer nicht widerlegten **Vermutung der Arbeitsvermittlung** gem. § 1 Abs. 2 AÜG vgl. *15. Aufl. 2016, Rn. 94.*

c) Erlaubnisfreie Arbeitnehmerüberlassung

95 Trotz der AÜG-rechtlichen Gleichstellung der gewerbsmäßigen und der nicht gewerbsmäßigen Arbeitnehmerüberlassung schon durch das **AÜGÄndG 2011** (vgl. Rn. 86) ist auch nach dem AÜG 2017 keineswegs jedwede Form der Überlassung von Arbeitskräften erlaubnispflichtig.[370] Nach § 1 Abs. 3 Eingangssatz AÜG 2017 bleiben folgende Formen der **Überlassung erlaubnisfrei:**

- Überlassung zwischen AG desselben Wirtschaftszweiges (Abs. 3 Nr. 1),
- Überlassung zwischen **Konzern-UN** (Abs. 3 Nr. 2; dazu näher Rn. 98 ff.),
- gelegentliche Überlassung (Abs. 3 Nr. 2a.),
- **Personalgestellung** auf öD-tariflicher Grundlage (Abs. 3 Nr. 2b.; dazu Rn. 107a, 109, 119 f.[371]),
- Überlassung zwischen **jur. Personen des öff. Rechts** mit Anwendung von öD-TV (Abs. 3 Nr. 2c.) und
- Auslandsüberlassung, wenn in ein auf der Grundlage zwischenstaatlicher Vereinbarungen begründetes deutsch-ausländisches Gemeinschafts-UN verliehen wird, an dem der Verleiher beteiligt ist (Abs. 3 Nr. 3).

Auf diese Gestaltungen sind gem. § 1 Abs. 3 Eingangssatz AÜG 2017 ausdrücklich nur die §§ 1b Satz 1, 16 Abs. 1 Nr. 1f und Abs. 2–5 sowie §§ 17 und 18 AÜG 2017 anwendbar. Nicht aber ist dem Wortlaut dieser Verweisungsnorm nach z. B. die mitbestimmungsrechtliche Sonderregelung des § 14 AÜG anzuwenden. Ferner **greift** hier wegen der fehlenden Verweisung des Eingangssatzes von § 1 Abs. 3 auf § 1 Abs. 1 und Abs. 1b AÜG 2017 auch **nicht das Verbot der Überschreitung einer maximalen Überlassungsdauer von 18 Monaten.** Und selbst die formalen Anforderungen nach § 1 Abs. 1 Satz 5 (Bezeichnung als ANÜ) und Satz 6 (Konkretisierung der Person des Leih-AN) müssen dann von Verleiher und Entleiher nicht beachtet werden.

96 Einige der in § 1 Abs. 3 AÜG 2017 genannten Fälle einer erlaubnisfreien AN-Überlassung wurden früher der sog. echten, weil nicht gewerbsmäßigen Leiharbeit zugerechnet.[372] Diese systematische Unterscheidung ist aber bereits seit dem AÜG 2011 aufgegeben worden, ohne dass der Gesetzgeber nunmehr die Anwendung des § 14 AÜG auf diese Formen der Überlassung angeordnet hätte. Die betriebsverfassungsrechtliche Einordnung des echten Leih-AN war und ist umstritten. Teilweise[373] wird eine echte **Doppelzugehörigkeit** sowohl zum Verleiher- als auch Entleiherbetrieb angenommen, teils eine ausschließliche Zuordnung zum Verleiherbetrieb bejaht,[374] teils eine alleinige Zuordnung zum Entleiherbetrieb bei Überschreiten der höchstzulässigen Leihfrist von damals drei Monaten angenommen.[375] Seit dem Wegfall jeder zeitlichen Begrenzung der Überlassung (Rn. 91 f.) ließ sich hieraus nichts mehr ableiten. Dies gilt wegen der Unanwendbarkeit der 18-monatigen Leihfrist des § 1 Abs. 1b Satz 1 AÜG 2017 auf die erlaubnisfreien AN-Überlassungen gem. § 1 Abs. 3 AÜG 2017 in gleicher Weise für das neue AÜG 2017.

97 Das *BAG*[376] meinte, § 14 AÜG sei trotz seiner unmittelbaren Anwendbarkeit lediglich für die gewerbsmäßige (jetzt erlaubnispflichtige) AN-Überlassung wegen der **Vergleichbarkeit der Interessenlage** auf sämtliche Erscheinungsformen der nicht gewerbsmäßigen AN-Überlassung

---

370 Den insoweit frei bleibenden Spielraum des AÜG 2011 beleuchten *Löwisch/Domisch*, BB 12, 1408 ff.
371 Mit dem *EuGH* 22.6.23 – C-427/21, NZA 23, 815, ist die Richtlinie 2008/104/EG v. 19.11.08 nicht auf Personalgestellungen, wie etwa in § 4 Abs. 3 TVöD geregelt, anwendbar und somit kann auch die Bereichsausnahme in § 1 Abs. 3 Nr. 2b. AÜG europarechtlich nicht beanstandet werden. Der *BAG-Vorlagebeschluss v.* 16.6.21 – 6 AZR 390/20 (A), NZA 21, 1269 ff. ist damit beantwortet.
372 GK-*Raab*, § 7 Rn. 127.
373 Z. B. *Heinze*, ZfA 76, 183 [211 f.]; *Christiansen*, S. 123 f.; vgl. o. Rn. 20, 27.
374 *Bulla*, DB 75, 1795.
375 *Säcker/Joost*, S. 33 f., 71.
376 28.9.88, DB 89, 434; 18.1.89, DB 89, 1419 [1420]; 18.1.89, AP Nr. 1 zu § 9 BetrVG 1972.

entsprechend anwendbar.[377] Ob diese Ansicht wegen des neuerlichen Anwendungsausschlusses von § 14 AÜG durch den Gesetzgeber des AÜG 2011 und AÜG 2017 in den Fällen des § 1 Abs. 3 AÜG noch aufrecht erhalten bleiben kann, erscheint zweifelhaft. Die Ansicht des *BAG* ist abzulehnen, weil es an den Voraussetzungen für die Zulässigkeit eines Analogieschlusses fehlt.[378] Somit ist für die betriebsverfassungsrechtliche Zuordnung von erlaubnisfrei überlassenen Leih-AN allein der betriebsverfassungsrechtliche AN-Begriff maßgeblich.[379] Hinsichtlich des **aktiven Wahlrechts** ist allerdings die Einschränkung des § 7 Satz 2 zu beachten, der auf alle Fälle der AN-Überlassung anzuwenden ist.[380] Nach hier vertretener Ansicht wird **das passive Wahlrecht** bei erlaubnisfreier Leiharbeit allerdings durch § 14 Abs. 2 Satz 1 AÜG überhaupt nicht geregelt, so dass hierauf nur § 8 anzuwenden ist.[381] Mithin sind diese Leih-AN auch im Entleiherbetrieb wählbar, wenn sie dort mehr als drei Monate eingesetzt werden sollen (§ 7 Satz 2) und die sechsmonatige Zugehörigkeit i. S. v. § 8 erfüllen[382]. Dies vermeidet auch gleichheitswidrige Differenzierungen.[383]

d) Arbeitnehmerüberlassung im Konzern

Arbeitskräfteverleih innerhalb desselben Konzerns kommt im Wesentlichen in zwei Konstellationen vor: 98

- *Fall 1*: Bisweilen schließen insbesondere **Führungskräfte** einen Arbeitsvertrag mit dem herrschenden UN ab, werden aber mehr oder weniger dauerhaft, **gelegentlich** oder gar wechselnd neben der Tätigkeit im Betrieb des herrschenden UN auch in Betrieben eines abhängigen UN beschäftigt (dazu Rn. 99 ff.).[384]
- *Fall 2*: Häufiger anzutreffen und in Mode geraten ist jedoch der Fall, dass eine konzerneigene **Personalführungsgesellschaft** ihre AN ständig, jedenfalls aber längerfristig oder gar auf Dauer zur Arbeitsleistung gegen Selbstkostenerstattung an andere, meist gar selbst arbeitnehmerlose Konzern-UN überlässt, selbst aber über diesen Geschäftsgegenstand hinaus keinerlei betriebliche Tätigkeit entfaltet (dazu Rn. 102 ff.).

aa) Privilegierte/erlaubnisfreie Überlassung

Bei nur gelegentlichen **»Abordnungen« von AN im Konzern** (Fall 1, Rn. 98) kann es sich um eine erlaubnisfreie Überlassung nach dem **modifizierten Konzernprivileg** gem. § 1 Abs. 3 Nr. 2 AÜG 2017 handeln (dazu schon o., Rn. 95 f.), worauf das AÜG in wesentlichen Teilen nicht und somit auch nicht die betriebsverfassungsrechtliche Vorschrift des § 14 AÜG 2017 anwendbar ist. Gegen die Zulässigkeit des deutschen Konzernprivilegs werden in der Literatur nahezu einhellig und zu Recht **unionsrechtliche Bedenken** geltend gemacht, weil die Leiharbeitsrichtlinie v. 5. 12. 2008 (RL 2008/104/EG) eine derartige Konzernprivilegklausel nicht enthält.[385] Bisher ungeklärt sind aber die hieraus zu ziehenden Schlussfolgerungen: teils wird angenommen[386], die Norm sei unanwendbar, teils will man sie im Wege unionsrechtskon- 99

377 Vgl. z. B. *BAG* 22. 3. 00, NZA 00, 1119; zuletzt 17. 2. 10 – 7 ABR 51/08, NZA 10, 832.
378 Eingehend *Ziemann*, AuR 90, 58 [62]; *Boemke*, § 14 AÜG Rn. 64; ähnlich bereits *Konzen*, ZfA 82, 259 [272 ff.]; vgl. auch o. Rn. 19 ff.
379 *Ziemann*, a. a. O., S. 62.
380 *Fitting*, § 7 Rn. 41; *Boemke*, a. a. O.; *Däubler*, AuR 01, 285 [286].
381 A. A. aber noch *BAG*, a. a. O.; 10. 3. 04 – 7 ABR 49/03, AP Nr. 8 zu § 7 BetrVG 1972.
382 Zur (bejahten) Anrechnung einer unmittelbar vorhergehenden Vorbeschäftigung als Leih-AN auf die 6-Monatsfrist des § 8 vgl. *BAG* 10. 10. 12 – 7 ABR 53/11, AP Nr. 15 zu § 8 BetrVG 1972.
383 Vgl. Rn. 91 a. E.; ebenso *Hamann*, NZA 03, 526 [529 f.].
384 Vgl. dazu *Säcker*, FS Quack, S. 421 ff.; *Rüthers/Bakker*, ZfA 90, 245 ff.; *Birk*, ZGR 84, 23 ff.; *Windbichler*, S. 67 ff. [78 f.]; zur leihweisen Verwendung eines AN des Mutter-UN als GF im Tochter-UN und der zu verneinenden Anwendbarkeit des AÜG hierauf näher *Werner*, NZA 23, 21 ff.
385 Überblick zum Meinungsstand bei Schüren-*Hamann*, § 1 Rn. 634 ff.; vgl. Auch *Hamann*, ZESAR 12, 109; *Lembke* NZA 11, 319, 320; *Ulber*, AuR 10, 412, 414; *Wank*, RdA 10, 193, 203.
386 *Boemke-Lembke*, § 1 Rn. 198; Ulber, AuR 10, 10, 12.

former Auslegung einschränkend interpretieren[387] und eine weitere Ansicht[388] möchte (wohl *de lege ferenda*) wenigstens den Katalog der von der Nichtgeltung des AÜG ausgenommenen Vorschriften im Eingangssatz von § 1 Abs. 3 AÜG um die §§ 8, 9 Abs. 1 Nr. 2, 13a und 13b erweitern, weil diese Sachmaterien ebenfalls zu den nach der Richtlinie zwingenden Schutzvorschriften gehören. Das *LAG Niedersachsen*[389] und die Vorinstanz *ArbG Emden*[390] halten das Konzernprivileg angesichts seines klaren Wortlauts nicht für europarechtskonform auslegbar und wenden die Bestimmung an, ohne auf die eigentliche Vorfrage der in der Literatur einhellig gerügten Unionsrechtswidrigkeit näher einzugehen und eine Vorlage an den *EuGH* überhaupt zu erwägen. Das *BAG* hat sich bisher zum 2011 neu gefassten Konzernprivileg nur »nebenbei« geäußert.[391]

99a Ungeachtet des Ausgangs des Streits über die Unionsrechtswidrigkeit des Konzernprivilegs und deren Folgen ist derzeit für die betriebliche Anwendungspraxis von Folgendem auszugehen: Das Privileg der Erlaubnisfreiheit greift ohnehin nur, wenn der AN »nicht zum Zweck der Überlassung eingestellt und beschäftigt wird«. Das frühere Merkmal der bloß **vorübergehenden** Nichtbeschäftigung beim Vertrags-AG war mit dem AÜG 2011 aufgegeben worden. Es war aufgrund der allzu liberalen Anwendungspraxis untauglich, um Missbräuche auszuschließen.[392] Mit der anstelle des Begriffs »vorübergehend« eingefügten Bedingung soll sichergestellt werden, dass es nicht allein auf den bei Abschluss des Arbeitsvertrages festgelegten Leistungsinhalt ankommt, sondern auch darauf, dass die AN später nicht doch zum Zwecke der Überlassung beschäftigt werden.[393] Der BR **des Einsatzbetriebes** wird deshalb im Rahmen des § 99 darauf zu achten haben, ob diese AÜG-rechtlichen Voraussetzungen erfüllt sind und sein **Zustimmungsverweigerungsrecht bei der Einstellung** zur Klärung nutzen.[394] Auf das Konzernprivileg kann sich z. B. selbst ein *Freistaat* nicht berufen, der AN an seine nachgeordnete GmbH überlässt[395], dies aber schon deswegen, weil der Freistaat als Körperschaft des öff. Rechts kein »Unternehmen« i. S. d. § 1 Abs. 3 Nr. 2 AÜG darstelle.

100 Die **betriebsverfassungsrechtliche Zuordnung** der auf Grundlage des Konzernprivilegs überlassenen Personen erfolgt ungeachtet der etwaigen Unionsrechtswidrigkeit und ungeachtet der weiteren daran anzuknüpfenden Folgen nach denselben Grundsätzen wie auch sonst bei der erlaubnisfreien AN-Überlassung (vgl. Rn. 96 ff.), so dass der AN regelmäßig zu dem Betrieb gehört, in dessen Arbeitsorganisation er jeweils eingegliedert ist. Auch auf diese Form des drittbezogenen Arbeitseinsatzes ist **im Entleiherbetrieb § 7 Satz 2** wegen des aktiven Wahlrechts anzuwenden. Dagegen verneinte das *BAG*[396] auch für Fälle der Konzernleihe nach § 1 Abs. 3 Nr. 2 AÜG a. F. die AN-Eigenschaft des Leih-AN im Entleiherbetrieb, so dass diese dort **kein passives Wahlrecht** hatten und nicht im Rahmen des § 9 mitzuzählen waren. Demgemäß folgte nach Ansicht des *BAG*[397] aus der entsprechenden Anwendung von § 14 Abs. 1 AÜG, dass das aktive und passive Wahlrecht der konzernintern verliehenen AN im **Betrieb des Verleihers**

---

387 *Deinert*, DB 16, 349, 351; wohl auch *LAG Thüringen* 12. 4. 16 – 1 Sa 284/15, juris Rn. 44 ff., 50; gegen diese teleologische Reduktion mit Hinweis auf die entgegenstehende Gesetzgebungshistorie, die die Annahme eines planwidrig überschießenden Gesetzeswortlauts ausschließt, *Schüren-Hamann*, § 1 Rn. 636.

388 *Schüren-Hamann*, § 1 Rn. 638, der allerdings – noch weitergehend – die Streichung des Konzernprivilegs empfiehlt.

389 12. 1. 23 – 5 Sa 212/22, NZA-RR 23, 289 m. Anm. *Glatzel*. Die Sache ist unter Az. 9 AZR 110/23 beim *BAG* anhängig.

390 12. 1. 22 – 1 Ca 334/20, BeckRS 22, 45315.

391 *BAG* 20. 1. 15 – 9 AZR 735/13, NZA 15, 816, 818 Rn. 21.

392 Vgl. hierzu *BAG* 21. 3. 90, AP Nr. 15 zu § 1 AÜG, das im Einzelfall sogar eine nahezu siebenjährige Überlassung als »vorübergehend« ansah.

393 So ausdrücklich die Begründung zum Regierungsentwurf des AÜGÄndG 2011, vgl. *BR-Drucks*. 847/10, S. 7.

394 Ebenso *Hamann*, NZA 11, 70, 75; neben § 99 ist der Einsatz von Leih-AN aber auch nach § 87 Abs. 1 Nr. 2 mitbestimmungspflichtig, vgl. *BAG* 28. 7. 20 – 1 ABR 45/18, NZA 20, 1491; hierzu *Wall*, NZA 21, 927 ff.

395 *Thüringer LAG* 12. 4. 16 – 1 Sa 284/15, juris Rn. 44 ff.

396 10. 3. 04 – 7 ABR 49/03, AP Nr. 8 zu § 7 BetrVG 1972.

397 20. 4. 05, NZA 05, 1006.

fortbesteht. Ob diese Ansicht aufgrund der geänderten Rechtsprechung des BAG (Rn. 89, 91, 92) Bestand haben kann, ist äußerst zweifelhaft.

Ob die Zugehörigkeit zu einem Betrieb des herrschenden UN **daneben** andauert, hängt davon ab, ob trotz der Eingliederung im Betrieb des abhängigen UN die **Eingliederung im Stammbetrieb** fortbesteht. Dies kann bejaht werden, wenn dem AN jeweils ein Arbeitsbereich in der Arbeitsorganisation beider Betriebe der verschiedenen UN zugewiesen ist.[398] Auch wenn der Ort der Arbeitsleistung sich in derartigen Fällen nicht ändert, kann der AN verschiedenen betrieblichen Organisationen angehören; entscheidend ist die Zuweisung von Tätigkeitsbereichen, die zu unterschiedlichen betrieblichen Organisationen gehören, nicht der physische Aufenthaltsort des AN.[399] 101

bb) Personalführungsgesellschaften

§ 1 Abs. 1 Satz 1 AÜG 2017 erstreckt die Erlaubnispflicht ausdrücklich auch auf **konzerninterne Personaldienstleistungsgesellschaften,**[400] denn eine Überlassung »im Rahmen ihrer wirtschaftlichen Tätigkeit« üben auch solche UN aus, selbst wenn sie mit dem Konzernverleih keine Gewinnerzielungsabsicht verfolgen (vgl. o., Rn. 86f.). Das ***BAG*** hatte bereits in der Entscheidung v. **9.2.2011**[401] zum AÜ in der bis 2011 geltenden Fassung angenommen, dass derartige Konzern-UN, die zum Zwecke der Personalkosteneinsparung im Konzern AN einstellen, um diese zum billigeren Selbstkostenpreis an andere Konzern-UN zu überlassen, **nicht mehr dem Konzernprivileg** unterfallen, sondern eine gewerbsmäßige Überlassung praktizieren und daher ab sofort und nicht erst ab dem 1.12.2011[402] erlaubnispflichtig wurden. Hieran hat das AÜG 2017 nichts geändert. 102

Für die **betriebsverfassungsrechtliche Zuordnung** dieser von Personalführungsgesellschaften im Konzern überlassenen AN gelten daher dieselben Grundsätze wie bei der erlaubnispflichtigen AN-Überlassung im Allgemeinen (dazu o., Rn. 89ff.). 103

e) Beschäftigung im Drittbetrieb auf Grund von Werk- oder Dienstverträgen

AN, die im Auftrag ihres Vertrags-AG und nach dessen Weisungen im Drittbetrieb als Erfüllungsgehilfen (§ 278 BGB) des eigenen AG tätig werden, bleiben während der Dauer ihres Einsatzes AN allein im Stammbetrieb ihres Vertrags-AG.[403] Allerdings kann in diesen Fällen auch ein **Schein-Werkvertrag** bzw. **Schein-Dienstvertrag** vorliegen, mit dem die Regelungen des AÜG umgangen werden sollen.[404] Für echte Werkverträge spricht die Übernahme von Gewährleistungspflichten durch das Fremd-UN.[405] Entscheidend für die Rechtsnatur der Vertragsbeziehung ist jedoch nicht die Bezeichnung, sondern der Geschäftsinhalt, d.h. im Zweifel dessen tatsächliche Durchführung,[406] wobei es vor allem für Schein-Verträge spricht, wenn die AN dem Weisungsrecht des »Entleihers« unterliegen und in dessen betriebliche Arbeitsorganisation eingegliedert sind.[407] Nur schwer zu unterscheiden sind bisweilen Anweisungen des »Entleihers« als Werkbesteller gegenüber dem Werk-UN bzw. dessen AN-Erfüllungsgehilfen (sog. werkvertragl. Anweisungsrecht), die aus dem Werkvertrag folgen können (vgl. § 645 104

398 Vgl. *Richardi*, NZA 87, 145 [147]; zur gleichartigen Problematik beim Außendienst bzw. bei Auszubildenden vgl. Rn. 50ff. bzw. Rn. 142ff.
399 *Richardi*, a.a.O.
400 Vgl. *Hamann*, NZA 11, 70, 71; *Leuchten*, NZA 11, 608, 609.
401 7 AZR 32/10, NZA 11, 791ff., Rn. 37.
402 Zutreffend *Düwell*, DB 11, 1520, 1521.
403 Z.B. bei Montage-, Reparatur- und Bauarbeiten, Überlassung von Maschinen nebst Bedienungspersonal usw.; vgl. *Richardi/Maschmann*, Rn. 99; *Fitting*, Rn. 280; GK-*Raab*, § 7 Rn. 149.
404 Vgl. *LAG Baden-Württemberg* 1.8.13 – 2 Sa 6/13, BB 13, 1971 zur Abgrenzung von ANÜ und Werkvertrag; zu den Abgrenzungsmerkmalen *Bauschke*, NZA 00, 1211ff.; *Becker-Wulfgramm*, § 12 Rn. 36aff.; *Becker*, DB 88, 2561ff.; *Beck*, BetrR 89, 173 [176]; *Paasch*, Rechtsprechungsübersicht Leiharbeit, AiB 89, 149 [151f.].
405 *Schüren*, FS Däubler, S. 90.
406 Ständige Rspr. des *BAG*; vgl. z.B. *BAG* 15.6.83, AP Nr. 5 zu § 10 AÜG.
407 Vgl. zum Betretungs- und Nachschaurecht gemäß § 7 Abs. 3 AÜG *BSG* 29.8.92, NZA 93, 524.

Abs. 1 Satz 1 BGB), von solchen Weisungen, die typisch für die AN-Überlassung sind (sog. arbeitsvertragl. Weisungsrecht).[408] Das *BAG* nimmt eine Abgrenzung wie folgt vor: Während die **werkvertragliche Anweisung** sachbezogen, ergebnisorientiert und gegenständlich auf die zu erbringende Werkleistung begrenzt ist, ist das **arbeitsrechtliche Weisungsrecht** personenbezogen, ablauf- und verfahrensorientiert und beinhaltet Anleitungen zur Vorgehensweise und weiterhin die Motivation des Mitarbeiters, die nicht Inhalt des werkvertraglichen Anweisungsrechts sind.[409] Die Tatsachengerichte haben insoweit eine umfassende Abwägung aller in die Entscheidung einzustellenden Gesichtspunkte vorzunehmen, wenn einige Kriterien für das Tätigwerden als Erfüllungsgehilfe und damit für einen Werkvertrag und andere Kriterien für das Vorliegen einer ANÜ sprechen.[410] Z. B. sind **Fahrer eines selbstständigen Frachtführers** (§ 437 HGB) keine AN des Transport-UN, für das der Frachtführer die **Transportaufträge** erledigt. Diesen Fahrern fehlt schon die arbeitsvertragliche Beziehung zum Transport-UN, so dass sie im Rahmen des § 9 dort nicht mitzuzählen sind.[411]

105 Liegt ein Schein-Werkvertrag bzw. Schein-Dienstvertrag vor, handelt es sich in Wirklichkeit um AN-Überlassung.[412] Ist der »Verleiher« im Besitz einer Erlaubnis i. S. v. § 1 Abs. 1 AÜG, bemessen sich die betriebsverfassungsrechtlichen Rechtsfolgen bezüglich des Leih-AN nach den Regelungen über die erlaubnispflichtige AN-Überlassung (vgl. Rn. 86 ff.; bei unerlaubter AN-Überlassung vgl. Rn. 93).

f) Sonstige Formen des drittbezogenen Personaleinsatzes

106 Von untergeordneter praktischer Bedeutung ist das sog. **mittelbare Arbeitsverhältnis,** bei dem ein AN (sog. mittelbarer AN) nicht vom Betriebsinhaber (Haupt-AG) selbst, sondern von einer Zwischenperson eingestellt wird, die selbst AN des Betriebsinhabers ist.[413] Der mittelbare AN ist AN i. S. d. Abs. 1 im Betrieb des Haupt-AG.[414]

107 Zur AN-Eigenschaft von Personen, die im Rahmen sog. **Schwestern-Gestellungsverhältnisse** ihre Arbeitsleistung bei einem Dritten erbringen, vgl. Rn. 181, 187. In solchen Fällen liegt **AN-Überlassung** vor, die an sich dem AÜG 2017 unterfällt, jedoch mit § 2 Abs. 4 DRK-Gesetz einem Sonderregime unterworfen wurde (vgl. Rn. 183).

107a Von den Schwesterngestellungsverträgen zu unterscheiden sind **Gestellungsverträge,** wie sie nach **§ 4 Abs. 3 TVöD** im Zusammenhang mit Privatisierungen von Aufgaben und Einrichtungen der öffentlichen Hand abgeschlossen werden: Hierbei handelte es sich nach herkömmlicher Systematik um eine Form der nicht gewerbsmäßigen Leiharbeit.[415] Diese Art der Personalgestellung auf Grundlage von TV des öffentl. Dienstes ist zwar tatbestandlich grundsätzlich gleichfalls Leiharbeit[416], nach § 1 Abs. 3 Nr. 2b AÜG 2017 aber weiterhin privilegiert, nachdem im Vorabentscheidungsverfahren wegen der sehr verbreitet als zweifelhaft erachteten Unionsrechtskonformität[417] der *EuGH* entschieden hat, dass diese Personalgestellungsart schon tatbestandlich nicht der Leiharbeitsrichtlinie unterfällt[418]: sie bedarf demnach keiner behördlichen Erlaubnis und ist auch nicht an die maximale Überlassungsdauer von 18 Monaten gebunden

---

408 Vgl. *Fitting*, Rn. 282 ff.
409 *BAG* 27. 9. 22 – 9 AZR 468/21, NZA 23, 105, 109 Rn. 33.
410 *BAG* 5. 7. 22 – 9 AZR 323/21, NZA 22, 1602, 1605 Rn. 25.
411 *BAG* 21. 7. 04 – 7 ABR 38/03, AP Nr. 8 zu § 9 BetrVG 1972.
412 Vgl. zur Abgrenzung von Werkvertrag und Arbeitnehmerüberlassung etwa *Greiner*, NZA 13, 697 ff.; ferner *BAG* 18. 1. 12 – 7 AZR 723/10, EzA Nr. 14 zu § 1 AÜG; zur Abgrenzung von Werkvertrag und Arbeitsvertrag *BAG* 25. 9. 13 – 10 AZR 282/12.
413 Vgl. *BAG* 9. 4. 57, 8. 8. 58, AP Nrn. 2, 3 zu § 611 BGB Mittelbares Arbeitsverhältnis; 18. 4. 89, EzA § 99 Nr. 73 unter B. III 4b der Gründe.
414 *Richardi/Maschmann*, Rn. 114; *Fitting*, Rn. 229; GK-*Raab*, Rn. 140.
415 Zur Gestellung im Anwendungsbereich der Personalvertretungsgesetze näher *Trümner/Sparchholz*, PersR 08, 317 ff.
416 Zutreffend *Löwisch/Domisch*, BB 12, 1408 f.
417 *BAG* 16. 6. 21 – 6 AZR 390/20 (A), NZA 21, 1269 ff.; die Unvereinbarkeit mit dem Unionsrecht wurde auch in der Literatur weit mehrheitlich vertreten, vgl. dazu Schüren-*Hamann*, § 1 Rn. 670 m. w. N.
418 *EuGH* 22. 6. 23 – C-427/21, NZA 23, 815.

(vgl. oben, Rn. 95ff.).[419] Sie unterliegt ferner schon aufgrund von § 5 Abs. 1 Satz 3 nicht der sonderbetriebsverfassungsrechtlichen Bestimmung des § 14 AÜG (näher Rn. 108ff.).

g) Im Betrieb tätige Beamte, Soldaten und AN des öffentlichen Dienstes

Durch **Art. 9 des »Gesetzes zur Errichtung eines Bundesaufsichtsamtes für Flugsicherung und zur Änderung und Anpassung weiterer Vorschriften«** (BAFGEG) v. 29.7.2009[420] hat der Gesetzgeber § 5 geändert. Die Gesetzesänderung ist gem. Art. 17 des BAFGEG **am 4.8.2009 in Kraft getreten.**[421] Der Gesetzgeber hat im Wege einer gesetzlichen Fiktion eine allgemeine Regelung in das BetrVG aufgenommen, nach der **Beamte, Soldaten** und **AN des öffentlichen Dienstes einschließlich der zu ihrer Berufsausbildung Beschäftigten** bei Zuweisung an privatrechtliche Einrichtungen generell für die Anwendung des BetrVG als deren AN gelten und damit bei den dortigen BR-Wahlen **aktiv und passiv wahlberechtigt** sind. Das *BAG* bezeichnet die neue Bestimmung als Sondervorschrift für **echte** AN-Überlassung aus dem öffentlichen Dienst,[422] aus der keine rechtlichen Schlüsse für andere Formen der AN-Überlassung gezogen werden könnten. Sie unterliege zudem auch keinen verfassungsrechtlichen Bedenken.[423] § 7 Satz 2 BetrVG ist auf diese Fallgestaltungen nicht anwendbar, weil die gesetzliche Fiktion in § 5 den genannten Personenkreis gerade mit den »echten« AN des Betriebs völlig gleichstellt und sie deshalb nicht als »Arbeitnehmer eines anderen Arbeitgebers« (§ 7 Satz 2 BetrVG) bezeichnet werden können. Sie besitzen daher **das aktive Wahlrecht** im Einsatzbetrieb wie die dortigen »Normal-AN«. Überdies sind diese Personen dort **auch passiv wahlberechtigt**[424] sowie im Rahmen sonstiger organisatorischer Bestimmungen, insbesondere solcher, die auf die Betriebsgröße (§§ 9, 38) und auf die regelmäßige Anzahl der wahlberechtigten AN des Betriebs abstellen (**Zählwert**), zu berücksichtigen.[425] 108

Mit der Neuregelung soll insbes. einem personalrechtlichen Folgeproblem im Zuge von solchen **Privatisierungen** Rechnung getragen werden, bei denen keine Überleitung der Rechtsverhältnisse dieses Personenkreises auf die privatrechtliche Einrichtung erfolgt, sondern – unter Aufrechterhaltung ihres Rechtsverhältnisses zum öff.-rechtlichen Dienstherrn/Arbeitgeber – die Tätigkeit bei dieser Einrichtung z.B. auf Grundlage einer gesetzlichen oder vertraglichen **Personalgestellung oder Zuweisung** erfolgt. Auf derartige Personalgestellungen oder Zuweisungen sind nach dem Willen des Gesetzgebers die Bestimmungen des **AÜG nicht anzuwenden,** so dass vor allem § 14 Abs. 2 AÜG hinsichtlich des Wahlrechtsausschlusses im Einsatzbetrieb nicht anwendbar ist.[426] Dies ergibt sich aus den Gesetzgebungsmaterialien zum Bundesschuldenwesenmodernisierungsgesetz v. 12.7.2006,[427] das erklärtermaßen dem Gesetzgeber bei der Änderung des § 5 vor Augen stand: In der Begründung des RegE zum BundesschuldenwesenmodernisierungsG wird ausgeführt, dass das AÜG keine Anwendung finde, weil es sich bei 109

---

419 Zu weiteren AÜG-rechtlichen Fragen bei Gestellungsverträgen nach § 4 Abs. 3 TVöD näher *Trümner/Fischer,* PersR 13, 193ff.

420 BGBl. I S. 2424.

421 Vgl. zur Gesetzesänderung auch *Heise/Fedder,* NZA 09, 1069ff.; *Löwisch,* BB 09, 2316ff.; *Thüsing,* BB 09, 2036; *Trümner,* AiB 09, 539ff.

422 *BAG* 17.2.10 – 7 ABR 51/08, NZA 10, 832.

423 *BAG* 15.12.11 – 7 ABR 65/10, NZA 12, 519, 523.

424 *BAG* 15.8.12 – 7 ABR 24/11, BB 12, 2239ff.; 15.8.12, NZA 13, 107ff.

425 Ganz h.M, vgl. nur *Fitting,* Rn. 318a m.w.N.; so auch *BAG* 15.12.11, a.a.O.; 12.9.12 – 7 ABR 37/11, NZA-RR 13, 197ff.; 5.12.12 – 7 ABR 17/11, NZA 13, 690ff.; a.A. *Löwisch,* BB 09, 2316.

426 *Düwell,* AuR 11, 288; *Fitting,* Rn. 318a; HaKo-BetrVG/*Kloppenburg,* Rn. 23; ErfK-*Koch,* Rn. 3a; GK-*Raab,* Rn. 93; *Richardi/Maschmann,* Rn. 127, 128; *Hamann,* jurisPR-ArbR 21/2011, Anm. 4; *Heilmann,* AiB 09, 500, 502; *Heise/Fedder,* NZA 09, 1069, 1070; *Klimpe-Auerbach,* PersR 10, 437, 440; Thüsing, BB 09, 2036; *Trümner,* AiB 09, 539; *Wolmerath,* dbr 10/2009, 32; *LAG Baden-Württemberg* 21.9.10 – 14 TaBV 3/10, juris; *LAG Berlin-Brandenburg* 16.2.11 – 15 TaBV 2347/11, öAT 11, 143; früher schon *BAG* 11.4.58, AP Nr. 1 zu § 6 BetrVG (für Arbeitnehmer) und *BAG* 28.4.64, AP Nr. 3 zu § 4 BetrVG (für Beamte); diese ältere Rspr. hatte *BAG* 25.2.98, AP Nr. 8 zu § 8 BetrVG 1972, bestätigt durch *BAG* 28.3.01, AP Nr. 5 zu § 7 BetrVG 1972 aufgegeben; ErfK-*Koch,* Rn. 3a, sieht daher zu Recht in Abs. 1 Satz 3 eine »Rück«-Korrektur der *BAG*-Entscheidung v. 28.3.01 durch den Gesetzgeber.

427 BGBl. I S. 1466.

dem vorliegenden Gesetz um ein Spezialgesetz handele.[428] Im Regierungsentwurf zur Neuregelung des § 5 BetrVG wird hierauf Bezug genommen, wenn es dort heißt:[429]
»Mit den Änderungen in § 5 des Betriebsverfassungsgesetzes wird dem Wunsch des Bundesrates vom 26. April 2006 im Rahmen des Gesetzgebungsverfahrens zum Bundesschuldenwesenmodernisierungsgesetz (Bundestagsdrucksache 16/1336) entsprochen, eine allgemeine Regelung in das Betriebsverfassungsgesetz aufzunehmen, nach der Beamte bei Zuweisung an privatrechtlich organisierte Einrichtungen generell für die Anwendung des Betriebsverfassungsgesetzes als deren Arbeitnehmer gelten und damit auch aktiv und passiv bei den Betriebsratswahlen wahlberechtigt sind. Gleiches wird auch für die Arbeitnehmer des öffentlichen Dienstes sichergestellt und entspricht den in den Spezialgesetzen, z. B. im Bundesschuldenwesenmodernisierungsgesetz, dazu getroffenen Regelungen.«

110 Sofern die dem Privatbetrieb zugewiesenen **Beamten oder Soldaten** dort die Voraussetzungen eines leit. Ang. nach Abs. 3 Sätze 1 und 2 erfüllen, **gelten sie als leit. Ang.** (§ 5 Abs. 3 Satz 3 n. F.). Das **soll offenbar nicht für AN** des öffentlichen Dienstes **gelten,** wenn sie zugewiesen sind und im Einsatzbetrieb eine dem leit. Ang. entsprechende funktionale Stellung bekleiden: die Erwähnung der zugewiesenen AN fehlt in Abs. 3 Satz 3. Ob es sich um ein Redaktionsversehen handelt, ist nicht feststellbar.

111 Die Neuregelung knüpft an vereinzelt gebliebene personalrechtliche **Sonderbestimmungen in Spezialgesetzen** des Bundes an,[430] die bereits Ähnliches enthielten. Sie verallgemeinert diese Regelungen jedoch nunmehr, so dass über die den unmittelbaren Anlass bildenden Sachverhalte hinaus jetzt **auch bei den unzähligen Privatisierungen in Länder- und Kommunalverwaltungen** ein breiter Anwendungsbereich eröffnet worden ist. Die bisherige **Rspr. des BAG,** wonach Beamten keinerlei Aktiv- oder Passivstatus im Rahmen der Betriebsverfassung zukommen sollte, ist damit als **überholt** anzusehen.[431] Dagegen werden die bisher (insbes. im Zuge der Post- und Bahnprivatisierung) erlassenen Sonderbestimmungen von der Neuregelung nicht berührt, da diese als Spezialgesetze Vorrang vor der allgemeinen Regelung des neugefassten § 5 beanspruchen.[432]

112 Die Änderung hat **über das BetrVG hinaus** auch dort **Bedeutung,** wo in anderen Gesetzen auf den AN-Begriff des § 5 Abs. 1 BetrVG Bezug genommen wird, wie etwa in den Gesetzen über die **Unternehmensmitbestimmung im Aufsichtsrat.** Nach § 3 Abs. 1 MitbG 1976 und § 3 Abs. 1 DrittelbeteiligungsG sind für den Anwendungsbereich der dortigen Gesetze solche Personen AN, die in § 5 Abs. 1 BetrVG als AN bezeichnet sind, so dass die dem privaten UN zur Tätigkeit zugewiesene Beamte, Soldaten und AN des öffentlichen Dienstes auch dort Zählwert bei der Ermittlung des jeweiligen Schwellenwertes besitzen und aktiv wie passiv wahlberechtigt sind; § 14 Abs. 2 AÜG ist insoweit gerade nicht anwendbar. Entsprechendes gilt für die als leit. Ang. fingierten Beamten und Soldaten im Rahmen der Wahl des AR-Mitglieds der leit. Ang. nach dem MitbG 1976.

113 So sinnvoll die Neuregelung erscheinen mag, um bisher durch die Rspr. der *Verwaltungsgerichte* und des *BAG* aufgerissene Repräsentationslücken[433] zu schließen, so deutlich sind die sich abzeichnenden **Anwendungsprobleme.** Das Gesetz stellt seinem Wortlaut nach nur auf das **Tätigsein** im privaten Betrieb ab, ohne dass hiernach ersichtlich ist, ob es dabei auf eine bestimmte **rechtliche Konstruktion** (Zuweisungsverfügung, Gestellungsvertrag, gesetzliche Gestellung) ankommen soll oder ein zeitliches Mindestmaß (z. B. mehr als drei Monate; vgl. auch § 7 Satz 2 BetrVG) erforderlich ist.[434] Im beamtenrechtlichen Sinne kann die **Zuweisung eines Beamten** vorübergehend oder dauerhaft erfolgen (vgl. § 20 BeamtenstatusG), während die **Zuweisung eines AN** des öff. Dienstes gem. § 4 Abs. 2 TVöD gerade **nur vorübergehender**

428 *BT-Drucks.* 16/1336, S. 16.
429 *BT-Drucks.* 16/11608, S. 21.
430 Z. B. Art. 2 Bundesschuldenwesenmodernisierungsgesetz v. 12.7.2006 [BGBl. I S. 1466], BwKoopG v. 30.7.2004 [BGBl. I S. 2027], FlugsicherungsG v. 23.7.1992 [BGBl. I S. 1370, 1376]; vgl. auch die Übersichten bei *Fitting*, Rn. 320–325.
431 *BAG* 25.2.98, NZA 98, 838; *BAG* 28.3.01, EzA § 7 BetrVG 1972 Nr. 2.
432 *Fitting*, Rn. 320.
433 Dazu auch Rn. 147 und *Trümner*, PersR 01, 102 ff.
434 Vgl. auch *Heise/Fedder*, NZA 09, 1069, 1070.

Natur ist, während die **dauerhafte Beschäftigung bei einem Dritten als Personalgestellung definiert** wird (§ 4 Abs. 3 TVöD). Daher sind sowohl dauerhafte als auch nur kurzzeitige Einsatzformen von der Neufassung abgedeckt.

Unklar war anfangs, um welchen **Grad der Integration in den Betrieb** es sich handeln muss: denn ein bloßes **Tätigsein** (so der Gesetzeswortlaut) im Betrieb stellt sich keineswegs immer schon als **Eingliederung** dar (vgl. Rn. 83), obgleich man wird annehmen müssen, dass der Gesetzgeber eben letzteres gemeint haben dürfte.[435] Klar ist wegen des Gleichlaufs zu den Stamm-AN des Betriebs, dass eine Differenzierung zwischen **Teilzeit und Vollzeit** nicht zulässig ist. Auch kann es keine Rolle spielen, ob der **Einsatz kontinuierlich** erfolgt oder aber mit größeren zeitlichen **Unterbrechungen.** Fraglich kann aber wegen der an sich gegenläufigen Wertung in § 7 Satz 2 BetrVG sein, ob auch eine nur ganz **kurzzeitige Zuweisung** von z. B. nur zwei Monaten bereits die Fiktionswirkung eintreten lässt mit der Folge, dass das Wahlrecht bereits dann greift, wenn zu diesem Zeitpunkt gerade BR-Wahlen durchgeführt werden. Dem Wortlaut zufolge, der insoweit nicht Gegenteiliges enthält, wird man dies bejahen müssen, schon weil die fingierten AN nicht als AN eines anderen AG (so die Voraussetzung in § 7 Satz 2 BetrVG) anzusehen sind. Auch kann es **nicht** darauf ankommen, ob der Einsatz auf einer förmlichen oder überhaupt **wirksamen Zuweisungsverfügung** gegenüber dem Beamten usw. beruht; ausreichend ist eben das faktische Tätigsein, so wie auch das Vorliegen eines sog. faktischen Arbeitsverhältnisses nicht die AN-Eigenschaft gem. § 5 Abs. 1 zu negieren vermag.[436] 114

Gewisse Schwierigkeiten bereitet die Frage, ob die **Wählbarkeit nach § 8 unmittelbar mit dem Tätigwerden im Betrieb** einsetzt oder eine zumindest bereits sechsmonatige Zugehörigkeit erforderlich ist. Nach § 8 Abs. 1 Satz 2 erfolgt eine Anrechnung auch von vorangegangenen **Konzernzugehörigkeitszeiten.** Handelt es sich bei dem zuweisenden oder gestellenden Rechtsträger nach allgemeinem Konzernrecht (§ 18 Abs. 1 AktG) um ein Konzern-UN, so ist der betreffende Beamte, Soldat oder AN sofort zum BR wählbar. Dass der gestellende Rechtsträger eine juristische Person des öff. Rechts ist, hindert hieran nicht, denn § 18 AktG stellt nicht auf eine bestimmte Rechtsform ab; i. Ü. ist durch die Rspr. bereits seit langem anerkannt, dass **öff.-rechtl. Einheiten z. B. als herrschende UN i. S. v. § 17 AktG anzusehen** sein können (näher dazu *12. Aufl.* vor *§ 54 Rn. 96; vgl. aber o. Rn. 99*). Da im Regelfall die Gestellung/Zuweisung zwischen einem Rechtsträger des öffentlichen Rechts und einem diesem gesellschaftsrechtlich allein oder mehrheitlich gehörenden privaten UN erfolgen wird, liegen i. d. R. die Voraussetzungen für die Anerkennung der vorangegangenen Konzernzugehörigkeitszeiten vor, so dass die Wählbarkeit nach § 8 dann unmittelbar nach Tätigwerden im Betrieb einsetzt. 115

Unklar ist die neue Rechtslage jedoch insbesondere in Bezug auf die neben den Beamten und Soldaten genannten **AN des öffentlichen Dienstes.** Die tarifrechtliche Grundlage für den Fremdeinsatz bildet hier i. d. R. die **Personalgestellung** nach § 4 Abs. 3 TVöD.[437] Soweit diese zwischen einer juristischen Person des öffentlichen Rechts als dem bisherigen AG und dem Privatbetrieb erfolgt, ergeben sich zu den Beamten bzw. Soldaten keine Unterschiede. Problematisch ist hier aber, ob auch AN einer **100 %igen Tochtergesellschaft** der öffentlichen Hand als AN des öffentlichen Dienstes zu bezeichnen sind und die neue Bestimmung deshalb auch dann greift, wenn der AN für eine Enkeltochter, die im Wege der Ausgliederung aus der Tochtergesellschaft gegründet wird, tätig wird. Dem Wortlaut der Bestimmung kann man dies nicht sicher entnehmen. Der **Begriff »öffentlicher Dienst«** hat zwar keinen feststehenden Inhalt, im Allgemeinen werden darunter AN verstanden, die **im Dienst einer juristischen Person** des öffentlichen Rechts stehen. Da es vorliegend um eine betriebsverfassungsrechtliche Auslegungs- 116

---

435 So auch *BAG* 15. 8. 12 – 7 ABR 24/11, BB 12, 2239; 12. 9. 12 – 7 ABR 37/11, NZA-RR 13, 197, Rn. 21.

436 Nach *LAG Baden-Württemberg* 23. 9. 15 – 21 TaBV 8/14, LAGE § 5 BetrVG 2001 Nr. 2 = öAT 16, 64 (m. Anm. *Weinbrenner*) setzt das »Tätigsein« die vertragliche Zuordnung und tatsächliche Ausübung des fachlichen und organisatorischen Weisungsrechts i. S. d. § 106 GewO zum bzw. durch das privatrechtlich organisierte UN voraus, während es auf die Wirksamkeit des zu Grunde liegenden Dienstleistungsüberlassungsvertrages mit der Körperschaft des öffentlichen Rechts nicht ankomme.

437 Vgl. zur Aufteilung der Mitbestimmungszuständigkeiten zwischen dem PR der Stammdienststelle und dem BR des Einsatzbetriebes *OVG Münster* 23. 3. 10 – 16 A 2423/08.PVL, juris; ferner *BAG* 9. 6. 11 – 6 AZR 132/10, juris = BB 11, 1587 (Kurzwiedergabe): bei Kündigung des gestellten AN ist nur der PR nach PersVG zu beteiligen, nicht aber der BR nach § 102 Abs. 1 Satz 1 BetrVG.

problematik geht, spricht mit Blick auf § 130 BetrVG einiges dafür, zum öffentlichen Dienst i.S.d. § 5 Abs. 1 Satz 3 nur solche AN zu zählen, die einen dem öff. Recht zuzuordnenden Rechtsträger als Arbeitgeber haben. Der **Anwendungsbereich** der neuen Bestimmung dürfte also auf den Fall der »Überlassung« von AN von einer jur. Person des öff. Rechts zu einer Einrichtung des Privatrechts **begrenzt** sein, so dass bei Überlassungen zwischen privatrechtlichen UN der öffentl. Hand i. d. R. der Wählbarkeitsausschluss des § 14 Abs. 2 AÜG greifen kann und hinsichtlich des aktiven Wahlrechts die Zeitgrenze aus § 7 Satz 2 BetrVG beachtlich bleibt.

117 Damit stellt sich aber zugleich die Frage, ob eine solche **Ungleichbehandlung** gegenüber den offensichtlich insoweit durch die Neuregelung privilegierten Überlassungsformen nach **Art. 3 GG** noch sachlich zu rechtfertigen ist, nur weil dort der Arbeitgeber dem öff. Recht angehört, während er hier formal zwar privatrechtl. organisiert ist, materiell aber der öffentlichen Hand zugeordnet bleibt. Dies erscheint unter keinem rechtlichen Gesichtspunkt möglich[438] und dürfte absehbar den **Gesetzgeber** zwingen, das Problem des drittbezogenen Personaleinsatzes im BetrVG in sich stimmig und systematisch zutreffend neu zu regeln, anstelle immer wieder **situationsbezogene »Flickschusterei«** zu betreiben.[439] Dies wird besonders deutlich, wenn man sich den sofort mit dem Tätigwerden eines aus dem ö. D. entsandten AN oder Beamten einsetzenden betriebsverfassungsrechtlichen Vollrechtsstatus neben einem im selben Betrieb für die Dauer von zwei Monaten eingesetzten Leih-AN vor Augen führt; letzterer hat – anders als der personalgestellte ö. D.-Mitarbeiter – wegen § 7 Satz 2 BetrVG weder aktives noch (wegen § 14 Abs. 2 AÜG) passives Wahlrecht. Mit seiner **Entscheidung vom 15.12.2011** hatte der 7. Senat des *BAG* allerdings bereits durchblicken lassen, im Falle einer ggf. zu bejahenden ungerechtfertigten Ungleichbehandlung wäre diese durch eine Berücksichtigung der sonstigen Leih-AN bei den Schwellenwerten in den organisationsrechtlichen Vorschriften des BetrVG zu beseitigen und nicht durch eine dem Zweck erkennbar widersprechenden Auslegung von § 5 Abs. 1 Satz 3[440] (vgl. auch Rn. 89).

118 Der Neuregelung ist vorgeworfen worden, sie führe zu mannigfaltigen Ungereimtheiten, insbesondere im Hinblick auf die **Mitbestimmungszuständigkeiten von PR bzw. BR** und die Anwendbarkeit von BV auf überlassene Beamte, Soldaten und AN des öff. Dienstes.[441] Das trifft indes nicht zu, wenn man diese Fragen mit den vom *BAG* zur Leiharbeit entwickelten Grundsätzen löst.[442] Insoweit hat das *BAG* sogar zu § 5 Abs. 1 Satz 3 bereits festgestellt,[443] dass diese AN-Fiktion kein MBR des BR dort begründe, wo der Betriebsinhaber weder materiell noch formell etwas zu entscheiden hat:[444] Die Aufspaltung der AG-Stellung dürfe aber wie bei der Leiharbeit **nicht** zum **Verlust des vom BetrVG und des PersVG gewährleisteten Schutzes** führen, wenn ein öff. AG seine AN einem privaten AG zur Dienstleistung zur Verfügung stelle. Welche **Beteiligungsrechte** dem BR oder dem PR zustehen, richte sich nach dem Zweck des Beteiligungsrechts. Die Mitbestimmungszuständigkeit des BR oder PR hängt dabei vom **Gegenstand des MBR und** der darauf bezogenen **Entscheidungsmacht** der beteiligten AG ab. Sofern diese Entscheidungsmacht – wie i. d. R. bei den Fragen, die Bestand und Inhalt des Arbeitsverhältnisses betreffen – beim öff. AG verbleibe, ist der PR zuständig. Sofern aber tatsächlich die Entscheidungsmacht in den sozialen und personellen Angelegenheiten durch den privaten AG ausgeübt wird, ist der BR auch für die überlassenen AN und deren Belange und Interessen zuständig.[445]

119 Die der AN-Fiktion des Abs. 1 Satz 3 zu Grunde liegende **»Privatisierungsgestellung«** auf Grundlage von **§ 4 Abs. 3 TVöD** warf infolge der **Neuregelung der AN-Überlassung durch das AÜG 2011** (vgl. Rn. 86) allerdings zunächst AÜG-rechtliche Probleme auf. Regelmäßig

---

438 Die Gleichheitswidrigkeit monieren auch *Thüsing*, BB 09, 2036, 2037 und *Rieble*, NZA 12, 485, 486.

439 Skeptisch aber *Düwell*, AuR 11, 288, 290, der diese Aufgabe auf die Rspr. abgewälzt sieht; *BAG* 15.12.11, NZA 12, 519, 523, hat sich hierzu allerdings (noch) nicht berufen gesehen.

440 *BAG*, a. a. O., Rz. 30.

441 Vgl. etwa *Heise/Fedder*, NZA 09, 1069, 1071; *Thüsing*, BB 09, 2036.

442 Siehe insoweit *BAG* 15.12.92, BAGE 72, 107; 19.6.01 BAGE 98, 60; Hinweise dazu auch bei *Löwisch*, BB 09, 2316, 2318 f., der im Übrigen allerdings unzutreffende Schlussfolgerungen zieht.

443 *BAG* 9.6.11 – 6 AZR 132/10, juris, Rn. 28, 32 = BB 11, 1587 f. (Kurzwiedergabe).

444 Vgl. auch *BAG* 23.6.09 – 1 ABR 30/08, AP Nr. 59 zu § 99 BetrVG 1972, Rn. 23.

445 *BAG* 9.6.11, a. a. O., Rn. 29.

erfolgt eine derartige Personalgestellung dauerhaft, da ihre materielle tarifliche Voraussetzung eine vorangegangene – meist ebenfalls dauerhafte – **Verlagerung der Beschäftigtenaufgaben** auf einen Dritten voraussetzt. Da schon das AÜG 2011 grundsätzlich nicht mehr zwischen gewerbsmäßiger und nicht gewerbsmäßiger AN-Überlassung differenzierte und nach § 1 Abs. 1 Satz 2 AÜG 2011 die AN-Überlassung als »vorübergehende« Überlassung von AN legal definiert war, kam eine unbefristete oder überhaupt zeitlich **unbegrenzte AN-Überlassung** auch zwischen einem öff. AG und einem privaten UN grundsätzlich **nicht mehr in Betracht.** Deshalb war nach dem AÜG 2011 auch diese Art der personalgestellenden AN-Überlassung allein an den Voraussetzungen des § 1 Abs. 1 AÜG zu messen, da eine spezielle Bereichsausnahme für den öffentlichen Dienst offenbar vom Gesetzgeber im Jahr 2011 nicht bedacht worden war. **Dauerhafte Privatisierungsgestellungen** der öffentlichen Hand nach § 4 Abs. 3 TVöD waren daher an sich **nicht mehr zulässig.** Gleichwohl war die Literatur bemüht, **Auswege** aufzuzeigen, indem vertreten wurde, dauerhafte ANÜ im Rahmen etwa des § 4 Abs. 3 TVöD unterfalle überhaupt nicht der Leiharbeitsrichtlinie und dem AÜG.[446] Zutreffend war es dagegen, im Wege einer teleologischen Reduktion dauerhafte Personalgestellungen im Bereich des öffentlichen Dienstes trotz des Begriffs »vorübergehend« (§ 1 Abs. 1 Satz 2 AÜG 2011) für zulässig zu erachten, wenn diese der **Aufrechterhaltung des arbeitsrechtlichen Sozialschutzes** zu Gunsten des betroffenen AN dienen, weil dann eine Missbrauchsgefahr bei dieser Form der ANÜ nicht angenommen werden kann.[447] Soweit ersichtlich, legten die zuständigen Arbeitsagenturen als **Aufsichtsbehörden** allerdings auch keinen Wert darauf, die bisherige Praxis dieser dauerhaften Personalgestellung rechtlich in Zweifel zu ziehen. Die nach hier vertretener Ansicht aus Gründen des Sozialschutzes weiter zulässige Privatisierungsgestellung von AN nach § 4 Abs. 3 TVöD[448] oder vergleichbaren tariflichen Bestimmungen war ab 2011 aber **erlaubnispflichtig geworden.**

Durch die Erweiterung des Privilegierungstatbestandes gem. **§ 1 Abs. 3 Nr. 2b AÜG 2017** 119a
ist die seit 2011 schwebende Rechtsunsicherheit bezüglich der Personalgestellung gem. der TV des öffentlichen Dienstes (vgl. Rn 119) zunächst nur scheinbar beseitigt worden.[449] Der Gesetzgeber hatte zwar erkannt, dass es sich hier um eine besondere Form der Verlagerung von öffentlichen Aufgaben handelt und die Herausnahme aus den allgemeinen Regeln des AÜG 2017 gerade dem Bestandsschutzinteresse der betroffenen AN dient.[450] Demgegenüber wurden auch zum AÜG 2017 bzgl. § 4 Abs. 3 TVöD dieselben unionsrechtlichen Bedenken geltend gemacht, wie schon zum AÜG 2011.[451] Mit dem auf das Vorabentscheidungsersuchen des BAG ergangenen Urteil des *EuGH* v. 22.6.23[452] hat dieser festgestellt, dass die **Personalgestellung nach § 4 Abs. 3 TVöD** nicht der EU-Leiharbeitsrichtlinie unterfällt. Die Privilegierungen der Personalgestellung auf Grundlage von § 1 Abs. 3 Nr. 2b. AÜG i. V. m. § 4 Abs. 3 TVöD sind damit **unionsrechtskonform.**

446 *Gerdom,* öAT 11, 150, 152; *Giesen,* FA 12, 66 ff.; *Thüsing/Stiebert,* DB 12, 632 ff.; *Huke/Neufeld/Luickhardt,* BB 12, 961, 964; *Böhm,* DB 12, 918, 920; *Löwisch/Domisch,* BB 12, 1408 ff.; *LAG Baden-Württemberg* 17.4.13 – 4 TaBV 7/12, ZTR 13, 618 wertet § 4 Abs. 3 TVöD als Verstoß gegen § 1 Abs. 1 Satz 2 AÜG; das RB-Verfahren wurde eingestellt (*BAG* 16.2.15 – 1 ABR 35/13).

447 Weitergehend *OVG NW* 19.9.14, ZTR 15, 107 ff., das schon tatbestandlich die Anwendung des AÜG auf Gestellungen nach § 4 Abs. 3 TVöD und ganz allgemein auf tarifliche Personalgestellungen ausschließt; zuvor bereits im Ergebnis in diese Richtung *Ruge/v. Tiling,* ZTR 12, 263; *Trümner/Fischer,* PersR 13, 193 ff.; *Fieberg,* NZA 14, 187; *Hinrichs/Wenzel/Knoll,* ZTR 14, 68; *Augustin,* ZTR 14, 319.

448 Das *LAG Baden-Württemberg* 11.2.16 – 3 TaBV 2/14, LAGE § 1 AÜG Nr. 17, hält weiterhin § 4 Abs. 3 TVöD wegen Verstoßes gegen § 1 Abs. 1 Satz 2 AÜG 2011 für unwirksam; für die Rechtsbeschwerdeentscheidung des *BAG* 18.7.17 – 1 ABR 15/16, NZA 17, 905, Rn. 29 f., wurde das aber nicht entscheidungserheblich.

449 Vgl. BR-Drucks. 294/16, S. 17 f.

450 Ähnliche, nicht dem AÜG unterliegende Sonderregelungen sind etwa in § 5 Abs. 4 AsylG, § 26 Abs. 4 Bundesanstalt Post-G, § 1 Gesetz zur Übernahme der Beamten und AN der Flugsicherung, § 1 KoopG-Bw, § 2 Gesetz über das Personal der Bundeswertpapierverwaltung, § 2 Gesetz über das Personal der BA für Außenwirtschaft und in § 44g SGB II enthalten.

451 Vgl. etwa *Lembke,* NZA 17, 1, 12 m. w. N.; Schüren-*Hamann,* § 1 Rn. 670 m. w. N.; siehe auch die Vorlage an den *EuGH* durch *BAG* 16.6.21 – 6 AZR 390/20 (A), NZA 21, 1269 ff.

452 *EuGH* 22.6.23 – C-427/21, NZA 23, 815.

119b Die **Beendigung der Personalgestellung** infolge Kündigung des Personalüberlassungsvertrages durch den Entleiher ist **keine Versetzung** und unterliegt daher nicht der Mitbestimmung des BR des Einsatzbetriebs nach § 99 Abs. 1 Satz 1 BetrVG, weil darin keine Zuweisung eines neuen Arbeitsbereichs durch den Entleiher-AG zu sehen ist.[453]

119c Die Finanzverwaltung Bayerns[454] sieht in der Personal*ge*stellung (anders als bei der Personal*bei*stellung) eine unternehmerische und damit wirtschaftliche Betätigung, die grundsätzlich der Umsatzbesteuerung unterfällt.

5. Arbeitnehmerähnliche Personen

a) Allgemeines

120 Als AN-ähnliche Personen werden im allgemeinen Dienstleistende bezeichnet, die **mangels persönlicher Abhängigkeit** keine AN, aber wegen ihrer **wirtschaftlichen Abhängigkeit** auch keine UN sind (siehe auch die Legaldef. des § 12a Abs. 1 Nr. 1 TVG).[455] Sie arbeiten regelmäßig persönlich und ohne Mithilfe Dritter, sind **nicht in** eine fremde **Betriebsorganisation eingegliedert,** aber vergleichbar einem AN sozial schutzbedürftig. Die wirtschaftliche Abhängigkeit braucht nicht gegenüber nur einem Auftraggeber zu bestehen.[456]

121 Die AN-ähnlichen Personen zählen nach allgemeinem Arbeitsrecht **nicht** zu den **AN.**[457] Da nach hier vertretener Auffassung für die AN-Eigenschaft i. S. d. BetrVG ausschlaggebend die Einstellung i. S. v. § 99 ist, d. h. die Eingliederung des Beschäftigten in die betriebliche Arbeitsorganisation (vgl. Rn. 26), und dieser Vorgang gerade die persönliche Abhängigkeit bewirkt, die nach der **Eingliederungstheorie** das Arbeitsverhältnis überhaupt und nach hier vertretener Ansicht jedenfalls das betriebsverfassungsrechtliche Arbeitsverhältnis (vgl. Rn. 33) begründet, fehlt es nach beiden Meinungen an der AN-Eigenschaft i. S. d. § 5 Abs. 1 hinsichtlich der AN-ähnlichen Personen. Auch nach der Vertragstheorie ergibt sich nichts anderes, da sie zur Bestimmung der AN-Eigenschaft vor allem auf das Merkmal der persönlichen Abhängigkeit abstellt.

122 Insofern gehören **AN-ähnliche Personen** nach übereinstimmender Ansicht **nicht** zu den **AN i. S. d. BetrVG.**[458] Hinzu kommt, dass die arbeitsrechtlichen Gesetze diejenigen Fälle ausdrücklich nennen, in denen die arbeitsrechtlichen Bestimmungen auch auf AN-ähnliche Personen anwendbar sind (vgl. § 5 Abs. 1 ArbGG, § 2 BUrlG, § 12a TVG). Durch § 5 Abs. 1 Satz 2 sind von der Gruppe der AN-ähnlichen Personen nur die in Heimarbeit Beschäftigten (vgl. § 1 Abs. 1 i. V. m. § 2 Abs. 1 und 2 HAG) in den persönlichen Geltungsbereich des Gesetzes einbezogen worden, so dass eine analoge Anwendung auf die nicht erwähnten weiteren Gruppen (z. B. kleine Handelsvertreter, vgl. § 92a HGB, § 5 Abs. 3 ArbGG; freie Mitarbeiter in künstlerischen, schriftstellerischen und journalistischen Berufen) nicht in Betracht kommt.[459]

123 Ob es sich im konkreten Fall um eine AN-ähnliche Person handelt und sie damit nicht zu den AN i. S. d. Gesetzes zählt, ist anhand der allgemeinen Kriterien zur Abgrenzung des AN von der freien Mitarbeit (vgl. Rn. 59 ff.) zu bestimmen, da der AN-ähnliche vom Grundtypus her ein Selbstständiger ist.

124 Somit sprechen **Bindung an** vorgegebene **Arbeitszeiten, Eingliederung** in die Arbeitsorganisation des Betriebs, insbes. durch Einordnung in **Dienstpläne,** Vorgaben bezüglich des **Arbeitsortes, Abhängigkeit** von den vom Auftraggeber zur Verfügung gestellten **Arbeitsmitteln, Weisungsunterworfenheit** hinsichtlich der fachlichen Art und Weise der **Arbeitsausführung, Kontrollen** usw. für AN-Eigenschaft im allgemeinen Sinne und gegen einen AN-ähnlichen

453 *BAG* 17.2.15 – 1 ABR 45/13, NZA 15, 762, 764, Rn. 29.
454 Dazu BayLfSt, Verfügung v. 8.2.21 – S7107.2.1–39/5 St33, Versorgungswirtschaft 21, 87 f.
455 Vgl. z. B. DHZ-*Ulber,* § 3 Rn. 207; Schaub-*Vogelsang,* Arbeitsrechts-Handbuch, § 10 Rn. 1; v. Staudinger-*Richardi,* Vor § 611 Rn. 244; KR-*Rost,* Arbeitnehmerähnliche Personen, Rn. 9.
456 Zutreffend Schaub-*Vogelsang,* a. a. O.
457 GK-*Raab,* Rn. 110.
458 Vgl. ErfK-*Koch,* Rn. 5; *Fitting,* Rn. 92; GK-*Raab,* Rn. 110.
459 Vgl. GK-*Raab,* a. a. O.

Status.[460] Trotz bestehender wirtschaftlicher Abhängigkeit kann es am Status als AN-ähnliche Person fehlen, wenn die geschuldete Tätigkeit auf einer **gesellschaftsrechtlich vermittelten Arbeitspflicht** beruht.[461]

Die Tätigkeit im Fracht- und Speditionsgewerbe im Rahmen sog. neuer Selbstständigkeit kann allerdings auch in echter **Subunternehmerschaft** erfolgen.[462] Der Vertrag mit dem Sub-UN-Kraftfahrer kann jedoch wegen **Umgehung der Genehmigungspflicht nach §§ 5, 11 GüKG** gem. § 134 BGB nichtig sein, so dass das Rechtsverhältnis zwischen Auftraggeber und Sub-UN-Kraftfahrer in Wirklichkeit als **faktisches Arbeitsverhältnis** zu qualifizieren ist.[463] 125

Aufgrund der rechtlichen Schwierigkeiten, sog. **Crowdworker** (vgl. Rn. 62e) nach geltendem Recht in den persönlichen Schutzbereich des BetrVG zu integrieren, sollte rechtspolitisch erwogen werden, den insoweit nicht mehr zeitgemäß wirkenden völligen Ausschluss der arbeitnehmerähnlichen Personen angemessen einzuschränken, etwa durch Schaffung typisierend zu betrachtender Sachverhaltsgruppen (vgl. auch Rn. 128). Schon heute lassen sich selbst beim klassischen AN-Begriff aufgrund der Veränderungen in der Arbeitswelt mannigfach anwachsende Konturenlosigkeiten bezüglich des Grades der persönlichen Abhängigkeit als einem entscheidenden Kriterium des AN-Begriffs feststellen, wodurch zunehmend die Rspr. im Wege eines spezifischen »case-law« gezwungen wird, angemessene Lösungen zu entwickeln[464], was auf Dauer jedoch methodische Legitimationsprobleme aufwerfen muss. Insoweit sieht der **DGB-Gesetzesvorschlag 2022**[465] völlig zu Recht die Einbeziehung der AN-ähnlichen in den betriebsverfassungsrechtlichen AN-Begriff des Abs. 1 vor, sollte dann aber die AN-Fiktion für die in Heimarbeit Beschäftigten in Abs. 1 Satz 2 streichen, da sie bereits von Abs. 1 Satz 1 des Entwurfes mit umfasst sind. 125a

b) Heimarbeit

Zu den AN nach dem BetrVG zählen ferner die in **Heimarbeit Beschäftigten,** sofern sie in der Hauptsache für den Betrieb arbeiten, Abs. 1 Satz 2.[466] Die bis zur **Novellierung 2001** in § 6 angesiedelte Vorschrift geht insoweit vom Begriffsinhalt des HAG aus und enthält keinen spezifisch betriebsverfassungsrechtlichen Begriff des in Heimarbeit Beschäftigten.[467] Sie müssen diese Heimarbeiten entweder ausschließlich für den Betrieb oder im Verhältnis zu anderen Betrieben **überwiegend** für diesen bestimmten Betrieb verrichten. Dabei ist bedeutsam, dass Abs. 1 Satz 2 anders als § 29 Abs. 3 Satz 1 HAG nicht darauf abstellt, dass der Heimarbeiter bei einem Auftraggeber »überwiegend« beschäftigt wird, d. h. seinen Lebensunterhalt überwiegend aus dem Beschäftigungsverhältnis bezieht. Heimarbeiter gelten im BetrVG vielmehr bereits dann als AN, wenn ihre Tätigkeit für den fraglichen Betrieb im Verhältnis zu ihrer etwaigen Tätigkeit für andere Betriebe überwiegt.[468] Die Höhe des erzielten Verdienstes ist daher bei der Beurteilung des Merkmals »in der Hauptsache« unbeachtlich.[469] 126

In Heimarbeit Beschäftigte sind solche Personen, die in selbstgewählter Arbeitsstätte (eigener Wohnung oder selbstgewählter Betriebsstätte) allein oder mit ihren Familienangehörigen **im Auftrag von Gewerbetreibenden** oder Zwischenmeistern arbeiten, jedoch die Verwertung der Arbeitsergebnisse dem unmittelbar oder mittelbar auftraggebenden Gewerbetreibenden über- 127

460 Vgl. KR-*Rost,* Arbeitnehmerähnliche Personen, Rn. 16 m. w. N.; lehrreich der Grenzfall eines arbeitnehmerähnlichen *Frachtführers* [TNT] in *LAG Düsseldorf* 28.8.95, BB 95, 2275; bei nahezu identischem Sachverhalt aber als AN angesehen vom *BAG* 19.11.97, AiB 98, 294 m. Anm. *Mayer;* ebenso schon *LSG Berlin* 27.10.93, NZA 95, 139.

461 *BAG* 15.4.93, DB 93, 1622.

462 Vgl. *LAG Köln* 5.3.97, BB 97, 1212: Kein AN-Status, wenn der Sub-UN 18 eigene AN hat und den Zustelldienst mit eigenem Fuhrpark organisiert.

463 *ArbG Ludwigshafen* 12.3.96, DB 96, 1527.

464 Vgl. dazu etwa die anschauliche Darstellung zur Rspr.-Entwicklung von *Reinecke,* NZA-RR 16, 393 ff.

465 AuR Sonderausgabe April 2022, S. 9.

466 Zur Heimarbeit allgemein *Däubler,* Das Arbeitsrecht 2, Rn. 2094 ff.; DHZ-*Becker,* § 117; *Otten,* NZA 95, 289 ff.

467 *BAG* 25.3.92, AP Nr. 49 zu § 5 BetrVG 1972.

468 *BAG* 27.9.74, AP Nr. 1 zu § 6 BetrVG 1972.

469 *LAG München* 30.11.84, AiB 85, 94; *Otten,* NZA 87, 478 [480].

lassen (vgl. § 2 Abs. 1 HAG). Unter die Personengruppe der in Heimarbeit Beschäftigten fällt auch der **Hausgewerbetreibende,** da er zwar persönlich selbstständig ist, aber seine Produkte nicht unmittelbar auf dem Markt, sondern an den UN absetzt. Nach vorstehenden Grundsätzen sind auch Heimarbeiter und Hausgewerbetreibende mit nicht mehr als zwei fremden Hilfskräften AN im betriebsverfassungsrechtlichen Sinne.[470] Gehört das UN, das den Auftrag vergibt, zu den sog. **freien Berufen,** so fehlt es am Merkmal des »Gewerbetreibenden«, weshalb sog. **Literaturauswerter,** die für eine wissenschaftliche Informationseinrichtung in der eigenen Wohnung Dokumente auswerten, keine in Heimarbeit Beschäftigten sind.[471]

127a Nach jüngerer Rspr. des *BAG* steht es der Einordnung als Heimarbeitsverhältnis nicht entgegen, wenn die vergebenen Tätigkeiten eine **höhere Qualifikation** erfordern.[472] Zudem scheint es, als hätte das *BAG* mit dieser Entscheidung **eine Abkehr von** dem (ungeschriebenen) Tatbestandsmerkmal **der wirtschaftlichen Abhängigkeit** eingeleitet[473], wenn es jüngst betont, dass die Heimarbeit lediglich »im Regelfall« mit wirtschaftlicher Abhängigkeit verbunden ist, diese aber offensichtlich nicht (mehr) tatbestandlich voraussetze.[474] Mit dieser personellen Ausweitung des Anwendungsbereiches für Heimarbeitsverhältnisse eröffnen sich neue Spielräume für die rechtliche Einordnung von **Crowdworkern als Heimarbeiter.**[475]

128 Heimarbeiter zählen zu den sog. **arbeitnehmerähnlichen Personen,**[476] die an sich nicht zu den AN i. S. d. BetrVG zählen (vgl. Rn. 120 ff.), als historisch überkommener Typus von Beschäftigten aber als besonders schutzbedürftig erachtet werden, obgleich sie nicht vom AG persönlich, wohl aber meist wirtschaftlich abhängig sind – zumal dann, wenn überwiegend für *einen* Auftraggeber gearbeitet wird. Hieran anknüpfend wurde schon vor der **Novellierung 2001** in rechtspolitischer Hinsicht zu Recht gefordert, alle arbeiternehmerähnlichen Personen (und nicht nur die Fallgruppe der Heim-AN) dann in den Schutzbereich des BetrVG einzubeziehen, wenn deren Arbeit hauptsächlich für den betreffenden Betrieb erbracht wird.[477] Nach überwiegender Ansicht zur Gesetzeslage vor der **Novellierung 2001** ließ dass BetrVG jedoch die wünschenswerte Erstreckung des Geltungsbereichs auf alle AN-ähnlichen Personen im Wege der Analogie nicht zu.[478] Trotz Kenntnis über diese kontroverse Einschätzung der Frage, ob nicht **wegen des Gleichheitssatzes** die sonstigen AN-ähnlichen Personen auch in die Betriebsverfassung einbezogen werden müssen, ist der Novellierungsgesetzgeber untätig geblieben.[479] Daher wird sich der Gesetzgeber über kurz oder lang mit den Folgen einer im Grunde gleichheitswidrigen Rechtsetzung konfrontiert sehen, zumal die Ausgrenzung von AN-ähnlichen Personen, die **in der Hauptsache für den Betrieb arbeiten,** deswegen nicht mehr sachlich gerechtfertigt werden kann, weil die Heim-AN unter sonst gleichen Bedingungen zwar in die Betriebsverfassung einbezogen sind, aber eine zahlenmäßig in die Bedeutungslosigkeit herab gesunkene Gruppe darstellen.[480] Insbesondere mit Blick auf sog. **Crowdworker** (vgl. Rn. 62e, 125a) könnte sich die Einbeziehung von gewissen »Sozialtypen« der AN-ähnlichen Personen als sozialpolitisch unumgänglich erweisen, zumal deren Gruppe im Vergleich zu Heim-AN beständig zu wachsen scheint.[481]

---

470 Vgl. *LAG München* 30.11.84, AiB 85, 94; *Fitting,* Rn. 310; *Richardi/Maschmann,* Rn. 137.
471 *BAG* 25.3.92, AP Nr. 49 zu § 5 BetrVG 1972.
472 *BAG* 14.6.16 – 9 AZR 305/15, NZA 16, 1453; dazu auch *Deinert,* RdA 18, 359.
473 Dazu eingehend *Martina,* NZA 20, 988.
474 So in *BAG* 20.8.19 – 9 AZR 41/19, NZA 20, 232, 236, Rn. 44.
475 Vgl. auch *Martina,* a. a. O., 989.
476 Vgl. nur *Däubler,* Das Arbeitsrecht 2, Rn. 2094; DHZ-*Becker,* § 117 Rn. 2; *Richardi/Maschmann,* Rn. 134.
477 Vgl. *Hromadka,* NZA 97, 1249 [1255].
478 So *Plander,* DB 99, 330 [331 m. w. N.]; *ders.,* FS Däubler, S. 272 [274]; zurückhaltend auch *Rost,* NZA 99, 113 [115 f. 120 f.]; für die Anwendung des damaligen § 6 demgegenüber *Däubler,* Das Arbeitsrecht 2, Rn. 2122.
479 Kritisch *Hanau,* RdA 01, 65 [68]; *Däubler,* AuR 01, 1 [4].
480 Nach *Kittner,* Arbeits- und Sozialordnung, 45. Aufl. 2020, S. 1014 f., waren Ende 2016 nur noch 27 605 klassische Heimarbeiter in der BRD registriert; zum Gleichheitsproblem auch *Däubler,* a. a. O.; *Trümner,* FA 01, 133 [136].
481 Nach ErfK-*Preis,* § 1 HAG Rn. 2, soll die Zahl allein der sog. Solo-Selbständigen mittlerweile auf 3 Mio. angewachsen sein, welche es wiederum vom Anwendungsbereich des HAG abzugrenzen gilt.

Ob **Tele-AN,** die unter Verwendung der Informations- und Kommunikationstechnik am häuslichen Bildschirm arbeiten,[482] als Heim-AN oder reguläre AN anzusehen sind, kann im Einzelfall schwer zu beurteilen sein.[483] Sie sind jedoch ungeachtet dessen in betriebsverfassungsrechtlicher Hinsicht AN.[484] Dass jedenfalls auch **Büroheimarbeit** dem HAG unterfallen kann, ist seit langem anerkannt.[485] Auch bei der Frage, **ob** ein Heimarbeitsverhältnis vorliegt, entscheidet der Geschäftsinhalt und nicht die von den Parteien gewählte Bezeichnung oder gewünschte Rechtsfolge.[486] 129

6. Zur Berufsausbildung Beschäftigte

Nach Abs. 1 zählen kraft ausdrücklicher Erwähnung auch die »zu ihrer Berufsausbildung Beschäftigten« zu den AN i. S. d. Gesetzes. Dieser Wortlaut dient primär dazu, dem Meinungsstreit über die Frage, ob das Berufsausbildungsverhältnis als Arbeitsverhältnis oder spezielles Ausbildungsverhältnis anzusehen ist, für die Abgrenzung des persönlichen Geltungsbereichs des Gesetzes keine praktische Bedeutung zukommen zu lassen.[487] Durch das am 1.4.2005 in Kraft getretene Gesetz zur Reform der beruflichen Bildung v. 23.3.2005[488] wurde das **BBiG neu gefasst,**[489] der betriebsverfassungsrechtliche Status der Azubis erfuhr dadurch keine Änderung. 130

Der betriebsverfassungsrechtliche Begriff »Berufsausbildung« deckt sich nicht mit dem des BBiG (vgl. § 10 BBiG: dort fallen unter diesen Begriff nur die sog. Auszubildenden), sondern ist seinem Inhalt nach weiter gefasst.[490] Somit gehören zu den zu ihrer Berufsausbildung Beschäftigten und damit zu den AN i. S. d. Gesetzes auch Personen, die eingestellt werden, um berufliche Kenntnisse, Fertigkeiten oder Erfahrungen zu erwerben, ohne dass es sich dabei um eine Berufsausbildung i. S. d. §§ 10–25 BBiG handelt, und zwar auch dann, wenn mit ihnen kein Arbeitsverhältnis, sondern lediglich ein **besonderes Ausbildungsverhältnis** eingegangen wird, auf das § 26 BBiG anzuwenden ist.[491] Der Abschluss eines derartigen besonderen Ausbildungsverhältnisses, durch das jemand dem persönlichen Geltungsbereich des BetrVG unterstellt wird, kann auch **durch schlüssiges Verhalten** erfolgen.[492] Zu diesen »anderen Vertragsverhältnissen« i. S. d. § 19 BBiG zählen insbesondere das **Anlernverhältnis,** das **Volontärverhältnis** und das **Praktikantenverhältnis.**[493] Dieser Personenkreis zählt daher auch zu den AN i. S. d. BetrVG.[494] 131

Andererseits ist es für den Begriff »zu ihrer Berufsausbildung Beschäftigte« nicht erforderlich, dass auf das Rechtsverhältnis die §§ 10–25 BBiG oder zumindest § 26 BBiG anwendbar sind. Zu den vom Gesetz erfassten Personen (Auszubildende im betriebsverfassungsrechtlichen Sinne)[495] zählen auch diejenigen, die in einem **Ausbildungsverhältnis** stehen, auf das das **BBiG nicht anwendbar** ist. Voraussetzung ist nur, dass die **Ausbildung in einem Betrieb** erfolgt,[496] d. h. die Auszubildenden in den Betrieb **eingegliedert** sind, weil dann »der kollektivrechtliche 132

482 Vgl. *Wedde,* AuR 87, 325.
483 Vgl. *BAG* 14.6.16 – 9 AZR 305/15, NZA 16, 1453, das einen soloselbstständigen Programmierer, der nur für eine Firma von Zuhause aus tätig war, als Heimarbeiter nach § 2 HAG beurteilt hat.
484 *LAG München* 30.11.84, AiB 85, 94; vgl. auch § 5 Rn. 41 ff.
485 Vgl. *BAG* 10.7.63, AP Nr. 3 zu § 2 HAG; *BSG* 22.10.71, AP Nr. 7 zu § 2 HAG.
486 *BAG* 3.4.90, DB 91, 604.
487 Ebenso *BAG* 21.7.93, AP Nr. 8 zu § 5 BetrVG 1972 Ausbildung.
488 BGBl. I, 931.
489 Vgl. zu den wenigen substanziellen Änderungen *Taubert,* FA 05, 107.
490 Vgl. *Richardi/Maschmann,* Rn. 88; *Fitting,* Rn. 290; *BAG* 10.2.81, 24.9.81, AP Nrn. 25, 26 zu § 5 BetrVG 1972; 26.11.87, NZA 88, 505.
491 Vgl. *Richardi/Maschmann,* a. a. O.; *BAG* 10.2.81, 24.9.81, a. a. O.
492 *Fitting,* Rn. 291; *BAG,* 10.2.81, a. a. O.
493 Vgl. *Fitting,* Rn. 290.
494 Allgemeine Ansicht, vgl. *Richardi/Maschmann,* Rn. 90, 91; *Fitting,* Rn. 289; zu Praktikanten speziell *ArbG Passau* 10.7.75, ARSt 76, 62 Nr. 1074; zur »Generation Praktikum« eingehend *Mathies,* RdA 07, 135 ff.
495 Vgl. die Begriffsbildung in *BAG* 24.9.81, AP Nr. 26 zu § 5 BetrVG 1972.
496 *BAG* 24.9.81, a. a. O.

Schutz des BetrVG (gilt), um die mit der Ausbildung einhergehenden sozialen und personellen Abhängigkeiten vom AG durch die Beteiligungsrechte des BR zu sichern«.[497]

133 Aus diesem Grunde sollten nach anfänglicher Rspr. des *BAG*[498] auch **Umschüler** i. S. d. § 1 Abs. 4 i. V. m. § 47 BBiG a. F. und dem früheren § 47 Abs. 1 AFG sowie **Teilnehmer an berufsvorbereitenden Maßnahmen für jugendliche Arbeitslose** im Beschäftigungsbetrieb als Auszubildende im betriebsverfassungsrechtlichen Sinne anzusehen sein. Später hat das *BAG* jedoch in normzweckorientierter Auslegung des Gesetzes das Merkmal der Eingliederung in derartigen Fallgestaltungen konkretisiert. Danach[499] sind zu ihrer Berufsausbildung Beschäftigte nur dann AN i. S. d. BetrVG, wenn sich ihre Berufsausbildung **im Rahmen des arbeitstechnischen Zwecks** eines Produktions- oder Dienstleistungsbetriebs vollzieht und sie deshalb in vergleichbarer Weise wie die sonstigen AN in den Betrieb eingegliedert sind. Das ist auch dann (noch) der Fall, wenn bei Schülern einer Schule für Physiotherapie, die einem Krankenhausbetrieb angegliedert ist, nur **zu einem kleinen Teil die praktische Ausbildung** in dem Krankenhausbetrieb erfolgt und überwiegend in anderen Konzernbetrieben oder externen Physiotherapiepraxen stattfindet.[500] Bei der Ausbildung muss es sich um **eine betriebliche Ausbildung i. S. d. § 1 Abs. 5 BBiG** a. F. handeln, so dass Ausbildungen in Berufsbildungswerken, Berufsförderungswerken oder Rehabilitationszentren die betreffenden Auszubildenden nicht in diesen Einrichtungen zu AN i. S. d. Gesetzes werden lassen sollen.[501] Somit zählen berufliche **Rehabilitanden gemäß** dem früheren **§ 56 AFG,** die in einem Berufsbildungswerk eine berufliche Erstausbildung erhalten, dort nicht zu den zu ihrer Berufsausbildung Beschäftigten.[502] Entsprechendes gilt für **Umschüler.**[503]

134 Werden dagegen **überbetriebliche Ausbildungsstätten** (Lehrwerkstätten/Ausbildungszentren) als organisatorische Teileinheiten eines UN gebildet und erfahren Auszubildende dort die nach dem Ausbildungsvertrag geschuldete Berufsausbildung, handelt es sich um Einrichtungen der betrieblichen Berufsbildung, so dass die Azubis **AN i. S. v. § 5 Abs. 1** sind.[504]

135 Der **AN-Status** ist dagegen nach der Rspr. des *BAG*[505] **zu verneinen,** wenn die Ausbildung in einer **außerbetrieblichen,** sog. **reinen Ausbildungseinrichtung** erfolgt, deren Betriebszweck gerade die Ausbildung ist und wenn die betreffenden Personen selbst den Gegenstand des Betriebszweckes bilden;[506] die dortige **Interessenvertretung der Azubis** richtet sich sodann nach § 51 BBiG n. F.[507] sowie der dazu immer noch nicht erlassenen RechtsVO gem. § 52 BBiG n. F.[508] Solange diese VO nicht erlassen ist, kann der ungeregelte Raum aber durch **tarifliche Auszubildendenvertretungen** ausgefüllt werden (näher § 3 Rn. 22, 31). Auszubildende eines solchen reinen Ausbildungsbetriebs, die zur praktischen Ausbildung einem anderen Betrieb zugewiesen sind, haben das Recht, an **Betriebsversammlungen im Einsatzbetrieb** teilzunehmen.[509] Das Gesetz – so das BAG – enthalte insoweit eine unbewusste, planwidrige Regelungslücke, die wegen der mit Leih-AN prinzipiell vergleichbaren Interessenlage (aufgespaltenes Arbeits- bzw. Ausbildungsverhältnis) durch entsprechende Anwendung des § 14 Abs. 2 Satz 2 AÜG zu schließen sei.

---

497 Vgl. *BAG* 26. 11. 87, NZA 88, 505 [506 f.]; 3. 10. 89, AP Nr. 73 zu § 99 BetrVG 1972.
498 10. 2. 81, AP Nr. 25 zu § 5 BetrVG 1972.
499 Beginnend mit *BAG* 21. 7. 93, NZA 94, 713 unter ausdrücklicher Aufgabe von *BAG* 12. 6. 86, 26. 11. 87, 13. 5. 92, NZA 87, 136; 88, 505; 93, 762.
500 *LAG Schleswig-Holstein* 29. 11. 16 – 1 TaBV 30/16, AiB 5/17, 63.
501 *BAG* 26. 1. 94, NZA 95, 120; 20. 3. 96, NZA 97, 107; 20. 3. 96, NZA 97, 326; 12. 9. 96, NZA 97, 273; zuletzt *BAG* 21. 5. 97, EzA § 5 ArbGG 1979 Nr. 22.
502 *BAG* 26. 1. 94, a. a. O.; 20. 3. 96, NZA 97, 326.
503 *BAG* 21. 7. 93, NZA 94, 713; 21. 5. 97, a. a. O.
504 Vgl. *Fitting*, Rn. 297.
505 Zusammenfassend 13. 6. 07 – 7 ABR 44/06, EzA § 5 BetrVG 2001 Nr. 2.
506 Näher § 7 Rn. 15, 16; kritisch zu den Schwankungen der Rspr. *Ortmann*, BetrR 94, 37; *Dannenberg*, AiB 94, 521.
507 Eingehend dazu *BAG* 13. 6. 07, a. a. O.
508 *Fitting*, Rn. 302; Wohlgemuth/*Malottke*, § 52 BBiG Rn. 1.
509 *BAG* 24. 8. 11 – 7 ABR 8/10, NZA 12, 223 ff.

Die **Dauer der Betriebszugehörigkeit** ist für die Auszubildenden- bzw. AN-Eigenschaft i. S. d. Abs. 1 unbeachtlich.[510] Darauf, ob die Auszubildenden fremdnützig durch ihre Mitarbeit den **Betriebszweck** des Beschäftigungsbetriebs **unterstützen** oder für Zwecke des Betriebs ausgebildet werden, kommt es für die Zugehörigkeit zu den Auszubildenden i. S. d. § 5 Abs. 1 gleichfalls nicht an.[511] 136

Die Annahme der AN-Eigenschaft nach § 5 Abs. 1 scheitert nicht daran, dass der zur Berufsausbildung Beschäftigte etwa **keine Vergütung** vom AG erhält.[512] Demzufolge gehören **Volontäre** auch dann zu den AN i. S. d. Gesetzes, wenn sie – wie § 82a HGB es für möglich hält – unentgeltlich mit kaufmännischen Diensten beschäftigt werden (fraglich, ob dies wegen § 26 i. V. m. § 17 BBiG n. F. überhaupt noch zulässig ist).[513] 137

Es ist ferner **unerheblich,** ob die Ausbildung in einem vom **BBiG** anerkannten **Berufsbild** erfolgt und die betriebliche Ausbildung Teil eines einheitlichen Ausbildungsganges ist, der aus einem betrieblich-praktischen und einem schulisch-theoretischen Ausbildungsteil besteht.[514] Aus diesem Grunde sind z. B. Teilnehmer einer Ausbildung in einer unternehmenseigenen Schule, die als private Berufsfach- und Ersatzschule landesrechtlich genehmigt ist, Auszubildende i. S. d. § 5 Abs. 1 im Beschäftigungsbetrieb, wenn sie im Rahmen einer Ausbildung zum **Elektroassistenten** bzw. **Ingenieurassistenten,** die aus einem schulischen und einem betrieblichen Teil besteht und nicht mit einem staatlich anerkannten Abschluss endet (firmeninterne Ausbildung), eine praktische Unterweisung im Betrieb dieses UN erhalten.[515] 138

Unklarheiten bestehen häufig hinsichtlich der betriebsverfassungsrechtlichen Einordnung von **Praktikanten.** Als Praktikant wird eine Person bezeichnet, die eine bestimmte Dauer in einem Betrieb tätig ist, um sich dort zur Vorbereitung auf einen (oft akademischen) Beruf die notwendigen praktischen Kenntnisse und Erfahrungen anzueignen, bzw. sich im Rahmen einer Gesamtausbildung einer betrieblichen Tätigkeit und Ausbildung unterzieht, weil sie diese für eine Zulassung zum Studium oder Abschlussprüfung benötigt.[516] Vielfach wird auf diesen Personenkreis § 26 BBiG anwendbar sein, so dass die Eigenschaft, i. S. d. BetrVG zur Berufsausbildung beschäftigt zu sein, unschwer festzustellen ist.[517] Darauf, ob der Praktikant dem Betriebsinhaber gegenüber zur **Arbeitsleistung verpflichtet** ist, kommt es für den Auszubildendenstatus i. S. d. Abs. 1 nicht an, zumal es generell nicht entscheidend ist, ob Auszubildende zum Betriebszweck beitragen.[518] Praktikanten des Modellstudienganges »Betriebswirtschaft mit Schwerpunkt Wirtschaftsinformatik« der TFH Berlin und die Praktikanten im berufspraktischen Studiensemester der TU Berlin sind zur Berufsausbildung Beschäftigte i. S. d. Abs. 1.[519] 139

Nach abzulehnender Ansicht des *BAG*[520] sollte dagegen § 19 BBiG a. F. (jetzt § 26 BBiG) auf **Studenten,** die **innerhalb** ihres **Studiums** und als dessen Bestandteil ein **betriebliches Praktikum** absolvieren, keine Anwendung finden, weil das BBiG die Berufsausbildung insoweit nicht regele, als sie den Schulgesetzen der Bundesländer unterliege und daher der Schüler- bzw. Studentenstatus für das Praktikantenverhältnis maßgebend bleibe. Daraus wird teilweise geschlossen, dass auf diesen Personenkreis das Arbeitsrecht (und somit auch das BetrVG) insgesamt unanwendbar sei.[521] Lässt man einmal außer Acht, dass die berufsbildungsrecht- 140

---

510 *BAG* 10. 2. 81, AP Nr. 25 zu § 5 BetrVG 1972.
511 *BAG* 26. 1. 94, NZA 95, 120 [122].
512 Vgl. *BAG* 10. 2. 81, AP Nr. 25 zu § 5 BetrVG 1972.
513 Vgl. Schaub-*Vogelsang,* Arbeitsrechts-Handbuch, § 175 Rn. 3 m. w. N.; *Däubler,* Das Arbeitsrecht 2, Rn. 2081.
514 *BAG* 24. 9. 81, AP Nr. 26 zu § 5 BetrVG 1972.
515 *BAG* 24. 9. 81, a. a. O.
516 Vgl. *Scherer,* NZA 86, 280; *Fangmann,* AuR 77, 201; Schaub-*Vogelsang,* Arbeitsrechts-Handbuch, § 16 Rn. 9; *Wohlgemuth/Pieper,* § 26 BBiG Rn. 5; *Däubler,* Das Arbeitsrecht 2, Rn. 2082 f.; *BAG* 5. 8. 65, AP Nr. 2 zu § 21 KSchG 1951 [Apothekerpraktikant].
517 Vgl. *Richardi/Maschmann,* Rn. 90.
518 Vgl. *BAG* 26. 1. 94, NZA 95, 120 [122]; a. A. *Scherer,* NZA 86, 280 [284].
519 *BAG* 30. 10. 91, EzA § 5 BetrVG 1972 Nr. 50.
520 19. 6. 74, AP Nr. 3 zu § 3 BAT 1961.
521 So Schaub-*Vogelsang,* Arbeitsrechts-Handbuch, § 16 Rn. 14; *Scherer,* NZA 86, 280 [284]; gegen diese Ansicht zutreffend *Däubler,* Das Arbeitsrecht 2, Rn. 2082 f.; *Wohlgemuth/Pieper,* § 26 Rn. 5; *Fangmann,* AuR 77, 201 [204]; *Roscher,* BB 78, 1119 [1121] und *Mathies* RdA 07, 135 ff.

liche Einordnung derartiger Praktikanten ohnehin keine Schlussfolgerungen bezüglich des betriebsverfassungsrechtlichen Status dieser Personen erlaubt, bleibt zu beachten, dass das *BAG*[522] klargestellt hat, dass zum einen die Anwendbarkeit des BBiG keine Voraussetzung für den Auszubildendenbegriff des BetrVG darstellt und ferner die Aufteilung der Gesamtausbildung in einen schulischen und einen betrieblichen Teil die Anwendung des § 5 Abs. 1 auf den betrieblichen Teil der Ausbildung nicht ausschließt,[523] weil »durch solche (landesrechtlichen) Bestimmungen die betriebliche Ausbildung nicht der Mitbestimmung im Betrieb entzogen werden (kann)«.[524] Entscheidend für die Bejahung der AN-Eigenschaft ist, dass die betrieblich-praktische Ausbildung überwiegt oder der schulischen Ausbildung zumindest gleichwertig ist; auf Stundenanteile ist dabei nicht abzustellen, sondern darauf, ob beide Abschnitte qualitativ die gleiche Bedeutung haben. Davon ist immer dann auszugehen, wenn die betriebliche Ausbildung gesetzlich vorgeschrieben ist.[525] Damit gehen auch diejenigen Meinungen fehl, die in derartigen **Betriebspraktika** lediglich in den Betrieb verlegte Schulveranstaltungen sehen wollen.[526] Maßgeblich für den betriebsverfassungsrechtlichen Auszubildendenstatus ist daher allein die Einordnung in die betriebliche Ausbildungsstätte.[527] Lediglich für **berufsqualifizierende Studiengänge** auf der Grundlage des HRG und der Hochschulgesetze der Länder ist durch § 3 Abs. 2 Nr. 1 BBiG klargestellt, dass die Vorschriften des BBiG auf solche Berufsbildungsgänge nicht anzuwenden sind.

140a Personen, die im Rahmen der sog. **Dualen Hochschule** neben dem Studium zeitlich parallel oder versetzt in Intervallen einer Beschäftigung in dem Partner-UN nachgehen, sind im Betrieb »normale« AN und nicht »zu ihrer Berufsausbildung Beschäftigte«. Hierbei handelt es sich nicht um ein Ausbildungsverhältnis i. S. d. BBiG. Neben dem öffentlich-rechtlichen Verhältnis als Studierender zur jeweiligen Hochschule besteht zum Betriebsinhaber des Partner-UN ein privatrechtliches Rechtsverhältnis, aus dem eine Vergütung bezogen wird und das als Arbeitsverhältnis zu qualifizieren ist.[528]

141 Von studentischen oder schulischen Betriebspraktika zu unterscheiden ist die während der Semesterferien erfolgende Tätigkeit als **Werkstudent** oder die **Ferienarbeit von Schülern,** die nicht zum integralen Bestandteil der (hoch)schulischen Ausbildung gehört. Diese Personen sind nicht Auszubildende, sondern AN im allgemeinen Sinne und gehören zu den AN des Betriebs, selbst wenn sie nur Aushilfsarbeiten verrichten,[529] da es für den betriebsverfassungsrechtlichen AN-Begriff nicht auf eine auf Dauer angelegte Beschäftigung ankommt (vgl. Rn. 34).

142 Schwierigkeiten können bei der Frage auftauchen, welchem Betrieb die zu ihrer Berufsausbildung Beschäftigten angehören, wenn sie **nacheinander in mehreren Betrieben** desselben UN eingesetzt werden **(Stationenausbildung),** weil nicht in ein und demselben Betrieb die notwendigen Einrichtungen zur Verfügung stehen. Nach Ansicht des *LAG Hamm*[530] sind derartige Auszubildende in dem Betrieb **wahlberechtigt,** in dem die Ausbildung tatsächlich erfolgt, weil insofern nur die Eingliederung in den Betrieb maßgeblich ist.[531] Die Wahlberechtigung setzt jedoch bereits die **Betriebszugehörigkeit** voraus, so dass diese Auszubildenden für die Dauer

---

522 24. 9. 81, AP Nr. 26 zu § 5 BetrVG 1972.
523 Dazu *BAG* 6. 11. 13 – 7 ABR 76/11, NZA 14, 678 ff.
524 *BAG,* a. a. O.; zustimmend *Wohlgemuth/Pieper,* a. a. O.
525 *BAG* 6. 11. 13, a. a. O., Rn. 29, 38.
526 Vgl. z. B. *Scherer,* a. a. O.
527 Sog. tatsächliche Eingliederung, vgl. *BAG* 26. 11. 87, NZA 88, 505 [506 f.]; ähnlich im Ergebnis, wenn auch nicht auf die tatsächliche Einordnung in den Betrieb abstellend, *BAG* 30. 10. 91, EzA § 5 BetrVG 1972 Nr. 50; abgelehnt für sog. Schülerpraktikanten, da keine weisungsgebundene Tätigkeit vorgelegen habe, sondern eine »informatorische« Betriebsbesichtigung; vgl. *BAG* 8. 5. 90, AP Nr. 80 zu § 99 BetrVG 1972.
528 *Brecht-Heitzmann,* AuR 09, 389, 392.
529 Vgl. *Richardi/Maschmann,* Rn. 53; Schaub-*Vogelsang,* Arbeitsrechts-Handbuch, § 16 Rn. 12; *Scherer,* NZA 86, 280 [281, 283]; bei Schülern ist § 5 Abs. 4 JArbSchG zu beachten.
530 16. 3. 88, DB 88, 2058.
531 So auch *BAG* 26. 11. 87, NZA 88, 505 [506]; a. A. *LAG Hamm* 11. 10. 89, DB 90, 383, das nunmehr auch einen Ausbildungsvertrag mit dem AG des ausbildenden Betriebs verlangt.

ihrer Ausbildung im Drittbetrieb dort auch zu den AN i. S. d. § 5 Abs. 1 zählen.[532] Da die Betriebszugehörigkeit i. S. d. § 5 nicht von einer bestimmten Dauer der tatsächlichen Beziehung zum Betrieb abhängt, gilt dies auch dann, wenn die **Ausbildung im Drittbetrieb** nur **vorübergehend** erfolgt; § 14 Abs. 2 Satz 1 AÜG findet auf diese Sachverhalte keine (auch nicht analoge) Anwendung.[533]

Eine andere Frage ist, ob diese Auszubildenden während der Dauer ihrer Ausbildung im Drittbetrieb **daneben** als betriebszugehörig im **Stammbetrieb** anzusehen sind, was vor allem beim sog. **Ausbildungsverbund,**[534] aber auch den sonstigen Ausbildungsformen, in denen es zu einer »aufgespaltenen Ausbilderstellung« kommt, von Bedeutung sein kann. Aus der Sicht des Stammbetriebs stellt sich diese Sachlage wie eine vorübergehende Abwesenheit des Auszubildenden dar, die jedoch die betriebsverfassungsrechtliche Zugehörigkeit zum Stammbetrieb nicht berührt.[535] Eine mehrfache Betriebszugehörigkeit ist daher auch in diesen Fällen möglich. Für dieses Ergebnis spricht ferner, dass sowohl die Einstellung im Stammbetrieb als auch im Drittbetrieb dem **Beteiligungsrecht** der jeweiligen BR **nach § 99** unterliegt und damit in beiden Betrieben der Tatbestand, der die Betriebszugehörigkeit begründet, vorliegt.[536] Durch die am 4. 8. 2009 in Kraft getretene **Änderung des § 5** (eingehend dazu Rn. 108 ff.) ist nunmehr klargestellt, dass in den dort genannten Fällen die zu ihrer Berufsausbildung Beschäftigten **im die Ausbildung tatsächlich vollziehenden Einsatzbetrieb** als AN gelten; die sich nach der o. a. Rspr. hieraus ergebende Ungleichbehandlung wird sich damit wegen Art. 3 GG nicht mehr aufrecht erhalten lassen. 143

7. Arbeitsbeschaffungs- und Eingliederungsmaßnahmen nach SGB III sowie Ein-Euro-Jobs nach SGB II

Durch das sog. **Eingliederungschancengesetz**[537] sind die früheren AB-Maßnahmen (§§ 260 ff. SGB III a. F.) seit 1. 4. 2012 entfallen. Personen, für deren Beschäftigung der AG sog. **Eingliederungszuschüsse** erhält (vgl. etwa §§ 88 ff., 131 SGB III in der seit 1. 4. 2012 geltenden Fassung) sind AN i. S. d. Gesetzes, da der Abschluss eines Arbeitsvertrages mit dem AG des durchführenden Betriebs Voraussetzung für die Förderung durch die BA ist.[538] Auch Personen in sog. **Beschäftigungsgesellschaften** (BQG) oder **Transfergesellschaften** (§§ 110 ff. SGB III n. F.) sind jedenfalls dann AN i. S. d. § 5, wenn sie im Betrieb eingegliedert sind.[539] 144

Rechtsgrundlage für die sog. **Ein-Euro-Jobs** ist § 16d SGB II. Danach sollen für erwerbsfähige (§ 8 Abs. 1 SGB II) Leistungsberechtigte (§ 7 SGB II) ohne Arbeit besondere Arbeitsgelegenheiten geschaffen werden. Die dafür vorgesehene Zahlung der Mehraufwandsentschädigung (1–2 Euro) setzt jedoch **im öffentlichen Interesse** liegende **zusätzliche Arbeiten** voraus. Die Verrichtung dieser Arbeiten begründet allerdings nach § 16d Abs. 7 SGB II gerade **kein** 145

532 Vgl. *ArbG Bielefeld* 1. 2. 89, BB 89, 1405; *LAG Frankfurt* 25. 1. 85, ARSt 86, 6, die die Wahlberechtigung von Auszubildenden zur Jugend- und Auszubildendenvertretung im Drittbetrieb ebenfalls bejahen; ablehnend dagegen *BAG* 4. 4. 90, AP Nr. 1 zu § 60 BetrVG 1972, wegen fehlenden Weisungsrechts des Betriebsinhabers, in dessen Betrieb die Ausbildung von Auszubildenden eines Dritten erfolgte, der dort eigene Lehrkräfte einsetzte.

533 Vgl. *ArbG Bielefeld* 1. 2. 89, a. a. O.

534 Vgl. dazu *Oetker*, DB 85, 1739 ff.; vgl. auch § 10 Abs. 5 BBiG n. F.

535 Vgl. *BAG* 29. 3. 74, AP Nr. 2 zu § 19 BetrVG 1972, wonach die Betriebszugehörigkeit selbst beim Ruhen des Arbeitsverhältnisses infolge der Ableistung des Wehrdienstes aufrechterhalten bleibt; ebenso *Oetker*, a. a. O., S. 1740, der aber in Analogie zu § 14 Abs. 2 Satz 1 AÜG a. F. das aktive und passive Wahlrecht im Drittbetrieb verneint; für das Wahlrecht dagegen *LAG Hamm* 16. 3. 88, DB 88, 2058; *ArbG Bielefeld* 1. 2. 89, BB 89, 1405.

536 Vgl. *Oetker*, a. a. O., S. 1740 f. m. w. N.; dazu aber *BAG* 13. 3. 91, BB 92, 66, das ein Wahlrecht im jeweiligen Ausbildungsbetrieb verneint und nur im Stammbetrieb bejaht.

537 Vom 20. 12. 11, BGBl. I 2854.

538 ErfK/*Koch*, Rn. 5.

539 *Fitting*, Rn. 151 f., die die Eingliederung aber dann verneinen, wenn diese Personen ausschließlich an Qualifizierungsmaßnahmen teilnehmen und keine betriebszweckdienlichen Arbeiten verrichten; *LAG Brandenburg* 24. 2. 94, DB 94, 1245; zu § 216b [jetzt § 111] SGB III *Gaul/Bonanni/Otto*, DB 03, 2386 ff.

Arbeitsverhältnis im Sinne des Arbeitsrechts. Auf Grund des weitgehenden Anwendungsausschlusses des Arbeitsrechts wird man diesen im Betrieb tatsächlich eingesetzten Personenkreis also **nicht zu den AN i.S.d. § 5 Abs. 1 BetrVG** zählen können.[540] Dessen ungeachtet unterliegt die **Einstellung** von Ein-Euro-Jobbern der **Mitbestimmung** gem. § 99,[541] weil es dafür nicht auf die Art des Rechtsverhältnisses zum Betriebsinhaber ankommt.[542] Die betriebsverfassungsrechtliche **AN-Eigenschaft** ist aber dann **zu bejahen,** wenn sich die Beschäftigung auf Grundlage eines **faktischen Arbeitsverhältnisses** vollzieht (vgl. Rn. 10)[543]. Das ist vor allem dann der Fall, wenn in Wirklichkeit Arbeiten verrichtet werden, die den Anforderungen des § 16d Abs. 2–4 SGB II gerade nicht entsprechen (»zusätzliche Arbeiten«, »öffentliches Interesse«, »wettbewerbsneutral«), z.B. bei Verwendung als Krankheits- oder Urlaubsvertretung. **Arbeiten im öffentlichen Interesse** liegen vor, wenn das Arbeitsergebnis der Allgemeinheit dient[544] und keine Konkurrenz zu Privatunternehmen auf dem Waren- und Dienstleistungsmarkt entsteht.[545] **Zusätzliche Arbeiten** sind insbesondere **nicht gegeben** bei Arbeiten, die zur Einsparung normaler Arbeitskräfte dienen, wegen haushaltsbedingten Personalmangels nicht im notwendigen Umfang durchgeführt werden, wenn der Einsatz in einer regulären Arbeitskolonne erfolgt oder ein paar Stunden früher als von regulären Kräften.[546] Der BR hat ein **eigenes Prüfrecht,** ob die Voraussetzungen (noch) vorliegen. Liegt ein faktisches Arbeitsverhältnis vor, kann der Hilfebedürftige nach § 44 SGB X den Verwaltungsakt überprüfen lassen und ggf. vor dem ArbG die ortsübliche Entlohnung geltend machen.[547] Das *BSG*[548] hat jedoch anerkannt, dass einem mit rechtswidrigen Arbeitsgelegenheiten beschäftigtem Hilfesuchenden Erstattungsansprüche gegen den Grundsicherungsträger in Höhe des Wertes der Arbeitsleistung abzüglich der erhaltenen Leistungen zustehen.

8. Nicht-Arbeitnehmer nach allgemeinem Arbeitsrecht

146 Nach bisher h.M., die maßgeblich auf das Vorliegen eines **privatrechtlichen** Vertrages mit dem Betriebsinhaber als Voraussetzung der AN-Eigenschaft i.S.d. Gesetzes abstellte, zählten Personen, die auf Grund eines **öffentlich-rechtlichen Dienstverhältnisses** im Betrieb tätig werden, **nicht zu den AN i.S.d. Gesetzes.**[549] Nach jener Ansicht, die infolge Neufassung des Abs. 1 durch Gesetz v. 29.7.2009 (dazu Rn. 108ff.) zum Teil obsolet geworden ist, sollten dazu folgende Personen gehören (wobei nach hier vertretener Ansicht bei Vorliegen der Eingliederung in den Einsatzbetrieb schon bisher das gegenteilige Ergebnis anzunehmen war):

147 • **Beamte und Beamtenanwärter;** wenn sie aber in einen Privatbetrieb »abgeordnet« werden und dort wie Angestellte beschäftigt sind, sind sie AN; vgl. Abs. 1 Satz 3.[550] Wegen der fehlenden Dienstherrenfähigkeit privater AG[551] kommt eine Beschäftigung **als Beamter** im Privatbetrieb ohne sonderrechtliche Ermächtigung nicht in Betracht. Dieser strikte Grundsatz war jedoch schon durch das in § 20 Abs. 2 BeamtenstatusG geregelte personalrechtliche Instrument der **»Privatisierungszuweisung«** in verfassungsrechtlich bedenklicher Weise

540 *Fitting,* Rn. 155.
541 Vgl. § 99 Rn. 40; *Niewald,* a.a.O., Rn. 25; *BAG* 19.11.08, NZA 09, 269; so auch *BVerwG* 21.3.07, PersR 07, 301, für die Einstellung i.S.d. Personalvertretungsrechts.
542 § 99 Rn. 40; zu weiteren Beteiligungsrechten § 87 Rn. 8; *Zwanziger,* AuR 05, 8, 14.
543 A.A. aber *BAG* 26.9.07 – 5 AZR 857/06, NZA 07, 1422 (dort Rz. 11), das auch in Fällen einer rechtswidrigen Beschäftigungsmaßnahme das Zustandekommen eines privatrechtlich zu qualifizierenden Rechtsverhältnisses zum AG des Beschäftigungsbetriebs verneint.
544 Hauck/Noftz-*Voelke,* SGB II-Komm., § 16 Rn. 61.
545 Mündes/*Niewald,* SGB II., Anhang zu § 16 Rn. 48 m.w.N.
546 Weitere Beispiele bei *Niewald,* a.a.O., § 16 Rn. 21.
547 § 612 Abs. 2 BGB; vgl. *Niewald,* a.a.O., § 16 Rn. 25.
548 13.4.11, BSGE 108, 116ff.; vgl. auch *BSG* 22.8.13 – B 14 AS 75/12 R; n.v.
549 Vgl. *Richardi/Maschmann,* Rn. 144; *Fitting,* Rn. 314; GK-*Raab,* Rn. 28.
550 So freilich schon zum alten Recht *BAG* 28.4.64, AP Nr. 3 zu § 4 BetrVG; ebenso *Richardi/Maschmann,* Rn. 127.
551 Vgl. § 121 BRRG; mit Wirkung ab 1.4.2009 durch § 2 BeamtenstatusG [BGBl. I, 2008, S. 1010] inhaltsgleich ersetzt.

gelockert worden.[552] Diese Zuweisung führte bis zur **Neufassung des § 5** (vgl. Rn. 108 ff.) dazu, dass der »Privatbeamte« nach § 13 Abs. 2 Satz 4 BPersVG seine Wahlberechtigung in der Stammdienststelle verlor, als Beamter jedoch auch in der Betriebsverfassung des privaten Einsatzbetriebs nicht als AN galt und somit außerhalb jeder demokratisch legitimierten Repräsentation (weder PR noch BR) stand.[553] Die so entstandene »Repräsentationslücke« hätte sich freilich auch nach bisheriger Rechtslage entweder durch analoge Anwendung der für die **Bahn- und Postprivatisierung** gefundenen differenzierten Lösungsmuster schließen lassen[554] oder mit der älteren Rspr. des *BAG*[555] durch Zuordnung des Beamten entsprechend seiner Tätigkeit zur Gruppe der Arbeiter bzw. Angestellten.[556] Das ***BAG***[557] hatte beide aufgezeigten Wege abgelehnt und verfestigte so im Ergebnis die vollständige Vertretungslosigkeit von Beamten, die im Zuge von Privatisierungen damit zu einer willenlosen Manövriermasse von Rechts wegen erklärt worden waren. Dieser verfehlten Praxis hat der Gesetzgeber mit der Neufassung des § 5 Abs. 1 Satz 3 ein Ende bereitet. Soweit Beamte bei einer Privatisierung allerdings aus dem Beamtenverhältnis ausscheiden, sich beurlauben lassen oder im Wege der Nebentätigkeit für den priv. AG arbeiten, sind sie schon ohne weiteres AN i. S. d. Gesetzes[558] und bedarf es der neuen gesetzlichen Fiktion nicht. Denkbar ist nämlich, dass ein – zumindest faktisches – Arbeitsverhältnis neben dem fortbestehenden Beamtenverhältnis vorliegt;[559]

- die im Zuge der **Bundeseisenbahnprivatisierung** und der **Postprivatisierung** der DB AG bzw. den privatisierten Post-UN (Deutsche Post AG, Deutsche Postbank AG, Deutsche Telekom AG) **zugewiesenen Beamten** gelten für die Anwendung des BetrVG als AN.[560] Damit hatte der Gesetzgeber die hier schon stets vertretene Ansicht bestätigt, wonach es für die AN-Eigenschaft i. S. d. BetrVG nicht auf das privatrechtliche Rechtsverhältnis zum Betriebsinhaber ankommt, sondern auf die Eingliederung in die vom Betriebsinhaber geschaffene und von diesem beherrschte Betriebsorganisation.[561] Während es sich bei der Bahnprivatisierung um den Fall einer Dienstleistungszuweisung handelt (§ 12 Abs. 2 DBGrG i. V. m. Art. 143a GG), ist bei der Postprivatisierung darüber hinaus eine Ermächtigung der privaten Post-UN erfolgt, Dienstherrenbefugnisse i. S. d. § 121 BRRG ausüben zu können.[562] Diese Sonderbestimmungen bleiben von der Neuregelung des § 5 Abs. 1 Satz 3 unberührt; **148**
- Mit Wirkung seit dem 1.7.2011 sind der Zivildienst und der Grundwehrdienst durch das **Bundesfreiwilligendienstgesetz** (BFDG) ausgesetzt.[563] Vgl. zum Rechtsstatus der den neuen Bundesfreiwilligendienst leistenden Personen § 7 Rn. 40; vgl. zum davon zu unterscheidenden besonderen Freiwilligendienstverhältnis im Rahmen des entwicklungspolitischen Programms »weltwärts« *BAG* 9.4.19[564]. Die Freiwilligen wählen nach § 10 BFDG eine ei- **149**

552 Dazu *Lecheler,* ZBR 97, 206 ff.; *Blanke/Sterzel,* Privatisierungsrecht, Rn. 140 ff.; *Blanke,* PersR 99, 197 [203 ff.]; vgl. auch den Versuch einer verfassungskonformen Auslegung bei *Steuck,* ZBR 99, 150 [152 f.].

553 Dazu *Trümner,* PersR 01, 102 ff.; *Blanke,* PersR 09, 249.

554 Dafür *Blanke/Sterzel,* a. a. O.

555 11.4.58, AP Nr. 1 zu § 6 BetrVG; 28.4.64, a. a. O.; aufgegeben allerdings für Fälle der Dienstleistungsergebnisüberlassung durch *BAG* 25.2.98, NZA 98, 838 = AiB 98, 464 m. Anm. *Rudolph.*

556 Wie hier auch *Richardi/Maschmann,* Rn. 127.

557 28.3.01, EzA § 7 BetrVG 1972 Nr. 2.

558 Vgl. *Fitting,* Rn. 316.

559 Vgl. *BAG* 27.6.01, AP Nr. 20 zu § 611 BGB Faktisches Arbeitsverhältnis m. Anm. *Blanke.*

560 Wegen des aktiven und passiven Wahlrechts dieser »fingierten« AN vgl. § 7 Rn. 38 bzw. § 8 Rn. 29; näher *Altvater u. a.,* Anhang III und IV; *Raab,* FS Wiese, S. 219 ff.

561 Vgl. o. Rn. 13; so aber auch bereits *BAG* 28.4.64, AP Nr. 3 zu § 4 BetrVG für einen Fall der *Kommunalprivatisierung;* aufgegeben durch *BAG* 25.2.98, NZA 98, 838.

562 Sog. Beleihungsmodell; § 1 PostPersRG i. V. m. Art. 143b GG; zur weitergehenden Zuweisung von Beamten zu Dritt-UN näher *Altvater/Peiseler,* Basiskomm., Anhang IV § 4 PostPersRG, Rn. 5 f.; vgl. auch Rn. 3 zur fingierten AN-Eigenschaft von zugewiesenen Beamten, AN und Soldaten durch § 6 BwKoopG.

563 BGBl. I 2011, S. 678, 687.; vgl. wegen der früheren Zivildienstleistenden *14. Aufl., Rn. 149.*.

564 9 AZB 2/19, NZA 20, 67, 68, Rn. 14 ff.: hierbei handelt es sich nicht um ein Arbeitsverhältnis, sondern ein privatrechtliches Rechtsverhältnis eigener Art, für das der Rechtsweg zu den ArbG nicht eröffnet ist.; ebenso *Leube,* ZESAR 18, 204.

gene Vertretung[565] Obgleich durch § 13 BFDG ein öffentlich-rechtliches Dienstverhältnis *sui generis* zum Bund geregelt wird,[566] scheint es je nach konkreter Ausgestaltung im Einzelfall nicht ausgeschlossen, dass es zum Abschluss eines regulären Arbeitsverhältnisses mit dem Träger der betrieblichen Einsatzstelle kommen kann. Auch wenn dies nicht der Fall ist, besteht aber das MBR des BR des Einsatzbetriebs bei Einstellung gem. § 99[567], weil es hierfür auf die Rechtsnatur des Rechtsverhältnisses dieser Personen nicht ankommt.[568]

150 • **Strafgefangene,** weil und wenn sie auf Grund öffentlich-rechtlichen Zwanges in einem Privatbetrieb beschäftigt werden.[569] Werden sie nach § 39 Abs. 1 StVollzG als sog. Freigänger im Rahmen eines freien Beschäftigungsverhältnisses für den Betriebsinhaber tätig, sind sie jedoch AN i. S. d. Gesetzes;[570]

151 • Personen, die im Rahmen des **freiwilligen sozialen oder freiwilligen ökologischen Jahres** tätig sind;[571]

152 • **Entwicklungshelfer**[572] werden i. d. R. ohnehin im Ausland bei einem dortigen Betrieb beschäftigt, auf den nach h. M. das BetrVG schon wegen des Territorialitätsprinzips keine Anwendung findet (vgl. § 1 Rn. 23).

III. Nicht-Arbeitnehmer im Sinne des Gesetzes (Abs. 2)

153 Diese Vorschrift klammert bestimmte Personen aus dem betriebsverfassungsrechtlichen AN-Begriff aus. Teils handelt es sich hierbei um Gruppen, die schon nach allgemeinem Arbeitsrecht i. d. R. nicht zu den AN zählen,[573] teils ist die besondere Erwähnung in dieser Vorschrift erforderlich, weil es sich um Personen handelt, die sehr wohl **auch** in einem **Arbeitsverhältnis** zum Betriebsinhaber stehen können,[574] aber gleichwohl nicht zu der vom BR vertretenen Belegschaft gezählt werden, weil sie wegen der **Eigenart** ihres **Beschäftigungsverhältnisses** entweder nicht dem Normaltypus eines AN entsprechen (so etwa Nrn. 3 und 4) oder weil die gesamten Lebensumstände vermuten lassen, dass sie in sehr enger **Beziehung zum AG** stehen (so bei den in Nr. 5 Genannten).

1. Mitglieder des Vertretungsorgans bei juristischen Personen (Nr. 1)

154 Sofern das UN, dem der Betrieb angehört und von dem er geführt wird, eine juristische Person ist, sind sämtliche Mitglieder des kraft Gesetzes in Verbindung mit der Satzung zur **regelmäßigen Vertretung** der juristischen Person befugten Organs nicht zu den AN i. S. d. Vorschrift zu rechnen. Dabei kommt es auf die regelmäßige bzw. ordentliche Vertretung der juristischen Person an,[575] so dass **Aufsichtsratsmitglieder** einer Aktiengesellschaft selbst dann nicht zu den Nicht-AN i. S. d. Vorschrift zählen, wenn ausnahmsweise der Aufsichtsrat zusammen mit dem

---

565 Näher dazu BFD-WahlVO v. 19. 3. 13, BGBl. I, S. 592; zum BFD-Sprecher *Leube,* AuR 14, 7 ff.
566 Vgl. GK-*Raab,* Rn. 113.
567 *ArbG Ulm* 18. 7. 12, AiB 12, 608 ff.; vgl. § 99 Rn. 56; *Fitting* § 99 Rn. 77 *Leube,* ZTR 12, 207, 209; *Klenter,* AiB 13, 316, 318.
568 A. A. *ArbG Magdeburg* 17. 12. 15, ZTR 16, 207 ff.; *Becker,* NZA 16, 923 ff.
569 Vgl. zur Rüge der BRD durch die ILO-Konferenz 1992 wegen Verstoßes gegen ILO-Abkommen Nr. 99 näher RdA 93, 108, sowie *Adamy,* RdA 92, 395; s. aber *BAG* 3. 10. 78, AP Nr. 18 zu § 5 BetrVG 1972.
570 Vgl. Rn. 197; ebenso *LAG Baden-Württemberg* 15. 9. 88, NZA 89, 886, Ls.; zu den Einzelheiten *Däubler/Pécic* in: AK-StVollzG, § 39 Rn. 1 ff.; zur Verfassungswidrigkeit der Arbeitsentgeltbemessung nach dem StVollzG *BVerfG* 1. 7. 98, NJW 98, 3337.
571 *Richardi/Maschmann,* Rn. 151; *Fitting,* Rn. 314; GK-*Raab,* Rn. 113; *BAG* 12. 2. 92, NZA 93, 334.
572 Vgl. Gesetz vom 18. 6. 1969, BGBl. I S. 549; *Richardi/Maschmann,* Rn. 150; *Fitting,* Rn. 314; GK-*Raab,* Rn. 113; nach *BAG* 27. 4. 77, AP Nr. 1 zu § 611 BGB Entwicklungshelfer, stehen diese zum Träger des Entwicklungsdienstes nicht in einem Arbeitsverhältnis, sondern haben einen Sonderstatus.
573 Z. B. die in Nrn. 1 und 2 Genannten; vgl. *Richardi/Maschmann,* Rn. 168; *Fitting,* Rn. 326; GK-*Raab,* Rn. 142.
574 Z. B. die in Nrn. 3–5 Genannten; vgl. *Richardi/Maschmann,* a. a. O.
575 Vgl. *Richardi/Maschmann,* Rn. 170; GK-*Raab,* Rn. 143.

Vorstand (z. B. bei Anfechtungsklagen gegen Hauptversammlungsbeschlüsse, vgl. § 246 AktG) oder sogar allein (vgl. § 112 AktG) zur Vertretung der Gesellschaft berufen ist.[576]

Daher bleiben die **AN-Vertreter im Aufsichtsrat** einer Kapitalgesellschaft schon deshalb AN i. S. d. Vorschrift, weil dieses Organ i. d. R. nicht zur Vertretung der Gesellschaft befugt ist.[577] **155**

Die **Mitglieder des Vertretungsorgans** einer juristischen Person gehören selbst dann nicht zu den AN i. S. d. BetrVG, wenn sie für sich **in Ausnahmefällen** neben der Organstellung den allgemein-arbeitsrechtlichen **AN-Status** beanspruchen können,[578] weil das Gesetz in Abs. 2 Nr. 1 auf die **Mitgliedschaft im Organ** abstellt und eine Statusdifferenzierung für ein und dieselbe Person praktisch nicht durchführbar ist.[579] Kein Statusdifferenzierungsproblem tritt allerdings auf, wenn dieselbe Person in einem konzernabhängigen UN Organmitglied ist und in einem anderen UN »nur« AN (sofern nicht beide UN einen Gemeinschaftsbetrieb haben; dazu sogleich Rn. 157). Entfällt jedoch die Organstellung (etwa durch Abberufung) und bleibt das Arbeitsverhältnis bestehen, kann es sich um einen AN i. S. d. BetrVG handeln, sofern die entsprechenden Merkmale erfüllt werden und nicht der Status eines leitenden Angestellten vorliegt. Die **sozialrechtliche Behandlung eines GmbH-GF** als abhängig Beschäftigten und damit beitragspflichtigen Beschäftigten[580] ändert nichts an der Herausnahme aus dem betriebsverfassungsrechtlichen AN-Begriff. **156**

Wird der Betrieb als sog. **Gemeinschaftsbetrieb** mehrerer rechtlich selbstständiger juristischer Personen geführt (vgl. § 1 Rn. 88 ff.), wird man die Mitglieder der Vertretungsorgane in sämtlichen der beteiligten juristischen Personen selbst dann nicht zu den AN i. S. d. BetrVG zu zählen haben, wenn man den Zusammenschluss der rechtlich selbstständigen juristischen Personen zwecks gemeinsamer Betriebsführung als BGB-Gesellschaft[581] qualifiziert und nicht alle Mitglieder der Vertretungsorgane der beteiligten juristischen Personen auch zur Vertretung der BGB-Gesellschaft (die eine Personengesamtheit i. S. v. Nr. 2 ist) als Betriebsführungsgesellschaft befugt sind. Auch hier ist nicht ausgeschlossen, dass sich ein BR u. U. mit mehreren Vertragsarbeitgebern der im Gemeinschaftsbetrieb vorhandenen AN auseinandersetzen muss (vgl. § 1 Rn. 81 f.). Diese AG werden aber wiederum von den Organmitgliedern der juristischen Personen vertreten, so dass Interessenkollisionen auftreten würden, wenn man die Organmitglieder der an einem Gemeinschaftsbetrieb beteiligten UN nicht zu den durch Nr. 1 von der übrigen Belegschaft abgegrenzten Personen rechnen würde. **157**

Die juristische Person wird erst durch **Registereintragung** voll existent, so dass auch erst ab diesem Zeitpunkt die Wirkungen nach Nr. 1 entstehen. In der Praxis kann es – insbesondere bei UN-Teilungen in Form der Ausgründung neuer, rechtlich selbstständiger Gesellschaften – vorkommen, dass ein Betriebs-(teil-)übergang auf die geplante Gesellschaft, z. B. eine GmbH, bereits stattgefunden hat, obgleich diese noch nicht registerrechtlich eingetragen ist, d. h. als juristische Person noch nicht existiert. Sofern in derartigen Fällen nicht ohnehin vom Fortbestand des ursprünglichen Betriebs als Gemeinschaftsbetrieb mehrerer UN auszugehen ist, handelt es sich bei den Vorformen der rechtlich vollexistenten juristischen Person um eine **Vorgründungsgesellschaft** bzw. **Vorgesellschaft** und damit stets um eine Personengesamtheit (vgl. Rn. 169 ff.), die selbst einen Betrieb haben kann, sofern sie wenigstens – wie etwa die KG oder OHG – eine partielle Rechtsfähigkeit besitzt. Innerhalb dieses Betriebs bemisst sich die Frage nach den Nicht-AN i. S. d. Abs. 2 für die Dauer bis zur rechtswirksamen Entstehung der juristischen Person somit nach Nr. 2. **158**

---

576 Vgl. *Richardi/Maschmann*, a. a. O.

577 Vgl. *GL*, Rn. 17.

578 Vgl. *Paul*, BB 70, 85; *Schwab*, NZA 87, 839 ff.; *Loritz*, RdA 92, 310 ff. *Schrader/Schubert*, BB 07, 1617 ff.; grundsätzlich ablehnend aber *BGH* 9. 2. 78, AP Nr. 1 zu § 38 GmbHG; 29. 1. 81, AP Nr. 14 zu § 622 BGB; für die Möglichkeit eines Arbeitsverhältnisses neben dem Geschäftsführer-Anstellungsvertrag *BAG* 26. 5. 99; NZA 99, 987; 9. 5. 85, AP Nr. 3 zu § 5 ArbGG 1979; 27. 6. 85, DB 86, 2132; *LAG Düsseldorf* 28. 6. 89, DB 89, 1880.

579 Vgl. auch *BAG* 28. 11. 90, 10. 4. 91, EzA § 611 BGB Arbeitnehmerbegriff Nrn. 37, 39.

580 Zur sozialrechtlichen Einordnung des GmbH-GF instruktiv *Schlegel*, NZA 21, 310 ff.

581 Vgl. §§ 705 ff. BGB; zur Kritik dieser entbehrlichen Konstruktion bereits *Konzen*, S. 94 ff., 108 ff.; für die Notwendigkeit der BGB-Gesellschaft immer noch *Richardi*, RdA 94, 394 [398]; *ders.*, § 1 Rn. 71.

159 Als gesetzlicher Vertreter einer juristischen Person und damit Nicht-AN sind auch **Insolvenzverwalter, Liquidatoren** und **Treuhänder** anzusehen.[582]

160 Ist der Betriebsinhaber eine **ausländische juristische Person,** so ist nach dem Heimatrecht, d.h. dem Recht des Staats, in dem die juristische Person ihren Verwaltungssitz hat, zu bestimmen, wer als gesetzlicher Vertreter anzusehen ist.[583] Bei der **Europäischen Gesellschaft** (SE) ist die Frage der Vertretung nach deren Satzung zu beantworten, da aufgrund der EG-VO 2157/2001sowohl eine duale als auch monistische Organstruktur in Frage kommt.[584]

161 Im Einzelnen gilt für die **inländischen juristischen Personen** Folgendes: Es sind Mitglieder des Vertretungsorgans

162 • bei der **Aktiengesellschaft** die Vorstandsmitglieder (§ 78 Abs. 1 AktG), und zwar ohne Rücksicht auf die internen Regelungen über die Geschäftsverteilung;

163 • bei der **Kommanditgesellschaft auf Aktien** die Komplementäre nach Maßgabe des Gesellschaftsvertrages (§ 278 Abs. 2 AktG), solange diese nicht vollständig von der Vertretung ausgeschlossen sind. Die von der Vertretung ausgeschlossenen Komplementäre sind zwar Mitunternehmer; dies allein rechtfertigt aber nicht, sie als Nicht-AN i. S. d. Vorschrift anzusehen;[585]

164 • bei der **Gesellschaft mit beschränkter Haftung** die Geschäftsführer (§ 35 Abs. 1 GmbHG);

165 • bei **Genossenschaften** die Vorstandsmitglieder (§ 24 Abs. 1 GenG);

166 • beim **Versicherungsverein auf Gegenseitigkeit** die Vorstandsmitglieder (§ 34 Abs. 1 Satz 2 VAG i. V. m. § 78 Abs. 1 AktG);

167 • beim **eingetragenen** (d.h. rechtsfähigen) **Verein** die Vorstandsmitglieder (§ 26 BGB), ggf. auch ein bestellter Sondervertreter nach § 30 BGB;[586]

168 • bei **Stiftungen** die Mitglieder des nach dem Stiftungsgeschäft bestellten Vertretungsorgans. Dies ist als notwendiges Stiftungsorgan in entsprechender Anwendung des Vereinsrechts der Vorstand (§ 86 Abs. 1 Satz 1 i. V. m. § 26 BGB).

2. Vertretungs- und geschäftsführungsberechtigte Mitglieder von Personengesamtheiten (Nr. 2)

169 Ist das UN, zu dem der Betrieb gehört, eine Personengesamtheit, sind nur solche Gesellschafter vom AN-Begriff i. S. d. BetrVG ausgenommen, die durch Gesetz, Satzung oder Gesellschaftsvertrag zur **Vertretung** des UN oder zur **Geschäftsführung** berufen sind. Andere Gesellschafter oder Mitglieder solcher Personengesamtheiten können zu den AN zählen, soweit auf sie nicht der Ausschlusstatbestand der Nr. 5 (enger Verwandter) oder des Abs. 3 (leitende Angestellte) zutrifft. Für die **AN-Eigenschaft** müssen dann aber tatsächliche Umstände vorliegen, die die Annahme wenigstens des auf Eingliederung beruhenden betriebsverfassungsrechtlichen Arbeitsverhältnisses rechtfertigen,[587] was eine entsprechende Stellung (Weisungsunterworfenheit) und Arbeitsaufgabe voraussetzt.[588]

170 Für die Herausnahme von Personen aus dem AN-Begriff im Falle eines **Gemeinschaftsbetriebs** mehrerer UN gilt das Gleiche wie beim Gemeinschaftsbetrieb mehrerer juristischer Personen (vgl. o. Rn. 157).

171 Handelt es sich um den inländischen Betrieb einer nicht rechtsfähigen **ausländischen Personengesamtheit,** bemisst sich die Frage, wer als vertretungs- bzw. geschäftsführungsbefugter

582 Vgl. *Heinze,* AuR 76, 33; *Fitting,* Rn. 327.
583 *Richardi/Maschmann,* Rn. 178.
584 Vgl. auch *Richardi/Maschmann,* Rn. 178.
585 So aber *Richardi/Maschmann,* Rn. 172; wie hier GK-*Raab,* Rn. 144; vgl. auch *LAG Hamm* 19.3.85, BB 86, 391, das den mitarbeitenden Gesellschafter, der von der Geschäftsführung ausgeschlossen war [aber immerhin Gründungsgesellschafter], als AN qualifizierte.
586 *Richardi/Maschmann,* Rn. 176.
587 Vgl. Rn. 33; methodisch anders, aber im Ergebnis ebenso *Richardi/Maschmann,* Rn. 180; *Fitting,* Rn. 331.
588 Vgl. zur Abgrenzung *LAG Bremen* 29.3.57, AP Nr. 1 zu § 611 BGB Arbeits- und Gesellschaftsverhältnis; zur Weisungsunterworfenheit eines mitarbeitenden Gesellschafters *LAG Hamm* 19.3.85, BB 86, 391.

Gesellschafter nicht zu den AN zählt, nach dem sog. Personalstatut, d. h. der Rechtsordnung am Sitz der Personengesamtheit.[589]

Zu den AN i. S. d. Vorschrift **zählen nicht:** 172

- bei der **Offenen Handelsgesellschaft** (OHG) alle Gesellschafter, soweit sie zur Vertretung oder Geschäftsführung nach dem Gesellschaftsvertrag befugt sind (vgl. §§ 114, 125 HGB). Ist ein Gesellschafter nur von der Vertretung, nicht aber von der Geschäftsführung (oder umgekehrt) ausgeschlossen, zählt er gleichwohl nicht zu den AN, weil schon das Bestehen einer der beiden Rechtsstellungen zur Verneinung der AN-Eigenschaft führt;[590]
- **bei der Partnerschaftsgesellschaft** (PartG) **gilt das zur OHG** (Rn. 172) **Gesagte entsprechend,** da §§ 6 Abs. 3, 7 Abs. 3 PartGG[591] hinsichtlich Geschäftsführung und Vertretung bei dieser Gesellschaftsform auf die Vorschriften über die OHG verweisen, i. Ü. aber Einzelheiten der gesellschaftsvertraglichen Dispositionsfreiheit überlassen;[592] 173
- bei der **Kommanditgesellschaft** (KG) die persönlich haftenden Gesellschafter (vgl. §§ 164, 170 HGB). Hierher gehört auch die **GmbH & Co. KG,** da sie Personengesellschaft ist; persönlich haftende Gesellschafterin ist hier die GmbH, so dass deren Geschäftsführer (§ 35 GmbHG) zu den Nicht-AN i. S. v. Nr. 2 zählen; 174
- bei der **Reederei** die Mitreeder, und zwar auch dann, wenn ein Korrespondenzreeder bestellt ist, weil dessen Bestellung die Geschäftsführungsbefugnis der Mitreeder nicht berührt (vgl. §§ 489, 493, 494 HGB); 175
- beim **nicht rechtsfähigen** (d. h. nicht eingetragenen) **Verein** die Vorstandsmitglieder.[593] Obgleich § 54 BGB auf die Vorschriften der BGB-Gesellschaft verweist, ist heute allgemein anerkannt, dass die Vereinsmitglieder i. d. R. keine Geschäftsführungs- oder Vertretungsbefugnisse ausüben.[594] Es kommt ausschlaggebend auf die Satzung an, so dass die (gewöhnlichen) Vereinsmitglieder zu den AN zählen, wenn sie mit dem Verein in einem betriebsverfassungsrechtlichen Arbeitsverhältnis (vgl. Rn. 33) stehen; 176
- bei der **Gesellschaft bürgerlichen Rechts** (BGB-Gesellschaft) alle oder einzelne Gesellschafter (vgl. §§ 709, 710 BGB). Sieht man bei der Rechtsfigur »mehrere UN – ein Betrieb« in der den **Gemeinschaftsbetrieb** führenden Betriebsführungsgesellschaft eine (formfrei mögliche) BGB-Gesellschaft, sind – soweit nichts Besonderes vereinbart ist (vgl. §§ 709, 714 BGB) – alle Gesellschafter zur Vertretung und Geschäftsführung befugt,[595] d. h., dass alle Mitglieder der Vertretungsorgane nach Nr. 1 bzw. die Gesellschafter i. S. v. Nr. 2 der an der BGB-Gesellschaft beteiligten UN nicht zu den AN zählen. Aber selbst dann, wenn für eine solche BGB-Gesellschaft besondere Vereinbarungen getroffen worden sind, zählen nach hier vertretener Ansicht diese Organpersonen bzw. Gesellschafter nicht zu den AN i. S. d. Gesetzes (vgl. aber o. Rn. 157 wegen der Entbehrlichkeit dieser Rechtsfigur); 177
- bei der **ehelichen Gütergemeinschaft** beide Ehegatten, wenn gemeinschaftliche Verwaltung vereinbart ist oder unterstellt wird (§ 1421 BGB), sonst nur der allein verwaltende Teil. Der andere Ehegatte zählt jedoch i. d. R. schon nach Nr. 5 nicht zu den AN; 178
- bei der **Erbengemeinschaft** alle Miterben (§ 2038 Abs. 1 BGB). 179

3. Beschäftigte auf Grund primär karitativer oder religiöser Beweggründe (Nr. 3)

Nach dieser Vorschrift sind nach übereinstimmender Ansicht von der AN-Eigenschaft i. S. d. BetrVG jedenfalls **Mönche, Ordensschwestern** und **Diakonissen**[596] religiöser Gemeinschaften ausgenommen.[597] Auch bei diesen Personen kommt es jedoch auf die karitative oder religiöse 180

589 Vgl. Palandt-*Heldrich,* Anhang zu § 12 EGBGB Rn. 20; *Richardi/Maschmann,* Rn. 190.
590 Das Gesetz spricht in Nr. 2 von Vertretung *oder* Geschäftsführung; wie hier GK-*Raab,* Rn. 146.
591 Vom 25.7.1994, BGBl. I S. 1744.
592 Zu dieser Gesellschaftsform *BT-Drucks.* 12/6152, S. 8; *Bayer/Imberger,* DZWir 95, 177; *K. Schmidt,* NJW 95, 1; *Wertenbruch,* ZIP 95, 712.
593 § 54 i. V. m. der entsprechenden Anwendung von § 26 BGB; vgl. *Fitting,* Rn. 330; GK-*Raab,* Rn. 144.
594 Vgl. *Richardi/Maschmann,* Rn. 187.
595 Vgl. *Richardi/Maschmann,* Rn. 186.
596 Vgl. *ArbG Bremen* 31. 5. 56, AP Nr. 4 zu § 5 ArbGG 1953.
597 Vgl. *Richardi/Maschmann,* Rn. 192; *Fitting,* Rn. 332; *GL,* Rn. 20; GK-*Raab,* Rn. 147.

Motivation der jeweiligen Beschäftigung an, anhand deren die AN-Eigenschaft zu prüfen ist. Treten daher **Mitglieder derartiger Gemeinschaften** außerhalb ihrer Gemeinschaft wie andere AN auf dem Arbeitsmarkt auf und schließen **Arbeitsverträge** ab, so sind sie AN. Es kann für die arbeitsrechtliche Beurteilung nämlich keine Rolle spielen, ob diese Personen sich dabei in Übereinstimmung mit ihrer jeweiligen Gemeinschaft befinden, die den Abschluss »weltlicher« Arbeitsverträge möglicherweise verbietet.[598]

181 Nach h. M. sind diese dem Mitgliedschaftsrecht unterliegenden Personen ohne Arbeitsvertrag jedenfalls dann nicht als AN anzusehen, wenn sie in kirchlichen Einrichtungen tätig werden oder auf Grund eines **Gestellungsvertrages** zwischen ihrem Verband und dem Rechtsträger eines anderen Betriebs, der nicht unter § 118 Abs. 2 fällt.[599] Bei Gestellungsverhältnissen[600] wird man aber genau prüfen müssen, ob ein so intensives Weisungsverhältnis zwischen Betriebsinhaber und Beschäftigtem besteht, dass der Schutzzweck des Gesetzes es gebietet, ihn zu den AN zu zählen.[601] *Weiss/Weyand*[602] nehmen an, dass der Gestellungsvertrag jedenfalls dann ein Arbeitsverhältnis begründe, wenn der Verband, zu dem die mitgliedschaftsrechtlichen Beziehungen bestehen, selbst als Betriebsinhaber und damit »AG« eines Einsatzbetriebs fungiere und die Gestellung des Mitglieds gerade in diesen Betrieb erfolge. Jedoch ist auch dann noch zu prüfen, ob die Beschäftigung primär dem Erwerb dient, wobei auf die **objektive Funktion** und **nicht** die **Erwerbsabsicht** abzustellen ist. Wird dies verneint, kommt es entscheidend auf das Vorliegen karitativer oder religiöser Beweggründe für die Beschäftigung an. Bejahendenfalls gehört die betreffende Person nicht zur Arbeitnehmerschaft des Beschäftigungsbetriebs.[603]

182 **Anders** als in Rn. 181 erläutert, ist die Rechtslage bei **Krankenschwestern,** die sich als Mitglieder **in einem weltlichen Schwesternverband** zusammengeschlossen haben (z. B. Caritasverband, Innere Mission, Bund freier Schwestern, Arbeiterwohlfahrt, Deutsches Rotes Kreuz). Zwar spielen bei deren Tätigkeit i. d. R. auch karitative oder religiöse Gesichtspunkte eine Rolle, hauptsächlich geht es hier jedoch um die Ausübung einer echten Erwerbstätigkeit zur Sicherung des Lebensunterhalts.[604] Deshalb sind diese Krankenschwestern grundsätzlich als **AN i. S. d. BetrVG** anzusehen.[605] Demgegenüber haben das *BAG*,[606] das *BVerwG*[607] und das *BSG*[608] den **Rote-Kreuz-Schwestern** die AN-Eigenschaft zunächst dann generell abgesprochen, wenn diese Schwestern in einem vom Roten Kreuz selbst betriebenen Krankenhaus eingesetzt werden. Die Pflicht zur Arbeitsleistung beruhe in diesem Fall – so das *BAG* bislang – auf der **mitgliedschaftsrechtlichen Stellung** der Krankenschwester zur Schwesternschaft (DRK), während ein besonderes Arbeitsverhältnis zum DRK neben der Mitgliedschaft regelmäßig nicht begründet werde.[609]

---

598 Zutreffend *Richardi/Maschmann*, a. a. O.; ähnlich GK-*Raab*, Rn. 148; a. A. wohl *Fitting*, Rn. 332, die ausschließlich auf den Mitgliedschaftsstatus in der Gemeinschaft abstellen wollen und Erwerbsgründe für die anderweitige Beschäftigung immer schon deswegen verneinen, weil ihre Versorgung durch die Gemeinschaft gesichert sei.

599 Vgl. *Richardi/Maschmann*, Rn. 192; GK-*Raab*, Rn. 147; a. A. *WW*, Rn. 15.

600 Vgl. *LAG Hamm* 9. 9. 71, AP Nr. 3 zu § 611 BGB Ordensangehörige.

601 Ähnlich *Richardi/Maschmann*, a. a. O.

602 A. a. O.

603 Vgl. *Richardi/Maschmann*, a. a. O.

604 Vgl. *Richardi/Maschmann*, Rn. 193; *Fitting*, Rn. 333; *GL*, Rn. 20; GK-*Raab*, Rn. 149 f.; *WW*, Rn. 15.

605 H. M. in der Literatur; vgl. *Richardi/Maschmann*, a. a. O.; *Fitting*, a. a. O.; *GL*, a. a. O.; *WW*, a. a. O.

606 *BAG* 18. 2. 56, AP Nr. 1 zu § 5 ArbGG 1953; 3. 6. 75, AP Nr. 1 zu § 5 BetrVG 1972 Rotes Kreuz; *BAG* 6. 7. 95, NZA 96, 33.

607 *BVerwG* 29. 4. 66, AP Nr. 1 zu § 3 PersVG Bad.-Württ.

608 *BSG* 28. 8. 68, AP Nr. 7 zu § 611 BGB Rotes Kreuz.

609 Kritisch *Beuthien*, FS 25 Jahre BAG, S. 1 [14 f.]; *Gitter*, SAE 76, 208; *Konzen* ZfA 82, 259 [303] m. w. N.; die Frage der AN-Eigenschaft von DRK-Schwestern bildete auch den Gegenstand des unter 7 ABR 42/12 anhängig gewesenen Verfahrens beim *BAG* [Vorinstanz: *LAG Düsseldorf* 27. 3. 12 – 17 TaBV 86/11]. Bemerkenswert ist insoweit, dass *Mestwerdt* (seinerzeit noch Richter im *10. Senat* des *BAG*), NZA 14, 281 ff., in kritischer Betrachtung der bisherigen Rechtsprechung des *BAG* zu dem Ergebnis gelangt, regelmäßig stünden DRK-Schwestern nach dem wirklichen Geschäftsinhalt ihres Rechtsverhältnisses in einem Arbeitsverhältnis, welches den allgemeinen arbeitsrechtlichen Schutzvorschriften unterliege. Mit Beschluss v. 18. 3. 15 – 7 ABR 42/12, NZA 15, 1144, hat das *BAG* die Rechtsbeschwerde des BR aus prozessualen Gründen abgewiesen; laut Bericht der TAZ v. 31. 3. 15 habe der *Senat*

Darüber hinaus meint das *BAG*,[610] dass die **Mitglieder** einer DRK-Schwesternschaft selbst dann **nicht** AN seien, wenn sie nicht in einem vom DRK selbst getragenen Krankenhaus, sondern **auf Grund** eines **Gestellungsvertrages** zwischen DRK und einem Dritten in dessen Krankenhaus tätig werden. Allerdings vertritt das *BAG* für sog. **Gastschwestern** (das sind Krankenschwestern, die nicht mitgliedschaftlich gebunden sind), die sich vertraglich gegenüber dem DRK verpflichten, in einem vom DRK zu besetzenden Krankenhaus gegen Entgelt zu arbeiten, die Auffassung, dass diese Gastschwestern zwar im Arbeitsverhältnis zum DRK stehen, jedoch hierdurch (auch nicht kraft der DRK-typischen Gestellungsverträge) kein Arbeitsverhältnis zum jeweiligen Krankenhausträger begründet werde.[611] Nach der Rspr. des *EuGH* und des *BAG* **stellt die Überlassung** von DRK-Mitgliedern zur Arbeitsleistung auf der Basis eines Gestellungsvertrages in unionsrechtskonformer Auslegung des § 1 Abs. 1 Satz 1 AÜG **AN-Überlassung dar.**[612] Durch Art. 9a des Gesetzes v. 17.7.17[613] ist jedoch § 2 DRK-Gesetz[614] mit Wirkung ab dem 25.7.17 um einen Abs. 4 ergänzt worden. Damit ist zwar durch den Gesetzgeber im Grundsatz klargestellt worden, dass auch die Gestellung von DRK-Mitgliedern dem AÜG unterliegt. Allerdings schließt die **DRK-Privilegierungsvorschrift** des § 2 Abs. 4 DRK-Gesetz n.F. sogleich die zeitliche Begrenzung der AN-Überlassung in § 1 Abs. 1 Satz 4 und Abs. 1b AÜG 2017 für Gestellungen durch das DRK wieder aus. Zu Recht hat *Mestwerdt*[615] bereits gerügt, dass dieses Vorgehen nicht nur den *EuGH*[616] desavouiert, sondern auch direkt der Leiharbeitsrichtlinie 2008/104/EG widerspricht, denn diese gestattet ausdrücklich in Art. 1 Abs. 1 nur »vorübergehende« Leiharbeit. 183

Hinsichtlich der (nicht mitgliedschaftlich gebundenen) **Gastschwestern** hat das *BAG* allerdings dennoch zu Recht angenommen, dass dieser Personenkreis dem **Einsatzbetrieb** dann betriebsverfassungsrechtlich zuzuordnen ist, wenn die das Personal gestellende Schwesternschaft e.V. mit der Krankenhausbetreibergesellschaft einen **Gemeinschaftsbetrieb** führt.[617] In diesen Fällen kommt die Annahme eines eigenständigen Betriebszwecks »Pflegedienst« der Schwesternschaft nicht in Betracht. Wesentlicher Gesichtspunkt für die Annahme eines einheitlichen Leitungsapparats kann die unmittelbare Beteiligung der **Schwesternschafts-Oberin** (= Vorsitzende im vereinsrechtlichen Sinne) an den zentralen **Leitungsfunktionen** des Betriebs (Geschäftsführungsmitglied bei der Betreibergesellschaft und Mitglied der Krankenhausbetriebsleitung) gerade hinsichtlich des gesamten Personalbereichs sein. Erfolgt der **Arbeitseinsatz** auf diese Weise **innerhalb eines gemB**, handelt es sich **nicht** um **AN-Überlassung** (vgl. § 1 Rn. 230). 184

In der Konsequenz läuft die bisherige Ansicht des *BAG* zum betriebsverfassungsrechtlichen Status der Mitgliedsschwestern[618] darauf hinaus, dass **DRK-Schwestern** weder beim DRK selbst noch im von einem Dritten geführten Krankenhaus an der **Betriebsverfassung** partizipieren, denn DRK-Schwestern werden auf Grund derselben Gestellungsverträge (die schon bei Gastschwestern kein Arbeitsverhältnis zum Krankenhausträger begründen sollen; vgl. Rn. 183) an das Krankenhaus »überlassen«; sie verrichten hier wie dort regelmäßig **die gleichen Arbeiten** wie Gastschwestern. Letztere unterstehen jedoch zumindest der Betriebsverfassung beim DRK (vgl. aber auch Rn. 184). Eine derartige **Ungleichbehandlung** lässt sich nicht durch sachliche Differenzierungsgründe rechtfertigen; sie ist willkürlich und somit rechtswidrig.[619] Dessen un- 185

---

allerdings angedeutet, er neige dazu, DRK-Schwestern heute als normale AN mit allen Rechten und Pflichten anzusehen.

610 *BAG* 20.2.86, NZA 86, 690.

611 *BAG* 4.7.79, AP Nr. 10 zu § 611 BGB Rotes Kreuz.

612 *EuGH* 17.11.16 – C-216/15, NZA 17, 41 ff.; *BAG* 21.2.17 – 1 ABR 62/12, NZA 17, 662 ff.

613 BGBl. 2017 Teil I, S. 2575.

614 BGBl. 2008 Teil I, S. 2346.

615 jurisPR-ArbR 23/2017 Anm. 2.

616 17.11.16, a.a.O.

617 *BAG* 14.12.94, NZA 95, 906; vgl. o. § 1 Rn. 91, 92.

618 *BAG* 20.2.86, AP Nr. 2 zu § 5 BetrVG 1972 Rotes Kreuz.

619 *Mestwerdt*, NZA 14, 281, 283 f., sieht zu Recht eine Umgehung von Schutzvorschriften, die ohne sachlichen Grund erfolgt; In einem Wahlanfechtungsverfahren hatte das *LAG Düsseldorf* 26.8.15 – 12 TaBV 48/15, juris = PersV 16, 152, immerhin entschieden, dass es *nicht offenkundig* ist, dass Mitglieder der DRK-Schwesternschaft *keine AN* sind, weshalb die BR-Wahl jedenfalls nicht nichtig war; in der RB dazu erfolgte jedoch Verfahrenseinstellung (BAG 2.8.16 – 7 ABR 45/15, n.v.).

geachtet nimmt der *1. Senat* des *BAG*[620] immerhin an, dass sich auf Grund des Gestellungsvertragsinhalts eine weitgehende Unterstellung der entsandten Mitgliedsschwestern unter das **Weisungsrecht** des Krankenhaus-AG ergeben könne, so dass der dortige BR wegen der **Eingliederung** der Schwestern ein **Mitbestimmungsrecht nach § 99** habe. Des Weiteren steht dem BR des Einsatzbetriebs das Zustimmungsverweigerungsrecht bei der Einstellung von DRK-Mitgliedern zu, wenn diese unter Verstoß gegen § 1 Abs. 1 Satz 1 AÜG dauerhaft eingesetzt werden sollen, denn auch die gestellungsvertragliche **Überlassung von Vereinsmitgliedern des DRK stellt AN-Überlassung** dar und unterliegt dem AÜG und die jetzt in § 2 Abs. 4 DRK-Gesetz geregelte Bereichsausnahme für das DRK dürfte europarechtswidrig sein (Rn. 183).

186 Die jüngere Entscheidungspraxis des *BAG*[621] zum Status von DRK-Mitgliedsschwestern ist durch auffällige **Vermeidung einer klaren Position** zur Frage der AN-Eigenschaft gekennzeichnet.[622] In der Entscheidung v. 21. 2. 17[623] knüpft das *BAG* unmittelbar an seine Ausführungen im Vorlagebeschluss vom 17. 3. 15 zum *EuGH* an, indem es feststellt: *»Mitglieder der DRK-Schwesternschaften sind nach der Rechtsprechung des BAG jedoch keine Arbeitnehmer in diesem Sinne. Sie erbringen ihre Arbeitsleistung zwar in fremdbestimmter persönlicher Abhängigkeit. Rechtsgrundlage der geschuldeten Dienste ist aber der privatautonom begründete Vereinsbeitritt zu der Schwesternschaft und die damit verbundene Pflicht, den Vereinsbeitrag in der Leistung von Diensten in persönlicher Abhängigkeit zu erbringen«*. Soweit das Gericht in den Erwägungen der Rnrn. 38 ff. näher ausführt, weshalb die Schwestern als Vereinsmitglieder auch aufgrund ihrer Arbeitsleistung **einem AN vergleichbar geschützt** sind (Vergütung, Schutz vor grundloser Beendigung des Mitgliedschaftsverhältnisses, Erholungsurlaub, Entgeltfortzahlung, Arbeitszeitregelungen usw.) drängt sich förmlich die Feststellung auf, dass hier eigentlich alles einem Arbeitsvertrag gleicht, nur nicht die Bezeichnung. Mit § 611a Abs. 1 Satz 6 BGB gilt aber, was freilich keine neue Erkenntnis darstellt: *»Zeigt die tatsächliche Durchführung des Vertragsverhältnisses, dass es sich um ein Arbeitsverhältnis handelt, kommt es auf die Bezeichnung im Vertrag nicht an.«* Auch dem Vereinsbeitritt liegt nach der Vertragstheorie eine Vertragsbeziehung zugrunde und der gesamte tatsächliche Vertragsvollzug zeigt, dass hier in Wahrheit ein Arbeitsvertrag vorliegt.[624] Vgl. zu weiteren Aspekten der Kritik an der *BAG*-Rechtsprechung betreffend den Status der DRK-Schwestern eingehend die Erl. in der *12. Aufl.* Rn. 148 ff.

187 **Bei Gestellungsverträgen** ist wegen § 7 Satz 2 davon auszugehen, dass die gestellten Arbeitskräfte jedenfalls dann im Einsatzbetrieb als betriebszugehörige AN i. S. d. BetrVG anzusehen sind, wenn – was bei gestellten Rote-Kreuz-Schwestern der Regelfall ist – sie dort **länger als drei Monate** beschäftigt werden.[625] Im Einsatzbetrieb werden die Schwestern auch nicht nach Abs. 2 Nr. 3 aus der Belegschaft ausgeklammert, selbst wenn die Einrichtung karitativen Charakter (vgl. § 118 Abs. 1 Nr. 1) besitzt, weil für die Herausnahme nach Nr. 3 aus der Arbeitnehmerschaft des Betriebs **allein** die **Tätigkeit** des AN **maßgeblich** ist und **nicht** der **Tendenzcharakter** der Einrichtung.[626] Die Tätigkeit einer Krankenschwester außerhalb religiöser Gemeinschaften ist jedoch als echter Erwerbsberuf anzusehen und wird von Abs. 2 Nr. 3 nicht erfasst (vgl. Rn. 182).

188 Nicht ausreichend für die Verneinung der AN-Eigenschaft ist es, wenn der AN nur zeitlich geringfügig und unentgeltlich in der karitativen Einrichtung tätig wird. Mit diesem Argument allein kann nicht auf die karitative Prägung der Tätigkeit geschlossen werden. Entscheidend

---

620 *BAG* 22. 4. 97, EzA § 99 BetrVG 1972 Einstellung Nr. 3.

621 *BAG* 17. 3. 15 – 1 ABR 62/12 (A), BAGE 151, 131[Vorlagebeschluss an den *EuGH*] und 18. 3. 15 – 7 ABR 42/12, NZA 15, 1144.

622 So auch *Mestwerdt*, jurisPR-ArbR 5/2016 Anm. 3.

623 *BAG* 21. 2. 17 – 1 ABR 62/12, NZA 17, 662 ff. [Rn. 26].

624 Ebenso schon *Mestwerdt*, jurisPR-ArbR 5/2016 Anm. 3 und *ders.*, jurisPR-ArbR 23/2017 Anm. 2, mit deutlichem Hinweis darauf, dass – anders als das *BAG* annimmt – schon wegen des Fehlens eines wirksamen Beendigungsschutzes durch Zugang zum dreistufigen Rechtsschutz durch *ArbGe* sowie fehlender Möglichkeit zur Bildung einer kollektiven Vertretung keineswegs ein mit dem AN vergleichbares Schutzniveau besteht, sondern dessen konzeptionelle Umgehung durch die Vereinslösung ausgesprochen nahe liegt.

625 So jetzt auch GK-*Raab*, § 7 Rn. 148.

626 Vgl. *Richardi/Maschmann*, Rn. 193; *Fitting*, Rn. 335; *Kohte*, BlStSozArbR 83, 129.

ist nämlich auch die Art der Betätigung und ob diese Betätigung Weisungen unterliegt. So dürfte beispielsweise die Beschäftigung als Küchenhilfe aufgrund der Art der Tätigkeit nicht karitativer Natur sein.[627]

4. Zur Heilung, Wiedereingewöhnung, Besserung oder Erziehung Beschäftigte (Nr. 4)

Nach dieser Vorschrift sind solche Personen aus dem persönlichen Geltungsbereich des Gesetzes ausgenommen, deren Beschäftigung nicht primär aus Erwerbsgründen erfolgt, sondern vorwiegend auf **medizinischen** oder **erzieherischen** Gründen beruht. Zu der wegen einer medizinischen Indikation[628] veranlassten Beschäftigung gehören auch arbeitstherapeutische (»Beschäftigungstherapie«) Maßnahmen,[629] wie sie etwa im Zusammenhang mit Suchterkrankungen (Alkohol, sonstige Drogenmissbräuche), aber auch bestimmten Formen der sog. Geisteskrankheit vorkommen. Jedoch darf **nicht** leichtfertig **jeder pathologische Befund,** der umgangssprachlich als Körperbehinderung bezeichnet wird, zu dieser Fallgruppe gerechnet werden,[630] da stets wenigstens die ärztliche Anordnung der arbeitstherapeutischen Maßnahme (§§ 27 Abs. 1 Satz 2 Nr. 6, 42 SGB V) vorliegen muss.[631] Ohnehin können die Fälle der Heilung und Wiedereingewöhnung eng beieinander liegen: Ein Drogensüchtiger soll mit einer Arbeitstherapie sowohl geheilt als auch wieder an eine gewöhnliche Erwerbstätigkeit herangeführt werden. Bei Strafgefangenen kann die Arbeit sowohl der Vorbereitung auf das Arbeitsleben nach der Entlassung dienen (Wiedereingewöhnung) als auch der Erziehung.[632] Bei den zur Wiedereingliederung nach § 74 SGB V Beschäftigten liegt der Schwerpunkt auf der Rehabilitation, so dass i. d. R. ein Fall der Nr. 4 vorliegt.[633] 189

Umstritten ist, ob unter den Begriff der **Wiedereingewöhnung** neben resozialisierenden Maßnahmen auch sonstige Rehabilitationsmaßnahmen für das Arbeitsleben fallen. Das *ArbG Berlin*[634] neigt der Ansicht zu, dass Schwerbehinderte, die in einer **Werkstatt für Behinderte** (§ 136 SGB IX = § 219 SGB IX n. F.) gegen ein relativ geringes Entgelt beschäftigt werden, schon nach § 5 Abs. 1 BetrVG zu den AN zählen.[635] Nach § 221 Abs. 1 SGB IX (= § 138 Abs. 1 SGB IX a. F.) geht das Gesetz selbst vom Vorrang eines Arbeitsverhältnisses aus, wenn der Behinderte **im Arbeitsbereich** tätig ist. Liegt ein Arbeitsverhältnis nicht vor, handelt es sich um ein arbeitnehmerähnliches Rechtsverhältnis, dessen Inhalt gem. § 221 Abs. 3 SGB IX vertraglich zu regeln ist. 190

Für Behinderte **im Berufsbildungsbereich** ergibt sich aus § 221 Abs. 4 i. V. m. § 52 Satz 2 SGB IX bereits, dass sie nicht zu den AN i. S. v. § 5 Abs. 1 BetrVG zählen.[636] Allerdings stellt das *BAG*[637] darauf ab, ob der Schwerpunkt darin liegt, den Rehabilitanden zu befähigen am ersten Arbeitsmarkt teilzunehmen und er deshalb ein betriebliches Praktikum absolviert. In diesem Fall ist er ebenfalls AN.[638] 191

Liegt der **Schwerpunkt** der Beschäftigung als AN klar ersichtlich **auf therapeutischem Gebiet,** fallen diese Personen unter Nr. 4 jedenfalls dann, wenn auch nur eine sehr geringe Vergütung gezahlt wird, die nicht einer marktgerechten Bewertung der Arbeitsleistung entspricht.[639] 192

627 *BAG* 15.3.06, EzAÜG BetrVG Nr. 93, Rn. 25 = AiB 09, 586 (Ls.).
628 Vgl. *Richardi/Maschmann,* Rn. 194.
629 *Fitting,* Rn. 336; *GL,* Rn. 21.
630 Undifferenziert insoweit *Fitting,* a. a. O., die Körperbehinderte gleichgewichtig neben Rauschgiftsüchtigen und Nichtsesshaften nennen.
631 Vgl. auch *Däubler,* Das Arbeitsrecht 2, Rn. 2138.
632 Vgl. *GL,* Rn. 21.
633 *BAG* 29.1.92, 19.4.94, AP Nrn. 1, 2 zu § 74 SGB V; *Fitting,* Rn. 337.
634 25.11.77, AP Nr. 9 zu § 118 BetrVG 1972.
635 Zustimmend *GL,* Rn. 21; dagegen *LAG Berlin* 12.3.90, LAGE § 5 BetrVG 1972 Nr. 19.
636 Vgl. GK-*Raab,* Rn. 158; vgl. zum »Werkstattrat« für diese Beschäftigten die Werkstätten-MitwirkungsVO v. 25.6.2001, BGBl. I, S. 1297.
637 *BAG* 15.3.06 – 7 ABR 39/05, a. a. O.
638 *Fitting,* Rn. 338.
639 Vgl. *BAG* 25.10.89, AP Nr. 40 zu § 5 BetrVG 1972; *Fitting,* Rn. 341; GK-*Raab,* Rn. 158; *Pünnel,* AuR 87, 104 [106]; a. A. *ArbG Berlin* 25.11.77, AP Nr. 9 zu § 118 BetrVG 1972, das der Vergütung keine Bedeutung beimisst.

193 Allerdings kann die Beschäftigung auch **auf Grund** eines **Berufsausbildungsvertrages, Anlernvertrages** (§ 26 BBiG) oder **Arbeitsvertrages** erfolgen.[640] In derartigen Fällen besteht kein Grund, die Eigenschaft als AN i. S. d. BetrVG zu leugnen.[641] Somit sind z. B. **jugendliche Behinderte,** die auf der Grundlage eines üblichen Berufsausbildungsvertrages in der Werkstatt beschäftigt werden, AN i. S. d. BetrVG, sofern es sich nicht um einen reinen Ausbildungsbetrieb handelt.[642] Das *BAG*[643] hat allerdings **Behindertenwerkstätten** als **Tendenzbetriebe** qualifiziert, da sie karitativen Zwecken dienen, so dass ein WA nicht zu bilden ist.[644]

194 In jedem Falle sind jedoch Behinderte, die in Werkstätten nach § 219 SGB IX auf Grund einer **Vermittlung durch die Agentur für Arbeit** im Arbeitsbereich beschäftigt werden, zu den AN zu zählen. Diese stehen grundsätzlich dem Arbeitsmarkt zur Verfügung, auch wenn sie nach Einschätzung der Agentur für Arbeit wegen ihrer Behinderung angesichts der Wirtschaftslage auf absehbare Zeit am Arbeitsmarkt nicht zu vermitteln sind. Ihre Beschäftigung dient ausschließlich Erwerbszwecken.

195 **Sozialhilfeempfänger,** die auf Grundlage einer vom Sozialhilfeträger nach dem früheren **§ 19 Abs. 1 BSHG** geschaffenen Arbeitsgelegenheit bei einem Dritten in einem befristeten Arbeitsverhältnis beschäftigt werden, gehören **nicht** zu dem Personenkreis nach **§ 5 Abs. 2 Nr. 4,** sondern sind AN.[645] Gleiches hat das BVerwG[646] für Sozialhilfeempfänger angenommen, die nach **§ 19 Abs. 2 Satz 1,** 1. Halbsatz, 2. Alt. BSHG zusätzliche und gemeinnützige Arbeit leisten, auch wenn sie Hilfe zum Lebensunterhalt nebst einer Entschädigung erhalten.[647]

196 Unter die Vorschrift fallen dagegen **Jugendliche,** die unter der **Obhut des Jugendamtes** stehen,[648] sowie Sicherungsverwahrte nach § 66 StGB in den jeweiligen Unterbringungsanstalten,[649] allerdings nur, soweit sie nicht in einem echten Arbeitsverhältnis stehen.

197 **Strafgefangene** (vgl. o. Rn. 150), die als sog. Freigänger i. S. v. § 11 StVollzG (Maßnahme der Vollzugslockerung), aber ohne freies Beschäftigungsverhältnis außerhalb der Strafanstalt in einem Betrieb beschäftigt werden,[650] sind nach h. M. schon keine AN im allgemein-arbeitsrechtlichen Sinne, weil ihre Arbeitspflicht i. d. R. nicht mit der Aufnahme in den Betrieb zusammenhängt, sondern auf dem besonderen öffentlich-rechtlichen Gewaltverhältnis zum Staat beruht.[651] Dies soll selbst dann gelten, wenn sie für ihre Arbeitsleistung nach § 43 StVollzG ein Entgelt erhalten.[652] Diese restriktive Ansicht zum betriebsverfassungsrechtlichen Status von Strafgefangenen vermag jedoch dann nicht zu überzeugen, wenn die Arbeitsleistung unter der Arbeitsaufsicht eines privaten UN und innerhalb der von diesem UN bestimmten Arbeitsorganisation, möglicherweise auch in engem Zusammenwirken mit dessen AN, erfolgt.[653] Dann läge eine Eingliederung vor, die ungeachtet des sonstigen Status zur AN-Eigenschaft i. S. d. Abs. 1 führt.[654] Schließlich sieht § 39 StVollzG vor, dass Strafgefangene unter bestimmten

---

640 Vgl. *Däubler,* Das Arbeitsrecht 2, Rn. 2141 f.; Schaub-*Linck,* Arbeitsrechts-Handbuch, § 186 Rn. 72 ff.
641 Vgl. *Möller-Lücking,* SozSich 80, 141; *Fitting,* Rn. 341; *Däubler,* a. a. O.
642 Vgl. *BAG* 26. 1. 94, NZA 95, 120; näher Rn. 133.
643 7. 4. 81, AP Nr. 16 zu § 118 BetrVG 1972.
644 Vgl. auch *BAG* 31. 1. 84, AP Nr. 15 zu § 87 BetrVG 1972 Lohngestaltung zur Mitbestimmung des BR bei Einführung eines neuen Vergütungssystems in einer solchen Einrichtung; zum Tendenzcharakter auch *LAG Nürnberg* 29. 5. 85, LAGE § 118 BetrVG 1972 Nr. 9.
645 Vgl. *BAG* 5. 4. 00, AiB 01, 225 m. Anm. *W. Schneider;* mit Gesetz v. 27. 12. 03 [BGBl. I, 3022] ist das frühere BSHG in Teilen ab 1. 1. 05 als Buch XII in das SGB überführt worden.
646 26. 1. 00, PersR 00, 243.
647 Nach § 19 Abs. 3 Satz 1 BSHG [vgl. nunmehr § 16d SGB II] wird allerdings bei diesen Formen kein Arbeitsverhältnis begründet, dazu Kittner/Zwanziger/*Deinert,* § 3 Rn. 76.
648 Vgl. § 42 SGB VIII; *Fitting,* Rn. 342.
649 Vgl. *Fitting,* a. a. O.
650 Z. B. in sog. Kolonnenarbeit, vgl. AK-StVollzG-*Hoffmann/Lesting,* § 11 Rn. 19.
651 Vgl. *BAG* 3. 10. 78, AP Nr. 18 zu § 5 BetrVG 1972 unter Hinweis auf § 41 Abs. 1 Satz 1 StVollzG, der eine gesetzliche Arbeitspflicht für Strafgefangene vorsieht; *LAG Schleswig-Holstein* 14. 6. 76, BB 76, 1127; so schon *BAG* 24. 4. 69, AP Nr. 18 zu § 5 ArbGG 1953.
652 Vgl. *Fitting,* Rn. 342; GK-*Raab,* Rn. 28.
653 Kritisch auch AK-StVollzG-*Däubler/Pécic,* § 39 Rn. 17.
654 Ebenso schon *Säcker/Joost,* S. 59 unter Hinweis auf die fortschrittlichere Rechtslage im kaiserlichen Deutschland, das den Bergarbeiterausschüssen ein Beteiligungsrecht in der Frage der Gefangenenbeschäftigung zubilligte.

Voraussetzungen mit Dritten **ein freies Beschäftigungsverhältnis** eingehen können. Ob in diesem Fall die AN-Eigenschaft angenommen werden kann, hat das *BAG*[655] offengelassen. Dies wird aber immer dann zu bejahen sein, wenn dem Betriebsinhaber die Weisungsbefugnisse hinsichtlich der Arbeitsleistung zustehen.[656] Gerade in diesem Punkt unterscheidet sich die Situation nicht von der soeben angesprochenen Gestaltungsform der Pflichtarbeit nach § 41 StVollzG, so dass eine Ungleichbehandlung wenig plausibel ist.

Wer dagegen aus eigenem Antrieb und ohne medizinische oder erzieherische Indikation eine Arbeit im Dienst eines anderen aufnimmt, um sich zu heilen, wiedereinzugewöhnen, sittlich zu bessern oder zu erziehen, fällt nicht unter Nr. 4, sondern zählt betriebsverfassungsrechtlich zu den AN des Betriebs, in dem er tätig ist. **198**

5. Enge Verwandte des Arbeitgebers (Nr. 5)

Neben dem **Ehegatten des AG** werden auch sog. **Lebenspartner** von der Bestimmung erfasst. Damit sind allerdings nur die eingetragenen gleichgeschlechtlichen Lebenspartner gem. § 1 LPartG gemeint, nicht etwa sonstige Partnerschaften, wie etwa eheähnliche Gemeinschaften.[657] Zu dem von der Vorschrift erfassten **Personenkreis** zählen auch Eltern, Kinder (auch nicht eheliche und Adoptivkinder, vgl. § 1754 BGB), Schwiegereltern und Schwiegerkinder des AG. **199**

Grundsätzlich schließt die Vorschrift **auch die** hier genannten **engen Verwandten** des AG dann aus, wenn diese **in** einem echten **Arbeitsverhältnis** stehen[658] und nicht bloß kraft familienrechtlicher Mitarbeitspflicht Arbeit leisten. Voraussetzung ist jedoch stets, dass der betreffende Personenkreis mit dem AG **in häuslicher Gemeinschaft** lebt. Die Interessenidentität mit dem AG ist hier zu groß, als dass davon ausgegangen werden könnte, dass diese Personen an der betriebsverfassungsrechtlichen Durchsetzung von Belegschaftsinteressen gegenüber dem AG beteiligt werden könnten.[659] Unter häuslicher Gemeinschaft ist dasselbe zu verstehen wie in § 1619 BGB unter dem Begriff **Hausstand,**[660] so dass der Betreffende im Hausstand des AG seinen **Lebensmittelpunkt** haben muss. Dies ist regelmäßig der Fall bei gemeinschaftlicher Lebensweise,[661] kann aber auch dann noch der Fall sein, wenn der Verwandte nicht im Hause des AG wohnt.[662] Lebt der Ehepartner allerdings getrennt im familienrechtlichen Sinne, ist das Merkmal des Zusammenlebens in häuslicher Gemeinschaft nach dieser Vorschrift nicht mehr erfüllt. Die betreffende Person kann in diesem Fall – soweit die sonstigen Voraussetzungen vorliegen – durchaus zu den AN i. S. d. Gesetzes gehören.[663] **200**

Nicht unter Nr. 5 fallen **sonstige Verwandte** (z. B. Enkelkinder, Geschwister, Schwager, Schwägerin, Großeltern) des AG, und zwar auch dann nicht, wenn sie mit diesem in häuslicher Gemeinschaft leben. Bei diesem Personenkreis wird die **Mitarbeit** jedoch meist **familienrechtlich** bedingt sein, so dass er nach h. M. schon von daher aus dem Kreis der AN ausgeschlossen ist. Im anderen Falle können sie zu den AN zählen, soweit die Voraussetzungen im Übrigen vorliegen. Ein **Verlöbnis** oder eine **nicht eheliche Lebensgemeinschaft** mit dem AG führt auch dann nicht zum Ausschluss aus der Arbeitnehmerschaft des Betriebs nach Nr. 5, wenn häusliche Gemeinschaft besteht.[664] **201**

Der Gesetzgeber hat bei der Bezugnahme auf das Kriterium der häuslichen Gemeinschaft offenbar die Vorstellung von einem AG als natürlicher Person gehabt.[665] Strittig ist daher, wie **202**

655 3.10.78, a. a. O.
656 So auch *LAG Baden-Württemberg* 15.9.88, NZA 89, 886, Ls.
657 Vgl. Rn. 248; ErfK-*Koch*, Rn. 29; *Fitting*, Rn. 343.
658 *Richardi/Maschmann*, Rn. 196; *Fitting*, Rn. 343.
659 *WW*, Rn. 17.
660 *Richardi/Maschmann*, a. a. O.; GK-*Raab*, Rn. 159; *GL*, Rn. 22.
661 Wohnen, Schlafen, Kochen; vgl. *Fitting*, Rn. 343.
662 *Richardi/Maschmann*, a. a. O.
663 Vgl. *Richardi/Maschmann*, a. a. O.
664 Vgl. *LAG Hamm* 21.9.01, DB 02, 1332; *ArbG Köln* 9.6.76, DB 76, 2068; *Richardi/Maschmann*, Rn. 198; *Fitting*, Rn. 345; *GL*, Rn. 25.
665 Davon geht *Fitting*, Rn. 344 aus.

Verwandtschaftsverhältnisse der von Nr. 5 erfassten Art zu gesetzlichen Vertretern **bei juristischen Personen** (vgl. Rn. 154 ff.) betriebsverfassungsrechtlich zu werten sind. Überwiegend wird angenommen,[666] dass die engen Verwandten eines Mitglieds des zur Vertretung berufenen Organs von Nr. 5 erfasst würden und daher nicht zu den AN gehören. Richtigerweise hat man aber davon auszugehen, dass dies nicht der Fall ist, weil der AG als Betriebsinhaber allein die juristische Person ist, die keine familienrechtlichen Verwandtschaftsverhältnisse hat, und zwischen Organmitgliedern und AG keine Identität besteht.[667] So hebt das *LAG Niedersachsen*[668] hervor, dass bei der analogen Anwendung auf die Ehefrau eines Geschäftsführers einer GmbH äußerste Zurückhaltung geboten sei, Insbesondere wenn der Betrieb mehr als 100 wahlberechtigte AN beschäftigt, die GmbH durch mehrere Geschäftsführer vertreten wird und der die persönliche Nähe vermittelnde Geschäftsführer nicht Anteilseigner ist. Demzufolge wäre dann eine Ausnahme gerechtfertigt, wenn es sich etwa um eine **Ein-Personen-GmbH** handelt, zu deren Alleingesellschafter und -geschäftsführer die entsprechenden Verwandtschaftsverhältnisse bestehen.[669]

203 Ist der AG allerdings eine **Personengesamtheit** (vgl. Rn. 169 ff.), sind die mit deren vertretungsberechtigten Mitgliedern i. S. v. Nr. 5 verwandten Personen durch diese Vorschrift aus dem Kreis der AN ausgeschlossen.[670]

IV. Leitende Angestellte

1. Der Dualismus von BR und SpA

a) Bedeutung der Definition des leitenden Angestellten bis zum Sprecherausschussgesetz

204 **Bis zum** In-Kraft-Treten des **SprAuG** am 1. 1. 1989 (im Beitrittsgebiet am 3. 10. 1990) war das System der gesetzlichen **Betriebsverfassung** durch eine **bipolare Struktur** gekennzeichnet. Die Akteure darin waren auf der einen Seite der AG/UN und auf der anderen Seite das Repräsentationsorgan der Belegschaft (Arbeiter- bzw. Angestelltenausschuss, BR). **Leitende Angestellte** nahmen und nehmen als besonderer Kreis innerhalb der Angestellten trotz ihres vertragsrechtlichen AN-Status **in funktioneller Hinsicht AG/UN-Aufgaben** wahr. Deshalb stehen sie in einem strukturellen und individuellen Konflikt mit der betrieblichen AN-Interessenvertretung. Aus diesem Grunde wurden leitende Angestellte – ungeachtet der konkreten, jeweils historisch bedingten Bezeichnung dieser »Oberschicht« von AN – bis dato stets aus dem persönlichen Geltungsbereich derjenigen Vorschriften ausgeklammert, die die Organisation der betrieblichen Interessenvertretung von AN betrafen. **Rechtstechnisch** wurden dabei entweder die AN betreffenden **Vorschriften** (vgl. Rn. 4) hinsichtlich der leitenden Angestellten **für unanwendbar erklärt**[671] oder die betreffenden Personen wurden vom Gesetz **als Nicht-Angestellte** oder Nicht-AN **fingiert.**[672] Bisweilen wurden die leitenden Angestellten sogar als **AG im betriebsverfassungsrechtlichen Sinne** bezeichnet.[673]

205 Wenngleich unter Geltung bipolarer Betriebsverfassungsstrukturen die **Definition** der leitenden Angestellten vorwiegend eine **negative Abgrenzungsfunktion** hatte, die den vom BR

---

666 So ErfK-*Koch*, Rn. 29; *Fitting*, Rn. 344; GK-*Raab*, Rn. 162; *Richardi/Maschmann*, Rn. 197.

667 Vgl. *GL*, Rn. 24.

668 *LAG Niedersachsen* 5. 3. 09 – 5 TaBVGa 19/09.

669 So auch *GL*, a. a. O.

670 *Fitting*, Rn. 344; *Richardi/Maschmann*, Rn. 197; GK-*Raab*, Rn. 162.

671 So § 5 Abs. 3 BetrVG 1972; aber auch schon § 133g GewO i. d. F. v. 28. 12. 1908 [RGBl. S. 667] bzgl. der Betriebsbeamten, Werkmeister und Techniker wegen des Wahlrechts zu den freiwilligen Arbeiterausschüssen nach § 134h i. d. F. des ArbeiterschutzG v. 1. 6. 1891 [RGBl. S. 261].

672 § 11 Abs. 3 HilfsdienstG v. 5. 12. 1916 [RGBl. S. 1333] knüpfte für die Angestellten-Ausschüsse an die 5000-Mark-Grenze des AngestelltenversicherungsG v. 1911 an [dazu *Hromadka*, Das Recht der leitenden Angestellten, S. 103, 109 f.]; die Negativfiktion findet sich in § 9 Abs. 2 TVVO v. 23. 12. 1918 [RGBl. S. 1456], § 12 Abs. 2 BRG 1920 [RGBl. S. 147] und den meisten nach 1945 erlassenen LänderBRG sowie § 4 Abs. 2 lit. c BetrVG 1952.

673 Vgl. § 3 HessBRG v. 31. 5. 1948 [GVBl. Nr. 23, S. 117], dazu *Engler*, § 3 Anm. 4; wortgleich § 3 BremBRG v. 10. 1. 1949 [GBl. Nr. 3, S. 7].

repräsentierten Teil der Belegschaft und den persönlichen Anwendungsbereich betriebsverfassungsrechtlicher Bestimmungen bezeichnete, anerkannte doch die Rspr. des *BAG* die **Zulässigkeit sog. freiwilliger SpA** der leitenden Angestellten.[674] Voraussetzung der juristischen Tolerierung war nach der Rspr. des *BAG*[675] aber, dass diese SpA wirklich nur leitende Angestellte i. S. d. § 5 Abs. 3 repräsentierten und nicht die Tätigkeit des BR störten oder behinderten. Die gesetzliche Begriffsdefinition des leitenden Angestellten gewann damit über ihre rechtsformale negative Abgrenzungsfunktion hinaus eine **positive Zuordnungsfunktion,** wenn auch **informeller Art.** Außerhalb des BetrVG erhielt die Definition des § 5 Abs. 3 schließlich **formale Bedeutung** im Bereich der **UN-Verfassung:** Für die Sondervertretung der leitenden Angestellten im AR ist gemäß §§ 15 Abs. 2, 3 Abs. 3 Nr. 2 MitbG 1976 der betriebsverfassungsrechtliche Begriff des leitenden Angestellten maßgebend; Gleiches gilt für die Repräsentation der **leitenden Angestellten im EBR** (§ 23 Abs. 6 EBRG).

Der erste freiwillige SpA wurde 1968 gebildet,[676] zehn Jahre später sollen es bereits 250 gewesen sein.[677] Unmittelbar vor In-Kraft-Treten des SprAuG v. 20. 12. 1988[678] gab es nach Angaben der Standesorganisationen leitender Angestellter rund 400 freiwillige SpA.[679] Die Hoffnungen der ULA, nach den ersten SpA-Wahlen unter dem SprAuG mit 700–800 SpA rechnen zu können,[680] wurden enttäuscht: Nach Feststellungen des IW waren es nur 568 SpA.[681] Bei den SpA-Wahlen des Jahres 1994 ging deren Anzahl auf 540 zurück.[682] **206**

b) Gesetzliche SpA

Mit In-Kraft-Treten des SprAuG haben die leitenden Angestellten erstmals ein gesetzliches Repräsentationsorgan erhalten. Das damit hergestellte **tripolare Modell der Betriebsverfassung** ist – auch in rechtsvergleichender Sicht[683] – einzigartig.[684] Zugleich ist neben die bisher im Wesentlichen negative Abgrenzungsfunktion des Rechtsbegriffs »leitender Angestellter« eine **positive Zuordnungsfunktion** und damit ein **Bedeutungszuwachs** der rechtlich korrekten **Statusbestimmung** eines Angestellten getreten: Als Interessenvertretung eines Teils der AN ist der SpA **Organ der Betriebsverfassung.**[685] Das Verfahren nach § 18a soll eine möglichst klare Zuordnung der von den unterschiedlichen Organen BR und SpA repräsentierten AN gewährleisten. Eine Schlüsselstellung nimmt dabei der für beide Teilgebiete der Betriebsverfassung identische Begriff des leitenden Angestellten ein (vgl. insoweit die ausdrückliche Bezugnahme in § 1 Abs. 1 SprAuG). Dessen Neuregelung im Zusammenhang mit dem SprAuG war Gegenstand heftiger Auseinandersetzungen (vgl. dazu die Hinweise in der 5. *Aufl.*, Rn. 172). Das **SprAuG selbst weicht** allerdings in zwei Anwendungszusammenhängen **vom** allgemeinen betriebsverfassungsrechtlichen **Begriff des leitenden Angestellten ab:** Nach § 3 Abs. 2 Nrn. 1 und 2 SprAuG sind besonders herausgehobene **»Oberleitende« nicht** zum SpA **wählbar,** weil deren funktionale AG-Eigenschaft überdeutlich ist; § 7 Abs. 3 SprAuG stellt für das Recht zur Teilnahme an der WV-Bestellungsversammlung (§ 7 Abs. 2 Satz 1) und das Recht zur Abstimmung, ob überhaupt ein SpA gewählt werden soll (§ 7 Abs. 2 Sätze 2 und 4), allein auf **207**

674 19. 2. 75, AP Nr. 9 zu § 5 BetrVG 1972; zur Einordnung der von solchen SpA mit dem AG geschlossenen schuldrechtlichen Vereinbarungen eigener Art [§ 305 BGB] auch *BAG* 19. 2. 75, AP Nr. 10 zu § 5 BetrVG 1972 m. Anm. *Richardi.*

675 A. a. O.

676 Vgl. *Hromadka/Sieg,* SprAuG, Einl. Rn. 42.

677 *GL,* Rn. 98.

678 BGBl. I S. 2312.

679 Nach *Borgwardt/Fischer/Janert,* S. 276; BT-DruckS. 11/2506, S. 23.

680 Vgl. *Hromadka/Sieg,* SprAuG, Einl. Rn. 60, Fn. 133.

681 Vgl. *Niedenhoff,* Gewerkschaftsreport 7/90, S. 20 [21].

682 Presseinformation des IW Nr. 34 v. 8. 9. 94.

683 Dazu *Birk,* RdA 88, 211 [216].

684 *Richardi,* AuR 86, 33 [47]: »ständisch gegliederte Ordnung der betrieblichen Arbeitsbeziehungen«; kritisch zur nachteiligen Veränderung der Organisationsstrukturen betrieblicher Mitbestimmung *Schneider,* Mitb-Beilage zu Heft 11/89; *Lehmann,* AiB 88, 297; *Plander,* AiB 88, 272; *Spieker,* NZA 85, 681.

685 *Fitting,* Rn. 455; *Oetker,* ZfA 90, 43 [46].

formale Gesichtspunkte einer früheren Zuordnung zu den leitenden Angestellten ab, so dass es dort auf einen materiell-rechtlichen Leitenden-Status nicht ankommt.[686]

208 In organisatorischer Hinsicht ist die SpA-Verfassung eine weitgehende Kopie der Betriebsverfassung.[687] Das SprAuG regelt u. a. Wahl, Zusammensetzung und Amtszeit der SpA (§§ 3–10 SprAuG), die Geschäftsführung (§§ 11–14 SprAuG), die Versammlung der leitenden Angestellten (§ 15 SprAuG), den Gesamt-, UN- und Konzern-SpA (§§ 16–24 SprAuG) sowie die Beteiligungsrechte des SpA (§§ 25–32 SprAuG). Für Einzelheiten muss auf das einschlägige Erläuterungsschrifttum verwiesen werden, der nachfolgende Überblick kann nur eine erste Orientierung geben.[688]

aa) Organisationsrecht der SpA (Überblick)

209 SpA können **in privatrechtlich organisierten Betrieben** mit i. d. R. mindestens **zehn leitenden Angestellten** gewählt werden (§ 1 Abs. 1 SprAuG), sofern die Mehrheit der leitenden Angestellten zuvor in einer besonderen Abstimmung für deren Errichtung votierte (§ 7 Abs. 2 SprAuG). Trotz sondergesetzlicher Regelung handelt es sich beim SprAuG um eine betriebsverfassungsrechtliche Sachmaterie, so dass vom **Betriebsbegriff des BetrVG** auszugehen ist.[689] Für **Betriebsteile** und **Nebenbetriebe** – jetzt **Kleinstbetriebe** – scheidet dagegen eine analoge Anwendung des § 4 BetrVG aus, da das SprAuG diese Rechtsbegriffe nicht kennt und durch eine konsequente Anwendung der §§ 1 Abs. 2, 20 Abs. 1 SprAuG ohnehin eine lückenlose Repräsentation aller leitenden Angestellten des UN hergestellt werden kann,[690] sofern nur im UN mindestens zehn leitende Angestellte beschäftigt sind (vgl. Rn. 212). Hat ein Betrieb **weniger als zehn leitende Angestellte,** gelten diese bereits kraft gesetzlicher Anordnung (§ 1 Abs. 2 SprAuG) als leitende Angestellte des räumlich nächstgelegenen Betriebs desselben UN, wenn dieser »Nachbarbetrieb« ohne Hinzurechnung seinerseits mindestens zehn leitende Angestellte hat.[691]

210 Ähnlich wie beim GBR ist nach § 16 SprAuG **zwingend** dann ein **Gesamt-SpA** zu bilden, **wenn** im UN mindestens **zwei Betriebs-SpA** bestehen (vgl. aber Rn. 211).

211 Anstelle eines zweistufigen Aufbaus (Betriebs-SpA und Gesamt-SpA) kann nach § 20 SprAuG die SpA-Vertretungsstruktur auch einstufig ausgebildet werden, indem nur **ein UN-SpA** gewählt wird, der dann die Aufgaben von Betriebs-SpA und Gesamt-SpA in sich vereint.[692] Die Bildung dieses Vertretungsorgans, das im BetrVG keine Entsprechung findet, setzt voraus, dass **im UN mindestens zehn leitende Angestellte** beschäftigt sind und sich die Mehrheit der leitenden Angestellten dafür ausgesprochen hat (§§ 20 Abs. 1 Satz 1, 7 Abs. 2 Satz 3 SprAuG, § 36 SpA-WO; vgl. zum Wechsel von Betriebs-SpA zum UN-SpA und umgekehrt §§ 37, 38 SpA-WO). Das betreffende UN muss allerdings **mehrere Betriebe** (also mindestens zwei) haben, eine Vielzahl von Betriebsteilen genügt nicht.[693] **Betriebsteile** bilden entweder mit »ihrem« Hauptbetrieb die SpA-Einheit, oder sie sind in ihrer Gesamtheit der »Betrieb«: Dann wird nur **ein Betriebs-SpA** gebildet (vgl. Rn. 209). Praktisch kommt dem UN-SpA also dort Bedeutung zu, wo die Betriebe des UN jeweils für sich nicht mindestens zehn leitende Angestellte haben, wohl aber das UN insgesamt.

---

686 Vgl. *Löwisch,* SprAuG, § 7 Rn. 9, der daraus folgert, dass nicht abstimmungsberechtigt sei, wer bislang nicht einer entsprechenden formalen Zuordnung zu den leitenden Angestellten unterworfen war; im Ergebnis ebenso *Bauer,* SprAuG, S. 31; *Borgwardt/Fischer/Janert,* S. 88; *Hromadka/Sieg,* SprAuG, § 7 Rn. 24.

687 *Däubler,* Das Arbeitsrecht 1, Rn. 1235.

688 Weiterführend MünchArbR-*Joost,* §§ 233–235; *Kaiser,* Sprecherausschüsse, 1995; Schaub-*Koch,* Arbeitsrechts-Handbuch, §§ 245–254; *Bauer,* SprAuG, 2. Aufl., 1990; *Hromadka/Sieg,* SprAuG, 2. Aufl., 2010; *Löwisch,* SprAuG, 2. Aufl., 1994.

689 Ebenso *Oetker,* ZfA 90, 43 [45]; *Bauer,* SprAuG, S. 6; MünchArbR-*Joost,* § 233 Rn. 15.

690 Str.; wie hier *Hromadka/Sieg,* SprAuG, § 1 Rn. 17; MünchArbR-*Joost,* § 233 Rn. 15; zum Meinungsstand *Kramer,* BB 93, 2153 und *Kaiser,* Rn. 7 f.; a. A. *Oetker,* ZfA 90, 48.

691 *Bauer,* SprAuG, S. 9: *Löwisch,* SprAuG, § 1 Rn. 47.

692 *Kaiser,* Rn. 43.

693 Vgl. *Hromadka/Sieg,* SprAuG, § 20 Rn. 2.

In Konzernen i. S. d. § 18 Abs. 1 AktG können auf Basis eines 75%-Quorums **Konzern-SpA** gebildet werden (§ 21 SprAuG). 212

Bevor ein gesetzlicher SpA gewählt werden kann, bedarf es einer **Grundsatzabstimmung** der leitenden Angestellten darüber, ob überhaupt ein SpA gewählt werden soll (§ 7 Abs. 2 SprAuG). Diese **entfällt** allerdings, **wenn** bereits ein **gesetzlicher SpA** gebildet worden war.[694] Soll in einem Betrieb mit freiwilligem SpA ein gesetzlicher SpA gewählt werden, kann der WV nicht vom freiwilligen SpA bestellt werden, weil dieser nicht die Rechte aus dem SprAuG hat (§ 37 Abs. 2 Satz 1; zur Frage, ob freiwillige SpA nach dem 31. 5. 1990 überhaupt noch zulässig sind, Rn. 217). Eine **erneute Grundsatzabstimmung** ist erforderlich, **wenn** vor Ablauf der SpA-Amtszeit (§ 5 Abs. 2 SprAuG) **keine Neuwahl** nach § 7 Abs. 1 SprAuG **eingeleitet** worden ist.[695] 213

Besteht eine nach **§ 3 BetrVG** abweichend vom Gesetz durch TV/BV errichtete Struktur, so **strahlt** diese wegen der Betriebsfiktion nach § 3 Abs. 5 Satz 1 BetrVG **auf** die **SpA-Verfassung aus** und gelten die fingierten Betriebe auch hier als Betrieb (näher dazu § 3 Rn. 204). 213a

bb) Beteiligungsrechte (Überblick)

Die allgemeinen Vorschriften über die Mitwirkung der leitenden Angestellten (§§ 25–29 SprAuG) sind in etwa mit §§ 74–80 BetrVG vergleichbar.[696] 214

Die **Mitwirkungsrechte des SpA** bleiben hinter denen des BR zurück; § 30 SprAuG sieht ein **Unterrichtungs- und Beratungsrecht** des SpA bei den **Arbeitsbedingungen** und **Beurteilungsgrundsätzen** vor; § 31 Abs. 1 SprAuG legt eine **Mitteilungspflicht** des AG gegenüber dem SpA bei **Einstellungen** oder **personellen Veränderungen** eines leitenden Angestellten fest; § 31 Abs. 2 SprAuG verpflichtet den AG zur **Anhörung vor Kündigungen** von leitenden Angestellten und zur Mitteilung der Gründe und legt fest, dass eine ohne Anhörung des SpA ausgesprochene Kündigung unwirksam ist; **in wirtschaftlichen Angelegenheiten** ist der SpA gemäß § 32 Abs. 1 SprAuG mindestens einmal im Kalenderhalbjahr **zu unterrichten.** Zu Recht ist darauf hingewiesen worden, dass diese **Vorschrift überflüssig** sei, da man von leitenden Angestellten wohl erwarten könne, gerade in diesen Angelegenheiten auf dem Laufenden zu sein.[697] Eine **Beratungspflicht** des UN besteht dagegen – anders als in § 106 Abs. 1 BetrVG – gegenüber dem SpA in wirtschaftlichen Angelegenheiten nicht.[698] Seit dem 1. 1. 1989 fehlt dem BR wegen § 32 Abs. 2 i. V. m. § 28 SprAuG die Regelungskompetenz zur Einbeziehung von leitenden Angestellten in den **Geltungsbereich eines Sozialplans**[699] im Wege eines Vertrags zugunsten Dritter.[700] Aber auch der SpA selbst hat keinen Anspruch auf Abschluss eines Sozialplans bei **Betriebsänderungen,** sondern lediglich ein **Unterrichtungs- und Beratungsrecht.**[701] 215

Als **Vertragsinstrumente** stehen AG und SpA **Richtlinien** (§ 28 Abs. 1 SprAuG) und **Vereinbarungen** über die unmittelbare und zwingende Wirkung derartiger Richtlinieninhalte (§ 28 Abs. 2 SprAuG) zur Verfügung. Richtlinien nehmen in der Typologie betrieblicher Vereinbarungen (vgl. § 77 Rn. 14 ff.) eine Sonderstellung ein. Sie sind weder eine Regelungsabsprache noch eine BV, sondern ein **Kollektivvertrag eigener Art.**[702] Dies hat zur Folge, dass dessen 216

---

694 § 7 Abs. 1 i. V. m. Abs. 4 SprAuG; ebenso *Bauer,* SprAuG, S. 29; *Borgwardt,* DB 89, 2224; a. A. *Hanau,* AuR 88, 261 [262], der eine jedesmalige Grundabstimmung befürwortet.

695 *Hromadka/Sieg,* SprAuG, § 7 Rn. 21; MünchArbR-*Joost,* § 234 Rn. 32; *Löwisch,* SprAuG, § 7 Rn. 4; a. A. *Bauer,* SprAuG, S. 30.

696 Vgl. auch *Fitting,* Rn. 456; § 28 SprAuG weicht allerdings erheblich von § 77 BetrVG ab; in Ermangelung echter Mitbestimmung durch den SpA bedarf es auch keiner ESt.

697 Vgl. *Bauer,* SprAuG, S. 99; *Schneider,* Mitb-Beilage zu Heft 11/89, S. 29 [35]; *Dänzer-Vanotti,* DB 90, 41 [46].

698 Ebenso *Löwisch,* SprAuG, § 32 Rn. 20; *Bauer,* a. a. O., S. 100.

699 So noch *BAG* 31. 1. 79, BB 79, 833.

700 Ebenso *Bauer,* SprAuG, S. 101; *Dänzer-Vanotti,* DB 90, 41 [46]; *Löwisch,* SprAuG, § 32 Rn. 75.

701 § 32 Abs. 2 SprAuG; näher *Kramer,* NZA 93, 1024 [1026].

702 *Däubler,* Das Arbeitsrecht 1, Rn. 1252.

Inhalt auch im Falle des § 28 Abs. 1 SprAuG keineswegs nur unverbindlichen Charakter hat,[703] sondern der **AG im Verhältnis zum SpA verpflichtet** ist, den leitenden Angestellten die in den Richtlinien festgelegten Arbeitsbedingungen als Mindestarbeitsbedingungen anzubieten.[704]

c) Freiwillige SpA nach dem 31.5.1990?

217 Nach § 37 Abs. 2 SprAuG blieben freiwillige SpA, die sich auf Basis der Tolerierungs-Rspr. des *BAG* (Rn. 205) gebildet hatten, bis zur erstmaligen Wahl eines gesetzlichen SpA, längstens bis zum 31.5.1990, im Amt. Trotz dieser klaren Vorschrift hatte ein ausgedehnter Streit darüber eingesetzt, ob nicht doch nach dem 31.5.1990 weiterhin **an Stelle gesetzlicher SpA** freiwillige Vereinigungen gebildet werden könnten.[705] Die ganz **h. M.** hält dies **schlechterdings für ausgeschlossen,** zumeist unter Hinweis auf den zwingenden Charakter des SprAuG, der keine Umgehung oder Konkurrenz durch privatrechtliche Vereinigungen vertrage.[706] Beide Positionen überzeugen in ihrer Absolutheit nicht. Richtig an der h. M. ist, dass es neben dem gesetzlichen Repräsentationsmodell keinen Raum für Privatveranstaltungen geben kann, wenn dies vom Gesetz nicht zugelassen wird. Die Mindermeinung verkennt, dass die Entscheidung der leitenden Angestellten gemäß § 7 Abs. 2 SprAuG gegen einen SpA Teil des gesetzlichen Modells ist, das dann gerade keinen »Ersatz« in privater Form mehr erlaubt. Andererseits darf der Gesetzgeber nicht so weit gehen, dort etwas zu verbieten, wo er selbst keine Regelung treffen wollte. Deshalb verdient eine **vermittelnde Position den Vorzug,** die SpA kraft Vereinbarung dort weiterhin für zulässig hält, wo die gesetzlichen Voraussetzungen nach dem SprAuG nicht erfüllt werden:[707] Dies sind UN, in denen wegen Unterschreitung der Mindestzahl von zehn leitenden Angestellten weder nach § 1 noch nach § 20 Abs. 1 SprAuG gesetzliche SpA gebildet werden können. Schon dann, wenn zwar ein Betrieb nicht, wohl aber das UN SpA-fähig ist, kann kein freiwilliger SpA mehr gebildet werden für den nicht SpA-fähigen Betrieb, weil es sonst zur Konkurrenz zwischen privaten und den gesetzlich vorgesehenen Organisationsformen kommen könnte.[708]

d) Zusammenarbeit zwischen AG, BR und SpA

218 Förmliche Bestimmungen über die **Kooperation der drei BetrV-Organe** sind im SprAuG nicht enthalten. Dort, wo sich aus der Sache heraus Berührungspunkte ergeben können, ist eine Zusammenarbeit – z. B. in Form gemeinsamer Besprechungen – nicht ausgeschlossen.[709] Eine **trilaterale Kooperationspflicht besteht nicht,** da die noch im Entwurf zu § 2 Abs. 1 vorgesehene dementsprechende Ausweitung wieder gestrichen wurde.[710] Es besteht auch **keine grundsätzliche bilaterale Kooperationspflicht** zwischen BR und SpA, zumal § 2 Abs. 2 SprAuG es diesen Organen selbst überlässt, ihre Beziehungen zueinander durch wechselseitige Sitzungsteilnahme bzw. gelegentliche gemeinsame Sitzungen zu regeln. Diese Bestimmung enthält jedoch nur eine

---

703 So aber offenbar *Bauer*, SprAuG, S. 83; *Wlotzke*, DB 89, 173 [177]; *Engels/Natter*, BB-Beilage 8/89, S. 31; für Verträge mit neu eintretenden leitenden Angestellten auch *Dänzer-Vanotti*, DB 90, 41 [43].

704 Wie hier *Löwisch*, SprAuG, § 28 Rn. 12; weiter gehend offenbar *Borgwardt/Fischer/Janert*, SprAuG, S. 127, die eine entsprechende Verpflichtung zum Angebot auch im Verhältnis zu den leitenden Angestellten selbst annehmen und diesen einen entsprechenden »Vertragsanpassungsanspruch« einräumen; differenzierend *Oetker*, BB 90, 2181 [2183], der dem AG jedenfalls dann zugesteht, auch im Verhältnis zum SpA sowohl zu Gunsten als auch zu Lasten des leitenden Angestellten von der Richtlinie nach § 28 Abs. 1 SprAuG abweichen zu können, wenn sich aus ihr selbst keine abweichenden Anhaltspunkte entnehmen lassen; näher zu SpA-Vereinbarungen *Kramer*, DB 96, 1082.

705 Bejahend unter eingehender Begründung *Bauer*, SprAuG, S. 10ff.; *Fitting*, Rn. 454 [solange sich kein gesetzlicher SpA bildet]; *Martens*, NZA 89, 409ff.

706 Vgl. nur MünchArbR-*Joost*, § 233 Rn. 40 mit lückenlosen w. N.

707 Ebenso MünchArbR-*Joost*, § 233 Rn. 40.

708 Ebenso *Löwisch*, SprAuG, § 37 Rn. 2; GK-*Raab*, Rn. 290; *Borgwardt/Fischer/Janert*, SprAuG, S. 70; *Hromadka/Sieg*, SprAuG, § 1 Rn. 33 a. E.

709 Vgl. MünchArbR-*Joost*, § 233 Rn. 40; *Kaiser*, Rn. 354.

710 BT-Drucks. 11/2503, S. 6; *Bauer*, SprAuG, S. 15; MünchArbR-*Joost*, a. a. O., Rn. 29.

Soll-Vorschrift, die nicht mehr als einen Appell darstellt.[711] Die Abhaltung gemeinsamer Sitzungen ist ebenso wenig gerichtlich durchsetzbar[712] wie die Teilnahme eines Vertreters an den Sitzungen des jeweils anderen Organs. Die **allgemeine Kooperationspflicht** nach § 2 Abs. 1 SprAuG bezieht sich nur auf das Verhältnis zwischen AG und SpA, **nicht** aber auf den **BR.** Eine **sektoral begrenzte** und zudem subsidiäre **Pflicht zur Kooperation** ergibt sich allerdings aus der Informationspflicht gemäß **§ 35 Abs. 2 EBRG:** Danach kann zur Information der leitenden Angestellten eine gemeinsame Sitzung i. S. d. § 2 SprAuG notwendig werden.[713]

§ 2 Abs. 1 Satz 2 SprAuG verpflichtet den AG, **vor Abschluss einer BV** oder sonstigen Vereinbarungen mit dem BR den **SpA rechtzeitig anzuhören,** sofern eine solche Vereinbarung die rechtlichen Interessen der leitenden Angestellten berührt. **»Rechtliche Interessen«** der leitenden Angestellten sind jedoch nicht bereits dann berührt, wenn dieser Personenkreis nur in »irgendeiner« Weise betroffen ist. Der Begriff ist vielmehr enger als derjenige der »berechtigten« Interessen.[714] Er setzt einerseits einen **unmittelbaren Einfluss** der angestrebten BV auf **die rechtlich schutzwürdigen Interessen** der leitenden Angestellten voraus, so dass bloß präjudizierende Wirkungen nicht ausreichen. Andererseits darf es sich **nicht** nur um Interessen **eines einzelnen** leitenden Angestellten handeln, wie die vom Gesetz verwandte Pluralform »der leitenden Angestellten« zeigt. Vielmehr muss es sich um **kollektive Interessen** handeln. Außerdem ist es erforderlich, dass die Vereinbarung in **bestehende Rechte oder Rechtsverhältnisse** der leitenden Angestellten eingreifen würde.[715] Hat der AG entgegen seiner Verpflichtung die BV ohne vorherige Anhörung des SpA abgeschlossen, ist sie gleichwohl voll wirksam.[716] Umgekehrt gilt wegen § 2 Abs. 1 BetrVG Entsprechendes für die Anhörung des BR vor Abschluss einer Vereinbarung mit dem SpA.[717] 219

e) SprAuG und Gewerkschaften

An keiner Stelle regelt das SprAuG **gewerkschaftliche Einflussrechte** auf die Betriebsverfassung der leitenden Angestellten ähnlich den Rechtspositionen nach dem BetrVG (z. B. Zutrittsrecht, Wahlinitiativrecht, Wahlanfechtungsrecht, Sitzungs- und Versammlungsteilnahme usw.), so dass dieses »konsequent gewerkschaftsfrei« konstruierte **Gesetz insoweit verfassungswidrig** ist (Art. 9 Abs. 3 GG).[718] Eine Heilung dieses Rechtsmangels wird nicht immer gelingen: Auch im Wege grundrechtskonformer Auslegung lässt sich aus einer »nicht öffentlichen« SpA-Sitzung keine »für den Gewerkschaftsvertreter offene« Sitzung herbeiinterpretieren.[719] 220

2. Definition der leitenden Angestellten (Abs. 3)

a) Grundsätzliches und Bedeutung der Regelung

Leitende Angestellte sind ungeachtet ihrer besonderen betriebsverfassungsrechtlichen Stellung **im** allgemeinen **arbeitsvertragsrechtlichen Sinne AN,** da sie auf der Grundlage eines privatrechtlichen Vertrages im Dienste des AG zur Leistung fremdbestimmter Arbeit in persönlicher 221

711 *Kaiser,* Rn. 352; enger MünchArbR-*Joost,* a. a. O., Rn. 32.
712 *Hromadka/Sieg,* SprAuG, § 2 Rn. 20; *Löwisch,* SprAuG, § 2 Rn. 15; *Däubler,* Das Arbeitsrecht 1, Rn. 1236.
713 Vgl. § 35 EBRG Rn. 6; ebenso *Blanke,* § 35 EBRG Rn. 6.
714 Zutreffend *Engels/Natter,* BB-Beilage 8/89, S. 29.
715 Vgl. das Beispiel bei *Engels/Natter,* a. a. O.; zur Begriffsdefinition auch *Bauer,* SprAuG, S. 16; *Löwisch,* SprAuG, § 2 Rn. 7; *Borgwardt/Fischer/Janert,* SprAuG, S. 73; *Buchner,* NZA-Beilage 1/89, S. 14 mit teilweise weniger strengen Anforderungen.
716 H. M., vgl. *Bauer,* a. a. O.; *Löwisch,* a. a. O., Rn. 8; *Borgwardt/Fischer/Janert,* S. 74; *Engels/Natter,* a. a. O.; *Wlotzke,* DB 89, 173 [174]; *Hromadka/Sieg,* SprAuG, § 2 Rn. 19.
717 Ebenso *Bauer,* SprAuG, S. 16 f.; *Fitting,* § 2 Rn. 6; *Löwisch,* SprAuG, § 2 Rn. 9; *Engels/Natter,* BB-Beilage 8/89, S. 29; *Wlotzke,* DB 89, 173 [175]; *Däubler,* Das Arbeitsrecht 1, Rn. 1236.
718 Näher *Däubler,* Gewerkschaftsrechte, Rn. 255h m. w. N.; a. A. *Oetker,* ZfA 90, 43 [56].
719 *Däubler,* a. a. O.; für die Standesorganisationen der leitenden Angestellten bezeichnenderweise a. A. *Löwisch,* SprAuG, § 12 Rn. 12. Vgl. auch noch 5. *Aufl.,* Rn. 272.

Abhängigkeit verpflichtet sind (nunmehr klargestellt durch den Begriff »Arbeitsvertrag« in Abs. 3 Satz 2; dies war freilich auch bisher schon allgemein anerkannt, obgleich der Begriff »Dienstvertrag« im früheren Eingangshalbsatz auch andere Schlussfolgerungen zugelassen hätte).[720] Leitende Angestellte sind überdies AN i. S. d. Abs. 1, jedoch wird die Anwendbarkeit des BetrVG auf diesen Personenkreis für den Regelfall ausgeschlossen. Etwas anderes gilt nach Abs. 3 Satz 1 nur, wenn dies in den einzelnen Bestimmungen **ausdrücklich** angeordnet wird (vgl. Rn. 3). Diese Regelung beinhaltet somit eine Art **Zitiergebot,** d. h., nur dann, wenn in BetrVG-Vorschriften die »leitenden Angestellten« selbst angeführt werden, können sich aus ihnen Rechtsfolgen für diesen Personenkreis ergeben. Somit lösen z. B. § 75 Abs. 1 (»im Betrieb tätigen Personen«) oder § 80 Abs. 1 Nr. 2 (»Belegschaft«) **keine Aufgaben für den BR** bezüglich der leitenden Angestellten aus.[721] Aufgrund der Neufassung von § 5 Abs. 3 (vgl. Rn. 108 ff.) können auch dem Betrieb zugewiesene **Beamte und Soldaten als leitende Angestellte** gelten, wenn sie funktional aufgrund der Zuweisungsverfügung und Stellung im UN oder Betrieb eine entsprechend herausgehobene Rolle wahrnehmen. Für zugewiesene AN des ö.D. soll diese Leitenden-Fiktion dem Wortlaut der neugefassten Bestimmung zufolge offenbar nicht gelten (Redaktionsversehen?).

222 Die Vorschrift dient somit der Abgrenzung des persönlichen Geltungsbereichs des Gesetzes und nimmt leitende Angestellte aus der Vertretungszuständigkeit des BR für die Belegschaft heraus (vgl. zur Zuständigkeit des SpA für die leitenden Angestellten Rn. 207 f.). Weil dieser Personenkreis somit außerhalb des kollektivrechtlichen Schutzsystems des BetrVG steht, muss die **Begriffsabgrenzung eher einengend** als ausdehnend erfolgen.[722] Daran hat auch die Schaffung gesetzlicher SpA nichts geändert, weil den SpA durch das SprAuG keine wirkungsvollen Mitwirkungs- und Mitbestimmungsrechte eingeräumt worden sind (vgl. Rn. 214 f.) und daher bei einer leichtfertig zu großzügigen Zuordnung zu den **leitenden** Angestellten dem damit eintretenden persönlichen Verlust kollektiver Schutzrechte aus dem BetrVG keine gleichwertige Interessenvertretung nach dem SprAuG gegenübersteht.

223 **Abs. 3 Satz 2** gibt eine **Begriffsdefinition** der leitenden Angestellten, die, außer im Verwendungszusammenhang des **BetrVG** selbst, kraft ausdrücklicher Verweisung auch im **MitbG** (§ 3 Abs. 3 Nr. 2), **DrittelbG** (§ 3 Abs. 1), **SprAuG** (§ 1 Abs. 1) und **EBRG** (§ 23 Abs. 6) sowie **AZG** (§ 18 Abs. 1 Nr. 1) anzuwenden ist. Aus der in diesen Gesetzen (aber auch in § 105, § 107 Abs. 1 Satz 2, Abs. 3 Satz 3, § 108 Abs. 1 Satz 2 BetrVG) enthaltenen **Rückverweisung** allein auf § 5 **Abs. 3** BetrVG ist zutreffend zu entnehmen, dass eine rechtskonstitutive Begriffsbestimmung allein nach Abs. 3, niemals jedoch nach Abs. 4 erfolgen darf.[723] Entgegen vereinzelten Stimmen in der Literatur[724] lassen sich aus dem MitbG weder Spielräume für eine eigenständige Definition konstruieren noch Rückschlüsse auf die Begriffsmerkmale des Abs. 3 ziehen.[725] Soweit **andere arbeitsrechtliche Vorschriften** leitende Angestellte besonders erwähnen (z. B. § 14 KSchG[726]), stimmt der dort verwandte Begriff wegen der verschiedenen Gesetzeszwecke nicht notwendig mit dem des BetrVG überein.[727] § 45 Satz 2 **Wirtschaftsprüferordnung,** wonach angestellte Wirtschaftsprüfer leitende Angestellte im Sinne des § 5 Abs. 3 sein sollen, stellt eine Ausnahmeregelung für diesen Personenkreis dar, die nach *LAG Berlin-Brandenburg* verfassungsgemäß sein soll.[728]

224 Die Einordnung eines AN als leitender Angestellter hat **Auswirkungen** auf die Anwendung aller Vorschriften, die auf eine bestimmte AN-Zahl abstellen. Somit kann eine zu **»großzügige«**

720 Vgl. *Engels/Natter,* BB-Beilage 8/89, S. 7; BT-Drucks. 11/2503, S. 30; zur a. F. *Fitting,* 13. Aufl., Rn. 26.
721 So schon *BAG* 19. 2. 75, AP Nr. 10 zu § 5 BetrVG 1972; vgl. auch § 75 Rn. 6; *Bauer,* SprAuG, S. 117 f.; *Fitting,* Rn. 347; *GL,* § 75 Rn. 4; GK-*Kreutz,* § 75 Rn. 14; *Richardi-Maschmann,* § 75 Rn. 7 unter Hinweis auf den gleichartigen § 27 SprAuG; ebenso jetzt auch HWGNRH-*Worzalla,* § 75 Rn. 3; *Wlotzke,* DB 89, 111 [118].
722 Vgl. etwa *Schrader/Klagges/Siegel/Lipski,* NZA 23, 209 (mit Checkliste für die Praxis).
723 Näher dazu Rn. 280 ff.; vgl. auch *Engels/Natter,* BB-Beilage 8/89, S. 10; *Wlotzke,* DB 89, 111 [122].
724 Vgl. nur die Hinweise bei GK-*Raab,* Rn. 168.
725 *BAG,* 29. 1. 80, AP Nr. 22 zu § 5 BetrVG 1972; *GL,* Rn. 35; GK-*Raab,* a. a. O.
726 Vgl. dazu *Naber/Biedermann,* NZA 23, 746 (mit Checkliste für die Praxis).
727 *Fitting,* Rn. 349; vgl. das Beispiel Rn. 297 [Restaurantleiter].
728 *LAG Berlin-Brandenburg* 30. 9. 08 – 16 TaBV 848/08.

Abgrenzung dieses Personenkreises[729] dazu führen, dass bestimmte Grenzzahlen (vgl. §§ 1, 9, 28, 28a, 38, 95 Abs. 2, 99 Abs. 1, 106 Abs. 1, 110, 111, 112 a) nicht mehr erreicht werden und die Rechtsfolgen dieser Vorschriften nicht eintreten können. Neben dem Entzug des kollektiven Schutzsystems für den betreffenden Angestellten kann sich bei zu weiter Abgrenzung somit auch das **Schutzniveau** für die durch den BR repräsentierte Belegschaft **verschlechtern** (z. B. hinsichtlich der Anwendbarkeit des Rechts der Betriebsänderungen und der Erzwingbarkeit von Sozialplänen). Außerdem ergeben sich Auswirkungen auf diejenigen Vorschriften, die für die **Arbeitsfähigkeit des BR** von besonderer Bedeutung sind, etwa hinsichtlich der **Ausschussbildung** und -zusammensetzung (vgl. §§ 27, 28) sowie der **Freistellung** von BR-Mitgliedern und deren Verteilung auf die Gruppen (vgl. § 38). Schließlich ist zu beachten, dass vom Vorhandensein einer bestimmten Anzahl von leitenden Angestellten abhängt, ob ein SpA gebildet werden kann (vgl. §§ 1, 20 SprAuG) und aus wie vielen Personen dieser besteht (vgl. § 4 SprAuG).

Die richtige Abgrenzung der **leit. Ang.** kann auch bei der personellen **Zusammensetzung des Wahlvorstandes** eine Rolle spielen: Die Bestellung eines leit. Ang. in den WV für die **BR-Wahl** soll (unter den weiteren Voraussetzungen des § 19 Abs. 1) die Anfechtung der BR-Wahl begründen können[730], denn unzweifelhaft ist ein leit. Ang. kein zur BR-Wahl »wahlberechtigter« AN i. S. v. § 16 Abs. 1 i. V. m. §§ 7 und 5 und kann deshalb nicht vom BR zum WV-Mitglied bestellt werden. Umgekehrt stellt sich bei der **AR-Wahl nach dem MitbG 1976** die – nach hiesiger Ansicht zu verneinende – Frage, ob die gegen § 5 Abs. 2 der 1. WOMitbG, §§ 4 Abs. 2, 5 Abs. 2 der 2. WOMitbG und §§ 4 Abs. 2, 5 Abs. 2 der 3. WOMitbG verstoßende Nichtberücksichtigung eines leit. Ang. im jeweiligen WV schon allein die Anfechtbarkeit der AR-Wahl begründen kann.[731] **224a**

Die Angaben über die **zahlenmäßige Bedeutung** der leitenden Angestellten im Betrieb schwanken zwischen einem Anteil von 0,4 v. H. und 5,1 v. H.[732] Allerdings ergeben sich auch bei strukturell vergleichbaren UN erhebliche Schwankungen, so dass – auch wegen der Vielschichtigkeit der gesetzlichen Abgrenzungsmerkmale – keine wirklich verlässlichen empirischen Angaben im Sinne einer Faustregel möglich sind. **Anhaltspunkte** können – allerdings ohne rechtliche Bindungskraft – **das Organisationsschema** bzw. der Organisationsplan des UN liefern. Insoweit hat *H. Martens*[733] das Vorhandensein von leitenden Angestellten auf zwei bis drei Hierarchieebenen unterhalb des geschäftsführenden Organs des UN (Geschäftsführer, Vorstandsmitglieder, vgl. Rn. 154 ff., 169 ff) festgestellt. Dies bedeutet jedoch nicht, dass dieser empirischen Feststellung immer auch eine zutreffende juristische Abgrenzung zugrunde gelegen hätte. Schon gar **nicht** darf daraus abgeleitet werden, dass stets **alle Angestellten** bis hin zur dritten Hierarchieebene zu den leitenden Angestellten zählen.[734] Demgegenüber ist **in rechtlicher Hinsicht** aus der Zuordnung eines Angestellten zu einer bestimmten Leitungsebene ein **Indizwert** i. d. R. nur dann abzuleiten, wenn der Angestellte **auf der ersten Ebene** unterhalb **225**

---

729 Für die offenbar *K.-P. Martens*, RdA 89, 73 [74], in einem für die »Union leitender Angestellter« erstellten Gutachten plädiert.

730 *BAG* 4. 5. 22 – 7 ABR 14/21, NZA 22, 1280.

731 Vgl. *Giese/Flöter*, NZA 22, 1372, 1375, die dies bejahen, dabei aber verkennen, dass auch § 22 Abs. 1 MitbG 1976 dieselbe weitere Bedingung für die Anfechtung aufstellt wie § 19 Abs. 1 BetrVG, nämlich die Möglichkeit der Beeinflussung oder Änderung des Wahlergebnisses durch den Verstoß gegen die einschlägige wahlrechtliche Bestimmung. Das ist bei einer im Übrigen fehlerfrei durchgeführten Wahl kaum vorstellbar, wenn eine unzutreffende personelle Zusammensetzung des WV vorgelegen hatte, denn immerhin handelt es sich um ein aus mehreren Personen bestehendes Kollegialorgan, welches wechselseitigen Kontrollmöglichkeiten unterliegt; vgl. auch § 19 Rn. 9; anders aber z. B. Fitting, § 19 Rn. 22 mit *BAG* 3. 6. 75 – 1 ABR 98/74, AP Nr. 1 zu § 5 BetrVG 1972 Rotes Kreuz und WKS-*Wißmann*, § 22 MitbG Rn. 36 mit *BAG* 14. 9. 88 – 7 ABR 93/87, AP Nr. 1 zu § 16 BetrVG 1972.

732 Vgl. *H. Martens*, Mitb 88, 349 [350]; *Däubler*, Das Arbeitsrecht 2, Rn. 1648, nennt für 1973 einen Durchschnittswert von 2,14 v. H.; nach *Blanke/Berg u. a.*, Rn. 48 sind es im UN maximal 1 bis 2 v. H.

733 A. a. O.

734 Nach *H. Martens*, a. a. O. sollen in UN des Bergbaus und der chemischen Industrie sogar noch auf der vierten und fünften Ebene leitende Angestellte anzutreffen gewesen sein, was berechtigte Zweifel an einer rechtlich korrekten Abgrenzung hervorrufen muss.

der Organpersonen angesiedelt ist.[735] Das Vorliegen **allein** dieses Indizes ist jedoch niemals ausreichend für eine Zuordnung zu den leitenden Angestellten. Zweifel an der zutreffenden Einordnung des Restaurantleiters[736] als leitender Angestellter sind auch deshalb angebracht,[737] weil sich dieser erst auf der vierten Hierarchieebene eines UN mit insgesamt ca. 950 AN befand, was für ein Restaurations-UN zu dem enorm hohen Anteil an leitenden Angestellten von ca. 4 v. H. führt (ein derartiger Anteil ist allenfalls für UN mit weit überdurchschnittlich hohem Anteil hochqualifizierter AN [etwa Forschungs- und Wissenschafts-UN] anzunehmen).

b) Änderungen gegenüber der alten Fassung und Normstruktur

226 Durch die Neufassung 1988 ist der ursprüngliche Einleitungssatz des Abs. 3 in zwei Sätze unterteilt worden. Damit hat der Gesetzgeber nunmehr klargestellt, dass im Anwendungsbereich dieser Vorschrift **nicht mehr** von einem im Gesetz nicht näher definierten allgemeinen **Oberbegriff** des leitenden Angestellten auszugehen ist, der durch die Tatbestände der Nrn. 1 bis 3 präzisiert wird.[738]

227 **Abs. 3 Satz 2** enthält eine **Legaldefinition,** die die Begriffsmerkmale abschließend und erschöpfend aufzählt,[739] wobei – wie bisher auch – der **funktionale Grundtatbestand** des leitenden Angestellten in der Grundnorm der Nr. 3 enthalten ist.[740] Eine sachliche Änderung gegenüber der früheren Definition, wie sie insbesondere durch die *BAG*-Rspr. (grundlegend zuletzt 23. 1. 86, AP Nrn. 30–32 zu § 5 BetrVG 1972) präzisiert worden war, ist damit allerdings nicht verbunden.[741]

228 Die Abkehr von der Auffassung, wonach die Regelung von einem ungeschriebenen Oberbegriff der leitenden Angestellten geprägt sei, hat zur Folge, dass für die Funktion der betreffenden Person ein besonderer **Gegnerbezug** (Interessenpolarität) **nicht mehr** als eigenständiges **Abgrenzungsmerkmal** zu prüfen ist. Insoweit hatte das *BAG*[742] bereits zu Abs. 3 a. F. klargestellt, dass es sich hierbei um ein **Orientierungsmerkmal** handele.[743] Bereits aus der für die Eigenschaft eines leitenden Angestellten notwendig vorausgesetzten unternehmerischen Tätigkeit mit einem eigenen erheblichen **Entscheidungsspielraum** bei gleichzeitiger **Eigenverantwortlichkeit** ergibt sich nämlich mehr oder weniger zwangsläufig auch ein mittelbarer oder unmittelbarer Gegnerbezug zum BR.[744] Dieser Gegnerbezug liegt dann vor, wenn der Angestellte **Aufgaben** ausübt, bei denen der **BR ein Beteiligungsrecht** stärkeren oder minderen Grades hat.[745]

229 Somit ist hinsichtlich der **Struktur des Abs. 3** nunmehr durch den gesetzestechnischen Aufbau klargestellt, dass Satz 2 drei in ihrer Rechtsfolge gleichwertige **Tatbestände**[746] enthält, die **alternativ** zu prüfen sind. Allerdings sind diese nicht gleichartig, sondern tragen dem Umstand Rechnung, dass leitende Angestellte in gewisser Weise Vertreter des UN sind und somit in den typischen unternehmerischen Tätigkeitsbereichen eingesetzt werden. **Abs. 3 Satz 2 Nr. 1** be-

735 *Rose,* BetrR 77, 343 [348]; so auch im Ergebnis der Fall *BAG* 11. 1. 95, EzA § 5 BetrVG 1972 Nr. 58; a. A. offenbar *Richardi/Maschmann,* Rn. 250, die zumindest in dem MitbG unterfallenden UN mit i. d. R. mehr als 2000 AN einen Indizwert hinsichtlich der auf der zweiten Leitungsebene befindlichen Angestellten annehmen; ähnlich *BAG* 16. 4. 02 – 1 ABR 23/01, NZA 03, 56.

736 *BAG* 25. 11. 93, NZA 94, 837; vgl. Rn. 297.

737 Vgl. auch *LAG Hessen* 7. 9. 00, NZA-RR 01, 426, das den Restaurantleiter einer Fast-Food-Kette mit 4300,- DM Monatsgehalt zu Recht nicht als leitenden Angestellten ansah.

738 So noch die vom *BAG* geteilte h. M. zu § 4 Abs. 2c BetrVG 1952; vgl. *BAG* 28. 4. 64, AP Nr. 4 zu § 4 BetrVG; zum Meinungsstand nach dem BetrVG 1952 *Fitting/Kraegeloh/Auffarth,* 8. Aufl. 1968, § 4 Rn. 14; ausführlich zum Streitstand bis zur Novellierung 1988 *Dietz/Richardi,* 6. Aufl., Rn. 123, 128 ff.

739 *Buchner,* NZA-Beilage 1/89, S. 2 [6], *Engels/Natter,* BB-Beilage 8/89, S. 7; *Wlotzke,* DB 89, 111 [118]; *Richardi,* NZA-Beilage 1/90, S. 2 [3]; *Hromadka,* BB 90, 57 [58]; *Röder,* NZA-Beilage 4/89, 2 [5].

740 Ebenso *Richardi,* a. a. O., S. 4.

741 So auch die h. M. zur geänderten Fassung, vgl. nur *Engels/Natter,* a. a. O., S. 9; *Buchner,* a. a. O., S. 6.

742 29. 1. 80, AP Nr. 22 zu § 5 BetrVG 1972.

743 Vgl. auch *BAG* 23. 1. 86, AP Nr. 32 zu § 5 BetrVG 1972.

744 *BAG* 29. 1. 80, a. a. O.

745 *BAG* 5. 3. 74, AP Nr. 1 zu § 5 BetrVG 1972.

746 So aber auch schon *BAG* 5. 3. 74, AP Nr. 1 zu § 5 BetrVG 1972; bestätigt für die neue Rechtslage durch *BAG* 11. 1. 95, EzA § 5 BetrVG 1972 Nr. 58.

schreibt durch Verwendung **formaler Merkmale** (Einstellungs- und Entlassungsberechtigung) den UN-Vertreter in seiner Funktion als Arbeitgeber; **Nr. 2** umschreibt ebenfalls unter Verwendung **formaler Merkmale** (Vollmachten) den UN-Vertreter im Handelsverkehr (formale UN-Stellung); **Nr. 3** erfasst demgegenüber den zahlenmäßig stärksten Teil der leitenden Angestellten durch Verwendung **funktionaler Merkmale,** also den UN-Vertreter im funktionalen Sinne.[747] Schon diese Tatbestandsstruktur verdeutlicht den unübersehbaren funktionellen Gegensatz der leitenden Angestellten gegenüber den sonstigen AN des Betriebs und dem BR.

Die Erfüllung der Merkmale einer der Tatbestandsgruppen nach Satz 2 allein genügt jedoch nicht. Nach dem Eingangshalbsatz des Satzes 2 müssen die formalen Berechtigungen bzw. funktionsbezogenen Aufgaben dem Angestellten im **Arbeitsvertrag** übertragen worden sein. Außerdem genügt auch diese bloß formale vertragliche Übertragung nicht, vielmehr **müssen** die übertragenen Berechtigungen und **Aufgaben** auch **tatsächlich** im UN oder im Betrieb vom betreffenden Angestellten **wahrgenommen werden** (dazu Rn, 237 f.). **Abs. 4,** dem ein »besonderer Ehrenplatz in der Rätselecke des Arbeitsrechts«[748] zukommt, enthält – selbst wenn man über die durchgreifenden verfassungsrechtlichen Bedenken hinwegsieht (vgl. Rn. 295) – keine selbstständigen Abgrenzungsmerkmale; er hat bestenfalls eine nachgeordnete **Hilfsfunktion** bei Anwendung von Abs. 3 Satz 2 Nr. 3 (str., näher dazu Rn. 282 ff.). 230

c) Verfassungsmäßigkeit des Abs. 3

Zu **Abs. 3 Nr. 3 a. F.** waren Zweifel an dessen **Verfassungsmäßigkeit** geäußert worden, weil er eine Anhäufung unbestimmter Rechtsbegriffe enthalte und wegen seiner Unbestimmtheit gegen das Rechtsstaatsgebot, den Grundsatz der Justitiabilität und das Gebot der Normenklarheit verstoße.[749] Dem ist jedoch zunächst das *BAG*[750] und schließlich das *BVerfG*[751] entgegengetreten. 231

Abs. 3 Nr. 3 des geltenden Gesetzes bedient sich zwar ebenfalls zur Bestimmung der leitenden Angestellten einer Reihe von unbestimmten Rechtsbegriffen. Wie jedoch andernorts nachgewiesen wurde, decken sich die neuen Begriffe zum Teil sogar wörtlich mit Formulierungen, die das *BAG* im Rahmen der Auslegung der Nr. 3 a. F. verwendet hatte,[752] so dass die Zweifel an der **Verfassungsmäßigkeit** dieser Tatbestandsgruppe – wenn sie zum früheren Recht jemals angebracht waren – jedenfalls nach der Neufassung 1988 noch geringer geworden sind.[753] Wenn das *BVerfG*[754] schon zur a. F. ausdrücklich festgestellt hatte, dass die »Arbeitsgerichte nach wie vor in der Lage sind, die ihnen durch die unbestimmten Rechtsbegriffe gestellte Aufgabe auf rechtsstaatliche Weise zu bewältigen«, so gilt dies hinsichtlich der jetzt geltenden Fassung erst recht. Somit ist es zweifelsfrei möglich, **allein auf der Basis des Abs. 3** bei einem gegebenen Sachverhalt unter Anwendung der Grundsätze der juristischen Auslegungsmethoden zu einer – wenn auch möglicherweise schwierigen – **Zuordnungsentscheidung** zu gelangen.[755] 232

Wegen der – allerdings notwendigen – begrifflichen Unschärfe der verwandten Gesetzesbegriffe konzediert das *BAG* in ständiger Rspr. den Tatsachengerichten **bei der Gesamtwertung** der für die Charakterisierung eines leitenden Angestellten maßgebenden Merkmale einen gewissen **Beurteilungsspielraum.**[756] Ein **rechtlicher Ermessensspielraum** zur Wahl zwischen mehreren 233

---

747 *Hromadka,* BB 90, 57 [58].
748 *Martens,* RdA 89, 73 [81].
749 Vgl. *LAG Düsseldorf* 9. 11. 78, 7. 12. 78, AP Nrn. 20, 21 zu § 5 BetrVG 1972; *LAG Hamburg* 4. 1. 80 – 6 TaBV 1/79; *Küttner/Zietsch/Gravenhorst,* DB 79, 546; *Ochsner,* DB 78, 2219.
750 29. 1. 80, AP Nr. 22 zu § 5 BetrVG 1972.
751 24. 11. 81, AP Nr. 27 zu § 5 BetrVG 1972.
752 Vgl. *Blanke/Berg u. a.,* Rn. 57 ff.
753 Ebenso *Fitting,* Rn. 361 *Bauer,* SprAuG, S. 127.
754 A. a. O.
755 Ebenso *Steindorff,* AuR 88, 266 [269], der Abs. 4 zu Recht für einen toten Buchstaben hält; vgl. auch *Clausen/Löhr/Schneider/Trümner,* AuR 88, 293 [297 f.]; zur Verfassungswidrigkeit des Abs. 4 vgl. Rn. 295.
756 Grundlegend *BAG* 5. 3. 74, AP Nr. 1 zu § 5 BetrVG 1972; zuletzt 29. 1. 80, AP Nr. 22 zu § 5 BetrVG 1972; bestätigt durch *BVerfG* 24. 11. 81, AP Nr. 27 zu § 5 BetrVG 1972.

gleichwertigen, im Rechtssinne richtigen Entscheidungsalternativen steht den Gerichten insoweit aber **nicht** zu. Der durch das Rechtsbeschwerdegericht nur eingeschränkt überprüfbare Beurteilungsspielraum betrifft allein die **Gesamtwürdigung** der verschiedenen Funktionsmerkmale **in tatsächlicher Hinsicht.** Ob dagegen die festgestellten Tatsachen rechtlich richtig beurteilt, d. h. unter die gesetzlichen Tatbestandsmerkmale subsumiert worden sind, ist eine unbeschränkt nachprüfbare rechtliche Entscheidung.[757] Damit hält sich die Rspr. des *BAG* im allgemeinen Rahmen der zu den unbestimmten Rechtsbegriffen entwickelten Lehre, wonach es für den Rechtsanwender in tatsächlicher Hinsicht einen Bewertungsspielraum, in rechtlicher Hinsicht jedoch nur eine richtige Lösung geben kann, so dass die Wahl zwischen mehreren Entscheidungen ausgeschlossen ist.[758]

d) Zwingendes Recht

234 Als **Organisationsvorschrift gehört** die gesetzliche Begriffsdefinition **zum zwingenden Recht.**[759] Somit können weder durch TV noch BV noch Arbeitsvertrag oder sonstige Abmachungen andere als die gesetzlichen Voraussetzungen für den Begriff des leitenden Angestellten festgelegt werden. Gleichwohl getroffene abweichende **Vereinbarungen** sind **nichtig,** d. h. von Anfang an unwirksam.[760] Dies gilt für viele der in der Praxis üblich gewordenen Abreden, die häufig zur Vermeidung von Rechtsstreitigkeiten getroffen werden.[761] Aus demselben Grunde ist es auch unzulässig, den Status eines AN als leitender Angestellter **im Rahmen eines** gerichtlichen **Vergleichs** festzulegen, wie es ebenfalls zu beobachten ist, vor allem im Zusammenhang solcher Verfahren, in denen der Status als Vorfrage eine Rolle spielt.

235 Früher wurde gelegentlich angenommen, es sei im Einzelfall zulässig, einer Abgrenzungs-Übereinkunft, sofern sie nach den gesetzlichen Kriterien getroffen worden ist, eine Tatsachenvermutung zu entnehmen, die als Beweis des ersten Anscheins im Rahmen der Beweiswürdigung von Bedeutung sei. Ein derartiger **Beurteilungskonsens** zwischen BR und UN wird vom *BAG* allerdings nicht als ausreichend zuverlässiges Indiz angesehen.[762] Ebenso wenig kommt es auf die persönliche Entwicklung eines AN an oder auf dessen Kenntnisse und Erfahrungen, die er aufgrund politischer oder anderer Aufgabenwahrnehmung erlangt hat.[763]

236 Schließlich vermag auch die **Eintragung in die Wählerliste,** sei es für die BR-Wahl oder die SpA-Wahl, keine rechtskonstitutiven Wirkungen zu erzeugen.[764]

3. Gemeinsame Tatbestandsvoraussetzungen nach Abs. 3 Satz 2, Einleitungshalbsatz

237 Nach den den Tatbestandsgruppen der Nrn. 1–3 vorangestellten Worten ist leitender Angestellter nur, wer die in Nrn. 1–3 enthaltenen Berechtigungen und Aufgaben nach Arbeitsvertrag **und** Stellung im UN oder Betrieb wahrnimmt. Gegenüber Abs. 3 a. F. ist zunächst der Begriff »Dienstvertrag« durch »Arbeitsvertrag« ersetzt worden, was jedoch gegenüber der früheren Rechtslage keine Änderung bedeutet (vgl. bereits Rn. 221). Auch wenn der Gesetzgeber des Jahres 1972 bei der Aufnahme dieses Merkmals davon ausgegangen ist, dass im Regelfall ein **schriftlicher** Anstellungsvertrag vorliegen wird,[765] so hängt dennoch der Status eines leitenden

---

757 *BAG* 23. 1. 86, AP Nr. 30 zu § 5 BetrVG 1972; ebenso *Richardi,* NZA-Beilage 1/90, S. 9.
758 Vgl. *GmS-OGB* 19. 10. 71, BVerwGE, 39, 355 [363, 365]; *Clausen/Löhr/Schneider/Trümner,* AuR 88, 293 [297], wo irrtümlich von »Entscheidungsspielraum« die Rede ist.
759 *Richardi/Maschmann,* Rn. 288; *Fitting,* Rn. 365; GK-*Raab,* Rn. 169.
760 *BAG* 5. 3. 74, AP Nr. 1 zu § 5 BetrVG 1972; 19. 8. 75, AP Nr. 1 zu § 105 BetrVG 1972; *GL,* Rn. 41.
761 Vgl. aus jüngerer Zeit *LAG Baden-Württemberg* 29. 4. 11 – 7 TaBV 7/10, juris = BB 11, 1268 (red. Ls.): Regelungsabrede über Statusbeurteilung ist rechtlich irrelevant.
762 *BAG* 29. 1. 80, AP Nr. 22 zu § 5 BetrVG 1972, ebenso hinsichtlich einer **Selbsteinschätzung** durch den Betroffenen (vgl. z. B. das Änderungsverlangen nach § 10 der 3. WOMitbestG).
763 *LAG Niedersachsen* 16. 6. 08 – 9 TaBV 14/07.
764 So für das frühere Recht *BAG* 5. 3. 74, 4. 12. 74, AP Nrn. 1, 4 zu § 5 BetrVG 1972; vgl. zu den Rechtswirkungen des Zuordnungsverfahrens § 18a Rn. 68 ff.
765 Vgl. *Richardi,* NZA-Beilage 1/90, S. 2 [4].

Angestellten nicht etwa von der Fixierung der Aufgaben und Befugnisse in einer Vertragsurkunde ab.[766]

Weil aus diesen Gründen nicht ausgeschlossen werden kann, dass einem AN Aufgaben eines **leitenden** Angestellten im schriftlichen Vertrag **nur pro forma** übertragen werden, diese in Wirklichkeit aber nicht ausgeübt werden oder sogar untersagt sind, kommt dem zusätzlichen Merkmal »nach Stellung im UN oder im Betrieb« entscheidende Bedeutung zu. Hierdurch wird klargestellt, dass neben die vertragsrechtlich eingeräumte **Befugnis bzw. Funktion** auch deren **tatsächliche Ausübung** treten muss, damit von einem leitenden Angestellten die Rede sein kann.[767] Hierin tritt jedoch nur der allgemeine arbeitsrechtliche Gedanke zutage, wonach letztlich für die rechtliche Beurteilung des Status nicht die Bezeichnung, sondern die tatsächliche Handhabung entscheidend ist.[768] Anders ist dies nur dann, wenn **vor Dienstantritt** die Kündigung erfolgt; dann richtet sich die Statusbeurteilung allein nach dem Arbeitsvertrag.[769] 238

Allerdings reicht auch die rein tatsächliche Ausübung von Funktionen eines leitenden Angestellten nicht aus.[770] Wenngleich dies bei dem in Rede stehenden Personenkreis nur selten vorkommen mag, so könnte es sich auch um eine »angemaßte« Befugnis handeln, die im Außenverhältnis faktisch zwar vollzogen wird, der im Innenverhältnis zum AG jedoch keine entsprechende Berechtigung zugrunde liegt. Insoweit hatte das *BAG* zu der sachlich identischen Rechtslage nach Abs. 3 a. F. (»nach Dienststellung und Dienstvertrag«) die **Deckungsgleichheit** zwischen rechtlichen und tatsächlichen Befugnissen verlangt.[771] 239

Aus der noch im Gesetzgebungsverfahren vor dem Hintergrund der *BAG*-Entscheidung vom 27. 4. 88[772] geänderten Fassung des Abs. 3 Satz 2 Nr. 2[773] lässt sich kein Argument gegen das Erfordernis der **Deckungsgleichheit,** wie es im neuen Eingangshalbsatz verankert ist, gewinnen. Gerade weil sich die im »Wettlauf zwischen Gesetzgebung und Rechtsprechung«[774] beschlossene Korrektur des bisherigen Gesetzeswortlauts allein auf die Tatbestandsgruppe nach Nr. 2 erstreckt, lässt sie die bisherige Rspr. (Rn. 239) zum Eingangssatz unangetastet. Allenfalls gibt sie etwas für die Auslegung der Nr. 2 her.[775] 240

Die sprachlich hervorgehobene Gleichgewichtigkeit der »Stellung im UN« mit der »Stellung im Betrieb« dokumentiert lediglich den zuletzt in der Rspr. des *BAG*[776] **vor** der Neufassung erreichten Stand der Normauslegung.[777] Danach konnten auch bisher schon wichtige **betriebsleitende Funktionen** als eine solche unternehmerische (Teil-)Aufgabe anzusehen sein, die als ein Merkmal nach Nr. 3 erfullt sein musste, um jemanden überhaupt zum leitenden Angestellten qualifizieren zu können.[778] Zu Abs. 3 hat das *BAG*[779] ausdrücklich und in Anknüpfung an 241

766 So schon *BAG* 5. 3. 74, 23. 3. 76, AP Nrn. 1, 14 zu § 5 BetrVG 1972.
767 *Engels/Natter,* BB-Beilage 8/89, S. 7; *Wlotzke,* DB 89, 111 [119]; *Hromadka,* a. a. O.; *Richardi,* NZA-Beilage 1/90, S. 2 [4]; *Fitting,* Rn. 369; GK-*Raab,* Rn. 175.
768 Vgl. Rn. 64; ebenso *Buchner,* NZA-Beilage 1/89, S. 2 [6].
769 *LAG Frankfurt* 31. 5. 85, LAGE § 5 BetrVG 1972 Nr. 14.
770 Ebenso GK-*Raab,* Rn. 175.
771 *BAG* 28. 1. 75, 29. 1. 80, 11. 3. 82, 27. 4. 88, AP Nrn. 5, 22, 28, 37 zu § 5 BetrVG 1972; GK-*Raab,* a. a. O., will eine nicht »völlige Deckungsgleichheit« genügen lassen; ablehnend *Hromadka,* DB 88, 2053 noch hinsichtlich der Tatbestandsgruppe nach Abs. 3 Nr. 2; nunmehr generell gegen dieses Erfordernis *ders.,* BB 90, 57 [58 f.].
772 AP Nr. 37 zu § 5 BetrVG 1972.
773 Prokuristen; näher zum Gang der Beratung im BT-Ausschuss *Richardi,* NZA-Beilage 1/90, S. 2 m. w. N.
774 *Hromadka,* DB 88, 2053.
775 Dazu Rn. 251, 257 f.; unklar *Engels/Natter,* BB-Beilage 8/89, S. 7; in der Tendenz wie hier *Wlotzke,* DB 89, 111 [119]; ablehnend *Hromadka,* BB 90, 57 [58]; Deckungsgleichheit verlangen auch *Borgwardt/Fischer/Janert;* SprAuG, 2. Aufl., S. 36.
776 23. 1. 86, AP Nrn. 30, 32 zu § 5 BetrVG 1972.
777 Vgl. *Wlotzke,* DB 89, 111 [119]; unverständlich die überzogene Kritik von *Martens,* RdA 89, 73 [77], der in dieser Formulierung offenbar eine Möglichkeit zur Ausdehnung des Personenkreises der leitenden Angestellten sieht.
778 Vgl. zum Streit um die terminologischen Veränderungen *Dänzer-Vanotti,* NZA-Beilage 1/89, S. 30 [31].
779 25. 10. 89, AP Nr. 42 zu § 5 BetrVG 1972.

seine bisherige Rspr.[780] betont, dass das Gesetz auf die **Stellung des Angestellten im UN** abstellt. Anknüpfungspunkt für die Beurteilung der unternehmerischen Tätigkeit ist stets das UN, so dass in einem mehrbetrieblichen UN der Status ein und derselben Person nur einheitlich für alle Betriebe dieses UN festgestellt werden kann, wenn der betreffende Angestellte mehreren Betrieben des UN angehört.[781] Somit ist zunächst ausgeschlossen, dass **rein betriebsbezogene Aufgaben** ohne unternehmerischen Charakter bereits zum leitenden Angestellten qualifizieren können.[782] Überdies kann aber die notwendige UN-Anknüpfung auch dazu führen, dass in konzernbezogenen **Matrixstrukturen** dieselbe Person in dem einen UN als leit. Ang. anzusehen ist, während dies in dem anderen UN nicht der Fall sein muss.[783] Das Postulat[784], in der Matrix dürfe der leit. Ang. – Status nur konzerneinheitlich für alle UN und Betriebe bestimmt werden, geht am klaren Wortlaut der Bestimmung vorbei.[785] Es genügt auch nicht, wenn sich die Tätigkeit darauf beschränkt, eine **vorprogrammierte unternehmerische Entscheidung** auf der betrieblich-arbeitstechnischen Umsetzungsebene lediglich nachzuvollziehen.[786] Daran dürfte es auch scheitern, den Restaurantleiter[787] als leitenden Angestellten anzusehen, da er eine ausschließlich betriebsbezogene und auf Nachvollzug zentraler Vorgaben ausgerichtete Funktion wahrnahm. Zudem kam ihm die **Rolle des Betriebsleiters** in Bezug auf einen etwaigen BR nur in einem eingeschränkten Spektrum der Personalangelegenheiten und nur im Hinblick auf etwas mehr als 2,5 v. H. der AN des Gesamt-UN zu.[788]

241a Bemerkenswerterweise, aber vom eigentlich selbstverständlichen Standpunkt kommend, dass ein leit. Ang. im Wortsinn eine leitende Funktion innehaben müsse, hat das *OVG Rheinland-Pfalz*[789] in einer aufenthaltsrechtlichen Entscheidung wesentlich u. a. aufgrund fehlender Fähigkeiten, nämlich **unzureichende Deutschkenntnisse,** entschieden, dass es sich bei einem chinesischen Spezialitätenkoch nicht um einen leit. Ang. handele.

242 Aus den Tatbestandsmerkmalen des Eingangssatzes folgt weiter, dass die **bloß gelegentliche oder nebenher** erfolgende Ausübung von Funktionen nach Nrn. 1 bis 3 nicht zum leitenden Angestellten macht.[790] Vielmehr muss diese die **Stellung des Angestellten** in der Arbeitsorganisation des UN **prägen,** so dass die **aushilfsweise** Verrichtung von derartigen Funktionen oder die bloß **kommissarische Vertretung** eines leitenden Angestellten den Vertreter nicht zum leitenden Angestellten werden lässt.[791] Die Rolle eines **stellvertretenden Filial- oder Marktleiters** macht daher ebensowenig zum leit. Ang.[792], wie die Rolle eines **Assistenten des Geschäftsleiters** in einem Baumarkt, selbst wenn dieser in Abwesenheit des Geschäftsleiters einstellen und entlassen darf.[793] Wer zur **Erprobung** Aufgaben wahrnimmt, die für einen leitenden Angestellten charakteristisch sind, ist deswegen noch nicht leitender Angestellter; entscheidend

---

780 Vgl. insbes. 29. 1. 80, AP Nr. 22 zu § 5 BetrVG 1972.

781 *BAG* 25. 10. 89, a. a. O.

782 Ebenso *Engels/Natter,* BB-Beilage 8/89, S. 8.

783 Vgl. *LAG Baden-Württemberg* 28. 5. 14 – 4 TaBV 7/13, BB 14, 2298; *LAG Düsseldorf* 10. 2. 16 – 7 TaBV 63/15, LAGE § 101 BetrVG 2001 Nr. 5.

784 Vgl. *Bitsch,* NZA 18, 696 ff., der die Ebenen UN und Konzern unzulässig gleichsetzen will.

785 A. A. hingegen *Bitsch,* NZA 18, 696, 697, der eine für den Konzern und die Unternehmen einheitliche Bewertung des leitenden Angestellten für zwingend hält.

786 *BAG* 19. 11. 74, 4. 12. 74, AP Nrn. 2, 4 zu § 5 BetrVG 1972.

787 Vgl. *BAG* 25. 11. 93, NZA 94, 837 [zu § 14 Abs. 2 KSchG]; näher Rn. 225, 297.

788 Vgl. aber GK-*Raab,* Rn. 179, der zu leichtfertig bereits jeden Betriebsleiter eines noch so kleinen Betriebs als leitenden Angestellten einordnet.

789 *OVG Rhld.-Pfalz* 13. 1. 20 – 7 B 11770/19, juris = BeckRS 20, 648, Rn. 18 f.

790 *Wlotzke,* DB 89, 111 [119]; *Richardi,* NZA-Beilage 1/90, S. 4 f.

791 *BAG* 23. 1. 86, AP Nr. 30 zu § 5 BetrVG 1972; anders für den Vertretungsfall die Entwurfsbegründung, BT-Drucks. 11/2503, S. 30, wenn eine ständige oder lang andauernde Vertretung vorliegt; allerdings kommt es auch dann darauf an, in welchem Umfang die Vertretung den Angestellten neben dessen eigentlichen Aufgaben beansprucht, d. h., ob die unternehmerischen Aufgaben nunmehr prägend sind; kritisch zur Entwurfs-Begründung *Fitting, 24. Aufl.,* Rn. 361; *Buchner,* NZA-Beilage 1/89, S. 2 [8]; *Dänzer-Vanotti,* NZA-Beilage 1/89, S. 30 [32].

792 *LAG Köln* 20. 6. 18 – 11 TaBV 77/17, BeckRS 18, 30003, Rn. 22; nicht entschieden aber in *LAG Köln* 10. 10. 19 – 6 Ta BV 6/19, BeckRS 19, 32397, Rn. 27, weil die betreffende Person während des Verfahrens zum Marktleiter befördert wurde und dieser als leit. Ang. angesehen worden ist.

793 *LAG Köln* 6. 9. 19 – 9 TaBV 123/18, BeckRS 19, 28440, Rn. 42.

ist, ob diese Aufgaben für die Stellung im Betrieb oder UN prägend sind. Übt ein Angestellter bereits während der Probezeit entsprechende Funktionen ohne Einschränkungen aus, kann er deshalb durchaus bereits als leitender Angestellter anzusehen sein.[794]

Teilweise wird angenommen,[795] dass die in der Vorschrift erfolgte Bestätigung der sog. **Prägetheorie,** wie sie vom *BAG* zum früheren Recht der leitenden Angestellten entwickelt worden war,[796] sich nunmehr aus dem Merkmal »regelmäßig« in Nr. 3 ergebe. Demgegenüber hatte jedoch das *BAG*[797] dieses Erfordernis nicht aus dem Merkmal »regelmäßig«, sondern aus dem Gesamtzusammenhang der Vorschrift abgeleitet. Die rechtliche Qualifizierung einer Tätigkeit mit Hilfe des Gepräge-Kriteriums ist hingegen auch ohne besonderen Anknüpfungspunkt im Gesetzeswortlaut zulässig. Für die Bestimmung des Status als Arbeiter oder Angestellter war dies seit langem anerkannt (vgl. *7. Aufl.*, § 6 Rn. 10); es handelt sich dabei um ein durchgängiges **arbeitsrechtliches Grundprinzip.**[798] 243

Nicht recht klar ist die Bedeutung des Begriffs »**sonstige Aufgaben**« in Nr. 3 für die Legaldefinition des Abs. 3 Satz 2. Zwar ist er formal gesehen nicht direkt den gemeinsamen Tatbestandsmerkmalen »nach Arbeitsvertrag« bzw. »Stellung im ...« zuzuordnen. Andererseits signalisiert er die funktionelle **Gleichwertigkeit** der drei Tatbestandsgruppen.[799] Deren **Ungleichartigkeit** (vgl. Rn. 229) wird dadurch nicht beseitigt. Darüber hinaus wird jedoch eine **Verbindungslinie** zwischen Nrn. 1 und 2 einerseits und Nr. 3 andererseits hergestellt.[800] Dies verdeutlicht, dass es sich bei den in Nr. 3 genannten Aufgaben gleichfalls um **Führungsaufgaben** mit betriebs- oder unternehmensleitendem Charakter handeln muss,[801] aber auch, dass leitende Angestellte nach Nrn. 1 und 2 eine ähnlich herausragende Funktion haben müssen, wie dies für leitende Angestellte i. S. d. funktionellen Grundtatbestandes nach Nr. 3 zu verlangen ist. Die den Berechtigungen nach Nrn. 1 und 2 zugrunde liegenden Aufgaben müssen denen nach Nr. 3 gleichwertig sein.[802] Da Nr. 3 den Grundtatbestand der Definition enthält, sind Nrn. 1 und 2 an diesem zu messen, was vor allem bei der Auslegung des Merkmals »nicht unbedeutend« in Nr. 2 zu beachten ist (vgl. Rn. 258 f.). Andererseits erhalten Nrn. 2 und 3 durch das Merkmal »sonstige« den Charakter eines teilweise offenen Tatbestands.[803] Dem Wort »sonstige« allein sprachliche Bedeutung beizumessen[804] wird dem in der Entwurfsbegründung zum Ausdruck gekommenen Willen des Gesetzgebers jedenfalls nicht gerecht. 244

4. Die Tatbestandsgruppen des Abs. 3 Satz 2

Die Eigenschaft eines AN, leitender Angestellter zu sein, ist dann zu bejahen, wenn neben den allgemeinen Tatbestandsmerkmalen (vgl. Rn. 237 ff.) noch die Merkmale wenigstens einer der drei Tatbestandsgruppen vorliegen.[805] 245

794 *Richardi*, a. a. O.; vgl. *BAG* 25. 3. 76, AP Nr. 13 zu § 5 BetrVG 1972.
795 So offenbar *Engels/Natter*, BB-Beilage 8/89, S. 9.
796 *BAG* 5. 3. 74, AP Nr. 1 zu § 5 BetrVG 1972; seither ständige Rspr., vgl. nur zuletzt *BAG* 23. 1. 86, AP Nr. 32 zu § 5 BetrVG 1972.
797 5. 3. 75, a. a. O.
798 *Fitting*, Rn. 409; abwegig *Martens*, RdA 89, 73 [77], der zu sehr vom Ergebnis her argumentiert und vor allem den Personenkreis der leitenden Angestellten als durch die n. F. erweitert sehen möchte; ähnlich *H.-P. Müller*, DB 88, 1967; dagegen *G. Müller*, DB 89, 824 [825], der die Geprägetheorie wie hier vertreten in der Einleitung von Abs. 3 Satz 2 verankert sieht; die Fortexistenz der Geprägetheorie nach der Neufassung bestätigt *BAG* 25. 10. 89, AP Nr. 42 zu § 5 BetrVG 1972; zweifelnd dagegen *LAG Baden-Württemberg* 25. 6. 91, LAGE § 5 BetrVG 1972 Nr. 20.
799 So *Hromadka*, BB 90, 57 [58]; *Engels/Natter*, BB-Beilage 8/89, S. 8; *Wlotzke*, DB 89, 111 [120].
800 *Richardi*, NZA-Beilage 1/90, S. 4; *Engels/Natter*, a. a. O.; *Wlotzke*, a. a. O.
801 *Fitting*, Rn. 394; *Bauer*, SprAuG, S. 123; *Richardi*, a. a. O.; *Engels/Natter*, a. a. O.; *Wlotzke*, a. a. O.
802 Ähnlich *Engels/Natter*, a. a. O.; *Wlotzke*, a. a. O.; zustimmend *BAG* 11. 1. 95, EzA § 5 BetrVG 1972 Nr. 58.
803 Vgl. *Engels/Natter*, a. a. O.; *Blanke/Berg u. a.*, Rn. 60 f.), so dass in schwierigen Fällen nach Nr. 3 eine Rückkoppelung zu den Nrn. 1 und 2 erfolgen kann (vgl. BT-Drucks. 11/2503, S. 30; *Bauer*, SprAuG, S. 123; *Richardi*, NZA-Beilage 1/90, S. 4; *Wlotzke*, DB 89, 120; a. A. *Hromadka*, BB 90, 57 [58]; *Martens*, RdA 89, 73 [76]; GK-*Raab*, Rn. 205.
804 So aber noch GK-*Raab*, *7. Aufl.*, Rn. 123 im Anschluss an *H. P. Müller*, DB 88, 1698.
805 Zu den Prüfkriterien siehe DKWF-*Homburg*, § 5 Rn. 3.

a) Selbstständige Einstellungs- und Entlassungsberechtigung (Nr. 1)

246 Gegenüber der bis zum 31. 12. 1988 geltenden Fassung ist diese Tatbestandsgruppe unverändert geblieben. In der bisherigen Praxis – auch der Gerichte – spielte die Zuordnung nach dieser Regelung nur eine höchst **untergeordnete Rolle.**[806] Die bisherige Rspr. ist für die Auslegung der Nr. 1 weiterhin ohne Einschränkung heranzuziehen. Weil bei dieser Tatbestandsgruppe die Zuordnung ausschließlich anhand rein formaler Merkmale erfolgt, muss stets ein bedeutsames Aufgabengebiet zu Grunde liegen,[807] so dass eine formal zwar eingeräumte Berechtigung dennoch nicht zum leit. Ang. qualifiziert, wenn sie nur von untergeordneter unternehmerischer Bedeutung ist.[808] Überdies müssen **alle Einzelmerkmale** dieser Tatbestandsgruppen zusammentreffend vorliegen.

247 Der Angestellte muss zur selbstständigen **Einstellung und Entlassung** berechtigt sein; Einstellungs- *oder* Entlassungsbefugnis reicht nicht aus,[809] so dass ein Betriebsleiter, der Personal zwar selbstständig einstellen darf, bei Kündigungen aber die Zustimmung der Personalabteilung benötigt, nicht leitender Angestellter i. S. d. Nr. 1 ist.[810] Diese Doppelbefugnis darf außerdem **nicht** bloß für den **Einzelfall** oder sporadisch auftauchende Situationen gegeben sein.[811] Wer durch **Generalprozessvollmacht** zur Führung von Rechtsstreitigkeiten vor dem ArbG ermächtigt ist, hat eben nicht Einstellungs- und Entlassungsbefugnis, nur weil er kraft Vollmacht zum rechtswirksamen **Abschluss von Aufhebungsvergleichen** berechtigt ist.[812] Außerdem ist zur selbstständigen Einstellung und Entlassung erforderlich, dass der Angestellte zur Vornahme der jeweiligen personellen Maßnahme im Außenverhältnis, d. h. gegenüber dem betroffenen AN, die notwendigen Vollmachten hat und andererseits auch im **Innenverhältnis** gegenüber dem AG selbstständig über die Einstellung und Entlassung entscheiden darf.[813]

248 Das Merkmal der **Selbstständigkeit** bedeutet, dass der Angestellte hinsichtlich seiner Befugnisse nicht von Dritten abhängig sein darf. In der Praxis können auch **Personalleiter** meist nur im Zusammenwirken mit der **Fachabteilung** eine entsprechende Entscheidung treffen; die Notwendigkeit eines solchen Zusammenwirkens schließt bereits die Selbstständigkeit i. S. d. Nr. 1 aus.[814] Dasselbe gilt, wenn der Personalleiter lediglich die **Entscheidung** der Fachabteilung im Außenverhältnis zu dem betreffenden AN **vollzieht.**[815] Aber auch der Leiter der Fachabteilung, an dessen Votum die Personalabteilung nicht vorbeigehen kann, ist nicht leitender Angestellter nach Nr. 1, wenn er aus formellen Gründen die **Mitzeichnung** der Personalabteilung benötigt.[816] Dies ergibt sich auch daraus, dass die Berechtigung zur Einstellung und Entlassung von AN nicht nur im Außenverhältnis zum AN, sondern auch im Innenverhältnis zum AG/UN vorliegen muss.[817] Diese **eigenverantwortliche Entscheidung** liegt eben nicht mehr vor, wenn sie intern an gewisse Beteiligungs-Formalia gebunden wird. Zutreffend ist es aber, den Personalleiter bzw. Fachleiter dann als leitenden Angestellten zu bezeichnen, wenn er sich im Rahmen der innerbetrieblichen Kompetenzverteilung über ein entgegenstehendes Votum der zu konsultierenden Person hinwegsetzen darf.[818] Hat ein Personalleiter zwar Einstellungs- und Entlassungsbefugnis, so spricht es dennoch gegen dessen Leitenden-Eigenschaft, wenn er

---

806 Vgl. nur *BAG* 28. 9. 61, AP Nr. 1 zu § 1 KSchG 1951 Personenbedingte Kündigung; 27. 10. 78, 11. 3. 82, AP Nrn. 19, 28 zu § 5 BetrVG 1972; 17. 11. 83 – 6 AZR 291/83.

807 So schon *BAG* 29. 1. 80, AP Nr. 22 zu § 5 BetrVG 1972; *BAG* 16. 4. 02 – 1 ABR 23/01, NZA 03, 56.

808 *BAG* 4. 5. 22 – 7 ABR 14/21, NZA 22, 1280 Rn. 38 ff.

809 *BAG* 11. 11. 83 – 6 AZR 291/83; *Richardi/Maschmann*, Rn. 226; *Fitting*, Rn. 375; anders in § 14 KSchG.

810 *GL*, Rn. 47.

811 HWGNRH-*Rose*, Rn. 168.

812 *BAG* 28. 9. 61, AP Nr. 1 zu § 1 KSchG 1951 Personenbedingte Kündigung.

813 *BAG* 11. 3. 82, AP Nr. 28 zu § 5 BetrVG 1972; *BAG* 27. 9. 01 – 2 AZR 176/00, AP Nr. 6 zu § 14 KSchG 1969.

814 *LAG Berlin* 5. 3. 90, LAGE § 5 BetrVG 1972 Nr. 18; *Fitting*, Rn. 378; GK-*Raab*, Rn. 192; *GL*, Rn. 46; a. M. *SWS*, Rn. 10.

815 *Fitting*, a. a. O.; *Buchner*, NZA-Beilage 1/89, S. 2 [6].

816 Vgl. *ThürLAG* 6. 7. 00, LAGE § 5 BetrVG 1972 Nr. 22 wegen eines Chefarzt-Abteilungsleiters.

817 *BAG* 11. 3. 82, AP Nr. 28 zu § 5 BetrVG 1972.

818 GK-*Raab*, Rn. 192 a. E.

einen weisungsberechtigten Vorgesetzten hat, der mit den gleichen Kompetenzen ausgestattet ist.[819]

Die selbstständige Einstellungs- und Entlassungsberechtigung muss sich **auf AN beziehen,** so dass es nicht ausreicht, wenn ein Angestellter zum selbstständigen Abschluss von Verträgen mit **freien Mitarbeitern** und zur Auflösung solcher Verträge berechtigt ist.[820] Zwar setzt die Vorschrift keine bestimmte Anzahl von AN voraus, auf die sich die Berechtigung erstreckt. Aus dem Merkmal **»im Betrieb oder in der Betriebsabteilung«** folgt aber, dass es sich i. d. R. um einen erheblichen Teil der AN handeln muss, weil sonst nicht mehr davon auszugehen ist, dass ein die Leitungsfunktionen deutlich zum Ausdruck bringendes bedeutsames Aufgabengebiet vorhanden ist.[821] Als »erheblich« wird man es ansehen können, wenn sich die Befugnis auf mindestens eine **der AN-Gruppen** (Arbeiter bzw. Angestellte) bezieht.[822] **Nicht** ausreichend ist es daher wegen des zu kleinen AN-Kreises, wenn ein Angestellter zur Einstellung und Entlassung bloß von **Teilzeit-AN**[823] oder **Hilfskräften** berechtigt ist.[824] Allerdings kann eine **kleine AN-Gruppe** dann ausreichen, wenn es sich bei ihr entweder wiederum um leit. Ang. handelt, die ihrerseits nachgeordnete AN selbstständig einstellen und entlassen können[825] oder es sich um AN mit hochqualifizierten Tätigkeiten und entsprechenden Entscheidungsspielräumen handelt bzw. die Gruppenangehörigen einen für das UN herausgehobenen Geschäftsbereich betreuen.[826] Der Umstand, dass eine **Organisationseinheit nach § 4 Abs. 1 Nr. 2** als Betrieb gilt, genügt allein jedenfalls nicht, um die dort institutionalisierte Leitungsperson schon stets als leit. Ang. anzusehen, selbst wenn dieser die erforderlichen formalen Personalbefugnisse eingeräumt sind.[827] Deshalb ist die **»Store-Managerin«** (Filialleiterin) eines UN mit 58 Filialen, die jeweils als Betrieb nach § 4 Abs. 1 Nr. 2 gelten, keine leit. Ang., auch wenn ihr die Einstellungs- und Entlassungsbefugnis für alle AN ihrer Filiale eingeräumt wurde; Wenn sich diese Befugnis nur auf 5 AN bezieht, liegt keine hinreichende unternehmerische Relevanz für die selbständige Ausübung der zugewiesenen Personalführungsbefugnis vor.[828] 249

Eine vom gesetzlichen Betrieb abweichende Regelung durch Struktur-BV/TV nach § 3 kann wegen der Betriebsfiktion aus § 3 Abs. 5 Satz 1 **Wirkungen auf den Status eines leit. Ang.** nach sich ziehen. Wurde ein leit. Ang. mit der Befugnis zur Einstellung und Entlassung nach § 5 Abs. 3 Nr. 1 für alle AN eines Filialbetriebs versehen und werden dann mehrere solcher Filialen nach Abs. 1 Nr. 1 b) zu einem tariflichen **Regionalbetrieb** zusammengefasst, so wird der leit. Ang. hierdurch gleichsam »entleitet«. Die nur für eine Einzelfiliale eingeräumte **Personalverantwortung** bezieht sich dann **nicht mehr** auf **sämtliche AN des Betriebs,** denn Betrieb i. S. d. § 5 Abs. 3 Nr. 1 ist wegen der Fiktion aus § 3 Abs. 5 Satz 1 nun der der tariflich geschaffene große Regionalbetrieb.[829] 249a

Da Nr. 1 wegen des in Nr. 3 enthaltenen Merkmals »sonstige Aufgaben« am Grundtatbestand nach Satz 2 Nr. 3 zu messen ist (vgl. Rn. 244), wird man auch bei leitenden Angestellten, die die Personalvollmacht nach Nr. 1 haben, eine Aufgabe verlangen müssen, die für den Bestand und die Entwicklung des UN oder eines Betriebs von Bedeutung ist und deren Erfüllung besondere Erfahrungen und Kenntnisse voraussetzt.[830] Schon aus diesem Grunde ist der vielzitierte **Mau-** 250

819 *LAG Hamm* 10.12.13 – 7 TaBV 80/13; die RB ist beim BAG anhängig unter Az. 1 ABR 4/14.
820 *BAG* 27.10.78, AP Nr. 19 zu § 5 BetrVG 1972; dies kann aber u. U. im Rahmen der Nr. 3 eine Rolle spielen.
821 *BAG* 11.3.82, AP Nr. 28 zu § 5 BetrVG 1972; *Fitting,* Rn. 376; GK-*Raab,* Rn. 185.
822 Ebenso *BAG* 11.3.82, a. a. O.; *Fitting,* a. a. O.
823 Dazu *LAG Düsseldorf* 20.10.87, LAGE § 5 BetrVG 1972 Nr. 16.
824 Wie z. B. auch der Leiter einer kleinen Filiale mit zahlenmäßig geringer Personalverantwortung; vgl. *Fitting,* a. a. O.; *Bauer,* SprAuG, S. 120; a. A. *GL,* Rn. 48, die auch eine sich auf einen relativ kleinen Personenkreis beziehende Befugnis für ausreichend halten.
825 *BAG* 27.9.01 – 2 AZR 176/00, AP Nr. 6 zu § 14 KSchG 1969; *Fitting* Rn. 377.
826 *BAG* 10.10.07 – 7 ABR 61/06, EzA § 5 BetrVG 2001 Nr. 3.
827 *BAG* 4.5.22 – 7 ABR 14/21, NZA 22, 1280 Rn. 43.
828 *BAG* 4.5.22 – 7 ABR 14/21, NZA 22, 1280 Rn. 38 ff.
829 *ArbG Neumünster* 27.6.18 – 3 BV 3a/18, NZA-RR 18, 661, Rn. 26 ff.; Beschwerde ist beim *LAG SH* unter Az. 4 TaBV 16/18 anhängig.
830 *Richardi,* NZA-Beilage 1/90, S. 5.

rer-Polier mit Personalvollmacht zur Einstellung und Entlassung von Hilfsarbeitern auf der Baustelle kein leitender Angestellter.[831]

b) Generalvollmacht oder Prokura (Nr. 2)

251 Ähnlich wie beim Tatbestand der Nr. 1 existiert nur spärliche Rspr. zu dieser Tatbestandsgruppe.[832] Die jetzige Nr. 2 ist gegenüber der a. F. geändert worden, knüpft aber wie bisher zunächst an die formalen Merkmale des Vorliegens einer **Generalvollmacht** und **Prokura** an. Insoweit hatte das *BAG*[833] bereits festgestellt, dass nach Sinn und Zweck des Gesetzes »formale Rechtsbefugnisse nur dann den Status des leitenden Angestellten begründen, wenn ihnen ein entsprechend bedeutsames Aufgabengebiet zu Grunde liegt«. Scheinbar hat damit der Gesetzgeber im Jahre 1988 lediglich diesen aus der *BAG*-Entscheidung herrührenden Satz in den Rang des formellen Gesetzestextes erhoben (vgl. aber auch Rn. 257).

252 Das Gesetz nennt die **Generalvollmacht vor** der **Prokura,** weil sie nach der Verkehrsanschauung eine Rechtsstellung verschafft, die zwischen der eines Vorstandsmitglieds/Geschäftsführers und der eines Prokuristen liegt.[834] Der historische Gesetzgeber war davon ausgegangen, dass Personen, die eine derart weitreichende Vertretungsmacht besitzen, ausschließlich **geschäftsleitende Funktionen** wahrnehmen und deshalb in einem natürlichen Gegensatz zu den übrigen AN des Betriebs stehen.[835] Der **Begriff Generalvollmacht** wird nirgends gesetzlich definiert (auch § 173 ZPO, § 9 Nr. 1 ArbeitserlaubnisVO und § 22 Abs. 2 Nr. 2 ArbGG erwähnen sie lediglich), allerdings wird die Generalvollmacht als eine besondere Spielart der Handlungsvollmacht (§ 54 HGB) angesehen,[836] obgleich sie über diese in der Praxis hinausgeht, da sie sich regelmäßig auf das gesamte UN erstreckt (vgl. auch § 105 Abs. 1 AktG i. V. m. § 6 Abs. 2 MitbG). Der konkrete **Umfang** einer Generalbevollmächtigung lässt sich nur aus dem der Erteilung zugrunde liegenden Rechtsgeschäft entnehmen (vgl. § 167 BGB). Anders als die Erteilung der Prokura bedarf die Generalbevollmächtigung **nicht** der Eintragung ins **Handelsregister.**[837] Die schlichte Handlungsvollmacht gem. § 54 HGB kann niemals zum leitenden Angestellten qualifizieren.[838]

253 Die **Prokura** ist eine besondere handelsrechtliche Vollmacht (§§ 48–53 HGB), ihre Reichweite richtet sich nach den gesetzlichen Vorschriften. Danach ermächtigt sie zur Vornahme aller Rechtsgeschäfte, die der **Betrieb** eines Handelsgewerbes mit sich bringt, mit Ausnahme der Grundstücksveräußerung und -belastung (§ 49 HGB). Die Erteilung ist zum **Handelsregister** anzumelden und dort einzutragen; dies gilt auch für die **Gesamtprokura** (§ 48 Abs. 2 i. V. m. § 53 Abs. 1 HGB) und die **Niederlassungsprokura** (sog. Filialprokura, vgl. § 50 Abs. 3 HGB). Die **Eintragung hat** allerdings nur **deklaratorischen Charakter,** wirkt also nicht rechtsbegründend, so dass der BR aus den im Handelsregister erfolgten Eintragungen (zum Einsichtsrecht vgl. § 9 HGB) keinen notwendig vollständigen Überblick haben muss. Der Prokurist zeichnet mit dem Zusatz »ppa.« (= per procura).

254 Ist eine Beschränkung dergestalt erfolgt, dass bestimmte Rechtsgeschäfte nur durch **mehrere Prokuristen gemeinschaftlich** vorgenommen werden dürfen, so handelt es sich um eine **Gesamtprokura** (§ 48 Abs. 2 HGB); die Beschränkung kann sich auch darauf beziehen, dass sich die Vollmacht nur auf eine Niederlassung erstreckt (sog. **Niederlassungsprokura,** vgl. § 50 Abs. 3 HGB). Wird zwischen UN und Angestellten eine Beschränkung der Prokura im

---

831 *GL*, Rn. 48; *Fitting*, Rn. 377.

832 Vgl. *BAG* 28. 1. 75, 27. 4. 88, AP Nrn. 5, 37 zu § 5 BetrVG 1972; *BAG* 11. 1. 95, EzA § 5 BetrVG 1972 Nr. 58; *LAG Rheinland-Pfalz* 20. 1. 81, EzA § 5 BetrVG 1972 Nr. 36; *LAG Düsseldorf* 24. 2. 89, LAGE § 5 BetrVG 1972 Nr. 17 mit Anm. *Nowak* in BetrR 89, 192 ff.

833 29. 1. 80, AP Nr. 22 zu § 5 BetrVG 1972.

834 *BAG* 5. 3. 74, AP Nr. 1 zu § 5 BetrVG 1972; vgl. auch Rn. 297 ff.; *Richardi/Maschmann*, Rn. 229; GK-*Raab*, Rn. 195; *Hromadka*, Rechtsbrevier, S. 5 f.; in der Praxis kommt sie nur selten vor [*Fitting*, Rn. 381].

835 Ausschussbericht zu BT-Drucks. VI/2729, S. 11.

836 *Richardi/Maschmann*, a. a. O.

837 Vgl. *Hromadka*, a. a. O.

838 *Fitting*, Rn. 390.

Innenverhältnis in der Weise vereinbart, dass der AN die Prokura nur für gewisse Arten von Geschäften (vgl. § 50 Abs. 2 HGB) ausüben darf, so wird gelegentlich von **Artprokura** gesprochen.[839] Letztgenannte **Beschränkung des Prokuraumfanges** ist im Unterschied zur Gesamt- oder Niederlassungsprokura allerdings im Außenverhältnis gegenüber Dritten unwirksam (§ 50 Abs. 1 HGB), so dass ein »Artprokurist« im Rechtsverkehr wie ein mit allen Befugnissen eines Prokuristen versehener »Generalprokurist« zu behandeln ist.

Zur a. F. der Nr. 2 war es in der Rspr. anerkannt, dass unter den Begriff der **Prokura i. S. d. Nr. 2 auch** die **gemäß HGB** im Außenverhältnis zulässigerweise **eingeschränkten Formen** der Prokura, also die Gesamt- und Niederlassungsprokura, fielen.[840] Selbst eine Doppelbeschränkung in Form einer auf die Niederlassung i. S. d. § 50 Abs. 3 HGB begrenzten Gesamtprokura sei insoweit noch als Prokura i. S. d. Nr. 2 anzusehen.[841] Allerdings verlangte die Rspr. wegen der Merkmale »nach Dienststellung und Dienstvertrag« nach der a. F. zusätzlich, dass ein Angestellter, um leitender Angestellter nach Nr. 2 zu sein, die im Außenverhältnis verliehene Vertretungsmacht auch im Innenverhältnis zum AG uneingeschränkt wahrzunehmen berechtigt sein muss (sog. Erfordernis der **Deckungsgleichheit** von Innen- und Außenverhältnis). 255

Wenn es dem Angestellten nämlich vom AG trotz der formal erteilten Prokura untersagt ist, diese überhaupt auszuüben, oder nur erlaubt ist, sie innerhalb eines geringen Spielraums auszuüben, oder wenn bei der Abgabe rechtsgeschäftlicher Erklärungen kein nennenswerter Spielraum belassen wird, kann er schon nach seiner **Stellung im UN** nicht als Prokurist i. S. d. Nr. 2 angesehen werden.[842] Diese sog. **Titularprokuristen** zählten schon nach der a. F. der Nr. 2 nicht zu den leitenden Angestellten; sie sind dies auch nach der Neufassung nicht.[843] Dasselbe gilt hinsichtlich derjenigen Angestellten, die **Prokura ehrenhalber** erhalten oder weil man stets einen Zeichnungsberechtigten anwesend haben will, ohne dass diesem eine eigene erhebliche Entscheidungsbefugnis in wesentlichen unternehmerischen Teilbereichen zusteht.[844] 256

Ob dagegen bei der Prokura an dem **Erfordernis der Deckungsgleichheit** von Innen- und Außenverhältnis (vgl. Rn. 255) nach heutigem Recht festgehalten werden kann, ist strittig.[845] Der Wortlaut der Neufassung stellt darauf ab, dass »die Prokura im Verhältnis zum Arbeitgeber nicht unbedeutend ist«, und ist insoweit »nicht glücklich gewählt«.[846] Dies soll nach verbreiteter Ansicht den **Willen des Gesetzgebers** dokumentieren, die vermeintliche Einengung des Tatbestands der Nr. 2 a. F. wieder rückgängig zu machen, wie sie vom *BAG*[847] auf Grund der aus dem Merkmal »nach Dienststellung und Dienstvertrag« geschlussfolgerten notwendigen Deckungsgleichheit von Innen- und Außenverhältnis herbeigeführt worden war.[848] Sieht man einmal von der sprachlichen Ungenauigkeit des Gesetzeswortlauts ab (Prokura besteht niemals gegenüber dem AG, sondern stets gegenüber Dritten; außerdem kann nicht die Prokura unbedeutend sein, sondern nur die ihr im Innenverhältnis zum AG zugrunde liegenden Aufgaben)[849] so wirft die Verwendung des Wortes »auch« neue Schwierigkeiten auf. Danach 257

839 Vgl. *Hromadka*, DB 88, 2053.

840 *BAG* 27.4.88, AP Nr. 37 zu § 5 BetrVG 1972 Nr. 36.

841 *BAG* 27.4.88, a. a. O.

842 So bereits *LAG Rheinland-Pfalz* 20.1.81, EzA § 5 BetrVG 1972 Nr. 36.

843 Vgl. zum BetrVG 1952: *LAG Bremen* 15.7.59, AP Nr. 9 zu § 76 BetrVG; zum BetrVG 1972: *BAG* 28.1.75, 29.1.80, 27.4.88, AP Nrn. 5, 28, 37 zu § 5 BetrVG 1972; *LAG Rheinland-Pfalz* 20.1.81, a. a. O.; zur Neufassung: *BAG* 11.1.95, EzA § 5 BetrVG 1972 Nr. 58; *LAG Düsseldorf* 24.2.89, LAGE § 5 BetrVG 1972 Nr. 17; *Engels/Natter*, BB-Beilage 8/89, S. 8; *Wlotzke*, DB 89, 111 [119]; *Hromadka*, BB 90, 57 [60]; *Richardi*, NZA-Beilage 1/90, S. 2 [5]; *Bauer*, SprAuG, S. 121; *Fitting*, Rn. 389; GK-*Raab*, Rn. 198.

844 Ebenso *Fitting*, Rn. 389; *Hromadka*, Rechtsbrevier, S. 10 f.; *ders.*, BB 90, 57 [60].

845 Bejahend wohl *Dänzer-Vanotti*, NZA-Beilage 1/89, S. 30 [31]; dagegen die wohl h. M. in der Literatur, vgl. nur GK-*Raab*, Rn. 198 m. w. N.; *Wlotzke*, DB 89, 111 [119] und *Bauer*, SprAuG, S. 121 f. unter Berufung auf die Mehrheit im Ausschuss für Arbeit und Sozialordnung [BT-Drucks. 11/3618, S. 7]; nach *Richardi/Maschmann*, Rn. 231, ist nur eine Teil-Deckungsgleichheit erforderlich.

846 *Wlotzke*, a. a. O., schreibt dies dem Kompromisscharakter der Formulierung zu; kritisch auch *Hromadka*, BB 90, 57 [60].

847 27.4.88, AP Nr. 37 zu § 5 BetrVG 1972.

848 Dazu etwa *Buchner*, NZA-Beilage 1/89, S. 2 [7]; *Fitting*, Rn. 385 f.; *LK*, Rn. 28.

849 So richtig *BAG* 11.1.95, EzA § 5 BetrVG 1972 Nr. 58; zur Kritik schon *Blanke/Berg u. a.*, Rn. 53 und *Fitting*, Rn. 3386.

bezieht sich sprachlich gesehen die Voraussetzung, dass die Prokura »nicht unbedeutend« sein darf, nicht nur auf das Innenverhältnis zum AG, sondern auch auf das mit der Prokura naturgemäß angesprochene Außenverhältnis. Eine andere Auslegung ergibt keinen Sinn. Somit können – anders als nach der a. F. (vgl. Rn. 255) – jetzt auch **die im Außenverhältnis wirksamen Beschränkungen der Prokura** (Gesamtprokura, Filialprokura) dazu führen, dass die Prokura als unbedeutend hinsichtlich der Stellung des Angestellten im UN anzusehen ist. Aus diesem Grunde muss bei der Gesamt- und Filialprokura und deren Kombination (vgl. Rn. 255) nunmehr zusätzlich geprüft werden, ob die dieser formalen Berechtigung zu Grunde liegenden Aufgaben noch als hinreichend bedeutsam angesehen werden können,[850] um zum leitenden Angestellten nach Nr. 2 zu qualifizieren.

258 Geht man einmal davon aus, dass der Wille des Gesetzgebers, für die Prokura vom strengen Erfordernis der Deckungsgleichheit von Innen- und Außenverhältnis absehen zu wollen, im Gesetzeswortlaut noch hinreichend deutlich zum Ausdruck gekommen ist, stellt sich allerdings die weitere Frage, anhand welcher Kriterien das Merkmal »nicht unbedeutend« näher zu bestimmen ist. Dabei wird in die Überlegungen mit einzubeziehen sein, dass in Konsequenz der vom *BAG*[851] vertretenen Ansicht zur a. F. sog. **Artprokuristen** (vgl. Rn. 254) niemals als leitende Angestellte i. S. d. Nr. 2 in Betracht kamen,[852] weil bei diesen Personen notwendigerweise die Deckungsgleichheit von Innen- und Außenverhältnis fehlt, d. h., der in der Prokura liegenden Rechtsmacht im Außenverhältnis nicht eine in ihrer Reichweite identische Befugnis im Innenverhältnis entspricht. Nunmehr soll nach dem Willen des Gesetzgebers zwar eine völlige Deckungsgleichheit nicht mehr erforderlich sein, aber das der Prokura im Innenverhältnis zugrunde liegende Aufgabengebiet darf auch nicht unbedeutend sein. Die vom Gesetzgeber gewählte doppelte Verneinung hat keinen eigenen Stellenwert. Sprachlogisch ist diese Formulierung identisch mit dem Begriff »bedeutend«.[853]

259 Wenngleich somit eine völlige Deckungsgleichheit nicht mehr verlangt werden kann,[854] so müssen doch **Innen- und Außenverhältnis einander nahe kommen,**[855] weil sonst nur noch schwerlich von Teilaufgaben gesprochen werden kann, die im Verhältnis zu den unternehmerischen Gesamtaufgaben von Bedeutung sind.[856] Fragwürdig erscheint daher die Ansicht, wonach die interne Beschränkung der Prokura auf ein Aufgabengebiet – z. B. Einkauf, Verkauf, Produktion usw. – für die Annahme der Leitenden-Eigenschaft nicht unschädlich sei.[857] Stets ist nämlich zu beachten, dass eine **»Atomisierung«** der unternehmerischen Gesamtaufgabe in eine Unzahl von Teilaufgaben dazu führt, dass keine Wahrnehmung von unternehmerischen **Leitungsaufgaben** mehr angenommen werden kann.[858] Als Maßstab dafür, wann diese Grenze überschritten ist, kann daher auf die Merkmale der Nr. 3 zurückgegriffen werden,[859] so dass bei der Tatbestandsgruppe nach Nr. 2 neben der Prokura stets im Innenverhältnis ein **bedeutender Aufgabenbereich** mit erheblichem **Entscheidungsspielraum** zu Grunde liegen muss; die bloße Wahrnehmung sog. Stabsfunktionen genügt hier eben nicht.[860] Dies ergibt sich auch aus dem Begriff »sonstige Aufgaben« gemäß Nr. 3, der neben der formalen Tatbestandsstruktur zu-

---

850 Ebenso *Nowak*, BetrR 89, 192 [193].
851 27. 4. 88, AP Nr. 37 zu § 5 BetrVG 1972.
852 Kritisch dazu *Hromadka*, DB 88, 2053.
853 A. A. offenbar *Martens*, RdA 89, 73 [81], der hieraus Konsequenzen für die Verteilung der Darlegungslast im Beschlussverfahren ableitet und meint, dass im positiven Statusfeststellungsverfahren lediglich der Nachweis der Prokura genüge, während die Berufung auf eine negative Statusfeststellung umfangreicher Darlegungen hinsichtlich eines nur unbedeutenden Aufgabengebietes bedürfe; insoweit dem aber jetzt zustimmend *BAG* 11. 1. 95, EzA § 5 BetrVG 1972 Nr. 58.
854 Ebenso *Richardi/Maschmann*, Rn. 231.
855 A. A. *Engels/Natter*, BB-Beilage 8/89, S. 8.
856 Dies verlangen zutreffend auch *Engels/Natter*, a. a. O.
857 So im Ansatz *Hromadka*, BB 90, 57 [60].
858 Vgl. *BAG* 9. 12. 75, AP Nr. 11 zu § 5 BetrVG 1972.
859 Zustimmend *BAG* 11. 1. 95, EzA § 5 BetrVG 1972 Nr. 58; so auch *LAG Düsseldorf* 24. 2. 89, LAGE § 5 BetrVG 1972 Nr. 17; *Wlotzke*, DB 89, 111 [119]; enger offenbar *Engels/Natter*, a. a. O., die dies nur in problematischen Fällen zulassen wollen.
860 *BAG* 11. 1. 95, a. a. O.

sätzlich die **Gleichwertigkeit** aller drei Tatbestandsgruppen betont.[861] Mit dem Erfordernis der Gleichwertigkeit nicht zu vereinbaren ist es, hinsichtlich der von einem Prokuristen i. S. d. Nr. 2 wahrzunehmenden Aufgaben nur zu verlangen, dass sie den in Nr. 3 umschriebenen Leitungsfunktionen wenigstens in etwa nahe kommen, ohne ihnen genau entsprechen zu müssen.[862]

Das *BAG*[863] **lehnt** zu Recht eine **Differenzierung** nach dem Grad unternehmerischer **Aufgabengewichtung** zwischen Nr. 2 und Nr. 3 **ab,** weil dann eine praktikable Abgrenzung beider Tatbestandsgruppen nicht mehr möglich ist. Überdies enthalte Nr. 2 für die Annahme eines dort geringeren Grades unternehmerischer Eigenverantwortung als in Nr. 3 keine Anhaltspunkte. Für die Abgrenzung beider Tatbestandsgruppen bedeutet dies aber im Hinblick auf die **Darlegungslast bei Nr. 2,** dass bei negativem Statusfeststellungsbegehren darzulegen ist, dass der Prokurist ungeachtet seiner wegen der Prokura im Außenverhältnis weiter reichenden Vertretungsmacht dabei im Innenverhältnis doch nur unbedeutende Führungsaufgaben zu erfüllen hat. Demgegenüber reiche bei positivem Statusfeststellungsbegehren zunächst der Nachweis der Prokura.[864] 260

Die in der Neufassung enthaltenen Änderungen hinsichtlich des Kriteriums der Deckungsgleichheit von Innen- und Außenverhältnis beziehen sich lediglich auf die in Nr. 2 enthaltene Tatbestandsalternative der Prokura. Da im Eingangssatz vor Nrn. 1–3 keine sachlichen Veränderungen vorgenommen wurden, ist bei der **Generalvollmacht** entsprechend der *BAG*-Rspr.[865] auch weiterhin erforderlich, dass die mit der Generalvollmacht im Außenverhältnis verbundene Vertretungsmacht im Innenverhältnis ohne jede Einschränkung ausgeübt werden darf, damit der Bevollmächtigte als leitender Angestellter i. S. d. Nr. 2 angesehen werden kann. Auch Erleichterungen bei der Darlegungslast kommen hier nicht in Betracht. 261

c) Der funktionale Grundtatbestand (Nr. 3)

In sprachlicher Hinsicht weicht Nr. 3 erheblich von der früheren Fassung dieser Tatbestandsgruppe ab. Daraus folgt jedoch **keine inhaltliche Änderung,** zumal sich die neuen Formulierungen bei näherer Betrachtung als zum Teil wörtlich mit tragenden Passagen aus der *BAG*-Rspr. übereinstimmend erweisen.[866] 262

Wie bisher auch, enthält Nr. 3 eine **funktionsbezogene Umschreibung** der ganz überwiegenden Zahl der leitenden Angestellten und umfasst dabei sowohl die quantitativ bedeutendere **Ratgruppe** (sog. Stabsfunktionen ohne ausgeprägte Vorgesetzteneigenschaft) als auch die **Tatgruppe.**[867] Die n. F. ist allerdings insoweit präziser, als sie schon vom Aufbau her deutlicher **die beiden Hauptmerkmale** (genauer: Merkmalgruppen) der Begriffsdefinition kennzeichnet: **Einerseits** muss der Angestellte regelmäßig sonstige **Aufgaben** wahrnehmen, die **für Bestand und Entwicklung** des UN oder eines Betriebs **von Bedeutung** sind und deren Erfüllung besondere Erfahrungen und Kenntnisse voraussetzt; **andererseits** ist bei dieser Aufgabenerfüllung ein eigener **erheblicher Handlungsspielraum** erforderlich, was nunmehr durch das Gesetz mit den alternativ genannten, aber funktional gleichwertigen Untermerkmalen »die Entscheidungen im Wesentlichen frei von Weisungen trifft« (Linienfunktion) bzw. »sie (d.h. die Entscheidungen) maßgeblich beeinflusst« (Stabsfunktion) klarer als mit dem Merkmal »im Wesentlichen eigenverantwortlich« nach Nr. 3 a. F. ausgedrückt wird.[868] 263

---

861 Vgl. Rn. 244; *Fitting*, Rn. 387; *BAG* 11. 1. 95, a. a. O.

862 So aber *Wlotzke*, a. a. O.; *Engels/Natter*, a. a. O.

863 11. 1. 95, EzA § 5 BetrVG 1972 Nr. 58.

864 *BAG*, a. a. O., im Anschluss an *Martens*, RdA 89, 73 [81].

865 27. 4. 88, AP Nr. 37 zu § 5 BetrVG 1972.

866 Vgl. *Buchner*, NZA-Beilage 1/89, S. 2 [7]; *Clausen/Löhr/Schneider/Trümner*, AuR 88, 293 [295 f.]; *Dänzer-Vanotti*, NZA-Beilage 1/89, S. 30 [31 f.]; *Röder*, NZA-Beilage 4/89, S. 2 [5]; *G. Müller*, DB 89, 824 [825]; *Richardi*, NZA-Beilage 1/90, S. 2 [5]; *Engels/Natter*, BB-Beilage 8/89, S. 9; *Richardi/Maschmann*, Rn. 234.

867 Sog. Linienfunktionen mit eigener Entscheidungsbefugnis und in der Regel deutlicher Vorgesetztenstellung; vgl. schon zur a. F. *Dietz/Richardi*, 6. Aufl., Rn. 126, 135, 152.

868 Zu Recht sehen *Engels/Natter*, a. a. O., hierin den einzigen Unterschied zur bisherigen Gesetzesfassung; diese Differenzierung hinsichtlich des Handlungsspielraums bei Stabs- und Linienfunktionen

264 Der mit den Worten »dies kann auch« eingeleitete Halbsatz bezieht sich auf das Merkmal des Handlungsspielraums[869] und stellt lediglich klar, dass Entscheidungsfreiheit und Entscheidungsbeeinflussung nicht bereits deshalb entfallen müssen, weil der Angestellte an **Vorgaben** gebunden ist oder mit anderen leitenden Angestellten im **Team** zusammenarbeitet.[870] Allerdings muss auch unter diesen besonderen Verhältnissen des »Einwirkens« bzw. »Mitwirkens« anderer Personen ein sehr hohes Maß an eigener Entscheidungsfreiheit bzw. -beeinflussung verbleiben, damit von einer selbstbestimmten Tätigkeit die Rede sein kann.

264a Der **DGB-Gesetzesvorschlag 2022** will der Nr. 3 einen Satz wie folgt anfügen: »Diese Berechtigungen und Befugnisse müssen tatsächlich vollumfänglich wahrgenommen werden.« Der im Abdruck dargestellten textlichen Systematik nach erstreckt sich dieser Zusatz allerdings nur auf die Fallgruppe der Nr. 3. Richtig wäre es gewesen, diesen Zusatz insbesondere auf die eher durch formale Berechtigungen geprägten Fallgruppen Nr. 1 und 2 zu beziehen, denn ersichtlich geht es den Verfassern des Vorschlags doch darum, den »Schein-Leitenden«, der auf dem Papier zwar »ehrenhalber« formale Befugnisse eingeräumt erhält, welche er aber aufgrund einer Innenabrede nicht ausüben darf, betriebsverfassungsrechtlich für irrelevant zu erklären. Bei Nr. 3 geht es ohnehin weniger um formale Berechtigungen als darum, dass die hochwertigen und zum leit. Ang. stilisierenden Aufgaben auch tatsächlich von dem Beschäftigten in dessen Tätigkeit prägender Weise (also eben tatsächlich) wahrgenommen werden. Des Zusatzes in Nr. 3 bedurfte es deshalb sogar eher nicht, für Nrn. 1 und 2 ist er sinnvoll, sinnvoller aber wäre es sogar gewesen, ihn in den tatbestandlichen Obersatz des Abs. 3 Satz 2 wie folgt zu integrieren: »Leitender Angestellter ist, wer nach Arbeitsvertrag und Stellung **sowie tatsächlicher Ausübung** im Unternehmen oder im Betrieb ....«

aa) Wahrnehmung bedeutsamer unternehmerischer (Teil-)Aufgaben

265 Leitender Angestellter nach Nr. 3 kann nur sein, wer Aufgaben wahrnimmt, die für den Bestand und die Entwicklung eines UN oder eines Betriebs von Bedeutung sind. Damit wird zunächst die **Wahrnehmung typisch unternehmerischer Aufgaben** verlangt, so dass grundsätzlich Tätigkeiten aus dem Bereich der wirtschaftlichen, technischen, kaufmännischen, organisatorischen, personellen und wissenschaftlichen Leitung des UN oder Betriebs in Betracht kommen.[871] Dabei sind nach früheren Entscheidungen des *BAG* für die Ausübung derartiger unternehmerischer Aufgaben wiederum folgende charakteristische Merkmale zu nennen: **Entscheidungsfreiheit, Entscheidungsvorbereitung, Entscheidungsvorwegnahme, Entscheidungskontrolle, Eigenverantwortung,** UN-Funktion/AG-Funktion im Hinblick auf einen Interessengegensatz des leitenden Angestellten zur Arbeitnehmerschaft und zum BR im Rahmen von Verhandlungen über beteiligungspflichtige Mitbestimmungsangelegenheiten.[872]

266 Andererseits ist es auch nicht erforderlich, dass der betreffende Angestellte selbst die maßgeblichen Entscheidungen auf den genannten Gebieten trifft; es genügt, wenn er kraft seiner **Schlüsselposition** Voraussetzungen schafft, an denen die eigentliche UN-Führung nicht vorbeigehen kann. Letzteres ist etwa bei dem Leiter der Abteilung UN-Planung der Fall, wenn er durch eine über die gesamte Breite des UN-Führungsbereichs wirkende Tätigkeit die Grundlagen für UN-Entscheidungen eigenverantwortlich erarbeitet.[873] Eine **Schlüsselposition** soll auch dann noch denkbar sein, wenn sich jemand an sich nur auf der dritten Führungsebene

---

lag freilich schon den *BAG*-Beschlüssen 17.12.74, 9.12.75, 29.1.80, 23.1.86, AP Nrn. 7, 11, 22, 32 zu § 5 BetrVG 1972 zugrunde.

869 Vgl. *Engels/Natter*, BB-Beilage 8/89, S. 9; *Wlotzke*, DB 89, 111 [120]; *G. Müller*, DB 89, 824 [825].

870 Dies war schon zur a. F. ständige Rspr. des *BAG*, vgl. Beschlüsse 5.3.74, 9.12.75, 23.3.76, 8.2.77, 29.1.80, 23.1.86, AP Nrn. 1, 11, 14, 16, 22, 32 zu § 5 BetrVG 1972.

871 Ständige Rspr., vgl. nur *BAG* 29.1.80, AP Nr. 22 zu § 5 BetrVG 1972.

872 *BAG* 19.11.74, 4.12.74, 17.12.74, AP Nrn. 2–5, 6 zu § 5 BetrVG 1972; kritisch dazu *Kraft*, Anm. zu EzA § 5 BetrVG 1972 Nr. 10, der u. a. auf die teilweise Überschneidung dieser Kriterien mit dem Merkmal »eigenverantwortlich« i. S. d. früheren Fassung von Nr. 3 hinweist.

873 *BAG* 17.12.74, AP Nr. 7 zu § 5 BetrVG 1972; zum Erfordernis des »Nicht-vorbeigehen-Könnens« schon *BAG* 19.11.74, AP Nr. 2 zu § 5 BetrVG 1972; zuletzt 11.1.95, EzA § 5 BetrVG 1972 Nr. 58; 6.12.01, AP Nr. 3 zu § 263 ZPO.

befindet und innerhalb von konzernbezogenen **Matrixstrukturen** sogar noch in anderen Konzern-UN beschäftigten Personen unterstellt ist.[874] Hierbei muss aber genau beachtet werden, ob die Schlüsselposition nur gegenüber dem Vorstand der Konzernmutter oder aber dem Vorstand des eigenen UN ausgeübt wird, denn die zum leit. Ang, qualifizierende Aufgabenstellung nach Nr. 3 muss im eigenen UN oder Betrieb bestehen, nicht bei Dritt-UN und sei es auch die Konzern-Obergesellschaft.

Zwar ist nicht notwendig, dass das gesamte Spektrum des unternehmerischen Aufgabenbereiches abgedeckt wird, jedoch müssen auch bei der Wahrnehmung unternehmerischer **Teilaufgaben** diese eine **gewisse Breite** aufweisen und von Bedeutung für Bestand und Entwicklung des UN oder des Betriebs sein[875] und die betreffende Person somit in die Nähe zum UN (AG) rücken. Auch derartige Teilaufgaben müssen den Charakter von **Leitungsaufgaben** haben, weshalb es nicht genügt, wenn der Angestellte nur bei der rein arbeitstechnischen, »vorprogrammierten« Durchführung unternehmerischer Entscheidungen eingeschaltet wird, etwa im Rahmen von Aufsichts- oder Überwachungsarbeiten.[876] Stets muss der Angestellte kraft seiner leitenden Funktion **maßgeblichen Einfluss auf die UN-Führung** ausüben, sei es, dass er selbst diese Entscheidungen trifft (Linie), sei es, dass er kraft einer Schlüsselposition Voraussetzungen schafft, an denen die UN-Leitung schlechterdings nicht vorbeigehen kann (Stab). Aus der unterschiedlichen Breite des Tätigkeitsbereichs ist auch zu erklären, weshalb zwar der Leiter einer Abteilung UN-Planung als leitender Angestellter angesehen worden ist,[877] nicht aber die auf derselben Leitungsebene angesiedelten Abteilungsleiter der mechanischen Fertigung[878] bzw. der Abteilungsleiter des Rechnungswesens,[879] obgleich Letztere sogar eine Vorgesetztenstellung innehatten. Abzustellen ist darauf, wie viele AN innerhalb des UN dem Einflussbereich der betreffenden Person unterliegen und mit welchem **Prozentsatz am Gesamtergebnis** des UN die betreffende Person beteiligt ist.[880] 267

Wenngleich somit die Wahrnehmung von **Teilaufgaben** genügen kann, so dürfen diese dennoch nicht derart **»atomisiert«** sein, dass die fachlichen unternehmerischen Verantwortungsbereiche in eine Vielzahl von Teilbereichen aufgegliedert sind und somit die einzelne Tätigkeit nicht mehr den erforderlichen beachtlichen Teilbereich der unternehmerischen Gesamtaufgabe abdeckt.[881] In einem derartigen Fall starker **Dezentralisation der unternehmerischen Aufgaben** kommen als leitende Angestellte nur noch diejenigen Personen in Betracht, denen organisatorisch die atomisierten Teilbereiche in einer übergeordneten Einheit zugeordnet sind.[882] Bei der Beurteilung der Frage, ob ein übertragener unternehmerischer Teilbereich noch hinreichend gewichtig ist, ist nach der Rspr. auch zu berücksichtigen, ob diese Aufgaben qualitativ deutlich über denen liegen, die eine »normale« Angestelltentätigkeit ausmachen.[883] Dabei kann ggf. auf die tariflichen Wertigkeiten einerseits und die Wertigkeiten von innerbetrieblichen Schemata für nicht-leitende AT-Angestellte andererseits zurückgegriffen werden. 268

Zum früheren Recht war in der Rspr. auch ohne ausdrücklichen Ansatzpunkt im Gesetzeswortlaut die Ansicht vertreten worden, dass **Bestimmungspunkt,** d. h. Maßstab für die Frage, **ob** 269

874 *LAG Berlin-Brandenburg* 7.5.21 – 5 TaBV 1160/19, NZA-RR 21, 671 Rn. 65 f.
875 *BAG* 23.1.86, AP Nr. 32 zu § 5 BetrVG 1972.
876 *BAG* 19.11.74, 9.12.75, 23.1.86, AP Nrn. 2, 3, 11, 32 zu § 5 BetrVG 1972; *Wlotzke,* DB 89, 111 [120].
877 Vgl. Rn. 266; dazu *BAG* 17.12.74, AP Nr. 7 zu § 5 BetrVG 1972.
878 *BAG* 17.12.74, AP Nr. 6 zu § 5 BetrVG 1972.
879 *BAG* 17.12.74, AP Nr. 8 zu § 5 BetrVG 1972; zu einem Hauptabteilungsleiter Rechnungswesen als leitendem Angestellten nach Fallgruppe Nr. 3 jetzt aber *BAG* 11.1.95, EzA § 5 BetrVG 1972 Nr. 58.
880 *HessLAG* 31.7.08 – 9 TaBV 267/07.
881 Vgl. zur »Atomisierung« *BAG* 5.3.74, 19.11.74, 4.12.74, 17.12.74, 9.12.75, 10.2.76, 29.1.80, AP Nrn. 1, 2, 3, 4, 7, 11, 12, 22 zu § 5 BetrVG 1972; *Richardi/Maschmann,* Rn. 244.
882 Ebenso *BAG* 5.3.74, a.a.O.; *Fitting,* Rn. 398; *Buchner,* NZA-Beilage 1/89, S. 2 [7]; *G. Müller,* DB 89, 824 [826]; *SWS,* Rn. 17, wollen bei Dezentralisation offenbar stets ein Anwachsen der Zahl leitender Angestellter annehmen und verkennen, dass damit die Bedeutung der Aufgaben für den Bestand des UN abnimmt, vgl. oben Rn. 241 [Restaurantleiter-Fall]; abwegig *H.-P. Müller,* DB 88, 1697, der in der Neufassung eine Abkehr vom Erfordernis einer gewissen Breite der unternehmerischen Teilaufgaben überhaupt erblicken will.
883 So schon *BAG* 5.3.74, a.a.O.; *Wlotzke,* DB 89, 111 [120]; dagegen aber *Hromadka,* BB 90, 57 [60].

eine **unternehmerische Teilaufgabe** vorlag, das UN sei,[884] während es für das **Gewicht** einer solchen Aufgabe als ausreichend angesehen wurde, wenn sie Bedeutung für den Bestand und die Entwicklung lediglich eines Betriebs und nicht des gesamten UN hatte.[885] Dies erscheint konsequent, da in Nr. 3 der UN-Vertreter im funktionalen Sinn angesprochen ist (vgl. Rn. 229) und somit zur Charakterisierung einer übertragenen (Teil-)Aufgabe als **unternehmerische** Aufgabe notwendigerweise auf das UN und die von diesem verfolgten Zwecke sowie die sich hieraus ergebenden Teilaufgaben abzustellen ist.[886] Diese Grundannahme ist für das heutige Recht ausdrücklich vom *BAG* bestätigt worden.[887] Eine Änderung gegenüber der alten Rechtslage ist nicht erfolgt. Insoweit hatte das *BAG* den Begriff des Betriebs stets durch den Begriff des UN ersetzt, um hervorzuheben, dass ein Angestellter dann keine Leitungsaufgaben wahrnimmt, wenn er in seiner Tätigkeit auf eine rein arbeitstechnische (d. h. betriebsbezogene), vorprogrammierte Durchführung unternehmerischer Entscheidungen beschränkt ist.[888]

270 Zu Unrecht wird dem *BAG* vorgehalten, damit grundsätzlich **wichtige betriebsleitende Funktionen** nicht als unternehmerische Aufgabe anerkannt und so eine Verengung des Begriffs der leitenden Angestellten vorgenommen zu haben,[889] weshalb nach der Neufassung 1988 prinzipiell die **Betriebsleitung als Tätigkeitsbereich** anerkannt werden müsse, der für den Status als leitender Angestellter geeignet ist.[890] Diese Kritik übersieht aber offenbar, dass das *BAG* selbst klargestellt hat, dass auch eine **wichtige** (nicht aber jede!) **betriebsleitende Funktion** nach Lage der Umstände als **unternehmerische Aufgabe** angesehen werden kann,[891] wobei die Beschränkung auf **Aufsichts- und/oder Überwachungsfunktionen** aber nicht ausreicht.[892]

271 Die Aufgaben müssen außerdem »für den Bestand **und** die Entwicklung …« von Bedeutung sein. Somit genügt eine nur bestandswichtige Tätigkeit (z. B. Bewachung) ebenso wenig wie eine nur für die Entwicklung bedeutsame Tätigkeit, wie z. B. im Bereich der **Forschung,**[893] so dass es fraglich erscheint, ob Leiter von Forschungsabteilungen ohne weiteres als leitende Angestellte angesehen werden können.[894] Anhaltspunkte dafür, welche Aufgabe im konkreten Fall für Bestand und Entwicklung Bedeutung hat, können die UN- bzw. Betriebszwecke liefern.

272 Zur Bedeutung des Begriffs **»sonstige«** Aufgaben vgl. Rn. 244.

273 Innerhalb der ersten Merkmalgruppen des funktionalen Grundtatbestands verlangt das Gesetz, dass der Angestellte die entsprechend bedeutsamen unternehmerischen (Teil-)Aufgaben **regelmäßig** wahrnehmen muss. Die wohl h. M. in der Literatur misst diesem Merkmal eine doppelte Funktion bei: Einerseits muss die Aufgabenwahrnehmung die **Gesamttätigkeit** des Angestellten **prägen** (sog. Geprägetheorie; vgl. dazu Rn. 243); zum anderen muss eine bloß gelegentliche, nur vorübergehende bzw. kurzfristig vertretungsweise Wahrnehmung solcher Tätigkeiten von vornherein ausscheiden.[895]

---

884 Vgl. *BAG* 23. 1. 86, AP Nr. 32 zu § 5 BetrVG m. w. N. auf frühere Entscheidungen.
885 *BAG* 23. 1. 86, a. a. O.
886 Deutlicher insoweit *BAG* 29. 1. 80, AP Nr. 22 zu § 5 BetrVG 1972.
887 *BAG* 25. 10. 89, AP Nr. 42 zu § 5 BetrVG 1972.
888 Vgl. Rn. 241; *BAG* 19. 11. 74, AP Nr. 2 zu § 5 BetrVG 1972; näher dazu *Engels/Natter*, BB-Beilage 8/89, S. 7.
889 So vor allem *Martens*, RdA 89, 73 [77].
890 Nach *Hromadka*, BB 90, 57 [61], soll der Betriebsleiter stets als leitender Angestellter anzusehen sein, was jedoch schon wegen der erforderlichen weiteren Merkmale neben der spezifischen Aufgabenart nicht richtig sein kann; insoweit präziser *Martens*, a. a. O.
891 So *BAG* 29. 1. 80, 23. 1. 86, AP Nrn. 22, 32 zu § 5 BetrVG 1972; vgl. aber auch *LAG Hamm* 11. 6. 86, NZA 87, 35, wonach im dortigen Falle Betriebsleiter nicht als leitende Angestellte anzusehen waren.
892 Vgl. *Wlotzke*, DB 89, 111 [120]; *Bauer*, SprAuG, S. 124; *Fitting*, Rn. 395; a. A. *H.-P. Müller*, DB 88, 1697; *G. Müller*, DB 89, 824 [826]; vgl. auch die Betriebsleiter-Fälle Rn. 298.
893 Ebenso *Hromadka*, BB 90, 57 [60].
894 Zu Recht skeptisch auch *BAG* 10. 2. 76, AP Nr. 12 zu § 5 BetrVG 1972 für Sektionsleiter innerhalb eines Forschungs-UN; vgl. aber *SWS*, Rn. 28 und die dort erwähnte Instanz-Rspr.; bedenklich *LAG Baden-Württemberg* 8. 3. 78, DB 78, 843, wonach der Leiter der Forschung und Entwicklung eines UN stets leitender Angestellter sei.
895 Vgl. Rn. 195; *Buchner*, NZA-Beilage 1/89, S. 2 [7 f.]; *Dänzer-Vanotti*, NZA-Beilage 1/89, S. 30 [32]; *Engels/Natter*, BB-Beilage 8/89, S. 9; *Wlotzke*, DB 89, 111 [120]; *Fitting*, Rn. 409; *Röder*, NZA-Beilage 4/89, S. 2 [5]; a. A. *H.-P. Müller*, DB 88, 1697 und *Martens*, RdA 89, 73 [77], die meinen, dass der Geprägetheorie mit der n. F. der Boden entzogen sei; dagegen ausdrücklich *BAG* 25. 10. 89, AP Nr. 42

274 Da auch leitende Angestellte nicht ständig mit der Ausübung unternehmerischer Aufgaben befasst sind[896] kann es in Grenzfällen Schwierigkeiten bereiten, in welcher Weise das **Gepräge der Gesamttätigkeit** zu ermitteln ist. Dasselbe Problem taucht auf, wenn ein nicht leitender Angestellter neben seinen bisherigen Aufgaben vertretungshalber für einen längeren Zeitraum auch Aufgaben eines leitenden Angestellten wahrnimmt. In Fällen, in denen ein Angestellter sowohl »normale« als auch unternehmerische Aufgaben verrichtet hatte, wurde ein Anteil von 40 v. H. der spezifischen UN-Aufgaben am Gesamtaufgabenbereich des Angestellten für nicht ausreichend angesehen.[897] Eine rein quantitative Betrachtung, wonach jedenfalls ein **beachtlicher Teil der Arbeitszeit** von den spezifischen **UN-Tätigkeiten** beansprucht werden müsse, hat das *BAG* auch in einer jüngeren Entscheidung für zutreffend gehalten.[898] Dennoch ist zum heutigen Recht erörtert worden, ob nicht stattdessen auf eine **qualitative** Betrachtung abzustellen sei.[899] Geht man – wie hier vertreten – davon aus, dass die Geprägetheorie bereits in Abs. 3 Satz 2, Eingangshalbsatz angesiedelt ist (vgl. Rn. 243), so lässt sich aus der Neufassung der Nr. 3 kein Argument gegen die vom *BAG* zur a. F. vertretenen quantitativen Betrachtungsweise gewinnen. An Letzterer ist daher festzuhalten, zumal sie auch für die Praxis die geringeren Probleme in der Handhabung aufwirft.[900]

275 Die Erfüllung der dem Angestellten übertragenen Aufgaben muss besondere Erfahrungen **und** Kenntnisse voraussetzen;[901] die Art und Weise des Erwerbs ist nicht maßgeblich. Besondere **Kenntnisse** werden zwar regelmäßig durch spezielle Ausbildungen erworben, zwingend ist das jedoch nicht. Die **Absolvierung einer akademischen Ausbildung** ist weder erforderlich noch ausreichend zur Erfüllung dieses Merkmals.[902] Die erforderlichen Kenntnisse können im Selbststudium, durch praktische Tätigkeit oder spezielle Programme (z. B. Training on the Job) erworben sein.[903]

bb) Entscheidungsbefugnis oder Entscheidungsbeeinflussung

276 Nach der zweiten Merkmalsgruppe innerhalb des Grundtatbestands (vgl. Rn. 263) setzt die Erfüllung der spezifischen unternehmerischen (Teil-)Aufgaben i. S. d. ersten Merkmalsgruppe einen erheblichen **Handlungsspielraum** voraus. Bei Wahrnehmung der Aufgaben (»dabei«) muss der Angestellte entweder die Entscheidungen im Wesentlichen frei von Weisungen selbst treffen (Linienfunktion) oder die unternehmens- oder betriebsleitenden Entscheidungen kraft seiner **Schlüsselposition** maßgeblich beeinflussen (Stabsfunktion), indem er Fakten schafft und Vorgaben macht, die bei der Findung der unternehmens- oder betriebsleitenden Entscheidungen nicht unbeachtet gelassen werden können.[904] Bisweilen wird zur Charakterisierung des »Beeinflussungstypus« der **Vorstandsassistent** genannt, dessen Funktion in der unmittelbaren Unterstützung der Organpersonen liegt.[905] Ob jedoch gerade hier der erforderliche »besonders erhebliche Grad selbstbestimmter Tätigkeit«[906] anzutreffen ist, hängt stark vom Führungsstil des Vorstands(mitglieds) ab und muss stets genau geprüft werden, zumal die bloße Tätigkeits- oder Berufs-Funktionsbezeichnung eines Angestellten keinen wirklich sicheren Aufschluss

---

zu § 5 BetrVG 1972; vgl. aber auch *LAG Baden-Württemberg* 25. 6. 91, LAGE § 5 BetrVG 1972 Nr. 20; nach GK-*Raab*, Rn. 229, ist die Geprägetheorie nicht im Merkmal »regelmäßig« verankert.

896 Insoweit zutreffend *Hromadka*, BB 90, 57 [61 f.]; *Buchner*, NZA-Beilage 1/89, S. 2 [7 f.]; *BAG* 25. 10. 89, AP Nr. 42 zu § 5 BetrVG 1972.

897 *BAG* 17. 12. 74, AP Nr. 8 zu § 5 BetrVG 1972.

898 23. 1. 86, AP Nr. 32 zu § 5 BetrVG 1972.

899 So *Engels/Natter*, BB-Beilage 8/89, S. 9; auch *Buchner*, NZA-Beilage 1/89, S. 2 [8] hält die zeitanteilige Betrachtungsweise für verfehlt; ähnlich *Hromadka*, BB 90, 57 [62]; dagegen *Fitting*, Rn. 410 und wohl auch *SWS*, Rn. 22; ohne ausdrückliche Stellungnahme *BAG* 25. 10. 89, a. a. O.

900 Das sehen auch *Engels/Natter*, a. a. O.

901 *Hromadka*, BB 90, 57 [61]; *SWS*, Rn. 21.

902 GK-*Raab*, Rn. 218.

903 *BAG* 17. 12. 74, 9. 12. 75, 10. 2. 76, AP Nrn. 7, 11, 12 zu § 5 BetrVG 1972.

904 *BAG* 19. 11. 74, 17. 12. 75, AP Nrn. 2, 7 zu § 5 BetrVG 1972.

905 Vgl. *Fitting*, Rn. 399.

906 Vgl. *Fitting*, Rn. 399.

über den Status als leitender Angestellter geben kann (vgl. Rn. 296; zum inhaltsgleichen Merkmal »im Wesentlichen eigenverantwortlich« nach der a. F. vgl. Rn. 263).

277 Eine **völlige Weisungsfreiheit** ist **nicht** erforderlich und kann mit Rücksicht auf die Eigenschaft eines leitenden Angestellten, AN im Allgemeinen arbeitsvertragsrechtlichen Sinne zu sein, auch nicht verlangt werden. Insofern wird das erforderliche außergewöhnliche Maß selbst bestimmter Tätigkeit nicht bereits dadurch ausgeschlossen, dass bei den Entscheidungen gewisse **Vorgaben** zu beachten sind. Der Katalog denkbarer Formen von Vorgaben ist mit den Begriffen Rechtsvorschriften, Plänen oder Richtlinien nicht abschließend charakterisiert, wie das Wort »insbesondere« anzeigt; ob neben den genannten Formen weitere denkbar sind, muss die Praxis zeigen.

278 Grundsätzlich kommen alle Möglichkeiten in Betracht, in denen die unternehmerische Leitungsmacht (Direktionsrecht) ausgeübt werden kann. Sofern jedoch die Gesamttätigkeit eines Angestellten sich überwiegend und schwergewichtig auf Grund derartiger Vorgaben vollzieht und deren Grad an Verbindlichkeit oder Vorprogrammierung von Entscheidungsabläufen keinen erheblichen Entscheidungsspielraum mehr belässt (insbesondere in Form von Alternativen), beginnt der Bereich, in dem von »wesentlich freier Entscheidung« und damit von einem leitenden Angestellten nicht mehr gesprochen werden kann.[907] Sprachlich formuliert das Gesetz die Möglichkeit eines **noch** für die Leitenden-Eigenschaft ausreichenden Handlungsspielraums als **Ausnahme-Regelung,** wenn es heißt: »dies **kann** … gegeben sein«, so dass entsprechend den Grundregeln der juristischen Auslegungsmethoden eine enge Auslegung zwingend geboten ist. Dies gilt auch im Falle der **Teamarbeit,** wobei noch hinzukommt, dass die Ausnahmevorschrift überhaupt nur dann greifen kann, wenn es sich um eine Zusammenarbeit unter leitenden Angestellten handelt; die überwiegende **Zusammenarbeit mit »normalen« Angestellten** steht der Annahme der Leitenden-Eigenschaft in Fällen der Teamarbeit entgegen.

cc) Unbeachtliche Gesichtspunkte

279 Da die Begriffsdefinition des Abs. 3 Satz 2 zum zwingenden Recht gehört, ist zunächst die **Selbsteinschätzung** eines Angestellten ebenso unbeachtlich[908] wie die Bezeichnung eines Angestellten als »leitender Angestellter« im Arbeitsvertrag.[909] Auch von den sog. **AT-Angestellten** zählt allenfalls eine kleine Spitzengruppe zu den leitenden Angestellten.[910] Darüber hinaus hat die Rspr. des *BAG*[911] folgende Merkmale für **unbeachtlich** erklärt:

- Erreichung bestimmter **Einkommensgrenzen** (vgl. aber Abs. 4 Nrn. 3 und 4);
- Stellung auf einer bestimmten **Leitungsebene** in der UN-Hierarchie (vgl. aber Abs. 4 Nr. 2);
- Absolvierung akademischer **Studiengänge;**
- zahlenmäßig fixierte **Personal- bzw. Sachverantwortung** (ebenso Budgetverantwortung);
- schlichte **Vorgesetztenstellung,** wenn die selbstständige Einstellungs- und Entlassungsbefugnis fehlt;[912]
- Wahrnehmung von **Überwachungsfunktionen;** die **Einsatzlenkung von AN** zur Erfüllung oder Gewährleistung arbeitstechnischer Abläufe nach vorgegebenen Daten kann nur dann als unternehmerische Teilaufgabe eingeschätzt werden, wenn der andere AN führende Angestellte als Vorgesetzter auch eigenverantwortlich, d. h. mit erheblichem Entscheidungsspielraum versehen, verbindliche Entscheidungen auf personellem und sozialem Gebiet trifft, die eine **Beteiligung des BR** erforderlich machen.

---

907 *Trümner,* BetrR 6–7/88, S. 5 f.; *Wlotzke,* DB 89, 111 [121]; so auch schon *BAG* 9.12.75, 23.3.76, AP Nrn. 11, 14 zu § 5 BetrVG 1972; *Fitting,* Rn. 396.
908 *BAG* 29.1.80, AP Nr. 22 zu § 5 BetrVG 1972.
909 *Fitting,* Rn. 365.
910 Zur Abgrenzung *Blanke,* in Blanke [Hrsg.], AT-Angestellte, Rn. 87 ff.
911 23.1.86, AP Nr. 32 zu § 5 BetrVG 1972.
912 Dazu **nach** der Neufassung auch *LAG Düsseldorf* 22.3.93, LAGE § 5 BetrVG 1972 Nr. 21.

5. Die Zweifelsregelung (Abs. 4)

Der DGB-Gesetzesvorschlag 2022[913] sieht vor, den seit Anbeginn seiner Existenz umstrittenen Abs. 4 ersatzlos zu streichen. 279a

a) Allgemeines

Mit der Anfügung des Abs. 4 hat der Gesetzgeber **rechtssetzungstechnisches Neuland** betreten, indem er dem Grundtatbestand des Abs. 3 Satz 2 Nr. 3, der eine Anhäufung unbestimmter Rechtsbegriffe enthält, eine Reihe von Merkmalen zuordnet, die in Zweifelsfällen dem Rechtsanwender eine Statusbestimmung erleichtern helfen soll.[914] Die Regelung hat nahezu ausschließlich **kritische Reaktionen** erfahren; sie wird überwiegend als missglückt abgelehnt[915] und dürfte in weiten Teilen **verfassungswidrig** sein (dazu Rn. 295). 280

Der Gesetzgeber meinte offenbar, dass es auch nach Anwendung der juristischen Auslegungsmethoden rechtserhebliche Zweifel über das Auslegungsergebnis geben könne, die unter Heranziehung der als »**Auslegungsregeln**« bezeichneten Gesichtspunkte des Abs. 4 zu beseitigen seien.[916] Dieses **Vorgehen** des Gesetzgebers erscheint unter mehreren Aspekten **bedenklich:** Ist es nämlich zutreffend, dass Abs. 3 Satz 2 eine in sich abgeschlossene **Legaldefinition** des Begriffs »leitender Angestellter« enthält, so kann die Anwendung der Legaldefinition nur zum Ergebnis führen, dass jemand leitender Angestellter ist oder nicht. Der »Zweifel« als Ergebnis der Subsumtion eines festgestellten Sachverhalts unter den Gesetzestatbestand der Nr. 3 mutet dagegen wie ein Kuriosum an und suggeriert dem Rechtsanwender, dass er das, was das Gesetz von ihm verlangt – nämlich eine Entscheidung –, eigentlich gar nicht leisten könne. Wie bereits ausgeführt,[917] kann die Subsumtion auch bei unbestimmten Rechtsbegriffen wie in Abs. 3 Nr. 3 nur zu **einer** im Rechtssinne zutreffenden und daher durch die Rechtsmittelgerichte voll überprüfbaren Entscheidung führen. Da zudem **Abs. 3 Nr. 3** gegenüber der a. F. zumindest vom **Aufbau** her betrachtet **präziser** gefasst worden ist und im Übrigen die von der *BAG*-Rspr. entwickelten und vom *BVerfG*[918] für zutreffend erachteten Auslegungsergebnisse lediglich bestätigt hat, bedurfte es des **Abs. 4** nicht. Wie der Meinungsstreit in der Literatur zeigt,[919] läuft die Vorschrift Gefahr, lediglich **neue Zweifelsfragen** heraufzubeschwören, anstatt die angeblichen Zweifel und Probleme bei der Begriffsabgrenzung auszuräumen, wie der Wortlaut es vorgibt. Die Regelung stellt das unausgegorene und untaugliche **Ergebnis eines koalitionspolitischen Kompromisses** zwischen CDU/CSU und FDP dar, das ausschließlich dem ständisch-verbandspolitischen Begehren der »Union leitender Angestellter« und deren Mitgliedsvereinen Rechnung tragen soll, zu dessen Anwalt sich die FDP gemacht hat.[920] 281

Sofern die Anwendung von Abs. 3 Satz 2 Nr. 3 im konkreten Fall außergewöhnliche Probleme aufwirft, ist der funktionale **Grundtatbestand** so weit wie möglich aus sich selbst heraus auszulegen, bevor überhaupt auf die Gesichtspunkte des Abs. 4 zurückgegriffen werden darf. Da Abs. 3 Nr. 3 insoweit den **Charakter eines teilweise offenen Tatbestands** hat, muss eine Rückkoppelung des nach Nr. 3 gefundenen »vorläufigen« Ergebnisses mit den Tatbeständen des Abs. 3 Nrn. 1 und 2 erfolgen (näher dazu Rn. 244), um zu beurteilen, ob die jeweils von einem Angestellten wahrgenommenen Aufgaben nach Nr. 3 mit den Aufgaben derjenigen An- 282

---

913 AuR Sonderausgabe April 2022, S. 10.

914 Vgl. zum Anliegen die Entwurfsbegründung, BT-Drucks. 11/2503, S. 30.

915 Vgl. *Richardi,* NZA-Beilage 1/90, S. 2 [3, 9]: bedenkliche »Novität der Rechtsgeschichte«; *Schneider,* Mitb-Beilage zu Heft 11/89, S. 33: »Armutszeugnis des Gesetzgebers«; *Steindorff,* AuR 88, 266 [269]: »toter Buchstabe«; *Clausen/Löhr/Schneider/Trümner,* AuR 88, 293 [297]: »rechtstheoretisches und gesetzestechnisches Monstrum«; *Martens,* RdA 89, 73 [81]: »Ehrenplatz in der Rätselecke des Arbeitsrechts«; *Bauer,* SprAuG, S. 128: »Praxis … schlichtweg überfordert«.

916 Von Auslegungsregeln spricht die Entwurfsbegründung, vgl. BT-Drucks. 11/2503, S. 30.

917 Vgl. Rn. 282 näher dazu *Clausen/Löhr/Schneider/Trümner,* AuR 88, 293 [297].

918 24.11.81, AP Nr. 27 zu § 5 BetrVG 1972.

919 Vgl. *Richardi,* NZA-Beilage 1/90, S. 2 [6].

920 Vgl. die illustrative Darstellung bei *Borgwardt/Fischer/Janert,* SprAuG, 2. Aufl., S. 256 f.; auf die FDP als treibende Kraft weisen auch *Engels/Natter,* BB-Beilage 8/89, S. 6 hin; dazu auch FAZ vom 11.5.1988.

gestellten im selben UN, die nach Nrn. 1 oder 2 als leitende Angestellte eingeordnet wurden, gleichwertig sind. Erst wenn auch diese Prüfung ergebnislos bleibt, darf nach Abs. 4 geprüft werden. Diese Prüfungsreihenfolge ergibt sich zwingend aus dem Charakter des Abs. 3 Satz 2 als der Legaldefinition des leitenden Angestellten.[921] Die bloße Schwierigkeit der Zuordnungsproblematik reicht für eine Zuhilfenahme des Abs. 4 in keinem Fall aus.[922] Ausweislich des Eingangshalbsatzes in Abs. 4 kommen die dortigen Gesichtspunkte nur in Zweifelsfällen, die sich auf Abs. 3 Nr. 3 beziehen, in Betracht. Soweit daher nach Abs. 3 Nr. 2 beispielsweise das Merkmal »nicht unbedeutend« zu Anwendungsproblemen führt, dürfen diese nicht durch Rückgriff auf Abs. 4 gelöst werden.[923]

283 Für die Praxis verbleibt daher hinsichtlich des Abs. 4 nur ein sehr schmaler Anwendungsbereich, sofern man seine Anwendbarkeit wegen dessen Verfassungswidrigkeit (vgl. Rn. 295) nicht ohnehin ablehnt. Die »Befürchtung«, Abs. 4 könnte damit weitgehend leer laufen,[924] hat einige Autoren dazu veranlasst, in Abs. 4 einen Tatbestand mit eigenem Regelungsbereich zu sehen und dessen Charakter als **unselbstständige Ergänzung des Abs. 3 Nr. 3** zu leugnen. Dabei sind auch verbandspolitische Rücksichten im Spiel.[925]

284 **Abzulehnen ist** auch die Ansicht von *G. Müller*,[926] der die an sich zutreffende Feststellung, dass Abs. 4 verfassungswidrig sei, entwertet, indem er den Makel der Verfassungswidrigkeit durch Annahme einer **Vermutungsvorschrift** heilen will. *Müller* verkennt aber, dass sowohl der Gesetzestext als auch die Materialien eine derartige Interpretation eindeutig ausschließen.[927] Die **Grenze der verfassungskonformen Interpretation** an sich verfassungswidriger Normen ist erreicht, wo die Norm einen anderen Sinn erhält; eine derartige Inhaltsveränderung läuft auf eine Rechtssetzung hinaus, die als Gesetzesauslegung getarnt ist.[928] Die **gesetzessystematische Interpretation** verbietet zudem die Annahme einer eigenständigen Funktion des Abs. 4. Allein der Grundtatbestand des Abs. 3 Satz 2 Nr. 3 definiert den leitenden Angestellten in seiner funktionellen UN-Eigenschaft. Die Definition des leitenden Angestellten in anderen Gesetzen erfolgt stets nur durch Verweisung auf § 5 Abs. 3 und nicht zugleich auf Abs. 4.

b) Rechtsnatur und Aufbau der Regelung

285 So undeutlich wie die gerade mühsam gewonnene Präzisierung des Abs. 3 Nr. 3 durch den neuen Abs. 4 wieder wird, so zahlreich sind die Einschätzungen und Bezeichnungen des Rechtscharakters von Abs. 4. Dabei ist die Rede von

- **Auslegungsregeln,** die erst dann zum Zuge kommen, wenn trotz eingehender Prüfung des Abs. 3 Satz 2 Nr. 3 noch Zweifel bleiben;[929]

---

921 So GK-*Raab*, Rn. 245.

922 *Dänzer-Vanotti*, NZA-Beilage 1/89, S. 30 [33].

923 Vgl. *Fitting*, Rn. 422.

924 So die zutreffende Prognose von *Buchner*, NZA-Beilage 1/89, S. 2 [9]; *Dänzer-Vanotti*, NZA-Beilage 1/89, S. 30 [34]; *Hromadka*, BB 90, 57 [62]; *Richardi*, NZA-Beilage 1/90, S. 2 [9].

925 So etwa bei *Martens*, RdA 89, 73 [83], dessen Ausführungen einem für die »Union leitender Angestellter« erstatteten Gutachten entstammen; vgl. auch *Borgwardt/Fischer/Janert*, SprAuG, 2. Aufl., S. 43 f., die Hauptgeschäftsführer der »Union leitender Angestellter« bzw. des »Verbandes angestellter Akademiker und leitender Angestellter der chemischen Industrie« sind; abwegig auch *H.-P. Müller*, DB 88, 1697 [1699 f.], der in Abs. 4 einen Vermutungstatbestand erblicken möchte, um zu einer möglichst großen Zahl leitender Angestellter zu gelangen.

926 DB 88, 824 [828].

927 Das bemerkt auch *Martens*, a. a. O., S. 82, entscheidet sich aber [S. 83] selbst für die »Aufladung« des Abs. 4 mit »Wunschrecht«; zutreffend die Kritik von *Richardi*, NZA-Beilage 1/90, S. 2 [9] hinsichtlich derartiger Konstruktionen.

928 Vgl. dazu AK-GG-*Stein*, Einl. II Rn. 72 ff.; etwas anderes geben auch nicht die von *G. Müller*, a. a. O., Fn. 47 herangezogenen Entscheidungen des *BVerfG* her.

929 So die Entwurfsbegründung, BT-Drucks. 11/2503, S. 30; *Engels/Natter*, BB-Beilage 8/89, S. 10; *Wlotzke*, DB 89, 111 [122]; *Buchner*, NZA-Beilage 1/89, S. 2 [9]; *Dänzer-Vanotti*, NZA-Beilage 1/89, S. 30 [34]; *Hromadka*, BB 90, 57 [62]; wohl auch *Richardi*, NZA-Beilage 1/90, S. 2 [10], der von »Unklarheitenregel« spricht; anders jetzt *Richardi/Maschmann*, Rn. 256: »nur eine Entscheidungshilfe«; wie *Richardi*, nunmehr KassArbR-*Etzel*, 7.1, Rn. 53; *Bauer*, SprAuG, S. 125.

- **Regelbeispielen,** so dass als leitender Angestellter anzusehen sei, wer die Merkmale des Abs. 4 erfülle;[930]
- **Vermutungstatbeständen/Aufgreiftatbeständen,** die nur widerlegt seien, wenn nach Abs. 3 Nr. 3 der Gegenbeweis erbracht werde, dass der betreffende Angestellte kein leitender Angestellter ist;[931]
- **Konkretisierungstatbeständen,** die – sofern sie tatsächlich vorliegen – auf die Anwendung von Abs. 3 Nr. 3 einwirken und dort mit zu berücksichtigen sind, weshalb Abs. 3 und Abs. 4 gleichwertig seien.[932]

Gleichgültig, wie die Bezeichnung zur Charakterisierung der Rechtsnatur des **Abs. 4** gewählt wird, entscheidend ist, dass Abs. 4 in eindeutig nachrangigem Verhältnis zu Abs. 3 Nr. 3 steht und keinen selbstständigen **Charakter,** sondern lediglich den **eines Hilfstatbestands** zu Abs. 3 Nr. 3 besitzt,[933] so dass jede Zuordnungsentscheidung, die tragend auf Gesichtspunkte des Abs. 4 gestützt wird, fehlerhaft ist. Dies bedeutet auch, dass Zuordnungen, die allein nach Abs. 4 vorgenommen werden, offensichtlich unwirksam sind,[934] und ferner, dass leitender Angestellter nach Abs. 3 Nr. 3 durchaus auch sein kann, wer keines der in Abs. 4 enthaltenen Hilfsmerkmale erfüllt.[935] **286**

Abs. 4 enthält in seinen vier Tatbestandsgruppen ausschließlich formale Gesichtspunkte, während der »im Zweifel« zu präzisierende Tatbestand des Abs. 3 Nr. 3 ausschließlich funktionale Begriffsmerkmale verwendet. Das Ziel der Zweifelsbeseitigung lässt sich jedoch nicht erreichen, weil die in **Abs. 4** enthaltenen Gesichtspunkte überhaupt keinen Bezug zum Regelungsinhalt des Grundtatbestands haben[936] und daher zur Erreichung der ihnen zugedachten Aufgabe **ungeeignet** sind. So ist es nicht ersichtlich, welcher Zusammenhang etwa zwischen der Höhe eines bestimmten Jahresarbeitsentgelts (Abs. 4 Nr. 3) und dem Umfang des erforderlichen Entscheidungsspielraums bestehen könnte. Die formalen **Merkmale** des Abs. 4 und der Grundtatbestand des Abs. 3 Nr. 3 sind **inkommensurabel,** d. h. schlechterdings unter keinem Aspekt miteinander vergleichbar.[937] Die Regelung ist in sich systemwidrig und trägt dem von Verfassungs wegen durch den Gesetzgeber zu beachtenden **Gesichtspunkt der Systemgerechtigkeit** keine Rechnung.[938] **287**

Wie sich aus der »oder«-Verknüpfung in Abs. 4 Nrn. 1 bis 3 ergibt, handelt es sich bei diesen rein formalen Hilfskriterien um funktional gleichwertige **alternative** Möglichkeiten, nach denen ausnahmsweise eine Zuordnung nach Abs. 3 Nr. 3 »sicherer« gemacht werden kann.[939] Nach dem Wortlaut der Vorschrift müssen die Voraussetzungen des Abs. 4 Nrn. 1 bis 3 also nicht zusammentreffen. Dass diese Hilfskriterien systemwidrig sind (vgl. Rn. 287), ergibt sich aber auch daraus, dass es sich bei Abs. 4 Nrn. 1 bis 3 **nicht** einmal um **qualitativ gleichwertige Alternativ-Tatbestände** handelt. Somit stellt sich das weitere, vom Gesetzgeber nicht bedachte Problem, wie etwaige **Widersprüche innerhalb** der Tatbestandsgruppen **des Abs. 4** zu lösen sind. So kann es beispielsweise sein, dass der Angestellte einer entsprechenden Leitungsebene (Abs. 4 Nr. 2) angehört, aber weder eine entsprechende Wahlzuordnung (Nr. 1) noch die Ge- **288**

---

930 *Martens,* RdA 89, 73 [84], der auch von »authentischer Interpretation« [S. 83] des Grundtatbestands spricht; zu Recht abgelehnt von *Fitting,* 24. Aufl. Rn. 380.

931 So die den gesetzlichen Tatbestand auf den Kopf stellende, völlig abwegige Ansicht von *H.-P. Müller,* DB 88, 1697 [1699]; ähnlich, aber enger *SWS,* Rn. 24; unklar *Säcker,* Stellungnahme zur öffentlichen Anhörung vor dem Ausschuss für Arbeit und Sozialordnung, Ausschuss-Drucks. 683, S. 9, der in Abs. 4 Nrn. 1 bis 3 Vermutungen bzw. Aufgreifkriterien sieht, aber stets die Prüfung nach Abs. 3 verlangt; in sich widersprüchlich *G. Müller,* DB 89, 824 [828] einerseits und [a. a. O., S. 831, bei Fn. 75] andererseits.

932 *Borgwardt/Fischer/Janert,* SprAuG, 2. Aufl., S. 31 ff. [43 f.]; wohl auch *Boewer,* S. 19 f.

933 *Engels/Natter,* BB-Beilage 8/89, S. 10; insoweit richtig GK-*Raab,* Rn. 245.

934 Ebenso *Richardi,* NZA-Beilage 1/90, S. 2 [10].

935 *Fitting,* Rn. 423.

936 *Richardi,* NZA-Beilage 1/90, S. 2 [3].

937 *Richardi,* a. a. O.; insoweit zutreffend *Martens,* RdA 89, 73 [81].

938 Dazu *Clausen/Löhr/Schneider/Trümner,* AuR 88, 293 [299] m. w. N.; a. A., aber ohne Begründung, *Buchner,* NZA-Beilage 1/89, S. 2 [9].

939 *Bauer,* SprAuG, S. 125; *G. Müller,* DB 89, 824 [831] will dagegen entsprechend der Reihenfolge gewichten, was jedoch schon am Wortlaut scheitern muss.

haltshöhe vorliegt (Nr. 3). In derartigen Fällen lässt sich auch aus Abs. 4 der nach der Subsumtion des Sachverhalts unter den Tatbestand des Abs. 3 Nr. 3 verbliebene Zweifel nicht beseitigen. Ein Rückgriff auf Abs. 4 Nr. 4 ist ausgeschlossen, weil hier kein Zweifel hinsichtlich der Nr. 3 des Abs. 4 vorliegt.[940] Abs. 4 erweist sich somit ein weiteres Mal als untaugliches Instrument, Klarheit dort zu schaffen, wo sie längst hätte hergestellt sein können, wenn die juristischen Auslegungsmethoden durch den Eingangssatz des Abs. 4 nicht diskreditiert worden wären.

c) Normadressaten und Anwendungsvoraussetzungen

289 Mangels entsprechender Anhaltspunkte im Wortlaut wird davon auszugehen sein, dass sich die Norm sowohl an **die innerbetrieblichen Rechtsanwender** (AG, BR, SpA, WV, Vermittler nach § 18 a) als auch die **Gerichte** wendet.[941]

290 Weitestgehend unklar ist, welche **Art von Zweifeln** und **wann** diese vorliegen müssen, damit die Anwendung des Abs. 4 möglich wird. Zunächst haben die Rechtsanwender alle für Abs. 3 Nr. 3 erheblichen Tatsachen zu ermitteln, da **Abs. 4 keine Vermutung** in dem Sinne enthält, dass eine Tatsache das Vorhandensein einer anderen Tatsache vermuten lässt. Daher bezieht sich der »Zweifel« i. S. d. Abs. 4 Eingangssatz nicht auf Tatsachen (Zweifel bei der Ermittlung des Sachverhalts), sondern allein auf **rechtliche Zweifel am Auslegungsergebnis.**[942] Derartige rechtliche Zweifel sollen nach wohl h. M.[943] überhaupt nur in Betracht kommen können, wenn in sehr extremen Grenzfällen und nach Ausschöpfung aller Erkenntnismöglichkeiten und aller Auslegungsmethoden **zwei Auslegungsergebnisse** vertretbar erscheinen.[944] Dem ist entgegenzuhalten, dass es nach Auslegung der in Abs. 3 Nr. 3 enthaltenen unbestimmten Rechtsbegriffe rechtslogisch keine Mehrzahl richtiger (i. S. v. vertretbaren) Entscheidungen geben kann.[945] Dies gilt umso mehr, als schon bei Beachtung der gefestigten höchstrichterlichen Rspr. zu den einzelnen Tatbestandsmerkmalen des funktionalen Grundtatbestandes praktisch **keine rechtserheblichen Zweifel** mehr verbleiben können und damit die Anwendungssperre des Abs. 4 wohl stets greift.

d) Die Hilfskriterien im Einzelnen

aa) Frühere Zuordnung (Nr. 1)

291 Diese Tatbestandsgruppe knüpft an eine frühere Zuordnung des Angestellten an. Wer also bislang schon **kein leitender Angestellter war, ist dies** im Zweifel **auch jetzt nicht.**[946] Eine wirklich aussagekräftige Zuordnung ist jedoch nach dieser Variante nicht möglich, weil sich zwischenzeitlich die Verhältnisse geändert haben können oder im Zuordnungsverfahren nach § 18a eine von der früheren Zuordnung abweichende Entscheidung ergeht.[947] Nr. 1 enthält nämlich **keine Besitzstandsgarantie.**[948] Auch eine parallel zum Zuordnungsverfahren nach § 18a ergehende Gerichtsentscheidung, die zu einer früheren Gerichtsentscheidung im Widerspruch steht, ist nicht ausgeschlossen. **Besondere Vorsicht** ist angeraten, wenn eine frühere

940 Ebenso für diesen Fall *Richardi,* NZA-Beilage 1/90, S. 2 [8].
941 H. M., vgl. *Richardi,* NZA-Beilage 1/90, S. 2 [10]; *Hromadka,* BB 90, 57 [62] m. w. N.; *Fitting,* Rn. 415, und *Wlotzke,* DB 89, 111 [121, 123], sehen – wohl zu Recht – praktisch eher die WV als die Gerichte als Normadressaten, was jedoch auch die innerbetrieblichen Stellen nicht berechtigt, die Zuordnung allein nach den Gesichtspunkten des Abs. 4 vorzunehmen.
942 Ebenso *Fitting,* Rn. 420; GK-*Raab,* Rn. 247; *Buchner,* NZA-Beilage 1/89, S. 9; *Wlotzke,* DB 89, 122; a. A. *Richardi,* NZA-Beilage 1/90, S. 2 [9, 10], der offenbar tatsächliche Unklarheiten hinsichtlich der tatbestandsmäßigen Voraussetzungen für die Feststellung der funktionsbezogenen Merkmale des Abs. 3 Nr. 3 ausreichen lassen will.
943 *Engels/Natter,* BB-Beilage 8/89, S. 11; *Wlotzke,* DB 89, 111 [122 f.].
944 Vgl. auch GK-*Raab,* Rn. 248; *Röder,* NZA-Beilage 4/89, 6.
945 Näher dazu *Clausen/Löhr/Schneider/Trümner,* AuR 88, 293 [297]; hieran wird trotz der Einwände von *Engels/Natter,* a. a. O., festgehalten; vgl. auch Rn. 233.
946 Ebenso *Engels/Natter,* BB-Beilage 8/89, S. 11.
947 GK-*Raab,* Rn. 253 m. w. N.
948 *Fitting,* Rn. 432; *Richardi,* NZA-Beilage 1/90, S. 2 [6].

Zuordnung auf Grund von AR-Wahlen vorgenommen wird, bei denen die sog. **Selbsteinschätzung des Angestellten** ausschlaggebend war (s. dazu § 10 1. und 2. WOMitbG, § 11 3. WO-MitbG). Ein derartiges Selbsteinschätzungsrecht ist dem BetrVG nicht bekannt (zur Unbeachtlichkeit auch Rn. 279). Daher kann eine Zuordnung nach Abs. 3 Nr. 3 i. V. m. Abs. 4 Nr. 1 nicht auf die Selbsteinschätzung des betreffenden Angestellten bei der letzten AR-Wahl gestützt werden.[949] Zweifelhaft erscheint es wegen der begrenzten Rechtswirkungen der Zuordnungsentscheidung nach § 18a Abs. 5, ob z. B. die dortige Zuordnung durch einen Vermittler nach Abs. 4 Nr. 1 berücksichtigt werden kann.[950]

bb) Leitungsebene (Nr. 2)

Diese Tatbestandsgruppe stellt ausschließlich auf die jeweilige **Leitungsebene** ab, auf der der Angestellte tätig ist. Zweifelhaft ist schon, ob dieses **hierarchische** Merkmal überhaupt geeignet ist, den funktionalen Grundtatbestand des Abs. 3 Nr. 3 zu präzisieren.[951] Darüber hinaus stößt die Anwendbarkeit von Abs. 4 Nr. 2 jedenfalls dann auf unüberwindliche Schwierigkeiten, wenn die Leitungsstrukturen im Bereich der **Linienfunktionen** (vornehmlich Fälle des Abs. 3 Nrn. 1 und 2) erheblich von denen der **Stabsfunktionen** (vornehmlich Fälle des Abs. 3 Nr. 3) abweichen und damit nicht vergleichbare Leitungsebenen in die Betrachtung einbezogen werden.[952] »Überwiegend« bedeutet mehr als 50 v. H.[953] Somit müssen auf der Leitungsebene, auf der sich der jeweilige Angestellte befindet, mindestens 50 v. H. plus ein Angestellter zu den leitenden Angestellten zählen. Wenn aber auf der betreffenden Leitungsebene hinsichtlich so vieler Angestellter Streit über die Zuordnung besteht, dass die 50-v.-H.-Marke sowohl über- als auch unterschritten werden kann, versagt dieses Hilfskriterium von vornherein.[954] Es muss dann zunächst deren Status nach Abs. 3 Nr. 3 bestimmt werden, bevor überhaupt auf Abs. 4 Nr. 2 abgestellt werden kann.[955] In der Praxis wird die Bestimmung der jeweiligen Leitungsebene anhand der **Organisationspläne** erfolgen. Maßgeblich sind ausschließlich UN-bezogene Organisationspläne, nicht etwa betriebsbezogene.[956] 292

cc) Entgelthöhe im Unternehmen (Nr. 3)

Diese Tatbestandsgruppe bringt den deutlichsten **Bruch mit den funktionalen Kriterien** des Abs. 3 Nr. 3. Das Anknüpfen an einem für leitende Angestellte üblichen Entgelt eröffnet nicht nur reinen **Willkürentscheidungen** Tür und Tor, sondern gleicht der Quadratur des Kreises: Zunächst sind nämlich die in die vergleichende Betrachtung einzubeziehenden leitenden Angestellten zu ermitteln; schon dies kann dazu führen, dass auf Abs. 4 Nr. 3 zurückgegriffen werden muss. Damit verwendet der Gesetzgeber in dieser Vorschrift Begriffsvoraussetzungen, 293

949 Zweifelnd auch *G. Müller,* DB 89, 824 [829] und *Schumann,* AiB 88, 205 [207]; den indirekten Einfluss des Selbsteinschätzungsverfahrens bejahen *Hromadka,* BB 90, 57 [63] und *Dänzer-Vanotti,* NZA-Beilage 1/89, S. 30 [35].

950 Ablehnend *Fitting,* Rn. 429; bejahend *Dänzer-Vanotti,* a. a. O.; nach *Richardi/Maschmann,* Rn. 262, hat die Selbsteinschätzung eine noch geringere Indizwirkung als die Zuordnung nach § 18a.

951 Kritisch auch *Richardi,* NZA-Beilage 1/90, S. 2 [7].

952 Auch nach *Engels/Natter,* BB-Beilage 8/89, S. 12 ist für die Anwendbarkeit von Abs. 4 Nr. 2 dann kein Raum mehr; GK-*Raab,* Rn. 255 will deshalb einen Vergleich nur i. B. auf Angestellte des jeweils selben Bereichs [Stab bzw. Linie] zulassen; ebenso *Fitting,* Rn. 433.

953 Str., wie hier GK-*Raab,* Rn. 256; *Richardi/Maschmann,* Rn. 266; *Dänzer-Vanotti,* NZA-Beilage 1/89, S. 30 [36] verlangt deutlich mehr als 50 v. H.; *G. Müller,* DB 89, 824 [830] nimmt eine Spanne von 60–75 v. H. an.

954 *Schneider,* Mitb-Beilage zu Heft 11/89, S. 33; *Richardi/Maschmann,* a. a. O.

955 Dagegen will GK-*Raab,* Rn. 261 nur solche Angestellte berücksichtigen, die unstreitig leitende Angestellte sind, was aber nur die neue Frage aufwirft, woran streitig/unstreitig zu messen ist: Reicht es aus, wenn die Betriebspartner einig sind oder das Verfahren nach § 18a zu einem [vorläufigen] Ergebnis führte (in diese Richtung tendiert wohl *Fitting,* Rn. 434), oder muss eine in Rechtskraft erwachsene Statusklärung durch das Gericht vorliegen? Konsequenterweise muss die Bedeutung der Nr. 2 entfallen, wenn die Leitenden-Eigenschaft umstritten ist, vgl. *Richardi/Maschmann,* Rn. 266.

956 Vgl. zur relativen Aussagekraft von Organisationsplänen aber *Richardi/Maschmann,* a. a. O.; bloße Indizwirkung: GK-*Raab,* Rn. 260.

deren Vorliegen u. U. gerade nach derselben Vorschrift erst ermittelt werden muss (insoweit gelten die in Rn. 292 gegebenen Hinweise entsprechend). Probleme wirft auch die Ermittlung der maßgeblichen **Vergütungshöhe** als solche auf, weil keine Anhaltspunkte dafür genannt werden, welche **Vergütungsarten** zu berücksichtigen sind. Zutreffend wird man in Anlehnung an § 14 SGB IV darauf abstellen müssen, dass es auf die **regelmäßigen Bezüge** ankommt und eine Betrachtung der bisherigen und sicher abschätzbaren künftigen Gehaltsentwicklungen erforderlich ist,[957] so dass etwa Zulagen, die zudem noch im zeitlichen Zusammenhang mit der Wahl zum BR oder SpA gewährt werden, außer Betracht bleiben müssen, während regelmäßige Tantiemen, Provisionen, Sachbezüge (Dienstwagen und -wohnung) usw. zu berücksichtigen sind. Aus Nr. 3 folgt im Übrigen die Pflicht des AG, die für den Gehaltsvergleich erforderlichen **Daten** dem WV **zur Verfügung zu stellen,** wobei sich deren Umfang nach § 80 Abs. 2 Satz 2 richtet. Die Berufung auf Betriebs- oder Geschäftsgeheimnisse ist dem AG insoweit verwehrt.[958]

dd) Dreifache Bezugsgröße nach § 18 SGB IV (Nr. 4)

294 **Abs. 4 Nr. 4** knüpft ausschließlich an Abs. 4 Nr. 3 an, steht also **nicht alternativ zu Abs. 4 Nrn. 1 bis 3.**[959] Neben den rechtserheblichen Zweifeln bei der Zuordnung nach Abs. 3 Nr. 3 müssen also noch solche nach Abs. 4 Nr. 3 vorliegen, damit auf Abs. 4 Nr. 4 überhaupt zurückgegriffen werden kann, was z. B. der Fall sein kann, wenn es nach Abs. 4 Nr. 3 nicht möglich ist zu ermitteln, welches regelmäßige Jahresentgelt für leitende Angestellte in dem UN üblich ist.[960] Derlei kann praktisch aber niemals auftreten, weil die nur **tatsächliche** Unmöglichkeit der Gehaltsermittlung gerade keine **rechtlichen** Zweifel begründen kann. Gleichwohl bedeutet dieses Hilfs-Hilfs-Kriterium die Gefahr, dass Angestellte zu leitenden Angestellten stilisiert werden, die auch nicht im Entferntesten eine unternehmerähnliche Funktion ausüben. Die Bezugsgröße wird jährlich durch RechtsVO festgelegt (§ 17 Abs. 2 SGB IV). Das Dreifache der Bezugsgröße betrug 2023 in den alten Bundesländern 122 220 Euro, in den neuen Bundesländern 118 440 Euro. Ab dem 1. 1. 2025 entfällt für das sog. Beitrittsgebiet gem. § 18 Abs. 2 Satz 2 SGB IV die gesonderte Feststellung der Bezugsgröße. Mit dieser »Zweifel-im-Zweifel-Regelung« wird jeder Bezug zum konkreten UN endgültig verlassen, da die Bezugsgröße nach § 18 SGB IV Angaben über den Durchschnittsverdienst aller AN ungeachtet ihrer Branchen- und UN-Zugehörigkeit enthält.

e) Verfassungswidrigkeit

295 Abs. 4 kann unter mehreren Gesichtspunkten verfassungsrechtlich keinen Bestand haben:[961]

- Die »Im-Zweifel-Regelung« des Eingangssatzes führt zu Unklarheiten, die im interpretatorischen Wege nicht befriedigend gelöst werden können. Der Rechtswissenschaft selbst ist es bislang nicht gelungen, überzeugende Lösungen zu entwickeln (vgl. Rn. 285 f.). Die Regelung ist so unbestimmt, dass sie dem rechtsstaatlichen **Gebot der Normenklarheit** widerspricht.[962] Hält man Abs. 3 für hinreichend bestimmt, woran wegen seines die *BAG*-Rspr. bestätigenden Charakters kein Zweifel bestehen kann, verbleibt für Abs. 4 kein Anwendungsbereich (»toter Buchstabe«). Unterstellt man für Abs. 4 einen – wenn auch schmalen – Anwendungsbereich, wird man Abs. 3 für nicht hinreichend bestimmt halten müssen, da Abs. 4 als Hilfstatbestand sonst nicht notwendig wäre;
- die Aufgabe jedweden Funktionsbezuges durch Hereinnahme rein formaler Kriterien in den Hilfstatbestand des Abs. 4 macht diesen systemwidrig (vgl. Rn. 287); die inkommensu-

957 Vgl. *Engels/Natter,* BB-Beilage 8/89, S. 12; GK-*Raab,* Rn. 262.
958 Vgl. *Engels/Natter,* a. a. O.; ähnlich *Fitting,* Rn. 438.
959 So richtig *Engels/Natter,* BB-Beilage 8/89, S. 12.
960 *Richardi,* NZA-Beilage 1/90 S. 2 [8].
961 Vgl. ausführlicher *Clausen/Löhr/Schneider/Trümner,* AuR 88, 293 [297 ff.]; *Steindorff,* AuR 88, 266 [271]; *G. Müller,* DB 89, 824 [827 ff.].
962 Dagegen GK-*Raab,* Rn. 267, weil das »Vorliegen von Zweifeln« im vollen Umfang gerichtlich nachprüfbar bleibe; wie ein innerer Vorgang [Zweifel] gerichtlich nachzuprüfen sei, ist völlig unklar.

rablen Merkmale lassen ihn **willkürlich** erscheinen, zumindest ist durch den Gesetzgeber das **Gebot der Systemgerechtigkeit,** das dieser bei Nutzung seines Gestaltungsspielraums zu beachten hat, nicht befolgt worden;
- Abs. 4 Nr. 1 ist willkürlich, weil das Regelungsmodell, über frühere Zuordnungsentscheidungen innerbetrieblicher Stellen die Statusbestimmung vorzunehmen, nicht gewährleistet, dass die an der Zuordnung Beteiligten ihre Entscheidungen frei von sachfremden Motiven treffen;[963]
- Abs. 4 Nr. 4 verstößt gegen Art. 3 GG, weil die Regelung eine **an sachwidrigen Kriterien ausgerichtete Differenzierung** enthält. Nicht unternehmens- oder aufgabenbezogene Merkmale, sondern der Durchschnittsverdienst aller AN soll die Differenzierung bewirken.[964] Außerdem verstößt die Bestimmung wegen des doppelten Vorbehalts (»Zweifel-im-Zweifel-Regelung«) gegen das Gebot der **Normenklarheit im Rechtsstaat** gemäß Art. 20 Abs. 3 GG.

6. Beispiele aus der Rechtsprechung

Zur Begriffsabgrenzung nach § 5 Abs. 3 a.F. gibt es zahlreiche Entscheidungen der Arbeitsgerichtsbarkeit. Für das geltende Recht nimmt sich die Anzahl dagegen eher bescheiden aus, was die Vermutung stützt, dass die Auseinandersetzungen um den leitenden Angestellten in der Praxis abgenommen haben oder aber die Konflikte eher im Zuordnungsverfahren nach § 18a befriedigenden Ausgang finden. Die Entscheidungen sind allerdings stark **fallbezogen,** d.h. auf das jeweilige UN und die Stellung bzw. Funktion des betreffenden Angestellten in diesem UN abgestellt, so dass zur Vorsicht bei Verallgemeinerungen zu raten ist. Aus der Fülle der Rspr. sollen – insbesondere unter Berücksichtigung der Rspr. des *BAG* – einige Beispiele angeführt werden, die in der Begründung bestimmte allgemein bedeutsame Aspekte erkennen lassen. Vorsicht ist vor allem geboten bei einer Zuordnung, die an die **Berufsbezeichnung** anknüpft, weil darin kein Begriffsmerkmal gesehen werden kann.[965] Die zum früheren Recht ergangene Rspr. ist prinzipiell auch weiterhin anwendbar, da die Neufassung keine grundsätzliche Abkehr von der bisherigen Begriffsabgrenzung gebracht hat.[966] Soweit nachfolgend bestimmte tatsächliche Angaben gemacht werden, dient dies vor allem der Illustration; nicht in jedem Fall (z.B. Rn. 297) handelt es sich dabei um nach der *BAG*-Rspr. als beachtlich anerkannte Gesichtspunkte für die Begriffsabgrenzung (vgl. zu den unbeachtlichen Gesichtspunkten o. Rn. 279). 296

a) Bejahende Entscheidungen

Als **leitende Angestellte** sind **anerkannt** worden: 297
- **Leiter der Abteilung »Unternehmensplanung«,** wobei das *BAG* darauf abgehoben hat, dass dieser leitende Angestellte durch seine Tätigkeit entscheidende unternehmerische Daten setzt, die einen maßgeblichen und direkten Einfluss auf die UN-Leitung ausüben;[967]
- **Leiter der Abteilung Absatzplanung, Vertrieb, Organisation und Personal** mit Gesamtprokura, wegen des umfangreichen und wichtigen Tätigkeitsbereiches;[968]
- **Verkaufsleiter,** der nach Kundenwünschen Industrieanlagen entwirft und Kosten ermittelt;[969]
- **Leiter der Abteilung »Dünnschicht und Poliertechnik«** eines optischen Betriebs, der maßgebende Forschungsarbeit leistet und am Abschluss von Lizenzverträgen beteiligt ist;[970]

963 Dazu *G. Müller*, a.a.O.
964 Vgl. auch *Fitting*, Rn. 443; a.A. *Richardi/Maschmann*, Rn. 273, unter der Voraussetzung der von ihm angebotenen restriktiven Gesetzesinterpretation.
965 Vgl. aber *Richardi/Maschmann*, Rn. 279.
966 Weitere Rspr.-Übersichten in NZA 86, 460ff. *Steindorff*, Anhang, S. 1ff.; GK-*Raab*, Rn. 233–237; HWGNRH-*Rose*, Rn. 219ff.
967 17.12.74, AP Nr. 7 zu § 5 BetrVG 1972.
968 *BAG* 23.3.76, AP Nr. 14 zu § 5 BetrVG 1972.
969 *BAG* 1.6.76, AP Nr. 15 zu § 5 Abs. 3 BetrVG 1972.
970 *BAG* 23.3.76 – 1 AZR 221/75, uv.

- **Leiter des gesamten Ausbildungswesens** in einem Groß-UN, sofern er das Ausbildungswesen im Wesentlichen nach eigenen Vorstellungen gestaltet;[971]
- **Wirtschaftsprüfer,** die als Prüfungsleiter und (oder) Berichtskritiker in Wirtschaftsprüfungsgesellschaften angestellt sind.[972] § 45 Satz 2 WiPrO ist aber einschränkend dahin auszulegen, dass ang. Wirtschaftsprüfer nur dann leit. Ang. sind, wenn sie auch tatsächlich Prokura haben.[973] Auf ang. **RA oder StB einer Wirtschaftsprüfungs- und Beratungsgesellschaft** ist § 45 Satz 2 WiPrO dagegen auch nicht in dieser eingeschränkten Form entsprechend anzuwenden; hier verbleibt es bei den allgemeinen Voraussetzungen des § 5 Abs. 3 BetrVG;[974]
- **Sicherheitsingenieur und Sicherheitsfachmann** eines Luftfahrt-UN mit 6500 Beschäftigten, der direkt der Direktion unterstellt ist, das UN gegenüber außenstehenden Verbänden und Stellen, die für Fragen der Arbeitssicherheit zuständig sind, vertritt und selbst optimale technische Lösungen für Probleme der Arbeitssicherheit auszuarbeiten und bei deren Durchführung bei der Gestaltung von Arbeitsplätzen und Betriebseinrichtungen und -anlagen mitzuwirken hat;[975]
- **Grubenfahrsteiger,** wobei sich die Zuordnung zum Personenkreis der leitenden Angestellten aus den Besonderheiten des Bergbaues und des besonders gelagerten Falles ergibt;[976]
- **Leiter der EDV-Organisation und der Fertigungsplanung** in großen Betrieben;[977]
- **Leiter der pharmazeutischen Entwicklung;**[978]
- **Syndikusanwalt,** der eigenverantwortlich die Leitung des UN in Rechtsfragen berät[979] bzw. Prokura hat und ein besonders wichtiges Aufgabengebiet wahrnimmt;[980]
- **Rechtsanwalt** als Sachbearbeiter in der Grundstücksverkehrsabteilung eines Bergwerksunternehmens mit weitreichenden Vollmachten gegenüber Dritten;[981]
- **Leiter der Vertriebsniederlassung** eines UN der Kommunikationstechnik mit 7000 AN, der u. a. gegenüber dem BR der örtlichen Niederlassung Verhandlungs- und Abschlussvollmacht hat und diese auch regelmäßig ausübt;[982]
- **stellvertretender Leiter** der Wertpapierabteilung einer von mehr als 14 Niederlassungen einer Großbank trotz der auf die Niederlassung beschränkten Gesamtprokura;[983]
- **Chefpilot** einer US-amerikanischen Fluggesellschaft, die weltweit fünf derartige Funktionen unterhält, wobei die Aufgabe in der Wahrung der Flugsicherheit besteht und zu diesem Zweck weitreichende – auch disziplinarische – Befugnisse gegenüber den zugeordneten 255 Piloten, Copiloten und Bordingenieuren gegeben sind;[984]
- **Abteilungsleiter** des Finanz- und Rechnungswesens, der eigenverantwortlich über die Art und Höhe der Wiederanlage frei werdender Finanzanlagen im Umfang von 15–20 Mio. DM jährlich bei einem Gesamtrahmen von 170 Mio. DM und über die Finanzierung benötigter Mittel entscheidet;[985]

---

971 *BAG* 1.6.76, a.a.O.
972 *BAG* 28.1.75, AP Nr. 5 zu § 5 BetrVG 1972, unter Hinweis auf eine atypische Fallgestaltung.
973 *BAG* 29.6.11 – 7 ABR 15/10, NZA 12, 408 ff.; näher auch für Arbeitnehmer in Beratungsgesellschaften *Henssler*, FS Hromadka, 131 ff.
974 *BAG* 29.6.11 – 7 ABR 5/10, NZA-RR 11, 647.
975 *BAG* 8.2.77, AP Nr. 16 zu § 5 BetrVG 1972.
976 *BAG* 19.11.74, AP Nr. 3 zu § 5 BetrVG 1972; diese Entscheidung ist aufgegeben worden durch *BAG* 23.1.86, AP Nrn. 30, 32 zu § 5 BetrVG 1972; vgl. auch die in Rn. 298 angeführte Rspr. zur Einordnung der Steiger im Besonderen.
977 *ArbG Frankfurt* 12.4.72, DB 72, 1634.
978 *LAG Baden-Württemberg* 8.3.78, DB 78, 843.
979 *LAG Düsseldorf* 22.11.73, EzA § 5 BetrVG 1972 Nr. 4.
980 *LAG Berlin* 25.1.88, LAGE § 5 BetrVG 1972 Nr. 15.
981 *LAG Düsseldorf* 14.11.72, EzA § 5 BetrVG 1972 Nr. 3.
982 *LAG Berlin* 5.3.90, LAGE § 5 BetrVG 1972 Nr. 18.
983 *LAG Düsseldorf* 24.2.89, LAGE § 5 BetrVG 1972 Nr. 17; a.A. noch *BAG* 27.4.88, AP Nr. 37 zu § 5 BetrVG 1972 zur Rechtslage vor In-Kraft-Treten der Neufassung von Abs. 3 Nr. 2.
984 *BAG* 25.10.89, AP Nr. 42 zu § 5 BetrVG 1972.
985 *LAG Baden-Württemberg* 25.6.91, LAGE § 5 BetrVG 1972 Nr. 20.

- **Generalbevollmächtigter,** soweit damit eine Rechtsstellung zwischen einem Organmitglied der Gesellschaft und einem Prokuristen verbunden ist;[986]
- **Restaurantleiter** in einem UN mit 38 Restaurants und ca. 25 AN je Restaurant, allerdings zu § 14 Abs. 2 KSchG entschieden;[987]
- **Hauptabteilungsleiter** »Finanzwesen«, der unmittelbar dem Geschäftsführer unterstellt ist, Entscheidungsbefugnis über Finanzierungen von Investitionsvolumen i. H. v. 20 Mio. DM und Devisenrisikoabsicherungsgeschäften i. H. v. 100 Mio. DM hat und mehr als 136 000 DM im Jahr erhält;[988]
- **Chefarzt** (sehr str., vgl. Rn. 298) einer Klinik mit uneingeschränkter ärztlicher Führungs- und Handlungsverantwortung;[989]
- **Filialleiterin** eines Geschäfts, das weniger als 20 AN (!) hat;[990]
- **Betriebsleiter** mit Einstellungs- und Entlassungsbefugnis im Innen- und Außenverhältnis gegenüber fünf leit. Ang., die ihrerseits leit. Ang. i. S. v. § 5 Abs. 3 Nr. 1 waren;[991]
- **Leiter der Zentralrevision** in direkter Vorstandsunterstellung bei einem UN mit seinerseits ca. 120 Tochter-UN wegen seiner Schlüsselposition bzgl. des Einflusses auf die UN-Führung.[992]
- **Leiter eines Baumarktes,** der innerhalb einer Baumarkt-UN-Gruppe als formal eigenständige Regionalgesellschaft mit 90 AN geführt wird.[993]

b) Verneinende Entscheidungen

Die Eigenschaft als **leitender Angestellter** wurde **verneint** beim: 298

- **Hauptabteilungsleiter** eines aus 20 Hauptbüros bestehenden Groß-UN, der eine bestimmte Sparte des Verkaufsgeschäfts im räumlichen Bereich des Hauptbüros leitet, aber seinerseits noch dem kaufmännischen Direktor des Hauptbüros untersteht. Das *BAG* hat auf den fehlenden erheblichen eigenen Entscheidungsspielraum abgehoben;[994]
- **Abteilungsleiter** eines Maschinenbau-UN. Nach Auffassung des *BAG* nehmen diese Abteilungsleiter zwar unternehmerische Teilaufgaben wahr. Diese machen jedoch nur einen kleinen Ausschnitt in Bezug zum Gesamt-UN aus;[995]
- **Leiter der Abteilung »Mechanische Fertigung«,** weil es an der Interessenpolarität fehlt. Das *BAG* weist darauf hin, dass ein Gegnerbezug zum BR und zur Arbeitnehmerschaft nicht schon dann vorliegt, wenn der Abteilungsleiter eine schlichte Vorgesetztenstellung innehat, die ihm das Recht einräumt, im Rahmen des ihm zugewiesenen Aufgaben- und Funktionsbereichs die notwendigen Anordnungen zu treffen und den ihm unterstellten AN hierzu Weisungen zu erteilen;[996]
- **Leiter einer Fertigungsabteilung** mit ca. 400 Arbeitern, 16 Meistern und technischen Angestellten, weil der maßgebliche Einfluss auf die technische und organisatorische Führung

---

986 *BAG* 10.4.91, AP Nr. 141 zu § 1 TVG Tarifverträge: Bau.
987 *BAG* 25.11.93, NZA 94, 837 unter bedenklicher Hintanstellung der festgestellten Kompetenzbegrenzungen: z. B. Genehmigungserfordernis bei Reparaturen im Wert von mehr als 300 DM!; vgl. Rn. 298 wegen des gegenteiligen Ergebnisses.
988 *BAG* 11.1.95, EzA § 5 BetrVG 1972 Nr. 58.
989 *LAG Köln* 20.11.90 – 9 Sa 452/90; anders *BAG* 5.5.10, NZA 10, 966: nur wenn sie tätigkeitsprägend unternehmens- oder betriebsleitende Entscheidungen treffen, was aus der hierarchischen Stellung als Chefarzt gerade nicht folgt; vgl. auch *Richardi/Maschmann,* Rn. 283 m. w. N.; nach *Schaub,* Arbeitsrechts-Handbuch, 10. Aufl., § 16 Rn. 21: nur dann, wenn der Chefarzt Mitglied der Krankenhausbetriebsleitung ist; gegen die Leitenden-Eigenschaft spricht auch § 18 Abs. 1 Nr. 1 AZG; bejaht für den Bereich der MAVO in *BAG* 10.12.92, AP Nr. 41 zu Art. 140 GG [unter III. 1]; verneint betr. § 14 Abs. 2 KSchG vom *LAG Nürnberg* 13.10.98, NZA 99, 238.
990 *LAG Düsseldorf* 26.7.00, NZA-RR 01, 308.
991 *BAG* 27.9.01, AP Nr. 6 zu § 14 KSchG 1969.
992 *BAG* 6.12.01, AP Nr. 3 zu § 263 ZPO.
993 *LAG Köln* 6.9.19 – 9 TaBV 123/18, BeckRS 19, 28440.
994 19.11.74, AP Nr. 2 zu § 5 BetrVG 1972.
995 17.12.74, AP Nr. 8 zu § 5 BetrVG 1972.
996 17.12.74, AP Nr. 6 zu § 5 BetrVG 1972.

des Werkes fehlt und personelle Maßnahmen nur in Übereinstimmung mit der Personalabteilung vorgenommen werden können;[997]

- **Verkaufsleiter und Betriebsleiter** in einer von 40 Niederlassungen eines größeren Kfz-Herstellers, der bei Verkäufen an die Listenpreise des Herstellers gebunden ist;[998]
- **Verkaufsleiter** der 3. Delegationsstufe ohne wesentliche eigene Entscheidungsbefugnis;[999]
- **Leiter des Zentraleinkaufs** eines UN mit 475 AN, weil keine erhebliche Entscheidungsbefugnis vorliegt;[1000]
- **Redakteur;**[1001]
- **Vertriebsleiter** einer Zeitung, auch wenn Einstellungs- und Entlassungsbefugnis für Zeitungsausträger gegeben sind;[1002]
- **Betriebsleiter eines Verbrauchermarktes** mit 45 AN, weil er in personellen und kaufmännischen Angelegenheiten sowie bei Verhandlungen mit dem BR keinen eigenen nennenswerten Entscheidungsspielraum hat;[1003]
- **Grubenfahrsteiger,** weil jedenfalls die Wahrnehmung der bergbautypischen Sicherungsaufgaben auf fast allen Vorgesetztenebenen nicht ausreicht, eine echte unternehmerische Aufgabenstellung zu begründen;[1004]
- **Fahrsteiger;**[1005]
- **Vermessungsfahrsteiger;**[1006]
- **Maschinenfahrsteiger;**[1007]
- **Wetterfahrsteiger;**[1008]
- **Vorrichtungsfahrsteiger;**[1009]
- **Elektrofahrsteiger;**[1010]
- **Betriebsarzt/Werksarzt;**[1011]
- **betrieblicher Datenschutzbeauftragter;**[1012]
- **Montageleiter,** der für den Distrikt eines UN eingestellt wird und die Abteilung Montage leitet;[1013]
- **Ressortleiter** eines Zeitungsverlages mit mehreren Hierarchieebenen über sich, einer bloß »schlichten« Vorgesetztenstellung sowie einem Vorschlagsrecht bezüglich ihm zu unterstellender Redakteure;[1014]
- **Restaurantleiter;**[1015]
- **Store-Managerin,**[1016] die als Filialleiterin eines UN mit 58 Filialen zwar formale Einstellungs- und Entlassungsberechtigung besaß. Weil diese Berechtigung sich aber nur auf die 5 AN der als Betriebsteil nach § 4 Abs. 1 Nr. 2 qualifizierten Filiale bezog, handelte es sich um eine formale Berechtigung von nur untergeordneter unternehmerischer Bedeutung;

997 *BAG* 15.3.77 – 1 ABR 86/76, uv.; dazu *G. Müller,* AuR 85, 315 [318].
998 *BAG* 15.3.77, DB 78, 496.
999 *BAG* 19.8.75, AP Nr. 1 zu § 105 BetrVG 1972.
1000 *BAG* 9.12.75, AP Nr. 11 zu § 5 BetrVG 1972.
1001 *BAG* 22.4.75, 31.10.75, 7.11.75, AP Nrn. 2, 3, 4 zu § 118 BetrVG 1972.
1002 *BAG* 27.10.78, AP Nr. 19 zu § 5 BetrVG 1972.
1003 *BAG* 19.8.75, AP Nr. 5 zu § 102 BetrVG 1972.
1004 *BAG* 23.1.86, AP Nrn. 30, 32 zu § 5 BetrVG 1972; die dagegen erhobene Verfassungsbeschwerde hat das *BVerfG* [16.6.86, NZA 87, 206] mangels Aussicht auf Erfolg nicht angenommen.
1005 *BAG* 23.1.86, a.a.O.
1006 *LAG Hamm* 11.7.74, DB 74, 2013.
1007 *LAG Hamm* 19.8.1977 – 3 TaBV 20/77.
1008 *LAG Hamm* 19.8.77 – 3 TaBV 22/77.
1009 *LAG Hamm* 19.8.1977 – 3 TaBV 21/77.
1010 *LAG Hamm* 1.2.1977 – 3 TaBV 74/76.
1011 *LAG Baden-Württemberg* 31.3.77, AP Nr. 17 zu § 5 BetrVG 1972; a.A. *LAG München* 22.3.78, Personalwirtschaft 78, 207.
1012 *LAG München* 16.11.78, BB 79, 1092.
1013 *ArbG Essen* 12.12.91 – 1 BV 1/91.
1014 *LAG Düsseldorf* 22.3.93, LAGE § 5 BetrVG 1972 Nr. 21 = AuR 93, 305.
1015 *ArbG Darmstadt* 8.1.98, AiB 98, 467 m. Anm. *Peter*; *ArbG Neumünster* 27.6.18 – 3 BV 3a/18, n.rk. [Filialleiter Systemgastronomie]; *LAG Hessen* 7.9.00, NZA-RR 01, 426; vgl. aber Rn. 297 ff.
1016 *BAG* 4.5.22 – 7 ABR 14/21, NZA 22, 1280 Rn. 38 ff.

- **Chefarzt**[1017], wenn dessen Einstellungsbefugnis nur im Innenverhältnis besteht[1018] ähnlich für einen Chefarzt mit bloßen Abteilungsleiterfunktionen[1019] Chefarzt einer geriatrischen Abteilung, dessen Personalbefugnisse nicht einmal gegenüber einem Prozent der Gesamtbelegschaft bestanden;[1020] Chefarzt einer kleineren Abteilung eines Krankenhauses, der in die Abstimmung über das Leistungsspektrum seiner Abteilung und das Budget einzubeziehen war[1021] Chefärztin einer Fachklinik mit 11 Mitarbeitern, 20 Betten [= 11 % der Gesamtbettenzahl] und 7,5 % der Erlöse des Krankenhauses ohne Aufgaben auf der Leitungsebene;[1022] vgl. aber auch Rn. 297;
- **Qualitätsbeauftragter** nach DIN EN ISO 9001 QE 4.1.2.3 wird nicht schon Kraft Ernennung hierzu leit. Ang.;[1023]
- **EDV-Spezialist** ist kein leit. Ang., selbst wenn er infolge seines Spezialisierungsgrades im UN eine Monopolstellung einnimmt;[1024]
- **Zentraleinkäufer** eines Warenhaus-UN, der neben 57 anderen Zentraleinkäufern auf der dritten Leitungsebene für den Einkauf von Damenlederwaren mit weniger als 1 % des Gesamteinkaufsumsatzes zuständig ist;[1025]
- **Jugendherbergsleiter** wegen mangelnder Personalbefugnisse.[1026]
- **Stellvertretende** Filial- bzw. Marktleiter, wegen nur subsidiärer Personalbefugnisse im Vertretungs-/Abwesenheitsfall des etatmäßigen Leiters.[1027]
- **Assistent der Geschäftsführung** wegen bloßer Abwesenheitsvertretung des Geschäftsleiters, wenngleich dann mit Personalbefugnissen für den gesamten Baumarktbetrieb.[1028]

V. Streitigkeiten

Den **Streit über den Status** eines Betriebsangehörigen als AN i. S. d. Abs. 1, als Nicht-AN i. S. d. Abs. 2 und als leitender Angestellter i. S. d. Abs. 3 entscheidet das ArbG im **Beschlussverfahren** gemäß §§ 2a, 80 ff. ArbGG.[1029] Zwar kann der rechtliche Status als leitender Angestellter als **Vorfrage** auch im **Kündigungsschutzprozess** (Urteilsverfahren) festgestellt werden, jedoch entfaltet diese Statusfeststellung Rechtswirkungen dann nur zwischen den Parteien dieses Verfahrens, d. h. AG und AN, nicht jedoch für oder gegen den BR oder SpA.[1030] 299

Beteiligungsbefugt und **antragsberechtigt** sind im Status-Beschlussverfahren der **BR,**[1031] der **AG** und wohl auch der **SpA** sowie diejenigen Personen, um deren Statusfeststellung es geht.[1032] Ist der Status im Zusammenhang mit einer BR- oder SpA-Wahl umstritten, sind darüber hinaus beteiligungs- und antragsbefugt **die beiden WV,**[1033] aber auch die im Betrieb vertretene **Ge-** 300

1017 *LAG Nürnberg,* 24.8.16 – 2 Sa 201/16, öAT 17, 103.
1018 *BAG* 18.11.99, NZA 00, 427.
1019 *ThürLAG* 6.7.00, LAGE § 5 BetrVG 1972 Nr. 22.
1020 *BAG* 10.10.07 – 7 ABR 61/06, DB 08, 590.
1021 *BAG* 5.5.10 – 7 ABR 97/08, NZA 10, 955.
1022 *HessLAG* 31.7.08 – 9 TaBV 267/07.
1023 *ArbG Würzburg* 9.9.98 – 10 BV 4/98 W.
1024 *LAG Köln* 20.4.01, AuR 01, 318.
1025 *BAG* 25.10.01, EzA § 5 BetrVG Nr. 64.
1026 *LAG Bremen* 15.1.08 – 1 TaBV 15/07.
1027 *LAG Köln* 20.6.18 – 11 TaBV 77/17, BeckRS 18, 30003.
1028 *LAG Köln* 6.9.19 – 9 TaBV 123/18, BeckRS 19, 28440.
1029 Vgl. *Richardi/Maschmann,* Rn. 326; *Fitting,* Rn. 462; GK-*Raab,* Rn. 292; *GL,* Rn. 109, 181; Muster eines Statusfeststellungsverfahrens in DKWF-*Homburg,* § 5 Rn. 5.
1030 Vgl. *Fitting,* Rn. 467; *BAG* 19.8.75, AP Nr. 1 zu § 105 BetrVG 1972; 19.8.75, AP Nr. 5 zu § 102 BetrVG 1972; 23.3.76, AP Nr. 14 zu § 5 BetrVG 1972. Zu den beschränkten Rechtswirkungen einer Statusfeststellung, die im Zuordnungsverfahren nach § 18a ergeht, vgl. § 18a Rn. 68 ff.; Muster eines Statusverfahrens bzgl. leit. Ang. in DKWF-*Homburg,* § 5 Rn. 9.
1031 Ggf. auch der GBR, vgl. GK-*Raab,* Rn. 293; a. A. *Richardi/Maschmann,* Rn. 329.
1032 Vgl. *BAG* 23.1.86, 25.10.89, AP Nrn. 30, 42 zu § 5 BetrVG 1972.
1033 *Richardi/Maschmann,* a. a. O.; vgl. auch *BAG* 5.3.74, AP Nr. 1 zu § 5 BetrVG 1972 für den BR-WV.

werkschaft,[1034] und zwar unabhängig davon, ob ein Wahlanfechtungsverfahren schwebt oder nicht.[1035] **Nicht antragsbefugt** ist eine im BR vertretene **Minderheitenliste.**[1036]

301 Das **Rechtsschutzinteresse** am Status-Feststellungsverfahren soll auch ohne Vorliegen eines akuten Streitfalles (z. B. bevorstehende Wahlen) zu bejahen sein, weil von der Feststellung sowohl der subjektive betriebsverfassungsrechtliche Status des Betroffenen als auch die Kompetenzabgrenzung zwischen SpA und BR (beispielsweise bei der Beteiligung in personellen Einzelangelegenheiten) abhängig ist.[1037] Das Rechtsschutzinteresse entfällt für keinen der beiden Anträge, wenn in demselben Beschlussverfahren sowohl **positive** Feststellung (etwa durch den betroffenen AN) als auch **negative Feststellung** (etwa als Widerantrag durch den BR) begehrt wird.[1038] Es entfällt allerdings, wenn der betreffende AN im Laufe des Verfahrens aus dem Betrieb ausgeschieden ist.[1039]

302 Das Beschlussverfahren ist gemäß § 2a Abs. 1 Nr. 2 ArbGG auch die zutreffende Verfahrensart für **Streitigkeiten** aus dem SprAuG.[1040]

§ 6 Arbeiter und Angestellte

(aufgehoben)

1034 Vgl. *BAG* 28. 4. 64, AP Nr. 2 zu § 4 BetrVG.
1035 *BAG* 5. 3. 74, a. a. O.; offen lassend für den Fall einer bloß abstrakten Feststellung *BAG* 19. 11. 74, AP Nr. 3 zu § 5 BetrVG 1972; wie hier auch *Richardi/Maschmann*, Rn. 330; *GL*, Rn. 110.
1036 Dazu *LAG Düsseldorf* 24. 10. 89, DB 90, 283.
1037 Vgl. *Richardi/Maschmann*, Rn. 328 m. w. N. auf die ständige Rspr. des *BAG;* die Begrenzung des Streitgegenstandes auf die Statusfeststellung ohne Klärung strittiger Einzelfragen führt nicht zur Verneinung des Feststellungsinteresses, vgl. *BAG* 20. 7. 94, NZA 95, 190; differenzierter GK-*Raab*, Rn. 294.
1038 *BAG* 17. 12. 74, AP Nr. 8 zu § 5 BetrVG 1972.
1039 GK-*Raab*, Rn. 294.
1040 Vgl. *Fitting*, Rn. 461; *Löwisch*, SprAuG, Vor § 1 Rn. 6; *Grunsky*, ArbGG, § 2a Rn. 27a.

Zweiter Teil
Betriebsrat, Betriebsversammlung, Gesamt- und Konzernbetriebsrat

Erster Abschnitt
Zusammensetzung und Wahl des Betriebsrats

§ 7 Wahlberechtigung

Wahlberechtigt sind alle Arbeitnehmer des Betriebs, die das 16. Lebensjahr vollendet haben. Werden Arbeitnehmer eines anderen Arbeitgebers zur Arbeitsleistung überlassen, so sind diese wahlberechtigt, wenn sie länger als drei Monate im Betrieb eingesetzt werden.

Inhaltsübersicht Rn.

I. Vorbemerkungen

1 Die Bestimmung legt fest, wer berechtigt ist, den BR **zu wählen** (aktives Wahlrecht); die Wählbarkeit (passives Wahlrecht) ist in der Vorschrift des § 8 geregelt (zur Wahlberechtigung für die JAV vgl. § 61 Abs. 1, für die Bordvertretung § 115 Abs. 2 Nr. 1 und zur Wahlberechtigung für den See-BR § 116 Abs. 2 Nr. 1). Die Vorschrift ist **zwingend.**

2 Das Wahlalter für das aktive Wahlrecht ist mit dem Betriebsrätemodernisierungsgesetz vom 18. auf das **16. Lebensjahr** heruntergesetzt worden. Das Gesetz passierte am 28.5.2021 den Bundesrat und wird nach Veröffentlichung im Juni 2021 in Kraft treten. Verbunden ist mit der Senkung des Wahlalters nicht nur das aktive Wahlrecht ab 16 Jahren, sondern auch die Möglichkeit in einem Wahlvorstand gewählt zu werden.

Neben der **Vollendung des 16. Lebensjahres** ist für die Ausübung des aktiven Wahlrechts erforderlich, dass der Betreffende als AN (zum betriebsverfassungsrechtlichen Begriff des AN vgl. Rn. 5ff.) zu dem Betrieb gehört, um dessen BR-Wahl es geht (zur Problematik der Betriebszugehörigkeit vgl. Rn. 8ff.). In **formeller Hinsicht** ist für die Ausübung des Wahlrechts außerdem notwendig, dass der AN in die **Wählerliste** eingetragen ist (§ 2 Abs. 3 WO). Die Eintragung in die Wählerliste ist für den materiellen Bestand des Wahlrechts allerdings ohne Bedeutung.[1] So kann die Wählerliste durch den Wahlvorstand zu jeder Zeit in der laufenden Wahl, z.B. durch neueingestellte AN ergänzt werden, um so deren Abstimmung bei der BR-Wahl zu ermöglichen.

Keine Vorrausetzung für das Wahlrecht ist die deutsche Staatszugehörigkeit[2]. Es ist unerheblich, welche Staatsangehörigkeit ein AN besitzt; es sind grundsätzlich alle AN wahlberechtigt.[3]

3 Das aktive Wahlrecht hat nicht nur für die BR-Wahl Bedeutung. Es ist zugleich Voraussetzung für die **Ausübung bestimmter Rechte** innerhalb der Betriebsverfassung. Das gilt etwa für die Unterzeichnung von Wahlvorschlägen (§ 14 Abs. 3, 4), die Mitgliedschaft im WV (§ 16

---

1 *Fitting*, Rn. 92; Richardi-*Thüsing*, Rn. 51.; GK-Raab, Rn. 7.
2 *Fitting*, Rn. 88.
3 Praktische Hilfe für Wahlvorstände bei der Umsetzung der anstehenden BR-Wahlen gibt es vom DGB mit einem kostenlosen Wahlleitfaden und einem elektronischen Fristenkalender. Dieser Wahlleitfaden kann bei den zuständigen Einzel-Gewerkschaften vor Ort bezogen werden.

Abs. 1), das Antragsrecht beim ArbG zur Einsetzung eines WV (§ 16 Abs. 2) oder seiner Ersetzung im Falle der Nichterfüllung seiner Aufgaben (§ 18 Abs. 1 Satz 2), das Wahlanfechtungsrecht (§ 19 Abs. 2), das Antragsrecht auf Auflösung des BR oder Ausschluss eines BR-Mitglieds (§ 23 Abs. 1) und das Antragsrecht zur Einberufung einer Betriebsversammlung (§ 43 Abs. 3 Satz 1).

4 Die **Zahl der wahlberechtigten AN** hat darüber hinaus für die Bildung und die Tätigkeit des BR **erhebliche Bedeutung.** So setzt die Errichtung des BR und die Ausübung einiger Beteiligungsrechte eine bestimmte Anzahl wahlberechtigter AN voraus. Das gilt insbes. für die Errichtung des BR (§ 1), die Anzahl der BR-Mitglieder (§ 9), die Beteiligungsrechte bei personellen Einzelmaßnahmen (§ 99 Abs. 1), Unterrichtung bei wirtschaftlichen Angelegenheiten (§ 106 Abs. 1) und für die Beteiligungsrechte bei Betriebsänderungen (§§ 111 ff.). Ebenso kommt es für die **Stimmengewichtung im GBR und im KBR** auf die Zahl der wahlberechtigten AN im Betrieb bzw. UN an (vgl. § 47 Abs. 7 und 8, § 55 Abs. 3). Bei anderen Beteiligungsrechten, wie etwa bei dem Initiativrecht zur Erstellung von Auswahlrichtlinien, spielt dagegen die Anzahl der wahlberechtigten AN keine Rolle, da es nur auf die AN-Eigenschaft ankommt. Auch in der Unternehmensmitbestimmung kommt es auf das aktive Wahlrecht zum BR an, wenn die Arbeitnehmervertreter in den »Aufsichtsräten« gewählt werden sollen[4].
Weiterhin stark zunehmend ist die Bedeutung von »**Strukturtarifverträgen**« oder Betriebsvereinbarungen nach § 3, die die betrieblichen und überbetrieblichen Arbeitnehmervertretungen in anderer Weise als im BetrVG strukturieren.[5] Hierauf ist vom Wahlvorstand zwingend bei der Erstellung der Wählerliste zu achten. Ein weiterer Punkt den Wahlvorstände beachten müssen, sind die Fragen zur Konzernleihe.

4a Neben den Änderungen nach § 3 finden Betriebsräte und Wahlvorstände immer häufiger Organisationsformen in den Betrieben vor, die Entscheidungsebenen in den Konzernen vorsehen, welche durch die rechtliche Struktur des Unternehmens nicht abgebildet werden (sog. **Matrixorganisationen**). Solche Matrixorganisationen findet man häufig bei international tätigen Konzernen. Ziel einer solchen Matrixorganisation ist es, dass sich die Berichtslinien in den Konzernen an den Produkten oder anderen Vorgaben und nicht mehr an den rechtlichen Vorgaben orientieren.[6] Schwierigkeiten treten immer dann auf, wenn Vorgesetzte anderer Konzernunternehmen fachliche oder ggf. disziplinarische Weisungsbefugnis erhalten ohne ein Arbeitsverhältnis einzugehen.[7] Dabei ist für die Übertragung des fachlichen Weisungsrechts an Betriebsexterne grundsätzlich die Erteilung einer Vollmacht erforderlich.[8] Um ein Aushebeln der Betriebsverfassung zu verhindern, sollte de lege ferenda daran gedacht werden, die Übertragung einer solchen Vollmacht mitbestimmungspflichtig auszugestalten. Grundsätzlich muss man jedoch davon ausgehen, dass nach der Entscheidung des BAG, zum Einsatz von Drittpersonal nicht auf der Zwei-Komponenten-Lehre zu bestehen,[9] auch Vorgesetzte von anderen Konzernunternehmen Arbeitnehmer i. S. v. § 7 sind und daher grundsätzlich wählen können. Sie sind in den jeweiligen Einsatzbetrieb eingegliedert und deshalb in diesem Betrieb auch wahlberechtigt.[10] Häufig sind Matrixorganisationen auch der Grund für gerichtliche Streitigkeiten, ob im Rahmen der BR-Wahl der Betriebsbegriff verkannt worden ist.[11] Es kommt auf die Einheit der Entscheidung in mitbestimmungsrechtlichen Fragen an. Insbesondere fachliche Weisungsbefugnis allein begründet keinen eigenen Betrieb[12].

4b Durch die häufiger auftretenden Matrixorganisationen nehmen auch die Streitigkeiten um Gemeinschaftsbetriebe zu, da in vielen dieser Fälle rechtliche und tatsächliche Entscheidungsfindungsprozesse auseinanderlaufen. In diesem Zusammenhang kann es somit möglich sein,

---

4 Dies gilt für das DrittelbG ebenso wie für das MitbestG; vgl. *Fitting*, Rn. 93.
5 *Homburg/Mittag*, RdA, 13, S. 613 f.
6 Vgl. vor § 54, Rn. 87 mit weiteren Verweisen.
7 Vgl. *Schubert*, NZA 22, S. 145–152.
8 *Seibt/Wollenschläger*, AG 03, 229 ff.
9 *BAG* 13. 3. 13 – 7 ABR 69/11.
10 *LAG Baden-Württemberg* 28. 5. 14 – 4 TaBV 7/13; *LAG Düsseldorf* 10. 2. 16 – 7 TaBV 63/15; vgl. zur Gesamtproblematik *Bachner* in AuR, Sonderheft Kittner, 47 ff.
11 Vgl. § 19, Rn. 11.
12 *LAG Hessen* 8. 5. 17 – 16 TaBV 224/16.

dass Beschäftigte in zwei Betrieben wahlberechtigt und damit auch anfechtungsberechtigt für die BR-Wahl sind[13]. Vor diesem Hintergrund ist es richtig, dass das *BAG* in seiner Entscheidung vom 30. 6. 21 ausdrücklich betont hat, dass die Nichtzulassung von wahlberechtigten AN zwar grundsätzlich zu einer Wahlanfechtung führt, aber nicht zu einer Nichtigkeit der BR-Wahl.[14] Insoweit muss dies auch für den umgekehrten Fall gelten, wenn der WV AN auf die Wählerliste nimmt, die jedoch nicht wahlberechtigt gewesen sind. Zu groß ist die Gefahr, dass man als WV hier einen einzelnen Fehler macht und damit die gesamte Wahl nichtig wäre.

II. Allgemeine Bedeutung der Wahlberechtigung

Wahlberechtigt sind alle AN des Betriebes, die neben der Erreichung des erforderlichen Wahlalters von **16 Jahren** als AN i. S. d. Gesetzes gem. § 5 Abs. 1 anzusehen sind. Die Grenze des Wahlalters von 18 Jahren ist seit Jahren in der Diskussion[15]. In der politischen Landschaft, wie auch bei gewerkschaftlichen Jugendorganisationen speziell für das BetrVG, wird eine generelle Absenkung des Wahlalters auf 16 Jahre gefordert[16]. In der Politik gibt es Gründe für und gegen eine weitere Absenkung des Wahlalters. Insbesondere spräche gegen eine Absenkung des Wahlalters die fehlende Reife der jungen Menschen. Dafür spräche eine bessere Einbindung der Jugend in politische Abläufe[17]. Im Betrieb ist die Situation insoweit eine andere, als der Gesetzgeber eine spiegelbildliche Vertretung der Belegschaft bei den Wahlvorschriften vor Auge hatte. Daher sollten junge Menschen unter 18 Jahren, sofern sie die übrigen Voraussetzungen der §§ 7, 8 erfüllen, unbedingt dazugehören. Die alte Grenze von 18 Jahren erscheint daher zumindest im BetrVG als nicht mehr zeitgemäß; auch vor dem Hintergrund des EU-Rechtes zur Altersdiskriminierung. Mit dem Schritt der Absenkung des aktiven Wahlalters geht der Gesetzgeber in die richtige Richtung, weil es die betroffenen AN durch die Wahlmöglichkeit in die Entscheidungen einbindet.[18] Es fehlt jedoch die konsequente Umsetzung für alle Beschäftigten, sofern sie z. B. noch jünger an Jahren ihr Arbeits- oder Ausbildungsverhältnis beginnen.[19] Auffällig ist nun auch das Auseinanderfallen von aktivem und passivem Wahlrecht, welches weiterhin erst ab 18. Jahren gilt.[20] 5

Grundsätzlich ist jeder Beschäftigte, der ein durch Arbeitsvertrag begründetes **Arbeitsverhältnis** zum Betriebsinhaber als AG hat und innerhalb der Betriebsorganisation zur **Erfüllung des Betriebszwecks** tätig wird, wahlberechtigt. Die AN-Eigenschaft im betriebsverfassungsrechtlichen Sinne geht jedoch darüber hinaus und kann **unabhängig von dem Bestehen eines Arbeitsvertrags** gegeben sein[21]. Entscheidend ist die **tatsächliche Beziehung** zu dem Betrieb. Es reicht aus, dass eine Person in den Betrieb eingegliedert ist, um zusammen mit den im Betrieb schon beschäftigten AN den arbeitstechnischen Zweck des Betriebs durch weisungsgebundene Tätigkeit zu verwirklichen (vgl. dazu umfassend § 5 Rn. 13 ff.). Der betriebsverfassungsrechtliche AN-Status und damit die Wahlberechtigung setzen anders als der allgemeine arbeitsrechtliche AN-Begriff nicht notwendig ein kraft Arbeitsvertrags mit dem AG begründetes Arbeitsverhältnis voraus. Es genügt die Begründung eines durch Eingliederung in die Arbeitsorganisation des Beschäftigungsbetriebs zustande gekommenen **betriebsverfassungsrechtlichen Arbeitsverhältnisses,** bei dem die Leitungsmacht bezüglich des Einsatzes der abhängigen Arbeitskraft durch den AG des Beschäftigungsbetriebs ausgeübt wird.[22] 6

13 *LAG Berlin-Brandenburg* 18. 10. 18 – 5 TaBV 364/18.
14 *BAG* 30. 6. 21 – 7 ABR 24/20.
15 Zur gesamten Diskussion zum Wahlrecht vgl. § 15, Rn. 1.
16 In den Gewerkschaften konzentriert sich die Diskussion auch in die die Richtung, dass alle Auszubildenden – unabhängig vom Alter –die JAV wählen können sollten.
17 Zur Diskussion siehe eine OBS-Studie, die unter *https://www.otto-brenner-stiftung.de/wissenschaftsportal/informationsseiten-zu-studien/waehlen-mit-16/* zu beziehen ist.
18 *Fitting*, Rn. 85 f.
19 vgl. *Ulber/Klocke*, NZA 21, 825.
20 Vgl. *Däubler* in Bund Verlag extra 6/21 zum Betriebsrätemodernisierungsgesetz, S. 5.
21 Vgl. *Trümner* in § 5 Rn. 9 ff.
22 Die Frage inwieweit die »Zwei-Komponenten-Lehre« insbesondere bei Drittbezug Anwendung findet ist weiterhin streitig. Vgl. hierzu GK-*Raab*, Rn. 18 ff., *Fitting*, Rn. 16 ff. m. w. N.

6a Wie sehr es für die betriebsverfassungsrechtliche AN-Eigenschaft ausreichen muss, dass eine Person in den Betrieb eingegliedert wird, um zusammen mit den im Betrieb schon beschäftigten AN den arbeitstechnischen Zweck des Betriebs durch weisungsgebundene Tätigkeit zu verwirklichen, zeigt sich nicht zuletzt an den immer häufiger auftretenden Fällen der Beschäftigung von AN in einem Betrieb, mit dessen Inhaber sie keinen Arbeitsvertrag geschlossen haben. Typisch dafür ist der **»drittbezogene Personaleinsatz«**, wie er durch **AN-Überlassungsverträge, Werkverträge, Dienstverträge, Dienstverschaffungs- oder Gestellungsverträge** zustande kommen kann.[23] Der Inhaber eines Drittbetriebs, der nicht selbst Arbeitsvertragspartei des AN ist, kann dennoch zu diesem in mehr oder weniger weitgehenden arbeitsrechtlichen Beziehungen stehen.[24]

7 Auch der **ohne direkten Arbeitsvertrag** in die Arbeitsorganisation des Beschäftigungsbetriebes eingebundene und dessen Betriebszweck dienende AN ist in seiner **Arbeitssituation** dem AN nach § 5 Abs. 1, der einen Arbeitsvertrag zum Beschäftigungs-AG hat, gleichgestellt. Er unterscheidet sich von diesem (Vertrags-)AN im Wesentlichen nur durch das Fehlen arbeitsvertraglicher Beziehungen zum Betriebsinhaber.[25] Es wäre nicht gerechtfertigt, diesen »eingegliederten« AN der **Schutzfunktion** der Betriebsverfassung zu entziehen. Der Gesetzgeber hat das vom Ansatz her anerkannt und z. B. den Leih-AN als der wohl größten Beschäftigtengruppe im Rahmen des drittbezogenen Personaleinsatzes bestimmte Rechte nach dem BetrVG gewährt (vgl. § 14 Abs. 2 AÜG). In dieser Zielsetzung einer betriebsverfassungsrechtlichen Gleichstellung hat das **BetrVerf-ReformG 2001** einen weiteren wesentlichen Schritt getan. Es hat entgegen der bisherigen Regelung in § 14 Abs. 2 AÜG dem **Leih-AN** im Entleiherbetrieb, also im Betrieb des Beschäftigungs-AG, das **aktive Wahlrecht** bei der BR-Wahl gegeben, sofern die Beschäftigung länger als drei Monate dauert. Das ist über die bisher gewährten betriebsverfassungsrechtlichen Befugnisse hinaus eine **qualitativ entscheidende Komponente.** Durch das Recht, die betriebliche Arbeitnehmervertretung durch Wahl mit zu legitimieren, ergibt sich zugleich der Auftrag für den BR, die Interessen auch dieser Beschäftigtengruppe nicht nur partiell, sondern **umfassend** zu vertreten, soweit es die betrieblichen Interessen gegenüber dem Beschäftigungs-AG betrifft. Darin liegt eine Gleichstellung mit den AN nach § 5 Abs. 1 und damit die Einbeziehung in diesen Personenkreis.[26] Diesem durch Wahl erfolgten Auftrag an die betriebliche AN-Vertretung müssen, wenn er sachgerecht erfüllt werden soll, die notwendigen **Handlungs- und Arbeitsgrundlagen** des BR entsprechen. Zumal die Anzahl der AN im drittbezogenen Personaleinsatzständig wächst. »je mehr Arbeit im Betriebsrat anfällt, desto mehr – freizustellende – Mitglieder soll er haben«.[27] Diese Berücksichtigung hat bereits bei der zahlenmäßigen Größe des BR nach § 9 zu beginnen. Es stünde geradezu im Widerspruch mit dem **Normzweck** des § 9, die Zusammensetzung des BR durch eine bestimmte Wählergruppe mit bestimmen zu lassen, aber bei der zahlenmäßigen Größe des so legitimierten Vertretungsorgans diese AN auszuschließen. Der Gesetzgeber hat seinen Schritt in die richtige Richtung mit der Anpassung des § 5 Abs. 3 BetrVG fortgesetzt. Er hat bei der Anpassung des § 5 Abs. 3 BetrVG im Jahre 2009 durch das Gesetz zur Errichtung eines Bundesaufsichtsamtes für Flugsicherung u. a. Beamte und Angestellte des öffentlichen Dienstes im drittbezogenen Personaleinsatz in privaten Betrieben den übrigen AN gleichgestellt. Allerdings unverständlicherweise auf eine vollständige Eingliederung der Leih-AN und anderer AN im drittbezogenem Personaleinsatz verzichtet.

---

23 Zum drittbezogenen Personaleinsatz auf Grund eines Dienst- oder Werkvertrages vgl. *BAG* 30. 1. 91 – 7 AZR 497/89, DB 91, 2343; vgl. auch Rn. 18 ff. u. § 5 Rn. 72 ff.

24 Vgl. GK-*Raab*, Rn. 49 f., der es für erforderlich hält, dass ein Arbeitsverhältnis zwischen Betriebsinhaber und Arbeitnehmer besteht. Allerdings je nach Umfang eines »partiellen Arbeitsverhältnisses« zum Inhaber des Drittbetriebs muss geprüft werden, ob es zur Begründung der Betriebszugehörigkeit ausreicht oder nicht.

25 So zutreffend *LAG Frankfurt* 25. 1. 85, BB 85, 2173.

26 Zur Frage, wer zum Kreis der überlassenen AN nach Satz 2 gehört vgl. *Däubler*, AiB 01, 684 ff.

27 *BAG* 15. 12. 11 – 7 ABR 65/10 – zur Berücksichtigung der Arbeitnehmer im Rahmen eines Gestellungsvertrages.

Das *BAG* hatte trotz der geänderten Rechtslage an seiner Auffassung festgehalten,[28] dass Leih-AN nicht zu den AN i. S. v. § 9 zählen und bei der Ermittlung der BR-Größe nicht zu berücksichtigen sind. Mit der Entscheidung des BAG vom 13. 3. 13[29] hat sich die Situation insoweit geändert, dass die Leih-AN bei der Größe des BR nach § 9 unter bestimmten Umständen mitzählen vgl. hierzu § 9, Rn. 15 ff.). Im Rahmen der **nicht gewerbsmäßigen Leiharbeit,** der **sog. Konzernleihe** i. S. v. § 1 Abs. 3 Nr. 2 AÜG sah das BAG schon länger das aktive und passive Wahlrecht in der **Personalführungsgesellschaft** als gegeben an.[30] Hier wird besonders deutlich, wie fragwürdig es ist, für die Wählbarkeit und die Einbeziehung in die zahlenmäßige Größe des BR neben der Eingliederung in den Betrieb zusätzlich auf die vertragsrechtlichen Beziehungen abzustellen. In zahlreichen Unternehmen sieht die Personalplanung einen festen Anteil von AN im drittbezogenen Personaleinsatz vor. So war es Ziel vieler UN nach der Krise in 2009 diese AN-Einsatzform auf 30 % der Stammbelegschaft zu bringen, um angeblich die Flexibilität zu erhöhen. Der verliehene AN ist in den Beschäftigungsbetrieb aber voll eingegliedert und unterscheidet sich in seiner **Arbeitssituation** und in seiner **Schutzbedürftigkeit** in keiner Weise von den AN, die neben der betrieblichen Eingliederung auch ein Arbeitsverhältnis zum Beschäftigungs-AG haben (vgl. auch Rn. 7). Der BR des Beschäftigungsbetriebes ist für ihn **umfassend zuständig.** Durch die Änderung des AÜG in 2011 wurden den Leih-AN darüber hinaus in Teilen die gleichen Rechte wie Vertrags-AN eingeräumt. Dazu zählen u. a. die Nutzung der Kantine und Ansprüche beim Arbeitsschutz, und bei Arbeitnehmererfindungen.[31] Mit der nun erfolgten Korrektur wird dieser Wiederspruch in Teilen aufgelöst. Es ist aber weiterhin nicht ersichtlich, warum beispielsweise AN, die auf Werkvertragsbasis teilweise jahrelang im Betrieb tätig sind und genauso wie die AN der Stammbelegschaft oder Leih-AN in den Arbeitsablauf eingegliedert sind, nicht bei den Staffeln der §§ 9, 38 Berücksichtigung finden sollten.[32] In der Folge dieser nur teilweise angepassten Rechtsprechung des BAG zählen die Leih-AN nun bei der Ermittlung der Größe des BR nach § 9 und wohl auch bei der Ermittlung der Freistellungen nach § 38 mit (vgl. § 38 Rn. 9). Ein weiterer schnell wachsender Teil der Belegschaften auf Werkvertragsbasis bleibt aber weiterhin unberücksichtigt. Zur Kritik vgl. auch § 5 Rn. 78a. 8

Die in Satz 2 angesprochene Wahlberechtigung der überlassenen AN setzt eine Beschäftigungsdauer von **mehr als drei Monaten** im Beschäftigungsbetrieb voraus. Die Wahlberechtigung tritt nicht erst mit Ablauf dieses Zeitraumes ein, sondern besteht vom ersten Tag des Einsatzes an, sofern eine derartige Beschäftigungsdauer vorgesehen ist.[33] Daher ist ein Leih-AN, der für vier Monate beschäftigt werden soll, wahlberechtigt, wenn die BR-Wahl im Entleiherbetrieb nur wenige Tage nach seiner Arbeitsaufnahme stattfindet.[34] Es wird häufig eine **Prognoseentscheidung** erforderlich sein. Sie wird sich regelmäßig am Vertrag zwischen dem Betriebsinhaber und Entleiher zu orientieren haben.[35] Wird ein AN nur für zwei Monate entliehen, die Überlassung aber um weitere zwei Monate verlängert und findet im Verlängerungszeitraum die BR-Wahl statt, ist die Wahlberechtigung gegeben, da der Gesamtzeitraum mehr als drei Monate beträgt.[36] Anders ist es dagegen, wenn der für zwei Monate entliehene AN durch einen anderen Leih-AN, wenn auch auf demselben Arbeitsplatz, abgelöst wird und danach die BR-Wahl stattfindet. Dem neuen Leih-AN wird die Verweildauer seines Vorgängers nicht angerechnet, da es sich bei dem Wahlrecht um ein **personengebundenes Recht** handelt.[37] Zusätzlich zu der in Satz 2 geforderten Beschäftigungsdauer ist es erforderlich, dass der zur Arbeitsleistung überlassene AN am Wahltag das **16. Lebensjahr** vollendet hat, damit die Wahlberechtigung ein- 9

28 *BAG* 17. 2. 10 – 7 ABR 51/08, vgl. dazu § 9 Rn. 10a ff., *BAG* 18. 1. 89, DB 89, 1419.
29 *BAG* 13. 3. 13 – 7 ABR 69/11.
30 *BAG* 20. 4. 05 – 7 ABR 20/04.
31 *Ulber*, Das neue Arbeitnehmerüberlassungsgesetz, AiB 11, 351 ff.
32 Für das aktive und passive Wahlrecht allerdings nur für AN in Konzernleihe *Fitting*, Rn. 45 ff.
33 Vgl. BT-Drs. 14/5741 S. 36; *LAG Hamm* 18. 9. 15 – 13 TaBV 20/15; *Fitting*, Rn. 59 ff.
34 *ArbG Düsseldorf* 2. 6. 06 – 13 BV 55/06.
35 Richardi-*Thüsing*, Rn. 10.
36 Vgl. zu den einzelnen Varianten auch *Däubler*, AiB 01, 684, 686 f.
37 *Fitting*, Rn. 61.

tritt.[38] Findet im Entleiherbetrieb während des Einsatzes eines Leih-AN ein Streik statt, berührt dieses das Wahlrecht des Leih-AN nicht.[39]

III. Wahlberechtigung bestimmter Personengruppen

10 Voraussetzung für die Wahlberechtigung ist grundsätzlich, dass das Arbeitsverhältnis **in Vollzug** gesetzt worden ist. Ist ein Arbeitsvertrag abgeschlossen worden, liegt aber die vereinbarte Arbeitsaufnahme nach dem Wahltag, besteht noch kein Wahlrecht. Entscheidend ist auf den Tag der vereinbarten und tatsächlichen Arbeitsaufnahme abzustellen.[40] Keine materielle Voraussetzung für die Wahlberechtigung ist hingegen die Eintragung in die Wählerliste (§ 2 Abs. 3 WO). Die materiellen Voraussetzungen richten sich nach dieser Vorschrift. Um am Wahltag die Stimme abgeben zu können, ist eine Eintragung in die Wählerliste jedoch erforderlich.[41] Ein Widerspruch gegen die Wählerliste ist nicht Voraussetzung, um die übrigen Rechte eines Wählers, wie z. B. die Wahlanfechtung, ausüben zu können[42].

11 Auf die **Dauer der Betriebszugehörigkeit** kommt es, anders als bei der Wählbarkeit (vgl. § 8), bei der Wahlberechtigung **nicht** an. Auch der kurz vor der Wahl in den Betrieb eingetretene und eingegliederte AN ist wahlberechtigt.[43] Auch **befristet Beschäftigte** (vgl. auch § 5 Rn. 30) sind ebenso wie in **Teilzeitarbeit Beschäftigte** AN des Betriebs und damit wahlberechtigt. Bei der Teilzeitbeschäftigung kommt es auf den Umfang der täglichen, wöchentlichen oder monatlichen Arbeitszeit nicht an.[44] Arbeitsleistungen von einem **geringen zeitlichen Umfang,** wie z. B. die Tätigkeit von **Reinemachefrauen,** stehen dem aktiven Wahlrecht nicht entgegen, und zwar auch dann nicht, wenn keine Sozialversicherungspflicht vorliegt.[45] Deshalb sind auch **Sortierer, Packer und sonstige Abrufkräfte,** die unregelmäßig (z. B. zwei- bis dreimal in der Woche drei bis fünf Stunden) arbeiten und selbst bestimmen können, ob und an welchen Arbeitstagen sie arbeiten, AN des Betriebes und damit wahlberechtigt.[46] Zur Wahlberechtigung von Zeitungszustellern vgl. Rn. 31. Beschäftigte, die auf Grund einer vom **Sozialhilfeträger** geschaffenen Arbeitsgelegenheit nach § 19 Abs. 1 BSGH bei einem Dritten in einem befristeten Arbeitsverhältnis beschäftigt werden, sind wahlberechtigt, wenn sie nach der konkreten Ausgestaltung ihrer Tätigkeit dem arbeitstechnischen Zweck des Betriebs dienen und nicht selbst Gegenstand des Betriebszwecks sind.[47] Wahlberechtigt sind auch Arbeitslose, die im Rahmen einer **Job-Rotation** nach § 229 SGB III zur Vertretung sich beruflich weiterbildender AN eingestellt werden.[48] Werden in einem Betrieb Arbeitsbeschaffungsmaßnahmen durchgeführt, so sind die **ABM-Beschäftigten** wahlberechtigt, wenn sie nicht allein um der Qualifizierung willen Tätigkeiten übernehmen, sondern auch den arbeitstechnischen Zweck des Betriebs mit erfüllen.[49]

12 Ein in **Altersteilzeit** befindlicher AN ist auch dann wahlberechtigt, wenn die Altersteilzeit **in der Form des sog. Blockmodells** vollzogen wird. Ein solcher AN hat in der Zeit der Arbeitsphase noch alle Rechte und Pflichten eines AN und ist vollständig in den Betriebsablauf integriert. In der **Freistellungsphase** erbringt er keine Arbeitsleistung mehr und ist auch nicht

---

38 GK-*Raab*, Rn. 91.
39 *ArbG Düsseldorf* 2. 6. 06, a. a. O.
40 *Fitting*, Rn. 21; vgl. auch GK-*Raab*, Rn. 26, der zutreffend davon ausgeht, dass die Wahlberechtigung nicht allein deshalb entfällt, wenn der vereinbarte Zeitpunkt der Arbeitsaufnahme vor dem Wahltag liegt, die Arbeit aber, etwa wegen Langzeiterkrankung, nicht aufgenommen werden kann.
41 *Fitting*, Rn. 92.
42 *BAG* 21. 3. 17 – 7 ABR 19/15.
43 *Fitting*, Rn. 22.
44 GK-*Raab*, Rn. 32.
45 *LAG Hamm* 11. 5. 79, DB 79, 2380; vgl. auch *BAG* 27. 9. 74, AP Nr. 1 zu § 6 BetrVG 1972 mit dem Hinweis, es komme grundsätzlich nicht auf die Länge der Arbeitszeit und die entsprechende Verdiensthöhe an; vgl. ferner *LAG Düsseldorf* 26. 9. 90 – 12 TaBV 74/90, DB 90, 238 zur kurzfristigen Tätigkeit von Aushilfs-AN; *Fitting*, Rn. 23 f.; Richardi-*Thüsing*, Rn. 31 ff.
46 Vgl. *LAG Düsseldorf* 19. 3. 80, DB 80, 1222; *LAG Frankfurt* 12. 7. 88 – 7 Sa 1577/87.
47 *BAG* 5. 4. 00 – 7 ABR 20/99.
48 *Fitting*, Rn. 7.
49 *BAG* 13. 10. 04 – 7 ABR 6/04, NZA 05, 480.

mehr in die betriebliche Arbeitsorganisation eingegliedert. Damit bleibt das Arbeitsverhältnis auch während der Freistellungsphase in seinem Bestand zwar unberührt. Allerdings ist im Gegensatz zu anderen Gründen für ein Ruhen des Arbeitsverhältnisses, wie z. B. in der Elternzeit nicht mehr mit einer Rückkehr in den Betrieb zu rechnen. Daher entfällt mit dem Eintritt in die Freistellungsphase auch das Wahlrecht zum Betriebsrat.[50] Dem *BAG*[51] ist daher zuzustimmen, als die Wahrnehmung der Mitgliedschaft eines AN-Vertreters im AR konkrete Kenntnisse von dem UN und seinen Arbeitsabläufen verlangt. Dieser Grundsatz ist auch auf das Amt eines BR-Mitgliedes übertragbar. Ein BR-Mitglied muss umfassende Kenntnis über die Verhältnisse und die Arbeitsbedingungen im Betrieb haben, den Betrieb gewissermaßen »von innen kennen«. Diese Kenntnis geht dem im sog. Blockmodell befindlichen Altersteilzeitbeschäftigten in der Freistellungsphase auf Dauer verloren.

Ohne Bedeutung ist, ob das Arbeitsverhältnis fehlerhaft zustande gekommen ist. Auch ein sog. 13
faktisches Arbeitsverhältnis vermittelt das aktive (und passive) Wahlrecht. Beruft sich der AG auf die Unwirksamkeit, gelten dieselben Grundsätze wie bei einer Kündigung. Ohne Bedeutung ist weiter, dass das Arbeitsverhältnis im Wahlzeitpunkt **unterbrochen** ist oder **ruht. Kranke** oder **im Urlaub** befindliche AN sind daher wahlberechtigt, auch wenn sie am Tage der Stimmabgabe nicht im Betrieb sind.[52] Normalerweise werden sie von der Möglichkeit der Briefwahl Gebrauch machen (vgl. §§ 24 ff. WO). Erst recht steht »**Kurzarbeit Null**« dem Wahlrecht nicht entgegen. Ebenso wahlberechtigt ist ein AN im Bezug von **Transferkurzarbeitergeld** in einer beE, weil u. a. eine Rückkehr in den bisherigen Betrieb nicht ausgeschlossen ist[53]. Bei Bezug von Transferkurzarbeitergeld in einer externen Transfergesellschaft ist das aktive Wahlrecht zum ehemaligen Betrieb jedoch ausgeschlossen, weil das AV beendet ist. Durch die Aussetzung der Wehrpflicht ist die Frage der Wahlberechtigung von **Grundwehrdienstleisten** grundsätzlich weggefallen (zum **BFD** vgl. Rn. 40). Nach §§ 1, 10 ArbplSchG ruht das Arbeitsverhältnis lediglich; überdies besteht ein berechtigtes Interesse des Betroffenen, im Hinblick auf die spätere Wiederaufnahme der Arbeit die Zusammensetzung des BR zu beeinflussen.[54] Entsprechendes gilt während der Ableistung des **Zivildienstes** (vgl. § 78 ZDG) und bei einer Heranziehung im Rahmen des **Zivilschutzes** (vgl. §§ 21, 22 ZivilschutzG) und des **Katastrophenschutzes** (vgl. § 9 KatastrophenschutzG). Zivildienstleistende sind allerdings nicht in dem Betrieb wahlberechtigt, in dem sie dem Zivildienst nachkommen. Auch eine Arbeitsbefreiung während der Beschäftigungsverbote nach § 3 Abs. 2, § 6 Abs. 1 MuSchG oder während der Inanspruchnahme der **Elternzeit** (§ 15 BErzGG) steht der Ausübung des aktiven Wahlrechts ebenso wenig entgegen wie Urlaubszeiten oder eine Freistellung bis zum Ablauf der Kündigungsfrist[55].

Das aktive Wahlrecht kann auch ein AN ausüben, dessen Arbeitsverhältnis **gekündigt** wurde.[56] 14
Das Wahlrecht besteht in einem solchen Fall nicht nur bis zum Ablauf der Kündigungsfrist, sondern darüber hinaus auch dann fort, wenn es zur Weiterbeschäftigung des AN wegen des Widerspruchs des BR (vgl. § 102 Abs. 3 und 5) oder auf Grund des vom *Großen Senat des BAG* entwickelten allgemeinen Anspruchs auf Weiterbeschäftigung kommt.[57] Der gekündigte AN ist auch aktiv wahlberechtigt, wenn die Weiterbeschäftigung zwar nicht erfolgt, die Kündigung

---

50 Vgl. *Däubler,* AiB 01, 684 [688 f.]; *Natzel,* NZA 98, 1262 [1264 f.]; *BAG* 16. 4. 03 – 7 ABR 53/02; *Rieble/Gutzeit,* BB 98, 638 [640 ff.]; *Fitting,* Rn. 32 m. w. N.; vgl. ferner *BAG* 25. 10. 00 – 7 ABR 18/00, NZA 01, 461, nach dessen Auffassung die Mitgliedschaft im Aufsichtsrat endet, wenn durch die Freistellung des AN-Vertreters wegen der Altersteilzeit eine Beschäftigung bis zum Ende des Arbeitsverhältnisses nicht mehr erfolgt; vgl. auch BVerwG 15. 5. 02 – 6 P 8.01 u. 6 P 18.01 zum Personalvertretungsrecht: Wegfall des aktiven und passiven Wahlrechts wesentlich wegen fehlender Eingliederung und fehlender künftiger Betroffenheit.

51 A. a. O.

52 *Fitting,* Rn. 29.

53 Nicht ganz eindeutig *Fitting,* Rn. 7, der jedoch in diesem Fall nicht zwischen TG und beE unterschiedet.

54 Vgl. auch *BAG* 29. 3. 74, BB 74, 837.

55 Vgl. GK-*Raab* Rn. 29; Fitting, Rn. 34.

56 Str.; vgl. *Fitting,* Rn. 34 ff.

57 *BAG [GS]* 27. 2. 85, AP Nr. 14 zu § 611 BGB Beschäftigungspflicht; vgl. auch *BAG* 14. 5. 97 – 7 ABR 26/96, DB 97, 2083; vgl. ferner *BAG* 15. 1. 91 – 1 AZR 105/90, NZA 91, 695, zum Bereich des BPersVG; vgl. *Klebe/Schumann,* S. 199 m. w. N.

beim ArbG von ihm aber angegriffen wurde.[58] Die Ungewissheit des Rechtsstreits darf nicht zu Lasten des AN gehen.

15 Zu den Wahlberechtigten gehören des Weiteren die zu ihrer **Berufsausbildung** Beschäftigten sowie **Anlernlinge.** Das *BAG* vertritt allerdings die Auffassung, zu ihrer Berufsausbildung Beschäftigte seien nur dann AN i. S. d. § 5 Abs. 1, wenn sich die Berufsausbildung im Rahmen des **arbeitstechnischen Zwecks** eines Produktions- oder Dienstleistungsbetriebs vollzieht und sie deshalb in **vergleichbarer Weise** wie die sonstigen AN in den Betrieb eingegliedert sind.[59] Die AN-Eigenschaft ist nach dieser Auffassung des *BAG* gegeben, wenn die Ausbildung auf den Erwerb solcher beruflicher praktischer Kenntnisse und Fähigkeiten gerichtet ist, die ihrerseits den arbeitstechnischen Zweck des Betriebs fördern, dagegen nicht, wenn die praktische Berufsausbildung in einem **reinen Ausbildungsbetrieb** stattfindet (sonstige Bildungseinrichtung i. S. d. § 1 Abs. 5 BBiG). In einem reinen Ausbildungsbetrieb gehören die Auszubildenden nach Meinung des *BAG* nicht zur Belegschaft des Ausbildungsbetriebs mit der Folge, dass auch die Wahlberechtigung nach § 7 nicht gegeben ist. Das soll nach dieser Auffassung selbst dann gelten, wenn der Auszubildende in dem Betrieb, dessen arbeitstechnischer Zweck in der Berufsausbildung besteht, gelegentlich zusammen mit anderen AN praktische Arbeiten vornimmt.[60] Es soll auch unerheblich sein, ob sich eine Vielzahl innerbetrieblicher Regelungen in sozialen Angelegenheiten auch auf die Auszubildenden erstreckt und der Ausbilder gegenüber diesem Personenkreis weisungsbefugt ist.[61] Mit den Beschlüssen v. 21. 7. 93, 26. 1. 94 u. 20. 3. 96[62] hat das *BAG* seine bis dahin bestehende gegenteilige Rspr. aufgegeben, dass es für die AN-Eigenschaft unerheblich ist, ob für die Aufgaben des Betriebs ausgebildet wird und ob die Auszubildenden bereits während der Ausbildung an den betrieblichen Aufgaben beteiligt werden.[63]

16 Wird die betriebliche Berufsausbildung abschnittsweise jeweils in **verschiedenen Betrieben des Ausbildungs-UN** oder eines mit ihm verbundenen UN durchgeführt, jedoch von einem der Betriebe des Ausbildungs-UN derart zentral mit bindender Wirkung auch für die anderen Betriebe geleitet, dass die wesentlichen der Beteiligung des BR unterliegenden, die Ausbildungsverhältnisse berührenden Entscheidungen dort getroffen werden, so gehört der Auszubildende während der gesamten Ausbildungszeit dem die Ausbildung leitenden Stammbetrieb an und ist dort wahlberechtigt zum BR.[64] Nach Auffassung des *BAG* begründet allerdings die vorübergehende Beschäftigung der Auszubildenden in den anderen Betrieben keine Wahlberechtigung.[65] Geht es nicht um die Berufsausbildung, sondern arbeitet ein AN in mehreren Betrieben und ist er jeweils in die Betriebsorganisation eingegliedert, besteht auf jeden Fall die Wahlberechtigung (vgl. Rn. 17).

17 **Umschüler, Volontäre und Praktikanten** (vgl. auch § 5 Rn. 100 ff.) zählen prinzipiell zu den Wahlberechtigten. Praktikanten sind auch wahlberechtigt, wenn sie in einem **überbetrieblichen Ausbildungszentrum** ausgebildet werden und die berufspraktische Ausbildung als Praktikum in einem Betrieb geleistet wird; selbst dann, wenn der berufspraktischen Ausbildung eine »Schnupperphase« vorgeschaltet und die Ausbildungsvergütung nicht vom Betrieb gezahlt wird.[66] **Studenten,** die während der Semesterferien im Betrieb tätig und in die betriebliche Arbeitsorganisation eingegliedert sind, haben ebenfalls die Wahlberechtigung. Geht es dagegen

58 Ebenso *LAG München* 12.6.07 – 6 TaBV 58/07, welches aber ein erstinstanzliches Obsiegen mit Weiterbeschäftigungsanspruch verlangt, **a. A.** *BAG* 10. 11. 04 – 7 ABR 12/04, AuR 04, 464, das einem solchen AN allerdings das passive Wahlrecht zugesteht; vgl. auch § 8 Rn. 25.

59 *BAG* 21. 7. 93 – 7 ABR 35/92, BB 94, 575 f.; 26. 1. 94 – 7 ABR 13/92, AP Nr. 54 zu § 5 BetrVG 1972; 20. 3. 96 – 7 ABR 46/95, AuR 96, 458.

60 *BAG* 16. 11. 11 – 7 ABR 48/10; 12. 9. 96 – 7 ABR 61/95, NZA 97, 273.

61 *BAG* 20. 3. 96 – 7 ABR 34/95, NZA 97, 107; vgl. dagegen *LAG Berlin* 15. 8. 95 – 12 TaBV 2/95, das zutreffend selbst bei der Ausbildung von Rehabilitanden in einem Berufsbildungswerk die AN-Eigenschaft i. S. d. § 5 Abs. 1 bejaht, weil die Anerkennung dieses Personenkreises als »zu ihrer Berufsausbildung Beschäftigte« ihnen sämtliche typischen Rechte eines AN innerhalb der Betriebsverfassung verleihen würde; vgl. zur Kritik an der jetzigen Rspr. des *BAG* auch Rn. 16.

62 A. a. O.

63 So noch *BAG* 12. 6. 86, AP Nr. 33 zu § 5 BetrVG 1972; 13. 5. 92 – 7 ABR 72/91, NZA 93, 762 ff.

64 *BAG* 13. 3. 91 – 7 ABR 89/89, BB 92, 66.

65 *BAG*, a. a. O.

66 *BAG* 30. 10. 91, DB 92, 1635.

um ein abzuleistendes Praktikum, also um die Vermittlung praktischer Kenntnisse und Erfahrungen, kommt es auf die Ausgestaltung an. So können die Hochschulen und Fachhochschulen die Praktika als Hochschul- oder Fachhochschulmaßnahme ausgestalten, bei deren Durchführung sie sich lediglich der Betriebe bedienen. Es kann aber auch so geregelt werden, dass die Studenten während des Praktikums in einer privatrechtlichen Vertragsbeziehung zum Betriebsinhaber stehen, in den Betrieb eingegliedert und damit wahlberechtigt zum BR sind.

18 Personen, die auf Grund von Förderprogrammen in den Betrieben oder besonderen Einrichtungen beschäftigt werden, sind grundsätzlich im betriebsverfassungsrechtlichen Sinne ebenfalls AN. Deshalb sind **Teilnehmer an berufsvorbereitenden Maßnahmen für jugendliche Arbeitslose,** die in einer überbetrieblichen Ausbildungsstätte ausgebildet werden, die von der Arbeitsverwaltung hierfür Förderungsmittel erhält, wahlberechtigt.[67] Es kommt weder darauf an, ob solche AN für Zwecke des Betriebs ausgebildet werden, noch darauf, dass sie fremdnützig durch ihre Mitarbeit den Betriebszweck fördern.[68] Eine aus dem arbeitsrechtlichen AN-Begriff ableitbare Arbeitspflicht wird weder vorausgesetzt noch rechtlich begründet. Entscheidend ist auch hier allein die Eingliederung in den Betrieb (vgl. Rn. 5 ff.). Auch Teilnehmer einer **Ausbildung** an einer Schule eines UN, die als **private Berufsfach- und Erwerbsschule** landesrechtlich genehmigt ist, sind Auszubildende i. S. d. § 5 Abs. 1, wenn sie im Rahmen der Ausbildung eine praktische Unterweisung im Betrieb des UN erhalten.[69] Das gilt auch dann, wenn sie nicht sozialversicherungspflichtig sind.

19 Arbeitet ein AN in **mehreren Betrieben** und ist er jeweils in die betriebliche Organisation eingegliedert, ist er in allen Betrieben wahlberechtigt.[70] Es spielt dabei keine Rolle, ob der AN in mehreren Arbeitsverhältnissen zu verschiedenen AG steht oder ob die verschiedenen Betriebe dem gleichen UN angehören.[71] Im letzteren Falle ist es nicht erheblich, ob die Bindung an einen bestimmten Betrieb stark überwiegt.[72] Ebenso verhält es sich bei Vorgesetzten, die keine leitende Funktion haben, die auf Grund einer Matrixorganisation in mehreren Betrieben eingesetzt werden[73]. Bei Leih-AN ist das mehrfache Wahlrecht ohnehin gegeben, da sie bei Vorliegen der Wahlberechtigung sowohl im entleihenden Betrieb als auch im Einsatzbetrieb, sofern die Voraussetzungen des § 7 Satz 2 vorliegen, wahlberechtigt sind.[74] Anders liegt es bei AN, die offiziell in ein anderes Werk des gleichen UN versetzt worden sind. Selbst dann, wenn nach einem zeitlich befristeten Einsatz die Rückkehr in das ehemalige Werk vorgesehen ist, sind sie für die Zeit der Versetzung nur im aktuellen Einsatzbetrieb wahlberechtigt. Wahlberechtigt sind auch zu einer Arbeitsgemeinschaft **(ARGE)** abgeordnete Bau-AN in dem Betrieb der ARGE; zur Wählbarkeit vgl. § 8 Rn. 18. **Ausländische und staatenlose AN** sind unter denselben Voraussetzungen wie deutsche AN wahlberechtigt.[75] Die Staatsangehörigkeit spielt keine Rolle. Wegen der Unterrichtung ausländischer AN über das Wahlverfahren durch den WV vgl. § 2 Abs. 5 WO.

20 In bestimmten Fällen kann die Wahlberechtigung selbst dann gegeben sein, wenn eine Arbeitsleistung in dem Betrieb des Vertragsarbeitgebers zu keinem Zeitpunkt erfolgt. Dieser Fall kann bei AN sog. Personalführungsgesellschaften vorliegen. Die alleinige Aufgabe solcher UN ist regelmäßig das Verleihen von Personal an UN des Konzerns, wobei seitens der Personalführungsgesellschaft kein Gewinn erzielt wird. Obwohl die AN der Personalführungsgesellschaft für diese keine Arbeitstätigkeit verrichten, sind sie AN der Gesellschaft und in entsprechender

67 So noch *BAG* 26.11.87, AP Nr. 36 zu § 5 BetrVG 1972; a. A. unter Aufgabe seiner früheren Rspr. *BAG* 26.1.94 – 7 ABR 13/92, AP Nr. 54 zu § 5 BetrVG 1972; vgl. im Einzelnen Rn. 14.
68 So *LAG Bremen* 27.6.91 – 3 TaBV 35/90, AiB 92, 451; vgl. auch *LAG Berlin* 15.8.95 – 12 TaBV 2/95.
69 *BAG* 24.9.81, AP Nr. 26 zu § 5 BetrVG 1972.
70 *BAG* 11.4.58, AP Nr. 1 zu § 6 BetrVG; vgl. auch *BAG* 25.10.89, DB 90, 1775, das die Möglichkeit einer mehrfachen Betriebszugehörigkeit eines AN in verschiedenen Betrieben grundsätzlich bejaht.
71 GK-*Raab*, Rn. 37.
72 Vgl. *BAG*, a. a. O.; vgl. aber auch *LAG Hessen* 12.2.98 – 12 TaBV 21/97, NZA 99, 390, nach dem die Trainees einer Großbank im Praxisjahr nur den BR der Einsatz-Filiale mitwählen und nicht den BR der Zentrale.
73 § 7, Rn. 4a.
74 Richardi-*Thüsing*, Rn. 27.
75 Vgl. *Kraushaar*, AiB 89, 53 ff.

Anwendung des § 14 Abs. 1 AÜG im Betrieb des Vertragsarbeitgebers sowohl wahlberechtigt als auch nach § 8 wählbar.[76]

21 Der sog. **drittbezogene Personaleinsatz** ist ein prägnantes Beispiel dafür, dass der betriebsverfassungsrechtliche AN-Status und damit die Wahlberechtigung nicht notwendigerweise ein kraft Arbeitsvertrags mit dem AG begründetes Arbeitsverhältnis voraussetzt, sondern regelmäßig die **Eingliederung in die Arbeitsorganisation** des Beschäftigungsbetriebs ausreicht. Bei dem sog. drittbezogenen Personaleinsatz geht es um Personen, die zu dem AG des Beschäftigungsbetriebs keinen Arbeitsvertrag haben, sondern zu einem anderen AG.[77]

22 Eine Beschäftigung im Rahmen eines **Werkvertrags,** die das aktive Wahlrecht im Beschäftigungsbetrieb ausschließt, liegt vor, wenn AN im Auftrag ihres Vertrags-AG und nach dessen Weisungen in dem Drittbetrieb als Erfüllungsgehilfen (§ 278 BGB) des eigenen AG tätig werden. Kennzeichen eines solchen Werkvertrags ist der projektbezogene Einsatz, bei dem der betreffende AN allein dem Weisungsrecht des Vertrags-AG (teilweise auch als Werk-UN bezeichnet) unterliegt, was nicht ausschließen muss, dass der AN im Drittbetrieb projektbezogene Anweisungen des Bestellers nach § 645 Abs. 1 Satz 1 BGB zu befolgen hat.[78] Solche Tätigkeiten, wie z. B. **Bau- und Montagearbeiten** oder **Reparatur- und Wartungsarbeiten,** werden in dem Beschäftigungsbetrieb meist kurzfristig durchgeführt. Aber auch Arbeiten von längerer Dauer können unter den Werkvertrag fallen, wie etwa die Tätigkeit von Gebäudereinigungsfirmen.[79] Die im Rahmen des Werkvertrags in dem Drittbetrieb tätigen AN, häufig als **UN-Arbeiter** oder **Fremdfirmen-AN** bezeichnet, gehören nicht zur Belegschaft des Drittbetriebs.

23 Es ist sorgfältig zu prüfen, ob ein **echter Werkvertrag** vorliegt. Entscheidend für die Rechtsnatur der Vertragsbeziehung zwischen den beiden AG (der Fremdfirma und des Drittbetriebs) ist nicht die Bezeichnung, sondern der **Geschäftsinhalt,** also im Zweifel die tatsächliche Durchführung.[80] Nicht selten liegen **Scheinwerkverträge** vor, bei denen die Beschäftigung im Drittbetrieb zum Vorliegen des aktiven Wahlrechts führt. Für einen Scheinwerkvertrag (oder auch Scheindienstvertrag) spricht es, wenn die AN dem Weisungsrecht des AG des Drittbetriebs unterliegen und in dessen betriebliche Arbeitsorganisation eingegliedert sind oder bisherige Stammarbeitsplätze durch »Werkverträge« ersetzt werden.[81] Da die Grenzen zwischen einem Scheinwerkvertrag und einem echten Werkvertrag manchmal **fließend** sind, wird es aus der Sicht des BR bzw. des WV, wenn die AN-Eigenschaft im Drittbetrieb in Frage steht, auf die Beantwortung bestimmter Fragen ankommen, wie z. B.: Übt der AG bzw. der entsprechende Vorgesetzte das Weisungsrecht gegenüber den Fremdfirmen-AN aus? Bestimmt der AG des Drittbetriebs (»Entleiher«) die Dauer und Lage der Arbeitszeit einschließlich der Überstunden? Werden die Fremdfirmen-AN vom Aufsichtspersonal des Drittbetriebs überwacht? Arbeiten die Fremdfirmen-AN mit der Stammbelegschaft zusammen, sind sie also in die Produktions- und Arbeitsabläufe eingegliedert? Fehlt es an einer deutlich sichtbaren Unterscheidung des Arbeitsergebnisses der Fremdfirmen-AN von dem der eigenen Stammbelegschaft? Wird bei Ausfall eines Fremdfirmen-AN eine Ersatzkraft durch die Fremdfirma gestellt? Werden die Fremdfirmen-AN durch Zeiterfassungsgeräte oder auf andere Weise durch den Drittbetrieb kontrolliert?[82] In Zweifelsfällen hat der BR bzw. der WV Anspruch auf Zurverfügungstellung der Werkverträge mit den Fremdfirmen.[83] Der BR hat daneben Anspruch auf Unterrichtung

76 *BAG* 20.4.05 – 7 ABR 20/04, NZA 05, 1006.
77 Vgl. dazu umfassend Rn. 6ff.; zu den AN nach Satz 2 vgl. *Däubler,* AiB 01, 684ff.
78 GK-*Raab,* Rn. 86.
79 Vgl. auch *LAG Baden-Württemberg* 12.4.89, DB 90, 2071.
80 Vgl. etwa *BAG* 15.6.83, AP Nr. 5 zu § 10 AÜG; 24.6.92 – 5 AZR 384/91, NZA 93, 174; 16.3.94 – 5 AZR 447/92, NZA 94, 1132; 26.7.95 – 5 AZR 22/94, BB 96, 60; vgl. auch § 5 Rn. 90ff.
81 So grundsätzlich, allerdings im Ergebnis zu eng, *BAG* 5.3.91 – 1 ABR 39/90, AuR 92, 61 mit krit. Anm. *Wagner,* AuR 92, 40ff.
82 Vgl. *Frerichs/Möller/Ulber,* S. 106; vgl. auch *Herbst/Krüger,* AiB 83, 168f.; vgl. ferner Schriftenreihe der IG Metall, Heft 132, »Moderner Sklavenhandel« – Fremdfirmeneinsatz durch Leiharbeit und Werkverträge.
83 Vgl. zum Einsichtsrecht des BR *BAG* 31.1.89, AP Nr. 33 zu § 80 BetrVG 1972.

auch hinsichtlich der Beschäftigung »freier Mitarbeiter«, um beurteilen zu können, ob und inwieweit Beteiligungsrechte in Betracht kommen.[84]

Liegt ein Scheinwerkvertrag bzw. ein Scheindienstvertrag vor, handelt es sich in Wirklichkeit um **AN-Überlassung.**[85] Es wird sich jedoch gerade bei Scheinwerkverträgen häufig zeigen, dass es sich um eine **unerlaubte** gewerbsmäßige AN-Überlassung handelt. Dann ist die betriebsverfassungsrechtliche Zugehörigkeit des AN zum Beschäftigungsbetrieb gegeben.[86] Das aktive Wahlrecht besteht für einen solchen AN. 24

Erfolgt die Einstellung eines AN bei einem AG allein zu dem Zweck der Verleihung an einen **Drittbetrieb,** so liegt eine **erlaubnispflichtige** gewerbsmäßige AN-Überlassung (sog. unechte Leiharbeit) i. S. d. § 1 AÜG vor (vgl. umfassend § 5 Rn. 77). Solche Leih-AN sind auch während der Zeit ihrer Arbeitsleistung bei dem Entleiher vertraglich an den Verleiherbetrieb gebunden und dessen Angehörige. Sie sind deshalb dort wahlberechtigt und wählbar. Im **Entleiherbetrieb** sind sie kraft Gesetzes nicht wählbar, aber unter bestimmten Voraussetzungen wahlberechtigt.[87] 25

Ein drittbezogener Personaleinsatz kann auch durch einen sog. **Gestellungsvertrag** erfolgen. Diese Vertragsform liegt etwa vor, wenn eine kirchliche Organisation, aber auch überkonfessionelle Fach- und Berufsverbände den Trägern von **Krankenhäusern** oder **Altersheimen** das erforderliche (Pflege-)Personal zur Verfügung stellen. Es ist dabei zunächst zu prüfen, ob das BetrVG für den Beschäftigungsbetrieb (Krankenhaus, Altersheim) überhaupt gilt. Findet es Anwendung, ist weiter zu klären, ob die Beschäftigung nicht in erster Linie dem Erwerb dient, sondern vorwiegend durch Beweggründe karitativer oder religiöser Art bestimmt ist (§ 5 Abs. 2 Nr. 3). Das ist insbesondere bei **Mönchen** oder **Ordensschwestern** der Fall. Liegen vorwiegend Beweggründe karitativer oder religiöser Art vor, gehört die betreffende Person nicht zur Arbeitnehmerschaft des Beschäftigungsbetriebs und hat somit nicht das aktive Wahlrecht. 26

Die AN-Eigenschaft in dem Beschäftigungsbetrieb und damit das aktive Wahlrecht wird regelmäßig bei **Krankenschwestern** gegeben sein, die sich in einem weltlichen Schwesternverband zusammengeschlossen haben.[88] Es geht bei solchen Beschäftigungen regelmäßig um die Ausübung einer **echten Erwerbstätigkeit** zur Sicherung des Lebensunterhalts, auch wenn karitative oder religiöse Gesichtspunkte mit eine Rolle spielen mögen (vgl. dazu umfassend § 5 Rn. 145 ff.). 27

Auch durch einen Gestellungsvertrag können arbeitsrechtliche Beziehungen zum Drittbetrieb entstehen, so dass der betriebsverfassungsrechtliche AN-Status und damit die Wahlberechtigung einer Rote-Kreuz-Schwester in dem Krankenhaus, in dem sie ihre Schwesterntätigkeit ausübt, gegeben ist. Das gilt erst recht für sog. **Gastschwestern,** also solche Krankenschwestern, die nicht mitgliedschaftlich gebunden sind, sondern vertraglich gegenüber dem DRK eine Bindung dahingehend eingegangen sind, in einem von dem DRK zu benennenden Krankenhaus gegen Entgelt zu arbeiten. Die Auffassung des *BAG,* dass Rote-Kreuz-Schwestern selbst dann nicht AN seien, wenn sie nicht in einem vom DRK selbst getragenen Krankenhaus, sondern auf Grund eines Gestellungsvertrags in einem anderen Krankenhaus tätig werden,[89] ist abzulehnen. Das gilt erst recht für die noch weiter gehende Meinung des *BAG,* dass selbst sog. 28

---

84 *BAG* 15.12.98 – 1 ABR 9/98, AuR 99, 242; vgl. auch § 80 Rn. 55, 58.

85 Zur Abgrenzung zwischen einem Werk- bzw. Dienstvertrag und einer erlaubnispflichtigen AN-Überlassung vgl. auch *LAG Baden-Württemberg* 12.4.89, DB 90, 2071; zu den Rechtsproblemen der Scheinselbstständigkeit vgl. auch *Buschmann,* FS Albert Gnade, S. 129 ff.

86 GK-*Raab,* Rn. 86.

87 § 7 Satz 2; Einzelheiten bei *Däubler,* AiB 01, 684 ff.; vgl. auch Rn. 7 ff.; § 14 Abs. 2 Satz 1 AÜG n. F.

88 Z. B. Caritasverband, Innere Mission oder DRK; a. A. *BAG* 6.7.95 – 5 AZB 9/93, NZA 96, 33, nach dem Rote-Kreuz-Schwestern weder AN noch arbeitnehmerähnliche Personen sind, wobei das *BAG* von dem Gedanken der Verbandszugehörigkeit der Schwestern zum DRK ausgeht und darauf abstellt, dass neben einer alle maßgebenden Rechte und Pflichten umfassenden Mitgliedschaft ein besonderes Arbeitsverhältnis nicht begründet werden könne; dabei wird verkannt, dass sich Arbeitsverhältnis und Mitgliedschaftsverhältnis gegenseitig nicht ausschließen müssen; vgl. dazu auch § 5 Rn. 148 f.

89 20.2.86, AP Nr. 2 zu § 5 BetrVG 1972 Rotes Kreuz.

Gastschwestern keine AN in dem Krankenhausbetrieb des Krankenhausträgers seien, in dem sie tätig werden.[90] Insoweit auch differenzierter das LAG Baden-Württemberg[91]. Das *BAG* hat allerdings festgestellt, dass in den Fällen, in denen eine Schwesternschaft des DRK als Mitbetreiberin eines Krankenhauses (Gemeinschaftsbetrieb) anzusehen ist, die bei der Schwesternschaft angestellten (nicht mitgliedschaftlich gebundenen) Gastschwestern, die in diesem Krankenhaus (Einsatzbetrieb) beschäftigt werden, dem in diesem Krankenhaus bestehenden BR betriebsverfassungsrechtlich zuzuordnen sind.[92]

29 Bei **Schwerbehinderten,** die in einer **Behindertenwerkstatt** (§ 136 SGB IX) tätig sind, ist im **Einzelfall** zu beurteilen, ob der Schwerpunkt ihrer Beschäftigung in der Rehabilitation liegt oder therapeutische Gesichtspunkte im Vordergrund stehen. Liegt der Schwerpunkt der Beschäftigung eindeutig auf therapeutischem Gebiet, handelt es sich auch dann nicht um AN i. S. d. Betriebsverfassung, wenn eine geringe Vergütung gezahlt wird. Anderenfalls sind der AN-Status und damit auch die Wahlberechtigung gegeben. Die AN-Eigenschaft ist ohne weiteres bei jugendlichen Behinderten vorhanden, die auf der Grundlage eines **üblichen Berufsausbildungsvertrags** in einer Behindertenwerkstatt beschäftigt sind, und bei solchen Behinderten, die auf Grund einer Vermittlung durch die Agentur für Arbeit tätig werden (vgl. § 5 Rn. 160). Zu der Frage, ob Behindertenwerkstätten **Tendenzbetriebe** sind, vgl. § 5 Rn. 159.

30 Eine die AN-Eigenschaft nach § 5 Abs. 2 Nr. 4 ausschließende Beschäftigung zur Wiedereingewöhnung, bei der die Wahlberechtigung nicht gegeben ist, liegt nur dann vor, wenn die Beschäftigung vorwiegend als Mittel zur Behebung eines gestörten Verhältnisses der beschäftigten Person zu geregelter Erwerbsarbeit eingesetzt wird.[93] Dagegen ist die Wahlberechtigung zu bejahen, wenn die Beschäftigung vorwiegend der Vermittlung beruflicher Kenntnisse und Fertigkeiten dient.[94] Das gilt auch für **Rehabilitanden,** die gegen die Arbeitsverwaltung einen Anspruch auf Übernahme der Ausbildungskosten haben und die Arbeitsverwaltung sich zur Erfüllung ihrer sozialstaatlichen Leistungsverpflichtungen eines Berufsbildungswerkes in der Weise bedient, dass diese mit der Arbeitsverwaltung und den anspruchsberechtigten Teilnehmern ein Dreiecksverhältnis bildet.[95]

31 Der AN-Eigenschaft und damit der Wahlberechtigung steht nicht entgegen, dass die Beschäftigung **außerhalb des Betriebs** erfolgt. Das wird in § 5 Abs. 1 Satz 1 ausdrücklich anerkannt. Über die dort genannten Personengruppen hinaus sind beispielhaft anzuführen: **Montage-AN, Vertreter, Kraftfahrer, Kundendienstberater und Service- und Wartungspersonal.** Diese Beschäftigten sind regelmäßig AN i. S. d. Betriebsverfassung und damit wahlberechtigt, weil ihr Aufgabengebiet zur betrieblichen Arbeitsorganisation gehört und die Tätigkeit außerhalb des Betriebs nur auf Grund der besonderen Aufgaben vollzogen wird. Ein **Außendienstmitarbeiter** im Versicherungsgewerbe ist daher nur dann als freier Mitarbeiter zu qualifizieren, wenn er auf Grund der ihm vertraglich eingeräumten und in der Praxis auch so gehandhabten Befugnisse dem AG keine Rechenschaft über seine Tätigkeit schuldet und er vertraglich auch im Übrigen nicht gehindert ist, einer anderweitigen Beschäftigung nachzugehen.[96] Dagegen sind solche Personen, wenn sie mit fremdnütziger Arbeit und unter vollständiger Eingliederung in den Produktionsbereich des UN tätig werden und ihre Tätigkeit nicht i. S. d. § 84 Abs. 1 Satz 2 HGB im Wesentlichen frei gestalten können, selbst dann AN und wahlberechtigt, wenn sie der schriftliche Vertrag als »selbstständige Versicherungsvertreter« ausweist.[97] Andererseits fehlt einem mit den Vorarbeiten für die **Herausgabe einer Buchreihe beauftragten Mitarbeiter** eines Verlages, der wesentliche Teile seiner Aufgaben in selbst bestimmter Arbeitszeit und an

90 4. 7. 79, AP Nr. 10 zu § 611 BGB Rotes Kreuz; zur umfassenden Kritik an der Auffassung des *BAG* vgl. ferner § 5 Rn. 147 ff.

91 *LAG Baden-Württemberg* 26. 8. 15 – 12 TaBV 48/15.

92 *BAG* 14. 12. 94 – 7 ABR 26/94, AiB 95, 670.

93 *BAG* 25. 10. 89, DB 90, 1192.

94 *BAG,* a. a. O., hinsichtlich eines Förderprogramms für Frauen, die nach einer familiär bedingten Berufsunterbrechung die Übernahme einer Tätigkeit im sozialen Bereich anstreben.

95 Vgl. *BAG* 13. 5. 92 – 7 ABR 72/91, NZA 93, 762 ff.; a. A. neuerdings *BAG* 26. 1. 94 – 7 ABR 13/92, AP Nr. 54 zu § 5 BetrVG; wie hier *LAG Berlin* 15. 8. 95 – 12 TaBV 2/95.

96 *LAG Düsseldorf* 6. 3. 91 – 4 TaBV 119/90, DB 91, 2668.

97 *ArbG Lübeck* 29. 6. 89, AiB 89, 349.

selbst gewähltem Arbeitsort verrichten kann, die für ein Arbeitsverhältnis erforderliche Abhängigkeit auch dann, wenn er auf Grund gelegentlich notwendiger Zusammenarbeit auf die Arbeitszeit der Verlagsangestellten Rücksicht nehmen muss.[98] Ein **Rundfunksprecher** und **Übersetzer** ist demgegenüber in der Regel AN und wahlberechtigt, wenn er über mehrere Jahre hinweg Monat für Monat mit seltenen Unterbrechungen jeweils bei Bedarf zur Arbeit herangezogen wird und der Rundfunk damit von der für ihn erkennbaren ständigen Arbeitsbereitschaft Gebrauch gemacht hat. Es liegt dann ein **Bedarfsarbeitsverhältnis** i.S.d. § 12 TzBfG vor.[99] Programmgestaltende **Rundfunk-** und **Fernsehmitarbeiter** sind allerdings nicht bereits deswegen AN, weil sie von Apparat und Team des Senders abhängig sind.[100] Andererseits sind **Rundfunksprecher** und **Übersetzer,** die auf Grund von Dienstplänen eingesetzt werden, AN, wenn ihnen zugestanden wird, einzelne Einsätze abzulehnen.[101] Das gilt selbst dann, wenn der Sender ausdrücklich erklärt, dass die Dienstpläne unverbindlich sind oder erst in Kraft treten, wenn ihnen die eingesetzten Mitarbeiter nicht widersprechen.[102]

Außendienstmitarbeiter gehören auch hinsichtlich ihrer Wahlberechtigung zu dem Betrieb, 32
von dem die Entscheidungen über ihren Einsatz ausgehen und in dem somit die Leitungsmacht des AG ausgeübt wird. Es kommt dabei insbesondere darauf an, von welchem Betrieb das Direktionsrecht ausgeübt und die auf das Arbeitsverhältnis bezogenen Anweisungen erteilt werden. Die Ausübung der Fachaufsicht ist demgegenüber von untergeordneter Bedeutung.[103]

Eine Zuordnung zur betrieblichen Organisationseinheit gilt auch für AN, die **vorübergehend** 33
in das Ausland entsandt werden. Sie verlieren dadurch nicht das aktive Wahlrecht. Das gilt auch dann, wenn der entsandte AN im Ausland vorübergehend in eine dort bestehende betriebliche Organisation eingegliedert wird. Dagegen hat nach Auffassung des *BAG* ein **ständig zu einer Auslandsvertretung** des UN entsandter AN das Wahlrecht zum BR des in der Bundesrepublik liegenden Betriebes auch dann nicht, wenn für sein Arbeitsverhältnis weiterhin das deutsche Arbeitsrecht maßgebend ist.[104] Andererseits kann nach Meinung des *BAG* selbst bei einer Einstellung ausschließlich für den Auslandseinsatz das aktive Wahlrecht gegeben sein, wenn das Aufgabengebiet zur betrieblichen Arbeitsorganisation gehört, weil es für die Betriebszugehörigkeit nicht darauf ankommen kann, ob die Betriebszwecke vorübergehend oder dauerhaft im Ausland verfolgt werden.[105] Die Beantwortung der Frage, ob ein im Ausland tätiger AN noch dem Inlandsbetrieb zuzuordnen ist und das Wahlrecht hat, hängt somit von der Würdigung aller Umstände des Einzelfalles ab. Dabei sind insbesondere die Dauer des Auslandseinsatzes, die Eingliederung in einen Auslandsbetrieb, das Bestehen und die Voraussetzungen eines Rückrufrechts zu einem Inlandseinsatz sowie der sonstige Inhalt der Weisungsbefugnisse von Bedeutung.[106] Es ist jedenfalls in der Regel von einem Verlust des aktiven Wahlrechtes auszugehen, wenn ein ins Ausland entsandter AN in das ausländische Sozialversicherungssystem eingegliedert wird.

AN i.S.d. Betriebsverfassung sind auch Personen, die als Arbeiter oder Angestellte in der 34
Hauptsache für den Betrieb **Heimarbeit** ausführen (§ 5 Abs. 1 Satz 2). Ob die Tätigkeit in der Hauptsache für den betreffenden Betrieb geleistet wird, bestimmt sich nach dem Verhältnis dieser Tätigkeit zur Tätigkeit für andere Betriebe. Nicht entscheidend ist, ob der Lebensunterhalt aus der Tätigkeit für den betreffenden Betrieb gewonnen wird.[107] Das gilt auch für **Hausgewerbetreibende** bei entsprechender Tätigkeit, sofern sie nicht mehr als zwei fremde Hilfskräfte beschäftigen.[108] Im Übrigen ist für die Zuordnung der Hausgewerbetreibenden

98 *BAG* 27.3.91 – 5 AZR 194/90, DB 91, 2668.
99 *LAG Köln* 28.6.89, BB 89, 1760 zu § 4 BeschFG a.F.
100 *BAG* 30.11.94 – 5 AZR 704/93, NZA 95, 622.
101 *BAG* 30.11.94 – 5 AZR 704/93, a.a.O.
102 *BAG* 16.2.94 – 5 AZR 402/93, NZA 95, 21.
103 *BAG* 10.3.04 – 7 ABR 36/03.
104 *BAG* 25.4.78, AP Nr. 16 zu Internat. Privatrecht, Arbeitsrecht.
105 So auch *BAG* 7.12.89, DB 90, 992; *BAG* 21.10.80, AP Nr. 17 Intern. Privatrecht, Arbeitsrecht; vgl. auch § 5 Rn. 54.
106 *BAG* 7.12.89, a.a.O.
107 Vgl. *BAG* 27.9.74, AP Nr. 1 zu § 6 BetrVG 1972; vgl. auch § 5 Rn. 98bff.
108 *Fitting,* § 5 Rn. 205; *Wedde,* Telearbeit Rn. 190ff.; vgl. auch § 5 Rn. 98c.

wesentlich, ob sie zu dem Personenkreis gehören, der des sozialen Schutzes des Heimarbeitsgesetzes bedarf.[109]
Seit der Pandemie gibt es einen verstetigten und großen Satz von Beschäftigten, die ihre Arbeit zum Teil oder vollständig im Homeoffice erbringen. So betrug der Anteil der Beschäftigten im **Homeoffice** im Jahre 2021 ca. ¼ aller Arbeitsverhältnisse.[110]
Solange diese Beschäftigten ein oder zwei Tage zu Hause arbeiten und sonst in einem Betrieb eingesetzt werden, bestehen keine Schwierigkeiten, diese auch diesem Betrieb bei der Wahl zuzuordnen. Sobald die AN vollständig im Homeoffice arbeiten oder im praktischen Einsatz in mehreren Betrieben tätig sind, ist die Zuordnung bei der Wahl nicht mehr ganz so einfach. Hier wird man auf das Überwiegend-Prinzip abstellen müssen, weil die Vermutung dafür spricht, dass der AN auch dort in den Betriebsablauf eingegliedert ist.[111] Die tatsächliche Ermittlung der Situation stellt den WV aber vor erhebliche Probleme.[112]

35 **Zeitungszusteller** einer Tageszeitung sind regelmäßig wahlberechtigte AN.[113] Das Wahlrecht wird nicht durch die Teilzeittätigkeit außerhalb der betrieblichen Räume eingeschränkt. Ihre Eingliederung in die Arbeitsorganisation wird schon dadurch deutlich, dass die Zeit, Dauer und Ort der Ausführung ihrer Tätigkeit einem umfassenden Weisungsrecht des AG unterliegen. Der AG kann innerhalb eines bestimmten zeitlichen Rahmens über ihre Arbeitsleistung verfügen.[114] **Zeitungszusteller** sind auch dann AN und damit wahlberechtigt, wenn sie für mehrere Zeitungsverlage oder Vertriebsagenturen tätig werden und die Zustellungen nicht stets »in Person« (§ 613 Satz 1 BGB) durchführen, sondern sich hierbei der Mithilfe von Familienangehörigen oder anderer Personen bedienen.[115] Auch die Höhe des Trägerlohnes spielt für die Frage der Wahlberechtigung keine Rolle;[116] ebenso wenig die Abrechnungsmodalitäten oder die Bezeichnung des Zustellers als selbstständig Tätiger.[117]

36 **Tele-AN,** also solchen Personen, die unter Nutzung der modernen EDV-gestützten Informations- und Kommunikationstechnik an einem Arbeitsplatz außerhalb des eigentlichen Betriebs tätig sind, verrichten im Rahmen der betrieblichen Arbeitsorganisation regelmäßig in **persönlicher Abhängigkeit weisungsgebundene Arbeit.** Sie werden deshalb in § 5 Abs. 1 Satz 1 ausdrücklich als AN im betriebsverfassungsrechtlichen Sinne angeführt (zu den Einzelheiten vgl. § 5 Rn. 35 ff.). Tele-AN sind daher wahlberechtigt. Zu der Frage, inwieweit ein ausgelagerter Tele-Arbeitsplatz zum Betrieb gehört, vgl. § 5 Rn. 41.

37 Durch die Änderung des § 5 durch das Gesetz zur Errichtung eines Bundesaufsichtsamtes zur Flugsicherung werden Beamte und Soldaten sowie Arbeitnehmer des öffentlichen Dienstes einschließlich der zu ihrer Berufsausbildung Beschäftigten, die einem privatrechtlich organisierten Unternehmen zugewiesen sind, den übrigen ArbN dieses Unternehmens gleichgestellt und erhalten somit auch das aktive und passive Wahlrecht.[118] Das o. g. Gesetz ist am 4. 8. 09 in Kraft getreten. Durch die gesetzliche Fiktion erhalten Beschäftigte, die dieser Personengruppe unterfallen, ab dem ersten Tag der Beschäftigung das aktive Wahlrecht. Die Rechtsprechung des BAG zu dieser Frage darf damit als überholt gelten (vgl. § 5, Rn. 93a ff.). Ebenso haben AN, die im Rahmen eines **Gestellungsvertrages** in einem privatisierten UN tätig sind, das aktive und passive Wahlrecht.[119]

38 In den Betrieben der privatisierten Post-UN **Deutsche Post AG, Deutsche Postbank AG** und **Deutsche Telekom AG** finden bei der Feststellung der Beschäftigten, die unter den AN-Begriff

109 *LAG München* 30. 11. 84 – 4 TaBV 11/84.
110 *https://de.statista.com/themen/6093/homeoffice/.*
111 *Fitting,* Rn 21a.
112 Vgl. zur Problematik insgesamt Juris Literaturnachweis zu *Müller,* FA 22, S. 190–194.
113 *BAG* 29. 1. 92 – 7 ABR 27/91, DB 92, 1429.
114 *BAG,* a. a. O., mit dem Hinweis, dass die tatsächliche Eingliederung eines AN in eine Betriebsorganisation nicht schon dann zu verneinen ist, wenn er in einem zeitlich nur geringen Umfang eingesetzt wird.
115 *LAG Düsseldorf* 5. 3. 96 – 16 Sa 1532/95, BB 96, 2692.
116 *ArbG Hanau* 16. 8. 90, DB 91, 51.
117 *LAG Düsseldorf* 5. 3. 96, a. a. O.); zu der Gesamtproblematik vgl. *Kohte,* BB 92, 137.
118 *LAG Baden-Württemberg* 23. 9. 15 – 21 TaBV 8/14.
119 *BAG* 15. 12. 11 – 7 ABR 65/10; *LAG Brandenburg* vom 16. 2. 11 – 15 TaBV 2347/10.

fallen, neben der Änderung des § 5 weiterhin besondere Regelungen Anwendung, soweit es um die in den Betrieben dieser UN beschäftigten **Beamten** geht. Sie bilden neben der Gruppe der AN bei der BR-Wahl eine **eigene Gruppe** (§ 26 Nr. 1 PostPersRG), sofern sie auf diese Möglichkeit nicht vor der Wahl in geheimer Abstimmung verzichten (§ 26 Nr. 1 PostPersRG). Diesen Beamten steht sowohl das **aktive** als auch das **passive Wahlrecht** zum BR zu.

Auch die im Zusammenhang mit der **Privatisierung der Bundesbahn** der DB AG zugewiesenen **Beamten** gelten, ungeachtet der Beibehaltung ihres Beamtenstatus, für die Anwendung des BetrVG als AN. Sie haben daher, wie die anderen AN auch, das aktive Wahlrecht. Die der DB AG zugewiesenen Beamten sind außerdem wahlberechtigt zu den besonderen Personalvertretungen beim BEV. Es soll ihnen dadurch ermöglicht werden, ihre Interessen bei den beamtenrechtlichen Entscheidungen des BEV, die sie betreffen, wahrzunehmen.[120] Ebenfalls sind **Beamte,** die in privatrechtlich organisierten UN tätig sind, als AN anzusehen. Sie haben daher das aktive Wahlrecht in den Einsatzbetrieben, vorausgesetzt, dass sie in den Betriebsablauf eingegliedert sind.[121] 39

IV. Nicht wahlberechtigte Beschäftigte

Nicht wahlberechtigt sind Mitglieder eines **Vertretungsorgans bei juristischen Personen** nach § 5 Abs. 2 Nr. 1 und 2. Der AN-Eigenschaft steht es jedoch nicht entgegen, dass der betreffende Minderheitsgesellschafter der Arbeitgeber-GmbH ist.[122] Auch die leitenden Angestellten nach § 5 Abs. 3 sind weder aktiv noch passiv wahlberechtigt. Sie können damit auch nicht Mitglied des Wahlvorstandes sein.[123] Nach der Regelung des § 5 Abs. 3 findet das Gesetz nur insoweit auf sie Anwendung, als dies ausdrücklich bestimmt wird. Die Wahlberechtigung ist auch nicht bei Personen gegeben, deren Beschäftigung nicht in erster Linie ihrem Erwerb dient, sondern **vorwiegend** durch **Beweggründe karitativer** oder **religiöser Art** bestimmt ist (§ 5 Abs. 2 Nr. 3; vgl. auch § 5 Rn. 143 ff.) oder die **vorwiegend** zu ihrer **Heilung, Wiedereingewöhnung, sittlichen Besserung** oder **Erziehung** beschäftigt werden (§ 5 Abs. 2 Nr. 4; vgl. auch § 5 Rn. 156 ff.). Nicht wahlberechtigt sind der **Ehegatte** sowie **Verwandte** und **Verschwägerte ersten Grades,** die in häuslicher Gemeinschaft mit dem AG leben (§ 5 Abs. 2 Nr. 5; vgl. auch § 5 Rn. 164 ff.). Dagegen sind getrennt lebende Ehegatten sowie in häuslicher Gemeinschaft mit dem AG ohne eheliche Bindung lebende Personen wahlberechtigt.[124] 40

Das aktive Wahlrecht besitzen nicht die sog. **Fremdfirmen-AN** (auch UN-Arbeiter genannt) in dem Betrieb, in dem sie als betriebsfremde Beschäftigte Montage-, Reparatur- oder sonstige Arbeiten ausführen (vgl. Rn. 19; vgl. auch § 5 Rn. 90 f.). Das aktive Wahlrecht besteht jedoch, wenn diese externen AN lediglich auf Grund eines **Scheinwerkvertrags** beschäftigt werden. Sie sind wahlberechtigt, wenn sie so in die Betriebs- und Arbeitsorganisation eingegliedert sind, dass sie üblicherweise Tätigkeiten verrichten, die sonst von den eigenen AN des Betriebs geleistet werden (vgl. auch Rn. 19 ff.). 41

Bei **»freien Mitarbeitern«** kommt es in besonderem Maße darauf an, wie hoch der Grad der persönlichen Abhängigkeit ist, in der sich der zur Dienstleistung Verpflichtete gegenüber dem Dienstberechtigten befindet. Es ist dabei unerheblich, wie das Rechtsverhältnis bezeichnet wird. Entscheidend ist die **tatsächliche Ausgestaltung und Durchführung** des Vertragsverhältnisses.[125] Die persönliche Abhängigkeit ist gegeben, wenn die Arbeitsleistung unter Zuweisung bestimmter Arbeitsaufgaben innerhalb der betrieblichen Arbeitsorganisation erbracht wird. Die persönliche Abhängigkeit eines außerhalb des Betriebs Beschäftigten kann auch darin liegen, dass er auf die Zusammenarbeit mit den im Betrieb Beschäftigten und den dortigen technischen Apparat angewiesen ist, selbst dann, wenn weder in fachlicher, örtlicher noch zeitlicher Hinsicht die Unterworfenheit unter die Weisungen des Betriebsinhabers ge- 42

---

120 *Fitting,* Rn. 10; *Engels/Müller/Mauß,* DB 94, 473.
121 *LAG Baden-Württemberg* 23.9.15 – 21 TaBV 8/14.
122 *LAG Frankfurt* 1.12.89, BB 90, 1421.
123 *BAG* 4.5.22 – 7 ABR 14/21.
124 *ArbG Köln* 9.6.76, DB 76, 2068.
125 *BAG* 26.11.87, NZA 88, 505 [506]; vgl. auch § 5 Rn. 57 ff.

geben ist.[126] Dabei sind auch die branchenspezifischen Eigenarten der jeweiligen Tätigkeit zu berücksichtigen, so dass es etwa bei Journalisten, Korrespondenten, Rundfunksprechern oder Übersetzern[127] für ein Arbeitsverhältnis und gegen eine freie Mitarbeit spricht, wenn neben dem Angewiesensein auf den technisch-personellen Apparat von dem Dienstberechtigten eine ständige Dienstbereitschaft erwartet wird, von der bei Bedarf auch Gebrauch gemacht wird.[128] Zur Frage der AN-Eigenschaft bei **Handelsvertretern, Propagandistinnen, Franchise-Nehmern** und **Einfirmen-Vertretern** vgl. § 5 Rn. 57 ff., 62 ff., 66 ff., 71.

42a Ebenfalls nicht wahlberechtigt sind AN ausländischer Töchter eines deutschen Mutterkonzerns, solange sie keinen Arbeitsvertrag mit der inländischen Mutter haben oder nicht in den Betriebsablauf in einem inländischen Betrieb eingegliedert sind.[129]

43 Die **Lehrkraft einer Bildungseinrichtung** steht dann in einem freien Mitarbeiterverhältnis und nicht in einem Arbeitsverhältnis, wenn der Inhalt der Dienstleistung und die Arbeitszeiten im Einzelnen vertraglich geregelt sind und damit dem Weisungsrecht des AG entzogen wurden. Die Bindung an einen Rahmenlehrplan ist dabei unerheblich.[130] **Lehrkräfte,** die an **Volkshochschulen** Kurse zur Erlangung des Haupt- oder Realschulabschlusses leiten, sind jedenfalls AN, wenn sie in den Schulbetrieb eingegliedert werden und nicht nur stundenweise Unterricht erteilen.[131] **Lehrkräfte** an **allgemein bildenden** Schulen sind in aller Regel AN, auch wenn es sich um eine nebenberufliche Tätigkeit handelt.[132] Personen, die an ihrem **selbst gewählten Arbeitsort** (eigene Wohnung) für eine wissenschaftliche Informationseinrichtung wissenschaftliche Literatur zum Zweck der Dokumentation auswerten, sind keine in Heimarbeit Beschäftigten und damit nicht zum BR wahlberechtigt.[133] **Pauschal bezahlte Berichterstatter,** die an die Zeitungsredaktion monatlich eine bestimmte Zahl von Bildern liefern, sind keine AN i. S. d. § 5 Abs. 1 und nicht wahlberechtigt, wenn sie in der Übernahme der Fototermine frei sind.[134] **Taxifahrer,** die für ein Taxi-UN als Aushilfsfahrer tätig werden, sind nur dann keine AN, wenn die Aushilfe gelegentlich geschieht und die Aushilfsfahrer selbst die Tage und Stunden bestimmen, an denen sie fahren möchten, und darüber hinaus mit ihnen keine Arbeitszeiten, Präsenz- oder Bereitschaftszeiten vereinbart werden.[135] **Co-Piloten** von Verkehrsflugzeugen sind in aller Regel AN.[136] Nach Auffassung des *LAG Köln*[137] sind **studentische Abrufkräfte,** die sich auf Grund einer Rahmenvereinbarung zwar bereit erklärt haben, kurzfristig Arbeitsangebote für Versandarbeiten entgegennehmen zu wollen, aber nicht zur Annahme des Angebots verpflichtet sind, keine AN und damit nicht wahlberechtigt. Dieser

---

126 *BAG* 9. 3. 77 – 15. 3. 78, AP Nrn. 21, 26 zu § 611 BGB Abhängigkeit; zur Abgrenzung zwischen der AN-Eigenschaft und dem Beschäftigungsverhältnis als freier Mitarbeiter vgl. auch *BAG* 3. 5. 89, BB 90, 779 und 29. 1. 92 – 7 ABR 25/91, BB 92, 1490.

127 Die AN-Eigenschaft bejahend *LAG Köln* 28. 6. 89, BB 89, 1760, wenn ein Bedarfsarbeitsverhältnis i. S. d. § 4 BeschFG [jetzt § 12 TzBfG] vorliegt; vgl. auch Rn. 28.

128 *BAG* 7. 5. 80, AP Nr. 35 zu § 611 BGB Abhängigkeit; vgl. auch *BAG* 16. 2. 94 – 5 AZR 402/93 und 30. 11. 94 – 5 AZR 704/93, Rn. 28; *LAG Köln* 28. 6. 89, BB 89, 1760.

129 *LG Frankfurt*, 5. Kammer für Handelssachen, 21. 12. 17 – 3–5 O 85/17. Die Entscheidung erging zum MitbestG von 1976, kann aber auf das BetrVG übertragen werden. Zur Vereinbarkeit mit EU-Recht vgl. *Heuschmid* in AuR 2018, 246,47 mit weiteren Verweisen.

130 *BAG* 30. 10. 91 – 7 ABR 19/91, BB 92, 1356, das allerdings darauf hinweist, dass methodisch-didaktische Anweisungen des AG zur Gestaltung des Unterrichts zu einer persönlichen Abhängigkeit führen können.

131 *BAG* 26. 7. 95 – 5 AZR 22/94, BB 96, 60; anders dagegen *BAG* 24. 6. 92 – 5 AZR 384/91, NZA 93, 174, wenn Volkshochschuldozenten außerhalb schulischer Lehrgänge unterrichten.

132 *BAG* 24. 6. 92 – 5 AZR 384/91, a. a. O.

133 *BAG* 25. 3. 92 – 7 ABR 52/91, RdA 92, 287; zum arbeitsrechtlichen Status eines Lektors vgl. *BAG* 27. 3. 91 – 5 AZR 194/90, NZA 91, 933.

134 *BAG* 29. 1. 92 – 7 ABR 25/91, BB 92, 1490; vgl. auch *BAG* 3. 5. 89, BB 90, 779.

135 So grundsätzlich *BAG* 29. 8. 91 – 6 AZR 272/89, BB 91, 2308, mit dem Hinweis, dass die Festlegung der kurzen Dauer der Einsätze und die weitestgehende Bestimmung der zu erbringenden Dienstleistung bereits im Vertrag selbst und die Tatsache, dass sich der Ort der auszuführenden Tätigkeit erst aus dem jeweiligen Fahrauftrag ergebe, erheblich gegen eine persönliche Abhängigkeit vom Dienstberechtigten mit der Folge sprechen würden, dass kein Arbeitsverhältnis vorliege.

136 *BAG* 16. 3. 94 – 5 AZR 447/92, NZA 94, 1132.

137 10. 2. 92 – 3 TaBV 65/91, AfP 92, 200.

Auffassung kann nur zugestimmt werden, wenn die Betreffenden noch nicht in die Betriebs- und Arbeitsorganisation eingegliedert sind.[138]

Durch die Aussetzung des **Wehrdienstes** ist auch der der **Zivildienst** ausgesetzt worden. Zum 1.7.2011 erfolgt zumeist auf den ursprünglichen Zivildienststellen ein Einsatz von Freiwilligen im Rahmen des **Bundesfreiwilligendienstes** (BFD). Das Gesetz zur Einführung des BFD (BT-Drs. 17/4803) sieht vor, dass die Freiwilligen im BFD-Dienst einen Vertrag mit den Betreibern schließen, der jedoch kein Arbeitsvertrag sein soll. Die Dauer des Dienstes soll in der Regel 12 Monate sein. Die Freiwilligen müssen zur Sozialversicherung angemeldet werden und erhalten neben Taschengeld eine Alimentierung. Die Alimentierung kann jedoch durch eine höhere Zahlung abgelöst werden. **Zivildienstleistende** sowie **Helfer im freiwilligen sozialen Jahr** waren/sind in dem Betrieb, in dem ihr Einsatz erfolgt/e, keine AN und daher nicht wahlberechtigt.[139] Gleiches gilt für die Freiwilligen des BFD, sofern damit nicht die Schaffung fester Stellen umgangen werden soll. Es bleibt daher im Einzelfall die genaue Ausgestaltung der Verträge für den BFD in der Zukunft abzuwarten, weil durch die gesetzlichen Änderungen und die mögliche Ablösung der Alimentierung durch eine höhere Geldzahlung im Einzelfall ein Arbeitsverhältnis entstehen kann. 44

Wahlberechtigt sind auch nicht die Beschäftigten, die auf der Grundlage des SGB II (auch als »**Hartz IV**« bekannt), mit bestimmten Tätigkeiten gegen eine Entschädigung von ein bis zwei Euro pro Arbeitsstunde beschäftigt werden.[140] Gesetzliche Grundlage für diese sog. **Ein-Euro-Jobs** ist § 16 Abs. 3 SGB III. Nach den in dieser Bestimmung festgelegten Grundsätzen müssen die Arbeitsgelegenheiten **im öffentlichen Interesse** liegen, **zusätzlich** und **wettbewerbsneutral** sowie **arbeitsmarktpolitisch zweckmäßig** sein (vgl. dazu im Einzelnen § 5 Rn. 109 b). Die Zahlung von ein bis zwei Euro ist kein Arbeitsentgelt, sondern soll dazu dienen, die im öffentlichen Interesse liegenden Arbeiten zu leisten. Als **Grundsicherung** wird das Arbeitslosengeld II weitergezahlt (§ 16 Abs. 3 Satz 2 SGB II). Es ist außerdem gesetzlich festgelegt, dass diese Beschäftigungen **kein Arbeitsverhältnis** im Sinne des Arbeitsrechts begründen, obwohl arbeitsrechtliche Elemente vorhanden sind (vgl. § 16 Abs. 3 SGB II zur Anwendung der Vorschriften über den Arbeitsschutz und das Bundesurlaubsgesetz). Betriebsverfassungsrechtlich kommen zwar bestimmte Vorschriften bei der Schaffung von sog. Ein-Euro-Jobs zu Anwendung (vgl. etwa § 99 Rn. 13, 39). **Wahlrechtlich** ist jedoch entscheidend, dass die Arbeitnehmereigenschaft vom Gesetz ausdrücklich verneint wird und darüber hinaus nur **zusätzliche Tätigkeiten** verrichtet werden dürfen. Es liegt somit keine Eingliederung in den Betrieb in dem Sinne vor, dass die Beschäftigung dem Betriebszweck dient. Das aktive Wahlrecht ist daher zu verneinen, aber auch die Anrechnung solcher Beschäftigungsverhältnisse auf die zahlenmäßige Größe des Betriebsrats nach § 9. 45

Strafgefangene sind auch dann nicht wahlberechtigt, wenn sie in der Justizvollzugsanstalt in einem Arbeitsbereich tätig sind, der von einem Privatunternehmen geleitet wird (sog. Unternehmerbetriebe); in solchen Fällen bleibt es bei der öffentlich-rechtlichen Beziehung zu dem Bundesland, das Träger der JVA ist. Etwas anderes gilt nur dann, wenn ein **Freigänger** nach § 39 Abs. 1 Satz 1 StVollzG außerhalb der Anstalt einer Tätigkeit als AN nachgeht, für die er eine Genehmigung benötigt. Er hat in einem solchen Fall alle Rechte eines AN, auch das Wahlrecht zum BR.[141] 46

Wer wegen geistiger Gebrechen **entmündigt** war, hatte bislang kein Wahlrecht.[142] Durch das »Gesetz zur Reform des Rechts der Vormundschaft und Pflegschaft für Volljährige **(Betreuungsgesetz – BtG)**« vom 12.9.1990[143] ist das Institut der Vormundschaft jedoch mit Wirkung vom 1.1.1992 abgeschafft (Art. 11 des Gesetzes). An ihre Stelle tritt die Betreuung, die die Geschäftsfähigkeit als solche nicht beeinträchtigt. Vielmehr muss das Vormundschaftsgericht 47

138 Zur Eingliederung »freier Mitarbeiter« vgl. *BAG* 15.12.98 – 1 ABR 9/98, DB 99, 910; zu den Rechten des BR beim Abschluss von Rahmenverträgen vgl. im Übrigen *BAG* 28.4.92 – 1 ABR 73/91, BB 92, 1852; vgl. auch § 99 Rn. 39.

139 *BAG* 12.2.92 – 7 ABR 42/91, BB 92, 2150.

140 *LAG Hessen* 25.5.06 – 9 TaBV Ga 81/06.

141 Dazu eingehend *Däubler/Galli*, in AK-StVollzG, 6. Aufl. 2011, § 39 Rn. 13ff.

142 Vgl. GK-*Raab*, Rn. 61.

143 BGBl. I S. 2002.

im Einzelfall entscheiden, ob der Betreuer bei bestimmten (oder allen) Angelegenheiten seine Einwilligung erteilen muss. Der neue § 1903 Abs. 1 BGB verweist insoweit auf § 113 BGB: Wer mit **Zustimmung des Betreuers abhängige Arbeit leistet** und deshalb ein wirksames Arbeitsverhältnis besitzt, hat alle AN-Rechte einschließlich des **Wahlrechts.**[144] Eine entsprechende Anwendung des § 13 Bundeswahlgesetz kommt daher nicht in Betracht. Fehlt die Zustimmung des Betreuers, liegt ein faktisches Arbeitsverhältnis vor (dazu Rn. 12). Eine Vormundschaft nach bisherigem Recht verwandelt sich im Übrigen nach Art. 9 § 1 des Gesetzes automatisch in eine Betreuung mit umfassendem Einwilligungsvorbehalt. Unberührt bleibt die sog. **natürliche Geschäftsunfähigkeit** nach § 104 Nr. 2 BGB; wer wegen akuter Geisteskrankheit nicht übersehen kann, welche Bedeutung sein Tun hat, besitzt auch **kein Wahlrecht.** In Zweifelsfällen sollten die Betroffenen auf der Wählerliste belassen werden.

V. Streitigkeiten

48 Die Entscheidung über die **Wahlberechtigung eines AN** obliegt grundsätzlich dem **WV** (zum Zuordnungsverfahren nach § 18a bei gleichzeitiger Einleitung einer BR-Wahl und SpA-Wahl vgl. § 18a und die dortigen Erl.).[145] Insoweit ist die vom Arbeitgeber übergebene Liste der Beschäftigten nicht die Wählerliste, sondern nur Grundlage für die Entscheidung des Wahlvorstandes. Meinungsverschiedenheiten über die Entscheidung des WV sind im arbeitsgerichtlichen Beschlussverfahren zu entscheiden (§§ 2a, 80 ff. ArbGG). Die Frage der Wahlberechtigung kann auch als **Vorfrage** in einem Wahlanfechtungsverfahren nach § 19 zu entscheiden sein.[146] Zur Frage der Wahlberechtigung als Anfechtungsgrund vgl. § 19 Rn. 5.

§ 8 Wählbarkeit

(1) Wählbar sind alle Wahlberechtigten, die das 18. Lebensjahr vollendet haben und sechs Monate dem Betrieb angehören oder als in Heimarbeit Beschäftigte in der Hauptsache für den Betrieb gearbeitet haben. Auf diese sechsmonatige Betriebszugehörigkeit werden Zeiten angerechnet, in denen der Arbeitnehmer unmittelbar vorher einem anderen Betrieb desselben Unternehmens oder Konzerns (§ 18 Abs. 1 des Aktiengesetzes) angehört hat. Nicht wählbar ist, wer infolge strafgerichtlicher Verurteilung die Fähigkeit, Rechte aus öffentlichen Wahlen zu erlangen, nicht besitzt.

(2) Besteht der Betrieb weniger als sechs Monate, so sind abweichend von der Vorschrift in Absatz 1 über die sechsmonatige Betriebszugehörigkeit diejenigen Arbeitnehmer wählbar, die bei der Einleitung der Betriebsratswahl im Betrieb beschäftigt sind und die übrigen Voraussetzungen für die Wählbarkeit erfüllen.

Inhaltsübersicht Rn.

I. Vorbemerkungen

1 Die Vorschrift legt die Voraussetzungen fest, nach denen ein Betriebsangehöriger **in den BR** gewählt werden kann (passives Wahlrecht). Die Wählbarkeit zur JAV ergibt sich aus § 61 Abs. 2, zur Bordvertretung aus § 115 Abs. 2 Nr. 2 und zum See-BR aus § 116 Abs. 2 Nr. 2. Die Zu-

144 Richardi-*Thüsing*, Rn. 19.
145 *Fitting*, Rn. 96.
146 *Fitting*, Rn. 97.

sammensetzung des GBR und des KBR erfolgt nicht durch Wahl der wahlberechtigten AN, sondern durch Entsendung der BR (§ 47 Abs. 2) bzw. der GBR (§ 55 Abs. 1).

Die sich aus der Vorschrift ergebenden Voraussetzungen für die Wählbarkeit sind **abschließend.** Es handelt sich um zwingendes Recht.[1] 2

II. Allgemeine Voraussetzungen der Wählbarkeit

Die Wählbarkeit setzt das **Vorliegen der Wahlberechtigung** (aktives Wahlrecht) voraus. Nur wahlberechtigte AN (vgl. § 7, Rn 2) des Betriebs, die spätestens am letzten Tag der Stimmabgabe das **18. Lebensjahr** vollendet haben und darüber hinaus die sonstigen Voraussetzungen nach § 8 erfüllen, sind wählbar. Es besteht somit eine **unterschiedliche Altersgrenze** für das aktive und passive Wahlrecht. Der Gesetzgeber hat im Rahmen der Novellierung nur die Dauer der notwendigen Betriebszugehörigkeit auf sechs Monate gesenkt, aber das Alter für das passive Wahlrecht auf dem vollendeten 18 Lebensjahr belassen.[2] Zur Wahl eines AN, der am (letzten) Tag[3] der Stimmabgabe das 18. Lebensjahr noch nicht vollendet hat, vgl. Rn. 23. 3

In der Diskussion ist seit geraumer Zeit, ob eine demokratische Teilhabe der Jugend nicht frühzeitiger beginnen muss. Daher wird in Teilen der politischen Landschaft gefordert, dass man bereits ab **16 Jahre** wählen und gewählt werden sollte. Für den Betrieb, in dem man als Beschäftigter alle Rechten und Pflichten aus dem Arbeitsvertrag hat, sollte dementsprechend auch eine Wählbarkeit ab 16 Jahren gegeben sein.[4] Mit dem **Betriebsrätemodernisierungsgesetz,** das im Juni 2021 in Kraft getreten ist, wurde nur das Wahlalter für das aktive Wahlrecht um 2 Jahre auf 16 Lebensjahre gesenkt.[5] Insoweit besteht auch die Kritik an der fehlenden Absenkung des Alters für das passive Wahlrecht weiter.[6]

Es ist für die Wählbarkeit **unerheblich,** ob der AN als Voll- oder Teilzeitbeschäftigter im Betrieb tätig wird. Anders als das BPersVG (vgl. § 14 Abs. 2) verlangt das BetrVG für die Wählbarkeit **keine Mindestdauer** der wöchentlichen Beschäftigung im Betrieb. Ausdrücklich erwähnt werden die in Heimarbeit Beschäftigten, die in der Hauptsache für den Betrieb arbeiten, um dessen BR-Wahl es geht. Zur Wählbarkeit anderer Personengruppen, bei denen es fraglich sein kann, ob sie zu den wählbaren AN gehören, vgl. Rn. 17 ff. 4

Neben der Wahlberechtigung ist weitere Voraussetzung eine **sechsmonatige Betriebszugehörigkeit,** wobei Zeiten angerechnet werden, in denen der AN unmittelbar vorher einem anderen Betrieb des UN oder des Konzerns (§ 18 Abs. 1 AktG) angehört hat (zu den Einzelheiten vgl. Rn. 7 ff.). 5

Die materiellen Voraussetzungen der Wählbarkeit sind in § 8 abschließend festgelegt. Zusätzliche **formelle Voraussetzung** ist die Eintragung in die **Wählerliste** (vgl. § 2 Abs. 3 WO). Diese Verfahrensvorschrift hat für das passive Wahlrecht keine konstitutive Bedeutung. Die Eintragung in die Wählerliste allein genügt nicht zur Ausübung des passiven Wahlrechts, wenn die sonstigen Voraussetzungen fehlen.[7] Erforderlich für eine Kandidatur zum BR ist die Aufnahme des passiv Wahlberechtigten in einen Wahlvorschlag (Vorschlagsliste), da die Wahl zum BR auf Grund von Wahlvorschlägen erfolgt (§ 14 Abs. 3; zu den Wahlvorschlägen beim vereinfachten Wahlverfahren vgl. § 14a Rn. 14 f., 23). Bei der Wahl zur JAV ist es allerdings, durchaus möglich, dass in bestimmten Fällen AN das passive Wahlrecht ausüben können, ohne in die Wählerliste eingetragen zu sein. Das ist darauf zurückzuführen, dass bei der Wahl zur JAV die Wählbarkeit nicht in jedem Fall die Wahlberechtigung voraussetzt (vgl. § 61). 6

1 Vgl. *BAG* 16.2.73, AP Nr. 1 zu § 19 BetrVG 1972; 12.10.76, AP Nr. 1 zu § 8 BetrVG 1972; *Fitting*, Rn. 3; GK-*Raab*, Rn. 8.
2 GK-*Thüsing*, Rn 2.
3 *Fitting*, Rn. 33; GK-*Raab*, Rn. 28.
4 Vgl. zum Diskussionstand § 7, Rn. 1 mit weiteren Nachweisen.
5 Änderung durch das **Betriebsrätemodernisierungsgesetz, welches im Juni 2021 in Kraft getreten ist.**
6 vgl. *KHRS*, Rn. 1; zur Vereinbarkeit mit Art. 6 Abs. 1 RL 2000/78/EG; vgl. *Ulber/Klocke*, 2021.
7 GK-*Raab*, Rn. 13.

III. Sechsmonatige Betriebszugehörigkeit

7 Eine wesentliche Voraussetzung für die Wählbarkeit ist die sechsmonatige Betriebszugehörigkeit. Auf sie werden Zeiten angerechnet, die **unmittelbar vorher** in einem **anderen Betrieb des UN oder Konzerns** gearbeitet worden sind, sofern es sich bei Letzterem um einen sog. **Unterordnungskonzern** i. S. d. § 18 Abs. 1 AktG handelt. Die Mindestdauer will gewährleisten, dass nur solche AN in den BR gewählt werden, die einen gewissen **Überblick** über die betrieblichen Verhältnisse erworben haben.[8] Der Gesetzgeber hat dies allerdings dadurch relativiert, dass er nicht nur auf die Betriebszugehörigkeit in dem Betrieb, in dem die BR-Wahl stattfindet, abstellt, sondern die Zugehörigkeit in einem anderen Betrieb des UN oder des Konzerns (§ 18 Abs. 1 AktG) ausreichen lässt. Eine kleinliche Beurteilung der Dauer der Betriebszugehörigkeit ist schon deswegen nicht angebracht.

8 Das Merkmal »unmittelbar vorher« bei der Zugehörigkeit zu einem anderen Betrieb des Unternehmens oder Konzerns verlangt keinen **nahtlosen Anschluss.** Erforderlich ist lediglich ein **zeitlicher Zusammenhang.**[9] Dabei ist es unerheblich, ob sich beim Betriebswechsel auch der AG ändert. Die Anrechnung erfolgt daher sowohl, wenn ein AN unter Fortbestand des Arbeitsverhältnisses zu seinem AG in einen anderen Betrieb desselben UN versetzt wird, als auch dann, wenn ein neues Arbeitsverhältnis zu dem Betriebsinhaber, in dessen Betrieb die BR-Wahl stattfindet, begründet wird. Letzteres ist wegen der rechtlichen Selbstständigkeit von Konzern-UN beim Betriebswechsel im Unterordnungskonzern (§ 18 Abs. 1 AktG) regelmäßig der Fall.[10] Beim **Betriebsinhaberwechsel** tritt dagegen die Frage der Anrechnung schon deswegen nicht auf, weil die Betriebszugehörigkeit dadurch nicht unterbrochen wird. Nach § 613a BGB tritt der neue Betriebsinhaber in die im Zeitpunkt des Betriebsübergangs bestehenden Arbeitsverhältnisse ein. Die Identität des Betriebs bleibt davon unberührt.[11]

9 Der notwendige zeitliche Zusammenhang fehlt, wenn der betreffende AN nach dem Ausscheiden aus dem früheren Betrieb des UN bzw. Konzerns **längere Zeit** (z. B. sechs Monate) arbeitslos gewesen ist oder zwischenzeitlich ein Arbeitsverhältnis zu einem anderen AG bestanden hat.[12] Zur Problematik der Anrechnung der Zeiten tatsächlicher und rechtlicher Unterbrechung im Hinblick auf die sechsmonatige Betriebszugehörigkeit vgl. im Übrigen Rn. 13 ff.

10 Die für das passive Wahlrecht notwendige sechsmonatige Betriebszugehörigkeit berechnet sich nach den **§§ 186 ff. BGB.** Der Fristbeginn ist nach § 187 Abs. 2 Satz 1 BGB der erste Tag der Betriebszugehörigkeit. Die Frist endet nach § 188 Abs. 2 BGB mit Ablauf des Tages des sechsten Monats, der dem Tag vorangeht, der dem Fristbeginn entspricht. Ist beispielsweise ein AN am 1. September in den Betrieb eingetreten, tritt die Vollendung der Sechsmonatsfrist der Betriebszugehörigkeit am 28. Februar (in Schaltjahren am 29. Februar) ein. Der AN ist somit am 1. März des dem Betriebseintritt folgenden Jahres wählbar. Das Merkmal der Unmittelbarkeit ist auch gegeben, wenn ein AN in den Betrieb, in dem er sich zur Wahl stellt, erst **nach Erlass des Wahlausschreibens,** jedoch vor Ablauf der Einreichungsfrist (§ 6 Abs. 1 WO 72) eingetreten ist und insgesamt bis zum Wahltag zusammen mit den in dem anderen Betrieb des UN bzw. Konzerns zurückgelegten Beschäftigungszeiten noch sechs Monate erreicht.

11 Liegen in dem Zeitraum Zeiten, die der AN im Betrieb bzw. im UN oder Konzern **vor der Vollendung seines 18. Lebensjahres** verbracht hat, sind diese voll zu berücksichtigen. Das gilt unabhängig davon, ob der Betreffende AN oder (jugendlicher) Auszubildender war.[13] Auch in solchen Fällen ist es möglich, einen gewissen Überblick über die betrieblichen Verhältnisse zu gewinnen. Daher sind auch Zeiten, in denen ein Beschäftigter zum Personenkreis der **leitenden Angestellten** nach § 5 Abs. 3 gehört, in den sechsmonatigen Zeitraum einzurechnen.[14] Dieser Fall wird allerdings nur selten praktikabel werden; so etwa dann, wenn durch das Zusammenlegen mehrerer Betriebe ein neuer Betrieb entsteht oder in einem UN die Leitungsfunktionen

8 GK-*Raab,* Rn. 26.
9 Richardi-*Thüsing,* Rn. 33; GK-*Raab,* Rn. 47.
10 GK-*Raab,* a. a. O.
11 *Fitting,* Rn. 43; GK-*Raab,* Rn. 50.
12 *Fitting,* Rn. 49.
13 *Fitting,* Rn. 36.
14 *Fitting,* Rn. 36; GK-*Raab,* Rn. 32.

geändert werden und dadurch die Eigenschaft als leitender Angestellter verloren geht. Da es wesentlich um den Überblick über die betrieblichen Verhältnisse geht, sind auch Zeiten zu berücksichtigen, die jemand als **Leih-AN** im Betrieb des Entleihers verbracht hat, sofern er im Anschluss an das Leiharbeitsverhältnis ein Arbeitsverhältnis mit dem Entleiher eingeht.[15] Zur Frage des passiven Wahlrechts für Leih-AN vgl. im Übrigen Rn. 20. Eine ähnliche Problematik kann bei AN eintreten, die zuvor als unechte Werkvertrags AN im Betrieb beschäftigt waren. Auch hier wäre der Zweck der Vorschrift eingehalten, weil diese Wahlbewerber im UN bereits mehr als sechs Monate bekannt sind[16].

Zum UN-Begriff vgl. § 47 Rn. 12ff.; zum Konzernbegriff vgl. § 54 Rn. 12ff. **12**

Das Gesetz stellt allein auf die **rechtliche Zugehörigkeit** ab, so dass tatsächliche Unterbrechungen der Tätigkeit – wie z.B. wegen Krankheit oder Urlaub – unerheblich sind, sofern Sinn und Zweck der Vorschrift erfüllt werden. Es soll erreicht werden, dass die betreffende Person einen gewissen Einblick in die betrieblichen Verhältnisse hat. Auch eine kürzere tatsächliche Beschäftigung wird regelmäßig ausreichen, den Betrieb und seine Besonderheiten vom Standpunkt des AN aus kennen zu lernen. Dabei darf auch nicht übersehen werden, dass letztlich die **Wähler darüber entscheiden,** ob ein AN mit einer kürzeren tatsächlichen Beschäftigungszeit in den BR kommt, weil sie ihm gleichwohl eine sachgemäße Ausübung des BR-Amtes zutrauen. Der h.M. ist daher nicht zuzustimmen, dass – je nach Länge der Unterbrechung – eine **Unterbrechung der tatsächlichen Tätigkeit** regelmäßig zur Hemmung des Laufes der Sechsmonatsfrist mit der Folge führt, dass die Zwischenzeiten nicht angerechnet werden.[17] Allerdings geht die h.M. davon aus, dass die Zeiten der Ableistung von **Wehrdienst, Zivildienst** oder von **Eignungsübungen** auf die Betriebszugehörigkeit wegen gesetzlicher Sonderregelungen (vgl. § 6 Abs. 2 Satz 1, § 10 ArbplSchG; § 78 Abs. 1 Nr. 1 ZDG; § 6 Abs. 1 EigÜbG) stets auf die Betriebszugehörigkeit anzurechnen sind.[18] Gleiches wird für Zeiten gelten müssen, die im Rahmen des Bundesfreiwilligendienstes nach der Aussetzung der Wehrpflicht abgeleistet worden sind (vgl. § 7 Rn. 40), sofern der AG einem solchen Einsatz zugestimmt hat. Das gilt auch für Staatsangehörige eines Mitgliedstaates der EG, die ihre berufliche Tätigkeit zur Erfüllung der Wehrpflicht oder eines ähnlichen Freiwilligendienstes in ihrem Heimatland unterbrechen.[19] Der Grundsatz, dass Zeiten des Wehrdienstes auf die Betriebszugehörigkeit nach § 8 Abs. 1 Satz 2 angerechnet werden, muss auch für solche AN gelten, die nicht Staatsangehörige eines Mitgliedstaates der EG sind und ihre Arbeitstätigkeit in einem in der Bundesrepublik liegenden Betrieb zur Erfüllung der Wehrpflicht gegenüber ihrem Heimatstaat unterbrechen mussten.[20] Die entgegengesetzte Auffassung, wie sie vom *LAG Frankfurt*[21] vertreten wird, führt dazu, dass für ausländische AN, die nicht Staatsangehörige eines Mitgliedsstaates der EG sind, eine wesentliche Einschränkung des passiven Wahlrechts eintreten kann, obwohl ansonsten ausländische AN unter den gleichen Voraussetzungen wie deutsche AN wählbar sind (vgl. Rn. 21). **13**

Eine Variante bei der Frage, unter welchen Voraussetzungen die erforderliche Betriebszugehörigkeit gegeben ist, kann auftreten, wenn es nicht zu tatsächlichen Unterbrechungen der Tätigkeit kommt, sondern die Beschäftigung in der Form der Teilzeitarbeit ausgeführt wird. Hierzu wird teilweise die Meinung vertreten, dass die Teilzeitarbeit einen gewissen Umfang einnehmen muss.[22] Dieser Auffassung kann nicht zugestimmt werden. Es genügt vielmehr auch eine geringere Teilzeitbeschäftigung, sofern die erforderlichen sechs Monate der Betriebszugehörigkeit, in denen sich der Teilzeitbeschäftigte mit den betrieblichen Verhältnissen vertraut **14**

---

15 *BAG* vom 10.10.12 – 7 ABR 53/11; Richardi-*Thüsing*, Rn. 21; GK-*Raab*, Rn. 43.

16 *LAG Hessen* 30.07.15 – 9 TaBV 230/14, das die Frage jedoch dahinstehen lässt.

17 Vgl. dazu ausführlich GK-*Raab*, Rn. 47f. m.w.N.; vgl. auch *Fitting*, Rn. 45, die erst bei einer tatsächlichen Unterbrechung von mehr als zwei Monaten eine Hemmung der Sechsmonatsfrist mit der Folge annehmen, dass die Zeit der Unterbrechung nicht mitzählt.

18 *Fitting*, Rn. 46.

19 *EuGH* 15.10.69, AP Nr. 2 zu Art. 117 EWG-Vertrag; vgl. auch *BAG* 27.2.69, 5.12.69, AP Nrn. 1, 3 zu Art. 177 EWG-Vertrag; *Fitting*, Rn. 47; GK-*Raab*, Rn. 40.

20 Vgl. *Fitting*, Rn. 47.

21 2.3.73, BB 74, 789.

22 Vgl. *Lipke*, NZA 90, 760, der eine Beschäftigung von wenigstens der Hälfte der innerhalb des 6-Monats-Zeitraums betriebsüblichen Arbeitszeit eines in Vollzeitarbeit tätigen AN verlangt.

machen kann, gegeben sind. Eine andere Meinung würde zu einer Beschränkung des passiven Wahlrechts der Teilzeitbeschäftigten führen, obwohl das BetrVG im Gegensatz zum BPersVG (§ 14 Abs. 2) **keine Mindestdauer** der wöchentlichen Beschäftigungszeit im Betrieb vorsieht (vgl. Rn. 19). Im Übrigen sollten letztlich die Wähler darüber entscheiden, ob sie einem Teilzeitbeschäftigten, auch wenn er nur eine geringe wöchentliche Arbeitszeit hat, durch die Wahl in den BR das Vertrauen aussprechen wollen.

15 Eine **Unterbrechung des rechtlichen Bestandes** des Arbeitsverhältnisses führt nach h. M. grundsätzlich dazu, dass die Sechsmonatsfrist erneut zu laufen beginnt.[23] Bei der rechtlichen Unterbrechung des Arbeitsverhältnisses ist prinzipiell eine andere Beurteilung als bei der tatsächlichen Unterbrechung gerechtfertigt, da neben der tatsächlichen Betriebszugehörigkeit auch das rechtliche Band des Arbeitsverhältnisses fehlt. Es sind daher die Zeiten, die **vor einer Auflösung** des Arbeitsverhältnisses liegen, und die Zeiten, in denen das Arbeitsverhältnis **sowohl rechtlich als auch tatsächlich unterbrochen** war, bei der Berechnung der Sechsmonatsfrist grundsätzlich nicht mitzurechnen, wenn es zu einem erneuten Arbeitsverhältnis mit demselben Betriebsinhaber kommt. Das wird jedenfalls dann zu gelten haben, wenn die Zeiten dieser Unterbrechung **mehrere Monate** betragen haben, weil der AN zwischenzeitlich ein Arbeitsverhältnis zu einem anderen AG aufgenommen hatte oder längere Zeit arbeitslos war. Eine kleinliche Beurteilung ist jedoch **nicht angebracht,** zumal auch bei verschiedentlich unterbrochener Betriebszugehörigkeit regelmäßig der **erforderliche Überblick** über die betrieblichen Verhältnisse erworben sein wird.[24] Bei einer **kürzeren Unterbrechung** des rechtlichen Bestandes des Arbeitsverhältnisses ist daher die Zeit der Unterbrechung selbst nicht mitzurechnen, wohl aber davor liegende Zeiten der Betriebszugehörigkeit. Es kann dann davon ausgegangen werden, dass zwischen den einzelnen Arbeitsverhältnissen ein **innerer Zusammenhang** besteht.[25] Das ist etwa der Fall, wenn es um witterungsbedingte Unterbrechungen des Arbeitsverhältnisses im Baugewerbe[26] oder um kurzfristige Unterbrechungen wegen Auftragsmangels geht, bei denen die Fortsetzung des Arbeitsverhältnisses von vornherein in Aussicht genommen ist.[27]

16 Auf der anderen Seite gibt es Fälle, in denen zwar das rechtliche Band des Arbeitsverhältnisses vorliegt, die Sechsmonatsfrist gleichwohl ihrem Sinn nach nicht erfüllt ist, weil jede **tatsächliche Eingliederung** in den Betrieb und damit die **Tätigkeit in ihm fehlt.** Der bloße Arbeitsvertrag reicht dann für sich allein nicht aus, wenn der AN, der sich zur Wahl stellen will, in diesem Betrieb nie tätig geworden und seine tatsächliche Eingliederung auch für die Zukunft nicht abzusehen ist.[28]

IV. Wählbarkeit bestimmter Personengruppen

17 Nach Abs. 1 ist grundsätzlich jeder wahlberechtigte AN des Betriebs wählbar, sofern er dem Betrieb bzw. UN oder Konzern (§ 18 Abs. 1 AktG) sechs Monate angehört hat (vgl. Rn. 7 ff.). Es gibt jedoch Beschäftigte bzw. Beschäftigtengruppen, bei denen streitig sein kann, ob sie überhaupt wahlberechtigte AN sind oder inwieweit bestimmte Voraussetzungen für die Wählbarkeit fehlen. Nicht wählbar sind Organe und leitende Angestellte im Betrieb bzw. Konzern.[29]

18 AN, die in einem Arbeitsverhältnis zu **mehreren AG** stehen oder in **mehreren Betrieben desselben AG** tätig sind, haben das passive Wahlrecht in jedem dieser Betriebe. Eine Beschränkung der Wählbarkeit auf nur einen Betrieb besteht nicht.[30] Daher sind auch Bau-AN, die von

---

23 Vgl. etwa *Fitting,* Rn. 39; *GL,* Rn. 9; Richardi-*Thüsing,* Rn. 24; vgl. aber auch GK-*Raab,* Rn. 38, der in allen Fällen längerer Unterbrechung der Betriebszugehörigkeit, also auch rechtlicher Art, nur eine Hemmung des Laufs der Sechsmonatsfrist mit der Folge annehmen will, dass die einzelnen Teilzeiten zusammengerechnet, die Zwischenräume aber nicht mitgerechnet werden.

24 GK-*Raab,* Rn. 26.

25 *LAG Thüringen* 29.6.21 – 1 TaBVGa 1/21; *Fitting,* Rn. 49.

26 Vgl. *LAG Baden-Württemberg* 15. 10. 57, AP Nr. 1 zu § 1 KSchG Unterbrechung.

27 Vgl. *BAG* 23. 9. 76, 6. 12. 76, 18. 1. 79, AP Nrn. 1, 2, 3 zu § 1 KSchG 1969 Wartezeit.

28 Vgl. *BAG* 28. 11. 77, AP Nr. 2 zu § 8 BetrVG 1972.

29 *BAG* 4. 5. 22 – 7 ABR 14/21.

30 *BAG* 11. 4. 58, AP Nr. 1 zu § 6 BetrVG; *Fitting,* Rn. 31; GK-*Raab,* Rn. 24; Richardi-*Thüsing,* Rn. 11.

ihrem Stammbetrieb zu einer Arbeitsgemeinschaft (**ARGE**) abgeordnet wurden, dort wählbar. Obwohl das Arbeitsverhältnis zum Stammbetrieb ruht, bestehen zu diesem Betrieb sowohl arbeitsrechtliche Beziehungen als auch eine betriebsverfassungsrechtliche Zugehörigkeit.[31] AN von Personalführungsgesellschaften, die von dieser an andere UN des Konzerns verliehen werden, sind ungeachtet der Tatsache, dass sie in der Personalführungsgesellschaft selbst keine Arbeit verrichten, für den Betriebsrat des Betriebs dieser Gesellschaft wählbar, sofern die sonstigen Voraussetzungen nach § 8 vorliegen.[32]

Teilzeitbeschäftigte sind, ebenso wie in **Bedarfsarbeit/Abrufarbeit** (KAPOVAZ), im **Arbeitsplatztauschsystem** (Jobsharing) und mit **geringfügiger Arbeitszeit oder geringfügigem Verdienst** Beschäftigte, ohne Rücksicht auf die Dauer ihrer Beschäftigung wählbar. Das BetrVG kennt im Gegensatz zum BPersVG (§ 14 Abs. 2) keine Mindestdauer der wöchentlichen Beschäftigungszeit im Betrieb. Im **Außendienst tätige AN** sind wählbar, sofern sie das aktive Wahlrecht haben, was regelmäßig der Fall sein wird. Das gilt umso mehr, als im Außendienst Beschäftigte ausdrücklich bei dem AN-Begriff nach § 5 Abs. 1 Satz 1 erwähnt werden. Wählbar sind auch AN, die vorübergehend im Ausland beschäftigt werden, jedoch zur Belegschaft des Betriebs gehören.[33] Dabei ist es ohne Einfluss auf die Wählbarkeit, wenn sich solche AN bei der BR-Tätigkeit häufiger von einem Ersatzmitglied vertreten lassen müssen. **Handelsvertreter** sind wahlberechtigt und bei Vorliegen der sonstigen Voraussetzungen des § 8 wählbar, wenn sie nicht im Wesentlichen ihre Tätigkeit und Arbeitszeit frei gestalten und bestimmen können. In **Heimarbeit Beschäftigte** besitzen das aktive und passive Wahlrecht, wenn sie in der Hauptsache für den Betrieb arbeiten; Entsprechendes gilt für **Hausgewerbetreibende** (vgl. § 7 Rn. 31). Bei **Franchise-Verhältnissen** kommt es darauf an, ob der Franchise-Nehmer zu den AN zählt, weil die Gesamtbetrachtung aller Umstände ergibt, dass er vom Franchise-Geber persönlich abhängig ist (vgl. § 5 Rn. 66 ff.). Bei anderen sog. **freien Mitarbeitern** ist entscheidend, ob sie in die betriebliche Organisation eingegliedert sind und sich von vergleichbaren AN im Wesentlichen nur durch das Fehlen einer formal so bezeichneten Arbeitsvertragsbeziehung unterscheiden (vgl. § 7 Rn. 5 ff., 28, 35). Auch **Tele-AN** sind grundsätzlich wahlberechtigt, da der ausgelagerte Arbeitsplatz regelmäßig zum Betrieb gehört. Mit Telearbeit Beschäftigte werden überdies ausdrücklich beim AN-Begriff nach § 5 Abs. 1 Satz 1 erwähnt (vgl. auch § 5 Rn. 35 ff.). 19

Leih-AN im Rahmen einer erlaubten gewerbsmäßigen AN-Überlassung (AÜG) sind im Betrieb des Verleihers wahlberechtigt und wählbar. Im Betrieb des Entleihers besteht nur das aktive Wahlrecht (§ 7 Satz 2), nicht das passive (§ 14 Abs. 2 Satz 1 AÜG). Damit sind die Leih-AN i. S. d. AÜG die einzigen AN, die zwar wahlberechtigt, aber nicht wählbar sind (zur Kritik vgl. § 5 Rn. 78 a). Ebenso sind AN, die auf Basis eines **echten Werkvertrages** tätig sind, nicht in Betriebsrat des Einsatzbetriebes wählbar. 20

Dagegen besteht im Beschäftigungsbetrieb für Leih-AN, die nicht unter das AÜG fallen, und **andere AN** i. S. d. § 7 Satz 2 das **passive Wahlrecht**, sofern sie die Voraussetzungen für die Wählbarkeit erfüllen.[34] Das gilt somit auch für AN, die im Wege der sog. **Konzernleihe** in einem anderen Konzernunternehmen eingesetzt werden (vgl. auch § 7 Rn. 8).[35] Dabei reicht eine 6-monatige Überlassung zur Arbeitsleistung aus.[36]

Ausländische AN sind ohne Einschränkung wählbar, sofern die sonstigen Voraussetzungen für das passive Wahlrecht gegeben sind (zu der Voraussetzung der sechsmonatigen Betriebszugehörigkeit bei einem Ableisten des Wehrdienstes ausländischer AN in ihrem Heimatland vgl. Rn. 13). Eine Beschränkung der Wählbarkeit auf AN aus Mitgliedstaaten der EG, wie sie das BetrVG 1952 kannte, besteht nicht mehr. 21

Das passive Wahlrecht haben auch AN, die sich in einem **ruhenden Arbeitsverhältnis** befinden, sofern sie die sonstigen Voraussetzungen erfüllen. Deshalb kann ein Erziehungsberech- 22

31 Vgl. *Fitting*, § 5 Rn. 228 ff.
32 *BAG* 20.4.05 – 7 ABR 20/04, NZA 05, 1006; vgl. auch § 7 Rn. 18.
33 *Fitting*, Rn. 24.
34 *Fitting*, Rn. 27; **a. A.** *BAG* 10.3.04 – 7 ABR 49/03.
35 **A. A.** *BAG* a. a. O.
36 Vgl. *Fitting*, Rn. 37.

tigter, der sich zum Zeitpunkt der Durchführung der BR-Wahl in der Elternzeit befindet, für den BR kandidieren.[37] Wählbar ist auch ein AN, der seinen **Wehrdienst** ableistet.[38] Das Gleiche gilt, wenn ein AN zu einer **Eignungsübung** einberufen wird, **Zivildienst** leistet, zur Ausbildung zum **Luftschutzdienst** herangezogen oder zum **Katastrophenschutz** verpflichtet wird.[39] Ebenso wird man mit AN verfahren müssen, die im Rahmen des BDF tätig werden, sofern der AG dem Ruhen zugestimmt hat. Ebenfalls wählbar sind AN, die sich in einer befristeten vollen Erwerbsminderungsrente befinden, da auch hier ihre Rückkehr in den Betrieb vorgesehen ist.[40] Werden solche AN in den BR gewählt, sind sie allerdings während der Zeit ihrer Abwesenheit an der Ausübung des BR-Amtes regelmäßig verhindert. An ihre Stelle tritt für die Dauer des Dienstes ein Ersatzmitglied. Ein in **Altersteilzeit** befindlicher AN ist zwar wahlberechtigt, wenn die Altersteilzeit in der Form des **sog. Blockmodells** (§ 2 Abs. 2 Nr. 1 ATG) vollzogen wird, aber nicht wählbar (vgl. dazu § 7 Rn. 12). Ebenso sind AN, die in einer **beE** des gleichen Arbeitgebers beschäftigt und qualifiziert werden, wählbar. Dafür spricht das noch bestehende Arbeitsverhältnis und die im Regelfall zumindest zeitweise bestehende Eingliederung in den Betrieb (vgl. § 7 Rn. 13, vgl. zur Bildung der **beE** oder **TG** § 112 Rn. 192a, b).

23 **Auszubildende** sind AN i. S. d. Betriebsverfassung (§ 5 Abs. 1 Satz 1). Sie sind daher in den BR nur wählbar, sofern sie das 18. Lebensjahr vollendet haben und die sonstigen Voraussetzungen des § 8 erfüllen. Soweit es auf die sechsmonatige Zugehörigkeit zum Betrieb bzw. UN oder Konzern ankommt, werden auch die Zeiten angerechnet, die der Auszubildende vor Vollendung des 18. Lebensjahres im gleichen Betrieb oder in einem anderen Betrieb des UN bzw. Konzerns zugebracht hat. Der AN muss am Tage der Stimmabgabe (bei mehreren Tagen am letzten Tag der Stimmabgabe) das 18. Lebensjahr vollendet haben. Nicht entscheidend ist der Beginn der Amtszeit des neugewählten BR.[41] Wird ein AN gewählt, der das **18. Lebensjahr** noch **nicht vollendet** hat, entfällt der an sich vorliegende Anfechtungsgrund, wenn das Mindestalter erreicht wird, ohne dass die BR-Wahl rechtskräftig für ungültig erklärt oder die Nichtwählbarkeit gerichtlich festgestellt worden ist.[42] Auszubildende, deren Berufsausbildung in einem **reinen Ausbildungsbetrieb** (sonstige Berufsbildungseinrichtungen i. S. d. § 1 Abs. 5 BBiG) stattfindet, gehören nach Auffassung des *BAG* nicht zur Belegschaft des Ausbildungsbetriebs[43] und sind somit nicht wählbar für den BR dieses Betriebs.[44]

24 Das passive Wahlrecht besteht auch für AN, die von ihrem Betrieb vorübergehend ins Ausland entsandt worden sind; z. B. im Rahmen einer **Matrixorganisation** beim Arbeitgeber.[45] Das gilt auch dann, wenn der AN zwar in eine im Ausland bestehende betriebliche Organisation eingegliedert wird, seine Tätigkeit jedoch zeitlich beschränkt ist.[46] Ob und inwieweit der Inlandsbezug des Arbeitsverhältnisses bei dauernder Entsendung ins Ausland erhalten bleibt, hängt von den Umständen des Einzelfalles ab, insbes. von der Dauer des Auslandseinsatzes, dem Bestehen und den Voraussetzungen eines Rückrufrechts zu einem Inlandseinsatz sowie dem sonstigen Inhalt der Weisungsbefugnisse des AG.[47] Die Wählbarkeit ist nicht gegeben, wenn der AN von vornherein nur für eine **einmalige befristete Tätigkeit im Ausland** eingestellt wird oder ein neues ablösendes Arbeitsverhältnis im Ausland begründet wird.

25 Ein **gekündigter AN** ist ebenfalls wählbar. Das gilt ohne weiteres für die Zeit, in der bei einer fristgemäßen Kündigung die Kündigungsfrist noch nicht abgelaufen ist. Das passive Wahlrecht

---

37 *BAG* 25.5.05 – 7 ABR 45/04, AiB 06, 322.
38 *Fitting*, Rn. 14; *GL*, Rn. 19; *Pramann*, DB 78, 2479; vgl. auch *BAG* 29.3.74, AP Nr. 2 zu § 19 BetrVG 1972, das die Frage nach dem aktiven Wahlrecht während des Wehrdienstes ausdrücklich bejaht hat.
39 Vgl. auch Rn. 13; vgl. ferner *Fitting*, Rn. 15.
40 *LAG Thüringen* 29.6.21 – 1 TaBVGa 1/21; mit der Besonderheit, dass ein AN seinen Sitz im BR verliert, wenn er eine befristete Erwerbsminderungsrente in der Legislatur erhält.
41 *Fitting*, Rn. 12; Richardi-*Thüsing*, Rn. 9.
42 *BAG* 7.7.54, AP Nr. 1 zu § 24 BetrVG; *Fitting*, Rn. 13; *GL*, Rn. 102; Richardi-*Thüsing*, a. a. O.
43 *BAG* 21.7.93 – 7 ABR 35/92, BB 94, 575 f.; 26.1.94 – 7 ABR 13/92, AP Nr. 54 zu § 5 BetrVG 1972; 20.3.96 – 7 ABR 46/95, AuR 96, 458.
44 Vgl. aber *LAG Berlin* 15.8.95 – 12 TaBV 2/95; vgl. umfassend § 7 Rn. 14.
45 Siehe auch § 7, Rn. 4a.
46 Vgl. *BAG* 25.4.78, AP Nr. 16 zu Internat. Privatrecht, Arbeitsrecht; vgl. auch § 7 Rn. 29.
47 Vgl. *BAG* 7.12.89, DB 90, 992.

ist aber auch für die Zeit nach Ablauf der Kündigungsfrist gegeben, sofern der AN Kündigungsschutzklage nach § 4 KSchG oder bei einer fristlosen Kündigung Feststellungsklage nach § 13 Abs. 1 Satz 2 KSchG erhoben hat.[48] Der durch das arbeitsgerichtliche Verfahren eingetretene Schwebezustand darf nicht zum Verlust des passiven Wahlrechts führen und damit zu Lasten des gekündigten AN und der Belegschaft gehen, die möglicherweise gerade diesen AN als besonders geeignet für die Wahrnehmung eines BR-Amtes ansieht. Andernfalls hätte es der AG in der Hand, durch eine Kündigung die Kandidatur eines ihm unliebsamen AN und u. U. sogar die Errichtung eines BR **zu verhindern.**[49] Es kommt daher auch nicht darauf an, ob der gekündigte AN einen Weiterbeschäftigungsanspruch nach § 102 Abs. 5 oder wegen eines erstinstanzlichen Obsiegens im Kündigungsschutzprozess hat (vgl. dazu ausführlich § 102 Rn. 241 ff.) oder der AG vom ArbG durch einstweilige Verfügung von der Weiterbeschäftigung entbunden worden ist (§ 102 Rn. 276 ff.). Mit derselben Begründung bleiben auch AN wählbar, die in einen anderen Betrieb des Unternehmens versetzt worden sind und hiergegen Klage eingereicht haben[50]. Dem gekündigten AN, der Bewerber für den BR ist, muss der **Zutritt zum Betrieb,** etwa aus Gründen der Wahlwerbung, grundsätzlich gestattet werden.[51] Wird ein **gekündigter AN** gewählt, tritt bis zur rechtskräftigen Entscheidung über die Wirksamkeit der Kündigung an seine Stelle das **Ersatzmitglied** nach § 25 in den BR ein.[52]

Gibt das ArbG der Kündigungsschutzklage statt, so kann der Antrag auf Auflösung des Arbeits- 26
verhältnisses im Rahmen von § 9 KSchG **nur vom AN** gestellt werden, dagegen nicht vom AG. Das ergibt sich daraus, dass der AN gewählt und damit BR-Mitglied geworden ist und in dieser Eigenschaft den Kündigungsschutz nach § 103 erlangt hat.[53] Wird der Auflösungsantrag nach § 9 KSchG vom AN gestellt und hebt das ArbG das Arbeitsverhältnis auf, scheidet der Betreffende zu dem Zeitpunkt aus dem BR aus, der für die Beendigung des Arbeitsverhältnisses in dem Urteil genannt ist.[54]

Das passive Wahlrecht hat auch ein **ehemaliges BR-Mitglied,** das nach § 23 aus dem BR aus- 27
geschlossen wurde oder dessen BR-Amt aus einem der in § 24 genannten Gründe geendet hat.[55] Das gilt selbst dann, wenn der BR zurückgetreten ist, um das ausgeschlossene Mitglied durch eine Neuwahl wieder in den BR zu bringen; vgl. im Übrigen zu Pflichtverletzungen von BR-Mitgliedern § 23 Rn. 7.

Ebenfalls wählbar sind **Mitglieder des WV.** Eine Unvereinbarkeit zwischen dem Amt als WV- 28
Mitglied und dem des zukünftigen BR-Mitglieds besteht nicht.[56] In kleineren Betrieben würden bisweilen kaum überwindbare personelle Schwierigkeiten auftreten, wenn beide Ämter unvereinbar wären.[57] Es gäbe vermutlich nicht genügend Kandidaten für das Amt.

Mit der Änderung des § 5 durch den Gesetzgeber im Gesetz zur Errichtung des Bundesauf- 29
sichtsamtes zur Flugsicherung zum 4. 8. 09 gilt die gesetzliche Fiktion, dass Beamte, Soldaten sowie Arbeitnehmer des öffentlichen Dienstes einschließlich der zu ihrer Berufsausbildung Beschäftigten, Arbeitnehmer i. S. v. § 5 Abs. 1 gelten. Sie haben somit neben dem aktiven Wahlrecht auch das passive Wahlrecht, wenn die sonstigen Voraussetzungen nach § 8 vorliegen. Die

---

48 *BAG* 14. 5. 97 – 7 ABR 26/96, DB 97, 2083, das einen AN, der Kündigungsschutzklage nach den §§ 13, 14 KSchG erhoben hat, hinsichtlich seiner Wählbarkeit wie einen Betriebsangehörigen behandelt wissen will; bestätigt durch das *BAG* 10. 11. 04 – 7 ABR 12/04, AuR 04, 464; *Fitting*, Rn. 18, die bei einem gekündigten AN, der Klage nach dem KSchG erhoben hat, das passive Wahlrecht anerkennen, aber nicht das aktive Wahlrecht; *GL*, § 8 Rn. 18; **a. A.** GK-*Raab*, Rn. 18, der sowohl die Wählbarkeit als auch die Wahlberechtigung dann verneint, wenn bei dem gekündigten AN die Betriebszugehörigkeit nicht mehr gegeben ist.

49 *BAG*, a. a. O.; *Fitting*, Rn. 19.

50 *LAG Köln* 10. 2. 10 – 8 TaBV 65/09, jedoch mit der abzulehnenden Einschränkung, dass der versetzte AN nicht mehr Mitglied des Wahlvorstandes sein könne.

51 Vgl. *Fitting*, Rn. 23; vgl. auch *LAG Hamm* 6. 2. 80, EzA § 20 BetrVG 1972 Nr. 11.

52 *Fitting*, Rn. 22.

53 Richardi-*Thüsing*, Rn. 15.

54 Richardi-*Thüsing*, a. a. O.

55 *BAG* 29. 4. 69, AP Nr. 9 zu § 23 BetrVG; *BVerwG* 23. 11. 62, AP Nr. 7 zu § 10 PersVG; *Fitting*, § 23 Rn. 28 m. w. N.

56 *BAG* 12. 10. 76, AP Nr. 1 zu § 8 BetrVG 1972; GK-*Raab*, § 16 Rn. 30.

57 *BAG*, a. a. O.

Beamten bei den privatisierten Post-UN bei der BR-Wahl sogar eine eigene **Wählergruppe,** sofern nicht die Mehrheit dieser Beschäftigten darauf verzichtet (§ 26 PostPersRG). Ebenso haben Beamte, die im Rahmen eines **Gestellungsvertrages** in einem privatisierten UN tätig sind, das aktive und passive Wahlrecht[58]. Dies ist sogar dann der Fall, wenn sie vorübergehend keine Arbeitsleistung erbringen, dem Einsatzbetrieb aber tatsächlich zugeordnet sind.[59]

30 Schwierigkeiten bei der Auslegung des geänderten Gesetzestextes kann der etwas unpräzise formulierte Passus des **Tätigsein** im privaten Betrieb und das Einsetzen der Wählbarkeit nach § 8 in diesem Zusammenhang sein. Von Tätigsein i. S. d. Gesetzes dürfte auszugehen sein, sobald eine Eingliederung in den Einsatzbetrieb vorliegt. Unabhängig davon liegt eine Eingliederung auch schon bei zeitlich kurzen Einsätzen vor. Auch zeitliche Unterbrechungen des Einsatzes spielen hier keine Rolle (vgl. Rn 19 ff.). Die Wählbarkeit setzt nach § 8 Abs. 1, Satz 1, die sechsmonatige Betriebszugehörigkeit voraus. Diese zeitliche Voraussetzung müssen auch Beamte, Soldaten und AN des öffentl. Dienstes erfüllen, um wählbar zu sein. Allerdings erfolgt eine Anrechnung von Konzernzugehörigkeitszeiten. Dabei ist zu beachten, dass auch öffentlich-rechtliche Einheiten, herrschende UN i. S. v. § 18 Abs. 1 AktG sein können (vgl. § 5, Rn 93 f).

V. Verlust der Wählbarkeit

31 Die Wählbarkeit geht verloren, wenn durch ein **strafgerichtliches Urteil** die Fähigkeit entzogen wird, »Rechte aus öffentlichen Wahlen zu erlangen«. Diese Folge tritt automatisch ein, wenn der AN wegen eines Verbrechens zu einer Freiheitsstrafe von einem Jahr oder länger verurteilt wurde (§ 45 Abs. 1 StGB). Es kommt nicht allein auf die Dauer der Freiheitsstrafe an, sondern auf die Verurteilung wegen eines Verbrechens (vgl. § 12 Abs. 1 StGB, wonach Verbrechen rechtswidrige Taten darstellen, die mit Freiheitsstrafe von mindestens einem Jahr bedroht sind). Der Verlust der Fähigkeit, Rechte aus öffentlichen Wahlen zu erlangen, ist auf fünf Jahre nach Rechtskraft des Urteils beschränkt. Das Strafgericht kann allerdings auch in anderen Fällen, also bei Vergehen, die Fähigkeit, Rechte aus öffentlichen Wahlen zu erlangen, für die Dauer von zwei bis fünf Jahren aberkennen (vgl. § 45 Abs. 2 StGB). Dies gilt etwa für die Fälle der §§ 92a Nr. 3, 101 Nr. 3, 108c StGB.[60]

32 Wurde einem ausländischen AN die Wählbarkeit oder die Fähigkeit, Rechte aus öffentlichen Wahlen zu erlangen, durch eine strafgerichtliche Verurteilung in seinem Heimatland aberkannt, ist dies nur dann beachtlich, wenn die im Ausland ergangene Entscheidung nicht im Widerspruch zu deutschen Rechtsgrundsätzen steht.[61] Bei **ausländischen AN** liegt ein solcher Widerspruch u. a. dann vor, wenn Anlass für die Verurteilung eine gewerkschaftliche oder politische Betätigung im Heimatland war.

33 Der **Wahltag** ist maßgebend für die Beurteilung, ob ein AN zum BR wählbar ist.[62] Erstreckt sich die Wahl über mehrere Tage, ist der letzte Tag der Stimmabgabe maßgebend. Der AN muss an diesem Tage im Besitz der Fähigkeit sein, Rechte aus öffentlichen Wahlen zu erlangen.[63] Wird einem bereits gewählten BR-Mitglied die Fähigkeit, Rechte aus öffentlichen Wahlen zu erlangen, aberkannt, erlischt nach § 24 Abs. 1 Nr. 4 seine Mitgliedschaft im BR, da er dann nicht mehr wählbar ist.[64]

34 Zum Verlust der Wählbarkeit vgl. auch § 24 Rn. 26 ff.

VI. Neu errichtete Betriebe

35 Damit auch in Betrieben, die am Tage der Einleitung der Wahl **noch keine sechs Monate** bestehen, ein BR gebildet werden kann, wird die für das passive Wahlrecht ansonsten erfor-

58 *BAG* 25. 10. 17 – 7 ABR 2/16; *BAG* 15. 8. 12 – 7 ABR 24/11; *LAG Berlin-Brandenburg* vom 16. 2. 11 – 15 TaBV 2347/10.
59 *BAG* a. a. O.
60 Vgl. *Fitting,* Rn. 53.
61 *Fitting,* Rn. 55 m. w. N.
62 *Fitting,* Rn. 12, 32.
63 *Fitting,* Rn. 57.
64 *Fitting,* Rn. 57.

derliche Mindestdauer der Beschäftigungszeit herabgesetzt. In derartigen Betrieben sind alle wahlberechtigten AN (zur Wahlberechtigung vgl. § 7) ohne Rücksicht auf die Dauer ihrer Zugehörigkeit zum Betrieb in den BR wählbar. »Einleitung der Betriebsratswahl« bedeutet, dass die AN am Tage des Erlasses des Wahlausschreibens durch den WV (vgl. § 3 Abs. 1 WO) im Betrieb beschäftigt sein müssen.

Die Regelung bezieht sich nicht auf den Fall, dass der Betrieb auf einen **anderen AG übergeht,** da nach § 613a BGB der AG-Wechsel die Zugehörigkeit zum Betrieb unberührt lässt. **Keine Neuerrichtung** liegt auch dann vor, wenn ein Betrieb in einen anderen **lediglich eingegliedert** wird. Bei den AN des übergegangenen Betriebs erfolgt eine Anrechnung nach Abs. 1 Satz 2, wenn es bei dem aufnehmenden Betrieb zur BR-Wahl kommt und es sich um Betriebe des gleichen UN bzw. Konzerns handelt. Die Sonderregelung für neu errichtete Betriebe greift dagegen ein, wenn **mehrere Betriebe zu einem einzigen** zusammengefasst werden, ohne dass der neue mit einem der früheren identisch ist, oder wenn ein nicht nur vorübergehend stillgelegter Betrieb wieder eröffnet wird.[65] Sie findet auch Anwendung, wenn ein Betriebsteil aus einem Betrieb ausgegliedert und als Betrieb verselbstständigt worden ist.[66] 36

Die Wahlvorbereitung in Betrieben ohne Betriebsrat ist Arbeitszeit und entsprechend zu vergüten. Insbesondere kann ein AN, der eine BR-Wahl vorbereitet, deswegen nicht abgemahnt werden[67]. 37

VII. Streitigkeiten

Meinungsverschiedenheiten über die vom WV zu treffende Entscheidung über die Wählbarkeit eines Wahlbewerbers sind im arbeitsgerichtlichen Beschlussverfahren zu entscheiden (§§ 2a, 80 ff. ArbGG). Die Frage der Wählbarkeit eines AN kann unabhängig von einer Anfechtung der BR-Wahl selbstständig zur Entscheidung des ArbG gestellt werden, sofern ein Rechtsschutzbedürfnis besteht.[68] Zu dem besonderen Verfahren bei der Zuordnung von leitenden Angestellten im Rahmen zeitgleicher Wahlen des BR und des SpA vgl. § 18a und die dortigen Erl. 38

Bereits gewählte BR-Mitglieder können im Laufe ihrer Amtszeit die **Wählbarkeit verlieren.** Damit ist das **Ausscheiden** aus dem BR verbunden (vgl. § 24 Rn. 26 ff.). Andererseits kann der schon bei der BR-Wahl in bestimmten Fällen vorliegende Mangel der Wählbarkeit durch **Zeitablauf geheilt werden.** Das ist der Fall, wenn ein in den BR gewählter AN das Mindestalter von 18 Jahren erreicht, ohne dass seine Wahl mit Erfolg angefochten oder die Nichtwählbarkeit gerichtlich festgestellt worden ist (vgl. Rn. 23). 39

§ 9 Zahl der Betriebsratsmitglieder

Der Betriebsrat besteht in Betrieben mit in der Regel
5 bis 20 wahlberechtigten Arbeitnehmern aus einer Person,
21 bis 50 wahlberechtigten Arbeitnehmern aus 3 Mitgliedern,
51 wahlberechtigten Arbeitnehmern bis 100 Arbeitnehmern aus 5 Mitgliedern,
101 bis 200 Arbeitnehmern aus 7 Mitgliedern,
201 bis 400 Arbeitnehmern aus 9 Mitgliedern,
401 bis 700 Arbeitnehmern aus 11 Mitgliedern,
701 bis 1000 Arbeitnehmern aus 13 Mitgliedern,
1001 bis 1500 Arbeitnehmern aus 15 Mitgliedern,
1501 bis 2000 Arbeitnehmern aus 17 Mitgliedern,
2001 bis 2500 Arbeitnehmern aus 19 Mitgliedern,
2501 bis 3000 Arbeitnehmern aus 21 Mitgliedern,
3001 bis 3500 Arbeitnehmern aus 23 Mitgliedern,
3501 bis 4000 Arbeitnehmern aus 25 Mitgliedern,

65 *Fitting,* Rn. 61.
66 GK-*Raab,* Rn. 63.
67 *ArbG Kiel* 16.9.10 – 5 BV 35 d/03.
68 Richardi-*Thüsing,* Rn. 50.

4001 bis 4500 Arbeitnehmern aus 27 Mitgliedern,
4501 bis 5000 Arbeitnehmern aus 29 Mitgliedern,
5001 bis 6000 Arbeitnehmern aus 31 Mitgliedern,
6001 bis 7000 Arbeitnehmern aus 33 Mitgliedern,
7001 bis 9000 Arbeitnehmern aus 35 Mitgliedern.
In Betrieben mit mehr als 9000 Arbeitnehmern erhöht sich die Zahl der Mitglieder des Betriebsrats für je angefangene weitere 3000 Arbeitnehmer um 2 Mitglieder.

Inhaltsübersicht

I. Vorbemerkungen

1 Das BetrVerf-ReformG hat die Zahl der BR-Mitgl. etwas angehoben. Betriebe bis zu 100 AN sind von den Änderungen hinsichtlich ihrer Größe nicht betroffen. In größeren Betrieben steigt die Zahl der BR-Mandate gegenüber dem früheren Recht um zwei Sitze, in Großbetrieben ab 6001 AN um vier Sitze.

Die **zahlenmäßige Größe des BR** hat der **WV** festzustellen. Das ergibt sich bereits daraus, dass der WV die Zahl der zu wählenden BR-Mitglieder nach § 3 Abs. 2 WO im **Wahlausschreiben** anzugeben hat. Die zahlenmäßige Größe des BR bestimmt sich nach der Zahl der **in der Regel** im Betrieb beschäftigten AN (vgl. Rn. 6 ff.). Bei der Feststellung der Zahl der in der Regel beschäftigten AN hat der WV einen gewissen **Ermessensspielraum**[1]. Die Staffelung beginnt mit fünf wahlberechtigten AN und damit zugleich bei einer der zwingenden Voraussetzungen für die Bildung eines BR (vgl. § 1). Besteht der BR aus mehreren Personen, muss es stets eine **ungerade Zahl** von Mitgliedern sein.

2 Die Regelung des § 9 stellt in den **ersten beiden Stufen** auf die Zahl der regelmäßig beschäftigten wahlberechtigten AN ab. Ist (in der dritten Stufe) ein fünfköpfiger Betriebsrat zu wählen, müssen wenigstens 51 wahlberechtigte AN im Betrieb beschäftigt sein. Sind somit beispielsweise im Betrieb 100 AN tätig, werden fünf BR-Mitglieder gewählt, wenn von den 100 AN wenigstens 51 AN wahlberechtigt sind. Bei der Frage der Wahlberechtigung zählen auch AN eines anderen AG mit, die im Beschäftigungsbetrieb länger als drei Monate eingesetzt werden (§ 7 Satz 2; vgl. dazu Rn. 10 u. § 7 Rn. 8). Ab der vierten Stufe (ab 101 AN) kommt es auf die Wahlberechtigung nicht mehr an.[2] Von der Zahl der BR-Mitglieder her bringt die Staffelung eine Begünstigung kleinerer Betriebe mit sich.

3 Die in **§ 5 Abs. 2 genannten Personen** werden bei der Ermittlung der Zahl der BR-Mitglieder nicht mitgezählt. Dasselbe gilt für **leitende Angestellte** nach § 5 Abs. 3. Es besteht bei diesem Personenkreis keine Rechtfertigung, sie bei der für die Zahl der BR-Mitglieder maßgebenden AN-Zahl zu berücksichtigen, da sie vom BR grundsätzlich nicht vertreten werden.[3]

4 Eine **Abweichung von der Staffelung** kommt nur in Betracht, wenn im Betrieb nicht genügend wählbare AN vorhanden sind oder trotz des Vorhandenseins genügend wählbarer AN sich Wahlbewerber nicht in einem ausreichenden Maße zur Verfügung stellen. In solchen Fällen kann entsprechend auf die Regelung des § 11 zurückgegriffen werden.[4] Dabei ist jeweils diejenige Stufe für die Zahl der BR-Mitglieder maßgebend, die noch mit wählbaren AN besetzt werden kann[5]. Das gilt jedoch nicht, wenn sich abweichend von der zwingenden Geschlechterquote nach § 15 Abs. 2 nicht genügend Angehörige des Minderheitengeschlechts für eine

1 *HessLAG* 24.2.20 – 16 TaBV 20/19, juris; *BAG* 12.10.76 – 1 ABR 1/76, juris.
2 Vgl. dazu auch *Fitting*, Rn. 41 ff.; Richardi-*Thüsing*, Rn. 1–3.
3 Vgl. auch *BAG* 12.10.76, AP Nr. 1 zu § 8 BetrVG 1972; *Fitting*, Rn. 46; Richardi-*Thüsing*, Rn. 5.
4 Richardi-*Thüsing*, Rn. 17; *Fitting*, Rn. 8; vgl. auch § 11 Rn. 4.
5 *LAG Düsseldorf* 4.7.14 – 6 TaBV 24/14, die jedoch nur auf die nächstniedrigere Stufe zurückgehen wollen.

Kandidatur zur Verfügung stellen. Die von diesem Geschlecht mangels ausreichender Wahlbewerbungen nicht einzunehmenden BR-Sitze gehen auf das andere Geschlecht über.[6]

Eine **obere Grenze** für die Zahl der BR-Mitglieder ist **nicht** vorgesehen. Die in Satz 1 enthaltene Staffelung ist daher ggf. nach Satz 2 fortzusetzen. Demnach besteht der BR in Betrieben mit in der Regel 5

9001 bis 12000 AN aus 37 Mitgliedern,
12001 bis 15000 AN aus 39 Mitgliedern,
15001 bis 18000 AN aus 41 Mitgliedern,
18001 bis 21000 AN aus 43 Mitgliedern
usw.

Inwieweit eine Abänderung von der Staffel durch Tarifvertag oder Betriebsvereinbarung zum Beispiel nach § 3 möglich ist, ist streitig. Eine Abweichung von der Staffelung nach unten ist in § 11 normiert und wird als hM anzusehen sein, wenn nicht genügend wählbare AN vorhanden sind.[7] Ein Teil der Rechtsprechung und der Literatur nimmt an, dass es sich im Übrigen um zwingendes Recht handelt, das keine Abweichung, nach oben zulässt.[8] Nach anderer Ansicht ist eine Möglichkeit eine größere Anzahl von AN-Vertreter zu installieren, ist eine tarifliche Regelung nach § 3 Abs. 1 Nr. 5 BetrVG, die die Kommunikation zwischen AG und AN verbessert[9]. Allerdings handelt es sich dann, um zusätzliche AN-Vertretungen, die für Ihre Mitglieder nicht zu einer Stimmberechtigung im BR führen soll.[10] Doch gerade bei Zusammenschlüssen von Betrieben oder UN-Fusionen ist eine vorübergehende Erhöhung der BR-Mandate durch Tarifvertrag eine zweckmäßige Art der Ausübung des Übergangsmandates. Auf diese Art werden beide Belegschaften im neuen Betrieb durch einen vergrößerten BR vertreten und eine Entfremdung der Belegschaft des übernommenen Betriebes vermieden.[11] Es geht in diesem Zusammenhang nicht um die Größe des Betriebsrates und ob er dann schneller oder langsamer arbeitet, sondern um die vertrauten Ansprechpartner aus dem vorherigen BR, die noch eine vorübergehende Zeit in der Umstellung zur Verfügung stehen.[12]

II. Begriff »In der Regel«

Für die Zahl der BR-Mitglieder ist die Zahl der **regelmäßig beschäftigten AN** maßgebend. Es 6
ist dabei grundsätzlich auf den **Zeitpunkt des Erlasses des Wahlausschreibens** abzustellen.[13] Es ist daher unerheblich, wenn sich die Zahl der AN bis zum Tage der Wahl vergrößert oder vermindert,[14] und zwar unabhängig davon, dass die inzwischen hinzugekommenen wahlberechtigten AN an der Wahl teilnehmen. Es spielt somit auch keine Rolle, wenn zum Zeitpunkt des Erlasses des Wahlausschreibens **Arbeitsplätze vorübergehend nicht besetzt** sind, sofern an ihnen **üblicherweise** AN tätig werden. Insoweit sind auch offene Stellenausschreibungen des Betriebes ein guter Indikator, ob ein weiterer Stellenaufbau stattfindet oder ein ausgeschiedener AN wieder ersetzt wird.[15] Ebenso wie die Entwicklung der Anzahl der Beschäftigten der letzten Jahre vor der Betriebsratswahl. Eine Verminderung der Zahl der AN zwischen Erlass des Wahlausschreibens und der Durchführung der Wahl ist nur dann entscheidend, wenn die für die Bildung eines BR maßgebende Zahl der AN **auf Dauer** unter fünf ständige wahlberechtigte AN absinkt (vgl. § 1). Die BR-Wahl ist in einem solchen Falle abzubrechen.[16] Ein Absinken der Zahl der AN **nach der Wahl** ist dagegen nur dann von Bedeutung, wenn der Tatbestand des § 13 Abs. 2 Nr. 1 vorliegt.

---

6 *Fitting*, Rn. 10; *Engels/Trebinger/Löhr-Steinhaus*, DB 01, 532, 541.
7 *Fitting*, Rn. 49; Richardi-Thüsing, Rn. 19.
8 Richardi-*Thüsing*, Rn. 18; GK-*Jacobs*, Rn 2, 20; *LAG Nürnberg* 29.11.22 – 1 TaBV 22/22.
9 *Fitting*, Rn. 49a; *Trümner* zu § 3, Rn. 100, 113; *Fitting*, zu § 3, Rn. 58 ff.
10 *Trümner*, a.a.O.; *Fitting*, a.a.O.
11 Vgl. § 3, Rn. 100, 113.
12 Insoweit etwas missverständlich *LAG Nürnberg* 29.11.22 – 1 TaBV 22/22.
13 Vgl. *BAG* 15.3.06 – 7 ABR 39/05; GK-*Jacobs*, Rn. 8 m.w.N.
14 *Fitting*, Rn. 34; GK-*Jacobs*, Rn. 12; Richardi-*Thüsing*, Rn. 13.
15 Richardi-*Thüsing*, § 9 Rn. 12a.
16 *Fitting*, a.a.O.

7 Die Anzahl der AN, die zum Zeitpunkt des Erlasses des Wahlausschreibens beschäftigt sind, stellt **keine absolute Größe** dar.[17] Sie ist vielmehr nur ein Ausgangspunkt. Es ist auf die Beschäftigungslage abzustellen, die im **Allgemeinen** für den **Betrieb kennzeichnend** ist.[18] »In der Regel« bedeutet daher auch nicht die durchschnittliche Zahl der AN. Es geht vielmehr um die Zahl der AN, die »normalerweise«, also unter **normalen betrieblichen Verhältnissen** üblicherweise beschäftigt werden[19].

8 Zur Feststellung der Zahl der regelmäßig Beschäftigten bedarf es eines **Rückblicks** und der **Einschätzung der zukünftigen Entwicklung.**[20] Der WV hat somit auch die zukünftig zu erwartende Entwicklung des Beschäftigungsstandes des Betriebs zu berücksichtigen.[21] Die bloße Befürchtung, dass auf Grund anhaltender schlechter Auftragslage AN entlassen werden, führt jedoch nicht zu einer Reduzierung der Zahl der »in der Regel« beschäftigten AN.[22] Eine andere Beurteilung ist dann angebracht, wenn feststeht, dass in Kürze die Beschäftigtenzahl **auf Dauer** vermindert wird und im Hinblick auf die bevorstehende BR-Wahl von dieser verringerten Beschäftigtenzahl auszugehen ist. Das kann etwa der Fall sein, wenn im Zusammenhang mit einer Betriebsänderung und einem vorgenommenen Interessenausgleich feststeht, dass eine Verringerung der Beschäftigtenzahl **alsbald** eintreten wird.[23] Soll eine Personalverminderung eine Fortführung des Betriebs ermöglichen und hat sie für eine nicht unerhebliche Zeit zu einer Stabilisierung der Belegschaftsstärke auf niedrigerem Niveau geführt, so ergibt sich die Zahl der in der Regel Beschäftigten aus der Belegschaftsstärke dieser Zwischenstufe.[24]

9 Bei der Feststellung der Zahl der BR-Mitglieder sind **Aushilfs-AN** mitzuzählen, sofern eine bestimmte Anzahl derartiger AN regelmäßig für einen Zeitraum von **mindestens sechs Monaten** im Jahr beschäftigt worden ist und auch in Zukunft mit einer solchen Beschäftigung gerechnet werden kann.[25] Aushilfs-AN zählen selbst dann mit, wenn sie als **Teilzeitbeschäftigte** tätig oder anlässlich der Inanspruchnahme von Elternzeit durch bereits Beschäftige unbefristet eingestellt werden.[26] Dabei sind auch befristet beschäftigte **Aushilfskräfte** mitzuzählen, die üblicherweise den größten Teil des Jahres im Betrieb[27] Es ist gleichgültig, ob es sich um dieselben oder um andere Personen handelt.[28] Die Zahl der nur teilzeitbeschäftigten Aushilfskräfte ist auch nicht

17 *BAG* 17.10.76 – 1 ABR 1/76- Rn. 30; *HessLAG* 24.2.20 – 16 TaBV 20/19, juris.
18 *BAG* 12.10.76, AP Nr. 1 zu § 8 BetrVG 1972.
19 *LAG Düsseldorf* 22.3.23 – 12 TaBV 29/22.
20 *BAG* 19.7.83, BB 83, 2118; *LAG Berlin* 25.4.88, AuR 89, 61; vgl. auch *BAG* 31.1.91 – 2 AZR 356/90, BB 91, 1047, zur Feststellung der regelmäßigen Beschäftigtenzahl nach § 23 Abs. 1 Satz 2 KSchG, wonach es zur Ermittlung der für den Betrieb im Allgemeinen kennzeichnenden regelmäßigen Beschäftigtenzahl eines Rückblicks auf die bisherige personelle Situation und einer Einschätzung der zukünftigen Entwicklung bedarf; vgl. ferner *BVerwG* 3.7.91, PersR 91, 369 mit dem Hinweis, dass bei der Wahl eines Personalrats Abweichungen vom Stellenplan im öffentlichen Dienst in der Weise Rechnung zu tragen ist, dass der tatsächliche Beschäftigtenstand zugrunde gelegt wird, wie er während des überwiegenden Teils der Amtszeit des zu wählenden Personalrats voraussichtlich bestehen und somit diese Amtszeit prägen wird; ebenso im Grundsatz *BAG* 29.5.91 – 7 ABR 27/90, NZA 92, 182, das zu der Frage der Sitzverteilung im Personalrat nach § 17 BPersVG erklärt, bei der Feststellung der Zahl der in der Regel Beschäftigten sei der Stellenplan nur ein Anhaltspunkt und bei einem ständigen Abweichen von ihm müsse von den tatsächlichen Gegebenheiten ausgegangen und eine länger andauernde Verwaltungspraxis berücksichtigt werden.
21 *LAG Hamm* 6.10.78, DB 79, 1563; *Fitting*, Rn. 12f.; GK-*Jacobs*, Rn. 9f.; zum Beurteilungsspielraum des WV vgl. Rn. 14.
22 *LAG Hamm*, a.a.O.
23 Vgl. auch *ArbG Hamburg* 22.12.83, DB 84, 250; vgl. ferner *LAG Düsseldorf* 24.11.98 – 3 TaBV 73/98, AiB 99, 281, wonach im gekündigten Arbeitsverhältnis stehende AN dann nicht mitzuzählen sind, wenn ihre nach der BR-Wahl frei werdenden Arbeitsplätze auf Grund einer bereits seit längerem getroffenen und umgesetzten Umstrukturierungsentscheidung und einer damit verbundenen betriebsübergreifenden Personalabbaumaßnahme dauerhaft entfallen sollen und konkrete Anhaltspunkte für eine gegenteilige Prognose bei Erlass des Wahlausschreibens nicht bestehen.
24 *BAG* 9.5.95 – 1 ABR 51/94, BB 95, 1963, zur Problematik einer Betriebsänderung nach § 111.
25 *BAG* 12.10.76, AP Nr. 1 zu § 8 BetrVG 1972; *LAG Hamm* 18.3.98 – 3 TaBV 42/98, BB 98, 1211.
26 *LAG Hamm*, a.a.O.
27 *BAG* vom 12.11.08 – 7 ABR 73/07.
28 *LAG Düsseldorf* 26.9.90 – 12 TaBV 74/90, DB 91, 238.

auf eine entsprechende Zahl vollbeschäftigter Aushilfskräfte umzurechnen.[29] Werden dauerhaft wechselnde Aushilfskräfte eingesetzt, so ist deren Arbeitszeit übers Jahr aufzuaddieren und ins Verhältnis zur Jahresarbeitszeit zu setzen.

10 Es können sich Probleme ergeben, wenn es zur befristeten Einstellung von Beschäftigten kommt, die vorübergehend ausfallendes Stammpersonal vertreten. Grundsätzlich gilt, dass entweder die ausfallenden Stammarbeitnehmer bei den Feststellungen nach § 9 berücksichtigt werden oder deren Vertreter.[30] Aus § 21 Abs. 7 BEEG ergibt sich, dass ein vorübergehend ausgefallener Stamm-AN nach § 9 nicht mitzählt, wenn zum Zeitpunkt der Einleitung der Wahl ein Vertreter befristet beschäftigt ist und dieser mitgezählt wird. Werden aber für einen ausfallenden Stamm-AN nach § 21 Abs. 7 BEEG zwei Vertreter befristet eingestellt, so ist nach der Auffassung des *BAG*[31] nur die ausgefallene Stammkraft bei der Zahl der Arbeitnehmer nach § 9 zu berücksichtigen. Das kann aber wiederum nur gelten, wenn die Ersatz-AN befristet eingestellt worden sind.[32] Sind die Vertretungs-AN dagegen unbefristet eingestellt, so zählen sie nach § 9 in vollem Umfang auch dann mit, wenn sie für nur eine ausgefallene Stammkraft beschäftigt werden.

11 In **Saisonbetrieben** sind die Saison-AN ebenfalls zu berücksichtigen, wenn die Saison über sechs Monate dauert.[33] In sog. **Kampagnebetrieben** sind dagegen sämtliche während der Kampagne beschäftigten AN zu berücksichtigen.[34] **ABM-Beschäftigte** zählen bei § 9 mit, wenn sie nicht lediglich außerhalb des des arbeitstechnischen Zweckes des Betriebes zum Zwecke der Qualifizierung tätig werden, sondern zumindest auch für den Betriebszweck tätig werden.[35]

12 Bei der Feststellung der Zahl der BR-Mitglieder sind alle Beschäftigten zu berücksichtigen, die zu den **AN im betriebsverfassungsrechtlichen Sinne** zählen bzw. den AN i. S. des § 5 Abs. 1 gleichgestellt sind (vgl. § 7 Rn. 7). Es sind keineswegs nur AN einzubeziehen, die innerhalb der Betriebsorganisation abhängige Arbeitsleistungen erbringen **und** zum Betriebsinhaber in einem Arbeitsverhältnis stehen. Es reicht vielmehr aus, wenn jemand in den Betrieb **eingegliedert** ist, um zusammen mit den im Betrieb schon beschäftigten AN den arbeitstechnischen Zweck des Betriebs durch **weisungsgebundene Tätigkeit** zu verwirklichen.[36] Es genügt somit die Begründung eines **kraft Eingliederung** in die Arbeitsorganisation des Beschäftigungsbetriebs **zustande gekommenen Arbeitsverhältnisses,** bei dem die Leitungsmacht bezüglich des Einsatzes der abhängigen Arbeitskraft durch den AG des Betriebs ausgeübt wird (zur Problematik des betriebsverfassungsrechtlichen AN-Begriffs vgl. umfassend § 5 Rn. 7 ff.). Es muss dabei berücksichtigt werden, dass der BR auch bei AN, die zwar keinen Arbeitsvertrag zu dem AG des Beschäftigungsbetriebs haben, aber gleichwohl weisungsunterworfen in die Arbeitsorganisation dieses Betriebs eingegliedert sind, Beteiligungsrechte wahrnimmt, die zu einer Realisierung der **betriebsverfassungsrechtlichen Schutzfunktion** führen. Das ist beispielsweise bei der Überwachung der Einhaltung der zu Gunsten von AN geltenden Vorschriften (§ 80 Abs. 1 Nr. 1), Fragen der Arbeitszeit (§ 87 Abs. 1 Nr. 2, 3), bei Sozialeinrichtungen (§ 87 Abs. 1 Nr. 8) und bei Versetzungen (§§ 99 ff.) der Fall. Nur so kann dem Normzweck, wie er § 9 zu Grunde liegt, Rechnung getragen werden.

13 Das Prinzip, in den Betrieb eingegliederte Beschäftigte, deren Tätigkeit dem **Betriebszweck** dient, bei der zahlenmäßigen Größe des BR im Rahmen des § 9 auch dann zu berücksichtigen, wenn sie nicht in einem Arbeitsverhältnis zum Beschäftigungs-AG stehen, hat auch und gerade für die **AN nach § 7 Satz 2** zu gelten. Sie vollziehen ihre Tätigkeit innerhalb der Arbeits- und Betriebsorganisation des Beschäftigungsbetriebes und unterliegen insoweit dem Weisungsrecht des Beschäftigungs-AG. Diese AN haben unter der Voraussetzung einer (voraussichtlich)

---

29 *LAG Hamm* a. a. O.; *LAG Baden-Württemberg* 16. 6. 87, LAGE § 111 BetrVG 1972 Nr. 6; *Lipke*, NZA 90, 759 [760]; *Löwisch*, RdA 84, 197 [206]; Richardi-*Thüsing*, Rn. 12.

30 *BAG* 15. 3. 06 – 7 ABR 30/05.

31 15. 3. 06, a. a. O.

32 So auch *Fitting*, § 9 Rn. 18; a. A. *LAG Düsseldorf* 26. 7. 00 – 12 TaBV 35/00, NZA-RR 01, 308.

33 *Fitting*, Rn. 4; GK-*Jacobs*, Rn. 11.

34 Enger offensichtlich *BAG* 16. 11. 04 – 1 AZR 642/03, bei reinen Kampagnebetrieben, die überhaupt nur während eines Teils des Jahres arbeiten. **Bau-AN,** die zu einer **ARGE** abgeordnet sind, zählen in diesem Einsatzbetrieb mit, sofern sie regelmäßig beschäftigt werden, *Fitting*, Rn. 21 m. w. N.

35 *BAG* 13. 10. 04, NZA 05, 707.

36 So zutreffend *BAG* 15. 4. 86, AP Nr. 35 zu § 99 BetrVG 1972; *BAG* 1. 8. 89 – 1 ABR 54/88.

dreimonatigen Beschäftigungsdauer sogar das **aktive Wahlrecht** zum BR. Auch insoweit sind sie den AN nach § 5 Abs. 1 gleichgestellt. Durch die Ausübung des Wahlrechts legitimieren sie den BR des Entleiherbetriebes bei der BR-Wahl zur Wahrnehmung ihrer betrieblichen Interessen gegenüber dem Entleiher als dem Beschäftigungs-AG.

14 Der **Normzweck** des § 9 verlangt daher die Berücksichtigung der AN nach § 7 Satz 2 bei der Feststellung der BR-Größe, sofern die Beschäftigung solcher AN regelmäßig erfolgt. Das gilt nicht nur, aber auch für **Leih-AN,** die nach dem AÜG dem Entleiher zur Arbeitsleistung überlassen werden. Bei dieser Personengruppe, die in der Praxis ohnehin die **größte Beschäftigtengruppe** der AN nach § 7 Satz 2 in den Betrieben darstellen dürfte, wird dieser Normzweck sogar besonders deutlich, und zwar vor dem Hintergrund der betriebsverfassungsrechtlichen Bestimmungen, die bei ihrer Tätigkeit im Beschäftigungsbetrieb anzuwenden sind. So hat das AÜG eine Reihe von Bestimmungen des Betriebsverfassungsrechts ausdrücklich auf Leih-AN während ihrer Beschäftigung im Entleiherbetrieb als anwendbar erklärt (vgl. § 14 Abs. 2 Satz 2 und 3, Abs. 3 AÜG). Es kommt hinzu, dass diese Regelungen nach der Rspr. des *BAG* noch nicht einmal abschließend sind. Das *BAG* hat festgestellt, dass die **Schutzfunktion** des Betriebsverfassungsgesetzes auch im **Entleiherbetrieb** für die Leih-AN Geltung haben muss. Dementsprechend hat es entschieden, dass die Zuständigkeit des BR des Entleiherbetriebes die der **Entscheidungsmacht** des Entleihers unterliegenden beteiligungspflichtigen Angelegenheiten auch hinsichtlich der Leih-AN umfasst.[37] Das *BAG* führt beispielhaft das Regelungsproblem der Festsetzung von **Überstunden** im Entleiherbetrieb an, die über die zwischen Leih-AN und Verleiher vertraglich vereinbarte Arbeitszeit hinausgehen. Grundsätzlich bezieht sich diese Rspr. auf alle Beteiligungsrechte des BR im Entleiherbetrieb, von denen auch die Leih-AN betroffen sind, insbesondere aber auf soziale und personelle Angelegenheiten.[38]

15 Der anerkannte und nicht zu bestreitende **Schutzzweck** des Betriebsverfassungsrechts auch gegenüber den Leih-AN im Entleiherbetrieb, aber auch die durch die Eingliederung und das Wahlrecht erfolgte weitgehende Gleichstellung mit den AN nach § 5 Abs. 1, erfordert ihre Berücksichtigung bei den **Handlungs- und Arbeitsgrundlagen** des BR. Das gilt erst recht für die Festlegung der zahlenmäßigen Größe des BR nach § 9. Nur so kann der BR die ihm durch Gesetz und Rspr. auferlegten **Pflichten und Rechte** auch gegenüber dieser Beschäftigtengruppe erfüllen[39] und einer Erosion der Stammbelegschaft und den damit verbundenen negativen betriebsverfassungsrechtlichen Auswirkungen – auch auf die zahlenmäßige Größe des BR – begegnet werden.[40] Für AN-Überlassung z. B. im Rahmen eines Gestellungsvertrages hat das BAG bereits anerkannt, dass mit einer größeren Belegschaft auch mehr Arbeit auf die Betriebsräte zukommt und dies bei der BR-Größe berücksichtigt werden muss.[41]

16 Es ist daher sehr begrüßenswert, dass das BAG in seinen beiden Entscheidungen[42] vom 12.9.12 und 13.3.13 unter Aufgabe seiner bisherigen Rechtsprechung Leih-AN bei der Größe des BR grundsätzlich berücksichtigt und damit dem **Normzweck des § 9** wieder umfassende Geltung verschafft. Es trifft allerdings zu, dass es in der Literatur nach wie vor stark umstritten ist, ob Leih-AN bei der Feststellung der Zahl der BR-Mitglieder nach § 9 mitzählen.[43] Auch in der Rspr. der Instanzgerichte war die Frage umstritten.[44] Dieser Auffassung ist neben der Ver-

37 *BAG* 18.1.17 – 7 ABR 60/15, AuR 01, 271.

38 Bereits die Übernahme des Leih-AN zur Arbeitsleistung im Entleiherbetrieb ist eine »Einstellung« im Sinne des § 99 Abs. 1.

39 So zutreffend *ArbG Frankfurt/M.* 22.5.02 – 2 BV 148/02, AuR 03, 190.

40 Vgl. BT-Drucks. 14/5741 S. 27f., 36; *Däubler,* AiB 01, 684, 687; *Fitting,* Rn. 4m.w.N.

41 *BAG* 15.12.11 – 7 ABR 65/10, das die Anwendung dieser Grundsätze auf Leih-AN jedoch bewusst offengelassen hatte.

42 *BAG* 12.9.12 – 7 ABR 37/11 und *BAG* 13.3.13 – 7 ABR 69/11.

43 Verneinend etwa *Hanau,* RdA 2001, 65; *Löwisch,* BB 2001, 1734, 1737; *Maschmann,* DB 2001, 2446, 2448; *Schiefer/Korte,* NZA 2002, 57, 59; bejahend etwa: *Däubler,* AuR 01, 1 [4]; *Reichold,* NZA 2001, 857, [861]; *Fitting,* § 9 Rn. 5; zum Teil wird die Berücksichtigung bei § 9 nur bejaht, wenn es um Betriebe mit nicht mehr als 100 AN geht; vgl. dazu die Hinweise bei der zit. Rspr.

44 Verneinend etwa *LAG Hamm* 19.1.03 – 13 Ta BV 90/02; *LAG Schleswig-Holstein* v. 2.7.09 – 4 TaBV 7/09; bejahend etwa *LAG Schleswig-Holstein* 24.5.07 – 1 TaBV 64/06; *LAG Hamburg* 3.9.07 – 8 TaBV 17/06; *LAG Düsseldorf* 31.10.02 – 5 TaBV 42/02, DB 03, 292; *ArbG Frankfurt* 22.5.02 – 2 BV 148/02, AuR 03, 190; teilweise unter Hinweis auf die Fassung des § 7 Satz 2 »wahlberechtigte AN« und daraus

kennung des Normzweckes des § 9 auch der Bericht des Arbeits- und Sozialausschusses an das Plenum des BT entgegen zu halten.[45] In diesem Bericht wird referiert, der Vertreter der Bundesregierung habe auf Befragen ausgeführt, der Personenkreis des § 7 Satz 2 besitze das aktive Wahlrecht und sei »folglich« bei den Arbeitnehmergrenzzahlen z. B. im Rahmen der §§ 9 und 38 zu berücksichtigen.[46] Nach der geänderten Rechtsprechung des BAG ist dabei eine stellen- und keine personenbezogene Betrachtung vorzunehmen, allerdings unter Aufgabe der »Zwei-Komponenten-Lehre« nur für drittbezogenen Personaleinsatz[47].

Nach dieser Änderung sind nicht nur Leih-AN nach dem AÜG, sondern auch die weiteren AN, die dem **Beschäftigungsbetrieb** von einem anderen AG i. S. d. § 7 Satz 2 überlassen worden sind, bei der Ermittlung der BR-Größe nach § 9 mitzuzählen[48]. Das können etwa Leih-AN **außerhalb** der gewerbsmäßigen Arbeitnehmerüberlassung sein, z. B. vorübergehend Beschäftigte aus anderen UN eines Konzerns, die im Wege der sog. Konzernleihe im Betrieb tätig werden.[49] Selbst Beschäftigte, die im Rahmen eines **Fremdfirmeneinsatzes** tätig werden, können u. U. bei § 9 mitzählen. Das kann der Fall sein, wenn sie an sich im Auftrag ihres Vertragsarbeitgebers zur Abwicklung von **Werkaufträgen** auf dem Betriebsgelände tätig werden, dann aber, aus welchen Gründen auch immer, vorübergehend in die betrieblichen Arbeitsabläufe integriert werden und somit wie andere AN auch dem **Betriebszweck** dienen und dem Weisungsrecht des Beschäftigungs-AG unterliegen.[50] 17

Es kommt für die Berücksichtigung der AN nach § 7 Satz 2 bei der BR-Größe nach § 9 nicht einmal auf die **Wahlberechtigung** an, die nach § 7 Satz 2 bei einer (vorgesehenen) Beschäftigungsdauer von mehr als drei Monaten erworben wird. Mit der Bestimmung des § 7 Satz 2 soll die **Betriebszugehörigkeit** solcher AN anerkannt werden, die in keinem Arbeitsverhältnis zum Betriebsinhaber als AG stehen.[51] Die Wahlberechtigung haben sie zwar nur, wenn sie (voraussichtlich) länger als drei Monate zur Arbeitsleistung überlassen werden. Jedoch kann für die Frage der Betriebszugehörigkeit letztlich nicht der **tatsächliche** oder auch nur der **geplante Ablauf** der Beschäftigungsdauer ausschlaggebend sein. Entscheidend ist vielmehr die Eingliederung in die Betriebs- und Arbeitsorganisation des Beschäftigungsbetriebes. Außerdem ist festzustellen: Der Wegfall des Erfordernisses der Wahlberechtigung ab bestimmter Schwellenwerte bei § 9 und das alleinige Abstellen auf die Eigenschaft als AN (ab 101 AN) trägt der Tatsache Rechnung, dass der **Arbeitsanfall** für den BR in größeren Betrieben erheblich anwächst und sich nicht nur aus der Zahl der wahlberechtigten AN ergibt. Gerade in größeren Betrieben sind nicht wenige AN tätig, die das Wahlrecht (noch) nicht besitzen. Auch das zeigt, dass der Normzweck des § 9 darin liegt, die in den Beschäftigungsbetrieb eingegliederten AN bei der zahlenmäßigen Größe des BR ab einer bestimmten Betriebsgröße **ohne Rücksicht** darauf mitzuzahlen, ob sie wahlberechtigt sind oder nicht.[52] 18

Zu beachten ist, dass es in Betrieben mit bis zu 51 AN für die Feststellung der BR-Größe auf die Anzahl der **wahlberechtigten AN** ankommt[53]. Daher kann es auch bei Betrieben unter 51 19

---

ableitend eine Beschränkung auf Betriebe mit in der Regel nicht mehr als 100 wahlberechtigten AN; vgl. auch die Nachw. bei *Ratayczak*, AiB 03, 278.

45 BT-Drucks. 14/6352, S. 54.

46 Vgl. dazu *Däubler*, AuR 03, 190, 191, vgl. auch *Dörner*, Festschrift für Wissmann, 292 f., vgl. zur Kritik weiterhin § 5 Rn. 78a.

47 *BAG* vom 13.3.13 – 7 ABR 69/11, Satz 21.

48 *LAG Baden-Württemberg* 27.2.15 – 9 TaBV 8/14; *LAG Rheinland-Pfalz* 6.3.15 – 1 TaBV 23/14.

49 Nach der Rechtsprechungsänderung zum drittbezogenen Personaleinsatz wohl obsolet *BAG* 10.3.04 – 7 ABR 49/03, NZA 04, 1340 ff.

50 Vgl. *Däubler*, AuR 01, 286; vgl. auch *ArbG Frankfurt* 22.5.02 – 2 BV 148/02, AuR 03, 190, das die Anrechnung nach § 9 offensichtlich dann zulassen will, wenn AN von Fremdfirmen auf Grund einer aufgespaltenen AG-Funktion zumindest teilweise dem Weisungsrecht des AG des Einsatzbetriebes unterliegen.

51 Vgl. BT-Drucks. 14/5741 S. 27 f., 36.

52 *Fitting*, Rn. 41; *Ratayczak*, AiB 97, 601 f.; a. A. *LAG Baden-Württemberg* 10.9.96 – 15 TaBV 10/96, AiB 97, 599.

53 Hier wird der WV nach der Senkung des Wahlalters für das aktive Wahlrecht durch das Betriebsrätemodernisierungsgesetz zu achten haben und könnte zu einer Vergrößerung der Betriebsräte in Einzelfall führen.

Beschäftigten nicht auf die individuelle Wahlberechtigung des einzelnen Stelleninhabers ankommen, sondern nur auf die Frage, ob ein »Dauerarbeitsplatz« vorhanden ist, mithin die Anzahl der regelmäßig beschäftigten AN. Daher zählen in solchen Betrieben Leih-AN auch dann mit, wenn sie die für die Erlangung des aktiven Wahlrechts erforderliche Beschäftigungsdauer nach § 7 Satz 2 noch nicht erreicht haben. Die betroffenen Leih-AN sind allerdings dann nicht selbst wahlberechtigt, weil sie die Voraussetzungen des § 7 Satz 2 (noch) nicht erfüllen.[54]
Bei der Größe des neu zu wählenden Gremiums kann der WV auf die Anzahl der in der Vergangenheit beschäftigten Leih-AN Bezug nehmen. Die in der Vergangenheit eingesetzte Anzahl der Leih-AN dient als Grundlage für die Größe des BRs. Hat ein AG in der Vergangenheit in der Regel eine »Anzahl x« von Leih-AN eingesetzt, so muss der WV in seiner Prognoseentscheidung also von der gleichen »Anzahl x« für die Zukunft ausgehen. Hiervon kann nur durch konkret begründete Tatsachen abgewichen werden[55].

20 Durch die Änderung des § 5 mit dem Gesetz zur Errichtung eines Bundesaufsichtsamtes zur Flugsicherung sind alle Beamten, Soldaten und AN des öffentlichen Dienstes bei der Berechnung der Schwellenwerte in vollem Umfange zu berücksichtigen. Daher sind auch inzwischen unstreitig AN i. S. d. Gesetzes die beschäftigten **Beamten** (vgl. § 24 Abs. 2 Satz 1 PostPersRG; § 5 Rn. 111 a) in den Betrieben der privaten Post-UN **Deutsche Post AG, Deutsche Postbank AG** und **Deutsche Telekom AG.** Sie sind bei der Ermittlung der Zahl der BR-Mitglieder mitzuzählen; Entsprechendes gilt für die bei der **DB AG** beschäftigten Beamten[56] ebenso wie AN, die im Rahmen eines **Gestellungsvertrages**[57] tätig werden. Das gilt sowohl für die ersten Stufen des § 9, bei denen es auf die Wahlberechtigung ankommt, als auch bei den Stufen, bei denen ohne Rücksicht auf die Wahlberechtigung die AN-Eigenschaft ausschlaggebend ist (vgl. Rn. 2; vgl. auch § 7 Rn. 9).

21 Sog. echte **UN-Arbeiter** (auch Fremdfirmen-AN oder Werk-AN genannt), die für ihren AG und unter dessen Leitung Arbeiten in einem fremden Betrieb ausüben, sind keine AN des fremden Betriebs und schon mangels Zugehörigkeit zu diesem Betrieb nicht bei der Zahl der zu wählenden Mitglieder des BR zu berücksichtigen.[58] Auch **Strafgefangene,** die auf Grund ihres besonderen öffentlich-rechtlichen Gewaltverhältnisses in einem Privatbetrieb arbeiten, sind keine AN des Betriebs[59] und damit nicht mitzuzählen (vgl. aber auch § 7 Rn. 38).

22 Nicht erforderlich ist, dass die Beschäftigung im Betrieb selbst als der räumlichen Einheit erfolgt. Heim-AN i. S. d. § 5 Abs. 1 Satz 2 zählen daher ebenso mit wie **Tele-AN, Außendienstmitarbeiter** oder in das **Ausland entsandte Beschäftigte.** Unerheblich ist ein **ruhendes Arbeitsverhältnis.** Deshalb sind auch die Beschäftigten mitzuzählen, die im Bundesfreiwilligendienst tätig sind und bei ihrem alten AG nur für diese Zeit freigestellt sind; ebenso AN, die die Altersteilzeit in der Form des sog. Blockmodells nach § 2 Abs. 2 Nr. 1 ATG vollziehen.[60] Im **gekündigten Arbeitsverhältnis** stehende AN zählen ebenfalls mit, es sei denn, dass zum Zeitpunkt des Erlasses des Wahlausschreibens feststeht, dass der von ihnen jeweils eingenommene Arbeitsplatz auf Dauer nicht mehr besetzt wird.

23 Bei der Feststellung der für die zahlenmäßige Größe des BR maßgebenden Zahl der AN hat der WV einen angemessenen **Beurteilungsspielraum,** da ein genaues Bestimmen dieser Zahl häufig nicht möglich sein wird[61]. Hier ist insbesondere auch in größeren Unternehmen und Konzernen auf Stellenverschiebungen zwischen den Betrieben zu achten[62]. Dabei ist auch zu berücksichtigen, dass es auf die Zahl der AN am Tage des Erlasses des Wahlausschreibens allein nicht ankommt (vgl. Rn. 7 f.). Vor allem in **größeren Betrieben** und in Betrieben, die regelmäßig mit **Aushilfskräften** arbeiten oder bei denen eine **hohe Fluktuation der AN** besteht,

54 a. A. A. *Fitting*, Rn. 39.
55 *LAG Rheinland-Pfalz* 6. 3. 15 – 1 TaBV 23/14.
56 Vgl. § 19 Abs. 1 DBGrG; *Engels/Müller/Mauß*, DB 94, 473.
57 *LAG Berlin-Brandenburg* v. 16. 2. 11 – 15 TaBV 2347/10.
58 Vgl. *BAG* 18. 1. 89, AP Nr. 1 zu § 9 BetrVG 1972; *LAG Berlin* 1. 2. 88, DB 88, 1228.
59 *BAG* 3. 10. 78, AP Nr. 18 zu § 5 BetrVG 1972.
60 Vgl. § 7 Rn. 11a; a. A. *BAG* 16. 4. 03 – 7 ABR 53/02, NZA 03, 1345.
61 *LAG Berlin-Brandenburg* 13. 8. 15 – 5 TaBV 218/15; *HessLAG* 24. 2. 20 – 16 TaBV 20/19, juris.
62 Ebenda. Allerdings bezieht sich das *HessLAG* auf einen verengten Blick auf den Betrieb zurück.

kann es zu erheblichen Schwierigkeiten kommen.[63] In **Grenzfällen** hat daher der WV **nach pflichtgemäßem Ermessen** zu entscheiden.[64] Es gibt in Grenzfällen ohnehin nicht nur eine »richtige« Lösung, zumal es eines **Rückblicks** auf die bisherige personelle Stärke des Betriebs und einer Einschätzung der zukünftigen Entwicklung bedarf. Es reicht deshalb aus, dass die vom WV für die Zahl der BR-Mitglieder festgestellte Zahl der AN **»vertretbar«** ist.[65] Überschreitet der WV allerdings seinen **Beurteilungsspielraum** und legt er eine unzutreffende Zahl von BR-Mitgliedern fest, kann es zur Anfechtung der Wahl kommen, jedoch nicht zur Nichtigkeit (vgl. Rn. 27). Die vom WV festgelegte Zahl von BR-Mitgliedern bleibt auch dann bestehen, wenn sich in der Zeit zwischen dem Erlass des Wahlausschreibens und der Wahl die Zahl der AN dadurch ändert, dass hinzugekommene wahlberechtigte AN an der Wahl teilnehmen oder ausgeschiedene AN nicht mehr mitwählen.[66] Etwas anderes gilt, wenn die Zahl der regelmäßig beschäftigten AN im Zeitraum zwischen dem Erlass des Wahlausschreibens und dem Tag der Wahl **auf Dauer** unter die für die Wahl eines BR erforderliche Mindestgrenze des § 1 sinkt. Die Wahl ist dann **abzubrechen.**[67]

III. Aus einer Person bestehender Betriebsrat

24 In Kleinbetrieben mit in der Regel fünf bis einschließlich 20 wahlberechtigten AN ist ein BR zu wählen, der nur aus **einer Person** besteht. Dieser ist – wie auch die sonst nach dem vereinfachten Wahlverfahren (§ 14 a) gewählten BR – ein **vollwertiger BR** und hat grundsätzlich dieselben Rechte und Pflichten wie ein aus mehreren Personen bestehender BR.

25 In bestimmten Fällen findet das Gesetz allerdings **keine Anwendung** auf UN, die in der Regel nicht mehr als 20 wahlberechtigte AN haben. Das gilt für personelle Einzelmaßnahmen (§§ 99–101), die Bildung eines WA (§ 106), die Unterrichtung der AN in wirtschaftlichen Angelegenheiten (§ 110) und die Mitwirkung bei Betriebsänderungen (§ 111). Der aus einer Person bestehende BR erhält aber die entsprechenden Rechte, wenn die Zahl der regelmäßig beschäftigten AN nach der Wahl über die für das Einsetzen der Rechte eines aus mehreren Personen bestehenden BR erforderliche Grenze steigt.[68] Das gilt unabhängig davon, ob die Voraussetzungen für eine Neuwahl nach § 13 Abs. 2 Nr. 1 vorliegen oder nicht.

IV. Streitigkeiten

26 Streitigkeiten über die zahlenmäßige Größe des zu wählenden BR sind im arbeitsgerichtlichen Beschlussverfahren zu entscheiden (§§ 2a, 80ff. ArbGG). Bei der Zahl der »in der Regel« beschäftigten AN hat der WV einen **Beurteilungsspielraum** (vgl. Rn. 14, 23), der auch im Wahlanfechtungsverfahren **nicht in vollem Umfang** einer gerichtlichen Überprüfung unterliegt. Es reicht aus, dass die getroffene Feststellung »vertretbar« ist.[69] Eine Anfechtung nach § 19 ist daher nur begründet, wenn der WV unter **Überschreitung seines Beurteilungsspielraums** eine unzutreffende Zahl von AN zu Grunde gelegt hat, die zu einer **anderen Zahl der BR-Mitglieder** führen würde (vgl. dazu auch § 19 Rn. 15, 37). Nur dann kann davon ausgegangen werden, dass das Wahlergebnis i. S. d. § 19 geändert oder beeinflusst werden konnte. Der in dieser falschen Zahl der zu wählenden BR-Mitglieder liegende Mangel des Wahlverfahrens kann nicht, auch nicht durch das ArbG, einfach dadurch behoben werden, dass die nach der richtigen Zahl nicht mehr zu wählenden BR-Mitglieder Ersatzmitglieder werden bzw. bei einer zu niedrig angesetzten Zahl Ersatzmitglieder entsprechend nachrücken.[70]

---

63 *LAG Schleswig-Holstein* 25. 3. 03 – 2 TaBV 39/02, NZA 04, 1406; vgl. auch GK-*Jacobs*, Rn. 9.
64 *BAG* 12. 10. 76, AP Nr. 1 zu § 8 BetrVG 1972; 22. 1. 84, AP Nr. 1 zu § 64 BetrVG 1972; *Fitting*, Rn. 11; GK-*Jacobs*, a. a. O.; im Ergebnis auch Richardi-*Thüsing*, Rn. 11a; *LAG Berlin-Brandenburg* 13. 8. 15 – 5 TaBV 218/15.
65 GK-*Jacobs*, a. a. O.
66 *Fitting*, Rn. 34.
67 *Fitting*, a. a. O.
68 *Fitting*, Rn. 36; GK-*Jacobs*, Rn. 17; Richardi-*Thüsing*, Rn. 23.
69 GK-*Jacobs*, Rn. 9.
70 Vgl. *BAG* 29. 5. 91 – 7 ABR 67/90, BB 91, 2308; vgl. auch § 19 Rn. 15, 37.

27 Das Wahlverfahren, das auf die Bildung eines gesetzwidrigen oder tarifwidrigen zu großen (bzw. zu kleinen) BR abzielt, ist **in sich verfehlt.**[71] Die Festlegung einer unzutreffenden Zahl von BR-Mitgliedern kann nämlich sowohl Einfluss auf die Aufstellung der Vorschlagslisten als auch auf das Wählerverhalten selbst haben. Wird allerdings die BR-Wahl nicht angefochten, verbleibt es für die Dauer der Amtszeit bei der **höheren Mitgliederzahl.**[72] Entsprechendes gilt, wenn irrtümlich weniger BR-Mitglieder festgelegt und gewählt wurden (zur Festlegung einer unzutreffenden Zahl von BR-Mitgliedern und einer möglichen Anfechtung vgl. auch § 19 Rn. 15, 37). Die BR-Wahl ist bei Zugrundelegung einer unrichtigen Zahl von BR-Mitgliedern in **keinem Fall als nichtig** anzusehen.[73]

28 Einen Anspruch im einstweiligen Verfügungsverfahren auf Abbruch der laufenden BR-Wahl, weil der WV die richtige Anzahl der regelmäßig Beschäftigten im Betrieb verkannt hat, besteht nicht. Ein solcher Anspruch würde über die gesetzlichen Möglichkeiten hinausgehen und gäbe den Antragstellern ein qualitatives »Mehr«, als die gesetzliche Möglichkeit der Anfechtung nach § 19.[74] Auch nur der Eingriff in die laufende BR-Wahl ist nicht möglich, weil derart komplexe Fragen, wie die Anzahl der regelmäßig beschäftigten AN im einstweiligen Verfügungsverfahren zumeist nicht kurzzeitig zu klären sind. Ein Abbruch der laufenden Wahl ist nur bei erkennbarer Nichtigkeit[75] der laufenden BR-Wahl möglich. Ein Verweis auf das gesetzliche Anfechtungsverfahren ist insoweit nicht zumutbar und eine undemokratische Wahl auch nicht entsprechend schützenswert.

29 Nach **Ablauf der Anfechtungsfrist** (vgl. § 19 Abs. 2) kann die richtige Zusammensetzung des BR auch nicht mehr als Vorfrage in einem anderen gerichtlichen Verfahren, etwa einem Kündigungsschutzverfahren, entschieden werden.[76]
Hinsichtlich des Streitwertes ist bei der Anfechtung einer Betriebsratswahl zunächst vom Zweifachen des Hilfswerts von 5000 Euro auszugehen ist, der sich mit jeder Stufe der Staffel des § 9 BetrVG um den halben Hilfswert steigert.[77]

§ 10 Vertretung der Minderheitsgruppen

(aufgehoben)

§ 11 Ermäßigte Zahl der Betriebsratsmitglieder

Hat ein Betrieb nicht die ausreichende Zahl von wählbaren Arbeitnehmern, so ist die Zahl der Betriebsratsmitglieder der nächstniedrigeren Betriebsgröße zugrunde zu legen.

Inhaltsübersicht Rn.

I. Zurückgehen auf die nächstniedrigere Betriebsgröße

1 Die Bestimmung will die Bildung eines BR ermöglichen, obwohl die nach dem Gesetz vorgeschriebene Mitgliederzahl (§ 9) deshalb nicht erreicht werden kann, weil im Betrieb **nicht genügend wählbare** AN beschäftigt sind. Die Vorschrift ist somit **i. d. R.** nicht anzuwenden, wenn im Betrieb (mindestens) ebenso viel wählbare AN vorhanden sind, wie BR-Mitglieder nach § 9 zu wählen sind. Ist das der Fall, bleibt ohne Bedeutung, dass nach § 6 Abs. 2 WO

71 *BAG* 12.10.76, AP Nr. 1 zu § 8 BetrVG 1972; *LAG Nürnberg* 29.11.22 – 1 TaBV 22/22.
72 *BAG* 14.1.72, AP Nr. 2 zu § 20 BetrVG Jugendvertreter; *Fitting*, Rn. 52; Richardi-*Thüsing*, Rn. 19; GK-*Jacobs*, Rn. 26, mit dem Hinweis, dies gelte nur, wenn der WV die Zahl der BR-Mitglieder irrtümlich falsch ermittelt habe.
73 *BAG* 16.04.03, AP Nr. 7 zu § 9 BetrVG 1972; *LAG Bremen* v. 24.11.09 – 1 TaBV 27/08.
74 *ArbG Erfurt* 26.11.21 – 7 BVGa 2/21, juris.
75 Zur Nichtigkeit vgl. § 19 Rn. 43 ff.
76 *Fitting*, Rn. 52; GK-*Jacobs*, Rn. 27.
77 *LAG Sachsen* 11.5.15 – 4 Ta 12/15 (6).

jeder Wahlvorschlag mindestens doppelt so viele Bewerber aufweisen soll, wie BR-Mitglieder zu wählen sind. Eine Vorschlagsliste, die nur **einen Bewerber** hat, bleibt jedoch gültig, wenn sie die übrigen Voraussetzungen für einen Wahlvorschlag erfüllt[1]. Es müssen allerdings **mindestens drei wählbare AN** vorhanden sein, da sonst der Betrieb nicht betriebsratsfähig ist.[2] Findet § 11 Anwendung, ist die Zahl der BR-Mitglieder der nächstniedrigeren Betriebsgröße zugrunde zu legen. Soweit sich für das in der Minderheit befindliche Geschlecht **nach § 15 Abs. 2** eine bestimmte Mindestanzahl von BR-Sitzen ergibt, sich aber nicht genügend Angehörige dieses Geschlechts für eine Kandidatur zur Verfügung stellen, **findet § 11 keine Anwendung.** Die BR-Sitze, die von dem Minderheitsgeschlecht aus diesem Grunde nicht besetzt werden können, gehen auf das andere Geschlecht über. Der BR erhält seine nach § 9 vorgesehene Größe, die Verteilung der Sitze regelt die WO.

Nicht zulässig ist die Festlegung einer BR-Größe **außerhalb** der Staffelung des § 9, und zwar 2
auch dann nicht, wenn mehr wählbare AN vorhanden sein sollten, als der nächstniedrigeren BR-Größe entspricht. Die Zahl der BR-Mitglieder muss stets eine **ungerade** Anzahl BR-Mitglieder sein.[3]

Der Tag des **Wahlausschreibens** ist maßgebend für die Feststellung, ob eine ausreichende 3
Anzahl von wählbaren AN vorhanden ist. Ist das nicht der Fall und kommt es daher zur Anwendung dieser Vorschrift, findet auch dann keine Nachwahl statt, wenn in der Zeit nach der BR-Wahl die Zahl der wählbaren AN auf die ausreichende Zahl von BR-Mitgliedern entsprechend der Staffelung des § 9 steigt.[4] Ein **Ansteigen** der AN-Zahl kann jedoch dann zur Neuwahl des BR führen, wenn der Anwendungsfall des § 13 Abs. 1 Nr. 1 eintritt, also mit Ablauf von 24 Monaten, vom Tage der Wahl an gerechnet, die Zahl der regelmäßig beschäftigten AN um die Hälfte, mindestens aber um fünfzig, gestiegen ist.

II. Sinngemäße Anwendung

Die Vorschrift des § 11 ist **sinngemäß anzuwenden,** wenn im Betrieb zwar genügend wählbare 4
AN vorhanden sind, sich aber nicht eine ausreichende Zahl von ihnen als **Wahlbewerber** zur Verfügung stellt.[5] Es ist dann die Zahl der BR-Mitglieder der **nächstniedrigeren BR-Größe** zu Grunde zu legen.[6] Sind z. B. in einem Betrieb mit 21 wahlberechtigten AN zwar genügend wählbare AN vorhanden, stellen sich aber nur einer oder zwei für eine Kandidatur zur Verfügung, ist ein BR zu wählen, der aus einer Person besteht. Sollten sich in größeren Betrieben, z. B. auf Grund einer besonderen Struktur der Belegschaft, auch **nicht** genügend Kandidaten für die nächstniedrigere BR-Größe finden, so ist der Vorgang zu wiederholen, bis die Wahl eines BR möglich ist. Es ist also auch ein **mehrmaliges Zurückgehen** auf die jeweils nächstniedrigere BR-Größe so lange möglich, bis die entsprechende Zahl von BR-Sitzen besetzt werden kann. Entsprechendes gilt, wenn die eingereichten Wahlvorschläge insgesamt nicht ausreichend Wahlbewerber enthalten oder zwar genügend Wahlbewerber vorhanden sind, jedoch nach erfolgter Wahl so viele gewählte Bewerber die Wahl nicht annehmen[7], dass die nach § 9 erforderliche Zahl von BR-Mitgliedern nicht erreicht wird. Auch in solchen Fällen ist§ 11 sinngemäß anzuwenden[8].

In den Fällen einer sinngemäßen Anwendung von § 11 bedarf es keiner **Nachfristsetzung** durch den WV zur Einreichung von gültigen oder weiteren gültigen Wahlvorschlägen.[9]

Die Bestimmung des § 11 ist nicht entsprechend anzuwenden, wenn **nach der Wahl** 5
der Fall des § 13 Abs. 2 Nr. 2 in der Weise eintritt, dass das noch vorhandene einzige Er-

1 *LAG Düsseldorf* 4. 7. 14 – 6 TaBV 24/14.
2 Vgl. § 1; *Fitting*, Rn. 5.
3 *BAG* 11. 4. 58, AP Nr. 1 zu § 6 WO; *Fitting*, Rn. 6; Richardi-*Thüsing*, Rn. 3.
4 Richardi-*Thüsing*, Rn. 20.; GK-Kreutz/Jacobs, Rn. 9; HSWGNR-*Nicolai*, Rn. 6.
5 *BAG* 11. 4. 58, AP Nr. 1 zu § 6 WO; *Fitting*, Rn. 8; Richardi-*Thüsing*, Rn. 18 ff.
6 A. A. GK-*Kreutz/Jacobs*, Rn. 11, der eine sinngemäße Anwendung der Vorschrift ablehnt; ebenso *Johannes Schipp*, Der »zu kleine« Betriebsrat, ArbRB 2020, 283–286.
7 *LAG Sachsen* – 17. 3. 17 – 2 TaBV 33/16.
8 Vgl. *Fitting*, Rn. 9; a. A. GK-*Kreutz/Jacobs*, Rn. 11.
9 *LAG Düsseldorf* 4. 7. 14 – 6 TaBV 24/14, ebenso *ArbG Essen* 4. 2. 14 – 2 BV 69/13.

satzmitglied sich weigert, in den BR nachzurücken, und dadurch nicht mehr die nach § 9 notwendige Zahl von BR-Mitgliedern erreicht wird. Es ist dann nicht von der Zahl der BR-Mitglieder der nächstniedrigeren Betriebsgröße auszugehen.[10] Der BR ist vielmehr **neu zu wählen.**

Eine weitere Schwierigkeit in diesem Zusammenhang ist die Anwendung des § 15 Abs. 2. Sollten rein zahlenmäßig nicht genügend Kandidaten für das Amt des Betriebsrates zur Verfügung stehen, ist das Geschlecht der Kandidaten unerheblich, weil alle Kandidaten nach der Wahl auch das Amt eines Betriebsrates übernehmen. Sollten jedoch nicht genügend Kandidaten eines Geschlechtes – gleich ob das Minderheitsgeschlecht oder nicht – vorhanden sein, so ist die Anzahl der BR-Mitglieder nicht nach dieser Vorschrift zu reduzieren[11].

§ 12 Abweichende Verteilung der Betriebsratssitze

(aufgehoben)

§ 13 Zeitpunkt der Betriebsratswahlen

(1) Die regelmäßigen Betriebsratswahlen finden alle vier Jahre in der Zeit vom 1. März bis 31. Mai statt. Sie sind zeitgleich mit den regelmäßigen Wahlen nach § 5 Abs. 1 des Sprecherausschussgesetzes einzuleiten.

(2) Außerhalb dieser Zeit ist der Betriebsrat zu wählen, wenn

1. **mit Ablauf von 24 Monaten, vom Tage der Wahl an gerechnet, die Zahl der regelmäßig beschäftigten Arbeitnehmer um die Hälfte, mindestens aber um fünfzig, gestiegen oder gesunken ist,**
2. **die Gesamtzahl der Betriebsratsmitglieder nach Eintreten sämtlicher Ersatzmitglieder unter die vorgeschriebene Zahl der Betriebsratsmitglieder gesunken ist,**
3. **der Betriebsrat mit der Mehrheit seiner Mitglieder seinen Rücktritt beschlossen hat,**
4. **die Betriebsratswahl mit Erfolg angefochten worden ist,**
5. **der Betriebsrat durch eine gerichtliche Entscheidung aufgelöst ist oder**
6. **im Betrieb ein Betriebsrat nicht besteht.**

(3) Hat außerhalb des für die regelmäßigen Betriebsratswahlen festgelegten Zeitraums eine Betriebsratswahl stattgefunden, so ist der Betriebsrat in dem auf die Wahl folgenden nächsten Zeitraum der regelmäßigen Betriebsratswahlen neu zu wählen. Hat die Amtszeit des Betriebsrats zu Beginn des für die regelmäßigen Betriebsratswahlen festgelegten Zeitraums noch nicht ein Jahr betragen, so ist der Betriebsrat in dem übernächsten Zeitraum der regelmäßigen Betriebsratswahlen neu zu wählen.

Inhaltsübersicht Rn.

10 Vgl. hierzu *LAG Schleswig-Holstein* 7.9.88, DB 89, 284.
11 *Fitting*, Rn. 10; GK-*Kreutz/Jacobs*, Rn. 12.

I. Vorbemerkungen

Durch die Corona-Pandemie sind viele gewohnte Abläufe verändert worden. Das trifft insbesondere auch auf das Zusammenarbeiten im Betrieb zu. Hierauf hat der Gesetzgeber mit dem neuen § 129 BetrVG reagiert.[1] 1

Mit dem In Kraft treten des Betriebsrätemodernisierungsgesetzes im Juni 2021 werden die Regelungen des § 129 abgelöst. In welcher Form der Verordnungsgeber Anschlussregelungen für die BR-Wahlen und den Wahlvorstand schaffen wird, stand im Mai 2021 noch nicht fest. Es ist jedoch anzunehmen, dass es ähnliche Regelungen wie für den BR in § 30 BetrVG auch für den WV geben wird.

Die Bestimmung regelt den **Zeitpunkt der BR-Wahlen.** In Abs. 1 wird für die Durchführung der regelmäßigen BR-Wahlen ein fester **4-Jahres-Rhythmus** vorgesehen. Dieser 4-Jahres-Rhythmus gilt ab den BR-Wahlen 1990 (vorher bestand ein 3-Jahres-Rhythmus), so dass die erste regelmäßige Amtszeit in diesem Rhythmus 1994 abgelaufen war und die weiteren Wahlen 2014, 2018 usw. stattfinden, und zwar jeweils in dem Zeitraum vom 1. März bis 31. Mai. Der konkrete Beginn und das Ende der Amtszeit des BR innerhalb dieses Zeitraumes werden durch § 21 geregelt. Werden innerhalb des **regelmäßigen Wahlzeitraumes** zugleich **Wahlen nach dem SprAuG** durchgeführt, sind beide Wahlen zeitgleich einzuleiten. Die zeitgleiche Einleitung hat den Sinn, dass zwischen dem WV, der die BR-Wahlen durchführt, und dem WV, der für die Durchführung der SpA-Wahl zuständig ist, das **Zuordnungsverfahren nach § 18a** für die Abgrenzung des Personenkreises erfolgt (zur Einleitung und zu den Einzelheiten des Zuordnungsverfahrens vgl. § 18a und die dort. Erl.). Nur die Einleitung der Wahlen hat zeitgleich zu erfolgen. Es besteht dagegen keine Verpflichtung, die Bestellung der WV für die BR-Wahl und die SpA-Wahl zu koordinieren und das weitere Verfahren der Wahl des BR und des SpA aufeinander abzustimmen. Es ist deshalb auch nicht erforderlich, beide Wahlen zum selben Zeitpunkt durchzuführen.[2] 1a

Abs. 2 regelt die Fälle, in denen **außerhalb des regelmäßigen Wahlzeitraums** aus den genannten Gründen BR-Wahlen stattfinden (zur Weiterführung der Geschäfte des BR in den Fällen des Abs. 2 Nrn. 1–3 bis zur Neuwahl des BR vgl. § 22). Die angeführten Fälle gelten grundsätzlich auch für BR, die nach § 14a (vereinfachtes Wahlverfahren für Kleinbetriebe) gebildet worden sind. Findet nach Abs. 2 außerhalb des regelmäßigen Wahlzeitraums eine BR-Wahl statt, soll durch Abs. 3 erreicht werden, dass der **zwischen zwei Wahlzeiträumen** gewählte BR entweder im nächsten regelmäßigen Wahlzeitraum, spätestens aber im übernächsten regelmäßigen Wahlzeitraum neu gewählt wird, damit der Anschluss an die Wahlzeiträume der regelmäßigen BR-Wahlen erfolgt. 2

II. Regelmäßige Betriebsratswahlen

BR-Wahlen finden grundsätzlich alle **vier Jahre** innerhalb des in der Vorschrift festgelegten Zeitraums vom **1. März bis 31. Mai** statt. In bestimmten Ausnahmefällen ist der BR außerhalb des Wahlzeitraums zu wählen (vgl. Rn. 7 ff.). Maßgebend für den konkreten Zeitpunkt der Wahl innerhalb des Wahlzeitraums ist der **Ablauf der ordentlichen Amtsperiode** des vorherigen BR. Von diesem Zeitpunkt aus bestimmt sich die Einleitung der Wahl. Zur Vermeidung einer betriebsratslosen Zeit sollte die Neuwahl aber so rechtzeitig eingeleitet werden, dass sie **vor dem Ablauf** der Amtszeit des bisherigen BR liegt. 3

Der neu gewählte BR tritt sein Amt erst dann an, wenn die **Amtszeit des bisherigen BR abgelaufen** ist (vgl. § 21 Rn. 10). Im Hinblick auf die rechtzeitige Einleitung der Wahl ist zu beachten, dass nach den am 1. 1. 1989 in Kraft getretenen geänderten Wahlvorschriften der WV nicht mehr (spätestens) acht Wochen vor Ablauf der Amtszeit des bisherigen BR zu bestellen ist, sondern (spätestens) **zehn Wochen** davor (vgl. § 16 Abs. 1 Satz 1). 4

---

1 Die Nutzung der Vorschrift des § 129 ist zunächst bis zum 31. 12. 20 begrenzt und dann bis zum 30. 6. 21 verlängert.

2 *Fitting*, Rn. 13; vgl. auch GK-*Jacobs*, Rn. 26, der die Vorschrift des Abs. 1 Satz 2 als eine unvollkommene Vorschrift schon deshalb ansieht, weil die Verpflichtung zur zeitgleichen Einleitung der Wahlen nicht durchsetzbar ist und ihre Nichtbefolgung sanktionslos bleibt.

5 Regelmäßig treten Schwierigkeiten bei der Bestimmung des Wahltages in den Betrieben auf, die ihren Wahltag, gleich aus welchem Grund, in Nähe des Beginns des regelmäßigen Wahlzeitraumes haben. Dies engt den Handlungsspielraum im neuen Wahlzeitraum derart ein, dass nicht der günstigste Zeitpunkt mit der Anwesenheit der meisten wahlberechtigten AN gewählt werden kann.[3] Ob in solchen Betrieben per BV ein Übergangsmandat des alten BR bis zur Neuwahl für einen kurzen Zeitraum analog zu § 22 eingerichtet werden kann ist in Literatur und Rechtsprechung umstritten.[4] Es spricht jedoch einiges dafür, dass für einen kurzen Zeitraum von 2–3 Wochen den Betriebsparteien zugetraut werden kann, dass sie eine solche Möglichkeit nicht ausnutzen und gemeinsam selbst beurteilen können, ob dieses der Demokratie im Betrieb zumutbar oder gar auf Grund der höheren Wahlbeteiligung besser für diese ist. Ein Überschreiten des regelmäßigen Wahlzeitraums ist jedoch nicht möglich, weil die Amtszeit des alten BR spätestens am 31. 5. alle 4 Jahre endet.[5] Werden also keine Vereinbarungen getroffen, so endet die Amtszeit eines nicht erneut gewählten BR spätestens mit dem 31.05. der aktuellen Legislaturperiode.[6]

6 Die **Einleitung** der Wahl kann und wird in der Regel bereits **vor dem 1. März** liegen. Das gilt erst recht für wahlvorbereitende Maßnahmen. Die **Wahlhandlung selbst** (Wahltag) darf jedoch erst am 1. März oder später erfolgen. Ist es nicht möglich gewesen, die Wahl bis zum 31. Mai durchzuführen, kann sie zu jedem späteren Zeitpunkt nachgeholt werden. Es liegt dann ein Fall des Abs. 2 Nr. 6 vor (vgl. Rn. 29). Allerdings wird es vermutlich zu einer betriebsratslosen Zeit kommen, weil die Amtszeit des alten BR nach vier Jahren endet; spätestens jedoch zum 31. 05.

7 Ist die Amtszeit des BR abgelaufen, ist er nicht mehr im Amt. Dies ist in der Regel davon unabhängig, ob ein neuer Betriebsrat bereits gewählt ist. In einem solchen Fall kann der BR auch seine Rechte nicht mehr ausüben. Insbesondere ist er nicht mehr rechtsbeschwerdebefugt.[7]

III. Wahlen außerhalb des regelmäßigen Wahlzeitraums

7a Es wird **erschöpfend** aufgezählt, in welchen Fällen es außerhalb des regelmäßigen Wahlzeitraums zu einer BR-Wahl kommen darf. Die Wahlvorschriften finden auch auf diese Fälle Anwendung. Es ist jedoch zu beachten, dass in den Fällen der Nr. 4 und 5 (erfolgreiche Anfechtung der BR-Wahl bzw. Auflösung des BR durch rechtskräftige gerichtliche Entscheidung) eine Bestellung des WV durch den BR nicht in Betracht kommt. In dem Fall der Nr. 4 hat die Bestellung des WV nach § 17 (betriebsratsloser Betrieb) zu erfolgen, in dem Fall der Nr. 5 durch das Arbeitsgericht nach § 23 Abs. 2. In dem Fall der Nr. 3 wird der WV vom geschäftsführenden BR bestellt (§ 22). Wird eine BR-Wahl außerhalb des regelmäßigen Wahlzeitraums durchgeführt und liegt keiner der Sonderfälle des Abs. 2 vor, ist sie nichtig.[8] Dies gilt insbesondere, wenn eine BR-Wahl in einem Betrieb oder Betriebsteil durchgeführt, obwohl ein BR noch im Amt ist.[9]

1. Veränderung der Belegschaftsstärke

8 Die für eine Neuwahl des BR erforderliche Veränderung der Beschäftigtenzahl muss am Stichtag, also **24 Monate** nach dem Tag der Wahl des BR, gegeben sein. Frühere oder spätere Veränderungen sind unbeachtlich. Hat sich die Wahl über mehrere Tage hingezogen, ist vom **letzten Wahltag** auszugehen. Auf den Wahltag kommt es auch dann an, wenn das Amt des BR

---

3 Besondere Schwierigkeiten bereiten hier Feiertage wie Ostern, aber auch Karneval, der häufig Anfang März liegt und diese Tage für den Wahltag für den Wahlvorstand als ungeeignet erscheinen lassen, weil die meisten AN in Urlaub sind.

4 Dafür *LAG Düsseldorf* 17. 5. 02 – 18 TaBV 26/02; dagegen *LAG Hamm* 24. 3. 10 – 10 TaBVGa 7/10; vgl. auch § 22, Rn. 6, 7 mit Bevorzugung einer tariflichen Lösung, **a. A.** *Fitting*, Rn. 3; GK-*Jacobs* zu § 22, Rn. 21.

5 *Fitting*, Rn. 1.

6 *BAG* 19. 12. 18 – 7 ABR 79/16, juris.

7 *BAG* 19. 12. 18 – 7 ABR 79/16; vgl. auch *Fitting*, Rn. 19 m. w. N.

8 *Fitting*, Rn. 20; GK-*Jacobs*, Rn. 14; Richardi-*Thüsing*, Rn. 15; vgl. *ArbG Regensburg* 20. 9. 89, BB 90, 852.

9 *LAG Berlin-Brandenburg* 25. 7. 17 – 11 TaBV 826/17.

erst später begonnen hat, weil der bisherige BR noch im Amt war. Für die **Fristberechnung** gelten § 187 Abs. 1, § 188 Abs. 2 BGB. Der (letzte) Wahltag wird danach nicht mitgerechnet. Die Frist läuft mit dem Tag ab, der seiner Zahl nach dem Wahltag entspricht. Hat somit die Wahl am 31. März stattgefunden, läuft die Frist mit dem 31. März des übernächsten Jahres ab. Der maßgebende Stichtag ist der 1. April.

Es muss ein Ansteigen oder Sinken der Zahl der regelmäßig beschäftigten AN um wenigstens die Hälfte erfolgt sein, mindestens aber um 50. **Beide Voraussetzungen** müssen vorliegen.[10] Hat z. B. die Zahl der regelmäßig beschäftigten AN am Wahltag 98 betragen und ist am Stichtag eine Erhöhung um 49 auf insgesamt 147 AN festzustellen, kommt es gleichwohl nicht zur Neuwahl, weil nicht mindestens 50 AN erreicht werden. 9

Entscheidend ist die Zahl der **regelmäßig** beschäftigten AN, nicht die Zahl der wahlberechtigten AN. Außer Betracht bleiben AN, die nur kurzfristig beschäftigt werden, beispielsweise anlässlich von Schlussverkäufen im Einzelhandel. 10

Nur eine Veränderung der Zahl der AN findet Berücksichtigung. Auf eine Veränderung in der **Zusammensetzung der Belegschaft** kommt es nicht an.[11] Es findet daher auch keine Neuwahl statt, wenn sich das zahlenmäßige Verhältnis der Geschlechter in einem Umfang verändert, dass an sich eine Erhöhung der Mindestanzahl der BR-Sitze für das Minderheitsgeschlecht nach § 15 Abs. 2 erforderlich wäre. 11

Es ist ohne Bedeutung, ob die Neuwahl zu einer Veränderung der **BR-Größe** führt.[12] Betrug z. B. die Zahl der regelmäßig beschäftigten AN am Wahltag 410 und sind in den ersten 24 Monaten 205 AN hinzugekommen, so dass am Stichtag 615 AN vorhanden sind, kommt es zur Neuwahl, obwohl der BR nach wie vor aus 11 Mitgliedern besteht (vgl. § 9). 12

Liegen die Voraussetzungen zur Neuwahl des BR vor, weil die Belegschaftszahlen entsprechend gestiegen oder gesunken sind, ist die Regelung des Abs. 2 Nr. 1 auch dann anzuwenden, wenn der BR, um dessen Neuwahl es geht, **außerhalb des letzten regelmäßigen Wahlzeitraumes** gewählt wurde. Sinn der Regelung des § 13 Abs. 2 Nr. 1 ist es, bei einer derart drastischen Veränderung der Belegschaftsgröße den BR an die neue Belegschaft anzupassen und ihn erneut zu legitimieren.[13] Es ist somit keineswegs zwingend, dass der mit Ablauf von 24 Monaten eintretende Stichtag immer in der Mitte einer vierjährigen Amtszeit liegen muss.[14] Die Neuwahl eines BR nach Abs. 2 Nr. 1 ist während einer Amtszeit grundsätzlich nur einmal möglich. Eine Ausnahme kann dann gegeben sein, wenn ein **außerhalb des regelmäßigen Wahlzeitraumes** gewählter BR eine längere Amtszeit als vier Jahre hat (vgl. Abs. 3 Satz 2). Eine vorzeitige Neuwahl wegen veränderter Belegschaftsstärke kann sich dann u. U. zweimal ergeben.[15] 13

Kommt es wegen der Veränderung der Belegschaftsstärke zu einer Neuwahl, bleibt der bestehende BR **bis zur Wahl des neuen BR** mit allen Rechten und Pflichten im Amt (§ 21 Satz 5). Er hat unverzüglich den WV für die Einleitung und Durchführung der Neuwahl des BR zu bestellen. In der Nichtbestellung kann eine grobe Pflichtverletzung i. S. d. § 23 Abs. 1 vorliegen, es sei denn, dass zwingende Gründe einer sofortigen Bestellung des WV entgegenstehen.[16] Es kommt, wenn der BR die Bestellung des WV nicht vornimmt, obwohl keine zwingenden Gründe gegeben sind, die Bestellung durch das ArbG in entsprechender Anwendung des § 16 Abs. 2 oder durch den GBR bzw. KBR (§ 16 Abs. 3) in Betracht. 14

2. Sinken der Zahl der Betriebsratsmitglieder

Sinkt die Zahl der BR-Mitglieder unter die im Wahlausschreiben nach § 9 vorgesehene Zahl der BR-Mitglieder und kann diese auch durch **sämtliche Ersatzmitglieder** nicht wieder erreicht 15

---

10 *Fitting*, Rn. 29.
11 *Fitting*, Rn. 28; Richardi-*Thüsing*, Rn. 22.
12 *Fitting*, Rn. 30; Richardi-*Thüsing*, Rn. 25.
13 *Schneider*, AiB 93, 34.
14 Vgl. auch *Fitting*, Rn. 26, die darauf hinweisen, dass »im Regelfall« der Stichtag in der Mitte der vierjährigen Amtszeit des BR liegt und dies in den Fällen nicht gilt, in denen der BR außerhalb des regelmäßigen Wahlzeitraumes gewählt worden ist.
15 *Fitting*, Rn. 31; GK-*Jacobs*, Rn. 47; a. A. *GL*, Rn. 8.
16 *Fitting*, Rn. 32.

werden, so hat der BR einen Wahlvorstand einzusetzen. Sollte dies nicht geschehen, so liegt darin eine Verletzung der gesetzlichen Pflichten nach § 23. In welchem Zeitrahmen der BR einen Wahlvorstand eingesetzt haben muss, kann nach den Umständen des Einzelfalles variieren. Der »**Rumpf-BR**« führt die Geschäfte weiter; im Zweifel bis zum Ende der regelmäßigen Amtsperiode, wenn nicht vorher ein BR neu gewählt worden ist (zum Nachrücken von Ersatzmitgliedern vgl. im Übrigen § 25 Rn. 26 ff.).

16 Soweit das Gesetz von der »vorgeschriebenen Zahl der BR-Mitglieder« spricht, meint es die sich an der Belegschaftszahl orientierende Größe des BR nach § 9. Diese Zahl ergibt sich aus dem **Wahlausschreiben.** Ist irrtümlich eine zu hohe oder zu geringe Zahl von BR-Mitgliedern im Wahlausschreiben angegeben und danach gewählt worden, ist sie – wenn die Wahl nicht angefochten wurde – maßgebend.[17]

17 Eine Neuwahl erfolgt nicht, wenn nach Einrücken aller Ersatzmitglieder des Minderheitengeschlechts die nach § 15 Abs. 2 erforderliche Mindestanzahl nicht mehr erreicht wird. Die dann fehlenden BR-Sitze werden von Ersatzmitgliedern des Mehrheitsgeschlechts besetzt. Der Rücktritt **sämtlicher Mitglieder** des Minderheitengeschlechts führt daher ebenso wenig zur Neuwahl des BR wie der Rücktritt sämtlicher BR-Mitgl. einer Liste, sofern noch Ersatzmitglieder des anderen Geschlechts bzw. anderer Listen vorhanden sind.[18]

3. Rücktritt des Betriebsrats

18 Der Rücktritt des BR durch Mehrheitsbeschluss kann **jederzeit** erfolgen. Auf die Gründe für den Rücktritt kommt es dabei nicht an.[19] Rücktrittsbeschlüsse des BR können vom ArbG grundsätzlich nicht inhaltlich, insbes. nicht im Hinblick auf die Gründe, überprüft werden.[20]

19 Der Beschluss bedarf der Zustimmung der **Mehrheit aller Mitglieder** des BR ohne Rücksicht darauf, wie viele BR-Mitglieder in der Sitzung anwesend sind.[21]

20 Wenn die Mehrheit des BR den Rücktritt beschlossen hat, wirkt dieser Beschluss auch **gegen** die überstimmten Mitglieder. Da das Amt des BR erlischt, rücken **keine Ersatzmitglieder** mehr nach. Zu beachten ist jedoch, dass der zurückgetretene BR **geschäftsführend im Amt** bleibt (vgl. Rn. 21).[22] Kommt es in der Zeit der Geschäftsführung zu einer Verhinderung von BR-Mitgliedern oder scheiden sie aus dem BR aus, rücken Ersatzmitglieder in der üblichen Weise nach.

21 Der Rücktritt des BR durch Mehrheitsbeschluss ist zu unterscheiden von den Fällen der **Niederlegung des BR-Amts** nach § 24 Abs. 1 Nr. 2. Sollten **alle BR-Mitglieder** ihr Amt niedergelegt haben, ist zu prüfen, ob es sich um Einzelerklärungen über den Rücktritt gemäß § 24 Abs. 1 Nr. 2 handelt oder ob ein Beschluss über den Rücktritt des BR gewollt ist. Nur im letzteren Falle rücken keine Ersatzmitglieder nach.[23]

22 Auch der aus **einer Person bestehende BR** kann zurücktreten. Der Gesetzeswortlaut, der auf die »Mehrheit seiner Stimmen« verweist, bedeutet lediglich das Erfordernis einer qualifizierten Mehrheit und keine Beschränkung der Möglichkeit des Rücktritts auf einen BR, der aus mehreren Personen besteht.[24] Zu prüfen ist allerdings, ob es sich um einen Rücktritt oder die Niederlegung des Amtes handelt. Legt der aus einer Person bestehende BR lediglich sein Amt nieder, etwa aus persönlichen Gründen, rückt das Ersatzmitglied nach.[25]

---

17 GK-*Jacobs*, Rn. 51; vgl. auch § 19 Rn. 15.

18 *Fitting*, Rn. 37; GK-*Jacobs*, Rn. 57; Richardi-*Thüsing*, Rn. 33.

19 *Fitting*, Rn. 36 m. w. N.

20 *BAG* 3. 4. 79, AP Nr. 1 zu § 13 BetrVG 1972.

21 *Fitting*, Rn. 39; Richardi-*Thüsing*, Rn. 39 m. w. N.

22 *BAG* 30. 6. 21 – 7 ABR 24/20, juris.

23 Vgl. aber auch *Fitting*, Rn. 41, die darauf hinweisen, dem Gesamtrücktritt des BR sei der Fall praktisch gleichzusetzen, dass alle BR-Mitglieder und alle Ersatzmitglieder in einer gemeinsamen Aktion ihr Amt niederlegen; vgl. auch GK-*Jacobs*, Rn. 69, der ausführt, dass dann, wenn alle BR-Mitglieder ihr Amt nach § 24 Abs. 1 Nr. 2 niederlegen, Ersatzmitglieder nachrücken und nur, wenn auch diese ihr Amt niederlegen, der BR nicht mehr besteht; vgl. ferner *GL*, Rn. 27, die erklären, dass das Amt des BR sofort erlischt, wenn alle BR-Mitglieder und alle Ersatzmitglieder ihr Amt niederlegen.

24 *Fitting*, Rn. 40; GK-*Jacobs*, Rn. 64.

25 *Fitting*, a. a. O.

Der Rücktrittsbeschluss macht eine **Neuwahl** nötig. Der zurückgetretene BR hat bis zur Bekanntgabe des Wahlergebnisses des neu gewählten BR die **Geschäfte weiterzuführen** (vgl. § 22). Zur Durchführung der Neuwahl hat er außerdem unverzüglich einen WV zu bestellen (vgl. § 22 Rn. 10). Kommt es zu keiner Neuwahl, **endet die Weiterführung der Geschäfte** auf jeden Fall mit dem Zeitpunkt, zu dem die regelmäßige Amtsperiode des zurückgetretenen BR geendet hätte (vgl. auch § 22 Rn. 13). 23

4. Anfechtung der Betriebsratswahl

Kommt es zur erfolgreichen Anfechtung der BR-Wahl, steht ihre Ungültigkeit mit der **rechtskräftigen gerichtlichen Entscheidung** fest. Die Entscheidung des Gerichts wirkt nur für die Zukunft. Dem BR ist die **Rechtsgrundlage seines weiteren Bestehens** entzogen (vgl. § 19 Rn. 34 ff.). Er kann dann auch keinen neuen WV zur Wiederholung der Wahl einsetzen. Vielmehr bestimmt sich die Errichtung des WV nach § 17 (betriebsratsloser Betrieb). 24

Es ist umstritten, ob der BR, dessen Wahl angefochten ist, eine **betriebsratslose Zeit** dadurch vermeiden kann, dass er bei drohendem ungünstigem Ausgang eines Wahlanfechtungsverfahrens rechtzeitig vor dem Termin der **letzten mündlichen Verhandlung** in der zweiten oder dritten Instanz seinen **Rücktritt** gemäß § 13 Abs. 2 Nr. 3 beschließt und deswegen das Verfahren einzustellen ist.[26] Das *BAG*[27] vertritt die Auffassung, dass das Verfahren gegen den zurückgetretenen BR fortzusetzen ist, bis ein neuer BR gewählt worden ist.[28] 25

Das Rechtsschutzinteresse für eine Weiterführung des Anfechtungsverfahrens entfällt auf jeden Fall, wenn die Amtszeit des BR vor rechtskräftiger gerichtlicher Entscheidung endet.[29] Tritt der BR zurück, führt er die Geschäfte bis zur Bekanntgabe des Wahlergebnisses des neu zu wählenden BR weiter (vgl. § 22 Rn. 12). Zur Durchführung der Neuwahl hat er außerdem unverzüglich einen WV zu bestellen. 26

5. Auflösung durch gerichtliche Entscheidung

Das Amt des BR endet, wenn das ArbG seine Auflösung (vgl. § 23 Abs. 1) rechtskräftig festgestellt hat. Die **Rechtskraft** tritt ein, wenn gegenüber allen Beteiligten die Rechtsmittelfrist abgelaufen oder die letztinstanzliche Entscheidung zugestellt worden ist. **Beteiligte** in einem Verfahren, durch das die Auflösung des BR festgestellt wird, sind zumindest immer der BR sowie die Antragsteller. 27

Die Handlungen, die der BR bis zu der gerichtlichen Auflösung vorgenommen hat, sind **wirksam,** es sei denn, dass sie aus anderen rechtlichen Gründen keinen Bestand haben. Es ist ihm jedoch die Rechtsgrundlage für das weitere Bestehen entzogen. Die Auflösung führt zu einem **betriebsratslosen Betrieb.** Nach § 23 Abs. 2 hat das ArbG einen WV zur Neuwahl zu bestellen. 28

Beim Auslaufen oder der gerichtlichen Feststellung, dass ein Strukturtarifvertrag nach § 3 Abs. 1 oder eine BV nach § 3 Abs. 2 nicht weiter auf die BR Wahlen in einem Betrieb anwendbar ist, so ist grundsätzlich auch der reguläre Wahlzeitraum nach Abs. 1 dieser Vorschrift einzuhalten.[30] Sollte die Vereinbarung nach dem regulären Wahlzeitraum ausgelaufen oder ihr Rechtwidrigkeit festgestellt worden sein, so bleibt der gewählte BR bis zum nächsten regulären Wahlzeitraum im Amt. Etwas anderes kann nur gelten, wenn eine weitere Existenz des so gewählten BR nicht mehr möglich ist. In diesem Fall läge ein Betrieb ohne BR vor und eine Wahl zwischen dem regulären Wahlzeitraum nach § 13 Abs. 2 wäre durchzuführen.[31] 28a

---

26 So *GL,* § 19 Rn. 28; a. A. GK-*Jacobs,* Rn. 74.
27 29.5.91, BB 91, 2373.
28 So auch GK-*Jacobs,* § 19 Rn. 108.
29 Vgl. *BAG* 13.3.91, AP Nr. 20 zu § 19 BetrVG 1972; *Fitting,* § 19 Rn. 44 m. w. N.
30 *LAG* Düsseldorf 20.12.22 – 3 TaBV 31/22.
31 Ebenso *LAG* Düsseldorf 20.12.22 – 3 TaBV 31/22, das jedoch die Anforderungen zu eng sieht.

6. Nichtbestehen eines Betriebsrats

29 Die Regelung will erreichen, dass in allen betriebsratslosen, aber betriebsratsfähigen Betrieben **ohne Rücksicht auf den regelmäßigen Wahlzeitraum** BR-Wahlen durchgeführt werden können. Der Bestimmung kommt deshalb große Bedeutung für solche Betriebe zu, in denen bisher noch **kein BR** besteht. Das Bestehen eines »Vertrauensgremiums« oder anderer nicht im Gesetz geregelter Vertretungsgremien hindert nicht an der Wahl eines Betriebsrates im Sinne dieses Gesetzes. Diese Vorschrift kommt aber auch in anderen Fällen zur Anwendung, z. B. dann, wenn die Amtszeit eines BR abgelaufen und eine rechtzeitige Neuwahl nicht eingeleitet worden ist. Aus welchem Grunde ein BR nicht besteht, ist im Übrigen gleichgültig. In der Praxis kommen vor allem die Fälle vor, dass die AN bisher keinen BR gewählt haben, ein Betrieb neu errichtet wird oder die Zusammenlegung mehrerer bisher selbstständiger Betriebe zu einem neuen Betrieb erfolgt.[32]

30 In einem betriebsratslosen Betrieb ist der WV durch den GBR, wenn dieser nicht besteht, durch den KBR, zu bestellen (§ 17 Abs. 1, § 17a Satz 1 i. V. m. § 17 Abs. 1). Besteht weder ein GBR noch ein KBR, so erfolgt die Bestellung durch eine Betriebsversammlung, zu der drei wahlberechtigte AN des Betriebs oder eine im Betrieb vertretene Gewerkschaft einladen können (§ 17 Abs. 3). Kommt die Betriebsversammlung nicht zustande oder wählt sie keinen WV, wird er vom ArbG auf **Antrag** bestellt (§ 17 Abs. 4).

31 Besteht bereits ein BR, so kann kein weiterer BR gewählt werden. Insbesondere nicht mit dem Ziel den amtierenden BR abzuwählen[33]. Ist ein BR für einen Hauptbetrieb und mehrere Betriebsteile zuständig, darunter auch für einen **selbstständigen Betriebsteil,** so kann in diesem Betriebsteil nicht ein eigener BR gewählt werden, sofern die Wahl des einheitlichen BR nicht angefochten worden ist.[34] Es kann allerdings ein Verfahren nach § 18 Abs. 2 in Betracht kommen, damit durch das ArbG festgestellt wird, ob und inwieweit eine betriebsratsfähige Einheit vorliegt (vgl. § 18 Rn. 17). Andererseits können die AN eines Betriebsteils, in dem kein eigener BR besteht, vor der Wahl des BR im Hauptbetrieb mit Mehrheit beschließen, an dessen Wahl teilzunehmen (§ 4 Abs. 1 Satz 1). Diese Abstimmung kann auch vom BR des Hauptbetriebs veranlasst werden (§ 4 Abs. 1 Satz 3).

IV. Anschluss an regelmäßige Betriebsratswahlen

32 Die Bestimmung will sicherstellen, dass auch in den Fällen des Abs. 2 die **nächste Wahl,** spätestens aber die übernächste Wahl, wieder in den gesetzlich vorgeschriebenen **einheitlichen Wahlzeitraum** (Abs. 1) fällt. Dadurch können sich **Abweichungen** von der regelmäßigen vierjährigen Amtszeit ergeben. Die Dauer der Amtszeit kann in diesen Fällen – je nach der zeitlichen Durchführung der Wahl – zwischen einem Jahr und fünf Jahren betragen (vgl. § 21).

33 Ist der zwischendurch gewählte BR zu Beginn des nächsten Wahlzeitraums noch **nicht ein Jahr** im Amt, ist er erst im **übernächsten Zeitraum** neu zu wählen. Es finden die §§ 187 Abs. 1, 188 Abs. 2 BGB Anwendung. Hat somit die Amtszeit des BR am 1. März (oder später) des Jahres begonnen, das dem Jahr des regelmäßigen Wahlzeitraums vorausgeht, ist er in dem nächsten regelmäßigen Wahlzeitraum noch nicht neu zu wählen (vgl. § 21 Rn. 21 f.). Wird ein zwischendurch gewählter BR im nächsten bzw. im übernächsten Wahlzeitraum neu gewählt, ist für den Beginn dieser neuen Amtszeit die **Bekanntmachung des Wahlergebnisses** maßgebend (vgl. § 21 Rn. 20, 21).

V. Streitigkeiten

34 Kommt es zu Streitigkeiten über den **Zeitpunkt der Wahl** oder über die Zulässigkeit einer BR-Wahl außerhalb des **regelmäßigen Wahlzeitraums,** entscheidet das ArbG im Beschlussverfahren (§§ 2a, 80 ff. ArbGG).[35]

---

32 *Fitting*, Rn. 47 f.
33 *LAG Berlin-Brandenburg* 25.7.17 – 11 TaBV 826/17.
34 *BAG* 11.4.78, AP Nr. 8 zu § 19 BetrVG 1972.
35 GK-*Jacobs*, Rn. 86; *Fitting*, Rn. 53.

§ 14 Wahlvorschriften

(1) Der Betriebsrat wird in geheimer und unmittelbarer Wahl gewählt.
(2) Die Wahl erfolgt nach den Grundsätzen der Verhältniswahl. Sie erfolgt nach den Grundsätzen der Mehrheitswahl, wenn nur ein Wahlvorschlag eingereicht wird oder wenn der Betriebsrat im vereinfachten Wahlverfahren nach § 14a zu wählen ist.
(3) Zur Wahl des Betriebsrats können die wahlberechtigten Arbeitnehmer und die im Betrieb vertretenen Gewerkschaften Wahlvorschläge machen.
(4) In Betrieben mit in der Regel bis zu 20 wahlberechtigten Arbeitnehmern bedarf es keiner Unterzeichnung von Wahlvorschlägen. Wahlvorschläge sind in Betrieben mit in der Regel 21 bis 100 wahlberechtigten Arbeitnehmern von mindestens zwei wahlberechtigten Arbeitnehmern und in Betrieben mit in der Regel mehr als 100 wahlberechtigten Arbeitnehmern von mindestens einem Zwanzigstel der wahlberechtigten Arbeitnehmer zu unterzeichnen. In jedem Fall genügt die Unterzeichnung durch 50 wahlberechtigte Arbeitnehmer.
(5) Jeder Wahlvorschlag einer Gewerkschaft muss von zwei Beauftragten unterzeichnet sein.

Inhaltsübersicht Rn.

I. Vorbemerkungen

Durch die Corona-Pandemie sind viele gewohnte Abläufe nachhaltig verändert worden. Das trifft insbesondere auf das Zusammenarbeiten im Betrieb zu. Hierauf hat der Gesetzgeber mit dem temporären § 129 BetrVG reagiert.[1] 1
Mit dem In Kraft treten des Betriebsrätemodernisierungsgesetzes im Juni 2021 wurden die Regelungen des »neuen« § 129 abgelöst. Der Verordnungsgeber hat Anschlussregelungen für die BR-Wahlen und den Wahlvorstand geschaffen. Dies sind in erster Linie neue Möglichkeiten für den WV seine Arbeit zu digitalisieren. Sonderregelungen für die Zeiten einer Pandemie sind vom Gesetzgeber, wie vom Verordnungsgeber aber nicht gewollt gewesen.[2]

Die Vorschrift enthält die **Grundsätze für die Durchführung der BR-Wahl.** Sie sind durch das BetrVerf-ReformG und durch das Betriebsrätemodernisierungsgesetz teilweise neu gefasst worden. Es ist insbesondere auf den Wegfall des Gruppenprinzips (Wegfall der §§ 6 und 10) und die Einführung eines vereinfachten Wahlverfahrens für Kleinbetriebe (§ 14 a) hinzuweisen, so wie auf den Wegfall des Erfordernisses der Stützunterschriften für Kleinbetriebe bis 20 wahlberechtigten AN. 1a

Die in § 14 festgelegten Grundsätze werden durch die **WO** in einer Vielzahl von Regelungen **ergänzt** (vgl. daher zwingend die Kommentierung der WO in Anhang A). Die Bestimmung gilt auch für die Wahlen der JAV (vgl. § 63), der Bordvertretung und des See-BR (hinsichtlich der Abweichung des Wahlvorschlagsrechts für den See-BR vgl. § 116 Abs. 2 Nr. 5). Sie gilt **nicht** für den GBR, den KBR und die GJAV. 2

Neben den Voraussetzungen für die Einreichung von Wahlvorschlägen durch wahlberechtigte AN und die im Betrieb vertretene Gewerkschaft wird vor allem bestimmt, dass der BR in **geheimer und unmittelbarer Wahl** gewählt wird, und zwar nach den Grundsätzen der **Verhält-** 3

1 Die Nutzung der Vorschrift des § 129 ist zunächst bis zum 31.12.20 begrenzt gewesen und dann bis zum 30.6.21 verlängert worden.
2 *Carlson/Kummert*, AiB 1/22, 35ff.; *Homburg*, AuR-Express, 3–22.

niswahl bzw. bei Vorliegen bestimmter Voraussetzungen nach den Grundsätzen der **Mehrheitswahl.**

4 Ist ein BR zu wählen, dessen Wahl nach den Regelungen des § 14a erfolgt, so ist die Wahl nach den Grundsätzen der **Mehrheitswahl** durchzuführen. Bei der Wahl eines BR, der aus **mehreren Personen** besteht, erfolgt die Wahl entweder nach den Grundsätzen der Verhältniswahl (Listenwahl), wenn zwei oder mehr Wahlvorschläge (Listen) eingereicht worden sind, oder nach den Grundsätzen der Mehrheitswahl (Personenwahl), wenn es zur Einreichung nur **eines** Wahlvorschlags gekommen ist. Die Bedeutung des vereinfachten Wahlverfahrens gem. § 14a wird durch die Ausweitung auf Betriebe bis 200 AN schon bei der Wahl in 2022 und in Zukunft stark zunehmen.

II. Grundsätze der geheimen und unmittelbaren Wahl (Abs. 1)

5 Die Teilnahme an der Wahl ist keine Pflicht, sondern ein **Recht des wahlberechtigten AN,** von dem er Gebrauch machen kann. Ein Verzicht auf das Wahlrecht ist rechtlich nicht möglich.[3]

6 Die Wahl erfolgt **grundsätzlich während der Arbeitszeit.** Eine Minderung des Arbeitsentgelts darf dadurch nicht eintreten (§ 20 Abs. 3).

7 Ohne Rücksicht darauf, welche Wahlart anzuwenden ist, muss die Wahl des BR als geheime und unmittelbare Wahl durchgeführt werden. Insoweit kann zusätzlich bei der Auslegung auf das ungeschriebene Verfassungsrecht nach Art. 3 I und Art 38 II GG zurückgegriffen werden.[4] Die **Geheimhaltung** setzt voraus, dass der Wähler seine Stimme so abgeben kann, dass **nicht festzustellen** ist, wie er gewählt hat. Es sind somit Vorkehrungen zu treffen, dass der Wahlakt **unbeobachtet** stattfinden kann, zB durch Trennwände oder Wahlkabinen.[5] Eine Wahl durch Zuruf in einer Betriebsversammlung, durch öffentliche Abstimmung oder ohne vorgedruckte Stimmzettel ist daher unzulässig. Das gilt auch für das vereinfachte Wahlverfahren nach § 14a, und zwar sowohl für das zweistufige Verfahren (§ 14a Abs. 1, 2) als auch für das einstufige Verfahren (§ 14a Abs. 3).

8 Es muss dafür gesorgt werden, dass die Kenntlichmachung (Ankreuzen) auf dem Wahlzettel in abgeschirmten Schreibgelegenheiten erfolgen kann.[6] Unzulässig ist, dass die Abstimmenden die Namen, der von ihnen zu Wählenden auf den Stimmzettel schreiben.[7]

9 Der WV hat die **organisatorischen Vorkehrungen** dafür zu treffen, dass die Wahl geheim erfolgen kann. Nähere Einzelheiten regelt die WO.

10 Weder ein WV-Mitglied noch ein Wahlhelfer oder ein Dritter dürfen bei der Ausfüllung des Stimmzettels **behilflich** sein. Das gilt auch gegenüber ausländischen AN ohne ausreichende deutsche Sprachkenntnisse; selbst ein Dolmetscher darf insoweit nicht Hilfestellung leisten.[8] In diesem Zusammenhang ist allerdings darauf hinzuweisen, dass nach § 2 Abs. 5 WO der WV dafür Sorge zu tragen hat, dass ausländische AN, die der deutschen Sprache nicht mächtig sind, vor Einleitung der Wahl über Wahlverfahren, Aufstellung von Wähler- und Vorschlagslisten, Wahlvorgang und Stimmabgabe in geeigneter Weise zu unterrichten sind.[9]

11 Eine besondere Regelung besteht nach § 12 Abs. 4 WO für Wahlberechtigte, die infolge einer **Behinderung** bei der Stimmabgabe beeinträchtigt sind. Sie können eine Person ihres Vertrauens bestimmen, die bei der Stimmabgabe behilflich ist. Die Hilfeleistung beschränkt sich auf die Erfüllung der Wünsche des Wahlberechtigten bei der Stimmabgabe, wobei die Hilfe leistende Person zur **Geheimhaltung** der bei der Stimmabgabe erlangten Kenntnisse verpflichtet ist (vgl. § 12 Abs. 4 WO und die dort. Erläuterungen). Für Wähler, die auf Grund körperlicher Gebrechen nicht allein ihre Stimme abgeben können, bietet sich auch die Briefwahl an. Für blinde

3 *BAG* 21.3.18 – 7 ABR 29/16; *Fitting,* Rn. 19; Richardi-*Thüsing,* Rn. 20.
4 *Homburg/Pietsch* in AiB, 12/18, 28; vgl. auch § 20 Rn. 1 und 4.
5 *LAG Düsseldorf* 16.12.16 – 9 TaBV 85/16.
6 *Fitting,* Rn. 12; vgl. auch § 12 WO.
7 Richardi-*Thüsing,* Rn. 11.
8 *ArbG Bremen* 19.7.72, DB 72, 1830.
9 Vgl. *BAG* 13.10.04 – 7 ABR 5/04, AuR 05, 118.

oder sehbehinderte Wähler sind auch Wahlschablonen eine mögliche Hilfe, die Stimme geheim abzugeben.[10] Keinesfalls sollte ein Mitglied des Wahlvorstandes Hilfestellung leisten.

Das Wahlgeheimnis führt auch zu einem **Zeugnisverweigerungsrecht** im Rechtsstreit über die Frage, welche Liste oder welche Bewerber der einzelne AN gewählt hat.[11] Aus ihm ergibt sich darüber hinaus ein generelles Verbot selbst einer gerichtlichen Nachprüfung des Wahlverhaltens der AN.[12] 12

Nach Auffassung des BAG ist der allgemeine Grundsatz der freien Wahl verletzt, wenn Wahlberechtigte auf Grund des vom WV gewährten Einblicks in die Wählerliste und die darin enthaltenen Stimmabgabevermerke gezielt darauf angesprochen werden können, dass sie noch nicht gewählt haben.[13]

Der Grundsatz der **unmittelbaren Wahl** bedeutet, dass es keine Zwischenschaltung von Wahlmännern gibt. Eine Vertretung in der Stimmabgabe ist nicht zulässig. Bei schriftlicher Stimmabgabe muss der Wähler eine Erklärung unterzeichnen, dass er den Stimmzettel persönlich gekennzeichnet hat (vgl. auch § 24 Abs. 1 WO). 13

Obwohl das Gesetz hierüber nichts sagt, ist die Wahl auch **gleich** (jeder wahlberechtigte AN hat die **gleiche** Stimme) und **allgemein** (jeder wahlberechtigte AN hat **eine** Stimme). Die Allgemeinheit der Wahl verlangt auch, dass der BR für den ganzen Betrieb **einheitlich** gewählt wird.[14] Es ist deshalb auch unzulässig, den Betrieb in **Wahlkreise** aufzuteilen, in denen sich die Wahlbewerber gesondert zur Wahl stellen.[15] 14

III. Mehrheitswahl oder Verhältniswahl (Abs. 2)

Zwischen der **Mehrheitswahl** (Personenwahl) und der **Verhältniswahl** (Listenwahl) bestehen wesentliche Unterschiede. Zur **Mehrheitswahl** kommt es, wenn nur **ein gültiger Wahlvorschlag** (Vorschlagsliste) beim WV eingereicht worden ist und somit nur die auf diesem Vorschlag stehenden Personen zur Wahl stehen. Werden dagegen **zwei oder mehr Wahlvorschläge** (Vorschlagslisten) eingereicht, finden die Grundsätze der **Verhältniswahl** Anwendung. Eine Ausnahme bildet insoweit das **vereinfachte Wahlverfahren** nach § 14a, und zwar auch dann, wenn bei diesem Wahlverfahren ein aus mehreren Personen bestehender BR zu wählen ist (vgl. § 14a Rn. 21). 15

Bei der **Mehrheitswahl** hat der Wähler **so viele Stimmen**, wie BR-Mitglieder zu wählen sind. Der Wähler kann auf dem Vorschlag die entsprechende Zahl von Wahlbewerbern ankreuzen, auch weniger, aber nicht mehr. Ein entscheidender Unterschied zur Verhältniswahl liegt auch darin, dass es **keine Rangfolge** der Wahlbewerber auf der Vorschlagsliste durch die Reihung gibt. Die Reihenfolge, in der die Wahlbewerber in den BR kommen bzw. die Reihenfolge der Ersatzmitglieder wird durch die Anzahl der Stimmen bestimmt, die der einzelne Wahlbewerber auf sich vereinigt. 16

Beispiele:
Es sind fünf BR-Mitglieder zu wählen. Es bewerben sich acht Wahlbewerber um die fünf Mandate. Die abgegebenen Stimmen verteilen sich wie folgt:
A 72 Stimmen (2)
B 81 Stimmen (1)
C 57 Stimmen
D 65 Stimmen (4)
E 45 Stimmen
F 58 Stimmen (5)
G 69 Stimmen (3)
H 48 Stimmen

10 www.bundeswahlleiter.de/info/presse/mitteilungen/europawahl-2019/17_19_hinweise-barrierefreies-waehlen.html.
11 *BAG* 6.7.56, AP Nr. 4 zu § 27 BetrVG; *Fitting,* Rn. 15; Richardi-*Thüsing,* Rn. 15.
12 *ArbG Darmstadt* 15.9.22 – 7 BV 6/22; *ArbG Düsseldorf* 30.10.84, DB 85, 1137.
13 *BAG* 6.12.00 – 7 ABR 34/99.
14 *Fitting,* Rn. 17; Richardi-*Thüsing,* Rn. 19.
15 *Fitting,* a.a.O.; Richardi-*Thüsing,* a.a.O.

Gewählt sind in folgender Reihenfolge: B, A, G, D, F. Die anderen Wahlbewerber sind in der Reihenfolge der erhaltenen Stimmen Ersatzmitglieder. Ein Problem kann sich ergeben, wenn der zuletzt zu vergebende Sitz auf zwei Wahlbewerber fällt. Hätte in dem Beispiel C statt 57 Stimmen 58 Stimmen bekommen, wäre zwischen C und F bei der Zuweisung des letzten Sitzes Stimmengleichheit eingetreten. Es müsste ein Losentscheid darüber durchgeführt werden, wer von beiden den letzten BR-Sitz erhält.

Wichtiger Hinweis: Bei einer Anwendung des § 15 Abs. 2 ist das besondere Auszählverfahren nach § 22 Abs. 1, 2 WO zu Grunde zu legen. Danach sind zunächst die dem Geschlecht in der Minderheit zustehenden Mindestsitze und danach die weiteren, vom Geschlecht unabhängigen Sitze zu verteilen (vgl. § 15 Rn. 17).

17 Die **Verhältniswahl** ist anzuwenden, wenn der BR aus drei oder mehr Mitgliedern besteht (eine Ausnahme bildet das vereinfachte Wahlverfahren) und zwei oder mehr gültige Vorschläge (Vorschlagslisten) an der Wahl teilnehmen. Bei der Verhältniswahl hat der Wähler nur **eine Stimme.** Er kann sie nur für eine der an der Wahl teilnehmenden Listen abgeben. Je mehr Stimmen auf eine Vorschlagsliste entfallen, desto mehr Wahlbewerber kommen von dieser Liste in den BR, und zwar grundsätzlich in der **Reihenfolge,** in der sie auf der Liste aufgeführt sind.

Beispiele:
In einem Betrieb mit 600 AN ist ein BR mit 11 Mitgl. zu wählen. Um die 11 BR-Mandate bewerben sich drei Listen. Sie erhalten folgende Stimmenzahlen: Liste 1 = 350 Stimmen, Liste 2 = 160 Stimmen, Liste 3 = 90 Stimmen. Die Ermittlung der auf die Listen entfallenden BR-Sitze geschieht wie folgt:

Liste 1	= 350 St.	Liste 2	= 160 St.	Liste 3	= 90 St.
: 1	= 350 (1)	: 1	= 160 (3)	: 1	= 90 (5)
: 2	= 175 (2)	: 2	= 80 (6)	: 2	= 45
: 3	= 116,7 (4)	: 3	= 53,3 (10)		
: 4	= 87,5 (6)	: 4	= 40		
: 5	= 70 (8)				
: 6	= 58,3 (9)				
: 7	= 50 (11)				

Es entfallen auf die Liste 1 = 7 Sitze, die Liste 2 = 3 Sitze und die Liste 3 = 1 Sitz. Damit erhalten von der Liste 1 die ersten sieben Wahlbewerber BR-Sitze, von der Liste 2 die ersten drei Wahlbewerber und von der Liste 3 der erste Wahlbewerber.

Wichtiger Hinweis: Die Reihenfolge, in der die einzelnen Wahlbewerber aus der jeweiligen Liste in den BR kommen, kann sich ändern, wenn nach dem Wahlergebnis die Mindestanzahl von BR-Sitzen, die das Minderheitsgeschlecht nach § 15 Abs. 2 zu erhalten hat, nicht erreicht wird. Es kann dann erforderlich werden, das Wahlergebnis entsprechend zu korrigieren (vgl. dazu § 15 Rn. 18f.).

IV. Wahlvorschläge von Arbeitnehmern und Gewerkschaften (Abs. 3–5)

18 Die BR-Wahl kann nur auf Grund von **Wahlvorschlägen** erfolgen. Ein Wahlvorschlag ist eine in die Form einer Aufstellung gekleidete Benennung der Personen, die für die Wahl zum BR vorgeschlagen werden. Wahlvorschläge können grundsätzlich nur von wahlberechtigten AN des Betriebs (zur Wahlberechtigung vgl. § 7) aufgestellt und eingereicht werden. Zu der Möglichkeit der Einreichung von Wahlvorschlägen durch im Betrieb vertretene Gewerkschaften vgl. Rn. 33ff. Eine ohne Wahlvorschläge durchgeführte BR-Wahl ist nichtig.[16]

19 Der Wahlvorschlag ist kein Vorschlag des Listenvertreters allein, sondern **aller derer, die ihn unterzeichnet haben.** Daher bedeutet z.B., dass die ohne Einverständnis der Unterzeichner vorgenommene Streichung einzelner oder mehrerer Kandidaten eine inhaltliche Änderung des Wahlvorschlags ist. Dieser wird durch die Streichung unkorrekt und verliert die Eigenschaft als »Wahlvorschlag« i.S.d. Gesetzes.[17] Auch der WV ist nicht berechtigt, kurzerhand durch Streichungen Korrekturen am Wahlvorschlag vorzunehmen, selbst dann nicht, wenn auf die-

16 *Fitting*, Rn. 43; GK-*Jacobs*, Rn. 81.
17 *BAG* 15.12.72, AP Nr. 1 zu § 14 BetrVG 1972.; *LAG Düsseldorf* 17.5.02 – 18 TaBV 26/02.

sem nicht oder nicht mehr wählbare AN stehen. Eine solche Korrektur kann nur von den/die Wahlberechtigten vorgenommen werden, die mit ihrer Unterschrift den Wahlvorschlag unterstützt haben.[18] Ein wirksamer Wahlvorschlag setzt ferner voraus, dass sich die erforderlichen Stützunterschriften auf dem **Wahlvorschlag selbst befinden** oder zumindest der Teil des Wahlvorschlags, der die Bewerber enthält, und der Teil, auf dem die Stützunterschriften angebracht werden, als eine **einheitliche Urkunde** erkennbar sind. Das »Sichern« beider Teile (Vorschlags- und Unterschriftenliste) mit Hilfe von Büroklammern reicht somit nicht aus, wenn nicht anderweitig erkennbar ist, dass es sich um eine einheitliche Urkunde handelt.[19] Andererseits ist eine feste körperliche Verbindung des Bewerberteils mit dem Teil, der die Stützunterschriften enthält, nicht zwingend erforderlich. Das BAG[20] sieht es als ausreichend an, wenn andere Merkmale den Wahlvorschlag als einheitliche Urkunde ausweisen. Auch die Wiedergabe des Kennwortes auf den einzelnen Blättern, eine fortlaufende Paginierung oder Nummerierung sowie die einheitliche graphische Gestaltung oder der inhaltliche Zusammenhang des Textes können den Wahlvorschlag als eine einheitliche Urkunde ausweisen, wenn sich die Bewerberliste und die Stützunterschriften auf mehreren Blättern befinden.[21] Das Erfordernis der einheitlichen und zusammenhängenden Urkunde zwingt allerdings nicht dazu, nur ein Exemplar zur Unterschriftsleistung zu verwenden[22]. Jeder einzelnen in Umlauf gebrachten Unterschriftsliste muss jedoch eine **Vervielfältigung der Vorschlagsliste** (also des Bewerberteils) **vorgeheftet** werden. Das Erfordernis der genauen Übereinstimmung bezieht sich dabei nicht nur auf die Personen, sondern auch auf die Reihenfolge der Bewerber, die ebenfalls gleich sein muss.[23] Sollten hierbei heilbare oder auch unheilbare Mängel bei der Vorschlagsliste vorliegen, so löst dies die Hinweispflicht des WV aus.[24]

Auf jedem Wahlvorschlag sind die einzelnen Bewerber in **erkennbarer Reihenfolge** unter **fortlaufender Nummer** und unter Angabe von **Familienname, Vorname, Geburtsdatum,** und **Art der Beschäftigung** im Betrieb aufzuführen. Die **schriftliche Zustimmung** der Bewerber zur Aufnahme in den Wahlvorschlag ist beizufügen (§ 6 Abs. 3 WO). Sie bedarf der eigenhändigen Unterzeichnung (§ 126 Abs. 1 BGB). Eine Unterzeichnung in der Form einer bloßen Paraphe ist unzureichend und kann zur Anfechtung der BR-Wahl führen.[25] Die Art der Beschäftigung soll dem Wähler die ausgeübte Tätigkeit des Bewerbers aufzeigen und zur Unterscheidung der Bewerber dienen. Sie muss nicht immer der genauen arbeitsvertraglichen Berufsbezeichnung entsprechen (Vgl. § 6 Abs. 3 WO, Rn. 20). 20

Nach § 6 Abs. 2 WO soll ein Wahlvorschlag **mindestens doppelt so viele Bewerber** aufweisen, wie in dem Wahlgang BR-Mitglieder zu wählen sind. Es handelt sich um eine Soll-Vorschrift, deren Nichteinhaltung die Vorschlagsliste nicht ungültig macht (h. M.). Ein Wahlvorschlag ist daher auch dann gültig, wenn **weniger Kandidaten** benannt sind, als BR-Mitglieder gewählt werden müssen. Nach der Rspr. des *BAG*[26] soll sogar eine Liste mit nur einem einzigen Bewerber gültig sein. Das *BAG* geht dabei allerdings offensichtlich davon aus, dass mehrere Wahlvorschläge eingereicht werden, was jedoch keineswegs immer der Fall sein muss. 21

Bei der Aufstellung von Wahlvorschlägen sollte nicht nur darauf geachtet werden, dass dem Minderheitsgeschlecht nach § 15 Abs. 2 (vgl. die Erl. dort) Rechnung getragen und das Minderheitsgeschlecht in ausreichender Zahl auf den Wahlvorschlägen berücksichtigt wird. Darüber ist zu sehen, dass ein wesentliches Ziel des BetrVerf-ReformG 2001 die Frauenförderung und damit verbunden eine Erhöhung der Repräsentanz der Frauen in den BR ist. Dem entspricht 22

---

18 *LAG Düsseldorf* a. a. O.; *ArbG Gelsenkirchen* 1.6.75 – 2 BV 22/75.
19 *HessLAG* 25.4.18 – 16 TaBVGa 83/18; GK-*Jacobs*, Rn. 69.
20 Beschl. v. 25.5.05 – 7 ABR 39/04, AuR 05, 425.
21 *BAG*, a. a. O.; vgl. dazu *Schneider*, AiB 06, 51.
22 *LAG Hessen* 25.4.18 – 16 TaBVGa 83/18; *LAG Schleswig-Holstein* 9.1.17 – 3 TaBVGa 3/16.
23 *LAG Baden-Württemberg* 8.11.76 – 1a TaBV 6/76; *LAG Hamm* 15.2.16 – 13 TaBV 70/16. Zu der Frage der Ordnungsmäßigkeit von Wahlvorschlägen und ihrer Ungültigkeit vgl. auch *Faecks/Meik*, NZA 88, 193 ff.; ferner *Heinze*, NZA 88, 568 ff.
24 *LAG Hamburg* 7.3.16 – 8 TaBV 4/15.
25 *LAG Düsseldorf* 20.5.05 – 10 TaBV 94/04.
26 29.6.65, AP Nr. 11 zu § 13 BetrVG.

es, auf den Wahlvorschlägen Wahlbewerber beider Geschlechter möglichst entsprechend dem **zahlenmäßigen Anteil der Geschlechter** im Betrieb aufzustellen.

23 Für Wahlvorschläge, die bei dem vereinfachten Wahlverfahren nach § 14a gemacht werden, bestehen gegenüber dem normalen Wahlverfahren erhebliche Unterschiede (vgl. dazu § 14a und §§ 28 ff. WO).[27]

24 Eine einmal erfolgte Kandidatur kann **nicht zurückgezogen werden.** Ist aber ein Kandidat auf mehreren Wahlvorschlägen benannt worden, muss er sich für einen der Vorschläge (Liste) entscheiden und seine Kandidatur auf den übrigen Wahlvorschlägen (Listen) zurückziehen (vgl. § 6 Abs. 7 WO). Im Übrigen kann nach erfolgter Wahl ein Gewählter die Annahme des Amtes als BR-Mitglied ablehnen (§ 17 WO).

25 Die Einreichung der Wahlvorschläge hat **binnen zwei Wochen** nach Erlass des Wahlausschreibens zu erfolgen (§ 6 Abs. 1 Satz 2 WO). Die Frist berechnet sich nach § 187 Abs. 1 BGB, so dass der Tag des Erlasses des Wahlausschreibens nicht mit gerechnet wird. Sind im Wahlausschreiben bestimmte Dienststunden angegeben, so müssen die Wahlvorschläge bis zum **Ende der Dienststunden am letzten Tag der Frist** beim WV eingegangen sein. Die vom WV angegebenen Dienststunden dürfen nicht vor dem Ende der Arbeitszeit des überwiegenden Teils der AN enden.[28]

26 Die Anzahl der nach § 14 Abs. 4 notwendigen Stützunterschriften ist durch das Betriebsrätemodernisierungsgesetz, das im Juni 2021 in Kraft getreten ist, abgesenkt worden. In Kleinbetrieben mit bis 20 wahlberechtigen AN bedarf es keiner Stützunterschriften mehr. In Betrieben mit 21 – 100 AN genügt in Zukunft, wenn mindestens **zwei wahlberechtigte AN** den Wahlvorschlag stützen.

Ziel der Reform ist es, die Wahl von Betriebsräten zu erleichtern. Neben der Ausweitung der Nutzung des vereinfachten Wahlverfahrens soll mit der Absenkung der Anzahl der Stützunterschriften für einen Wahlvorschlag eine formale Hürde beseitigt werden.[29] Ob durch die Absenkung der Anzahl der Stützunterschrift tatsächlich **mehr Betriebsräte** gewählt werden, wird sich schon in der nächsten Wahlperiode in 2022 zeigen. Möglicherweise werden sich aber auch nur mehr Kandidaten zur Wahl stellen, die in der Vergangenheit nicht genügend Stützunterschriften für Ihre Kandidatur einsammeln konnten.

26a Erst ab 101 AN muss jeder Wahlvorschlag von **einem Zwanzigstel** der Gesamtzahl der **wahlberechtigten AN** unterzeichnet sein. Es spricht viel dafür hier nicht auf die stellenbezogene Betrachtungsweise abzustellen, sondern auf die Wahlberechtigten, die bei Erlass des Wahlausschreibens in die Wählerliste eingetragen sind. Unterzeichnungsberechtigt sind auch die in § 7 Satz 2 genannten AN.[30] Die Unterzeichnung durch **50 wahlberechtigte AN** genügt in jedem Fall. Diese Obergrenze ist in der Regel nur für Betriebe von Bedeutung, in denen mehr als 1000 wahlberechtigte AN beschäftigt sind. In Betrieben, in denen regelmäßig nur bis zu 20 wahlberechtigte AN tätig sind, benötigt man keine Stützunterschriften für einen Wahlvorschlag mehr. Allerdings muss natürlich der Wahlkandidat für sich als Wahlvorschlag zur Verfügung stehen. In diesen Betrieben wird die BR-Wahl ohnehin nach dem vereinfachten Wahlverfahren (§ 14 a) durchgeführt. Die erforderliche Mindestanzahl von Stützunterschriften für einen Wahlvorschlag ist im **Wahlausschreiben** bekannt zu geben (§ 3 Abs. 2 WO). Zur Stützung eines Wahlvorschlages sind sämtliche AN berechtigt, die wahlberechtigt sind, somit auch **Leih-AN,** die nach § 7 Abs. 2 wahlberechtigt sind und die durch die Änderung des § 5 hinzugekommenen **Beamten, Soldaten und AN des öffentl. Dienstes.**

---

27 Zu dem Muster eines Wahlvorschlags für das normale Wahlverfahren vgl. DKWF-*Berg/Heilmann,* §§ 7–20 Rn. 27; zum Muster für das vereinfachte Wahlverfahren vgl. DKWF-*Berg/Heilmann,* §§ 7–20 Rn. 81 f.

28 Vgl. *BAG* 4.10.77, AP Nr. 2 zu § 18 BetrVG 1972.

29 www.bmas.de/DE/Service/Gesetze-und-Gesetzesvorhaben/betriebsraetemodernisierungsgesetz.html, S. 12.

30 *Fitting,* Rn. 51 m. w. N.

27 Der Wahlvorschlag muss von der geforderten Anzahl – soweit erforderlich – der wahlberechtigten AN **persönlich** unterschrieben sein.[31] Die Unzulässigkeit einer Stellvertretung ergibt sich auch hier aus dem Grundsatz der **Unmittelbarkeit** bei allen Wahlhandlungen.

28 Die Unterschriften müssen nicht alle auf der gleichen Urkunde geleistet sein.[32] Erforderlich ist jedoch, dass die Unterschrift den Wahlvorschlag **insgesamt** erfasst. Das bedeutet, dass in den Fällen, in denen ein Wahlvorschlag aus mehreren Urkunden besteht, jede dieser Urkunden **sämtliche Bewerber** aufführen muss (vgl. auch Rn. 19). Dem Unterzeichner muss also klar sein, welchen Wahlvorschlag in welcher Zusammensetzung er unterstützt.

29 Bei der Unterzeichnung von Wahlvorschlägen handelt es sich um einseitige, empfangsbedürftige Willenserklärungen. Ein **Zurückziehen von Unterschriften** durch Unterzeichner ordnungsgemäß eingereichter Wahlvorschläge ist daher **nicht zulässig.**[33] Die Zurücknahme der Unterschrift eines Unterzeichners berührt somit die Gültigkeit eines bereits eingereichten Wahlvorschlags nicht (§ 8 Abs. 1 Nr. 3 WO). Hat allerdings ein Wahlberechtigter **mehrere Wahlvorschläge unterzeichnet,** so muss er auf Aufforderung des WV **spätestens vor Ablauf von drei Arbeitstagen** erklären, welche Unterschrift er aufrechterhält (vgl. § 6 Abs. 5 WO). Aus der Aufforderung an den Doppelunterzeichner muss sich deutlich ergeben, wozu der Angeschriebene aufgefordert wurde. Es ist ferner auf die Folgen hinzuweisen, die sich aus einem Schweigen ergeben.[34] Das Aufforderungsschreiben kann sich auch an ausländische AN in deutscher Sprache richten.[35] Das Verfahren nach § 6 Abs. 5 WO bei Doppelunterzeichnungen ist auch zu beachten, wenn der Listenvertreter Erklärungen wahlberechtigter AN einreicht, auf denen sie ihre zuvor geleistete Unterschrift auf einem anderen Wahlvorschlag zurückziehen.[36] Der WV verstößt selbst dann gegen die WO, wenn er die Doppelunterzeichner lediglich – ohne Fristsetzung – auffordert, sich im WV-Büro zu melden.[37] Unterbleibt eine fristgerechte Erklärung des AN, dem eine Aufforderung des WV nach § 6 Abs. 5 WO zuging, so wird sein Name auf der **zuerst eingereichten Vorschlagsliste gezählt** und auf allen **übrigen Wahlvorschlägen gestrichen.**

30 Auch **Wahlbewerber** können den Wahlvorschlag unterzeichnen und damit stützen, auf dem sie selbst als Kandidaten benannt sind.[38] Aus dem Wahlvorschlag muss allerdings erkennbar sein, wer Wahlbewerber sein will und wer mit seiner Unterschrift nicht nur seine Kandidatur erklären, sondern zugleich auch den betreffenden Wahlvorschlag stützen will.[39] Eine entsprechende Formular-Regelung in einem Vordruck für BR-Wahlen, dass Kandidaten zur BR-Wahl gleichzeitig mit einer Unterschrift auch ihre Liste stützen, ist zulässig[40]. Auch WV-Mitglieder können einen Wahlvorschlag unterzeichnen. Der Unterzeichnung und damit der Stützung eines Wahlvorschlags steht die WV-Mitgliedschaft nicht entgegen.[41]

31 Kandidiert ein **Wahlbewerber auf mehreren Wahlvorschlägen,** hat ihn der WV aufzufordern, innerhalb von drei Arbeitstagen zu entscheiden, auf welchem Wahlvorschlag er seine Kandidatur aufrechterhalten will. Unterbleibt eine fristgerechte Erklärung, wird der Wahlbewerber von **allen Wahlvorschlägen gestrichen** (§ 6 Abs. 7 WO). Die Streichung eines Wahlbewerbers von

31 *BAG* 12.2.60, AP Nr. 11 zu § 18 BetrVG; *Fitting,* Rn. 46 ff.; GK-*Jacobs,* Rn. 100; a. A. *LAG Düsseldorf,* DB 65, 1823, das eine Unterzeichnung des Wahlvorschlags durch einen Bevollmächtigten für zulässig hält, wenn die Vollmacht bis zum Ablauf der Frist für die Einreichung der Wahlvorschläge erbracht wird.

32 GK-*Jacobs,* Rn. 102 m. w. N.

33 *BAG* 1.6.66, AP Nr. 2 zu § 6 WO; *LAG Hamm* 15.10.65 – 4 TaBV 12/65; teilweise a. A. *BVerwG* 1.3.84, AuR 84, 380, das den Widerruf von Unterschriften auf einem Wahlvorschlag bis zur Einreichung des Wahlvorschlags gegenüber dem WV als zulässig ansieht, zugleich aber darauf hinweist, dass bei einem dadurch entstandenen Unterschreiten der notwendigen Zahl von Unterschriften der entstehende Mangel des Wahlvorschlags nicht heilbar ist.

34 *LAG Hamm* 15.10.65, a. a. O.

35 *LAG Hamm* 17.5.73, DB 73, 1403.

36 *BAG* 1.6.66, AP Nr. 2 zu § 6 WO.

37 *LAG Hamm* 12.11.65 – 5 TaBV 17/65.

38 *BAG* vom 06.11.13 – 7 ABR 65/11; *Fitting,* Rn. 51.

39 *LAG Frankfurt* 20.4.89, BB 89, 1692.

40 *BAG* vom 06.11.23 – 7 ABR 65/11.

41 *BAG* 4.10.77, AP Nr. 2 zu § 18 BetrVG 1972; *Fitting,* Rn. 51 m. w. N.

dem Wahlvorschlag ist nicht möglich, wenn er nach Einreichung des Wahlvorschlags gegenüber dem WV erklärt, dass er seine Bewerbung zurückziehen will. Eine Zurückziehung der Bewerbung ist nicht möglich, da dies eine materielle Änderung des Wahlvorschlags bedeuten würde, die nur mit Zustimmung aller Unterzeichner erfolgen kann.[42] Der die Zurückziehung seiner Kandidatur betreibende AN kann jedoch im Falle seiner Wahl die Annahme des BR-Amtes nach § 17 Abs. 1 Satz 2 WO ablehnen (§ 6 Abs. 6 WO).

32 Eine **Verbindung von Wahlvorschlagslisten ist unzulässig** (§ 6 Abs. 6 WO). Es dürfen also nicht verschiedene Wahlvorschläge miteinander verbunden werden, um eine einheitliche Liste zu erreichen.

33 Der Wahlvorstand hat die eingereichten Wahlvorschläge **unverzüglich** zu prüfen (vgl. § 7 Abs. 2 Satz 2 WO). Bei einer Verletzung dieser Pflicht kann in die laufende BR-Wahl, wenn das Versäumnis der Prüfung zu einer erfolgreichen Anfechtung führen kann, mit einer **einstweiligen Verfügung** eingegriffen werden.[43] Werden Wahlvorschläge am letzten Tag der Einreichungsfrist (§ 6 Abs. 1 Satz 2 WO), aber noch vor deren Ablauf eingereicht, ist eine sofortige Prüfung erforderlich und im Falle von Mängeln der Listenvertreter umgehend zu informieren.[44]

V. Gewerkschaftliche Wahlvorschläge

34 Während nach den bis 31.12.1988 geltenden Vorschriften Wahlvorschläge von Gewerkschaften ohne Stützunterschriften aus der Mitte der Belegschaft nur in solchen Betrieben eingebracht werden konnten, die zwar betriebsratsfähig waren, aber keinen BR hatten, sehen die ab 1.1.1989 geltenden Änderungen des Gesetzes vor, dass die Gewerkschaft für das Einbringen von Wahlvorschlägen generell keine **Stützunterschriften von AN** des Betriebs benötigt. Im Gesetzgebungsverfahren[45] ist die Frage aufgeworfen worden, ob eine solche **generelle unterschiedliche Behandlung** von Wahlvorschlägen der Gewerkschaften und der AN mit dem verfassungsrechtlichen Grundsatz der **Chancengleichheit aller Wahlbewerber** nach Art. 3 Abs. 1 GG vereinbar ist.[46] Die Verfassungsproblematik wird sich deswegen nicht in voller Schärfe stellen, weil das Gesetz ausdrücklich von Gewerkschaften spricht und somit sonstige AN-Vereinigungen von dem Privileg ausnimmt, Wahlvorschläge ohne Stützunterschriften aus der Mitte der Belegschaft einreichen zu können. **AN-Vereinigungen ohne Gewerkschaftseigenschaft** können sich nur über das Wahlvorschlagsrecht der AN an den BR-Wahlen beteiligen, so dass ihre Wahlvorschläge das nach Abs. 4 erforderliche Unterschriftenquorum aufweisen müssen.[47] Ungeachtet dieser Unterscheidung begünstigt die Regelung kleinere Gewerkschaften, die ansonsten keinen ausreichenden Rückhalt in der Belegschaft haben.[48] Damit bringt die Regelung zugleich eine Gefährdung des Gedankens der Einheitsgewerkschaft mit sich und stellt eine Abkehr von dem bisher wesentlichen betriebsverfassungsrechtlichen Grundsatz dar, dass die Wahlvorschläge von den AN des Betriebs getragen sein müssen.[49] So können zu einer BR-Wahl durchaus zwei oder mehr unterschiedliche Vorschläge von den im Betrieb vertretenen Gewerkschaften eingereicht werden.[50] Es bleibt den Gewerkschaften im Übrigen unbenommen, trotz der vom Gesetzgeber eingeräumten Möglichkeit, Wahlvorschläge ohne Unterschriften von AN

42 Vgl. *BAG* 15.12.72, AP Nr. 1 zu § 14 BetrVG 1972; *Fitting*, Rn. 56 m. w. N.; **a. A.** GK-*Jacobs*, Rn. 104; Richardi-*Thüsing*, Rn. 61.

43 Vgl. *LAG Berlin* 7.2.06 – 4 TaBV 214/06, NZA-RR 06, 509.

44 *BAG* 25.5.05 – 7 ABR 39/04, NZA 06, 116; vgl. auch § 7 WO Rn. 7.

45 Bericht des BT-Ausschusses für Arbeit und Sozialordnung, BT-Drucks. 11/3618, S. 5.

46 Vgl. *Engels/Natter*, BB-Beilage 8/89, S. 18 f.; vgl. auch *Fitting*, Rn. 60 ff. m. w. N.

47 *Engels/Natter*, a. a. O.; zur Frage der Gewerkschaftseigenschaft vgl. im Übrigen § 2 Rn. 10 ff.

48 Vgl. *Däubler*, AiB 86, 99; *Hanau*, S. 8 f.; *Schneider*, AiB 87, 75; *Schumann*, AiB 88, 205.

49 Vgl. *Richardi*, AuR 86, 34; *Hanau*, AuR 88, 264; *Klaus*, AiB 88, 328; *Schumann*, a. a. O.; *Plander*, AiB 88, 272; *Schneider*, GMH 88, 411; vgl. dagegen *Engels/Natter*, BB-Beilage 8/89, S. 17, die auf entsprechende Vorschlagsrechte der Gewerkschaften in Landespersonalvertretungsgesetzen hinweisen; vgl. auch *Buchner*, NZA-Beilage 1/89, S. 3, der ein eigenständiges Wahlvorschlagsrecht der Gewerkschaften wegen ihres verfassungsrechtlich verbürgten Rechts, Wahlvorschläge werbemäßig zu unterstützen, für nahe liegend hält.

50 So wohl auch *Fitting*, Rn. 64.

einzubringen, gleichwohl Stützunterschriften aus der Mitte der Belegschaft für ihre Wahlvorschläge zu sammeln und für sie zu werben (zur Wahlwerbung der Gewerkschaft vgl. auch § 20 Rn. 23 ff.). Das Sammeln von **Stützunterschriften** ist immer **empfehlenswert,** da sich auf diese Weise zeigt, ob und wie viele AN hinter einem gewerkschaftlichen Wahlvorschlag stehen und wie groß damit der Rückhalt in der Belegschaft ist. Trägt eine Liste ein **gewerkschaftliches Kennwort** oder den Namen einer Gewerkschaft als Kennwort, so muss diese Liste auch von zwei Vertretern der Gewerkschaft unterschrieben werden. Andernfalls muss der Wahlvorstand das Kennwort streichen und durch die beiden Familiennamen und Vornamen der ersten beiden Kandidaten ersetzen (siehe auch Rn. 35a). Ein Grund für eine Zurückweisung der Liste durch den WV oder gar eine Wahlanfechtung sind die fehlenden Unterschriften der beiden Gewerkschaftsbevollmächtigten jedoch nicht[51]. Die zugrunde liegende Entscheidung des BAG ist etwas zu weitgehend. Geht man davon aus, dass ein Gewerkschaftsbevollmächtigter bis zu 300 Betriebe mit BR-Wahlen betreuen muss, wird er diesem Verlangen des BAG schon zeitlich kaum nachkommen können. Daher müsste in der Frage des richtigen Kennwortes eine Bestätigung der Gewerkschaft auf Nachfrage des Wahlvorstandes bei begründeten Zweifeln genügen[52].

Das gewerkschaftliche Kennwort muss eindeutig als solches erkennbar sein und der im Betrieb vertretenen Gewerkschaft zuzurechnen sein. Die Nutzung von gewerkschaftlichen Kennwörtern durch nicht gewerkschaftliche Listen ist ausgeschlossen. Auch ähnliche Kennwörter, die zu einer Verwechslungsgefahr führen können, sind ausgeschlossen.[53] Insoweit soll eine Beeinflussung des Wahlergebnisses durch Verwechslung ausgeschlossen werden. **34a**

Der WV hat in **Zweifelsfällen zu prüfen,** ob es sich um eine Gewerkschaft i. S. d. § 2 handelt (vgl. § 2 Rn. 10 ff.) und ob diese im Betrieb vertreten ist, also mindestens ein Mitglied im Betrieb hat. Die Gewerkschaft muss im Zeitpunkt der Einreichung des Wahlvorschlags **im Betrieb vertreten sein.**[54] Vorrausetzung für das »vertreten sein« ist jedoch nicht, dass das Gewerkschaftsmitglied aktiv wahlberechtigt ist[55]. Ebenfalls hat in diesem Fall das neue Tarifeinheitsgesetz keinen Einfluss auf die Frage, ob eine Gewerkschaft im Betrieb vertreten ist. **35**

Die zwei Beauftragten der Gewerkschaft, deren Unterschriften notwendig sind, damit der Wahlvorschlag eingebracht werden kann, müssen **nicht AN des Betriebs** sein (anders § 19 Abs. 9 BPersVG insoweit, als die Gewerkschaftsbeauftragten Beschäftigte der Dienststelle sein müssen, wobei das *BVerwG* [3. 2. 95 – 6 P 5.93] auch nicht das Vorliegen der Wahlberechtigung verlangt). So können hauptberufliche Angestellte der Gewerkschaft den Wahlvorschlag unterzeichnen, sofern sie Beauftragte i. S. d. Vorschrift sind. Die beiden Beauftragten, deren Unterschrift für die Wirksamkeit eines Wahlvorschlags gefordert wird, müssen **kraft Satzung befugt** oder durch die **satzungsmäßigen Organe der Gewerkschaft** zur Unterschrift ermächtigt worden sein[56]. In Zweifelsfällen, die etwa auftreten können, wenn externe ehrenamtliche Funktionäre oder AN des Betriebs einen Wahlvorschlag nach Abs. 5 unterzeichnet haben, kann der WV einen Nachweis der Beauftragung z. B. durch Auszug aus der Satzung der Gewerkschaft oder durch schriftliche Vollmacht verlangen.[57]

Ist der Wahlvorschlag der Gewerkschaft nicht von zwei Beauftragten unterschrieben, ist er in der Regel ungültig.[58] Etwas anderes muss jedoch gelten, wenn der eingereichte Wahlvorschlag genügend Stützunterschriften hat, die notwendigen beiden Unterschriften der Gewerkschaft jedoch fehlen oder die Unterzeichner i. S. d. V. nicht ausreichend legitimiert sind. In solchen **35a**

51 *BAG* 26. 10. 16 – 7 ABR 4/15; a. A. *LAG München* 28. 1. 21 – 3 TaBV 55/20, juris.
52 Bei der Betriebsratswahl 2018 erwies sich die Rechtsprechung des *BAG* in dieser Frage jedoch im Wesentlichen als praktikabel.
53 *LAG Düsseldorf* 4. 8. 20 – 10 TaBV 42/19, juris.
54 GK-*Jacobs*, Rn. 122; *Fitting*, Rn. 63; im Übrigen vgl. zu der Frage, wann eine Gewerkschaft im Betrieb vertreten ist, umfassend § 2 Rn. 29 f.
55 Hess*LAG* 15. 5. 14 – 9 TaBV 194/13.
56 Hierfür genügt in der Regel die Unterschrift auf dem Wahlvorschlag selbst oder ein gesondert beigefügtes Schriftstück, das die entsprechende Erklärung mit den beiden Unterschriften trägt.
57 Vgl. § 8 WO, Rn. 1; *Fitting*, Rn. 68.
58 *Fitting*, Rn. 69, die es allerdings als zulässig ansehen, dass die fehlenden Unterschriften innerhalb der Frist für die Einreichung von Wahlvorschlägen nachgeholt werden können; vgl. auch *ArbG Siegen*, DB 74, 1776; *LAG Rheinland-Pfalz* 14. 1. 16 – 5 TaBV 19/15.

Fällen ist das gewerkschaftliche Kennwort vom WV zu streichen und die Liste ohne Kennwort zur Wahl zuzulassen, sofern die notwendigen Unterschriften nicht noch rechtzeitig nachgereicht werden.[59]

35b Eine gegenseitige Bevollmächtigung der Vertreter der Gewerkschaft ist unzulässig,[60] so dass es immer zwei unterschiedliche Unterschriften sein müssen. Ein Wechsel der Bevollmächtigten der Gewerkschaften ist jedoch jederzeit zulässig.[61] Bei der Bevollmächtigung ist darauf zu achten, dass sich die Zuständigkeit zur Unterschrift entweder direkt aus der Satzung der zuständigen Gewerkschaft ergibt oder die Vollmacht durch den laut Satzung entsprechenden Vertreter der Gewerkschaft erfolgt ist.[62] Andernfalls droht eine Zurückweisung der Liste, sofern sie nicht genügend Stützunterschriften hat.

36 Die Kandidaten, die sich für ein BR-Amt auf Wahlvorschlägen nach Abs. 5 bewerben, müssen nicht bei der Gewerkschaft organisiert sein, die den Wahlvorschlag einreicht. Kandidaten können auch andere AN des Betriebes sein, sofern sie die **allgemeinen Wählbarkeitsvoraussetzungen** nach § 8 erfüllen und mit ihrer Kandidatur einverstanden sind.[63]

Um das Vorschlagsrecht der Gewerkschaften zur Wahl des Betriebsrates auch in schwierigeren Fällen gegen Widerstände durchsetzbar zu machen, ist es erforderlich den vorher gegenüber dem Arbeitgeber zu benennenden Vertretern der Gewerkschaften ein **Zugangsrecht zum Betrieb** einzuräumen. Das Zugangsrecht ist zur Unterstützung eines bereits gebildeten Wahlvorstandes zu gewähren, aber auch zur **Gewinnung von Kandidaten** für die Ämter des Wahlvorstandes und/oder des Betriebsrates. Das Zugangsrecht ist auf alle Teile des Betriebes zu erstrecken, in denen Arbeitnehmer beschäftigt sind und kann zeitlich unbeschränkt und unkontrolliert ausgeübt werden.

Einschränkungen erbeben sich nur insoweit, als der Betriebsablauf durch die Tätigkeit der Vertreter der Gewerkschaften nicht gestört werden darf.

Einer vorherigen **Ankündigung** des Erscheinens wird es in der Regel nicht bedürfen, wenn der Betriebsablauf nicht gestört wird und die Vertreter der Gewerkschaften dem Arbeitsgeber vorher benannt worden sind[64].

Die Gewerkschaft braucht sich in diesem Zusammenhang nicht darauf verweisen lassen, dass ein Raum außerhalb des Betriebes kostenfrei für Zusammenkünfte mit den Arbeitnehmern oder dem Wahlvorstand zur Verfügung gestellt wird[65].

VI. Besonderheiten des Postpersonalrechtsgesetzes

37 Besonderheiten bestehen in den Betrieben der **privatisierten Post-UN.** Mit der Aufgabe des Gruppenprinzips im BetrVG ist die Zuordnung der Beamten (Bea.) entsprechend ihrer jeweiligen Beschäftigung zu den Gruppen der Ang. und Arb. gegenstandslos geworden. Wegen der Regelungen im PostPersRG, das den Bea. in beamtenspezifischen Angelegenheiten grundsätzlich ein eigenes Beschlussfassungsrecht einräumt, bleiben aber die **Beamten eine eigenständige Gruppe,** das wiederum besondere Vorschriften über die Wahl und die Zusammensetzung des BR in diesen Bereichen sowie das Nachrücken von Ersatzmitgliedern erforderlich macht. Dementsprechend legt § 26 PostPersRG n. F. im Wesentlichen fest:

- Die Beamte bilden bei der Wahl zum BR eine eigene Gruppe, es sei denn, sie verzichten mit Mehrheit vor der Wahl in geheimer Abstimmung auf die Bildung einer eigenen Gruppe.
- AN und Beamte müssen entsprechend ihrem zahlenmäßigen Verhältnis im BR vertreten sein, wenn dieser aus mindestens drei Mitgl. besteht.

---

59 Im Ergebnis der gleichen Ansicht: *LAG Berlin-Brandenburg*, 7.5.21 – 5 TaBV 1160/19, juris; a. A. *LAG München* 28.1.21 – 3 TaBV 55/20, juris. Das *LAG München* sieht eine solche Vorschlagsliste als ungültig an und hält sogar die Wahl aus diesem Grunde für anfechtbar, sollte die Liste zugelassen worden sein.

60 *LAG Rheinland-Pfalz* 14.1.16 – 5 TaBV 19/15.

61 *LAG Schleswig-Holstein* 9.1.17 – 3 TaBVGa 3/16.

62 *LAG München* 28.1.21 – 3 TaBV 55/20.

63 *Engels/Natter,* BB-Beilage 8/89, S. 18 f.; GK-*Jacobs,* Rn. 126.

64 ArbG Verden 1. Kammer 7.10.13 – 1 BVGa 1/13, das jedoch eine Ankündigung für erforderlich hält.

65 *LAG Mecklenburg-Vorpommern* 5. Kammer 11.11.13 – 5 TaBVGa 2/13.

- AN und Beamte wählen ihre Vertreter in den BR in getrennten Wahlgängen, es sei denn, dass die wahlberechtigten Angehörigen beider Gruppen vor der Wahl in getrennten und geheimen Abstimmungen die gemeinsame Wahl beschließen. Findet das vereinfachte Wahlverfahren nach § 14a Anwendung, wird immer in gemeinsamer Wahl gewählt. Entsprechendes gilt, wenn einer Gruppe nur ein Vertreter im BR zusteht.
- Bei getrennten Wahlgängen (Gruppenwahl) sind zur Unterzeichnung von Wahlvorschlägen der Gruppen nur die wahlberechtigten Angehörigen der jeweiligen Gruppe berechtigt.
- In Betrieben mit Bea. muss dem WV ein Bea. angehören.
- Ist der BR in gemeinsamer Wahl gewählt, bestimmt sich das Nachrücken von Ersatzmitgl. unter Berücksichtigung des Grundsatzes, dass beide Gruppen entsprechend ihrem zahlenmäßigen Verhältnis im BR vertreten sein müssen.

Die näheren Einzelheiten zur Aufstellung und zum Einbringen von Wahlvorschlägen bzw. von Vorschlagslisten sowie zur Durchführung der Wahl und zur Feststellung des Wahlergebnisses enthält die VO zur Durchführung der BR-Wahlen bei den Post-UN **(WOP).**

Das 1. Gesetz zur Änderung des PostPersRG,[66] in Kraft getreten am 12.11.2004, hat eine we- 38
sentliche Änderung bei den Wahlvorschriften gebracht. Das **1. PostPersRÄndG** hat in § 26 eine neue Nr. 4a eingefügt. Danach kann jede Gruppe auch **Angehörige der anderen Gruppe** wählen. In diesem Fall gelten die Gewählten, die gruppenfremd kandidiert haben, insoweit als Angehörige derjenigen Gruppe, die sie gewählt hat. Das gilt auch für **Ersatzmitglieder.** Die neue Bestimmung des § 26 Nr. 4a PostPersRG, die mit § 12 Abs. 2 BetrVG a. F. wortgleich ist, eröffnet die Möglichkeit, dass Bea. für die AN-Gruppe kandidieren und umgekehrt. Ein Bea., der für die AN-Gruppe kandidiert und gewählt wird, gilt somit im Sinne des PostPersRG betriebsverfassungsrechtlich der AN-Gruppe zugehörig. Diese gruppenfremde Kandidatur gilt nicht nur bei der **Gruppenwahl,** sondern auch, wenn AN und Bea. vor der Neuwahl die **gemeinsame Wahl** nach § 26 Nr. 3 PostPersRG beschlossen haben.[67] Wird der gruppenfremd kandidierende Wahlbewerber nicht gewählt, bleibt er auch als Ersatzmitglied der anderen Gruppe zugehörig und tritt im Falle des Nachrückens für diese Gruppe in den BR ein.

Bei der Anwendung des PostPersRG und der WOPersVG ergibt sich durch das Prinzip, dass die 39
Bea. bei der Wahl zum BR eine **eigene Gruppe** bilden, sofern sie nicht vor der Wahl in geheimer Abstimmung darauf verzichten (§ 26 Nr. 1 PostPersRG), auch hinsichtlich der zwingenden Berücksichtigung des in der Minderheit im Betrieb befindlichen Geschlechts durch Mindestsitze im Betriebsrat eine Besonderheit. Sie besteht darin, dass das Geschlecht, das innerhalb der jeweiligen Gruppe in der Minderheit ist, mindestens entsprechend seinem zahlenmäßigen Verhältnis **in der Gruppe** vertreten sein muss (§ 4 Abs. 1 Satz 2 WOPersVG). § 15 Abs. 2 BetrVG wird somit in der Weise variiert, dass diese Vorschrift **nicht belegschaftsbezogen** zur Anwendung kommt, sondern **gruppenbezogen.**[68] Das hat wiederum zur Folge, dass das Minderheitsgeschlecht in der AN-Gruppe ein anderes sein kann als in der Bea.-Gruppe und die Mindestquoten je nach Anteil des jeweiligen Minderheitsgeschlechts in der jeweiligen Gruppe unterschiedlich hoch sein können.[69]

Die vorrangige Berücksichtigung der Gruppenquote für Bea. und AN kann dazu führen, 40
dass die **gruppenbezogene Mindestquote** des Minderheitsgeschlechts nicht immer uneingeschränkt berücksichtigt werden kann. Zutreffend wird darauf hingewiesen, dass beispielsweise für ein zu ersetzendes Betriebsratsmitglied der Bea.-Gruppe, das dem Minderheitsgeschlecht angehört, für den Fall, dass innerhalb der Bea.-Gruppe kein diesem Geschlecht angehörender Wahlbewerber als Ersatzmitglied zur Verfügung steht, zunächst die übrigen, als Ersatzmitglieder zur Verfügung stehenden Wahlbewerber aus der Bea.-Gruppe heranzuziehen sind.[70] Erst wenn kein Wahlbewerber für das zu ersetzende Mitglied der Bea.-Gruppe mehr zur Verfügung steht, ist auf die Wahlbewerber der **anderen Gruppe,** also der AN-Gruppe, zurückzugreifen. Dabei sind dann wiederum zunächst die dem **Minderheitsgeschlecht** angehörenden

66 BGBl. I S. 2774.
67 *Schneider,* Das Minderheitsgeschlecht und die Mindestquote, S. 45 f.
68 *Schneider,* Das Minderheitsgeschlecht und die Mindestquote, S. 45.
69 *Altvater u. a.,* Anhang IV B, § 26 PostPersRG, Rn. 6.
70 *Altvater u. a.,* Anhang IV B, § 26 PostPersRG Rn. 12.

Wahlbewerber solange zu berücksichtigen, bis die bei der Wahl für die Bea.-Gruppe festgelegte Mindestquote des Minderheitsgeschlechts bei den Vertretern der Bea.-Gruppe einschließlich der für sie nachgerückten Ersatzmitglieder erreicht ist.[71]

VII. Streitigkeiten

41 Streitigkeiten, die sich auf die Wahlvorschriften beziehen, sind von den ArbG im Beschlussverfahren zu entscheiden (§§ 2a, 80 ff. ArbGG). Verstöße gegen die Wahlbestimmungen können zur **Anfechtung** führen, wenn die Voraussetzungen des § 19 vorliegen. In besonders krassen Fällen kommt die **Nichtigkeit** in Betracht (vgl. § 19 Rn. 39 ff.). Unabhängig von einer Wahlanfechtung oder der Frage der Nichtigkeit können Streitigkeiten aus den Wahlvorschriften schon während des Wahlverfahrens gerichtlich ausgetragen werden.[72] Neben den in § 19 genannten Anfechtungsberechtigten sind auch diejenigen antragsberechtigt, die durch Maßnahmen des WV in ihrem **aktiven oder passiven Wahlrecht** betroffen werden.[73]

§ 14a Vereinfachtes Wahlverfahren für Kleinbetriebe

(1) In Betrieben mit in der Regel fünf bis 100 wahlberechtigten Arbeitnehmern wird der Betriebsrat in einem zweistufigen Verfahren gewählt. Auf einer ersten Wahlversammlung wird der Wahlvorstand nach § 17a Nr. 3 gewählt. Auf einer zweiten Wahlversammlung wird der Betriebsrat in geheimer und unmittelbarer Wahl gewählt. Diese Wahlversammlung findet eine Woche nach der Wahlversammlung zur Wahl des Wahlvorstands statt.
(2) Wahlvorschläge können bis zum Ende der Wahlversammlung zur Wahl des Wahlvorstands nach § 17a Nr. 3 gemacht werden; für Wahlvorschläge der Arbeitnehmer gilt § 14 Abs. 4 mit der Maßgabe, dass für Wahlvorschläge, die erst auf dieser Wahlversammlung gemacht werden, keine Schriftform erforderlich ist.
(3) Ist der Wahlvorstand in Betrieben mit in der Regel fünf bis 100 wahlberechtigten Arbeitnehmern nach § 17a Nr. 1 in Verbindung mit § 16 vom Betriebsrat, Gesamtbetriebsrat oder Konzernbetriebsrat oder nach § 17a Nr. 4 vom Arbeitsgericht bestellt, wird der Betriebsrat abweichend von Absatz 1 Satz 1 und 2 auf nur einer Wahlversammlung in geheimer und unmittelbarer Wahl gewählt. Wahlvorschläge können bis eine Woche vor der Wahlversammlung zur Wahl des Betriebsrats gemacht werden; § 14 Abs. 4 gilt unverändert.
(4) Wahlberechtigten Arbeitnehmern, die an der Wahlversammlung zur Wahl des Betriebsrats nicht teilnehmen können, ist Gelegenheit zur schriftlichen Stimmabgabe zu geben.
(5) In Betrieben mit in der Regel 101 bis 200 wahlberechtigten Arbeitnehmern können der Wahlvorstand und der Arbeitgeber die Anwendung des vereinfachten Wahlverfahrens vereinbaren.

Inhaltsübersicht

71 *Altvater u. a.*, a. a. O.; *Fitting*, § 25 Rn. 39.
72 *BAG* 15.12.72, AP Nr. 1 zu § 14 BetrVG 1972.
73 *LAG Berlin-Brandenburg* vom 18.10.18 – 5 TaBV 364/18; *Fitting*, Rn. 87.

I. Vorbemerkungen

Durch die Corona-Pandemie sind viele gewohnte Abläufe nachhaltig verändert worden. Das trifft insbesondere auch auf das Zusammenarbeiten im Betrieb zu. Hierauf hat der Gesetzgeber mit dem neuen § 129 BetrVG reagiert.[1] 1

Mit dem in Krafttreten des Betriebsrätemodernisierungsgesetzes im Juni 2021 wurden die Regelungen des »neuen« § 129 abgelöst. Der Verordnungsgeber hat Anschlussregelungen für die BR-Wahlen und den Wahlvorstand geschaffen. Dies sind in erster Linie neue Möglichkeiten für den WV seine Arbeit zu digitalisieren. Sonderregelungen für die Zeiten einer Pandemie sind vom Gesetzgeber, wie vom Verordnungsgeber aber nicht gewollt gewesen.[2]

Der Anwendungsbereich des vereinfachten Wahlverfahrens ist durch das Betriebsrätemodernisierungsgesetz erheblich ausgeweitet worden. Nunmehr ist das vereinfachte Wahlverfahren in Betrieben bis **100 AN verpflichtend** anzuwenden. In Betrieben zwischen 101 und 200 AN können Arbeitgeber und Wahlvorstand das vereinfachte Verfahren vereinbaren. Damit soll die Gründung von Betriebsräten befördert werden.[3] Insoweit sind die Änderungen in der Wahlordnung unbedingt auch für das vereinfachte Wahlverfahren zu beachten und umzusetzen. 1a

Schon zur Jahrtausendwende war ein wesentlicher Eckpunkt bei den Änderungen durch das BetrVerf-ReformG 2001 die Stärkung der Bildung von Betriebsräten in Kleinbetrieben. Deshalb ist bei den Wahlvorschriften das vereinfachte Wahlverfahren für **Kleinbetriebe** eingefügt worden. Im damaligen Gesetzgebungsverfahren ist zur Begründung darauf hingewiesen worden, dass gerade in Kleinbetrieben selten BR bestehen würden und ein wesentlicher Grund dafür in dem für diese Betriebe zu aufwändigen und komplizierten Wahlverfahren liege.[4] Daran hat sich bis ins Jahr 2021 nichts geändert. Im Gegenteil ging die Anzahl der Betriebe mit Betriebsrat weiter zurück.[5] Mit dem vereinfachten Wahlverfahren soll daher in Kleinbetrieben die **Errichtung von BR** erleichtert werden. Nunmehr ist die Nutzung der vereinfachten Wahlverfahrens bis **200 AN** möglich.[6] Dies ist ein weiterer Schritt in die richtige Richtung. Ob dieses Werkzeug allein genügt, um zu mehr Betriebsratsgründungen zu kommen, darf weiterhin bezweifelt werden;[7] hierzu bedarf es weitergehender Maßnahmen.[8] Insgesamt ist die Reform trotzdem positiv zu werten, weil sie die Gründung von Betriebsräten erleichtern wird.

Bei der Durchführung der BR-Wahl im vereinfachten Wahlverfahren ist genauso wie im normalen Wahlverfahren einzuhalten, dass das **dritte Geschlecht** divers beachtet werden muss. Es gelten insoweit die gleichen Ausführungen, wie zu normalen Wahlverfahren auch.[9]. Insbesondere die Änderungen in der WO in den § 2, 3, 4, 5, 15 und 31 sind zu beachten. 1b

Bei den AN-Zahlen als **Schwellenwerten** für die Anwendung des vereinfachten Wahlverfahrens orientiert sich die Vorschrift an § 9, der bei der zahlenmäßigen Größe des BR in den ersten Stufen ebenfalls von wahlberechtigten AN ausgeht. Die Zahl der regelmäßig beschäftigten AN kann **höher liegen** als die Zahl der wahlberechtigten AN (zur Wahlberechtigung vgl. § 7 Rn. 10 ff.). Das bedeutet beispielsweise, dass in einem Betrieb mit 210 AN, von denen nur 200 AN wahlberechtigt sind, die Anwendung des vereinfachten Wahlverfahrens zwischen WV und AG vereinbart werden kann. Sind allerdings unter den 210 AN des Betriebes bereits 201 wahlberechtigte AN, ist eine solche Vereinbarung nicht zulässig. Die BR-Wahl ist dann **nur** nach dem normalen Wahlverfahren durchzuführen. Andernfalls wäre die Wahl anfechtbar. Ab dem Wahljahr 2014 müssen viele Wahlvorstände verstärkt darauf achten, ob für sie noch 2

---

1 Die Nutzung der Vorschrift des § 129 war zunächst bis zum 31.12.20 begrenzt und ist dann bis 30.6.21 erweitert worden.
2 *Carlson/Kummert*, AiB 1/22, 35 ff.; *Homburg*, AuR-Express, 3–22.
3 www.bmas.de/DE/Service/Gesetze-und-Gesetzesvorhaben/betriebsraetemodernisierungsgesetz.html, S. 11 f.
4 BT-Drucks. 14/5741, S. 36, zu Nr. 12.
5 *Fitting*, Rn. 1, Richardi-*Thüsing*, Rn. 1.
6 BT-Drucks. 14/5741, a.a.O.
7 Trendreport Betriebsratswahlen 2018, S. 3.
8 Umfassend mit Vorschlägen hierzu *Daniel Klocke* in seinem Rechtsgutachten zur erweiterten Geltung des vereinfachten Wahlverfahrens zum BetrVG von 2018.
9 Vgl. zu den Änderungen § 15 Rn. 11.

§ 14a anwendbar ist, weil auf Grund der geänderten Rechtsprechung des BAG[10] die Leih-AN grundsätzlich mitzählen. Ebenso muss die Absenkung des Wahlalters für die aktive Wahl auf 16 Jahre beachtet werden. In den Fällen, in denen nicht ganz eindeutig feststeht, wie viele AN »regelmäßig« beschäftigt sind, können sich, wenn die entsprechenden AN-Zahlen nahe bei den zahlenmäßigen Schwellenwerten liegen, also bei ungefähr 100 AN oder 200 AN, Schwierigkeiten hinsichtlich der Anwendung des vereinfachten Wahlverfahrens ergeben. Die »in der Regel« beschäftigten AN stellen **keine absolute Größe** dar. Entscheidend ist die Zahl der AN, und damit auch die Zahl der wahlberechtigten AN, die üblicherweise im Betrieb beschäftigt werden. Zu deren Feststellung bedarf es eines **Rückblicks** in die Vergangenheit und der **Einschätzung** der zukünftigen Entwicklung.[11] In **Grenzfällen** hat der WV einen gewissen Beurteilungsspielraum.[12] Eine unzutreffende Einschätzung des WV, ob die Voraussetzungen des § 14a zur Durchführung des vereinfachten Wahlverfahrens vorliegen, macht die Wahl allerdings grundsätzlich anfechtbar.[13]

3 Das vereinfachte Wahlverfahren findet nicht nur bei der erstmaligen BR-Wahl statt. Sofern die Voraussetzungen vorliegen, kommt es auch bei den **weiteren Wahlen** zur Anwendung. Eine Wahlmöglichkeit zwischen den beiden Wahlverfahren besteht nicht.[14] In Betrieben mit 101 bis 200 AN setzt dies vor jeder Wahl eine entsprechende Vereinbarung zwischen WV und AG voraus (vgl. Rn. 33). Eine einmal getroffene Vereinbarung bringt somit **keine Dauerwirkung** auch für folgende Wahlen. Die Möglichkeit, eine solche Vereinbarung dauerhaft zu schließen, ist jedoch nicht möglich, weil jeder WV selbst beschließen muss, wie die Wahl durchgeführt wird.[15] Ist allerdings eine nach dem vereinfachten Wahlverfahren durchgeführte BR-Wahl erfolgreich angefochten worden, so gilt die zwischen WV und AG getroffene Vereinbarung auch für die Wiederholung der Wahl, es sei denn, die Vereinbarung selbst hat die Unwirksamkeit der Wahl verursacht.[16]

4 Die Durchführung der Wahl nach dem vereinfachten Wahlverfahren in Betrieben mit in der Regel 101 bis 200 wahlberechtigten AN (Abs. 5) bedarf einer **ausdrücklichen** oder **konkludenten Vereinbarung** zwischen WV und AG. Es sind also zwei übereinstimmende Willenserklärungen erforderlich. Beschließt der WV in Anwesenheit der AG-Seite auf einer Betriebs- bzw. Wahlversammlung die Durchführung der BR-Wahl nach dem vereinfachten Wahlverfahren und schweigt der AG zu diesem Beschluss, so liegt darin noch keine Zustimmung der AG-Seite nach § 14a Abs. 5.[17] Die unstatthafte Durchführung der Wahl nach den Regelungen des vereinfachten Wahlverfahrens ist ein Verstoß gegen wesentliche Wahlvorschriften i. S. d. § 19 Abs. 1 und macht die Wahl anfechtbar.[18]

5 Die Regelungen des § 14a unterscheiden zwischen einem zweistufigen und einem einstufigen Wahlverfahren. Das **zweistufige Wahlverfahren** kommt zur Anwendung, wenn ein unter den Anwendungsbereich des § 14a fallender betriebsratsloser Betrieb besteht und ein WV nicht durch den GBR, den KBR oder das ArbG bestellt worden ist (vgl. im Einzelnen Rn. 6 ff.). Das **einstufige Wahlverfahren** ist anzuwenden, wenn ein WV bereits vorhanden ist, der die BR-Wahl durchführt (vgl. im Einzelnen Rn. 22).

6 Bei den folgenden Erläuterungen sind neben den in § 14a festgelegten Grundsätzen die Regelungen der §§ 28 bis 37 der WO zum BetrVerf-ReformG zu beachten. Sie enthalten die wesentlichen Grundlagen für die wahltechnische Durchführung des vereinfachten Wahlverfahrens.

---

10 *BAG* 13.3.13 – 7 ABR 69/11.
11 *BAG*, NZA 93, 955.
12 *BAG*, a. a. O.; zum Begriff »in der Regel« vgl. eingehend § 9 Rn. 6 ff.
13 Vgl. Rn. 13; sowie *Fitting*, Rn. 4.
14 Richardi-*Thüsing*, Rn. 2.
15 Richardi-*Thüsing*, Rn. 2.
16 A. A. Richardi-*Thüsing*, Rn. 2.
17 *BAG* 19.11.03, AiB 04, 432, AuR 04, 309.
18 *BAG*, a. a. O.

II. Das zweistufige vereinfachte Wahlverfahren (Abs. 1, 2)

Findet das zweistufige Wahlverfahren statt, weil § 14a anzuwenden und ein WV nicht bestellt worden ist, können die **Einladungsberechtigten** zur ersten Wahlversammlung zur Wahl eines WV einladen. Einladungsberechtigt sind drei wahlberechtigte AN des Betriebs (zur Wahlberechtigung vgl. § 7) oder die im Betrieb vertretene Gewerkschaft (vgl. § 2 Rn. 29 f.). Die Einladung hat schriftlich zu erfolgen. Der AG hat einen entsprechenden Aushang bzw. eine Verteilung, auch durch einen Gewerkschaftsvertreter zu dulden; andernfalls liegt eine strafbare Wahlbehinderung nach § 119 Abs. 1 vor. 7

Die Einladung hat **zwingend** zu enthalten: die Angabe des Tages, an dem die Versammlung stattfindet und den Beginn; den Ort der Durchführung und den Hinweis, dass ab der Bestellung des WV bis zum Ende der Wahlversammlung Wahlvorschläge gemacht werden können; dass Wahlvorschläge von einer bestimmten Anzahl Wahlberechtigter unterzeichnet sein müssen und Wahlvorschläge, die erst in der Wahlversammlung zur Wahl des WV gemacht werden, **nicht der Schriftform** bedürfen (vgl. § 28 Abs. 1 Satz 5 WO). Der besondere Kündigungsschutz des § 15 Abs. 3a KSchG für die Initiatoren einer BR-Wahl nach § 14a BetrVG hängt aber nicht davon ab, dass die Einladung zur Wahlversammlung den Anforderungen des § 28 Abs. 1 Satz 5 WO entspricht. Es ist ausreichend, dass die Einladung von drei wahlberechtigten AN unterzeichnet wurde und Angaben zu Ort und Zeit der Versammlung enthält.[19] Die Einladung kann auch ergänzend (bzw. ausschließlich, § 28 Abs. 1 Satz 4 i. V. m. § 2 Abs. 4 Satz 4 WO) mittels der im Betrieb vorhandenen Informations- und Kommunikationstechnik, z. B. durch Intranet, bekannt gemacht werden (§ 28 Abs. 1 Satz 4 WO). Der AG hat die im Betrieb vorhandene Informations- und Kommunikationstechnik **zur Verfügung zu stellen.**[20] Das gilt auch, wenn eine im Betrieb vertretene Gewerkschaft zur Wahlversammlung einladen will.[21] Nach erfolgtem Aushang hat der AG der einladenden Stelle alle für die Anfertigung der Wählerliste (§ 2 WO) erforderlichen Unterlagen in einem versiegelten Umschlag auszuhändigen (§ 28 Abs. 2 WO). Zwischen der Bekanntgabe der Einladung und der ersten Wahlversammlung muss nach § 28 Abs. 1 S. 2 WO eine Frist von **mindestens 7 Tagen** liegen (zur Fristberechnung vgl. § 41 WO Rn. 2). Der Tag der Bekanntgabe zählt nicht mit (§ 187 Abs. 1 BGB). Wird beispielsweise die Einladung an einem Mittwoch bekannt gemacht, beginnt die Frist nach § 28 Abs. 1 S. 2 WO am Donnerstag zu laufen und endet am Mittwoch der nächsten Woche. Die Wahlversammlung zur Wahl des WV darf daher frühestens am nächsten Tag, also am Donnerstag durchgeführt werden. 8

Die Einladenden üben im Versammlungsraum grundsätzlich das **Hausrecht** aus. Es erstreckt sich auf die mit der Durchführung der Versammlung notwendigen Handlungen, einschließlich der Sicherung des Zugangsrechts zum Versammlungsraum. Die Versammlung findet nach § 44 Abs. 1 grundsätzlich während der Arbeitszeit statt. Die Zeit der Teilnahme ist den AN wie Arbeitszeit zu vergüten. Das gilt auch für ggf. entstehende besondere Fahrtkosten. 9

Abstimmungsberechtigt sind alle AN des Betriebes, die an der Versammlung teilnehmen. Eine **bestimmte Mindestzahl** von teilnehmenden AN an der Versammlung ist nicht erforderlich. Die Wahl eines Versammlungsleiters ist nicht zwingend. Die Einladenden selbst können die Versammlung bis zur Wahl des WV leiten. 10

Ein Teilnahmerecht des AG an der Wahlversammlung besteht nicht. Der AG oder von ihm beauftragte und sachkundige Personen haben sich jedoch bereit zu halten, falls der WV, wenn er gewählt ist, über die vom AG erstellten Unterlagen (vgl. Rn. 7; vgl. auch § 28 Abs. 2 WO) hinaus weitere Angaben zur Anfertigung der Wählerliste benötigt (vgl. auch Rn. 12). 11

Wahlvorschläge zur Wahl des WV können sowohl aus der Mitte der Versammlung gemacht werden als auch von den Einladenden kommen. Der WV wird von der Mehrheit der anwesenden AN, nicht nur der wahlberechtigten, gewählt. Als WV-Mitglieder kommen aber nur wahlberechtigte AN des Betriebs in Betracht. Die Wählbarkeit ist nicht erforderlich. Die Zahl 12

19 *LAG Berlin* 25.6.03 – 17 Sa 531/03.
20 Vgl. umfassend *Schneider/Wedde*, AuR 1–2/07, 26 ff.
21 *Fitting*, Rn. 12.

der WV-Mitglieder ist auf drei beschränkt (Ausschluss des § 16 Abs. 1 Satz 2 BetrVG, vgl. § 17a Nr. 2). Die Bestellung von Ersatzmitgliedern ist zulässig.

13 Die **Wahl des WV** durch geheime Wahl ist nicht vorgeschrieben. Sie würde im Übrigen dem Grundsatz der Vereinfachung des Wahlverfahrens widersprechen, da bei geheimer Wahl die Verwendung von Stimmzetteln erforderlich wäre. Die Wahl des WV kann somit durch **Handaufheben** vorgenommen werden. Abzustimmen ist prinzipiell über die einzelnen Kandidaten. Nach den Grundsätzen der Vereinfachung des Verfahrens kann jedoch eine Abstimmung über einen **kompletten Vorschlag** erfolgen, der drei WV-Mitglieder und Ersatzmitglieder enthält, sofern sich letztere nur in dieser Eigenschaft zur Verfügung stellen. Werden allerdings mehr als drei Bewerber für das Amt als WV-Mitglied vorgeschlagen, hat eine (formlose) Abstimmung zu erfolgen. Für die Wirksamkeit der Wahl genügt die **Mehrheit der anwesenden AN.** Sind beispielsweise 30 AN in der Versammlung anwesend, sind für die Wirksamkeit eines Vorschlags 16 Stimmen notwendig. Ist die Wahl des WV erfolgt, ist von der Versammlung eines der WV-Mitglieder zum **Vorsitzenden** des WV zu wählen; auch hier genügt die Mehrheit der anwesenden AN. Unterlässt die Versammlung die Wahl des Vorsitzenden, wählen ihn die WV-Mitglieder aus ihrer Mitte.

14 Stellt der WV nach seiner Wahl und der Prüfung der vom AG übergebenen Unterlagen fest, dass im Betrieb **mehr als 100 wahlberechtigte AN** beschäftigt sind, darf er die Wahl **nicht** ohne weiteres im vereinfachten Wahlverfahren durchführen. Er kann jedoch, wenn die Zahl der wahlberechtigten AN zwischen 101 und 200 Beschäftigten beträgt, mit dem AG die Anwendung des vereinfachten Wahlverfahrens **vereinbaren** (vgl. Rn. 3 a). Das weitere Verfahren richtet sich nach den Vorschriften über das einstufige Wahlverfahren.[22] Eine solche Vereinbarung ist nicht möglich, wenn die Zahl der wahlberechtigten **AN über 200** liegt. Das weitere Verfahren bestimmt sich dann nach den Regelungen des normalen Wahlverfahrens.[23]

15 Der WV hat noch in der Versammlung eine **Wählerliste,** getrennt nach den Geschlechtern, zu erstellen (§ 30 Abs. 1 Satz 2 WO). Darin sind die Wahlberechtigten mit Familienname, Vorname und Geburtsdatum zu erfassen. Der AG hat den WV zu unterstützen und ihm zusätzlich zu den bereits der einladenden Stelle überreichten Unterlagen zur Anfertigung der Wählerliste alle notwendigen weiteren Auskünfte zu erteilen und Unterlagen zur Verfügung zu stellen. Außerdem ist ein **Wahlausschreiben** in der Versammlung zu erlassen (§ 31 WO).[24] Es ist in der Versammlung bekannt zu geben und im Betrieb auszuhängen. Die Wählerliste ist darüber hinaus zusammen mit der Wahlordnung an geeigneter Stelle im Betrieb auszulegen.

16 Das **Wahlausschreiben** (§ 31 Abs. 1 Satz 3 WO) hat bestimmte **Mindestangaben** zu enthalten:

- das Datum des Erlasses;
- die Bestimmung des Ortes, an dem die Wählerliste und die WO ausliegen;
- den Hinweis, dass nur AN wählen können oder gewählt werden können, die in die Wählerliste eingetragen sind;
- dass Einsprüche gegen die Wählerliste nur vor Ablauf von drei Tagen seit Erlass des Wahlausschreibens schriftlich beim WV eingelegt werden können; der letzte Tag der Frist ist anzugeben;
- den Anteil der Geschlechter und den Hinweis, dass das Minderheitsgeschlecht im BR mindestens entsprechend seinem zahlenmäßigen Verhältnis vertreten sein muss, sofern der BR aus mindestens drei Mitgliedern besteht;
- die Zahl der zu wählenden BR-Mitgl. und die Angabe, wie viele BR-Sitze mindestens dem Minderheitsgeschlecht auf Grund des Geschlechteranteils zustehen;
- die Mindestzahl von AN, von denen ein Wahlvorschlag unterstützt sein muss, und den Hinweis, dass Wahlvorschläge der im Betrieb vertretenen Gew. von zwei Beauftragten unterzeichnet sein müssen;
- dass Wahlvorschläge bis zum Abschluss der Wahlversammlung zur Wahl des WV bei diesem eingereicht sein müssen;

22 *Berg,* AiB 02, 17, 23; *Fitting,* Rn. 23.
23 *Fitting,* a. a. O.
24 Muster bei DKWF-*Berg/Heilmann,* §§ 7–20 Rn. 25, 75, 79.

- den Hinweis, dass Wahlvorschläge, die erst auf der Wahlversammlung zur Wahl des WV gemacht werden, nicht der Schriftform bedürfen;
- die Bestimmung des Orts, an dem Wahlvorschläge bis zum Abschluss der Stimmabgabe aushängen;
- den Hinweis, dass die Stimmabgabe an die Wahlvorschläge gebunden ist und nur solche Wahlvorschläge berücksichtigt werden, die fristgerecht eingereicht worden sind;
- Ort, Tag und Zeit der Stimmabgabe (zweite Wahlversammlung) und der nachträglichen Stimmabgabe für schriftlich abstimmende AN (§ 14a Abs. 4), wobei das Verlangen auf schriftliche Stimmabgabe spätestens drei Tage vor der zweiten Wahlversammlung gestellt sein muss, Angabe der Betriebsteile, für die schriftliche Stimmabgabe beschlossen worden ist;
- den Ort, an dem die schriftlichen Stimmen (§ 14a Abs. 4) sowie Einsprüche und sonstige Erklärungen gegenüber dem WV abgegeben werden können (Betriebsadresse des WV);
- Ort, Tag und Zeit der öffentlichen Stimmauszählung.

Die Wahlvorschläge sind bei dem WV in der Wahlversammlung bis zum **Schluss der Versammlung** einzureichen. In der Versammlung **mündlich gemachte** Wahlvorschläge bedürfen, abweichend von § 14 Abs. 4, nicht der Schriftform. Die nach § 14 Abs. 4 erforderliche Unterstützung durch **mindestens drei Wahlberechtigte** bzw. in Betrieben mit bis zu zwanzig wahlberechtigten AN durch **mindestens zwei Wahlberechtigte** kann auch durch Handzeichen erfolgen. Ein Wahlvorschlag kann auch durch Wahlbewerber oder WV-Mitglieder unterstützt werden.[25] Wenn verschiedene Wahlvorschläge erfolgen, ist jeweils die Unterstützung durch die entsprechende Anzahl von Wahlberechtigten erforderlich. Der WV hat darauf zu achten, dass verschiedene Wahlvorschläge nicht von denselben AN unterstützt werden. Es können in der Versammlung aber auch Wahlvorschläge in **Schriftform** eingereicht werden. Das wird vor allem in Betracht kommen, wenn wahlberechtigte AN oder auch Wahlbewerber an der Versammlung zur Wahl des WV nicht teilnehmen können und eine Person ihres Vertrauens bitten, den Wahlvorschlag nach der Wahl des WV bei diesem einzureichen.[26] Solche Wahlvorschläge bedürfen der Unterzeichnung der in § 14 Abs. 4 vorgesehenen Anzahl wahlberechtigter AN. Vorschläge von Gewerkschaften müssen von zwei Beauftragten unterzeichnet sein. 17

Nach **Beendigung der Wahlversammlung** zur Wahl des WV können Wahlvorschläge nicht mehr eingereicht werden. Die Wahlversammlung ist **beendet,** wenn der WV die eingereichten Wahlvorschläge geprüft und erforderliche Rückfragen geklärt hat. Bevor der WV das Ende der Wahlversammlung feststellt, sollte er die AN auf den bevorstehenden Versammlungsschluss hinweisen für den Fall, dass einzelne Wahlberechtigte noch Vorschläge einreichen wollen.[27] 18

Die wesentlichen Vorgänge in der Wahlversammlung sind zu **protokollieren.** Das betrifft insbesondere die gemachten Wahlvorschläge und die Anzahl der Stützunterschriften, aber auch sonstige Vorgänge, wie etwa Probleme bei der Erstellung der Wählerliste. Unmittelbar nach Abschluss der Wahlversammlung hat der WV die gültigen Wahlvorschläge in gleicher Weise bekannt zu machen wie das Wahlausschreiben (§ 33 Abs. 4 WO). 19

Nach Durchführung der ersten Wahlversammlung hat der WV die Wahl selbst, die in einer **zweiten Wahlversammlung** erfolgt, vorzubereiten. Er hat somit dafür zu sorgen, dass ein geeigneter Platz für die Stimmabgabe zur Verfügung steht, in dem die geheime Stimmabgabe (etwa durch Trennwände) möglich ist. Das kann ein Raum in einer Gaststätte sein, sollten keine innerbetrieblichen Möglichkeiten zur Verfügung stehen. Es genügt aber auch bei entsprechender Vorbereitung ein öffentlicher Platz.[28] Vor allem ist für die Anfertigung der **Stimmzettel** auf der Grundlage der Wahlvorschläge zu sorgen. Auf den Stimmzetteln sind die Wahlbewerber, **unabhängig** von der Reihenfolge, in der sie vorgeschlagen sind, in alphabetischer Reihenfolge unter Angabe von Familienname, Vorname und Art der Beschäftigung im Betrieb aufzuführen. 20

25 *Fitting*, Rn. 32.
26 *Fitting*, Rn. 30.
27 *Fitting*, Rn. 34.
28 *ArbG Kiel* 13.11.03 – 1 BV 34 d/03.

21 Die **Einspruchsfrist** gegen die Wählerliste endet bei dem zweistufigen Wahlverfahren bereits drei Tage nach Erlass des Wahlausschreibens, also drei Kalendertage nach Durchführung der ersten Wahlversammlung, wobei der Tag dieser Versammlung nicht mitzählt (§ 30 Abs. 2 WO).

22 In der zweiten Wahlversammlung, die **eine Woche nach der Wahl des WV** stattfindet, wird der BR in **geheimer und unmittelbarer Wahl** von den wahlberechtigten AN gewählt (zur Fristberechnung vgl. § 13 Rn. 7). Die Wähler bekommen im Wahlraum einen Stimmzettel und einen Wahlumschlag ausgehändigt. Sie müssen Gelegenheit haben, den Stimmzettel unbeobachtet auszufüllen. Der Wähler hat **so viele Stimmen, wie BR-Mitglieder** zu wählen sind. Er darf weniger Wahlbewerber wählen, aber nicht mehr. Nach erfolgter Stimmabgabe wird der Stimmzettel in den Wahlumschlag gelegt. Nachdem der WV die Stimmabgabe in der Wählerliste vermerkt hat, wird der Wahlumschlag mit dem darin befindlichen Stimmzettel in die Wahlurne geworfen.

23 Nach Beendigung des Wahlvorgangs darf eine **Öffnung der Wahlurne** und die Stimmauszählung nur erfolgen, **wenn keine schriftlichen Stimmabgaben** mehr ausstehen (zur schriftlichen Stimmabgabe vgl. Rn. 24 ff.). Hat der WV Unterlagen für die schriftliche Stimmabgabe versandt bzw. an schriftlich Abstimmende übergeben und stehen noch solche Stimmen aus, ist die Wahlurne zu versiegeln und so lange sicher aufzubewahren, bis der Zeitpunkt für die Frist zur nachträglichen Stimmabgabe abgelaufen ist (§ 35 Abs. 3 WO). Ist die Frist abgelaufen, werden die schriftlichen Stimmen geprüft, ob sie **ordnungsgemäß** sind. Ist das der Fall, wird die Stimmabgabe in der Wählerliste vermerkt und der Wahlumschlag mit dem darin befindlichen Stimmzettel in die Wahlurne geworfen. Auf diese Weise erfolgt eine Vermischung der schriftlichen Stimmen mit den in der zweiten Wahlversammlung abgegebenen Stimmen. Sodann erfolgt in einem weiteren Schritt öffentlich eine **Auszählung der Stimmen** und die Bekanntgabe des (vorläufigen) Wahlergebnisses.

24 Es sind, da die Wahl nach den Grundsätzen der Mehrheitswahl durchgeführt wurde, die Bewerber mit den **meisten Stimmen** gewählt. Hat somit der BR aus einer Person zu bestehen, bildet der Wahlbewerber den BR, der die meisten Stimmen erhalten hat. Besteht der BR aus drei Mitgliedern, sind grundsätzlich die Wahlbewerber gewählt, auf die in dieser Reihenfolge die meisten Stimmen entfallen sind. Die anderen Wahlbewerber sind in der Reihenfolge der erhaltenen Stimmen **Ersatzmitglieder.** Soweit § 15 Abs. 2 Anwendung findet, also das in der Minderheit befindliche Geschlecht eine Mindestanzahl von BR-Sitzen erhält, greift ein besonderer Auszählungsmodus (zu den Einzelheiten vgl. § 15 Rn. 16 f. und § 5 WO). Die Gewählten sind zu fragen, ob sie die Wahl annehmen. Nehmen sie die Wahl an, sind sie gewählt (§ 17 WO); ebenso, wenn sie sich nicht zu ihrer Wahl äußern. Nur dann, wenn sie die Wahl ausdrücklich nicht annehmen, gelten sie als nicht gewählt (§ 17 WO). An ihrer Stelle kommt das an erster Stelle stehende Ersatzmitglied in den BR. Das endgültige Wahlergebnis hat der WV durch **Aushang** bekannt zu machen.

III. Das einstufige vereinfachte Wahlverfahren (Abs. 3)

25 Nicht das zweistufige, sondern das **einstufige Verfahren** kommt zur Anwendung, wenn eine Wahlversammlung zur Bildung eines WV nicht erforderlich ist. Das ist in folgenden Fällen gegeben:

- In einem Betrieb nach § 14a besteht bereits ein BR; dieser bestellt den WV, und zwar vier Wochen vor Ablauf der Amtszeit (§ 17a i. V. m. § 16 Abs. 1 Satz 1).
- Es besteht ein BR, dieser bleibt aber untätig. Die Bestellung des WV erfolgt durch das ArbG auf Antrag von mindestens drei Wahlberechtigten oder einer im Betrieb vertretenen Gew. (§ 17a i. V. m. § 16 Abs. 2).
- Es besteht kein BR, der WV wird jedoch vom GBR oder, wenn ein solcher nicht besteht, vom KBR bestellt (§ 17a i. V. m. § 17 Abs. 1).
- Ein BR besteht nicht, die einberufene Wahlversammlung zur Wahl eines WV kommt nicht zustande oder sie kommt zwar zustande, wählt aber keinen WV. Die Bestellung des WV erfolgt durch das ArbG auf Antrag von mindestens drei Wahlberechtigten oder einer im Betrieb vertretenen Gew. (§ 17a Nr. 4 i. V. m. § 17 Abs. 4).

- Ebenfalls kommt das einstufige vereinfachte Wahlverfahren zur Anwendung, wenn sich nach Bildung eines Wahlvorstandes, dieser und der AG auf die Anwendung des vereinfachten Verfahrens i. S. v. Absatz 5 dieser Vorschrift verständigen (vgl. hierzu V.). 26

Sofern ein WV nach einer dieser Varianten zustande gekommen ist, wird der BR in einer nunmehr vom WV einberufenen Wahlversammlung gewählt. Bei diesem einstufigen Verfahren gibt es bestimmte **Abweichungen** zu dem zweistufigen Wahlverfahren (§ 36 WO). Der WV erstellt unverzüglich die Wählerliste und erlässt das Wahlausschreiben grundsätzlich mit den Angaben, wie sie auch bei dem zweistufigen Wahlverfahren zu machen sind (vgl. Rn. 13).[29] Es ist darauf hinzuweisen, an welchen Stellen im Betrieb die Wählerliste ausliegt. Im Wahlausschreiben, das auch ergänzend (bzw. ausschließlich, § 36 Abs. 3 Satz 3 i. V. m. §§ 31 Abs. 2 Satz 3, 2 Abs. 4 Satz 4 WO) mittels der im Betrieb vorhandenen Informations- und Kommunikationstechnik bekannt gemacht werden kann (§ 36 Abs. 3 Satz 3 i. V. m. § 31 Abs. 2 WO), hat der Hinweis zu erfolgen, dass die **Wahlvorschläge bis spätestens eine Woche** vor der Durchführung der Wahlversammlung zur Wahl des BR (§ 14a Abs. 3 Satz 2) beim WV **schriftlich** eingereicht werden und von der in § 14 Abs. 4 vorgesehenen Anzahl von AN mit Stützunterschriften versehen werden müssen. Das Gesetz sieht mit der Festlegung, dass Wahlvorschläge spätestens eine Woche vor dem Tag der Wahlversammlung beim WV einzureichen sind, lediglich das **Fristende** vor, die Dauer der Frist ist dagegen nicht vorgeschrieben. Es muss jedoch eine **angemessene Frist** zur Verfügung stehen. Allgemein wird eine Orientierung an der Wertung des § 28 Abs. 1 Satz 2 WO befürwortet und eine Frist von einer Woche zur Einreichung von Wahlvorschlägen als ausreichend angesehen.[30] Angesichts der zeitlichen Vorgaben beim einstufigen vereinfachten Verfahren, die bei der letztmöglichen Bestellung des WV bedenklich kurz bemessen sind,[31] wird eine kürzere Einreichungsfrist nicht immer zu vermeiden sein. Eine zu kurze Frist kann jedoch zur **Anfechtung** nach § 19 Abs. 1 führen.[32] Ein wesentlicher Unterschied zum zweistufigen Wahlverfahren liegt außerdem in der zwingend vorgeschriebenen Schriftform bei der Einreichung von Wahlvorschlägen. Die Wahlversammlung zur Wahl des BR läuft im Übrigen grundsätzlich in derselben Weise ab wie beim zweistufigen Wahlverfahren. 27

IV. Die schriftliche Stimmabgabe (Abs. 4)

Wahlberechtigten, die an der Wahlversammlung zur Wahl des BR nicht teilnehmen konnen, weil sie aus persönlichen oder dienstlichen Gründen verhindert sind, ist Gelegenheit zur **schriftlichen Stimmabgabe (Briefwahl)** zu geben. Die Regelung gilt sowohl für das einstufige als auch das zweistufige Wahlverfahren. Diese Wahlberechtigten müssen das Verlangen auf schriftliche Stimmabgabe **spätestens drei Tage** vor dem Tag der Wahlversammlung zur Wahl des BR dem WV mitgeteilt haben. Findet beispielsweise die Wahlversammlung zur Wahl des BR an einem Freitag statt, so ist das Verlangen zur Übersendung der Unterlagen zur schriftlichen Stimmabgabe bis zum Ablauf des Montags dieser Woche (Arbeitsschluss) beim WV zu stellen; bei Stattfinden der Wahlversammlung am Montag bis Ablauf des Donnerstags, Arbeitsschluss der Vorwoche. Werden Anträge auf schriftliche Stimmabgabe gestellt, verschiebt sich die Stimmauszählung. Die dadurch erforderlich werdende nachträgliche schriftliche Stimmabgabe hat der WV unter Angabe des Orts, des Tags und der Zeit der Stimmauszählung bekannt zu machen (§ 35 Abs. 2 WO; vgl. auch Rn. 27). 28

Die WO sieht **keine konkrete Frist** für die nachträgliche schriftliche Stimmabgabe vor. Es ist daher davon auszugehen, dass die Frist so zu bemessen ist, dass unter Berücksichtigung der Bedingungen im Betrieb und der normalen Postlaufzeit eine ordnungsgemäße Briefwahl möglich ist. Die Auffassungen darüber, welche Frist angemessen ist, gehen erheblich auseinander. Sie 29

29 Zu dem Muster eines Wahlausschreibens beim einstufigen vereinfachten Wahlverfahren vgl. DKWF-*Berg/Heilmann/Schneider*, §§ 7–20 Rn. 75.

30 *HessLAG* 23. 1. 03, AuR 03, 158; *Fitting*, § 36 WO Rn. 11; GK-*Jacobs*, Rn. 94; Richardi-*Thüsing*, § 36 WO Rn. 5; zur Berechnung der Frist vgl. § 41 WO Rn. 3a.

31 Vgl. dazu Richardi-*Thüsing*, § 36 WO Rn. 14.

32 Vgl. *HessLAG*, a. a. O., für den Fall, dass zur Einreichung von Wahlvorschlägen nur wenige Stunden zur Verfügung stehen.

reichen von mindestens drei Tagen bis längstens eine Woche.[33] Da bei dem vereinfachten Wahlverfahren die Fristen nicht zu lang sein dürfen, wird im allgemeinen eine Frist von vier Tagen nach der Wahlversammlung zur Wahl des BR ausreichend sein (vgl. auch § 35 WO Rn. 4).

30 Der WV hat solchen Wahlberechtigten, die wegen der **Eigenart ihres Beschäftigungsverhältnisses** zum Zeitpunkt der Wahlversammlung zur Wahl des BR voraussichtlich nicht im Betrieb sein werden, die Unterlagen für die schriftliche Stimmabgabe vor der zweiten Wahlversammlung zuzusenden. Der AG hat den WV bei der Feststellung dieses Personenkreises zu unterstützen. Die Übersendung der Unterlagen hat auch für die **Betriebsteile** zu erfolgen, bei denen der WV die schriftliche Stimmabgabe beschlossen hat.

31 Die Unterlagen für die schriftliche Stimmabgabe (Briefwahl) bestehen aus dem **Wahlvorschlag,** dem **Stimmzettel** und dem **Wahlumschlag,** in den der Stimmzettel nach seiner Ausfüllung gelegt wird, dem **Wahlausschreiben,** einer **vorgedruckten Erklärung,** mit der der Wähler durch seine Unterschrift die persönliche Kennzeichnung des Stimmzettels versichert, und einem **größeren Freiumschlag,** der die Anschrift des WV und als Absender den Namen und die Anschrift des Wahlberechtigten sowie den Vermerk »Schriftliche Stimmabgabe« trägt.

32 Die Aushändigung bzw. die Übersendung der Unterlagen für die schriftliche Stimmabgabe ist in der **Wählerliste zu vermerken.** Die dem WV wieder zugehenden schriftlichen Stimmabgaben sind bis zum Ablauf der Frist für die nachträgliche Stimmabgabe **ungeöffnet und sicher** aufzubewahren. Erst mit Ablauf dieser Frist werden in einer **öffentlichen Sitzung,** in der die Stimmauszählung erfolgt, die größeren Freiumschläge geöffnet und der Wahlumschlag sowie die getrennt beigefügte Erklärung über die persönliche Kennzeichnung entnommen. Bei ordnungsgemäßer Stimmabgabe wird die schriftliche Stimme, also der Wahlumschlag mit dem darin befindlichen Stimmzettel, nach Vermerk der Stimmabgabe **in die Wahlurne geworfen** und so den im Wahlraum abgegebenen Stimmen beigemischt (§ 35 Abs. 3 WO). Erst dann erfolgt die **Auszählung** der Stimmen und die Bekanntgabe des **Wahlergebnisses** (§ 35 Abs. 4 WO; vgl. auch Rn. 20).

V. Anwendbarkeit auf Grund von Vereinbarung (Abs. 5)

33 Die Anwendbarkeit des erheblich günstigeren vereinfachten Wahlverfahrens in Betrieben zwischen 101 und 200 AN bedarf der Vereinbarung zwischen Wahlvorstand und AG. Dies stellt in Betrieben dieser Größenordnung, die noch ohne Betriebsrat sind, eine besondere Hürde dar, weil sich die Wahl in jeder Hinsicht für den unerfahrenen Wahlvorstand verkompliziert und damit fehleranfälliger wird. Insoweit hatte der DGB schon länger gefordert, dass die verpflichtende Anwendung des Vereinfachten Verfahrens auch auf diese Betriebe ausgedehnt wird.[34]

34 Die Vereinbarung kann sowohl explizit zwischen Wahlvorstand und AG geschlossen werden, als auch konkludent, z. B. durch Duldung durch den AG.[35] Eine mündliche Vereinbarung ist hierfür ausreichend.[36] Es ist jedoch eine schriftliche Vereinbarung empfehlenswert, um Beweisschwierigkeiten in Streitfällen zu vermeiden (vgl. auch Rn. 3). Die Vereinbarung auf Anwendung des Vereinfachten Verfahrens kann auch im Vorfeld der Wahl durch den existierenden Betriebsrat geschlossen werden, unterliegt dann jedoch der Prüfung durch den jeweiligen Wahlvorstand. Findet die Wahl im vereinfachten Wahlverfahren statt, obwohl es keine Vereinbarung hierzu mit dem Arbeitgeber gibt, so ist die Wahl deswegen anfechtbar. Eine Nichtigkeit liegt nicht vor.[37] Diese Vereinbarung kann auch jederzeit vor Einleitung der Wahl geschlossen werden und hat dann die Wahl nach den Grundsätzen der Mehrheitswahl zur Folge. Dies hat in Betrieben mit erstmaliger BR-Wahl den Wechsel vom zweistufigen zum einstufigen Vereinfachten Wahlverfahren zur Folge. Hinsichtlich des weiteren Ablaufes der Wahl kann auf die §§ 36, 37 WO verwiesen werden.

---

33 *Fitting,* Rn. 41 m. w. N.

34 »Betriebsverfassung im 21. Jahrhundert«; Positionspapier der DGB-Gewerkschaften zur Anpassungsbedürftigkeit der Betriebsverfassung vom September 2009.

35 *Fitting,* Rn. 53.

36 *LAG Sachsen* 17. 3. 17 – 2 TaBV 33/16.

37 *ArbG Düsseldorf* 28. 11. 16 – 2 BV 286/16.

§ 15 Zusammensetzung nach Beschäftigungsarten und Geschlechtern

(1) Der Betriebsrat soll sich möglichst aus Arbeitnehmern der einzelnen Organisationsbereiche und der verschiedenen Beschäftigungsarten der im Betrieb tätigen Arbeitnehmer zusammensetzen.
(2) Das Geschlecht, das in der Belegschaft in der Minderheit ist, muss mindestens entsprechend seinem zahlenmäßigen Verhältnis im Betriebsrat vertreten sein, wenn dieser aus mindestens drei Mitgliedern besteht.

Inhaltsübersicht Rn.

Vorbemerkungen

Das Betriebsverfassungsgesetz ist die Grundlage für die innerbetriebliche Vertretung der Beschäftigten gegenüber dem Arbeitgeber. Legitimiert werden die Vertreter durch eine demokratische Wahl zum Betriebsrat. »Demokratien zeichnen sich unter anderem durch Achtung der Menschenrechte, Gewaltenteilung, Verantwortlichkeit der Regierung, Unabhängigkeit der Gerichte, Gesetzmäßigkeit der Verwaltung, ein Mehrparteiensystem sowie freie, gleiche und geheime Wahlen aus.«[1] 1
Das Wahlrecht, nach dem die (Volks-)Vertreter gewählt werden, ist somit die entscheidende Umsetzung der demokratischen Machtverteilung und somit die Grundlage, ob Wahlen als frei, gleich und geheim vom Wähler empfunden werden. Im Wandel der Zeiten unterliegt auch das Wahlrecht teilweise erheblicher Veränderung. Aktuell werden in der Bundesrepublik viele verschiedene und unterschiedliche Fragestellungen zum Wahlrecht teilweise sehr kontrovers diskutiert. Zwei davon haben auch erheblichen Einfluss auf die demokratischen Wahlen zum Betriebsrat nach dem BetrVG; nämlich das **Wahlalter** und die Verteilung der Mandate zwischen den Geschlechtern. Zu unterscheiden bei der **Verteilung unter den Geschlechtern,** sind nicht nur die Verteilung zwischen Mann und Frau, sondern auch die Einbindung des neu anerkannten Geschlechtes »**Divers**«.
Das Wahlalter, ab dem man Wählen darf – aber auch wählbar ist, ist in der Geschichte der Bundesrepublik bereits einmal von 21 Jahren auf 18 Jahre in den 70er Jahren des letzten Jahrhunderts gesenkt worden[2]. Aktuell wird nun über die **Absenkung des Wahlalters** auf **16 Jahre** diskutiert[3]. Für und gegen die Absenkung gibt es unterschiedliche Argumente. Jedenfalls kann man im Rahmen der Diskussion der heutigen Jugend eine Politikverdrossenheit nicht vorwerfen[4]. Im Betrieb können die jungen Menschen die JAV wählen; an der Wahl des BR dürfen Sie jedoch erst ab dem Lebensalter 18 teilnehmen. Hierin könnte eine Altersdiskriminierung wegen Verstoßes gegen EU-Recht liegen[5]. Denn es ist kein Grund zu erkennen, warum man jeden Tag zur Arbeit in den Betrieb geht, aber nicht das Recht haben soll, seinen Betriebsrat

---

1 *https://www.bundestag.de/services/glossar/glossar/D/demokratie-245374.*
2 Einhellig bei nur einer Enthaltung hat der sechste Deutsche Bundestag (1969 bis 1972) am 9. Juni 1972 das **Gesetz zur Änderung des Bundeswahlgesetzes** (Bundestagsdrucksache VI/3395) verabschiedet und damit den Weg dafür freigemacht, dass **erstmals auch 18- bis 20-Jährige** bei einer Bundestagswahl ihre Stimme abgeben konnten.
3 vgl. zum Wahlalter: *Wenckebach*, § 60, Rn. 15.
4 vgl. hierzu die Studie der Otto-Brenner-Stiftung. Zu beziehen unter: *https://www.otto-brenner-stiftung.de/wissenschaftsportal/informationsseiten-zu-studien/waehlen-mit-16/.*
5 Zur Problematik der Altersdiskriminierung siehe *Rothermund/Temming*, »Diskriminierung auf Grund des Alters«.

mitwählen zu dürfen. Deshalb erscheint jedenfalls im Wahlrecht zum Betriebsrat die Altersgrenze von 18 Jahren nicht mehr zeitgemäß[6]. Diesen Argumenten ist der Gesetzgeber mit dem Betriebsrätemodernisierungsgesetz gefolgt und hat das Wahlalter für das aktive Wahlrecht auf 16 Jahre abgesenkt.[7]
Auch in der Frage der Aufteilung der Mandate unter den Geschlechtern gehen die Meinungen weit auseinander.[8] Besonders hitzig werden sogenannte »**Parite-Gesetze**« diskutiert, aber fast unbemerkt von Teilen der Öffentlichkeit führt auch das Verhältnis zum »**dritten Geschlecht**« zu einer Neujustierung. Insbesondere die spezielle Förderung einzelner Geschlechter nach **Art. 3 II GG** und die Gleichbehandlung nach **Art. 3 Abs. 3 GG** muss neu überdacht werden und die entsprechenden ausführenden Vorschriften vom Gesetzgeber angepasst werden. Auch die Wahlen im Betrieb stehen in einem gleichgelagerten Spannungsfeld und sind in der Regel ein erstes Feld in den Änderungen des Wahlrechtes umgesetzt und ausprobiert werden, wie z. B. ein allgemeines Ausländerwahlrecht, das seit Jahrzehnten im Betrieb gilt.

I. Berücksichtigung der Organisationsbereiche und Beschäftigungsarten (Abs. 1)

1a Der BR ist die Gesamtvertretung aller AN im betrieblichen Bereich. Dementsprechend soll der BR ein **Spiegelbild der Belegschaft** sein. Diesem Grundsatz will Abs. 1 Rechnung tragen. Der BR soll sich möglichst aus AN der einzelnen Organisationsbereiche und der verschiedenen Beschäftigungsarten der im Betrieb vertretenen AN zusammensetzen.

2 **Organisationsbereiche** sind die organisatorischen Untergliederungen innerhalb eines Betriebs oder einer anderen in § 3 vorgesehenen betriebsverfassungsrechtlichen Organisationseinheit, wie beispielsweise Betriebsabteilungen (die verschiedenen Bereiche in der Produktion oder die Abteilungen Einkauf, Verkauf, Versand usw.). Mit **Beschäftigungsarten** sind die im Betrieb vorhandenen verschiedenen Berufsgruppen und Arbeitstätigkeiten gemeint, wie etwa Facharbeiter, angelernte Arbeiter, Kraftfahrer und die verschiedenen Angestelltentätigkeiten. Ausländische AN werden nicht erwähnt. Ihre Berücksichtigung ergibt sich aber bereits aus dem Grundsatz des § 75 und damit ihrer sachgerechten Integration, wenn sie bei der Aufstellung von Wahlvorschlägen angemessen berücksichtigt werden.[9]

3 Die Regelung ist **nicht zwingend.** Sie soll in erster Linie bei der Aufstellung von Wahlvorschlägen beachtet werden; aber auch dem Wähler deutlich machen, dass sich der BR möglichst entsprechend der Organisation des Betriebs und der Struktur der Arbeitnehmerschaft zusammensetzen soll (zur zwingenden Berücksichtigung der Geschlechter vgl. Abs. 2). Es hat auf die Gültigkeit der Wahl keinen Einfluss, wenn die Aufsteller von Wahlvorschlägen der Vorschrift des Abs. 1 nicht nachkommen; ebenso nicht, wenn bei der Aufstellung von Wahlvorschlägen dem Abs. 1 zwar Rechnung getragen wird, das Wahlergebnis dem aber nicht entspricht.

4 Scheidet ein BR-Mitglied, das in einem bestimmten Organisationsbereich beschäftigt ist oder einer bestimmten Beschäftigungsart angehört, aus dem BR aus, kommen nicht Vertreter aus diesem Organisationsbereich bzw. aus der betreffenden Beschäftigungsart in den BR. Das Nachrücken des Ersatzmitglieds bestimmt sich allein nach den **Grundsätzen des § 25,**[10] sofern nicht bei dem Nachrücken die Mindestquote für das im Betrieb befindliche Minderheitsgeschlecht zu beachten ist (vgl. Rn. 20).

II. Berücksichtigung der Geschlechter (Abs. 2)

1. Die Konzeption des Absatzes 2

5 Die Vorschrift des Abs. 2 bringt gegenüber der Regelung des § 15 Abs. 2 BetrVG 1972 eine **wesentlich andere Festlegung** der zahlenmäßigen Berücksichtigung der Geschlechter im Be-

---

6 vgl. § 7, Rn. 1 ff.
7 Vgl. § 7 S 1.
8 Zum Streitstand Prof. *Wapler* im Gutachten für den DGB: Weiblich, männlich, divers, offen: Gleichstellungsrechtliche Herausforderungen angesichts geschlechtlicher Vielfalt.
9 Vgl. *Fitting*, Rn. 1.
10 Vgl. § 25, Rn. 30 f.

triebsrat. Sie ist umso bemerkenswerter, als die neue Bestimmung die frühere Regelung, nach der die Geschlechter entsprechend ihrem zahlenmäßigen Verhältnis im Betriebsrat vertreten sein **sollten,** nicht nahtlos abgelöst hat. Während des Gesetzgebungsverfahrens war geplant, die bisherige Sollvorschrift in eine **Mussvorschrift** umzuwandeln. Die nach § 9 zu vergebenden Betriebsratssitze wären danach entsprechend dem zahlenmäßigen Verhältnis der Frauen und Männer im Betrieb **zwingend** auf die Geschlechter verteilt worden.[11] Es zeigte sich jedoch während des Gesetzgebungsverfahrens, dass eine solche **»starre« Geschlechterquote** zu großen Problemen bei ihrer Anwendung und sogar zu verfassungsrechtlichen Bedenken geführt hätte. In bestimmten Fällen hätte sie das Ziel der Frauenförderung verfehlt; unter Umständen sogar konterkariert.

Bei Anwendung der starren Geschlechterquote wäre der Anteil des Minderheitsgeschlechts, das in der Praxis in den Betrieben in vielen Fällen von den Frauen gestellt wird, von **vornherein begrenzt** worden. Das hätte bedeutet: In den Betrieben, in denen Frauen durch das Wählervotum über den Geschlechteranteil hinaus Betriebsratssitze eingenommen hatten, wäre ihr Anteil bei der nächsten und den folgenden Betriebsratswahlen auf den Geschlechteranteil zurückgeworfen worden, mit zum Teil schlimmen Folgen für die Frauenförderung.[12] Hinzu kam ein weiteres Problem: In den Fällen, in denen der Frauenanteil im Betrieb unter dem zahlenmäßigen Schwellenwert lag, der zur Besetzung des letzten Betriebsratssitzes innerhalb der nach dem Höchstzahlensystem zu vergebenden Betriebsratsmandate nach § 9 erforderlich war, wäre den Frauen als Minderheitsgeschlecht von vornherein **kein Sitz zugefallen.** Sie wären bei bestimmten zahlenmäßigen Konstellationen, ungeachtet des für sie bestehenden passiven Wahlrechts, von einer Mitarbeit in der betrieblichen Interessenvertretung ausgeschlossen worden.[13] 6

Die aktuell normierte Mindestquote für das Geschlecht, das im Betrieb in der Minderheit ist, hat einen **anderen Ansatz.** Sie geht von einem Mindestsockel an Betriebsratsmandaten für dieses Geschlecht aus, ohne auszuschließen, dass das Minderheitsgeschlecht durch das Wahlergebnis einen über die Mindestsitze **hinausgehenden Anteil** von Betriebsratssitzen erhält. Dieses System unterscheidet sich damit wesentlich von den **Gruppenregelungen für Angestellte und Arbeiter,** wie sie vor dem In-Kraft-Treten des BetrVerf-Reformgesetzes 2001 bestanden haben. Die bis dahin anzuwendenden Gruppenregelungen brachten nicht nur eine zwingende Aufteilung der Betriebsratssitze auf die Gruppen der Arbeiter und Angestellten, sondern darüber hinaus einen **Mindestsockel** von Betriebsratssitzen, den die Minderheitsgruppe auch dann beanspruchen konnte, wenn ihr nach dem zahlenmäßigen Verhältnis kein Sitz bzw. nur eine geringe Anzahl von Sitzen zustand (§ 10 Abs. 1, 2 BetrVG 1972 a. F.). Der Minderheitsgruppe stand außerdem eine zwingende Berücksichtigung bei zahlreichen **organisatorischen Grundlagen** der Betriebsratsarbeit zu (vgl. etwa § 26 Abs. 1, 2, § 27 Abs. 2, § 28 Abs. 2, § 38 Abs. 2 BetrVG 1972 a. F.). 7

Der gravierendste Unterschied zwischen beiden Konzeptionen liegt allerdings darin, dass bei der geltenden Regelung des § 15 Abs. 2 den Geschlechtern der **Charakter eigenständiger Gruppen fehlt** und damit nicht die Gefahren einer der einheitlichen betrieblichen Interessenvertretung abträglichen Separierung entstehen, wie das im Verhältnis der Arbeiter und Angestellten nach dem seinerzeit bestehenden Gruppenrecht der Fall war. Ungeachtet der in Abs. 2 zwingend vorgesehenen Mindestvertretung des Minderheitsgeschlechts wäre es daher verfehlt, davon zu sprechen, dass Frauen und Männer den Betriebsrat »gemeinsam« wählen. Das gehört zum inzwischen **überholten Vokabular** von Regelungen für **eigenständige Gruppen.** Frauen und Männer wählen die sie gegenüber dem Arbeitgeber vertretende betriebliche Interessenvertretung genauso gemeinsam wie auch andere Beschäftigtengruppen im Betrieb. 8

Gleichwohl kann auch die jetzige Regelung des § 15 Abs. 2 **erhebliche Probleme** aufwerfen. 9
So muss bei bestimmten Konstellationen das **Wahlergebnis korrigiert** werden. Damit kann das Prinzip des gleichen Erfolgswerts jeder gültigen Wählerstimme beeinträchtigt sein. Dieses Prinzip bedeutet, dass für die Zuteilung eines Mandats die höhere Stimmenzahl, die ein

11 BT-Drucks. 14/5741, S. 37, zu Nr. 13.
12 Vgl. dazu *Hass u. a.*, AiB 01, 282.
13 Vgl. dazu umfassend *Homburg/Klebe* in FS für Heide Pfarr, S. 209 ff.

Wahlbewerber erreicht, ausschlaggebend zu sein hat und andernfalls ein Verstoß gegen das **Wahlgleichheitsprinzip** vorliegen kann. Bei einer nach § 15 Abs. 2 erforderlich werdenden Korrektur des Wahlergebnisses sind ggf. nicht die erreichten Wählerstimmen für die Zuteilung eines BR-Sitzes maßgebend, sondern die Zugehörigkeit zu einem bestimmten Geschlecht.

10 Das Bundesarbeitsgericht hat sich bereits mit den **verfassungsrechtlichen Aspekten** der Mindestquote für das Minderheitsgeschlecht befassen müssen. Es hat entschieden, dass die Regelungen in § 15 Abs. 2 BetrVG und § 15 Abs. 5 Nr. 2 WO **nicht verfassungswidrig** sind.[14] So würde der in § 15 Abs. 5 Nr. 2 WO vorgesehene **Listensprung** weder gegen den nach Art. 3 Abs. 1 GG bestehenden Grundsatz der **Gleichheit der Wahl** verstoßen, noch werde dadurch in unzulässiger Weise in die durch Art. 9 Abs. 3 GG gewährleistete **Tarifautonomie** eingegriffen.[15] Es steht allerdings noch eine Entscheidung des **Bundesverfassungsgerichts** zur Verfassungsmäßigkeit des § 15 Abs. 2 aus.[16]

11 Das **Bundesverfassungsgericht**[17] hat mit seiner neueren Entscheidung zum Personenstandsregister das **dritte Geschlecht Divers** anerkannt. Das hat erhebliche Auswirkungen auch für das Betriebsverfassungsrecht. Die aktuellen Vorschriften des Betriebsverfassungsrecht und der dazugehörigen Wahlordnung gehen erkennbar davon aus, dass der Gesetzgeber nur zwei Geschlechter im Blick hatte. Diese Vorschriften sind durch Auslegung sicherlich weiterhin rechtssicher handhabbar. Eine bessere Lösung wäre jedoch eine **Gesetzesänderung,** die auch für andere demokratische Wahlen mit Geschlechterquoten mehr Rechtssicherheit schaffen würde. Die Regelungen des § 15 BetrVG dienen der Umsetzung der grundgesetzlich gesicherten Gleichberechtigung von Mann und Frau nach Art. 3 Abs. 2 GG. Der Anteil der weiblichen Betriebsratsmitglieder muss künftig dem Anteil der weiblichen Belegschaftsmitglieder entsprechen.[18] Die Vorschrift des § 15 BetrVG dient der Förderung der Frauen, die nach wie vor in vielen Fällen in den Betriebsräten im Verhältnis zu Ihrem Anteil in der Belegschaft unterrepräsentiert sind.

Des Weiteren ist schon der § 15 Abs. 2 BetrVG in der aktuellen Form ein Eingriff in die allgemeinen Wahlgrundsätze, hier **Gleichheit der Wahl,** der nur durch den grundgesetzlichen Auftrag gerechtfertigt ist.[19]

Aus alledem folgt, dass das dritte Geschlecht Divers ebenso ein Geschlecht wie männlich und weiblich ist und Angehörige dieses Geschlechtes genießen deshalb den gleichen Schutz vor Diskriminierung. Eine ausdrückliche Förderung der Gleichberechtigung eines weiteren Geschlechtes, wie diese auch immer aussehen könnte, ist jedoch nicht Teil des Gesetzestextes und der Gesetzesbegründung gewesen. Daher unterfallen Beschäftigte, die dem **dritten Geschlecht Divers** angehören nicht dem Regelungsinhalt dieser Norm und können somit auch nicht Minderheitengeschlecht i. S. d. § 15 Abs. 2 BetrVG sein[20]. Die Relevanz der gesamten Thematik wird sich in der betrieblichen Praxis jedoch in Grenzen halten, weil es in Deutschland insgesamt nur rund 160 000 Menschen gibt, die dem Geschlecht Divers angehören.[21]

Hinsichtlich der konkreten Änderungen, die vom Wahlvorstand zu beachten sind, ist die geänderte Kommentierung der WO zu beachten. Begeht der Wahlvorstand im Rahmen der Wahl Fehler bei der Berücksichtigung des dritten Geschlechtes, so kann dies nur zu einer Anfechtbarkeit der BR-Wahl führen; es sei denn, der WV befasst sich mit der Frage des **Geschlechtes in der Minderheit** überhaupt nicht.

---

14 *BAG* 16.3.05 – 7 ABR 40/04.

15 *Podewin*, Entscheidungsbesprechung, BB 05, 2521–2524.

16 Zur verfassungsrechtlichen Diskussion vgl. *Homburg/Klebe* in FS für Heide Pfarr, S. 209 ff.; zur Entscheidung des *BVerfG* vgl. *KHRS*, Rn. 5.

17 Beschluss des *BVerfG* v. 10.10.17 – 1 BvR 2019/16.

18 BT-Drs. 14/5741, S. 30.

19 *BAG* 16.3.05 – 7 ABR 40/04.

20 *Fitting* Rn. 11b.

21 Siehe *BVerfG* 10.10.17 – 1 BvR 2019/16, Rn. 10.

2. Die wahltechnische Umsetzung

a) Der Belegschaftsbegriff

Die Regelung des Abs. 2 kommt prinzipiell zur Anwendung, wenn im Betrieb **beide Geschlechter** vertreten sind und der BR aus mindestens **drei Mitgliedern** besteht (zu den Fällen der eingeschränkten oder der Nichtanwendung des Abs. 2 trotz der Mindestgröße des BR vgl. Rn. 21 ff.). Zur Feststellung der dem Minderheitsgeschlecht zustehenden Mindestmandate ist auf den Anteil des Minderheitsgeschlechts in der Belegschaft abzustellen. Mit dem Begriff **Belegschaft** ist grundsätzlich die Zahl der AN i. S. des § 9 gemeint, die im Betrieb tätig sind. Mitzuzählen sind aber auch die AN, die in den Betrieb **eingegliedert** sind und dem Betriebszweck dienen, zum Betriebsinhaber (Beschäftigungs-AG) aber in keinen vertragsrechtlichen Beziehungen stehen, sondern diesem von einem anderen AG zur Arbeitsleistung überlassen worden sind (vgl. § 7 Rn. 7 ff.). Mit der Rechtsprechungsänderung des BAG durch die Entscheidung vom 13. 3. 13 sind somit auch alle Leih-AN bei der Ermittlung des richtigen Verhältnisses der Geschlechter mitzuzählen (vgl. auch § 9 Rn. 14). Aber auch andere Beschäftigte kommen in Betracht, wie z. B. AN im Rahmen der **Konzernleihe.** Der Gesetzgeber gibt diesen Beschäftigten, sofern sie **länger als drei Monate** im Betrieb eingesetzt werden, das aktive Wahlrecht zum BR (§ 7 Satz 2) und stellt sie damit auch insoweit den anderen AN gleich. Leih-AN sind also bei der Ermittlung der Mandate für das Minderheitsgeschlecht unabhängig von der Einsatzdauer zu berücksichtigen. 12

Bei der Feststellung, wie viele Sitze das Geschlecht in der Minderheit auf Grund seines Anteils in der Belegschaft bekommt, ist § 9 heranzuziehen. Diese Bestimmung legt die **Gesamtzahl** der BR-Sitze fest. Auch § 9 geht von dem Begriff des AN aus, wie er für die Festlegung der Belegschaftsgröße maßgebend ist. Bei der zweiten und dritten Stufe des § 9 gibt es aber insoweit **Abweichungen,** als bei ihnen auf die Zahl der wahlberechtigten AN abgestellt wird (bei der ersten Stufe mit fünf bis 20 wahlberechtigten AN wird ein aus einer Person bestehender BR gewählt, so dass § 15 Abs. 2 ohnehin keine Anwendung findet). Bei der Anwendung der **dritten Stufe** ist außerdem zu berücksichtigen, dass mindestens 51 wahlberechtigte AN im Betrieb beschäftigt sein müssen, damit der BR aus fünf Mitgliedern besteht (vgl. auch das Beispiel bei § 9 Rn. 2). Bei den weiteren Stufen des § 9 kommt es für die dem Minderheitsschlecht zuzuweisenden BR-Mandate nur noch auf die Zahl der AN an, ohne Rücksicht auf deren Wahlberechtigung. 13

Bei der Prüfung, wie viele AN der Belegschaft zuzurechnen sind, ist allerdings – anders als bei § 9 – nicht auf die Zahl der **»regelmäßig« beschäftigten AN** abzustellen. Das ist offensichtlich darauf zurückzuführen, dass die Ermittlung des zahlenmäßigen Anteils der Geschlechter nicht mit größeren Schwierigkeiten und Unwägbarkeiten verbunden werden sollte. Für die Beschäftigtenzahl und damit für die Festlegung der Mindestquote für das Minderheitsgeschlecht sind daher die entsprechenden AN-Zahlen bei der **Einleitung der Wahl** (Aushang des Wahlausschreibens) maßgebend.[22] Damit kann die **Wählerliste** einen wesentlichen Anhaltspunkt für die Frage geben, wie viele Frauen und Männer im Betrieb beschäftigt sind. Sie wird gleichwohl vielfach keine abschließende Antwort geben können, da auch die nicht wahlberechtigten AN hinzugezählt werden müssen, wie insbesondere Auszubildende und jugendliche AN unter 18 Jahren (*Schneider,* Das Minderheitsgeschlecht und die Mindestquote, S. 10). Bei Aushang des Wahlausschreibens ist unbedingt darauf zu achten, dass nur dem Geschlecht in der Minderheit ein Minimum an Sitzen garantiert wird. Das Geschlecht in der Mehrheit kann also zahlenmäßig schlechter vertreten sein, als es nach d'Hondt Sitze bekäme[23]. Das muss auch entsprechend auf dem Wahlausschreiben durch Streichung des Begriffes »mindestens« vor dem Mehrheitsgeschlecht vermerkt sein, weil die Wahl sonst erfolgreich angefochten werden kann.[24] 14

Das in § 5 WO festgelegte Verfahren zur Bestimmung der Mindestsitze widerspricht nicht der in § 15 Abs. 2 des Gesetzes enthaltenen Regelung, wonach das Geschlecht in der Minderheit mindestens entsprechend seinem zahlenmäßigen Verhältnis im BR vertreten sein muss. Der 15

---

22 *Fitting,* Rn. 16; Richardi-*Thüsing,* Rn. 6.

23 *LAG Sachsen-Anhalt* 5. 4. 16 – 6 TaBV 19/15. Ein anderes Auszählverfahren als d'Hondt ist nicht zulässig.

24 *BAG* 13. 3. 13 – 7 ABR 67/11.

vom Gesetzgeber verwendete Begriff »**zahlenmäßiges Verhältnis**« ist nicht gleichbedeutend mit dem Begriff »**prozentualer Anteil**«.[25] Das vom Verordnungsgeber gewählte d'Hondtsche Höchstzahlensystem begegnet keinerlei Zweifel und ist geeignet, das zahlenmäßige Verhältnis verschiedener Personengruppen zueinander rechnerisch auszudrücken bzw. darzustellen. Die jahrzehntelange Anwendung des inzwischen durch das BetrVerf-ReformG 2001 weggefallenen Gruppenprinzips auf die AN-Gruppen Arb. und Ang. im Betriebsverfassungsrecht, der ebenfalls das d'Hondtsche Höchstzahlensystem zugrunde lag, hat das deutlich gemacht. § 5 WO verstößt daher nicht gegen höherrangiges Recht.[26]

16 Aktuell scheint die gesetzliche Konstruktion quotierter Sitze für das Geschlecht in der Minderheit, abhängig von ihrer Repräsentanz in der Belegschaft, wieder in der Diskussion zu sein.[27] Ein Anpassungsbedarf der erfolgreichen gesetzlichen Regelungen erscheint jedoch zweifelhaft. Eine zwingende Notwendigkeit der Anpassung der Betriebsverfassung nach der Entscheidung des Bundesverfassungsgerichtes zum »3. Geschlecht«[28] besteht aktuell ebenfalls nicht, wäre jedoch im Interesse der Rechtssicherheit sinnvoll[29].

b) Die Feststellung der Mindestsitze

17 Der WV hat, nachdem die zahlenmäßige Größe der Belegschaft und auch die jeweilige Anzahl der Geschlechter im Betrieb feststehen, die **Zahlen der Frauen und der Männer nebeneinander zu stellen** und durch 1, 2, 3, 4 usw. zu teilen (Höchstteilzahlensystem). Nach diesem System wird nunmehr ermittelt, wie viele BR-Sitze mindestens auf das Geschlecht in der Minderheit entfallen. Der WV muss hier besonders sorgfältig vorgehen, weil eine Täuschung der Belegschaft über das zahlenmäßige Verhältnis von Männern und Frauen grundsätzlich geeignet ist, eine Kündigung zu rechtfertigen.[30]

Beispiel 1:
In einem Betrieb sind 120 AN tätig, davon 85 Männer und 35 Frauen. Es sind insgesamt sieben BR-Mandate zu vergeben (vgl. § 9). Eine Auszählung nach dem Höchstzahlensystem ergibt folgendes Ergebnis:

Männer	Frauen
: 1 = 85 (1)	: 1 = 35 (3)
: 2 = 42,5 (2)	: 2 = 17,5 (6)
: 3 = 28,3 (4)	: 3 = 11,7
: 4 = 21,3 (5)	
: 5 = 17 (7)	
: 6 = 14,2	

Die Frauen erhalten in diesem Beispiel nach § 15 Abs. 2 eine **Mindestzahl von zwei BR-Sitzen.**

18 Die dem Minderheitsgeschlecht zustehende Mindestzahl von Sitzen ist im **Wahlausschreiben** bekanntzugeben, und zwar unter gleichzeitiger Bekanntgabe, wie viele Frauen und Männer als AN im Betrieb tätig sind. Die Wähler können auf diese Weise die Berechnung der Mindestzahl der Sitze nachvollziehen. Bei einer fehlerhaften Angabe kann dies zur Wahlanfechtung berechtigen.[31] Anzugeben ist dagegen auf **gar keinen Fall,** wie viele BR-Sitze auf Grund des zahlenmäßigen Anteils der Geschlechter den Frauen und den Männern zustehen, wie das bei einer starren

25 *LAG Rheinland-Pfalz* 13.11.02 – 10 TaBV 743/02, AuR 03, 197.
26 *LAG Rheinland-Pfalz*, a. a. O.
27 WSI-Report Nr. 34 aus 1/2017. In diesem Report wird eine Anpassung der Sitze im Betriebsrat an die zahlenmäßige Vertretung in der Belegschaft diskutiert. Ebenso wird eine Anpassung des Auszählmodus nach § 5 Abs. 2 WO gefordert, weil er das Geschlecht in der Minderheit, zumeist Frauen, bei der Mandatsvergabe benachteiligen würde.
28 Az: 1 BvR 2019/16.
29 Vgl. Rn 11.
30 *ArbG Köln* 4.9.20 – 19 Ca 1827/20, juris.
31 *LAG Rheinland-Pfalz* 22.7.15 – 7 TaBV 7/15.

Geschlechterquote (vgl. Rn. 5f.) notwendig gewesen wäre. Eine solche Angabe würde nicht der Konzeption des § 15 Abs. 2 entsprechen. Sie kann im Übrigen schon deswegen nicht erfolgen, weil die Anzahl der Sitze, die den Geschlechtern zufallen – mit Ausnahme der Mindestmandate für das Minderheitsgeschlecht – vom Wähler bestimmt wird. Es geht also lediglich um die Angabe der **Mindestmandate** für das Minderheitsgeschlecht, damit die Wähler darüber informiert sind, dass bei einem Wahlergebnis, das unterhalb der erforderlichen Sitze für das Minderheitsgeschlecht bleibt, eine entsprechende Korrektur zugunsten dieses Geschlechts erfolgt.

Die Korrektur des Wahlergebnisses erfolgt, sofern die Mindestquote für das Minderheitengeschlecht nicht bereits durch das Abstimmungsergebnis erreicht ist, immer zuerst gegenüber der Person mit der niedrigsten Höchstzahl, die nicht vom Minderheitengeschlecht stammt. Im Zweifel erfolgt somit die Korrektur auch zu Lasten eines Kandidaten, der zum **»dritten Geschlecht«** gehört.[32] **18a**

Bei der Frage, wie bei der Ermittlung des Wahlergebnisses den Grundsätzen des § 15 Abs. 2 Rechnung zu tragen ist und der Mindestanteil des Minderheitsgeschlechts berücksichtigt wird, ist in wahltechnischer Hinsicht zwischen der **Mehrheitswahl** (Personenwahl) und der **Verhältniswahl** (Listenwahl) zu unterscheiden. Bei erfolgter Mehrheitswahl enthält die WO in § 22 zur Feststellung der Mindestmandate für das Minderheitsgeschlecht folgende Grundsätze: Nachdem die Stimmen ausgezählt und die auf die einzelnen Wahlbewerberinnen und Wahlbewerber entfallenen Stimmen feststehen, werden in einem ersten Schritt nur die Angehörigen des Minderheitsgeschlechts entsprechend der auf sie entfallenen höchsten Stimmenzahlen berücksichtigt, und zwar so lange, bis die Mindestmandate, die dieses Geschlecht zu erhalten hat, verteilt sind (§ 22 Abs. 1 WO). Danach erfolgt in einem zweiten Schritt die Verteilung der weiteren Sitze, wiederum in der Reihenfolge der erhaltenen Stimmen, aber diesmal unabhängig von dem Geschlecht (§ 22 Abs. 2 WO). Bei dem zweiten Schritt bleiben natürlich die Angehörigen des Minderheitsgeschlechts unberücksichtigt, die bereits bei dem ersten Schritt ein Mandat erhalten haben.[33] **19**

Komplizierter ist die Ermittlung der Mindestquote für das Minderheitsgeschlecht, wenn die BR-Wahl als Verhältniswahl durchgeführt wurde. Sofern sich aus dem Stimmergebnis ergibt, dass das Minderheitsgeschlecht nicht die ihm zustehende Anzahl von Mindestsitzen erreicht hat, enthält § 15 Abs. 5 WO die dann erforderliche wahltechnische Behandlung des Stimmergebnisses. Die in der Vorschrift enthaltenen grundsätzlichen Varianten stellen sich wie folgt dar:[34] Hat das Minderheitsgeschlecht die Mindestsitze nicht bereits nach dem Wahlergebnis erhalten, erfolgt die erforderliche Korrektur des Wahlergebnisses zunächst innerhalb der Liste, die den letzten Sitz erhalten hat, der von einem Angehörigen des Mehrheitsgeschlechts eingenommen wurde (§ 15 Abs. 5 Nr. 1 WO). Das Mandat ist von dem Angehörigen des Mehrheitsgeschlechts an den an nächster Stelle in der Liste stehenden Angehörigen des Minderheitsgeschlechts abzugeben. Dadurch wird erreicht, dass die dieser Liste zugefallenen Mandate in voller Höhe erhalten bleiben. Das setzt freilich voraus, dass die Liste noch Angehörige des Minderheitsgeschlechts aufweist, die nach dem Wahlergebnis keinen Sitz erhalten haben.

Kann der Übergang des Mandats von dem Angehörigen des Mehrheitsgeschlechts auf einen Angehörigen des Minderheitsgeschlechts innerhalb der Liste nicht erfolgen, weil diese keine noch nicht gewählten Angehörigen dieses Minderheitsgeschlechts mehr aufweist, erfolgt der sog. Listensprung. Die Liste, die den »Geschlechtertausch« nicht vornehmen kann, muss den Sitz an die Liste abgeben, die nach der Sitzverteilung bei einer Weiterführung des Höchstzahlensystems den nächsten Sitz erhalten hätte (§ 15 Abs. 5 Nr. 2 WO). Das setzt allerdings voraus, dass diese Liste noch nicht berücksichtigte Angehörige des Minderheitsgeschlechts enthält. Ist das nicht der Fall, muss die Liste mit der nächstfolgenden Höchstzahl gesucht werden, die nicht gewählte Angehörige des Minderheitsgeschlechts aufweist. Das Verfahren ist so lange fortzusetzen, bis der Mindestanteil des Geschlechts in der Minderheit erreicht ist (§ 15 Abs. 5 Nr. 3 WO).

---

32 Ebenso *Fitting*, Rn. 11b, ebenfalls befürwortend *Dutta* in »Jenseits von männlich und weiblich – Menschen mit Varianten der Geschlechtsentwicklung im Arbeitsrecht und öffentlichen Dienstrecht des Bundes«, S. 84; **a. A.** *Wapler* a. a. O.

33 Vgl. zur Ermittlung der Mindestquote bei Anwendung der Mehrheitswahl *Schneider*, Das Minderheitsgeschlecht und die Mindestquote, S. 14f., 31ff.

34 Vgl. ausführlich *Schneider*, Das Minderheitsgeschlecht und die Mindestquote, S. 11ff., 22ff.

Es kann allerdings der Fall auftreten, dass bei einem an sich erforderlichen Listensprung auch die anderen Listen keine noch nicht gewählten Angehörigen des Minderheitsgeschlechts aufweisen. Das Mandat verbleibt dann bei der Liste, die zuletzt ihren Sitz zu Gunsten des Geschlechts in der Minderheit nach § 15 Abs. 5 Nr. 1 WO hätte abgeben müssen. Die Folge ist, dass in einem solchen Fall das Minderheitsgeschlecht den ihm (noch) fehlenden Sitz nicht einnehmen kann. Der Sitz verbleibt bei dem Mehrheitsgeschlecht.
Nachfolgend werden zum besseren Verständnis einige Beispiele gebracht (vgl. weitere Beispiel zur Feststellung der Mindestquote für das Geschlecht in der Minderheit bei erfolgter Anwendung der Mehrheitswahl § 22 WO Rn. 2ff., bei Anwendung der Verhältniswahl § 15 WO Rn. 1ff.).
Bei dem Auszählungsbeispiel 1 (Mehrheitswahl) wird von den in Rn. 14 zu Grunde gelegten Beschäftigungszahlen (Betrieb mit 120 AN, davon 85 Männer und 35 Frauen) ausgegangen.

20 **Auszählungsbeispiel 1 (Mehrheitswahl)**

In dem folgenden Beispiel zur Mehrheitswahl (Personenwahl) werden nicht fiktive Namen angeführt, sondern es wird im Interesse einer vereinfachten Darstellung das jeweilige Geschlecht mit F (Frau) bzw. M (Mann) bezeichnet. Es wird davon ausgegangen, dass sich sechs Männer und vier Frauen zur Wahl stellen. Die Stimmauszählung ergibt folgendes Ergebnis:

F1 85 Stimmen
F2 63 Stimmen
M1 103 Stimmen
M2 72 Stimmen
M3 62 Stimmen
F3 101 Stimmen
M4 64 Stimmen
M5 67 Stimmen
F4 55 Stimmen
M6 88 Stimmen

Die zu vergebenden sieben BR-Sitze werden unter Zugrundelegung des Grundsatzes nach § 15 Abs. 2 (zwei Mindestsitze für die Frauen) wie folgt ermittelt: Zunächst werden in einem ersten Schritt die dem Minderheitsgeschlecht zustehenden Mindestsitze verteilt, und zwar in der Reihenfolge der jeweils höchsten Stimmenzahlen (§ 22 Abs. 1 WO). Danach erfolgt in einem zweiten Schritt die Verteilung der weiteren Sitze; wiederum in der Reihenfolge der jeweils höchsten Stimmenzahlen, diesmal aber unabhängig von der Geschlechtszugehörigkeit (§ 22 Abs. 2 WO). Bei dem ersten Schritt erhalten in dem Beispiel somit folgende Angehörige des Minderheitsgeschlechts BR-Sitze auf der Grundlage des Mindestanteils: F3 und F1. Die weiteren fünf Sitze verteilen sich wie folgt: M1, M6, M2, M5 und M4. Würde sich bei dem zweiten Schritt unter gewählten Bewerbern eine weitere Frau befinden, hätte etwa F2 mehr Stimmen bekommen als M4, so erhielten die Frauen als Minderheitsgeschlecht über den Mindestanteil hinaus diesen weiteren BR-Sitz. Dem BR würden dann nicht nur (mindestens) zwei, sondern drei Frauen angehören. Zu den mit § 15 Abs. 2 weiter zusammenhängenden Fragen, so etwa zu dem Problem, dass sich weniger Angehörige des Minderheitsgeschlechts zur Wahl gestellt haben, als diesem Geschlecht Mindestsitze zustehen, vgl. die Erl. zu § 22 WO.

21 **Auszählungsbeispiel 2 (Verhältniswahl)**

Bei dem folgenden Beispiel zur Verhältniswahl (Listenwahl) wird von einem Betrieb mit 350 wahlberechtigten AN ausgegangen, von denen 230 Männer und 120 Frauen sind. Der BR besteht aus neun Mitgliedern. Es haben sich drei Listen zur Wahl gestellt.
Zur Ermittlung des Mindestanteils des Minderheitsgeschlechts an den neun BR-Sitzen ist wiederum das Höchstzahlensystem anzuwenden:

Männer	Frauen
: 1 = 230 (1)	: 1 = 120 (2)
: 2 = 115 (3)	: 2 = 60 (5)
: 3 = 76,7 (4)	: 3 = 40 (8)
: 4 = 57,5 (6)	: 3 = 30
: 5 = 46 (7)	
: 6 = 38,3 (9)	
: 7 = 32,9	

Das Höchstzahlensystem ergibt für die Frauen als Minderheitsgeschlecht einen **Mindestanteil von drei Sitzen.**

In dem Beispiel wird davon ausgegangen, dass auf die sich zur Wahl stellenden drei Listen folgende Stimmenzahlen entfallen: Liste 1 = 220 Stimmen, Liste 2 = 85 Stimmen und Liste 3 = 45 Stimmen. In dem nächsten Schritt ist somit nach dem Höchstzahlensystem festzustellen, wieviel Sitze auf die einzelnen Listen entfallen:

Liste 1	= 220	Liste 2	= 85	Liste 3	= 45
: 1	= 220 (1)	: 1	= 85 (3)	: 1	= 45 (6)
: 2	= 110 (2)	: 2	= 42,5 (8)	: 2	= 22,5
: 3	= 73,3 (4)	: 3	= 28,3		
: 4	= 55 (5)				
: 5	= 44 (7)				
: 6	= 36,7 (9)				
: 7	= 31,4				

Auf die einzelne Liste entfällt folgende Anzahl von insgesamt 9 Sitzen: Liste 1 = 6 Sitze, Liste 2 = 2 Sitze, Liste 3 = 1 Sitz.

In einem weiteren Schritt ist nunmehr zu prüfen, welche Wahlbewerber von den einzelnen Listen ge- 22
wählt sind, wobei grundsätzlich die Reihenfolge auf der jeweiligen Liste entscheidend ist. Sie ist nur dann nicht maßgebend, wenn eine Korrektur des Wahlergebnisses erfolgen muss, weil der Mindestanteil von Sitzen für das Minderheitsgeschlecht nicht gegeben ist. Das wird unter Zugrundelegung des Auszählungsbeispiels 2 (Verhältniswahlrecht) mit zwei Beispielen verdeutlicht: Beispiel 2.1 ohne Korrektur, Beispiel 2.2 mit Korrektur.

Beispiel 2.1: Mindestquote erfüllt

In diesem Beispiel sind die Geschlechter auf die drei Listen wie folgt verteilt (aus Gründen der besseren Übersicht werden keine fiktiven Namen oder sonstigen Angaben zu den Listen gemacht. Es wird nur das Geschlecht angeführt):

Liste 1	Liste 2	Liste 3
Frau	**Mann**	**Mann**
Mann	**Frau**	Frau
Frau	Mann	Mann
Mann	Mann	
Mann	Mann	
Frau	Frau	
Mann		
Mann		
Frau		
Mann		

Von den sechs Mandaten der Liste 1 haben die Frauen drei Mandate erhalten, von der Liste 2 von den zwei Mandaten ein Mandat. Somit erhalten die Frauen als Minderheitsgeschlecht vier BR-Sitze. Die Mindestquote ist **erfüllt** bzw. das Minderheitsgeschlecht hat sogar einen Sitz mehr bekommen. Es behält diesen zusätzlichen Sitz. Eine Korrektur des Wahlergebnisses erfolgt nicht.

Die Feststellung, ob die Mindestquote erfüllt ist, hat **listenübergreifend** zu erfolgen. Wenn in dem Beispiel 2.1 unter den sechs Sitzen, die die Liste 1 erhalten hat, nur zwei weibliche Wahlbewerber gewesen wären, hätte eine Korrektur gleichwohl nicht erfolgen müssen. Von der Liste 2 ist die an 2. Stelle stehende Frau gewählt, so dass auch diesem Falle die Mindestquote von drei Sitzen erfüllt gewesen wäre.

Beispiel 2.2: Mindestquote nicht erfüllt

Liste 1	Liste 2	Liste 3
Frau	**Mann**	**Mann**
Mann	**Mann**	Frau
Mann	Frau	Mann
Mann	Mann	
Frau	Mann	
Mann	Frau	
Frau		
Mann		
Frau		
Mann		

Bei dieser Reihenfolge würden nur zwei Frauen (von der Liste 1) dem BR angehören. Nach § 15 Abs. 2 müssen aber drei BR-Sitze an die Frauen als Minderheitsgeschlecht gehen. Es ist, um § 15 Abs. 2 Rechnung zu tragen, nunmehr wie folgt zu verfahren: Es ist festzustellen, welcher Angehörige des Mehrheitsgeschlechts die niedrigste Höchstteilzahl in welcher Liste erhalten hat (§ 15 Abs. 5 Nr. 1 WO). In dem Beispiel hat die Liste 1 mit dem an sechster Stelle stehenden Mann (Mehrheitsgeschlecht) mit der letzten Höchstteilzahl (36, 7) den letzten Sitz erhalten. Von derselben Liste, also von der Liste 1, kommt statt dieses Mannes die an nächster Stelle stehende Frau in den BR. Das ist die in der Liste 1 an siebter Stelle stehende Frau. Das Geschlecht in der Minderheit hat somit die ihm nach dem Beispiel zustehenden drei Sitze.
Es soll noch auf folgende Variante hingewiesen werden: Würde in dem Beispiel 2.2 der Liste 1 keine Frau mehr angehören oder würden auf der Liste zwar noch Frauen stehen, diese die Wahl aber nicht annehmen, könnte von der Liste 1 der noch fehlende Sitz für das Minderheitsgeschlecht nicht besetzt werden. Der Sitz ginge dann auf die Liste über, die die folgende, noch nicht berücksichtigte Höchstteilzahl hat, sofern diese Liste einen bei der Vergabe von BR-Sitzen noch nicht berücksichtigten Angehörigen des Minderheitsgeschlechts hat (§ 15 Abs. 5 Nr. 2 WO). In dem Beispiel 2.2 wäre das – sofern die Liste 1 den fehlenden Sitz für das Minderheitsgeschlecht nicht besetzen kann – die Liste 2 mit der Höchstteilzahl 28, 3. Es käme somit die an dritter Stelle stehende Frau der Liste 2 in den BR. Zu weiteren Problemen bei der Feststellung der Mindestsitze für das Minderheitsgeschlecht und den entsprechenden Lösungswegen vgl. die Erl. zu § 15 Abs. 5 WO.

c) Geltung der Mindestquote für die Amtszeit

23 Die Verteilung der BR-Sitze nach § 15 Abs. 2 anlässlich der BR-Wahl gilt für die **gesamte Amtszeit.** Das ist auch bei dem Nachrücken von **Ersatzmitgliedern** zu beachten (vgl. § 25 Abs. 2). Das gilt selbst dann, wenn sich im Laufe der Amtszeit das zahlenmäßige Verhältnis der Geschlechter zueinander **ändert.**[35] Ausschlaggebend für die Quote ist allein der Zeitpunkt der BR-Wahlen, nicht der Zeitpunkt eines möglichen Nachrückvorgangs. Eine spätere Erfüllung der Quote für das Minderheitsgeschlechtes durch ein anderes Nachrücken eines Ersatzmitgliedes berechtigt also nicht, die zum Zeitpunkt der Wahl getroffene Entscheidung zu korrigieren.[36] Es kommt auf den Zeitpunkt der BR-Wahl an. Selbst dann ändert sich daran nichts, wenn sich dadurch eine »**Übererfüllung**« der Quote ergeben sollte.[37] Etwas anderes gilt jedoch hinsichtlich der Sitze, die das Minderheitsgeschlecht über die ihm zwingend zustehenden BR-Sitze hinaus erhalten hat. Insoweit besteht **kein Anspruch** des Minderheitsgeschlechts auf Beibehaltung dieser Sitze. Das bedeutet, dass bei einem Ausscheiden eines dem Minderheitsgeschlecht angehörenden BR-Mitglieds das Nachrücken sich nach den Grundsätzen des § 25 bestimmt, also ggf. ein Ersatzmitglied, das dem **Mehrheitsgeschlecht** angehört, nachrückt.[38] Der Mindestanteil an BR-Sitzen nach § 15 Abs. 2 darf dabei aber nicht unterschritten werden,[39] es sei denn, dass ein Angehöriger des Minderheitsgeschlechts als Ersatzmitglied nicht mehr zur Verfügung steht.[40] Keine Besonderheiten in Bezug auf § 15 gelten insoweit für die Zusammensetzung des BR eines Gemeinschaftsbetriebes.[41]

3. Keine oder nur eingeschränkte Anwendung des Absatzes 2

24 Die Regelung des Abs. 2 findet in bestimmten Fällen **keine** bzw. nur eine **eingeschränkte Anwendung.** Keine Anwendung findet sie, wenn

- nur ein Geschlecht im Betrieb vorhanden ist;
- zwar beide Geschlechter vertreten sind, aber das Minderheitsgeschlecht keine Wahlbewerber stellt;

35 Vgl. *Schneider,* AiB 05, 716 [718].
36 *ArbG Köln* 12.11.14 – 17 BV 296/14.
37 *ArbG Köln* 12.11.14 – 17 BV 296/14.
38 *LAG Berlin-Brandenburg* 25.7.17 – 7 TaBV 358/17. Bei der Ermittlung der Nachrücker kommt es allein auf § 15 Abs. 5 WO an. Vgl. auch *Fitting,* Rn 29a.
39 *LAG Berlin-Brandenburg,* 25.7.17 – 7 TaBV 358/17.
40 Vgl. *Schneider,* AiB, a. a. O., 719.
41 *BAG* 7. Senat 1.6.22 – 7 ABR 41/20 Rn. 40.

- sich zwar Wahlbewerber des Minderheitsgeschlechts zur Wahl stellen, aber alle diese Bewerber nach erfolgter Wahl das BR-Amt nicht annehmen;
- BR-Mitglieder, die dem Minderheitsgeschlecht angehören, im Laufe der Amtszeit ihr Amt niederlegen oder aus anderen Gründen ihr Mandat verlieren und Ersatzmitglieder des Minderheitsgeschlechts nicht mehr zur Verfügung stehen.

Den Fall ausgenommen, dass ohnehin nur ein Geschlecht im Betrieb vorhanden ist, werden in allen anderen Fällen die fehlenden BR-Sitze von dem **Mehrheitsgeschlecht** besetzt. Abs. 2 findet nur eingeschränkt Anwendung, wenn die dem Minderheitsgeschlecht zustehenden Mindestsitze **nur zum Teil** besetzt werden können, weil nicht genügend Wahlbewerber dieses Geschlechts zur Verfügung stehen oder im Laufe der Amtszeit dem BR angehörende Vertreter des Minderheitsgeschlechts ausscheiden und die Mindestquote nicht erfüllt werden kann, weil nicht ausreichend Ersatzmitglieder des Minderheitsgeschlechts vorhanden sind. Der BR behält in allen diesen Fällen die nach § 9 vorgesehene zahlenmäßige Größe, so dass erforderlichenfalls Angehörige des Mehrheitsgeschlechts die Sitze einnehmen, die von den Angehörigen des Minderheitsgeschlechts nicht besetzt werden können. **25**

Der Grundsatz, dass die zahlenmäßige Größe des BR nach § 9 auch dann bestehen bleibt, wenn nicht genügend Angehörige eines Geschlechts – aus welchen Gründen auch immer – zur Verfügung stehen, gilt auch, wenn Vorschlagslisten nicht genügend Wahlbewerber des Minderheitsgeschlechts aufweisen oder sogar Listen mit Angehörigen nur eines Geschlechts an der Wahl teilnehmen. Listen mit Wahlbewerbern nur eines Geschlechts sind zwar zulässig,[42] werden aber bei bestimmten Konstellationen benachteiligt, sofern nach Abs. 2 eine Korrektur des Wahlergebnisses erforderlich wird. Soweit sie nach dem Stimmergebnis die auf sie entfallenden Sitze des Minderheitsgeschlechts nicht besetzen können, gehen diese Sitze auf Listen über, die das Geschlecht in der Minderheit in einem ausreichenden Maße bei der Aufstellung berücksichtigt haben. **26**

§ 16 Bestellung des Wahlvorstands

(1) Spätestens zehn Wochen vor Ablauf seiner Amtszeit bestellt der Betriebsrat einen aus drei Wahlberechtigten bestehenden Wahlvorstand und einen von ihnen als Vorsitzenden. Der Betriebsrat kann die Zahl der Wahlvorstandsmitglieder erhöhen, wenn dies zur ordnungsgemäßen Durchführung der Wahl erforderlich ist. Der Wahlvorstand muss in jedem Fall aus einer ungeraden Zahl von Mitgliedern bestehen. Für jedes Mitglied des Wahlvorstands kann für den Fall seiner Verhinderung ein Ersatzmitglied bestellt werden. In Betrieben mit weiblichen und männlichen Arbeitnehmern sollen dem Wahlvorstand Frauen und Männer angehören. Jede im Betrieb vertretene Gewerkschaft kann zusätzlich einen dem Betrieb angehörenden Beauftragten als nicht stimmberechtigtes Mitglied in den Wahlvorstand entsenden, sofern ihr nicht ein stimmberechtigtes Wahlvorstandsmitglied angehört.

(2) Besteht acht Wochen vor Ablauf der Amtszeit des Betriebsrats kein Wahlvorstand, so bestellt ihn das Arbeitsgericht auf Antrag von mindestens drei Wahlberechtigten oder einer im Betrieb vertretenen Gewerkschaft; Absatz 1 gilt entsprechend. In dem Antrag können Vorschläge für die Zusammensetzung des Wahlvorstands gemacht werden. Das Arbeitsgericht kann für Betriebe mit in der Regel mehr als zwanzig wahlberechtigten Arbeitnehmern auch Mitglieder einer im Betrieb vertretenen Gewerkschaft, die nicht Arbeitnehmer des Betriebs sind, zu Mitgliedern des Wahlvorstands bestellen, wenn dies zur ordnungsgemäßen Durchführung der Wahl erforderlich ist.

(3) Besteht acht Wochen vor Ablauf der Amtszeit des Betriebsrats kein Wahlvorstand, kann auch der Gesamtbetriebsrat oder, falls ein solcher nicht besteht, der Konzernbetriebsrat den Wahlvorstand bestellen. Absatz 1 gilt entsprechend.

42 *Fitting*, Rn. 13, GK-*Jacobs*, Rn. 14.

Inhaltsübersicht Rn.

I. Vorbemerkungen

1 Durch die Corona-Pandemie sind viele gewohnte Abläufe nachhaltig verändert worden. Das trifft insbesondere auch auf das Zusammenarbeiten im Betrieb zu. Hierauf hat der Gesetzgeber mit dem temporären § 129 BetrVG reagiert. Dieser § 129 ist nun durch das Betriebsrätemodernisierungsgesetz abgelöst worden.[1] Obwohl viele Fragen noch offen geblieben sind, hat der Gesetzgeber keine besonderen Regelungen für zukünftige Pandemien mehr vorgesehen.[2]

1a **Jede BR-Wahl** ist durch **einen Wahlvorstand** durchzuführen. Eine nicht von einem WV durchgeführte BR-Wahl ist nicht nur anfechtbar, sondern kann auch nichtig sein.[3] Ein Mangel bei der **Bestellung** des WV[4] kann ebenso wie seine fehlerhafte Zusammensetzung während der **Durchführung** des Wahlverfahrens[5] die Anfechtbarkeit begründen[6]. Dabei sind die Anforderungen an die Wahl des WV nicht übertrieben förmlich auszulegen, um nicht die BR-Wahl insbesondere in Betrieben ohne Betriebsrat unnötig zu erschweren[7]. Deshalb ist auch eine Nichtigkeit der Bestellung des WV die absolute Ausnahme. Eine nur fehlerhafte Bestellung genügt hierfür nicht, um die BR-Wahl abzubrechen.[8] Fehler bei der Bestellung des Wahlvorstands rechtfertigen den Abbruch der Betriebsratswahl nur, wenn sie so schwer wiegen, dass auch der Anschein einer dem Gesetz entsprechenden Bestellung des Wahlvorstands nicht mehr besteht.[9] Es muss sich also bei der Bestellung vielmehr um einen offensichtlichen und groben Verstoß gegen die Vorschriften zur Errichtung in diesem Paragraphen bzw. § 17a handeln[10]. Diese Regeln sind grundsätzlich auch unter erschwerten Bedingungen, wie einer Pandemie, einzuhalten.[11]
Die Aufgaben des WV nach seiner Errichtung ergeben sich im Einzelnen aus § 18 des Gesetzes und den Vorschriften der WO.

2 Die Bestellung des WV ist **Aufgabe des BR,** sofern ein solcher im Betrieb vorhanden ist (zur Bestellung des WV im vereinfachten Wahlverfahren vgl. § 17a Nr. 1 und 2; in betriebsratslosen Betrieben vgl. § 17 und § 17 a). Der bevorstehende Ablauf der Amtszeit des BR, der die Bestellung eines WV notwendig macht, kann in **folgenden Fällen** gegeben sein: Beendigung der regelmäßigen Amtszeit (§ 21 Satz 1); vorzeitige Beendigung der Amtszeit außerhalb des regelmäßigen Wahlzeitraums wegen der Notwendigkeit einer **vorzeitigen Neuwahl** des BR (§ 13 Abs 2; vgl. § 13 Rn. 6 ff.); Beendigung der verkürzten bzw. der verlängerten Amtszeit eines außerhalb des regelmäßigen Wahlzeitraums gewählten BR im Hinblick auf die Wiedereingliederung in den regelmäßigen Wahlzeitraum (§ 21 Sätze 2 und 3 i. V. m. § 13 Abs. 3); Änderung der betriebsverfassungsrechtlichen Organisationseinheit durch TV nach § 3 (vgl. § 3 Rn. 21 ff.). Zur Bestellung des WV im Falle der erfolgreichen Anfechtung der BR-Wahl oder der Auflösung des BR durch eine gerichtliche Entscheidung vgl. Rn. 7.

1 Vgl. § 14 Rn. 1.
2 *Carlson/Kummert*, AiB 1/22, 35 ff.; *Homburg*, AuR-Express 3/2022.
3 Vgl. § 18 Rn. 1; § 19 Rn. 40; für die Nichtigkeit h. M., vgl. GK-*Kreutz*, § 16 Rn. 5.
4 *BAG* 2. 3. 55, AP Nr. 1 zu § 18 BetrVG.
5 *BAG* 4. 9. 88, BB 89, 496; vgl. auch Rn. 13.
6 *LAG Baden-Württemberg* 20. 2. 09 – 5 TaBVGa 1/09.
7 Diese Angriffe auf die Bestellung des WV sind insbesondere in Betrieben ohne Betriebsrat zu beobachten (vgl. hierzu § 17 Rn. 5).
8 *Mittag*, jurisPR-ArbR 9/2022 Anm. 3.
9 *HessLAG* 14. 9. 20 – 16 TaBVGA 127/20.
10 *BAG* 15. 10. 14 – 7 ABR 53/12.
11 *ArbG Weiden* 18. 12. 20 – 3 BVGa 2/20, juris, zu den Ausnahmen vgl. *ArbG Lingen* 19. 3. 21 – 1 BV 1/21, juris und *ArbG Krefeld* 3. 9. 21 – 2 BV 17/21, juris.

Bei einer Betriebsspaltung können sich für die Problematik der Bestellung des WV auf der Grundlage eines Übergangsmandats (§ 21 a) somit vor allem folgende Abläufe ergeben: 3

- Bei einer **Betriebsaufspaltung,** bei der der Betrieb als solcher untergeht, bestellt der bisherige BR unverzüglich den WV für die Wahl von BR in den neu entstandenen Betriebsteilen. Das gilt dann nicht, wenn ein solcher Betriebsteil nicht mehr betriebsratsfähig ist (§ 1 BetrVG); ebenso, wenn der Betriebsteil in einen Betrieb eingegliedert worden ist, in dem bereits ein BR besteht.
- Bei einer **Betriebsabspaltung** oder **Ausgliederung** von Betriebsteilen bleibt der BR des bisherigen Betriebs (Ursprungsbetrieb) unverändert im Amt und bestellt für diesen Betrieb den WV, sofern nicht die Voraussetzungen des § 13 Abs. 2 Nr. 1 oder Nr. 2 BetrVG vorliegen, erst vor Ablauf seiner regulären Amtszeit. Für die abgespaltenen Betriebsteile bestellt der BR des bisherigen Betriebs dagegen unverzüglich WV zur Einleitung von BR-Wahlen. Dies gilt wiederum nicht, wenn ein abgespaltener Betriebsteil nicht betriebsratsfähig ist (§ 1 BetrVG) oder in einen Betrieb mit BR eingegliedert wurde.
- Erfolgt die **Eingliederung** eines Betriebs oder eines abgespaltenen Betriebsteils in einen Betrieb, der zwar betriebsratsfähig ist, aber keinen BR hat, besteht das Übergangsmandat für den BR des Ursprungsbetriebs ebenfalls mit der Folge, dass er für den bisher betriebsratslosen Betrieb einen WV zur Durchführung einer BR-Wahl bestellt.
- Bei einer **Zusammenlegung** von Betrieben oder Betriebsteilen zu einem neuen Betrieb bestellt der BR des Betriebs oder des Betriebsteils, in dessen Betriebsbereich vor der Zusammenlegung die größte Zahl der wahlberechtigten AN vorhanden war, den WV.[12] Das gilt auch, wenn mehrere UN einen gemeinsamen Betrieb (Gemeinschaftsbetrieb) gebildet haben, in dem erstmals eine BR-Wahl erfolgen soll.[13]
- Wird ein **gespaltener Betrieb** in seiner betrieblichen Organisation nicht geändert und liegt somit die gesetzliche Vermutung vor, dass es sich um einen Gemeinschaftsbetrieb mehrerer Rechtsträger handelt, bleibt der bisherige BR in seiner Amtsführung unverändert bestehen. Das Erfordernis der Bestellung eines WV ist nicht gegeben.

Fehlt im Betrieb ein BR, so wird der WV durch den GBR, ist dieser nicht vorhanden, durch den KBR bestellt (§ 17 Abs. 1, § 17a Nr. 1). Sind weder ein GBR noch ein KBR vorhanden, so kann eine **Betriebsversammlung** den WV bestellen (vgl. § 17 Abs. 2 und 3; § 17a Nr. 3). Kommt eine Betriebsversammlung **nicht zustande,** wird der WV **vom ArbG bestellt.** Entsprechendes gilt, wenn es zwar zu einer Betriebsversammlung, aber in dieser nicht zur Bestellung eines WV gekommen ist (vgl. § 17 Abs. 4, § 17a Nr. 4). Das ArbG wird nicht von Amts wegen tätig, sondern nur auf **Antrag** von mindestens drei wahlberechtigten AN oder einer im Betrieb vertretenen Gewerkschaft (zum Gewerkschaftsbegriff vgl. § 2 Rn. 10 ff.; zum Nachweis des Vertretenseins einer Gewerkschaft im Betrieb vgl. § 2 Rn. 30). 4

II. Bestellung des Wahlvorstands durch den Betriebsrat (Abs. 1)

Die Bestellung hat **»spätestens« zehn Wochen** vor Ablauf der Amtszeit des noch amtierenden BR zu erfolgen (zum Ablauf der Amtszeit vgl. § 21 u. die dortigen Ausführungen; zu den abgekürzten Fristen bei der Bestellung des WV durch den BR im Rahmen des vereinfachten Wahlverfahrens vgl. § 17a Rn. 1). Dieser Zeitraum ist erforderlich, weil der WV verpflichtet ist, bereits **sechs Wochen** vor der Wahl das Wahlausschreiben zu erlassen (§ 3 Abs. 1 WO) und darüber hinaus – sofern zeitgleich die Wahl eines SpA nach dem SprAuG erfolgt oder bereits ein solcher besteht – das Zuordnungsverfahren für leitende Angestellte nach § 18a zu betreiben. Sowohl die umfangreichen Aufgaben, die der WV wahrzunehmen hat, als auch das ggf. abzuwickelnde Zuordnungsverfahren nach § 18a lassen als es als ratsam erscheinen, die Bestellung zu einem **früheren Zeitpunkt** vorzunehmen. Hier können je nach Größe des Betriebes und den auf den WV zukommenden Aufgaben inklusive des möglichen höheren Schulungsbedarfes bei unerfahrenen Mitgliedern des WV mehrere Wochen oder auch in Einzelfällen 5

12 *Fitting,* Rn. 14 m. w. N.

13 A. A. *LAG Hamburg* 3. 3. 87 – 3 TaBV 1/87: Wahl des WV in einer gemeinsamen Betriebsversammlung gemäß § 17.

Monate notwendig sein. Im Falle der Notwendigkeit der Wahl eines UN-SpA wird es sogar erforderlich sein, bei der Bestellung der WV für die einzelnen BR des UN (und auch für die Bestellung des WV zur Wahl des UN-SpA) von dem Zeitpunkt auszugehen, der für die Bestellung des WV für die BR-Wahl in dem Betrieb des UN maßgebend ist, in dem die zeitlich erste Wahl erfolgt. Nur so wird eine sachgerechte Abgrenzung des Begriffes des leitenden Angestellten erfolgen bzw. eine entsprechende Abstimmung zwischen den einzelnen WV vorgenommen werden können.[14] Eine vor dem **10-Wochen-Zeitraum** liegende Bestellung des WV ist nicht nur zulässig, sondern sogar regelmäßig zweckmäßig. Eine spätere Bestellung des WV, also nach Eintritt des 10-Wochen-Zeitraumes ist rechtlich zwar zulässig, bringt aber die Gefahr betriebsratsloser Zeiten mit sich. Die Bestellung kann jedenfalls dann nicht mehr vorgenommen werden, wenn der WV nach Abs. 2 dieser Vorschrift durch eine **rechtskräftige Entscheidung** des ArbG bestellt worden ist oder die Bestellung durch den GBR bzw. KBR erfolgte.[15]

6 Die Frist von zehn Wochen kann nicht eingehalten werden, wenn die Amtszeit des BR vorzeitig und außerhalb des regelmäßigen Wahlzeitraums nach § 13 Abs. 2 abläuft, wobei eine Bestellung des WV durch den BR aber nur in den Fällen des § 13 Abs. 2 Nrn. 1–3 in Betracht kommt. Tritt einer dieser Fälle ein, hat die Bestellung des WV durch den BR **unverzüglich** zu erfolgen.[16] In diesem Zusammenhang ist zu beachten, dass der zwischendurch gewählte BR entweder in dem nächsten regelmäßigen Wahlzeitraum (verkürzte Amtszeit) oder in dem übernächsten regelmäßigen Wahlzeitraum (verlängerte Amtszeit) neu zu wählen ist (vgl. § 13 Abs. 3 i. V. m. § 21 Satz 3 u. 4). Da die Amtszeit spätestens am 31. Mai, also am letzten Tag des regelmäßigen Wahlzeitraumes, endet, ist der WV für die Wahl des zwischendurch gewählten BR **spätestens** am 22. März des Jahres zu bestellen, in dem dieser BR wieder in dem regelmäßigen Wahlzeitraum zu wählen ist. Auch hier ist eine frühere Bestellung des WV rechtlich möglich und vielfach angebracht.[17] Die Bestellung des WV durch einen bestehenden BR kommt auch in den Fällen in Betracht, in denen der BR ein auf höchstens sechs Monate befristetes Übergangsmandat in einem betriebsratslosen Betrieb wahrnimmt.[18] Auch in diesen Fällen soll die Bestellung spätestens zehn Wochen vor Ablauf der Amtszeit, also des Übergangsmandats, erfolgen. Andererseits kann der BR den WV noch bis zum **letzten Tag der Amtszeit,** somit auch bis zum letzten Tag des Übergangsmandates, bestellen. Ein so bestellter WV kann die Wahl auch dann einleiten und durchführen, wenn die Amtszeit des BR abgelaufen ist.

7 Die Bestellung durch den BR kommt dagegen in den Fällen des § 13 Abs. 2 Nr. 4 und 5 **nicht** in Betracht. Ist also die BR-Wahl erfolgreich angefochten oder vom ArbG ihre Nichtigkeit festgestellt worden, ist die Grundlage zur Einsetzung eines WV die Regelung des § 17. Hat das ArbG nach § 23 Abs. 1 den BR wegen grober Verletzung seiner gesetzlichen Pflichten aufgelöst, hat es nach § 23 Abs. 2 einen WV für die Neuwahl einzusetzen.

8 Besteht acht Wochen vor Ablauf der Amtszeit des BR noch kein WV, so bestellt ihn das ArbG auf Antrag von mindestens drei Wahlberechtigten oder einer im Betrieb vertretenen Gewerkschaft (§ 16 Abs. 2). Daneben kommt eine Bestellung des WV durch den GBR oder, falls ein solcher nicht besteht, durch den KBR in Betracht (Abs. 3; Rn. 29 ff.).

9 Der BR-Beschluss zur Bestellung des WV erfolgt in einer Sitzung mit der **Mehrheit der Stimmen** der anwesenden Mitglieder gemäß § 33 Abs. 1.[19] Über die vorgeschlagenen Mitglieder kann einzeln oder »en bloc« abgestimmt werden. Ein förmliches Wahlverfahren findet nicht statt.[20] Ausgeschlossen sind auch Wahlen nach den Grundsätzen der Verhältniswahl.[21]

10 Es gibt keine grundsätzlichen rechtlichen Bedenken dagegen, dem Betriebsausschuss oder einem Ausschuss nach § 28 durch Beschluss des BR die Bestellung des WV zu übertragen; dies

14 Zur Wahl von BR und UN-SpA vgl. § 18a Rn. 50 ff. vgl. auch *Dänzer-Vanotti,* AuR 89, 204.
15 *Fitting,* Rn. 12.
16 *Fitting,* Rn. 13; Richardi-*Thüsing,* Rn. 8.
17 *Fitting,* Rn. 16.
18 Vgl. § 21a Rn. 55; *Fitting,* Rn. 14.
19 *Fitting,* Rn. 23; GK-*Kreutz,* Rn. 22.
20 A. A. Richardi-*Thüsing,* Rn. 23; vgl. auch *Fitting,* a. a. O., nach denen eine förmliche Wahl vom BR beschlossen oder in der Geschäftsordnung festgelegt werden kann.
21 GK-*Kreutz,* a. a. O.

wird jedoch nur in **Ausnahmefällen** zweckmäßig sein. Die Bestellung des WV fällt jedenfalls nicht in den Rahmen der laufenden Geschäfte des Betriebsausschusses.[22]

Jeder **wahlberechtigte AN** (zur Wahlberechtigung vgl. § 7) kann als WV-Mitglied bestellt werden, andernfalls ist die Wahl anfechtbar[23]. Es ist allerdings nicht erforderlich ist, dass das Mitglied des WV auch wählbar ist. Lehnt es ein bestellter AN ab, das Amt des WV-Mitglieds zu übernehmen, hat der BR einen anderen AN zu bestellen. Er kann dabei auf einen Beschäftigten zurückgreifen, der für den AN, der die Übernahme des Amtes als WV-Mitglied abgelehnt hat, als Ersatzmitglied vorgesehen war (zur Bestellung der Ersatzmitglieder vgl. Rn. 15). Der BR bestimmt, wer von den WV-Mitgliedern **Vorsitzender** des WV sein soll. Der **Vorsitzende** hat die Sitzungen des WV **einzuberufen und zu leiten.** Darüber hinaus hat er im Rahmen der vom **WV gefassten Beschlüsse** die Vertretung gegenüber dem AG und anderen Personen. Er ist berechtigt, dem WV gegenüber abzugebende Erklärungen entgegenzunehmen und solche für den WV abzugeben. Hat der BR einen Vorsitzenden nicht bestellt und besteht der BR nicht mehr, so sind die Mitglieder des WV berechtigt, aus ihrer Mitte den Vorsitzenden zu wählen.[24] 11

Ebenso können **LeihAN** in den Wahlvorstand des Entleiherbetriebs bestellt werden, weil auch sie die Wahlberechtigung nach § 7 haben. Problematisch ist jedoch, wie der Kündigungsschutz der Mitglieder des WV nach § 15 Abs. 3 KSchG bei LeihAN ausgestaltet werden kann. Nach der ständ. Rechtspr. des *BAG* sind die Mitglieder vor Repressalien zu schützen[25]. Daher könnte in diesem Fall in Betracht kommen, dass der aktuelle Einsatz im Entleiherbetrieb nicht – schon gar nicht vorzeitig – beendet werden darf. Andernfalls würde die Vorschrift des § 15 Abs. 3 KSchG bei LeihAN leerlaufen. 11a

Grundsätzlich kann ein WV aber nur für einen bestimmten Betrieb gewählt oder bestellt werden und kann gemäß § 16 Abs 1 S 1 i. V. m. § 7 BetrVG ausschließlich aus Wahlberechtigten im Wahlbetrieb bestehen.[26] 11b

Dem WV können auch Mitglieder des **noch amtierenden BR,** der die Bestellung vorzunehmen hat, angehören.[27] Es ist ebenso möglich, dass **Bewerber** für den neu zu wählenden BR Mitglieder des WV sind.[28] 12

Abs. 1 Satz 5 sieht vor, dass in Betrieben mit weiblichen und männlichen AN dem WV **Frauen und Männer angehören sollen.** Dadurch soll sichergestellt werden, dass bereits im Vorfeld der BR-Wahlen die Repräsentanz der Geschlechter besser als bisher gewährleistet wird. Zugleich soll die Bereitschaft bei den weiblichen AN zur Teilnahme an der Bildung der betrieblichen Interessenvertretung verstärkt werden.[29] Die Bestimmung schreibt aber nicht vor, dass die Berücksichtigung von Männern und Frauen im WV dem zahlenmäßigen Anteil weiblicher und männlicher AN innerhalb der Belegschaft entspricht. Sie ist als Soll Vorschrift gestaltet, gilt allerdings insoweit während des gesamten Wahlverfahrens. 13

In den Betrieben der privatisierten Post-UN **Deutsche Post AG, Deutsche Postbank AG** u. **Deutsche Telekom AG** hat dem WV ein **Beamter** anzugehören, sofern diese Gruppe im Betrieb vertreten ist (§ 26 Nr. 3 PostPersRG). Die Vorschrift ist zwingend. Die Bestimmung findet auch dann Anwendung, wenn die Beamten auf die Bildung einer eigenen Wählergruppe verzichtet haben (vgl. § 26 Nr. 3 PostPersRG).[30] Sie ist nicht nur bei der Bestellung, sondern auch während der Durchführung des Wahlverfahrens zu beachten (vgl. auch Rn. 13), so dass bei dem Ausscheiden des Beamten aus dem WV eine entsprechende Nachbestellung vorzunehmen ist, sofern aus dieser Gruppe kein Ersatzmitglied mehr zur Verfügung steht. 14

22 *Fitting*, Rn. 24, die darauf hinweisen, dass eine solche Übertragung der Bestellung des WV wegen der Einmaligkeit der Aufgabe nur in besonders gelagerten Fällen zweckmäßig sei.
23 *LAG Schleswig-Holstein* 19.3.10 – 4 TaBVGa 5/10.
24 *Fitting*, Rn. 33; Richardi-*Thüsing*, Rn. 18.
25 *BAG* 5.11.09 – 2 AZR 487/08.
26 *LAG Berlin-Brandenburg* 19.10.22 – 23 TaBVGa 1094/22.
27 *Fitting*, Rn. 22.
28 *BAG* 12.10.76, AP Nr. 1 zu § 8 BetrVG 1972, 4.10.77, AP Nr. 2 zu § 18 BetrVG 1972; vgl. auch § 8 Rn. 28.
29 *Bischoff/Kunz*, AiB 97, 562; *Fisahn*, WSJ-Mit. 95, 22 ff.
30 *Bischoff/Kunz*, AiB 97, 562; *Fisahn*, WSJ-Mit. 95, 22 ff.

15 Der WV hat grundsätzlich aus **drei wahlberechtigten AN** zu bestehen. Diese Zahl kann **erhöht** werden, sofern dies zur ordnungsgemäßen Durchführung der Wahl notwendig ist. (Die Erhöhung der Zahl der WV-Mitglieder ist allerdings bei dem vereinfachten Wahlverfahren nach § 14a nicht zulässig; vgl. § 14a Rn. 10.) Die entsprechende Prüfung hat der BR nach **pflichtgemäßem Ermessen** vorzunehmen. Eine Erhöhung der Zahl der WV-Mitglieder kommt vor allem in größeren Betrieben in Betracht, in denen die Wahl in mehreren Wahlräumen durchgeführt werden muss, da nach den Vorschriften der WO (§ 12 Abs. 2) mindestens ein Mitglied des WV in jedem Wahlraum anwesend zu sein hat.[31] Eine Erhöhung der Zahl der WV-Mitglieder kann auch in Betracht kommen, wenn der BR bestimmte Gruppierungen – obwohl nicht zwingend vorgeschrieben – berücksichtigen will, wie etwa Frauen, ausländische AN oder Vertreter von Betriebsabteilungen, unselbstständigen Nebenbetrieben und verschiedenen Beschäftigungsarten. Eine Erhöhung der Zahl der WV-Mitglieder kann auch noch später, solange der BR im Amt ist, vorgenommen werden. Bei einer Vergrößerung des WV ist allerdings darauf zu achten, dass ein arbeitsfähiges Gremium gegeben ist, das im Übrigen immer aus einer **ungeraden** Zahl von Mitgliedern bestehen muss. Zur fehlerhaften Besetzung des WV und der Möglichkeit einer einstweiligen Verfügung während des Wahlverfahrens vgl. Rn. 30). Sollte vom BR eine höhere Anzahl von Mitgliedern beschlossen worden sein, so sind die Plätze auch zu füllen. Andernfalls ist der Wahlvorstand nicht ordnungsgemäß bestellt.[32]

16 Der BR kann für jedes WV-Mitglied ein **Ersatzmitglied** bestellen. Davon sollte bereits aus Zweckmäßigkeitsgründen Gebrauch gemacht werden. Es ist dabei als zulässig anzusehen, dass ein Ersatzmitglied für **mehrere Mitglieder** des WV bestellt wird, wobei die Reihenfolge des Nachrückens der einzelnen Ersatzmitglieder festzulegen ist.[33] Bei der Bestellung von Ersatzmitgliedern ist auf die Vertretung der Geschlechter zu achten (vgl. Rn. 13). Ein Ersatzmitglied tritt bei zeitweiser Verhinderung des ordentlichen Mitglieds vorübergehend in den WV ein. Es rückt auf **Dauer** nach, wenn das betreffende ordentliche Mitglied aus dem WV ausgeschieden ist.[34] Sobald ein Ersatzmitglied in den WV nachrückt, hat es den Kündigungsschutz nach § 103 dieses Gesetzes und nach § 15 KSchG.

17 Hat der WV **trotz Nachrückens der Ersatzmitglieder** nicht mehr die **erforderliche Mitgliederzahl,** ist er vom BR unverzüglich zu ergänzen.[35] Bleibt der BR untätig, erfolgt auf Antrag die Ergänzung nach Abs. 2 durch das ArbG.[36] Ist die Bestellung des WV durch den GBR nach § 16 Abs. 3 erfolgt, kann dieser auch Ersatzmitglieder bestellen; Entsprechendes gilt für den KBR. Ist die Amtszeit des BR bereits abgelaufen, erfolgt die Ergänzung des WV durch den GBR oder, falls ein solcher nicht besteht, durch den KBR (§ 17 Abs. 1). Ist weder ein GBR noch ein KBR vorhanden, so wird der WV durch die Betriebsversammlung nach § 17 Abs. 2 oder, soweit diese keine WV-Mitglieder bestellt, durch das ArbG nach § 17 Abs. 4 berufen.[37]

18 Hat der BR den WV bestellt, kann er ihn **nicht mehr abberufen.** Das gilt selbst bei Pflichtverletzungen. Eine Abberufung ist nur durch das ArbG nach § 18 Abs. 1 Satz 2 möglich.[38] Das gilt auch hinsichtlich einzelner WV-Mitglieder. Der Antrag auf Abberufung durch das ArbG kann vom BR, von mindestens drei wahlberechtigten AN oder einer im Betrieb vertretenen Gewerkschaft gestellt werden (§ 18 Abs. 1 Satz 2).

19 Der WV kann **nicht** als Gremium auf Grund eines Mehrheitsbeschlusses **zurücktreten.** Ein solches Selbstauflösungsrecht sieht das Gesetz nicht vor.[39] Unberücksichtigt davon bleibt jedoch das Recht des einzelnen WV-Mitglieds, sein Amt **niederzulegen.** Für die WV-Mitglieder, die ihr Amt niederlegen, rücken Ersatzmitglieder nach. Stehen keine Ersatzmitglieder mehr zur Verfügung, hat der BR den WV durch Bestellung von WV-Mitgliedern zu ergänzen (vgl. Rn. 16).

---

31 Vgl. dazu auch *LAG Nürnberg* 30.3.06, FA 06, 280.
32 Sinngemäß *ArbG Hamburg* 7.1.15 – 27 BVGa 5/14.
33 *Fitting,* Rn. 35; GK-*Kreutz,* Rn. 40.
34 GK-*Kreutz,* Rn. 41; *Richardi-Thüsing,* Rn. 20.
35 *BAG* 14.12.65, AP Nr. 5 zu § 16 BetrVG.
36 *Fitting,* Rn. 37.
37 Vgl. *BAG,* a. a. O.
38 *ArbG Berlin* 3.4.74, BB 74, 830; *Fitting,* Rn. 84; *Halberstadt,* Rn. 8.
39 *LAG Düsseldorf* 26.3.75, DB 1975 S. 840.

Zum **Kündigungsschutz** von WV-Mitgliedern vgl. § 103 Rn. 50, zum Recht der Teilnahme von WV-Mitgliedern an einer **Schulungsveranstaltung** über die Wahlvorschriften des Gesetzes und die Bestimmungen der WO vgl. § 20 Rn. 38 ff.; zu den Ausgleichsansprüchen nach § 37 Abs. 3 für Wahlvorstandstätigkeit, die aus betrieblichen Gründen außerhalb der Arbeitszeit geleistet wurde, vgl. § 20 Rn. 33. 20

Das Amt des WV endet nicht bereits mit der Einberufung des neu gewählten BR zu dessen konstituierender Sitzung,[40] sondern erst dann, wenn in der konstituierenden Sitzung der BR aus seiner Mitte einen **Wahlleiter** zur Wahl des BR-Vorsitzenden und des Stellvertreters **bestellt** hat (§ 29 Abs. 1 Satz 2). Die Leitung der konstituierenden Sitzung des BR durch den WV-Vorsitzenden bis zu dem Zeitpunkt nach § 29 Abs. 1 Satz 2 ist eine Amtshandlung, so dass der WV jedenfalls bis dahin noch im Amt ist.[41] 21

III. Entsendung von Gewerkschaftsbeauftragten

Nach der ab 1. 1. 1989 geltenden Fassung des Gesetzes (vgl. Einl. Rn. 33) kann jede im **Betrieb vertretene Gewerkschaft einen Beauftragten** als nicht stimmberechtigtes Mitglied in den WV entsenden. Dies gilt jedoch nur, sofern die Gewerkschaft nicht bereits im WV dadurch vertreten ist, dass ihr ein oder mehrere WV-Mitglieder angehören. Das Entsendungsrecht kann daher **nachträglich** mit der Folge entfallen, dass das von der Gewerkschaft entsandte Mitglied dem WV nicht mehr angehört, wenn durch das Nachrücken eines Ersatzmitglieds die vorher nicht vertretene Gewerkschaft nunmehr ein Mitglied im WV hat.[42] Der WV ist berechtigt und verpflichtet zu prüfen, ob der Beauftragte, der entsandt werden soll, der Gewerkschaft angehört[43] und ob die sonstigen Voraussetzungen für das Entsendungsrecht vorliegen,[44] also die Gewerkschaft eine solche i. S. d. § 2 und im Betrieb vertreten ist. Darüber hinaus muss der Beauftragte **wahlberechtigter AN** des Betriebes sein.[45] Die Wahlberechtigung ist erforderlich, da grundsätzlich nur wahlberechtigte AN Mitglied des WV sein können (vgl. § 16 Abs. 1 Satz 1). Selbst bei einer gerichtlichen Bestellung des WV durch das ArbG ist die Wahlberechtigung jedenfalls dann erforderlich, wenn das Gericht auf betriebsangehörige AN zurückgreift. Soweit in bestimmten Fällen das ArbG WV-Mitglieder bestellen kann, die nicht AN des Betriebes sind, sieht dies das Gesetz ausdrücklich vor (vgl. § 16 Abs. 2 Satz 3). Der Beauftragte muss außerdem ausdrücklich von der Gewerkschaft, die ihn entsenden will, **bevollmächtigt** sein, wobei die Gewerkschaft dem WV, zu Händen des Vorsitzenden, ausdrücklich mitteilen muss, welche Person als nicht stimmberechtigtes Mitglied in den WV entsandt werden soll.[46] Erst mit Zugang dieser Erklärung ist der Entsandte zu den Sitzungen des WV zu laden.[47] Vorher ist der WV auch ohne zusätzlich entsandte Mitglieder ordnungsgemäß zusammengesetzt.[48] Liegen die Voraussetzungen nicht vor oder können sie nicht nachgewiesen werden, ist der WV berechtigt, den Beauftragten zu den Sitzungen nicht zuzulassen.[49] Ist ein Beschluss zu fassen, ob die Person, deren Entsendung beabsichtigt ist, zugelassen werden soll, entscheiden die **stimmberechtigten WV-Mitglieder.** Im Übrigen ist die Gewerkschaft, die ein Entsendungsrecht hat, nicht verpflichtet, davon Gebrauch zu machen. Ebensowenig ist der BR oder der WV verpflichtet, von sich aus die Gewerkschaft auf ein möglicherweise bestehendes Entsendungsrecht hinzuweisen.[50] 22

Kommt es zur Zulassung, kann der Beauftragte zwar an den **Sitzungen des WV** teilnehmen. Er ist jedoch nicht stimmberechtigt und kann auch keine Anträge stellen. Da er an der Beschluss- 23

---

40 So aber offensichtlich *BAG* 14.11.75, AP Nr. 1 zu § 18 BetrVG 1972.
41 Ebenso GK-*Kreutz,* Rn. 78.
42 Vgl. *Fitting,* Rn. 43; GK-*Kreutz,* Rn. 44.
43 Vgl. *Engels/Natter,* BB Beilage 8/89, S. 20.
44 Vgl. *Fitting,* Rn. 44; GK-*Kreutz,* Rn. 48.
45 *Fitting,* Rn. 48; *WW,* Rn. 4.
46 GK-*Kreutz,* Rn. 45.
47 GK-*Kreutz,* a. a. O.
48 GK-*Kreutz,* a. a. O.
49 *Engels/Natter,* a. a. O.
50 *Fitting,* Rn. 45, allerdings mit dem Hinweis, dass der WV auf Anfrage der Gewerkschaft Auskunft darüber zu geben hat, ob und inwieweit ein Entsendungsrecht in Betracht kommt.

fassung nicht teilnimmt, ist er auch von der **Entscheidungsfindung im WV ausgeschlossen.**[51] Die Entsendung wirkt sich daher auch nicht auf zwingende Vorgaben für die personelle Zusammensetzung des WV aus, wie etwa hinsichtlich der Festlegung über die ungerade Mitgliederzahl. Die entsandten Gewerkschaftsbeauftragten sind somit praktisch WV-Mitglieder »zweiter Klasse«, deren Auftrag sich in einer **kontrollierenden Beobachtung** erschöpft,[52] so dass eine Verletzung des Entsendungsrechts für sich allein noch keine Wahlanfechtung begründet.[53] Die Frage, ob die Gewerkschaft für das entsandte Mitglied zulässigerweise ein Ersatzmitglied bestellen kann, ist zu verneinen.[54] Ein entsandtes Mitglied kann auch nicht als Vertreter für ein verhindertes ordentliches WV-Mitglied tätig werden; selbst dann nicht, wenn auch das Ersatzmitglied verhindert ist.[55] Bei einer Amtsniederlegung oder einem Ausscheiden des von der Gewerkschaft entsandten Beauftragten aus dem WV wird diese allerdings berechtigt sein, einen neuen Beauftragten zu entsenden.

IV. Bestellung durch das Arbeitsgericht (Abs. 2)

24 Die Regelung des Abs. 2 will sicherstellen, dass die Bestellung eines WV auch dann zustande kommt, wenn der **BR untätig** bleibt. Bis zur rechtskräftigen Entscheidung des Gerichts kann der BR allerdings, sofern seine Amtszeit noch nicht abgelaufen ist, die **Bestellung nachholen.**[56] Ist die Amtszeit des BR bereits beendet, kann ein arbeitsgerichtliches Beschlussverfahren nicht mehr eingeleitet werden. Es besteht dann ein betriebsratsloser Betrieb, so dass die Bestellung des WV grundsätzlich durch eine **Betriebsversammlung** zu erfolgen hat (vgl. § 17). Ein noch während des Bestehens des BR wegen dessen Säumigkeit eingeleitetes Bestellungsverfahren ist jedoch fortzuführen.[57]

25 Das ArbG wird nur **auf Grund eines Antrags** der Antragsberechtigten tätig; der AG ist nicht antragsberechtigt (h. M.). In dem Antrag können Vorschläge für die Zusammensetzung des WV gemacht werden, ohne dass das ArbG verpflichtet ist, diese zu berücksichtigen. Soweit drei wahlberechtigte AN des Betriebes antragsberechtigt sind, liegt eine Verfahrensvoraussetzung vor, die während des **gesamten Verfahrens** bis zur letzten mündlichen Anhörung in der Rechtsbeschwerdeinstanz bestehen muss.[58] Es sind die Grundsätze maßgebend, die auch bei der Wahlanfechtung nach § 19 Abs. 2 durch drei wahlberechtigte AN zur Anwendung kommen. Daher ist auch zu der Vorschrift des § 16 die Rspr. des BAG zum Anfechtungsverfahren nach § 19 zu übernehmen, nach der ein von mehreren AN eingeleitetes Wahlanfechtungsverfahren nicht unzulässig wird, wenn AN während der Dauer des gerichtlichen Verfahrens aus dem Arbeitsverhältnis ausscheiden, sofern **wenigstens drei AN** das Anfechtungsverfahren weiter betreiben.[59]

26 In dem Antrag können Vorschläge für die **Zusammensetzung** des WV gemacht werden. Das ArbG ist allerdings nicht verpflichtet, sie zu berücksichtigen. Andererseits ist das Gericht nicht gehalten, andere als im Verfahren namhaft gemachte Personen zu suchen. Solange die Beteiligten eine hinreichende Zahl von Personen namhaft machen, sollten diese – sofern Zweifel an ihrer Eignung nicht bestehen – bestellt werden.[60] Es ist auch zulässig, dass das ArbG **aus-**

---

51 *Engels/Natter,* BB-Beilage 8/89, S. 20; GK-*Kreutz,* Rn. 49 im Hinblick auf das Stimmrecht, bejahend allerdings ein Rede- u. Beratungsrecht; *Dänzer/Vanotti,* AuR 89, 206.

52 *Engels/Natter,* BB-Beilage 8/89, S. 179, die zutreffend darauf hinweisen, dass in § 16 Abs. 1 Satz 6 nicht, wie in § 20 Abs. 1 Satz 3 BPersVG, von einer beratenden Teilnahme des Gewerkschaftsbeauftragten die Rede ist.

53 *Engels/Natter,* BB-Beilage 8/89, S. 20; *Fitting,* Rn. 55; GK-*Kreutz,* Rn. 52.

54 *Fitting,* Rn. 51 vgl. auch GK-*Kreutz,* Rn. 47.

55 *Fitting,* Rn. 54.

56 *BAG* 23.11.16 – 7 ABR 13/15; *LAG Hamm* 23.9.54, AP Nr. 1 zu § 15 BetrVG; vgl. auch *Fitting,* Rn. 57, die darauf hinweisen, dass im Falle der Bestellung des WV durch Gerichtsbeschluss der BR durch Rechtsmitteleinlegung den Eintritt der Rechtskraft des Beschlusses verhindern müsse, weil sonst der gerichtlich bestellte der rechtmäßige WV sei.

57 Vgl. *LAG Düsseldorf* 20.11.75, DB 76, 682.

58 *BAG* 21.11.75, AP Nr. 6 zu § 118 BetrVG 1972.

59 *BAG* 4.12.86, AP Nr. 13 zu § 19 BetrVG 1972; vgl. auch § 19 Rn. 21 f.

60 *LAG Baden-Württemberg* 20.9.73 – 7 Ta BV 5/73.

schließlich betriebsfremde Gewerkschaftsmitglieder in den WV beruft.[61] In dem Bestellungsverfahren entscheidet das ArbG zugleich über die Zahl der Mitglieder des WV. Das ArbG hat auch zu versuchen, der Regelung des Abs. 1 Satz 5 Rechnung zu tragen, dass in Betrieben mit weiblichen und männlichen AN dem WV Frauen und Männer angehören sollen (vgl. auch Rn. 12 a). In den Betrieben der privatisierten Post-UN **Deutsche Post AG, Deutsche Postbank AG u. Deutsche Telekom AG** hat dem WV überdies ein **Beamter** anzugehören, sofern diese Gruppe im Betrieb vertreten ist (§ 26 Nr. 3 PostPersRG; vgl. auch Rn. 13 a).

Der Antrag kann von dem Tage an gestellt werden, der, um **acht Wochen** zurückgerechnet, dem Tag des Ablaufs der Amtszeit des BR entspricht.[62] Problematisch ist die Frage, ab welchem Zeitraum der Antrag gestellt werden kann, wenn es zu einem Fall der **vorzeitigen Neuwahl** nach § 13 Abs. 2 Nrn. 1–3 gekommen ist. Dem geschäftsführenden BR (vgl. § 22) wird eine angemessene Frist zugestanden werden müssen. Als angemessen kann eine Frist von **zwei Wochen** gelten, weil auch § 16 von einer mindestens zweiwöchigen Frist ausgeht, nach deren ergebnislosem Ablauf das ArbG zur Bestellung eines WV angerufen werden kann.[63] 27

V. Bestellung nichtbetriebsangehöriger Gewerkschaftsmitglieder

Das ArbG kann auch Mitglieder einer im Betrieb vertretenen **Gewerkschaft** in den WV berufen, die nicht dem Betrieb angehören. Für Betriebe mit in der Regel 20 oder weniger wahlberechtigten AN gilt diese Bestimmung allerdings nicht. Bei Betrieben dieser Größenordnung kann das ArbG nur wahlberechtigte AN des betreffenden Betriebs als WV-Mitglieder bestellen. 28

Voraussetzung für die Bestellung externer Gewerkschaftsmitglieder ist, dass dies die **ordnungsgemäße Durchführung** der Wahl erfordert. Sie ist bereits gegeben, wenn nicht genügend AN des Betriebes zur Übernahme des Amtes als Mitglied des WV bereit sind.[64] Die Erforderlichkeit kann sich auch daraus ergeben, dass die AN des Betriebes nicht in der Lage sind, das förmlich ausgestaltete Wahlverfahren ordnungsgemäß durchzuführen.[65] Die Bestellung eines **hauptamtlichen Mitglieds** der antragstellenden Gewerkschaft zum Mitglied des WV kann auch erforderlich sein, wenn dadurch eine befürchtete Einflussnahme des AG verhindert wird und zu erwarten ist, dass die erstmalige Wahl eines BR mit der gebotenen Unabhängigkeit und Durchsetzungsfähigkeit erfolgt.[66] 29

Bei den betriebsfremden AN kann es sich sowohl um **hauptamtliche Gewerkschaftsvertreter** handeln als auch um **Gewerkschaftsmitglieder,** die als **AN in einem anderen Betrieb** tätig sind. Auch diese nicht betriebsangehörigen WV-Mitglieder handeln zwar grundsätzlich ehrenamtlich. Der AG hat ihnen jedoch notwendige Aufwendungen und Auslagen einschließlich eines etwaigen Lohnausfalls zu erstatten.[67] Soweit die Gewerkschaft Aufwendungen und Auslagen übernommen hat, kann sie vom AG gemäß § 683 BGB Ersatz dieser Aufwendungen verlangen.[68] 30

VI. Bestellung durch GBR oder KBR (Abs. 3)

Die Regelung des Abs. 3 ermöglicht eine Bestellung des WV durch den **GBR,** sofern ein solcher nicht besteht, durch den **KBR,** wenn der BR seiner Verpflichtung zur Bestellung des WV nicht 31

61 *LAG Baden-Württemberg,* a. a. O.
62 *Fitting,* Rn. 58.
63 *Fitting,* a. a. O.
64 Vgl. *LAG Düsseldorf* 7. 11. 74, DB 75, 260; *Fitting,* Rn. 70.
65 *Fitting,* Rn. 71; *LAG München* 20. 4. 04 – 5 TaBV 18/04; vgl. auch *ArbG Mönchengladbach* 27. 7. 89, BetrR 90, 16, das für den Fall der erstmaligen BR-Wahl in einem Betrieb die Notwendigkeit zur Bestellung eines nicht betriebsangehörigen Gewerkschaftsmitglieds selbst dann bejaht, wenn zum gerichtlichen Entscheidungstermin die Bereitschaftserklärung einer ausreichenden Anzahl von betriebsangehörigen AN zur Übernahme des Amtes als WV-Mitglied vorliegt, die AN des Betriebs aber nach Überzeugung des Gerichts nicht in der Lage sind, das förmliche Wahlverfahren ordnungsgemäß durchzuführen.
66 *ArbG Berlin* 11. 10. 01, AiB 02, 106 ff.
67 *Fitting,* Rn. 73; GK-*Kreutz,* Rn. 70.
68 *Fitting,* a. a. O.; GK-*Kreutz,* a. a. O.; Richardi-*Thüsing,* Rn. 46.

nachkommt. Die Möglichkeit der Bestellung durch den GBR bzw. KBR besteht ebenso, wenn nach einem Absinken der Zahl der Betriebsratsmitglieder auch nach dem Nachrücken der Ersatzmitglieder die nach § 9 vorgeschriebene Mitgliederzahl nicht mehr erreicht wird und somit eine Neuwahl durchgeführt werden muss (§ 13 Abs. Nr. 2), der BR aber keinen Wahlvorstand bestellt.[69] Für das Tätigwerden des GBR bzz. des KBR bedarf es, anders als nach Abs. 2 bei der Einleitung eines Bestellungsverfahrens beim ArbG, **keines förmlichen Antrags.** So können sich etwa AN des Betriebs, in dem die BR-Wahl erfolgen soll, der BR aber bis zehn Wochen vor der Wahl den WV nicht bestellt hat, an den GBR bzw. ggf. an den KBR wenden, um die Bestellung des WV zu erreichen; Entsprechendes gilt für die im Betrieb vertretene Gew. GBR bzw. KBR können aber auch **von sich aus tätig werden,** wenn sie auf andere Weise von dem Untätigbleiben des BR erfahren haben. GBR bzw. KBR haben bei der Bestellung die in Abs. 1 enthaltenen Grundsätze zu beachten.

32 Die Bestellung des WV durch den GBR bzw. KBR soll sicherstellen, dass auch bei einem Untätigbleiben des BR keine betriebsratslose Zeit eintritt. Dieses Bestellungsverfahren ist eine **praxisbezogene Alternative** zur Bestellung durch das ArbG. Sie wird sich wegen der größeren Sachnähe des GBR bzw. des KBR zum Betrieb empfehlen, so dass die Anrufung des ArbG wesentlich auf die Fälle beschränkt sein wird, in denen ein GBR und KBR nicht vorhanden sind.[70] Hat der GBR bzw. der KBR das Bestellungsverfahren eingeleitet, kommt eine Anrufung des ArbG nur noch in Ausnahmefällen in Betracht.

33 GBR bzw. KBR können den WV auch dann noch bestellen, wenn ein gerichtliches Verfahren zu seiner Bestellung eingeleitet worden ist. Es gilt das **Prioritätsprinzip.**[71] Das gerichtliche Verfahren ist in der Regel einzustellen.

VII. Streitigkeiten

34 Verstöße gegen die **Regelungen zur Bestellung und Zusammensetzung** des WV berechtigen, wenn die Voraussetzungen des § 19 vorliegen, zur **Anfechtung der Wahl.**[72] Eine fehlerhafte Besetzung des WV kann aber ggf. bereits während des Wahlverfahrens durch eine einstweilige Verfügung angegriffen werden.[73] Der Abbruch der Wahl ist aber nur dann möglich, wenn vor **Ablauf der Amtszeit** des gewählten BR ein neuer WV bestellt und die Wahl durchgeführt werden kann, ohne dass eine betriebsratslose Zeit entsteht[74] und die Bestellung nichtig war. Ein Abbruch der Wahl kann nicht erfolgen, wenn die Bestellung des Wahlvorstandes nur anfechtbar ist. Insoweit gelten die gleichen Grundsätze des Bundesarbeitsgerichtes wie für den Abbruch der bereits laufenden BR-Wahl auch[75]. Insbesondere kann die Wahl des Wahlvorstandes nicht durch denjenigen angegriffen werden, der den Anlass zur Wahlanfechtung selbst gesetzt hat. Wurden zum Beispiel Einladungen zur Betriebsversammlung zur Wahl eines WV mutwillig entfernt, um die Teilnahme von AN an dieser zu erschweren, reicht es für eine Anfechtung nicht aus, wenn auch auf anderen Wegen zur Betriebsversammlung eingeladen wurde.[76]
Solange der WV im Amt ist, kann er **Beteiligter** eines Beschlussverfahrens sein, das sich gegen die Einleitung oder Durchführung der BR-Wahl richtet. Nach Erlöschen seines Amtes kann er weder Beteiligter in einem Beschlussverfahren sein noch Rechtsmittel gegen einen zu seinen Ungunsten ergangenen Beschluss einlegen.[77]

35 Bei Streitigkeiten über die ordnungsgemäße Bestellung und Zusammensetzung des WV entscheidet **vor Abschluss der Wahl** das ArbG auf Antrag im Beschlussverfahren (§§ 2a, 80 ff.

---

69 *HessLAG* 8.12.05 – 9 TaBV 88/05, AuR 06, 253.
70 Vgl. auch *Fitting*, Rn. 77.
71 *Löwisch*, BB 01, 1734, 1738; *Fitting*, Rn. 76.
72 Vgl. *BAG* 2.3.55, AP Nr. 1 zu § 18 BetrVG; vgl. auch § 19 Rn. 12.
73 *LAG Nürnberg* 30.3.06, FA 06, 280.
74 *LAG Nürnberg* 30.3.06, a.a.O.
75 *LAG Hamm* 7. Kammer 6.9.13 – 7 TaBVGa 7/13; a.A wohl das *ArbG HH* 7.1.15 – 27 BVGa 5/14, dass bei Anfechtbarkeit der Bestellung des WV einen Anspruch auf Abbruch der Wahl sieht; vgl. auch § 17, Rn. 16.
76 *LAG Düsseldorf* 12.10.18 – 6 TaBVGa 7/18, juris.
77 *BAG*, a.a.O.

ArbGG). **Antragsberechtigt** ist neben den in § 19 Abs. 2 genannten Antragstellern[78] auch der amtierende BR, sofern dieser damit die Möglichkeit erhält, Fehler bei der Bestellung des WV zu **korrigieren;**[79] ggf. kommt eine einstweilige Verfügung in Betracht.[80]

Auch Streitigkeiten über die **Rechtsstellung** der WV-Mitglieder sind vom ArbG im Beschlussverfahren zu entscheiden.[81] Entsprechendes gilt, wenn in den WV entsandte betriebsfremde AN die Erstattung von Aufwendungen und Auslagen verlangen oder die Gewerkschaft vom AG gemäß § 20 Abs. 3 Ersatz von Aufwendungen fordert[82]. 36

§ 17 Bestellung des Wahlvorstands in Betrieben ohne Betriebsrat

(1) Besteht in einem Betrieb, der die Voraussetzungen des § 1 Abs. 1 Satz 1 erfüllt, kein Betriebsrat, so bestellt der Gesamtbetriebsrat oder, falls ein solcher nicht besteht, der Konzernbetriebsrat einen Wahlvorstand. § 16 Abs. 1 gilt entsprechend.

(2) Besteht weder ein Gesamtbetriebsrat noch ein Konzernbetriebsrat, so wird in einer Betriebsversammlung von der Mehrheit der anwesenden Arbeitnehmer ein Wahlvorstand gewählt; § 16 Abs. 1 gilt entsprechend. Gleiches gilt, wenn der Gesamtbetriebsrat oder Konzernbetriebsrat die Bestellung des Wahlvorstands nach Absatz 1 unterlässt.

(3) Zu dieser Betriebsversammlung können drei wahlberechtigte Arbeitnehmer des Betriebs oder eine im Betrieb vertretene Gewerkschaft einladen und Vorschläge für die Zusammensetzung des Wahlvorstands machen.

(4) Findet trotz Einladung keine Betriebsversammlung statt oder wählt die Betriebsversammlung keinen Wahlvorstand, so bestellt ihn das Arbeitsgericht auf Antrag von mindestens drei wahlberechtigten Arbeitnehmern oder einer im Betrieb vertretenen Gewerkschaft. § 16 Abs. 2 gilt entsprechend.

Inhaltsübersicht Rn.

I. Bestellung des Wahlvorstands durch den Gesamtbetriebsrat oder Konzernbetriebsrat (Abs. 1)

Nach dem BetrVG 1972 hatte die Bestellung eines WV in einem Betrieb, in dem bisher ein BR nicht bestand, grundsätzlich durch eine Betriebsversammlung zu erfolgen. Dieses zeit- und kostenaufwändige Verfahren hat das BetrVG-ReformG 2001 durch die zweckmäßigere Regelung ergänzt, dass die Bestellung des WV durch den **GBR des UN** bzw., wenn ein solcher nicht vorhanden ist, durch den **KBR des Konzerns** zu erfolgen hat.[1] Der GBR bzw. ggf. der KBR können die Initiative **jederzeit** ergreifen, wenn sie feststellen, dass der betreffende Betrieb zwar nach § 1 betriebsratsfähig ist, aber noch keinen BR hat. Der GBR bzw. KBR hat gegenüber der UN-Leitung nach § 80 Abs. 2 i. V. m. § 51 Abs. 5 einen Auskunftsanspruch dahingehend, in welchen Betrieben des UN kein BR besteht,[2] entsprechend gilt nach § 80 Abs. 2 i. V. m. § 59 Abs. 1 für den KBR gegenüber der Konzernleitung für betriebsratslose Betriebe im Konzernbereich. Sobald der WV durch den GBR bzw. KBR errichtet worden ist, geht der Auskunfts- 1

78 Zur Antragsberechtigung der Gewerkschaft vgl. *BAG* 14.12.65, AP Nr. 5 zu § 16 BetrVG; zum Antragsrecht des AG vgl. *BAG* 3.6.75, AP Nr. 1 zu § 5 BetrVG 1972 Rotes Kreuz.
79 GK-*Kreutz*, Rn. 80.
80 Vgl. *BAG* 8.2.57, AP Nr. 1 zu § 82 BetrVG; *BAG* 3.6.75, a. a. O.
81 GK-*Kreutz*, Rn. 81.
82 *BAG* 16.4.03 – 7 ABR 29/02.

1 Richardi-*Thüsing*, Rn. 1.
2 *Fitting*, Rn. 9.

anspruch an den eingesetzten WV über[3]. Der AG ist aber auch seinerseits verpflichtet, dem GBR bzw. KBR Auskunft über die betriebsratslosen Betriebe im UN bzw. Konzern zu geben.[4] Eine Auskunft kann nur verweigert werden, wenn die Bestellung des WV nichtig[5] wäre oder die BR-Wahl insgesamt voraussichtlich nichtig sein wird[6].
Unabhängig von der **Auskunftserteilungspflicht** kann die Anregung zur Bestellung des WV aber auch von der im Betrieb vertretenen **Gewerkschaft** oder von **AN** des betroffenen Betriebs kommen. Eines förmlichen Antrags einer der beteiligten Parteien bedarf es nicht.

2 Haben der GBR bzw. ggf. der KBR festgestellt, dass ein betriebsratsfähiger, aber betriebsratsloser Betrieb im UN bzw. Konzern vorhanden ist oder haben sie entsprechende Hinweise erhalten, sollen sie unverzüglich die Bestellung des WV vornehmen. Dabei haben sie die Grundsätze des § 16 Abs. 1 zu beachten. Das Bestellungsverfahren durch den GBR bzw. ggf. durch den KBR findet auch auf die Bestellung des WV nach **§ 17a Anwendung** (vgl. § 17a Rn. 2).

3 Unterlassen GBR oder KBR die Bestellung des WV, obwohl die Voraussetzungen dafür vorliegen, kann die Bestellung durch die in Abs. 2 vorgesehene Betriebsversammlung erfolgen. Es gilt das **Prioritätsprinzip.** Wird der WV noch vor dem Stattfinden der Betriebsversammlung durch den GBR oder KBR bestellt, findet die Versammlung nicht mehr statt.[7] Es ist daher sinnvoll, wenn die Einladungsberechtigten den GBR bzw. KBR von der beabsichtigten Durchführung der Versammlung verständigen, damit dieser noch tätig werden kann.[8]

II. Wahl des Wahlvorstands durch die Betriebsversammlung (Abs. 2, 3)

4 Die Betriebsversammlung, in der in einem betriebsratslosen Betrieb ein WV gewählt werden soll, kann dann einberufen werden, wenn weder ein GBR noch ein KBR besteht oder diese Betriebsverfassungsorgane zwar vorhanden, aber untätig geblieben sind. Zur Versammlung können **drei wahlberechtigte AN** des Betriebs oder die im Betrieb vertretene Gewerkschaft[9] einladen (vgl. auch Rn. 2 a). Das Einladungsrecht der Gewerkschaft zu einer Betriebsversammlung zur Wahl eines WV entfällt nicht bereits deshalb, weil drei AN des Betriebes schon eine Einladung ausgesprochen haben. Es kann erforderlich sein, dass die Gewerkschaft zusätzlich eine Einladung ausspricht, aber einen früheren Zeitpunkt der Durchführung festlegt, weil eine unmittelbar bevorstehende Betriebsänderung die umgehende Wahl eines BR erforderlich macht. Auch unabhängig davon bringt eine **»Doppeleinladung«** keine Nachteile, sondern sichert die Ordnungsgemäßheit der Einleitung der Wahlen zum BR.[10] Die Möglichkeit einer **»Doppeleinladung«** durch **drei oder mehr** wahlberechtigte AN des Betriebs besteht schon deshalb, weil das Wort »oder« in Abs. 3 zwischen den Einladungsberechtigten nicht im Sinne des wechselseitigen Ausschlusses (»entweder – oder«) zu verstehen ist, sondern **kumulativ** in dem Sinn »sowohl – als auch«.[11] Die Einladenden können bei einer »Doppeleinladung« unabhängig voneinander den Weg für die Einladung wählen, der ihrer Meinung nach am besten geeignet ist. Sollten jedoch zwei unterschiedliche WV aus dem Betrieb doppelt zur Wahl aufrufen, so ist der zeitlich spätere Aufruf wegen des Prioritätsprinzips des GBR/KBR unbeachtlich.[12] Um eine »Doppel-

---

3 *BAG* 15.10.14 – 7 ABR 53/12.
4 *LAG Nürnberg* 25.1.07 – 1 TaBV 14/06.
5 *LAG Hamm* 16.3.15 – 13 TaBVGa 3/15. Ein Grund für die Nichtigkeit der Bestellung eines WV ist, dass es bereits einen zuständigen WV gibt.
6 *LAG Schleswig-Holstein* 2.4.14 – 3 TaBVGa 2/14.
7 *Fitting*, Rn. 14.
8 *Fitting*, Rn. 15.
9 Zu der Frage, wie die Gewerkschaft den Nachweis führen kann, dass sie im Betrieb vertreten ist, vgl. *BAG* 25.3.92 – 7 ABR 65/90, DB 93, 95 und § 2 Rn. 30; vgl. auch *LAG Baden-Württemberg* 8.5.15 – 17 TaBV 1/15, das allerdings ein Mitglied aus einem organisationsfremden Bereich als nicht »schützenswert« ansieht.
10 So auch *LAG Köln* 6.10.89, BB 90, 998, das zutreffend auf die gesetzliche Verknüpfung von Einladungs- und Vorschlagsrecht hinweist, allerdings eine weitere Einladung zu derselben Betriebsversammlung dann ausschließt, wenn der weitere Einladungsberechtigte lediglich an einen anderen Ort und zu einer anderen Zeit einladen will.
11 *LAG Köln*, a.a.O. unter Hinweis auf Wahrig, Deutsches Wörterbuch 1980.
12 *LAG Hamm* 16.3.15 – 13 TaBVGa 3/15.

einladung« handelt es sich aber auch nicht, wenn eine von drei oder mehr wahlberechtigten AN einberufene Versammlung zur Wahl eines WV ergebnislos verlaufen ist und die Gewerkschaft nach einiger Zeit von ihrem Einladungsrecht Gebrauch macht. Die Aufzählung der Einladungsberechtigten ist **abschließend.** Daher sind weder der AG noch andere Stellen berechtigt, eine entsprechende Einladung vorzunehmen.[13] Andererseits darf der AG die Durchführung der Betriebsversammlung nicht verbieten oder auf AN dahingehend Einfluss nehmen, dass sie an der Versammlung zur Bildung eines WV nicht teilnehmen. In einem solchen Verhalten des AG würde eine **Behinderung der BR-Wahl** liegen (§ 20 Abs. 1 Satz 1) und ggf. ihre Beeinflussung, wenn der AG durch die Zufügung oder Androhung von Nachteilen oder durch die Gewährung oder das Versprechen von Vorteilen AN abhalten will, an der Versammlung teilzunehmen. Ggf. kommen ein **Verfahren nach § 23 Abs. 3** sowie eine **Strafverfolgung nach § 119 Abs. 1 Nr. 1** in Betracht. Es gelten dabei dieselben Grundsätze, die auch zur Anwendung kommen, wenn der AG Betriebsversammlungen verhindern will (vgl. § 42 Rn. 31).

Formvorschriften für die Einladung zur Betriebsversammlung bestehen **nicht.**[14] Die Einla- 5
dung kann daher beispielsweise durch einen Aushang am »Schwarzen Brett«, durch ein Rundschreiben, ein Faltblatt oder per E-Mail vorgenommen werden. Die ergänzende Nutzung von **Twitter, Facebook oder anderen sozialen Medien** kann im Einzelfall auch geeignet sein, wenn man damit eine vollständige Abdeckung der Einladung auf alle Beschäftigten erreicht. Die AN des Betriebes müssen allerdings in jedem Fall über Termin und Zweck der Betriebsversammlung **informiert** werden, damit sie Gelegenheit haben, an der Versammlung teilzunehmen.[15] Wenn die Einladung in der Form eines Aushangs gemacht wird, ist es nicht unbedingt erforderlich, dass dieser von der einladenden Stelle unterschrieben ist.[16] Es ist darauf zu achten, dass **alle AN** des Betriebs Gelegenheit bekommen, von der **Einladung Kenntnis zu erhalten;** andernfalls kann die Wahl des WV unwirksam sein.[17] Der AG ist verpflichtet, allen regelmäßig auswärts beschäftigten AN eine Einladung zu einer Betriebsversammlung zum Zwecke der Wahl eines WV für die erstmalige Wahl eines BR zukommen zu lassen.[18] Diese Verpflichtung des AG kann von der Gewerkschaft ggf. gerichtlich durchgesetzt werden.[19] Verweigert der AG die Mitwirkung und kann deswegen keine Betriebsversammlung stattfinden, ist aber auch die Anrufung des ArbG nach Abs. 4 zur gerichtlichen Bestellung des WV möglich.[20] Auf keinen Fall kann sich der AG auf die fehlende Kenntnis von AN von der Einladung zu einer Betriebsversammlung nach § 17 berufen, wenn er diese Kenntnisnahme selbst vereitelt oder erschwert bzw. die AN nicht informiert hat. Geht es etwa in einem arbeitsgerichtlichen Verfahren darum, ob die Einladung zur Wahl des WV ordnungsgemäß erfolgte, kann sich der AG nicht darauf berufen, dass die AN nicht ausreichend Zeit gehabt hätten, von der Einladung Kenntnis zu nehmen, wenn er durch die Abnahme des Einladungsschreibens selbst die Voraussetzungen

13 *Fitting,* Rn. 22 m. w. N.; *GL,* Rn. 6; a. A. *BAG* 19. 3. 74, AP Nr. 1 zu § 17 BetrVG 1972; Richardi-*Thüsing,* Rn. 11; GK-*Kreutz,* Rn. 13 f.

14 *LAG Bremen* 22. 11. 16 – 1 TaBV 13/16.

15 *ArbG Braunschweig* 24. 1. 18 – 6 BVGa 1/18; vgl. auch *LAG Hamm* 9. 12. 77, DB 78, 1282, das es als unerheblich bezeichnet, auf welche Weise Ort und Zeitpunkt der Betriebsversammlung bekannt gemacht worden sind.

16 *LAG Hamm* 29. 11. 73, DB 74, 389.

17 Zu weitgehend *BAG* 7. 5. 86, AP Nr. 18 zu § 15 KSchG 1969, das die Möglichkeit der Nichtigkeit der Wahl des WV in einem solchen Fall annimmt, allerdings auch darauf abstellt, dass die AN nicht auf andere Weise von der Durchführung der Versammlung erfahren haben und überdies durch das Fernbleiben der nicht unterrichteten AN das Wahlergebnis beeinflusst werden konnte. Vgl. auch *ArbG Hamburg* 7. 1. 15 – 27 BVGa 5/14 und *ArbG Braunschweig* a. a. O.

18 *BAG* 26. 2. 92 – 7 ABR 37/91, DB 92, 2147; vgl. auch *ArbG Stuttgart* 22. 12. 92 – 1 BV 191/92, das die Verpflichtung des AG in einem Zeitungsvertrieb feststellt, die von den Einberufern der Versammlung zur Wahl eines WV übergebene Einladung an die als Zeitungszusteller beschäftigten AN zu versenden; noch umfassender *LAG Hamburg* 16. 6. 92 – 2 TaBV 10/91, das den AG nach Aufforderung durch die Gewerkschaft als verpflichtet ansieht, alle AN von der Einladung zur Betriebsversammlung nach § 17 durch die Gewerkschaft zu unterrichten.

19 Ein eigenes Auskunftsrecht über personenbezogene Daten der Belegschaft für »Wahlinitiatoren« oder die Gewerkschaft zur besseren Vorbereitung besteht nach Ansicht des *ArbG Berlin* 26. 8. 22 – 41 BVGa 7430/22 nicht.

20 *Fitting,* Rn. 33; a. A. *BAG* 26. 2. 92, AP Nr. 6 zu § 17 BetrVG 1972.

des § 17 Abs. 3 BetrVG vereitelt hat. Die Bestellung des WV ist häufig Ziel von Angriffen geworden, die im Wesentlichen auf die **Verhinderung eines BR** ausgerichtet sind. Daher sind AG, die im Rahmen eines Verfahrens den Einwand der nicht ordnungsgemäßen Einladung erheben davon ausgeschlossen. Der darauf gerichtete Einwand des AG verstößt gegen § 242 BGB bzw. § 162 BGB.[21]

6 Die Einladung zur Betriebsversammlung kann **zusätzlich** zu den anderen Formen der Einladung durch die im Betrieb vorhandene IuK-Technik (s. auch Rn. 5) erfolgen.[22] Es ergibt sich bereits daraus, dass eine solche zusätzliche Einladung auch im vereinfachten zweistufigen Wahlverfahren zu der Einladung zur Wahl des WV nach § 28 Abs. 1 Satz 3 WO erfolgen kann.[23] Der AG hat dazu die im Betrieb vorhandene Infrastruktur (E-Mail, Intranet) zur Verfügung zu stellen. Eine Einladung **ausschließlich** mit der IT-Technik ist nur zulässig, wenn grundsätzlich alle AN von der Einladung Kenntnis erlangen können.[24]

6a Die Vorschrift einen WV zu wählen, besteht auch in Zeiten mit besonderen Herausforderungen, wie z. B. einer Pandemie. Die Betriebsversammlung ist trotz der erschwerten Bedingungen zur Wahl eines Wahlvorstandes durchzuführen.[25] Kann eine Betriebsversammlung aber z. B. wegen besonderen Hygienevorschriften in Pandemiezeiten nicht wie vorgesehen im Betrieb stattfinden, kann diese auch kurzfristig auf einen Parkplatz oder einen anderen großräumigen Ort vor oder in der Nähe des Betriebsgeländes verlegt werden, wenn sichergestellt ist, dass die AN von der Verlegung des Ortes Kenntnis haben können.[26] Allerdings ist dann kein vorheriger Versuch einer Wahl auf einer Betriebsversammlung erforderlich, wenn diese z. B. wegen gesetzlicher Vorschriften (z. B. InfektionsschutzVO) nicht zulässig sind oder die Durchführung unzumutbar ist.[27] In solchen Fällen kann das Arbeitsgericht direkt angerufen werden.
Die erleichternden Möglichkeiten, eine Wahl zum Beispiel durch Telefon- oder Videokonferenz durchzuführen, gilt leider nicht für die Betriebsversammlung zur Bestellung eines WV.[28]

7 **Beauftragte** einer im Betrieb vertretenen **Gewerkschaft** haben das Recht, den Betrieb nach Unterrichtung des AG gemäß § 2 Abs. 2 zu betreten, um die AN zur Betriebsversammlung einzuladen. Sie sind unabhängig von der Einladung zur Versammlung berechtigt, die AN über die Bedeutung der BR-Wahl und die Notwendigkeit des Vorhandenseins eines BR zur Wahrnehmung der betrieblichen AN-Interessen aufzuklären. Die Gewerkschaftsbeauftragten dürfen auch **Arbeitsplätze aufsuchen,** etwa um geeignete AN zur Übernahme des Amts als WV-Mitglied zu gewinnen.[29] Das Zugangsrecht zur Betriebsversammlung besteht auch für ein Mitglied des GBR, das von drei wahlberechtigten AN eingeladen worden ist. Das Zugangsrecht kann ggfs. gerichtlich erzwungen werden.[30]

8 An der Versammlung können **alle im Betrieb beschäftigten AN** teilnehmen, auch die nicht wahlberechtigten AN. **Leitende Angestellte** nach § 5 Abs. 3 sind jedoch ausgeschlossen.[31] Daher haben Mitglieder des SpA nicht das Recht der Teilnahme. Nehmen leitende Angestellte an der Versammlung teil, so ist dies nicht per se ein Grund zur Anfechtung, sondern nur dann, wenn sie auch entscheidenden Einfluss auf die Bildung des WV genommen haben. Das ergibt sich schon daraus, dass es in vielen Fällen streitig ist, wer zum Kreis der leitenden Angestellten zu rechnen ist. Auch der AG ist zur Teilnahme **nicht berechtigt,** da dies die Möglichkeit einer

---

21 *ArbG Lingen* 24.11.05 – 2 BV 2/05.
22 Zur Anwendung der IT-Technik bei BR-Wahlen vgl. umfassend *Schneider/Wedde*, AuR 1–2/07, 26; vgl. auch § 18 Rn. 7a.
23 Vgl. auch *Fitting*, Rn. 17.
24 Vgl. § 2 Abs. 4 Satz 4 WO; vgl. auch *BAG* 19.11.03 – 7 ABR 24/03, das es als nicht ausreichend ansieht, wenn von 59 AN 52 AN über einen E-Mail-Anschluss verfügen.
25 *ArbG Weiden* 18.12.20 – 3 BVGa 2/20, juris.
26 *ArbG Weiden* 18.12.20 – 3 BVGa 2/20, juris.
27 *ArbG Lingen* 13.3.21 – 1 BV 1/21, juris.
28 Die WO muss noch auf die neue Gesetzeslage durch das Betriebsrätemodernisierungsgesetz angepasst werden. Insoweit kann noch mit einer Vereinfachung der Rechtslage für Wahlvorstände gerechnet werden.
29 *ArbG Wuppertal* 17.9.85 – 7 BV 41/85; *Fitting*, Rn. 7.
30 *ArbG Frankfurt/M.* 31.10.96, AiB 97, 716.
31 *Fitting*, Rn. 24.

Beeinflussung bei der Bildung des WV mit sich bringen könnte.[32] **Der Gewerkschaftsbeauftragte** hat auch dann ein **Teilnahmerecht,** wenn die Gewerkschaft nicht selbst zu der Versammlung eingeladen hat, sondern AN des Betriebes. Das ergibt sich nicht nur aus ihrer betriebsverfassungsrechtlichen Unterstützungsfunktion, sondern auch aus § 46 Abs. 1. Ein Teilnahmerecht haben auch **Mitglieder des GBR,** wenn es zwar zu keiner Initiative durch den GBR zur Bildung eines WV nach Abs. 1 gekommen ist, ihre Anwesenheit für eine ordnungsgemäße Erfüllung der Aufgaben der Betriebsversammlung aber sachdienlich ist und drei Wahlberechtigte AN den GBR zur Anwesenheit bei einer Betriebsversammlung nach § 17 eingeladen haben.[33]

Die Betriebsversammlung findet grundsätzlich **während der Arbeitszeit** statt (§ 44 Abs. 1). 9
Das hat insbesondere zur Folge, dass die Zeit der Teilnahme den AN einschließlich evtl. zusätzlicher Wegezeiten wie Arbeitszeit zu vergüten ist und entstehende besondere Fahrkosten zu erstatten sind (vgl. § 44 Rn. 17). Insbesondere in Schichtbetrieben oder Betrieben mit hohem Anteil von AN in der (Auslands)Montage wird es nahezu unmöglich sein, einen Zeitpunkt zu finden, der in der Arbeitszeit aller AN liegt. Deshalb ist es ausreichend, wenn die AN des Betriebes rechtzeitig über Zeit und Lage der Versammlung informiert werden[34].

Eine bestimmte **Mindestzahl** von Teilnehmern zur Beschlussfassung ist **nicht erforderlich,** 10
da die Wahl mit der Mehrheit der anwesenden AN erfolgt.[35] Die Mehrheit der abgegebenen Stimmen genügt nicht.[36] Allerdings erweist sich dies immer wieder als schwierig, wenn es besonders viele Bewerber für das Amt des Wahlvorstandes gibt und schon rechnerisch nicht jeder Kandidat die Mehrheit der anwesenden Stimmen in einem Wahlgang auf sich vereinigen kann. Dies könnte dadurch aufgelöst werden, dass zwischen den Kandidaten mit den meisten Stimmen um die Plätze im Wahlvorstand eine Stichwahl stattfindet. Auf diese Art könnten die Fälle einer Bestellung des Wahlvorstandes durch ein Gericht verringert werden. Insbesondere dann, wenn insgesamt genügend Stimmen auf die Kandidaten für das Amt des Wahlvorstandes abgegeben worden sind, ohne dass alle drei Bewerber die Mehrheit auf sich vereinen konnten.[37] Es finden auch nicht die Grundsätze der Verhältniswahl Anwendung. Das gilt umso mehr, als sie praktisch kaum durchführbar wäre, da die notwendigen Vorbereitungen für die Berechnung nicht getroffen werden können.

Die **Einladenden eröffnen** die Versammlung. Einer förmlichen Abstimmung bei der Bestel- 11
lung des Versammlungsleiters bedarf es nicht.[38] Es genügt, wenn einer der einladenden AN oder ein Beauftragter einer einladenden Gewerkschaft die Versammlung eröffnet und die Wahl leitet,[39] sofern erkennbar ist, dass die Mehrheit der Versammelten mit der Verfahrensweise einverstanden ist.[40] In Betracht kommt aber auch jeder andere AN.

Entsprechend dem Teilnahmerecht sind **alle AN stimmberechtigt,** somit nicht nur die Wahl- 12
berechtigten. Eine geheime Wahl ist nicht erforderlich.[41] Selbst die Benutzung von Stimmzetteln ist nicht notwendig. Die Wahl kann auch durch Handaufheben erfolgen, wenn feststeht,

---

32 *LAG Niedersachsen* 15.4.77 – 5 TaBV 38/77, das zutreffend erklärt, eine Teilnahme des AG würde der Gesetzestendenz, die Bildung von Organen der Betriebsverfassung zu erleichtern, zuwiderlaufen; ebenso *ArbG Bielefeld* 23.6.82, AuR 83, 91; a.A. *LAG Berlin* 10.2.86, AuR 87, 34, das überdies darauf hinweist, dass sich der AG nicht durch eine betriebsfremde Person vertreten lassen darf; vgl. auch *LAG Hamm* 9.1.80, DB 80, 1222; vgl. ferner *Fitting,* Rn. 26, die für die Versammlung nach § 17 die gleichen Grundsätze, auch hinsichtlich des Teilnahmerechtes des AG, gelten lassen wollen wie bei den Vorschriften über die Betriebsversammlungen nach § 43.

33 Zur Sachdienlichkeit der Teilnahme von GBR-Mitgliedern vgl. *ArbG Frankfurt* 31.10.96 – 18 BV 73/96.

34 a.A. *LAG Sachsen-Anhalt* 29.06.11 – 5 TaBVGa 1/11 – das es für erforderlich hält, dass alle AN eines Schichtbetriebes in ihren jeweiligen Arbeitszeiten zu einer (geteilten) Versammlung gehen können müssen.

35 *Fitting,* Rn. 28; Richardi-*Thüsing,* Rn. 16.

36 *Fitting,* a.a.O.; GK-*Kreutz,* Rn. 33; Richardi-*Thüsing,* Rn. 19.

37 Auf diese Art könnte in vielen Fällen auch verhindert werden, dass Teilnehmer, die keine Stimme abgeben, die Wahl eines Wahlvorstandes boykottieren können.

38 *LAG Berlin* 10.2.86, AuR 87, 34.

39 GK-*Kreutz,* Rn. 22.

40 Vgl. *BAG* 14.12.65, AP Nr. 5 zu § 16 BetrVG.

41 *BAG* 14.12.65, AP Nr. 5 zu § 16 BetrVG; *LAG Rheinland-Pfalz* 30.1.86, AuR 87, 35.

dass die Anwesenden in ihrer Mehrheit mit den vorgeschlagenen Kandidaten einverstanden sind und keine berechtigten Zweifel bestehen können, wer gewählt ist.[42] Es genügt aber auch, dass sich keine Gegenstimmen erheben und niemand erklärt, er enthalte sich der Stimme. Eine vor der Wahl erklärte Bereitschaft eines AN, das Amt eines WV-Mitglieds übernehmen zu wollen, ist rechtlich unbeachtlich. Erst wenn die Bestellung erfolgt ist, hat der AN das Recht, das Amt als Wahlvorstand-Mitglied anzunehmen oder abzulehnen.[43]

13 Über die einzelnen Kandidaten ist zwar prinzipiell getrennt abzustimmen. Aus Gründen der Vereinfachung kann jedoch die Versammlung über einen **kompletten Vorschlag,** der z. B. drei bestimmte WV-Mitglieder und drei Ersatzmitglieder enthält, beschließen.[44] Werden allerdings mehr Kandidaten vorgeschlagen, als Mitglieder des WV erforderlich sind, muss eine (formlose) Abstimmung erfolgen. Die Festlegung der Reihenfolge der Kandidaten durch den Versammlungsleiter kann zur Unwirksamkeit der Bestellung führen.[45] Jedes Mitglied des WV bedarf der Mehrheit der abgegebenen Stimmen[46]. Dies kann durch eine einzelne Abstimmung zu jedem Mitglied erfolgen, oder dadurch, dass der gesamte Wahlvorstand zur Abstimmung gestellt.

14 In den WV kann gewählt werden, wer wahlberechtigt ist. Dagegen ist die Wählbarkeit nicht erforderlich. Die Geschlechter sollen im WV vertreten sein (§ 16 Abs. 1 Satz 5). In den Betrieben der privatisierten Post-UN **Deutsche Post AG, Deutsche Postbank AG** u. **Deutsche Telekom AG** hat dem WV ein **Beamter** anzugehören, sofern diese Gruppe im Betrieb vertreten ist (§ 26 Nr. 3 PostPersRG; vgl. auch § 16 Rn. 13 a). Der Vorsitzende des WV wird ebenfalls durch die Betriebsversammlung gewählt. Ist das nicht geschehen, kann ihn der WV selbst wählen.[47]

15 Nach den Bestimmungen des § 16 Abs. 1 Satz 6 kann jede im **Betrieb vertretene Gewerkschaft** ein nicht stimmberechtigtes Mitglied in den WV entsenden, sofern ihr nicht ohnehin ein stimmberechtigtes WV-Mitglied angehört (vgl. § 16 Rn. 21). Ist somit durch den GBR bzw. den KBR oder durch die Betriebsversammlung bei einem Untätigbleiben dieser Betriebsverfassungsorgane (Abs. 1–3) der WV in einer Weise zusammengesetzt worden, dass einer im Betrieb vertretenen Gewerkschaft nicht ein Mitglied im WV angehört, kommt diese Bestimmung zur Anwendung. Die Entsendung kann jedoch erst nach der Bildung des WV vorgenommen werden. Das ist schon deswegen erforderlich, weil nur der WV berechtigt und verpflichtet ist, zu prüfen, ob der betreffende Gewerkschaftsbeauftragte, der entsandt werden soll, einer Gewerkschaft i. S. d. § 2 angehört und diese Gewerkschaft im Betrieb vertreten ist. Hierfür genügt, dass zum Zeitpunkt der Einleitung der BR-Wahl die Gewerkschaft ein Mitglied im Betrieb hat. Dieses Mitglied muss nicht aktiv wahlberechtigt sein.[48] Auch ein späterer Austritt dieses Mitgliedes aus der Gewerkschaft oder das Ausscheiden aus dem Betrieb ändern am »Vertretensein« nichts (vgl. auch § 16 Rn. 21).

Der Nachweis des Vorhandenseins eines Mitgliedes im Betrieb kann über eine notarielle Bestätigung geführt werden; sofern nicht schon die einfache schriftliche Erklärung der Gewerkschaft genügt.

16 Die Betriebsversammlung kann die Zahl der WV-Mitglieder erforderlichenfalls **über drei hinaus erhöhen und Ersatzmitglieder** bestellen.[49] Dann ist die Bestellung des WV aber auch erst dann abgeschlossen, wenn alle Mandate mehrheitlich besetzt worden sind.[50] Deshalb erscheint es sinnvoll, bei einer Wahl mit 3 Mitgliedern des WV zu starten. Sollten weitere Mitglieder des WV benötigt werden, so kann dann immer noch ergänzt werden. Ist die Bestellung von Ersatzmitgliedern nicht vorgenommen worden und scheiden WV-Mitglieder aus, ist die Ergänzung des WV durch eine Nachwahl in einer neuen Betriebsversammlung möglich.[51] Die Nachbestellung kann durch die Betriebsversammlung auch dann vorgenommen werden, wenn

42 *BAG,* a. a. O.
43 *ArbG Lingen* 24. 11. 05 – 2 BV 2/05.
44 GK-*Kreutz,* Rn. 27.
45 Vgl. *ArbG Bielefeld* 20. 5. 87, NZA 87, 680.
46 *ArbG Braunschweig* a. a. O.; *ArbG Hamburg* 7. 1. 15 – 27 BVGa 5/14.
47 *BAG* 14. 12. 65, AP Nr. 5 zu § 16 BetrVG.
48 *Hessisches LAG* 15. 5. 14 – 9 TaBV 194/13.
49 *Halberstadt,* Rn. 5.
50 *ArbG Hamburg* 7. 1. 15 – 27 BVGa 5/14.
51 Vgl. *BAG* 14. 12. 65, AP Nr. 5 zu § 16 BetrVG zur Nachbestellung durch den BR.

die Bestellung des WV nach § 16 Abs. 1 durch den BR erfolgt ist, seine Amtszeit aber zwischenzeitlich geendet hat.

III. Bestellung des Wahlvorstands durch das Arbeitsgericht (Abs. 4)

Kommt eine Betriebsversammlung **nicht zustande** oder verläuft sie **erfolglos** (Abs. 4), ist die Anrufung des ArbG zulässig.[52] Auf die Gründe, warum die Versammlung nicht zustande gekommen ist oder warum sie keinen WV bestellt hat, kommt es nicht an.[53] Die Anrufung des ArbG setzt aber voraus, dass zunächst der Versuch unternommen worden ist, eine Betriebsversammlung einzuberufen.[54] Diese Voraussetzung besteht auch dann, wenn der AG sich weigert, eine ihm obliegende, zur Bewirkung der Einladung notwendige Mitwirkungshandlung vorzunehmen.[55] Ein Verzicht auf eine Einladung zu einer Betriebsversammlung nach Abs. 3 mit der Folge der Zulässigkeit der gerichtlichen Bestellung des WV durch das ArbG ist jedenfalls dann gegeben, wenn den Einladungsberechtigten eine Einladung nur unter sehr erschwerten Umständen oder gar nicht zumutbar ist.[56] Die Bestellung eines WV durch das ArbG hat ansonsten **subsidiäre Bedeutung.** Durch die Anrufung des ArbG geht der Betriebsversammlung das ihr nach Abs. 1 zustehende Recht, einen WV zu wählen, so lange nicht verloren, als eine rechtskräftige gerichtliche Entscheidung noch nicht vorliegt.[57] 17

Ein gerichtliches Verfahren zur Einsetzung eines WV können die Antragsteller einleiten, die auch zur Einberufung einer Betriebsversammlung nach Abs. 3 berechtigt sind, also **drei wahlberechtigte AN** des Betriebs oder eine im **Betrieb vertretene Gewerkschaft.**[58] Das Antragsrecht setzt nicht voraus, dass die Gewerkschaft für den Betrieb oder das UN des AG tarifzuständig ist.[59] Andere Personen oder Stellen, wie z. B. der AG, können das gerichtliche Verfahren nicht einleiten.[60] Die Gewerkschaft, die nach Abs. 3 die Einsetzung eines WV in einem betriebsratslosen Betrieb erzwingen kann,[61] ist auch dann berechtigt, das ArbG zur Einsetzung eines WV anzurufen, wenn Antragsteller zur Einberufung einer Betriebsversammlung nach Abs. 1 drei wahlberechtigte AN gewesen sind und die Versammlung ergebnislos verlaufen ist. Die Antragsteller, die das ArbG zur Einsetzung eines WV anrufen, brauchen nicht mit denjenigen identisch zu sein, die zur Betriebsversammlung eingeladen haben.[62] Daher ist es auch grundsätzlich möglich, dass eine andere Gewerkschaft, als die zur Betriebsversammlung eingeladen hat, die gerichtliche Bestellung betreibt 18

Die Regelungen des § 16 Abs. 2 gelten für das gerichtliche Verfahren entsprechend. Das bedeutet insbesondere, dass in dem Antrag an das ArbG auch Vorschläge für die **Zusammensetzung des WV** gemacht werden können und das Gericht in Betrieben mit in der Regel mehr als 20 wahlberechtigten AN auch **nicht betriebsangehörige Gewerkschaftsmitglieder** zu Mitgliedern des WV bestellen kann (vgl. § 16 Rn. 25). Bei dem Antrag an das ArbG sollte allerdings angestrebt werden, auch betriebsangehörige AN als Kandidaten für den WV vorzuschlagen. Finden sich jedoch keine AN bereit, für den WV zu kandidieren, etwa aus Furcht vor Repressalien des AG, können die Antragsteller **ausschließlich betriebsfremde Mitglieder** der im Betrieb vertretenen Gewerkschaft für den WV vorschlagen. Das Gericht ist dann nicht 19

52 *BAG* 20.2.19 – 7 ABR 40/17; NZA 19, 1147.
53 *ArbG Mönchengladbach* 19.8.22 – 5 BV 20/22; *LAG Hamm* 22.10.59, BB 60, 288.
54 *ArbG Rostock* 21.4.22 – 2 BV 1/22; Ausnahmen, wie Pandemiezeiten, siehe Rn. 6a.
55 *BAG* 26.2.92 – 7 ABR 37/91, DB 92, 2147, das den AG verpflichtet, den regelmäßig auswärts beschäftigten AN eine Einladung zu einer Betriebsversammlung zum Zwecke der Wahl eines WV für die BR-Wahl zukommen zu lassen; vgl. auch Rn. 4.
56 Vgl. auch *Fitting*, Rn. 33.
57 *BAG* 23.11.16 – 7 ABR 13/15; *BAG* 19.3.74, AP Nr. 1 zu § 17 BetrVG 1972.
58 Vgl. *LAG Hamm* 10.8.94 – 3 TaBV 92/94, nach dem die den Antrag auf gerichtliche Bestellung des WV stellende Gewerkschaft die Auskunft über die im Betrieb beschäftigten Gewerkschaftsmitglieder verweigern kann; zur Frage des Vertretenseins der Gewerkschaft im Betrieb vgl. im Übrigen § 2 Rn. 29f.
59 *BAG* 10.11.04 – 7 ABR 19/04, NZA 05, 426ff.
60 *Fitting*, Rn. 34.
61 *Däubler*, Das Arbeitsrecht 1, Rn. 761.
62 GK-*Kreutz*, Rn. 34; Richardi-*Thüsing*, Rn. 29.

gehalten, andere Personen zu suchen. Solange eine hinreichende Anzahl von Personen namhaft gemacht worden ist, wird aus diesem Kreis der WV zu bilden sein.[63] Hat das ArbG einen WV bestellt und ist eine Ergänzung erforderlich, z. B. weil WV-Mitglieder ausgeschieden sind, kann eine **nachträgliche Ergänzung** in einem weiteren Verfahren durch das ArbG erfolgen.[64]

20 Geht die Initiative zur Wahl eines WV in einer Betriebsversammlung (Abs. 2) oder zur Bestellung des WV durch das ArbG (Abs. 4) von AN des Betriebs aus, haben diese den **besonderen Kündigungsschutz** nach § 15 Abs. 3a KSchG[65] ab dem Zeitpunkt der Einladung bzw. der Antragstellung bis zur Bekanntgabe des Wahlergebnisses.[66] Der besondere Kündigungsschutz endet, sofern kein BR gewählt wird, nach drei Monaten. Es kommt nicht zu einem rückwirkenden Wegfall des Kündigungsschutzes.[67] Der Kündigungsschutz ist auf die Anzahlzahl von sechs AN, die Einladenden bzw. den Antrag stellen begrenzt.[68] Haben **weitere AN** eingeladen, besteht für diese jedenfalls der Schutz nach § 20. Das bedeutet u. a., dass der AG keine Kündigung wegen der Initiative zur Einleitung einer BR-Wahl aussprechen darf. Ebenfalls hat ein gekündigter AN das Recht auf Teilnahme an der Betriebsversammlung, solange sein Ausscheiden noch nicht fest steht[69].

IV. Streitigkeiten

21 Verstöße gegen § 17 berechtigen unter den Voraussetzungen des § 19 zur **Anfechtung der BR-Wahl.** Auch über alle sonstigen Streitigkeiten, die sich im Zusammenhang mit der Bestellung des WV durch den GBR, den KBR oder die Betriebsversammlung oder das ArbG ergeben, ist durch das ArbG im Beschlussverfahren zu entscheiden.

21a Einen Abbruch der laufenden BR-Wahl wegen einer fehlerhaften Bestellung des WV durch den GBR oder KBR ist nur möglich, wenn die laufende BR-Wahl voraussichtlich nichtig wäre. Andernfalls wäre dies ein deutliches »mehr« als der Gesetzgeber im § 19 für die Anfechtung vorgesehen hat.[70] Dem GBR oder KBR stehen in diesem Zusammenhang nur die Daten zur Verfügung, die er benötigt, um den WV einzusetzen, allerdings nicht alle Daten, die dem späteren WV zur Durchführung der Wahl übermittelt werden. Die Vertreter des GBR oder KBR haben allerdings ein Zugangsrecht zu diesen Betrieben ohne BR.[71]

22 Bewerber für das Amt des WV genießen als AN, die Vorbereitungshandlungen zur Errichtung eines Betriebsrates unternehmen, seit der Änderung des § 15 Abs. 3b KSchG, ebenfalls einen besonderen Kündigungsschutz. Zusätzlich ist nach dem neuen § 15 Abs. 3b KSchG eine ordentliche Kündigung unzulässig, auch wenn sie personen- oder verhaltensbedingt erfolgt; dies jedoch nur bis zum Zeitpunkt der der Veröffentlichung der Einladung zur Betriebsversammlung. In jedem Fall allerdings nicht länger als für drei Monate seit Beginn der Vorbereitungshandlungen[72] Die alte Gesetzeslage war stark kritisiert worden, weil sich die Auseinandersetzung um die Errichtung eines BR auf die Bestellung des Wahlvorstandes vorverlagert hat und die Kandidaten für das Amt eines WV, wie die Kandidaten für den BR, regelmäßig Ziel von Angriffen sind.[73]

---

63 *LAG Baden-Württemberg* 20.9.73 – TaBV 5/73.
64 *LAG Düsseldorf* 7.11.74, DB 75, 260; *ArbG Iserlohn* 12.4.88 – 2 BV 2/88.
65 Geändert durch das Betriebsrätemodernisierungsgesetz von Juni 2021, *www.bmas.de/DE/Service/Gesetze-und-Gesetzesvorhaben/betriebsraetemodernisierungsgesetz.html.*
66 *ArbG Frankfurt* 17.3.10 – 7 Ca 8989/09.
67 *Fitting*, Rn. 37 ff.
68 Durch das Betriebsrätereformgesetz aus Juni 2021 hat sich die Anzahl der vor Kündigung geschützten AN auf **sechs** Einladende erhöht; *Fitting*, Rn. 39.
69 *LAG Mecklenburg-Vorpommern* 30.1.17 – 3 TaBVGa 1/17.
70 *LAG Düsseldorf* 25.3.20 – 7 TaBVGa 2/20, juris.
71 *HessLAG* 17.1.22 – 16 TaBV 8/21, juris.
72 Zum besonderen Kündigungsschutz siehe auch § 103 Rn. 62–70.
73 *BAG* 31.7.14 – 2 AZR 505/13.

§ 17a Bestellung des Wahlvorstands im vereinfachten Wahlverfahren

Im Fall des § 14a finden die §§ 16 und 17 mit folgender Maßgabe Anwendung:
1. **Die Frist des § 16 Abs. 1 Satz 1 wird auf vier Wochen und die des § 16 Abs. 2 Satz 1, Abs. 3 Satz 1 auf drei Wochen verkürzt.**
2. **§ 16 Abs. 1 Satz 2 und 3 findet keine Anwendung.**
3. **In den Fällen des § 17 Abs. 2 wird der Wahlvorstand in einer Wahlversammlung von der Mehrheit der anwesenden Arbeitnehmer gewählt. Für die Einladung zu der Wahlversammlung gilt § 17 Abs. 3 entsprechend.**
4. **§ 17 Abs. 4 gilt entsprechend, wenn trotz Einladung keine Wahlversammlung stattfindet oder auf der Wahlversammlung kein Wahlvorstand gewählt wird.**

Die Bestellung des WV im vereinfachten Wahlverfahren wird an die Regelungen des 1 § 14a angepasst[1]. Das betrifft zunächst die **Verkürzung der Fristen** (Nr. 1): Die Frist zur Bestellung des WV in einem Betrieb, in dem bereits ein BR besteht, und die normalerweise mindestens zehn Wochen vor Ablauf der Amtszeit beträgt (§ 16 Abs. 1 Satz 1), wird auf **vier Wochen** verkürzt; die Fristen für die arbeitsgerichtliche Bestellung des WV (§ 16 Abs. 2 Satz 1) und durch den GBR bzw., wenn ein solcher nicht besteht, durch den KBR (§ 16 Abs. 3 Satz 1), werden jeweils von acht auf **drei Wochen** verkürzt. Eine weitere Besonderheit ist, dass der WV immer aus **drei Personen** besteht (Nr. 2). Eine Erhöhung der Zahl der WV-Mitglieder ist nicht zulässig (Ausschluss des § 16 Abs. 1 Satz 2).[2] Dagegen können **Ersatzmitglieder** bestellt werden (§ 16 Abs. 1 Satz 4). Die Regelung, dass dem WV **Frauen und Männer** angehören sollen, wenn beide Geschlechter im Betrieb vertreten sind (§ 16 Abs. 1 Satz 5), findet ebenso Anwendung wie die Möglichkeit der Entsendung eines **nicht stimmberechtigten Mitglieds** in den WV durch die im Betrieb vertretene Gew. (§ 16 Abs. 1 Satz 6).

Die Wahlversammlung zur Wahl des WV findet grundsätzlich während der **Arbeitszeit** statt 2 (§ 44 Abs. 1). Die Zeit der Teilnahme ist den AN daher wie Arbeitszeit zu vergüten, und zwar einschl. zusätzlicher Wegezeiten.[3] Die Einladung zur Wahlversammlung muss mindestens den Zeitpunkt, den Ort, den Gegenstand der Versammlung sowie die Einladenden angeben und so bekannt gemacht werden, dass alle AN des Betriebes von ihr Kenntnis nehmen können und die Möglichkeit erhalten, an ihr teilzunehmen (zu den erforderlichen Angaben vgl. auch § 28 Abs. 1 Satz 5 WO). Einer besonderen schriftlichen Form bedarf die Einladung nicht und kann auch mittels elektronischer Medien wie E-Mail oder Facebook erfolgen, solange sie alle Beschäftigten erreichen kann. Fehlt eine der an sich notwendigen Angaben, wie etwa der Hinweis, dass bis zum Ende der Wahlversammlung Wahlvorschläge zur Wahl des BR gemacht werden können, führt das **nicht zum Ausschluss des besonderen Kündigungsschutzes**[4] der zur Versammlung einladenden AN nach § 15 Abs. 3a, b KSchG.[5] Zur Beschlussfassung in der Wahlversammlung vgl. § 17 Rn. 10f.

Die Einladung zur Wahlversammlung zur Wahl des WV kann durch die im Betrieb vorhande- 3 ne IT-Technik erfolgen (§ 28 Abs. 1 Satz 3 WO). Der AG hat dazu die im Betrieb vorhandene Infrastruktur (E-Mail, Intranet) zur Verfügung zu stellen. Die Einladung **ausschließlich** mit der IT-Technik, z. B. per E-Mail ist nur zulässig, wenn grundsätzlich alle AN von der Einladung Kenntnis erlangen und der Datenbestand immer aktuell gehalten wird.[6]

---

1 Zu Besonderheiten in der Pandemie siehe § 17 Rn. 6a.
2 Vgl. *Fitting*, Rn. 6.
3 *Fitting*, Rn. 16.
4 Durch das Betriebsrätermodernisierungsgesetz ist der Einzugsbereich des vereinfachten Wahlverfahrens stark erweitert werden. Die besonderen Regelungen dieser Vorschrift werden somit ebenso an Bedeutung gewinnen.
5 Vgl. *LAG Berlin* 25.6.03 – 17 Sa 531/03: Es ist ausreichend, wenn die Einladung von drei wahlberechtigten AN unterzeichnet wurde und Angaben zu Zeit und Ort der Versammlung enthält; so auch *ArbG Frankfurt/M.* 9.4.02, AuR 02, 394f.
6 Vgl. § 2 Abs. 4 Satz 4 WO; vgl. auch *BAG* 19.11.03 – 7 ABR 24/03, das es als nicht ausreichend ansieht, wenn von 59 AN nur 52 AN über einen E-Mail-Anschluss verfügen. Zur Anwendung der IT-Technik bei BR-Wahlen vgl. umfassend *Schneider/Wedde*, AuR 1–2/07, 26ff.; vgl. auch § 18 Rn. 7a.

4 Die Bestellung des WV soll auch in den Kleinbetrieben, in denen das vereinfachte Wahlverfahren nach § 14a anzuwenden ist, vorrangig durch den **GBR** bzw. **KBR** erfolgen. Aber gerade in diesen Betrieben und auch Branchen wird in vielen Fällen ein **GBR** bzw. **KBR** nicht vorhanden sein. Deshalb kommt der Regelung der **Nr. 3** besondere Bedeutung zu. Der WV kann daher, wenn ein GBR bzw. KBR nicht besteht oder untätig bleibt, in einer **Wahlversammlung** von der Mehrheit der anwesenden AN gewählt werden. Zu dieser Versammlung können drei wahlberechtigte AN oder die im Betrieb vertretene Gewerkschaft. einladen. Kommt trotz Einladung eine **Wahlversammlung** nicht zustande oder wird auf ihr ein WV nicht gewählt, kommt die Bestellung durch das **ArbG** nach § 17 Abs. 4 in Betracht.
Die weiteren Regelungen sind in der Wahlordnung in § 28 nachzulesen. (siehe dort).

§ 18 Vorbereitung und Durchführung der Wahl

(1) Der Wahlvorstand hat die Wahl unverzüglich einzuleiten, sie durchzuführen und das Wahlergebnis festzustellen. Kommt der Wahlvorstand dieser Verpflichtung nicht nach, so ersetzt ihn das Arbeitsgericht auf Antrag des Betriebsrats, von mindestens drei wahlberechtigten Arbeitnehmern oder einer im Betrieb vertretenen Gewerkschaft. § 16 Abs. 2 gilt entsprechend.
(2) Ist zweifelhaft, ob eine betriebsratsfähige Organisationseinheit vorliegt, so können der Arbeitgeber, jeder beteiligte Betriebsrat, jeder beteiligte Wahlvorstand oder eine im Betrieb vertretene Gewerkschaft eine Entscheidung des Arbeitsgerichts beantragen.
(3) Unverzüglich nach Abschluss der Wahl nimmt der Wahlvorstand öffentlich die Auszählung der Stimmen vor, stellt deren Ergebnis in einer Niederschrift fest und gibt es den Arbeitnehmern des Betriebs bekannt. Dem Arbeitgeber und den im Betrieb vertretenen Gewerkschaften ist eine Abschrift der Wahlniederschrift zu übersenden.

Inhaltsübersicht Rn.

I. Vorbemerkungen

1 Zur ordnungsgemäßen Abwicklung einer BR-Wahl gehört zwingend das Tätigwerden **eines WV.** Der WV hat die Verpflichtung, die **Einleitung und Durchführung** der BR-Wahl vorzunehmen sowie das **Wahlergebnis** festzustellen.[1] Daneben hat er allgemein darauf zu achten, dass die Wahl **rechtmäßig und ordnungsgemäß** abgewickelt wird. Der WV hat dementsprechend das Recht, sämtliche Hindernisse und Störungen, die der ordnungsgemäßen Durchführung der BR-Wahl entgegenstehen, zu beseitigen.[2] Er kann sich dabei auf den allgemeinen Unterlassungsanspruch i. V. m. § 20 stützen. Dieser kann auch im Wege einer e. V. durchgesetzt werden.[3] Eine ohne WV eingeleitete und durchgeführte BR-Wahl ist **anfechtbar,** nach h. M. sogar **nichtig.**[4]

1a Auch in Pandemiezeiten, wie bei Corona, muss der WV Infektionsschutzvorschriften, wie Abstandsregelungen, ausreichende Raumgröße bei Versammlungen, Maskentragepflicht etc. bei der Planung der BR-Wahl berücksichtigen. Insbesondere für die Stimmabgabe und die öffentli-

---

1 Zu Mustern für die verschiedenen Wahlarten siehe bei DKWF-*Berg/Heilmann,* §§ 7 bis 20.
2 *ArbG Regensburg* 6. 6. 02, AiB 03, 554 f.
3 *ArbG Regensburg,* a. a. O.
4 Vgl. statt vieler GK-*Kreutz,* § 16 Rn. 5 m. w. N.; vgl. aber auch *Gnade,* FS Herschel [1982], der die Nichtigkeit jedenfalls dann verneint, wenn die Wahl zwar ohne WV, aber geheim und nach demokratischen Grundsätzen durchgeführt worden ist.

che Auszählung der Stimmen ist ein Hygienekonzept zu erstellen und bekannt zu machen. Dies insbesondere schon deshalb, um nicht zu viele Wähler von der Urnenwahl abzuhalten.[5] Ähnlich wie für den BR wären auch für den WV Regelungen für digitale Beschlussfassungen und Sitzungen hilfreich. Der urpsünglich hierfür eingefügte § 129 wird mit in Kraft treten des Betriebsrätemodernisierungsgesetzes durch die Regelungen des § 30 Abs. 3 für den BR ersetzt und näher ausgeführt. Für den WV Diese Regelungen gelten nicht für den WV. Allerdings hat der Verordnungsgeber durch Änderung der § 1 Abs. 4 und 5 WO auch für den WV für Verbesserungen und Erleichterungen in Punkto Digitalisierung für die BR-Wahlen gesorgt[6].

II. Aufgaben des Wahlvorstands

2 Der WV hat die Wahl »unverzüglich« einzuleiten. Das bedeutet, dass die Einleitung **ohne schuldhaftes Zögern** zu erfolgen hat. Dabei hat der WV allerdings einen **Ermessensspielraum,** zumal er die Einleitung der Wahl gründlich vorbereiten muss, um eine Anfechtbarkeit zu vermeiden.[7] Die entsprechenden Vorbereitungen beginnen mit der Aufstellung der **Wählerliste** (§ 2 WO). Zu diesem Zweck hat der WV eine Liste der wahlberechtigten AN (Wählerliste), getrennt nach Frauen und Männern, zu erstellen (zu den weiteren wahlvorbereitenden Handlungen vgl. Rn. 4). Wenn es zur zeitgleichen Wahl eines SpA nach dem SprAuG kommt, ist ggf. hinsichtlich der Zuordnung der leitenden Angestellten das **Zuordnungsverfahren nach § 18a zu** beachten, dass der WV für die Wahl des BR und der WV für die Wahl des SpA gemeinsam durchzuführen haben (vgl. dazu im Einzelnen die Erl. zu § 18 a). Der WV fasst seine Beschlüsse mit **einfacher Stimmenmehrheit** der stimmberechtigten Mitglieder (§ 33 Abs. 1). Gehören dem WV wesentlich mehr Mitglieder an, als in § 16 Abs. 1 Satz 1 als Mindestzahl vorgesehen ist, kann es sich empfehlen, einen **geschäftsführenden Ausschuss** zu bilden, dem die laufenden Geschäfte des WV übertragen werden. (Für den WV im vereinfachten Wahlverfahren gilt das nicht, da dieser aus drei Mitgliedern besteht und eine Erhöhung der Anzahl nicht zulässig ist; vgl. § 17a Nr. 2 mit dem Ausschluss des § 16 Abs. 1 Satz 2 und 3.) Die Beschlussfassung über die erforderlichen Entscheidungen, z. B. Erlass des Wahlausschreibens, Gültigkeit von Vorschlagslisten usw., muss jedoch der WV insgesamt treffen.[8] Der WV kann ggf. die **Gewerkschaft hinzuziehen,** um fachkundigen Rat einzuholen.[9] Ein **Gewerkschaftsbeauftragter** kann zur Erörterung von Zweifelsfragen auf Wunsch des WV an dessen **Sitzungen teilnehmen**[10]; und der Vertreter der **Gewerkschaft** ist zu diesem Zweck auch in den Betrieb einzulassen[11]. Einer vorherigen Ankündigungsfrist des Erscheinens bedarf es nicht, insbesondere dann nicht, wenn der Vertreter der Gewerkschaft dem Arbeitgeber schon bekannt ist.

3 Der **AG** hat dem WV alle für die Anfertigung der Wählerliste erforderlichen **Auskünfte zu erteilen** und die erforderlichen **Unterlagen zur Verfügung zu stellen.** Dazu gehört wesentlich die Herausgabe einer Mitarbeiterliste, damit der WV die Wählerliste nach § 2 Abs. 1 WO aufstellen kann[12]. Diese Liste kann der WV auch verlangen, wenn der AG bestreitet, dass überhaupt ein betriebsratsfähiger Betrieb vorliegt.[13] Eine Herausgabe der Mitarbeiterliste kann der Arbeitgeber nur dann ausnahmsweise verweigern, wenn die anstehende Wahl des Betriebsrates bereits zu diesem frühen Zeitpunkt erkennbar **nichtig** sein wird[14]. Dies dürfte aber in der Regel nicht der Fall sein, so dass der Arbeitgeber dem Wahlvorstand zwingend die Mitarbeiterliste umgehend auszuhändigen hat. Entsprechendes gilt bei einem Streit

5 *Berg/Heilmann,* AiB 10/21, S. 29 ff.
6 Vgl. § 14 Rn. 1 m. w. N.
7 GK-*Kreutz,* Rn. 18; Richardi-*Thüsing,* Rn. 4.
8 *Fitting,* Rn. 8.
9 *Fitting,* Rn. 11, die neben der allgemeinen betriebsverfassungsrechtlichen Unterstützungsfunktion der Gewerkschaft darauf hinweisen, dass aus ihrem Recht, die BR-Wahl anzufechten, auch eine vorbeugende Hilfe gestattet sein muss.
10 Vgl. *LAG Düsseldorf* 15. 8. 80, BB 80, 1424; *Fitting,* Rn. 13; GK-*Kreutz,* Rn. 13.
11 *LAG Mecklenburg-Vorpommern* 5. Kammer 11. 11. 13 – 5 TaBVGa 2/13.
12 *Thüringer LAG* 24. 6. 20 – 4 TaBV 20/19 zur Nichtigkeit bei fehlerhafter Wählerliste.
13 *LAG Hamm,* NZA-RR 05, 373.
14 *LAG Kiel* 3. Kammer vom 2. 4. 14 – 3 TaBVGa 2/14.

zwischen AG und WV über die Frage, ob ein gemeinsamer Betrieb vorliegt.[15] Zu den vom AG herauszugebenden Unterlagen gehören auch die **Privatadressen** der wahlberechtigten AN, die der der Wahlvorstand immer benötigt, wie z. B. für die Durchführung der **schriftlichen Stimmabgabe.**[16] Es bestehen dagegen keine **datenschutzrechtlichen Bedenken.**[17] Den Anspruch auf Herausgabe der Privatadressen kann der WV auch. im Wege der einstweiligen Verfügung durchsetzen.[18] Die EV ist schon deshalb notwendig, um eine mögliche Verzögerung und damit Gefährdung der BR-Wahlen zu verhindern.[19]

4 Der WV ist vom AG insbes. bei der Feststellung des Personenkreises der leitenden Angestellten nach § 5 Abs. 3 zu unterstützen (§ 2 Abs. 2 WO). Ein anderes Verhalten des AG würde eine **Behinderung der Wahl** nach § 20 Abs. 1 darstellen. Der Anspruch kann im Wege einer **einstweiligen Verfügung** durchgesetzt werden.[20] Die **Wählerliste** ist bis zum Abschluss der Wahl an geeigneter Stelle im Betrieb zur **Einsichtnahme auszulegen** (§ 2 Abs. 4 WO). Zur Bekanntmachung in elektronischer Form vgl. § 2 Abs. 4 Satz 3 und 4 WO. In den Betrieben der privatisierten Post-UN **Deutsche Post AG, Deutsche Postbank AG und Deutsche Telekom AG** hat der WV abweichend von § 2 Abs. 1 WO eine Liste der Wahlberechtigten getrennt nach den Gruppen der AN und Beamten aufzustellen.

5 Neben der Erstellung der Wählerliste hat der WV im Rahmen der Vorbereitungen vor allem **folgende Aufgaben:**

- Feststellung der Zahl der zu wählenden BR-Mitglieder (§ 9);
- Feststellung der Mindestanzahl der BR-Mandate für das Minderheitsgeschlecht (§ 15 Abs. 2);
- Feststellung der Anzahl der Stützunterschriften für Wahlvorschläge (§ 14 Abs. 4);
- Festlegung des Ortes, des Tages und der Zeit der Stimmabgabe;
- Erlass des Wahlausschreibens (§ 3 WO).

6 Mit **Erlass des Wahlausschreibens,** das spätestens sechs Wochen vor dem ersten Tag der Stimmabgabe ausgehängt werden muss, ist die **BR-Wahl eingeleitet** (§ 3 Abs. 1 WO). Bei der Durchführung der Wahl hat der WV insbes. folgende Aufgaben:

- Entscheidung über die Richtigkeit von Einsprüchen gegen die Wählerliste (§ 4 Abs. 1 und 2 WO)[21];
- Entgegennahme und Prüfung von Wahlvorschlägen (§ 7 WO).
- Ggfs. hat der WV hat auch die Gewerkschaftseigenschaft zu prüfen (§ 14 Abs. 5)[22]
- Vorbereitung der technischen Abwicklung des Wahlgangs, wie Beschaffung von Stimmzetteln, Wahlumschlägen und Wahlurne (§ 12 WO);
- Bekanntgabe der Wahlvorschläge (§ 10 WO). Zur wahltechnisch teilweise anderen Abwicklung des vereinfachten Wahlverfahrens vgl. die Erläuterungen zu § 14a und §§ 28 ff. WO.
- Eingereichte Wahlvorschläge hat der WV unverzüglich zu prüfen Das gilt insbesondere, wenn sie am letzten Tag der Einreichungsfrist (§ 6 Abs. 1 Satz 2 WO) eingereicht werden.[23]

7 Der WV soll die Wahl so zügig durchführen, dass der neu gewählte BR sein Amt **spätestens mit Ablauf der Amtszeit des bestehenden BR** antreten kann. Fehlerhafte Entscheidungen und Maßnahmen des WV können zwar bereits **vor Abschluss der BR-Wahl** gerichtlich angegriffen werden.[24] So kann beispielsweise durch eine sog. Leistungsverfügung dem WV aufgegeben werden, bestimmte AN in die Wählerliste aufzunehmen oder eine Wahlvorschlag zur Wahl

15 *LAG Hamm* 29.3.06 – 13 TaBV 26/06, mit dem Hinweis, dass die Verkennung des Betriebsbegriffs zur Anfechtung berechtigt, wenngleich nicht zur Nichtigkeit der Wahl führt.
16 *ArbG Leipzig* 24.2.06 – 3 BVGa 5/06.
17 *LAG Baden-Württemberg* 30.10.92 – 1 TaBV2/92, juris.
18 *ArbG Leipzig*, a. a. O.
19 *Hess LAG* 10.8.20 – 16 TaBVGa 75/20, juris; *ArbG Leipzig* 24.2.06 – 3 BVGa 5/06, juris.
20 *ArbG Augsburg* 27.4.88, BB 89, 218; *LAG Hamm* 27.5.77, DB 77, 1269 zur Aufsichtsratswahl nach dem MitbG; *Fitting,* § 2 WO Rn. 6; Richardi-*Thüsing,* § 2 WO Rn. 11.
21 Durch die Änderungen des Betriebsrätemodernisierungsgesetzes ist hierauf ein größeres Augenmerk zu legen als in der Vergangenheit und alle Einwände genau zu notieren.
22 *LAG Berlin-Brandenburg* 7.5.21 – 5 TaBV 1160/19, juris.
23 *BAG* 25.5.05 – 7 ABR 39/04, NZA 06, 116; vgl. auch § 7 WO Rn. 7.
24 *BAG* AuR 75, 216; *LAG Hamm* 3.3.06 – 15 TaBV 18/06; vgl. auch § 19 Rn. 16 ff.

zuzulassen (vgl. § 19 Rn. 16ff.). Eine Aussetzung der Wahl oder ihre erneute Einleitung kommt jedoch regelmäßig nicht in Betracht. Der Abbruch der eingeleiteten Wahl durch den WV ist nur zulässig, wenn der festgestellte Rechtsmangel nicht korrigierbar ist und die Weiterführung der Wahl mit Sicherheit eine Nichtigkeit zur Folge hätte.[25] Somit ist eine einmal korrekt eingeleitete Wahl regelmäßig zu Ende zu führen, so dass es grundsätzlich **unzulässig** ist, eine **zweite Wahl einzuleiten,** bevor die zuerst eingeleitete Wahl noch nicht beendet worden ist.[26] Es soll verhindert werden, dass eine betriebsratslose Zeit eintritt. Die WO sieht deshalb vor, dass der erste Tag der Stimmabgabe **spätestens eine Woche** vor dem Tag liegen soll, an dem die Amtszeit des bestehenden BR abläuft (§ 3 Abs. 1 WO; zu den Fristen beim vereinfachten Wahlverfahren vgl. § 14a Abs. 2 und 3). Besteht im Betrieb kein BR, ist die Wahl so zügig abzuwickeln, dass möglichst bald der neue BR gewählt ist. Entsprechendes gilt, wenn nur noch ein geschäftsführender BR vorhanden ist (vgl. § 22).

Auch ein **Arbeitskampf,** der nach Erlass des Wahlausschreibens und damit nach Einleitung der BR-Wahl beginnt, führt grundsätzlich nicht zu einer Aussetzung der Wahl. So werden die Fristen für Einsprüche gegen die Richtigkeit der Wählerliste und zur Einreichung von Vorschlagslisten nicht verlängert. Diese Fristen werden durch den Arbeitskampf **weder unterbrochen noch gehemmt.** Auf Grund der arbeitskampfrechtlichen Neutralität der Betriebsverfassung (vgl. § 74 Abs. 2 Satz 1) haben die AN vielmehr auch während eines Arbeitskampfes das Recht der Einreichung von Vorschlagslisten und das Einspruchsrecht gegen die Wählerliste. Damit hat nicht nur der WV ein Zutrittsrecht zum Betrieb während des Arbeitskampfes; auch die **AN** besitzen das **Zutrittsrecht,** um die mit ihrem Wahlrecht verbundenen Wahlhandlungen vornehmen zu können. Der WV muss alle Vorkehrungen treffen, die einen ungestörten Ablauf von Wahlhandlungen sicherstellen. Ist es beispielsweise während des Arbeitskampfes nicht möglich, die notwendigen **Stützunterschriften** für einen Wahlvorschlag (vgl. § 14 Abs. 4) zu sammeln, weil die AN nicht im Betrieb sind, muss das Sammeln von Stützunterschriften auch vor dem Werkstor oder ggf. in räumlicher Nähe mit dem Streiklokal ermöglicht werden. 8

Das Bundesverfassungsgericht hat in seiner Entscheidung vom 3. März 2009 festgestellt, dass es den Einsatz von **rechnergesteuerten Wahlgeräten** für verfassungskonform hält, solange für den Wähler die Wahlhandlung und die Ergebnisermittlung ohne besondere Sachkenntnis überprüft werden kann.[27] Die grundsätzlich wünschenswerte Durchführung einer Betriebsratswahl mit Hilfe des Einsatzes von computergestützten Wahlgeräten wäre mithin ebenfalls möglich, solange die genannten Voraussetzungen erfüllt werden. Dazu bedarf es aber derzeit noch einer Gesetzesänderung, weil das geltende Recht es nicht zulässt, die BR-Wahl **insgesamt** als **computergestützten Wahlvorgang** durchzuführen im Gegensatz zur Durchführung der Wahl der ArbN-Vertreter im Aufsichtsrat (vgl. Vorbemerkungen zur WO, Rn. 2). Das ergibt sich bereits daraus, dass die WO grundsätzlich die Durchführung der Wahl in einem Wahlraum mit der persönlichen Stimmabgabe und im Zusammenhang damit zwingend die Verwendung von Wahlurnen vorsieht.[28] Es ist nach der **WO 2001** jedoch zulässig, **einzelne** Wahlhandlungen computergestützt vorzunehmen. So können die **Wählerliste,** das **Wahlausschreiben** und der **Text der WO** mittels der im Betrieb vorhandenen IT-Techniken, wie etwa durch Intranet oder E-Mail, bekannt gemacht werden (vgl. § 2 Abs. 4 Satz 3 u. 4, § 3 Abs. 4 Satz 2 u. 3 WO; vgl. dazu auch § 2 WO Rn. 9ff.). Die Bekanntmachung **ausschließlich** in elektronischer Form darf aber nur erfolgen, wenn sichergestellt ist, dass **alle AN** auf diesem Wege Kenntnis erlangen können. Außerdem müssen Vorkehrungen dahingehend getroffen werden, dass nur der WV Änderungen am Wahlausschreiben bzw. an der Wählerliste vornehmen kann (vgl. § 2 Abs. 4 Satz 4 WO). Wird das Wahlausschreiben nach § 3 Abs. 4 Satz 2 WO lediglich **ergänzend** mittels der im Betrieb vorhandenen IT-Technik bekannt gemacht, ist nur der **Aushang maßgeblich,** 9

25 So *LAG Bremen* 27.2.90 – 1 TaBV 3/90, DB 90, 1571, das sogar erklärt, der WV müsse bei der Prüfung des Abbruches des Wahlverfahrens wegen irreparabler Rechtsfehler nach Rechtmäßigkeitskriterien vorgehen, die auch ein ArbG zu Grunde legen würde; *LAG Baden-Württemberg* 1.3.94 – 8 TaBV 1/94, AiB 94, 420; *LAG Hamm* 9.9.94 – 3 TaBV 137/94, BB 95, 260; vgl. auch § 19 Rn. 16f.

26 *LAG Bremen* 27.2.90, a.a.O.; *ArbG Celle* 20.8.84 – 2 BV 3/84.

27 *BVerfG* 3.3.09 – 2 BvC 3/07.

28 Vgl. dazu auch *Wedde,* CF 05, 35ff.

weil das Wahlausschreiben nur durch den Aushang wirksam erlassen werden kann. Es sei denn, die Bekanntmachung auf elektronischem Weg entspricht den Anforderungen des § 3 Abs. 4 Satz 3 i. V. m. § 2 Abs. 4 Satz 2 WO.[29] Weiterhin ist es dem Wahlvorstand möglich, seine Korrespondenz mit dem Arbeitgeber rechtsverbindlich per E-Mail zu führen, was in weiten Bereichen zu einer erheblichen Vereinfachung der täglichen Arbeit des WV führen dürfte.[30]

10 Nach Abschluss des Wahlgangs hat der WV die **Stimmenauszählung** vorzunehmen. Ort und Zeitpunkt der Stimmauszählung müssen vorher im Betrieb öffentlich bekannt gemacht werden.[31] Mit der Feststellung der endgültig gewählten BR-Mitglieder und der Wahlniederschrift (§ 16 WO) steht das **Wahlergebnis** fest. Die Bekanntgabe des endgültigen Wahlergebnisses gegenüber der Belegschaft erfolgt durch zweiwöchigen Aushang (§ 18 WO). Der WV hat dem AG eine Abschrift der Wahlniederschrift zu übersenden. Die Übersendung muss er auch gegenüber den Gewerkschaften vornehmen. Im Zweifel muss der WV sich erkundigen, welche die im Betrieb vertretene Gewerkschaft ist. Die Übersendung kann auch noch vom BR vorgenommen werden, wenn sie der WV versäumt hat.[32] Datenschutzrechtliche Bedenken stehen der Übersendung der Daten an die zuständige Gewerkschaft nicht entgegen. Insbesondere die gewählten Vertreter im BR können sich nicht darauf berufen, dass ihre Daten gegenüber der Gewerkschaft schützenwert sein, da sie ein öffentliches Amt mit entsprechender Auswirkung innehaben. Die Gewerkschaft ihrerseits muss sich nicht mit der Übersendung der Wahlniederschrift begnügen. Sie hat das Recht, sich durch **eigene Wahrnehmung** von der ordnungsgemäßen Ermittlung des Wahlergebnisses zu überzeugen.[33]

11 Mit der **Bekanntgabe des endgültigen Wahlergebnisses** ist die BR-Wahl beendet. Der WV hat die Mitglieder des gewählten BR zu der **konstituierenden Sitzung** einzuberufen (§ 29 Abs. 1) und die Wahlakten an den BR zu übergeben, damit dieser sie aufbewahren kann (§ 19 WO). Mit der Einberufung zu der konstituierenden Sitzung ist das Amt des WV noch nicht beendet.[34] Das Amt des WV erlischt vielmehr erst mit dem Zeitpunkt, zu dem der neu gewählte BR in der konstituierenden Sitzung aus seiner Mitte einen **Wahlleiter bestellt hat** (§ 29 Abs. 1 Satz 2). Nach seinem Amtsende kann der WV weder Beteiligter noch Rechtsmittelführer in einem Beschlussverfahren sein, das die BR-Wahl betrifft, selbst wenn es um eine Wahlanfechtung geht.[35]

III. Ersetzung des Wahlvorstands durch das Arbeitsgericht (Abs. 1)

12 Verletzt der WV seine **gesetzlichen Pflichten,** die BR-Wahl unverzüglich einzuleiten, sie rechtzeitig durchzuführen und das Wahlergebnis festzustellen, so kann er durch das ArbG auf Antrag **ersetzt** werden. Der BR kann den einmal bestellten WV nicht mehr abberufen.[36] Liegen die Voraussetzungen zu seiner Ersetzung vor, kommt es nicht darauf an, ob der WV nachträglich, wenn die Ersetzung beim Gericht beantragt ist, Schritte unternimmt, um sich dem **Abberufungsverfahren** zu entziehen, z. B. durch Erlass eines Wahlausschreibens.[37] Keine Ersetzung durch das ArbG kann erfolgen, wenn wegen erheblicher Verstöße bei der Wahl des WV nach § 17 Abs. 2, 3 BetrVG dessen Wahl nichtig war.[38] Im gerichtlichen Verfahren zur Ersetzung des Wahlvorstands muss das Rechtsschutzinteresse in jeder Lage des Verfahrens bestehen.[39] Das

29 *BAG* 5. 5. 04 – 7 ABR 44/03.

30 *BAG* 10. 3. 09 – 1 ABR 93/07, zum Widerspruch des BR nach § 99 per E-Mail. Zum Einsatz der IT-Technik bei BR-Wahlen vgl. umfassend *Schneider/Wedde*, AuR 1–2/07, 26 ff., vgl. auch § 2 Rn. 9 ff. WO.

31 *BAG* 15. 11. 00 – 7 ABR 59/99: ein Verstoß gegen das Gebot der Bekanntgabe kann die Wahlanfechtung begründen.

32 *LAG Düsseldorf* 6. 4. 78, BB 78, 1310.

33 *BAG* 16. 4. 03 – 7 ABR 29/02, AP Nr. 21 zu § 20 BetrVG 1972; *Fitting*, Rn. 23.

34 So aber offenbar *BAG* 14. 11. 75, AP Nr. 1 zu § 18 BetrVG 1972.

35 *BAG*, a. a. O.

36 *ArbG Berlin* 3. 4. 74, DB 74, 830.

37 *ArbG Essen* 9. 7. 82, AuR 83, 188, in einem Fall, in dem der WV zweieinhalb Monate gewartet hatte, bevor er erste Aktivitäten unternahm.

38 *ArbG Essen* 22. 6. 04 – 2 BV 17/04, DB 05, 456.

39 *BAG* 1. 12. 04 – 7 ABR 27/04, DB 05, 953.

Ersetzungsverfahren nach § 18 Abs. 1 Satz 2 BetrVG wird daher unzulässig, wenn das ArbG in einem Beschlussverfahren nach § 18 Abs. 2 BetrVG rechtskräftig festgestellt hat, dass die Betriebsstätte, in der der WV die BR-Wahl durchführen soll, nicht betriebsratsfähig ist.[40]

Für die Ersetzung ist **nicht Voraussetzung,** dass ein **Verschulden** des WV vorliegt. Es genügt also eine **objektive Untätigkeit** oder **Säumnis.**[41] Andererseits führen Untätigkeit oder Säumnis des WV nur dann zu seiner Ersetzung, wenn sein Verhalten so unzweckmäßig oder unrechtmäßig ist, dass dadurch die Durchführung der Wahl **überhaupt gefährdet** ist.[42] Daher können Verstöße des WV, die die Wahl nicht verzögern oder vereiteln, nicht zum Gegenstand eines Beschlussverfahrens vor dem ArbG gemacht werden, das auf seine Ersetzung abzielt. Die Möglichkeit der Ablösung des WV durch das Gericht stellt nämlich darauf ab, die Durchführung der BR-Wahl zu gewährleisten; sie dient aber nicht dazu, die Recht- und Ordnungsmäßigkeit der Wahl zu sichern.[43] Ein Antrag auf Ersetzung des WV ist daher erst dann gerechtfertigt, wenn das Verhalten des WV so unzweckmäßig oder unrechtmäßig ist, dass die Durchführung der Wahl gefährdet ist.[44] Der WV verletzt seine Pflichten aber nicht bereits dadurch, dass er selbst das ArbG anruft, wenn er berechtigte Zweifel hat, ob überhaupt eine betriebsratsfähige Einheit besteht.[45] 13

Die Verpflichtung des WV, die Wahl durchzuführen, ist **nicht,** auch nicht durch einstweilige Verfügung, **erzwingbar.**[46] Es können jedoch **einzelne Maßnahmen und Entscheidungen** des WV, ohne dass die Voraussetzungen der Wahlanfechtung nach § 19 erfüllt sein müssen, schon **vor Abschluss des Wahlverfahrens** gesondert vor dem ArbG angegriffen werden.[47] Ist die Wahl allerdings bereits durchgeführt, kann sie nur noch nach § 19 **angefochten** werden. 14

Im Rahmen des Rechtsschutzes gegen Entscheidungen des WV sind ggf. auch **einstweilige Verfügungen** nach § 85 Abs. 2 ArbGG möglich, zumal das Wahlverfahren in einem relativ kurzen Zeitraum abläuft. Die **Aussetzung der Wahl** kommt jedoch **regelmäßig nicht in Betracht,** da sie die Gefahr mit sich bringt, dass für einen erheblichen Zeitraum das **Betriebsverfassungsrecht** quasi für den betroffenen Betrieb **suspendiert** wird.[48] 15

Die Ersetzung des WV durch das ArbG bedarf eines **Antrags.** Antragsberechtigt sind mindestens **drei wahlberechtigte AN** (zu der Frage der Antragsberechtigung dieses Personenkreises im Einzelnen vgl. § 16 Rn. 25) und **jede** im **Betrieb vertretene Gewerkschaft.** Das **BetrVerf-ReformG 2001** gibt nunmehr auch dem **BR,** der den untätig gebliebenen WV bestellt hat, das Antragsrecht auf Ersetzung. Der AG kann den Antrag auf Ersetzung des WV **nicht stellen.**[49] 16

Das ArbG kann den WV nur insgesamt ersetzen. Der Ausschluss eines einzelnen Mitglieds ist grundsätzlich nicht zulässig.[50] Mit **Rechtskraft** der Entscheidung des ArbG erlischt das Amt des WV. Es tritt jedoch keine Rückwirkung ein, bereits eingeleitete Maßnahmen bleiben rechtswirksam. Der neue WV ist aber berechtigt, rechtsfehlerhafte Maßnahmen des alten zu **berichtigen.**[51] 17

Wird der WV durch das ArbG ersetzt, so gelten die Grundsätze des § 16 Abs. 2 entsprechend, wonach auch Mitglieder einer im Betrieb vertretenen **Gewerkschaft,** die **nicht AN** des Betriebs sind, zu WV-Mitgliedern bestellt werden können (zur Berücksichtigung der Geschlechter bei der Bestellung des WV vgl. § 16 Abs. 1 Satz 5. Im Übrigen können die Antragsteller Vorschläge für die personelle Zusammensetzung des neuen WV machen. Das ArbG kann auch Mitglieder 18

---

40 *BAG* 1.12.04, a.a.O.
41 *Fitting,* Rn. 48; GK-*Kreutz,* Rn. 45; Richardi-*Thüsing,* Rn. 10.
42 *Fitting,* Rn. 49.
43 GK-*Kreutz,* Rn. 42.
44 *LAG Niedersachsen* 20.2.04 – 16 TaBV 86/03, NZA-RR 04, 640.
45 *LAG Niedersachsen* 20.2.04, a.a.O.
46 *ArbG Iserlohn* 7.6.88, AuR 89, 28.
47 *BAG* 15.12.72, AP Nr. 1 zu § 14 BetrVG 1972; GK-*Kreutz,* Rn. 64f. m.w.N.; vgl. auch Rn. 6 und § 19 Rn. 16ff.
48 Zur Problematik einstweiliger Verfügungen gegen Entscheidungen und Handlungen des WV vgl. § 19 Rn. 16ff.; vgl. auch ErfK-*Koch,* § 18, Rn. 7.
49 *Fitting,* Rn. 45; *HSWG,* Rn. 14; GK-*Kreutz,* Rn. 48.
50 *Fitting,* Rn. 47; Richardi-*Thüsing,* Rn. 11.
51 *ArbG Celle* 20.8.84 – 2 BV 3/84; *Fitting,* Rn. 51; GK-*Kreutz,* Rn. 53.

des **bisherigen WV** bestellen, insbesondere dann, wenn diese Mitglieder keinen Anlass für die Abberufung des alten WV gegeben haben.[52]

IV. Gerichtliche Feststellung des Vorliegens einer betriebsratsfähigen Organisationseinheit (Abs. 2)

19 Die Frage, ob eine betriebsratsfähige Organisationseinheit vorliegt, kann von den Antragstellern **jederzeit,** also auch unabhängig von einer konkreten BR-Wahl, vor das ArbG getragen werden. Zur Einleitung eines Verfahrens nach § 18 Abs. 2 berechtigte Antragsteller sind der **AG,** die **beteiligten BR** oder eine im Betrieb vertretene **Gewerkschaft;** vor der BR-Wahl auch die **beteiligten WV.** Soweit das Gesetz von betriebsratsfähigen Organisationseinheiten spricht, sind wesentlich folgende Streitfragen gemeint: das Vorliegen eines **gemeinsamen Betriebes** mehrerer UN (§ 1 Abs. 2); ob ein Betriebsteil als **selbstständiger Betrieb** gilt (§ 4 Abs. 1 Satz 1); die Bildung eines **unternehmenseinheitlichen BR** durch TV (§ 3 Abs. 1 Nr. 1 erste Alternative); die **Zusammenfassung von Betrieben** (§ 3 Abs. 1 Nr. 1 zweite Alternative); die Bildung von **Sparten-BR** (§ 1 Abs. 1 Nr. 2); die Bildung anderer **AN-Vertretungsstrukturen** (§ 1 Abs. 1 Nr. 3). Der Begriff »Nebenbetrieb«, wie er im früheren Recht (vgl. § 18 Abs. 2 BetrVG 1972) verwendet wurde, ist im geltenden Gesetz nicht mehr enthalten. Er ist in den umfassenderen Begriff »betriebliche Organisationseinheit« eingegangen. Ebenfalls von erheblicher praktischer Bedeutung ist, dass in dem Verfahren nach Abs. 2 eine Klärung dahingehend erfolgen kann, ob zwei oder **mehrere UN** einen gemeinsamen Betrieb (**Gemeinschaftsbetrieb**) bilden; zum Gemeinschaftsbetrieb mehrerer UN vgl. im Übrigen § 1 Rn. 73 ff.). Grundsätzlich ist bei der Feststellung, was den Betrieb darstellt, auf den Grundgedanken des BetrVG abzustellen. Danach ist der örtliche Betriebsrat die Keimzelle der Mitbestimmung und hat Vorrang vor überörtlichen Lösungen, soweit nicht explizit etwas anderes, z. B. in einem TV nach § 3, geregelt ist. Insoweit kann einem WV die Durchführung der Wahl des örtlichen Betriebsrates in der Regel nicht untersagt werden[53].

19a Das Verfahren nach § 18 Abs. 2 dient dazu, um die Voraussetzungen für eine ordnungsgemäße BR-Wahl festzustellen. Es kann daher jederzeit, unabhängig vom jeweiligen Wahlstatus, von den Antragsberechtigten eingeleitet werden. Maßgeblicher Zeitpunkt für die getroffenen Feststellungen des Vorliegens von betriebsratsfähigen Einheiten ist letzte mündliche Anhörung in einer Tatsacheninstanz[54]. Dies ist insbesondere bei Streitigkeiten über das Vorliegen und die Wirkung eines Tarifvertrages oder einer Betriebsvereinbarung nach § 3 BetrVG wichtig. Nur so kann deren Wirkung für amtierende oder künftige Wahlvorstände rechtssicher geklärt werden[55].

20 Die Frage, ob eine betriebsratsfähige Organisationseinheit vorliegt, kann im Übrigen auch als **Vorfrage** in einem **anderen streitigen Verfahren** (z. B. in einem Verfahren nach § 99 oder § 102) entschieden werden, solange noch keine bindende Entscheidung über die Betriebsabgrenzung ergangen ist.[56] Gegenstand des Verfahrens nach § 18 Abs. 2 ist nämlich nicht allein, die Voraussetzungen für eine ordnungsgemäße Wahl zu schaffen, sondern z. B. auch die Zuständigkeit eines gewählten oder noch zu wählenden BR zu bestimmen oder Meinungsverschiedenheiten über den Umfang von Mitwirkungs- und Mitbestimmungsrechten des BR beizulegen.[57]

21 Ein Verfahren nach § 18 Abs. 2 kann nicht nur in einem Zusammenhang mit der BR-Wahl eingeleitet werden, sondern **jederzeit,** sofern ein Rechtsschutzinteresse an einer solchen Entscheidung besteht.[58] Selbst eine während des Verfahrens zwischenzeitlich durchgeführte BR-

52 *Fitting,* Rn. 52.
53 *LAG Hamm* 31. 8. 16 – 7 TaBVGa 3/16.
54 *HessLAG* 10. 2. 20 – 16 TaBV 32/19.
55 Vgl. insbesondere zur Wirkung auf Strukturvereinbarungen DKW-*Trümner,* § 3 Rn. 236 b.
56 *BAG* 3. 12. 85, AP Nr. 28 zu § 99 BetrVG 1972.
57 *BAG* 7. 8. 86, AP Nr. 5 zu § 1 BetrVG 1972.
58 H. M. bereits zum BetrVG 1972; vgl. etwa *BAG* 25. 11. 80, AP Nr. 3 zu § 18 BetrVG 1972; 11. 4. 78, AP Nr. 8 zu § 19 BetrVG 1972; GK-*Kreutz,* Rn. 56 m. w. N.

Wahl beseitigt das **Rechtsschutzinteresse nicht.**[59] Andererseits kann die zwischenzeitlich durchgeführte BR-Wahl zulässigerweise zu einem Wechsel von dem auf § 18 Abs. 2 gestützten Feststellungsverfahren in ein Wahlanfechtungsverfahren nach § 19 führen,[60] wobei aber das Verfahren nach § 18 Abs. 2 nicht ohne weiteres in ein Verfahren auf Anfechtung der inzwischen durchgeführten BR-Wahl umgedeutet wird.[61]

Ein Rechtsschutzinteresse, das zu einem Zuordnungsverfahren nach Abs. 2 führt, kann insbesondere bei der Umstrukturierung von UN und Konzernen auftreten, wenn dadurch entsprechende Auswirkungen auf die Betriebsstrukturen und damit auf Bestand und Zuständigkeitsbereich der BR auftreten. Das gilt vor allem, wenn der AG den nach Abs. 2 Antragsberechtigten Daten vorenthält, die sie zur Beurteilung der neuen Strukturen benötigen.[62] Insoweit ist der AG auch von einer späteren Wahlanfechtung nach Treu und Glauben ausgeschlossen, weil er den Grund für die Anfechtbarkeit der BR-Wahl durch Nichtauskunft selbst gesetzt hat. 22

Antragsberechtigt zur Einleitung eines Verfahrens nach Abs. 2 sind der **AG**, jeder **beteiligte BR**, jeder **beteiligte WV** und **jede** im **Betrieb vertretene Gewerkschaft (zu Gewerkschaftsrechten vgl. umfassend Däubler, Gewerkschaftsrechte im Betrieb).** Der Kreis der Antragsberechtigten ist in Abs. 2 abschließend geregelt.[63] Soweit ein Betriebsteil als ein selbstständiger Betrieb angesehen wurde mit der Folge der Bildung eines eigenen BR, sind sowohl der BR des Betriebsteils als auch der BR des Hauptbetriebs antragsberechtigt.[64] Beteiligte WV können sowohl der WV des Hauptbetriebs als auch die WV sein, die in dem Betriebsteil, dessen Zuordnung strittig ist, bestehen. 23

Für die Antragsbefugnis der Gewerkschaft genügt die Vertretung in der betreffenden betriebsverfassungsrechtlichen Organisationseinheit, um deren Zuordnung es geht.[65] Das Antragsrecht der Gewerkschaft besteht **unabhängig** von dem zeitlichen Zusammenhang mit einer BR-Wahl. Es erlischt daher auch dann nicht, wenn bis zur Beendigung des Wahlverfahrens keine rechtskräftige Entscheidung in einem Verfahren nach § 18 Abs. 2 ergangen ist.[66] Die gegenteilige Auffassung übersieht die **umfassende betriebsverfassungsrechtliche Rechtsposition** der im Betrieb vertretenen Gewerkschaft. Der Gewerkschaft sind weitgehende Unterstützungs- und Beratungsfunktionen zugewiesen (vgl. § 2 Rn. 27). Es ist für die Gewerkschaft deshalb von entscheidender Bedeutung und berührt wesentlich ihre betriebsverfassungsrechtliche Rechtsposition, ob und inwieweit eine betriebsratsfähige Organisationseinheit vorliegt. Sie hat daher ein ebenso umfassendes Antragsrecht nach § 18 Abs. 2 wie etwa das Recht auf Beteiligung in einem Wahlanfechtungsverfahren nach § 19 auch dann, wenn sie selbst von ihrem Anfechtungsrecht keinen Gebrauch gemacht hat.[67] 24

Ergeht in ein **laufendes Wahlverfahren** hinein eine rechtskräftige gerichtliche Entscheidung über die Frage, ob eine betriebsratsfähige Organisationseinheit vorliegt, ist sie bereits für die laufende Wahl verbindlich. Für den Fall, dass bei der Einleitung der Wahl eine andere Abgrenzung zu Grunde gelegt worden ist, muss die Wahl abgebrochen und unter Berücksichtigung der Entscheidung neu eingeleitet werden; ggf. ist ein neuer WV zu bestellen.[68] Ergeht dagegen **zwischen zwei BR-Wahlen** eine rechtskräftige Entscheidung nach Abs. 2 dahingehend, dass bei der letzten Wahl fehlerhafte Zuordnungen erfolgten, ist das Ergebnis der gerichtlichen Feststellung grundsätzlich erst für die **nächste Wahl maßgebend.** Die (bzw. der) auf einer fehler- 25

59 *BAG* 25.11.80, a.a.O.; *HessLAG* 10.2.20 – 16/TaBV 32/19.
60 *BAG* 25.11.80, a.a.O.; 14.1.83, AP Nr. 9 zu § 19 BetrVG 1972.
61 *BAG* 15.12.72, AP Nr. 5 zu § 80 ArbGG 1953.
62 *Fitting*, Rn. 56.
63 A.A. GK-*Kreutz*, Rn. 58.
64 *BAG* 29.1.87, AP Nr. 6 zu § 1 BetrVG 1972; *Fitting*, Rn. 59.
65 *Fitting*, Rn. 59; GK-*Kreutz*, Rn. 57; *HSWG*, Rn. 19.
66 A.A. *LAG Frankfurt* 3.3.88, AuR 89, 186, nach dessen Auffassung die Gewerkschaft ihre Antragsbefugnis im Verfahren nach § 18 Abs. 2 mit Ablauf der zweiwöchigen Anfechtungsfrist verliert, wenn sie in einer von ihrem Antrag nach § 18 Abs. 2 mitbetroffenen Betriebsstätte die Wahl eines BR nach § 19 unangefochten lässt; wie *LAG Frankfurt* auch GK-*Kreutz*, a.a.O.
67 **A.A.** zur Beteiligungsbefugnis bei einem Anfechtungsverfahren nach § 19 *BAG* 19.9.85, DB 86, 864 unter Aufgabe seiner bisherigen Rspr.; vgl. auch § 19 Rn. 25.
68 *Fitting*, Rn. 61.

haften Grundlage gebildeten BR bleiben bis zur nächsten Wahl im Amt, da die **Verkennung des Betriebsbegriffs** regelmäßig nicht die Nichtigkeit zur Folge hat, sondern nur die **Anfechtung begründet** (vgl. § 19 Rn. 10f.). Für die Zulässigkeit eines Antrages nach § 18 Abs. 2 kommt es somit nicht darauf an, ob bereits gewählt worden ist oder nicht.[69] Stellt ein ArbG zwischen zwei Wahlen rechtskräftig fest, dass beispielsweise ein bei der letzten BR-Wahl als zum Hauptbetrieb gehörend angesehener Betriebsteil selbstständig ist und somit einen eigenen BR zu wählen hat, bleibt der BR des Hauptbetriebes gleichwohl bis zum Ablauf seiner Amtszeit für diesen Betriebsteil zuständig.[70] Stellt das ArbG rechtskräftig umgekehrt fest, dass ein als bisher selbstständig angesehener Betriebsteil, in dem ein eigener BR besteht, dem Hauptbetrieb zuzuordnen ist, so bleibt der in dem Betriebsteil gewählte BR bis zum Ablauf seiner Amtszeit im Amt.[71] Dagegen ist der BR des Hauptbetriebes für den Betriebsteil, der vor Einleitung des Verfahrens nach § 18 Abs. 2 nicht bei der Wahl des BR zum Hauptbetrieb einbezogen worden ist, aber weder die Wahl eines eigenen BR noch ein Zuordnungsbeschluss nach § 4 Abs. 1 Satz 2 erfolgte, nunmehr zuständig, wenn nach der rechtskräftigen Entscheidung die irrtümlicherweise angenommene Selbstständigkeit des Betriebsteils nicht besteht.
Die Frage, ob ein Betriebsteil eigenständig ist oder nicht, ist ebenfalls im Verfahren nach § 18 zu klären. Hier kommt es wesentlich auf die räumliche Entfernung zum Hauptbetrieb an. Betriebsteile im Sinne des § 4 Abs. 1 S. 1 Nr. 1 BetrVG sind vom Hauptbetrieb räumlich weit entfernt, wenn wegen dieser Entfernung eine ordnungsgemäße Betreuung der Belegschaft des Betriebsteils durch einen beim Hauptbetrieb ansässigen Betriebsrat nicht mehr gewährleistet ist. Maßgeblich ist die leichte Erreichbarkeit des Betriebsrats aus Sicht der AN.[72] Im Übrigen vgl. § 4 Rn. 12ff.

V. Streitigkeiten

26 Über Streitigkeiten entscheidet das ArbG im Beschlussverfahren (§§ 2a, 80ff. ArbGG). Soweit es um Handlungen des WV nach Abs. 1 und 3 geht, können Antragsgegenstand **sämtliche fehlerhaften Maßnahmen, Entscheidungen** und **Unterlassungen** des WV sein. Zur Problematik der einstweiligen Verfügung und der damit verbundenen Frage einer Aussetzung einer BR-Wahl sowie zur Möglichkeit einer sog. Leistungsverfügung vgl. § 19 Rn. 16ff. Den Antrag auf Durchführung des Verfahrens kann der AG jederzeit stellen, sofern das erforderliche Interesse besteht.[73] Dies ist insbesondere dann gegeben, wenn streitig ist, ob für mehrere Betriebsstätten des Unternehmens ein gemeinsamer Betriebsrat zu wählen ist oder ob die einzelnen Betriebsstätten für sich genommen betriebsratsfähig sind.[74]

27 Bei einem Verfahren nach Abs. 2 ist das ArbG zuständig, in dessen Bezirk sich der **Sitz** der Organisationseinheit, um deren Betriebsratsfähigkeit es geht, **befindet.** Ein Verfahren kann auch ohne Zusammenhang mit der BR-Wahl eingeleitet werden (vgl. Rn. 19). Ein Verfahren nach Abs. 2 wird durch eine zwischenzeitlich durchgeführte BR-Wahl nicht erledigt.[75] Es ist jedoch zulässig, allerdings nicht mehr in der Rechtsbeschwerdeinstanz, innerhalb der Anfechtungsfrist des § 19 Abs. 2 von dem ursprünglich gestellten Antrag nach § 18 Abs. 2 auf einen entsprechenden Wahlanfechtungsantrag überzugehen.[76]

69 *LAG Niedersachsen* 9.12.21 – 3 TaBV 1/21, juris.
70 *Fitting*, Rn. 62; a. A. GK-*Kreutz*, Rn. 62.
71 *Fitting*, Rn. 63; insoweit wie hier GK-*Kreutz*, a. a. O.; a. A. Richardi-*Thüsing*, Rn. 34.
72 *HessLAG* 4.4.22 – 16 TaBV 135/21, juris; Nichtzulassungsbeschwerde eingelegt.
73 Er ist jedoch nicht verpflichtet einen solchen Antrag zu stellen. *LAG Hamm* 4.4.23 – 7 TaBV 153/22.
74 *LAG Berlin-Brandenburg* 11.6.15 – 26 TaBV 1459/14.
75 *BAG* 25.11.80, AP Nr. 3 zu § 18 BetrVG 1972; vgl. auch Rn. 19.
76 *BAG* 14.1.83, AP Nr. 9 zu § 19 BetrVG 1972.

§ 18a Zuordnung der leitenden Angestellten bei Wahlen

(1) Sind die Wahlen nach § 13 Abs. 1 und nach § 5 Abs. 1 des Sprecherausschussgesetzes zeitgleich einzuleiten, so haben sich die Wahlvorstände unverzüglich nach Aufstellung der Wählerlisten, spätestens jedoch zwei Wochen vor Einleitung der Wahlen, gegenseitig darüber zu unterrichten, welche Angestellten sie den leitenden Angestellten zugeordnet haben; dies gilt auch, wenn die Wahlen ohne Bestehen einer gesetzlichen Verpflichtung zeitgleich eingeleitet werden. Soweit zwischen den Wahlvorständen kein Einvernehmen über die Zuordnung besteht, haben sie in gemeinsamer Sitzung eine Einigung zu versuchen. Soweit eine Einigung zustande kommt, sind die Angestellten entsprechend ihrer Zuordnung in die jeweilige Wählerliste einzutragen.

(2) Soweit eine Einigung nicht zustande kommt, hat ein Vermittler spätestens eine Woche vor Einleitung der Wahlen erneut eine Verständigung der Wahlvorstände über die Zuordnung zu versuchen. Der Arbeitgeber hat den Vermittler auf dessen Verlangen zu unterstützen, insbesondere die erforderlichen Auskünfte zu erteilen und die erforderlichen Unterlagen zur Verfügung zu stellen. Bleibt der Verständigungsversuch erfolglos, so entscheidet der Vermittler nach Beratung mit dem Arbeitgeber. Absatz 1 Satz 3 gilt entsprechend.

(3) Auf die Person des Vermittlers müssen sich die Wahlvorstände einigen. Zum Vermittler kann nur ein Beschäftigter des Betriebs oder eines anderen Betriebs des Unternehmens oder Konzerns oder der Arbeitgeber bestellt werden. Kommt eine Einigung nicht zustande, so schlagen die Wahlvorstände je eine Person als Vermittler vor; durch Los wird entschieden, wer als Vermittler tätig wird.

(4) Wird mit der Wahl nach § 13 Abs. 1 oder 2 nicht zeitgleich eine Wahl nach dem Sprecherausschussgesetz eingeleitet, so hat der Wahlvorstand den Sprecherausschuss entsprechend Absatz 1 Satz 1 erster Halbsatz zu unterrichten. Soweit kein Einvernehmen über die Zuordnung besteht, hat der Sprecherausschuss Mitglieder zu benennen, die anstelle des Wahlvorstands an dem Zuordnungsverfahren teilnehmen. Wird mit der Wahl nach § 5 Abs. 1 oder 2 des Sprecherausschussgesetzes nicht zeitgleich eine Wahl nach diesem Gesetz eingeleitet, so gelten die Sätze 1 und 2 für den Betriebsrat entsprechend.

(5) Durch die Zuordnung wird der Rechtsweg nicht ausgeschlossen. Die Anfechtung der Betriebsratswahl oder der Wahl nach dem Sprecherausschussgesetz ist ausgeschlossen, soweit sie darauf gestützt wird, die Zuordnung sei fehlerhaft erfolgt. Satz 2 gilt nicht, soweit die Zuordnung offensichtlich fehlerhaft ist.

Inhaltsübersicht Rn.

I. Vorbemerkungen

1 Das in dieser Vorschrift geregelte Zuordnungsverfahren ist Folge der **Einrichtung von SpA** der leit. Ang. durch das SprAuG.[1] § 5 Abs. 1 SprAuG und § 13 Abs. 1 BetrVG verpflichten die WV, die regelmäßigen Wahlen zum BR und SpA zeitgleich einzuleiten. Damit ist es erforderlich geworden, die zur jeweiligen AN-Vertretung wahlberechtigten und wählbaren Angestellten so gegeneinander abzugrenzen, dass die **Doppelvertretung** ein und desselben Angestellten **durch beide Vertretungsorgane** ausgeschlossen wird.[2] Auch wenn mit der Novellierung 2001 die Gruppe der Angestellten entfallen ist, geht es stets um die Abgrenzung von gewöhnlichen Angestellten gegenüber leitenden Angestellten. Es muss gewährleistet sein, dass nicht derselbe Angestellte an beiden Wahlen teilnimmt, etwa weil er von beiden WV in die jeweilige Wählerliste aufgenommen worden ist. Darüber hinaus muss sichergestellt sein, dass **das passive Wahlrecht** eines Angestellten nur hinsichtlich des BR oder des SpA ausgeübt werden kann, weil eine **Doppelmitgliedschaft** in beiden Organen **ausgeschlossen** ist. Das gilt entsprechend im Rahmen von Wahlen auf tariflicher Grundlage gem. § 3 Abs. 1 Nrn. 1–3 (vgl. zur Ausstrahlung der gewillkürten BetrV-Strukturen auf das SpA-Organisationsrecht § 3 Rn. 204.[3] Die Vorschrift des Abs. 5 ist auf die Zuordnung von Personen, deren Status als Auszubildender fraglich ist, nicht entsprechend anwendbar.[4]

2 Allerdings gewährleistet die Vorschrift auf Grund ihrer teilweise verunglückten Fassung nicht in jedem Fall eine eindeutige Zuordnung.[5]

3 Zu beachten ist, dass bei Struktur-BV/TV nach § 3 die aus § 3 Abs. 5 Satz 1 folgende Betriebsfiktion **Wirkungen auf den Status eines leit. Ang.** nach sich ziehen kann. Wurde ein leit. Ang. mit der Befugnis zur Einstellung und Entlassung nach § 5 Abs. 3 Nr. 1 für alle AN eines Filialbetriebs versehen und werden dann mehrere solcher Filialen nach § 3 Abs. 1 Nr. 1 b) zu einem tariflichen **Regionalbetrieb** zusammengefasst, so wird der leit. Ang. hierdurch gleichsam »entleitet«. Die nur für eine Einzelfiliale eingeräumte **Personalverantwortung** bezieht sich dann **nicht mehr** auf **sämtliche AN des Betriebs,** denn Betrieb i. S. d. § 5 Abs. 3 Nr. 1 ist wegen der Fiktion aus Abs. 5 Satz 1 nun der der tariflich geschaffene große Regionalbetrieb.[6]

3a Für die Dauer des betriebsinternen Zuordnungsverfahrens sind mindestens zwei Wochen einzukalkulieren. **Das Verfahren muss** in allen seinen Stufen **am Tag vor Einleitung der Wahlen beendet sein,** weil spätestens dann die Wählerliste aufgestellt sein muss und zur Einsicht auszulegen ist (§ 2 Abs. 4 WO). »Einleitung der Wahlen« bedeutet Erlass (genauer: Aushang bzw. Bekanntmachung) des Wahlausschreibens (§ 3 Abs. 1 Satz 2 WO). Dieser zu berücksichtigende Zeitbedarf ergibt sich aus § 18a Abs. 1 Satz 2, Abs. 2 Satz 1 und § 16 Abs. 1 Satz 1 BetrVG bzw. § 7 Abs. 1 SprAuG. Dadurch, dass sich die beiden WV spätestens zwei Wochen vor Einleitung der Wahlen gegenseitig darüber zu unterrichten und abzustimmen haben, welche Angestellten sie für leitende Angestellte halten, und im Nichteinigungsfalle ein Vermittler spätestens eine Woche vor Einleitung der Wahlen nochmals einen Einigungsversuch der WV unternehmen muss, ist es erforderlich, dass die BR jeweils spätestens zehn Wochen (vgl. § 16 Abs. 1) vor Ablauf der Amtszeit des BR den jeweiligen WV zu bestellen haben.

4 Die Vorschrift ist **im vereinfachten Wahlverfahren** gem. § 14a wegen des mit ihr verbundenen Zeitbedarfs **unanwendbar.**[7] Allerdings wird in derartigen Betrieben i. d. R. schon die notwendige Anzahl von mindestens 10 leitenden Angestellten (vgl. § 1 Abs. 1 SprAuG) zur Wahl eines SpA nicht vorhanden sein.

---

1 Vgl. BGBl. 1988 I S. 2316.
2 Vgl. *BT-Drucks.* 11/2503, S. 32.
3 ErfK-*Koch,* Rn. 1; *Fitting,* Rn. 2; Richardi-*Thüsing,* Rn. 10; HWGNRH-*Nicolai,* Rn. 2; **a. A.:** GK-*Kreutz,* Rn. 8; HaKo-BetrVG/*Brors,* Rn. 2.
4 *LAG Baden-Württemberg* 5.7.95 – 2 TaBV 8/94.
5 Dazu unten Rn. 26 f., 46 f., 55 f.; so auch die Konsequenz in *LAG Hamm* 24.4.90 – 3 TaBV 56/90, BB 90, 1628, Ls.
6 *ArbG Neumünster* 27.6.18 – 3 BV 3a/18, NZA-RR 18, 661, Rn. 26 ff.; Beschwerde ist beim *LAG SH* unter Az. 4 TaBV 16/18 anhängig.
7 ErfK-*Koch,* Rn. 1; *Fitting,* Rn. 4.

II. Überblick über den Verfahrensablauf

1. Regelmäßiges Vorgehen

Ausgehend von dem in Abs. 1 geregelten Normalfall, dass die regelmäßigen Wahlen zum BR und SpA zeitgleich einzuleiten sind, müssen die **WV spätestens zehn Wochen vor Ablauf der Amtszeit** des BR **bestellt** sein (vgl. dazu das Ablaufschema, S. xxx). Spätestens **zwei Wochen vor Einleitung der Wahlen** haben die WV sich gegenseitig zu unterrichten, welche Angestellten sie den leitenden Angestellten zugeordnet haben. Dieser wechselseitigen Unterrichtung sollte die interne **Aufstellung der Wählerlisten** im jeweiligen WV vorangehen, weil diese Unterrichtung sonst nicht ordnungsgemäß durchgeführt werden kann. Sofern zwischen beiden WV **kein Einvernehmen** besteht, ist in einer gemeinsamen Sitzung eine Einigung zu versuchen. Wird Einvernehmen erzielt, sind die betreffenden Angestellten in die jeweilige Wählerliste einzutragen. Kommt in dieser Sitzung eine Einigung nicht zustande, hat ein **Vermittler spätestens eine Woche** vor Wahleinleitung eine erneute Verständigung beider WV zu versuchen. Auf Verlangen des Vermittlers muss der AG ihn durch Auskunftserteilung und Zurverfügungstellung von Unterlagen bei seiner Aufgabe unterstützen (Abs. 2 Satz 2). 5

Auf die **Person des Vermittlers** müssen sich die WV einigen (dazu näher unter Rn. 55ff.). Können sich die WV nicht auf einen Vermittler einigen, entscheidet das Los. Dazu müssen beide WV jedoch zunächst Vorschläge für die Person des Vermittlers machen, aus denen der Vermittler ausgelost wird. Für das Losverfahren sind keine besonderen Regelungen zu beachten (zu verschiedenen Lostechniken vgl. die Kommentierung zu § 10 WO). Bleibt der **Vermittlungsversuch** über die Zuordnung der leitenden Angestellten **erfolglos,** hat der Vermittler nach **Beratung mit dem AG** die Zuordnung vorzunehmen. Entsprechend dieser Entscheidung sind die betreffenden Angestellten in die jeweilige Wählerliste aufzunehmen. 6

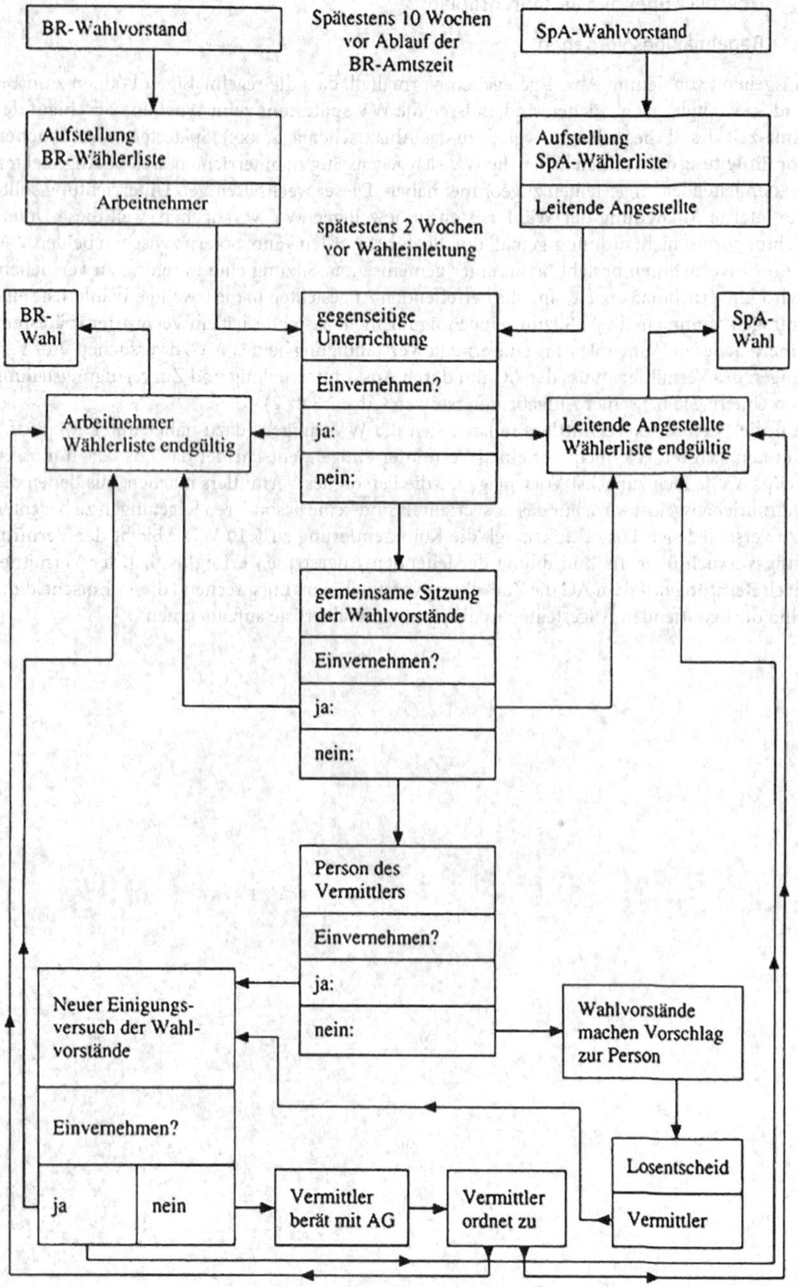

BR-Wahlvorstand
Spätestens 10 Wochen vor Ablauf der BR-Amtszeit
SpA-Wahlvorstand
Aufstellung BR-Wählerliste
Arbeitnehmer
Aufstellung SpA-Wählerliste
Leitende Angestellte
spätestens 2 Wochen vor Wahleinleitung
BR-Wahl
gegenseitige Unterrichtung
Einvernehmen?
ja:
nein:
SpA-Wahl
Arbeitnehmer Wählerliste endgültig
Leitende Angestellte Wählerliste endgültig
gemeinsame Sitzung der Wahlvorstände
Einvernehmen?
ja:
nein:
Person des Vermittlers
Einvernehmen?
ja:
nein:
Neuer Einigungsversuch der Wahlvorstände
Einvernehmen?
ja
nein
Wahlvorstände machen Vorschlag zur Person
Losentscheid
Vermittler
Vermittler berät mit AG
Vermittler ordnet zu

2. Entfallen des Verfahrens

7 Es kann jedoch Fälle geben, in denen das **Zuordnungsverfahren entfällt** oder nicht in allen Stationen durchlaufen werden kann:

- BR oder SpA sind gar nicht vorhanden: Das Zuordnungsverfahren entfällt (vgl. ausführlich Rn. 33 ff.).
- Die Wahlen können nicht zeitgleich eingeleitet werden, weil ein WV zu spät bestellt wird oder bei BR-WV-Bestellung ungewiss ist, ob ein SpA-WV noch gebildet wird: Das Zuordnungsverfahren entfällt (vgl. das Beispiel Rn. 34 und die dazu gegebenen Erl. Rn. 37 f., 45, 47).
- Es findet sich kein Vermittler, oder nur eine Seite schlägt einen Vermittler vor, der vom anderen WV aus sachlichen Gründen abgelehnt wird (vgl. Rn. 24, 66): Das Zuordnungsverfahren entfällt.
- Es handelt sich um eine freiwillige zeitgleiche Wahleinleitung (vgl. Rn. 26 ff.): Das Zuordnungsverfahren endet mit der gegenseitigen Unterrichtung der WV nach Abs. 1 Satz 1, 2. Halbsatz; es können dann strittige Fälle verbleiben.
- Beide WV weigern sich trotz gesetzlicher Pflicht, das Zuordnungsverfahren nach § 18a zu betreiben:[8] Das Verfahren entfällt oder endet mit der wechselseitigen Unterrichtung, sofern diese Verpflichtung noch durch rechtskräftige gerichtliche Entscheidung ausgeurteilt wird (dazu Rn. 81).
- Es werden nach Abschluss des Zuordnungsverfahrens noch »strittige« Angestellte im Betrieb eingestellt (dazu Rn. 82): Das Zuordnungsverfahren entfällt hinsichtlich dieser Angestellten.

In derartigen Fällen kann versucht werden, im Wege des Einspruchs gegen die Richtigkeit der jeweiligen Wählerliste, durch arbeitsgerichtliches Statusfeststellungsverfahren oder Anfechtung der BR-Wahl Klarheit herzustellen.

3. Abbruch des Verfahrens

8 Des Weiteren sind Fälle denkbar, bei denen das bereits eingeleitete **Zuordnungsverfahren abgebrochen** werden muss:

- Es findet sich kein Vermittler (vgl. Rn. 66): Abbruch des Verfahrens bezüglich der streitig gebliebenen Angestellten.
- Das Verfahren kann nicht mehr rechtzeitig zur Wahleinleitung beendet werden (vgl. Rn. 78 f.).
- Das Verfahren kann bei neu in den Betrieb eintretenden Angestellten nicht rechtzeitig beendet werden (vgl. Rn. 82).
- Ein WV weigert sich, § 18a anzuwenden, und eine rechtskräftige gerichtliche Klärung erfolgt nicht mehr rechtzeitig (vgl. Rn. 79): Abbruch mit dem Tag vor der Wahleinleitung.

Auch in diesen Fällen bleiben die in Rn. 7 a. E. erwähnten Rechtsbehelfe unberührt.

III. Das Zuordnungsverfahren im Einzelnen

9 Die Vorschrift unterscheidet **vier Anwendungsfälle,** in denen es zum Zuordnungsverfahren bezüglich der leitenden Angestellten kommen muss: die regelmäßigen BR-Wahlen (Rn. 10 ff.), die freiwillige zeitgleiche Wahleinleitung (Rn. 26 ff.), die Durchführung außerordentlicher Wahlen (Rn. 36 ff.) und die Besonderheiten bei Fehlen einer der beiden AN-Vertretungen (Rn. 39 ff.).

1. Regelmäßige Betriebsratswahlen

10 Stehen **die regelmäßigen Wahlen zum BR und SpA** an (dieser Fall liegt vor, wenn die turnusgemäßen Wahlen des jeweiligen Frühjahrszeitraumes [1. März bis 31. Mai 2018, 2022 usw.] durchzuführen sind), **müssen sie zeitgleich eingeleitet werden.** Die Einleitung erfolgt mit

8 Vgl. Rn. 81; dazu auch *LAG Hamm* 24.4.90 – 3 TaBV 56/90, BB 90, 1628, Ls.

Erlass des Wahlausschreibens, d.h. mit Aushang und Bekanntmachung durch den zuständigen WV. Demzufolge haben in diesem Anwendungsfall die beiden WV jeweils das Wahlausschreiben für die BR-Wahl und die SpA-Wahl an demselben Tage auszuhängen. Erfolgt der Aushang an mehreren Tagen (z.B. bei weitläufigen Betrieben), muss der letzte Tag, an dem die WV das Ausschreiben bekannt machen, übereinstimmen. Bis spätestens einen Tag vor diesem Zeitpunkt müssen das Zuordnungsverfahren – notfalls unter Einschaltung des Vermittlers (Abs. 2) – und die dementsprechende Eintragung der Wahlberechtigten in die Wählerliste abgewickelt sein. Abs. 1 Satz 1 knüpft die Pflicht zur Durchführung des Zuordnungsverfahrens nur an die Pflicht zur zeitgleichen Wahleinleitung an, **nicht** aber daran, **dass** die Wahlen **auch tatsächlich gleichzeitig** eingeleitet werden. Letzteres wird vielfach schon daran scheitern, dass die Amtszeiten beider Gremien nicht synchron sind. Die Verletzung der Pflicht zur zeitgleichen Wahleinleitung bleibt nach dem Gesetz folgenlos (vgl. § 13 Abs. 1 und § 5 Abs. 1 SprAuG).

11 Um das Zuordnungsverfahren mit der nach Abs. 1 erforderlichen Unterrichtung des jeweils anderen WV darüber, welche Angestellten vom jeweiligen WV den leitenden Angestellten (vorläufig) zugeordnet worden sind, überhaupt einleiten zu können, ist es zunächst notwendig, dass der BR-WV selbstständig eine Wählerliste aufgestellt hat. Es ist schon wegen der mit der Novellierung 2001 erfolgten Aufgabe des Gruppenprinzips (§§ 6, 10) nicht zu beanstanden, wenn der BR-WV zunächst nur eine Liste der leitenden Angestellten aufstellt, anhand derer die Information des SpA-WV gemäß Abs. 1 erfolgt, weil die Unterrichtungspflicht sich eben nur auf die leitenden Angestellten bezieht.[9] In der gleichen Weise ist durch den SpA-WV zu verfahren.

12 Das Gesetz spricht nur davon, dass beide WV sich **gegenseitig zu unterrichten** haben, sagt aber **nicht,** dass dies **gleichzeitig** zu geschehen habe.[10] Damit können sich gewisse Vorteile für denjenigen WV ergeben, der zuerst über die (vorläufige) Zuordnung des anderen WV in Kenntnis gesetzt wurde. Dieser Vorteil kann für den SpA-WV z.B. darin liegen, dass der zuerst informierende BR-WV auf seiner Liste Namen hat, an die der SpA-WV – aus welchen Gründen auch immer – im Entferntesten nicht gedacht hat und Letzterer seine Liste noch um diese Personen ergänzt.

13 Die Unterrichtung kann **formfrei** erfolgen, also auch mündlich; die jeweilige Zuordnungsentscheidung muss auch nicht begründet werden.[11]

14 Weil das weitere Zuordnungsverfahren (Einigungsversuch) sich nur auf strittige Zuordnungsfälle bezieht, kann der BR-WV seine (vorläufige) Zuordnung nicht wieder zurückziehen. Soweit die miteinander ausgetauschten Listen übereinstimmen, herrscht nämlich bereits Einvernehmen. Zunächst **unstreitige Fälle können** daher **nicht nachträglich wieder streitig gestellt werden, um Druck auszuüben.**[12]

15 Um über den Zeitpunkt der gegenseitigen Unterrichtung der beiden WV unnötige Querelen zu vermeiden, sollten die beiden Listen **in einem einheitlichen Termin** zunächst nur ausgetauscht werden (vgl. aber auch Rn. 13). Sodann müssen die WV in getrennten Sitzungen die Listen daraufhin überprüfen, ob und inwieweit sie übereinstimmen. Wenn die Zuordnung durch beide WV vollkommen übereinstimmt, entfällt das in Abs. 1 Satz 2 enthaltene Erfordernis, eine gemeinsame Sitzung beider WV einzuberufen. Stimmt die Zuordnung dagegen nur teilweise überein, ist in folgenden Schritten vorzugehen (vgl. das Schaubild in Rn. 6).

16 **1. Schritt:**

Die leitenden Angestellten, über deren Zuordnung Übereinstimmung besteht, werden endgültig in die Wählerliste der SpA-Wahlen eingetragen (Aufgabe des SpA-WV).

17 **2. Schritt:**

Hinsichtlich der strittigen Fälle muss nunmehr eine gemeinsame Sitzung beider WV durchgeführt werden, um eine Einigung zu versuchen. Auf die Terminierung dieser Sitzung sollten

9 *Fitting,* Rn. 13; ErfK-*Koch,* Rn. 2.

10 So auch GK-*Kreutz,* Rn. 45; *Fitting,* Rn. 15; Richardi-*Thüsing,* Rn. 13; a.A. *Dänzer-Vanotti,* AuR 89, 204 [206].

11 GK-*Kreutz,* Rn. 44; *Fitting,* Rn. 14, raten hierzu, um das Verfahren zu beschleunigen.

12 Vgl. ErfK-*Koch,* Rn. 2; *Engels/Natter,* BB-Beilage 8/89, S. 15; *Wlotzke,* DB 89, 111 [125]; GK-*Kreutz,* Rn. 47.

sich die jeweiligen Vorsitzenden des WV verständigen, da es sich insoweit um eine Geschäftsführungsaufgabe handelt. In einer Geschäftsordnung des WV kann diese Frage abweichend geregelt werden, z. B., indem eine Beschlussfassung im WV erfolgen muss. In der gemeinsamen Sitzung beider WV haben nur die ordentlichen WV-Mitglieder ein **Teilnahmerecht,** also nicht z. B. der AG (der AG kann aber zur Auskunftserteilung geladen werden)[13] oder der nach § 16 Abs. 1 Satz 6 zusätzlich in den BR-WV entsandte betriebsangehörige Gewerkschaftsbeauftragte.[14]

18 Letzteres ergibt sich daraus, dass Abs. 1 Satz 2 gegenüber § 16 Abs. 1 Satz 6 die speziellere Vorschrift darstellt. Soweit das Gesetz andernorts die Teilnahmebefugnis von Sondervertretern an betrieblichen Zusammenkünften vorsieht (z. B. § 46 Abs. 1, § 29 Abs. 4), legt es ausdrücklich diesen Personenkreis und dessen Befugnisse in abgestufter Form (bloße Teilnahme, Teilnahme- und Rederecht [Beratungsrecht], Ausschluss der Teilnahme an der Beschlussfassung im Falle des § 29 Abs. 4) fest. Auch nach § 20 Abs. 1 BPersVG hat ein Beauftragter der in der Dienststelle vertretenen Gewerkschaft das Recht, an Sitzungen des WV beratend teilzunehmen. Eine gleichartige Parallelvorschrift fehlt in § 16 Abs. 1 Satz 6. Daher ist **der betriebsangehörige Gewerkschaftsbeauftragte** nach § 16 Abs. 1 Satz 6 mangels entsprechender Normierung lediglich zur passiven (beobachtenden) Teilnahme und auch nur bei WV-Sitzungen befugt, nicht aber an der besonders geregelten gemeinsamen Sitzung beider WV nach § 18a. Anderenfalls würden in dieser gemeinsamen Sitzung der beiden WV ungleiche Verhältnisse auftreten, weil für den SpA-WV gemäß § 7 SprAuG das Teilnahmerecht eines betriebszugehörigen Gewerkschaftsbeauftragten analog der Regelung in § 16 Abs. 1 Satz 6 fehlt. Die Anwesenheit des besonderen Gewerkschaftsbeauftragten nach § 16 ist auch entbehrlich, weil es in der gemeinsamen Sitzung beider WV ausschließlich darum geht, Einvernehmen über die Zuordnung der strittigen Fälle zu den leitenden Angestellten herzustellen. Außerdem entfällt ein Teilnahmerecht des Gewerkschaftsbeauftragten nach § 16 Abs. 1 Satz 6 bei der gemeinsamen Sitzung auch dann schon von selbst, wenn gemäß Abs. 4 die Funktion des einen WV durch den BR bzw. SpA wahrgenommen wird (vgl. Rn. 30 ff.).

19 Über die Zuordnung der Streitfälle muss durch jeweils getrennte Beschlussfassung in den beiden WV entschieden werden.[15] Von der Beschlussfassung ist der Gewerkschaftsbeauftragte nach § 16 Abs. 1 Satz 6 jedoch wegen fehlenden Stimmrechts ohnehin ausgeschlossen. **Leitende Angestellte können schon deswegen nicht Gewerkschaftsbeauftragte nach § 16 sein,** weil sie nicht wahlberechtigt sind. Die Wahlberechtigung ist aber regelmäßig Voraussetzung der WV-Mitgliedschaft.[16]

20 Das durch Entscheidung des WV zu begründende Recht auf **Teilnahme** eines Gewerkschaftsbeauftragten **analog § 31** bleibt unberührt.[17]

21 **3. Schritt:**

Wird **nach getrennter Beschlussfassung der beiden WV** festgestellt, dass über die zunächst strittig gebliebenen Fälle Einvernehmen hergestellt wurde, so werden diese Personen nunmehr (je nach Ergebnis) in die insoweit endgültigen Wählerlisten der SpA-Wahlen bzw. BR-Wahlen eingetragen. Das Erfordernis getrennter Beschlussfassung ergibt sich schon daraus, dass es anderenfalls einem zahlenmäßig größeren WV ohne weiteres möglich wäre, den anderen WV zu überstimmen.[18] Ob die getrennten Abstimmungen noch im Rahmen der gemeinsamen Sitzung oder **in jeweils getrennten Zusammenkünften** der WV erfolgen sollen, kann jeder WV nur mit Wirkung für sich entscheiden.

22 **4. Schritt:**

Bleiben auch **nach der gemeinsamen Sitzung** beider WV **noch strittige Fälle,** ist gemäß Abs. 2 durch einen **Vermittler** bis spätestens eine Woche vor Einleitung der Wahlen erneut

13 *Fitting,* Rn. 19.
14 A. A. *Fitting,* Rn. 19; GK-*Kreutz,* Rn. 50; Richardi-*Thüsing,* Rn. 19; wie hier *KRHS,* Rn. 3.
15 Ebenso *Fitting,* Rn. 21; GK-*Kreutz,* Rn. 52; *Engels/Natter,* BB-Beilage 8/89, S. 15; Richardi-*Thüsing,* Rn. 20.
16 *Fitting,* § 16 Rn. 21.
17 Vgl. *Fitting,* § 18 Rn. 13; *KRHS,* Rn. 3.
18 Zutreffend *Engels/Natter,* BB-Beilage 8/89, S. 15.

eine Verständigung der beiden WV über die Zuordnung zu versuchen. Sofern Einvernehmen über einzelne Streitfälle hergestellt wird, ist wie im Schritt 3 (Rn. 21) zu verfahren. Bleibt der Einigungsversuch im Übrigen erfolglos, entscheidet nunmehr der Vermittler nach Beratung mit dem AG über die Zuordnung.

23 Auf den Vermittler (Einzelheiten vgl. Rn. 55 ff.) haben sich gemäß Abs. 3 die WV bis **spätestens zum Beginn der letzten Woche** vor Wahleinleitung zu **einigen.** Der Vermittler soll dem Betrieb, in dem gewählt wird, angehören; er kann aber auch aus einem anderen – jedoch immer mindestens unternehmens- oder konzernzugehörigen – Betrieb kommen. Der AG wird zwar in Abs. 3 Satz 2 an letzter Stelle genannt, ist als Vermittler aber i. d. R. **ungeeignet,** weil er selbst betriebsverfassungsrechtliches Organ ist.[19] Er sollte deshalb vom BR-WV als befangen abgelehnt werden, soweit andere Personen zur Verfügung stehen. Dies gilt auch für **leitende Angestellte,** die nach hier vertretener Ansicht (vgl. Rn. 55) ohnehin nicht als »Beschäftigte« i. S. d. Abs. 3 Satz 2 in Betracht kommen und daher nicht Vermittler sein können.[20] Es besteht für niemanden die Pflicht, als Vermittler tätig zu werden.[21] Auch der durch Losentscheid festgestellte Vermittler braucht das Amt nicht anzunehmen.

24 **Findet sich kein Vermittler,** ist die Wahl ohne das weitere Verfahren nach § 18a durchzuführen.[22] Ebenso wenig kommt eine **Ersatzbestellung** des Vermittlers **durch das ArbG** in Betracht.[23]

25 Bei der Zuordnungsentscheidung muss der Vermittler sich strikt an die gesetzliche Begriffsabgrenzung des leitenden Angestellten nach § 5 Abs. 3 halten.[24] Insoweit muss er **ausreichende Rechtskenntnisse besitzen.**[25]

2. Freiwillige zeitgleiche Wahleinleitung

26 Entsprechend Abs. 1 Satz 1 (Unterrichtung des anderen WV) ist wegen Abs. 1 Satz 1, 2. Halbsatz zu verfahren, **wenn die Wahlen** zum BR und SpA **zeitgleich eingeleitet werden, ohne dass dazu eine gesetzliche Verpflichtung besteht,** z. B. bei Neuwahlen nach einem (nahezu) gleichzeitigen Rücktritt von SpA und BR (vgl. § 13 Abs. 2 Nr. 3 BetrVG bzw. § 5 Abs. 2 Nr. 4 SprAuG). Stets ist hier aber Voraussetzung, dass Wahlen zu beiden Gremien aus anderen als den in § 13 Abs. 1 BetrVG bzw. § 5 Abs. 1 SprAuG genannten Gründen zeitgleich eingeleitet werden. Das kann der Fall sein, wenn in einem Betrieb weder BR noch SpA vorhanden sind und erstmals gewählt werden sollen (z. B. bei einem neu errichteten Betrieb). Ob in derlei Fällen tatsächlich die Wahleinleitung zeitgleich erfolgt, liegt **im freien Ermessen der beiden WV,**[26] verpflichtet sind sie dazu gerade nicht. *Thüsing*[27] hält wegen der mit den Wahlen verbundenen Kostenbelastungen dagegen die WV zur Ausübung eines **pflichtgemäßen** Ermessens für verpflichtet.[28]

27 Da der zweite Halbsatz in Abs. 1 Satz 1 lediglich auf Satz 1 verweist, hat es bei diesem Anwendungsfall mit der **gegenseitigen Unterrichtung** sein Bewenden.[29] Das weitere Zuordnungsverfahren des § 18a ist nicht anzuwenden, weil es hierfür an der gesetzlichen Erlaubnisnorm fehlt.

28 Somit kann es gerade in Grenzfällen dazu kommen, dass bei fakultativ-zeitgleicher Wahleinleitung bestimmte Angestellte sowohl zu den SpA-Wahlen als auch zu den BR-Wahlen wahlberechtigt und wählbar sein können, wenn sie von den beiden WV unterschiedlich (einmal als leitender Angestellter und andererseits als »gewöhnlicher« Angestellter) zugeordnet worden

---

19 Skeptisch auch *Fitting,* Rn. 47.
20 A. A. GK-*Kreutz,* Rn. 57; Richardi-*Thüsing,* Rn. 38.
21 Vgl. *Bauer,* SprAuG, S. 136.
22 *Bauer,* SprAuG, S. 136; GK-*Kreutz,* Rn. 70; vgl. Rn. 65 ff.
23 *Fitting,* Rn. 51; GK-*Kreutz,* Rn. 63.
24 *Engels/Natter,* BB-Beilage 8/89, S. 11, weisen den innerbetrieblichen Rechtsanwendern zutreffend dieselben Prüfungs- und Sorgfaltspflichten zu wie den Gerichten.
25 Ähnlich *Fitting,* Rn. 44.
26 *Fitting,* Rn. 32.
27 A. a. O., Rn. 6.
28 Ebenso im Ergebnis GK-*Kreutz,* Rn. 24.
29 Vgl. dazu näher *3. Aufl. 1992,* Rn. 26 bis 31; a. A. *Fitting,* Rn. 32 und GK-*Kreutz,* Rn. 24.

sind. Allerdings ist auch in diesem Fall zu beachten, dass Wahlberechtigung und Wählbarkeit sich nicht konstitutiv aus dem Eintrag in die Wählerliste ableiten lassen, wenn nicht zugleich neben der Eintragung auch die materiellen Voraussetzungen des aktiven und/oder passiven Wahlrechts gemäß §§ 7, 8 vorliegen.[30]

In diesen Fällen einer doppelten Zuordnung ein und desselben Angestellten kommt der **Einspruch gegen die Richtigkeit der Wählerliste** nach § 4 WO in Betracht, wie dies auch bisher schon bezüglich der leitenden Angestellten galt.[31] Das Einspruchsrecht wird in diesen Fällen auch nicht durch § 4 Abs. 2 Satz 2 WO ausgeschlossen, weil eine Zuordnung nach § 18a gar nicht erfolgt ist und eine lediglich wechselseitige Unterrichtung der WV über die jeweils eigene Zuordnungsentscheidung die beschränkten Rechtswirkungen des Abs. 5 (Einschränkung des Anfechtungsrechts) nicht auslösen kann (anders aber diejenigen, die auch hier das vollständige Verfahren nach § 18a für anwendbar halten, vgl. Rn. 27). 29

3. Außerordentliche Wahlen

Steht eine **außerordentliche Wahl** nach § 13 Abs. 2 BetrVG bzw. § 5 Abs. 2 SprAuG an **und ist nur eine der beiden Vertretungen neu zu wählen,** so gilt das in Rn. 10 ff. erläuterte Zuordnungsverfahren, allerdings in gemäß **Abs. 4** modifizierter Form. Für den Fall, dass es z. B. wegen einer Initiative aus Kreisen der leitenden Angestellten gemäß § 7 Abs. 2 SprAuG außerhalb des regulären Wahlzeitraums zu SpA-Wahlen kommt, weil noch kein SpA besteht (§ 5 Abs. 2 Nr. 1 SprAuG), muss der SpA-WV den amtierenden BR entsprechend Abs. 1 Satz 1 unverzüglich nach Aufstellung der SpA-Wählerlisten, spätestens jedoch zwei Wochen vor Einleitung der Wahlen darüber unterrichten, welche Angestellten er den leitenden Angestellten zugeordnet hat. 30

Gerade dann, wenn **erstmals ein SpA** errichtet werden soll, könnte auf Seiten des SpA-WV die Neigung groß sein, möglichst viele Angestellte den leitenden Angestellten zuzuordnen, weil die zahlenmäßige Größe des SpA von der Anzahl leitender Angestellter im Betrieb abhängig ist (vgl. § 4 SprAuG). In diesem Fall ist eine besonders sorgfältige Prüfung der Entscheidung des SpA-WV durch den BR notwendig. Ein solcher Fall kann auftreten, wenn erstmals **SpA-Wahlen nach dem** Ablauf des 31. 5. eines Jahres, in dem die regelmäßigen BR-Wahlen stattfinden, durchgeführt werden. Hier ist davon auszugehen, dass die Zuordnung der Angestellten, wie sie für die ja zeitlich nur kurz vorher stattgefundene BR-Wahl durch den BR-WV erfolgt ist, eine **Präjudizwirkung** hat, sofern sich die tatsächlichen Verhältnisse seitdem nicht geändert haben. Derartige Änderungen werden i. d. R. nur selten auftreten. Soweit zwischen SpA-WV und BR über die Zuordnung kein Einvernehmen erzielt wird, hat der BR aus seiner Mitte Mitglieder zu benennen, die anstelle des (ansonsten hierzu berufenen) WV an dem in Rn. 10 ff. dargestellten Zuordnungsverfahren teilnehmen. Die Zahl der aus der Mitte des BR zu benennenden Mitglieder ist im Gesetz nicht festgelegt. Der BR kann dies nach freiem Ermessen bestimmen. Er wird aber ähnlich wie bei der WV-Zusammensetzung darauf achten müssen, dass die AN-Gruppen berücksichtigt sind. 31

Die Bedeutung des Abs. 4 erschöpft sich aber nicht in der Regelung für die Fälle, in denen wegen Eintritts eines Ereignisses nach § 13 Abs. 2 Nrn. 1 bis 6 BetrVG bzw. § 5 Abs. 2 Nrn. 1 bis 4 SprAuG außerordentliche **Wahlen zu nur einer der beiden Vertretungen** durchzuführen sind. Weil Abs. 4 Satz 1 bzw. Satz 3 auch auf die an sich zeitgleich einzuleitenden Wahlen abhebt (»Wahl nach § 13 **Abs. 1** oder 2« bzw. »Wahlen nach § 5 **Abs. 1** oder 2«), findet diese Vorschrift dem Wortlaut nach offenbar auch dann Anwendung, wenn die Wahlen entgegen der Anordnung in § 13 Abs. 1 Satz 2 BetrVG bzw. § 5 Abs. 1 Satz 2 SprAuG doch nicht zeitgleich eingeleitet werden.[32] 32

30 H. M.; vgl. *Fitting,* § 2 WO Rn. 8 m. w. N.
31 Vgl. *Fitting,* § 4 WO Rn. 2.
32 Vgl. auch GK-*Kreutz,* Rn. 27 f.

4. Fehlen einer der beiden Arbeitnehmervertretungen und Besonderheiten bei erstmaligen Sprecherausschusswahlen

33 **Fehlt eine der beiden Vertretungen,** so kann das Zuordnungsverfahren gemäß Abs. 1 bis 3, aber auch das entsprechend nach Abs. 4 modifizierte Verfahren nicht stattfinden, weil der dazu notwendige »Verfahrenspartner« fehlt. In diesem Fall entscheidet z. B. der BR-WV allein, welche Angestellten er in die Wählerliste aufnimmt; die Rechtsfolge der begrenzten Anfechtbarkeit gemäß Abs. 5 Satz 2 tritt bei solchen »einseitigen« Zuordnungsentscheidungen nicht ein.[33] Dies gilt z. B. dann, wenn die leitenden Angestellten sich gemäß § 7 Abs. 2 SprAuG gegen die Bildung eines SpA ausgesprochen haben.

34 Für die in den Jahren regelmäßiger Wahlen und dort innerhalb des regulären Wahlzeitraums (1. März bis 31. Mai) erstmals überhaupt erfolgenden Wahlen gesetzlicher SpA sind folgende, an einem Beispiel erläuterte Besonderheiten zu beachten:

> **Beispiel:**
> Die Amtszeit eines 2010 gewählten BR endet am 18. 3. 2014. Gemäß § 16 Abs. 1 bestellt der amtierende BR, um noch genügend zeitliche Reserven zu behalten, zulässigerweise bereits am 3. 12. 2013 den BR-WV, vor allem auch, damit dieser noch rechtzeitig eine Schulung besuchen kann. Als Tage der Stimmabgabe werden vom WV der 3. und 4. 3. 2014 bestimmt (§ 3 Abs. 1 Satz 3 WO: spätestens eine Woche vor dem Amtszeitende). Somit ist entsprechend § 3 Abs. 1 Satz 1 WO spätestens am 20. 1. 2014 das Wahlausschreiben zu erlassen. Demzufolge müsste an sich spätestens am 6. 1. 2014 gemäß § 18a Abs. 1 die gegenseitige Unterrichtung der beiden WV über ihre Zuordnungsentscheidung erfolgen. Zu diesem Zeitpunkt – so sei hier angenommen – ist jedoch noch kein SpA-WV gebildet; es ist auch zunächst ungewiss, ob es dazu kommen wird. Etwas später (10. 1. 2014) wird ein SpA-WV gebildet.

35 Bei diesem Beispiel kommt es **für den weiteren Verfahrensablauf** entscheidend darauf an, **ob die erstmaligen** SpA-Wahlen (sofern sie im Zeitraum regelmäßiger Wahlen durchgeführt werden) begrifflich als **»regelmäßige Wahlen«** i. S. d. § 5 Abs. 1 SprAuG **oder als »freiwillig-zeitgleich einzuleitende Wahlen«** i. S. v. § 18a Abs. 1 Satz 1, 2. Halbsatz anzusehen sind (vgl. zu dieser Kontroverse im Einzelnen die 3. *Aufl.*, Rn. 40 ff.).

36 Mit der überwiegend in der Literatur vertretenen Ansicht ist davon auszugehen, dass es sich bei erstmaligen SpA-Wahlen um »regelmäßige« Wahlen handelt, die somit grundsätzlich zeitgleich einzuleiten sind,[34] **sofern diese im Zeitraum vom 1. 3. bis 31. 5.** durchgeführt werden. Somit ist das Zuordnungsverfahren nach Abs. 1 bis 3 durchzuführen. Für die Festlegung des Zeitpunktes »Einleitung der Wahlen« i. S. d. Abs. 1 ist jedoch der Wahl-Terminkalender maßgebend, der sich für die BR-Wahlen 2010, 2014 usw. in Anwendung von § 13 Abs. 1, § 21 Satz 2, § 16 Abs. 1 BetrVG und § 3 Abs. 1 WO ergibt. Danach ist **der Zeitablauf vor allem so zu gestalten, dass keine betriebsratslosen Zeiten eintreten** können.[35] Daher braucht der BR-WV 2010, 2014 usw. auch keine Rücksicht auf die Terminplanung zu nehmen, die sich aus dem SprAuG ergibt, wenn die leitenden Angestellten **erstmals** im Frühjahr 2010, 2014 usw. einen SpA wählen wollen.[36]

37 Weil nach § 37 Abs. 1 i. V. m. § 7 Abs. 2 SprAuG zuerst durch eine Versammlung der leitenden Angestellten ein WV zu wählen ist, der sodann die Vorabstimmung darüber vorbereiten und durchführen muss, ob überhaupt ein SpA gewählt werden soll, kann es durchaus sein, dass **zum Zeitpunkt der Wahleinleitung durch den BR-WV noch kein SpA-WV** besteht. Dann **entfällt** für den BR-WV **das Zuordnungsverfahren nach § 18a BetrVG** mangels Existenz eines Sprecherausschusses bzw. SpA-WV.[37] Der BR-WV darf auch nicht etwa stattdessen einen noch auf freiwilliger Basis bestehenden SpA in das Zuordnungsverfahren analog § 18a BetrVG ein-

---

33 *Fitting,* Rn. 41; GK-*Kreutz,* Rn. 36.

34 *Bauer,* SprAuG, S. 112; *Borgwardt/Fischer/Janert,* § 5 SprAuG Rn. 1; *Hromadka/Sieg,* § 5 SprAuG Rn. 2; *Wlotzke,* DB 89, 176; ebenso BT-Drucks. 11/2503, S. 44; a. A. wohl *Engels/Natter,* BB-Beilage 8/89, S. 15; GK-*Kreutz,* Rn. 15, der den Charakter der erstmaligen SpA-Wahl als »regelmäßige« Wahl erst beginnend mit dem Jahr 2006 annimmt.

35 *Fitting,* Rn. 28.

36 Ebenso *Schneider,* AiB 90, 18.

37 So auch *ArbG Frankfurt* 1. 8. 89, BetrR 89, 189.

beziehen, weil dieser nicht die Rechtsstellung besitzt, die dem gesetzlichen SpA zukommt (vgl. § 37 Abs. 2 SprAuG).[38] Abs. 4 Satz 1 ist ebenfalls nicht anwendbar, ganz abgesehen davon, dass der BR-WV gar nicht ermessen kann, ob im Sinne dieser Vorschrift eine Wahl nach dem SprAuG überhaupt noch zeitgleich eingeleitet werden wird, wenn noch nicht einmal ein SpA-WV existiert.

Im Beispiel (vgl. Rn. 34) wäre der BR-WV auch nicht verpflichtet, mit dem verspätet gebildeten SpA-WV ein Zuordnungsverfahren nach § 18a zu beginnen, da er sonst einen **Formverstoß** begehen würde (vgl. Rn. 78 f.). Nach Abs. 1 Satz 1 müssen sich die beiden WV nämlich **spätestens** zwei Wochen vor Wahleinleitung über ihre Zuordnungsabsichten unterrichten. Es bliebe dabei, dass das Zuordnungsverfahren nach Abs. 1 bis 3 nicht durchgeführt werden kann. 38

Gleichwohl wäre denkbar, dass der (Beispiel Rn. 34) am 10. 1. 2014 gebildete SpA-WV seine Wahlvorbereitung so zügig betreibt, dass er die Wahl zum SpA tatsächlich noch zeitgleich mit den BR-Wahlen einleitet, ohne dass es aber zu einem Zuordnungsverfahren gekommen ist. In diesem Fall wäre eine **Doppelzuordnung von Angestellten nicht ausgeschlossen.** Es kann wegen Fehlens seiner Anwendungsvoraussetzungen auch nicht auf Abs. 4 ausgewichen werden, weil die Wahl ja gleichzeitig eingeleitet wurde und nur das Zuordnungsverfahren unterblieben ist (zu den möglichen Rechtsfolgen Rn. 49). Das Verfahren nach Abs. 1 bis 3 knüpft gerade nicht an die bloß **tatsächlich** gleichzeitige Wahleinleitung an, sondern an die Rechtspflicht zur zeitgleichen Wahleinleitung (vgl. Rn. 10). 39

Dasselbe Ergebnis (doppelte Zuordnung) kann sich auch in dem in Rn. 24 erwähnten Fall einstellen, wenn das Zuordnungsverfahren nach § 18a deswegen entfällt, weil ein Vermittler nicht gefunden werden kann oder nur ein WV einen Vermittler vorschlagen kann (ausführlich dazu Rn. 66). Diese Beispiele zeigen, dass das besondere Zuordnungsverfahren, in dem Verfahrensabläufe festgelegt wurden, die auf **Regelungsstreitigkeiten** zugeschnitten sind und bei denen es immer mehrere »richtige« Lösungen gibt, dort versagen muss, wo in Wahrheit über eine **Rechtsstreitigkeit** (und darum geht es bei der Zuordnung eines AN zu den leitenden Angestellten immer!) Klarheit gewonnen werden soll (näher zu diesem grundsätzlichen Strukturproblem des § 18a *3. Aufl.*, Rn. 47 f.). 40

Handelt es sich dagegen im Beispiel (Rn. 34) auf Grund der weiteren Entwicklung um einen **Fall tatsächlich ungleichzeitiger Wahleinleitung** (SpA-WV erlässt sein Wahlausschreiben nach dem BR-Wahlausschreiben), könnte prinzipiell daran gedacht werden, nach Abs. 4 zu verfahren, d. h., den (noch) amtierenden BR in das Zuordnungsverfahren einzubeziehen.[39] Der Wortlaut dieser Vorschrift schließt dies zumindest nicht aus. Allerdings ist **§ 18a Abs. 4 sprachlich verunglückt**, so dass zunächst sein **Regelungszweck** zu ermitteln ist. 41

Abs. 4 Satz 1 und 3 **unterscheidet zwei** jeweils für SpA und BR parallele **Fälle:** 42

(1) Die beiden WV verstoßen gegen ihre Pflicht zur gleichzeitigen Wahleinleitung im Falle der beiderseits regelmäßigen Wahlen nach § 13 Abs. 1 BetrVG bzw. § 5 Abs. 1 SprAuG. Ein Pflichtverstoß liegt jedoch nicht vor, wenn der BR noch nicht ein Jahr im Amt ist (vgl. § 13 Abs. 3). Auch die erstmalige SpA-Wahl ist als regelmäßige Wahl anzusehen (vgl. Rn. 35 ff.). Damit handelt es sich bei **Abs. 4** offenbar auch um eine **Rechtsfolgenanordnung bei Verstößen** der WV gegen ihre Pflicht zur zeitgleichen Einleitung von regelmäßigen Wahlen (§ 18a Abs. 1 i. V. m. § 13 Abs. 1 Satz 2 BetrVG bzw. § 5 Abs. 1 Satz 2 SprAuG; vgl. oben Rn. 32). Jede andere Interpretation müsste leugnen, dass Abs. 4 Satz 1 bzw. 3 ausweislich seines Wortlauts eine alternative Nennung von »§ 13 Abs. 1 **oder** 2« bzw. »§ 5 Abs. 1 **oder** 2« enthält. Abs. 1 der genannten Vorschriften bezieht sich aber gerade auf die Pflicht zur zeitgleichen Wahleinleitung der regelmäßigen Wahlen.[40]

---

38 Näher dazu *Wlotzke*, NZA 89, 709.

39 So offenbar *Fitting*, Rn. 30 und Rn. 37, die damit allerdings den ja bereits bestellten BR-WV quasi beiseiteschieben; vgl. zur Kritik auch GK-*Kreutz*, Rn. 34; das *LAG Berlin-Brandenburg* 7.5.21 – 5 TaBV 1160/19, NZA-RR 21, 671 Rn. 60, meint daher, dass ein zunächst vom BR-WV mit dem SpA eingeleitetes Zuordnungsverfahren nicht mit dem später bestellten SpA-WV fortgesetzt werden kann, sondern mit dem SpA zu Ende zu führen ist (und umgekehrt, wenn der SpA-WV nach Abs. 4 Satz 3 das Zuordnungsverfahren mit dem BR beginnt und der BR-WV später bestellt wird).

40 Anders GK-*Kreutz*, Rn. 34, der Abs. 4 immer dann für unanwendbar hält, wenn beide WV bereits bestellt sind.

(2) Es kommt zu außerordentlichen Wahlen nur eines Vertretungsgremiums außerhalb des regulären Wahlzeitraums. Dann gilt Abs. 4 in der oben (Rn. 30 f.) erläuterten Form. Es handelt sich hierbei um die in Abs. 4 genannte zweite Alternative des § 13 **Abs. 2** BetrVG bzw. § 5 **Abs. 2** SprAuG.

43 Auch die Formulierung des § 18a Abs. 4 krankt daran, dass sie den vom Gesetzgeber offenbar gemeinten Sinn sprachlich nicht hinlänglich zum Ausdruck bringt. **Satz 1** ist so zu verstehen, dass es um die Wahl eines BR geht und daher der BR-WV einen bereits bestehenden SpA zu unterrichten hat.[41] Demgegenüber regelt **Satz 3** den Fall, dass eine SpA-Wahl stattfindet und bereits ein amtierender BR vorhanden ist, der vom SpA-WV zu unterrichten ist.

44 **Für das oben** (Rn. 34) **gegebene Beispiel** hat § 18a Abs. 4 **folgende Konsequenzen:** Kommt es – wenn auch verspätet – noch zur Bildung eines SpA-WV und späterer Wahleinleitung zum SpA, würde Abs. 4 Satz 3 anzuwenden sein, weil gegen das Gebot zeitgleicher Wahleinleitung verstoßen wurde. Danach müsste der SpA-WV den amtierenden BR (und nicht den BR-WV!) gemäß Abs. 1 Satz 1 unterrichten (siehe aber dazu Rn. 47). Weitere Folge wäre, dass im Nichteinigungsfalle der BR Mitglieder zu benennen hätte, die anstelle des WV an dem Zuordnungsverfahren gemäß Abs. 1 bis 3 teilnehmen. Dies könnte allerdings das absurde Ergebnis zur Folge haben, dass das Verfahren nach Abs. 1 bis 3 zu einem Zeitpunkt beendet wird, zu dem die Wahlvorbereitung durch den BR-WV so weit fortgeschritten ist, dass nicht einmal mehr Einsprüche gegen die Wählerliste zu den BR-Wahlen eingelegt werden können (§ 4 WO). Ob auch in diesem Fall der Ausschluss des Einspruchsrechts gemäß § 4 Abs. 2 Satz 2 WO gilt, ist ohnedies mehr als fraglich.

45 **§ 18a Abs. 4 führt daher** bei Fällen zwar nicht zeitgleicher, aber doch im gewissen zeitlichen Zusammenhang miteinander erfolgender Wahleinleitung zu unhaltbaren Ergebnissen. In derartigen Fällen zeitlich zwar »lose« zusammenhängender, aber dennoch tatsächlich ungleichzeitiger Wahleinleitung ist daher Abs. 4 BetrVG zu modifizieren.

46 **Satz 1** will ein Zuordnungsverfahren eröffnen, obgleich der hierfür primär zuständige andere WV (SpA-WV) noch nicht (weil noch nicht gebildet) oder nicht mehr (weil dessen Amt mit der SpA-Konstituierung gemäß § 12 SprAuG bereits wieder beendet ist) oder nicht frist-/zeitgerecht (weil SpA-Wahlen entgegen § 5 Abs. 1 Satz 2 oder wegen § 5 Abs. 2 SprAuG bereits eingeleitet sind) erreicht werden kann. Die **Initiative** zur Einleitung der BR-Wahlen **geht** hier innerhalb eines gewissen zeitlichen Zusammenhangs beider Wahlen **vom BR-WV aus.** Nur diese Variante regelt Satz 1. Er setzt aber die Existenz eines gesetzlichen SpA voraus, so dass für das Beispiel (Rn. 34) schon wegen Fehlens dieser Voraussetzung die Anwendung von Satz 1 ausscheidet.

47 **Satz 3** hat den umgekehrten Fall zum Gegenstand, dass nämlich ein BR (noch oder schon) besteht und erst daraufhin SpA-Wahlen eingeleitet werden. In Satz 3 liegt daher für die Fälle bereits »anhängiger« Wahlen die Annahme zugrunde, dass die **Initiative** zur Einleitung der SpA-Wahlen innerhalb eines gewissen zeitlichen Zusammenhangs beider Wahlen **vom SpA-WV** ausgeht. In dem (vgl. Rn. 34) gebildeten Beispiel ging die **Wahlinitiative** aber vom BR-WV aus, so dass Satz 3 hier gar nicht anzuwenden ist. Es entfällt daher auch für den SpA-WV die Pflicht zur Unterrichtung des noch amtierenden BR und damit das Zuordnungsverfahren insgesamt. Aus diesem Grund bleibt auch das umfassende Einspruchsrecht nach § 4 Abs. 1 WO erhalten. § 4 Abs. 2 Satz 2 WO ist mangels Zuordnungsverfahrens unanwendbar.

48 Es ergibt sich auch hier das Problem, dass mangels eines Zuordnungsverfahrens einzelne AN sowohl in die BR-Wählerliste als auch die SpA-Wählerliste aufgenommen werden (dazu Rn. 39). Darüber hinaus kann die **doppelte Zuordnung derselben AN** vor allem in Grenzfällen dazu führen, dass z. B. die Zahl der BR-Mitglieder (§ 9 BetrVG) bzw. SpA-Mitglieder (§§ 4 und 20 SprAuG) unzutreffend ermittelt wird.

49 Die Wählerlisten und das Wahlausschreiben wären in diesem Fall fehlerhaft; beide Wahlen wären anfechtbar. Diese Rechtsfolge kann nur vermieden werden, wenn man davon ausgeht, dass bei zeitlich zusammenhängenden, aber ungleichzeitig eingeleiteten Wahlen in der Variante, dass die BR-Wahl eingeleitet wurde und auch die Einspruchsfrist gegen die Richtigkeit der Wählerliste verstrichen ist (§ 4 Abs. 1 WO), **die vom BR-WV aufgestellte Wählerliste gegenüber einer nachträglich vom SpA-WV vorgenommenen Zuordnung der leitenden**

41 Vgl. auch *BT-Drucks.* 11/2503, S. 32.

Angestellten vorgreiflich ist und präjudizierende Wirkung hat.[42] Damit ist der etwas später tätig werdende SpA-WV an die Entscheidungen des BR-WV bezüglich der Zuordnung der leitenden Angestellten im vollen Umfang gebunden.

Nur unter dieser Voraussetzung kann vermieden werden, dass eine **Berichtigung des Wahlausschreibens** zur BR-Wahl nötig wird. Zwar lassen sich **offenbare Unrichtigkeiten** des Wahlausschreibens auch nach dessen Erlass korrigieren. Allerdings ist das nur so lange zulässig, wie noch keine Wahlvorschläge eingereicht sind. Andernfalls müsste das Wahlausschreiben zurückgezogen und ein neues erlassen werden. 50

IV. Wahl von Betriebsrat und Unternehmens-Sprecherausschuss

Nach § 20 SprAuG kann anstelle von betrieblichen SpA für UN mit mehreren Betrieben dann **ein UN-SpA** gewählt werden, wenn im UN in der Regel insgesamt mindestens zehn leitende Angestellte beschäftigt sind und die Mehrheit der im UN vorhandenen leitenden Angestellten dies verlangt. In diesem Fall ist nach § 20 Abs. 2 SprAuG ein UN-WV der leitenden Angestellten zu bilden. Dieser hat im Rahmen des Zuordnungsverfahrens nach § 18a Abs. 1 bis 3 die Funktionen des SpA-WV gegenüber sämtlichen BR-WV der zum UN gehörenden Betriebe wahrzunehmen.[43] Der **Wechsel von Betriebs-SpA zu UN-SpA** und umgekehrt ist jedoch stets nur im Zeitraum der darauffolgenden regelmäßigen Wahlen zulässig (§ 20 Abs. 2 Satz 2 SprAuG). 51

Da der UN-WV für die UN-SpA-Wahlen nach § 18a mit jedem einzelnen BR-WV das Zuordnungsverfahren durchführen muss, kann insbesondere bei einer großen Zahl zudem räumlich weit verstreuter Betriebe eines UN **die Zweiwochenfrist des Abs. 1 Satz 1 wesentlich zu kurz bemessen** sein. Das ist vor allem dann von Bedeutung, wenn es zu gravierenden Abgrenzungsstreitigkeiten zwischen den WV kommt und der Vermittler nach Abs. 2 und 3 in einer Vielzahl von Einzelfällen tätig werden muss.[44] Hier ist zu beachten, dass derartige faktische Probleme nicht dazu führen können, die Wahleinleitung für die BR-Wahlen zeitlich zu verschieben, weil ansonsten betriebsratslose Zeiten entstehen könnten. Kann in derartigen Fällen das Zuordnungsverfahren nicht rechtzeitig innerhalb der Zweiwochenfrist abgeschlossen werden, ist es am Tag vor der Wahleinleitung abzubrechen, selbst wenn dann noch strittige Zuordnungsfälle verbleiben.[45] 52

Darüber hinaus ist zu beachten, dass die Anzahl der benötigten Vermittler von der Zahl der durchzuführenden Zuordnungsverfahren abhängig ist. 53

> **Beispiel:**
> Hat ein UN fünf Betriebe, in denen BR zu wählen sind, und soll ein UN-SpA gebildet werden, müssen fünf Zuordnungsverfahren durchgeführt werden. Dazu können im ungünstigsten Falle fünf Vermittler erforderlich sein.

Vollkommen unklar ist nach dem Gesetz zudem, wie in dem Beispiel (Rn. 53) das Gebot der zeitgleichen Wahleinleitung erfüllt werden soll, wenn die Amtszeiten der fünf BR zu völlig unterschiedlichen Zeiten ablaufen und demzufolge auch die Einleitung der BR-Wahlen zu unterschiedlichen Zeitpunkten erfolgen muss (was praktisch sehr häufig auftreten wird).[46] In derartigen Fällen ist vom **Vorrang der** reibungslosen und ungehinderten **Vorbereitung und Durchführung der BR-Wahlen** auszugehen. Die Zuordnungsverfahren bezüglich der jeweiligen Angestellten eines Betriebs sind daher zeitlich so abzuwickeln, dass sie rechtzeitig vor Einleitung der jeweiligen BR-Wahl beendet sind. Kann dies, aus welchem Grund auch immer, nicht gewährleistet werden, ist das **Zuordnungsverfahren abzubrechen.**[47] Eine Verschiebung des Wahleinleitungstermins kommt nicht in Betracht (vgl. Rn. 78 f.). 54

---

42 Ebenso *Schneider*, AiB 90, 15 [18]; dagegen GK-*Kreutz*, Rn. 95.
43 Vgl. *Wlotzke*, DB 89, 124; *Engels/Natter*, BB-Beilage 8/89, S. 14; *Fitting*, Rn. 23.
44 Vgl. *Dänzer-Vanotti*, AuR 89, 207.
45 Vgl. Rn. 78; für grundsätzlichen Abbruch des Zuordnungsverfahrens in diesen Fällen auch *Fitting*, Rn. 28.
46 Vgl. nur den vom *LAG Hamm* 24.4.90 – 3 TaBV 56/90, BB 90, 1628, Ls., entschiedenen Fall.
47 Ebenso *Fitting*, Rn. 28.

V. Die Person des Vermittlers

55 Können sich die WV über die Zuordnung der leitenden Angestellten nicht einigen, soll nach Maßgabe der Abs. 2 und 3 ein Vermittler tätig werden. Dabei sind gewisse **formale** und **sachliche Einschränkungen** bezüglich der in Betracht zu ziehenden Personen zu beachten:

1. Formale Einschränkungen

56 **In formaler Hinsicht** kommen als Vermittler nur **»Beschäftigte«** des Betriebs, UN oder Konzerns, dem das UN angehört, in Betracht sowie der **AG** selbst. Damit ist die Fähigkeit, Vermittler sein zu können, für **externe Berater** (z. B. Verbandsvertreter, UN-Berater, Rechtsanwälte – selbst, wenn diese für das UN ständige Beratungsaufgaben wahrnehmen) eindeutig **ausgeschlossen;**[48] dasselbe gilt hinsichtlich der nicht mehr im Betrieb beschäftigten **Pensionäre** bzw. **Ruheständler.**[49] Soweit eine Beschäftigung **im Konzern** in Rede steht, kann es sich dabei **sowohl** um einen **Unterordnungs- als auch** um einen **Gleichordnungskonzern** handeln.[50]

57 Nach umstrittener Ansicht können **leitende Angestellte** nicht als Vermittler fungieren, da diese wegen der nach § 5 Abs. 3 Satz 1 verlangten, in § 18a Abs. 3 aber gerade nicht enthaltenen ausdrücklichen Nennung nicht zu den »Beschäftigten« i. S. d. Vorschrift gerechnet werden.[51] Das Gesetz findet nach § 5 Abs. 3 Satz 1 auf leitende Angestellte nur dann Anwendung, wenn dies in seinen Vorschriften **ausdrücklich** bestimmt ist. So hat das *BAG* etwa[52] zu den Begriffen »im Betrieb tätige Personen« (§ 75) und »Belegschaft« (§§ 80 Abs. 1 Nr. 2, 111 Satz 1) entschieden, dass hierbei die leitenden Angestellten nicht erfasst würden, weil es für deren Einbeziehung insoweit an der notwendigen sprachlichen Klarheit fehle. Für den Begriff »Beschäftigte« gilt aber nichts anderes, zumal er im Grunde keinen rechtlich erheblichen Unterschied zum Begriff »im Betrieb tätige Personen« enthält. *Thüsing*[53] meint, für die Einbeziehung auch der leit. Ang. spreche, dass ja auch der AG selbst vom Vermittler bestellt werden könne. Hat gleichwohl ein leitender Angestellter als Vermittler am Zuordnungsverfahren mitgewirkt, können u. U. die Wahlen sowohl zum BR als auch zum SpA anfechtbar sein – allerdings wohl nur selten aus diesem Grunde allein (vgl. Rn. 80).

58 Zweifelhaft ist ebenso, ob die **Nicht-Arbeitnehmer gemäß § 5 Abs. 2 BetrVG** als Vermittler in Betracht kommen können, was vor allem hinsichtlich der Fälle des § 5 Abs. 2 Nrn. 3 und 4 einigermaßen kurios erscheint.[54]

59 Keine einheitliche Meinung besteht ferner dazu, ob **Mitglieder eines BR- oder SpA-WV**[55] oder **Mitglieder eines BR bzw. SpA**[56] **als Vermittler** fungieren dürfen.[57] Da insoweit das Gesetz aber lediglich verlangt, dass es sich nur um einen »Beschäftigten« handeln muss, kann man – jedenfalls nicht auf der Ebene der formal zu bestimmenden Vermittlerfähigkeit – ein Mitglied des BR oder des BR-WV nicht von vornherein ausschließen. Anders verhält es sich mit den Mitgliedern des SpA bzw. des SpA-WV: Diese sind begriffsnotwendig leitende Angestellte

---

48 Vgl. *Fitting,* Rn. 43; GK-*Kreutz,* Rn. 62; wohl aber könnte sich der Vermittler dieser Personen erforderlichen Falles als Berater bedienen.

49 Vgl. *Bauer,* S. 135 f.; *Fitting,* Rn. 44; anders aber, wenn diese noch in Teilzeit beschäftigt werden.

50 Zutreffend GK-*Kreutz,* Rn. 58 m. w. N.

51 Näher dazu § 5 Rn. 221 m. w. N.; a. A. *Fitting,* Rn. 44; GK-*Kreutz,* Rn. 57; Richardi-*Thüsing,* Rn. 38; *LK,* Rn. 7; *Hromadka/Sieg,* SprAuG, § 18a BetrVG Rn. 16; HWGNRH-*Nicolai,* Rn. 9; sämtlich allerdings ohne durchgreifende Begründung.

52 19. 2. 75, AP Nr. 10 zu § 5 BetrVG 1972.

53 A. a. O.

54 Ablehnend *Dänzer-Vanotti,* AuR 89, 204, 206; bejahend aber *Bauer,* S. 136; *Fitting,* Rn. 45; GK-*Kreutz,* Rn. 57; Richardi-*Thüsing,* Rn. 38; HWGNRH-*Nicolai,* Rn. 9; *LK,* Rn. 7; *Hromadka/Sieg,* SprAuG, § 18a BetrVG Rn. 16, die – wenig konsequent – bei den leit. Ang. den Begriff »Beschäftigte« mit »Arbeitnehmer« gleichsetzen, bei dem Personenkreis nach § 5 Abs. 2 aber gerade auch Nicht-Arbeitnehmer hinzurechnen wollen.

55 **Dafür:** GK-*Kreutz,* Rn. 59; **dagegen:** *Dänzer-Vanotti,* AuR 89, 206; *Fitting,* Rn. 44; *Hromadka/Sieg,* SprAuG, § 18a BetrVG Rn. 16; Hako-BetrVG/*Brors,* Rn. 9; *Martens,* RdA 89, 73, 87; *SWS,* Rn. 5.

56 **Dafür:** *Fitting,* a. a. O.; GK-*Kreutz,* a. a. O.; *Dänzer-Vanotti,* a. a. O.; *Hromadka/Sieg,* a. a. O.; **dagegen:** *Martens,* a. a. O.; *SWS,* a. a. O.

57 Durchweg bejaht durch Richardi-*Thüsing,* Rn. 40.

und scheiden nach hier vertretener Ansicht bereits aus formalen Gründen aus (vgl. Rn. 57). Etwas anderes ist es, ob die formal zwar zulässigen Personen in jedem Falle auch in sachlicher Hinsicht als Vermittler geeignet erscheinen.[58]

2. Sachliche Einschränkungen

In sachlicher Hinsicht müssen zur Person des Vermittlers **Einschränkungen** gemacht werden, die sich zum einen aus der Besorgnis einer **Voreingenommenheit** (Befangenheit) und zum anderen unter dem Gesichtspunkt der **fachlichen Geeignetheit** ergeben können. 60

Durch die gesetzliche Fixierung des Vermittlers auf interne Personen ist eine gänzliche Neutralität der betreffenden Person kaum zu erreichen:[59] Entweder gehört sie zum Personenkreis, der von einem Organ der Betriebsverfassung vertreten wird, oder ist sogar Organmitglied – in jedem Falle ist sie also nicht unbeteiligt. Allerdings wird es hier graduelle Abstufungen geben. So wird ein »schlichter« AN regelmäßig weniger voreingenommen sein als das Mitglied eines WV, das bereits selbst im Zuordnungsverfahren involviert war (aber nicht schon deshalb als Vermittler ausscheiden muss; vgl. Rn. 59). Es spricht einiges dafür, tunlichst solche Personen, die eine betriebsverfassungsrechtliche Organfunktion ausüben, nur in begründeten Ausnahmefällen als Vermittler heranzuziehen,[60] so etwa, wenn andere Personen nicht zur Verfügung stehen. 61

Somit wird in den meisten Fällen kraft seiner betriebsverfassungsrechtlichen Organstellung als **befangen** der AG als Vermittler abzulehnen sein.[61] Ähnliches gilt für die **leitenden Angestellten,** soweit man mit der h. M. in der Lit. und gegen die *BAG*-Rspr. (vgl. Rn. 57) deren formale Vermittlerfähigkeit annimmt. Hier kann ein eigenes Interesse am Verfahrensausgang jedenfalls dann nicht ausgeschlossen werden, wenn es z. B. um die Erreichung bestimmter Schwellenwerte geht (vgl. etwa § 1 Abs. 1 und § 4 Abs. 1 SprAuG). 62

Als **fachlich ungeeignete Personen** sind diejenigen Beschäftigten nicht zu berücksichtigen, bei denen das notwendige Maß spezieller Rechtskenntnisse über den Begriff der leitenden Angestellten nach § 5 Abs. 3 nicht vorausgesetzt werden kann. Insbesondere benötigt der Vermittler ausreichende Kenntnisse über die Rechtsauslegung, da er sonst nicht in der Lage ist, die Fülle unbestimmter Rechtsbegriffe des § 5 Abs. 3 zutreffend zu interpretieren bzw. das umstrittene Verhältnis von § 5 Abs. 4 zu § 5 Abs. 3 richtig zu werten.[62] In Betracht zu ziehen sind als personelle Vorschläge seitens des BR-WV für das Amt eines Vermittlers vor allem erfahrene **ehrenamtliche Richter der Arbeitsgerichtsbarkeit,** da bei diesen entsprechende Kenntnisse und praktische Erfahrungen in der Gesetzesanwendung unterstellt werden können. 63

Erweist sich ein Vermittler als unfähig, kann er nicht einseitig von einem der WV abberufen werden. Die WV können einer weiteren Tätigkeit dieses Vermittlers den Boden entziehen, indem sie sich entweder übereinstimmend auf einen neuen Vermittler verständigen oder die offen gebliebenen Fälle doch noch ohne Vermittler lösen.[63] 64

3. Losverfahren/Ersatzbestellung?

Kommt eine Einigung der WV über die Person des Vermittlers nicht zustande, so schlagen die WV je eine Person vor; **das Los entscheidet** dann, **wer Vermittler ist.** Die Auslosung kann z. B. durch Ziehen von Losen oder Werfen einer Münze erfolgen (zu den möglichen Auslosungsarten vgl. § 10 WO Rn. 3). 65

---

58 Ebenso *Fitting,* Rn. 43, 47; keine Bedenken insoweit bei GK-*Kreutz,* Rn. 61.
59 Zustimmend GK-*Kreutz,* Rn. 61.
60 Vgl. auch *Fitting,* Rn. 45.
61 Enger *Fitting,* Rn. 47; GK-*Kreutz,* Rn. 60, will derlei Bedenken als bloß rechtspolitisch motiviertes Gegenargument abtun; Richardi-*Thüsing,* Rn. 41, hält die hier vertretene differenzierte Position für einen Verstoß gegen den Gesetzeswortlaut, verkennt aber, dass vorliegend keineswegs vertreten wird, der AG komme überhaupt nicht in Betracht; wie hier *KRHS,* Rn. 4; im Grundsatz ebenso *Martens,* RdA 88, 202 ff.
62 Vgl. dazu § 5 Rn. 280; ähnlich *Fitting,* Rn. 44.
63 Vgl. GK-*Kreutz,* Rn. 78.

66 Das **Losverfahren** setzt immer die Nichteinigung und ferner voraus, dass von jedem WV jeweils ein Vorschlag für die Person des Vermittlers gemacht worden ist. Es sind aber Fälle denkbar, in denen **eine Seite keinen Vorschlag** machen kann und der Vorschlag der anderen Seite vollkommen inakzeptabel ist. So ist es möglich, dass der BR-WV **keine Person findet,** die zur Amtsübernahme bereit ist, entweder weil sie ungeeignet ist oder nicht willens. Auf Grund der Mitwirkungspflicht der WV am Verfahren nach § 18a muss ein WV sich jedoch ernsthaft um einen eigenen Vorschlag für den Vermittler bemühen. Eine Pflicht zur Amtsübernahme besteht gleichwohl nicht; dies gilt selbst dann, wenn das Los bereits entschieden hat.[64] Das Gesetz bestimmt nicht, wie in derartigen (einseitigen) Fällen zu verfahren ist. Daher muss die weitere Wahlvorbereitung ohne vollständiges Durchlaufen aller Stufen des Zuordnungsverfahrens erfolgen.[65] Ein einseitiges Bestimmungsrecht desjenigen WV, der einen Vermittler »an der Hand« hat, kommt nicht in Betracht, weil damit die beim Losverfahren vielleicht gerade noch akzeptable »demokratische« Basis endgültig verlassen wird.[66]

67 Die **arbeitsgerichtliche Ersatzbestellung** eines Vermittlers in den Fällen, in denen das Losverfahren nicht durchgeführt werden kann oder nicht zum Ergebnis führt (z. B. Ablehnung der Amtsübernahme durch den Ausgelosten), **ist unzulässig.**[67] Vgl. zu weiteren Fragen, die die **persönliche Rechtsstellung des Vermittlers** betreffen (z. B. Ehrenamt, Entgeltfortzahlung, Zeitausgleich, Kostenerstattung, Behinderungsverbot, Geheimhaltungspflichten, Weisungsunabhängigkeit) die sonstigen Kommentierungen.[68]

VI. Rechtswirkungen der Zuordnungsentscheidung

68 Die **wahlrechtlichen Wirkungen** der Zuordnungsentscheidung sind in Abs. 5 zusammengefasst (zu faktischen bzw. präjudizierenden Wirkungen vgl. Rn. 72, 73). Auch diese treten jedoch nur ein, wenn das Zuordnungsverfahren in (nötigenfalls) allen seinen Stufen durchlaufen worden ist; sie treten auch nur ein in Bezug auf diejenigen Personen, deren Status überhaupt Gegenstand der Erörterungen in den verschiedenen Stufen des Zuordnungsverfahrens gewesen ist. Konnte z. B. über eine bestimmte Person ein Zuordnungsverfahren nicht durchgeführt werden, weil etwa ein Vermittler nicht gefunden werden konnte, ist Abs. 5 unanwendbar. Dagegen vermittelt die Zuordnung im Verfahren nach § 18a z. B. **keinen individualrechtlichen Anspruch auf Schadenersatz wegen unterlassener Beförderung** eines »privatisierten« Postbeamten, weil dieser bereits lange zurückliegend im Rahmen des Zuordnungsverfahrens als leit. Ang. eingestuft worden ist.[69] Das Verfahren ist auf wahlrechtliche Zusammenhänge begrenzt.[70]

69 Die **Wirkungen des Abs. 5 gelten lediglich für die jeweilige BR- bzw. SpA-Wahl,** für die das Zuordnungsverfahren stattgefunden hat. Das bedeutet:

- Die Wahlanfechtung nach § 19 BetrVG bzw. § 8 SprAuG mit der Begründung, die Zuordnung sei fehlerhaft, ist ausgeschlossen.
- Die Wahlanfechtung bleibt in vollem Umfang möglich, wenn die Zuordnung **offensichtlich** fehlerhaft gewesen ist.
- Durch die möglich bleibende – wenn auch nur beschränkte – Anfechtbarkeit der Zuordnung soll der Vermittler gehindert werden, allzu einseitige Entscheidungen zu treffen.[71]

70 Eine **offensichtlich fehlerhafte Zuordnung** liegt vor, wenn sich ihre Fehlerhaftigkeit geradezu aufdrängt.[72] Unzutreffend ist jedoch die Ansicht, es reiche aus, wenn sich die Fehlerhaftigkeit

64 Vgl. *Bauer,* SprAuG, S. 136; *KRHS,* Rn. 4.
65 So auch *Fitting,* Rn. 51; GK-*Kreutz,* Rn. 71; Richardi-*Thüsing,* Rn. 46; *Bauer,* a. a. O.
66 Verkannt von *LK,* Rn. 13.
67 *Bauer,* S. 136; *Fitting,* Rn. 51; GK-*Kreutz,* Rn. 63; Richardi-*Thüsing,* Rn. 46 a. E.; *Hromadka/Sieg,* SprAuG, § 18a BetrVG Rn. 20; *LK,* Rn. 13; *Engels/Natter,* BB-Beilage 8/89, S. 14.
68 Z. B. *Fitting,* Rn. 59 f.; GK-*Kreutz,* Rn. 72 ff.; Richardi-*Thüsing,* Rn. 47 ff.
69 *OVG NW* 27. 4. 17 – 1 A 1664/15, juris, Rn. 41.
70 *OVG NW* 27. 4. 17, a. a. O.
71 Vgl. *Dänzer-Vanotti,* AuR 89, 207.
72 Vgl. Entwurfsbegründung, BT-Drucks. 11/2503, S. 32.

jedermann aufdränge.[73] Vielmehr ist auf das **Erkenntnisvermögen eines Fachkundigen** abzustellen.[74] Dieser Maßstab wird auch im Rahmen der Offensichtlichkeit nach § 91 zu Grunde gelegt (vgl. § 91 Rn. 14). Die offensichtliche Fehlerhaftigkeit kann sich sowohl aus dem Inhalt der Zuordnungsentscheidung selbst als auch aus dem Zuordnungsverfahren als solchem ergeben[75].

Eine **offensichtlich fehlerhafte Zuordnung** ist dann erfolgt, **wenn die betrieblichen Rechtsanwender** beispielsweise **die Fallgruppe des § 5 Abs. 3 Nr. 3 nur oberflächlich** oder ohne genügende tatsächliche Aufklärung **prüfen** und stattdessen die Zuordnung unter Anwendung der Hilfskriterien in § 5 Abs. 4 Nrn. 1 bis 4 vornehmen.[76] § 5 Abs. 4 steht – wenn man seine Anwendbarkeit trotz verfassungsrechtlicher Bedenken[77] überhaupt für zulässig hält – zu § 5 Abs. 3 Nr. 3 in einem eindeutig nachrangigen Verhältnis.[78] Aus diesem Grunde ist es erforderlich, die tatsächlichen und rechtlichen Umstände, aus denen die Zuordnung im Verfahren nach § 18a erfolgte, durch exakte und **aussagekräftige Protokollierung** für etwaige gerichtliche Auseinandersetzungen beweisbar festzuhalten. Deshalb folgt die offensichtliche **Fehlerhaftigkeit allein schon aus dem Zuordnungsverfahren,** wenn die Prüfung anhand vom AG überlassener, inhaltlich aber nicht aussagekräftiger Unterlagen erfolgt oder der WV lediglich aufgrund einer summarischen Prüfung von Einzelfällen einer Gruppe (einige Angehörige derselben Leitungsebene) auf die Zugehörigkeit aller Gruppenangehörigen zu den leit. Ang. schließt[79]. 71

Neben den vorstehend genannten Wirkungen der Zuordnung ist zu beachten, dass sie außerdem 72
- das **Einspruchsrecht** gegen die Richtigkeit der **Wählerliste** nach § 4 WO einschränkt, soweit mit dem Einspruch die Fehlerhaftigkeit der Zuordnung nach § 18a gerügt wird. Der Einspruch wegen einer offensichtlich fehlerhaften Zuordnung bleibt jedoch erhalten (vgl. § 4 WO);
- **präjudizierende Wirkung** im Hinblick auf das Hilfskriterium des § 5 Abs. 4 Nr. 1 für künftige Wahlen haben **kann.**

Die Zuordnung entfaltet **keine rechtliche Bindungswirkung für andere Rechtsgebiete,** in denen es auf die Eigenschaft als leitender Angestellter ankommt (vgl. Rn. 68 a. E.), wenngleich nicht verkannt werden darf, dass eine faktische Bedeutung nicht ausgeschlossen werden kann, z. B.: 73
- bei Aufsichtsratswahlen nach dem MitbG 1976[80] und DrittelbG,
- im Kündigungsschutzrecht (§ 14 KSchG),
- im ArbZG (§ 18 Abs. 1 Nr. 1 ArbZG),
- bei den Beteiligungsrechten des BR, vor allem in personellen Angelegenheiten, insbes. § 99 und §§ 102 ff.

Da nach Abs. 5 Satz 1 **der allgemeine Rechtsweg nicht ausgeschlossen** ist, kann im arbeitsgerichtlichen Beschlussverfahren positive oder negative Feststellung des Status als leitender Angestellter beantragt werden. Das Verfahren nach § 18a steht dem Feststellungsinteresse an der allgemeinen betriebsverfassungsrechtlichen Klärung des Status eines leitenden Angestellten im Wege eines Beschlussverfahrens nicht entgegen.[81] Antragsberechtigt sind insoweit 74
- der BR,
- der SpA,

---

73 So aber *Dänzer-Vanotti,* AuR 89, 207.

74 Richtig ErfK-*Koch,* Rn. 7; ähnlich *Engels/Natter,* BB-Beilage 8/89, S. 14 und *Fitting,* Rn. 70: Vertrautsein mit den maßgeblichen rechtlichen Kriterien; GK-*Kreutz,* Rn. 103: der fachkundige Richter.

75 *LAG Baden-Württemberg* 29.4.11 – 7 TaBV 7/10, juris = BB 11, 1268 (Ls.): ungeprüfte Übernahme der vom AG übermittelten Listen der leit. Ang. durch den Wahlvorstand; Anwendung einer zwischen AG und BR abgeschlossenen, aber rechtlich irrelevanten Regelungsabrede über die Abgrenzung der leit. Ang.

76 Ebenso *Fitting,* Rn. 70; Richardi-*Thüsing,* Rn. 59; a. A. offenbar GK-*Kreutz,* Rn. 103.

77 Vgl. *Clausen/Löhr/Schneider/Trümner,* AuR 88, 293 [297 ff.]; *G. Müller,* DB 89, 824 [827].

78 *Engels/Natter,* BB-Beilage 8/89, S. 14; vgl. dazu ausführlich § 5 Rn. 286.

79 *LAG Baden-Württemberg* 29.4.11, a. a. O., dortige Rz. 25.

80 Vgl. dazu etwa *Giese/Flöter,* NZA 22, 1372 ff., wegen der Berücksichtigung von leit. Ang. in den WV nach den WO zum MitbG 1976, mit allerdings zu weit gehenden Schlussfolgerungen für den einstweiligen Rechtsschutz gegen die Zusammensetzung des WV.

81 *LAG Berlin* 5.3.90 – 9 TaBV 6/89, NZA 90, 577.

- jeweils beide WV,
- der betreffende AN selbst,
- der AG.

75 Das Beschlussverfahren kann jederzeit – auch zeitlich parallel zum laufenden Zuordnungsverfahren nach § 18a – eingeleitet werden.[82] Ergeht noch vor Durchführung der Wahl, d. h. bis zum Tag vor dem ersten Wahltag, eine rechtskräftige Entscheidung, ist der betreffende AN in die entsprechende Wählerliste aufzunehmen. Unterlassen die WV dies, ist die bis dato vorgenommene Zuordnung offensichtlich fehlerhaft und die Wahl nach § 18a Abs. 5 Satz 3 demnach anfechtbar.

VII. Sonderprobleme/Streitigkeiten

1. Fehler im Zuordnungsverfahren

76 In der betrieblichen Praxis kann es bei im Vorhinein nicht absehbaren Problemen (z. B. schwerwiegendem Streit um die zutreffende Abgrenzung der leitenden Angestellten) vorkommen, dass die **Fristen des § 18a nicht eingehalten** werden können. Sowohl die zweiwöchige Frist des Abs. 1 als auch die einwöchige Frist des Abs. 2 sind Mindestfristen, deren Beginn lediglich vorverlegt werden kann. Sie enden jedoch **zwingend** mit dem **Tag vor der Wahleinleitung.** Der Fristablauf ist also unabänderlich.

77 Der Tag der Wahleinleitung ergibt sich **entweder** zwingend aus § 3 Abs. 1 WO und ist unabänderlich; eine Verkürzung dieser Mindestfrist von sechs Wochen begründet ein Anfechtungsrecht.[83] **Oder** der WV hat den Tag der Wahleinleitung nach pflichtgemäßem Ermessen so bestimmt, dass in Anbetracht der betrieblichen Verhältnisse (z. B. Betriebsgröße u. Ä.) über die Sechswochenfrist hinaus ein »Zeitpuffer« zur Verfügung steht.

78 In beiden Fällen (Rn. 77) bindet die Festlegung des Tags der Wahleinleitung die WV und den Vermittler insofern, als danach die Durchführung des Zuordnungsverfahrens nach § 18a unzulässig ist. Kann die Zuordnung nicht bis zu diesem Zeitpunkt abgeschlossen werden, ist das **Zuordnungsverfahren abzubrechen.**[84] Strittig gebliebene Fälle können nur noch im Rahmen des Einspruchsverfahrens nach § 4 WO und ggf. in einem arbeitsgerichtlichen Beschlussverfahren geklärt werden; soweit vor dem Wahltag die Rechtskraft einer arbeitsgerichtlichen Entscheidung eintritt, ist die Wählerliste entsprechend zu berichtigen.

79 Ist dagegen der **Fristbeginn** für die Einleitung des Zuordnungsverfahrens **nicht beachtet** worden oder nimmt der Vermittler seine Tätigkeit verspätet auf und wird das Zuordnungsverfahren dennoch rechtzeitig abgeschlossen, so bleibt der Verstoß gegen die Fristvorschriften der Abs. 1 und 2 folgenlos. Kann jedoch wegen Nichtbeachtung dieser Mindestfristen das Zuordnungsverfahren nicht mehr rechtzeitig abgeschlossen werden, enthält das Gesetz keine Vorschrift, wie zu verfahren sei (vgl. Rn. 80). Eine Verschiebung des Wahleinleitungszeitpunkts kommt jedenfalls aus den in Rn. 76 ff. genannten Gründen nicht in Betracht, weil sonst die Gefahr betriebsratsloser Zeiten entstünde und das Interesse der Belegschaft am Vorhandensein eines BR höher zu bewerten ist als das Kostenrisiko des AG im Falle einer evtl. erfolgreichen Wahlanfechtung.[85] Allerdings ist schon fraglich, ob das **Festhalten am ursprünglichen Wahleinleitungszeitpunkt bei nicht abgeschlossenen Zuordnungsverfahren** überhaupt eine Wahlanfechtung begründen kann, da selbst ein Verstoß gegen das Gebot zeitgleicher Wahleinleitung rechtlich konsequenzlos bleibt[86] und für sich allein keinen Wahlanfechtungsgrund darstellt.[87] Daher ist auch in einem derartigen Fall mit Ablauf des Tages vor der Wahleinleitung

---

82 So auch *ArbG Frankfurt* 1. 8. 89, BetrR 89, 189.

83 *Fitting*, § 3 WO Rn. 4; vgl. auch die Kommentierung zu § 3 WO.

84 Ebenso *Schneider*, AiB 90, 15 [18]; *Fitting*, Rn. 28 und Rn. 58; a. A. GK-*Kreutz*, Rn. 43, dessen Vorschlag allerdings – je nach Sachverhalt – zum Abbruch der Wahlen führen kann, damit u. U. vertretungslose Zeiten riskiert und deshalb abzulehnen ist.

85 Vgl. § 19 Rn. 20; *ArbG Düsseldorf* 23. 3. 81 – 5 BVGa 5/81; *ArbG München* 3. 4. 84 – 15 BV 26/84; *ArbG Lingen* 3. 3. 87, BetrR 87, 128.

86 *LK*, § 13 Rn. 2.

87 *LK*, a. a. O.

das Zuordnungsverfahren abzubrechen. Im Übrigen ist dann entsprechend den Ausführungen in Rn. 76ff. zu verfahren.

Kommt es zu sonstigen einfachen Verfahrensfehlern im Zuordnungsverfahren, so begründet dies für sich allein noch nicht die Anfechtbarkeit der Wahlen;[88] anders ist dies aber bei schweren Fehlern (vgl. Rn. 71). 80

2. Weigerung der Wahlvorstände, § 18a anzuwenden

In der Literatur[89] wird die Ansicht vertreten, dass die WV auf die **Erfüllung der** in Abs. 1 Satz 1 festgelegten **Pflicht zur Information** über die jeweilige Zuordnung **im Wege einstweiliger Verfügung** in Anspruch genommen werden können. Diese Auffassung mag im Grundsatz zutreffen, verkennt aber, dass selbst ein Eilverfahren häufig nicht mehr rechtzeitig die notwendige Klarheit bringen wird, zumal dann, wenn gegen die erstinstanzliche Entscheidung Beschwerde beim *LAG* eingelegt wird. In der praktischen Konsequenz laufen auch derartige Fälle auf den Abbruch des Zuordnungsverfahrens hinaus (Rn. 76f.). Verweigern beide WV ihre Mitwirkung am Zuordnungsverfahren, kann dieses nicht durchgeführt werden.[90] Auch in derartigen Fällen ist entsprechend den Ausführungen in Rn. 76ff. zu verfahren. Es ist auch nicht möglich, dass der BR bzw. SpA im Wege einstweiliger Verfügung versucht, die SpA-Wahl bzw. BR-Wahl abbrechen zu lassen, nur weil das Zuordnungsverfahren nicht oder nicht formgerecht durchgeführt worden ist;[91] gleiches gilt für die im Wege einstweiliger Verfügung versuchte Korrektur der Wählerliste[92]. 81

3. Einstellung von »strittigen« Angestellten nach Abschluss des Zuordnungsverfahrens

Werden Angestellte, deren Status zweifelhaft sein kann, nach Abschluss des Zuordnungsverfahrens im Betrieb eingestellt, kann das Zuordnungsverfahren insoweit nicht mehr durchgeführt werden. Es bleibt auch hier bei der bisherigen Rechtslage (ggf. arbeitsgerichtliches Beschlussverfahren zur Statusklärung). Das Anfechtungsrecht wird insoweit durch Abs. 5 nicht eingeschränkt. Dies ist vor allem dann von praktischer Bedeutung, wenn der SpA-WV gemäß § 4 Abs. 3 Satz 2 WO SprAuG bei Einstellung eines vermeintlich leitenden Angestellten diesen kurzerhand noch ohne nähere Prüfung (die dann aus Zeitgründen kaum noch mit der gebotenen Sorgfalt möglich ist) in die SpA-Wählerliste aufgenommen hat. Derartige Grenzfälle können auch im umgekehrten Fall (BR-WV ordnet den Betreffenden der BR-Wählerliste zu) zu Wahlanfechtungsgründen führen, weil der Gesetzgeber diese Sachverhalte offensichtlich nicht bedacht hat. 82

§ 19 Wahlanfechtung

(1) Die Wahl kann beim Arbeitsgericht angefochten werden, wenn gegen wesentliche Vorschriften über das Wahlrecht, die Wählbarkeit oder das Wahlverfahren verstoßen worden ist und eine Berichtigung nicht erfolgt ist, es sei denn, dass durch den Verstoß das Wahlergebnis nicht geändert oder beeinflusst werden konnte.

(2) Zur Anfechtung berechtigt sind mindestens drei Wahlberechtigte, eine im Betrieb vertretene Gewerkschaft oder der Arbeitgeber. Die Wahlanfechtung ist nur binnen einer Frist von zwei Wochen, vom Tage der Bekanntgabe des Wahlergebnisses an gerechnet, zulässig.

(3) Die Anfechtung durch die Wahlberechtigten ist ausgeschlossen, soweit sie darauf gestützt wird, dass die Wählerliste unrichtig ist, wenn nicht zuvor aus demselben Grund ord-

88 GK-*Kreutz*, Rn. 101, 112.
89 *Fitting*, Rn. 76; GK-*Kreutz*, Rn. 111; *LK*, Rn. 11.
90 Zutreffend *LK*, Rn. 14.
91 Vgl. *LAG Hamm* 24.4.90 – 3 TaBV 56/90, BB 90, 1628, Ls.
92 *LAG Hamm* 24.4.90, a.a.O.

nungsgemäß Einspruch gegen die Richtigkeit der Wählerliste eingelegt wurde. Dies gilt nicht, wenn die anfechtenden Wahlberechtigten an der Einlegung eines Einspruchs gehindert waren. Die Anfechtung durch den Arbeitgeber ist ausgeschlossen, soweit sie darauf gestützt wird, dass die Wählerliste unrichtig ist und wenn diese Unrichtigkeit auf seinen Angaben beruht.

Inhaltsübersicht

I. Vorbemerkungen

1 Mit der in dieser Vorschrift gegebenen Möglichkeit der Wahlanfechtung soll in einem gerichtlichen Verfahren überprüft werden können, ob ein **BR wirksam gewählt worden ist** oder nicht. Die Bestimmung dient einschließlich der kurzen Anfechtungsfrist und der Tatsache, dass nicht ein einzelner AN zur Anfechtung berechtigt ist, der Rechtssicherheit der BR-Wahl.[1] Der Rechtssicherheit nützt es auch, dass an das Vorliegen der Voraussetzungen für die Anfechtung ein **strenger Maßstab** anzulegen ist. Die das Wahlverfahren betreffenden Vorschriften sind so auszulegen, dass die Bildung von BR nicht unnötig erschwert wird. Für übertriebenen Formalismus ist kein Platz, sofern nicht gegen die Grundprinzipien einer demokratischen Wahl verstoßen wird. Die Regelungen des § 19 gelten auch für die Anfechtung der JAV (vgl. § 63 Abs. 2 Satz 2), dagegen nicht für den GBR, den KBR und die GJAV, da die Mitglieder dieser Organe durch Beschluss des BR, des GBR oder der JAV entsandt werden. Die Entsendungsbeschlüsse dieser Gremien sind nach den Grundsätzen, die auch für die gerichtliche Überprüfung von BR-Beschlüssen Anwendung finden, überprüfbar (vgl. § 33 Rn. 23 ff.).

2 Die Anfechtung richtet sich gegen das festgestellte **endgültige Wahlergebnis** (vgl. § 18 WO). Zu dem Wahlergebnis in diesem Sinne gehört nach Auffassung des *BAG* nicht die **Reihenfolge der Ersatzmitglieder,** so dass es für eine Anfechtung nicht genügt, dass ein Wahlverstoß lediglich diese Reihenfolge geändert oder beeinflusst hat.[2] Eine unzutreffende Reihenfolge der **Ersatzmitglieder** kann jedoch auch außerhalb der Anfechtungsfrist des § 19 Abs. 1 durch eine arbeitsgerichtliche Entscheidung berichtigt werden. Die Möglichkeit der Anfechtung schließt nicht aus, dass **einzelne Handlungen oder Unterlassungen** des WV bei der Einleitung und Durchführung der BR-Wahl bereits **vor Abschluss des Wahlverfahrens** in einem arbeitsgerichtlichen Beschlussverfahren angegriffen werden, ggf. auch im Wege der einstweiligen Verfügung (vgl. Rn. 16 ff.)[3]. Von der Anfechtung ist die Nichtigkeit der Wahl zu unterscheiden, die jedoch nur in extremen Ausnahmefällen gegeben ist (Rn. 39 ff.).

2a Durch die weltweite Vernetzung ergeben sich veränderten Rahmenbedingungen in der Wirtschaft und in den Betrieben muss deshalb häufiger auf diese Veränderungen reagiert werden, wie z. B. durch Gemeinschaftsbetriebe, **Matrixorganisationen** oder steuerlich getriebene Aufspaltung oder Verschachtelung der Unternehmen. In solchen Fällen wird auf den Einzelfall des Betriebs oder Unternehmens durch den BR oder eine **Gewerkschaft** abgestellt und nach § 3 BetrVG immer häufiger die Struktur der betrieblichen Mitbestimmung »individuell« angepasst. Daher werden solche Einzelfallregelungen, gleich ob als TV oder BV durchgeführt, auch immer häufiger Gegenstand von Wahlanfechtungsverfahren. In solchen Fällen ist es deshalb

1 Vgl. hierzu BT-Drucks. VI/2729, S. 21.
2 *BAG* 21. 2. 01 – 7 ABR 41/99, AP Nr. 49 zu § 19 BetrVG 1972.
3 *LAG Berlin-Brandenburg* 25. 7. 22 – 8 Ta 793/22.

erforderlich, die regelungsschließenden Parteien an den Anfechtungsverfahren zu beteiligen, um Ihre Lösung auch erklären bzw. verteidigen zu können[4]. Dies ist schon deshalb erforderlich, um das wichtige Instrument des § 3 nutzbar zu halten.

II. Anfechtung der Wahl

1. Anfechtungsgründe

Die Anfechtung setzt voraus, dass Verstöße gegen wesentliche Wahlvorschriften vorliegen und eine Berichtigung der Verstöße nicht rechtzeitig erfolgte. Obwohl das Gesetz und die WO nicht zwischen wesentlichen und anderen Wahlvorschriften unterscheiden, wird regelmäßig die Unterscheidung zwischen **Mussvorschriften einerseits** und bloßen **Soll- und Ordnungsvorschriften andererseits** vorgenommen.[5] Die Verletzung einer Ordnungsvorschrift oder der Verstoß gegen eine Sollvorschrift kann die Anfechtung regelmäßig nicht rechtfertigen, es sei denn, sie stellen auch als Sollvorschrift eine wesentliche Vorschrift über das Wahlverfahren dar und sind Ausdruck elementarer Grundprinzipien der Wahl.[6] Bei der Frage, ob wesentliche Vorschriften verletzt worden sind, wird darauf abzustellen sein, ob diese (Muss-)Vorschriften **tragende Grundsätze** des Betriebsverfassungsrechts berühren oder nicht.[7] Sollvorschriften, deren Verletzung eine Anfechtung nicht begründen würde, stellen z. B. § 2 Abs. 4 Satz 2 WO (Nichtangabe der Geburtsdaten in den im Betrieb ausgelegten Abdrucken der Wählerliste) oder § 6 Abs. 2 WO[8] dar. Unschädlich ist es beispielsweise auch, wenn der WV die in den Vorschlagslisten enthaltenen Kennworte in den Stimmzetteln durch allgemein geläufige und im Kreis der Wahlberechtigten allgemein bekannte Abkürzungen ersetzt, sofern hinsichtlich der Identität keine Zweifel entstehen.[9] Zu Beispielen, die eine Anfechtung wegen Verletzung wesentlicher Vorschriften erfolgreich sein lassen können, vgl. Rn. 5 ff. 3

Die Anfechtung setzt aber nicht nur Verstöße gegen wesentliche Wahlvorschriften voraus. Weitere Voraussetzung ist, dass eine **Berichtigung** der Verstöße **nicht rechtzeitig erfolgte.** Rechtzeitig ist eine Berichtigung dann, wenn sie im Laufe des Wahlverfahrens zu einem Zeitpunkt erfolgt, dass danach die Wahl noch ordnungsgemäß ablaufen kann.[10] So ist z. B. die Änderung des Ortes der Stimmabgabe nach Erlass des Wahlausschreibens noch zulässig, sofern sie so erfolgt, dass sich die Wahlberechtigten rechtzeitig informieren können und keine Einschränkung ihres Wahlrechts eintritt.[11] Aber auch dann, wenn eine Berichtigung nicht rechtzeitig erfolgte, muss die Anfechtung ergebnislos bleiben, wenn durch den Verstoß das Wahlergebnis **nicht geändert oder beeinflusst** werden konnte. Das ArbG hat somit neben dem Vorliegen des (nicht berichtigten) Verstoßes gegen eine wesentliche Wahlvorschrift festzustellen, ob es im **Bereich des Möglichen** liegt, dass ohne den Verstoß das Wahlergebnis anders aussehen würde. Es reicht dabei nicht jede **theoretisch denkbare Möglichkeit** eines anderen Wahlergebnisses aus. Vielmehr muss nach der allgemeinen Lebenserfahrung und den konkreten Umständen des Falles die Möglichkeit eines anderen Ergebnisses **nicht gänzlich unwahrscheinlich** sein.[12] Nach dem BAG ist die Anfechtung nicht gerechtfertigt, wenn bei einer hypothetischen Betrachtungsweise eine Wahl unter Berücksichtigung der konkreten Umstände zwingend zu demselben Wahlergebnis geführt hätte.[13] 4

---

4 a. A. *BAG* 21.4.20 – 7 ABN 79/19, vgl. auch *Trümner,* § 3 Rn 236 f.
5 Richardi-*Thüsing,* Rn. 5; GK-*Kreutz,* Rn. 18.
6 Vgl. *BAG* 13.10.04 – 7 ABR 5/04, NZA-RR 2006, 10 zur nicht ordnungsgemäßen Unterrichtung ausländischer AN nach § 2 Abs. 5 WO.
7 *G. Müller,* FS Schnorr von Carolsfeld [1972], S. 383.
8 Doppeltes Bewerber-Soll in Wahlvorschlägen, vgl. *BAG* 29.6.65, AP Nr. 11 zu § 13 BetrVG.
9 *BAG* 3.6.69, AP Nr. 17 zu § 18 BetrVG.
10 *Fitting,* Rn. 23.
11 *BAG* 19.9.85, AP Nr. 12 zu § 19 BetrVG 1972.
12 *LAG Thüringen* 10.10.18 – 6 TaBV 11/17 – mit Ausführungen zur Kausalität der möglichen Wahlbeeinflussung durch die Missachtung von Wahlvorschriften, *LAG Brandenburg* 27.11.98 – 5 TaBV 18/98, NZA-RR 99, 418; *Fitting,* Rn. 24.
13 *BAG* 13.10.04 – 7 ABR 5/04; 5.5.04 – 7 ABR 44/03, DB 04, 1947.

4a Eine bloße **Vermutung,** dass etwas hätte passieren können, ohne jedweden tatsächlichen Anhalt, dass es auch so ist, rechtfertigt keine Wahlanfechtung. Eine Wahlanfechtung aus Verdacht ist somit nicht gerechtfertigt.[14]

5 Vorschriften über das **Wahlrecht** betreffen die Wahlberechtigung nach § 7 BetrVG. Verstöße gegen wesentliche Vorschriften, die die Anfechtbarkeit begründen können, sind beispielsweise:

- Zulassung von Nichtwahlberechtigten zur Wahl, wie etwa jugendliche AN oder Beschäftigte nach § 5 Abs. 2 oder 3 BetrVG;
- Nichtzulassung wahlberechtigter AN,[15] etwa bei Teilzeitbeschäftigten;[16] Nichtzulassung Wahlberechtigter, bei denen die Voraussetzungen nach § 7 Satz 2 vorliegen;
- Berichtigung der Wählerliste nach Ablauf der Einspruchsfrist ohne Vorliegen der in § 4 Abs. 3 WO genannten Voraussetzungen, wenn dadurch das Wahlergebnis beeinflusst werden konnte.[17]

6 Die betriebliche Mitbestimmung ist eine der Säulen der sozialen Marktwirtschaft in Deutschland. Deshalb soll mit der Einfügung des **§ 19 Abs. 3** die Rechtssicherheit der Betriebsratswahl durch die Einschränkung des Anfechtungsrechts gesteigert werden. Das Recht zur Anfechtung einer BR-Wahl ist von großer Bedeutung. Die Möglichkeit, die Wahl gerichtlich überprüfen zu lassen, stärkt das Vertrauen in die Institution des Betriebsrats. Wo jedoch der Grund für die Anfechtung die Unrichtigkeit der Wählerliste ist und zuvor nicht die rechtlich vorgesehene Möglichkeit zur Klärung eines solchen Verfahrens Wahlfehlers genutzt wurde, soll insoweit das Anfechtungsrecht zu Gunsten der Rechtssicherheit eingeschränkt werden. Gleiches soll für den Arbeitgeber gelten, wenn die Unrichtigkeit der Wählerliste auf seinen Angaben beruht.[18]

Mit dem neuen **§ 19 Abs. 3** sollen die Beschäftigten sich früher im Ablauf der Wahl aktiv mit der Wählerliste auseinandersetzen und ggfs. eine entsprechende Korrektur erwirken. Das Verfahren wird so insgesamt entzerrt und es wird gewissermaßen eine Vorwegnahme vieler Wahlanfechtungen während der noch laufenden BR-Wahl durchgeführt. Dadurch besteht die Hoffnung, dass viele Anfechtungen der Wahlen vor Gericht scheitern oder gar nicht erst durchgeführt werden. Großes Ziel ist es, mehr Rechtssicherheit der Wahlen zu erreichen. Insoweit ist in Zukunft auch die gerichtliche Kontrolle eingeschränkt. Sofern es keine Einsprüche gegen die Wählerliste gab oder diesen durch den WV abgeholfen worden ist, können sie auch nicht mehr Gegenstand für die Begründung einer Wahlanfechtung sein.

6a Für anfechtende Wahlberechtigte gilt die Einschränkung insoweit, dass ein Einspruch gegen die Wählerliste eingelegt worden sein muss. Sofern der WV diesem nicht abhilft, steht die Anfechtung der Wahl **aus diesem Grunde** nicht nur dem Einspruch einlegenden Wahlberechtigten zu, sondern jedem Wahlberechtigten und der im Betrieb vertretenen Gewerkschaft.

6b Ein Arbeitgeber der **falsche** oder **keine** Angaben an den WV heraus gibt, kann sich richtiger Weise in einem anschließenden Anfechtungsverfahren nicht darauf berufen, dass die Wählerliste fehlerhaft sei.[19] Er hat schließlich den Grund für die fehlerhafte Wählerliste zu verantworten und kann sich dann später auch nicht darauf berufen. Eine andere Ausgangslage entsteht, wenn der WV bewusst eine andere Entscheidung trifft, als die mit der er zuvor vom AG informiert worden ist.

---

14 *Homburg/Otto*, Anfechtung einer Betriebsratswahl, AuR 23, 11–16; *LAG Nürnberg* 7.3.22 – 1 TaBV 23/21; a. A. *HessLAG* 29.6.20 – 16 TaBV 150/19, juris. Das *HessLAG* lässt es für eine Wahlanfechtung genügen, dass die Aufbewahrung von zurückgekommen Briefwahlumschlägen nur im Büro des WV erfolgte. Allein die Möglichkeit des Diebstahls durch Dritte würde die Anfechtung rechtfertigen; so die fehlerhafte Annahme. Ähnlich argumentiert *ArbG Braunschweig* 13.7.22 – 3 BV 5/22.

15 *BAG* 25.6.74, AP Nr. 3 zu § 19 BetrVG 1972.

16 Vgl. *BAG* 29.1.92 – 7 ABR 27/91, AP Nr. 1 zu § 7 BetrVG 1972, das das aktive Wahlrecht von Zeitungszustellern bejaht hat.

17 Vgl. *BAG* 27.1.93 – 7 ABR 37/92, NZA 93, 949.

18 Gesetzesbegründung für die Ergänzung des Abs. 3 im § 19 durch das Betriebsrätemodernisierungsgesetz, S. 12 f.

19 zu weitgehend *Thüringer LAG* 24.6.20 – 4 TaBV 12/19.

Nach einer weit verbreiteten Auffassung ist die Wahl wegen eines Verstoßes gegen das Wahlrecht dann nicht anfechtbar, wenn ein **Einspruch** gegen die **Richtigkeit der Wählerliste** möglich war (vgl. § 4 WO), die betreffenden AN davon aber keinen Gebrauch gemacht haben.[20] Das Problem tritt etwa auf, wenn Wahlberechtigte nicht in die Wählerliste eingetragen wurden und daher nicht wählen konnten oder eine Eintragung in die Wählerliste von Nichtwahlberechtigten erfolgte und diese mit gewählt haben. Diese Auffassung wurde durch die Ergänzung des Abs. 3 bestätigt. Die materiell-rechtlichen Voraussetzungen für das Wahlrecht, die Wählbarkeit und die Anfechtungsberechtigung sind in den §§ 7, 8 und 19 Abs. 2 und 3 vom Gesetz geregelt.[21] 6c

Vom Ausschluss der Anfechtung der BR-Wahl wegen fehlenden Einspruches gegen die Wäherliste sind solche AN nicht betroffen, die wegen Verkennung des Betriebsbegriffs gar nicht darüber informiert wurden, dass sie nicht auf der Wählerliste stehen. Insoweit liegt auch keine fehlerhafte Wählerliste als Grund der Anfechtung, sondern eine Verkennung des Betriebsbegriffs vor.[22]

Das Anfechtungsrecht einer im Betrieb vertretenen **Gewerkschaft** bleibt von der Frage, ob die Anfechtung noch betrieben werden kann, wenn kein Einspruch gegen die Wählerliste eingelegt wurde, weiterhin unberührt.[23] Zwar steht jeder im Betrieb vertretenen **Gewerkschaft** neben dem Anfechtungsrecht auch das Recht zu, **Einspruch gegen die Wählerliste** einzulegen. Eine Nachverfolgung jeder einzelnen BR-Wahl kann von einer Gewerkschaft nicht geleistet und daher auch nicht erwartet werden. 6d

Dagegen ist der **AG** zwar anfechtungsberechtigt, er hat aber **nicht das Recht auf Einspruch gegen die Wählerliste.**[24] Durch die Einfügung des Abs. 3 hat sich daran auch nichts geändert. Er hat mit der Position, dass er den WV überhaupt erst informiert, wer im Betrieb beschäftigt ist, ohnehin den größten Einfluss auf die Wählerliste. Daher bedarf es auch keines **gesonderten Einspruchsrechtes** des AG gegen die Wählerliste. 6e

Nach § 18a kann die Anfechtung der BR-Wahl nicht darauf gestützt werden, dass die **Zuordnung** zum Personenkreis der **leitenden Angestellten** nach § 5 Abs. 3 fehlerhaft erfolgte (§ 18a Abs. 5). Dementsprechend sieht § 4 Abs. 2 Satz 2 WO vor, dass der Einspruch gegen die Wählerliste ausgeschlossen ist, soweit er darauf gestützt wird, dass die Zuordnung nach § 18a des Gesetzes fehlerhaft erfolgt sei. Die Anfechtung ist jedoch möglich, wenn die Zuordnung **»offensichtlich fehlerhaft«** ist (§ 18a Abs. 5 Satz 3; vgl. auch § 4 Abs. 2 Satz 3 WO, wonach der Einspruch gegen die Wählerliste möglich ist, soweit die nach § 18a Abs. 1 oder 4 Satz 2 und 3 am Zuordnungsverfahren Beteiligten die Zuordnung übereinstimmend für offensichtlich fehlerhaft halten). Die **offensichtliche Fehlerhaftigkeit** und damit die Anfechtungsmöglichkeit kann beispielsweise gegeben sein, wenn die betrieblichen Rechtsanwender des Zuordnungsverfahrens (die WV zur Durchführung der BR-Wahl und zur Wahl des SpA oder der Vermittler nach § 18a Abs. 2) keine oder keine ausreichende Prüfung der Voraussetzungen des § 5 Abs. 3 Nr. 3 vorgenommen, sondern sich bei der Frage der Zuordnung vorschnell dem Abs. 4 zugewandt haben (zur Frage der »offensichtlichen Fehlerhaftigkeit« vgl. im Übrigen § 18a Rn. 70 ff.). Die Anfechtung bei einer »bloßen« Fehlerhaftigkeit, also nicht erst bei einer »offensichtlichen« Fehlerhaftigkeit, ist auch dann möglich, wenn das Zuordnungsverfahren nach § 18a überhaupt nicht stattgefunden hat oder vorzeitig abgebrochen wurde (zu den möglichen Gründen vgl. § 18a Rn. 6 f.). 7

Verstöße gegen wesentliche Vorschriften, die die **Wählbarkeit** (§ 8) betreffen, können etwa in folgenden Fällen gegeben sein: 8

20 Vgl. *LAG Düsseldorf* 8.5.73, DB 73, 2050; *LAG Frankfurt* 27.1.76, BB 76, 1271; vgl. auch *Fitting*, Rn. 14 m.w.N.

21 Zur alten Rechtslage vgl. *LAG Köln* 4.5.00 – 10 TaBV 56/99; *Gnade*, FS Herschel [1982], S. 145; GK-*Kreutz*, Rn. 59; vgl. auch die Nachweise bei *Fitting*, a.a.O.

22 *ArbG Stuttgart* 6.4.23 – 21 BV 54/22.

23 *BAG* 25.6.74, AP Nr. 3 zu § 19 BetrVG 1972.

24 Vgl. die Kommentierung zu § 4 WO; vgl. auch *BAG* 29.3.74, AP Nr. 2 zu § 19 BetrVG 1972; 25.6.74, a.a.O.; 11.3.75, AP Nr. 1 zu § 24 BetrVG 1972, nach dessen Auffassung weder die im Betrieb vertretene Gewerkschaft noch der AG zur Einlegung eines Einspruchs gegen die Wählerliste berechtigt sind.

- Zulassung nicht wählbarer AN als Wahlbewerber, z. B. eines AN unter 18 Jahren;
- Ausschluss wählbarer AN von der Wahl, z. B. durch unberechtigte Streichung von der Vorschlagsliste;
- Die Nichtzulassung von wahlberechtigten Arbeitnehmern;[25]
- Wahl von nicht wählbaren AN, die zwar formalrechtlich zum Betrieb in arbeitsvertraglichen Beziehungen stehen, tatsächlich aber ausschließlich in einem anderen Betrieb arbeiten;[26]
- Wahl von Leih-AN nach dem AÜG, die im Entleiherbetrieb zwar wahlberechtigt sind (§ 7 Satz 2), aber nicht wählbar (§ 14 Abs. 2 AÜG);
- Ausschluss einer Liste von der BR-Wahl wegen Verkennung der Wählbarkeit eines gekündigten AN, der diese Liste anführt.[27]

Der Mangel der Wählbarkeit eines gewählten BR-Mitglieds kann ggf. durch **Zeitablauf** geheilt werden. Deshalb kann die Anfechtung wegen fehlender Wählbarkeit dann nicht mehr auf diesen Mangel gestützt werden, wenn vor Abschluss der gerichtlichen Verhandlung der AN wählbar geworden ist, weil er zwischenzeitlich das 18. Lebensjahr oder die sechsmonatige Betriebszugehörigkeit vollendet hat.[28]

9 Verstöße gegen wesentliche Vorschriften über das **Wahlverfahren** liegen z. B. vor bei:

- Bestellung des WV durch einen BR, dessen Amtszeit abgelaufen ist oder sonst geendet hat;[29]
- Bestellung eines zu großen WV, auch nur für einen kurzen Zeitraum wie dem Wahltag;[30]
- Fehlen oder nicht ordnungsgemäßer Bekanntgabe des Wahlausschreibens;[31]
- Durchführung der Wahl in einem Betrieb mit 51 bis 100 wahlberechtigten AN nach dem vereinfachten Wahlverfahren, obwohl keine wirksame Vereinbarung zwischen WV und AG nach § 14a Abs. 5 vorliegt;[32] die Nutzung des falschen Wahlverfahrens für jedoch nur zur Anfechtbarkeit der Wahl und nicht zu ihrer Nichtigkeit;[33]
- Nichtgewährung einer ausreichenden Zeit zur Einsichtnahme in die Wählerliste;[34]
- Verletzung der Pflicht des WV zur Prüfung eingereichter Vorschlagsfristen (§ 7 Abs. 2 Satz 2 WO) mit der Folge der Unmöglichkeit des Einreichens einer neuen Liste innerhalb der Frist nach § 6 Abs. 1 WO;[35]
- Nichtzulassung einer Liste, auf der Wahlbewerber nur eines Geschlechts kandidieren, obwohl im Betrieb beide Geschlechter vertreten sind;
- Zulassung einer gewerkschaftlichen Liste ohne die beiden Unterschriften der zuständigen Gewerkschaft[36]
- Nichtberücksichtigung der Mindestanzahl von BR-Mandaten für das in der Minderheit befindliche Geschlecht (§ 15 Abs. 2), obwohl auf den Wahlvorschlagslisten Angehörige des Minderheitengeschlechts in ausreichender Anzahl aufgeführt waren, so dass eine entsprechende Wahlkorrektur erfolgen konnte;
- unzutreffender Hinweis im Wahlausschreiben auf die Mindestquote für das Minderheitsgeschlecht ohne Vornahme einer Korrektur durch den WV;[37]
- Nichteinhaltung der Fristen der WO zur Einreichung von Wahlvorschlägen;[38]
- Fehlen der schriftlichen Zustimmung von Wahlbewerbern;[39]

---

25 *BAG* 30.6.21 – 7 ABR 24/20, juris.
26 *BAG* 28.11.77, AP Nr. 2 zu § 8 BetrVG 1972.
27 *BAG* 14.5.97, AP Nr. 6 zu § 8 BetrVG 1972.
28 Vgl. *BAG* 7.7.54, AP Nr. 1 zu § 24 BetrVG.
29 *BAG* 2.3.55, AP Nr. 1 zu § 18 BetrVG, vgl. auch § 13 Rn. 7.
30 *LAG Niedersachsen* 11.9.19 – 13 TaBV 85/18.
31 *BAG* 27.4.76, AP Nr. 4 zu § 19 BetrVG 1972; *LAG Nürnberg* 28.11.19 – 1 TaBV 18/19.
32 *BAG* 19.11.03 – 7 ABR 24/03, AuR 04, 309.
33 *ArbG Düsseldorf* 28.11.16 – 2 BV 286/16.
34 *LAG Köln* 16.1.91 – 2 TaBV 37/90, LAGE, § 19 BetrVG 1972 Nr. 11, zur Einsichtmöglichkeit der Wählerliste an drei Stunden vormittags in einem Betrieb, in dem auch nachts gearbeitet wird.
35 *BAG* 25.5.05 – 7 ABR 39/04.
36 *ArbG Darmstadt* 8.6.22 –1 BV 2/22.
37 *BAG* 10.3.04 – 7 ABR 49/03.
38 *BAG* 12.2.60, AP Nr. 11 zu § 18 BetrVG.
39 *BAG* 1.6.66, AP Nr. 15 zu § 18 BetrVG.

- Vorliegen der schriftlichen Zustimmung von Wahlbewerbern **nur** durch E-Mail oder Scan;[40]
- Einreichung von Wahlvorschlägen per Fax oder eingescannt per Mail[41]
- Unterlassen der Verpflichtung des WV Wahlbewerber, die auf zwei Listen kandidieren, nach § 7 WO aufzufordern, sich zu erklären, auf welcher Liste die Kandidatur aufrechterhalten werden soll, und zwar auch dann, wenn eine der Listen ungültig ist;[42]
- Verkennung der Wählbarkeit eines gekündigten AN und Ausschließung einer von diesem angeführten Vorschlagsliste von der Wahl;[43]
- Unterlassen des Aushangs des Wahlausschreibens in jeder Betriebsstätte in einem Betrieb mit vielen Betriebsstätten;[44]
- nicht rechtzeitige Bekanntmachung des Wahlausschreibens gegenüber den AN eines räumlich weit entfernten Betriebsteils, so dass diese keine Möglichkeit der aktiven Teilnahme an der Wahl haben;[45]
- Unterlassen der Bekanntgabe der Vorschlagslisten durch den WV, es sei denn, die Wahlberechtigten sind gleichwohl allesamt zur Wahl gegangen und haben dort erfahren, dass es nur eine einzige Liste für die Wahl gibt;[46]
- fehlerhafter Vorschlagsliste, bei der auf einer vor Monaten zusammengestellten Aufstellung von Bewerbern bis zum Zeitpunkt der Einreichung der Liste Bewerber aus dem Betrieb ausgeschieden sind und der WV eine entsprechende Kontrolle unterlässt;[47]
- Streichung einzelner oder mehrerer Kandidaten von der Vorschlagsliste ohne Zustimmung der Unterzeichner;[48]
- Verstöße gegen Form und Inhalt der Stimmzettel nach § 11 Abs. 2 WO;[49]
- unterschiedliche Gestaltung der Stimmzettel;[50]
- Unterlassung der Verwendung von Wahlumschlägen zur Einlegung der Stimmzettel;[51]
- Verbindung unterschiedlicher Vorschlagslisten zu einer Liste;
- Willkürlicher Ausschluss ganzer Listen, um eine andere Liste zu bevorzugen[52]
- Nichtübersendung der Briefwahlunterlagen nach § 24 Abs. 2 WO an Wahlberechtigte, von denen dem WV bekannt war, dass sie zur Wahl voraussichtlich nicht im Betrieb sein würden (insb. Außendienstler, Tele-AN und Heimarbeiter);
- genereller Zulassung der Briefwahl, ohne dass die Voraussetzungen der WO (§ 24) vorliegen;[53]
- Versendung von Briefwahlunterlagen ohne entsprechenden Beschluss des WV[54]
- Versand von Wahlwerbung einer Liste zusammen mit den Briefwahlunterlagen durch des WV[55]

---

40 *ArbG Frankfurt* 29.4.15 – 15 BV 275/14. Das ArbG hatte eine Wahl für ungültig erklärt, weil die Unterschrift eines Wahlbewerbers nur als eingescannte Unterschrift vorlag und damit nicht schriftlich i.S.v. § 126 I BGB. Zu weitgehend ist jedoch die Auffassung, dass die Unterschrift als Fax auch nicht genügt **a. A.** *BVerwG* 11.3.14 – 6 P 5/13, das eine Übermittlung per Fax für nicht ausreichend hält.

41 *BAG* 20.10.21 – 7 ABR 36/20, juris; *LAG Düsseldorf* 3.7.20 – 10 TaBV 71/18, juris; ebenso für Wahl der Schwerbehindertenvertretung *BAG* 20.1.20 – 7 ABR 39/08, juris.

42 *LAG München* 25.1.07 – 2 TaBV 102/06; vgl. auch § 6 Rn. 45.

43 *BAG* 14.5.97 – 7 ABR 26/96, DB 97, 2083.

44 *BAG* 5.5.04 – 7 ABR 44/03, NZA 04, 1285 ff.

45 *LAG Baden-Württemberg* 29.11.90 – 4b TaBV 2/90, AiB 91, 276.

46 *LAG Rheinland-Pfalz* 30.5.96 – 79 TaBV 52/95, ZTR 97, 144.

47 *LAG Frankfurt* 14.7.88, BB 88, 2317.

48 Vgl. *BAG* 15.12.72, AP Nr. 1 zu § 14 BetrVG 1972.

49 Vgl. *BAG* 3.6.69, AP Nr. 17 zu § 18 BetrVG.

50 *BAG* 14.1.69, AP Nr. 12 zu § 13 BetrVG.

51 *LAG Niedersachsen* 1.3.04 – 16 TaBV 60/03. So nach dem Betriebsrätemodernisierungsgesetz nur noch auf die Briefwahl anwendbar.

52 *LAG Hessen* 23.5.18 – 16 TaBVGa 102/18.

53 *BAG* 16.3.22 – 7 ABR 29/20; *ArbG Krefeld* 1.8.18, 3 BV 8/18, *BAG* 27.1.93 – 7 ABR 37/92, AP Nr. 29 zu § 76 BetrVG hinsichtlich der Wahl der AN-Vertreter im Aufsichtsrat.

54 *HessLAG* 27.1.20 – 16 TaBV 48/19.

55 *LAG Nürnberg* 27.11.19 – 4 TaBV 2/19; juris; AiB 20 7/8 S. 64 f.

- Verstoß gegen die Sollvorschrift des § 2 Abs. 5 WO;[56,57]
- Feststellung einer zu großen oder zu geringen Anzahl von BR-Mitgliedern;[58]
- Zulassung der Kumulierung (Häufung) von Stimmen auf einzelne Wahlbewerber bei Anwendung der Persönlichkeitswahl;[59]
- Stimmauszählung, die teilweise außerhalb des bekannt gemachten Auszählungsraumes in einem anderen Raum (Rechenzentrum) stattfindet und interessierte Beobachter nur auf Klingelzeichen Einlass finden;[60]
- Verletzung des Wahlgeheimnisses;[61]
- Verstoß gegen den Grundsatz der geheimen Wahl[62]
- Verletzung der Neutralitätspflicht des AG,[63]
- Verletzung der Neutralitätspflicht des WV[64]
- Unterlassen der Bekanntmachung von Ort und Zeit der Stimmauszählung;[65]
- Verstoß gegen den allgemeinen Grundsatz der freien Wahl und den ungeschriebenen Grundsatz der Chancengleichheit der Wahlbewerber, wenn der WV Dritten während des noch laufenden Wahlverfahrens Einblick in die mit Stimmabgabevermerken versehene Wählerliste gestattet;[66]
- Wahlbetrug und Urkundenfälschung, wobei eidesstattliche Versicherungen von Wählern oder die Vernehmung von Wählern über ihre Stimmabgabe unzulässig sind.[67]
- Rücknahme eines bereits eingereichten Wahlvorschlages durch den Listenvertreter wegen Eingriffes in die Rechte der übrigen Bewerber auf dem Wahlvorschlag.[68]
- Wahl des BR auf Basis eines nicht oder nicht mehr gültigen Zuordnungstarifvertrages nach § 3 Abs. 1 Nr. 3 BetrVG wegen Verkennung des Betriebsbegriffes[69]
- Nicht-Berücksichtigung von LeihAN, obwohl die geplante Einsatzdauer länger als drei Monate war[70]
- Fehlerhafter öffentlicher Wählerliste im Intranet des UN, obwohl die eigentliche analoge Wählerliste beim WV korrekt geführt war[71]
- Durchführung der BR-Wahl als »online-Wahl«, obwohl dies in der WO nicht vorgesehen ist.[72]

---

56 Unterrichtung ausländischer AN, die der deutschen Sprache nicht mächtig sind, über das Wahlverfahren, die Aufstellung der Wähler- und Vorschlagslisten, den Wahlvorgang und die Stimmabgabe, *BAG* 13.10.04 – 7 ABR 5/04, EzA § 19 BetrVG 2001 Nr. 4.

57 12.11.02, AuR 03, 158: Verstoß nur dann, wenn für den WV offenkundig ist, dass ausländische AN wegen der mangelnden Sprachkenntnisse das Wahlverfahren nicht verstehen können, der WV ist weder berechtigt noch verpflichtet, ausländische AN einem Sprachtest zu unterziehen.

58 Vgl. *BAG* 7.5.08 – 7 ABR 17/07 vgl. auch *BAG* 29.5.91 – 7 ABR 67/90, BB 92, 136.

59 *ArbG Lörrach* 14.7.06 – 3 AV 06.

60 *LAG Berlin* 16.11.87, DB 88, 504.

61 Vgl. *Herschel*, DB 63, 1046; vgl. auch *LAG Hamm* 26.2.76, DB 76, 1920.

62 *LAG Düsseldorf* 13.12.16 – 9 TaBV 85/16, das das Aufstellen von Trennwenden o.ä. erfordert, um die »unbeobachtete Wahl« zu gewährleisten.

63 *LAG Hamm* 30.6.15 – 7 TaBV 71/14, das bei der BR-Wahl davon ausgeht, dass der Arbeitgeber jedem Wahlbewerber die gleichen Chancen einräumen muss. Dies gilt insbesondere im Hinblick auf die Gewährung von tatsächlicher und finanzieller Unterstützung durch den AG während der Wahl. *ArbG Duisburg* 11.9.14 – 1 BV 16/14 – bei Gesprächen des AG mit einzelnen Kandidaten, um sie zu einer Kandidatur auf einer anderen Liste zu bewegen.

64 *BAG* 16.9.20 – 7 ABR 30/19; *LAG Nürnberg* 7.3.22 – 1 TaBV 23/21, juris; vgl. auch *Serbina*, DB 10/21, S. 515.

65 *BAG* 15.11.00, AP Nr. 10 zu § 18 BetrVG 1972.

66 *BAG* 6.12.00, AP Nr. 48 zu § 19 BetrVG 1972.

67 Vgl. *ArbG Düsseldorf* 30.10.84, DB 85, 1137.

68 *LAG Niedersachsen* 28.6.07 – 14 TaBV 5/07.

69 *BAG* 13.3.13 – 7 ABR 70/11.

70 *LAG Hamm* 18.9 – 15, 13 TaBV20/15.

71 *LAG Baden-Württemberg* 26.7.15, 18 TaBV 1/15.

72 *ArbG Hamburg* 7.6.17 – 13 BV 13/16. Das ArbG HH hat eine BR-Wahl die (auch) als online-Wahl durchgeführt worden ist für nichtig erklärt, weil eine so weitgehende Auslegung der WO nicht mit dem Gesetzestext vereinbar sei und dies durch den Gesetzgeber entscheiden werden müsse.

Eine in der betrieblichen Praxis immer wieder auftretende Frage ist, ob die **Verkennung des Betriebsbegriffs** zur Anfechtung berechtigt. Das *BAG* hat das in ständiger Rspr. bejaht, zugleich aber auch darauf hingewiesen, dass durch die Verkennung des Betriebsbegriffs **regelmäßig nicht die Nichtigkeit** der Wahl eintritt.[73] Es ist deshalb im Falle der Wahl eines einheitlichen BR für mehrere Betriebsteile unzulässig, während der Amtszeit dieser Betriebsvertretung einen eigenen BR für einen Betriebsteil mit der Begründung zu wählen, dieser Betriebsteil sei selbstständig i. S. d. § 4.[74] Ebenso darf kein eigener BR gewählt werden, wenn unter Verkennung des Betriebsbegriffs für zwei Betriebe ein gemeinsamer BR gewählt und dessen Wahl nicht angefochten worden ist. Das gilt jedenfalls so lange, als sich die tatsächlichen Verhältnisse nicht wesentlich ändern.[75] Andererseits steht der Wahl eines eigenen BR durch die Belegschaft eines selbstständigen Betriebsteils für **künftige regelmäßige Amtszeiten** nicht entgegen, dass (zunächst) für den gesamten Betrieb einschließlich des Betriebsteils ein gemeinsamer BR gewählt wurde.[76] Es ist in solchen Fällen häufig empfehlenswert, ein **Verfahren nach § 18 Abs. 2** zu betreiben. Das kann ohne einen unmittelbaren Zusammenhang mit einer BR-Wahl geschehen (vgl. § 18 Rn. 19). 10

Die Verkennung des Betriebsbegriffs kann nicht nur dazu führen, dass ein einheitlicher BR für mehrere Betriebsteile bzw. für zwei selbstständige Betriebe gebildet worden ist. Die Folge kann auch sein, dass in einem an sich einheitlichen Betrieb **mehrere BR** für die einzelnen Betriebsteile gewählt worden sind. Die Anfechtung muss sich dann auf die Wahl **aller BR** erstrecken; die Anfechtung der Wahl nur eines der BR ist unzulässig.[77] Ist andererseits für den Teil eines Betriebes ein BR gewählt und dessen Wahl **nicht angefochten** worden, so hat dieser BR alle entsprechenden Beteiligungsrechte, und zwar unabhängig davon, ob er tatsächlich für eine betriebsfähige Einheit gewählt wurde.[78] Die vorstehend aufgeführten Grundsätze zur Verkennung des Betriebsbegriffs sind auch anzuwenden, wenn es um die Anfechtung von BR-Wahlen in einem gemeinsamen Betrieb[79] nach § 1 Abs. 2 oder in einer durch TV nach § 3 Abs. 1 Nr. 1 bis 3 gebildeten Organisationseinheit geht (vgl. § 18 Abs. 2, der eine gerichtliche Überprüfung solcher Organisationseinheiten ohne einen Zusammenhang mit einer BR-Wahl vorsieht). Das gilt auch für die Wahl eines BR auf Grundlage eines unwirksamen TV; nicht aber für die Errichtung eines unternehmensübergreifenden GBR nach § 3 Abs. 1 Nr. 3.[80] 11

Beim Vorliegen einer **Matrixorganisation,** wie sie häufiger in multinationalen Konzernen anzutreffen ist, kann es möglicherweise zu fehlerhafter Zuordnung von einzelnen Arbeitnehmern oder u. U. ganzer Abteilungen kommen. In solchen Fällen kann, abhängig vom Einzelfall, ebenfalls eine Verkennung des Betriebsbegriffes vorliegen, die maximal zur Anfechtbarkeit der Wahl führen kann. Für die Annahme eines Betriebes kommt es in erster Linie auf die rechtliche Zugehörigkeit zu einem Unternehmen an und nicht auf die ggfs. virtuelle Organisation des Arbeitgebers. Die Fragmentierung eines Betriebs an einem Standort in viele unselbständige Kleinbetriebe ist bei einer **Matrixorganisation** in der Regel ausgeschlossen, weil die einzelnen Abteilungsleiter in der Regel nicht in der Lage sind, die Arbeitgeberfunktionen in wesentlichen Bereichen der Mitbestimmung auszuüben.[81] Es genügt schon ein Mindestmaß 11a

---

73 Vgl. etwa *BAG* 13.11.96 – 10 AZR 804/94, DB 97, 729; 26.6.96 – 7 ABR 51/95; 13.9.84, AP Nr. 3 zu § 1 BetrVG 1972; 3.12.85, AP Nr. 28 zu § 99 BetrVG 1972.

74 *BAG* 11.4.78, AP Nr. 8 zu § 19 BetrVG 1972, das in einem solchen Falle festgestellt hat, dass eine gleichwohl durchgeführte BR-Wahl in dem Betriebsteil nichtig ist.

75 Vgl. auch *BAG* im Hinblick auf die Bindungswirkung eines Verfahrens nach § 18 Abs. 2; *BAG* 19.11.03 – 7 ABR 25/03.

76 *BAG* 21.7.04 – 7 ABR 57/03, EzA § 4 BetrVG 2001 Nr. 1.

77 *BAG* 7.12.88, DB 89, 1619; vgl. auch *BAG* 31.5.00 – 7 ABR 78/98, NZA 00, 1350, zur Verkennung des Betriebsbegriffs in einem Gemeinschaftsbetrieb; a. A. *LAG Köln* 2.12.87, DB 88, 1327.

78 *BAG* 27.6.95 – 1 ABR 62/94, NZA 96, 164.

79 *BAG* 16.1.18 – 7 ABR 21/16, Im Gemeinschaftsbetrieb genügt die Wahlanfechtung eines AG. Es müssten nach *BAG* nicht alle AG gleichzeitig anfechten. Dies führt jedoch zu schwierigen Folgen, weil dann möglicherweise alle Betriebsteile keinen BR mehr haben.

80 *BAG* 25.2.20 – 1 ABR 39/18, juris.

81 *ArbG Darmstadt* 2.6.16 – 6 BV 19/14.

an organisatorischer Selbständigkeit für einen eigenen Betrieb oder Betriebsteil,[82] selbst wenn der abschließend entscheidende Vorgesetzte im Ausland seinen Sitz hat. Allerdings reicht eine fachbezogene Weisungsbefugnis mit nicht nennenswerten Entscheidungsbefugnissen in personellen Angelegenheiten, wie die Anordnung von Urlaub und Dienstreisen, nicht aus, um einen eigenständigen Betrieb oder Betriebsteil zu erzeugen.[83]

12 Die Wahl eines BR kann nicht mit der Begründung angefochten werden, Mitglieder einer bestimmten Beschäftigungsgruppe im Betrieb seien keine AN i. S. des § 5 Abs. 1, wenn bereits in einem früheren Beschlussverfahren rechtskräftig festgestellt wurde, dass solche Beschäftigten betriebsverfassungsrechtlich AN sind und sich die tatsächlichen Umstände zwischenzeitlich nicht wesentlich geändert haben.[84]

13 Die **fehlende Angabe des Ortes der Wahlräume** (vgl. § 3 Abs. 2 Nr. 11 WO) stellt dann keinen Verstoß gegen eine wesentliche Vorschrift des Wahlverfahrens dar, wenn eine Ergänzung so rechtzeitig erfolgt, dass für die Wahlberechtigten keine Einschränkung ihres Wahlrechts eintritt.[85] Die Wahl wird dagegen als anfechtbar angesehen, wenn die der deutschen Sprache nicht mächtigen **ausländischen AN nur in deutscher Sprache** über die Wahl unterrichtet werden. Dem WV kann jedoch nicht abverlangt werden, dass er jede im Betrieb vertretene Sprache berücksichtigen muss. Es genügt, wenn in den häufiger vertretenen Sprachen unterrichtet wird. Anfechtbar ist die Wahl auch, wenn die **sechswöchige Aushangfrist** für das Wahlausschreiben um einen Tag **unterschritten wird und keine Wahlumschläge** bei der Stimmabgabe benutzt werden.[86]

14 Ein zur Anfechtung berechtigender Verstoß liegt nicht vor, wenn der WV vom ArbG bestellt worden ist, obwohl der BR oder die Betriebsversammlung für die Bestellung zuständig gewesen wäre oder umgekehrt. Es ist auch unschädlich, wenn der WV die in den Wahlvorschlägen enthaltenen **Kennworte** in den Stimmzetteln durch allgemein geläufige und im Kreis der Wahlberechtigten allgemein bekannte Abkürzungen ersetzt, wenn hinsichtlich der Identität keine Zweifel bestehen.[87] Das Nutzen von Kennworten, die zu Verwechslungen oder falschen Annahmen beim Wähler führen können, kann auch zur Wahlanfechtung berechtigen,[88] vgl. auch § 7 WO, Rn. 4–6 und § 27 WO zur Gewerkschaftsliste.

15 Ein Verstoß gegen wesentliche Wahlvorschriften reicht für eine Anfechtung nicht aus, wenn durch den Verstoß das **Wahlergebnis nicht geändert oder beeinflusst** werden konnte. So ist die Anfechtung nicht begründet, wenn nicht wahlberechtigte AN mitgewählt haben, dies aber nur in einem Umfang geschehen ist, der für das Wahlergebnis unerheblich war. Selbst die vorzeitige Schließung des Wahlraumes begründet keine Anfechtung, wenn feststeht, dass dadurch kein Wahlberechtigter von der Stimmabgabe abgehalten worden ist.[89] Die Berichtigung eines Verstoßes während des Wahlverfahrens hat grundsätzlich durch den WV zu erfolgen. Der WV kann z. B. fehlerhafte Angaben im Wahlausschreiben berichtigen, wenn eine offenbare Unrichtigkeit vorliegt. Das ist bei bloßen Schreib- oder Rechenfehlern regelmäßig gegeben. So liegt etwa eine offenbare Unrichtigkeit vor, wenn eine Gesamtzahl der BR-Mitglieder angegeben ist, die das Gesetz nicht kennt, z. B. eine gerade Zahl. Eine offenbare Unrichtigkeit liegt aber nicht vor, wenn durch Rechenfehler eine falsche Verteilung der Sitze erfolgte oder wenn die Gesamtzahl der BR-Mitglieder zwar eine ungerade Zahl ergibt, aber zu hoch oder zu niedrig festgesetzt wurde.[90] Können fehlerhafte Angaben im Wahlausschreiben **nicht mehr berichtigt** werden,

---

82 *HessLAG* 13.4.11 – 8 Sa 922/10; *ArbG Frankfurt* 21.7.09 – 12 BV 184/09, 12 BV 184/09; vgl. auch § 1 Rn. 96 ff.

83 *LAG Hessen* 8.5.17 – 16 TaBV 224/16.

84 *BAG* 20.3.96 – 7 ABR 41/95, AuR 96, 408.

85 *BAG* 19.9.85, AP Nr. 12 zu § 19 BetrVG 1972.

86 *LAG Hamm* 27.1.82, DB 82, 2252.

87 *BAG* 3.6.69, AP Nr. 17 zu § 18 BetrVG.

88 *LAG Hamm* 18.3.11 – 13 TaBV 98/10 – wegen Führung des Kennwortes »IG Metall«, ohne berechtigt zu sein; *BAG* 15.5.13 – 7 ABR 40/11; *Homburg*, AiB 10/13, 572 ff.; vgl. auch *LAG Düsseldorf* 4.8.20 – 10 TaBV 42/19, juris.

89 Vgl. *BAG* 19.9.85, AP Nr. 12 zu § 19 BetrVG 1972.

90 Zur Frage der Anfechtung der BR-Wahl bei der Festlegung einer unzutreffenden Zahl von BR-Mitgliedern vgl. *BAG* 12.10.76, AP Nr. 1 zu § 8 BetrVG 1972 und 12.10.76, AP Nr. 5 zu § 19 BetrVG 1972; vgl. auch *BAG* 29.5.91 – 7 ABR 67/90, BB 92, 136; vgl. ferner Rn. 37.

weil nicht lediglich eine bloße offenbare Unrichtigkeit vorliegt, ist ggf. ein **neues Wahlausschreiben** zu erlassen, wobei dann die Fristen zur Einreichung von Wahlvorschlägen nach § 6 Abs. 1 Satz 2 WO neu zu laufen beginnen. Soweit Berichtigungen und Ergänzungen des Wahlausschreibens zulässig sind, haben sie durch Beschluss des WV zu erfolgen. Entsprechendes gilt für einen notwendig werdenden Neuerlass des Wahlausschreibens.

2. Einstweilige Verfügung

Entscheidungen und Maßnahmen des WV können bereits **vor Abschluss** der BR-Wahl **gerichtlich angegriffen werden.**[91] Da die Wahl, insbesondere beim vereinfachten Wahlverfahren für Kleinbetriebe nach § 14a, in einem relativ schmalen Zeitfenster abläuft, wird regelmäßig nur die einstweilige Verfügung nach § 85 Abs. 2 ArbGG eine realistische Möglichkeit der Einflussnahme bieten[92]. Dabei ist grundsätzlich zwischen dem Abbruch der Wahl und dem korrigierenden Eingriff in die laufende Wahl durch eine sog. **Leistungsverfügung** zu unterscheiden. Bei Abbruch ist wiederum zwischen der drohenden **Nichtigkeit** und der drohenden **Anfechtbarkeit** zu unterscheiden. Ein Abbruch oder eine Aussetzung der laufenden BR-Wahl im Wege der einstweiligen Verfügung ist nur zulässig, wenn bereits zum Zeitpunkt der Antragstellung im Verfahren zuverlässig erkennbar ist, dass die Wahl **nichtig** (zur Nichtigkeit siehe Rn. 39) sein wird. 16

Sollte die Wahl zuverlässig erkennbar **anfechtbar** sein, so ist diese **nicht** abzubrechen, sondern maximal ist korrigierend im Wege der Leistungsverfügung einzugreifen (siehe Rn. 22). Sollte auch dies nicht möglich sein, weil beispielsweise die Wahl schon zu weit fortgeschritten ist, um noch korrigierend eingreifen zu können, so ist die gesetzliche Wertung hinzunehmen, dass die Wahl nur im Nachhinein im Wege der Anfechtung angegriffen werden kann und der gewählte BR, solange das Anfechtungsverfahren nicht rechtskräftig abgeschlossen ist, im Amt verbleibt. Denn genau dies ist die Absicht des Gesetzgebers gewesen[93]. 17

Der Abbruch der laufenden BR-Wahl im einstweiligen Verfügungsverfahren (EV) ist ein deutliches Plus zur Wahlanfechtung nach § 19, welches so im Gesetz nicht normiert ist[94].

Teilweise wird differenzierend darauf hingewiesen, dass die Grundlage für eine EV auch gegeben sein kann, wenn die Weiterführung der Wahl mit Sicherheit eine erfolgreiche Anfechtung zur Folge hätte.[95] Als Gründe werden hierfür angeführt, dass es ein Demokratiedefizit[96] gäbe, weil eine unzutreffende Anzahl von Mitgliedern eines BR gewählt wurden. Als weiteres Argument wird die finanzielle Belastung des AG mit den Kosten einer weiteren Wahl ins Feld geführt.[97] 18

Zunächst ist dieser Auffassung entgegen zu halten, dass nur, weil eine Anfechtung möglich wäre, diese nicht zwingend auch eingereicht wird. In einer unbekannten – vermutlich hohen – Zahl von Fällen wird in den Betrieben auf eine Wahlanfechtung verzichtet, weil mit dem Wahlergebnis AG und Belegschaft zufrieden sind und sich deshalb nicht mit formalen Fehlern einer Wahl aufhalten möchten. Dieser politischen Bewertung der Wahl durch die Belegschaft und den AG wird bei einem Abbruch im Vorfeld der Wahl durch EV nicht Rechnung getragen. 19

---

91 *BAG* 15.12.72, AP Nr. 1 zu § 14 BetrVG 1972; GK-*Kreutz*, § 18 Rn. 64 ff. m. w. N.

92 Vgl. dazu umfassend *Zwanziger*, DB 99, 2264.

93 ErfK-*Koch*, § 18, Rn. 7.

94 *LAG Düsseldorf* 25.3.20 – 7 TaBVGa 2/20, juris; so grundsätzlich auch *LAG Köln* 27.12.89, DB 90, 539; *LAG Hessen* 21.5.90 – 12 TaBVGa 113/90, BB 91, 417; *LAG Hamm* 9.9.94 – 3 TaBV 137/94, BB 95, 260; *LAG Köln* 8.5.06 – 2 TaBV 22/06; vgl. auch *Fitting*, § 18 Rn. 42; GK-*Kreutz*, § 18 Rn 75; *Held*, DB 85, 1691 f.

95 Vgl. *LAG Hamm* 14.12.89, DB 90, 1571; *LAG Düsseldorf* 1.7.91 – 11 Ta BV 66/91; vgl. auch *LAG Hessen* 3.5.10 – 9 TaBVGa 82/10; Berlin 7.7.06, NZA 06, 509; vgl. auch *LAG Baden-Württemberg* 6.3.06 – 13 TaBV 4/06, AuR 06, 213; **a. A.** *LAG Hamburg* 26.4.06 – 6 TaBV 6/06, das jedoch verkennt, dass eine fehlerhafte Festsetzung der zu wählenden BR-Mitglieder nur zur Anfechtbarkeit und nicht zur Nichtigkeit der Wahl führt; *Fitting*, Rn. 22.

96 *Veit/Wichert*, DB 06, 390 ff.

97 *Bram*, Wahlstop im Eilbeschlussverfahren, FA 06, 66 ff.

20 Die Verkennung der Anzahl, der zu wählenden BR-Mitglieder, rechtfertigt auch **nicht** die Aussetzung des Wahlverfahrens wegen der damit angeblich verbundenen fehlenden demokratischen Legitimation des neu gewählten BR. Die entscheidende Grundlage der demokratischen Legitimation ist die ordnungsgemäße Durchführung der Wahl und nicht die bloße Anzahl der gewählten BR-Mitglieder.[98]

Ebenso führt die Nichtzulassung einer Kandidatenliste durch den Wahlvorstand nicht zum Abbruch der Wahl, sondern nur zu deren Anfechtbarkeit[99].

Auch die versehentliche Nutzung des unrichtigen **Wahlverfahrens** – z. B. nach der Erhöhung der Schwellenwerte für das vereinfachte Wahlverfahren – führt nicht zu einem Abbruch der Wahl, sondern rechtfertigt nur deren anschließenende Anfechtung.[100]

Eine Aussetzung der Wahl ist auch **nicht** wegen des damit verbundenen **Kostenrisikos für den AG** gerechtfertigt. Die Gefahr, dass es für eine gewisse Zeit zu einem betriebsratslosen Zustand kommt, ist im Rahmen einer **Interessenabwägung** für die AN höher zu bewerten als das mögliche Kostenrisiko des AG im Falle einer evtl. Wahlanfechtung.[101] Zumal die Wahl in vielen Fällen nicht löschen zu Beginn des Wahlverfahrens, sondern erst im Laufe der Wahl abgebrochen wird. Dann ist ein Großteil der Kosten der Wahl bereits aufgelaufen und eine Ersparnis; auch mit dem Gesichtspunkt der Verfahrenskosten, fällt nicht an oder sie ist nur gering.

21 Da bei solchen Streitigkeiten im einstweiligen Verfügungsverfahren der Rechtschutz bei den Landesarbeitsgerichten endet, hat sich in der Rechtsprechungspraxis eine bunte Landschaft herausgebildet[102], die zu einer gewissen Verunsicherung der Wahlvorstände in der Praxis der Wahlen führt, weil schwierige Entscheidungen des WV zu einem Abbruch der Wahlen führen können. Mit dem Beschluss des BAG vom 27.7.2011[103] dürfte die Landschaft der unterschiedlichen LAG-Entscheidungen jedoch übersichtlicher werden, weil der Senat den gerichtlichen Abbruch der Wahl nur in Fällen einer drohenden Nichtigkeit für gerechtfertigt gehalten hat.[104] Inzwischen dürfte sich jedoch die Auffassung, dass eine BR-Wahl nur bei drohender Nichtigkeit abgebrochen werden kann, durchgesetzt haben.[105] Auch die fehlerhafte Bestellung des WV führt in aller Regel nicht zur Nichtigkeit der Wahl und deshalb auch nicht zu deren Abbruch.[106]

22 Unter bestimmten Voraussetzungen kann eine **sog. Leistungsverfügung** in Betracht kommen, also eine einstweilige Verfügung, die zu einer Berichtigung oder einer »Nachbesserung« der Handlungen des WV in der Weise führt, dass berichtigend in das Wahlverfahren eingegriffen wird und dem WV bestimmte einzelne Maßnahmen aufgegeben oder untersagt werden.[107] An eine sog. Leistungsverfügung, mit der Wahlfehler während des laufenden Wahlverfahrens korrigiert werden sollen, sind jedoch **strenge Anforderungen** zu stellen.[108] Ein Eingriff in das Wahlverfahren durch eine sog. Leistungsverfügung setzt voraus, dass mit Sicherheit ein

---

98 Es hat auch niemand in Gänze die demokratische Grundlage des Bundestages in Zweifel gezogen und ernsthaft seine Auflösung gefordert, weil es gemäß der Entscheidung des *BVerfG* (2 BvC 1/07) zu viele Überhangmandate gab. Vgl. auch *Zwanziger*, DB 99, 2264 ff. a. A. *Veit/Wichert*, DB 06, 390 ff.

99 *HessLAG* 9. Kammer vom 20.2.14 – 9 TaBVGa 11/14.

100 *LAG München* 20.5.22– 5 TaBVGa 2/22; vgl. auch *BAG* 27.7.11 – 7 ABR 61/10.

101 Vgl. *LAG Düsseldorf* 1.7.91 – 11 TaBV 66/91; *ArbG Düsseldorf* 23.3.81 – 5 BV Ga 5/81; *ArbG München* 3.4.84 – 15 BV 26/84; *ArbG Lingen* 3.3.87, NZA 88, 40; vgl. auch *Held*, a. a. O., S. 1694.

102 Für einen Abbruch der BR-Wahl nur bei sicher feststellbarer Nichtigkeit: *LAG Hamm* 10.4.75, DB 75, 1176; *LAG München* 3.8.88, BB 89, 147; *LAG Baden-Württemberg* 20.5.98 – 8 TaBVGa 9/98, AiB 98, 401; *LAG Baden-Württemberg* 5.3.10 – 15 TaBVGa 1/10; *LAG Hessen* 17.2.05 – 9 TaBVGa 28/05; *ArbG Darmstadt* 9.7.09 – 7 BVGa 17/09 Für einen Abbruch **auch** bei sicher feststellbarer Anfechtbarkeit: *LAG Schleswig-Holstein* 19.3.10 – 4°TaBVGa 5/10; *LAG Hamm* 14.8.09 – 10 TaBVGa 30/09; *LAG Hessen* 28.5.08 – 9 TaBVGa 133/08; *LAG Hamburg* 19.4.10 – 7 TaBVGa 2/10; differenzierend *LAG Nürnberg* 8.2.11 – 6 TaBVGa 17/10.

103 *BAG* 27.7.11 – 7 ABR 61/10.

104 Vgl. zum aktuellen Meinungsstand *Homburg/Fay*, AuR 12, 290 ff.

105 Beispielhaft: *LAG Hessen* 20.2.14 – 9 TaBVGa 11/ 14; sowie *LAG Hamm* 4.4.14 – 13 TaBVGa 8/14.

106 *BAG* 27.7.11 – 7 ABR 61/10.

107 Ebenda und vgl. GK-*Kreutz*, § 18 Rn. 76; vgl. auch *Held*, DB 85, 1691 ff.

108 GK-*Kreutz*, § 18 Rn. 77; kritisch auch *Held*, a. a. O., S. 1692; vgl. auch *LAG München* 14.4.87, DB 88, 347, das es als unzulässig ansieht, dem WV aufzugeben, das Wahlausschreiben hinsichtlich der Zahl der zu wählenden BR-Mitglieder zu berichtigen.

wesentlicher Fehler vorliegt, der zweifelsfrei die Nichtigkeit oder Anfechtbarkeit der Wahl begründet und dieser Fehler durch die einstweilige Verfügung noch korrigierbar ist.[109] Bei **sehr schwerwiegenden Fehlern** soll auch in Betracht kommen, den **Wahlgang abzubrechen und neu einzuleiten.**[110] Gegenüber einem (nur) berichtigenden Eingriff in das laufende Wahlverfahren sind eher noch gesteigerte Anforderungen zu stellen, wenn durch die einstweilige Verfügung das laufende Wahlverfahren abgebrochen werden soll.[111] Grundsätzlich ist festzuhalten, dass nur bei drohender Nichtigkeit die BR-Wahl abgebrochen werden kann. Der Eingriff in die laufende BR-Wahl per Leistungsverfügung ist nur dann zulässig, wenn dadurch keine betriebsratslose Zeit entsteht. Andernfalls würde ein Wertungswiderspruch zur gesetzlichen normierten Anfechtung entstehen (siehe zur Begründung Rn. 19).[112] Soll dem WV durch eine einstweilige Verfügung die weitere Durchführung einer eingeleiteten BR-Wahl einstweilen vollständig untersagt werden (zu den Voraussetzungen vgl. Rn. 16), ist der WV Beteiligter des Verfahrens und kann gegen einen erstinstanzlichen Beschluss, der die weitere Durchführung vorläufig untersagt, Beschwerde einlegen.[113]

3. Anfechtungsberechtigte und Anfechtungsfrist

In Abs. 2 wird **abschließend** angeführt, wer zur Anfechtung einer BR-Wahl berechtigt ist. Danach sind anfechtungsberechtigt: 23

- drei oder mehr wahlberechtigte AN des Betriebes;
- jede im Betrieb vertretene Gewerkschaft;
- der AG.

Die Anfechtungsberechtigung führt jedoch noch nicht dazu, dass in jedem Falle ein Rechtsschutzbedürfnis besteht, das zur Einleitung eines Anfechtungsverfahrens berechtigt. Auf der AN-Seite wird eine Anfechtung nicht in Betracht kommen, wenn sie lediglich auf die Verkennung des Betriebsbegriffs gestützt werden soll; das gilt umso mehr, als für diese Rechtsfragen das besondere Verfahren nach § 18 Abs. 2 vorgesehen ist und – anders als bei der Anfechtung – (mindestens drei) wahlberechtigte AN dieses Verfahren nicht führen können. Andererseits setzt die Anfechtungsberechtigung nach § 19 nicht unbedingt eine besondere Eigenbetroffenheit der Anfechtungsberechtigten voraus.[114] Das Rechtsschutzinteresse für einen Antrag, die Wahl für unwirksam zu erklären, entfällt mit Ablauf der Amtszeit des Gremiums, dessen Wahl angefochten wird.[115]

Anfechtungsberechtigt ist nicht der **BR,** was selbstverständlich nicht ausschließt, dass einzelne Mitglieder dieses Betriebsverfassungsorgans als AN die Anfechtung betreiben;[116] ebenso nicht der WV als solcher.[117] Kein Anfechtungsrecht hat der **einzelne AN,** auch wenn er bei ordnungsgemäßer Durchführung der Wahl gewählt worden wäre.[118] 24

Soweit **mindestens drei wahlberechtigte AN** die Wahl anfechten können, steht ihnen dieses Recht als Individualrecht zu.[119] Anfechtungsberechtigt sind auch die in § 7 Satz 2 angeführten AN unter der Voraussetzung, dass sie die Wahlberechtigung haben.[120] Die AN müssen sich daher nicht von vornherein zu einer Gruppe mit dem Ziel zusammenschließen, die Wahl an- 25

---

109 Vgl. *LAG Hamm* 18.9.96 – 3 TaBV 108/96, BB 96, 2622; vgl. auch *LAG Baden-Württemberg* 1.3.94 – 8 TaBV 1/94, AiB 94, 420.
110 Vgl. *Hanau,* DB-Beilage 4/86, S. 10f.
111 Vgl. *LAG Baden-Württemberg* 1.3.94, a.a.O.; vgl. auch *LAG Baden-Württemberg* 13.4.94 – 9 TaBV 4/94, AiB 94, 420; *LAG Frankfurt* 16.7.92 – 12 TaBVGa 112/92, NZA 93, 1008.
112 *LAG Köln* 8.12.21 – 11 TaBVGa 9/21, juris; hinsichtlich der Frage der betriebsratslosen Zeit differenzierend und zu weitgehend: *LAG Berlin-Brandenburg* 14.12.21 – 21 TaBVGa 1658/21, juris.
113 Vgl. *LAG Frankfurt* 21.3.90, NZA 93, 1008, das auch dem AG eine solche Beschwerdebefugnis zuspricht.
114 *LAG Köln* 4.5.00 – 10 TaBV 56/99, AiB 01, 353.
115 *BAG* 13.3.91 – 7 ABR 5/90, NZA 91, 946.
116 *Halberstadt,* Rn. 10.
117 Vgl. *BAG* 14.11.75, AP Nr. 1 zu § 18 BetrVG 1972.
118 *BAG* 20.4.56, AP Nr. 3 zu § 27 BetrVG.
119 *BAG* 4.12.86, AP Nr. 13 zu § 19 BetrVG 1972; GK-*Kreutz,* Rn. 66.
120 *Fitting,* Rn. 29 m.w.N.

zufechten. Sie sind keine notwendigen Streitgenossen i. S. d. § 62 ZPO. Wird der Anfechtungsantrag nicht gemeinsam gestellt, sind die Anträge miteinander zu verbinden.[121] Da die anfechtenden AN nicht als Gruppe handeln, wird ein von mehr als drei AN eingeleitetes Wahlanfechtungsverfahren nicht unzulässig, wenn einzelne AN während der **Dauer des Verfahrens aus dem Arbeitsverhältnis** ausscheiden oder auf andere Weise die Wahlberechtigung verlieren. Voraussetzung bleibt aber, dass **mindestens drei wahlberechtigte AN** das Anfechtungsverfahren weiter betreiben.[122] Die AN, die die Anfechtung betreiben, müssen den Wahlanfechtungsantrag selbst unterschreiben oder sich rechtswirksam vertreten lassen. Das Einreichen einer Antragsschrift, die ein AN als Erklärungsbote »im Auftrag« für weitere AN unterschreibt, genügt nicht.[123]

26 Jeder anfechtende AN kann seinen Antrag in der ersten Instanz **ohne Zustimmung der übrigen Beteiligten** zurücknehmen.[124] Das *BAG* hat damit seine frühere Rspr., dass der Antrag von den drei anfechtenden AN nur gemeinsam zurückgenommen werden kann, aufgegeben.[125] Für einen AN, der nach Antragstellung ausscheidet, kann nach Ablauf der Anfechtungsfrist **weder ein anderer wahlberechtigter AN**[126] **noch eine im Betrieb vertretene Gewerkschaft**[127] neu in das Verfahren eintreten. Bei Rücknahme einzelner Anträge müssen grundsätzlich drei Antragsteller übrigbleiben (vgl. auch Rn. 21).

27 Soweit die **Gewerkschaft** als Antragsteller auftritt, muss die Verfahrensvoraussetzung, dass sie im **Betrieb vertreten ist,** während des **ganzen Anfechtungsverfahrens** gegeben sein.[128] Eine Anfechtung durch die Gewerkschaft wegen Unrichtigkeit der Wählerliste setzt nicht voraus, dass ein AN vorher gegen die Wählerliste Einspruch eingelegt hat.[129] Das Rechtsschutzinteresse für die Anfechtung einer BR-Wahl wegen nicht erfolgter Aufnahme eines bestimmten Personenkreises in die Wählerliste besteht für eine Gewerkschaft jedenfalls dann fort, wenn ein neues UN errichtet wird, dem der streitige Personenkreis angehören soll, aber auf Grund der veränderten Sachlage noch kein neuer BR gewählt worden ist.[130] Erfolgt die Anfechtung der Gewerkschaft durch eine Gliederung, die dem Hauptvorstand oder Bundesvorstand nachgeordnet ist – wie etwa durch eine örtliche Verwaltungsstelle –, muss die satzungsmäßige Berechtigung gegeben sein.[131] Die Anfechtung durch eine nicht nach der Satzung zuständigen Stelle, z. B. einer Verwaltungsstelle, führt dazu, dass die Anfechtung unzulässig ist. Die mangelnde Anfechtungsberechtigung wird nicht dadurch geheilt, dass sie nach Ablauf der Anfechtungsfrist nach § 19 Abs. 2 Satz 2 BetrVG von der für die Anfechtung zuständigen Stelle, wie dem Hauptvorstand der Gewerkschaft, genehmigt wird.[132]

28 Anfechtungsberechtigt ist der **AG, in dessen Betrieb die BR-Wahl** stattgefunden hat. Nur dieser AG hat ein schutzwürdiges Interesse an der Überprüfung der Bildung und Zusammensetzung des BR, da die Bestimmung des § 19 Abs. 2 Satz 1 in einem engen Zusammenhang mit § 2 Abs. 1 und den sich hieraus ergebenden Zuständigkeiten des AG als Organ der Be-

---

121 GK-*Kreutz*, a. a. O.

122 GK-*Kreutz*, Rn. 68 m. w. N., nach dessen Auffassung mindestens drei Wahlberechtigte die Anfechtung jedenfalls bis zum Ende der letzten mündlichen Tatsachenverhandlung in der Beschwerdeinstanz tragen müssen; so auch *VerwG EKD* 10. 4. 97, NZA 98, 1135, zur Wahlanfechtung einer Mitarbeitervertretung nach kirchlichem/diakonischem Mitarbeitervertretungsrecht; vgl. auch *BAG* 4. 12. 86, AP Nr. 13 zu § 19 BetrVG 1972, das zwar ebenfalls verlangt, dass mindestens drei AN das Verfahren weiter betreiben, aber unter Aufgabe der Rspr. 10. 6. 83, AP Nr. 10 zu § 19 BetrVG 1972, den Fortbestand der Wahlberechtigung während des Verfahrens nicht mehr als zwingende Voraussetzung ansieht; vgl. aber auch *BAG* 15. 2. 89, DB 89, 2626, das einen Wegfall des Rechtsschutzbedürfnisses und damit die Unzulässigkeit des Wahlanfechtungsverfahrens als gegeben ansieht, wenn alle Wahlanfechtenden während des Beschlussverfahrens endgültig aus ihren Arbeitsverhältnissen ausscheiden.

123 *LAG Frankfurt* 23. 2. 89 – 12 TaBV 157/88.

124 *BAG* 12. 2. 85, AP Nr. 11 zu § 19 BetrVG 1972.

125 Vgl. *BAG* 8. 12. 70, AP Nr. 21 zu § 76 BetrVG.

126 *BAG* 12. 2. 85, a. a. O.

127 *BAG* 10. 6. 83, AP Nr. 10 zu § 19 BetrVG 1972.

128 *BAG* 21. 11. 75, AP Nr. 6 zu § 118 BetrVG 1972.

129 *BAG* 29. 3. 74, AP Nr. 2 zu § 19 BetrVG 1972.

130 *BAG* 25. 6. 74, AP Nr. 3 zu § 19 BetrVG 1972.

131 Vgl. *BAG* 1. 6. 66, DB 66, 1438; 29. 3. 74, DB 74, 1342, 1680.

132 *LAG Düsseldorf* 12. 12. 06 – 12 TaBV 95/06 n. v.

triebsverfassung zu sehen ist.[133] Haben sich **zwei oder mehrere AG** zu einer **BGB-Gesellschaft** zusammengeschlossen, so ist zur Anfechtung der Wahl des BR in diesem Betrieb als AG nur die BGB-Gesellschaft berechtigt, nicht aber ein einzelner Gesellschafter.[134] Dementsprechend sind, wenn zwei oder mehrere UN einen Betrieb gebildet haben, nur die UN insgesamt zur Anfechtung berechtigt. Nach einem Betriebsübergang ist der Veräußerer des Betriebs nicht mehr anfechtungs- und beschwerdeberechtigt.[135] Anfechtungsberechtigt ist auch nicht ein AG, der **AN einem anderen AG** überlassen hat, wenn in dessen Betrieb eine BR-Wahl stattgefunden hat. Das gilt auch, wenn die überlassenen AN nach § 7 Satz 2 an der BR-Wahl teilgenommen haben.[136] Einem AG, der aktiv die Verhinderung der BR-Wahl betrieben hat, ist es nach erfolgter Wahl grundsätzlich verwehrt, die Anfechtung zu betreiben.[137]

Von der Anfechtungsberechtigung ist die **Beteiligungsbefugnis** zu unterscheiden. Beteiligte 29
sind nach § 83 Abs. 3 ArbGG neben dem Antragsteller der BR (bei Teilanfechtungen gegen eine Gruppe oder einzelne BR-Mitglieder vgl. Rn. 26 f., 38) sowie jeder, der in seiner **betriebsverfassungsrechtlichen Rechtsposition** durch das Anfechtungsverfahren betroffen ist. Das ist regelmäßig der AG, in dessen Betrieb die Wahl des dort bestehenden BR angefochten wird (vgl. Rn. 24), und die im Betrieb vertretene Gewerkschaft; der WV nur dann, wenn seine Amtszeit noch nicht abgelaufen ist. Die Ansicht, dass die im Betrieb vertretene Gewerkschaft, wenn sie von ihrem Anfechtungsrecht keinen Gebrauch gemacht hat, nicht gemäß § 83 Abs. 3 ArbGG Beteiligte des Wahlanfechtungsverfahrens ist,[138] verkennt die **umfassende Unterstützungs- und Beratungsfunktion der Gewerkschaft** im Rahmen der Betriebsverfassung. Entgegen der Auffassung des *BAG* kommt es deshalb nicht darauf an, ob und inwieweit die im Betrieb vertretene Gewerkschaft generell Hüter einer ordnungsgemäßen BR-Wahl ist.[139] Ihre umfassende Unterstützungs- und Beratungsfunktion führt zu eigenen gewerkschaftlichen Rechten im Rahmen der Betriebsverfassung (vgl. § 2 Rn. 27 ff.). Schon von daher hat die Gewerkschaft ein berechtigtes Interesse, mit einem ordnungsgemäß zusammengesetzten BR zusammenzuarbeiten. Daher besteht ihre Beteiligungsbefugnis auch dann, wenn sie von dem eigenen Anfechtungsrecht keinen Gebrauch gemacht hat. Spätestens nach Bekanntgabe durch die Gewerkschaft an einem laufenden Wahlanfechtungsverfahren in ihrem Zuständigkeitsbereich gehört werden zu wollen, ist sie somit zu beteiligen.

Die Anfechtung wird sich regelmäßig gegen den **neu gewählten BR** richten. Sie kann aber auch 30
gegen ein **einzelnes BR-Mitglied** gerichtet sein, wenn lediglich dessen Wahl fehlerhaft ist.[140] Einwendungen gegen die Wahl einzelner BR-Mitglieder, die nicht wählbar gewesen sind oder ihre Wählbarkeit nachträglich verlieren, können auch nach Ablauf der Anfechtungsfrist des § 19 Abs. 2 vorgebracht werden, und zwar nach § 24 Abs. 1 Nrn. 4 und 6.[141] In den Betrieben der Post-UN kann sich die Anfechtung im Fall der Gruppenwahl nur auf eine Gruppe beschränken, wenn der Anfechtungsgrund nur diese Gruppe betrifft.[142] Bei einer erfolgreichen Anfechtung werden nur die Mitglieder dieser Gruppe neu gewählt. Bis zur Neuwahl rücken Ersatzmitglieder der anderen Gruppe in den BR nach.[143] Der WV ist **nicht Anfechtungsgegner,** da sein Amt mit der Durchführung der konstituierenden Sitzung des BR (§ 29 Abs. 1) erloschen ist (vgl. § 16 Rn. 20). Das schließt nicht aus, dass ehemalige Mitglieder des WV vom ArbG als Auskunftspersonen herangezogen werden.[144] Der WV als solcher ist auch dann nicht Beteiligter in

133 *BAG* 28.11.77, AP Nr. 6 zu § 19 BetrVG 1972.
134 *BAG* 28.11.77, a.a.O.
135 *LAG Düsseldorf* 8.1.79, BB 79, 938.
136 *ArbG Frankfurt/M.* 22.5.02, NZA-RR 03, 26; Richardi-*Thüsing,* Rn. 41.
137 Ähnlich *ArbG Kiel* 13.11.03, AiB 04, 66.
138 So *BAG* 19.9.85, AP Nr. 12 zu § 19 BetrVG 1972 unter Aufgabe der bisherigen Rspr., vgl. *BAG* 15.8.78, AP Nr. 3 zu § 47 BetrVG 1972 und 10.6.83, AP Nr. 10 zu § 19 BetrVG 1972; vgl. auch *BAG* 27.1.93 – 7 ABR 37/92, NZA 93, 949.
139 Vgl. *BAG* 19.9.85, a.a.O.
140 *BAG* 7.7.54, AP Nr. 1 zu § 24 BetrVG; ebenso *BAG* 11.6.97 – 7 ABR 24/96, NZA 98, 162, zur Wahlanfechtung eines einzelnen Aufsichtsratsmitglieds der AN-Vertreter nach § 22 Abs. 1 MitbestG.
141 *BAG* 11.4.58, AP Nr. 1 zu § 6 BetrVG.
142 Vgl. *BAG* 20.5.69, AP Nr. 1 zu § 5 BetrVG.
143 *Fitting,* Rn. 47 m.w.N.
144 *Fitting,* Rn. 43.

einem Anfechtungsverfahren, wenn die Anfechtung mit Mängeln seiner Bestellung oder seines Verfahrens begründet wird.[145]

31 Der Antragsteller muss angeben, worauf sich die Anfechtung stützt. Er muss daher einen betriebsverfassungsrechtlich **erheblichen Tatbestand** vortragen, der möglicherweise die Anfechtung der BR-Wahl rechtfertigt.[146] Der Antrag muss zum Ziel haben, die Ungültigkeit der Wahl festzustellen. Ist die Wahl frist- und ordnungsgemäß angefochten worden, so muss das ArbG von Amts wegen **weiteren Anfechtungsgründen,** die im Laufe des Verfahrens sichtbar werden, nachgehen.[147] Es besteht allerdings **keine Ausforschungspflicht** des Gerichts.[148] Die teilweise Anfechtung einer BR-Wahl, etwa bezogen auf die Wahl einer bestimmten Vorschlagsliste, ist unzulässig.[149] Der Antrag an das ArbG kann allerdings eine Korrektur des Wahlergebnisses anstreben.[150] Grundsätzlich gilt, dass durch den innerhalb der Wahlanfechtungsfrist gestellten Antrag der Wahlprüfungsauftrag des Gerichts gegenständlich bestimmt und begrenzt wird.[151]

32 **Eidesstaatliche Versicherungen** von AN, mit denen diese bestätigen, welche Liste sie bei einer BR-Wahl gewählt haben, sind im Anfechtungsverfahren **nicht verwertbar.** Die Verwertung würde gegen den Grundsatz der geheimen Wahl verstoßen.[152]

33 Tritt vor einer rechtskräftigen Entscheidung des Gerichts über die Anfechtung der **BR zurück** und hat er einen WV zur Einleitung einer Neuwahl **bestellt,** ist nach Auffassung des *BAG* das Anfechtungsverfahren nicht einzustellen.[153]

34 Tritt der BR zurück, führt er jedenfalls die Amtsgeschäfte nach § 22 weiter. Der Rücktrittsbeschluss muss allerdings vor der rechtskräftigen Entscheidung über die erfolgreiche Wahlanfechtung erfolgen. Der Eintritt der Rechtskraft kann auch durch Einlegung der Nichtzulassungsbeschwerde verhindert werden.[154] Dies stellt keinen Missbrauch dar. Ziel der Wahlanfechtung ist nämlich nicht eine »Sanktion«, die »Zerschlagung« des BR, sondern die Einleitung von Neuwahlen.[155] Das wird auch durch den Rücktritt erreicht. Das Rechtsschutzinteresse entfällt auch, wenn nur die Wahl eines einzelnen BR-Mitglieds angefochten wird und dieses Mitglied sein Amt niederlegt.[156]

35 Ein Rechtsschutzinteresse an der Feststellung der für die Größe des BR maßgebenden AN-Zahl entfällt, wenn die Wahl durchgeführt und nicht angefochten worden und auch völlig ungewiss ist, ob die aufgetretene Streitfrage bei einer zukünftigen BR-Wahl noch eine Rolle spielen kann.[157]

36 Die Anfechtung hat innerhalb einer Frist von **zwei Wochen** nach Bekanntgabe des Wahlergebnisses zu erfolgen (zum Fristbeginn und -ende vgl. Rn. 37). Es handelt sich dabei um das Wahlergebnis, das der WV nach § 19 WO im Betrieb auszuhängen hat.[158] Die Frist von zwei Wochen zur Anfechtung beginnt nicht zu laufen, wenn die Bekanntgabe des Wahlergebnisses entgegen § 19 WO **verzögert** oder **unvollständig durchgeführt**[159] wird.[160] So könnte eine BR-Wahl möglicherweise für die gesamte Dauer der Wahlperiode anfechtbar bleiben, wenn das Wahlergebnis

145 Vgl. *BAG* 14.1.83, AP Nr. 9 zu § 19 BetrVG 1972.
146 *BAG* 24.5.65, AP Nr. 14 zu § 18 BetrVG.
147 *BAG* 3.6.69, AP Nr. 17 zu § 18 BetrVG.
148 *Fitting,* Rn. 52 m.w.N.
149 *LAG Baden-Württemberg* 30.11.90 – 15 Ta BV 4/90.
150 *Fitting,* Rn. 39; GK-*Kreutz,* Rn. 88 ff.; vgl. auch Rn. 37.
151 *BVerwG* 8.5.92, PersR 92, 311.
152 *ArbG Darmstadt* 15.9.22 – 7 BV 6/22; *ArbG Frankfurt* 24.9.01 – 1518 BV 187/01, AiB 02, 629.
153 *BAG* 29.5.91 – 7 ABR 54/90, NZA 92, 74; *Fitting,* Rn. 31, *BAG* 13.3.91 – 7 ABR 5/90, AP Nr. 20 zu § 19 BetrVG 1972; *LAG Düsseldorf* 16.10.86, DB 87, 177; vgl. auch *LAG Köln* 16.1.91 – 2 TaBV 37/90, LAGE § 19 BetrVG 1972 Nr. 11; a.A. *GL,* Rn. 28; *Müller,* FS Schnorr von Carolsfeld [1972] S. 380.
154 Vgl. *ArbG Hamburg* 2.11.88 – 21 GaBV 4/88.
155 *ArbG Hamburg* 2.11.88, a.a.O.
156 Insoweit auch *Fitting,* Rn. 44.
157 *BAG* 15.12.72, AP Nr. 5 zu § 80 ArbGG 1953.
158 *Fitting,* Rn. 34.
159 *LAG Nürnberg* 28.11.19 – 1 TaBV 18/19.
160 *Fitting,* Rn. 25.

nicht ordnungsgemäß bekannt gemacht wird.[161] Es ist jedoch zulässig, das Anfechtungsverfahren bereits vor der verspäteten Bekanntgabe des Wahlergebnisses anzustrengen.[162]

Im Übrigen bestimmt sich der **Beginn der Frist** nach § 187 Abs. 1 BGB. Die Anfechtungsfrist endet somit **zwei Wochen** später mit Ablauf des Tages, der seiner Benennung nach dem Tage entspricht, an dem das Wahlergebnis durch Aushang bekannt gemacht worden ist. Erfolgte also z. B. der Aushang des Wahlergebnisses an einem Donnerstag, so endet die Frist mit Ablauf des Donnerstags der zweiten darauf folgenden Woche. Ist der letzte Tag der Frist ein Sonnabend, Sonntag oder Feiertag, tritt an dessen Stelle der nächste Werktag (§ 193 BGB). Zur Wahrung der Frist reicht der Eingang der Antragsschrift zur Anfechtung auch bei einem örtlich nicht zuständigen ArbG aus.[163] Innerhalb der Ausschlussfrist muss dem ArbG nicht nur der Anfechtungsantrag, sondern auch die **Begründung** für die Anfechtung zugehen. Ein späteres Nachschieben von weiteren Anfechtungsgründen ist nicht möglich.[164] Das Gericht muss jedoch weiteren Anfechtungsgründen, die im Laufe des Verfahrens sichtbar werden, von Amts wegen nachgehen.[165] Nach Ablauf der zweiwöchigen Anfechtungsfrist, die eine **Ausschlussfrist** ist, erlischt das Anfechtungsrecht. Es kann danach nur noch eine evtl. vorliegende Nichtigkeit der BR-Wahl gerichtlich geltend gemacht werden (zur Frage der Nichtigkeit der BR-Wahl vgl. Rn. 39 ff.). Es gibt auch keine **Wiedereinsetzung in den vorigen Stand.**[166] 37

Die Anfechtung erfolgt im Beschlussverfahren. Die Beteiligten des Wahlanfechtungsverfahrens können Wahlanfechtungsgründe, die sie in das Verfahren eingebracht haben, nicht mehr zurückziehen, da sie über den Streitstoff nicht verfügen. Sie können aber den Anfechtungsantrag insgesamt zurückziehen. 38

4. Folgen der Anfechtung

Eine erfolgreiche Anfechtung entzieht mit der Rechtskraft der Entscheidung dem BR die **Grundlage** für sein **weiteres Bestehen.** Er führt auch nicht mehr die Geschäfte bis zur Neuwahl weiter, da sich § 22 nicht auf diesen Fall bezieht. Die Anfechtung wirkt jedoch nicht zurück: Die bisher vorgenommenen Handlungen einschließlich des Abschlusses von Betriebsvereinbarungen bleiben aus Gründen der Rechtssicherheit wirksam. Insoweit gilt nichts anderes als bei politischen Wahlen.[167] 39

Eine erfolgreiche Anfechtung führt somit zu einem **betriebsratslosen Betrieb.** Der BR, dessen Wahl erfolgreich angefochten worden ist, darf keinen WV mehr bestellen (vgl. zu den Rechtsfolgen eines Rücktritts des BR vor Rechtskraft der Entscheidung Rn. 29), es sei denn, der Beschluss ist noch nicht rechtskräftig.[168] Die Bestellung des WV erfolgt durch den GBR bzw. KBR (vgl. § 17 Abs. 1). Sind diese Betriebsverfassungsorgane nicht vorhanden oder bleiben sie untätig, ist in einer Betriebsversammlung ein WV zu wählen (§ 17 Abs. 2). Unterbleibt die Betriebsversammlung oder wählt diese keinen WV, kann die Bestellung nach § 17 Abs. 4 durch das ArbG erfolgen. 40

Die Folge, dass die BR-Wahl bei einer erfolgreichen Anfechtung zu wiederholen ist, muss nicht eintreten, wenn sich die Anfechtung nicht gegen das Wahlverfahren gerichtet hat, sondern gegen die **Feststellung des Wahlergebnisses.** Das ArbG stellt dann nicht die Unwirksamkeit der Wahl fest, sondern das richtige Wahlergebnis. Auch in diesem Fall hat der Beschluss rechtsgestaltende Wirkung.[169] Die Möglichkeit der **Korrektur des Wahlergebnisses** durch das Gericht ist jedoch begrenzt. Sie ist etwa möglich, wenn es um Fehler des WV bei der Feststellung 41

161 *ArbG Düsseldorf* 28.11.16, 2 BV 286/16.
162 *LAG München* 23.2.52, BB 52, 319.
163 Vgl. *BAG* 15.7.60, AP Nr. 10 zu § 76 BetrVG.
164 *BAG* 24.5.65, AP Nr. 14 zu § 18 BetrVG.
165 Vgl. *BAG* 3.6.69, AP Nr. 17 zu § 18 BetrVG; GK-*Kreutz*, Rn. 106 m. w. N.
166 *Fitting*, Rn. 36; GK-*Kreutz*, Rn. 76; Richardi-*Thüsing*, Rn. 47.
167 Näher zu dieser »Anleihe« aus dem Staatsorganisationsrecht *Däubler*, NZA 1988, 857 [863].
168 Vgl. *Fitting*, Rn. 45, die zutreffend darauf hinweisen, dass der BR den WV noch vor Ablauf der Rechtsmittelfrist bestellen kann; a. A. GK-*Kreutz*, Rn. 125.
169 Vgl. *BAG* 29.5.91 – 7 ABR 67/90, AP Nr. 2 zu § 9 BetrVG 1972; Richardi-*Thüsing*, Rn. 61.

des Wahlergebnisses bei einer im Übrigen ordnungsgemäß durchgeführten Wahl geht.[170] Eine bloße Korrektur des Wahlergebnisses kommt **nicht in Betracht,** wenn der WV von **vornherein** von einer zu hohen Anzahl zu wählender BR-Mitglieder ausgeht. In einem solchen Falle ist die Wahl des BR zu wiederholen.[171]

41a Sollte eine Neuwahl des BR während des laufenden Wahlanfechtungsverfahrens stattgefunden haben, so entfällt in jedem Fall das Rechtschutzbedürfnis für eine weitere Durchführung der Wahlanfechtung und der neu gewählte BR übernimmt die Amtsgeschäfte.[172]

42 Ist die Wahl eines einzelnen BR-Mitglieds erfolgreich angefochten worden, scheidet es mit Rechtskraft der Entscheidung aus dem BR aus. An seine Stelle tritt das nach § 25 in Betracht kommende Ersatzmitglied.[173] Während des Beschlussverfahrens selbst nimmt das BR-Mitglied, dessen Wahl angefochten wurde, allerdings die Amtsgeschäfte wahr. Es wird in dieser Zeit nicht von einem Ersatzmitglied vertreten, es sei denn, es liegen andere Vertretungsgründe vor. Scheidet ein Mitglied des BR auf Grund der Entscheidung eines Gerichtes aus dem Amt, unabhängig davon, ob sich das Verfahren gegen den BR als Gremium oder das einzelne Mitglied richtete, so entfällt der rückwirkende Kündigungsschutz nach § 15 Abs. 1 Satz 2 KSchG nur dann, wenn das Mitglied vorsätzlich gegen Gesetze verstoßen hat. Andernfalls würde ein Wertungswiderspruch entstehen, weil die getroffenen Entscheidungen des BR bei Vorliegen einer erfolgreichen Anfechtung trotzdem bestehen bleiben.[174]

III. Nichtigkeit der Wahl

1. Nichtigkeitsgründe

43 Von der Anfechtung ist die **Nichtigkeit** einer BR-Wahl zu unterscheiden. Nach der Rspr. des BAG ist eine nichtige Wahl des BR nur in **extremen Ausnahmefällen** anzunehmen, in denen gegen allgemeine Grundsätze jeder ordnungsgemäßen Wahl in so hohem Maße verstoßen worden ist, dass auch der Anschein einer dem Gesetz entsprechenden Wahl nicht mehr vorliegt.[175] Das BAG hat seine bisherige Rspr., nach der auch eine Häufung von Mängeln, die für sich allein nur Anfechtungsgründe wären, zur Nichtigkeit der BR-Wahl führen können, ausdrücklich aufgegeben.[176] Nach der neueren Rspr.[177] führt auch eine **Häufung von Verstößen** gegen wesentliche Wahlvorschriften, die für sich allein betrachtet, eine Wahlanfechtung rechtfertigen würden, **nicht zur Nichtigkeit** der Wahl, und zwar weder durch eine **Addition der Fehler** noch durch eine **Gesamtwürdigung.** Die Änderung der Rspr. dient der **Rechtsklarheit** und damit der **Rechtssicherheit,** zumal die bisherige Rspr. keine Maßstäbe für eine Gesamtwürdigung enthielt. BR-Wahlen können vielmehr nur noch innerhalb der Anfechtungsfrist und der übrigen Voraussetzungen des § 19 geltend gemacht werden, es sei denn, dass bereits ein Wahlverstoß für sich allein genommen zur Nichtigkeit führt.[178]

44 Für die **Nichtigkeit einer Wahl** kommen beispielsweise in Betracht:

- Durchführung einer BR-Wahl in einem Betrieb, der offensichtlich nicht dem BetrVG unterliegt;[179]

170 Wie hier *ArbG Bremen* 6.12.02 – 3 BV 51/02; vgl. auch *BVerwG* 8.5.92, PersR 92, 311.

171 Vgl. *BAG* 12.10.76, a.a.O., das die Möglichkeit eines anderen Verlaufs der Wahl annimmt, wenn die richtige Anzahl der zu wählenden BR-Mitglieder von vornherein festgestanden hätte; wie *BAG* auch *LAG Berlin* 2.5.94 – 9 Ta BV 1/94.

172 *BAG* 15.2.12 – 7 ABN 59/11 zum Rechtschutzbedürfnis einer Nichtzulassungsbeschwerde.

173 GK-*Kreutz*, Rn. 130.

174 A.A. *Fitting*, Rn. 50.

175 *BAG* 30.6.21 – 7 ABR 24/20, juris; *BAG* 22.3.00 – 7 ABR 34/98, NZA 00, 1119; *BAG* 19.11.03 – 7 ABR 24/03.

176 So noch *BAG* 27.4.76, AP Nr. 4 zu § 19 BetrVG 1972.

177 *BAG* 19.11.03 – 7 ABR 24/03, NZA 04, 395 ff. = AuR 04, 309 f.

178 *Fitting*, Rn. 4.

179 *BAG* 9.2.82, AP Nr. 24 zu § 118 BetrVG 1972; *BAG* 30.4.97 – 7 ABR 60/95, zum Bereich kirchlicher Einrichtungen nach § 118 Abs. 2.

- Durchführung der BR-Wahl ohne Wahlvorstand[180]
- Wahl eines BR für einen Betriebsteil, obwohl in diesem zusammen mit anderen Betriebsteilen bereits ein gemeinsamer BR gewählt und diese Wahl nicht angefochten worden ist;[181]
- Wahl eines gemeinsamen BR für mehrere Filialen außerhalb des normalen Wahlzeitraums, wenn in einzelnen Filialen bereits ein BR besteht, dessen Aufgaben der gemeinsame BR mitübernehmen soll;[182]
- Wahl eines unternehmenseinheitlichen BR für zwei UN auch dann, wenn sich die AN beider UN in Verkennung des § 3 Abs. 3 BetrVG durch Abstimmung für einen einheitlichen BR ausgesprochen haben;[183]
- Es liegt jedoch keine Nichtigkeit der Wahl vor, wenn auf Grund des Wegfalls des Tarifvertrages nach § 3 BetrVG der Wahlvorstand den Betriebsbegriff verkannt hat;[184]
- Bildung eines BR in der Betriebsversammlung durch Zuruf;[185]
- Wahl eines BR in einem Betrieb mit weniger als fünf wahlberechtigten AN, und zwar auch dann, wenn zum Zeitpunkt der Wahl diese Zahl noch erreicht wird, aber feststeht, dass sie unmittelbar nach der Wahl auf Dauer unter fünf wahlberechtigte AN sinkt;[186]
- Wahl eines BR außerhalb des regelmäßigen Wahlzeitraums, ohne dass einer der Ausnahmefälle des § 13 Abs. 2 vorliegt;
- Nutzung einer grob fehlerhaften Wählerliste.[187]
- Keine Nichtigkeit liegt vor, wenn die Pflicht zur unverzüglichen Prüfung der Wahlvorschlagslisten durch den WV verletzt wird[188]
- Keine Nichtigkeit folgt aus der Nutzung des falschen Wahlverfahrens[189]

Die Nichtigkeit kann von **jedem** geltend gemacht werden, der an ihrer Feststellung ein **berechtigtes Interesse** hat. Dabei greift keine Frist ein.[190] Der AG wird sich jedoch dann nicht auf die Nichtigkeit der BR-Wahl berufen können, wenn er von den Gründen Kenntnis gehabt hat oder haben musste und den BR gleichwohl längere Zeit als rechtmäßige Betriebsvertretung anerkannt und als solche behandelt hat (vgl. Rn. 44). 45

Die Geltendmachung der Nichtigkeit ist nicht an ein bestimmtes gerichtliches Verfahren gebunden. Es kann über sie als **Vorfrage** entschieden werden, aber auch in einem besonderen arbeitsgerichtlichen Verfahren.[191] Andererseits umfasst ein Anfechtungsantrag regelmäßig auch den Antrag, die Nichtigkeit festzustellen.[192] Auch die Wahl eines **einzelnen BR-Mitglieds** kann nichtig sein, so z. B., wenn der Betreffende dem Betrieb überhaupt nicht angehört. 46

2. Folgen der Nichtigkeit

Die Feststellung der Nichtigkeit hat **rückwirkende Kraft.** Ein BR, dessen Wahl gerichtlich für nichtig erklärt wurde, hat von **Anfang an nicht bestanden.** Der Betrieb ist als betriebsratslos zu behandeln. 47

Die zwischen dem BR, dessen Wahl für nichtig erklärt wurde, und dem AG abgeschlossenen BV sind zwar **unwirksam.** Der **AG** kann sich jedoch auf die Nichtigkeit der Wahl nicht auch für die Vergangenheit berufen, wenn er in **Kenntnis der Umstände,** die zur Nichtigkeit geführt haben, den BR längere Zeit als rechtmäßige Betriebsvertretung anerkannt und als solche be- 48

180 Streitig für eine Nichtigkeit *LAG Berlin-Brandenburg* 19.10.22 – 23 TaBVGa 1094/22; Richardi-*Thüsing*, Rn. 83, a. A. *Fitting* § 19, Rn. 5.
181 *BAG* 11.4.78, AP Nr. 8 zu § 19 BetrVG 1972.
182 *ArbG Regensburg* 20.9.89, BB 90, 852.
183 *ArbG Hamburg* 13.6.06 – 19 BV 16/06.
184 *BAG* 13.3.13 – 7 ABR 70/11.
185 *BAG* 12.10.61, AP Nr. 84 zu § 611 BGB Urlaubsrecht.
186 *LAG Hessen* 22.11.05 – 4 TaBV 165/05, AuR 06, 177.
187 *Thüringer LAG* 24.6.20 – 4 TaBV 12/19; vgl. auch Rn. 17.
188 *LAG Hamm* 25.4.23 – 7 TaBV 169/22.
189 *LAG München* 20.5.22 – 5 TaBVGa 2/22.
190 *BAG* 27.4.76, AP Nr. 4 zu § 19 BetrVG 1972.
191 Vgl. *Fitting*, Rn. 9 m. w. N.
192 *BAG* 24.1.64, AP Nr. 6 zu § 3 BetrVG.

handelt hat. Einer Berufung auf die Nichtigkeit auch für die Vergangenheit würde der **Einwand der Arglist entgegenstehen.**[193] Unabhängig von der Frage der normativen Wirkung solcher BV werden jedenfalls auf **individualrechtlicher Ebene** BV, die zwischen dem AG und einem rechtlich nicht existenten BR in der Vergangenheit abgeschlossen worden sind, Wirkung entfalten. Solche BV können individualrechtlich unter dem Gesichtspunkt der allgemeinen Arbeitsbedingungen verbindlich sein.[194] Entsprechendes gilt für Lohnansprüche von BR-Mitgliedern, die im Rahmen der (nichtigen) BR-Tätigkeit entstanden sind. Es wäre treuwidrig, wenn der AG trotz seines Verhaltens einen fortgezahlten Lohn zurückverlangen oder einen noch offen stehenden Lohnanspruch verweigern würde.[195]

IV. Streitigkeiten

49 Die Entscheidung über die Wahlanfechtung erfolgt im arbeitsgerichtlichen Beschlussverfahren (§§ 2a, 80 ff. ArbGG). Das Gericht hat, auch wenn keine Ausforschungspflicht besteht,[196] den **Sachverhalt von Amts wegen** zu erforschen. Im laufenden Verfahren trifft alle Beteiligten eine Mitwirkungspflicht, um die Sachverhaltsaufklärung auch zu ermöglichen.Nicht beweisbare Umstände könnten somit unter Umständen eine Wahlanfechtung rechtfertigen.[197] Das ArbG ist deshalb nicht an die vom Antragsteller vorgebrachten Anfechtungsgründe gebunden, sondern hat sämtliche Anfechtungsgründe, auf die es im Laufe des Verfahrens stößt, von Amts wegen zu berücksichtigen. Das gilt unabhängig davon, ob sich die Beteiligten darauf berufen oder nicht.[198] Deshalb kann ein Anfechtungsgrund auch später nicht wirksam fallen gelassen werden.[199] Eine Antragsrücknahme im laufenden Beschwerdeverfahrern ist daher ausgeschlossen. Es müssen jedoch während des gesamten Verfahrens immer mindestens drei Antragsteller noch vorhanden sein.[200]

§ 20 Wahlschutz und Wahlkosten

(1) Niemand darf die Wahl des Betriebsrats behindern. Insbesondere darf kein Arbeitnehmer in der Ausübung des aktiven und passiven Wahlrechts beschränkt werden.
(2) Niemand darf die Wahl des Betriebsrats durch Zufügung oder Androhung von Nachteilen oder durch Gewährung oder Versprechen von Vorteilen beeinflussen.
(3) Die Kosten der Wahl trägt der Arbeitgeber. Versäumnis von Arbeitszeit, die zur Ausübung des Wahlrechts, zur Betätigung im Wahlvorstand oder zur Tätigkeit als Vermittler (§ 18a) erforderlich ist, berechtigt den Arbeitgeber nicht zur Minderung des Arbeitsentgelts.

Inhaltsübersicht

193 *Fitting*, Rn. 8; a. A. *BAG* 27. 4. 76, AP Nr. 4 zu § 19 BetrVG 1972; einschränkender GK-*Kreutz*, Rn. 140.
194 GK-*Kreutz*, a. a. O.
195 GK-*Kreutz*, a. a. O., m. w. N.; vgl. auch *LAG Düsseldorf* 9. 4. 79, DB 79, 2140, zu der Verpflichtung des AG, Schulungskosten für BR-Mitglieder zu tragen, die vor der Feststellung der Nichtigkeit der BR-Wahl entstanden sind; ebenso *Fitting*, a. a. O.
196 *Fitting*, Rn. 52.y.
197 *LAG Nürnberg* 3. 6. 19 – 1 TaBV 3/19. Im zugrundeliegenden Fall hatte sich der WV geweigert das Wahlausschreiben dem Gericht vollständig vorzulegen.
198 *BAG* 3. 6. 69, AP Nr. 17 zu § 18 BetrVG; *Fitting*, Rn. 52 m. w. N.
199 *BAG* 3. 10. 58, AP Nr. 3 zu § 18 BetrVG; *Fitting*, a. a. O.
200 *LAG Hessen* 2. 3. 17 – 9 TaBV 120/16.

I. Vorbemerkungen

Mit den in dieser Bestimmung angesprochenen **Verboten der Behinderung oder unzulässigen Wahlbeeinflussung** der BR-Wahl soll sichergestellt werden, dass die Wahl entsprechend den gesetzlichen Bestimmungen frei und ungehindert durchgeführt werden kann. Von dem Begriff der Behinderung nach Abs. 1 werden alle rechtswidrigen Einschränkungen der Handlungsfreiheit im Rahmen der BR-Wahl erfasst, während das Wahlbeeinflussungsverbot nach Abs. 2 auf die innere Willensbildung abstellt.[1] Der Begriff »Wahl« ist dabei im weitesten Sinne zu verstehen und umfasst alle mit der Wahl zusammenhängenden oder ihr dienenden Handlungen, Betätigungen und Geschäfte.[2] Die Verbote richten sich gegen **jedermann,** insbes. gegen den AG. Dieser hat sich bei der BR-Wahl strikt jeder Meinungsäußerung und jeglichen Einflusses auf die Zusammensetzung des BR zu enthalten. Der AG hat **Neutralität** zu üben.[3] Der Wahlgleichheitsgrundsatz gilt in der Bundesrepublik Deutschland nicht für die Bundestagswahl, sondern für alle politischen Wahlen als ungeschriebener Verfassungsrundsatz.[4] Die fünf Grundsätze für demokratische Wahlen nach Art. 38 I GG finden somit auch auf die Wahlen im Betrieb Anwendung.[5] Danach müssen alle demokratischen Wahlen: allgemein, unmittelbar, frei, gleich und geheim sein. 1

Ein Verstoß gegen die in dieser Vorschrift des § 20 enthaltenen Verbote setzt zwar die Rechtswidrigkeit voraus; auf **Verschulden** oder sonstige subjektive Elemente kommt es aber **nicht an.**[6] Die Vorschrift des § 20 enthält zwingendes Recht, so dass auf den in ihr enthaltenen Wahlschutz nicht verzichtet werden kann.[7] Im Übrigen bringt die Strafvorschrift des § 119 Abs. 1 Nr. 1 eine **Ergänzung** des Verbots der Wahlbehinderung.

Es wird nicht nur die eigentliche Durchführung der BR-Wahl, sondern die Wahl in ihrem **gesamten Bereich** geschützt. Daher ist es beispielsweise auch unzulässig, folgende mit der Wahl zusammenhängende Handlungen und Maßnahmen zu behindern oder in unzulässiger Weise zu beeinflussen: 2

- Bestellung des WV nach § 17 Abs. 1, § 17a, Einleitung und Durchführung von Wahlversammlungen nach § 14a und Betriebsversammlungen nach § 17 Abs. 2;
- Tätigkeit des WV und des Vermittlers nach § 18a;
- Verbot der Nutzung der im Betrieb vorhandenen Informations- und Kommunikationstechnik durch den WV, wenn dieser das Wahlausschreiben oder andere Wahlunterlagen auch in elektronischer Form bekannt machen will (vgl. etwa § 2 Abs. 4 WO);
- Aufstellung von Wahlvorschlägen und Sammlung von Unterschriften für sie;
- Werbung für bestimmte Wahlvorschläge durch AN des Betriebs (zur Wahlwerbung der Gewerkschaften vgl. Rn. 23 ff.);
- Einleitung und Durchführung eines gerichtlichen Verfahrens zur Feststellung, ob eine betriebsratsfähige Organisationseinheit vorliegt (§ 18 Abs. 2);
- Teilnahme am Wahlgang;
- Einladung zu gleichzeitig zum Wahltag stattfinden Seminaren oder Veranstaltungen des Betriebes.

Verboten ist somit **jede Begünstigung oder Benachteiligung,** sofern sie geeignet ist, auf Wahlbeteiligte – wie etwa Wähler, Kandidaten, WV-Mitglieder, Unterzeichner von Wahlvorschlägen – dahingehend einzuwirken, dass sie ihre Wahlbefugnisse nicht nach eigener Willensentscheidung, sondern in dem von dritter Seite (z. B. vom AG) gewünschten Sinne ausüben.[8] Es ist daher nicht nur eine Wahlbeeinflussung durch Zufügung von Nachteilen (z. B. Verset- 3

1 *Fitting*, Rn. 13; Richardi-*Thüsing*, Rn. 9.

2 *Fitting*, Rn. 5 m. w. N.; *Halberstadt*, Rn. 2; vgl. auch *BayObLG* 29. 7. 80, BB 80, 1638, zur Strafvorschrift des § 119.

3 *LAG Hessen* 12. 11. 15 – 9 TaBV 44/15; *LAG Niedersachen*, 10. 3. 11 – 5 TaBV 96/10; *ArbG Berlin* 8. 8. 84 – 18 BV 5/84.

4 *BVerfG* 23. 3. 82 – 2 BVL 1/81 zum Personalvertretungsrecht des Landes Bremen.

5 *LAG Köln* 31. 3. 04 – 3 TaBV 12/03.

6 GK-*Kreutz*, Rn. 12.

7 GK-*Kreutz*, Rn. 5.

8 *Fitting*, Rn. 17 ff.

zung auf einen schlechteren Arbeitsplatz) oder entsprechende Androhungen, sondern auch die Gewährung von Vorteilen (z. B. Versetzung auf einen besseren Arbeitsplatz) verboten.

4 Zur Anwendung der Vorschrift ist nicht immer notwendig, dass konkrete Nachteile ausdrücklich angedroht werden. So können sich unzulässige **Einwirkungsversuche des AG** bereits aus der Art und Weise seines Vorgehens ergeben, etwa dadurch, dass er gegenüber AN erklärt, bei einer Nichtbeachtung seiner Hinweise könnten sich nachteilige Auswirkungen, wenn auch nur in Bezug auf die bisherige Zusammenarbeit und das Vertrauensverhältnis, einstellen.[9] Vor allem die besondere Position des AG und das soziale Abhängigkeitsverhältnis der bei ihm Beschäftigten machen es erforderlich, dass sich der AG jeder Einflussnahme auf die BR-Wahl enthält. Es wird deshalb mit Recht, wenn auch verschiedentlich mit anderer Begründung, die Auffassung vertreten, dass sich der AG in die Wahl und die **Wahlpropaganda** für bestimmte Kandidaten überhaupt nicht einschalten darf.[10] Der AG hat bei der Wahl der betrieblichen AN-Repräsentanten strikte **Enthaltung** und **Neutralität** zu üben.[11] A. A. ist scheinbar das BAG in seiner Entscheidung vom 25. 10. 17, das es offensichtlich genügen lässt, dass die Abgabe der Stimme geheim erfolgt.[12] Es scheint dabei zu übersehen, dass aus guten Gründen in Art 38 I GG nicht nur die geheime Abgabe der Wählerstimme geschützt wird. Allein »wer« zur Wahl steht, ist so erheblich, dass es fast auf die Geheimheit der Wahl nicht mehr ankommt. Die Auffassung des BAG ist daher strikt abzulehnen, da sie einer weitergehenden Beeinflussung der BR-Wahlen durch den Arbeitgeber mit seinem wesentlich größeren Machmitteln Tür und Tor öffnet.[13] Eine verbotene Wahlbeeinflussung liegt auch dann vor, wenn der AG in einem Schreiben die AN darauf hinweist, dass bei der Wahl einer Gewerkschaftsliste dem UN schwerer Schaden zugefügt wird.[14] Ebenso liegt in der Gewährung von finanziellen Vorteilen, sein sie direkt oder indirekt gewährt, eine strafbare Wahlbeeinflussung. Die Anforderung an die Neutralität des AG ist besonders groß bei der Nutzung der modernen Kommunikationsmittel wie Facebook, Twitter oder ähnlichen sozialen Medien. Hier kann in kurzer Zeit ein großer Teil der Belegschaft erreicht werden. So wurde eine unzulässige Wahlbeeinflussung des AG schon darin gesehen, dass er Gespräche mit Kandidaten für die BR-Wahl aufgenommen hat, auf Grund eines wohl offensichtlich diffamierenden Facebook-Eintrages eines Kandidaten einer anderen Liste[15].

5 Auch aus anderen Vorschriften können **sich Maßregelungsverbote ergeben.** So würde es nicht mehr den Ausgang der BR-Wahl beeinflussen können, wenn ein AN nach seiner Stimmabgabe auf einen Arbeitsplatz mit ungünstigeren Arbeitsbedingungen versetzt werden soll, weil er von seinem Wahlrecht Gebrauch gemacht hat. Das Maßregelungsverbot ergibt sich dann aus § 612a BGB.[16]

6 Zu dem **besonderen Kündigungsschutz** der Mitglieder des WV und der Wahlbewerber nach § 103 BetrVG sowie § 15 Abs. 3 und 4 KSchG vgl. § 103 Rn. 50 ff.

7 Die Verbote des § 20 gelten entsprechend für **die Wahl der JAV** (§ 63 Abs. 2 Satz 2), der **Bordvertretung** (§ 115 Abs. 2) und des **See-BR** (§ 116 Abs. 2). Auf die Bestellung der Mitglieder des GBR, des KBR, der Gesamt-JAV und des WA findet § 20 keine unmittelbare Anwendung, weil diese Gremien nicht gewählt, sondern durch Entsendung gebildet werden. Die jeweilige Entsendung in diese Betriebsverfassungsorgane ist jedoch eine Tätigkeit des entsendenden Organs, wie etwa des BR bei der Entsendung in den GBR, so dass § 78 Anwendung finden kann.

---

9 *Kehrmann,* in Benze u. a., MitbG '76, § 20 Rn. 10 m. w. N.
10 *Kehrmann,* a. a. O., § 20 Rn. 11 m. w. N.
11 *Fitting,* Rn. 24; Richardi-*Thüsing,* Rn. 19; *Maschmann,* BB 10, 245, 250; *Klocke* in Rechtsgutachten zur Erweiterung des vereinfachten Wahlverfahrens zum BetrVG aus 2018.
12 BAG 25. 10. 17 – 7 ABR 10/16, 17.
13 Vgl. *Homburg/Pietsch,* AiB 12/18.
14 *ArbG Heilbronn* 18. 3. 99, AiB 99, 581.
15 *ArbG Duisburg* 11. 9. 14, 1 BV 16/14.
16 Vgl. GK-*Kreutz,* Rn. 27, der darauf hinweist, dass das Maßregelungsverbot nach § 20 unmittelbar Anwendung findet, wenn ein Nachteil vor der Wahlhandlung angedroht und später zugefügt wird.

II. Verbot der Wahlbehinderung und unzulässigen Wahlbeeinflussung

Das Verbot der Behinderung der BR-Wahl schützt alle diejenigen, die im Zusammenhang mit der Einleitung und der Durchführung der Wahl oder der Feststellung des Wahlergebnisses **Wahlhandlungen** vornehmen. Der sich auf den WV und seine einzelnen Mitglieder erstreckende Schutz wird durch § 103 i. V. m. § 15 Abs. 3 KSchG ergänzt. Das Verbot der Behinderung der BR-Wahl gilt selbst dann, wenn der **WV nicht rechtmäßig** zustande gekommen ist. Auch dann darf der AG die Arbeit des WV nicht eigenmächtig behindern, sondern muss vielmehr durch das ArbG klären lassen, ob der WV ordnungsgemäß gebildet worden ist.[17] Eine Behinderung der Wahl liegt auch darin, dass sich der AG von den AN eine von ihm verfasste Erklärung unterschreiben lässt, wonach die Belegschaft des Betriebs keinen BR wünscht.[18] 8

Auch **Handlungen** des noch **amtierenden BR,** die dieser bei der Einleitung der Wahl vornimmt, wie z. B. solche im Zusammenhang mit der **Bestellung des WV,** fallen unter das Verbot der Wahlbehinderung. Entsprechendes gilt für das **Sammeln von Unterschriften** für Wahlvorschläge durch Listenvertreter.[19] Das Verbot wirkt sich auch **zu Gunsten** der im Betrieb vertretenen **Gewerkschaft** aus, wenn sie im Zusammenhang mit einer BR-Wahl tätig wird (vgl. z. B. § 16 Abs. 2, § 17 Abs. 2, § 18 Abs. 1). 9

Eine Behinderung der Wahl liegt auch vor, wenn der AG ihm obliegende bestimmte Handlungen **nicht vornimmt**[20] oder wenn er durch **aktive Maßnahmen** die Wahl behindert (z. B. Verbot des Verlassens des Arbeitsplatzes zum Zwecke der Abstimmungen nach § 14 Abs. 2; Verweigerung der erforderlichen Arbeitsbefreiung für die Mitglieder des WV und Unterbindung notwendiger Gespräche zwischen WV-Mitgliedern und AN; Behinderung der Wähler bei der Ausübung der Wahl). Eine Behinderung liegt weiterhin vor, wenn der AG zum Zeitpunkt der geplanten Wahlversammlung eine Erste-Hilfe-Ausbildung anordnet.[21] 10

Eine Behinderung der BR-Wahl liegt – unabhängig von der Durchführung eines Zuordnungsverfahrens nach § 18a – ferner in der **rechtswidrigen Mitteilung** des AG an wahlberechtigte AN, dass sie leitende Angestellte und deshalb nicht wahlberechtigt seien. Derartige Mitteilungen sind geeignet, die betroffenen AN von der Beteiligung an der Wahl abzuhalten, und zwar allein schon deshalb, weil sie dessen rechtliche Unverbindlichkeit nicht ohne weiteres erkennen können. Zu eng ist dagegen die Auffassung, nach der eine Wahlbehinderung erst vorliegen soll, wenn die Meinungsäußerung des AG als verbindlicher Hinweis aufgefasst werden kann.[22] 11

In Abs. 1 Satz 1 wird ausdrücklich hervorgehoben, dass kein AN in der Ausübung des aktiven und passiven Wahlrechts beschränkt werden darf. Der Gesetzgeber trägt damit dem Umstand Rechnung, dass gerade in diesem Bereich AG versuchen, auf die BR-Wahl Einfluss zu nehmen. Unzulässige Wahlbeeinflussung ist **jede Androhung** von Nachteilen gegenüber Wählern und Wahlbewerbern. Es ist auch verboten, für ein bestimmtes Wahlverhalten **gewisse Vorteile** zu gewähren oder zu versprechen.[23] Eine Gewährung von Vorteilen ist beispielsweise auch die verschleierte finanzielle Unterstützung einseitig einer Liste durch den AG. Hierdurch werden die Straftatbestände des § 119 Abs. 1 Nr. 1 Alt. 2 i. V. m. § 20 Abs. 2 BetrVG erfüllt.[24] Eine Beschränkung des aktiven oder passiven Wahlrechts i. S. d. Abs. 1 Satz 2 liegt nicht nur darin, dass der AG versucht, schriftliche Erklärungen von AN zu erreichen, nach der sie eine BR-Wahl 12

---

17 *AG Detmold* 24. 8. 78, BB 79, 783, das allerdings ein Eingreifen des AG dann zulassen will, wenn der WV »offensichtlich fehlerhaft« gebildet worden ist.

18 *ArbG München* 26. 5. 87, DB 87, 2662.

19 Vgl. aber *LAG Berlin* 9. 1. 79, BB 79, 1036, das in der Weigerung des AG, einen Wahlbewerber zur Sammlung von Unterschriften zur Unterstützung seiner Wahl für die BR-Wahl freizustellen, noch keine Behinderung der Wahl sieht.

20 Z. B. Nichtzurverfügungstellung der für die Wahl notwendigen Unterlagen [vgl. *AmtsG Detmold* 24. 8. 78, BB 79, 783], wie etwa der für die Anfertigung der Wählerliste erforderlichen Unterlagen zur Wahlversammlung nach § 14a [vgl. § 28 Abs. 2 WO], der Wahlräume oder materieller Mittel wie Stimmzettel, Wahlurnen.

21 *ArbG Berlin* 29. 5. 09 – 16 BVGa 9922/09.

22 *LAG Hamm* 27. 4. 72, DB 72, 1297; *LAG Baden-Württemberg* 31. 5. 72, DB 72, 1392; *Fitting*, Rn. 18; GK-*Kreutz*, Rn. 17.

23 *BAG* 8. 3. 57, AP Nr. 1 zu § 19 BetrVG.

24 *BGH* 13. 9. 10 – 1 StR 220/09.

nicht wünschen.[25] Sie ist beispielsweise auch gegeben, wenn der AG die Teilnahme von AN an den Wahlversammlungen nach § 14a dadurch zu verhindern versucht, dass er durch betriebliche Anweisungen, etwa durch einen Reiseauftrag, AN davon abhält, ihr Wahlrecht auszuüben.

13 Dem AG ist die Einflussnahme auf die Ausübung des Wahlrechts verboten, gleichgültig, welche Mittel er dazu verwendet.[26] Eine solche Beschränkung des Wahlrechts wäre gegeben, wenn der AG die Teilnahme an der Wahl dadurch verhindern will, dass er nicht oder nur unter erschwerten Umständen die Entfernung des AN vom Arbeitsplatz erlaubt. Die betroffenen AN sind allerdings in solchen Fällen berechtigt, sich auch gegen den Willen ihrer Vorgesetzten vom Arbeitsplatz zu entfernen.[27]

14 Unter das Verbot der Behinderung der BR-Wahl fällt eine **Kündigung,** die anlässlich der Betätigung für die Wahl oder im Zusammenhang mit ihr ausgesprochen wird, um die Entsendung des betreffenden AN in den BR zu verhindern.[28] Entsprechendes gilt, wenn ein AN wegen seines Einsatzes bei der BR-Wahl gemaßregelt werden soll.[29] Es kommt dabei nicht einmal darauf an, ob der Gekündigte das passive Wahlrecht besitzt.[30] Der AN ist jedoch nur bei rechtmäßigem Verhalten geschützt. Die Verletzung arbeitsvertraglicher oder gesetzlicher Pflichten ist durch das Behinderungsverbot nicht gedeckt.[31] Einem **gekündigten Wahlbewerber** ist, wenn auch unter Berücksichtigung betrieblicher Notwendigkeiten, **Zugang zum Betrieb** zu gestatten, um Kontakt mit den Wählern aufzunehmen.[32]

15 Neben dem Verbot der Behinderung der BR-Wahl und der Ausübung des aktiven und passiven Wahlrechts besteht das Verbot der Beeinflussung der BR-Wahl durch Zufügung oder Androhung von Nachteilen oder durch Gewährung oder Versprechen von Vorteilen (Abs. 2). Es geht hierbei um die Einflussnahme auf die **innere Willensbildung** der an der Wahl beteiligten Personen (vgl. Rn. 1). Eine solche verbotene Einflussnahme ist bereits dann gegeben, wenn sich der Handelnde darüber bewusst ist, dass er einen an der Wahl Beteiligten begünstigen oder benachteiligen will.[33] Es ist somit nicht einmal die Absicht erforderlich, den Ausgang der Wahl zu beeinflussen.

16 Eine unzulässige Wahlbeeinflussung i. S. d. Abs. 2 sind etwa Hinweise und Empfehlungen des AG, das **Wahlrecht in bestimmter Weise oder überhaupt nicht auszuüben.**[34] Auch die tatsächliche und finanzielle Unterstützung einer Gruppe von Kandidaten durch den AG bei der Herstellung einer Wahlzeitung stellt einen Verstoß gegen Abs. 2 dar, der zur Unwirksamkeit

---

25 *ArbG München* 26. 5. 87, DB 87, 2662.
26 *LAG Baden-Württemberg* 31. 5. 72, DB 72, 1392.
27 So grundsätzlich auch GK-*Kreutz*, Rn. 14.
28 Vgl. *ArbG Iserlohn* 4. 6. 82 – 1 Ca 12/82.
29 Vgl. *BAG* 13. 10. 77, AP Nr. 1 zu § 1 KSchG 1969 Verhaltensbedingte Kündigung; vgl. auch Rn. 21.
30 *LAG Rheinland-Pfalz* 5. 12. 91 – 4 Sa 752/91, AiB 92, 531 mit Anm. *Kunz*.
31 *BAG*, a. a. O.; vgl. auch *BAG* 13. 6. 96 – 2 AZR 431/95 BB 96, 2098, das darauf hinweist, nach Beendigung des nachwirkenden Kündigungsschutzes könne der AG dem erfolglosen Wahlbewerber wieder wie jedem anderen AN kündigen, wobei er nicht daran gehindert sei, die Kündigung auf Pflichtverletzungen des AN zu stützen, die dieser während der Schutzfrist begangen hat, sofern die Kündigung erkennbar nicht im Zusammenhang mit der Wahlwerbung stehe.
32 Vgl. *ArbG Münster* 11. 4. 75, DB 75, 1468; vgl. auch *LAG Hamm* 9. 1. 80, DB 80, 1223, wegen des Zugangs zum Betrieb während der Freischichten; vgl. ferner *ArbG München* 18. 11. 97, AiB 98, 161, das einen gekündigten Wahlbewerber, über dessen Kündigungsschutzklage das ArbG noch nicht abschließend entschieden hat, als berechtigt ansieht, den Betrieb zum Zwecke der Wahlwerbung zumindest zeitweise zu betreten, wobei er diesen Anspruch durch eine einstweilige Verfügung durchsetzen kann; wie hier auch *Fitting,* Rn. 16; a. A. GK-*Kreutz,* Rn. 15, der eine Wahlbehinderung allerdings dann als gegeben ansieht, wenn der AG einem Wahlbewerber während der Freischichten das Betreten des Betriebs zum Sammeln von Stützunterschriften für seinen Wahlvorschlag verbietet.
33 GK-*Kreutz,* Rn. 25.
34 *Löwisch,* TK-BetrVG, Rn. 3, allerdings mit der Einschränkung, dass dies nur gilt, wenn die Hinweise und Empfehlungen des AG als Anweisungen zu verstehen sind; a. A. *LAG Köln* 15. 10. 93, a. a. O., das eine bloße Eignung zur Erschwerung als nicht ausreichend ansieht und eine Behinderung nur dann als gegeben ansieht, wenn die Wahl tatsächlich erschwert oder unmöglich gemacht wird.

der BR-Wahl führt.[35] Aber auch **Dritte** und der Wahlvorstand[36] können unzulässige Wahlbeeinflussungen ausüben, so etwa, wenn durch Flugblattaktionen gegen den aktuellen BR gehetzt wird.[37] So ist es ebenfalls Aufgabe des WV sich bei der BR-Wahl neutral zu verhalten[38] und nicht beispielsweise Werbung für die eigene Kandidatur zum Amt des BR zu machen. Es stellt aber keine unzulässige Wahlbeeinflussung dar, wenn an ausländische AN Handzettel mit Wahlempfehlungen verteilt werden.[39] Dagegen kann nach den Umständen des Falles eine unzulässige Wahlbeeinflussung darin liegen, dass der Vorbeter einer mohammedanischen Glaubensgemeinschaft im Kreis türkischer AN bestimmte Wahlempfehlungen abgibt.[40] Eine unzulässige Wahlbeeinflussung liegt auch vor, wenn AN des Betriebes Aushänge des WV mit eigenen Publikationen, mit denen sie Einfluss auf die Wahl nehmen wollen, verdecken oder die Aushänge abreißen oder in sonstiger Weise beschädigen. In einem solchen Vorgehen ist zugleich eine Behinderung der Wahl zu sehen. Im Rahmen der Wahlwerbung (vgl. Rn. 19) nimmt die Nutzung der modernen IuK-Technik immer breiteren Raum ein. Der Arbeitgeber hat es in diesem Zusammenhang zu unterlassen den verschiedenen Wahlbewerbern unterschiedliche Unterstützung bei der Nutzung des firmeninternen Intranets z. B. zukommen zu lassen.[41] Ermöglicht er beispielsweise einer Liste die Nutzung des Intranets zur Wahlwerbung, so muss er allen weiteren Listen, die sich bewerben, den gleichen Raum im Intranet einräumen. Im Zweifel ist sogar die Erstellung eines **Intranet-Auftrittes** anderer Wahlbewerber erst zu ermöglichen, damit alle Wahlbewerber den gleichen Zugang zu Wahlwerbung haben. Eine Wahlbeeinflussung z. B. durch Unterlassen der gleichen Unterstützung, würde die Wahl anfechtbar machen. Ein reines Verschweigen von Wahlkampfmaßnahmen einer Liste gegenüber den anderen Listen durch den AG, soll jedoch nicht zur Anfechtbarkeit der Wahl führen.[42]

Die Wahlbeeinflussung kann **materieller Natur** sein, wie z. B. die Versetzung auf einen schlech- **17**
teren Arbeitsplatz oder auch nur eine entsprechende Androhung. Dazu gehört auch die Vorenthaltung von Zuschlägen oder das Ablehnen entsprechender Ruhezeiten nach dem Einsatz im WV. So ist es in der Regel als unzumutbar anzusehen, wenn ein Mitglied des WV nach einer Sitzung noch ohne jede Pause in die Nachtschicht gehen soll.[43] Eine unzulässige Wahlbeeinflussung ist aber auch für die **Gewährung von Vorteilen,** beispielsweise die Versetzung auf einen besseren Arbeitsplatz. Es kann sich aber auch um angedrohte oder zugefügte Nachteile **immaterieller Natur** handeln. Sie brauchen nicht einmal unmittelbar den zu beeinflussenden AN zu treffen. Es genügt, wenn die Begünstigung oder Benachteiligung Dritter – etwa Angehöriger – geeignet ist, den AN in seinem Verhalten zu beeinflussen.[44] In Betracht kommt auch die unzulässige Beeinflussung von Teilen oder der ganzen Belegschaft. Auf die moralische Anstößigkeit kommt es nicht an.[45]

Das Verbot der Beeinflussung der BR-Wahl durch Zufügung oder Androhung von Nachteilen **18**
oder durch Gewährung oder Versprechen von Vorteilen ergreift auch solche Maßnahmen, die **nachträglich** erfolgen, also das Wahlergebnis an sich nicht mehr beeinflussen können.[46] Unabhängig davon kann eine Maßregelung wegen eines bestimmten Wahlverhaltens nach den

35 *BAG* 4.12.86, AP Nr. 13 zu § 19 BetrVG 1972.
36 Ein WV verletzt z. B. seine Neutralitätspflicht bei der Durchführung der Wahl, wenn er den Briefwahlunterlagen eine Wahlwerbung nur einer Liste beifügt. Vgl. § 19; Rn. 9 (FN.50).
37 Vgl. *BAG* 13.10.77, AP Nr. 1 zu § 1 KSchG 1969 Verhaltensbedingte Kündigung.
38 *LAG Nürnberg* 7.3.22 – 1 TaBV 23/21.
39 *LAG Hamm* 12.2.76, DB 76, 922.
40 Verneinend *LAG Hamm*, a. a. O.
41 *LAG Hessen* 22.10.15 – 9 TaBV 71/15.
42 *LAG Hamm* 27.10.15 – 7 TaBV 19/15.
43 *LAG Hamm* 30.1.15 – 13 Sa 604/14.
44 GK-*Kreutz*, Rn. 26.
45 GK-*Kreutz*, a. a. O.
46 So grundsätzlich auch *Fitting*, Rn. 19; vgl. auch GK-*Kreutz*, Rn. 27, nach dessen Auffassung der Wahlschutz keine Nachwirkung hat, etwas anderes aber gelten soll, wenn der Nachteil vor der Wahlhandlung angedroht und später zugefügt wird.

§§ 138, 242 oder § 612a BGB unwirksam sein.[47] Außerdem können solche Maßnahmen **Schadensersatzansprüche** des betroffenen AN auslösen.[48]

19 Die **Wahlwerbung** durch AN oder durch die im Betrieb vertretenen Gewerkschaften zählt zu den wahlvorbereitenden Maßnahmen (h. M.). Sie ist wesentlicher Bestandteil der BR-Wahl.[49] Das Recht auf Wahlwerbung wird durch die allgemeine Meinungsfreiheit und für die Gewerkschaften zusätzlich durch Art. 9 Abs. 3 GG gedeckt.[50] Die einzelnen Bewerber oder hinter ihnen stehende Wählergruppierungen (zum Recht der Gewerkschaft auf Werbung vgl. Rn. 23 ff.) können somit auch im Betrieb für sich bzw. für die von ihnen aufgestellten Kandidaten werben. So ist beispielsweise das Verteilen von Handzetteln zugunsten einzelner Kandidaten oder Wahlvorschläge auch während der Arbeitszeit zulässig, sofern keine erhebliche Störung des betrieblichen Ablaufs eintritt.[51] Die Propaganda für oder gegen einen Kandidaten oder eine Vorschlagsliste ist keine Wahlbehinderung; selbst dann nicht, wenn die Propaganda wahrheitswidrig ist.[52] Dagegen darf der **AG** nicht für einzelne Kandidaten oder zu Gunsten bestimmter AN-Gruppen werben, da die **Wahl des BR allein Sache der AN des Betriebs** ist.[53] Nicht nur die Werbung für sich selbst oder eine bestimmte Gruppierung ist erlaubt, sondern auch Propaganda gegen andere Kandidaten oder Wahlvorschläge. Darin liegt für sich allein noch keine unzulässige Wahlbeeinflussung. Sie liegt jedoch vor, wenn es sich um eine **diffamierende und grob wahrheitswidrige Propaganda** gegen Wahlbewerber handelt; vor allem dann, wenn der strafrechtliche Tatbestand der Beleidigung oder der zivilrechtliche Tatbestand der unerlaubten Handlung (§§ 823, 826 BGB) erfüllt wird.[54] Der von einer diffamierenden Propaganda betroffene Wahlbewerber kann vor dem ArbG im Wege des Beschlussverfahrens (ggf. mittels einer einstweiligen Verfügung) Unterlassung verlangen, um einer Wahlanfechtung vorzubeugen. Es handelt sich um eine betriebsverfassungsrechtliche Streitigkeit.[55] Daneben kommt, wenn der Tatbestand der Beleidigung erfüllt ist, der Rechtsschutz vor den ordentlichen Gerichten in Betracht.

III. Rechtsfolgen bei Verstößen

20 Verstöße gegen die in den Abs. 1 und 2 ausgesprochenen Verbote stellen eine **strafbare Handlung** dar. Sie können nach § 119 Abs. 1 mit Freiheitsstrafe bis zu einem Jahr oder mit Geldstrafe bestraft werden. Darüber hinaus handelt es sich um **gesetzliche Verbote** i. S. d. § 134 BGB. Rechtsgeschäftliche Maßnahmen gegenüber Wahlbeteiligten mit dem Ziel, die Wahl zu behindern oder zu beeinflussen, sind daher nichtig. Unerheblich ist dabei, ob der Begünstigte zugestimmt hat. Sowohl für die strafrechtliche Bedeutung als auch für die Frage der Nichtigkeit des Rechtsgeschäfts ist es daher unerheblich, ob ein Wahlbewerber, dem der AG zum Zwecke der Beeinflussung der Wahl einen besseren Arbeitsplatz versprochen hat, diesen Vorteil annimmt. Ferner kann ein AN, der durch Verstöße gegen die Regelungen der Abs. 1 und 2 geschädigt worden ist, **Schadensersatz** nach § 823 Abs. 2 BGB verlangen, da es sich um ein Schutzgesetz i. S. d. Vorschrift handelt (h. M.). Soll in einem betriebsratslosen Betrieb, der die Voraussetzungen des § 1 erfüllt, in einer Betriebsversammlung ein WV gewählt werden und wird die Einberufung und Durchführung dieser BR-Wahl behindert, so stellt das einen Straftat-

47 GK-*Kreutz*, a. a. O.
48 *Fitting*, Rn. 34; Richardi-*Thüsing*, Rn. 30; vgl. auch Rn. 20.
49 Vgl. *BAG* 2. 12. 60, AP Nr. 2 zu § 19 BetrVG.
50 Vgl. *BVerfG* 30. 11. 65, AP Nr. 7 zu Art. 9 GG; *Fitting*, Rn. 25 m. w. N.
51 So grundsätzlich *Fitting*, Rn. 8; a. A. GK-*Kreutz*, Rn. 19.
52 Vgl. *LAG Köln* 15. 10. 93 – 13 TaBV 36/93, NZA 94, 431.
53 Vgl. Richardi-*Thüsing*, Rn. 17 f.; zur unzulässigen Wahlbeeinflussung des AG durch tatsächliche und finanzielle Unterstützung einer Gruppe von Kandidaten bei der Herstellung einer Wahlzeitung vgl. Rn. 16.
54 Vgl. *Fitting*, Rn. 11, die darauf hinweisen, dass eine bloß wahrheitswidrige Propaganda noch keine Behinderung der Wahl darstellt.
55 GK-*Kreutz*, Rn. 33; grundsätzlich auch Richardi-*Thüsing*, Rn. 15; a. A. *Fitting*, a. a. O., die in solchen Fällen das ordentliche Gericht als zuständig betrachten.

bestand des § 119 Abs. 1 Nr. 1 dar.[56] Als Störer kommt somit ausdrücklich auch der Arbeitgeber in Betracht, wenn er unzulässig die Wahl beeinflusst oder gar verhindert.

Kündigungen, die zum Zwecke der Beeinflussung der BR-Wahl ausgesprochen wurden, etwa deswegen, um bestimmte AN vom aktiven oder passiven Wahlrecht abzuhalten, sind nichtig.[57] Ein wichtiger Grund für eine fristlose Kündigung kann allerdings darin liegen, dass ein AN bei der Werbung für die Wahl zum BR die Ehre anderer **schwerwiegend verletzt** und dabei zugleich parteipolitisch mit **verfassungsfeindlicher Zielsetzung** agiert.[58] Die Beweislast dafür, dass durch die Kündigung die Wahl behindert oder beeinflusst werden sollte, obliegt zwar grundsätzlich dem AN. Es kommen jedoch die Grundsätze **des Beweises des ersten Anscheins** zur Anwendung.[59] Das gilt vor allem dann, wenn der AG eine allgemein betriebsratsfeindliche Haltung erkennen lässt,[60] oder es außer der anstehenden BR-Wahl keinen weiteren erkennbaren Zusammenhang gibt. 21

Schließlich kann eine Behinderung oder Beeinflussung der Wahl i. S. d. Abs. 1 und 2 zu einer **Wahlanfechtung** nach § 19, in besonders schweren Fällen auch zur Nichtigkeit der Wahl führen.[61] 22

IV. Werbetätigkeiten der Gewerkschaften

Die im **Betrieb vertretenen Gewerkschaften** sind berechtigt, anlässlich einer BR-Wahl eine **Werbetätigkeit** vorzunehmen, insbesondere durch Werbung auch per E-Mail[62] für bestimmte Wahlvorschläge oder Kandidaten. Das ergibt sich nicht nur aus ihrer Unterstützungs- und Beratungsfunktion im Rahmen der Betriebsverfassung. Die Gewerkschaften haben auch deshalb ein berechtigtes Interesse an dem Ausgang der Wahlen, weil ihre sozialpolitische Repräsentanz im Betrieb und darüber hinaus auch an ihrem Erfolg bei den BR-Wahlen gemessen wird.[63] Die übliche Wahlwerbung der Gewerkschaft bei einer BR-Wahl gehört bereits zu ihren **koalitionsrechtlichen Befugnissen.** Die koalitionsmäßige Betätigung der Gewerkschaft ist nicht von vornherein auf einen Kernbereich beschränkt, sondern erstreckt sich auf **alle koalitionsspezifischen Verhaltensweisen.** Auch im Rahmen der betrieblichen Mitbestimmung fördern die Gewerkschaften die Arbeits- und Wirtschaftsbedingungen ihrer Mitglieder und nehmen eine verfassungsrechtlich geschützte Funktion wahr.[64] Eine solche Werbetätigkeit der Gewerkschaften stellt daher keine unzulässige Wahlbeeinflussung dar.[65] 23

Im Rahmen des Wahlkampfes darf sich eine Gewerkschaft auch mit **konkurrierenden Gewerkschaften** und anderen Gruppierungen auseinandersetzen, sofern die Propaganda nicht in **Hetze** ausartet.[66] Es gehört zum Wesen des Wahlkampfes, dass Kritik auch an konkurrierenden Gewerkschaften geübt wird.[67] Dabei ist eine **vergleichende** Werbung grundsätzlich zulässig.[68] 24

Der Gewerkschaft ist es auch erlaubt, auf ihre Mitglieder dahingehend einzuwirken, dass sie keine Wahlvorschläge unterschreiben, die von konkurrierenden Gewerkschaften oder Gruppierungen unterstützt werden. Sie kann ihnen wegen der Verletzung der gewerkschaftlichen Solidaritätspflicht mit den satzungsmäßigen Mitteln der Gewerkschaft bis hin zur **Androhung** 25

---

56 *BayObLG* 29.7.80, BB 80, 1638.

57 Vgl. *BAG* 13.10.77, AP Nr. 1 zu § 1 KSchG 1969 Verhaltensbedingte Kündigung; vgl. auch *LAG Rheinland-Pfalz* 5.12.91 – 4 Sa 752/91, AiB 92, 531 mit Anm. *Kunz; ArbG München* 26.5.87, DB 87, 2662; *Fitting,* Rn. 15 m. w. N.

58 *BAG* 15.12.77, AP Nr. 69 zu § 626 BGB.

59 *Fitting,* Rn. 33; Richardi-*Thüsing,* Rn. 29.

60 *Fitting,* a. a. O.

61 Vgl. *BAG* 8.3.57, AP Nr. 1 zu § 19 BetrVG; Richardi-*Thüsing,* Rn. 28; wesentlich enger *Fitting,* Rn. 32.

62 *BAG* 20.1.09 – 1 AZR 515/08 hier zur gewerkschaftlichen Mitgliederwerbung an Firmenmailadresse.

63 *Fitting,* Rn. 25.

64 *BVerfG* 24.2.99 – 1 BvR 123/93; vgl. auch Rn. 26.

65 Vgl. *BVerfG* 30.11.65, AP Nr. 7 zu Art. 9 GG; *BAG* 2.12.60, AP Nr. 2 zu § 19 BetrVG; *Fitting,* a. a. O.; GK-*Kreutz,* Rn. 23.

66 Vgl. *BAG* 14.2.67, AP Nr. 10 zu Art. 9 GG.

67 *BVerfG* 30.11.65, AP Nr. 7 zu Art. 9 GG.

68 *BGH* 7.1.64, AP Nr. 1 zu § 1004 BGB und *BGH* 6.10.64, AP Nr. 6 zu § 54 BGB.

des Ausschlusses untersagen, dass ein Mitglied auf einer derartigen Liste kandidiert, da anderenfalls die Geschlossenheit der Organisation und die Durchsetzungskraft gegenüber dem sozialen Gegenspieler gefährdet sein können. Verbandsinterne Regularien, die die Geschlossenheit und Durchsetzungsfähigkeit der Gewerkschaft sicherstellen sollen, sind **zentrales Schutzgut** des Art. 9 Abs. 3 GG.[69] Es ist einem AN zuzumuten, nicht auf der **Liste konkurrierender Gewerkschaften** zu kandidieren oder diese offen zu unterstützen, da damit stets die **gewerkschaftliche Solidaritätspflicht verletzt wird.**[70] Dies gilt umso mehr, als die Gewerkschaft ihre Mitglieder nicht frei auswählen, sondern einem Aufnahmezwang unterliegen kann.[71] Die Respektierung der eigenen gewerkschaftlichen Vorschlagsliste gehört auch dann zu den wesentlichsten verbandsrechtlichen Pflichten eines Gewerkschaftsmitglieds, wenn die gewerkschaftliche Liste von einem von den betriebsangehörigen Gewerkschaftsmitgliedern zu diesem Zweck gewählten Repräsentationsorgan aufgestellt worden ist; andernfalls ist eine Ausschlussdrohung nicht als unzulässig anzusehen.[72] Gewerkschaftsfeindlich ist auch die Kandidatur auf einer Liste, die von dem Programm bestimmt wird, die Gewerkschaften allgemein oder die Grundordnung, die ihre freie Betätigung garantiert, zu bekämpfen.[73]

26 Die **gewerkschaftliche Solidaritätspflicht** ist auch verletzt, wenn ein Gewerkschaftsmitglied auf einer **sog. freien oder neutralen Liste** kandidiert. Auch dann ist die Androhung eines Ausschlusses aus der Gewerkschaft regelmäßig nicht als rechtswidrige Nachteilsandrohung i. S. v. § 20 Abs. 2 anzusehen. Diese Feststellung trifft auch zu, wenn Mitglieder der Gewerkschaft eine **konkurrierende Liste** zu der gewerkschaftlich unterstützten Liste aufstellen. Die Glaubwürdigkeit der Wahlaussagen der Gewerkschaft und das Vertrauen in ihre Durchsetzungsfähigkeit hängen wesentlich von dem Eindruck ihrer Geschlossenheit ab. Konkurrierende Listen eigener Mitglieder wirken dem entgegen.[74]

V. Kosten der Wahl und Arbeitsversäumnis

27 Abs. 3 Satz 1 dieser Vorschrift geht von dem Grundsatz aus, dass der AG alle im Zusammenhang mit der BR-Wahl entstehenden Kosten zu tragen hat. Es handelt sich somit um eine **Kostentragungspflicht im weitesten Sinne.**[75] Es geht dabei sowohl um sachliche als auch um andere Kosten, wie etwa persönliche Kosten der Mitglieder des WV oder auch um Kosten der zuständigen **Gewerkschaft** im Zusammenhang mit der Durchführung der Wahl[76]. Erfasst werden alle Kosten, auch diejenigen, die bereits vor der Einleitung der BR-Wahl entstehen können. Dazu gehören z. B. Kosten für die Vorbereitung und Durchführung von Wahlversammlungen

---

69 So *BVerfG* 24.2.99 – 1 BvR 123/93 – hinsichtlich der Verletzung der gewerkschaftlichen Solidarität durch das Aufstellen einer konkurrierenden Liste durch Gewerkschaftsmitglieder; vgl. dazu auch Rn. 26; vgl. ferner *BAG* 2.12.60, AP Nr. 2 zu § 19 BetrVG; enger *BGH* 13.6.66, AP Nr. 5 zu § 19 BetrVG; *BGH* 27.2.78, AP Nr. 27 zu Art. 9 GG; vgl. auch *Fitting*, Rn. 26 ff.; GK-*Kreutz*, Rn. 38; *Gnade*, FS Herschel [1982], S. 150; *Herschel*, AuR 78, 319; *ders.*, AuR 84, 160; nach wie vor differenzierend zwischen »gegnerischer« und »freier Kandidatur« Richardi-*Thüsing*, Rn. 26; *Weiss*, Rn. 8.

70 *Fitting*, a. a. O., die zutreffend darauf hinweisen [Rn. 20], dass die Mitgliedschaft in der Gewerkschaft freiwillig ist und Rechtspflichten sowie eine gewisse Unterwerfung unter die Vereinsmacht begründet.

71 *BGH* 10.12.84, AuR 85, 294; *Sachse*, AuR 85, 267.

72 *Popp*, ZfA 77, 430 ff.

73 Vgl. *BGH* 27.2.78, BGHZ 71, 126 [130].

74 So *BVerfG* 24.2.99 – 1 BvR 123/93 – zu einer Liste »Alternative Metaller« mit dem Hinweis, dass die abträgliche Wirkung konkurrierender Listen eigener Mitglieder auf das Gesamtbild der Gewerkschaft abstrahlt und damit auch das Vertrauen in ihre Durchsetzungsfähigkeit bei Tarifauseinandersetzungen berührt; zur Verletzung der gewerkschaftlichen Solidarität bei der Aufstellung derart konkurrierender Listen und zu den möglichen verbandsinternen Sanktionen wie hier grundsätzlich *Fitting*, Rn. 27 ff.; nach wie vor differenzierend zwischen »gegnerischer« und »freier Kandidatur« Richardi-*Thüsing*, Rn. 25 ff.; vgl. auch GK-*Kreutz*, Rn. 39 f.

75 GK-*Kreutz*, Rn. 47. *Fitting*, Rn. 35.

76 *BAG* 31.5.00 – 7 ABR 8/99. Die Wahlkosten eines von der Gewerkschaft beauftragten Rechtsanwaltes sind hiernach vom AG zu tragen.

nach § 14a oder Betriebsversammlungen nach § 17 Abs. 2. Zu tragen sind aber auch die Kosten für eine Wahlanfechtung.[77]

Zu den **sachlichen Kosten,** die der AG im Zusammenhang mit der BR-Wahl zu tragen hat, gehören etwa Kosten für 28

- die generelle Geschäftsführung des WV, wie z. B. Zurverfügungstellung von Räumlichkeiten, einschließlich der erforderlichen Einrichtung, Schreibmaterial, Aktenordner, Telefonkosten und Briefmarken; die Kostenübernahme durch den AG ist auch dann zwingend, wenn es sich um einen vom ArbG nach § 17 Abs. 4, § 17a Nr. 4 eingesetzten betriebsfremden WV handelt;[78]
- Stimmzettel, Wahlurnen, Wahlkabinen, Vordrucke, Formularmuster und Portokosten für die Briefwahl;
- die Zurverfügungstellung der im Betrieb vorhandenen Informations- und Kommunikationstechnik, wenn der WV von der Veröffentlichung bestimmter Wahlunterlagen (vgl. etwa § 2 Abs. 4 WO) Gebrauch machen will;
- die Anfertigung der auszuhändigenden und an die Briefwähler zu versendenden Unterlagen einschließlich der Wahlvorschläge bzw. Vorschlagslisten;[79]
- kommentierte einschlägige Gesetzestexte, zu denen mindestens das BetrVG, die WO und das SprAuG einschließlich der WO zu diesem Gesetz gehören;
- die Zurverfügungstellung eines Kraftfahrzeugs, um z. B. die zur Durchführung der BR-Wahl erforderlichen Unterlagen und Gegenstände zu den Wahlräumen in die außerhalb liegenden Betriebsteile zu transportieren;[80]
- durchzuführende Wahlversammlungen nach § 14a einschließlich deren Vorbereitung und die Durchführung der Betriebsversammlung nach § 17 Abs. 2, § 17a Nr. 3 zur Wahl eines BR in einem betriebsratslosen Betrieb.
- Die Durchführung einer Wahlanfechtung, auch durch betroffene AN, sofern diese nicht von vornherein aussichtlos oder mutwillig erscheint. Dazu können auch die Kosten einer Vertretung durch einen Rechtsanwalt gehören[81].
- Kosten für die Beratung und Prozessvertretung des Wahlvorstandes durch einen Rechtsanwalt. Für die Erforderlichkeit einer anwaltlichen Vertretung ist der Maßstab des § 40 Abs. 1 BetrVG anzuwenden.[82]
- Kosten für den Notar, durch den im BrModG neu eingeführten § 15 Abs. 3b KSchG: Dieser sieht einen besonderen Kündigungsschutz für Vorfeldinitiatoren vor, wenn diese unter anderem eine öffentlich beglaubigte Erklärung mit dem Inhalt abgegeben haben, dass sie die Absicht haben, einen Betriebsrat oder eine Bordvertretung zu errichten.

Wenn es sich um vom WV verursachte Kosten handelt, hat er bei der Festsetzung der notwendigen Maßnahmen und den damit verbundenen Kosten einen **Beurteilungsspielraum,** den er nach den für den BR im Rahmen des § 40, § 37 Abs. 2 und 6 geltenden Grundsätzen zu beachten hat.[83] 29

Auch die Kosten für einen vom **WV zu führenden Rechtsstreit** hat der AG zu tragen.[84] Das gilt auch für die Kosten, die durch die **Beauftragung eines Rechtsanwalts** bei gerichtlichen Streitigkeiten entstehen, da dem WV – wie dem BR hinsichtlich der durch die BR-Tätigkeit entstehenden Kosten nach § 40 – die Wahlmöglichkeit eingeräumt werden muss, ob er das Verfahren selbst führen oder sich der Vertretung durch einen Gewerkschaftsvertreter oder eines Rechtsanwalts bedienen will. Sofern der WV bei pflichtgemäßer verständiger Würdigung 30

77 *ArbG Gelsenkirchen* 22. 8. 77, BB 78, 307.
78 *Fitting*, Rn. 41; GK-*Kreutz*, Rn. 49.
79 Vgl. *BAG* 3. 12. 87, AP Nr. 13 zu § 20 BetrVG 1972; vgl. auch *ArbG Halberstadt* 14. 2. 93, AuA 94, 57, hinsichtlich der Portokosten für die Briefwahl.
80 Zur Kostentragungspflicht vgl. auch *Fitting*, Rn. 35 ff.
81 *Fitting*, Rn. 38, *GK-Kreutz*, Rn. 47.
82 *LAG Hamm* (Westfalen) 7. Kammer vom 10. 12. 13 – 7 TaBV 85/13.
83 *BAG* 3. 12. 87, AP Nr. 13 zu § 20 BetrVG 1972.
84 Vgl. auch *BAG* 8. 4. 92 – 7 ABR 56/91, NZA 93, 415, wonach zu den nach § 20 Abs. 3 zu erstattenden Kosten auch solche gehören, die im Rahmen eines arbeitsgerichtlichen Beschlussverfahrens zur Klärung der Befugnisse des WV entstehen.

der Umstände die Hinzuziehung eines Rechtsanwalts für notwendig erachten konnte, sind die Kosten vom AG zu tragen.[85] Zu den vom AG zu tragenden Kosten gehören ferner die erforderlichen außergerichtlichen **Kosten einer Gewerkschaft,** die ihr in Ausübung ihrer im Zusammenhang mit der BR-Wahl zustehenden Rechte[86] oder durch die Beauftragung eines Rechtsanwalts in einem Beschlussverfahren zur gerichtlichen Bestellung eines WV entstanden sind.[87] Auch Rechtsanwaltskosten, die ein **Wahlbewerber** für ein **einstweiliges Verfügungsverfahren** während der Zeit der BR-Wahlen aufwenden muss, um die Genehmigung zum Betreten des Betriebs zum Sammeln von Stützunterschriften für seinen Wahlvorschlag, zur Durchführung von Wahlwerbung u. Ä. zu erlangen, sind vom AG zu erstatten.[88] Auch die Kosten einer später als nichtig erklärten BR-Wahl hat der AG zu übernehmen.[89]

Einzig die Kosten für ein von vornherein aussichtsloses Wahlanfechtungsverfahren hat der Arbeitgeber nicht zu tragen.[90]

31 Beim Streit über das Bestehen eines **gemeinsamen Betriebs mehrerer UN** und die sich daraus ergebenden Konsequenzen für die Wahl eines BR sind diejenigen UN als kostenpflichtige AG i. S. d. Abs. 3 anzusehen, die Umstände gesetzt haben, die das Vorliegen eines von ihnen gemeinsam geführten Betriebs ernsthaft als möglich erscheinen lassen. Für die dadurch erwachsende Kostentragungspflicht ist es nicht erforderlich, dass auch tatsächlich ein gemeinsamer Betrieb besteht.[91]

32 Weigert sich der AG, die für die Wahl erforderlichen Gegenstände und Unterlagen zur Verfügung zu stellen, kann sie der WV auf **Rechnung des AG** beschaffen[92] oder ihre Herausgabe bzw. Zurverfügungstellung ggf. gerichtlich durchsetzen. Von dadurch entstehenden Ansprüchen Dritter hat der AG den WV **freizustellen.**[93]

33 Neben den sachlichen Kosten der BR-Wahlen hat der AG auch die **persönlichen Kosten** zu ersetzen, die den Mitgliedern des WV entstehen. Solche Kosten können bei Reisen mit öffentlichen Verkehrsmitteln von oder zu unselbstständigen Nebenbetrieben oder Betriebsteilen im Rahmen der Vorbereitung und Durchführung der Wahl ebenso entstehen wie in den Fällen, in denen diese Reisen mit einem Firmenfahrzeug durchgeführt werden.[94] Benutzt das WV-Mitglied für solche Fahrten seinen **eigenen PKW,** sind ihm die Kosten mit der betriebsüblichen Kilometerpauschale zu erstatten.[95] Eine Kilometerpauschale gilt **Unfallschäden** nicht ab. Die Kostentragungspflicht ergreift grundsätzlich auch die Pflicht zum Ersatz des bei der unmittelbaren WV-Tätigkeit erlittenen **Sachschadens.**[96] Deswegen kommt der Ersatz von Unfallschäden, die ein Mitglied des WV bei der Benutzung seines eigenen PKWs erleidet, auf jeden Fall in

---

85 *BAG* 8.4.92, a.a.O.; vgl. auch zur entsprechenden Kostentragungspflicht des AG bei der Hinzuziehung eines Rechtsanwalts durch den BR *BAG* 4.12.79, AP Nr. 18 zu § 40 BetrVG 1972; vgl. auch *BAG* 26.11.74, AP Nr. 6 zu § 20 BetrVG 1972, das die Kosten der Beauftragung eines Rechtsanwalts bei gerichtlichen Streitigkeiten im Zusammenhang mit der BR-Wahl schon in erster Instanz für erforderlich und verhältnismäßig hält, wenn die Rechtsverfolgung nicht offensichtlich aussichtslos erscheint und es sich um eine schwierige Sach- und Rechtslage handelt; vgl. auch *LAG Düsseldorf* 25.10.94 – 3 Sa 1585/94, NZA 95, 444; zur Tragung der Rechtsanwaltskosten durch den AG nach § 40 bei Tätigkeit des BR vgl. § 40 Rn. 16ff.; *LAG* 2.9.05 – 15 TaBV 69/05.

86 *BAG* 16.4.03 – 7 ABR 29/02, AiB 2003, 577; DB 2003, 2234.

87 *BAG* 31.5.00 – 7 ABR 8/99, BB 00, 2574.

88 Vgl. *LAG Hamm* 6.2.80, DB 80, 1223; *LAG Berlin* 11.3.88, AuR 89, 28; zum Sammeln von Stützunterschriften während der Arbeitszeit vgl. Rn. 35.

89 Vgl. *BAG* 29.4.98 – 7 ABR 42/97, AuR 98, 247, zu den BR-Kosten bei einer nichtigen BR-Wahl.

90 *LAG Köln* 15.1.14 – 11 TaBV 48/13.

91 *BAG* 8.4.92 – 7 ABR 56/91, NZA 93, 415.

92 Vgl. *ArbG Limburg* 13.5.87, AuR 88, 122.

93 *BAG* 3.12.87, AP Nr. 13 zu § 20 BetrVG 1972, mit dem Hinweis, dass einerseits die Kosten zur ordnungsgemäßen Durchführung der Wahl erforderlich sein müssten, andererseits der WV zur Ausfüllung des unbestimmten Rechtsbegriffs der Erforderlichkeit einen Beurteilungsspielraum habe.

94 GK-*Kreutz*, Rn. 53.

95 So *BAG* 3.3.83, AP Nr. 8 zu § 20 BetrVG 1972, sofern das WV-Mitglied die Kosten bei vernünftiger Betrachtung als erforderlich ansehen konnte.

96 GK-*Kreutz*, a.a.O.

Betracht, wenn der AG die Benutzung ausdrücklich gewünscht hat oder diese erforderlich war, damit das WV-Mitglied seine gesetzlichen Aufgaben wahrnehmen konnte.[97]

34 Die Betätigung im WV **findet grundsätzlich während der Arbeitszeit** statt, wobei für die Zeit der Arbeitsversäumnisse das **volle Entgelt** nebst allen Zuschlägen zu zahlen ist. WV-Mitglieder sind, soweit es zur ordnungsgemäßen Durchführung der Wahlhandlungen notwendig ist, von ihrer **beruflichen Tätigkeit zu befreien** (h. M.). Einer Genehmigung zum Verlassen ihres Arbeitsplatzes bedürfen sie **nicht.** Sie haben sich jedoch ab- und zurückzumelden, soweit sie nicht ohnehin freigestellt sind. Eine **allgemeine Freistellung** von WV-Mitgliedern, zumindest des Vorsitzenden, für die Dauer des Wahlverfahrens wird vor allem in größeren Betrieben erforderlich sein.[98] Muss die Tätigkeit des WV aus betriebsbedingten Gründen außerhalb der Arbeitszeit durchgeführt werden, haben die betroffenen WV-Mitglieder entsprechend § 37 Abs. 3 Anspruch auf Arbeitsbefreiung unter Fortzahlung des Arbeitsentgelts.[99] **Überstunden,** die ein Mitglied des WV ohne seine Tätigkeit im WV geleistet hätte, sind ihm zu vergüten. Das gilt auch dann, wenn es sich dabei nicht um regelmäßig anfallende Überstunden handelt.[100] Im Streitfalle hat das WV-Mitglied ggf. darzulegen, dass die Arbeitsversäumnis zur Betätigung im WV erforderlich war.[101] Zur Betätigung im WV gehört auch die Tätigkeit von Wahlhelfern, die der WV zu seiner Unterstützung bei der Durchführung der Stimmabgabe und bei der Stimmenauszählung heranzieht.

35 Nicht nur Mitglieder des WV, sondern alle AN, die im Zusammenhang mit der Wahl tätig werden, dürfen dadurch, auch im Hinblick auf das Entgelt, **keine Nachteile** erleiden. Nach Abs. 3 Satz 2 darf eine wahlbedingte Arbeitsversäumnis nicht zur Minderung des Arbeitsentgelts führen. Dies gilt neben der eigentlichen Wahlhandlung z. B. auch für die Teilnahme an einer Betriebsversammlung zur Wahl eines WV (§ 17) und für die Wahlversammlungen nach § 14a. Die AN sind so zu stellen, als ob sie während der Zeit der Arbeitsversäumnis **gearbeitet hätten.**

36 Auch das **Sammeln von Stützunterschriften** für einen Wahlvorschlag (vgl. § 14 Abs. 3 und 4) ist Teil der Wahlhandlung und betrifft die Ausübung des aktiven und passiven Wahlrechts.[102] Das Sammeln von Stützunterschriften kann daher während der Arbeitszeit ohne Entgeltminderung erfolgen.[103] Die gegenteilige Auffassung übersieht, dass die Einreichung von Wahlvorschlägen zu den unverzichtbaren Bereichen der Ausübung des passiven Wahlrechts gehört und jede Erschwerung der Aufstellung von Wahlvorschlägen mit den in § 20 Abs. 3 enthaltenen Grundsätzen nicht vereinbar ist. Eine Verweisung auf das Sammeln von Stützunterschriften für Wahlvorschläge auf Zeiten außerhalb der Arbeitszeit oder während der Pausen stellt eine **unvertretbare Beschränkung** der Ausübung des passiven Wahlrechts dar.

37 Nehmen **Wahlbewerber** während der Arbeitszeit als Beobachter an der **Stimmauszählung** teil, ist dies ebenfalls eine Wahlhandlung, die unter die Regelung des Abs. 3 Satz 2 fällt.[104]

38 Die **Kosten** für eine **Wahlwerbung** hat der AG zwar nicht zu übernehmen.[105] Zulässige Wahlwerbung hat der AG jedoch zu gestatten. So kann z. B. die im Betrieb vertretene Gewerkschaft bei einer Wahlwerbung auf betriebliche Anschlagflächen und E-Mailadressen zurückgreifen (zur Wahlwerbung durch die Gewerkschaft vgl. im Übrigen Rn. 23 ff.). Durch den ständig wachsenden Einsatz von Webseiten und »social media«, wie facebook, google+ u. ä. Systemen,

97 *BAG* 3.3.83, a. a. O., mit der Einschränkung, dass die Fahrt mit dem eigenen PKW dann als erforderlich anzusehen ist, wenn das Mitglied des WV seine Tätigkeit zumutbarerweise mit anderen Verkehrsmitteln nicht erfüllen kann; vgl. auch *Fitting,* Rn. 37.

98 So grundsätzlich GK-*Kreutz,* Rn. 58.

99 *BAG* 26.4.95 – 7 AZR 874/94, NZA 96, 160; *Fitting,* Rn. 48; GK-*Kreutz,* a. a. O.

100 *BAG* 29.6.88, AP Nr. 1 zu § 24 BPersVG.

101 Vgl. *BAG* 5.3.74, AP Nr. 5 zu § 20 BetrVG 1972.

102 Insoweit zutreffend *LAG Hamm* 6.2.80, DB 80, 1223.

103 A. A. *LAG Berlin* 9.1.79, BB 79, 1036, das in Verkennung der betrieblichen Gegebenheiten den AN zumutet, in den Arbeitspausen bzw. zu Beginn oder Ende der Arbeitszeit die erforderlichen Unterschriften zu sammeln.

104 *Blanke/Berg u. a.,* Rn. 167; a. A. *LAG Schleswig-Holstein* 26.7.89, NZA 90, 118.

105 Vgl. auch *ArbG Düsseldorf* 21.7.81, BB 81, 1579, das darauf hinweist, dass Wahlwerbung ein gesetzlich nicht normierter Wahlverfahrensbestandteil ist.

im Wahlkampf ist, auch hier für eine gleiche Ausgangsposition der Wahlbewerber zu Sorgen. Genehmigt der AG also den Einsatz solcher Werbemittel oder duldet er Ihn, so kann daraus die Pflicht entstehen, auch allen anderen Wahlbewerbern eine solche Plattform zu bieten, unabhängig von Ihrem Kenntnisstand, um eine Gleichheit der Wahl zu gewährleisten. Die daraus entstehenden Kosten hätte der AG zu tragen.

39 Zur Betätigung im WV gehört auch die Teilnahme an einer **Schulungsveranstaltung** zur Unterweisung in die Aufgaben eines WV-Mitglieds.[106] Eine entsprechende Kostenerstattungspflicht des AG ist daher zu bejahen, wenn die Schulung der WV-Mitglieder erforderlich ist, um die BR-Wahl ordnungsgemäß durchzuführen.[107] Über die Schulungen entscheidet in der Regel der WV selbst im Wege eines Beschlusses. Der WV weiß über den Schulungsbedarf seiner Mitglieder am besten Bescheid. Es ist aber möglich, dass der BR bei Errichtung des WV eine Wahlvorstandsschulung für alle Mitglieder beschließt.[108]

40 Mit der Entscheidung vom 7. 6. 84[109] hat das *BAG* seine frühere Rspr.[110] aufgegeben, dass nur ein besonderer Anlass die Teilnahme eines WV-Mitglieds an einer gewerkschaftlichen Schulung über die Wahl erforderlich machen könne, weil erwartet werden müsse, dass das WV-Mitglied die zur ordnungsgemäßen Wahrnehmung des Amtes erforderlichen Kenntnisse mitbringe oder sich mit den einschlägigen Wahlvorschriften selbst bekannt mache und bei erstmals in den WV berufenen AN darauf abzustellen sei, ob für sie die Möglichkeit bestanden habe, sich im Betrieb von anderen, kenntnisreichen Belegschaftsangehörigen – wie insbesondere BR-Mitgliedern – über ihre Aufgaben unterrichten zu lassen. Das BAG hält jedenfalls eine **kurzzeitige Teilnahme eines erstmals bestellten WV-Mitglieds** auch ohne nähere Darlegung des Fehlens ausreichender Kenntnisse der Wahlvorschriften für erforderlich, wobei im **Streitfalle der AG** darzulegen und ggf. zu **beweisen** habe, dass das erstmals berufene WV-Mitglied schon ausreichende Kenntnisse habe.[111] Das In-Kraft-Treten des BetrVerf-ReformG 2001 hat ohnehin eine andere Situation für die Notwendigkeit von WV-Schulungen mit sich gebracht. Durch die gravierenden Änderungen der Wahlgrundlagen ist ein umfassender Informations- und Schulungsanspruch entstanden, der auch über die BR-Wahlen 2002 hinausgeht.

41 Nach wie vor ist jedoch die in der Entscheidung vom 7. 6. 84[112] zum Ausdruck kommende Auffassung des *BAG* zu eng, wenn es darauf abhebt, dass bei anderen WV-Mitgliedern allein auf den **konkreten Wissensstand** abzuheben sei. Ein nicht erstmals bestelltes WV-Mitglied, das Anspruch auf Fortzahlung des Arbeitsentgelts während der durch eine Schulungsteilnahme versäumten Arbeitszeit geltend mache, habe darzulegen, dass es keine ausreichenden Kenntnisse über die Wahlvorschriften besitze und die Schulungsmaßnahme zur Behebung dieses Mangels erforderlich sei. Diese Meinung übersieht, dass selbst ein WV-Mitglied, das nicht zum ersten Mal im WV tätig wird, bei jeder BR-Wahl schon wegen des **großen Zeitraumes** zwischen den einzelnen Wahlen (nach der ab 1. 1. 1989 gegebenen Rechtslage in der Regel vier Jahre) in der Lage sein muss, seine Kenntnisse aufzufrischen und sich mit der zwischenzeitlich **ergangenen neuen Rspr.** vertraut zu machen. Im Übrigen dient eine gründliche Unterweisung von Mitgliedern des WV auch dem AG, da eine falsche Anwendung von Wahlvorschriften eine **Wiederholung der BR-Wahl** mit den damit **verbundenen Kosten** mit sich bringen kann.

42 Auch die Kosten zur Vorbereitung einer erstmaligen BR-Wahl sind durch den AG nach § 37 Abs. 2 analog zu tragen. Dies betrifft insbesondere die Vorbereitung der Wahl während der Arbeitszeit bis zur Bestellung des WV.[113]

---

106 So grundsätzlich *BAG* 7. 6. 84, AP Nr. 10 zu § 20 BetrVG 1972.
107 So grundsätzlich *LAG Hamm* 30. 11. 72, DB 73, 288; *LAG Frankfurt* 15. 12. 72, AuR 73, 315; *Fitting*, Rn. 39; a. A. *ArbG Bielefeld* 1. 8. 72, AuR 73, 29.
108 *Däubler*, Handbuch Schulung und Fortbildung, 5. Aufl. 2004, Rn. 394.
109 AP Nr. 10 zu § 20 BetrVG 1972.
110 26. 6. 73, 5. 3. 74, AP Nrn. 3, 5 zu § 20 BetrVG 1972.
111 *BAG*, a. a. O.
112 AP Nr. 10 zu § 20 BetrVG 1972.
113 *ArbG Kiel* 16. 9. 10 – 5 Ca 1030 d/10.

VI. Streitigkeiten

43 Entsteht Streit, ob eine **Wahlbehinderung** oder eine unzulässige Wahlbeeinflussung vorliegt, entscheidet das ArbG im Beschlussverfahren (§ 2a Abs. 1 Nr. 1, Abs. 2 i. V. m. §§ 80 ff. ArbGG); erforderlichenfalls im Wege des einstweiligen Verfügungsverfahrens.[114] Verweigert der AG die Beschaffung der erforderlichen Unterlagen, der Gegenstände oder des sonstigen Sachaufwands für die Wahl bzw. stellt er den WV von daraus entstehenden Verpflichtungen gegenüber Dritten nicht frei, kann der WV eine entsprechende Verpflichtung des AG zur Kostentragung im Wege des **arbeitsgerichtlichen Beschlussverfahrens,** ggf. durch Erwirkung einer einstweiligen Verfügung, durchsetzen. Wird der AG rechtskräftig zur Tragung der Kosten verpflichtet, ist der gerichtliche Beschluss nach § 85 Abs. 1 ArbGG der Zwangsvollstreckung fähig.[115] Das ist vor allem dann wichtig, wenn der WV oder einzelne seiner Mitglieder in Ausübung des Amtes Verpflichtungen eingegangen oder bei den Sachkosten oder den persönlichen Kosten in Vorlage getreten sind, der AG seine Kostentragungspflicht aber bestreitet.[116]

44 Streitigkeiten über die Verpflichtung des AG, das **Arbeitsentgelt** wegen der Vornahme von Wahlhandlungen fortzuzahlen, sind dagegen vom ArbG im Urteilsverfahren zu entscheiden. Dabei sind bestehende **tarifliche Ausschlussfristen** zu beachten. Der Anspruch auf **Auslagenersatz** ist allerdings kein Anspruch aus dem Arbeitsverhältnis, sondern aus dem BetrVG. Er unterliegt deshalb auch nicht den tariflichen Ausschlussfristen.[117]

Zweiter Abschnitt
Amtszeit des Betriebsrats

§ 21 Amtszeit

Die regelmäßige Amtszeit des Betriebsrats beträgt vier Jahre. Die Amtszeit beginnt mit der Bekanntgabe des Wahlergebnisses oder, wenn zu diesem Zeitpunkt noch ein Betriebsrat besteht, mit Ablauf von dessen Amtszeit. Die Amtszeit endet spätestens am 31. Mai des Jahres, in dem nach § 13 Abs. 1 die regelmäßigen Betriebsratswahlen stattfinden. In dem Fall des § 13 Abs. 3 Satz 2 endet die Amtszeit spätestens am 31. Mai des Jahres, in dem der Betriebsrat neu zu wählen ist. In den Fällen des § 13 Abs. 2 Nr. 1 und 2 endet die Amtszeit mit der Bekanntgabe des Wahlergebnisses des neu gewählten Betriebsrats.

Inhaltsübersicht

114 Richardi-*Thüsing*, Rn. 32 f.
115 *Fitting*, Rn. 42.
116 *BAG* 3.12.87, AP Nr. 13 zu § 20 BetrVG 1972; *ArbG Halberstadt* 14.2.93, AuA 94, 57.
117 *ArbG Gelsenkirchen* 22.8.77, BB 78, 307.

I. Vorbemerkungen

1 Die Vorschrift regelt **Beginn, Dauer und Ende der Amtszeit** des BR als Organ. Sie hat Bedeutung für die Ausübung der Beteiligungsrechte des BR sowie für die persönliche Rechtsstellung seiner Mitglieder, insbes. Schutz vor Kündigungen oder Benachteiligungen; zu befristeten Arbeitsverhältnissen von BR-Mitgliedern vgl. **§ 78 Rn. 28.** Die Amtszeit beträgt i. d. R. 4 Jahre. Abweichungen ergeben sich für BR, die zwischen den regelmäßigen Wahlzeiträumen gewählt worden sind (§ 13 Abs. 2). Je nach Zeitpunkt der Wahl ist ihre Amtszeit kürzer oder länger (§ 13 Abs. 3).

2 Die Vorschrift gilt für die Amtszeit des **See-BR** entsprechend (vgl. § 116 Abs. 2), für die **Bordvertretung** mit der Maßgabe, dass die Amtszeit ein Jahr beträgt (§ 115 Abs. 3 Nr. 1). Für die **JAV** gilt § 64 Abs. 2; ihre Amtszeit beträgt 2 Jahre. Die Vorschrift gilt nicht für **GBR, KBR, GJAV** und **KJAV** da diese Gremien eine Dauereinrichtung ohne best. Amtszeit darstellen.[1] Die Mitgliedschaft der einzelnen entsandten BR- bzw. JAV-Mitglieder endet in diesen Gremien mit Ende ihrer Amtszeit im BR bzw. in der JAV (vgl. § 49, § 57, § 73 Abs. 2 i. V. m. § 49, § 73b Abs. 2 i. V. m. § 57). In der Praxis werden diese Gremien typischerweise mit Beginn der regelmäßigen Amtszeiten der neu gewählten BR bzw. JAV personell neu besetzt, wobei die bisherigen Vertreter erneut entsandt werden können. Zum WA vgl. § 107 Abs. 2;[2] zur Dauer der Mitgliedschaft im EBR § 32 EBRG; zur Schwerbehindertenvertretung § 177 Abs. 7 SGB IX; zum Sprecherausschuss § 5 Abs. 4 SprAuG (jeweils 4 Jahre). Mit dem Gesetz zur Novellierung des BPersVG v. 9. 6. 2021, BGBl. I, 1614, wurde festgelegt, dass die regelmäßigen Personalratswahlen alle 4 Jahre in der Zeit vom 1. 3. – 31. 5. stattfinden (§ 27 Abs. 1 BPersVG). Die **Amtszeit des PR** beginnt am 1. 6. des Jahres, in dem die regelmäßigen PR-Wahlen stattfinden, und endet mit dem Ablauf von 4 Jahren. Ist am Tag des Ablaufs der Amtszeit ein neuer PR nicht gewählt oder hat sich am Tag des Ablaufs der Amtszeit noch kein neuer PR konstituiert, führt der PR die Geschäfte weiter, bis sich der neu gewählte PR konstituiert hat, längstens jedoch bis zum Ablauf des 31. 7. Hier unterscheidet sich das BPersVG vom BetrVG durch eine klare Stichtagsregelung und Fortführung der Geschäfte durch den bisherigen PR, was Probleme in Bezug auf die Kontinuität des BR-Amtes infolge von unterschiedlichen Wahlterminen (vgl. Rn. 20) vermeidet. § 29 BPersVG n. F. regelt ein umfassendes Übergangs- und Restmandat bei Umstrukturierungsmaßnahmen.[3]

3 Die Vorschrift ist **zwingend.** Insbes. steht die in ihr festgelegte Amtszeit des BR nicht zur Disposition der Arbeitsvertragsparteien.[4] Eine abweichende Regelung durch TV oder BV ist – abgesehen von der Verlängerung des Übergangsmandats des BR nach § 21a Abs. 1 Satz 4 – ausgeschlossen.[5] Dies gilt auch für den Fall **abweichender BR-Strukturen nach § 3 Abs. 1 Nr. 1 und 2** bzw. anderer AN-Vertretungsstrukturen nach § 3 Abs. 1 Nr. 3 (vgl. § 3 Abs. 5 Satz 2). Dagegen richtet sich die Amtszeit der **nach § 3 Abs. 1 Nr. 4 und 5 gebildeten zusätzlichen Gremien** allein nach der zu Grunde liegenden Rechtsgrundlage (TV oder ausnahmsweise BV). Werden dort keine besonderen Regelungen zur Amtszeit getroffen, ist ebenfalls von 4 Jahren auszugehen.

4 §§ 21a und 21b enthalten besondere Regelungen zum **Übergangsmandat** und **Restmandat** des BR. Aus § 1 Abs. 2 ergibt sich die Vermutung eines gemeinsamen Betriebs auch bei Spaltung und Zusammenarbeit mehrerer UN.

---

1 *BAG* 23.5.18 – 7 ABR 14/17, BAGE 163, 1, Rn. 19; 9.2.11 – 7 ABR 11/10, BAGE 137, 123; 23.8.06 – 7 ABR 51/05: 5.6.02 – 7 ABR 17/01, EzA § 47 BetrVG 1972 Nr. 9.

2 Dazu *BAG* 7.4.04 – 7 ABR 41/03, EWiR 05, 59.

3 Ausführlich *Ritter-Stütz*, Das novellierte Bundespersonalvertretungsgesetz, AuR 21, 452 ff.

4 *BAG* 8.6.16 – 7 AZR 467/14, AP Nr. 142 zu § 14 TzBfG.

5 GK-*Kreutz*, Rn. 7; HaKo-*Düwell*, Rn. 5; *LAG Hamm* 24.3.10 – 10 TaBVGa 7/10: keine Verlängerung durch Vereinbarung mit AG: gegen *LAG Düsseldorf* 17.5.02 – 18 TaBV 26/02, LAGE § 14 BetrVG 2001 Nr. 2.

II. Beginn der Amtszeit

1. Betriebsratsloser Betrieb

5 Die Amtszeit des BR **beginnt** mit **Bekanntgabe des Wahlergebnisses** (vgl. Rn. 8), wenn im Betrieb zu diesem Zeitpunkt ein BR nicht oder nicht mehr besteht oder der BR ein Übergangsmandat gem. § 21a wahrnimmt oder die Geschäfte gemäß § 22 weiterführt.[6]

6 **Ein BR besteht** im Betrieb **nicht,** wenn eine BR-Wahl erstmalig durchgeführt wird oder die regelmäßige Amtszeit des alten BR vor Bekanntgabe des Wahlergebnisses abgelaufen oder die BR-Wahl mit Erfolg rkr. angefochten oder der BR durch rkr. gerichtliche Entscheidung aufgelöst worden ist (§ 13 Abs. 2 Nrn. 4, 5; §§ 19, 23 Abs. 1).[7]

7 Mit Bekanntgabe des Wahlergebnisses beginnt die Amtszeit des neuen BR auch bei Neuwahl nach Rücktritt des alten BR sowie in den Fällen, in denen der alte BR nach **§ 13 Abs. 2** außerhalb des regelmäßigen Wahlzeitraums gewählt worden war.[8]

8 **Bekannt gemacht** ist das Wahlergebnis in dem Zeitpunkt, in dem es vom WV gemäß § 18 WO im Betrieb ausgehängt wird. Erfolgt dies an mehreren Stellen des Betriebs an verschiedenen Tagen, ist wie bei dem Aushang des Wahlausschreibens der Tag des letzten Aushangs maßgebend.[9] Nicht maßgebend ist der Tag der öffentlichen Stimmauszählung (§ 18 Abs. 3; § 13 WO) oder der Tag der Fertigung der Wahlniederschrift (§ 16 WO). Für den Beginn der Amtszeit spielt es keine Rolle, ob die Bekanntmachung nachträglich berichtigt wird.[10] Nicht maßgeblich ist der Zeitpunkt der Bekanntmachung des Wahlergebnisses über elektronische Informations- und Kommunikationstechnik (IuK). Diese hat nach § 18 i. V. m. § 3 Abs. 4 Satz 2 WO nur ergänzende Funktion. Sie ersetzt den Aushang nicht und kann den Beginn der Amtszeit weder nach vorne noch nach hinten verlegen.[11]

9 **Die Amtszeit beginnt** kraft ausdrücklicher Klarstellung in Satz 2 **am Tage und im Zeitpunkt der Bekanntgabe** des Wahlergebnisses, nicht erst am Tage danach.[12]

10 Unterbleibt die Bekanntgabe des Wahlergebnisses entgegen § 18 WO, beginnt die Amtszeit des neuen BR mit seiner konstituierenden Sitzung.[13]

11 Mit Beginn der Amtszeit bestehen grds. alle Beteiligungsrechte des BR nach diesem und anderen Gesetzen. Nach zweifelhafter *BAG*-Rspr. knüpfen die Beteiligungsrechte des BR und Ansprüche der AN aus einer Verletzung dieser Beteiligungsrechte an die Existenz eines BR im Zeitpunkt des Entstehens der Beteiligungsrechte an. Ein während der Durchführung der Betriebsstilllegung erstmalig gewählter BR könne die Aufstellung eines Sozialplans nicht mehr verlangen.[14] Faktisch wird damit ein arbeitgeberseitiger »Schutz vor der Betriebsverfassung« perpetuiert und gleichzeitig die Motivation der Beschäftigten geschwächt, aus Anlass von Konflikten, die die Existenz dieser kollektiven Beschäftigtenvertretung nach dem Willen des

---

6 Vgl. *BAG* 28.9.83, AP Nr. 1 zu § 21 BetrVG 1972; Ausnahme nach *BAG* 5.11.09 – 2 AZR 487/08, AuR 10, 225: Geschäftsführender BR i. S. d. § 22, wenn Bekanntmachung nach § 18 WO unterbleibt: Beginn mit konstituierender Sitzung.

7 Nach *HessLAG* 12.8.93 – 12 TaBV 203/92 wird auch die Bestellung des WV nach § 16 Abs. 2 erst mit Rechtskraft des Auflösungsbeschlusses wirksam, AuR 94, 107.

8 GK-*Kreutz,* Rn. 11; vgl. Rn. 16.

9 *Fitting,* Rn. 8; Richardi-*Thüsing,* Rn. 6.

10 Richardi-*Thüsing,* Rn. 6; GK-*Kreutz,* Rn. 12.

11 Ebenso Hako-*Düwell,* Rn. 10; ausführlich zur IuK-Technik bei der BR-Wahl *Schneider/Wedde,* AuR 07, 26 ff., 28 f.

12 *Fitting,* Rn. 7; GK-*Kreutz,* Rn. 13; HaKo-*Düwell,* Rn. 7; Richardi-*Thüsing,* Rn. 6; ErfK-*Koch,* Rn. 2; a. A. Schaub-*Koch,* § 219, Rn. 1.

13 *BAG* 5.11.09 – 2 AZR 487/08, AuR 10, 225.

14 *BAG* 20.4.82, DB 82, 961; 28.4.93 – 10 AZR 391/92, BAGE 73, 101; 8.2.22 – 1 ABR 2/21, ZIP 22, 1173. Dies sollte selbst dann gelten, wenn dem AG bekannt war, dass im Betrieb ein BR gewählt werden sollte, *BAG* 28.10.92 – 10 ABR 75/91, DB 93, 385; a. A. *M. Kraushaar,* AuR 00, 245; *ArbG Reutlingen* 29.10.98, AuR 98, 492; *LAG Saarland* 14.5.03 – 2 TaBV 7/03, AuR 05, 33 mit Anm. *B. Kraushaar*; *LAG Köln* 5.3.07 – 2 TaBV 10/07, AuR 07, 326; § 111 Rn. 124 f.; *LAG Mainz* 19.2.09 – 11 TaBV 29/08: Aufstellung von Urlaubsgrundsätzen durch den AG 4 Tage vor der konstituierenden Sitzung; *HessLAG* 15.10.13 – 4 TaBV 138/13: Bestellung der ESt. Sozialplan nach § 98 ArbGG; *LAG Berlin-Brandenburg* 5.7.18 – 26 TaBV 1146/17, juris: AG führt im unmittelbaren Vorfeld einer BR-Wahl und vor Konstituierung grundsätzlich aufschiebbare Maßnahmen noch einseitig durch.

Gesetzgebers gerade notwendig machen, einen solchen zu initiieren. Vor Mitbestimmung bewahrt zu werden, ist nach den Maßstäben des BetrVG aber kein schützenswertes Interesse der AG.[15] Voraussetzung ist allerdings auch nach dieser Rspr., dass die Planung (über die Betriebsänderung) abgeschlossen war und der AG mit der Umsetzung der Betriebsänderung bereits begonnen hatte.[16] Im Übrigen bezog sie sich allein auf §§ 111 ff., nicht auf sonstige Mitbestimmungstatbestände.

2. Betrieb mit Betriebsrat

12 Ist bei Bekanntgabe des Wahlergebnisses die **Amtszeit des bisherigen BR** noch nicht abgelaufen, (reguläre Neuwahl) beginnt die Amtszeit des neuen BR am Tage nach dem Ablauf der Amtszeit des alten BR.[17] Endet dessen Amtszeit z. B. am 21. 4. 2026, beginnt die Amtszeit des neuen BR am 22. 4. 2026. Niemals bestehen 2 BR nebeneinander. Lediglich die konstituierende Sitzung des neuen BR ist nach § 29 Abs. 1 vor Ablauf einer Woche nach dem Wahltag einzuberufen, also ggf. vor Beginn der Amtszeit. Diese führt aber noch nicht eo ipso zum Beginn der Amtszeit des neuen BR.[18]

13 Vor Ablauf der Amtszeit des alten BR stehen dem neuen schon gewählten BR keinerlei **Amtsbefugnisse** zu,[19] selbst wenn er sich bereits konstituiert hat.[20] Vor Beendigung der Amtszeit des alten BR gefasste Beschlüsse sind unwirksam,[21] können natürlich schon vorher vorbereitet und danach förmlich getroffen werden.

14 Gegen Kündigungen sind diese Mitglieder des neuen BR nach § 103, § 15 KSchG geschützt.[22] Der Gesetzgeber hat mit § 15 KSchG und § 103 einen nahtlosen **Kündigungsschutz** für Initiatoren, Mitglieder des WV, Wahlbewerber und BR-Mitglieder geschaffen. Das Motiv der Regelung, die Träger der Betriebsverfassungsorgane vor Kündigungen zu schützen, würde verwässert, würde man in der kurzen Interimszeit den gewählten BR-Mitgliedern, die noch nicht im Amt sind, den besonderen Kündigungsschutz aus diesen Vorschriften verweigern. Dies gilt auch für das Zustimmungserfordernis des § 103 in Bezug auf Kündigungen und Versetzungen.[23]

15 **Das Amt** des neu gewählten BR **beginnt,** ohne dass eine besondere Handlung oder Erklärung erforderlich ist.[24] Das *BAG*[25] sah früher die Konstituierung als zwingende Voraussetzung der Amtsausübungsbefugnis an; vgl. § 26 Rn. 6. Der Zusammentritt des BR und seine Konstituierung haben jedoch lediglich geschäftsordnungsmäßige Bedeutung.[26] Eine Unterscheidung zwischen **Amtsbeginn und Amtsausübungsbefugnis** kann aus dem Gesetz nicht abgeleitet werden.[27] Sie widerspräche der von Gesetzgeber und Rspr. gewollten lückenlosen Kontinuität des BR-Amts.[28]

16 Weicht die Amtszeit des bestehenden BR von der regelmäßigen Amtszeit von 4 Jahren ab, sei es, dass eine vorzeitige Neuwahl (§ 13 Abs. 2 Nrn. 1 – 3) durchzuführen ist, sei es, dass der bestehende BR außerhalb des regelmäßigen Wahlzeitraums gewählt und der neue BR gemäß

---

15 So zutreffend *LAG Köln* 22. 1. 20 – 6 TaBVGa 4/19, AuR 20, 383.
16 *BAG* 8. 2. 22 – 1 ABR 2/21, ZIP 22, 1173; 20. 4. 82, 28. 10. 92, a. a. O.
17 *Fitting,* Rn. 10.
18 Ausnahme nach *BAG* 5. 11. 09 – 2 AZR 487/08, AuR 10, 225: geschäftsführender BR i. S. d. § 22, wenn Bekanntmachung nach § 18 WO unterbleibt, dazu auch § 22 Rn. 12.
19 GK-*Kreutz,* Rn. 19. Für eine Unterscheidung zwischen Beginn der Amtszeit und Handlungsfähigkeit des BR dagegen HaKo-*Düwell,* Rn. 9.
20 *ArbG Hameln* 14. 2. 91, BetrR 91, 250.
21 *ArbG Hameln* a. a. O.
22 *BAG* 22. 9. 83, AP Nr. 11 zu § 78a BetrVG 1972; *LAG Hamm* 23. 6. 14 – 13 TaBVGa 20/14 u. 21/14; *Fitting,* Rn. 12; GK-*Kreutz,* Rn. 20; MünchArbR-*Krois,* § 292, Rn. 9; Richardi-*Thüsing,* Rn. 10; WPK-*Wlotzke,* Rn. 4; a. A. *GL,* Rn. 7; *HWGNRH,* Rn. 9.
23 *Fitting,* Richardi-*Thüsing,* a. a. O.
24 ErfK-*Koch,* Rn. 2.
25 *BAG* 23. 8. 84, EzA § 102 BetrVG 1972 Nr. 59.
26 *Löwisch/Kaiser,* Rn. 1.
27 GK-*Kreutz,* Rn. 19; *BAG* 28. 9. 83, AP Nr. 1 zu § 21 BetrVG 1972.
28 Vgl. *BAG* 20. 10. 54, AP Nr. 1 zu § 25 BetrVG; *ArbG Hamburg* 21. 3. 86, AuR 86, 348; *LAG Köln* 5. 7. 87, DB 87, 1996.

§ 13 Abs. 3 wieder in den regelmäßigen Wahlzeitraum einzugliedern ist, beginnt die Amtszeit des neuen BR mit **Bekanntgabe des endg. Wahlergebnisses** (§ 18 WO) des neuen BR.[29] Das gleiche gilt bei Neuwahl in abweichenden Strukturen nach § 3 Abs. 4 Satz 2, wenn die zugrunde liegende Kollektivvereinbarung einen abweichenden Wahlzeitpunkt festlegt.[30]

III. Ende der Amtszeit

17 Von der Amtszeit des BR als Organ ist die **Mitgliedschaft des einzelnen Mitglieds im BR** zu unterscheiden. Diese wird unmittelbar durch die Wahl begründet[31] und fällt zwar i. d. R. mit der Amtszeit des BR zusammen, kann sich aber hiervon unterscheiden, z. B. durch Niederlegung des BR-Amts, Beendigung des Arbeitsverhältnisses, Ausschluss aus dem BR, nachträglichen Verlust der Wählbarkeit oder gerichtliche Entscheidung über die Feststellung der Nichtwählbarkeit (§ 24). Das Ausscheiden des einzelnen BR-Mitglieds führt zum Nachrücken eines Ersatzmitglieds (§ 25).

1. Regelmäßige Amtszeit

18 Die Amtszeit des BR endet im Regelfall mit **Ablauf der vierjährigen Amtsperiode, spätestens am 31. 5.** des Jahres, in dem nach §§ 13 Abs. 1, 125 Abs. 1 die regelmäßigen BR-Wahlen stattfinden (2026, 2030 usw.). Das Fristende berechnet sich nach § 188 BGB.

19 Hat die **Amtszeit des BR mit Ablauf der Amtszeit des vorherigen BR begonnen** (vgl. Rn. 12), endet sein Amt 4 Jahre später mit Ablauf desselben Kalendertages wie die des vorherigen BR.

Beispiel:
Ist die Amtszeit des alten BR am 23. 4. erloschen, beginnt die Amtszeit des neuen BR am 24. 4. Sie endet 4 Jahre später mit Ablauf des 23. 4.

20 Nach bisher h. M. endet die Amtszeit des BR unabhängig davon, ob am Stichtag ihres Ablaufs bereits ein neuer BR gewählt ist.[32] Dies wurde im Wesentlichen mit dem Wortlaut des Satzes 1 und dem Grundsatz der vierjährigen Regelamtszeit begründet. Nach diesem Verständnis bezieht sich Satz 3 nur auf die verkürzte Amtszeit im Falle des § 13 Abs. 3 Satz 1, Satz 4 auf die verlängerte Amtszeit im Falle des § 13 Abs. 3 Satz 2.[33] *Düwell* erkennt darin ein »Musterbeispiel für übersteigerte Bürokratie, die sich bei einer Folgenkontrolle als unsinnig erweist,«[34] verweist ergänzend auf dadurch entstehende Handlungsunfähigkeit in GBR / KBR und mahnt Korrektur de lege ferenda an. § 27 BPersVG (2021, vgl. Rn. 2) enthält eine derartige Klarstellung. In der Tat erschließt sich nicht, warum der 31.5. bei verkürzten oder verlängerten, nicht aber bei regelmäßigen Amtszeiten die Grenze bilden sollte. Gesichtspunkte der Kontinuität und Praktikabilität sprechen für die Auffassung *Thüsings*,[35] dass die Amtszeit spätestens am 31.5. endet, wenn bis zum Stichtag noch kein neuer BR gewählt ist. Danach wird eine BR-lose Zeit infolge einer Verzögerung der BR-Wahl vermieden, die nach der a. A. entstehen könnte.[36] Auch ist der Wortlaut nicht so eindeutig, um einen kurzzeitigen Fortfall des BR zu rechtfertigen, wenn dann bis zum 31. 5. doch gewählt wird. So ist Satz 3 anders als Satz 4 offen formuliert und nicht nur auf eine Variante des § 13 bezogen. Jedenfalls empfiehlt sich für WV die Anberaumung eines rechtzeitigen, aber auch nicht zu frühen Wahltermins, um einerseits Risiken auszuschließen, andererseits für spätere Wahlen Spielraum zu lassen.

---

29 *BAG* 28.9.83, AP Nr. 1 zu § 21 BetrVG 1972; Richardi-*Thüsing*, Rn. 14; *Fitting*, Rn. 9; GK-*Kreutz*, Rn. 16, 29.
30 Ebenso *Fitting*, Rn. 9.
31 *BAG* 22.9.83, AP Nr. 11 zu § 78a BetrVG 1972.
32 Statt vieler *Fitting*, Rn. 19; *LAG Rh-Pf* 15. 1. 20 – 7 Sa 179/19, juris, mit unzutreffender Berufung auf *BAG* 19. 12. 18 – 7 ABR 79/16, zu einer ganz anderen Konstellation.
33 GK-*Kreutz*, Rn. 24.
34 HaKo-*Düwell*, Rn. 6, 45.
35 *Richardi-Thüsing*, Rn. 13.
36 Für eine analoge Anwendung des § 22 *Berscheid*, AR-Blattei SD 530. 6. 3. Rn. 23, 153.

21 **Hat die Amtszeit** des BR mit **Bekanntgabe des Wahlergebnisses** (vgl. Rn. 5, 9) begonnen, endet sie nach § 188 Abs. 2 i. V. m. § 187 Abs. 1 BGB 4 Jahre später an dem Tag, der seiner Bezeichnung nach dem Tag der Bekanntgabe des Wahlergebnisses entspricht.[37]

> **Beispiel:**
> Ist das Wahlergebnis am 23. 4. um 15.00 Uhr bekannt gemacht worden, beginnt die Amtszeit des BR mit diesem Ereignis. Sie endet 4 Jahre später am 23. 4. um 24.00 Uhr. Da die Amtszeit des BR gemäß § 21 Satz 2 mit der Bekanntgabe des Wahlergebnisses beginnt, ihre Dauer aber nach der üblichen gesetzlichen Fristberechnung (§ 187 BGB) ermittelt wird, dauert sie einige Stunden länger als 4 Jahre.[38]

2. Amtszeit des außerhalb des regelmäßigen Wahlzeitraums gewählten Betriebsrats

22 Ist der **bestehende BR außerhalb des regelmäßigen Wahlzeitraums** gewählt worden, weicht seine Amtsdauer von der vierjährigen Amtszeit ab. Zwei Fälle sind zu unterscheiden (vgl. § 13 Abs. 3):

23 **a) Die Amtszeit des BR ist kürzer** als 4 Jahre, wenn er am 1. 3. des nächsten Wahljahres, dem Beginn des für die regelmäßigen BR-Wahlen festgelegten Zeitraums, ein Jahr oder länger im Amt gewesen ist. Seine Amtszeit endet nach § 21 Satz 3 i. V. m. § 13 Abs. 3 Satz 1 spätestens am 31. 5. des Wahljahres für die regelmäßigen BR-Wahlen bzw. mit Bekanntgabe des Wahlergebnisses des neuen BR.

24 **b) Die Amtszeit des BR ist länger** als 4 Jahre, wenn er am 1. 3. des Wahljahres noch nicht ein Jahr im Amt war. Seine Amtszeit endet nach § 21 Satz 4 i. V. m. § 13 Abs. 3 Satz 2 spätestens am 31. 5. des übernächsten Wahljahres bzw. mit Bekanntgabe des Wahlergebnisses des neu gewählten BR.

25 Aus dem Gesetzeswortlaut ergibt sich nicht eindeutig, ob die Amtszeit des außerhalb des regelmäßigen Wahlzeitraums gewählten BR erst am 31. 5. des regelmäßigen Wahljahres oder bereits mit Bekanntgabe des Wahlergebnisses des neu gewählten BR endet. Das Wort **spätestens** kann jedoch nur in dem Sinn verstanden werden, dass die Beendigung der Amtszeit mit Ablauf des 31. 5. den Ausnahmefall darstellt und im Regelfall die Amtszeit früher endet.[39] In Anlehnung an § 21 Satz 5 und § 22 endet die Amtszeit des vorherigen BR demnach mit **Bekanntgabe des Wahlergebnisses.**[40] Künftige Neuwahlen fallen dann wieder in den einheitlichen »regelmäßigen« Wahlzeitraum. Der 31. 5. bleibt für den Fall maßgeblich, dass kein neuer BR gewählt wird.[41]

3. Amtszeit des bestehenden Betriebsrats im Falle des § 13 Abs. 2

26 Nach Satz 5 endet die Amtszeit des noch bestehenden BR im Falle des § 13 Abs. 2 Nrn. 1 und 2 (Veränderung der Zahl der regelmäßig beschäftigten AN, Absinken der Gesamtzahl der BR-Mitglieder) mit Bekanntgabe des Wahlergebnisses des neu gewählten BR. Zum Ausnahmefall der konstituierenden Sitzung des neuen BR, wenn Bekanntgabe unterbleibt, vgl. § 22 Rn. 12.

27 § 13 Abs. 2 Nr. 1 stellt klar, dass die **Veränderung der Zahl der regelmäßig beschäftigten AN die Amtszeit selbst nicht beendet,**[42] sondern allenfalls zur Neuwahl verpflichtet. Unterbleibt diese, bestellt z. B. der BR den WV nicht oder wird dieser nicht tätig, bleibt der bestehende BR im Amt und führt die Geschäfte nach § 22 weiter. Sein Unterlassen kann ggf. eine grobe Pflichtverletzung i. S. d. § 23 darstellen, was aber wegen Zeitablaufs regelmäßig keine Verfahren nach sich ziehen wird. Kommt es zu keiner vorherigen Auflösung, endet die Amtszeit spätestens am 31. 5. des regelmäßigen Wahlzeitraums. Dies gilt auch bei Stilllegung eines Betriebsteils oder Betriebseinschränkung sowie bei Auflösung eines von 2 UN geführten **gemeinsamen Betriebs,**

---

37 Richardi-*Thüsing*, Rn. 12; *Fitting*, Rn. 18; GK-*Kreutz*, Rn. 22; *GL*, Rn. 8.
38 *Fitting*, Rn. 18.
39 *Fitting*, Rn. 23.
40 *BAG* 28. 9. 83, AP Nr. 1 zu § 21 BetrVG 1972; *Fitting*, a. a. O.; GK-*Kreutz*, Rn. 29; *WW*, Rn. 5.
41 *Fitting*, a. a. O.; GK-*Kreutz*, Rn. 30.
42 *LAG München* 28. 4. 04 – 5 Sa 1375/03, AuR 05, 118; *HessLAG* 10. 2. 20 – 16 TaBV 32/19, ArbR 20, 583, insofern bestätigt durch *BAG* 24. 3. 21 – 7 ABR 16/2, AP Nr. 17 zu § 3 BetrVG 1972, Rn. 45; ErfK-*Koch*, Rn. 4.

weil eines der beiden UN seine betriebliche Tätigkeit einstellt. Der im gem. Betrieb gewählte BR nimmt für die verbleibenden AN des anderen UN seine gesetzlichen Rechte und Pflichten wahr, selbst wenn nur noch eines von 7 BR-Mitgliedern im Amt ist.[43]

Sinkt die **Zahl der wahlberechtigten AN** unter 21 (51, 101, 201 usw.) oder steigt sie über 20 (50, 100, 200 usw.), endet das Amt des BR, unabhängig davon, ob er aus einer oder mehreren Personen besteht, nicht.[44] Der BR ist neu zu wählen, wenn die Voraussetzungen des § 13 Abs. 2 Nr. 1 erfüllt sind[45] oder die Wahl aus anderen Gründen notwendig wird, z. B. Rücktritt des BR (§ 13 Abs. 1 Nr. 3). Nach endgültigem Absinken unter 20 AN verringern sich lediglich seine Befugnisse auf die eines einköpfigen BR; dieser erlangt im Falle des Ansteigens (s. o.) die Befugnisse eines mehrköpfigen BR, vor allem die Beteiligungsrechte in personellen und wirtschaftlichen Angelegenheiten nach §§ 99, 111,[46] falls er sie nicht auf Grund des Unternehmensbezugs dieser Vorschriften schon vorher hatte. 28

Sinkt die Zahl der i. d. R. beschäftigten AN **unter die Mindestzahl fünf** (§ 1), endet die Amtszeit des BR, weil der Betrieb dann nicht mehr betriebsratsfähig ist.[47] Nach der inzwischen aufgegebenen früheren *BAG*-Rspr. zur (Nicht-)Anrechnung von Leiharbeitern[48] bestand die Gefahr des Verlustes der BR-Fähigkeit, wenn AN durch Leiharbeiter ersetzt wurden sowie wenn AN in die Freistellungsphase der Altersteilzeit eintraten (vgl. § 5 Rn. 81 ff.). 2013 hat sich das *BAG* der europarechtlich (Art. 7 RL 2008/104/EG) gebotenen Auffassung angeschlossen, dass Leiharbeiter bei den Schwellenwerten des § 9 mit zählen.[49] Seit 2017 stellt dies § 14 Abs. 2 Satz 4 AÜG gesetzlich klar. Die Ersetzung von AN des AG durch Leiharbeiter führt also nicht zum Verlust der Betriebsratsfähigkeit. Voraussetzung für die Beendigung der Amtszeit ist im Übrigen, dass die AN-Zahl endgültig unter 5 absinkt.[50] Hierfür ist ein nicht zu kurz zu bemessender Zeitraum zu betrachten.[51] Der BR bleibt aber bestehen, wenn der AG die Voraussetzung für den Wegfall des BR durch willkürliche Entlassungen von AN arglistig herbeiführt, um einen unbequemen BR auszuschalten.[52] Das Amt des ein-köpfigen BR endet auch nicht, wenn zwar noch 5 wahlberechtigte Beschäftigte, aber nicht mehr 3 wählbare AN vorhanden sind, da diese Bestimmung lediglich die Möglichkeit einer Auswahl sichern will.[53] Die Mindestzahl der wahlberechtigten AN ist nicht nur für die Wahl, sondern auch für den Bestand des BR Voraussetzung.[54] Bei Streitigkeiten über die Voraussetzungen des Wegfalls des BR bleibt dieser bis zu einer rkr. arbeitsgerichtlichen Entscheidung einstweilen im Amt. 29

§ 13 Abs. 2 Nr. 2: Sinkt die Gesamtzahl der BR-Mitglieder unter die **gesetzlich vorgeschriebene Zahl** seiner Mitglieder, endet die Amtszeit auch dann nicht, wenn die fehlenden BR-Mitglieder nicht durch Ersatzmitglieder ersetzt werden können. Der »Rumpf-BR« – notfalls ein BR-Mitglied – führt ggf. bis zum Ablauf der regelmäßigen Amtszeit die Geschäfte weiter. Dies gilt auch dann, wenn es, z. B. mangels Kandidaten, zu keiner Neuwahl des BR kommt.[55] 30

43 *BAG* 19.11.03 – 7 AZR 11/03, AuR 04, 165.
44 Ebenso für das Amt der Schwerbehindertenvertretung *BAG* 19.10.22 – 7 ABR 27/21, ZTR 23, 239.
45 Richardi-*Thüsing*, Rn. 25.
46 GK-*Kreutz*, Rn. 38; Richardi-*Thüsing*, Rn. 25; *GL*, Rn. 17.
47 *BAG* 7.4.04 – 7 ABR 41/03, DB 04, 1839; vgl. auch § 1 Rn. 249; *Fitting*, § 1 Rn. 358; *GL*, Rn. 16; GK-*Franzen*, § 1 Rn. 99, 102, jeweils m. w. N.; gegen eine Übertragung auf die Amtszeit der SBV *BAG* 19.10.22 – 7 ABR 27/21, ZTR 23, 239; zum österreichischen Recht *OGH* 7.6.06, DRdA 07, 222.
48 *BAG* 16.4.03 – 7ABR 53/02, AuR 04, 109, mit Anm. *Däubler*: »Leiharbeiter wählen, zählen aber nicht.«.
49 *BAG* 13.3.13 – 7 ABR 69/11, AuR 13, 187; *EuGH* 15.1.14 – C-176/12, ASM, AuR 14, 81, zur RL 2002/14/EG i. V. m. Art. 27 EU-GRC.
50 *LAG Schleswig-Holstein* 27.3.12 – 1 TaBV 12 b/11, EzA SD 2012, Nr. 10, 13; Richardi-*Thüsing*, Rn. 23.
51 *LAG Frankfurt* 16.3.76, AuR 76, 250.
52 *Däubler*, FS Kreutz, S. 72; Anwalt-Kommentar-*Stoffels/Bergwitz* §§ 21–21b Rn. 11; *Fitting*, § 1 Rn. 269, bis zur 21. Aufl., seitdem a. A. § 1 Rn. 358; a. A. auch GK-*Kreutz*, Rn. 37; zweifelnd *LAG Schleswig-Holstein* a. a. O.
53 GK-*Kreutz*, Rn. 38; *GL*, Rn. 18; *Löwisch/Kaiser*, Rn. 4.
54 *Fitting*, a. a. O.
55 *BAG* 19.11.03 – 7 AZR 11/03, AuR 04, 165, *LAG Düsseldorf* 15.4.11 – 6 Sa 857/10, AuR 11, 368: AG einigt sich mit BR-Mitglied vor Ablauf der Kündigungsfrist auf Fortsetzung des Arbeitsverhältnisses; GK-*Kreutz* Rn. 31.

31 Die Amtszeit des BR endet, wenn **alle Mitglieder und Ersatzmitglieder** endgültig aus ihrem Amt **ausgeschieden sind** (vgl. § 24), ohne dass es einer Erklärung bedarf. Im Gegensatz zum Rücktritt (vgl. Rn. 30) kommt eine Weiterführung der Geschäfte (vgl. auch § 22) mangels gesetzlicher Grundlage nicht in Betracht.[56] Wird das Arbeitsverhältnis nach vollständiger rechtlicher Beendigung wieder neu begründet, zwischenzeitlich auch kein Restmandat ausgeübt, lebt das erloschene Betriebsratsamt dadurch grundsätzlich nicht wieder auf (im Einzelnen § 24 Rn. 19).

32 **§ 13 Abs. 2 Nr. 3:** Hat der BR mit Mehrheit seiner Stimmen den **Rücktritt** beschlossen, bleibt er bis zur Bekanntgabe des Wahlergebnisses des neu gewählten BR im Amt. Dies ergibt sich zwar nicht ausdrücklich aus § 21 Satz 5, jedoch aus § 22 (vgl. dort Rn. 4). Die Befugnis zur Weiterführung der Geschäfte entfällt, wenn alle BR-Mitglieder und Ersatzmitglieder einzeln ihr Amt niederlegen (vgl. § 24 Rn. 6 ff.).

33 **§ 13 Abs. 2 Nrn. 4 und 5:** Bei Anfechtung bzw. Auflösung endet die Amtszeit des alten BR mit **Rechtskraft** des der **Anfechtung** stattgebenden Beschlusses bzw. gerichtlichen **Auflösungsbeschlusses,**[57] ggf. erst mit Ablauf der Frist für die Einlegung der Nichtzulassungs-Beschwerde[58] bzw. mit Zurückweisung der NZB durch das *BAG*. Die Einlegung der NZB hemmt die Rechtskraft der LAG-Entscheidung (§ 92a Satz 2 i. V. m. § 72a Abs. 4 Satz 1 ArbGG). Der BR kann noch vor Zustellung der Entscheidung über die NZB mit der Folge des § 22 zurücktreten. Wird dann ein neuer BR gewählt, entfällt das Rechtsschutzbedürfnis für das Anfechtungsverfahren.[59] Nach der Rspr. des *BAG*[60] soll allerdings trotz Rücktritts die auf § 22 gestützte Weiterführung der Geschäfte des angefochtenen BR mit rkr. Verwerfung einer (unzulässigen) NZB enden. Dagegen bleibt der vor diesem Zeitpunkt bestellte WV im Amt und führt die Neuwahl entsprechend durch.[61] Um BR-lose Zeiten zu vermeiden, empfiehlt sich deshalb rechtzeitige Bestellung des WV. Weiterhin soll die gerichtliche Feststellung der Nichtigkeit einer Wahl (gravierende und evidente Verletzung grundlegender Wahlvorschriften) nur deklaratorische Wirkung haben, also zurückwirken.[62] Beruht die Nichtigkeit allerdings auf einer nicht offenkundigen Verkennung des Geltungsbereichs des BetrVG, so anerkennt auch das *BAG*[63] ein besonderes Schutzbedürfnis der BR-Mitglieder, so dass sie zumindest hinsichtlich ihrer tatsächlichen Aufwendungen den BR-Mitgliedern, deren Wahl für unwirksam erklärt worden ist, gleichgestellt werden, die Aufwendungen also ersetzt werden. Das Gleiche muss für die Entgeltfortzahlung nach § 37 und den besonderen Kündigungsschutz nach § 15 KSchG gelten, da diese Vorschriften an die Wahrnehmung des BR-Amtes mit dem damit verbundenen besonderen (Zeit-)Aufwand und Schutzbedürfnis anknüpfen. Noch konsequenter wäre es, eine solche Wahl nicht für nichtig, sondern allenfalls für anfechtbar zu erklären, so dass es einer solchen Gleichstellung nicht bedurft hätte (vgl. auch Rn. 37 sowie § 19 Rn. 43 ff.).

4. Gesellschaftsrechtliche Umstrukturierungen – Betriebsübergang

34 Zur Beendigung des Amts des BR kann es auf Grund von organisatorischen Veränderungen kommen, durch die der Betrieb, für den der BR gewählt worden ist, aufhört zu existieren. Im Vordergrund stehen **Veränderungen der Betriebsstruktur** wie Spaltung von bzw. Zusammenlegung mit anderen Betrieben und Veränderungen des regionalen Zuschnitts von Betrieben. Diese organisatorischen Veränderungen sind häufig, aber nicht notwendig verbunden mit Veränderungen in der Struktur des UN als Rechtsträger (Spaltung, Fusion, [Teil-]Betriebsübergang). Hierbei sind die **Ebenen von Betrieb und UN voneinander zu trennen** (ausführlich § 1

56 *BAG* 27.8.96, DB 97, 104; 12.1.00 – 7 ABR 61/98, DB 00, 1422; *Fitting*, Rn. 28; GK-*Kreutz*, Rn. 36.
57 *BAG* 13.3.91, AP Nr. 20 zu § 19 BetrVG 1972; Musterschreiben in DKWF-*Buschmann*, § 21 Rn. 2.
58 *LAG Hamm* 9.11.77, DB 78, 216; vgl. auch *LAG Düsseldorf* 16.10.86, DB 87, 177; *LAG Frankfurt* 24.11.87, BB 88, 1461.
59 *BAG* 15.2.12 – 7 ABN 59/11 u. 7 ABN 74/11, AuR 12, 226; vgl. auch § 13 Rn. 25.
60 *BAG* 22.11.17 – 7 ABR 34/16, Rn. 20, juris; zustimmend *Fitting*, Rn. 30.
61 *LAG Schleswig-Holstein* 7.4.11 – 4 TaBVGa 1/11, AiB 13, 649.
62 *BAG* 13.3.91, a.a.O.
63 *BAG* 29.4.98 – 7 ABR 42/97, AuR 1998, 246, 420: vom Diakonischen Werk betriebenes Jugenddorf als kirchliche Einrichtung.

Rn. 33 ff.). Begriffe wie Betriebsübergang, -aufspaltung, -abspaltung oder -zusammenlegung werden häufig irreführend für beide Ebenen verwendet. Veränderungen auf Ebene des UN führen aber nicht notwendig zu Veränderungen der betrieblichen Organisation, wie § 1 Abs. 2 zeigt. Sie beenden dann auch die Amtszeit des bestehenden BR nicht. Umgekehrt kann sich durch organisatorische Maßnahmen die betriebsverfassungsrechtliche Struktur ändern, ohne gesellschaftsrechtlich sichtbar zu werden.

Häufige gesellschaftsrechtliche Umstrukturierungen sind Unternehmensspaltungen, Ver- 35
schmelzungen, Vermögensübertragungen, Formwechsel, Gesellschafterwechsel oder die Übertragung von Betrieben oder Betriebsteilen an andere AG. Ein Automatismus derart, dass das Auftreten neuer oder mehrerer AG den Betrieb und damit die Amtszeit des BR verändert, besteht nicht, da das Vorhandensein von Betrieben nicht von der gesellschaftsrechtlichen Form abhängt, in der das UN betrieben wird.[64]

Soweit Umstrukturierungen auf Ebene des UN die Identität des Betriebs nicht verändern, ha- 36
ben sie keinen Einfluss auf den Bestand des BR und seine Rechtsstellung.[65] Dies gilt vor allem für: **Änderung des Betriebszwecks, räumliche Verlegung oder Übertragung des Betriebs an einen anderen Inhaber i. S. d. § 613a BGB.**[66] Dies ergibt sich auch aus Art. 6 Abs. 1 S. 1 der (Betriebsübergangs)RL 2001/23/EG. Behält eine übertragene wirtschaftliche Einheit ihre Selbstständigkeit, bleiben danach Rechtsstellung und Funktion der AN-Vertretung unter den gleichen Bedingungen erhalten, wie sie vor dem Zeitpunkt des Übergangs bestanden haben (kein bloßes Übergangsmandat). Selbstständigkeit erkennt der *EuGH*, wenn die Organisationsbefugnisse innerhalb der Organisationsstrukturen des Erwerbers im Wesentlichen unverändert bleiben.[67] Auf die Eigentumsstrukturen kommt es hier nicht an. Das Vollmandat besteht ebenso fort bei **Fusion von Gesellschaften, Eintritt oder Ausscheiden von Gesellschaftern, Anwachsung von Gesellschaftsanteilen,**[68] **Änderung der Rechtsform** (GmbH wird zur AG, OHG zur GmbH),[69] Gesamtrechtsnachfolge in Umwandlungsfällen nach dem UmwG,[70] Eröffnung des **Insolvenzverfahrens** (vgl. § 21b Rn. 10). Der BR amtiert bis zum Ablauf seiner regelmäßigen Amtszeit normal weiter, benötigt insoweit auch kein Rest- oder Übergangsmandat.

Etwas anderes soll gelten, wenn der Betrieb von einem **Erwerber** erworben wird, der **nicht** 37
unter den Geltungsbereich des BetrVG fällt, z. B. eine Körperschaft, Anstalt oder Stiftung des öffentlichen Rechts (vgl. § 130) oder eine Religionsgemeinschaft (vgl. § 118 Abs. 2, dort Rn. 123 ff.).[71] In diesem Fall endet die Amtszeit des BR nach Auffassung des *BAG* und der h. M. mit dem Betriebsübergang.[72] Dies erscheint problematisch, da eine demokratische Vertretungsstruktur durch lediglich gesellschaftsrechtlichen Akt zerstört wird.[73] Zudem erlauben weder Art. 6 der **Betriebsübergangs-RL 2001/23/EG** noch Art. 27 GRC Ausnahmen für Übernahmen durch kirchliche oder Tendenzbetriebe.

Selbst aber nach dieser umstr. Rspr. reicht allein die **kirchliche Übernahme** nicht aus. Vielmehr 37a
muss der karitative oder erzieherische Charakter nach dem verfolgten Zweck und der Art der Betätigung zum Ausdruck kommen, was organisatorische Veränderungen und ein Mindestmaß an kirchlichen Einflussmöglichkeiten voraussetzt.[74] Die einfache Übernahme von Gesellschaftsanteilen bzw. die Mitgliedschaft der Einrichtung oder ihres Rechtsträgers im Diakoni-

---

64 Ausführlich § 1 Rn. 33 ff. m. w. N.; zur Irrelevanz eines Gesellschafterwechsels *BAG* 23. 3. 17 – 8 AZR 89/15, AuR 17, 223; vgl. DKWF-*Buschmann*, § 21 Rn. 4, 7.

65 *BAG* 28. 9. 88, EzA § 95 BetrVG 1972 Nr. 14; *SWS*, Rn. 8; *Bernsau/Dreher/Hauck*, 164.

66 St. Rspr., vgl. nur *BAG* 5. 6. 02 – 7 ABR 17/01, EzA § 47 BetrVG 1972 Nr. 9; 27. 7. 94 – 7 ABR 37/93, AuR 95, 156 mit Anm. *Gaul* und *Wendeling-Schröder;* 5. 2. 91 – 1 ABR 32/90, AuR 91, 219 zur Rechtskraft gerichtlicher Entscheidungen gegenüber dem Erwerber; vgl. auch § 1 Rn. 234 ff. m. w. N.; ebenso zum österreichischen Recht *OGH* 26. 1. 06, DRdA 07, 388.

67 *EuGH* 29. 7. 10, Rs. C-151/09, UGT/Uribe, AuR 10, 484; dazu *Buschmann*, AiB 4/14, 21.

68 Dazu *Schnitker/Grau*, ZIP 08, 394.

69 Ebenso *Fitting*, Rn. 35.

70 GK-*Kreutz*, Rn. 39.

71 Richardi-*Thüsing*, Rn. 29 f.; *Fitting*, Rn. 34; GK-*Kreutz*, Rn. 44.

72 *BAG* 9. 2. 82, AP Nr. 24 zu § 118 BetrVG 1972.

73 Zur kirchlichen Übernahme von Krankenhäusern in den neuen Bundesländern vgl. *Bischoff/Hammer*, AuR 95, 162.

74 *BAG* 23. 10. 02 – 7 ABR 59/01, AuR 03, 238.

schen Werk der Ev. Kirche beinhaltet noch keinen dahingehenden Automatismus. Vielmehr ist im Einzelfall (gerichtlich) zu überprüfen, ob eine institutionelle Verbindung zwischen Kirche und Einrichtung besteht und ob die Kirche auf Grund dieser Verbindung über ein Mindestmaß an Einflussmöglichkeiten verfügt, um auf Dauer eine Übereinstimmung der religiösen Betätigung der Einrichtung mit ihren Vorstellungen gewährleisten zu können. Die Prüfung der Einflussmöglichkeiten der Kirche wird nicht durch das Selbstbestimmungs- und Selbstverwaltungsrecht der Kirchen nach Art. 140 GG i. V. m. Art. 137 Abs. 3 WRV ausgeschlossen.[75] Der gerichtlichen Überprüfung unterliegt auch das Merkmal »karitativ« i. S. d. § 118 Abs. 2 bzw. die Verkündungsnähe der Institution. Diese ist z. B. nicht gegeben, wenn eine von einer Kirche getragene gemeinnützige GmbH in gleicher Weise wie andere Träger auch und unter ausschließlicher Verwendung öffentlicher Mittel Arbeitslosen- oder Integrationsprojekte betreibt. Dies war früher str.,[76] ist aber durch die Rspr. des *EuGH*[77] und dem folgend des *BAG*[78] in Sachen *Egenberger* in o. g. Sinne geklärt.[79] Das Gleiche muss gelten, wenn der kirchliche Träger dauerhaft Mitarbeiter durch Leiharbeiter ersetzt, was dem kirchlichen Leitbild der Dienstgemeinschaft widerspricht.[80]

37b Aus Gründen der Rechtssicherheit kann der BR nur entfallen, wenn der Geltungsbereich des BetrVG offensichtlich und endgültig verlassen wird. Solange diese Rechtsfrage im Einzelfall nicht geklärt ist bzw. vertretbare Gesichtspunkte gegen ein endgültiges Ausscheiden aus der Betriebsverfassung sprechen, ist der sich darauf berufende BR weiterhin geschützt. Insbes. sind seine Mitglieder hinsichtlich ihrer tatsächlichen Aufwendungen so zu stellen wie diejenigen BR-Mitglieder, deren Wahl für unwirksam erklärt worden ist. Dies ergibt sich auch aus einer Wertungsparallele zum Fall einer »nicht offenkundigen Verkennung des Geltungsbereichs des BetrVG« bei einer später für nichtig erklärten Wahl, für den das *BAG*[81] ebenfalls ein besonderes Schutzbedürfnis der gewählten BR-Mitglieder, ggf. mit der Folge der Erstattung entstandener BR-Kosten, anerkannt hat (vgl. auch Rn. 33). Der rechtmäßig gewählte und sich mit vertretbaren Überlegungen nach wie vor im Amt fühlende BR darf nicht schlechter gestellt werden als bei einer aus den gleichen Gründen von Anfang an fehlerhaften Wahl. Endet infolge kirchlicher Übernahme wirksam das Vollmandat des BR, kommt zur Abwicklung ein Übergangs- bzw. Restmandat in Frage.[82]

38 Für den Fall der **Übernahme durch eine Körperschaft des öffentlichen Rechts** findet mit vorstehender Maßgabe § 130 dieses Gesetzes Anwendung, so dass sich dann die Arbeitnehmervertretung nach den Personalvertretungsgesetzen regelt. Allerdings ist dann ebenso wie im umgekehrten Fall der Privatisierung (seit dem Gesetz zur Novellierung des BPersVG v. 9. 6. 2021, BGBl. I, 1614, umfassendes Übergangs- und Restmandat des PR bei Umstrukturierungsmaßnahmen in § 29 BPersVG n. F., vgl. § 21a Rn. 14 sowie § 130, Rn. 2) auf Grundlage von Art. 5 der Europäischen Betriebsübergangsrichtlinie ein Übergangsmandat des bisherigen BR in Form des Personalvertretungsrechts anzuerkennen.[83] Sind an einem gemeinsamen Betrieb sowohl eine juristische Person des Privatrechts als auch eine Körperschaft des öffentlichen Rechts beteiligt, findet das BetrVG Anwendung, wenn sich die Betriebsführung mangels entgegenstehender Anhaltspunkte auf der Grundlage einer privatrechtlichen Vereinbarung in Form einer BGB-Gesellschaft vollzieht.[84]

---

75 *BAG* 5. 12. 07 – 7 ABR 72/06, AuR 08, 230, insofern Bestätigung von *LAG Düsseldorf* 29. 8. 06 – 8 TaBV 58/06, AuR 07, 136, Flucht in die Religionsgemeinschaft.

76 *ArbG Hamburg* 10. 4. 06 – 21 BV 10/05, AuR 07, 137, mit zust. Anm. *Kühling*; a. A. *LAG Hamburg* 15. 2. 07 – 7 TaBV 9/06, ZMV 07, 271 m. zust. Anm. *Fey*, wonach allein entscheidend sei, ob die Einrichtung der Kirche organisatorisch zugeordnet sei.

77 *EuGH* 17. 4. 18 – C-414/16, AuR 18, 586.

78 *BAG* 25. 10. 18 – 8 AZR 501/14, AuR 18, 596; 19, 239.

79 *Stein*, Kirchliches Arbeitsrecht im Umbruch, AuR 19, 157.

80 *Kirchengerichtshof* der Ev. Kirche in Deutschland 9. 10. 06 – II-0124/M35–06, AuR 07, 361.

81 *BAG* 29. 4. 98 – 7 ABR 42/97, AuR 98, 246, 420.

82 Vgl. § 21b Rn. 20; für eine Übertragung der Grundsätze von *BAG* 29. 4. 98 – 7 ABR 42/97 a. a. O. sowie für ein Übergangsmandat des BR mit den Befugnissen einer zu wählenden Mitarbeitervertretung HaKo-*Düwell*, Rn. 31.

83 Ebenso HaKo-*Düwell*, Rn. 32; a. A. GK-*Kreutz*, Rn. 44.

84 *BAG* 24. 1. 96, AuR 96, 374.

Bei einem **Betriebsübergang** gehört die künftige betriebsverfassungsrechtliche Struktur (z. B. Übergangs- oder Restmandat) zu den rechtlichen, wirtschaftlichen und sozialen Folgen für die AN, über die der AG die vom Übergang betroffenen AN gem. § 613a Abs. 5 Nr. 3 BGB vor dem Übergang in Textform zu **unterrichten** hat.[85] Die Einhaltung dieser Verpflichtung hat der BR nach § 80 Abs. 1 zu überwachen. 39

5. Betriebsorganisatorische Umstrukturierungen

Grundsätzlich endet das Amt des BR mit der endgültigen und vollständigen **Betriebsstilllegung,** nicht jedoch notwendig mit der Umstrukturierung von Betrieben. Die damit im Zusammenhang stehenden Rechtsfragen werden umfassend unter den jeweiligen Vorschriften behandelt: 40

- § 1 Abs. 2 enthält unter bestimmten Voraussetzungen die **Vermutung eines gemeinsamen Betriebs** mehrerer UN. Wird etwa bei einer Spaltung des UN der Betrieb als gemeinsamer Betrieb fortgeführt, endet die Amtszeit des BR nicht.
- Nach § 21a bleibt bei der Spaltung und/oder Zusammenfassung von Betrieben der BR im Amt und führt die Geschäfte im Rahmen eines befristeten **Übergangsmandats** weiter.
- Nach § 21b bleibt der BR bei einem Betriebsuntergang durch Stilllegung, Spaltung oder Zusammenlegung für die Wahrnehmung der damit im Zusammenhang stehenden Rechte des BR im Rahmen eines **Restmandats** weiter im Amt.

6. Abweichende Regelungen nach § 3

Für **abweichende BR- bzw. AN-Vertretungsstrukturen** nach § 3 Abs. 1 Nr. 1–3 bestimmt § 3 Abs. 4, dass die Amtszeit der bestehenden BR erst mit der Neuwahl (Bekanntgabe des Wahlergebnisses) endet (ausführlich § 3 Rn. 186 ff.). Durch den bloßen Abschluss eines Zuordnungs-TV wird die Betriebsorganisation noch nicht geändert.[86] Zu einem Übergangsmandat nach § 21a bzw. einem Restmandat nach § 21b bzw. einer Weiterführung der Geschäfte nach § 22 kommt es im Zeitraum zwischen der mit Inkrafttreten des TV nach § 3 Abs. 1 Nr. 1–3 einhergehenden Änderung der Betriebsverfassungsstrukturen und der Errichtung des neuen BR. §§ 21a, 21b sind im Bereich gewillkürter Betriebsverfassungsstrukturen anwendbar.[87] Im umgekehrten Fall der Ablösung des TV durch das Gesetz bzw. durch Inkrafttreten einer neuen anders gearteten tariflichen Regelung handelt es sich ebenfalls um eine Spaltung oder Zusammenlegung. Die Kontinuität der AN-Vertretung wird durch ein Übergangsmandat nach § 21a gesichert, so dass keine BR-lose Zeit entsteht.[88] Im Übrigen gelten die gleichen Rechtsfolgen wie oben (vgl. § 3 Rn. 192). Wird einer der durch TV/BV nach § 3 zusammengefassten Betriebsteile nach § 613a BGB auf ein anderes UN übertragen, bleibt der BR im Amt und behält seine Zuständigkeit für den gesamten Betrieb nach Maßgabe d. TV/BV.[89] Auch die Veränderung der Leitungsstruktur ändert die Identität der tariflich geschaffenen Betriebseinheit nicht, da diese daran nicht anknüpft. Eines Übergangsmandats bedarf es nicht. Nach Auffassung des *BAG*[90] wirken aber die betriebsverfassungsrechtlichen Normen eines Zuordnungs-TV i. S. v. § 3 im Falle eines Betriebsübergangs nach § 613a BGB beim neuen Rechtsträger grundsätzlich nicht fort (ausführlich dazu § 3, Rn. 190 ff.). 41

Nicht gesetzlich geregelt ist der Fall, dass ein UN mit einer auf Grundlage eines Kollektivvertrags nach § 3 gebildeten unternehmenseinheitlichen Arbeitnehmervertretung einen weiteren Betrieb erwirbt, in dem ebenfalls ein BR besteht. Der reine Arbeitgeberwechsel beinhaltet noch 42

85 ErfK-*Preis*, § 613a BGB Rn. 88; Bachner/Gerhardt/Matthießen- *Gerhardt*, S. 324, Rn. 109.
86 *BAG* 18. 3. 08 – 1 ABR 3/07, AuR 08, 362.
87 *BAG* 22. 8. 17 – 1 ABR 52/14, AuR 18, 46.
88 *LAG Düsseldorf* 20. 12. 2022 – 3 TaBV 31/22, Rn. 49, Rechtsbeschw. 7 ABR 14/23.
89 *Däubler*, DB 05, 666.
90 *BAG* 18. 1. 12 – 7 ABR 72/10, DB 12, 1754; *LAG Schleswig-Holstein* 19. 8. 22 – 2 TaBV 2/22; aufgehoben u. zurückverwiesen durch *BAG* 21. 6. 23 – 7 ABR 19/22; kritisch *Reinecke*, AuR 13, 338; bei Verschmelzung nach § 20 UmwG geht dagegen ein Haus-TV im Wege der Gesamtrechtsnachfolge über, *BAG* 15. 6. 16 – 4 AZR 805/14, ZIP 2017, 37.

keine Veränderung der Identität des Betriebs und somit keine Zusammenlegung von Betrieben i. S. d. § 21a Abs. 2. Der BR des übernommenen Betriebs müsste im Einklang mit Art. 6 Abs. 1 der Betriebsübergangs-RL 2001/23/EG im Amt bleiben. Ggf. ist dann ein GBR zu bilden. Nach *BAG* sollen dagegen bei Aufnahme eines oder mehrerer Betriebe durch ein UN mit einem nach § 3 Abs. 3 BetrVG (Abstimmung mit Stimmenmehrheit ohne TV bzw. BR) gewählten unternehmenseinheitlichen BR die aufgenommenen Betriebe künftig in die durch Belegschaftsbeschluss gewillkürte unternehmenseinheitliche Betriebsstruktur mit der Folge einbezogen sein, dass ein im übernommenen Betrieb bestehender BR untergeht und dessen Belegschaft fortan von dem unternehmenseinheitlichen BR des aufnehmenden UN repräsentiert wird. Das gelte unabhängig davon, ob der übernommene Betrieb identitätswahrend übergegangen ist oder in die betrieblichen Strukturen eingegliedert wurde.[91] Dagegen spricht der Gesichtspunkt der demokratischen Legitimation des BR. Seit 2001 ist die abweichende Regelung des § 3 nicht mehr zwingend an das verfassungsrechtlich geschützte Instrument des TV geknüpft, sondern auch auf Grundlage einer BV oder sogar Mehrheitsabstimmung möglich. Dann ist es problematisch, die gewählte Interessenvertretung von AN (des übernommenen Betriebs) aufzuheben, die an dieser Willensbildung nicht beteiligt waren.[92] Eine Eingliederung des übernommenen Betriebs in eine einheitliche Organisation verändert dessen Identität und stellt eine Betriebsänderung dar, für die das Verfahren der §§ 111 ff. einzuhalten ist. Wird anschließend der übernommene Betrieb durch weitere Kollektivvereinbarung in die Repräsentationsstruktur nach § 3 einbezogen, kann die Lösung wie nach § 3 Abs. 4 erfolgen.[93]

43 Die Bildung **zusätzlicher Gremien und Vertretungen** auf Grundlage des § 3 Abs. 1 Nr. 4 und 5 hat keinen Einfluss auf die Amtszeit bestehender BR, führt insbes. nicht zu ihrer Beendigung. Im Falle des Rücktritts eines/r auf der auf Grundlage von § 3 Abs. 1 Nr. 4 und 5 gebildeten zusätzlichen Gremiums/Vertretung ist § 22 entsprechend anzuwenden, so dass das Gremium/die Vertretung geschäftsführend im Amt bleibt. Die Rechtsfolgen für den Fall des Ablaufs des TV richten sich nach den jeweiligen tariflichen Bestimmungen. Im Übrigen ist die Amtszeit dieser Gremien und Vertretungen nicht an die Amtszeit der bestehenden BR gebunden (ausführlich § 3 Rn. 135 ff.).

7. Wirkung der Beendigung der Amtszeit

44 Endet aufgrund einer Neuwahl das Amt eines BR, wird der neu gewählte BR **Funktionsnachfolger** seines Vorgängers. Dies gilt bei unverändertem Betriebszuschnitt ebenso wie bei geänderten Strukturen. Entstehen aus einer betrieblichen Einheit mehrere Einheiten, werden mehrere BR Funktionsnachfolger. Werden mehrere eigenständige betriebsverfassungsrechtliche Einheiten zu einer Einheit zusammengefasst, wird der in dieser Einheit neu gewählte BR Funktionsnachfolger der bisherigen BR. Voraussetzung ist, dass die vor und nach der Änderung von den BR jeweils repräsentierten organisatorischen Einheiten zuverlässig voneinander abgegrenzt werden können.[94] Ohne Funktionsnachfolger enden die BR-Befugnisse mit Ablauf seiner Amtszeit,[95] sofern er nicht nach § 22 seine Geschäfte weiter führt oder ein Übergangs- bzw. Restmandat ausübt (vgl. §§ 21a, 21 b). Gegen ihn gerichtete arbeitsgerichtliche Anträge sind als unzulässig abzuweisen.[96] Ein von einem Insolvenzverwalter mit einem BR, dessen Amtszeit abgelaufen war, geschlossener Sozialplan[97] ist ebenso unwirksam wie ein mit ihm geschlossener Interessenausgleich, insbes. mit Namensliste i. S. d. § 125 InsO, § 1 Abs. 5 KSchG. Die Befugnisse des BR können grundsätzlich nicht durch ein anderes Organ, z. B. den GBR,

91 *BAG* 24. 3. 21 – 7 ABR 16/20, AuR 21, 480.
92 Ebenso *ArbG Hamburg* 13. 6. 06 – 19 BV 16/06, AuR 06, 413; GK-*Franzen*, § 3 Rn. 63 ff., 65; a. A. *BAG* a. a.O
93 Vgl. auch § 3 Rn. 174 ff., 174g; *Trümner*, FA 07, 226 ff.; Bachner/Gerhardt/Matthiesen-*Bachner*, § 4 I Rn. 89.
94 *BAG* 24. 8. 11 – 7 ABR 8/10, AuR 12, 138; 13. 2. 13 – 7 ABR 36/11, BB 13, 1395.
95 *BAG* 19. 12. 18 – 7 ABR 79/16, AuR 19, 338; 15. 1. 74, AP Nr. 1 zu § 68 PersVG Baden-Württemberg; 12. 1. 00, EzA BetrVG 1972 § 24 Nr. 2.
96 *LAG Schleswig-Holstein* 27. 3. 12 – 1 TaBV 12b/11, EzA SD 12, Nr. 10, 13.
97 *HessLAG* 15. 5. 12 – 12 Sa 280/11 und 281/11, jurisPR-ArbR 51/2012, (Anm. 4, zust. *Bertzbach*).

oder die Belegschaft selbst wahrgenommen werden. Tritt ein BR, dessen Wahl angefochten wurde, vor Rechtskraft der Anfechtungsentscheidung zurück, ist er berechtigt und verpflichtet, einen WV für die Neuwahl zu bestellen.[98] Der WV führt die Neuwahl auch nach Ablauf der Amtszeit des alten BR noch durch.

Mit endgültiger Beendigung der Amtszeit, ggf. unter Berücksichtigung der Weiterführung der Geschäfte nach § 22 bzw. eines Übergangs- bzw. Restmandats, erlöschen auch die Rechte der einzelnen BR-Mitglieder. Der Kündigungsschutz nach § 103 entfällt; erhalten bleibt der einjährige nachwirkende Kündigungsschutz nach § 15 Abs. 1 KSchG.[99] Mit dem Amtsende des BR verlieren seine Mitglieder mit der Mitgliedschaft auch sonstige Funktionen, die die Mitgliedschaft im BR voraussetzen, z.B. Freistellung nach § 38, Mitgliedschaft im GBR (§§ 47ff.), KBR (§§ 54ff.) und WA (§§ 106ff.).[100] Die Bestellung des WV erfolgt nach Ablauf der Amtszeit des BR nach § 17, davor nach § 16.[101] Das Rechtsschutzinteresse für Anfechtungs-, Auflösungs-, Ausschlussanträge entfällt, so dass diese unzulässig werden.[102] Eine die Wahl für unwirksam erklärende gerichtliche Entscheidung könnte sich dann für die Beteiligten nicht mehr auswirken, da die erfolgreiche Anfechtung der Wahl nach § 19 nur für die Zukunft wirkt.[103] Eine Pflichtverletzung aus der vorangegangenen Amtszeit des BR kann den Ausschluss des Mitglieds aus dem neu gewählten BR nicht rechtfertigen, Dies gilt unabhängig davon, ob die Pflichtverletzungen Auswirkungen auf die neue Amtszeit haben kann.[104] 45

IV. Streitigkeiten

Endet aufgrund einer Neuwahl das Amt eines BR, wird nach dem Prinzip der **Funktionsnachfolge** und **Kontinuität betriebsverfassungsrechtlicher Interessenvertretungen** der neu gewählte BR Funktionsnachfolger seines Vorgängers und tritt in dessen Beteiligtenstellung in arbeitsgerichtlichen Beschlussverfahren ein. Dies gilt auch, wenn während eines laufenden Beschlussverfahrens anstelle des bisher nur für den Betrieb eines UN gewählten BR oder der mehreren in den Betrieben des UN gewählten BR ein BR für einen – tatsächlichen oder vermeintlichen – gemeinsamen Betrieb mehrerer UN gewählt wird.[105] Geht im Laufe eines Beschlussverfahrens die Zuständigkeit für die Wahrnehmung des im Verfahren umstr. Mitbestimmungsrechts auf ein anderes betriebsverfassungsrechtliches Organ über, wird dieses Organ Beteiligter des anhängigen Beschlussverfahrens. Ein solcher Wechsel in der Zuständigkeit ist noch in der Rechtsbeschwerdeinstanz zu beachten.[106] Der nachfolgende BR hat als (Rechts-)**Funktionsnachfolger** die Interessen seines Vorgängers und seiner Mitglieder wahrzunehmen. Bei Betriebsübergang während eines Beschlussverfahrens tritt der Erwerber ohne besondere Prozesserklärung automatisch und in jeder Hinsicht in die prozessuale Stellung des bisherigen Betriebsinhabers ein.[107] Ist das Amt eines an einem Beschlussverfahren beteiligten BR erloschen, ohne dass ein neuer BR gewählt wurde, endet nach Auffassung des *BAG* dessen Beteiligtenfähigkeit. Ein unstr. Verlust der Beteiligtenfähigkeit des BR führt grundsätzlich zur Unzulässigkeit eines von ihm eingelegten Rechtsmittels. In entsprechender Anwendung von § 22 BetrVG, § 49 Abs 2 BGB ist allerdings ein BR nach Ablauf seiner Amtszeit soweit als fortbestehend zu behandeln, wie dies zur ordnungsgemäßen Beendigung des Amts geboten ist.[108] 46

---

98 *LAG Schleswig-Holstein* 7.4.11 – 4 TaBVGa 1/11, AiB 13, 649.
99 *Fitting*, Rn. 38; *GL*, Rn. 27.
100 *Fitting*, Rn. 38; *GL*, Rn. 27.
101 *BAG* 23.11.16 – 7 ABR 13/15, AuR 17, 221.
102 *BAG* 18.5.16 – 7 ABR 81/13, AP Nr. 49 zu § 23 BetrVG 1972; GK-*Kreutz*, Rn. 53; zur Unzulässigkeit von Auflösungsanträgen im Restmandat *LAG Hamm* 18.6.21 – 13 TaBV 12/20, AuR 22, 236; insoweit bestätigt durch *BAG* 24.5.23 – 7 ABR 21/21.
103 *BAG* 4.5.22 – 7 ABR 14/21, Rn. 14, AP Nr 85 zu § 5 BetrVG 1972.
104 *Thüringer LAG* 14.4.22 – 2 TaBV 8/21.
105 *BAG* 13.2.13 – 7 ABR 36/11, BB 13, 1395.
106 *BAG* 18.10.88, AP Nr. 10 zu § 81 ArbGG 1979.
107 *BAG* 22.8.17 – 1 ABR 52/14, AuR 18, 46; 20.8.14 – 7 ABR 60/12, ZTR 15, 53, zum Übergang der Kostentragungspflicht nach § 40 auf den Erwerber; 9.12.08 – 1 ABR 75/07, AP Nr. 356 zu § 613a BGB; *Richter/Muschler*, ArbR 16, 29ff.
108 Im Einzelfall verneint von *BAG* 19.12.18 – 7 ABR 79/16, AuR 19, 338.

Die Antragsbefugnis des BR bzw. einzelner kostenbelasteter BR-Mitglieder entfällt nicht mit Ablauf der Amtszeit des BR, der das Beschlussverfahren eingeleitet hat.[109] Ist zu diesem Zeitpunkt noch kein neuer BR gewählt, die Neuwahl jedoch schon eingeleitet und (so offenbar *BAG*) fortgeschritten, ist das Verfahren analog § 239 ZPO zu unterbrechen und nach Neuwahl durch den BR wiederaufzunehmen. Prozessvollmachten und dahingehende BR-Beschlüsse bleiben wirksam.[110] Im Rechtsstreit über den möglichen Ablauf der Amtszeit wird die Beteiligtenfähigkeit des BR unterstellt. Nach allgemeinen prozessualen Grundsätzen kann eine Partei, deren Parteifähigkeit oder gar rechtliche Existenz überhaupt im Streit steht, wirksam auch Rechtsmittel mit dem Ziel einlegen, eine Sachentscheidung zu erlangen.[111]

47 Über Fragen der Amtszeit des BR entscheiden die Arbeitsgerichte im **Beschlussverfahren** (§ 2a, §§ 80 ff. ArbGG). Beginn und Ende der Amtszeit können auch vor der Einigungsstelle[112] und im arbeitsgerichtlichen Urteilsverfahren, etwa im Kündigungsschutzprozess, eine Rolle spielen und dort als Vorfrage mit entschieden werden. Für einen Feststellungsantrag verneint das *BAG* nach Ablauf der Amtszeit des BR i. d. R. ebenso das Feststellungsinteresse[113] wie für Anträge auf Feststellung der Unwirksamkeit eines Einigungsstellenspruchs, der mangels funktionaler Mitbestimmung im Restmandat nicht mehr zum Tragen kommt.[114] Bestreitet der AG, dass ein BR im Amt sei, kann dem AG im Wege einer sog. »Regelungsverfügung« aufgegeben werden, den antragstellenden BR bis zur Hauptsacheentscheidung als im Amt befindlich zu behandeln[115] und seine Tätigkeit nicht zu behindern.

§ 21a Übergangsmandat

(1) Wird ein Betrieb gespalten, so bleibt dessen Betriebsrat im Amt und führt die Geschäfte für die ihm bislang zugeordneten Betriebsteile weiter, soweit sie die Voraussetzungen des § 1 Abs. 1 Satz 1 erfüllen und nicht in einen Betrieb eingegliedert werden, in dem ein Betriebsrat besteht (Übergangsmandat). Der Betriebsrat hat insbesondere unverzüglich Wahlvorstände zu bestellen. Das Übergangsmandat endet, sobald in den Betriebsteilen ein neuer Betriebsrat gewählt und das Wahlergebnis bekannt gegeben ist, spätestens jedoch sechs Monate nach Wirksamwerden der Spaltung. Durch Tarifvertrag oder Betriebsvereinbarung kann das Übergangsmandat um weitere sechs Monate verlängert werden.
(2) Werden Betriebe oder Betriebsteile zu einem Betrieb zusammengefasst, so nimmt der Betriebsrat des nach der Zahl der wahlberechtigten Arbeitnehmer größten Betriebs oder Betriebsteils das Übergangsmandat wahr. Absatz 1 gilt entsprechend.
(3) Die Absätze 1 und 2 gelten auch, wenn die Spaltung oder Zusammenlegung von Betrieben und Betriebsteilen im Zusammenhang mit einer Betriebsveräußerung oder einer Umwandlung nach dem Umwandlungsgesetz erfolgt.

Inhaltsübersicht Rn.

109 *BAG* 25.4.78, AP Nr. 11 zu § 80 BetrVG 1972 = EzA § 80 BetrVG 1972 Nr. 15 mit Anm. v. *Blomeyer;* zum Restmandat des BR i. S. eines allgemeinen – auch prozessualen – Abwicklungsmandats vgl. § 21b Rn. 23.
110 Vgl. *Richter/Muschler*, ArbR 16, 29; dagegen *BAG* 19.12.18 – 7 ABR 79/16, a. a. O. in einem Fall, in dem der gewerkschaftliche Antrag auf Einsetzung des WV erst kurz vor dem drittinstanzlichen Anhörungs-T gestellt wurde.
111 *BAG* 18.3.15 – 7 ABR 42/12, AP Nr. 83 zu § 5 BetrVG 1972; 27.5.15 – 7 ABR 20/13, AuR 15, 460; 19.12.18 – 7 ABR 79/16, a. a. O.
112 *LAG Hamburg* 2.11.88, BB 89, 916.
113 *BAG* 11.10.95 – 7 ABR 17/95, AuR 96, 149.
114 *BAG* 22.3.16 – 1 ABR 10/14, BAGE 154, 322.
115 *LAG Nürnberg* 4.9.07 – 6 TaBV 31/07, AuR 08, 76.

I. Vorbemerkungen

Mit dem allgemeinen betriebsverfassungsrechtlichen Übergangsmandat des BR wird Art. 6 der (Betriebsübergangs-)**RL 2001/23/EG** umgesetzt. Bereits zuvor war diese Rechtsfigur in einzelnen Gesetzen sowie in der Rspr.[1] als allgemeiner betriebsverfassungsrechtlicher Grundsatz anerkannt worden (im Einzelnen *7. Aufl.,* § 21 Rn. 55 ff.). 1

Die Vorschrift ist **zwingend.** Das Übergangsmandat ist nicht durch TV/BV abdingbar.[2] Seine Ausübung ist eine unverzichtbare, gesetzliche Amtspflicht der einzelnen BR-Mitglieder.[3] Seine Dauer kann nach Abs. 1 Satz 4 durch TV/BV um weitere 6 Monate verlängert werden. Zur Sicherungsvereinbarung nach § 325 Abs. 2 UmwG vgl. Rn. 58. 2

Wesentlicher Inhalt des Übergangsmandats ist die **Verlängerung der Amtszeit des BR und der einzelnen BR-Mitglieder,** wodurch der Grundsatz, nach dem das Mandat des BR an den aktuellen Bestand des Betriebs und das Mandat der einzelnen BR-Mitglieder an das Arbeitsverhältnis zum Betriebsinhaber geknüpft sind (vgl. Rn. 6) modifiziert wird. 3

Sinn und Zweck des Übergangsmandats ist es, die **Kontinuität des BR-Mandats** zu sichern, betriebsratslose Zeiten zu vermeiden[4] und die AN in einer kritischen Phase im Anschluss an eine betriebliche Umstrukturierung vor dem Verlust ihrer Beteiligungsrechte zu schützen.[5] Es dient zugleich der Effektivität der zu Gunsten der AN geltenden Normen, deren Einhaltung der BR nach § 80 Abs. 1 Nr. 1 zu überwachen hat. 4

Durch die verbindliche Anordnung des Übergangsmandats des BR besteht eine **einheitliche Regelung** in allen Fällen, in denen eine Änderung der Betriebsorganisation zum Verlust der Beteiligungsrechte des BR führt.[6] Der Gesetzgeber unterstellt, dass nach der Wahl eintretende betriebsorganisatorische Änderungen Einfluss auf das Amt des BR haben können, ohne im Einzelnen zu klären, wann und in welchem Ausmaß dies der Fall ist. Nicht jede Änderung der Betriebsorganisation beendet das Vollmandat des BR. Insofern hat die Vorschrift eine **Auffangfunktion** und gilt subsidiär. Vorrangig ist zu prüfen, ob das Vollmandat des BR auch nach durchgeführten organisatorischen Änderungen weiter besteht.[7] 5

Nach h. M. ist die Zuständigkeit des BR an die Identität des Betriebs geknüpft, für den er gewählt worden ist. Solange die Identität fortbesteht, behält der BR das ihm durch Wahl übertragene Mandat bis zum Ablauf seiner regulären Amtszeit. Dies gilt grundsätzlich auch bei **Änderung** 6

---

1 *BAG* 31.5.00 – 7 ABR 78/98, AuR 01, 30 ff. mit Anm. *Buschmann.*
2 *Fitting,* Rn. 5.
3 *Fitting,* Rn. 27.
4 Ebenso *BAG* 27.7.11 – 7 ABR 61/10, AuR 12, 83.
5 BT-Drucks. 14/5741, S. 38 f.
6 BT-Drucks. 14/5741, S. 38 f.
7 Vgl. § 21 Rn. 36; ebenso ErfK-*Koch,* Rn. 3; Richardi-*Thüsing,* Rn. 2, 5.

des Betriebsinhabers, des AG, etwa bei Umwandlung nach dem UmwG oder Betriebsübergang nach § 613a BGB (ebenso Art. 6 Abs. 1 der RL 2001/23/EG). Die strikte Anbindung an die Betriebsidentität würde dazu führen, dass bei einer betrieblichen Umorganisation, die eine Änderung der bisherigen **Betriebsidentität** zur Folge hat, das Amt des BR enden oder er für einen Teil der bisher von ihm vertretenen AN die Zuständigkeit verlieren würde.[8] Ohne Übergangsmandat wären die betr. AN ab Wirksamwerden einer Spaltung oder Zusammenlegung von Betrieben bis zur Neuwahl eines BR betriebsverfassungsrechtlich nicht mehr repräsentiert und würden bis zur Konstituierung des neuen BR den kollektiven Schutz des BetrVG verlieren. Zugleich entstünden für AG weitreichende Möglichkeiten zu Missbrauch und Manipulation, indem sich Betriebe organisatorisch umstrukturieren ließen, um die Existenz bzw. Zuständigkeit des BR oder die Mitgliedschaft einzelner BR-Mitglieder zu beenden, wie der Fall des *BAG* v. 31.5.00 beweist.[9] Ebenso wäre der Fortbestand der geltenden BV in Gefahr.

7 *Kreutz*[10] hatte hervorgehoben, dass der BR für eine volle Amtsperiode gewählt worden ist, so dass er für die Dauer der Amtszeit und ohne Zuständigkeitseinbußen im Amt bleibt. Dafür spricht eine Wertungsparallele zur – etwa wegen Verkennung des Betriebsbegriffs – fehlerhaften, aber nicht angefochtenen Wahl des BR, der bis zum Ablauf seiner regulären Amtszeit im Amt bleibt. Ein Grundsatz, nach dem das Amt des BR bei betrieblichen Umstrukturierungen ende, sei nirgends geregelt. Die Unterscheidung von identitätswahrender und identitätsauflösender Betriebsaufspaltung bzw. von Zusammenlegung und Eingliederung von Betrieben sei nicht tragfähig. Diese Auffassung hatte den Vorzug, die **Amtskontinuität** des BR zu sichern auch und gerade für den Fall, dass nicht sicher bzw. strittig ist, ob die Umstrukturierung die Betriebsidentität geändert hat.

8 Der Gesetzgeber löst diese Problematik nur z.T. durch das Übergangsmandat, d.h. Verlängerung der Amtszeit des BR über den Zeitpunkt hinaus, an dem die Veränderung der Betriebsidentität wirksam geworden ist. Die Vorschrift trifft eine **eigenständige Bestimmung der Amtszeit** des BR für den Fall, dass der Betrieb durch Spaltung oder Zusammenlegung seine Identität verändert, insbes. untergeht. Sie beantwortet nicht die Frage, wann dies der Fall ist.[11] Soweit betriebliche Umstrukturierungen nicht dazu führen, kommt das Übergangsmandat nicht zum Tragen und ist auch nicht erforderlich.[12] Vorrangige Frage ist, ob der bisherige Betrieb endgültig seine **Identität verändert** hat.

9 Wie die Voraussetzungen unterscheiden sich die Rechtsfolgen der Abs. 1 und 2 strukturell. In der 1. Variante verbindet sich die Übergangszuständigkeit **retrospektiv** mit der organisatorischen Einheit **vor der Spaltung,** in der anderen **prospektiv nach der Zusammenfassung.** Das Mandat bezieht sich im Falle des **Abs. 1** auf alle vor der Spaltung vom BR vertretenen Betriebsteile, so dass für diese während des Übergangszeitraums der Fortbestand des unveränderten Betriebs, ggf. als gemeinsamer Betrieb mehrerer UN, für einen Übergangszeitraum fingiert wird. Die bloße Spaltung führt allein nicht zu Konflikten mit der Zuständigkeit anderer BR und bedarf keiner Konkurrenzregelung. Im Falle des **Abs. 2** trägt das Mandat der betriebsorganisatorisch wirksam gewordenen Veränderung Rechnung, indem es sich von Rechts wegen auf den zusammengefassten Betrieb bezieht. Bei der Zusammenfassung ist eine Konkurrenzregelung erforderlich. Demzufolge regelt die Vorschrift nicht die zu Grunde zu legende betriebsverfassungsrechtliche Einheit, sondern nur, welcher BR das Mandat für sie übergangsweise wahrnimmt.[13] Je nach Konstellation können Abs. 1 *und* 2 zur Anwendung kommen, z.B. bei organisatorischer Zusammenfassung eines abgespaltenen Betriebsteils mit einem anderen zuvor selbstständigen oder von einem anderen Betrieb abgespaltenen Betriebsteil. In diesem Fall gilt das für den abgespaltenen Betriebsteil bestehende Übergangsmandat unter den Voraussetzungen des Abs. 2 (größter Betriebsteil der zusammengefassten Einheit)

---

8 *BAG* 23.11.88 – 7 AZR 121/88, BAGE 60, 191 = AuR 89, 354 mit krit. Anm. *Kleveman;* 31.5.00 – 7 ABR 78/98, AuR 01, 30; *Fitting*, Rn. 1, 7; *Bachner*, DB 95, 2068.

9 *BAG* 31.5.00 – 7 ABR 78/98, a.a.O.

10 *Kreutz*, FS Wiese, S. 235ff.; vgl. auch GK-*Kreutz*, Rn. 15, allerdings unter Hinweis, dass der Gesetzgeber diese Lösungskonzeption verworfen habe; MünchArbR-*Krois*, § 292, Rn. 39.

11 Ebenso *Fitting*, Rn. 8.

12 Ebenso *Fitting*, Rn. 6.

13 *Rieble/Gutzeit*, ZIP 04, 693.

auch für Letztere. In beiden Varianten wird das Übergangsmandat gegenüber der Leitung neu entstandener Einheiten ausgeübt (dagegen Restmandat: Ausübung gegenüber Leitung des Ursprungsbetriebs).[14]

Im Unterschied zu dem in § 21b geregelten Restmandat unterliegt das Übergangsmandat **keinen funktionellen, sondern allein zeitlichen Beschränkungen,** d.h. während seiner Dauer übt der BR alle Befugnisse nach diesem Gesetz und anderen Rechtsvorschriften (z.B. TV) aus. Ein besonderer Bezug seiner Aktivitäten auf die betriebsorganisatorische Spaltung oder Zusammenlegung ist nicht erforderlich. Sein Mandat erfasst auch neue Aufgaben, die dem BR nach der Spaltung/Zusammenlegung in den einzelnen Betriebsteilen erwachsen können.[15] Abs. 1 Satz 2 gibt ihm die besondere Aufgabe, unverzüglich Wahlvorstände zu bestellen. 10

Die Vorschrift unterscheidet nicht, ob eine Spaltung oder Zusammenlegung mit **Veränderungen in der Person des AG** verbunden ist oder nicht, was auch in Abs. 3 zum Ausdruck kommt. Spaltungen/Zusammenlegungen nach dem Umwandlungsgesetz (Gesamtrechtsnachfolge) und Betriebs-(teil-)veräußerungen nach § 613a BGB (Einzelrechtsnachfolge) stehen hier gleich. Die Frage der analogen Anwendung wie bei § 321 UmwG a.F. stellt sich nicht, soweit die Vorschrift direkt anwendbar ist.[16] Ein Übergangsmandat des BR kann auch vorliegen, wenn sich der AG nicht ändert. Umgekehrt können gesellschaftsrechtliche Änderungen die Betriebsidentität unverändert lassen, z.B. wenn eine Spaltung des UN keine Spaltung des Betriebs zur Folge hat (gemeinsamer Betrieb, vgl. § 1 Abs. 1 Satz 2 und Abs. 2), so dass der BR ohne Übergangsmandat und ohne dessen zeitliche Begrenzung zuständig bleibt. 11

Das Übergangsmandat setzt ein bestehendes (»bleibt im Amt«) Vollmandat des BR voraus. Hat die Umstrukturierung/Identitätsänderung schon vor oder während der BR-Wahl, d.h. **vor Bekanntmachung des Wahlergebnisses** stattgefunden, wird kein Übergangsmandat, sondern ein **Vollmandat** des BR begründet. Das Übergangsmandat deckt nur nachträgliche Identitätsveränderungen ab. Vorzeitige Veränderungen der zu Grunde zu legenden Betriebsstruktur hat der WV bei der Wahl (Wählerliste) selbst zu berücksichtigen; bei Verkennung ist unter den Voraussetzungen des § 19 ggf. eine Anfechtung zulässig (vgl. § 19 Rn. 10f.). Die Wahl ist indes nicht nichtig.[17] Ist sie danach wirksam, unterliegt sie nicht den zeitlichen Beschränkungen des Übergangsmandats. 12

Da das Übergangsmandat des BR keinen funktionellen Begrenzungen unterliegt, ist während seiner Dauer der BR weiterhin im **GBR** (§ 47 Abs. 2), ggf. auch im **KBR** (§ 54 Abs. 2) vertreten.[18] Bei einer Zusammenfassung von Betrieben kann dies zur Entsendung neuer GBR-/KBR-Mitglieder führen. Zur Frage, ob unter entspr. Voraussetzungen (Spaltung des bzw. Fusion mit anderen UN/Konzernen) dem GBR/KBR ein Übergangsmandat zukommen kann, ist auf *Deinert,* **§ 47, Rn. 62** ff. **(69)** zu verweisen. Für den **See-BR** findet die Vorschrift nach § 116 Abs. 2 Anwendung; dagegen nimmt § 115 Abs. 3 für die **Bordvertretung** auf sie nicht Bezug. Zur **JAV** vgl. Rn. 63. Mit dem BundesteilhabeG wurde 2017 zunächst in § 94, dann § 177 Abs. 8 SGB IX eine Verweisung auf diese Vorschrift eingefügt, d.h. ein Übergangsmandat für die **Schwerbehindertenvertretung** in Betrieben.[19] Analogie bietet sich an für den Datenschutzbeauftragten.[20] Freistellungen nach §§ 37 Abs. 2 und 38 berechnen sich auf der Grundlage des Betriebs, für die der BR während des Übergangsmandats zuständig ist, bzw. entspr. der Gesamtzahl der von ihm repräsentierten AN. Im Falle des Abs. 2 kann sich dadurch während des Übergangszeitraums die Zahl der nach § 38 freizustellenden BR-Mitglieder erhöhen.[21] 13

---

14 ErfK-*Koch*, Rn. 1.

15 Richardi-*Thüsing*, Rn. 19; vgl. auch unten Rn. 61.

16 *Engels/Trebinger/Löhr-Steinhaus*, DB 01, 533.

17 *BAG* 13.3.13 – 7 ABR 70/11, AuR 13, 187; vgl. dazu auch *Homburg/Mittag*, AuR 13, 253.

18 Ebenso *Rieble*, NZA 02, 240.

19 Dazu *Kohte/Liebsch*, AuR 19, 4ff., 7, mit dem zutreffenden Hinweis, dass auch das Übergangsmandat der SBV sowie der PR nach Art. 6 der RL 2001/23/EG unionsrechtlich geboten und somit ein Ausschluss europarechtswidrig ist; a.A. *BAG* 14.9.22 – 7 ABR 17/21, ZTR 23, 128 mit Hinweis auf die dann eintretende Zuständigkeit einer zentralen SV bei gleichzeitiger Begrenzung des § 177 Abs. 8 SGB IX auf priv. Betriebe unter Ausschluss des ö.D.

20 Däubler/Wedde/Weichert/Sommer-*Däubler*, § 6 BDSG, Rn. 18.

21 *Gragert*, NZA 04, 291; vgl. auch Rn. 59ff.

14 Eine entspr. Regelung im **BPersVG** fehlte lange, obwohl mit dem Verlust eines öffentlich-rechtlichen AG, stärker als beim Wechsel von einem privaten AG zu einem anderen, die Berufswahl des AN berührt wird und der Verlust der kollektiven Vertretung der AN und ihrer Beteiligungsrechte gerade bei Privatisierung droht.[22] Problematisch gestaltet sich insbesondere der Fall der sog. privatisierenden Umwandlung (vgl. §§ 168 ff. UmwG). Mit dem Stichtag der Privatisierung erlosch grds. das Amt des Personalrats (PR) nach Maßgabe des BPersVG. Besteht zu diesem Zeitpunkt kein BR, droht ohne eine zumindest übergangsweise fortbestehende Zuständigkeit des bisherigen PR jedenfalls zeitweilig ein vertretungsloser Zustand. Angesichts dessen offenbarer Europarechtswidrigkeit (Verstoß gegen Art. 6 der RL 2001/23/EG) wurde dafür plädiert, im Wege einer Gesamtanalogie zu verschiedenen Einzelvorschriften außerhalb dieses Gesetzes ein generelles auf 6 Monate befristetes **Übergangsmandat des PR bei Privatisierungen** anzuerkennen.[23]

15 Seit dem **Gesetz zur Novellierung des BPersVG** v. 9. 6. 2021, BGBl. 1614, regelt § 29 BPersVG n. F. ein umfassendes Übergangs- und Restmandat bei Umstrukturierungsmaßnahmen. Bei Umstrukturierungen von Dienststellen (Aufspaltung, Ausgliederung) führt der PR die Geschäfte im Übergangsmandat für die ihm bislang zugeordneten Dienststellenteile für längstens 6 Monate weiter (ähnlich § 21a Abs. 1). Bei Zusammenlegungen von Dienststellen oder Teilen mehrerer Dienststellen nimmt der PR derjenigen Dienststelle, aus der die meisten Beschäftigten zu der neuen Dienststelle übergegangen sind, das Übergangsmandat wahr (ähnlich § 21a Abs. 2). Bei Auflösung einer Dienststelle bleibt deren PR so lange im Amt, wie dies zur Wahrnehmung der damit im Zusammenhang stehenden Beteiligungsrechte erforderlich ist (ähnlich § 21b). Von besonderer Bedeutung ist der in § 29 Abs. 6 BPersVG geregelte Übergang einer Dienststelle durch Umwandlung oder eine anderweitige Privatisierungsmaßnahme in eine Rechtsform des Privatrechts. Deren PR bleibt im Amt und führt die Geschäfte unter den Voraussetzungen des § 1 Abs. 1 Satz 1 BetrVG weiter, wenn kein BR besteht. Des Weiteren wird auf § 21a verwiesen.[24]

II. Entwicklung des Übergangsmandats

1. Gesetzgebung

16 Vor 2001 wurden in **Einzelbestimmungen außerhalb dieses Gesetzes** Regelungen über die Fortdauer der Amtszeit des BR / PR getroffen (vgl. §§ 13, 14 SpTrUG, § 6b VermG, § 25 PostPersRG, § 24 PZNeuOG, § 8 ENeuOG, §§ 15, 20 DBGrG, sachsen-anhaltinisches Gesetz zur Sicherstellung der Personalvertretung v. 4. 5. 94,[25] Nieders. VO über die Personalvertretung bei Auflösung eines Ministeriums v. 9. 8. 94;[26] im Einzelnen 7. Aufl., § 21 Rn. 47). Von besonderer Bedeutung war § 321 UmwG a. F. über das Übergangsmandat aus Anlass gesellschaftsrechtlicher Umwandlungen. Mit dem BetrVerf-ReformG wurde jene Vorschrift aufgehoben und durch diese ersetzt.

2. Rechtsprechung

17 Das *BAG*[27] hatte früher bei Übertragung eines Betriebsteils auf einen anderen Inhaber ein Übergangsmandat nicht geprüft und ein Restmandat des BR ebenso abgelehnt wie eine analoge Anwendung des § 22. Diese Rspr. war überwiegend kritisiert worden, da sie die von einer

---

22 Vgl. *BVerfG* 25. 1. 11 – 1 BvR 1741/09, AuR 11, 132: Gefahr der Entfernung aus dem ö. D.

23 Zur Rspr. vgl. nur *ArbG Bremen* 29. 9. 99, EzBAT § 54 BAT Unkündbare Angestellte Nr. 9; offen gelassen in *BAG* 25. 5. 00 – 8 AZR 416/99, DB 00, 1966; abl. *OVG NRW* 29. 9. 99, PersR 00, 455; 30. 4. 10 – 1 A 3242/07; *LAG Köln* 11. 2. 00 – 4 TaBV 2/00, PersR 00, 378 u. 10. 3. 00 – 13 TaBV 9/00, PersR 00, 380 m. krit. Anm. *Blanke,* 346 ff.; *LAG Düsseldorf* 16. 1. 12 – 14 TaBV 83/11, BB 12, 572; weit Nachw. in diesem Kommentar bis zur 17. Aufl.

24 Ausführlich *Ritter-Stütz*, Das novellierte BPersVG, AuR 21, 452 ff.

25 GVBl. LSA S. 562.

26 Nds. GVBl. S. 422.

27 23. 11. 88, BAGE 60, 191 = AuR 89, 354 mit krit. Anm. *Kleveman.*

Umstrukturierung betroffenen AN schutzlos stellte und den Grundsatz der Kontinuität der AN-Vertretung verkannte.[28] Zuletzt hatte die h. M. entweder eine **Analogie zu § 321 UmwG a. F. oder eine Gesamtanalogie** zu o. g. Vorschriften angenommen.[29] Dieser Auffassung hatte sich im Grundsatz auch das *BAG*[30] angeschlossen. Seit 2001 gilt nur diese Vorschrift.

III. Übergangsmandat nach der Betriebsübergangsrichtlinie

18 Bei der Auslegung der §§ 21–21b ist die Betriebsübergangs-RL 2001/23/EG[31] zu beachten.[32] § 21a will lt. Gesetzesbegründung diese RL umsetzen. Nach Art. 1 (1) a RL ist die RL auf den Übergang von UN, Betrieben- oder Unternehmens- bzw. Betriebsteilen auf einen anderen Inhaber durch vertragliche Übertragung oder durch Verschmelzung anwendbar, während diese Vorschriften des BetrVG an Spaltung/Zusammenfassung anknüpfen. Wegen dieser nicht ganz identischen Anwendungsbereiche ergeben sich Inkongruenzen. Enger ist der Anwendungsbereich der RL durch den Bezug auf den Übergang auf einen anderen Inhaber; Betriebsspaltungen-/Zusammenfassungen verlangen diesen Übergang nicht. Er ist weiter, indem er sich nicht auf Spaltungen/Zusammenfassungen beschränkt. Umsetzungsdefizite können also entstehen, wo in Einzelfällen von Betriebsübergängen ein Übergangsmandat mangels Spaltung/Zusammenlegung verneint wird. Klarstellend verweisen Art. 98 u. 145 der RL (EU) 2017/1132 v. 14. 6. 17 über bestimmte Aspekte des Gesellschaftsrechts wie schon die RL 82/891/EWG (Spaltung von Aktiengesellschaften) in Bezug auf die Wahrung von Ansprüchen der AN der an der Spaltung beteiligten bzw. sich verschmelzenden Gesellschaften auf die (Betriebsübergangs-)RL. Die RL 2001/23 enthält keine Ausnahme für eine Übernahme durch kirchliche oder Tendenzbetriebe.

19 Nach Art. 6 Abs. 1 Unterabs. 1 RL bleiben bei **fortdauernder Selbstständigkeit** des Betriebs/UN Rechtsstellung und Funktion der AN-Vertreter/Vertretung erhalten, was der dt. Rechtslage[33] entspricht. Nach der Rspr. des *EuGH* sind »Selbstständigkeit« und »Identität« nicht gleichwertig. »Selbstständigkeit« liegt vor, wenn die Organisationsbefugnisse der für die übertragene Einheit Verantwortlichen nach dem Übergang innerhalb der Strukturen des Erwerbers im Vergleich zu der Lage vor dem Übergang im Wesentlichen unverändert bleiben. In diesem Fall muss das Recht der AN auf Vertretung unter gleichen Bedingungen wie vor dem Übergang ausgeübt werden können. Eine Umverteilung bestimmter Organisationsbefugnisse innerhalb der übertragenen Einheit, insbes. der bloße Austausch der obersten Dienstvorgesetzten beeinträchtigt grundsätzlich deren Selbständigkeit nicht. Das Amt des BR sowie die abgeschlossenen BV bestehen dann uneingeschränkt weiter, so dass es eines Übergangsmandats nicht bedarf.[34]

20 Für den Fall, dass das UN, der Betrieb oder der UN- bzw. Betriebsteil seine **Selbstständigkeit nicht behält,** verlangt Art. 6 Abs. 1 Unterabs. 4 RL, dass die vom Übergang betroffenen AN, die vor dem Übergang vertreten wurden, während des Zeitraums, der für die Neubildung oder Neubenennung der AN-Vertretung erforderlich ist, im Einklang mit dem Recht oder der Praxis der Mitgliedstaaten weiterhin angemessen vertreten werden. Dementsprechend hat die Vorschrift die ausdrückliche Funktion, die Vorgaben aus der RL 2001/23/EG umzusetzen.[35]

21 Art. 6 Unterabs. 4 RL trifft anders als Art. 6 Unterabs. 1 keine Ausnahmeregelung für den Fall, dass die Betriebsteile nach einer Spaltung nicht mehr die **Voraussetzungen des § 1 Abs. 1 Satz 1** (mindestens 5 AN) erfüllen, so aber § 21a Abs. 1 Satz 1. Vielmehr geht die RL generell

28 Vgl. *Däubler,* RdA 95, 146; *Fitting,* Rn. 2.
29 Ausführlich *7. Aufl.,* § 21 Rn. 68 ff.
30 *BAG* 31. 5. 00 – 7 ABR 78/98, AuR 01, 30 ff. mit Anm. *Buschmann.*
31 RL 2001/23/EG, ABlEG 2001 Nr. L 82 S. 16; Vorgänger-RL 98/50/EG; 77/187/EWG.
32 Zu den Anforderungen der RL EUArbR/*Winter* RL 2001/23/EG; EnzEur-*Krause* Bd. 7, § 7; vgl. auch Übergangsmandat im österreichischen §§ 62b, 62c ArbVG.
33 Vgl. *BAG* 28. 9. 88, EzA § 95 Nr. 14; 27. 7. 94, AuR 95, 156; 11. 10. 95, DB 96, 1190; *Krause,* NZA 98, 1205; *Mengel,* Umwandlungen, S. 280; vgl. auch § 21 Rn. 36.
34 *BAG* 11. 10. 95, a. a. O.; *EuGH* 29. 7. 10, Rs. C-151/09, UGT/Uribe, AuR 10, 484; dazu *Buschmann,* AiB 14, 21, EUArbR/Winter RL 2001/23/EG, Art. 6 Rn. 13 ff.
35 BT-Drucks. 14/5741, S. 39.

davon aus, dass die weitere angemessene Vertretung während des Übergangszeitraums fortbesteht.[36] Zwar sind die Mitgliedstaaten frei, eine Mindestgröße für die Errichtung einer Arbeitnehmervertretung festzulegen.[37] Das ändert aber nichts daran, dass allein der Betriebsübergang den Verlust der Vertretung nicht herbeiführen darf. Daraus ergeben sich Konsequenzen bei der Aufspaltung eines Betriebs in mehrere nicht mehr BR-fähige Einheiten sowie bei der Abspaltung nicht mehr BR-fähiger Einheiten. Die RL enthält keine Einschränkung, dass in diesen Fällen das Übergangsmandat des BR entfällt, sondern spricht nur von dem Zeitraum, der für die Neubildung oder Neubenennung der AN-Vertretung erforderlich ist. Jedoch könnte auch in diesen Fällen das Übergangsmandat bedeutsam werden, z. B. wenn durch TV abweichende Regelungen nach § 3 Abs. 1 Nr. 1–3 getroffen werden sollen, die das Ziel haben, den bisherigen Betrieb einschließlich des abgespaltenen, für sich nicht BR-fähigen Betriebsteils beizubehalten. Insofern besteht Anpassungsbedarf.[38]

22 Nach Art. 6 Abs. 2 RL gelten für AN-Vertreter die mit ihrem Amt verbundenen Schutzmaßnahmen weiter, auch wenn ihr Mandat auf Grund des Übergangs erlischt. Durch den Betriebsübergang sollen die AN-Vertreter in ihrer **persönlichen Rechtsstellung** nicht schlechter gestellt werden als ohne den Übergang. Dies gilt auch, wenn ihr persönliches Mandat auf Grund des Übergangs endet. Das Erlöschen tritt frühestens mit Ende des Übergangsmandats ein. Diese Bestimmung betrifft also nicht den Schutz während (hier ist das Mandat noch nicht erloschen), sondern nach Ablauf des Übergangsmandats. Betroffen sind etwa ehemalige **BR-Mitglieder nach Ablauf des Übergangsmandats sowie BR-Mitglieder, deren Mitgliedschaft ausnahmsweise auf Grund des Übergangs endet,** etwa bei Eingliederung in einen aufnehmenden Betrieb mit BR oder Zusammenlegung zu einem neuen Betrieb nach Art. 6 Abs. 2 RL, in dem ein anderer größerer BR das Übergangsmandat wahrnimmt. »Schutzmaßnahmen« sind vor allem die **Sonderkündigungsschutzvorschriften** der §§ 103 BetrVG und 15 KSchG. Diese Anforderungen der RL werden mit der Begrenzung des § 103 auf aktuelle BR-Mitglieder sowie der zeitlich begrenzten Nachwirkung des § 15 KSchG nicht erfüllt. Europarechtlich müsste sich dieser Schutz so gestalten, als hätten die BR-Mitglieder ihr Mandat (ohne den Übergang) bis zum Ablauf der regulären Amtszeit ausgeübt. Daran müsste (nach nationalem Recht) sich der nachwirkende Kündigungsschutz des § 15 Abs. 2 Satz 2 KSchG anschließen. Nach wohl h. M. ist nur der für beendete Mandate geltende (also nachwirkende) gleiche Schutz gewährleistet.[39] Der Wortlaut des Art. 6 Abs. 2 RL enthält diese Einschränkung indes nicht. Der Staat als AG ist unmittelbar an die Vorgaben der RL gebunden und kann sich nicht wirksam auf seine mangelnde Umsetzung berufen.

IV. Spaltung des Betriebs (Abs. 1)

1. Begriff der Spaltung

23 Das **Umwandlungsgesetz** definiert Spaltung **a)** als Aufspaltung des sich auflösenden UN in mindestens 2 Teile (§ 123 Abs. 1 UmwG); **b)** als Abspaltung und Übertragung eines Unternehmensteils auf einen anderen Rechtsträger, während das bisherige UN bestehen bleibt (§ 123 Abs. 2); **c)** als Ausgliederung eines Unternehmensteils wie b), jedoch gegen Gewährung von Anteilsrechten an der »Empfangsgesellschaft« an das abgebende UN (§ 123 Abs. 3). Diese Definitionen sind für die Betriebsverfassung nur beschränkt verwendbar, da sie die Spaltung von UN im Wege der Universalsukzession zum Gegenstand haben, während das Übergangsmandat des BR an die Spaltung von Betrieben anknüpft.[40]

---

36 Dies übersehen *Löwisch/Kaiser*, Rn. 7 und Richardi-*Thüsing*, Rn. 16; wie hier: Anwalt-Kommentar-*Stoffels/Bergwitz*, §§ 21–21b, Rn. 11.

37 HaKo-*Düwell*, Rn. 62.

38 Differenzierend HaKo-*Düwell*, Rn. 17: richtlinienkonforme Auslegung bei Betriebsübergang auf einen Dritten, nicht bei unternehmensinterner Betriebsspaltung.

39 EAS/Oetker/Preis-*Schubert*, B 8300, Rz. 455.

40 Ähnlich GK-*Kreutz*, Rn. 24.

Betriebsspaltung hat keinen gesetzlich definierten Inhalt. Das *BAG*[41] hat sie beschrieben als »Teilung des Betriebs in tatsächlicher Hinsicht, die zu einem Verlust der Identität des Betriebs infolge der organisatorischen Änderungen führt. Solange die Identität fortbesteht, behält der BR [sein] Mandat. Das ist der Fall, wenn das betriebliche Substrat, auf das sich das BR-Amt bezieht, weitgehend unverändert geblieben ist, wenn also insbes. ein räumlicher und funktionaler Zusammenhang mit dem Ursprungsbetrieb noch besteht. Dabei wird Identität der betrieblichen Einheit maßgeblich durch deren Leitung geprägt.« Kennzeichen der Spaltung ist dann die Auflösung einer einheitlichen Leitungsstruktur im bisherigen Betrieb oder Betriebsteil und deren betriebsbezogene Ersetzung durch mehrere Leitungsapparate.[42] Darauf fußend verneint das *BAG* eine Betriebsspaltung »mangels wesentlicher Änderungen in der Leitungsstruktur in Bezug auf die *Wahrnehmung von* AG-Funktionen,« lässt also nicht jede einfache Änderung genügen. Die Spaltung tritt wie bei UN in Form der **Aufspaltung oder Abspaltung** auf. 24

Die **Aufspaltung** führt grundsätzlich zur Entstehung zumindest zweier neuer »Einheiten«,[43] damit zu einer **Änderung der Betriebsidentität** und beinhaltet regelmäßig, allerdings nicht als Voraussetzung eine **Betriebsänderung** nach § 111 Nr. 3.[44] Umgekehrt liegt keine Spaltung vor, solange ein einheitlicher, identischer Betrieb erhalten bleibt. Dies ist etwa der Fall, wenn der gesamte Betrieb auf einen anderen Inhaber übergeht. In diesem Fall bleibt der BR dort erhalten. 24a

Bei der **Abspaltung** behält der ursprüngliche Betrieb seine Identität und der BR hierfür sein Voll-Mandat – auch für die wegen Widerspruchs gegen den Übergang hier verbleibenden AN. Für den abgespaltenen Betriebsteil hat er ein Übergangsmandat,[45] auch wenn dieser Betriebsteil nicht »wesentlich« ist.[46] Das Übergangsmandat gilt auch bei Abspaltung kleinerer Teile vom Ursprungsbetrieb, unabhängig davon, ob sie danach selbstständig fortbestehen oder mit anderen Einheiten zu einem Betrieb zusammengefasst werden.[47] 24b

Auf die Art und Weise der Spaltung kommt es nicht an, da die Vorschrift nur an das Ergebnis anknüpft.[48] Das Gesetz verlangt weder, dass die Voraussetzungen des § 111 BetrVG im Einzelnen belegt sind, noch dass der bisherige AG diese Spaltung durch zielgerichtete organisatorische Maßnahme vollzogen hat. Eine **Spaltung,** die ein Übergangsmandat erforderlich macht, liegt demnach auch vor, wenn bei einer **Teilveräußerung** der Betrieb mit Beschäftigten und BR auf einen anderen Inhaber übergeht, die Identität also beim veräußerten Betriebsteil liegt, während ein Teil der AN bei dem alten AG verbleibt. Erfüllen letztere die Voraussetzungen des § 1 Abs. 1 Satz 1, übt der (übergegangene) BR für den übergangenen Teil das Vollmandat, für die anderen das Übergangsmandat, aus.[49] Letzteres erfasst auch die wegen Widerspruchs gegen den Übergang hier verbleibenden AN. Findet hier keine fristgemäße BR Wahl statt, entsteht ein Restmandat nach § 21b.[50] 25

Das Gleiche muss gelten, wenn die Spaltung dadurch eintritt, dass nur ein Teil der Beschäftigten übergeht, dagegen die Mehrheit oder Minderheit (ggf. auch BR-Mitglieder) dem **Übergang ihres Arbeitsverhältnisses nach § 613a Abs. 6 BGB wirksam widersprechen** und deren Arbeitsverhältnisse mit dem bisherigen Betriebsinhaber fortgeführt werden.[51] Der durch eine unternehmerische Entscheidung, nämlich den Betriebsübergang, bewirkte Verlust des bisherigen AG beinhaltet einen Eingriff in das Grundrecht der Berufswahl der AN nach Art. 12 GG 25a

41 *BAG* 15.10.14 – 7 ABR 53/12, AuR 16, 82.
42 *Linsenmaier*, RdA 17, 128; *HessLAG* 10.2.20 – 16 TaBV 32/19, ArbR 20, 583.
43 So zu § 111 *BAG* 18.3.08 – 1 ABR 77/06, AuR 08, 321.
44 Ebenso *Fitting*, Rn. 9a; *LAG Bremen* 21.10.04 – 3 Sa 77/04, AuR 05, 38; *LAG München* 9.1.20 – 3 TaBV 30/19, FA 20, 112; zu den verschiedenen Formen § 111 Rn. 93ff.; *C. Meyer*, NZA 18, 900.
45 *Fitting*, Rn. 9a.
46 Vgl. *BAG* 18.3.08 a.a.O. zu § 111 Satz 3 Nr. 3.
47 *LAG Hamm* 22.10.10 – 10 TaBV Ga 19/10, juris.
48 Ebenso *Fitting*, Rn. 7.
49 Ebenso *Löwisch*, FS Bepler, S. 404.
50 *Löwisch* a.a.O.; *Löwisch/Kaiser*, § 21b, Rn. 3; *LAG Sachsen-Anhalt* 25.11.10 – 3 TaBV 16/10.
51 Ebenso *Löw*, AuR 07, 194; Bachner/Gerhardt/Matthiesen-*Bachner*, § 4 I Rn. 49; *Fitting*, Rn. 13a: Widerspruch sämtlicher BR-Mitglieder; a.A. GK-*Kreutz*, Rn. 88f.; *Moll/Ersfeld*, DB 11, 1108; *Löwisch* a.a.O., letzterer jedoch für ein Restmandat.

und erfordert deshalb besonderen Schutz.[52] In der Rspr. wurde hierfür teilweise ein Restmandat angenommen.[53] In kündigungsrechtlich motivierten Urteilen hat der 2. (Kündigungs-)Senat des *BAG* entschieden, dass allein der Widerspruch weder ein Rest-[54] noch ein Übergangsmandat[55] begründe. Um die Ablehnung der Anhörungspflicht nach § 102 BetrVG begründen zu können, wurde pauschal der Tatbestand der Spaltung verneint, da es sich bei der Erklärung des Widerspruchs nicht um eine Entscheidung des AG handele.[56] Dies überzeugt nicht. Die Betriebsübergangs-RL enthält kein solches Erfordernis. Eine dahingehende Entscheidung des AG ist auch kein konstitutives Merkmal einer betriebsverfassungsrechtlichen Spaltung. Maßgeblich ist allein das betriebsorganisatorische Ergebnis. Selbst aber, wenn man den Tatbestand der Spaltung an eine darauf gerichtete organisatorische Maßnahme des AG knüpfen wollte, wäre es ein Trugschluss, diese bei Widerspruch gegen den Übergang der Arbeitsverhältnisse pauschal zu verneinen. Der Widerspruch selbst verhindert nur den rechtlichen Übergang des Arbeitsverhältnisses auf einen anderen AG, nicht aber eo ipso die betriebsorganisatorische Zuordnung der widersprechenden AN. Um diese aus dem übergegangenen Betrieb herauszulösen, bedarf es eines weiteren (konkludenten) organisatorischen Aktes des bisherigen AG, etwa durch Einsatz der widersprechenden AN auf bei ihm vorhandenen Arbeitsplätzen. Nach (umstr.) Rspr. des *BAG*[57] wäre es sogar möglich, die AN selbst nach Widerspruch gegen den Betriebsübergang in Abstimmung mit dem Betriebserwerber dort auf den alten Arbeitsplätzen weiter zu beschäftigen.[58] Für diese AN bleibt der übergegangene Betriebsrat erst recht zuständig. Die Anerkennung des Übergangsmandats bei Widerspruch gegen den Übergang vermeidet zudem Wertungswidersprüche. Behält nämlich der BR des abgebenden Betriebs sein Voll- oder Übergangsmandat, bleibt er auch für die widersprechenden AN zuständig.[59]

2. Erheblichkeitsgrenze

26 Faktisch hängt der betriebsverfassungsrechtliche Schutz der AN weitgehend von wirksam gewordenen Organisationsentscheidungen des AG ab. AN sind von den zu Grunde liegenden organisatorischen Veränderungen persönlich betroffen. Somit entstehen für AG weitreichende **Möglichkeiten zu Missbrauch und Manipulation,** indem sich Betriebe organisatorisch umstrukturieren lassen, um die Existenz oder nur die Zuständigkeit des BR zu beenden, wie in der Rspr.[60] aufgetretene Fälle beweisen. Hängt z. B. die regionale Abgrenzung mehrerer Betriebe eines Dienstleistungs-UN organisatorisch von der jeweiligen Kompetenz bestimmter Regionaldirektionen ab, hätten es AG in der Hand, durch einfache Zuständigkeitsverlagerungen Betriebs- und BR-Strukturen zu verändern und damit ggf. die Existenz von BR zu gefährden oder ihre personelle Zusammensetzung zu beeinflussen. AG könnten versuchen, einzelne BR-Mitglieder durch organisatorische Umstrukturierungen aus dem Betrieb, in dem sie ihr Mandat

52 Vgl. *BVerfG* 25.1.11 – 1 BvR 1741/09, AuR 11, 132 zur Unzulässigkeit des Betriebsübergangs ohne Widerspruchsrecht.

53 *LAG Rheinland-Pfalz* 18.4.05 – 2 TaBV 15/05, AuR 05, 465; *LAG Düsseldorf* 12.10.05 – 12 Sa 931/05, AuR 06, 132; *ArbG Freiburg/Offenburg* 28.2.02 – 10 Ca 476/99, AuR 03, 153; ebenso *M. Schubert*, AuR 03, 133; *Löwisch* a. a. O.; nun auch Richardi-*Thüsing*, § 21b, Rn. 6, für den Fall des Identitätsverlustes des bestehenden Betriebs; *Fitting*, Rn. 13a sowie § 1, Rn. 213, für den Fall, dass sämtliche BR-Mitglieder widersprechen; a. A. *BAG* 24.5.12 – 2 AZR 62/11 AuR 13, 98, 100; 8.5.14 – 2 AZR 1005/12, AuR 15, 69; aus Arbeitgebersicht *Hidalgo/Kobler*, NZA 14, 290.

54 *BAG* 24.5.12 – 2 AZR 62/11, AuR 13, 98, 100.

55 *BAG* 8.5.14 – 2 AZR 1005/12, AuR 15, 69; 24.9.15 – 2 AZR 562/14, AuR 16, 169; ablehnend dazu auch *Schwarze*, JA 15, 70; *Wolter*, Arbeitsrecht bei Umstrukturierung von Betrieben und Unternehmen, HSI Schriftenreihe Bd. 40, S. 144.

56 *BAG* 24.5.12, 8.5.14 a. a. O. Nach der Logik dieser Begründung würde der Tatbestand der Spaltung insgesamt mit Folgen für §§ 21a, 21b und 111ff. entfallen. Diese Rechtsfolge lässt sich aber nur betriebsverfassungs-, nicht kündigungsrechtlich begründen.

57 *BAG* 19.3.98 – 8 AZR 139/97, DB 98, 1416, zu § 615 Satz 2 BGB.

58 Zum Betriebsübergang im Gemeinsamen Betrieb *BAG* 15.2.07 – 8 AZR 310/06, AuR 07, 324.

59 Musterschreiben des BR bei DKWF-*Buschmann*, § 21a Rn. 3.

60 *BAG* 31.5.00 – 7 ABR 78/98, AuR 01, 30f.; 22.11.17 – 7 ABR 40/16, AuR 18, 255; *LAG Hamm* 14.2.90 – 3 TaBV 141/89, DB 90, 2530.

ausüben, auszugliedern oder Wahlergebnisse, die einen »unangenehmen« BR hervorgebracht haben, zu korrigieren, indem bisherige Betriebe aufgelöst und neue Betriebe gebildet werden. Gleichzeitig wäre der betriebsverfassungsrechtliche Bestandsschutz, insbes. die Weitergeltung der im bisherigen Betrieb abgeschlossenen BV, in Gefahr.

27 Die Vorschrift löst diese Problematik nur z. T., nämlich auf der Rechtsfolgenseite für den »Übergang« nach Wirksamwerden der Spaltung bzw. Zusammenlegung. Sie beantwortet nicht die Frage, ab welcher Stufe der betrieblichen Umstrukturierung der auslösende Tatbestand der Spaltung / Zusammenlegung erfüllt ist.[61] Im Einzelfall wird vielfach zweifelhaft oder streitig sein, ob wirklich neue selbstständige Einheiten entstanden sind. Solange eine Abspaltung die Betriebsidentität des ursprünglichen Betriebs nicht vernichtet, besteht der BR des identischen Betriebs fort (vgl. Rn. 34; zum gerichtlichen Feststellungsverfahren nach § 18 vgl. **Rn. 31**). Für die Beurteilung der Änderung der Betriebsidentität ist eine **Erheblichkeitsgrenze**[62] zu beachten. Dies bedeutet, dass nicht jede Veränderung der organisatorischen Einheiten eines oder mehrerer UN automatisch die Struktur der BR verändert (vgl. § 1 Rn. 151 ff.; § 21 Rn. 34 ff.). Auch das *BAG* hat (zu einem Zuordnungs-TV nach § 3) ein dynamisch-funktionales Verständnis gebilligt.[63] Unwesentliche Organisationsveränderungen bleiben außer Betracht.[64]

28 Ändert sich auf Grund von Veränderungen der unternehmerischen Leitungsorganisation lediglich der **regionale Zuschnitt der Betriebe** eines flächendeckend arbeitenden UN, z. B. die **organisatorische Zuordnung von Filialbetrieben** in Handel, Banken oder Versicherungen, bleiben die bisherigen BR erhalten. Ihre Zuständigkeit bleibt grundsätzlich im bisherigen Ausmaß bestehen, es sei denn, die Veränderungen sind so gewichtig, dass offenkundig die bisherige Betriebsstruktur nicht mehr besteht. So sah das *LAG Berlin*[65] die Betriebsidentität nicht wesentlich beeinträchtigt, wenn nach abweichender Zuordnung von Verkaufsstellen 60 % im bisherigen Betrieb verbleiben; ebenso *LAG Nürnberg*.[66] Sog. Co-Optationsmodelle, bei denen der BR bei einer Betriebsvergrößerung einfach weitere Mitglieder aufnimmt bzw. bei einer -verkleinerung abgibt, sind gesetzlich nicht vorgesehen. Die Zuständigkeit des BR ändert sich auch nicht, wenn ein bisher unselbstständiger Betriebsteil durch Ansteigen der Zahl der AN auf mindestens 5 nach § 4 selbstständig wird, solange ein neuer BR für diesen Betriebsteil nicht gewählt ist.[67]

3. Gemeinsamer Betrieb

29 Bei einer Spaltung von UN wird nach § 1 Abs. 2 Nr. 2 (Vorgängerregelung: § 322 Abs. 1 UmwG, dazu 7. Aufl., § 21 Rn. 53 ff.) grundsätzlich vermutet, dass diese nicht die Spaltung von Betrieben zur Folge hat, vielmehr der Betrieb als **gemeinsamer Betrieb** fortgeführt wird (ausführlich § 1 Rn. 88 ff.). In diesem Fall besteht der BR bis zum Ablauf seiner regulären Amtszeit uneingeschränkt weiter. Auch die Neuwahl hat auf der Grundlage des gemeinsamen Betriebs zu erfolgen. Eines Übergangsmandats bedarf es nicht.[68] Dies gilt insbesondere bei gesellschaftsrechtlichen Veränderungen aus steuer-, haftungs- oder wettbewerbsrechtlichen Gründen.[69]

30 Die **Vermutung eines gemeinsamen Betriebs** besteht erst recht, wenn sich gesellschaftsrechtlich nichts ändert, sondern lediglich der AG vorträgt, er habe betriebsverfassungsrechtlich

61 Ebenso *Fitting*, Rn. 8.
62 Ebenso *LAG Düsseldorf* 11. 1. 11 – 17 Sa 828/10; *Fitting*, Rn. 9a; nach GK-*Kreutz*, Rn. 25, die Hälfte der regelmäßigen Belegschaft; MünchArbR-*Krois*, § 292, Rn. 47: Wertungsparallele zu § 13.
63 *BAG* 21. 9. 11 – 7 ABR 54/10, AuR 12, 180.
64 Bachner/Gerhardt/Matthiesen-*Bachner*, § 4 I Rn. 26 f. m. w. N.; *Fitting*, Rn. 9a; zu § 322 UmwG schon *Däubler*, RdA 95, 135; *Düwell*, NZA 96, 393.
65 *LAG Berlin* 27. 7. 06 – 18 TaBV 145/06, AuR 06, 454.
66 *LAG Nürnberg* 4. 9. 07 – 6 TaBV 31/07, AuR 08, 76: Verlust eines kleineren Betriebsteils mit unter 40 % der Belegschaft nebst Zuwachs einer anderen, ebenfalls kleineren Betriebseinheit mit unter 50 % der Belegschaft; vgl. auch Rn. 38.
67 *ArbG Marburg* 20. 12. 91, AiB 92, 454; zum einzelnen BR-Mitglied § 24 Rn. 29.
68 Ebenso *Rieble*, NZA 02, 239.
69 Etwa reiche, arbeitnehmerlose Besitzgesellschaft und arme Betriebsgesellschaft; vgl. Bachner/Gerhardt/Matthiesen-*Bachner*, § 4 I Rn. 24; *Wolter*, HSI Schriftenreihe Bd. 40, S. 148 f.

selbstständige organisatorische Einheiten geschaffen, für die nicht mehr ein gemeinsamer BR, sondern allenfalls ein GBR zuständig sei.[70]

31 Die **Vermutung** ist **widerlegbar** (zu den Anforderungen daran § 1 Rn. 159). Geht der BR von einem gemeinsamen, der AG von einem gespaltenen Betrieb aus, hilft das Übergangsmandat nicht weiter. Der BR wird das Übergangsmandat von seinem Standpunkt folgerichtig weder in Anspruch nehmen, noch einen Wahlvorstand bestellen, sondern sein Mandat weiter ausüben. Für die vorzeitige Bestellung des WV ist danach rechtlich kein Raum, sofern der BR nicht vorzeitig seinen Rücktritt erklärt. Jedoch ist auch nach Rücktritt eine Neuwahl getrennter BR ausgeschlossen, wenn ein gemeinsamer Betrieb vorliegt. Wird später durch rkr. gerichtliche Entscheidung festgestellt, dass zu einem bestimmten Zeitpunkt eine Spaltung (nicht) stattgefunden hat, so bedarf es aus Gründen der Rechtssicherheit einer Übergangsregelung, die Sinn und Zweck der Vorschrift erfüllt, nämlich den Fortbestand der betriebsverfassungsrechtlichen Vertretung im Falle betrieblicher Umstrukturierungen zu sichern. Dies bedingt, dass in Streitfällen das Mandat des BR für den bisherigen einheitlichen Betrieb auch über den Zeitraum von 6 Monaten nach organisatorischem Wirksamwerden der Spaltung hinaus solange andauern kann, bis im Beschlussverfahren nach § 18 Abs. 2 der Betriebsbegriff verbindlich geklärt ist[71] und die Beschäftigten des auf- bzw. abgespaltenen Betriebsteils die Möglichkeit der Neuwahl wahrnehmen können. Der Beginn der in Abs. 1 Satz 3 genannten Frist wird demnach durch das Verfahren nach § 18 Abs. 2 gehemmt.[72] Die Frist berechnet sich dann ab Rechtskraft der arbeitsgerichtlichen Entscheidung (ebenso § 1 Rn. 167 m. w. N.). Will man sich dieser Auffassung nicht anschließen, zwingt man den BR zum vorzeitigen Rücktritt nebst anschließender Neuwahl auf Grundlage des ungespaltenen Betriebs, die dann angefochten werden kann. Eine gegen diese Neuwahl gerichtete einstweilige Verfügung wird regelmäßig abzuweisen sein, wenn nicht feststeht, dass der gemeinsame Betrieb inzwischen aufgelöst worden ist.[73]

32 Spaltung i. S. d. Vorschrift ist auch die organisatorische **Spaltung eines gemeinsamen Betriebs,** den das Gesetz in § 1 ausdrücklich anerkannt hat. Das ist etwa der Fall, wenn ein bisher gemeinsam geführter Betrieb künftig von verschiedenen beteiligten UN getrennt geführt wird (Aufspaltung) oder wenn ein einziges UN ausscheidet, das andere aber seine Identität behält (Abspaltung),[74] ebenso wenn ein einziges oder mehrere der bisher beteiligten UN sich an einem anderen gemeinsamen Betrieb beteiligt.[75] Dagegen liegt **keine Identitätsveränderung** und somit auch kein Übergangsmandat vor bei Stilllegung eines Betriebsteils[76] oder einer Betriebseinschränkung sowie bei Auflösung eines von 2 UN geführten gemeinsamen Betriebs, weil eines der beiden UN seine betriebliche Tätigkeit einstellt. Der im gemeinsamen Betrieb gewählte BR nimmt für die verbleibenden AN des anderen UN seine gesetzlichen Rechte und Pflichten wahr, selbst wenn nur noch eines von 7 BR-Mitgliedern im Amt ist.[77] Das Gleiche gilt, wenn von mehreren (hier 4) bet. UN eins – etwa durch besondere organisatorische Maßnahmen nach Insolvenzeröffnung – ausscheidet, die übrigen UN jedoch den gemeinsamen Betrieb fortführen. Für sie bleibt der gemeinsame BR zuständig,[78] für den ausgeschiedenen Betriebsteil hat er das Übergangs-, danach ggf. ein Restmandat.[79]

---

70 Musterschreiben vgl. DKWF-*Buschmann,* § 21a Rn. 5.

71 Vgl. *BAG* 9.12.09 – 7 ABR 38/08, DB 10, 1409; 23.11.16 – 7 ABR 3/15, EzA-SD 2017, Nr. 9, 13: verbindliche Festlegung der Vorfrage, welche Organisationseinheit als Betrieb anzusehen ist, in dem ein BR seine Beteiligungsrechte wahrnehmen kann.

72 Bachner/Gerhardt/Matthiesen-*Bachner,* § 4 I Rn. 58; *Hahn/Rudolph,* AiB 09, 440.

73 *HessLAG* 19.4.02 – 9 TaBV Ga 71/02, AuR 04, 278.

74 *BAG* 1.6.22 – 7 ABR 41/20, Rn. 26, AuR 23, 121 (Anm. *Borgaes*); 8.3.22 – 1 ABR 19/21 – 1 ABR 20/21, FA 22, 236; 31.5.00 – 7 ABR 78/98, AuR 01, 30 ff., mit Anm. *Buschmann,* Fall der Abspaltung; *Fitting,* Rn. 9a.

75 Zustimmend *Rieble,* NZA 02, 238; zum gemeinsamen Betrieb ausführlich § 1 Rn. 88 ff.

76 So zu § 111 *BAG* 18.3.08 – 1 ABR 77/06, AuR 08, 321.

77 *BAG* 19.11.03 – 7 AZR 11/03, AuR 04, 165.

78 *HessLAG* 19.4.02 – 9 TaBV Ga 71/02, AuR 04, 278.

79 Vgl. auch Rn. 34; Musterschreiben in DKWF-*Buschmann,* § 21a Rn. 6.

4. Abweichende Regelungen nach § 3

Eine Spaltung liegt auch vor, wenn während der Amtszeit eines nach dem Gesetz gewählten BR durch TV/BV eine abweichende Regelung nach § 3 Abs. 1 Nrn. 1–3 in Kraft tritt. Für den bestehenden BR trifft § 3 Abs. 4 eine Sonderregelung i. S. eines Fortbestands der Amtszeit bis zur Neuwahl, so dass in diesem Fall ein Übergangsmandat nach dieser Vorschrift nicht erforderlich ist. Durch den bloßen Abschluss eines Zuordnungs-TV wird die Betriebsorganisation noch nicht geändert.[80] Zu einem Übergangsmandat nach § 21a bzw. einem Restmandat nach § 21b kommt es im Zeitraum zwischen der mit Inkrafttreten des TV nach § 3 Abs. 1 Nr. 1–3 einhergehenden Änderung der Betriebsverfassungsstrukturen und der Errichtung des neuen BR. §§ 21a, 21b sind im Bereich gewillkürter Betriebsverfassungsstrukturen anwendbar.[81] Eine Spaltung liegt regelmäßig vor bei Auslaufen dieser abweichenden Regelung und Rückkehr zum gesetzlichen Rechtszustand, so dass in diesem Fall der kraft abweichender Struktur gewählte BR bis zur Neuwahl ein Übergangsmandat wahrnimmt.[82] Nach *LAG Schleswig-Holstein*[83] werden Zuordnung TV nach § 3 BetrVG nicht nach § 613a BGB transferiert. In diesem Falle greife das Übergangsmandat, sodass AN nicht in einen BR-losen Zustand fallen. 33

5. Vollmandat und Übergangsmandat

Soweit der bisherige Betrieb, etwa bei Abspaltung, weiter existiert, bleibt dessen BR uneingeschränkt und bis zum Ende seiner regulären Amtszeit im Amt.[84] Das **befristete Übergangsmandat bezieht sich nur auf die abgespaltenen bzw. ausgegliederten Betriebsteile** mit Ausnahme derer, die in einen Betrieb eingegliedert werden, in dem ein BR besteht. Für Erstere hat er unverzüglich WV zu bestellen. Damit wird klargestellt, dass auch bei den neu entstehenden Betrieben keine Betriebsversammlungen nach § 17 erforderlich sind. Bei einer **Aufspaltung** bezieht sich das Übergangsmandat auf alle neu entstandenen Einheiten. Für den untergegangenen Ursprungsbetrieb behält der BR ein Restmandat gem. § 21b.[85] 34

6. Zusammensetzung des Betriebsrats

Träger des Übergangsmandats ist der **BR als Organ in seiner vor der betrieblichen Organisationsänderung bestehenden personellen Zusammensetzung,** d. h. unter Einschluss von ggf. in dem abgespaltenen Betriebsteil beschäftigten und nun übergegangenen BR-Mitgliedern.[86] Durch die Abspaltung tritt für die dort beschäftigten BR-Mitglieder kein Verlust der Wählbarkeit gemäß § 24 Nr. 3 und 4 ein.[87] § 24 will zwar verhindern, dass dem BR Mitglieder angehören, die nicht mehr zur Belegschaft gehören, deren Interessen er vertritt. § 21a trifft jedoch eine Sonderregelung. Diese personelle Zusammensetzung gilt nicht nur für die abgespaltenen Betriebsteile, sondern auch für den ggf. weiter bestehenden Restbetrieb. Dies ergibt sich schon aus dem Wortlaut des Abs. 1 Satz 1 (»bleibt dessen BR im Amt«), während es sich bei einer je nach Gegenstand wechselnden personellen Zusammensetzung nicht mehr um denselben einheitlichen BR handeln würde. Diese Lösung hat den weiteren Vorteil, dass nicht zwischen Ab- und Aufspaltung unterschieden wird. Auch das Nachrücken von Ersatzmitgliedern nach 35

80 *BAG* 18.3.08 – 1 ABR 3/07, AuR 08, 362; dazu *Salamon*, NZA 09, 74; *Trebeck/Kania*, BB 14, 1595.
81 *BAG* 22.8.17 – 1 ABR 52/14, AuR 18, 46.
82 Vgl. § 3 Rn. 166, 196; ebenso *Fitting*, Rn. 9a; *Thüsing*, ZIP 03, 704; *Trebeck/Kania* a. a. O.; vgl. auch *Linsenmaier*, RdA 17, 136 ff.
83 *LAG Schleswig-Holstein* 19.8.22 – 2 TaBV 2/22, aufgehoben u. zurückverwiesen durch *BAG* 21.6.23 – 7 ABR 19/22.
84 *Feudner*, DB 03, 882.
85 *BAG* 18.3.07 – 1 ABR 77/06, AuR 08, 321; *Linsenmaier*, RdA 17, 130.
86 *Fitting*, Rn. 16; ErfK-*Koch*, Rn. 7; *Engels*, DB 91, 966, 967; GK-*Kreutz*, Rn. 34; *Gragert*, NZA 04, 290; *Rieble*, NZA 02, 236; MünchArbR-*Krois*, § 292, Rn. 70; Richardi-*Thüsing*, Rn. 27; ebenso § 62b Abs. 3 des österreichischen ArbVG; a. A. *LAG Düsseldorf* 18.12.17 – 12 TaBVGa 4/17, BB 17, 2804, für den Fall der Abspaltung.
87 *Fitting*, a. a. O.; *Bachner*, a. a. O. Rn. 134; a. A. ErfK-*Koch* a. a. O.; HaKo-*Düwell*, Rn. 75.

§ 25 bestimmt sich nach der bisherigen Zusammensetzung.[88] Allerdings kann während der Ausübung des Übergangsmandats die individuelle Mitgliedschaft nach § 24 erlöschen, z. B. durch Amtsniederlegung.

7. Mindestzahl von fünf Arbeitnehmern

36 Das **Übergangsmandat** setzt voraus, dass »die ihm zugeordneten Betriebsteile die Voraussetzungen des § 1 Abs. 1 Satz 1 erfüllen«, d. h. mindestens 5 AN zählen. Maßgeblich ist der Zeitpunkt, zu dem das Übergangsmandat wahrgenommen werden soll, d. h. nach der Spaltung. Das Übergangsmandat soll die Kontinuität sichern und zu einer normalen BR-Wahl überleiten. Es kommt deshalb darauf an, dass der neue Betrieb, in den der abgespaltene ehemalige Betriebsteil aufgeht, betriebsratsfähig ist, so dass ein neuer BR gewählt werden kann. Dies ist auch dann der Fall, wenn durch Zusammenlegung eines abgespaltenen, mangels der Mindestzahl von 5 AN für sich nicht betriebsratsfähigen ehemaligen Betriebsteils mit weiteren AN ein neuer betriebsratsfähiger Betrieb entsteht. Gleiches gilt für die Eingliederung in einen bestehenden, bisher jedoch betriebsratslosen Betrieb, Umkehrschluss aus Abs. 1 Satz 1 letzter Halbsatz.[89] In beiden Fällen ist nicht erforderlich, dass bereits vor Abspaltung eine – fiktive – Betriebsratsfähigkeit des ehemaligen Betriebsteils bestand. Dieses Ergebnis ergab sich schon aus der Vorgängervorschrift des § 321 UmwG, nach der es auf die Betriebsratsfähigkeit der abgespaltenen Betriebsteile nicht ankam,[90] und entspricht der Betriebsübergangs-RL.[91] Die Amtszeit des BR endet, wenn der neue Betrieb endgültig unter 5 AN sinkt (vgl. § 21 Rn. 29). Sind die neu entstandenen Einheiten nicht BR-fähig, werden sie gem. § 4 Abs. 2 dem Hauptbetrieb zugeordnet.[92]

37 Mit dieser Einschränkung setzt die Vorschrift die Betriebsübergangs-RL 2001/23/EG[93] nicht vollständig um (vgl. Rn. 22). Diese enthält ausdrücklich keine Einschränkung, dass in diesen Fällen das Übergangsmandat des BR entfällt, sondern spricht in Art. 6 I Unterabs. 4 nur von dem Zeitraum, der für die Neubildung oder Neubenennung der AN-Vertretung erforderlich ist. Jedoch könnte auch in diesen Fällen das Übergangsmandat bedeutsam werden, z. B. wenn durch TV **abweichende Regelungen nach § 3 Abs. 1 Nr. 1–3** getroffen werden sollen, die das Ziel haben, den bisherigen Betrieb einschließlich des abgespaltenen für sich nicht BR-fähigen Betriebsteils beizubehalten. Nach § 3 Abs. 2 kann diese Regelung ggf. auch durch BV getroffen werden, was freilich beinhaltet, dass das Mandat des BR zum Abschluss dieser BV nicht bestritten wird. Mit § 3 n. F. sollte eine flexible Kombination aus gesetzlicher und vertraglicher Lösung geschaffen werden,[94] wobei beide Lösungen prinzipiell als gleichrangig betrachtet werden. Die Kontinuität der AN-Vertretung kommt auch in § 3 Abs. 4 zum Ausdruck, wonach bei einer derartigen Regelung die Amtszeit bestehender BR erst mit Neuwahl enden soll. Es widerspräche dieser Zielvorstellung, könnte ein AG durch eine von ihm einseitig vollzogene Spaltung bisherige Betriebsteile zumindest zeitweilig schutzlos stellen. Finden deshalb konkrete Verhandlungen nach § 3 über einen TV oder eine BV mit diesem Ziele statt, erfordert die Richtlinie die Anerkennung des **Übergangsmandats für nicht BR-fähige Einheiten** auch während dieser Verhandlungen.[95] Der Staat als AG ist unmittelbar auch an RL gebunden. Im Übrigen sind nach § 4 Abs. 2 entstehende Kleinstbetriebe dem Hauptbetrieb zuzuordnen.

---

88 *Löwisch/Schmidt-Kessel*, BB 01, 2163; *Löwisch/Kaiser*, Rn. 8.

89 *Bachner*, AR-Blattei, Unternehmensumwandlung, Arbeitsrechtliche Folgen, Rn. 123; *ders.*, DB 95, 2068; *Düwell*, NZA 96, 393.

90 *BAG* 31. 5. 00 – 7 ABR 78/98, AuR 01, 30 ff. mit Anm. *Buschmann*.

91 Dazu sogleich Rn. 37; ebenso ErfK-*Koch*, Rn. 3; WPK-*Wlotzke*, Rn. 8.

92 GK-*Kreutz*, § 21a, Rn. 26; MünchArbR-*Krois*, § 292, Rn. 49.

93 AblEG 2001 Nr. L 82 S. 16.

94 BT-Drucks. 14/5741, S. 9.

95 Für eine teleologische Reduktion der »soweit«-Ausnahme HaKo-*Düwell*, Rn. 17; die Vorschrift für vereinbar mit Art. 6 RL hält GK-*Kreutz* unter Hinweis, dass diese unternehmensinterne Umstrukturierungen nicht erfasse und Kleinstbetriebe nach § 4 Abs. 2 dem Hauptbetrieb zuzuordnen seien, was zutrifft. Für unternehmensübergreifende Umstrukturierungen besteht das aufgezeigte Problem weiter; a. A. HaKo-*Düwell*, Rn. 16; ohne Berücksichtigung der RL Richardi-*Thüsing*, Rn. 16.

8. Eingliederung in einen Betrieb, in dem ein Betriebsrat besteht

Nach Abs. 1 Satz 1 letzter Halbsatz entfällt das Übergangsmandat bei **Eingliederung in einen Betrieb mit BR.** Strukturell ist dieses Merkmal als **gesetzlicher Ausnahmetatbestand** formuliert, der ausdrücklich feststehen muss, um das Übergangsmandat auszuschließen. Die in dem aufgenommenen Betriebsteil beschäftigten BR-Mitglieder verlieren damit ihr Amt. Sie behalten den Schutz aus Art. 6 Abs. 2 RL 2001/23/EG (vgl. Rn. 22). Die betriebsverfassungsrechtliche Repräsentation erfolgt durch den vorhandenen BR des aufnehmenden Betriebs.[96] Das damit verbundene Legitimationsdefizit wird in Kauf genommen. Gesetzlicher Typus ist hier die Eingliederung in einen größeren Betrieb mit weiter bestehendem BR. Verliert dagegen der aufnehmende Betrieb durch Aufnahme eines größeren Betriebsteils seine Identität, findet Abs. 2 Anwendung. Im Umkehrschluss ergibt sich, dass das Übergangsmandat auch besteht bei Eingliederung in einen Betrieb ohne BR (vgl. Rn. 44). Amtsverlust tritt ein bei Zusammenlegung zu einem neuen Betrieb, in dem ein anderer »größerer« BR das Übergangsmandat wahrnimmt. Ist also in dem größeren Betrieb ein BR vorhanden, kommt es insofern nicht darauf an, ob dieser als aufnehmender Betrieb seine Identität behält oder durch Zusammenlegung verliert. Diese Unterscheidung ist nur bedeutsam für die Frage, ob der »größere« BR für den ganzen Betrieb sein Vollmandat oder ein Übergangsmandat wahrnimmt. 38

Zur Verschmelzung im Wege der Aufnahme eines oder mehrerer Betriebe durch ein UN mit einem nach § 3 Abs 3 BetrVG (Abstimmung mit Stimmenmehrheit ohne TV bzw. BR) gewählten unternehmenseinheitlichen BR vgl. **§ 21 Rn. 42.** 39

V. Zusammenfassung von Betrieben (Abs. 2)

1. Begriff der Zusammenfassung

Abs. 2 regelt das Übergangsmandat bei der **Zusammenfassung von Betrieben oder Betriebsteilen zu einem Betrieb** (Vorgängervorschrift § 321 Abs. 2 UmwG, aufgehoben 2001). 40

Das **Umwandlungsgesetz** kennt als Formen der **Verschmelzung** die Aufnahme des Vermögens eines Rechtsträgers oder mehrerer Rechtsträger (übertragende Rechtsträger) als Ganzes auf einen anderen bestehenden Rechtsträger (übernehmender Rechtsträger) nach § 2 Nr. 1 i. V. m. § 20 UmwG oder die Neugründung durch Übertragung der Vermögen zweier oder mehrerer Rechtsträger (übertragende Rechtsträger) jeweils als Ganzes auf einen neuen, von ihnen dadurch gegründeten Rechtsträger nach § 2 Nr. 2 i. V. m. § 36 UmwG. 41

Wie bei der Spaltung sind diese Definitionen für die Zusammenfassung nur beschränkt verwendbar, da sie die Verschmelzung von UN im Wege der Universalsukzession zum Gegenstand haben, während das Übergangsmandat des BR an die **Organisation von Betrieben** anknüpft. Wie **Abs. 3** deutlich macht, erfasst die Vorschrift auch Zusammenlegungen von Betrieben im Zusammenhang mit **Umwandlungen** nach dem UmwG, ebenso im Zusammenhang mit **Betriebsveräußerungen** und auch ohne gesellschaftsrechtliche Veränderungen, die Übernahme eines weiteren Betriebs auf Grund eines Pachtvertrages.[97] 42

2. Entstehung eines neuen Betriebs

Für das Übergangsmandat nach Abs. 2 kommt es nicht darauf an, ob Betriebe oder Betriebsteile zusammengefasst werden. Maßgeblich ist, dass nach der **Zusammenfassung ein neuer Betrieb** besteht. Für diesen ist ein neuer BR zu wählen (vgl. Rn. 9). Der bloße Zuwachs eines bestehenden Betriebs mit BR um eine kleinere Betriebseinheit mit unter 50 % der Belegschaft führt noch nicht zu einer Identitätsveränderung, so dass in diesem Fall der BR des aufnehmenden Betriebs sein Vollmandat behält und kein Übergangsmandat benötigt.[98] Kommt es aber zu einem Übergangsmandat, bezieht sich dieses prospektiv – auch bezüglich der Erfüllung 43

---

96 *BAG* 21.1.03 – 1 ABR 9/02, EzA BetrVG 2001 § 77 Nr. 3.

97 *LAG Rheinland-Pfalz* 12.6.07 – 3 TaBVGa 1/07, ebenso die Bildung eines gemeinsamen Betriebs mehrerer UN; *ArbG Frankfurt/M* 24.9.01, AiB 02, 629; vgl. auch DKWF-*Buschmann*, § 21a Rn. 8.

98 *LAG Nürnberg* 4.9.07 – 6 TaBV 31/07, AuR 08, 76; vgl. auch Rn. 25.

der Schwellenwerte – auf den neu entstandenen Betrieb, nicht nur auf die bisher betriebsverfassungsrechtlich vertretenen Betriebsteile.[99] Besteht in der bisher größten Einheit kein BR, nimmt der BR der nächstgrößten Einheit das Übergangsmandat wahr, selbst wenn diese wesentlich kleiner ist.[100]

44 In der **Erstreckung des Übergangsmandats auf bisher BR-lose Betriebsteile** wurde von Teilen der Lit.[101] ein Legitimationsdefizit gesehen, woraus z. T. für den Fall der Eingliederung eine teleologische Reduktion gefolgert wurde. Diese Überlegungen überzeugen nicht:

- Der Wortlaut erfasst gleichermaßen Zusammenfassungen mit und ohne Identitätsänderung.[102] Er schließt nur die Eingliederung in Betriebe *mit BR* vom Übergangsmandat aus, so dass sowohl bei Zusammenfassung mit als auch bei Eingliederung in einen betriebsratslosen Betrieb dieser besondere Ausnahmetatbestand nicht greift und somit der größte bestehende BR das Übergangsmandat für den gesamten neu entstandenen Betrieb ausübt.
- Der **Konflikt von Amtskontinuität und demokratischer Legitimation** entsteht bei der Zusammenfassung von Betrieben zwangsläufig.[103] Der Gesetzgeber hat diesen Konflikt i. S. eines Übergangsmandats gelöst. Aus der einheitlichen Vertretung der AN durch einen BR ergibt sich notwendig, dass AN für einen Übergangszeitraum von einem BR vertreten werden können, den sie nicht gewählt haben.
- Die gesetzliche Anordnung eines Übergangsmandats bei Zusammenfassung von Betrieben gilt eigenständig und setzt keine vorherige Spaltung nach Abs. 1 voraus.
- Das partielle Legitimationsdefizit wird gesetzlich in Kauf genommen. Es besteht gleichermaßen bei Eingliederung in einen Betrieb mit BR (hier sogar Vollmandat)[104] wie bei Entstehung eines neuen Betriebs, für den der BR des größeren Betriebs oder Betriebsteils das Mandat wahrnimmt. In beiden Fällen können AN des kleineren Betriebsteils ihren BR verlieren und werden durch einen von ihnen nicht gewählten BR repräsentiert. Auch sonst repräsentieren BR nicht nur ihre Wähler, sondern auch später eintretende AN, berücksichtigt man die erheblichen Verschiebungen, die allein durch »natürliche Fluktuation« während einer 4-jährigen Amtszeit eintreten können.
- Abs. 2 gewährleistet eine annähernde Legitimation durch Berücksichtigung des »größten« repräsentierten Betriebs oder Betriebsteils.[105]
- Die gesetzlich gewählte Mittellösung[106] erfolgt durch zeitliche Begrenzung des Übergangsmandats. Die endgültige Legitimation ergibt sich aus der Neuwahl des gemeinsam gewählten BR.
- Voraussetzungen einer teleologischen Reduktion[107] liegen nicht vor. Eine Einschränkung würde dazu führen, dass der Grundsatz der Amtskontinuität der unternehmerischen Gestaltungsmacht untergeordnet würde. Je nach Fallkonstellation würden AN ihre betriebsverfassungsrechtliche Vertretung ohne Schutz durch einen BR verlieren und wären auf den gefährlichen, konfliktreichen und kündigungsträchtigen Weg der Neuwahl in Betrieben ohne BR angewiesen.
- Je nach Einzelfall kann die Umstrukturierung von Betrieben zur Ausweitung, Beibehaltung oder Einschränkung der betriebsverfassungsrechtlichen Vertretung führen. Die partielle Ausweitung ist nicht systemfremd, sondern entspricht der gesetzlichen Wertung, wie aus § 1 Abs. 1: »werden BR gewählt« hervorgeht.
- Somit hat auch das *BAG* anerkannt, dass das BetrVG die Zuständigkeit eines BR für AN einer anderen betrieblichen Einheit bei Bestehen eines Übergangsmandats nach dieser

99 *Fitting*, Rn. 11a, 23; Richardi-*Thüsing*, Rn. 12; a.A: ErfK-*Koch*, Rn. 8.
100 *LAG Köln* 22. 1. 20 – 6 TaBVGa 4/19, AuR 20, 383; *ArbG Frankfurt/M* 24. 9. 01, AiB 02, 629.
101 Vgl. nur GK-*Kreutz*, Rn. 67 ff., m. w. N.; wie hier *Linsenmaier*, RdA 17, 130, 136; *Fitting*, Rn. 11.
102 *Fitting*, Rn. 11a.
103 *Fischer*, RdA 05, 41.
104 Nach *BAG* 24. 3. 21 – 7 ABR 16/20, AuR 21, 480, sogar bei Aufnahme eines oder mehrerer Betriebe durch ein UN mit einem nach § 3 Abs 3 BetrVG (Abstimmung mit Stimmenmehrheit ohne TV bzw. BR) gewählten unternehmenseinheitlichen BR.
105 Zum maßgeblichen Zeitpunkt vgl. *Rieble/Gutzeit*, ZIP 04, 693.
106 *Fischer*, a. a. O.
107 Dafür *Oliver Kittner*, NZA 12, 542.

Vorschrift erweitert. Grds. bedarf es einer besonderen gesetzlichen Anordnung, um die Repräsentanz des BR auch auf AN eines weiteren Betriebs zu erstrecken. § 21a beinhaltet eben diese Anordnung.[108]

Abs. 2 erfasst damit auch den Fall der **Eingliederung** eines Betriebs als Ganzes mit oder ohne vorherige Spaltung in einen anderen Betrieb, für den ein BR bisher nicht besteht.[109] Damit werden zugleich komplizierte Abgrenzungen zwischen »einfacher« Zusammenfassung und Eingliederung[110] vermieden. Auch in diesem Fall beschränkt sich das Übergangsmandat des BR des eingegliederten Betriebs nicht auf die von ihm bisher vertretenen AN, sondern bezieht sich auch auf die AN des aufnehmenden, bisher BR-losen Betriebs.[111] Ob die vollständige Eingliederung eines Betriebs oder Betriebsteils in die eigene Organisationsstruktur eines anderen UN individualrechtlich nach § 613a BGB zu beurteilen ist,[112] ist für das Übergangsmandat des BR nicht maßgeblich. 45

Das *BAG*[113] hat die Vorschrift analog auch angewendet, als in **einem gemeinsamen Betrieb 2 BR** gewählt wurden, von denen nur einer wegen Verkennung des Betriebsbegriffs rkr. gem. § 19 angefochten wurde, der andere nicht. Diese Konstruktion ermöglicht einerseits baldige Neuwahlen, beinhaltet aber, dass ein erfolgreiches Anfechtungsverfahren auch die reguläre Amtszeit des nicht angefochtenen oder wie im Fall des *HessLAG* sogar des bestätigten BR beendet, was mit § 19 und dem Vertrauen in den Fortbestand des wirksam gewählten BR nicht zu vereinbaren ist. Zugleich bestätigt sich die systematische Kritik an der Zulassung isolierter Anfechtungsverfahren, die dann zu derart inkongruenten Ergebnissen führen können.[114] Sinnvoller wäre es, die gemeinsame Neuwahl nach Rücktritt des nicht angefochtenen BR oder nach § 13 Abs. 1 durchzuführen. Unter Berücksichtigung des 6-Monatszeitsraums erscheint der Zeitraum der regelmäßigen Neuwahl ohnehin realistisch. 45a

3. Zusammensetzung und Kompetenzen des Betriebsrats

Mandatsträger ist der BR, dem der nach Zahl der wahlberechtigten AN **relativ größte Betriebsteil** zugeordnet war (**Prinzip der größeren Zahl**).[115] Nach Satz 1 ist auch die Konstellation denkbar, dass Betrieb und BR nach einer Abspaltung oder Ausgliederung weiterbestehen, der BR zusätzlich für den zusammengefassten neuen Betrieb einschließlich der weiteren angefügten Betriebsteile das Übergangsmandat wahrnimmt. Der Begriff des größten Betriebs/Betriebsteils ist relativ zu verstehen, bezogen auf die Einheiten, in denen ein BR besteht, mag auch ein noch größerer Betrieb/Betriebsteil ohne BR sein.[116] Nur diese Lösung ist unionsrechtskon- 46

108 *BAG* 18.11.14 – 1 ABR 21/13, BAGE 150, 74 = AuR 15, 198; 17.9.13 – 1 ABR 21/12, BAGE 146, 89, Tz. 25.

109 Ebenso Anwalt-Kommentar-*Stoffels/Bergwitz* §§ 21–21b Rn. 14; *Fitting*, Rn. 11a; *Linsenmaier*, RdA 17, 130, 136; *Lunk*, FS Willemsen, S. 300; MünchArbR-*Joost*, § 217, Rn. 21; *Pewny*, Das Übergangsmandat des Betriebsrats, 2016, S. 26, differenzierend zwischen Eingliederung und Zusammenfassung MünchArbR-*Krois*, 4. Aufl. § 292, Rn. 60.

110 Dazu *Fischer*, a. a. O.; GK-*Kreutz*, Rn. 61 f.

111 *HessLAG* 26.11.09 – 9/5 TaBVGa 226/09, AuR 2011, 313; *Fitting*, Rn. 11a; *Engels*, DB 91, 967; Bachner/Gerhardt/Matthiesen-*Bachner*, § 4 I Rn. 77; Hako-*Düwell*, Rn. 68; MünchArbR-*Joost*, 3. Aufl. § 217, Rn. 23; nur für den Fall der Zusammenfassung MünchArbR-*Krois*, 4. Aufl. § 292, Rn. 61; WPK-*Wlotzke*, Rn. 16, 18, 23; für ein Übergangsmandat, aber beschränkt auf AN aus bisherigen Betrieben mit BR ErfK-*Koch*, Rn. 7; a. A. nur noch für den Fall der Eingliederung in einen betriebsratslosen aufnehmenden Betrieb Richardi-*Thüsing*, Rn. 13 f.

112 Dagegen *BAG* 6.4.06 – 8 AZR 249/04, AuR 06, 371.

113 *BAG* 22.11.17 – 7 ABR 40/16, AuR 18, 255; dem folgend *HessLAG* 14.9.20 – 16 TaBVGa 127/20, FA 21, 20, für den Fall, dass eine der Wahlen rkr. für unwirksam und eine rkr. für wirksam erklärt wurde. Das Übergangsmandat sollte dann durch den wirksamen BR ausgeübt werden.

114 So noch *BAG* 31.5.00 – 7 ABR 78/98, AuR 01, 30 f.; jedoch aufgegeben durch *BAG* 22.11.17 – 7 ABR 40/16 a. a. O.; methodisch kritisch zu letzterem Beschluss auch *Kreutz*, FS Schmidt 2021, S. 249; *Fitting*, Rn, 7. Im Beschluss 16.1.18 – 7 ABR 21/16, AuR 18, 309, meinte der Senat, dass die Wahl nicht von allen am behaupteten Gemeinschaftsbetrieb beteiligten AG gemeinsam angefochten werden müsse; zutreffende Kritik bei *Kreutz*, AuR 18, 584.

115 Vgl. *Däubler*, RdA 95, 141.

116 Ebenso *Fitting*, Rn. 19; GK-*Kreutz*, Rn. 73; Richardi-*Thüsing*, Rn. 12.

form. Aus Gründen der Rechtssicherheit und Rechtsklarheit maßgeblich sind die Verhältnisse zum Zeitpunkt der letzten BR-Wahl, nicht der tatsächlichen Zusammenfassung.[117] Der BR des größten betriebsverfassungsrechtlich vertretenen Betriebs/Betriebsteils nimmt das Übergangsmandat für alle Einheiten, auch für die bisher BR-losen, wahr.

47 Bezüglich der **Kompetenzen** des übergangsmandatierten **BR** und seiner Zusammensetzung gelten für Spaltung und Zusammenlegung die gleichen Grundsätze. Abs. 2 Satz 2 verweist auf Absatz 1.

VI. Dauer des Übergangsmandats

48 Das Übergangsmandat endet, sobald in den Betriebsteilen ein neuer BR gewählt und das Wahlergebnis bekannt gegeben ist. Es kann also für verschiedene Betriebsteile zu unterschiedlichen Zeitpunkten enden. Im Übrigen ist es auf **6 Monate** befristet, gerechnet ab **Wirksamwerden** der Spaltung oder Zusammenfassung der Betriebe/Betriebsteile. Wirksamwerden ist i. S. d. tatsächlichen betrieblich-organisatorischen Wirksamkeit zu verstehen. Auf die gesellschaftsrechtliche Wirksamkeit einer unternehmerischen Spaltung/Fusion kommt es nicht an.[118]

49 Der Fristbeginn setzt eine **offizielle Information des BR** über die betrieblich-organisatorische Spaltung/Zusammenfassung, ggf. auch über die unternehmerische Spaltung/Zusammenfassung voraus.[119] Die Verpflichtung dazu ergibt sich aus §§ 5 Abs. 3, 126, 136 UmwG, 613a Abs. 5 BGB i. V. m. § 80 BetrVG. Ein Fristbeginn ohne diese Information könnte die gesetzliche Reaktionszeit von BR/WV verkürzen und ggf. sogar BR-lose Zeiten bewirken.

50 U. U. kann die nach Abs. 1 oder 2 verlängerte Amtszeit des BR **über seine reguläre Amtszeit nach § 21 hinausgehen.** Die Vorschrift trifft für den Fall der Spaltung/Zusammenlegung eine eigenständige Regelung der Amtszeit. § 21 ist auch nicht subsidiär anwendbar. Vollzieht z. B. ein AG eine organisatorische Betriebsspaltung am oder unmittelbar vor Ende der regulären Amtszeit des BR, ist eine Neuwahl entsprechend der geänderten Strukturen erforderlich, die u. U. aber erst nach Ablauf der regulären Amtszeit des BR stattfinden kann. Die Gegenansicht[120] verzichtet auf eine Auseinandersetzung mit dem Wortlaut der Norm. Sie würde im Übrigen den WV dazu zwingen, zunächst die Wahl auf der Grundlage von nicht mehr zutreffenden BR-Strukturen zu Ende zu führen und dann über Anfechtungsverfahren oder Rücktritte neue Wahlen zu initiieren, was nur Bürokratie und Kosten erhöht. Der BR nimmt während dieser Zeit sein Übergangsmandat wahr.[121] An das Übergangsmandat kann sich ein Restmandat nach § 21b anschließen (vgl. auch § 21b Rn. 16).

51 Wird anlässlich einer vom AG vorgetragenen Spaltung im **Beschlussverfahren nach § 18 Abs. 2** der Betriebsbegriff geklärt, beginnt die in Abs. 1 Satz 3 genannte Frist erst nach rechtskräftigem Abschluss des Beschlussverfahrens zu laufen (vgl. Rn. 31). Das Übergangsmandat nach Abspaltung eines Betriebsteils verlängert sich um die Zeit, in der der BR vom neuen AG an seiner Tätigkeit gehindert wurde.[122]

52 Nach Abs. 1 Satz 3 kann durch TV oder BV das Übergangsmandat **um weitere 6 Monate verlängert** werden. Eine solche Vereinbarung kann bereits vor Wirksamwerden der Spaltung/Zusammenlegung getroffen werden, nicht jedoch nach Ablauf des Übergangsmandats. Die Vereinbarung ist (als TV) zwischen der zuständigen Gewerkschaft bzw. (als BV) dem übergangsmandatierten BR und dem AG abzuschließen, für dessen Betrieb/Betriebsteil das Übergangsmandat wahrgenommen wird.[123] Dies ist im Fall der Spaltung der bisherige, im Fall der

---

117 *Fitting*, Rn. 18; GK-*Kreutz*, Rn. 71; a. A. HWGNRH-*Worzalla*, Rn. 25; *Rieble*, NZA 02, 233; *Hohenstatt*, D 81.

118 *Hahn/Rudolph*, AiB 09, 440; *LAG Köln* 22.1.20 – 6 TaBVGa 4/19: gesellschaftsrechtliche Veränderung = starkes Indiz für tatsächliche Zusammenfassung der Organisation.

119 *ArbG Frankfurt/M.* 24.9.01 – 15/18 BV 187/01, AiB 02, 629; Bachner/Gerhardt/Matthiesen-*Bachner*, § 4 I Rn. 57; HaKo-*Düwell*, Rn. 57; *Hahn/Rudolph* a. a. O.; teilweise a. A. GK-*Kreutz*, Rn. 47: keine Wirksamkeitsbedingung.

120 Richardi-*Thüsing*, Rn. 23: BR-lose Zeit.

121 Ebenso GK-*Kreutz*, Rn. 49; a. A. Richardi-*Thüsing*, Rn. 23.

122 *ArbG Herne* 19.4.01 – 4 BV 10/01, AiB 01, 726.

123 *Fitting*, Rn. 26; Richardi-*Thüsing*, Rn. 31.

Zusammenlegung der neue AG, was der unterschiedlichen Struktur des Übergangsmandats in beiden Fällen entspricht (vgl. Rn. 9). Daraus können sich belastende Wirkungen auch für andere betroffene AG ergeben, die das Übergangsmandat während der verlängerten Amtszeit zu dulden und ggf. hierfür AN freizustellen haben.[124] Trotz der missverständlichen Formulierung[125] ist diese weitere Frist als Rahmenfrist zu verstehen, die nicht notwendig ausgeschöpft werden muss. Eine kürzere vereinbarte Verlängerung ist möglich.[126] Maximale Dauer ist dann ein Jahr. Im Übrigen endet auch dieses verlängerte Übergangsmandat grundsätzlich mit der Neuwahl. Satz 3 verlängert nur die Rahmenfrist, ändert jedoch nicht den in Satz 2 aufgestellten Grundsatz. Daneben ist es nach § 325 Abs. 2 UmwG möglich, durch TV/BV die Fortsetzung von Rechten des BR zu vereinbaren, die infolge einer Spaltung oder Teilübertragung eines Rechtsträgers entfallen (Sicherungsvereinbarung, vgl. Rn. 58). In vielen Fällen kann es sinnvoll sein, aus Anlass von Betriebsübergängen mit Spaltung und/oder Zusammenfassung von Betrieben kollektive, d.h. tarifliche oder betriebliche **Überleitungsverträge** mit Elementen von Interessenausgleich/Sozialplan, Verlängerung des Übergangsmandats, Verlängerung von Mitbestimmungsrechten, Garantien für die Ausübung des Übergangsmandats ggf. gegenüber mehreren AG, Garantien für den Fall, dass ein künftiger Betrieb nach § 112a Abs. 2 nicht mehr sozialplanpflichtig ist oder nach § 23 KSchG nicht mehr dem Kündigungsschutz unterliegt, Regelungen nach § 3 mit dem Ziel der Bildung von Wahlbetrieben, zu treffen.[127]

Ein TV, durch den das Übergangsmandat verlängert wird, übt insofern eine **Sperrwirkung** aus, 53
d.h. eine BV darüber ist ausgeschlossen. Besteht dagegen eine BV über die Verlängerung des Übergangsmandats, ist es nicht ausgeschlossen, durch TV eine weitere Verlängerung bis hin zu sechs Monaten vorzunehmen.[128]

Die Eröffnung des **Insolvenzverfahrens** beendet das Übergangsmandat nicht. Es kann auch 54
während des Insolvenzverfahrens begründet und ausgeübt werden.

VII. Übergangsmandate nach anderen Vorschriften

Mit dem ReformG 2001 wurde § 321 UmwG aufgehoben. Die in Rn. 16 genannten Sonder- 55
vorschriften, insbes. in den neuen Bundesländern, sind durch Zeitablauf weitgehend gegenstandlos geworden (zur Kommentierung vgl. 7. Aufl., § 21 Rn. 63 ff.). Soweit jene Vorschriften ein Übergangsmandat von nur 3 Monaten vorsahen, ist allein die in dieser Vorschrift geregelte Sechs-Monats-Frist anzuwenden.

VIII. Besondere Bestimmungen des Umwandlungsgesetzes

Nach § 323 UmwG verschlechtert sich die **kündigungsrechtliche Stellung** der AN auf Grund 56
der Spaltung oder Teilübertragung für die Dauer von zwei Jahren nicht. Zur »kündigungsrechtlichen Stellung« gehört nicht nur der Kündigungsschutz, sondern die Gesamtheit der kündigungsbezogenen Regelungen,[129] nach *BAG*[130] alle Verschlechterungen, die unmittelbare Folge der Spaltung sind. Hierzu zählt auch die Beteiligung des BR bei Kündigungen nach §§ 102, 103 BetrVG, 15, 17, 18 KSchG.[131] In der Praxis[132] führt nämlich die Beteiligung des BR bei Kündigungen zu einer wesentlich stringenteren Einhaltung der gesetzlichen Kündigungsvorschriften als die potentielle Anrufung des Arbeitsgerichts durch den einzelnen gekündigten AN. Damit

124 Str., vgl. *Fitting*, Rn. 26: Vereinbarung mit allen bet. AG, Richardi-*Thüsing*, Rn. 31: alter AG nur vor Übergang.
125 Vgl. *Däubler*, AiB 2001, 316.
126 Ebenso GK-*Kreutz*, Rn. 51; *Thüsing*, DB 02, 741.
127 Ausführlich Bachner/Gerhardt/Matthiesen-*Bachner*, Rn. 105 ff.; befürwortend auch aus Arbeitgebersicht *C. Meyer*, DB 09, 1350, *ders.*, NZA 18, 900.
128 Ebenso GK-*Kreutz*, Rn. 54; Richardi-*Thüsing*, Rn. 25.
129 KR-*Friedrich*, § 323 UmwG, Rn. 38.
130 *BAG* 22.9.05 – 6 AZR 526/04, EZA InsO § 113 Nr. 18.
131 Vgl. *Herbst*, AiB 95, 13.
132 Vgl. nur die rechtstatsächlichen Untersuchungen von *Falke/Höland/Rhode/Zimmermann*, Bd. II 963, 966, sowie von *Bielenski u. a.*, AuR 03, 87.

verlängern sich auch die kündigungsbezogenen Beteiligungsrechte des BR, wenn sonst eine Schlechterstellung eintreten würde, d. h., wenn sonst kein BR die Rechte in gleichem Umfang wahrnehmen könnte, die dem alten BR zustanden.[133] Der Modus der Berechnung dieser Frist entspricht der 6-Monats-Frist des § 21a. Das *BAG*[134] lehnte eine analoge Anwendung des § 323 UmwG auf andere Fälle des Betriebsübergangs nach § 613a BGB ab, was Art. 3 Abs. 1 der RL 2001/23/EG widerspricht.[135]

57 Nach § 111 Nr. 3 kann aus Anlass der Verschmelzung, Spaltung oder Vermögensübertragung ein **Interessenausgleich** abgeschlossen werden, in dem die AN namentlich Betrieben oder Betriebsteilen zugeordnet werden. Diese Zuordnung kann nach § 323 Abs. 2 UmwG arbeitsgerichtlich nur auf »grobe Fehlerhaftigkeit« überprüft werden. Der Interessenausgleich erlangt damit eine Verbindlichkeit, die über die schwache Sanktionsnorm des § 113 hinausgeht (dazu vgl. § 112 Rn. 16 ff.). Abs. 2 bezieht sich nach seinem Wortlaut nicht nur auf die individualrechtliche Stellung des einzelnen AN, sondern auch auf die Betriebs-(rats-)struktur. Zur Vermeidung nachfolgender Streitigkeiten kann es deshalb sinnvoll sein, Regelungen darüber bereits im Interessenausgleich mit zu treffen.

58 § 325 Abs. 2 UmwG erlaubt die **Vereinbarung der Fortgeltung von Rechten oder Beteiligungsrechten** des BR, die durch die Betriebsspaltung entfallen könnten, durch BV oder TV (**Sicherungsvereinbarung**). Gemeint sind vor allem die an eine bestimmte Personenzahl geknüpften Rechte wie in §§ 99, 111, nicht aber die Zahl der Mitglieder des BR oder Betriebsausschusses (zu Rechtsfolgen bei Verringerung der Zahl der AN oder BR-Mitglieder vgl. § 21 Rn. 26 ff.). Dass dort die BV zuerst genannt ist, hat keine materielle Bedeutung. Insofern gilt das gleiche wie zu Abs. 1 Satz 3 dieser Vorschrift (Vorrang des TV). Im Unterschied dazu sind die Rechtswirkungen der Sicherungsvereinbarung zeitlich nicht begrenzt.

IX. Ausübung des Übergangsmandats

1. Rechtsstellung der Betriebsratsmitglieder

59 Für die einzelnen Mitglieder des BR, der das Übergangsmandat ausübt, können **Arbeitsverhältnis und Betriebsratsamt** auseinanderfallen, wenn die betriebliche Organisationsveränderung von unternehmensrechtlichen Veränderungen begleitet ist und der Vertrags-AG nicht Inhaber der Organisationseinheit ist, für den der BR das Übergangsmandat ausübt. Diese BR-Mitglieder werden in ihrer Amtsausübung in gleicher Weise geschützt wie alle anderen BR-Mitglieder, etwa nach §§ 78, 103, 119 dieses Gesetzes oder nach § 15 KSchG.[136] Der besondere **Kündigungsschutz** nach dieser Vorschrift gilt auch gegenüber einem neuen AG.[137] Die Frist für den nachwirkenden Kündigungsschutz nach § 15 Abs. 1 Satz 2 KSchG berechnet sich nicht mit der Spaltung/Zusammenfassung, sondern mit dem Ende des Mandats nach dieser Vorschrift.[138]

60 Innerhalb des BR gilt **keine Geheimhaltungspflicht** der BR-Mitglieder auch aus verschiedenen UN (§ 79 Abs. 1 Satz 3). Von ihren jeweiligen AG (auch dem neuen AG) sind sie nach § 37 unter Fortzahlung der Vergütung für ihr Amt freizustellen und zu vergüten, auch soweit sich ihre Tätigkeit auf Betriebsteile bezieht, die nun einem anderen (dem neuen oder dem früheren) AG zuzurechnen sind.[139] Für die Berechnung der **Freistellungen** nach § 38 ist von der organisatorischen Gesamtheit auszugehen, für die der BR sein originäres Mandat und das Übergangsmandat ausübt.[140] Insofern richtet sich die Freistellung nach dem durch das Übergangsmandat

---

133 Ebenso *Bachner,* AuA 96, 220; *ders.,* AR-Blattei, Unternehmensumwandlung, Arbeitsrechtliche Folgen, Rn. 95; *Düwell,* 96, 397; *Mengel,* 269, 272; *Trittin,* AiB 96, 357; *Schalle,* 262–282, nur §§ 99, 102, 103, m. w. N. auch zu a. A.

134 *BAG* 15. 2. 07 – 8 AZR 397/06, AuR 07, 283.

135 *Buschmann,* AuR 96, 285, 287; *Däubler,* RdA 95, 136, 146.

136 *Löwisch/Schmidt-Kessel,* BB 01, 2163; *Löwisch/Kaiser,* Rn. 9.

137 *Hahn/Rudolph,* AiB 09, 439 m. w. N.

138 Ebenso *Hahn/Rudolph* a. a. O.

139 Nach Richardi-*Thüsing,* Rn. 30, ebenso *Thüsing,* DB 02, 743 nur nach § 37 Abs. 2, nicht nach Abs. 3, allerdings ohne einsichtige Begründung.

140 Ebenso *Gragert,* NZA 04, 292; GK-*Kreutz,* Rn. 35.

vorübergehend erhaltenen oder erweiterten Aufgabenbereich des BR. Dies gilt umso mehr, als man in Zeiten betrieblicher Umstrukturierungen für die tägliche BR-Arbeit einen erhöhten, die Freistellung legitimierenden Arbeitsanfall erwarten kann.[141]
Die durch BR-Arbeit entstehenden **Kosten** sind nach § 40 grundsätzlich vom Betriebsinhaber abzurechnen. Das einzelne BR-Mitglied kann sich für die ihm aus seiner BR-Tätigkeit entstandenen Kosten unmittelbar an seinen Vertragsarbeitgeber wenden, ohne dass es darauf ankommt, auf welchen Betriebsteil sich seine konkrete Tätigkeit bezieht. Wie beim gemeinsamen Betrieb haften die beteiligten UN als Gesamtschuldner.[142] Für den internen Kostenausgleich sind sie auf ihre vertraglichen Vereinbarungen zu verweisen.[143]

2. Zeitlich befristetes Vollmandat

Durch das Übergangsmandat als **zeitlich befristetes Vollmandat** ist der BR befähigt, wie in einem gemeinsamen Betrieb für die organisatorische Gesamtheit, für die er zuständig ist, also nicht nur die bisher betriebsverfassungsrechtlich vertretenen Betriebsteile oder Personen,[144] alle betriebsverfassungsrechtlichen Rechte wahrzunehmen, insbes. BV oder Sozialpläne abzuschließen oder auch Beschlussverfahren einzuleiten, vgl. auch Aufzählung in § 22 Rn. 9.[145] Dies gilt gleichermaßen für Fälle der Spaltung wie für Fälle der Zusammenlegung von Betrieben. Z. B. könnte er bei Abspaltung/Übergang eines Teils der Beschäftigten auf eine nach § 112a Abs. 2 nicht sozialplanfähige Gesellschaft bei drohender Schließung einen Sozialplan abschließen. Weiterhin nimmt er seine gesetzlichen Unterstützungsaufgaben zu Gunsten der AN bei der Wahrnehmung ihrer individuellen Rechte nach §§ 81 ff. auch gegenüber dem neuen AG wahr. Damit verbunden ist das **Zugangsrecht zu allen Betriebsteilen,** für die er das Mandat ausübt.[146] Bei **Kündigungen** ist er nach §§ 102 ff. zu beteiligen.[147] Die Beschäftigten, ggf. aus mehreren UN, können sich an ihn wenden. Hat sich der BR während des Übergangsmandats mit mehreren AG auseinanderzusetzen, gelten für die Ausübung der Mitwirkungs-/Mitbestimmungsrechte, Anrufung von ESt und Einleitung von Beschlussverfahren die gleichen Regeln wie im gemeinsamen Betrieb (vgl. **§ 1 Rn. 261**). U. a. hat der das Übergangsmandat wahrnehmende BR die Betriebsversammlungen i. S. d. § 43 mit den AN mehrerer UN durchzuführen, an denen dann auch die AN aus diesen UN ohne Einschränkung teilnehmen können. 61

Als besondere Aufgabe gibt § 21a Abs. 1 Satz 2 dem Übergangs-BR vor, unverzüglich **Wahlvorstände zu bestellen.** Je nach Fallkonstellation kann es sich auch nur um einen WV, etwa bei Fortbestand des Ursprungsbetriebs und Neuwahl für einen abgespaltenen früheren Betriebsteil, handeln. Auch bei einer Abspaltung kann für den fortbestehenden Betrieb ein WV zu bestellen sein, wenn infolge des Ausscheidens mehrerer BR-Mitglieder die Gesamtzahl der BR-Mitglieder unter die gesetzlich vorgeschriebene Zahl gesunken ist (§ 13 Abs. 2 Nr. 2). Diese Verpflichtung gilt entsprechend bei Zusammenfassung nach Abs. 2. In diesem Fall ist ein WV für den zusammengefassten Betrieb zu bestellen.[148] Das Unterlassen kann ggf. eine grobe Pflichtverletzung i. S. d. § 23 darstellen (vgl. § 21 Rn. 27), was aber wegen Zeitablaufs regelmäßig keine Verfahren nach sich ziehen wird. Es handelt sich um einen Sonderfall der Bestellung nach § 16, nicht nach § 17, denn ein BR besteht ja. Dort soll die Bestellung regelmäßig 10 Wochen vor Ablauf des Mandats erfolgen (vgl. § 16 Rn. 6). Eine frühere Bestellung ist sinnvoll, nicht aber vorgeschrieben.[149] Insofern bestehen auch die Bestellungskompetenzen 62

141 *Rieble,* NZA 02, 236.
142 *Gragert,* NZA 04, 291; ebenso *Fitting,* Rn. 27; a. A. ErfK-*Koch,* Rn. 9: nur Betriebsinhaber.
143 *Rieble,* a. a. O.; Richardi-*Thüsing,* Rn. 30.
144 Ebenso *Fitting,* Rn. 23.
145 GK-*Kreutz,* Rn. 78; *Löwisch/Kaiser,* Rn. 10; *Thüsing,* DB 02, 740.
146 *Gragert,* NZA 04, 293; HWGNRH-*Worzalla,* Rn. 33; *ArbG Duisburg* 3. 9. 96, AiB 97, 287.
147 Ebenso *Löwisch,* FS Bepler, S. 404; zur Beteiligung im Restmandat vgl. § 21b Rn. 22.
148 Vgl. *LAG Sachsen-Anhalt* 8. 10. 03 – 3 (7) TaBV 21/02.
149 A. A. Richardi-*Thüsing,* Rn. 26: Zweiwochenfrist, mit unzutreffender Berufung auf *HessLAG* 19. 4. 02 – 9 Ta BVGA 71/02. Das *LAG* bezieht diese Frist jedoch nicht auf das unverzügliche Tätigwerden des BR, sondern auf das arbeitsgerichtliche Bestellungsverfahren nach § 16 Abs. 2 »zwei

des GBR bzw. KBR[150] alternativ zur Bestellung durch den BR. Das Amt des WV ist nicht an die Dauer des Übergangsmandats des BR gebunden. Hat der BR – nicht unverzüglich – erst kurz vor Ablauf seines Mandats den WV bestellt, kann dieser noch nach Fristablauf die Neuwahl einleiten. Zu empfehlen ist eine derart späte Bestellung nicht. Zur personellen Zusammensetzung des WV, insbes. Wahlberechtigung, s. **§ 16.**

63 Auch wenn in § 21a nicht ausdrücklich erwähnt, hat der Übergangs-BR das Recht und die Pflicht, rechtzeitig den oder die WV für die **Neuwahl der JAV** zu bestellen. § 63 Abs. 2 setzt nur voraus, dass ein BR besteht, was der Fall ist. Nach h. M.[151] hat die JAV selbst kein Übergangsmandat, was mit dem fehlenden Verweis auf die Vorschrift in §§ 64, 65 erklärt wird. Folgt man dieser Logik, dürfte aber auch die Amtszeit der JAV nicht durch Identitätsveränderung des Betriebs enden, da die gesetzliche Wertung, nach der ohne Übergangsmandat das Amt des BR enden würde, nicht zuletzt aus der Novellierung des § 21a abgeleitet wird.

64 Mit dem Übergangsmandat typischerweise verbunden ist die **kollektive Fortgeltung der Betriebsvereinbarungen** des bisherigen Betriebs für die vom Übergangsmandat erfassten Betriebsteile.[152] Nach *BAG*[153] hängt die unmittelbare und zwingende Wirkung einer BV nach § 77 Abs. 4 Satz 1 BetrVG nicht vom Fortbestand einer Arbeitnehmervertretung im Betrieb ab. Die im ursprünglichen Betrieb bestehenden BV/GBV gelten unabhängig von einem Übergangsmandat jedenfalls dann normativ weiter, wenn der übernommene Betriebsteil vom Erwerber als selbstständiger Betrieb geführt wird. Einer – wie auch immer gearteten – »Teilidentität« der vom Veräußerer übernommenen wirtschaftlichen Einheit bedarf es nicht. Diese ergibt sich aus der Fortführung i. S. v. § 613a BGB.[154] Allerdings weist das *BAG* zur Begründung zutreffend darauf hin, es wäre nicht folgerichtig, den BR zwar mit dem Übergangsmandat auszustatten, die Fortgeltung der von ihm selbst auch für den veräußerten Betriebsteil geschlossenen BV aber zu verneinen. Diesen Zusammenhang von Mandat und betrieblichen Normen betont das *BAG*[155] auch für den umgekehrten Fall, dass bei Eingliederung in einen aufnehmenden Betrieb mit BR letzterer für die Belegschaft des eingegliederten Betriebsteils zuständig wird und die für ihn geltenden BV sich auch auf sie erstrecken. Im Übrigen kann der BR während der Dauer des Übergangsmandats mit Wirkung für seinen gesamten Zuständigkeitsbereich Rechtshandlungen ausüben, damit auch bei einer Zusammenlegung kollektives Recht für den neu entstehenden Betrieb schaffen.

X. Streitigkeiten

65 Vgl. § 21 Rn. 46. Die Frage, ob der BR nach Zusammenfassung von Betrieben ein reguläres Mandat oder ein Übergangsmandat wahrnimmt, ist von erheblicher rechtlicher und praktischer Bedeutung und begründet regelmäßig ein Rechtsschutzinteresse für entspr. Beschlussverfahren.[156] Zur Duldung des Übergangsmandats kann der AG auf Antrag des BR durch **einstweilige Verfügung** im Beschlussverfahren verpflichtet werden.[157] In diesem Verfahren kann auch der WV des zusammengefassten Betriebes die Namensliste für die BR-Wahl anfordern, es sei

Wochen nach dem Tag, an dem der BR den WV hätte bestellen müssen, wenn er unverzüglich gehandelt hätte«.

150 *Fitting*, Rn. 22.

151 Vgl. nur *Fitting*, § 64 Rn. 13; Richardi-*Annuß*, § 64 Rn. 25.

152 Ausführlich § 77 Rn. 92 ff.; *BAG* 18.9.02 – 1 ABR 54/01, EzA BGB 2002 § 613a Nr. 1; AuR 03, 238; *LAG München* 11.3.09 – 5 TaBV 6/08; *Bachner*, NJW 03, 2865; *Kreutz*, Gedächtnisschrift für Sonnenschein, 829; GK-*Kreutz*, Rn. 39, jeweils m. w. N.; *Löwisch*, FS Bepler, S. 407; a. A. *Rieble*, NZA 02, 241; *Preis/Richter*, ZIP 04, 925; *Thüsing*, DB 04, 2474; *Fitting*, Rn. 22a.

153 *BAG* 12.6.19 – 1 AZR 154/17, Rn. 34, AuR 19, 385; 18.9.02 – 1 ABR 54/01, a. a. O., dazu *Kreft*, FS Wißmann, 347; ebenso zu einer Zusammenfassung durch TV nach § 3: *BAG* 7.6.11 – 1 ABR 110/09, ArbRB 11, 370.

154 *BAG* 25.2.20 – 1 ABR 39/18, AP Nr. 120 zu § 77 BetrVG 1972.

155 *BAG* 21.1.03 – 1 ABR 9/02, EzA BetrVG 2001 § 77 Nr. 3.

156 *LAG München* 11.11.09 – 11 TaBV 31/09, AuR 10, 347.

157 *LAG Nürnberg* 4.9.07 – 6 TaBV 31/07, AuR 08, 76, *ArbG Hamburg* 14.10.98, BetrR 98, 102; *ArbG Solingen* 26.1.00, AiB 00, 285; *Rieble/Gutzeit*, ZIP 04, 699 ff.

denn, dass er offensichtlich den Betriebsbegriff verkennt.[158] Im Beschlussverfahren können die Anträge des BR oder des einzelnen BR-Mitglieds je nach Rechtsschutzbedürfnis sowohl gegen bisherige als auch gegen neue AG gerichtet werden. Anhängige **Beschlussverfahren** werden durch den Übergangs-BR fortgeführt. Verliert der BR sein Amt infolge Aufnahme in einen aufnehmenden Betrieb mit BR, so wird letzterer ipso jure Beteiligter des Beschlussverfahrens. Der Vornahme besonderer Prozesshandlungen bedarf es dafür nicht.[159] Das Gleiche gilt bei Zusammenlegung mit einem größeren Betrieb, dessen BR das Übergangsmandat wahrnimmt. Der neu gewählte BR tritt als Funktionsnachfolger seines Vorgängers in dessen Beteiligtenstellung in Beschlussverfahren ein.[160] Zur Beteiligtenfähigkeit eines BR nach Ende seiner Amtszeit ohne Neuwahl vgl. § 21 Rn. 46. Für Verfahren, die das Übergangsmandat betreffen, ist das ArbG am Sitz des das Übergangsmandat ausübenden BR örtlich zuständig.[161] Zum Betriebsinhaberwechsel im Übrigen § 21 Rn. 46f.

§ 21b Restmandat

Geht ein Betrieb durch Stilllegung, Spaltung oder Zusammenlegung unter, so bleibt dessen Betriebsrat so lange im Amt, wie dies zur Wahrnehmung der damit im Zusammenhang stehenden Mitwirkungs- und Mitbestimmungsrechte erforderlich ist.

Inhaltsübersicht Rn.

I. Vorbemerkungen

1 Mit der 2001 aufgenommenen Vorschrift wurde die bereits zuvor (vgl. 7. Aufl. § 21 Rn. 33, 36–44, § 111 Rn. 79, 127, §§ 112, 112a Rn. 109) in Rspr. und Lit. anerkannte Rechtsfigur des **Restmandats des BR gesetzlich verankert.**[1] Die Vorschrift ist **zwingend;** das Restmandat ist weder durch TV/BV abdingbar noch individuell verzichtbar. Seine Wahrnehmung gehört zu den Amtspflichten der BR-Mitglieder. Sie können aber ihr Amt nach § 24 Nr. 2 niederlegen.[2]

2 Das Gesetz will **betriebsratslose Zustände vermeiden.**[3] Die Anerkennung des Restmandats in der Rspr. beruhte auf der Überlegung, dass die Beteiligungsrechte des BR, insbes. in den Fällen einer Betriebsstilllegung, leer laufen müssten, wenn der BR nicht mehr tätig werden könnte.[4] Das Gleiche galt bei Spaltung oder Zusammenlegung von Betrieben, wenn diese zur Folge haben, dass der Ursprungsbetrieb nicht mehr besteht. Endet das Mandat des BR aus anderen Gründen vorzeitig, ist das Restmandat nach dieser Vorschrift nicht vorgesehen.

158 *LAG Köln* 22.1.20 – 6 TaBVGa 4/19, AuR 20, 383.
159 *BAG* 22.8.17 – 1 ABR 52/14, AuR 18, 46; 21.1.03 – 1 ABR 9/02, EzA BetrVG 2001 § 77 Nr. 3.
160 *BAG* 22.8.17 a.a.O.; 23.6.10 – 7 ABR 3/09, AuR 10, 485; 24.8.11 – 7 ABR 8/10, AuR 12, 138; 28.8.14 – 7 ABR 60/12, ZTR 15, 53, zum Übergang der Kostentragungspflicht nach § 40 auf den Erwerber.
161 Vgl. auch *LAG Berlin-Brandenburg* 20.4.15 – 21 SHa 462/15, LAGE § 36 ZPO 2002 Nr. 5.

1 BT-Drucks. 14/5741, S. 40, zu Nr. 19.
2 *BAG* 5.5.10 – 7 AZR 728/08, AuR 10, 275, 394.
3 *BAG* 27.7.11 – 7 ABR 61/10, AuR 12, 83.
4 *BAG* 1.4.98 – 10 ABR 17/97, DB 98, 1471.

3 Die Vorschrift erfasst **alle Fälle des Betriebsuntergangs durch Stilllegung, Spaltung oder Zusammenlegung.** Hierbei handelt es sich regelmäßig um Betriebsänderungen i. S. d. § 111: Stilllegung nach Satz 3 Nr. 1, Spaltung und Zusammenlegung nach Satz 3 Nr. 3. Für das Restmandat kommt es allerdings nicht darauf an, ob auch die weiteren Voraussetzungen des § 111, z. B. UN mit mehr als 20 wahlberechtigten AN, gegeben sind, zumal die hier in Bezug genommenen Mitwirkungs- und Mitbestimmungsrechte nicht nur die §§ 111 ff. betreffen.

4 Wesentlicher Inhalt des Restmandats ist wie beim Übergangsmandat die **Verlängerung der Amtszeit des BR und seiner Mitglieder.** Insofern kommen der Grundsatz, nach dem das Mandat des BR an den Bestand des Betriebs geknüpft ist (vgl. § 21a Rn. 6), sowie § 24 Nrn. 1 und 3, wonach die Mitgliedschaft im BR durch Ablauf der regulären Amtszeit bzw. durch Beendigung des Arbeitsverhältnisses erlischt, nicht zur Anwendung.[5] Die BR-internen Funktionen der BR-Mitglieder bleiben unverändert. In diesem funktionalen Rahmen bleibt auch der Wirtschaftsausschuss erhalten.[6]

5 Das Restmandat ist im Unterschied zum Übergangsmandat einerseits zeitlich unbegrenzt, andererseits funktional begrenzt auf die Wahrnehmung von Mitwirkungs- und **Mitbestimmungsrechten, die sich auf den untergegangenen Betrieb beziehen.** Die Vorschrift unterstellt, dass derartige Rechte bestehen, stellt selbst aber keine eigenständige Mitbestimmungsnorm dar. Welche Mitwirkungs- und Mitbestimmungsrechte dem BR im Einzelnen zustehen, richtet sich nach anderen Vorschriften. Wegen dieser funktionalen Beschränkung ist vorrangig zu prüfen, ob dem BR ein Voll- oder Übergangsmandat zusteht (vgl. Rn. 16).

6 Die Ausübung des Restmandats erfolgt durch den **BR insgesamt,** nicht nur durch dessen Vorsitzenden.[7] Nach st. Rspr. des *BAG*[8] ist das Restmandat von dem BR bzw. den BR-Mitgliedern auszuüben, die bei Beendigung des Vollmandats im Amt waren.[9] Endet nach diesem Zeitpunkt ihr Beschäftigungsverhältnis zum Betrieb, etwa durch Ausgliederung oder Eintritt in den Ruhestand, hat dies auf ihre Mitgliedschaft im restmandatierten BR keinen Einfluss, da für diesen § 24 Nrn. 1 und 3 keine Anwendung finden.[10] Bestand der BR zu diesem Zeitpunkt bereits aus weniger Mitgliedern als in § 9 vorgesehen, sollte danach nur diesen verbliebenen Mitgliedern das Restmandat zustehen. Nach *BAG* a. a. O. können die das Restmandat ausübenden BR-Mitglieder ihr Amt niederlegen. Das Mandat kann dann notfalls von dem letzten verbliebenen BR-Mitglied ausgeübt werden. Das *LAG Brandenburg*[11] hatte dagegen das Restmandat dem letzten vollständig gewählten BR zugesprochen, d. h. in der letzten, der gewählten Größe entsprechenden Zusammensetzung bzw. wie er bei Eintritt der Betriebsänderung vollständig bestand. Dazu gehören dann auch die früheren Mitglieder, die durch individuelle Aufhebungsverträge ausgeschieden sind. Dem *BAG* ist zuzustimmen, dass die Niederlegung des Mandats nach § 24 Nr. 2, insbes. wenn sie unabhängig von einer Betriebsänderung erfolgt ist, wirksam bleibt. Endet jedoch das Arbeitsverhältnis einzelner BR-Mitglieder im Zusammenhang mit der Betriebsstilllegung, Spaltung oder Zusammenlegung (§ 24 Nr. 3), würde die Auffassung des *BAG* dazu führen, dass nicht der BR insgesamt funktionsbezogen im Amt bleibt, sondern nur seine bis zuletzt verbleibenden Mitglieder, was dem Zweck des Restmandats, der Unabhängigkeit des BR und seiner Rolle als Kollektivorgan widerspricht. Deshalb gehören zur Wahrnehmung des Restmandats auch diese Mitglieder dem BR an. Bereits ausgeschiedene BR-Mitglieder werden auch nicht gegen ihren Willen in den BR einbezogen, da sie jederzeit ihr Mandat nach § 24 Nr. 2 niederlegen können. In diesem Fall rückt nach § 25 das nächste Ersatzmitglied nach.[12] BR-Mitglieder verlieren auch nicht ihr Restmandat, wenn sie im Wege des Betriebsübergangs nach § 613a BGB auf einen anderen AG übergangen sind.[13]

---

5 *BAG* 5. 5. 10 – 7 AZR 728/08, AuR 10, 275, 394; *LAG Düsseldorf* 15. 11. 22 – 3 TaBV 47/21, Rn. 52.
6 *LAG Berlin-Brandenburg* 23. 7. 15 – 26 TaBV 857/15.
7 *BAG* 14. 11. 78 – 6 ABR 85/75, AP Nr. 6 zu § 59 KO.
8 *BAG* 12. 1. 00 – 7 ABR 61/98, DB 00, 1422 = AuR 00, 237; 6. 12. 06 – 7 ABR 62/05, AP Nr. 5 zu § 21b BetrVG 1972; 5. 5. 10 – 7 AZR 728/08, AuR 10, 275, 394.
9 Ebenso *LAG Rheinland-Pfalz* 18. 4. 05 – 2 TaBV 15/05, AuR 05, 465;.
10 *BAG* 5. 5. 10 – 7 AZR 728/08, a. a. O.
11 *LAG Brandenburg* 7. 5. 98 – 8 TaBV 10/97, AuR 99, 487.
12 *Löwisch/Kaiser,* Rn. 8.
13 *LAG Rheinland-Pfalz* 18. 4. 05 a. a. O.

Entfallen die Voraussetzungen für die Bildung eines **GBR/KBR** durch Stilllegung, Spaltung oder Zusammenlegung, so kann auch diesen Gremien ein Restmandat zukommen.[14] Umgekehrt ist es nicht ausgeschlossen, dass ein BR in Wahrnehmung seines Restmandats Vertreter in den GBR/KBR entsendet, wenn dies zur Wahrnehmung der mit dem Untergang des Betriebs im Zusammenhang stehenden Mitbestimmungsrechte erforderlich ist. Dies ist bspw. der Fall bei Betriebsänderungen im UN/Konzern, die örtlich umgesetzt werden, oder, wenn ein betrieblicher Sozialplan u. a. auch Versetzungsregelungen innerhalb des UN/Konzerns enthält, deren Umsetzung noch nicht abgeschlossen ist. 7

Für **See-BR** findet die Vorschrift nach § 116 Abs. 2 i. V. m. Abs. 6 Nr. 1c Anwendung, dagegen nimmt § 115 Abs. 3 für die **Bordvertretung** auf sie nicht Bezug. Seit der Novellierung 2021 enthält § 29 Abs. 5 BPersVG eine entsprechende Regelung im **Personalvertretungsrecht.**[15] Eine analoge Anwendung der Vorschrift kommt in Frage für die Vertrauensperson der Schwerbehinderten (Restmandat anders als Übergangsmandat in § 177 Abs. 8 SGB IX nicht erwähnt). 8

II. Untergang des Betriebs

1. Stilllegung

Bei **Betriebsstilllegung** endet das Amt des BR grundsätzlich mit vollständiger und endgültiger Stilllegung des Betriebs. Keine endgültige Stilllegung bedeutet notwendig die Zerstörung der Betriebsanlagen durch äußere Einwirkungen[16] oder eine vorübergehende Produktionseinstellung,[17] z. B. durch Streik oder Aussperrung.[18] Auch durch die Löschung im Handelsregister geht der Betrieb als solcher nicht unter, so dass der BR in Funktion bleibt,[19] da hierdurch lediglich die Gesellschaft gelöscht wird und der Betrieb davon nicht zwangsläufig betroffen sein muss. 9

Die Eröffnung eines **Insolvenzverfahrens** hat keinen Einfluss auf die Amtszeit des BR. Die nach § 22 InsO auf den Insolvenzverwalter übergehende Geschäftsführungsbefugnis umfasst auch die Rechte und Pflichten aus der AG-Stellung des Gemeinschuldners, insbes. aus dem BetrVG selbst dann, wenn für einen Gemeinschaftsbetrieb mehrerer UN ein BR besteht und über das Vermögen eines dieser UN das Insolvenzverfahren eröffnet wird. In diesem Fall bleibt der BR voll in Funktion auch für den »Betriebsteil«, über den das Insolvenzverfahren eröffnet wurde.[20] Eine Neuwahl des BR wird erst erforderlich, wenn die Voraussetzungen des § 13 Abs. 2 Nr. 1 vorliegen; liegen aber die Voraussetzungen eines Restmandats nach dieser Vorschrift vor, kann dieses auch während eines Insolvenzverfahrens begründet und/oder ausgeübt werden.[21] 10

Eine Betriebsstilllegung ist im Rechtssinne erst dann abgeschlossen, wenn alle Arbeitsverhältnisse beendet sind.[22] Solange Arbeitsverhältnisse von AN fortbestehen, die AN-Zahl nicht weniger als 5 beträgt und BR-Mitglieder noch beschäftigt sind, übt der BR für die noch im Betrieb tätigen AN seine **vollen Rechte** (kein bloßes Restmandat) auch dann aus, wenn der Betriebszweck nicht mehr weiterverfolgt wird.[23] Ausscheidende BR-Mitglieder sind gemäß § 25 durch Ersatzmitglieder zu ersetzen. Ist dies nicht mehr möglich, nehmen die verbleibenden BR-Mitglieder die Mitwirkungs- und Mitbestimmungsrechte wahr.[24] 11

Eine **Teilstilllegung,** die zu einer Änderung der Belegschaftsstärke führt, hat auf das Amt des BR keinen unmittelbaren Einfluss, solange nicht die Mindestzahl von 5 ständigen wahl- 12

14 Vgl. § 47 Rn. 11; § 54 Rn. 125; a. A. *Fitting*, Rn. 3; für eine Analogie bei bestehender Zuständigkeit des GBR bei Stilllegung GK-*Kreutz*, Rn. 5.
15 Ausführlich *Ritter-Stütz*, Das novellierte Bundespersonalvertretungsgesetz, AuR 21, 452 ff.
16 *Fitting*, Rn. 7.
17 Vgl. *BAG* 29. 3. 77, AP Nr. 11 zu § 102 BetrVG 1972.
18 *BAG* 21. 4. 71, 25. 10. 88, AP Nrn. 43, 100 zu Art. 9 GG Arbeitskampf; *Fitting*, a. a. O.; Richardi-*Thüsing*, Rn. 4.
19 *LAG Düsseldorf* 4. 12. 78 – 20 TaBV 42/78.
20 A. A. *HessLAG* 19. 4. 02 – 9 TaBV Ga 71/02, AuR 04, 278.
21 Musterschreiben in DKWF-*Buschmann*, § 21b Rn. 2.
22 *BAG* 22. 10. 09 – 8 AZR 766/08, ZIP 10, 849, zum Betriebsübergang.
23 *BAG* 19. 11. 03 – 7 AZR 11/03, AuR 04, 165.
24 Vgl. *BAG* 18. 8. 82, AP Nr. 24 zu § 102 BetrVG 1972.

berechtigten AN unterschritten wird.[25] Für die von der Teilstilllegung betroffenen und aus dem Betrieb ausgeschiedenen AN bleibt der BR zuständig zur Wahrnehmung ihrer Interessen im Zusammenhang mit dem Arbeitsverhältnis.[26]

13 Hat ein UN wegen eines **Brandes** allen AN gekündigt und entschließt er sich Monate später, den Betrieb endgültig stillzulegen, hat er dabei die Mitbestimmungsrechte des BR selbst dann zu berücksichtigen, wenn dessen Amtszeit an sich abgelaufen war. Selbst wenn die Arbeitsverhältnisse seiner Mitglieder infolge des Brandes ebenfalls fristlos gekündigt wurden, übt der BR bis zur Abwicklung der Stilllegung auch über den Ablauf seiner regelmäßigen Amtszeit hinaus das **Restmandat** aus.[27]

14 Das Restmandat bei der Betriebsstilllegung wird wirksam, wenn der Betrieb, für den ein BR bestand, **vollständig untergegangen** ist. Das Gleiche gilt, wenn der Betrieb zwar weiter besteht, die für den BR notwendige Mindestzahl von 5 ständigen wahlberechtigten AN jedoch nicht nur vorübergehend unterschritten wird, so dass die Amtszeit des BR ohne das Restmandat ebenfalls beendet wäre.[28] Ändert der AG seine Pläne und nimmt den stillgelegten Betrieb wieder auf, könnte der restmandatierte BR u. U. den WV für die Neuwahl bestellen.

15 Während die noch überwiegende Rspr. für die Wahrnehmung der Mitbestimmungsrechte nach §§ 111 ff. verlangt, dass der BR im Zeitpunkt, in dem sich der UN entschlossen hat, eine Betriebsänderung durchzuführen, schon bestanden hat (vgl. § 21 Rn. 11 auch zur Kritik), kommt es für die Existenz des Restmandats hierauf nicht an. Der **während der Durchführung der Stilllegung erst gegründete BR** kann u. U. ein Restmandat wahrnehmen, welches allerdings nach bisheriger Rspr. nicht die Rechte aus §§ 111 ff. beinhaltet. Unmaßgeblich ist, ob der BR die Rechte, für deren Ausübung er das Restmandat beansprucht, schon vorher, d. h. während seiner normalen Amtszeit, für sich reklamiert bzw. geltend gemacht hat.[29] Allerdings setzt die Vorschrift (bleibt im Amt) voraus, dass das Amt des BR zumindest für eine logische Sekunde als Vollmandat bestanden haben muss. Die Wahl ausschließlich mit dem Inhalt der Begründung des Restmandats ist nicht vorgesehen.[30]

2. Spaltung oder Zusammenlegung

16 Ein Restmandat des BR entsteht auch, wenn der Betrieb oder Betriebsteil infolge einer Spaltung oder Zusammenlegung untergeht. **Spaltung oder Zusammenlegung** haben den gleichen Inhalt wie in § 21a. Das Restmandat setzt nicht voraus, dass dem BR gleichzeitig ein Übergangsmandat zusteht. Die für das Übergangsmandat nach § 21a Abs. 1 Satz 1 geltenden Einschränkungen (Voraussetzungen des § 1 Abs. 1 Satz 1; kein Übergangsmandat bei Eingliederung in einen Betrieb, in dem ein BR besteht; Begrenzung bis zur Neuwahl bzw. auf 6 Monate) gelten für das Restmandat nicht. Eine **Gleichzeitigkeit von Übergangs- und Restmandat** für denselben Betrieb bzw. Betriebsteile ist nur für Einzelfälle[31] vorstellbar, da regelmäßig der BR, solange er das Übergangsmandat wahrnimmt, auch die Rechte im Zusammenhang mit dem Untergang des Betriebs ausübt.[32] An ein beendetes Übergangsmandat kann sich ein Restmandat anschließen (vgl. auch § 21a Rn. 50).

17 Spaltung oder Zusammenlegung von Betrieben können, müssen aber nicht mit **gesellschaftsrechtlichen Veränderungen** verbunden sein. Beide organisatorischen Veränderungen können

---

25 *BAG* 19.11.03 – 7 AZR 11/03, AuR 04, 165; Richardi-*Thüsing*, Rn. 4; *Fitting*, Rn. 9; GK-*Kreutz*, Rn. 15.

26 *Fitting*, a. a. O.

27 *BAG* 16.6.87, AP Nr. 20 zu § 111 BetrVG 1972.

28 Vgl. Rn. 11; Musterschreiben in DKWF-*Buschmann*, § 21b Rn. 3.

29 Zustimmend GK-*Kreutz*, Rn. 16; Richardi-*Thüsing*, Rn. 12.

30 *HessLAG* 22.11.05 – 4 TaBV 165/05, AuR 06, 172.

31 Etwa Zusammenlegung nebst Übergangsmandat des größeren BR und Restmandat des kleineren BR; so auch HaKo-*Düwell*, Rn. 12; weiter gehend *Fitting*, Rn. 13; WPK-*Wlotzke*, Rn. 17 f.; MünchArbR-*Krois*, § 292, Rn. 84.

32 *Löwisch/Kaiser*, Rn. 2; zweifelnd Richardi-*Thüsing*, Rn. 7 f.; für eine ausschließliche Anwendung des Übergangsmandats in solchen Fällen *Lelley*, DB 08, 1433.

auch stattfinden, wenn der AG derselbe bleibt und sich lediglich der Zuschnitt des Betriebs ändert (vgl. § 21a Rn. 23 ff.).

Eine Spaltung ist die Teilung des Betriebs in tatsächlicher Hinsicht (vgl. § 21a, Rn. 24). Sie kann in Form der Betriebsaufspaltung wie auch der Abspaltung eines Betriebsteils erfolgen.[33] In ersterem Fall verliert der Betrieb seine Identität, geht also unter. Zu einem auf den abgespaltenen Teil bezogenen Restmandat (ggf. im Anschluss an ein Übergangsmandat) kann es kommen, wenn ein kleinerer Teil der Beschäftigten auf einen anderen Inhaber übergeht, die Mehrheit mit dem BR bei dem bisherigen AG verbleibt; ebenso umgekehrt.[34] Umstritten ist das Restmandat für den Fall, dass AN wirksam dem **Übergang ihres Arbeitsverhältnisses nach § 613a Abs. 6 BGB** widersprechen, so dass deren Arbeitsverhältnisse mit dem bisherigen Betriebsinhaber fortgeführt werden. Verbleibt der BR beim bisherigen AG, behält er seine Zuständigkeit auch für die widersprechenden AN. Für den Fall, dass der Betrieb mit BR übergeht, lehnte der 2. Senat des *BAG* ein Restmandat bezogen auf die Anhörung zur Kündigung der widersprechenden AN nach § 102 BetrVG pauschal ab. Er verneinte schon den Tatbestand der Spaltung, da es sich bei der Erklärung des Widerspruchs nicht um eine Entscheidung des AG handele.[35] Das überzeugt nicht. Eine dahingehende Entscheidung des AG ist kein konstitutives Merkmal einer betriebsverfassungsrechtlichen Spaltung. Maßgeblich ist allein das betriebsorganisatorische Ergebnis.[36] Das Entstehen des Restmandats und seine funktionelle Tragweite bei späteren personellen Maßnahmen sind denklogisch zu trennen. Ein Übergangsmandat infolge des Widerspruchs nebst Anhörungsobliegenheit nach § 102 wurde ebenfalls verneint; dazu § 21a Rn. 25a. Jedoch greifen auch nach dieser Rspr. Übergangs- bzw. Restmandat, wenn die Spaltung dadurch eintritt, dass der Betrieb bzw. Betriebsteil mit BR übergeht, einzelne Arbeitsverhältnisse danach aber beim bisherigen AG verbleiben, zu denen dann die widersprechenden AN hinzukommen. Schließlich ließ der Senat in den hier zit. Entscheidungen ausdrücklich den Fall offen, dass in einem betriebsmittelarmen Betrieb ein erheblicher Teil der Belegschaft widerspricht. 18

Die Spaltung von oder Zusammenlegung mit anderen Betrieben erfüllt regelmäßig den Tatbestand der **Betriebsänderung** nach § 111 Nr. 3. Solange eine solche Betriebsänderung noch nicht abgewickelt ist, hat der BR hierfür regelmäßig ein diesbezügliches Restmandat. Umgekehrt setzt das Restmandat nicht die Anwendung des § 111 in jedem Einzelfall voraus. 19

Eine Zusammenlegung i. S. d. Vorschrift liegt auch vor, wenn ein Betrieb mit einem »größeren« Betrieb zusammengefasst (§ 21a Abs. 2) oder in einen anderen eingegliedert wird, für den ein BR besteht. Grundsätzlich, d. h. ohne Restmandat, würde die Amtszeit des BR des eingegliederten Betriebs mit der **Eingliederung** enden. Unter den Voraussetzungen des § 13 Abs. 2 Nr. 1 führt der aufnehmende BR gemäß § 22 die Geschäfte auch für den eingegliederten Betriebsteil bis zur Neuwahl weiter, während sich das Restmandat des eingegliederten BR auf die im Zusammenhang mit der Eingliederung bestehenden Beteiligungsrechte bezieht. Das Restmandat kommt auch in Frage, wenn der bisherige Betrieb durch Aufnahme in einen **kirchlichen Betrieb** bzw. durch kirchliche Übernahme seine Identität verliert.[37] 20

33 *BAG* 24.5.12 – 2 AZR 62/11, AuR 13, 98, 100.
34 *LAG Sachsen-Anhalt* 25.11.10 – 3 TaBV 16/10: analoge Anwendung; weiter gehend *Löwisch*, FS Bepler, S. 404; *Löwisch/Kaiser*, § 21b, Rn. 3.
35 *BAG* 24.5.12 – 2 AZR 62/11, AuR 13, 98, 100; 8.5.14 – 2 AZR 1005/12, AuR 15, 69; 24.9.15 – 2 AZR 562/14, AuR 16, 169. Nach der Logik dieses allein kündigungsrechtlich motivierten Begründungssatzes würde der Tatbestand der Spaltung insgesamt mit Folgen für §§ 21a, 21b und 111 ff. entfallen.
36 Wie hier *LAG Rheinland-Pfalz* 18.4.05 – 2 TaBV15/05, AuR 05, 465; *LAG Düsseldorf* 12.10.05 – 12 Sa 931/05, AuR 06, 132; *ArbG Freiburg/Offenburg* 28.2.02 – 10 Ca 476/99, AuR 03, 153; ebenso *M. Schubert*, AuR 03, 133; *Löwisch*, FS Bepler, S. 407; referierend *Düwell*, Rn. 18; a. A. *BAG* a. a. O.; *LAG Nürnberg* 9.8.11 – 6 Sa 230/10, ZIP 12, 844, m. w. N.; *Fitting*, Rn. 6, vgl. aber ebd. § 1, Rn. 213: § 21b analog bei Widerspruch aller AN; Richardi-*Thüsing*, Rn. 6.
37 Richardi-*Thüsing* § 21a Rn. 15; zur generellen Problematik des Verlustes des betriebsverfassungsrechtlichen Schutzes vgl. auch § 21 Rn. 37.

III. Aufgaben des BR im Restmandat

1. Interessenausgleich/Sozialplan

21 Rechtsfolge der Vorschrift ist nach dem Wortlaut trotz Untergang des Betriebs ein »Verbleiben im Amt«, begrenzt auf »Erforderlichkeit«. Das Restmandat ist bezogen auf die Wahrnehmung seiner **Mitwirkungs- und Mitbestimmungsrechte im Zusammenhang mit Stilllegung, Spaltung oder Zusammenlegung,** durch die der Betrieb, für den der BR gebildet ist, untergeht. Die Gesetzesformulierung »im Zusammenhang mit« erfasst jedes Beteiligungsrecht des BR, das in diesem Zusammenhang bestehen könnte. Hierzu gehören Verhandlungen und Vereinbarungen nach §§ 111 ff., Einleitung von Beschlussverfahren zur Klärung der Frage, ob ein Betriebsübergang oder eine Stilllegung vorliegt, Anrufung und ggf. Einleitung eines gerichtlichen Verfahrens auf Bestellung der Einigungsstelle zur Durchsetzung eines (auch »vorsorglichen«) Sozialplans,[38] Abschluss eines Sozialplans ebenso wie seine Änderung, soweit dieser noch nicht vollständig abgeschlossen ist.[39] Es erfasst auch die bereits ausgeschiedenen AN insoweit, als diese aus der ursprünglichen Sozialplanregelung Ansprüche herleiten können.[40] Stellt ein Insolvenzverwalter in einem wegen Personalabbaus abgeschlossenen Interessenausgleich dem BR Verhandlungen über einen Sozialplan für den Fall in Aussicht, dass er bei der Veräußerung des Betriebs einen Übererlös erzielt, und wird 2 Jahre später der Betrieb von dem Erwerber stillgelegt, so kann der BR im Rahmen seines Restmandats von dem Insolvenzverwalter den Abschluss eines Sozialplans für die 2 Jahre zuvor im Zuge des Personalabbaus gekündigten AN verlangen.[41] Das Restmandat erfasst die konkrete Durchführung des Sozialplans, etwa die Verwaltung eines Härtefonds zur Abmilderung besonderer Härten der Betriebsänderung, die Durchführung eines gerichtlichen Verfahrens zur Klärung der Frage, ob dem BR anlässlich einer Stilllegung Beteiligungsrechte zustehen oder nicht,[42] schließlich die konkrete Unterstützung einzelner AN bei der Wahrnehmung ihrer individuellen Rechte gegenüber dem bisherigen AG, z. B. zur Durchsetzung von Sozialplanleistungen, bei der Einsicht in die Personalakte nach § 83 oder bei Beschwerden nach §§ 84, 85.

2. Einstellungen, Versetzungen und Kündigungen

22 Das Restmandat erfasst die **Beteiligungsrechte bei Versetzungen und Kündigungen** nach §§ 99 ff., 102, 17 KSchG.[43] Nach *BAG*[44] ist der restmandatierte BR (des abgebenden Betriebs) nicht nach § 99 I 1 zu beteiligen, wenn der AG einem AN nach vollständiger Stilllegung des Betriebs eine Tätigkeit in einem anderen Betrieb des UN zuweist. Kündigt ein Insolvenzverwalter einem AN, den er über den Zeitpunkt der Betriebsstilllegung hinaus mit Abwicklungsarbeiten weiterbeschäftigt hat, so ist diese Kündigung nach § 102 Abs. 1 Satz 3 unwirksam, wenn der Insolvenzverwalter den restmandatierten BR nicht zuvor nach § 102 beteiligt hat.[45] Dabei ist es unerheblich, ob die Arbeitsverhältnisse nur deshalb weiter bestanden, weil eine zuvor ausgesprochene Kündigung unwirksam war, so dass es auch nicht darauf ankommt, ob

---

38 Für letzteren Fall *BAG* 1. 4. 98 – 10 ABR 17/97, DB 98, 1471.

39 *BAG* 26. 5. 09 – 1 ABR 12/08, DB 09, 2331; 12. 6. 19 – 1 AZR 154/17, Rn. 73, AuR 19, 385.

40 *BAG* 5. 10. 00 – 1 AZR 48/00, DB 01, 1563.

41 *LAG Köln* 14. 8. 07 – 9 TaBV 27/07, AuR 08, 162.

42 *BAG* 1. 4. 98 – 10 ABR 17/97, DB 98, 1471; vgl. auch *Biebl*, AuR 90, 308 m. w. N.

43 *BAG* 18. 10. 18 – 2 AZR 374/18, AP Nr. 172 zu § 2 KSchG 1969; 22. 9. 16 – 2 AZR 276/16, BAGE 157, 1; 24. 9. 15 – 2 AZR 562/14, BAGE 152, 345 = AuR 16, 169, *LAG Bremen* 9. 12. 04 – 3 TaBV 15/04, AuR 05, 420 mit Anm. *Buschmann; HessLAG* 13. 7. 15 – 16 TaBVGa 165/14, AuR 16, 257; *BayVGH* 19. 2. 13 – 18 PC 13.24; GK-*Kreutz*, Rn. 7, 11 f.; *Löwisch*, FS Bepler, S. 404; Richardi-*Thüsing*, Rn. 9 f.; restriktiver *BAG* 24. 5. 12 – 2 AZR 62/11, AuR 13, 98, 100; 24. 9. 15 – 2 AZR 562/14, AuR 16, 169: kein Restmandat für nach Betriebsspaltung anfallende Kündigung ohne funktionalen Bezug zur Spaltung; dazu auch Rn. 18.

44 *BAG* 8. 12. 09 – 1 ABR 41/09, AuR 10, 226.

45 *BAG* 26. 7. 07 – 8 AZR 769/06, DB 07, 2843; noch deutlicher *BAG* 25. 10. 07 – 8 AZR 917/06, DB 08, 989: BR im Restmandat ist auch nach Betriebsstilllegung vor jeder Kündigung nach § 102 zu hören; dem folgend *LAG Rh-Pf.* 20. 2. 14 – 2 Sa 123/13, NZB zurückgewiesen, *BAG* 30. 7. 14 – 6 AZN 470/14; *Fitting*, Rn. 17.

die zu kündigenden AN zu Rest- oder Abwicklungsarbeiten eingeteilt waren.[46] Ebenso wenig kommt es darauf an, ob das Arbeitsverhältnis dem KSchG unterliegt.[47] Auch die Beteiligungsrechte nach § 17 Abs. 2 KSchG (Beratungen über Massenentlassungen) stehen in funktionellem Zusammenhang mit der Stilllegung.[48] Das *LAG Rheinland-Pfalz*[49] hat auf Antrag eines restmandatierten BR einem AG durch einstweilige Verfügung untersagt, bestimmte Leih-AN nach einem vom BR nicht genehmigten Personaleinsatzplan einzusetzen oder die Erbringung von Arbeitsleistungen durch diese zu dulden oder duldend entgegenzunehmen, ohne mit dem BR eine Einigung über Beginn und Ende der täglichen Arbeitszeit erzielt zu haben oder dass die Einigung durch Spruch der Einigungsstelle ersetzt worden ist; ebenso wurde untersagt, bestimmte Leih-AN im Betrieb einzusetzen, ohne dass der BR den Einstellungen nach § 99 BetrVG zugestimmt hat oder die Frist nach § 99 BetrVG abgelaufen ist oder ohne dass die Voraussetzungen des § 100 Abs. 1 und 2 BetrVG vorliegen.

3. Abwicklung unerledigter Aufgaben

23 Aus § 80 Abs. 1 Nr. 1 hat der BR die Aufgabe der **Überwachung der Durchführung der zugunsten der AN geltenden Rechtsnormen** im Zusammenhang mit dem Untergang des Betriebs. Hierzu gehören tarifliche Rationalisierungsschutzabkommen, die u. a. Rechtsfolgen von Stilllegung, Spaltung oder Zusammenlegung regeln, unabhängig davon, ob sie im Einzelfall dem BR besondere Rechte verleihen, was aber häufig der Fall ist. Betriebsverfassungsrechtliche Aufgaben können sich daraus ergeben, dass trotz tatsächlicher Stilllegung des Betriebs noch nicht alle Arbeitsverhältnisse rechtlich beendet sind und einzelne AN mit Abwicklungsarbeiten beschäftigt werden.[50] Weiter in Frage kommen Vorschlagsrechte zur Beschäftigungssicherung nach §§ 80 Abs. 1 Nr. 8, 92a, Mitbestimmung über Qualifizierungsmaßnahmen nach §§ 97 Abs. 2, 98.[51] Nach *LAG Niedersachsen*[52] kann der BR sog. Liquidationsbeschlüsse fassen, um bereits eingeleitete BR-Geschäfte ordnungsgemäß abzuwickeln. Dazu gehört z. B. die Abtretung eines Freistellungsanspruchs aus einem Beschlussverfahren an seinen Rechtsanwalt mit der Folge, dass sich der Freistellungsanspruch in einen Zahlungsanspruch umwandelt, der im Beschlussverfahren eingeklagt werden kann (a. a. O.). Dieser Auffassung ist das *BAG*[53] im Ergebnis gefolgt, indem es zwar die Wahrnehmung entstandener betriebsverfassungsrechtlicher Vermögensrechte nicht generell den sich im Zusammenhang mit der Betriebsstilllegung ergebenden Beteiligungsrechten zugeordnet hat, darin aber eine planwidrige Regelungslücke erkannt hat, die es im Wege der Analogie zu § 22 i. V. m. § 49 Abs. 2 BGB geschlossen hat.[54] Danach kann der BR auch Kostenerstattungsansprüche gegenüber dem AG verfolgen und ist an entspr. Verfahren zu beteiligen. Richtigerweise muss er die Möglichkeit haben, nach allgemeinen Liquidationsgrundsätzen auch sonstige **unerledigte Aufgaben abzuwickeln,** z. B. anhängige Beschlussverfahren, für die ein Rechtsschutzinteresse besteht.[55] Im gerichtlichen Verfahren ist der BR Träger der Prozessgrundrechte nach Art. 101 Abs. 1 Satz 2 und Art. 103 Abs. 1 GG.[56] Es ist nicht zulässig, sich durch einseitigen Organisationsakt seines Prozessgegners zu entledigen. Allerdings gehört es zu den Voraussetzungen eines Beschluss-(Feststellungs-)verfahrens, dass ein

46 *LAG Niedersachsen* 6. 3. 06 – 17 Sa 85/06 juris; 23. 4. 07 – 9 Sa 815/06, AuR 08, 194.
47 *LAG Niedersachsen* 23. 4. 07 a. a. O.
48 *BAG* 26. 10. 17 – 2 AZR 276/16, AuR 2017, 83; 22. 9. 16 – 2 AZR 276/16, AuR 17, 83.
49 *LAG Rheinland-Pfalz* 24. 1. 19 – 2 TaBVGa 6/18, juris.
50 *BAG* 12. 1. 00, EzA § 24 BetrVG Nr. 2; *BAG* 26. 7. 07 – 8 AZR 769/06 a. a. O.
51 *Löwisch/Kaiser,* Rn. 5 f.; *Schubert,* AuR 03, 133.
52 *LAG Niedersachsen* 24. 1. 00, LAGE § 40 BetrVG 1972 Nr. 65, zum Rechtszustand vor 2001.
53 *BAG* 24. 10. 01 – 7 ABR 20/00, AuR 01, 507; 9. 12. 09 – 7 ABR 90/07, AuR 10, 223; 17. 11. 10 – 7 ABR 113/09, AuR 11, 266; *HessLAG* 11. 3. 19 – 16 TaBV 201/18, AuR 19, 388.
54 Ebenso *BAG* 9. 12. 09 – 7 ABR 90/07, AuR 10, 223; 17. 11. 10 – 7 ABR 113/09, AuR 11, 266; dazu § 22 Rn. 6.
55 Ähnlich *Däubler,* AuR 2001, 3; *Etzel,* Rn. 193; *Konzen,* RdA 2001, 85; MünchArbR-*Krois,* § 292, Rn. 34; *LAG Bremen* 9. 12. 04 – 3 TaBV 15/04 a. a. O.; a. A. ErfK-*Koch,* Rn. 3; *Fitting,* Rn. 18; Richardi-*Thüsing,* Rn. 9; *BAG* 11. 10. 16 – 1 ABR 51/14, AuR 17, 25, 38.
56 Vgl. *BVerfG* 22. 8. 94 – 1 BvR 1767/91 und 1117/92, AuR 94, 377.

die endgültige tatsächliche Stilllegung des Betriebs überdauernder Regelungsbedarf besteht.[57] Andernfalls werden die Anträge unzulässig bzw. haben sich erledigt.[58] Dies ist aber keine Frage des Restmandats, sondern der Zulässigkeit bzw. Begründetheit des konkreten Verfahrens.[59] Hinsichtlich des funktionalen Bezugs zur Stilllegung verhält sich das *BAG* schon bei Auskunftsbegehren restriktiv. Abgewiesen hat es bspw. nach Stilllegung gestellte Auskunftsanträge über vor Stilllegung gezahlte variable Vergütungen[60] oder über die Inhalte eines Kaufvertrags über Gesellschaftsanteile nach Veräußerung sämtlicher Betriebsteile.[61] AG könnten somit versuchen, die Erfüllung von Mitbestimmungs- und Informationspflichten hinauszuzögern und sich vor Gericht dann auf die begrenzte Funktion des Restmandats zu berufen. Verliert der BR sein Amt infolge Aufnahme in einen aufnehmenden Betrieb mit BR, so wird Letzterer ipso jure Beteiligter des Beschlussverfahrens. Der Vornahme besonderer Prozesshandlungen bedarf es dafür nicht.[62] Das Gleiche gilt bei Zusammenlegung mit einem größeren Betrieb, dessen BR das Übergangsmandat wahrnimmt.

24 Das Restmandat erstreckt sich im Unterschied zum Übergangsmandat nicht auf Angelegenheiten des neuen Betriebs und dessen AN, z. B. Einstellungen und Kündigungen dieser AN, auch wenn sie vorher dem alten Betrieb angehört haben.[63]

IV. Rechtsstellung der BR-Mitglieder im Restmandat

25 **Kosten** und **Verdienstausfall** für die Ausübung des Restmandats trägt der AG des »stillgelegten Betriebs«.[64] Zu den erforderlichen Kosten gehören dieselben **Sachmittel,** die dem BR während des Vollmandats zur Verfügung standen, z. B. Räume, PC, Telefon- und Faxanschluss, Literatur, Aktenschrank,[65] Fahrtkosten, Verpflegungs- und Materialaufwand, Gestellung einer Schreibkraft.[66] Sowohl der BR als Organ als auch seine Mitglieder unterliegen dem Schutz des § 78. Solange das Arbeitsverhältnis des restmandatierten BR-Mitglieds besteht (etwa bei identitätsändernden, betriebsorganisatorischen Veränderungen, sonst Vollmandat), bleibt auch dessen bisherige **arbeitsvertragliche Rechtsstellung** erhalten.[67] Insbes. genießt das BR-Mitglied, das im Rahmen des Restmandats BR-Tätigkeiten auszuüben hat, den besonderen Kündigungsschutz nach § 103 bzw. nach § 15 KSchG.[68] Die Kündigung ist auch nicht auf Grund von § 15 Abs. 4 KSchG zulässig, da ein Grund für die vollständige Beendigung des Arbeitsverhältnisses nicht vorliegt. Die frühere Rspr. des *BAG*[69] ist durch die Novellierung des Restmandats, die die Amtszeit einschließlich der damit verbundenen Rechte und Pflichten ausdrücklich verlängert, überholt. Für den Fall, dass die reguläre Amtszeit des BR auf Grund eines Betriebsübergangs endet, etwa bei Eingliederung in einen aufnehmenden Betrieb oder Zusammenlegung mit einem größeren Betrieb mit BR, ergibt sich dieser besondere Schutz auch aus Art. 6 Abs. 2 der Betriebsübergangs-RL 2001/23/EG v. 12. 3. 01, vgl. § 21a Rn. 22.

---

57 *BAG* 14. 8. 01 – 1 ABR 52/00, BB 02, 48.
58 *BAG* 19. 6. 01 – 1 ABR 48/00, DB 01, 2659; 11. 10. 16 a. a. O.
59 Unklar *BAG* 14. 8. 01, a. a. O.
60 *BAG* 11. 10. 16 a. a. O.: Das Restmandat diene nicht der Sanktion eines betriebsverfassungswidrigen Verhaltens des AG.
61 *BAG* 22. 3. 16 – 1ABR 10/14, AuR 17, 128.
62 *BAG* 21. 1. 03 – 1 ABR 9/02, EzA BetrVG 2001 § 77 Nr. 3.
63 *BAG* 24. 9. 15 – 2 AZR 562/14, AuR 16, 169, das diesen Ausschluss auch auf Kündigungen der dem Betriebsübergang widersprechenden AN durch den bisherigen AG erstreckt; eine solche Kündigung beruhe nicht auf der Spaltung, sondern auf dem Widerspruch, was nicht überzeugt; vgl. auch *Biebl*, AuR 90, 307 ff.; Bachner/Gerhardt/Matthiesen-*Bachner*, § 4 I Rn. 49, 91 ff.
64 Vgl. *BAG* 3. 10. 78, AP Nr. 14 zu § 14 BetrVG 1972; § 40 Rn. 1, 3 ff.
65 *HessLAG* 13. 7. 15 – 16 TaBVGa 165/14, AuR 16, 257: Zugangsrecht zu den Betriebsräumen sowie elektronischen Zugang zum Firmennetzwerk in der Weise, wie er im Vollmandat bestand; *LAG Bremen* 9. 12. 04 – 3 TaBV 15/04, a. a. O.
66 HWGNRH-*Worzalla*, Rn. 8; Musterschreiben in DKWF-*Buschmann*, § 21b Rn. 4.
67 Wie hier HaKo-*Düwell*, Rn. 25 f.; KR-*Etzel*, § 15 KSchG Rn. 119.
68 *Löwisch*, FS Bepler, S. 409 f.; *Griebe*, ArbR 14, 506 ff.
69 *BAG* 14. 10. 82 – 2 AZR 568/80, EzA § 15 KSchG Nr. 29.

26 Ist das Arbeitsverhältnis bereits beendet, wird durch das Restmandat allein kein neues selbstständiges Arbeitsverhältnis mit dem früheren Betriebsinhaber begründet. Es besteht ein reines **Amtsverhältnis im Umfang der notwendigen BR-Tätigkeit,** dessen formale Abwicklung sich nach dem Arbeitsvertrag bestimmt, freilich ohne Leistungspflicht und Direktionsrecht (vgl. § 48 Abs. 2 BGB zur rechtlichen Stellung vereinsrechtlicher Liquidatoren). Sie richtet sich nach dem zuletzt geltenden arbeitsvertraglichen Status, d.h. die anfallende BR-Tätigkeit sollte entsprechend vom Betriebsinhaber vergütet werden[70] und stellt dann eine (möglicherweise geringfügige) »Beschäftigung« i. S. d. Sozialversicherung, insbes. der Unfallversicherung (§ 2 SGB VII) dar.[71] Zu denken wäre an eine entspr. Anwendung des § 37 Abs. 3 Satz 3.[72] Das *BAG* hat aber eine solche Analogie und damit Vergütungspflicht für restmandatierte BR-Mitglieder, die nicht mehr im Arbeitsverhältnis zum Betriebsinhaber stehen, abgelehnt.[73] Ausdrücklich offen gelassen wurde, ob BR-Mitglieder im Restmandat einen Ausgleich für Vermögensopfer verlangen können, die dadurch entstehen, dass sie von ihrem neuen AG unbezahlt für Tätigkeiten im restmandatierten BR des alten Betriebs freigestellt werden. Ist das BR-Mitglied inzwischen in einem anderen Betrieb desselben oder eines anderen AG beschäftigt, ist es für diese Aufgaben unbezahlt freizustellen und darf auch nicht behindert werden (§§ 37, 78), da es eine gesetzliche Amtspflicht erfüllt, die auch der neue AG zu respektieren hat.[74] Für Kosten und Entgeltausfall hat allerdings nicht dieser, sondern der Inhaber des untergegangenen Betriebes aufzukommen, was sich aus § 40 begründen lässt.[75]

V. Dauer des Restmandats

27 Das Restmandat beginnt mit dem Untergang des Betriebs durch Stilllegung, Spaltung oder Zusammenlegung. Schon die Rspr. vor dem BetrVerf-ReformG 2001 hatte anerkannt, dass das **Restmandat des BR auch über das Ende seiner regelmäßigen Amtszeit hinausgehen kann.**[76] Das Restmandat ist anders als das Übergangsmandat nicht zeitlich beschränkt. Es erlischt erst endgültig, wenn keine vom BR mehr wahrzunehmenden Aufgaben vorhanden sind.[77] Bei Dauerregelungen eines Sozialplans tritt Erlöschen erst ein, wenn alle Vereinbarungen tatsächlich umgesetzt und alle ausstehenden Forderungen der AN bzw. des BR, etwa aus § 40, beglichen sind.[78] Die Erforderlichkeit richtet sich nach der Beurteilung des BR. Das Restmandat entfällt deshalb auch dann nicht, wenn im Einzelfall ein Mitbestimmungsrecht des BR richterlich verneint wird.

VI. Streitigkeiten

28 Vgl. § 21 Rn. 46; § 21a Rn. 65. Dort auch zur Beteiligtenfähigkeit eines BR nach Ende seiner Amtszeit ohne Neuwahl. In Beschlussverfahren um seine Mitbestimmungsrechte gilt der restmandatierte BR als parteifähig,[79] auch wenn seine Existenz bestritten wird. Nach Auffassung des *BAG*[80] besteht für einen isolierten Antrag des BR auf Feststellung des Restmandats kein Feststellungsinteresse. Diese Vorfrage sei im Rechtsstreit über Mitbestimmungsrechte zu klären. Verneint wurde das Feststellungsinteresse auch für Anträge auf Feststellung der Unwirksamkeit eines Einigungsstellenspruchs, der mangels funktionaler Mitbestimmung im

70 Ebenso WPK-*Wlotzke*, Rn. 16; Richardi-*Thüsing*, Rn. 18.
71 Bachner/Gerhardt/Matthiesen-*Bachner*, § 4 I Rn. 103.
72 So *BAG* 14.10.82 – 2 AZR 568/80, EzA § 15 KSchG Nr. 29; GK-*Kreutz*, Rn. 25; KR-*Etzel*, § 15 KSchG, Rn. 119; MünchArbR-*Krois*, § 292, Rn. 93; *Schulze/Schreck*, AiB 13, 442; a. A. *Auktor*, NZA 03, 952).
73 *BAG* 5.5.10 – 7 AZR 728/08, AuR 10, 275, 394.
74 Ebenso *Fitting*, Rn. 20; Richardi-*Thüsing*, Rn. 18; *OVG Lüneburg* 1.11.12 – 5 ME 233/12, juris.
75 So ausdrücklich *Auktor*, NZA 03, 953 m. w. N.; *Lunk*, FS Willemsen, S. 302 f.; *Schulze/Schreck* a. a. O.
76 St. Rspr.: *BAG* 16.6.87, AP Nr. 19 mit Anm. *Kort* und Nr. 20 zu § 111 BetrVG 1972; 27.8.96 – 3 ABR 21/95, NZA 97, 623; 1.4.98 – 10 ABR 17/97, DB 98, 1471; *Biebl*, AuR 90, 307 ff.; ebenso zum heutigen Recht *Fitting*, Rn. 19; GK-*Kreutz*, Rn. 19; Richardi-*Thüsing*, Rn. 11, 14.
77 *HessLAG* 13.7.15 – 16 TaBVGa 165/14, AuR 16, 257, für den Fall dass noch Kündigungsschutzklagen anhängig sind; *LAG Düsseldorf* 29.3.76, BB 76, 1366; ErfK-*Koch*, § 21 BetrVG Rn. 6.
78 Richardi-*Thüsing*, Rn. 14.
79 *BAG* 8.12.09 – 1 ABR 41/09, AuR 10, 226; 9.12.09 – 7 ABR 90/07, AuR 10, 223.
80 *BAG* 27.5.15 – 7 ABR 20/13, AuR 15, 460.

Restmandat nicht mehr zum Tragen kommt.[81] Unabhängig davon können sich einzelne AN auf das Restmandat bzw. seine Nichtbeachtung berufen, etwa im Rahmen des § 102. Im Verfahren über die Bestellung der Einigungsstelle gilt der Prüfungsmaßstab der offensichtlichen Unzuständigkeit gem. § 100 Abs. 1 Satz 2 ArbGG auch für die Frage, ob das vom BR geltend gemachte Mitbestimmungsrecht Inhalt eines Restmandats nach dieser Vorschrift sein kann.[82] Auflösungsanträge nach § 23 Abs. 1 S. 1 scheiden regelmäßig aus, da keine Möglichkeit zur Neuwahl des Gremiums bestünde. Deswegen kann der Vorwurf einer groben Verletzung betriebsverfassungsrechtlicher Pflichten (hier: Überlassen zahlreicher Unterlagen des BR an Prozessbevollmächtigte der AN) unabhängig von seiner rechtlichen Bewertung 2 Jahre später nicht zur Begründung eines Auflösungsantrags herangezogen werden.[83] Für Verfahren, die das Restmandat betreffen, ist das ArbG am Sitz des aufgelösten Betriebes örtlich zuständig.[84]

§ 22 Weiterführung der Geschäfte des Betriebsrats

In den Fällen des § 13 Abs. 2 Nr. 1 bis 3 führt der Betriebsrat die Geschäfte weiter, bis der neue Betriebsrat gewählt und das Wahlergebnis bekannt gegeben ist.

Inhaltsübersicht Rn.

I. Vorbemerkungen

1 Die Vorschrift (Vorgänger § 43 BRG 1920) regelt die **Weiterführung der Geschäfte** durch BR, die vorzeitig neu zu wählen sind. Sie ist für BR in den Fällen der § 13 Abs. 2 Nrn. 1 und 2 nur klarstellend; denn diese BR bleiben gem. § 21 Satz 5 bis zur Bekanntgabe des Wahlergebnisses des neugewählten BR ohnehin im Amt. Für den zurückgetretenen BR ist die Vorschrift dagegen von Bedeutung, da § 21 Satz 5 den § 13 Abs. 2 Nr. 3 nicht ausdrücklich nennt. Während der Weiterführung der Geschäfte ist der BR **in vollem Umfang geschäftsführungsbefugt.** Sachlich besteht zwischen dem Fortbestand des BR und der Weiterführung der Geschäfte i. S. d. Vorschrift kein Unterschied.[1] Die dogmatische Trennung beider Rechtsfiguren hat keine praktischen Konsequenzen. Unter den Voraussetzungen der Vorschrift endet die Amtszeit des BR auch nicht durch Rücktritt.[2]

2 Die Vorschrift ist zwingend und weder durch TV noch BV oder AV abdingbar. Sie gilt für **Bordvertretung** und **See-BR** entsprechend (vgl. § 115 Abs. 3, § 116 Abs. 2). Für die **JAV** gilt sie nicht ausdrücklich (§ 65 Abs. 1). Lediglich im Falle des § 13 Abs. 2 Nr. 2 ergibt sich eine Befugnis der JAV zur Weiterführung der Geschäfte aus § 64 Abs. 2. Danach bleibt sie bis zur Bekanntgabe des Wahlergebnisses der neugewählten JAV im Amt. Keine Anwendung findet die Bestimmung auf **GBR, KBR, GJAV, KJAV, WA** und **EBR** (§§ 51 Abs. 1, 59 Abs. 1, 73 Abs. 2, 73b Abs. 2, 107 BetrVG, § 36 EBRG).[3] Entspr. Vorschriften: § 27 Abs. 2 S. 2 BPersVG: *Ist am Tag des Ablaufs der Amtszeit ein neuer PR nicht gewählt oder hat sich am Tag des Ablaufs der Amtszeit*

81 *BAG* 22.3.16 – 1 ABR 10/14, BAGE 154, 322.
82 *LAG Köln* 14.8.07 – 9 TaBV 27/07, AuR 08, 162.
83 *LAG Hamm* 18.6.21 – 13 TaBV 12/20, AuR 22, 236, insofern bestätigt durch *BAG* 24.5.23 – 7 ABR 21/21; zur Unzulässigkeit von Ausschluss- und Anfechtungsanträgen nach Ende der Amtszeit auch *BAG* 18.5.16 – 7 ABR 81/13, AP Nr. 49 zu § 23 BetrVG 1972; GK-*Kreutz*, § 21 Rn. 53.
84 *LAG Berlin-Brandenburg* 20.4.15 – 21 SHa 462/15, BB 15, 1203.

1 GK-*Kreutz*, Rn. 10, 16.
2 Richardi-*Thüsing*, § 21 Rn. 19.
3 HaKo-*Düwell*, Rn. 3.

noch kein neuer PR konstituiert, führt der PR die Geschäfte weiter, bis sich der neu gewählte PR konstituiert hat, längstens jedoch bis zum Ablauf des 31.7.; § 5 Abs. 5 SprAuG. Keine Parallele im SGB IX (zur SBV).

II. Weiterführung der Geschäfte

Die Weiterführung der Geschäfte des BR in der Zeitspanne bis zur Neuwahl dient der personellen Kontinuität **der BR-Arbeit** und der Vermeidung betriebsratsloser Zustände.[4] 3

1. Einzelfälle

Die Geschäftsführung nach § 22 besteht **in den Fällen des § 13 Abs. 2 Nrn. 1–3:** 4

- Veränderung der **regelmäßigen AN-Zahl** des Betriebs in dem in § 13 Abs. 2 Nr. 1 genannten Umfang (vgl. § 13 Rn. 7 ff.);
- Absinken der **Mitgliederzahl des BR** unter die gesetzlich vorgeschriebene Zahl (vgl. § 13 Rn. 14 ff.). Die Geschäftsführung bleibt auch erhalten, wenn der **Rumpf-BR** nur noch aus einem Mitglied besteht.[5] Ist auch das letzte BR-Mitglied (Ersatzmitglied) ausgeschieden, besteht kein BR mehr, der zur Amtsfortführung befugt wäre.[6] Die Neuwahl erfolgt dann ggf. nach § 17;
- **Rücktritt des BR** (vgl. § 13 Rn. 17 ff.), auch wenn dieser vor Beendigung eines die BR-Wahl anfechtenden Beschlussverfahrens erfolgt.[7] Zum Rechtsschutzinteresse für die Wahlanfechtung bei Rücktritt während des Nichtzulassungsbeschwerdeverfahrens vgl. § 21, Rn. 33, m. w. N. Der Rücktrittsbeschluss des BR kann nicht im Hinblick auf die Gründe gerichtlich überprüft werden.[8] Nach der Rspr. des *BAG*[9] soll allerdings trotz Rücktritts die auf § 22 gestützte Weiterführung der Geschäfte des angefochtenen BR mit Zustellung der rkr. Verwerfung einer (unzulässigen) NZB enden. Dagegen bleibt der vor diesem Zeitpunkt bestellte WV im Amt und führt die Neuwahl entsprechend durch. Zur Vermeidung BR-loser Zeiten sollte die Bestellung des WV somit rechtzeitig erfolgen. Zur Abgrenzung des Rücktritts des BR und der gemeinsamen Amtsniederlegung der BR-Mitglieder vgl. § 13 Rn. 20. Im letzteren Falle endet das BR-Amt mit der Amtsniederlegung sofort.

Eine Weiterführung der Geschäfte in den **anderen Fällen des § 13 Abs. 2,** in denen der BR vorzeitig neu zu wählen ist (rkr. Wahlanfechtung gemäß § 19 und Auflösung des BR gemäß § 23; vgl. § 13 Rn. 23 ff.), kommt nicht in Betracht. Diese Betriebe sind nach rkr. Entscheidung bis zur Neuwahl eines BR betriebsratslos (vgl. § 21 Rn. 33). Bei der Auflösung des BR hat das ArbG gemäß § 23 Abs. 2 einen WV zur Einleitung der BR-Wahl zu bestellen. Der Bestellungsbeschluss bezüglich des WV wird erst mit Rechtskraft des Auflösungsbeschlusses bezüglich des BR wirksam.[10] 5

Die Vorschrift gilt entsprechend, wenn der BR wegen **zeitweiliger Verhinderung von BR-Mitgliedern,** die auch nicht durch Ersatzmitglieder vertreten werden können, nicht mehr beschlussfähig ist.[11] **Nach Ablauf der regelmäßigen Amtszeit** (§ 21) können die Geschäfte durch den BR nach dieser Vorschrift nicht weitergeführt werden.[12] Die Vorschrift ist nach der Rspr. aber[13] 6

---

4 Ebenso *BAG* 27.7.11 – 7 ABR 61/10, AuR 12, 83.

5 *BAG* 30.6.21 – 7 ABR 24/20, AuR 21, 528; 19.11.03, AuR 04, 165; *LAG Düsseldorf* 16.12.21 – 5 Sa 752/19, juris; vgl. auch § 33 Rn. 5.

6 *BAG* 12.1.00, EzA BetrVG 1972 § 24 Nr. 2; GK-*Kreutz,* Rn. 12.

7 *BAG* 15.2.12 – 7 ABN 59/11, NZA-RR 12, 602, und 7 ABN 74/11, AuR 12, 226; *LAG Schleswig-Holstein* 7.4.11 – 4 TaBVGa 1/11, juris; *ArbG Hamburg* 2.11.88, DB 89, 1473, Musterschreiben in DKWF-*Buschmann,* § 22, Rn. 2.

8 *BVerwG* 26.11.92, PersR 93, 119.

9 *BAG* 22.11.17 – 7 ABR 34/16, Rn. 20, juris.

10 *HessLAG* 12.8.93 – 12 TaBV 203/92, AuR 94, 107.

11 *BAG* 18.8.82, AP Nr. 24 zu § 102 BetrVG 1972.

12 GK-*Kreutz,* Rn. 19; vgl. aber §§ 21a, 21b zum Übergangs- und Restmandat.

13 *BAG* 24.10.01 – 7 ABR 20/00, EzA BetrVG 1972 § 22 Nr. 2; 9.12.09 – 7 ABR 90/07, AuR 10, 223; 17.11.10 – 7 ABR 113/09, AuR 11, 266; *HessLAG* 11.3.19 – 16 TaBV 201/18, AuR 19, 388.

analog anzuwenden, wenn ein restmandatierter BR noch betriebsverfassungsrechtliche Vermögensrechte wie Kostenfreistellungsansprüche wahrnimmt, die das *BAG* nicht den im Zusammenhang mit der Betriebsstilllegung stehenden Beteiligungsrechten zugeordnet hat. Das *BAG* hat darin eine planwidrige Regelungslücke erkannt, die es im Wege der Analogie zu § 22 i. V. m. § 49 Abs. 2 BGB wieder geschlossen hat (vgl. § 21b Rn. 23). Dies betrifft auch Rechnungen, die dem BR zu einem Zeitpunkt, als er schon nicht mehr bestand, gestellt wurden (*HessLAG* a. a. O).

7 Für **abweichende BR- bzw. AN-Vertretungsstrukturen** nach § 3 Abs. 1 Nr. 1–3 bestimmt § 3 Abs. 4, dass die Amtszeit der bestehenden BR erst mit der Neuwahl (Bekanntgabe des Wahlergebnisses) endet (ausführlich § 3 Rn. 186 ff.; § 21 Rn. 41). Für den umgekehrten Fall der Ablösung des TV durch das Gesetz bzw. durch eine neue anders geartete tarifliche Regelung wird die Kontinuität der AN-Vertretung durch ein Übergangsmandat gesichert (vgl. § 3 Rn. 166; § 21 Rn. 41). Eine analoge Anwendung der Vorschrift ist geboten für den Fall des Rücktritts eines/r auf der auf der Grundlage von § 3 Abs. 1 Nr. 4 und 5 gebildeten zusätzlichen Gremiums/Vertretung während seiner Amtszeit. Die Rechtsfolgen für den Fall des Ablaufs des TV richten sich nach der getroffenen Vereinbarung (ausführlich § 3 Rn. 190 ff.; § 21 Rn. 41).

2. Umfang der Geschäftsführung

8 **Die Geschäftsführung** nach § 22 ist **umfassend.** Sie entspricht in vollem Umfang derjenigen eines ordnungsgemäß gewählten und zusammengesetzten BR während seiner Amtszeit.[14] Dies gilt auch für den Rumpf-BR (vgl. Rn. 4; § 21 Rn. 30).

9 Die Geschäftsführung umfasst die **Wahrnehmung sämtlicher Mitwirkungs- und Mitbestimmungsrechte** des BR. Der BR kann erzwingbare und freiwillige BV abschließen, selbst wenn diese aufschiebbar sind oder den neuen BR in wesentlichen Fragen binden.[15] Die Geschäftsführung schließt das Recht ein, einen BR-Ausschuss und sonstige Ausschüsse nach §§ 27, 28 zu bilden, BR-Sitzungen (§§ 29 ff.),[16] Betriebs- oder Abteilungsversammlungen (§§ 42 ff.) durchzuführen bzw. Sprechstunden (§ 39) einzurichten; auch bleibt z. B. der Anspruch auf Teilnahme an Schulungsveranstaltungen gem. § 37 Abs. 6 und 7,[17] auf Freistellung gem. § 38 oder auf Kosten- und Auslagenersatz nach § 40 erhalten. Die in den GBR (§ 47 Abs. 2) / KBR (§ 54 Abs. 2) entsandten Mitglieder bleiben Mitglieder dieser Organe. Der geschäftsführende BR behält das Recht, Mitglieder des GBR und ggf. KBR abzuberufen und neue Mitglieder zu entsenden. Die Antragsrechte nach § 23 Abs. 1 und 3 bleiben in vollem Umfang erhalten. Die ESt. kann im Bedarfsfall angerufen werden; in einem arbeitsgerichtlichen Beschlussverfahren ist der geschäftsführende BR beteiligungsfähig und antragsberechtigt[18] einschließlich der Rechtsmittelbefugnis im Beschlussverfahren. Diese entfällt nicht mit dem Rücktritt des gesamten BR. Sie besteht auch fort, wenn nach Erlöschen der Mitgliedschaft der anderen Mitglieder nur noch ein BR-Mitglied im Amt ist.[19]

Bei Kündigungen ist er nach §§ 102 ff., § 17 KSchG zu beteiligen.[20] Ebenso bleiben die bestehenden BV erhalten.

10 Der geschäftsführende BR hat unverzüglich einen WV für die vorzeitige Neuwahl zu bestellen (§ 16 Rn. 5). Dies gilt auch, wenn er vor Rechtskraft einer Anfechtungsentscheidung zurückgetreten ist.[21] Unterlässt er dies pflichtwidrig, kann er wegen grober Amtspflichtverletzung gemäß § 23 Abs. 1 aufgelöst werden, was aber wegen Zeitablaufs regelmäßig ins Leere gehen wird.

---

14 Richardi-*Thüsing*, Rn. 5; ErfK-*Koch*, Rn. 2; *Fitting*, Rn. 8; GK-*Kreutz*, Rn. 16 ff.; *GL*, Rn. 5; *HWGNRH*, Rn. 7 ff.; *Wahsner*, AuR 79, 209.
15 GK-*Kreutz*, Rn. 17.
16 Richardi-*Thüsing*, a. a. O.
17 Richardi-*Thüsing*, a. a. O.; *Fitting*, a. a. O.; vgl. aber auch § 37 Rn. 148.
18 *Fitting*, a. a. O.; GK-*Kreutz*, Rn. 17; *LAG Frankfurt* 24. 11. 87, BB 88, 1461; vgl. auch § 21 Rn. 46.
19 *BAG* 30. 6. 21 – 7 ABR 24/20, AuR 21, 528.
20 *Fitting*, Rn. 8.
21 *LAG Schleswig-Holstein* 7. 4. 11 – 4 TaBVGa 1/11, AiB 13, 649.

3. Rechtsstellung des Betriebsrats und seiner Mitglieder

11 Der geschäftsführende BR hat die **Rechtsstellung des amtierenden BR.** Dasselbe gilt auch für seine Mitglieder, insbes. hinsichtlich der §§ 2 Abs. 1, 74, 75, 78 und 79 sowie für den vollen erweiterten Kündigungsschutz nach § 15 KSchG und § 103.[22] Die Frist für den nachwirkenden Kündigungsschutz nach § 15 Abs. 1 Satz 2 KSchG berechnet sich nicht mit dem Rücktritt, sondern mit dem Ende der Geschäftsführungsbefugnis nach der Vorschrift (s. u.). Die BR-Mitglieder verlieren den Kündigungsschutz auch dann nicht, wenn sie sich weigern, die Geschäfte weiterzuführen.[23] In diesem Fall kann eine grobe Amtspflichtverletzung gemäß § 23 Abs. 1 angenommen werden. Bei zeitweiliger Verhinderung oder endgültigem Ausscheiden eines BR-Mitglieds rückt das nächste Ersatzmitglied nach § 25 nach.

III. Ende der Geschäftsführung

12 Die Weiterführung der BR-Geschäfte endet gemäß § 22 nach erfolgter Neuwahl mit **Bekanntgabe des Wahlergebnisses** nach § 18 WO, nicht erst mit Ablauf des Tages der Bekanntmachung (vgl. § 21 Rn. 9f.). Die Amtszeit des neu gewählten BR schließt sich lückenlos an (vgl. § 21 Rn. 5). Nach einer in einem Kündigungsschutzverfahren ergangenen Entscheidung des *BAG*[24] endet die Amtszeit des geschäftsführenden BR mit der konstituierenden Sitzung des neuen BR, wenn die förmliche Bekanntmachung nach § 18 WO unterbleibt.

13 Kommt eine Neuwahl nicht zustande, führt der bisherige BR bzw. Rumpf-BR die Geschäfte in vollem Umfang weiter, längstens jedoch bis zum 31. 5. des Jahres der regelmäßigen BR-Wahlen.[25] Der »geschäftsführende« BR kann jederzeit die Wahl einleiten; § 16 Abs. 2 bzw. nach Ablauf der Amtsperiode § 17 finden daneben Anwendung. Im Fall der Spaltung/Zusammenlegung kann es unter den Voraussetzungen der §§ 21a, 21b zu einem **Übergangs- bzw. Restmandat des zuletzt amtierenden BR** kommen.

14 Ist die Wahl des neu gewählten BR nichtig, hat der vorherige BR die Geschäfte wieder aufzunehmen,[26] es sei denn, seine Amtszeit (§ 21) ist abgelaufen. Dasselbe muss nach erfolgreicher, rechtskräftiger Wahlanfechtung der vorzeitigen Neuwahl gelten, solange kein neuer BR gewählt wird, da sonst die AN bei einer bloßen Wahlanfechtung durch eine betriebsratslose Zeit sozial schlechter gestellt wären als bei der Nichtigkeit.[27] Zwar ist der Gegenansicht zuzugeben, dass die bloß anfechtbare Wahl des neuen BR zunächst rechtswirksam ist und erst mit Rechtskraft der Anfechtungsentscheidung aufgehoben wird.[28] Diese Wirksamkeit soll jedoch die bloß anfechtbare Wahl gegenüber der nichtigen Wahl privilegieren, indem sie den vorläufigen Fortbestand des BR sichert, und nicht die notwendige Neuwahl erschwert, was nach der Gegenansicht der Fall wäre.

IV. Streitigkeiten

15 Über Fragen im Zusammenhang mit der Weiterführung der Geschäfte entscheiden im Streitfall die ArbG im Beschlussverfahren (§§ 2a, 80ff. ArbGG). Ist das Amt eines an einem Beschlussverfahren beteiligten BR erloschen, ohne dass ein neuer BR gewählt wurde, endet nach Auffassung des *BAG* dessen Beteiligtenfähigkeit. Ein unstr. Verlust der Beteiligtenfähigkeit des BR führt grundsätzlich zur Unzulässigkeit eines von ihm eingelegten Rechtsmittels. In entsprechender Anwendung von § 22 BetrVG, § 49 Abs 2 BGB ist allerdings ein BR nach Ablauf seiner Amtszeit soweit als fortbestehend zu behandeln, wie dies zur ordnungsgemäßen Beendigung des Amts geboten ist.[29]

22 *BAG* 27.9.57, AP Nr. 7 zu § 13 KSchG; *GL*, Rn. 6.
23 GK-*Kreutz*, Rn. 23.
24 *BAG* 5.11.09 – 2 AZR 487/08, AuR 10, 225.
25 *LAG Düsseldorf* 15.4.11 – 6 Sa 857/10, AuR 11, 368; vgl. auch § 21 Rn. 26ff.; Richardi-*Thüsing*, Rn. 8; *Fitting*, Rn. 11; GK-*Kreutz*, Rn. 21.
26 *Fitting*, Rn. 12; GK-*Kreutz*, Rn. 22.
27 A. A. *Fitting*, a. a. O.; GK-*Kreutz*, a. a. O.
28 *Kreutz*, a. a. O.
29 Im Einzelfall verneint von *BAG* 19.12.18 – 7 ABR 79/16, AuR 19, 338; kritisch dazu *Gravenhorst*, jurisPR-ArbR 23/2019 Anm. 3.

§ 23 Verletzung gesetzlicher Pflichten

(1) Mindestens ein Viertel der wahlberechtigten Arbeitnehmer, der Arbeitgeber oder eine im Betrieb vertretene Gewerkschaft können beim Arbeitsgericht den Ausschluss eines Mitglieds aus dem Betriebsrat oder die Auflösung des Betriebsrats wegen grober Verletzung seiner gesetzlichen Pflichten beantragen. Der Ausschluss eines Mitglieds kann auch vom Betriebsrat beantragt werden.

(2) Wird der Betriebsrat aufgelöst, so setzt das Arbeitsgericht unverzüglich einen Wahlvorstand für die Neuwahl ein. § 16 Abs. 2 gilt entsprechend.

(3) Der Betriebsrat oder eine im Betrieb vertretene Gewerkschaft können bei groben Verstößen des Arbeitgebers gegen seine Verpflichtungen aus diesem Gesetz beim Arbeitsgericht beantragen, dem Arbeitgeber aufzugeben, eine Handlung zu unterlassen, die Vornahme einer Handlung zu dulden oder eine Handlung vorzunehmen. Handelt der Arbeitgeber der ihm durch rechtskräftige gerichtliche Entscheidung auferlegten Verpflichtung zuwider, eine Handlung zu unterlassen oder die Vornahme einer Handlung zu dulden, so ist er auf Antrag vom Arbeitsgericht wegen einer jeden Zuwiderhandlung nach vorheriger Androhung zu einem Ordnungsgeld zu verurteilen. Führt der Arbeitgeber die ihm durch eine rechtskräftige gerichtliche Entscheidung auferlegte Handlung nicht durch, so ist auf Antrag vom Arbeitsgericht zu erkennen, dass er zur Vornahme der Handlung durch Zwangsgeld anzuhalten sei. Antragsberechtigt sind der Betriebsrat oder eine im Betrieb vertretene Gewerkschaft. Das Höchstmaß des Ordnungsgeldes und Zwangsgeldes beträgt 10 000 Euro.

Inhaltsübersicht

I. Überblick

§ 23 Abs. 1 regelt die Möglichkeit von mindestens einem Viertel der wahlberechtigten AN, dem AG und einer im Betrieb vertretenen Gewerkschaft, den Ausschluss eines BR-Mitglieds oder die Auflösung des BR beim *ArbG* zu beantragen. Dafür muss diesem eine grobe Verletzung seiner gesetzlichen Pflichten vorgeworfen werden können. Der BR ist hinsichtlich der Amtsenthebung eines einzelnen BR-Mitglieds antragsberechtigt. Mit der Einführung des Abs. 3 im Jahr 1972 ermöglicht die Norm dem BR oder einer im Betrieb vertretenen Gewerkschaft gegen betriebsverfassungswidriges Handeln des AG gerichtlich vorzugehen (näher Rn. 109 ff.).[1] Das *ArbG* kann dem AG in Folge aufgeben, eine Handlung zu unterlassen, zu dulden oder vorzunehmen. Gesetzliche Zwangsmittel im Falle der Zuwiderhandlung gegen die Anordnung sind das Ordnungs- und das Zwangsgeld. Es handelt sich bei § 23 um eine **zwingende** Norm.[2] Das Verfahren wird vor dem ***ArbG*** als **Beschlussverfahren** geführt.[3] 1

Die Abs. 1 und 3 stimmen insoweit überein, dass die Handlungsvorgaben an einen groben Pflichtenverstoß in der Vergangenheit anknüpfen, dessen Wiederholung für die Zukunft beseitigt werden soll.[4] **Sinn und Zweck** der Vorschrift ist die Wahrung der betrieblichen Ordnung. Die Norm ist darauf gerichtet die Rechtmäßigkeit der Tätigkeit des BR bei der Ausführung seiner vom BetrVG übertragenen Aufgaben[5] und das gesetzeskonforme Verhalten seitens des AG zu sichern.[6] 2

Nach § 65 gilt § 23 Abs. 1 für die JAV (näher § 65 Rn. 7 f.) und über §§ 115 Abs. 3 und 116 Abs. 2 für die Bordvertretung und den See-BR.[7] Anders als Abs. 1 der Norm, wird Abs. 3 nicht auf die JAV übertragen.[8] Einerseits ist dies schon gesetzlich nicht vorgesehen andererseits handelt es sich bei der JAV nicht um ein mit dem BR vergleichbares Mitbestimmungsorgan, weil deren Rechte und Pflichten lediglich gegenüber dem BR und nicht im Verhältnis zum AG bestehen; eine BV kann die JAV mit dem AG bspw. nicht abschließen (vgl. § 60 Rn. 8).[9] Für den GBR und KBR und auch die GJAV und die KJAV gelten die speziellen Regelungen der §§ 48, 56 über die Verweisungen in den §§ 73 Abs. 2 und 73b Abs. 2. Die entsprechende Anwendung des Abs. 3 wird durch die §§ 51 Abs. 5 und 59 Abs. 1 und 2 angeordnet. 3

---

1 Kritisch: »unzureichende Kompensation« zu Gunsten des AG *Fischer*, BB 07, 997, 998.
2 *Fitting*, Rn. 5.
3 ErfK-*Koch*, Rn. 22.
4 GK-*Oetker*, Rn. 161.
5 Richardi-*Thüsing*, Rn. 1 und 3; GK-*Oetker*, Rn. 15.
6 Mindestmaß gesetzmäßigen Verhaltens des AG innerhalb der betriebsverfassungsrechtlichen Ordnung *BAG* 20.8.91 – 1 ABR 85/90, AP BetrVG 1972 § 77 Tarifvorbehalt Nr. 2; teilweise taucht Stichwort der Sanktionierungsfunktion auf, wird aber größtenteils abgelehnt: *BAG* 21.2.78 – 1 ABR 54/76, AP BetrVG 1972 § 74 Nr. 1; *LAG München* 15.11.77 – 5 TaBV 34/77, DB 78, 894, 895; *Fitting*, Rn. 1; Erwähnung HWK-*Reichold*, Rn. 1; a. A. Hauptzweck: Ordnungsgemäßheit der BR-Tätigkeit WPK-*Kreft*, Rn. 13; HWK-*Reichold*, Rn. 2; Richardi-*Thüsing*, Rn. 3; ein Entschuldigungsschreiben reicht nicht aus *LAG Hessen* 23.5.13 9 – TaBV 17/13, PersF 13, 95.
7 WPK-*Kreft*, Rn. 2.
8 *BAG* 15.8.78 – 6 ABR 10/76, AP BetrVG 1972 § 23 Nr. 1; *Fitting*, Rn. 3.
9 *BAG* 15.8.78 – 6 ABR 10/76, AP BetrVG 1972 § 23 Nr. 1.

II. Abs. 1 i.V.m. Abs. 2 – BR-Handeln

4 Bei der **groben Verletzung der gesetzlichen Pflichten** für die Anwendung der Abs. 1 und 2 handelt es sich um einen unbestimmten Rechtsbegriff, der konkretisiert werden muss.[10] Die Rspr. des *BAG* fordert eine **objektiv erhebliche und offensichtlich schwerwiegende Pflichtverletzung,** die von einem solchen Gewicht ist, dass sie das Vertrauen in eine künftige ordnungsgemäße Amtsführung zerstört oder zumindest schwer erschüttert.[11] Das *BVerwG* legt seiner Rechtsprechung zur groben Verletzung der gesetzlichen Pflichten i. S. d. § 28 BPersVG dieselbe Konkretisierung zu Grunde.[12] Es wird – insoweit ähnlich wie im Kündigungsschutzrecht – eine **Zukunftsprognose** vorgenommen.[13] Das Gericht hat bei der Frage, ob die Voraussetzungen einer Amtsenthebung bzw. einer BR-Auflösung vorliegen, in der Tatsacheninstanz einen **Beurteilungsspielraum.**[14] Dazu werden die Gesamtumstände, wie u. a. der Anlass und die betrieblichen Besonderheiten in die Beurteilung einbezogen.[15] Ferner sind Bestimmungen zum Schutz anderer betriebsverfassungsrechtlich geschützter Rechtsgüter wie beispielsweise die Friedenspflicht nach § 74 Abs. 2 S. 2 (vgl. § 74 Rn. 44 ff.) maßgeblich. Auch höherrangige Rechtsgüter wie die Meinungsfreiheit gemäß Art. 5 Abs. 1 S. 1 Hs. 1 GG (vgl. Rn. 66)[16] braucht es für die Beurteilung der groben Pflichtverletzung.[17]

1. Das Verfahren

5 Das maßgebliche Verfahren ist das arbeitsgerichtliche **Beschlussverfahren.** Sowohl das Amtsenthebungsverfahren eines einzelnen BR-Mitglieds als auch das Verfahren zur Auflösung des BR kann niemals von Amts wegen, sondern nur auf **Antrag** durch einen Antragsberechtigten eingeleitet werden. Die Antragsberechtigung und das Rechtsschutzinteresse müssen während des gesamten Verfahrens bestehen.[18] Nach § 82 ArbGG ist das *ArbG* am Sitz des Betriebes zuständig. Gegen die Entscheidung des *ArbG* kann die **Beschwerde** i. S. d. § 87 Abs. 1 ArbGG an das *LAG* und gegen den Beschluss des *LAG* die **Rechtsbeschwerde** i. S. d. § 92 Abs. 1 ArbGG an das *BAG* – soweit zugelassen – eingelegt werden.[19]

6 Hinsichtlich der Zulässigkeit des **einstweiligen Rechtsschutzes** ist zwischen der **Amtsenthebung** eines BR-Mitglieds und dem **Auflösungsverfahren** des Gremiumorgans BR zu unterscheiden: Soweit eine Eilbedürftigkeit besteht und darüber hinaus ausnahmsweise die Weiterarbeit eines BR-Mitglieds unzumutbar ist, kann im Rahmen des einstweiligen Rechtsschutzverfahrens dem **BR-Mitglied** bis zur rechtskräftigen Entscheidung seine Amtsausführung untersagt werden, ohne, dass es seines Amtes enthoben wird.[20] Eine endgültige Amtsenthebung kann lediglich mittels einer rechtskräftigen Entscheidung herbeigeführt werden (zu den unterschiedlichen Rechtsfolgen vgl. Rn. 76). Für das betroffene BR-Mitglied wird ein Ersatzmitglied gemäß § 25 Abs. 1 S. 2 eingesetzt, um die Funktionsfähigkeit des BR zu erhalten. Der **BR** kann **als Organ** nicht – auch nicht vorübergehend – im einstweiligen Rechtsschutzverfahren aufgelöst werden, weil dies zu einer betriebsratslosen Zeit führen würde, mithin

---

10 *BAG* 21. 2. 78 – 1 ABR 54/76, AP BetrVG 1972 § 74 Nr. 1; *BAG* 5. 9. 67 – 1 ABR 1/67, AP BetrVG § 23 Nr. 8.

11 *BAG* 27. 7. 16 – 7 ABR 14/15, NZA 17, 136; *BAG* 22. 6. 93 – 1 ABR 62/92, AP BetrVG 1972 § 23 Nr. 22.

12 *BVerwG* 14. 4. 04 – 6 PB 1/04, NZA-RR 04, 448.

13 Ständ. Rspr. seit *BAG* 8. 12. 61 – 1 ABR 8/60, NJW 62, 654; *BAG* 18. 5. 16 – 7 ABR 81/13, NZA-RR 16, 582; HaKo-BetrVG/*Düwell*, Rn. 17.

14 *BAG* 22. 6. 93 – 1 ABR 62/92, AP BetrVG 1972 § 23 Nr. 22; GK-*Oetker*, Rn. 102.

15 Bzgl. BR-Auflösung *Fitting*, Rn. 35.

16 Ausführlich DDZ-*Däubler*, Art. 5 GG Rn. 5 ff.; *LAG Hessen* 19. 3. 18 – 16 TaBV 185/17.

17 *BAG* 21. 2. 78 – 1 ABR 54/76, AP BetrVG 1972 § 74 Nr. 1.

18 HaKo-BetrVG/*Düwell*, Rn. 19; a. A. bzgl. Antragsberechtigung der im Betrieb vertretenen Gewerkschaft DKW-*Trittin*, 16. Aufl. 2018, Rn. 85.

19 Galperin-*Löwisch*, Rn. 25.

20 *Fitting*, Rn. 32; m. w. N. GK-*Oetker*, Rn. 103; *LAG Hamm* 18. 9. 75 – 8 TaBV 65/75, BB 75, 1302; grds. mangels ausdrücklicher gesetzlicher Regelung zu verneinen – schlussendlich aber offen gelassen *LAG Berlin Brandenburg* 5. 6. 14 – 10 TaBVGa 146/14, NZA-RR 14, 538.

die Interessen der AN zeitweise nicht vertreten werden würden (vgl. Rn. 101).[21] Eine solche Rechtsfolge darf nur durch eine Entscheidung in der Hauptsache herbeigeführt werden. Im Gegensatz zum Amtsenthebungsverfahren, kann die Auflösung des BR nicht durch den Einsatz von Ersatzmitgliedern ausgeglichen werden. Eine – wie von *Thüsing* angedachte Zwischenlösung – würde zu unhaltbaren Ergebnissen führen, weil sie unmittelbar in die Mitbestimmung und die Unabhängigkeit der BR-Tätigkeit eingreifen würde.[22]

a) Antrag

Die in Abs. 1 und 2 vorgesehenen Regelungen sind abschließend. Die Maßnahmen, mithin die Amtsenthebung oder die Auflösung des BR, können nur aufgrund einer Entscheidung des *ArbG* erfolgen. Die Verfahren müssen deshalb zunächst durch einen Antrag **in Gang gesetzt** werden. Ein solcher muss durch den Antragsberechtigten beim *ArbG* gemäß §§ 2a Abs. 1 Nr. 1, Abs. 2, 80 ff. ArbGG mit ausreichend bestimmter[23] Begründung gestellt werden. Der Antrag ist gemäß § 81 Abs. 1 ArbGG schriftlich einzureichen oder bei der Geschäftsstelle des *ArbG* mündlich zu Protokoll zu geben. Die **Begründung** muss auf eine grobe Pflichtverletzung gestützt werden, die konkret darzulegen ist,[24] um den Bestimmtheitserfordernissen zu entsprechen. Die Antragstellung muss **ausdrücklich** und unbedingt erfolgen.[25] Ein konkludenter Antrag reicht daher nicht aus. 7

Aus dem Wortlaut ergibt sich, dass der **Antrag gegen** den BR oder das BR-Mitglied gerichtet werden muss. Darüber hinaus kann sich der Antrag aber auch gegen ein **Ersatzmitglied** richten.[26] Die Norm ist bei einem **endgültig** nachgerückten Ersatzmitglied unmittelbar anwendbar, weil es in die Rechtsstellung des ursprünglichen BR-Mitglieds eingetreten ist. Bei **vorübergehender** Vertretung eines BR-Mitglieds durch ein Ersatzmitglied kommt es zu einer entsprechenden Anwendung der Norm.[27] Ein erfolgreiches Amtsenthebungsverfahren bewirkt einen Ausschluss des Ersatzmitglieds von der BR-Arbeit für die Zeitspanne der Amtsperiode.[28] Das ausgeschlossene Ersatzmitglied darf in dieser Zeit kein zweites Mal als solches eingesetzt werden bzw. nachrücken.[29] Bei der Begehung einer groben Pflichtverletzung durch das Ersatzmitglied **nach** dessen **Ausscheiden** aus dem BR, kann das Amtsenthebungsverfahren geführt werden, um einen erneuten Einsatz desjenigen als Ersatzmitglied abzuwenden.[30] Soweit das Ersatzmitglied als solches **noch nicht nachgerückt** (vgl. § 25 Rn. 3 ff.) ist, weil das zu vertretende BR-Mitglied noch nicht verhindert ist, seine BR-Tätigkeit auszuführen bzw. noch nicht aus seinem BR-Amt ausgeschieden ist, kann das Verfahren nach Abs. 1 keine Anwendung finden: Einerseits ist das Ersatzmitglied zu diesem Zeitpunkt noch nicht Teil des BR-Organs, dem etwaige Schutzrechte zukommen (vgl. § 25 Rn. 38 f.) andererseits war es zu diesem Zeitpunkt noch nicht zur Vornahme von Amtspflichten befähigt, gegen die es hätte verstoßen können.[31] Ein Antrag auf Ausschluss eines Mitglieds aus dem GBR regelt § 48 (näher dort). 8

Ein **BR-Beschluss** oder Votum sowohl durch die BR-Mitglieder als auch durch die Belegschaft reicht **nicht** aus, um eine Amtsenthebung oder Auflösung des BR herbeizuführen.[32] Es ist stets ein Verfahren vor dem ***ArbG*** einzuleiten. Nur dadurch kann ausreichend zum Ausdruck ge- 9

---

21 *Fitting*, Rn. 45; GK-*Oetker*, Rn. 128; HaKo-BetrVG/*Düwell*, Rn. 32; *ArbG Aachen* 19.3.09 – 8 BVGa 3/09; HWGNRH-*Huke*, Rn. 51; WPK-*Kreft*, Rn. 19; ebenfalls Ablehnung der vorläufigen Amtsenthebung, aber Bejahung der Anwendbarkeit des einstweiligen Rechtsschutzes unter Hinweis der Notwendigkeit einer Zwischenregelung Richardi-*Thüsing*, Rn. 63.

22 Vgl. GK-*Oetker*, Rn. 128.

23 Unbestimmt z. B. *LAG Nürnberg* 31.8.05 – 6 TaBV 41/05, NZA-RR 06, 137.

24 ErfK-*Koch*, Rn. 7; GK-*Oetker*, Rn. 87.

25 *Fitting*, Rn. 8; ErfK-*Koch*, Rn. 7; *Besgen*, § 5 Rn. 12.

26 ErfK-*Koch*, Rn. 7; *Fitting*, Rn. 34; GK-*Oetker*, Rn. 73.

27 Galperin-*Löwisch*, Rn. 28.

28 ErfK-*Koch*, Rn. 7.

29 ErfK-*Koch*, Rn. 7; *Fitting*, Rn. 34.

30 *LK*, Rn. 3; GK-*Oetker*, Rn. 74.

31 GK-*Oetker*, Rn. 73.

32 *Fitting*, Rn. 8; Richardi-*Thüsing*, Rn. 4; *BAG* 27.6.89 – 1 ABR 28/88, AP BetrVG 1972 § 42 Nr. 5; *ArbG Halle* 25.1.13 – 9 BV 50/12, NZA-RR 13, 361.

bracht werden, dass der BR als von der Zustimmung der BR-Mitglieder unabhängiger Repräsentant fungiert; dem BR-Mitglied wie dem Gesamtgremium kommt **kein imperatives Mandat** zu.[33] Der BR-Beschluss, der den Willen zum Ausschluss eines BR-Mitglieds zum Ausdruck bringt, kann allenfalls auf einen freiwilligen Rücktritt des BR-Mitglieds hinwirken.[34]

10 Nach § 81 Abs. 2 ArbGG kann der Antrag erstinstanzlich jederzeit zurückgenommen werden.[35] In den Rechtsmittelinstanzen ist für die **Rücknahme** des Antrags die Zustimmung des Antragsgegners gemäß §§ 87 Abs. 2 S. 3 und 92 Abs. 2 S. 3 ArbGG erforderlich.[36] Das Amtsenthebungsverfahren ist aber gemäß § 83a Abs. 2 S. 1 ArbGG einzustellen, wenn das betroffene BR-Mitglied während des laufenden Verfahrens sein BR-Amt niederlegt und damit ein erledigendes Ereignis angenommen werden kann.[37] Ob die Erledigung einseitig oder beidseitig erklärt worden ist, schlägt sich im Ergebnis nicht nieder. Lediglich der Prüfungsaufwand bezüglich des Vorliegens des erledigenden Ereignisses erübrigt sich bei einer beidseitigen Erledigungserklärung oder deren Fiktion nach § 83a Abs. 3 S. 2 ArbGG.[38]

11 Der Antrag nach Abs. 1 kann mit anderen **Anträgen verbunden** werden:

12 • Z. B. kann die **Wahlanfechtung i. S. d. § 19** einem Auflösungsbegehren gemäß § 23 Abs. 1 Fall 2 die Grundlage entziehen.[39] Die Anfechtung einer Wahl hat Vorrang.[40] Der Auflösungsantrag ist folglich hilfsweise zu erklären,[41] kann aber jedenfalls mit dem Wahlanfechtungsantrag im gleichen Verfahren verbunden werden.

13 • Die **beiden Alternativen nach § 23 Abs. 1,** gerichtet auf die Amtsenthebung eines BR-Mitglieds oder die Auflösung des BR, können in einem Verfahren verfolgt werden.[42] Das Verfahren zur Auflösung des BR hat gegenüber der Amtsenthebung einzelner BR-Mitglieder Vorrang, soweit **beide Anträge** vorliegen,[43] weil das Gericht schon faktisch kein BR-Mitglied mehr seines Amtes entheben kann, wenn zuvor das Gesamtgremium aufgelöst worden ist. Die Amtsenthebung ist gegenüber der BR-Auflösung als *aliud* einzustufen.[44] Es handelt sich gerade nicht um eine Minusmaßnahme.[45] Dies hat zur Folge, dass ein Verfahren auf Auflösung des BR im Wege der Umdeutung nicht zu einer Amtsenthebung einzelner BR-Mitglieder führen kann.[46]

14 • Soweit der BR die **Zustimmung** zur außerordentlichen Kündigung gemäß **§ 103 Abs. 1 verweigert,** kann die Ersetzung der Zustimmung als **Hilfsantrag** mit dem Antrag auf Ausschluss des BR-Mitglieds aus dem BR prozessual verbunden werden, sofern sowohl die arbeitsvertragliche als auch die betriebsverfassungsrechtliche Ebene von der groben Pflichtverletzung derart betroffen ist, dass ausnahmsweise sowohl die Amtsenthebung als auch der Ausspruch einer außerordentlichen Kündigung in Betracht kommen (näher Rn. 80 ff.).[47] Die hilfsweise Geltendmachung entspricht dem Gedanken, dass bei einem positiven und rechtskräftigen Beschluss über das Amtsenthebungsverfahren, das Zustimmungserfordernis i. S. d. § 103 Abs. 1 entfällt. Gleichfalls besteht auch die Möglichkeit den **Amtsenthebungsantrag hilfsweise** oder auch **kumulativ** zum Zustimmungsersetzungsantrag zu

---

33 ErfK-*Koch*, Rn. 7 m. V. a. *BAG* 27.6.89 – 1 ABR 28/88, AP BetrVG 1972 § 42 Nr. 5; bzgl. Personalrat *BVerfG* 27.3.79 – 2 BvR 1011/78, AP GG Art. 9 Nr. 31.
34 HaKo-BetrVG/*Düwell*, Rn. 18.
35 *BAG* 12.2.85 – 1 ABR 11/84, AP BetrVG § 76 Nr. 27.
36 M. w. N. zur Rücknahme von Anträgen nach § 23 Abs. 1 BetrVG GK-*Oetker*, Rn. 88.
37 GK-*Oetker*, Rn. 95.
38 ErfK-*Koch*, § 83a ArbGG Rn. 2.
39 Richardi-*Thüsing*, Rn. 59.
40 GK-*Oetker*, Rn. 94; Richardi-*Thüsing*, Rn. 49.
41 *Besgen*, § 5 Rn. 18.
42 DKW-*Trittin*, 16. Aufl. 2018, Rn. 90.
43 *Fitting*, Rn. 31; GK-*Oetker*, Rn. 92; *Besgen*, § 5 Rn. 18; ErfK-*Koch* Rn 10; HWGNRH-*Huke*, Rn. 36; Richardi-*Thüsing*, Rn. 60.
44 ErfK-*Koch*, Rn. 10; DKW-*Trittin*, 16. Aufl. 2018, Rn. 91; a. A. Bezeichnung als Minusmaßnahme GK-*Oetker*, Rn. 93.
45 *LAG Schleswig-Holstein* 30.11.83 – 4 Ta BV 11/83, AuR 84, 287; a. A. Bezeichnung als Minusmaßnahme GK-*Oetker*, Rn. 93.
46 *ArbG Dessau* 2.12.08 – 9 BV 1/08, AiB 09, 730.
47 *LAG Rheinland-Pfalz* 28.4.21 – 7 TaBV 9/20.

stellen, weil beide Anträge unterschiedliche Rechtsfolgen nach sich ziehen:[48] Soweit über die Zustimmungsersetzung positiv entschieden werden würde, wäre das betroffene BR-Mitglied nicht automatisch seines Amtes enthoben, weil dies zusätzlich die rechtskräftige Kündigung gemäß § 24 Nr. 3 voraussetzt. Insofern die **Zustimmung** durch den BR **erteilt** worden ist, bleibt dem AG die Wahl zwischen der außerordentlichen Kündigungsmöglichkeit oder der Einleitung eines Amtsenthebungsverfahrens.[49]

b) Antragsberechtigung

Antragsberechtigte sind nach dem Wortlaut der Norm mindestens ein Viertel der wahlberechtigten AN (bei JAV: AN i. S. d. § 60 Abs. 1, näher § 65 Rn. 8), der AG oder eine im Betrieb vertretene Gewerkschaft. Der BR ist antragsberechtigt, wenn es um die Amtsenthebung eines BR-Mitglieds geht. Die Verfahrensvoraussetzung der Antragsberechtigung muss generell zu jedem Zeitpunkt des Verfahrens bestehen (näher bei Unterschreitung des Quorums vgl. Rn. 16).[50] 15

Dem Wortlaut der Norm zu Folge sind **ein Viertel** der nach § 7 **wahlberechtigten AN** antragsberechtigt. Nach § 7 Abs. 1 S. 2 können Leih-AN im Entleiherbetrieb wahlberechtigt, mithin antragsberechtigt sein, wenn ihr Einsatz im Entleiherbetrieb für eine Zeitspanne, die über 3 Monate hinausgeht, vorgesehen wird (vgl. § 7 Rn. 9).[51] Die Einbeziehung von Leih-AN im Entleiherbetrieb bei der Berechnung betriebsverfassungsrechtlicher Schwellenwerte lässt § 14 Abs. 2 S. 4 AÜG ausdrücklich zu. BR-Mitglieder erfüllen in ihrer Doppelfunktion als AN und AN-Vertreter ebenfalls die Voraussetzung eines wahlberechtigten AN. Grundsätzlich muss die Wahlberechtigung bei der Antragstellung bestehen.[52] Die Antragsteller müssen zum Zeitpunkt der Durchführung der BR-Wahl nicht notwendig wahlberechtigt gewesen sein.[53] Voraussetzung für die Antragstellung der AN ist die Erfüllung des **Quorums** von einem Viertel.[54] Es wird anhand der regelmäßigen Stärke der Belegschaft berechnet.[55] Eine **Einwirkung des AG oder leitender Angestellter** zur Erreichung des Quorums kann zur Ablehnung der Antragsberechtigung führen.[56] Eine solche Einwirkungshandlung ist in der Aufforderung zum Sammeln oder der Abgabe von Unterschriften zu sehen. Es reiche dafür der Versuch, die AN zur Unterschrift zu überreden. Beispielsweise wird dies angenommen, wenn der AG für den Fall der BR-Auflösung, eine Prämienregelung für die AN in Aussicht stellt, die bisher durch den BR verhindert worden ist. Auch das Zusenden von Blankodokumenten zur Unterschrift durch den AG oder durch die Geschäftsleitung stellt eine unsachgemäße Beeinflussung dar. Eine Einflussnahme wird ebenso bei einem kollusiven Zusammenwirken mit dem AG angenommen, was über die Kostenübernahme i. S. d. § 40 Abs. 1 BetrVG hinausgeht, wie z. B. bei Honorarzusagen des AG zu Gunsten eines AN.[57] Das **Interesse des AG** an der Antragsstellung der AN besteht darin, dass dem AG eine Antragsberechtigung lediglich zusteht, wenn der BR oder das BR-Mitglied ihm gegenüber eine grobe Pflichtverletzung begangen hat (vgl. Rn. 17). Soweit dem BR oder dem »unliebsamen« BR-Mitglied nur eine grobe Pflichtverletzung gegenüber dem AN vorwerfbar ist, kann der AG seine eigene Antragsberechtigung nicht geltend machen. Durch das 16

48 Z. B. *BAG* 21.7.78 – 1 ABR 54/76, AP BetrVG 1972 § 74 Nr. 1.
49 *Fitting*, Rn. 22; ausführlich GK-*Oetker*, Rn. 90 ff.; ErfK-*Koch*, Rn. 10.
50 Richardi-*Thüsing*, Rn. 35; a. A. DKW-*Trittin*, 16. Aufl. 2018, Rn. 84.
51 *Fitting*, Rn. 9.
52 GK-*Oetker*, Rn. 78; *Fitting*, Rn. 9; aber nicht zum Zeitpunkt der Wahl DKW-*Trittin*, 16. Aufl. 2018, Rn. 81.
53 GK-*Oetker*, Rn. 78; HWGNRH-*Huke*, Rn. 9; Richardi-*Thüsing*, Rn. 31; MünchHdbArbR-*Krois*, § 297 Amtsenthebung und Gesetzesverstöße des AG Rn. 16 Rechtsschutzbedürfnis entfällt jedoch, wenn sämtliche Antragsteller aus dem Betrieb ausscheiden.
54 Hohe Hürde *Fischer*, BB 07, 997.
55 MünchHdbArbR-*Krois* § 297 Amtsenthebung und Gesetzesverstöße des AG Rn. 16; *Fitting* Rn. 9; GK-*Oetker*, Rn. 79.
56 *LAG Hessen* 19.9.13 – 9 TaBV 225/12; Abstellen auf den freien Willensentschluss der einzelnen AN, der durch die Weiterleitung von Unterschriftenlisten durch Führungskräfte nicht betroffen sei *ArbG Wiesbaden* 22.8.12 – 11 BV 11/11.
57 In diesem Fall als Ausschließungsgrund abgelehnt, weil der Betrag an die Stundenlohnabrechnung der Rechtsanwälte angepasst war *LAG Hessen* 23.5.13 – 9 TaBV 17/13, PersF 13, 95.

Eingreifen der AG-Seite werden die einzelnen Antragsberechtigungen unzulässig vermischt. Die Kombination der Antragsberechtigungen wird darüber hinaus verneint: Der AG darf kein Verfahren als Antragsberechtigter übernehmen, dass ursprünglich durch ein Viertel der wahlberechtigten AN eingeleitet worden ist, aber an der Aufrechterhaltung des Quorums scheitert.[58] Das Quorum muss während des Verfahrens aufrechterhalten werden.[59] Eine **Unterschreitung** führt zur Einstellung des Verfahrens.[60] Diese kann herbeigeführt werden durch das Ausscheiden einzelner AN aus dem Betrieb, durch die Rücknahme von Unterschriften oder durch eine Masseneinstellung, welche die Größe der Belegschaft erheblich erweitert. Abweichend davon ist das Verfahren ausnahmsweise aus prozessökonomischen Gründen aufrecht zu erhalten, sofern durch andere AN das Quorum erneut erreicht wird. Es können folglich andere wahlberechtigte AN zur Neuerreichung des Quorums in das Verfahren eintreten – auch in zweiter Instanz.[61]

17 Der **AG** ist antragsberechtigt, soweit durch die maßgebliche Handlung das Verhältnis der Betriebsparteien betroffen ist. Davon ist auszugehen, wenn die Pflichtverletzung ihm gegenüber begangen worden ist.[62] Teilweise wird diese Einschränkung der Antragsberechtigung des AG kritisiert mit dem Argument, dass dem AG stets an der Einhaltung der betrieblichen Ordnung gelegen sei, er daher in jedem Fall der groben Pflichtverletzung antragsberechtigt sein müsse.[63] Diese Ansicht widerspricht jedoch der grundsätzlichen Annahme, dass ein Antrag im Beschlussverfahren nur derjenige stellen kann, der **eigene Rechte** aus dem BetrVG verfolgt.[64] Der AG darf daher keinen Antrag stellen, wenn die umstrittene Handlung das innerbetriebsrätliche Verhältnis betrifft,[65] weil dem AG kein allgemeiner Rechtsvollziehungsanspruch zusteht.[66] Soweit es sich um einen gemeinsamen Betrieb mehrerer Unternehmen handelt, muss die Antragstellung durch die einheitliche Leitung der verbundenen Unternehmen vorgenommen werden.[67]

18 Die Antragsberechtigung der **Gewerkschaft**[68] hängt davon ab, ob diese **im Betrieb vertreten** ist (näher im Falle des Bestreitens des Vertreten-Seins vgl. § 2 Rn. 79).[69] Dafür reicht es aus, dass ein AN im Betrieb der antragstellenden Gewerkschaft angehört.[70] Als Verfahrensvoraussetzung muss die Gewerkschaft während des gesamten Verfahrens im Betrieb vertreten sein.[71] Ob wiederum diese Gewerkschaft gleichzeitig im BR vertreten ist, spielt für die Antragsbefugnis keine Rolle.[72] Ein Spitzenverband kann von der antragsberechtigten Gewerkschaft nach § 80 Abs. 2 und § 11 Abs. 2 S. 2 Nr. 4 ArbGG bevollmächtigt werden.[73] Ein eigenes Antragsrecht hat er jedenfalls nicht.[74] Damit wird der Besonderheit entsprochen, dass die Klärung des Problems als vorrangig innerbetriebliche Angelegenheit behandelt und nicht durch die Spitzenverbände

58 GK-*Oetker*, Rn. 81.
59 Bezogen auf § 19 Abs. 2 *BAG* 14.2.78 – 1 ABR 46/77, AP BetrVG 1972 § 19 Nr. 7.
60 Aus Gründen der Rechtssicherheit GK-*Oetker*, Rn. 81; DKW-*Trittin*, 16. Aufl. 2018, Rn. 79.
61 *Fitting*, Rn. 9; *Besgen*, § 5 Rn. 8; HWGNRH-*Huke*, Rn. 9; *LAG Schleswig-Holstein* 3.12.13 – 1 TaBV 11/33; a. A. aus Gründen der Rechtssicherheit GK-*Oetker*, Rn. 81.
62 ErfK-*Koch*, Rn. 8; GK-*Oetker*, Rn. 82; *LAG Köln* 14.1.22 – 9 TaBV 34/21; a. A. HaKo-BetrVG/*Düwell*, Rn. 20.
63 HaKo-BetrVG/*Düwell*, Rn. 20; HWK-*Reichold*, Rn. 20; einschränkend: Interessen des AG können im Einzelfall berührt sein WPK-*Kreft*, Rn. 7.
64 *BAG* 14.11.06 – 1 ABR 5/06, AP BetrVG 1972 § 87 Arbeitszeit Nr. 121.
65 GK-*Oetker*, Rn. 82; Bezug zum AG notwendig *LAG Berlin Brandenburg* 31.5.17 – 15 TaBV 1979/16.
66 Maßgeblich materielle Betroffenheit i. S. d. § 83 Abs. 3 ArbGG *BAG* 21.9.16 – 10 ABR 33/15, AP TVG § 5 Nr. 35.
67 *LK*, Rn. 29.
68 *BAG* 22.6.93 – 1 ABR 62/92, AP BetrVG 1972 § 23 Nr. 22.
69 Z. B. Marburger Bund als im Betrieb vertretene Gewerkschaft *BAG* 21.11.75 – 1 ABR 12/75, NJW 76, 1165.
70 ErfK-*Koch*, § 2 Rn. 3 m. V. a. *BAG* 25.3.92 – 7 ABR 65/90, NZA 93, 134; *BVerfG* 21.3.94 – 1 BvR 1485/93, NZA 94, 891.
71 ErfK-*Koch*, Rn. 9; a. A. DKW-*Trittin*, 16. Aufl. 2018, Rn. 85.
72 *BAG* 22.6.93 – 1 ABR 62/92, AP BetrVG 1972 § 23 Nr. 22.
73 GK-*Oetker*, Rn. 83; HaKo-BetrVG/*Düwell*, Rn. 21; *Fitting*, Rn. 11; Richardi-*Thüsing*, Rn. 32.
74 Umkehrschluss aus ausdrücklicher Erwähnung § 11 ArbGG *LAG Frankfurt/M.* 19.10.62 – 5 TaBV 2/62, BB 63, 1016; Richardi-*Thüsing*, Rn. 32; a. A. HWGNRH-*Huke*, Rn. 10; *Fitting*, Rn. 11.

ausgetragen werden soll.[75] Eine Untergliederung der Gewerkschaft kann jedenfalls durch die Satzung befähigt werden, einen Antrag stellvertretend für die im Betrieb vertretene Gewerkschaft zu stellen.[76]

Der **BR** ist antragsberechtigt, soweit es um die **Amtsenthebung** eines einzelnen BR-Mitglieds geht.[77] Die Entscheidung dazu trifft der BR mit einfacher Mehrheit nach § 33 Abs. 1 S. 1 BetrVG. Das BR-Mitglied, das seines Amtes enthoben werden soll, ist bei der Beschlussfassung nicht einzubeziehen, aber jedenfalls zuvor **anzuhören.**[78] Als Vertretung wird ein Ersatzmitglied geladen.[79] 19

c) Rechtsschutzbedürfnis

Für einen wirksamen Antrag bedarf es eines **Rechtsschutzbedürfnisses** zu jedem Zeitpunkt des Verfahrens – auch noch in der Rechtsbeschwerdeinstanz.[80] Bei fehlendem Rechtsschutzbedürfnis ist der Antrag beim *ArbG* als unzulässig abzuweisen.[81] 20

Das Rechtsschutzbedürfnis ist abzulehnen, wenn die **Amtsperiode des BR** bereits **beendet** ist (vgl. Einl. Rn. 208).[82] Bei dem BR handelt es sich um eine zeitlich begrenzte Einrichtung, dessen Bestehen mit dem Ende der Amtszeit beendet wird, weshalb der neue BR nicht mehr an den Handlungen des vorherigen BR festgehalten werden könne.[83] Es kommt darauf an, dass ein Antrag auf Amtsenthebung eine BR-Mitgliedschaft des Betroffenen voraussetzt, die nach Ende der Amtsperiode gerade zu verneinen ist.[84] Weiterhin ist maßgeblich, dass der Beschluss i. S. d. Abs. 1 lediglich für die Zukunft wirkt; die Sanktionierung vergangener Rechtsverstöße kommt daher nicht in Betracht (vgl. oben Rn. 2 Fn. 6).[85] Bzgl. des **BR als Kollegialorgan** ist die Amtszeit selbst dann entscheidend, wenn es sich nach der Neuwahl um einen personenidentischen BR handelt, weil sich dessen Stellung als AN-Vertreter durch das in der Neuwahl zum Ausdruck kommende Vertrauen der Belegschaft manifestiert hat.[86] 21

Das Rechtsschutzbedürfnis entfällt unabhängig von der Beendigung der Amtsperiode, wenn das BR-Mitglied gegen welches das Amtsenthebungsverfahren gerichtet ist, **freiwillig** das BR-Amt **niederlegt.**[87] Die bloße Aufgabe des Amtes als Vorsitzender des BR reicht nicht aus damit das Rechtsschutzbedürfnis entfällt.[88] Der **Rücktritt** des gesamten BR i. S. d. § 13 Abs. 2 Nr. 3 lässt das Rechtsschutzbedürfnis **nicht** entfallen, weil dieser bis zur Neuwahl weiterhin befähigt ist, die Geschäfte des BR gemäß § 22 zu führen, um eine betriebsratslose Zeit zu ver- 22

75 *LAG Frankfurt/M.* 19. 10. 62 – 5 TaBV 2/62, BB 63, 1016.
76 HaKo-BetrVG/*Düwell*, Rn. 21.
77 MünchHdbArbR-*Krois*, § 297 Amtsenthebung und Gesetzesverstöße des AG Rn. 16; ErfK-*Koch*, Rn. 9; *Besgen*, § 5 Rn. 11.
78 *Fitting*, Rn. 13; als Vss. eines wirksamen BR-Beschlusses *LK*, Rn. 31; Grundsatz eines fairen Verfahrens *ArbG Halle* 25. 1. 13 – 9 BV 50/12, NZA-RR 13, 361.
79 ErfK-*Koch*, Rn. 9.
80 *BAG* 8. 12. 61 – 1 ABR 8/60, NJW 62, 654; *BAG* 29. 4. 69 – 1 ABR 19/68, AP BetrVG § 23 Nr. 9.
81 Vgl. *AG Stuttgart* 10. 10. 89 – 8 C 7155/89, NJW 90, 1054; vgl. mit Wahlanfechtungsantrag *BAG* 18. 5. 16 – 7 ABR 81/13, NZA-RR 16, 582; *BAG* 29. 4. 69 – 1 ABR 19/68, NJW 69, 2220; *LAG Hamm* 9. 2. 07 – 10 TaBV 54/06; a. A. mangelndes Rechtsschutzinteresse führt zur Unbegründetheit Richardi-*Thüsing*, Rn. 57.
82 *BAG* 27. 7. 16 – 7 ABR 14/15, AP BetrVG 1972 § 23 Nr. 50; *BAG* 18. 5. 16 – 7 ABR 81/13, NZA-RR 16, 582, 584; *BAG* 29. 4. 69 – 1 ABR 19/68, AP BetrVG § 23 Nr. 9; ErfK-*Koch*, Rn. 7 (BR-Mitglied) und 14 (BR-Organ); WPK-*Kreft*, Rn. 19 (BR-Organ); a. A. Unbegründetheit des Antrags, weil Mitgliedschaft im BR materielle Vss. ist Richardi-*Thüsing*, Rn. 39.
83 *BAG* 27. 7. 16 – 7 ABR 14/15, AP BetrVG 1972 § 23 Nr. 50; *LAG Rheinland-Pfalz,* 28. 4. 21 – 7 TaBV 9/20.
84 *BAG* 18. 5. 16 – 7 ABR 81/13, NZA-RR 16, 582, 584; *LAG Thüringen* 14. 4. 22 – 2 TaBV 8/21, Rn. 15.
85 *BAG* 18. 5. 16 – 7 ABR 81/13, NZA-RR 16, 582 m. V. a. *BAG* 29. 4. 69 – 1 ABR 19/68, NJW 69, 2220.
86 M. w. N. DKW-*Trittin*, 16. Aufl. 2018, Rn. 27; *Fitting*, Rn. 39a; *BAG* 27. 7. 16 – 7 ABR 14/15, AP BetrVG 1972 § 23 Nr. 50; *BAG* 8. 12. 61 – 1 ABR 8/60, AP BetrVG § 23 Nr. 7; GK-*Oetker*, Rn. 127.
87 *BAG* 16. 11. 17 – 2 AZR 14/17, NZA 18, 240, 242; *Fitting*, Rn. 33; GK-*Oetker*, Rn. 95; a. A. Abstellen auf Unbegründetheit, weil BR-Mitgliedschaft eine materielle Vss. darstellt Richardi-*Thüsing* Rn. 39.
88 *ArbG Ulm* 18. 8. 15 – 5 BV 2/15; die Abwahl grundsätzlich schon GK-*Oetker*, Rn. 44.

meiden.[89] Das einzelne BR-Mitglied, welches als Folge der Auflösung des BR seines Amtes enthoben werden sollte, würde damit weiterhin als solches fungieren.[90] Die Einleitung der Neuwahl und dessen zeitliche Gestaltung verblieben so in den Händen des ursprünglichen BR, was die Gefahr einer Verzögerung der Neuwahl birgt.[91] Nur für den Fall, dass alle BR-Mitglieder ihr Amt mit sofortiger Wirkung i. S. d. § 24 Nr. 2 niederlegten, wäre eine gerichtliche Auflösung nicht mehr notwendig.[92] Die Weiterführung der Geschäfte würde dann durch Ersatzmitglieder übernommen werden, was nicht mehr mit der Amtsführung des ursprünglichen BR gleichzusetzen wäre. Es würde somit keiner vorzeitigen Auflösung des BR mehr bedürfen.[93]

23 Eine **Wiederwahl** derjenigen, die vor der BR-Auflösung Mitglieder des BR waren, ist möglich.[94] Unterstützt wird diese Ansicht dadurch, dass ebenfalls nach der rechtskräftigen Amtsenthebung die Möglichkeit einer alsbaldigen Wiederwahl des ausgeschlossenen BR-Mitglieds (vgl. unten Rn. 78) bejaht wird.[95] Das wiedergewählte BR-Mitglied, dem in der vergangenen Amtsperiode eine Amtspflichtverletzung vorzuwerfen war, kann nach der Wiederwahl nicht mehr **wegen derselben Amtspflichtverletzung** seines neuen Amtes enthoben werden (anders allerdings für den GBR § 48 Rn. 28).[96] Dies wird auch für das Organ des BR angenommen, auch wenn Personenidentität herrscht.[97] Zu schwierigen Ergebnissen kann die mangelnde Anknüpfung an Handlungen aus der vorherigen Amtsperiode führen, wenn es um **fremdenfeindliche** Aussagen geht.[98] Fraglich ist, wie beispielsweise die allgemeine Aufgabe aus § 80 Abs. 1 Nr. 7 »Integration ausländischer AN und Bekämpfung von Rassismus und Fremdenfeindlichkeit« (näher § 80 Rn. 63 ff.) erfüllt sowie insbesondere die Ziele des weitergehenden § 75 zur Zufriedenheit verfolgt werden können.

24 Die **Verwirkungsmöglichkeit** gemäß § 2 Abs. 1 i. V. m. § 242 BGB wird teilweise bejaht, wenn der Antragsberechtigte die Antragstellung **willkürlich** bis zur Amtsperiode des neuen BR **verzögert.**[99] Die Annahme der Verwirkung ist an das Vorliegen eines Zeit- und eines Umstandsmoments geknüpft. Das Zeitmoment wird angenommen, wenn über eine längere Zeitspanne die Antragsberechtigung nicht wahrgenommen wird, während das Umstandsmoment ein Verstoß gegen Treu und Glauben im Fall der Antragserhebung nach sich ziehen müsste.[100] Wenn der BR oder das BR-Mitglied durch die Verspätung der Rechtsdurchsetzung ein Nachteil entstehen würde, wäre die Verwirkung zu bejahen. Das gilt aber nur, wenn das BR-Mitglied oder der BR aufgrund eines berechtigten Vertrauens mit der Geltendmachung nicht mehr habe rechnen müssen.[101] Dies ist der Fall, wenn zunächst ausdrücklich oder konkludent erklärt wurde, dass die grobe Pflichtverletzung kein Verfahren nach sich ziehen würde, dabei aber bei einer späteren Gelegenheit die grobe Pflichtverletzung zur Einleitung eines Verfahrens nach Abs. 1 herangezogen wird. Eine reine **Verzögerung** der Antragsstellung reicht nicht. Die Beantragung unterliegt keiner Frist. Ein reines **pflichtwidriges Verhalten** (»venire contra factum proprium«) führt ebenfalls nicht zu einer Verwirkung: Es reicht daher nicht, dass der Antrag-

---

89 *Fitting*, Rn. 44; HaKo-BetrVG/*Düwell*, Rn. 29; HWK-*Reichold*, Rn. 17; WPK-*Kreft*, Rn. 19.
90 GK-*Oetker*, Rn. 125; *BAG* 29.5.91 – 7 ABR 54/90, AP BetrVG 1972 § 4 Nr. 5; HaKo-BetrVG/*Düwell*, Rn. 29; *Fitting* Rn. 44; HWGNRH-*Huke*, Rn. 51; Richardi-*Thüsing*, Rn. 58 i. V. m. Rn 62.
91 GK-*Oetker*, Rn. 125; WPK-*Kreft*, Rn. 19.
92 GK-*Oetker*, Rn. 125; im Ergebnis ebenso Richardi-*Thüsing*, Rn. 58; HWGNRH-*Huke*, Rn. 51; a. A. *Fitting*, Rn. 44; Begründung mit dem Rechtsschutzziel HaKo-BetrVG/*Düwell*, Rn. 29.
93 GK-*Oetker*, Rn. 125; *LAG Köln* 19.12.90 – 7 TaBV 52/90, LAGE § 23 BetrVG 1972 Nr. 28; a. A. *Fitting*, Rn. 44.
94 HaKo-BetrVG/*Düwell*, Rn. 31.
95 *Fitting*, Rn. 30.
96 Ständ. Rspr. *BAG* 29.4.69 – 1 ABR 19/68, NJW 69, 2220, 2221; a. A. Entfallen des Rechtsschutzinteresses nur, wenn nach der Neuwahl der Antragsgegner nicht mehr im BR vertreten ist *BAG* 8.12.61 – 1 ABR 8/60, NJW 62, 654; ausnahmsweise möglich, wenn Verfehlung Auswirkungen auf den neuen BR hat *LAG Düsseldorf* 23.1.15 – 6 TaBV 48/14, NZA-RR 15, 299.
97 HaKo-BetrVG/*Düwell*, Rn. 29; a. A. ohne Begründung Richardi-*Thüsing*, Rn. 59.
98 Näher zu den Folgen von fremdenfeindlichen Aussagen für die BR-Wahl *Göpfert/Jungbauer*, NZA 22, 85, 87.
99 GK-*Oetker*, Rn. 60.
100 Jauernig-*Mansel*, § 242 BGB Rn. 53 ff.
101 Vgl. *BGH* 23.1.14 – VII ZR 177/13, ZfBR 14, 356, 357.

steller provoziert, sich pflichtwidrig verhalten[102] oder durch sein Verhalten sogar die grobe Verletzungshandlung des Antragsgegners bewirkt hat[103]. Zwar stellt dieser Umstand einen nicht zu vernachlässigenden Faktor bei der **Beurteilung der Gesamtsituation** dar und kann ein Umstandsmoment sein. Diese Erwägungen werden aber bereits ausreichend bei der Einschätzung hinsichtlich des Vorliegens einer groben Pflichtverletzung einbezogen, wo der Einwand des widersprüchlichen Verhaltens – venire contra factum proprium – geltend gemacht werden kann (vgl. Rn. 4 und am konkreten Beispiel Rn. 63). Darüber hinaus fehlt das Zeitmoment für die Annahme der Verwirkung.

d) Beteiligtenfähigkeit

Im Beschlussverfahren sind diejenigen beteiligtenfähig, die **unmittelbar materiell-rechtlich** 25
durch den **Streitgegenstand** betroffen sind.[104] Ein reines Interesse am Ausgang des Verfahrens oder die Betroffenheit im individualrechtlichen Sinne reicht nicht aus.[105] Antragsteller und diejenigen gegen die der Antrag gerichtet wird, sind automatisch Beteiligte des Verfahrens.

Überwiegend wird bzgl. des **AG** angenommen, dass dieser stets Beteiligter am Verfahren ist, 26
weil er als Organ der Betriebsverfassung schon durch die Belastung mit den Kosten des Verfahrens gemäß § 40 BetrVG immer betroffen sei.[106] Von anderer Seite wird vertreten, dass sich eine Beteiligten-Eigenschaft lediglich mit der Antragsteller-Eigenschaft ergebe.[107] Maßgeblich ist aber auf die unmittelbare betriebsverfassungsrechtliche Betroffenheit abzustellen, die z. B. trotz mangelnder Antragsteller-Eigenschaft zu bejahen ist, wenn der AG Partei einer BV ist, die den Streitgegenstand des gerichtlichen Verfahrens bildet.[108] Es ist demnach im Einzelfall nach der **materiell-rechtlichen Betroffenheit** durch den Streitgegenstand zu entscheiden.[109]

Der **BR** ist bei einem Amtsenthebungsverfahren immer zu beteiligen, weil sich die evtl. Amts- 27
enthebung auf dessen Zusammensetzung auswirken würde.[110]
Sofern der Antrag durch eine **im Betrieb vertretene Gewerkschaft** gestellt wird, sind automatisch alle im Betrieb vertretenen Gewerkschaften Beteiligte am Beschlussverfahren.[111]

2. Abs. 1 Fall 1 i. V. m. Abs. 2 – Ausschluss eines BR-Mitglieds

Die Amtsenthebung eines BR-Mitglieds ist im Rahmen des Abs. 1 Fall 1 möglich, soweit diesem 28
eine grobe Pflichtverletzung seiner gesetzlichen Pflichten vorwerfbar ist.

a) Voraussetzungen

Dem einzelnen BR-Mitglied muss eine grobe Verletzung von gesetzlichen Pflichten zurechen- 29
bar sein. Auf das Vorliegen einer vorherigen »betriebsverfassungsrechtlichen Abmahnung« kommt es dabei nicht an.

aa) Grobe Pflichtverletzung durch ein BR-Mitglied

Eine grobe Pflichtverletzung (vgl. allgemein Rn. 4) seitens des BR-Mitglieds ergibt sich aus- 30
schließlich aus der Missachtung betriebsverfassungsrechtlicher Verpflichtungen. Neben den

---

102 A. A. *LAG Hessen* 13. 9. 12 – 9 TaBV 79/12.
103 A. A. DKW-*Trittin*, 16. Aufl. 2018, Rn. 87.
104 *BAG* 22. 7. 08 – 1 ABR 40/07, AP BetrVG 1972 § 87 Nr. 14.
105 HK-ArbR-*Henssen*, § 83 ArbGG Rn. 19.
106 DKW-*Trittin*, 16. Aufl. 2018, Rn. 94; *BAG* 19. 2. 75 – 1 ABR 44/73, AP BetrVG 1972 § 5 Nr. 9; bestätigend *BAG* 16. 3. 05 – 7 ABR 37/04, AP BetrVG 1972 § 51 Nr. 5.
107 Richardi-*Thüsing*, Rn. 37.
108 *BAG* 22. 6. 93 – 1 ABR 62/92, AP BetrVG 1972 § 23 Nr. 22.
109 Vgl. HK-ArbR-*Henssen*, § 83 ArbGG Rn. 19; GMP- *Spinner*, § 83 ArbGG Rn. 38.
110 Richardi-*Thüsing*, Rn. 37.
111 *LAG München* 15. 11. 77 – 5 TaBV 34/77, DB 78, 894; auf Abs. 3 bezogen *BAG* 18. 4. 85 – 6 ABR 19/84, AP BetrVG 1972 § 23 Nr. 5.

unmittelbar aus dem BetrVG folgenden Rechten und Pflichten zählen dazu auch solche, die sich aus Tarifverträgen oder BV ergeben, weil diese ebenfalls die Stellung des BR prägen.[112] Die grobe Pflichtverletzung muss durch ein oder mehrere BR-Mitglieder begangen worden sein. Bei der Frage, ob eine Verletzung vorliegt, muss man einbeziehen, dass dem BR zu Gunsten seiner Funktions- und Handlungsfähigkeit ein Beurteilungsspielraum für die Ausführung seiner Tätigkeit zusteht.[113] Die Beurteilung der Grobheit einer Pflichtverletzung ergibt sich nach dem ***BAG*** anhand seiner objektiven Erheblichkeit.[114] Es sei maßgeblich, dass das Vertrauen in eine künftige ordnungsgemäße Amtsführung endgültig zerstört oder zumindest schwer erschüttert ist. Für dessen Beurteilung sind alle Umstände des Einzelfalls, insbesondere der Anlass für die Pflichtverletzung und die vorherrschenden betrieblichen Gegebenheiten zu betrachten.[115] Das *BAG* stellt **nicht** auf die **Schuldhaftigkeit** der groben Pflichtverletzung ab.[116] Die Norm fordere lediglich das Vorliegen eines objektiv zurechenbaren Verhaltens, was eine grobe Pflichtverletzung beinhalte.[117] Die Annahme des Verschuldens sei nur für den Fall maßgeblich, dass die Norm eine **Sanktionierungsfunktion** enthalte.[118] Eine solche werde aber – trotz häufiger beiläufiger Erwähnung – **abgelehnt.**[119] Die Rspr. führt gleichfalls weiter aus, dass eine grobe Pflichtverletzung anzunehmen sei, wenn die weitere Amtsausübung unter Berücksichtigung aller Umstände des Einzelfalls untragbar erscheine.[120] Rein praktisch ist es kaum vorstellbar, dass eine **unverschuldete Pflichtverletzung** das Erfordernis der Grobheit erfüllt, mithin die Unzumutbarkeit der weiteren Zusammenarbeit nach sich zieht.[121] Eine Ausnahme ist lediglich im Falle eines rechtlichen **Irrtums** denkbar. Ein Verhalten, was aber nicht einmal fahrlässig begangen worden ist und auf keinem Irrtum beruht,[122] ist nicht geeignet das **Vertrauen** in die zukünftige betriebsverfassungsgemäße Ausführung der BR-Tätigkeit nachhaltig zu beeinträchtigen. **Teile der Literatur** und der **Rspr.** nehmen deshalb zu Recht an, dass die Pflichtverletzung **schuldhaft** begangen worden sein muss.[123] Teilweise werde dafür eine grob fahrlässige oder vorsätzliche Begehung gefordert.[124] Eine Ausnahme vom Verschuldenserfordernis ist lediglich bei einem krankhaften bzw. krankhaft-querulatorischen Verhalten des BR-Mitglieds zuzulassen.[125] Übereinstimmend reiche die bloße Ausführung von BR-Beschlüssen nicht aus.[126]

---

112 Ausführlich zu den Rechten außerhalb des BetrVG *Pulte*, NZA 00, 234; ErfK-*Koch*, Rn. 3; *Fitting*, Rn. 15; Annahme auch bei Verweigerung der Herausgabe von BR-Räumen *Besgen/Flink*, NZA 23, 146, 149.

113 Vgl. *BGH* 25.1.12 – III ZR 266/11, AP BetrVG 1972 § 40 Nr. 110.

114 *BAG* 2.11.55 – 1 ABR 30/54, AP BetrVG § 23 Nr. 1.

115 *ArbG Kempten* 21.8.12 – 2 BV 16/12.

116 *BAG* 14.11.89 – 1 ABR 87/88, AP BetrVG 1972 § 99 Nr. 76; ausführlich m. w. N. GK-*Oetker*, Rn. 49 ff.; HaKo-BetrVG/*Düwell*, Rn. 13; WPK-*Kreft*, Rn. 13.

117 Zustimmend GK-*Oetker*, Rn 49 ff.; HWK-*Reichold*, Rn. 8; WPK-*Kreft*, Rn 13; a. A. *ArbG Freiburg* 15.10.97 – 6 BV 2/97, AiB 98, 402.

118 HaKo-BetrVG/*Düwell*, Rn. 13; WPK-*Kreft*, Rn. 13; HWK-*Reichold*, Rn. 8; nimmt Sanktionierungsfunktion an, mithin folgerichtig die Notwendigkeit eines Verschuldens *Weber*, DB 92, 2135, 2139.

119 *BAG* 21.2.78 – 1 ABR 54/76, AP BetrVG 1972 § 74 Nr. 1; *LAG München* 15.11.77 – 5 TaBV 34/77, DB 78, 894, 895; *LAG Hessen* 23.5.13 – 9 TaBV 17/13, PersF 13, 95; *Fitting*, Rn. 1; WPK-*Kreft*, Rn. 13; klare Ablehnung der Sanktionierungsfunktion: HWK-*Reichold*, Rn. 2; Richardi-*Thüsing*, Rn. 3; GK-*Oetker*, Rn. 143; ein Entschuldigungsschreiben reicht nicht aus *LAG Hessen* 23.5.13 – 9 TaBV 17/13, PersF 13, 95.

120 *BAG* 22.6.93 – 1 ABR 62/92, AP BetrVG 1972 § 23 Nr. 22.

121 GK-*Oetker*, Rn 51.

122 WPK-*Kreft*, Rn. 13.

123 *Fitting*, Rn. 16; mindestens grobe Fahrlässigkeit HWGNRH-*Huke*, Rn. 17; *LK*, Rn. 23; *ArbG Marburg* 7.8.96 – 1 BV 6/96, NZA 96, 1331; mit Wortlaut und Sinn der Norm begründet Galperin-*Löwisch*, Rn. 12; sieht subjektives Element von Pflichtverletzung umfasst, wobei er den objektiven Fahrlässigkeitsbegriff vertritt Richardi-*Thüsing*, Rn. 26; unter Annahme der Funktion der Sanktionierung *Weber*, DB 92, 2135, 2139; früher auch *BAG* 4.5.55 – 1 ABR 4/53, AP BetrVG § 44 Nr. 1; *LAG Mecklenburg-Vorpommern* 11.7.17 – 5 TaBV 13/16, LAGE § 103 BetrVG 2001 Nr. 24.

124 Bzgl. Personalrat: Schuldvorwurf ist in der Vss. der Pflichtverletzung enthalten, sodass jede Art von Fahrlässigkeit ausreiche *BVerwG* 14.2.69 – VII P 11.67, AP PersVG § 26 Nr 8.

125 *Fitting*, Rn. 16; a. A. HWGNRH-*Huke*, Rn. 17; Richardi-*Thüsing*, Rn. 27.

126 *ArbG Düsseldorf* 10.3.16 – 10 BV 253/15, LAGE § 103 BetrVG 2001 Nr. 21, so auch *Fitting*, Rn. 16.

Unabhängig vom Verschuldenserfordernis muss eine **Zurechenbarkeit** der Verletzungshandlung gegeben sein.

Im Einzelfall genügt eine **einmalige** grobe Pflichtverletzung.[127] Bei Vorliegen mehrerer leichter Pflichtverletzungen kann die Grobheit angenommen werden, wenn in den Handlungen eine besondere Beharrlichkeit zum Ausdruck gebracht wird, die das Vertrauen in die zukünftig pflichtgemäße Ausführung der BR-Tätigkeit nachhaltig beeinträchtigt.[128] Zur Abwendung eines Amtsenthebungsverfahrens reicht es nicht aus, dass das betroffene BR-Mitglied zusagt, in Zukunft keine Pflichtverletzung mehr zu begehen.[129] **31**

Das Vorliegen einer groben Amtspflichtverletzung ist immer auch unter dem Gesichtspunkt zu beurteilen, ob das in Frage stehende Verhalten, was für sich allein geeignet ist, eine grobe Amtspflichtverletzung darzustellen, durch eine gleichwertige Handlung **provoziert** worden ist. Dies ist beispielsweise anzunehmen, wenn das zu beurteilende Verhalten in der Verteilung von Flugblättern liegt, die objektiv dazu geeignet sind, einzelne BR-Mitglieder zu beleidigen und deren Ansehen zu schädigen. Insofern diese jedoch nur als Reaktion auf vorherige diffamierende öffentliche Äußerungen der adressierten BR-Mitglieder erfolgte, ist dies bei der Beurteilung zu beachten.[130] **32**

Für die Annahme einer groben Pflichtverletzung reicht es ebenfalls **nicht** aus, darzulegen, dass eine **weiterführende Zusammenarbeit** mit einem BR-Mitglied **unzumutbar** sei.[131] Für den Fall, dass sich der BR aus unterschiedlichen Interessenvertretergruppen zusammensetzt, bestünde sonst die Gefahr, dass der betriebsverfassungsrechtlich verankerte Minderheitenschutz ausgehebelt werden könnte:[132] Das Risiko einer Spaltung des BR je nach Interessenschwerpunkt oder Zugehörigkeit zur vorherigen Wählerliste wäre gegeben, sodass der überwiegende Teil des BR-Organs andersdenkende Minderheiten-Interessenvertreter aus dem BR-Gremium entlassen könnte, wenn dazu einzig ein Mehrheitsbeschluss des BR ausreichen würde. Es bedarf daher immer einer Entscheidung des *ArbG* i. S. d. Abs. 1, der zwingend eine grobe Pflichtverletzung vorausgehen muss.[133] Andernfalls könnte der Wählerwillen bei der BR-Wahl im Hinblick auf die Minderheitenliste missachtet werden. Ein Konflikt unter den BR-Mitgliedern stellt keine ausreichende Pflichtverletzung dar, selbst wenn sich ein Beteiligter dabei unfair verhält (vgl. Rn. 9). Eine solche kann im Einzelfall bei beharrlicher und andauernder Verweigerung der BR-Tätigkeit (vgl. Rn. 37 ff.) bejaht werden, insbesondere, wenn die gesetzliche Regelung, die nicht eingehalten worden ist, dem Schutz der Interessen Dritter dient.[134] **33**

Es besteht ein Sonderfall, »*wenn der Auszuschließende durch ein ihm anrechenbares Verhalten die Funktionsfähigkeit des BR ernstlich bedroht oder lahmgelegt hat*«[135]. Streitig ist, ob das Amtsenthebungsverfahren oder die Auflösung des BR für diesen Fall anzuwenden ist. *Thüsing* priorisiert die Auflösung des BR statt das Amtsenthebungsverfahren bzgl. eines einzelnen BR-Mitglieds durchzuführen, weil dieser ohnehin handlungsunfähig sei.[136] Soweit eine Handlung eines oder mehrerer einzelner BR-Mitglieder im Mittelpunkt des Verfahrens steht, ist jedoch einzig das Amtsenthebungsverfahren maßgeblich. Eine Auflösung des gesamten BR kommt lediglich in Betracht, soweit dieser als Kollegialorgan handelt (vgl. Rn. 90). Entscheidend für **34**

---

127 Bei ernstlicher Gefährdung des Betriebsfriedens oder bereits nachhaltiger Störung *BAG* 4.5.55 – 1 ABR 4/53, AP BetrVG § 44 Nr. 1; *Fitting*, Rn. 17; HWGNRH-*Huke*, Rn. 16; GK-*Oetker*, Rn. 45; Richardi-*Thüsing*, Rn. 25; WPK-*Kreft*, Rn. 12; *Besgen*, § 5 Rn. 5; HaKo-BetrVG/*Düwell*, Rn. 14.

128 ErfK-*Koch*, Rn. 4; *Fitting*, Rn. 17; Richardi-*Thüsing*, Rn. 25; *LAG Niedersachsen* 25.10.04 – 5 TaBV 96/03, NZA-RR 05, 530.

129 Richardi-*Thüsing*, Rn. 25; GK-*Oetker*, Rn. 47, a. A. *BVerwG* 25.6.74 – VII P 11.72, PersV 74, 386 f.

130 *ArbG Halle* 17.9.13 – 3 BV 41/12.

131 *BAG* 5.9.67 – 1 ABR 1/67, AP BetrVG § 23 Nr. 8; Richardi-*Thüsing*, Rn. 8.

132 *BAG* 5.9.67 – 1 ABR 1/67, AP BetrVG § 23 Nr. 8.

133 *BAG* 5.9.67 – 1 ABR 1/67, AP BetrVG § 23 Nr. 8.

134 *ArbG Halle* 17.9.13 – 3 BV 41/12; *ArbG Essen* 9.12.15 – 6 BV 100/15; *LAG München* 17.1.17 – 6 TaBV 97/16, LAGE § 23 BetrVG 2001 Nr. 12; a. A. DKW-*Trittin*, 16. Aufl. 2018, Rn. 12.

135 *BAG* 5.9.67 – 1 ABR 1/67, AP BetrVG § 23 Nr. 8; ebenso *Fitting*, Rn. 18; HWGNRH-*Huke*, Rn. 18; a. A. grobe Pflichtverletzung als maßgebliche Vss. GK-*Oetker*, Rn. 16.

136 Schwelle zur groben Verletzung einer gesetzlichen Pflicht nicht erreicht Richardi-*Thüsing*, Rn. 9.

die Herbeiführung der Rechtsfolge ist das Vorliegen der groben Pflichtverletzung, woran die Handlung stets zu messen ist.[137]

35 Die folgende Aufzählung[138] enthält Handlungen von BR-Mitgliedern, die **unter Beachtung der Gesamtumstände des Einzelfalls** als grobe Pflichtverletzungen eingestuft worden sind; sie sollen als Anhaltspunkt dienen, enthalten aber keine vollständige Darstellung der Einzelumstände:

36 • Der Aufruf eines BR-Mitglieds in seiner BR-Funktion zur Teilnahme an **Arbeitskämpfen** stellt, als Verletzung des Verbots von Kampfmaßnahmen zwischen BR und AG aus § 74 Abs. 2 S. 1 (näher dazu § 74 Rn. 18), eine grobe Pflichtverletzung dar.[139] Die Beteiligung am (wilden) Streik in einer wichtigen Position ist ebenfalls dazu geeignet eine grobe Pflichtverletzung zu sein.[140] Ist hingegen ein »wilder Streik« ohne Zutun des BR ausgebrochen, steht es dem BR frei, mit dem AG über die Beilegung des Konflikts zu verhandeln gemäß § 80 Abs. 1 Nr. 2 und 3 (näher § 74 Rn. 27).[141] Dass dies zum Aufgabenbereich des BR gehört, zeigt, dass ihm während der Verhandlungen ein Anspruch auf Arbeitsentgelt zusteht.[142] AN dürfen sich – auch wenn sie ein BR-Amt bekleiden – am Arbeitskampf beteiligen[143] (dazu § 74 Rn. 28 f.).

37 • Eine grobe Pflichtverletzung wird bei der Vernachlässigung gesetzlicher Befugnisse und Pflichten innerhalb der **BR-Tätigkeit** bejaht,[144] wobei die Gesamtumstände und Gründe für die Annahme einer groben Pflichtverletzung im Einzelfall maßgeblich sind:
  - Eine grobe Pflichtverletzung ist anzunehmen bei der **Ablehnung der Regelungen des BetrVG:**[145] Im zitierten Fall hatten BR-Mitglieder das Organ des BR als von »Kapitalisten geschaffene Einrichtung, die geschaffen sei, um [ihre] Kämpfe abzuwürgen« bezeichnet. Die Rechtsprechung sah darin ein In-Frage-Stellen des BR als Organ und dessen Befugnisse. BR-Mitglieder dürften Betriebsversammlungen nicht nutzen, um die gesetzliche Grundlage der BR-Tätigkeit anzuzweifeln. Es sei ein zusätzlicher grober Pflichtverstoß anzunehmen, wenn BR-Mitglieder in Folge AN dazu aufriefen, »die Sache selbst in die Hand zu nehmen« und ihre Unterstützung zusagten.
  - Eine **beharrliche Verweigerung der Mitarbeit** im BR (vgl. § 74 Rn. 5) ist anzunehmen, wenn sich das BR-Mitglied ohne Grund vehement weigert, an Sitzungen oder einzelnen Abstimmungen des BR teilzunehmen.[146] Der Zweck müsse darin liegen, die BR-Arbeit lahmzulegen bzw. muss die Herbeiführung der faktischen Funktionsunfähigkeit des BR-Organs für das BR-Mitglied erkennbar gewesen sein. Die zweifache Stimmenthaltung oder Abstimmungsverweigerung innerhalb eines kurzen Zeitraums reichen dabei noch nicht aus. Dies gilt nicht für schlichtweg unkooperatives Verhalten des BR.[147]
  - Eine grobe Pflichtverletzung wurde ebenfalls in dem Fall bejaht, als der BR-Vorsitzende den **Vorrang** seiner **privaten Angelegenheiten** wiederholt zum Ausdruck gebracht hatte, indem er die Weiterführung der BR-Tätigkeit verweigerte, bis in seinem Privatleben alles geklärt sei. Die laufenden Verhandlungen bzgl. einer BV zur Regelung der Schichtarbeit an Wochenenden konnten in dem Fall nicht sachgerecht fortgeführt werden.[148] Darüber hinaus habe der BR-Vorsitzende trotz fehlender Regelung die AN angehalten, der Arbeit am Wochenende fernzubleiben. Dies stellte ein Verstoß gegen die vertrauens-

137 Vgl. GK-*Oetker*, Rn. 16.
138 Ebenfalls Auflistung von groben Pflichtverletzungen eines BR-Mitglieds: *Fitting*, Rn. 19 f.; GK-*Oetker*, 61 ff.; HWGNRH-*Huke*, Rn. 29 ff.; Richardi-*Thüsing*, Rn. 12 ff.; Galperin-*Löwisch*, Rn. 13 ff.
139 *Fitting*, Rn. 19; GK-*Oetker*, Rn. 63; *ArbG Elmshorn* 3.3.78 – 2 BV 6/73, DB 78, 1695.
140 Richardi-*Thüsing*, Rn. 13; *ArbG Hamm* 21.7.75 – 3 BV Ca 3/75, BB 75, 1065.
141 *Däubler* Anm. zu *BAG* 5.12.78 – 6 AZR 485/76, AiB 11, 471, 473.
142 *BAG* 5.12.78 – 6 AZR 485/76, AiB 11, 471; *Däubler* Anm. zu *BAG* 5.12.78 – 6 AZR 485/76, AiB 11, 471, 473.
143 DHZ-*Deinert*, § 126 Rn. 54; näher zu den Mitbestimmungs- und Mitwirkungsrechten während des Arbeitskampfes *Klocke*, S. 30 ff.
144 GK-*Oetker*, Rn. 24; a. A. DKW-*Trittin*, 16. Aufl. 2018, Rn. 12.
145 *LAG Düsseldorf* 23.6.77 – 3 TaBV 8/77, DB 77, 2191.
146 Im konkreten Fall abgelehnt, weil es an der Beharrlichkeit mangelte *ArbG Halle* 17.9.13 – 3 BV 41/12.
147 *LAG Thüringen* 23.2.22 – 4 TaBV 17/19, Rn. 59.
148 *LAG München* 17.1.17 – 6 TaBV 97/16, LAGE § 23 BetrVG 2001 Nr. 12.

volle Zusammenarbeit gemäß § 2 Abs. 1 dar. Das Gericht bejahte die Amtsenthebung, weil Anlass zu der Befürchtung bestanden habe, dass der BR-Vorsitzende weiterhin Druck ausüben würde, indem er beispielsweise dringende mitbestimmungs- und beteiligungspflichtige Angelegenheiten zunächst nicht auf die Tagesordnung gemäß § 29 Abs. 2 setzen würde.

- Der Ausschluss eines BR-Mitglieds wurde bejaht, wegen der nachhaltigen und **wiederholten Verweigerung** die BR-Aufgabe einer Schreibkraft i. S. d. § 34 auszuführen, obwohl das für die ordnungsgemäße BR-Arbeit unabdingbar gewesen sei und durch einen wirksamen BR-Beschluss entschieden worden war.[149] Einen Grund für die Verweigerung hatte das BR-Mitglied nicht angebracht.

• Das Handeln des **BR-Vorsitzes** ohne bzw. entgegen eines BR-Beschlusses kann eine Amtsenthebung nach sich ziehen, wenn der er/sie nicht zuvor den BR-Vorsitz aufgibt bzw. abgewählt worden ist.[150] Der BR-Vorsitz muss zum Ausdruck bringen, dass er/sie allein und unabhängig von dem Willen des Gesamtorgans handeln will. 42

• Ein Verstoß gegen das **Ehrenamtsprinzip** i. S. d. § 37 Abs. 4 stellt bei Annahme von Vergünstigungen einen groben Pflichtverstoß dar,[151] wenn der AG einem BR-Mitglied eine Zuwendung speziell aufgrund der BR-Funktion leistet und nicht allen AN zukommen lässt. Ein zeitlicher Zusammenhang zwischen der Vorteilsgewährung und der betriebsverfassungsrechtlichen Pflichtverletzung stellt ein Indiz für deren Ineinandergreifen dar. 43

• Ein Verstoß gegen die betriebsverfassungsrechtlichen Überwachungspflichten i. S. d. **§ 75,** kann eine grobe Pflichtverletzung darstellen (vgl. § 75 Rn. 18). Die Überwachungspflicht umfasst, dass AN wegen ihrer gewerkschaftlichen Betätigung oder Einstellung nicht unterschiedlich behandelt werden dürfen. Ein Verstoß dagegen ist zu bejahen, wenn das BR-Mitglied, das einer konkurrierenden Gewerkschaft angehört, einen AN auffordert, die Gewerkschaft zu wechseln, weil er andernfalls nicht zu Gunsten des AN tätig werden könne (vgl. § 74 Rn. 79).[152] Die Vertretung des einzelnen AN davon abhängig zu machen, in welcher Gewerkschaft dieser organisiert ist, der ggü. dem BR sein Hilfeersuchen ausspricht, überschreitet auch die von § 74 Abs. 3 gewährte mangelnde Beschränkung der Gewerkschaftstätigkeit durch die BR-Zugehörigkeit (zu den weiteren davon umfassten Organen, vgl. § 74 Rn. 76). Die Übernahme gewerkschaftlicher Funktionen im Betrieb ist von § 74 Abs. 3 umfasst (vgl. § 74 Rn. 80). 44

• Ein grober Pflichtverstoß ist bei einem **kollusiven Zusammenwirken von BR-Mitglied und AG** anzunehmen. Ein solches liegt beispielsweise vor, wenn der BR ein arbeitgeberseitiges Konzept zur Kostensenkung und andere sachwidrige Maßnahmen des AG zu Lasten der AN unterstützt, die eine ungerechtfertigte Maßregelung einzelner AN beinhaltet.[153] 45

• Eine grobe Pflichtverletzung wird im **missbräuchlichen Umgang mit Informationen** gesehen: 46
  - Der wiederholte **missbräuchliche Umgang mit Daten** kann im Einzelfall eine grobe Pflichtverletzung darstellen. Eine Fallkonstellation ist zum Beispiel vor dem *LAG Berlin-Brandenburg* entschieden worden, wo ein BR-Mitglied mehrfach unberechtigt auf elektronisch geführte Personalakten zugegriffen hat.[154]
  - Die Weitergabe von **Listen der Lohngruppenzugehörigkeit von AN** an die Gewerkschaft, die vom AG für vertraulich und betriebsintern erklärt worden sind, verstößt gegen die **Geheimhaltungspflicht i. S. d. § 79** (vgl. § 79 Rn. 20) und stellt eine grobe Pflichtverletzung dar.[155] Im besagten Fall hat der BR-Funktionär, der gleichzeitig für die Gewerkschaft aktiv war, die Listen direkt vom AG verlangt, ohne darauf hinzuweisen, dass er um die Herausgabe der Listen in seiner Funktion als Gewerkschafter bittet, wozu

149 *ArbG Halle* 25. 1. 13 – 9 BV 50/12, NZA-RR 13, 361.
150 *LAG Hessen* 23. 2. 17 – 9 TaBV 140/16, AuR 17, 417.
151 *Fischer*, BB 07, 997; *LAG München* 15. 11. 77 – 5 TaBV 34/77, DB 78, 894, 895; näher zur Betriebsratsvergütung als grobe Verletzung des Ehrenamtsprinzips *Baade/Reiserer*, DStR 22, 155, 159.
152 *LAG Köln* 15. 12. 00 – 11 TaBv 63/00, LAGE § 23 BetrVG 1972 Nr. 39.
153 *ArbG Freiburg* 15. 10. 97 – 6 BV 2/97, AiB 98, 402.
154 *LAG Berlin-Brandenburg* 12. 11. 12 – 17 TaBV 1318/12, ZD 13, 239.
155 *BAG* 22. 5. 59 – 1 ABR 2/59, AP BetrVG § 23 Nr. 3.

er verpflichtet gewesen wäre. Darüber hinaus war das BR-Mitglied nicht einmal für die Verhandlungen mit den Gewerkschaften zuständig, sodass der AG auch in der Gesamtschau der Umstände nicht hätte davon ausgehen können, dass das BR-Mitglied für die Gewerkschaft tätig gewesen ist. Das BR-Mitglied nutzte in dieser Situation seine Stellung als Inhaber des BR-Amts aus, um vertrauliche Informationen zur Kenntnis der Gewerkschaft zu bringen und beging damit eine grobe Pflichtverletzung.
- Die **Verletzung der Schweigepflicht** stellt eine besondere Ausprägung der groben Pflichtverletzung wegen falschen Umgangs mit Informationen dar und ist anzunehmen, falls Betriebs- und Geschäftsgeheimnisse gemäß §§ 79, 99 Abs. 1 S. 3 und 102 Abs. 2 S. 5 von einer Mitteilung betroffen sind.[156] Das ist z. B. der Fall, wenn ein BR-Mitglied einem Unberechtigten/Dritten Einsicht in Bewerbungsunterlagen gewährt, die es nur durch seine BR-Tätigkeit aus dem Unterrichtungsverfahren i. S. d. § 99 erlangt hat.[157]
- Bei der **Weitergabe** von Informationen an den **AG**, deren Vertraulichkeit sich bereits aus der Natur der Sache ergibt (vgl. § 79 Rn. 43),[158] ist eine grobe Pflichtverletzung anzunehmen, wenn das BR-Mitglied rücksichtslos vertrauliche Informationen preisgibt, die dieses unter Ausnutzung seiner Stellung als BR-Mitglied erlangt hat.[159]
- Eine grobe Pflichtverletzung ist ebenso zu bejahen beim **Zurückhalten** von wichtigen Informationen ggü der BR-Minderheit über mehrere Wochen hinweg, soweit die Unterlagen für die BR-Arbeit von besonderer Bedeutung sind.[160]

51 • Die Amtsenthebung kann ebenso auf den Verstoß gegen das Verbot der **partei-politischen Betätigung** im Betrieb[161] gemäß § 74 Abs. 2 S. 3 (vgl. § 74 Rn. 50 ff.) gestützt werden. Das Vorliegen eines Pflichtverstoßes wird bei Unterstützung für eine politische Partei bejaht, wobei die vorgeworfenen Aussagen an der Meinungsfreiheit gemäß Art. 5 Abs. 1 GG gemessen werden (näher dazu § 74 Rn. 67).[162] Die Rechtsprechung fasst inzwischen allgemein-politische Aussagen im Betrieb nicht mehr unter das Verbot.[163] Etwas anderes wäre auch nicht mit dem Wortlaut der Norm vereinbar, der ohnehin nur die partei-politische Betätigung verbietet (näher vgl. § 74 Rn. 52). Auch eine Berichterstattung über partei-politische Vorgänge ist möglich, soweit sie keine Partei oder politische Strömung bewirbt.[164] Als Pflichtverletzung wurde die Verteilung von **Flugblättern** mit partei-politischen Inhalt innerhalb des Betriebs anerkannt.[165] Solche Tätigkeiten außerhalb des Betriebs werden nur darunter gefasst, sofern die Betriebssphäre zu bejahen ist und das mit dem Amt des BR maßgeblich verbunden ist.[166] Das ist anzunehmen, wenn eine unmittelbare örtliche Nähe vorherrscht, wie bei der Verteilung von Flugblättern vor den Betriebstoren, wenn damit das Ziel verfolgt wird, in den Betrieb hineinzuwirken, indem die Belegschaft durch die Verteilung adressiert wird.[167] Für die Annahme der Verletzung des Verbots der partei-politischen Betätigung spielt für die Rspr. eine wichtige Rolle, ob der **Betriebsfrieden** i. S. d. § 74 Abs. 2 S. 2 (vgl. Rn. 64) konkret gefährdet worden ist.[168] Ein generelles Verbot partei-politischer Betätigung besteht daher nicht.[169]

---

156 In dem Fall abgelehnt, aber Vss. beschrieben *BAG* 5. 9. 67 – 1 ABR 1/67, AP BetrVG § 23 Nr. 8; *LAG Hessen* 12. 3. 15 – 9 TaBV 188/14.
157 *ArbG Wesel* 16. 10. 08 – 5 BV 34/08, NZA-RR 09, 21.
158 In dem Fall verneint *LAG München* 15. 11. 77 – 5 TaBV 34/77, DB 78, 894, 895.
159 In dem Fall verneint *LAG München* 15. 11. 77 – 5 TaBV 34/77, DB 78, 894, 895.
160 *LAG Hessen* 19. 9. 13 – 9 TaBV 225/12.
161 Ausführlich zu den Anforderungen an einen Verstoß gegen die parteipolitische Neutralität *BAG* 21. 2. 78 – 1 ABR 54/76, AP BetrVG 1972 § 74 Nr. 1.
162 *BVerfG* 28. 4. 76 – 1 BvR 71/73, AP BetrVG 1972, § 74 Nr. 2.
163 *BAG* 17. 3. 10 – 7 ABR 95/08, AP BetrVG 1972 § 74 Nr. 12.
164 *BAG* 21. 2. 78 – 1 ABR 54/76, AP BetrVG 1972 § 74 Nr. 1.
165 *BAG* 5. 12. 75 – 1 AZR 94/74, AP BetrVG 1972 § 87 Betriebsbuße Nr. 1.
166 *BAG* 21. 2. 78 – 1 ABR 54/76, AP BetrVG 1972 § 74 Nr. 1.
167 *BAG* 21. 2. 78 – 1 ABR 54/76, AP BetrVG 1972 § 74 Nr. 1.
168 *BAG* 21. 2. 78 – 1 ABR 54/76, AP BetrVG 1972 § 74 Nr. 1; *BVerfG* 28. 4. 76 – 1 BvR 71/73, AP BetrVG 1972, § 74 Nr. 2.
169 *BVerfG* 28. 4. 76 – 1 BvR 71/73, AP BetrVG 1972, § 74 Nr. 2.

- Eine grobe Amtspflichtverletzung wurde bei einer **sexuellen Belästigung** eines AN durch ein BR-Mitglied unter Ausnutzung seiner Stellung anerkannt.[170] In einem Fall stellte das BR-Mitglied den betroffenen AN in Aussicht, sich zunächst für dessen Einstellung und später für dessen Entfristung gegen sexuelle Leistungen einzusetzen.[171] 52
- Ein Verstoß gegen den Grundsatz der **vertrauensvollen Zusammenarbeit** i. S. d. § 2 Abs. 1 kann die grobe Pflichtverletzung erfüllen:[172] Der Grundsatz der vertrauensvollen Zusammenarbeit wird als Maßstab für die Wahrnehmung der gegenseitigen Rechte und Pflichten der Betriebsparteien herangezogen, was ebenso das Verhalten des einzelnen BR-Mitglieds umfasst.[173] Das Verhalten soll um eine nachhaltige Störung des **Vertrauens** zu vermeiden, im Einklang mit der Rechtsordnung vorgenommen werden. **Kritische Äußerungen** sind in der Auseinandersetzung der Betriebsparteien von der Meinungsfreiheit gemäß Art. 5 Abs. 1 GG umfasst (vgl. § 2 Rn. 37). Die Verbreitung **wahrheitswidriger oder ehrverletzender Behauptungen** können hingegen zum Verstoß gegen die vertrauensvolle Zusammenarbeit führen. Äußerungen deren Sinn und Zweck darin liegen, den AG in Misskredit zu bringen, zu diffamieren oder persönlich zu kränken, anstatt eine Auseinandersetzung in der Sache voranzubringen, verstoßen gegen den Grundsatz der vertrauensvollen Zusammenarbeit. 53
  - Ein Fall des Verstoßes gegen den Grundsatz der vertrauensvollen Zusammenarbeit ist darin zu sehen, dass ein freigestelltes BR-Mitglied **falsche Angaben** über den Zweck seiner Tätigkeit außerhalb des Betriebs macht. Es konnte nicht darlegen, dass es während der besagten Zeit für den BR tätig geworden ist.[174] Zwar unterliege die **BR-Tätigkeit** gerade nicht dem Weisungsrecht des AG; trotzdem kann dieser **Nachweise** verlangen, dass die Zeit, die das BR-Mitglied nicht seiner arbeitsvertraglichen Pflichten nachgeht, für die Tätigkeit des BR genutzt wird.
  - Die Erstattung einer **Anzeige** gegen den AG, kann nur ausnahmsweise eine grobe Pflichtverletzung darstellen, wenn diese **rechtsmissbräuchlich** unter Ausnutzung der Position des BR durchgeführt wird. Das BR-Mitglied muss böswillig und aufgrund an den Haaren herbeigezogener Vorwände eine Strafanzeige erheben. Geringere Anforderungen an die grobe Pflichtverletzung würden den Weg zum *ArbG* für BR-Mitglieder zu stark beschränken. **Teilweise** solle bereits die leichtfertige Erstattung einer Strafanzeige oder die Stellung eines Strafantrags ausreichen,[175] wobei die Leichtfertigkeit verneint wird, soweit nachvollziehbare Gründe vorgebracht werden können.[176]
  - Beispielsweise wurde ein Verstoß gegen die vertrauensvolle Zusammenarbeit angenommen, als ein BR-Mitglied den Personalleiter **wiederholt öffentlich wahrheitswidrig beschuldigt** hat, dasjenige BR-Mitglied während seiner BR-Tätigkeit durch eine körperliche Tätlichkeit zu Fall gebracht zu haben.[177]
  - Die **Diffamierung anderer BR-Mitglieder** stellt einen groben Pflichtverstoß dar, wenn das BR-Mitglied sich auf einer BR-Versammlung verbal gegen den BR auflehnt. Dafür reicht die Behauptung, der BR handele **arbeitgebernah und sei bestechlich** in Verbindung mit der Aufforderung an die AN, sich gegen den amtierenden BR aufzulehnen.[178] Diese Aussage übersteige eine konkrete Rüge der Missstände im BR, insofern sich nicht auf Fakten gestützt werden könne. Es beleidige die BR-Mitglieder und verstoße gegen das Gebot der Fairness. Es habe sich insgesamt um eine – nicht differenzierende – Herabwürdigung des BR-Organs gehandelt. **Kritik sollte** demnach sachlich und zielführend angebracht werden und mit Fakten belegt werden können.

---

170 *LAG Hessen* 11. 12. 08 – 9 TaBV 141/08; *LAG Berlin-Brandenburg* 30. 4. 20 – 13 TaBV 1794/19.
171 *LAG Hessen* 11. 12. 08 – 9 TaBV 141/08.
172 *LAG Mecklenburg-Vorpommern* 11. 7. 17 – 5 TaBV 13/16, LAGE § 103 BetrVG 2001 Nr. 24.
173 *LAG Mecklenburg-Vorpommern* 11. 7. 17 – 5 TaBV 13/16, LAGE § 103 BetrVG 2001 Nr. 24.
174 *BAG* 21. 2. 78 – 1 ABR 54/76, AP BetrVG 1972 § 74 Nr. 1.
175 *LAG Berlin Brandenburg* 31. 5. 17 – 15 TaBV 1979/16.
176 *LAG Berlin Brandenburg* 31. 5. 17 – 15 TaBV 1979/16.
177 Behauptung eines tätlichen Angriffs *LAG München* 26. 8. 92 – 5 TaBV 43/92, LAGE § 23 BetrVG 1972 Nr. 29.
178 *LAG Düsseldorf* 23. 6. 77 – 3 TaBV 8/77, DB 77, 2191.

– Eine grobe Pflichtverletzung wurde ebenfalls angenommen, wegen der Bezeichnung des AG als »Arschloch«. Dies wurde als eine **schwere verbale Entgleisung** eingestuft, die vordergründig die Diffamierung der Person des AG zum Ziel hatte.[179]
– Ein grober Verstoß gegen den Grundsatz der vertrauensvollen Zusammenarbeit gemäß § 2 Abs. 1 besteht ebenfalls, wenn ein BR-Mitglied **Protokolle** der BR-Sitzungen **fälscht.**[180]
– Ein Vergleich der **BR-Vorsitzenden** mit Hitler und dessen diktatorischen Methoden, erfüllt ebenfalls die Voraussetzungen des Abs. 1:[181] Die grobe Pflichtverletzung werde i. d. R. angenommen, wenn es sich um grobe und **böswillige Beleidigungen** oder Beschimpfungen handele. Für die Beurteilung werden die jeweiligen Gesamtumstände und die Grenzen der Meinungsfreiheit herangezogen. In diesem Fall hat ein BR-Mitglied, die BR-Vorsitzende zwei Mal mit Adolf Hitler und seinen Methoden im zeitlichen Abstand von einer Woche verglichen, was ein grober Verstoß gegen das **Persönlichkeitsrecht** darstelle und von der Meinungsfreiheit nicht mehr erfasst sei, weil dadurch das Recht der persönlichen Ehre verletzt werde. Dabei spielte die **Wiederholung** der ehrverletzenden Äußerung eine besondere Rolle, sodass ein einmaliger Verstoß dagegen wohl nicht ausreichen würde, um ein Amtsenthebungsverfahren einzuleiten. Es habe sich um einen diffamierenden Angriff gehandelt. Das in dem Fall vorgelegte Entschuldigungsschreiben des BR-Mitglieds reichte nicht aus, um eine Amtsenthebung abzuwenden.

61 Eine grobe Pflichtverletzung wurde – ebenfalls unter Würdigung der **Umstände des Einzelfalls – verneint,** wobei dabei oft nicht explizit die Grobheit der Pflichtverletzung thematisiert wird, sondern das Amtsenthebungsverfahren auf ein Verhalten gestützt wird, dass die Schwelle der Pflichtverletzung nicht überschritten hat:

62 • Nicht in jedem Fall ist die **Weitergabe von Informationen an Dritte,** die außerhalb des Betriebes stehen, als Pflichtverletzung oder gar als grobe Pflichtverletzung einzustufen, wenn mit der Informationsweitergabe rechtsmissbräuchliche Zustände im Betrieb aufgedeckt werden oder auch nur die Einhaltung der gesetzlichen Vorgaben durch den AG geklärt werden. Beispielsweise verstößt die **Einbeziehung der Aufsichtsbehörde,** wie z. B. dem Amt für Arbeitsschutz des Regierungspräsidiums, das u. a. für die Kontrolle der Einhaltung der Arbeitszeiten nach dem ArbZG zuständig ist, nicht gegen betriebsverfassungsrechtliche Pflichten. Dies ist jedenfalls dann der Fall, wenn **Unsicherheiten** darüber bestehen, ob der AG die gesetzlichen Vorgaben zur Nachtarbeit und zur Sonn- und Feiertagsruhe einhält.[182] Bei rechtswidrigem oder vermeintlich rechtswidrigem Handeln des AG, kann der BR die Unterstützung Dritter in Anspruch nehmen. Das gilt insbesondere sofern dem AG bereits zuvor eine rechtswidrige Handlung unter Verstoß gegen das Mitbestimmungsrecht vorzuwerfen war.[183]

63 • **Beleidigungen** gegenüber dem AG bzw. gegenüber **Dritten** (Arbeitsamt) bezüglich des AG sind für sich genommen geeignet, eine grobe Pflichtverletzung als erheblicher Verstoß gegen den Grundsatz der vertrauensvollen Zusammenarbeit gemäß § 2 Abs. 1 darzustellen. Unter Berücksichtigung der Gesamtumstände wird dies verneint, wenn zuvor erhebliche **Provokationen des AG** durch wiederholte Rechtsverstöße stattgefunden haben.[184] Darin ist eine vorherige Aufkündigung der vertrauensvollen Zusammenarbeit seitens des AG zu sehen.[185]

64 • Die **Friedenspflicht** gemäß § 74 Abs. 2 S. 2 sieht nicht vor, dass die Betriebsparteien auf jegliche Streitigkeiten verzichten müssen.[186] Eine Verletzung der **Friedenspflicht gemäß § 74 Abs. 2 S. 2** kann eine Amtsenthebung nur nach sich ziehen, wenn eine Handlung, die das BR-Mitglied im Zusammenhang mit seiner Amtsstellung ausübt, Arbeitsabläufe oder den

---

179 *LAG Mecklenburg-Vorpommern* 11.7.17 – 5 TaBV 13/16, LAGE § 103 BetrVG 2001 Nr. 24.
180 *ArbG Essen* 9.12.15 – 6 BV 100/15.
181 *LAG Hessen* 23.5.13 – 9 TaBV 17/13, PersF 13, 95.
182 *ArbG Marburg* 12.11.10 – 2 BV 4/10, LAGE § 23 BetrVG 2001 Nr. 6.
183 *ArbG Marburg* 12.11.10 – 2 BV 4/10, LAGE § 23 BetrVG 2001 Nr. 6.
184 *ArbG Marburg* 28.5.99 – 2 BV 3/99, DB 01, 156.
185 *ArbG Marburg* 28.5.99 – 2 BV 3/99, DB 01, 156.
186 *LAG Mecklenburg-Vorpommern* 11.7.17 – 5 TaBV 13/16, LAGE § 103 BetrVG 2001 Nr. 24.

Frieden im Betrieb beeinträchtigt (zu den genauen Grenzen, vgl. § 74 Rn. 44 ff.). Beispielsweise wurde eine Friedenspflichtverletzung angenommen, aber deren Grobheit verneint bei einem falschen Sachvortrag eines BR-Vorsitzenden innerhalb eines Zustimmungsersetzungsverfahrens. Dabei sei dessen Desinteresse an dem gerichtlichen Verfahren dadurch offensichtlich zum Ausdruck gekommen, dass er unvollständige oder falsche **Informationen an den Anwalt** weitergegeben hat. Der BR ist angehalten, sorgfältig Rechtsstreitigkeiten zu führen und den Betriebsfrieden nicht zu stören.[187] Für die Grobheit habe es im speziellen Fall am **Vorsatz gefehlt,** um eine offensichtlich schwerwiegende Pflichtverletzung zu bejahen: Der BR-Vorsitzende hatte keine **Kenntnis** von der Falschaussage eines BR-Mitglieds bzw. hat kein BR-Mitglied angewiesen, wissentlich falsch auszusagen und dies dann auch nicht unkorrigiert stehen gelassen, um einen Vorteil für den BR im Verfahren zu erlangen. Dies hätte es zumindest bedurft, um die Grobheit zu bejahen.

- Als notwendiger Ausfluss der Koalitionsfreiheit gemäß Art. 9 Abs. 3 GG ist die **Gewerkschaftswerbung** im Betrieb wegen § 74 Abs. 3 i. V. m. Art. 9 Abs. 3 GG möglich (vgl. § 74 Rn. 24 und 81) und stellt weder eine Pflichtverletzung noch eine grobe Pflichtverletzung dar. Dafür muss sie für die Erhaltung und Sicherung des Bestandes der Koalition unerlässlich sein.[188] 65
- Häufig scheitert die Annahme einer Pflichtverletzung oder die Annahme der Grobheit an dem hohen Schutz der **Meinungsfreiheit** i. S. d. Art. 5 Abs. 1 S. 1 Hs. 1 GG: Beispielsweise stellt die reine **Kritik** am AG, am Arbeitsplatz oder an anderen BR-Mitgliedern keine grobe Pflichtverletzung dar, soweit sie von der Meinungsfreiheit umfasst ist.[189] Art. 5 Abs. 1 S. 1 Hs. 1 GG sieht vor, dass jedermann seine Meinung frei äußern, mithin eine subjektive Stellungnahme abgeben darf, die durch Elemente des Wertens und Dafürhaltens geprägt ist.[190] Der Begriff Meinung ist weit auszulegen, um den demokratischen Diskurs nicht zu stark einzuschränken.[191] Es ist unschädlich, wenn die Meinung **provozierend, polemisch oder überspitzt** geäußert wird.[192] Der Ausspruch, dass Arbeitsbedingungen wie im KZ vorherrschen würden, fällt beispielsweise noch unter die Meinungsfreiheit, weil darin ein **Kern der Sachkritik** an den vorherrschenden Arbeitsbedingungen enthalten ist.[193] Für die Beurteilung, ob die Äußerung von Art. 5 Abs. 1 S. 1 GG umfasst ist, sind die Gesamtumstände und die einzelnen Aussagen im Lichte der Meinungsfreiheit zu betrachten.[194] Davon nicht mehr gedeckt sind die Formalbeleidigung und die Schmähung, wofür die Diffamierung oder persönliche Kränkung der Person im Vordergrund stehen muss, die das sachliche Anliegen verdrängt.[195] Auch die **Mitteilung** eines bevorstehenden **Personalabbaus** auf der Betriebsversammlung ist von der **Meinungsäußerungsfreiheit** gedeckt.[196] Es handelt sich dabei um eine Information wirtschaftlicher Art, die unmittelbare Auswirkungen auf Teile der Belegschaft wegen evtl. bevorstehender Arbeitsplatzverluste haben kann. Deshalb haben die AN das Recht sich zu der Angelegenheit innerhalb der Betriebsversammlung zu äußern und im Zusammenhang damit Fragen zu stellen. Dagegen spricht auch nicht der Grundsatz der vertrauensvollen Zusammenarbeit gemäß § 2 Abs. 1. 66
- Für die Erfüllung des Verbots der partei-politischen Betätigung reicht **nicht jedwede politische Aussage** (vgl. § 74 Rn. 50) aus. Der politischen Meinung Ausdruck zu verleihen, 67

187 Grobheit wird verneint *ArbG Kempten* 21.8.12 – 2 BV 16/12.
188 Allgemein *BAG* 23.9.86 – 1 AZR 596/85, AP GG Art. 9 Nr. 45.
189 *LAG Berlin Brandenburg* 5.6.14 – 10 TaBVGa 146/14, NZA-RR 14, 538; *LAG Hamm* 20.3.09 – 10 TaBV 149/08; *BVerfG* 12.5.09 – 1 BvR 2272/04, NJW 09, 3016 ff.; *ArbG Würzburg* 24.6.10 – 10 Ca 592/10, ZMV 10, 218; ausführlich DDZ-*Däubler* Art. 5 GG Rn. 5 ff.
190 *BVerfG* 22.6.82 – 1 BvR 1376/79, AuR 02, 350; *LAG Hessen* 19.3.18 – 16 TaBV 185/17, AuR 19, 190.
191 *BVerfG* 22.6.82 – 1 BvR 1376/79, AuR 02, 350.
192 *LAG Berlin Brandenburg* 5.6.14 – 10 TaBVGa 146/14, NZA-RR 14, 538; *LAG Hamm* 20.3.09 – 10 TaBV 149/08; *BVerfG* 12.5.09 – 1 BvR 2272/04, NJW 09, 3016 ff.; *ArbG Würzburg* 24.6.10 – 10 Ca 592/10, ZMV 10, 218.
193 *LAG Berlin Brandenburg* 5.6.14 – 10 TaBVGa 146/14, NZA-RR 14, 538.
194 *LAG Berlin Brandenburg* 5.6.14 – 10 TaBVGa 146/14, NZA-RR 14, 538, 541.
195 *LAG Berlin Brandenburg* 5.6.14 – 10 TaBVGa 146/14, NZA-RR 14, 538 m. V. a. *BVerfG* 24.7.13 – 1 BvR 444/13, ZUM 13, 793 ff.
196 *LAG Hessen* 19.3.18 – 16 TaBV 185/17, AuR 19, 190.

kann nicht zu einer Amtsenthebung führen.[197] Das Amtsenthebungsverfahren solle kein Mittel der »Disziplinierung« gegen politisch unerwünschte BR-Mitglieder darstellen.[198] **Partei-politische Betätigung** (vgl. Rn. 51) **außerhalb** des Betriebs[199] oder von der Meinungsfreiheit umfasste partei-politische Betätigung innerhalb des Betriebes,[200] stellen keine Pflichtverletzung dar, wie z. B. die sachliche Wahlinformation vor einer Kommunalwahl seitens der Gewerkschaften.[201]

68 • Eine **Strafanzeige** gegen den AG stellt keine grobe Pflichtverletzung dar, soweit diese nicht missbräuchlich vorgenommen wird. Sie muss auf der Annahme beruhen, dass der AG gegen seine gesetzlichen Pflichten verstoßen hat.[202]

69 • Auch BR-Mitglieder dürfen sich **als AN** an gewerkschaftlichen **Streikmaßnahmen beteiligen.**[203] Darin liegt weder eine Pflichtverletzung noch bzw. erst recht keine grobe Pflichtverletzung, denn § 74 Abs. 2 S. 1 verbietet nur Maßnahmen des Arbeitskampfes gegenüber dem AG in der Stellung als BR-Mitglied.[204]

bb) Keine Notwendigkeit der (»betriebsverfassungsrechtlichen«) Abmahnung

70 Bei einem groben Verstoß betriebsverfassungsrechtlicher Pflichten, ist keine vorherige **Abmahnung** auszusprechen, weil die vertragliche Sphäre nicht berührt wird.[205]

71 Es stellt sich jedoch die Frage, ob eine spezifisch **»betriebsverfassungsrechtliche Abmahnung«** mit dem Gesetz zu vereinbaren ist.[206] Eine solche dürfte dann – anders als die arbeitsvertragliche Abmahnung – nicht auf die Androhung einer Kündigung oder einer sonstigen individualrechtlichen Sanktion[207] gerichtet sein, sondern würde allein die Rüge im Bezug auf betriebsverfassungsrechtliche Pflichtverletzungen enthalten, mithin das Inaussichtstellen der Einleitung eines Amtsenthebungsverfahrens.[208]

72 Teilweise wird die **Zulässigkeit** der betriebsverfassungsrechtlichen Abmahnung mit den Argumenten **verneint,**[209] dass der Ausspruch potentiell eine unzulässige Beeinflussung der BR-Tätigkeit enthalte.[210] Eine solche kann verneint werden, falls eine grobe Amtspflichtverletzung vorliegt und damit die Gefahr der Einleitung des Amtsenthebungsverfahrens kurz bevorsteht. Liegt jedoch keine grobe Pflichtverletzung vor oder ist dies jedenfalls streitig, wird die **Unabhängigkeit der BR-Tätigkeit** gefährdet. Die Schwelle der unzulässigen Behinderung der BR-Tätigkeit i. S. d. § 78 würde damit überschritten werden,[211] weil der Schutzbereich der Norm

197 *LAG Düsseldorf* 23.6.77 – 3 TaBV 8/77, DB 77, 2191.
198 *LAG Düsseldorf* 23.6.77 – 3 TaBV 8/77, DB 77, 2191.
199 Richardi-*Thüsing*, Rn. 13; dafür reiche 15 m Entfernung zum Werksgelände nicht aus – es brauche angemessene Entfernung zum Arbeitsplatz *LAG Hannover* 3.3.70 – 1 Ta BV 7/69, BB 70, 1480.
200 Richardi-*Thüsing*, Rn. 26; vgl. ausführlich *BVerfG* 28.4.76 – 1 BvR 71/73, AP BetrVG 1972, § 74 Nr. 2.
201 *BVerfG* 28.4.76 – 1 BvR 71/73, AP BetrVG 1972, § 74 Nr. 2.
202 *LAG Baden-Württemberg* 25.10.57 – VII Sa 39/57, AP BetrVG § 78 Nr. 2.
203 *LAG Hamm* 10.4.96 – 3 TaBV 96/95, AiB 96, 736.
204 *LAG Hamm* 10.4.96 – 3 TaBV 96/95, AiB 96, 736; näher *Klocke*, S. 30 ff.
205 *BAG* 9.9.15 – 7 ABR 69/13, AP BetrVG 1972 § 78 Nr. 15; *BAG* 26.1.94 – 7 AZR 640/92, AuR 94, 273; *LAG Berlin* 23.2.88 – 8 Sa 124/87, DB 88, 863; HWK-*Reichold*, Rn. 8; *Fitting*, Rn. 17a; m. w. N. *Schleusener*, NZA 2001, 640.
206 Ausführlich *Koch*, Diss., 124 f.
207 Vgl. DKW-*Trittin*, 16. Aufl. 2018, Rn. 150.
208 *Schleusener*, NZA 01, 640; GK-*Oetker*, Rn. 41; Klarstellung, dass Wortwahl eine Vergleichbarkeit mit der individualrechtlichen Abmahnung zulässt, die nicht besteht *ArbG Magdeburg* 12.1.22 – 10 BV 43/21.
209 *Fitting*, Rn. 17a; Auflistung als grobe Pflichtverletzung seitens des AG GK-*Oetker*, Rn. 217, aber Rn. 41 bei betriebsverfassungsrechtlicher Abmahnung, mithin Androhung eines Amtsenthebungsverfahrens; a. A. *LAG Düsseldorf* 23.2.93 – 8 TaBV 245/92, LAGE § 23 BetrVG 1972 Nr. 31; *Koch*, Diss., 125; im Ergebnis ebenso *LK*, Rn. 21.
210 *Fitting*, Rn. 17a; ausführlich und m. w. N. *Schleuserer*, NZA 01, 640.
211 *LAG Düsseldorf* 23.2.93 – 8 TaBV 245/92, LAGE § 23 BetrVG Nr. 31; Schutz des § 78 nur auf BR als Organ bezogen HaKo-BetrVG/*Düwell*, Rn. 28; § 78 schützt nur rechtmäßiges betriebsverfassungsrechtliches Verhalten *Kania*, DB 96, 374, 376.

betroffen ist, mithin rechtmäßiges Handeln des BR gerügt werden würde.[212] Der Anwendungsbereich der Norm ist demzufolge bei einer Vorwarnung gegeben, die willkürlich ausgesprochen wurde. **Problematisch** ist es, wenn weder eine grobe Amtspflichtverletzung eindeutig bejaht noch verneint werden kann. In diesen Fällen muss zu Gunsten der unabhängigen Ausführung der BR-Tätigkeit die Möglichkeit einer betriebsverfassungsrechtlichen Abmahnung abgelehnt werden. Aufgrund der damit einhergehenden Rechtsunsicherheit ist eine solche generell abzulehnen.

Aus diesem Grund kann auch die aufgeworfene Frage, ob die betriebliche Abmahnung eine **73**
zwingende Voraussetzung vor der Einleitung des Amtsenthebungsverfahren sei, soweit die Schwelle zur **groben Pflichtverletzung** überschritten wurde, verneint werden.[213] Eine Entbehrlichkeit der Abmahnung ist nach allgemeinen Grundsätzen ohnehin anzunehmen, wenn das maßgebliche Verhalten offensichtlich jeder vernünftigen oder allgemein anerkannten Erwartungshaltung an den BR-Amtsinhaber widerspricht bzw. konträr zur Rechtsordnung steht.[214] Das ist der groben Pflichtverletzung in Bezug auf das BetrVG immanent. Eine Abmahnung kann daher bei Begehung einer groben Pflichtverletzung keine zwingende Voraussetzung sein.

Soweit eine betriebsverfassungsrechtliche Pflichtverletzung vorliegt, die gerade noch **nicht die** **74**
Schwelle zur groben Pflichtverletzung überschritten hat, kann dies nicht abweichend beurteilt werden.[215] Das BetrVG gibt den Antragsberechtigten kein vorgelagertes Instrument an die Hand. Die Antragsberechtigten sollen sich folglich bis dahin aus der Führung der BR-Tätigkeit heraushalten. Die Rspr. des *BAG*, worin die Möglichkeit des Inaussichtstellens eines Antrags nach Abs. 1 für den Wiederholungsfall angesprochen wird,[216] kann jedenfalls als konkludente **Forderung** nach einer »**Vorwarnung**« gesehen werden.[217] Es sollte dem einzelnen BR-Mitglied die Möglichkeit gewährt werden, sein **zukünftiges Verhalten** an die Maßgaben des BetrVG anzupassen.[218] Dies würde sich mit dem Grundsatz der vertrauensvollen Zusammenarbeit gemäß § 2 Abs. 1 decken, dem eine überraschende Amtsenthebung widerspräche. Aber nur insoweit in der betriebsverfassungsrechtlichen Abmahnung eine **streitvermeidende Maßnahme** gesehen werden kann,[219] könnten davon positive Impulse ausgehen. Den Antragsberechtigten steht es demnach frei, eine **mildere Maßnahme** zu ergreifen, statt das Amtsenthebungsverfahren einzuleiten.[220] Diese darf aber **keine** inzidente **Drohung** enthalten, die geeignet wäre, die BR-Tätigkeit einzuschränken.[221] Insoweit kann lediglich eine **bloße Kritik** ausgesprochen werden, die keiner eigenen Rechtsgrundlage bedarf.[222]

Für eine harmonische und respektvolle Zusammenarbeit sollte jedenfalls an eine offene Kom- **75**
munikation appelliert werden – auch wenn diese **keine formale Voraussetzung** darstellt. Den Antragsberechtigten ist zu raten, vor der Einleitung eines Verfahrens nach Abs. 1 stets zu eruie-

212 *BAG* 4.4.74 – 2 AZR 452/73, AP BGB § 626 Arbeitnehmervertreter im Aufsichtsrat Nr. 1; *Kania*, DB 96, 374, 376.

213 Verneinend HWGNRH-*Huke*, Rn. 16; *Fischer*, BB 07, 997; GK-*Oetker*, Rn. 41; *LAG Berlin-Brandenburg* 12.11.12 – 17 TaBV 1318/12, NZA-RR 13, 293, 295; trotz Annahme der Prüfung im jeweiligen Fall, zwingende Vss. abgelehnt *Koch*, Diss., 137 f.; sogar bereits unzulässig *Fitting*, Rn. 17a; Richardi-*Thüsing*, Rn. 10; zumindest Erforderlichkeit *ArbG Hildesheim* 1.3.96 – 1 BV 10/95, AuR 97, 336; Gebotenheit DKW-*Trittin*, 16. Aufl. 2018, Rn. 148; Bejahung zwingender Vss. *Kania*, NZA 96, 970; Gebotenheit bejaht, damit BR die Möglichkeit verbleibt, sein Verhalten zukünftig zu ändern *ArbG Berlin* 10.1.07 – 76 BV 16593/06.

214 *BAG* 4.6.97 – 2 AZR 526/96, NZA 97, 1281, 1283.

215 *LAG Niedersachsen* 25.10.04 – 5 TaBV 96/03, NZA-RR 05, 530; WPK-*Kreft*, Rn. 13; krit. *Fischer*, NZA 96, 633.

216 *BAG* 26.1.94 – 7 AZR 640/92, AuR 94, 273; HaKo-BetrVG/*Düwell*, Rn. 15; HWK-*Reichold*, Rn. 8.

217 *ArbG Berlin* 10.1.07 – 76 BV 16593/06.

218 Vgl. *Schleusener*, NZA 01, 640, 642; DKW-*Trittin*, 16. Aufl. 2018, Rn. 149; *Koch*, Diss., 110 ff.

219 *Kania*, NZA 96, 970.

220 Vgl. WPK-*Kreft*, Rn. 13; *Schleusener*, NZA 01, 640, 642; Annahme der Möglichkeit und Erforderlichkeit mit ähnlicher Argumentation *Stück*, ZD 19, 256, 261; *LAG Düsseldorf* 23.2.93 – 8 TaBV 245/92, LAGE § 23 BetrVG 1972 Nr. 31; *ArbG Berlin* 10.1.07 – 76 BV 16593/06.

221 *LAG Düsseldorf* 23.2.93 – 8 TaBV 245/92, LAGE § 23 BetrVG 1972 Nr. 31.

222 Vgl. *Koch*, Diss., 127; Keine Rücknahme notwendig, wenn keine relevante Behinderung der BR-Arbeit droht *Busch* Anm. zu *ArbG Magdeburg* 12.01.22 – 10 BV 43/21, jurisPR-ArbR 26/2022, Anm. 2.

ren, ob die Situation nicht durch einen vorhergehenden Hinweis gelöst und so das aufwändige gerichtliche Verfahren vermieden werden kann.[223] Eine »betriebsverfassungsrechtliche Abmahnung« darf nicht in die **Personalakte** eingetragen werden.[224] Bei einem Zuwiderhandeln steht es dem BR-Mitglied frei, die Entfernung des Vermerks aus der Personalakte – notfalls auch gerichtlich – durchzusetzen.[225]

b) Wirkung der Amtsenthebung

76 Bis zur Rechtskraft des Amtsenthebungsbeschlusses[226] verbleibt das BR-Mitglied in seinem Amt. Ist das Amtsenthebungsverfahren abgeschlossen, endet die Mitgliedschaft im BR gemäß § 24 Nr. 5. Alle Rechte und Pflichten, die sich aus diesem Amt ergeben, werden hinfällig.[227] Darunter fällt z. B. der **besondere Kündigungsschutz** nach § 15 KSchG i. V. m. § 103 Abs. 1 und dessen Nachwirkung.[228] Weiterhin verliert der Betroffene seinen Versetzungsschutz gemäß § 103 Abs. 3.[229] Diese Privilegierungen bleiben ausnahmsweise bestehen, wenn das Amtsenthebungsverfahren mittels **einstweiliger Verfügung** (vgl. Rn. 6) vorgenommen wird, da sonst vollendete Tatsachen zu Lasten des BR-Mitglieds geschaffen werden könnten.[230]

77 An die Stelle des Ausgeschiedenen tritt gemäß § 25 automatisch ein **Ersatzmitglied.** Soweit neben dem BR noch ein **GBR und/oder KBR** besteht und der seines Amtes Enthobene, Mitglied in diesen Gremien war, verliert er auch diese Ämter.[231] Die Mitgliedschaften in der **Einigungsstelle**[232] gemäß § 76 Abs. 2 S. 1 und im **Aufsichtsrat** bleiben jedoch unberührt, weil sie kein BR-Amt voraussetzen.[233] Es besteht dennoch die Möglichkeit, das BR-Mitglied wegen seiner groben Pflichtverletzung von den genannten Ämtern abzuberufen.[234]

78 Eine **alsbaldige Wiederwahl** ist möglich, unabhängig davon, ob es sich um eine reguläre oder eine vorgezogene Neuwahl handelt.[235] § 8 regelt das passive Wahlrecht abschließend und sieht keinen Verlust der Wählbarkeit wegen einer vorausgegangenen Amtsenthebung vor.[236] Gleichzeitig bedeutet die Neuwahl eine wirksame demokratische Stärkung des BR und offenbart die Einschätzung der Belegschaft, dass das BR-Mitglied, trotz des zum Ausschluss führenden Vorfalls, weiter ein guter Interessenvertreter ist.[237] Davon kann nicht abgewichen werden, weil die BR-Wahl allein Angelegenheit der Belegschaft des Betriebes ist (vgl. § 1 Rn. 2). Soweit der BR sich vorzeitig auflöst, um eine Wiederwahl des BR-Mitglieds zu erreichen, das zuvor seines Amtes enthoben worden ist, wird darin zum Teil ein Verstoß gegen das Gebot der vertrauensvollen Zusammenarbeit gesehen.[238] Dies ist eine Überinterpretation der vertrauensvollen Zusammenarbeit, die das Verhalten bestehender Instanzen, nicht aber deren Fortbestand oder deren Zusammensetzung regelt.

79 Erhalten bleiben die während der Amtszeit erworbenen Rechte der **wirtschaftlichen** und **beruflichen Absicherung** und zur **beruflichen Weiterbildung** i. S. d. §§ 37 Abs. 4 und 38

---

223 Vgl. stets Prüfung der milderen Maßnahme *Koch*, Diss., 137.
224 *LAG Baden-Württemberg* 3. 7. 20 – 8 TaBV 3/19; *LAG Nürnberg* 11. 3. 21 – 1 TaBV 24/20.
225 *LAG Baden-Württemberg* 3. 7. 20 – 8 TaBV 3/19; vgl. *ArbG Berlin* 27. 9. 73 – 7 Ca 123/73, DB 73, 2406..
226 HWGNRH-*Huke*, Rn. 31; näher zum Zeitpunkt der Rechtskraft GK-*Oetker*, Rn. 103.
227 GK-*Oetker*, Rn. 104 f.; Galperin-*Löwisch*, Rn. 27.
228 ErfK-*Koch*, Rn. 11; *Fitting*, Rn. 29; Küttner-*Kreitner*, Amtspflichtverletzung (Betriebsrat), Rn. 7.
229 HWK-*Reichold*, Rn. 24; *Fitting*, Rn. 29.
230 ErfK-*Koch*, Rn. 11; *Fitting*, Rn. 29; keine vollständige Amtsenthebung als einstweilige Maßnahme – nur Untersagen der Amtsausübung auf diesem Wege möglich GK-*Oetker*, Rn. 101.
231 GK-*Oetker*, Rn. 104.
232 ErfK-*Koch*, Rn. 11; HaKo-BetrVG/*Düwell*, Rn. 24; *Fitting*, Rn. 28.
233 GK-*Oetker*, Rn. 105; HaKo-BetrVG/*Düwell*, Rn. 24.
234 GK-*Oetker*, Rn. 105; HaKo-BetrVG/*Düwell*, Rn. 24.
235 ErfK-*Koch*, Rn. 11; *Fitting*, Rn. 30; GK-*Oetker*, Rn. 110 f.; Belegschaft kann die Zusammensetzung ihres BR selbst wählen m. w. N. Galperin-*Löwisch*, Rn. 26; einschränkend: keine sofortige Neuwahl durch geschlossenen Rücktritt der verbleibenden BR-Mitglieder möglich HWGNRH-*Huke*, Rn. 33.
236 ErfK-*Koch*, Rn. 11; *Fitting*, Rn. 30; GK-*Oetker*, Rn. 110 f.; HWK-*Reichold*, Rn. 16; *BAG* 16. 2. 73 – 1 ABR 18/72, AP BetrVG 1972 § 19 Nr. 1.
237 *Däubler*, ArbR I, Rn. 805.
238 Ausführlich GK-*Oetker*, Rn. 114; HWGNRH-*Huke*, Rn. 33.

Abs. 4.[239] Die abweichende Behandlung dieser Rechte gegenüber dem besonderen Kündigungsschutz ergibt sich aus einem Umkehrschluss aus dem Wortlaut der Norm des § 15 Abs. 1 Hs. 2 KSchG, die bei einer Amtsenthebung den Verlust des außerordentlichen Kündigungsschutzes ausdrücklich vorsieht.[240] Eine solche Klarstellung enthalten die §§ 37 Abs. 4 und 38 Abs. 4 gerade nicht.

c) Anwendbarkeit der außerordentlichen Kündigung neben dem Amtsenthebungsverfahren?

Grundsätzlich führen Pflichtverletzungen auf **arbeitsvertraglicher Ebene** zur **außerordentlichen Kündigung** gemäß § 626 Abs. 1 BGB, aber nicht zu einem Amtsenthebungsverfahren nach Abs. 1 Fall 1. Ebenso führen rein **betriebsverfassungsrechtliche Verstöße** nicht zur Beendigung des Arbeitsverhältnisses; sie müssen über die Anwendung des **Abs. 1 Fall 1** gelöst werden.[241] Die betriebsverfassungsrechtliche Ebene ist folglich von der arbeitsvertraglichen Ebene zu unterscheiden, um dem BR-Amtsinhaber nicht gegenüber einem AN ohne BR-Zugehörigkeit durch die Anwendbarkeit zweier Instrumente infolge einer Pflichtverletzung zu benachteiligen. In den überwiegenden Fallkonstellationen ist eine Unterscheidung beider Ebenen möglich. Eine **Überschneidung** kann nur **ausnahmsweise** angenommen werden. In Betracht kommt z. B. der schwere Geheimnisverrat[242] (vgl. § 79 Rn. 54 f.) oder die vorsätzliche Falschaussage eines BR-Mitglieds in einem Rechtsstreit gegen den AG[243] sowie die Beleidigung des AG, was sowohl gegen die betriebsverfassungsrechtliche Friedenspflicht i. S. d. § 74 Abs. 2 S. 2 als auch gegen die arbeitsvertraglichen Nebenpflichten i. S. d. § 241 Abs. 2 BGB verstoßen kann. Der Umgang mit der Konstellation, ob und wie die betriebsverfassungsrechtliche Amtspflichtverletzung auf die arbeitsvertragliche Ebene ausstrahlen kann, ist umstritten. In Betracht kommt das Vorgehen mittels eines Amtsenthebungsverfahrens und/oder die Anwendbarkeit der außerordentlichen Kündigung i. S. d. § 626 Abs. 1 BGB. Beide Instrumente hängen in ihrer Anwendbarkeit von der **»negativen Zukunftsprognose«** ab.[244] Es kommt daher darauf an, welches **Mittel** die **zukünftige** Verhinderung weiterer Pflichtverletzungen im Betrieb **sichern** kann. Das Gesetz gibt keinen eindeutigen Lösungsweg vor. Es muss folglich anhand der Interessen abgewogen werden, wie der gesetzgeberischen Zielsetzung am ehesten entsprochen werden kann. 80

Liegen die Voraussetzungen der außerordentlichen Kündigung und für die Amtsenthebung gleichzeitig vor, könnte man auf den ersten Blick annehmen, dass auch **beide Normen anwendbar** sind. Im Rahmen der BR-Tätigkeit ergibt sich jedoch eine **besondere Situation**, die bei der Anwendbarkeit der außerordentlichen Kündigungsmöglichkeit – trotz Vorliegen der Voraussetzungen – beachtet werden muss: Die BR-Mitglieder nehmen eine **Doppelrolle** im Betrieb ein.[245] Neben den arbeitsvertraglichen Nebenpflichten nach § 241 Abs. 2 BGB[246] gegenüber dem AG, besteht die betriebsverfassungsrechtliche Aufgabe, die Interessen der AN gegenüber dem AG zu vertreten und zu verteidigen.[247] Mit diesen faktisch konträren Aufgabenbereich agiert der BR-Amtsinhaber in einem konfliktträchtigen Spannungsverhältnis.[248] 81

239 ErfK-*Koch*, Rn. 11; mangels entgegenstehender gesetzlicher Regelung *Fitting*, Rn. 29; a. A. GK-*Oetker*, Rn. 109.
240 Vgl. ErfK-*Koch*, Rn. 11.
241 *BAG* 12.5.10 – 2 AZR 587/08, NZA-RR 11, 15, 16 f.; *BAG* 16.10.86 – 2 ABR 71/85, AP BGB § 626 Nr. 95; *BAG* 26.1.94 – 7 AZR 640/92, AuR 94, 273; *BAG* 3.12.54 – 1 AZR 150/54, NJW 55, 606; *Fitting*, § 103 Rn. 1.
242 Möglichkeit besteht, auch wenn im Ergebnis offen gelassen *BAG* 23.10.08 – 2 ABR 59/07, DB 09, 1131.
243 *BAG* 16.10.86 – 2 ABR 71/85, AP BGB § 626 Nr. 95.
244 Für die Amtsenthebung: ständ. Rspr. seit *BAG* 8.12.61 – 1 ABR 8/60, NJW 62, 654; *BAG* 18.5.16 – 7 ABR 81/13, NZA-RR 16, 582; HaKo-BetrVG/*Düwell*, Rn. 19; für die Kündigung: SPV-*Preis*, § 22 Rn. 565 i. V. m. 1209; vgl. *BAG* 23.10.08 – 2 ABR 59/07, AP BetrVG 1972 § 103 Nr. 58.
245 *Krause*, BB 51, 677, 678; *Roß*, Diss., 10, 1.
246 FS Fechner-*Gamillscheg*, 135, 138.
247 *Krause*, BB 51, 677, 678; *Roß*, Diss., 10, 1.
248 *LAG Mecklenburg-Vorpommern* 11.7.17 – 5 TaBV 13/16, LAGE § 103 BetrVG 2001 Nr. 24.

82 Die **»Erweiterungstheorie«** hat sich **nicht durchgesetzt.**[249] Dabei wurde vertreten, dass die betriebsverfassungsrechtlichen Vorschriften den Arbeitsvertrag und die darin enthaltenen Pflichten modifizieren. Eine Unterscheidung beider Ebenen gäbe es folglich nicht. Jede grobe Pflichtverletzung i. S. d. Abs. 1 Fall 1 könne bei Vorliegen der Voraussetzungen einer außerordentlichen Kündigung i. S. d. § 626 Abs. 1 BGB zur Beendigung des Arbeitsverhältnisses führen. Dieser Ansicht war und ist nicht zu folgen. Die Erweiterung der arbeitsvertraglichen Pflichten aufgrund der BR-Tätigkeit stellt eine Benachteiligung von BR-Mitgliedern gegenüber der restlichen Belegschaft dar. Kritikwürdig ist auch die automatische Veränderung des Arbeitsvertrags durch Aufnahme der BR-Tätigkeit, die dem Grundsatz der Privatautonomie widerspricht.

83 Eine weitere Ansicht besteht in der **Amtshandlungstheorie,** die eine Kündigung ausschließt, soweit die Vertragspflichtverletzung aus der Amtspflichtverletzung resultiert.[250] Ihr liegt der Gedanke zu Grunde, dass die Hauptleistungspflichten aus dem Arbeitsvertrag während der BR-Tätigkeit gemäß §§ 37 Abs. 2 und 38 ruhten.[251] Eine ausnahmsweise Beendigung des Arbeitsverhältnisses durch eine außerordentliche Kündigung solle lediglich das nicht schützenswerte BR-Mitglied treffen: Nämlich denjenigen, der nicht glaubwürdig seinen Willen zum rechtmäßigen Handeln darlegen kann, mithin vorsätzlich rechtswidrig gehandelt hat.[252] Die Voraussetzungen einer außerordentlichen Kündigung sind damit nicht von vornherein ausgeschlossen.[253] Soweit die Möglichkeit der außerordentlichen Kündigung sich aber nur nach dem Verschuldensgrad richtet, wird der Doppelrolle des BR-Mitglieds nicht ausreichend Rechnung getragen.[254] Zumal das Ruhen der Hauptleistungspflichten nicht zwangsläufig als ebenfalls vollständiges Ruhen der Nebenleistungspflichten i. S. d. § 241 Abs. 2 BGB ausgelegt werden kann.

84 *Weber* wendet die **Trennungstheorie** an, wo trennscharf untersucht wird, welcher Ebene die Pflichtverletzung zugeordnet werden kann.[255] Dabei sei die vertragliche als völlig unabhängig von der betriebsverfassungsrechtlichen Ebene einzustufen.[256] Zur Überprüfung, welcher die maßgebliche Handlung zuzurechnen sei, müsse darauf abgestellt werden, ob die Handlung, soweit sie von einem AN ohne BR-Funktion ausgeführt worden wäre, einen außerordentlichen Kündigungsgrund erfüllt hätte. Zunächst ist darin der begrüßenswerte Gedanke verankert, dass dem BR-Mitglied ein Schutz vor individualrechtlichen Folgen infolge seiner Amtstätigkeit zukommen soll. Da der Arbeitsvertrag bei der Trennungstheorie aber als Grundverhältnis angesehen wird, soll zunächst eine arbeitsvertragliche Pflichtverletzung überprüft werden.[257] Soweit die Voraussetzungen der außerordentlichen Kündigung vorliegen, sei das BR-Mitglied zu kündigen, sodass das BR-Amt gemäß § 24 Abs. 1 Nr. 3 mittelbar erlösche. Demnach könnte im Einzelfall bei Bejahung des außerordentlichen Kündigungsgrundes die Beendigung des Arbeitsvertrages Vorrang gegenüber der Amtsenthebung eines BR-Mitglieds haben, obwohl die Konfliktsituation evtl. schon durch die Amtsenthebung hätte beseitigt werden können.[258] Das ist mit dem Ultima-Ratio-Gedanken nicht vereinbar und wird der Schutzwürdigkeit des BR-Amtes nicht gerecht. Die **Trennungstheorie** führt daher im Ergebnis auch zu einer Erweiterung der Kündigungsmöglichkeiten zu Lasten eines BR-Mitglieds.[259]

85 Nach der überwiegend vertretenen **Simultantheorie**[260] wird bei Überschneidung beider Ebenen angenommen, dass eine arbeitsvertragliche Verletzung zur Kündigung führen kön-

---

249 Kritische Auseinandersetzung bei *Säcker*, RdA 65, 372; *Schwerdtner*, ArbR I, 221.
250 *Fischer*, BB 07, 997, 998; a. A. GK-*Oetker*, Rn. 31.
251 *Bieback*, RdA 78, 82, 86; *Säcker*, RdA 1965, 372, 373 ff.; a. A. GK-*Oetker*, Rn. 31; *Freitag*, Diss., 88.
252 *Säcker*, RdA 1965, 372, 374 f.
253 GK-*Oetker*, Rn. 29; *BAG* 22. 8. 74 – 2 ABR 17/74, AP BetrVG 1972 § 103 Nr. 1.
254 *Schwerdtner*, ArbR I, 224.
255 *Weber*, NJW 73, 787, 791 f.; Darstellung der Trennungstheorie *Bieback*, RdA 78, 82, 85; a. A. GK-*Oetker*, Rn. 34.
256 *Weber*, NJW 73, 787, 791.
257 *Bieback*, RdA 78, 82, 85 m. V. a. *Weber*, NJW 73, 787, 791.
258 Richardi-*Thüsing*, Rn. 22.
259 *Schwerdtner*, ArbR I, 223.
260 *BAG* 19. 7. 12 – 2 AZR 989/11, AP SGB IX § 96 Nr. 3; *LAG Niedersachsen* 25. 10. 04 – 5 TaBV 96/03, NZA-RR 05, 530, 531; *Fitting*, Rn. 22; ErfK-*Koch*, Rn. 2; Richardi-*Thüsing*, Rn. 23 mit der Einschrän-

ne, auch wenn diese auf einer betriebsverfassungsrechtlichen Pflichtverletzung beruhe. Dem *BAG* zufolge werde damit erreicht, dass das BR-Mitglied bei der Begehung einer vertraglichen Pflichtverletzung nicht bessergestellt werden würde, als ein anderer AN.[261] Es bestehe daher die Möglichkeit der gleichzeitigen Amtsenthebung und der außerordentlichen Kündigung.[262] Um jedoch der Funktionsfähigkeit des BR Rechnung zu tragen, wird bei der Prüfung der außerordentlichen Kündigung ein **strengerer Maßstab** angelegt. Damit soll die unabhängige Ausübung der BR-Tätigkeit gewährleistet werden[263] und die Kritik der Vertreter der Trennungs- und Amtshandlungstheorie ausreichend Berücksichtigung finden.[264]

Die unterschiedlichen Theorien begegnen allesamt unterschiedlichen Bedenken.[265] Die Trennungs- und Amtshandlungstheorie bringen – anders als die Simultantheorie – das Ziel zum Ausdruck, die **außerordentliche Kündigungsmöglichkeit** von BR-Funktionären auf ein **Minimum zu reduzieren,** um deren Unabhängigkeit während der BR-Tätigkeit zu schützen. Die Ausgestaltung im Einzelnen ist daher anhand des Grades der **Schutzwürdigkeit** abzuwägen. Man kann dazu in die Waagschale legen, dass ein BR-Mitglied nicht schützenswert ist, welches seine betriebsverfassungsrechtlichen Pflichten derart verletzt, dass es auch gegen seine arbeitsvertraglichen Nebenpflichten nach § 241 Abs. 2 BGB im hohen Maße verstößt. Gleichzeitig könnte eine solche Vermischung der Ebenen dazu führen, dass BR-Mitglieder benachteiligt würden, wenn der Arbeitsplatzverlust so eng mit der BR-Tätigkeit verbunden ist. Bei der **Abwägung** muss deshalb im erhöhten Maße die besondere **Stellung des BR-Mitglieds** beachtet werden. Der Anwendung der Handlungsweisen sollte der Gedanke, wie von *Thüsing* richtig feststellt, zu Grunde gelegt werden, dass der AN ohne seine Verpflichtungen, die sich aus der BR-Tätigkeit ergeben, nicht in die Lage gekommen wäre, im Rahmen einer Amtspflichtverletzung eine Vertragsverletzung zu begehen.[266] **86**

Gleichermaßen können die vertraglichen Pflichten während der BR-Tätigkeit nicht vollständig ausgeblendet werden, weil der Arbeitsvertrag die Grundlage für die Erlangung des BR-Amts bildet und die BR-Tätigkeit stets in einem **örtlichen und zeitlichen Zusammenhang** zur **Arbeitsstätte** steht. Es bleibt daher durchgehend ein Bezug zum Arbeitsverhältnis erhalten. Eine vollständige Ablehnung der Kündigungsvariante kann daher nicht vertreten werden. Eine solche Möglichkeit muss bei entsprechendem Vorliegen der Voraussetzungen im Einzelfall bestehen, wenn das für die Konfliktlösung innerhalb des Betriebes unumgänglich ist.[267] **87**

Die **Simultantheorie** ist daher mit der Maßgabe anwendbar, dass die außerordentliche Kündigung als allerletztes Mittel der Konfliktlösung herangezogen wird. Zur Anwendbarkeit der außerordentlichen Kündigung muss bei der Abwägung die Stellung des BR im Betrieb im besonderen Maße beachtet werden: Vorrangig ist der Umstand in die Beurteilung einzubeziehen, dass der BR-Amtsinhaber den Kündigungsgrund u. U. ohne die Amtsführung nicht herbeigeführt hätte. Das Amtsenthebungsverfahren sollte als weniger einschneidendes Mittel **Vorrang**[268] gegenüber der außerordentlichen Kündigung haben und nur, wenn es für die Kon- **88**

kung, dass ein Vorrang des Amtsenthebungsverfahrens besteht; m. w. N. *Säcker*, RdA 1965, 372; vgl. GK-*Oetker*, Rn. 35 ff.

261 *BAG* 16. 10. 86 – 2 ABR 71/85, AP BGB § 626 Nr. 95; ebenso GK-*Oetker*, Rn. 34.

262 *BAG* 16. 10. 86 – 2 ABR 71/85, AP BGB § 626 Nr. 95; Erhöhung des Kündigungsrisikos für BR-Mitglieder gegenüber anderen AN *Weber*, NJW 73, 787, 790.

263 *BAG* 16. 10. 86 – 2 ABR 71/85, AP BGB § 626 Nr. 95; *LAG Niedersachsen* 25. 10. 04 – 5 TaBV 96/03, NZA-RR 05, 530, 531; *LK*, Rn. 22; Richardi-*Thüsing*, Rn. 23; m. w. N. jedenfalls mit dem kritischen Hinweis zur dogmatischen Herleitung GK-*Oetker*, Rn. 29 ff.

264 *BAG* 22. 8. 74 – 2 ABR 17/74, AP BetrVG 1972 § 103 Nr. 1; ausnahmsweise keine Anwendung des strengeren Maßstabs, wenn die Konfliktlage durch die Amtsenthebung nicht gelöst werden könne und das Verhalten sich eigne, eine außerordentliche Kündigung zu rechtfertigen Richardi-*Thüsing*, Rn. 23.

265 Vgl. *Schwerdtner*, ArbR I, 221 ff.

266 Richardi-*Thüsing*, Rn. 22; ebenso Galperin-*Löwisch*, Rn. 7; HWGNRH-*Huke*, Rn. 24; a. A. GK-*Oetker*, Rn. 34.

267 *LAG Mecklenburg-Vorpommern* 11. 7. 17 – 5 TaBV 13/16, LAGE § 103 BetrVG 2001 Nr. 24.

268 *Bieback*, RdA 1978, 82, 87; *Schwerdtner*, ArbR I, 228; Amtsenthebung kann zumindest milderes Mittel darstellen *LAG Mecklenburg-Vorpommern* 11. 7. 17 – 5 TaBV 13/16, LAGE § 103 BetrVG 2001 Nr. 24; zunächst Amtsenthebung in Betracht zu ziehen KR-*Kreft/Etzel*, § 15 KSchG Rn. 42; Vor-

fliktlösung innerhalb des Betriebes zwingend notwendig ist, auf die außerordentliche Kündigungsmöglichkeit zurückgegriffen werden können.[269] Nur diese Vorgehensweise erfüllt den **Ultima-Ratio-Gedanken** der außerordentlichen Kündbarkeit.[270] Wie von *Schwerdtner* richtig festgestellt, dürfe nicht übersehen werden, dass der Missbrauch der Amtsstellung gerade nach einer amtsspezifischen Rechtsfolge in Gestalt der Amtsenthebung verlangt, weil es genau das erhöhte Risiko abbildet, was ein AN eingeht, der Rechte und Pflichten aus dem BR-Amt übernimmt.[271] Die ausnahmsweise Anwendbarkeit der außerordentlichen Kündigung, soll nicht dazu führen, dass die Kündigung zur präferierten Handlungsoption wird.[272] Problematisch wäre ansonsten zusätzlich die **überwiegend vertretene Anwendbarkeit** der außerordentlichen **Verdachtskündigung,** die den Freiraum für den AG schafft, sich erleichtert von einem unliebsamen AN zu trennen (zur Verdachtskündigung § 102 Rn. 117).[273]

3. Abs. 1 Fall. 2 i.V.m. Abs. 2 – BR-Auflösung

89 Grundsätzlich sind die gleichen Maßstäbe und Voraussetzungen anwendbar, wie bereits für die Amtsenthebung eines einzelnen BR-Mitglieds dargestellt (vgl. Rn. 28 ff.).[274] Es muss ebenfalls unter den bei der Amtsenthebung geschilderten Voraussetzungen ein Antrag beim *ArbG* gestellt werden, um das Beschlussverfahren einzuleiten. Die sich im Einzelnen ergebenden Abweichungen werden im Folgenden dargestellt.

a) Voraussetzungen

90 Die groben Pflichtverletzungen einzelner BR-Mitglieder führen grundsätzlich zur Amtsenthebung. Nur für den Fall, dass der BR **als Kollektivorgan** die maßgebliche **Pflichtverletzung** begeht, kommt seine Auflösung gemäß Abs. 1 Fall 2 in Betracht.[275] Die grobe Pflichtverletzung muss vom Organ als solchem begangen bzw. durch einen gemeinsamen Beschluss ausgelöst worden sein.[276] Da § 33 Abs. 1 und 2 einen **Mehrheitsbeschluss** vorsieht, der mindestens die Hälfte der BR-Mitglieder umfasst, ist es unschädlich, wenn einzelne BR-Mitglieder nicht an dem Beschluss als Pflichtverletzungshandlung beteiligt waren:[277] Die BR-Mitglieder sind in ihrer Gesamtheit an die demokratisch gefassten Beschlüsse gebunden, sodass die BR-Auflösung immer alle BR-Mitglieder trifft.

91 Für die Pflichtverletzung des BR als Organ ist ebenfalls die **laufende Amtsperiode** maßgeblich (vgl. Rechtsschutzbedürfnis Rn. 20 ff.).[278] Es ist **kein Verschulden** notwendig, weil nur einzelnen Personen ein Vorwurf der vorsätzlichen oder fahrlässigen Begehung gemacht werden kann. Das Kollektiv kann nicht schuldhaft handeln.[279] Es kommt einzig auf die **objektive**

---

rang auch, wenn Amtsenthebungsverfahren das Rechtsschutzbedürfnis fehlt *LAG Hessen* 12.3.15 – 9 TABV 188/14; a.A. Wahlrecht des AG, wenn Vss. der außerordentlichen Kündigung erfüllt sind *Fitting*, Rn. 22.

269 Vgl. *LAG Mecklenburg-Vorpommern* 11.7.17 – 5 TaBV 13/16, LAGE § 103 BetrVG 2001 Nr. 24.

270 Vgl. Richardi-*Thüsing*, Rn. 22; Verhältnismäßigkeitsgrundsatz HaKo-BetrVG/*Düwell*, Rn. 16; vgl. *LAG Hessen* 12.3.15 – 9 TaBV 188/14.

271 *Schwerdtner*, ArbR I, 229.

272 Kritik an der Rechtspraxis DKW-*Trittin*, 16. Aufl. 2018, Rn. 112.

273 Und zur ausführlichen dogmatischen Auseinandersetzung mit der Verdachtskündigung, vgl. DDZ-*Deinert*, § 314 BGB Rn. 54 und DDZ-*Däubler*, § 626 BGB Rn. 258 ff.

274 HWK-*Reichold*, Rn. 17.

275 GK-*Oetker*, Rn. 118; Richardi-*Thüsing*, Rn. 49; HaKo-BetrVG/*Düwell*, Rn. 25; *Fitting*, Rn. 39; HWGNRH-*Huke*, Rn. 42; ErfK-*Koch*, Rn. 12; *LAG Hessen* 23.8.21 – 16 TaBV 3/21, Rn. 26; *LAG Berlin-Brandenburg* 1.10.15 – 5 TaBV 876/15; *ArbG Dessau* 2.12.08 – 9 BV 1/08, AiB 09, 730.

276 HaKo-BetrVG/*Düwell*, Rn. 25.

277 *Fitting*, Rn. 40; GK-*Oetker*, Rn. 120; HaKo-BetrVG/*Düwell*, Rn. 26; HWK-*Reichold*, Rn. 17.

278 M.w.N. GK-*Oetker*, Rn. 210 i.V.m. 119.

279 Richardi-*Thüsing*, Rn. 52; HaKo-BetrVG/*Düwell*, Rn. 26; Galperin-*Löwisch*, Rn. 34; WPK-*Kreft*, Rn. 20; *Fitting*, Rn. 40; *BAG* 22.6.93 – 1 ABR 62/92, AP BetrVG 1972 § 23 Nr. 22; *BAG* 8.8.89 – 1 ABR 63/88, AP BetrVG 1972 § 95 Nr. 18.

Pflichtverletzung (vgl. allgemein Rn. 4) an.[280] Sie muss objektiv erheblich und offensichtlich schwerwiegend sein.[281] Die weitere Amtsausübung des BR muss unter Bewertung aller Umstände des Einzelfalls untragbar erscheinen.[282] Nur dann ist eine Grobheit der Pflichtverletzung zu bejahen,[283] weil die BR-Auflösung als besonders schwere Rechtsfolge anzusehen ist.[284] Ein **aktives** Tätigwerden ist dafür jedoch nicht notwendig; auch eine ausgebliebene Wahrnehmung der gesetzlichen Pflichten reicht aus.[285] Darunter fällt z. B. die mangelnde Bestellung eines Wahlvorstandes (vgl. Rn. 96) oder eines GBR gemäß § 47 oder die fehlende Organisation bei der BR-Tätigkeit i. S. d. §§ 26 und 27 (weitere Bsp. vgl. Rn. 96 ff.).

Soweit das Kollektivorgan gehandelt hat, können die groben Pflichtverletzungen, die für die einzelnen BR-Mitglieder bejaht worden sind, für ein Auflösungsverfahren herangezogen werden (vgl. Rn. 35 ff.). Eine grobe Pflichtverletzung des BR wurde darüber hinausgehend – unter Würdigung der **Umstände des Einzelfalls** – bei den folgenden Fallkonstellationen **angenommen:**[286] 92

- Eine die Auflösung des BR bewirkende große Pflichtverletzung wurde bejaht, bei einem missbräuchlichen Umgang mit **Daten.**[287] Im besagten Fall hatte der BR während einer Restrukturierung des Betriebs eine erhebliche Menge betriebsinterner Dokumente per Mail an verschiedene Kanzleien und eine gewerkschaftliche Rechtsschutz GmbH verschickt. Durch diese Handlung sei sowohl gegen den Grundsatz der vertrauensvollen Zusammenarbeit (§ 2 Abs. 1) als auch gegen Datenschutzrecht verstoßen worden. 92a
- Als Anlass für eine BR-Auflösung wurde ein **falscher Sachvortrag** vor Gericht eingestuft, der durch den gesamten BR gestützt worden sei.[288] Das Gericht hat in die Beurteilung einbezogen, dass der BR trotz überzeugender Zeugenaussage auf der Gegenseite, keine Korrektur des offensichtlich falschen Sachvortrags vorgenommen habe. Darin sah das Gericht einen Verstoß gegen den Grundsatz der vertrauensvollen Zusammenarbeit (§ 2 Abs. 1), der schwer genug gewogen habe, um eine grobe Pflichtverletzung anzunehmen. 92b
- Das BR-Gremium begeht eine grobe Pflichtverletzung, indem es zu Unrecht von seinem **Hausrecht** Gebrauch macht und dadurch die Teilnahme des **Gewerkschaftsbeauftragten** an Betriebsversammlungen verhindert.[289] 93
- Dem BR ist eine grobe Pflichtverletzung bei Weitergabe **vertraulicher Informationen** vorwerfbar. Dies ist z. B. der Fall bei einem Aushang von BR-Protokollen am schwarzen Brett, welche die Höhe der Gehälter öffentlich machen.[290] 94
- Ein Verstoß gegen das Verbot **partei-politischer Betätigung,**[291] muss Äußerungen allgemeinpolitischer Art überschreiten.[292] Darunter ist zu fassen, wenn der BR sich ernsthaft und willentlich für oder gegen eine politische Partei einsetzt (näher dazu § 74 Rn. 54 ff.). Richtigerweise kann eine Verletzung der partei-politischen Betätigung nur angenommen werden, wenn der **Betriebsfrieden oder die Arbeitsabläufe** dadurch **konkret gestört** wür- 95

280 Richardi-*Thüsing*, Rn. 52; *BAG* 22.6.93 – 1 ABR 62/92, AP BetrVG 1972 § 23 Nr. 22; *LAG Hamm* 25.9.59 – 5 BV Ta 48/59, DB 59, 1227; *Fitting* Rn. 40; HWGNRH-*Huke*, Rn. 43; GK-*Oetker*, Rn. 120; a. A. Galperin-*Siebert*, Rn. 18; *Nikisch*-Bd. 3, 117.
281 *BAG* 22.6.93 – 1 ABR 62/92, AP BetrVG 1972 § 23 Nr. 22.
282 *BAG* 22.6.93 – 1 ABR 62/92, AP BetrVG 1972 § 23 Nr. 22; *LAG Hessen* 23.8.21 – 16 TaBV 3/21, Rn. 25.
283 *BAG* 22.6.93 – 1 ABR 62/92, AP BetrVG 1972 § 23 Nr. 22; Richardi-*Thüsing*, Rn. 53; HaKo-BetrVG/*Düwell*, Rn. 27.
284 *BAG* 22.6.93 – 1 ABR 62/92, AP BetrVG 1972 § 23 Nr. 22.
285 HaKo-BetrVG/*Düwell*, Rn. 27; Galperin-*Löwisch*, Rn. 32; *Fitting* Rn. 36; Richardi-*Thüsing*, Rn. 49; a. A. DKW-*Trittin*, 16. Aufl. 2018, Rn. 155.
286 GK-*Oetker*, Rn. 121 ff.
287 *ArbG Iserlohn* 14.1.20 – 2 BV 5/19.
288 *LAG Hessen* 23.8.21 – 16 TaBV 3/21, Rn. 30.
289 *ArbG Esslingen* 21.5.64 – BV 2/64, AuR 64, 249.
290 Unterlassungsanspruch des AG gegen BR abgelehnt *LAG Berlin* 26.6.86 – 8 Ta BV 2/86, AuR 89, 258.
291 Keine abschließende Entscheidung über eine grobe Pflichtverletzung, aber detaillierte Auseinandersetzung zur Weite des Verbots der partei-politischen Betätigung *BAG* 17.3.10 – 7 ABR 95/08, AP BetrVG 1972 § 74 Nr. 12.
292 *BAG* 17.3.10 – 7 ABR 95/08, AP BetrVG 1972 § 74 Nr. 12; *BAG* 21.2.78 – 1 ABR 54/76, AP BetrVG 1972 § 74 Nr. 1.

den (vgl. Rn. 64).[293] Darüber hinaus ist in die Beurteilung auch stets das politische Verhalten des AG im Betrieb einzubeziehen.[294] Soweit eine politische Veranstaltung in Absprache zwischen BR und AG im Wahlkampf ausgerichtet wird, ist keine grobe Pflichtverletzung anzunehmen. Ein prozessuales Vorgehen des AG, würde in diesem Fall ohnehin an seinem widersprüchlichen Verhalten scheitern.

96 • Eine grobe Pflichtverletzung kann der BR als Organ erfüllen, wenn ihm ein **Unterlassen** seiner gesetzlich vorgeschriebenen **BR-Aufgaben** vorwerfbar ist: Das wird beispielsweise bejaht, bei der wiederholten Unterlassung der Einberufung von Betriebsversammlungen i. S. d. §§ 42 und 43, die vierteljährlich bzw. regelmäßig abgehalten werden sollen[295] – teilweise unter zielgerichteter Vereitelung der für die Gewerkschaft im Gesetz verankerten Rechte.[296] Auch das Unterlassen der Bestellung eines Wahlvorstandes und dessen Vorsitzenden entgegen der gesetzlichen Vorschrift des § 13 Abs. 2 Nr. 2 kann eine Auflösung des BR-Organs nach sich ziehen.[297]

97 Eine grobe Pflichtverletzung wurde – ebenfalls unter Würdigung der **Umstände des Einzelfalls** – in den folgenden Konstellationen **verneint:**

98 • Zur Einschätzung des Vorliegens einer groben Pflichtverletzung wird in der Rechtsprechung maßgeblich auf das **Verhältnis von § 87 und 77 Abs. 3** abgestellt (vgl. § 77 Rn. 182 und 132 i. V. m. Rn. 41).[298] Falls es sich nur um eine Überschreitung der Zuständigkeitsregelung i. S. d. § 87 handelt, sei nach Auffassung der Rechtsprechung die betriebliche Ordnung nicht verletzt.[299] Dies sei aber notwendig, um die Anwendbarkeit des § 23 auszulösen. Gleichfalls **mangelt** es bei den Entscheidungen häufig am **Verschulden**[300] oder der **Grobheit,** sofern kein Verschuldenserfordernis angenommen wird. Eine grobe Pflichtverletzung kann nicht bejaht werden, wenn die Einschätzung der rechtlichen Situation aufgrund einer unübersichtlichen und streitigen Rechtslage nicht möglich war.[301] Ein Verstoß gegen einen TV durch Abschluss einer BV ist ausnahmsweise unschädlich bei komplexem und **unübersichtlichem TV-Gefüge.** Zusätzlich wurde dem BR im zitierten Fall zu Gute gehalten, dass dessen Intention war, zu Gunsten der AN möglichst viele freie Tage mit dem Wochenende zu verbinden und damit ein tarifvertragliches Ziel zu verfolgen.[302] Die Amtsausführung des BR ist dadurch nicht untragbar geworden. Grundsätzlich kann ein grober Verstoß **gegen § 77 Abs. 3** durch **Abschluss** einer **BV (oder Regelungsabreden;** vgl. § 77 Rn. 158 ff.) des BR mit dem AG zu Lasten der tarifgebundenen AN aber bejaht werden (näher § 77 Rn. 189), wenn sie einen unzulässigen Verzicht auf die unmittelbare und zwingende Wirkung des TV gemäß § 4 Abs. 1 TVG und das Unterlaufen eines Verzichtsverbots gemäß § 4 Abs. 4 TVG

---

293 *Däubler*, ArbR I, Rn. 781 ff.; *BAG* 21.2.78 – 1 ABR 54/76, AP BetrVG 1972 § 74 Nr. 1; *BVerfG* 28.4.76 – 1 BvR 71/73, AP BetrVG 1972, § 74 Nr. 2.

294 *BVerfG* 28.4.76 – 1 BvR 71/73, AP BetrVG 1972, § 74 Nr. 2.

295 *LAG Frankfurt/M.* 12.8.93 – 12 TaBV 203/92, AuR 94, 107; *LAG Baden-Württemberg* 13.3.14 – 6 TaBV 5/13, AuR 14, 164 und 247; *Fitting*, Rn. 37; *LAG Hamm* 25.9.59 – 5 BV Ta 48/59, DB 59, 1227; *ArbG Wetzlar* 22.9.92 – 1 BV 10/92, BB 92, 2216; für 1 ½ Jahre *ArbG Hamburg* 27.6.12 – 27 BV 8/12; trotz Antrags *ArbG Hamburg* 27.6.12 – 27 BV 8/12 m. V. a. *ArbG Göttingen* 30.5.96 – 2 BV 6/96, uv.

296 *Fitting*, Rn. 37; *LAG Baden-Württemberg* 13.3.14 – 6 TaBV 5/13, AuR 14, 164 und 247; *LAG Hamm* 25.9.59 – 5 BV Ta 48/59, DB 59, 1227.

297 *LAG Düsseldorf* 15.4.11 – 6 Sa 857/10, LAGE § 13 BetrVG 2001 Nr. 1.

298 Ausführlich DHZ-*Deinert*, § 12 Rn. 169 ff.

299 *BAG* 22.6.93 – 1 ABR 62/92, AP BetrVG 1972 § 23 Nr. 22 ausnahmsweise zu verneinen, wenn nicht ersichtlich, dass BV durch TV gesperrt ist, aufgrund eines komplizierten tarifvertraglichen Regelwerks; ebenso HaKo-BetrVG/*Düwell*, Rn. 27 und 74; GK-*Oetker*, Rn. 121; HWGNRH-*Huke*, Rn. 46; a. A. Zweifel, ob § 23 überhaupt auf § 77 Abs. 3 gerichtet, weil nur Zuständigkeitsnorm in Abgrenzung zum Tarifrecht und keine Norm, die die betriebsverfassungsrechtliche Ordnung sichert *BAG* 20.4.99 – 1 ABR 72/98, AP GG Art. 9 Nr. 89; *BAG* 20.8.91 – 1 ABR 85/90, AP BetrVG 1972 § 77 Tarifvorbehalt Nr. 2; ebenso *LK*, Rn. 39.

300 *ArbG Marburg* 7.8.96 – 1 BV 6/96, NZA 96, 1331.

301 *BAG* 22.6.93 – 1 ABR 62/92, AP BetrVG 1972 § 23 Nr. 22; *ArbG Marburg* 7.8.96 – 1 BV 6/96, NZA 96, 1331, 1337.

302 *BAG* 22.6.93 – 1 ABR 62/92, AP BetrVG 1972 § 23 Nr. 22.

beinhalten (vgl. § 77 Rn. 176 ff. und Rn. 126 sowie § 87 Rn. 36).[303] Dadurch wird ebenso der allgemeine **Grundsatz der BR-Arbeit zum Wohle der AN** i. S. d. §§ 2 Abs. 1, 75 und 80 Abs. 1 Nr. 1 als auch die grundgesetzlich geregelte **Tarifautonomie i. S. d. Art. 9 Abs. 3 GG** verletzt. Dies ist nicht der Fall, soweit es sich um zwingend mitbestimmungspflichtige Inhalte i. S. d. § 87 Abs. 1 S. 1 Nr. 1 bis 13 handelt (näher § 77 Rn. 132). Der BR ist grundsätzlich angehalten, zum Wohl der AN zu handeln und durch die betriebsverfassungsrechtliche Überwachungspflicht seiner **Fürsorgepflicht** nachzukommen. Durch solche Abreden werden TV als Mindestarbeitsbedingungen zum Schutz der AN zu deren Lasten ausgehebelt. Gleichfalls werden kollektivvertragliche Regelungen auf die individualrechtliche Ebene gehoben. Dies hat das Potential den AN durch das Einverständnis des BR fälschlicherweise den Eindruck zu vermitteln, dass die Entscheidung rechtlich und wirtschaftlich ausgewogen und unter Wahrung der Interessen der Belegschaft getroffen worden sei.[304]

- Eine **Erklärung** des BR sich mit **streikenden AN** im eigenen Betrieb **solidarisch** zu zeigen, stellt keine grobe Pflichtverletzung dar, wenn der AG zuvor durch eine Kündigungserklärung **provoziert,** die kündigungsschutzrechtliche und betriebsverfassungsrechtliche Vorgaben außer Acht gelassen hat.[305] Nach § 74 Abs. 3 und aus der Meinungsfreiheit i. S. d. Art. 5 Abs. 1 S. 1 Hs. 1 GG ergibt sich eine freie gewerkschaftliche Betätigung von BR-Mitgliedern im Betrieb, die sich in einer verbalen Solidarisierung äußern kann. Zwar wurde dies bisher nur auf den Solidaritätsstreik mit Drittbetrieben herausgearbeitet[306], muss aber im eigenen Betrieb ebenso seine Wirkung erlangen, wenn die Streikmaßnahme eine Reaktion auf arbeitgeberseitige Pflichtverletzungen ist. Ein **Aufruf zum Streik** durch den BR ist nicht von § 74 Abs. 3 und der Meinungsfreiheit i. S. d. Art. 5 Abs. 1 S. 1 Hs. 1 GG gedeckt (vgl. Rn. 36). 99
- Eine grobe Pflichtverletzung kann grundsätzlich in einem erheblichen Verstoß gegen die **vertrauensvolle Zusammenarbeit** gemäß § 2 Abs. 1 liegen; gleichzeitig gibt es wenige Entscheidungen, bei denen die Auflösung des BR begründet auf die Verletzung des Grundsatzes der vertrauensvollen Zusammenarbeit gestützt worden ist.[307] Wie z. B. bei der Entscheidung zum Aushang am schwarzen Brett, der Äußerungen Dritter über die Arbeitsbedingungen im Betrieb enthielt. Sofern darin falsche Informationen enthalten sein sollten, sei dies unschädlich, weil ein Aushang nicht mit dem Zueigenmachen jeder darin verankerten Aussage einherginge.[308] 100

b) Wirkung der BR-Auflösung

Bis zur **Rechtskraft** bleibt der BR als Organ bestehen, mithin die BR-Mitglieder in ihrem Amt tätig.[309] Mit Eintritt der Rechtskraft nach Ablauf der Notfristen der Nichtzulassungsbeschwerde i. S. d. §§ 92a, 72a Abs. 3 und Abs. 4 ArbGG bzw. wenn keine Rechtsmittel mehr erhoben werden können, kommt es zur **sofortigen** und **unmittelbaren Auflösung** der betrieblichen AN-Vertretung.[310] Die BR-Ämter aller BR-Mitglieder erlöschen nach § 24 Nr. 5 Alt. 2. Eine Berechtigung der Amtsfortführung bis zur Neuwahl gemäß § 22 i. V. m. § 13 Abs. 2 Nr. 5 besteht 101

---

303 *Fitting*, Rn. 37; Verstoß anzunehmen, wenn Tarifnorm als Ausdruck kollektiver Ordnung verdrängt und damit ihrer zentralen Funktion beraubt würde, was eine tarifliche Regelung im Anwendungsbereich der BV voraussetzt *LAG München* 28.4.21 – 10 TaBV 51/20; Möglichkeit bejaht, aber am Verschulden gescheitert *ArbG Marburg* 7.8.96 – 1 BV 6/96, NZA 96, 1331.

304 *ArbG Marburg* 7.8.96 – 1 BV 6/96, NZA 96, 1331, 1333.

305 *Fitting*, Rn. 38; *LAG Hamm* 6.11.75 – 8 TaBV 21/75, BB 76, 363.

306 *Däubler*, Anm. zu *BAG* 20.3.79 – 1 AZR 450/76, AiB 2012, 604.

307 Ausnahmsweise *ArbG Krefeld* 6.2.95 – 4 BV 34/94, NZA 95, 803; Auflösung bejaht, aber daneben datenschutzrechtliche Verstöße in einem erheblichen Umfang *ArbG Iserlohn* 14.1.20 – 2 BV 5/19; unbegründet *LAG Berlin-Brandenburg* 1.10.15 – 5 TaBV 876/15; erneute Bestätigung der hohen Hürden des § 23 Abs. 1 zur Auflösung des BR *Stück*, Anm. *LAG Köln* 14.1.22 – 9 TaBV 34/21, CCZ 2022, 202.

308 *LAG Schleswig-Holstein* 3.12.13 – 1 TaBV 11/33.

309 GK-*Oetker*, Rn. 129; *LAG Hamm* 9.11.77 – 11 Sa 951/77, DB 78, 216.

310 *Fitting*, Rn. 41; HWK-*Reichold*, Rn. 21.

nicht. Weiterhin rücken keine Ersatzmitglieder nach, weil diese mit der rechtskräftigen Auflösung des BR ebenfalls ihre Stellung verlieren.[311]

102 Der BR büßt damit **alle Rechte und Pflichten** ein (vgl. Wirkung der Amtsenthebung Rn. 76 ff.), wie z. B. den besonderen Kündigungsschutz inklusive dessen Nachwirkung gemäß §§ 15 Abs. 1 S. 2 letzter Hs. KSchG, weil es sich um eine Auflösungsentscheidung handelt, die durch das Gericht getroffen wird.[312] Es wird teilweise angenommen, dass die **Nachwirkung** für diejenigen BR-Mitglieder nicht entfalle, die an dem, der Pflichtverletzung zu Grunde liegenden Beschluss nicht aktiv beteiligt waren bzw. dagegen gestimmt haben.[313] Der Sinn und Zweck der Nachwirkung besteht darin, die Möglichkeit zu gewähren, dass sich Konfliktlagen, die während der Tätigkeit als BR-Mitglied entstanden sind, befrieden können, bevor der AN kündigungsrechtlich wieder wie ein AN ohne BR-Amt behandelt wird.[314] Der gesetzliche Ausschluss der Nachwirkung bei Beendigung der Mitgliedschaft infolge einer gerichtlichen Entscheidung findet zwar vom Wortlaut her keine Einschränkung. Gleichfalls kann – wie *Fitting* annimmt[315] – mittels einer **teleologischen Reduktion der Rechtsfolgen** des § 15 Abs. 1 S. 2 letzter Hs. KSchG der Gerechtigkeitserwägung nachgekommen werden, den nicht aktiv an der groben Pflichtverletzung beteiligten BR-Mitgliedern die Nachwirkung zu belassen.

103 Ebenso wie bei der Amtsenthebung verlieren die BR-Mitglieder des aufgelösten BR ebenfalls ihre Stellung im **GBR und KBR,** soweit diese Gremien bestehen. Nach § 107 Abs. 2 S. 1 führt die Auflösung des BR zur Beendigung der Amtszeit im **WA,** wenn dessen Mitglieder vom BR berufen worden sind.[316] BR-Mitglieder des aufgelösten BR, die vom GBR in den WA entsandt wurden, verlieren auch die Mitgliedschaft im WA.[317]

104 Ein laufendes **Verfahren der Einigungsstelle** zur Beilegung von Konflikten zwischen den Betriebsparteien nach § 76 verliert nach Auflösung des BR seinen Sinn, sodass dieses gegenstandslos wird.[318] Die Mitgliedschaft in einer betrieblichen Einigungsstelle findet damit ein Ende.[319]

105 Nach Auflösung des BR wird gemäß Abs. 2 S. 1 vom *ArbG* **von Amts wegen unverzüglich** ein **Wahlvorstand** für die Durchführung einer **Neuwahl** eingesetzt, um den Zustand der BR-losigkeit so kurz wie möglich zu halten.[320] Eine Wiederwahl von BR-Mitgliedern des aufgelösten BR ist möglich (vgl. oben Rn. 23).[321] Bezüglich der Zusammensetzung des Wahlvorstandes findet § 16 Abs. 2 Anwendung, sodass die antragstellenden AN oder die im Betrieb vertretene Gewerkschaft, die den Antrag i. S. d. Abs. 1 Fall 2 gestellt hat, Vorschläge zur Größe und Zusammensetzung dessen unterbreiten dürfen.[322] Es wird vertreten, dass die Vorschläge für die Wahl des Wahlvorstandes nicht im Antrag aufgeführt werden dürften, der auf die Auflösung des BR gerichtet ist.[323] Dafür sei grundsätzlich ein gesonderter Beschluss notwendig, weil der Auflösungsbeschluss zunächst **Rechtskraft** erlangen müsse.[324] Diesem Erfordernis kann aber gleichfalls Rechnung getragen werden, wenn – wie *Fitting* vorschlägt – der **Tenor** neben dem

---

311 *Fitting*, Rn. 41; Richardi-*Thüsing*, Rn. 65.

312 ErfK-*Koch*, Rn. 15; *LAG Hamm* 9.11.77 – 11 Sa 951/77, DB 78, 216; HK-ArbR-*Fiebig/Bufalica*, Rn. 68; a. A. kein Verlust der Nachwirkung bei Auflösung des BR, weil Minderheit, die grob pflichtwidrigen Beschluss nicht mitgefasst hat, »mithaften« würde DKW-*Trittin*, 16. Aufl. 2018, Rn. 190; nachwirkender Kündigungsschutz für unbeteiligte BR-Mitglieder im Wege einer teleologischen Reduktion *Fitting*, Rn. 43.

313 DKW-*Trittin*, 16. Aufl. 2018, Rn. 190.

314 ErfK-*Kiel*, § 15 KSchG Rn. 31.

315 *Fitting*, Rn. 43.

316 GK-*Oetker*, Rn. 132.

317 *Fitting*, Rn. 42.

318 HaKo-BetrVG/*Düwell*, Rn. 31; *Fitting*, Rn. 42; GK-*Oetker*, Rn. 132; ErfK-*Koch*, Rn. 15.

319 *Fitting*, Rn. 42.

320 Dazu Richardi-*Thüsing*, Rn. 5; HaKo-BetrVG/*Düwell*, Rn. 33; betriebsratlose Zeit nicht vermeidbar HWK-*Reichold*, Rn. 21; generell betriebsverfassungsrechtlicher Grundsatz, betriebsratslose Zeit gering zu halten *ArbG Lingen* 3.3.87 – 1 BV Ga 4/87, NZA 88, 40.

321 *Fitting*, Rn. 41.

322 HaKo-BetrVG/*Düwell*, Rn. 33; Richardi-*Thüsing*, Rn. 69.

323 Näher Richardi-*Thüsing*, Rn. 70; a. A. DKW-*Trittin*, 16. Aufl. 2018, Rn. 191.

324 GK-*Oetker*, Rn. 138; Richardi-*Thüsing*, Rn. 67; HWK-*Reichold*, Rn. 22; HWGNRH-*Huke*, Rn. 58.

Auflösungsbeschluss und der Bestellung der Mitglieder des Wahlvorstandes, eine Neuwahl **abhängig** von der Rechtskraft des Beschlusses macht.[325] Dabei handelt es sich um eine **zulässige Rechtsbedingung.**[326] Nur dadurch könne die betriebsratslose Zeit auf ein Minimum begrenzt werden. Für die **Einsetzung des neuen Wahlvorstandes** ist stets das *ArbG* in der ersten Instanz zuständig – unabhängig davon in welcher Instanz der Auflösungsbeschluss gefasst wurde.[327] Falls dieser Grundsatz durch den gemeinsamen Beschluss der Bestellung des Wahlvorstandes unter der Bedingung der rechtskräftigen Auflösung ausgehebelt werden würde, müsste ausnahmsweise eine Trennung beider Vorgänge in zwei Beschlüssen stattfinden. Falls sich Widerstand gegen den Auflösungsbeschluss regt und daher eine **Rechtsmitteleinlegung wahrscheinlich** wird, ist es ratsam, zwei voneinander unabhängige Beschlussverfahren durchzuführen, weil in der Zeitspanne bis zur Rechtskraft der Beschlüsse die Zusammensetzung der Wahlvorschläge durch personelle Veränderungen betroffen sein kann.[328] Gegen den Beschluss zur Einsetzung eines Wahlvorstandes ist die Beschwerde gemäß § 87 ArbGG das richtige Rechtsmittel.[329]

4. Unterlassungsanspruch des AG

Früher fasste das *BAG* unter Abs. 1 und 2 das AG-Begehren auf **Unterlassung** gegenüber dem BR bzw. einzelnen BR-Mitgliedern.[330] Ein Unterlassen wurde häufig anlässlich der Verletzung der **Friedenspflicht**[331] (vgl. § 74 Rn. 88ff.) oder bei Verstößen gegen das **Verbot der parteipolitischen Betätigung**[332] (vgl. § 74 Rn. 90ff.) i.S.d. § 74 Abs. 2 sowie gegen die **Geheimhaltungspflicht**[333] nach § 79 Abs. 1 angenommen. Seit 2010 wird die Forderung des AG gegenüber dem BR bzw. eines BR-Mitglieds, betriebsverfassungswidrige Handlungen zu unterlassen, **nicht** mehr unter die Norm subsumiert.[334] **Begründet** wird dies mit dem Wortlaut der Norm, der ausschließlich die Rechtsfolgen der Amtsenthebung oder der BR-Auflösung vorsieht.[335] Darüber hinaus gilt der BR als vermögenslos, sodass ein Unterlassungsanspruch – zumindest gegen den BR als Organ – nicht mittels Ordnungsgeld durchgesetzt werden könnte.[336] **106**

Der Ansicht AG einen Unterlassungsanspruch gegen den BR zu verwehren, ist **zuzustimmen** (vgl. § 74 Rn. 88). Zunächst wird nur dies dem gesetzgeberischen Willen gerecht, der sehenden Auges ausschließlich in Abs. 3 einen Unterlassungsanspruch des BR oder einer im Betrieb vertretenen Gewerkschaft gegenüber dem AG und nicht in Abs. 1 gegen den BR oder das BR-Mitglied geregelt hat.[337] Die Rechtsfolgen sind bei einer groben Pflichtverletzung durch den BR oder das einzelne BR-Mitglied folglich auf die Amtsenthebung eines BR-Mitglieds oder der BR-Auflösung beschränkt.[338] Die **Waffengleichheit** wird durch diese Annahme gerade **nicht** **107**

325 *Fitting*, Rn. 46; ebenso HaKo-BetrVG/*Düwell*, Rn. 33; ausführlich WPK-*Kreft*, Rn. 26.
326 DKW-*Trittin*, 16. Aufl. 2018, Rn. 191.
327 WPK-*Kreft*, Rn. 24ff.; Richardi-*Thüsing*, Rn. 68.
328 Vgl. unter genereller Ablehnung der Möglichkeit eines gemeinsamen Beschlusses GK-*Oetker*, Rn. 138.
329 Richardi-*Thüsing*, Rn. 68; HWK-*Reichold*, Rn. 17.
330 Ausführlich *Raab*, RdA 17, 288; eigenständiger Unterlassungsanspruch neben § 23 *BAG* 22.7.80 – 6 ABR 5/78, AP BetrVG 1972 § 74 Nr. 3; ebenso *ArbG Paderborn* 29.1.98 – 1 BV 35/97, DB 98, 678.
331 Von § 23 unabhängiger Unterlassungsanspruch aus Friedenspflichtverletzung *BAG* 22.7.80 – 6 ABR 5/78, AP BetrVG 1972 § 74 Nr. 3.
332 *BAG* 12.6.86 – 6 ABR 67/84, AP BetrVG 1972 § 74 Nr. 5.
333 *BAG* 26.2.87 – 6 ABR 46/84, AP BetrVG 1972 § 79 Nr. 2.
334 *BAG* 17.3.10 – 7 ABR 95/08, AP BetrVG 1972 § 74 Nr. 12; ebenso, aber mit Klarstellung, dass Unterlassungsanspruch nach § 1004 Abs. 1 S. 2 BGB nicht ausgeschlossen wird *BAG* 15.10.13 – 1 ABR 31/12, AP GG Art. 9 Arbeitskampf Nr. 181; HaKo-BetrVG/*Düwell*, Rn. 34; dazu näher HWGNRH-*Huke*, Rn. 40.
335 *BAG* 23.10.19 – 7 ABR 7/18; *BAG* 17.3.10 – 7 ABR 95/08, AP BetrVG 1972 § 74 Nr. 12; ErfK-*Koch*, Rn. 1.
336 *BAG* 23.10.19 – 7 ABR 7/18; *BAG* 17.3.10 – 7 ABR 95/08, AP BetrVG 1972 § 74 Nr. 12; Grunsky-*Greiner*, § 85 ArbGG Rn. 22.
337 Vgl DKW-*Trittin*, 16. Aufl. 2018, Rn. 2.
338 Vgl DKW-*Trittin*, 16. Aufl. 2018, Rn. 2.

gefährdet, wie teilweise angenommen,[339] weil die Rechtsfolgen des Abs. 1 ohnehin stärker wirken, als die gegenüber dem AG in Abs. 3: Während vom AG lediglich ein gesetzeskonformes Tun, Dulden oder Unterlassen durch den Beschluss gefordert werden kann, droht dem einzelnen BR-Mitglied eine Amtsenthebung oder dem BR die Auflösung. Dem AG verbleibt die Möglichkeit der gerichtlichen Feststellung nach § 256 ZPO (vgl. § 74 Rn. 88).[340] Gleichfalls verleiht § 74 Abs. 2 S. 1 Hs. 1 keine individuelle Rechtsposition, sondern konkretisiert lediglich den Grundsatz der vertrauensvollen Zusammenarbeit. Die Norm dient der Absicherung eines geordneten Betriebsablaufs und des Betriebsfriedens.[341]

108 Zwar findet die **Kritik** Anklang, dass die mangelnde Vollstreckbarkeit sich lediglich auf das vermögenslose BR-Organ beziehe, aber nicht zwingend auf die einzelnen BR-Mitglieder,[342] sodass das Argument nicht streitentscheidend sein kann. Gleichfalls bedeutet eine mangelnde Vollstreckbarkeit nicht zwingend, dass ein Urteil auf Unterlassen keine Wirkung entfalten kann.[343] Dessen Wirkung ist wegen der beschränkten Vollstreckbarkeit aber tatsächlich unterzugewichten. **Entscheidend** ist vielmehr, dass dem AG aus der Regelung allgemeiner Grundsätze über die Zusammenarbeit, wie sie in § 74 vorgesehen sind, keine **subjektiven Rechte** erwachsen, im **Gegensatz** zu den betriebsverfassungsrechtlichen Rechten und Pflichten, aus denen sich der allgemein anerkannte **Unterlassungsanspruch für den BR** gegen den AG ableitet (vgl. Rn. 195 ff.).[344] Weiterhin verbleiben dem AG dessen allgemeine Rechte aus seinem Eigentum, dem Deliktsrecht und dem Arbeitsvertrag selbst.[345]

III. Abs. 3 – AG-Handeln

109 Durch Abs. 3 kann das *ArbG* dem AG die Vornahme einer bestimmten Handlung, ein Dulden oder ein Unterlassen auferlegen, soweit diesem ein objektiv grober Verstoß gegen betriebsverfassungsrechtliche Pflichten vorwerfbar ist.[346] Der unbestimmte Rechtsbegriff des groben Pflichtverstoßes unterliegt einem **Beurteilungsspielraum** (vgl. Rn. 4).[347] Der BR oder eine im Betrieb vertretene Gewerkschaft (vgl. Rn. 18) haben ein Antragsrecht zur Einleitung des Verfahrens nach Abs. 3 beim *ArbG*. Eine eigene Betroffenheit des BR oder der Gewerkschaft durch die Pflichtverletzung ist nicht notwendig.[348] Die **Besonderheit** liegt gerade darin, dass Abs. 3 ein **zweistufiges Verfahren** der **Prozessstandschaft**[349] regelt. D. h. eine im Betrieb vertretene Gewerkschaft oder der BR können für jemand anderes – trotz **mangelnder Betroffenheit in ihren eigenen Rechten** – die grobe Pflichtverletzung gerichtlich geltend machen. Das verläuft in **zwei Stufen:** Auf der ersten Stufe steht das **Erkenntnisverfahren** (näher vgl. Rn. 113), wo in einem ersten Prozess der AG durch Beschluss zu einem Handeln, Dulden oder Unterlassen angehalten wird, soweit ihm eine vorherige grobe Pflichtverletzung vorwerfbar ist. Wenn der AG den Beschluss aus dem Erkenntnisverfahren nicht umsetzt, kann diesem im Wege des speziell in Abs. 3 S. 2 bis 5 geregelten **Vollstreckungsverfahrens** (näher vgl. Rn. 162 ff.) – je nach Rechtsfolge aus dem Erkenntnisverfahren – ein **Ordnungs- oder Zwangsgeld** über maximal

---

339 *LK*, Rn. 4; *Burger/Rein*, NJW 10, 3613; GK-*Kreutz/Jacobs* § 74 Rn. 92 ff.

340 Unter exakter Angabe der festzustellenden Verhaltensweise *LK*, Rn. 5; KRHS-*Klebe*, Rn. 1; sofern das Feststellungsinteresse besteht *BAG* 17. 3. 10 – 7 ABR 95/08, AP BetrVG 1972 § 74 Nr. 12; krit., da *BAG* gerade subjektives Recht verneint, was ein feststellbares Rechtsverhältnis darstellen würde *Pfrogner*, RdA 16, 161, 165.

341 *BAG* 15. 10. 13 – 1 ABR 31/12, AP GG Art. 9 Arbeitskampf Nr. 181; von § 23 unabhängiger Unterlassungsanspruch aus Friedenspflichtverletzung *BAG* 22. 7. 80 – 6 ABR 5/78, AP BetrVG 1972 § 74 Nr. 3.

342 *Pfrogner*, RdA 16, 161, 163; *LK*, Rn. 7.

343 *Pfrogner*, RdA 16, 161, 164.

344 *BAG* 15. 10. 13 – 1 ABR 31/12, AP GG Art. 9 Arbeitskampf Nr. 181.

345 *LK*, Rn. 7 ff.

346 Ausführlich *Heinze*, DB Beil. 9/83, 1 ff.; *Konzen*, 70 ff.

347 *BAG* 28. 5. 02 – 1 ABR 32/01, AP BetrVG 1972 § 87 Ordnung des Betriebes Nr. 39; *BAG* 21. 2. 78 – 1 ABR 54/76, AP BetrVG 1972 § 74 Nr. 1.

348 HWGNRH-*Huke*, Rn. 61; *BAG* 20. 8. 91 – 1 ABR 85/90, AP BetrVG 1972 § 77 Tarifvorbehalt Nr. 2.

349 HaKo-BetrVG/*Düwell*, Rn. 35; *Raab*, ZfA 97, 183, 187; a. A. sieht darin keine Prozessstandschaft, sondern nur die Berechtigung zur Sicherung des gesetzeskonformen Verhaltens des AG Richardi-*Thüsing*, Rn. 74.

10 000 Euro auferlegt werden. Im Vollstreckungsverfahren wird stets der aus dem Erkenntnisverfahren erlangte Titel durchgesetzt.

Der **Sinn und Zweck** der Norm ist die Sicherstellung des betriebsverfassungsgemäßen Verhaltens des AG und damit der Schutz der betriebsverfassungsrechtlichen Ordnung für die Zukunft.[350] Die Norm verleiht zu diesem Zweck einen materiellen **Anspruch** i. S. d. § 194 BGB und kein bloßes Antragsrecht.[351] Der Gesetzgeber hat 1972 als Gegenstück zu Abs. 1 den Abs. 3 eingefügt, um zwischen den Interessenvertretern auf der AN-Seite und dem AG eine gleichwertige Regelung zu schaffen, mithin eine Waffengleichheit herzustellen.[352] Dem BR und der im Betrieb vertretenen Gewerkschaft (vgl. Rn. 18) sollte ein ebenso wirksames Mittel gegenüber dem AG an die Hand gegeben werden, wie Abs. 1 gegenüber dem BR bzw. dem einzelnen BR-Mitglied vorsieht.[353] Eine völlige **Gleichstellung** besteht faktisch aber **nicht,** weil der AG auf der Grundlage von Abs. 1 beim *ArbG* die Auflösung des BR als Ganzes beantragen kann. Demgegenüber können der BR und die im Betrieb vertretene Gewerkschaft gegen den AG beim *ArbG* lediglich einen in die Zukunft gerichteten Anspruch auf ein Tun, Dulden oder Unterlassen geltend machen.[354] Eine **Gleichgerichtetheit** beider Absätze zeichnet sich aber durch die Verfolgung desselben Zwecks aus, nämlich die betriebliche Ordnung und die rechtmäßige BR-Tätigkeit für die Zukunft zu sichern bzw. im Falle der Auflösung des Gesamtgremiums eine rechtswidrige BR-Arbeit zukünftig zu verhindern.[355] Nach der Einführung des Abs. 3 im Jahr 1972, wurde der **Wortlaut** durch die Fassung vom 2. 3. 1974 abgeändert. Das ursprünglich verwendete Wort Geldstrafe wurde durch die Begriffe Ordnungs- und Zwangsgeld anhand von Art. 238 Nr. 2 EGStGB vom 2. 3. 1974 ersetzt.[356] Damit sollte der **Einheit der Rechtsordnung** nachgekommen werden. Die Verletzung der Pflichten des AG stellt keine Straftat oder Ordnungswidrigkeit dar, sodass der Begriff der Strafe zuvor irreführend gewesen ist.[357] 110

1. Verfahren

Nach einem Antrag gemäß Abs. 3 erfolgt im Rahmen des durchzuführenden Beschlussverfahrens eine zweistufige Prüfung. Auf der ersten Stufe wird das **Erkenntnisverfahren** (vgl. unten Rn. 113) durchgeführt. Dabei prüft das *ArbG*, ob eine grobe Pflichtverletzung des AG vorliegt und ordnet die dafür maßgebliche Rechtsfolge an. Im zweiten Schritt folgt für deren Durchsetzung ein **Vollstreckungsverfahren** (vgl. unten Rn. 162), sofern dem AG eine **Zuwiderhandlung** vorwerfbar ist. Die reine grobe Pflichtverletzung reicht für die Festlegung und Vollstreckung einer Zwangsmaßnahme – namentlich des Ordnungs- oder Zwangsgeldes – nicht aus.[358] 111

Das *ArbG* entscheidet jeweils durch **Beschluss** über den Antrag gemäß §§ 2a Abs. 1 Nr. 1, Abs. 2 i. V. m. 80, 84 ArbGG. Die Zuständigkeit des *ArbG* ist unabhängig davon, ob das *LAG* oder *BAG* den Vollstreckungstitel erlassen hat, als Zuständigkeit des ersten Rechtszuges verankert. 112

---

350 *Fitting*, Rn. 51; GK-*Oetker*, Rn. 143; *BAG* 15. 11. 22 – 1 ABR 15/21, AP BetrVG 1972 § 99 Nr. 179; *BAG* 20. 8. 91 – 1 ABR 85/90, AP BetrVG 1972 § 77 Tarifvorbehalt Nr. 2; Stärkung der kollektiven AN-Rechte *Kümpel*, AuR 85, 78, 89.

351 *BAG* 22. 2. 83 – 1 ABR 27/81, AP BetrVG 1972 § 23 Nr. 2; *BAG* 18. 4. 85 – 6 ABR 19/84, AP BetrVG 1972 § 23 Nr. 5; *BAG* 3. 5. 94 – 1 ABR 24/93, AP BetrVG 1972 § 23 Nr. 23; *ArbG Köln* 21. 3. 89 – 4 BV 20/89, CR 90, 208; *Fitting*, Rn. 49; vgl. Wortlaut § 1004 Abs. 1 S. 2 BGB *Heinze*, DB Beil. 9/83, 1, 8.

352 *Fitting*, Rn. 51; *Heinze*, DB Beil. 9/83, 8; geringe Bedeutung des Abs. 3 Richardi-*Thüsing*, Rn. 72.

353 Begründung des RegE, BT-Drucks. VI/1786, 39; Bericht des BT-Ausschusses für Arbeit und Sozialordnung BT-Drucks. VI/2729, 21.

354 HaKo-BetrVG/*Düwell*, Rn. 34; *Fischer*, BB 07, 997, 998; Bezeichnung als Ungleichbehandlung DKW-*Trittin*, 16. Aufl. 2018, Rn. 1.

355 GK-*Oetker*, Rn. 142; HWK-*Reichold*, Rn. 23.

356 BGBl. I S. 469, 607.

357 BT-Drucks. 7/550, 195.

358 *Fitting*, Rn. 75.

a) Erkenntnisverfahren

113 Das Erkenntnisverfahren richtet sich gegen einen in der Vergangenheit liegenden groben Pflichtverstoß und wirkt für die Zukunft.[359] Mittels eines Beschlusses wird festgesetzt, dass der AG eine Handlung zu unterlassen bzw. zu dulden oder vorzunehmen hat. Es folgt keine Sanktion, sondern einzig die Verpflichtung des AG, die festgesetzte Rechtsfolge einzuhalten, mithin also seine betriebsverfassungsrechtlichen Verpflichtungen zu beachten.[360] Der Anspruch auf Unterlassung geht jedenfalls nur so weit, wie der Arbeitgeber durch seine den Verstoß begründende Handlung veranlasst hat; das Unterlassensverlangen und die verletzende Handlung müssen gleichartig sein.[361] Sofern das Vorliegen einer groben Pflichtverletzung vom *ArbG* verneint wird, ist der Antrag als unbegründet abzulehnen.[362]

aa) Grobe Pflichtverletzung

114 Nach der Rspr. muss dem AG für das Vorliegen eines groben Pflichtverstoßes ein gesetzliches Zuwiderhandeln vorwerfbar sein, das eine **offensichtlich**[363] **schwerwiegende** Pflichtverletzung darstellt.[364] Dies wird regelmäßig bejaht, wenn der AG mehrfach und erkennbar gegen seine Pflichten aus dem BetrVG verstößt.[365] Hierfür genügt eine **objektive Erheblichkeit** seines Verhaltens. Auf ein **Verschulden** kommt es **nicht** an, weil das Anhalten zu einer Handlung, Duldung oder eines Unterlassens keine Sanktionierung birgt, sondern der AG nur zum rechtmäßigen Verhalten aufgefordert wird.[366] Eine Zurechenbarkeit muss jedoch gegeben sein.[367]

115 Ein grober Verstoß des AG gegen seine betriebsverfassungsrechtlichen Verpflichtungen liegt vor, wenn ihm ein wiederholter und/oder offenkundiger Pflichtverstoß vorwerfbar ist.[368] Im Regelfall genügt eine **einmalige Begehung** einer groben Pflichtverletzung i. S. d. Abs. 3.[369] Sie kann jedoch auch aus der wiederholten Begehung leichter Pflichtverletzungen resultieren.[370]

116 Das **unmittelbare Bevorstehen** einer groben Pflichtverletzung reicht **nicht** aus.[371] Eine präventive Einwirkung durch Abs. 3 unmittelbar vor der Pflichtverletzung ist von dem Anwendungsbereich

359 *Fitting*, Rn. 51.
360 *BAG* 27.11.90 – 1 ABR 77/89, AP BetrVG 1972 § 87 Arbeitszeit Nr. 41.
361 *BAG* 8.3.22 – 1 ABR 19/21, NZA 22, 1068.
362 M.w.N. GK-*Oetker*, Rn. 234; Prüfung der groben Pflichtverletzung in der Begründetheit *BAG* 27.11.90 – 1 ABR 77/89, AP BetrVG 1972 § 87 Arbeitszeit Nr. 41; a.A. Unzulässigkeit Richardi-*Thüsing*, Rn. 90 und 104.
363 Damit die Austragung von Konflikten vor Gericht zwischen den Betriebsparteien nur ausnahmsweise vorgenommen wird HaKo-BetrVG/*Düwell*, Rn. 62.
364 *BAG* 18.3.14 – 1 ABR 77/12, AP BetrVG 1972 § 23 Nr. 48; HWGNRH-*Huke*, Rn. 62; mehrmalig gerade nicht notwendig HaKo-BetrVG/*Düwell*, Rn. 62 f.; mehrfach *Fitting* Rn. 59; m. w. N. Offensichtlichkeit verneint GK-*Oetker*, Rn. 200.
365 In dem Fall abgelehnt, aber intensive Auseinandersetzung mit der Reichweite des Verbots der parteipolitischen Betätigung *BAG* 7.2.12 – 1 ABR 77/10, AP BetrVG 1972 § 87 Arbeitszeit Nr. 128.
366 *Fitting*, Rn. 64; HWGNRH-*Huke*, Rn. 63; WPK-*Kreft*, Rn. 60; HWK-*Reichold*, Rn. 27; Richardi-*Thüsing*, Rn. 97; *BAG* 9.3.11 – 7 ABR 137/09, AP BetrVG 1972 § 99 Einstellung Nr. 63; *BAG* 19.1.10 – 1 ABR 55/08, AP BetrVG 1972 § 23 Nr. 47; *BAG* 29.4.04 – 1 ABR 30/02, AP BetrVG 1972 § 77 Durchführung Nr. 3; *BAG* 16.7.91 – 1 ABR 69/90, AP BetrVG Arbeitszeit 1972 § 87 Nr. 44; *BAG* 18.4.85 – 6 ABR 19/84, AP BetrVG 1972 § 23 Nr. 5; *BAG* 27.11.90 – 1 ABR 77/89, AP BetrVG 1972 § 87 Arbeitszeit Nr. 41; *BAG* 8.8.89 – 1 ABR 65/88, AP BetrVG 1972 § 87 Ordnung des Betriebes Nr. 15; a. A. Notwendigkeit eines vorsätzlichen Handelns abgeleitet aus der Grobheit der Pflichtverletzung *Adomeit*, NJW 95, 1004, 1005.
367 WPK-*Kreft*, Rn. 60; GK-*Oetker*, Rn. 207 f.; *BAG* 18.4.85 – 6 ABR 19/84, AP BetrVG 1972 § 23 Nr. 5; *BAG* 27.11.90 – 1 ABR 77/89, AP BetrVG 1972 § 87 Arbeitszeit Nr. 41.
368 *BAG* 7.2.12 – 1 ABR 77/10, AP BetrVG 1972 § 87 Arbeitszeit Nr. 128.
369 *BAG* 18.3.14 – 1 ABR 77/12, AP BetrVG 1972 § 23 Nr. 48; *BAG* 14.11.89 – 1 ABR 87/88, AP BetrVG 1972 § 99 Nr. 76; HWGNRH-*Huke*, Rn. 63; m. w. N. GK-*Oetker*, Rn. 202.
370 HWGNRH-*Huke*, Rn. 63; m. w. N. GK-*Oetker*, Rn. 202; *LAG Schleswig-Holstein* 9.8.07 – 4 TaBVGa 2/07, NZA-RR 07, 639.
371 *BAG* 18.4.85 – 6 ABR 19/84, AP BetrVG 1972 § 23 Nr. 5; *Fitting*, Rn. 73; mit Hinweis, dass vorbeugender Rechtsschutz außerhalb von Abs. 3 zu erlangen ist HWK-*Reichold*, Rn. 28; GK-*Oetker*, Rn. 209 f.; HWGNRH-*Huke*, Rn. 63.

der Norm nicht umfasst.[372] Ein gravierender Unterschied zum eigentumsbezogenen Unterlassungsanspruch aus § 1004 Abs. 1 S. 2 BGB, der eine Handhabe gegen eine unmittelbar bevorstehende Pflichtverletzung vorsieht,[373] lässt sich gleichfalls nicht erkennen.[374] Einen vorbeugenden Rechtsschutz vermittelt aber zumindest der **allgemeine Unterlassungsanspruch** (vgl. Rn. 194 ff.), den das *BAG* u.a. für die Verletzung der Mitbestimmungsrechte i.S.d § 87 bejaht hat.[375]

Im Erkenntnisverfahren kommt es **nicht** notwendigerweise darauf an, dass der betriebsverfassungswidrige Zustand andauert oder eine **Wiederholungsgefahr** bezüglich der Pflichtverletzung besteht.[376] Die Frage nach der Notwendigkeit der Wiederholungsgefahr als Voraussetzung im Erkenntnisverfahren ist ohnehin von **geringer praktischer Relevanz,** weil von der überwiegenden Ansicht an die **Wiederholungsgefahr** keine hohen Anforderungen gestellt werden. Sie werde nämlich **regelmäßig** durch einen groben Pflichtverstoß **indiziert.**[377] Auch die Zusicherung des AG, sich in Zukunft an die BV bzw. an das Betriebsverfassungsrecht zu halten, führe nicht zur Ablehnung der Wiederholungsgefahr.[378] Einzig die rechtliche oder tatsächliche Unmöglichkeit einer zukünftig wiederholten Begehung der groben Pflichtverletzung schließe die Wiederholungsgefahr aus.[379] 117

Überwiegend wird jedenfalls eine Wahrscheinlichkeit der **wiederholten Begehung** der Pflichtverletzung als **notwendige Voraussetzung** angenommen, die im Antrag ausreichend dargestellt werden müsse,[380] weil das Erkenntnisverfahren insoweit auf die Sicherung einer zukünftig störungsfreien Zusammenarbeit gerichtet ist.[381] Die gerichtliche Anordnung eines Unterlassungsanspruchs setze denklogisch voraus, dass der Verstoß entweder noch andauert oder aber, dass die Gefahr seiner Wiederholung besteht. Dabei wird aber **verkannt,** dass die Anwendbarkeit des Abs. 3 bei mangelnder Wiederholungsgefahr **nicht** zu einer reinen **Sanktion** eines in der Vergangenheit liegenden Verstoßes führen würde, sondern dem Antragstellenden ein Titel an die Hand gegeben würde, mit dem er bei einer Zuwiderhandlung, mithin bei einer wiederholten Pflichtverletzung durch den AG, ein Vollstreckungsverfahren (vgl. Rn. 162 ff.) einleiten könnte.[382] Die Störung der **Harmonie** durch die grobe Pflichtverletzung des AG kann durch den Titel einer Befriedung zugeführt werden und dem AG die spätere Sanktionierung mittels Ordnungs- bzw. Zwangsgeld bereits in Aussicht stellen.[383] Der Annahme einer Wiederholungsgefahr steht weiterhin entgegen, dass sie – ganz im Gegensatz zu z.B. § 1004 Abs. 1 S. 2 BGB – im **Wortlaut** der Norm nicht verankert ist.[384] 118

Trotz des Wortlauts des Abs. 3, der lediglich grobe Pflichtverletzungen »aus diesem Gesetz« als maßgeblich ansieht, sind nicht nur die im BetrVG enthaltenen Verpflichtungen erfasst, sondern auch solche, die sich aus anderen einschlägigen Gesetzen ableiten.[385] Darunter fällt 119

---

372 Ausführlich GK-*Oetker*, Rn. 209; a. A. *Fitting*, Rn. 108, der eine Anwendung des allgemeinen Zwangsvollstreckungsrecht bejaht u. a. damit der vorbeugende Schutz gesichert werden kann.
373 Palandt/*Herrler*, § 1004 Rn. 31 ff.
374 GK-*Oetker*, Rn. 209; *Heinze*, DB Beil. 9/83, 1, 12; a. A. *Fitting*, Rn. 75.
375 HaKo-BetrVG/*Düwell*, Rn. 64; § 1004 BGB als Basis *Denck*, RdA 82, 279, 284.
376 *BAG* 18.4.85 – 6 ABR 19/84, AP BetrVG 1972 § 23 Nr. 5; HaKo-BetrVG/*Düwell*, Rn. 66; a. A. *BAG* 7.2.12 – 1 ABR 77/10, AP BetrVG 1972 § 87 Arbeitszeit Nr. 128; GK-*Oetker*, Rn. 211; HWGNRH-*Huke*, Rn. 64; *BAG* 27.11.90 – 1 ABR 77/89, AP BetrVG 1972 § 87 Arbeitszeit Nr. 41.
377 *BAG* 18.3.14 – 1 ABR 77/12, AP BetrVG 1972 § 23 Nr. 48; HWK-*Reichold*, Rn. 28; GK-*Oetker*, Rn. 216; HaKo-BetrVG/*Düwell*, Rn. 66; ausnahmsweise nicht bei einmaliger, mithin abgeschlossener Sonderzahlung *BAG* 29.2.00 – 1 ABR 4/99 AP BetrVG 1972 § 87 Lohngestaltung Nr. 105.
378 *BAG* 18.3.14 – 1 ABR 77/12, AP BetrVG 1972 § 23 Nr. 48; *BAG* 23.6.92 – 1 ABR 11/92, AP BetrVG 1972 § 23 Nr. 20; GK-*Oetker*, Rn. 216.
379 *Fitting*, Rn. 65; m. w. N. GK-*Oetker*, Rn. 216; *BAG* 18.3.14 – 1 ABR 77/12, AP BetrVG 1972 § 23 Nr. 48.
380 *BAG* 7.2.12 – 1 ABR 77/10, AP BetrVG 1972 § 87 Arbeitszeit Nr. 128; *BAG* 29.2.00 – 1 ABR 4/99 AP BetrVG 1972 § 87 Lohngestaltung Nr. 105; *BAG* 27.11.90 – 1 ABR 77/89, AP BetrVG 1972 § 87 Arbeitszeit Nr. 41; a. A. keine Darlegung notwendig, weil durch groben Verstoß indiziert *Fitting*, Rn. 65.
381 *BAG* 15.11.22 – 1 ABR 15/21, AP BetrVG 1972 § 99 Nr. 179; GK-*Oetker*, Rn. 211; WPK-*Kreft*, Rn. 61; *BAG* 23.6.92 – 1 ABR 11/92, AP BetrVG 1972 § 23 Nr. 20.
382 *BAG* 18.4.85 – 6 ABR 19/84, AP BetrVG 1972 § 23 Nr. 5.
383 HaKo-BetrVG/*Düwell*, Rn. 66; a. A. GK-*Oetker*, Rn. 216.
384 *BAG* 18.4.85 – 6 ABR 19/84, AP BetrVG 1972 § 23 Nr. 5; a. A. vgl. GK-*Oetker*, Rn. 212.
385 *Fitting*, Rn. 60; HWGNRH-*Huke*, Rn. 61; m. w. N. GK-*Oetker*, Rn. 197 ff.; entspricht Umfang aus Abs. 1 trotz des anderen Wortlauts HaKo-BetrVG/*Düwell*, Rn. 58.

z. B. eine grobe Pflichtverletzung aus § 17 Abs. 2 KSchG, § 9 AsiG, aus den §§ 98, 99 SGB IX oder aus **TV**[386]. Verstöße gegen **BV** fallen ebenfalls unter die Norm, weil sie im BetrVG ihre Grundlage haben.[387] Auch Verstöße des AG gegen die Rechte und Pflichten von **GBR** und **KBR** können grobe Pflichtverstöße sein.

120 **Arbeitsvertragliche Pflichten**[388] fallen nicht unmittelbar in den Anwendungsbereich des Abs. 3, können aber durch die §§ 75 und 81 ff. einbezogen werden.[389] Damit können die Antragsberechtigten nach Abs. 3 beispielsweise auch Verstöße des AG gegen die in den §§ 81 ff. enthaltenen Anhörungs- und Erörterungsrechte zum Anlass für Unterlassungsansprüche nehmen.[390] Zugunsten von einzelnen AN lassen sich damit offene Konflikte zwischen den Arbeitsvertragsparteien vermeiden.[391] Eine individualrechtliche Geltendmachung bleibt unberührt.[392]

121 Ein grober Verstoß des AG gegen seine betriebsverfassungsrechtlichen Verpflichtungen kann **unter Beachtung der Gesamtumstände des Einzelfalls** in den folgenden Fällen vorliegen:[393]

122 • Eine grobe Pflichtverletzung kann angenommen werden, wenn der AG gegenüber einem AN eine **Abmahnung** für betriebsrätliches Handeln ausspricht (vgl. Rn. 70).[394]

123 • Die Anweisung des AG gegenüber den nicht freigestellten BR-Mitgliedern sich für die BR-Tätigkeit unter Verwendung eines Formblatts schriftlich vom **Arbeitsplatz an- und abzumelden,** stellt ein Eingriff in die unabhängige BR-Tätigkeit dar.[395] Das individualvertragliche Direktionsrecht des AG umfasst keine einseitigen betriebsverfassungsrechtlichen Anweisungen (zu der näheren Ausgestaltung vgl. § 37 Rn. 48).

124 • Beteiligt der AG den BR bei personellen Einzelmaßnahmen nicht, obwohl diesen ein gesetzliches Beteiligungsrecht (Zustimmungsverweigerungsrecht) zusteht und der AG kein Notfall für ein Absehen von der **Beteiligung** begründen kann (näher Rn. 146), liegt eine grobe Pflichtverletzung vor,[396] wie z. B. bei der wiederholten Einstellung von Leih-AN unter Verstoß gegen die **§§ 99 ff.** (vgl. § 101 Rn. 22).[397]

125 • Die wiederholte verspätete Unterrichtung über **betriebliche Maßnahmen,** wie z. B. bezüglich Neu-, Um- und Erweiterungsbauten von betrieblichen Räumen oder Umzügen innerhalb des Gebäudes, erfüllt die Anforderungen an eine grobe Pflichtverletzung, weil so die Beteiligung des BR am Prozess vor Durchführung der Maßnahme faktisch ausgehebelt wird und der BR das Planungsergebnis dann nur noch zur Kenntnis nehmen kann.[398]

126 • Ein grober Pflichtverstoß wird bei einer inkorrekten bzw. mangelnden Durchführung[399] einer **BV** angenommen, wenn z. B. der AG AN das Gleitzeitguthaben auszahlt, anstatt für Mehrarbeit Freizeitausgleich zu gewähren, wie von der BV vorgesehen.[400] Ein grober Verstoß ist auch bei dauerhafter Nichtbeachtung der Arbeitszeitbegrenzung anzunehmen, ob-

---

386 Soweit darin die Stellung des AG im betriebsverfassungsrechtlichen Sinne konkretisiert wird GK-*Oetker*, Rn. 197.

387 HWGNRH-*Huke*, Rn. 61; WPK-*Kreft*, Rn. 31; HWK-*Reichold*, Rn. 26; Richardi-*Thüsing*, Rn. 91; *Fitting*, Rn. 61; *BAG* 23. 6. 92 – 1 ABR 11/92, AP BetrVG 1972 § 23 Nr. 20.

388 Klarstellung, dass § 23 Abs. 3 nicht berührt bei vertraglichen Regelungsabreden *LAG Mecklenburg-Vorpommern* 24. 8. 22 – 3 TaBV 1/22, Rn. 33.

389 *Fitting*, Rn. 60; GK-*Oetker*, Rn. 199; Richardi-*Thüsing*, Rn. 94; HWGNRH-*Huke*, Rn. 61; Begründung mit Auslegung des Abs. 1 HWK-*Reichold*, Rn. 26; HaKo-BetrVG/*Düwell*, Rn. 60 i. V. m. 61; a. A. auch Individualansprüche sind auszuschließen – Normierung im BetrVG ist systemwidrig *Heinze*, DB Beil. 9/1983, 1, 12 und 16; ausführlich mit Ausnahmen *Konzen*, 71 f.

390 GK-*Oetker*, Rn. 199.

391 GK-*Oetker*, Rn. 199.

392 GK-*Oetker*, Rn. 199.

393 *Fitting*, Rn. 66 ff.; HWGNRH-*Huke*, Rn. 67 ff.; GK-*Oetker*, Rn. 217 ff.; Richardi-*Thüsing*, Rn. 98; HaKo-BetrVG/*Düwell*, Rn. 67.

394 *LAG Düsseldorf* 23. 2. 93 – 8 TaBV 245/92, LAGE § 23 BetrVG 1972 Nr. 31.

395 *ArbG Oberhausen* 7. 12. 84 – 3 BV Ga 19/84, AiB 85, 47.

396 *BAG* 19. 1. 10 – 1 ABR 55/08, AP BetrVG 1972 § 23 Nr. 47.

397 *LAG Rheinland-Pfalz* 24. 1. 19 – 2 TaBVGa 6/18.

398 *LAG Frankfurt/M.* 3. 11. 92 – 5 TaBV 27/92, AuR 93, 306.

399 *BAG* 10. 11. 87 – 1 ABR 55/86, AP BetrVG 1972 § 77 Nr. 24; *LAG Hessen* 6. 3. 23 – 16 TaBV 85/22.

400 *BAG* 23. 6. 92 – 1 ABR 11/92, AP BetrVG 1972 § 23 Nr. 20; Wirksamkeit der BV als notwendige Vss. *BAG* 29. 4. 04 – 1 ABR 30/02, AP BetrVG 1972 § 77 Durchführung Nr. 3.

wohl die BV feste Arbeitszeiten festlegt, v.a. bei einer erheblichen Anzahl an Überstunden.[401] Die Duldung der Mehrarbeit der AN entgegen der BV, erfüllt die Anforderungen an Abs. 3, auch wenn AN diese aus freien Stücken leisten.[402]

- Unter Abs. 3 fällt auch die Verhinderung der Durchführung einer **Betriebsversammlung,** z. B. das Überdecken der Einladung am schwarzen Brett durch einen eigenen Aushang des AG mit dem Versprechen, AN bei Nichtteilnahme einen halben Tag zusätzlichen Urlaub zu gewähren.[403] **127**
- Die **Drohung** des AG mit dem Ausfall der Weihnachtsfeier, sofern der BR seine Zustimmung zu verlängerten Arbeitszeiten an den vier Samstagen vor Weihnachten verweigert, reicht für die Annahme einer groben Pflichtverletzung aus.[404] Zwar steht dem AG frei, ob und wie er eine Weihnachtsfeier ausrichtet. Sie darf aber nicht als Druckmittel gegen den BR genutzt werden. **128**
- Die **Friedenspflichtverletzung** i. S. d. § 74 Abs. 2 S. 1 und 2, wie z. B. die Bekanntgabe von Fehlzeiten einzelner BR-Mitglieder durch den AG, die durch Krankheit, BR-Tätigkeit oder Lehrgänge verursacht worden sind, stellt eine grobe Pflichtverletzung dar.[405] **129**
- Das Hinwegsetzen des AG über eindeutige **gesetzliche Regelungen,** wie z. B. die mangelnde Einbeziehung des BR trotz gesetzlicher Mitbestimmungsrechte i. S. d. § 98 Abs. 4 bei der Freistellung von AN für eine Berufsbildungsmaßnahme, erfüllt Abs. 3 (vgl. § 98 Rn. 29).[406] **130**
- Ein Verstoß gegen **Individualrechte von AN** wird für Abs. 3 relevant, wenn hierbei ein kollektivrechtlicher Bezug besteht, wie z. B. durch die Veröffentlichung der Namen von Mitarbeitern am schwarzen Brett, die eine Abmahnung erhalten haben.[407] Das stellt einen Verstoß gegen die Schutzpflicht des AG bzgl. der freien Entfaltung der Persönlichkeit der AN nach § 75 Abs. 2 dar und befähigt gleichzeitig den BR deren Einhaltung durchzusetzen, weil ihm ebenso die Schutzpflicht nach § 75 Abs. 2 trifft. **131**
- Die Voraussetzung der groben Pflichtverletzung ist durch die wiederholte Missachtung der **Mitbestimmungsrechte,**[408] v.a. auch trotz vorheriger gerichtlicher Feststellung des Mitbestimmungsrechts[409] oder durch Umgehung von Mitbestimmungsrechten erfüllt.[410] Soweit die Schwelle zur groben Pflichtverletzung nicht überschritten ist, kann ein allgemeiner Unterlassungsanspruch bzgl. eines bevorstehenden oder verwirklichten Verstoßes gegen das Mitbestimmungsrecht (vgl. Rn. 195 ff.) angewendet werden. **132**
  - Für die grobe Pflichtverletzung reicht das Außer-Acht-Lassen der Mitbestimmung bei der Lage der **Arbeitszeit** durch mehrfache einseitige Änderung der zwischen den Betriebsparteien vereinbarten Dienstpläne (näher dazu und zum Einwand der unzulässigen Rechtsausübung gemäß § 2 Abs. 1 Rn. 159) aus,[411] wie z. B. durch Aufhebung der festgelegten Pausenzeiten.[412]
  - Ausreichend für Abs. 3 ist der Erlass einer **Kleiderordnung** des AG ohne Beteiligung des BR, obwohl dem eine rechtskräftige Entscheidung vorausgegangen ist, die dem BR

401 *BAG* 29.4.04 – 1 ABR 30/02, AP BetrVG 1972 § 77 Durchführung Nr. 3; *LAG Hessen* 6.3.23 – 16 TaBV 85/22.
402 *LAG Frankfurt/M.* 24.1.89 – 5 TaBV 123/88, NZA 89, 943; a. A. *LAG Schleswig-Holstein* 14.11.86 – 6 Ta BV 12/86, BB 87, 901.
403 *LAG Baden-Württemberg* 30.4.87 – 13(7) TaBV 15/86, BetrR 87, 420.
404 *ArbG Regensburg* 30.5.00 – 7 BV 5/99 L, AiB 01, 51.
405 *ArbG Verden* 14.4.89 – 1 BV 5/89, NZA 89, 943.
406 *BAG* 18.3.14 – 1 ABR 77/12, AP BetrVG 1972 § 23 Nr. 48.
407 *ArbG Regensburg* 28.7.89 – 3 BVGa 1/89, AiB 89, 354.
408 *BAG* 27.11.90 – 1 ABR 77/89, AP BetrVG 1972 § 87 Arbeitszeit Nr. 41; *LAG Berlin* 3.3.86 – 12 Ta BV 9/85, AiB 86, 235.
409 *BAG* 8.8.89 – 1 ABR 59/88, AP BetrVG 1972 § 23 Nr. 11.
410 *BAG* 22.10.91 – 1 ABR 28/91, AP BetrVG 1972 § 87 Arbeitszeit Nr. 48.
411 *BAG* 8.8.89 – 1 ABR 59/88, AP BetrVG 1972 § 23 Nr. 11; *ArbG Göttingen* 15.3.16 – 1 BV 21/15; bestätigt durch *LAG Niedersachsen* 3.7.17 – 8 TaBV 42/16, NZA-RR 17, 536; a. A. Bejahung des arbeitgeberseitigen Einwands der unzulässigen Rechtsausübung nach § 2 Abs. 1 BetrVG *BAG* 12.3.19 – 1 ABR 42/17, AP BetrVG 1972 § 23 Nr. 51.
412 *BAG* 7.2.12 – 1 ABR 77/10, AP BetrVG 1972 § 87 Arbeitszeit Nr. 128.

ein Mitbestimmungsrecht zusagt. Ein Tätigwerden des AG trotz fehlender Einigung mit dem BR stellt in diesem Fall eine grobe Pflichtverletzung dar.[413]

- Ebenso geeignet für die Anwendung des Abs. 3 ist die mehrfache **Überstundenanordnung** ohne das Mitbestimmungsrecht des BR aus § 87 Abs. 1 Nr. 3 zu beachten.[414] Der AG wartet entweder nicht auf die Zustimmung des BR oder ignoriert dessen Verweigerung über einen längeren Zeitraum.[415] Es reicht dahingehend auch schon die Duldung mitbestimmungspflichtiger Handlungen der AN, ohne den BR darüber zu informieren,[416] wie etwa die Durchführung von Mehrarbeit basierend auf einem eigenen Entschluss der AN.[417] Die **Übertragung** von Arbeiten, die im Ursprungsbetrieb Mehrarbeit verursacht hätte, auf eine andere »geschäftlich nicht tätige Firma« des AG, stellt eine für den Abs. 3 relevante **Umgehung** des Zustimmungserfordernisses des BR gemäß § 87 Abs. 1 Nr. 3 dar, wenn die Arbeiten unter Heranziehung derselben AN und Betriebsanlagen ausgeführt werden.[418]
- Der AG begeht eine grobe Pflichtverletzung durch die **Überwachung** an Arbeitsplätzen mittels Video-Kameras, wenn er dabei das Mitbestimmungsrecht nach § 87 Abs. 1 Nr. 6 bei der Einführung und Anwendung der technischen Einrichtung nicht beachtet.[419] Dass die Kameras nicht fest installiert sind und nur unregelmäßig zum Einsatz kommen, ist unerheblich, sofern, das Verhalten und insbesondere die Leistung des AN im Einzelnen überwacht werden kann. Die daraus folgende Analysemöglichkeit stellt einen unrechtmäßigen Eingriff in die persönliche Sphäre des AN dar.[420]

137 • Die Voraussetzung der groben Pflichtverletzung wird erfüllt, wenn der AG bei **Personalgesprächen** über den Abschluss eines Aufhebungsvertrages, die Hinzuziehung eines BR-Mitglieds nicht zulässt, obwohl sich im Einzelfall ein Anspruch i. S. d. § 82 Abs. 2 S. 2 ergibt. Von der Rechtsprechung wird aus Gründen der Gesetzessystematik ein Anspruch bei Gesprächen angenommen, die sich inhaltlich auf die Leistung und Entwicklungsmöglichkeiten des AN im Betrieb i. S. d. § 82 Abs. 2 S. 1 beziehen.[421] Dies sollte eine Erweiterung erfahren, weil die Hinzuziehung eines BR-Mitglieds als neutralen Dritten verhindert, dass ein evtl. bestehendes Machtgefälle oder ein intellektuelles Ungleichgewicht zwischen den Gesprächspartnern ausgenutzt werden kann (vgl. § 82 Rn. 13).

138 • Der BR kann verlangen, dass der AG es unterlässt seine **Post** zu öffnen.[422] Es handelt sich dabei um eine grobe Pflichtverletzung i. V. m. einer Verletzung des Grundsatzes der vertrauensvollen Zusammenarbeit gemäß § 2 Abs. 1 und der Verletzung des Briefgeheimnisses gemäß § 202 StGB.[423] Der AG kann auch eine grobe Pflichtverletzung begehen, wenn er dem BR dessen Post nicht weiterleitet.[424]

139 • Ein Verstoß gegen den Grundsatz der **vertrauensvollen Zusammenarbeit** gemäß § 2 Abs. 1 stellt eine grobe Pflichtverletzung dar, wenn z. B. der AG einzelne BR-Mitglieder als verantwortungslos und unsolidarisch bezeichnet, weil diese einer Verschlechterung ihrer Arbeitsverträge nicht zugestimmt haben.[425] Die besondere Schwere ergab sich in der vorstehenden Konstellation daraus, dass der AG individualvertragliche Differenzen mit der Verunglimp-

---

413 *BAG* 8. 8. 89 – 1 ABR 65/88, AP BetrVG 1972 § 87 Ordnung des Betriebes Nr. 15.
414 *BAG* 27. 11. 90 – 1 ABR 77/89, AP BetrVG 1972 § 87 Arbeitszeit Nr. 41; *BAG* 23. 6. 92 – 1 ABR 11/92, AP BetrVG 1972 § 23 Nr. 20; *LAG Bremen* 17. 7. 86 – 4 TaBV 3/86, AP BetrVG 1972 § 23 Nr. 6.
415 *BAG* 27. 11. 90 – 1 ABR 77/89, AP BetrVG 1972 § 87 Arbeitszeit Nr. 41.
416 *BAG* 28. 7. 20 – 1 ABR 18/19, AP BetrVG 1972 § 87 Arbeitszeit Nr. 148; *BAG* 27. 11. 90 – 1 ABR 77/89, AP BetrVG 1972 § 87 Arbeitszeit Nr. 41.
417 *LAG Frankfurt/M.* 24. 1. 89 – 5 TaBV 123/88, NZA 89, 943; a. A. *LAG Schleswig-Holstein* 14. 11. 84 – 6 TaBV 12/86, BB 87, 901.
418 *BAG* 22. 10. 91 – 1 ABR 28/91, AP BetrVG 1972 § 87 Arbeitszeit Nr. 48.
419 *LAG Baden-Württemberg* 14. 4. 88 – 6 TaBV 1/88, AiB 88, 281.
420 *LAG Baden-Württemberg* 14. 4. 88 – 6 TaBV 1/88, AiB 88, 281.
421 *BAG* 16. 11. 04 – 1 ABR 53/03, AP BetrVG 1972 § 82 Nr. 3.
422 *ArbG Köln* 21. 3. 89 – 4 BV 20/89, CR 90, 208.
423 *ArbG Köln* 21. 3. 89 – 4 BV 20/89, CR 90, 208.
424 *ArbG Elmshorn* 27. 3. 91 – 2c BV 16/91, AiB 91, 269.
425 *ArbG Stralsund* 14. 12. 04 – 5 BV 1/04, AiB 05, 498.

fung der BR-Tätigkeit verbunden hat, ohne die Darlegung eines berechtigten Interesses.[426] Weiterhin erfüllt die Veröffentlichung der BR-Kosten am schwarzen Brett, wenn zwischen ihr und der Gefährdung von Arbeitsplätzen ein Zusammenhang hergestellt wird, die Voraussetzung des Abs. 3.[427] Ein rechtsmissbräuchlicher Antrag des AG auf Zustimmung zur außerordentlichen Kündigung i. S. d. § 103, stellt ebenso einen groben Pflichtverstoß dar, wenn die bezweckte Kündigung jeder rechtlichen Grundlage entbehrt.[428]

- Richtigerweise sollte in der **Wahlbeeinflussung**[429] und **Wahlbehinderung** durch den AG gemäß § 20 Abs. 1 und 2[430] generell eine grobe Pflichtverletzung gesehen werden, weil der Eingriff in die Entstehung des BR eine AN-Vertretung im Betrieb nachhaltig verhindern kann. Häufig wird von der Rspr. aber nicht das Überschreiten der Schwelle zum Abs. 3 hin angenommen, aber zumindest ein allgemeiner Unterlassungsanspruch anerkannt.[431] 140
- Die **Zutrittsverweigerung** für BR-Mitglieder zum Betrieb nach einer konfliktreichen Betriebsratswahl[432] oder während eines Arbeitskampfes, indem der AG die elektronischen Zugangskarten sperren lässt,[433] erfüllt die Voraussetzung der groben Pflichtverletzung i. S. d. Abs. 3. 141

Die folgende Auflistung enthält Handlungen des AG, die **unter Beachtung der Gesamtumstände des Einzelfalls** als grobe Pflichtverletzungen **abgelehnt** worden sind: 142

- Das Fehlen der **Anhörung** des BR nach § 102 beim Abschluss von Abwicklungsvereinbarungen reicht nicht zur Annahme einer groben Pflichtverletzung des AG aus, wenn die Kündigung nicht mit der Abwicklungsvereinbarung zusammenhängt. Eine Anhörung muss vor Ausspruch der Kündigung stattfinden (siehe § 102 Rn. 1 f.).[434] Wenn es sich bei der Abwicklungsvereinbarung um eine vorgelagerte Absprache handelt, bedarf es keiner vorherigen Anhörung des BR, weil diese nicht bereits vor der Ankündigung der Kündigung vorgenommen werden muss.[435] 143
- Kampfbetonte **Aussagen** des AG, die keinen Zweifel daran lassen, dass der AG sich eine andere Zusammensetzung des BR-Organs gewünscht hätte und die Gefahr der Schließung des Betriebs von der Arbeit des BR abhängig machen, reichen nicht aus, um eine grobe Pflichtverletzung des AG anzunehmen.[436] Es mangelte im Einzelfall an der Störung der Arbeitsabläufe im Betrieb. Die Austragung – auch heftiger – Auseinandersetzungen führe noch nicht zur Bejahung des Abs. 3. 144
- Die **Rspr.** nimmt an, dass **BV** über Angelegenheiten, die grundsätzlich nach § 87 Abs. 1 der zwingenden Mitbestimmung des BR unterliegen, keinen für § 23 Abs. 3 relevanten Verstoß gegen § 77 Abs. 3 darstellen; § 87 Abs. 1 komme Vorrang zu. Die Norm stelle lediglich eine Zuständigkeitsnorm dar, welche die betriebliche Ordnung nicht berühre (näher Rn. 98).[437] 145

426 *ArbG Stralsund* 14. 12. 04 – 5 BV 1/04, AiB 05, 498.
427 *LAG Düsseldorf* 26. 11. 93 – 17 TaBV 71/93, AuR 94, 275.
428 *ArbG Ludwigshafen* 21. 5. 92 – 4 BV 8/92, BetrR 92, 140.
429 *Fitting*, Rn. 66.
430 Jedenfalls Antragsbefugnis nach Abs. 3 bejaht *LAG Niedersachsen* 7. 5. 07 – 9 TaBV 80/06; a. A. jedenfalls § 20 Abs. 1 und 2 abgelehnt, soweit der Anschein, dass der AG eine bestimmte Handlung erwarten würde, nicht gegeben ist –Abs. 3 nicht erwähnt *LAG Hamm* 27. 4. 72 – 8 BVTa 5/72, BB 72, 796.
431 Vgl. *ArbG Regensburg* 6. 6. 02 – 6 BVGa 6/02 S, AiB 03, 554.
432 *ArbG Elmshorn* 5. 12. 90 – 4a BVG a 46/90, AiB 91, 56.
433 *LAG Frankfurt* 8. 2. 90 – 12 TaBVGa 13/90, BB 90, 1626.
434 Generell ist der Ausspruch einer Kündigung ohne vorherige Anhörung nach § 102 Abs. 1 geeignet, eine grobe Pflichtverletzung darzustellen *LAG Hessen* 8. 8. 22 – 16 TaBV 191/21, GWR 23, 49 mit Anm. *Merath*.
435 *LAG Hamm* 19. 7. 02 – 10 TaBV 42/02, NZA-RR 02, 642, wobei in dem Fall ebenfalls eine Kündigung ausgesprochen worden ist, was eine andere Einschätzung zulassen kann, weil die Anhörung bei einer Kündigung offensichtlich keine unentschiedene Rechtsfrage darstellt; *LAG Hessen* 8. 8. 22 – 16 TaBV 191/21, Rn. 27 ff.
436 *LAG Köln* 21. 3. 95 – 9 TaBV 68/94, LAGE § 23 BetrVG 1972 Nr. 37.
437 *BAG* 20. 4. 99 – 1 ABR 72/98, AP GG Art. 9 Nr. 89; *BAG* 20. 8. 91 – 1 ABR 85/90, AP BetrVG 1972 § 77 Tarifvorbehalt Nr. 2.

Es sei unschädlich, wenn die BV zwingenden tariflichen Regelungen widerspreche.[438] Es komme nur auf die Verletzung der betrieblichen Ordnung (vgl. Rn. 109 ff.) an und nicht auf die Verletzung von Tarifrecht.[439] Es sei keine allgemeine Kontrollfunktion der Gewerkschaften anzunehmen.[440] Selbst bei Annahme eines Verstoßes gegen den Grundsatz der vertrauensvollen Zusammenarbeit gemäß § 2 Abs. 1 werde die Grobheit selten bejaht.[441]

146 • Grundsätzlich bleibt das Mitbestimmungsrecht auch in **Eilfällen** bestehen.[442] Ein Eilfall ist in Situationen anzunehmen, die einer Regelung bedürfen, aber kein Abwarten der Zustimmung des BR erlauben.[443] Der AG darf ausnahmsweise in besonderen Notfällen das Mitbestimmungsrecht außer Acht lassen, sofern für die konkrete Situation sowohl vom BR als auch vom AG keine Vorkehrung getroffen worden ist.[444] Notfälle liegen bei einem plötzlich auftretenden, nicht vorhersehbaren und schwerwiegendem Ereignis vor, woraus erhebliche Schäden für die AN oder den Betrieb resultieren können.[445] Um der Bedeutung der Mitbestimmungsrechte gerecht zu werden, ist dies nicht bereits anzunehmen, weil Konventionalstrafen bei der Nichteinhaltung von Lieferterminen drohen.[446] Vielmehr kann vom AG ein Maß an betrieblicher Organisation erwartet werden, um terminliche Schwierigkeiten bereits von vornherein auszuschließen. Die Einhaltung zugesagter Termine liegt jedenfalls im Risikobereich des AG und begründet keine Notsituation, insbesondere, wenn es sich um wiederkehrende Ereignisse handelt.[447] Dabei ist es unerheblich, ob aus der Missachtung der Mitbestimmungsrechte nur geringe Unannehmlichkeiten für die AN folgen.[448]

147 • Der Zeitpunkt für das Abhalten von Versammlungen der **JAV** soll an die betrieblichen Abläufe angepasst werden.[449] Sie sind im Regelfall unmittelbar vor oder nach der Betriebsversammlung durchzuführen.[450] Soweit der BR und die JAV eine anderweitige Terminierung verlangen, besteht keine grobe Pflichtverletzung des AG darin, sich damit nicht einverstanden zu erklären.[451]

148 • Kein grober Verstoß gegen das **Mitbestimmungsrecht** nach § 87 Abs. 1 Nr. 3 soll wegen der Anordnung von Mehrarbeit vorliegen, wenn der AG bezüglich einer schwierigen und ungeklärten Rechtsfrage eine vertretbare Meinung hat.[452]

149 • Bei der Leistung einer einmaligen **Sonderzahlung** an AN, um deren Engagement in einer Ausnahmesituation zu honorieren, handelt es sich um eine mitbestimmungspflichtige Angelegenheit gemäß § 87 Abs. 1 Nr. 10, wenn die Zahlungen einen inneren Zusammenhang

---

438 *BAG* 20.8.91 – 1 ABR 85/90, AP BetrVG 1972 § 77 Tarifvorbehalt Nr. 2; *LAG Schleswig-Holstein* 28.1.99 – 4 Ta BV 41/98, AiB 00, 105 f.; *ArbG Marburg* 7.8.96 – 1 BV 10/96, DB 96, 1929; *LK*, Rn. 48 m. V. a. Rn. 3; a. A. KRHS-*Klebe*, Rn. 11 m. V. a. *BAG* 13.3.01 – 1 AZB 19/00, AP ArbGG 1979 § 2a Nr. 17; ausführlich dazu *Däubler*, BB 90, 2256; im Grundsatz *LAG Schleswig-Holstein* 28.1.99 – 4 Ta BV 41/98, AiB 00, 105, 106.

439 *BAG* 13.3.01 – 1 AZB 19/00, AP ArbGG 1979 § 2a Nr. 17; *BAG* 20.4.99 – 1 ABR 72/98, AP GG Art. 9 Nr. 89; *LAG Schleswig-Holstein* 28.1.99 – 4 Ta BV 41/98, AiB 00, 105 f.; *ArbG Marburg* 7.8.96 – 1 BV 10/96, DB 96, 1929; *ArbG Marburg* 7.8.96 – 1 BV 10/96, DB 96, 1929; kritisch DKW-*Trittin*, 16. Aufl. 2018, Rn. 5 und Rn. 254 ff.

440 *BAG* 23.2.88 – 1 ABR 75/86, AP ArbGG 1979 § 81 Nr. 9.

441 *Däubler*, BB 90, 2256, 2259.

442 *BAG* 19.2.91 – 1 ABR 31/90, AP BetrVG 1972 § 87 Arbeitszeit Nr. 42.

443 *LAG Hamm* 3.5.07 – 10 Ta 692/06.

444 Ausführungen bzgl. personellen Maßnahmen *BAG* 19.1.10 – 1 ABR 55/08, AP BetrVG 1972 § 23 Nr. 47; *LAG Schleswig-Holstein* 14.11.84 – 6 TaBV 12/86, BB 87, 901.

445 *LAG Hamm* 3.5.07 – 10 Ta 692/06.

446 *LAG Hamm* 3.5.07 – 10 Ta 692/06.

447 *LAG Hamm* 3.5.07 – 10 Ta 692/06.

448 *LAG Hamm* 3.5.07 – 10 Ta 692/06.

449 *BAG* 15.8.78 – 6 ABR 10/76, AP BetrVG 1972 § 23 Nr. 1.

450 *BAG* 15.8.78 – 6 ABR 10/76, AP BetrVG 1972 § 23 Nr. 1.

451 *BAG* 15.8.78 – 6 ABR 10/76, AP BetrVG 1972 § 23 Nr. 1.

452 *BAG* 22.2.83 – 1 ABR 27/81, AP BetrVG 1972 § 23 Nr. 2; ebenso *BAG* 28.5.02 – 1 ABR 32/01, AP BetrVG 1972 § 87 Ordnung des Betriebes Nr. 39; vgl. keine Entscheidung zu Verstoß i. S. d. § 23 Abs. 3 bzgl. eines Unterlassungsanspruchs wg. eines Verstoßes gegen § 77 Abs. 3 im tarifpluralen Betrieb *BAG* 25.1.23 – 4 ABR 4/22, ArbRAktuell 2023, 77; GK-*Oetker*, Rn. 218; Richardi-*Thüsing*, Rn. 96.

mit der Leistung der AN aufweisen. Für die Annahme einer groben Pflichtverletzung wegen des Außerachtlassens des Mitbestimmungsrechts in dieser Angelegenheit, fehlt es bei der einmaligen Sonderzahlung aber an der Wiederholungsgefahr.[453]

bb) Antragstellung

Das Erkenntnisverfahren wird durch einen Antrag eingeleitet. In diesem muss die konkrete Pflichtverletzung des AG mit ihrem betriebsverfassungsrechtlichen Bezug dargelegt werden.[454] Nach § 253 Abs. 2 S. 2 ZPO muss der Antrag **bestimmt** sein.[455] Aus ihm muss verständlich werden, welche grobe Pflichtverletzung der AG begangen hat.[456] Die bloße Wiedergabe des Gesetzestexts reicht nicht aus.[457] Eine spätere Vollstreckung des Beantragten muss möglich sein,[458] wobei eine Auslegung des Antrags unschädlich ist.[459] Der Antrag ist auf eine **zukünftige** Rechtsfolge, wie das Dulden oder Unterlassen als auch auf die Vornahme einer Handlung zu richten. [460] Für den AG muss durch den Antrag erkennbar sein, wie er sich künftig rechtmäßig zu verhalten hat.[461] Dabei ist es jedoch nicht notwendig, die konkrete Handlungsanordnung bereits im Antrag zu bestimmen,[462] weil zu diesem Zeitpunkt teilweise nicht klar erkennbar ist, die Verhängung welcher Rechtsfolge geeignet ist, um die betriebsverfassungsrechtliche Ordnung zu sichern.[463] Eine Unzulässigkeit aufgrund der Unbestimmtheit ist, wie bei einem unbezifferten Schmerzensgeldantrag, nicht anzunehmen.[464] Vielmehr ist es Aufgabe des Gerichts dem Antragsgegner die notwendige Handlungsanweisung aufzugeben.[465] Nur so kann der Zweck der Sicherung der betriebsverfassungsrechtlichen Ordnung erreicht werden. Die Vornahme einer **Antragsänderung** ist bis zum Ablauf der Beschwerdefrist möglich.[466] 150

Die Geltendmachung des § 23 Abs. 3 setzt bis zur letzten mündlichen Verhandlung ein **Rechtsschutzbedürfnis** voraus. Die bloße Bekundung des AG seine Pflichten einhalten zu wollen, reicht nicht aus, um das Rechtsschutzbedürfnis entfallen zu lassen.[467] Im Gegensatz zur Konstellation nach Abs. 1 (vgl. Rn. 20 ff.) ist davon auszugehen, dass es auch nach **Beendigung der Amtszeit** fortbesteht.[468] Nur so kann ein betriebsverfassungskonformes Verhalten des AG auch über die Amtszeiten einzelner BR hinaus gesichert werden. Gleiches gilt beim **Verkauf eines Betriebs:** In diesem Fall muss sich der Käufer die groben Pflichtverletzungen des ehe- 151

---

453 *BAG* 29.2.00 – 1 ABR 4/99, AP BetrVG 1972 § 87 Lohngestaltung Nr. 105.

454 Zu den genauen Anforderungen *BAG* 19.1.10 – 1 ABR 55/08, AP BetrVG 1972 § 23 Nr. 47; *BAG* 14.11.06 – 1 ABR 5/06, AP BetrVG 1972 § 87 Arbeitszeit Nr. 121; *BAG* 14.9.10 – 1 ABR 32/09, AP ZPO § 253 Nr. 53.

455 *BAG* 14.9.10 – 1 ABR 32/09, AP ZPO § 253 Nr. 53; Richardi-*Thüsing*, Rn. 101; entsprechende Anwendung des § 253 Abs. 2 ZPO HaKo-BetrVG/*Düwell*, Rn. 40; Bejahung eines Globalantrags m. w. N. GK-*Oetker*, Rn. 225; *BAG* 18.4.85 – 6 ABR 19/84, AP BetrVG 1972 § 23 Nr. 5; *BAG* 10.3.92 – 1 ABR 31/91, AP BetrVG 1972 § 77 Regelungsabrede Nr. 1; *BAG* 9.4.02 – 8 Ta 235/02, AP ArbGG 1979 § 83 Nr. 31.

456 GK-*Oetker*, Rn. 224; *BAG* 29.4.04 – 1 ABR 30/02, AP BetrVG 1972 § 77 Durchführung Nr. 3.

457 Einigkeit HaKo-BetrVG/*Düwell*, Rn. 40; reicht nicht, wenn gesetzlicher Inhalt der Norm zwischen den Parteien streitig ist *BAG* 9.4.02 – 8 Ta 235/02, AP ArbGG 1979 § 83 Nr. 31; *BAG* 17.3.87 – 1 ABR 65/85, AP BetrVG 1972 § 23 Nr. 7; *LAG Berlin* 9.4.02 – 8 Ta 235/02, AP ArbGG 1979 § 83 Nr. 31.

458 GK-*Oetker*, Rn. 225; HWK-*Reichold*, Rn. 29.

459 *BAG* 19.1.10 – 1 ABR 55/08, AP BetrVG 1972 § 23 Nr. 47.

460 HWGNRH-*Huke*, Rn. 70.

461 *BAG* 14.9.10 – 1 ABR 32/09, AP ZPO § 253 Nr. 53; vereinbar mit Bejahung der Zulässigkeit eines Globalantrags *BAG* 10.3.92 – 1 ABR 31/91, AP BetrVG 1972 § 77 Regelungsabrede Nr. 1.

462 *BAG* 14.11.06 – 1 ABR 5/06, AP BetrVG 1972 § 87 Arbeitszeit Nr. 121.

463 HaKo-BetrVG/*Düwell*, Rn. 40; *BAG* 18.4.85 – 6 ABR 19/84, AP BetrVG 1972 § 23 Nr. 5; inhaltliche Weite ist Frage der Begründetheit *BAG* 10.3.92 – 1 ABR 31/91, AP BetrVG 1972 § 77 Regelungsabrede Nr. 1.

464 Vgl. HaKo-BetrVG/*Düwell*, Rn. 40.

465 HaKo-BetrVG/*Düwell*, Rn. 40.

466 HWGNRH-*Huke*, Rn. 70; *BAG* 15.8.78 – 6 ABR 10/76, AP BetrVG 1972 § 23 Nr. 1; *Fitting*, Rn. 74; GK-*Oetker*, Rn. 226.

467 *LAG Hessen* 6.3.23 – 16 TaBV 85/22.

468 GK-*Oetker*, Rn. 210; einschränkend HWGNRH-*Huke*, Rn. 65.

maligen AG zurechnen lassen.[469] Auf ein Verschulden bestimmter Personen kommt es nicht an. Es liegt damit auch in der Hand des aktuellen AG, von einem Gericht verhängte Zwangsmittel durch betriebsverfassungskonformes Verhalten abzuwenden.

152 Ein **Feststellungsantrag** ist unzulässig.[470] Er ist nicht auf die in Abs. 3 festgelegten Rechtsfolgen der Duldung, Handlung oder Unterlassung gerichtet.[471] Er ist daher generell **abzulehnen.**[472] Auch die Umdeutung in einen Feststellungsantrag ist nicht möglich.[473] **Ausnahmsweise** ist ein Feststellungantrag **prozessökonomisch** sinnvoll, soweit zukünftige Streitigkeiten vermieden und Unsicherheiten zur Stellung eines Leistungsantrags ausgeräumt werden können.[474] Er kann weiterhelfen, wenn die zu Grunde liegende **Rechtsfrage** über die Verpflichtung des AG im Einzelfall **noch nicht geklärt** ist. Im Falle der Wiederholung der Pflichtverletzung wäre dadurch der Weg für die Anwendbarkeit des Abs. 3 geebnet.[475] Die betriebsverfassungsrechtlichen Rechte und Pflichten stellen ein feststellungfähiges Rechtsverhältnis dar, weil sie sich aus einem solchen ableiten.[476]

153 Die Beantragung der **Androhung des Ordnungsgeldes** (vgl. Rn. 176) gemäß Abs. 3 gegen den AG für den Fall der Zuwiderhandlung kann mit einem Antrag zur Initiierung des Erkenntnisverfahrens **verbunden** werden.[477] Die Androhung der Verhängung eines Ordnungsgeldes kann aus prozessökonomischen Gründen[478] schon vor **Rechtskraft** des Beschlusses vorgenommen werden.[479] Gegenteiliges lässt sich aus dem Wortlaut der Norm nicht ableiten. Das Rechtsmittel gegen die Androhung nach § 570 Abs. 1 ZPO entfaltet keine aufschiebende Wirkung, sodass die Vollstreckung durch Einlegung von Rechtsbehelfen ohnehin nicht verhindert werden könnte.[480] Mangels Notwendigkeit einer Androhung bei der Verhängung von Zwangsgeld im Falle der Nichtvornahme der Handlungsaufforderung ist auch eine Beantragung innerhalb des Erkenntnisverfahrens obsolet.[481]

cc) Antragsberechtigung

154 Antragsbefugt sind nach dem Wortlaut von Abs. 3 der BR[482] und eine im Betrieb vertretene Gewerkschaft (näher zum Vertreten-Sein vgl. § 2 Rn. 79). Die Antragstellung des BR setzt einen vorherigen Beschluss des Gremiums voraus.[483] Der **AN** hat nach dem Wortlaut von Abs. 3 **keine** Antragsberechtigung. Dies gilt auch bei einer bestehenden Betroffenheit in den eigenen Rechten. Diese kann er im Rahmen eines Urteilsverfahrens geltend machen.[484] Auch die JAV

469 *LAG Hessen* 3.2.11 – 9 TaBV 27/10.
470 GK-*Oetker*, Rn. 226; Richardi-*Thüsing*, Rn. 102; *Fitting* Rn. 56; KRHS-*Klebe*, Rn. 10 m. V. a. Beispiel für einen Feststellungsantrag *BAG* 16.11.04 – 1 ABR 53/03, AP BetrVG 1972 § 82 Nr. 3.
471 Richardi-*Thüsing*, Rn. 102; Feststellung, dass Verletzung eines Beteiligungsrechts kein feststellungsfähiges Rechtsverhältnis ist *BAG* 8.3.22 – 1 ABR 19/21.
472 HWGNRH-*Huke*, Rn. 69; *BAG* 5.10.00 – 1 ABR 52/99, AP BetrVG 1972 § 23 Nr. 35.
473 *BAG* 15.8.78 – 6 ABR 10/76, AP BetrVG 1972 § 23 Nr. 1; Richardi-*Thüsing*, Rn. 102.
474 Grunsky-*Greiner*, § 81 ArbGG Rn. 21; *BAG* 16.11.04 – 1 ABR 53/03, AP BetrVG 1972 § 82 Nr. 3; *BAG* 21.1.03 – 1 ABR 5/02, AP BetrVG 1972 § 87 Lohngestaltung Nr. 117.
475 *BAG* 19.1.10 – 1 ABR 62/08, AP BetrVG 1972 § 99 Versetzung Nr. 49; *BAG* 16.11.04 – 1 ABR 53/03, AP BetrVG 1972 § 82 Nr. 3; *Bauer/Diller*, ZIP 2/95, 95, 97; a. A. *Fitting*, Rn. 56; *BAG* 5.10.00 – 1 ABR 52/99, AP BetrVG 1972 § 23 Nr. 35.
476 *BGH* 24.3.10 – VIII ZR 304/08, NJW 10, 2793, 2794; *BAG* 12.12.18 – 5 AZR 124/18, AP BGB § 611 Arbeitszeit Nr. 55; a. A. *Fitting*, Rn. 56.
477 *Fitting*, Rn. 72; GK-*Oetker*, Rn. 227; a. A. *LAG Schleswig-Holstein* 4.3.08 – 2 TaBV 42/07, NZA-RR 08, 414.
478 *Besgen*, § 5 Rn. 25.
479 GK-*Oetker*, Rn. 227; *Fitting*, Rn. 79; ErfK-*Koch*, Rn. 25; sofern sie separat vom Beschluss aus dem Erkenntnisverfahren ergangen ist Richardi-*Thüsing*, Rn. 110; a. A. ohne Begründung HWGNRH-*Huke*, Rn. 76; *LK*, Rn. 54.
480 GK-*Oetker*, Rn. 249.
481 GK-*Oetker*, Rn. 227.
482 GBR wird als eine Art des Betriebsrats darunter gefasst, sofern GBR zuständig *LAG Hessen* 17.8.20 – 16 TaBV 24/20; vgl. § 50 Rn. 68a.
483 *Fitting*, Rn. 68.
484 GK-*Oetker*, Rn. 228; *Fitting*, Rn. 68.

und der BR-Ausschuss sind nicht antragsberechtigt i. S. d. Abs. 3.[485] Sie können lediglich Verfahrensbeteiligte sein. Deren Anliegen können von den Antragsberechtigten geltend gemacht werden.[486] Die Antragsberechtigung wird **von Amts wegen** geprüft und muss während des gesamten Verfahrens vorliegen.[487] Findet während des Verfahrens eine Neuwahl des BR statt, übernimmt der neue BR verfahrensrechtlich die Rolle des Vorgängergremiums.[488]

Auf grobe Pflichtverletzungen vor bzw. während der **Entstehung des BR** können die im Betrieb vertretene Gewerkschaft oder der noch amtierende BR reagieren, insoweit es sich nicht um eine Erstwahl handelt und dieser zum entscheidenden Zeitpunkt noch im Amt ist. **155**

Die Antragsberechtigung stützt sich **nicht** auf die Betroffenheit in eigenen Rechten.[489] Die Gewerkschaft und der BR können die Rechte des jeweils anderen oder der AN bzw. anderer betriebsverfassungsrechtlicher Organe im Wege der **Prozessstandschaft** (vgl. Rn. 109) gerichtlich durchsetzen.[490] Diese birgt den Vorteil, dass Konfrontationen und die damit einhergehende Vertiefung des Konflikts zwischen den Betroffenen und dem AG vermieden werden können.[491] **156**

Die Antragsberechtigung nach Abs. 3 besteht auch dann fort, wenn das pflichtwidrige Verhalten des AG längere Zeit geduldet wurde.[492] Mitbestimmungsrechte können auch durch einen jahrelangen Verzicht nicht **verwirkt** werden.[493] Für den unwahrscheinlichen Fall, dass dem AG die Geltendmachung der Mitbestimmungsreche absolut unzumutbar wäre, weil er im Falle einer treuwidrig verspäteten Geltendmachung nicht mehr mit einer Rechtsverfolgung habe rechnen müssen, wird vom *BAG* die formelle Verwirkung zumindest nicht generell ausgeschlossen, gleichfalls aber auch nicht bejaht.[494] **157**

Beteiligte am Verfahren können andere Organe, die **unmittelbar** materiell-rechtlich durch den Streitgegenstand betroffen sind[495] – wie die JAV – sein, obwohl sie nicht antragsberechtigt sind.[496] **158**

dd) Einwand der unzulässigen Rechtsausübung

Das *BAG* hat in einer Entscheidung aus dem Jahr 2019 den Einwand **der unzulässigen Rechtsausübung nach § 2 Abs. 1** eines AG gegen die Geltendmachung eines Anspruchs nach Abs. 3 durch einen BR bejaht (vgl. § 87 Rn. 392).[497] Es ging in dieser Entscheidung darum, dass sich der BR gegen die einseitige Änderung von Dienstplänen durch den AG wehren wollte. Der BR hatte den Dienstplanänderungen jeweils nicht zugestimmt,[498] weil die hieraus resultierende Ar **159**

485 GK-*Oetker*, Rn. 228; *Besgen*, § 5 Rn. 22; *BAG* 15. 8. 78 – 6 ABR 10/76, AP BetrVG 1972 § 23 Nr. 1.
486 ErfK-*Koch*, Rn. 20; vgl. *BAG* 15. 8. 78 – 6 ABR 10/76, AP BetrVG 1972 § 23 Nr. 1.
487 *BAG* 15. 8. 78 – 6 ABR 10/76, AP BetrVG 1972 § 23 Nr. 1; Richardi-*Thüsing*, Rn. 100.
488 Richardi-*Thüsing*, Rn. 100.
489 M. w. N. GK-*Oetker*, Rn. 230; *Fitting*, Rn. 69; HWGNRH-*Huke*, Rn. 61; Richardi-*Thüsing*, Rn. 99; *BAG* 16. 11. 04 – 1 ABR 53/03, AP BetrVG 1972 § 82 Nr. 3; a. A. bzgl. Duldung Galperin-*Löwisch*, Rn. 60; *Gravenhorst*, Anm. zu *BAG* 27. 11. 73 – 1 ABR 11/73, SAE 75, 199, 200.
490 *BAG* 16. 11. 04 – 1 ABR 53/03, AP BetrVG 1972 § 82 Nr. 3; Anliegen der JAV *BAG* 15. 8. 78 – 6 ABR 10/76, AP BetrVG 1972 § 23 Nr. 1; *Fitting*, Rn. 69; WPK-*Kreft*, Rn. 29; HaKo-BetrVG/*Düwell*, Rn. 35; ErfK-*Koch*, Rn. 20; *Raab*, ZfA 97, 183, 187; *Derleder*, AuR 83, 289, 294 f.; *Dütz*, AuR 73, 353, 356; a. A. eigenständige betriebsverfassungsrechtliche Kompetenzen HWK-*Reichold*, Rn. 24, nur die Berechtigung zur Sicherung des gesetzeskonformen Verhaltens des AG Richardi-*Thüsing*, Rn. 74.
491 GK-*Oetker*, Rn. 231.
492 *BAG* 28. 8. 07 – 1 ABR 70/06, AP BetrVG 1972 § 95 Nr. 53; *LAG Schleswig-Holstein* 4. 3. 08 – 2 TaBV 42/07, NZA-RR 08, 414; Richardi-*Thüsing*, Rn. 86; a. A. Ausnahme, wenn AG nicht mehr mit gerichtlicher Geltendmachung habe rechnen müssen *BAG* 25. 4. 06 – 3 AZR 372/05, AP BetrVG § 16 Nr. 60.
493 *BAG* 28. 8. 07 – 1 ABR 70/06, AP BetrVG 1972 § 95 Nr. 53; auch bei Versäumnis über mehrere Jahre *LAG Schleswig-Holstein* 4. 3. 08 – 2 TaBV 42/07, NZA-RR 08, 414.
494 *BAG* 28. 8. 07 – 1 ABR 70/06, AP BetrVG 1972 § 95 Nr. 53; *BAG* 14. 12. 99 – 1 ABR 27/98, AP BetrVG 1972 § 87 BetrVG Nr. 104.
495 Vgl. *BAG* 22. 7. 08 – 1 ABR 40/07, AP BetrVG 1972 § 87 Nr. 14.
496 *BAG* 15. 8. 78 – 6 ABR 10/76, AP BetrVG 1972 § 23 Nr. 1.
497 *BAG* 12. 3. 19 – 1 ABR 42/17, AP BetrVG 1972 § 23 Nr. 51; a. A. *LAG Niedersachsen* 3. 7. 17 – 8 TaBV 42/16, NZA-RR 17, 536.
498 *BAG* 12. 3. 19 – 1 ABR 42/17, AP BetrVG 1972 § 23 Nr. 51; a. A. *LAG Niedersachsen* 3. 7. 17 – 8 TaBV 42/16, NZA-RR 17, 536.

beit nach seiner Auffassung mit dem derzeitigen Personalstand nicht zu bewältigen war.[499] Die vom AG geforderte Einsetzung einer Einigungsstelle hat der BR in mehreren Fällen abgelehnt. Der gerichtlichen Geltendmachung der groben Pflichtverletzung des AG wegen Missachtung des Mitbestimmungsrechts des BR, wurde von der AG-Seite der Einwand der unzulässigen Rechtsausübung entgegengehalten, den das *BAG* bejahte. **Begründet** hat das *BAG* seine Entscheidung damit, dass der BR seine Mitwirkung i. S. d. § 74 Abs. 1 S. 2 i. V. m. § 2 Abs. 1 über einen längeren Zeitraum verweigert hatte.[500] Zudem hat das Gericht festgestellt, dass die Antragsberechtigung des AG aus Abs. 1 eine Berufung auf den Einwand der unzulässigen Rechtsausübung nicht ausschließt.[501]

160 Das *BAG* betonte zwar den Ausnahmecharakter seiner Entscheidung. Die Argumentationslinie und der hieraus abzuleitende Einwand der unzulässigen Rechtsausübung ist jedoch abzulehnen. Sie wäre allenfalls für eine Konstellation nachvollziehbar, in der ein BR ohne Grund jegliche Mitwirkung und Zusammenarbeit mit dem AG verweigert.[502] Ausweislich des bekannten Sachverhalts hat schon deshalb **keine Totalverweigerung** stattgefunden, weil der BR an der Einigungsstelle teilnahm und zudem ein Mediationsverfahren initiierte. Von einer mangelnden Mitwirkung kann deshalb nicht ausgegangen werden.[503]

161 Der Entscheidung des *BAG* zum Einwand der unzulässigen Rechtsausübung des AG ist insbesondere **kritisch** zu begegnen, weil sie AG die Möglichkeit eröffnet, Maßnahmen unter Verstoß gegen bestehende Mitbestimmungsrechte durchzuführen (vgl. § 87 Rn. 392). Der BR darf jedoch nicht **zu einer Zustimmung gedrängt** werden können. Da die einseitige Vornahme einer mitbestimmungspflichtigen Maßnahme rechtswidrig ist, muss dem BR weiterhin ein Unterlassungsanspruch gegenüber dem AG zustehen.[504] Das Mitbestimmungsrecht nach § 87 Abs. 1 Nr. 2 und 3 beinhaltet das Recht des BR über die Rechtmäßigkeit einschlägiger AG-Maßnahmen zu wachen. Dies gilt insbesondere, wenn Einwände eines BR berechtigt sind, weil etwa Dienstpläne gegen Gesetze oder Tarifrecht verstoßen. Die Ausnahme-Entscheidung des *BAG* sollte zu Gunsten der Unabhängigkeit der BR-Tätigkeit ein **Einzelfall** bleiben.

b) Vollstreckungsverfahren

162 Das spezielle Vollstreckungsverfahren nach Abs. 3 enthält in den Sätzen 2 und 3 **zwei** unterschiedliche **Rechtsfolgen.** Bei der Anordnung gegen den AG im Erkenntnisverfahren zum Unterlassen oder Dulden einer Handlung kann der Antrag im Vollstreckungsverfahren nach S. 2 auf die Verhängung eines **Ordnungsgeldes** (vgl. Rn. 172 ff.) gegen den AG gerichtet werden, falls er dem rechtskräftigen Beschluss zuwiderhandelt. Soweit der Beschluss auf die Vornahme einer Handlung des AG gerichtet ist, kann die Verhängung des **Zwangsgeldes** (vgl. Rn. 181 ff.) i. S. d. S. 3 für den Fall der Zuwiderhandlung des Beschlusses beantragt werden.

163 Das Vollstreckungsverfahren wird durch einen gesonderten – auf die Zwangsvollstreckung gerichteten – **Antrag** des BR eingeleitet, sofern der AG der Verpflichtung aus dem rechtskräftigen Beschluss bzw. der einstweiligen Anordnung[505] nicht nachgekommen ist. Die Ausgestaltung entspricht weitestgehend den §§ 888 und 890 ZPO.

164 Dem Beschluss steht ein **Vergleich,** der zur Beendigung des Erkenntnisverfahrens geführt hat, als Titel gleich. Der Titel ist für die Durchführung des Vollstreckungsverfahrens notwendig.[506] Dies ergibt sich bereits aus § 794 Abs. 1 Nr. 1 ZPO. Ihm muss ein vollstreckungsfähiger Inhalt

---

499 *LAG Niedersachsen* 3.7.17 – 8 TaBV 42/16, NZA-RR 17, 536, 538.
500 *BAG* 12.3.19 – 1 ABR 42/17, AP BetrVG 1972 § 23 Nr. 51; a. A. *LAG Niedersachsen* 3.7.17 – 8 TaBV 42/16, NZA-RR 17, 536.
501 *BAG* 12.3.19 – 1 ABR 42/17, AP BetrVG 1972 § 23 Nr. 51.
502 Vgl. *LAG Niedersachsen* 3.7.17 – 8 TaBV 42/16, NZA-RR 17, 536, 538.
503 Vgl. *LAG Niedersachsen* 3.7.17 – 8 TaBV 42/16, NZA-RR 17, 536, 538.
504 *LAG Niedersachsen* 3.7.17 – 8 TaBV 42/16, NZA-RR 17, 536, 537 f.
505 Einstweilige Verfügung stellt Vollstreckungstitel dar GK-*Oetker*, Rn. 254.
506 *BAG* 25.8.04 – 1 AZB 41/03, AP BetrVG 1972 § 23 Nr. 41; *LAG Düsseldorf* 14.5.02 – 7 Ta 128/02, AuR 03, 154, 155; m. w. N., aber ohne Begründung WPK-*Kreft*, Rn. 67; zum Streitstand, aber im Ergebnis bejahend GK-*Oetker*, Rn. 248 f.; a. A. m. w. N. Schwab/Weth/*Walker*, § 85 Rn. 46.

zu Grunde liegen.[507] Der AG muss sich in dem Vergleich **hinreichend konkret** zu einer zukünftigen Handlung, einem Dulden oder Unterlassen verpflichten.[508] Der **Titel** beschränkt sich auf den **Betrieb.** Sofern es zu einer Betriebsänderung kommt, die sich auf die Betriebsidentität auswirkt, erlischt er.[509]

Der Antrag kann nur von einem **Antragsberechtigten** gestellt werden. Dieser muss **nicht** mit dem Antragsteller des Erkenntnisverfahrens identisch sein.[510] Die Notwendigkeit einer **Personenidentität** ist weder aus dem Wortlaut noch vom Sinn und Zweck der Norm abzuleiten.[511] Der Antrag muss **begründet** werden und auf die Rechtsfolge des Ordnungs- oder Zwangsgeldes gerichtet sein.[512] Eine genaue **Bezifferung** in der Höhe des Zwangsmittels ist nicht notwendig.[513] Sowohl das Ordnungs- als auch das Zwangsgeld sind auf **10 000 Euro** begrenzt (vgl. auch Rn. 178 f. und 181 f.). Die Deckelung auf die Höchstsumme von 10 000 Euro wird teilweise bzgl. ihrer mangelnden Abschreckungswirkung kritisiert[514] und damit verbunden Vorschläge zur Anhebung unterbreitet.[515] Die **Ordnungs- und Zwangshaft** werden gemäß § 85 Abs. 1 S. 3 ArbGG als Zwangsmittel im Rahmen des Vollstreckungsverfahrens des Abs. 3 **ausgeschlossen.** 165

Von Abs. 3 sind nicht nur solche Pflichtverletzungen umfasst, die unter die allgemeinen Zwangsvollstreckungsnormen gemäß §§ 887, 888, 890 ZPO fallen, sondern auch Verletzungen, die eine spezielle Rechtsfolge i. S. d. §§ 803 ff., 883 und 894 ZPO nach sich ziehen.[516] Im Antrag kann daher sowohl ein Herausgabeverlangen, die Abgabe einer Willenserklärung durch den AG oder die Vollstreckung von Geldforderungen gegen ihn geltend gemacht werden.[517] 166

Die **Verhängung des Zwangsmittels** erfolgt gemäß § 53 Abs. 1 S. 1 ArbGG i. V. m. §§ 891 ZPO durch Beschluss und kann **ohne mündliche Verhandlung** entschieden werden. Ist keine Beweiserhebung notwendig, kann die Entscheidung durch einen Einzelrichter erfolgen.[518] Dem AG soll zuvor **rechtliches Gehör** gemäß § 85 Abs. 1 ArbGG i. V. m. § 891 S. 2 ZPO gewährt werden.[519] Dies gilt aber nicht für die Verhängung des Zwangsgeldes, weil dessen Vollstreckung durch die Erfüllung, der im Beschluss festgesetzten Verpflichtung abgewendet werden kann.[520] 167

Nach § 85 Abs. 1 S. 3 ArbGG sind die Vorschriften des achten Buches der ZPO anwendbar, soweit das ArbGG keine spezielleren Vorgaben vorsieht. Das Vollstreckungsverfahren nach Abs. 3 S. 2 bis 5 enthält spezielle **ergänzende Regelungen** zum allgemeinen Vollstreckungs- 168

---

507 *BAG* 25.8.04 – 1 AZB 41/03, AP BetrVG 1972 § 23 Nr. 41; *BAG* 28.2.03 – 1 AZB 53/02, AP ArbGG 1979 § 78 Nr. 13; *LAG Düsseldorf* 26.4.93 – 7 Ta 316/92, LAGE § 23 BetrVG 1972 Nr. 30; ErfK-*Koch*, Rn. 27; *LK*, Rn. 52; WPK-*Kreft*, Rn. 67; HaKo-BetrVG/*Düwell*, Rn. 56; a. A. m. w.N. GK-*Oetker*, Rn. 248; Richardi-*Thüsing*, Rn. 108.

508 HaKo-BetrVG/*Düwell*, Rn. 56.

509 *Fitting*, Rn. 77; offengelassen, aber Übergang der Verbindlichkeit für den Fall der Gesamtrechtsfolge nach Verschmelzung mit der Folge aus § 20 Abs. 1 Nr. 1 UmwG bejaht *BAG* 18.3.08 – 1 ABR 3/07, AP BetrVG 1972 § 3 Nr. 6.

510 *Fitting*, Rn. 86; HWGNRH-*Huke*, Rn. 74; HWK-*Reichold*, Rn. 32; Richardi-*Thüsing*, Rn. 107; GK-*Oetker*, Rn. 245.

511 GK-*Oetker*, Rn. 245.

512 GK-*Oetker*, Rn. 243.

513 GK-*Oetker*, Rn. 243; HWK-*Reichold*, Rn. 32.

514 *Berger* Ausschussdrucksache 18(11)434, 35; *Konzernbetriebsrat der Asklepios Kliniken GmbH* Ausschussdrucksache 18(11)434, 25.

515 Forderung der Anhebung auf 25 000 Euro Fraktion *DIE LINKE* BT-Drucks. 18/5327, 4; *Konzernbetriebsrat der Asklepios Kliniken GmbH* Ausschussdrucksache 18(11)434, 25; Begrenzung nicht überzeugend *Berger* Ausschussdrucksache 18(11)434, 35; a. A. ausreichende abschreckende Wirkung bereits mit 10 000 Euro erreicht *BDA* Ausschussdrucksache 18(11)434, 40.

516 Jeder Verstoß ist maßgeblich Richardi-*Thüsing* Rn. 94; GK-*Oetker*, Rn. 204; a. A. *Fitting*, Rn. 57; HWGNRH-*Huke*, Rn. 72; HaKo-BetrVG/*Düwell*, Rn. 44.

517 Richardi-*Thüsing* Rn. 94; GK-*Oetker*, Rn. 204; DKW-*Trittin*, 16. Aufl. 2018, Rn. 199; a. A. *Fitting*, Rn. 57; HWGNRH-*Huke*, Rn. 72; HaKo-BetrVG/*Düwell*, Rn. 44.

518 WPK-*Kreft*, Rn. 69; Richardi-*Thüsing*, Rn. 118; *LAG Schleswig-Holstein* 27.12.01 – 1 TaBV 15c/01, NZA-RR 02, 357.

519 GK-*Oetker*, Rn. 252; ohne Begründung HWK-*Reichold*, Rn. 34; für alle Beteiligten *Besgen*, § 5 Rn. 226; Anhörung aber nicht erforderlich und nur auf Ordnungsgeld bezogen *Fitting*, Rn. 87; Richardi-*Thüsing*, Rn. 118; gilt auch für Zwangsgeld WPK-*Kreft*, Rn. 72.

520 *Fitting*, Rn. 94; ErfK-*Koch*, Rn. 24; ausnahmsweise kein rechtliches Gehör HaKo-BetrVG/*Düwell*, Rn. 47; a. A. rechtliches Gehör stets notwendig GK-*Oetker*, Rn. 267; Richardi-*Thüsing*, Rn. 118.

recht i. S. d. § 85 ArbGG i. V. m. 890 ff. ZPO, ist aber nicht abschließend.[521] Für die Einleitung des Vollstreckungsverfahrens bedarf es einer **Vollstreckungsklausel** i. S. d. §§ 724 und 725 ZPO,[522] weil Abs. 3 S. 2 von diesem Erfordernis nicht ausdrücklich absieht.[523] Im Falle des Versäumnisses kann die Erteilung der Vollstreckungsklausel im Beschwerdeverfahren mit ex-tunc-Wirkung nachgeholt werden.[524] Die Zustellung der Vollstreckungsklausel ist vor der Festsetzung der Zwangsmittel nach § 750 Abs. 1 ZPO nicht zwingend erforderlich.[525]

169 Die Festsetzung der Zwangsmittel erfolgt durch Beschluss des *ArbG*, unabhängig in welcher Instanz die zugrundeliegende rechtskräftige Entscheidung gefällt wird.[526] Die Vollstreckung der verhängten Zwangsmittel setzt keinen rechtskräftigen Festsetzungsbeschluss voraus.[527]

170 Gegen den Androhungs- und Festsetzungsbeschluss kann nach §§ 78, 83 Abs. 5, 85 Abs. 1 S. 3 ArbGG i. V. m. §§ 793 und 891 S. 1 ZPO eine **sofortige Beschwerde** beim ***LAG*** eingelegt werden.[528] Nach § 78 Abs. 2 ArbGG findet keine darüber hinausgehende weitere Beschwerde Anwendung, sofern keine Zulassung durch das *LAG* erteilt worden ist. Eine Nichtzulassungsbeschwerde sieht das Gesetz nicht vor.[529] Im Falle der Zulassung durch das *LAG* ist die Rechtsbeschwerde beim *BAG* gemäß § 92 Abs. 1 ArbGG statthaft.

171 Das Ordnungsgeld wird von Amts wegen nach der JustizbeitreibungsO[530] und das Zwangsgeld nach § 85 Abs. 1 S. 3 ArbGG i. V. m. §§ 803 ff. ZPO[531] auf Antrag eingezogen. Es fällt der **Staatskasse** und nicht dem Antragsteller zu.[532]

aa) Ordnungsgeld

172 Beachtet der AG die in einem **rechtskräftigen** arbeitsgerichtlichen Beschluss festgelegten Vorgaben, wie die **Duldung** oder **Unterlassung** einer Handlung aus dem Erkenntnisverfahren nicht (vgl. Rn. 113), kann ein Ordnungsgeld verhängt werden.

173 Ist eine aufgrund eines Beschlusses unzulässige Rechtsfolge eingetreten, ohne dass der AG sie zu vertreten hat, ist nach § 890 ZPO zu überprüfen, ob er alles ihm Mögliche und Zumutbare unternommen hat, um den arbeitsgerichtlichen Vorgaben zu genügen.[533] Hierzu kann beispielsweise die Einwirkung auf einen Dritten in seinem Organisationsbereich gehören.[534]

174 Die Zuwiderhandlung des AG muss **schuldhaft** sein,[535] weil Abs. 3 im Vollstreckungsverfahren neben der Vollstreckungs- ebenso die Straffunktion innewohnt.[536] Dem AG ist jede Art des Verschuldens zuzurechnen. Es reicht leichte Fahrlässigkeit.[537] In Betracht kommt auch ein Organisations-, Auswahl- oder Überwachungsverschulden.[538]

---

521 *Fitting*, Rn. 108 f.; GK-*Oetker*, Rn. 144 f.; HWK-*Reichold*, Rn. 24; a. A. soweit Verfahren nach Abs. 3 wegen eines groben Pflichtverstoßes durchgeführt worden ist HWGNRH-*Huke*, Rn. 92.

522 HaKo-BetrVG/*Düwell*, Rn. 49 und 79; *Fitting*, Rn. 87; *LK*, Rn. 54; WPK-*Kreft*, Rn. 70; *LAG Bremen* 11. 3. 93 – 1 Ta BV 8/88 und 1 Ta 11/93, BB 93, 795; *LAG Düsseldorf* 5. 8. 93 – 7 Ta 184/92, LAGE § 23 BetrVG 1972 Nr. 33; a. A. HWK-*Reichold*, Rn. 32; GK-*Oetker*, Rn. 243.

523 *LAG Düsseldorf* 5. 8. 93 – 7 Ta 184/92, LAGE § 23 BetrVG 1972 Nr. 33.

524 *LAG Hamm* 3. 5. 07 – 10 Ta 692/06 m. V. a. *OLG Hamburg* 23. 10. 80 – 3 W 77/80, WRP 81, 221.

525 ErfK-*Koch*, Rn. 24; *LAG Berlin Brandenburg* 5. 4. 17 – 15 Ta 1522/16, AuR 17, 269.

526 HWK-*Reichold*, Rn. 32.

527 GK-*Oetker*, Rn. 275; HaKo-BetrVG/*Düwell*, Rn. 55; ErfK-*Koch*, Rn. 26.

528 HWGNRH-*Huke*, Rn. 83; Richardi-*Thüsing*, Rn. 119; HaKo-BetrVG/*Düwell*, Rn. 85.

529 *BAG* 22. 2. 03 – 10 AZB 4/94, AP ArbGG 1979 § 78 Nr. 2.

530 HWK-*Reichold*, Rn. 37; WPK-*Kreft* Rn. 70; GK-*Oetker*, Rn. 276; HaKo-BetrVG/*Düwell*, Rn. 53.

531 WPK-*Kreft*, Rn. 70 i. V. m. 74; GK-*Oetker*, Rn. 276; sowohl Ordnungs- als auch Zwangsgeld Richardi-*Thüsing*, Rn. 122.

532 *BAG* 19. 1. 10 – 1 ABR 62/08, AP BetrVG 1972 § 99 Versetzung Nr. 49; vgl. bei § 888 Abs. 1 ZPO *BGH* 2. 3. 83 – IVb ARZ 49/82, NJW 83, 1859.

533 *BAG* 14. 11. 06 – 1 ABR 5/06, AP BetrVG 1972 § 87 Arbeitszeit Nr. 121.

534 Richardi-*Thüsing*, Rn. 103; HaKo-BetrVG/*Düwell*, Rn. 57.

535 HWGNRH-*Huke*, Rn. 77; WPK-*Kreft*, Rn. 69; Richardi-*Thüsing*, Rn. 111; Fahrlässigkeit ausreichend *Fitting*, Rn. 84; ebenso *LAG Berlin-Brandenburg* 15. 5. 09 – 15 Ta 466/09.

536 GK-*Oetker*, Rn. 257; HWK-*Reichold*, Rn. 34; Richardi-*Thüsing*, Rn. 111; WPK-*Kreft*, Rn. 69 m. V. a. keine Strafe ohne Schuld *BVerfG* 14. 7. 81 – 1 BvR 575/80, NJW 81, 2457.

537 *LAG Berlin* 9. 4. 02 – 8 Ta 235/02, AP ArbGG 1979 § 83 Nr. 31.

538 Fahrlässigkeit reicht HaKo-BetrVG/*Düwell*, Rn. 51; *LAG Berlin-Brandenburg* 15. 5. 09 – 15 Ta 466/09.

Das unzulässige Verhalten muss nach Eintritt der **Rechtskraft** des Beschlusses aus dem Erkenntnisverfahren erfolgt sein.[539] 175

Der Festsetzung des Ordnungsgeldes muss ihre ordnungsgemäße **Androhung** vorangehen wie in § 890 Abs. 2 ZPO geregelt.[540] Die Zuwiderhandlung muss nicht zeitlich vor der Androhung liegen.[541] Zwischen der Androhung und der Zuwiderhandlung – als Anlass für die Festsetzung des Ordnungsgeldes – kann ein Zeitraum von 30 Jahren nach Rechtskraft der Androhung liegen, was sich aus § 197 Abs. 1 Nr. 3 BGB ergibt.[542] Es reicht aus, wenn gegenüber dem AG auf den maximalen Strafrahmen von 10 000 Euro hingewiesen wird.[543] Soweit die Androhung eine bestimmte Ordnungsgeldhöhe vorsieht, kommt dieser Information aus Gründen der Rechtssicherheit Bindungswirkung zu.[544] Die Androhung kann vom *ArbG* entweder bereits im Beschluss über das Erkenntnisverfahren enthalten sein [545] oder durch separaten Beschluss vorgenommen werden.[546] Sie muss noch **nicht** in **Rechtskraft** ergangen sein,[547] weil eine Beschwerde gegen die Androhung, die für sich genommen kein Zwangsmittel darstellt, nach § 570 Abs. 1 ZPO keine aufschiebende Wirkung entfalten würde, sodass eine Vollstreckung in jedem Fall durchgeführt werden könnte.[548] 176

Das **Rechtsschutzbedürfnis** bleibt bezüglich der begangenen Zuwiderhandlung erhalten, selbst wenn diese unmittelbar vor der Vollstreckung nicht aufrechterhalten wird.[549] Das wird der in Abs. 3 verankerten Sanktionsfunktion gerecht. 177

Das Ordnungsgeld ist im Rahmen des Abs. 3 S. 5 auf **10 000 Euro begrenzt.** Diese Obergrenze kann überschritten werden, wenn es sich um mehrere Pflichtverstöße des AG handelt.[550] Das ist nicht der Fall, wenn wiederholte Pflichtverstöße räumlich und zeitlich so eng zusammenhängen, dass sich diese als **natürliche Handlungseinheit** darstellen.[551] 178

Bezüglich der **Höhe** des Ordnungsgeldes besteht im Vollstreckungsverfahren ein Ermessensspielraum des *ArbG*. **Faktoren** für die Bemessung sind z. B. der Grad des Verschuldens des AG, seine wirtschaftlichen Belange und die Häufigkeit der Zuwiderhandlung.[552] Die Höhe des Ordnungsgeldes muss dem AG empfindlich treffen, um einen **faktischen Anreiz** für die Einhaltung der vom *ArbG* formulierten Vorgaben zu schaffen.[553] Das Ordnungsgeld bezweckt insoweit, dass AG ihr Handeln an den betriebsverfassungsrechtlichen Vorgaben orientieren.[554] 179

Teilweise wird die Vereinbarung einer **Vertragsstrafe** i. S. d. § 339 ff. BGB als Mittel zur präventiven Verhinderung von betriebsverfassungswidrigen Verhalten des AG propagiert[555] – vom ***BAG*** 180

---

539 GK-*Oetker*, Rn. 254; HWGNRH-*Huke*, Rn. 76 und 80; Richardi-*Thüsing*, Rn. 110; *Fitting*, Rn. 82 f.; HaKo-BetrVG/*Düwell*, Rn. 51; *LAG Berlin Brandenburg* 5. 4. 17 – 15 Ta 1522/16, AuR 17, 269.

540 HWGNRH-*Huke*, Rn. 76; Richardi-*Thüsing*, Rn. 109.

541 WPK-*Kreft*, Rn. 69.

542 GK-*Oetker*, Rn. 255; HaKo-BetrVG/*Düwell*, Rn. 85; a. A. Unbegründetheit des Antrags auf Verhängung des Ordnungsgeldes, wenn zwischen dieser und der vermeintlichen Zuwiderhandlung 8 Jahre liegen *LAG Schleswig-Holstein* 27. 12. 01 – 1 TaBV 15c/01, NZA-RR 02, 357.

543 HWGNRH-*Huke*, Rn. 76; *Fitting*, Rn. 80; Richardi-*Thüsing*, Rn. 109; *LAG Düsseldorf* 14. 5. 02 – 7 Ta 128/02, AuR 03, 154, 155; *LAG Düsseldorf* 13. 8. 87 – 7 Ta 207/87, LAGE BetrVG 1972 § 23 Nr. 10; sogar zweckmäßig nach *Besgen*, § 5 Rn. 25, damit der Richter die Maximalsumme ausschöpfen könne und darin nicht bereits durch den Antrag begrenzt sei.

544 GK-*Oetker*, Rn. 253; *Fitting*, Rn. 80.

545 HWGNRH-*Huke*, Rn. 76; HWK-*Reichold*, Rn. 33; *BAG* 24. 4. 07 – 1 ABR 47/06, AP BetrVG 1972 § 87 Arbeitzeit Nr. 124.

546 HWGNRH-*Huke*, Rn. 76; WPK-*Kreft*, Rn. 69; Richardi-*Thüsing*, Rn. 109.

547 GK-*Oetker*, Rn. 249; *Fitting*, Rn. 79; ErfK-*Koch*, Rn. 25; sofern sie separat vom Beschluss aus dem Erkenntnisverfahren ergangen ist Richardi-*Thüsing*, Rn. 110; a. A. ohne Begründung HWGNRH-*Huke*, Rn. 76; *LK*, Rn. 54.

548 GK-*Oetker*, Rn. 249.

549 HWGNRH-*Huke*, Rn. 80; Richardi-*Thüsing*, Rn. 112; *Fitting* Rn. 83; HWK-*Reichold*, Rn. 34.

550 *Fitting*, Rn. 88; HWK-*Reichold*, Rn. 34; WPK-*Kreft*, Rn. 71; Richardi-*Thüsing*, Rn. 121.

551 GK-*Oetker*, Rn. 262.

552 HWGNRH-*Huke*, Rn. 78.

553 HWK-*Reichold*, Rn. 34.

554 M. w. N. GK-*Oetker*, Rn. 260.

555 *LAG Schleswig-Holstein* 7. 5. 08 – 6 TaBV 7/08; *LAG Hamm* 25. 4. 08 – 13 TaBV 132/07; DKW-*Trittin*, 16. Aufl. 2018, Rn. 359.

wird deren Zulässigkeit jedoch **verneint.**[556] Zur Begründung wird auf die fehlende Vermögensfähigkeit des BR verwiesen.[557] Gegen die Zulässigkeit von Vertragsstrafen wird weiterhin das Argument angeführt, dass Antragsberechtigte von einer gerichtlichen Geltendmachung i. S. d. Abs. 3 absehen, wenn für den Fall eines mitbestimmungswidrigen Verhaltens des AG alternativ eine Vertragsstrafe vereinbart werden könnte. Daher bestünde die Gefahr, dass sachfremde Erwägungen bei der BR-Arbeit eine zu große Rolle spielten, mithin ein **»Abverkauf« der Mitbestimmungsrechte** möglich würde.[558] Dagegen spricht aber bereits, dass eine Strafregelung gerade nicht die zukünftige Geltendmachung des Abs. 3 ausschließt, die ohnehin im Ermessen der Antragsberechtigten steht.[559] Weiterhin stehen dem BR zur Sicherung seiner Rechte z. B. Unterlassungsansprüche (vgl. Rn. 195 ff.) zur Verfügung, die bereits unterhalb der Schwelle der groben Pflichtverletzung i. S. d. Abs. 3 ausgelöst werden können. Für die Zulässigkeit von Vertragsstrafen spricht weiterhin, dass Abweichungen von den gesetzlichen Vorgaben rechtlich generell möglich sind. Diese Zulässigkeit muss es auch für die Vereinbarung von Vertragsstrafen geben. Darüber hinaus kann im Einzelfall mit einer Vereinbarung zwischen den Betriebsparteien, ein besonders starkes Verpflichtungsgefühl beider geschaffen werden, die Vorgaben des BetrVG einzuhalten. Im Ergebnis können so langwierige Prozesse und **ausufernde Konflikte vermieden** werden.[560] Eine Abrede zwischen dem BR und dem AG über eine Geldleistung zu Gunsten eines Dritten bei einem Verstoß gegen Mitbestimmungsrechte sollte daher möglich sein,[561] soweit darin nicht die zukünftige Geltendmachung der betriebsverfassungsrechtlichen Rechte des BR ausgeschlossen wird. Die Abrede darf nicht gegen betriebsverfassungsrechtliche Vorgaben verstoßen, wie die der partei-politischen Neutralität im Betrieb gemäß § 74 Abs. 2 S. 3.

bb) Zwangsgeld

181 Wird der AG im Erkenntnisverfahren (vgl. Rn. 113) zur Vornahme einer **Handlung rechtskräftig** verpflichtet, kann bei Verstoß gegen die Verpflichtung auf Antrag des BR oder der Gewerkschaft (vgl. Rn. 165) vom *ArbG* ein Zwangsgeld bis **max. 10 000 Euro** verhängt werden. Dieser Vorgang entspricht der Zwangsvollstreckung i. S. d. § 888 ZPO.[562]

182 Das Zwangsgeld wird vom *ArbG* als **Beugemittel** durch Beschluss festgesetzt. Seine **Höhe** muss dazu geeignet sein, den AG nachdrücklich zur Vornahme der angeordneten Handlung zu bewegen, mithin Druck auf ihn auszuüben.[563] Die Maximalhöhe von 10 000 Euro darf nicht überschritten werden.[564] Eine wiederholte Verhängung des Zwangsgeldes ist möglich, wenn der AG nach einer ersten Zahlung der aus dem Erkenntnisverfahren resultierenden Handlungsanweisung nicht nachgekommen ist. Dies setzt eine erneute Anhörung voraus.[565]

183 Anders als beim Ordnungsgeld ist gemäß § 888 Abs. 2 ZPO vor der Verhängung eines Zwangsgeldes eine vorherige **Androhung nicht** erforderlich.[566] Die Androhung ist konkludenter Bestandteil der Zwangsgeldfestsetzung, weil durch die Erfüllung des Beschlusses aus dem Erkenntnisverfahren, die Zwangsgeldzahlung abgewendet werden kann.[567] Eine **sofortige Festsetzung** ohne Vornahmefrist ist möglich.[568] Wird trotzdem eine Androhung vorgenommen, gelten die Ausführungen zur Androhung des Ordnungsgeldes (vgl. Rn. 153 und 176).

---

556 *BAG* 19. 1. 10 – 1 ABR 62/08, AP BetrVG 1972 § 99 Versetzung Nr. 49.
557 *BAG* 19. 1. 10 – 1 ABR 62/08, AP BetrVG 1972 § 99 Versetzung Nr. 49.
558 *LK*, Rn. 16; *BAG* 19. 1. 10 – 1 ABR 62/08, AP BetrVG 1972 § 99 Versetzung Nr. 49; a. A. *LAG Schleswig-Holstein* 7. 5. 08 – 6 TaBV 7/08.
559 *Wiebauer*, AuR 12, 150, 153; vgl. *BAG* 19. 1. 10 – 1 ABR 62/08, AP BetrVG 1972 § 99 Versetzung Nr. 49.
560 *Wiebauer*, AuR 12, 150 f.
561 *LAG Hamm* 25. 4. 08 – 13 TaBV 132/07.
562 Richardi-*Thüsing*, Rn. 114.
563 *LK*, Rn. 56.
564 *LK*, Rn. 56.
565 GK-*Oetker*, Rn. 272; Richardi-*Thüsing*, Rn. 121; HWK-*Reichold*, Rn. 36; WPK-*Kreft*, Rn. 73.
566 HWGNRH-*Huke*, Rn. 81; HWK-*Reichold*, Rn. 35; GK-*Oetker*, Rn. 266; Richardi-*Thüsing*, Rn. 115; *Fitting* Rn. 92.
567 GK-*Oetker*, Rn. 266.
568 WPK-*Kreft*, Rn. 72.

Auf ein **Verschulden** kommt es, anders als beim Ordnungsgeld (vgl. Rn. 174), **nicht** an. Bei der Erhebung des Zwangsgeldes handelt es sich um ein Mittel der zwangsweisen Durchsetzung, das keine Sanktionsfunktion enthält.[569] Soweit der AG den Vorgaben aus dem Titel nachgekommen ist, kann bzw. darf das Zwangsgeld nicht mehr verhängt werden.[570] **184**

Die Einordnung als **vertretbare oder unvertretbare Handlung** ist unerheblich.[571] Es kommt lediglich auf die Nichtvornahme der Handlung an, die dem AG mit Abschluss des Erkenntnisverfahrens aufgegeben worden ist, weil Abs. 3 S. 3 gegenüber den § 887 ff. ZPO spezieller ist.[572] Eine Differenzierung wurde im Wortlaut nicht vorgenommen. Dem AG muss die Ausführung der aufgegebenen Handlung – selbst oder durch Einwirkung auf Dritte – jedenfalls möglich sein.[573] **185**

c) Einweiliger Rechtsschutz

Richtigerweise ist für das Verfahren nach Abs. 3 die Anwendbarkeit des einstweiligen Rechtsschutzes zu **bejahen.**[574] **Gegen** diese Ansicht wird eingewandt, dass die Sanktionsfunktion in einem Verfahren nicht vorläufig herbeigeführt werden kann, in dem die reine Glaubhaftmachung des Vorliegens der Voraussetzungen der Anspruchsgrundlage ausreicht.[575] Weiterhin soll die **unternehmerische Entscheidungsfreiheit** grundsätzlich nicht durch eine einstweilige Verfügung ausgehebelt werden können, indem die Vornahme einer unternehmerischen Handlung bis zur Entscheidung in der Hauptsache stets ausgesetzt wird.[576] Für die Vollstreckung bedarf es einer rechtskräftigen Entscheidung, was dem Gedanken des einstweiligen Rechtsschutzes zuwiderlaufe.[577] Es fehle zudem das Rechtsschutzbedürfnis.[578] Dies alles soll gegen einen einstweiligen Rechtsschutz sprechen. **186**

Dies wird aber der gesetzlichen Ausgestaltung und den praktischen Bedürfnissen kurzfristig Rechte geltend machen zu können, weil sie andernfalls durch Zeitablauf torpediert würden, nicht gerecht. Eine Anwendbarkeit ist vielmehr zu bejahen, was sich auch in der gesetzlichen Konzeption wiederfindet: Für das Verfahren schließt § 85 Abs. 1 S. 3 ArbGG die Anwendbarkeit von Ordnungs- und Zwangshaft aus, regelt aber die Möglichkeit des einstweiligen Rechtsschutzes nach § 85 Abs. 2 S. 1 ArbGG ohne eine Einschränkung für das Verfahren nach Abs. 3 vorzusehen.[579] Von der **generellen Möglichkeit des einstweiligen Rechtsschutzes** im Beschlussverfahren nach §§ 2a Abs. 1 Nr. 1, 80 und 85 Abs. 2 ArbGG wird daher keine Ausnahme gemacht. Es wäre auch widersinnig, gerade beim Vorliegen eines groben Pflichtverstoßes gegen das BetrVG eine Ausnahme zuzulassen.[580] Die maßgebliche Funktion des Abs. 3 besteht darin, den AG zukünftig zu einem mit dem BetrVG übereinstimmenden Verhalten anzuhalten.[581] Um dieser Zielsetzung nachzukommen, muss ein kurzfristiges Rechtsschutzersuchen ermöglicht **187**

569 GK-*Oetker*, Rn. 269; HWGNRH-*Huke*, Rn. 81; HWK-*Reichold*, Rn. 35; Richardi-*Thüsing*, Rn. 116.

570 HWK-*Reichold*, Rn. 36; Richardi-*Thüsing*, Rn. 116; *Fitting*, Rn. 93.

571 HWGNRH-*Huke*, Rn. 81; WPK-*Kreft*, Rn. 72; GK-*Oetker*, Rn. 268; ErfK-*Koch*, Rn. 26; Richardi-*Thüsing*, Rn. 114; *Fitting*, Rn. 55; a. A. Grunsky-*Greiner*, § 85 ArbGG Rn. 12.

572 GK-*Oetker*, Rn. 268; a. A. Spezialität des § 23 Abs. 3 nur bei nicht vertretbaren Handlungen.

573 GK-*Oetker*, Rn. 268; ErfK-*Koch*, Rn. 26.

574 *LAG Schleswig-Holstein* 9.8.07 – 4 TaBVGa 2/07, NZA-RR 07, 639 f.; *LAG Düsseldorf* 16.5.90 – 12 Ta BV 9/90, NZA 91, 29; *LAG Köln* 22.4.85 – 6 TaBV 5/85, NZA 85, 634; m. w. N. WPK-*Kreft*, Rn. 63; *Fitting*, Rn. 76; ohne Begründung aber m. w. N. GK-*Oetker*, Rn. 233; *Raab*, ZfA 1997, 183, 189; auf allgemeinen Unterlassungsanspruch gestützt HWK-*Reichold*, Rn. 30; a. A. HWGNRH-*Huke*, Rn. 73; HaKo-BetrVG/*Düwell*, Rn. 43; m. w. N. Richardi-*Thüsing*, Rn. 105.

575 HWGNRH-*Huke*, Rn. 73; *LAG Nürnberg* 31.8.05 – 6 TaBV 41/05, NZA-RR 06, 137, 138; *LAG Hamm* 4.2.77 – 3 TaBV 75/76, EzA § 23 BetrVG 1972 Nr. 5; Richardi-*Thüsing*, Rn. 105; a. A. *Fitting* Rn. 76; bejaht zwar Zulässigkeit in Rn. 233, lehnt aber die Beschränkung der unternehmerischen Freiheit ab GK-*Oetker*, Rn. 173.

576 GK-*Oetker*, Rn. 173.

577 ErfK-*Koch*, Rn. 23.

578 HWGNRH-*Huke*, Rn. 73; aber auf Vollstreckungsverfahren bezogen *LAG Hamm* 4.2.77 – 3 TaBV 75/76, EzA § 23 BetrVG 1972 Nr. 5.

579 WPK-*Kreft*, Rn. 63; *Fitting*, Rn. 76; Grunsky-*Greiner*, § 85 ArbGG Rn. 18; *LAG Schleswig-Holstein* 9.8.07 – 4 TaBVGa 2/07, NZA-RR 07, 639 f.

580 Grunsky-*Greiner*, § 85 ArbGG Rn. 18.

581 GK-*Oetker*, Rn. 233.

werden, wenn dem Geschädigten **keine anderweitige Möglichkeit der Geltendmachung** bleibt.[582] Von dem Rechtskrafterfordernis ist eine Ausnahme zu machen, wenn die Handlung mittels einstweiliger Verfügung durchgesetzt worden ist, weil diese sofort vollstreckbar ist.[583] Das Argument bzgl. der Sanktionierung greife obendrein lediglich für das Ordnungsgeld, weil das Zwangsgeld ein reines Beugemittel (vgl. Rn. 182) darstellt.[584]

188 Im Falle der **Behinderung der BR-Wahl** muss dem noch amtierenden BR oder der im Betrieb vertretenen Gewerkschaft die Geltendmachung des Abs. 3 gegen den AG im einstweiligen Rechtsschutzverfahren ermöglicht werden. Es ist dem BR – auch in der Entstehung – nicht zuzumuten, seine Rechte aushebeln zu lassen.[585] Mittels einer nachfolgenden Strafe kann dem Verlangen des Betroffenen oftmals nicht mehr entsprochen werden.[586] Folglich muss dies ebenfalls per einstweiligen Rechtsschutz durchgesetzt werden können.[587]

2. Abgrenzung zum Zwangsvollstreckungsrecht

189 Aufgrund der Gleichgerichtetheit des allgemeinen Zwangsvollstreckungsrecht gemäß §§ 887, 880 und 890 ZPO und Abs. 3 auf die Herbeiführung einer Handlung, ein Dulden oder Unterlassen,[588] sieht § 85 Abs. 1 S. 3 ArbGG die Anwendbarkeit der Vorschriften des achten Buches der ZPO unter Beachtung der ergänzenden Vollstreckungsregelungen des Abs. 3 S. 2 bis 5 vor.[589] Eine **abschließende** Regelung ist in Abs. 3 **nicht** zu sehen.[590]

190 Das allgemeine Zwangsvollstreckungsrecht i. S. d. § 85 ArbGG kann durch den **materiell Berechtigten** wahrgenommen werden, um unabhängig von Abs. 3 S. 1 ein Tun, Dulden oder Unterlassen zu erreichen, und um so eine Verletzung eigener Rechten geltend zu machen.[591] Ebenso kann der in seinen eigenen Rechten Betroffene aber auch nach Abs. 3 vorgehen, soweit er antragsberechtigt ist und dies seinem Rechtsschutzziel entspricht.[592] Ein Ausschluss des allgemeinen Zwangsvollstreckungsrechts neben Abs. 3 würde sonst zu einer Beschränkung seiner Rechte führen. Der Gesetzgeber wollte mit der Einführung der Norm die Rechte der Antragsberechtigten jedoch erweitern und nicht begrenzen.[593]

191 Die Abgrenzungsfrage zwischen dem Vollstreckungsverfahren i. S. d. Abs. 3 und dem allgemeinen Zwangsvollstreckungsrecht wirkt sich auf die **Rechtsfolgen** aus. Im Verfahren nach Abs. 3 sind die Rechtsfolgen etwa durch **Begrenzung der Zwangsmaßnahmen** auf 10 000 Euro oder durch Ausschluss der Ordnungs- und Zwangshaft eng ausgestaltet. Diese Begrenzungen zielen darauf ab, bestehende Konfliktlagen nicht zu vertiefen.[594] Sie sollen auch im Bereich des allgemeinen Zwangsvollstreckungsrechts **zur Anwendung kommen** (vgl. bzgl. allgemeinen

582 Vgl. GK-*Oetker*, Rn. 233; *Dütz*, DB 84, 115, 122.
583 GK-*Oetker*, Rn. 254 und 265.
584 Ordnungsgeld setzt rechtskräftige Entscheidung voraus *LAG Hamm* 4. 2. 77 – 3 TaBV 75/76, EzA § 23 BetrVG 1972 Nr. 5.
585 Vgl. Arg. bzgl. Verletzung von Mitbestimmungsrechten durch den AG *Dütz*, DB 84, 115, 119.
586 Vgl. Arg. bzgl. Verletzung von Mitbestimmungsrechten durch den AG *Dütz*, DB 84, 115, 119.
587 FS Kreutz-*Dörner*, 81, 87; ausführlich *Raab*, ZfA 97, 183, 206 ff.; a. A. Ordnungsgeld setzt rechtskräftige Entscheidung voraus *LAG Hamm* 4. 2. 77 – 3 TaBV 75/76, EzA § 23 BetrVG 1972 Nr. 5; ebenso ErfK-*Koch*, Rn. 23; Antrag nach Abs. 3 nur auf zukünftiges Verhalten gerichtet Richardi-*Thüsing*, Rn. 105.
588 GK-*Oetker*, Rn. 144; HWGNRH-*Huke*, Rn. 72; *Fitting*, Rn. 57; a. A. Richardi-*Thüsing*, Rn. 94.
589 *LAG Bremen* 11. 3. 93 – 1 Ta BV 8/88 und 1 Ta 11/93, BB 93, 795.
590 HWK-*Reichold*, Rn. 24; *Fitting*, Rn. 107; GK-*Oetker*, Rn. 150; *BAG* 17. 5. 83 – 1 ABR 21/80, AP BetrVG 1972 § 23 Nr. 3.
591 *Fitting*, Rn. 107 und 110; HaKo-BetrVG/*Düwell*, Rn. 35; *BAG* 25. 8. 04 – 1 AZB 41/03, AP BetrVG 1972 § 23 Nr. 41; Bezeichnung als subsidiär, obwohl gleichzeitig die Geltendmachung des Abs. 3 durch den materiell Berechtigten angenommen wird GK-*Oetker*, Rn. 192 f.; DKW-*Trittin*, 16. Aufl. 2018, Rn. 328.
592 *Fitting*, Rn. 110; GK-*Oetker*, Rn. 193, auch wenn in Rn. 192 Subsidiarität des Abs. 3 gegenüber dem allgemeinen Zwangsvollstreckungsrecht angenommen wird; ErfK-*Koch*, Rn. 27.
593 *Fitting*, Rn. 108; Herstellung des Gleichgewichts wie im Bericht des BT-Ausschusses für Arbeit und Sozialordnung BT-Drucks. VI/2729, 21 erklärt, nicht durch Kürzung von Rechten zu erreichen.
594 Vgl. *Fitting*, Rn. 80.

Unterlassungsanspruch Rn. 198), um Wertungswidersprüche zu vermeiden.[595] Die Begrenzung der Zwangsvollstreckungsfolgen orientiert sich am Bußgeld nach § 121 Abs. 2.[596] Bei diesem Rechtsfolgenrahmen handelt sich um eine betriebsverfassungsrechtliche Besonderheit, die in den §§ 98 Abs. 5, 101 und 104 zum Ausdruck kommt und bei Verstößen gegen das BetrVG stets Anwendung finden sollte.

3. Verhältnis des Abs. 3 zu Sonderregelungen

Gesetzliche Vorschriften, die AG zu einer Leistung verpflichten (Geld- oder Sachleistung, zur Vorlage von Unterlagen oder Unterrichtung des BR), gewähren einen Erfüllungsanspruch.[597] Sie sind nach § 85 ArbGG i. V. m. mit den allgemeinen Vorschriften des 8. Buches der ZPO unabhängig von Abs. 3 vollstreckbar. Die Regelung in Abs. 3 ist nicht abschließend.[598] 192

Als **Sonderregelungen** haben **§§ 98 Abs. 5, 101 und 104** gegenüber Abs. 3 **Vorrang.**[599] Eine Anwendbarkeit des Abs. 3 kommt daneben nur in Betracht, wenn weder der persönliche noch der sachliche Anwendungsbereich der Sondervorschriften berührt wird. Dies ist z. B. anzunehmen, wenn die im Betrieb vertretene **Gewerkschaft** von ihrem Antragsrecht Gebrauch macht, weil die Sonderregelungen lediglich ein Antragsrecht des BR vorsehen. Damit ist keine Überschneidung der persönlichen Anwendungsbereiche zu befürchten.[600] Darüber hinaus kommt Abs. 3 zur Anwendung, wenn **künftig zu erwartende mitbestimmungswidrige personelle Maßnahmen** des AG verhindert werden sollen, mithin der sachliche Anwendungsbereich der Sondervorschriften nicht betroffen wird.[601] Die Spezialnorm des **§ 101** führt z. B. nicht zum Ausschluss der Anwendbarkeit des Abs. 3.[602] Sie beinhaltet einen negatorischen Anspruch gerichtet auf die Rückgängigmachung der personellen Maßnahme,[603] während Abs. 3 einen Anspruch auf künftige Einhaltung betriebsverfassungsrechtlicher Vorgaben vorsieht (ebenso vgl. § 101 Rn. 19 f.).[604] 193

4. Unterlassungsansprüche

Abs. 3 ist nicht abschließend.[605] Die bestehende Anwendung anderer Normen und ein allgemeiner Unterlassungsanspruch sind notwendig, um das pflichtgemäße Verhalten des AG sicherzustellen (vgl. auch § 87 Rn. 392).[606] 194

595 *BAG* 29.4.04 – 1 ABR 30/02, AP BetrVG 1972 § 77 Durchführung Nr. 3; *BAG* 5.10.10 – 1 ABR 71/09, AP ArbGG 1979 § 85 Nr. 12; WPK-*Kreft*, Rn. 68; *Raab*, ZfA 97, 183, 187; a. A. Schwab/Weth/*Walker*, § 85 Rn. 47a.

596 *Raab*, ZfA 97, 183, 187.

597 HWGNRH-*Huke*, Rn. 84; Aufzählung der Erfüllungsansprüche im BetrVG *Fitting*, Rn. 97.

598 *Fitting*, Rn. 97; HWGNRH-*Huke*, Rn. 85.

599 Bericht des BT-Ausschusses für Arbeit und Sozialordnung BT-Drucks. VI/2729, 21; GK-*Oetker*, Rn. 176; bzgl. § 101 *LAG Hamm* 30.7.76 – 3 TaBV 27/76 EzA § 23 BetrVG 1972 Nr. 4; m. w. N. HWGNRH-*Huke*, Rn. 90; WPK-*Kreft*, Rn. 30; einschränkend bzgl. § 101 bei Aufhebung einer konkreten personellen Maßnahme *Fitting*, Rn. 58; a. A. Anwendungsbereiche bereits verschieden – Anwendung nebeneinander Richardi-*Thüsing*, Rn. 77 f.

600 GK-*Oetker*, Rn. 177.

601 GK-*Oetker*, Rn. 191; kurzfristiges Untersagen des mitbestimmungswidrigen Einsatzes von Leih-AN *LAG Rheinland-Pfalz* 24.1.19 – 2 TaBVGa 6/18.

602 *BAG* 17.3.87 – 1 ABR 65/85, AP BetrVG 1972 § 23 Nr. 7.

603 Richardi-*Thüsing*, Rn. 77; *BAG* 6.12.94 – 1 ABR 30/94, AP BetrVG 1972 § 23 Nr. 24; *BAG* 17.3.87 – 1 ABR 65/85, AP BetrVG 1972 § 23 Nr. 7.

604 Richardi-*Thüsing*, Rn. 77 f.; WPK-*Kreft*, Rn. 30; FS Wlotzke-*Richardi*, 407, 410f; *BAG* 6.12.94 – 1 ABR 30/94, AP BetrVG 1972 § 23 Nr. 24; *BAG* 26.1.88 – 1 AZR 531/86, AP BetrVG 1972 § 99 Nr. 50; *BAG* 17.3.87 – 1 ABR 65/85, AP BetrVG 1972 § 23 Nr. 7; beides jedenfalls nicht bei beendeten personellen Maßnahmen *BAG* 15.11.22 – 1 ABR 15/21, AP BetrVG 1972 § 99 Nr. 179.

605 *BAG* 3.5.94 – 1 ABR 24/93, AP BetrVG 1972 § 23 Nr. 23; HWGNRH-*Huke*, Rn. 85; Richardi-*Thüsing*, Rn. 74 ff.; *Fitting*, Rn. 96 ff.; GK-*Oetker*, Rn. 149 ff.

606 GK-*Oetker*, Rn. 149 ff. (Meinungsstand) und Rn. 217; *Derleder*, AuR 83, 290 f.; *Heinze*, DB Beil. 9/83, 1, 2; bestehendes Sanktionssystem nicht effektiv *Bauer/Diller*, ZIP 2/95, 95, 97; a. A. verneinend *Richardi*, NZA 95, 8, 10.

a) Mitbestimmungsrechte

195 Ein über Abs. 3 hinausgehender **allgemeiner Unterlassungsanspruch** ist bei der Verletzung eines **Mitbestimmungsrechts** durch den AG anzunehmen (vgl. § 87 Rn. 392; dort auch näher zum bestehenden Beseitigungsanspruch).[607] Dies gilt auch, wenn er (anders als bei Abs. 3, vgl. Rn. 116) auf einen bevorstehenden Verstoß gerichtet ist. Die Anwendbarkeit des einstweiligen Rechtsschutzes wird bejaht.[608]

196 Ein von Abs. 3 unabhängiger Unterlassungsanspruch wurde in der **Rspr.** des *BAG* zunächst mit dem Argument **abgelehnt,** dass die engen Voraussetzungen des Abs. 3 umgangen werden könnten.[609] Dieser Position folgen Teile der Literatur: Zur Begründung wurde darauf verwiesen, dass es für die Herleitung eines übergesetzlichen Unterlassungsanspruchs an der dogmatischen Konsistenz fehle,[610] insbesondere an der Beachtung des spezifisch betriebsverfassungsrechtlichen abgestuften Sanktionssystems.[611] Weiterhin wurde darauf verwiesen, dass keine Gesetzeslücke bestünde, welche die Bejahung eines übergesetzlichen Unterlassungsanspruchs erforderlich mache.[612] Der Gesetzgeber hätte – bei entsprechendem Willen – darüber hinausgehende Unterlassungsansprüche entwickelt oder zumindest entwickeln müssen.[613] Zudem sei eine mitbestimmungswidrige Handlung des AG als unwirksam einzustufen, weshalb eine weitergehende Anwendung von Unterlassungsansprüchen nicht notwendig sei.[614] Gegen die Annahme eines übergesetzlichen Unterlassungsanspruchs spreche schließlich, dass bei einer Verletzung der Mitbestimmungsrechte die Möglichkeit der Anrufung der Einigungsstelle bestünde.[615]

197 Diese Positionen sind überholt, weil seit einer Entscheidung des ***BAG*** aus dem Jahr 1994 das Bestehen eines übergesetzlichen Unterlassungsanspruchs hinsichtlich der Mitbestimmungsrechte des BR **zutreffend bejaht** wird.[616] Das Überschreiten der Schwelle zur groben Pflichtverletzung i. S. d. Abs. 3 ist dazu nicht notwendig.[617] In dem Zusammenhang wird vom *BAG* argumentiert, dass sich aus dem gesetzlichen Mitbestimmungsrecht, ein Anspruch auf dessen Durchsetzbarkeit ergibt, damit der BR gegen ein Zuwiderhandeln des AG ausreichend vor-

---

607 *BAG* 22. 10. 19 – 1 ABR 17/18, NZA 2020, 123; *BAG* 6. 12. 94 – 1 ABR 30/94, AP BetrVG 1972 § 23 Nr. 24; eigenständiger Unterlassungsanspruch *Fitting*, Rn. 99; *Wirlitsch/Lang*, ArbRAktuell 10, 521 ff.; ausführliche Auseinandersetzung *Bauer/Diller*, ZIP 2/95, 95, 97; je nach Struktur des Mitbestimmungsrechts HWK-*Reichold*, Rn. 23; m. w. N. bezüglich der unterschiedlichen Mitbestimmungsrechte GK-*Oetker*, Rn. 152 ff.; ausführlich zur Entwicklung *Lobinger*, ZfA 04, 101 ff.; a. A. *BAG* 22. 2. 83 – 1 ABR 27/81, AP BetrVG 1972 § 23 Nr. 2; HWGNRH-*Huke*, Rn. 87.

608 *Fitting*, Rn. 103; *Bauer/Diller*, ZIP 2/95, 95, 97, aber kritisch hinsichtlich Blockademöglichkeiten des BR S. 99 f.

609 *BAG* 22. 2. 83 – 1 ABR 27/81, AP BetrVG 1972 § 23 Nr. 2; a. A. seit 1994 bezogen auf Mitbestimmungsrechte Abs. 3 nicht abschließend *BAG* 3. 5. 94 – 1 ABR 24/93, AP BetrVG 1972 § 23 Nr. 23.

610 HWGNRH-*Huke*, Rn. 87 f.; Richardi-*Thüsing*, Rn. 79; *Buchner*, Anm. zu *BAG* 22. 2. 83 – 1 ABR 27/81, SAE 84, 187, 190 ff.; FS Wlotzke-*Richardi*, 407, 417.

611 HWGNRH-*Huke*, Rn. 88; *Richardi*, NZA 95, 8, 10.

612 HWGNRH-*Huke*, Rn. 89; a. A. keine Gesetzeslücke unterstellt, sondern Annahme von Nebenpflichtverletzung *BAG* 23. 7. 96 – 1 ABR 13/96, AP BetrVG 1972 § 87 Arbeitszeit Nr. 68; bestehendes Sanktionssystem nicht effektiv *Bauer/Diller*, ZIP 2/95, 95, 97.

613 Verweis auf zu starken Eingriff in die unternehmerische Freiheit HWGNRH-*Huke*, Rn. 89; *Buchner*, Anm. zu *BAG* 22. 2. 83 – 1 ABR 27/81, SAE 84, 187, 192; *Rüthers/Henssler* Anm. zu *BAG* 22. 2. 83 – 1 ABR 27/81, EzA § 23 BetrVG 1972 Nr. 9, 47, 52 ff.

614 A. A. *Bauer/Diller*, ZIP 2/95, 95, 97; keine Erfassung faktischer Handlungen GK-*Oetker*, Rn. 165.

615 *BAG* 22. 2. 83 – 1 ABR 27/81, AP BetrVG 1972 § 23 Nr. 2; ebenso HWGNRH-*Huke*, Rn. 89; *Adomeit*, NJW 95, 1004, 1005; *Richardi*, NZA 95, 8, 10; a. A. GK-*Oetker*, Rn. 153; *Kümpel*, AuR 85, 78, 87; *Lobinger*, ZfA 04, 101, 133 ff.; *Raab*, ZfA 97, 183, 210 ff.

616 *BAG* 3. 5. 94 – 1 ABR 24/93, AP BetrVG 1972 § 23 Nr. 23; auch auf eine Verletzung aus § 78 BetrVG bezogen *BAG* 12. 11. 97 – 7 ABR 14/97, AP BetrVG 1972 § 23 Nr. 27; bestätigend *BAG* 23. 7. 96 – 1 ABR 13/96, AP BetrVG 1972 § 87 Arbeitszeit Nr. 68; ebenso *BAG* 24. 4. 07 – 1 ABR 47/06, AP BetrVG 1972 § 87 Arbeitszeit Nr. 124; *BAG* 25. 9. 12 – 1 ABR 49/11, AP BetrVG 1972 § 87 Arbeitszeit Nr 129; *BAG* 16. 6. 98 – 1 ABR 68/97, NZA 99, 49; ebenso *LAG Köln* 22. 4. 85 – 6 TaBV 5/85, NZA 85, 634; *LAG Hamburg* 9. 5. 89 – 3 TaBV 1/89, AuR 90, 202.

617 *BAG* 3. 5. 94 – 1 ABR 24/93, AP BetrVG 1972 § 23 Nr. 23; insbes. nicht die grobe Pflichtverletzung *BAG* 13. 3. 01 – 1 ABR 7/00, NJOZ 02, 335, 338; Richardi-*Thüsing*, Rn. 81.

gehen kann.[618] Dies gilt immer, wenn bestehende Mitbestimmungsrechte **auf anderem Wege nicht gesichert** werden können.[619] Da Abs. 3 zudem keine abschließende Wirkung hat, kann die Annahme eines ergänzenden Schutzes durch andere Unterlassungsansprüche nicht am Konkurrenzverhältnis scheitern.[620] Die Anrufung der **Einigungsstelle** ist darüber hinaus in diesem Zusammenhang **kein geeignetes Instrument,** weil es nicht um die Schlichtung von Unstimmigkeiten zwischen den Betriebsparteien geht.[621] Im Mittelpunkt des Konflikts steht vielmehr ein rechtswidriges Verhalten des AG.[622] Durch die Anerkennung des allgemeinen Unterlassungsanspruchs kann gesichert werden, dass der AG Maßnahmen unterlässt, die der Wahrnehmung der gesetzlich vorgesehenen Beteiligungsrechte entgegenstehen.[623] Mit einer Entscheidung vom 23. 3. 21[624] lehnt das *BAG* einen **Folgenbeseitigungsanspruch** ab und verweist auf einen reinen Beseitigungsanspruch bzgl. des betriebsverfassungswidrigen Zustands. Damit widerspricht das BAG seiner Entscheidung aus dem Jahr 1994, wo es für die Anwendbarkeit eines Unterlassungs- und Beseitigungsanspruchs darauf abstellt, ob dieser notwendig ist, um die Berechtigung zu sichern.[625] Die neuerliche Entscheidung führt dazu, dass sich für den AG die Missachtung der Mitbestimmungsrechte lohnen könnte. Der reine Verweis auf zivilrechtliche Schadensersatzansprüche wird der Besonderheit der kollektivrechtlichen Beziehung nicht gerecht. Die Beseitigung der Folge der betriebsverfassungswidrigen Handlung ist weiterhin als mögliche Rechtsfolge anzuerkennen. Ausführlich dazu § 87 Rn. 392. Die **missbräuchliche Geltendmachung** eines vorbeugenden Unterlassungsanspruchs ist von der Annahme eines von den Voraussetzungen des Abs. 3 unabhängigen Unterlassungsanspruchs nicht gedeckt.[626] Das *BAG* unterscheidet bei dessen Anwendung nach der Art der Rechte, insbesondere zwischen Mitwirkungsrechten und sonstigen Rechten.[627] In der **Literatur** wird die Rspr. des *BAG* zum Unterlassungsanspruch im Ergebnis bestätigt.[628] Zur Begründung wird auf die sich aus § 87 abgeleitete selbständige Nebenleistungspflicht in Verbindung mit dem Grundsatz der vertrauensvollen Zusammenarbeit i. S. d. § 2 Abs. 1 verwiesen.[629] *Richardi* führt dazu

---

618 *BAG* 3. 5. 94 – 1 ABR 24/93, AP BetrVG 1972 § 23 Nr. 23; *BAG* 23. 7. 96 – 1 ABR 13/96, AP BetrVG 1972 § 87 Arbeitszeit Nr. 68; *LAG Hamm* 17. 12. 81 – 12 TaBV 61/80, DB 81, 1336, 1337 f.; *Salje*, DB 88, 909, 911 f.; *Lobinger*, ZfA 04, 101, 122 f.; a. A. Rechtsstellung des BR ist dem Rechtsgut i. S. d. § 1004 BGB nicht gleichzusetzen *Heinze*, DB Beil. 9/83, 1, 16 Fn. 209.

619 *BAG* 28. 5. 02 – 1 ABR 32/01, AP BetrVG 1972 § 87 Ordnung des Betriebes Nr. 39; übereinstimmend, aber abweichende Herleitung FS Wlotzke-*Richardi*, 407, 409 ff.; Geltendmachung des Unterlassungsanspruchs durch den Wahlvorstand *ArbG Regensburg* 6. 6. 02 – 6 BVGa 6/02 S, AiB 03, 554.

620 Auch innerhalb der Rspr. Abkehr von der ursprünglichen Forderung der Erfüllung des § 23 Abs. 3 *BAG* 6. 12. 94 – 1 ABR 30/94, AP BetrVG 1972 § 23 Nr. 24; *BAG* 3. 5. 94 – 1 ABR 24/93, AP BetrVG 1972 § 23 Nr. 23; *LAG Hamm* 17. 12. 81 – 12 TaBV 61/80, DB 81, 1336, 1337; a. A. § 23 Abs. 3 abschließend *BAG* 22. 2. 83 – 1 ABR 27/81, AP BetrVG 1972 § 23 Nr. 2; KRHS-*Klebe*, Rn. 13.

621 DKW-*Trittin*, 16. Aufl. 2018, Rn. 344; *Kümpel*, AuR 85, 78, 87.

622 DKW-*Trittin*, 16. Aufl. 2018, Rn. 344; *Kümpel*, AuR 85, 78, 87.

623 *BAG* 3. 5. 94 – 1 ABR 24/93, AP BetrVG 1972 § 23 Nr. 23; Feststellung der Anerkenntnis durch das *BAG*, dass die Mitbestimmungsrechte anders nicht gesichert werden können *Fitting*, Rn. 101; *Kümpel*, AuR 85, 78, 88; kritisch bzgl. der Begründung GK-*Oetker*, Rn. 166.

624 *BAG* 23. 3. 21 – 1 ABR 31/19, NZA 21, 959.

625 *BAG* 3. 5. 94 – 1 ABR 24/93, AP BetrVG 1972 § 23 Nr. 23.

626 *ArbG Hannover* 19. 2. 04 – 10 BV Ga 1/04, DB 04, 2223.

627 *BAG* 3. 5. 94 – 1 ABR 24/93, AP BetrVG 1972 § 23 Nr. 23; HaKo-BetrVG/*Düwell*, Rn. 69; *Fitting*, Rn. 104; krit. Unklarheit durch undurchsichtige Konzeption des § 23 Abs. 3 GK-*Oetker*, Rn. 139.

628 GK-*Oetker*, Rn. 163; *Raab*, ZfA 97, 183, 203 und 250; DKW-*Trittin*, 16. Aufl. 2018, Rn. 338 ff.; Schließung von Schutzlücken Grunsky-*Greiner*, § 85 ArbGG Rn. 18; Herleitung über die Gewährung eines subjektiven Rechts, welches durchsetzbar sein muss – eine gesetzliche Verankerung wird abgelehnt FS Wlotzke-*Richardi*, 407, 413 ff.

629 *BAG* 3. 5. 94 – 1 ABR 24/93, AP BetrVG 1972 § 23 Nr. 23; ebenso *BAG* 15. 5. 07 – 1 ABR 32/06, AP BetrVG 1972 § 1 Gemeinsamer Betrieb Nr. 30; Schwerpunkt liegt auf § 87 GK-*Oetker*, Rn. 163; *Fitting*, Rn. 100; Bezeichnung des Verhältnisses der Betriebsparteien als »Partizipationsverhältnis« und »Schuldverhältnis«, was sich aus dem Verhältnis nach dem Gebot der vertrauensvollen Zusammenarbeit i. S. d. § 2 Abs. 1 ergibt und Ableitung eines Unterlassungsanspruchs aus der leistungssichernden Nebenpflicht dieses Verhältnisses mit Hinweis auf den parallelen Gedanken aus Treu und Glauben i. S. d. § 242 BGB *Raab*, ZfA 97, 183, 203 – klarer auf S. 250; krit. Richardi-*Thüsing*, Rn. 80; zumindest darauf auch Unterlassungsanspruch des AG gestützt *ArbG Paderborn* 29. 1. 98 – 1

aus, dass es einer gesetzlichen Verankerung nicht in jedem Fall bedürfe.[630] Vielmehr komme es auf die Verleihung subjektiver Rechte an, deren Durchsetzbarkeit nicht gesetzlich verankert ist, mithin für dessen vollständige Gewährung ein über den Gesetzeswortlaut hinausgehender Schutz notwendig werde, um die Beeinträchtigung der gesetzlich vorgesehenen Rechte abwehren zu können.[631] Grundsätzlich kann man an den unterschiedlichen Herangehensweisen zur Konstruktion eines über Abs. 3 hinausgehenden Unterlassungsanspruchs erkennen, dass die Existenz eines solchen gewollt und zur Schließung von Gesetzeslücken notwendig ist. Nur diese Ansicht wird der grundlegenden Bedeutung der dem BR verliehenen betriebsverfassungsrechtlichen Befugnisse gerecht.[632]

198 Um Wertungswidersprüche zu vermeiden, wird die Begrenzung des Ordnungs- und Zwangsgeldes auf maximal **10 000 Euro gemäß Abs. 3 S. 5** auf den allgemeinen Unterlassungsanspruch übertragen, obwohl das anwendbare allgemeine Zwangsvollstreckungsrecht ein höheres Ordnungsgeld vorsieht (vgl. § 87 Rn. 392).[633] Beim **übergesetzlichen Unterlassungsanspruch** werden hinsichtlich eines Verstoßes gegen die Mitbestimmungsrechte geringere Voraussetzungen an das Eingreifen der Rechtsfolgen gestellt. Weil hier keine grobe Pflichtverletzung gefordert wird, wären weitergehende Vollstreckungsmöglichkeiten nicht zu erklären.[634] Die höheren Voraussetzungen des Abs. 3 ggäben eine geringere Sanktionierung nicht her.[635]

199 Während der **BR-Wahl** bzw. in der **Konstituierungsphase nach der Wahl** besteht ein vorbeugender Unterlassungsanspruch, der einen Schutz vor einer Einmischung des AG gewährleistet.[636] Hierfür spricht auch die Vorgabe des § 20 nach der eine BR-Wahl, frei von Störungen durchgeführt werden soll.[637] Schon mit Blick auf § 20 muss die unerlaubte Einflussnahme von AG untersagt werden können, wenn sie unmittelbar bevorsteht.[638] Der Grundsatz der vertrauensvollen Zusammenarbeit gilt auch schon vor der Wahl. In der Kombination mit dem Grundsatz aus Treu und Glauben folgt hieraus ein Unterlassungsanspruch. Ein vergleichbarer ausreichender Schutz wird nicht durch § 119 Abs. 1 Nr. 1 und Abs. 2 erreicht, weil in diesem Rahmen einerseits strafrechtliche Instrumente, in Übereinstimmung mit dem Ultima-Ratio-Prinzip, als letztes Mittel herangezogen werden sollen und andererseits § 119 Abs. 1 Nr. 1 in der Praxis selten Anwendung findet (vgl. § 119 Rn. 3).[639]

b) Personelle, wirtschaftliche und sonstige Rechte

200 Die Anwendbarkeit eines **allgemeinen Unterlassungsanspruchs** im Rahmen von personellen und wirtschaftlichen Maßnahmen wird vom *BAG* bejaht, soweit keine spezielleren Vorschriften

---

BV 35/97, DB 98, 678; a. A. mit Hinweis, dass § 2 nicht als Wundertüte diene, um gewollte Ergebnisse herbeizuführen – die Herleitung sei zu weit und schwammig *Lobinger*, ZfA 04, 101, 117.

630 FS Wlotzke-*Richardi*, 407, 417.

631 FS Wlotzke-*Richardi*, 407, 413 ff.

632 *Kümpel*, AuR 85, 78, 87 f.; Verletzung des § 74 BetrVG löst z. B. keinen übergesetzlichen Unterlassungsanspruch aus *LK*, Rn. 14; kein allgemeiner Unterlassungsanspruch GK-*Oetker*, Rn. 163.

633 GK-*Oetker*, Rn. 194; *LK*, Rn. 15; *Fitting*, Rn. 110, um Wertungswidersprüche zu verhindern; Abs. 3 als lex specialis WPK-*Kreft*, Rn. 71; HWGNRH-*Huke*, Rn. 94; *BAG* 29.4.04 – 1 ABR 30/02, AP BetrVG 1972 § 77 Durchführung Nr. 3; *BAG* 5.10.10 – 1 ABR 71/09, AP ArbGG 1979 § 85 Nr. 12; *Wirlitsch/Lang*, ArbRAktuell 2010, 521, 522; Analogie *Raab*, ZfA 97, 183, 187; a. A. Schwab/Weth/*Walker*, Rn. 47a.

634 *BAG* 29.4.04 – 1 ABR 30/02, AP BetrVG 1972 § 77 Durchführung Nr. 3; *BAG* 5.10.10 – 1 ABR 71/09, AP ArbGG 1979 § 85 Nr. 12.

635 *Derleder*, AuR 85, 65, 72; *Weber*, Erzwingungsverfahren, 76 f.

636 FS Kreutz-*Dörner*, 81, 90; Geltendmachung des Unterlassungsanspruchs durch den Wahlvorstand *ArbG Regensburg* 6.6.02 – 6 BVGa 6/02 S, AiB 03, 554.

637 FS Kreutz-*Dörner*, 81, 89 f.; *ArbG Regensburg* 6.6.02 – 6 BVGa 6/02 S, AiB 03, 554; § 20 sogar als unmittelbarer Unterlassungsanspruch *ArbG Wuppertal* 19.11.03 – 3 BVGa 13/03, AiB 04, 308.

638 *ArbG Regensburg* 6.6.02 – 6 BVGa 6/02 S, AiB 03, 554.

639 Beispiel der ausnahmsweisen Anwendung der Norm des § 119 Abs. 1 Nr. 3 *OLG Düsseldorf* 27.3.08 – III-2 Ss 110/07, 88/07, wistra 08, 356; *Berger* Ausschussdrucksache 18(11)434, 31; m. w. N. *Dornberger*, Diss., 268 ff.

Anwendung finden.[640] Dies gilt für **§ 95**[641] (vgl. § 95 Rn. 41) **§ 98 Abs. 1 und 3** und **§ 78** (vgl. § 78 Rn. 39)[642]. Ein Unterlassungsanspruch bezüglich **§ 75 Abs. 2 S. 1** wird hingegen abgelehnt (vgl. § 75 Rn. 18).[643] Zur Begründung wird darauf verwiesen, dass die Norm keine Rechte der Betriebsparteien oder Verbote regelt, sondern Schutz- und Förderpflichten der Betriebsparteien im Verhältnis zu den betriebsangehörigen AN.[644] Es soll sich darüber hinaus nicht um ein besonders geschütztes Mitbestimmungsrecht handeln.[645] Deshalb greifen die Ausführungen zum übergesetzlichen Unterlassungsanspruch bei Mitbestimmungsrechten (vgl. Rn. 195 ff.) nicht. Der über Abs. 3 gewährte Schutz soll in diesen Fällen ausreichend sein.[646]

Umstritten ist das Bestehen eines allgemeinen Unterlassungsanspruchs bei Verletzung von **201** § 99 und bei der Durchführung von Betriebsänderungen unter Verletzung des § 111.[647]

Hierzu wird überwiegend angenommen, dass bezogen auf **§ 99** kein allgemeiner Unterlas- **202** sungsanspruch besteht.[648] Zur Begründung wird auf **§ 101** verwiesen, der **Sanktionen** für den Fall der Zuwiderhandlung **enthält.**[649] Es wird darauf hingewiesen, dass der Wortlaut des § 99 Abs. 2 S. 1 (anders als § 87 Abs. 1) keine Mitbestimmung des BR bei Durchführung personeller Maßnahmen vorsieht, sondern **lediglich** ein **Zustimmungsverweigerungsrecht.**[650] Weiterhin wird darauf abgestellt, dass das Ignorieren des Zustimmungserfordernisses durch den AG eine grobe Pflichtverletzung i. S. d. Abs. 3 ist, sodass es keine Notwendigkeit für einen weitergehenden Unterlassungsanspruch gibt.[651] Diese Argumentation überzeugt nicht. Sie übersieht insbesondere, dass es beispielsweise bei **kurzfristigen Maßnahmen** eine **Schutzlücke** gibt,[652] die nur durch die Anwendbarkeit des übergesetzlichen Unterlassungsanspruchs geschlossen werden kann.[653] Der vorbeugende Unterlassungsanspruch kann deshalb bei einer unmittelbar bevorstehenden Durchführung der personellen Maßnahme per Eilantrag geltend gemacht werden, wenn keine Zustimmung des BR vorliegt.[654]

Trotz des Anspruchs auf Unterrichtung und Beratung bei einer geplanten Betriebsänderung **203** nach **§ 111** wird die Position vertreten, dass dem BR hier kein weitergehender Unterlassungs-

---

640 *BAG* 26.7.05 – 1 ABR 29/04, AP BetrVG 1972 § 95 Nr. 43; noch offen gelassen *BAG* 3.5.94 – 1 ABR 24/93, AP BetrVG 1972 § 23 Nr. 23; für § 99 BetrVG *BAG* 6.12.94 – 1 ABR 30/94, AP BetrVG 1972 § 23 Nr. 24.

641 *BAG* 26.7.05 – 1 ABR 29/04, AP BetrVG 1972 § 95 Nr. 43; GK-*Oetker*, Rn. 164.

642 GK-*Oetker*, Rn. 171 u. 178.

643 *BAG* 28.5.02 – 1 ABR 32/01, AP BetrVG 1972 § 87 Ordnung des Betriebes Nr. 39; *LAG Berlin-Brandenburg* 20.8.15 – 21 TaBV 336/15, BB 15, 3059.

644 *LAG Berlin-Brandenburg* 20.8.15 – 21 TaBV 336/15, BB 15, 3059.

645 *BAG* 28.5.02 – 1 ABR 32/01, AP BetrVG 1972 § 87 Ordnung des Betriebes Nr. 39.

646 Richardi-*Thüsing*, Rn. 88; offen gelassen *BAG* 8.6.99 – 1 ABR 67/98, AP BetrVG 1972 § 87 Ordnung des Betriebes Nr. 31; ebenso *BAG* 18.2.03 – 1 ABR 17/02, AP BetrVG 1972 § 77 Betriebsvereinbarung Nr. 11, aber m. V. a. *BAG* 28.5.02 – 1 ABR 32/01, AP BetrVG 1972 § 87 Ordnung des Betriebes Nr. 39.

647 Bejahend bzgl. § 111 *LAG Hamm* 30.7.07 – 10 TaBVGa 17/07, AuR 08, 117; umstr. HaKo-BetrVG/*Düwell*, Rn. 72; verneinend *BAG* 9.3.11 – 7 ABR 137/09, AP BetrVG 1972 § 99 Einstellung Nr. 63; *BAG* 19.1.10 – 1 ABR 55/08, AP BetrVG 1972 § 23 Nr. 47.

648 M. w. N. GK-*Oetker*, Rn. 179; *Fitting*, Rn. 105; Richardi-*Thüsing*, Rn. 73; *BAG* 13.3.07 – 1 ABR 22/06, AP BetrVG 1972 § 95 Nr. 52; *BAG* 26.7.05 – 1 ABR 29/04, AP BetrVG 1972 § 95 Nr. 43; *BAG* 6.12.94 – 1 ABR 30/94, AP BetrVG 1972 § 23 Nr. 24; nunmehr auch *BAG* 23.6.09 – 1 ABR 23/08, AP BetrVG 1972 § 99 Versetzung Nr. 48; offen gelassen *BAG* 6.12.94 – 1 ABR 30/94, AP BetrVG 1972 § 23 Nr. 24; a. A. *LAG Düsseldorf* 29.2.08 – 9 TaBV 91/07 = Vorinstanz zu *BAG* 23.6.09 – 1 ABR 23/08, AP BetrVG 1972 § 99 Versetzung Nr. 48; *Derleder*, AuR 95, 13, 16; zumindest bei kurzfristigen personellen Maßnahmen DKW-*Trittin*, 16. Aufl. 2018, Rn. 352.

649 GK-*Oetker*, Rn. 180; *Fitting*, Rn. 105; Vorrang des § 101 *LAG Hamm* 30.7.76 – 3 TaBV 27/76 EzA § 23 BetrVG 1972 Nr. 4.

650 GK-*Oetker*, Rn. 180.

651 *Fitting*, Rn. 105.

652 GK-*Oetker*, Rn. 180.

653 DKW-*Trittin*, 16. Aufl. 2018, Rn. 352; als vom Gesetzgeber bewusst in Kauf genommene Schutzlücke eingestuft GK-*Oetker*, Rn. 180.

654 *Bauer/Diller*, ZIP 2/95, 95, 98; *Derleder*, AuR 95, 13, 16; Annahme ohne Bejahung eines übergesetzlichen Unterlassungsanspruchs *BAG* 23.6.09 – 1 ABR 23/08, AP BetrVG 1972 § 99 Versetzung Nr. 48.

anspruch zusteht.[655] Vielmehr habe der AG im Rahmen seiner unternehmerischen Freiheit eine Entscheidungsbefugnis über die Betriebsänderung. Deshalb soll kein Anspruch auf Verhandlungen über einen Interessenausgleich bestehen, von dem die Durchführung der Betriebsänderung abhängt.[656] Die Rückgängigmachung der Betriebsänderung oder Nachholung eines Interessenausgleichs aufgrund eines Unterlassungsanspruchs sei nicht möglich.[657] Die mangelnde Einbeziehung des BR in die unternehmerische Entscheidung und der damit einhergehende mangelnde Versuch eines Interessensausgleichs soll deshalb lediglich eine **Obliegenheitsverletzung** darstellen, sodass Abs. 3 keine Anwendung finde.[658] Weiterhin wird in diesem Zusammenhang ein auf die Unterlassung der Betriebsänderung gerichteter einstweiliger Rechtsschutz abgelehnt.[659] Diesbezüglich wird darauf verwiesen, dass die **spezielle** gesetzliche **Sanktionierung** in § 113 ausreichend sei.[660] Zudem soll kein Verstoß gegen die RL 2001/23/EG und die RL 2002/14/EG vorliegen. Die hier genannte wirksame Sanktionierung bezüglich eines mangelnden Konsultationsverhaltens beinhaltet keinen Anspruch auf Unterlassung.[661]

204 **Gegen** diese Positionen sprechen eine Reihe von Argumenten: Ein Vorgehen gegen das rechtswidrige Handeln des AG kann beispielsweise nicht allein in der individuellen Geltendmachung von **Nachteilausgleichsansprüchen** i. S. d. § 113 Abs. 3 bestehen.[662] Dem AG würde durch eine solche Beschränkung bezogen auf Betriebsänderungen die Möglichkeit eröffnet, eine Beteiligung des BR zu vermeiden und stattdessen den Ausgleich der entstandenen Nachteile vorzunehmen. Eine solche Vorgehensweise könnte für ihn **kostengünstiger** sein als die Durchführung der gesetzlich vorgesehenen Mitwirkung des BR.[663] In der Konsequenz wäre ein solcher Ausschluss des BR zudem ein Verstoß gegen **europäisches Recht.** Er stünde im Widerspruch zu Art. 8 der RL 2002/14/EG v. 11. 3. 2002. Dieser sieht vor, dass die Mitgliedstaaten geeignete Maßnahmen ergreifen müssen, um notwendige **Anhörungsrechte** der AN-Vertretungen zu sichern. Für den Fall, dass das Recht auf Anhörung durch den AG nicht gewährt wird, sollen die Mitgliedstaaten geeignete und abschreckende Maßnahmen vorsehen bzw. den Zugang zu einem gerichtlichen Verfahren zur Durchsetzung der Mitwirkungsrechte eröffnen.[664] Die richtlinienkonforme Auslegung lässt einen unzureichenden Schutz nicht zu, der es ermöglicht, dass Mitwirkungsrechte durch Zeitablauf ausgehebelt werden können.[665] Vor diesem Hintergrund ist zur Sicherung der Mitwirkungsrechte nach §§ 111 f. ein **Unterlassungsanspruch** – auch im **einstweiligen Verfahren**[666] gemäß § 940 ZPO (vgl. § 111 Rn. 190) – bis zum Abschluss der Verhandlungen zum Interessensausgleich zu bejahen.[667] Ohne einen solchen Unterlassungsanspruch können AG die nach §§ 111 f. bestehenden Mitwirkungsrechte umgehen und im Ergebnis eine Rechtsverfolgung unmöglich machen.

---

655 M. w. N. zum Streitstand *LAG Köln* 27. 5. 09 – 2 TaBVGa 7/09, ZInsO 10, 591 f.; *BAG* 26. 7. 05 – 1 ABR 29/04, AP BetrVG 1972 § 95 Nr. 43; *LAG Rheinland-Pfalz* 24. 1. 19 – 2 TaBVGa 6/18; a. A. DKW-*Trittin*, 16. Aufl. 2018, Rn. 353; Unterlassungsanspruch mittels einstweiliger Verfügung bis zum Ende der Verhandlungen über den Interessensausgleich *LAG Hamm* 30. 7. 07 – 10 TaBVGa 17/07, AuR 08, 117; *LAG Hamburg* 5. 2. 86 – 4 TaBV 12/85, LAGE § 23 BetrVG 1972 Nr. 5.

656 GK-*Oetker*, Rn. 182 ff.

657 Richardi-*Thüsing*, Rn. 84.

658 GK-*Oetker*, Rn. 188; *Bauer/Diller*, ZIP 2/95, 95, 98.

659 GK-*Oetker*, Rn. 186 f.; a. A. *LAG Berlin* 7. 9. 95 – 10 TaBV 5 und 9/95, NZA 96, 1284.

660 *Bauer/Diller*, ZIP 2/95, 95, 98.

661 GK-*Oetker*, Rn. 187; a. A. DKW-*Trittin*, 16. Aufl. 2018, Rn. 346.

662 DKW-*Trittin*, 16. Aufl. 2018, Rn. 345; *LAG Hamm* 30. 7. 07 – 10 TaBVGa 17/07, AuR 08, 117; *LAG Schleswig-Holstein* 20. 7. 07 – 3 TaBVGa 1/07, AuR 08, 188.

663 *LAG Hessen* 27. 6. 07 – 4 TaBVGa 137/07, AuR 08, 267, 268.

664 Vgl. *LAG Schleswig-Holstein* 20. 7. 07 – 3 TaBVGa 1/07, AuR 08, 188.

665 *Reichold*, NZA 03, 289, 298; *Bonin*, AuR 04, 321, 327 f.

666 Forderung in Art. 8 Abs. 2 RL 2002/14/EG *Reichold*, NZA 03, 289, 298; unter Gesichtspunkten des effet utile *Bonin*, AuR 04, 321, 327 f.; *LAG Hamburg* 5. 2. 86 – 4 TaBV 12/85, LAGE § 23 BetrVG 1972 Nr. 5.

667 *LAG Hamm* 17. 2. 15 – 7 TaBVGa 1/15, NZA-RR 15, 247; *LAG Hamm* 30. 7. 07 – 10 TaBVGa 17/07, AuR 08, 117; mit zeitlicher Befristung *LAG Hessen* 27. 6. 07 – 4 TaBVGa 137/07, AuR 08, 267; *LAG Berlin* 7. 9. 95 – 10 TaBV 5 und 9/95, NZA 96, 1284; a. A. zwar GK-*Oetker*, Rn. 183, lässt aber eine einstweilige Verfügung hinsichtlich des Untersagens der weiteren Durchführung der Betriebsänderung zu in Rn. 186.

c) Verhältnis zu den §§ 119 und 121

Im Falle eines groben Pflichtverstoßes des AG kommt eine Anwendbarkeit der §§ 119 und 121 in Betracht.[668] Die Auferlegung eines Ordnungsgeldes i. S. d. Abs. 3 S. 2 schließt die Verurteilung bzw. Verhängung des Bußgeldes i. S. d. §§ 119 und 121 gegen AG nicht aus,[669] weil die **Zweckrichtungen** der Vorschriften sich **unterscheiden.**[670] Dem Ordnungsgeld wohnt der Charakter der Beuge inne,[671] während der Sinn und Zweck der §§ 119 und 121 in der Klarstellung einer staatlichen Missbilligung liegt und als Ausgleich hinsichtlich des Eingriffs in eine fremde Rechtssphäre dient.[672] Das Verbot der Doppelbestrafung nach Art. 103 Abs. 3 GG wird durch die Verhängung eines Ordnungsgeldes folglich nicht berührt.[673] 205

(weggefallen) 206

IV. Verfahren nach § 17 Abs. 2 AGG

1. Vorbemerkung

Seit Inkrafttreten des **Allgemeinen Gleichbehandlungsgesetzes** (AGG) v. 14. 8. 06[674] besteht in § 17 Abs. 2 AGG eine besondere gerichtliche Verfahrensmöglichkeit mit dem Ziel, ein diesem Gesetz entsprechendes Verhalten des AG sicherzustellen. Diese Vorschrift verweist auf das in § 23 BetrVG geregelte Verfahren, weswegen es hier behandelt wird: 207

§ 17 AGG Soziale Verantwortung der Beteiligten 208

(1) Tarifvertragsparteien, Arbeitgeber, Beschäftigte und deren Vertretungen sind aufgefordert, im Rahmen ihrer Aufgaben und Handlungsmöglichkeiten an der Verwirklichung des in § 1 genannten Ziels mitzuwirken.
(2) In Betrieben, in denen die Voraussetzungen des § 1 Abs. 1 Satz 1 BetrVG vorliegen, können bei einem groben Verstoß des Arbeitgebers gegen Vorschriften aus diesem Abschnitt der Betriebsrat oder eine im Betrieb vertretene Gewerkschaft unter der Voraussetzung des § 23 Abs. 3 Satz 1 BetrVG die dort genannten Rechte gerichtlich geltend machen; § 23 Abs. 3 Satz 2 bis 5 des BetrVG gilt entsprechend. Mit dem Antrag dürfen nicht Ansprüche des Benachteiligten geltend gemacht werden.

Die Vorschrift ist eingeordnet in die allgemeine Bestimmung des § 17 AGG zur **sozialen Verantwortung der Beteiligten** (Tarifparteien, AG, Beschäftigte und deren Vertretungen). Diese sind nach § 17 Abs. 1 AGG aufgefordert, im Rahmen ihrer Aufgaben und Handlungsmöglichkeiten an der Verwirklichung des in § 1 AGG genannten Ziels mitzuwirken. Dieses Ziel ist die *Verhinderung oder Beseitigung von Benachteiligungen aus Gründen der Rasse oder wegen der ethnischen Herkunft, des Geschlechts, der Religion oder Weltanschauung, einer Behinderung, des Alters der sexuellen Identität.* Damit betont der Gesetzgeber zugleich die Verantwortung des BR und der im Betrieb vertretenen Gewerkschaft, denen eine besondere Antragsbefugnis zuerkannt wird, für die Effektivierung der Ziele des AGG einzutreten.[675] Die Vorschrift kompensiert zugleich individuelle Rechtsschutzdefizite.[676] 209

Das AGG dient der **Umsetzung von insg. 4 europäischen Richtlinien** zur Gleichbehandlung, nämlich der RL 2000/43/EG v. 29. 6. 00 zur Anwendung des Gleichbehandlungsgrundsatzes ohne Unterschied der Rasse oder der ethnischen Herkunft (Antirassismus-RL), ABl. Nr. L 180 S. 22 v. 19. 7. 00, der RL 2000/78/EG v. 27. 11. 00 zur Festlegung eines allgemeinen Rahmens für 210

---

668 HWGNRH-*Huke*, Rn. 70; GK-*Oetker*, Rn. 187, 195 u. 211.
669 WPK-*Kreft*, Rn. 71.
670 *Fitting*, Rn. 58.
671 *Weber*, Erzwingungsverfahren, 175.
672 *Lackner/Kühl*, § 46 StGB Rn. 1.
673 *Weber*, Erzwingungsverfahren, 175.
674 BGBl. I 1897; ausführlich Däubler/Beck (Hrsg.), HK AGG-*Buschmann*, § 17 AGG, Rn. 10 ff.
675 Vgl. auch Begründung, BT-Drucks. 16/1780, S. 40; rechtsvergleichend mit Frankreich *Ahmad/Jansen*, AuR 14, 311 ff.
676 Z. B. verneint das *BAG* individuelle Verfahren gegen diskriminierende Ausschreibungen als solche, vgl. Däubler/Beck-*Buschmann*, § 17 AGG, Rn. 10 ff.

die Verwirklichung der Gleichbehandlung in Beschäftigung und Beruf (Rahmenrichtlinie), ABl. Nr. L 303 S. 16 v. 2.12.00, der RL 2002/73/EG v. 23.9.02 zur Änderung der RL 76/207/EWG zur Verwirklichung des Grundsatzes der Gleichbehandlung von Männern und Frauen hinsichtlich des Zugangs zur Beschäftigung, zur Berufsbildung sowie in Bezug auf die Arbeitsbedingungen (Gender-RL), ABl. Nr. L 269 S. 15 v. 5.10.02, Neufassung durch RL 2006/54/EG v. 5.7.06 zur Verwirklichung des Grundsatzes der Chancengleichheit und Gleichbehandlung von Männern und Frauen in Arbeits- und Beschäftigungsfragen, ABl. Nr. L 204 S. 23 v. 26.7.06; der RL 2004/113/EG v. 13.12.04 zur Verwirklichung des Grundsatzes der Gleichbehandlung von Männern und Frauen beim Zugang zu und bei der Versorgung mit Gütern und Dienstleistungen (Gender-RL Zivilrecht), ABl. Nr. L 373 S. 37 v. 21.12.04. Diese RL versteht der *EuGH* als Konkretisierung des in Art. 21 EU-GR-Ch niedergelegten allg. Diskriminierungsverbots.[677]

211 Die **eur. Richtlinien** geben das gerichtliche Verfahren, wie es in dieser Vorschrift geregelt ist, nicht im Einzelnen vor, sondern gehen davon aus, dass der nationale Gesetzgeber eine solche **Verfahrensmöglichkeit** schafft. So erwarten die RL 2000/43 in Begründungserwägung 19 und Art. 7 Abs. 2, die RL 2000/78 in Erwägung 29 und Art. 9 Abs. 2, die RL 2002/73/EG in Erwägung 20 und Art. 6 Abs. 3, die RL 2004/113/EG in Art. 8 Abs. 3 *angemessenen Rechtsschutz* mit der Möglichkeit der *Beteiligung von Verbänden,* selbst wenn das Verhältnis, während dessen die Diskriminierung vorgekommen sein soll, bereits beendet ist. Erwägung 26 und Art. 15 der RL 2000/43, Erwägung 35 und Art. 17 der RL 2000/78, Erwägung 22 und Art. 8d der RL 2002/73/EG, Erwägung 27 und Art. 14 der RL 2004/113 erwarten wirksame, verhältnismäßige und abschreckende *Sanktionen* für den Fall, dass gegen die aus der Richtlinie erwachsenden Verpflichtungen verstoßen wird. Art. 7 der RL 2002/73/EG verlangt den Schutz der *Arbeitnehmervertreter* vor Entlassung oder anderen Benachteiligungen durch den AG, die als Reaktion auf die Einleitung eines Verfahrens zur Durchsetzung des Gleichbehandlungsgrundsatzes erfolgen. Mithin geht die Richtlinie davon aus, dass Arbeitnehmervertreter derartige Verfahren führen können, wie es in § 17 Abs. 2 AGG der Fall ist.

212 § 17 Abs. 2 AGG begründet eine **eigenständige prozessuale Antragsbefugnis** für den BR und die im Betrieb vertretene Gewerkschaft unter den im AGG genannten Voraussetzungen. Die Verweisung auf § 23 erfasst das hier geregelte Verfahren, nämlich das arbeitsgerichtliche Beschlussverfahren zur Erzwingung eines rechtstreuen Verhaltens. Voraussetzung ist ein grober Verstoß des AG gegen die in § 17 bezeichneten Vorschriften des AGG, so dass es nicht darauf ankommt, ob der AG damit zugleich gegen Pflichten aus dem BetrVG verstößt.[678] Die Konstruktion eines eigenständigen materiell-rechtlichen Rechtsanspruchs des BR bzw. der Gewerkschaft auf Einhaltung der Verpflichtungen des AG aus dem AGG ist hierfür nicht erforderlich. Gäbe es ihn, ließe er sich auch nicht auf die Unterbindung *grober* Verstöße begrenzen. Es handelt sich nicht um ein Mitbestimmungsrecht. Die Einhaltung der Verpflichtungen des AG aus dem AGG steht weder zur Disposition des AG noch der Betriebsparteien. Das AGG verleiht BR und/oder Gewerkschaft vielmehr eine besondere Verfahrensbefugnis, um als Sachwalter der Gleichbehandlung die Ziele des Gesetzes in einem anerkannten gerichtlichen Verfahren durchzusetzen und ein rechtmäßiges Verhalten des AG sicherzustellen. Ob und wie weit sie davon im Einzelfall Gebrauch machen, steht in ihrem Ermessen. Eine dahingehende Pflicht ergibt sich auch nicht aus § 17 Abs. 1 AGG. Die Verweisung auf das betriebsverfassungsrechtliche Verfahren hat Bedeutung für die Zuständigkeit von BR, GBR / KBR, Modalitäten der Beschlussfassung, Kostentragung nach § 40 usw. Daneben können Verfahrensmöglichkeiten aus § 23 Abs. 3 i. V. m. § 75 BetrVG bestehen.[679] I. d. R. beinhaltet ein grober Verstoß des AG gegen das AGG zugleich einen groben Verstoß gegen § 75.[680] Mit § 17 Abs. 2 AGG hat der Gesetzgeber die Rechte des BR nicht eingeschränkt, sondern erweitert.[681]

---

677 *EuGH* 23.4.20 – C-507/18, Rn. 38, AuR 20, 282, unter Bezug auf Egenberger 17.4.18 – C-414/16, Rn. 47, AuR 2018, 586.

678 Ebenso *Brors*, AuR 19, 399; *Fitting*, Rn. 112; MünchArbR-*Oetker*, § 17 Rn. 100.

679 Vgl. oben Rn. 109 ff.; *BAG* 18.8.09 – 1 ABR 47/08, AuR 09, 310; 10, 223; *Fitting*, § 23 Rn. 60, m. w. N.; für eine teleologische Extension des § 23 Abs. 3 BetrVG *Klocke*, jurisPR-ArbR 18/2016, Anm. 6.

680 ErfK-*Schlachter*, § 17 AGG, Rn. 2; vgl. auch *Hayen*, AuR 07.6.09.

681 Richardi-*Thüsing*, Rn. 86c.

2. Antragsvoraussetzungen

Die Beschränkung des Verfahrens nach § 17 Abs. 2 AGG auf Betriebe, in denen die Voraussetzungen des § 1 Abs. 1 Satz 1 BetrVG vorliegen, bedeutet, dass der Betrieb **betriebsratsfähig** ist, nicht aber, dass ein BR gewählt ist. Besteht kein BR oder stellt der BR keinen Antrag, kann die im Betrieb vertretene Gewerkschaft ein Verfahren allein anhängig machen. In nicht betriebsratsfähigen Kleinstbetrieben ist auch diese Möglichkeit nicht gegeben.[682] Für die Antragsberechtigung gelten insofern die gleichen Voraussetzungen wie nach Abs. 3 dieser Vorschrift (vgl. IV). Obwohl § 17 Abs. 2 AGG nur auf § 1 Abs. 1 Satz 1 BetrVG verweist, sind auch gemeinsame Betriebe mehrerer UN erfasst. Diese Rechtsfigur ergibt sich schon aus § 1 Abs. 1. Abs. 2 enthält nur eine dahingehende Rechtsvermutung. Auszugehen ist von dem auch für die BR-Bildung maßgeblichen **Betriebsbegriff.** Ebenso erfasst sind BR bzw. betriebliche Interessenvertretungen auf Grund einer Regelung nach § 3 Abs. 1 Nrn. 1–3 BetrVG, nicht aber zusätzliche betriebsverfassungsrechtliche Gremien und Vertretungen nach § 3 Abs. 1 Nrn. 4 und 5, da es sich bei ihnen nicht um BR handelt. 213

Zur Antragsberechtigung von BR und Gewerkschaft vgl. IV. Auf die Tarifzuständigkeit der den Antrag stellenden Gewerkschaft kommt es nicht an.[683] Aus der **Beschränkung auf BR und Gewerkschaften** ergibt sich, dass andere Gremien wie Personalräte, Mitarbeitervertretungen, Sprecherausschüsse, Anti-Diskriminierungsverbände i. S. d. § 23 AGG (abgesehen von Gewerkschaften), dieses Verfahren nicht führen können.[684] Im Rahmen ihrer Zuständigkeiten (etwa bei betriebsübergreifenden Personal-, Verhaltens- oder Ethik-Richtlinien) können Verfahren auch von GBR und KBR eingeleitet werden, da §§ 51 Abs. 5 und 59 Abs. 1 insoweit verweisen.[685] Im Allgemeinen ist aber der örtliche BR zuständig. Der BR des Entleiherbetriebs ist auch für Leih-AN antragsberechtigt.[686] 214

Antragsgegner ist der AG, wie er in § 6 Abs. 2 AGG definiert wird. Dieser Begriff reicht weiter als der Arbeitgeberbegriff des BetrVG und umfasst alle Personen, die Personen i. S. d. § 6 Abs. 1 AGG beschäftigen. Ebenso reicht der **Beschäftigtenbegriff des AGG** weiter als der Arbeitnehmerbegriff des BetrVG. Namentlich hervorgehoben werden neben AN die zu ihrer Berufsbildung Beschäftigten, arbeitnehmerähnliche Personen einschließlich Heimarbeiter und Gleichgestellte, Bewerber für ein Beschäftigungsverhältnis und ausgeschiedene Beschäftigte. Schließlich erfasst § 6 Abs. 3 AGG hinsichtlich der Bedingungen für den Zugang zur Erwerbstätigkeit sowie den beruflichen Aufstieg auch Selbstständige wie sog. Freie Mitarbeiter und Franchise-Nehmer und entspricht damit den RL 2000/43/EG und 2000/78/EG, die jeweils in Art. 3 Abs. 1a zwischen unselbstständiger und selbständiger Erwerbstätigkeit nicht differenzieren. Für BR und Gewerkschaft enthält § 17 Abs. 2 AGG anders als Abs. 1 keine Beschränkung »im Rahmen ihrer Aufgaben und Handlungsmöglichkeiten«. Damit sind auch Beschlussverfahren zulässig, die keine Benachteiligung der vom BR vertretenen AN, sondern anderer Beschäftigter zum Gegenstand haben.[687] Eine Beeinträchtigung von AN i. S. d. BetrVG ist nicht erforderlich. Diese besondere Verfahrensart dient dem Zweck der Verwirklichung der Ziele des AGG. BR und Gewerkschaft sind insofern Instrumente der Rechtsordnung und machen keine Ansprüche aus einem »betriebsverfassungsrechtlichen Grundverhältnis« oder mitgliedschaftliche Interessen aus Arbeitsverhältnissen geltend. Deshalb kann die Gewerkschaft auch **zugunsten nicht oder anders organisierter Beschäftigter** tätig werden. Eine dahingehende Rechtspflicht besteht allerdings nicht. Das AGG bietet für den Schutz der Beschäftigten (§ 6) vor Benachteiligung i. S. d. § 7 ein einheitliches, nicht nach Gruppen differenziertes Verfahren an. Bei einem gemeinsamen Betrieb mehrerer UN kann der Antrag auch, ggf. mit differenzier- 215

---

682 Zur Kritik *Hayen*, AuR 07, 11; MünchArbR-*Oetker*, § 17 Rn. 95.

683 *BAG* 10.11.04 – 7 ABR 19/04, AuR 05, 164; 13.3.07 – 1 ABR 24/06, DB 08, 1331.

684 Weiter gehend, d. h. auch für PR in Dienststellen mit mehr als 5 AN *Besgen/Roloff*, NZA 07, 671.

685 JurisPK-BGB-*Altmayer*, § 17 AGG, Rn. 7; vgl. *LAG Düsseldorf* v. 14.11.05 – 10 TaBV 46/05, AuR 06, 132 zur Ethik-Richtlinie bei Wal-Mart; dazu *Kolle/Deinert*, AuR 06, 177 ff.; zur Mitbestimmung § 87 Rn. 62.

686 Ebenso *Fitting*, Rn. 113.

687 Ebenso *Besgen/Roloff*, NZA 07, 671; für entsprechende individuelle Auskunftsansprüche einer freien Mitarbeiterin nach dem EntgTranspG jetzt auch *BAG* 25.6.20 – 8 AZR 145/19.

ter Antragstellung, gegen eine Mehrzahl von Antragsgegnern gerichtet werden. Bei Leiharbeit können die BR des Ver- oder Entleihers die Rechte aus § 17 Abs. 2 AGG geltend machen, wenn der Vertragspartner des Überlassungsvertrag als Dritter i. S. v. § 12 Abs. 4 AGG Leih-AN diskriminiert.[688]

216 **Einzelne Beschäftigte** sind in diesem Verfahren weder Antragsteller noch Antragsgegner noch sonstige Beteiligte.[689] Sie sind ggf. als Zeugen zu hören. Die Zustimmung einzelner Beschäftigter, deren Benachteiligung gerügt wird, ist nicht erforderlich.[690] Erklärungen, ob sie die Einleitung bzw. Durchführung eines derartigen gerichtlichen Verfahrens wünschen oder nicht, sind prozessual unbeachtlich und nicht einzuholen. Von den Vorschriften des AGG kann nicht zu Ungunsten der geschützten Personen abgewichen werden (§ 31 AGG).

3. Beispielsfälle

217 Vorschriften aus »diesem Abschnitt« sind die §§ 6–18 AGG (Schutz der Beschäftigten vor Benachteiligung). Gemeint sind **Verstöße gegen Rechtspflichten des AG auf Durchführung bestimmter Maßnahmen, Duldung oder Unterlassung,** die sich aus den §§ 7, 11–16 AGG ergeben. Im Vordergrund steht das Benachteiligungsverbot des § 7 AGG, soweit die Benachteiligung dem AG selbst über eigenes Handeln oder seine Organisation zuzurechnen ist. Hierfür kommen sämtliche Ungleichbehandlungen in Betracht, die mittelbar oder unmittelbar an einen oder mehrere der nach § 1 AGG verpönten Gründe anknüpfen. Dabei kommt es nicht darauf an, ob diese Merkmale tatsächlich vorliegen.[691]

a) Teilzeitdiskriminierung

218 Das Verfahren richtet sich gleichermaßen gegen unmittelbare (§ 3 Abs. 1 AGG) wie mittelbare (§ 3 Abs. 2 AGG) Diskriminierung. Klassisches Beispiel ist das Verbot der **Teilzeit-(= mittelbare Frauen-)Diskriminierung** Mittelbare Frauendiskriminierung in Form von Teilzeitdiskriminierung verstößt gegen § 7 i. V. m. § 3 Abs. 2 AGG. Mithin können BR/Gewerkschaft z. B. ein Verfahren nach § 17 Abs. 2 AGG anhängig machen, wenn Teilzeit-, insbes. Geringfügig Beschäftigte von bestimmten betrieblichen Leistungen wie Urlaubs-/Weihnachtsgeld, Essens-/Fahrgeld, Sparförderung, Altersversorgung, die Vollzeitbeschäftigte erhalten, ausgeschlossen werden oder wenn entgegen § 7 TzBfG eine Ausschreibung nur in Vollzeit erfolgt und dadurch Frauen mittelbar diskriminiert werden (oder umgekehrt, s. sogleich (Einstellungen) sowie § 93).

b) Einstellungen

219 Ein praktischer Schwerpunkt sind Verfahren im Zusammenhang mit (aus Gründen des § 1 AGG nicht vorgenommenen) **Einstellungen.** Die Nichteinladung zu einem Vorstellungsgespräch wegen eines solchen, dem Bewerber zugeschriebenen Merkmals kann eine unzulässige Benachteiligung i. S. d. § 7 darstellen.[692] Die öffentliche Äußerung eines AG, er werde **keine AN einer bestimmten ethnischen Herkunft oder Rasse** einstellen, versteht der *EuGH* als unmittelbare Diskriminierung wegen der **Rasse oder der ethnischen Herkunft** bei der Einstellung i. S. d. Art. 2 Abs. 2a der RL 2000/43/EG.[693] Um eine solche Diskriminierung handelt es sich auch, wenn ein US-amerikanischen Sicherheitsbestimmungen unterliegendes UN die (russische) Staatsangehörigkeit einer AN zum Anknüpfungspunkt einer Ungleichbehandlung nimmt.[694]

---

688 *Brors*, AuR 19, 399.

689 Ebenso *Besgen/Roloff*, a. a. O.; *Fitting*, Rn. 114.

690 Ebenso *Fitting*, Rn. 113.

691 Insofern hilft der Begriff »Merkmalsträger« nicht weiter.

692 *BAG* 23. 8. 12 – 8 AZR 285/11, AuR 2012, 374.

693 *EuGH* 10. 7. 08 – Rs. C-54/07, Feryn, AuR 08, 319; 25. 4. 13 – C-81/12, Asociația Accept, AuR 13, 231; 23. 4. 20 – C-507/18, Associazione Avvocatura per i diritti LGBTI, AuR 20, 282.

694 Nicht nachvollziehbar a. A. *SächsLAG* 17. 9. 10 – 3 TaBV 2/10, NZA-RR 11, 72, das sich einer Auseinandersetzung mit dem innerstaatlichen Stellenwert US-amerikanischer Bestimmungen entzieht,

Eindeutig ist der Fall bei **sexueller Belästigung,**[695] bei unterschiedlicher Bezahlung[696] oder Begründung **unterschiedlicher Statusverhältnisse.** Beispiel: Mit einer Person mit geäußertem Kinderwunsch wird deshalb nur ein befristetes Arbeitsverhältnis abgeschlossen.[697] Das gleiche gilt, wo das Benachteiligungsverbot in Bezug genommen wird, etwa bei **Ausschreibungen,** § 11 AGG, vgl. Kommentierung zu § 93 dieses Gesetzes. **Geschlechterdiskriminierung** lässt sich i:d:R. einfach am Ausschreibungstext nachweisen. In Anlehnung an die Rspr. des *BVerfG* zur Intersexualität im Personenstandsrecht lässt sich die Vorschrift nicht mehr allein auf Männer und Frauen beziehen. Das *BVerfG* hielt das PStG für verfassungswidrig, wenn es kein anderes Geschlecht zuließ als männlich oder weiblich. Daraufhin hat der Gesetzgeber durch Gesetz v. 18.12.2018 (BGBl. I, 2635) u.a. §§ 22 und 45b Personenstandsgesetz derart geändert, dass auf Geschlechtsangabe verzichtet oder »divers« eingetragen werden kann. Demnach dürfen Ausschreibungen ein drittes Geschlecht auch nicht durch einen ausschließlichen Bezug auf 2 Geschlechter ausschließen. Nach Auffassung des LAG Schleswig-Holstein[698] diskriminiert die Verwendung des Gendersternchens (+innen) in einer Stellenausschreibung mehrgeschlechtlich geborene Menschen nicht. Dem ist im Einzelfall einer Ausschreibung mit dem Zusatz (m/w/d) zuzustimmen.

Ein weiterer Schwerpunkt ist **Altersdiskriminierung.** Unzulässig, weil altersdiskriminierend sind z.B. Ausschreibungen, in der »junge« Bewerber,[699] »Mitarbeiter im ersten Berufsjahr«[700] oder »Berufsanfänger«[701] gesucht werden. Das Merkmal Berufsjahr ist zwar scheinbar neutral, beeinträchtigt jedoch ältere Bewerber zahlenmäßig stärker als jüngere. BAG und LAG erkannten darin einen groben Verstoß des AG gegen §§ 11, 7, 1 AGG und verpflichteten diesen auf Unterlassung. Bewerber/innen mit einer längeren Berufserfahrung weisen gegenüber Berufsanfänger/innen und gegenüber Bewerber/innen mit erster oder kurzer Berufserfahrung typischerweise ein höheres Lebensalter auf, so dass diese Anforderung geeignet ist, ältere gegenüber jüngeren Personen wegen des Alters in besonderer Weise zu benachteiligen.[702] Unzulässig wäre (als mittelbare Diskriminierung älterer Bewerber) auch das Anforderungskriterium eines Hochschulabschlusses, der nicht länger als 1 Jahr zurückliegt oder innerhalb der nächsten Monate erfolgt.[703] **220**

Eine Diskriminierung liegt vor, wenn die Ausschreibung eine **Selbstdarstellung des AG** (»junges, dynamisches Team«) enthält, die ältere Bewerber faktisch ausschließt.[704] Die Anforderung »Deutsch als Muttersprache« stellt eine ethnische Diskriminierung dar, da sie unmittelbar an die Herkunft anknüpft.[705] Bei der Anforderung deutscher Sprachkenntnisse kommt es darauf an, ob sie für die konkrete Berufsausübung erforderlich sind. **221**

Neben den Ausschreibungsbedingungen unterliegen auch **Einstellungsfragebögen und Arbeitsvertragsformulare** der Überprüfung nach dem AGG. Ein grober Verstoß liegt auch vor, **222**

---

indem es für den Zusatz »TR-Trade restricted« zur e-mail-Adresse schon den Tatbestand der Benachteiligung verneint.

695 *ArbG Berlin* 27.1.12 – 28 BV 17992/11, LAGE § 17 AGG Nr 1.

696 *Zimmer*, AuR 14, 90.

697 Vgl. *ArbG Wiesbaden* 12.2.92 – 6 Ca 2/92, AiB 92, 298.

698 *LAG Schleswig-Holstein* 22.6.21 – 3 Sa 37 öD/21.

699 *BAG* 19.8.10 – 8 AZR 530/09, AuR 11, 35, abgewiesener Volljurist.

700 *BAG* 18.8.09 – 1 ABR 47/08, AuR 09, 310; AuR 10, 223; *HessLAG* 6.3.08 – 9 TaBV 251/07, AuR 08, 315.

701 *BAG* 24.1.13 – 8 AZR 429/11, AuR 2013, 103: »Berufsanfänger« in einer Stellenanzeige für ein Traineeprogramm »Hochschulabsolventen/Young Professionells«; a.A. noch *Wichert/Zange*, DB 07, 970, die dieses Anforderungsprofil für Anwälte mit dem geringeren Anfangsgehalt, der »Lernfähigkeit« und »Unverbildetheit« zu rechtfertigen versuchten.

702 *BAG* 19.5.16 – 8 AZR 583/14; ebenso *LAG Düsseldorf* 9.6.15 – 16 Sa 1279/14, AuR 16, 38; *BAG* 15.12.16 – 8 AZR 454/15, BB 17, 953: »gerade frisch gebacken aus einer kaufmännischen Ausbildung«.

703 *HessLAG* 18.6.18 – 7 Sa 851/17, FA 2018, 407 ; ausführlich zur Altersdiskriminierung in Stellenausschreibungen *N. Pieper*, RdA 18, 337 ff.

704 *BAG* 19.5.16 – 8 AZR 470/14, AuR 16, 521; 11.8.16 – 8 AZR 406/14, AuR 17, 173; KDZ-*Zwanziger*, 7. Aufl. 08, § 11 Rn. 5.

705 *HessLAG* 15.6.15 – 16 Sa 1619/14, AuR 15, 417; weit. Beispiele bei *Böning/Klapp*, PersR 12/16, 28 ff.

wenn Arbeitsverträge wie im Fall eines sächs. Großklinikums[706] die formularmäßige Versicherung der AN enthalten, nicht schwanger bzw. schwerbehindert zu sein.

c) Vollzug von Arbeitsverhältnissen

223 Gegenstand dieses Verfahrens sind ferner Benachteiligungen im **Vollzug von Arbeitsverhältnissen,** etwa bei der Auswahl von Teilnehmern an Bildungsmaßnahmen, bei Beförderungen, Versetzungen usw., schließlich durch (sexuelle) Belästigungen i. S. d. § 3 AGG.

224 Zu denken ist an Verstöße des AG gegen **Schutzpflichten aus § 12 AGG;**[707] etwa gegen seine Verfahrenspflichten bei einer **Beschwerde** nach § 13 AGG (vgl. §§ 84, 85 BetrVG), wenn er diese nicht in der gebotenen Weise behandelt oder zum Anlass für Maßregelungen gegen Beschwerdeführer nimmt; keine Beschwerdestelle einrichtet;[708] gegen seine Duldungs- und Vergütungspflicht bei der Ausübung des **Leistungsverweigerungsrechts** nach § 14 AGG verstößt, etwa mit dem Vorwurf der beharrlichen Arbeitsverweigerung und des Vertragsbruchs gegen diese Beschäftigten vorgeht; wenn er Bewerberdaten unter dem **Vorwand des sog. AGG-Hoppings** speichert, nutzt oder weitergibt, so dass sie in eine zentrale von arbeitgebernahen Anwaltsbüros geführte Datei einfließen. Dies wirkt sich wie eine »**schwarze Liste**« zu Lasten der Bewerber aus, die von ihren Rechten aus dem AGG Gebrauch machen.[709]
Maßgeblich ist, dass ein Verstoß des AG gegen seine Pflichten aus dem AGG zum Gegenstand des Verfahrens gemacht wird. Nicht erforderlich ist, dass sich dieser Verstoß zum Nachteil der vom BR vertretenen Beschäftigten ausgewirkt hat. Zum einen kennt das AGG einen gegenüber dem Arbeitnehmerbegriff des BetrVG **erweiterten Beschäftigtenbegriff.** Zum anderen ist nicht maßgeblich, ob ein individueller Nachteil eingetreten ist oder nicht. Bei einem Pflichtenverstoß durch dritte Personen, die für ihn keine Arbeitgeberbefugnisse ausüben, ist der AG nur nach Maßgabe des § 12 AGG verantwortlich.

d) Diskriminierende Kündigungen, Altersgruppen, Namenslisten

225 Eine besondere Rolle können Verfahren nach § 17 Abs. 2 AGG im Zusammenhang mit **diskriminierenden Kündigungen** gewinnen.[710] Dies wäre der Fall, wenn der AG eine **soziale Auswahl** nach Alter, Geschlecht oder ethnischer Herkunft vornimmt, etwa vorzugsweise das Arbeitsverhältnis älterer AN oder von AN mit Migrationshintergrund kündigt.[711] Eine diskriminierende Auswahl kann sich manifestieren in sog. **Altersgruppen** gestützt auf § 1 Abs. 3 S. 2 KSchG, häufig kombiniert mit »**Namenslisten**« im Interessenausgleich gem. § 1 Abs. 5 KSchG. Sie sind nach Maßgabe des AGG zu überprüfen. Eine diskriminierende Kündigung beinhaltet unzweifelhaft einen »groben Verstoß« i. S. d. dieser Vorschrift und ist zugleich »grob fehlerhaft« i. S. d. § 1 Abs. 5 KSchG.

226 Zwar trifft § 2 Abs. 4 AGG eine Bereichsausnahme, nach der für Kündigungen ausschließlich die Bestimmungen zum allgemeinen und besonderen Kündigungsschutz gelten sollen. Es besteht aber Konsens, dass diese Bereichsausnahme europarechtswidrig ist, insbes. o. g. Antidiskriminierungs-RL widerspricht, die diese Bereichsausnahme nicht kennen.[712] Der *EuGH*

---

706 Ausgangsfall von *BAG* 3. 12. 08 – 5 AZR 62/08, AP Nr. 42 zu § 307 BGB.
707 Vgl. Begründung, BT-Drucks. 16/1780, S. 40.
708 *Brors*, AuR 19, 400.
709 Ein von einer Stuttgarter Anwaltssozietät geführtes sog. AGG-Archiv musste nach Beanstandung durch das Baden-Württembergische Innenministerium als zust. Aufsichtsbehörde wegen Verstoßes gegen das BDSG geschlossen werden, AuR 09, 306; zur Legende vom AGG-Hopping vgl. auch *Helm*, AuR 19, 11 ff.
710 Ausführlich zum Verhältnis von Kündigungsschutz und Diskriminierungsschutz *Benecke*, AuR 07, 230 ff.; *dies.*, AuR 16, 9.
711 Anschaulich *LAG Bremen* 29. 6. 10 – 1 Sa 29/10, AuR 10, 523 (zust. *Wenckebach*, 499, m. w. N.): Probezeitkündigung, weil Kl. mit russischem Akzent spricht; vgl. Däubler/Beck-*Buschmann*, § 17 AGG, Rn. 19d.
712 Statt vieler *Benecke*, AuR 07, 230; *dies.*, AuR 16, 9; Däubler/Beck-*Däubler*, § 2 Rn. 256 ff.; *Annuß*, BB 06, 1630; *Thüsing*, NZA 06, 777; *Buschmann*, Altersdiskriminierung in der Namensliste, FS Wank, 2014, 63 ff.

misst[713] Kündigungsbedingungen an den Maßstäben der Allg. Gleichbehandlungsrichtlinie 2000/78/EG. Darüber hinaus versteht er[714] den Grundsatz der Gleichbehandlung in Beschäftigung und Beruf als Bestandteil des primären Unionsrechts (jetzt Art. 21, 23 EU-GRC), dessen Verletzung dazu führt, dass die abweichende nationale Norm nicht anzuwenden ist.[715] Im Rahmen des Kündigungsschutzes finden die Diskriminierungsverbote des AGG deshalb Anwendung.[716]

Eine Kündigung, die ein Diskriminierungsverbot verletzt, ist deshalb – auch im Kleinbetrieb – rechtswidrig und unwirksam.[717] Dies gilt auch und gerade für eine diskriminierende **soziale Auswahl.** Eine diskriminierende BV, damit auch ein Interessenausgleich bzw. eine Namensliste, ist selbst nach § 7 Abs. 2 AGG unwirksam.[718] Damit unterliegen Kündigungen dem AGG,[719] so dass insoweit die Verfahrensmöglichkeiten des § 17 Abs. 2 AGG eröffnet sind.[720] Europarechtlich ist die Bildung sog. **Altersgruppen im Interessenausgleich,** besonders in Form sog. **Namenslisten,** gestützt auf § 1 Abs. 3 S. 2 KSchG, außerordentlich problematisch. Das *ArbG Siegburg*[721] hatte dem *EuGH* gem. Art. 267 AEUV die Frage vorgelegt, ob Art. 6 RL 2000/78 EG dieser Altersgruppenpraxis entgegensteht. Der *EuGH* konnte diese Frage nur deshalb nicht beantworten, weil unmittelbar nach der mündlichen Verhandlung vor dem *EuGH* der im Ausgangsverfahren bekl. AG sich entschied, den Kl. mit sofortiger Wirkung wiedereinzustellen und damit dem Kündigungsschutzverfahren die Grundlage zu entziehen.[722] Zu § 1 Abs. 3 S. 2 KSchG verlangt selbst das *BAG,*[723] dass innerhalb des zur Sozialauswahl anstehenden Personenkreises nach sachlichen Kriterien Altersgruppen gebildet, die prozentuale Verteilung der Belegschaft auf die Altersgruppen festgestellt und die Gesamtzahl der auszusprechenden Kündigungen diesem Proporz entsprechend auf die einzelnen Altersgruppen verteilt werden müssen. Andernfalls ist die gesamte Sozialauswahl nach Altersgruppen hinfällig. Schon auf Basis dieser Rspr. sind Verfahren nach § 17 Abs. 2 AGG gegen Altersgruppen zulässig, die vorgenannte Kriterien nicht erfüllen. Angesichts der Möglichkeit einer grundsätzlichen Korrektur durch den *EuGH* könnten sich die Verfahren gegen die Bildung von Altersgruppen insgesamt richten. 227

Daraus ergibt sich zwar nicht die Möglichkeit der Erhebung einer individualrechtlichen Kündigungsschutzklage durch BR oder Gewerkschaft, gerichtet auf Feststellung, dass das Arbeitsverhältnis durch die Kündigung nicht aufgelöst ist, wohl aber die Beziehung der spezifischen Antragsrechte des § 17 Abs. 2 AGG gegen den Ausspruch, die Vollziehung sowie auf Rücknahme von Kündigungen, die gegen das Benachteiligungsverbot verstoßen. Aus der in § 17 Abs. 2 getroffenen Gesetzesfassung (Singular) ergibt sich, dass dieser Antrag schon nach einem einzelnen groben Verstoß gestellt werden kann. Das gleiche gilt für Diskriminierungen bei Kündigungsumständen wie -fristen.[724] Dies gilt auch bei Beschäftigten i.S.d. § 6 AGG, deren Beschäftigungsverhältnis dem KSchG nicht unterliegt. Wären für sie die Wege nach dem AGG 228

713 *EuGH* 11.7.06 – Rs. C-13/05, AuR 06, 292; 19.1.10, Rs. C-555/07, AuR 10, 264.

714 *EuGH* 22.11.05 – Rs. C-144/04, AuR 06, 167, m. Anm. *Schiek,* sowie 19.1.10, Rs. C-555/07, AuR 10, 264.

715 Ebenso *Däubler,* a.a.O.

716 *BAG* 6.11.08 – 2 AZR 701/07, AuR 09, 144 – 2 AZR 523/07, AuR 09, 358; 19.12.13 – 6 AZR 190/12, AuR 14, 39, 158; 26.3.15 – 2 AZR 237/14, AuR 15, 201.

717 So ausdrücklich *BAG* 19.12.13 – 6 AZR 190/12, Behinderung; 23.07.15 – 6 AZR 457/14, altersdiskriminierende Kündigung im Kleinbetrieb; weit. Nachw. zur Rspr. bei *Benecke,* AGG und Kündigungsschutz, AuR 16, 9.

718 Ausführlich *Buschmann,* Altersdiskriminierung in der Namensliste, FS Wank, 2014, 63ff.; zu rassistischen Diskriminierungen vgl. *Franke/Křeček,* NZA 22, 298.

719 *ArbG Osnabrück* 5.2.07 – 3 Ca 721/06, AuR 07, AuR 07, 103; *Wenckebach,* AuR 10, 499; a.A. *Bayreuther,* DB 06, 1842; *Willemsen/Schweibert,* 06, 2583.

720 *Benecke,* AuR 07, 230; *dies.,* AuR 1/16; Däubler/Beck-*Buschmann,* § 17 AGG, Rn. 19dff.; *Hayen,* AuR 07, 6, 10.

721 *ArbG Siegburg* 27.1.10 – 2 Ca 2144/09, AuR 10, 327, Balaban.

722 *EuGH* 5.4.11 – C-86/10, dazu Däubler/Beck-*Brors,* § 10 AGG, Rn. 51ff.; *Buschmann,* FS Wank, S. 63ff.; ders., AuR 20, 497ff.; *Bertelsmann,* AuR 07, 369; *Wenckebach,* AuR 08, 70.

723 *BAG* 26.3.15 – 2 AZR 478/13, NJW 15, 3116.

724 Vgl. *EuGH* 19.1.10 – Rs. C-555/07, AuR 10, 264.

nicht eröffnet, bestünde für sie gar kein Rechtsschutz, was den Vorgaben der Gleichbehandlungsrichtlinien (Rn. 210) und dem Grundrecht auf Rechtsschutz nach Art. 47 der EU-GRC widerspräche.

4. Grober Verstoß gegen Vorschriften des AGG

229 Sowohl § 17 Abs. 2 AGG als auch § 23 Abs. 3 BetrVG begrenzen das Verfahren auf einen **»groben« Verstoß.** Diese doppelte Hervorhebung beinhaltet keine besondere Qualifizierung gegenüber den in dieser Vorschrift maßgeblichen Grundsätzen, die auch für das Verfahren nach dem AGG Anwendung finden. Nach *BAG* liegt ein grober Verstoß des AG gegen seine Pflichten aus dem AGG vor bei einer objektiv erheblichen und offensichtlich schwerwiegenden Pflichtverletzung, wobei es auf Verschulden nicht ankommt. Die für den »groben« Verstoß i. S. v. § 23 Abs. 3 BetrVG bestehenden Grundsätze gelten insoweit auch im Rahmen des § 17 Abs. 2 Satz 1 AGG.[725] Ein grober Verstoß ist regelmäßig zu bejahen, wenn der AG mehrfach und erkennbar gegen seine sich aus dem AGG ergebenden Pflichten verstoßen hat.

230 Ebenso wie § 23 Abs. 3 BetrVG hat § 17 Abs. 2 AGG keinen Strafcharakter und will auch nicht individuelle Schuld sühnen. Das arbeitsgerichtliche Erkenntnisverfahren ist auf Durchsetzung eines künftigen rechtmäßigen Verhaltens des AG gerichtet. Dafür **kommt es auf individuelle Vorwerfbarkeit des eingetretenen Verstoßes nicht an.**[726] Zur umstr. Theorie der vertretbaren Rechtsansicht des AG in einer schwierigen und ungeklärten Rechtsfrage, die nach h. M. zu § 23 Abs. 3 dieses Gesetzes der Annahme eines groben Verstoßes entgegenstünde, vgl. Rn. 148. Letztlich privilegiert diese Theorie den prozessualen Vortrag eines Rechtsirrtums des AG. Diese innere Tatsache wird schwer zu ermitteln sein. Das Verfahren nach dieser Vorschrift soll aber gerade einen Weg darstellen, für die Zukunft Rechtssicherheit herzustellen. Da kann es auf ein subjektives Merkmal wie verschuldeten oder unverschuldeten Verbotsirrtum nicht ankommen. Relevant kann dieser Vorbehalt allenfalls bei divergierenden instanzgerichtlichen Urteilen sein.[727]

231 Auch ein **einmaliger Verstoß** kann grob sein, sofern er objektiv erheblich ist.[728] Andererseits können durch Wiederholung leichtere Verstöße zu einem groben Verstoß werden.[729] Hier sind die Formulierungen des § 23 Abs. 3 BetrVG und des § 17 Abs. 2 AGG nicht ganz identisch. Spricht § 23 Abs. 3 von »groben Verstößen«, wählt § 17 Abs. 2 AGG ausdrücklich den Singular, was Missverständnisse ausschließt. Voraussetzung ist nach dem Gesetzeswortlaut aber, dass der grobe Verstoß eingetreten ist. Die sichere Erwartung eines Verstoßes oder Drohung reichen nicht, sofern diese nicht selbst einen solchen Verstoß darstellt.

232 Nicht erforderlich ist der Eintritt eines **Schadens** oder einer sonstigen Beeinträchtigung auf Seiten eines oder mehrerer Beschäftigter. Die Möglichkeit des Verfahren nach § 17 Abs. 2 AGG besteht auch bei einem folgenlosen Verstoß. Die RL 2000/78 verlangt bei einem kollektiven Anti-Diskriminierungsverfahren nicht, dass sich ein Geschädigter feststellen lässt.[730] Erst recht ist unerheblich, ob der Verstoß AN i. S. d. BetrVG betrifft, die vom BR vertreten werden.

233 Ist ein grober Verstoß eingetreten, ist eine besondere **Wiederholungsgefahr** nicht mehr zu prüfen. Sie ist nicht Tatbestandsmerkmal dieser Vorschrift und wird nicht eigenständig geprüft, wenn der grobe Verstoß einmal eingetreten ist.[731] Deswegen kann sich ein AG nicht mit der Zusicherung entlasten, er werde sich künftig rechtmäßig verhalten.[732] Etwas anderes könnte

---

725 BT-Drucks. 16/2022 S. 12; *BAG* 18.8.09 – 1 ABR 47/08, AuR 09, 310; MünchArbR-*Oetker*, § 17 Rn. 100; a.A: *Brors*, AuR 19, 399: Die unterschiedliche Wichtigkeit des Schutzguts (betriebsverfassungsrechtliche Ordnung gegenüber Sicherung von Menschenrechten) legt es nahe, im Rahmen des § 17 AGG geringere Anforderungen an den groben Pflichtverstoß zu stellen.

726 Ebenso *Oetker* a. a. O.; Richardi-*Thüsing*, Rn. 94; *HessLAG* 6. 3. 08 – 9 TaBV 251/07, AuR 08, 315; *BAG* 18. 8. 09 – 1 ABR 47/08, AuR 09, 310.

727 *V. Roetteken*, AGG § 17 Rn. 54; *Brors*, AuR 2020, 399.

728 *Besgen/Roloff*, NZA 07, 672; *Brors*, AuR 19, 399.

729 Richardi-*Thüsing*, a. a. O. Rn. 93.

730 *EuGH* 23. 4. 20 – C-507/18507/18, Associazione Avvocatura per i diritti LGBTI, AuR 2020, 282.

731 *BAG* 23. 6. 92 – 1 ABR 11/92, AP § 23 BetrVG Nr. 20; *Fitting*, Rn. 114.

732 *BAG* a. a. O.

gelten, wenn etwa auf Grund einer Beschwerde eines Beschäftigten oder der Rüge des BR oder der Gewerkschaft neue Rechtstatsachen geschaffen werden, z. B. der Abschluss eines TV oder einer BV über diskriminierungsfreie Ausschreibungen.

5. Rechte aus § 23 Abs. 3 Satz 1 BetrVG

Nach dem in Bezug genommenen Abs. 3 dieser Vorschrift kann das Gericht auf Antrag dem AG aufgeben, eine **Handlung zu unterlassen, die Vornahme einer Handlung zu dulden oder eine Handlung vorzunehmen.** Maßgeblich ist die konkrete Antragstellung. Der Antrag muss hinreichend bestimmt sein (§ 81 ArbGG). Auch mehrere Anträge und Hilfsanträge sind zulässig (ausführlich hierzu Rn. 150 ff.). 234

Welcher Antrag zu stellen ist, richtet sich nach dem gerügten groben Verstoß seitens des AG. Am einfachsten ist die **Antragstellung** bei Unterlassung und Duldung, schwieriger bei Leistungsanträgen: 235

- *Unterlassung* ist zu beantragen, wenn der gerügte Verstoß des AG in einer rechtswidrigen Handlung besteht, die unterlassen werden kann, etwa der persönlichen Benachteiligung von Beschäftigten i. S. d. § 7 AGG, der Aufnahme diskriminierender Merkmale in die PA oder der Maßregelung i. S. d. § 16 AGG, ebenso bei einer diskriminierenden Ausschreibung eines Arbeitsplatzes i. S. d. § 11 AGG.[733]
- Ein *Duldungsantrag* kommt in Frage bei der Wahrnehmung von Rechten der Beschäftigten nach dem AGG, etwa des Leistungsverweigerungsrechts nach § 14 AGG oder des Beschwerderechts nach § 13 AGG, z. B. im Hinblick auf eine Beschwerde beim BR während der Arbeitszeit. Im Falle von Repressalien lassen sich diese Anträge mit Unterlassungsanträgen kombinieren.
- *Leistungsanträge* beziehen sich im Wesentlichen auf die in § 12 AGG enthaltenen Pflichten des AG, die erforderlichen Maßnahmen zum Schutz vor Benachteiligungen wegen eines in § 1 AGG genannten Grundes zu treffen. Dieser Schutz umfasst auch vorbeugende Maßnahmen. Diese könnten einmal ansetzen an einem groben Verstoß durch rechtswidriges Handeln wie etwa einer diskriminierenden Ausschreibung, hinsichtlich der schon der Unterlassungsantrag einschlägig ist. Indes erschöpft sich das Begehren des BR nicht in der Unterlassung diskriminierender Ausschreibungen, sondern erfasst die Durchführung rechtmäßiger Ausschreibungen, für die der BR nach § 93 dieses Gesetzes ein Initiativrecht hat, so dass er sie in seinen Antrag aufnehmen kann. Angesichts unterschiedlicher Auffassungen in der Arbeitsgerichtsbarkeit hinsichtlich der richtigen Tenorierung wird es häufig sinnvoll sein, mehrere Anträge zu kombinieren bzw. Hilfsanträge zu stellen.

Besondere Sorgfalt bei der Antragstellung ist geboten, wenn der gerügte **Verstoß des AG in einem Unterlassen besteht.** Ein konkreter Leistungsantrag ist zu stellen, wenn für den AG nur eine rechtmäßige Handlungsweise zur Verfügung steht, z. B. diskriminierungsfreie Ausschreibungen vorzunehmen oder eingelegte Beschwerden nach diesem Gesetz zu prüfen und das Ergebnis dem Beschwerde führenden Beschäftigten mitzuteilen. Hat der AG dies unterlassen, liegt regelmäßig ein grober Verstoß vor, dies übrigens nicht nur gegen die Verpflichtung aus § 13 AGG, sondern auch gegen §§ 84, 93 dieses Gesetzes. Ein konkreter Leistungsantrag ist auch zu stellen bei einer Ermessenreduzierung auf Null, z. B. wenn farbige, christliche, jüdische, muslimische, ältere oder behinderte Beschäftigte zu einem Betriebsausflug nicht eingeladen werden. Soweit dem AG Handlungsermessen bleibt, kann der Antrag auf ermessensfehlerfreie Entscheidung bzw. Durchführung geeigneter, erforderlicher und angemessener Maßnahmen gestellt werden, was insbesondere im Rahmen des § 12 – zumindest als Hilfsantrag – häufig geboten sein wird. 236

---

733 *BAG* 18. 8. 09 – 1 ABR 47/08, AuR 09, 310; AuR 10, 223; *HessLAG* 6. 3. 08 – 9 TaBV 251/07, AuR 08, 315. Einen vom konkreten Bewerbungsverfahren losgelösten, einer »Popularklage« ähnelnden Anspruch eines Bewerbers auf Unterlassung künftiger diskriminierender Ausschreibungen bzw. auf künftige diskriminierungsfreie Neuausschreibungen verneint *BAG* 14. 11. 13 – 8 AZR 997/12, AuR 14, 157.

237 Anträge auf Feststellung eines Rechtsverhältnisses oder eines Rechtsverstoßes sowie Anträge auf Folgenbeseitigung bzw. Restitution sind in dem Verfahren nach § 17 Abs. 2 AGG ebenso wenig zulässig wie nach Abs. 3 dieser Vorschrift. In Frage kommen ggf. Anträge auf Zwischenfeststellung, wodurch künftige Verfahren entbehrlich werden und auch Streitigkeiten über das Merkmal des groben Verstoßes ausgeräumt werden könnten.

238 Nach § 17 Abs. 2 Satz 2 AGG werden mit dem Antrag nicht **Ansprüche des Benachteiligten** geltend gemacht. Dabei handelt es sich im Wesentlichen um die Entschädigungs- oder Schadensersatzansprüche nach § 15 AGG, um die Feststellungsklage nach § 4 KSchG oder um Feststellung der Unwirksamkeit einer individuellen Befristungsvereinbarung. Insofern handelt es sich um eine Klarstellung.[734] Derartige Ansprüche lassen sich über Abs. 3 dieser Vorschrift nicht durchsetzen. So kommt es auch nicht zu einer Überschneidung mit individuellen Unterlassungs-, Duldung- oder Leistungsanträgen einzelner betroffener Beschäftigter.[735] Diese individuellen Verfahrensmöglichkeiten haben einen anderen **Streitgegenstand**[736] als das kollektive Verfahren. Voraussetzung des individuellen Verfahrens sind individuelle Klagebefugnis, individuelles Rechtsschutzbedürfnis und ein konkreter, auf die Person des Antragsstellers bezogener Antrag, während es auf den groben Verstoß des AG gegen seine Verpflichtungen aus dem AGG nicht ankommt. Der Antrag nach § 17 Abs. 2 AGG setzt seinerseits nicht voraus, dass individuelle Ansprüche von Beschäftigten gegen den AG im Zusammenhang mit dem tatbestandlichen groben Verstoß bestehen.[737] Der Antrag des BR ist unabhängig von diesen konkret personenbezogenen Voraussetzungen und deshalb auch nicht auf die Rechtsansprüche eines, einer oder mehrerer benachteiligter Beschäftigter bezogen formuliert.[738] Einer teleologischen Reduktion der Vorschrift[739] bedarf es nicht. Deswegen findet auch keine »Aufrechnung« des Ordnungsgeldes gegenüber dem Ersatz des immateriellen Schadens[740] statt.[741]

6. Prozessuale Fragen

239 Hinsichtlich der Durchführung dieses Beschlussverfahrens ist auf die Ausführungen unter Rn. 111 ff. zu verweisen. Dies gilt auch für den Fall, dass dem Verfahren eine gerügte Benachteiligung zu Grunde liegt, die zwar Beschäftigte i. S. d. § 6 AGG, nicht aber AN i. S. d. § 5 BetrVG betrifft. Die umstrittene Rspr. des 1. Senats des *BAG*, die dem AG den Einwand der unzulässigen Rechtsausübung gegenüber Unterlassungsansprüchen des BR wegen obstruktiven Handelns ermöglicht,[742] kann jedenfalls Anträgen nach § 17 Abs. 2 AGG nicht entgegengehalten werden, da in diesem Verfahren BR und Gewerkschaft keine eigenen Rechte geltend machen, sondern als Sachwalter von Menschenrechten auftreten.

240 Wie im Verfahren nach § 23 Abs. 3 gilt auch in Verfahren nach § 17 Abs. 2 AGG hinsichtlich der **Darlegungs- und Beweislast** grundsätzlich der eingeschränkte Untersuchungsgrundsatz nach §§ 80, 83 ArbGG.[743] Allerdings gelten auch im Beschlussverfahren die Regeln über die objektive Beweislast[744] nach Maßgabe der zugrundeliegenden materiell-rechtlichen Vorschrift bzw. allgemeinen zivilprozessualen Grundsätzen. Insofern ist in einer non-liquet-Situation § 22 AGG zu berücksichtigen. Sofern danach eine Partei Indizien beweist, die eine Benachteiligung wegen eines in § 1 AGG genannten Grundes vermuten lassen, trägt die andere Partei die Beweislast dafür, dass kein Verstoß gegen die Bestimmungen zum Schutz vor Benachteiligung vorgelegen hat. »Partei« i. S. d. Vorschrift sind auch BR und Gewerkschaft. Dieses Ergebnis ergibt sich auch aus europarechtskonformer Auslegung. Art. 8 Abs. 4 i. V. m. Art. 7 Abs. 2 der RL 2000/43/

734 Begründung, Ausschussdrucks. 16/11/337, S. 2.
735 Ebenso ErfK-*Schlachter*, § 17 AGG, Rn. 2; *Brors*, AuR 19, 400.
736 *Brors*, AuR 20, 400.
737 *Brors*, a. a. O.
738 So auch *Hayen*, AuR 07, 11; *Brors*, AuR 2020, 400.
739 So aber *Klumpp*, NZA 06, 906; wie hier *Hayen*, AuR 07, 11.
740 So wohl *Klumpp*, NZA 06, 906.
741 Wie hier Rust/Falke-*Bertelsmann*, § 17 Rn. 83.
742 *BAG* 12.3.19 – 1 ABR 42/17, AuR 20, 127, m. krit. Anm. *Gast.*.
743 Ausführlich Däubler/Beck-*Beck*, § 22 AGG Rn. 126 ff.
744 *Beck* a. a. O., Rn. 128.

EG, Art. 10 Abs. 4 i.V.m. Art. 9 Abs. 2 der RL 2000/78/EG, Art. 9 Abs. 4 i.V.m. Art. 8 Abs. 3 der RL 2004/113/EG beziehen die Beweislastregelung ausdrücklich auf das Verfahren unter Beteiligung von Verbänden, Organisationen und juristischen Personen, was zumindest bei der Gewerkschaft der Fall ist.[745] Der BR ist zwar weder Verband noch juristische Person; es wäre aber wertungswidersprüchlich, die in Umsetzung europäischen Rechts zur Effektivierung des Schutzes vor Benachteiligung getroffene Beweislastregelung in Verfahren einzelner Beschäftigter und der Gewerkschaft zur Anwendung kommen zu lassen, in Verfahren des BR aber nicht.

Für das Verfahren der **einstweiligen Verfügung** gelten die Regeln der Glaubhaftmachung nach §§ 935, 294 ZPO (vgl. Rn. 186). Die **Zwangsvollstreckung** richtet sich nach § 23 Abs. 3 Satz 2–5 BetrVG. Insofern ist auf Rn. 162ff. zu verweisen. 241

§ 24 Erlöschen der Mitgliedschaft

Die Mitgliedschaft im Betriebsrat erlischt durch

1. **Ablauf der Amtszeit,**
2. **Niederlegung des Betriebsratsamtes,**
3. **Beendigung des Arbeitsverhältnisses,**
4. **Verlust der Wählbarkeit,**
5. **Ausschluss aus dem Betriebsrat oder Auflösung des Betriebsrats aufgrund einer gerichtlichen Entscheidung,**
6. **gerichtliche Entscheidung über die Feststellung der Nichtwählbarkeit nach Ablauf der in § 19 Abs. 2 bezeichneten Frist, es sei denn, der Mangel liegt nicht mehr vor.**

Inhaltsübersicht Rn.

I. Vorbemerkungen

Die Vorschrift regelt das Erlöschen der **Mitgliedschaft des einzelnen BR-Mitglieds.** Die Beendigung der Amtszeit des BR als Kollektivorgan ist in §§ 21–22 geregelt. 1

In den Fällen der Nrn. 1 – 4 erlischt die Mitgliedschaft automatisch kraft Gesetzes, in den Fällen der Nrn. 5 und 6 auf Grund **rechtskräftiger Gerichtsentscheidung.** 2

Die Vorschrift gilt nach Maßgabe von § 115 Abs. 3 Nr. 2 und § 116 Abs. 2 Nr. 9 auch für Mitglieder der **Bordvertretung** und des **See-BR.** Für die **JAV** gilt die Vorschrift entsprechend (vgl. § 65 Abs. 1). Sie gilt nicht für Mitglieder des **GBR/KBR** und der **GJAV/KJAV.** Hier gelten §§ 49, 57, 73 Abs. 2 und 73b Abs. 2. Zur Mitgliedschaft im EBR vgl. § 32 Abs. 1 und Abs. 2 Satz 3 EBRG. Diese endet durch Abberufung, bei Veränderungen, die eine andere Zusammensetzung des EBRG erforderlich machen, mit der Neubestellung, ansonsten nach 4 Jahren. Soweit der TV keine andere Regelung trifft, findet die Vorschrift uneingeschränkt Anwendung auf die Mitglieder in **zusätzlichen** oder **anderen betriebsverfassungsrechtlichen Vertretungen** nach § 3 Abs. 1 Nrn. 1 und 2. Zu Personalräten vgl. § 31 BPersVG n.F.; zu Schwerbehindertenvertrauensleuten § 177 Abs. 7 S. 3 SGB IX. 3

---

745 Vgl. auch Däubler/Beck-*Buschmann,* § 17 AGG Rn. 31; a.A. ohne Begründung *Besgen/Roloff,* NZA 07, 673.

4 Auf noch nicht nachgerückte **Ersatzmitglieder** findet die Vorschrift keine unmittelbare, im Einzelfall – Nrn. 1, 3, 4 sowie 5 (Auflösung des BR) – jedoch entsprechende Anwendung mit der Folge, dass die Anwartschaft des Ersatzmitglieds erlischt, in den BR nachzurücken.[1] Für gerichtliche Verfahren nach Nrn. 5 (Ausschluss aus einem BR, dem das Ersatzmitglied noch nicht angehört) und 6 wird regelmäßig das Rechtsschutzbedürfnis fehlen (zu Nr. 5 vgl. auch § 23 Rn. 8: keine Amtspflichtverletzung ohne Amt). Ersatzmitglieder können nicht ihr »Amt niederlegen«,[2] da sie noch kein Amt haben. Lehnt ein **Ersatzmitglied** es ab, bei Ausscheiden (nicht schon bei zeitweiliger Verhinderung) eines BR-Mitglieds an dessen Stelle nachzurücken, ohne selbst verhindert zu sein, steht dies nach *ArbG Kassel*[3] der Amtsniederlegung gleich und führt zum Ausscheiden aus dem BR. Dagegen beinhaltet die bloße Äußerung eines gewählten BR-/Ersatzmitglieds, man wolle keine BR-Arbeit machen, regelmäßig noch keine Amtsniederlegung.[4]

II. Erlöschen der Mitgliedschaft im Betriebsrat

1. Ablauf der Amtszeit (Nr. 1)

5 Die Mitgliedschaft der einzelnen BR-Mitglieder erlischt mit **Ablauf der Amtszeit des BR unter Berücksichtigung etwaiger Übergangs- oder Restmandate,** die im Einzelfall über das Ende der regelmäßigen Amtszeit hinausgehen können (vgl. § 21b Rn. 27). Der Ablauf der regelmäßigen Amtszeit beendet die Mitgliedschaft im restmandatierten BR nicht.[5] Sie endet grds. bei vorzeitiger Beendigung der Amtszeit, bspw. durch erfolgreiche rkr. Anfechtung der BR-Wahl (§ 19) oder durch Auflösung des BR auf Grund rkr. gerichtlicher Entscheidung (§ 23 Abs. 1). Die Amtszeit einzelner BR-Mitglieder kann niemals die Amtszeit des BR überdauern.

2. Niederlegung des Betriebsratsamtes (Nr. 2)

6 Die Niederlegung des BR-Amtes ist jederzeit formlos[6] und ohne Angabe von Gründen möglich, und zwar auch schon unmittelbar nach der Wahl vor dem Amtsbeginn[7] – ebenso, während der BR ein **Übergangs**- (§ 21a) oder **Restmandat** (§ 21b) ausübt.[8]

7 Die Amtsniederlegung erfolgt durch **empfangsbedürftige Willenserklärung** gegenüber dem BR.[9] Sie ist wirksam, wenn sie dem BR-Vorsitzenden, bei dessen Verhinderung dem stv. Vorsitzenden, zugegangen ist oder in einer BR-Sitzung ausgesprochen wurde. Wird die Amtsniederlegung in einer Betriebsversammlung erklärt, kann sie als Erklärung gegenüber dem BR ausgelegt werden, wenn der Vorsitzende oder dessen Stellvertreter die Versammlung leitet.[10] Wenn 2 BR-Mitglieder ihr Amt niederlegen wollen, reicht es nicht aus, wenn sie dies nur jeweils dem anderen gegenüber erklären. Die Amtsniederlegung muss nach außen kundgetan werden.[11] Eine Erklärung gegenüber dem AG ist grundsätzlich rechtlich unbeachtlich.[12] Besteht der BR nur noch aus einem Mitglied, das ein Restmandat ausübt und ist eine Belegschaft, die als Erklärungsadressat allenfalls in Betracht käme, tatsächlich nicht mehr vorhanden, kann die Amtsniederlegung ausnahmsweise gegenüber dem AG erklärt werden;[13] zu weitgehend *LAG*

---

1 Vgl. *Fitting*, Rn. 4; GK-*Oetker*, Rn. 76 ff.; *HWGNRH*, Rn. 3.
2 Dafür GK-*Oetker*, Rn. 78.
3 *ArbG Kassel* 20.2.96 – 2 Bv 1/96, AuR 96, 149.
4 *LAG Hamm* 24.11.03 – 10 TaBV 162/03, AuR 05, 37.
5 *BAG* 5.5.10 – 7 AZR 728/08, AuR 10, 275, 394.
6 *LAG Berlin*, BB 67, 1424.
7 *BVerwG* 9.10.59, AP Nr. 2 zu § 27 PersVG; zur Ablehnung der Wahl vgl. § 17 WO.
8 *BAG* 5.5.10 – 7 AZR 728/08, AuR 10, 275, 394.
9 Musterschreiben in DKWF-*Buschmann*, § 24 Rn. 2.
10 So auch *Fitting*, Rn. 10; Richardi-*Thüsing*, Rn. 9.
11 *LAG Niedersachsen* 23.4.07 – 9 Sa 464/05, AuR 07, 445 sowie 9 Sa 815/06, AuR 08, 194.
12 *LAG Schleswig-Holstein* 19.8.66, AP Nr. 4 zu § 24 BetrVG; *LAG Baden-Württemberg* 30.5.94 – 16 Sa 22/94, AiB 95, 187; 11.10.12 – 11 TaBV 2/12, ArbR 13, 56.
13 *BAG* 12.1.00 – 7 ABR 61/98, EzA BetrVG 1972 § 24 Nr. 2 = AuR 00, 237.

Brandenburg,[14] nach dem die Erklärung des einzigen verbliebenen BR-Mitglieds gegenüber dem AG auch bei noch vorhandener Belegschaft ausreicht. In diesem Fall ist regelmäßig nach § 13 Abs. 2 Nr. 2 die Neuwahl einzuleiten und ein Wahlvorstand zu bestellen, damit die AN den betriebsverfassungsrechtlichen Schutz behalten und die betriebsverfassungsrechtlichen Normen als solche fortbestehen.

Die Amtsniederlegung wird wirksam mit Zugang der Erklärung, es sei denn, der Erklärende selbst setzt einen anderen Zeitpunkt fest, z. B. Monats- oder Quartalsende.[15] Sie kann nach Zugang **nicht mehr einseitig zurückgenommen oder widerrufen** werden.[16] 8

Die Erklärung muss **ernst gemeint** und hinreichend **bestimmt** sein. Eine Amtsniederlegung unter einer Bedingung ist nur als Ankündigung zu werten.[17] Diese ist, ebenso wie eine Absichtserklärung, rechtlich ohne Bedeutung.[18] Die Erklärung ist nur wirksam, wenn aus ihr eindeutig hervorgeht, dass durch sie die Rechtsfolge der Amtsniederlegung herbeigeführt werden soll.[19] Dies ist nicht der Fall, wenn die AN einschließlich des verbliebenen BR-Mitglieds selbst die Frage eines Insolvenzverwalters nach dem Bestehen eines BR auf einer Betriebsversammlung mit Kopfschutteln beantworten. Ein Insolvenzverwalter kann diese Äußerung nicht als rechtsgestaltende Erklärung, sondern nur als – möglicherweise rechtsirrige – Kundgabe einer Tatsache verstehen.[20] Eine Rechtspflicht zur Amtsniederlegung kann weder durch Arbeits-/Aufhebungsvertrag noch durch arbeitsgerichtlichen Vergleich begründet werden.[21] Die dann erklärte Amtsniederlegung und der Aufhebungsvertrag werden dadurch indes nicht eo ipso unwirksam.[22] Nach h. M. ist eine **Anfechtung der Amtsniederlegung** grundsätzlich ausgeschlossen,[23] außer bei Drohung und arglistiger Täuschung.[24] 9

Das Ausscheiden aus Ausschüssen des BR oder der Rücktritt von bestimmten BR-Funktionen, z. B. Vorsitz, berührt die Mitgliedschaft im BR nicht und ist nicht als Amtsniederlegung zu werten.[25] Die vakanten Funktionen sind vom BR neu zu besetzen.[26] Die Amtsniederlegung nach dieser Vorschrift ist zu unterscheiden vom Rücktritt des BR nach § 13 Abs. 2 Nr. 3. Zur **gleichzeitigen** und abgestimmten **Amtsniederlegung** durch alle BR-Mitglieder und Ersatzmitglieder vgl. § 13 Rn. 20. 10

3. Beendigung des Arbeitsverhältnisses (Nr. 3)

Voraussetzung für die Wählbarkeit in den BR ist die Betriebszugehörigkeit (§ 8). Daher erlischt mit Beendigung des Arbeitsverhältnisses grundsätzlich die Mitgliedschaft im BR. Insofern stellt Nr. 3 einen Unterfall von Nr. 4 dar. Maßgeblich ist die **rechtliche Beendigung** des Arbeitsverhältnisses. Gleichgültig ist, aus welchen Gründen das Arbeitsverhältnis beendet wird, z. B. Kündigung, Fristablauf, Aufhebungsvertrag, Tod des AN.[27] Ruht das Arbeitsverhältnis, bleibt es aber in seinem rechtlichen Bestand aufrecht erhalten, wird die Mitgliedschaft im BR nicht beendet (vgl. auch Rn. 20). Für die Dauer der Verhinderung rückt ein Ersatzmitglied nach (vgl. § 25 Rn. 14 ff.). 11

Kündigt das **BR-Mitglied** sein Arbeitsverhältnis unter Einhaltung der Kündigungsfrist oder schließt es einen **Aufhebungsvertrag** mit Auslauffrist, endet seine BR-Mitgliedschaft erst mit 12

---

14 *LAG Brandenburg* 2. 8. 01 – 3 TaBV 4/01, AuR 02, 198.
15 So auch *Fitting,* Rn. 10.
16 *BVerwG* 9. 10. 59, AP Nr. 2 zu § 27 PersVG.
17 GK-*Oetker,* Rn. 11.
18 *GKSKR,* Rn. 1.
19 *LAG Niedersachsen* 23. 4. 07 – 9 Sa 815/06, AuR 08, 194; *HessLAG* 25. 2. 19 – 16 TaBVGa 26/19, LAGE § 24 BetrVG 2001 Nr. 1.
20 *BAG* 19. 11. 03 – 7 AZR 11/03, AuR 04, 165.
21 Ähnlich GK-*Oetker,* Rn. 10, zum Gewerkschaftsaustritt; a. A. *Kort,* NZA 23, 722.
22 *BAG* 21. 3. 18 – 7 AZR 590/16, AuR 18, 259 (Anm. *Müller-Wenner*); dazu auch *Oltmanns/Fuhlrott,* DB 18, 1086; *Kort* a. a. O.
23 Richardi-*Thüsing,* Rn. 11; *Fitting,* Rn. 11; GK-*Oetker,* Rn. 16; *WW,* Rn. 2.
24 *HessLAG* 8. 10. 92 – 12 TaBV 21/92, LAGE § 24 Nr. 1, AuR 93, 374; *GL,* Rn. 10; *HWGNRH,* Rn. 7.
25 *GL,* Rn. 12.
26 *Fitting,* Rn. 12.
27 GK-*Oetker,* Rn. 23.

Fristablauf, nicht schon mit Freistellung von der Arbeitsleistung.[28] Kündigung, Aufhebungsvertrag (§ 623 BGB) oder Befristung (§ 14 Abs. 4 TzBfG) bedürfen zu ihrer Wirksamkeit der **Schriftform.** Ein Aufhebungsvertrag ist wegen des Verzichts auf einen gesicherten Kündigungsschutz nur bei eindeutigen Sachverhalten anzunehmen. Er kann grundsätzlich nicht schlüssig vereinbart werden.[29] Die wirksame Anfechtung des Aufhebungsvertrages wirkt gem. § 142 BGB ex tunc, d. h. das Arbeitsverhältnis wurde nie beendet, das Betriebsratsamt besteht fort.[30] Dies gilt erst recht, wenn nach Erklärung der Anfechtung der Aufhebungsvertrag einvernehmlich aufgehoben wird. Zum Ende des befristeten Arbeitsvertrages s. § 15 TzBfG.

13 Gegenüber einem BR-Mitglied kann der AG eine **ordentliche Kündigung** nur im Falle und zum Zeitpunkt der Stilllegung oder Teilstilllegung des Betriebs aussprechen (vgl. § 15 Abs. 4, 5 KSchG; § 103). Für den Ausspruch einer **außerordentlichen Kündigung** aus wichtigem Grund ist entweder die Zustimmung des BR oder ein die Zustimmung des BR ersetzender rkr. Beschluss des ArbG erforderlich. Während des Zustimmungsersetzungsverfahrens besteht die Mitgliedschaft im BR fort. Wird die Zustimmung erteilt oder vom ArbG rkr. ersetzt, endet das Arbeitsverhältnis mit Wirksamwerden der Kündigung ggf. nach Ablauf einer vom ArbG eingeräumten Frist. Zur **Änderungskündigung,** die nach § 15 Abs. 4, 5 KSchG grundsätzlich nur im Zuge einer Stilllegung des Betriebs zulässig ist, vgl. § 103 Rn. 7.

14 Erhebt das BR-Mitglied **Kündigungsschutzklage** gegen eine mit Zustimmung des BR ausgesprochene außerordentliche Kündigung und stellt das ArbG deren Rechtsunwirksamkeit fest, ist die Mitgliedschaft im BR nicht erloschen. Bis zu dieser rkr. Feststellung ist das BR-Mitglied nach h. M. wegen Ungewissheit über seinen Status an der Ausübung seines Amtes zeitweilig verhindert, so dass ein Ersatzmitglied nach § 25 Abs. 1 Satz 2 an seine Stelle tritt.[31] Etwas anderes gilt, wenn das BR-Mitglied seinen **Weiterbeschäftigungsanspruch** (auch vorläufig) durchsetzt.[32] In diesem Fall übt es auch sein BR-Mandat aus. Wird vom ArbG rkr. festgestellt, dass die außerordentliche Kündigung rechtswirksam ist, steht fest, dass das Arbeitsverhältnis mit dem Zeitpunkt des Zugangs der Kündigung endet bzw. geendet hat und das BR-Mitglied zu diesem Zeitpunkt auch sein Mandat verliert bzw. verloren hat. Das Ersatzmitglied rückt dann endgültig nach.[33]

15 Zum Schutz der BR-Tätigkeit kann während des Kündigungsrechtsstreits eine **einstweilige Verfügung** auf Zutritt zum Betrieb bzw. Weiterbeschäftigung erlassen werden.[34] Dies gilt jedenfalls, wenn die Kündigung offensichtlich unbegründet ist bzw. die Voraussetzungen des allgemeinen Weiterbeschäftigungsanspruchs vorliegen.[35] Das ist z. B. der Fall, wenn der AG die Kündigung ohne Zustimmung des BR oder eine die Zustimmung ersetzende rkr. Entscheidung des ArbG nach § 103 Abs. 2 ausgesprochen hat.[36]

---

28 *HessLAG* 21. 12. 20 – 16 TaBVGa 189/20, FA 21, 115: Aufhebungsvertrag eines endgültig freigestellten BR-Mitglieds.

29 GK-*Oetker*, Rn. 39.

30 *LAG Düsseldorf* 15. 4. 11 – 6 Sa 857/10, AuR 11, 368; Richardi-*Thüsing*, Rn. 17.

31 GK-*Oetker*, § 25 Rn. 34; *HWGNRH*, Rn. 11; *BAG* 10. 11. 04 – 7 ABR 12/04, AuR 05, 237 zum Fall eines vor der Wahl ordentlich gekündigten, dann aber gewählten BR-Mitglieds; vgl. auch *BVerwG* 4. 2. 21 – 5 VR 1/20, AuR 21, 191: Außerordentlich gekündigtes PR-Mitglied bei nicht offensichtlicher Unwirksamkeit der Kündigung grds. an Amtsausübung verhindert. Bei offensichtlicher Unwirksamkeit der angegriffenen Kündigung darf PR-Mitglied in der Amtsausübung nicht behindert werden.

32 Vgl. *BAG* 27. 2. 85, AuR 86, 159 mit Anm. *Herschel; Fitting*, Rn. 19.

33 *BAG* 10. 11. 04 – 7 ABR12/04, a. a. O. Zum (nachwirkenden) Kündigungsschutz vgl. § 25 Rn. 41; § 103 Rn. 6; zur Rücknahme der Kündigung im Kündigungsschutzprozess *Thüsing*, AuR 96, 245.

34 *LAG Hamburg* 2. 3. 76, BetrR 76, 310; *LAG München* 28. 9. 05 – 9 TaBV 58/05; *ArbG Berlin* 2. 8. 13 – 28 BVGa 10241/13, BB 2013, 2547; *Dütz*, Anm. zu EzA § 15 KSchG n. F. Nr. 21; *ders.*, DB-Beilage 13/78, S. 20; *GL*, Rn. 17; a. A. GK-*Oetker*, § 25 Rn. 37; *HWGNRH*, Rn. 12; Musterantrag in DKWF-*Buschmann*, § 24 Rn. 3.

35 Vgl. *BAG* 27. 2. 85, AuR 86, 159 mit Anm. *Herschel*; *LAG Hamm* 23. 6. 14 – 13 TaBVGa 20/14; 24. 9. 04 – 10 TaBV 95/04, beide juris; 17. 1. 96, LAGE BetrVG § 25 Nr. 4; ErfK-*Koch*, Rn. 4; *Fitting*, Rn. 17; GK-*Oetker*, a. a. O.; *HWGNRH*, a. a. O.

36 *LAG Hamm*, a. a. O.

Finden während des Kündigungsrechtsstreits **BR-Wahlen** statt, steht dem gekündigten BR-Mitglied auch ohne Weiterbeschäftigung das aktive[37] und passive[38] Wahlrecht zum BR zu, da es sonst im Falle des Obsiegens benachteiligt wäre. Dies gilt jedenfalls nach einer obsiegenden erstinstanzlichen Entscheidung des ArbG. 16

Die Erreichung des **Rentenalters** hat für Mitglieder des BR keine anderen Folgen als für andere AN. Das Arbeitsverhältnis endet nicht automatisch, sondern nur durch einen eigenständigen Beendigungstatbestand. Es besteht auch fort, wenn der AN **Altersteilzeit** in Anspruch nimmt. Dagegen verliert der AN im **sog. Blockmodell** der Altersteilzeit nach Eintritt in die Freistellungsphase nach der Rspr.[39] seine Betriebszugehörigkeit.[40] Zum AN-Status und zum aktiven Wahlrecht vgl. § 5 Rn. 40 und § 7 Rn. 12. Das Alter des AN oder die Möglichkeit zur Inanspruchnahme der Altersteilzeit sind kein Grund für die Beendigung des Arbeitsverhältnisses.[41] Sie rechtfertigen auch keine Kündigung. Vereinbarungen über eine verbindliche Beendigung des Arbeitsverhältnisses mit Erreichen des Rentenanspruchs beziehen sich nach § 41 Satz 2 SGB VI grundsätzlich auf die jeweilige (sich nach hinten verschiebende) Regelaltersgrenze, es sei denn, dass die Vereinbarung innerhalb der letzten 3 Jahre vor diesem Zeitpunkt abgeschlossen oder von dem AN innerhalb der letzten 3 Jahre vor diesem Zeitpunkt bestätigt worden ist. Nach umstr. Rspr. seien Arbeitsverträge regelmäßig betriebsvereinbarungsoffen, wenn der Vertragsgegenstand in AGB enthalten ist und einen kollektiven Bezug hat.[42] Dann könnten derartige Altersgrenzen auch in BV vereinbart werden. Sieht eine Vereinbarung die Beendigung des Arbeitsverhältnisses mit Erreichen der Regelaltersgrenze vor, können die Arbeitsvertragsparteien nach § 41 S. 3 SGB VI durch Vereinbarung während des Arbeitsverhältnisses den Beendigungszeitpunkt, ggf. auch mehrfach, hinausschieben.[43] Im Falle einer BV (»Arbeitsordnung«), nach der der AG mit Einverständnis des BR mit dem AN das Arbeitsverhältnis auch über die Altersgrenze hinaus fortsetzen konnte, musste er nach älterer Rspr. auch bei BR-Mitgliedern für die Dauer der Wahlperiode davon Gebrauch machen bzw. konnte sich diesen gegenüber nicht auf die Altersgrenze berufen.[44] Besteht das Arbeitsverhältnis fort, erlischt die Mitgliedschaft im BR auch nicht durch zeitweiligen Bezug einer Erwerbsminderungsrente. 17

Wirksam befristete Arbeitsverhältnisse enden auch bei BR-Mitgliedern durch Zeitablauf. U. U. kann die Befristung wegen Verstoßes gegen das Benachteiligungsverbot des § 78 Satz 2 i. V. m. Europarecht unwirksam sein. Eine generelle Reduktion des § 14 Abs. 2 TzBfG lehnt das *BAG* allerdings ab (ausführlich § 78, Rn. 28, m. w. N.).[45] Wird der AN über die Befristung hinaus weiterbeschäftigt, besteht das BR-Amt fort (§ 15 Abs. 5 TzBfG). Nach *BAG*[46] kann das andernfalls auf Grund einer Befristung auslaufende Arbeitsverhältnis eines BR-Mitglieds auch befristet für die Dauer der noch verbleibenden Amtszeit – nicht kürzer – verlängert werden, wenn dies zur Sicherung der personellen Kontinuität der BR-Arbeit geeignet und erforderlich ist. Gebilligt wurde ebenfalls die Beendigung des Arbeitsverhältnisses eines BR-Mitglieds durch auflösende Bedingung. Das auflösend bedingt beschäftigte BR-Mitglied hätte nur dann keinen 18

37 *Fitting*, § 7 Rn. 36: jedenfalls solange die Zustimmung des BR nicht rkr. arbeitsgerichtlich ersetzt ist; vgl. § 7 Rn. 14.

38 *BAG* 10. 11. 04 – 7 ABR 12/04, AuR 05, 237; vgl. § 8 Rn. 25.

39 *BAG* 25. 10. 00 – 7 ABR 18/0, AuR 00, 464 zur Mitgliedschaft im AR; 16. 4. 03 – 7 ABR 53/02, AuR 04, 109 mit Anm. *Däubler*.

40 Zum Verlust der Mitgliedschaft eines AN im PR *BVerwG* 15. 5. 02 – 6 P 8/01, ZBR 03, 168; vgl. auch § 7 Rn. 12, § 8 Rn. 22.

41 St. Rspr. seit *BAG* 28. 9. 61, AP Nr. 1 zu § 1 KSchG personenbedingte Kündigung: GK-*Oetker*, Rn. 21; § 8 Abs. 1 ATG, § 41 Satz 1 SGB VI.

42 *BAG* 5. 3. 13 – 1 AZR 417/12, AuR 2013, 186, 417; kritisch *Pionteck*, AuR 20, 254.

43 Der *EuGH* hat auf Vorlage des *LAG Bremen* 23. 11. 16 – 3 Sa 78/16, AuR 17, 217, die Vereinbarkeit dieser Bestimmung mit Art. 2 der RL 2000/78/EG, Altersdiskriminierung, durch Urteil 28. 2. 18 – C-46/17, ZESAR 18, 497, bestätigt; zu tariflichen Altersgrenzen als besondere Form der Befristung unter Berücksichtigung europäischen Gleichbehandlungsrechts ausführlich Kempen/Zachert-*Buschmann*, § 1 Rn. 651 ff.

44 *BAG* 12. 12. 68, AP Nr. 6 zu § 24 BetrVG, ausdrücklich aufgegeben durch Urt. 20. 12. 84, AP Nr. 9 zu § 620 BGB Bedingung.

45 *BAG* 5. 12. 12 – 7 AZR 698/11, BB 13, 819.

46 *BAG* 8. 6. 16 – 7 AZR 467/14, AuR 16, 472; 23. 1. 02 – 7 AZR 611/00, AuR 03, 389 mit Anm. *Pauli*..

ausreichenden Schutz und keine ausreichenden Sicherheiten, wenn die Beendigung seines Arbeitsvertrags wegen seiner Amtstätigkeit erfolgen könnte. Dem unionsrechtlich gebotenen Schutz eines BR-Mitglieds vor einer im Zusammenhang mit einer auflösenden Bedingung stehenden Benachteiligung könne durch § 78 Satz 2 BetrVG – ggf. i. V. m. § 280 Abs. 1, § 823 Abs. 2 BGB und § 162 Abs. 2 BGB – Rechnung getragen werden.[47] Für BR-Mitglieder in einem befristeten Ausbildungsverhältnis gilt § 78a. Die erfolgreiche **Anfechtung** und die Berufung auf die **Nichtigkeit** des Arbeitsvertrages wirken grundsätzlich nur für die Zukunft, nicht dagegen rückwirkend.[48] Erst dann endet auch das Mandat als BR-Mitglied.

19 Wird das Arbeitsverhältnis eines aus dem Betrieb ausgeschiedenen BR-Mitglieds zu einem späteren Zeitpunkt wieder neu begründet, lebt das erloschene BR-Amt dadurch nicht wieder auf. Dies gilt selbst, wenn die spätere **Wiedereinstellung** von vornherein in Aussicht genommen und zugesichert war.[49] Dagegen kommt es nicht zu einer Beendigung, wenn sich AG und BR-Mitglied vor Ablauf der Kündigungsfrist auf eine Fortsetzung des Arbeitsverhältnisses einigen[50] oder das Arbeitsverhältnis lediglich ruhte oder wenn ein rechtswirksam beendetes Arbeitsverhältnis mit Wissen des AG nahtlos fortgesetzt wird bzw. dieser nicht gem. § 625 BGB unverzüglich widerspricht.[51]

Keine Beendigungsgründe sind:

20 **aa)** Die Ableistung von **Freiwilligendiensten, Zivil- oder Katastrophenschutz,** Kriegs-/Wehrdienst, sofern der AN nicht endgültig ausscheidet. In diesen Fällen ruht das Arbeitsverhältnis (vgl. § 1 ArbPlSchG, § 78 ZDG). Das BR-Mitglied ist an der Ausübung seines Amtes zeitweilig verhindert, so dass für die Zeit der Verhinderung ein Ersatzmitglied nachrückt.[52] Finden in der Zeit der Verhinderung BR-Wahlen statt, haben die betr. BR-Mitglieder aktives und passives Wahlrecht.[53] Entsprechendes gilt bei **Beschäftigungsverboten** bzw. Freistellungen nach dem **MuSchG, Elternzeit** nach dem BEEG[54] oder sonstigen Unterbrechungen wie befristete volle Erwerbsminderungsrente,[55] (lang anhaltende) Krankheit[56] oder **Sonderurlaub.**[57] Ein BR-Mitglied ist während der Elternzeit grds. nicht an der Ausübung seines BR-Amts i. S. v. § 25 Abs. 1 Satz 2 zeitweilig verhindert.[58]

21 **bb)** Die bloße **Veräußerung** eines Betriebs hat keine Auswirkungen auf die Mitgliedschaft im BR, da nach § 613a BGB die im Zeitpunkt des Betriebsübergangs bestehenden Arbeitsverhältnisse kraft Gesetzes auf den neuen Betriebsinhaber übergehen, sofern der AN nicht widerspricht. Der BR[59] und das einzelne Mandat bleiben ebenso bestehen wie bei anderen Formen des Betriebsinhaberwechsels.[60] Zu UN-Teilungen und Betriebsaufspaltungen vgl. §§ 21a, b.

22 Wird nur ein **Betriebsteil veräußert,** scheiden die dort beschäftigten BR-Mitglieder auch dann nicht aus dem für den nicht veräußerten Betriebsteil fortbestehenden BR aus, wenn infolge des Betriebsübergangs nach § 613a BGB die Arbeitsverhältnisse auf den Erwerber übergehen, der Betrieb jedoch als gemeinsamer Betrieb i. S. d. § 1 Abs. 2 weitergeführt wird und/oder wenn die betr. BR-Mitglieder dem Übergang des Arbeitsverhältnisses auf den Erwerber gem. § 613a

---

47 *BAG* 20.6.18 – 7 AZR 690/16, AP Nr. 13 zu § 21 TzBfG.
48 GK-*Oetker,* Rn. 24; *Fitting,* Rn. 21.
49 *BAG,* AP Nr. 6 zu § 15 KSchG 1969; *Fitting,* Rn. 23; ErfK-*Koch,* Rn. 5; Richardi-*Thüsing,* Rn. 20; *HWGNRH,* Rn. 21.
50 *LAG Düsseldorf* 15.4.11 – 6 Sa 857/10, AuR 11, 368.
51 *LAG Hamm* 14.10.04 – 4 Sa 1102/04, FA 05, 218.
52 Ebenso *Fitting,* Rn. 13; vgl. auch *SWS,* Rn. 4.
53 Vgl. auch *BAG* 29.3.74, AP Nr. 2 zu § 19 BetrVG 1972.
54 *BAG* 25.5.05 – 7 ABR 45/04, AuR 05, 385.
55 *Thüringer LAG* 29.6.21 – 1 TaBVGa 1/21, FA 21, 314.
56 Ob das BR-Mitglied Arbeitsentgelt oder Krankengeld bezieht, ist betriebsverfassungsrechtlich irrelevant.
57 *Fitting,* a.a.O.; GK-*Oetker,* Rn. 44; *SWS,* a.a.O.; zur zeitweiligen Verhinderung § 25 Rn. 14 ff.
58 *BAG* 30.6.21 – 7 ABR 24/20, AuR 21, 528; 25. 5. 05 – 7 ABR 45/04, AuR 05, 385; GK-*Oetker* § 25, Rn. 21.
59 *BAG* 11.10.95 – 7 ABR 17/95, AuR 96, 149.
60 Ebenso zum österreichischen Recht *OGH Wien* 26.1.06, DRdA 07, 388.

Abs. 6 BGB widersprechen. In diesem Fall bleiben sie Mitglied des für den nicht veräußerten Betriebsteil fortbestehenden BR.[61]

cc) Die Beendigung des Arbeitsverhältnisses hat keinen Verlust der Mitgliedschaft im BR zur Folge, wenn der BR noch ein **Restmandat** wahrnimmt.[62] Die Beendigung des Arbeitsverhältnisses infolge einer Spaltung hat ferner keine Auswirkungen auf die Mitgliedschaft im BR, solange dieser im Rahmen eines **Übergangsmandats** für einen ausgegliederten und auf einen neuen Inhaber übergegangenen Betrieb oder Betriebsteil zuständig bleibt. § 21a ist insofern lex specialis zu § 24.[63] 23

dd) Die Eröffnung eines **Insolvenzverfahrens** über das Vermögen des AG hat auf den Bestand der Arbeitsverhältnisse keinen unmittelbaren Einfluss. Die Mitgliedschaft im BR bleibt deshalb auch während des Insolvenzverfahrens bis zur Auflösung des Betriebs bestehen.[64] Der Insolvenzverwalter tritt in die Rechte und Pflichten des AG ein und hat gegenüber dem BR die Mitwirkungs- und Mitbestimmungsrechte zu beachten.[65] 24

ee) Durch **Streik und Aussperrung** werden die Rechte und Pflichten aus dem Arbeitsverhältnis nur zeitweilig suspendiert, so dass die Mitgliedschaft im BR erhalten bleibt.[66] Während eines Arbeitskampfes behält der BR grundsätzlich seine Funktionsfähigkeit.[67] 25

4. Verlust der Wählbarkeit (Nr. 4)

Der nachträgliche Verlust der Wählbarkeit (§ 8) führt am gleichen Tag zur Beendigung des BR-Amtes, ohne dass es einer besonderen gerichtlichen Feststellung bedarf. Die Beendigung des Arbeitsverhältnisses nach Nr. 3 ist ein Unterfall von Nr. 4.[68] Sie beendet die Mitgliedschaft deshalb nur, wenn dadurch gleichzeitig der Verlust der Wählbarkeit eintritt. In Betracht kommen z. B.: 26

- Ausscheiden aus der Belegschaft des Betriebs; 27
- Verlust der AN-Eigenschaft i. S. d. § 5 Abs. 1, § 6, z. B. durch Eheschließung, Aufnahme einer eingetragenen gleichgeschlechtlichen Partnerschaft mit dem AG,[69] Beförderung zum lt. Angestellten;
- Entmündigung, Anordnung der vorläufigen Vormundschaft, Anordnung der Pflegschaft wegen geistiger Gebrechen, Aberkennung der Wählbarkeit oder der Fähigkeit, Rechte aus öffentlichen Wahlen zu erlangen, durch gerichtliche Entscheidung.[70]

Wird das BR-Mitglied nicht nur vorübergehend mit seinen gesamten Arbeitsaufgaben in einen **anderen Betrieb** des UN oder Konzerns **versetzt,** endet die Mitgliedschaft im BR des alten Betriebs.[71] Ist das BR-Mitglied mit der Versetzung nicht einverstanden, bedarf die Versetzung nach § 103 Abs. 3 der Zustimmung des abgebenden BR. Die Zustimmung des aufnehmenden BR ist auch bei Einverständnis des BR-Mitglieds erforderlich (vgl. § 99 Rn. 15 ff.). Die Versetzung darf keine nach § 78 verbotene Störung der BR-Arbeit darstellen.[72] Der Verlust der BR-Mitgliedschaft nach dieser Vorschrift setzt voraus, dass die Versetzung endgültig, vollständig und wirksam ist. Das ist nicht der Fall, solange die o. g. notwendigen Zustimmungen der bet. BR nicht vorliegen bzw. rkr. arbeitsgerichtlich ersetzt sind. Auch bei gegebener Zustimmung der BR kann die Versetzung individualrechtlich unwirksam sein, wenn der AN ihr nicht zu- 28

61 Ebenso *BAG* 15. 2. 07 – 8 AZR 310/06, AuR 07, 324 zum Betriebsübergang innerhalb eines Gemeinschaftsbetriebs, dem das BR-Mitglied widersprochen hatte; GK-*Oetker*, Rn. 47.
62 *BAG* 5. 5. 10 – 7 AZR 728/08, AuR 10, 275, 394.
63 Ebenso *Fitting*, § 21a, Rn. 16; Richardi-*Thüsing*, Rn. 23; *Gragert*, NZA 04, 290; a. A. GK-*Oetker*, Rn. 48.
64 *Fitting*, Rn. 30; GK-*Oetker*, Rn. 49.
65 *BAG* 17. 9. 74, AP Nr. 1 zu § 113 BetrVG 1972; vgl. auch § 21b Rn. 10.
66 *BAG* 25. 10. 88, AP Nr. 110 zu Art. 9 GG Arbeitskampf; *Fitting*, Rn. 24; *SWS*, Rn. 4.
67 *BAG* 22. 12. 80, 14. 2. 78, AP Nrn. 57, 58, 60 und 71 zu Art. 9 GG Arbeitskampf; 6. 3. 79, AP Nr. 20 zu § 102 BetrVG 1972; 25. 10. 88, a. a. O.; vgl. im Übrigen § 74 Rn. 21 ff.
68 Richardi-*Thüsing*, Rn. 12; GK-*Oetker*, Rn. 22.
69 Vgl. AuR 01, 138.
70 Richardi-*Thüsing*, Rn. 25 f.; *Fitting*, Rn. 32; GK-*Oetker*, Rn. 61.
71 ErfK-*Koch*, Rn. 6; *Fitting*, Rn. 34.
72 *LAG Hamm*, 11. 1. 89, DB 89, 1732; *Löwisch/Kaiser*, Rn. 7.

gestimmt hat. Eine Änderungskündigung ist nach § 15 KSchG nur in den dort beschriebenen Ausnahmefällen möglich. Eine einseitige Versetzung, gestützt auf einen arbeitsvertraglichen Versetzungsvorbehalt bzw. Direktionsrecht des AG, setzt voraus, dass der AG die Grenzen billigen Ermessens nach § 315 BGB eingehalten hat. Nach der gesetzlichen Wertung des § 103 Abs. 3 Satz 2 ist auch diese Versetzung nur wirksam, wenn sie unter Berücksichtigung der betriebsverfassungsrechtlichen Stellung des betroffenen AN aus dringenden betrieblichen Gründen notwendig ist.[73] Bei vorübergehenden **Abordnungen** bleiben Arbeitsverhältnis und Mitgliedschaft im BR ebenso bestehen wie bei einer **Unterbrechung**[74] oder **Suspendierung.**[75] Abordnungen bis zu 3 Monaten sind generell vorübergehend (vgl. auch § 7 Satz 2), u. U. auch länger, solange die Voraussetzungen des § 8 erfüllt bleiben. Das ist auch der Fall, wenn das BR-Mitglied seine Arbeitszeit reduziert oder für einen Teil seiner Aufgaben in einem anderen Betrieb tätig werden soll, zu einem (geringen) Teil aber im Betrieb verbleibt.[76] Der Erwerb der Wählbarkeit in einem anderen Betrieb führt nicht zu einem Verlust i. S. dieser Vorschrift.

29 Die Mitgliedschaft im BR kann enden, wenn der Betriebsteil, in dem das BR-Mitglied beschäftigt ist, aus dem **Betrieb organisatorisch ausgegliedert** wird, und zwar unabhängig davon, ob er mit einem **anderen Betrieb zusammengeschlossen** oder als selbstständiger Betrieb organisiert wird. Zur **Verhinderung von Manipulationen** gilt dies jedoch nur, wenn die betriebliche Umstrukturierung dauerhaft und offenkundig ist. Andernfalls könnte ein AG durch bloße Zuständigkeitsveränderungen die Mandate unliebsamer BR-Mitglieder einseitig beenden (vgl. auch § 21a Rn. 26 ff. m. w. N. zur Rspr.). Derartige Veränderungen unterliegen regelmäßig der Mitbestimmung nach § 111. In entspr. Anwendung des § 15 Abs. 5 KSchG ist weiterhin Voraussetzung, dass aus betrieblichen Gründen keine Möglichkeit besteht, das BR-Mitglied in einem nicht ausgelagerten Teil des Betriebs weiter zu beschäftigen.[77] Schließlich bleibt das Amt des BR-Mitglieds erhalten, wenn dieses einem Betriebsübergang widerspricht.[78] Zum Übergangsmandat und Restmandat vgl. §§ 21a, 21b. Bleibt bei einer **Spaltung bzw. Zusammenfassung von UN** der Betrieb (Gemeinschaftsbetrieb), dann mehrerer UN, erhalten, hat diese unternehmerische Maßnahme keine Auswirkungen auf das BR-Amt (vgl. § 1 Abs. 2).

30 Fehlte die Wählbarkeit schon im Zeitpunkt der Wahl, kann dieser Mangel nur durch rechtzeitige Wahlanfechtung (vgl. § 19 Rn. 10) oder nach Ablauf der Anfechtungsfrist in einem gesonderten gerichtlichen Verfahren zur Feststellung der Nichtwählbarkeit gemäß Nr. 6 geltend gemacht werden.[79]

5. Ausschluss aus dem Betriebsrat oder Auflösung des Betriebsrats auf Grund einer gerichtlichen Entscheidung (Nr. 5)

31 Bei Ausschluss eines BR-Mitglieds aus dem BR oder Auflösung des gesamten BR gemäß § 23 Abs. 1 durch rkr. arbeitsgerichtlichen Beschluss endet die Mitgliedschaft mit **Rechtskraft der Entscheidung** (vgl. § 23 Rn. 96 ff.). Die Rechtskraft eines entsprechenden Beschlusses eines LAG, das keine Rechtsbeschwerde zugelassen hat, tritt erst mit Ablauf der Frist für die Einlegung der Nichtzulassungsbeschwerde bzw. mit Ablauf des NZB-Verfahrens ein, sofern auf deren Einlegung nicht verzichtet wird.[80] Die vorläufige Amtsenthebung eines BR-Mitglieds im Wege einer einstweiligen Verfügung ist daher grundsätzlich ausgeschlossen.[81] Nach Neuwahl kann das BR-Mitglied nicht wegen einer in der abgelaufenen Amtszeit begangenen Pflichtverletzung ausgeschlossen werden.[82] Gleiches gilt für Anträge auf Auflösung.

---

73 Vgl. auch § 21a Rn. 26.
74 *HWGNRH*, Rn. 20.
75 ErfK-*Koch*, Rn. 6; *GL*, Rn. 23; vgl. auch *SWS*, Rn. 4; vgl. ferner Rn. 20.
76 *LAG Hamm* 16. 3. 12 – 13 TaBV 48/11, NZB 7 ABN 55/12 zurückgewiesen, juris.
77 *BAG* 13. 8. 92 – 2 AZR 22/92, NZA 93, 224; *Fitting*, a. a. O.; a. A. *GL*, Rn. 25; GK-*Oetker*, a. a. O.
78 WPK-*Wlotzke*, Rn. 7.
79 *Fitting*, Rn. 31.
80 *LAG Hamm* 5. 2. 77, BB 78, 715; *Fitting*, Rn. 39.
81 *LAG Nürnberg* 25. 2. 16 – 7 TaBVGa 4/15, AuR 16, 379.
82 *BAG* 27. 7. 16 – 7 ABR 14/15, AP Nr. 50 zu § 23 BetrVG 1972.

6. Nachträgliche Feststellung der Nichtwählbarkeit (Nr. 6)

Anders als bei Nr. 4 bezieht sich die gerichtliche Feststellung der Nichtwählbarkeit auf den Zeitpunkt der Wahl. Sie kann auch nach Ablauf der Anfechtungsfrist nach § 19 Abs. 2 beantragt werden.[83] Verneint das Gericht die Wählbarkeit i. S. d. § 8, endet die Mitgliedschaft. Das gilt aber nicht, wenn der Mangel bis zur rkr. Entscheidung behoben wird, z. B. dadurch, dass das betreffende BR-Mitglied zwischenzeitlich das 18. Lebensjahr vollendet oder dem Betrieb 6 Monate angehört.[84] In diesem Fall behält das gewählte BR-Mitglied auch seinen besonderen Kündigungsschutz. Eine analoge Anwendung auf die Kündigung von Wahlbewerbern lehnt das *BAG* a. a. O. ab. 32

Die entsprechende gerichtliche Feststellung ist unzulässig, wenn wegen der Nichtwählbarkeit des BR-Mitglieds bereits ein **Wahlanfechtungsverfahren** anhängig ist oder durchgeführt wurde, das keinen Erfolg hatte,[85] es sei denn, das Anfechtungsverfahren wurde aus anderen Gründen eingestellt.[86] Das Feststellungsverfahren ist gegenüber der Wahlanfechtung subsidiär.[87] 33

Die gerichtliche Feststellung erfolgt nur auf besonderen **Antrag** gegen das betr. BR-Mitglied als Antragsgegner im Beschlussverfahren. Eine Entscheidung als Vorfrage, etwa in einem Urteilsverfahren reicht nicht aus. **Antragsberechtigt** sind die nach § 19 zur Anfechtung der Wahl Berechtigten.[88] 34

Mit rkr. Feststellung der Nichtwählbarkeit erlischt die Mitgliedschaft im BR für die **Zukunft.** Beschlüsse, an denen das BR-Mitglied zuvor mitgewirkt hat, bleiben wirksam.[89] Bis zur Rechtskraft behält das BR-Mitglied den besonderen Kündigungsschutz, so dass eine vorher ausgesprochene Kündigung unwirksam ist.[90] 35

III. Rechtsfolgen des Erlöschens der Mitgliedschaft

In den Fällen der Nrn. 1–6 enden **mit Wirkung für die Zukunft** mit der Mitgliedschaft im BR gleichzeitig alle Funktionen und Ämter innerhalb des BR und die Ämter, die notwendigerweise an die BR-Mitgliedschaft geknüpft sind, so die Mitgliedschaft im GBR und/oder KBR. Im WA endet die Mitgliedschaft, wenn es sich um das notwendige BR-Mitglied i. S. d. § 107 Abs. 1 handelt. Nicht zwangsläufig erlöschen die Ämter des BR-Mitglieds als Beisitzer einer ESt., als AN-Vertreter im AR[91] oder im EBR; Musterbeschluss in DKWF-*Buschmann*, § 24 Rn. 4. Ist das ehemalige BR-Mitglied weiterhin in einem laufenden ESt-Verfahren tätig, hat es die Stellung eines außerbetrieblichen Beisitzers, vgl. § 76a Rn. 20. 36

Der **Fortbestand des BR in seiner Gesamtheit** wird durch die Beendigung der Mitgliedschaft eines oder mehrerer Mitglieder nicht betroffen. Dies gilt auch, wenn der BR nur aus einer Person besteht, sofern noch das Ersatzmitglied vorhanden ist. 37

Mit dem Erlöschen der Mitgliedschaft enden alle Rechte aus der Amtsstellung. Das ehemalige BR-Mitglied verliert den besonderen **Kündigungsschutz** nach § 103 und § 15 Abs. 1 Satz 1 KSchG. Es behält den nachwirkenden Kündigungsschutz nach § 15 Abs. 1 Satz 2 KSchG.[92] Dieser ist nicht auf die Beendigung der Amtszeit des BR als Kollegialorgan beschränkt, sondern erfasst auch die Beendigung der einzelnen Mitgliedschaft.[93] Dies gilt nicht, wenn die Beendigung der Mitgliedschaft auf einer gerichtlichen Entscheidung beruht (vgl. § 15 Abs. 1 [letzter Halbsatz] KSchG). Wörtlich wären dies Nrn. 5 und 6 (Ausschluss oder Auflösung bzw. Fest- 38

83 *BAG* 11.4.58, AP Nr. 1 zu § 6 BetrVG; *Fitting*, Rn. 40; *GL*, Rn. 32.
84 *BAG* 7.7.54, AP Nr. 1 zu § 24 BetrVG; 26.9.96 – 2 AZR 528/95, AuR 97, 217; 10.10.12 – 7 ABR 53/11, AuR 13, 100, zu Beschäftigungszeiten als Leiharbeiter; Richardi-*Thüsing*, Rn. 32.
85 Richardi-*Thüsing*, Rn. 33; GK-*Oetker*, Rn. 68.
86 *Fitting*, Rn. 43.
87 GK-*Kreutz* § 24 Rn. 32; *HessLAG* 30.7.15 – 9 TaBV 230/14, Rn. 34, juris.
88 Vgl. § 19 Rn. 23ff.; *BAG* 11.3.75, AP Nr. 1 zu § 24 BetrVG 1972; *Fitting*, Rn. 41; *GL*, Rn. 33.
89 ErfK-*Koch*, Rn. 8; *Fitting*, Rn. 45; GK-*Oetker*, Rn. 72; *HWGNRH*, Rn. 34.
90 *BAG* 29.9.83, AP Nr. 15 zu § 15 KSchG 1969; *ArbG Passau* 9.12.13 –.
91 Richardi-*Thüsing*, Rn. 35; *Fitting*, Rn. 46; GK-*Oetker*, Rn. 73.
92 Vgl. ErfK-*Koch*, Rn. 8; *Fitting*, Rn. 47; GK-*Oetker*, Rn. 74; *Barwasser*, AuR 77, 74; *Matthes*, DB 80, 1169; a. A. *HWGNRH*, Rn. 35.
93 *BAG* 5.7.79, AP Nr. 6 zu § 15 KSchG 1969; GK-*Oetker*, Rn. 75.

stellung der Nichtwählbarkeit), während *Oetker*[94] unter Berufung auf die amtliche Begründung zutreffend nur Auflösung und Ausschluss, d. h. Nr. 5 unter diese Ausnahme fasst. Für letztere Auffassung sprechen ferner die Schutzwürdigkeit und die Sicherung der unbefangenen Amtsausübung des betr. AN, der bis zur rkr. Entscheidung BR-Mitglied war.[95] Außerdem bestehen die Rechte aus §§ 37 Abs. 4 und 5 sowie 38 Abs. 3 und 4 fort.[96] Zum besonderen Schutz nach der Betriebsübergangsrichtlinie, auch zu § 103, vgl. § 21a Rn. 18 ff.

IV. Geschlechtsumwandlung

39 Bis 2001 regelte Abs. 2, dass ein BR-Mitglied bei Wechsel der Gruppenzugehörigkeit Vertreter der Gruppe blieb, für die es gewählt war. Nachdem das Gruppenprinzip teilweise durch eine **Minderheitenquote** (§ 15 Abs. 2) ersetzt wurde, gilt das Gleiche für den Fall der Geschlechtsumwandlung. Zweifellos hat der Wechsel der Geschlechtszugehörigkeit gravierendere Folgen als früher der Wechsel der Gruppenzugehörigkeit, aber nicht in der Betriebsverfassung. Dies würde auch gegen Art. 5 Abs. 1 der Gleichstellungs-RL 76/207 bzw. Art. 14 der RL 2006/54/EG verstoßen.[97] Dies gilt auch für Transsexuelle.[98] Zu Ersatzmitgliedern vgl. § 25 Rn. 30.

V. Streitigkeiten

40 Bei Streitigkeiten zwischen AG und einem BR-Mitglied, ob die Mitgliedschaft im BR erloschen ist, entscheiden die **ArbG im Beschlussverfahren** (§§ 2a, 80 ff. ArbGG). Beschlüsse nach Abs. 1 Nrn. 5 und 6 wirken rechtsgestaltend und werden erst mit Rechtskraft wirksam.[99] Entscheidungen nach Abs. 1 Nrn. 1–4 haben Feststellungscharakter i. S. d. § 256 Abs. 1 ZPO[100] und können auch incidenter als Vorfrage in einem Urteils-, z. B. Kündigungsschutzverfahren oder einer Lohnstreitigkeit, getroffen werden.[101] In einem einstweiligen Verfügungsverfahren auf Duldung der BR-Tätigkeit ist ein Einwand der AG, das BR-Amt des Antragstellers sei gem. § 24 Nr. 3 BetrVG erloschen, grds. nicht zu berücksichtigen.[102] Scheidet das betr. BR-Mitglied vor der rkr. Entscheidung aus dem BR aus, entfällt das Rechtsschutzinteresse.[103] Ein Antrag nach § 103 Abs. 2 auf Ersetzung der Zustimmung des BR zur fristlosen Entlassung eines BR-Mitglieds bzw. nach § 23 Abs. 1 auf Ausschluss aus dem BR wird gegenstandslos und ist, wird er trotz Erledigung aufrechterhalten, als unzulässig abzuweisen.[104]

§ 25 Ersatzmitglieder

(1) Scheidet ein Mitglied des Betriebsrats aus, so rückt ein Ersatzmitglied nach. Dies gilt entsprechend für die Stellvertretung eines zeitweilig verhinderten Mitglieds des Betriebsrats.
(2) Die Ersatzmitglieder werden unter Berücksichtigung des § 15 Abs. 2 der Reihe nach aus den nichtgewählten Arbeitnehmern derjenigen Vorschlagslisten entnommen, denen die zu ersetzenden Mitglieder angehören. Ist eine Vorschlagsliste erschöpft, so ist das Ersatzmitglied derjenigen Vorschlagsliste zu entnehmen, auf die nach den Grundsätzen der Verhältniswahl der nächste Sitz entfallen würde. Ist das ausgeschiedene oder verhinderte

---

94 *Oetker*, Rn. 74 m. w. N.; ebenso HaKo-*Düwell*, Rn. 27; zweifelnd auch DDZ-*Deinert*, § 15 KSchG, Rn. 56.
95 *Oetker*, a. a. O.
96 *Fitting*, a. a. O.
97 St. Rspr. des *EuGH*, vgl. nur 30. 4. 96 – C-13/94, NZA 96, 695.
98 *EuGH* 27. 4. 06 – C-423/04, AuR 06, 216; *BVerfG* 6. 12. 05 – 1 BvL 3/03, JZ 06, 513; Däubler/Bertzbach-*Däubler*, § 1 AGG Rn. 48 m. w. N.
99 *BAG* 29. 9. 83, AP Nr. 15 zu § 15 KSchG.
100 *BAG* 17. 2. 10 – 7 ABR 51/08, AuR 10, 346.
101 *Fitting*, Rn. 48.
102 Vgl. *LAG Köln* 18. 7. 19 – 6 TaBVGa 3/19: nur bei überwiegender Wahrscheinlichkeit für das Unterliegen des BR im Bestandsschutzstreit.
103 *BAG* 11. 3. 75, AP Nr. 1 zu § 24 BetrVG 1972; GK-*Oetker*, Rn. 72.
104 *BAG* 27. 6. 02 – 2 ABR 22/01, EzA BetrVG 1972 § 103 Nr. 43.

Mitglied nach den Grundsätzen der Mehrheitswahl gewählt, so bestimmt sich die Reihenfolge der Ersatzmitglieder unter Berücksichtigung des § 15 Abs. 2 nach der Höhe der erreichten Stimmenzahlen.

Inhaltsübersicht Rn.

I. Vorbemerkungen

Die Vorschrift regelt das Nachrücken von Ersatzmitgliedern für zeitweilig verhinderte oder endgültig ausgeschiedene BR-Mitglieder. Sie dient der Wahrung der Kontinuität[1] der Arbeit des BR und seiner Beschlussfähigkeit (vgl. § 33 Abs. 2). 1

Die Vorschrift gilt auch für **Bordvertretung, See-BR** (vgl. § 115 Abs. 3, § 116 Abs. 2), **JAV** (vgl. § 65 Abs. 1). Für Ersatzmitglieder im **GBR, KBR, GJAV** und **KJAV** gelten § 47 Abs. 3, § 55 Abs. 2, § 72 Abs. 3 und § 73a Abs. 2 Satz 2. Für eine **tarifliche Sondervertretung** nach § 3 Abs. 1 Nr. 3 gilt die Vorschrift entspr., sofern der TV keine abweichende Regelung enthält.[2] Für **zusätzliche betriebsverfassungsrechtliche Gremien und Vertretungen** nach § 3 Abs. 1 Nr. 4 und 5 kann der TV entspr. Regelungen vorsehen,[3] die die Minderheitenquote berücksichtigen können, aber nicht müssen. Für **Ausschüsse des BR,** einschließlich **WA,** gilt die Vorschrift nicht unmittelbar.[4] Ein Nachrücken von Ersatzmitgliedern entspr. dieser Vorschrift kommt auch nicht in Betracht, wenn der BR beschließt, die Zahl von Ausschussmitgliedern während seiner Amtszeit zu erhöhen.[5] Dies schließt nicht aus, dass der BR für seine Ausschüsse Ersatzmitglieder vorsieht. Dies ist zulässig und vielfach zweckmäßig.[6] Wie die Bestellung der Ersatzmitglieder für die Ausschüsse des BR erfolgt und wie die Reihenfolge der Vertretung festgelegt wird, bestimmt der BR ggf. in seiner Geschäftsordnung (vgl. hierzu § 27 Rn. 11, 23 f., § 107 Rn. 27). Zur Bestellung von Ersatzmitgliedern des WV vgl. § 16 Rn. 16, zu Freistellungen vgl. § 38 Rn. 59 ff.; zu EBR vgl. § 22 Abs. 1 EBRG; zur Personalvertretung vgl. § 33 BPersVG. Nach § 177 Abs. 1 Satz 1 SGB IX vertritt das stv. Mitglied der Schwerbehindertenvertretung die Vertrauensperson »im Falle der Verhinderung«. Die zuvor geltende Einschränkung: »durch Abwesenheit oder Wahrnehmung anderer Aufgaben« wurde mit dem Bundesteilhabegesetz 2016 gestrichen. § 179 Abs. 3 S. 2 SGB IX verweist bzgl. deren persönlichen Rechtsstellung auf »Ersatzmitglieder des BR/PR, Staatsanwalts- oder Richterrates«.[7] In Betrieben und Dienststellen mit i. d. R. mehr als 100 und sodann weiteren 100 beschäftigten schwb. Menschen kann die Schwerbehindertenvertretung nach § 178 Abs. 1 Satz 4–6 SGB IX jeweils stv. Mitglieder, im Einzelfall also auch mehr als 2, zu bestimmten Aufgaben heranziehen. Für diese besteht 2

1 *Ricken*, Kontinuität des BR als Strukturprinzip der Betriebsverfassung, in 100 Jahre Betriebsverfassungsrecht, 2020, S. 629 ff.

2 *Fitting*, Rn. 2.

3 *Fitting*, a. a. O.

4 *ArbG Saarlouis*, 18. 9. 96 – 1 BV 3/96, AuR 96, 506; zum GBA vgl. § 51 Rn. 23; nach *LAG Düsseldorf* 8. 5. 12 – 16 TaBV 96/11, juris, gilt § 25 Abs. 1 S. 1 analog.

5 *BAG* 16. 3. 05 – 7 ABR 43/04, AuR 05, 385 zum Personalausschuss.

6 Ausdrücklich für WA *HWGNRH*, Rn. 3.

7 Zu Änderungen infolge des Bundesteilhabegesetzes *Kleinebrink*, DB 17, 126; *Kohte/Liebsch*, AuR 19, 4.

nach § 179 Abs. 4 Satz 3 SGB IX Anspruch auf Teilnahme an erforderlichen Schulungs- und Bildungsveranstaltungen.

II. Voraussetzungen des Nachrückens

1. Allgemeine Grundsätze

3 **Nicht gewählte Wahlbewerber** sind **Ersatzmitglieder.** Nach *LAG Düsseldorf*[8] gilt dies nur für AN, die bei der BR-Wahl mindestens eine Stimme erhalten haben, was sich demokratietheoretisch begründen lässt, aber im Gesetz keinen Niederschlag gefunden hat. Sie haben eine **Anwartschaft** darauf, bei vorübergehender Verhinderung eines BR-Mitglieds zeitweilig oder bei vorzeitigem Ausscheiden für den Rest der Amtszeit des BR kraft Gesetzes die Stellung eines BR-Mitglieds einzunehmen. In diesem Fall sind sie vollwertige BR-Mitglieder mit allen sich aus dieser Stellung ergebenden **Rechten und Pflichten.**[9] Zur Möglichkeit der Teilnahme von regelmäßig eintretenden Ersatzmitgliedern an BR-Sitzungen vgl. § 30 Rn. 11. Das Ersatzmitglied tritt nur in den BR ein. Die Stellvertretung erstreckt sich **nicht auf Ämter und Funktionen,** die das ausgeschiedene oder zeitweilig verhinderte BR-Mitglied innehat, wie z. B. Freistellung nach § 38, Mitglied des Betriebsausschusses oder des GBR.[10] Dem zeitweilig verhinderten BR-Mitglied bleiben diese Funktionen erhalten. Zur **Ersatzfreistellung** für die Dauer der Verhinderung eines freigestellten BR-Mitglieds, z. B. durch Urlaub oder Krankheit, vgl. § 38 Rn. 23. Scheidet ein in Verhältniswahl in die Freistellung gewähltes BR-Mitglieds aus, wendet das *BAG*[11] Abs. 2 Satz 1 BetrVG analog an. Danach ist das ersatzweise freizustellende Mitglied derjenigen Vorschlagsliste zu entnehmen, der das zu ersetzende Mitglied angehörte. Ist diese Vorschlagsliste erschöpft, ist das Ersatzmitglied nach den Grundsätzen der Mehrheitswahl zu wählen. Das ersatzweise freizustellende BR-Mitglied ist nach dieser Rspr. nicht in analoger Anwendung von § 25 Abs. 2 Satz 2 BetrVG der Vorschlagsliste zu entnehmen, auf die bei der ursprünglichen Freistellungswahl die nächste Höchstzahl entfallen wäre.

4 Ist das **Ersatzmitglied** ebenfalls **verhindert,** wird es vom nächstzuständigen Ersatzmitglied vertreten, solange die Verhinderung andauert.[12] Während der Dauer der Verhinderung haben beide Ersatzmitglieder den besonderen Kündigungsschutz nach § 103, § 15 KSchG.[13]

5 Die Ersatzmitglieder rücken – ggf. unter **Berücksichtigung der Mindestquote** – in der sich aus der Vorschlagsliste (bei Verhältniswahl) bzw. der erreichten Stimmenzahl (bei Mehrheitswahl) ergebenden **Reihenfolge** für verhinderte oder ausgeschiedene BR-Mitglieder in den BR nach (vgl. Rn. 28 ff.). Diese sich aus der Vorschlagsliste bzw. der erreichten Stimmenzahl ergebende Reihenfolge ist zwingend mit der Maßgabe, dass das »erste« Ersatzmitglied stets vor dem nachfolgenden anstelle verhinderter oder ausgeschiedener BR-Mitglieder dem BR angehört.[14]

> **Beispiel:**
> Alle BR- und Ersatzmitglieder gehören derselben Liste an. Das erste Ersatzmitglied vertritt das (zuerst verhinderte) BR-Mitglied A. Nachdem auch das erste Ersatzmitglied verhindert ist, wird dieses durch das zweite Ersatzmitglied vertreten. Sodann scheidet das BR-Mitglied B aus dem BR aus. Es wird durch das dritte Ersatzmitglied vertreten. Dieses Ersatzmitglied rückt nicht endgültig für das ausgeschiedene BR-Mitglied B in den BR ein, sondern nur zeitweilig, bis die Verhinderung des BR-Mitglieds A oder des ersten Ersatzmitglieds behoben ist. Auf Dauer in den BR nachgerückt ist das erste Ersatzmitglied mit allen Rechten und Pflichten. Die vorübergehende Verhinderung schließt die Mandatsübernahme nicht aus.[15]

---

8 *LAG Düsseldorf* 15. 4. 11 – 6 Sa 857/10, AuR 11, 368.
9 Vgl. *BAG* 9. 11. 77, 17. 1. 79, 6. 9. 79, AP Nrn. 3, 5, 7 zu § 15 KSchG 1969.
10 *Fitting*, Rn. 14; *Kröll*, AiB 9/18, 10.
11 *BAG* 21. 2. 18 – 7 ABR 54/16, AuR 18, 439; dem folgend *HessLAG* 23. 11. 20 – 16 TaBV 79/20, NZB verworfen, ArbR 21, 230; auch zur Nachwahl in den Betriebsausschuss; so schon *ArbG Berlin* 19. 6. 03 – 25 BV 6243/03, juris.
12 *BAG* 9. 11. 77, 6. 9. 79, AP Nrn. 3, 7 zu § 15 KSchG 1969; *ArbG Lörrach* 13. 8. 73, BB 73, 1214.
13 Vgl. *BAG* 9. 11. 77, a. a. O.; vgl. auch Rn. 27, 38 ff.
14 Vgl. *BAG* 17. 1. 79, 6. 9. 79, AP Nrn. 5, 7 zu § 15 KSchG 1969; *Fitting*, Rn. 3; GK-*Oetker*, Rn. 5.
15 GK-*Oetker*, Rn. 49.

Die Ersatzmitglieder rücken bei Ausscheiden bzw. Verhinderung eines BR-Mitglieds (bzw. Ersatzmitglieds) automatisch **kraft Gesetzes** nach. Es bedarf weder eines BR-Beschlusses noch einer Berufung etwa durch den BR-Vorsitzenden oder einer Annahmeerklärung durch das Ersatzmitglied.[16] Die Annahmeerklärung durch das Ersatzmitglied ist bereits deshalb entbehrlich, weil es jederzeit das BR-Amt in entspr. Anwendung des § 24 Abs. 1 Nr. 2 niederlegen kann.[17] Lehnt ein Ersatzmitglied es ab, beim endgültigen Ausscheiden eines BR-Mitglieds (nicht schon bei zeitweiliger Verhinderung) an dessen Stelle nachzurücken, steht dies einer Amtsniederlegung gleich und führt zum Ausscheiden aus dem BR.[18] Dagegen beinhaltet die bloße Äußerung eines gewählten BR-/Ersatzmitglieds, man wolle keine BR-Arbeit machen, regelmäßig weder eine Amtsniederlegung noch eine Verhinderung.[19] 6

Der/die BR-Vorsitzende ist im Hinblick **auf eine ordnungsgemäße Geschäftsführung des BR** verpflichtet, das Ersatzmitglied von dem Ausscheiden bzw. von der Verhinderung eines BR-Mitglieds unverzüglich zu unterrichten und ggf. zur Erledigung der anfallenden BR-Aufgaben heranzuziehen, insbesondere zu BR-Sitzungen einzuladen.[20] **§ 29 Abs. 2** sieht eine ausdrückliche Ladungspflicht auch der Ersatzmitglieder durch den Vorsitzenden vor. Anderenfalls sind BR-Beschlüsse unwirksam[21] (vgl. § 29 Rn. 15, 17, 23). Voraussetzung für die Teilnahme des Ersatzmitglieds an einer BR-Sitzung ist die Ladung allerdings nicht.[22] Dies gilt auch, wenn der BR-Vorsitzende selbst noch keine Kenntnis von der Verhinderung des BR-Mitglieds hatte, z. B. bei plötzlichen und unvorhergesehenen Ereignissen, die zur Verhinderung eines BR-Mitglieds führen.[23] 7

Da das Ersatzmitglied kraft Gesetzes bei Verhinderung oder Ausscheiden eines BR-Mitglieds in den BR einrückt, ist eine **Benachrichtigung des AG** an sich nicht erforderlich.[24] Sie ist **zweckmäßig,** um Auseinandersetzungen bzgl. Arbeitsbefreiungen (§ 37 Abs. 2) oder besonderen bzw. nachwirkenden Kündigungsschutz gemäß § 15 Abs. 1 KSchG zu vermeiden.[25] 8

Die **Vertretung** durch das Ersatzmitglied **beginnt** zum Zeitpunkt des Ausscheidens bzw. mit Beginn der Verhinderung des BR-Mitglieds (bzw. Ersatzmitglieds). Dies gilt auch, wenn das Ersatzmitglied erst später davon Kenntnis erhält.[26] Die BR-Tätigkeit des Nachrückers kann vor diesem Zeitpunkt beginnen (Vorwirkung), wenn sich dieser vor Eintritt des Verhinderungsfalls z. B. auf eine BR-Sitzung vorbereiten muss, an der er wegen bereits jetzt feststehender Verhinderung eines anderen BR-Mitglieds teilnehmen muss (zum Kündigungsschutz vgl. Rn. 38). Sie **endet**, wenn das verhinderte BR-Mitglied (bzw. vorrangige Ersatzmitglied) seine Tätigkeit im Betrieb wieder aufnimmt.[27] Sie kann zu einem späteren Zeitpunkt enden, wenn das Ersatzmitglied noch konkrete Aufgaben, wie das Abfassen eines Protokolls über Sitzungen oder Verhandlungen aus seiner Vertretungstätigkeit, zu erfüllen hat. 9

Ist das Ersatzmitglied des BR gleichzeitig Mitglied der JAV, vgl. § 61 Rn. 16. Ein in der **Berufsausbildung** stehendes Ersatzmitglied des BR bzw. der JAV hat den Schutz nach § 78a, sofern das Berufsausbildungsverhältnis während des Vertretungsfalls bzw. innerhalb eines Jahres nach dem Vertretungsfall erfolgreich abgeschlossen wird und innerhalb von 3 Monaten vor Beendigung des Ausbildungsverhältnisses Weiterbeschäftigung verlangt wurde.[28] 10

---

16 *BAG* 8.9.11 – 2 AZR 388/10, AuR 12, 180; *Fitting*, Rn. 14; GK-*Oetker*, Rn. 39; *LK*, Rn. 1; *Kröll*, AiB 9/18, 10.

17 *HWGNRH*, Rn. 6.

18 *ArbG Kassel* 20.2.96, AuR 96, 149.

19 *LAG Hamm* 28.11.03 – 10 TaBV 162/03, AuR 05, 37; vgl. auch § 24 Rn. 4.

20 *LAG Hamburg* 12.3.93 – 6 TaBV 4/92, AiB 94, 304; ErfK-*Koch*, Rn. 2; *Fitting*, Rn. 23; GK-*Oetker*, Rn. 42; Mustermitteilung an das Mitglied sowie den AG in DKWF-*Buschmann*, § 25 Rn. 2, 3.

21 *BAG* 23.8.84, AP Nr. 17 zu § 103 BetrVG 1972; 19.8.92 – 7 ABR 58/91, BB 93, 1433.

22 Ebenso *Fitting*, a. a. O.

23 GK-*Oetker*, Rn. 39.

24 *Fitting*, Rn. 14; vgl. aber GK-*Oetker*, Rn. 31, der den BR-Vorsitzenden auf Grund des Gebots der vertrauensvollen Zusammenarbeit für verpflichtet hält, den AG zu unterrichten.

25 *BAG* 9.11.77, 17.1.79, 6.9.79, AP Nrn. 3, 5, 7 zu § 15 KSchG 1969; vgl. auch Rn. 39 und § 103 Rn. 20ff.

26 *Uhmann*, NZA 00, 577.

27 *BAG* 17.1.79, AP Nr. 5 zu § 15 KSchG 1969; GK-*Oetker*, Rn. 48.

28 *BAG* 13.3.86, AP Nr. 3 zu § 9 BPersVG; vgl. § 78a Rn. 7f.

11 Das Nachrücken von Ersatzmitgliedern erfolgt bis zum **Ende der Amtszeit** des BR i. S. v. §§ 21–22, d. h. auch, während der BR ein **Übergangs- oder Restmandat** ausübt[29] oder die **Geschäfte** nach § 22 i. V. m. § 13 Abs. 2 Nr. 1 oder 3 **weiterführt** (vgl. § 22 Rn. 11). Bei **Weiterführung der Geschäfte** durch den BR nach § 22 endet die Ersatzmitgliedschaft mit Bekanntgabe des Wahlergebnisses für den neuen BR (vgl. § 22 Rn. 12). Die Funktion des einzelnen Ersatzmitglieds endet aus den gleichen Gründen wie die der BR-Mitglieder nach § 24.[30]

12 Kann ein endgültig (nicht zeitweilig verhindertes[31]) ausgeschiedenes BR-Mitglied nicht mehr durch ein Ersatzmitglied ersetzt werden, ist der BR nach § 13 Abs. 2 Nr. 2 neu zu wählen (vgl. § 13 Rn. 12 ff.). Bestellt der BR keinen WV, liegt grundsätzlich eine Amtspflichtverletzung i. S. d. § 23 Abs. 1 vor. Bis zur Neuwahl und Bekanntgabe des Wahlergebnisses bzw. bis zur rkr. ArbG-Entscheidung über den Auflösungsantrag amtiert der BR auch ohne Ersatzmitglieder als »**Rumpf-BR**« weiter (vgl. § 22 Rn. 4).

2. Ausscheiden eines Betriebsratsmitglieds

13 Scheidet ein Mitglied rechtskräftig aus dem BR aus, rückt **für den Rest der Amtszeit** das Ersatzmitglied endgültig nach. Die Fälle des Ausscheidens eines BR-Mitglieds sind identisch mit den in § 24 Nrn. 2–6 bezeichneten Gründen des Erlöschens der Mitgliedschaft.[32] Der Grund des Ausscheidens ist gleichgültig.[33]

3. Zeitweilige Verhinderung eines Betriebsratsmitglieds

14 Nach Abs. 1 Satz 2 rückt das Ersatzmitglied bei Verhinderung eines BR-Mitglieds nicht endgültig, sondern nur für die Dauer der jeweiligen Verhinderung in den BR ein. Während der Zeit der Stellvertretung nimmt das Ersatzmitglied **nicht nur** an **BR-Sitzungen** teil, sondern hat **alle Rechte und Pflichten** des BR-Mitglieds einschließlich des besonderen Schutzes, nicht aber die besonderen Funktionen und Ämter, die dem verhinderten BR-Mitglied übertragen sind.[34] Das zeitweilig **verhinderte BR-Mitglied behält** sein **Amt** und seine **Funktionen** im BR ebenso wie die Rechte und Befugnisse (einschl. des besonderen Kündigungsschutzes), die sich aus dem BR-Amt ergeben.[35]

15 **Zeitweilige Verhinderung** liegt vor, wenn das BR-Mitglied vorübergehend tatsächlich oder rechtlich nicht in der Lage ist, sein **Amt auszuüben.** Insoweit gilt dasselbe wie für die in § 25 Abs. 1 Satz 2 BetrVG geregelte Verhinderung.[36] Ein BR-Mitglied ist grds. zur Teilnahme an Gremiensitzungen verpflichtet und kann sich nicht willkürlich nach freiem Ermessen vertreten lassen.[37] Eine Verhinderung liegt nicht vor, wenn das BR-Mitglied aus Desinteresse, Vergesslichkeit oder mutwillig nicht an einer BR-Sitzung teilnimmt oder seine sonstigen Aufgaben nicht wahrnimmt.[38] Allein Hinweise auf die »Erledigung von Arbeitsaufgaben am Arbeitsplatz« (erst recht auf Anweisungen von Vorgesetzten) reichen nicht, da das BR-Mitglied von diesen Arbeitsaufgaben gerade freizustellen ist. Auch wenn das Vorliegen des Verhinderungsgrundes somit objektiv und nicht nach Ermessen des einzelnen Mitglied zu beurteilen ist, kann der/die BR-Vorsitzende sich regelmäßig auf den ihm mitgeteilten Verhinderungsgrund verlassen und muss diesen erst bei besonderen Anhaltspunkten für pflichtwidriges Verhalten überprü-

---

29 Vgl. § 21a Rn. 35; § 21b Rn. 6; *Fitting*, Rn. 13; *Löwisch/Schmidt-Kessel*, BB 01, 2163; *LK*, § 21a Rn. 8; § 21b Rn. 8.
30 *HWGNRH*, Rn. 22; vgl. auch § 24 Rn. 5 ff.
31 GK-*Oetker*, Rn. 64; vgl. *BAG* 18. 8. 82, AP Nr. 24 zu § 102 BetrVG 1972.
32 Vgl. § 24 Rn. 6 ff.; *Fitting*, Rn. 13.
33 Richardi-*Thüsing*, Rn. 4.
34 Richardi-*Thüsing*, Rn. 26; *Fitting*, Rn. 16; vgl. Rn. 3.
35 GK-*Oetker*, Rn. 79.
36 *BAG* 28. 7. 20 – 1 ABR 5/19, AP Nr. 168 zu § 99 BetrVG 1972.
37 *BAG* 23. 6. 10 – 7 ABR 103/08, AuR 10, 349, 484; *J. Bader*, NZA 23, 131.
38 *LAG Hamm* 28. 11. 03 – 10 TaBV 162/03, AuR 05, 37; *Fitting*, Rn. 21; GK-*Oetker*, Rn. 24; *HWGNRH*, Rn. 10; *Kröll*, AiB 6/22, 36.

fen.[39] Ein BR-Mitglied wird nicht durch ein Ersatzmitglied vertreten, wenn eine BR-Sitzung außerhalb seiner persönlichen Arbeitszeit stattfindet.[40] Das Gleiche gilt für BR-Tätigkeit an Rouliertagen, sog. AZV-Tagen, Freischichten zum Überstundenausgleich, nach *LAG Hamm*[41] sogar bei mehrmonatiger Nichtarbeit im Rahmen einer flexiblen Saison-Arbeitszeit. Eine Stellvertretung durch das Ersatzmitglied ist i. d. R. gegeben, wenn sich ein BR-Mitglied krankmeldet, auch wenn sich später herausstellt, dass das BR-Mitglied nicht arbeitsunfähig krank war und unberechtigt der Arbeit fernblieb.[42] Es wird dann vermutet, dass das BR-Mitglied verhindert ist. Wird das Ersatzmitglied entsprechend tätig, verletzt es nicht seine Arbeitspflicht, selbst wenn sich später herausstellt, dass das BR-Mitglied doch arbeitsfähig war.[43]

Als **Verhinderungsgründe** kommen z. B. in Betracht: Krankheit, auch bei stufenweiser Wiedereingliederung nach § 74 SGB V, Urlaub,[44] Sonderurlaub, Beschäftigungsverbote nach dem MuSchG,[45] Kur, Zivildienst, Kriegsdienst, Montage, Dienstreise, Teilnahme an Schulungsmaßnahmen, Tätigkeit als ehrenamtlicher Richter/Schöffe. Der/die BR-Vorsitzende muss ggf. prüfen, ob die Teilnahme eines Ersatzmitglieds an einer BR-Sitzung zulässig ist,[46] ist aber nicht verpflichtet, eine nach § 29 Abs. 2 Satz 5 mitgeteilte Absage auf ihre Richtigkeit zu überprüfen. Erlangt er/sie auf andere Weise Kenntnis von dem Verhinderungsgrund, sollte er/sie das betr. BR-Mitglied anhören.[47] 16

Das BR-Mitglied ist nicht nur verhindert, wenn ihm die Amtsausübung **objektiv unmöglich** ist, sondern auch, wenn ihm die Teilnahme an einer BR-Sitzung **unzumutbar** ist, so z. B., wenn es seinen **Urlaub am Betriebsort** verbringt.[48] Aus Gründen der Praktikabilität und Rechtssicherheit hat das *BAG* hierzu folgende Klarstellung getroffen:[49] »Wird einem ordentlichen BR-Mitglied Erholungsurlaub bewilligt, führt dies nicht nur zum Ruhen seiner Verpflichtung zur Arbeitsleistung, sondern zugleich zur Suspendierung seiner Amtspflichten. Dem BR-Mitglied wird während seines Erholungsurlaubs die Verrichtung seiner Amtspflichten zwar nicht ohne Weiteres objektiv unmöglich, grundsätzlich aber unzumutbar. Das BR-Mitglied gilt im Fall des Erholungsurlaubs jedenfalls so lange als zeitweilig verhindert i. S. v. § 25 Abs 1 S 2 BetrVG, wie es nicht seine Bereitschaft, während des Urlaubs BR-Tätigkeiten zu verrichten, unmissverständlich[50] positiv anzeigt.« Will jedoch das wegen Unzumutbarkeit verhinderte BR-Mitglied an der Sitzung teilnehmen, hat es das Recht hierzu.[51] Ein BR-Mitglied kann bspw. für die Teilnahme an einer BR-Sitzung seinen **Urlaub unterbrechen**[52] oder während **Kurzarbeit** bzw. **Elternzeit** BR-Tätigkeit ausüben.[53] 17

---

39 *LAG Hamm* 8.12.17 – 13 TaBV 72/17, GK-*Oetker*, Rn. 25; weiter gehend *Fitting*, Rn. 21: Verantwortung des BR-Mitglieds; *LAG Nürnberg* 13.6.17 – 7 TaBV 80/16, AuR 17, 464: ausschließliche Entscheidung des betr. BR-Mitglied selbst.

40 *BAG* 16.1.08 – 7 ABR 71/06, AuR 08, 194, das dem betr. BR-Mitglied die Erstattung der dadurch entstehenden Reisekosten zugesprochen hat; *LAG Schleswig-Holstein* 1.11.12 – 5 TaBV 13/12, DB 12, 2814; NZB 7 ABN 129/12 verworfen; vgl. auch § 37 Rn. 62; § 40 Rn. 64ff.

41 *LAG Hamm* 19.7.00 – 3 Sa 2201/99, juris.

42 *BAG* 5.9.86, AP Nr. 26 zu § 15 KSchG 1969.

43 *LAG Düsseldorf* 6.1.04 – 6 Sa 1387/03, AiB 04, 753 mit Anm. *Malottke*.

44 *BAG* 20.8.02 – 9 AZR 261/01, AuR 03, 197.

45 Vgl. aber *LAG Schleswig-Holstein* 15.12.05 – 2 Ta 210/05, AuR 07, 140, mit Anm. *Nebe*.

46 GK-*Oetker*, Rn. 25.

47 *J. Bader*, NZA 23, 132.

48 *Fitting*, Rn. 21; HaKo-BetrVG/*Düwell*, Rn. 7; *WW*, Rn. 2.

49 *BAG* 8.9.11 – 2 AZR 388/10, AuR 12, 180.

50 Die Erklärung eines BR-Mitglieds, während des Urlaubs an BR-Sitzungen teilzunehmen, »wenn er an diesem Tag nicht weg sei«, genügt dafür nicht, so zutreffend *HessLAG* 20.6.18 – 6 Sa 1551/17, juris.

51 A. A. offenbar Richardi-*Thüsing*, Rn. 15.

52 *LAG Hamm* 21.1.87 – 3 Sa 1520/86; *BAG* 5.5.87, AP Nr. 5, 6 zu § 44 BetrVG 1972 für die Teilnahme an einer Betriebsversammlung; ErfK-*Koch*, Rn. 4; a. A. GK-*Oetker*, Rn. 26, der von einer objektiven, rechtlichen Verhinderung ausgeht, was aber nicht zutrifft, weil dann das BR-Mitglied nicht an der Sitzung teilnehmen dürfte, selbst wenn es wollte; kritisch dazu auch *Fitting*, Rn. 21; *Uhmann*, NZA 00, 579; vgl. § 37 Rn. 39.

53 *BAG* 30.6.21 – 7 ABR 24/20, AuR 21, 528; 25.5.05 – 7 ABR 45/04, AuR 05, 385; GK-*Oetker* § 25, Rn. 21; *J. Bader*, NZA 23, 130.

17a **Krankheitsbedingte Arbeitsunfähigkeit** eines BR-Mitglieds führt **nicht zwangsläufig** zur **Amtsunfähigkeit** und zur Verhinderung.[54] Das *BAG* anerkennt Fälle, in denen die Erkrankung den AN zwar außerstande setzt, seine Arbeitspflichten zu erfüllen, nicht aber sein BR-Amt wahrzunehmen.[55] Erscheint ein arbeitsunfähig erkranktes BR-Mitglied dann gleichwohl zu einer BR-Sitzung, liegt jedenfalls für diesen Tag kein Verhinderungsfall vor. Dagegen sei ein nach § 38 Abs. 1 BetrVG freigestelltes BR-Mitglied bei ärztlich attestierter Arbeitsunfähigkeit stets verhindert, da es ihm krankheitsbedingt unmöglich ist, seine Amtspflichten auszuüben. Ob und in welchem Umfang er sich (subjektiv) zu deren Wahrnehmung in der Lage sehe, sei unerheblich.[56] Damit der BR-Vorsitzende nicht unnötig ein Ersatzmitglied lädt, ist das BR-Mitglied gehalten, den Vorsitzenden rechtzeitig vorher von seiner Absicht zu **informieren, trotzdem an der BR-Sitzung teilzunehmen.** Solange dies nicht erfolgt, gilt es aus Gründen der Rechtssicherheit als verhindert, so dass das Ersatzmitglied mit Beginn des ersten Tages der Arbeitsverhinderung nachrückt.[57]

18 Eine zeitweilige Verhinderung kann darin bestehen, dass ein BR-Mitglied sein Amt bspw. wegen einer Dienstreise oder Schulungsmaßnahme nur unter **Aufwand erheblicher Kosten** ausüben könnte. In einem solchen Fall gilt es als verhindert, was nicht ausschließt, dass es auf eigene Kosten an einer BR-Sitzung teilnimmt und über seine Absicht den BR-Vorsitzenden rechtzeitig informiert. Vom AG vorgebrachte »dienstliche Gründe« allein reichen nicht.[58]

19 Bei **kollidierenden Betriebsratsaufgaben** hat grundsätzlich die Teilnahme an der BR-Sitzung Vorrang. Andere BR-Termine sind grds. so zu legen, dass diese gewährleistet ist. Dies ist aber – etwa in Großbetrieben – nicht immer möglich. Die Teilnahme an Seminaren nach § 37 Abs. 6, 7 kann deshalb ebenso eine Verhinderung begründen wie andere aus dem Arbeitsverhältnis resultierende Termine.[59] Das gleiche gilt für GBR-Sitzungen. Allerdings besteht kein rechtlicher Vorrang der GBR-Tätigkeit vor sonstigen BR-Aktivitäten, so dass das Mitglied frei ist in seiner Entscheidung, an welcher Sitzung es teilnimmt. Das BR-Mitglied ist nicht an der BR-Sitzung verhindert, wenn er als Schwerbehindertenvertreter nach § 32 ebenfalls teilnahmeberechtigt ist.[60] In diesem Fall kann sein Stellvertreter nach § 94 Abs. 1 Satz 1 SGB IX teilnehmen (vgl. § 32 Rn. 10).

20 Wegen Teilnahme an einem **Arbeitskampf** ist das BR-Mitglied nicht zwingend an der Amtsausübung gehindert.[61] Es kann sich aber aus diesem Grunde für nicht empfangszuständig erklären. Ein Verhinderungsfall liegt auch nicht vor, wenn das BR-Mitglied auf Grund seiner **Schichtarbeit** von seinem Wohnort in den Betrieb fahren muss, um an einer BR-Sitzung außerhalb seiner üblichen Arbeitszeit teilzunehmen.[62]

21 Ein Verhinderungsfall liegt vor, wenn ein BR-Mitglied nicht rechtzeitig zu Beginn der BR-Sitzung erscheinen kann oder gezwungen ist, sie zwischenzeitlich vorübergehend oder vorzeitig zu verlassen.[63] Entsprechendes gilt für die **teilweise Verhinderung** eines BR-Mitglieds bei Sitzungen des Betriebsausschusses oder eines anderen BR-Ausschusses.[64] Da sich die Funktion eines BR-Mitglieds nicht in der Teilnahme an einer BR-Sitzung erschöpft, ist es nicht erforderlich, dass die Verhinderung eine BR-Sitzung betrifft.[65]

---

54 *BAG* 15.11.84, DB 85, 1028; *LAG Düsseldorf* 6.1.04 – 6 Sa 1387/03, AiB 04, 753: Vermutung der Amtsunfähigkeit.
55 *BAG* 28.7.20 – 1 ABR 5/19, AP Nr. 168 zu § 99 BetrVG 1972; 23.8.84 – 2 AZR 391/83, BAGE 46, 258.
56 *BAG* 28.7.20 – 1 ABR 5/19 a. a. O.
57 *LAG Düsseldorf* 26.4.10 – 16 Sa 59/10, bestätigt durch *BAG* 8.9.11 – 2 AZR 388/10, AuR 12, 180.
58 *VerwG Bremen* 2.10.15 – 7 V 1404/15 (Anm. *Wolmerath*, jurisPR-ArbR 10/2016 Anm. 5).
59 Vgl. *ArbG Gießen* 26.2.86 – 3 Ca 687/85, NZA 86, 614; *SWS*, Rn. 4.
60 *HessLAG* 1.11.12 – 9 TaBV 156/12, juris.
61 GK-*Oetker*, Rn. 17; Richardi-*Thüsing*, Rn. 8; vgl. auch § 74 Rn. 16 ff.; ausführlich *Klocke*, Das BetrVG und der Arbeitskampf im Betrieb, HSI-Schriftenreihe Bd. 29, S. 30 ff.
62 *BAG* 18.1.89, BB 89, 1618; vgl. auch § 37 Rn. 62, § 40 Rn. 64.
63 GK-*Oetker*, Rn. 28; a. A. offenbar *HWGNRH*, Rn. 9.
64 GK-*Oetker*, a. a. O.
65 *LAG Hamburg* 4.7.77, BB 77, 1602; GK-*Oetker*, Rn. 16; *SWS*, Rn. 6.

Auf die **Dauer der Verhinderung** kommt es nicht an.[66] Auch bei **einmaliger Verhinderung** von kürzerer Dauer sind Ersatzmitglieder zu bestellen.[67] Unerheblich ist, ob die Verhinderung vorhersehbar ist.[68] Die **Vorhersehbarkeit einer Verhinderung** verpflichtet lediglich das BR-Mitglied zur Mitteilung an den BR-Vorsitzenden, damit dieser die rechtzeitige Unterrichtung und ggf. Ladung des Ersatzmitglieds zu einer BR-Sitzung veranlassen kann.[69] 22

Die zeitweilige Verhinderung kann sich auch über einen **längeren Zeitraum** erstrecken, z. B. längere Krankheit, lange Prozessdauer bei Streit über eine außerordentliche Kündigung, der der BR zugestimmt hatte.[70] 23

Bis zur Rechtskraft der Entscheidung über die **außerordentliche Kündigung mit Zustimmung des BR** tritt das Ersatzmitglied zeitweilig in den BR ein. Stellt das ArbG die **Wirksamkeit der Kündigung rkr. fest,** rückt das Ersatzmitglied endgültig nach.[71] Stellt es deren **Unwirksamkeit rkr. fest,** besteht die Mitgliedschaft im BR fort; das Ersatzmitglied verliert seine Funktion als BR-Mitglied mit Wirkung für die Zukunft (vgl. § 24 Rn. 14 und § 103 Rn. 54). Entsprechendes gilt, wenn das BR-Mitglied seinen Anspruch auf Weiterbeschäftigung durchsetzt (vgl. § 102 Rn. 270 ff.), die einstweilige Verfügung oder die Kündigungsschutzklage erstinstanzlich Erfolg hat.[72] **Kein Verhinderungsfall** liegt vor, wenn der AG einem BR-Mitglied kündigt, bevor der BR zugestimmt oder das ArbG die Zustimmung des BR rkr. ersetzt hat, da in diesem Fall keine wirksame Kündigung vorliegt.[73] Das Gleiche gilt während eines gerichtlichen Verfahrens auf Zustimmungsersetzung, Feststellung der Nichtwählbarkeit oder Ausschluss aus dem BR. Nach *BAG*[74] ist das vor der Wahl gekündigte, später jedoch gewählte BR-Mitglied bis zum rkr. Abschluss des Kündigungsschutzverfahrens und bei fehlender tatsächlicher Weiterbeschäftigung an der Amtsausübung gehindert. Nach *LAG Köln*[75] ist dies auch der Fall, wenn und solange ein BR-Mitglied gegen den Erwerber eines Betriebsteils, in dem er beschäftigt war, die gerichtliche Feststellung betreibt, durch Betriebsübergang dessen AN geworden zu sein. 24

Zeitweilig verhindert ist ein BR-Mitglied nach der Rspr., wenn es von der **Beschlussfassung persönlich unmittelbar betroffen** ist (Interessenkollision), so z. B. bei der **Beratung und Abstimmung** über eine vom BR-Mitglied für sich eingebrachte Beschwerde nach § 85 wegen persönlicher Beeinträchtigung,[76] über die Zustimmung zu einer das BR-Mitglied betr. außerordentlichen Kündigung,[77] Versetzung oder Umgruppierung;[78] Zuteilung oder Kündigung einer Werkmietwohnung oder einem Ausschlussantrag nach § 23 Abs. 1.[79] Von individueller Betroffenheit kann regelmäßig nur gesprochen werden, wenn das BR-Mitglied gerade die Per- 25

66 *Fitting,* Rn. 17; Richardi-*Thüsing,* Rn. 6; vgl. auch *BAG* 17. 1. 79, AP Nr. 5 zu § 15 KSchG 1969; *LAG Hamburg* 4. 7. 77, DB 78, 113; *LAG Bremen* 15. 2. 85, BB 85, 1129.

67 GK-*Oetker,* Rn. 22, mit dem zutreffenden Hinweis auf § 29 Abs. 2 Sätze 5, 6; HaKo-BetrVG/*Düwell,* Rn. 10.

68 GK-*Oetker,* Rn. 23; a. A. *HWGNRH,* Rn. 9; zur kurzfristigen Nachladung von Ersatzmitgliedern des BR *Lützen,* NZA 23, 939 ff.

69 So auch GK-*Oetker,* a. a. O.

70 Zur Weiterbeschäftigung und einstweiligen Verfügung vgl. § 24 Rn. 15; Richardi-*Thüsing,* Rn. 12 ff.; *Fitting,* Rn. 22; GK-*Oetker,* Rn. 34; *LAG Schleswig-Holstein* 2. 9. 76, BB 76, 1319; *LAG Düsseldorf* 8. 9. 75, NJW 76, 386.

71 *BAG* 14. 5. 97 – 7 ABR 26/96, EzA § 8 BetrVG 1972 Nr. 8.

72 *ArbG Detmold* 24. 8. 16 – 3 Ca 1093/15, AuR 2017, 38.

73 ErfK-*Koch,* Rn. 4; *Fitting,* Rn. 22; ebenso bei offensichtlich unwirksamer Kündigung *LAG Hamm* 23. 6. 14 – 13 TaBVGa 20/14, mit der Folge eines durch e. V. durchsetzbaren Zutrittsrechts.

74 *BAG* 14. 5. 97, a. a. O., ebenso 10. 11. 04 – 7 ABR 12/04, AuR 05, 237.

75 *LAG Köln* 27. 6. 97 – 11 TaBV 75/96, AuR 98, 378.

76 *LAG Nürnberg* 16. 10. 12 – 7 TaBV 28/12, NZA-RR 13, 23. Unabhängig davon sollte jeder BF vom BR zur Beschwerde angehört werden.

77 *BAG* 25. 3. 76, 26. 8. 81, 23. 8. 84, AP Nrn. 6, 13, 17 zu § 103 BetrVG 1972; nach *ArbG Berlin* 1. 2. 13 – 28 Ca 18456/12, BB 13, 691, gilt dies »spiegelbildlich« für ein BR-Mitglied, das als Vorgesetzter eines anderen Mitglieds dessen Kündigung betreibt.

78 *BAG* 3. 8. 99 – 1 ABR 30/98, AuR 00, 158; 10. 11. 09 – 1 ABR 64/08, DB 10, 455; 24. 4. 13 – 7 ABR 82/11, DB 13, 1794: Kein Ausschluss von der Beschlussfassung über eine Versetzung, weil sich das BR-Mitglied selbst um die Stelle beworben hat.

79 *Fitting,* Rn. 18; GK-*Oetker,* Rn. 31; unter dem Gesichtspunkt der Interessenkollision *Oetker,* ZfA 84, 409 ff.; unter dem Gesichtspunkt der Befangenheit *M. Schmitt,* NZA 87, 78 ff.

son ist, auf die sich das Zustimmungsersuchen des AG richtet. Sie fehlt, wenn das BR-Mitglied lediglich als Angehöriger eines aus mehreren Personen bestehenden Teils der Belegschaft betroffen ist, wenn mit der Maßnahme oder Regelung nur mittelbare Reflexe verbunden sind, wenn str. ist, ob eine bestimmte Maßnahme der Mitbestimmung unterliegt und dieser Sachverhalt im Verfahren nach § 101 geklärt wird.[80] Die zeitweilige Verhinderung gilt nur für diesen Beratungsgegenstand und nur bei der Anhörung und Beratung, nicht dagegen bei einer Information. Nach *BAG*[81] kann hier nicht sinnvoll zwischen Beratung und Beschlussfassung unterschieden werden. Soll **mehreren BR-Mitgliedern** gekündigt werden, ist das BR-Mitglied jeweils nur in der sich selbst betreffenden Sache verhindert.[82] In diesem Fall ist es u. U. erforderlich, zu den einzelnen Beratungen und Abstimmungen verschiedene Ersatzmitglieder zu laden. Der BR-Vorsitzende hat rechtzeitig Ersatzmitglieder zur Beratung und Abstimmung für die unmittelbar betroffenen BR-Mitglieder zu laden. Unterlässt er dies, ist der etwaige Zustimmungsbeschluss nach § 103 nichtig.[83] Die Beteiligung des betr. BR-Mitglieds an der Abstimmung und/oder Beratung führt nach der Rspr. des *BAG* grundsätzlich zur Nichtigkeit des betr. BR-Beschlusses.[84]

26 Bei der **Beschlussfassung über organisatorische Angelegenheiten** des BR, z. B. Wahl oder Abwahl von Vorsitzenden, stv. Vorsitzenden, Mitgliedern von BR-Ausschüssen, GBR oder KBR, Entsendung von BR-Mitgliedern auf Schulungen, liegt keine zeitweilige Verhinderung der persönlich betroffenen BR-Mitglieder vor. Diese können in allen Fällen mitberaten und mitabstimmen, auch wenn es um Funktionen geht, für die sie sich bewerben oder die sie innehaben.[85] So ist ein von einer beabsichtigten außerordentlichen Kündigung betroffenes BR-Mitglied nicht wegen Interessenkollision verhindert, wenn der BR gegen die einseitige Einstellung eines Mitarbeiters nach §§ 99, 101 vorgehen will, der das BR-Mitglied wegen der beabsichtigten a. o. Kündigung ersetzen soll, bzw. wenn der BR seine Freistellung von Anwaltskosten und deren Durchsetzung in diesem Verfahren beschließt.[86]

27 Ist das der Reihenfolge nach zu berufende **Ersatzmitglied selbst zeitweilig verhindert,** rückt es mit allen sich aus der Mitgliedschaft ergebenden Rechtsfolgen in den BR nach und wird während seiner Verhinderung vom nächst folgenden Ersatzmitglied vertreten. Auch diese Verhinderung muss objektiv vorliegen. Betriebsablaufstörungen, die durch Teilnahme des Ersatzmitglieds an einer BR-Sitzung bedingt sind, stellen keinen Verhinderungsgrund i. S. v. Abs. 1 Satz 2 dar.[87] Zur Ablehnung des zeitweiligen Tätigwerdens seitens des Ersatzmitglieds aus persönlichen Gründen vgl. Rn. 15. Scheidet während der Ersatzmitgliedschaft ein anderes BR-Mitglied endgültig aus, rückt das Ersatzmitglied unter Berücksichtigung der Liste und § 15 Abs. 2 endgültig nach und wird ggf. vom nächsten Ersatzmitglied vertreten. Die Ersatzmitgliedschaft bezieht sich nicht auf ein bestimmtes BR-Mitglied.[88] Sind keine Ersatzmitglieder vorhanden, vgl. Rn. 12.

---

80 *BAG* 6. 11. 13 – 7 ABR 84/11, DB 14, 786.

81 *BAG* 3. 8. 99 – 1 ABR 30/98 a. a. O.; *Oetker,* a. a. O.; kritisch Richardi-*Thüsing,* Rn. 9: nur für die Beschlussfassung; vgl. auch ebd. § 33 Rn. 20, wo zutr. darauf hingewiesen wird, dass dem betr. BR-Mitglied jedenfalls rechtliches Gehör gewährt werden muss.

82 *BAG* 25. 3. 76, a. a. O.

83 *BAG* 23. 8. 84, AP Nr. 17 zu § 103 BetrVG 1972; *LAG Hamm* 18. 5. 83, DB 84, 250; *ArbG Berlin* 17. 2. 88 – 37 Ca 455/87; vgl. § 29 Rn. 17, 22; § 103 Rn. 29 ff.

84 *BAG* 3. 8. 99 – 1 ABR 30/98 a. a. O.; *Oetker,* a. a. O.

85 ErfK-*Koch,* Rn. 4; *Fitting,* Rn. 19; Richardi-*Thüsing,* Rn. 11; vgl. auch § 33 Rn. 25.

86 *LAG Hamm* 10. 3. 06 – 10 TaBV 151/05, AuR 06, 294.

87 *LAG Schleswig-Holstein* 1. 11. 12 – 5 TaBV 13/12, DB 12, 2814; wörtlich: »Die Erfüllung der Betriebsratsaufgaben hat Vorrang gegenüber derjenigen aus dem Arbeitsvertrag … Mögliche betriebliche Interessen des AG (Vermeidung von Betriebsablaufstörungen) dürfen jedoch keinen Einfluss auf die jeweilige Zusammensetzung des BR haben. Lediglich bezüglich der zeitlichen Lage der erforderlichen Betriebsratsarbeit hat der BR nach dem Grundsatz der vertrauensvollen Zusammenarbeit ggfs. die betrieblichen Belange des AG zu berücksichtigen.« Zu eng und ohne Grundlage *BAG* 11. 6. 97 – 7 AZR 229/96, ZTR 1997, 524, »in Fällen einer betrieblichen Unabkömmlichkeit des BR-Mitglieds, wenn in der Sitzung keine wichtigen oder keine sonstigen Fragen zu behandeln sind, die die Teilnahme gerade dieses BR-Mitglieds erfordern.« Dazu *Ögüt,* AiB 14, 64; teilweise wiederholt in *LAG S-H* 10. 6. 20 – 6 Sa 179/19, ZInsO 22, 206, NZB verworfen; ausführlich **§ 37 Rn. 26.**

88 Richardi-*Thüsing,* Rn. 22.

III. Reihenfolge des Nachrückens

28 Die Reihenfolge des Nachrückens bestimmt sich nach der **Feststellung des Wahlergebnisses in der Wahlniederschrift** gem. § 23 WO. Dabei ist zu berücksichtigen, dass ein Verstoß bei der BR-Wahl, der sich lediglich auf die Reihenfolge der Ersatzmitglieder auswirkt, nicht zur Wahlanfechtung nach § 19 berechtigt.[89] Bei Stimmengleichheit entscheidet gem. § 22 Abs. 3 WO 2001 das Los. Ersatzmitglieder bleiben außer Betracht, die zum Zeitpunkt des Nachrückens die Wählbarkeit endgültig verloren haben, z. B. Lt. Angestellte sind[90] oder eine Ehe/Lebenspartnerschaft mit dem AG eingegangen sind. Das früher auch für die Auswahl der nachrückenden Mitglieder maßgebliche Gruppenprinzip (Arbeiter/Angestellte) wurde 2001 durch den Schutz des Minderheitsgeschlechts ersetzt. Weiterhin ist zu unterscheiden, ob Verhältniswahl (Listenwahl) oder Mehrheitswahl (Personenwahl) stattgefunden hat (§ 14). Sind keine Ersatzmitglieder mehr vorhanden, die nachrücken können, so dass mindestens ein BR-Sitz auf Dauer nicht mehr besetzt werden kann, ist gem. § 13 Abs. 2 Nr. 2 ein neuer BR zu wählen (vgl. § 13 Rn. 14 ff.). Zu Besonderheiten bei PostUN vgl. Rn. 34 ff.

1. Verhältniswahl

29 Wurde die Wahl als **Verhältniswahl** durchgeführt, d. h. gem. § 14 Abs. 2 Satz 1 auf Grund mehrerer Vorschlagslisten, werden die Ersatzmitglieder in der Reihenfolge berücksichtigt, in der sie auf der Liste, der das ausgeschiedene oder verhinderte Mitglied angehört, aufgeführt sind (vgl. § 14 Rn. 17). Enthält die Liste, der das zu ersetzende BR-Mitglied angehört, keine Ersatzmitglieder mehr, ist nach Abs. 2 Satz 2 das Ersatzmitglied aus der Vorschlagsliste zu nehmen, auf die nach den Grundsätzen der Verhältniswahl der nächste Sitz entfallen wäre. Zu berücksichtigen sind dabei auch Vorschlagslisten, auf die bei der Auszählung kein BR-Mandat entfiel, da das Gesetz keine Sperrklausel vorsieht.[91]

30 Minderheitenschutz ist kein allgemeines Prinzip der Betriebsverfassung. Er ist punktuell geregelt und unterschiedlich ausgestaltet.[92] Bei der »Entnahme der Ersatzmitglieder« aus den Vorschlagslisten ist **§ 15 Abs. 2** zu berücksichtigen. Danach muss das Geschlecht, das in der Belegschaft in der Minderheit ist, mindestens entspr. seinem zahlenmäßigen Verhältnis im BR vertreten sein, wenn dieser aus mindestens 3 Mitgliedern besteht. Die Vorschrift ist nicht verfassungswidrig.[93] In Anlehnung an die Rspr. des *BVerfG* zur **Intersexualität** im Personenstandsrecht[94] bestehen aber Bedenken gegen ein Verständnis, das die Vorschrift allein auf Männer und Frauen bezieht. Das *BVerfG* hielt das PStG für verfassungswidrig, wenn es kein anderes Geschlecht zuließ als männlich oder weiblich. Daraufhin wurden durch Gesetz v. 18. 12. 2018 (BGBl. I, 2635) u. a. §§ 22 und 45b Personenstandsgesetz derart geändert, dass auf die Geschlechtsangabe verzichtet oder »divers« eingetragen werden kann. Da das BetrVG im Gegensatz dazu Männer und Frauen nicht ausdrücklich nennt, ist es verfassungskonform so zu interpretieren, dass sich auch Angehörige weiterer Geschlechter auf die Minderheitenquote berufen können.[95] Andernfalls wären sie gegenüber Angehörigen anderer Geschlechter benachteiligt. Grundsätzlich können Ersatzmitglieder einem anderen Geschlecht als das zu ersetzende Mitglied angehören. Dadurch kann sich im Einzelfall das Verhältnis von Mehrheits-/Minderheitsgeschlecht ändern (vgl. § 15 Rn. 20). Würde das Nachrücken eines andersgeschlechtlichen Ersatzmitglieds aber dazu führen, dass ein Minderheitsgeschlecht nicht mehr mindestens an-

---

89 *BAG* 21. 2. 01 – 7 ABR 41/99, AP Nr. 49 zu § 19 BetrVG 1972 = AuR 01, 358.

90 *Fitting*, Rn. 25.

91 *ArbG Köln* 21. 9. 93, AuR 94, 425; *Fitting*, Rn. 28; anders § 31 Abs. 2 BPersVG, dazu *Altvater* u. a., Rn. 11: *BVerwG* 30. 11. 10 – 6 PB 16/10, Personalrat 11, 73.

92 *BAG* 26. 9. 18 – 7 ABR 77/16, AP Nr. 6 zu § 51 BetrVG 1972; *Rennpferd*, RdA 22, 27.

93 *BAG* 16. 3. 05 – 7 ABR 40/04, AuR 05, 153, 425; a. A. *LAG Köln* 13. 10. 03 – 2 TaBV 1/03, AuR 04, 111, mit Anm. *Hänlein*, Vorlage an *BVerfG*: 1 BvL 9/03. Das *BVerfG* hat die Vorlage lt. Auskunft *Löwisch*, NZA 11, 1075, Fn. 4, durch Kammerbeschluss v. 11. 10. 2006 gem. § 81a S. 1 BVerfGG als unzulässig zurückgewesen.

94 *BVerfG* 10. 10. 17 – 1 BvR 2019/16, NJW 17, 3643; wie hier *Weller*, BB 7/2018, editorial.

95 A.A: *Roloff/Buchstaller*, Die Vertretung des Minderheitengeschlechts im Betriebsrat, AuR 20, 402.

teilmäßig im BR vertreten ist, rückt das dem Minderheitsgeschlecht angehörige Ersatzmitglied nach, das auf der Vorschlagsliste an nächster Stelle steht, während ein vorrangig stehender andersgeschlechtlicher Bewerber nicht zu berücksichtigen ist. Maßgeblich für die Berechnung der Zahlenverhältnisse in der Belegschaft sind die **Angaben im Wahlausschreiben** (§ 3 Abs. 2 Nr. 5; § 5 WO), nicht der Zeitpunkt des Nachrückens, da andernfalls eine erneute Wählerliste erstellt werden müsste. Dies erfolgt auch nicht, wenn sich die Belegschaftsstruktur verändert, die personelle Zusammensetzung des BR aber nicht, es also nicht zum Vertretungsfall oder zu einem Nachrücken kommt. Eine Veränderung der Belegschaftsstruktur nach der Wahl wirkt sich demzufolge hier nicht aus. Nicht zu berücksichtigen wäre auch eine nach Feststellung des Wahlergebnisses durchgeführte **Geschlechtsumwandlung,** was der bis zum Jahr 2001 geltenden Regelung des § 24 Abs. 2 (Wechsel der Gruppenzugehörigkeit) und dem Gedanken der Rechtssicherheit entspricht (vgl. § 24, Rn. 39). Im Übrigen treten die Rechtswirkungen einer Geschlechtsumwandlung nach § 10 Transsexuellengesetz erst mit Rechtskraft der gerichtlichen Feststellungsentscheidung ein.

31 Nach dem Wortlaut bezieht sich die Berücksichtigung des § 15 Abs. 2 auf die »Entnahme aus den Vorschlagslisten«. Ist ein Minderheitsgeschlecht auf der heranzuziehenden Vorschlagsliste nicht mehr vertreten und wäre mit dem nächsten – andersgeschlechtlichen – Ersatzmitglied derselben Liste das Minderheitsgeschlecht nicht mehr i. S. v. § 15 mindestens anteilig vertreten, kommt es zu einem **Übergreifen auf die nächst zu berücksichtigende Vorschlagsliste** (vgl. auch § 15 Abs. 5 Nr. 2 WO) wie auch nach dem bis zur Novellierung 2001 geltenden Gruppenprinzip (dazu 7. Aufl. Rn. 26 ff.). Damit führt die Anwendung der Minderheitsquote bei Listen- und Mehrheitswahl prinzipiell zu gleichen Lösungen i. S. d. Minderheitsgeschlechts. Im Übrigen folgt die Anwendung der Minderheitsquote bei Ausscheiden und Vertretung eines BR-Mitglieds der Anwendung dieser Quote bei der Wahl selbst (vgl. § 15 Rn. 5 ff. sowie § 15 WO). Haben infolge von § 15 Abs. 2 alle Bewerber eines Minderheitsgeschlechts einen Sitz erhalten, von denen einer ausscheidet oder verhindert ist, kann durch das Nachrücken die Minderheitsquote unterschritten werden. Das Ersatzmitglied ist der Vorschlagsliste zu entnehmen, auf die nach den Grundsätzen der Verhältniswahl der nächste Sitz entfallen wäre.[96] Rücken mehrere Mitglieder hintereinander nach, bestimmt sich jeder einzelne Vorgang nach vorst. Grundsätzen. Wird die Minderheitenquote erst durch gleichzeitiges Nachrücken mehrerer Mitglieder unterschritten (z. B. Abwesenheit von einer BR-Sitzung infolge derselben Dienstreise), gilt § 15 WO entsprechend (vgl. dort Rn. 6 f.).[97]

2. Mehrheitswahl

32 Bei **Mehrheitswahl** (nur eine Vorschlagsliste) rückt für das verhinderte oder ausgeschiedene BR-Mitglied das nächste Ersatzmitglied in den BR ein. Wäre mit dem Nachrücken eines andersgeschlechtlichen Ersatzmitglieds ein Minderheitsgeschlecht nicht mehr mindestens anteilmäßig im BR vertreten, rückt das nächste dem Minderheitsgeschlecht angehörige Ersatzmitglied – soweit vorhanden – nach. Bei einem einköpfigen BR kommen keine Quoten zur Anwendung.

3. Gemeinsamer Betrieb

33 Nach vorst. Grundsätzen richtet sich auch das Nachrücken im gemeinsamen Betrieb. Dies kann im Einzelfall dazu führen, dass sich die Zahl der auf ein einzelnes UN anfallenden BR-Mitglieder verändert.

---

96 Richardi-*Thüsing*, Rn. 18; *ArbG Köln* 12.11.14 – 17 BV 296/14, juris: Übererfüllung der Minderheitsquote infolge des Nachrückvorgangs unbeachtlich, deshalb keine Korrektur des Listensprungs; a. A. *LAG Nürnberg* 13.5.04 – 5 TaBV 54/03, AuR 04, 317: letzter Bewerbertausch rückgängig zu machen.

97 *LAG Berlin-Brandenburg* 25.7.17 – 7 TaBV 358/17, nachgehend *BAG* 21.8.2018 – 7 ABR 47/17, Einstellung.

IV. Besonderheiten in Postunternehmen

Besondere Bestimmungen gelten für die privatisierten Post-UN Dt. Post AG, Dt. Postbank AG, Dt. Telekom AG. Die dort beschäftigten Beamten gelten nach § 24 Abs. 2 PostPersRG für die Anwendung des BetrVG als AN. Die bis zum **BetrVerf-ReformG** erforderliche Aufteilung der Beamten in Zuordnungs- bzw. Funktionsgruppen (Arbeiter/Angestellte; hierzu 7. Aufl., Rn. 32 ff.) ist mit der Aufgabe des Gruppenprinzips in diesem Gesetz entfallen. Die Beamten bilden allerdings nach § 26 Nr. 1 PostPersRG bei der BR-Wahl eine eigene Gruppe, falls sie nicht mehrheitlich vor der Wahl in geheimer Abstimmung hierauf verzichten (ausführlich § 14 Rn. 37 f.). **34**

§ 26 Satz 1 PostPersRG verweist bezüglich der Wahl und Zusammensetzung des BR sowie seiner Ersatzmitglieder mit einzelnen Maßgaben auf das BetrVG, damit auch auf § 25. Für das Nachrückverfahren legt § 26 Nr. 7 PostPersRG fest: **35**

Ist der BR in gemeinsamer Wahl gewählt, bestimmt sich das Nachrücken von Ersatzmitgliedern nach § 25 BetrVG unter Berücksichtigung der Grundsätze der Nr. 2.

Nach Nr. 2 dieser Vorschrift müssen AN und Beamte entspr. ihrem zahlenmäßigen Verhältnis im BR vertreten sein, wenn dieser aus mindestens 3 Mitgliedern besteht. Wie bei der Wahl sind damit auch für die Auswahl der Ersatzmitglieder die **Beamtenquote** und die **Minderheitsquote** maßgeblich. Dem Wahlergebnis kommt hierfür in der Praxis nur geringe Bedeutung zu.

Die Voraussetzungen (Ausscheiden oder zeitweilige Verhinderung von AN oder Beamten) gestalten sich nach allgemeinen Grundsätzen (vgl. Rn. 13–27). Für die **Bestimmung des nachrückenden BR-Mitglieds** wird wiederum zwischen Gruppen- und gemeinsamer Wahl, Verhältnis- und Mehrheitswahl unterschieden: **36**

- Bei Gruppen- und Verhältniswahl (mehrere Listen) rückt der nächste anstehende Bewerber aus derselben Beamtenliste wie das zu ersetzende BR-Mitglied nach. Enthält die Liste keinen weiteren Beamtenbewerber, rückt der erste Beamtenbewerber aus der nächsten zu berücksichtigenden Liste nach.
- Bei Gruppen- und Mehrheitswahl (nur eine Liste) rückt der nächste Beamtenbewerber nach.
- Bei Gemeinschafts- und Verhältniswahl rückt der nächstfolgende Beamtenbewerber derselben Liste nach. Enthält die Liste keinen Beamtenbewerber, rückt der erste Beamtenbewerber aus der nächsten zu berücksichtigenden Liste nach.
- Bei Gemeinschafts- und Mehrheitswahl rückt der nächste Beamtenbewerber, ansonsten der nächste Bewerber nach.
- Für den Fall der gruppenfremden Kandidatur bestimmt § 26 Nr. 4a, dass die Gewählten insoweit als Angehörige der Gruppe gelten, die sie gewählt hat. Dies gilt auch für *Ersatzmitglieder* (Satz 3), was der Formulierung des bis zum Jahr 2001 geltenden § 24 Abs. 2 BetrVG entspricht. Der gruppenfremd kandidierende Wahlbewerber wird auch als Ersatzmitglied der anderen Gruppe zugerechnet und rückt ggf. für diese in den BR nach (vgl. auch § 14 Rn. 37).

Die so getroffene **Auswahl** der Ersatzmitglieder ist sodann in allen Varianten **nach Maßgabe des § 15 Abs. 2 zu korrigieren,** wenn andernfalls eine Minderheitsgruppe infolge des Vorgangs der Vertretung bzw. des Nachrückens nicht mehr mind. anteilig im BR vertreten wäre (vgl. Rn. 30). Die Minderheitsquote ist nach § 15 Abs. 2 i. V. m. §§ 4 I 2 und 6 IV WO Post nicht auf die Belegschaft und auf den BR zu beziehen, sondern getrennt auf Beamte oder AN. Würde durch den Vertretungsfall eine Minderheitsquote unterschritten und ist die jeweilige Liste hinsichtlich des Minderheitsgeschlechts erschöpft, ist das nächste Ersatzmitglied in o. g. Fällen aus der nächsten Beamtenliste, sodann aus der AN-Liste zu entnehmen.[98] **37**

V. Rechtsstellung und Schutz der nachgerückten Ersatzmitglieder

Bis zu seinem Eintritt in den BR hat das Ersatzmitglied eine Anwartschaft auf einen Sitz im BR (vgl. Rn. 3), jedoch noch nicht die Rechte des BR-Mitglieds. Eine einstweilige Verfügung auf Zutritt ist erst bei Verhinderung des vorrangigen BR-Mitglieds möglich.[99] Es hat noch nicht den **38**

---

98 Vgl. auch § 14 Rn. 37; *Altvater/Hamer/Ohnesorg/Peiseler,* § 26 PostPersRG, Rn. 6, 12.

99 *LAG Hamm* 25.6.04 – 10 TaBV 61/04; GK-*Oetker,* Rn. 67.

Kündigungsschutz nach § 103 BetrVG und § 15 Abs. 1 KSchG, jedoch in den ersten 6 Monaten nach Bekanntgabe des Wahlergebnisses den nachwirkenden Kündigungsschutz von Wahlbewerbern nach § 15 Abs. 3 KSchG. Ferner kann sich die Unwirksamkeit der Kündigung aus § 78 BetrVG und § 134 BGB ergeben.[100] Ausschlussverfahren nach § 23 Abs. 1 scheiden mangels Rechtsschutzbedürfnisses aus.

39 Das zeitweilig oder dauernd in den BR nachrückende Ersatzmitglied hat während der Dauer seiner Vertretung **alle Befugnisse, Rechte und Pflichten** eines BR-Mitglieds.[101] Insbesondere hat es notwendig an den Beratungen und Abstimmungen des BR teilzunehmen.[102] An Weisungen des originären BR-Mitglieds ist es nicht gebunden. Ihm stehen alle Schutzrechte eines BR-Mitglieds zu, z. B. der **besondere Kündigungsschutz** nach § 15 KSchG[103] und § 103 BetrVG,[104] das Antragsrecht des Azubi auf Übernahme in ein Arbeitsverhältnis nach § 78a,[105] das Behinderungs- und Benachteiligungsverbot nach § 78 und der strafrechtliche Schutz nach § 119 Abs. 1 Nr. 3. Der besondere Kündigungsschutz gilt für die gesamte Vertretungszeit, und zwar mit der Arbeitsaufnahme an dem Tag, an dem das BR-Mitglied erstmals verhindert ist, auch wenn das Ersatzmitglied tatsächlich keine BR-Tätigkeit ausübt[106] und die Verhinderung lediglich einen Arbeitstag andauert.[107] Es genügt die Möglichkeit, dass dem Ersatzmitglied BR-Aufgaben zufallen könnten.[108] Dies gilt auch, wenn der Betroffene zur Vertretung eines verhinderten BR-Mitglieds aufgefordert wird, er aber an einer BR-Sitzung nicht teilnimmt, weil sein Vorgesetzter dies ihm wegen »Unabkömmlichkeit« untersagt;[109] wenn sich ein BR-Mitglied krankmeldet und sich später herausstellt, dass das BR-Mitglied nicht arbeitsunfähig krank und unberechtigt der Arbeit ferngeblieben war;[110] wenn sich im Nachhinein herausstellt, dass ein Vertretungsfall nicht vorgelegen hatte; wenn das BR-Mitglied irrtümlich an Stelle eines vorrangigen Nachrückers zu einer BR-Sitzung herangezogen wurde;[111] wenn die BR-Sitzung nicht erforderlich oder unter Verstoß gegen § 30 anberaumt worden war.[112] Ausgeschlossen ist der Schutz nur, wenn der Vertretungsfall durch kollusive Absprachen zum Schein herbeigeführt wird.[113] Die Dauer der Verhinderung und deren Vorhersehbarkeit sind unerheblich.[114] Nicht erforderlich ist, dass das Ersatzmitglied Kenntnis vom Eintritt des Vertretungsfalls hat.[115] Für die Beurteilung, ob dem Ersatzmitglied besonderer Kündigungsschutz zusteht, kommt es auf die Verhältnisse bei Zugang und nicht bei Abgabe der Kündigungserklärung an.[116]

40 Der besondere Kündigungsschutz kann sich zugunsten eines Ersatzmitglieds bereits **vor Eintritt in den BR** aus der Schutzvorschrift des § 78 ergeben, die jede Benachteiligung auch eines Ersatzmitglieds (vgl. § 78 Rn. 7) wegen seiner (zu erwartenden) Tätigkeit untersagt.[117] So ist eine Kündigung mit dem Ziel, das Eintreten eines Ersatzmitglieds in den BR zu verhindern, als Verstoß gegen § 78 i. V. m. § 134 BGB nichtig.[118] Der besondere Kündigungsschutz greift zu-

100 Vgl. § 78 Rn. 26, 29 f.; so auch ErfK-*Koch*, Rn. 8; *Fitting*, Rn. 8.
101 *BAG* 8.9.11 – 2 AZR 388/10, AuR 12, 180; 15.4.14 – 1 ABR 2/13 (B), AuR 14, 247; Richardi-*Thüsing*, Rn. 26, 30; *GL*, Rn. 6.
102 *BAG* 15.4.14 – 1 ABR 2/13 (B), BAGE 148, 26–41, Rn. 31.
103 Hierzu *Uhmann*, NZA 00, 576 ff.; *Kröll*, AiB 10, 589 ff.
104 Dazu ausführlich § 103, Rn. 20 ff.
105 Nachw. unter § 78a, Rn. 7.
106 *BAG* 8.9.11 – 2 AZR 388/10, AuR 12, 180.
107 *LAG Niedersachsen* 14.5.87, AuR 89, 287.
108 *BAG* 8.9.11 – 2 AZR 388/10, AuR 12, 180.
109 *LAG Brandenburg* 25.10.93 – 53 Sa 425/93, AiB 94, 415; 9.6.95 – 5 Sa 205/95, LAGE § 15 KSchG Nr 12.
110 *BAG*, a. a. O.
111 *ArbG Potsdam* 29.4.15 – 4 Ca 271/15.
112 *ArbG Hamburg* 3.6.08 – 25 Ca 52/08, AiB-Newsletter 2008 Nr. 10.
113 *BAG* 8.9.11 – 2 AZR 388/10, AuR 12, 180; 12.2.04 – 2 AZR 163/03, EzA KSchG § 15 Nr. 56.
114 *LAG Niedersachsen*, a. a. O.
115 *BAG* 8.9.11 – 2 AZR 388/10, AuR 12, 180; *Uhmann*, NZA 00, 577.
116 *BAG* 8.9.11 – 2 AZR 388/10, AuR 12, 180; bestätigt 27.9.12 – 2 AZR 955/11, AuR 13, 181; a. A. *LAG Düsseldorf* 9.11.11 – 12 Sa 956/11, Vorinstanz: Abgabe der Erklärung.
117 *Fitting*, Rn. 8; GK-*Oetker*, Rn. 78.
118 *BAG* 13.10.77 – 2 AZR 387/76, AP Nr. 1 zu § 1 KSchG 1969 Verhaltensbedingte Kündigung (Anm. *Pfarr*); *Fitting*, GK-Oetker, a. a. O.; Richardi-*Thüsing*, Rn. 31; *ders.*, § 78, Rn. 22.

gunsten eines Ersatzmitglieds vor Eintritt in den BR auch dann ein, wenn der Verhinderungsfall noch nicht vorliegt, das Ersatzmitglied sich jedoch z. B. auf eine BR-Sitzung vorbereitet, an der es wegen Verhinderung, z. B. Urlaub eines BR-Mitglieds, teilnehmen muss. In diesem Fall tritt der Kündigungsschutz vom Tag der Ladung zur Sitzung ein. Als Vorbereitung hielt das *BAG* i. d. R. 3 Arbeitstage für ausreichend.[119] Den besonderen Kündigungsschutz verliert das Ersatzmitglied nicht, wenn bei ihm selbst eine Verhinderung eintritt und die Dauer im Vergleich zur voraussichtlichen Dauer der Vertretung unerheblich ist.[120] Nach *LAG Hamm*[121] gilt dies auch für das am Tage des Nachrückens und danach langfristig erkrankte nachgerückte BR-Mitglied.

Der **nachwirkende Kündigungsschutz** gem. § 15 Abs. 1 Satz 2 KSchG gilt ebenfalls für Ersatzmitglieder, die stellvertretend für zeitweilig verhinderte BR-Mitglieder dem BR angehört haben.[122] Er gilt jeweils für ein Jahr. Die Frist beginnt am Tag nach Ablauf des Vertretungszeitraums. Der nachwirkende Kündigungsschutz setzt nicht voraus, dass das Ersatzmitglied konkrete Vertretungsaufgaben wahrgenommen hat.[123] Diese Konsequenz ergibt sich schon aus der Gleichwertigkeit des Kündigungsschutzes während der Zeit des Nachrückens und während der Nachwirkung. § 15 Abs. 1 Satz 1 und 2 KSchG treffen insofern keine qualitative Unterscheidung. Gleichwohl hat der *2. Senat* des *BAG* im klaren Gegensatz zum Schutz während des Nachrückens einen nachwirkenden Kündigungsschutz für den Fall verneint, dass das Ersatzmitglied bewusst rechtswidrig nicht zu BR-Sitzungen geladen wurde und allein deshalb keine Aktivitäten ausüben konnte. Etwas anderes käme allenfalls in Betracht, wenn der AG den Fehler in der Amtsführung des BR-Vorsitzenden bewusst veranlasst oder mit diesem kollusiv zusammengewirkt habe.[124] Regelmäßig wird sich dies nur schwer beweisen lassen. Diese Rspr. ist nicht konsistent.[125] Der nachwirkende Schutz ist nicht davon abhängig, dass der AG bei Ausspruch der Kündigung von der Vertretung Kenntnis hat. Er entfällt auch nicht, wenn sich im Nachhinein herausstellt, dass ein Vertretungsfall nicht vorgelegen hat.[126] Ausgeschlossen ist der Schutz des § 15 KSchG nur, wenn der Vertretungsfall durch kollusive Absprachen zum Schein herbeigeführt wird oder das Ersatzmitglied weiß oder sich ihm aufdrängen muss, dass kein Vertretungsfall vorliegt.[127] Das ist noch nicht der Fall, wenn ein rechtswidrig außerordentlich gekündigtes Ersatzmitglied zu einer BR-Sitzung geladen wird und über die erste a. o. Kündigung erst später entschieden wird.[128] Andernfalls bestünde die Gefahr, dass AG zunächst über eine a. o. Kündigung die Möglichkeit des zeitweiligen Nachrückens und damit den Schutz des § 15 KSchG beseitigen und anschließend eine ordentliche Kündigung erklären könnten. Um Unklarheiten zu vermeiden, empfiehlt es sich, dem AG jeweils anzuzeigen, in welchem Zeitraum welches Ersatzmitglied verhinderte BR-Mitglieder vertreten hat. Im Streitfall muss das Ersatzmitglied darlegen und beweisen, dass es zeitweilig als BR-Mitglied amtiert hat. Der BR kann ein Ersatzmitglied zu einer **Schulungsveranstaltung** entsenden, wenn dies im Einzelfall zur Gewährleistung der Arbeitsfähigkeit des BR erforderlich ist.[129] 41

119 *BAG* 17.1.79, AP Nr. 5 zu § 15 KSchG 1969; *Fitting*, a. a. O.; GK-*Oetker*, a. a. O.; *Uhmann*, NZA 00, 577; a. A. offenbar *HWGNRH*, Rn. 17.
120 *BAG* 9.11.77, AP Nr. 3 zu § 15 KSchG 1969; *Fitting*, Rn. 9; Richardi-*Thüsing*, Rn. 31.
121 *LAG Hamm* 9.2.94, LAGE § 25 BetrVG Nr. 3.
122 *BAG* 12.2.04 – 2 AZR 163/03, EzA KSchG § 15 Nr. 56; zum Ersatzmitglied des nach § 3 Abs 1 Nr. 1 – 3 gebildeten BR *BAG* 27.6.19 – 2 AZR 38/19, AuR 19, 482.
123 Vgl. *LAG Brandenburg* 9.6.95 – 5 Sa 205/95; *Uhmann*, NZA 00, 578; KR-*Etzel*, § 103 Rn. 49 und § 15 KSchG Rn. 65a; a. A. GK-*Oetker*, Rn. 82, der aber auch Vorbereitungshandlungen genügen lässt.
124 *BAG* 19.4.12 – 2 AZR 233/11, NJW 12, 3704; ablehnend dazu auch *Wulff*, AiB 13, 665.
125 Vgl. dazu die zit. gegenteilige Aussage für die Zeit des Nachrückens in *BAG* 8.9.11 – 2 AZR 388/10, AuR 12, 180.
126 *BAG* 12.2.04 – 2 AZR 163/03, a. a. O. m. w. N. *LAG Hamm* 15.4.16 – 13 Sa 1364/15, ArbR 16, 409.
127 *BAG* 8.9.11 – 2 AZR 388/10, AuR 12, 180; 12.2.04 – 2 AZR 163/03, a. a. O.; *LAG Köln* 14.7.04 – 7 Sa 108/04, AuR 05, 236.
128 *LAG Hamm* 15.4.16 – 13 Sa 1364/15, ArbR 16, 409.
129 *BAG* 19.9.01 – 7 ABR 32/00, AP Nr. 9 zu § 25 BetrVG 1972; a. A. Richardi-*Thüsing*, Rn. 33; ausführlich § 37 Rn. 145 ff.

42 Nach Auffassung des *BAG*[130] sind vorübergehend eingesetzte, inzwischen aber wieder ausgeschiedene Ersatzmitglieder im Zeitraum des nachwirkenden Kündigungsschutzes nur nach § 15 KSchG, nicht aber nach § 103 geschützt, so dass eine Kündigung nach § 626 BGB nicht der Zustimmung des BR bedarf (vgl. auch § 103 Rn. 20 ff.). Von da aus kommt es darauf an, wann sie wieder aus dem BR ausgeschieden sind. Dies richtet sich nach der Dauer der Verhinderung, ist also nicht gleichzusetzen etwa mit einer BR-Sitzung, an der das Mitglied teilgenommen hat. Ein späterer Zeitpunkt kann maßgeblich sein, wenn etwa das Ersatzmitglied gemäß der Beschlussfassung des BR für diesen nach der Sitzung weitere Aufgaben zu erledigen hat. Auch im Nachwirkungszeitraum kann einem BR-Mitglied nach § 15 KSchG i. V. m. § 626 Abs. 1 BGB nur dann außerordentlich gekündigt werden, wenn dem AG bei einem vergleichbaren Nicht-BR-Mitglied dessen Weiterbeschäftigung bis zum Ablauf der einschlägigen ordentlichen Kündigungsfrist unzumutbar wäre.).[131]

43 Der Schutz vor finanziellen Nachteilen nach § 37 Abs. 4 BetrVG steht dem Ersatzmitglied ab dem erstmaligen Nachrücken in den BR zu. Rückt es noch nicht endg. sondern nur zeitweise nach, stellt das *BAG* jedenfalls dann auf die Gehaltsentwicklung der Vergleichspersonen im Zeitraum ab erstmaligem Nachrücken ab, wenn nach Beendigung des Verhinderungsfalls unter Einbeziehung des nachwirkenden einjährigen Schutzes nach § 37 Abs 4 S 1 BetrVG ein durchgehender Schutzzeitraum bestand.[132] Ein in der Berufsbildung befindliches Ersatzmitglied des BR oder der JAV hat den **Schutz des § 78a,** ist also berechtigt, den Antrag auf Übernahme nach § 78a Abs. 2 und 3 zu stellen, wenn es zum Zeitpunkt der Antragsstellung endgültig nachgerückt ist oder innerhalb eines Jahres vor erfolgreichem Abschluss der Berufsausbildung ein Mitglied des BR oder der JAV vertreten hat.[133]

VI. Streitigkeiten

44 Streitigkeiten über das Nachrücken und die Reihenfolge des Nachrückens von Ersatzmitgliedern sind vom **ArbG im Beschlussverfahren** zu entscheiden (§§ 2a, 80 ff. ArbGG). Entsprechendes gilt für Streitigkeiten über die Rechtswirksamkeit von Beschlüssen des BR, an denen ein Ersatzmitglied mitgewirkt hat. Die Streitfragen können aber auch in einem **Urteilsverfahren** als Vorfrage entschieden werden, z. B. in einem Kündigungsrechtsstreit, wenn der AG den besonderen Kündigungsschutz im Hinblick auf § 15 KSchG bestreitet. Zieht hier ein AG lediglich in Zweifel, dass der kl. AN zu einer Betriebsratssitzung ordnungsgemäß als Ersatzmitglied hinzuzuziehen war, ist dies unbeachtlich. Die Äußerung von Zweifeln ist kein ordnungsgemäßes Bestreiten. Es ist nicht erforderlich, dass der AN hinreichend darlegt, dass er als Ersatzmitglied hinzuzuziehen war. Da dem AG nach § 18 Abs. 3 eine Abschrift der Wahlniederschrift zu übersenden ist, sind ihm Wahlergebnis und Listenplatz des AN bekannt. Da er an Hand seiner Unterlagen ohne weiteres feststellen kann, ob die vorstehenden BR- und ggf. Ersatzmitglieder verhindert waren, ist eine substantiierte Einlassung möglich, ob der AN zu Recht als Ersatzmitglied zu einer BR-Sitzung hinzugezogen wurde.[134] Haben an einer BR-Sitzung mehr als die erforderliche Anzahl von Ersatzmitgliedern teilgenommen und bestreitet der AG substantiiert den Vertretungsfall, hat der AN dessen Voraussetzungen darzulegen.[135] Sind BR-Mitglieder als Beteiligte eines Beschlussverfahrens nach der Neuwahl des BR nur noch Ersatzmitglieder, sind deren Antragsbefugnis und -stellung infolge Änderung des Sachverhalts neu zu überprüfen.[136] Nach *HessLAG*[137] begründet Abs. 2 kein eigenes gerichtlich durchsetzbares Kontrollrecht eines einzelnen (anderen) BR-Mitglieds hinsichtlich der Ladung von Ersatzmitgliedern zur BR-Sitzung, da es nicht in einer eigenen betriebsverfassungsrechtlichen

---

130 *BAG* 18. 5. 06 – 6 AZR 627/05, AuR 06, 333; 5. 11. 09 – 2 AZR 487/08, AuR 10, 225.
131 *BAG* 15. 3. 01 – 2 AZR 624/99, EzA § 15 KSchG Nr. 52, Rn. 17; *LAG MV* 18. 8. 21 – 3 Sa 6/21, FA 2021, 351.
132 *BAG* 21. 2. 18 – 7 AZR 496/16, AuR 18, 439.
133 *BAG* 17. 2. 10 – 7 ABR 89/08, AuR 10, 135; *Fitting*, Rn. 12; vgl. auch § 78a Rn. 7.
134 *LAG Hamburg* 31. 7. 07 – 2 Sa 13/07, AuR 08, 121.
135 *LAG Bremen* 5. 9. 08 – 4 Sa 110/08, AuR 08, 363.
136 *BAG* 27. 7. 16 – 7 ABR 16/14, AuR 16, 523.
137 *HessLAG* 26. 3. 18 – 16 TaBV 215/17, LAGE § 40 BetrVG 2001 Nr 29.

Rechtsposition betroffen ist. Soll das Arbeitsverhältnis des einzigen BR-Mitglieds gekündigt werden und fehlt ein gewähltes Ersatzmitglied, hat der AG analog § 103 Abs 2 BetrVG unmittelbar im Beschlussverfahren die Zustimmungsersetzung einzuholen. Ein beteiligungsfähiger BR existiert nach Auffassung des *BAG* in diesem Fall nicht. Das betroffene – einzige – BR-Mitglied kann danach wegen rechtlicher Verhinderung i. S. v. § 25 Abs 1 S 2 BetrVG aufgrund seiner Selbstbetroffenheit nicht beteiligt werden.[138]

Dritter Abschnitt
Geschäftsführung des Betriebsrats

§ 26 Vorsitzender

(1) Der Betriebsrat wählt aus seiner Mitte den Vorsitzenden und dessen Stellvertreter.
(2) Der Vorsitzende des Betriebsrats oder im Fall seiner Verhinderung sein Stellvertreter vertritt den Betriebsrat im Rahmen der von ihm gefassten Beschlüsse. Zur Entgegennahme von Erklärungen, die dem Betriebsrat gegenüber abzugeben sind, ist der Vorsitzende des Betriebsrats oder im Fall seiner Verhinderung sein Stellvertreter berechtigt.

Inhaltsübersicht Rn.

I. Vorbemerkungen

Die Vorschrift regelt die **organisatorische Gestaltung** des BR, der aus mehreren Mitgliedern besteht. Sie verpflichtet zur Wahl eines Vorsitzenden und stellvertretenden Vorsitzenden **(Abs. 1).** Außerdem beschreibt sie die Stellung des BR-Vorsitzenden und seines Stellvertreters sowohl für die Abgabe als auch für die Entgegennahme von Erklärungen **(Abs. 2).** Die Regelung des Abs. 1 ist **zwingend.**[1] 1

Die Vorschrift gilt in vollem Umfang für den **GBR** (§ 51), den **KBR** (§ 59), die **JAV** (§ 65), **GJAV** (§ 73), die **KJAV** (§ 73 b), die **Bordvertretung** (§ 115) und den **See-BR** (§ 116 Abs. 3). Für die **tarifvertraglichen Sondervertretungen** nach § 3 Abs. 1 Nrn. 1 und 2 sind abweichende Regelungen durch TV (ausnahmsweise auch durch BV) zulässig.[2] 2

Der **DGB-Entwurf** für ein modernes Betriebsverfassungsgesetz[3] belässt die Vorschrift inhaltlich unverändert. 2a

138 *BAG* 25.4.18 – 2 AZR 401/17, NJW 18, 2659.

1 GK-*Raab*, Rn. 3.
2 *Fitting*, Rn. 3; a. A. Richardi-*Thüsing*, Rn. 10.
3 AuR Sonderausgabe April 2022, S. 20.

II. Wahl des Vorsitzenden und des stellvertretenden Vorsitzenden

1. Allgemeine Grundsätze

3 Jeder BR mit mindestens drei Mitgliedern muss aus seiner Mitte einen Vorsitzenden und einen stellvertretenden Vorsitzenden wählen (zu einköpfigen BR in **Kleinbetrieben** vgl. § 9 Rn. 24f.). Es ist nicht automatisch gewählt, wer bei einer Mehrheitswahl die meisten Stimmen erhalten hat oder bei einer Verhältniswahl Listenführer der erfolgreichsten Liste war. Die Wahl ist eine **gesetzliche Pflichtaufgabe** des BR. Wird sie pflichtwidrig nicht vorgenommen, kann dies gemäß § 23 zur Auflösung des BR führen.[4] Die Wahl kann weder auf den Betriebsausschuss (§ 27) noch auf einen anderen Ausschuss (§ 28) oder eine Arbeitsgruppe (§ 28 a) übertragen werden.[5] Eine Ersatzbestellung durch das ArbG kommt mangels gesetzlicher Grundlage nicht in Betracht,[6] wobei es gleichgültig ist, warum eine Wahl nicht zustande gekommen ist.[7]

4 Der in der Rspr.[8] und der überwiegenden Literatur[9] vertretenen Auffassung, dass der AG Verhandlungen mit dem BR so lange verweigern kann, bis dieser einen Vorsitzenden gewählt hat, ist nicht zu folgen.[10] Entsprechendes gilt bezüglich eines **Insolvenzverwalters,** der Verhandlungen während dieser Zeit ebenfalls nicht verweigern kann.[11] Die **Amtszeit des BR beginnt mit** der **Bekanntgabe des Wahlergebnisses** bzw. mit dem Ablauf der Amtszeit des vorherigen BR. Zu diesem Zeitpunkt werden alle mit dem Amt des BR verbundenen Rechte und Pflichten wirksam. Das Gesetz unterscheidet nicht zwischen **Amtsbeginn und »Amtsausübungsbefugnis«.**[12] Eine Beteiligung käme allenfalls dann nicht in Betracht, wenn diese dem AG z. B. nach § 2 Abs. 1 BetrVG, § 242 BGB unzumutbar wäre.[13]

5 Abzulehnen ist die Ansicht, dass ohne Vorsitzende eine BR-Sitzung nicht ordnungsgemäß einberufen werden kann.[14] Der BR kann vielmehr jederzeit ohne besondere Ladung – ggf. durch Absprache untereinander – **zu einer förmlichen Sitzung zusammentreten.**[15] **Voraussetzung** ist, dass alle BR-Mitglieder von der Sitzung wissen.

6 Der **BR** ist **ohne Wahl des Vorsitzenden** und seines Stellvertreters **funktionsfähig** und kann wirksame Beschlüsse fassen sowie Vereinbarungen mit dem AG treffen.[16] Dies gilt jedenfalls, wenn die Konstituierung des BR nach Beginn seiner Amtszeit nicht unverhältnismäßig lange hinausgezögert wird bzw. hierbei innerhalb der Wochenfrist des § 29 Abs. 1 bleibt. Die entgegenstehende Auffassung des *BAG*[17] ist abzulehnen, weil sie dem AG unter Umgehung der Beteiligungsrechte des BR die Möglichkeit eröffnet, noch schnell vor der Konstituierung personelle Entscheidungen zu Lasten unbequemer AN, zu treffen.[18] Aber selbst wenn man dieser

---

4 *Fitting,* Rn. 6; GK-*Raab,* Rn. 5; HWGNRH-*Glock,* Rn. 5.
5 Richardi-*Thüsing,* Rn. 2a; GK-*Raab,* a. a. O.
6 HWGNRH-*Glock,* Rn. 6.
7 *Fitting,* a. a. O.; GK-*Raab,* a. a. O.; *GL,* Rn. 5.
8 *BAG* 23.8.84, AP Nr. 36 zu § 102 BetrVG 1972; *LAG Düsseldorf* 24.6.09 – 12 Sa 336/09, AuR 09, 52; *ArbG Mainz,* 25.9.97, AiB 98, 469 mit ablehnender Anm. *Grimberg*; *LAG Hamm* 20.5.99 – 4 Sa 1989/98, ZInsO 99, 362.
9 *Fitting,* Rn. 7; Richardi-*Thüsing,* Rn. 1; *GL,* Rn. 4; HWK-*Reichold,* Rn. 2; HaKo-BetrVG/*Wolmerath,* Rn. 3; HWGNRH-*Glock,* Rn. 2; ErfK-*Koch,* Rn. 1.
10 So auch GK-*Wiese,* Rn. 6; *Wiese,* Anm. zu EzA § 102 BetrVG 1972 Nr. 59; *Matusche,* AiB 2011, 251 ff.
11 A. A. *LAG Hamm,* a. a. O.
12 So aber *BAG,* a. a. O., das eine Anhörungspflicht des AG nach § 102 Abs. 1 für nicht gegeben ansieht, solange sich der BR nicht konstituiert hat; in diesem Sinne auch *LAG Berlin* 27.11.86, DB 87, 2206. Ls.; *LAG Hamm,* a. a. O. für das »Beteiligungsverfahren« nach § 99; *ArbG Mainz,* a. a. O.; wie hier GK-*Raab,* a. a. O.
13 GK-*Raab,* a. a. O.
14 So aber *BAG* 23.8.84, AP Nr. 30 zu § 102 BetrVG 1972; Richardi-*Thüsing,* Rn. 1; HWGNRH-*Glock,* Rn. 2.
15 Ebenso *BAG* 28.9.83, AP Nr. 1 zu § 21 BetrVG 1972; GK-*Raab,* Rn. 6; vgl. aber auch § 29 Rn. 14 ff.
16 Ebenso GK-*Raab,* Rn. 6.
17 23.8.84, AP Nr. 36 zu § 102 BetrVG 1972; zur Literatur vgl. *v. Hoyningen-Huene,* § 9 I a; HWK-*Reichold,* Rn. 2.
18 Vgl. hierzu den Tatbestand *BAG* 23.8.84, a. a. O.

BAG-Entscheidung folgte, bleibt der AG nach § 2 Abs. 1 verpflichtet, mit der Einleitung eines Beteiligungsverfahrens nach § 99 Abs. 1, § 102 Abs. 1 bis zur Konstituierung zu warten.[19]

2. Wahl

Die Wahl des Vorsitzenden und stellvertretenden Vorsitzenden erfolgt in der **konstituierenden Sitzung.**[20] Diese wird gemäß § 29 Abs. 1 vor Ablauf einer Woche nach dem Wahltag vom WV einberufen und von dessen Vorsitzenden geleitet, bis der BR aus seiner Mitte einen Wahlleiter bestellt hat (vgl. im Übrigen § 29 Rn. 2 ff.). Besondere Wahlvorschriften bestehen nicht. Der BR kann unter Beachtung gesetzlicher Bestimmungen Grundsätze beschließen und ggf. in einer Wahlordnung festlegen. Die Wahl kann geheim oder offen, durch Handaufheben und u. U. sogar durch Zuruf erfolgen, solange der Wahlleiter einwandfrei feststellen kann, wer gewählt worden ist.[21] Auf Verlangen eines BR-Mitglieds muss eine geheime Abstimmung erfolgen.[22] Nur so kann die Wahlfreiheit der einzelnen BR-Mitglieder garantiert werden.[23] 7

Die Wahl von Vorsitzenden oder von stellvertretenden Vorsitzenden in der konstituierenden Sitzung eines neu gewählten Betriebsrats muss **immer in einer Präsenzsitzung** erfolgen.[24] Die Durchführung einer konstituierenden Sitzung des BR in einer **Video- und Telefonkonferenz** ist ausgeschlossen, weil zu diesem Zeitpunkt die nach § 30 Abs. 2 Nr. 1 zwingend erforderliche **Verankerung** dieser Möglichkeit **in der Geschäftsordnung** per Beschluss des Gremiums noch nicht erfolgt sein kann (vgl. § 30 Rn. 35 ff.). Etwas anderes gilt für erneute Wahlen, die etwa nach einem Rücktritt in der laufenden Amtszeit erfolgen. Diese können beim Vorliegen entsprechender Regelungen in der GO unter den in § 30 Abs. 2 genannten Voraussetzungen mittels Video- oder Telefonkonferenzen bzw. in entsprechenden hybriden Varianten durchgeführt werden. Die Durchführung geheimer Wahlen, die von einzelnen BR-Mitgliedern beantragt werden kann, ist in diesem Format allerdings nicht möglich, weil der hierfür notwendige Schutz des Wahlgeheimnisses aus technischer Sicht nicht gegeben ist. Diese Situation könnte sich künftig ändern, wenn »Wahlsoftware« zur Verfügung steht, die eine geheime Online-Abstimmung ermöglicht. 7a

Wahlberechtigt sind alle BR-Mitglieder und damit auch die Kandidaten, da es sich nicht um eine Abstimmung in einer persönlich unmittelbar betreffenden Angelegenheit handelt.[25] Bei der Wahl muss die **Beschlussfähigkeit** des BR gemäß § 33 Abs. 2 gegeben sein, d. h., wenigstens die Hälfte der BR-Mitglieder muss sich beteiligen. Gibt es bezüglich der Anwesenheit zum Wahlzeitpunkt Unklarheiten, sollte die Beschlussfähigkeit erneut festgestellt und im Protokoll festgehalten werden.[26] Für verhinderte BR-Mitglieder sind **Ersatzmitglieder** einzuladen.[27] Die Mitglieder der **JAV** haben kein Stimmrecht.[28] 8

Da Vorsitzende und stellvertretende Vorsitzende nach Abs. 1 **aus der Mitte des BR** gewählt werden müssen, sind nur Mitglieder des Gremiums **wählbar.** Ein Ersatzmitglied kann erst dann zum Vorsitzenden oder stellvertretenden Vorsitzenden gewählt werden, wenn es endgültig in den BR nachgerückt ist[29] oder für eine längere Zeit ein verhindertes BR-Mitglied vertritt und ein endgültiges Nachrücken absehbar ist. 9

---

19 Vgl. *BAG* 28.9.83, AP Nr. 1 zu § 21 BetrVG 1972; *LAG Rheinland-Pfalz* 19.2.09 – 11 TaBV 29/08; ähnlich *Fitting*, Rn. 7; GK-*Raab*, Rn. 6; a. A. *BAG* 23.8.84, a. a. O.; vgl. auch HWGNRH-*Glock*, Rn. 3.
20 Ausführlich *Wedde*, Konstituierung; *Jansen*, AiB 2014, 40 ff.
21 *Fitting*, Rn. 9; GK-*Raab*, Rn. 10; HWGNRH-*Glock*, Rn. 7.
22 *HaKo-BetrVG/Wolmerath*, Rn. 6; MünchArbR-*Joost*, § 306 Rn. 3; Richardi-*Thüsing*, Rn. 5; *Lichtenstein*, BetrR 87, 7 [9]; HWK-*Reichold*, Rn. 4; a. A. *ArbG Bielefeld* 12.8.98, AiB 99, 341 mit kritischer Anm. *Wedde; Fitting*, a. a. O.; GK-*Raab*, a. a. O. unter Hinweis auf den vom Gesetzgeber abgeschafften Minderheitenschutz; offen *Wurm*, ZBVR 00, 257.
23 Ähnlich MünchArbR-*Joost*, a. a. O.
24 A. A. HaKo-BetrVG/*Wolmerath*, § 29 Rn. 3.
25 Vgl. § 25 Rn. 26; *Fitting*, Rn. 10; GK-*Raab*, Rn. 7; HWGNRH-*Glock*, Rn. 11; Richardi-*Thüsing*, Rn. 2a.
26 HaKo-BetrVG/*Wolmerath*, Rn. 6.
27 *Fitting*, a. a. O.; Richardi-*Thüsing*, a. a. O.; GK-*Raab*, Rn. 9; HWGNRH-*Glock*, Rn. 11.
28 So auch GK-*Raab*, Rn. 7; vgl. auch § 67 Abs. 2.
29 *Fitting*, Rn. 11; GK-*Raab*, Rn. 8; *GL*, Rn. 6; HWGNRH-*Glock*, Rn. 12.

10 Die Wahlen erfolgen jeweils in einem **einheitlichen Wahlgang** aller BR-Mitglieder.[30] Die Nominierung von Gegenkandidaten ist nicht erforderlich.[31] Die Wahl des stellvertretenden Vorsitzenden erfolgt in einem **gesonderten Wahlgang.**[32] Es ist nicht etwa derjenige, der die meisten Stimmen erhalten hat, zum Vorsitzenden und der mit der nächsthöheren Stimmenzahl zum stellvertretenden Vorsitzenden gewählt,[33] es sei denn, der BR beschließt, die Wahl des Vorsitzenden und stellvertretenden Vorsitzenden in einem gemeinsamen Wahlgang durchzuführen, was zulässig ist.[34] Hält der BR dies für sinnvoll, können auch **mehrere Stellvertreter** gewählt werden.[35] Hierbei muss klargestellt werden, in welcher Reihenfolge Vertretungen erfolgen (etwa durch Wahl eines ersten und eines zweiten Stellvertreters). **Gewerkschaftliche Machtverhältnisse** dürfen bei Koalitionsabsprachen darüber, wer Vorsitzender und stellvertretender Vorsitzender wird, berücksichtigt werden.[36] Nicht gesetzlich vorgeschrieben ist die proportionale Berücksichtigung der Geschlechter.[37]

11 Als Vorsitzender oder stellvertretender Vorsitzender ist gewählt, wer jeweils die **meisten Stimmen** auf sich vereinigt. Das Gesetz fordert nicht die absolute Mehrheit für einen Kandidaten; es genügt die einfache.[38] Der BR kann jedoch ein bestimmtes Mindestquorum, z. B. absolute Mehrheit, beschließen.[39] Für den Fall der **Stimmengleichheit** ist im Gesetz keine Regelung vorgesehen, so dass es zweckmäßig sein dürfte, vor der Abstimmung im BR festzulegen, was im Falle der Stimmengleichheit gelten soll. Zu empfehlen ist eine Regelung, wonach in diesem Fall die Wahl zunächst wiederholt wird und bei erneuter Stimmengleichheit ein Losentscheid erfolgt.[40] Diese Regelung hat den Vorteil, dass jeder Abstimmende weiß, dass bei erneuter Stimmengleichheit ein Losentscheid stattfindet. Hat der BR keine Regelung durch Beschluss oder in der GO festgelegt, erfolgt die Auflösung der Pattsituation unmittelbar – ohne weitere Wahlgänge – durch Losentscheid.[41] Über die Wahl ist eine **Niederschrift** (§ 34) aufzunehmen, die vom gewählten Vorsitzenden und zweckmäßigerweise vom Wahlleiter als dem weiteren BR-Mitglied zu unterzeichnen ist.[42] Der Arbeitgeber ist über die gewählten Personen zu informieren.[43]

3. Annahme des Amtes, Amtsniederlegung

12 Eine Verpflichtung, das Amt des Vorsitzenden oder stellvertretenden Vorsitzenden anzunehmen, besteht nicht.[44] Wird die **Annahme des Amtes** verweigert, ist eine erneute Wahl vorzunehmen (vgl. ergänzend Rn. 3 ff.). Die Ablehnung hat keinen Einfluss auf den jeweils anderen

30 Richardi-*Thüsing,* Rn. 2a; *Fitting,* Rn. 12; MünchArbR-*Joost,* § 306 Rn. 3.
31 *BAG* 29. 1. 65, AP Nr. 8 zu § 27 BetrVG; HWGNRH-*Glock,* Rn. 9.
32 *Bopp,* S. 12; HWGNRH-*Glock,* a. a. O.; *Löwisch,* BB 01, 1734 [1739].
33 *Fitting,* a. a. O. HWGNRH-*Glock,* a. a. O.; Richardi-*Thüsing,* Rn. 6.
34 So auch GK-*Raab,* Rn. 13; a. A. *Fitting,* a. a. O.
35 Ähnlich HWK-*Reichold,* Rn. 12.
36 *BAG* 1. 6. 66, AP Nr. 16 zu § 18 BetrVG; GK-*Raab,* Rn. 10; HWGNRH-*Glock,* Rn. 13; einschränkend Richardi-*Thüsing,* Rn. 9; vgl. auch *LAG Bremen* 26. 6. 91 – 2 TaBV 32/90, NZA 92, 422 = AiB 92, 46 mit Anm. *Richter,* das zutreffend darauf verweist, dass gewerkschaftspolitische Differenzen die Übergehung der Minderheitenregelung nicht rechtfertigen.
37 *Fitting,* a. a. O.; Richardi-*Thüsing,* Rn. 10.
38 *Fitting,* Rn. 14; GK-*Raab,* Rn. 11; HWGNRH-*Glock,* Rn. 9.
39 *Bopp,* S. 13; *Fitting,* a. a. O.; ErfK-*Koch,* Rn. 1; jedenfalls für den ersten Wahlgang GK-*Raab,* Rn. 11.
40 Vgl. etwa *LAG Düsseldorf* 10. 8. 88 – 15 TaBV 68/88; *Fitting,* Rn. 15; Richardi-*Thüsing,* Rn. 7; *Lichtenstein,* BetrR 87, 7 [9]; GK-*Raab,* Rn. 12, der allerdings zur Wahlwiederholung den Antrag eines BR-Mitglieds genügen lässt; zu weit HWK-*Reichold,* Rn. 5, der von einer herrschenden Meinung spricht; a. A. HWGNRH-*Glock,* a. a. O., die bei Stimmengleichheit sofort das Los entscheiden lassen wollen.
41 Vgl. *BAG* 26. 2. 87, AP Nr. 5 zu § 26 BetrVG 1972, 15. 1. 92 – 7 ABR 24/91, DB 93, 334 [im Fall des Gruppenvorschlags]; 26. 2. 87, AP Nr. 7 zu § 38 BetrVG 1972 [bei Freistellungen nach § 38]; *Fitting,* Rn. 15; a. A. *LAG Düsseldorf,* a. a. O., das zunächst eine weitere Abstimmung fordert.
42 GK-*Raab,* Rn. 14; *Fitting,* Rn. 17.
43 Vgl. DKWF-*Wedde,* § 26 Rn. 2, 11.
44 *BAG* 29. 1. 65, AP Nr. 8 zu § 27 BetrVG.

gewählten Amtsträger. Die Annahme sowie eine Ablehnung erfolgt formlos gegenüber dem Wahlleiter.[45]

Vorsitzende oder stellvertretende Vorsitzende können das **Amt** jederzeit durch Erklärung gegenüber dem BR **niederlegen.**[46] Die Erklärung der Niederlegung muss klar und eindeutig sein und ist **nicht widerruflich.**[47] Eine Erklärung gegenüber dem AG ist rechtlich unbeachtlich.[48] Die Amtsniederlegung hat auf die Zugehörigkeit zum BR keinen Einfluss. Scheidet ein Vorsitzender oder sein Stellvertreter aus dem BR aus, beinhaltet dies die Amtsniederlegung. 13

4. Dauer der Amtszeit, Abberufung

Die Wahl des Vorsitzenden und stellvertretenden Vorsitzenden erfolgt **für die Dauer** bzw., wenn die Wahl später erfolgt, für **den Rest** der **Amtszeit,**[49] es sei denn, der BR hat eine andere Regelung, z. B. in der Geschäftsordnung, beschlossen. Eine entsprechende Regelung, beispielsweise Wahl für ein Jahr, ist jedoch weder zweckmäßig noch erforderlich, da der BR den Vorsitzenden und/oder stellvertretenden Vorsitzenden jederzeit **abwählen** und dabei auch gewerkschaftliche Machtverhältnisse berücksichtigen kann.[50] 14

Die **Abberufung** von Vorsitzenden oder Stellvertretern kann mit der gem. § 33 erforderlichen Stimmenmehrheit **jederzeit** und ohne besondere Begründung erfolgen.[51] **Nach** der **Abberufung** hat **unverzüglich** eine **Neuwahl** zu erfolgen. Betroffene sind beim Beschluss über die Abberufung stimmberechtigt.[52] Es gelten die gleichen Grundsätze wie bei der Konstituierung des BR (vgl. Rn. 7 ff.). Scheiden Vorsitzende aus der Funktion aus, übernehmen ihre Stellvertreter deren Position bis zur Neuwahl. Stellvertretende Vorsitzende werden nicht automatisch neue Vorsitzenden.[53] **Scheiden Vorsitzende** und deren **Stellvertreter gleichzeitig aus** diesen Ämtern aus, muss, sofern der BR für diesen Fall, z. B. in der Geschäftsordnung, keine Regelung getroffen hat, ein BR-Mitglied, ggf. das dem Lebensalter nach älteste BR-Mitglied[54] oder das BR-Mitglied mit den meisten Stimmen bei der BR-Wahl bzw. mit dem höchsten Listenplatz der Mehrheitsliste, die Initiative zur Neuwahl übernehmen. Scheidet der Vorsitzende oder der stellvertretende Vorsitzende nicht nur aus dem Amt, sondern auch aus dem BR aus, rückt das zuständige Ersatzmitglied endgültig in den BR, aber nicht in das Amt nach (vgl. hierzu § 25). 15

5. Mängel der Wahl

Die **Wahlen** von Vorsitzenden und Stellvertretern sind auf ihre Rechtmäßigkeit hin **gerichtlich überprüfbar.** Für ein derartiges **»Amtsenthebungsverfahren«** gilt die Zweiwochenfrist des § 19 Abs. 2 analog.[55] Anfechtungsberechtigt sind auch im Betrieb vertretene Gewerkschaften[56] und jedes BR-Mitglied,[57] aber nicht der AG, BR und einzelne AN des Betriebs.[58] 16

45 Richardi-*Thüsing*, Rn. 11; HWGNRH-*Glock*, Rn. 15.
46 *Fitting*, Rn. 19; GK-*Raab*, Rn. 25; HWGNRH-*Glock*, Rn. 26; Richardi-*Thüsing*, Rn. 13; ErfK-*Koch*, Rn. 1.
47 *Fitting*, § 26, Rn. 19; ErfK-*Koch*, § 26, Rn. 1; Richardi-*Thüsing*, § 26, Rn. 15; HaKo-BetrVG/*Wolmerath*, Rn. 5.
48 Vgl. auch § 24 Rn. 7; DKWF-*Wedde*, § 26, Rn. 3, 12.
49 § 21; vgl. *Fitting*, Rn. 18; MünchArbR-*Joost*, § 306 Rn. 14.
50 *BAG* 26.1.62, AP Nr. 8 zu § 626 BGB Druckkündigung; *BAG* 1.6.66, AP Nr. 16 zu § 18 BetrVG.
51 *BAG* 26.1.92, AP Nr. 8 zu § 626 BGB Druckkündigung; Richardi-*Thüsing*, Rn. 27; ErfK-*Koch*, Rn. 1; *Fitting*, Rn. 20; GK-*Raab*, Rn. 26; HWGNRH-*Glock*, Rn. 27.
52 GK-*Raab*, a. a. O.; Richardi-*Thüsing*, Rn. 29.
53 HWGNRH-*Glock*, Rn. 30; vgl. im Übrigen Rn. 32 ff.
54 *GL*, Rn. 40; GK-*Raab*, Rn. 28; vgl. auch Rn. 5 f.; § 29 Rn. 7.
55 *BAG* 13.11.91 – 7 ABR 8/91, NZA 92, 944 = AiB 92, 652, 15.1.92 – 7 ABR 24/91, DB 93, 334, 12.10.76, AP Nr. 2 zu § 26 BetrVG 1972; *Fitting*, Rn. 55; GK-*Raab*, Rn. 18; HWGNRH-*Glock*, Rn. 29.
56 *BAG* 12.10.76, a. a. O.; a. A. GK-*Raab*, Rn. 19 m. w. N.
57 *BAG* 13.11.91, a. a. O.
58 *Fitting*, Rn. 56 f.; GK-*Raab*, Rn. 19; HWGNRH-*Glock*, Rn. 23 f.; ausführlich *Krampe*, S. 84 ff.; vgl. im Übrigen Rn. 37 ff.

III. Stellung des Vorsitzenden

17 Vorsitzende vertreten BR im Rahmen der gefassten Beschlüsse. Sie sind nicht Vertreter des BR im Willen, sondern **nur Vertreter in der Erklärung.**[59] Sie sind nicht Bevollmächtigte und nicht allgemeine gesetzliche Vertreter und haben lediglich die vom Gremium in Ausübung gesetzlicher Pflichten und Befugnisse gefassten **Beschlüsse auszuführen.** Hierzu gehört etwa die Übermittlung der Stellungnahme des BR zu einer beabsichtigten Kündigung an den AG.[60] Nur insoweit können Vorsitzende gegenüber AG bindende Erklärungen abgeben, die eine rechtliche Wirkung entfalten können[61], **nicht aber** die BR durch Gesetz zugewiesenen **Befugnisse, Pflichten und Zuständigkeiten ausüben.** Diese können nur vom Gremium selbst bzw. unter bestimmten Voraussetzungen von einem BR-Ausschuss (§§ 27 und 28) wahrgenommen werden.

18 Neben den vorstehenden Aufgaben, den BR im Rahmen der von ihm gefassten Beschlüsse zu vertreten, sowie der Berechtigung zur Entgegennahme von dem BR gegenüber abzugebenden Erklärungen haben Vorsitzende bestimmte **gesetzliche Aufgaben** eigenständig wahrzunehmen, die der BR allerdings durch Einzelbeschlüsse und in der Geschäftsordnung konkretisieren kann, wie z. B.:

- Sitz kraft Amtes im Betriebsausschuss (§ 27 Abs. 1);
- Einberufung der BR-Sitzungen, Festlegung der Tagesordnung für die Sitzungen, Ladung der BR-Mitglieder, der Schwerbehindertenvertretung, des betreffenden Mitglieds der JAV bzw. u. U. der gesamten JAV zu den Sitzungen sowie die Leitung der BR-Sitzungen (§ 29 Abs. 2 und 3);
- Festlegung der Widerspruchsfrist gegen die Durchführung von Video- und Telefonkonferenzen (§ 30 Abs. 2 Nr. 2);
- Erfassung der Teilnahmebestätigungen einzelner BR-Mitglieder bei Video- und Telefonkonferenzen (§ 34 Abs. 1 Satz 4);
- Unterzeichnung der Sitzungsniederschrift (§ 34 Abs. 1);
- Leitung der Betriebsversammlung (§ 42 Abs. 1);
- Teilnahme an Sitzungen und Sprechstunden der JAV, soweit nicht ein anderes BR-Mitglied hiermit beauftragt ist (§§ 65 Abs. 1 und 69);
- Führung der laufenden Geschäfte in BR mit weniger als neun Mitgliedern gemäß § 27 Abs. 3 (vgl. § 27 Rn. 35 ff.).

19 Darüber hinaus kann Vorsitzenden in **BR mit weniger als neun Mitgliedern** die Erledigung der **laufenden Geschäfte** (§ 27 Abs. 3) sowohl durch die Geschäftsordnung des BR als auch durch Beauftragung im Einzelfall übertragen werden.[62]

20 Eine **generelle oder allgemeine Ermächtigung** der Vorsitzenden durch den BR zur selbstständigen Erledigung von betriebsverfassungsrechtlichen Aufgaben ist **unzulässig.** Die Möglichkeit einer solchen Übertragung ist durch die §§ 27 und 28 abschließend geregelt und Vorsitzende werden dort nicht genannt.[63] Dies gilt für alle mitwirkungs- und mitbestimmungspflichtigen Angelegenheiten, z. B. alle Kündigungsfragen,[64] für andere personelle Einzelmaßnahmen[65]

---

59 Vgl. *BAG* 24.5.06 – 7 AZR 20105, DB 07, 696; 17.2.81, AP Nr. 11 zu § 112 BetrVG 1972; Richardi-*Thüsing,* Rn. 32 m. w. N.; a. A. GK-*Raab,* Rn. 31; *Linsenmaier,* FS Wißmann, 378 [380 ff.]; zur Vertretung in eigenen Angelegenheiten vgl. *BAG* 19.3.03 – 7 ABR 15/02, DB 03, 1911; zur Stellung allgemein *Kröll,* AiB 4/21, 32; *Keil,* AiB 08, 402.

60 Vgl. *BAG* 25.5.16 – 2 AZR 345/15, NZA 16, 1140; *Fitting* Rn. 24; allgm. *Britschgi,* AiB 4/22, 15, *Jansen,* AiB 4/22, 10.

61 *Fitting,* Rn. 24; GK-*Raab,* a. a. O.; HWK-*Reichold,* Rn. 9 spricht für diese Fälle von schwebend unwirksamen Erklärungen; HWGNRH-*Glock,* Rn. 35; Richardi-*Thüsing,* Rn. 33; *Linsenmaier,* FS Wißmann, 378 [380]; zur gesetzlichen Vertretung *BAG* 30.9.14 – 1 ABR 32/13, NZA 15, 370.

62 *Fitting,* Rn. 21.

63 GK-*Raab,* Rn. 34; *Fitting,* Rn. 23; HWGNRH-*Glock,* Rn. 36; Richardi-*Thüsing,* Rn. 44; allgemein *Linsenmaier,* FS Wißmann, 378 [383, 385 f.].

64 *BAG* 28.2.74, AP Nr. 2 zu § 102 BetrVG 1972; *LAG Köln* 20.12.83, DB 84, 937; HWGNRH-*Glock,* Rn. 38; *SWS,* Rn. 9.

65 *Fitting,* Rn. 24.

oder für Monatsgespräche nach § 74 Abs. 1.[66] Auch durch ständige **betriebliche Übung** kann die Vertretungsmacht der Vorsitzenden nicht erweitert werden.[67] Nur eine ausdrückliche Genehmigung durch den BR für jeden Einzelfall ist möglich.[68] Die Vertretungsbefugnis der BR-Vorsitzenden besteht grundsätzlich nur im Rahmen der **vom BR gefassten Beschlüsse.**[69] Fehlen notwendige Beschlüsse, entfaltet eine von Vorsitzenden unterschriebene BV keine Wirkung und ist unwirksam.[70]. Ist ein entsprechender Beschluss gefasst, vertreten Vorsitzende den BR auch in eigenen Angelegenheiten, wie etwa der Verweigerung der Zustimmung zu einer personellen Einzelmaßnahme, die sie persönlich betrifft.[71] Im **Rahmen** der gefassten BR-Beschlüsse können Vorsitzender jedoch berechtigt sein, eine Betriebsvereinbarung als Ergebnis einer Einigungsstelle zu unterzeichnen, ohne dass die Sitzung zwecks Beschlussfassung unterbrochen werden muss.[72] Eine Vorsitzenden erteilte Vollmacht zur Beauftragung eines Rechtsanwalts umfasst die Befugnis, eine bereits im Namen des BR vorgenommene Verfahrenseinleitung zu genehmigen.[73] Entsprechende BR-Beschlüsse sind mit Blick auf die grundsätzlich begrenzte Vertretungsbefugnis von BR-Vorsitzenden **eng** auszulegen. Sie haben keine gesetzliche Befugnis Erklärungen für andere BR-Mitglieder abzugeben.[74]

Die in der Literatur[75] anzutreffende Auffassung, dass **BR-Vorsitzenden** dadurch eine gewisse selbstständige **Entscheidungsbefugnis** eingeräumt werden kann, dass der BR für bestimmte Angelegenheiten, z. B. sich häufig wiederholende gleichartige Fälle, im Voraus bindende **Richtlinien** oder **Weisungen** beschließt, ist in dieser allgemeinen Form **abzulehnen.** Im Ergebnis würde diese Kompetenzerweiterung von Vorsitzenden zu einer Aushöhlung der vom **Gesetz** ausschließlich dem BR übertragenen Aufgaben führen, so z. B. über Entscheidungen nach § 87 Abs. 1 Nrn. 2 und 3, §§ 99 und 102.[76] Um allerdings BR-Vorsitzenden bzw. Verhandlungskommissionen bei Gesprächen und Verhandlungen mit dem AG einen gewissen Bewegungsspielraum einzuräumen, ist es zulässig, dass für konkrete Einzelfälle **Vorsorge-, Alternativ-** oder **Grundsatzbeschlüsse** zu fassen.[77] 21

Überschreiten Vorsitzende ihre **Vertretungsbefugnisse,** indem sie etwa eine BV ohne Beschlussfassung des Gremiums unterzeichnen[78] oder gegenüber AG eine Erklärung abgeben, sind diese Handlung für den BR **nicht bindend.** Entsprechendes gilt, wenn ein Beschluss im BR nicht ordnungsgemäß zustande gekommen ist.[79] Durch nachträgliche Zustimmung im Rahmen einer wirksamen Beschlussfassung kann die Unwirksamkeit von Erklärungen der Vorsitzenden nach § 184 BGB geheilt werden.[80] Für eine nachträgliche Zustimmung gibt es 22

---

66 *ArbG Bielefeld* 11.6.08 – 6 BV 3708, 6 BV 37/08, juris; allgemein § 74 Rn. 3.
67 *Fitting,* Rn. 24; bedenklich insoweit *BAG* 28.2.58, AP Nr. 1 zu § 14 AZO mit ablehnender Anm. *Denecke.*
68 Richardi-*Thüsing,* Rn. 43ff.; *Fitting,* a. a. O.
69 *BAG* 15.12.61, AP Nr. 1 zu § 615 BGB Kurzarbeit; 9.12.14 – 1 ABR 19/13, NZA 15, 368; Richardi-*Thüsing,* Rn. 32ff.; *Fitting,* a. a. O.; GK-*Raab,* Rn. 31.
70 Richardi-*Thüsing,* Rn. 45; HaKo-BetrVG/*Wolmerath,* 16; ähnlich *LAG Düsseldorf* 27.4.18 – 10 TaBV 64/17, ArbR 18, 351 = AiB 12/2018, 46; a. A. *LAG Düsseldorf* 16.12.21 – 5 Sa 752/19 für den Fall des Vorliegens einer Rechtsscheinvollmacht.
71 *BAG* 19.3.03 – 7 ABR 15/02, DB 02, 1911; *Fitting,* a. a. O.; GK-*Raab,* Rn. 31.
72 *BAG* 24.2.00 – 8 AZR 180/99, DB 2000, 1287; ähnlich *HaKo-BetrVG/Wolmerath,* Rn. 14 unter Hinweis auf »Vorratsbeschlüsse«.
73 *LAG Berlin* 8.5.09 – 6 TaBV 88/09, BB 09, 1413.
74 So *LAG Schleswig-Holstein* 12.4.05 – 2 TaBV 8/05.
75 Vgl. *Fitting,* Rn. 29; GK-*Raab,* Rn. 35; HWGNRH-*Glock,* Rn. 38; MünchArbR-*Joost,* § 306 Rn. 17; ErfK-*Koch,* Rn. 2; Richardi-*Thüsing,* Rn. 43.
76 Vgl. *Kühner,* S. 29; a. A. *SWS,* Rn. 9; ablehnend zur Kündigung *BAG* 28.2.74, AP Nr. 2 zu § 102 BetrVG 1972.
77 GK-*Raab,* Rn. 36; weitergehend *Linsenmaier,* FS Wißmann, 378 [383f.].
78 *BAG* 8.2.22 – 1 AZR 233/21, NZA 22, 984 (988 Tz. 33) = AuR 23, 209ff. mit Anm. v. *Wedde*; vgl. auch *Corzelius* NZA 22, 1582ff.; 5.3.59, AP Nr. 26 zu § 611 BGB Fürsorgepflicht; 15.12.61, AP Nr. 1 zu § 615 BGB Kurzarbeit; *ArbG Heilbronn* 13.6.89, DB 89, 1897; GK-*Raab,* Rn. 38; HWGNRH-*Glock,* Rn. 38.
79 *Fitting,* Rn. 25.
80 *BAG* 8.2.22 – 1 AZR 233/21 a. A. die Vorinstanz *LAG Düsseldorf* 15.4.21 – 11 Sa 490/20 sowie 16.12.21 – 5 Sa 752/19; vgl. auch 9.12.15 – 1 ABR 19/13, NZA 15, 368, 17.11.10 – 7 ABR 120/09, DB

keine zwingend vorgesehene Ausschlussfrist. Die nachträgliche Beschlussfassung soll ausgeschlossen sein, wenn sie erst nach dem für die Beurteilung eines Sachverhalts maßgeblichen Zeitpunkt erfolgt oder für das vom BR vorzunehmende Rechtsgeschäft eine gesetzliche oder rechtsgeschäftliche Frist besteht.[81] So kann beispielsweise das von BR-Vorsitzenden erklärte Scheitern einer Verhandlung nachträglich genehmigt werden, nicht aber der Besuch einer Schulungs- und Bildungsveranstaltung nach § 37 Abs. 6.[82] Einer rückwirkenden Genehmigung mitbestimmungspflichtiger Maßnahmen, die ohne wirksame BV bzw. ohne anderweitige wirksame Absprache mit dem BR durchgeführt wurden, steht die Theorie der Wirksamkeitsvoraussetzung der Mitbestimmung entgegen. Eine Heilung fehlender rechtzeitiger Beschlussfassungen ist deshalb bei Angelegenheiten der zwingenden Mitbestimmung (etwa nach § 87 Abs. 1) nicht möglich.[83] Die notwendige Genehmigung kann nicht durch eine ständige, vom BR gebilligte, **betriebliche Übung** ersetzt werden.[84] Die Genehmigung einer Vertretungshandlung bedarf eines gemäß § 33 wirksamen Beschlusses des BR. Sie kann damit nicht stillschweigend erfolgen.[85] Ausnahmsweise kann eine nachträgliche **Genehmigung durch konkludentes Verhalten** des BR in Betracht kommen.[86] Eine Bindung an eine Erklärung der Vorsitzenden nach den **Grundsätzen der Rechtsscheinshaftung** oder der **Anscheinsvollmacht** soll nach der Rechtsprechung des BAG nicht bestehen.[87] Sie kommt in engen Grenzen nur in Betracht, wenn der BR in zurechenbarer Weise den Anschein erweckt hat, die Erklärung sei durch einen Beschluss gedeckt, der AG auf diesen Anschein vertraut hat und nach Treu und Glauben darauf vertrauen durfte.[88] Zurechenbar ist der Anschein, wenn der BR als Gremium – nicht nur einzelne BR-Mitglieder[89] – Kenntnis vom eigenmächtigen Verhalten des Vorsitzenden hat und gleichwohl untätig bleibt.[90] Nicht ausreichend ist, dass der BR das Verhalten von Vorsitzenden hätte kennen müssen.[91] Auch beim Bestehen einer Anscheins- oder Rechtsscheinvollmacht bleibt der Abschluss einer BV mit normativer Bindung ausgeschlossen

23 Die Erklärung von Vorsitzenden gegenüber dem AG hat zwar die Vermutung für sich, dass ein ordnungsgemäßer Beschluss des BR gefasst ist. Diese kann aber durch **Gegenbeweis** jederzeit entkräftet werden.[92] Nach der Rspr. soll der AG sich nicht auf seinen **guten Glauben** berufen können, wenn ihm die Tatsachen bekannt sind oder bekannt sein müssen, aus denen sich die Unwirksamkeit des Beschlusses ergibt.[93] Eine **grundsätzliche Erkundigungspflicht** des AG nach der Wirksamkeit des Beschlusses lehnt das *BAG* ab. Der gute Glaube, dass sich Vorsitzende im Rahmen der Beschlüsse des BR bewegen hat, ist nicht geschützt.[94] In Zweifelsfällen

---

11, 884; 10.10.07 – 7 ABR 51/06, NZA 08, 369; *Fitting*, Rn. 26; GK-*Raab*, Rn. 40; HWGNRH-*Glock*, Rn. 44 f.; ErfK-*Koch*, Rn. 2; a. A. Richardi-*Thüsing*, Rn. 47 für die Fälle einer gesetzlich normierten vorherigen Zustimmung des BR; allg. *Wietfeld*, ZfA 22, 72.

81 *BAG* 10.10.07 – 7 ABR 51/06, a. a. O., das nachträgliche Beschlussfassungen zu Sachverhalten, die Kosten nach § 40 Abs. 1 auslösen, nicht für zulässig hält; ebenso GK-*Raab*, Rn. 40 mit ausführlicher Begründung.

82 Ähnlich *Fitting*, Rn. 27; GK-*Raab*, Rn. 40.

83 Vgl. § 87 Rn. 20.

84 *Fitting*, Rn. 28; GK-*Raab*, Rn. 40; HWGNRH-*Glock*, Rn. 44 f.; Richardi-*Thüsing*, Rn. 46.

85 *BAG* 10.10.07 – 7 ABR 51/06, a. a. O.; 17.11.10 – 7 ABR 120/09, a. a. O.; *Fitting*, Rn. 26; GK-*Raab*, Rn. 41; a. A. *BAG* 15.12.61, AP Nr. 1 zu § 615 BGB Kurzarbeit.

86 Ähnlich GK-*Raab*, Rn. 41; vgl. § 33 Rn. 14.

87 *BAG* 8.2.22 – 1 AZR 233/21; a. A. wohl GK-*Raab*, Rn. 50, der eine Anscheins- und Duldungsvollmacht nicht ausschließt.

88 Ähnlich *Fitting*, Rn. 32; Richardi-*Thüsing*, Rn. 48 f.; enger *LAG Düsseldorf* 27.4.18 – 10 TaBV 64/17, AiB 18, Nr. 12, 46.

89 So aber *Fitting*, Rn. 33; Richardi-*Thüsing*, Rn. 48; wie hier GK-*Raab*, Rn. 47 ff.; ähnlich ErfK-*Koch*, Rn. 2.

90 Nach *LAG Hamm* 25.11.05 – 10 Sa 922/05 etwa, wenn die Mehrheit der BR-Mitglieder bei einer nicht durch Beschluss gedeckten Unterzeichnung eines Interessenausgleichs durch den Vorsitzenden anwesend ist.

91 *Fitting*, Rn. 33; ähnlich Richardi-*Thüsing*, a. a. O.; a. A. GK-*Raab*, a. a. O.; *Buchner*, DB 1976, 532 [535].

92 *BAG* 17.2.81, AP Nr. 11 zu § 112 BetrVG 1972; *Fitting*, Rn. 30; GK-*Raab*, Rn. 45; *HaKo-BetrVG/Wolmerath*, Rn. 12; HWGNRH-*Glock*, Rn. 57; Richardi-*Thüsing*, Rn. 36.

93 *BAG* 23.8.84, AP Nr. 17 zu § 103 BetrVG 1972.

94 Richardi-*Thüsing*, Rn. 46; *Fitting*, Rn. 31; ErfK-*Koch*, Rn. 2; vgl. auch HWGNRH-*Glock*, Rn. 45 ff.

muss sich der AG vergewissern, ob die übermittelte Stellungnahme durch Beschluss des BR gedeckt ist.[95] Dies wird etwa dann der Fall sein, wenn sich aus Äußerungen von BR-Mitgliedern oder aus dem Verhalten der Vorsitzenden – sofortige Entscheidung ohne Beratung mit dem BR – Zweifel daran ergeben, ob ein Beschluss überhaupt oder mit dem angegebenen Inhalt vorliegt.[96] Enthält die Mitteilung von Vorsitzenden an den AG zu einer Beschlussfassung hingegen Fehler oder Ungenauigkeiten, sind diese aus Gründen der Rechtssicherheit unbeachtlich.[97]

Der BR ist nicht verpflichtet, sich ausschließlich durch seine Vorsitzenden vertreten zu lassen. 24
Er kann alle Pflichten, Befugnisse und Zuständigkeiten in seiner Gesamtheit wahrzunehmen. Darüber hinaus kann er in von ihm zu bestimmenden Einzelfällen mit der Ausführung von Beschlüssen und Befugnissen **andere BR-Mitglieder** betrauen.[98] Die Übertragung der Vertretungsbefugnisse auf andere BR-Mitglieder ist insbes. möglich, wenn der BR dem Betriebsausschuss oder einem anderen **Ausschuss,** z. B. Personalausschuss, bestimmte **Aufgaben zur selbstständigen Erledigung** überträgt.[99] Im begründeten Einzelfall ist es in diesem Rahmen auch zulässig, ein BR-Mitglied mit der Unterschrift einer BV zu betrauen. Es handelt sich insoweit um eine durch Rechtsgeschäft erteilte **Vollmacht.** Generell dürfen Vorsitzenden die ihnen kraft Gesetzes zustehende Vertretungsmacht jedoch weder durch die Geschäftsordnung noch durch Einzelbeschluss entzogen werden.[100] Die Übertragung kann vom BR jederzeit widerrufen werden.[101] Sie kann darüber hinaus mit dem Vorbehalt versehen werden, dass keine abschließenden Regelungen mit dem Arbeitgeber getroffen werden können (insbesondere auch bei Arbeitsgruppen gem. § 28 a).

Handeln Vorsitzende ohne Beschluss des BR oder geben sie eine dem Beschluss widersprechen- 25
de Erklärung ab, können sie **abberufen** oder bei einer groben Pflichtverletzung (§ 23 Abs. 1) sogar aus dem BR ausgeschlossen werden.[102] Eine grobe Pflichtverletzung kann etwa vorliegen, wenn BR-Vorsitzende einen Verfahrensbevollmächtigten anweist, in einem Gerichtsverfahren falsch vorzutragen[103], nicht aber, wenn er den BR auf der Grundlage wirksamer Beschlüsse vertritt.[104] Liegt eine grobe Pflichtverletzung vor, haften Vorsitzende ggf. persönlich für den aus der unbefugt abgegebenen Erklärung entstehenden Schaden.[105] Eine persönliche Haftung kommt allerdings nur bei vorsätzlicher sittenwidriger Schädigung (§ 826 BGB) in Betracht,[106] zumal im Gesetz für die Verletzung von Amtspflichten die Sanktion der Schadensersatzpflicht nicht vorgesehen ist und auch nicht mit dem Benachteiligungsverbot des § 78 Abs. 2 zu vereinbaren wäre. Die schadensunabhängige Garantiehaftung des § 179 BGB ist nicht entsprechend anwendbar.[107]

Durch Abs. 3 Satz 2 ist ausdrücklich klargestellt, dass Vorsitzende befugt sind, **Erklärungen,** 26
entgegenzunehmen, die dem BR gegenüber abzugeben sind.[108] Dies bedeutet, dass Erklärungen, die gegenüber Vorsitzenden – im Falle seiner Verhinderung ihrer Stellvertreter – mündlich oder schriftlich abgegeben wurde, dem BR zugegangen ist. Es ist gleichgültig, ob es sich um Mitteilun-

---

95 Für einen Beschluss zum Abschluss einer BV ausdrücklich *BAG*, 8.2.22 – 1 AZR 233/21; hierzu Wedde, AuR 23, 209; allg. *Fitting*, Rn. 30; GK-*Raab*, Rn. 44, der den AG generell für verpflichtet hält, sich nach dem ordnungsgemäßen Zustandekommen des BR-Beschlusses zu erkundigen; a. A. *BAG* 23.8.84, a. a. O.; Richardi-*Thüsing*, Rn. 36, sieht einen Verstoß gegen den Grundsatz vertrauensvoller Zusammenarbeit, wenn der AG den Nachweis immer fordert; vgl. auch *BAG* 2.4.76, AP Nr. 9 zu § 102 BetrVG 1972.

96 *Fitting*, a. a. O.; a. A. *BAG* 2.4.76, a. a. O.

97 *BAG* 30.9.14 – 1 ABR 32/13, NZA 15, 370.

98 *Fitting*, Rn. 36; GK-*Raab*, Rn. 71 f.; Richardi-*Thüsing*, Rn. 37; ErfK-*Koch*, Rn. 2; enger HWGNRH-*Glock*, Rn. 72; zur Übertragung auf Arbeitsgruppen gem. § 28a vgl. § 28a Rn. 21 ff.

99 *Fitting*, Rn. 37; GK-*Raab*, a. a. O.

100 GK-*Raab* Rn. 73.

101 Richardi-*Thüsing*, Rn. 44.

102 Vgl. *Corzelius*, NZA 2022, 1582 (1585).

103 Vgl. *ArbG Kempten* 21.8.12, ArbRB 12, 369; hierzu *Fischer*, jurisPR-ArbR 14/2013, Anm. 3.

104 Vgl. *ArbG Düsseldorf* 10.3.16 – 10 BV 253/15, AuR 16, 256.

105 *Fitting*, Rn. 35; GK-*Raab*, Rn. 41; vgl. aber auch *BAG* 24.4.86, AP Nr. 7 zu § 87 Sozialeinrichtung.

106 *Fitting*, § 1 Rn. 214 ff.; HWGNRH-*Glock*, Rn. 52; vgl. auch Einl. Rn. 142 ff.

107 HWGNRH-*Glock*, a. a. O.; a. A. GK-*Raab*, a. a. O.

108 Zur Eingangsbestätigung DKWF-*Wedde*, § 26 Rn. 7, 15.

gen des AG, Äußerungen (z. B. Beschwerden) von AN oder Erklärungen bzw. Anträge anderer betriebsverfassungsrechtlicher Institutionen – z. B. WA, JAV – bzw. einzelner BR-Mitglieder handelt.[109] Mit dem **Zugang** der Erklärung bei den Vorsitzenden beginnen gesetzlich festgelegte **Fristen zu laufen.**[110] Wirksame schriftliche Erklärungen des AG müssen in konventioneller Form den Voraussetzungen des § 126 BGB und in elektronischer Form denen des § 126a BGB entsprechen. Eine E-Mail ohne entsprechende qualifizierte digitale Signatur erfüllt die Schriftformvoraussetzungen nicht.[111] Wählt der AG andere Wege wie SMS, E-Mail, Telefax, Chat oder einen Messenger-Dienst, sind Vorsitzende nicht verpflichtet, Informationen so entgegenzunehmen.[112] Tun sie es doch, geht die Erklärung mit Kenntnisnahme zu. Im Streitfall muss immer der AG den Nachweis erbringen, dass eine schriftliche Erklärung dem BR zugegangen ist.[113]

27 Wird eine abzugebende **Erklärung nicht gegenüber Vorsitzenden** (im Falle ihrer Verhinderung gegenüber stellvertretenden Vorsitzenden) abgegeben, sondern gegenüber **einem anderen BR-Mitglied,** ist dieser Bote.[114] Die Erklärung wird deshalb erst wirksam, wenn sie den Vorsitzenden oder oder dem BR als Gremium zur Kenntnis gelangt.[115] Dies gilt entsprechend auch für Arbeitsgruppen gem. § 28a[116] sowie bei der Zustellung an das falsche Gremium.[117] Sind sowohl Vorsitzende als auch Stellvertreter verhindert, ist ein Vertretungsbeschluss des BR notwendig (vgl. Rn. 34). Auf Grund des eindeutigen Wortlautes des § 26 Abs. 2 Satz 2 ist eine anderweitige Stellvertreterschaft bei der Entgegennahme von Erklärungen wie etwa durch eine angenommene Duldungsvollmacht nicht möglich. Die Annahme einer solchen Duldungsvollmacht würde die gesetzlich eindeutig normierte Sprecherrolle des Vorsitzenden untergraben.[118]

28 **Zulässig** ist, **dass der BR** in bestimmten Angelegenheiten oder generell durch die Geschäftsordnung **andere Mitglieder als zuständig** für die Entgegennahme von Erklärungen **bestimmt.** Dies kann namentlich bei der Übertragung von Aufgaben zur selbstständigen Erledigung auf **Ausschüsse** gemäß §§ 27, 28 bzw. auf Arbeitsgruppen gem. § 28a von Bedeutung sein.[119] **Ändert der BR die Befugnis zur Entgegennahme von Erklärungen,** kann sie einem Dritten, z. B. dem AG, erst entgegengehalten werden, wenn sie ihm mitgeteilt oder in anderer angemessener Weise nach außen verlautbart worden ist.[120] Allerdings soll der BR bei einer längerfristigen Betriebsabwesenheit von Vorsitzenden und Stellvertretern nicht berechtigt sein, die Stelle für die Entgegennahme von Erklärungen des AG einseitig zu bestimmen und auf einen in einiger Entfernung vom Betriebssitz liegenden Aufenthaltsort der Vorsitzenden oder Stellvertreter festzulegen.[121]

29 Vorsitzende oder Stellvertreter sind **nicht verpflichtet,** Erklärungen **außerhalb der Arbeitszeit** und **außerhalb der Betriebsräume** entgegenzunehmen; tun sie dies doch, ist die Erklärung zugegangen.[122] Entsprechendes gilt für ausdrücklich benannte Mitglieder. Im Rahmen des Anhörungsverfahrens bei einer beabsichtigten Kündigung muss sich der BR nur das Wissen

---

109 *Fitting,* Rn. 38; GK-*Raab,* Rn. 54; HWGNRH-*Glock,* Rn. 53.
110 Vgl. z. B. § 99 Abs. 3, § 102 Abs. 2; *Fitting,* a. a. O.; GK-*Raab,* Rn. 55; nach *LAG Köln* 11. 1. 06 – 3 Sa 19/05, AiB-Newsletter 06, Nr. 4, 2 muss sich ein BR den Kenntnisstand seines Vorsitzenden zurechnen lassen.
111 *HessLAG* 18. 9. 07 – 4 TaBV 83/07, AuR 08, 77; vgl. zur Schriftform allgemein Einl. Rn. 184a ff.
112 A. A. wohl GK-*Raab,* Rn. 54, der entsprechende Übermittlungswege während der Arbeitszeit des BR auf Grund analoger Anwendung des § 130 BGB für rechtswirksam hält.
113 Vgl. *Palandt/Heinrichs,* § 130 Rn. 21; vgl. ausführlich Einl. Rn. 192i ff.
114 GK-*Raab,* Rn. 56 spricht von »Empfangsbote«.
115 *BAG* 28. 7. 20 – 1 ABR 5/19, NZA 21, 1417; 28. 2. 74 und 27. 6. 85, AP Nrn. 2 und 37 zu § 102 BetrVG 1972; *Fitting,* Rn. 38; GK-*Raab,* Rn. 56; HWGNRH-*Glock,* Rn. 57; HWK-*Reichold,* Rn. 11; Richardi-*Thüsing,* Rn. 41; ErfK-*Koch,* Rn. 2; DKWF-*Wedde,* § 26 Rn. 9, 16.
116 A. A. *Fitting,* Rn. 43.
117 Vgl. *LAG Düsseldorf* 28. 4. 04 – 17 Sa 1952/03, NZA 02, 1116 im Falle der Zustellung an den Vorsitzenden eines BR, obwohl der GBR zuständig war.
118 Ähnlich *Fitting,* Rn. 39, SWG-*Glock,* Rn. 52: Richardi-*Thüsing,* Rn. 40: a. A. *LAG Rostock* 20. 5. 03 – 5 Sa 452/02 n. rkr., dass für den Fall, dass von einer (widerruflichen) Duldungsvollmacht ausgeht.
119 *BAG* 4. 8. 75, AP Nr. 4 zu § 102 BetrVG 1972; *Fitting,* Rn. 43; GK-*Raab,* Rn. 58; *HaKo-BetrVG/Wolmerath,* Rn. 18; Richardi-*Thüsing,* Rn. 40.
120 GK-*Raab,* Rn. 61.
121 *LAG Frankfurt* 28. 11. 89, BB 90, 1488, Ls.
122 *BAG* 27. 8. 82, AP Nr. 25 zu § 102 BetrVG 1972; *Fitting,* Rn. 41; GK-*Raab,* Rn. 55.

eines nach dieser Vorschrift berechtigten oder hierzu ausdrücklich ermächtigten BR-Mitglieds zurechnen lassen.[123] Werden Erklärungen in einen Briefkasten des BR eingeworfen, muss dieser innerhalb üblicher Zeiten geleert werden.[124] Erfolgt ein Einwurf außerhalb der üblichen und (ggf. durch Hinweis am Briefkasten bekannt gemachten) Leerungszeiten, ist der AG schon mit Blick auf das Gebot der vertrauensvollen Zusammenarbeit nach § 2 Abs. 1 verpflichtet, auf die Tatsache des Einwurfs hinzuweisen. Tut er dies nicht, muss der BR sich den Zugang einer Erklärung erst mit der nächsten üblichen Leerung zurechnen lassen.[125] Entsprechendes gilt, wenn sich die Betriebsparteien auf elektronische Zustimmungsformen wie etwa E-Mail verständigt haben.

Vorsitzende sind für die Entgegennahme von **Zustellungen** zuständig, z.B. in arbeitsgerichtlichen Verfahren. Nutzt ein BR allerdings regelmäßig einer bestehenden Posteingangsstelle und sind dort tätige AN mit der Annahme seiner BR-Post betraut, sind sie bei gerichtlichen Zustellungen Bedienstete i.S.v. § 184 Abs. 1 ZPO.[126] 30

IV. Stellung des stellvertretenden Vorsitzenden/Verhinderung des Vorsitzenden

Stellvertretende Vorsitzende können und dürfen Aufgaben und Befugnisse des Vorsitzenden 31 nur wahrnehmen, **wenn und solange dieser verhindert ist.**[127] Ihnen stehen außerhalb des Vertretungsfalls nicht die gleichen Rechte zu wie Vorsitzenden.[128] Der AG soll eine Verhinderung vermuten können, wenn auf dessen Einladung hin statt des Vorsitzenden dessen Stellvertreter erscheint.[129] Diese Vermutung kann ein tatsächlich nicht verhinderter Vorsitzender allerdings entkräften. Kündigt ein AG die Übergabe von Dokumenten außerhalb des Betriebs ausdrücklich an, etwa auf einer Betriebsräteversammlung, soll nach Auffassung des BAG im Fall der Abwesenheit des Vorsitzenden sein dort anwesender Vertreter empfangsberechtigt sein.[130] Das BAG verkennt bei seiner Rechtsprechung, dass ein Vorsitzender wegen anderer Aufgaben daran gehindert sein kann, sich an dem Ort außerhalb des Betriebs aufzuhalten, den ein AG für die Übergabe vorgesehen hat.[131] BR können Unklarheiten bezüglich der Vertretungs- und Empfangsbefugnisse von Stellvertretern dadurch ausräumen, dass sie das Ansinnen eines AG auf Zustellung außerhalb des BR-Büros zurückweisen.[132]

Die Anhörung eines unzuständigen Vertreters wird erst wirksam, wenn der BR davon Kenntnis erlangt hat. Vorsitzende können Stellvertretern nicht einzelne Aufgaben oder Geschäfte zur einmaligen oder ständigen Erledigung übertragen; dieses Recht hat allerdings der BR.[133] Stellvertretende Vorsitzende gehören kraft Amtes dem Betriebsausschuss an (§ 27 Abs. 1).

Die **zeitweilige Verhinderung** von Vorsitzenden führt zu einer **Aufspaltung ihrer Vertretung:** 32 An Stelle der jeweiligen Vorsitzenden des BR treten ihre gewählten Stellvertreter; im Übrigen rücken die nach § 25 Abs. 2 in Betracht kommenden Ersatzmitglieder in den BR nach, ohne jedoch damit zugleich den Vorsitz zu übernehmen. Scheiden Vorsitzende aus ihrem Amt aus, werden die Stellvertreter nicht automatisch Vorsitzende. Sie übernehmen diese Aufgabe lediglich bis zur Neuwahl der Vorsitzenden. Stellvertreter sind verpflichtet, unverzüglich eine Sitzung des BR einzuberufen, in der neue Vorsitzende gewählt werden können. Mit dieser Wahl endet die Vertretung.[134] Für die **Dauer der Vertretung** haben stellvertretende Vorsitzende **kraft Gesetzes die gleichen Befugnisse und Zuständigkeiten** wie Vorsitzende.

123 *BAG* 27.6.85, AP Nr. 37 zu § 102 BetrVG 1972.
124 A.A. *LAG Nds.* 26.11.07 – 6 TaBV 34/07, das den BR-Vorsitzenden für verpflichtet hält, am Ende der üblichen Arbeitszeit noch einmal in den Briefkasten zu sehen.
125 A.A. *LAG Nds.*, a.a.O.
126 *BAG* 20.1.76, AP Nr. 2 zu § 47 BetrVG 1972; *Fitting*, Rn. 42; GK-*Raab*, Rn. 58.
127 Vgl. DKWF-*Wedde*, § 26 Rn. 5, 13f.
128 *Fitting*, Rn. 44.
129 Vgl. *Sächs. LAG* 9.2.10 – 1 Sa 586/09.
130 Vgl. *BAG* 7.7.11 – 6 AZR 248/10, NZA 11, 719; ebenso *Fitting*, Rn. 41a; kritisch GK-*Raab*, Rn. 66.
131 Ebenso kritisch *Wroblewski*, AiB 12, 56; *ders.*, AuR 12, 34; GK-*Raab*, Rn. 66.
132 Ähnlich *Mittag*, jurisPR-ArbR 10/2012 Anm. 5.
133 *Fitting*, Rn. 44; GK-*Raab*, Rn. 63; HWGNRH-*Glock*, Rn. 58; Richardi-*Thüsing*, Rn. 55.
134 *Fitting*, Rn. 47ff.; GK-*Raab*, Rn. 67; HWGNRH-*Glock*, Rn. 64.

33 Für die Beurteilung, wann Vorsitzende verhindert sind, gelten die für die zeitweilige Verhinderung von BR-Mitgliedern nach § 25 Abs. 1 Satz 2 maßgebenden Grundsätze entsprechend.[135] **Verhinderungen** sind **insbesondere Urlaub** und **Krankheit,** aber auch andere geplante längere Abwesenheiten wie eine längere »Auszeit«. Liegt eine krankheitsbedingte Arbeitsunfähigkeit vor, soll es unzulässig sein, dass Vorsitzende dennoch an BR-Sitzungen teilnehmen.[136] Keine Verhinderung liegt vor, wenn Vorsitzende mitgeteilt haben, dass sie trotz ihres Urlaubs für die BR-Tätigkeit zur Verfügung stehen.[137] Eine **kurzfristige Verhinderung,** z. B. bei einer Abwesenheit von wenigen Stunden, **reicht** für die Auslösung des Vertretungsfalls **nicht aus,** es sei denn, es ist **ausnahmsweise** eine **unaufschiebbare Angelegenheit** zu regeln.[138] Eine Verhinderung kann auch gegeben sein, wenn ein AG die fristlose Kündigung von Vorsitzenden betreibt und wenn er die notwendigen Erklärungen hierzu an die jeweiligen Stellvertreter richtet.[139] Keine Verhinderung liegt vor, wenn der AG diese Kündigung nur beabsichtigt und hierfür ein Zustimmungsersetzungsverfahren betreibt.[140] Sind Verhinderungen absehbar, sollte rechtzeitig eine Mitteilung an Gremium und Stellvertreter erfolgen.[141] Muss BR-Tätigkeit außerhalb der individuellen Arbeitszeit von Vorsitzenden erfolgen, liegt keine Verhinderung vor. Dies gilt auch in einem **Saisonbetrieb,** in dem der AG eine Arbeitszeitgestaltung wählt, bei der AN über längere Zeiträume hinweg nicht zur tatsächlichen Arbeitsleistung verpflichtet sind.[142] Eine Verhinderung liegt weiterhin vor, wenn Vorsitzende selbst durch eine Angelegenheit persönlich betroffen sind, etwa eine beabsichtigte personelle Einzelmaßnahme.[143] Gleiches gilt, wenn der BR nach § 23 den Ausschluss von Vorsitzenden aus dem BR betreibt.[144] Er soll aber nicht daran gehindert sein, eine schriftliche Mitteilung an AG über die Verweigerung der Zustimmung des BR zu einer personellen Einzelmaßnahme zu unterschreiben, wenn diese ihn selbst betrifft.[145] Keine persönliche Verhinderung liegt bezogen auf eine Versetzung vor, wenn Vorsitzende sich ebenfalls auf die entsprechende Stelle beworben haben.[146]

34 Sind auch die **stellvertretenden Vorsitzenden** während der Dauer einer Stellvertretung zeitweise **verhindert,** muss die notwendige Vertretung durch den BR beschlossen werden, falls dieser Fall nicht bereits durch Beschluss oder Geschäftsordnung geregelt ist.[147] Da eine ordnungsgemäße Ladung nach § 29 Abs. 2 in diesem Fall nicht ergehen kann, muss der **BR selbst zusammentreten.**[148] Hat der **BR für keine Vertretung** gesorgt, kann der **AG** grundsätzlich **jedem BR-Mitglied gegenüber Erklärungen abgeben** mit der Folge, dass eine etwaige gesetzliche Frist zu laufen beginnt.[149] Dies gilt nicht, wenn der BR unmittelbar nach Bekanntwerden der Verhinderung den Selbstzusammentritt plant.[150] In diesen Fällen ist dem AG ein Abwarten zumutbar. Gibt dieser Erklärungen gegenüber einem BR-Mitglied ab, obwohl Vorsitzende bzw.

---

135 *BAG* 28.7.20 – 1 ABR 5/19, NZA 21, 1417; vgl. auch § 25 Rn. 15 ff.
136 *LAG Düsseldorf* 27.4.18 – 10 TaBV 64/17, AiB 18, Nr. 12, 46.
137 *BAG* 27.9.12 – 2 AZR 95511, NZA 13, 1060; *Fitting,* Rn. 45.
138 Ähnlich GK-*Raab,* a. a. O.
139 *LAG Hamm* 8.6.07 – 10 TaBV 31/07; a. A. *LAG Hamm* 10.3.06 – 10 TaBV 151/05, AuR 06, 294, das keine Interessenkollision sieht, wenn ein betroffener Vorsitzender an einem Beschluss zur Freistellung von Anwaltskosten mitwirkt.
140 *LAG Berlin-Brandenburg* 2.9.09 – 17 TaBVGa 1372/09, LAGE § 78 BetrVG 2001 Nr. 4.
141 *HaKo-BetrVG/Wolmerath,* Rn. 20.
142 *LAG Hamm* 19.7.00 – 3 Sa 2201/99, nicht veröffentlicht.
143 *Fitting,* Rn. 45a; GK-*Raab,* a. a. O.; *HaKo-BetrVG/Wolmerath,* Rn. 20; HWGNRH-*Glock,* Rn. 62 f.
144 *Fitting,* Rn. 46.
145 *BAG* 19.3.03 – 7 ABR 15/02, DB 02, 1911; *Fitting,* a. a. O.; GK-*Raab,* Rn. 31.
146 *BAG* 24.4.13 – 7 ABR 82/11, NZA 13, 523; *Fitting,* Rn. 45a.
147 Richardi-*Thüsing,* Rn. 54; *Fitting,* Rn. 50; HWGNRH-*Glock,* Rn. 69; GK-*Raab,* Rn. 69; ErfK-*Koch,* Rn. 3; zur Möglichkeit der Verankerung in der Geschäftsordnung *HessLAG* 18.9.07 – 4 TaBV 83/07, AuR 08, 77.
148 *HessLAG* 29.3.07 – 9 TaBVGa 68/07 für den Fall der Verhinderung von Vorsitzenden und Stellvertreter aufgrund eines vom AG ausgesprochenen Hausverbots; vgl. im Übrigen § 29 Rn. 7, 15.
149 *BAG* 28.7.20 – 1 ABR 5/19, NZA 21, 1417; *Fitting,* Rn. 39; GK-*Raab,* Rn. 56; Richardi-*Thüsing,* Rn. 40; a. A. HWGNRH-*Glock,* Rn. 57 m. w. N.
150 *LAG Düsseldorf* 27.4.18 – 10 TaBV 64/17, AiB 18, Nr. 12, 46 hält ein Selbstzusammentrittsrecht nur für zulässig, wenn dringende Beratungsgegenstände anstehen; weiter Richardi-*Thüsing* § 29 Rn. 17; ErfK-*Koch* § 29 BetrVG Rn. 2; a. A. wohl GK-BetrVG/*Raab* § 29 Rn. 25.

Stellvertreter nicht verhindert sind, ist dessen Kenntnis dem Wissen des BR erst zuzurechnen, wenn das Mitglied diese dem Vorsitzenden, seinem amtierenden Stellvertreter oder dem BR-Gremium, mitgeteilt hat.[151] Ist ein BR nach Rücktritt von Vorsitzenden oder Stellvertretern nicht mehr beschlussfähig und lässt sich diese Situation wegen des Fehlens von Ersatzmitgliedern nicht beheben, können die verbliebenen BR-Mitglieder einen WV einsetzen.[152]

V. Streitigkeiten

Streitigkeiten über **Wahl, Abberufung und Zuständigkeit** von Vorsitzenden oder Stellver- 35
tretern entscheidet das ArbG im Beschlussverfahren (§§ 2a, 80 ff. ArbGG). Die Wahlen von Vorsitzenden und Stellvertretern sind auf ihre Rechtmäßigkeit hin gerichtlich überprüfbar.[153] Sie können **nichtig** oder **unwirksam** sein. Die Untersagung der Amtsausübung eines Betriebsratsmitglieds im Wege einer einstweiligen Verfügung setzt über einen groben Verstoß nach § 23 Abs. 1 Satz 1 hinaus voraus, dass dem AG, dem BR und/oder der Belegschaft eine weitere Amtsausübung bis zu einer rechtskräftigen Entscheidung im Amtsenthebungsverfahren unzumutbar und untragbar ist.[154]

Nichtigkeit der Wahl ist nur gegeben, wenn krasse Verstöße vorliegen, die jeden Anschein 36
einer echten Wahl vermissen lassen. Dies kann z. B. der Fall sein, wenn eine ordnungsgemäße Ladung fehlt oder nicht mindestens die Hälfte der BR-Mitglieder an der Wahl teilgenommen hat.[155] Verstöße, die das Wahlergebnis weder objektiv weder ändern noch beeinflussen konnten, sollen nicht zur Anfechtung einer Wahl berechtigen.[156] Diese Nichtigkeit kann jederzeit und von jedermann geltend gemacht werden. Für die **Anfechtung der Wahl** gilt die Zweiwochenfrist nach § 19 Abs. 2 analog.[157]

Antragsberechtigt sind BR-Mitglieder und die im Betrieb vertretene Gewerkschaft.[158] Das 37
Antragsrecht der Gewerkschaft ergibt sich daraus, dass es sich bei der Wahl des Vorsitzenden und seines Stellvertreters um **konstitutive Akte des BR** handelt, die insbes. im Hinblick auf die Vertretungsbefugnis des Vorsitzenden von wesentlicher Bedeutung für die gesetzlich vorgesehene Zusammenarbeit sind. Die Gewerkschaft wird deshalb in ihrer betriebsverfassungsrechtlichen Stellung unmittelbar berührt.[159] **Nicht antragsberechtigt** sind AG und einzelne AN des Betriebs, weil diesen keine Kontrollfunktion über die interne Geschäftsführung des BR zukommt.[160]

§ 27 Betriebsausschuss

(1) Hat ein Betriebsrat neun oder mehr Mitglieder, so bildet er einen Betriebsausschuss. Der Betriebsausschuss besteht aus dem Vorsitzenden des Betriebsrats, dessen Stellvertreter und bei Betriebsräten mit
9 bis 15 Mitgliedern aus 3 weiteren Ausschussmitgliedern,
17 bis 23 Mitgliedern aus 5 weiteren Ausschussmitgliedern,
25 bis 35 Mitgliedern aus 7 weiteren Ausschussmitgliedern,
37 oder mehr Mitgliedern aus 9 weiteren Ausschussmitgliedern.
Die weiteren Ausschussmitglieder werden vom Betriebsrat aus seiner Mitte in geheimer Wahl und nach den Grundsätzen der Verhältniswahl gewählt. Wird nur ein Wahlvorschlag

151 *LAG München* 11. 5. 88, BB 88, 2175, Ls.
152 Vgl. *LAG Schleswig-Holstein* 12. 4. 05 – 2 TaBV 8/05 n. rkr.
153 Vgl. *BAG* 12. 10. 76, AP Nr. 2 zu § 26 BetrVG 1972; 8. 4. 92 – 7 ABR 71/91, NZA 93, 270.
154 *HessLAG* 6. 10. 16 – 9 TaBVGa 201/16, **AuR 17, 220..**
155 Vgl. GK-*Raab*, Rn. 15, der allerdings in der fehlenden Ladung keinen Anfechtungsgrund mehr sieht; ähnlich *Fitting*, Rn. 60; grundsätzlich a. A. HWGNRH-*Glock*, Rn. 17; vgl. hierzu auch § 29 Rn. 17 ff.
156 *Thüringer LAG* 10. 10. 18 – 6 TaBV 11/17, juris.
157 GK-*Raab*, Rn. 16 ff.; *Krampe*, S. 158 ff.; Richardi-*Thüsing*, Rn. 18; vgl. im Übrigen Rn. 16.
158 *BAG* 12. 10. 76, AP Nr. 2 zu § 26 BetrVG 1972; vgl. auch 1. 6. 76, AP Nr. 1 zu § 28 BetrVG 1972; *Fitting*, Rn. 56 f.; GK-*Raab*, Rn. 19; *Sibben*, NZA 95, 819; a. A. Richardi-*Thüsing*, Rn. 22; vgl. auch Rn. 16.
159 *BAG* 12. 10. 76, a. a. O.; *Fitting*, Rn. 57; a. A. GK-*Raab*, a. a. O.; *Krampe*, S. 177.
160 Richardi-*Thüsing*, Rn. 23; *Fitting*, Rn. 58; GK-*Raab*, a. a. O.; HWGNRH-*Glock*, Rn. 23.

gemacht, so erfolgt die Wahl nach den Grundsätzen der Mehrheitswahl. Sind die weiteren Ausschussmitglieder nach den Grundsätzen der Verhältniswahl gewählt, so erfolgt die Abberufung durch Beschluss des Betriebsrats, der in geheimer Abstimmung gefasst wird und einer Mehrheit von drei Vierteln der Stimmen der Mitglieder des Betriebsrats bedarf.
(2) Der Betriebsausschuss führt die laufenden Geschäfte des Betriebsrats. Der Betriebsrat kann dem Betriebsausschuss mit der Mehrheit der Stimmen seiner Mitglieder Aufgaben zur selbständigen Erledigung übertragen; dies gilt nicht für den Abschluss von Betriebsvereinbarungen. Die Übertragung bedarf der Schriftform. Die Sätze 2 und 3 gelten entsprechend für den Widerruf der Übertragung von Aufgaben.
(3) Betriebsräte mit weniger als neun Mitgliedern können die laufenden Geschäfte auf den Vorsitzenden des Betriebsrats oder andere Betriebsratsmitglieder übertragen.

Inhaltsübersicht Rn.

I. Vorbemerkungen

1 Die Vorschrift regelt die Bildung von Ausschüssen in größeren Betrieben **(Abs. 1)** und gestaltet die Möglichkeiten der Aufgabenerledigung durch sie normativ aus **(Abs. 2).** Für kleinere BR sieht sie die Möglichkeit der Aufgabenübertragung auf den Vorsitzenden oder andere BR-Mitglieder vor **(Abs. 3).** Eine Berücksichtigung der **Geschlechterquote** ist nicht vorgesehen.

2 Die Vorschrift soll dazu beitragen, größeren BR die **Geschäftsführung** zu erleichtern, BR-Gremium zu entlasten und eine praktikable Arbeit zu ermöglichen. Sie gilt entsprechend für den **GBR** (§ 51 Abs. 1 und 2) und den **KBR** (§ 59 Abs. 1). Sie findet keine Anwendung für die **JAV** (§ 65 Abs. 1), die **GJAV** (§ 73 Abs. 2), **KJAV** (§ 73b Abs. 2), die **Bordvertretung** und den **See-BR** (§ 115 Abs. 4, § 116 Abs. 3). Die Vorschrift kommt auch für eine **anderweitige Vertretung der AN** nach § 3 Abs. 1 Nr. 2 zur Anwendung, sofern der TV keine andere Regelung vorsieht. Auf eine **zusätzliche Vertretung der AN** nach § 3 Abs. 1 Nr. 1 ist sie nicht anzuwenden.[1] Sitzungen des BR-Ausschusses können nach Maßgabe der einschlägigen Vorschriften (vgl. insbesondere § 30 Abs. 2) als Video- oder Telefonkonferenzen durchgeführt werden.

2a Der **DGB-Entwurf** für ein modernes Betriebsverfassungsgesetz[2] belässt die bisherige Vorschrift inhaltlich unverändert. Als neuer Satz 2 soll in Abs. 1 ein Verweis auf die entsprechende Anwendbarkeit von § 15 Abs. 2 eingefügt werden, durch den die Berücksichtigung des im Betrieb in der Minderheit befindlichen Geschlechts sichergestellt werden soll.

II. Errichtung des Betriebsausschusses; Grundsätze

3 Die Errichtung des Betriebsausschusses ist **zwingend** vorgeschrieben, wenn ein BR **mindestens neun Mitglieder** hat. Wird kein Betriebsausschuss gebildet, handelt der BR **pflichtwidrig**

1 Vgl. *Fitting*, Rn. 5; GK-*Raab*, Rn. 6.
2 AuR Sonderausgabe April 2022, S. 20.

und kann ggf. gemäß § 23 Abs. 1 aufgelöst werden.[3] Der AG kann die **Zusammenarbeit mit dem BR,** der keinen Betriebsausschuss gewählt hat, nicht ablehnen.[4] Gegen die Amtspflichtverletzung kann **keine Sanktion** verhängt werden, wie z. B. Nichtzahlung des Arbeitsentgelts für versäumte Arbeitszeit, wenn der BR laufende Geschäfte im Plenum erledigt, weil er keinen Betriebsausschuss gebildet hat.[5]

Gem. Abs. 1 gehören dem Betriebsausschuss **kraft Amtes** der Vorsitzende und der stellvertretende Vorsitzende sowie, je nach Größe des BR, bis zu neun weitere Mitglieder an.[6] Ein Betriebsausschuss kann damit mindestens fünf und höchstens elf Mitglieder haben. Hat der BR keine neun Mitglieder, kann kein Betriebsausschuss gebildet werden, auch wenn der Betrieb mehr als 200 AN beschäftigt. 4

Maßgebend für die **Größe des BR** und damit für die zwingend vorgegebene Stärke des Betriebsausschusses ist allein die **Zahl der tatsächlich gewählten Mitglieder.**[7] Sinkt diese im Laufe der Amtszeit, hat dies auf die Größe des Betriebsausschusses keine Auswirkungen, solange der BR im Amt ist.[8] 5

1. Durchführung der Wahl

Der Betriebsausschuss wird in einer BR-Sitzung unter Vorsitz der Vorsitzenden **gewählt.** Einen Zeitpunkt für die Wahl hat der Gesetzgeber nicht ausdrücklich vorgeschrieben. Sie sollte in der konstituierenden Sitzung oder spätestens in der ersten Sitzung nach der Konstituierung durchgeführt werden.[9] Neben den BR-Mitgliedern, die dem Betriebsausschuss kraft Amtes angehören (vgl. Rn. 4), werden **weitere Mitglieder,** ggf. unter Berücksichtigung des Verhältniswahlrechts (vgl. Rn. 19 ff.), durch den BR gewählt. **Wählbar** und **wahlberechtigt** sind **nur BR-Mitglieder. Ersatzmitglieder** sind nur wählbar, wenn sie anstelle eines ausgeschiedenen BR-Mitglieds – ggf. zeitweilig (längerfristig) – nachgerückt sind.[10] Die Besetzung des Betriebsausschusses sollte dem AG mitgeteilt werden.[11] 6

Bei der Wahl der weiteren Mitglieder des Betriebsausschusses sind die **Grundsätze der Verhältniswahl** (vgl. Rn. 19 ff.) zu beachten. Diese bereits 1989 in das Gesetz aufgenommene Vorgabe erschwert die Durchführung der Wahlen für die BR-Ausschüsse (§§ 27, 28) erheblich.[12] Der BR muss die weiteren Mitglieder des Betriebsausschusses zwingend in **geheimer Wahl** wählen. Ein Verstoß gegen diese Formvorschrift macht die Wahl anfechtbar (vgl. Rn. 53). Die Durchführung dieser Wahl im Rahmen von Video- oder Telefonkonferenzen ist deshalb nicht möglich. Gewählt werden können nur BR-Mitglieder, die damit einverstanden sind, dass sie zur Wahl vorgeschlagen werden.[13] 7

2. Unterschiedliche Wahlverfahren

Durch die **Beibehaltung des Verhältniswahlrechts** in Abs. 1 Satz 2 bleibt die Durchführung einer Mehrheitswahl in größeren BR die Ausnahme. **Mehrheitswahl** erfolgt nur, wenn sich bei gemeinsamer Wahl der weiteren Ausschussmitglieder alle BR-Mitglieder auf einen Wahlvorschlag einigen (Abs. 1 Satz 4). 8

3 Vgl. § 23 Rn. 52.
4 GK-*Raab*, Rn. 12; *Fitting*, a. a. O.; HWGNRH-*Glock*, Rn. 11; Richardi-*Thüsing*, Rn. 6.
5 So auch *Fitting*, a. a. O.; HWGNRH-*Glock*, Rn. 10; GK-*Raab*, Rn. 12; Richardi-*Thüsing*, a. a. O.
6 Vgl. allgemein *Ratayczak*, AiB 06, 270 ff.
7 *GL*, Rn. 12; Richardi-*Thüsing*, Rn. 7.
8 So für den WA *HessLAG* 17. 8. 93, DB 94, 1248; vgl. auch *Fitting*, Rn. 10; GK-*Raab*, Rn. 10; HWGNRH-*Glock*, Rn. 12.
9 Ähnlich *Fitting* Rn. 8; Richardi-*Thüsing*, Rn. 10 f.; ErfK-*Koch*, Rn. 2; hinsichtlich Bedenken im Hinblick auf ordnungsgemäße Ladung und Mitteilung der Tagesordnung vgl. § 29 Rn. 2.
10 *Fitting*, Rn. 13; GK-*Raab*, Rn. 43; vgl. im Übrigen Rn. 11 und § 25 Rn. 3 ff.
11 Musterschreiben in DKWF-*Wedde*, § 27 Rn. 3.
12 Vgl. ausführlich GK-*Raab*, Rn. 16; HWGNRH-*Glock*, Rn. 16; vgl. zu Freistellungen entsprechend § 38.
13 *Fitting*, Rn. 20.

9 Bei **Mehrheitswahl** (zur Verhältniswahl vgl. Rn. 16, 19 ff.) erfolgt die Wahl der übrigen Ausschussmitglieder in einem Wahlgang mit der Maßgabe, dass die Mitglieder gewählt sind, die die meisten Stimmen auf sich vereinigen konnten.[14] Dabei hat jedes BR-Mitglied so viele Stimmen, wie insgesamt weitere Betriebsausschussmitglieder zu wählen sind. Werden auf dem Stimmzettel mehr Bewerber ausgewählt, ist dieser wie bei der BR-Wahl ungültig; weniger Stimmen kann der Wähler jedoch abgeben.[15] Bei Mehrheitswahl dürfte es auch zulässig sein, dass die Wahl der weiteren Ausschussmitglieder jeweils in gesonderten Wahlgängen erfolgt,[16] sofern der BR dies beschließt. Haben für den zuletzt zu vergebenden Sitz im Betriebsausschuss oder bei den einzelnen Wahlgängen mehrere Bewerber die gleiche Stimmenzahl erhalten, entscheidet das Los,[17] es sei denn, der BR hat vorher festgelegt, dass vor dem Losentscheid eine Stichwahl oder ein erneuter Wahlgang zu erfolgen hat. Eine solche Festlegung ist zu empfehlen.[18] Findet die Wahl in getrennten Wahlgängen statt, sind so viele Abstimmungen durchzuführen, wie Ausschussmitglieder zu wählen sind. Derjenige, der in dem einzelnen Wahlgang die meisten Stimmen erhält, ist gewählt. Ein durch Losentscheid unterlegener Bewerber kann beim nächsten Wahlgang erneut kandidieren. Die Wahlergebnisse sind gemäß § 34 Abs. 1 in einer **Niederschrift** aufzunehmen.

3. Stimmzettel

10 Die Wahl muss in einem förmlichen Verfahren unter Nutzung von **Stimmzetteln** erfolgen. Dass diese vorgedruckt sind, ist nicht erforderlich. Es reicht handschriftliche Ausfüllung durch die Wählenden.[19] Weiterhin muss die Möglichkeit bestehen, die Stimmzettel unbeobachtet kennzeichnen zu können. Eine Wahlkabine ist nicht erforderlich.[20] An der Wahl muss sich mindestens die Hälfte der BR-Mitglieder beteiligen (§ 33 Abs. 2). Im Übrigen sollte der BR weitere Regularien für die Wahl und für die Vertretung von BR-Mitgliedern im Betriebsausschuss durch Ersatzmitglieder (vgl. Rn. 11, 24) in der GO (vgl. § 36 Rn. 5) bzw. durch besonderen Beschluss festlegen.

4. Ersatzmitglieder, Ergänzung der Mitglieder

11 Für die Wahl von **Ersatzmitgliedern** für verhinderte oder ausgeschiedene Mitglieder sieht das Gesetz keine ausdrückliche Regelung vor. Eine Wahl von **Ersatzmitgliedern für den Betriebsausschuss** (entsprechend auch für den Vorsitzenden und seinen Stellvertreter) ist zulässig und zweckmäßig.[21] Mit Blick auf ausgeschiedene Ausschussmitglieder besteht die Verpflichtung, eine volle Besetzung des Betriebsausschusses insbes. in den Fällen zu gewährleisten, in denen ihm Aufgaben zur selbstständigen Erledigung (hierzu Rn. 40 ff.) übertragen wurden.[22] Zu Ersatzmitgliedern für den Betriebsausschuss können nur BR-Mitglieder gewählt werden. Sie können vorsorglich für den Fall vorgeschlagen und gewählt werden, wenn ihr Nachrücken absehbar ist.[23] Die Wahl erfolgt durch den BR unter Berücksichtigung des Verhältniswahlrechts.[24] Gibt es keine Ersatzmitglieder und kann der Ausschuss deshalb nicht mehr gesetzeskonform

14 *Blanke/Trümner*, a. a. O.; *Bopp*, S. 42 ff.; *Fitting*, Rn. 25; GK-*Raab*, Rn. 20; *SWS*, Rn. 3.
15 *Bopp*, a. a. O.; *Fitting*, Rn. 37.
16 So auch Richardi-*Thüsing*, Rn. 15; *Fitting*, Rn. 25 f.; GK-*Raab*, Rn. 19; *GL*, Rn. 8; unklar HWGNRH-*Glock*, Rn. 26.
17 Vgl. auch *BAG* 26. 2. 87, AP Nr. 5 zu § 26 BetrVG; *Fitting*, Rn. 26.
18 Vgl. auch § 26 Rn. 11; ferner *Blanke/Trümner*, BetrR 90, 25 [28].
19 *Fitting*, Rn. 15.
20 Vgl. *LAG Nds.* 24. 4. 09 – 10 TaBV 55/08, NZA-RR 09, 532, *Blanke/Trümner*, BetrR 90, 25 [27]; *Bopp*, S. 29; GK-*Raab*, Rn. 22.
21 *Bopp*, S. 50 ff.; ErfK-*Koch*, Rn. 2; *Fitting*, Rn. 28.
22 Vgl. *Fitting*, a. a. O.; GK-*Raab*, Rn. 40.
23 *Fitting*, Rn. 22 und 29; vgl. auch HWGNRH-*Glock*, Rn. 13.
24 Ähnlich *LAG Nds.* 5. 9. 07 – 15 TaBV 3/07, juris; *ArbG Berlin* 19. 6. 03 – 25 BV 6243/03, NZA-RR 04, 87.

besetzt werden, ist bei vorheriger Verhältniswahl die Neuwahl des gesamten Gremiums, bei Mehrheitswahl die Nachwahl für ausgeschiedene Mitglieder notwendig.[25]

12 Der Betriebsausschuss kann sich **nicht selbst ergänzen.**[26] Keineswegs rückt das nach § 25 für das verhinderte BR-Mitglied in Betracht kommende Ersatzmitglied automatisch auch in den Betriebsausschuss nach. Ist ein Mitglied des Betriebsausschusses verhindert, hat es **zwei Vertreter,** einmal für den BR, zum anderen für den Betriebsausschuss.[27] Der BR kann allerdings bei Bildung des Betriebsausschusses oder später beschließen, dass beim Ausscheiden eines BR- und Ausschussmitgliedes das nach § 25 Abs. 1 Satz 1 nachrückende Ersatzmitglied Ausschussmitglied wird.

5. Dauer der Amtszeit und Abberufung

13 Die Wahl des Betriebsausschusses erfolgt, sofern der BR nichts anderes beschlossen hat, grundsätzlich für die gesamte **Amtszeit.**[28] Die Mitgliedschaft im Betriebsausschuss endet daher mit der Amtszeit des BR (§ 21), seiner Auflösung (§ 23 Abs. 1) oder nach einer erfolgreichen Wahlanfechtung (§ 19). Die Mitgliedschaft einzelner BR-Mitglieder im Betriebsausschuss endet mit der Mitgliedschaft im BR (§ 24), da diesem nur BR-Mitglieder angehören dürfen.[29]

14 Eine **Abberufung** aller oder einzelner Mitglieder des Betriebsausschusses durch den BR ist jederzeit möglich.[30] Die Abberufung bedarf keiner Begründung.[31] Der Betriebsausschuss selbst kann keine Mitglieder abberufen.[32] Der Beschluss über die Abberufung erfolgt in einer Sitzung des BR, zu der ordnungsgemäß unter Mitteilung der Tagesordnung einzuladen ist,[33] in **geheimer Abstimmung** (Abs. 1 Satz 5). Für die Abstimmung muss Beschlussfähigkeit (§ 33 Abs. 2) gegeben sein, d. h., mindestens die Hälfte der Betriebsratsmitglieder muss an der Abstimmung teilnehmen.

15 Das oder die **betroffenen Ausschussmitglieder** sind bei der Abstimmung über die Abberufung **stimmberechtigt,** weil es sich um einen Akt der Geschäftsführung des BR handelt.[34] Der Vorsitzende des BR und sein Stellvertreter können jedoch nicht aus dem Betriebsausschuss abberufen werden, da sie diesem kraft Amtes angehören, es sei denn, sie würden zugleich als Vorsitzender oder stellvertretender Vorsitzender abberufen.

16 Sind die Mitglieder des Betriebsausschusses in **Verhältniswahl** gewählt worden, bedarf die Abwahl einer **qualifizierten Mehrheit** von drei Vierteln der Stimmen aller Mitglieder des BR, also nicht nur der anwesenden Mitglieder.[35] Dieses hohe Quorum wird mit der Sicherung der Minderheitenregelung begründet, die unterlaufen werden könnte, wenn eine Abwahl mit einfacher Stimmenmehrheit möglich wäre.[36] Erfolgt eine Neuwahl mit der notwendigen qualifizierten Mehrheit ohne vorherige Abwahl, stellt sie im Ergebnis eine wirksame Abwahl dar.[37] Das Gesetz schreibt **zwingend eine geheime Abstimmung** vor (vgl. Abs. 1 Satz 5). Für die **Berechnungen** der qualifizierten Mehrheit ist von der gesetzlich vorgeschriebenen Zahl der BR-Mitglieder bzw. von der tatsächlichen Größe des BR, ggf. unter Berücksichtigung des sich aus § 11 ergebenden Absinkens unter die vorgeschriebene Zahl, auszugehen.[38] BR-Mandate, die durch Ausscheiden von BR-Mitgliedern einer Minderheitsliste der Mehrheitsliste nach § 25

25 Richardi-*Thüsing,* Rn. 17; vgl. auch *BAG* 16.3.05 – 7 ABR 43/04, NZA 05, 1072.
26 GK-*Raab,* a. a. O.; zu den Regularien für die Bestellung der Ersatzmitglieder vgl. Rn. 24.
27 *Kühner,* S. 21.
28 Vgl. auch § 26 Rn. 14; zur Mitteilung der Wahl an den AG vgl. DKWF-*Wedde,* § 27 Rn. 4, 22.
29 GK-*Raab,* Rn. 28.
30 *BAG* 16.3.05 – 7 ABR 43/04, NZA 05, 1072.
31 *HessLAG* 23.11.20 – 17 TaBV 79/20, juris (n. rkr.); *Fitting,* Rn. 74; GK-*Raab,* Rn. 36.
32 *Fitting,* Rn. 45, GK-*Raab,* Rn. 31.
33 Vgl. GK-*Raab,* Rn. 32; im Übrigen § 29 Rn. 17 ff. sowie DKWF-*Wedde,* § 27 Rn. 6 und 23.
34 Richardi-*Thüsing,* Rn. 29; *Fitting,* Rn. 45; GK-*Raab,* a. a. O.; vgl. auch § 25 Rn. 25; a. A. *GL,* Rn. 26.
35 *Fitting,* Rn. 46; GK-*Raab,* Rn. 33; *Ratayczak,* AiB 2010, 296 ff.
36 Vgl. *BAG* 29.4.92 – 7 ABR 74/91 AP Nr. 15 zu § 38 BetrVG 1972; a. A. *LAG Niedersachsen* 12.12.05 – 5 TaBV 16/05, das bei Abberufung »en bloc« und bei anschließender Neuwahl nach Änderung der Mehrheitsverhältnisse durch Listenwechsel eine qualifizierte Mehrheit nicht für erforderlich hält.
37 Vgl. *BAG* 20.4.05 – 7 ABR 47/04, NZA 05, 1013; ebenso *Fitting* 51.
38 Vgl. *Fitting,* Rn. 47; GK-*Raab,* Rn. 34.

Abs. 2 Satz 2 zugefallen sind, sind bei der Berechnung der qualifizierten Mehrheit nicht in Abzug zu bringen.[39] Hinsichtlich erforderlich werdender Nachwahlen vgl. Rn. 24.

Beispiel:
Der BR besteht aus 15 Mitgliedern. 13 Mitglieder sind anwesend, davon haben 11 für und zwei gegen die Abberufung gestimmt. Der Antrag auf Abberufung ist abgelehnt, da das Quorum von drei Viertel der Stimmen der BR-Mitglieder nicht erreicht wurde. Es hätten 12 BR-Mitglieder für den Antrag stimmen müssen.

Sind die Mitglieder des Betriebsausschusses wirksam gewählt, ist eine **Neuwahl** nur nach Abberufung der amtierenden Ausschussmitglieder möglich. Hat die Abberufung nicht stattgefunden, ist die Neuwahl nichtig.[40] Etwas anderes soll nur gelten, wenn eine Neuwahl des gesamten Betriebsausschusses nach den Grundsätzen der Verhältniswahl erfolgt ist, da dann der Minderheitenschutz wieder zum Tragen kommt.[41]

6. Ausschluss und Amtsniederlegung

17 Mitglieder des Betriebsausschusses können bei **groben Pflichtverletzungen** nach § 23 Abs. 1 aus dem BR ausgeschlossen werden, wodurch sie zugleich aus dem Betriebsausschuss ausscheiden. Dagegen ist der Ausschluss nur aus dem Betriebsausschuss in entsprechender Anwendung des § 23 Abs. 1 nicht möglich.[42]

18 Die gewählten Mitglieder oder Ersatzmitglieder des Betriebsausschusses sind zur **Übernahme dieses Amts nicht verpflichtet.**[43] Sie können ihr **Amt** zudem **jederzeit niederlegen.**[44] Damit verlieren sie nicht zugleich ihr BR-Amt. Treten sie als BR-Mitglieder zurück, endet gleichzeitig ihre Mitgliedschaft im Betriebsausschuss. Da BR-Vorsitzende und deren Stellvertreter dem Betriebsausschuss kraft Gesetzes angehören, können sie aus dem Betriebsausschuss nur unter gleichzeitiger Niederlegung des Amts des Vorsitzenden oder des stellvertretenden Vorsitzenden ausscheiden.

III. Wahl der weiteren Mitglieder bei mehreren Wahlvorschlägen (Verhältniswahl)

19 Durch die Festlegung des **Verhältniswahlrechts** in Abs. 1 Satz 2 für die Wahl der weiteren Ausschussmitglieder ist der BR in seiner Gesamtheit nicht mehr in der Lage, die Aufgabenerfüllung des Betriebsausschusses in optimaler Weise sicher zu stellen. Eine insbes. an **Qualifikation und Durchsetzungsvermögen** orientierte personelle Zusammensetzung kann er nicht garantieren. Gerade weil dem Betriebsausschuss und den sonstigen Ausschüssen nach § 28 Aufgaben zur selbstständigen Erledigung übertragen werden können (vgl. Rn. 35 ff.), hat die optimale Besetzung der Ausschüsse besondere Bedeutung. Durch die Verhältniswahl als gesetzliche Regelwahl wird die Konstituierung des BR erschwert. Dies gilt auch für die Wahl der freizustellenden BR-Mitglieder in Großbetrieben (vgl. § 38 Rn. 40 ff.).

20 Die weiteren Ausschussmitglieder sind mittels der **Verhältniswahl** zu wählen, **wenn mehrere Wahlvorschläge** gemacht werden.[45] Hierbei sind der **Vorsitzende** und sein **Stellvertreter** bei der Verteilung der Mandate auf die einzelnen Wahlvorschläge nach dem klaren Wortlaut des

39 *HessLAG* 4.3.93 – 12 TaBV 142/92, AiB 93, 655 [656].
40 *BAG* 13.11.91 – 7 ABR 18/91, AP Nr. 3 zu § 27 BetrVG 1972; GK-*Raab*, Rn. 37; *Fitting*, Rn. 51.
41 *BAG* 29.4.92 – 7 ABR 74/91, AP Nr. 15 zu § 38 BetrVG 1972; a. A. *Fitting*, a. a. O., die zwar in diesem Ergebnis einen Widerspruch gegen die gesetzliche Regelung des Abs. 1 Satz 5 sehen, es im Übrigen aber für eine Frage der Auslegung halten, ob in einem Beschluss zur Feststellung der Nichtigkeit einer vorausgegangenen Wahl und der anschließenden Neuwahl nicht eine wirksame Abberufung der früher gewählten Mitglieder gesehen werden kann.
42 *Fitting*, Rn. 53; GK-*Raab*, Rn. 39.
43 *Fitting*, Rn. 44; HWGNRH-*Glock*, Rn. 27; vgl. auch *BAG* 11.3.92 – 7 ABR 50/91, NZA 92, 946 = AiB 92, 732; vgl. ferner GK-*Raab*, Rn. 30, die jedoch darauf verweisen, dass die willkürliche Ablehnung oder Niederlegung des Amts u. U. eine grobe Pflichtverletzung i. S. d. § 23 Abs. 1 sein kann.
44 *BAG* 16.3.05 – 7 ABR 43/04, NZA 05, 1072.
45 *Fitting*, Rn. 23; vgl. auch *BAG* 21.7.04 – 7 ABR 62/03, DB 05, 1066.

Gesetzes als »geborene« Mitglieder nicht zu berücksichtigen.[46] Liegen mehrere Wahlvorschläge vor, findet Verhältniswahl in einem einheitlichen Wahlgang statt (vgl. auch Rn. 23). Mehrheitswahl findet nur Anwendung, wenn nur ein Wahlvorschlag vorliegt (vgl. zur Beschlussfähigkeit § 33 Rn. 4 ff.).

Bei der Wahl der Ausschussmitglieder sind die Wahlvorschläge nicht auf die Listen beschränkt, die bei der BR-Wahl eingereicht wurden und auf die BR-Mandate entfallen sind. Für die Wahl der Ausschussmitglieder können sich **andere Koalitionen** und »Listenverbindungen« bilden, wodurch Minderheiten ihre Wahlchancen erhöhen.[47] Dies gilt auch, wenn der BR in gemeinsamer Wahl und Mehrheitswahl gewählt wurde. Die Berechnung der auf die einzelnen Wahlvorschläge entfallenden Mandate erfolgt, wenn der BR nicht die Nutzung anderer Auszählformeln beschlossen hat, nach dem **d'Hondtschen Höchstzahlenverfahren.**[48] Das Wahlergebnis wird anhand der Höchstzahlen vom BR-Vorsitzenden festgestellt. Dabei ist auf die Reihenfolge der Bewerber auf den Listen abzustellen.[49] Da im Gesetz nicht verbindlich vorgeschrieben ist, in welcher Weise die auf die einzelnen Vorschlagslisten entfallenden Ausschusssitze zu berechnen sind, könnte der BR auch die Anwendung eines anderen Systems, z. B. das von Hare/ Niemeyer, beschließen. 21

Die Zusammensetzung des Betriebsausschusses ist abhängig von den eingereichten Wahlvorschlägen.

Beispiel 1:
Ein BR mit 15 Mitgliedern setzt sich aus zehn Vertretern der Liste 1, zwei Vertretern der Liste 2 und drei Vertretern der Liste 3 zusammen. Es sind drei weitere Mitglieder für den Betriebsausschuss zu wählen. Würden die drei Listen für die Wahl jeweils eigene Wahlvorschläge einreichen, entfielen alle drei Sitze auf die Liste 1, da die drei Höchstzahlen nach d'Hondt auf die Liste 1 entfallen:

Liste 1	Liste 2	Liste 3
10: 1 = **10**	2: 1 = 2	3: 1 = 3
10: 2 = **5**		
10: 3 = **3,3**		

Beispiel 2:
Würden dagegen Vertreter der Listen 2 und 3 einen gemeinsamen Wahlvorschlag einbringen, entfielen zwei Sitze auf die Liste 1 und ein Sitz auf den gemeinsamen Vorschlag (Liste 2). Das Beispiel setzt voraus, dass sämtliche BR-Mitglieder den Wahlvorschlag ihrer Liste unterstützen und sich an der Abstimmung beteiligen.

Liste 1	Liste 2
10: 1 = **10**	5: 1 = **5**
10: 2 = **5**	5: 2 = 2,5
10: 3 = **3,3**	

Je größer der Ausschuss ist, umso eher haben durch die Verhältniswahl Minderheiten Chancen, Mandate zu erhalten.[50]

Die **Vorschläge für die Wahl** der weiteren Ausschussmitglieder bedürfen keines **Quorums** und können mündlich – ggf. in der Sitzung – gemacht werden, sofern der BR keine andere Regelung getroffen hat.[51] Bei **mündlichen Vorschlägen** in der Sitzung müssen die Vorschlagenden deutlich machen, ob sie einen eigenen Wahlvorschlag einbringen wollen, der auch aus einer Person bestehen kann, oder ob es sich bei ihren namentlichen Vorschlägen um Vorschläge für einen 22

46 *Blanke/Trümner*, BetrR 90, 25 [29 f.]; *Bopp*, S. 37 ff.
47 Ebenso *Ratayczak* AiB 06, 270.
48 GK-*Raab*; Rn. 21; Richardi-*Thüsing*, Rn. 14; enger *Fitting*, Rn. 24.
49 *Fitting*, a. a. O.
50 Vgl. auch die Beispiele bei *Wlotzke*, DB 89, 111 [114].
51 Vgl. *Bopp*, S. 41 f.; GK-*Raab*, Rn. 18; *ArbG Hamburg* 15.9.98, AiB 99, 42 mit Anm. *Grimberg*.

gemeinsamen Wahlvorschlag handelt.[52] Im letzteren Fall würde nämlich keine Verhältniswahl, sondern Mehrheitswahl stattfinden, weil nicht mehrere Wahlvorschläge eingegangen sind.[53] Im Zweifelsfall sollte von getrennten Wahlvorschlägen ausgegangen werden, um Unklarheiten bei der Besetzung der Ausschüsse zu vermeiden.[54] Die Wahlvorschläge einschließlich der Reihenfolge der Bewerber sind vom Wahlleiter schriftlich festzuhalten und in der **Niederschrift** (vgl. § 34 Abs. 1) aufzuführen. Wahlberechtigte können bei der Verhältniswahl lediglich eine Vorschlagsliste, auf der eine oder mehrere Wahlkandidaten in festgelegter Reihenfolge stehen, wählen. Sie haben keinen Einfluss auf die Reihenfolge der Kandidaten. Sie können keinen auf der Vorschlagsliste stehenden Kandidaten streichen oder die Reihenfolge verändern.[55]

23 Für die **Bestellung der Ersatzmitglieder** hat der Gesetzgeber keine Regelung getroffen. Auch wenn die Wahl der weiteren Ausschussmitglieder nach den Grundsätzen der Verhältniswahl erfolgt, entscheidet der BR durch Mehrheitsbeschluss oder Festlegung in seiner GO (vgl. § 36) darüber, nach welchen Regularien Ersatzmitglieder bestellt und gewählt werden.[56] **Die sich aus Abs. 1 ergebenden Wahlgrundsätze sind zu beachten.**[57] Die Festlegung der Regularien für die Bestellung der Ersatzmitglieder ist bei **Verhältniswahl** wichtig.[58] Dies gilt sowohl für die zeitweilige Vertretung verhinderter Ausschussmitglieder als auch beim Nachrücken für ausgeschiedene Ausschussmitglieder. Der BR ist nicht darauf beschränkt, erst durch eine **Nachwahl** einen frei gewordenen Sitz im Betriebsausschuss wieder zu besetzen.[59]

24 Es bieten sich folgende Lösungsmöglichkeiten an:
Analoge Anwendung des § 25 Abs. 1 und 2 (allerdings ohne Berücksichtigung der neuen Geschlechterquote) mit der Folge, dass auf die jeweiligen Wahlvorschläge mehr Bewerber als zu vergebende – oder zu erwartende – Ausschusssitze aufzunehmen sind. Dabei sollten möglichst viele Bewerber auf den Vorschlagslisten berücksichtigt werden, um frei werdende Sitze aus der jeweiligen Liste nachbesetzen zu können.[60] Im Verhinderungsfall würden die Ersatzmitglieder der Reihe nach aus den nicht gewählten Bewerbern der entsprechenden Vorschlagsliste entnommen.[61] Ist eine Vorschlagsliste erschöpft, wäre entsprechend § 25 Abs. 2 Satz 2 die Vorschlagsliste zu berücksichtigen, auf die der nächste Sitz entfallen wäre.[62]
Jeweilige Nachwahlen eines Ersatzmitglieds, wenn ein Ausschussmitglied verhindert bzw. ausgeschieden ist. Da in diesem Fall nur ein Mitglied für den Betriebsausschuss zu wählen ist, würde die Nachwahl nach den Grundsätzen der Mehrheitswahl erfolgen. Das zu wählende Ausschussmitglied müsste nicht Vertreter der Liste sein, der das zu ersetzende Ausschussmitglied angehört.[63] Gegen den Vorschlag, statt einer Nachwahl alle weiteren Ausschussmitglie-

---

52 *Blanke/Trümner,* BetrR 90, 25.
53 Vgl. *ArbG Hamburg,* a.a.O.
54 Ähnlich im Ergebnis *Fitting,* Rn. 19.
55 *Bopp,* S. 38; vgl. im Übrigen Rn. 19ff.
56 *Blanke/Trümner,* BetrR 90, 25 [29]; enger *Fitting,* Rn. 40, nach dem Mehrheitswahl nur bei Vorliegen eines Einverständnisses zulässig sein soll; *ArbG Berlin* 19.6.03 – BV 6243/03, NZA-RR 04, 87, lässt für Nachrücker ausschließlich die Verhältniswahl zu.
57 *Fitting,* Rn. 30; vgl. auch Rn. 11.
58 Für die Zulässigkeit der gesonderten Wahl in diesen Fällen Richardi-*Thüsing,* Rn. 22; a.A. GK-*Raab,* Rn. 47; nach *Fitting,* Rn. 29 ist die Reihenfolge der nachrückenden Ersatzmitglieder zu berücksichtigen.
59 So aber HWGNRH-*Glock,* Rn. 14.
60 *Engels/Natter,* BB-Beilage 8/89, S. 22; *Fitting,* Rn. 35.
61 Ebenso *ArbG Berlin* 19.6.03 – BV 6243/03, NZA-RR 04, 87; vgl. auch *BAG* 16.3.05 – 7 ABR 43/04, NZA 05, 1072, das für den Fall der Erweiterung der Zahl von Ausschussmitgliedern gem. § 28 immer eine Neuwahl fordert; ähnlich *HaKo-BetrVG/Wolmerath,* Rn. 6; kritisch *Fitting,* a.a.O.; vgl. auch § 38 Rn. 59ff.
62 Vgl. § 25 Rn. 28ff.; so auch *Blanke/Trümner,* a.a.O.; *Bopp,* S. 50ff.; *Engels/Natter,* BB-Beilage 8/89, S. 22; *Fitting,* a.a.O.; a.A. GK-*Raab,* Rn. 46, 50, die nur eine Neuwahl aller weiteren Mitglieder des Betriebsausschusses für zulässig halten; Richardi-*Thüsing,* Rn. 20; *Dänzer-Vanotti,* AuR 89, 204 [208] und HWGNRH-*Glock,* Rn. 15, sprechen sich gegen eine analoge Anwendung des § 25 Abs. 2 aus.
63 So *Dänzer-Vanotti,* a.a.O.; ähnlich HWGNRH-*Glock,* Rn. 18; a.A. *Fitting,* Rn. 37ff.; GK-*Raab,* Rn. 48, die sich stattdessen für die Neuwahl aller weiteren Ausschussmitglieder aussprechen, jedoch bei Zustimmung aller BR- bzw. Gruppenmitglieder auch eine Nachwahl nur des wiederzubesetzenden Ausschusssitzes für unschädlich halten.

der neu zu wählen, bestehen **erhebliche Bedenken** hinsichtlich der Kontinuität der Arbeit im Betriebsausschuss.[64] Hinzu kommt, dass jedes Ausschussmitglied freiwillig seinen Rücktritt erklären müsste, da eine Abberufung der Mehrheit von drei Vierteln der Stimmen der Mitglieder des BR in geheimer Abstimmung bedarf (vgl. Abs. 1 Satz 3; vgl. Rn. 24). Jedenfalls, soweit es die Nachwahl für verhinderte Ausschussmitglieder betrifft, bestehen hinsichtlich der praktikablen Anwendung des Vorschlags, Nachwahlen von Fall zu Fall aus konkretem Anlass vorzunehmen, ebenfalls Bedenken. Dies gilt insbes., wenn dem Betriebsausschuss Aufgaben zur selbstständigen Erledigung übertragen wurden. Da Verhinderungen oft unvorhergesehen eintreten, besteht die Gefahr, dass keine ordnungsgemäßen Beschlüsse gefasst werden können (vgl. hierzu § 29 Rn. 12; § 33 Rn. 29f.), weil, sofern der BR nicht vorher tagt, kein Ersatzmitglied eingeladen werden kann.

Wahl der Ersatzmitglieder in gesonderten Wahlgängen[65] durch entsprechende Anwendung der §§ 47 Abs. 3 und 55 Abs. 2 für jede Wahlvorschlagsliste. Das Nachrücken erfolgt wie beim Vorschlag a) unter Berücksichtigung der jeweiligen Liste in der Reihenfolge der erhaltenen Stimmenzahl. Hinsichtlich der Zahl der Bewerber und des Verfahrens im Falle der Erschöpfung einer Liste wird auf den Vorschlag unter a) verwiesen.

Gegen eine Nachwahl nur des **wiederzubesetzenden Ausschusssitzes** bestehen jedoch keine Bedenken, wenn bei gemeinsamer Wahl sämtliche BR-Mitglieder mit dem Vorgehen einverstanden sind, da von der Minderheitenregelung zwar Gebrauch gemacht werden kann, aber nicht muss.[66]

Die Lösungen a) und c) sind grundsätzlich vorzuziehen, da sie das Nachrücken von Ersatzmitgliedern nicht nur bei konkreten Anlässen, sondern generell regeln.

Einer besonderen Regelung für die Vertretung bedarf es grundsätzlich bei der **zeitweiligen Verhinderung des BR-Vorsitzenden** und/oder seines **Stellvertreters,** jedenfalls bei Verhältniswahl. Da sie kraft Amtes dem Betriebsausschuss angehören, haben sie auf keiner Vorschlagsliste kandidiert. Hier bietet sich an, das Ersatzmitglied der Liste zu entnehmen, auf die der nächste Sitz entfallen wäre.[67] Diese Verfahrensweise setzt voraus, dass Ersatzmitglieder auf »Vorrat« und nicht erst aus aktuellem Anlass gewählt werden. Im Falle des **Ausscheidens des Vorsitzenden** oder seines **Stellvertreters** bedarf es keiner besonderen Regelung, weil deren Nachfolger kraft Gesetzes dem Betriebsausschuss angehören. Wird ein Mitglied des Betriebsausschusses zum Vorsitzenden bzw. Stellvertreter gewählt, muss ggf. für ihn ein Nachfolger gewählt werden. 25

IV. Stellung und Aufgaben des Betriebsausschusses

1. Stellung des Betriebsausschusses

Der Betriebsausschuss ist **keine besondere Betriebsvertretung** neben dem BR, sondern dessen geschäftsführendes Organ bzw. dessen erweiterter geschäftsführender Vorstand. Er kann nicht an die Stelle des BR treten oder dessen Aufgaben und Amtsgeschäfte übernehmen. Alleiniger Träger dieser Aufgaben und insbesondere der Mitbestimmungsrechte bleibt auch nach der Errichtung eines Betriebsausschusses der BR. Neben dem Betriebsausschuss kann der BR weitere Ausschüsse bilden (vgl. im Übrigen § 28). 26

Der BR-Vorsitzende hat den **Vorsitz im Betriebsausschuss,** bei seiner Verhinderung der stellvertretende Vorsitzende.[68] Soweit der Betriebsausschuss zuständig ist, binden seine Beschlüsse den BR (vgl. zum Widerruf Rn. 41). 27

Für die **Geschäftsführung** des Betriebsausschusses gelten die Vorschriften der §§ 29ff. über die Geschäftsführung des BR entsprechend. Dies gilt auch für die Regelungen zur Durchführung von Video- und Telefonkonferenzen sowie für hybride Sitzungsformen in § 30 Abs. 2 und 3 28

---

64 So auch *HessLAG* 4.3.93 – 12 TaBV 142/92, AiB 93, 655 [657].

65 Ähnlich HWK-*Reichold,* Rn. 7; Richardi-*Thüsing,* Rn. 20; a. A. *Fitting,* Rn. 37; im Ergebnis auch *BAG* 16.3.05 – 7 ABR 43/04, NZA 05, 1072).

66 So GK-*Raab,* Rn. 50.

67 So GK-*Raab,* Rn. 41.

68 *Fitting,* Rn. 55; GK-*Raab,* Rn. 50; HWGNRH-*Glock,* Rn. 37.

(vgl. § 30 Rn. 28 ff.), zur Beschlussfassung in derartigen Sitzungsformaten in § 33 Abs. 1 Satz 2 (vgl. § 33 Rn. 10a), zur Anwesenheitsliste in § 34 Abs. 1 Satz 4 (vgl. § 34 Rn. 5a) sowie für spezifische Festlegungen in der GO nach § 36 (vgl. § 36 Rn. 6b). **Beschlüsse des Betriebsausschusses** müssen in Sitzungen und dürfen (auch im Rahmen von Video- und Telefonkonferenzen) **nicht im Umlaufverfahren** gefasst werden.[69] Auf diesem Weg sind keine geheimen, sondern nur offene Abstimmungen möglich. Wird geheime Wahl beantragt oder ist diese gesetzlich vorgeschrieben (etwa für die Wahl nach Abs. 1 Satz 2 oder für die Abberufung nach Abs. 1 Satz 5), muss diese in einer Präsenzsitzung erfolgen (vgl. § 26 Rn. 7a). Alle **Sitzungen** des Betriebsausschusses sind **nicht öffentlich.** Er kann aber zu seinen Sitzungen oder einzelnen Tagesordnungspunkten den **AG** einladen.[70] **Gewerkschaftsvertreter** können nach Maßgabe der für die Teilnahme an den Sitzungen des BR geltenden Vorschriften teilnehmen, d. h., wenn ein Viertel der Mitglieder des BR bzw. die Mehrheit einer Gruppe im BR dies verlangt oder der Betriebsausschuss bzw. der BR dies mehrheitlich beschließt oder der BR eine entsprechende Regelung in der GO vorgesehen hat.[71] Dies gilt unabhängig davon, ob nur laufende Geschäfte oder Aufgaben selbstständig erledigt werden.[72] Für die Antragstellung nach § 31 ist es nicht erforderlich, dass die Gewerkschaft im Betriebsausschuss vertreten ist, die Vertretung im BR reicht.[73]

29 Der Betriebsausschuss kann sich eine **GO** geben.[74] Beschließt der BR eine GO für den Betriebsausschuss, hat diese Vorrang.[75] Die GO gilt nur für die jeweilige Amtszeit des BR. Sie kann aber von einem neu gewählten Gremium per Beschluss unverändert übernommen werden.

30 Die **Schwerbehindertenvertretung** hat gemäß § 178 Abs. 4 SGB IX ein eigenständiges Teilnahmerecht an allen Sitzungen des BR und seiner Ausschüsse ohne Rücksicht auf die Tagesordnung und ohne Rücksicht darauf, ob den Ausschüssen Angelegenheiten zur selbstständigen Erledigung übertragen worden sind.[76]

31 Auch die **JAV** hat ein Teilnahmerecht an allen Sitzungen des Betriebsausschusses in entsprechender Anwendung des § 67 Abs. 1; sie kann immer einen Vertreter entsenden.[77] Andererseits ist aber das Teilnahmerecht der gesamten JAV an Sitzungen des Betriebsausschusses, in denen besonders den in § 60 Abs. 1 genannten Personenkreis betreffende Angelegenheiten behandelt werden und ein Stimmrecht aller JAV-Mitglieder (vgl. § 67) besteht, nicht gerechtfertigt, weil dies zu einer **ungleichgewichtigen Stimmenverteilung** zwischen BR und JAV führen würde. Deshalb ist die Zahl der teilnahme- und stimmberechtigten JAV-Mitglieder an allen Sitzungen des Betriebsausschusses im gleichen Verhältnis zu kürzen, wie es dem Verhältnis der Zahl der Mitglieder des Betriebsausschusses zu der des BR entspricht.[78] Besteht der BR z. B. aus 15 und der Betriebsausschuss dementsprechend aus fünf Mitgliedern, kann die JAV ein Drittel ihrer Mitglieder ggf. mit Stimmrecht entsenden. Ergibt das Ergebnis der Berechnung keine volle Zahl, ist »kaufmännisch« auf- bzw. abzurunden.[79]

---

69 Richardi-*Thüsing*, Rn. 41; vgl. auch § 33 Rn. 9.
70 Richardi-*Thüsing*, Rn. 42; *Fitting*, Rn. 56; vgl. ausführlich § 29 Abs. 4.
71 Vgl. *BAG* 28.2.90 – 7 ABR 22/89, EzA § 31 BetrVG 1972 Nr. 1; für Teilnahme an den Sitzungen des WA vgl. *BAG* 18.11.80, 25.6.87, AP Nrn. 2, 6 zu § 108 BetrVG 1972; ebenso GK-*Raab*, Rn. 64; vgl. im Übrigen § 31 Rn. 3 ff., 19.
72 a. A. GK-*Raab*, Rn. 54, wenn dem Betriebsausschuss nur die laufende Geschäftsführung obliegt.
73 Richardi-*Thüsing*, Rn. 43; *SWS*, Rn. 11.
74 Muster einer GO in DKWF-*Wedde*, § 27 Rn. 4 ff.
75 GK-*Raab*, Rn. 60; a. A. HWGNRH-*Glock*, Rn. 42, der nur den »*Charakter von Hinweisen*« sieht; vgl. ergänzend Rn. 34 ff. und § 36 Rn. 5.
76 *BAG* 21.4.93 – 7 ABR 44/92, NZA 94, 43; HWGNRH-*Glock*, Rn. 40; *Fitting*, Rn. 57; a. A. GK-*Raab*, Rn. 54; vgl. im Übrigen § 32 Rn. 4 ff.
77 Ebenso GK-*Raab*, Rn. 57 f.; enger ErfK-*Koch*, Rn. 5; a. A. *Fitting*, Rn. 58 f.; *GL*, Rn. 24, die das Teilnahmerecht auf die Fälle beschränken wollen, in denen der Betriebsausschuss Angelegenheiten behandelt, die besonders oder überwiegend den in § 60 Abs. 1 genannten Personenkreis betreffen; *HaKo-BetrVG/Wolmerath*, Rn. 11 nur bei Übertragung zur selbstständigen Erledigung oder bei besonderer Betroffenheit; nach Richardi-*Thüsing*, Rn. 44 soll in diesen Fällen die gesamte JAV ein Teilnahmerecht haben.
78 GK-*Raab*, Rn. 56; für Stimmberechtigung der gesamten JAV bei Angelegenheiten, die Jugendliche und Auszubildende [§ 60 Abs. 1] betreffen, Richardi-*Thüsing*, Rn. 44.
79 *Fitting*, Rn. 59a; a. A. GK-*Raab*, a. a. O., die stets abrunden wollen.

2. Führung der laufenden Geschäfte

Kraft Gesetzes führt der Betriebsausschuss die laufenden Geschäfte des BR. Durch diese Verlagerung soll in größeren BR eine funktionsfähige Arbeitsweise gewährleistet werden. Der Betriebsausschuss hat in diesem Rahmen einen **eigenen Zuständigkeitsbereich,** in dem er ohne einen entsprechenden BR-Beschluss und anstelle des BR entscheiden kann.[80] Der BR kann allerdings jederzeit Einzelmaßnahmen der laufenden Geschäftsführung an sich ziehen und damit in die Geschäftsführung des Betriebsausschusses eingreifen. Er kann Beschlüsse des Betriebsausschusses aufheben, sofern sie nicht bereits nach außen wirksam geworden sind.[81] Der BR kann jedoch nicht generell die Führung der laufenden Geschäfte an sich ziehen oder sie einem anderen Ausschuss übertragen.[82] 32

Das Gesetz definiert nicht ausdrücklich, was laufende Geschäfte sind. Unter diesen Begriff werden die **internen verwaltungsmäßigen und organisatorischen Aufgaben** gefasst, die sich regelmäßig wiederholen. Hierzu gehören alle regelmäßig wiederkehrenden internen, verwaltungsmäßigen oder organisatorischen Aufgaben des BR wie etwa Erledigung des Schriftverkehrs, Entgegennahme von Anträgen von Arbeitnehmern, Einholung von Auskünften, Vorbereitung von BR-Sitzungen sowie von Betriebs-, Teil- und Abteilungsversammlungen.[83] Der Betriebsausschuss hat im Wesentlichen die Aufgabe, alle Angelegenheiten zu erledigen, bei denen eine Beschlussfassung des BR nicht erforderlich ist. **Nicht** zu den **laufenden Geschäften** gehört die Wahrnehmung von **Mitwirkungs- oder Mitbestimmungsrechten,** und zwar selbst dann nicht, wenn sie sich regelmäßig wiederholen.[84] Gleiches gilt für die Einleitung von arbeitsgerichtlichen Beschlussverfahren oder für die Beauftragung eines Rechtsanwalts.[85] Die **Vertretung nach außen** steht ebenfalls nur dem BR bzw. dem Vorsitzenden zu. 33

Was im Einzelnen unter die **laufende Geschäftsführung** fällt, hängt sowohl von den konkreten Verhältnissen des einzelnen Betriebs als auch von der Größe des betreffenden BR ab. Der Kreis der laufenden Geschäfte kann in der GO (§ 36) näher festgelegt werden. Zu den laufenden Geschäften gehört beispielsweise: Vorbereitung beabsichtigter BR-Beschlüsse sowie von BR-Sitzungen; Einholung von Auskünften; Beschaffung von Unterlagen; Besprechungen mit Vertretern der im Betrieb vertretenen Gewerkschaften; Entgegennahme von Anträgen und Beschwerden sowie deren Vorprüfung; Vorbesprechungen mit dem AG; Erstellung von BV-Entwürfen; Durchführung von Beschlüssen des BR; Führung des Schriftwechsels nach Maßgabe der Beschlüsse des BR oder Vorbereitung der Betriebs- und Abteilungsversammlungen.[86] 34

3. Übertragung von Aufgaben zur selbstständigen Erledigung

Über die laufenden Geschäfte hinaus kann der BR mit der qualifizierten **Mehrheit der Stimmen seiner Mitglieder** (erforderlich beispielsweise in einem elfköpfigen Gremium mindestens sechs Ja-Stimmen ohne Rücksicht auf die Zahl der insgesamt anwesenden BR-Mitglieder) dem Betriebsausschuss weitere Aufgaben zur selbstständigen Erledigung übertragen (Abs. 2 Satz 2).[87] Betrifft der Beschluss überwiegend den in § 60 Abs. 1 genannten Personenkreis, ist die erforderliche Stimmenmehrheit entsprechend der §§ 67 Abs. 2 und 33 Abs. 3 unter Einbeziehung der Stimmen der **JAV** zu errechnen, wobei sowohl die absolute Mehrheit der BR-Mitglieder als auch die Mehrheit der JAV gegeben sein muss.[88] Die Übertragung bedarf der 35

---

80 *BAG* 15.8.12 – 7 ABR 16/11, NZA 13, 284; *Fitting,* Rn. 66; HWGNRH-*Glock,* Rn. 44; ErfK-*Koch,* Rn. 4.

81 *Fitting,* a.a.O.; GK-*Raab,* Rn. 64; Richardi-*Thüsing,* Rn. 49; ErfK-*Koch,* a.a.O; a.A. HWGNRH-*Glock* Rn. 44, 52, die dem Ausschuss eine eigenständige und abschließende Beschlusskompetenz zubilligen.

82 GK-*Raab,* Rn. 61; *Halberstadt,* Rn. 17.

83 *BAG* 15.8.12 – 7 ABR 16/11, NZA 13, 284; a.A. HWK-*Reichold,* Rn. 10, der sich für einen erweiterten Begriff der »laufenden Geschäfte« ausspricht.

84 *LAG Düsseldorf* 23.11.73, DB 74, 926; *Fitting,* Rn. 68; ErfK-*Koch,* Rn. 5; *Halberstadt,* Rn. 17; a.A. Richardi-*Thüsing,* Rn. 49ff.; MünchArbR-*Joost,* § 306 Rn. 45.

85 *LAG Düsseldorf* 5.8.15 – 4 TaBVGa 6/15, AuR 15, 460; *Fitting,* Rn. 68.

86 *Fitting,* Rn. 68; GK-*Raab,* Rn. 67; HWGNRH-*Glock,* Rn. 47; *Blanke,* AiB 81, 123.

87 Zur Mitteilung an den AG vgl. DKWF-*Wedde,* § 27 Rn. 6ff., 24.

88 Vgl. § 33 Rn. 18; GK-*Raab,* Rn. 72; Richardi-*Thüsing,* Rn. 63; wohl auch *Fitting,* Rn. 81.

Schriftform (Abs. 2 Satz 3). In dem Beschluss sind **Inhalt** und **Abgrenzung** der übertragenen Aufgaben **festzuhalten.**[89] Die Verwendung auslegungsfähiger und auslegungsbedürftiger Begriffe führt noch nicht zu einer unzulässigen Unklarheit in der Zuständigkeitsverteilung zwischen BR und Ausschuss.[90] Der Schriftform ist Genüge getan, wenn der vollständige Beschluss über die Aufgabenübertragung gemäß § 34 Abs. 1 in der Sitzungsniederschrift enthalten und diese vom BR-Vorsitzenden und einem weiteren BR-Mitglied unterschrieben[91] oder die Übertragung in der GO des BR geregelt ist.[92] Auch die Nennung der entsprechenden Paragraphen des BetrVG ist für eine wirksame Übertragung ausreichend.[93] Fehlt die erforderliche Mehrheit oder die Schriftform, ist der **Übertragungsbeschluss unwirksam.** Vom Betriebsausschuss gefasste Beschlüsse sind deshalb unwirksam, können aber vom BR **durch** einen **bestätigenden Beschluss genehmigt werden.**[94]

36 Sind dem Betriebsausschuss Aufgaben zur **selbstständigen Erledigung** übertragen worden, tritt er sowohl in der Willensbildung als auch in der Willensäußerung an die Stelle des BR. Ein Beschluss des Betriebsausschusses ersetzt den des BR.[95] Entsprechende Beschlüsse kann der BR nur mit der Mehrheit seiner Stimmen aufheben, sofern der Beschluss des Betriebsausschusses nach außen hin noch nicht wirksam geworden ist.[96]

37 **Von der Übertragung ausgeschlossen** sind: Der Abschluss von BV (Abs. 2 Satz 2) und die Anrufung der ESt., da ihr Spruch die Qualität einer BV hat;[97] die Zustimmungserteilung zu einer außerordentlichen Kündigung von Mitgliedern der in § 103 Abs. 1 aufgeführten betriebsverfassungsrechtlichen Vertretungen;[98] die Wahl des Vorsitzenden und seines Stellvertreters (§ 26 Abs. 1) sowie der weiteren Mitglieder des Betriebsausschusses (§ 27 Abs. 2) und der sonstigen Ausschüsse (§ 28 Abs. 2)[99] einschließlich des WA (§ 107); die Übertragung von Aufgaben auf Arbeitsgruppen gemäß § 28a.[100] Ausgeschlossen ist eine Übertragung von Aufgaben auch in den Fällen, in denen ausnahmsweise für einen Beschluss des BR die Mehrheit der Stimmen seiner Mitglieder erforderlich ist.[101] Im Bereich der **privatisierten Postunternehmen** bleibt die Beschlussfassung in bestimmten Personalangelegenheiten[102] der gem. § 28 PostPersG gesondert gewählten Beamtenvertretung im BR vorbehalten und kann deshalb nicht auf den Betriebsausschuss übertragen werden.[103] Außerdem darf die Übertragung von Angelegenheiten zur selbstständigen Erledigung auf den Betriebsausschuss oder andere Ausschüsse des BR nicht so weit gehen, dass dem BR als Gesamtorgan nicht ein Kernbereich der gesetzlichen Befugnisse verbleibt,[104] da sonst die vom Gesetzgeber im Prinzip gewollte Mitwirkung aller BR-Mitglieder

---

89 Vgl. *BAG* 20.10.93 – 7 ABR 26/93, NZA 94, 567 = AiB 94, 421; für eine **zweifelsfreie** und **eindeutige** Übertragung *BAG* 17.3.05 – 2 AZR 275/04, NZA 05, 1064 = AiB 06, 178 mit Anm. *Müller*; *Fitting*, Rn. 82; GK-*Raab*, Rn. 76; *Raab*, FS Konzen, 719 ff.; *HaKo-BetrVG/Wolmerath*, Rn. 12 für eine eindeutige Definition; Richardi-*Thüsing*, Rn. 64; HWGNRH-*Glock*, Rn. 60.

90 *BAG*, 20.10.93, a. a. O.

91 *Fitting*, Rn. 83; HWGNRH-*Glock*, a. a. O.

92 *BAG* 4.8.75, AP Nr. 4 zu § 102 BetrVG 1972; 20.10.93 – 7 ABR 26/93, NZA 94, 567 [568]; *Fitting*, Rn. 83.

93 *BAG* 17.3.05 – 2 AZR 275/04, NZA 05, 1064.

94 *Fitting*, Rn. 84; ErfK-*Koch*, Rn. 5; die Genehmigungsfähigkeit ungültiger Beschlüsse wird von GK-*Raab*, Rn. 75 und HWGNRH-*Glock*, Rn. 61 verneint.

95 *Fitting*, Rn. 71; GK-*Raab*, Rn. 79; HWGNRH-*Glock*, Rn. 59; Richardi-*Thüsing*, Rn. 67; ErfK-*Koch*, Rn. 5.

96 A. A. HWGNRH-*Glock*, a. a. O.

97 *LAG München* 29.10.09 – 4 TaBV 62/09, EzA-SD 2010, Nr. 1, 15; a. A. bezüglich der Anrufung der ESt. GK-*Raab*, Rn. 78; Richardi-*Thüsing*, Rn. 68, *Fitting*, Rn. 68, 73b, die es aber für zulässig halten, dass sich der BR die Anrufung der ESt. vorbehält; vgl. auch HWGNRH-*Glock*, Rn. 56, die jedoch auch einen Vorbehalt wegen der eigenständigen Stellung des Ausschusses ablehnen.

98 *LAG Berlin* 16.10.79, AuR 80, 29, Ls.

99 *Fitting*, Rn. 77; GK-*Raab*, Rn. 66.

100 *HessLAG* 24.9.09 – 9 TaBV 69/09.

101 GK-*Raab*, a. a. O.

102 Hierzu ausführlich *Fitting*, § 99, Rn. 316 ff.

103 *Fitting*, Rn. 75; GK-*Raab*, Rn. 72; Richardi-*Thüsing*, Rn. 72.

104 *BAG* 20.10.93 – 7 ABR 26/93, NZA 94, 567 [568] = AiB 94, 421, 1.6.76, AP Nr. 1 zu § 28 BetrVG 1972.

an der Willensbildung des BR aufgehoben würde.[105] Nach der Rspr.[106] ist bei der Beurteilung des Kernbereichs nicht nur auf den einzelnen Mitbestimmungstatbestand, sondern auf den gesamten Aufgabenbereich des BR abzustellen. Eine nur punktuelle Betrachtung würde danach eine Einschränkung der dem BR durch § 27 Abs. 2 Satz 2 eingeräumten Übertragungsbefugnis bedeuten.

Ansonsten ist der **Aufgabenbereich,** der dem Betriebsausschuss oder einem anderen Ausschuss des BR (vgl. § 28) zur selbstständigen Erledigung übertragen werden kann, **nicht begrenzt.**[107] Der BR entscheidet im Rahmen der aufgezeigten Grenzen eigenverantwortlich darüber, inwieweit er eine Übertragung von Aufgaben für zweckmäßig erachtet. Seine Entscheidung unterliegt keiner Zweckmäßigkeits-, sondern nur einer Rechtsmissbrauchskontrolle.[108] Der BR kann den Betriebsausschuss ausdrücklich ermächtigen, Mitbestimmungsrechte wahrzunehmen.[109] In Betracht kommen kann insbesondere die Wahrnehmung von Mitwirkungs- und Mitbestimmungsrechten im **personellen Bereich,** z. B. bei personellen Einzelmaßnahmen gemäß §§ 99 und 102;[110] Entscheidungen über außerordentliche Kündigungen nach § 103;[111] im **sozialen Bereich,** z. B. für die Verwaltung von Sozialeinrichtungen, Zuweisung und Kündigung von Werkswohnungen sowie Festlegung der zeitlichen Lage des Urlaubs für einzelne AN;[112] im Bereich der Schulungs- und Bildungsveranstaltungen gemäß § 37 Abs. 6 die Beschlussfassung über Teilnahme einzelner BR-Mitglieder.[113] Übertragen werden kann auch die Einleitung von arbeitsgerichtlichen Beschlussverfahren, die Beauftragung eines Rechtsanwalts[114] oder die Führung der Monatsgespräche nach § 74 Abs. 1.[115] Der BR hat in eigener Machtkompetenz verantwortlich zu entscheiden, in welchen Fällen er generell oder mit Einschränkungen Zuständigkeiten zur selbstständigen Erledigung an den Betriebsausschuss abtreten will bzw. in seiner Gesamtverantwortung für die Belegschaft kann. Dies trifft beispielsweise insbesondere für die Mitwirkungsrechte bei Kündigungen zu. Der BR kann mit der Übertragung bestimmte **Weisungen** verbinden oder allgemeine Richtlinien aufstellen, z. B., dass in bestimmten Angelegenheiten eine qualifizierte Mehrheit im Betriebsausschuss oder sogar Einstimmigkeit erforderlich und anderenfalls die Angelegenheit dem BR zur Beschlussfassung vorzulegen ist.[116] 38

Der BR muss dafür sorgen, dass der **Informationsfluss** zwischen den Gremien sichergestellt wird. Die Mitglieder des BR haben jederzeit das Recht, in die **Unterlagen** des Betriebsausschusses **Einsicht zu nehmen.**[117] 39

Für die **Wirksamkeit des Übertragungsbeschlusses** ist es nicht erforderlich, dass dieser dem AG mitgeteilt wird.[118] Dessen unverzügliche Unterrichtung ist jedoch im Interesse einer ordnungsgemäßen Zusammenarbeit angezeigt.[119] Der AG braucht sich eine Übertragung von Angelegenheiten auf den Betriebsausschuss nicht entgegenhalten zu lassen, solange er davon keine Kenntnis erlangt hat. Er kann die Vorlage des Übertragungsbeschlusses verlangen, wenn Zweifel über die Beschlussfassung oder Unklarheiten über den Inhalt bestehen.[120] Solange der 40

105 GK-*Raab,* Rn. 70.
106 *BAG* 20.10.93, a. a. O.
107 *Fitting,* Rn. 74; ErfK-*Koch,* Rn. 5.
108 *BAG* 20.10.93 – 7 ABR 26/93, NZA 94, 567 [568] = AiB 94, 421.
109 Vgl. *BAG* 1.6.76, AP Nr. 1 zu § 28 BetrVG 1972, 4.8.75, 12.7.84, AP Nrn. 4, 32 zu § 102 BetrVG 1972; *LAG Köln* 15.11.88 – 4 TaBV 54/88 zur Zulässigkeit eines besonderen Personalausschusses mit selbstständiger Entscheidungsbefugnis.
110 *LAG Berlin-Brandenburg* – 10 TaBV 671/14, BB 14, 2931; ähnlich *Fitting,* a. a. O.; a. A. Richardi-*Thüsing,* Rn. 56.
111 *BAG* 17.3.05 – 2 AZR 275/04, NZA 05, 1064 = AiB 06, 178 mit Anm. *Müller.*
112 HWGNRH-*Glock,* Rn. 51.
113 *ArbG Essen* 29.7.03 – 2 BV 38/03, DB 04, 2056 = AiB 05, 44 mit Anm. *Peter.*
114 *LAG Düsseldorf* 5.8.15 – 4 TaBVGa 6/15, AuR 15, 460.
115 *BAG* 15.8.12 – 7 ABR 16/11, NZA 13, 284; *Rudolph,* AiB 14, 65; vgl. auch § 74 Rn. 7.
116 *Fitting,* Rn. 73a; GK-*Raab,* Rn. 80; ErfK-*Koch,* Rn. 5; zur Anrufung der ESt. vgl. Rn. 37.
117 *Fitting,* Rn. 86; vgl. auch § 34 Rn. 19ff.
118 *Fitting,* Rn. 85; GK-*Raab,* Rn. 80; *HWGNRH,* Rn. 62.
119 *Fitting,* Rn. 85; weiter gehend GK-*Raab,* Rn. 80 und HWGNRH-*Glock,* Rn. 64, die aus § 2 Abs. 1 eine Verpflichtung zur Unterrichtung ableiten.
120 *Fitting,* a. a. O.; GK-*Raab,* a. a. O.; Richardi-*Thüsing,* a. a. O.; weitergehend HWGNRH-*Glock,* Rn. 63.

AG nicht über den Übertragungsbeschluss unterrichtet wurde, kann er davon ausgehen, dass der BR nur in seiner Gesamtheit zuständig ist.[121] Auch der **Widerrufsbeschluss** ist dem AG unverzüglich mitzuteilen.

41 Für den **Widerruf** der Übertragung von Angelegenheiten zur selbstständigen Erledigung gelten gemäß Abs. 2 Satz 4 die gleichen Grundsätze wie für die Übertragung selbst, d. h., der Widerruf bedarf ebenfalls der Mehrheit der Stimmen aller Mitglieder des BR sowie der Schriftform.[122] Der Widerruf der Übertragung ist jederzeit und ohne Begründung möglich. Entsprechendes gilt für eine Änderung des Umfangs der übertragenen Aufgaben.[123]

42 Kraft Gesetzes gehört zu den Aufgaben des Betriebsausschusses oder eines nach § 28 gebildeten Ausschusses die Ausübung des Rechts auf **Einblick in die Listen über die Bruttolöhne und -gehälter.**[124] Es bedarf deshalb keiner besonderen Übertragung nach Abs. 2 Satz 2.

V. Führung der laufenden Geschäfte in kleineren Betrieben

43 BR mit weniger als neun Mitgliedern können **keinen Betriebsausschuss** bilden. Aus dieser Situation leitet sich keine Beschränkung der gesetzlichen Informations-, Mitwirkungs- oder Mitbestimmungsmöglichkeiten ab. Im Interesse einer möglichst praktikablen Durchführung der laufenden Geschäfte haben sie jedoch nach Abs. 3 die Möglichkeit, die **Führung der laufenden Geschäfte** auf den Vorsitzenden des BR oder andere BR-Mitglieder **zu übertragen.**[125] Auch die Übertragung auf mehrere BR-Mitglieder gemeinsam ist zulässig. **Mitbestimmungsrechte** können in kleineren Betrieben nur **vom BR in seiner Gesamtheit** wahrgenommen werden.[126] Dies gilt auch in Betrieben mit mehr als 100 AN, in denen gem. § 28 Abs. 1 ebenfalls Ausschüsse gebildet werden können (vgl. insgesamt § 28 Rn. 6 ff.). Die Übertragung der Führung laufender Geschäfte auf diese Ausschüsse ist allenfalls indirekt unter Rückgriff auf Abs. 3 in der Form möglich, dass den Mitgliedern eines Ausschusses diese gem. § 28 Abs. 1 persönlich übertragen wird.[127] Die Ausübung von originären Beteiligungs- und Beschlussrechten bleibt diesen Ausschüssen allerdings verwehrt.[128] Das Monatsgespräch nach § 74 kann durch den Ausschuss allein ebenso wenig wahrgenommen werden wie nur durch den BR-Vorsitzenden.[129]

44 Die Übertragung erfolgt durch **Beschluss des BR.** Es genügt die einfache Mehrheit des beschlussfähigen BR.[130] Übertragungsbeschlüsse sollte AG im Interesse einer ordnungsgemäßen Zusammenarbeit mitgeteilt werden. Die Schriftform ist zwar nicht ausdrücklich vorgeschrieben. Aus Gründen der Beweisbarkeit sollte aber immer eine Aufnahme des Beschlusses in die Sitzungsniederschrift erfolgen.

45 Zu den laufenden Geschäften gehört auch in kleineren Betrieben das Einblicksrecht in die Bruttolohn- und Gehaltslisten. Gleiches gilt für die Geltendmachung der Auskunftsansprüche

121 Richardi-*Thüsing*, a. a. O.; a. A. HWGNRH-*Glock*, Rn. 63.
122 Vgl. Rn. 40; *Fitting*, Rn. 87; GK-*Raab*, Rn. 92; HWGNRH-*Glock*, Rn. 64.
123 GK-*Raab*, a. a. O.; vgl. auch HWGNRH-*Glock*, Rn. 65, der jedoch das Entziehen einzelner Fälle unter Beibehaltung der Übertragung im Übrigen ablehnt; zur Mitteilung an den AG vgl. DKWF-*Wedde*, § 27, Rn. 14, 26.
124 Vgl. unter § 80 Rn. 26 ff. sowie 130a; zum Einsichtsrecht in kleineren Betrieben vgl. auch *BAG* 14. 1. 14 – 1 ABR 54/12, jurisPR-ArbR 25/2014 Anm. 5; a. A. bezüglich des Einsichtsrechts in Bruttogehaltslisten *Kleinenbrink*, FA 2018, 38.
125 Zum Begriff »laufende Geschäfte« vgl. Rn. 37 ff.; zur Beschlussfassung und zur Mitteilung an den AG DKWF-*Wedde*, § 27, Rn. 16, 28 f.
126 *LAG Bremen* 26. 10. 82, AuR 83, 123, Ls.; *Horstkötter*, AiB 01, 564; *Geffken*, AiB 02, 257.
127 Vgl. zum Umfang der zulässigen Übertragung Rn. 33; ähnlich *Wullf*, ZBVR 02, 134; im Ergebnis wohl auch *Fitting*, a. a. O.; GK-*Raab*, Rn. 10 und 86.
128 *BAG* 14. 8. 13 14. 8. 13 – 7 ABR 66/11, NZA 14, 161, das einen geschäftsführenden Ausschuss in kleineren Betrieben ausschließt, ähnlich GK-*Raab*, Rn. 82.
129 *ArbG Bielefeld* 11. 6. 08 – 6 BV 37/08, juris; a. A. für größere Betriebe nunmehr *BAG* 15. 8. 12 – 7 ABR 16/11, NZA 13, 284; vgl. auch § 74 Rn. 7.
130 *Fitting*, Rn. 91; GK-*Raab*, Rn. 87; HWGNRH-*Glock*, Rn. 69; ErfK-*Koch*, Rn. 5; a. A. Richardi-*Thüsing*, Rn. 77, der die absolute Mehrheit der BR-Mitglieder verlangt.

nach dem EntgTranspG.[131] Dieses Recht kann der BR-Vorsitzende oder das mit der Führung der laufenden Geschäfte beauftragte Mitglied übernehmen.[132]

VI. Streitigkeiten

Streitigkeiten im Zusammenhang mit der Wahl und der Zusammensetzung des Betriebsausschusses, der Abberufung der weiteren Mitglieder des Betriebsausschusses oder des gemäß Abs. 3 mit der Führung der laufenden Geschäfte beauftragten BR-Mitglieds sowie Streitigkeiten über die Zuständigkeit des Betriebsausschusses oder des/der beauftragten BR-Mitglieder entscheiden die **ArbG im Beschlussverfahren** (§§ 2a, 80 ff. ArbGG). 46

Nichtigkeit der Wahl ist nur in besonderen Ausnahmefällen gegeben, in denen gegen wesentliche Grundsätze der Wahl in einem derartigen Maße verstoßen worden ist, dass nicht einmal der Anschein einer dem Gesetz entsprechenden Wahl vorliegt.[133] Dies ist z. B. bei einer Bildung des Betriebsausschusses durch Zuruf der BR-Mitglieder[134] oder bei Nichtachtung der Wahlgrundsätze nach Abs. 1 der Fall., Die Nichtigkeit der Wahl kann **jederzeit** und von **jedermann geltend gemacht werden.** 47

Verstöße (z. B. gegen gesetzliche Formvorschriften) führen nicht zur Nichtigkeit der Wahl, sondern machen diese anfechtbar. Auch **nicht jede Verletzung** wesentlicher Wahlvorschriften führt aus Gründen der Rechtssicherheit zur **Nichtigkeit** der Wahl, sondern nur außergewöhnlich schwerwiegende Gesetzesverletzungen. Aus Gründen der Rechtssicherheit ist bei BR-internen Wahlen in Analogie zu § 19 Abs. 2 die **»Anfechtung der Wahl«** (Antrag auf Feststellung der Rechtswidrigkeit der Wahl) nur innerhalb einer **Frist von zwei Wochen** nach Kenntniserlangung des Grundes der Rechtswidrigkeit zulässig.[135] 48

Antragsberechtigt ist jedes BR-Mitglied.[136] Entgegen der Auffassung des *BAG*[137] ist hinsichtlich der Wahl des Betriebsausschusses auch die im Betrieb vertretene Gewerkschaft antragsberechtigt.[138] Nicht antragsberechtigt sind der AG und einzelne AN.[139] 49

Solange ein ArbG nicht rechtskräftig festgestellt hat, dass die Wahl der weiteren Ausschussmitglieder fehlerhaft war, bleibt der Betriebsausschuss in seiner bisherigen Zusammensetzung bestehen.[140] 50

§ 28 Übertragung von Aufgaben auf Ausschüsse

(1) Der Betriebsrat kann in Betrieben mit mehr als 100 Arbeitnehmern Ausschüsse bilden und ihnen bestimmte Aufgaben übertragen. Für die Wahl und Abberufung der Ausschussmitglieder gilt § 27 Abs. 1 Satz 3 bis 5 entsprechend. Ist ein Betriebsausschuss gebildet,

131 Richardi-*Thüsing*, Rn. 58; zu Bruttogehaltslisten vgl. § 80, Rn. 91.
132 *BAG* 23.2.73, 18.9.73, AP Nrn. 2, 3 zu § 80 BetrVG 1972; vgl. im Übrigen die Kommentierung zu § 80.
133 *BAG* 13.11.91 – 7 ABR 18/91, NZA 92, 989 = AiB 92, 737; 20.10.93 – 7 ABR 26/93, NZA 94, 567; ErfK-*Koch*, Rn. 6; *Fitting*, Rn. 96; GK-*Raab*, Rn. 24; HWGNRH-*Glock*, Rn. 28 f. m. w.N.
134 *BAG* 12.10.61, AP Nr. 84 zu § 611 BGB Urlaubsrecht.
135 *BAG* 20.10.93 – 7 ABR – 26/93, NZA 94, 567 [570] = AiB 94, 421, 13.11.91 – 7 ABR 18/91; vgl. auch *BAG* 16.3.05 – 7 ABR 43/04, NZA 05, 1072; *Fitting*, Rn. 98; GK-*Raab*, Rn. 37; ErfK-*Koch*, Rn. 6; HWGNRH-*Glock*, Rn. 30; *Kamphausen*, NZA 91, 880; a. A. Richardi-*Thüsing*, Rn. 37.
136 *BAG* 13.11.91 – 7 ABR 18/91, NZA 92, 989 = AiB 92, 737, 1.6.76, AP Nr. 1 zu § 28 BetrVG 1972.
137 12.10.76, AP Nr. 2 zu § 26 BetrVG 1972.
138 *Däubler*, Gewerkschaftsrechte, Rn. 193; ErfK-*Koch*, Rn. 6; *Fitting*, a. a. O.; vgl. auch *BAG* 1.2.69, AP Nr. 1 zu § 28 BetrVG; offen gelassen *BAG* 13.11.91, NZA 92, 989 = AiB 92, 737; enger *Wulff*, ZBVR 02, 134 [137], der ein Antragsrecht nur bei »Vertretung« im BR sieht; a. A. Richardi-*Thüsing*, Rn. 36; GK-*Raab*, Rn. 27; HWGNRH-*Glock*, Rn. 31.
139 Richardi-*Thüsing*, Rn. 35; HWGNRH-*Glock*, Rn. 31; wegen der damit verbundenen Mehrbelastung gestehen GK-*Raab*, Rn. 26; *Fitting*, a. a. O. und ErfK-*Koch*, a. a. O. dem AG ein Anfechtungsrecht ausnahmsweise dann zu, wenn mehr Mitglieder als nach Abs. 1 vorgesehen in den Ausschuss gewählt worden sind.
140 GK-*Raab*, Rn. 26; *Fitting*, Rn. 100; vgl. auch *BAG* 13.11.91 – 7 ABR 18/91, NZA 92, 989 = AiB 92, 737.

kann der Betriebsrat den Ausschüssen Aufgaben zur selbständigen Erledigung übertragen; § 27 Abs. 2 Satz 2 bis 4 gilt entsprechend.

(2) Absatz 1 gilt entsprechend für die Übertragung von Aufgaben zur selbständigen Entscheidung auf Mitglieder des Betriebsrats in Ausschüssen, deren Mitglieder vom Betriebsrat und vom Arbeitgeber benannt werden.

Inhaltsübersicht Rn.

I. Vorbemerkungen

1 Für Betriebe mit mehr als 100 AN ermöglicht es **Abs. 1** BR, ihre Arbeit durch Bildung von Ausschüssen zu spezifischen Themen besser und effektiver zu strukturieren und zu erledigen.[1] Ausschüsse können auf Zeit oder auf Dauer gebildet werden. Ihnen können bestimmte Aufgaben zur Vorbereitung oder zur selbstständigen Erledigung übertragen werden. Durch **Abs. 2** wird sichergestellt, dass für die Entsendung von BR-Mitgliedern in **gemeinsame Ausschüsse** von BR und AG die gleichen Grundsätze wie für die weiteren Ausschüsse nach Abs. 1 gelten. Für die Zusammensetzung, die Wahl und Abberufung der Ausschussmitglieder – einschließlich der Verhältniswahl – und die Übertragung von Aufgaben gelten die Grundsätze des § 27. Gleiches gilt auch für das Teilnahmerecht der **JAV** und der **Schwerbehindertenvertretung** sowie für die Hinzuziehung des **Gewerkschaftsbeauftragten** zu den Sitzungen der Ausschüsse, einschließlich gemeinsamer Ausschüsse.[2]

2 Die Vorschrift gilt mit Einschränkungen entsprechend für den **GBR** (§ 51), **KBR** (§ 59), die **JAV** (§ 65), die **GJAV** (§ 73), **KJAV** (§ 73 b), die **Bordvertretung** (§ 115 Abs. 4) und den **See-BR** (§ 116 Abs. 3). Für die **anderen Vertretungen der AN** nach § 3 Abs. 1 kann der TV (ausnahmsweise auch eine BV) abweichende Regelungen vorsehen. Für **zusätzliche AN-Vertretungen** nach § 3 Abs. 1 Nr. 4 und 5 gilt die Vorschrift nicht. Sitzungen von Ausschüssen des BR können nach Maßgabe der einschlägigen Vorschriften (vgl. insbesondere § 30 Abs. 2) als Video- oder Telefonkonferenzen durchgeführt werden.

2a Der **DGB-Entwurf** für ein modernes Betriebsverfassungsgesetz[3] belässt die Abs. 1 und 2 der Vorschrift inhaltlich unverändert. Ein neuer Abs. 3 legt fest, dass in Betrieben, in denen nach Abs. 1 Ausschüsse gebildet werden können, insbesondere ein paritätisch besetzter Gleichstellungsausschuss sowie Umweltausschuss gegründet werden soll.

II. Bildung von Ausschüssen durch den Betriebsrat (Abs. 1)

1. Gesetzliche Voraussetzungen

3 Gesetzliche Voraussetzung für die Bildung weiterer Ausschüsse ist, dass im Betrieb mehr als 100 AN beschäftigt sind. Es ist von der Zahl der **regelmäßig beschäftigten AN** auszugehen (vgl. hierzu § 1 Rn. 183 m. w. N.). Der Umfang der Tätigkeit der AN (Voll- oder Teilzeit) ist ohne

1 Vgl. *Engels/Trebinger/Löhr-Steinhaus,* DB 01, 532 [537].

2 *BAG* 21. 4. 93 – 7 ABR 44/92, NZA 94, 43 = AiB 94, 48; *LAG Düsseldorf* 7. 4. 92 – 6 TaBV 4/92 – zum Teilnahmerecht der Schwerbehindertenvertretung; *LAG Schleswig-Holstein* 10. 9. 08 – 3 TaBV 26/08, DB 08, 2839 zur Teilnahme an BR-Ausschusssitzungen.

3 AuR Sonderausgabe April 2022, S. 21.

Relevanz. Entscheidend ist lediglich das Überschreiten des gesetzlich definierten Schwellenwertes von mindestens 101 AN. Auf die Zahl der BR-Mitglieder kommt es nicht an.

In Betrieben mit weniger als 101 AN können Ausschüsse i. S. d. § 28 nicht gebildet werden. Dies schließt nicht aus, dass BR hier »Ausschüsse« (bzw. Arbeitsgruppen) errichten können. Allerdings ist auf diese Ausschüsse oder auf einzelne BR-Mitglieder keine Übertragung von Aufgaben zur selbstständigen Erledigung möglich.[4] Im Übrigen kann der BR seine Arbeit so organisieren, wie er es für erforderlich hält (vgl. § 37 Rn. 27). 4

Die Bildung weiterer Ausschüsse nach Abs. 1 setzt einen **Beschluss** gemäß § 33 Abs. 1 voraus.[5] Er muss die dem Ausschuss **übertragenen Aufgaben genau bezeichnen** und zudem **festlegen,** ob die selbstständige Erledigung oder nur eine Vorbereitung gewollt ist. Der Gegenstand der Übertragung muss zweifelsfrei feststellbar sein.[6] Es soll ausreichen, wenn der Übertragungsbeschluss die entsprechende Mitbestimmungsnorm nennt.[7] Außerdem muss der Beschluss **die Zahl der Mitglieder** festlegen.[8] 5

Die **Übertragung von Aufgaben** zur **selbstständigen Erledigung** setzt voraus, dass ein BR-Ausschuss gem. § 27 besteht. Ist dies der Fall, bedarf die Übertragung von Aufgaben zur selbstständigen Erledigung auf einen Ausschuss gem. § 28 ebenso wie bei der entsprechenden Übertragung auf den Betriebsausschuss der **Mehrheit aller BR-Mitglieder** (vgl. hierzu § 27 Rn. 40). **Schriftform** ist erforderlich.[9] Entsprechendes gilt für den **Widerruf,** der jederzeit erfolgen kann, und für die **Abänderung des Übertragungsbeschlusses.**[10] 6

Die **Bildung** von Ausschüssen gem. § 28 bedarf **nicht** der **Zustimmung des AG.** Über ihre Bildung entscheidet der BR nach eigenen Zweckmäßigkeitserwägungen.[11] Der AG sollte jedoch im Interesse einer ordnungsgemäßen Zusammenarbeit von der Errichtung der Ausschüsse, unabhängig davon, ob ihnen Aufgaben zur selbstständigen Erledigung übertragen wurden, in Kenntnis gesetzt werden.[12] 7

Ausschüsse des BR werden im Allgemeinen für die Dauer der Amtszeit des BR gebildet. Haben sie **vorübergehende Aufgaben** zu erfüllen, können sie auf Zeit eingesetzt werden. Dann findet der Ausschuss seine Beendigung mit Ablauf der vom BR ausdrücklich vorgesehenen Zeit oder mit Erreichung des Zwecks, ohne dass es eines Aufhebungsbeschlusses des BR bedarf.[13] Unabhängig davon kann der BR einen Ausschuss jederzeit **auflösen** oder einzelne Mitglieder abberufen.[14] Für die Auflösung des Ausschusses ist einfache Stimmenmehrheit gem. § 33 Abs. 1 erforderlich.[15] In Betriebsräten mit weniger als neun Mitgliedern kann auf der Grundlage von § 28 kein geschäftsführender Ausschuss gegründet werden.[16] 8

2. Übertragung von Aufgaben

Sind einem Ausschuss zulässigerweise (vgl. Rn. 6) **Aufgaben zur selbstständigen Erledigung** übertragen, tritt er in diesem Rahmen an die Stelle des BR. Die Willensbildung im Ausschuss ersetzt diejenige des BR.[17] Dadurch wird der BR aber nicht von eigener Entscheidung und 9

4 Vgl. *BAG* 29.4.92 – 7 ABR 61/91, NZA 93, 375; ErfK-*Koch,* Rn. 1 *Fitting,* Rn. 16; GK-*Raab,* Rn. 19; a. A. HWGNRH-*Glock,* Rn. 5.
5 Vgl. DKWF-*Wedde,* § 28, Rn. 6.
6 *Fitting,* Rn. 23 fordert eine genaue Umschreibung.
7 So *BAG* 17.3.05 – 2 AZR 275/04, DB 05, 1693.
8 Vgl. GK-*Raab,* Rn. 22.
9 Vgl. § 27 Rn. 40; zu Textmustern vgl. DKWF-*Wedde,* § 28 Rn. 3 ff.
10 § 27 Rn. 41; DKWF-*Wedde,* § 28, Rn. 3, 8.
11 Vgl. *Fitting,* Rn. 6; ErfK-*Koch,* Rn. 1; GK-*Raab,* Rn. 20 und HWGNRH-*Glock,* Rn. 17 sprechen von pflichtgemäßem Ermessen; ähnlich Richardi-*Thüsing,* Rn. 5.
12 Vgl. § 27 Rn. 44; DKWF-*Wedde,* § 28, Rn. 10.
13 *Fitting,* Rn. 30; GK-*Raab,* Rn. 26.
14 Vgl. § 27 Rn. 13 ff., Textmuster bei DKWF-*Wedde,* § 28, Rn. 9.
15 *Fitting,* Rn. 9; GK-*Raab,* Rn. 29.
16 *BAG* 14.8.13 – 7 ABR 66/11, NZA 14, 161.; vgl. auch § 27 Rn. 43 ff.
17 *Fitting,* Rn. 9; GK-*Raab,* Rn. 16; *Geffken,* AiB 06, 267; vgl. auch § 27 Rn. 36; DKWF-*Wedde,* § 28, Rn. 10.

Beratung ausgeschlossen.[18] Er kann die übertragenen Angelegenheiten jederzeit an sich ziehen oder den Übertragungsbeschluss widerrufen bzw. abändern (vgl. auch § 27 Rn. 41). Für die **Geschäftsführung** und Modalitäten bei der **Beschlussfassung** sowie der **Übertragung** gelten die gleichen Grundsätze wie für den Betriebsausschuss (vgl. im Übrigen § 27 Rn. 32 ff.). Der Abschluss einer BV ist Ausschüssen verwehrt.[19]

10 Der BR kann Ausschüssen **alle Aufgaben** zuweisen, die seiner eigenen Zuständigkeit unterliegen.[20] Die Entscheidung über Aufgabenzuweisungen unterliegt keiner Zweckmäßigkeitskontrolle, sondern nur einer Rechtskontrolle. Aufgabenzuweisungen dürfen nicht zur Folge haben, dass der BR nicht mehr als Gesamtorgan in einem Kernbereich der gesetzlichen Befugnisse zuständig ist.[21] In diesem Rahmen kann der BR z. B. dem **Personalausschuss** die Ausübung seiner Beteiligungsrechte bei personellen Einzelmaßnahmen zur selbstständigen Erledigung übertragen.[22] Im Bereich der **privatisierten Postunternehmen** kann neben einem allgemeinen Personalausschuss die Einrichtung eines **spezifischen Beamtenpersonalausschusses** sinnvoll sein. Es gelten die gleichen Grundsätze wie für die Übertragung von Aufgaben zur selbstständigen Erledigung an den Betriebsausschuss und den Informationsfluss zwischen den Gremien (vgl. daher § 27 Rn. 35 ff.). Zu denken ist weiterhin an **Ausschüsse für die Verwaltung von Sozialeinrichtungen** (Pensionskassen, Werkswohnungen, Kantinen), **für Akkordfragen, Angelegenheiten des Arbeits- und Gesundheitsschutzes, Betriebsökologie und Umweltschutz,**[23] **Frauenförderung, ausländische AN** oder an die **Ersetzung des WA** nach § 107 Abs. 3.[24] Sinnvoll kann auch die Einsetzung eines **Projektausschusses** sein, der sich mit anstehenden grundlegenden Veränderungen im Betrieb oder mit beabsichtigten Betriebsänderungen befasst und der ermächtigt werden kann, alle dem BR zur Verfügung stehenden gesetzlichen Erkenntnismöglichkeiten zu nutzen.[25] Auch kann der BR einem Ausschuss das Einblicksrecht in die **Listen über die Bruttolöhne und -gehälter** übertragen.[26] Ausschüsse können aber ebenso wenig wie der Betriebsausschuss zum Abschluss von **BV** ermächtigt werden (vgl. § 27 Rn. 37). Durch Betriebsvereinbarung kann die **Errichtung weiterer,** nicht im BetrVG normierter **Ausschüsse** (etwa eines sog. Koordinierungsausschusses, in dem Mitglieder aller in einer bestimmten Region vertretenen BR vertreten sind) vereinbart werden.[27] Auch bei der Bildung dieser Ausschüsse sind nach Auffassung des *BAG* die Grundprinzipien des BetrVG zu wahren.[28] Eine Verpflichtung zur Bildung von Ausschüssen besteht nicht.[29]

11 Ausschüssen können nicht die **laufenden Geschäfte** des BR zugewiesen werden, deren Führung kraft Gesetzes dem Betriebsausschuss obliegt, wohl aber die Bearbeitung fachspezifischer Themen oder Aufgaben.[30] Dies gilt auch, wenn kein BR-Ausschuss besteht.[31] Wahrnehmen

18 Vgl. aber zum begrenzten Einblicksrecht *LAG Schleswig-Holstein* 18.4.07 – 6 TaBV 41/06.
19 *Fitting,* Rn. 9; GK-*Raab,* Rn. 29.
20 GK-*Raab,* Rn. 4; Richardi-*Thüsing,* Rn. 25; *Fitting,* Rn. 9 und Rn. 35 mit dem Hinweis, dass in den **privatisierten Postunternehmen** hinsichtlich der Beamten für bestimmte Personalangelegenheiten Einschränkungen bestehen; a. A. bzgl. eines Ausschusses für Öffentlichkeitsarbeit *LAG Berlin-Brandenburg* 15.2.18 – 14 TABV 675/17 – und bezgl. der Bildung von Arbeitsgruppen nach § 28a BetrVG *HessLAG* 24.9.09 – 9 TaBV 69/09.
21 *BAG* 20.10.93 – 7 ABR 26/93, NZA 94, 567.
22 *BAG* 1.6.76, AP Nr. 1 zu § 28 BetrVG 1972; 4.8.75, 12.7.84, AP Nrn. 4, 32 zu § 102 BetrVG 1972; *LAG Köln* 15.11.88 – 4 TaBV 54/88; *Fitting,* Rn. 10; GK-*Raab,* Rn. 14; HWGNRH-*Glock,* Rn. 17.
23 Vgl. *Trümner,* AiB 91, 522.
24 GK-*Raab,* a. a. O.
25 Vgl. *Fitting,* 20. Aufl., Rn. 7a.
26 Vgl. § 80 Abs. 2 Satz 2; *LAG Schleswig-Holstein* 18.4.07 – 6 TaBV 41/06 – geht davon aus, dass das Einsichtsrecht nach einer Übertragung auf die Ausschussmitglieder beschränkt ist.
27 *Fitting,* Rn. 12.
28 *BAG* 15.1.92 – 7 ABR 24/91, NZA 92, 1091.
29 A. A. GK-*Raab,* Rn. 20 mit dem Hinweis auf das Gebot vertrauensvoller Zusammenarbeit; ähnlich Richardi-*Thüsing,* Rn. 21.
30 *LAG Berlin-Brandenburg,* 15.2.18 – 14 TaBV 675/17; ähnlich *Fitting,* Rn. 7; GK-*Raab,* Rn. 12; Richardi-*Thüsing,* Rn. 26.
31 A. A. Richardi-*Thüsing,* Rn. 26.

kann ein Ausschuss die spezifischen laufenden Geschäfte, die für die Erledigung **der ihm übertragenen Aufgaben** notwendig sind.[32]

III. Zusammensetzung der Ausschüsse

1. Größe und Mitglieder

Für die weiteren Ausschüsse ist **keine bestimmte Größe** vorgeschrieben. Der BR bestimmt die Zahl der Mitglieder nach pflichtgemäßem Ermessen.[33] Die Zweckmäßigkeit der BR-Entscheidung verschließt sich der Überprüfung durch die Arbeitsgerichtsbarkeit.[34] Rechtsfehler könnten gerichtlich geltend gemacht werden.[35] Die Ausschüsse können demnach zahlenmäßig kleiner oder größer als ein Betriebsausschuss sein. Bei der Festlegung der Größe kann sich der BR an der Mitgliederzahl des Betriebsausschusses orientieren und die Auswirkungen berücksichtigen, die sich durch die Verhältniswahl ergeben.[36] Je größer die Ausschüsse sind, umso mehr kommen die Grundsätze der Verhältniswahl zum Tragen.[37] Sie müssen nicht so groß sein, dass alle Listen zwingend vertreten sind.[38] Es würde hingegen mit den Grundprinzipien der Betriebsverfassung nicht übereinstimmen, wenn z. B. ein aus 27 Mitgliedern bestehender BR die Entscheidung über Kündigungen einem aus drei Personen bestehenden Personalausschuss übertragen würde. Nicht notwendig ist, dass die Zahl der Ausschussmitglieder stets ungerade ist. Dies dürfte aber zu empfehlen sein, um Beschlussmehrheiten sicherzustellen. Der Vorsitzende des BR und sein Stellvertreter gehören den weiteren Ausschüssen nicht zwingend an.[39] Gehört ein Vorsitzender dem Ausschuss an, wird er im Verhinderungsfall nicht automatisch von seinem Stellvertreter vertreten.[40] 12

2. Wahl der Mitglieder

Hinsichtlich der Wahl der Mitglieder und Ersatzmitglieder der weiteren Ausschüsse und ihrer Abberufung sowie der Dauer der Amtszeit u. a. gelten die allgemeinen Grundsätze für den Betriebsausschuss entsprechend (vgl. § 27 Rn. 3 ff.). Die Bestellung von Ersatzmitgliedern ist nicht zwingend. Einer Abberufung bedarf es nicht, wenn ein Ausschuss nur für eine bestimmte Zeit oder zu einem bestimmten Zweck errichtet wurde. Vor der Wahl hat der BR durch Beschluss die Zahl der Ausschussmitglieder festzulegen (vgl. Rn. 12). Wird die Zahl der Ausschussmitglieder während der Amtszeit des BR verändert und sind dessen Mitglieder nach den Grundsätzen der Verhältniswahl gewählt worden, muss eine Neuwahl erfolgen. Die Nachnominierung einzelner Mitglieder soll nicht möglich sein. Auch eine generelle Erhöhung der Zahl der Ausschussmitglieder erfordert die Neuwahl aller Mitglieder.[41] Einer vorherigen Abberufung bedarf es in diesen Fällen nicht.[42] Die **Bestellung eines Vorsitzenden** und eines **stellvertretenden Vorsitzenden** ist für Ausschüsse zweckmäßig.[43] Sie erfolgt durch den BR.[44] Sind der Vorsitzende des BR und sein Stellvertreter in Ausschüsse gewählt, übernehmen sie 13

32 Zu den Aufgaben, die den Ausschüssen nicht übertragen werden können vgl. § 27 Rn. 37.
33 *Fitting*, Rn. 25; GK-*Raab*, Rn. 32; a. A. HWGNRH-*Glock*, Rn. 8, die auf die Obergrenze des § 27 verweisen.
34 *BAG* 20.10.93 – 7 ABR 26/93, AP Nr. 5 zu § 28 BetrVG 1972.
35 *LAG Nds.* 24.4.09 – 10 TaBV 55/08, NZA-RR 09, 532; *Fitting*, Rn. 22.
36 *Engels/Natter*, BB-Beilage 8/89, S. 22; HWGNRH-*Glock*, a. a. O.
37 *Wlotzke*, DB 89, 111 [114]; vgl. auch § 27 Rn. 19.
38 *Fitting*, Rn. 26.
39 *Fitting*, Rn. 29; GK-*Raab*, Rn. 32.
40 Vgl. *LAG Schleswig-Holstein* 22.8.83, NZA, 85, 68, Ls.
41 So *BAG* 16.3.05 – 7 ABR 43/04, DB 05, 96; ebenso *Fitting*, Rn. 28a; Richardi-*Thüsing*, Rn. 17.
42 *BAG* 20.4.05 7 ABR 47/04, NZA 05, 1013.
43 Vgl. HWGNRH-*Glock*, a. a. O., die die Bestellung für notwendig halten, weil sonst eine ordnungsgemäße Ausschusstätigkeit im Hinblick auf Einladungen zu den Sitzungen nicht möglich wäre; nach GK-*Raab*, a. a. O., soll der BR auch festlegen können, dass kein Vorsitzender gewählt wird.
44 *Fitting*, a. a. O.; GK-*Raab*, a. a. O.; Richardi-*Thüsing*, Rn. 19; a. A. HWGNRH-*Glock*, a. a. O., für Wahl durch Ausschuss.

im Gegensatz zum Betriebsausschuss (vgl. § 27 Rn. 32) Leitungsfunktionen hier nicht automatisch.[45] Unterlässt der BR die Benennung von Vorsitzenden und Stellvertretern, können die Ausschüsse entsprechende Wahlen selbst vornehmen. Die Wahl von Ersatzmitgliedern für die Mitglieder der Ausschüsse ist zulässig[46] und vielfach zweckmäßig (vgl. hierzu § 27 Rn. 11, 23). Sie ist aber nicht vorgeschrieben. Es fällt vielmehr insoweit in die Gestaltungsfreiheit des BR, ob und wie er auf das Absinken der Zahl der Mitglieder eines Ausschusses nach § 28 reagiert.[47] Bezüglich der **Nichtannahme des Amts,** der **Amtsniederlegung** und der **Abberufung** von Ausschussmitgliedern gelten die gleichen Grundsätze wie für die Mitglieder des Betriebsausschusses (vgl. § 27 Rn. 14 ff.).

3. Verhältniswahl/Mehrheitswahl

14 Die Wahl der Mitglieder erfolgt im BR unter Berücksichtigung der durch Beschluss festgelegten Zahl (Rn. 12) nach den Grundsätzen der Verhältniswahl, sofern **mehrere Wahlvorschläge** gemacht werden.[48] Wird der BR aus nur einem Wahlvorschlag gewählt, erfolgt auch die Wahl zu Ausschüssen in Mehrheitswahl (vgl. § 27 Rn. 10). Da der Vorsitzende des BR und dessen Stellvertreter den weiteren Ausschüssen nicht kraft Amtes angehören, sind alle Mitglieder ggf. unter Berücksichtigung der Verhältniswahl zu wählen. Die Geschäftsordnung kann Vorgaben zur Berücksichtigung dieser Leitungsfunktionen in Ausschüssen machen.[49] Besteht ein Ausschuss z. B. aus fünf Mitgliedern unter Einschluss eines BR-Vorsitzenden und seines Stellvertreters, sind nicht nur drei weitere Mitglieder, sondern alle zu wählen. Etwas anderes gilt, wenn der BR durch Beschluss oder in seiner Geschäftsordnung festgelegt hat, dass der Vorsitzende und/oder dessen Stellvertreter allen oder bestimmten Ausschüssen (z. B. Personalausschuss) als »geborene« Mitglieder angehören. In diesem Fall sind nur die weiteren Ausschussmitglieder zu wählen.[50]

IV. Gemeinsame vom Betriebsrat und Arbeitgeber zu besetzende Ausschüsse (Abs. 2)

15 In der betrieblichen Praxis werden, zum Teil durch TV vorgesehen, gemeinsame **Ausschüsse** gebildet, deren Mitglieder einerseits **vom BR** und andererseits **vom AG benannt** werden,[51] z. B. Akkordausschuss, BEM-Ausschuss, Personalplanungsausschuss, Arbeitsschutzausschuss und Ausschüsse zur Verwaltung von Sozialeinrichtungen, Umweltausschuss, Gleichstellungs- und Frauenförderungsausschuss oder Technologieausschuss.[52] Gemeinsame Ausschüsse können auch in Betrieben mit weniger als 100 AN eingerichtet werden.[53] Sie sind nicht als Arbeitsgruppen nach § 28a zu qualifizieren (vgl. § 28a Rn. 1).

16 Zweifelhaft ist, ob Abs. 2 es ermöglicht, den Mitgliedern des BR die endgültige Entscheidungsbefugnis zu übertragen.[54] Voraussetzung für die Zulässigkeit einer Übertragung ist ein eindeutiger Beschluss des BR, mit dem entsprechende Kompetenzen auf den gemeinsamen Ausschuss übertragen werden.[55] Weiterhin ist die paritätische Besetzung des Ausschusses und

45 *Fitting,* Rn. 33; GK-*Raab,* Rn. 36; HWGNRH-*Glock,* Rn. 15; ErfK-*Koch,* Rn. 1.
46 Richardi-*Thüsing,* Rn. 15; *Fitting,* Rn. 28.
47 *LAG Nds.* 12.5.04 – 15 TaBV 75/03; *BAG* 16.3.05 – 7 ABR 43/04, NZA 05, 1072.
48 *Fitting,* Rn. 28 f.; GK-*Raab,* Rn. 22; *ArbG Hamburg* 15.9.98, AiB 99, 42 mit Anm. *Grimberg;* vgl. § 27 Rn. 19 ff.; zur Veränderung der Größe vgl. Rn. 13.
49 Ebenso *Fitting,* Rn. 24.
50 ErfK-*Koch,* Rn. 1; *Fitting,* Rn. 24; Richardi-*Thüsing,* Rn. 13; a. A. allerdings nunmehr *BAG* 16.11.05 – 7 ABR 11/05, DB 06, 731.
51 Zu Aufgabenbereichen und Häufigkeit gemeinsamer Ausschüsse vgl. *Senne,* BB 95, 305.
52 *BAG* 20.10.93 – 7 ABR 26/93, NZA 94, 567.
53 GK-*Raab,* Rn. 39.
54 So *Fitting,* Rn. 39; MünchArbR-*Joost,* § 306 Rn. 62; ähnlich *Wulff,* ZBVR 02, 134 [137]; *BAG* 22.3.16 – 1 ABR 14/14, NZA 16, 1283, das die Übertragung einer Entscheidungsbefugnis durch Spruch der Est. verneint; kritisch hierzu *Kohte,* jurisPR-ArbR 9/17 Anm. 2; a. A. *ArbG Wuppertal* 12.10.92, AiB 93, 456 mit Anm. *Mayer;* Richardi-*Thüsing,* Rn. 39.
55 Textmuster bei DKWF-*Wedde,* § 28 Rn. 13 ff.

die einstimmige Beschlussfassung aller hier tätigen BR-Mitglieder unumgänglich.[56] Gemeinsame Ausschüsse können auf Zeit bzw. für einen bestimmten Zweck errichtet werden (vgl. im Übrigen Rn. 8). Sollen endgültige Entscheidungen nicht gefällt werden, ist eine paritätische Besetzung nicht zwingend erforderlich.[57] Sind endgültige Entscheidungen möglich, wäre eine Unterparität zu Lasten des BR als unzulässiger Verzicht auf Beteiligungsrechte unzulässig.[58] Eine Unterparität zu Lasten des AG ist hingegen zulässig. Eine paritätische Besetzung kann vom BR bei der Bildung des Ausschusses zur Bedingung gemacht werden.[59]

Für die Praxis ist anzuraten, dass die gemeinsamen Ausschüsse lediglich **vorbereitende Tätigkeiten** wahrnehmen und dass sich der BR die abschließende Entscheidung vorbehält. Hält es der BR für zweckmäßig, seinen in gemeinsamen Ausschüssen tätigen Mitgliedern Aufgaben zur selbstständigen Erledigung zu übertragen, muss er die paritätische Besetzung sicherstellen, um seine Mitwirkungs- und Mitbestimmungsrechte zu wahren.[60] BV können in gemeinsamen Ausschüssen nicht abgeschlossen werden. Ein gemeinsamer Ausschuss ist kein Organ des BR, sondern ein **eigenständiges betriebsverfassungsrechtliches Gremium.** In ihm können mit einfacher Mehrheit Entscheidungen getroffen werden, sofern an der Sitzung mindestens die Hälfte der Ausschussmitglieder (§ 33 Abs. 2 1. Halbs.) teilgenommen hat.[61] Werden durch den Beschluss **Aufgaben des BR wahrgenommen,** kann dieser jedoch **nicht gegen die Mehrheit** der entsandten **BR-Mitglieder** gefasst werden;[62] Um seine Interessen zu wahren und um »Zufallsmehrheiten« zu verhindern, kann der BR durch Beschluss die **Voraussetzungen für die Entscheidungsfindung** in gemeinsamen Ausschüssen vorgeben.[63] Er kann beispielsweise festlegen, dass die Wirksamkeit der in einem gemeinsamen Ausschuss erfolgten Beschlüsse von der Zustimmung der Mehrheit oder aller dorthin entsandten BR-Mitglieder abhängt.[64] Auch ein Beschluss, nach dem bei Meinungsverschiedenheiten zwischen den entsandten BR-Mitgliedern eine Entscheidung des BR eingeholt werden muss, ist zulässig. Die Durchsetzung dieser Vorgaben kann der BR erreichen, indem er seine Zustimmung zur Bildung dieser Gremien bzw. zur Übertragung von Aufgaben zur selbstständigen Erledigung von der Erfüllung seiner Forderungen abhängig macht. 17

Der gemeinsame Ausschuss kann bei einer entsprechenden Beauftragung durch den BR (vgl. Rn. 17) ggf. mit Wirkung für und gegen den BR Entscheidungen treffen, da, sofern nichts anderes vereinbart ist, grundsätzlich die einfache Mehrheit ohne Rücksicht darauf gilt, von welcher Seite die Mehrheit gebildet wird.[65] Auch wenn der gemeinsame Ausschuss kein Organ des BR ist, sondern ein **eigenständiges betriebsverfassungsrechtliches Gremium,** kann der BR Vorkehrungen dafür treffen, dass die Wirksamkeit gefasster Beschlüsse davon abhängt, dass **alle Mitglieder des BR** zugestimmt haben.[66] Durch Beschluss des BR können die Voraussetzungen für die Beschlussfassung im Ausschuss festgelegt werden. Der BR kann auch beschließen, dass bei Meinungsverschiedenheiten zwischen den entsandten BR-Mitgliedern eine 18

---

56 Ebenso Hako-BetrVG/*Wolmerath,* Rn. 15; vgl. zur Übertragung der Beteiligungsrechte nach § 102 BetrVG auf einen paritätisch besetzten Personalausschuss *BAG* 12.7.84, AP Nr. 32 zu § 102 BetrVG 1972.

57 *Fitting,* Rn. 38 ff.; MünchArbR-*Joost,* § 306 Rn. 65; a. A. offenbar *Halberstadt,* Rn. 8; für die Unzulässigkeit einer Unterparität des BR GK-*Raab,* Rn. 42.

58 GK-*Raab,* a. a. O.

59 HWGNRH-*Glock,* Rn. 29.

60 Vgl. auch *Fitting,* Rn. 42; GK-*Raab,* Rn. 42; a. A. HWGNRH-*Glock,* Rn. 29; *Kallmeyer,* DB 78, 98.

61 *Fitting,* Rn. 45; GK-*Raab,* Rn. 45; HWGNRH-*Glock,* Rn. 32 f.; Richardi-*Thüsing,* Rn. 39.

62 Zutreffend Richardi-*Thüsing,* Rn. 39; ErfK-*Koch,* Rn. 2; Hako-BetrVG/*Wolmerath,* Rn. 19 unter Hinweis auf das Prinzip der doppelten Mehrheit; a. A. *Fitting,* a. a. O.; GK-*Raab,* a. a. O.; HWGNRH-*Glock,* a. a. O.

63 *Fitting,* a. a. O.; GK-*Raab,* Rn. 44; ErfK-*Koch,* a. a. O.; a. A. HWGNRH-*Glock,* Rn. 34.

64 Vgl. *BAG* 12.7.84, AP Nr. 32 zu § 102 BetrVG 1972; 20.10.93 – 7 ABR 26/93, NZA 94, 567; ähnlich *Fitting,* a. a. O.; GK-*Raab,* Rn. 44; Hako-BetrVG/*Wolmerath* Rn. 19; *Geffken,* AiB 02, 258; a. A. Richardi-*Thüsing,* a. a. O., der die Mehrheit der BR-Mitglieder für ausreichend hält.

65 *Fitting,* Rn. 45; GK-*Raab,* Rn. 45; *Senne,* BB 95, 305 [307]; a. A. MünchArbR-*Joost,* § 306 Rn. 62; Richardi-*Thüsing,* Rn. 39; *Hanau,* BB 73, 1274 [1277], die stets einen von der Mehrheit der BR-Mitglieder im gemeinsamen Ausschuss getragenen Beschluss fordern.

66 Vgl. *BAG* 12.7.84, AP Nr. 32 zu § 102 BetrVG 1972; a. A. Richardi-*Thüsing,* a. a. O.

Entscheidung des BR einzuholen ist. Tritt bei der Abstimmung im gemeinsamen Ausschuss eine Pattsituation auf, fällt die Angelegenheit an BR und AG zurück.[67] Nur auf diesem Weg bleiben die gesetzlichen Konfliktlösungsinstrumente wirksam.

19 Überträgt der BR seinen in gemeinsamen Ausschüssen tätigen Mitgliedern Aufgaben zur **selbstständigen Erledigung,** sind der Umfang und die Grenzen der Ermächtigung genau zu formulieren und schriftlich festzuhalten.[68] Im Übrigen gelten für die Übertragung der Aufgaben die gleichen Grundsätze wie für Ausschüsse des BR.[69] Die **Berichterstattungspflicht** ist bei der Bildung von gemeinsamen Ausschüssen von besonderer Bedeutung (vgl. § 27 Rn. 39). Wird die Übertragung durch Beschluss des BR einseitig widerrufen, wird der Widerruf auch dann wirksam, wenn die Bildung des gemeinsamen Ausschusses in einer BV festgelegt wurde.[70]

20 Die Bildung und Zusammensetzung eines gemeinsamen Ausschusses von BR und AG ist nicht davon abhängig, ob weitere Ausschüsse i. S. des § 28 Abs. 1 bestehen und wie sie besetzt sind. Die **Größe des gemeinsamen Ausschusses** legen BR und AG einvernehmlich nach ihrem Ermessen fest.[71] Zur Sicherung des Kommunikationsflusses ist es sinnvoll, dass der BR **mindestens zwei Mitglieder** in den gemeinsamen Ausschuss entsendet. Begnügen sich AG und BR mit der Mindestanzahl, ist ihre Entscheidung auch dann rechtmäßig, wenn eine im BR vertretene Liste im gemeinsamen Ausschuss keines BR-Mitglieder hat.[72] Einen entsprechenden **Listenschutz** enthält das BetrVG nicht. Im Übrigen gelten für die Entsendung der BR-Mitglieder und die Bestellung von Ersatzmitgliedern die gleichen Grundsätze wie für die Bildung der Ausschüsse des BR (vgl. Rn. 12 ff.). Bestehen ein **allgemeiner** BR-Ausschuss **und ein gemeinsamer Ausschuss zu denselben Aufgaben,** muss der AG bei Mitbestimmungsangelegenheiten den BR-Ausschuss einschalten. Anderenfalls würden dem BR-Ausschuss wesentliche Funktionen entzogen. Dem Beteiligungsrecht des BR ist Genüge getan, wenn die BR-Mitglieder des weiteren Ausschusses gleichzeitig Mitglieder des gemeinsamen Ausschusses sind.[73]

21 Gemeinsame Ausschüsse können in allen Betrieben mit mehr als 100 AN gebildet werden. Unabhängig hiervon können in Betrieben mit 100 oder weniger AN gemeinsame »Ausschüsse« oder »Kommissionen« (z. B. Akkordkommissionen) eingerichtet werden, die etwa in TV vorgesehen ist. Ihnen können keine Aufgaben zur selbstständigen Erledigung übertragen werden, es sei denn, der TV sieht dies vor.

V. Streitigkeiten

22 Streitigkeiten im Zusammenhang mit der Bildung, Zusammensetzung und Zuständigkeit der Ausschüsse des BR sowie der gemeinsamen Ausschüsse von BR und AG gemäß Abs. 3 entscheiden die ArbG im Beschlussverfahren (§§ 2a, 80 ff. ArbGG; vgl. im Übrigen § 27 Rn. 46 ff.). Entsprechende Streitigkeiten können auch inzidenter im **Urteilsverfahren** entschieden werden, z. B. bei einer Lohnklage eines betroffenen Akkordarbeiters.

§ 28a Übertragung von Aufgaben auf Arbeitsgruppen

(1) In Betrieben mit mehr als 100 Arbeitnehmern kann der Betriebsrat mit der Mehrheit der Stimmen seiner Mitglieder bestimmte Aufgaben auf Arbeitsgruppen übertragen; dies erfolgt nach Maßgabe einer mit dem Arbeitgeber abzuschließenden Rahmenvereinbarung. Die Aufgaben müssen im Zusammenhang mit den von der Arbeitsgruppe zu erledigenden

---

67 *Fitting,* Rn. 46; a. A. HWGNRH-*Glock,* Rn. 35; GK-*Raab,* Rn. 45, die in diesen Fällen von der Antragsablehnung ausgehen.
68 Vgl. zum Schriftformzwang *LAG Rheinland-Pfalz* 27.11.12 – 3 Sa 294/12, EzA-SD 2012, Nr. 3, 14.
69 Vgl. Rn. 9 ff.; § 27 Rn. 35 ff.; DKWF-*Wedde,* § 28 Rn. 4, 13.
70 GK-*Raab,* Rn. 41.
71 *BAG* 20.10.93 – 7 ABR 26/93, NZA 94, 567 = AiB 94, 421; *Fitting,* Rn. 25, 42; Richardi-*Thüsing,* Rn. 35.
72 *BAG* 20.10.93, a. a. O.
73 So für BR-Personalausschuss und paritätischen Personalausschuss *BAG* 12.7.84, NZA 85, 96.

Tätigkeiten stehen. Die Übertragung bedarf der Schriftform. Für den Widerruf der Übertragung gelten Satz 1 erster Halbsatz und Satz 3 entsprechend.
(2) Die Arbeitsgruppe kann im Rahmen der ihr übertragenen Aufgaben mit dem Arbeitgeber Vereinbarungen schließen; eine Vereinbarung bedarf der Mehrheit der Stimmen der Gruppenmitglieder. § 77 gilt entsprechend. Können sich Arbeitgeber und Arbeitsgruppe in einer Angelegenheit nicht einigen, nimmt der Betriebsrat das Beteiligungsrecht wahr.

Inhaltsübersicht Rn.

I. Vorbemerkungen

Die Vorschrift wurde durch das BetrVerf-ReformG 2001 **neu** in das Gesetz **eingefügt.** Die Regelung ist von dem Gedanken geprägt, dass sich die einzelnen AN stärker als bisher in kollektive Prozesse einbringen können sollen. Hierdurch soll die Funktion des BR als einheitliche Interessenvertretung der AN nicht beeinträchtigt werden.[1] Durch die Ermöglichung der Übertragung von Aufgaben soll den **Bedürfnissen der Praxis** und dem **Wunsch der AN nach unmittelbarer Beteiligung** Rechnung getragen werden. Die Übertragung kommt insbesondere bei der Durchführung von Gruppenarbeit im Sinne von § 87 Abs. 1 Nr. 13 in Betracht. Darüber ist sie auch für sonstige Team- und Projektarbeit sowie für bestimmte Beschäftigungsarten und Arbeitsbereiche möglich.[2] Schließlich ist eine Übertragung im Rahmen einer **weiten Auslegung** des Begriffs auch bei spezifischen Ausgestaltungen der Arbeit in Call-Center oder in virtuellen Arbeitsstrukturen möglich, wenn die hiermit befassten Arbeitsgruppen klar abgrenzbar sind (vgl. ausführlich Rn. 14). Ausgeschlossen bleibt die Anwendung der Vorschrift auf gemeinsame Arbeitsgruppen von AN und AG, weil die Vorschrift ausschließlich auf die Einbindung von AN in kollektivrechtliche Mitwirkungs- und Mitbestimmungsprozesse zielt. Die Einbindung von AN soll bezogen auf die Ausgestaltung der von ihnen vertraglich geschuldete Arbeitsleistung erfolgen. Bezogen auf diese Ausgestaltung können sie die in Abs. 2 vorgesehene Mehrheitsentscheidung treffen. Deshalb ist § 28a beispielsweise nicht auf eine »Arbeitsgruppen« von AG und BR anwendbar, die die Aufgabe haben, über die Anwendung von Mitbestimmungsrechten zu entscheiden. Dieses ist allenfalls gemeinsamen Ausschüssen in dem durch § 28 Abs. 2 vorgegebenen Rahmen möglich (vgl. § 28 Rn. 15 ff.). Der tatsächliche Nutzen der Vorschrift war in der betrieblichen Praxis bisher begrenzt und die aus der Vorschrift folgenden Möglichkeiten wurden nur sehr verhalten genutzt.[3] Ob sich dies im Rahmen von Projekten aus dem Bereich »Industrie 4.0« ändert, hängt entscheidend davon ab, ob AN 1

1 BT-Drucks. 14/5741, S. 17.
2 BT-Drucks. 14/5741, S. 42.
3 Vgl. hierzu allg. *Weigel/Vogel,* AuR 18, 280 ff.; *Linde,* AiB 02, 334; ähnlich der Hinweis von *Richter/Schneider,* AiB 04, 154, 161.

in diesem Rahmen wirklich echte Entscheidungsfreiheit enthalten.[4] Eine Intensivierung der Anwendung der Vorschrift könnte aus der Ausbreitung agiler Verfahren[5] resultieren. Hier muss allerdings vermieden werden, dass bestehende kollektivrechtliche Schutzmechanismen durch die Verlagerungen in Arbeitsgruppen ausgehöhlt werden (vgl. Rn. 4).

2 Die Vorschrift **gilt entsprechend** für **andere AN-Vertretungen** gem. **§ 3 Abs. 1 Nr. 2 und 3,** wenn sie an die Stelle des BR treten.[6] Für **einheitliche BR** gem. **§ 3 Abs. 1 Nr. 1** in Unternehmen gilt sie **unmittelbar.** Für den **GBR** (§ 51), den **KBR** (§ 59), die **JAV** (§ 65), die **GJAV** (§ 73), die **KJAV** (§ 73 b) und für zusätzliche AN-Vertretungen nach § 3 Abs. 1 Nrn. 4 und 5 kommt die Vorschrift nicht zur Anwendung. Die normativen Vorgaben bezüglich Voraussetzungen und Rechtsfolgen der Übertragung betriebsverfassungsrechtlicher Aufgaben sind **zwingendes Recht.**[7] Die Arbeitsgruppe ist keine »Unterorganisation« des BR.[8]

2a Der **DGB-Entwurf** für ein modernes Betriebsverfassungsgesetz[9] belässt die Vorschrift inhaltlich unverändert.

3 Die Übertragung von Aufgaben an Arbeitsgruppen kann der BR nach eigenem Ermessen und nach eigener Entscheidung durchführen.[10] Ein **Zwang zur Verlagerung** von Aufgaben auf Arbeitsgruppen **leitet sich** jedoch aus der Vorschrift **nicht ab.** Es liegt **im Ermessen** des BR, ob er von der ihm eingeräumten Möglichkeit Gebrauch macht (vgl. Rn. 42). Durch die Norm wird der Arbeitsgruppe keine eigenständige gesetzliche Kompetenz zugewiesen. Voraussetzung für ihre kollektivrechtliche Tätigkeit ist stets ein vorhergehender Beschluss des BR.[11]

4 Verfügen Arbeitsgruppen über einen hohen Grad an persönlicher Autonomie bezüglich der Erbringung der von ihnen erwarteten Arbeitsleistung,[12] kommt es in der Praxis beinahe schon zwingend zu Kollisionen mit kollektivrechtlich normierten Mitwirkungs- und Mitbestimmungsrechten des BR. Diese treten beispielsweise ein, wenn eine Arbeitsgruppe eigenständig Regelungen zur Lage der Arbeitszeit, zu Pausen oder zur Urlaubsplanung vornimmt, da hier insbesondere Mitbestimmungsrechte gem. § 87 Abs. 1 Nr. 13 tangiert werden (vgl. hierzu § 87 Rn. 384 ff.). Für einen Teil dieser (sowie für vergleichbare Konfliktsituationen im Zusammenhang mit anderen Arbeitsgruppen) stellt § 28a nunmehr **Handlungs- und Lösungsmöglichkeiten** zur Verfügung, die es unter Wahrung der Rechte des BR ermöglichen, bestimmte Entscheidungsmöglichkeiten und Handlungsspielräume auf die unmittelbar betroffenen Arbeitsgruppen zu verlagern.[13] Die Vorschrift ist aus Sicht der betroffenen Arbeitsgruppen, des BR und des AG gleichermaßen **zu begrüßen.**[14] Vor diesem Hintergrund ist es zu bedauern, dass die Nutzung der Möglichkeiten des § 28a bisher sehr begrenzt ist.[15]

5 Die Regelung kann zu **Problemen** führen, wenn sich beispielsweise **Drucksituationen** zu Lasten der betroffenen AN ergeben, die sachgerechte und ausgeglichene Lösungen ausschließen. Dies kann etwa der Fall sein, wenn ein AG den BR immer dann auffordert, Entscheidungen auf eine Arbeitsgruppe zu verlagern, wenn er sich hier günstigere Lösungen erhofft oder wenn er die Mitglieder einer Gruppe im Verlauf des Entscheidungsprozesses unmittelbar und persönlich unter Druck setzt.[16] Gleiches gilt, wenn der BR sich den Partikularinteressen einer größeren Arbeitsgruppe gegenübersieht, deren Vertreter im BR eine Verlagerung der Entscheidungsebenen im einseitigen Interesse durchsetzen. Schließlich kann im Einzelfall bei der Einbindung in verbindliche betriebliche Organisationskonzepte wie »Agile Arbeit«, »Just-in-Time« oder

4 Optimistisch *Fitting,* Rn. 11b.
5 Vgl. zu agilen Konzepten allgemein *Sauer,* CuA 7–8/12, 29; *ders.,* CuA 5/19, 21; *Spengler/Ettlinger,* AiB 4/19, 10; *Wedde,* CuA 5/19, 18.
6 Ähnlich HaKo-BetrVG/*Wolmerath,* Rn. 2, für **Bordvertretungen** (§ 115 Abs. 4) und für **See-BR** (§ 116 Abs. 3).
7 *Fitting,* Rn. 3.
8 *Natzel,* DB 01, 1362; *SWS,* Rn. 6.
9 AuR Sonderausgabe April 2022, S. 21.
10 Ebenso *Fitting,* Rn. 25; weitergehend wohl *Engels,* FS Wißmann, 302 [308].
11 GK-*Raab,* Rn. 3.
12 Zu unterschiedlichen Ausgestaltungen *Annuß,* NZA 01, 370; vgl. auch § 87 Rn. 376 ff.
13 Ähnlich *Hjort/Hummel/Helm,* AiB 01, 122; *Engels/Trebinger/Löhr-Steinhaus,* DB 01, 532 [537].
14 Ähnlich *Reichold,* NZA 01, 857 [862]; a. A. *Hanau,* RdA 01, 65 [73], der von Überregulierung spricht.
15 Vgl. *Linde,* AiB 04, 334; GK-*Raab,* Rn. 5.
16 *Hjort/Hummel/Helm,* a. a. O.; *Däubler,* AuR 01, 285; *Fitting,* Rn. 6a; GK-*Raab,* Rn. 4.

»Lean Management« die Feststellung Probleme bereiten, ob für eine Arbeitsgruppe tatsächlich autonome Handlungsspielräume bestehen.[17] Nicht gegeben sind diese, wenn Vertreter des AG Mitglieder einer Arbeitsgruppe sind. Auf derartige »gemeinsame« oder »paritätische« Arbeitsgruppen kommt die Vorschrift nicht zur Anwendung.

Für alle angesprochenen Problemkonstellationen stellt die in Abs. 1 Satz 4 enthaltene Möglichkeit des **Widerrufs** zwar eine Lösungsmöglichkeit dar. Deren Wirksamkeit kann in der Praxis aber begrenzt sein. Ist nämlich eine entsprechende Verlagerung der Aufgaben erfolgt und zeichnet sich in den Verhandlungen zwischen AG und der Arbeitsgruppe eine Lösung ab, befindet sich der BR, der sein Widerspruchsrecht auf Grund absehbarer Probleme für andere AN oder für den Betrieb ausüben will, fast automatisch in der schwierigen Situation eines »Spielverderbers«. Die Wahrnehmung des Widerspruchsrechts unterliegt in derartigen Fällen betriebspolitisch einem hohen Begründungszwang. 6

Schwierig stellt sich mit Blick auf mögliche Drucksituationen schließlich die Tatsache dar, dass die Mitglieder von Arbeitsgruppen **nicht** wie BR-Mitglieder gem. § 78 BetrVG und § 15 KSchG einen **besonderen Benachteiligungs- und Kündigungsschutz** genießen. Dies schwächt in der Praxis insbesondere die Position von Verhandlungsführern aus der Arbeitsgruppe, die naturgemäß im Klärungsprozess mit dem AG vorsichtiger agieren müssen als gesetzlich besonders geschützte BR-Mitglieder. 7

Um vor diesem Hintergrund die angesprochenen Vorteile der mit § 28a verbundenen Möglichkeiten zu nutzen und Risiken auszuschließen oder zu minimieren, ist es aus Sicht der BR wie auch der betroffenen AN notwendig, Ausgestaltungen der Rahmenvereinbarungen vorzunehmen, durch die einerseits für den BR das Primat des Handelns in kollektivrechtlichen Fragen gesichert und andererseits der Schutz der aus der Arbeitsgruppe am Verhandlungsprozess beteiligten AN gewährleistet wird. Nur so lassen sich insbesondere auch die zu Lasten der aktiv handelnden AN sowie der Arbeitsgruppen als Ganzes bestehenden Risiken minimieren. 8

II. Übertragung von Aufgaben (Abs. 1)

Liegen die gesetzlich normierten Voraussetzungen des Abs. 1 vor, kann der BR Arbeitsgruppen durch mehrheitliche Entscheidung die Erledigung von Aufgaben übertragen. Es besteht jedoch **keine kollektivrechtliche Verpflichtung für eine Übertragung.**[18] Damit hat der BR nicht nur uneingeschränkte Entscheidungsfreiheit zum »Wie« einer Übertragung, sondern auch zum »Ob« bzw. zum »Überhaupt«. Findet eine beantragte Übertragung im BR keine Mehrheit, kann sie weder von der Arbeitsgruppe noch vom AG erzwungen werden. Die entsprechenden Rechte werden dann weiterhin ausschließlich vom BR wahrgenommen. 9

Entsprechendes gilt für die Gegenstände und Inhalte der Übertragung, die gemäß der jeweiligen Entscheidung des BR weit oder eng gefasst sein können. Im Einzelfall kann der BR beispielsweise beschließen, dass Themen wie die Lage der Arbeitszeit von der Arbeitsgruppe mit dem AG völlig autonom verhandelt und in einer Vereinbarung festgelegt werden können. Er kann deren Gegenstand aber auch auf bestimmte Aspekte begrenzen und/oder sich selbst den endgültigen Abschluss von Vereinbarungen vorbehalten. Nur eine derartige Auslegung der normativen Grundlagen wahrt die allgemeinen kollektivrechtlichen Positionen bzw. Mitwirkungs- und Mitbestimmungsrechte des BR. 10

1. Betriebsgröße

Die Übertragung von Aufgaben gem. § 28a ist erst ab einer **Belegschaftsgröße** von **mindestens 101 AN** möglich. Da die Vorschrift nicht an die Wahlberechtigung anknüpft, sind auch jugendliche AN zu berücksichtigen sowie Leih-AN, die länger als drei Monate im Betrieb tätig sind.[19] In kleineren Betrieben kann aufgrund der eindeutigen gesetzgeberischen Festlegung nur der 11

17 Vgl. *Preis/Elert,* NZA 01, 371 [372].
18 Ebenso *Konzen,* RdA 01, 76 [85]; Hako-BetrVG-*Blanke,* Rn. 8.
19 *Fitting,* Rn. 8; *Linde,* S. 107; *Zumbeck,* S. 18; a. A. Richardi-*Thüsing,* Rn. 5; *Nill,* S. 65; zu Leih-AN ebenso GK-BetrVG-*Raab,* Rn. 10.

BR selbst kollektivrechtliche Aufgaben wahrnehmen und entsprechende Vereinbarungen schließen. Gleiches gilt, wenn es sich um einen **gemeinsamen Betrieb** gem. § 1 Abs. 2 BetrVG handelt (vgl. hierzu Rn. 19).

12 Maßgeblich ist die **regelmäßige AN-Zahl,**[20] d.h. die die Zahl der Beschäftigten, die **regelmäßig** im Betrieb arbeiten.[21] Das Erfordernis der »Regelmäßigkeit« ist zwar in der Norm nicht ausdrücklich erwähnt. Dass der Gesetzgeber bei der Formulierung dieser Vorschrift auf einen entsprechenden Hinweis verzichtet hat, ist vermutlich ein Redaktionsversehen. Das Anknüpfen an die regelmäßige Beschäftigtenzahl ergibt sich aus der allgemeinen Systematik des Gesetzes, nach der durch das Abstellen auf eine regelmäßige Beschäftigtenzahl (etwa in § 1 Abs. 1) Zufallsergebnisse und -entscheidungen vermieden werden sollen, die sich bei schwankenden Beschäftigtenzahlen ergeben können. Das Abstellen auf die regelmäßige Beschäftigtenzahl verhindert weiterhin Manipulation im Zusammenhang mit der Übertragung von Aufgaben durch kurzfristige Veränderungen der AN-Zahl im Betrieb. Schließlich ist zu bedenken, dass eine Anknüpfung an eine regelmäßige Beschäftigtenzahl aus Gründen der Praktikabilität geboten ist, weil sonst etwa eine kurzzeitige Unterschreitung der Mindestbeschäftigtenzahl (beispielsweise wegen der Kündigung von AN) zum Wegfall des Verhandlungsmandats führen würde.

13 Die relevante AN-Zahl muss zum **Zeitpunkt der Übertragung** gegeben sein. Sinkt die Zahl der AN nach der Übertragung auf die Arbeitsgruppe unter den gesetzlich normierten Mindestwert, kann die Verhandlung im Rahmen des Mandats fortgeführt werden, da die gesetzlich festgelegte AN-Zahl sich auf den Zeitpunkt der Übertragung bezieht, nicht aber auf den Zeitpunkt des Abschlusses einer Vereinbarung. In der Rahmenvereinbarung können für derartige Fälle anderweitige Regelungen getroffen werden. Dem BR ist es zudem hier unbenommen, nach einem Absinken der AN-Zahl die **Übertragung zu widerrufen.**

2. Arbeitsgruppen

14 **Arbeitsgruppen** sind **selbstregulierende Organisationseinheiten** innerhalb des Betriebs, die im Rahmen eines vom AG erteilten konkreten Arbeitsauftrags die Planung, Steuerung, Durchführung, Koordination und Kontrolle ihrer arbeitsvertraglich geschuldeten Tätigkeiten bzw. Aufgaben eigenverantwortlich durchführen.[22] Dabei muss die Arbeitsgruppe über einen eigenständigen Handlungsspielraum und über größere Selbstständigkeit verfügen.[23] Um diese definitorischen Anforderungen erfüllen zu können, ist es notwendig, dass **feststeht, wer die Mitglieder der Arbeitsgruppe sind.**

15 Der **Begriff erfasst** nur Arbeitsgruppen im **arbeitsorganisatorischen Sinn.**[24] Allgemeine Voraussetzung für die Anwendbarkeit der Vorschrift ist, dass eine Arbeitsgruppe autonom sowohl die Erledigung der Einzelaufgaben als Gesamtaufgabe als auch über die damit zusammenhängenden vor- und nachgelagerten Tätigkeiten sowie über begleitende Aufgaben wie etwa Qualitätssicherung zu entscheiden hat und dass sie dabei auch Vorgesetztenfunktionen wie etwa Anwesenheits- und Terminkontrolle wahrnimmt (vgl. § 87 Rn. 76 ff.). Die **erforderliche Autonomie** ist nur gegeben, wenn die AN echte Entscheidungsspielräume haben, nicht aber, wenn AG im Rahmen von »Just-in-Time« oder »Lean Management« enge Vorgaben macht, die keinen größeren Raum für Alternativen lassen.[25]

16 Innerhalb des vorstehend beschriebenen Rahmens ist der **Begriff der Arbeitsgruppe** gem. § 28a mangels präziser gesetzgeberischer Definition **weit** auszulegen.[26] Er erfasst zunächst bei-

---

20 Vgl. hierzu § 1 Rn. 249 m. w. N.; § 9 Rn. 6; *Wedde*, AuR 02, 122; *Nill*, 65 ff.
21 Vgl. § 9 Rn. 6; zum relevanten AN-Begriff vgl. § 5 Rn. 7 ff., 183.
22 Vgl. im Ergebnis ähnlich *Fitting*, Rn. 11; *Federlin*, NZA-Sonderheft 01, 25.
23 BT-Drucks. 14/5741, S. 30, 40 zu Nr. 25 und S. 47 zu Nr. 56; weitere Nachweise vgl. § 28a Rn. 24 der 12. Aufl.
24 A. A. GK-*Raab*, Rn. 14, der diese Einschränkung für zu eng hält; ähnlich wohl auch *Fitting*, Rn. 12.
25 Vgl. ähnlich *Preis/Elert*, NZA 01, 371 f.
26 *Wedde*, AuR 02, 122; ebenso *Däubler*, AiB 01, 383; *Malottke*, AiB 01, 626; *Werwach*, ZBVR 04, 131; enger GK-*Raab*, Rn. 12 f.; ähnlich *Geffken*, AiB 06, 266, der nur Arbeitsgruppen i. S. von § 87 Abs. 1 Nr. 13 für einschlägig hält; zu weit *Fitting*, Rn. 12, *Zumbeck*, S. 20, die etwa auch Außendienstmitarbeiter als eine Arbeitsgruppe sehen.

spielsweise **teilautonome Gruppen** im Sinne von § 87 Abs. 1 Nr. 13,[27] die ihnen übertragene Gesamtaufgaben im Rahmen des betrieblichen Ablaufs im Wesentlichen eigenverantwortlich erledigen. Ist die entsprechende Eigenverantwortlichkeit und Eigenständigkeit gegeben, kommt weiterhin die Übertragung von Aufgaben auf **Projektgruppen** oder auf **Teams** in Betracht. Hierzu können auch Projektgruppen gehören, die mit der langfristigen Einführung oder Veränderung eines IT-Systems befasst sind und deren vorrangige Aufgabe die erfolgreiche und termingerechte Implementation der IT-Anwendung ist. Arbeitsgruppe im Sinne der Vorschrift können darüber hinaus auch abgrenzbare Einheiten wie Außendienstorganisationen von Betrieben oder Forschungs- und Entwicklungsabteilungen sein.

Die Voraussetzungen für eine Übertragung von Aufgaben können auch **virtuelle Arbeitsgruppen** erfüllen, wenn diese eine Aufgabe eigenverantwortlich und eigenständig erledigen. Gemeint sind Arbeitsgruppen, die ohne direkte organisatorische oder räumliche Verbindung unter Nutzung verschiedener IT-Anwendungen zusammenarbeiten. 17

Arbeitsgruppen können grundsätzlich auch **unternehmensbezogen** bestehen oder organisiert sein (beispielsweise zur Abwicklung von übergreifenden IT-Projekten, bei betriebsübergreifenden Vertriebskonzepten, im Zusammenhang mit Unternehmensumorganisationen usw.). In diesen Fällen ist ebenfalls eine Übertragung durch alle betroffenen BR nach den gleichen Grundsätzen möglich wie innerhalb eines Betriebs.[28] Sie erfordert einen übereinstimmenden Beschluss aller beteiligten BR. Eine Zuständigkeit des GBR ist hingegen nicht gegeben, weil ein entsprechender Verweis im Katalog des § 51 Abs. 1 fehlt. Eine Beauftragung des GBR gem. § 50 Abs. 2 ist jedoch im Einzelfall möglich.[29] 18

Wird ein **gemeinsamer Betrieb mehrerer Unternehmen** gem. § 1 Abs. 1 Satz 2 gebildet, obliegt die Übertragung von Aufgaben gem. § 28a dem hier gewählten BR. Entsprechendes gilt, wenn gem. § 3 mögliche **abweichende Vertretungsstrukturen** geschaffen worden sind (vgl. hierzu insgesamt § 3 Rn. 21 ff., 112 ff., 146 ff.). 19

Keine Arbeitsgruppe i. S. von § 28a besteht, wenn AN, die Einzelaufgaben erbringen, lediglich organisatorisch in einer Einheit zusammengefasst sind und vom AG dort zentral koordiniert werden, wie etwa »Arbeitsgruppen« in einem Call-Center, die allenfalls die Lage der individuellen Pausen bestimmen können, nicht jedoch die inhaltliche Einteilung der zu erledigenden Calls.[30] Gleiches gilt, wenn **Arbeitsgruppen nur parallel zur Arbeitsorganisation** bestehen wie etwa sog. Projekt- oder Steuerungsgruppen, die Arbeitsprozesse nur begleiten, steuern oder kontrollieren, ohne sie gleichzeitig auch selbst und eigenverantwortlich durchzuführen. Für Mitarbeiter im Außendienst kommt eine Delegation von Aufgaben auf der Grundlage des § 28a nur in Betracht, wenn sie als Gruppe Aufgaben und Selbstorganisation eigenverantwortlich wahrnehmen können.[31] Die Tatsache, dass eine Mehrzahl von AN eine gleichartige Tätigkeit ausübt, reicht für die Einbeziehung in den Anwendungsrahmen des § 28a nicht aus.[32] Auch andere Arbeitsgruppen des BR, des AG oder gemeinsame Arbeitsgruppen des BR und des AG gem. § 28 Abs. 2 werden nicht von § 28a erfasst. 20

3. Rahmenvereinbarung

Grundlage für die Übertragung von Aufgaben an eine Arbeitsgruppe ist eine zwischen AG und BR abgeschlossene **Rahmenvereinbarung.** In dieser ist festzulegen, welchen Arbeitsgruppen in welchem Umfang Aufgaben übertragen werden sollen.[33] Darüber hinaus ist es **sinnvoll,** in eine solche Vereinbarung weitere allgemeine Vorgaben zu Themen wie 21

---

27 Ebenso GK-*Raab,* Rn. 12; *ders.,* NZA 02, 474.

28 Im Ergebnis ähnlich *Fitting,* Rn. 12a; Richardi-*Thüsing,* Rn. 9; a. A. *Linde,* S. 154; *Nill,* S. 69; GK-*Raab,* Rn. 16.

29 Vgl. § 50 Rn. 62 ff.; ebenso *Fitting,* Rn. 12a.

30 A. A. ErfK-*Koch,* Rn. 2; *Fitting,* Rn. 11; GK-*Raab,* Rn. 15; Richardi-*Thüsing,* Rn. 8.

31 Ähnlich *Däubler,* AuR 01, 289; a. A. *Fitting,* Rn. 12 und *Engels,* FS Wißmann, 302 [304], die sich für eine Qualifikation als Arbeitsgruppe aussprechen.

32 A. A. *Engels,* a. a. O.

33 BT-Drucks. 14/5741, S. 40; vgl. Muster einer Rahmenvereinbarung bei *Wedde,* AiB 01, 630 sowie bei DKWF-*Wedde,* § 28a, Rn. 3 ff.; *Wedde,* AuR 02, 122.

- formale Abwicklung von Übertragung und Widerruf (etwa Adressaten/Ansprechpartner in der Arbeitsgruppe, Zustellung von Beschlüssen, Beendigung der Verhandlungen mit dem AG usw.),
- formale Anforderungen an abzuschließende Vereinbarungen (etwa verkürzte oder verlängerte Kündigungsfristen, Vereinbarung von Nachwirkungen usw.),
- Stellung der am Verhandlungsprozess beteiligten AN aus den Arbeitsgruppen (insbesondere Schutz vor Benachteiligungen analog den Regeln des § 78; vgl. auch Rn. 83),
- Ausgestaltung der Binnenstruktur der Arbeitsgruppen (etwa Wahl von Sprechern und Vertretern, Ablauf der Diskussionen und Beschlussfassungen usw.),
- Information des BR über den aktuellen Verhandlungsstand und
- allgemeine Handlungsspielräume und -grenzen für die Arbeitsgruppe

aufzunehmen.[34] Die Rahmenvereinbarung kann auf konkrete Arbeitsgruppen bezogen werden, wenn hier Besonderheiten oder Unterschiede bestehen.[35]

22 Der Abschluss einer **Rahmenvereinbarung** ist **Wirksamkeitsvoraussetzung** für die Übertragung kollektivrechtlicher Aufgaben an eine Arbeitsgruppe. Ist sie nicht abgeschlossen, können zwischen AG und Arbeitsgruppe keine rechtswirksamen Vereinbarungen zu kollektiven Tatbeständen getroffen werden. Entsprechende Vereinbarungen wären **nichtig.** Den Abschluss einer Rahmenvereinbarung kann der BR (anders als die Übertragung von Aufgaben, vgl. hierzu Rn. 40) mit einfacher Mehrheit beschließen.

23 Auf Grund des Verweises des Satzes 2 wird der Regelungsgehalt der Rahmenvereinbarung auf Aufgaben beschränkt, die in einem **Zusammenhang** mit **der von der Arbeitsgruppe zu erledigenden Tätigkeit** stehen. Der Begriff des »Zusammenhangs« ist im Zweifel **eng auszulegen.** Nur so lässt sich vermeiden, dass arbeitsgruppenspezifische Vereinbarungen ungewollte Auswirkungen auf andere AN des Betriebs haben.

24 Die Rahmenvereinbarung ist eine **freiwillige Betriebsvereinbarung** gem. § 88 BetrVG.[36] Sie kann vom BR mit einfacher Mehrheit beschlossen werden und kann (freiwilliger) Bestandteil einer anderen Betriebsvereinbarung sein.[37] Eine dem Regelungsgehalt der Rahmenvereinbarung widersprechende BV geht dieser vor.[38] Der **Abschluss** einer Rahmenvereinbarung ist **von keiner Seite erzwingbar.**[39] Sind AG oder BR zum Abschluss einer Rahmenvereinbarung zu § 28a nicht bereit, ist die Übertragung von kollektivrechtlichen Aufgaben oder Kompetenzen an eine Arbeitsgruppe nicht möglich.

25 Für Abschluss, Wirkung und Kündigung von Rahmenvereinbarungen **gelten** die **allgemeinen Vorschriften des § 77.** Rahmenvereinbarungen sind damit gem. § 77 Abs. 2 von BR und AG **gemeinsam zu beschließen, schriftlich** niederzulegen und **von beiden Seiten zu unterzeichnen.**[40] Die **Pflicht zur Durchführung** der Rahmenvereinbarung obliegt gem. § 77 Abs. 1 dem **AG.**

26 Rahmenvereinbarungen können gem. § 77 Abs. 5 im Regelfall von BR oder AG mit einer Frist von drei Monaten **gekündigt** werden. Hierbei gelten weder Kündigungsschutzbestimmungen noch bedarf die Kündigung einer Begründung. Eine sofortige Kündigung aus **wichtigem Grund** ist ebenfalls möglich (vgl. ausführlich § 77 Rn. 108 ff.). BR und AG können **abweichende Vereinbarungen zu Kündigungsfristen treffen** wie etwa längere oder kürzere Fristen. Zulässig ist auch die **Beendigung** der Rahmenvereinbarung **zu einem bestimmten Termin**

---

34 Ausführlich *Wedde,* AiB 01, 630; ähnlich *Fitting,* Rn. 14 ff.; *Nill,* 63 ff.

35 So ausdrücklich *Fitting,* Rn. 17, die den Abschluss einer Rahmenvereinbarung pro Arbeitsgruppe empfehlen.

36 So auch *Engels,* FS Wißmann, 302 [307]); *Fitting,* Rn. 18; *Geffken,* AiB 02, 257; *Nill,* S. 72 f.; Richardi-*Thüsing,* Rn. 13, 18; offener GK-*Raab,* Rn. 26; *ders.,* NZA 02, 474, HWGNRH-*Glock,* Rn. 15 und *Linde,* S. 195, die sowohl BV als auch Regelungsabreden für möglich halten; vgl. allgemein § 88 Rn. 11 ff. sowie zur Rechtsnatur § 77 Rn. 14.

37 § 33; zur Unzulässigkeit des Abschlusses durch einen BA *HessLAG* 24.9.09 – 9 TaBV 69/09.

38 Vgl. allgemein § 77 Rn. 25 ff.; *Fitting,* § 77 Rn. 192.

39 *Fitting,* Rn. 19; Richardi-*Thüsing,* Rn. 18; ähnlich *Linde,* S. 202; *Natzel,* DB 01, 1362; *Konzen,* RdA 01, 78 [85]; a. A. *Löwisch,* BB 01, 1734 [1740], der eine Verpflichtung von AG und BR sieht.

40 Vgl. § 77 Rn. 54 ff.; ebenso *Nill,* 75.

oder mit **Eintritt eines bestimmten Ereignisses** (etwa Veränderung der Gruppen- oder Betriebsstruktur).

Als freiwillige Betriebsvereinbarung **wirkt** eine Rahmenvereinbarung nach einer Kündigung **nicht nach.**[41] Wird sie gekündigt, endet mit Ablauf der Kündigungsfrist die Möglichkeit der Übertragung von Aufgaben auf Arbeitsgruppen und deren Mandat zum Abschluss von Vereinbarungen. Innerhalb der Kündigungsfrist können weiter Verhandlungen erfolgen und wirksame Vereinbarungen abgeschlossen werden, soweit der BR nicht einen entsprechenden Widerruf ausgesprochen hat (vgl. Rn. 53 f.). Der Widerspruch kann sich **konkludent** aus der Formulierung der Kündigung ergeben. Voraussetzung ist auch in diesem Fall ein entsprechender Beschluss des BR mit absoluter Mehrheit. 27

Vorgaben zum Inhalt von Rahmenvereinbarungen enthält § 28a nicht. Spezifische Anforderungen leiten sich aber aus dem normativen Gesamtzusammenhang ab. Unter Beachtung von Abs. 1 Satz 2 ist in Rahmenvereinbarungen zwingend festzulegen, **welche Aufgaben** übertragen werden können. Weiterhin kann festgeschrieben werden, **welche Arbeitsgruppen** hierfür **in Betracht kommen.**[42] Darüber hinaus sollten allgemeine **Regelungsbefugnisse der Arbeitsgruppen** festgelegt werden sowie **formale Einzelheiten** wie insbesondere ihre Definition im konkreten Betriebsumfeld. 28

Der **Detaillierungsgrad** der Regelungen in Rahmenvereinbarungen obliegt der freien Vereinbarung zwischen BR und AG. Es ist den Parteien unbenommen, sich auf die Verankerung allgemeiner Grundsätze zu beschränken und exaktere Vorgaben jeweils der Beschlussfassung des BR in Einzelfällen zu überlassen. Aus Gründen der Rechtssicherheit und der Vereinfachung des Verfahrens ist es jedoch sinnvoll, in der Rahmenvereinbarung hinsichtlich der möglichen Regelungsgegenstände, der Regelungsbereiche und des persönlich-organisatorischen Anwendungsbereichs weitgehende Vorgaben zu machen, die eng und abschließend ausgestaltet sind. 29

a) Übertragene Aufgaben

Bei der Festlegung der **übertragbaren Aufgaben** in der Rahmenvereinbarung ist mit Blick auf Satz 2 zu beachten, dass diese in einem **inneren** Zusammenhang mit den Aufgaben stehen müssen, die von der Arbeitsgruppe zu erledigen sind. Nach der amtlichen Begründung ist diese Voraussetzung **insbesondere** hinsichtlich Arbeitszeitfragen, Pausenregelungen, Urlaubsplanung, Arbeitsgestaltung und ähnlichen tätigkeits- und aufgabenbezogenen Sachverhalten erfüllt.[43] Für eine Übertragung in Betracht kommen können **weiterhin Themen mit direktem Bezug zur Arbeitsgruppe** wie beispielsweise spezifische Berufsbildungsmaßnahmen, Berücksichtigung leistungsschwacher AN, Ausschreibung von Arbeitsplätzen, soweit diese sich hinsichtlich ihrer Auswirkungen auf die Arbeitsgruppe begrenzen lassen (etwa wenn nur hier entsprechend qualifizierte AN für eine ausgeschriebene Stelle zur Verfügung stehen), die Übertragung der Ausgestaltung interner Kommunikationsprozesse und Entscheidungsstrukturen (etwa Gruppengespräche, Konfliktlösungsmechanismen oder Arbeitswechsel in der Gruppe, Reihenfolge der Arbeitsabwicklung, Zusammenarbeit in der Gruppe usw.), eine Auseinandersetzung mit Vorschlägen einer Einigungsstelle, die die Arbeitsgruppe betreffen[44] oder die innerbetriebliche Koordination mit anderen Gruppen im Rahmen des Mitbestimmungsrechts des BR gem. § 87 Abs. 1 Nr. 13 (vgl. hierzu § 87 Rn. 381 ff.). Voraussetzung ist stets, dass sich die Aufgaben so abgrenzen lassen, dass andere AN des Betriebs außerhalb der Arbeitsgruppe nicht betroffen werden. 30

Unzulässig ist eine **Übertragung** insbesondere **bei Betriebsänderungen.** Es soll zur Vermeidung von unzulässigen Drucksituationen ausgeschlossen werden, dass hier die unmittelbar Betroffenen Beteiligungsrechte des BR nach den §§ 111 ff. ausüben können.[45] Eine Übertra- 31

---

41 Vgl. § 77 Rn. 118 ff.; ErfK-*Koch*, Rn. 2; *Fitting*, Rn. 20; GK-*Raab*, Rn. 28; nunmehr auch Richardi-*Thüsing*, Rn. 17.
42 BT-Drucks. 14/5741, S. 40.
43 BT-Drucks. 14/5741, S. 40.
44 *BAG* 20. 8. 14 – 7 ABR 64/09, NZA 14, 1349.
45 Vgl. ähnlich BT-Drucks. 14/5741, S. 40; ebenso *Engels*, FS Wißmann, 302 [309].

gung scheidet aber auch in anderen Fällen aus, in denen sich für die betroffenen AN **direkte materiellrechtliche Auswirkungen** ergeben können, die über den organisatorischen Rahmen hinausgehen. Dies kann etwa der Fall sein im Zusammenhang mit der vorübergehenden Verkürzung oder Verlängerung der Arbeitszeit durch Einführung von Kurzarbeit oder Überstunden (§ 87 Abs. 1 Nr. 3), bezüglich Regelungen zu Verhaltens- und Leistungskontrollen durch technische Einrichtungen (§ 87 Abs. 1 Nr. 6) oder zum Arbeits- und Gesundheitsschutz (§ 87 Abs. 1 Nr. 7), bei der Festsetzung von Akkord- und Prämiensätzen und vergleichbarer leistungsbezogener Entgelte[46] sowie bei personellen Einzelmaßnahmen.[47] Ausgeschlossen sind mit Blick auf deren unmittelbaren und zwingenden Charakter darüber hinaus grundsätzlich alle Abmachungen, die zu Ungunsten der AN von Betriebsvereinbarungen abweichen.[48]

32 Die Rahmenvereinbarung ist allgemeine **Grundlage für die Übertragung** von Aufgaben in konkreten Fällen. Sie begründet jedoch keinen Rechtsanspruch für eine entsprechende Delegation auf Arbeitsgruppen. Deshalb darf sie durch ihre inhaltliche Gestaltung die Übertragungen durch Beschluss des BR nicht vorwegnehmen. Insoweit wäre es beispielsweise zulässig, in der Rahmenvereinbarung festzulegen, dass es grundsätzlich Aufgabe der Arbeitsgruppen ist, innerhalb bestimmter Vorgaben über die Festlegung der Arbeitszeit zu entscheiden. Unzulässig wäre es, wenn gleichzeitig festgelegt würde, dass das Auftreten von entsprechenden Arbeitszeitfragen automatisch ein Verhandlungsmandat der Arbeitsgruppe begründet.

33 Sinnvoll und mit Blick auf den durch Abs. 1 Satz 2 geforderten Zusammenhang mit der Tätigkeit der Arbeitsgruppe ist auch zwingend erforderlich, in den Rahmenvereinbarungen abschließend festzulegen, **welche Aufgaben übertragen werden** können bzw. **welche nicht.** Entsprechende Festlegungen dienen nicht nur der Schaffung und Erhaltung von Rechtssicherheit, sondern auch der Herstellung von Klarheit bei der Arbeitsgruppe sowie bei BR und AG über die bestehenden Verhandlungsspielräume und deren Grenzen. Praktisch umsetzen lassen sich diese Anforderungen etwa durch Nennung von Aufgaben, die übertragen werden, oder durch den entsprechenden Ausschluss von Aufgaben, die nicht behandelt werden sollen. Den aktuellen Bedürfnissen und Wandelungen wird dadurch Rechnung getragen, dass sich der vereinbarte Katalog bei Bedarf durch Vereinbarung zwischen AG und BR erweitern lässt.

b) Festlegungen der Arbeitsgruppen

34 Um hinsichtlich der Anwendbarkeit des § 28a Transparenz zu schaffen und um gleichzeitig Missbrauchsmöglichkeiten auszuschließen oder zu begrenzen, ist es sinnvoll, in der Rahmenvereinbarung abschließend festzulegen, **für welche Arbeitsgruppen** eine Übertragung ermöglicht werden soll.[49] Im konkreten Einzelfall kann es sinnvoll sein, dass für jede Arbeitsgruppe eine individuelle Rahmenvereinbarung abgeschlossen wird.[50] Entsprechende Festlegungen können in Abhängigkeit von der betrieblichen Struktur konkret unter Benennung der Arbeitsgruppen oder abstrakt unter Beschreibung der hierfür in Betracht kommenden Bereiche, Aufgaben oder Tätigkeiten getroffen werden. Ist in der Rahmenvereinbarung eine entsprechende Festlegung erfolgt, ist sie für BR wie AG insoweit bindend, als eine Übertragung nur im vereinbarten Rahmen möglich ist und Rechtswirkung entfalten kann. Die Nennung von Arbeitsgruppen im Produktionsbereich in einer Rahmenvereinbarung begründet damit beispielsweise nicht die Möglichkeit, entsprechende Übertragungen analog auch auf Arbeitsgruppen in der Verwaltung vorzunehmen. Dies wäre erst nach einer entsprechenden Ergänzung der Rahmenvereinbarung möglich.

46 § 87 Abs. 1 Nr. 11; *Fitting*, Rn. 23a; nunmehr auch HaKo-BetrVG-*Blanke*, Rn. 20.
47 § 99; ebenso GK-*Raab*, Rn. 34; a. A. *Fitting*, Rn. 23a.
48 A. A. wohl *Neef*, NZA 01, 361 [363].
49 Ähnlich *Fitting*, Rn. 14; weitergehend *Linde*, S. 207, der eine Festlegung für zwingend erforderlich hält.
50 *Engels*, FS Wißmann, 302 [307].

In der Rahmenvereinbarung können die **Regelungsbefugnisse der Arbeitsgruppe** abschließend festgeschrieben bzw. zu Einzelfragen festgelegt werden.[51] Geregelt werden kann beispielsweise, 35
- dass Vereinbarungen mit dem AG unmittelbar von der Arbeitsgruppe getroffen werden können,
- dass sie erst nach Beschluss des BR wirksam werden oder
- dass sie vor Abschluss mit dem AG stets dem BR vorzulegen sind.

Auch die Festlegung von Widerspruchsfristen des BR nach Abschluss von Vereinbarungen durch die Arbeitsgruppe ist in diesem Rahmen möglich (vgl. zu entsprechenden Regelungen für Ausschüsse des BR § 28 Rn. 19).

Weiterhin können in der Rahmenvereinbarung **allgemeine Festlegungen,** beispielsweise bezüglich 36
- Geltungsdauer abgeschlossener Vereinbarungen,
- besonderer Kündigungsfristen in Abweichung von § 77 Abs. 5,
- Vereinbarung der Nachwirkung in allen oder in bestimmten Fällen,
- Erlöschen aller Übertragungen auf Arbeitsgruppen nach Aussprache der Kündigung der Rahmenvereinbarung durch BR oder AG sowie nach Widerspruch des BR oder
- formalen Bedingungen (etwa Erfüllung der Schriftform durch Übersendung per E-Mail; vgl. Einl. Rn. 184a ff.),

getroffen werden.

Schließlich kann und sollte die Rahmenvereinbarung die konkrete **organisatorische Ausgestaltung** der Arbeitsgruppen regeln, auf die Aufgaben übertragen werden können.[52] Hierzu gehört zunächst die **verbindliche Definition** der Arbeitsgruppen bezüglich ihrer **inhaltlichen** und **persönlichen Struktur.** Dies kann beispielsweise dadurch geschehen, dass zwischen AG und BR eine **abschließende Aufstellung der Gesamtaufgaben** vereinbart wird, die einer Arbeitsgruppe übertragen worden sind, sowie eine **abschließende Aufstellung** der ihr **zugeordneten Mitarbeiter.** Letztere ist auch deshalb wichtig, weil Vereinbarungen nur mit der Mehrheit der Stimmen der Arbeitsgruppenmitglieder geschlossen werden können. 37

Bedeutsam sind auf dieser Ebene schließlich auch weitere **grundlegende Themen** wie die Festlegung 38
- der Struktur von Arbeitsgruppen, soweit diese nicht bereits unter Wahrnehmung des Mitbestimmungsrechts gem. § 87 Abs. 1 Nr. 13 anderweitig zwischen BR und AG erfolgt sind,[53] oder
- der minimalen bzw. maximalen Größe einer Arbeitsgruppe,[54]
- der Einzelheiten des Abstimmungsverfahrens in den Arbeitsgruppen (vgl. auch Rn. 69) sowie
- Aussagen zur persönlichen Stellung der am Verhandlungsprozess beteiligten Arbeitsgruppenmitglieder.

In der Rahmenvereinbarung geregelt werden sollte schließlich die Vertretung der Gruppe durch einen **Gruppensprecher.**[55] Gegenstand der Vereinbarung kann hierbei sowohl das Wahlverfahren des Sprechers sowie seine mögliche Abwahl sein. Hinzu kommen Regelungen zur **Vertretung** des Gruppensprechers, um in jedem Fall die Kommunikationsfähigkeit der Arbeitsgruppe gegenüber AG und BR zu sichern. Darüber hinaus können aber auch alle übrigen Rechte, Pflichten und Kompetenzen des Gruppensprechers festgeschrieben werden wie insbesondere 39
- Art und Umfang der Vertretungsbefugnis gegenüber der Gruppe, dem BR und dem AG (etwa verbindliche Abgabe von Erklärungen und Entgegennahme von Widersprüchen des BR für die gesamte Arbeitsgruppe; Umfang der Abschlussbefugnis gegenüber dem AG usw.),

---

51 Vgl. ausführlich *Wedde,* AiB 01, 630.
52 Ähnlich *Fitting,* Rn. 14 ff.; *Engels,* FS Wißmann, 302 [306].
53 Ebenso GK-*Raab,* Rn. 25, der von »Binnenstruktur« spricht.
54 HaKo-BetrVG-*Blanke,* Rn. 17 sieht die Größe allgemein als Regelungsgegenstand.
55 Ebenso HaKo-BetrVG-*Blanke,* Rn. 4.

- Übernahme der auf Grund der Sprechertätigkeit entstehenden besonderen Kosten und Aufwendungen einschließlich ggf. notwendiger Beratungsaufwendungen,
- Freistellung von der eigentlichen beruflichen Tätigkeit für die Wahrnehmung der Sprecheraufgaben (etwa Verhandlungen mit dem AG, Teilnahme an BR-Sitzungen zum Zweck des Berichts über Verhandlungen) und Ausschluss von beruflichen und persönlichen Nachteilen,
- spezifische Schulungs- und Bildungsansprüche (etwa Gesprächsführung, Projektmanagement usw.; ggf. analog § 37 Abs. 6) und
- Kündigungsschutz.

Entsprechende Regelungen sind auch durch TV möglich.

4. BR-Beschluss

40 Die Übertragung von Aufgaben auf Arbeitsgruppen muss mit der Mehrheit der Stimmen des BR[56] gefasst werden. Kommt die absolute Mehrheit nicht zustande, bleibt die Arbeitsgruppe ohne einschlägige Regelungskompetenz.

41 Der Beschluss muss in einer BR-Sitzung des Betriebsrats erfolgen, zu der ordnungsgemäß eingeladen worden ist (vgl. § 29 Rn. 15 ff., § 33 Rn. 9 ff.). BR-Mitglieder, die der Arbeitsgruppe angehören, sind von der Beschlussfassung **nicht** wegen persönlicher Befangenheit ausgeschlossen, da es sich nicht um eine eigene, das persönliche Arbeitsverhältnis betreffende Angelegenheit handelt.[57]

42 Es besteht **kein Zwang zur Übertragung** von Aufgaben. Auch eine bestehende Rahmenvereinbarung hindert den BR deshalb nicht, im Einzelfall auf die Übertragung von Aufgaben zu verzichten. Die Übertragung von Aufgaben bzw. deren Ablehnung bedarf keiner Begründung.

43 Mit Blick auf den geforderten Zusammenhang mit der von der Arbeitsgruppe zu erledigenden Tätigkeit und die hieraus resultierende enge Auslegung müssen **Beschlüsse des BR für jeden Einzelfall** gefasst werden. Übertragungen von Aufgaben auf Arbeitsgruppen können deshalb weder durch eine Rahmenvereinbarung vorweggenommen werden noch generell vorab für bestimmte Zwecke oder bestimmte Themen erfolgen.[58]

5. Bestimmte Aufgaben

44 Durch Mehrheitsbeschluss des BR dürfen Arbeitsgruppen nur **bestimmte Aufgaben** zur Erledigung übertragen werden. Der Begriff ist **eng auszulegen** und beinhaltet begrenzte Beteiligungsrechte.[59] Nur eine solche Auslegung garantiert die Wahrung der allgemeinen Rechte des BR sowie die Berücksichtigung der Interessen aller AN eines Betriebs.[60]

45 Die Beschränkung der Vereinbarungen auf aufgaben- und tätigkeitsbezogene Sachverhalte der Arbeitsgruppe führt dazu, dass ihre **direkte oder indirekte persönliche Anwendbarkeit** auf deren Mitglieder zu **beschränken ist.** Anderenfalls würden die Rechte und Pflichten des BR bezüglich anderer AN unzulässig tangiert. Können Auswirkungen auf AN außerhalb der Arbeitsgruppe nicht ausgeschlossen werden, darf sie keine Vereinbarungen mit dem AG abschließen. Damit wäre es beispielsweise nur zulässig, dass einer Arbeitsgruppe die konkrete Ausgestaltung und Vereinbarung der Lage ihrer Arbeitszeit bzw. Pausen übertragen wird, wenn hiervon nicht auch Dritte (etwa zuliefernde AN außerhalb der Gruppe, Pförtner, technisches Support-Personal aus anderen Abteilungen usw.) betroffen werden. Im Zweifelsfall ist die **Feststellung der Betroffenheit** von AN außerhalb der Arbeitsgruppe unter Anlegung eines **weiten Maßstabs**

56 Absolute Mehrheit, vgl. § 33 Rn. 22.
57 Vgl. § 33 Rn. 22 ff.; Richardi-*Thüsing*, Rn. 19.
58 A. A. *Fitting*, Rn. 20, der entsprechende Übertragungen für zulässig hält.
59 BT-Drucks. 14/5741, S. 29; HaKo-BetrVG-*Blanke*, Rn. 5; Richardi-*Thüsing*, Rn. 23; *Wedde*, AuR 02, 122; *Wulff*, ZBVR 02, 134; vgl. auch Rn. 67; für eine weitere Auslegung GK-*Raab*, Rn. 32 f.; *Fitting*, Rn. 23.
60 A. A. *Neef*, NZA 01, 363, der einen Zusammenhang mit der Tätigkeit der Arbeitsgruppe als ausreichend für eine Übertragung hält; ähnlich Richardi-*Thüsing*, Rn. 24.

zu treffen, was im Ergebnis ebenfalls zu einer engen Auslegung bei der Festlegung der übertragbaren Aufgaben führt.

Zur Vermeidung von entsprechenden Interessenkollisionen ist es (soweit entsprechende Regelungen nicht in der Rahmenvereinbarung enthalten sind, vgl. Rn. 21 ff.) aus Sicht des BR für den Einzelfall sinnvoll, den **Umfang der übertragenen Aufgaben** im Rahmen der Beschlussfassung **abschließend festzulegen.** So kann eine Übertragung beispielsweise unter der Maßgabe erfolgen, dass sich die Arbeitszeit der Gruppe innerhalb der betriebsüblichen Öffnungs- oder Kernzeiten befinden muss oder dass die Pausen in der allgemeinen Öffnungszeit der Kantine liegen müssen. 46

Die **Übertragung** kann vom BR im Rahmen seiner Beschlussfassung mit **grundsätzlichen Vorgaben oder Einschränkungen** verbunden werden.[61] Dies gilt auch, wenn damit eine Abweichung von einer weiter gefassten Rahmenvereinbarung einhergeht. Entsprechende Vorgaben oder Einschränkungen können sich sowohl auf die zu verhandelnden Regelungsbereiche beziehen (etwa nur Regelungen zu Pausen, nicht aber zu Beginn und Ende der täglichen Arbeitszeit) als auch grundsätzliche Vorgaben beinhalten. So kann der BR beispielsweise für den Einzelfall oder grundsätzlich festlegen, dass Vereinbarungen der Arbeitsgruppe mit dem AG seiner vorherigen Zustimmung bedürfen bzw. dass sie eine entsprechende Widerrufsklausel enthalten müssen.[62] Denkbar sind weiterhin auch Vorgaben zur grundsätzlichen inhaltlichen Ausgestaltung von Vereinbarungen (etwa Befristung, Vereinbarung von Nachwirkungen, Rückholbarkeit usw.).[63] 47

Schließlich kann der Übertragungsbeschluss formale Vorgaben enthalten wie etwa Anforderungen an die Organisationsstruktur der Arbeitsgruppen (beispielsweise Verknüpfung der Übertragung mit vorheriger Wahl von Gruppensprecher und Vertreter nach demokratischen Prinzipien, Zustellung eines Widerrufs des BR und des hieraus resultierenden Handelns der Arbeitsgruppe). 48

Das **Verhandlungs- und Abschlussmandat** der Arbeitsgruppe mit dem AG besteht nur in dem Rahmen, der durch die entsprechende Übertragung der Aufgaben vorgegeben wird. Weiter gehende Vereinbarungen sind wegen des Fehlens einer Regelungsbefugnis unwirksam (vgl. Rn. 84). Im Streitfall ist mit Blick auf die Sonderstellung der Regelung eine enge Auslegung der übertragenen Befugnisse indiziert. 49

6. Schriftform

Die **Übertragung** der Aufgaben an eine Arbeitsgruppe **bedarf der Schriftform.**[64] Ausreichend ist ein vom BR-Vorsitzenden unterzeichnetes Schreiben. Dieses muss den Beschluss des BR inhaltlich vollständig wiedergeben und auf Umfang und Grenzen der Vertretungsbefugnis abschließend hinweisen. Dies gilt insbesondere für Einschränkungen gegenüber den Vorgaben einer Rahmenvereinbarung.[65] Ggf. kann der ergänzende Verweis auf relevante Passagen der Rahmenvereinbarung erforderlich sein. Die Handlungs- und Vertretungsbefugnis der Arbeitsgruppe besteht nur im Rahmen der schriftlich fixierten Übertragungserklärung. 50

Ist ein **Gruppensprecher** mit entsprechenden Vertretungsvollmachten gewählt, kann die **Übertragung diesem gegenüber erklärt** werden. Gibt es **keinen Gruppensprecher,** ist die Übertragung **gegenüber** der **gesamten Arbeitsgruppe** zu erklären. Mit Blick auf die praktischen Probleme, die mit einer verbindlichen Erklärung gegenüber einer größeren Zahl von AN verbunden sind, ist indes die Wahl eines Gruppensprechers ratsam. 51

---

61 A. A. Richardi-*Thüsing,* Rn. 20.

62 *Fitting,* Rn. 23; *Zumbeck,* S. 23.

63 Vgl. Rn. 21, 34 ff.; weiter gehend GK-*Raab,* Rn. 36 f., die immer von einer Übertragung zur selbstständigen Erledigung ausgehen.

64 Ebenso *Fitting,* Rn. 22; GK-*Raab,* Rn. 30; a. A. *Malottke,* AiB 01, 626; zur Schriftform allgemein Einl. Rn. 184 ff.; Textmuster bei DKWF-*Wedde,* § 28a, Rn. 6.

65 Im Ergebnis ähnlich GK-*Raab,* a. a. O.

52 Unter Beachtung des allgemeinen kollektivrechtlichen Grundsatzes der **vertrauensvollen Zusammenarbeit** ist im Regelfall auch der AG über die Übertragung und deren Inhalt zu informieren.[66]

7. Widerruf

53 Ist die Übertragung von Aufgaben erfolgt, besteht in der übertragenen Angelegenheit eine vorrangige Zuständigkeit der Arbeitsgruppe.[67] Die Übertragung an eine Arbeitsgruppe kann der BR jedoch gem. Abs. 1 Satz 4 **jederzeit** und **ohne Begründung widerrufen.**[68] Auf Grund des Verweises auf Satz 1 erster Halbs. und Satz 3 ist der Widerruf an die gleichen formalen Voraussetzungen gebunden wie die Übertragung selbst.[69] Der Widerruf setzt damit einen **Beschluss des BR** voraus, der mit **absoluter Mehrheit** gefasst worden ist. Er kann nur insgesamt erfolgen und die Beauftragung als solche beenden. Dem BR ist es aber unbenommen, im Anschluss an einen Widerruf eine veränderte Aufgabenübertragung vorzunehmen. Beide Vorgänge können ggf. verbunden werden.

54 **Weitere Voraussetzung** für die Wirksamkeit des Widerspruchs ist die **schriftliche Erklärung gegenüber der Arbeitsgruppe.**[70] Ist ein Gruppensprecher gewählt, ist der Beschluss mit Zugang bei diesem wirksam. Gibt es keinen Sprecher, müssen alle Mitglieder der Arbeitsgruppe informiert werden. Dies kann durch Anschreiben erfolgen. Denkbar ist aber auch der Aushang an zentraler Stelle (etwa an einem allgemeinen Informationsort der Arbeitsgruppe) oder die Zusendung per E-Mail. Weiterhin sollte der AG informiert werden. Hat er Kenntnis vom wirksamen Widerruf, ist er aus dem Grundsatz der vertrauensvollen Zusammenarbeit heraus an weiteren Verhandlungen gehindert und kann keine rechtswirksamen Vereinbarungen mehr abschließen.

55 Mit dem **Zugang des Widerrufs** bei der Arbeitsgruppe **endet die Übertragung von Aufgaben.** Die kollektivrechtliche Regelungsbefugnis einschließlich des Kündigungsrechts und der delegierten Beteiligungsrechte fallen insgesamt an den BR zurück,[71] der Vertragspartei der Gruppenvereinbarung ist.

III. Gruppenvereinbarungen mit einer Arbeitsgruppe (Abs. 2)

56 Hat der BR Aufgaben wirksam auf die Arbeitsgruppe übertragen, kann sie mit der Mehrheit ihrer Stimmen Gruppenvereinbarungen mit dem AG schließen, wenn diese im Zusammenhang mit der von dieser zu erledigenden Tätigkeit stehen. Die Gruppenvereinbarung hat **kollektivrechtlichen Charakter** und **kann** wie eine BV **unmittelbare und zwingende Wirkung entfalten.** Die Übertragung von Aufgaben beinhaltet auch die Übertragung von **Rechten des BR.**[72]

1. Rechtsnatur der Gruppenvereinbarung/Abschluss

57 Die **Rechtsnatur** der zu schließenden Gruppenvereinbarung hat der Gesetzgeber offen gelassen. Gesetzestext und Gesetzesbegründung machen aber deutlich, dass die zu treffende **Grup-**

---

66 Ebenso *Linde*, S. 256.

67 Weiter *Nill*, 81, der von einer »Alleinzuständigkeit« ausgeht; ähnlich wohl auch HWGNRH-*Glock*, Rn. 30; GK-*Raab*, Rn. 32.

68 BT-Drucks. 14/5741, S. 40; *Geffken*, AiB 02, 257; Richardi-*Thüsing*, Rn. 22; *Wulff*, ZBVR 02, 134; a. A. GK-*Raab*, Rn. 38, der für einen Widerruf sachliche Gründe fordert, dabei aber verkennt, dass der BR auch im Rahmen von § 28a über eine Delegation seiner kollektiven Rechte im konkreten Einzelfall autonom entscheiden kann.

69 Vgl. Rn. 40 ff.; *Fitting*, Rn. 26, GK-*Raab*, a. a. O.

70 BT-Drucks. 14/5741, S. 40; Textmuster bei DKWF-*Wedde*, § 28a, Rn. 10.

71 Vgl. BT-Drucks. 14/5741, S. 30; *Fitting*, Rn. 26; Richardi-*Thüsing*, Rn. 22.

72 BT-Drucks. 14/5741, S. 40; *Fitting*, Rn. 30 f.

penvereinbarung systematisch unterhalb der Ebene von **BVen gem.** § 77 **anzusiedeln** ist.[73] Entgegen der bisher in der Literatur überwiegenden Meinung spricht für diese Qualifikation eine Reihe von Argumenten.

So verweist etwa Abs. 2 Satz 2 darauf, dass **§ 77** nur **entsprechend gilt.** Dieser Verweis wäre entbehrlich, wenn die in Abs. 1 Satz 1 genannte Gruppenvereinbarung als BV zu qualifizieren wäre. Gleiches gilt für den ausdrücklichen Hinweis des Gesetzgebers, dass Gruppenvereinbarungen **wie BVen** unmittelbar und zwingende Wirkung entfalten.[74] Auch diese Wortwahl verdeutlicht die gewollte Abweichung der Gruppenvereinbarung gem. § 28a von einer BV im Sinne von § 77. In die gleiche Richtung weist die Tatsache, dass im Fall der Nichteinigung nur der BR befugt ist, die Einigungsstelle anzurufen, und nicht die Arbeitsgruppe.[75] Der Verweis auf § 77 beschränkt sich vor diesem Hintergrund inhaltlich einerseits darauf, dass der kollektivrechtliche Charakter der Gruppenvereinbarung allgemein verdeutlicht werden soll.[76] Andererseits legt er den formalen Rahmen für den Abschluss der Gruppenvereinbarung fest. **58**

Die **definitorische Ansiedelung** der Gruppenvereinbarung gem. Abs. 2 unterhalb einer BV entspricht weiterhin der Intention des Gesetzgebers, mit der Regelung des § 28a **nur eng begrenzte Beteiligungsrechte** an Arbeitsgruppen im Betrieb delegieren zu wollen.[77] In diesem Rahmen soll zwar der einzelne AN, dem im Rahmen von Gruppenarbeit am Arbeitsplatz zunehmend Eigeninitiative und Mitverantwortung abverlangt wird, in gleicher Weise die betriebliche Mitbestimmung mitgestalten können. Andererseits bleibt aber im Konfliktfall ausdrücklich der BR zuständig, der delegierte **Beteiligungsrechte** jederzeit wieder an sich ziehen kann.[78] Hätte der Gesetzgeber Regelungen auf »BR-Niveau« gewollt, wäre es zudem notwendig gewesen, die Mitglieder einer Arbeitsgruppe für die Fälle streitiger Auseinandersetzungen ebenso vor hiermit zusammenhängenden Benachteiligungen zu schützen wie BR-Mitglieder. Aus dem Verzicht einer Einbeziehung in den Gesetzeswortlaut des § 78 (vgl. Rn. 82 f.) ist aber unmittelbar zu folgern, dass die Tätigkeit der Arbeitsgruppen vom Gesetzgeber bewusst unterhalb der Schwelle betriebsrätlichen Handelns angesiedelt wurde. Auch die Wortwahl »Beteiligungsrechte« statt »Mitbestimmungsrechte« verdeutlicht zudem, dass die Regelungsbefugnis der Arbeitsgruppen entscheidend hinter der des BR zurückbleibt. **59**

Schließlich spricht auch die **systematische Einordnung** des § 28a im Gesetz gegen die Berechtigung zum Abschluss von BVen. Die Einfügung der neuen Vorschrift ist im unmittelbaren Anschluss an die Regelungen zum Betriebsausschuss bzw. zu anderen Ausschüssen des BR in den §§ 27 und 28 erfolgt. Die Regelungsmechanismen dieser Vorschriften stimmen mit denen des § 28a überein: Ebenso wie in § 28a ist die Übertragung von Aufgaben auf Ausschüsse nur mit absoluter Mehrheit der BR-Mitglieder möglich. Das gleiche Quorum gilt für den Widerruf der Übertragung, die unter dieser Voraussetzung jederzeit und ohne Begründung erfolgen kann (vgl. hierzu die Erläuterungen zu § 27 Rn. 41). Sind dem BR-Ausschuss oder anderen Ausschüssen gem. § 28 Aufgaben zur selbstständigen Erledigung übertragen, tritt dieser sowohl in der Willensbildung wie auch in der Willensäußerung an Stelle des BR. Der Beschluss des Ausschusses ersetzt den des BR (vgl. § 27 Rn. 36 m. w. N.). **60**

Aus dieser engen systematischen Verbundenheit leitet sich mangels anderweitiger Regelung durch den Gesetzgeber die analoge Schlussfolgerung ab, dass einer Arbeitsgruppe gem. § 28a, der der Gesetzgeber **ausdrücklich nur Beteiligungsrechte** zugesteht, nicht weiter gehende Rechtspositionen zustehen darf als den Ausschüssen des BR, die keine BVen abschließen kön- **61**

73 Ähnlich HaKo-BetrVG-*Blanke,* Rn. 24; Richardi-*Thüsing,* Rn. 27 spricht von einer Ansiedelung unterhalb der BV; offen *Nill,* 87, der sich für eine »vermittelnde Lösung« ausspricht, nach der der Gruppenvereinbarung ein besonderer Rechtsstatus zukommen soll; a. A. und für die Qualifikation als BV *DE,* Rn. 3; *Engels,* FS Wißmann, 302 [305]; *Fitting,* Rn. 32; GK-*Raab,* Rn. 43; *Geffken,* AiB 02, 257; *Linde,* S. 286; Löwisch, BB 01, 1734 [1741]; *Richardi,* NZA 01, 346 (351).

74 BT-Drucks. 14/5741, S. 40.

75 BT-Drucks., a. a. O.

76 BT-Drucks. 14/5741, a. a. O.

77 BT-Drucks. 14/5741, S. 16.

78 BT-Drucks. 14/5741, S. 29 f., 40.

nen.[79] Nur eine solche Interpretation steht im Einklang mit der vom Gesetzgeber ausdrücklich intendierten **eng begrenzten Delegation von Beteiligungsrechten** an Arbeitsgruppen im Betrieb.[80] Sie lässt im Übrigen auch für die Auffassungen keinen Raum, dass Gruppenvereinbarungen bestehenden BVen generell vorgehen.[81]

62 Diese Auslegung ist auch mit Blick darauf sinnvoll und notwendig, dass die **Arbeitsgruppenmitglieder nicht** wie BR-Mitglieder besonders gegen mögliche Einfluss- und Repressionsversuche des AG **geschützt** sind. Würde AN vor diesem Hintergrund die Wahrnehmung von Mitbestimmungsmöglichkeiten gegeben, die über die von BR-Ausschussmitgliedern hinausgehen, führte dies zu einer Zerfaserung der Mitbestimmung. Im Ergebnis könnten von nicht durch ein Wahlamt legitimierten AN für einzelne Arbeitsgruppen andere (und im Einzelfall ggf. auch schlechtere) kollektivrechtliche Abschlüsse getätigt werden als für die übrige Belegschaft. Auch dies widerspräche der gewollten engen Begrenzung von Beteiligungsrechten.[82]

63 Obwohl Gruppenvereinbarungen gem. § 28a damit nicht als BV zu qualifizieren sind, unterliegen diese auf Grund des Verweises auf § 77 in Abs. 2 Satz 2 den **formalen Vorgaben** an eine BV **entsprechend.** Hieraus leitet sich für die Praxis insbesondere ab:

64 Gruppenvereinbarungen i. S. von § 28a sind gem. § 77 Abs. 2 vom AG und der Arbeitsgruppe gemeinsam zu beschließen, **schriftlich niederzulegen** und von beiden Seiten zu unterzeichnen. Für die Arbeitsgruppe **unterzeichnet deren gewählter Sprecher** (vgl. Rn. 39) oder ein anderer demokratisch bestimmter Gruppenvertreter. Auch eine Unterschrift durch alle AN der Arbeitsgruppe wäre zulässig. Ein solches Verfahren ist allerdings nur bei kleineren Arbeitsgruppen praktikabel.

65 Gruppenvereinbarungen sind gem. § 77 Abs. 1 **vom AG durchzuführen.** Sie können gem. § 77 Abs. 5 mit einer Frist von **drei Monaten gekündigt** werden. Eine **Nachwirkung** gem. § 77 Abs. 6 ist **nicht gegeben,** da die Gruppenvereinbarung keine BV ist.[83] Sie kann aber gesondert vereinbart werden, wenn die Arbeitsgruppe entsprechend beauftragt ist bzw. wenn eine entsprechende Regelung vom BR beschlossen wird. Weiterhin können auch Befristungen oder auflösende Bedingungen vereinbart werden. Wird die Arbeitsgruppe aufgelöst, erlischt die Gruppenvereinbarung.[84]

66 Die getroffenen **Gruppenvereinbarungen wirken** gem. § 77 Abs. 4 für alle AN der Arbeitsgruppe **unmittelbar und zwingend.** Für andere AN des Betriebes sind sie in keiner Weise maßgeblich. Werden den AN der Arbeitsgruppe durch die Gruppenvereinbarung Rechte eingeräumt, so ist ein Verzicht hierauf nur mit Zustimmung des BR (und nicht nur der Arbeitsgruppe) zulässig.

67 Eine zwischen AG und Arbeitsgruppe geschlossene Gruppenvereinbarung ist insgesamt **nur in dem Rahmen wirksam,** in dem eine **Übertragung erfolgt ist.** Sind weiter gehende Regelungen getroffen, sind diese nichtig.[85] Ggf. kann die Nichtigkeit einzelner nichtiger Regelungsteile die Unwirksamkeit der gesamten Vereinbarung nach sich ziehen. Allerdings ist zu beachten, dass für Gruppenvereinbarungen gem. § 28a ebenso wie für BVen bei **Teilnichtigkeit** die Vermutung des § 139 BGB nicht gilt. Insoweit ist davon auszugehen, dass die wirksamen Teile einer teilweise nichtigen Vereinbarung weitergelten.[86] Dies gilt nicht, wenn unwirksame Teile mit den übrigen Teilen der Vereinbarung in unmittelbarem Zusammenhang stehen und der

---

79 Vgl. § 28 Rn. 11; § 27 Rn. 37; vgl. zur Unzulässigkeit der Übertragung von Aufgaben auf Arbeitsgruppen durch einen BA *HessLAG* 24.9.09 – 9 TaBV 69/09.
80 BT-Drucks. 14/5741, S. 29.
81 So *Fitting*, Rn. 34; HWGNRH-*Glock*, Rn. 32; GK-*Raab*, Rn. 54; kritisch *Däubler*, AiB 03, 383; wie hier HaKo-BetrVG-*Blanke*, Rn. 6; *Blanke*, RdA 03, 152f.; Richardi-*Thüsing*, Rn. 29.
82 Vgl. BT-Drucks., a. a. O.
83 HaKo-BetrVG/*Wolmerath*, Rn. 9; a. A. *Linde*, S. 312; *Natzel*, DB 01, 1362; *Fitting*, Rn. 32; GK-*Raab*, Rn. 57.
84 Richardi-*Thüsing*, Rn. 31.
85 Ebenso GK-*Raab*, Rn. 63.
86 *BAG* 28.4.81, AP Nr. 1 zu § 87 BetrVG 1972 Betriebliches Vorschlagwesen.

Grund der Unwirksamkeit auch die übrigen Teile trifft.[87] Dann ist Nichtigkeit der gesamten Vereinbarung gegeben.

2. Inhalt der Gruppenvereinbarung

Die Arbeitsgruppe kann mit dem AG Gruppenvereinbarungen zu allen kollektivrechtlichen Themen schließen, die im Zusammenhang mit den von ihr zu erledigenden Tätigkeiten stehen und für die eine entsprechende Beauftragung durch den BR besteht.[88] Hierzu gehören **insbesondere** Arbeitszeit, Pausen, Urlaubsplanung, Arbeitsgestaltung und ähnliche tätigkeits- und aufgabenbezogene Sachverhalte. **Ausgeschlossen** ist hingegen die Wahrnehmung von Rechten im Zusammenhang mit einer **Betriebsänderung**[89] sowie der **Abschluss von BVen** durch die Arbeitsgruppe (vgl. Rn. 57 ff.). 68

3. Abstimmungsverfahren innerhalb der Arbeitsgruppe

Gruppenvereinbarungen zwischen AG und Arbeitsgruppe sind nur wirksam, wenn die Mehrheit ihrer AN[90] zugestimmt hat. Auf Grund des normativen Zusammenhangs sind die Regelungen des § 33 wie auch die weiteren Verfahrensvorschriften des BetrVG (etwa § 29 Abs. 2–4 bezüglich der Einberufung, Leitung und Tagesordnung von Gruppensitzungen, § 31 über die Teilnahme von Gewerkschaftsvertretern oder § 32 über das Teilnahmerecht) entsprechend anzuwenden. **Nicht ausreichend** ist damit die Mehrheit anwesender Gruppenmitglieder, es sei denn, dies wäre die Mehrheit der Gesamtgruppe. 69

Diese zwingende gesetzliche Anforderung macht es unumgänglich, abschließend festzustellen, **welche AN zu einer Arbeitsgruppe gehören.** Um zu vermeiden, dass das Ergebnis einer Abstimmung durch Veränderung der Gruppengröße oder -zusammensetzung beeinflusst werden kann, ist es unumgänglich, die Zugehörigkeit von AN verbindlich festzuhalten.[91] **Stimmberechtigt** sind alle Gruppenmitglieder. Auf das Vorliegen des aktiven Wahlrechts zum BR kommt es nicht an.[92] Die Stimmberechtigung steht auch Leih-AN zu, wenn sie gem. der Rahmenvereinbarung Mitglieder der Arbeitsgruppe sind.[93] 70

Eine entsprechende **Festlegung** erfolgt sinnvollerweise bereits in der **Rahmenvereinbarung** gem. Abs. 1 (vgl. Rn. 21 ff.). Dabei kann die notwendige Flexibilität als Prozessvorgabe in diese Vereinbarung mit aufgenommen werden. Auch die Beschränkung auf zahlenmäßige Festlegungen ist denkbar. Sie kann darüber hinaus vom BR auch im unmittelbaren **Zusammenhang mit der Übertragung** von Aufgaben getroffen werden, indem der Beschluss an das Bestehen einer bestimmten personellen Gruppenzusammensetzung anknüpft. Schließlich kann sie sich bei **Gruppenarbeit** auch aus Regelungen ableiten, die im Rahmen des Mitbestimmungsrechts gem. § 87 Abs. 1 Nr. 13 getroffen worden sind. 71

Ist eine entsprechende Verknüpfung der Übertragung mit einer bestimmten Zusammensetzung der Gruppe erfolgt, ist ihr weiteres Bestehen Wirksamkeitsvoraussetzung für Gruppenvereinbarungen. Ändert sich die Zusammensetzung der Arbeitsgruppe grundlegend, steht dies der Wahrnehmung von kollektiven Rechten entgegen, sofern der BR das Fortbestehen der Übertragung nicht durch einen weiteren Beschluss bestätigt.[94] Keine grundlegende Änderung der Zusammensetzung der Gruppe ist anzunehmen, wenn einzelne Mitarbeiter als Folge von 72

87 *BAG* 6.8.91 – 1 AZR 3/90, AP Nr. 52 zu § 77 BetrVG 1972; grundlegend Kittner/Zwanziger-*Kittner*, § 12 Rn. 47 ff.
88 Textmuster bei DKWF-*Wedde*, Rn. 4.
89 BT-Drucks. 14/5741, S. 40; *Engels/Trebinger/Löhr-Steinhaus*, DB 01, 532 [537]; *Schiefer/Korte*, NZA 01, 353; vgl. ausführlich Rn. 30 f.
90 Absolute Mehrheit, vgl. § 33 Rn. 22; HaKo-BetrVG/*Wolmerath*, Rn. 16; GK-*Raab*, Rn. 44; *ders.*, NZA 02, 474; *Wedde*, AuR 02, 122.
91 Ebenso *Linde*, S. 176.
92 *Fitting*, Rn. 35; a. A. GK-*Raab*, Rn. 45.
93 Zutreffend GK-*Raab*, a. a. O.
94 A. A. *Fitting*, Rn. 12d; HaKo-BetrVG-*Blanke*, Rn. 8; *Linde*, S. 281 schlägt eine Prüfung des Gesamtbildes der Gruppentätigkeit im Einzelfall vor.

personellen Einzelmaßnahmen ausgetauscht werden, sofern in der Rahmenvereinbarung oder im Übertragungsbeschluss nichts anderes bestimmt wird. Zur Vermeidung von Umgehungsstrategien sind an zulässige Veränderungen der Zusammensetzung der Gruppe enge Maßstäbe anzulegen.

73 Bezüglich des **Abstimmungsverfahrens innerhalb der Arbeitsgruppe** enthält die Vorschrift keinerlei Vorgaben. Diese Regelungslücke ist auf Grund der systematischen Einbindung von § 28a in den 3. Abschnitt des BetrVG durch die analoge Anwendung der Verfahrensregeln für die Einberufung von Sitzungen des BR und die Herbeiführung von Beschlüssen in den §§ 29, 30, 33, 34 (vgl. die dortigen Kommentierungen) zu schließen.[95]

74 Demgemäß sind **entsprechende Beschlüsse** gem. § 29 Abs. 2 **in einer Sitzung der Arbeitsgruppe** zu treffen, zu der alle AN der Arbeitsgruppe rechtzeitig unter Mitteilung der anstehenden Beschlussfassung einzuladen sind.[96] Bei der Terminierung ist sicherzustellen, dass eine Teilnahme allen AN der Arbeitsgruppe möglich ist. Dies gilt besonders bezüglich absehbarer Urlaubszeiten oder anderweitiger persönlicher Verhinderungen. Andererseits ist es keine zwingende Voraussetzung für eine wirksame Beschlussfassung, dass alle AN anwesend sind, solange gezielte Umgehungen durch entsprechende Terminierung sicher auszuschließen sind. Nicht zulässig ist eine Beschlussfassung **im Umlaufverfahren,** weil sich hierbei eine unmittelbare Beteiligung aller Gruppenmitglieder sowie ein direkter Meinungsaustausch nicht garantieren lässt. Es gelten mithin die Regeln für die Beschlussfassung im BR.[97]

75 Die **Beschlussfassung** kann sowohl in einer speziellen Sitzung als auch im Rahmen von regulären Treffen oder Sitzungen der Arbeitsgruppe sowie in anderweitigen Team-, Projekt- oder Arbeitssitzungen erfolgen. Um eine unbeeinflusste Abstimmung zu gewährleisten, ist jedoch **sicherzustellen,** dass **AG-Vertreter** bei der Beratung und Abstimmung **nicht zugegen sind.**

76 Ist ein **Gruppensprecher gewählt, lädt** dieser zu **Sitzungen ein** (vgl. entsprechend § 29). Ist keine entsprechende Wahl erfolgt und hat der BR in seinem Übertragungsbeschluss keine entsprechenden Vorgaben gemacht, hat die Gruppe ein **Selbstzusammentrittsrecht.** Wirksame Beschlüsse können hier jedoch nur gefasst werden, wenn die Teilnahme aller AN der Arbeitsgruppe gesichert ist. Allerdings sollte eine derartige personell-organisatorisch völlig unstrukturierte Vertretungssituation von Seiten des BR wegen der hiermit verbundenen Risiken durch entsprechende Gestaltung der Übertragung vermieden werden.

77 Über die konkrete Ausgestaltung des **Abstimmungsverfahrens** entscheidet die Arbeitsgruppe durch Mehrheitsbeschluss, soweit die Rahmenvereinbarung oder der Übertragungsbeschluss des BR keine anderweitigen Vorgaben enthält. Dies gilt beispielsweise auch bezüglich des Abstimmungsverfahrens (etwa offene oder geheime Abstimmung; vgl. insgesamt § 33 Rn. 18).

78 Entstehen einzelnen AN der Arbeitsgruppe im Zusammenhang mit einer Abstimmung gem. Abs. 2 **Kosten oder Aufwendungen,** weil etwa eine entsprechende Versammlung außerhalb der persönlichen Arbeitszeit stattfindet, sind diese **vom AG zu erstatten.** Dies gilt insbesondere bezüglich entstehender Lohn- und Gehaltseinbußen sowie für anfallende Reisekosten.

IV. Nichteinigung

79 Kommt zu einem Thema eine **Einigung** zwischen der Arbeitsgruppe und dem AG **nicht zustande,** sieht Abs. 2 Satz 3 vor, dass das Beteiligungsrecht in dieser Angelegenheit an den BR zurückfällt.[98] Für die Feststellung, dass eine Einigung nicht möglich ist, reicht die Erklärung einer Seite aus, da der BR gem. der Gesetzesbegründung im Konfliktfall ausdrücklich zuständig bleibt.[99] Es ist damit ausreichend, wenn der Gruppensprecher oder der AG dem BR mitteilt, dass eine Einigung im Rahmen der übertragenen Aufgabe nicht zu erwarten ist. Eine Begrün-

---

95 Ebenso *Fitting*, Rn. 38; *Nill*, S. 84 ff.; a. A. GK-*Raab*, Rn. 9.

96 Vgl. Mustertexte bei DKWF-*Wedde*, § 28a, Rn. 11 ff.

97 Vgl. § 33 Rn. 10; ebenso *Linde*, S. 173; a. A. *Fitting*, Rn. 36, die Umlaufverfahren zulassen wollen, wenn allen AG-Mitgliedern der genaue Inhalt der angestrebten Regelung bekannt ist; ebenso GK-*Raab*, Rn. 48; *ders.*, NZA 02, 474.

98 BT-Drucks. 14/5741, S. 40; Mustertext bei DKWF-*Wedde*, § 28a, Rn. 17.

99 Vgl. BT-Drucks. 14/5741, S. 30.

dung ist nicht erforderlich, da eine entsprechende Vorgabe im Gesetz nicht enthalten ist. Weder die Arbeitsgruppe noch der AG sind in diesen Fällen berechtigt, die ESt. anzurufen. Dieses Recht besteht nur im Verhältnis AG/BR.[100]

Hat der BR die Angelegenheit als Ergebnis der nicht möglichen Einigung wieder an sich gezogen, **endet das entsprechende Verhandlungsmandat der Arbeitsgruppe.** Der BR kann bestehende Mitwirkungs- und Mitbestimmungsrechte nach eigenem Ermessen und gemäß seiner Beschlussfassung durchführen. Es gelten die allgemeinen kollektivrechtlichen Grundsätze. Insbesondere kann er die ESt. gemäß § 76 anrufen, soweit die kollektivrechtlichen Voraussetzungen hierfür gegeben sind. Die Arbeitsgruppe selbst hat hingegen kein Recht, die ESt. anzurufen. 80

Eine **erneute Beauftragung** der Arbeitsgruppe ist **möglich,** wenn sich Einigungsmöglichkeiten mit dem AG abzeichnen. In diesem Fall ist aber ein **erneuter Beschluss** des BR erforderlich. 81

V. Schutz der Arbeitsgruppenmitglieder

Soweit die Mitglieder einer Arbeitsgruppe nicht zugleich BR-Mitglieder sind, unterfallen sie nicht dem allgemeinen kollektivrechtlichen Tätigkeitsschutz. Insbesondere der Sonderkündigungsschutz nach § 103 und § 15 KSchG kommt nicht zur Anwendung.[101] Arbeitsgruppenmitglieder werden aber **zur Vermeidung persönlicher Nachteile** in entsprechender Anwendung vom durch § 37 Abs. 1 bis 3 normierten Schutz erfasst. Ihnen steht damit wie BR-Mitgliedern ein Anspruch auf Arbeitsbefreiung zur Durchführung ihrer kollektivrechtlichen Aufgaben ebenso zu wie der auf Freizeitausgleich bzw. auf Ausgleich für kollektivrechtliche Tätigkeit außerhalb der Arbeitszeit.[102] Mitglieder der Arbeitsgruppe haben bezüglich der Wahrnehmung von Aufgaben gemäß § 28a Ansprüche auf Teilnahme an Schulungs- und Bildungsveranstaltungen gemäß § 37 Abs. 6 und 7, soweit Themen einschlägig sind.[103] Auf Grund der kollektivrechtlichen Tätigkeit entstandene Kosten sind ihnen gem. § 40 zu erstatten.[104] 82

Mangels Nennung im Text kommt eine **direkte Einbeziehung** der Arbeitsgruppenmitglieder in das allgemeine Behinderungs-, Benachteiligungs- und Begünstigungsverbot des **§ 78** sowie in den Bereichen der besonderen Geheimhaltungspflichten gem. **§ 79 nicht in Betracht.**[105] Eine Behinderung oder Benachteiligung der Arbeitsgruppenmitglieder wäre aber ggf. als **Behinderung der BR Arbeit** zu qualifizieren (vgl. § 78 Rn. 7). Der vom Gesetzgeber vorgenommene Verzicht einer Einbeziehung in den Schutzbereich der §§ 78 und 79 verdeutlicht, dass er den Mitgliedern von Arbeitsgruppen gem. § 28a nur Kompetenzen in einem so begrenzten Rahmen zugesteht, dass ein besonderer Schutz wie für BR-Mitglieder entbehrlich ist. 83

VI. Streitigkeiten

Streitigkeiten über die ordnungsgemäße Beschlussfassung des BR entscheidet das **ArbG im Beschlussverfahren;** ggf. als Vorfrage im **Urteilsverfahren.** Entsprechendes gilt bezüglich der Beschlussfassung der Arbeitsgruppen, da diese als Träger von Mitbestimmungsrechten Regelungen mit kollektivrechtlichem Charakter abschließen. Antragsbefugt gem. § 2a Abs. 1 Nr. 1 ArbGG ist der BR.[106] 84

Beschlüsse des BR können auf die **Rechtswirksamkeit** ihres Zustandekommens oder ihres Inhalts nur eingeschränkt überprüft werden.[107] Eine Nachprüfung der sachlichen **Zweckmäßig-** 85

100 *Fitting,* Rn. 37; unklar bezüglich der Berechtigung zur Anrufung GK-*Raab,* Rn. 38.
101 ErfK-*Koch,* Rn. 3; *Fitting,* Rn. 39; *Linde,* S. 133; Richardi-*Thüsing,* Rn. 34.
102 *Wedde,* AuR 01, 122; ausführlich *Fitting,* a. a. O.; *Linde,* S. 135; ebenso GK-*Raab,* Rn. 8.
103 A. A. *Fitting,* Rn. 39; Richardi-*Thüsing,* Rn. 34; GK-*Raab,* Rn. 8.
104 *Wedde,* a. a. O.; Richardi-*Thüsing,* Rn. 34; a. A. GK-*Raab,* Rn. 8.
105 Vgl. hierzu § 78 Rn. 6 und § 79 Rn. 19; a. A. *Fitting,* a. a. O., die von einer entsprechenden Anwendung der §§ 78 und 79 ausgehen.
106 A. A. *Fitting,* Rn. 40; Richardi-*Thüsing,* Rn. 35; *Löwisch,* BB 01, 1734 [1741], die die Arbeitsgruppe selbst für befugt halten; ähnlich auch GK-*Raab,* Rn. 60.
107 *GL,* Rn. 18; GK-*Raab,* § 33, Rn. 46 f., m. w. N., bejaht eine gerichtliche Überprüfung; ähnlich *Fitting,* § 33 Rn. 50.

keit von Beschlüssen ist ausgeschlossen (vgl. ausführlich § 33 Rn. 29 ff.). Entsprechendes gilt auch für die Beschlussfassung einer Arbeitsgruppe gem. § 28a, wobei das Verfahren nur durch den BR geführt werden kann.

86 Sind Beschlüsse nicht ordnungsgemäß zustande gekommen, haben sie einen gesetzeswidrigen Inhalt oder fallen sie nicht in die sachliche Zuständigkeit des BR, sind sie **nichtig.**[108] Nichtige Beschlüsse entfalten **keine Rechtswirkung.**[109] Die Unwirksamkeit kann durch einen späteren Beschluss **geheilt werden.**[110] Entsprechendes gilt für Beschlüsse der Arbeitsgruppe. Von ihr getroffene Vereinbarungen, die den Rahmen der Übertragung überschreiten oder die nicht die erforderliche absolute Mehrheit der AN gefunden haben, sind nichtig.

§ 29 Einberufung der Sitzungen

(1) Vor Ablauf einer Woche nach dem Wahltag hat der Wahlvorstand die Mitglieder des Betriebsrats zu der nach § 26 Abs. 1 vorgeschriebenen Wahl einzuberufen. Der Vorsitzende des Wahlvorstands leitet die Sitzung, bis der Betriebsrat aus seiner Mitte einen Wahlleiter bestellt hat.

(2) Die weiteren Sitzungen beruft der Vorsitzende des Betriebsrats ein. Er setzt die Tagesordnung fest und leitet die Verhandlung. Der Vorsitzende hat die Mitglieder des Betriebsrats zu den Sitzungen rechtzeitig unter Mitteilung der Tagesordnung zu laden. Dies gilt auch für die Schwerbehindertenvertretung sowie für die Jugend- und Auszubildendenvertreter, soweit sie ein Recht auf Teilnahme an der Betriebsratssitzung haben. Kann ein Mitglied des Betriebsrats oder der Jugend- und Auszubildendenvertretung an der Sitzung nicht teilnehmen, so soll es dies unter Angabe der Gründe unverzüglich dem Vorsitzenden mitteilen. Der Vorsitzende hat für ein verhindertes Betriebsratsmitglied oder für einen verhinderten Jugend- und Auszubildendenvertreter das Ersatzmitglied zu laden.

(3) Der Vorsitzende hat eine Sitzung einzuberufen und den Gegenstand, dessen Beratung beantragt ist, auf die Tagesordnung zu setzen, wenn dies ein Viertel der Mitglieder des Betriebsrats oder der Arbeitgeber beantragt.

(4) Der Arbeitgeber nimmt an den Sitzungen, die auf sein Verlangen anberaumt sind, und an den Sitzungen, zu denen er ausdrücklich eingeladen ist, teil. Er kann einen Vertreter der Vereinigung der Arbeitgeber, der er angehört, hinzuziehen.

Inhaltsübersicht

I. Vorbemerkungen

1 Die Bestimmung ist die wesentliche **Formvorschrift** für die **konstituierende** sowie für die **weiteren Sitzungen** des BR. Sie gilt entsprechend für die Sitzungen der **JAV** (§ 65 Abs. 2), der **Bordvertretung** (§ 115 Abs. 4) und des **See-BR** (§ 116 Abs. 3). Für den **GBR** (§ 51 Abs. 3), den **KBR** (§ 59 Abs. 2), die **GJAV** (§ 73 Abs. 2) sowie die KJAV (§ 73 b) gelten nur die Abs. 2 bis 4. Die Vorschrift kommt entsprechend für den **Betriebsausschuss** (§ 27) und die **weiteren Ausschüsse** (§ 28) des BR zur Anwendung, insbes. wenn ihnen Aufgaben zur selbstständigen

108 *BAG* 28.10.92 – 7 ABR 14/92, BB 93, 580; vgl. auch § 33 Rn. 32 ff.
109 *Fitting,* § 33 Rn. 57.
110 *LAG Nürnberg* 23.9.97 – 6 Sa 242/96, AiB 98, 162 mit Anm. *Manske,* **a. A.** *BAG* 8.3.00 – 7 ABR 11/98, AiB 01, 356 mit Anm. *Wedde,* das eine nachträgliche Beschlussfassung bezüglich der Entsendung zu einer Schulungs- und Bildungsveranstaltung für unzulässig gehalten hat.

Erledigung übertragen sind,[1] sowie für eine **andere Vertretung der AN** nach § 3 Abs. 1 Nr. 2, sofern der TV keine abweichende Regelung enthält. Die Vorschrift kommt auch für **Arbeitsgruppen** gem. § 28a zur Anwendung. Sie gilt nicht für **zusätzliche betriebsverfassungsrechtliche Vertretungen** nach § 3 Abs. 1 Nr. 1.[2] Wegen des **zwingenden Charakters** der Vorschrift sind Abweichungen durch TV oder BV unzulässig.

Der **DGB-Entwurf** für ein modernes Betriebsverfassungsgesetz[3] belässt die Vorschrift inhaltlich unverändert. 1a

II. Die konstituierende Sitzung des Betriebsrats

Die konstituierende Sitzung des BR dient insbesondere der **Wahl des Vorsitzenden und stellvertretenden Vorsitzenden** sowie in Betrieben mit mehr als neun Mitgliedern der Wahl der weiteren **Mitglieder des Betriebsausschusses,** damit das zur Führung der laufenden Geschäfte befugte Gremium (vgl. § 27 Rn. 35 ff.) möglichst früh bestellt wird.[4] Zweckmäßigerweise werden in der konstituierenden Sitzung noch gewählt: der **Schriftführer** (vgl. § 34 Rn. 9), die **Vertreter für den GBR bzw. KBR,** die **Mitglieder für den Betriebsausschuss, den WA** und die **weiteren Ausschüsse** oder Kommissionen. Auch über **Freistellungen** kann entschieden werden. Vertreter der JAV und die Schwerbehindertenvertretung haben ein Teilnahmerecht (vgl. Rn. 10, 14). 2

Kommen die vorstehend genannten **weiteren Wahlen** in Betracht, kann der WV diese auf die Tagesordnung für die konstituierende Sitzung setzen,[5] da sie notwendiger Bestandteil der Konstituierung des BR sind. Es ist davon auszugehen, dass alle BR-Mitglieder aufgrund der Aufnahme in die Tagesordnung wissen, welche Wahlen bei der Konstituierung des BR anstehen. Die Mitteilung in der verschickten Tagesordnung versetzt zudem jedes BR-Mitglied in die Lage, sich auf anstehende Wahlen vorzubereiten, um sachbezogen entscheiden zu können oder im Falle einer persönlichen Verhinderung auf eine Verlegung einzelner Tagesordnungspunkte hinzuwirken. Für die Zulässigkeit eines solchen Vorgehens des WV spricht, dass ein nach § 33 Abs. 2 beschlussfähigen BR nach der Rechtsprechung[6] auf der Grundlage eines einstimmigen Beschlusses der anwesenden Mitglieder auch weitergehende Ergänzungen vorliegender Tagesordnungen vornehmen kann. Bestehen Zweifel an der Zulässigkeit weiterer Wahlen in der konstituierenden Sitzung, kann der neue BR deren Durchführung in Ergänzungen der vorliegenden Tagesordnung entsprechend der Vorgaben der Rechtsprechung beschließen. 3

Der WV hat **vor Ablauf einer Woche** nach dem Wahltag (falls die Wahl sich über mehrere Tage erstreckt, nach dem letzten Tag der Stimmabgabe) alle Mitglieder des neu gewählten BR unter Mitteilung von Zeitpunkt, Ort und Tagesordnung zur **konstituierenden Sitzung einzuberufen,** und zwar unabhängig davon, ob die Amtszeit des neu gewählten BR nach § 21 (vgl. § 21 Rn. 5 ff.) bereits begonnen hat. Die konstituierende Sitzung muss **zwingend** als **Präsenzsitzung** durchgeführt werden.[7] Die Teilnahme per Video- und Telefonkonferenz ist nicht möglich, weil zu diesem Zeitpunkt die nach § 30 Abs. 2 Nr. 1 unumgängliche Regelung in der GO noch nicht beschlossen sein kann. Dies gilt auch, wenn die GO des Vorgängergremiums unverändert übernommen wird. Hinzu kommt, dass ggf. notwendig werdende geheime Wahlen online noch nicht möglich sind. Die in Abs. 1 genannte **Frist** von einer Woche ist als **Ordnungsvorschrift** 4

1 *BAG* 18.11.80, AP Nr. 2 zu § 108 BetrVG 1972 mit Anm. *Wohlgemuth;* GK-*Raab,* Rn. 2; § 27 Rn. 32 ff.
2 A. A. GK-*Raab,* Rn. 3.
3 AuR Sonderausgabe April 2022, S. 21.
4 *Fitting,* Rn. 6, 21; GK-*Raab,* Rn. 6, 21; *Kühner,* S. 16; vgl. auch § 27 Rn. 6; DKWF-*Wedde,* § 29, Rn. 3 ff., 18; zum Wahlverfahren *Wedde,* Betriebsratswahl, S. 127 ff.
5 Vgl. *Blanke u. a.,* Betriebsratswahl, Rn. 451 f.; *Fuchs,* AiB 02, 2; für die Wahl der Mitglieder des Betriebsausschusses *Engels/Natter,* BB-Beilage 8/89, S. 22; GK-*Raab,* Rn. 6, 21; a. A. *Bopp,* S. 26, der aber eine ergänzende einstimmige Beschlussfassung aller BR-Mitglieder für zulässig hält; zum Inhalt der Einladung DKWF-*Wedde,* § 29, Rn. 19.
6 *BAG* 9.7.13 – 1 ABR 2/13A, NZA 2013, 1433; bestätigt durch *BAG* 22.1.14 – 7 AS 6/13, DB 14, 726 und 15.4.14 – 1 ABR 2/13B, NZA 2014, 551; zum Ganzen ausführlich Rn. 20.
7 A. A. HaKo-BetrVG/*Wolmerath,* **Rn. 3.**

anzusehen. **Geringfügige Überschreitungen** lösen **keine negativen Rechtsfolgen** aus.[8] Eine fristgemäße Einberufung muss auch erfolgen, wenn die Wahl gemäß § 19 angefochten wurde. Die konstituierende Sitzung des BR kann stattfinden, bevor die Amtszeit des bisherigen BR abgelaufen ist. Allerdings muss sie sich in diesem Fall auf die Konstituierung beschränken. Sachentscheidungen, z. B. in beteiligungspflichtigen Angelegenheiten, können nicht getroffen werden.[9]

5 Der WV muss die konstituierende Sitzung des BR innerhalb einer Woche nach dem Wahltag bzw. letzten Tag der Stimmabgabe einberufen. Der Wahltag selbst ist bei der Berechnung dieser Wochenfrist nicht mitzuzählen (§ 187 Abs. 1 BGB). Fällt der letzte Tag der Frist auf einen Sonntag, Feiertag oder Samstag, endet sie am nächsten Werktag (§ 193 BGB). Die **Sitzung** selbst muss **nicht innerhalb dieses Zeitraums** stattzufinden.[10] Sie kann vertagt und erneut einberufen werden, z. B., wenn nicht wenigstens die Hälfte der neu gewählten BR-Mitglieder erschienen und somit die Beschlussfähigkeit nach § 33 Abs. 2 nicht gegeben ist.

6 Den **Zeitpunkt der konstituierenden Sitzung** des BR legt der WV in eigener Verantwortung unter Berücksichtigung der Amtszeit des bisherigen BR fest. Hierbei hat er darauf zu achten, dass der neue BR möglichst spätestens zum Zeitpunkt der Beendigung der Amtszeit des bisherigen BR konstituiert ist. Nach Auffassung des *BAG* braucht der AG nämlich vor der Konstituierung des BR nicht mit diesem zu verhandeln. Den AG trifft keine Pflicht, mit beteiligungspflichtigen Maßnahmen, z. B. einer Kündigung, zu warten, bis sich der BR konstituiert hat.[11] Bei der Bekanntgabe des Wahlergebnisses und der Terminierung der konstituierenden Sitzung muss der WV daher darauf achten, dass **betriebsratslose Zeiten** vermieden werden. Droht das Ende der Amtszeit des bisherigen BR, ist die konstituierende Sitzung so schnell wie möglich anzuberaumen, ggf. unmittelbar nach der Bekanntgabe des Wahlergebnisses. Ist dies nicht der Fall, sollte die konstituierende Sitzung spätestens **am letzten Tag der Amtszeit** des bisherigen BR stattfinden.[12]

Beispiele:
Besteht **im Betrieb kein BR,** sollte der WV so schnell wie möglich das Wahlergebnis bekannt geben und die konstituierende Sitzung am Tag der Bekanntgabe terminieren. Die schriftliche Benachrichtigung nach § 17 Abs. 1 WO an die gewählten AN sollten die WV-Mitglieder umgehend persönlich mit einer vorbereiteten schriftlichen Erklärung übergeben, in der die gewählten BR-Mitglieder bescheinigen, dass sie die Wahl annehmen und auf die dreitägige Erklärungsfrist verzichten. Gleichzeitig kann die Einladung zur konstituierenden Sitzung übergeben werden.
Besteht ein BR nur **bis zur Bekanntgabe des Wahlergebnisses** (vgl. z. B. § 22 Rn. 4 ff.), sollte die Bekanntgabe des »offiziellen« Wahlergebnisses erst an dem Tag erfolgen, an dem die konstituierende Sitzung des BR stattfindet (vgl. im Übrigen Beispiel a) Sätze 2, 3).
Läuft die Amtszeit des bisherigen BR **nicht kurzfristig ab,** muss der WV die konstituierende Sitzung des BR spätestens auf den **letzten Tag der Amtszeit** des bisherigen BR legen, damit ein nahtloser Übergang gewährleistet wird. Besteht die Absicht, künftige BR-Wahlen, z. B. wegen Osterferien, zu einem früheren Zeitpunkt durchzuführen, kann die konstituierende Sitzung entsprechend terminiert werden und der amtierende BR nach der Konstituierung des neu gewählten BR zurücktreten, damit dessen Amtszeit entsprechend früher beginnen kann.

7 Kommt der WV seiner Verpflichtung zur fristgemäßen Einberufung der konstituierenden BR-Sitzung nicht nach, können die BR-Mitglieder aus eigener Initiative **(Selbstzusammentritts-**

8 *Fitting,* Rn. 9; HWGNRH-*Glock,* Rn. 7; zu praktischen Fragen vgl. *Schneider,* AiB 06, 490 ff.
9 *Fitting,* a. a. O.; vgl. auch § 21 Rn. 12 ff.
10 Richardi-*Thüsing,* Rn. 5; *Fitting,* Rn. 11; *GL,* Rn. 4; HWGNRH-*Glock,* Rn. 5; MünchArbR-*Joost,* § 307 Rn. 4; *Wlotzke/Preis,* Rn. 2; a. A. *WW,* Rn. 1; GK-*Raab,* Rn. 8.
11 *BAG* 23. 8. 84, AP Nr. 36 zu § 102 BetrVG 1972; vgl. auch *LAG Düsseldorf* 24. 6. 09, 12 Sa 336/09; *LAG Berlin* 27. 11. 86, DB 87, 2206, Ls.; *ArbG Mainz* 25. 9. 97, AiB 98, 469 mit kritischer Anm. *Grimberg*; *LAG Hamm* 20. 5. 99 – 4 Sa 1989/98, ZInsO 99, 362; § 26 Rn. 4 ff.; § 21 Rn. 15; kritisch zur Rspr. und mit praktischen Hinweisen zur konstituierenden Sitzung *Matusche,* AiB 11, 251.
12 *Fitting,* Rn. 11 empfehlen die Durchführung der konstituierenden Sitzung am ersten Tag der Amtszeit des neuen BR.

recht) zu ihrer ersten Sitzung zusammentreten.[13] Jedes BR-Mitglied kann hierzu die Initiative ergreifen, ohne dass dem nach dem Lebensalter ältesten Mitglied ein Vorrang zukäme. Die Einberufung der konstituierenden Sitzung durch Eigeninitiative der BR-Mitglieder ist nur ordnungsgemäß, wenn sämtliche BR-Mitglieder – ggf. auch für verhinderte BR-Mitglieder heranzuziehende Ersatzmitglieder – vom Zeitpunkt und Ort der konstituierenden Sitzung sowie von den zu behandelnden Gegenständen unterrichtet wurden.[14]

Der Anspruch auf Einladung zur konstituierenden Sitzung kann gegen den WV nicht gerichtlich geltend gemacht werden. Die Ersetzung der Einladung des WV durch das ArbG gemäß § 18 Abs. 1 kommt nicht in Betracht.[15] 8

Der WV hat zur konstituierenden Sitzung **alle gewählten Mitglieder** des BR sowie alle übrigen Personen mit Teilnahmerecht (vgl. Rn. 10) einzuladen. Hat ein Wahlbewerber verbindlich erklärt, dass er die Wahl nicht annimmt, ist der nachrückende Wahlbewerber zu laden. Für zeitweilig verhinderte BR- oder JAV-Mitglieder (z. B. durch Krankheit, Urlaub) hat der WV die nach § 25 in Frage kommenden **Ersatzmitglieder** zu laden. Bei der Ladung muss das **Minderheitengeschlecht** berücksichtigt werden.[16] 9

An der konstituierenden Sitzung sind **nur der Vorsitzende des WV** und nicht dessen übrige Mitglieder **teilnahmeberechtigt.** Das Teilnahmerecht entfällt, sobald der BR aus seiner Mitte einen Wahlleiter bestellt hat,[17] sofern der WV-Vorsitzende nicht selbst Mitglied des BR ist. Ein **Teilnahmerecht** eines **Beauftragten der im BR vertretenen Gewerkschaft** ist gegeben, wenn dies gemäß § 31 von einem Viertel der BR-Mitglieder beantragt wurde; etwas anderes lässt sich auch nicht aus der Entscheidung des *BAG*[18] entnehmen.[19] Die Hinzuziehung von Gewerkschaftsbeauftragten ist unter Beachtung der Grundsätze des § 31 zulässig und wegen der komplizierten Konstituierungsvorschriften vielfach zweckmäßig. Darüber hinaus ist sie auch dann besonders sinnvoll, wenn im neu gewählten Gremium im Anschluss an die Konstituierung Beschlussfassungen zu weiteren Themen erfolgen sollen. Ein Teilnahmerecht besteht auch für die **Schwerbehindertenvertretung** und für einen **Vertreter der JAV,** da beide Vertretungen ein gesetzliches Teilnahmerecht an allen Sitzungen des BR haben.[20] 10

Der **Vorsitzende des WV,** im Verhinderungsfall sein Stellvertreter oder ein anderes WV-Mitglied, **leitet** die konstituierende Sitzung des BR, bis dieser **aus seiner Mitte einen Wahlleiter** bestellt hat. Der Vorsitzende des WV kann nur zum Wahlleiter gewählt werden, wenn er Mitglied des BR ist.[21] Die Wahl des Wahlleiters erfolgt durch den BR in seiner Gesamtheit.[22] Die Wahlleitung kann auch von Bewerbern für die Ämter des Vorsitzenden bzw. des Stellvertreters übernommen werden.[23] Wird die Wahl unter der Leitung einer nicht befugten Person durchgeführt, kann sie angefochten werden.[24] **Gewählt ist,** wer von den vorgeschlagenen Kandidaten die meisten Stimmen erhält. Es genügt die einfache Mehrheit. 11

---

13 Richardi-*Thüsing*, Rn. 11; *Fitting*, Rn. 9; GK-*Raab*, Rn. 13 f.; *GL*, Rn. 9; HaKo-BetrVG/*Blanke*, Rn. 6; MünchArbR-*Joost*, § 307 Rn. 4; *HSGW* Rn. 7a; vgl. Musterschreiben bei DKWF-*Wedde*, § 29, Rn. 20 ff.; das *BAG* 23. 8. 84, AP Nr. 36 zu § 102 BetrVG 1972 lässt diese Frage für den Fall der Untätigkeit des Wahlvorstandes ausdrücklich offen; ein Selbstversammlungsrecht verneinen HWGNRH-*Glock*, Rn. 12; ähnlich auch *LAG Hamm* 20. 5. 99 – 4 Sa 199898, ZInsO 99, 362.

14 GK-*Raab*, Rn. 14; vgl. auch *BAG* 28. 4. 88, AP Nr. 2 zu § 29 BetrVG 1972, 28. 10. 92 – 7 ABR 14/92, BB 93, 580 = BetrR 93, 63 mit Anm. *Ortmann;* vgl. ferner Rn. 15.

15 Vgl. GK-*Raab*, Rn. 12 m. w. N.

16 *Schneider*, AiB 06, 490 f.

17 *BAG* 28. 2. 58, AP Nr. 1 zu § 29 BetrVG.

18 BAG, a. a. O.

19 Ebenso *HaKo-Blanke/Wolmerath*, Rn. 7; a. A. GK-*Raab*, Rn. 17; HWGNRH-*Glock*, Rn. 12; *Fitting*, Rn. 14; Richardi-*Thüsing*, Rn. 8.

20 § 178 Abs. 4 SGB IX; §§ 32, 67 Abs. 1; enger *Bopp*, S. 28, 173 f.; *Fitting*, a. a. O.; GK-*Raab*, a. a. O., die ein Teilnahmerecht ablehnen, wenn nur die Wahl des Vorsitzenden und stellvertretenden Vorsitzenden vorgesehen ist; a. A. ErfK-*Koch*, Rn. 1.

21 *BAG* 12. 10. 76, AP Nr. 1 zu § 8 BetrVG 1972; HWGNRH-*Glock*, Rn. 7; GK-*Raab*, Rn. 19.

22 *Fitting*, Rn. 17; GK-*Raab*, Rn. 14, 18; *Fuchs*, AiB 02, 281.

23 *Fitting*, a. a. O.; GK-*Raab*, Rn. 19; HWGNRH-*Glock*, Rn. 7.

24 *BAG* 28. 2. 58, AP Nr. 1 zu § 29 BetrVG; HWGNRH-*Glock*, Rn. 16.

12 Nach seiner Wahl übernimmt der **Wahlleiter** die Leitung der konstituierenden Sitzung. Er hat nunmehr die Wahl des BR-Vorsitzenden und seines Stellvertreters durchzuführen.[25] Mit der Wahl des BR-Vorsitzenden und seines Stellvertreters und der Annahme der Wahl durch die beiden Gewählten ist der BR formal konstituiert. Die **Leitung der Sitzung** geht auf den neuen Vorsitzenden über.

13 Hat der WV **weitere Wahlen auf der Tagesordnung** vorgesehen (vgl. Rn. 2), muss der Vorsitzende nach der Konstituierung in die Behandlung der nachfolgenden Tagesordnungspunkte eintreten. Dies gilt jedenfalls, wenn dies die anwesenden BR-Mitglieder mehrheitlich beschließen (vgl. Rn. 3, 20). Waren keine weiteren Tagesordnungspunkte angekündigt, können die anwesenden Mitglieder des BR eine Ergänzung der Tagesordnung ebenfalls einstimmig beschließen.[26] Über die Wahlhandlungen ist eine **Sitzungsniederschrift** aufzunehmen (vgl. § 34). In ihr müssen eventuelle Beschlüsse des BR zum Wahlverfahren und die Ergebnisse – ggf. auch der Vorabstimmungen in den Gruppen – der einzelnen Wahlgänge aufgenommen werden.[27]

14 Eine Beratung und Beschlussfassung weiterer Tagesordnungspunkte durch den BR ist nur möglich, wenn die **JAV** und die **Schwerbehindertenvertretung zur konstituierenden Sitzung eingeladen** wurden oder für den weiteren Teil der Sitzung hinzugezogen werden.[28] Eine Beschlussfassung zu aktuellen Themen kommt nicht in Betracht, wenn die Amtszeit des bisherigen BR noch nicht abgelaufen ist.[29]

III. Die weiteren Sitzungen des Betriebsrats

15 Die weiteren Sitzungen des BR werden von dessen **Vorsitzenden einberufen.**[30] Der stellvertretende Vorsitzende ist dazu nur berechtigt, wenn der Vorsitzende verhindert ist.[31] Entsprechendes gilt für den Widerruf einer bereits erfolgten Einladung. Die Einladung muss nicht persönlich von Vorsitzenden verfasst werden. Sie können hiermit insbesondere eine BR-Assistenz beauftragten. Versendet diese Person eine Einladung über ihren E-Mail-Account, muss aber für die eingeladenen BR-Mitglieder und weitere teilnahmeberechtigte Personen erkennbar sein, dass die Einladung von den jeweiligen Vorsitzenden veranlasst wurde.[32] Andere BR-Mitglieder können nicht zu einer BR-Sitzung einladen. Etwas anderes gilt, wenn sowohl der Vorsitzende als auch der stellvertretende Vorsitzende verhindert sind. Hat der BR für diesen Fall durch Beschluss oder GO Vorsorge getroffen, hat das danach **ermächtigte BR-Mitglied** einzuladen. Wurde keine Vorsorge getroffen, kann jedes BR-Mitglied die Initiative ergreifen (**Selbstzusammentrittsrecht,** zu den Voraussetzungen vgl. Rn. 7) und zu einer BR-Sitzung einladen, wenn Beratungsgegenstände, z. B. personelle Einzelmaßnahmen wie Einstellungen und Kündigungen, der sofortigen Erledigung bedürfen[33] und/oder trotz Antrag nach Abs. 3 keine Sitzung anberaumt wird bzw. der Vorsitzende und sein Stellvertreter verhindert sind. Ohne Ladung kann eine Sitzung nur stattfinden, wenn alle BR-Mitglieder – für verhinderte die zuständigen Ersatzmitglieder (vgl. § 25 Rn. 14 ff., 28) – mit Zeit, Ort und Tagesordnung

---

25 GK-*Raab*, Rn. 20; *GL*, Rn. 8; MünchArb-*Joost*, § 307 Rn. 39; offen Richardi-*Thüsing*, Rn. 14 f.

26 Grundlegend *BAG* 9.7.13 – 1 ABR 2/13A, NZA 2013, 1433; ebenso 22.1.14 – 7 AS 6/13, DB 2014, 726 und 15.4.14 – 1 ABR 2/13B, NZA 2014, 551.

27 *Bopp*, S. 14.

28 *Fitting*, a. a. O.; GK-*Raab*, a. a. O.; zur Hinzuziehung von Gewerkschaftsbeauftragten vgl. Rn. 10.

29 GK-*Raab*, Rn. 9; vgl. auch § 21 Rn. 13.

30 Abs. 2 Satz 1; Musterschreiben bei DKWF-*Wedde*, § 29, Rn. 22 ff.; allg. *Jenner*, AiB 22, Nr. 4, 18 f.; *Busch*, AiB 18, Nr. 5, 46 f. *Jansen*, AiB 18, Nr. 4, 15.

31 Richardi-*Thüsing*, Rn. 43; zur Verhinderung § 26 Rn. 31.

32 *LAG München* 11.7.22 – 4 TaBV 9/22.

33 *Fitting*, Rn. 24; GK-*Raab*, a. a. O.; ErfK-*Koch*, Rn. 2; HaKo-BetrVG/*Blanke*, Rn. 9; *Ulrich*, AiB 11, 154 f.; *BAG* 28.7.20 – 1 ABR 5/19, AP Nr. 168 zu § 99 BetrVG 1972 lässt das Bestehen eines Selbstzusammentrittsrecht ausdrücklich offen; enger Richardi-*Thüsing*, Rn. 17; HWGNRH-*Glock*, Rn. 20, der eine einstimmige Erklärung des gesamten BR zur Abhaltung der Sitzung fordert; nach *LAG Baden-Württemberg* 5.12.18 – 10 TaBV 1/18, juris, soll das Vorliegen eines dringlichen Beratungsgegenstands Voraussetzung für eine Selbstzusammentritt sein.

einverstanden sind.[34] In diesem Fall ist ein Mitglied des BR mit der Sitzungsleitung zu beauftragen.

Den **Zeitpunkt** und die **Häufigkeit** der BR-Sitzungen bestimmt der Vorsitzende nach pflichtgemäßem Ermessen, es sei denn, der BR hat bestimmte Regeln beschlossen und z. B. in der GO festgelegt.[35] Dies gilt auch, wenn die nach Abs. 3 Antragsberechtigten ordnungsgemäß die Abhaltung einer BR-Sitzung verlangt haben (vgl. Rn. 27 ff.). In der GO muss auch die Möglichkeit der Durchführung von Sitzungen in Form von Video- und Telefonkonferenzen verankert werden (§ 30 Rn. 35 ff.). 16

Der Vorsitzende hat nach Abs. 2 Satz 3 alle Mitglieder des BR – für verhinderte Mitglieder die zuständigen Ersatzmitglieder – **rechtzeitig unter Mitteilung der Tagesordnung zu laden.** Die Reihenfolge der zu ladenden Ersatzmitglieder ist nicht dispositiv und leitet sich zwingend aus § 25 Abs. 2 ab.[36] Die Regelung in Abs. 2 Satz 3 gehört zu den wesentlichen und unverzichtbaren Verfahrensvorschriften, von deren Beachtung die **Rechtswirksamkeit der BR-Beschlüsse** abhängt.[37] Die ordnungsgemäße Ladung setzt voraus, dass sie in verkehrsüblicher Weise in die tatsächliche Verfügungsgewalt des BR-Mitglieds gelangt ist und dieses unter gewöhnlichen Verhältnissen die Möglichkeit hatte, von ihr Kenntnis zu nehmen.[38] Die Ladung mit der Tagesordnung muss danach **allen Sitzungsteilnehmern** – einschließlich JAV, Schwerbehindertenvertretung, ggf. auch AG und der Gewerkschaft – so rechtzeitig zugehen, dass sie sich auf die Teilnahme einstellen, notwendige Vorbereitungen (Informationen einholen, Unterlagen prüfen) treffen und dem Vorsitzenden eine etwaige Verhinderung mitteilen oder auf eine Verlegung hinwirken können.[39] Dies gilt im Prinzip auch für außerordentliche Sitzungen. In unvorhersehbaren **Not**- und **Eilfällen** kann abweichend eine **kurzfristige Einladung** zulässig sein.[40] Soll die Teilnahme an einer BR-Sitzung per **Video- oder Telefonkonferenz** möglich sein, muss **in der Einladung** darauf **hingewiesen werden,** dass diese Form der Sitzungsdurchführung nach § 30 Abs. 2 Nr. 2 entfällt, wenn ihr mindestens ein Viertel der BR-Mitglieder innerhalb einer ebenfalls in der Einladung mitzuteilenden Frist widerspricht (vgl. § 30 Rn. 43 ff.). Festlegungen zu Widerspruchsfristen können auch in die GO des BR aufgenommen werden (vgl. § 30 Rn. 38).[41] 17

Besondere **Formen und Fristen** schreibt das Gesetz nicht vor, so dass die Ladung zu BR-Sitzungen auch **mündlich, telefonisch** oder auf **elektronischem** Weg zugehen kann.[42] Dies ist aber auf wirklich dringende Fälle zu beschränken, da schon wegen der Tagesordnung, aber auch um Missverständnisse auszuschließen, die **Schriftform** oder zumindest die **Textform** geboten ist (zur Definition vgl. Einleitung, Rn. 184 ff.). Diese Form kann bei entsprechender technischer und organisatorischer Ausstattung sowie bei ausreichenden Vorkehrungen zur Datensicherheit (etwa Verschlüsselung der übersandten Texte) auch durch Einladung und Übersendung der 18

34 *LAG Saarbrücken* 11.11.64, AP Nr. 2 zu § 29 BetrVG; *LAG Düsseldorf* 7.3.75, DB 75, 743; *LAG Hamm* 9.3.75, DB 75, 1851; *Fitting*, Rn. 45; GK-*Raab*, Rn. 36; HWGNRH-*Glock*, Rn. 21; Richardi-*Thüsing*, Rn. 18; vgl. auch *BAG* 28.10.92, BB 93, 580; 28.4.88, AP Nr. 2 zu § 29 BetrVG 1972.

35 GK-*Raab*, Rn. 24; HWGNRH-*Glock*, Rn. 22; MünchArbR-*Joost*, § 307 Rn. 8 f.; *Renker*, AiB 02, 219; vgl. §§ 30 Rn. 4, 36 Rn. 5.

36 Vgl. *LAG Schleswig-Holstein* 1.11.12 – 5 TaBV 13/12, DB 12, 2814.

37 *BAG* 28.4.88, AP Nr. 2 zu § 29 BetrVG 1972, 28.10.92 – 7 ABR 14/92, BB 93, 580; 19.8.92 – 7 ABR 58/91, BB 93, 1433; *LAG Hamm* 24.10.14 – 13 TaBV 94/13, juris; *Kettner*, AiB 98, 431; *v. Hoyningen-Huene*, S. 158; *Renker*, AiB 02, 221; zur praktischen Umsetzung *Ratzesberger*, AiB 16, Nr. 4, 45; *Mischewski*, AiB 06, 277.

38 *LAG Hamm* 12.2.92 – 3 TaBV 174/91, DB 92, 2148, Ls.

39 *BAG*, a.a.O.; *LAG Düsseldorf* 26.10.07 – 9 TaBV 54/07 hält die Mitteilung des Tagesordnungspunkts »Abberufung eines Betriebsratsmitglieds von der Freistellung« eineinhalb Tage vor Beginn der Betriebsratssitzung für nicht rechtzeitig; *LAG Köln* 3.3.08 – 14 TaBV 83/07 hält eine Ladungsfrist von zwei Werktagen im Zusammenhang mit Verhandlungen über einen Interessenausgleich bzw. einen Sozialplan für zu kurz; vgl. auch Rn. 22.

40 *Fitting*, Rn. 44a; ErfK-*Koch*, Rn. 2; Richardi-*Thüsing*, Rn. 38; enger *BAG* 24.5.06 – 7 AZR 20105, NZA 06, 1364.

41 Zur Ausgestaltung von Geschäftsordnungen bezüglich der Durchführung von Video- und Telefonkonferenzen vgl. DKWF, § 36 Rn. 8 ff.

42 Vgl. auch *BAG* 8.2.77, AP Nr. 10 zu § 80 BetrVG 1972; *Fitting*, Rn. 44; GK-*Raab*, Rn. 34 f.; *Ratzesberger*, AiB 16, Nr. 4, 45.

Tagesordnung per E-Mail gewahrt werden (vgl. § 40 Rn. 137; zu elektronischen Dokumenten Einl. Rn. 184 ff.). In jedem Fall muss die Einladung so rechtzeitig erfolgen, dass sich alle BR-Mitglieder auf die Sitzung einrichten können. Der BR sollte in der GO angemessene **Fristen** und die **Form** der Ladung festlegen, z. B. Ladungsfrist drei Arbeitstage mit Angabe der Tagesordnung, Schriftform sowie Sonderregelungen für Eilfälle, ggf. feste Sitzungstermine und die Verpflichtung für den Vorsitzenden, von einzelnen BR-Mitgliedern oder von der JAV (vgl. auch § 67 Rn. 25 ff.) oder von der Schwerbehindertenvertretung (vgl. § 32 Rn. 6) beantragte Tagesordnungspunkte auf die Tagesordnung zu setzen (vgl. im Übrigen § 36 Rn. 5 f.). Sind in einer GO Mindestfristen festgelegt, ist deren Verkürzung aber in bestimmten Fällen (etwa wegen Eilbedürftigkeit) möglich, muss die Ladungsfrist dennoch so ausgestaltet sein, dass die BR-Mitglieder sich auf die Sitzung einstellen und vorbereiten können.[43]

19 Liegen nach der GO die Termine der Sitzung fest oder hat der BR Sitzungstermine beschlossen, ist eine besondere Ladung zu den regelmäßigen Terminen – mit Ausnahme für außerordentliche Sitzungen oder soweit für verhinderte BR- und JAV-Mitglieder Ersatzmitglieder geladen bzw. Gewerkschaftsbeauftragte hinzugezogen werden müssen – nicht erforderlich. Den Sitzungsteilnehmern muss jedoch die Tagesordnung rechtzeitig mitgeteilt werden.[44] Die rechtzeitige Mitteilung dient dem Zweck, dass sich die Sitzungsteilnehmer auf die Beratung der Tagesordnungspunkte vorbereiten und ggf. mit den AN Fühlung aufnehmen oder sich mit der im Betrieb vertretenen Gewerkschaft besprechen können.[45]

20 Die **Tagesordnung** legt der Vorsitzende nach pflichtgemäßem Ermessen unter Berücksichtigung der anstehenden Beratungsgegenstände und der aktuellen Geschäftslage fest.[46] **Ladung** und **Tagesordnung** können **getrennt** übermittelt werden, sofern beides rechtzeitig vor der Sitzung geschieht und garantiert ist, dass den BR-Mitgliedern eine eindeutige Zuordnung beider Dokumente möglich ist. Der Vorsitzende kann die Tagesordnung vor der Sitzung ändern oder ergänzen, wenn er sicherstellt, dass die geänderte Fassung allen Sitzungsteilnehmern noch rechtzeitig vor der Sitzung zugeht.[47] Die rechtzeitige Übersendung von Ladung und Tagesordnung soll dem BR eine Befassung mit einem vorab festgelegten Themenkreis ermöglichen.[48] Diese Übersendung ist zudem **Voraussetzung** für eine **wirksame Beschlussfassung in der Sitzung.**[49] **Beschlüsse** sind **nur wirksam,** wenn **alle BR-Mitglieder**[50] bzw. die jeweiligen **Ersatzmitglieder geladen** wurden.[51] Etwas anderes kann ausnahmsweise nur gelten, wenn die Verhinderung einzelner BR-Mitglieder so plötzlich und unvorhersehbar eintritt, dass eine Benachrichtigung der jeweiligen Ersatzmitglieder nicht mehr möglich ist.[52] Die Heilung bestehender Ladungsmängel kann in einer späteren Sitzung erfolgen, zu der ordnungsgemäß geladen wurde.[53] In der BR-Sitzung kann unter bestimmten Voraussetzungen die Änderung oder Ergänzung einer vorliegender sowie die Aufstellung einer nicht vorhandenen Tagesordnung erfolgen (vgl. Rn. 24 ff.). Ein Recht zur Ergänzung der Tagesordnung steht nur dem Gremium

---

43 *HessLAG* 25.3.04 – 9 TaBV 117/03, juris, das eine ordnungsgemäße Ladung für den Fall verneint hat, dass BR-Mitglieder über die anstehende Wahl des freizustellenden Mitgliedes mündlich erst am Nachmittag vor der BR-Sitzung informiert wurden.

44 *BAG* 28.4.88, AP Nr. 2 zu § 29 BetrVG 1972, 28.10.92 – 7 ABR 14/92, BB 93, 580; 19.8.92 – 7 ABR 58/91, BB 93, 1433; Richardi-*Thüsing,* Rn. 39; ErfK-*Koch,* Rn. 2; *Fitting,* Rn. 34a; GK-*Raab,* Rn. 38; HWGNRH-*Glock,* Rn. 34; allgemein *Mallmann,* AiB 13, 230 ff.; *Dach,* AiB 4/17, 40 f.

45 *Fitting,* Rn. 46.

46 *Fitting,* Rn. 47; Textmuster bei DKWF-*Wedde,* § 29, Rn. 24 f.; allg. *Jansen* AiB 18, Nr. 4, 15.

47 GK-*Raab,* Rn. 55.

48 *BAG* 19.1.05 – 7 ABR 24/04, ZBVR 05, 110.

49 *BAG* 28.4.88, AP Nr. 2 zu § 29 BetrVG 1972; 28.10.92 – 7 ABR 14/92, BB 93, 580; 1.10.91 – 1 ABR 81/90; *Fitting,* Rn. 45 und 68; *Müller,* AiB 06, 601; *Rudolph/Jansen,* AiB 18, Nr. 5 26.

50 *LAG Düsseldorf,* a. a. O.

51 Vgl. *BAG* 23.8.84, AP Nr. 17 zu § 103 BetrVG 1972; 19.8.92 – 7 ABR 58/91, BB 93, 1433; *ArbG Berlin* 17.2.88 – 37 Ca 455/87; vgl. zu sog. **Umlaufbeschlüssen** und zur Frage der **Beschlussfähigkeit** eines »Rumpf-BR« § 33 Rn. 9 ff.

52 Zur individuellen Verhinderung in persönlichen Angelegenheiten vgl. § 25 Rn. 25; allg. *Schulze/Ratzesberger/Jost,* AiB 5/2023, 33 ff.

53 *BAG* 28.10.92, a. a. O.; *LAG München* 25.2.93 – 7 TaBV 89/92; *LAG Nürnberg* 23.9.97 – 6 Sa 242/96, AiB 98, 162 mit Anm. *Maaske.*

bzw. in den Fällen des § 29 Abs. 3 einem Viertel der BR-Mitglieder zu, nicht aber einzelnen Mitgliedern.[54]

20a Die vorstehenden Grundsätze gelten auch, wenn die Teilnahme an BR-Sitzungen nach § 30 Abs. 2 per **Video- und Telefonkonferenzen** möglich ist.[55] Bei Übermittlung von Einladung und Unterlagen per Briefpost muss beachtet werden, dass einzelne Betriebsratsmitglieder ggf. im Homeoffice oder an einem Telearbeitsplatz tätig sind. Im Zweifel bzw. vor wichtigen Sitzungen können parallel Briefe an die dienstliche und an die private Anschrift versandt werden. In der **Ladung** müssen die BR-Mitglieder auf das Bestehen der **Widerspruchsmöglichkeit** nach § 30 Abs. 2 Nr. 2 und die hierfür zu beachtende Frist hingewiesen werden.[56]

21 Sind **Mitglieder** des BR oder der JAV **absehbar** oder **überraschend verhindert,** sollten sie dies den **Vorsitzenden** unverzüglich **mitteilen,** damit diese zuständige Ersatzmitglieder noch rechtzeitig laden kann.[57] Eine Verhinderung liegt vor, wenn die Sitzungsteilnahme einem BR-Mitglied rechtlich oder tatsächlich unmöglich ist.[58] Hierzu gehört neben persönlichen Gründen auch das Vorliegen eines Interessenkonflikt.[59] Unterbleibt eine Mitteilung und erlangen Vorsitzende auf andere Art und Weise Kenntnis, dass ein Verhinderungsfall besteht, sind sie ebenfalls zur Einladung von Ersatzmitgliedern verpflichtet. Die Verhinderung soll unter **Angabe des Grundes** (vgl. hierzu § 25 Rn. 16) angezeigt werden, damit Vorsitzende prüfen können, ob Ersatzmitglieder geladen werden können bzw. müssen. Eine Verhinderung kann **ausnahmsweise** aus einer tatsächlich vorliegenden **betrieblichen Unabkömmlichkeit** folgen, es sei denn, es handelt sich um eine pflichtwidrige Entscheidung der jeweiligen BR-Mitglieder.[60] Die Verpflichtung zur Angabe des Grundes kann der BR in der GO festlegen.[61] Der Vorsitzende ist **nicht verpflichtet,** die vorgebrachte Begründung durch intensive **eigene Nachforschungen** zu überprüfen. Ist die Begründung aus seiner Sicht zutreffend und erfüllt sie die Vorgaben des § 25 Abs. 1, kann er ohne weitere Nachforschungen die jeweiligen Ersatzmitglieder nachladen (vgl. insgesamt § 25 Rn. 14ff.). Ist dies nicht der Fall, muss er auf die Ladung verzichten.[62] Dem BR-Vorsitzenden steht bei der Entscheidung dieser Rechtsfrage ein gerichtlich nur eingeschränkt nachprüfbarer Beurteilungsspielraum zu.[63] Erscheint ein arbeitsunfähig erkranktes BR-Mitglied zu einer Sitzung, ist davon auszugehen, dass kein Verhinderungsgrund vorliegt.[64] Entsprechendes gilt während der Zeit des Mutterschutzes nach dem MuschG oder während der Elternzeit.[65] Ein BR-Vorsitzender kann allerdings bei einer ihm bekannten Abwesenheit aufgrund von Urlaub, Elternzeit usw. solange von einer Verhinderung ausgehen, wie ihm vom jeweiligen BR-Mitglied nicht angezeigt worden ist, dass es ungeachtet der Abwesenheitssituation seine BR-Tätigkeit durchführen will.[66]

22 Die versandte **Tagesordnung** muss die in der BR-Sitzung **zu behandelnden Punkte möglichst konkret angeben**[67] und »Sammel-Punkte« wie »Verschiedenes« oder »Personelle Einzelmaß-

---

54 *HessLAG* 31.7.17 – 16 TaBV 221/16; allg. zu Minderheitenrechten im BR *Nawrot*, AiB 18, Nr. 7/8, 53ff.
55 Vgl. ausführlich § 30 Rn. 28 **ff.**
56 Vgl. ausführlich § 30 Rn. 43 ff.
57 Abs. 2 Satz 5; Textmuster bei DKWF-*Wedde*, § 29, Rn. 26f.; vgl. auch *Jansen*, AiB 16, Nr. 4, 38; *Ögüt*, AiB 14, Nr. 6, 64; *Mischewski*, AiB 06, 277; *Müller*, AiB 06, 601f.; *Schlichting/Matthiesen*, AiB 06, 606; *Dach*, AiB 4/17, 41.
58 *Bader*, NZA 23, 129 (131).
59 Vgl. *HessLAG* 1.11.12 – 9 TaBv 156/12, ArbR 12, 248; zum Interessenkonflikt ausführlich § 25, Rn. 25.
60 *LAG Hamm* 8.12.17 – 13 TaBV 72/17.
61 *Schneider*, AiB 06, 490ff.; *Fitting*, Rn. 39.
62 Ebenso *Fitting*, Rn. 39 unter Hinweis auf die Unzulässigkeit gewillkürter Stellvertretung; ErfK-*Koch*, Rn. 2; Richardi-*Thüsing*, Rn. 33; vgl. auch § 33, Rn. 12.
63 Vgl. allgemein *LAG Berlin-Brandenburg* 5.7.18 – 10 TaBV 1537/17, juris.
64 *LAG Schleswig-Holstein* 26.5.05 – 4 TaBV 27/04, AuA 05, 504, Ls.
65 *BAG* 25.5.05 – 7 ABR 45/04, NZA 05, 1002; *LAG Hamm* 15.10.10 – 10 TaBV 37/10.
66 *LAG Berlin* 1.3.05 – 7 TaBV 2220/04, DB 05, 2252; nach *LAG Hamm*, a.a.O. kann von einer Verhinderung ausgegangen werden, wenn das jeweilige BR-Mitglied positiv angezeigt hat, dass es während dieser Zeit keine BR-Tätigkeit durchführen will.
67 *Fitting*, Rn. 46; HWGNRH-*Glock*, Rn. 47; HaKo-BetrVG/*Blanke*, Rn. 10; GK-*Raab*, Rn. 52; *Renker*, AiB 02, 219; *Müller*, AiB 06, 601.

nahmen« jedenfalls für Beschlussfassungen vermeiden oder genau spezifizieren.[68] Der Tagesordnungspunkt »**Verschiedenes**« steht für die dort gefassten Beschlüsse dem **Fehlen einer Tagesordnung** gleich.[69] An den Inhalt der Tagesordnung dürfen keine überhöhten Anforderungen gestellt werden.[70] Soll z. B. ein GBR-Mitglied aus dem Gesamtbetriebsausschuss und aus dem WA abgewählt werden, ist diese Abwahl nicht durch den Tagesordnungspunkt »Wahlen zu den Gremien des GBR« legitimiert.[71] Notwendig wäre eine Bezeichnung wie beispielsweise »Gesamtbetriebsausschuss – Abwahl von Mitgliedern«. Über die **Entsendung** eines BR-Mitglieds zu einer **Schulungsmaßnahme** kann kein wirksamer Beschluss gefasst werden, wenn dieses Thema nicht auf der übersandten Tagesordnung gestanden hat bzw. unter dem Tagesordnungspunkt »Verschiedenes« behandelt wird.[72] Der Tagesordnungspunkt »Überstunden, Zustimmung, Zusammenfassung und Verstöße bei der Überstundenanordnung« stellt dagegen eine ausreichende Unterrichtung über den Beratungsgegenstand dar und ist eine ausreichende Grundlage für den Beschluss, ein arbeitsgerichtliches Beschlussverfahren nach § 23 Abs. 3 einzuleiten.[73] Dies gilt jedenfalls, wenn sich der BR wegen Missachtung seiner Mitbestimmungsrechte häufiger mit der Problematik befasst hat. Es ist nicht erforderlich, mit der Einladung konkrete Anträge oder Beschlusstexte, über die beschlossen werden soll, mitzuteilen.[74] Werden Beschlusstexte mit der Einladung versandt, kann der BR sie als Ergebnis seines Meinungsbildungsprozesses jederzeit verändern und mit der notwendigen Mehrheit annehmen.

23 Der BR-Vorsitzende hat in gleicher Weise wie die BR-Mitglieder die **Schwerbehindertenvertretung** (vgl. § 32) und die **JAV** (vgl. auch § 67 Abs. 1) sowie ggf. die Sprecherin oder den Sprecher der nach dem **BFDG tätigen Freiwilligen** einzuladen. Entsprechendes gilt für die **Ersatzmitglieder** anstelle verhinderter BR- bzw. JAV-Mitglieder (vgl. Abs. 2 Satz 6; § 25 Rn. 6 ff.) sowie bei Verhinderung der Schwerbehindertenvertretung (§ 32 Rn. 7) oder der Vertreter der Freiwilligen nach dem BFDG (§ 10 BFDG). Sofern die entsprechenden Voraussetzungen vorliegen, sind ferner unter Mitteilung der Tagesordnung einzuladen: alle Mitglieder der JAV (vgl. § 67 Abs. 1 der AG, Gewerkschaftsbeauftragte (§ 31) und Sachverständige bzw. Auskunftspersonen.[75]

24 **Ergänzungen** oder **Änderungen** einer versandten der Tagesordnung wie auch ihre **Aufstellungen** sind nach der Rspr. des *BAG*[76] zulässig, wenn der nach § 33 beschlussfähige BR dies durch einstimmigen Beschluss der anwesenden Mitglieder festlegt (etwa einstimmige Entscheidung der fünf anwesenden Mitglieder eines neunköpfigen BR).[77] Diese Position hat der 1. Senat des *BAG* erstmals in einer Entscheidung vom 9. 7. 13[78] vertreten. Auf eine Anfrage des 1. Senats hat sich der 7. Senat ihr am 22. 1. 14[79] angeschlossen. Die vorher vertretene Auffassung, nach der eine Änderung der Tagesordnung nur aufgrund eines einstimmigen Beschlusses des vollständig anwesenden Gremiums (etwa alle neun Mitglieder des neunköpfigen BR) möglich sein sollte[80], wurde ausdrücklich aufgegeben.[81] Folglich ist eine Änderung der vorliegenden

---

68 *BAG* 28. 10. 92 – 7 ABR 14/92, BB 93, 580 = BetrR 93, 63 mit Anm. *Ortmann;* HWGNRH-*Glock,* Rn. 45; *Kühner,* S. 43.

69 So *BAG,* a. a. O.; GK-BetrVG-*Raab,* Rn. 52; a. A. *Fitting,* Rn. 48, der die Behandlung von Angelegenheiten für möglich hält, die nicht ausdrücklich in der Tagesordnung erwähnt sind.

70 *Fitting,* Rn. 46; *Grosjean,* NZA-RR 05, 113 ff.

71 *ArbG Paderborn* 12. 4. 89 – 2 BV 4/89.

72 *BAG,* a. a. O., 28. 4. 88, AP Nr. 2 zu § 29 BetrVG 1972; *LAG Schleswig-Holstein* 28. 9. 89, NZA 90, 288, Ls.; vgl. Rn. 26.

73 *BAG* 1. 10. 91 – 1 ABR 81/90.

74 *BAG* 29. 4. 04 1 ABR 30/02, NZA 04, 670.

75 Vgl. *ArbG Frankfurt* 16. 9. 88, AuR 89, 186, Ls.; § 80 Rn. 65 ff., 75.

76 *BAG* 22. 1. 14 – 7 AS 6/13, NZA 14, 441.

77 Ebenso *Fitting,* Rn. 21, 33 und 48a; ErfK-*Koch,* Rn. 2; *HaKo-Blanke/Wolmerath,* Rn. 13.

78 *BAG* 9. 7. 13 – 1 ABR 2/13A, NZA 13, 1433.

79 *BAG* 22. 1. 14 – 7 AS 6/13, NZA 14, 441, vgl. auch 4. 11. 15 – 7 ABR 61/13, AP Nr. 10 zu § 29 BetrVG 1972; 15. 4. 14 – 1 ABR 2/13b, NZA 14, 551.

80 *BAG* 28. 4. 88, AP Nr. 2 zu § 29 BetrVG 1972, 28. 10. 92 – 7 ABR 14/92, BB 93, 580 = BetrR 93, 63 mit Anm. *Ortmann;* 19. 8. 92 – 7 ABR 58/91, BB 93, 1433; ausdrücklich bestätigt durch *BAG* 24. 5. 06 – 7 AZR 201/05, DB 07, 696.

81 *BAG* 9. 7. 13 – 1 ABR 2/13A, a. a. O. und 22. 1. 14 – 7 AS 6/13, a. a. O.

Tagesordnung durch einen entsprechenden Beschluss auch dann noch möglich, wenn dieser erst im späteren Verlauf einer BR-Sitzung erfolgt.[82] Die veränderte Rspr. ist ein Schritt in die richtige Richtung.[83] Sie nimmt die Kritik an der bisher restriktiveren Position auf und akzeptiert, dass durch das Abstellen auf einen einstimmigen Beschluss aller BR-Mitglieder eine Ergänzung der Tagesordnung in der Praxis weitgehend unmöglich ist und dass damit Betriebsratsarbeit erschwert wird.[84] Fraglich bleibt allerdings, ob das Abstellen auf einen einstimmigen Beschluss der anwesenden BR-Mitglieder tatsächlich geeignet ist, notwendige Anpassungen der Tagesordnung in praxisnaher Weise zu ermöglichen und so die BR-Arbeit nachhaltig zu erleichtern.[85] Die geforderte Einstimmigkeit stärkt zwar die Rechte von einzelnen BR-Mitgliedern, schafft aber gleichzeitig eine individuelle Blockademöglichkeit, die missbraucht werden könnten. Insbesondere in größeren Gremien bleiben Ergänzungen und Änderungen der Tagesordnung aufgrund der vom *BAG* formulierten Voraussetzung damit weiterhin schwierig.

Im Ergebnis überzeugt die geänderte Rspr. deshalb nicht uneingeschränkt. Sie ist aufgrund der Notwendigkeit eines einstimmigen Beschlusses weder mit **allgemeinen Geschäftsordnungsgrundsätzen** und der **normalen Gremienpraxis** noch mit der **betrieblichen Wirklichkeit** und den **praktischen Bedürfnissen der Betriebsratsarbeit** in Übereinklang zu bringen. Das geforderte Quorum greift zudem unangemessen in die **demokratische Selbstbestimmungskompetenz** des Gremiums ein. Dies wird deutlich, wenn man die sich hieraus ableitenden praktischen Konsequenzen vor Augen hält: Die Anknüpfung an einen einstimmigen Beschluss der Anwesenden könnte beispielsweise dazu führen, dass die Mitglieder eines vollständig anwesenden BR in einer Sitzung zwar mit der notwendigen absoluten Mehrheit der Stimmen die Übertragung wichtiger Aufgaben auf den Betriebsausschuss oder die Auflösung des Gremiums beschließen könnte, wenn dieses Thema auf der Tagesordnung steht. Gleichzeitig bliebe es dem BR aber verwehrt, in derselben Sitzung mittels Mehrheitsbeschluss eine Erweiterung der Tagesordnung festzulegen, um sich mit nicht vorhersehbaren personellen Einzelmaßnahme zu befassen oder einen Rechtsanwalt zu beauftragen, wenn auch nur ein einziges Mitglied hiermit nicht einverstanden ist. 25

Weiterhin ist zu bedenken, dass es sich bei einer Ergänzung bzw. Änderung der Tagesordnung vielfach um **betriebsratsinterne Routineangelegenheiten** handelt. Mehrheitlich beschlossene Änderungen von Tagesordnungen aufgrund der Erledigung einzelner Themen oder der Verschiebung einzelner Punkte erfolgen vielfach, ohne dass Gremien bewusst ist, dass eigentlich einstimmige Beschlüsse erforderlich sind. Bezüglich der Aufnahme von aktuellen personellen Einzelmaßnahmen oder von eiligen Angelegenheiten sind zudem selbst AG oftmals der Meinung, dass diese Themen kurzfristig in der bevorstehenden Sitzung entschieden werden sollten. Das Abstellen auf einen einstimmigen Beschluss kann zudem in **Einzelfällen zu Nachteilen** für die von Einzelmaßnahmen betroffenen Arbeitnehmern führen sowie zu **Verzögerungen zu Lasten der AG.** Konsequenz der vom *BAG* formulierten Voraussetzung wird insbesondere bei dringenden oder fristgebundenen Angelegenheiten regelmäßig eine zeitaufwändige und zusätzliche Kosten verursachende **Sondersitzung** sein, die weder von BR-Mitgliedern noch von AG gewollt sein wird. 26

Vor dem Hintergrund, dass selbst für die Arbeit des BR elementare Beschlüsse wie solche zur Übertragung von Aufgaben oder zum eigenen Rücktritt nicht der Einstimmigkeit bedürfen, ist es nicht plausibel, dass an eine Änderung bzw. Ergänzung der Tagesordnung höhere Anforderungen gestellt werden. Deshalb muss es ausreichen, dass bei ansonsten ordnungsgemäßer Ladung zur Sitzung sich kurzfristig ergebende **Ergänzungen** bzw. **Änderungen** der Tagesordnung mit **der Mehrheit der BR-Mitglieder** beschlossen werden.[86] Das Abstellen auf eine solche Mehrheitsentscheidung entspricht allgemeinen Geschäftsordnungsgrundsätzen sowie 27

82 *LAG Schleswig-Holstein* 14.1.16 – 5 TaBV 45/15, NZA-RR 16, 304.
83 Ebenso nunmehr auch GK-BetrVG-*Raab*, Rn. 60.
84 *BAG* 22.1.14 – 7 AS 6/13, a. a. O. unter II.4.b) der Gründe.
85 Ähnlich GK-BetrVG-*Raab*, Rn. 60; *Joussen*, NZA 14, 505.
86 So auch *Fitting*, Rn. 48; HaKo-BetrVG/*Blanke*, Rn. 11; GK-*Raab*, Rn. 65 sieht bereits die Mehrheit der anwesenden BR-Mitglieder als ausreichend an; a. A. *Wulff*, AiB 08, 528.

bewährter Gremienpraxis.[87] Ein solcher Mehrheitsbeschluss wäre aufgrund der Zielrichtung gesetzlicher Regelungen nur dann nicht ausreichend, wenn dies in einschlägigen Normen ausdrücklich geregelt ist.[88] Das BetrVG sieht für bestimmte Angelegenheiten insoweit ausdrücklich vor, dass bestimmte Beschlüsse mit absoluter Mehrheit gefasst werden müssen, d. h. mit der Mehrheit aller Mitglieder (vgl. § 33 Rn. 22). Notwendig ist eine solche absolute Mehrheit etwa bei der Übertragung von Aufgaben zur selbstständigen Erledigung auf den Betriebsausschuss (§ 27 Abs. 2 Satz 2) oder bei einem Rücktritt des BR (§ 13 Abs. 2 Nr. 3).

28 Das Festhalten an der vom *BAG* vorausgesetzten einstimmigen Entscheidung aller anwesenden BR-Mitglieder stärkt zwar den Minderheitenschutz, birgt aber zugleich die Möglichkeit einer individuellen Beeinflussung und Manipulation von Beschlüssen in sich. Zudem ist sie bezogen auf eine mehrheitlich gewollte Ergänzung oder Änderung der (ohnehin nur vom Vorsitzenden aufgestellten) Tagesordnung als ungerechtfertigter Formalismus zu qualifizieren, der abzulehnen ist. Schließlich ist zu berücksichtigen, dass auch mehrheitlich beschlossene Ergänzungen der Tagesordnung, die beispielsweise rechtlich unzulässig sind, die manipulative Ziele haben oder die berechtigte Interessen von BR-Mitglieder verletzt, einer **gerichtlichen Überprüfung** unterzogen werden können.[89] Das **Schutzinteresse einzelner BR-Mitglieder** bleibt damit im Ergebnis auch gewahrt, wenn Ergänzungen oder Änderungen der Tagesordnung mit der hier vorgeschlagenen Mehrheit beschlossen werden.[90] Mit Blick auf die für bestimmte Fälle notwendige absolute Mehrheit könnte zudem daran gedacht werden, dass Tagesordnungspunkte, die nur mit absoluter Mehrheit des BR entschieden werden können, auch nur mit dieser Stimmzahl in einer BR-Sitzung auf die Tagesordnung gesetzt werden können.

28a Die hier vertretene Auffassung, nach der die Mehrheit der BR-Mitglieder eines beschlussfähigen Gremiums ausreichen soll, um in einer Sitzung Änderungen bzw. Ergänzungen der Tagesordnung vorzunehmen (vgl. Rn. 27 f.), ist selbstverständlich von dem Fall zu unterscheiden, dass eine **ordnungsgemäße Ladung** zur BR-Sitzung überhaupt **nicht erfolgt.** Liegt ein solcher gravierender Mangel vor, kann er nur durch einstimmigen Beschluss des beschlussfähigen Gremiums (einschließlich ggf. nachgerückter Ersatzmitglieder) geheilt werden.

28b Ist eine Ladung erfolgt, ohne dass zugleich eine **Tagesordnung** versandt wurde, soll deren **Fehlen** nach der Rspr. ebenfalls durch einen einstimmigen Beschluss der anwesenden BR-Mitglieder geheilt werden können. Diese vom *BAG* eröffnete generelle Möglichkeit steht indes im Widerspruch zum Wortlaut des § 29 Abs. 2 Satz 2, nach der zu BR-Sitzungen »*unter Mitteilung der Tagesordnung zu laden*« ist. Die vorherige Übermittlung einer Tagesordnung ist hiernach eine wesentliche und unverzichtbare Voraussetzung für die Wirksamkeit eines in der BR-Sitzung gefassten Beschlusses.[91] Insoweit steht die Auffassung des *BAG*, dass das Fehlen einer Tagesordnung in jedem Fall durch einen einstimmigen Beschluss geheilt werden kann, im Widerspruch zum Wortlaut der Norm. In diesem Zusammenhang kann deshalb der Argumentation des Gerichts nicht gefolgt werden, die ausdrücklich in Abrede stellt, dass die vorherige Kenntnis der Tagesordnung es verhinderten BR-Mitgliedern ermöglichen soll, andere BR vorab von der eigenen Meinung zu unterrichten und ggf. hiervon zu überzeugen[92] bzw. etwaige Terminkollisionen sachgerecht aufzulösen.[93] Diese Argumentation verkennt, dass erst die Tagesordnung nebst evtl. beigefügten ergänzenden Unterlagen BR-Mitglieder in die Lage versetzt, sich ordnungsgemäß und damit auch inhaltlich fundiert auf Sitzungen vorbereiten

---

87 Ebenso zur bisherigen Rechtsprechung des *BAG* GK-*Raab*, Rn. 64; ähnlich *Fitting*, Rn. 48 f.; HaKo-BetrVG/*Blanke*, Rn. 11.

88 Vgl. etwa § 51 GmbHG.

89 GK-*Raab*, Rn. 65 weist zutreffend darauf hin, dass bei einer Manipulation ein Fall des Rechtsmissbrauchs und damit ein Handeln ohne Rechtsgrundlage vorliegt mit der Folge, dass der gefasste Beschluss unwirksam wäre.

90 Zum Minderheitenschutz im BR Ulrich, AiB 11, 154.

91 Ebenso *BAG* 9.7.13 – 1 ABR 2/13A, a. a. O. unter II.4.d der Gründe; der 7. Senat lässt in seiner Entscheidung vom 22.1.14 – 7 AS 6/13, a. a. O. die Frage, welche Voraussetzungen für die Wirksamkeit eines Beschlusses unverzichtbar sind, ausdrücklich offen (vgl. unter II.2. der Gründe).

92 *BAG* 9.7.13 – 1 ABR 2/13A, a. a. O.

93 *BAG* 9.7.13 – 1 ABR 2/13A, a. a. O.

zu können, an denen sie teilnehmen wollen.[94] Von dieser Grundvoraussetzung nachhaltiger BR-Arbeit kann nur ausnahmsweise abgewichen werden, wenn beispielsweise die Versendung der Tagesordnung nachweislich oder offensichtlich versehentlich unterblieben ist. Für derart sachlich begründete Abweichungen von den Vorgaben des § 29 Abs. 2 sollte nach der hier entgegen der Position des BAG vertretenen Auffassung ebenso wie für sonstige Änderungen und Ergänzungen der Tagesordnung eine einfache Mehrheit des beschlussfähigen BR ausreichend sein.

Die **Leitung der BR-Sitzungen** obliegt dem Vorsitzenden, im Falle seiner Verhinderung dem gewählten Stellvertreter. Sind beide verhindert, bestimmen die anwesenden BR-Mitglieder durch Mehrheitsbeschluss den Sitzungsleiter,[95] sofern in der GO für derartige Fälle keine andere Regelung vorgesehen ist. Der Vorsitzende hat im Rahmen der Leitung die Sitzung zu eröffnen, das Wort zu erteilen und zu entziehen, Abstimmungen durchzuführen und deren Ergebnis festzustellen, für eine Sitzungsniederschrift (§ 34) zu sorgen und die Sitzung zu schließen. Ihm steht – auch in Anwesenheit des AG (vgl. Rn. 37 ff.) – das **Hausrecht** im Sitzungszimmer zu. Aus dem Hausrecht leitet sich mangels gesetzlicher Regelung nicht die Befugnis ab, ein BR-Mitglied **von der Sitzung auszuschließen.**[96] Der Vorsitzende kann einem BR-Mitglied **in der Sitzung das Wort** entziehen. Bei grober Pflichtverletzung in der Sitzung kann vom BR ein arbeitsgerichtliches Beschlussverfahren gem. § 23 Abs. 1 gegen BR-Mitglieder eingeleitet werden.[97] 29

Die jährlich einmal vorgesehene **gemeinsame Sitzung des BR und des SpA** (vgl. § 2 Abs. 2 SprAuG) wird von den Vorsitzenden beider Gremien geleitet. Zulässig ist eine anderweitige Absprache beispielsweise dahin gehend, dass die Leitung dieser Sitzungen zwischen den beiden Vorsitzenden wechselt. 30

IV. Die Sitzungen auf Antrag

Der Vorsitzende des BR, im Falle seiner Verhinderung der stellvertretende Vorsitzende,[98] **muss eine BR-Sitzung einberufen,** wenn mindestens ein **Viertel der Mitglieder** des BR oder der **AG** dies beantragen.[99] Außerdem ist der BR-Vorsitzende verpflichtet, den **Gegenstand,** dessen Beratung beantragt wird, auf die Tagesordnung zu setzen. Dem BR-Vorsitzenden ist es jedoch unbenommen, weitere Punkte auf die Tagesordnung zu nehmen. 31

Ist ein BR-Mitglied verhindert, kann das für ihn nachrückende Ersatzmitglied den Antrag stellen bzw. unterstützen.[100] 32

Der **Antrag** ist an den Vorsitzenden zu richten. Eine besondere Form ist nicht vorgeschrieben; daher reicht ein mündliches Vorbringen[101] oder eine **E-Mail.** Bei größeren BR ist die **Schriftform** zum Nachweis der erforderlichen Zahl der Antragsberechtigten regelmäßig unumgänglich.[102] Der Antrag muss angeben, über welche Fragen verhandelt werden soll. Der Beratungsgegenstand muss zum Aufgabenbereich des BR gehören.[103] 33

94 *BAG* 24.5.06 – 7 AZR 201/05, NZA 06, 1364.
95 *Fitting,* Rn. 49; GK-*Raab,* Rn. 66; Richardi-*Thüsing,* Rn. 43.
96 Vgl. mit zutreffender Begründung *Fitting,* Rn. 50; ebenso *HaKo-Blanke/Wolmerath,* Rn. 14; MünchArb-*Joost,* § 306 Rn. 40; ErfK-*Koch,* a.a.O.; *Wlotzke/Preis,* Rn. 15; a.A. GK-*Raab,* Rn. 70; HWGNRH-*Glock,* Rn. 55; Richardi-*Thüsing,* Rn. 45.
97 Ebenso *Fitting,* Rn. 50a.
98 Sind beide verhindert, das mit der Führung der Geschäfte beauftragte BR-Mitglied [vgl. *ArbG Esslingen* 21.5.64, AuR 64, 249].
99 Textmuster bei DKWF-*Wedde,* § 29, Rn. 29; allg. zu Minderheitenrechten *Nawrot,* AiB 18, Nr. 7/8, 53 ff.
100 Richardi-*Thüsing,* Rn. 17; *Fitting,* Rn. 26; vgl. auch § 25 Rn. 6 ff.
101 *Fitting,* Rn. 31; MünchArbR-*Joost,* § 307 Rn. 7.
102 GK-*Raab,* Rn. 28.
103 *Fitting,* a.a.O.; GK-*Raab,* a.a.O.

34 Den Antragsberechtigten steht auch das Recht zu, die **Ergänzung der Tagesordnung** einer bereits anberaumten oder anzuberaumenden BR-Sitzung zu verlangen.[104] Sofern eine Ergänzung nicht möglich ist, hat eine **Sondersitzung** stattzufinden.

35 **Andere Personen,** etwa die Belegschaft oder Teile der Belegschaft, eine im Betrieb vertretene Gewerkschaft, der GBR oder KBR, haben **kein formelles Recht,** die Einberufung einer BR-Sitzung zu verlangen. Sie können sie allenfalls anregen. Auch die **JAV** und **Schwerbehindertenvertretung** haben kein Recht, eine BR-Sitzung zu beantragen. Sie haben allerdings gemäß § 67 Abs. 3 BetrVG bzw. § 178 Abs. 4 SGB IX die für den BR bindende Antragsbefugnis, Angelegenheiten, die besonders die jugendlichen AN und die Auszubildenden des Betriebs betreffen und über die die JAV bereits vorberaten hat, bzw. Angelegenheiten, die einzelne Schwerbehinderte oder die Schwerbehinderten als Gruppe besonders betreffen, auf die **Tagesordnung** der nächsten BR-Sitzung zu setzen.[105]

36 Der Vorsitzende kann den Antrag nur ablehnen, wenn der zur Erörterung gestellte Gegenstand nicht zum Aufgabenbereich des BR gehört.[106] Er handelt **pflichtwidrig,** wenn er eine BR-Sitzung nicht in angemessener Zeit ansetzt. Das berechtigt den Antragsteller aber nicht, von sich aus den BR einzuberufen.[107] Jedoch kann der BR diesen Pflichtverstoß zum Anlass nehmen, den Vorsitzenden abzuwählen oder den Ausschluss nach § 23 Abs. 1 zu betreiben.[108] Entsprechendes gilt, wenn der Vorsitzende einen beantragten Gegenstand pflichtwidrig nicht bei der Festlegung der Tagesordnung berücksichtigt.[109] Verhindert der Vorsitzende seine mögliche Abwahl durch Nichteinladung und lädt trotz Antrag nicht ein, besteht ein Selbstzusammentrittsrecht (vgl. Rn. 7). Dieses ist auch dann gegeben, wenn der Vorsitzende und sein Stellvertreter nicht nur für kurze Zeit verhindert sind.[110]

V. Die Stellung des Arbeitgebers

37 Der **AG hat einen Anspruch auf Teilnahme** an BR-Sitzungen, wenn er selbst deren Abhaltung oder die Behandlung eines Beratungsgegenstandes **beantragt** hat oder vom Vorsitzenden des BR **ausdrücklich eingeladen** wurde.[111]

38 Ist der AG vom Vorsitzenden nur **zu einem oder mehreren Tagesordnungspunkten** eingeladen, hat er lediglich während der Beratung dieser Punkte ein Teilnahmerecht.[112] Das gilt auch, wenn der AG die Einberufung einer Sitzung und die Behandlung bestimmter Gegenstände beantragt, der Vorsitzende des BR aber weitere Tagesordnungspunkte berücksichtigt hat.[113]

39 Die **Einladung des AG** erfolgt durch den Vorsitzenden nach **pflichtgemäßem Ermessen.** Ein BR-Beschluss ist nicht erforderlich. An einen entsprechenden Beschluss ist der Vorsitzende jedoch gebunden.

40 Wird der AG zu einer Sitzung eingeladen, ist er nach dem Grundsatz der vertrauensvollen Zusammenarbeit (§ 2 Abs. 1) **zur Teilnahme verpflichtet;** er kann sich dieser Teilnahme nicht ohne triftigen Grund entziehen.[114] Ggf. muss er sich durch eine an der Leitung des Betriebs beteiligte Person vertreten lassen, nicht aber durch betriebsfremde Personen, z. B. einen

---

104 Richardi-*Thüsing,* Rn. 24; ErfK-*Koch,* Rn. 2; *Fitting,* Rn. 29; GK-*Raab,* Rn. 30; HWGNRH-*Glock,* Rn. 25.

105 Richardi-*Thüsing,* Rn. 22; *Fitting,* a. a. O.; HWGNRH-*Glock,* a. a. O.; vgl. auch § 67 Rn. 25 ff.

106 Richardi-*Thüsing,* Rn. 26; GK-*Raab,* Rn. 28; HWGNRH-*Glock,* Rn. 25.

107 *Fitting,* Rn. 32; GK-*Raab,* Rn. 31; HWGNRH-*Glock,* Rn. 25.

108 GK-*Raab,* a. a. O.; *ArbG Esslingen* 21.5.64, AuR 64, 249.

109 Beschlussfassung über eine erweiterte Tagesordnung in der Sitzung vgl. Rn. 20 ff. m. w. N.

110 *HessLAG* 29.3.07 – 9 TaBVGa 68/07, juris.

111 Vgl. *Mühlig-Seel,* AuA 02, 121; Textmuster bei DKWF-*Wedde,* § 29, Rn. 30 f.

112 Richardi-*Thüsing,* Rn. 47; ErfK-*Koch,* Rn. 3; *Fitting,* Rn. 53; GK-*Raab,* Rn. 73; *Hamm,* AiB 99, 488; a. A. *GL,* Rn. 29; HWGNRH-*Glock,* Rn. 45, die den AG für berechtigt halten, an der gesamten Sitzung teilzunehmen.

113 GK-*Raab,* a. a. O.; *Fitting,* a. a. O.; *Hamm,* a. a. O.; a. A. HWGNRH-*Glock,* a. a. O., die eine teilweise Teilnahme nur anerkennen, wenn der AG eine Ergänzung der Tagesordnung beantragt hat.

114 Enger MünchArbR-*Joost,* § 307 Rn. 29.

Rechtsanwalt.[115] Bei **juristischen Personen oder Personengesamtheiten** steht das Anwesenheitsrecht den nach Gesetz, Satzung oder Gesellschaftsvertrag zur Vertretung berechtigten Personen zu.

Ein grundloses und hartnäckiges Fernbleiben des AG von den Sitzungen des BR kann eine vorsätzliche **Behinderung** oder **Störung der Tätigkeit des BR** bedeuten und daher nach § 119 Abs. 1 Nr. 2 zur Bestrafung des AG führen oder zur Einleitung eines gerichtlichen Zwangsverfahrens nach § 23 Abs. 3 (vgl. hierzu § 23 Rn. 79 ff.) durch den BR oder die im Betrieb vertretene Gewerkschaft berechtigen.[116] Für die Durchsetzung des Anspruchs kommt auch ein arbeitsgerichtliches Beschlussverfahren in Betracht.[117] **41**

In der BR-Sitzung hat der **AG kein Stimmrecht.** Er kann lediglich seine Auffassung zu den betreffenden Punkten der Tagesordnung äußern und sich an der Beratung beteiligen sowie verlangen, dass ihm das Wort erteilt wird. Er hat aber keine **beratende Stimme.**[118] Der AG ist nicht berechtigt, Sitzungen des BR und seiner Ausschüsse zu leiten, in die Sitzungsleitung einzugreifen oder BR-Sitzungen einzuberufen. Entsprechendes gilt für Arbeitsgruppen gem. § 28a. Während der Beschlussfassung des BR zu einzelnen Tagesordnungspunkten besteht kein Teilnahmerecht des AG.[119] Der BR ist nicht verpflichtet, in Anwesenheit des AG einen Beschluss zu fassen. Es kann zudem immer eine geheime Abstimmung über einen Verhandlungsgegenstand beschließen (vgl. § 33 Rn. 14). Weiterhin kann er die Beschlussfassung über den Tagesordnungspunkt auf die nächste Sitzung vertagen, die ggf. kurzfristig einberufen werden kann. **42**

Zur Unterstützung kann der AG oder sein Vertreter **betriebsangehörige Sachbearbeiter** mit in die Sitzung bringen, soweit für die anstehenden Tagesordnungspunkte deren Sachkunde erforderlich ist. Unzulässig ist die Hinzuziehung von **betriebsfremden Personen** oder **Sachverständigen** wie etwa eines **Rechtsanwalts** durch den AG, sofern der BR nicht zustimmt.[120] Der AG hat Anspruch auf eine Abschrift der Protokollteile, die sich auf die Zeit seiner Teilnahme beziehen (vgl. § 34 Rn. 14). Er ist nicht berechtigt, von sich aus eine betriebsratsfremde Protokollführung hinzuzuziehen.[121] **43**

Der AG kann zur Sitzung einen **Beauftragten der AG-Vereinigung** hinzuziehen, der er angehört (Abs. 4 Satz 2). Die Zustimmung des BR hierzu ist nicht erforderlich. Der AG ist jedoch gehalten, den Vorsitzenden des BR rechtzeitig darüber zu informieren, dass er einen solchen Beauftragten hinzuzieht,[122] damit der BR ggf. einen Gewerkschaftsbeauftragten einladen kann. Informiert der AG den BR-Vorsitzenden nicht, bestehen keine Bedenken, wenn der Vorsitzende – ggf. auf Grund eines Mehrheitsbeschlusses des BR – die BR-Sitzung kurzfristig vertagt. Wird der Beauftragte einer AG-Vereinigung vom BR nicht zugelassen, hat dies keinen Einfluss auf die Wirksamkeit der in der Sitzung getroffenen Beschlüsse.[123] **44**

Eine Entsendung des Beauftragten einer **AG-Vereinigung** in Vertretung des AG ist ausgeschlossen.[124] Wird ein Beauftragter vom AG zu einer Sitzung hinzugezogen, hat er das Recht, an der Stelle des AG und für ihn das Wort zu ergreifen. Ein selbstständiges oder abgeleitetes Rederecht steht dem Beauftragten nicht zu.[125] Er hat, anders als Beauftragte der Gewerkschaft **45**

---

115 *Fitting,* Rn. 54; GK-*Raab,* Rn. 75; HWGNRH-*Glock,* Rn. 48; *Hamm,* a. a. O.; vgl. auch *BAG* 11. 12. 91 – 7 ABR 16/91, DB 92, 1732 = AiB 92, 534; enger MünchArbR-*Joost,* a. a. O., zur Hinzuziehung betriebsfremder Personen durch den AG Rn. 39 ff.

116 *Fitting,* Rn. 57; GK-*Raab,* Rn. 79; *GL,* Rn. 27 f.; HWGNRH-*Glock,* Rn. 47; ErfK-*Koch,* Rn. 3.

117 Vgl. *BAG* 17. 5. 83, AP Nr. 19 zu § 80 BetrVG 1972; a. A. GK-*Raab,* a. a. O., die aber die Anwendbarkeit des § 23 Abs. 3 bejahen.

118 *Fitting,* Rn. 59; *WW,* Rn. 13; a. A. GK-*Raab,* a. a. O.; Richardi-*Thüsing,* Rn. 50.

119 *LAG Düsseldorf* 7. 3. 75, DB 75, 743; *Fitting* bedenklich *BAG* 24. 3. 77, AP Nr. 12 zu § 102 BetrVG 1972, das eine Teilnahme als unschädlich ansieht, sofern der AG auf die Abstimmung keinen Einfluss nimmt; vgl. auch GK-*Raab,* Rn. 77, der bei Sitzungen auf eigenes Verlangen dem AG ein Teilnahmerecht bei der Beschlussfassung einräumt; HWGNRH-*Glock,* Rn. 52, die den BR nicht für berechtigt halten, den AG aufzufordern, während der Beschlussfassung die Sitzung zu verlassen.

120 Richardi-*Thüsing,* Rn. 52; *Fitting,* Rn. 58; HWGNRH-*Glock,* Rn. 4.

121 *ArbG Bad Hersfeld* 8. 1. 87, BB 87, 2452, Ls.

122 GK-*Raab,* Rn. 82.

123 *Fitting,* Rn. 64.

124 *Fitting,* Rn. 62; GK-*Raab,* Rn. 81; Richardi-*Thüsing,* Rn. 53.

125 *BAG* 19. 5. 78, AP Nr. 3 zu § 43 BetrVG 1972 zum Rederecht in einer Betriebsversammlung.

(vgl. § 31), keine beratende Stimme gegenüber dem BR.[126] Der Beauftragte der AG-Vereinigung ist wie die übrigen Teilnehmer der BR-Sitzung unter bestimmten Voraussetzungen (vgl. § 79) zur Geheimhaltung verpflichtet.

VI. Streitigkeiten

46 Streitigkeiten, z. B. über die Ordnungsmäßigkeit der Ladung zur Sitzung und der Mitteilung der Tagesordnung, über den Vorsitz, die Stellung des WV hinsichtlich der konstituierenden Sitzung, über das Teilnahme- bzw. Anwesenheitsrecht anderer Personen, entscheidet das **ArbG im Beschlussverfahren** (§§ 2a, 80 ff. ArbGG). Ggf. ist der Erlass einer **einstweiligen Verfügung** zulässig. Bei der Anfechtung von betriebsratsinternen Wahlen tritt an die Stelle der Anfechtungsbefugnis von drei Wahlberechtigten die Anfechtungsbefugnis eines einzelnen BR-Mitglieds.[127] Werden **Beschlüsse** gefasst, ohne dass eine ordnungsgemäße Ladung erfolgt ist (vgl. Rn. 17 ff.), sind diese **nichtig.**[128]

47 Einzelne BR-Mitglieder können die Würdigung eines Abstimmungsverhaltens durch einen BR-Vorsitzenden im arbeitsgerichtlichen Beschlussverfahren nicht prüfen lassen, weil ihnen hierfür die erforderliche Antragsbefugnis fehlt.[129]

§ 30 Betriebsratssitzungen

(1) Die Sitzungen des Betriebsrats finden in der Regel während der Arbeitszeit statt. Der Betriebsrat hat bei der Ansetzung von Betriebsratssitzungen auf die betrieblichen Notwendigkeiten Rücksicht zu nehmen. Der Arbeitgeber ist vom Zeitpunkt der Sitzung vorher zu verständigen. Die Sitzungen des Betriebsrats sind nicht öffentlich. Sie finden als Präsenzsitzung statt.

(2) Abweichend von Absatz 1 Satz 5 kann die Teilnahme an einer Betriebsratssitzung mittels Video- und Telefonkonferenz erfolgen, wenn

1. die Voraussetzungen für eine solche Teilnahme in der Geschäftsordnung unter Sicherung des Vorrangs der Präsenzsitzung festgelegt sind,

2. nicht mindestens ein Viertel der Mitglieder des Betriebsrats binnen einer von dem Vorsitzenden zu bestimmenden Frist diesem gegenüber widerspricht und

3. sichergestellt ist, dass Dritte vom Inhalt der Sitzung keine Kenntnis nehmen können.

Eine Aufzeichnung der Sitzung ist unzulässig.

(3) Erfolgt die Betriebsratssitzung mit der zusätzlichen Möglichkeit der Teilnahme mittels Video- und Telefonkonferenz, gilt auch eine Teilnahme vor Ort als erforderlich.

Inhaltsübersicht Rn.

---

126 *Fitting*, Rn. 64; a. A. Richardi-*Thüsing*, Rn. 54; ErfK-*Koch*, Rn. 4; GK-*Raab*, Rn. 76, die sich für ein Äußerungsrecht des Beauftragten in einem Umfang aussprechen, wie es auch dem AG zusteht.

127 *BAG* 13. 11. 91 – 7 ABR 18/91, NZA 92, 989 = AiB 92, 737.

128 *Fitting*, Rn. 68; zur Beschlussfassung über die Tagesordnung, vgl. Rn. 20 ff.

129 *BAG* 7. 6. 16 – 1 ABR 30/14, NZA 16, 1350.

I. Vorbemerkungen

Die Vorschrift regelt in Ergänzung zu § 29 Einzelheiten der BR-Sitzung, insbes. den **Zeitpunkt** und die **Nichtöffentlichkeit.** Sie gilt insgesamt auch für den **GBR** (§ 51), den **KBR** (§ 59), die **JAV** (§ 65), die **GJAV** (§ 73), die **KJAV** (§ 73 b), die **Bordvertretung** (§ 115 Abs. 4) und den **See-BR** (§ 116 Abs. 3). Die Vorschrift ist auf Sitzungen des **Betriebsausschusses** (§ 27) und anderer **Ausschüsse** des BR (§ 28, § 107) entsprechend anzuwenden.[1] Entsprechendes gilt für Arbeitsgruppen gem. § 28a sowie für anderweitige Vertretungen der AN gem. § 3 Abs. 1 Nr. 1 bis 3, wenn diese an die Stelle des BR treten. Für zusätzliche Vertretungen der AN gem. § 3 Abs. 1 Nrn. 4 und 5 kann die Anwendbarkeit durch TV oder BV vereinbart werden. Die Vorschrift ist **zwingend** und weder durch TV noch durch BV abdingbar.[2] 1

Die Vorschrift wurde durch das sogenannte Betriebsrätemodernisierungsgesetz[3] mit Wirkung zum 18. Juni 2021 ergänzt. An Abs. 1 wurde der Hinweis angefügt, dass BR-Sitzungen als Präsenzsitzung stattfinden. Der neu eingefügte Abs. 2 lässt abweichend hiervon unter bestimmten Voraussetzungen die Durchführung mittels Video- und Telefonkonferenz zu. Durch den ebenfalls neu eingefügten Abs. 3 wird klargestellt, dass die Teilnahme vor Ort erforderlich ist, wenn für BR-Sitzungen die zusätzliche Teilnahmemöglichkeit per Video- und Telefonkonferenz gegeben wird. 1a

Der **DGB-Entwurf** für ein modernes Betriebsverfassungsgesetz[4] belässt die bisherige Vorschrift inhaltlich unverändert. Hinzugefügt wird in einem neuen Abs. 4 der Hinweis, dass in den Fällen des Abs. 2 Videokonferenzen Vorrang vor Telefonkonferenzen haben. 1b

II. Abhaltung der BR-Sitzungen

Die Sitzungen des BR finden regelmäßig **während der Arbeitszeit** statt.[5] Die relevante Arbeitszeit definiert sich zwingend nach den Vorgaben im AZG sowie nach anderen einschlägigen Regelungen. Die Vorschrift wendet sich in erster Linie an BR-Vorsitzenden, die den Zeitpunkt der Sitzung festlegen. Aber auch der BR selbst ist an die Verpflichtungen gebunden, wenn er von seinem Recht Gebrauch macht, Sitzungstermine in der GO (vgl. § 36 Rn. 5) oder von Fall zu Fall durch besonderen Beschluss festzulegen. Durch die Festlegung der zeitlichen Lage in die Arbeitszeit soll zum einen gewährleistet werden, dass **alle BR-Mitglieder** an BR-Sitzungen **teilnehmen;** zum anderen kommt in der Regelung zum Ausdruck, dass BR-Mitgliedere grundsätzlich nicht gezwungen sein sollen, ihre Freizeit der Wahrnehmung gesetzlicher Aufgaben zu opfern.[6] Räumlich findet die Sitzung regelmäßig im Betrieb statt, sofern der BR unter Berücksichtigung betrieblicher Notwendigkeiten nicht einen anderen Ort per Beschluss festgelegt hat.[7] 2

Von dem Gebot, die BR-Sitzungen während der Arbeitszeit abzuhalten, kann nur in eng begrenzten **Ausnahmefällen abgewichen werden.**[8] Eine Ausnahme kann beispielsweise in kleineren Betrieben erforderlich sein, wenn dort alle oder fast alle BR-Mitglieder Arbeitsplätze innehaben, von denen sie unabkömmlich sind,[9] sofern AG keine organisatorischen Änderungen zumutbar sind. Vereinbarungen oder generelle Absprachen mit dem AG, nach denen BR-Sitzungen immer außerhalb der Arbeitszeit stattfinden, sind wegen der abschließenden gesetzlichen Regelung nichtig.[10] Unzulässig ist hingegen eine BV, nach der Sitzungen ausschließlich außerhalb der persönlichen Arbeitszeit stattfinden sollen. Wird in **mehreren** 3

1 Vgl. *BAG* 18.11.80, AP Nr. 2 zu § 108 BetrVG 1972 = EzA § 108 BetrVG 1972 Nr. 4 mit Anm. *Wohlgemuth.*
2 *Fitting,* Rn. 4, GK-*Raab,* Rn. 4.
3 BGBl. I, S. 1762.
4 AuR Sonderausgabe April 2022, S. 22.
5 Vgl. *LAG Hamburg* 29.1.92 – 3 TaBV 13/91; allg. zu BR-Sitzungen *Busch,* AiB 18, Nr. 5, 46 f.
6 GK-*Raab,* Rn. 9; § 37 Rn. 9 ff.
7 *HessLAG* 29.3.07 – 9 TaBVGa 68/07, juris.
8 Ähnlich *Fitting,* Rn. 6.
9 GK-*Raab,* Rn. 13; ErfK-*Koch,* Rn. 1.
10 *LAG Hamburg* 29.1.92 – 3 TaBV 13/91; *Fitting,* Rn. 7; GK-*Raab,* Rn. 17.

Schichten gearbeitet und gehören die BR-Mitglieder verschiedenen Schichten an, lässt es sich nicht vermeiden, dass für einen Teil der BR-Mitglieder die Sitzungen außerhalb der Arbeitszeit stattfinden müssen. In jedem Fall müssen auch bezüglich der Lage der Sitzungen und ihrer Relation zur sonstigen Arbeitszeit der BR-Mitglieder insgesamt die normativen Vorgaben des AZG eingehalten werden. Dies beinhaltet auch die Einhaltung der Ruhepausen gem. §§ 4 und 5 AZG. Stehen im Betrieb keine oder keine zumutbaren Räume (z. B. wegen klimatischer Verhältnisse wie etwa einer Überhitzung) für eine BR-Sitzung zur Verfügung, kann diese außerhalb des Betriebsgeländes stattfinden.[11] Bezüglich des Anspruchs auf entsprechende **bezahlte Arbeitsbefreiung** vgl. § 37 Rn. 10 ff., 62 ff.

4 In kleinen und mittleren Betrieben kann es zweckmäßig sein, mit dem AG eine **Abstimmung über die Sitzungstage** zu treffen, allerdings kann dieser keine ihm genehmen Sitzungstage bestimmen oder gar gerichtlich durchsetzen.[12] Zulässig ist der Abschluss einer freiwilligen BV (§ 88) über den regelmäßigen Zeitpunkt (Wochentag und Uhrzeit) einzelner oder turnusmäßiger Sitzungen.[13] Eine derartige Vereinbarung hindert den BR-Vorsitzenden nicht, bei besonderen Anlässen BR-Sitzungen zu einem anderen Zeitpunkt einzuberufen.[14] Damit der AG BR-Sitzungen in seiner Produktionsplanung berücksichtigen kann, empfiehlt es sich für den BR, in seiner GO bzw. durch Beschluss einen **festen Sitzungsrhythmus** – z. B. jeden Mittwoch um 13.00 Uhr; sollte der Mittwoch Feiertag sein, am vorherigen Arbeitstag – festzulegen und dem AG mitzuteilen. Nur ein wöchentlicher Sitzungsrhythmus, der wegen des Gebots der ordnungsgemäßen Beschlussfassung auch im Interesse des AG liegt (vgl. § 29 Rn. 26), gibt dem BR die Gewähr, dass er seinen Beteiligungsrechten, z. B. in personellen Angelegenheiten (§§ 99, 102), die in der Regel an Wochenfristen gebunden sind, sowie seinen Mitbestimmungsrechten, insbes. bezogen auf die Leistung von Überstunden (§ 87 Abs. 1 Nr. 3), gerecht wird. Hinzu kommt, dass BR-Tätigkeit nicht nur aus dem Reagieren auf Maßnahmen des AG besteht, sondern dass das Gesetz auch eine Fülle von Initiativrechten vorsieht, die der BR im Interesse der AN zu nutzen hat. Für GBR und KBR gelten diese Grundsätze entsprechend, auch wenn es bei diesen Gremien längere Abstände zwischen den regulären Sitzungen gibt.

5 Der BR bestimmt allein, wann, wie oft und wie lange er tagt.[15] Der AG kann weder die **zeitliche Dauer** der BR-Sitzungen insgesamt noch die für die Behandlung einzelner Tagesordnungspunkte vorschreiben. Der notwendige Aufwand ergibt sich allein nach den objektiven Erfordernissen, so dass BR-Vorsitzende oder der BR nicht von vornherein festlegen können, welchen Zeitraum die Sitzungen umfassen. Selbst das ArbG kann die Notwendigkeit der Dauer der BR-Sitzungen nur eingeschränkt überprüfen.[16]

6 Bei der Anberaumung von BR-Sitzungen ist auf die **betrieblichen Notwendigkeiten Rücksicht zu nehmen**[17], die allerdings nicht mit betrieblichen Interessen und Bedürfnissen gleichzusetzen sind.[18] Betriebliche Notwendigkeiten können nur Vorrang haben, wenn **dringende** betriebliche Gründe vorliegen und dem BR eine Verschiebung des Sitzungstermins möglich ist.[19] Erforderliche Sitzungen müssen hingegen unbedingt stattfinden. Notfalls müssen betriebliche Interessen zurückstehen, wenn z. B. Fristabläufe drohen. Der AG hat bei seinen Dispositionen bzw. in der Personalplanung Vorsorge dafür zu treffen, dass der BR in der Lage ist, die für seine Arbeit erforderlichen Sitzungen abzuhalten.

11 Vgl. *LAG Berlin* 23. 2. 88, AiB 88, 110.
12 *ArbG Wesel* 12. 4. 88, AuR 89, 60, Ls.; *v. Hoyningen-Huene,* S. 159.
13 GK-*Raab,* Rn. 17; enger *Fitting,* a. a. O., die von »unverbindlicher Abstimmung« mit dem AG sprechen.
14 So im Ergebnis auch Richardi-*Thüsing,* Rn. 7; *Fitting,* a. a. O.; GK-*Raab,* a. a. O.; HWGNRH-*Glock,* Rn. 11.
15 *BAG* 3. 6. 69, AP Nr. 11 zu § 37 BetrVG.
16 *ArbG Berlin* 21. 5. 80 – 40 Ca 72/80 – und 8. 7. 80 – 39 Ca 75/80; *LAG Berlin* 11. 12. 80 – 7 Sa 67/80 und 17. 12. 80 – 5 Sa 75/80; *ArbG Berlin* 3. 4. 80, AiB 3/80, 11.
17 *BAG* 24. 7. 79, AP Nr. 1 zu § 51 BetrVG 1972; vgl. aber *LAG Köln* 17. 4. 02 – 7 TaBV 13/01, BB 02, 2680, nach dessen abzulehnender Position eine Sitzungsverlegung zur Einsparung von Reisekosten zumutbar sein soll.
18 GK-*Raab,* Rn. 711 m. w. N.; HWGNRH-*Glock,* Rn. 5; *v. Hoyningen-Huene,* S. 159; MünchArbR-*Joost,* § 307 Rn. 10.
19 Enger *LAG Köln,* a. a. O.

Die Rücksichtnahme auf die betrieblichen Notwendigkeiten verpflichtet den BR keineswegs, **Sitzungen regelmäßig an den Beginn oder das Ende der Arbeitszeit** oder in **Arbeitspausen** zu legen,[20] sofern der BR diesen Sitzungszeitpunkt, z. B. in **Schichtbetrieben,** nicht selbst für zweckmäßig ansieht. Hält der AG die betrieblichen Notwendigkeiten bei der Ansetzung von BR-Sitzungen für nicht ausreichend berücksichtigt, kann er sie nicht persönlich unterbinden. Er kann jedoch versuchen, die Aufhebung der angesetzten Sitzung durch Beantragung einer einstweiligen Verfügung zu erreichen. Der AG ist **nicht berechtigt,** den BR-Mitgliedern das **Arbeitsentgelt zu kürzen.**[21] Die **Nichtbeachtung betrieblicher Notwendigkeiten** bei der Anberaumung von BR-Sitzungen hat **keinen Einfluss** auf die **Wirksamkeit** der gefassten **Beschlüsse.**[22] 7

Sofern keine betrieblichen (z. B. **Schichtarbeit**) oder persönlichen Gründe (z. B. **Teilzeitbeschäftigung, Gleitzeit**) vorliegen, sollten BR-Sitzungen so gelegt werden, dass sie für die größtmögliche Anzahl der BR-Mitglieder (unter Berücksichtigung der Teilzeitbeschäftigten und Schichtarbeiter) in deren individueller Arbeitszeit stattfinden, so dass ihnen nicht mehr Freizeitaufwand als unvermeidbar abgefordert wird.[23] Für den Anspruch auf Bezahlung des Verdienstausfalls und Erstattung etwaiger Reisekosten ist die betriebliche und nicht nur die persönliche Arbeitszeit zugrunde zu legen (vgl. § 37 Rn. 62 ff., § 40 Rn. 62 ff.). Liegt die BR-Sitzung aufgrund besonderer Umstände außerhalb der persönlichen Arbeitszeit einzelner BR-Mitglieder (etwa in Schichtbetrieben), haben sie einen Anspruch auf entsprechende Arbeitsbefreiung oder auf Abgeltung gem. § 37 Abs. 3 Satz 1 (vgl. § 37 Rn. 80 ff.). 8

Jedes **BR-Mitglied** ist berechtigt und verpflichtet, **an jeder Sitzung teilzunehmen,** solange es nicht aus rechtlichen oder tatsächlichen Gründen verhindert ist.[24] Einer gesonderten persönlichen Abwägung der Wichtigkeit der Teilnahme bedarf es nicht.[25] Alle BR-Mitglieder müssen sich darauf verlassen können, dass alle in ordnungsgemäß anberaumten BR-Sitzungen behandelten Themen eine Teilnahme rechtfertigen. Das Verlangen, die Erforderlichkeit der Sitzungsteilnahme individuell prüfen zu müssen[26], kann BR-Mitglieder in eine Zwangslage bringen, die der Unabhängigkeit der Amtsführung entgegensteht. Die uneingeschränkte Möglichkeit, an Sitzungen teilzunehmen, gehört zu den zentralen Voraussetzungen für eine ordnungsgemäße Ausübung des BR-Amtes[27] Sie darf nicht durch zusätzliche Abwägungsmechanismen begrenzt werden. Zudem ist zu beachten, dass sich BR-Mitglieder nicht nach freiem Ermessen vertreten lassen können.[28] Für die Teilnahme von BR-Mitglieder an Sitzungen ist – ebenso wie die der übrigen betrieblichen Teilnehmer wie JAV, Schwerbehindertenvertretung und ggf. Ersatzmitglieder – **keine Erlaubnis des AG erforderlich.** Sie sind jedoch gehalten, zuständigen Vorgesetzten vom Verlassen der Arbeit und von deren Wiederaufnahme nach Beendigung der BR-Sitzungen unmittelbar zu verständigen.[29] Ein nachträglicher Anspruch des AG auf Mitteilung von Beginn und Ende einer Sitzung durch ein BR-Mitglied besteht nicht.[30] Der AG ist nicht berechtigt, BR-Mitglieder aufzufordern, von BR-Sitzungen fernzubleiben oder diese vorzeitig zu verlassen.[31] 9

---

20 *Fitting,* Rn. 7, 10; GK-*Raab,* Rn. 12; Richardi-*Thüsing,* Rn. 5; a. A. *GL,* Rn. 5; HWGNRH-*Glock,* Rn. 7; vgl. § 37 Rn. 62 ff.

21 *LAG Hamm* 8. 6. 78, EzA § 37 BetrVG 1972 Nr. 58; ausführlich GK-*Raab,* Rn. 16.

22 *Fitting,* a. a. O.; GK-*Raab,* a. a. O.

23 *Bengelsdorf,* NZA 89, 905; *Fitting,* Rn. 6; HWGNRH-*Glock,* Rn. 3, 9; GK-*Raab,* Rn. 9.

24 *ArbG Frankfurt* 2. 3. 88, AuR 89, 151 = AiB 89, 78; *Renker,* AiB 02, 219; für die Teilnahme außerhalb der persönlichen Arbeitszeit vgl. § 25 Rn. 15 ff. sowie § 37 Rn. 50 ff. bezüglich der Verdienstfortzahlung und § 40 Rn. 62 ff. hinsichtlich der Reisekostenübernahme.

25 A. A. *HessLAG* – 16 TaBV 261/12, ArbRB 13, 146; *Fitting,* **Rn. 11a..**

26 *Fitting,* Rn. 11a.

27 *ArbG Frankfurt,* a. a. O.; *LAG Hamburg* 6. 10. 05 – 7 TaBV 7/05, AiB 06, 338 zum Teilnahmerecht eines gekündigten Ersatzmitglieds.

28 Vgl. § 25 Rn. 15 ff.

29 *BAG* 8. 3. 57, AP Nr. 4 zu § 37 BetrVG, 19. 6. 79, AP Nr. 36 zu § 37 BetrVG 1972; vgl. § 37 Rn. 43 ff.

30 *ArbG Hamburg* 8. 9. 99 – 13 BV 4/99, AiB 00, 102 mit Anm. *Hjort.*

31 *ArbG Frankfurt,* a. a. O.; vgl. § 23 Rn. 79 ff.

III. Unterrichtung des Arbeitgebers

10 Der **AG** ist **vom Zeitpunkt** einer jeden BR-Sitzung vorher zu **verständigen,** um ihm die Möglichkeit zu geben, den Arbeitsablauf des Betriebs entsprechend einzurichten und für eine Vertretung der Sitzungsteilnehmer (BR- und JAV-Mitglieder, Schwerbehindertenvertretung) an ihren Arbeitsplätzen zu sorgen.[32] Der AG hat mangels gesetzlicher Anspruchsgrundlage keinen **nachträglichen Auskunftsanspruch** auf Mitteilung der Anfangs- und Endzeiten der Sitzungen des BR an bestimmten Tagen.[33] Die Unterrichtung kann unterbleiben, wenn die Sitzungen – z. B. auf Grund der GO des BR – stets zu einer bestimmten Zeit stattfinden und dies dem AG bekannt ist. Einer **Mitteilung der Tagesordnung** bedarf es **nicht,** es sei denn, der AG nimmt nach § 29 an der Sitzung teil. Dann sind ihm die in seiner Gegenwart zu behandelnden Tagesordnungspunkte mitzuteilen.[34] Seine Zustimmung zur Sitzungsdurchführung ist nicht erforderlich. Die Unterlassung der Unterrichtung hat keinen Einfluss auf die Wirksamkeit der vom BR gefassten Beschlüsse[35] und berechtigt den AG nicht dazu, das Arbeitsentgelt zu mindern oder Schadensersatzansprüche geltend zu machen.[36]

IV. Grundsatz der Nichtöffentlichkeit

11 Aus der Bestimmung, dass die BR-Sitzungen nicht öffentlich sind, folgt, dass grundsätzlich nur BR-Mitglieder teilnehmen dürfen, bei Verhinderung die entsprechenden Ersatzmitglieder.[37] Eine Ausnahme gilt, soweit das Gesetz anderen Personen eine **ausdrückliche Teilnahmebefugnis** einräumt, also den JAV-Mitgliedern,[38] der Schwerbehindertenvertretung (§ 32), dem Vorsitzenden des WV zur konstituierenden Sitzung des BR (§ 29 Abs. 1), den Vertretern der Gewerkschaft (§ 31), dem AG (§ 29 Abs. 4) sowie den von ihm mitgebrachten Sachbearbeitern und dem Vertreter der AG-Vereinigung, in sie betreffenden Angelegenheiten teilnahmeberechtigt sind auch die Sprecherinnen und Sprecher der auf Grundlage des BFDG tätigen Freiwilligen. Es verstößt nicht gegen das Gebot der **Nichtöffentlichkeit,** wenn der BR ein **generelles Teilnahmerecht der im BR vertretenen Gewerkschaft** beschließt.[39] Schließlich kann der BR gem. § 2 Abs. 2 SprAuG dem Sprecherausschuss für leitende Angestellte oder einzelnen Mitgliedern dieses Gremiums ein Teilnahmerecht einräumen. Andere Personen, d. h. auch Ersatzmitglieder, soweit sie nicht nach § 25 zeitweilig nachgerückt sind, dürfen nicht an BR-Sitzungen teilnehmen.[40] Etwas anderes kann im Einzelfall gelten, wenn Ersatzmitglieder mit großer Regelmäßigkeit tätig werden und ihre Teilnahme an allen Sitzungen erforderlich ist, damit sie in Sachverhalte eingearbeitet sind.[41] Dem Grundsatz der Nichtöffentlichkeit steht die Teilnahme von Hilfspersonen für schwerbehinderte BR-Mitglieder nicht entgegen. Die Zulässigkeit hängt hier von den Umständen des Einzelfalls ab.[42] Dabei ist zu beachten, dass andere BR-Mitglieder nur zur Hilfeleistung herangezogen werden können, wenn dies dem Schwerbehinderten zumutbar ist und wenn sie hierdurch nicht von der Sitzung abgelenkt werden. Die vorstehenden Grundsätze gelten auch für die Sitzungen von BR-Ausschüssen und Arbeitsgruppen gem. § 28a entsprechend.

12 Übertragungen aus BR-Sitzungen in andere Räume oder an andere Stellen sind nach Maßgabe von Abs. 2 zulässig (vgl. Rn. 17 ff.).

---

32 *ArbG Hamburg* 8.9.99, AiB 00, 102 mit Anm. *Hjort*; Textmuster bei DKWF-*Wedde*, § 30, Rn. 2.
33 *ArbG Hamburg*, a. a. O.; *Fitting*, Rn. 14; a. A. Richardi-*Thüsing*, Rn. 8.
34 GK-*Raab*, Rn. 22.
35 GK-*Raab*, Rn. 23.
36 *Fitting*, Rn. 15; GK-*Raab*, a. a. O.; HWGNRH-*Glock*, Rn. 14, 18; MünchArbR-*Joost*, § 307 Rn. 11; ErfK-*Koch*, Rn. 1.
37 Vgl. zum Teilnahmerecht eines gekündigten Ersatzmitglieds *LAG Hamburg* 6.10.05 – 7 TaBV 7/05, AiB 06, 338.
38 § 67 Abs. 1; *Malottke*, AiB 01, 207.
39 *BAG* 28.2.90 – 7 ABR 22/89, EzA § 31 BetrVG 1972 Nr. 1 mit Anm. *Rieble*; vgl. § 31 Rn. 3 ff.
40 ErfK-*Koch*, Rn. 1; GK-*Raab*, Rn. 27; allg. *Bader*, NZA 2023, 129; vgl. aber Rn. 12.
41 A. A. *Fitting*, Rn. 16, der die Teilnahme grundsätzlich ausschließt.
42 *Fitting*, Rn. 18.

Der BR kann die Sitzungen weder im Einzelfall noch gar generell zu »öffentlichen« Sitzungen machen. Es handelt sich nicht nur um eine Ordnungsvorschrift, sondern um eine zwingende Verbotsnorm.[43] Der gesetzlich geforderten Nichtöffentlichkeit steht die Hinzuziehung einer **Schreibkraft als Protokollführer**[44] nicht entgegen. Darüber hinaus können weitere administrative Mitarbeiter des BR (etwa Assistenten, fachliche Referenten usw.) an den Sitzungen teilnehmen, wenn das Gremium dies für sinnvoll oder notwendig hält und entsprechende Beschlüsse gefasst hat. Die Mitarbeiter des BR sind auf Grund ihrer arbeitsvertraglichen Nebenpflichten zur Verschwiegenheit über den Inhalt von BR-Sitzungen verpflichtet. Diese Verschwiegenheitspflicht gilt insbesondere auch gegenüber dem AG.[45] Über den Einsatz seiner Mitarbeiter zur Erledigung seiner nach dem Gesetz bestehenden Aufgaben entscheidet der BR nach eigenem Ermessen. Hierzu gehört die aus Sicht des BR erforderliche Teilnahme seiner Mitarbeiter an BR-Sitzungen oder an Teilen hiervon. **13**

Die **Teilnahmemöglichkeit** für Mitarbeiter des BR besteht **für die Dauer der gesamten BR-Sitzung** und nicht nur für die Dauer der Beratungen. Eine Beschränkung auf die Beratungsteile einer BR-Sitzung mit dem Ziel, das Abstimmungsverhalten einzelner BR-Mitglieder vor BR-Mitarbeitern geheim zu halten, ist schon deshalb wenig zielführend, weil sich unterschiedliche Positionen in BR-Gremium in der Regel bereits in der Diskussion vor der Beschlussfassung abzeichnen.[46] Sollen entsprechende Erkenntnisse von BR-Mitarbeitern sicher ferngehalten werden, müsste ihnen jegliche Sitzungsteilnahme verwehrt werden. Darüber hinaus müsste auch ihr Zugang zu anderen einschlägigen Informationen (etwa Sitzungsprotolle im Wortlaut) ausgeschlossen werden. Derartige Vorkehrungen könnten es BR-Mitarbeitern teilweise unmöglich machen, die ihnen vom BR zugewiesenen Arbeitsaufgaben zu erledigen. **13a**

Ein wiederkehrender zeitweiliger Ausschluss aus BR-Sitzungen für die Dauer von Beschlussfassungen hätte zudem zur Folge, dass der Sitzungsablauf gehemmt und in die Länge gezogen würde. Erfolgt der Ausschluss von BR-Mitgliedern und der damit verbundene Zeitaufwand gegen den Willen der Mehrheit des Gremiums, käme er möglicherweise einer Behinderung der BR-Arbeit gleich. Diesbezüglich ist zu bedenken, dass einzelne BR-Mitglieder ein Bekanntwerden ihres Abstimmungsverhaltens gegenüber BR-Mitarbeitern einfacher dadurch vermeiden können, dass sie eine geheime Abstimmung beantragen. Hinzu kommt, dass bei einem Ausschluss der BR-Mitarbeiter für die Dauer von Beschlussfassungen die erforderlichen Aufgaben wie insbesondere die Protokollführung von einzelnen BR-Mitgliedern wahrgenommen werden müssten. Dies hätte zur Folge, dass sie sich während dieser Zeit nicht mehr voll auf den Verlauf der Sitzung konzentrieren könnten.[47] Auch dies beinhaltet eine Erschwernis der BR-Arbeit. Entsprechendes gilt, wenn mit anderen Aufgaben betraute BR-Mitglieder sich die Beschlusslage nachträglich aus Protokollen erschließen müssen und etwa zur Beilegung von Konflikten erst bei einzelnen BR-Mitgliedern in Erfahrung bringen müssten, welche Positionen sie zu einem Beschlussthema haben. **13b**

Zulässig ist auch die Zuziehung zu BR-Sitzungen von allgemeinen **Auskunftspersonen,** z. B. Sachbearbeiter und sonstige sachkundige AN des Betriebs,[48] von Auskunftspersonen **gem. § 80 Abs. 3,** soweit es sich um Themen handelt, für die sie zuständig sind, von **Rechtsanwälten** **13c**

---

43 HWGNRH-*Glock,* Rn. 19.

44 *Fitting,* § 34 Rn. 11; HaKo-BetrVG/*Wolmerath,* Rn. 11; *Mischewski,* AiB 06, 277 f.; wohl auch Richardi-*Thüsing,* Rn. 14, der die Hinzuziehung einer Schreibkraft »zur Unterstützung« für zulässig hält; a. A. GK-*Raab,* Rn. 28; HWGNRH-*Glock,* Rn. 24, die Protokollführer nur zur Sitzung zulassen wollen, wenn es sich um BR-Mitglieder handelt; *BAG* 17. 10. 90 – 7 ABR 69/89, NZA 91, 432, das die Hinzuziehung eines Protokollführers im WA verneint.

45 Vgl. § 40 Rn. 200.

46 A. A. *ArbG Frankfurt,* a. a. O., das alle BR-Mitarbeiter einschließlich Protokollanten für die Dauer von Beschlüssen zumindest dann aus der Sitzung ausschließen will, wenn einzelne BR-Mitglieder dies fordern.

47 *ArbG Frankfurt* 9. 1. 97 – 11 BV 495/95, AuR 98, 44 leitet aus dieser Ablenkungsmöglichkeit die Notwendigkeit ab, dass mit der Protokollführung betraute BR-Mitarbeiter auch während der Beschlussfassung anwesend sein können.

48 *ArbG Frankfurt* 16. 9. 88, AuR 89, 186, Ls.

oder **sonstigen Sachkennern** zu Themen, die in der BR-Sitzung behandelt werden,[49] sowie von **Sachverständigen,** sofern der BR die Hinzuziehung im Hinblick auf eine sachgerechte Behandlung einzelner Tagesordnungspunkte für zweckmäßig erachtet,[50] wie z. B. Gewerbeaufsichtsbeamte, technische Aufsichtsbeamte der Berufsgenossenschaft, Bedienstete der Agentur für Arbeit oder sonstiger Behörden, Mitglieder des GBR oder KBR, Vertreter der AN im AR. Soweit für die vorgenannten Personen gesetzliche oder vertragliche Geheimhaltungspflichten bestehen, die denen nach § 79 entsprechen (vgl. für Sachverständige etwa § 80 Abs. 4), bestehen keine grundlegenden Bedenken dagegen, dass sie bei einer Beschlussfassung anwesend sind, wenn der BR dies zulässt.[51] Das Teilnahmerecht ist ggf. sachbezogen auf einzelne Tagesordnungspunkte zu begrenzen. Es steht auf Einladung des BR **gewerkschaftlichen Vertrauensleuten** zu, wenn sie als Gewerkschaftsbeauftragte hinzugezogen werden. Zulässig ist auch die Hinzuziehung **betroffener AN,** beispielsweise bei personellen Einzelmaßnahmen (§§ 99, 102) oder Beschwerden (§ 85). Letztere dürfen allerdings nur für die Dauer ihrer Anhörung an der Sitzung teilnehmen. Keine Bedenken bestehen auch dagegen, dass der BR einen AN, der gem. § 86a einen Beratungsgegenstand vorgeschlagen hat, zu diesem Tagesordnungspunkt einlädt. Entsprechendes gilt für den Sprecher einer Arbeitsgruppe gem. § 28a, wenn der BR sich mit dem Inhalt oder dem Abschluss einer Vereinbarung befasst.

14 Aus dem Grundsatz der Nichtöffentlichkeit der BR-Sitzung ergibt sich keine über den Rahmen des § 79 hinausgehende **Verschwiegenheitspflicht** der BR-Mitglieder. Es besteht daher keine generelle Pflicht, Stillschweigen über den Inhalt von BR-Sitzungen zu bewahren.[52] Der BR kann den Teilnehmern keine besondere Verschwiegenheitspflicht über vertrauliche Angelegenheiten auferlegen.[53]

15 Es gibt Angelegenheiten, die ihrer Natur nach einer vertraulichen Behandlung bedürfen, z. B. vertrauliche Mitteilungen von Belegschaftsmitgliedern gegenüber BR-Mitgliedern oder interne Überlegungen innerhalb des BR hinsichtlich eines Vorgehens gegenüber dem AG. Letzteres kann insbesondere gelten, wenn der BR die vertrauliche Behandlung der Angelegenheit beschlossen hat.[54] Die **Festlegung geheimhaltungsbedürftiger Sachverhalte** kann darüber hinaus auch in der **GO** erfolgen.[55] Da sich für die BR-Mitglieder **Solidaritätspflichten** ergeben, ist es nicht zulässig, dass überstimmte BR-Mitglieder eine solche Tatsache und ihre Ansicht zu der anstehenden Frage dem AG mitteilen.[56] Aus demselben Grund ist die eigenmächtige Weitergabe von BR-Protokollen an den AG ebenso unzulässig wie die Information über das Abstimmungsverhalten einzelner Mitglieder. Ferner haben die BR-Mitglieder darauf zu achten, dass die **Funktionsfähigkeit** des BR nicht durch unangebrachte Indiskretion beeinträchtigt wird.[57] Bei schwerwiegenden Verstößen kann gemäß § 23 Abs. 1 ein Ausschluss aus dem BR oder eine Bestrafung nach § 119 Abs. 1 Nr. 2 in Betracht kommen.

16 Ein Verstoß gegen das Gebot der Nichtöffentlichkeit beeinträchtigt die **Rechtsgültigkeit** der vom BR gefassten Beschlüsse **nicht.**[58] Damit ist insbesondere die Teilnahme von Hilfspersonen des BR (vgl. Rn. 13 ff.) bezüglich der Wirksamkeit der Beschlüsse unschädlich. Etwas anderes kann gelten, wenn der Beschluss des BR bei Einhaltung des Gebots der Nichtöffentlichkeit

---

49 Z. B. Mobbingbeauftragte, Umwelt- oder EDV-Experten, vgl. *Fitting,* Rn. 17 ff.; enger GK-*Raab,* Rn. 26 ff.

50 *Fitting,* Rn. 17; GK-*Raab,* Rn. 25; *Kühner,* S. 60.

51 *ArbG Frankfurt* 7.7.15 – 24 BV 162/15.

52 *BAG* 5.9.67, AP Nr. 8 zu § 23 BetrVG; enger Richardi-*Thüsing,* Rn. 17, der allenfalls abstrakte Wertungen und Beurteilungen für zulässig hält; zu Grenzen der Geheimhaltungspflicht vgl. *HessLAG* 16.12.10 – 9 TaBV 55/10, juris.

53 *LAG München* 15.11.77, DB 78, 894; GK-*Raab,* Rn. 31.

54 Ähnlich GK-*Raab,* Rn. 33; *Fitting,* Rn. 21; vgl. auch § 79 Rn. 43; HWGNRH-*Glock,* Rn. 29.

55 Vgl. § 79 Rn. 43.

56 *Fitting,* Rn. 21a; in diesem Sinne auch *LAG München* 15.11.77, DB 78, 89; offensichtlich weitgehender GK-*Raab,* § 35 Rn. 31.

57 Vgl. *BAG* 5.9.67, AP Nr. 8 zu § 23 BetrVG; *Fitting,* a. a. O.; GK-*Raab,* Rn. 33; HWGNRH-*Glock,* a. a. O.

58 *BAG* 28.2.58, AP Nr. 1 zu § 29 BetrVG.

anders ausgefallen wäre.[59] Nichtöffentlichkeit setzt die Anwesenheit aller BR-Mitglieder an einem Ort voraus.[60] Pflichtwidriges Handeln kann Sanktionen aus § 23 Abs. 1 auslösen.[61]

V. Video- und Telefonkonferenzen

17 Durch das sogenannte Betriebsrätemodernisierungsgesetz sind in § 30 Abs. 2 Regelungen zur **Durchführung von Online-BR-Sitzungen** eingefügt worden. Diese gelten entsprechend auch für Sitzungen von Betriebsausschüssen gemäß § 27, von anderen Ausschüssen des BR gemäß der §§ 28 und 107 sowie von Arbeitsgruppen nach § 28a.[62] Weitere neue Vorschriften zu diesem Thema finden sich in § 33 Abs. 1 und § 34 Abs. 1 (vgl. Rn. § 33 Rn. 10 **ff.** und § 34 Rn. 5a ff). Die Neuregelung beenden die grundsätzliche Debatte zur Zulässigkeit von Online–Sitzungen und zur Möglichkeit, in diesem Format Beschlüsse zu fassen.[63]

18 Die Eröffnung der Möglichkeit, BR-Sitzungen im Rahmen von Video- und Telefonkonferenzen online durchzuführen, wirkt sich auf die **Schulungsansprüche** von BR-Mitgliedern nach § 37 Abs. 6, auf ihre technische Ausstattung nach § 40 Abs. 2 sowie auf die vom Gremium zu treffenden Datenschutzvorgaben aus.[64]

19 Die **Entscheidung** darüber, ob weiterhin ausschließlich Präsenzsitzungen durchgeführt werden oder ob und in welchem Umfang auf die Möglichkeit von Video- und Telefonkonferenzen zurückgegriffen wird, trifft der BR. Einzelne BR-Mitglieder können die Durchführung von Video- und Telefonkonferenzen nach allgemeinen Regeln im BR beantragen. Einen individuellen Rechtsanspruch auf diese Teilnahmemöglichkeit schafft § 30 nicht.[65] Mit Blick darauf, dass nach Abs. 2 Nr. 1 eine Änderung der GO Voraussetzung für die Durchführung von Online-Sitzungen ist, muss diesbezüglich ohnehin ein Beschluss des Gremiums erfolgen. Beschlüsse oder Entscheidungen in BR-Ausschüssen oder durch BR-Vorsitzende reichen hingegen nicht aus. AG sind in keinem Fall berechtigt, vom BR die Durchführung von Sitzungen in Form von Video- und Telefonkonferenzen zu verlangen.[66] Andererseits ist es eine unzulässige Behinderung der BR-Arbeit, wenn ein AG Abmahnungen ausspricht oder Gehaltskürzungen vornimmt, weil ein BR-Mitglied an einer vom BR angesetzten Online-BR-Sitzung von zuhause aus teilnimmt.[67] Insoweit findet für die Dauer der Teilnahme an Audio- oder Videokonferenzen nach Abs. 2 der Grundsatz eine Einschränkung, dass BR-Mitglieder ihre arbeitsvertraglich geschuldete Arbeitszeit in der Betriebsstätte des AG erbringen müssen.[68]

1. Vorrang der Präsenzsitzung (Abs. 1 Satz 5)

20 Mit der Einfügung eines Satz 5 in Abs. 1 wird festgelegt, dass alle Sitzungen des BR **weiterhin vorrangig in Präsenzform** stattfinden müssen.[69] Der Begriff steht für die gemeinsame und

59 *Fitting*, Rn. 22a; Richardi-*Thüsing*, Rn. 18; ErfK-*Koch*, Rn. 1; a. A. HWGNRH-*Glock*, a. a. O., jeweils m. w. N.

60 Vgl. hierzu Rn. 12 sowie § 33 Rn. 10ff.; a. A. Auffassung für Videokonferenzen in bestimmten Fällen *Fitting*, Rn. 22 und § 33 Rn. 21b; *Fütterer*, dbr 11, 2/16.

61 GK-*Raab*, Rn. 29.

62 BT-Drs. 19/28899, Seite 19.

63 Vgl. hierzu die Darstellung in § 33 Rn. 11f. in der 17. Auflage dieses Kommentars; *Boemke/Roloff/Haase*, NZA 21, 827.

64 *LAG Köln* 24.6.22 – 9 TaBV 52/21 etwa hält eine Ausstattung mit Laptop und Beamer unter Hinweis auf § 30 für erforderlich.

65 Nach *Hess. LAG* 8.2.21 – 16 TaBV 185/20 steht die Arbeit im Homeoffice der Sitzungsteilnahme vor Ort nicht entgegen; ebenso *Fitting*, Rn. 23.

66 BT-Drs. 19/28899, S. 18; *LAG Berlin-Brandenburg* 13.10.20 – 26 TaBVGa 1281/20, juris, hat bezogen auf § 129 BetrVG festgestellt, dass AG einen KBR nicht zum Verzicht auf Präsenzsitzungen zwingen kann; ebenso *LAG Berlin-Brandenburg* 24.8.20 – 12 TaBVGa 1015/20, NZA-RR 20, 647.

67 *ArbG Köln* 24.3.21 – 18 BVGa 11/21, AuR 21, 279 bezogen auf § 129 BetrVG.

68 *Hess. LAG* 14.3.22 – 16 TaBV 143/21.

69 Vgl. BT-Drs. 19/28899, S. 14; ebenso *Boemke/Roloff/Haase*, NZA 21, 827 (828); *Fitting*, Rn. 23; *Steiner*, Aib 22, Nr. 5, 19ff.; HaKo-BetrVG/*Wolmerath*, Rn. 14.

persönliche Anwesenheit aller BR-Mitglieder in einem realen Sitzungsraum.[70] Damit soll sichergestellt werden, dass die BR-Arbeit innerhalb des Gremiums auf einer persönlichen Ebene erfolgt und nicht in virtueller Form. Für Präsenzsitzungen spricht, dass die Vielfalt menschlicher Reaktionen dort für alle Anwesenden gleichermaßen erkennbar und wahrnehmbar ist. Diesbezüglich ist zu bedenken, dass die Möglichkeit der Wahrnehmung von Körpersprache, Mimik und Gestik anderer BR-Mitglieder die gemeinsame Anwesenheit in einem Raum voraussetzt.[71] Eine direkte argumentative und soziale Interaktion ist nur bei einer gemeinsamen Anwesenheit in einem Raum möglich. Präsenzsitzungen verhindern zudem, dass BR-Mitglieder in der Diskussion benachteiligt werden, nur weil sie mit der notwendigen Video-und Telefontechnik schlechter umgehen können als andere.

21 Für den Vorrang von Präsenzsitzungen sprechen auch die in der Praxis immer auftretenden technischen Störungen. In Abhängigkeit von der zur Verfügung stehenden Übertragungsleistung sind Teilnehmer von Videokonferenzen oft nur schlecht zu erkennen oder zu verstehen. Dies führt häufig dazu, dass Kameras an den Arbeitsplätzen der einzelnen BR-Mitglieder abgeschaltet werden, um wenigstens eine vernünftige Audioqualität sicherzustellen. BR-Sitzungen werden dann zu »Hörspielen«, die jegliche visuelle Wahrnehmbarkeit aller Sitzungsteilnehmer ausschließen und zudem an die teilnehmenden hohe Konzentrationsanforderungen stellen. Eine derartige Kommunikationssituation ist mit Präsenzsitzungen in keiner Weise zu vergleichen.

22 Eine Vorgabe dazu, in welchem Zahlenverhältnis Präsenzsitzungen von BR zu Sitzungen in Form von Video- und Telefonkonferenzen stehen müssen, macht das Gesetz nicht. Damit steht es BR grundsätzlich frei, über die Durchführung von Präsenzsitzungen einzelfallbezogene Beschlüsse zu fassen oder generelle Festlegungen in der GO zu treffen.[72] Gibt es entsprechende Beschlussfassungen und werden dabei die in Abs. 2 enthaltenen Vorgaben eingehalten, sind **Beschlüsse** im Rahmen von Video- und Telefonkonferenzen auch dann **rechtswirksam,** wenn ein Überwiegen von Präsenzsitzungen im Nachhinein nicht festgestellt werden kann.[73] Die versehentliche Missachtung des zahlenmäßigen Primats der Präsenzsitzungen ist kein grober Verstoß im Sinne von § 23 Abs. 1, wenn die gesetzlichen Vorgaben im Übrigen eingehalten werden.[74] Problematisch ist es, noch zu Beginn einer Präsenzsitzung darüber zu entscheiden, die hybride Teilnahme einzelner BR-Mitglieder zuzulassen.[75] Dieses Vorgehen kann beispielsweise sinnvoll sein, wenn Mitglieder kurzfristig an der Fahrt in den Betrieb gehindert sind. Unter Anlegung der Grundsätze, die für die Ergänzungen der versandten Tagesordnung gelten (vgl. § 29 Rn. 24) und mit Blick auf das nach Abs. 2 Nr. 2 zu garantierende Widerspruchsrecht kommt eine derartige Variante allenfalls in Betracht, wenn alle anwesenden BR-Mitglieder ihr zustimmen.[76] Das spontane Zulassen der Sitzungsteilnahme kann aber bereits dann unzulässig sein, wenn eine Gegenstimme vorliegt und nicht erst, wenn mindestens ein Viertel der BR-Mitglieder nach Abs. 2 Nr. 2 widerspricht.[77]

23 Bezüglich der Einladung zu **Video- und Telefonkonferenzen** und den zu adressierenden Teilnehmerkreis gelten die allgemeinen Vorschriften des BetrVG zur Sitzungsdurchführung des BR und seiner Ausschüsse uneingeschränkt weiter.[78] Der Einladung ist nach § 29 Abs. 2 BetrVG die **Tagesordnung beizufügen.** Sinnvoll ist darüber hinaus die Beifügung der für die Sitzungsvorbereitung **notwendigen Unterlagen.** Einladungen sind, wo notwendig, an die besonderen Gegebenheiten von Onlinebesprechungen anzupassen. Insbesondere muss ein Hinweis auf das Widerspruchsrecht nach Abs. 2 Nr. 2 eingefügt werden (vgl. Rn. 43 ff.). Bei der Auswahl der

---

70 Ebenso *Schrader/Kirschner*, AiB 1/2023, 27 ff.; ähnlich *Fitting*, Rn. 23 »physisch vor Ort«.
71 *Hayen*, AuR 20, 249 ff.; ähnlich BT-Drs. 19/28899, S. 18.
72 Zu Formulierungen in der GO vgl. auch *Schrader/Kirschner*, AiB 1/2023, 27 ff.
73 *Schrader/Kirschner*, AiB 1/2023, 27 ff. verweisen auf die Möglichkeit der Unwirksamkeit von Beschlussfassungen, wenn Vorgaben zu Präsenzsitzungen von BR nicht eingehalten werden.
74 Vgl. allgemein § 23 Rn. 4 ff.
75 Ebenso GK-*Raab*, Rn. 58.
76 GK-*Raab*, Rn. 58.
77 GK-*Raab*, Rn. 58 geht von der Unzulässigkeit beim Widerspruch von mindestens einem Viertel der Mitglieder aus.
78 Vgl. Rn. 2 ff.

eingesetzten Video- und Telefonkonferenzsysteme muss berücksichtigt werden, dass diese auch für externe zur Teilnahme berechtigte Personen (etwa Gewerkschaftsvertreter) problemlos zugänglich und nutzbar sein müssen.[79] Auch zu Online-BR-Sitzungen lädt der Vorsitzende des BR nach den Vorgaben des § 29 Abs. 2 BetrVG ein.

Werden Einladungen in einem Gremium üblicherweise auf dem Postweg versandt, kann dieser Weg auch bezogen auf Video- und Telefonkonferenzen gewählt werden. Die Einladung kann an die dienstlichen Adressen der Beschäftigten versandt werden. Sind Beschäftigte im Homeoffice tätig und gibt es keine andere Möglichkeit, sie postalisch zu erreichen, kann ausnahmsweise auf vorhandene private Anschriften zurückgegriffen werden, wenn sie damit einverstanden sind. Ist der elektronische Versand von Einladungen und Unterlagen üblich (etwa per E-Mail), ergibt sich bezogen auf Video- und Telefonkonferenzen kein Änderungsbedarf. Soll hingegen eine Umstellung vom bisher übliche Postversand auf elektronische Versandwege erfolgen (etwa E-Mail), muss sichergestellt sein, dass das die Informationen alle BR-Mitglieder erreichen. Für diese Fälle muss durch Verschlüsselung oder durch die Verwendung eines sicheren Passworts garantiert sein, dass Unberechtigte von den Inhalten versandter Dateien keine Kenntnis erlangen können. Notwendige Passwörter können ggf. zwischen dem Vorsitzenden und einzelnen Gremienmitgliedern per Telefon ausgetauscht werden. Darüber hinaus sollten die einzelnen BR-Mitglieder darauf hingewiesen werden, dass eine dauerhafte Speicherung dieser Daten auf den privaten Endgeräten nicht erfolgen darf. 24

Der BR kann festlegen, dass für die **Einladungen elektronische Möglichkeiten** genutzt werden können, die Video- und Telefonkonferenzsysteme im Regelfall enthalten. Alternativ können beispielsweise auch die **Einladungs- oder Terminplanungsfunktionen** von E-Mail-Systemen verwendet werden. Der Rückgriff auf automatisierte Einladungsfunktionen hat den Vorteil, dass den Eingeladenen damit die notwendigen Zugangsdaten übermittelt werden. Zumeist können den automatisierten Einladungen weitere Unterlagen beigefügt werden. Die Verwendung dieser Versandvariante soll allerdings nur gewählt werden, wenn eine verschlüsselte oder vergleichbar geschützte Übersendung der beigefügten Unterlagen möglich ist. Der unbedingt einzuhaltende Mindeststandard ist die Verwendung eines sicheren Passworts. Ist ein ausreichender Schutzstandard nicht realisierbar, muss es bei der Übermittlung von Unterlage sicheren Weg bleiben (etwa per Briefpost). 25

Video- und Telefonbetriebsratssitzungen werden ebenso wie Präsentsitzungen von den **Vorsitzenden** der jeweiligen BR-Gremien geleitet. Für die Sitzungsleitung besteht allerdings bei Online-Sitzungen das Problem, dass (anders als in einem gemeinsamen Sitzungsraum) nicht mehr »auf einem Blick« erkennbar ist, welche Mitglieder anwesend sind (vgl. § 31 Rn. 5aff.) oder welche den Raum gerade verlassen haben. Dies erschwert etwa die rechtssichere Durchführung von Beschlussfassungen, da zuvor jeweils die Anwesenheit »abgefragt« werden muss. Eine Alternative mit dem Ziel der Erleichterung der Sitzungsleitung kann die Nutzung von »digitalen Anwesenheitsanzeigen« sein, die in vielen Video- und Telefonkonferenzsystemen inzwischen standardmäßig vorhanden sind. Werden diese Anwendungen etwa von BR-Mitgliedern genutzt, um eine kurzzeitige Abwesenheit anzuzeigen, kann auf der Basis entsprechender Anzeigen vor Durchführung einer Abstimmung einfach festgestellt werden, ob die Beschlussfähigkeit gegeben ist. Das setzt allerdings voraus, dass Mitglieder sich auch tatsächlich elektronisch ab- und wieder anmelden. 26

Können **einzelne BR-Mitglieder** an einer geplanten Präsenz- oder an einer Onlinesitzung nicht teilnehmen, müssen sie dies dem **Vorsitzenden mitteilen.** Für sie sind nach § 29 Abs. 2 BetrVG **Ersatzmitglieder** zu laden. Bei Einladungen zu Video- und Telefonkonferenzen können sich BR darauf verständigen, dass verhinderte Mitglieder dies dem Vorsitzenden durch Nutzung der »Ablehnungsfunktionen« mitteilen, die Bestandteile vieler Video- und Telefonkonferenzsysteme sind. Die Verhinderungsmitteilung sollte so schnell wie möglich erfolgen, damit zu ladende Ersatzmitglieder ausreichend Zeit für Vorbereitung und individuelle Planung haben. 27

79 BT-Drs. 19/28899, Seite 19.

2. Voraussetzungen für Video- und Telefonkonferenzen (Abs. 2 Satz 1)

28 Die Neuregelung in Abs. 2 **etabliert** die Durchführung von BR-Sitzungen in Form von **Video- und Telefonkonferenzen,** die zu Beginn der Corona-Pandemie im März 2020 mit der temporären Regelung des § 129 BetrVG in das Gesetz eingefügt wurde. Ziel der Neuregelung ist die **Schaffung** einer **dauerhaften rechtssicheren Option** für die Teilnahme an BR-Sitzungen mittels Video- und Telefonkonferenzen.[80] Die sich mit der Möglichkeit für die Durchführung von Onlinesitzungen verbindende Reduzierung von Reisetätigkeiten soll nach der Vorstellung des Gesetzgebers auch dazu führen, dass sich speziell solche Beschäftigte in der BR-Arbeit engagieren, die aufgrund von Betreuungspflichten oder wegen körperlicher Einschränkungen besonders belastet sind. Darüber hinaus wird ein größeres Engagement von Teilzeitbeschäftigten erwartet, wenn die BR-Arbeit mittels Video- und Telefonkonferenzen durchgeführt werden kann.[81] Ob sich diese Erwartungen erfüllen, wird erst die Zukunft zeigen. Zudem zeigen Erfahrungen aus der Vergangenheit, die es bezogen auf Telearbeit gibt, dass gerade Beschäftigten, die aufgrund von körperlichen Behinderungen besondere Arbeitssituation benötigen, daran gelegen ist, in ein betriebliches Umfeld integriert zu sein.

29 Unter Durchbrechung des in Abs. 1 Satz 5 enthaltenen Grundsatzes, nach dem BR-Sitzungen vorrangig als Präsenssitzungen durchzuführen sind, ermöglicht die Neuregelung in Abs. 2 es, BR-Sitzungen und die in diesem Rahmen stattfindenden Beschlussfassungen in Video- und Telefonkonferenzen durchzuführen. Der verwendete **Begriff** der »**Video- und Telefonkonferenzen**« ist im Gesetz nicht definiert. Im normalen Sprachgebrauch ist er **technikneutral** zu verstehen und steht für Soft- und Hardwareanwendungen, mittels derer Sitzungsteilnehmer in digitaler Form oder unter Nutzung elektronischer Hilfsmittel gemeinsam kommunizieren können.[82] Video- und Telefonkonferenzen können sowohl mittels spezieller Konferenzsoftware über das Telefonnetz oder über das Internet durchgeführt werden als auch unter Nutzung von speziellen »Messenger-Diensten« oder anderen Kommunikationsanwendungen, die in vielfältiger Form zur Verfügung stehen.

30 Unabhängig von der verwendeten Technik beinhalten **Videokonferenzen** immer die **kombinierte Möglichkeit,** dass sich die **teilnehmenden Personen** über verwendete Videokameras und Bildschirme **sehen** und über die eingesetzten Audiokomponenten zugleich auch **hören können. Telefonkonferenzen** laufen hingegen ohne visuelle Übertragungsmöglichkeiten ab und beschränken sich auf die **reine Sprachkommunikation.** Insoweit wäre es richtiger gewesen, statt von »Telefonkonferenzen« von »Audiokonferenzen« zu sprechen, zumal an vielen betrieblichen Arbeitsplätzen das »klassische« Telefon inzwischen durch digitale Telefon Software in den Endgeräten der Beschäftigten ersetzt wurde.

31 Dass **Videokonferenzen** im Gesetz in Abweichung vom Alphabet an erster Stelle genannt werden, weist darauf hin, dass der Gesetzgeber dieser Form der Online-Sitzung den **Vorzug** einräumt. Für den Rückgriff auf Videokonferenzen spricht, dass BR-Mitglieder auf dieser technischen Grundlage die Möglichkeit haben, sich zumindest einen begrenzten visuellen Eindruck von der Sitzungssituation zu verschaffen. In Abhängigkeit von der eingesetzten Technik sehen alle teilnehmenden Personen die anderen Teilnehmenden oder zumindest die jeweils sprechenden BR-Mitglieder. Auf diesem Weg ist eine Kombination des Gesagten mit visuellen Eindrücken möglich. Eine Videokonferenz kommt insoweit einer Präsenzsitzung deutlich näher als eine Telefonkonferenz. Der Rückgriff auf Videotechnik hat zudem den Vorteil, dass auch verwendete Unterlagen oder gezeigte Präsentationen gemeinsam angeschaut werden können. Zugleich wird die Sitzungsleitung vereinfacht.

32 Demgegenüber beschränken sich die bestehenden Wahrnehmungsmöglichkeiten bei **Telefonkonferenzen** auf die Stimmen der teilnehmenden Personen. Bei schlechter Übertragungsqualität oder bei ungünstigen Raumumgebungen ist es allerdings in der Praxis oft schwer, aktuelle Sprecher allein anhand von Stimmen zu identifizieren und zu unterscheiden. Hieraus resul-

---

80 Vgl. BT-Drs. 19/28899, S. 18; kritisch *Horstmeier*, BB 22, 116ff.; der in der Neuregelung einen Rückschritt gegenüber § 129 sieht.
81 Vgl. a. a. O.
82 Vgl. a. a. O.

tierend erhöhte Konzentrationsanforderungen, die zusätzliche Pausen unumgänglich machen und damit den Zeitaufwand für Sitzungen erhöhen können. Telefonkonferenzen sind damit gegenüber Videokonferenzen die »**zweite Wahl**«, die nur in Betracht kommen sollten, wenn Videokonferenzen aus technischer Sicht (etwa wegen überlasteter Leitungen) oder aufgrund organisatorischer Mängel (etwa fehlende Ausstattung aller BR-Mitglieder mit entsprechenden Endgeräten wie Notebooks, Tablets oder Smartphones mit ausreichend großen Bildschirmen) nicht durchführbar sind.

Videokonferenzen erfordern im Gegensatz zu Telefonkonferenzen eine **Ausstattung aller teilnehmenden Personen** mit **Mikrofonen, Kameras** und **Bildschirmen** (in der Regel also mit Notebooks oder Tablets) sowie mit einem **Zugang zum Internet.** Die Verwendung eines entsprechend ausgestatteten Smartphones scheidet als Dauerlösung schon mit Blick auf die schlechte Ergonomie einer solchen Variante aus. Damit ist der erforderliche Aufwand unbestreitbar größer. Mit Blick auf die Vorteile von Videokonferenzen können BR dieser Form der Durchführung von Onlinesitzungen allerdings auch dann den Vorzug geben, wenn sich hiermit höhere Kosten verbinden. Gleiches gilt, wenn sich die Gesamtdauer von BR-Sitzungen wegen notwendiger längerer oder häufiger Sitzungsunterbrechungen verlängert. 33

Die **Abweichungen von Präsenzsitzungen** setzt voraus, dass die in Abs. 2 Satz 1 benannten **drei Bedingungen insgesamt erfüllt sind.** Die Einhaltung dieser Bedingungen ist somit auch Voraussetzung für wirksame Beschlussfassungen im Rahmen von Video- und Telefonkonferenzen. 34

a) Regelung in der Geschäftsordnung (Abs. 2 Nr. 1)

Die Durchführung von Video- und Telefonkonferenzen setzt nach der in Abs. 2 Nr. 1 genannten **ersten Bedingung** die Festlegung der hierfür notwendigen Voraussetzungen in einer GO des BR voraus.[83] Ohne die Verankerung in der GO ist die Teilnahme an BR-Sitzungen per Video- und Telefonkonferenz unzulässig und eine wirksame Beschlussfassung in diesem Format nicht möglich.[84] Die entsprechenden Regelungen entfalten nur gremieninterne Bindungswirkung, weshalb Arbeitgeber sich hierauf nicht berufen können.[85] Die Ergänzung einer bestehenden oder die Schaffung einer neuen GO muss nach § 36 mit der Mehrheit der Mitglieder des Gremiums beschlossen werden.[86] 35

Regelungen in einer GO zur Teilnahme an BR-Sitzungen per Video- und Telefonkonferenz müssen den in Abs. 1 enthaltenen **Vorrang der Präsenzsitzungen beachten.**[87] Dieser kann beispielsweise durch eine zahlenmäßige Begrenzung von Online-BR-Sitzungen pro Jahr oder auch pro Amtszeit gesichert werden. Möglich ist auch die Festlegung von zwingend zu beachtenden »**Intervallen**« zwischen Präsenz- und Online-Sitzungen (etwa Wechsel zwischen drei Präsenzsitzungen und einer Online-Sitzung). Auch unumgängliche Maßnahmen des **Gesundheitsschutzes** aufgrund einer neuen Pandemiewelle können in der GO als möglicher Grund verankert werden.[88] Inhaltlich kommt in einer GO die Beschränkung der Durchführung von Video- und Telefonkonferenzen auf bestimmte **Themen** oder **Sachverhalte** (etwa Sitzungen mit Informationscharakter, kurzfristig anberaumte Sondersitzungen und Beschlussfassungen) in Betracht.[89] Die Zulässigkeit der Durchführung von **Wahlen** oder **Abberufungen** im Rahmen von Video- und Telefonkonferenzen sollte in der GO ebenfalls geregelt werden.[90] Dabei muss berücksichtigt werden, dass gesetzlich vorgeschriebene geheime Abstimmungsvorgänge (etwa Wahl oder Abberufung von Mitgliedern des Betriebsausschusses nach § 27 Abs. 1 Satz 2 und 5) 36

83 Vgl. ausführlich *Schrader/Kirschner*, AiB 1/2023, 27 ff.
84 *Fitting*, Rn. 29.
85 *Fitting*, Rn. 24.
86 Vgl. das Muster einer GO in DKWF-*Wedde*, § 36 Rn. 4 ff.; im Ergebnis ebenso *Boemke/Roloff/Haase*, NZA 21, 827 (828), die von einer Bindungswirkung entsprechender Festlegungen in der GO ausgehen.
87 GK-*Raab*, Rn. 39 weist zutreffend darauf hin, dass BR das im Gesetz zugunsten von Präsenzsitzungen verankerte »Regel-Ausnahme-Verhältnis« nicht umdrehen dürfen..
88 *Fitting*, Rn. 26.
89 Vgl. *Schrader/Kirschner*, AiB 1/2023, 27 ff.
90 *Fitting*, Rn. 28 hält Wahlen in virtuellen Sitzungen generell für unzulässig.

ebensowenig wie von BR-Mitgliedern beantragte geheime Abstimmungen per Video- und Telefonkonferenz technisch wie rechtlich nicht möglich sind. Auf der **technischen Ebene** lässt sich in diesem Rahmen beispielsweise die notwendige **Geheimhaltung** des individuellen Abstimmungsverhaltens im Regelfall nicht sicherstellen. Notwendig wären hierfür nämlich spezifische technische Maßnahmen wie etwa eine vollständige Ende-zu-Ende Verschlüsselung der digitalen Stimmabgabe, eine anschließende sichere anonyme Verbuchung der abgegebenen Stimmen durch die Vorsitzenden, eine technische Absicherung, dass nur Berechtigte an der Abstimmung teilgenommen haben (etwa durch Nutzung eines Passworts und einer qualifizierten digitalen Signatur) sowie die revisionssichere Überprüfbarkeit des korrekten Funktionierens des gesamten für die Abstimmung genutzten Systems. Praktisch beinhalten diese technischen Vorgaben Anforderungen, die BR derzeit regelmäßig nicht erfüllen können. Auf der **rechtlichen Ebene** schreibt § 33 Abs. 1 Satz 1 eine **Beschlussfassung** durch die **»anwesenden Mitglieder«** vor. Diese muss in der laufenden Sitzung erfolgen. Diese Vorgabe steht der Durchführung einer nachlaufenden oder zeitlich von der Sitzung losgelösten geheimen Abstimmung per Briefwahl entgegen.[91] Zudem könnte der Rückgriff auf Briefwahl dazu führen, dass einzelne Sitzungsteilnehmer, die als Ersatzmitglieder nur temporär stimmberechtigt waren, an dieser asynchronen Form der Stimmabgabe nicht mehr teilnehmen dürfen.

37 In der GO sollte auch die **Form** festgelegt werden, in der Video- und Telefonkonferenzen durchgeführt werden können. Neben einer ausschließlichen Durchführung einer Sitzung als Video- und Telefonkonferenz, an der alle BR-Mitglieder ohne die Möglichkeit einer parallelen Zusammenkunft in einem gemeinsamen Sitzungsraum von ihren individuellen Arbeitsplätzen aus teilnehmen, kommen auch **»hybride«** Sitzungsformen in Betracht, bei denen ein Teil der BR-Mitglieder sich gemeinsam in einem Sitzungsraum befindet, während andere BR-Mitglieder jeweils allein oder in kleineren Gruppen gemeinsam von anderen Orten aus teilnehmen. Gibt es »hybride Sitzungsformen«, steht es in der freien Entscheidung der einzelnen **BR**-Mitglieder, in welcher Form sie teilnehmen wollen. Ein BR kann allerdings diese Möglichkeit der Teilnahme auf Mitglieder beschränken, die erheblich längere Reisezeiten haben als die meisten anderen Mitglieder oder auf Personen, die aus gesundheitlichen Gründen nicht an Präsenzsitzungen vor Ort teilnehmen können.[92] Bezogen auf die letztgenannte BR-Mitglieder muss aber sichergestellt werden, dass die Online-Teilnahme nicht zu reduzierten Teilhabemöglichkeiten an der BR-Arbeit führt.

38 BR können für die **organisatorische Durchführung** von Video- und Telefonkonferenzen die in der entsprechenden Software enthaltenen technischen Möglichkeiten nutzen und entsprechende Vorgaben in der GO festschreiben. Hierzu gehört beispielsweise der Einsatz von **»Abwesenheitsassistenten«**, mit denen einzelne Teilnehmende eine kurzzeitige Abwesenheit in einer Sitzung unmittelbar signalisieren können.

39 Weiterhin können in GO **Festlegungen zu Widersprüchen** nach Abs. 2 Nr. 2 getroffen werden (vgl. auch Rn. 45). Dies gilt insbesondere für die Fristen, innerhalb derer BR-Mitglieder ihren Widerspruch einlegen müssen. Der Beginn des Fristablaufs kann an den Zeitpunkt der Versendung der Einladung bzw. an deren Zugang bei den BR-Mitgliedern anknüpfen. Für Sondersitzungen mit kürzeren Ladungsfristen können entsprechend kürzere Fristen vereinbart werden. In der GO kann diesbezüglich auch festgelegt werden, in welcher Form (schriftlich, in Textform, per SMS usw.) Widersprüche einzulegen sind.

40 Bezogen auf **Verhinderungen** einzelner BR-Mitglieder kann in der GO für Sitzungen, die per Video- und Telefonkonferenz durchgeführt werden sollen, geregelt werden, dass diese auch auf elektronischem Weg unter Nutzung von elektronischen »Abwesenheitsassistenten« mitgeteilt werden können.

41 Über die **Festlegungen** grundsätzlicher **organisatorischer und formaler Vorgaben** zur Möglichkeit, Frequenz oder Ausgestaltung von Video- und Telefonkonferenzen hinaus können in der **GO** weitere Voraussetzungen verankert werden, durch die ein reibungsloser **Ablauf** von online-Sitzungen sichergestellt werden kann. Hierzu gehört beispielsweise die Bedingung, dass alle BR-Mitglieder für die Teilnahme an Video- und Telefonkonferenzen über Endgeräte, Software und Netzanbindungen auf demselben technischen Niveau verfügen müssen.

---

91 Ähnlich *LAG Berlin-Brandenburg* 24.8.20 – 12 TaBVGa 1015/20; *Fitting*, Rn. 28.

92 Vgl. BT-Drs. 19/28899, S. 18.

Weiterhin können in der GO Vorkehrungen für den Fall getroffen werden, dass infolge **technischer Störungen** eine **Online-Teilnahme** einzelner BR-Mitglieder **nicht möglich ist** oder **unterbrochen wird.** Für derartige Fälle muss sichergestellt werden, dass Beschlussfassungen erst wieder erfolgen, wenn alle Sitzungsteilnehmer sich hieran beteiligen können. Notwendig ist auch die Verankerung von Regelungen für den Fall, dass BR-Vorsitzende aufgrund einer technischen Störung eine BR-Sitzung nicht weiter leiten können. BR können für derartige Fälle vorab festlegen, ob die Sitzung dann unterbrochen oder vertagt werden muss bzw. wer diese in Vertretung des Vorsitzenden weiter leiten soll. Sitzungsunterbrechungen sind auch für den Fall vorzusehen, wenn an einem betrieblichen Arbeitsplatz oder im Homeoffice die notwendige Vertraulichkeit nicht mehr gegeben ist. 42

b) Widerspruch gegen Video- und Telefonkonferenzen (Abs. 2 Nr. 2)

Die Durchführung einer BR-Sitzung mittels Video- und Telefonkonferenz ist nach der **zweiten Bedingung** in Abs. 2 Nr. 2 **nicht zulässig,** wenn mindestens **ein Viertel** der BR-Mitglieder, die zur Sitzung eingeladen sind, dieser Art der Durchführung **widerspricht.**[93] Der Widerspruch muss gegenüber BR-Vorsitzenden erklärt werden. Die Erklärung muss innerhalb einer Frist erfolgen, die BR-Vorsitzende zu bestimmen haben. Ist der **Widerspruch wirksam** erfolgt, muss die Sitzung **insgesamt als Präsenzsitzung** durchgeführt werden.[94] Für diesbezüglich verhinderte BR-Mitglieder sind ggf. Ersatzmitglieder einzuladen. Wird BR-Mitgliedern trotz eines wirksam eingelegten Widerspruchs eine Online-Teilnahme ermöglicht, sind in dieser BR-Sitzung gefasste **Beschlüsse unwirksam.**[95] Einzelne BR-Mitglieder können eine Teilnahme an Sitzungen per Video- und Telefonkonferenz mangels gesetzlicher Grundlage auch nicht mit einem Viertel der Stimmen des BR erzwingen. Der durch Abs. 2 Nr. 2 vorgesehene Widerspruch begründet nur ein **Abwehrrecht** gegen die Teilnahme an BR-Sitzungen per Video- und Telefonkonferenz, nicht aber einen Anspruch auf eine Online-Teilnahme. Entsprechende Anträge im Gremien sind BR-Mitgliedern aber unbenommen. 43

Auf die **Möglichkeit** eines Widerspruchs und auf die zu beachtende **Frist** muss von BR-Vorsitzenden in der Einladung zu BR-Sitzungen **hingewiesen werden.**[96] Fehlt dieser Hinweis, ist eine rechtskonforme Durchführung von Video- und Telefonkonferenzen und von Beschlussfassung nicht wirksam möglich. BR Mitgliedern steht dann zudem die Möglichkeit offen, einen wirksamen Widerspruch auch noch zu Beginn der Sitzung einzulegen.[97] Dies kann zur Notwendigkeit einer Vertagung oder zur Einberufung einer Sondersitzung in Präsenz führen. Die **festgelegten Widerspruchsfristen** müssen zeitlich so ausgestaltet sein, dass es den BR Mitgliedern möglich ist, über einen Widerspruch intern zu beraten und ggf. die notwendige Mindestzahl von Widersprüchen zu organisieren. Der zeitliche Rahmen für die Einlegung eines Widerspruchs muss damit einerseits so lang wie möglich sein. Andererseits muss das Ende der Widerspruchsfrist so gelegt werden, dass es BR-Mitglieder, die eigentlich online teilnehmen wollten, noch möglich ist, die Vorkehrungen zu treffen und die Planungen durchzuführen, die erforderlich sind. Die Möglichkeit der Einlegung eines Widerspruchs muss auch für Sondersitzungen, die gegebenenfalls kurzfristig anberaumt werden, sichergestellt werden. 44

Für die Durchführung **regulärer BR-Sitzungen** per Video- und Telefonkonferenz kommen **generelle Festlegungen** in Betracht (etwa »Der Widerspruch gegen die Durchführung als Video- und Telefonkonferenz muss spätestens zwei Werktage vor dem Sitzungstermin eingelegt werden.« oder »spätestens 48 Stunden nach dem elektronischen Versand der Einladung.«), die gegebenenfalls Eingang in eine GO finden können (vgl. Rn. 39). Für **kurzfristig anberaumte Sondersitzungen** können knappe Widerspruchsfristen vorgegeben werden, die einerseits das Recht der BR-Mitglieder nach Abs. 2 Nr. 2 wahren und andererseits die Handlungsfähigkeit der 45

93 GK-*Raab*, Rn. 48.
94 Vgl. GK-*Raab*, Rn. 47.
95 *Fitting*, Rn. 32.
96 BT-Drs. 19/28899, S. 18; *Boemke/Roloff/Haase*, NZA 21, 827 regen Aussagen der BR-Vorsitzenden zur Art der Video- und Telefonkonferenz an.
97 Ähnlich *Fitting*, Rn. 31.

Gremien garantieren müssen (bei einer Sondersitzung am nächsten Tag beispielsweise Widerspruchsfristen im Stundenbereich nach Erhalt der Einladung). In jedem Fall muss es BR-Mitgliedern möglich sein, sich über die Einlegung eines Widerspruchs rechtzeitig vor der Sitzung abzustimmen.

c) Sicherstellung der Vertraulichkeit (Abs. 2 Nr. 3)

46 Die **dritte Bedingung,** die Abs. 2 Nr. 3 für die Durchführung BR-Sitzungen in Form von Video- und Telefonkonferenzen enthält, ist die Sicherstellung, dass Dritte vom Inhalt der Sitzungen keine Kenntnis nehmen können. Diese Bedingung zielt auf die Sicherstellung der **Vertraulichkeit von BR-Sitzungen.** Sie war textgleich in der temporären Regelung des § 129 zu diesem Thema enthalten.[98] Zur Erfüllung dieser Bedingung müssen BR die notwendigen technischen und organisatorischen Maßnahmen treffen und sicherstellen, durch die während der Dauer von online stattfindenden Sitzungen die Vertraulichkeit gewahrt werden kann. Für alle Arbeitsplätze, von denen BR-Mitglieder an Video- und Telefonkonferenzen teilnehmen sowie für die verwendeten Übertragungskanäle muss einerseits sichergestellt werden, dass **Unbefugten kein Zugriff** auf die stattfindende Kommunikation möglich ist. Andererseits muss für alle online teilnehmenden BR-Mitglieder eine **Arbeitsplatzsituation garantiert** sein, die eine **unbefugte Kenntnisnahme** der aus BR-Sitzungen übertragenen Bild- und Tonsignale ebenso **ausschließt** wie die des am einzelnen Arbeitsplatz von BR-Mitgliedern selbst gesprochenen Worts.[99]

47 Die zur **Sicherstellung der Vertraulichkeit** getroffenen technischen und organisatorischen Maßnahmen müssen **einschlägige datenschutzrechtliche Vorgaben** beachten. Dies verdeutlicht die zusammen mit der neuen Regelung in Abs. 2 in das Betriebsverfassungsgesetz eingefügte neue Vorschrift in § 79a Satz 1 (vgl. dort Rn. 10 ff.). Aus datenschutzrechtlicher Sicht müssen BR als Gremien ebenso wie die einzelnen Mitglieder das geltende Datenschutzrecht beachten. **Verantwortlicher** im Sinn von Art. 4 Nr. 7 DSGVO ist nach § 79a Satz 2 auch für Belange des BR allein der AG.

48 Um die vom Gesetz geforderte **Vertraulichkeit** auf der **technischen Ebene** sicherzustellen, bietet sich für BR die Nutzung der im Betrieb vorhandenen professionellen Video- und Telefonkonferenzanwendungen (etwa »WebEx« oder »Teams«).[100] Trotz aller juristischen Vorbehalte, die es gegen den Einsatz einzelner dieser Anwendungen gibt[101], können BR mit Blick auf die nach § 79a Satz 2 bestehende datenschutzrechtliche Gesamtverantwortlichkeit des AG bezüglich im Betrieb standardmäßig für die Durchführung von Video- und Telefonkonferenzen zur Verfügung stehender technischer Anwendungen davon ausgehen, dass dieser deren Rechtskonformität geprüft hat und diese sicherstellt. Bei der Auswahl der Anwendung muss berücksichtigt werden, dass diese von teilnahmeberechtigten Personen außerhalb des BR-Gremiums wie etwa Gewerkschaftsvertreter nach § 31 oder Schwerbehindertenvertretung nach § 32 nutzbar sind. Kommen BR zu dem Schluss, dass mit den im Betrieb verfügbaren technischen Möglichkeiten für die Durchführung von Video- und Telefonkonferenzen die Vorschriften über den Datenschutz nicht einzuhalten sind, folgt hieraus die Erforderlichkeit der Beschaffung alternativer Kommunikationsmöglichkeiten (etwa »Jitsi Meet« oder »BigBlueButton«[102]).

49 Die meisten digitalen Video- und Telefonkonferenzsysteme ermöglichen es den entsprechend berechtigten **Administratoren, auf Inhalte von Video- und Telefonkonferenzen zuzugreifen**

98 Vgl. allg. *Wedde*, CuA 20, Nr. 5, 8 ff.; CuA 21, Nr. 7–8, 8 ff.

99 A. A. GK-*Raab*, Rn. 51 für die Herstellung absoluter Vertraulichkeit am Arbeitsplatz.

100 Vgl. zu WebEx oder Skype BT-Drs. 19/18753, S. 28.

101 Vgl. etwa die Hinweise der Berliner Beauftragten für Datenschutz und Informationsfreiheit vom 18. 2. 21 für Verantwortliche, die Videokonferenzdienste nutzen; elektronisch abrufbar unter *https://www.datenschutz-berlin.de/fileadmin/user_upload/pdf/orientierungshilfen/2021-BlnBDI-Hinweise_Berliner_Verantwortliche_zu_Anbietern_Videokonferenz-Dienste.pdf.*

102 Vgl. zu »datenschutzfreundlichen« Anwendungen die »Handreichung Videokonferenzsysteme« des Landesbeauftragten für Datenschutz und Informationsfreiheit Baden-Württemberg, Stand 8. 12. 2021; elektronisch abrufbar unter *https://www.baden-wuerttemberg.datenschutz.de/videokonferenzsysteme/*; zur Erforderlichkeit § 40 Rn. 168a ff.

(etwa auf Chats oder auf geteilte Dokumente). **BR** müssen prüfen, ob sich der damit möglich werdende Bruch der Vertraulichkeit von **BR-Sitzungen beschränken lässt** (etwa durch eine entsprechende Begrenzung der Zugriffsrechte von Administratoren) oder ob für die **BR-Arbeit** ein gegen derartige Zugriffe geschützter Bereich geschaffen werden kann. Zur Sicherung der Vertraulichkeit kommt etwa die Begrenzung der Zugriffsmöglichkeiten auf eine Gruppe von Administratoren in Betracht, die das Vertrauen des BR genießen und die bezüglich der Ihnen zugänglichen Informationen ausdrücklich zum Stillschweigen verpflichtet sind.

Lässt sich die notwendige Vertraulichkeit nicht herstellen oder sind Anwendungen zur Durchführung von Video- und Telefonkonferenzen im Betrieb gar nicht vorhanden, ist die **Nutzung entsprechender externer Systeme** erforderlich. Im Rahmen der Erforderlichkeit nach § 40 Abs. 2 müssen die für eine Nutzung von Video- und Telefonkonferenzen im Regelfall notwendigen Lizenzen über den AG beschafft werden.[103] 50

Ist der AG zu dieser Beschaffung nicht in der Lage oder weigert er sich, dies zu tun, kann eine **kurzfristige Übergangslösung** für die Durchführung von Online-BR-Sitzungen der Rückgriff auf Testversionen von Video- und Telefonkonferenzen sein. Mit Blick auf den einzuhaltenden Datenschutz kommen dabei für die Durchführung von Video- und Telefonkonferenzen aber ausschließlich Systeme in Betracht, für die BR davon ausgehen können, dass weder die Anbieter dieser Systeme selbst noch andere Personen auf Kommunikationsinhalte zugreifen können oder Informationen über die Kommunikation an sich auswerten.[104] Damit scheiden viele der im Internet kostenfrei verfügbare Kommunikationsanwendungen aus, die Kommunikationsinhalte für eigene Zwecke auswerten. Zudem müssen BR vor der Verwendung von Testversionen anhand der Nutzungsbedingungen prüfen, ob eine kommerzielle betriebliche Verwendung zulässig ist. Beschränkt sich die Testberechtigung auf den privaten Bereich, scheidet die entsprechende Anwendung aus. 51

Ist der Rückgriff auf im Betrieb vorhandene Video- und Telefonkonferenzsysteme, für die sich Zugriffe Dritter nicht ausschließen lassen, zur Durchführung von BR-Sitzungen im Einzelfall unumgänglich (etwa für die Durchführung einer kurzfristig anberaumten Sondersitzung), müssen in der Software vorhandene **Einstellmöglichkeiten genutzt werden,** um unzulässige Datenflüsse so weit wie möglich auszuschließen. Ist ein BR hierzu aus eigener Kenntnis nicht in der Lage, kommt die Einbeziehung entsprechend kompetenter betrieblicher Auskunftspersonen nach § 80 Abs. 2 Satz 4 BetrVG oder die Einbindung Sachverständiger nach Maßgabe von § 80 Abs. 3 BetrVG in Betracht. 52

Die Durchführung von BR-Sitzungen per Video- und Telefonkonferenz setzt voraus, dass alle BR-Mitglieder, die hieran außerhalb des Sitzungsraums teilnehmen, auf einem **einheitlichen technischen Niveau** über die **erforderlichen Endgeräte, Programme** und **Verbindungsmöglichkeiten** verfügen. Die für die individuelle Teilnahme der BR-Mitglieder erforderlichen Endgeräte und Internetverbindungen muss der AG als nach § 40 Abs. 2 erforderliche Sachmittel zur Verfügung stellen.[105] Bleibt der AG bezüglich der notwendigen Ausstattung untätig, könnte der BR die erforderliche Beschaffung grundsätzlich auch selbst veranlassen, müsste die anfallenden Kosten dann aber in einem Beschlussverfahren durchsetzen.[106] 53

Bezüglich **dienstlicher Endgeräte** wie etwa Smartphones, Tablets oder Notebooks können BR mit Blick auf die insgesamt bestehende datenschutzrechtliche Verantwortlichkeit von AG davon ausgehen, dass die einschlägigen datenschutzrechtlichen Vorgaben hierfür erfüllt sind. Werden für die Durchführung von Sitzungen auf diesen Endgeräten BR-Daten gespeichert, müssen vorhandene **Sicherungsmechanismen** genutzt werden wie insbesondere eine **Verschlüsselung** der Daten. Zur Grundsicherung gehört beispielsweise der **Einsatz starker Passwörter.** Die zu beachtenden Sicherheitsanforderungen unterscheiden sich insoweit nicht von denen, die auch 54

103 Vgl. § 40 Rn. 168c.

104 Vgl. etwa *Ries*, Videokonferenz-Software: Ist Zoom ein Sicherheitsalptraum?, 2.4.20, abrufbar unter *https://www.heise.de/security/meldung/Videokonferenz-Software-Ist-Zoom-ein-Sicherheitsalptraum-4695000.html.*

105 Vgl. § 40 Rn. 168aff.

106 Vgl. allgemein § 40 Rn. 118; a. A. bezüglich eines »Selbstbeschaffungsrechts des BR *BAG* 21.4.1983 – AP Nr. 20 zu § 40 BetrVG 1972; GK-*Weber*, § 40 BetrVG, Rn. 136 bejaht ein Selbstbeschaffungsrecht nur in »dringenden Fällen«.

in anderen betrieblichen Bereichen Anwendung kommen, für die es hohe Vertraulichkeitsanforderungen gibt (etwa im Finanz- oder Personalbereich sowie im Vorstandsbereich).

55 Mit Blick auf die einzuhaltenden datenschutzrechtlichen Vorgaben, die etwa bezüglich des technischen und organisatorischen Datenschutzes durch Art. 32 DSGVO vorgegeben werden, ist die **Verwendung privater** Endgeräte für die Teilnahme an Video- und Telefonkonferenzen des BR wegen der hierbei oft nicht gegebenen Trennung zwischen dienstlichen und privaten Daten und Programmen **kritisch zu betrachten.** Keine nennenswerten Probleme gibt es, wenn hierzu betriebliche Regelungen bestehen und wenn in diesem Rahmen technische Vorkehrungen verankert wurden. Hierzu können beispielsweise auf den Endgeräten als Software installierte »**Containerlösungen**« gehören, die eine Vermischung dienstlicher und privater Daten technisch verhindern. Auch ohne eine solche Regelung bzw. ohne entsprechende technische Vorkehrungen kann die Verwendung privater Datenendgeräte zulässig sein, wenn diese ausschließlich für die Teilnahme an Videokonferenzen erfolgt, nicht aber zugleich für die dauerhafte Speicherung dabei sichtbarer Daten. Unproblematisch ist die Nutzung eines privaten Telefons oder Smartphones für die Teilnahme an reinen Telefon- oder Audiokonferenzen.

56 Finden Online-Sitzungen regelmäßig statt, kann es in Abhängigkeit von den im Betrieb bestehenden technischen Möglichkeiten und der vorhandenen Ausstattung der BR-Mitglieder mit notwendigen Endgeräten ratsam sein, mit dem AG eine **Vereinbarung bezüglich technischer und organisatorischer Mindeststandards** für die Durchführung von Video- und Telefonkonferenzen zu treffen. Gibt es hierzu unterschiedliche Auffassungen, sollte der BR die konkreten Gründe für die Video- und Telefonkonferenz sowie die Erforderlichkeit von Hard- und Software ausreichend dokumentieren.

57 Auf der **organisatorischen Ebene** müssen für die Durchführung von Video- und Telefonkonferenzen insbesondere **Vorkehrungen zur Wahrung** der nach § 30 Abs. 2 Nr. 3 zu **gewährleistenden Nichtöffentlichkeit** der Sitzungen getroffen werden. Nehmen BR-Mitglieder und andere berechtigte Teilnehmer (insbesondere Vertreter von Gewerkschaften oder Schwerbehindertenvertretungen) aus betrieblichen Räumen an einer Video- und Telefonkonferenz teil, muss sichergestellt werden, dass andere Personen dorthin übertragene Bildschirminhalte und Tonsignale nicht sehen und hören können. Darüber hinaus dürfen die am jeweiligen Arbeitsplatz verwendeten Mikrofone oder Kameras das Verhalten anderer Personen im selben Raum oder in der Umgebung nicht erfassen. Diese Voraussetzungen lassen sich nur in Einzelbüros oder in entsprechend optisch und akustisch abgeschotteten Arbeitsbereichen erfüllen.,In Großraumbüros mit offenen Arbeitsplätzen oder in »Desk-Sharing-Landschaften« sind hingegen spezifische Sicherungsmaßnahmen unumgänglich, wenn von hier aus an BR-Sitzungen teilgenommen werden soll.[107] Auch die Verwendung von »Hintergrundverschleierung« schließt die Kenntnisnahme von Redebeiträgen oder von auf den Bildschirm gezeigt Informationen nicht aus.

58 Entsprechendes gilt, wenn die Teilnahme **von zu Hause** oder von einem anderen Ort aus erfolgt. In diesen Fällen ist die Teilnahme an BR-Sitzungen unter Wahrung der gesetzlich vorgeschriebenen Vertraulichkeit nur möglich, wenn BR-Mitgliedern dort akustisch wie visuell abgeschlossene Arbeitsräume oder Arbeitsbereiche zur Verfügung stehen. Verfügen BR-Mitglieder beispielsweise zu Hause über keinen Raum, der eine ungestörte Sitzung Teilnahme ermöglicht, kann in Abhängigkeit von den Umständen des Einzelfalls und zur Wahrung der Gleichbehandlung die Schaffung anderer Raumlösungen erforderlich sein. In Betracht kommt beispielsweise die temporäre Anmietung eines Hotelzimmers oder eines geschützten Arbeitsplatzes in einem Business-Center.

59 **Keine Option** für die Teilnahme an Online-BR-Sitzungen sind **öffentliche Räume** wie etwa Cafés, Warteräume, Züge oder Taxis, weil sich dort im Regelfall die notwendige Vertraulichkeit gegenüber anderen Personen nicht durchgängig sicherstellen lässt.[108] Hinzu kommt, dass es hier vielfach zu Nebengeräuschen kommt, durch die die Konzentration der anderen Teilnehmenden erheblich gestört wird.

---

107 In der amtlichen Begründung zu § 129 BetrVG wurde ausdrücklich die Nutzung eines »nichtöffentlichen Raums während der Dauer der Sitzung« gefordert (vgl. BT-Drs. 19/18753, S. 28).

108 GK-*Raab*, Rn. 53.

Die **Vertraulichkeit der Sitzung** muss für ihre **gesamte Dauer** gewährleistet werden. Um diese Voraussetzung zu erfüllen, kommt neben den vorstehend beschriebenen technischen und organisatorischen Maßnahmen als flankierende Maßnahme zu Beginn einer Video- und Telefonkonferenz die Abgabe einer Erklärung zum Protokoll der Sitzung[109] durch alle teilnehmenden BR-Mitglieder sowie andere berechtigt teilnehmende Personen in Betracht, mit der alle von Arbeitsplätzen außerhalb des zentralen Sitzungsraums zu geschalteten Personen versichern, dass sie sich in dem von ihnen genutzten Raum allein oder nur zusammen mit anderen teilnahmeberichtigten Personen befinden.[110] Entsprechendes gilt auch bei einem Aufenthalt in einem Gemeinschafts- oder Großraumbüro, wenn dort durch technische und organisatorische Vorkehrungen die Kenntnisnahme von Bild und Wort durch unbefugte Personen sicher ausgeschlossen ist. Die Erklärung kann mündlich oder in Schriftform abgegeben werden. Das Bestehen der Nichtöffentlichkeit kann aber auch zu Beginn von Sitzungen durch die jeweiligen Vorsitzenden oder Sitzungsleiter der Gremien abgefragt werden. Unzulässig ist es, von online teilnehmenden BR-Mitgliedern oder anderen Sitzungsteilnehmern zu verlangen, das Bestehen der Vertraulichkeit mit einen Kameraschwenk durch den genutzten Raum zu dokumentieren.[111] Ein solches Verlangen beinhaltet nicht nur ein tiefes Misstrauen gegen die Zusicherung der teilnehmen Personen, sondern greift auch in unzulässiger Form in deren Grundrechte und Grundfreiheiten ein, weil sie so gezwungen würden, ihre persönliche Arbeitsumgebung bzw. bei einer Tätigkeit zu Hause ihre privaten Lebensumstände einer größeren Zahl von Personen offenzulegen. Hinzu kommt, dass vergleichbare Kontrollen bei Durchführung von Telefonkonferenzen technisch nicht realisierbar sind. 60

Halten sich im häuslichen Bereich **Familienmitglieder oder Mitbewohner dauerhaft** zusammen mit BR-Mitgliedern **im selben Raum** auf und können dabei Sitzungsinhalte zur Kenntnis nehmen, **hebt** dies die **notwendige Nichtöffentlichkeit auf.** Betreten nicht teilnahmeberechtigte Personen einen Raum, von dem aus die Online-Teilnahme erfolgt, muss nach einem Hinweis der jeweiligen BR-Mitglieder die BR-Sitzung unterbrochen werden, bis die Vertraulichkeit wieder hergestellt ist.[112] Ausnahmen von dieser Vorgabe kommen allenfalls in Betracht, wenn es sich lediglich um einen **kurzzeitigen Vorgang** handelt, **der keine Wahrnehmung** von Kommunikationszusammenhängen oder -inhalte **ermöglicht.** Dies kann der Fall sein, wenn eine andere Person Unterlagen in ein Büro oder ein Getränk bringt. Um Missverständnisse zu vermeiden, sollte der Umgang mit derartigen kurzfristigen Störungen zu Beginn von Online-Sitzungen abgesprochen und festgelegt werden. Hierzu gehört auch die Feststellung der Schwelle, ab der betroffene Sitzungsteilnehmer eine Unterbrechung fordern müssen. 61

d) Aufzeichnungsverbot (Abs. 2 Satz 2)

Nach Abs. 2 **Satz 2** ist eine **Aufzeichnung von BR-Sitzungen unzulässig,** die per Video- und Telefonkonferenz durchgeführt werden. Dieses Verbot dient dem Persönlichkeitsschutz der BR-Mitglieder und den weiteren an Sitzungen beteiligten Personen. Gleichzeitig sichert es die Nichtöffentlichkeit und damit Vertraulichkeit der Sitzungen. Das Ausnahmeverbot gilt ausnahmslos. BR können von diesem Verbot auch durch einstimmige Beschlüsse nicht abweichen.[113] Es gilt sowohl für die Nutzung von Aufzeichnungsmöglichkeiten, über die die für die Durchführung von Online-Sitzungen verwendete Software standardmäßig verfügt und die individuell aktiviert werden können als auch für die Verwendung von Aufnahmemöglichkeiten auf verwendeten Endgeräten der BR-Mitglieder. 61a

Der verwendete Begriff der Aufzeichnung ist **weit zu fassen** und schließt alle Formen der technischen Speicherung von Video- und Audiosignalen aus.[114] **Unzulässig** ist deshalb nicht nur die 61b

109 Vgl. BT-Drs. 288899, S. 20.
110 Vgl. BT-Drs. 19/18753, S. 28.
111 So aber *Fitting*, Rn. 33; *Lütkehaus/Powietzka*, NZA 20, 552 (553); *Winzer/Baeck/Hilgers*, NZA 21, 620 (622).
112 Vgl. BT-Drs. 288899, S. 20.
113 Ähnlich HaKo-BetrVG/*Wolmerath*, **Rn. 14..**
114 BT.-Drs. 19/28899, S. 20.

Aufnahme von Diskussionen und Redebeiträgen als »Videomitschnitt«, sondern auch die Abspeicherung einzelner Bildaufnahmen, etwa in Form von »Screenshots« oder durch »digitales Ausschneiden« einzelner Bildbestandteile. Nicht erfasst vom »Aufnahmeverbot« ist hingegen das Zurverfügungstellen bzw. die Übersendung oder anderweitige Zurverfügungstellung von Kopien gezeigter Unterlagen.

61c Alle von der Regelung in Abs. 2 erfassten Gremienmitglieder sollten vor der ersten Teilnahme grundsätzlich **auf das bestehende Aufnahmeverbot hingewiesen werden** und darüber hinaus in geeigneter Form nochmal vor Beginn jeder Video- und Telefonkonferenz. Dabei sollte ausdrücklich auf die Absolutheit des Aufnahmeverbots hingewiesen werden und auch darauf, dass es alle Formen der Aufzeichnung von Bildschirminhalten oder Wortbeiträgen erfasst und damit etwa auch Screenshots.

61d Ein Verstoß gegen das Aufnahmeverbot kann als **grober Verstoß** gemäß § 23 Abs. 1 BetrVG qualifiziert werden. Beeinflusst eine Aufzeichnung die Willensbildung im BR, führt dies zur Unwirksamkeit gefasster Beschlüsse.[115] Da es für diese Verarbeitung von Video- und Audiodaten **keine datenschutzrechtliche Grundlage** gibt, würde sie auch zu einem Datenschutzverstoß führen, der ggf. die Zahlung von Geldbußen auslösen kann. **Unzulässige Aufnahmen** können weiterhin Straftatbestände erfüllen wie etwa den der Verletzung der Vertraulichkeit des nichtöffentlich gesprochenen Wortes in § 201 Abs. 1 StGB.

VI. Teilnahmerecht (Abs. 3)

62 Die durch das sog. Betriebsrätemodernisierungsgesetz neu eingefügte Regelung in Abs. 3 stellt klar, dass eine **Teilnahme an Präsenzsitzungen des BR vor Ort** in jedem Fall als nach § 40 Abs. 1 **erforderlich** zu qualifizieren ist. Anfallende Kosten und Fahrtzeiten sind deshalb vom AG zu erstatten (vgl. § 40 Rn. 63). Jedes BR-Mitglied hat damit weiterhin das gesetzlich **verbürgte Recht, an allen Präsenzsitzungen** seines Gremiums **teilzunehmen.** Die Regelung bezieht sich vorrangig auf »hybride Sitzungsformen«, bei denen ergänzend zu einer Präsenzsitzung die Teilnahmemöglichkeit per Video- und Telefonkonferenz angeboten wird. Durch sie soll vermieden werden, dass BR auf eine Teilnahme vor Ort aus Kostengründen verzichten.[116]

63 Durch diese **Klarstellung verdeutlicht** der Gesetzgeber mittelbar, dass **AG** von Betriebsräten die Durchführung von **Video- und Telefonkonferenzen nicht** unter Hinweis auf anfallende Reisekosten **verlangen dürfen. Gleiches gilt für** die **Aufforderung** an einzelne BR-Mitglieder, sich statt für eine Teilnahme an einer Präsenzsitzung für die zu Schaltung per Video- und Telefonkanal zu entscheiden.[117] Kommt es trotz dieser eindeutigen gesetzlichen Situation zu entsprechenden Aufforderungen durch AG, können diese die in § 23 Abs. 3 enthaltenen Voraussetzungen eines groben Verstoßes erfüllen.

64 Die Regelung begründet allerdings **keinen Anspruch** einzelne BR-Mitglieder darauf, dass Ihnen die **Möglichkeit einer Online-Teilnahme** auch dann eingeräumt wird, wenn der BR entschieden hat, Sitzungen ausschließlich in Präsensform durchzuführen.

VII. Streitigkeiten

65 Streitigkeiten über den Zeitpunkt von BR-Sitzungen sowie über das Teilnahme- und Anwesenheitsrecht entscheiden die **ArbG im Beschlussverfahren** (§§ 2a, 80 ff. ArbGG). Gemäß § 85 Abs. 2 ArbGG kommt auch der Erlass einer einstweiligen Verfügung in Betracht.[118] Unzulässig sind Globalanträge, mit denen es AG aufgegeben werden soll, es zu unterlassen, BR-Mitglieder wegen ihrer Teilnahme an notwendigen BR-Sitzungen arbeitsvertraglich abzumahnen.[119]

---

115 *Fitting*, Rn. 35 leitet aus der Missachtung des gesetzlichen Aufzeichnungsverbot keine generelle Unwirksamkeit von Beschlüssen ab.

116 BT-Drs. 19/28899, S. 19.

117 Ebenso *ArbG Frankfurt* 26. 1. 22 – 18 BVGa 3/22, n. rkr.

118 Ebenso Richardi-*Thüsing*, Rn. 20; a. A. bezüglich der Freistellung eines BR-Mitgliedes von der Nachtschicht *LAG Rheinland-Pfalz* 19. 8. 08 – 3 TaBGa 1/08, juris.

119 *HessLAG* 4. 2. 13 – 16 TaBV 261/12.

§ 31 Teilnahme der Gewerkschaften

Auf Antrag von einem Viertel der Mitglieder des Betriebsrats kann ein Beauftragter einer im Betriebsrat vertretenen Gewerkschaft an den Sitzungen beratend teilnehmen; in diesem Fall sind der Zeitpunkt der Sitzung und die Tagesordnung der Gewerkschaft rechtzeitig mitzuteilen.

Inhaltsübersicht Rn.

I. Vorbemerkungen

Die Vorschrift konkretisiert den Grundsatz der Zusammenarbeit zwischen BR und Gewerkschaften (§ 2). Unabhängig von der selbstverständlichen Befugnis des BR in seiner Gesamtheit, einen Gewerkschaftsvertreter hinzuzuziehen, steht dieses Recht nach § 31 einem **Viertel der BR-Mitglieder** zu. 1

Die Vorschrift gilt entsprechend für den **GBR** (§ 51 Abs. 1), den **KBR** (§ 59 Abs. 1), die **JAV** (§ 65 Abs. 1), die **GJAV** (§ 73 Abs. 2), die **KJAV** (§ 73 b), die **Bordvertretung** (§ 115 Abs. 4) und den **See-BR** (§ 116 Abs. 3), den **Betriebsausschuss** und die **Ausschüsse** (einschließlich WA) des BR (vgl. Rn. 19), **Arbeitsgruppen** gem. § 28a sowie für eine **anderweitige Vertretung der AN.**[1] Bei einer **zusätzlichen Vertretung der AN** (§ 3 Abs. 1 Nrn. 4 und 5) kann der TV die Teilnahme von Gewerkschaftsvertretern an den Sitzungen regeln. Die Vorschrift ist **zwingend** und kann nicht durch TV oder BV abbedungen werden.[2] 2

Der **DGB-Entwurf** für ein modernes Betriebsverfassungsgesetz[3] belässt die bisherige Vorschrift inhaltlich unverändert. 2a

II. Zuziehung eines Gewerkschaftsbeauftragten

Die im Betrieb vertretene Gewerkschaft hat im Gegensatz zu Betriebsversammlungen (§ 46 Abs. 1) **kein selbstständiges Teilnahmerecht** an BR-Sitzungen. Allerdings hat der BR bzw. ein Viertel der Mitglieder **jederzeit** die Möglichkeit, die Einladung und Hinzuziehung von Beauftragten der im Betrieb vertretenen Gewerkschaft zu veranlassen.[4] 3

Obwohl das Gesetz die Möglichkeit nicht ausdrücklich erwähnt, ist ein Beauftragter der im BR vertretenen Gewerkschaft auch dann hinzuzuziehen, wenn der **BR mit Mehrheit** (vgl. Rn. 7) einen entsprechenden **Beschluss** fasst.[5] Ein entsprechender Antrag kann jederzeit gestellt werden.[6] Das Antragsrecht nach § 31 wird hierdurch nicht eingeschränkt, zumal im Hinblick auf § 33 Abs. 1 und 2 in jedem Fall mindestens die nach § 31 erforderliche Zahl der BR-Mitglieder dem Beschluss zustimmen muss.[7] Stand der Antrag nicht auf der Tagesordnung, kann er durch Mehrheitsbeschluss der BR-Mitglieder jederzeit herbeigeführt werden.[8] Außerdem könnte der BR mit einfacher Stimmenmehrheit eine Vertagung des Tagesordnungspunktes oder der gesamten Sitzung beschließen, um die Einbeziehung eines Gewerkschaftsvertreters zu ermöglichen. 4

---

1 § 3 Abs. 1 Nrn. 1–3; a. A. HWGNRH-*Glock*, Rn. 32.
2 *Fitting*, Rn. 4; GK-*Raab*, Rn. 5.
3 AuR Sonderausgabe April 2022, S. 22.
4 *Hässler*, S. 33.
5 *BAG* 28.2.90 – 7 ABR 22/89, NZA 90, 660 = EzA § 31 BetrVG 1972 Nr. 1 mit zustimmender Anm. *Rieble*.
6 Vgl. Rn. 10; Textmuster bei DKWF-*Wedde*, § 31, Rn. 3.
7 GK-*Raab*, Rn. 12.
8 Im Ergebnis ähnlich Richardi-*Thüsing*, Rn. 12.; vgl. aber § 29 Rn. 20 ff.

5 Die Hinzuziehung von Gewerkschaftsbeauftragten durch den BR kann sowohl im **Einzelfall** als auch **generell** beschlossen bzw. in der GO des BR vorgesehen werden.[9] Für den Beschluss genügt die Mehrheit der anwesenden BR-Mitglieder (§ 33). Dagegen ist für die Aufnahme in die GO die Mehrheit der Stimmen aller BR-Mitglieder erforderlich (§ 36). Der BR ist nicht verpflichtet, jede vertretene Gewerkschaft hinzuzuziehen, sondern kann seine Entscheidung auf eine bestimmte Gewerkschaft beschränken.

6 Ein Viertel der Mitglieder im BR kann mit einem **Antrag nach dieser Vorschrift** auch die **generelle Hinzuziehung** von Gewerkschaftsbeauftragten **zu allen Sitzungen** des BR erzwingen.[10]

7 Der **Antrag auf Hinzuziehung** eines Beauftragten einer im BR vertretenen Gewerkschaft kann von einem Viertel der Mitglieder des BR gestellt werden und ist an den Vorsitzenden zu richten. Ausschlaggebend ist jeweils die Gesamtzahl der BR-Mitglieder und nicht die Zahl der anwesenden oder an der Beschlussfassung teilnehmenden Mitglieder.[11] In den **privatisierten Postunternehmen** können die Vertreter der Beamten als eigenständige Gruppe nur dann Vertreter einer Gewerkschaft hinzuziehen, wenn sie im BR zur alleinigen Beschlussfassung (§ 28 PostPersRG) befugt sind.[12] Die Antragsteller brauchen nicht Mitglied der Gewerkschaft zu sein, deren Beauftragte an Sitzungen des BR teilnehmen sollen.

8 Der **Antrag** kann **nicht** durch **Mehrheitsbeschluss des BR abgelehnt** werden.[13] Nach dieser Vorschrift gestellte Anträge haben immer den rechtlichen Charakter eines verbindlichen Verlangens, so dass sich eine Beschlussfassung des BR erübrigt.[14] Besteht **der BR nur aus einem Mitglied,** kann sich dieser mit einem Gewerkschaftsbeauftragten in einer BR-Sitzung beraten.[15]

9 Da der **Zeitpunkt** der Sitzung und die **Tagesordnung** der Gewerkschaft zum Zwecke der Vorbereitung **rechtzeitig** mitzuteilen sind, ist der Antrag so frühzeitig vor der Sitzung zu stellen, dass der Vorsitzende seiner Verpflichtung zur ordnungsgemäßen Ladung noch nachkommen kann. Soll eine Sitzung nach § 30 Abs. 2 ausschließlich als Video- und Telefonkonferenz durchgeführt werden oder wird einzelnen BR-Mitgliedern im Rahmen einer »hybriden« Lösung (vgl. § 30 Rn. 37) eine entsprechende Teilnahmemöglichkeit eingeräumt, müssen die entsprechenden digitalen Zugangsmöglichkeiten auch eingeladenen Beauftragten einer Gewerkschaft zur Verfügung gestellt werden.[16] Der Antrag kann auch in einer Sitzung mit dem Ziel gestellt werden, dass zur nächsten Sitzung ein Gewerkschaftsbeauftragter hinzugezogen wird. Zulässig ist ferner, den **Antrag in der gleichen Sitzung** zu stellen, sofern der Gewerkschaftsbeauftragte anwesend bzw. abrufbereit ist oder sofort (ggf. auch per Video- oder Audiokonferenz) hinzugezogen werden kann. Auch eine **Vertagung** von Themen oder ganzen Sitzungen kommt in Betracht, falls dies der BR mit einfacher Mehrheit beschließt.[17] Ein **zwingender Anspruch** auf Vertagung lässt sich aus der Vorschrift nicht ableiten, weil sonst durch Anträge auf Hinzuziehung eines Gewerkschaftsbeauftragten Beschlussfassungen durch eine Minderheit blockiert werden könnte. Der Antrag auf Hinzuziehung eines Gewerkschaftsbeauftragten kann auf bestimmte **Tagesordnungspunkte** beschränkt werden.[18]

---

9 *BAG* 28.2.90 – 7 ABR 22/89, NZA 90, 660 hinsichtlich der Beschlussfassung über ein generelles Teilnahmerecht an BR-Sitzungen; *Däubler,* Gewerkschaftsrechte, Rn. 142; *Fitting,* Rn. 7; ErfK-*Koch,* Rn. 1; vgl. auch *BAG* 18.11.80, AP Nr. 2 zu § 108 BetrVG 1972; a. A. Richardi-*Thüsing,* Rn. 14 f., 28; GK-*Raab,* Rn. 19; HWGNRH-*Glock,* Rn. 10a; MünchArbR-*Joost,* § 307 Rn. 24; zur Teilnahme an WA-Sitzungen *BAG* 25.6.87, AP Nr. 6 zu § 108 BetrVG 1972 mit krit. Anm. *Däubler;* Textmuster bei DKWF-*Wedde,* § 31, Rn. 3 ff.

10 *BAG* 28.2.90 – 7 ABR 22/89, NZA 90, 660; *Däubler,* Gewerkschaftsrechte, Rn. 142; ErfK-*Koch,* Rn. 1; *Fitting,* Rn. 10; a. A. Richardi-*Thüsing,* Rn. 14; GK-*Raab,* Rn. 19; HWGNRH-*Glock,* Rn. 10.

11 HWGNRH-*Glock,* Rn. 7; Richardi-*Thüsing,* Rn. 7; *Fitting,* Rn. 12 m. w. N.

12 Weitergehend *Fitting,* Rn. 15 für ein allgemeines Teilnahmerecht der Berufsverbände der Beamten.

13 *Fitting,* Rn. 9; GK-*Raab,* Rn. 15; HWGNRH-*Glock,* Rn. 15; Richardi-*Thüsing,* Rn. 12; ErfK-*Koch,* Rn. 1.

14 *GL,* Rn. 10.

15 *Fitting,* Rn. 6; GK-*Raab,* Rn. 9; MünchArbR-*Joost,* § 307 Rn. 25; HWGNRH-*Glock,* Rn. 7.

16 Vgl. Rn. 30 Rn. 23.

17 GK-*Raab,* Rn. 9; *Fitting,* Rn. 14.

18 Vgl. Richardi-*Thüsing,* Rn. 16; *Fitting,* a. a. O.; *GL,* Rn. 7; GK-*Raab,* Rn. 22; HWGNRH-*Glock,* Rn. 10.

10 Die **Antragstellung** ist **nicht** an eine **bestimmte Form** gebunden; der Antrag kann somit auch mündlich in einer BR-Sitzung gestellt werden. Bei einer Antragstellung außerhalb einer Sitzung empfiehlt sich Text- oder Schriftform, um den Nachweis für die erforderliche Mehrheit führen zu können.[19] Ist ein Antrag gestellt worden, ist er in die Sitzungsniederschrift (§ 34) aufzunehmen.[20] Er bedarf **keiner Begründung.** Aus seinem Inhalt muss entnommen werden können, welche Gewerkschaft zu welcher Sitzung oder zu welchen Tagesordnungspunkten einen Beauftragten entsenden soll. Es besteht keine Verpflichtung, jede im BR vertretene Gewerkschaft zur Entsendung eines Beauftragten aufzufordern, wenn die Hinzuziehung nur einer bestimmten Gewerkschaft beantragt wurde. Andererseits kann auch die Teilnahme der Beauftragten mehrerer Gewerkschaften beantragt werden, sofern diese im BR vertreten sind.[21] Die Hinzuziehung einer Gewerkschaft gibt anderen im BR vertretenen Gewerkschaften kein Recht auf Teilnahme.

11 Voraussetzung für die Hinzuziehung ist, dass die **Gewerkschaft mindestens mit einem Mitglied im BR vertreten** ist.[22] Im Bereich der privatisierten Post- und Bahnunternehmen sind **Berufsverbände der Beamten** den Gewerkschaften gleichgestellt.[23] Es genügt nicht, dass die Gewerkschaft AN des Betriebs, die nicht dem BR angehören, organisiert hat. Die Mitgliedschaft muss im BR, jedoch nicht gegenüber dem AG nachgewiesen werden.[24] Es bestehen keine Bedenken, Beauftragte von Gewerkschaften, die nicht im Betrieb vertreten sind, zu bestimmten Beratungsgegenständen in einer BR-Sitzung als Sachverständige oder Auskunftspersonen gem. § 80 Abs. 2 Satz 3 und Abs. 3 zu hören.[25]

12 Der **Vorsitzende des BR** ist nicht befugt, einen Gewerkschaftsbeauftragten **ohne Beschluss des BR** oder **eine verbindliche Antragstellung** eigenmächtig zu einer Sitzung zuzulassen oder hinzuzuziehen. Er kann von sich aus keine Beauftragten anderer Gewerkschaften einladen, wenn die Hinzuziehung eines Beauftragten einer bestimmten Gewerkschaft beschlossen oder beantragt wurde. Liegt ein **ordnungsgemäßer Antrag** vor, hat der Vorsitzende den Gewerkschaftsbeauftragten einzuladen. Die Mitteilung des Zeitpunkts der Sitzung kommt einer Einladung gleich.[26] Eine Entscheidung über die Zweckmäßigkeit steht ihm nicht zu. Entspricht der Vorsitzende dem Antrag nicht, handelt er pflichtwidrig.[27] Entsprechende Tagesordnungspunkte können dann nicht behandelt werden, da ansonsten das Antragsrecht unterlaufen würde.[28] Die betroffene Gewerkschaft kann (jedenfalls im Wiederholungsfall) ein Verfahren nach § 23 Abs. 1 wegen grober Verletzung der gesetzlichen Pflichten einleiten.[29] Das Vorliegen einer Wiederholungsgefahr des gerügten Verhaltens ist allerdings keine Anspruchsvoraussetzung für ein Verfahren nach § 23 Abs. 1.[30] Liegt ein Antrag vor, kann der Gewerkschaftsbeauftragte auch gegen den Willen der Mehrheit des BR an der Sitzung teilnehmen.[31]

13 Die Hinzuziehung von Gewerkschaftsbeauftragten beschränkt sich nicht auf die Teilnahme an förmlichen Sitzungen i. S. d. § 30 des BR, sondern kann etwa auch für Besprechungen mit dem AG erfolgen.[32] § 2 Abs. 1 verpflichtet den BR, eng mit den im Betrieb vertretenen Gewerkschaften zusammenzuarbeiten. Es besteht somit die Möglichkeit, durch Mehrheitsbeschluss die **Hinzuziehung eines Gewerkschaftsbeauftragten zu sonstigen Besprechungen** mit dem AG oder anderen Stellen durchzusetzen, z. B. zum Abschluss von BV. Unabhängig von der Hin-

19 GK-*Raab*, Rn. 11.
20 *Fitting*, Rn. 7; GK-*Raab*, a. a. O. halten die Aufnahme nicht für zwingend.
21 *Fitting*, Rn. 15; GK-*Raab*, Rn. 13.
22 *BAG* 28. 2. 90 – 7 ABR2289, NZA 90, 660; 4. 11. 60, AP Nr. 2 zu § 16 BetrVG.
23 *Fitting*, Rn 15.
24 GK-*Raab*, Rn. 11; *Fitting*, Rn. 11; vgl. § 16 Rn. 22.
25 GK-*Raab*, Rn. 14; Richardi-*Thüsing*, Rn. 6; vgl. im Übrigen § 30 Rn. 11 ff.
26 *Fitting*, Rn. 25.
27 *Fitting*, Rn. 16.
28 ErfK-*Koch*, Rn. 1; *Fitting*, Rn. 25; a. A. GK-*Raab*, Rn. 15.
29 *Fitting*, a. a. O.; *GL*, Rn. 10; HWGNRH-*Glock*, a. a. O.; GK-*Raab*, a. a. O.
30 Vgl. auch *BAG* 18. 4. 85, AP Nr. 5 zu § 23 BetrVG 1972.
31 HWGNRH-*Glock*, Rn. 15.
32 A. A. Richardi-*Thüsing*, Rn. 4; *Fitting*, Rn. 21; GK-*Raab*, Rn. 18; HWGNRH-*Glock*, Rn. 5, die z. T. das Einverständnis des AG voraussetzen.

zuziehung zu einer Sitzung ist jedes BR-Mitglied berechtigt, für seine persönliche Vorbereitung Rechtsrat von einer Gewerkschaft einzuholen.[33]

III. Teilnahme eines Gewerkschaftsbeauftragten

14 Die **Gewerkschaft** ist **nicht verpflichtet,** einen Beauftragten zur Sitzung des BR zu entsenden, wenn ihr seitens eines BR eine entsprechende Aufforderung zugeht. Die eingeladene Gewerkschaft entscheidet darüber, welchen Vertreter sie entsendet.[34] Der zu entsendende Gewerkschaftsbeauftragte muss **nicht Angestellter der Gewerkschaft** sein. Die Gewerkschaft kann jedes ihrer Mitglieder als Beauftragten entsenden, ggf. auch einen AN des betreffenden Betriebs,[35] z. B. den Sprecher oder ein anderes Mitglied des gewerkschaftlichen Vertrauensleutekörpers.[36] Auch die Entsendung eines AN aus einem Konkurrenzbetrieb ist grundsätzlich möglich.[37] Die fachliche Qualifikation des Gewerkschaftsbeauftragten ist für die Zulässigkeit der Entsendung ohne Bedeutung.[38] Der BR hat kein Recht, die Entsendung einer bestimmten Person zu verlangen, kann aber Vorschläge machen. Die Gewerkschaft ist nicht darauf beschränkt, nur einen Vertreter zu entsenden.[39] Die Entsendung **mehrerer Vertreter** kann zweckmäßig sein, wenn die Tagesordnungspunkte eine Beratung durch verschiedene Gewerkschaftssachverständige notwendig erscheinen lassen.[40]

15 Der Beauftragte braucht keine **Vollmacht** seiner Gewerkschaft vorzulegen, doch kann der BR einen Nachweis über die Beauftragung verlangen.[41]

16 Der Beauftragte der Gewerkschaft nimmt mit **beratender Stimme** an der Sitzung teil, d. h., er kann auf die Willensbildung des BR Einfluss nehmen. Er darf sich nicht an der Beschlussfassung beteiligen und kann keine Anträge stellen, solche aber anregen. Ihm ist auf Antrag das Wort zu erteilen. Er kann bei Abstimmungen zugegen sein.[42]

17 Der Beauftragte der Gewerkschaft unterliegt wie BR-Mitglieder der **Schweigepflicht** nach § 79 Abs. 2. Er hat über Betriebs- und Geschäftsgeheimnisse (vgl. § 79 Rn. 3 ff.) Stillschweigen zu bewahren. Verstöße können nach § 120 Abs. 1 mit Strafe geahndet werden.[43] Eine Schweigepflicht des Gewerkschaftsbeauftragten besteht in entsprechender Anwendung der §§ 99 Abs. 1 und 102 Abs. 2 auch in Bezug auf persönliche Verhältnisse und Angelegenheiten der AN, die ihrem Inhalt oder ihrer Bedeutung nach einer vertraulichen Behandlung bedürfen. Die Verletzung dieser Schweigepflicht ist wegen fehlender unmittelbarer Geltung der §§ 99 Abs. 1 und 102 Abs. 2 nicht strafbewehrt.[44]

18 Der AG darf dem Beauftragten der Gewerkschaft den **Zutritt zum Betrieb** zur Teilnahme an BR-Sitzungen und Betriebsversammlungen nicht verweigern.[45] Wird eine Sitzung als Video-

33 *HessLAG* 20.3.17 – 16 TaBV 1217, EzA-SD 2017, Nr. 13, 15; vgl. hierzu *Mittag*, jurisPR-ArbR 29/17 Anm. 3.
34 *Däubler*, Gewerkschaftsrechte, Rn. 134; *Hässler*, S. 34; ErfK-*Koch*, Rn. 1.
35 HWGNRH-*Glock*, Rn. 21, die nur eine Entsendung außerhalb der persönlichen Arbeitszeit für zulässig halten.
36 In diesem Sinne auch Richardi-*Thüsing*, Rn. 19.
37 *LAG Hamburg* 28.11.86, Mitb 87, 782 mit Anm. *Köstler; WW*, Rn. 6; a. A. *Fitting*, Rn. 18; Richardi-*Thüsing*, a. a. O.; GK-*Raab*, a. a. O.; HWGNRH-*Glock*, Rn. 19.
38 HWGNRH-*Glock*, Rn. 20.
39 *Fitting*, Rn. 19; ErfK-*Koch*, Rn. 1; *Hässler*, a. a. O.; enger GK-*Raab*, Rn. 16, 22; für die Beschränkung des Entsenderechts auf eine Person Richardi-*Thüsing*, Rn. 18; HWGNRH-*Glock*, Rn. 22.
40 Ebenso ArbG *Gießen* – 5.10.18 – 7 BV 15/17, EzA-SD 2019, Nr 10, 15.
41 GK-*Raab*, Rn. 17; enger HWGNRH-*Glock*, Rn. 26, die auch den AG als berechtigt ansehen, einen Nachweis zu verlangen.
42 *Fitting*, Rn. 22; GK-*Raab*, Rn. 23; HWGNRH-*Glock*, Rn. 27; Richardi-*Thüsing*, Rn. 22; ErfK-*Koch*, Rn. 1, der aber einen Ausschluss der Anwesenheit per Beschluss für zulässig hält.
43 GK-*Raab*, Rn. 28.
44 *Fitting*, Rn. 25.
45 *BAG* 18.3.64, AP Nr. 1 zu § 45 BetrVG mit Anm. *Dietz; Fitting*, Rn. 23; GK-*Raab*, Rn. 24; HWGNRH-*Glock*, Rn. 23; *Zender*, ZBVR 04, 18; a. A. *LAG Hamm* 3.6.05 – 13 TaBV 58/05, AuR 05, 465, das ein Zutrittsverweigerungsrecht des AG ausnahmsweise sieht, wenn ein Beauftragter in der Vergangenheit den Betriebsfrieden nachhaltig gestört hat und wenn eine Wiederholung dieses Verhaltens zu befürchten ist; zustimmend *Fitting*, a. a. O.; Richardi-*Thüsing*, Rn. 24.

oder Telefonkonferenz durchgeführt, muss Beauftragten der Gewerkschaft entsprechend ein »digitales Zutrittsrecht« eingeräumt werden. Dies setzt voraus, dass technische Systeme zum Einsatz kommen, die eine externe Teilnahme ermöglichen. Verweigert der AG widerrechtlich den physikalischen Zutritt und/oder den digitalen Zugang zu betrieblichen Systemen, ist dies eine Störung der BR-Tätigkeit i. S. d. § 78 vor, die strafrechtliche Folgen nach § 119 Abs. 1 Nr. 2 haben kann.[46] Darüber hinaus kann bei groben Verstößen das Zwangsverfahren nach § 23 Abs. 3 eingeleitet werden.

IV. Teilnahme an Ausschuss-Sitzungen des Betriebsrats

§ 31 gilt entsprechend für die Hinzuziehung von Gewerkschaftsbeauftragten zu **Sitzungen der Ausschüsse**[47] des BR[48] sowie zu Sitzungen von Arbeitsgruppen gem. § 28a. Dies gilt **nicht nur** für Sitzungen der Ausschüsse, denen Aufgaben zur **selbstständigen Erledigung** übertragen wurden,[49] sondern auch für Sitzungen von Ausschüssen, die nur **vorbereitende Aufgaben** haben. Das Gesetz regelt zwar die Sitzungen der Ausschüsse und Arbeitsgruppen gem. § 28a nicht. Es ist jedoch anerkannt, dass sich für die Ausfüllung dieser Lücke die Bestimmungen über die BR-Sitzung anbieten. Von daher gibt es keinen Grund, von dieser Regel bei Teilnahme von Gewerkschaftsbeauftragten an Sitzungen abzuweichen, zumal das BetrVG in vielen Bestimmungen ein Zusammenwirken von BR und Gewerkschaft vorsieht und zu erreichen sucht. 19

Die Hinzuziehung eines Gewerkschaftsbeauftragten kann von einem Viertel der Mitglieder des BR beantragt und sowohl vom BR als auch vom betreffenden Ausschuss – Betriebsausschuss, WA oder sonstige Ausschüsse bzw. Arbeitsgruppen des BR – beschlossen werden.[50] Die Hinzuziehung kann für einzelne Sitzungen oder auch dauerhaft beschlossen werden.[51] Liegt ein entsprechender Antrag gemäß § 31 oder ein Beschluss des BR bzw. des WA oder einer Arbeitsgruppe (jedenfalls sofern diese durch den BR bevollmächtigt ist) vor, besteht ein Teilnahmerecht des Gewerkschaftsbeauftragten an den Sitzungen des WA.[52] Für das Teilnahmerecht an Ausschuss- oder Arbeitsgruppensitzungen des BR reicht es, wenn die Gewerkschaft im BR vertreten ist; einer Vertretung im Ausschuss bedarf es nicht. 20

V. Streitigkeiten

Streitigkeiten über die Zuziehung eines Gewerkschaftsbeauftragten zu den Sitzungen des BR einschließlich des Zugangsrechts zum Betrieb werden von den **ArbG im Beschlussverfahren** entschieden (§§ 2a, 80 ff. ArbGG). Antragsberechtigt ist auch die betreffende Gewerkschaft.[53] Der Erlass einer einstweiligen Verfügung ist auf Antrag des BR oder der hinzugezogenen Gewerkschaft nach § 85 Abs. 2 ArbGG zulässig.[54] 21

46 *Amtsgericht Aichach* 29. 10. 87 – Ds 506 Js 20042/87; *OLG Hamm* 26. 2. 87 – 1 Ss 164/87, jeweils zum Zutrittsrecht eines Gewerkschaftsbeauftragten bei einer BR-Wahl; vgl. auch Widerspruchsbescheid der *Polizeidirektion Schleswig-Holstein-West* 12. 3. 91, AiB 91, 200, wonach die Entfernung eines Gewerkschaftsbeauftragten von einer BR-Sitzung rechtswidrig ist.

47 Einschließlich WA, Ausschüsse nach § 28 und beauftragte Arbeitsgruppen nach § 28a; a. A. hierzu HWGNRH-*Glock*, Rn. 32.

48 *Däubler*, Gewerkschaftsrechte, Rn. 143; Richardi-*Thüsing*, Rn. 19; ErfK-*Koch*, Rn. 1; *Fitting*, Rn. 26; MünchArbR-*Joost*, § 307 Rn. 27; HaKo-BetrVG/*Wolmerath*, Rn. 2; mit Bedenken hinsichtlich des WA; HWGNRH-*Glock*, Rn. 30.

49 In diesem Sinne auch *BAG* 18. 11. 80, 25. 6. 87, AP Nrn. 2, 6 zu § 108 BetrVG 1972 für die Teilnahme an WA-Sitzungen; Richardi-*Thüsing*, Rn. 25; § 108 Rn. 35 ff.

50 *Däubler*, Gewerkschaftsrechte, Rn. 143 ff.; Richardi-*Thüsing*, Rn. 26; ErfK-*Koch*, Rn. 1; GK-*Raab*, Rn. 4; HWGNRH-*Glock*, Rn. 33, die allerdings nur dem Ausschuss das Recht auf Hinzuziehung eines Gewerkschaftsbeauftragten zubilligen.

51 Vgl. Rn. 6; a. A. Richardi-*Thüsing*, Rn. 28; für Sitzungen des WA *BAG* 25. 6. 87 – 6 ABR 45/85, DB 87, 2468.

52 *BAG* 18. 11. 80, 25. 6. 87, AP Nrn. 2, 6 zu § 108 BetrVG 1972; *Klinkhammer*, BetrR 77, 239 ff.

53 *BAG* 18. 11. 80, AP Nr. 2 zu § 108 BetrVG 1972.

54 *ArbG Elmshorn* 28. 5. 99, AiB 99, 521.

§ 32 Teilnahme der Schwerbehindertenvertretung

Die Schwerbehindertenvertretung (§ 177 des Neunten Buches Sozialgesetzbuch) kann an allen Sitzungen des Betriebsrats beratend teilnehmen.

Inhaltsübersicht

I. Aufgaben und Stellung der Schwerbehindertenvertretung

1 Nach § 178 Abs. 1 SGB IX (ehemals § 95 Abs. 1 SGB IX[1]) hat die Vertrauensperson der Schwerbehinderten sowie ihr Stellvertreter als SBV die **Interessen der Schwerbehinderten im Betrieb zu vertreten** und ihnen beratend und helfend zur Seite zu stehen (zur GSBV vgl. § 52). Die Aufgaben der SBV sind in diesem Bereich weitgehend deckungsgleich mit denen des BR, der nach § 80 Abs. 1 Nr. 4 die Eingliederung Schwerbehinderter und sonstiger besonders schutzbedürftiger Personen zu fördern hat (vgl. § 80).[2] Die Vorschrift ist **zwingend** und kann durch TV oder BV nicht abgedungen werden.

1a Der **DGB-Entwurf** für ein modernes Betriebsverfassungsgesetz[3] belässt die bisherige Vorschrift inhaltlich unverändert.

2 Die SBV ist weder Organ noch Mitglied des BR, sondern hat ein **eigenes Amt** und eine **eigene Verantwortung,** deren Rechtsgrundlagen sich aus dem SGB IX ergeben. Ihr stehen keine Mitbestimmungsrechte nach dem BetrVG zu.[4] Die gleichzeitige Mitgliedschaft im BR ist **zulässig.** Beide Ämter beginnen und enden unabhängig voneinander.[5] Besteht ein GBR oder KBR, kann nach § 180 SGB IX eine Konzern-, Gesamt- Bezirks- und Hauptschwerbehindertenvertretung gewählt werden. Die Wahrnehmung mehrerer Ämter im Bereich der SBV ist zulässig.

3 Die **doppelte Zuständigkeit** verpflichtet den AG, sowohl den BR als gem. § 178 Abs. 2 SGB IX auch die SBV in allen Angelegenheiten, die einzelne oder Gruppen von Schwerbehinderten betreffen, **rechtzeitig und umfassend zu unterrichten** bzw. diese vor einer Entscheidung zu hören (§ 178 Abs. 2 SGB IX). Ist die **Beteiligung unterblieben,** führt dies nicht zur Unwirksamkeit der getroffenen Maßnahme.[6] Der BR kann aber in diesem Fall nach § 99 Abs. 2 Nr. 1 seine Zustimmung zu einer personellen Einzelmaßnahme verweigern.[7] Die unterlassene Beteiligung gibt der SBV außerdem das Recht, vom BR nach § 35 die **Aussetzung eines Beschlusses** zu verlangen (§ 178 Abs. 4 SGB IX; vgl. im Übrigen § 35 Rn. 3 ff.). Im Interesse der Schwerbehinderten sollte die Zusammenarbeit zwischen BR und SBV so eng gestaltet werden. Unterschiedliche Stellungnahmen, die jederzeit möglich sind, sollten im Interesse der Betroffenen AN vermieden werden.

II. Teilnahme an den Sitzungen des Betriebsrats und seiner Ausschüsse

4 Nach § 178 Abs. 4 SGB IX ist die SBV berechtigt, **an allen Sitzungen** des BR und seiner Ausschüsse und Arbeitsgruppen (insbes. auch solcher gem. § 28a) beratend teilzunehmen.[8] Hierzu zählen etwa auch die Sitzungen von paritätisch besetzten Gremien, denen aufgrund Vereinbarung der Betriebsparteien bestimmte Angelegenheiten übertragen werden, wenn die Interessen der schwerbehinderten AN berührt werden.[9] Werden Sitzungen nach § 30 Abs. 2

---

1 Zur Novelle des SGB IX *Düwell*, jurisPR-ArbR 38/16, Anm. 1.

2 Enger *ArbG Hamburg* 9.11.21 – 5 BV 13/21, n. rkr., das keine »informelle Allzuständigkeit« der SBV sieht; zutreffend kritisch hierzu *Däubler*, jurisPR-ArbR 6/2022 Anm. 8.

3 AuR Sonderausgabe April 2022, S. 22.

4 *BAG* 16.8.77, AP Nr. 1 zu § 23 SchwbG.

5 *Fitting*, Rn 17; GK-*Raab*, Rn. 10.

6 Vgl. *BAG* 28.7.83, AP Nr. 1 zu § 22 SchwbG.

7 *BAG* 14.11.89, AP Nr. 77 zu § 99 BetrVG 1972.

8 *HessLAG* 4.12.01 – 15 Sa 384/01, AuR 02, 3; *Splanemann*, AiB 02, 404; grundsätzlich *Rudolph*, AiB 11, 193; einschränkend GK-*Raab*, Rn. 3, der das Teilnahmerecht an Sitzungen der Ausschüsse nur bejaht, wenn sie an die Stelle des BR treten und selbstständig entscheiden.

9 *BAG* 21.4.93 – 7 ABR 44/92, NZA 94, 43.

ausschließlich als Video- und Telefonkonferenz durchgeführt oder können einzelne BR-Mitglieder im Rahmen »hybrider« Lösungen teilnehmen (vgl. § 30 Rn. 37), müssen Schwerbehindertenvertretungen entsprechende digitale Zugangsmöglichkeiten zur Verfügung gestellt werden.[10] Ein Teilnahmerecht auf **GBR**- oder **KBR**-Ebene besteht nach § 180 Abs. 6 und 7 SGB IX. Finden **allgemeine Standardtermine** oder »**Vorbereitungstreffen**« zwischen einzelnen BR-Vertretern und AG-Vertretern statt, besteht **kein automatisches Teilnahmerecht** der SBV.[11] Es setzt aber ein, wenn Sachverhalte mit Bezug zu schwerbehinderten AN angesprochen werden. Der gesetzliche Anspruch der SBV schließt das Teilnahmerecht an der konstituierenden Sitzung des BR ein (vgl. § 29 Rn. 10). Es bedarf hierfür keiner ausdrücklichen Zuziehung durch den BR und es ist nicht erforderlich, dass in der Sitzung Angelegenheiten erörtert werden, die besonders schwerbehinderte AN betreffen. Das Teilnahmerecht kann weder durch Beschluss des BR noch durch TV eingeschränkt werden.

Um **Ausschüsse des BR** handelt es sich, wenn sich Mitglieder des Organs unter der Leitung 5
des Vorsitzenden, dessen Stellvertreters oder eines anderen von den anwesenden Mitgliedern zu bestimmenden Mitglieds dieses Organs zusammenfinden, um gemeinsam zu beraten und ggf. zu beschließen.[12] Das **Teilnahmerecht** erstreckt sich auch auf **Sitzungen des WA,**[13] **Besprechungen mit dem AG** nach § 74 Abs. 1,[14] **Sitzungen gemeinsamer Ausschüsse** nach § 28 Abs. 2[15] und **Sitzungen besonderer Vertretungen** gem. § 3 Abs. 1.[16]

Die SBV hat zwar nicht das Recht, die **Einberufung einer BR-Sitzung** zu beantragen.[17] Sie 6
kann – wie die JAV – aber verlangen, Angelegenheiten, die einzelne Schwerbehinderte oder die Schwerbehinderten als Gruppe besonders betreffen, auf die Tagesordnung der nächsten Sitzung zu setzen.[18] Diese Regelung gilt entsprechend für Ausschüsse des BR, insbes. wenn diesen Aufgaben zur selbstständigen Erledigung übertragen wurden (vgl. § 27 Rn. 35ff., § 28 Rn. 9ff.).

Der BR-Vorsitzende – ggf. auch die Vorsitzenden der Ausschüsse – hat die SBV gemäß § 29 7
Abs. 2 **rechtzeitig** zu allen Sitzungen **unter Mitteilung** der **vollständigen Tagesordnung einzuladen.**[19] Obwohl das BetrVG den **Stellvertreter** der SBV nicht erwähnt, kann dieser an den Sitzungen des BR und seiner Ausschüsse teilnehmen, wenn die SBV verhindert ist, da gemäß § 177 Abs. 1 SGB IX der Stellvertreter die SBV im Falle ihrer Verhinderung vertritt. Ist dem BR-Vorsitzenden die Verhinderung der SBV bekannt, hat er unmittelbar den Stellvertreter zu laden (vgl. im Übrigen § 29 Rn. 28).

Unterlässt der BR-Vorsitzende die rechtzeitige **Ladung,** handelt er **pflichtwidrig.** Die Be- 8
schlüsse, die in dieser Sitzung ohne beratende Teilnahme der SBV gefasst wurden, sind jedoch nicht unwirksam,[20] es sei denn, es liegt eine vorsätzliche Benachteiligung vor.[21] Die pflichtwidrige Nichtladung der SBV kann die Sanktion nach § 23 Abs. 1 auslösen.[22]

Eine **Verpflichtung** der SBV, an den Sitzungen des BR und seiner Ausschüsse teilzunehmen, 9
besteht nicht. Sie kann sich auf die Teilnahme an der Behandlung einzelner Tagesordnungspunkte beschränken. Eine konstante Weigerung, an Sitzungen des BR teilzunehmen, obwohl

10 Vgl. § 30 Rn. 23.
11 *LAG Schleswig-Holstein* 10.9.08 – 3 TaBV 2608, DB 08, 2839; *Fitting*, Rn. 17.
12 *BAG* 19.1.84, AP Nr. 4 zu § 74 BetrVG 1972.
13 *BAG* 4.6.87, AP Nr. 2 zu § 22 SchwbG.
14 Vgl. § 95 Abs. 5 SGB IX; *Fitting*, Rn. 19; a.A. noch *BAG* 19.1.84, a.a.O.
15 So auch *BAG* 21.4.93 – 7 ABR 44/92, NZA 94, 43 = AiB 94, 48 mit Anm. *Unterhinninghofen* zum Teilnahmerecht an Sitzungen der **gemeinsamen Akkordkommission** und **Kommission zur Beurteilung von Verbesserungsvorschlägen;** einschränkend GK-*Raab*, Rn. 3.
16 Enger *Fitting*, Rn. 3, GK-*Raab*, Rn. 4, die hinsichtlich § 3 Abs. 1 Nr. 1 a.F. eine entsprechende Regelung im TV voraussetzten.
17 *Fitting*, Rn. 23; Richardi-*Thüsing*, Rn. 22; *Splanemann*, AiB 02, 404.
18 § 95 Abs. 4 SGB IX; HWGNRH-*Glock*, Rn. 14.
19 Textmuster bei DKWF-*Wedde*, § 32 Rn. 5f.
20 *Fitting*, Rn. 24; GK-*Raab*, Rn. 13; Richardi-*Thüsing*, Rn. 22; a.A. *GL*, Rn. 12, für den Fall, dass die Beschlüsse Angelegenheiten der Schwerbehinderten betreffen; weitergehend WP-*Kreft*, Rn. 8, der Beschlüsse für unwirksam hält und einen groben Verstoß sieht.
21 HWGNRH-*Glock*, Rn. 12.
22 *Fitting*, a.a.O.; GK-*Raab*, a.a.O.; HWGNRH-*Glock*, a.a.O.; vgl. auch § 23 Rn. 9ff.

seine Aufgabenstellung dies erfordert hätte, kann zu einem Amtsenthebungsverfahren nach § 177 Abs. 7 SGB IX führen.

10 Die SBV nimmt **beratend** an den BR-Sitzungen teil.[23] Das Beratungsrecht ist umfassend und nicht auf Fragen der Schwerbehinderten beschränkt. Sie kann bei Abstimmungen des BR zugegen sein; sie hat jedoch **weder ein Stimmrecht** – auch nicht in Angelegenheiten, die besonders Schwerbehinderte betreffen – noch die Befugnis, Anträge zur Abstimmung zu stellen, abgesehen von dem **Antrag auf Aussetzung** eines Beschlusses des BR nach § 35.[24] Ist ein Schwerbehindertenvertreter gleichzeitig BR-Mitglied und nimmt er dieses Mandat in der Sitzung wahr, kann nach § 177 Abs. 1 Satz 1 SGB IX sein gewählter Stellvertreter teilnehmen. Ergibt sich zwischen dem BR-Mandat und der Aufgabe als SBV ein Interessenkonflikt, muss die Vertrauensperson der schwerbehinderten Menschen dies dem BR-Vorsitzenden anzeigen.[25] In Abhängigkeit von der Art des Interessenkonflikts muss zur BR-Sitzung der nach § 177 Abs. 1 Satz 1 SGB IX gewählte Vertreter oder ein Ersatzmitglied des Betriebsrats hinzugezogen werden.

11 Nimmt die SBV an Sitzungen des BR teil, ist ihr das **Arbeitsentgelt** fortzuzahlen (§ 179 Abs. 4 und 6 SGB IX). Die Teilnahme ist als notwendige Versäumnis von Arbeitszeit anzusehen. Wie ein BR-Mitglied bedarf die SBV zur Teilnahme nicht der Zustimmung des AG.[26] Sie ist jedoch verpflichtet, sich beim Verlassen ihres Arbeitsplatzes bei ihrem Vorgesetzten **abzumelden** und nach Beendigung der Sitzung wieder **zurückzumelden.**[27] Die SBV darf in der Ausübung ihres Amtes nicht benachteiligt werden (§ 179 Abs. 2 SGB IX) und hat im Übrigen die gleiche persönliche Rechtsstellung wie BR-Mitglieder (§ 179 Abs. 3 SGB IX).[28]

12 Die SBV ist verpflichtet, über **Betriebs- und Geschäftsgeheimnisse** des AG, die ihr bei einer Teilnahme an BR-Sitzungen bekannt werden und die der AG ausdrücklich als geheimhaltungsbedürftig bezeichnet hat, **Stillschweigen** zu bewahren (§ 179 Abs. 7 SGB IX). Bezüglich personenbezogener Informationen muss sie die bestehende Zweckbindung beachten, was eine Weiterverarbeitung von BR-spezifischen Informationen für andere Zwecke der SBV-Arbeit ausschließen kann. Die bestehende kollektivrechtlich begründete Verschwiegenheitspflicht gilt nicht gegenüber den in § 79 Abs. 1 genannten betriebsverfassungsrechtlichen Institutionen. Sie bezieht sich auch auf die bei der Amtsausübung bekannt gewordenen **persönlichen Verhältnisse und Angelegenheiten der Beschäftigten,** die ihrer Bedeutung oder ihrem Inhalt nach einer vertraulichen Behandlung bedürfen. Ihre Verletzung ist nach § 237a Abs. 1 SGB IX mit Strafe bedroht.

13 Sind in einem Betrieb eines UN Menschen mit Behinderungen beschäftigt und gibt es dort keine SBV, vertritt gemäß § 180 Abs. 6 SGB IX die **GSBV** die Interessen dieser Personen mit. In diesem Fall ist die GSBV zu den Sitzungen des örtlichen BR und seiner Ausschüsse sowie zu den Besprechungen nach § 74 Abs. 1 einzuladen und berechtigt, daran teilzunehmen.[29]

III. Streitigkeiten

14 **Streitigkeiten** über die **Teilnahme** der SBV an Sitzungen sowie über ihre **Befugnisse** innerhalb der Betriebsverfassung entscheiden die **ArbG im Beschlussverfahren.**[30] Die SBV ist antragsberechtigt.[31] Im Übrigen sind Streitigkeiten zwischen der SBV und dem AG über ihre Rechtsstellung und Zuständigkeiten, z. B. über die Kosten einer Schulung – im Gegensatz zur entsprechenden Kostenerstattung von BR-Mitgliedern – im **Urteilsverfahren** zu entscheiden.[32]

---

23 Vgl. *Düwell,* AuR 93, 345 [348], der von einer sachgerechten Mitberatung spricht.
24 *Fitting,* Rn. 28; GK-*Raab,* Rn. 16; vgl. § 35 Rn. 3 ff.
25 Vgl. *HessLAG* 1. 11. 12 – 9 TaBV 156/12, ArbR 13, 248; vgl. auch Rn. 25.
26 *Fitting,* Rn. 26; enger HWGNRH-*Glock,* Rn. 15, die unzutreffend eine Fortzahlung ausschließen, wenn die Teilnahme vorher erkennbar offensichtlich überflüssig war.
27 Vgl. auch § 37 Rn. 67 ff.
28 *BAG* 14. 8. 86, AP Nr. 2 zu § 23 SchwbG.
29 Vgl. *BAG* 28. 4. 88, AP Nr. 3 zu § 22 SchwbG zum Teilnahmerecht der Bezirksschwerbehindertenvertretung; zur Gesamtschwerbehindertenvertretung vgl. im Übrigen die Erl. zu § 52.
30 §§ 2a, 80 ff. ArbGG; *BAG* 4. 6. 87, AP Nr. 2 zu § 22 SchwbG; 8. 2. 89 – 7 ABR 83/86, 21. 9. 89, EzA § 14 SchwbG 1986 Nr. 2.
31 *BAG* 21. 9. 89, a. a. O.; HWGNRH-*Glock,* Rn. 18.
32 *BAG* 16. 8. 77, 14. 8. 86, 30. 4. 87, AP Nrn. 1, 2, 3 zu § 23 SchwbG; a. A. *Fitting,* Rn. 29; GK-*Raab,* Rn. 20.

§ 33 Beschlüsse des Betriebsrats

(1) Die Beschlüsse des Betriebsrats werden, soweit in diesem Gesetz nichts anderes bestimmt ist, mit der Mehrheit der Stimmen der anwesenden Mitglieder gefasst. Betriebsratsmitglieder, die mittels Video- und Telefonkonferenz an der Beschlussfassung teilnehmen, gelten als anwesend. Bei Stimmengleichheit ist ein Antrag abgelehnt.

(2) Der Betriebsrat ist nur beschlussfähig, wenn mindestens die Hälfte der Betriebsratsmitglieder an der Beschlussfassung teilnimmt; Stellvertretung durch Ersatzmitglieder ist zulässig.

(3) Nimmt die Jugend- und Auszubildendenvertretung an der Beschlussfassung teil, so werden die Stimmen der Jugend- und Auszubildendenvertreter bei der Feststellung der Stimmenmehrheit mitgezählt.

Inhaltsübersicht

I. Vorbemerkungen

Diese Vorschrift regelt die für die Willensbildung des BR als Kollegialorgan wichtigen Fragen der **Beschlussfassung** (Abs. 1 und 3) und der **Beschlussfähigkeit** (Abs. 2). Sie gilt für den **Betriebsausschuss,** die **Ausschüsse**[1] sowie für **Arbeitsgruppen** gem. § 28a des BR entsprechend.[2] Der BR kann bei der Übertragung bestimmter Aufgaben auf den Betriebsausschuss, auf die Ausschüsse oder auf Arbeitsgruppen **anderweitige Regelungen festlegen,** z. B. verschärfte Anforderungen sowohl für die Beschlussfassung – wie qualifizierte Mehrheit – als auch für die Beschlussfähigkeit.[3] Nicht einschlägig ist die Vorschrift für Abstimmungen i. R. der gem. § 2 Abs. 2 Satz 3 SprAuG gemeinsamen Sitzung von BR und Sprecherausschuss. Notwendige Abstimmungen müssen hier getrennt erfolgen.[4] Die Grundsätze der Vorschrift sind **zwingend** und können nicht durch TV und BV abgedungen werden. 1

Die Vorschrift findet Anwendung auf die **GBR-Ausschüsse** (§ 51 Abs. 5), **KBR-Ausschüsse** (§ 59 Abs. 1 i. V. m. § 51 Abs. 5) und **JAV** (§ 65 Abs. 1). Sie gilt nicht für den **GBR, KBR, GJAV** und **KJAV.** Hier gelten die Sonderregelungen § 47 Abs. 7 und 8, § 51 Abs. 4, § 55 Abs. 4, § 59 Abs. 1, § 72 Abs. 7 und § 73a Abs. 3. Auf die **Bordvertretung** und den **See-BR** finden die Vorschriften eingeschränkt Anwendung. Es entfällt z. B. Abs. 3, da im Seebereich keine JAV zu wählen ist (vgl. im Übrigen § 115 Abs. 4, § 116 Abs. 3). Sie gilt jedoch entsprechend für anderweitige bzw. zusätzliche **AN-Vertretungen** i. S. v. § 3 Abs. 1, sofern der TV keine andere Regelung vorsieht.[5] 2

In die Vorschrift wurde durch das sogenannte Betriebsrätemodernisierungsgesetz[6] als Folgeänderung der Schaffung der Möglichkeit zur Durchführung von Video- und Telefonkonferenzen in § 30 Abs. 2 (vgl. dort Rn. 17 ff.) ein neuer Satz 2 eingefügt. 2a

Der **DGB-Entwurf** für ein modernes Betriebsverfassungsgesetz[7] belässt die bisherige Vorschrift inhaltlich unverändert. 2b

1 *Fitting,* Rn. 2; HWGNRH-*Glock,* Rn. 2.
2 Ebenso *Fitting,* § 28a Rn. 38; a. A. GK-*Raab,* Rn. 3.
3 ErfK-*Koch,* Rn. 1; vgl. auch § 27 Rn. 35 ff.
4 *Fitting,* Rn. 6.
5 GK-*Raab,* Rn. 4; *Fitting,* Rn. 5.
6 BGBl. I, S. 1762.
7 AuR Sonderausgabe April 2022, S. 23.

II. Voraussetzungen für die Beschlussfassung des Betriebsrats

1. Die Willensbildung im Betriebsrat

3 Der BR **entscheidet als Kollegialorgan** in einer förmlichen Sitzung durch Beschluss.[8] Eine andere Form der Willensbildung, etwa durch **Stillschweigen** oder im Wege des **Umlaufverfahrens,** ist selbst dann **unzulässig,** wenn alle BR-Mitglieder einverstanden sind[9] (vgl. im Übrigen Rn. 9 ff.). Keine Beschlüsse i. S. d. § 33 sind die vom BR durchzuführenden Wahlen;[10] hier kommt es darauf an, wer die meisten Stimmen erhält.[11] Die Regelungen des Abs. 2 über Beschlussfähigkeit und Stellvertretung durch Ersatzmitglieder gelten entsprechend.[12]

2. Beschlussfähigkeit

4 Das Bestehen der Beschlussfähigkeit ist eine **unverzichtbare Voraussetzung** für das Zustandekommen wirksamer Beschlüsse.[13] Ohne einen wirksamen Beschluss gibt es in bestimmten Fällen keine Befugnis des BR-Vorsitzenden, nach außen hin tätig zu werden.[14] Allerdings sind die Voraussetzungen für die Unwirksamkeit eines Beschlusses hoch. Es muss sich um Verstöße gegen Verfahrensvorschriften handeln, die für ein ordnungsgemäßes Zustandekommen des Beschlusses wesentlich sind.[15] Diese müssen so schwer wiegen, dass ein Fortbestand des vom BR getroffenen Beschlusses von der Rechtsordnung nicht hinzunehmen ist.[16]

5 Die Beschlussfähigkeit liegt vor, wenn **mindestens die Hälfte der BR-Mitglieder** – ggf. einschließlich Ersatzmitgliedern (vgl. Abs. 2) – an der Beschlussfassung teilnimmt.[17] Die Teilnahme anderer Beauftragter oder Bevollmächtigter an der Beschlussfassung für verhinderte BR-Mitglieder ist nicht statthaft.[18] Bei der Feststellung der Beschlussfähigkeit zählen die **Stimmen der JAV** auch dann nicht mit, wenn sie gemäß § 67 Abs. 2 Stimmrecht im BR hat.[19] Maßgebend ist die Zahl des nach § 9 oder § 11 **ordnungsgemäß besetzten BR.** Ist die Gesamtzahl der BR-Mitglieder auch nach Eintreten sämtlicher Ersatzmitglieder unter die vorgeschriebene Zahl gesunken (vgl. § 13 Abs. 2 Nr. 2), ist bis zur Neuwahl von der Zahl der noch vorhandenen BR-Mitglieder einschließlich der nachgerückten Ersatzmitglieder für die Dauer der Weiterführung der Geschäfte (vgl. auch § 22 Rn. 4) auszugehen.[20] Dies gilt entsprechend, wenn mehr als die Hälfte der BR-Mitglieder an der Amtsausübung, z. B. für die Dauer der Äußerungsfristen des § 102 Abs. 2, verhindert ist und nicht durch Ersatzmitglieder vertreten werden kann.[21]

---

8 *BAG* 8.2.22 – 1 AZR 233/21 zum Fehlen einer Anscheinsvollmacht (hierzu auch § 26 Rn. 22); 9.12.14 – 1 ABR 19/13, NZA 15, 368; 15.4.14 – 1 ABR 2/13(B), NZA 14, 551; allg. *Wedde*, AuR 23, 209; *Mittländer*, AiB 22, Nr. 5, 16 ff.

9 *Fitting*, Rn. 21; GK-*Raab*, Rn. 10; Richardi-*Thüsing*, Rn. 1a; *v. Hoyningen-Huene*, S. 161; *Matusche*, AiB 96, 537; *Jansen*, AiB 18, Nr. 4 15 ff.

10 GK-*Raab*, Rn. 7, *Fitting*, Rn. 10.

11 *Hässler*, S. 40; vgl. auch § 26 Rn. 11 und § 27 Rn. 19 ff.

12 *Fitting*, Rn. 10.

13 GK-*Raab*, Rn. 13 ff., 60; allgemein *Grosjean*, NZA-RR 05, 113; *Koll/Grolms*, AiB 13, 103; *Rudolph/Jansen*, AiB 18, Nr. 5 26.

14 *BAG* 19.1.05 – 7 ABR 24/04, ZBVR 05, 110 für die Einleitung eines arbeitsgerichtlichen Beschlussverfahrens; 18.1.06 – 7 ABR 25/05, dbr 06, Nr. 7, 38 für die unwirksame Beauftragung eines Rechtsanwalts wegen eines aufgrund eines Ladungsmangels unwirksamen Beschlusses des BR.

15 *BAG* 30.9.14 – 1 ABR 32/13, NZA 15, 370; *Fitting*, Rn. 10a.

16 *BAG* 15.4.14 – 1 ABR 2/13, NZA 14, 551; *Fitting*, a. a. O.

17 V. *Hoyningen-Huene*, S. 161; MünchArbR-*Joost*, § 307 Rn. 43; *Matusche*, AiB 96, 535; GK-*Raab*, Rn. 13 ff.; *Werwach*, ZBVR 01, 15; *Wiszkocsill*, dbr 3/05, 16 ff.

18 *LAG Hamm* 21.10.05 – 13 TaBV 77/05, juris hält eine Beschlussfassung für unwirksam, weil hierbei zwei ehemalige BR-Mitglieder anwesend waren.

19 *Fitting*, Rn. 18; GK-*Raab*, Rn. 13 ff.; HWGNRH-*Glock*, Rn. 8; MünchArbR-*Joost*, a. a. O.; Richardi-*Thüsing*, Rn. 10.

20 *LAG Berlin* 1.3.05 – 7 TaBV 2220/04, NZA-RR 06, 32; *Fitting*, Rn. 12; GK-*Raab*, Rn. 13; HWGNRH-*Glock*, Rn. 9; Richardi-*Thüsing*, Rn. 6; *Matusche*, AiB 96, 535; *BAG* 18.8.82, AP Nr. 24 zu § 102 BetrVG 1972.

21 *BAG*, a. a. O.; v. *Hoyningen-Huene*, S. 161; *Klar*, NZA 17, 296 für fristgebundene Beschlüsse.

Für die Beschlussfähigkeit des BR reicht es nicht aus, wenn die Hälfte seiner Mitglieder lediglich anwesend ist. Vielmehr muss mindestens die **Hälfte der BR-Mitglieder** an der **Beschlussfassung teilnehmen.**[22] Dies kann in der Form einer Stimmenthaltung geschehen.[23] Es bedarf daher der Feststellung der Ja- und Nein-Stimmen sowie der Stimmenthaltungen durch den BR-Vorsitzenden.[24] Da davon auszugehen ist, dass alle anwesenden BR-Mitglieder an der Beschlussfassung teilgenommen haben, muss ein anwesendes BR-Mitglied, das nicht teilnehmen will, seine **Nichtteilnahme ausdrücklich erklären.**[25] Wer dies tut, wird für diese Abstimmung als nichtteilnehmendes BR-Mitglied gezählt.[26] Im Zweifelsfall sollte der Vorsitzende durch Nachfrage klären, ob Stimmenthaltung oder Nichtteilnahme eines BR-Mitglieds vorliegt. Lässt sich keine Klärung herbeiführen, ist von einer Stimmenthaltung auszugehen.[27] 6

Da der Beschluss eines beschlussunfähigen BR unwirksam ist, sollten in der Sitzungsniederschrift nach § 34 nicht nur die Ja- und Nein-Stimmen, sondern auch die **Stimmenthaltungen** ausdrücklich aufgenommen werden.[28] Entsprechendes gilt für die Zahl der BR-Mitglieder, die nicht an der Beschlussfassung teilgenommen haben.[29] Zweckmäßig ist auch, die Erklärung von Mitgliedern, nicht an der Abstimmung teilnehmen zu wollen, in der Sitzungsniederschrift zu vermerken. Die Protokollierung ist keine Voraussetzung für die Wirksamkeit des Beschlusses.[30] 7

Die Beschlussfähigkeit muss bei **jeder Abstimmung** des BR bestehen und durch den Vorsitzenden jeweils erneut festgestellt werden. Wie diese Feststellung erfolgt, obliegt dem Vorsitzenden. Die Feststellung der Beschlussfähigkeit allein zu Beginn einer Sitzung ist weder erforderlich noch ausreichend, da sie sich durch vorübergehende An- und Abwesenheit von BR-Mitgliedern im Laufe einer Sitzung verändern kann, z. B. auch durch Heranholen abwesender BR-Mitglieder[31] oder **Nichtbeteiligung an der Beschlussfassung.** Die Herbeiführung der Beschlussunfähigkeit ohne triftigen Grund kann eine Pflichtverletzung i. S. d. § 23 Abs. 1 sein.[32] Die Sitzung kann zur Wiederherstellung der Beschlussfähigkeit unterbrochen werden. Tritt während der Sitzung ein Verhinderungsfall für einzelne BR-Mitglieder ein (etwa durch eine akute Erkrankung), können Ersatzmitglieder hinzugezogen werden.[33] Erscheint ein arbeitsunfähig erkranktes BR-Mitglied zur BR-Sitzung, ist davon auszugehen, dass es an der Teilnahme nicht wegen der Krankheit gehindert ist.[34] 8

3. Beschlussfassung nur in Sitzungen

Beschlüsse des BR können nur in einer ordnungsgemäß einberufenen Sitzung gefasst werden. 9
In dieser muss sich das Gremium auf Basis einer mit den Vorschriften des BetrVG in Einklang stehenden Ladung[35] mit dem jeweiligen Sachverhalt befasst und durch Abstimmung eine einheitliche Willensbildung herbeigeführt haben.[36] Damit scheidet etwa eine Beschlussfassung

---

22 Zahlen zur Beschlussfähigkeit bei DKWF-*Wedde*, § 33 Rn. 10.
23 *Fitting*, Rn. 13; *Kettner*, AiB 98, 434.
24 GK-*Raab*, Rn. 16; HWGNRH-*Glock*, Rn. 11; MünchArbR-*Joost*, § 307 Rn. 43; *Wiszkocsill*, dbr 3/05, 16 ff.
25 *GL*, Rn. 8; *Fitting*, a. a. O.; *Weiss*, Rn. 2; ErfK-*Koch*, Rn. 3; a. A. GK-*Raab*, Rn. 17; HWGNRH-*Glock*, Rn. 11.
26 *Fitting*, a. a. O.; ErfK-*Koch*, Rn. 3; a. A. Richardi-*Thüsing*, Rn. 8.
27 Ebenso *Fitting*, a. a. O.; *HaKo-BetrVG/Wolmerath*, Rn. 8.
28 Textmuster bei DKWF-*Wedde*, § 33 Rn. 12 ff.
29 GK-*Raab*, Rn. 18; HWGNRH-*Glock*, Rn. 17; *Fitting*, Rn. 14; *Kühner*, S. 62.
30 Richardi-*Thüsing*, Rn. 25.
31 *Fitting*, a. a. O.; ErfK-*Koch*, Rn. 2; HWGNRH-*Glock*, Rn. 16; GK-*Raab*, Rn. 19; Richardi-*Thüsing*, Rn. 7.
32 *Fitting*, a. a. O.; GK-*Raab*, Rn. 10; ErfK-*Koch*, a. a. O.
33 A. A. HWGNRH-*Glock*, Rn. 16.
34 *LAG Schleswig-Holstein* 26. 5. 05, AuA 05, 504; a. A. *LAG BW* 5. 12. 18 – 10 TaBV 1/18, das bei Teilnahme eines arbeitsunfähig erkrankten BR-Mitglieds von der Unwirksamkeit eines gefassten Beschlusses ausgeht.
35 Vgl. zur Ergänzung der Tagesordnung durch Beschluss in der BR-Sitzung § 29, Rn. 24 ff.
36 *BAG* 9. 12. 14 – 1 ABR 19/13, NZA 15, 368.

aus, die während der monatlichen Besprechungen zwischen AG und BR gemäß § 74 Abs. 1 oder bei sonstigen Zusammenkünften des BR gefasst erfolgt.[37]

10 Aus dem Gesetzeswortlaut des Abs. 1, der von »anwesenden Mitgliedern« spricht, folgt, dass Beschlüsse in einer Sitzung bei gleichzeitiger Anwesenheit vor Ort zu fassen sind. Durch Einfügung einer entsprechenden Regelung in § 30 Abs. 2 ist die Teilnahme an einer BR-Sitzung sowie an einer dort stattfindenden Beschlussfassung nunmehr auch im Rahmen einer Video- und Telefonkonferenz möglich. Voraussetzung hierfür ist aber, dass die dort genannten Vorgaben erfüllt sind.[38] Bei allen Sitzungsformen bleibt es indes das Ziel, dass alle BR-Mitglieder gemeinsam miteinander diskutieren können.[39] Eine Beschlussfassung im **Umlaufverfahren** (sog. Umlaufbeschluss), bei dem schriftliche Beschlussvorschlagen verschickt und durch die einzelnen BR-Mitglieder unterschrieben werden, ist unabhängig von der neuen Möglichkeit der Durchführung von Sitzungen als Video- und Telefonkonferenz weiter **unzulässig.**[40] Die Situation im Anwendungsbereich des BetrVG unterscheidet sich damit von dem, was nach anderen Gesetzen möglich und zulässig ist, etwa ein Umlaufverfahren bei Beschlüssen des AR nach § 108 Abs. 4 AktG. Ein Umlaufverfahren im Bereich des BetrVG widerspricht dem Erfordernis der gleichzeitigen Anwesenheit von mindestens der Hälfte der BR-Mitglieder, der Notwendigkeit der mündlichen Beratung mit der Möglichkeit der Einwirkung auf die Willensbildung der anderen BR-Mitglieder sowie der vom Gesetz vorgesehenen Meinungsbildung innerhalb einer gemeinsamen Sitzung und unterläuft zudem das Teilnahmerecht anderer Personen an BR-Sitzungen, z. B. Schwerbehindertenvertretung, Gewerkschaftsbeauftragte (vgl. § 29 Rn. 14, § 31 Rn. 3), sowie deren Einwirkungsmöglichkeit auf BR-Beschlüsse.[41] Ausdrücklich zulässig ist nunmehr aber die Beschlussfassung in per Video- und Telefonkonferenz durchgeführten Sitzungen. Dies gilt unabhängig davon, ob Sitzung vollständig online durchgeführt werden oder in einer »hybriden« Form, bei der ein Teil der Mitglieder sich in einer Präsenzsitzung befinden und ein anderer Teil zu dieser elektronisch zugeschaltet ist.[42]

10a Durch die Einfügung eines neuen S. 3 in § 33 Abs. 1 hat der Gesetzgeber klargestellt, dass **BR-Mitglieder als anwesend gelten,** die an Beschlussfassungen **mittels Video- und Telefonkonferenz teilnehmen.** Voraussetzung für die Wirksamkeit von Beschlüssen ist in diesen Fällen, dass die drei in § 30 Abs. 2 genannten Voraussetzungen insgesamt erfüllt sind (vgl. dort Rn. 28 ff.). Wird für BR-Sitzungen auf die Möglichkeit von Video- und Telefonkonferenzen zurückgegriffen, gelten die gesetzlichen Regelungen bezüglich Beschlussfähigkeit sowie der notwendigen Stimmmehrheiten (einfache oder absolute Mehrheit) uneingeschränkt fort. Die Beschlussfähigkeit muss bei jeder online durchgeführten Abstimmung gegeben sein. Innerhalb von Videokonferenzen kann die Anwesenheit der BR-Mitglieder von den Vorsitzenden anhand ihrer Kamerabilder festgestellt werden. Allerdings würde die Erstellung eines »Screenshots« gegen das Verbot der Aufzeichnung von Sitzungen in § 30 Abs. 2 Satz 2 verstoßen. Ist die visuelle Wahrnehmung der Anwesenheit nicht möglich, weil beispielsweise Kameras abgeschaltet sind oder weil die Bilddarstellungsqualität auf dem Bildschirm der Vorsitzenden zu schlecht ist, kann die Anwesenheit durch persönliche Abfrage bei den online teilnehmenden Betriebsratsmitgliedern abgefragt werden. Diese Abfrage muss ggfs. vor jeder Abstimmung wiederholt werden, wenn die Anwesenheit nicht anders festgestellt werden kann.

11 Für die **Art der Beschlussfassung** selbst, die im Rahmen von Video- und Telefonkonferenzen erfolgt, gibt es **keine zwingenden gesetzlichen Formvorschriften.** »Konventionelle« Abstim-

---

37 *Fitting*, Rn. 20; GK-*Raab*, Rn. 9; *ArbG Heilbronn* 13.6.89, BB 89, 1897 = AiB 89, 351 mit Anm. *Schoof*; allgemein *Ulrich*, AiB 10, 309, *Rebhan*, dbr 10, Nr. 6, 16.

38 Vgl. § 30 Rn. 17 ff.; *Fitting*, Rn. 13b.

39 Ähnlich GK-*Raab*, Rn. 10; ebenso *Rudolph/Jansen*, AiB 18, Nr. 5, 26.

40 Vgl. *BAG* 4.8.75, AP Nr. 4 zu § 102 BetrVG 1972; *ArbG Heilbronn* 13.6.89, BB 89, 1897 = AiB 89, 351 mit Anm. *Schoof*; *LAG Köln* 25.11.98 – 2 TaBV 38/98; *Fitting*, Rn. 21; GK-*Raab*, a.a.O.; HWGNRH-*Glock*, Rn. 4; Richardi-*Thüsing*, Rn. 3; ErfK-*Koch*, Rn. 3; *Fitting*, Rn. 21a; WP-*Kreft*, Rn. 9; *v. Hoyningen-Huene*, S. 161; *Müller*, AiB 06, 601; a.A. *GL*, Rn. 1, die das Umlaufverfahren für zulässig halten, wenn alle BR-Mitglieder einverstanden sind; *LAG München* 6.8.74, DB 75, 1228, bei klaren und einfachen Sachverhalten; *Brill*, AuR 75, 20.

41 *Fitting*, a.a.O.; GK-*Raab*, Rn. 11.

42 Vgl. hierzu ausführlich § 30 Rn. 17 ff.; allg. *Steiner*, AiB 22, Nr. 5, 19 f.; *Jenner*, AiB 22, Nr. 4, 18 ff.

mungen »durch Handzeichen«, die über eine Videokamera sichtbar sind, kommen in diesem Format aus praktischer Sicht wohl nur in kleineren Gremien in Betracht. In größeren BR ist hingegen insbesondere in unklaren oder wichtigen Abstimmungssituation eine **persönliche Abfrage** der individuellen Abstimmungsentscheidung in verbaler Form oder per über die Kamera sichtbares Handzeichen nach individueller Freischaltung des eigenen Bildschirms notwendig.[43] Wenn eine eindeutige Zuordnung zu einzelnen BR-Mitgliedern ebenso garantiert ist wie eine klare Aussage bezüglich des Abstimmungsverhaltens, kann auch auf sogenannte »Icons« zurückgegriffen werden.[44] Wird dieser Weg gewählt, sollte aber im Vorhinein festgelegt werden, welche Symbole für welche Entscheidung verwendet werden müssen. Alternativ kann (ebenso bei der allgemeinen Feststellung der Beschlussfähigkeit) die Abstimmungsentscheidung durch eine verbale Mitteilung unter Namensnennung übermittelt werden. In jedem Fall müssen Vorsitzende **Abstimmungsergebnisse zweifelsfrei feststellen** und **im Sitzungsprotokoll vermerken.** Betrifft ein Beschluss den Abschluss einer Betriebsvereinbarung, muss diese vom Vorsitzenden handschriftlich unterschrieben werden, um (zusammen mit der Unterschrift des Arbeitgebers) wirksam zu sein. Von der durch § 77 Abs. 2 BetrVG vorgeschriebenen Vorgabe der Schriftform und der Unterschrift lässt § 129 BetrVG keine Abweichung zu. Damit ist beispielsweise eine »digitale Unterschrift« mit einem »elektronischen Stift« in einem Word-Dokument nicht geeignet, um das gesetzliche Schriftformerfordernis zu erfüllen.

Geheime Abstimmung können im Rahmen von Video- oder Telefonkonferenzen nicht durch- 12
geführt werden.[45] Hierfür wird zwar auf dem Markt inzwischen spezielle Software angeboten. Allerdings wäre deren Einsatz nur denkbar, wenn dabei Rückschlüsse auf das individuelle Abstimmverhalten einzelner Mitglieder in keinem Fall möglich sind. Dies würde eine Ende-zu-Ende-Verschlüsselung voraussetzen, die technisch bei der Nutzung von Systemen, die von Arbeitgebern administriert werden, regelmäßig nicht garantiert werden kann. Möglich bleibt aber die **Erstellung von Meinungsbildern** über entsprechende Befragungstools.

Aus dem **Gebot der vertrauensvollen Zusammenarbeit** in § 2 Abs. 1 kann sich für den AG 13
unabhängig von der Art der Sitzungsdurchführung die Verpflichtung ergeben, den BR auf offensichtliche Mängel seiner Beschlussfassung hinzuweisen, die aus einer unzulässigen Art der Beschlussfassung folgen.[46] Die vorstehenden Grundsätze gelten auch für die Sitzungen von BR-Ausschüssen und Arbeitsgruppen gem. § 28a entsprechend.

Eine **stillschweigende** Beschlussfassung ist ebenfalls unzulässig.[47] Dagegen kann eine Be- 14
schlussfassung **durch schlüssiges Verhalten** zustande kommen. Im Streitfall muss sich dieses durch das Sitzungsprotokoll belegen lassen.[48] Da das Gesetz keine bestimmte Form für die Abstimmung vorschreibt, kann ein Beschluss z. B. dadurch gefasst werden, dass sich auf die Frage des BR-Vorsitzenden bzw. Sitzungsleiters, ob dem Antrag widersprochen wird, niemand äußert.[49] In diesem Fall muss der Sitzungsleiter das Ergebnis eindeutig feststellen und in der Sitzungsniederschrift protokollieren lassen (§ 34). Die **Willensbildung** kann durch den BR nicht **auf den Vorsitzenden** übertragen werden.[50] Vom BR mit weniger als 9 Mitgliedern können dem Vorsitzenden nach § 27 Abs. 4 BetrVG allenfalls die laufenden Geschäfte übertragen werden. Entscheidungen können dagegen von nach §§ 27, 28 gebildeten Ausschüssen sowie von Arbeitsgruppen gem. § 28a getroffen werden, wenn diesen die entsprechenden Angelegenheiten zur selbstständigen Erledigung übertragen worden sind (vgl. § 27 Rn. 35 ff.; § 28 Rn. 9 ff.; § 28a Rn. 44 ff.).

43 Ähnlich GK-*Raab*, Rn. 41.
44 GK-*Raab*, Rn. 41 verweist auf den Einsatz von »Kacheln«.
45 Ähnlich *LAG Berlin-Brandenburg* 13.10.20 – 26 TaBVGa 1281/20, juris, bezogen auf geheimen Abstimmungen im Rahmen von § 129 BetrVG.; allg. GK-*Raab*, Rn. 41.
46 *LAG Frankfurt* 21.2.91 – 12 Sa 598/90, AuR 92, 222, Ls., zu einem »Telefonrundspruch«-Beschluss.
47 *BAG* 14.2.96 – 7 ABR 25/95, NZA 96, 892; GK-*Raab*, Rn. 38; *v. Hoyningen-Huene*, S. 161.
48 Vgl. *LAG Hamm* 17.10.97 – 4 SA 1516/95.
49 GK-*Raab*, Rn. 39.
50 HWGNRH-*Glock*, Rn. 5.

15 Eine grundlegende Voraussetzung für die wirksame Beschlussfassung ist die **ordnungsgemäße Ladung** und die **rechtzeitige Mitteilung der Tagesordnung.**[51] Es ist die Ladung **aller BR-Mitglieder**[52] und **aller Mitglieder der JAV,** sofern die JAV im BR Stimmrecht hat, sowie ggf. der **Ersatzmitglieder** erforderlich.[53] Die Ladung der Ersatzmitglieder für verhinderte BR- bzw. JAV-Mitglieder setzt voraus, dass der BR-Vorsitzende von der Verhinderung Kenntnis hat.[54] Diese kann sich aus der Tagesordnung ergeben, z. B. in **persönlichen Angelegenheiten** eines BR- bzw. JAV-Mitglieds (vgl. § 25 Rn. 15 ff.). Eine Beschlussfassung ist **nicht etwa deshalb unwirksam,** weil ein BR- oder stimmberechtigtes JAV-Mitglied plötzlich und unvorhersehbar verhindert ist und es dem Vorsitzenden nicht mehr möglich war, ein Ersatzmitglied zu laden.[55] Entsprechendes gilt, wenn der BR-Vorsitzende es versäumt, den AG (vgl. § 29 Rn. 35, 41), die Schwerbehindertenvertretung (§ 32 Rn. 4 ff.) oder den Beauftragten der Gewerkschaft (§ 31 Rn. 4 ff.) zur Sitzung einzuladen.[56] Ist ein BR-Mitglied nicht verhindert, bleibt es aber einer Sitzung fern, muss kein Ersatzmitglied geladen werden.[57] Im Zweifel entscheidet der Vorsitzende nach pflichtgemäßem Ermessen (zur Unzulässigkeit einer Ladung vgl. § 29 Rn. 28).

16 Der **Mangel** der nicht rechtzeitigen Mitteilung der Tagesordnung oder die Notwendigkeit der Ergänzung der Tagesordnung kann durch **einstimmigen Beschluss** der anwesenden BR-Mitglieder (bzw. der zuständigen Ersatzmitglieder; vgl. hierzu § 25 Rn. 21 ff.) eines beschlussfähigen BR geheilt werden.[58] Ist diese Voraussetzung erfüllt, kann der BR in die Tagesordnung kurzfristig neue Themen aufnehmen und hierzu Beschlüsse fassen. Ist sie nicht gegeben, kann er kurzfristige Anträge des AG, z. B. auf Überstundengenehmigung oder in personellen Angelegenheiten, erst in der nächsten oder – aus Fristgründen – in einer außerordentlichen bzw. zusätzlichen Sitzung behandeln. Dies folgt grundsätzlich auch daraus, dass in der Tagesordnung im Regelfall die zu behandelnden Punkte so konkret wie möglich zu bezeichnen sind.[59] Die Entscheidung des *BAG* verlangt vom AG eine konkrete und weitsichtige Planung sowie rechtzeitige Mitteilung an den BR.

17 Ein vorliegender Ladungsmangel kann in einer späteren Sitzung **geheilt** werden, wenn hierzu ordnungsgemäß geladen wurde.[60] Der Nachweis einer wirksamen Beschlussfassung des BR ist nur erforderlich, wenn hinter der Rüge Umstände stehen, die Anlass für ernsthafte Zweifel an der ordnungsgemäßen Beschlussfassung geben können.[61]

III. Die Abstimmung

18 Einzelheiten des **Abstimmungsverfahrens** (z. B. Reihenfolge sowie schriftliche oder mündliche Stimmabgabe, offene oder geheime Abstimmung, Feststellung des Abstimmungsergebnisses) können, soweit das Gesetz selbst keine Regelung enthält, in der **GO** (vgl. § 36 Rn. 5) festgelegt oder vom BR im Einzelfall beschlossen werden. Die GO kann nicht qualifizierte Mehrheit vor-

51 *BAG* 28.4.88, AP Nr. 2 zu § 29 BetrVG 1972, 28.10.92 – 7 ABR 14/92, BB 93, 580 = BetrR 93, 63 mit Anm. *Ortmann,* 19.8.92 – 7 ABR 58/91, BB 93, 1433; Richardi-*Thüsing,* Rn. 4; ErfK-*Koch,* Rn. 2; *Fitting,* Rn. 22, 24; GK-*Raab,* Rn. 53; HWGNRH-*Glock,* Rn. 20; *v. Hoyningen-Huene,* S. 161; MünchArbR-*Joost,* § 307 Rn. 53; vgl. § 29 Rn. 3 ff. und allgemein *Felser,* AiB 06, 280 ff.

52 *BAG* 23.8.84, AP Nr. 17 zu § 103 BetrVG 1972; *LAG Düsseldorf* 7.3.75, DB 75, 743.

53 *BAG* 23.8.84, a.a.O., 19.8.92, a.a.O.; *LAG Saarbrücken* 11.11.64, AP Nr. 2 zu § 29 BetrVG.

54 Vgl. § 29 Abs. 2 Satz 5; *LAG Hamm* 28.7.06 – 10 TaBV 12/06; allgemein zur Verhinderung von BR-Mitgliedern und zur Ladung von Ersatzmitgliedern § 29 Rn. 24.

55 *BAG,* a.a.O.; MünchArbR-*Joost,* § 307 Rn. 53; enger HWGNRH-*Glock,* Rn. 21, der bei fehlender Ladung von Ersatzmitglieder eine Hinderung für die Beschlussfassung sieht; ähnlich *LAG Hamm* 8.12.17 – 13 TaBV 72/17, AiB 9/18, 44; zur Unmöglichkeit einer Beschlussfassung, wenn die Ladung eines Ersatzmitglieds versäumt wurde vgl. § 29 Rn. 17.

56 *Fitting,* Rn. 22; GK-*Raab,* Rn. 58; HWGNRH-*Glock,* Rn. 20.

57 *Fitting,* Rn. 23; GK-*Raab,* Rn. 28, *Kettner,* AiB 98, 432; vgl. § 25 Rn. 15 ff.

58 *BAG* 22.11.17 – 7 ABR 46/16, NZA 18, 732; 22.1.14 – 7 AS 6/13, NZA 14, 441; *BAG* 9.7.13 – 1 ABR 2/13A, NZA 13, 1433; zur kollektivrechtlichen Einordnung und zur Kritik vgl. ausführlich § 29 Rn. 24 ff.

59 Vgl. *BAG* 28.10.92, a.a.O.; *LAG Nürnberg* 23.9.97 – 6 Sa 242/96, AiB 98, 162 mit Anm. *Manske;* im Übrigen § 29 Rn. 21.

60 Vgl. Rn. 22 und § 29 Rn. 26, ähnlich *LAG Nürnberg,* a.a.O.

61 *HessLAG* 17.8.93 – 4 TaBV 61/93, AiB 94, 107, Ls.

schreiben, wenn das Gesetz die einfache Mehrheit ausreichen lässt.[62] Etwas anderes gilt, wenn der BR Ausschüssen oder Arbeitsgruppen Aufgaben zur selbstständigen Erledigung überträgt (vgl. Rn. 1). Über **jeden Antrag** ist grundsätzlich **gesondert abzustimmen.** Das Ergebnis ist durch den Sitzungsleiter festzustellen und in die Sitzungsniederschrift aufzunehmen. Dies gilt auch, wenn z. B. ein Tagesordnungspunkt mehrere personelle Einzelmaßnahmen enthält (vgl. ergänzend § 29 Rn. 25). Zum Teilnahmerecht des AG bzw. des Gewerkschaftsbeauftragten bei der Beschlussfassung vgl. § 29 Rn. 42 bzw. § 31 Rn. 16.

Die Abstimmung in den Sitzungen des BR erfolgt im Regelfall **gemeinsam.** Im Bereich der **privatisierten Postunternehmen** besteht nach § 28 PostPersRG für übergeleitete Beamte in Personalangelegenheiten gemäß den §§ 76 Abs. 1, 78 Abs. 1 Nr. 3 bis 5 und 79 Abs. 3 BPersVG eine Ausnahme. Sind entsprechende beteiligungspflichtige Angelegenheiten zu beschließen, erfolgt nach Beratung im BR die Beschlussfassung allein durch die Beamten.[63] An der Abstimmung muss mindestens die Hälfte der Vertreter der Beamten teilnehmen.[64] Diese Grundsätze gelten nicht nur für die Konzernmutter Deutsche Post AG (DP AG), sondern auch für deren nachgelagerten Betriebe und Unternehmen sowie für die entsprechenden Beteiligungsgesellschaften.[65] 19

Keine entsprechende Ausnahme gibt es im Bereich der **privatisierten Deutschen Bahn AG,** da die beamtenrechtliche Zuordnung hier anders gestaltet ist als bei den Postunternehmen[66] und eigene Personalvertretungen der Beamten gebildet werden.[67] Ähnliches gilt für **Kooperationsbetriebe der Bundeswehr** nach dem Kooperationsgesetz der Bundeswehr vom 30. 7. 04.[68] Hier bleibt die Bundeswehr für das von eingesetzte Personal AG mit der Folge der Anwendbarkeit des Personalvertretungsrechts für diese Personengruppe.[69] Entsprechendes gilt für die bei der **BRD-Finanzagentur GmbH** eingesetzten Beamten und AN, deren AG weiterhin das Bundesamt für zentrale Dienste und offene Vermögensfragen ist, für die Beamten und AN der **Gesellschaft für Außenwirtschaft,** deren AG das Bundesamt für Wirtschaft und Ausfuhrkontrolle bleibt sowie für die Beschäftigten der **DFS Deutsche Flugsicherung,** deren AG das Luftfahrt-Bundesamt AG.[70] 20

Ein Beschluss des BR wird, sofern das Gesetz nicht etwas anderes bestimmt, mit der **Mehrheit der Stimmen der anwesenden BR-Mitglieder** gefasst, wobei nur Personen berücksichtigt werden, die sich an der Abstimmung beteiligen.[71] Ein Antrag ist angenommen, wenn – bei einfacher Stimmenmehrheit – die Mehrheit der anwesenden Mitglieder dafür gestimmt hat; **Stimmenthaltungen,** die grundsätzlich möglich sind, wirken sich als Ablehnung aus.[72] Bei **Stimmengleichheit** ist der Antrag nach Abs. 1 abgelehnt. Einen Stichentscheid des Vorsitzenden gibt es nicht.[73] Beschlussfähigkeit muss jedoch gegeben sein (vgl. Rn. 4 ff.). 21

Beispiele:
Von sieben BR-Mitgliedern sind (einschließlich Ersatzmitgliedern) nur drei anwesend. Beschlussfähigkeit ist nicht gegeben. Der BR kann keine wirksamen Beschlüsse fassen.
Neun BR-Mitglieder (einschließlich Ersatzmitgliedern) sind anwesend. Von diesen stimmen fünf für und vier gegen den Antrag. Der Antrag ist angenommen.

62 *Fitting,* Rn. 26; HWGNRH-*Glock,* Rn. 31; ErfK-*Koch,* Rn. 3.
63 *Fitting,* Rn. 27; GK-*Raab,* Rn. 28, 36; Richardi-*Thüsing,* Rn. 15.
64 WP-*Kreft,* Rn. 7; GK-*Raab,* Rn. 14.
65 *Fitting,* Rn. 27a; vgl. auch § 14 Rn. 37 ff.
66 Vgl. ausführlich *Fitting,* Rn. 29; ebenso WP-*Kreft,* Rn. 14; GK-*Raab,* a. a. O.
67 Vgl. *Engels/Müller/Mauß,* DB 94, 473 ff.
68 Vgl. BGBl. I, S. 2027.
69 *Fitting,* Rn. 30a.
70 *Fitting,* Rn. 30b – 30 d.
71 *Fitting,* Rn. 34; MünchArbR-*Joost,* § 307 Rn. 48; Richardi-*Thüsing,* Rn. 7; *Wulff,* AiB 08, 528; a. A. GK-*Raab,* Rn. 28 f.; vgl. auch Rn. 6, zum Minderheitenschutz *Ulrich,* AiB 11, 154.
72 *BAG* 17. 9. 91 – 1 ABR 2391, BB 91, 2535; *Fitting,* Rn. 33; GK-*Raab,* Rn. 30; a. A. *Löwisch,* BB 96, 1006, der zur Begründung auf die geänderte Rspr. des *BGH* zum Vereinsrecht verweist; unklar HWGNRH-*Glock,* Rn. 26 f.
73 Zutreffend *Fitting,* Rn. 35; HWGNRH-*Glock,* Rn. 28.

Neun BR-Mitglieder (einschließlich Ersatzmitgliedern) sind anwesend. Von diesen erklären zwei, sich nicht an der Abstimmung beteiligen zu wollen. Für den Antrag stimmen vier und gegen den Antrag drei BR-Mitglieder. Der Antrag ist angenommen, weil für diese Abstimmung von sieben anwesenden Mitgliedern auszugehen ist. Wer nicht an der Abstimmung teilnimmt, wird als nicht teilnehmendes BR-Mitglied gezählt (vgl. Rn. 5).
Von elf BR-Mitgliedern sind (einschließlich Ersatzmitgliedern) sieben anwesend. Von diesen stimmen drei mit Ja, zwei mit Nein, und zwei enthalten sich der Stimme. Der Antrag ist mit 3: (2 + 2) abgelehnt, weil nicht die Mehrheit der anwesenden BR-Mitglieder mit Ja gestimmt hat.

22 Die **einfache Stimmenmehrheit** der anwesenden Mitglieder eines beschlussfähigen BR **reicht** für einen wirksamen Beschluss **nicht aus,** wenn das Gesetz die Mehrheit der Stimmen der BR-Mitglieder **(absolute Mehrheit)** fordert. Sie wird verlangt:

- beim Rücktritt des BR (§ 13 Abs. 2 Nr. 3);
- bei der Übertragung von Aufgaben zur selbstständigen Erledigung auf Ausschüsse (§ 27 Abs. 3, § 28);
- bei der Übertragung von Aufgaben auf Arbeitsgruppen gem. § 28a;
- bei der Aufstellung bzw. Änderung einer GO (§ 36);
- bei der Beauftragung des GBR bzw. KBR, eine Angelegenheit für den BR mit der UN-Leitung zu behandeln (§ 50 Abs. 2, § 58 Abs. 2 i. V. m. § 54 Abs. 2);
- bei der Übertragung der Aufgaben des WA auf einen Ausschuss des BR (§ 107 Abs. 3).

Beispiel:
Der BR will nach § 27 Abs. 2 dem Betriebsausschuss die selbstständige Behandlung und Entscheidung über Eingruppierungen übertragen. Von 15 BR-Mitgliedern sind 13 anwesend, sieben stimmen dafür, vier dagegen, und zwei enthalten sich der Stimme. Der Antrag ist abgelehnt, da nicht die Mehrheit aller BR-Mitglieder (mindestens acht Stimmen) für den Antrag gestimmt hat.

23 Nehmen **Mitglieder der JAV** in den Fällen des § 67 Abs. 2 an der Beschlussfassung teil, werden ihre Stimmen bei der Feststellung der Stimmenmehrheit nach Abs. 3 dieser Vorschrift mitgezählt, jedoch nicht bei der Feststellung der Beschlussfähigkeit (vgl. Rn. 4). Für die Wirksamkeit eines Beschlusses in den Fällen des § 67 Abs. 2 ist es nicht erforderlich, dass auch die Mehrheit der Mitglieder der JAV bei der Beschlussfassung anwesend ist.[74]

Beispiel:
Der BR hat 15 Mitglieder. Die JAV besteht aus drei Mitgliedern. Nach Abs. 2 müssen somit an der Beschlussfassung mindestens acht BR-Mitglieder teilnehmen. Stimmen fünf BR-Mitglieder gegen den Beschlussvorschlag, drei BR-Mitglieder und die drei JAV-Mitglieder dafür, ist der Beschluss mit 6: 5 Stimmen angenommen.

24 In den Fällen des § 67 Abs. 1 hat die **Stimme der JAV** bei der Abstimmung das **gleiche Gewicht** wie die eines BR-Mitglieds. Dies gilt nicht, wenn die Beschlüsse der Mehrheit der Stimmen des BR bedürfen und an diesen Beschlüssen die Mitglieder der JAV teilnehmen. In diesem Fall setzt ein wirksamer Beschluss des BR sowohl die Mehrheit des aus BR- und JAV-Mitgliedern gebildeten Gremiums als auch die absolute Mehrheit der BR-Mitglieder voraus.[75] Eine Minderheit von BR-Mitgliedern kann damit zusammen mit den Mitgliedern der JAV keinen wirksamen Beschluss fassen.

Beispiel:
Ein BR mit 19 Mitgliedern beabsichtigt, einen besonderen Jugendausschuss mit selbstständiger Entscheidungsbefugnis zu bilden. Die JAV besteht aus drei Mitgliedern. Die Abstimmung ergibt eine Mehrheit von zwölf Stimmen für die Bildung des Ausschusses, davon neun Stimmen von BR-Mitgliedern und drei Stimmen der JAV. Der Beschluss hat zwar die absolute Mehrheit der Stimmen erzielt; jedoch hat sich nicht die Mehrheit der Mitglieder des BR für ihn ausgesprochen. Der Antrag ist daher abgelehnt.

74 *Fitting,* Rn. 40; MünchArbR-*Joost,* § 307 Rn. 53.
75 *Fitting,* Rn. 40; GK-*Raab,* Rn. 34; ErfK-*Koch,* Rn. 3.

Der Antrag ist ebenfalls abgelehnt, wenn elf BR-Mitglieder dafür, acht BR-Mitglieder und die drei JAV dagegen stimmen (Stimmengleichheit trotz absoluter Mehrheit der BR-Mitglieder).

In den **eigenen** Arbeitsvertrag betreffenden **Angelegenheiten,** z. B. Umgruppierung, Versetzung, Kündigung oder Ausschlussantrag, hat das betroffene BR-Mitglied kein Stimmrecht.[76] Stimmt das BR-Mitglied dennoch mit ab, führt dies zur Unwirksamkeit des Beschlusses.[77] Keine eigene Angelegenheit, die zum Wegfall des Stimmrechts führt, liegt vor, wenn es sich um eine Entscheidung handelt, die ein BR-Mitglied nur als Teil der Belegschaft oder einer Belegschaftsgruppe trifft.[78] Dasselbe gilt für allgemeine Organisations- und Geschäftsentscheidungen eines BR-Mitglieds, durch die seine individuelle Rechtsstellung nicht beeinflusst wird, etwa interne Wahlen oder Abwahlen und Entscheidungen zur Teilnahem an Schulungsveranstaltungen nach § 37 Abs. 6.[79] Betreffen Beschlüsse Familienangehörige eines BR-Mitglieds, führt dies nicht automatisch zum Wegfall des Stimmrechts.[80] Gegen eine Ausdehnung der »persönlichen Befangenheit« spricht schon die Überlegung, dass dann auch keine Beteiligung in Angelegenheiten von guten Freunden und Kollegen im Betrieb erfolgen durfte. Es ist insoweit davon auszugehen, dass BR-Mitglieder ihre Amtspflichten auch bezogen auf Familienangehörige gesetzeskonform wahrnehmen und dass sie sich bei der Beschlussfassung nicht unzulässig von persönlich geprägten Motiven leiten lassen. Bestehen können Interessenkonflikte zwischen dem BR-Mandat und der Aufgabe als Schwerbehindertenvertretung nach § 177 Abs. 1 Satz 1 SGB IX. Diese müssen von Vertrauensperson der schwerbehinderten Menschen dem BR-Vorsitzenden angezeigt werden.[81] Bezieht sich der Interessenkonflikt auf das BR-Mandat, muss ein Ersatzmitglied des BR hinzugezogen werden.[82] 25

An Stelle des in persönlichen Belangen betroffenen BR-Mitglieds nimmt das nach § 25 zuständige Ersatzmitglied (vgl. hierzu § 25 Rn. 25) an der **Abstimmung** teil, das der Vorsitzende zu laden hat. Nach Auffassung des *BAG* ist das betroffene BR-Mitglied auch von der vorhergehenden **Beratung** ausgeschlossen.[83] Es hat jedoch Anspruch auf **rechtliches Gehör.**[84] Bei der anschließenden Beratung und Beschlussfassung darüber, welcher Anwalt oder welcher Gewerkschaftsvertreter im Zustimmungsersetzungsverfahren die Vertretung des BR übernehmen soll, hat das betroffene BR-Mitglied das volle Stimmrecht.[85] Nicht ausgeschlossen ist ein betroffenes Mitglied hingegen von der Beschlussfassung über die Beauftragung eines Rechtsanwalts in einem Zustimmungsersetzungsverfahren gem. § 103 Abs. 2, von dem es selbst betroffen ist[86] oder wenn der BR nach den §§ 99 und 101 gegen die einseitige Einstellung eines Beschäftigten vorgeht, der das BR-Mitglied nach dessen Kündigung ersetzen soll.[87] Bei der Beschlussfassung über persönliche, das BR-Amt betreffende Angelegenheiten, z. B. Wahl oder Abwahl des Vorsitzenden u. ä., hat das betroffene BR-Mitglied ebenfalls Stimmrecht (vgl. § 25 Rn. 26). 26

Jeder Beschluss ist in die **Sitzungsniederschrift** (§ 34) aufzunehmen. Bezieht sich der Beschluss auf ein einzuleitendes Verfahren vor dem ArbG, müssen der Gegenstand und das an- 27

---

76 *BAG* 6.11.13 – 7 ABR 84/11, NZA 14, 632; 3.8.99 – 1 ABR 30/98, DB 00, 626 = AiB 00, 355 mit Anm. *Böttcher;* 10.11.09 – 1 ABR 64/08, DB 10, 455; *Fitting,* Rn. 37c.

77 *BAG,* a. a. O.

78 *BAG* 6.11.13, a. a. O.; *Fitting,* Rn. 37a.

79 *Fitting,* Rn. 37b.

80 A. A. *LAG Düsseldorf* 16.12.04 – 11 TaBV 79/04, AuR 05, 164 bezüglich des Ehepartners eines BR-Mitglieds; ebenso Richardi-*Thüsing,* Rn. 23.

81 Vgl. *HessLAG* 1.11.12 – ArbR 132/48, ArbR 13, 248; vgl. auch Rn. 10.

82 Vgl. allgemein § 32 Rn. 10.

83 *BAG,* a. a. O.; *LAG Hamm,* a. a. O.; so auch GK-*Raab,* Rn. 25; *Fitting,* Rn. 38; HWGNRH-*Glock,* Rn. 31; ErfK-*Koch,* Rn. 3; a. A. *LAG Hamm* 10.6.98 – 3 TaBV 15/98, BB 99, 743, Ls., für Mitwirkung am Beauftragungsbeschluss eines Rechtsanwalts im Verfahren nach § 103 Abs. 2 BetrVG.

84 GK-*Raab,* Rn. 26; HWGNRH-*Glock,* a. a. O.; *Fitting,* Rn. 38 überlässt dem BR die Anhörung; a. A. *Oetker,* ZfA 84, 409 [436f.]; *Matusche,* AiB 96, 538.

85 *LAG Hamm,* a. a. O.

86 *LAG Hamm* a. a. O.; *Fitting,* Rn. 37.

87 *LAG Hamm* 10.3.06 – 10 TaBV 151/05, AuR 06, 294.

gestrebte Ergebnis bezeichnet werden.[88] Die Beachtung dieser zwingenden Vorschrift ist nicht Wirksamkeitsvoraussetzung für die Beschlussfassung (vgl. § 34 Rn. 13).

28 Eine **Änderung, Ergänzung** oder **Aufhebung** eines **BR-Beschlusses** ist, solange er noch nicht durchgeführt ist und noch keine Rechtswirkungen nach außen erlangt hat, jederzeit zulässig. Der spätere Beschluss geht nach allgemeinen Grundsätzen dem früheren vor.[89] Insoweit kann der Mangel eines unwirksamen Beschlusses, z. B. wegen nicht rechtzeitiger Ladung und Mitteilung der Tagesordnung (vgl. § 29 Rn. 17 ff.), durch einen späteren ordnungsgemäß gefassten Beschluss geheilt werden.[90] Hat er **Außenwirkung** (z. B. durch Mitteilung an den AG) erzeugt, ist der **BR an ihn gebunden,** sofern der AG nicht mit einer Änderung einverstanden ist. Ist beispielsweise die beschlossene Zustimmung zu einer Kündigung dem AG mitgeteilt worden, kann diese nicht wieder rückgängig gemacht werden. Hat der Beschluss zum Abschluss einer BV geführt, kann der BR nicht mehr aufheben oder ändern; ihm bleibt allein die Möglichkeit einer Kündigung der BV.[91] Etwas anderes gilt, solange die BV noch nicht ordnungsgemäß zustande gekommen ist (vgl. § 77 Rn. 58 f.). Der BR kann nämlich den Beschluss, mit einem BV-Vorschlag des AG einverstanden zu sein, jederzeit wieder aufheben.[92] Entsprechendes gilt, wenn der Beschluss rechtsirrtümlich (§ 119 BGB) oder in Verkennung eines bestehenden Mitbestimmungsrechts erfolgt ist. Wird eine BV vom Vorsitzenden unterschrieben, ohne dass dies durch die notwendige Beschlussfassung des Gremiums legitimiert ist, kommt keine wirksame Vereinbarung zustande.[93] AG können sich in diesen Fällen auch nicht auf den Anschein einer ordnungsgemäßen Bevollmächtigung des Vorsitzenden berufen.[94]

IV. Streitigkeiten; Nachprüfbarkeit von Betriebsratsbeschlüssen durch das Arbeitsgericht

29 **Streitigkeiten** über die Beschlussfähigkeit und die Rechtswirksamkeit von BR-Beschlüssen entscheidet das **ArbG im Beschlussverfahren,** ggf. als Vorfrage im **Urteilsverfahren.** Dies gilt auch, wenn der BR ein betriebsverfassungsrechtliches Mitbestimmungsrecht für die im Bereich der privatisierten Postunternehmen beschäftigten Beamten wahrnimmt.[95] Beschlüsse des BR können allerdings auf die Rechtswirksamkeit ihres Zustandekommens oder ihres Inhalts nur in eingeschränktem Umfang nachgeprüft werden.[96] Einzelne BR-Mitglieder können die Würdigung eines Abstimmungsverhaltens durch einen BR-Vorsitzenden im arbeitsgerichtlichen nicht prüfen lassen, weil ihnen hierfür die erforderliche Antragsbefugnis fehlt.[97] AG muss auf ein zeitnah nach dem Termin der Beschlussfassung geltend gemachtes Verlangen hin derjenige Teil der Sitzungsniederschrift ausgehändigt werden, aus dem sich ergibt, dass eine Beschlussfassung des Gremiums erfolgt ist.[98]

30 Eine Nachprüfung der sachlichen **Zweckmäßigkeit** von Beschlüssen ist ausgeschlossen.[99] Sie können insbes. nicht angefochten werden, da die Vorschrift des § 19 auf BR-Beschlüsse mangels

88 *BAG* 29.4.04 – 1 ABR 30/02, NZA 04, 670; *LAG Hamm* 16.5.07, – 10 TaBV 101/06, juris.
89 *LAG Hamm* 22.10.91 – 13 TaBV 36/91, LAGE § 611 BGB Direktionsrecht Nr. 1 = DB 92, 483, Ls.; *Fitting*, Rn. 45; GK-*Raab*, Rn. 44; WP-*Kreft*, Rn. 22; *Hässler*, S. 41; Richardi-*Thüsing*, Rn. 35.
90 Ebenso *BAG* 18.2.03 – 1 ABR 17/02, DB 03, 2290.
91 *Fitting*, a. a. O.
92 *LAG Berlin* 6.9.91 – 2 TaBV 391, AiB 92, 294 mit Anm. *Kuster;* zur Aussetzung von BR-Beschlüssen vgl. § 35 Rn. 3 ff.
93 *BAG* 9.12.14 – 1 ABR 19/13, NZA 15, 368 für den Fall der Unterschrift durch den stellvertretenden BR-Vorsitzenden.
94 *BAG* a. a. O.
95 *BAG* 26.6.96 – 1 AZB 4/96, AP Nr. 12 zu § 2a ArbGG 1979; *BVerwG* 22.2.98, NZA-RR 98, 30; *Fitting*, Rn. 48.
96 *GL*, Rn. 18; weiter gehend GK-*Raab*, Rn. 50 m. w. N., die eine gerichtliche Nachprüfbarkeit bejahen.
97 *BAG 7.6.16* – 1 ABR 30/14, NZA 16, 1350.
98 *BAG* 8.2.22 – 1 AZR 233/21; vgl. hierzu § 34 Rn. 14.
99 *BAG* 3.4.79, AP Nr. 1 zu § 13 BetrVG 1972; *LAG Düsseldorf* 10.4.75, DB 75, 1897 f.; *LAG Nürnberg* 19.11.85, AiB 86, 93 mit Anm. *Grimberg; Fitting*, Rn. 50; GK-*Raab*, Rn. 71; *HaKo-BetrVG/Wolmerath*, Rn. 17; MünchArbR-*Joost*, § 307 Rn. 57, 59; Richardi-*Thüsing*, Rn. 41; ErfK-*Koch*, Rn. 4.

einer gesetzlichen Grundlage nicht anwendbar ist.[100] Eine Anfechtung der Stimmabgabe des einzelnen BR-Mitglieds wegen Irrtums, Täuschung oder Drohung ist nicht ausgeschlossen,[101] was u. U. Auswirkungen auf die für die Wirksamkeit des Beschlusses erforderliche Mehrheit haben kann. Nur in diesem Fall wird die Wirksamkeit des Beschlusses berührt werden.[102] Ist eine Anfechtung wirksam, darf der Vorsitzende den Beschluss nicht ausführen. Dies gilt nicht, wenn die Wirksamkeit gegenüber einem außenstehenden Dritten, der von der Anfechtung nicht wusste, bereits eingetreten ist.[103]

Nichtig sind Beschlüsse des BR, wenn sie entweder einen **gesetzwidrigen Inhalt** (z. B. Verstoß gegen das GG, ein Gesetz oder einen TV) haben oder **nicht ordnungsgemäß** zustande gekommen sind.[104] Die Nichtigkeit eines BR-Beschlusses wegen nicht ordnungsgemäßer Beschlussfassung liegt nicht schon bei kleinen Formfehlern vor, sondern lediglich bei **groben Verstößen** gegen Vorschriften und Grundsätze, deren Beachtung unerlässliche Voraussetzung einer Beschlussfassung ist.[105] 31

Beispiele für eine nichtige Beschlussfassung: 32

- **nicht ordnungsgemäße Ladung aller BR-Mitglieder** (bzw. Ersatzmitglieder; vgl. auch Rn. 15 f.) unter Mitteilung der Tagesordnung;[106]
- **Beschlussfassung** über die Entsendung eines BR-Mitglieds nach § 37 Abs. 6 zu einer Schulungsmaßnahme **unter dem Tagesordnungspunkt »Verschiedenes«,** ohne diesen Punkt zu konkretisieren, da nach Auffassung des *BAG*[107] der Tagesordnungspunkt »Verschiedenes« dem Fehlen einer Tagesordnung gleichkommt;
- **Nichtbeteiligung der JAV-Mitglieder** an der Abstimmung, obwohl die Voraussetzungen des **§ 67 Abs. 2** gegeben waren (der Beschluss ist nur nichtig, wenn sich das Abstimmungsergebnis durch die Beteiligung der JAV-Mitglieder hätte ändern können);
- **nicht ordnungsgemäße Ladung aller JAV-Mitglieder** unter Mitteilung der Tagesordnung, wenn die Voraussetzungen des § 67 Abs. 2 vorliegen. Der BR-Beschluss ist in diesem Fall jedoch nur nichtig, wenn die Beschlussfassung nicht entsprechend einem Antrag der JAV erfolgt ist und die JAV durch ihre Stimmen das Abstimmungsergebnis hätte beeinflussen können;[108]
- **fehlende Beschlussfähigkeit** des BR (vgl. Rn. 4 ff.);
- **Beschlussfassung außerhalb von Sitzungen** des BR (vgl. Rn. 8 ff.);
- **nicht ordnungsgemäße Beschlussfassung,** z. B. fehlende Mehrheit der anwesenden BR-Mitglieder bzw. keine absolute Mehrheit, sofern es das Gesetz vorschreibt (vgl. Rn. 22);
- **Beteiligung von Nichtstimmberechtigten an der Beschlussfassung.** In diesem Fall ist der Beschluss jedoch nur nichtig, wenn das Abstimmungsergebnis sich dadurch verändern könnte;[109]
- **Nichtbeachtung der Schriftform** des Beschlusses (vgl. § 27 Abs. 3, § 28 Abs. 1, § 36);
- **Beschlussfassung** über Gegenstände, die **nicht in die Zuständigkeit** des BR fallen;
- **Beschlussfassung** über den **Ausschluss eines Mitglieds** aus dem BR;[110]

---

100 *Fitting,* Rn. 51; GK-*Raab,* Rn. 50; ErfK-*Koch,* a. a. O.; *Oetker,* BlStSozArbR 84, 129 ff.

101 Richardi-*Thüsing,* Rn. 37; *Fitting,* a. a. O. m. w. N.; HWGNRH-*Glock,* Rn. 38.

102 Richardi-*Thüsing,* a. a. O.; HWGNRH-*Glock,* a. a. O.

103 *Fitting,* a. a. O.; GK-*Raab,* a. a. O.; a. A. Richardi-*Thüsing,* Rn. 38, der keine Auswirkungen einer Anfechtung auf den Beschluss sieht.

104 *BAG* 23. 8. 84, AP Nr. 17 zu § 103 BetrVG 1972; 28. 4. 88, AP Nr. 2 zu § 29 BetrVG 1972; 28. 10. 92 – 7 ABR 1492, BB 93, 580 = BetrR 93, 63 mit Anm. *Ortmann; Fitting,* Rn. 52, 54; HWGNRH-*Glock,* Rn. 39; umfassend *Oetker,* BlStSozArbR 84, 129 ff.; vgl. § 29 Rn. 17 ff., 22.

105 *BAG,* a. a. O.; *Fitting,* Rn. 54; vgl. im Übrigen zur Anfechtbarkeit und Nichtigkeit § 19 Rn. 3 ff.

106 *BAG* 28. 4. 88, AP Nr. 2 zu § 29 BetrVG 1972, 28. 10. 92 – 7 ABR 14/92, BB 93, 580 mit Anm. *Ortmann*; zur Ergänzung der Tagesordnung in der BR-Sitzung bzw. zum Umgang mit einer fehlenden Tagesordnung vgl. § 29 Rn. 24 ff.

107 28. 10. 92, a. a. O.; vgl. auch *Kraushaar,* AiB 95, 161.

108 Vgl. *BAG* 6. 5. 75, AP Nr. 5 zu § 65 BetrVG 1972.

109 Vgl. *Fitting,* Rn. 56 m. w. N.; Richardi-*Thüsing,* Rn. 45; *Kühner,* S. 67; a. A. *LAG Hamm* 21. 10. 05 – 13 TaBV 77/05, juris, das eine Beschlussfassung aufgrund der Anwesenheit ehemaliger BR-Mitglieder für unwirksam gehalten hat.

110 *LAG Hamm* 14. 8. 09 – 10 TaBV 175/08.

- **Benennung** von **Beauftragten des Betriebsrats.**[111]

33 Ist ein **GBR** (KBR) **betriebsverfassungswidrig** zusammengesetzt, sind seine Beschlüsse nicht generell unwirksam. In entsprechender Anwendung des § 19 ist eine Unwirksamkeit nur gegeben, wenn eine fristgemäße Wahlanfechtung erfolgt. Entsprechendes gilt, wenn der GBR (KBR) wegen fehlerhafter Beauftragung (§ 50 Abs. 2) seine Kompetenzen überschreitet. Die fehlerhafte Beschlussfassung kann der Einzel-BR, soweit die zu regelnde Angelegenheit in seine Kompetenz fällt, durch eine eigene ordnungsgemäße Beschlussfassung heilen.[112]

34 Solange die Amtszeit des alten BR noch nicht beendet ist, kann der **neue BR,** selbst wenn er sich bereits konstituiert hat, keine wirksamen Beschlüsse fassen.[113]

35 **Keine Wirksamkeitsvoraussetzung** für die Gültigkeit eines BR-Beschlusses sind die Wahrung der Nichtöffentlichkeit der Sitzung und die Aufnahme des Beschlusses in die Niederschrift.[114] Entsprechendes gilt für Verstöße gegen Vorschriften der GO (vgl. § 36 Rn. 10).

36 Die **Nichtigkeit eines BR-Beschlusses** führt zur Nichtigkeit der darauf beruhenden Maßnahme. Soweit zeitlich noch möglich, kann zum jeweiligen Thema ggf. ein erneuter Beschluss erfolgen.[115] Ist z. B. der Beschluss des BR, ein BR-Mitglied zu einer Schulungsmaßnahme nach § 37 Abs. 6 BetrVG zu entsenden, wegen nicht ordnungsgemäßer Ladung und Mitteilung der Tagesordnung nichtig, läuft das betroffene Mitglied nach Auffassung des *BAG* Gefahr, seinen Kostenerstattungsanspruch gemäß § 40 Abs. 1 BetrVG gegenüber dem AG zu verlieren.[116] Allerdings können in diesen Fällen zugunsten des AN bzw. des AG u. U. die Grundsätze des Vertrauensschutzes eingreifen.[117] Eine **nachträgliche Beschlussfassung** soll nach der Rechtsprechung des *BAG*[118] im Bereich von § 37 (vgl. dort Rn. 153) **unzulässig** sein. Die Position des *BAG* verkennt die praktischen Notwendigkeiten und zwingt Betriebsräten einen zunehmenden Formalismus auf, der im Ergebnis zu einer erhöhten Zahl von außerordentlichen Sondersitzungen führen wird.[119] In anderen Fällen ist die nachträgliche Beschlussfassung weiterhin zulässig.[120] Fehlerhafte Beschlussfassungen eines BR können nach Abschluss eines erstinstanzlichen Beschlussverfahrens geheilt werden, wenn die beantragte Maßnahme noch nicht vollzogen wurde und Kosten nicht entstanden sind.[121]

37 Ist eine Beschlussfassung durch Entscheidung eines ArbG für unwirksam erklärt worden, kann sie erneut erfolgen, wenn sich die tatsächlichen Verhältnisse im Betrieb verändert haben; etwa die erforderlichen Sachmittel nach einer Erhöhung der Zahl der BR-Mitglieder von fünf auf sieben.[122] Das Bestreiten eines ordnungsgemäßen Beschlusses durch einen AG mit Nichtwissen, aber ohne den Vortrag von Anhaltspunkten hierfür, steht der Wirksamkeit der Entscheidung des BR nicht entgegen.[123]

---

111 *ArbG Stuttgart* 8.4.09 – 2 BV 123/08, AuR 09, 226.

112 *ArbG Rheine* 16.1.89 – 1 Ca 305/88.

113 *ArbG Hameln* 14.2.91, BetrR 91, 250 mit Anm. *Troglauer;* vgl. § 21 Rn. 13.

114 *Fitting,* Rn. 55 m. w. N.; HWGNRH-*Glock,* Rn. 43; GK-*Raab,* Rn. 61 ff.; ErfK-*Koch,* Rn. 4; MünchArbR-*Joost,* § 307 Rn. 54; vgl. auch § 34 Rn. 13.

115 Ähnlich Richardi-*Thüsing,* Rn. 47.

116 Vgl. *BAG* 28.4.88, AP Nr. 2 zu § 29 BetrVG 1972, 28.10.92 – 7 ABR 14/92, BB 93, 580 = BetrR 93, 63 mit Anm. *Ortmann.*

117 *BAG* 23.8.84, AP Nr. 17 zu § 103 BetrVG 1972, wenn der AG die Tatsachen kennt oder kennen musste, aus denen die Unwirksamkeit des BR-Beschlusses über die beantragte fristlose Kündigung eines BR-Mitglieds folgt; vgl. *Fitting,* Rn. 59.

118 8.3.00 – 7 ABR 11/98, AiB 01, 356 mit ablehnender Anm. *Wedde;* ähnlich *LAG Hamm* 5.5.99 – 3 TaBV 88/98; a. A. *Fitting* Rn. 57.

119 Vgl. die zutreffende Kritik von GK-*Raab,* Rn. 68 ff.

120 Vgl. zum Abschluss einer Betriebsvereinbarung *BAG* 9.12.14 – 1 ABR 19/13, NZA 15, 368; zur Bestellung eines Rechtsanwalts § 40 Rn. 37 ff.; zur Bestellung eines E-Stellen-Beisitzers *BAG* 10.10.07 – 7 ABR 51/06, NZA 08, 369 = AiB 08, 418 mit Anm. *Klimaschewski*; *Fitting,* Rn. 47; a. A. *Reitze,* NZA 02, 492 der aus der Rspr. des *BAG* eine generelle Regel für alle Beschlüsse ableiten will.

121 *LAG Nürnberg* 24.8.09 – 5 TaBV 32/06, AuR 10, 132; vgl. auch Rn. 35.

122 *LAG Nürnberg,* a. a. O.

123 Vgl. *HessLAG* 14.7.11 – 9 TaBV 192/10, juris, (n. rkr.).

§ 34 Sitzungsniederschrift

(1) Über jede Verhandlung des Betriebsrats ist eine Niederschrift aufzunehmen, die mindestens den Wortlaut der Beschlüsse und die Stimmenmehrheit, mit der sie gefasst sind, enthält. Die Niederschrift ist von dem Vorsitzenden und einem weiteren Mitglied zu unterzeichnen. Der Niederschrift ist eine Anwesenheitsliste beizufügen, in die sich jeder Teilnehmer eigenhändig einzutragen hat. Nimmt ein Betriebsratsmitglied mittels Video- und Telefonkonferenz an der Sitzung teil, so hat es seine Teilnahme gegenüber dem Vorsitzenden in Textform zu bestätigen. Die Bestätigung ist der Niederschrift beizufügen.
(2) Hat der Arbeitgeber oder ein Beauftragter einer Gewerkschaft an der Sitzung teilgenommen, so ist ihm der entsprechende Teil der Niederschrift abschriftlich auszuhändigen. Einwendungen gegen die Niederschrift sind unverzüglich schriftlich zu erheben; sie sind der Niederschrift beizufügen.
(3) Die Mitglieder des Betriebsrats haben das Recht, die Unterlagen des Betriebsrats und seiner Ausschüsse jederzeit einzusehen.

Inhaltsübersicht

I. Vorbemerkungen

Die Vorschrift betrifft die Anfertigung der Niederschrift (»Protokoll«), ihren Mindestinhalt und deren Aushändigung sowie das Recht aller BR-Mitglieder, die Unterlagen des BR und seiner Ausschüsse bzw. Arbeitsgruppen einzusehen. Sie gilt entsprechend für die **Sitzungen** bzw. **Unterlagen der BR-Ausschüsse** (einschließlich WA) und **Arbeitsgruppen (einschließlich solcher nach § 28 a)** insbes. dann, wenn ihnen Aufgaben zur selbstständigen Erledigung übertragen wurden, für den **GBR** (§ 51 Abs. 1) und **KBR** (§ 59 Abs. 1) einschließlich ihrer Ausschüsse, die **JAV** (§ 65 Abs. 1), die **GJAV** (§ 73 Abs. 2), die **KJAV** (§ 73b Abs. 2), die **Bordvertretung** (§ 115 Abs. 4) und den **See-BR** (§ 116 Abs. 3) sowie für **andere AN-Vertretungen** und **zusätzliche AN-Vertretungen** nach § 3 Abs. 1. Die Vorschrift kommt ebenso wie § 13 Abs. 3 und 4 SprAuG auch für gemeinsame Sitzungen mit dem Sprecherausschuss gem. § 2 Abs. 3 Satz 3 SprAuG zur Anwendung. Einvernehmlich kann ein gemeinsames Protokoll erstellt werden. Die Vorschrift ist zwingend und kann durch TV oder BV nicht abgedungen werden.[1] Ist gem. § 28a eine Aufgabenübertragung auf eine Arbeitsgruppe erfolgt, ist auch über die dort stattfindenden Verhandlungen und Entscheidungen eine Sitzungsniederschrift anzufertigen. 1

In die Vorschrift wurde durch das Betriebsrätemodernisierungsgesetz[2] als Folgeänderung der Schaffung der Möglichkeit zur Durchführung von Video- und Telefonkonferenzen in § 30 Abs. 2 (vgl. dort Rn. 17 ff.) an den Text in Abs. 1 zwei neue Sätze eingefügt. 1a

Der **DGB-Entwurf** für ein modernes Betriebsverfassungsgesetz[3] belässt die bisherige Vorschrift inhaltlich unverändert. 1b

II. Die Sitzungsniederschrift

Das Gesetz schreibt vor, dass **über jede Verhandlung** des BR **eine Niederschrift** zu erstellen ist.[4] Aus der Gesetzessystematik und aus der Überschrift dieser Vorschrift ergibt sich, dass sie 2

1 *Fitting*, Rn. 3; GK-*Raab*, Rn. 4.
2 BGBl. I, S. 1762.
3 AuR Sonderausgabe April 2022, S. 23.
4 »Checkliste« bei DKWF-*Wedde*, § 34 Rn. 11; allgemein *Boese*, AiB 18, Nr. 6 37; *Boese*, AiB 18, Nr. 6 37; *Kröll*, AiB 15, 35; *Mischewski*, AiB 06, 272.

sich nur auf Sitzungen (einschließlich der konstituierenden) des BR und seiner Ausschüsse bzw. Arbeitsgruppen bezieht, auch wenn hier keine Beschlüsse gefasst worden sind.[5] In der GO kann eine **weitergehende Protokollierungspflicht** (beispielsweise über Gespräche mit dem AG) entsprechend den Vorgaben des § 34 vorgesehen werden. Unabhängig von der Sitzungsniederschrift können einzelne BR-Mitglieder Mitschriften und Notizen anfertigen, die allerdings den einschlägigen gesetzlichen Vertraulichkeits- und Geheimhaltungsregelungen des BetrVG unterliegen.[6] Sind in der Niederschrift oder in individuelle Mitschriften und Notizen der einzelnen BR-Mitglieder personenbezogene Informationen enthalten, müssen die einschlägigen datenschutzrechtlichen Vorschriften beachtet werden, die insbesondere in der DSGVO und im BDSG enthalten sind.[7] Die **datenschutzrechtlichen Vorschriften führen nicht dazu,** dass die sich mit der Niederschrift verbindenden **Dokumentations- und Nachweispflichten nicht mehr umgesetzt werden können.** Die in Art. 5 Abs. 1 DSGVO enthaltenen Grundsätze müssen durchgängig beachtet werden.[8] Aus den Grundsätzen zur Zweckbindung (Art. 5 Abs. 1 lit. b) DSGVO) und zur Datenminimierung (Art. 5 Abs. 1 lit. c) DSGVO) leitet sich etwa die Notwendigkeit ab, in Protokollen enthaltene Daten auf das notwendige Minimum zu beschränken. Praktisch lässt sich diese Anforderungen beispielsweise bezogen auf die Befassung mit personellen Einzelmaßnahmen dadurch umsetzen, dass in der Niederschrift auf Klarnamen zugunsten von Abkürzungen oder Pseudonymen verzichtet wird und dass die so in Bezug genommen Unterlagen im Vorfeld bzw. während der Sitzung ergänzend vorliegen. Möglich ist es auch, dass die Protokolle den BR-Mitgliedern elektronisch in einem geschützten Bereich zugänglich sind. Die Anschaffung und Pflege der hierfür notwendigen Software gehört zu den erforderlichen Aufwendungen gemäß § 40 BetrVG.[9]

3 Die Niederschrift ist über **den gesamten Sitzungsverlauf** anzufertigen.[10] Es muss sich aus ihr ergeben, welche Fragen behandelt wurden.[11] Das bedeutet nicht, dass jede Äußerung aufzunehmen ist. **Zwingend vorgeschrieben** ist die Wiedergabe des **Wortlauts der Beschlüsse** sowie die Angabe des **Stimmenverhältnisses,** mit dem sie gefasst wurden.[12] Die eigenhändig unterschriebene **Anwesenheitsliste** bzw. bei Video- oder Telefonkonferenzen die nach Abs. 1 Satz 4 von den jeweiligen BR-Mitgliedern an die BR-Vorsitzenden zu sendende **Bestätigung in Textform** muss beigefügt werden[13] Notwendig ist weiterhin die **Angabe des Datums,** damit feststeht, auf welche BR-Sitzung sich die Niederschrift bezieht. Die Aufnahme der **Uhrzeit von Beginn und Ende** der Sitzung ist sinnvoll, aber **nicht zwingend** notwendig.[14] Nehmen BR-Mitglieder nicht an der gesamten Sitzung Teil, muss dies in der Anwesenheitsliste oder im Protokoll vermerkt werden.[15] Zweckmäßig ist die Aufnahme der Zahl (ggf. unterteilt nach BR- und JAV-Mitgliedern) der Ja- und Nein-Stimmen, Stimmenthaltungen und der zwar anwesenden, aber nicht an der Abstimmung teilnehmenden BR-Mitglieder.[16] Die Angabe, wie jedes BR-Mitglied gestimmt hat, ist nur erforderlich, wenn der BR namentliche Abstimmung beschlossen hat.[17] Wird im Rahmen eines Abstimmungsvorgangs nur festgestellt, dass es keinen Widerspruch bzw. keinen mehrheitlichen Widerspruch gibt, ist auch dieses festzuhalten. Die Aufnahme einer Niederschrift über die Sitzung des BR ist auch notwendig, wenn **kein formel-**

5 Richardi-*Thüsing,* Rn. 2a; GK-*Raab,* Rn. 6; *GL,* Rn. 6; *Fitting,* Rn. 2.
6 GK-*Raab,* Rn. 7.
7 Allg. DWWS-*Weichert,* Einl. Rn. 8 ff.
8 Vgl. ausführlich DWWS-*Weichert,* Art. 5 Rn. 15 ff.
9 Vgl. § 40 Rn. 176.
10 Textmuster bei DKWF-*Wedde,* § 34 Rn. 12 ff.
11 Richardi-*Thüsing,* a. a. O.; a. A. GK-*Raab,* Rn. 17; *Renker,* AiB 02, 223; HWGNRH-*Glock,* Rn. 5, die dies nur als zweckmäßig ansehen und in der GO regeln wollen.
12 *Fitting,* Rn. 10; GK-*Raab,* a. a. O.; MünchArbR-*Joost,* § 307 Rn. 72 ff.; ErfK-*Koch,* Rn. 1; *LAG Köln* 25. 11. 98 – 2 TaBV 38/98.
13 GK-*Raab,* Rn. 22; vgl. Rn. 5 sowie Textmuster bei DKWF-*Wedde,* § 34 Rn. 14.
14 *ArbG Hamburg* 8. 9. 99, AiB 00, 102.
15 GK-*Raab,* Rn. 23.
16 Weiter gehend GK-*Raab,* Rn. 15, der die entsprechende Protokollierung für zwingend hält.
17 Richardi-*Thüsing,* Rn. 1; *Fitting,* Rn. 10; a. A. GK-*Raab,* Rn. 15; HWGNRH-*Glock,* Rn. 6, die selbst bei namentlicher Abstimmung die Aufzeichnung für entbehrlich halten.

ler Beschluss gefasst worden ist, sondern nur Beratungen stattgefunden haben.[18] Da nur BR-Mitglieder ein Einsichtsrecht in die Niederschriften haben und nach § 79 zur Verschwiegenheit verpflichtet sind, können vom AG während der Sitzung mitgeteilte Betriebs- und Geschäftsgeheimnisse aufgenommen werden.[19] Zur Beschlussfähigkeit und Stimmenmehrheit vgl. die Erl. zu § 33.

Über den gesetzlichen Mindestinhalt hinaus können in der GO (§ 36), oder im Einzelfall, für die Erstellung, Form und Inhalt der Niederschriften weitere Regelungen festgelegt werden. Ein Anspruch der Sitzungsteilnehmer auf Aufnahme einer **Erklärung zu Protokoll** ist im Gesetz nicht vorgesehen, dürfte aber selbst dann anzunehmen sein, wenn die GO hierzu schweigt.[20] Ein Anspruch auf wörtliche Wiedergabe aller Aussagen und Äußerungen der BR-Mitglieder in der Niederschrift besteht im Regelfall nicht. 4

Ein wesentlicher Bestandteil der Sitzungsniederschrift ist die beizufügende **Anwesenheitsliste,** in die sich **alle Teilnehmer** – also nicht nur die BR-Mitglieder bzw. Ersatzmitglieder, sondern auch die JAV, die Schwerbehindertenvertretung, der Beauftragte der Gewerkschaft, der AG, der Vertreter der Arbeitgebervereinigung, Sachverständige, Auskunftspersonen sowie die Schreibkraft auch bei einer Teilnahme von kurzer Dauer – **eigenhändig einzutragen** haben.[21] Zum Nachweis der Beschlussfähigkeit sind vom Schriftführer bzw. BR-Vorsitzenden entweder auf der Anwesenheitsliste oder in der Sitzungsniederschrift Angaben über den Zeitraum der Teilnahme – Beginn und Ende – zu machen, wenn BR-Mitglieder lediglich vorübergehend anwesend sind. Gleiches gilt bei bei der Durchführung von Video- oder Telefonkonferenzen oder bei der hybriden Teilnahme einzelner Mitglieder. Die Anwesenheitsliste ist Bestandteil der Niederschrift, so dass gegen sie Einwendungen nach Abs. 2 Satz 2 erhoben werden können.[22] 5

Abweichend hiervon regeln die durch das sog. Betriebsrätemodernisierungsgesetz im Juni 2021 an Abs. 1 eingefügten zwei neuen Sätze, dass BR-Mitglieder, die mittels Video- und Telefonkonferenz am Sitzung teilnehmen, diese Teilnahme gegenüber den Vorsitzenden in **Textform** bestätigen müssen, etwa per E-Mail oder mittels einer entsprechenden Datei im PDF-Format. Neben BR-Mitgliedern müssen entsprechende Bestätigungen auch von allen anderen berechtigt online teilnehmenden Personen eingeholt werden.[23] Die gesetzlich vorgesehene Bestätigung ist der Niederschrift beizufügen. Dies kann durch Hinzufügung des Originals der Bestätigung oder eines Ausdrucks digital übermittelter Mitteilungen geschehen. Vorsitzende sollten online teilnehmende BR-Mitglieder zu Beginn der Sitzung auf die Notwendigkeit und ggf. auch auf das Fehlen der Bestätigung hinweisen. 5a

Nach § 126b BGB muss es sich bei der **Textform** um eine **lesbare Erklärung** handeln, in der die Person des Erklärenden genannt ist. Die Erklärung muss auf einem dauerhaften Datenträger abgegeben werden.[24] Eine Unterschrift ist nicht erforderlich. Für die Abgabe der geforderten individuellen Erklärung kommen Übermittlungsvarianten wie beispielsweise Telefax, E-Mail-, PDF-Dateien, aber auch ein mit dem Smartphone erstelltes Foto einer Erklärung oder eine Mitteilung per Chat in Messengerdienst in Betracht. 5b

Es ist sinnvoll, dass der BR sich zu Beginn der Sitzung darüber verständigt, welches Format für die Abgabe der notwendigen Erklärungen verwendet werden soll, um eine zu große Unübersichtlichkeit zu vermeiden. Alternativ ist die Aufnahme dieser Vorgaben in eine **GO** möglich. Wichtig ist, dass die Erklärung neben dem Namen der jeweiligen Teilnehmer auch das Datum ihrer Abgabe enthält. 5c

Die Erklärung der Anwesenheit in Textform muss zu Beginn der Sitzung vorliegen. Verlassen BR-Mitglieder die Sitzung vorzeitig, muss dies den Vorsitzenden zur Kenntnis gebracht und im Protokoll vermerkt werden. Die Abgabe einer entsprechenden Erklärung in Textform sieht 5d

18 GK-*Raab*, Rn. 6.
19 *Fitting*, Rn. 16; a. A. GK-*Raab*, Rn. 31, die den AG für berechtigt halten, die Auslassung derartiger Informationen in der Niederschrift zu verlangen.
20 *Fitting*, Rn. 15; GK-*Raab*, a. a. O.; *Kröll*, AiB 15, 35; enger HWGNRH-*Glock*, Rn. 5.
21 *Fitting*, Rn. 21; GK-*Raab*, Rn. 19; HWGNRH-*Glock*, Rn. 12; *Kühner*, S. 73; MünchArbR-*Joost*, § 307 Rn. 76; Muster bei DKWF-*Wedde*, § 34 Rn. 15.
22 Vgl. Rn. 17 f.
23 *Fitting*, Rn. 21a.
24 Vgl. ausführlich Einleitung, Rn. 184 ff.

das Gesetz nicht vor. Aus Dokumentationsgründen kann sich ein BR aber darauf verständigen, dass diese Form auch für eine vorzeitige Beendigung der Sitzungsteilnahme einzuhalten ist. Im Rahmen von Video- oder Audiokonferenz ist alternativ auch die verbale Mitteilung die Vorsitzenden möglich.

6 Die Niederschrift kann als **Beweismittel** in einer arbeitsgerichtlichen Auseinandersetzung dienen,[25] muss aber weder dem AG noch dem ArbG vorgelegt werden.[26] Sie hat den Charakter einer **Privaturkunde** gemäß § 416 ZPO.[27] Die Niederschrift beweist nur, dass die Unterzeichner die Angaben in der Niederschrift gemacht haben, nicht aber ihre Richtigkeit. Die Wirksamkeit eines BR-Beschlusses resultiert aus der mehrheitlichen Abstimmung, nicht aber aus der Niederschrift.[28] Alternativ zur Sitzungsniederschrift können im Gerichtsverfahren auch Zeugenaussagen als Beweismittel dienen.[29] Die Niederschrift ist **Urkunde im strafrechtlichen Sinn** (§ 267 StGB), so dass sie Gegenstand einer Urkundenfälschung sein kann.[30]

7 **Tonaufnahmen** der Wortbeiträge in **Präsenzsitzungen** des BR zu Protokollzwecken sind nur möglich, wenn sämtliche Anwesenden diesen ausdrücklich freiwillig zugestimmt haben. Da es sich um eine Einwilligung im datenschutzrechtlichen Sinn handelt, müssen insbesondere die einschlägigen formalen Vorgaben in § 26 Abs. 2 BDSG beachtet werden. Aufnahmen von Äußerungen der Sitzungsteilnehmer, die eingewilligt haben, werden damit zwar nicht ausgeschlossen. »Teilaufnahmen« dürften aber in der Praxis kaum durchführbar sein. Mit Rücksicht auf die vorgeschriebene Schriftform und Unterzeichnung (vgl. Rn. 3) muss eine für die Niederschrift relevante Tonaufnahme in Schriftform übertragen werden.[31] Wird nach § 30 Abs. 2 die Teilnahme an BR-Sitzungen per **Video- und Telefonkonferenz** ermöglicht, sind Tonaufnahmen allerdings mit Blick auf das dort in Satz 2 enthaltene **absolute Aufnahmeverbot**[32] grundsätzlich unzulässig.

8 Die **Sitzungsniederschrift** ist **unverzüglich nach der Sitzung** anzufertigen; sie muss den BR-Mitgliedern spätestens mit der Einladung zur nächsten Sitzung zugeleitet werden (vgl. Rn. 14 ff.) oder zu diesem Zeitpunkt vorliegen. Nähere Einzelheiten kann die GO regeln (vgl. Rn. 4).

9 Wer die Niederschrift aufzunehmen hat, ist im Gesetz nicht bestimmt. Es empfiehlt sich, möglichst schon in der konstituierenden Sitzung (vgl. § 29 Rn. 2 ff.), einen **Schriftführer** und ggf. einen Stellvertreter aus dem Kreis der BR-Mitglieder zu bestellen. Die Bestellung erfolgt durch den BR.[33] Die Hinzuziehung einer **Schreibkraft** ist unter der Voraussetzung zulässig, dass der Vorsitzende oder ein anderes Mitglied des BR für die Sitzungsniederschrift verantwortlich zeichnet.[34] Die Schreibkraft kann den Protokollführer (Schriftführer) unterstützen, nicht jedoch ersetzen.[35] Bedenken wegen der Nichtöffentlichkeit (vgl. § 30 Rn. 12) der Sitzung bestehen nicht, da nach § 40 Abs. 2 der AG dem BR für Sitzungen Büropersonal zur Verfügung zu stellen hat.[36]

10 Werden einer Schreibkraft bei ihrer Tätigkeit für den BR **Betriebs- und Geschäftsgeheimnisse** bekannt, ist sie aus dem Arbeitsverhältnis zur Verschwiegenheit verpflichtet.[37]

---

25 *Hässler,* S. 45.
26 *ArbG Berlin* 3.4.80, AiB 80, 11.
27 Vgl. hierzu auch *BAG* 3.11.77, AP Nr. 1 zu § 75 BPersVG, 1135.
28 *Kröll,* AiB 15, 35.
29 *BAG* 8.2.77, AP Nr. 10 zu § 80 BetrVG 1972.
30 *Fitting,* Rn. 5; GK-*Raab,* Rn. 14.
31 GK-*Raab,* Rn. 19.
32 Vgl. § 30 Rn. 61af.
33 *Fitting,* Rn. 10; GK-*Raab,* Rn. 8; HaKo-BetrVG-*Blanke,* Rn. 4; ErfK-*Koch,* Rn. 1.
34 Richardi-*Thüsing,* Rn. 6; ErfK-*Koch,* Rn. 1; *Fitting,* Rn. 11; *Wlotzke/Preis,* Rn. 2; *Kröll,* AiB 15, 35; nach *ArbG Frankfurt* 7.8.90 – 4 BV 9/90 kann von einem BR-Mitglied jedenfalls bei umfangreichen Tagesordnungen nicht verlangt werden kann, Stichwortprotokolle zu führen; ferner *BAG* 17.10.90 – 7 ABR 69/89, DB 91, 1523 [B. I. 1 der Gründe]; zu gemeinsamen Unterschriften allg. *BAG* 22.11.17 – 7 ABR 46/16, NZA 18, 732; a. A. GK-*Raab,* Rn. 9; HWGNRH-*Glock,* Rn. 8f.; *SWS,* Rn. 2, die diese Hinzuziehung als unzulässig ansehen.
35 *Kühner,* S. 73.
36 Richardi-*Thüsing,* a.a.O.
37 *BAG,* 17.10.90 – 7 ABR 69/89, DB 91, 1523.

BR-Vorsitzende, im Fall ihrer Verhinderung die gewählten Stellvertreter, sind für die **Ordnungsmäßigkeit der Niederschrift** verantwortlich, weil sie die Verhandlung leiten und die Niederschrift zu unterzeichnen haben.[38] Nach Abs. 1 Satz 2 muss die Niederschrift durch ein weiteres Mitglied des BR unterzeichnet sein. Ist ein Schriftführer bestellt, sollte dieser mit unterschreiben.[39] 11

Die Niederschrift gehört ebenso wie ein Protokollbuch zu den **Akten des BR.** Der AG kann weder die Aushändigung verfügen noch steht ihm ein Einsichtsrecht zu.[40] Die »Niederschriftsurkunden« und sonstigen Akten sind **Eigentum des BR** und nicht des AG.[41] Die in der Literatur teilweise anzutreffende Auffassung, dass der AG, weil er das Schreibpapier zur Verfügung stellt, auch Eigentümer der daraus hergestellten Urkunde werde, ist wirklichkeitsfremd.[42] Die Niederschriften sind so lange aufzubewahren, wie ihr Inhalt von rechtlicher Bedeutung ist.[43] Da diese in der Regel über die Amtszeit des BR hinausgeht, ist der **Protokollordner** an den **nachfolgenden BR weiterzugeben** und von diesem aufzubewahren.[44] 12

BR-Vorsitzende bzw. Stellvertreter handeln **pflichtwidrig,** wenn sie die Anfertigung einer ordnungsgemäßen Niederschrift unterlassen.[45] Diese ist aber nicht **Wirksamkeitsvoraussetzung** für die Rechtsgültigkeit eines BR-Beschlusses,[46] soweit nicht das Gesetz ausdrücklich Schriftform vorsieht.[47] Die Niederschrift ist nur Beweis dafür, dass ein BR-Beschluss gefasst worden ist, wenn seine Rechtmäßigkeit bestritten wird (vgl. Rn. 3). Die Anfertigung einer Niederschrift ist für die Rechtsgültigkeit eines BR-Beschlusses dann erforderlich, wenn dieser nach dem Gesetz der Schriftform bedarf, z. B. Übertragungsbeschlüsse nach § 27 Abs. 3 und § 28 sowie Erlass einer GO. 13

III. Aushändigung der Sitzungsniederschrift; Einwendungen

Hat der AG oder ein Beauftragter der Gewerkschaft an der BR-Sitzung teilgenommen, ist ihm nach Abs. 2 Satz 1 eine **Abschrift** des entsprechenden **Teils der Sitzungsniederschrift auszuhändigen.**[48] Der AG hat darüber hinaus auf ein von ihm zeitnah geltend gemachtes Verlangen einen Anspruch auf Aushändigung einer Abschrift bzw. Kopie desjenigen Teils der Sitzungsniederschrift, aus dem sich die Beschlussfassung des Gremiums zum Abschluss einer BV ergibt. Die Übermittlung dieses Nachweises an den AG ist eine Nebenpflicht des BR bei Abschluss einer BV.[49] Ein Recht auf Aushändigung **weiterer Teile** der Sitzungsniederschriften oder andere Unterlagen des BR haben AG **nicht.**[50] 14

Dies gilt auch bezüglich des Verlangens von AG auf Aushändigung von Beschlusstexten nebst **Stimmverhältnissen,** die sich auf den Abschluss von BVen beziehen.[51] Eine solche Herausgabepflicht würde die Unabhängigkeit des BR gefährden, weil AG auf diesem Weg Erkenntnisse über den Meinungsbildungsprozess in Gremien, über aktuelle interne »Meinungslagen« und über Positionen erhalten würden, die eine gezielte Beeinflussung einzelner Mitglieder oder BR-Gruppierungen möglich machen. Die vom 1. Senat des *BAG* für notwendig erachtete Herausgabe dieser Informationen ist zudem für die Feststellung der Beschlusslage nicht er- 14a

---

38 GK-*Raab*, Rn. 8; Richardi-*Thüsing*, Rn. 5.
39 Richardi-*Thüsing*, Rn. 10; *Fitting*, Rn. 19; HWGNRH-*Glock*, Rn. 11.
40 Richardi-*Thüsing*, Rn. 25; GK-*Raab*, Rn. 32; zum Einsichtsrecht des AG in Daten des BR allgemein *LAG Düsseldorf* 7.3.12 – 4 TaBV 87/11, RDV 12, 310.
41 *Fitting*, Rn. 5; HaKo-BetrVG/*Wolmerath*, Rn. 6; WP-*Kreft*, Rn. 5; *Kühner*, S. 75.
42 So Richardi-*Thüsing*, a. a. O.; GK-*Weber*, § 40 Rn. 180; HWGNRH-*Glock*, Rn. 18, die dem AG jedoch kein Besitzrecht einräumen; vgl. auch unter § 40 Rn. 88.
43 *Fitting*, Rn. 17; GK-*Raab*, Rn. 42; HWGNRH-*Glock*, Rn. 18; ErfK-*Koch*, Rn. 2; *Kröll*, AiB 15, 35.
44 Richardi-*Thüsing*, Rn. 26, der sich für eine entsprechende Anwendung des § 44b HGB ausspricht, was eine zehnjährige Aufbewahrungspflicht bedeuten würde.
45 GK-*Raab*, Rn. 10; *GL*, Rn. 13; MünchArbR-*Joost*, § 307 Rn. 81.
46 *BAG* 8.2.77, AP Nr. 10 zu § 80 BetrVG 1972; allg. *HessLAG* 23.2.17 – 9 TaBV 140/16, juris.
47 V. *Hoyningen-Huene*, S. 160.
48 *GL*, Rn. 15; GK-*Raab*, Rn. 25; *Hamm*, AiB 99, 488; vgl. Textmuster bei DKWF-*Wedde*, § 34 Rn. 16 f.
49 *BAG* 8.2.22 – 1 AZR 233/21; vgl. hierzu *Wedde*, AuR 23, 209 ff.
50 *LAG Düsseldorf* 7.3.12 – 4 TaBV 87/11, BB 12, 832.
51 A. A. *BAG* 8.2.22 – 1 AZR 233/21, NZA 22, 984.

forderlich. AG müssen vom BR lediglich darüber informiert werden, welche Beschlüsse oder Entscheidungen es im Gremium bezogen auf abzuschließende BVen oder hinsichtlich anderer sie betreffenden Themen gegeben hat. Entsprechende Mitteilungen erhalten sie von den BR-Vorsitzenden. Bestehen bei AG bezüglich einer Beschlussfassung im BR Unklarheiten oder Unsicherheiten, können sie BR-Vorsitzende auffordern, für das Gremium eine verbindliche Aussage zu treffen, etwa zur Zustimmung oder Ablehnung bezüglich einer vorgelegten BV. BR-Vorsitzende müssen eine solche Anfrage wahrheitsgemäß beantworten. Zweifeln AG die Richtigkeit einer solchen Antwort an, steht ihnen bezüglich der Überprüfung der Rechtsweg offen. Im arbeitsgerichtlichen Verfahren können BR dann relevante Protokollauszüge vorlegen, wenn dies prozessual notwendig wird.

14b Bei Betrieben im Bereich der privatisierten Post- und Bahnunternehmen steht auch den **Beauftragten von Berufsverbänden der Beamten** eine Abschrift zu,[52] wenn diese in der Sitzung anwesend waren. Sie muss vom BR-Vorsitzenden unterschrieben sein. Der AG erhält einen Auszug aus der Niederschrift für den Teil seiner Anwesenheit. Soweit der AG oder ein berechtigter Vertreter an der Sitzung des BR nicht teilgenommen hat, kann er die Aushändigung einer Abschrift oder die Einsichtnahme in die Niederschrift auch dann nicht beanspruchen, wenn er gemäß § 29 Abs. 4 zur Teilnahme berechtigt gewesen wäre.[53] Der AG kann insoweit auch nicht geltend machen, dass er dem Protokoll Anfang und Ende von BR-Sitzungen entnehmen will.[54] Unterzeichnet der AG einen ihm übersandten ordnungsgemäß protokollierten Beschluss des BR (gegen), kann darin je nach Erklärungswert der **Abschluss einer BV** liegen.[55]

15 Der AG ist nicht berechtigt, einen **betriebsfremden Mitarbeiter zur Protokollierung** mitzubringen[56] oder mit seinen Einwendungen ein eigenes »Gegenprotokoll« über eine BR-Sitzung zu erstellen.[57]

16 Die BR-Mitglieder haben **Anspruch auf Aushändigung** einer Abschrift oder eine konventionelle oder elektronische Kopie der Sitzungsniederschrift, wenn sie diese für ihre Tätigkeit benötigen.[58] Dies gilt insbesondere dann, wenn zu Beginn der Sitzung abgefragt wird, ob es Einwendungen gegen die Niederschrift der letzten Sitzung gibt, da eine qualifizierte Aussage hierzu die vorherige Kenntnis erfordert. Die BR-Mitglieder müssen die notwendige **Vertraulichkeit** wahren und sind deshalb nicht berechtigt, die Sitzungsniederschrift eigenmächtig an Personen außerhalb des BR-Gremiums (insbesondere an Vertreter des AG) weiterzuleiten. Mit Blick auf die vielfältigen Aufgaben (vgl. § 37 Rn. 16 ff.) ist eine weite Auslegung der Notwendigkeit geboten. Die übrigen Sitzungsteilnehmer, wie JAV, Schwerbehindertenvertretung oder Sachverständige, haben keinen Anspruch auf Aushändigung einer Abschrift oder Kopie der Sitzungsniederschrift. Die **Aushändigung** ist jedoch **zulässig** und **grundsätzlich zweckmäßig,** es sei denn, in der Niederschrift sind Aussagen des AG zu Betriebs- und Geschäftsgeheimnissen enthalten (vgl. Rn. 4).

17 **Einwendungen** gegen die Richtigkeit der Niederschrift können der AG, der Beauftragte der Gewerkschaft sowie alle übrigen Sitzungsteilnehmer erheben.[59] Unter Einwendung i. S. d. Abs. 2 sind kurze Gesamt- oder punktuelle Gegenstellungnahmen zu einzelnen beanstandeten Protokollinhalten oder Formulierungen der Sitzungsniederschrift zu verstehen, aber keine Gegenprotokolle.[60] Einwendungen müssen unverzüglich, d. h. ohne schuldhaftes Zögern, und

---

52 *Fitting,* Rn. 22 m. w. N.

53 *Fitting,* Rn. 22; GK-*Raab,* Rn. 26.

54 *ArbG Hamburg* 8. 9. 99, AiB 00, 102.

55 *Fitting,* a. a. O.; Richardi-*Thüsing,* Rn. 15; GK-*Raab,* a. a. O., der verlangt, dass das entsprechende Dokument vorab vom BR-Vorsitzenden unterschrieben wurde; a. A. *LAG Berlin* 6. 9. 91 – 2 TaBV 3/91, DB 91, 2593.

56 *ArbG Hersfeld* 8. 1. 87, BB 87, 2452, Ls., zu monatlichen Besprechungen nach § 74 Abs. 1.

57 *LAG Frankfurt* 19. 5. 88, DB 89, 486; *Fitting,* Rn. 29; einschränkender GK-*Raab,* Rn. 29.

58 A. A. GK-*Raab,* Rn. 27; MünchArbR-*Joost,* § 307 Rn. 82; Richardi-*Thüsing,* Rn. 13; *Fitting,* Rn. 25; *Zender,* ZBVR 00, 238; vgl. auch Rn. 23; enger wohl *LAG Nds.* 24. 4. 09 – 10 TaBV 55/08, NZA-RR 09, 532.

59 ErfK-*Koch,* Rn. 2; *Fitting,* Rn. 29; GK-*Raab,* Rn. 28; *GL,* Rn. 12; HaKo-BetrVG/*Wolmerath,* Rn. 2; a. A. *SWS,* Rn. 3a.

60 *LAG Frankfurt* 19. 5. 88, DB 89, 486.

schriftlich beim BR erhoben werden.[61] BR-Vorsitzende haben die Gegendarstellung dem BR zur Kenntnis zu geben und selbst dann der Niederschrift beizufügen, wenn sie oder das Gremium diese für unzutreffend halten.

18 Soweit BR-Mitglieder **Einwendungen** gegen die Sitzungsniederschrift haben, können sie diese auch in der nachfolgenden BR-Sitzung aus Anlass der **Genehmigung der Niederschrift** geltend machen.[62] Der BR muss sich mit den Einwendungen befassen und ggf. die Berichtigungen in die Niederschrift aufnehmen.[63] Entsprechendes gilt, wenn er die Gegendarstellung für nicht berechtigt erachtet.[64] In der Niederschrift, auf die sich die Einwendungen beziehen, ist zweckmäßigerweise ein Vermerk anzubringen.[65] Die Erhebung von Einwendungen hat auf die Wirksamkeit der Beschlüsse des BR keine unmittelbaren Auswirkungen.[66] Sie können jedoch für die Würdigung der Beweiskraft der Niederschrift von Bedeutung sein.

IV. Einsichtsrecht der Betriebsratsmitglieder

19 Die Mitglieder des BR haben nach Abs. 3 das Recht, **jederzeit,** d. h. ohne zeitliche Begrenzung, die Unterlagen des BR und seiner Ausschüsse bzw. der gem. § 28a gebildeter Arbeitsgruppen einzusehen.[67] Dieses Einsichtsrecht besteht auch, wenn Informationen eine »besondere Vertraulichkeit« oder »Brisanz« zugemessen wird.[68] Praktisch kann dieses Einsichtsrecht etwa durch Überlassung eines Schlüssels oder eines elektronischen Schlüsseltransponders zum BR-Büro realisiert werden.[69] Kein eigener Schlüssel soll beansprucht werden können, wenn während der Arbeitszeit von freigestellten BR-Mitgliedern das BR-Büro ohnehin geöffnet ist.[70] Bezogen auf digitalisierte Informationen sind BR-Mitgliedern die entsprechenden Zugangsinformationen mitzuteilen. Einer Begründung oder des Vorliegens eines besonderen Interesses bedarf es nicht.[71] Diese Regelung garantiert, dass sich jedes BR-Mitglied jederzeit über die Vorgänge im BR, aber auch in den nach §§ 27 und 28 eingerichteten Ausschüssen[72] einschließlich der gemeinsamen Ausschüsse nach § 28 Abs. 2, über die Arbeit des WA[73] und in gem. § 28a gebildeten Arbeitsgruppen informieren kann, auch wenn das BR-Mitglied diesen Ausschüssen nicht angehört. Die Vorschrift will sicherstellen, dass alle Mitglieder des BR den **Überblick** über die Gesamttätigkeit des BR behalten. Das Einsichtsrecht steht BR-Mitgliedern nur während der Dauer ihrer Amtszeit zu. Ausgeschiedene BR-Mitglieder verlieren es.[74] Das Einsichtsrecht ist auf die Informationen begrenzt, die dem BR zur Verfügung stehen.[75] Der **AG** hat **kein Recht,** Einsicht in die Niederschriften und Unterlagen des BR zu verlangen.[76]

20 Zu den **Unterlagen** gehören sämtliche Schriftstücke, Niederschriften, Listen, Berechnungen, Materialien, Sitzungsunterlagen, Stellungnahmen und Akten, die aus der Tätigkeit des BR

---

61 V. *Hoyningen-Huene,* S. 160; MünchArbR-*Joost,* § 307 Rn. 80.
62 MünchArbR-*Joost,* § 307 Rn. 80 empfiehlt, in die Tagesordnung der nächsten Sitzung die Behandlung von Einwendungen gegen die letzte Niederschrift aufzunehmen; Textmuster bei DKWF-*Wedde,* § 34 Rn. 18ff.
63 Vgl. GK-*Raab,* Rn. 28ff.; a. A. *Kühner,* S. 25.
64 Vgl. *Fitting,* Rn. 30; GK-*Raab,* a. a. O.
65 GK-*Raab,* a. a. O.
66 *Fitting,* a. a. O.; GK-*Raab,* Rn. 29; ErfK-*Koch,* Rn. 2.
67 HWGNRH-*Glock,* Rn. 27; allg. *Rennpferdt,* RdA 22, 27.
68 So aber für Ausnahmefälle *Fitting,* Rn. 33a.
69 *HessLAG* 14.1.19 – 16 TaBVGa 164/18, juris bzgl. der Überlassung eines Schlüsseltransponders; *LAG Baden-Württemberg* 20.2.13 – 13 TaBV 11/12; *Fitting,* Rn. 33; *Thüringer LAG* 29.6.21 – 1 TaBVGa 1/21 – sieht ein umfassendes Zugangsrecht;.
70 *HessLAG,* a. a. O.
71 GK-*Raab,* Rn. 35; *BAG* in ständiger Rspr. zu § 80 Abs. 2, vgl. z. B. 11.7.72, 23.2.73, AP Nrn. 1, 2 zu § 80 BetrVG 1972; enger *LAG Nds.* 16.2.01, 16 TaBV 46/00, das für Unterlagen des Personalausschusses ein berechtigtes Interesse voraussetzt.
72 *LAG Nds.,* a. a. O., für Unterlagen des Personalausschusses.
73 A. A. Richardi-*Thüsing,* Rn. 29; HWGNRH-*Glock,* Rn. 30, die jedoch § 108 Abs. 4 übersehen, wonach der WA den BR vollständig zu unterrichten hat.
74 *HessLAG* 25.10.12 – 9 TaBV 129/12, AiB 13, 326 mit Anm. Hayen.
75 *LAG Rheinland-Pfalz* 5.8.21 – 5 TaBV 4/21.
76 Zur Aushändigung von Niederschriften vgl. Rn. 14.

anfallen. Dies schließt Unterlagen in elektronischer Form (insbes. Dateien) ein.[77] Dabei ist es gleichgültig, ob der BR sie selbst angefertigt hat oder ob sie ihm von anderer Seite, z. B. AG, Gewerkschaft, AN, Gewerbeaufsichtsamt oder Berufsgenossenschaft, zugeleitet wurden. Außerdem gehören dazu BV, TV, Gesetzestexte, Kommentare u. Ä.[78] **Nicht zu den Unterlagen** i. S. d. Vorschrift gehört die GO des BR (als Ordnungsstatut), da das einzelne BR-Mitglied diesbezüglich nicht nur ein Einsichtsrecht, sondern Anspruch auf Aushändigung einer Kopie hat.[79] Nicht vom Einsichtsrecht erfasst sein sollen Informationen zu Tarifverhandlungen, über die BR-Mitglieder in ihrer Eigenschaft als Mitglieder einer gewerkschaftlichen Verhandlungskommission verfügen.[80]

21 Aus Abs. 3 leitet sich kein allgemeines Einsichtsrecht in persönliche Unterlagen, Aufzeichnungen und Arbeitshilfen der einzelnen BR-Mitglieder ab.[81] Etwas anderes kann nur bezüglich der Aufzeichnungen gelten, die BR-Mitglieder in gemeinsamen Ausschüssen nach § 28 Abs. 2 angefertigt haben,[82] da diese in der Praxis oft die einzige schriftliche Informationsmöglichkeit darstellen werden. Es ist anzuraten, dass der BR seinen entsandten BR-Mitgliedern klare Vorgaben bezüglich einer Protokollierung und Dokumentation der Gespräche mit dem AG macht.

22 Das Einsichtsrecht besteht neben konventioneller Dokumente und Papiere auch bezüglich aller **elektronischen Unterlagen** des BR. Handelt es sich um individuelle Unterlagen einzelner BR-Mitglieder, setzt das Einsichtsrecht voraus, dass diese individuell für die Benutzung im Gremium freigegeben sind.[83] Kein allgemeines Einsichtsrecht besteht darüber hinaus beispielsweise in elektronisch vorgehaltene persönliche Unterlagen von BR-Vorsitzenden oder Stellvertretern sowie in Entwürfe von Mitarbeitern des BR.[84] Ebenso gibt es kein absolutes Einsichtsrecht aller Gremienmitglieder in individuelle elektronische Unterlagen, wenn diese etwa von einzelnen BR-Mitgliedern aufgrund einer Hinzuziehung nach § 82 Abs. 2 Satz 2 erhoben und verarbeitet werden. Einem weit gefassten Einsichtsrecht, das sich auf alle BR-Mitglieder erstreckt, steht die Verpflichtung der einzelnen BR-Mitglieder zur Verschwiegenheit nach § 82 Abs. 2 Satz 3 entgegen (vgl. § 82 Rn. 16). Entsprechendes gilt nach § 83 Abs. 1 Satz 2 bezüglich der Hinzuziehung von Gremienmitgliedern zur Einsichtnahme in Personalakten. Schließlich steht einem unbegrenzten Anspruch des ganzen BR-Gremiums auf Einsicht in die individuellen Unterlagen einzelner BR-Mitglieder der mit dem Beschwerderecht nach § 84 verbundene Vertraulichkeitsanspruch entgegen. AN müssen auf dieser Grundlage nicht davon ausgehen, dass vertrauliche Inhalte, die ein BR-Mitglied in persönlichen Dateien gespeichert hat, dem gesamten Gremium zugänglich gemacht werden.

23 Den einzelnen Mitarbeitern eines BR steht innerhalb des Gremiums dasselbe Maß an Persönlichkeitsschutz und Datenschutzrechten zu wie anderen Beschäftigten auch. Entgegen der teilweise in Rechtsprechung[85] und Literatur[86] vertretenen Auffassung kann es damit keinen unbegrenzten Zugriff aller BR-Mitglieder auf die individuellen BR-Unterlagen geben. Dieses ist vielmehr auf solche Informationen zu beschränken, die nach dem Willen der einzelnen BR-Mitglieder Eingang in die Arbeit des BR gefunden haben bzw. die dem Gremium nach einschlägigen gesetzlichen Vorgaben zur Verfügung gestellt werden müssen.

24 Soll der Zugriff auf BR-Unterlagen elektronisch von Arbeitsplätzen außerhalb des BR-Büros erfolgen, müssen hierfür besondere technische und organisatorische Schutzmaßnahmen ge-

77 *BAG* 12.8.09 – 7 ABR 15/08, NZA 09, 1218; zur Unzulässigkeit des Zugriffs von AG vgl. *LAG Düsseldorf* 7.3.12 – 4 TaBV 87/11, BB 12, 832.
78 *Fitting*, Rn. 36; HWGNRH-*Glock*, Rn. 34; a. A. GK-*Raab*, Rn. 41.
79 *ArbG München* 12.4.89, AiB 89, 351, Ls.
80 *LAG Hamm* 21.3.14, 13TaBVGa 2/14, juris.
81 A. A. *BAG* 12.8.09 – 7 ABR 1508, NZA 09, 1218; *Fitting*, Rn. 33ff.
82 *Fitting*, Rn. 39; Richardi-*Thüsing*, Rn. 29.
83 Zu weitgehend *ArbG Stade* 29.5.07 – 2 BV 2/07, RdV 07, 258, das undifferenziert ein Einsichtsrecht auf alle Unterlagen sieht, die ein BR gespeichert hat; bestätigt durch *LAG Nds.* 17.12.07 – 12 TaBV 86/07; *BAG* 12.8.09 – 7 ABR 15/08, NZA 09, 1218.
84 Für ein umfassendes Einsichtsrecht wohl *Fitting*, Rn. 33ff.
85 Vgl. *BAG*, a. a. O.; *LAG Nds., a. a. O.; ArbG Stade*, a. a. O.
86 *Fitting*, Rn. 33c; GK-*Raab*, Rn. 36.

troffen werden. Maßstab hierfür ist Art. 32 DSGVO.[87] Dies gilt insbesondere, wenn der BR besondere Arten personenbezogener Daten i. S. von Art. 9 DSGVO (etwa Gesundheitsinformationen im Rahmen des betrieblichen Wiedereingliederungsmanagements) verarbeitet.

Das **Einsichtsrecht** steht nur BR-Mitgliedern zu, nicht aber zugleich auch Ersatzmitglieder. 25
Etwas anders gilt, wenn und solange sie für verhinderte BR-Mitglieder tätig sind. Bezogen auf konkrete Vertretungsfälle kann allerdings notwendig sein, dass Ersatzmitglieder etwa zur Vor- oder Nachbereitung von Sitzungen oder Themen Einsicht nehmen. Gleiches gilt, wenn eine bestimmte Zahl von Ersatzmitgliedern praktisch regelmäßig an Sitzungen teilnimmt. Sind BR-Unterlagen elektronisch gespeichert vorgehalten, lässt sich der notwendige Zugriff für Ersatzmitglieder durch temporäre Freischaltungen realisieren. Sind derartige Freigaben technisch oder organisatorisch Gründen kurzfristig nicht möglich, können den ersten Ersatzmitgliedern elektronische Zugriffsrechte dauerhaft eingeräumt werden. Diese Einräumung muss aber einerseits mit besonderen Hinweisen an die Ersatzmitglieder darauf verbunden werden, dass ein Zugriff nur beim Vorliegen eines konkreten oder mit hoher Wahrscheinlichkeit absehbaren Vertretungsfalls zulässig ist. Andererseits muss der BR die ihm obliegende Verpflichtung zum Datenschutz[88] dadurch umsetzen, dass er die Beschränkung der Nutzung durch Ersatzmitglieder für Vertretungsfälle durch geeignete technische oder organisatorische Maßnahmen (etwa regelmäßige Audits in den entsprechenden Protokolldaten) sicherstellt. Die JAV nach § 70 Abs. 2 kann verlangen, dass ihr vom BR die zur Durchführung ihrer Aufgaben erforderlichen Unterlagen zur Verfügung stellt. Die Vorschrift hindert den BR nicht, Personen, denen kein Einsichtsrecht zusteht, z. B. Gewerkschaftsbeauftragten, Informationen anhand der Unterlagen zu geben, soweit ein berechtigtes Interesse besteht, die Geheimhaltungspflicht nach § 79[89] sowie allgemeine datenschutzrechtliche Vorgaben nicht entgegenstehen.

Das **Einsichtsrecht ist unabdingbar** und kann nicht durch die GO oder einen Beschluss des 26
BR eingeschränkt werden. Es ist entweder durch den Vorsitzenden zu gewähren, da er die Verantwortung für die Aktenführung trägt,[90] oder es besteht gegenüber demjenigen BR-Mitglied, das die Unterlagen des BR bzw. die Unterlagen der Ausschüsse des BR aufbewahrt.[91]

Das einzelne BR-Mitglied hat ein Recht auf Einblick und keinen Anspruch auf **Überlassung** 27
oder Zurverfügungstellung der Unterlagen. Es kann sich jedoch aus den Unterlagen eigene **Notizen** machen bzw. **Abschriften** oder **Kopien** anfertigen.[92] Dabei müssen jedoch datenschutzrechtliche Beschränkungen beachtet werden, wenn es sich um personenbezogene Informationen handelt. Die formale und nicht interessengerechte Entscheidung des *BAG*[93] schließt nicht aus, dass der BR in der GO festlegt oder im Einzelfall beschließt, seinen Mitgliedern z. B. Sitzungsunterlagen, Niederschriften, BVen u. Ä. in Kopie zur Verfügung zu stellen. Nur so sind die BR-Mitglieder in der Lage, sich auf Sitzungen vorzubereiten und ihren gesetzlichen Verpflichtungen nachzukommen. Die Weitergabe an Personen außerhalb des BR ist mit Blick auf die besondere Vertraulichkeit der BR-Unterlagen unzulässig. BR-Mitglieder können aber zur Vorbereitung auf BR-Sitzungen den Inhalt von Unterlagen mit einem Gewerkschaftsvertreter besprechen.[94] Die Aushändigung von Unterlagen an den AG erfolgt nur durch den BR-Vorsitzenden.

BR-Mitglieder müssen beim Umgang mit BR-Unterlagen, die personenbezogene oder per- 27a
sonenbeziehbare Daten enthalten, die **gesetzliche Datenschutzvorschriften beachten und**

---

87 Vgl. hierzu DWWS-*Wedde*, Art. 32 Rn. 9 ff.
88 *BAG* 18. 7. 12 – 7 ABR 23/11, NZA 13, 49.
89 Vgl. § 79 Rn. 21, 26 ff.
90 GK-*Raab*, Rn. 33.
91 Richardi-*Thüsing*, Rn. 32.
92 Richardi-*Thüsing*, Rn. 31; *Fitting*, Rn. 34; GK-*Raab*, Rn. 34; *Kühner*, S. 76; *LAG Hamm* 14. 8. 09 – 10 TaBV 175/08, das ein Verbot des Mitschreibens für »fraglich« hält; unklar ErfK-*Koch*, Rn. 2; a. A. hinsichtlich der Ablichtungen *BAG* 27. 5. 82, AP Nr. 1 zu § 34 BetrVG 1972; HWGNRH-*Glock*, Rn. 33.
93 *HessLAG*, 23. 2. 17 – 9 TaBV 140/16.
94 *HessLAG* 20. 3. 17 – 16 TaBV 12/17, EzA-SD 2017, Nr. 13, 15; vgl. hierzu *Mittag*, jurisPR-ArbR 29/17 Anm. 3.

einhalten.[95] Die Sicherstellung eines gesetzeskonformen Datenschutzes gehört zu den gesetzlichen Aufgaben des BR (vgl. § 79a Rn. 8ff.). Zur Umsetzung dieser Aufgabe gehört insbesondere die Beachtung einschlägiger technischer und organisatorischer Vorkehrungen zum Datenschutz (etwa die durchgängige Verwendung von Verschlüsselungsverfahren für elektronisch verarbeitete personenbezogene Unterlagen).

27b **Herausragend bedeutsam** für den Umgang mit personenbezogenen Daten sind die in Art. 5 Abs. 1 DSGVO enthaltenen **allgemeinen Grundsätze.**[96] Die bedeutsamen Vorgaben in Abs. 1 lit. a) dieser Norm beinhalten durch den Verweis auf eine Verarbeitung nach Treu und Glauben weiterhin ein »Verbot mit Erlaubnisvorbehalt«.[97] Um diesem Grundsatz gerecht zu werden, müssen BR sich vor einer Verarbeitung personenbezogener Daten vergewissern, ob es hierfür im BetrVG oder in einem anderen einschlägigen Gesetz einer Erlaubnis gibt. Fehlt diese, kann eine Verarbeitung auch durch eine schriftliche Einwilligung einzelner Beschäftigter legitimiert werden.

27c Die Verarbeitung von personenbezogenen Daten durch den BR als Gremium sowie durch einzelne BR-Mitglieder unterliegt dem **Grundsatz der Zweckbindung** des Art. 5 Abs. 1 lit. b) DSGVO. Hieraus leitet sich für den BR die Notwendigkeit ab, die jeweiligen Verarbeitungszwecke vor der Verwendung personenbezogener Daten konkret und abschließend festzulegen. Die in Abs. 1 lit. c) benannte Datenminimierung führt dazu, dass die Verarbeitung personenbezogener Daten auf angemessene und unbedingt notwendige Zwecke beschränkt wird. Allerdings ist zu beachten, dass BR insbesondere durch § 80 Abs. 1 BetrVG umfassende Aufgaben zugewiesen werden, die ohne die hierfür erforderlichen personenbezogenen Daten nicht gesetzeskonform erfüllt werden können. Insoweit haben BR einen Anspruch auf alle personenbezogenen Daten, die sie zur Erfüllung ihrer Aufgaben benötigen.[98]

27d Mit Blick auf den in Art. 5 Abs. 1 lit. d) DSGVO enthaltenen **Grundsatz zur Richtigkeit** von personenbezogenen Daten müssen BR Verfahren zur Datenpflege vorsehen, um beispielsweise in ihren Unterlagen vorhandene Fehler zu korrigieren. Der in lit. e) dieser Vorschrift enthaltene Grundsatz der Speicherbegrenzung dürfen personenbezogene Daten auch von BR nur in einer Form gespeichert werden, die eine Identifizierung von Personen nur so lange ermöglicht, wie dies für die Aufgabenerfüllung im Rahmen des BetrVG erforderlich ist. Praktisch bedeutet dies, dass jeweils eine maximale Speicherdauer und Löschfristen festgelegt werden.[99]

27e Die Zulässigkeit der Verarbeitung von personenbezogenen Daten durch BR wird auch durch die Phase bestimmt, in der sich Beschäftigungsverhältnisse befinden. Die Verarbeitung von Bewerberdaten erfolgt zumeist temporär und endet bezüglich der Bewerber, die nicht eingestellt werden, mit dem Ende Einstellungsverfahrens bzw. mit Abschluss des entsprechenden Mitwirkungs- und Mitbestimmungsverfahrens. Längerfristig ist hingegen der Umgang mit den Daten aktiver Beschäftigte.[100]

V. Streitigkeiten

28 Streitigkeiten über die Notwendigkeit der Anfertigung und die Richtigkeit der Niederschriften, über die Berechtigung und Behandlung von Einwendungen, über den Anspruch auf Aushändigung einer Abschrift und über das Einsichtsrecht in die Unterlagen des BR und seiner Ausschüsse entscheidet das ArbG im **Beschlussverfahren** (§§ 2a, 80ff. ArbGG). **Antragsbefugt** sind alle Personen, die z. B. als Sitzungsteilnehmer Einwendungen gegen eine Sitzungsniederschrift erheben oder die Aushändigung einer Abschrift oder Einsicht in die Unterlagen des BR und seiner Ausschüsse verlangen können. Wegen des hohen Beweiswerts einer Sitzungsnieder-

---

95 Vgl. zum Datenschutz in der BR-Arbeit insgesamt § 94 Rn. 49ff.; allg. Wedde-Steiner/*Wedde*, Handbuch, Kap. D; *Thannheiser*, AiB 4/19, 31; *Köppen*, AiB Extra 2018, 35.

96 Allg. DWWS-*Weichert*, Art. 5 DSGVO Rn. 45ff.; zur Umsetzung in der BR-Arbeit Wedde-Steiner/*Wedde*, a. a. O., Rn. 41ff.

97 DWWS-*Weichert*, Art. 5 DSGVO Rn. 16.

98 Vgl. die Beispiele bei Wedde-Steiner/*Wedde*, Handbuch, Kap. D Rn. 52.

99 Ausführlich DWWS-*Weichert*, Art. 5 DSGVO Rn. 59ff.; vgl. auch Wedde-Steiner/*Wedde*, Handbuch, Kap. D Rn. 55.

100 Vgl. Wedde-Steiner/*Wedde*, Handbuch, Kap. D Rn. 59ff.

schrift kann im arbeitsgerichtlichen Verfahren eine Beweisaufnahme nur erfolgen, wenn nach dem Vortrag eines Antragstellers der Beweiswert erschüttert bzw. der Vortrag für die Führung des Gegenbeweises geeignet ist.[101]

Bei Streitigkeiten innerhalb eines BR ist die gerichtliche Androhung von Zwangsmitteln aufgrund der fehlenden Vermögensfähigkeit des Gremiums nicht möglich. Damit entfallen alle unmittelbar gegen diese Stelle gerichteten Zwangsmaßnahmen nach §§ 887, 888 und 890 ZPO auf Vornahme einer Handlung, Duldung oder Unterlassung.[102] 29

§ 35 Aussetzung von Beschlüssen

(1) Erachtet die Mehrheit der Jugend- und Auszubildendenvertretung oder die Schwerbehindertenvertretung einen Beschluss des Betriebsrats als eine erhebliche Beeinträchtigung wichtiger Interessen der durch sie vertretenen Arbeitnehmer, so ist auf ihren Antrag der Beschluss auf die Dauer von einer Woche vom Zeitpunkt der Beschlussfassung an auszusetzen, damit in dieser Frist eine Verständigung, gegebenenfalls mit Hilfe der im Betrieb vertretenen Gewerkschaften, versucht werden kann.

(2) Nach Ablauf der Frist ist über die Angelegenheit neu zu beschließen. Wird der erste Beschluss bestätigt, so kann der Antrag auf Aussetzung nicht wiederholt werden; dies gilt auch, wenn der erste Beschluss nur unerheblich geändert wird.

Inhaltsübersicht

I. Vorbemerkungen

Als **interne Ordnungsvorschrift** für die Willensbildung des BR ist diese Regelung **zwingend** und kann weder durch TV noch durch BV abbedungen werden. Die Vorschrift ist entsprechend anzuwenden auf Beschlüsse eines **BR-Ausschusses** nach §§ 27 und 28 jedenfalls dann, wenn diesem Aufgaben zur selbstständigen Erledigung übertragen wurden.[1] Entsprechend gilt sie in diesen Fällen auch für gem. § 28a gebildete Arbeitsgruppen. 1

Die Vorschrift gilt entsprechend für den **GBR** (§ 51 Abs. 1), die **Bordvertretung** (§ 115 Abs. 4), den **See-BR** (§ 116 Abs. 3) und mit gewissen Abweichungen wegen Fehlens einer JAV und einer Schwerbehindertenvertretung auf Konzernebene auch für den **KBR** (§ 59 Abs. 1). Sie gilt nicht für Beschlüsse der **JAV**, der **GJAV** und der **KJAV** (§ 66 Abs. 1, § 73 Abs. 2, § 73b Abs. 2). Auf eine **tarifliche Sondervertretung** nach § 3 Abs. 1 Nrn. 1–3 ist die Bestimmung anzuwenden.[2] Für eine **zusätzliche Vertretung** nach § 3 Abs. 1 Nrn. 4 und 5 kann der TV nähere Regelungen treffen. Bei Beschlüssen des **WA** ist die Vorschrift nicht anwendbar, da er keine originären BR-Aufgaben, sondern ihm eigens zugewiesene Aufgaben zu erfüllen hat.[3] 2

Der **DGB-Entwurf** für ein modernes Betriebsverfassungsgesetz[4] belässt die bisherige Vorschrift inhaltlich unverändert. 2a

101 Richardi-*Thüsing*, Rn. 31; *Fitting*, Rn. 34; GK-*Raab*, Rn. 34; *Kühner*, S. 76; *LAG Hamm* 14.8.09 – 10 TaBV 175/08, das ein Verbot des Mitschreibens für »fraglich« hält; unklar ErfK-*Koch*, Rn. 2; a. A. hinsichtlich der Ablichtungen *BAG* 27.5.82, AP Nr. 1 zu § 34 BetrVG 1972; HWGNRH-*Glock*, Rn. 33.

102 *HessLAG* 14.1.19 – 16 TaBVGa 164/18, juris; ebenso *Fitting*, Anhang 3 ArbGG, Rn. 62; ErfK-*Koch* § 85 ArbGG Rn. 2.

1 Ähnlich ErfK-*Koch*, Rn. 1; *Fitting*, Rn. 38; GK-*Raab*, Rn. 6; weiter gehend *Oetker*, BlStSozArbR 83, 289 [293], der die Vorschrift auch auf »vorbereitende« Ausschüsse anwenden will.

2 *Fitting*, Rn. 1; GK-*Raab*, Rn. 5.

3 *Oetker*, BlStSozArbR 83, 289 ff.

4 AuR Sonderausgabe April 2022, S. 23.

II. Die Aussetzung eines Beschlusses

3 Der Antrag auf Aussetzung kann nur gegen einen geplanten Beschluss des BR oder seiner Ausschüsse gestellt werden. Die **Wahlen** des BR-Vorsitzenden, seines Stellvertreters (§ 26), der Mitglieder des Betriebsausschusses oder anderer Ausschüsse des BR (§§ 27, 28, 107), der freizustellenden BR-Mitglieder (§ 38 Abs. 2), der Mitglieder des GBR (§ 47 Abs. 2) oder des KBR (§ 55 Abs. 1) sind keine Beschlüsse i. S. d. Vorschrift.

4 Der Antrag kann von der **Mehrheit der JAV** oder von der **Schwerbehindertenvertretung** gestellt werden.[5] **Kein Antragsrecht** haben der Sprecherausschuss für leitende Angestellte sowie Vertreter anderer Gruppen wie etwa ausländischer Arbeitnehmer oder Frauen.[6]

5 **Der Antrag der JAV** bedarf eines Mehrheitsbeschlusses aller anwesenden Mitglieder der JAV.[7] Er kann nur bei Angelegenheiten gestellt werden, die die in § 60 Abs. 1 genannten AN überwiegend oder besonders i. S. d. § 67 berühren.[8] Hat die JAV gemäß § 67 Abs. 2 Stimmrecht, setzt der Antrag voraus, dass die Mehrheit der JAV gegen den Beschluss gestimmt hat.[9] Soweit das Gesetz nach § 67 Abs. 1 Satz 2 für die JAV nur ein beratendes Teilnahmerecht vorsieht, weil die Angelegenheit besonders die in § 60 Abs. 1 genannten AN betrifft, genügt es für den Aussetzungsantrag, dass die JAV erkennbar gemacht hat, dass sie mehrheitlich erhebliche Bedenken gegen den zur Abstimmung gestellten Beschluss hatte.[10]

6 Die **Schwerbehindertenvertretung** hat im BR **kein Stimmrecht.** Sie kann lediglich mit beratender Stimme an den Sitzungen des BR, seiner Ausschüsse sowie der nach § 28a gebildeten Arbeitsgruppen teilnehmen. Dennoch steht ihr ebenso wie der Jugend- und Auszubildendenvertretung das Recht zu, die Aussetzung eines BR-Beschlusses zu verlangen, wenn wichtige Interessen schwerbehinderter AN durch die Beschlussfassung erheblich beeinträchtigt werden.[11] Die Schwerbehindertenvertretung kann einen Aussetzungsantrag auch dann stellen, wenn sie entgegen § 178 Abs. 2 SGB IX bei Maßnahmen gegenüber schwerbehinderten Menschen nicht rechtzeitig und umfassend vorher vom AG unterrichtet bzw. angehört wurde (vgl. § 178 Abs. 4 Satz 2 SGB IX).

7 Für den **Antrag auf Aussetzung** ist keine besondere **Form** vorgeschrieben; diese kann aber durch die GO (§ 36) vorgesehen werden. Er ist gemäß § 26 Abs. 3 Satz 2 an den BR-Vorsitzenden zu richten. Dies gilt auch für Beschlüsse, die in Ausschüssen des BR gefasst werden.[12]

8 Eine **Frist** ist für die Antragstellung ausdrücklich nicht vorgeschrieben. Sie ergibt sich jedoch mittelbar daraus, dass der Beschluss nur für die Dauer einer Woche, von der Sitzung – nicht vom Antrag – an gerechnet, ausgesetzt werden kann.[13] Die Aussetzung kann nicht mehr beantragt werden, wenn der Beschluss bereits durchgeführt wurde.[14]

9 Im Antrag muss vorgetragen werden, dass der Beschluss in erheblicher Weise **wichtige Interessen** der von den Antragstellern vertretenen AN **beeinträchtigt.** Ob die Beeinträchtigung objektiv vorliegt, ist gleichgültig; es genügt die sachliche Meinung der Antragsteller, dass eine erhebliche Beeinträchtigung des jeweiligen Personenkreises gegeben ist.[15]

10 Bei einem **ordnungsgemäßen Antrag** ist der Beschluss auf die Dauer von einer Woche auszusetzen, gerechnet von der BR-Sitzung an, in der er gefasst wurde (für die Berechnung der Frist vgl. § 19 Rn. 37 f.). Der BR-Vorsitzende kann einen Antrag auch dann nicht unberück-

5 Textmuster bei DKWF-*Wedde*, § 35 Rn. 3 f.
6 *Fitting*, Rn. 11 ff.
7 GK-*Raab*, Rn. 12.
8 *Fitting*, Rn. 7; GK-*Raab*, Rn. 11 ff.
9 *Fitting*, Rn. 8; GK-*Raab*, a. a. O.; a. A. Richardi-*Thüsing*, Rn. 9; vgl. auch HWGNRH-*Glock*, Rn. 7.
10 *Fitting*, Rn. 9; GK-*Raab*, a. a. O.
11 GK-*Raab*, Rn. 14; HWGNRH-*Glock*, Rn. 9 f.; *v. Hoyningen-Huene*, S. 161.
12 A. A. *Wlotzke/Preis*, Rn. 2, die den Vorsitzenden des Ausschusses als Adressat sehen.
13 Zur Fristberechnung *Rudolph*, AiB 07, 653.
14 Richardi-*Thüsing*, Rn. 13; ErfK-*Koch*, Rn. 1; *Fitting*, Rn. 15; GK-*Raab*, Rn. 16 f.; a. A. MünchArbR-*Joost*, § 307 Rn. 64.
15 *Fitting*, Rn. 16; Richardi-*Thüsing*, Rn. 8; GK-*Raab*, Rn. 19; HWGNRH-*Glock*, Rn. 11.

sichtigt lassen, wenn er **offensichtlich unbegründet** ist,[16] da hierdurch das Recht der Minderheit auf Nachprüfung von vagen Kriterien abhängig wäre.[17] Etwas anderes gilt, wenn sich die Ausübung des Antragsrechts unzweifelhaft als **Rechtsmissbrauch** darstellt.[18]

Gesetzlich **nicht geregelt** ist die Frage, ob der BR im Falle eines Aussetzungsantrages den von ihm gefassten Beschluss vor Ablauf der einwöchigen Aussetzungsfrist auch dann nicht vollziehen darf, wenn die Gefahr besteht, dass sein **Schweigen als Zustimmung** zu einer beabsichtigten Maßnahme des AG angesehen wird (vgl. etwa §§ 99 Abs. 3, 102 Abs. 2). Die Problematik wird besonders deutlich bei der Äußerungsfrist von drei Tagen bei außerordentlichen Kündigungen nach § 102 Abs. 2. Die teilweise vertretenen Lösungsvorschläge, wonach die Frist des § 35 in jedem Fall erhalten bleibt und der Vorsitzende des BR für die Bereinigung der Schwierigkeiten zu sorgen hat oder dass die vom Gesetz vorgeschriebenen Äußerungsfristen des BR durch den Aussetzungsantrag in ihrem Ablauf für die Dauer der Aussetzung unterbrochen werden, überzeugen nicht, da sie entweder von einem überzogenen Minderheitenschutz ausgehen oder z. B. bei Einstellungen sowohl für den AG als auch für den AN zu einer unzumutbaren Unklarheit führen würden. Da der im Gesetz festgelegte **besondere Schutz nicht zu einer Lähmung der Arbeit des BR** führen darf, ist der Meinung Vorzug zu geben, nach der der BR in einem solchen Fall dem AG vor Ablauf der Äußerungsfrist die von ihm getroffene Entscheidung mitzuteilen und gleichzeitig auf den gestellten Aussetzungsantrag hinzuweisen hat.[19] Diese Auffassung wird durch § 178 Abs. 4 Satz 2 SGB IX bestätigt, der jedenfalls für den Aussetzungsantrag der Schwerbehindertenvertretung ausdrücklich die Verlängerung einer Frist ausschließt. Bis zum Ablauf der Äußerungsfrist hat der BR-Vorsitzende auf eine **Verständigung** hinzuwirken. Hat der BR dem AG fristgemäß seinen Beschluss mitgeteilt und zugleich auf einen hiergegen gerichteten Aussetzungsantrag hingewiesen, wird es gegen den Grundsatz der vertrauensvollen Zusammenarbeit (§ 2 Abs. 1) verstoßen, wenn der AG nach Ablauf der Äußerungsfrist die personelle Maßnahme durchführt, ohne die endgültige Entscheidung abzuwarten.[20] Richtet sich der Antrag gegen die Zustimmung zu einer personellen Einzelmaßnahme nach § 99, kann der BR-Vorsitzende gehalten sein, bis zur abschließenden Entscheidung die Zustimmung gegenüber dem AG unter Hinweis auf den Aussetzungsantrag zu verweigern, um das Verfahren offen zu halten.[21] 11

Über den Einspruch selbst kann nach Abs. 2 erst nach **Ablauf der Wochenfrist** beschlossen werden (vgl. Rn. 13); es sei denn, die Antragsteller sind auf Grund der erfolgten Verständigung mit einer Verkürzung der Frist einverstanden.[22] Außerdem kann der Aussetzungsantrag jederzeit **zurückgenommen** werden. 12

Die im **Betrieb vertretene Gewerkschaft** kann zur Hilfestellung bei den Verständigungsverhandlungen herangezogen werden.[23] In Betracht kommt in erster Linie die im BR vertretene Gewerkschaft. Eine Hinzuziehung von Verbänden der schwerbehinderten Menschen ist im Gesetz nicht erwähnt; dennoch ist der BR nicht gehindert, in einschlägigen Fällen Vertreter eines solchen Verbandes als Auskunftsperson zu hören.[24] 13

Die zur Verfügung stehende Frist kann zur **Verständigung** zwischen den **Antragstellern** und den **übrigen BR-Mitgliedern** genutzt werden. Dazu ist zwar die Einberufung einer neuen Sitzung nicht unbedingt erforderlich, aber wohl zweckmäßig. 14

---

16 HWGNRH-*Glock*, Rn. 17; *WW*, Rn. 6; a. A. *Fitting*, Rn. 19; GK-*Raab*, Rn. 20; *Oetker*, BlStSozArbR 83, 291; *Wlotzke/Preis*, Rn. 7; Richardi-*Thüsing*, Rn. 17; für ein Recht auf Zurückweisung bei offensichtlicher Unbegründetheit HaKo-BetrVG/*Düwell*, Rn. 11.

17 HWGNRH-*Glock*, a. a. O., m. w. N.

18 Vgl. *BVerwG* 29. 1. 92, PersR 92, 208.

19 So auch mit zum Teil unterschiedlicher Begründung Richardi-*Thüsing*, Rn. 25; *Fitting*, Rn. 29 ff.; *GL*, Rn. 12a; GK-*Raab*, Rn. 22 f.; HWGNRH-*Glock*, Rn. 23; *WW*, Rn. 8; a. A. *Brecht*, Rn. 8; *Oetker*, BlStSozArbR 83, 289 [293], die die Fristen als unterbrochen ansehen.

20 Vgl. auch GK-*Raab*, a. a. O.; *Fitting*, a. a. O.; *GL*, Rn. 12a.

21 So zutreffend WP-*Kreft*, Rn. 8.

22 GK-*Raab*, Rn. 26.

23 Vgl. *Fitting*, Rn. 22; GK-*Raab*, Rn. 24.

24 *Fitting*, Rn. 23; GK-*Raab*, a. a. O.

III. Erneute Beschlussfassung

15 **Nach Ablauf der Wochenfrist** sieht das Gesetz eine **erneute Beschlussfassung** über die Angelegenheit vor. Dies gilt sowohl für den Fall, dass die Meinungsverschiedenheiten nicht beigelegt werden konnten, als auch, wenn es außerhalb einer BR-Sitzung zu einer Verständigung gekommen ist.[25] Eine erneute Beschlussfassung ist entbehrlich, wenn die Antragsteller ihren Aussetzungsantrag zurückgezogen haben. Sie hat in einer gemäß § 29 Abs. 2 einberufenen Sitzung sowie unter Beachtung des § 33 zu erfolgen.

16 Kommt es bereits vor Ablauf der Wochenfrist zu einer **Einigung** mit den Antragstellern oder sind sie mit der Nichtausschöpfung der Frist einverstanden, kann der BR schon früher einen neuen Beschluss fassen.

17 Der BR-Vorsitzende ist verpflichtet, schon bei der Antragstellung dafür zu sorgen, dass umgehend nach Ablauf der Wochenfrist über die Angelegenheit erneut beschlossen wird. Etwas anderes gilt, wenn die Vollziehung des gefassten Beschlusses einen längeren Aufschub duldet, ggf. bis zur nächsten turnusmäßigen Sitzung.[26]

18 Bestätigt der BR inhaltlich den früheren Beschluss, ist das Aussetzungsverfahren endgültig beendet. Ein neuer Antrag auf Aussetzung kann dann auch von einem anderen Personenkreis nicht mehr gestellt werden. Etwas anderes gilt, wenn ein neuer oder inhaltlich anderer Beschluss gefasst wird. In diesem Fall ist es möglich, einen erneuten Aussetzungsantrag zu stellen.[27] Die Vorschrift gibt den Vertretern nicht das Recht, ihre abweichende Meinung in einem förmlichen **Minderheitsvotum** dem AG mitzuteilen.[28]

IV. Streitigkeiten

19 Streitigkeiten, die sich aus Anträgen auf Aussetzung eines BR-Beschlusses oder aus der Durchführung der Aussetzung ergeben, entscheidet das **ArbG im Beschlussverfahren** (§§ 2a, 80ff. ArbGG). Dies gilt auch im Fall der Antragstellung bzw. der Beteiligung der Schwerbehindertenvertretung.[29] Der BR-Vorsitzende kann durch die Antragsteller ggf. durch eine **einstweilige Verfügung** des Arbeitsgerichts zur rechtzeitigen Einberufung der erforderlichen Sitzung gezwungen werden.

§ 36 Geschäftsordnung

Sonstige Bestimmungen über die Geschäftsführung sollen in einer schriftlichen Geschäftsordnung getroffen werden, die der Betriebsrat mit der Mehrheit der Stimmen seiner Mitglieder beschließt.

Inhaltsübersicht

25 HWGNRH-*Glock*, Rn. 28f.; unklar *Fitting*, Rn. 24, der offen lässt, von welchem Zeitpunkt an es zu einer Entfaltung von Rechtswirkung im Außenverhältnis kommen kann.
26 *Fitting*, Rn. 25.
27 Richardi-*Thüsing*, Rn. 22; *Fitting*, Rn. 28; GK-*Raab*, Rn. 29; *v. Hoyningen-Huene*, S. 161f.; MünchArbR-*Joost*, § 307 Rn. 65.
28 So zu § 35 Abs. 1 a. F. Richardi-*Thüsing*, Rn6 5; *Fitting*, § 30 Rn. 21; GK-*Raab*, Rn. 31; vgl. auch § 30 Rn. 14f.
29 Vgl. *BAG* 21.9.89, AP Nr. 1 zu § 25 SchwbG.

I. Vorbemerkungen

1 Es gibt zwar keinen **Zwang** zum Erlass einer GO.[1] Wegen der Bedeutung eines ordnungsgemäßen Ablaufs der BR-Tätigkeit empfiehlt es sich aber, die **wesentlichen Regelungen** für die Geschäftsführung in einer GO festzulegen, soweit sie nicht im Gesetz enthalten sind. Dies gilt auch für kleinere BR. Unumgänglich sind einschlägige Regelungen in einer GO, wenn ein BR die Teilnahme an Sitzungen nach den durch das sogenannte Betriebsrätemodernisierungsgesetz[2] in § 30 Abs. 2 eingefügten Regeln per **Video- und Telefonkonferenz** ermöglichen will. In der GO sollten neben dem Vorrang der **Präsenzsitzung** Vorgaben zu den in § 30 Abs. 2 benannten Voraussetzungen sowie weitere Rahmenregelungen festgelegt werden (vgl. hierzu § 30 Rn. 17 ff.).[3]

2 Die Vorschrift gilt entsprechend für den **Betriebsausschuss und die Ausschüsse des BR,** es sei denn, dass der BR in seiner GO das Verfahren der Ausschüsse mit geregelt oder ihnen eine eigene GO gegeben hat,[4] sowie für gem. § 28a gebildete **Arbeitsgruppen,** für den **GBR** (§ 51 Abs. 1), den **KBR** (§ 59 Abs. 1), die **JAV** (§ 65 Abs. 1), die **GJAV** (§ 73 Abs. 2), die **KJAV** (§ 73b Abs. 2), **die Bordvertretung** (§ 115 Abs. 4), den **See-BR** (§ 116 Abs. 3) und für eine anderweitige AN-Vertretung nach § 3 Abs. 1 Nrn. 1–3, da diese an die Stelle des BR tritt. Für die **zusätzliche AN-Vertretung** nach § 3 Abs. 1 Nrn. 4 und 5 kann die Frage der GO im TV geregelt werden.

2a Der **DGB-Entwurf** für ein modernes Betriebsverfassungsgesetz[5] belässt die bisherige Vorschrift inhaltlich unverändert.

II. Inhalt der Geschäftsordnung

3 Die GO kann nur Bestimmungen über die **Ordnung der internen Geschäftsführung,** insbesondere der Sitzungen des BR enthalten.[6] Da die §§ 26 bis 41 fast ausschließlich zwingendes Recht beinhalten sowie allgemein anerkannte demokratische Grundsätze berücksichtigen, kann der BR hiervon nicht abweichen.[7] Es kann sinnvoll sein, in der GO auf gesetzliche Bestimmungen zu verweisen oder diese sogar zu wiederholen.[8] Es können auch Vorgaben für die Übertragung von Aufgaben an **Arbeitsgruppen** gem. § 28a getroffen werden.

4 In der GO können nicht einseitig Fragen geregelt werden, die **Gegenstand einer Vereinbarung** mit dem AG sein müssen, z. B. Abhaltung von Sprechstunden (§ 39) oder über § 38 Abs. 1 hinausgehende Freistellungen.[9] Diese Themen können nur durch BV oder durch gemeinsamen Beschluss des AG und des BR sowie für Arbeitsgruppen durch Rahmenvereinbarungen gem. § 28a Satz 1 letzter Halbs. ausgestaltet werden. Regelungen, die in eine GO gehören, können nicht Gegenstand einer BV sein. Allerdings können Regelungen, die mit dem AG vereinbart oder in einer BV getroffen wurden, in einer GO aufgenommen werden.[10]

5 Die GO kann dem BR keine Aufgaben und Befugnisse übertragen, die ihm nicht bereits auf Grund einer gesetzlichen oder tariflichen Regelung obliegen.[11] **Möglich sind Vorschriften über:** Zuständigkeit des Vorsitzenden, des Betriebsausschusses – einschließlich der Frage, was unter die laufende Geschäftsführung fällt oder nicht[12] – und der weiteren Ausschüsse; Festlegung regelmäßiger Sitzungstermine; Form und Frist der Einladung zu den Sitzungen und

---

1 »Sollvorschrift«; vgl. Richardi-*Thüsing,* Rn. 1; *Fitting,* Rn. 9; a. A. GK-*Raab,* Rn. 6, die eine Verpflichtung sehen.
2 BGBl. I, S. 1762.
3 Zur entsprechenden Ausgestaltung von GO vgl. DKWF-*Wedde,* § 36 Rn. 4 ff.
4 *Bopp,* S. 157; GK-*Raab,* Rn. 3; Richardi-*Thüsing,* Rn. 8.
5 AuR Sonderausgabe April 2022, S. 23.
6 Muster einer GO bei DKWF-*Wedde,* § 36 Rn. 4 ff.
7 *Kraushaar,* AiB 95, 161; *LAG Hamburg* 17. 2. 06 – 6 TaBV 6/05, juris zur Unzulässigkeit der Änderung zwingender Vorgaben der §§ 26 ff. durch die GO.
8 GK-*Raab,* Rn. 13; *v. Hoyningen-Huene,* a. a. O.; ErfK-*Koch,* Rn. 1; allgemein *Süllwold,* ZBVR 03, 214.
9 *BAG* 16. 1. 79, AP Nr. 5 zu § 38 BetrVG 1972; Richardi-*Thüsing,* Rn. 3.
10 GK-*Raab,* Rn. 13.
11 Richardi-*Thüsing,* Rn. 3; ErfK-*Koch,* Rn. 1; *Fitting,* Rn. 5.
12 HWGNRH-*Glock,* Rn. 5; vgl. im Übrigen § 27 Rn. 35 ff.

der Bekanntgabe der Tagesordnung;[13] Leitung der Sitzung, wenn Vorsitzender und stellvertretender Vorsitzender zugleich verhindert sind;[14] Bestellung des Schriftführers; generelles Teilnahmerecht der im BR vertretenen Gewerkschaft;[15] Abmeldepflicht bei Verhinderungen; Festlegung des Abstimmungsverfahrens (z. B. offene oder geheime Abstimmung); Regelungen über die Verschwiegenheitspflicht über betriebsratsinterne Vorgänge; Einzelheiten über die Niederschrift, z. B., dass alle BR-Mitglieder eine Fotokopie der Niederschriften des BR und seiner Ausschüsse spätestens mit der Einladung zur nächsten Sitzung erhalten, sowie deren Abfassung und Aufbewahrung; Führung und Aufbewahrung der Akten;[16] Art und Umfang der Erledigung von Aufgaben durch Arbeitsgruppen gem. § 28a sowie Art und Umfang ihrer Entscheidungskompetenz für den Abschluss von Vereinbarungen mit dem AG. Bezogen auf Video- und Telefonkonferenzen muss nach § 30 Abs. 2 Nr. 1 der Vorrang der Präsenzsitzungen in einer GO festgeschrieben werden. Darüber hinaus sollten hier insbesondere Vorgaben zur Form der Einladung, zur Widerspruchsmöglichkeiten sowie zur Art der Durchführung von Onlinesitzungen benannt werden.[17]

6 **Weiter kann die GO u. a. Vorschriften enthalten über:** die Art der Abberufung und Neuwahl des Vorsitzenden und des stellvertretenden Vorsitzenden; Regelungen über die Wahlen der Mitglieder von Ausschüssen und der freizustellenden BR-Mitglieder; die Art der Bekanntgabe von Beschlüssen und Mitteilungen an die Belegschaft; die Übertragung der laufenden Geschäfte auf den Vorsitzenden oder andere BR-Mitglieder in kleineren BR; die Übertragung von Aufgaben zur selbstständigen Erledigung auf den Betriebsausschuss oder auf andere Ausschüsse des BR bzw. auf die BR-Mitglieder in gemeinsamen Ausschüssen nach § 28 Abs. 2 sowie auf Arbeitsgruppen gem. § 28a; Regularien für die Arbeit der Ausschüsse einschließlich der Bestellung von Ersatzmitgliedern; Verhandlungen und Gespräche mit dem AG, z. B., dass diese vom Vorsitzenden und wenigstens von einem weiteren BR-Mitglied zu führen sind.[18]

6a Die GO sollte Vorgaben zum Umgang des BR und seiner einzelnen Mitglieder mit Beschäftigtendaten enthalten, um in Umsetzung der Vorgabe in § 79a Satz 1 (vgl. dort Rn. 6 ff.) die Einhaltung einschlägiger Vorgaben der DSGVO und des BDSG sicherzustellen.[19] Deshalb kann ein BR beispielsweise Vorgaben zur sicheren Aufbewahrung von Unterlagen machen und ggf. auch Löschfristen vorsehen. Unzulässig wären Regelungen in der GO, nach denen Vorsitzende den BR-Mitgliedern besondere Geheimhaltungspflichten auferlegen können oder nach denen eine Verpflichtung zur vertraulichen Behandlung aller BR-Unterlagen besteht.[20] Die Ausgestaltung von Datenschutzregelungen in einer GO muss das nach § 34 Abs. 3 bestehende Einsichtsrecht sicherstellen (vgl. § 34 Rn. 19 ff.).

7 Die GO kann die **Bildung von Ausschüssen** zu bestimmten Fragen wie z. B. EDV-Ausschuss, Personalplanungsausschuss, Wohnungsausschuss, Kantinenausschuss, Sozialausschuss, Bildungsausschuss, Ausschüsse zur Frauenförderung, für Unfallverhütungs- und Gesundheitsfragen, für Umweltfragen u. Ä. vorsehen.[21] Bezogen auf den Betriebsausschuss kann etwa in der GO festgelegt werden, dass dieser vor jeder ordentlichen BR-Sitzung tagen muss und eine umfassende Berichterstattung im BR zu erfolgen hat. Entsprechendes gilt auch für die übrigen Ausschüsse sowie für Arbeitsgruppen gem. § 28a. Besteht ein GBR/KBR, kann geregelt werden, dass vor und nach jeder Sitzung des GBR/KBR eine Sitzung des BR mit einem entsprechenden Tagesordnungspunkt stattzufinden hat. Im Übrigen ist es dem BR überlassen, die Regelungen zu treffen, die er für seine Geschäftsführung für erforderlich und zweckmäßig erachtet.

---

13 *BAG* 28.4.88, AP Nr. 2 zu § 29 BetrVG 1972; 28.10.92 – 7 ABR 14/92, BB 93, 580 = BetrR 93, 63 mit Anm. *Ortmann*; *LAG Schleswig-Holstein* 28.9.89, NZA 90, 288, Ls.

14 *HessLAG* 18.9.07 – 4 TaBV 8307, AuR 08, 77.

15 *BAG* 28.2.90 – 7 ABR 22/89, NZA 90, 660; *Fitting*, Rn. 6; a. A. HWGNRH-*Glock*, Rn. 4; Richardi-*Thüsing*, Rn. 5.

16 *Fitting*, a. a. O.; GK-*Raab*, Rn. 14 ff.; HWGNRH-*Glock*, a. a. O.

17 Vgl. § 30 Rn. 35 ff.

18 *Fitting*, Rn. 7; GK-*Raab*, Rn. 15 f.; weitere Beispiele bei *Kraushaar*, AiB 95, 161 ff.

19 Vgl. zur datenschutzrechtlichen Verantwortlichkeit etwa *BAG* 18.7.12, NZA 13, 49.

20 Vgl. *ArbG München* 25.5.20 – 6 BV 41/19, juris.

21 Richardi-*Thüsing*, Rn. 7.

III. Erlass und Wirkung der Geschäftsordnung

Die **GO** ist vom BR mit **der Mehrheit der Stimmen seiner Mitglieder** zu **beschließen.**[22] Ihre Festlegung bedarf der Schriftform. Diese ist durch Aufnahme des Textes in die Sitzungsniederschrift gewahrt. Die GO ist vom **Vorsitzenden des BR** zu unterzeichnen.[23] 8

Eine **Bekanntmachung** der GO ist nicht erforderlich. Sie braucht auch dem AG nicht mitgeteilt zu werden. Die Aushändigung von Teilen der GO kann zweckmäßig sein, soweit es für die Zusammenarbeit notwendig ist.[24] Den einzelnen BR-Mitgliedern ist eine Kopie der GO auszuhändigen.[25] 9

Der BR kann die GO **jederzeit** mit der Mehrheit seiner Stimmen unter Beachtung der Schriftform **ändern, ergänzen** oder **aufheben** und in Einzelfällen mit dem gleichen Stimmenquorum von ihr **abweichen.**[26] Er kann sich bei einer Beschlussfassung nicht ohne weiteres über die GO hinwegsetzen, es sei denn, sie erfolgt mit absoluter Stimmenmehrheit.[27] 10

Die GO enthält lediglich **Verfahrensrichtlinien.** Ein Beschluss des BR, der unter Verstoß gegen die interne GO zustande gekommen ist, bleibt nach außen hin rechtswirksam.[28] Die Verletzung der GO kann eine Amtspflichtverletzung i. S. d. § 23 Abs. 1 darstellen, jedenfalls in Wiederholungsfällen nach erfolgter Rüge. 11

Die GO gilt **für die Dauer der Amtszeit** des BR.[29] Die Übernahme einer vom vorherigen BR beschlossenen GO durch das nachfolgende Gremium ist möglich, bedarf aber wiederum der absoluten Stimmenmehrheit und der Schriftform. Dies gilt entsprechend für den **Betriebsausschuss,** für die weiteren **Ausschüsse des BR** sowie für **Arbeitsgruppen gem. § 28a,** soweit sie für ihr Gremium eine eigene GO erlassen haben. Anderes gilt für die GO des **GBR/KBR,** da diese Organe keine von vornherein begrenzte Amtszeit haben. Nach den regelmäßigen BR-Wahlen empfiehlt sich auch hier eine erneute Beschlussfassung. 12

IV. Streitigkeiten

Streitigkeiten über den Erlass, das Bestehen und die Auslegung einer GO entscheidet das **ArbG im Beschlussverfahren** (§§ 2a, 80 ff. ArbGG). 13

§ 37 Ehrenamtliche Tätigkeit, Arbeitsversäumnis

(1) Die Mitglieder des Betriebsrats führen ihr Amt unentgeltlich als Ehrenamt.
(2) Mitglieder des Betriebsrats sind von ihrer beruflichen Tätigkeit ohne Minderung des Arbeitsentgelts zu befreien, wenn und soweit es nach Umfang und Art des Betriebs zur ordnungsgemäßen Durchführung ihrer Aufgaben erforderlich ist.
(3) Zum Ausgleich für Betriebsratstätigkeit, die aus betriebsbedingten Gründen außerhalb der Arbeitszeit durchzuführen ist, hat das Betriebsratsmitglied Anspruch auf entspre-

---

22 »Absolute Mehrheit«, vgl. auch § 33 Rn. 17; GK-*Raab,* Rn. 7; HWGNRH-*Glock,* Rn. 9; *v. Hoyningen-Huene,* S. 157; *Fitting,* Rn. 9; Richardi-*Thüsing,* Rn. 9; ErfK-*Koch,* Rn. 1; vgl. zur konkreten Ausgestaltung *Böttcher,* AiB 02, 224.

23 *Fitting,* Rn. 10; GK-*Raab,* Rn. 7; Richardi-*Thüsing,* Rn. 10; MünchArbR-*Joost,* § 307 Rn. 85.

24 *Fitting,* Rn. 11; weiter gehend *Bopp,* S. 158; GK-*Raab,* Rn. 9, die eine entsprechende Verpflichtung aus § 2 Abs. 1 annehmen.

25 *ArbG München* 12.4.89, AiB 89, 351, Ls.; *Fitting,* a. a. O.

26 *Bopp,* S. 159; *Fitting,* Rn. 13; GK-*Raab,* Rn. 10; HWGNRH-*Glock,* Rn. 13; MünchArbR-*Joost,* § 307 Rn. 90.

27 Vgl. auch GK-*Raab,* Rn. 16; ErfK-*Koch,* Rn. 1; zu weitgehend Richardi-*Thüsing,* Rn. 13, der das Einverständnis aller BR-Mitglieder fordert.

28 *Bopp,* S. 161; HWGNRH-*Glock,* Rn. 14; *Fitting,* Rn. 14; ErfK-*Koch,* Rn. 2; a. A. mit beachtlichen Argumenten MünchArbR-*Joost,* § 307 Rn. 89 bei Verstößen gegen wesentliche Ordnungsbestimmungen; ebenso *HessLAG* 25.3.04 – 9 TaBV 117/03, juris, für den Fall einer kurzfristigen mündlichen Einladung zu einer BR-Sitzung, die nach der GO grundsätzlich möglich war; ähnlich im Ergebnis auch GK-*Raab,* Rn. 17; nunmehr auch Richardi-*Thüsing,* Rn. 12.

29 *Fitting,* Rn. 10; HWGNRH-*Glock,* Rn. 12; *Bopp,* S. 157; ErfK-*Koch,* Rn. 2; a. A. Richardi-*Thüsing,* Rn. 15; *WW,* Rn. 5; *v. Hoyningen-Huene,* S. 157, die eine Nachwirkung bejahen; *Fitting,* a. a. O., lässt diese Möglichkeit offen.

chende Arbeitsbefreiung unter Fortzahlung des Arbeitsentgelts. Betriebsbedingte Gründe liegen auch vor, wenn die Betriebsratstätigkeit wegen der unterschiedlichen Arbeitszeiten der Betriebsratsmitglieder nicht innerhalb der persönlichen Arbeitszeit erfolgen kann. Die Arbeitsbefreiung ist vor Ablauf eines Monats zu gewähren; ist dies aus betriebsbedingten Gründen nicht möglich, so ist die aufgewendete Zeit wie Mehrarbeit zu vergüten.

(4) Das Arbeitsentgelt von Mitgliedern des Betriebsrats darf einschließlich eines Zeitraums von einem Jahr nach Beendigung der Amtszeit nicht geringer bemessen werden als das Arbeitsentgelt vergleichbarer Arbeitnehmer mit betriebsüblicher beruflicher Entwicklung. Dies gilt auch für allgemeine Zuwendungen des Arbeitgebers. ***Zur Bestimmung der vergleichbaren Arbeitnehmer nach Satz 1 ist auf den Zeitpunkt der Übernahme des Betriebsratsamts abzustellen, soweit nicht ein sachlicher Grund für eine spätere Neubestimmung vorliegt. Arbeitgeber und Betriebsrat können in einer Betriebsvereinbarung ein Verfahren zur Festlegung vergleichbarer Arbeitnehmer regeln. Die Konkretisierung der Vergleichbarkeit in einer solchen Betriebsvereinbarung kann nur auf grobe Fehlerhaftigkeit überprüft werden; Gleiches gilt für die Festlegung der Vergleichspersonen, soweit sie einvernehmlich zwischen Arbeitgeber und Betriebsrat erfolgt und in Textform dokumentiert ist.****

(5) Soweit nicht zwingende betriebliche Notwendigkeiten entgegenstehen, dürfen Mitglieder des Betriebsrats einschließlich eines Zeitraums von einem Jahr nach Beendigung der Amtszeit nur mit Tätigkeiten beschäftigt werden, die den Tätigkeiten der in Absatz 4 genannten Arbeitnehmer gleichwertig sind.

(6) Die Absätze 2 und 3 gelten entsprechend für die Teilnahme an Schulungs- und Bildungsveranstaltungen, soweit diese Kenntnisse vermitteln, die für die Arbeit des Betriebsrats erforderlich sind. Betriebsbedingte Gründe im Sinne des Absatzes 3 liegen auch vor, wenn wegen Besonderheiten der betrieblichen Arbeitszeitgestaltung die Schulung des Betriebsratsmitglieds außerhalb seiner Arbeitszeit erfolgt; in diesem Fall ist der Umfang des Ausgleichsanspruchs unter Einbeziehung der Arbeitsbefreiung nach Absatz 2 pro Schulungstag begrenzt auf die Arbeitszeit eines vollzeitbeschäftigten Arbeitnehmers. Der Betriebsrat hat bei der Festlegung der zeitlichen Lage der Teilnahme an Schulungs- und Bildungsveranstaltungen die betrieblichen Notwendigkeiten zu berücksichtigen. Er hat dem Arbeitgeber die Teilnahme und die zeitliche Lage der Schulungs- und Bildungsveranstaltungen rechtzeitig bekannt zu geben. Hält der Arbeitgeber die betrieblichen Notwendigkeiten für nicht ausreichend berücksichtigt, so kann er die Einigungsstelle anrufen. Der Spruch der Einigungsstelle ersetzt die Einigung zwischen Arbeitgeber und Betriebsrat.

(7) Unbeschadet der Vorschrift des Absatzes 6 hat jedes Mitglied des Betriebsrats während seiner regelmäßigen Amtszeit Anspruch auf bezahlte Freistellung für insgesamt drei Wochen zur Teilnahme an Schulungs- und Bildungsveranstaltungen, die von der zuständigen obersten Arbeitsbehörde des Landes nach Beratung mit den Spitzenorganisationen der Gewerkschaften und der Arbeitgeberverbände als geeignet anerkannt sind. Der Anspruch nach Satz 1 erhöht sich für Arbeitnehmer, die erstmals das Amt eines Betriebsratsmitglieds übernehmen und auch nicht zuvor Jugend- und Auszubildendenvertreter waren, auf vier Wochen. Absatz 6 Satz 2 bis 6 findet Anwendung.

Inhaltsübersicht

* Einfügung auf Basis des »Entwurf eines Zweiten Gesetzes zur Änderung des Betriebsverfassungsgesetzes« vom 1.11.2023.

I. Vorbemerkungen

Die Vorschrift konkretisiert den in § 78 normierten allgemeinen Grundsatz, dass BR-Mitglieder wegen ihrer Tätigkeit – auch im Hinblick auf ihre berufliche Entwicklung – weder benachteiligt noch begünstigt werden dürfen. § 78 kann zur Auslegung des § 37 herangezogen werden.[1] Im Zusammenhang mit den §§ 38, 40, 78, 78a und 103 BetrVG sowie §§ 15f. KSchG ist Zweck dieser Vorschrift die Sicherung der äußeren und inneren Unabhängigkeit der BR-Mitglieder, umso eine ordnungsgemäße und sachdienliche BR-Arbeit zu gewährleisten.[2] Sie ist zwingendes Recht und kann nicht durch BV oder TV verändert oder ausgeschlossen werden. 1

Die Abs. 1–3 gelten entsprechend für den **GBR** (§ 51 Abs. 1), den **KBR** (§ 59 Abs. 1), die **GJAV** (§ 73 Abs. 2) und die *KJAV* (§ 73b Abs. 2). Dagegen finden die Abs. 4–7 keine Anwendung auf diese Gremien, da diese Vorschriften für die Mitglieder der Gremien bereits in ihrer Funktion als BR- bzw. JAV-Mitglieder gelten. Auf **Bordvertretungen** finden nur die Abs. 1–3 An- 2

1 Vgl. *BAG* 3.6.69, AP Nr. 11 zu § 37 BetrVG; *Fitting*, Rn. 1.
2 Vgl. *BAG* 21.6.57, AP Nr. 5 zu § 37 BetrVG; *Fitting*, Rn. 7.

wendung (§ 115 Abs. 4). Dagegen findet die Vorschrift volle Anwendung für die Mitglieder der **JAV** (§ 65 Abs. 1), des **See-BR** (§ 116 Abs. 3) und der **AN-Vertretung** i. S. d. § 3 Abs. 1 Nrn. 2 und 3. Auf **zusätzliche AN-Vertretungen** i. S. d. § 3 Abs. 1 Nr. 1 bis 3 findet sie Anwendung, soweit entsprechende Regelungen im TV enthalten sind.[3] Auf Mitglieder unternehmensübergreifender Arbeitsgruppen gem. § 3 Abs. 1 Nr. 4 kommt § 37 auf Grund der BR-Mitgliedschaft in einem der beteiligten Betriebe zur Anwendung.[4] Auf zusätzliche Arbeitnehmervertretungen i. S. d. § 3 Abs. 1 Nr. 5 kommt die Vorschrift nur zur Anwendung, wenn es entsprechende tarifliche oder betriebliche Vereinbarungen gibt.[5] In **Arbeitsgruppen gem. § 28a** werden die Beschäftigten direkt von § 37 erfasst, die BR-Mitglieder sind.[6] Die Abs. 2 und 3 gelten entsprechend auch für **Beisitzer der ESt.**, die dem Betrieb, u. U. auch einem anderen Betrieb des UN oder eines Konzern-UN, angehören.[7]

2a Der **DGB-Entwurf** für ein modernes Betriebsverfassungsgesetz[8] beinhaltet Modifikationen zu Abs. 3 und eine Ergänzung zu Abs. 4, belässt die Vorschrift darüber hinaus inhaltlich unverändert. In **Abs. 3 Satz 1** wird auf die **persönliche** Arbeitszeit von BR-Mitgliedern abgestellt. Bezüglich der **Arbeitsbefreiung** wurde in **Abs. 3 Satz 3** die Berücksichtigung betriebsbedingter Gründe gestrichen. Stattdessen wird dort festgelegt, dass nicht innerhalb eines Monats gewährte Arbeitsbefreiungen wie Mehrarbeit zu vergüten sind. Ein neuer **Abs. 4 Satz 2** legt fest, dass bei der **Bemessung des Arbeitsentgeltes** und der **allgemeinen Zuwendungen** auch die bei Wahrnehmung der Betriebsratstätigkeit erworbenen Qualifikationen und Erfahrungen sowie die auf Dauer wahrgenommenen Aufgaben zu berücksichtigen sind.

2b Bezogen auf die Benennung von Vergleichsgruppen im Sinne von Abs. 4 verfolgt der am 1. 11. 2023 vorgelegten »Entwurf eines Zweiten Gesetzes zur Änderung des Betriebsverfassungsgesetzes«[9] der Bundesregierung einen engeren Ansatz. In Klarstellung der aktuellen Rechtslage zielt der Entwurf auf eine **Fortschreibung** des § 37 Abs. 4 im Sinne des **Ehrenamtsprinzips** ab.[10] Bezogen auf das in § 78 S. 2 verankerte Benachteiligungs- und Begünstigungsverbot soll ein dort neu einzufügender Satz 3 **Kriterien** für eine **gesetzeskonforme Entgeltgewährung** vorgeben.[11] Grundlage des Gesetzentwurfes ist der am 29. 9. 2023 vorgelegte Bericht der vom Minister für Arbeit und Soziales zum 15. 5. 2023 eingesetzten Kommission »Rechtssicherheit in der Betriebsratsvergütung«.[12] Der Gesetzentwurf wurde dem Bundesrat am 3. 11. 2023 als besonders eilbedürftige Vorlage übermittelt.[13] Ende November 2023 wird ein Inkrafttreten zum 1. 4. 2024 für möglich gehalten. Einen feststehenden Termin gibt es aber zu diesem Zeitpunkt noch nicht.

II. Ehrenamt (Abs. 1)

3 Die BR-Tätigkeit ist ein **privatrechtliches Ehrenamt.**[14] Die Mitglieder des BR führen ihr Amt unentgeltlich und eigenverantwortlich (vgl. Rn. 26). An den Begriff der Unentgeltlichkeit ist im Interesse der Unabhängigkeit der BR-Mitglieder ein strenger Maßstab anzulegen.[15] Für

---

3 *Fitting*, Rn. 3; GK-*Weber*, Rn. 7; a. A. HWGNRH-*Glock*, Rn. 4.
4 *Fitting*, a. a. O.; GK-*Weber*, a. a. O.; a. A. HWGNRH-*Glock* Rn. 5.
5 *Fitting*, a. a. O.; a. A. HWGNRH-*Glock*, Rn. 3c.
6 Zur Anwendung auf andere Gruppenmitglieder vgl. § 28a Rn. 82.
7 Vgl. § 76a Abs. 2; *Fitting*, a. a. O.; HWGNRH-*Glock*, Rn. 3.
8 AuR Sonderausgabe April 2022, S. 24.
9 Der Gesetzentwurf vom 1. 11. 2023 ist elektronisch abrufbar unter *https://www.bmas.de/SharedDocs/Downloads/DE/Gesetze/Regierungsentwuerfe/reg-zweites-gesetz-zur-aenderung-des-betriebsverfassungsgesetzes.pdf?__blob=publicationFile&v=2* (Abrufdatum 21. 11. 2023) und entspricht dem Abdruck in BR-Drs. 564/23 vom 3. 11. 2023.
10 Vgl. a. a. O., S. 1; zu den Inhalten der geplanten gesetzlichen Neuregelung vgl. Rn. 86aff.
11 Vgl. ausführlich § 78 Rn. 13d.
12 Der Bericht vom 29. 9. 2023 ist elektronisch abrufbar unter *https://www.bmas.de/DE/Service/Presse/Meldungen/2023/bericht-betriebsratsverguetung-vorgestellt.html* (Abrufdatum 21. 11. 2023).
13 BR-Drs. 564/23 vom 3. 11. 2023.
14 Richardi-*Thüsing*, Rn. 6; GK-*Wiese*, Rn. 11; allg. *Fischer*, NZA 07, 484; *Rieble*, NZA 08, 276; *Schweibert/Buse*, NZA 07, 1080; *Thannheiser*, AiB 07, 259.
15 *Fitting*, Rn. 7; *v. Hoyningen-Huene*, S. 167; Richardi-*Thüsing*, Rn. 7.

die BR-Tätigkeit dürfen weder vom AG noch von den AN oder anderen Personen besondere **Vergütungen** oder irgendwelche sonstigen **Vorteile** gewährt werden.[16] Jede materielle Besserstellung ist unzulässig.[17] Diesem Verbot von Vorteilen steht der Ausschluss jeglicher **Benachteiligung** und der Ersatz notwendiger **Auslagen** gegenüber.[18] Der **pauschale Ersatz regelmäßig entstehender Auslagen und Aufwendungen** ist zulässig, wenn es sich hierbei nicht um eine versteckte Vergütung handelt.[19] Zulässig sind Pauschalen, wenn sie sich einerseits auf den Ausgleich tatsächlich anfallender Auslagen und Aufwendungen beschränken und wenn andererseits Einzelabrechnungen entweder betriebswirtschaftlich unverhältnismäßig aufwendig oder unmöglich sind.[20] Werden diese Voraussetzungen beachtet, kann die Höhe einer Pauschale für alle BR-Mitglieder einheitlich sein.[21] Von AG geleistete **Überstundenpauschalen** sollen bei der Berechnung von Frühpensionsleistungen keine Berücksichtigung finden.[22]

Unzulässig ist z. B.: Lohnzahlung für offensichtlich überflüssige Arbeitsversäumnisse;[23] Zahlung einer höheren Vergütung als an vergleichbare AN;[24] Zahlung einer Vergütung, die das vor der BR-Tätigkeit erhaltene Gehalt überschreitet;[25] außerplanmäßige und nicht leistungsbedingte Beförderung, sofern sie nicht der Regelung des Abs. 4 entspricht; Zuweisung einer besonders verbilligten Werkswohnung;[26] Freistellung von der Arbeit, ohne dass dies zur Erfüllung der BR-Arbeit erforderlich ist;[27] Gewährung besonders günstiger Konditionen bei Firmendarlehen und Deputaten;[28] Weiterzahlung einer pauschalierten Überstundenabgeltung an freigestellte BR-Mitglieder, wenn andere AN keine Überstunden mehr erbringen.[29] 4

Keine **Gewährung eines unberechtigten Vorteils** liegt vor, wenn ein BR-Mitglied, das wegen der Übernahme des Amtes die bisherige Tätigkeit im Betrieb nicht mehr ausüben kann, den bisherigen Lohn weiter erhält, obwohl er an einen schlechter bezahlten Arbeitsplatz versetzt wird.[30] Der AG ist mit Blick auf das Benachteiligungsverbot verpflichtet, hier die **Lohndifferenz** zu zahlen.[31] Kein unberechtigter Vorteil ist die **Gewährung eines bezahlten Freizeitausgleichs** an ein BR-Mitglied, das aus betriebsbedingten Gründen notwendige BR-Arbeit außerhalb seiner Arbeitszeit ausgeübt hat.[32] 5

Sieht ein TV oder eine BV **nachteilige Regelungen** vor, z. B. eine Versetzung auf einen schlechter bezahlten Arbeitsplatz bzw. die Einführung von Kurzarbeit, gelten diese auch für BR-Mitglieder.[33] Dies gilt aber nur, wenn keine Änderungskündigung erforderlich ist, da diese auch 6

16 Vgl. ErfK-*Koch*, Rn. 1; *Fitting*, Rn. 8; GK-*Weber*, Rn. 9 8.; Richardi-*Thüsing*, Rn. 8; zur Erfüllung des Untreuestraftatbestandes BGHSt 17.9.09 – 5 StR 521/08, NJW 10, 92, das eine Vergütung der BR nach der Bewertung ihrer BR-Tätigkeit für unzulässig hält; zu strafrechtlichen Aspekten *Dzida/Mehrens*, NZA 13, 753; allg. *Klebe*, Mitbest. 3/2018, n.

17 Vgl. *BAG* 11.5.73, AP Nr. 2 zu § 20 BetrVG 1972; zur Bewertung aus strafrechtlicher Sicht *LG Braunschweig* 28.9.21 – 16 KLs 406 Js 59398/16 (85/19), KLs 85/19, ZiP 22, 244, das »tätigkeitsbezogene« Vergütungen für unzulässig hält; zum Compliance-Risiko *Baade/Reiserer*, DStR 22, 155.

18 Vgl. Abs. 2–7, § 40 Abs. 1; GK-*Weber*, Rn. 12; *v. Hoyningen-Huene*, a. a. O.; allg. *Blattner*, NZA 18, 129 ff.; *Jerchel/Laßmann*, AiB 18, Nr. 5, 16; *Uffmann*, ZfA 18, 225.

19 *Fitting*, Rn. 10; HWGNRH-*Glock*, Rn. 18; Richardi-*Thüsing*, Rn. 9; *Kühner*, S. 89; für großzügige Pauschalisierungsmöglichkeiten *Kehrmann*, FS Wlotzke, S. 374 ff.; allg. *Waas*, S. 17 ff.; *Dzida/Mehrens*, NZA 13, 753; vgl. auch *LAG Köln* 13.9.84, DB 85, 394.

20 Vgl. *Waas*, S. 25 ff.; a. A. *ArbG Stuttgart* 13.12.12 – 24 Ca 5430/12, AuR 13, 136 = NZA-RR 13, 140.

21 A. A. *ArbG Stuttgart a. a. O.*, das eine »Generalpauschale« für unzulässig hält; ähnlich *Byers*, NZA 14, 65.

22 *BAG* 18.2.14 – 3 AZR 568/12.

23 HWGNRH-*Glock*, Rn. 15; Richardi-*Thüsing*, Rn. 11.

24 GK-*Weber*, Rn. 18.

25 HWGNRH-*Glock*, Rn. 15; zur strafrechtlichen Bewertung BGHSt 17.9.09 – 5 StR 521/08, NJW 10, 92.

26 *Fitting*, Rn. 8; HWGNRH-*Glock*, Rn. 9.

27 Vgl. *BAG* 1.3.63, AP Nr. 8 zu § 37 BetrVG.

28 *Fitting*, a. a. O.; HWGNRH-*Glock*, a. a. O.; vgl. auch § 78 Rn. 21.

29 GK-*Weber*, a. a. O.

30 Richardi-*Thüsing*, Rn. 8.

31 *Richardi*, a. a. O.; HWGNRH-*Glock*, Rn. 16.

32 *Fitting*, Rn. 9.

33 GK-*Weber*, Rn. 18; Richardi-*Thüsing*, Rn. 12; HWGNRH-*Glock*, Rn. 17.

in der Form von Massen- und Gruppenänderungskündigungen gegenüber einem BR-Mitglied wegen des Kündigungsschutzes aus § 15 KSchG nicht ausgesprochen werden dürfen.[34]

7 Nicht nur die Gewährung eines besonderen Entgelts oder sonstigen Vorteils ist unzulässig, sondern schon das **Versprechen** einer solchen **Besserstellung.**[35] Die **Annahme** unzulässiger Vorteile durch das BR-Mitglied kann eine **grobe Verletzung seiner gesetzlichen Pflichten** darstellen und nach § 23 Abs. 1 den Ausschluss aus dem BR rechtfertigen.[36] Die vorsätzliche Begünstigung oder Benachteiligung eines BR-Mitglieds durch den AG ist nach § 119 Abs. 1 Nr. 3 strafbar. **Vereinbarungen** jeder Art über eine unzulässige Entgeltgewährung sind nach § 134 BGB **nichtig,** da sie gegen das Begünstigungsverbot des § 78 verstoßen. Aufgrund einer solchen Vereinbarung geleistete Zahlungen können nicht zurückgefordert werden, da sich das Verbot der unzulässigen Entgeltgewährung auch gegen den AG richtet, der deshalb ebenfalls gegen Abs. 1 verstößt.[37]

8 Die ehrenamtliche Tätigkeit des BR-Mitglieds ist **sozialversicherungsrechtlich** normale Arbeitsleistung.[38] **Unfälle,** einschließlich **Wegeunfällen,** die ein BR-Mitglied in Ausübung von Amtsgeschäften bzw. bei Reisen in Erfüllung von BR-Aufgaben (vgl. Rn. 16ff.) erleidet, sind Betriebsunfälle, die nach den allgemeinen unfallversicherungsrechtlichen Vorschriften zu entschädigen sind.[39] Dies gilt auch bei der Teilnahme an Schulungsmaßnahmen nach Abs. 6 und 7.[40] Nicht versichert sind hingegen private Aktivitäten, die in einer Schulungswoche stattfinden.[41] Für die **gesetzliche Unfallversicherung** ist im Übrigen die Erforderlichkeit der Arbeitsbefreiung (vgl. Rn. 26ff.) und eine etwaige Abmeldepflicht (vgl. Rn. 44ff.) nicht von Bedeutung, weil bei betrieblichem Bezug der Tätigkeit trotz pflichtwidrigen Verhaltens Versicherungsleistungen nur versagt werden können, wenn der Versicherte das Unfallereignis absichtlich herbeigeführt hat.[42]

9 Die BR-Tätigkeit ist nicht mit der nach dem Arbeitsvertrag zu erbringenden Arbeitsleistung identisch. Deshalb ist sie in einem **Arbeitszeugnis** nicht zu erwähnen, wenn der AN damit nicht einverstanden ist.[43] Auch mittelbare Aussagen haben zu unterbleiben.[44] Etwas anderes kann gelten, wenn ein freigestelltes BR-Mitglied infolge inzwischen eingeführter grundlegender technischer Neuerungen seiner früheren beruflichen Tätigkeit entfremdet wurde[45] sowie ausnahmsweise dann, wenn ein freigestelltes BR-Mitglied ein qualifiziertes Zeugnis wünscht und eine Beurteilung ohne Erwähnung der BR-Tätigkeit **überhaupt nicht möglich** ist.[46] Eine ehrenamtliche Tätigkeit nach dem BetrVG, z. B. JAV-Mitglied, darf grundsätzlich nicht in einer dienstlichen Regelbeurteilung enthalten sein.[47] Der AG darf auch die BR-Tätigkeit selbst nicht in einem Zeugnis beurteilen.

---

34 *BAG* 29. 1. 81, 6. 3. 86, AP Nrn. 10, 19 zu § 15 KSchG 1969; 24. 4. 69, AP Nr. 18 zu § 13 KSchG; GK-*Weber,* Rn. 19; *Richardi,* a. a. O.; KR-*Etzel,* § 103 Rn. 59; *Matthes,* DB 81, 1165; a. A. *Fitting,* § 103 Rn. 12, die hierin eine verbotene Begünstigung [§ 78] und eine Verletzung des Gleichbehandlungsgrundsatzes [§ 75] sehen.

35 *Fitting,* Rn. 11.

36 GK-*Weber,* Rn. 15.

37 *Fitting,* a. a. O.; *GL,* Rn. 14; a. A. ErfK-*Koch,* Rn. 1; GK-*Weber,* Rn. 22; Richardi-*Thüsing,* Rn. 10; *Bittmann/Mujan,* BB 12, 1604.

38 *Fitting,* Rn. 14; HWGNRH-*Glock,* Rn. 13.

39 *BSG* 20. 5. 76, BB 76, 980.

40 Vgl. auch Rn. 138, 157.

41 *LSG Baden-Württemberg* 12. 5. 16 – L 6 U 836/16, NZS 16, 552.

42 Vgl. § 8 SGB VII; *Schlömp,* AiB 87, 251.

43 *LAG Hamm* 12. 4. 76, DB 76, 1112, 6. 3. 91 – 3 Sa 1279/90, DB 91, 1527; *LAG Frankfurt* 10. 3. 77, DB 78, 167; für den PR vgl. *HessLAG* 19. 11. 93 – 9 Sa111/93, DB 94, 1044; Textmuster bei DKWF-*Wedde,* § 37 Rn. 31.

44 *ArbG Ludwigshafen* 18. 3. 87, BB 87, 1464; *Witt,* BB 96, 2194, hält es in bestimmten Fällen für zulässig, dass AG von der Pflicht zur Beurteilung befreit werden.

45 *LAG Frankfurt,* a. a. O.; *ArbG Kassel* 18. 6. 76, DB 76, 1487.

46 *BAG* 19. 8. 92, NZA 93, 222 = PersR 93, 85; a. A. HWGNRH-*Glock,* Rn. 14, der von einer grundsätzlichen Pflicht zur Erwähnung ausgeht.

47 Vgl. *BAG* a. a. O.

III. Arbeitsbefreiung (Abs. 2)

1. Allgemeines

Die Mitglieder des BR sind weiterhin AN des Betriebs und verpflichtet, ihren arbeitsvertraglichen Aufgaben nachzukommen. Die Übernahme des Betriebsratsamtes lässt den vertraglich vereinbarten Arbeitsort bei nicht freigestellten BR-Mitgliedern unverändert (zur Situation bei Freigestellten vgl. § 38 Rn. 66ff.). Durch die Übernahme des BR-Amtes haben sie jedoch weitere, nicht unerhebliche Amtspflichten und Aufgaben wahrzunehmen. Dies führt in der betrieblichen Praxis vielfach zu einer **Kollision der Amts- und Arbeitsvertragspflichten.** Durch die in Abs. 2 und § 38 Abs. 1 vorgesehene Arbeitsbefreiung wird deutlich, dass der Gesetzgeber der **Erfüllung der Amtspflichten** gegenüber den arbeitsvertraglichen Pflichten eindeutig den **Vorrang** einräumt.[48] Dabei geht das Gesetz davon aus, dass BR-Mitglieder ihre Amtstätigkeit grundsätzlich während der Arbeitszeit auszuüben haben.[49] Voraussetzung ist, dass das **Arbeitsversäumnis erforderlich** ist. 10

Die Vorschrift ist gegenüber § 38 Abs. 1 als **Generalnorm** anzusehen.[50] Sie ist auch **Grundlage** für die **Freistellung** von **GBR**- oder **KBR-Mitgliedern.**[51] Während nach § 38 Abs. 1 entsprechend der im Betrieb beschäftigten AN-Zahl eine bestimmte Zahl von BR-Mitgliedern von ihrer beruflichen Tätigkeit völlig freizustellen ist, regelt Abs. 2 die **Arbeitsbefreiung aus konkretem Anlass.** Sie eröffnet die Möglichkeit, einzelne BR-Mitglieder generell für einen Teil ihrer Arbeitszeit, beispielsweise für bestimmte Stunden am Tag bzw. in der Woche oder für bestimmte Tage in der Woche oder im Monat freizustellen, sofern dies für die ordnungsgemäße Erfüllung der BR-Aufgaben erforderlich ist,[52] sofern regelmäßig BR-Tätigkeit in einem bestimmten, einer Pauschalierung zugänglichen Mindestumfang anfällt.[53] Dies kann sowohl in Betrieben unter 200 AN, für die das Gesetz (§ 38 Abs. 1) keine generelle Regelung über Freistellungen vorsieht, als auch in größeren Betrieben, z. B. durch eine über die Mindeststaffel des § 38 Abs. 1 hinausgehende zusätzliche teilweise Freistellung, in Betracht kommen.[54] Für die völlig freigestellten BR-Mitglieder ist Abs. 2, mit Ausnahme seines Verbots der Entgeltminderung, praktisch unbedeutend. Etwas anderes gilt, wenn statt einer völligen Freistellung nach § 38 Abs. 1 zwei BR-Mitglieder teilweise freigestellt werden. In diesen Fällen steht den BR-Mitgliedern ein Anspruch auf zusätzliche Arbeitsbefreiung nach Abs. 2 über den Umfang ihrer Teilfreistellung hinaus zu, wenn sie BR-Aufgaben wahrnehmen müssen.[55] Im Rahmen der Arbeitsbefreiung nach Abs. 2 steht BR-Mitgliedern auch ein Anspruch auf **Zutritt zum Betrieb** zu, damit sie ihre Aufgaben ordnungsgemäß wahrnehmen können.[56] 11

Darüber hinaus gewährt Abs. 2 sogar einen Anspruch auf generelle **Befreiung** von einer **bestimmten Art der Arbeit,** wenn dies für eine sachgerechte Erfüllung der Aufgaben des BR 12

48 Vgl. *Bopp,* S. 10; *Fitting,* Rn. 16; HaKo-BetrVG/Wolmerath, Rn. 8; *Peter,* AiB 02, 203; ähnlich im Ergebnis ErfK-*Koch*, Rn. 3.

49 *BAG* 31.10.85, AP Nr. 52 zu § 37 BetrVG 1972.

50 Vgl. *BAG* 22.5.73, AP Nr. 2 zu § 38 BetrVG 1972.

51 BAG 26.9.18 – 7 ABR 77/16, NZA 19, 117.

52 *Fitting,* Rn. 19; GK-*Weber,* Rn. 28; Richardi-*Thüsing,* Rn. 14; *BAG* 2.4.74, AP Nr. 10 zu § 37 BetrVG 1972, 13.11.91 – 7 ABR 591, NZA 92, 414 = AiB 92, 456; ferner *v. Hoyningen-Huene,* der zutreffend darauf verweist, dass erfahrungsgemäß die BR-Mitglieder etwa zu einem Drittel von ihrer beruflichen Tätigkeit für BR-Aufgaben befreit werden müssen; zu regelmäßigen BR-Sitzungen vgl. DKWF-*Wedde,* § 37 Rn. 6, 32ff.

53 Vgl. *BAG* 2.4.74, a.a.O.; *LAG Düsseldorf* 30.3.89, NZA 89, 650; vgl. im Übrigen Rn. 30ff.; a. A. HWGNRH-*Glock,* Rn. 24, der eine generelle Arbeitsbefreiung für einen Teil der Arbeitszeit ohne konkreten Anlass ablehnt.

54 *LAG Köln* 2.8.88, AuR 89, 150, Ls.; *ArbG Heilbronn* 15.11.90 – 3 Ca 350/90; GK-*Weber,* Rn. 26; *Fitting,* a.a.O.; a.A. bezüglich kleinerer Betriebe HWGNRH-*Glock,* Rn. 24.

55 *Fitting,* Rn. 17; GK-*Weber,* a.a.O.; a.A. HWGNRH-*Glock,* Rn. 17, der Abs. 2 nicht für einschlägig hält.

56 *LAG München* 28.9.05 – 9 TaBV 58/05, AuR 06, 213; Richardi-*Thüsing,* Rn. 17; vgl. zum Zutrittsrecht auch § 5 Rn. 47 und § 80 Rn. 23.

erforderlich ist.[57] Dies gilt z. B. für die Versetzung eines BR-Mitglieds aus der **Wechsel- in die Normalschicht,**[58] aus dem Außen- in den Innendienst[59] oder von der **Akkord- in die Zeitarbeit.**[60]

13 Der Anspruch des BR-Mitglieds auf Freistellung von der beruflichen Tätigkeit erschöpft sich nicht darin, die zur ordnungsgemäßen Durchführung der BR-Aufgaben erforderliche Zeit zu erhalten. Der AG ist vielmehr verpflichtet, bei der Zuteilung des **Arbeitspensums** auf die Inanspruchnahme durch BR-Tätigkeit angemessen Rücksicht zu nehmen. Daraus folgt, dass ein BR-Mitglied nicht mit dem Arbeitspensum eines Vollzeitbeschäftigten belastet werden darf.[61] Bei der Festlegung des individuellen Arbeitspensums ist insbesondere auch der Zeitaufwand zu berücksichtigen, der für Vorbereitungen der turnusmäßigen BR-Sitzungen anfällt.[62]

14 Die Bestimmung gilt auch für **Ersatzmitglieder,** sofern sie Aufgaben eines zeitweilig verhinderten BR-Mitglieds (§ 25 Abs. 1) wahrnehmen,[63] und für **Mitglieder des WA,** die nicht BR-Mitglied sind.[64]

2. Voraussetzungen

15 Das BR-Mitglied hat einen Rechtsanspruch auf Arbeitsbefreiung, wenn **zwei Voraussetzungen** gegeben sind: Zum einen muss es sich um die **Durchführung von BR-Aufgaben** (vgl. Rn. 16ff.) handeln, zum anderen muss die Arbeitsbefreiung **zur ordnungsgemäßen Durchführung** dieser Aufgaben **erforderlich**[65] sein. Damit ist allerdings nicht gesagt, dass sich BR-Tätigkeit und Arbeitsbefreiung zeitlich überschneiden müssen: Ist für ein BR-Mitglied, das außerhalb seiner Arbeitszeit an einer BR-Sitzung teilgenommen hat, die Einhaltung der vor oder nach der Sitzung liegenden Arbeitszeiten (etwa in Schichtbetrieben) unzumutbar oder unmöglich, besteht auch für diese Zeiten ein Anspruch auf Arbeitsbefreiung nach Abs. 2 und nicht nur ein Ausgleichsanspruch nach Abs. 3.[66] Entsprechendes gilt, wenn durch die Arbeitsleistung im Anschluss an BR-Tätigkeit die **gesetzlich zulässige Höchstarbeitszeit** überschritten würde.

a) Aufgaben des Betriebsrats

16 **Welche Aufgaben** zum Tätigkeitsbereich des BR und seiner Mitglieder gehören, ergibt sich in erster Linie aus dem BetrVG, aber auch aus anderen Gesetzen (z. B. ArbSchG, ASiG, BDSG, KSchG, SGB III, SGB VII, SGB IX, AGG) oder aus TV oder BV.[67] Auf das Vorliegen eines BR-Beschlusses bezüglich der Wahrnehmung von Aufgaben kommt es nicht an.[68]

---

57 *Fitting,* Rn. 20; GK-*Weber,* Rn. 28, jeweils m. w. N.; *Weber,* AiB 99, 71; Richardi-*Thüsing,* Rn. 14; *SWS,* Rn. 9; enger *LAG Schleswig-Holstein* 30. 8. 05 – 5 Sa 161/05, DB 05, 2415, das eine einzelfallbezogene Prüfung fordert; a. A. HWGNRH-*Glock,* Rn. 25, der lediglich eine einvernehmliche Änderung des Arbeitsvertrags zulässt; kritisch *Verstege/Schürgers,* BB 22, 692.

58 *BAG* 13. 11. 64, 3. 6. 69, AP Nrn. 9, 11 zu § 37 BetrVG; vgl. auch *LAG Düsseldorf* 22. 7. 74, DB 75, 311; *Manstetten,* AiB 96, 215; DKWF-*Wedde,* § 37 Rn. 7, 35ff.

59 *ArbG Wuppertal* 9. 12. 87, AuR 88, 323, Ls.; *LAG Düsseldorf* 19. 7. 88 – 8/2 TaBV 57/88.

60 *Fitting,* a. a. O.; GK-*Weber,* a. a. O.; *GL,* Rn. 18; a. A. HWGNRH-*Glock,* a. a. O.

61 Vgl. *BAG* 27. 6. 90 – 7 ABR 43/89, BB 91, 739 = PersR 92, 76; *Textmuster bei* DKWF-*Wedde,* § 37 Rn. 8, 37.

62 Hierzu *BAG* 17. 1. 79 – 5 AZR 891/77, DB 79, 1136, dass für Ersatzmitglieder einen durchschnittlichen Vorbereitungsaufwand von drei Tagen veranschlagt hat.

63 *ArbG Berlin* 2. 6. 80 – 36 Ca 82/80; *Peter,* AiB 02, 203.

64 *ArbG Berlin* 28. 4. 80, AiB 3/80, S. 11f., Ls.

65 Vgl. Rn. 26ff.; *Jansen,* AiB 16, Nr. 6, 35; zu Musterschreiben DKWF-*Wedde,* § 37 Rn. 28.

66 *BAG* 7. 6. 89, NZA 90, 531.

67 ErfK-*Koch,* Rn. 2; *Fitting,* Rn. 24; GK-*Weber,* Rn. 32; *Pulte,* NZA 96, 913ff.; vgl. im Übrigen § 80; enger *Thüsing/Denzer* Rn. 29 Begründung von BR-Aufgaben in TV »nicht grenzenlos«; a. A. HWGNRH-*Glock,* Rn. 22f., hinsichtlich TV und BV.

68 *LAG Berlin-Brandenburg* – 10 TaBV 567/11, juris.

Zu den **Aufgaben** des BR und seiner Mitglieder gehören nicht nur die **Teilnahme an den Sitzungen**[69] und **seiner Ausschüsse,** sondern z. B. auch die Beteiligung an Betriebsbegehungen,[70] und Besprechungen mit der Gewerkschaft und Behörden.[71] Unerheblich ist, ob die Durchführung der BR-Aufgaben innerhalb **oder außerhalb des Betriebs** erfolgt.[72] Jedes BR-Mitglied ist berechtigt, an jeder Sitzung teilzunehmen, solange es nicht aus rechtlichen oder tatsächlichen Gründen i. S. d. § 25 verhindert ist.[73] **17**

Zu den **Aufgaben des BR bzw. seiner Mitglieder** (bzw. bei Verhinderung der entsprechenden Ersatzmitglieder) gehören außerdem z. B. folgende Tätigkeiten:[74] **18**

- Teilnahme an Betriebs-, Abteilungs-, Teil- und BR-Versammlungen (§§ 42ff., § 53) und deren Vorbereitung;[75]
- Teilnahme an Sitzungen des Arbeitsschutzausschusses (§ 11 ASiG), an Besprechungen mit dem Betriebsarzt und Sicherheitsfachkräften (§ 9 Abs. 1 und 2 ASiG) sowie an allen anderen Maßnahmen des Arbeitsschutzes;
- Teilnahme an Maßnahmen des betrieblichen Umweltschutzes gem. § 89 Abs. 1;
- Teilnahme an Sitzungen der JAV (§ 65 Abs. 2) und an JA-Versammlungen (§ 71); zu Sitzungen der GJAV und der KJAV vgl. § 73 Abs. 1, § 73b Abs. 1;
- Teilnahme an Sitzungen von Gremien, die auf Grund eines TV oder einer BV errichtet wurden, z. B. paritätische Prämien- bzw. Akkordkommissionen;
- Teilnahme an betriebsübergreifenden Zusammenkünften von BR mehrerer Betriebe außerhalb einer BR-Versammlung, wenn es hierfür einen konkreten betrieblichen Anlass gibt;[76]
- Teilnahme an Besprechungen mit dem AG nach § 74 Abs. 1 und sonstigen Besprechungen und Verhandlungen mit ihm;
- Teilnahme an Besprechungen des AG mit Sicherheitsbeauftragten oder dem Sicherheitsausschuss nach § 22 Abs. 3 SGB VII (§ 89 Abs. 4);
- Teilnahme an Betriebsbesichtigungen durch Vertreter des Gewerbeaufsichtsamts oder der Berufsgenossenschaft (§ 89 Abs. 2);
- Beteiligung an Unfalluntersuchungen der Berufsgenossenschaft (§ 89 Abs. 2);
- Maßnahmen, die der Beachtung des gesetzlichen Datenschutzes dienen[77], in größeren Gremien auch die Übernahme von Aufgaben, die ansonsten den betrieblichen Datenschutzbeauftragten nach den Art. 37ff. DSGVO obliegen.
- Ausübung erforderlicher Tätigkeiten für den GBR, KBR, WA usw.;[78]
- Besprechungen mit Behörden, wie z. B. dem Gewerbeaufsichtsamt über Arbeitsschutz- und Gesundheitsfragen, der Berufsgenossenschaft über Arbeitssicherheits- und Unfallverhütungsfragen oder der Agentur für Arbeit bei drohenden Massenentlassungen, drohender Kurzarbeit, drohender bzw. geplanter Betriebsänderung, ggf. im Zusammenhang mit Verhandlungen über einen Interessenausgleich bzw. Sozialplan[79] oder Teilnahme an einem Arbeitsmarktgespräch, zu dem die Agentur für Arbeit eingeladen hat;[80]

---

69 BR, GBR, KBR, WA, JAV, GJAV, KJAV; vgl. *ArbG Hamburg* 3.6.08 – 25 Ca 5208, AiB Newsletter 08, Nr. 10, 5; *ArbG Frankfurt* 2.3.88, AiB 89; vgl. auch § 30 Rn. 2ff.

70 *LAG Nürnberg* 18.10.93 – 7 TaBV 1393, BB 94, 65.

71 *Brill,* AuR 81, 202; *Fitting,* Rn. 23; HWGNRH-*Glock,* Rn. 30; Richardi-*Thüsing,* Rn. 17.

72 ErfK-*Koch,* Rn. 2; GK-*Weber,* Rn. 33; zu **Wege- und Reisezeiten** vgl. Rn. 41f. und zu **Auslandskontakten** Rn. 20f.

73 *ArbG Frankfurt* 2.3.88, a. a. O.; vgl. auch § 25 Rn. 15ff.

74 Vgl. *Fitting,* Rn. 23ff.; GK-*Weber,* Rn. 32ff.; HWGNRH-*Glock,* Rn. 30; Richardi-*Thüsing,* Rn. 17, jeweils m. w. N.; *Peter,* AiB 02, 204.

75 *LAG Düsseldorf* 11.2.74, AuR 74, 280, Ls.; *LAG Frankfurt* 23.8.83, BetrR 84, 307ff.

76 *BAG* 21.6.06 – 7 AZR 41805, AuR 06, 454; ähnlich *LAG Rheinland-Pfalz* 10.9.09 – 2 Sa 340/09, NZA-RR 10, 78.

77 Vgl. zu den Anforderungen an BR *BAG* 18.7.12 – 7 ABR 23/11, NZA 13, 49.

78 *LAG München* 19.7.90, NZA 91, 905.

79 Hierzu *Brill,* AuR 81, 202.

80 *BAG* 23.9.82, AP Nr. 42 zu § 37 BetrVG 1972; a. A. HWGNRH-*Glock,* Rn. 32.

- Beteiligung an Verhandlungen, die der AG mit Behörden führt und in denen es auf die Stellungnahme des BR ankommt bzw. bei denen aus sonstigen Gründen die Hinzuziehung des BR erwünscht wird;[81]
- Besprechung mit Gewerkschaftsvertretern auch außerhalb des Betriebs (z. B. Gewerkschaftsbüro) über betriebsbezogene Fragen oder zur Klärung von Rechtsfragen;[82]
- Besuch eines Rechtsanwalts zur Vorbereitung eines arbeitsrechtlichen Verfahrens;
- Information über den Stand von Tarifverhandlungen, wenn diese Auswirkungen auf den Betrieb haben;[83]
- Teilnahme an Schulungs- und Bildungsveranstaltungen gemäß § 37 Abs. 6 und 7 (nunmehr durch die Formulierung des Abs. 6 Satz 1 gesetzlich normiert);
- Vorbereitung von Sitzungen (einschließlich GBR, KBR, WA und sonstige Ausschüsse), Besprechungen und Verhandlungen sowie deren Nachbereitung;[84]
- Besprechung mit anderen BR-Mitgliedern des Betriebs, z. B. auch »Fraktionssitzungen« auf Grund der verstärkten Minderheitenregelung, zum Zwecke der Abstimmung über gemeinsame Anträge und Initiativen in Vorbereitung auf eine Sitzung des BR oder seiner Ausschüsse;
- Besprechungen mit anderen BR eines UN zur Frage der Zuständigkeit des GBR oder zur Beeinflussung der Willensbildung dieses Gremiums;[85]
- Einordnen von BR-Unterlagen sowie Erledigung schriftlicher Arbeiten einschließlich der Erstellung von Niederschriften und Gesprächsnotizen;[86]
- Vorbereitung des Monatsgesprächs gemäß § 74 Abs. 1;[87]
- Erstellung von Sitzungsunterlagen sowie des Tätigkeitsberichts des BR;[88]
- Wahrnehmung der Sprechstunde des BR;[89]
- Wahrnehmung der Aufgaben, die gem. § 80 aus anderen zugunsten der Arbeitnehmer geltenden Gesetzen folgen (vgl. hierzu die Übersicht § 80 Rn. 7 ff.);
- Betriebsbegehungen in Erfüllung der Aufgaben des BR (z. B. § 80) sowie zur Überprüfung der Einhaltung von Unfallverhütungsvorschriften.[90] Dies gilt auch während eines Arbeitskampfes[91] und schließt das Aufsuchen von AN an ihrem Arbeitsplatz ein;[92]
- Unterstützung und Betreuung einzelner AN bei der Verwirklichung von Individualrechten[93] oder sonstige Gespräche und Beratungen mit ihnen im Rahmen betrieblicher Angelegenheiten und der Zuständigkeit des BR[94] sowie Teilnahme an Erörterungen zwischen AN und AG nach § 81 Abs. 3;

---

81 *Kühner*, S. 92; vgl. insbes. § 89.

82 Vgl. *ArbG Aachen* 12.12.78 – 1 Ca 485/78; *ArbG Stuttgart* 31.8.88 – 22 Ca 2334/88; *SWS*, Rn. 8; bezogen auf die Zahl der Gesprächsteilnehmer, insbes. wenn freigestellte BR-Mitglieder vorhanden sind; einschränkender: *BAG* 6.8.81 – AP Nr. 39 zu § 37 BetrVG 1972; so auch HWGNRH-*Glock*, Rn. 30; bzw. Beschränkung auf den BR-Vorsitzenden vgl. HWGNRH-*Glock*, Rn. 40; *LAG Hamm* 13.5.05 – 13 Sa 230704, AuA 05, 744.

83 A. A. *ArbG Osnabrück* 17.1.95, NZA 95, 1013; HWGNRH-*Glock*, Rn. 32.

84 *BAG* 17.1.79 – 5 AZR 891/77, DB 79, 1136 – drei Vorbereitungstage für Ersatzmitglieder; *ArbG Berlin* 28.4.80, AiB 3/80, S. 11 f.; *LAG Berlin* 18.6.92 – 14 Sa 46/92, BB 93, 291, Ls. = AiB 93, 46 mit Anm. *Küster*.

85 *BAG* 10.8.94 – 7 ABR 3593, BB 95, 1034; *LAG Hamburg* 23.10.97 – 1 TaBV 1/97; *Fitting*, Rn. 30; a. A. *Behrens*, BB 95, 1035; HWGNRH-*Glock*, Rn. 32.

86 *ArbG Stuttgart* 31.8.88 – 22 Ca 2334/88; *LAG Berlin* 11.12.80 – 7 Sa 67/80; zustimmend *Hunold*, NZA 05, 1149 f.

87 *ArbG Berlin* 2.6.80 – 36 Ca 156/80.

88 *ArbG Stade* 16.9.80 – 2 Ca 626/80.

89 *BAG* 13.11.91 – 7 ABR 591, NZA 92, 414 = AiB 92, 456; *ArbG Berlin* 21.5.80 – 40 Ca 72/80.

90 *BAG* 1.3.63, AP Nr. 8 zu § 37 BetrVG; *Kühner*, S. 92; Richardi-*Thüsing*, Rn. 17; einschränkender: HWGNRH-*Glock*, Rn. 32.

91 *ArbG Düsseldorf* 30.5.84 – 3 BV Ga 14/84; *Kümpel*, AiB 82, 5.

92 *BAG* 17.1.89, 13.6.89, a. a. O.; *Lemke*, PersR 90, 171; a. A. *BVerwG* 9.3.90, ZTR 90, 254 für den Zugang eines PR-Mitglieds zu Arbeitsplätzen; vgl. ergänzend § 80 Rn. 9.

93 §§ 81 ff.; a. A. GK-*Weber*, Rn. 36.

94 *BAG* 6.8.81, AP Nr. 40 zu § 37 BetrVG 1972; *Kühner*, S. 92.

- Entgegennahme von und Untersuchung der Berechtigung der Beschwerden der AN (§§ 84ff.) sowie deren Unterstützung;
- Teilnahme an Einsicht in die Personalakte durch den AN (§ 83 Abs. 1);
- Durchführung und Umsetzung der dem BR obliegenden Mitwirkungs- und Mitbestimmungsrechte sowie Wahrnehmung der gesetzlichen Aufgaben i. R. eines Insolvenzverfahrens;[95]
- Teilnahme an Zeitaufnahmen;[96]
- Schlichtung von Urlaubsstreitigkeiten;[97]
- Teilnahme an Sitzungen der ESt. (§ 76);
- Abholen von Materialien, die für die Beratung in einer BR-Sitzung oder für die Gestaltung einer Betriebsversammlung benötigt werden; Entsprechendes gilt für das Abholen eines Gewerkschaftssekretärs am Bahnhof oder Flughafen, der zur Teilnahme und Beratung an einer BR-Sitzung eingeladen wurde;[98]
- Besuch auswärtiger Betriebsteile bzw. Betriebsstätten, soweit sie nicht nach § 4 als selbstständige Betriebe gelten. Dies gilt für Betriebe mit vielen im Außendienst tätigen AN sowie für ausländische Betriebsteile (z. B. Baustelle), sofern dort vorübergehend AN beschäftigt sind, die nach den Grundsätzen der »Ausstrahlungstheorie« (vgl. § 5 Rn. 48; § 111 Rn. 135) zum Betrieb gehören;[99]
- in grenzüberschreitend tätigen Unternehmen und Konzernen Bildung eines EBR beim Vorliegen der gesetzlichen Voraussetzungen sowie die Wahrnehmung der aus diesem Gesetz folgenden Aufgaben und Befugnisse durch BR bzw. GBR/KBR.[100] Entsprechendes gilt, wenn statt des EBR auf Grund anderweitiger Vereinbarungen andere Regelungen zur Unterrichtung und Anhörung der AN getroffen wurden;[101]
- Wahrnehmung von Befugnissen und Aufgaben, die sich in grenzüberschreitend tätigen Unternehmen aus freiwilligen Absprachen zwischen AG und BR zu grenzüberschreitenden Vertretungen oder zur grenzüberschreitenden Zusammenarbeit ableiten;[102]
- Aufsuchen von AN am Arbeitsplatz, ohne Vorliegen eines konkreten Anlasses;[103]
- Besuch von **Telearbeitern** an häuslichen Arbeitsplätzen[104] sowie von AN in ausgelagerten Call-Centern.

Die Teilnahme an **Besprechungen mit BR fremder Betriebe** kann zu den Aufgaben des BR bzw. seiner Mitglieder gehören, **sofern ein konkreter betrieblicher Anlass** dafür **besteht,**[105] z. B. Einführung eines neuen EDV-Systems oder einer neuen, komplizierten Produktionsanlage, die in dem anderen Betrieb bereits besteht; Produktionsverlagerung; UN-Zusammenschlüsse; Ausbau der Betriebsnutzungszeiten; Einführung regelmäßiger Wochenendarbeit; Fragen des Arbeitsschutzes zweier nebeneinander liegender Betriebe. Hat der AG in der Vergangenheit die Teilnahme an Treffen mit BR anderer Betriebe als erforderlich angesehen, entsteht ein **Vertrauenstatbestand.** Will der AG hiervon in Zukunft abweichen, muss er dies dem BR eindeutig 19

95 Etwa gem. § 120 InsO; vgl. HWGNRH-*Glock,* Rn. 30.
96 Einschränkend *BAG* 11.8.93 – 7 AZR 619/92, AuR 93, 374, Ls., sofern diese lediglich zur Vorbereitung der Willensbildung des AG dienen.
97 *ArbG Berlin* 7.6.79 – 8 Ca 103/79.
98 Vgl. *ArbG Berlin* 28.10.88 – 49 Ca 136/88.
99 So auch zur Durchführung von Teilversammlungen *Fitting,* § 42 Rn. 55 m. w. N.; weitergehend *SWS,* Rn. 8; a. A. *BAG* 27.5.82, AP Nr. 3 zu § 42 BetrVG 1972.
100 *Fitting* Rn. 25; HWGNRH-*Glock,* Rn. 28f.; zum EBR Anhang B sowie insgesamt *Asshoff/Bachner/Kunz,* 182ff.
101 Zu den Möglichkeiten vgl. Anhang B, § 17 EBRG Rn. 14ff.; *Fitting,* a. a. O.; a. A. HWGNRH-*Glock,* a. a. O.
102 Zutreffend *Fitting,* Rn. 26.
103 *BAG* 21.2.82, AP Nr. 1 zu § 70 BetrVG 1972; a. A. HWGNRH-*Glock,* Rn. 32; nach abzulehnender Auffassung *BAG* 13.6.89 soll ein BR-Beschluss erforderlich sein.
104 *Wedde,* S. 118ff.
105 *LAG Düsseldorf* 30.6.87 – 16 TaBV 41/87; *ArbG München* 29.8.91, BB 91, 2375 = AiB 91, 429 mit Anm. *Däubler* = BetrR 93, 47 mit Anm. *Meißner;* ErfK-*Koch,* Rn. 2; *Plander,* AiB 97, 195ff.; *Fitting,* Rn. 30; *BAG* 10.8.94 – 7 ABR 35/93, BB 95, 1034 zu Treffen mit BR-Mitgliedern aus regionalen Betrieben eines UN zur Erörterung strittiger Punkte; a. A. HWGNRH-*Glock,* Rn. 32; GK-*Weber,* Rn. 34.

erklären.[106] Sollen mehrere Betriebe verschiedener AG zu einem **gemeinsamen Betrieb** (vgl. § 1 Abs. 1 Satz 2, Abs. 2) zusammengefasst werden, arbeiten AG in Angelegenheiten eng zusammen, die der Beteiligung des BR unterliegen oder diese berühren, oder treten in benachbarten Betrieben gleichartige Arbeitsschutzprobleme (vgl. hierzu auch § 8 ArbSchG) auf, sind Besprechungen ebenfalls zulässig. BR-Tätigkeit ist auch die Teilnahme an durch TV oder BV begründeten unternehmensübergreifenden Arbeitsgemeinschaften gem. § 3 Abs. 1 Nr. 4.

20 Obwohl das Gesetz nach dem Territorialitätsprinzip grundsätzlich nur im Inland gilt (vgl. § 1 Rn. 23ff.), kommen Besprechungen und Sitzungen **mit betrieblichen Interessenvertretungen ausländischer Betriebe.** im Ausland in Betracht.[107] Dies gilt insbes. für Betriebe multinationaler UN/Konzerne, aber auch bei bevorstehenden Fusionen, Verschmelzungen, Firmenaufkäufen und Neugründungen von Standorten. Standortfragen – wie Nationalität, Steuersystem, behördliche Auflagen, Entwicklung des arbeits- und sozialrechtlichen Schutzes der AN – waren und sind für das Management multinationaler UN keine Hindernisse für die Durchsetzung einer einheitlichen Konzernpolitik. Sie waren dagegen häufig willkommene Anlässe, z.B. den Abbau von Sozialleistungen oder Betriebsänderungen durchzusetzen bzw. längere Betriebsnutzungszeiten oder regelmäßige Samstags- oder Wochenendarbeit einzuführen. Unternehmerische Entscheidungen mit zum Teil erheblichen sozialen Auswirkungen, bis hin zu Betriebsschließungen, fallen nicht selten in der Konzernspitze im Ausland. Der örtliche BR bzw. GBR/KBR hat es damit vor Ort ggf. mit einem Management ohne echte Verhandlungskompetenz zu tun. Um sein Informationsdefizit auszugleichen, muss es dem BR bzw. GBR/KBR möglich sein, sich ebenfalls Informationen durch Besprechungen mit der betrieblichen Interessenvertretung ausländischer Betriebe, z.B. des Gleichen UN/Konzerns, zu beschaffen. Es ist für die AN-Vertretung zur Aufgabenerfüllung erforderlich, sich ebenfalls treffen und abstimmen zu können.[108] In Betracht kommen auch Schulungsmaßnahmen nach Abs. 6 und 7 (vgl. Rn. 127, 174f.). Es bleibt den AG im Übrigen unbenommen, Veranstaltungen von BR verschiedener UN durch die Gewährung von Arbeitsbefreiung und die Übernahme der erforderlichen Kosten zu fördern.

21 Eine **Auslandsreise** kann erforderlich sein, wenn der BR bei der EU-Behörde in Brüssel seine Besorgnis artikulieren will, dass das UN die Gründung eines Gemeinschafts-UN mit einem anderen UN plant, da Art. 18 Abs. 4 der Verordnung (EWG) Nr. 4064/89 des Rates vom 21.12.1989 über die Kontrolle von UN-Zusammenschlüssen die Möglichkeit einer Anhörung von rechtlich anerkannten Vertretern oder AN der UN, die einen Zusammenschluss planen, vorsieht.[109] Die **Erforderlichkeit** einer Auslandsreise ist nicht rückblickend nach rein objektivem Maßstab, sondern danach zu beurteilen, ob der BR die Reise subjektiv im Zeitpunkt der Entscheidung für erforderlich halten durfte.[110]

22 Zu den **Aufgaben des BR** gehört das **Auftreten vor ArbG** in Angelegenheiten, in denen er selbst Beteiligter ist[111] bzw. bei arbeitsgerichtlichen Streitverfahren zwischen BR und AG oder einem BR-Mitglied und dem AG, sofern die Amtstätigkeit die wesentliche Ursache für die Rechtsstreitigkeit bildet.[112] Die **Teilnahme** eines oder mehrerer BR-Mitglieder an einem **ArbG-Verfahren als Zuhörer** kann ein notwendiges Arbeitsversäumnis darstellen, wenn es sich um einen Rechtsstreit von grundsätzlicher Bedeutung über eine für die Arbeit des betreffenden BR wesentliche Frage – z.B. neue Tarifregelung, Kündigungsrechtsstreit eines AN des Betriebs –

---

106 *LAG Berlin* 18.6.92 – 14 Sa 46/92, BB 93, 291, Ls. = BetrR 93, 38, Ls.

107 *ArbG München,* 29.8.91, BB 91, 2375 = AiB 91, 429 mit Anm. *Däubler,* wenn der AG grenzüberschreitend ein mitbestimmungspflichtiges EDV-System einführen will; *Klebe,* FS Gnade, S. 661 [669 ff.] § 40 Rn. 22; a.A. HWGNRH-*Glock,* Rn. 32.

108 *Klebe,* FS Gnade, a.a.O.

109 *LAG Niedersachsen* 10.6.92 – 5 TaBV 392, BB 93, 291, Ls.; ähnlich ErfK-*Koch,* Rn. 2; unklar GK-*Weber,* Rn. 33.

110 *LAG Niedersachsen,* a.a.O.

111 Vgl. *BAG* 19.5.83, AP Nr. 44 zu § 37 BetrVG 1972; *LAG Düsseldorf* 3.1.75, BB 75, 373; *ArbG Hamburg* 27.11.91, AiB 92, 90; Richardi-*Thüsing,* Rn. 18.

112 *LAG Schleswig-Holstein* 27.2.92 – 6 Sa 577/91; *ArbG Stuttgart* 2.7.86 – 21 Ca 29/86; vgl. auch *Otto,* Anm. zu *BAG* 14.10.82, AP Nr. 19 zu § 40 BetrVG 1972.

handelt[113] oder wenn der BR erwarten durfte, die in der Gerichtsverhandlung erworbenen Informationen zur Lösung eines konkret bestehenden Konfliktes einsetzen zu können.[114] Ein Teilnahmerecht besteht auch bei Streitigkeiten über betriebsverfassungsrechtliche Stellung, Rechte und Pflichten **einzelner BR-Mitglieder.** Zum Teilnahmerecht eines freigestellten BR-Mitglieds als Zuhörer an Gerichtsverhandlungen vgl. § 38 Rn. 71. Tritt ein BR-Mitglied als **Zeuge** oder **Sachverständiger** vor Gericht oder in einem Strafverfahren nach § 119 auf, liegt keine BR-Tätigkeit vor. Es findet stattdessen das Gesetz über die Entschädigung von Zeugen und Sachverständigen Anwendung.[115]

Nicht zu den gesetzlichen Aufgaben des BR gehören z. B.: 23

- Vertretung einzelner AN des Betriebs in deren arbeitsgerichtlichen Streitigkeiten;[116]
- individuelle Rechtsberatung der AN des Betriebs;[117]
- Wahrnehmung von Ehrenämtern in der Gerichtsbarkeit, z. B. als ehrenamtlicher Richter eines Arbeits- oder Sozialgerichts oder als Mitglied des Verwaltungsausschusses der Agentur für Arbeit;
- Durchführung einer BR-Wahl, mit Ausnahme der Bestellung des WV. Die Durchführung obliegt dem WV, dem allerdings BR-Mitglieder angehören können. WV-Mitglieder haben für erforderliche Tätigkeit außerhalb ihrer Arbeitszeit Ausgleichsansprüche in entsprechender Anwendung des § 37 Abs. 3 BetrVG.[118]

Bei nachstehenden Maßnahmen, die **üblicherweise nicht zu den Aufgaben des BR** gehören, entscheiden die betrieblichen Gegebenheiten, ob sie als BR-Tätigkeit angesehen werden können: Beratung der AN bei Wohnungsproblemen, Einkaufsmöglichkeiten, Urlaubsreisen oder Versicherungsverträgen; Entgegennahme von Urlaubsanträgen; Teilnahme an Tarifverhandlungen; Mitwirkung in gewerkschaftlichen Tarifkommissionen;[119] Betätigungen für die Gewerkschaft einschl. Mitgliederwerbung u. Ä. (vgl. jedoch § 74 Rn. 77ff.). Die Teilnahme an **Veranstaltungen von Gewerkschaften** außerhalb von Schulungs- und Bildungsveranstaltungen i. S. v. Abs. 6 und 7 kann in Abhängigkeit von der betrieblichen Situation ebenfalls zu den Aufgaben des BR gehören.[120] 24

Soweit ein BR-Mitglied Arbeitsbefreiung aus Gründen in Anspruch genommen hat, die nicht zu den Aufgaben des BR gehören, hat es grundsätzlich keinen Anspruch auf Fortzahlung des Arbeitsentgelts. Dies gilt nicht, wenn das BR-Mitglied in einem **entschuldbaren Irrtum** davon ausgegangen ist, BR-Tätigkeit auszuüben.[121] Ein solcher Irrtum kann gegeben sein, wenn der AG ein entsprechendes Verhalten in der Vergangenheit unwidersprochen akzeptiert hat.[122] 25

---

113 *LAG Bremen* 28. 6. 89, DB 90, 742; *LAG Frankfurt* 13. 5. 80, BB 82, 186, das allerdings die Teilnahme auf ein BR-Mitglied beschränkt; vgl. auch *BAG* 31. 5. 89, AP Nr. 9 zu § 38 BetrVG 1972, das eine Teilnahme in Ausnahmefällen als erforderliche BR-Tätigkeit ansieht; *Fitting*, Rn. 29; *Leisten*, AuR 81, 168; a. A. *BAG* 31. 8. 94 – 7 AZR 89393, NZA 95, 225 für eine geklärte Rechtsfrage; *LAG Hamm* 6. 1. 93 – 3 Sa 1432 – 3/92, jedenfalls dann, wenn die erörterten Rechtsfragen für zukünftige Rechtspositionen des BR nicht wichtig sind.

114 *LAG Köln* 14. 9. 92 – 11/2 Sa 246/92; a. A. MünchArbR-*Joost*, § 308 Rn. 7.

115 *LAG Düsseldorf* 3. 1. 75, BB 75, 373.

116 *BAG* 9. 10. 70, AP Nr. 4 zu § 63 BetrVG; 19. 5. 83, AP Nr. 44 zu § 37 BetrVG 1972.

117 *LAG Rheinland-Pfalz* 10. 9. 84, NZA 85, 430; vgl. allgemein zu den gesetzlichen Möglichkeiten nach der Novelle des Rechtsberatungsgesetzes *Düwell*, dbr 7/08, 16.

118 *BAG* 26. 4. 95 – 7 AZR 87494, AP Nr. 17 zu § 20 BetrVG = AiB 96, 40 mit Anm. *Hamm*.

119 A. A. *Fitting*, Rn. 31; GK-*Weber*, Rn. 41; Richardi-*Thüsing*, Rn. 19; ErfK-*Koch*, Rn. 2.

120 Enger *BAG* 21. 6. 06 – 7 AZR 41805, AuR 06, 454, das die Teilnahme nur in Ausnahmefällen und beim Vorliegen eines konkreten betrieblichen Anlasses für erforderlich hält; a. A. Richardi-*Thüsing*, Rn. 19.

121 *BAG* 31. 8. 94 – 7 AZR 893/93, NZA 95, 225; *LAG Bremen* 28. 6. 89, DB 90, 742; *Fitting*, Rn. 33; *Weiss*, Rn. 4; vgl. Richardi-*Thüsing*, Rn. 16; MünchArbR-*Joost*, § 308 Rn. 15, die dem BR-Mitglied einen Beurteilungsspielraum einräumen; a. A. GK-*Weber*, Rn. 28; HWGNRH-*Glock*, Rn. 33; *SWS*, Rn. 6; zur Abmahnung vgl. Rn. 32.

122 Beispielsweise eine Zusammenkunft der BR mehrerer Betriebe, vgl. *LAG Berlin* 18. 6. 92 – 14 Sa 46/92, BB 93, 291.

b) Erforderlichkeit der Arbeitsbefreiung

26 Steht fest, dass es sich um BR-Tätigkeit handelt, muss durch den BR bzw. das BR-Mitglied geprüft werden, ob zu ihrer ordnungsgemäßen Erledigung Arbeitsbefreiung nach Umfang und Art des Betriebs **erforderlich** ist.[123] Was im Einzelfall als erforderlich anzusehen ist, kann nur anhand der **konkreten Umstände** beurteilt werden. Das gilt sowohl für die Zahl der BR-Mitglieder als auch für die Dauer der Arbeitsbefreiung. Während die Frage, ob die betreffende Tätigkeit zum Aufgabenkreis des BR-Mitglieds gehört, nach objektiven Gesichtspunkten zu beurteilen ist (vgl. Rn. 16ff.), ist die Beurteilung, ob die Arbeitsbefreiung erforderlich ist, weder nach objektiven noch nach subjektiven Gesichtspunkten vorzunehmen. Es ist vielmehr danach zu entscheiden, ob das oder die BR-Mitglieder bei **gewissenhafter Überlegung und unter Abwägung der Interessen des Betriebs, des BR und der Belegschaft** die Arbeitsversäumnisse für notwendig halten durften, um den gestellten Aufgaben gerecht zu werden.[124] Eine BR-Sitzung hat immer Vorrang. Ein Beschluss des BR allein soll nicht genügen, um die Erforderlichkeit einer Arbeitsbefreiung zu begründen.[125] Bei der Beurteilung der Erforderlichkeit spielen u. a. eine wesentliche Rolle: Größe und Art des Betriebs; die Vielfalt der konkret dem BR obliegenden Aufgaben; die Aktivität des jeweiligen BR und die Gründlichkeit, mit der einzelne Mitglieder ihre Aufgaben erledigen; individuelles Temperament, Geschicklichkeit, Fähigkeit und Arbeitsweise; Konfliktgeneigtheit des AG.[126] Ein BR, der den weit gesteckten Rahmen seiner gesetzlichen Mitwirkungs- und Mitbestimmungsrechte auszuschöpfen versucht, überschreitet nicht die Grenzen der Erforderlichkeit.[127] Deshalb ist im Regelfall auch eine Besprechung zwischen BR-Mitgliedern zulässig, deren Gegenstand die Möglichkeit der Bildung eines GBR ist.[128]

27 Der **Umfang der Arbeitsbefreiung** hängt auch davon ab, welche Stellung das BR-Mitglied innerhalb des BR bekleidet bzw. welche Aufgaben ihm durch den BR übertragen wurden. Naturgemäß hat ein BR-Mitglied, das als Vorsitzender oder stellvertretender Vorsitzender fungiert und/oder verschiedenen Ausschüssen des BR, ggf. auch dem GBR, KBR oder dem WA angehört, wesentlich mehr Aufgaben wahrzunehmen als ein Mitglied ohne Funktionen. Bei **Ersatzmitgliedern** leitet sich die Notwendigkeit einer Arbeitsbefreiung im konkreten Einzelfall aus Vertretungsnotwendigkeiten ab.[129] Welchem BR-Mitglied welche Aufgaben innerhalb des BR zugewiesen werden, ist **allein Sache des BR,**[130] wobei jedoch teilweise eine Verpflichtung zur rationellen Arbeitsweise angenommen wird.[131]

28 Auch in Betrieben mit nach § 38 **völlig freigestellten BR-Mitgliedern** ist eine zeitweise Arbeitsbefreiung anderer Mitglieder generell zulässig.[132] Eine Übertragung von Aufgaben auf einzelne BR-Mitglieder könnte allenfalls dann als nicht erforderlich angesehen werden, wenn für die Erledigung der konkreten Aufgabe geeignete freigestellte BR-Mitglieder nicht ausgelastet wären.[133]

29 Da Gegenspieler des AG innerhalb des Betriebs nicht der BR-Vorsitzende, sondern der BR in seiner Gesamtheit ist[134] können **alle BR-Mitglieder** an den Besprechungen nach § 74 Abs. 1

123 Richardi-*Thüsing,* Rn. 22; *Peter,* AiB 02, 203; *Jansen*, AiB 16, Nr. 6, 35.
124 *BAG* 8.3.57, 6.7.62, AP Nrn. 4, 7 zu § 37 BetrVG, 6.8.81, AP Nr. 40 zu § 37 BetrVG 1972; *LAG Bremen* 28.6.89, DB 90, 742; GK-*Weber,* Rn. 44; HWGNRH-*Glock,* Rn. 34; *v. Hoyningen-Huene,* S. 168; Richardi-*Thüsing,* Rn. 25; jeweils m. w. N.; nach *BAG* 11.6.97 – 7 AZR 229/96 – soll die Dringlichkeit der beruflichen Tätigkeit und der Verrichtung von BR-Arbeit miteinander abzuwägen sein.
125 *BAG* 6.8.81, AP Nr. 39 zu § 37 BetrVG 1972; vgl. auch Rn. 30.
126 *LAG Berlin* 11.12.80 – 7 Sa 67/80; 17.12.80 – 5 Sa 75/80; *ArbG Berlin* 8.7.80 – 39 Ca 75/80.
127 ErfK-*Koch,* Rn. 3; *Fitting,* a. a. O.; *Frohner,* BlStSozArbR 79, 67; GK-*Weber,* Rn. 47.
128 Enger *LAG Hamm* 14.7.99 – 3 Sa 698/99, für das die Erforderlichkeit in diesen Fällen nur ausnahmsweise gegeben sein soll.
129 *ArbG Hamburg* 3.6.08 – 25 Ca 52/08, AiB Newsletter 08, Nr. 10, 5.
130 *BAG* 1.3.63, AP Nr. 8 zu § 37 BetrVG.
131 *BAG,* a. a. O.; GK-*Weber,* Rn. 31; *Kühner,* S. 96.
132 So auch *Fitting,* Rn. 45; *Weber,* AiB 99, 71 f.; zu eng GK-*Weber,* Rn. 48; *Richardi,* a. a. O.
133 *BAG* 19.9.85, AP Nr. 1 zu 42 LPVG Rheinland-Pfalz; zu eng *LAG Hamm* 24.8.79, EzA § 37 BetrVG 1972 Nr. 66; HWGNRH-*Glock,* Rn. 39, der es für nicht vertretbar hält, wichtige und Zeit raubende Tätigkeiten einem nicht freigestellten BR-Mitglied zuzuweisen.
134 *Kühner,* S. 92.

und an Verhandlungen mit dem AG über grundsätzliche Fragen teilnehmen.[135] Dies gilt z. B. in größeren BR allenfalls nicht für reine Routinebesprechungen und -verhandlungen. Etwas anderes kann für kleinere BR gelten, wo die Beteiligung aller BR-Mitglieder auf Grund der überschaubaren Zahl selbst bei Routinegesprächen durchaus sinnvoll und praktikabel ist. Verhandlungen über Angelegenheiten, die einem Ausschuss des BR zur selbstständigen Erledigung übertragen sind, sind grundsätzlich von allen Mitgliedern des Ausschusses wahrzunehmen.[136] Sucht der BR-Vorsitzende einen Rechtsanwalt auf, kann die Begleitung durch weitere BR-Mitglieder in Abhängigkeit von den zu behandelnden kollektivrechtlichen Themen im Einzelfall erforderlich sein.[137]

Ein **Beschluss des BR,** mit dem ein BR-Mitglied zur Erledigung bestimmter Aufgaben »freigestellt« wird, reicht allein nicht aus, um die Erforderlichkeit einer Arbeitsbefreiung zu begründen,[138] auch wenn für konkrete Aufgabenstellungen grundsätzlich ein entsprechender BR-Beschluss vorausgesetzt werden muss.[139] Vielmehr muss hinzukommen, dass das betreffende BR-Mitglied das **Arbeitsversäumnis** zur Erfüllung der ihm obliegenden Aufgaben selbst für **notwendig** halten konnte.[140] Umfassende Darlegungspflichten dazu, dass etwa Aufgaben nicht durch andere BR-Mitglieder (etwa durch nach § 38 Abs. 1 freigestellte) erledigt werden können, wie ihn einzelne Gerichte für notwendig halten[141], würden die unabhängige Amtsführung jedes BR-Mitglieds in Frage stellen. Ohne ein konkretes Gegenvorbringen des Arbeitgebers kann deshalb von einem BR-Mitglied keine detaillierte Darlegung dazu verlangt werden, welche BR-Arbeit er aus welchen Gründen durchführen musste.[142] Jedes BR-Mitglied führt unabhängig von der Geschäftsverteilung innerhalb des BR sein **Amt eigenverantwortlich,** so dass in einer konkreten Situation das Tätigwerden eines BR-Mitglieds auch **ohne BR-Beschluss** erforderlich sein kann.[143] Da die Erforderlichkeit der Arbeitsbefreiung sich nach den Umständen des Einzelfalles richtet, ist es **unzulässig,** sog. **Richtwerte** in Anlehnung an die Freistellungsstaffel des § 38 Abs. 1 für die Arbeitsbefreiung nach Abs. 2 festzulegen.[144] Der AG hat Vorkehrungen zu treffen, damit das BR-Mitglied seine **Amtspflichten während seiner Arbeitszeit** ausüben kann.[145] Dementsprechend kann z. B. ein Anspruch auf **Reduzierung der Unterrichtsverpflichtung** bei Lehrern[146] oder auf **Reduzierung des Arbeitspensums** bestehen (vgl. hierzu Rn. 13). 30

Bei der Frage, ob die BR-Tätigkeit erforderlich ist, steht dem BR-Mitglied und den Gerichten der Tatsacheninstanzen ein revisionsrechtlich nur eingeschränkt nachprüfbarer **Beurteilungs- und Ermessensspielraum** zu.[147] Es soll nicht ausreichen, wenn das BR-Mitglied die Arbeitsbefreiung lediglich als vertretbar ansieht.[148] Hat es nach gewissenhafter Prüfung die Arbeitsbefreiung für erforderlich angesehen und stellt sich nachher heraus, dass diese objektiv doch nicht notwendig war, hat dies auf den Lohnfortzahlungsanspruch des BR-Mitglieds keinen 31

---

135 ErfK-*Koch*, Rn. 3; *Fitting*, Rn. 46; GK-*Weber*, Rn. 50; wohl auch *GL*, Rn. 30; HWGNRH-*Glock*, Rn. 40.
136 *Fitting*, Rn. 48; enger GK-*Weber*, a. a. O., der die Beteiligung aller Ausschussmitglieder auf Verhandlungen über grundsätzliche Fragen beschränkt.
137 Enger GK-*Weber*, a. a. O., der hierfür grundsätzlich keine Erforderlichkeit sieht.
138 *BAG* 6. 8. 81, AP Nr. 39 zu § 37 BetrVG 1972; ErfK-*Koch*, Rn. 3; *Fitting*, Rn. 39; *SWS*, Rn. 7.
139 *Schlömp*, AiB 87, 251; *BAG*, a. a. O.
140 *BAG*, a. a. O.; *Fitting*, a. a. O.; HWGNRH-*Glock*, Rn. 38; vgl. auch Rn. 26.
141 Vgl. *LAG Rheinland-Pfalz* 14. 5. 13 – 6 SaGa 2/13, juris.
142 Ähnlich *ArbG Hamburg* 4. 10. 12 – 17 Ca 40/12, AuR 13, 53.
143 *BAG* 6. 8. 81, AP Nr. 40 zu § 37 BetrVG 1972; *LAG Köln* 14. 9. 92 – 11/2 Sa 246/92; *Schlömp*, a. a. O.
144 *BAG* 21. 11. 78, AP Nr. 34 zu § 37 BetrVG 1972; *Fitting*, a. a. O.; HWGNRH-*Glock*, Rn. 34.
145 *BAG* 27. 8. 82, AP Nr. 25 zu § 102 BetrVG 1972; 27. 6. 90 – 7 ABR 43/89, BB 91, 759.
146 *LAG Berlin* 25. 11. 85, BB 86, 324; a. A. offenbar *LAG Düsseldorf* 30. 3. 89, NZA 89, 650; vgl. Rn. 11 ff.
147 *BAG* 1. 3. 63, AP Nr. 8 zu § 37 BetrVG, 6. 11. 73, AP Nr. 5 zu § 37 BetrVG 1972; *LAG Hessen* 3. 4. 07 – 4 Ta BV 39/07, juris; ErfK-*Koch*, Rn. 3; GK-*Weber*, Rn. 30, 45; *Peter*, AiB 02, 203.
148 *BAG* 13. 11. 64, AP Nr. 9 zu § 37 BetrVG.

Einfluss.[149] Für den bestehenden Beurteilungs- und Ermessensspielraum ist es unerheblich, ob das BR-Mitglied Voll- oder Teilzeittätigkeit ausübt.[150]

32 Eine **Abmahnung**[151] wegen **nichtberechtigter Arbeitsversäumnis** kommt nicht in Betracht, wenn ein BR-Mitglied bei eigener gewissenhafter Überprüfung und bei ruhiger und vernünftiger Würdigung aller Umstände die Versäumung von Arbeitszeit[152] und die Tätigkeit nach gewissenhafter Prüfung für erforderlich ansehen konnte.[153] Sie soll nach der abzulehnenden Auffassung des *BAG* erteilt werden können, wenn das BR-Mitglied BR-Tätigkeit wahrgenommen hat, die es nicht für erforderlich halten konnte,[154] oder wenn sich das BR-Mitglied nicht vor Beginn der BR-Tätigkeit bei seinem Vorgesetzten abmeldet.[155] Die Abmahnung ist ausgeschlossen, wenn das unzulässige Arbeitsversäumnis auf der Verkennung einer schwierigen oder ungeklärten Rechtslage beruht.[156] Sie kann nicht darauf gestützt werden, dass das abmeldende BR-Mitglied die Art der auszuübenden BR-Tätigkeit nicht hinreichend dargelegt habe.[157]

33 Bei Sitzungen des BR (GBR, KBR) und seiner Ausschüsse bzw. seiner Arbeitsgruppen sowie bei Teilnahme an einer Arbeitsgruppe gem. § 28a, die nach § 30 in der Regel während der Arbeitszeit stattfinden, ist eine besondere **Prüfung der Erforderlichkeit** entbehrlich, da jedes BR-Mitglied berechtigt und grundsätzlich auch verpflichtet ist, z. B. an jeder Sitzung – auch außerhalb der persönlichen Arbeitszeit (z. B. **Wechselschicht, Teilzeitbeschäftigung;** vgl. hierzu Rn. 62ff.) – teilzunehmen, solange es nicht aus rechtlichen oder tatsächlichen Gründen i. S. d. § 25 Abs. 1 verhindert ist.[158] Eine Verpflichtung zur Teilnahme an **BR-Sitzungen** besteht auch, wenn sie nicht erforderlich ist oder die betrieblichen Notwendigkeiten nicht berücksichtigt (§ 30 Satz 2) wurden, da das einzelne BR-Mitglied auf die Anberaumung der BR-Sitzung keinen Einfluss hat.[159] Entsprechendes gilt, wenn die BR-Sitzung in Räumen **außerhalb des Betriebsgeländes** stattfindet.[160]

34 Der BR-Vorsitzende hat es nicht allein in der Hand, die **Dauer einer Sitzung** zu bestimmen. Die festgelegte Tagesordnung ist zu erledigen. Er kann **nicht einzelnen Mitgliedern das Wort** entziehen bzw. die **Diskussionen abbrechen,** sondern muss die Meinungsbildung des BR zu den einzelnen Punkten herbeiführen, beraten und abstimmen lassen.[161] Eine Lohnkürzung im Zusammenhang mit der Dauer von Sitzungen kommt nicht in Betracht (vgl. Rn. 38, 60). Der

---

149 *Fitting,* Rn. 40; GK-*Weber,* Rn. 46; HWGNRH-*Glock,* Rn. 34; *WW,* Rn. 4; zustimmend *Thüsing/Denzer* Rn. 30; vgl. aber *BAG* 15.3.95 – 7 AZR 643/94, NZA 95, 961 = AiB 95, 735 mit Anm. *Nielebock,* das von einer abgestuften Darlegungslast ausgeht, wenn seitens des AG erhebliche Zweifel an der Erforderlichkeit der BR-Tätigkeit bestehen, ebenso *BAG* 11.6.97 – 7 AZR 229/96; vgl. ergänzend Rn. 45f.

150 A. A. *LAG Berlin* 14.7.00 – 6 TaBV 934/00, AuR 00, 478.

151 Vgl. grundlegend *Kittner/Däubler/Zwanziger,* Einl. Rn. 72ff.

152 *BAG* 31.8.94 – 7 AZR 89393, NZA 95, 225; a. A. HWGNRH-*Glock,* Rn. 46; WP-*Kreft,* Rn. 19, der eine Abmahnung bei einer nicht erfolgten Abmeldung beim Vorgesetzten für möglich hält.

153 *BAG* 6.8.81, AP Nr. 40 zu § 37 BetrVG 1972; *HessLAG* 4.2.13 – 16 TaBV 26112, ArbR 13, 246; im Ergebnis ebenso ErfK-*Koch,* Rn. 3; *Fitting,* Rn. 34; GK-*Weber,* Rn. 63; vgl. auch *BAG* 27.6.90 – 7 AZR 348/89; 11.6.97 – 7 AZR 229/96, § 23 Rn. 148f.; § 87 Rn. 57.

154 *BAG* 6.8.81, AP Nr. 39 zu § 37 BetrVG 1972, 31.8.94 – 7 AZR 89393, a. a. O., wegen Teilnahme an der Gerichtsverhandlung im Kündigungsschutzverfahren eines AN, in dem es um eine geklärte Rechtsfrage ging; 10.11.93 – 7 AZR 68292, DB 94, 2554 wegen Teilnahme an »ohne weiteres erkennbar« nicht erforderlicher BR-Schulung; vgl. auch *LAG Düsseldorf* 15.10.92 – 1213 Sa 103592, BB 93, 581, das eine grobe Pflichtverletzung i. S. v. § 23 Abs. 1 voraussetzt; zustimmend HWGNRH-*Glock,* Rn. 46.

155 *BAG* 15.7.92 – 7 AZR 466/91, NZA 93, 220 = AiB 93, 184, Ls. = BetrR 93, 51 mit krit. Anm. *Fahlbusch* = EzA § 611 BGB Abmahnung Nr. 26 mit Anm. *Kittner;* zustimmend *Ehrich/Hoß, NZA* 96, 1075, 1079; *Fitting,* Rn. 56; ErfK-*Koch,* Rn. 5; vgl. Rn. 45; zur Kritik § 87 Rn. 57.

156 *BAG* 31.8.94 – 7 AZR 893/93, NZA 95, 225; a. A. HWGNRH-*Glock,* a. a. O.

157 *LAG Bremen,* 6.1.95 – 4 Sa 180/94, AuR 95, 153.

158 *ArbG Frankfurt* 2.3.88, AuR 89, 151 = AiB 88, 309 mit Anm. *Schoof;* vgl. auch *ArbG Nürnberg* 8.3.85 – 8 BV 68/84; vgl. auch § 25 Rn. 15ff.

159 *LAG Hamm* 8.6.78, EzA § 37 BetrVG 1972 Nr. 58; *ArbG Berlin* 3.4.80, AiB 3/80, S. 11; vgl. auch GK-*Weber,* Rn. 45ff.

160 *LAG Berlin* 23.2.88, DB 88, 863.

161 *LAG Hamm,* 8.6.78, EzA § 37 BetrVG 1972 Nr. 58; *ArbG Berlin,* 23.2.88, DB 88, 863; *ArbG Berlin* 3.4.80, AuR 81, 61, Ls.; GK-*Weber,* Rn. 52; vgl. ferner Rn. 38.

AG kann allenfalls wegen grober Amtspflichtverletzung die Auflösung des BR oder den Ausschluss einzelner BR-Mitglieder aus dem BR gemäß § 23 Abs. 1 betreiben.[162]

Die Teilnahme an den **Betriebsversammlungen** ist immer eine notwendige Arbeitsversäumnis.[163] Dies gilt auch für **Abteilungs- und Teilversammlungen,** da jedes BR-Mitglied Gelegenheit haben muss, sich die für seine Tätigkeit erforderlichen Informationen zu beschaffen.[164] 35

Für die **Mitglieder der BR-Ausschüsse,** des **WA** und des **Arbeitsschutzausschusses** (§ 11 ASiG) sowie von Arbeitsgruppen gem. § 28a stellt die Teilnahme an diesen Sitzungen einen Fall erforderlicher Arbeitsversäumnisse dar. Entsprechendes gilt, soweit BR-Mitglieder berechtigt sind, an **Sitzungen der JAV** (§ 65 Abs. 2) bzw. **GJAV** (§ 73 Abs. 1), **KJAV** (§ 73b Abs. 1) oder an **JA-Versammlungen** (§ 73 Abs. 1) teilzunehmen sowie für die Teilnahme von BR-Mitgliedern an Sitzungen des **SpA.** 36

Die Notwendigkeit einer Arbeitsbefreiung beschränkt sich nicht auf die Teilnahme an Sitzungen des BR und der sonstigen betriebsverfassungsrechtlichen Gremien, zumal zahlreiche dem BR obliegende Aufgaben dort nur zu einem geringen Teil erledigt werden können. Bei den **übrigen Amtsobliegenheiten** ist jedoch stets zu prüfen, ob eine Arbeitsbefreiung für das einzelne BR-Mitglied erforderlich ist. So ist ein BR-Mitglied, das **längere Zeit aus persönlichen Gründen verhindert** war, grundsätzlich berechtigt, sich nach Rückkehr in den Betrieb und Wiederaufnahme seiner Amtsgeschäfte für einen bestimmten Zeitraum von der Arbeit freistellen zu lassen, um sich in die aktuellen Fragen der BR-Arbeit einarbeiten zu können.[165] Ein BR-Mitglied, das auf einem **Gang durch den Betrieb** von einem AN angesprochen wird, ist regelmäßig nicht verpflichtet, auf die Sprechstunde des BR oder auf freigestellte BR-Mitglieder zu verweisen.[166] Ein einzelnes BR-Mitglied ist auf Grund der Eigenverantwortlichkeit seiner Amtsführung in konkreten mitbestimmungspflichtigen Angelegenheiten berechtigt, sich per Flugblatt mit einer von der Mehrheitsmeinung im BR abweichenden Position an die betroffenen AN zu wenden, wenn hierdurch der Betriebsfrieden nicht gestört wird.[167] 37

Hinsichtlich des zeitlichen Aufwandes für BR-Tätigkeit gilt, dass dieser »nicht mit der Stoppuhr gemessen werden kann«.[168] Es würde einen **unzulässigen Eingriff** in die BR-Tätigkeit darstellen, wenn der AG einseitig die Dauer der Amtsausübung bestimmen könnte,[169] da dann die Gefahr bestehen würde, dass der BR die ihm nach dem Gesetz obliegenden Pflichten nicht ordnungsgemäß erfüllen kann.[170] 38

Die **Urlaubsunterbrechung** zur Teilnahme an einer BR-Sitzung kann für ein BR-Mitglied zur ordnungsgemäßen Durchführung seiner Aufgaben erforderlich sein, wenn es sie bei gewissenhafter Überlegung und vernünftiger Würdigung aller Umstände für notwendig halten durfte.[171] Dies gilt etwa dann, wenn in der BR-Sitzung ein für die AN des Betriebs und damit für den BR wichtiges Thema behandelt wird oder das BR-Mitglied über besondere Sachkenntnisse verfügt.[172] BR-Mitglieder sind berechtigt, den Termin einer Sitzung vom Urlaub auszunehmen und einen Urlaubsantrag entsprechend zu gestalten. Die gleichen Grundsätze gelten für die 39

---

162 *LAG Berlin*, a. a. O.; *LAG Hamm*, a. a. O.

163 GK-*Weber*, Rn. 56; MünchArbR-*Joost*, § 308 Rn. 6; zur Mitteilung an den AG DKWF-*Wedde*, § 37 Rn. 32ff.

164 Enger GK-*Weber*, a. a. O.; HWGNRH-*Glock*, Rn. 40, der die Teilnahme auf den BR-Vorsitzenden und die BR-Mitglieder beschränkt, die der betreffenden Abteilung als AN angehören und ggf. sachverständige BR-Mitglieder zur Behandlung von Sonderthemen zulassen will.

165 *LAG Frankfurt* 20.5.80 – 4 TaBV Ga 36/80.

166 *BAG* 23.6.83, AP Nr. 45 zu § 37 BetrVG 1972 mit ablehnender Anm. *Löwisch/Reimann*, 19.9.85, AP Nr. 1 zu § 42 LPVG Rheinland-Pfalz; vgl. auch *Däubler*, Arbeitsrecht 1, Rn. 866; a. A. HWGNRH-*Glock*, Rn. 42; zu **Einzelfällen** vgl. Rn. 18.

167 *HessLAG* 17.2.97 – 11 Sa 1776/96, NZA-RR 98, 17.

168 *ArbG Berlin* 7.6.79 – 8 Ca 103/79; vgl. auch GK-*Weber*, Rn. 44.

169 *ArbG Berlin* 21.5.80 – 40 Ca 72/80.

170 *LAG Berlin* 11.12.80 – 7 Sa 67/80.

171 *LAG Hamm* 21.1.87 – 3 Sa 1520/86; vgl. auch *ArbG Gießen* 26.2.86, NZA 86, 614; *BAG* 5.5.87, AP Nr. 5 zu § 44 BetrVG 1972 für die Teilnahme an einer Betriebsversammlung; a. A. *Fitting*, Rn. 87; GK-*Weber*, Rn. 94; *ArbG Bonn* 6.11.08 – 3 Ca 1643/08, sieht bei einer Unterbrechung des Urlaubs keinen betrieblichen Grund; *ArbG Cottbus* 15.8.12 – 2 Ca 147/12 sieht keine Urlaubsunterbrechung.

172 *LAG Hamm*, a. a. O.

Teilnahme an einer BR-Sitzung während der **Elternzeit** nach dem BErzGG bzw. während der **Beschäftigungsverbote** nach dem MuSchG[173] oder während einer krankheitsbedingten **Arbeitsunfähigkeit,** sofern diese nicht zu einer Amtsunfähigkeit führt.[174] Beabsichtigt ein BR-Mitglied, das grundsätzlich als verhindert anzusehen ist, z. B. an einer BR-Sitzung teilzunehmen, hat es hiervon rechtzeitig den BR-Vorsitzenden zu informieren, damit kein Ersatzmitglied geladen wird.[175]

40 **Während eines Arbeitskampfes** bleibt das BR-Amt bestehen.[176] Der BR bleibt als Gremium funktionsfähig, wenn sich einzelne oder alle BR-Mitglieder am Streik beteiligen oder ausgesperrt werden.[177] Während eines Arbeitskampfes können vielfältige Aufgaben auf den BR und seine Mitglieder zukommen.[178] Nicht anders verhält es sich, wenn im Betrieb kurzgearbeitet wird und davon einige (oder alle) BR-Mitglieder betroffen sind.[179]

41 Bei der Erfüllung von **BR-Aufgaben außerhalb des Betriebs** (z. B. Reise zu GBR-/KBR-/WA-Sitzungen u. Ä.) oder durch BR-Mitglieder, die außerhalb des Betriebs tätig sind (z. B. Fahrpersonal, Außendienstmitarbeiter), zählen mit der Folge der Bezahlung die während der Arbeitszeit des BR-Mitglieds aufgewendeten **Wege- und Reisezeiten** zum erforderlichen Arbeitsversäumnis.[180] Dies kann der Fall sein, wenn Tätigkeiten zwar für sich alleine keine BR-Tätigkeit darstellen, wenn sie aber in einem unmittelbaren notwendigen sachlichen Zusammenhang zur Durchführung von BR-Arbeit stehen.[181] Der bestehende Anspruch kann sich im Einzelfall aus einschlägigen betrieblichen oder tariflichen Regelungen ableiten.[182] Reisezeiten **außerhalb der Arbeitszeit** des BR-Mitglieds sind nach Auffassung des BAG als erforderliches Arbeitsversäumnis nur anzusehen, wenn die Reise aus **betriebsbedingten Gründen** außerhalb der Arbeitszeit ausgeführt wurde.[183] Dies ist z. B. der Fall, wenn die Reisezeit zwar außerhalb der persönlichen Arbeitszeit des BR-Mitglieds, aber innerhalb der üblichen Arbeitszeit der meisten BR-Mitglieder liegt.[184] In Betracht kommt z. B. die Anreise zu **Gerichtsterminen, Sitzungen des GBR/KBR, BR-Versammlungen,**[185] BR-Tätigkeit außerhalb der persönlichen Arbeitszeit von AN, die in **Schicht** oder in **Teilzeit** arbeiten[186] sowie Besuche an **Telearbeitsplätzen** außerhalb der Betriebsstätte[187] oder von **Call-Center**-Arbeitsplätzen.

42 Fällt aus Anlass einer BR-Sitzung z. B. für im **Fahrdienst beschäftigte BR-Mitglieder** notwendigerweise eine ganze Schicht aus, ist diese vollständig zu vergüten.[188] Nimmt ein in **Nacht-**

---

173 Vgl. *ArbG Gießen,* a. a. O.; vgl. *BAG* 31. 5. 89, AP Nr. 9 zu § 44 BetrVG 1972 für die Teilnahme an einer Betriebsversammlung.

174 *BAG* 15. 11. 84, AP Nr. 2 zu § 25 BetrVG 1972.

175 Vgl. *ArbG Cottbus* 15. 8. 12 – 2 Ca 147/12, juris; im Übrigen § 25 Rn. 15ff.; zur Zahlung des Verdienstausfalls Rn. 50ff.

176 *BAG* 21. 4. 71, AP Nr. 43 zu Art. 9 GG Arbeitskampf.

177 *BAG* 6. 3. 79, AP Nr. 20 zu § 102 BetrVG 1972.

178 Vgl. *BAG* 25. 10. 88, AP Nr. 110 zu Art. 9 GG Arbeitskampf; *ArbG Düsseldorf* 30. 5. 84 – 3 BV Ga 14/84; 10. 10. 84 – 10 Ca 4116/84; vgl. im Übrigen Rn. 15, 40; § 74 Rn. 26ff.

179 *BAG* 5. 5. 87, AP Nr. 6 zu § 44 BetrVG 1972 für die Teilnahme an einer Betriebsversammlung; zur Zahlung des Verdienstausfalls vgl. Rn. 50ff.

180 *BAG* 10. 11. 10 – 7 AZR 131/04, NZA 05, 704; *LAG Berlin* 18. 6. 92 – 14 Sa 15/92 für Wegezeiten von einer GBR-Sitzung zur Betriebsversammlung; *Fitting,* Rn. 42 und 91; allg. *Wulff,* AiB 09, 91; enger GK-*Weber,* Rn. 57, der statt auswärts tätiger BR-Mitglieder Ersatzmitglieder laden will; zur Information des AG Textmuster bei DKWF-*Wedde,* § 37 Rn. 40.

181 *LAG Bremen* 3. 7. 18 – 1 Sa 147/17 (n. rkr.), juris.

182 *BAG* 12. 8. 09 – 7 AZR 218/08, NZA 09, 1286.

183 *BAG* 11. 7. 78, a. a. O.; 22. 5. 86, AP Nr. 8 zu § 46 BPersVG; *BAG* 26. 1. 94 – 7 AZR 593/92, NZA 94, 765 = AiB 95, 166 mit Anm. *Goergens;* vgl. auch Rn. 59; ähnlich *LAG München* 25. 9. 08 – 4 Sa 347/08, das die Betriebsbedingtheit verneint, wenn ein BR Sitzungen an wechselnden Orten so festlegt, dass zusätzliche Reisezeiten anfallen; weitergehend *ArbG Hamburg* 6. 5. 14 – 11 BV 17/13, das einen unmittelbaren sachlichen Zusammenhang mit BR-Tätigkeiten für ausreichend hält.

184 *BAG* 18. 1. 89, AP Nr. 28 zu § 40 BetrVG 1972; *LAG Hamm* 11. 1. 89, DB 89, 1422; vgl. im Übrigen Rn. 71ff.

185 *BAG* 11. 7. 78, 19. 1. 84, jeweils a. a. O.; *LAG Hamm* 14. 7. 78, a. a. O., auch für die Anreise am Vortag.

186 Vgl. *Fitting,* Rn. 43; *ArbG Hamburg* 6. 5. 14 – 11 BV 17/13; vgl. ferner Rn. 39, 63ff.

187 *Wedde,* S. 218ff.

188 *LAG Düsseldorf* 23. 8. 77, EzA § 37 BetrVG 1972 Nr. 56; vgl. auch Rn. 71ff.; a. A. *BAG* 26. 9. 18 – 7 AZR 829/16, NZA 19, 259, das bezogen auf die Vergütung der zwölfstündigen Schicht eines Rettungssani-

schicht arbeitendes BR-Mitglied an einer **ganztägigen** BR-Sitzung teil, ist es jedenfalls dann von der Arbeitsleistung in der vorausgehenden und nachfolgenden Nachtschicht befreit, wenn es ihm unmöglich oder unzumutbar ist, seine vor oder nach der BR-Sitzung liegende Arbeitszeit einzuhalten.[189] Es kann seine Tätigkeit früher beenden, wenn kurzfristig eine BR-Sitzung angesetzt wurde, um einigermaßen ausgeschlafen an dieser Sitzung teilnehmen zu können.[190] Die Beachtung gesetzlicher Regelungen zur Höchstarbeitszeit und zu den einzuhaltenden Ruhezeiten (vgl. §§ 3 und 5 ArbZG) kann die Arbeitszeit ebenfalls begrenzen. Auch für ehrenamtliche Tätigkeiten von Betriebsräten müssen insoweit die unionsrechtlich fundierten Grundsätze zu Ruhezeiten beachtet werden.[191] Deshalb muss auch jede andere BR-Tätigkeit innerhalb der Zeitvorgaben erfolgen, die das ArbZG vorgibt. Dies müssen AG bspw. bei der Terminierung von Verhandlungen beachten. Bei der Prüfung, ob die Erbringung der geschuldeten Arbeitsleistung wegen einer bevorstehenden oder absehbaren Betriebsratstätigkeit ganz oder teilweise unzumutbar ist, sind die mit den Ruhezeitvorgaben im ArbZG angestrebten Ziele zu berücksichtigen.[192]

Der für die Teilnahme an einer BR-Sitzung in der Freizeit zu gewährende **Freizeitausgleich** soll mit der ausgefallenen Arbeitszeit in der unmittelbar angrenzenden Schicht **verrechnet werden können.**[193] Der zwingenden Anwendbarkeit des ArbZG steht nicht entgegen, dass die BR-Mitglieder ihr Amt als Ehrenamt führen. Die sich aus ihrer Tätigkeit im Betrieb ableitende ehrenamtliche Tätigkeit kann nicht zur Folge haben, dass sie aus dem Bereich des gesetzlichen Arbeitszeitschutzes ausgeschlossen werden, der gem. § 2 Abs. 2 für alle AN besteht. Der Ausschluss der Anwendbarkeit der Regeln des gesetzlichen Arbeitszeitschutzes, der im Ergebnis zu gesundheitlichen und persönlichen Risiken für die betroffenen BR-Mitglieder führen würde, ist schon mit Blick auf das Benachteiligungsverbot des § 78 S. 2 unzulässig.[194] Kommt eine **Gleitzeitregelung** zur Anwendung, ist die wegen BR-Tätigkeit ausgefallene Arbeitszeit nicht nur auf die Kernzeit, sondern auf die Normalarbeitszeit insgesamt anzurechnen.[195] Kann ein Ausgleich für die außerhalb der Arbeitszeit geleisteten BR-Arbeit über das **Gleitzeitkonto** erfolgen, ist eine besondere Geltendmachung nicht notwendig.[196] Nimmt ein BR-Mitglied während seiner schichtfreien Zeit an einer BR-Sitzung oder Betriebsversammlung teil, kann es eine Ersatzfreischicht verlangen.[197] **43**

c) Verfahrensweise

Bei Vorliegen der Voraussetzungen des Abs. 2 ist das BR-Mitglied in entsprechendem Umfang von der Verpflichtung zur Arbeitsleistung befreit. Die Vorschrift kommt auch auf teilfreigestellte BR-Mitglieder zur Anwendung, wenn sie während der Zeit ihrer anderweitigen Tätigkeit BR-Aufgaben wahrnehmen wollen.[198] Einer **Zustimmung des AG** zur Arbeitsbefreiung bedarf **44**

---

täters nur eine Erstattung der achtstündigen Teilnahme an einer BR-Sitzung sieht; für das BPersVG *BVerwG* 30.1.86, AuR 86, 349, Ls.

189 *BAG* 18.1.17 – 7 AZR 22415, NZA 17, 791; 7.6.89, AP Nr. 72 zu § 37 BetrVG 1972; vgl. ferner *ArbG Hamburg* 15.4.82, AiB 89, 254; *ArbG Lübeck* 7.12.99, DB 00, 2074, wonach ein in Nachtschicht beschäftigtes BR-Mitglied vor BR- und/oder Ausschusssitzungen von der Nachtschicht unter Fortzahlung des Arbeitsentgelts zu befreien ist; *Fitting*, Rn. 44, der auf die Umstände des Einzelfalls abstellt; HWGNRH-*Glock*, Rn. 44; allg. *Steiner* AiB 4/17, 31 ff.

190 *ArbG Koblenz* 3.5.88, AiB 89, 79.

191 *BAG* 16.9.20 – 7 AZR 491/19, NZA 2021, 369.

192 *LAG Hamm* 20.2.15 – 13 Sa 1386/14, juris; enger wohl *LAG Hamm* 30.1.15 – 13 Sa 933/14, juris.

193 *ArbG Lübeck* 7.12.99, DB 00, 2074; ebenso *Bengelsdorf*, AuA 01, 71.

194 *Manstetten*, a.a.O., S. 215, verweist zutreffend auf die Pflicht zur aktiven, d.h. geistig wachen Teilnahme an der BR-Sitzung.

195 Zutreffend HWGNRH-*Glock*, Rn. 52; ebenso nunmehr auch *Fitting*, Rn. 60.

196 *BAG* 28.9.16 – 7 AZR 24814, NZA 17, 335; *LAG Hamm* 5.12.17 – 7 Sa 999/16, juris; *Kleinebrink*, DB 17, 790; *Schönhöft/Oelze*, NZA 17, 284; *Fitting*, Rn. 92a.

197 *ArbG Koblenz* 5.7.83, BetrR 84, 316; zur BR-Tätigkeit bei **Wechselschicht** vgl. im Übrigen Rn. 71 ff., zur Zahlung des Arbeitsentgelts vgl. Rn. 49 ff., 78.

198 Zustimmend *LAG Hessen* 28.11.06 – 15 Sa 1343/06, juris; ähnlich *Fitting*, Rn. 50.

es nicht.[199] Abzulehnen ist die Auffassung, dass eine Zustimmung des AG lediglich bei nicht vorhersehbarem Arbeitsversäumnis entbehrlich sein soll,[200] da der AG ansonsten darüber mitentscheiden könnte, ob ein BR-Mitglied an einer BR-Sitzung teilnehmen kann.[201] Allerdings wird man den BR bzw. das BR-Mitglied für verpflichtet halten müssen, den AG rechtzeitig über ein bevorstehendes Arbeitsversäumnis zu informieren.[202] Feste Abmeldefristen hierfür gibt es allerdings nicht.[203] Für Ab- und Rückmeldungen gibt es keine verbindlichen Formvorschriften. Neben einer persönlichen mündlichen Mitteilung kommt deshalb auch die Information per Telefon, E-Mail, SMS usw. in Betracht.[204] Auch die Nutzung im Betrieb üblicher sozialer Netzwerke oder anderer Internet-Kommunikationsdienste ist möglich, solange sichergestellt ist, dass der AG hiervon Kenntnis erlangt.

45 Das BR-Mitglied ist im Regelfall verpflichtet, sich bei seinem **Vorgesetzten abzumelden,**[205] damit dieser entsprechend disponieren kann. Feste Ankündigungsfristen gibt es nicht.[206] Die Abmeldung soll dem Arbeitgeber die Überbrückung des Arbeitsausfalls ermöglichen. Bezüglich freigestellter BR-Mitglieder entfällt dieses Argument und deshalb eine Ab- und Rückmeldepflicht.[207] Keine vorherige Meldepflicht besteht in Fällen, in denen eine vorübergehende Umorganisation der Arbeitseinteilung nicht ernsthaft in Betracht kommt, etwa wenn das BR-Mitglied seine Arbeit später problemlos selbst fortführen kann. Maßgeblich sind die Umstände des Einzelfalls.[208] Wie die Abmeldung bewirkt wird, steht dem BR-Mitglied frei. Sie kann auch **mündlich** erfolgen und muss nicht **persönlich** durchgeführt werden.[209] Gleiches gilt vor Antritt **einer erforderlichen Reise** (zu Wege- und Reisezeiten Rn. 41 f.). Das BR-Mitglied muss weder detaillierte Auskünfte über den Reisezweck erteilen noch die Zustimmung des AG einholen. Der Reisezweck muss aber in einem evtl. Beschlussverfahren über die Kostenerstattung belegt werden.[210] Regelt ein AG in diesem Zusammenhang, wie Vorgesetzte nach einer Abmeldung verfahren sollen, besteht kein Mitbestimmungsrecht nach § 87 Abs. 1 Nr. 1.[211] Meldet sich ein BR-Mitglied ab, soll es nach der Rspr. verpflichtet sein, dem AG lediglich den **Ort und die voraussichtliche Dauer** der beabsichtigten BR-Tätigkeit mitzuteilen.[212] Die Angabe zur **Dauer der BR-Tätigkeit** kann sich auf die **voraussichtlich** aufzuwendende Zeit beschränken.[213] Die Mitteilung des **Namens des AN,** der aufgesucht werden soll, ist nicht notwendig.[214] Musste sich ein BR-Mitglied nicht vorher abmelden, kann der AG nachträglich eine Mitteilung zur Gesamtdauer der BR-Tätigkeit verlangen.[215] Die Mitteilung des **Ortes** ist nicht erforderlich, wenn sich

199 *BAG* 19.6.79, 6.8.81, AP Nrn. 36, 39 zu § 37 BetrVG 1972; 19.9.85, AP Nr. 1 zu § 42 LPVG Rheinland-Pfalz; 15.3.95 – 7 AZR 64394, NZA 95, 961 = AiB 95, 735 mit Anm. *Nielebock;* GK-*Weber,* Rn. 58 f., der auf die Funktionsfähigkeit des Gremiums abstellt; a. A. HWGNRH-*Glock,* Rn. 47.
200 So *Dütz,* DB 76, 1428 [1431]; *Frohner,* BlStSozArbR 79, 65 [68]; wie hier offenbar *BAG* 6.8.81, 23.6.83, AP Nrn. 39, 45 zu § 37 BetrVG 1972; *v. Friesen,* DB 81, 1618 [1619].
201 Vgl. auch *Kühner,* S. 96 f.
202 V. *Friesen,* a. a. O.; GK-*Weber,* Rn. 61; *Kühner,* a. a. O.
203 *LAG Hamm* 25.5.07 – 13 Sa 111706, AuR 07, 405.
204 Ähnlich **Schulze, AiB 14, 33.**
205 *BAG* 15.7.92 – 7 AZR 46691, NZA 93, 220 = AiB 93, 184, Ls.; 15.3.95 – 7 AZR 64394, AP Nr. 105 zu § 37 BetrVG 1972 = AiB 95, 735 mit Anm. *Nielebock; Ehrich/Hoß,* NZA 96, 1075, 1079; *Ohm/Rudolph,* AiB 98, 241 ff.; *Hunold,* BB 99, 1492 ff.; *Peter,* AiB 02, 207; *Markowski*/Carlson, AiB 12, 53; *Schulze,* AiB 15, 33; Textmuster bei DKWF-*Wedde,* § 37 Rn. 38.
206 *LAG Hamm* 25.5.07 – 13 Sa 111706, AuR 07, 405 hält eine vom AG verlangte Frist von vier Tagen für unzulässig.
207 Vgl. Rn. 70.
208 *BAG* 29.6.11 – 7 ABR 135/09, NZA 12, 47; *Fitting,* Rn. 50; a. A. *Schiefer/Pogge,* DB 12, 743 die von einer generellen An- und Abmeldepflicht ausgehen.
209 *BAG* 13.5.97 – 1 ABR 2/97, NZA 97, 1062 = AiB 97, 662 mit Anm. *Schuster.*
210 *BAG* 10.8.94 – 7 ABR 35/93, NZA 95, 796.
211 *BAG,* a. a. O.
212 *BAG* 15.3.95 – 7 AZR 643/94, NZA 95, 961 = AiB mit Anm. *Nielebock* = DB 95, 1514 mit krit. Anm. *Leege;* zustimmend *Ehrich/Hoß,* NZA 96, 1075, 1079; ErfK-*Koch,* Rn. 5; *Fitting,* Rn. 49; GK-*Weber,* Rn. 59; vgl. auch *Hamm,* AuR 96, 16; *Ohm/Rudolph,* AiB 98, 241 ff.; *Peter,* AiB 02, 208; a. A. GK-*Weber,* Rn. 64; HWGNRH-*Glock,* Rn. 47.
213 Zutreffend *Ohm/Rudolph,* a. a. O.
214 *BAG* 23.6.83, AP Rn. 45 zu § 37 BetrVG 1972; *Ohm/Rudolph,* a. a. O.
215 *BAG* 29.6.11 – 7 ABR 135/09, NZA 12, 47.

hieraus Rückschlüsse auf den besuchten AN ziehen lassen. Dies wird in kleineren Betrieben in der Regel der Fall sein. Bei der Bewertung, ob die BR-Tätigkeit für erforderlich gehalten werden darf, soll nach der Rspr. vom Standpunkt eines vernünftigen Dritten auszugehen sein.[216] Die Teilnahme an einer BR-Sitzung hat im **Zweifel Vorrang** vor beruflichen Tätigkeiten.[217]

Angaben zur **Art der BR-Tätigkeit** sind nicht erforderlich, weil diese das BR-Mitglied bereits im Vorfeld **Rechtfertigungszwängen** aussetzen, die die **Handlungsfreiheit** beeinträchtigen und sich damit nachteilig auf die **unabhängige Amtsführung** auswirken können.[218] Orts- und zeitbezogene Angaben können nach nicht überzeugender Auffassung der Rspr. unzureichend sein, wenn der AG bei der Abmeldung eine **Organisationsproblematik** beschreibt, nach der das BR-Mitglied für die Zeit der beabsichtigten BR-Tätigkeit unabkömmlich ist und **betriebsbedingte Gründe** eine zeitliche Verlegung der BR-Arbeit verlangen. In diesem Fall muss das BR-Mitglied prüfen, ob und inwieweit die BR-Aufgabe aufgeschoben werden kann. Ist diese dringlich, hat es dies dem AG darzulegen.[219] Für die Durchsetzung des **Entgeltfortzahlungsanspruchs** sieht das *BAG* eine **abgestufte Darlegungslast** für den Fall vor, dass der AG mit sog. **erheblichen Zweifeln** an der Erforderlichkeit der BR-Tätigkeit die Entgeltfortzahlung verweigert.[220] In diesem Fall hat das BR-Mitglied die Erforderlichkeit der Art und der Dauer der BR-Tätigkeit stichwortartig darzulegen,[221] damit dem AG eine **Plausibilitätskontrolle** ermöglicht wird. Danach ist es Sache des AG, darzulegen, aus welchen Gründen sich Zweifel an der Erforderlichkeit der BR-Tätigkeit ergeben. Erst dann hat das BR-Mitglied substantiiert darzulegen, auf Grund welcher Umstände es die BR-Tätigkeit für erforderlich halten durfte. Durch die vorgenommene **Trennung zwischen Abmeldung** einerseits **und Darlegung** andererseits wird zwar auf den ersten Blick das Ziel »unabhängige Amtsführung« erreicht. Wenn jedoch der AG mit »vorgeschobenen« Zweifeln an der Erforderlichkeit die Entgeltfortzahlung verweigert, hat dies insbesondere für die BR-Mitglieder erhebliche Konsequenzen, die ihre BR-Aufgaben aktiv wahrnehmen. Diese kommen in Rechtfertigungszwang, abgesehen von den materiellen Problemen und dem psychologischen Druck, die dadurch verursacht werden.[222] Zur Sicherung der unabhängigen Amtsführung ist daher die Entgeltfortzahlung, ggf. unter Vorbehalt, ein notwendiger Lösungsansatz.[223] 46

Im Allgemeinen ist ein nicht freigestelltes BR-Mitglied verpflichtet, sich nach Beendigung der BR-Tätigkeit bei seinem Vorgesetzten wieder **zurückzumelden.**[224] Eine **Rückmeldung** kann z. B. erforderlich sein, weil der AG die für die Zeit der Abwesenheit getroffenen Maßnahmen (z. B. Vertretung) rückgängig machen will.[225] Wird die Zeit der voraussichtlichen Rückkehr bereits bei der Abmeldung mitgeteilt, ist die **Rückmeldung entbehrlich,** da der AG dann vorausschauend disponieren kann. Erfolgt die Abmeldung z. B. durch den BR-Vorsitzenden unmittelbar gegenüber der Geschäftsleitung, ist eine zusätzliche Abmeldung des BR-Mitgliedes bei seinem Vorgesetzten nicht notwendig.[226] Auf die Dauer der BR-Tätigkeit hat die **Ab- und** 47

216 *BAG,* a. a. O., 16. 3. 88, DB 88, 1453.

217 *BAG* 11. 6. 97 – 7 AZR 229/96, nach dessen nicht überzeugender Auffassung allerdings im konkreten Fall die Wichtigkeit der zu behandelnden Themen Berücksichtigung finden soll.

218 *BAG* 15. 3. 95 – 7 AZR643/94, a. a. O.; zur Unzulässigkeit einer Abmahnung wegen unentschuldigten Fernbleibens *LAG Hamm* 15. 2. 08 – 13 Sa 990/07.

219 *BAG,* a. a. O.; ErfK-*Koch,* Rn. 5; *Ohm/Rudolph,* a. a. O.

220 Zu weitgehend *LAG Berlin* 20. 2. 97 – 10 Sa 9796, AiB 98, 641 mit krit. Anm. *Thannheiser.*

221 Ebenso ErfK-*Koch,* Rn. 5; das *LAG Bremen* 7. 10. 97 – 3 SA 28/97 – ist der Auffassung, dass BR verpflichtet sind, entsprechende Darlegungen bereits in der ersten Instanz einer gerichtlichen Auseinandersetzung zu machen; zutreffend a. A. *Ehrich/Hoß,* NZA 96, 1075, 1080 für die Darlegung noch bis zur letzten mündlichen Verhandlung in der Tatsacheninstanz unter Hinweis auf die Kostenfolge des § 97 Abs. 2 ZPO.

222 Zur Kritik und zum praktischen Vorgehen vgl. *Nielebock,* a. a. O.; a. A. HWGNRH-*Glock,* Rn. 48 f.

223 Vgl. *Nielebock,* Anm. zu *BAG* 15. 3. 95, AiB 95, 735 = NZA 95, 961, die Hinweise zum praktischen Vorgehen gibt; enger ErfK-*Koch,* Rn. 5, der dem AG ein weitergehendes **Zurückbehaltungsrecht** einräumt.

224 *BAG,* 13. 5. 97 – 1 ABR 2/97, NZA 97, 1062; *Peter,* AiB 02, 208.

225 *BAG,* a. a. O., 15. 7. 92, NZA 93, 220; ErfK-*Koch,* Rn. 5; *Fitting,* Rn. 52.

226 Offen gelassen *BAG* 27. 6. 90 – 7 ABR 348/89; zur Abmeldepflicht von **Außendienstmitarbeitern** vgl. *Schlömp,* AiB 87, 251.

Rückmeldung keinerlei Auswirkungen. Diese bestimmt allein das BR-Mitglied oder (z. B. bei Sitzungen) der BR.[227]

48 Neben der Abmeldepflicht besteht für das BR-Mitglied, wenn es einen AN in Ausübung seines Amtes am Arbeitsplatz aufsuchen will, **keine besondere Anmeldepflicht** bei der Personalleitung des Betriebs oder der betreffenden Abteilung,[228] es sei denn, es sind objektive Sicherheitsgründe gegeben, die den Zutritt für alle AN einschränken.[229] Der **AG hat kein Weisungsrecht** hinsichtlich **der Ab- und Rückmeldung;** deshalb entfällt auch ein Mitbestimmungsrecht nach § 87 Abs. 1 Nr. 1.[230] Der Abschluss einer **freiwilligen BV** zur Regelung des Ab- und Rückmeldeverfahrens der nicht freigestellten BR-Mitglieder ist zulässig.[231] Auch die **einseitige Anweisung** gegenüber den BR-Mitgliedern, sich schriftlich unter **Verwendung eines Formblattes** vom Arbeitsplatz ab- und zurückzumelden, greift in deren Organstellung ein und ist mangels eines Direktionsrechts des AG unwirksam.[232] Die Mitglieder des BR sind auch nicht verpflichtet, die von ihnen jeweils aufgewendete **Zeit** für BR-Tätigkeit **schriftlich aufzuzeichnen.**[233] Besteht im Betrieb eine Pflicht zur **Zeiterfassung** bei Betreten und Verlassen des Betriebs (sog. Stempelpflicht), gilt diese für BR-Mitglieder, wenn sie BR-Tätigkeit außerhalb des Betriebes ausüben.[234]

49 Sind auf Grund einer **freiwilligen BV** mit dem BR schriftliche Tätigkeitsnachweise vereinbart, bedarf es keines weiteren Nachweises für erforderliche BR-Tätigkeit.[235] Insbesondere ist der BR nicht verpflichtet, zum Nachweis des Umfangs einer BR-Sitzung dem AG oder dem ArbG die Sitzungsniederschrift vorzulegen.[236] Die **Festlegung der Person,** bei der sich das **BR-Mitglied abzumelden hat,** kann in dieser BV ebenso geregelt werden[237] wie die Frage, »wie« die **Ab- bzw. Rückmeldung** zu erfolgen hat. Jede einseitige Regelung durch den AG ist rechtswidrig.

3. Verbot der Minderung des Arbeitsentgelts

50 Liegen die Voraussetzungen des § 37 Abs. 2 vor, ist den BR-Mitgliedern nicht nur Arbeitsbefreiung zu gewähren, sondern auch das Gehalt (Lohn) weiterzuzahlen. Das **Lohn- bzw. Entgeltausfallprinzip** kommt zur Anwendung.[238] Eine tarifvertragliche Modifikation des Begriffs des fortzuzahlenden Entgelts ist mangels tariflicher Öffnungsklausel nicht möglich.[239] Das bedeutet: Das BR-Mitglied hat **Anspruch auf das Arbeitsentgelt** einschließlich aller **Zulagen und Zuschläge** sowie sonstiger **Nebenbezüge,** wie z. B. **Erschwernis- und Schmutzzulage,**

---

227 *LAG Düsseldorf,* a. a. O.
228 *ArbG Berlin* 16. 6. 80 – 37 BV 1/80; *ArbG Stuttgart* 29. 10. 80 – 2 BV 2/80; *Fitting,* Rn. 54; a. A. *LAG Nürnberg* 18. 10. 93 – 7 TaBV 13/93, NZA 94, 378; *LAG Berlin* 10. 10. 80, DB 81, 1416; vgl. auch *LAG Köln* 20. 8. 92 – 5 TaBV 30/92, LAGE § 2 BetrVG 1972 Nr. 9; offen gelassen *BAG* 13. 9. 89, NZA 89, 934.
229 Ähnlich *Fitting,* a. a. O.
230 *BAG* 23. 6. 83, AP Nr. 45 zu § 37 BetrVG 1972 mit insoweit zustimmender Anm. v. *Löwisch/Reimann; v. Friesen,* DB 81, 1618 [1619 f.].
231 *Löwisch/Reimann,* a. a. O.; a. A. nunmehr HWGNRH-*Glock,* Rn. 54, der keine Rechtsverbindlichkeit sieht.
232 *ArbG Oberhausen* 7. 12. 84, 7. 2. 85, AiB 85, 47 mit Anm. *Schlömp; Kühner,* S. 97.
233 *BAG* 14. 2. 90 – 7 ABR 13/88, BB 90, 1625; GK-*Weber,* Rn. 63; zu eng *LAG Berlin* 26. 1. 98 – 9 Sa 119/97, das eine weitgehende Aufschlüsselungspflicht sieht.
234 *LAG Berlin* 9. 1. 84, DB 84, 2098; *ArbG Berlin* 9. 8. 83, DB 83, 2476; ErfK-*Koch,* Rn. 5; GK-*Weber,* Rn. 63; *SWS,* Rn. 11g; *Fitting,* Rn. 55; zur Zeiterfassung für freigestellte BR-Mitglieder *BAG* 10. 7. 13 – 7 ABR 22/12, NZA 13, 1221.
235 *ArbG Berlin* 2. 6. 80 – 36 Ca 82/80.
236 *ArbG Berlin* 3. 4. 80, AiB 3/80, S. 11.
237 *ArbG Siegen* 18. 8. 81, DB 82, 439.
238 *BAG* 18. 9. 73, AP Nr. 3 zu § 37 BetrVG 1972 mit Anm. *Weiss;* vgl. auch *BAG* 13. 11. 91 – 7 AZR 469/90, BB 92, 1567, Ls.; *Däubler, Schulungsanspruch, S.* 77 ff.; *Peter,* AiB 02, 205; GK-*Weber,* Rn. 65, 70 ff.; HaKo-BetrVG/*Wolmerath,* Rn. 13; HWGNRH-*Glock,* Rn. 56; MünchArbR-*Joost,* § 308 Rn. 28; Richardi-*Thüsing,* Rn. 32; *Fischer,* NZA 14, 71; *Thüsing/Denzer* Rn. 9; kritisch *Rieble,* NZA 08, 276; zur Beweislast *LAG Schleswig-Holstein* 18. 6. 09 – 3 Sa 414/08, das begrenzte Darlegungs- und Beweislasten für BR-Mitglieder sieht.
239 *BAG* 28. 8. 91 – 7 AZR137/90, AP Nr. 16 zu § 46 BPersVG; *Fitting,* Rn. 57.

Zusatzurlaub für gesundheitsgefährdende Tätigkeiten[240] und Schichtarbeit,[241] **Prämien,**[242] auch Inkasso-[243] und Anwesenheitsprämien,[244] **tarifvertraglicher Pauschalvergütungen**[245], **Wintergeld** nach §§ 209 ff. SGB III, Vergütung der Sonntagsarbeit für freigestellte BR-Mitglieder,[246] **Entschädigungen,**[247] **Mehrflugprämien und -vergütungen** gem. § 57 Tarifvertrag-Personalvertretung Bordpersonal der Deutschen Lufthansa,[248] **Fahrtentschädigungen,** die Lokomotivführern und Zugbegleitern der Deutsche Bahn AG gewährt werden,[249] Zuschläge für **Mehr-, Schicht**-, Nacht- oder **Sonntagsarbeit,** die es erzielt haben würde, wenn es gearbeitet hätte,[250] einschließlich sog. **Antrittsgebühren,** die z. B. in der Druckindustrie für regelmäßige Sonntagsarbeit zur Herstellung von Zeitungen und Zeitschriften gezahlt werden.[251] Findet eine **BR-Sitzung während der Nachtschicht** statt, sind hierfür gezahlte Nachtarbeitszuschläge nach den gleichen Grundsätzen wie für andere Nachtarbeit zu versteuern bzw. ggf. steuerfrei zu zahlen.[252]

51 Fällt wegen der BR-Tätigkeit ein **ganzer Arbeitseinsatz** oder eine **ganze Schicht** aus, steht dem betroffenen BR-Mitglied hierfür ein uneingeschränkter Ausgleich zu.[253] In Betracht kommt auch die Bezahlung von **Überstunden,** die das BR-Mitglied an seinem Arbeitsplatz geleistet hätte, wenn es nicht wegen seiner Tätigkeit daran gehindert gewesen wäre.[254] **Der steuerpflichtige Teil der Nahauslösung** gemäß § 7 Bundesmontage-TV in der Eisen-, Metall- und Elektroindustrie gehört bei BR-Mitgliedern ebenfalls zum fortzuzahlenden Arbeitsentgelt i. S. d. Vorschrift.[255] **Trinkgelder** können zum Arbeitsentgelt gehören.[256] Die abzulehnende Rspr. des *BAG* und die dieser zustimmende Lit.[257] verkennen, dass gerade im Gaststättengewerbe Trinkgelder oft einen erheblichen Anteil des Einkommens ausmachen und dass die Nichtanrechenbarkeit im Ergebnis zu einer verbotenen Minderung des Arbeitsentgelts führt. Erhalten AN **umsatzorientierte Jahreszahlungen oder -prämien,** ist der durch die BR-Tätigkeit geminderte Verdienst auszugleichen.[258] Bei der Berechnung des Ausgleichs sind andere Marketingaktivitäten

---

240 *BAG* 8. 10. 81, NJW 82, 1348.
241 *Ehrich/Hoß,* NZA 96, 1075, 1080; *SWS,* Rn. 17.
242 *LAG Berlin* 28. 6. 96 – 6 Sa 37/96, NZA 97, 224 zur Jahresprämie eines Pharmaberaters; a. A. *LAG Nds.* 18. 5. 17 – 7 Sa 815/16, juris für den Anspruch auf eine Streikbruchprämie im konkreten Fall.
243 *BAG* 11. 1. 78, AP Nr. 7 zu § 2 LohnFG.
244 *LAG Hamm* 20. 4. 88, DB 88, 2058, das den Anspruch bei Teilnahme an nicht erforderlichen Schulungsmaßnahmen verneint; nach *BAG* 14. 8. 18 – 1 AZR 287/17, NZA 19, 100 soll ein BR-Mitglied, das während eines Streiktags eine an einer Schulung teilnimmt, keinen Anspruch auf eine für den »Streikbruch« vom AG ausgelobte »Streikbruchprämie« haben; zutreffend kritisch hierzu *Fischer,* jurisPR-ArbR 6/2019 Anm. 1.
245 *LAG Berlin-Brandenburg* 22. 2. 12 – 17 Sa 2212/12, juris.
246 *BAG* 21. 6. 57, AP Nr. 5 zu § 37 BetrVG.
247 *LAG Schleswig-Holstein* 23. 7. 91 – 1 Sa 31/91, PersR 91, 430 für eine Lehrentschädigung, die gezahlt wurde, obwohl durch die Lehrtätigkeit keine Mehraufwendungen entstanden.
248 *BAG* 16. 8. 95 – 7 AZR 103/95, NZA 96, 552; GK-*Weber,* Rn. 76.
249 *BAG* 5. 4. 00 – 7 AZR 213/99, NZA 00, 1174.
250 *BAG* 29. 7. 80, 22. 8. 85, AP Nrn. 37, 50 zu § 37 BetrVG 1972; 12. 12. 00 – 9 ZR 508/99, DB 01, 875; *LAG Köln* 17. 10. 03 – 12 Sa 804/03, AiB Newsletter 05, Nr. 1, 5; GK-*Weber,* Rn. 76; *Peter,* AiB 02, 205; a. A. *Thüringer LAG* 9. 2. 22 – 4 Sa 265/20 für den Fall einer einvernehmlichen Arbeitszeitverlagerung in zuschlagsfreie Zeiten.
251 *BAG* 13. 7. 94 – 7 ABR 50/93, NZA 95, 588; zustimmend HWGNRH-*Glock,* Rn. 58.
252 *HessLAG* 10. 3. 14, 16 TaBV 197/13, juris.
253 *LAG Düsseldorf/Köln* 23. 8. 77, EzA § 37 BetrVG 1972 Nr. 56; *Fitting,* Rn. 59; GK-*Weber,* Rn. 72.
254 *BAG* 29. 6. 88, AP Nr. 1 zu § 24 BPersVG; vgl. auch 3. 12. 97 – 7 AZR 490/93, AuR 98, 193 = NZA 98, 558; *Becker-Schaffner,* BB 82, 501.
255 *BAG* 10. 2. 88, AP Nr. 64 zu § 37 BetrVG 1972, 14. 9. 88, DB 89, 1775; *LAG Hamburg* 30. 6. 86 – 2 Sa 27/86; vgl. jedoch auch Rn. 57.
256 A. A. *BAG* 28. 6. 95 – 7 AZR 1001/94, AP Nr. 112 zu § 37 BetrVG 1972 = AiB 96, 319 mit krit. Anm. *Grimberg,* das entsprechende Ansprüche nur bei Bestehen arbeitsvertraglicher Vereinbarungen anerkennt.
257 Vgl. *Fitting,* Rn. 66; GK-*Weber,* Rn. 76; HWGNRH-*Glock,* Rn. 66; Richardi-*Thüsing,* Rn. 34.
258 *LAG Berlin* 28. 6. 96 – 6 Sa 37/96, NZA 97, 224 = AiB 97, 228 mit zustimmender Anm. *Roos;* zu Problemen bei der Berechnung *Gaul,* BB 98, 101.

des AG zu berücksichtigen.[259] Werden AN Aktienoptionen durch eine andere Konzerngesellschaft eingeräumt, können sie zum Arbeitsentgelt gehören, wenn der Dritte diese nach Abrede der Arbeitsvertragsparteien anstelle oder neben dem AG erbringen soll.[260]

52 Bei **Akkord- bzw. Prämienarbeit** ist der Akkord- bzw. Prämienlohn nach Maßgabe der durchschnittlichen seitherigen Arbeitsleistung des BR-Mitglieds zu vergüten. Werden **Provisionen** monatlich in unterschiedlicher Höhe bezahlt, ist im Regelfall der Rückgriff auf den Durchschnitt der letzten 12 Monate sinnvoll.[261] Ist diese nicht mehr feststellbar, ist der Durchschnitt der an vergleichbare AN gezahlten Akkord- bzw. Prämienlöhne zugrunde zu legen.[262] Nach § 6 Abs. 2 der DVO zum BPG erhalten BR-Mitglieder **im Bergbau die Prämie** auch für zulässigerweise versäumte Untertageschichten, obwohl die Bergmannsprämie nicht als Bestandteil des Lohnes gilt.[263]

53 Nach abzulehnender Auffassung des *BAG* soll im Baugewerbe ein BR-Mitglied nur Anspruch auf **Schlechtwettergeld** haben, wenn es während der Zeit des Arbeitsausfalls wegen Schlechtwetter BR-Tätigkeit verrichtet.[264] Ist auf Basis von Tarifregelungen eine **Kündigung** auf Grund von **witterungsbedingtem Arbeitsausfall** zulässig, kann diese wegen des besonderen Kündigungsschutzes **nicht gegenüber BR-Mitgliedern** ausgesprochen werden.[265] Bei betrieblicher **Kurzarbeit** hat das BR-Mitglied grundsätzlich nur Anspruch auf das verkürzte Arbeitsentgelt und im Übrigen Anspruch auf Kurzarbeitergeld gegen die Bundesagentur für Arbeit.[266] Führt jedoch ein BR-Mitglied aus **betriebsbedingten Gründen** während einer Kurzarbeitsperiode BR-Tätigkeit aus, während die anderen AN in dieser Zeit nicht arbeiten, hat es Anspruch gegen den AG auf seine übliche Vergütung ohne Mehrarbeitszuschlag.[267] Ein entsprechender Anspruch gegen den AG besteht, wenn ein BR-Mitglied während der für seinen Betrieb angesetzten Kurzarbeit an einer GBR/KBR-Sitzung teilnehmen muss. Eine entsprechende Zahlungspflicht des AG setzt auch ein, wenn ein BR-Mitglied während der sog. »Kurzarbeit Null« BR-Tätigkeiten ausüben muss. Eine gem. § 38 Abs. 1 freigestellte **Raumpflegerin** hat Anspruch auf **volle Entgeltfortzahlung für Schulferienzeiten,** wenn arbeitsvertraglich vereinbart ist, dass in den Ferien mangels Beschäftigungsmöglichkeit kein Lohn gezahlt wird.[268]

54 Von der Arbeit befreiten BR-Mitgliedern fortzuzahlen sind **allgemeine oder einmalige Zuwendungen,** wie z. B. Weihnachtsgratifikationen, Urlaubsgeld oder vermögenswirksame Leistungen.[269] Entsprechendes gilt auch für freiwillige, jederzeit widerrufliche **Zulagen.**[270]

55 **Heimarbeiter** haben als BR-Mitglieder einen Anspruch auf Entgeltfortzahlung für die Zeit der BR-Arbeit.[271] Da sie während ihrer Tätigkeit auf Grund ihrer persönlichen Selbstständigkeit[272] in der Einteilung ihrer Arbeitszeit frei sind, bereitet die Festlegung der Höhe der Entgeltfortzahlung im konkreten Fall Schwierigkeiten. Nicht sachgerecht ist der Rückgriff auf den in der jeweils maßgebenden bindenden Festsetzung festgelegten Mindeststundenlohn,[273] da dieser im Ergebnis für BR-Mitglieder, die als Heimarbeiter ein höheres Einkommen haben, zu einer

---

259 *LAG Berlin* a. a. O.; *Fitting,* Rn. 50.
260 *BAG* 16. 1. 08 – 7 AZR 88706, NZA 08, 836 = AuR 08, 55.
261 GK-*Weber,* Rn. 75; *Gaul,* BB 98, 101.
262 *Däubler, Schulungsanspruch, S.* 78; ErfK-*Koch,* Rn. 6; *Fitting,* Rn. 65; GK-*Weber,* Rn. 75; enger Richardi-*Thüsing,* Rn. 34.
263 *Fitting,* Rn. 69; Richardi-*Thüsing,* Rn. 38.
264 *BAG* 23. 4. 74, 31. 7. 86, AP Nrn. 11, 55 zu § 37 BetrVG 1972; vgl. hierzu auch Rn. 135.
265 *BAG* 18. 5. 99 – 9 AZR 13/98, NZA 99, 1166; *Fitting,* a. a. O.
266 *ArbG Aachen* 19. 6. 74, BB 75, 136; ErfK-*Koch,* Rn. 6; *Fitting,* a. a. O.; GK-*Weber,* Rn. 70.
267 S. *Däubler,* Ratgeber Arbeitsrecht, S. 104, sowie *Fitting,* a. a. O., die den Anspruch aus Abs. 3 ableiten; *BAG* 29. 9. 99 – 7 AZR 281/98, für eine freiwillige Prämienzahlung des AG für das Erreichen der festgesetzten Wochenarbeitszeit, die das Gericht einem BR-Mitglied, das die notwendige Zeit auf Grund einer ganztägigen BR-Sitzung trotz Kurzarbeit erreichte, nicht zugesprochen hat.
268 *LAG Hamm* 2. 7. 97 – 3 Sa 903/97, AiB 98, 405 mit Anm. *Schuster.*
269 *LAG Düsseldorf* 16. 4. 74, DB 74, 1966.
270 *BAG* 21. 4. 83, AP Nr. 43 zu § 37 BetrVG 1972.
271 *Fitting,* Rn. 70 unter Hinweis auf das Benachteiligungsverbot.
272 Vgl. *Schmidt/Koberski/Tiemann/Wascher,* Heimarbeitsgesetz, § 3 Rn. 7; *Otten,* Heim- und Telearbeit, § 2 Rn. 15.
273 So *Fitting,* a. a. O.; zustimmend ErfK-*Koch,* Rn. 6; a. A. HWGNRH-*Glock,* Rn. 67.

schon mit Blick auf das Benachteiligungsverbot des § 78 S. 2 unzulässigen Schlechterstellung führen würde. Gleiches gilt für die Errechnung eines Durchschnittsentgelts nach den Grundsätzen von § 11 Abs. 2 EFZG,[274] weil sich hier je nach angefallener Arbeitsmenge im konkreten Fall ohne Rücksicht auf die geleistete BR-Tätigkeit unterschiedliche Vergütungen ergeben können. Sachgerechter scheint daher der **Rückgriff auf Referenzeinkommen** mit der Folge, dass z. B. die Zahlung eines Entgelts erfolgt, das sich am Durchschnitt vergleichbarer Heimarbeiter orientiert. Denkbar ist auch eine Berechnung auf Basis des individuellen Durchschnittsverdienstes des betroffenen Heimarbeiters in der Zeit vor der BR-Tätigkeit unter Berücksichtigung der allgemeinen Anpassungen des Entgelts, wobei der Erfahrungswert Berücksichtigung finden müsste, dass BR-Mitglieder ein Drittel ihrer Arbeitszeit für die BR-Arbeit aufwenden.

Es stellt sich allerdings die bisher in Literatur und Rechtsprechung noch nicht diskutierte Frage, 56
ob die **Anwendbarkeit der Heimarbeitereigenschaft** nach § 2 HAG noch gegeben ist, wenn die **Wahl** eines Heimarbeiters **in den BR** erfolgt ist. Da die Mitgliedschaft im BR auf Grund der Notwendigkeit zur Teilnahme an zeitlich festliegenden Sitzungen, zur Wahrnehmung sonstiger BR-Aufgaben usw. eine zeitliche Festlegung mit sich bringt, die der vom HAG vorausgesetzten persönlichen Unabhängigkeit entgegensteht, ist eine Bindung des BR-Mitgliedes in zeitlicher und organisatorischer Hinsicht gegeben. Unter Beachtung der Rspr. zum Arbeitnehmerbegriff[275] erfüllt zumindest die Teilnahme an Sitzungen und anderen zeitlich festgelegten BR-Aktivitäten die Voraussetzung einer persönlichen Abhängigkeit und damit eines Arbeitsverhältnisses. Es liegt daher nahe, dass durch die BR-Tätigkeit Teile des Beschäftigungsverhältnisses nach dem HAG in ein (sachlich befristetes) Arbeitsverhältnis umgewandelt werden, zumal nach der Rspr. des *BAG* ein aus der konkreten Ausgestaltung des Beschäftigungsverhältnisses folgender Rechtsformzwang besteht.[276] Folgt man dieser Auffassung, müsste den auf Basis des HAG Beschäftigten für die Zeit der Durchführung von BR-Aufgaben auf Grund der hier feststellbaren persönlichen Abhängigkeit und dem hieraus resultierenden Arbeitsverhältnis ein Entgelt gezahlt werden, das sich an dem vergleichbarer AN orientiert. Würde ein Heimarbeiter gem. § 38 freigestellt, würde hierdurch ein (ggf. zeitlich befristetes) Arbeitsverhältnis begründet.

Leistungen des AG, die einen reinen **Aufwendungscharakter** tragen, wie z. B. **Wegegelder,**[277] 57
Auslösungen,[278] **Kilometergeld**[279] oder **Beköstigungszulagen,** sind an BR-Mitglieder, die solche Aufwendungen infolge ihrer Arbeitsbefreiung nicht mehr haben, nicht fortzuzahlen,[280] sofern es sich dabei nicht um einen besonderen Teil des Lohnes handelt.[281] Einem nach § 38 freigestellten BR-Mitglied sind jedoch ein **Dienstwagen** und **andere Arbeitsmittel** weiter zu gewähren, die ihm vor der Freistellung allein mit Rücksicht auf und zur Erfüllung seiner Tätigkeit gestellt wurden.[282] Die Überlassung eines **Firmenwagens** zur **privaten Nutzung** besteht fort, wenn ein freigestelltes BR-Mitglied vorher einen entsprechenden vertraglichen Anspruch hatte.[283]

Die fortzuzahlenden Bezüge unterliegen der **Steuer- und Sozialversicherungspflicht.** Das gilt 58
nach § 3b Abs. 1 S. 1 EStG auch für Sonntags-, Feiertags- und Nachtarbeitszuschläge, wenn sie nur zur Vermeidung eines Einkommensverlustes gezahlt werden, ohne dass die Sonntags-,

---

274 So HWGNRH-*Glock*, a. a. O.
275 Grundlegend *BAG* 8.6.67, AP Nr. 6 zu § 611 BGB Abhängigkeit.
276 Vgl. 14.2.74, 21.9.77, 26.7.95 – 5 AZR 22/94, AP Nrn. 12, 24 und 79 zu § 611 BGB Abhängigkeit.
277 Vgl. hierzu auch *BAG* 28.8.91 – 7 AZR 137/90, NZA 92, 709.
278 Vgl. *BAG* 18.9.91 – 7 AZR 4190, NZA 92, 936, vgl. auch 28.8.91 – 7 AZR 13790, NZA 92, 709; zu Nahauslösungen Rn. 48.
279 *BAG* 14.9.88, *DB* 89, 1775, sofern dieses nur bei tatsächlicher Montagetätigkeit gezahlt wird.
280 ErfK-*Koch*, Rn. 8; *Fitting*, Rn. 67; GK-*Weber*, Rn. 79 *Kühner*, S. 98; Richardi-*Thüsing*, Rn. 37.
281 *LAG Düsseldorf* 29.4.74, *DB* 74, 2405; *Richardi*, a. a. O.
282 A. A. *BAG* 25.2.09 – 7 AZR 954/07, juris; *LAG Köln* 4.7.03 – 11 Sa 190/03, AiB 04, 82; *Fitting*, Rn. 67; GK-*Weber*, a. a. O.
283 *BAG* 23.6.04, DB 04, 111; *LAG Berlin-Brandenburg* 11.2.20 – 7 Sa 997/19; *Fitting*, a. a. O.; Richardi-*Thüsing*, Rn. 33 hält die BAG-Entscheidung für zu weitgehend; a. A. *LAG Hamburg* 9.8.07 – 7 Sa 27/07, juris, das die Weiternutzung für die Fahrten von und zum Betrieb verneint; vgl. auch *VG Ansbach* 9.4.08 – AN 11 K 06 01560, juris, das im Einzelfall keinen Anspruch auf einen Firmenwagen gesehen hat; allg. *Joussen*, NZA 18, 139.

Feiertags- oder Nachtarbeit tatsächlich geleistet worden ist.[284] Der AG muss die Lohnsteuer für diese Zuschläge an das Finanzamt abführen. Die Auffassung des *BAG*,[285] dass der AG nicht nochmals die Ausgleichssumme an das BR-Mitglied zahlen muss, so dass es den gleichen Nettolohn erhält, ist abzulehnen,[286] da dies im Ergebnis zu einer Benachteiligung der BR-Mitglieder führt.[287]

59 Bestehen **tarifliche Ausschlussfristen,** kommen diese auf den Entgeltfortzahlungsanspruch nach Abs. 2 ebenso zu Anwendung wie auf die arbeitsvertraglichen Entgeltansprüche anderer Beschäftigter.[288]

60 Der AG ist grundsätzlich nicht berechtigt, **Lohn einzubehalten,** wenn er der Auffassung ist, dass im konkreten Fall keine erforderliche BR-Tätigkeit gegeben ist,[289] es sei denn, es liegt ein Missbrauch des Freistellungsanspruchs vor.[290] Gleiches gilt, wenn keine Abmeldung erfolgt ist.[291] Erfolgt dennoch ein Gehaltsabzug, muss die entsprechende Zahlung vom BR-Mitglied selbst gegen den AG durchgesetzt werden. Der BR als Gremium soll hierzu nicht legitimiert sein.[292]

61 Versucht der BR im Falle einer **spontanen Arbeitsniederlegung** durch Verhandlungen mit dem AG und den streikenden AN zu schlichten, ist die Zeit der schlichtenden Tätigkeit wie Arbeitszeit zu vergüten, selbst wenn die BR-Mitglieder von dem Streik betroffen sind; dies gilt jedenfalls dann, wenn der AG mit der schlichtenden Tätigkeit einverstanden war.[293] Führt ein BR-Mitglied während eines **Arbeitskampfes** erforderliche BR-Tätigkeit aus, hat es für deren Dauer Anspruch auf Zahlung seiner entsprechenden Vergütung. Dies gilt auch, wenn es selbst am Arbeitskampf beteiligt ist und lediglich für die Dauer der BR-Tätigkeit den Arbeitskampf unterbrochen hat.[294] Nach – allerdings abzulehnender – Auffassung des *BAG* sollen jedoch BR-Mitglieder bei einer **Aussperrung** keinen Entgeltanspruch haben, wenn sie während dieser Zeit erforderliche BR-Tätigkeit wahrnehmen.[295] Das *BAG* verkennt, dass die Aussperrung nur die **arbeitsvertraglichen Pflichten** und nicht die **auf dem Gesetz beruhenden Tätigkeiten des BR** berührt. Der Anspruch auf Zahlung der Vergütung kann sich auch aus dem **Gleichbehandlungsgrundsatz** ergeben, wenn der AG nur eine AN-Gruppe aussperrt. In diesem Fall ergibt sich für die Gruppenmitglieder der nicht ausgesperrten Gruppe der Anspruch aus Abs. 2. Der Anspruch der BR-Mitglieder, die der ausgesperrten Gruppe angehören, ergibt sich aus Abs. 3, da im Falle einer Aussperrung die BR-Tätigkeit aus betriebsbedingten Gründen außerhalb der Arbeitszeit, die sich auf Grund der Aussperrung auf Null reduziert hat, durchzuführen ist. Streiken die BR-Mitglieder oder üben während der Aussperrung keine BR-Tätigkeit aus, entfällt der Anspruch auf Fortzahlung des Arbeitsentgelts.

---

284 *BAG* 18.5.16 – 7 AZR 410/14, NZA 16, 1212.

285 29.7.80, 22.8.85, AP Nrn. 37, 50 zu § 37 BetrVG 1972.

286 So zutreffend noch *BAG* 10.6.69, AP Nr. 12 zu § 37 BetrVG.

287 *Becker-Schaffner*, BB 82, 502; *Görg*, AiB 81, 124; *Schneider*, NZA 84, 21; vgl. auch *Kühner*, S. 98f.; a. A. WP-*Kreft*, Rn. 25.

288 *BAG* 8.9.10 – 7 AZR 513/09, NZA 11, 159; *Fitting* Rn. 58; GK-*Wiese*, Rn. 52.

289 *LAG Hamm* 8.6.78, EzA § 37 BetrVG 1972 Nr. 58.

290 Einschränkender *BAG* 15.3.95 – 7 AZR 643/94, NZA 95, 961 = AiB 95, 735 mit Anm. *Nielebock;* a. A. HWGNRH-*Glock*, Rn. 45f., 66f.; vgl. ergänzend Rn. 44ff.

291 *Ehrich/Hoß*, NZA 96, 1075, 1079; vgl. auch Rn. 47.

292 *ArbG Köln* 23.6.22 – 11 BV 16/22.

293 *BAG* 5.12.78 – 6 AZR 485/76.

294 So bei einer **Streikmaßnahme** *ArbG Düsseldorf* 30.5.84 – 3 BVGa 14/84; 10.10.84 – 10 Ca 4116/84; vgl. auch *BAG* 5.5.87, AP Nr. 4 zu § 44 BetrVG 1972 für die Teilnahme an einer Betriebsversammlung; vgl. ferner *BAG* 15.1.91 – 1 AZR 17890, DB 91, 1465, bei Teilnahme an einer Schulungsmaßnahme; *Fitting*, Rn. 184; GK-*Weber*, Rn. 71; a. A. offenbar HWGNRH-*Glock*, Rn. 64.

295 *BAG* 25.10.88, AP Nr. 110 zu Art. 9 GG Arbeitskampf; ErfK-*Koch*, Rn. 6; GK-*Weber*, a. a. O.; HWGNRH-*Glock*, Rn. 64; *Reinecke*, DB 91, 1168; § 74 Rn. 16ff.; *Fitting*, Rn. 61, die Entgeltansprüche als gegeben sehen, wenn der Arbeitgeber während eines Arbeitskampfes den BR bei Angelegenheiten ohne Kampfbezug einschaltet, da Mitbestimmungsrechte zu beachten sind; wie hier offenbar auch *Hanau*, RdA 91, 275 [278].

IV. Ausgleich für Betriebsratstätigkeit außerhalb der Arbeitszeit (Abs. 3)

1. Voraussetzungen

Die Mitglieder des BR sollen die ihnen übertragenen Aufgaben grundsätzlich **während der Arbeitszeit** erledigen. Da dies aus betriebsbedingten Gründen nicht in allen Fällen möglich ist, z. B. in **Schichtbetrieben,** bei **Gleitzeitmodellen,** bei der **Anpassung** der individuellen oder kollektiven Arbeitszeit **an das jeweilige Auftragsvolumen,** bei Arbeit nach **Zielvorgaben,** bei **Vertrauensarbeitszeit** oder bei unterschiedlichen Formen der **Teilzeitbeschäftigung** (etwa »normale« Teilzeitarbeit, Job-Sharing-Arbeitsverhältnisse, kapazitätsorientierte variable Arbeitszeit usw.), gewährt Abs. 3 einen Ausgleichsanspruch. Die Vorschrift dient somit dem **Schutz der BR-Mitglieder** vor einer Inanspruchnahme außerhalb der Arbeitszeit.[296] Sie kommt unabhängig davon zur Anwendung, ob BR-Mitglieder auf der Basis von **Voll- oder Teilzeitarbeitsverhältnissen** tätig werden. Der **Ausgleichsanspruch** auf Arbeitsbefreiung ohne Minderung des Arbeitsentgelts setzt voraus, dass **BR-Tätigkeit** (vgl. Rn. 63f.) aus **betriebsbedingten Gründen** (vgl. Rn. 65f.) **außerhalb der Arbeitszeit** durchgeführt wurde. Dies ist der Fall, wenn BR-Tätigkeit in diesem Rahmen zusätzlich zu der durch Arbeitsleitung ausgefüllten Arbeitszeit geleistet wird.[297] Er besteht auch in Zeiten der Freistellung wegen vorangegangener Betriebsratstätigkeit.[298] Abs. 3 gilt entsprechend für **Mitglieder des WV**[299] und Mitglieder des WA, die nicht zugleich BR-Mitglieder sind.[300] Ansprüche auf Ausgleich bestehen nur, wenn die BR-Tätigkeit in einem noch laufenden Arbeitsverhältnis anfällt.[301] 62

Bezüglich der BR-Tätigkeit gelten die zu Abs. 2 entwickelten Grundsätze (vgl. Rn. 15ff.). Es muss folglich nicht nur objektiv BR-Tätigkeit vorliegen, sondern deren Durchführung außerhalb der Arbeitszeit muss erforderlich sein.[302] Hat der AG bei der Prüfung der Erforderlichkeit der BR-Tätigkeit bisher einen großzügigen Maßstab angelegt, entsteht für den BR ein **Vertrauenstatbestand.** Hiervon kann der AG nur für die Zukunft durch klare und eindeutige Erklärung gegenüber dem BR abweichen.[303] Zu den BR-Tätigkeiten i. S. v. Abs. 3 gehören auch Aktivitäten, die zwar für sich keine BR-Tätigkeit sind, die aber in einem unmittelbaren notwendigen sachlichen Zusammenhang mit den Aufgaben des BR stehen. Hierzu gehören z. B. **Reisezeiten** oder **zusätzliche Wegezeiten,** die zur Erfüllung notwendiger BR-Arbeiten aufgewendet werden müssen, sofern diese Zeiten aus betriebsbedingten Gründen außerhalb der Arbeitszeit anfallen.[304] Maßgebend ist die persönliche Arbeitszeit des betreffenden BR-Mitglieds.[305] Zur Wahrnehmung der BR-Tätigkeit erforderliche Fahrtzeiten von der Wohnung zum Betrieb sollen nicht vergütungspflichtig sein, wenn entsprechende Fahrzeiten von AN ebenfalls nicht vergütet werden.[306] Dies gilt uneingeschränkt auch für in Teilzeit beschäftigte BR-Mitglieder sowie bei Kurzarbeit.[307] Bei Reisen teilzeitbeschäftigter BR-Mitglieder ist für die Frage der Inanspruchnahme von Arbeitszeit auf die übliche Arbeitszeit vollzeitbeschäftigter BR-Mitglieder abzustellen. Fällt erforderliche Reisezeit in die Arbeitszeit eines vollzeitbeschäftigten BR-Mitglieds, besteht ein Ausgleichsanspruch.[308] 63

---

296 GK-*Weber,* Rn. 84.
297 *LAG Düsseldorf* 18. 1. 17 – 7 Sa 392/16, juris.
298 *LAG Köln* 3. 2. 12 – 4 Sa 888/11, juris.
299 *BAG* 26. 4. 95 – 7 AZR 874/94, BB 95, 49, Ls.
300 Vgl. Rn. 35; Textmuster bei DKWF-*Wedde,* § 37 Rn. 42ff.
301 *LAG Saarland* 14. 5. 08 – 2 Sa 100/07, juris.
302 *Bengelsdorf,* NZA 89, 905 [906]; ErfK-*Koch,* Rn. 7; GK-*Weber,* Rn. 88f. m. w. N.
303 *LAG Berlin* 18. 6. 92 – 14 Sa 46/92, BB 93, 291, Ls. = AiB 93, 46 mit Anm. *Kuster; SWS,* Rn. 21.
304 Vgl. *BAG* 16. 1. 08 – 7 ABR 71/06, DB 08, 938; *BAG* 15. 2. 89, AP Nr. 70 zu § 37 BetrVG 1972; *LAG Baden-Württemberg* 29. 1. 04 – 21 Sa 104/03, EzA-SD 04, Nr. 18, 13; a. A. hinsichtlich zusätzlicher Wegezeiten *BAG* 27. 7. 16 – 7 AZR 255/14, NZA 16, 1418; *OVG Rheinland-Pfalz* 14. 2. 03 – 10 A 11627/02 (n. v.) für die Reisezeiten eines beamteten BR-Mitgliedes bei einer privatrechtlich organisierten Eisenbahn; *LAG Bremen* 11. 10. 74, BB 75, 838; vgl. auch Rn. 61ff.
305 Vgl. Rn. 61ff.; MünchArbR-*Joost,* § 308 Rn. 34.
306 *BAG* 27. 7. 16 – 7 AZR 255/14, NZA 16, 1418; ebenso Fitting, Rn. 77.
307 *Bengelsdorf,* NZA 89, 905ff.; *Fitting,* Rn. 92; HWGNRH-*Glock,* Rn. 71; *SWS,* a. a. O.; *LAG Berlin,* a. a. O.; vgl. Rn. 65ff., 70.
308 Vgl. *LAG Bremen* 3. 7. 18 – 1 Sa 147/17 (n. rkr.), juris.

64 Die Regelung des Abs. 3 (und nicht des § 44 Abs. 1) findet auch bei **Betriebs-, Teil- oder Abteilungsversammlungen** gemäß § 43 Abs. 1 Anwendung, die außerhalb der Arbeitszeit durchgeführt werden. BR-Mitglieder nehmen in ihrer Amtseigenschaft teil.[309] Eine Begünstigung für BR-Mitglieder liegt darin nicht, da sie im Gegensatz zu anderen AN verpflichtet sind, an den Versammlungen außerhalb der Arbeitszeit teilzunehmen.[310]

a) Betriebsbedingte Gründe

65 **Betriebsbedingte Gründe** sind insbesondere solche, die sich aus der Eigenart des Betriebs, der Gestaltung des Arbeitsablaufs oder der Beschäftigungslage ergeben[311] und vom BR nicht beeinflussbar sind. Betriebliche Gegebenheiten und hieraus resultierende Sachzwänge müssen dazu führen, dass die BR-Tätigkeit außerhalb der Arbeitszeit durchgeführt werden muss.[312] Dies ist in **Betrieben mit Schichtarbeit** der Fall, wenn BR-Mitglieder in Wechselschicht arbeiten,[313] aber auch bei **Zeitungszustellern,** die ihre Arbeit in den frühen Morgenstunden erledigen[314] sowie in **Saisonbetrieben.**[315] Ein Ausgleichsanspruch besteht auch dann, wenn die Ursache für die erforderliche BR-Tätigkeit außerhalb der Arbeitszeit dem AG-Bereich zuzuordnen ist,[316] z. B. **Abhaltung einer BR-Sitzung auf Wunsch des AG** außerhalb der Arbeitszeit[317] oder wenn im **betrieblichen Interesse** Verhandlungen zwischen BR und AG ganz oder zum Teil außerhalb der Arbeitszeit stattfinden.[318] Gleiches gilt, wenn das BR-Mitglied die beabsichtigte BR-Tätigkeit außerhalb der Arbeitszeit anzeigt, weil der AG keine Möglichkeit zur Ausübung während der Arbeitszeit gegeben hat oder, auch ohne Anzeige, wenn er sich eindeutig und endgültig auch für zukünftige Fälle geweigert hat, die BR-Tätigkeit während der Arbeitszeit zu ermöglichen.[319] Keine betriebsbedingten Gründe sollen hingegen vorliegen, wenn die Durchführung der BR-Tätigkeit außerhalb der individuellen oder der betrieblichen Arbeitszeit allein aus persönlichen Gründen veranlasst wurde.[320]

66 Betriebsbedingtheit ist gegeben, wenn das für Fragen der Arbeitssicherheit zuständige BR-Mitglied an einer **nächtlichen Betriebsbegehung** durch das Gewerbeaufsichtsamt – entsprechend § 89 Abs. 2 – teilnimmt oder bei **Unfalluntersuchungen** außerhalb seiner Arbeitszeit zugegen sein muss.[321] Gleiches gilt, wenn der AG dem BR kurzfristig eine größere Anzahl von beteiligungspflichtigen Vorgängen vorlegt, die aus objektiver Sicht auf Grund ihres Volumens nicht in der Arbeitszeit zu bewältigen sind.[322] Auch ein BR-Mitglied, das eine **Schlüsselstellung** als AN im Betrieb einnimmt und deshalb während der Arbeitszeit unabkömmlich ist, kann unaufschiebbare BR-Arbeit außerhalb der Arbeitszeit erledigen. Betriebsbedingte Gründe liegen ohne besonderen Nachweis ferner vor, wenn ein in **Teilzeit** beschäftigtes BR-Mitglied BR-Tä-

---

309 *Fitting,* Rn. 78; GK-*Weber,* Rn. 106; *LAG Düsseldorf* 8.12.72, EzA § 44 BetrVG 1972 Nr. 1; a. A. Richardi-*Thüsing,* Rn. 67; ErfK-*Koch,* Rn. 7 bezüglich der Zahlung von Mehrarbeitszuschlag für BR-Mitglieder, die als AN an der Versammlung teilnehmen sowie *BAG* 5.5.87, AP Nr. 4 zu § 44 BetrVG 1972, das den Entgeltanspruch auf § 44 Abs. 1 stützt.

310 *LAG Düsseldorf,* a. a. O.; HWGNRH-*Glock,* a. a. O.

311 Vgl. *Bengelsdorf,* NZA 89, 905 [907f.]; *Fitting,* Rn. 79; GK-*Weber,* Rn. 90ff.; *Kühner,* S. 101; MünchArbR-*Joost,* § 308 Rn. 35ff.; *Peter,* AiB 02, 206.

312 *BAG* 11.7.78, 3.12.87, 15.2.89, AP Nrn. 57, 62, 70 zu § 37 BetrVG 1972.

313 Vgl. im Übrigen Rn. 67f.

314 *Fitting,* Rn. 79.

315 *LAG Hamm* 19.7.00 – 3 Sa 2201/99.

316 *BAG* 26.1.94 – 7 AZR 593/92, NZA 94, 765 = AiB 95, 166 mit Anm. *Goergens,* wenn der AG Einfluss genommen hat, dass die BR-Tätigkeit nicht während der Arbeit verrichtet wurde; vgl. auch *BAG* 21.5.74, AP Nr. 14 zu § 37 BetrVG 1972.

317 *LAG Hamm* 14.11.98 – 3 Sa 1026/98 für auf Wunsch des AG festgesetzte Zeit einer Betriebsräteversammlung; *Fitting,* Rn. 80; GK-*Weber,* Rn 93.

318 *Fitting,* a. a. O.; GK-*Weber,* a. a. O.; *Kühner,* a. a. O.; a. A. *LAG Hamm* 14.7.78, EzA § 37 BetrVG 1972 Nr. 61.

319 *BAG* 3.12.87, AP Nr. 62 zu § 37 BetrVG 1972; vgl. auch *BAG* 26.1.94, a. a. O.

320 *Fitting,* Rn. 86.

321 *Bengelsdorf,* a. a. O.; GK-*Weber,* Rn. 90; HWGNRH-*Glock,* a. a. O.

322 *Fitting,* Rn. 80.

tigkeit zwar außerhalb seiner persönlichen, aber innerhalb der betrieblichen Normalarbeitszeit ausübt.[323]

67 Betriebsbedingte Gründe liegen schließlich gemäß Abs. 3 vor, wenn die BR-Tätigkeit auf Grund unterschiedlicher Arbeitszeiten oder Arbeitszeitsysteme **außerhalb der persönlichen Arbeitszeit** eines BR-Mitgliedes **erfolgt.** Durch diese Regelung soll verhindert werden, dass sich unterschiedliche Arbeitszeiten der BR-Mitglieder nachteilig auf die Arbeit des BR oder die persönliche Rechtsstellung seiner Mitglieder auswirken.[324] Bezugspunkt für das Entstehen eines Anspruchs auf bezahlte Arbeitsbefreiung ist allein die Tatsache, dass **BR-Tätigkeit** außerhalb der persönlichen Arbeitszeit erledigt werden muss.[325] Ist diese Voraussetzung erfüllt, fingiert das Gesetz das Vorliegen betriebsbedingter Gründe. Auf andere Kriterien wie etwa die Lage der Arbeitszeit von vollzeitbeschäftigten AN oder BR-Mitgliedern kommt es hingegen nicht an.[326] Da Abs. 3 eingefügte (anders als Abs. 6) keine Begrenzung auf die Arbeitszeit vollzeitbeschäftigter AN enthält, kann der Freizeitanspruch von Teilzeit-Beschäftigten im Einzelfall höher sein als der von Vollzeit-Beschäftigten.[327] Entscheidend ist allein die Notwendigkeit der BR-Tätigkeit. Nimmt ein Teilzeit-Beschäftigter als BR-Mitglied beispielsweise an Ausschusssitzungen des BR außerhalb seiner persönlichen Arbeitszeit teil, wird der Tatbestand der Vorschrift erfüllt.

b) Betriebsratsbedingte Gründe

68 **Betriebsratsbedingte Gründe** sind nach der Auffassung des *BAG* nicht mit betriebsbedingten Gründen gleichzusetzen.[328] Danach soll **kein Ausgleichsanspruch** bestehen, wenn es dem BR **aus Gründen der eigenen Geschäftsführung zweckmäßig** erscheint, eine Sitzung außerhalb der Arbeitszeit anzusetzen, z. B. weil ansonsten die Teilnahme oder das Aufsuchen eines besonders sachverständigen Gewerkschaftsvertreters nicht möglich ist oder eine während der Arbeitszeit begonnene Sitzung über das Ende der Arbeitszeit hinaus fortgesetzt wird.[329]

69 Bei der **Festsetzung von Zeit und Ort** z. B. der **Sitzungen** des GBR, KBR, WA oder der BR-Versammlung (§ 53) soll es sich nach der Rspr. im Allgemeinen nicht um betriebsbedingte Gründe handeln.[330] Diese Rspr. ist für die betriebliche Praxis wenig hilfreich und daher abzulehnen. Es ist einerseits nicht immer einfach, **zwischen betriebs- und betriebsratsbedingten Gründen zu unterscheiden;** andererseits wird die Abwicklung der BR-Tätigkeit unnötig erschwert und eingeengt, was nicht zuletzt höhere Kosten für den AG verursacht.[331] Eine Sitzung wird zwangsläufig länger dauern, wenn sie wegen Arbeitsschlusses unterbrochen und am nächsten Tag fortgesetzt werden muss, oder höhere Kosten (Übernachtung, Reisespesen, Lohnstunden) verursacht, wenn z. B. die **An- oder Abreise** zu oder von einer auswärtigen GBR-Sitzung aus dem gleichen Grund nicht mehr angetreten werden kann und deshalb die Reise am Vortag oder am nächsten Tag während der Arbeitszeit angetreten werden muss.[332] Nach der Rspr. soll BR-Tätigkeit nur insoweit außerhalb der Arbeitszeit i. S. d. Abs. 3 liegen, wie sie insgesamt zu-

---

323 *Fitting*, Rn. 81; einschränkender *Bengelsdorf*, NZA 89, 905 [907f.]; GK-*Weber*, Rn. 91, der den Nachweis eines betriebsbedingten Grundes für die BR-Tätigkeit außerhalb der persönlichen Arbeitszeit verlangt; vgl. im Übrigen Rn. 66; hinsichtlich der BR-Mitglieder, die ihre Arbeitsleistung teilweise außerhalb des Betriebs erbringen Rn. 65.

324 Vgl. BT-Drucks. 14/5741, S. 40 zu Nr. 29a.

325 Vgl. etwa *LAG Berlin-Brandenburg* 12. 12. 19 – 10 Sa 1149/19, FA 20, 147 für die Ausübung von BR-Tätigkeiten durch einen Lehrer, dem Lehr- und Verwaltungszeiten vom AG vorgegeben werden.

326 Enger GK-*Weber*, Rn. 101.

327 Kritisch *Hanau*, RdA 01, 65 [71].

328 *BAG* 21. 5. 74, AP Nr. 14 zu § 37 BetrVG 1972.

329 Vgl. *Fitting*, Rn. 88; GK-*Weber*, Rn. 96; *Kühner*, S. 101; Richardi-*Thüsing*, Rn. 49f.; *Löwisch*, BB 01, 1734 [1741].

330 *BAG* 11. 7. 78, AP Nr. 57 zu § 37 BetrVG 1972; 22. 5. 86, AP Nr. 8 zu § 46 BPersVG; vgl. auch *BAG* 26. 1. 94 – 7 AZR 593/92, NZA 94, 765 = AiB 95, 166 mit Anm. *Goergens*.

331 So *Schubert*, AiB 94, 652.

332 Vgl. *BAG* 11. 7. 78, a. a. O., 19. 1. 84, BetrR 84, 319; *LAG Hamm*, a. a. O.; *LAG Niedersachsen* 10. 5. 85, AiB 86, 94; *Fitting*, Rn. 91; *Grikschat*, AuR 75, 334; a. A. *LAG Bremen* 11. 10. 74, BB 75, 838; auch Rn. 41.

sätzlich zu der vertraglichen Arbeitszeit des BR-Mitglieds geleistet wird, wobei ggf. die **Dauer der BR-Tätigkeit** (z. B. Teilnahme an einer Sitzung oder Versammlung) **und die Reisezeit** zu addieren sind.[333] Erfolgt dagegen die An- oder Rückreise am Tag der Sitzung des GBR außerhalb der Arbeitszeit aus betriebsbedingten Gründen, z. B. weil das BR-Mitglied unabkömmlich ist bzw. auf Wunsch des AG, besteht der Anspruch auf Freizeitausgleich.[334] Bestehen über die Durchführung von Dienstreisen nähere **tarifliche oder betriebliche Regelungen,** sind diese für Reisen von BR-Mitgliedern maßgebend.[335] Es gelten die gleichen Grundsätze wie für notwendige BR-Arbeit außerhalb der Arbeitszeit.[336]

c) Freigestellte BR-Mitglieder

70 **Freigestellte BR-Mitglieder** sind gehalten, ihre BR-Aufgaben während der normalen Arbeitszeit durchzuführen. Ist dies infolge eines übermäßigen Arbeitsanfalls nicht möglich, sind ggf. weitere BR-Mitglieder ganz oder teilweise freizustellen.[337] Bei freigestellten BR-Mitgliedern, die an einer **Gleitzeitregelung** teilnehmen, kann ein positives Gleitzeitsaldo nur aus BR-Tätigkeit außerhalb der Arbeitszeit resultieren und ist deshalb auszugleichen.[338] Aufgrund des Fehlens einer Eingliederung in betriebliche Abläufe gibt es keine sachlich begründbare Verpflichtung zur Ab- und Rückmeldung beim Verlassen ihres Arbeitsplatzes. Dies gilt auch dann, wenn sie Betriebsratsaufgaben außerhalb des Betriebs wahrnehmen. Die vom BAG in diesen Fällen geforderte Abmeldepflicht ist mit Blick auf die gesetzliche Verpflichtung, im Rahmen der Freistellung ausschließlich Betriebsratsaufgaben zu leisten, sachlich nicht nachvollziehbar.[339]

d) Außerhalb der Arbeitszeit

71 Die BR-Tätigkeit muss **außerhalb der Arbeitszeit** stattgefunden haben. Hierunter ist gem. Abs. 3 auch die persönliche Arbeitszeit des jeweiligen BR-Mitglieds zu verstehen. Maßgeblich ist, dass BR-Tätigkeit aus betriebsbedingten Gründen zu einer Zeit erfolgen muss, zu der BR-Mitglied ansonsten keine Arbeitsleistungen zu erbringen haben.[340]
Diese ergibt sich aus TV-Bestimmungen, einer BV nach § 87 Abs. 1 Nr. 2 oder dem Einzelarbeitsvertrag.[341] Dies gilt nunmehr auch für BR-Mitglieder, die als **Teilzeitbeschäftigte** tätig sind[342] oder in einem Arbeitsverhältnis mit **kapazitätsorientierter variabler Arbeitszeit**[343] bzw. in einem **Job-Sharing-Arbeitsverhältnis** (vgl. § 13 TzBfG) stehen,[344] sofern sie BR-Tätigkeit außerhalb ihrer **persönlichen Arbeitszeit** ausüben, z. B. an Sitzungen des BR (GBR, KBR) oder seiner Ausschüsse teilnehmen bzw. sonstige BR-Tätigkeit (z. B. Teilnahme als Vertreter des BR an Einstellungsgesprächen) wahrnehmen.[345]

---

333 *BAG* 15.2.89, AP Nr. 70 zu § 37 BetrVG 1972; zur Anrechnung für Beamte bei privatisierten Bahnunternehmen vgl. OVG Rheinland-Pfalz 14.2.03 – 10 A 11627/02.
334 *BAG* 11.7.78, 26.1.94, a.a.O.; enger *Richardi*, a.a.O.; a.A. *LAG Hamm*, a.a.O.
335 *BAG* 12.8.09 – 7 AZR 218/08, NZA 09, 1284; 16.4.03 – 7 ABR 423/01, NZA 04, 171 = AiB 05, 186 mit Anm. *Peter*; a.A. HWGNRH-*Glock*, Rn. 88; bezüglich der Teilnahme von BR-Mitgliedern an **Schulungs- und Bildungsveranstaltungen** nach Abs. 6 oder 7 vgl. Rn. 147, 172.
336 Richardi-*Thüsing*, Rn. 54ff.; a.A. *Bengelsdorf*, NZA 89, 912; *Lipke*, NZA 90, 761.
337 Vgl. *BAG* 21.5.74, AP Nr. 14 zu § 37 BetrVG 1972; *LAG Köln* 6.3.98, NZA-RR 99, 247; im Übrigen § 38 Rn. 11ff.
338 *BAG* 28.9.16 – 7 AZR 248/14, *NZA 17, 335.*
339 Vgl. § 38 Rn. 68.
340 BAG 15.5.19 – 7 AZR 396/17.
341 *Fitting*, Rn. 92; GK-*Weber*, Rn. 87ff.; HWGNRH-*Glock*, Rn. 79.
342 ErfK-*Koch*, Rn. 7; *Fitting*, a.a.O.; GK-*Weber*, Rn. 88.
343 Vgl. § 12 TzBfG; *BAG* 3.12.97 – 7 AZR 490/93, NZA 98, 558.
344 *Bengelsdorf*, NZA 89, 905ff.
345 *LAG Köln* 17.5.89, NZA 89, 943, Ls.; *Fitting*, Rn. 92a.

e) Teilzeitbeschäftigte

Arbeitszeit, die **Teilzeitbeschäftigte** über ihr persönliches Arbeitskontingent hinaus für erforderliche BR-Tätigkeit aufwenden, ist gem. Abs. 3 Satz 2 betriebsbedingt.[346] Hierzu gehören beispielsweise auch die Fälle, in denen ein in **Wechselschicht** Teilzeit tätiges BR-Mitglied außerhalb seiner persönlichen Arbeitszeit erforderliche BR-Tätigkeiten durchführt. Hierfür steht ihm regelmäßig ein Anspruch auf vollen Freizeitausgleich zu (vgl. auch Rn. 65f.). Dies gilt für **Reise- und Wegezeiten,** z.B. zu auswärtigen BR- (GBR-, KBR-) bzw. Ausschuss-Sitzungen, unter den gleichen Voraussetzungen wie für ein vollbeschäftigtes BR-Mitglied.[347] Enthalten TV Vorgaben oder Begrenzungen für anrechenbare Reise- und Wegezeiten, sollen diese auch für BR-bedingte Reisen mit der Folge zur Anwendung kommen, dass Erstattungsansprüche im Einzelfall nicht bestehen.[348] Entstehen Reise- und Wegezeiten außerhalb der persönlichen Arbeitszeit im Zusammenhang mit der Teilnahme an Schulungs- und Bildungsmaßnahmen nach den Abs. 6 und 7, soll der Anspruch gemäß Abs. 6 allerdings auf die vergleichbare Arbeitszeit eines in Vollzeit beschäftigten Arbeitnehmers begrenzt sein.[349] 72

Nach abzulehnender Meinung soll ein teilzeitbeschäftigtes BR-Mitglied, das außerhalb seiner persönlichen Arbeitszeit BR-Tätigkeit geleistet hat, erst dann Anspruch auf Mehrarbeitsvergütung nach Abs. 3 Satz 2 haben, wenn die Mehrarbeit über die Grenze der regelmäßigen Arbeitszeit der vollzeitbeschäftigten AN hinausgeht[350] bzw. wenn im Fall von Reisezeiten diese innerhalb der Arbeitszeit von Vollzeitbeschäftigten gelegen hätten,[351] sofern keine günstigere tarifliche oder betriebliche Regelung besteht. Diese Position überzeugt im Ergebnis nicht, weil es Teilzeit-AN im BR gegenüber Vollzeit-AN, die Zuschläge ggf. von der ersten Mehrarbeitsstunde an erhalten, offenkundig benachteiligt. Besonders deutlich wird dies in den Fällen, in denen zwei parallele Teilzeittätigkeiten mit dem Volumen einer Vollzeittätigkeit erfolgen.[352] Aber auch im Rahmen einer einzelnen Teilzeittätigkeit ist es mit Blick auf das Diskriminierungsverbot des § 1 TzBfG sachlich nicht nachvollziehbar, dass die Vergütung für Mehrarbeit bei Teilzeitarbeit von BR-Mitgliedern geringer ausfällt als die von Vollzeitbeschäftigten. Gesetzeskonform wäre deshalb eine Orientierung der Vergütung von Mehrarbeit am vereinbarten Teilzeitvolumen. 73

Zum selben Ergebnis führt eine Bewertung der Position des *BAG*, nach der die von einem in Teilzeit beschäftigten AN außerhalb der persönlichen Arbeitszeit geleisteten BR-Tätigkeit nicht bei der Berechnung von **Referenzzeiträumen** zur Feststellung der im Durchschnitt tatsächlich geleisteten Arbeitszeit heranzuziehen ist.[353] Die vom *BAG* vorgenommene Differenzierung nach »betrieblicher Überarbeit« und »betriebsratsbedingter Überarbeit« stellt im Ergebnis Teilzeit-AN, die BR-Tätigkeit verrichten, deutlich schlechter als vergleichbare Vollzeit-AN. Zudem ist es wenig überzeugend, wenn das *BAG* hier aufgrund der BR-Tätigkeit zu Lasten einer BR differenziert, während andererseits bei der Anrechnung von betriebsbedingten Reisezeiten eine pauschale Gleichsetzung mit anderen Tätigkeiten und damit keine Berücksichtigung der spe- 74

---

346 Ebenso *Fitting,* Rn. 91; enger HWGNRH-*Glock,* Rn. 86, die eine vom AG begründete Notwendigkeit voraussetzen.

347 *LAG Niedersachsen,* a.a.O.; *LAG Frankfurt,* a.a.O.; zustimmend GK-*Weber,* Rn. 107; einschränkend *BAG* 26.1.94 – 7 AZR 593/92, NZA 94, 765; *Bengelsdorf,* a.a.O., S. 911ff.; a.A. HWGNRH-*Glock,* Rn. 87.

348 *BAG* 21.6.06 – 7 AZR 389/05, NZA 06, 1417; hierzu *Wolmerath,* jurisPR-ArbR 49/06, Anm. 4.

349 *BAG* 10.11.04 – 7 ABR 12/04, DB 05, 1175; enger *LAG Baden-Württemberg* 3.2.04 – 17 Sa 70/03, EzA-SD 04, Nr. 12, 13, das einen entsprechenden Anspruch nur zubilligen will, wenn eine entsprechende allgemeine Regelung besteht; ähnlich HWGNRH-*Glock,* Rn. 212; vgl. auch *BAG* 16.2.05 – 7 AZR 330/04, AuR 05, 108 = DB 05, 1858, nach dessen abzulehnender Position kein Ausgleichsanspruch bestehen soll, wenn zu dem Zeitpunkt, zu dem der Anspruch ausgelöst wird (hier: Freitagnachmittag in einem Druckereibetrieb) im Betrieb kein Vollzeitarbeitnehmer mehr tätig ist; ähnlich Richardi-*Thüsing,* Rn. 45, 134.

350 *BAG* 7.2.85, a.a.O.; *Bengelsdorf,* NZA 89, 905 [913 ff.]; *Lipke,* a.a.O.; vgl. auch *EuGH* 15.12.94, DB 95, 49, 7.3.96, NZA 96, 430; GK-*Weber,* Rn. 121ff.; Rn. 136.

351 *BAG* 11.10.04 – 7 AZR 13104, DB 05, 1175.

352 Zu Rechtsfolgen vgl. MünchArbR-*Schüren,* § 162 Rn. 44ff.

353 *BAG* 19.12.06 – 9 AZR 355/06 und 9 AZR 356/06, juris.

zifischen Bedingungen der BR-Gremienarbeit erfolgt.[354] Bezüglich der Teilnahme von teilzeitbeschäftigten BR-Mitgliedern an **Schulungsmaßnahmen** nach Abs. 6 oder 7 vgl. Rn. 166ff.

f) Wechselschicht

75 Der Anspruch auf Freizeitausgleich besteht nach § 616 Abs. 1 BGB und § 78 BetrVG[355] für ein in Wechselschicht beschäftigtes BR-Mitglied auch, wenn durch seine tagsüber ausgeübte bzw. auszuübende BR-Tätigkeit in der vorhergehenden und/oder nachfolgenden **Nachtschicht** ganz oder teilweise nicht gearbeitet werden kann. So wird es bei einer ganztägigen BR-Sitzung BR-Mitgliedern im Allgemeinen nicht zumutbar sein, die dem Sitzungstag vorangehende und die nachfolgende Nachtschicht zu fahren.[356] In diesem Fall hat der AG dem BR-Mitglied für die Dauer der Sitzung bezahlten Freizeitausgleich zu gewähren und bis zur Dauer der notwendigen Arbeitsverhinderung die restlichen Stunden nach § 616 Abs. 1 BGB bzw. § 78 BetrVG zu vergüten.[357] Ist die BR-Sitzung (oder sonstige BR-Tätigkeit) kürzer, ist im Allgemeinen den betroffenen BR-Mitgliedern bezahlte Freistellung von der dem Sitzungstag vorangehenden Nachtschicht zu gewähren[358] bzw. eine frühere Beendigung der Nachtschicht zu gewährleisten, damit sie noch einigermaßen ausgeschlafen an der BR-Sitzung teilnehmen können.[359]

76 Nimmt ein in **Wechselschicht** beschäftigtes BR-Mitglied während seiner **schichtfreien Zeit** an einer BR-Versammlung nach § 53 teil – oder übt es sonstige erforderliche BR-Tätigkeit aus –, hat es Anspruch auf entsprechende Arbeitsbefreiung und kann eine Ersatzfreischicht verlangen.[360] Kein Ausgleichsanspruch soll aufgrund des Ehrenamtsprinzips für Betriebsratsmitglieder bestehen, die nach Beendigung ihres Arbeitsverhältnisses ein Restmandat ausüben.[361]

g) Freie Bestimmung der Arbeitszeit / Tätigkeit außerhalb des Betriebs

77 Um eine aus **betriebsbedingten Gründen** außerhalb der Arbeitszeit ausgeübte BR-Tätigkeit handelt es sich auch bei BR-Mitgliedern, die nach ihrem Arbeitsvertrag die zeitliche **Lage der Arbeitszeit ganz oder teilweise selbst bestimmen** und **außerhalb des Betriebs** erbringen (z. B. Privatschullehrer). Dies gilt auch, wenn das betroffene BR-Mitglied dem AG vorher mitgeteilt hat, dass die BR-Tätigkeit nicht innerhalb der Arbeitszeit erfolgen kann[362] und der AG keine Möglichkeit zur Ausübung der BR-Tätigkeit während der Arbeitszeit schafft. Sie üben in diesen Fällen BR-Tätigkeit außerhalb der Arbeitszeit aus, die als zusätzlich geleistet anzusehen ist.[363] Kann für die aufgewendete Zeit keine entsprechende Arbeitsbefreiung gewährt werden, ist diese wie Mehrarbeit zu vergüten (vgl. Rn. 85). Ist eine **Urlaubsunterbrechung** als erforderlich i. S. d. Abs. 2 anzusehen (vgl. Rn. 39), besteht ein Anspruch auf eine entsprechende Verlängerung seines Urlaubs oder auf Gutschrift eines Urlaubstages.[364]

---

354 Vgl. *BAG* 21.6.06 – 7 AZR 389/05, NZA 06, 1417.
355 *BAG* 7.6.89, AP Nr. 72 zu § 37 BetrVG 1972; *ArbG Berlin* 27.9.89 – 8 Ca 226/89; vgl. § 78 Rn. 16.
356 *BAG* 7.6.89, AP Nr. 72 zu § 37 BetrVG 1972; vgl. auch *LAG Hamm* 23.10.91 – 3 TaBV 97/91, DB 92, 233, Ls. = BetrR 92, 38 mit Anm. *Ortmann*, sofern dies zur aktiven, geistig wachen Teilnahme an der BR-Sitzung erforderlich ist.
357 *BAG*, a. a. O.; *LAG Hamm*, a. a. O.; vgl. auch Rn. 42.
358 *ArbG Hamburg* 15.4.82, AiB 89, 254.
359 *ArbG Koblenz* 3.5.88, AiB 89, 79.
360 *ArbG Koblenz* 5.7.83, BetrR 84, 316; vgl. auch *OVG Rheinland-Pfalz* 24.1.90, PersR 91, 234, Ls.; enger *BVerwG* 30.1.86, AuR 86, 349, Ls., das einen Freizeitausgleich nur für die tatsächliche Dauer der PR-Sitzung anerkannt hat, wenn die Diensteinteilung so geändert wurde, dass das PR-Mitglied an dem betreffenden Tag dienstfrei hatte; vgl. auch Rn. 60ff.
361 *BAG* 5.5.10 – 7 AZR 728/08, AuR 10, 275 für den Fall, dass Personen bereits Versorgungsleistungen erhalten.
362 *BAG* 31.10.85, AP Nr. 52 zu § 37 BetrVG 1972.
363 *BAG* 15.5.86, 3.12.87, 15.2.89, AP Nrn. 53, 62, 70 zu § 37 BetrVG 1972, 26.1.94 – 7 AZR 593/92, NZA 94, 765 = AiB 95, 166 mit Anm. *Goergens*; *LAG Berlin* 18.6.92 – 14 Sa 46/92, BB 93, 291 = AiB 93, 46 mit Anm. *Kuster*; *Rath*, BB 89, 2326 [2328]; a. A. HWGNRH-*Glock*, Rn. 81.
364 Im Ergebnis ebenso *Ochsmann*, BB 78, 562; a.A. ErfK-*Koch*, Rn. 7: *Fitting*, Rn. 87; GK-*Weber*, Rn. 102; Richardi-*Thüsing*, Rn. 50; *ArbG Cottbus* 15.8.12 – 2 Ca 147/12, juris.

2. Anspruch auf Arbeitsbefreiung

Das betreffende BR-Mitglied muss seinen **Anspruch** auf bezahlte Freistellung gegenüber dem AG **geltend machen** und mitteilen, wann und wie lange es außerhalb der Arbeitszeit BR-Tätigkeiten durchgeführt hat, sofern der AG hiervon nicht ohnehin Kenntnis hat. Maßgeblich ist der vom BR-Mitglied nachgewiesene Zeitraum.[365] Da der **Freizeitausgleich** grundsätzlich **innerhalb eines Monats** zu gewähren ist, hat die Mitteilung unverzüglich, d.h. ohne schuldhaftes Zögern (§ 121 Abs. 1 BGB), zu erfolgen. Eine **verspätete Geltendmachung** des Anspruchs ist jedoch **unschädlich,** auch nach Ablauf eines Monats[366] und im Rahmen der tarifvertraglichen Ausschlussfrist. Nur wenn die Gewährung der Arbeitsbefreiung innerhalb eines Monats aus betriebsbedingten Gründen nicht möglich ist, besteht ein **Abgeltungsanspruch** (vgl. Rn. 85). Dieses **Rangverhältnis** der Ansprüche ist zwingend und unterliegt weder der Disposition des AG noch der des betreffenden BR-Mitglieds.[367] 78

Das BR-Mitglied darf den Anspruch auf Freizeitausgleich grundsätzlich nicht eigenmächtig realisieren und einfach der Arbeit fernbleiben.[368] Es gelten die gleichen Grundsätze wie bei der Urlaubsgewährung, wobei sich die zeitliche Lage der Arbeitsbefreiung vorwiegend nach den Wünschen des BR-Mitglieds richtet, sofern keine betriebsbedingten Gründe entgegenstehen.[369] Entsprechendes gilt auch für die Frage, ob die Arbeitsbefreiung **zusammenhängend** genommen werden kann oder ob **eine Teilung** möglich oder notwendig ist.[370] Eine **eigenmächtige Inanspruchnahme** des Freizeitausgleichs durch das BR-Mitglied ist nach umstrittener, aber richtiger Auffassung möglich, wenn der AG den Ausgleichsanspruch nicht innerhalb eines Monats erfüllt und keine erkennbaren Gründe, die der Gewährung des Ausgleichsanspruchs entgegenstehen, vorhanden sind.[371] Um einen Abgeltungsanspruch zu verhindern, ist der AG berechtigt, die zeitliche Lage der Arbeitsbefreiung festzulegen, sofern das BR-Mitglied diesbezüglich keine Wünsche äußert oder seine Wünsche aus betriebsbedingten Gründen nicht berücksichtigt werden können.[372] Entsprechendes gilt, wenn Anspruch verspätet geltend gemacht wird (Rn. 78). 79

Die für BR-Tätigkeit außerhalb der Arbeitszeit **aufgewendete Zeit** ist **wie Arbeitszeit** zu behandeln. Sie ist auf die gesetzliche oder tarifliche regelmäßige Arbeitszeit anzurechnen. Hat z.B. ein in der Spätschicht arbeitendes BR-Mitglied vor Schichtbeginn eine vierstündige BR-Tätigkeit ausgeübt, ist es – falls seine normale Arbeitszeit täglich acht Stunden beträgt – grundsätzlich nur noch verpflichtet, in der Spätschicht weitere vier Stunden zu arbeiten.[373] Ein weiterer Freizeitausgleich braucht dann nicht gewährt zu werden (vgl. insgesamt Rn. 65f., 71). Nimmt ein BR-Mitglied außerhalb seiner persönlichen Arbeitszeit, die aufgrund einer zu leistenden Arbeitsbereitschaft als Rettungssanitäter regelmäßig zwölf Stunden beträgt, an einer achtstündigen BR-Sitzung teil, soll ihm hierfür nach Auffassung des BAG nur ein Ausgleich für die Dauer der Sitzung zustehen.[374] Dies soll selbst dann gelten, wenn für andere berufliche achtstündige Weiterbildungen während der Arbeitszeit ein Ausgleich für zwölf Stunden erfolgt. 80

365 *ArbG Freiburg* 28.11.95, AiB 96, 377, 378; GK-*Weber,* Rn. 112ff.

366 *Fitting,* Rn. 87; GK-*Weber,* Rn. 112; *Richardi,* a.a.O.; a.A. *ArbG Gießen* 26.2.86, NZA 86, 614; *GL,* 46, nach deren Ansicht der Anspruch nach Ablauf eines Monats erlischt; ähnlich MünchArbR-*Joost,* § 308 Rn. 41f.; HWGNRH-*Glock,* Rn. 96.

367 ErfK-*Koch,* Rn. 8; *Fitting,* Rn. 93; GK-*Weber,* Rn. 109; *Kühner,* S. 102; Richardi-*Thüsing,* Rn. 61f.

368 Vgl. *Däubler,* Schulung, Rn. 452ff.; ErfK-*Koch,* Rn. 8; *Fitting,* Rn. 95 m.w.N.; *SWS,* Rn. 24a.

369 *ArbG Rheine* 20.4.79 – 2 Ca 240/79; ErfK-*Koch,* Rn. 8; *Fitting,* a.a.O., 101; *Kühner,* S. 103f.; enger *BAG* 15.2.12 – 7 AZR 774/10, NZA 12, 1112, das AG ein Prüfungsrecht nach billigem Ermessen zugesteht; *Dütz,* DB 76, 1428 [1480]; *GL,* Rn. 48; HWGNRH-*Glock,* Rn. 94; Richardi-*Thüsing,* Rn. 59; gegen die Anwendbarkeit der Grundsätze des BurlG GK-*Weber,* Rn. 109.

370 *Fitting,* Rn. 101; enger *Richardi,* a.a.O.; *Dütz,* a.a.O.; GK-*Weber,* Rn. 116; HWGNRH-*Glock,* Rn. 94; *Richardi,* a.a.O.

371 *Fitting,* Rn. 96; *Lichtenstein,* BetrR 87, 7 [43]; a.A. ErfK-*Koch,* a.a.O.; *Dütz,* a.a.O.; *GL,* Rn. 47; GK-*Weber,* Rn. 111; MünchArbR-*Joost,* a.a.O.; Richardi-*Thüsing,* Rn. 60, die zum Teil auf die Möglichkeit einer einstweiligen Verfügung verweisen.

372 Vgl. auch *SWS,* Rn. 24a, die darauf verweisen, dass der Anspruch erlischt, wenn der AG diesen ordnungsgemäß anbietet, das BR-Mitglied aber nicht annimmt.

373 A. A. *SWS,* a.a.O., wonach BR-Tätigkeit auf die gesetzliche Höchstarbeitszeit nicht anzurechnen ist.

374 *BAG* 26.9.18 – 7 AZR 829/16, NZA 19, 259; zustimmend *Schröter/Letiy,* DB 19, 494.

Zur Begründung verweist das Gericht auf das Ehrenamtsprinzip und sieht deshalb keine Ungleichbehandlung bezüglich anderer Weiterbildungen.[375] Erkrankt ein BR-Mitglied während des Freizeitausgleichs, soll kein Anspruch auf Entgeltfortzahlung nach dem EFZG entstehen, wohl aber auf Fortzahlung der Vergütung.[376]

81 Die mit dieser Entscheidung untermauerte Auffassung des *BAG*,[377] nach der ein Ausgleichsanspruch nur im gleichen Umfang (1:1) bestehen soll, wie das BR-Mitglied außerhalb seiner Arbeitszeit BR-Tätigkeit ausgeübt hat, ist abzulehnen. Nach richtiger Ansicht ist vielmehr davon auszugehen, dass ein Anspruch auf **Mehrarbeitszuschläge** bzw. entsprechend **höheren Freizeitausgleich** gegeben sein kann, da das BR-Mitglied in diesen Fällen eine Mehrbelastung auf sich genommen hat, zu deren Ausgleich üblicherweise Zuschläge gezahlt werden. Sieht beispielsweise ein TV vor, dass die über die vereinbarte tägliche oder wöchentliche Arbeitszeit hinausgehenden Arbeitsstunden mit Mehrarbeitszuschlag zu vergüten sind, hat auch das BR-Mitglied, dessen darüber hinausgehende außerhalb der Arbeitszeit verrichtete BR-Tätigkeit im Wege des Freizeitausgleichs abgegolten wird, Anspruch auf zusätzliche Gewährung der Mehrarbeitszuschläge bzw. eines entsprechend höheren Freizeitausgleichs.[378] **Teilzeitbeschäftigte BR-Mitglieder** sollen jedoch bis zur Höhe der vollzeitbeschäftigten AN keinen höheren Freizeitausgleich erhalten,[379] sofern keine anderslautende tarifliche, betriebliche oder einzelvertragliche Regelung besteht (vgl. auch Rn. 71).

82 Für die Zeit der Arbeitsbefreiung ist dem BR-Mitglied das **Arbeitsentgelt einschließlich aller Zulagen und Zuschläge fortzuzahlen,** das es verdient haben würde, wenn es gearbeitet hätte.[380] Es gelten die gleichen Grundsätze wie zu Abs. 2 (vgl. im Übrigen Rn. 50ff.).

83 Die Arbeitsbefreiung ist **vor Ablauf eines Monats** zu gewähren. Für den Beginn der Frist ist die Amtshandlung, nicht die Anzeige maßgebend.[381] Der Tag der Amtshandlung ist bei der Fristberechnung gem. § 187 Abs. 1 BGB nicht mitzurechnen. Wurde eine BR-Tätigkeit am 10. eines Monats außerhalb der Arbeitszeit durchgeführt, muss die entsprechende **Arbeitsbefreiung bis zum Ablauf des 10. des Folgemonats** gewährt werden. Eine »rückwirkende« Arbeitsbefreiung für eine der BR-Tätigkeit vorausgehende Arbeitsschicht erfüllt den Freistellungsanspruch nicht.[382]

84 Wird der Anspruch auf Freizeitausgleich nicht innerhalb eines Monats erfüllt, wandelt er sich in einen **Abgeltungsanspruch** um (vgl. Rn. 85), falls seiner Erfüllung betriebsbedingte Gründe entgegenstehen. Wird die Arbeitsbefreiung nicht innerhalb eines Monats gewährt, obwohl dem keine betrieblichen Gründe entgegenstehen und deshalb dem Grunde nach auch kein Abgeltungsanspruch entsteht, behält das BR-Mitglied seinen Anspruch auf Arbeitsbefreiung,[383] der jedoch um das Verhältnis des Mehrarbeitszuschlags zu erhöhen ist.[384] Das BR-Mitglied hat dann ein **Wahlrecht** zwischen Freizeitausgleich und Mehrarbeitsvergütung. Die Monatsfrist ist keine **Ausschlussfrist** in dem Sinne, dass nach Ablauf der Frist der Anspruch nicht mehr bestünde.[385] Andererseits kann das BR-Mitglied den Abgeltungsanspruch nicht dadurch herbeiführen, dass es den Anspruch auf Arbeitsbefreiung nicht oder verspätet geltend macht.[386] Hat der AG den Freizeitausgleich ordnungsgemäß gewährt, das BR-Mitglied ihn jedoch innerhalb

---

375 *BAG*, a. a. O.

376 *BAG* 15.2.12 – 7 AZR 774/10, NZA 12, 1112; *Fitting*, **Rn. 102.**

377 Vgl. etwa auch 19.7.77, AP Nr. 29 zu § 37 BetrVG 1972.

378 Vgl. *Peter*, AiB 02, 206; *Kühner*, S. 103; a. A. *Eich*, BB 74, 1443 [1445]; ErfK-*Koch*, Rn. 8; *Fitting*, Rn. 98; GK-*Weber*, Rn. 121f.; *GL*, Rn. 49; Richardi-*Thüsing*, Rn. 55, vgl. dort aber Rn. 58; HWGNRH-*Glock*, Rn. 99; WP-*Kreft*, Rn. 31.

379 *EuGH* 15.12.94, DB 95, 49.

380 So auch, jedoch ohne Mehrarbeitszuschläge oder erhöhten Freizeitausgleich, *BAG* 19.7.77, AP Nr. 29 zu § 37 BetrVG 1972; *Fitting*, Rn. 102; GK-*Weber*, Rn. 142; HWGNRH-*Glock*, Rn. 99; Richardi-*Thüsing*, Rn. 56; enger *LAG Baden-Württemberg* 25.10.16 – 19 Sa 26/16, EzA-SD 17, Nr. 9, 13.

381 *Fitting*, Rn. 103; GK-*Weber*, Rn. 114; HWGNRH-*Glock*, Rn. 95; Richardi-*Thüsing*, Rn. 57.

382 *BAG* 15.5.19 – 7 AZR 396/17.

383 *Fitting*, Rn. 104.

384 So auch *GL*, Rn. 53; vgl. auch Rn. 73.

385 GK-*Weber*, Rn. 112f.; *GL*, Rn. 50; Richardi-*Thüsing*, Rn. 58; a. A. MünchArbR-*Joost*, § 308 Rn. 43.

386 ErfK-*Koch*, Rn. 8; *Fitting*, Rn. 107; *GL*, Rn. 51; MünchArbR-*Joost*, a. a. O.; allg. *BAG* 18.1.17 – 7 AZR 224/15; NZA 17, 791.

einer angemessenen Frist unbegründet nicht in Anspruch genommen, erlischt dieser.[387] Gemäß den §§ 195, 199 BGB **verjährt der Anspruch** auf Freizeitausgleich spätestens mit Ablauf von drei Jahren, gerechnet vom Schluss des Jahres an, in dem er entstanden ist,[388] sofern nicht kürzere tarifliche Ausschlussfristen zu beachten sind.[389] Die Gewährung von Arbeitsbefreiung soll kein Anerkenntnis darstellen, die Zeit der Arbeitsbefreiung unabhängig von einer dazu bestehenden rechtlichen Verpflichtung auch vergüten zu wollen.[390]

3. Abgeltung der Mehrarbeit

Nach Abs. 3 Satz 2 kommt eine **Abgeltung** des Anspruchs nur in Betracht, wenn die Arbeitsbefreiung aus betriebsbedingten Gründen nicht innerhalb eines Monats möglich ist. Das BR-Mitglied muss den AG zur realisierbaren Einräumung der Arbeitsbefreiung aufgefordert haben.[391] Aus dem eindeutigen Gesetzeswortlaut ergibt sich, dass ein **Wahlrecht** zwischen Freizeitgewährung und Mehrarbeitsvergütung nicht besteht.[392] Hieraus folgt, dass der Begriff »betriebsbedingte Gründe« aus sozial- und gesundheitspolitischen Grundgedanken eng ausgelegt werden muss.[393] Betriebsbedingte Gründe sind nur solche, die aus objektiven Gründen eines ordnungsgemäßen Betriebsablaufs auch eine nur vorübergehende Abwesenheit des BR-Mitglieds als nicht vertretbar erscheinen lassen.[394] Sie sind z. B. gegeben, wenn ein **teilzeitbeschäftigtes BR-Mitglied** seinen Freizeitausgleich nicht innerhalb seiner persönlichen Arbeitszeit verwirklichen kann, weil seine BR-Arbeit die zur Verfügung stehende Arbeitszeit vollständig ausfüllt.[395] Ähnliches gilt für gem. § 38 Abs. 1 freigestellte BR-Mitglieder.[396] Ggf. muss der AG entsprechende **Personalreserven** vorsehen. Bei der Abgeltung ist allen betroffenen BR-Mitgliedern unabhängig von Voll- oder Teilzeittätigkeit die **aufgewandte Zeit wie Mehrarbeit zu vergüten.**[397] Die Höhe des Mehrarbeitszuschlags richtet sich in erster Linie nach bestehenden Vereinbarungen.[398] Das erzielte höhere Einkommen muss bei der **Berechnung von Urlaubsgeld** und von **Feiertagsentgelt** berücksichtigt werden.[399] Gleiches gilt, wenn ein BR-Mitglied ständig zusätzlich zu seiner individuellen Arbeitszeit Betriebsratsarbeit leistet und wenn ihm hierfür regelmäßig eine bezahlte Arbeitsbefreiung nach näherer Maßgabe von § 37 Abs. 3 BetrVG nicht gewährt werden kann.[400] In diesem Fall kann das Mitglied auch eine Entgeltfortzahlung im Krankheitsfall verlangen.[401] In den vorstehend genannten Berücksichtigungen liegt keine 85

387 Vgl. *ArbG Rheine* 20.4.79 – 2 Ca 240/79.
388 *Fitting*, Rn. 120; GK-*Weber*, Rn. 123; *GL*, Rn. 50; zur Übergangsfrist per 1.1.02 vgl. Art. 229 § 6 EGBGB.
389 HWGNRH-*Glock*, Rn. 97; vgl. auch *BAG* 26.2.92 – 7 AZR 201/91, NZA 93, 423 = PersR 92, 468.
390 *BAG* 16.2.05 – 7 AZR 330/04, NZA 05, 936.
391 *LAG Rheinland-Pfalz* 19.11.09 – 2 Sa 389/09.
392 So im Ergebnis auch Richardi-*Thüsing*, Rn. 61; GK-*Weber*, Rn. 125.
393 ErfK-*Koch*, Rn. 8; *Fitting*, Rn. 106; vgl. auch *BAG* 8.3.00 – 7 AZR 136/99.
394 *Fitting*, a.a.O.; GK-*Weber*, Rn. 126; a.A. *GL*, Rn. 51; HWGNRH-*Glock*, Rn. 101; Richardi-*Thüsing*, Rn. 46ff.
395 *ArbG Freiburg*, AiB 96, 377, 378.
396 Ebenso *Fitting*, Rn. 107 bei Ausfüllung der Arbeitszeit mit erforderlicher BR-Tätigkeit; GK-*Weber*, a.a.O., der allerdings auf die Betriebsratsbedingtheit abstellt; vgl. hierzu Rn. 59.
397 *Fitting*, Rn. 110; Richardi-*Thüsing*, Rn. 64; MünchArbR-*Schüren*, § 164 Rn. 16ff.; *BAG* 12.12.00 – 9 AZR 508/99, DB 01, 875, das auf die Betriebsbedingtheit der aufgewendeten Zeit abstellt; a.A. bezüglich Teilzeittätigkeit *BAG* 7.2.85, AP Nr. 48 zu § 37 BetrVG 1972; *LAG Baden-Württemberg* 14.10.97 – 10 Sa 27/96, das nur auf das Grundgehalt abstellt; bestätigt durch *BAG* 25.8.99, DB 00, 883 = AiB 00, 432 mit Anm. *Peter*, das auf das Fehlen der erforderlichen Darlegung abstellt, dass dieser Anspruch aus betriebsbedingten Gründen nicht erfüllt werden kann; *Bengelsdorf*, NZA 89, 913; *Boemke*, JuS 00, 825; *Lipke*, NZA 90, 761.
398 TV, Einzelarbeitsvertrag, Betriebsüblichkeit; ebenso Richardi-*Thüsing*, Rn. 64.
399 *BAG* 8.11.17 – 5 AZR 11/17, NZA 18, 528 zur Berücksichtigung von urlaubsbedingt ausfallenden Zeiten der BR-Arbeit bei der Bemessung des Urlaubsentgelts; 11.1.95 – 7 AZR 543/94, NZA 96, 105; *LAG Köln* 14.7.16 – 8 Sa 219/16, juris; ähnlich HWGNRH-*Glock*, Rn. 104.
400 *BAG* 8.11.17 – 5 AZR 11/17, NZA 18, 528.
401 *BAG* a.a.O.

unzulässige Begünstigung des BR-Mitglieds.[402] Dies gilt entsprechend für alle sonstigen Lohnersatzleistungen, deren Höhe nach dem Referenzprinzip ermittelt wird.[403] Keinen Anspruch auf Abgeltung von Mehrarbeit sollen Betriebsratsmitglieder haben, die nach Beendigung ihres Arbeitsverhältnisses ein Restmandat wahrnehmen und während dieser Zeit aufgrund der Versetzung in den Ruhestand Versorgungsleistungen erhalten.[404]

V. Wirtschaftliche und berufliche Absicherung (Abs. 4 und 5)

86 Durch die Abs. 4 und 5 soll sichergestellt werden, dass BR-Mitglieder weder in wirtschaftlicher noch in beruflicher Hinsicht **gegenüber vergleichbaren AN** mit betriebsüblicher beruflicher Entwicklung **Nachteile** erleiden.[405] Dieser **Schutz** gilt sowohl während als auch innerhalb eines Jahres nach Beendigung der Amtszeit und steht damit in einem engen Zusammenhang mit dem nachwirkenden Kündigungsschutz der BR-Mitglieder gegen ordentliche Kündigungen nach § 15 Abs. 1 Satz 2 KSchG. Für freigestellte BR-Mitglieder verlängert sich der nachwirkende Schutzzeitraum nach § 38 Abs. 3 unter bestimmten Voraussetzungen (vgl. § 38 Rn. 78ff.). Damit soll berücksichtigt werden, dass ein BR-Mitglied durch die Belastung seines Amtes Nachteile allein deshalb erleiden kann, weil es an der beruflichen Entwicklung nicht in der Intensität teilnehmen kann wie vergleichbare AN.[406] Es soll folglich grundsätzlich so gestellt werden, als ob es kein BR-Amt übernommen, sondern weitergearbeitet und eine normale berufliche Entwicklung genommen hätte.[407] Die Regelungen der Abs. 4 und 5 konkretisieren damit das allgemeine Benachteiligungsverbot des § 78 Satz 2[408] und sichern die äußere Unabhängigkeit der BR-Mitglieder. Sie kommen auch für freigestellte Beamte des Bundeseisenbahnvermögens zur Anwendung, die der Bahn AG zugewiesen sind.[409]

86a Die Regelung zur Sicherung des Arbeitsentgelts von BR-Mitgliedern in Abs. 4 soll nach einem Gesetzentwurf der Bundesregierung vom 1.11.2023[410] unter Zugrundelegung der **einschlägigen Rechtsprechung weiter konkretisiert** werden. Insoweit dient die geplante Ergänzung in § 37 Abs. 4 S. 3 bis 5 einerseits der **Klarstellung** und zielt zugleich auf die **Schaffung** einer **größeren Transparenz.**[411]

1. Wirtschaftliche Sicherung

87 Während Abs. 2 gewährleistet, dass den BR-Mitgliedern bei Arbeitsbefreiung das ihnen sonst zustehende Arbeitsentgelt weitergezahlt wird, darf nach **Abs. 4** ihr **Arbeitsentgelt nicht geringer bemessen werden** als das Arbeitsentgelt vergleichbarer AN des Betriebs mit **betriebsüblicher beruflicher Entwicklung.**[412] Da eine hypothetische Betrachtungsweise[413] im Einzelfall zu Schwierigkeiten führen kann, stellt das Gesetz auf diesen **Vergleichsmaßstab** ab.[414] Die Vorschrift ist für freigestellte BR-Mitglieder von besonderer Bedeutung, findet aber auch auf nicht freigestellte Anwendung. Diese werden durch die Inanspruchnahme durch das Amt vielfach

402 *BAG* 11.1.95 – 7 AZR 543/94, NZA 96, 105 = AuR 95, 61, Ls.; *Fitting*, Rn. 113.
403 Ebenso *Fitting*, a.a.O.; HWGNRH-*Glock*, a.a.O.
404 *BAG* 5.5.10 – 7 AZR 728/08, AuR 10, 275.
405 BT-Drucks. VI/2729, S. 23.
406 *Fitting*, Rn. 114; HWGNRH-*Glock*, a.a.O.; Richardi-*Thüsing*, Rn. 68.
407 *Hennecke*, RdA 86, 241; zur Nachweispflicht von Benachteiligungen *LAG München* 10.9.21 – 4 Sa 112/21.
408 *BAG* 17.5.77, AP Nr. 28 zu § 37 BetrVG 1972; *Fitting*, a.a.O.; GK-*Weber*, Rn. 132ff.; *Hennecke*, BB 86, 936; HWGNRH-*Glock*, Rn. 105; *Richardi*, a.a.O.; zu strafrechtlichen Aspekten *Zimmer/Dürr*, NZWiSt 21m 176.
409 *OVG Berlin-Brandenburg* 13.1.12 – OVG 6 N 55.09, juris.
410 Vgl. hierzu Rn. 2b.
411 Vgl. Regierungsentwurf, a.a.O (Fn. 9), S. 7.
412 Zur analogen Anwendung auf ein übernommenes Mitglied der JAV vgl. *LAG Hamm* 8.11.05 – 6 Sa 1018/05, AuR 06, 214.
413 Vgl. *LAG Rheinland-Pfalz* 3.6.80, EzA § 37 BetrVG 1972 Nr. 69.
414 Vgl. *Fitting*, Rn. 116; GK-*Weber*, Rn. 143f.; *GL*, Rn. 56; *Hennecke*, RdA 86, 241; HWGNRH-*Glock*, Rn. 109.

daran gehindert, sich ihrer beruflichen Tätigkeit mit der gleichen Intensität wie andere AN zu widmen oder ihrer bisherigen Tätigkeit im gleichen Umfang nachzukommen.[415]

a) Vergleichbarkeit

Maßgebend ist das Arbeitsentgelt solcher AN, die mit dem BR-Mitglied **»vergleichbar«** sind. 88
Dies sind AN, die ähnliche, im Wesentlichen gleich qualifizierte Tätigkeiten ausgeführt haben wie ein BR-Mitglied zu Beginn seiner Amtszeit und die dafür in gleicher Weise wie dieser fachlich und persönlich qualifiziert waren.[416] Neben einer formal gleichen Qualifikation können bei der Bewertung auch die Ausübung der betrieblichen Tätigkeit relevante Faktoren wie relevante Vorkenntnisse oder Erfahrungen bedeutsam sein. Im **Streitfall** muss ein BR-Mitglied **Hinweise** auf eine bestimmte betriebliche Beförderungspraxis **schlüssig darlegen.**[417] Gleiches gilt für relevante Erfahrungen oder für spezifische Kenntnisse und Fähigkeiten. Beschäftigt der Betrieb nur (oder nur noch) einen vergleichbaren AN, ist der Vergleich mit diesem maßgebend.[418] **Fehlen vergleichbare AN** im Betrieb ganz, können AN **aus anderen Betrieben** als Vergleichsmaßstab herangezogen werden, sofern deren Einkommens-, Entwicklungs- und Qualifikationsdaten für einen Vergleich zugänglich sind.[419] Gibt es auch in anderen Betrieben **keine vergleichbaren AN,** kann die **betriebsübliche Entwicklung** der **nächstvergleichbaren AN-Gruppe** für einen Vergleich herangezogen werden und eine **Schätzung** des dort gezahlten Mindestentgelts unter entsprechender Anwendung von § 287 ZPO erfolgen.[420]

Maßgebender Zeitpunkt für den Vergleich ist nach aktuell geltendem Recht der **Zeitpunkt der** 88a
Wahl des BR-Mitglieds bzw. die **Übernahme des Amtes,** d. h. der Moment, in dem sich das BR-Mitglied noch ausschließlich seiner beruflichen Tätigkeit widmen konnte, ohne ein BR-Amt innegehabt zu haben.[421] Nicht maßgeblich soll hingegen der Zeitpunkt der Freistellung sein, wenn diese nicht zusammen mit dem Beginn der ersten Amtszeit zusammenfällt.[422]

In § 37 Abs. 4 Satz 3 des Gesetzentwurfs vom 1. 11. 2023 wird der Zeitpunkt der **Übernahme** 88b
des BR-Amts nunmehr ausdrücklich als **zeitlicher Anknüpfungspunkt** für die Bestimmung der nach Abs. 4 S. 1 vergleichbaren Arbeitnehmer benannt.[423] Diese Regelung dient nach der Gesetzesbegründung allein der **Klarstellung der bestehenden Rechtslage** und schafft keine neue Rechtssituation. Der in Satz 3 festgelegte Anknüpfungspunkt kommt gleichermaßen für **nicht freigestellte** wie für **freigestellte BR-Mitglieder** zur Anwendung. Ausgehend von der einschlägigen Rechtsprechung[424] soll eine **Vergleichsgruppe** nach der Gesetzesbegründung aus AN bestehen, die im Zeitpunkt der Amtsübernahme **ähnliche,** im Wesentlichen **gleich quali-**

415 Vgl. *BAG* 16. 1. 08 – 7 AZR 887/06, NZA 08, 1496; 13. 11. 87, AP Nr. 61 zu § 37 BetrVG 1972; *Fitting,* Rn. 117; GK-*Weber,* Rn. 141; HWGNRH-*Glock,* Rn. 108; *Kühner,* S. 106; im Übrigen Rn. 10ff.

416 Vgl. grundlegend *BAG* 22. 1. 20 – 7 AZR 222/19; 23. 11. 22 – 7 AZR 122/22.

417 *BAG* 4. 11. 15 – 7 AZR 972/13, AuR 16, 214.

418 *BAG* 21. 4. 83, AP Nr. 43 zu § 37 BetrVG 1972; vgl. auch *BAG* 17. 5. 77, AP Nr. 28 zu § 37 BetrVG 1972; enger *HessLAG* 20. 9. 00 – 13 Sa 1832/99, AiB 00/372 mit kritischer Anm. *Backmeister*; *Roos,* AiB 99, 12ff., im Übrigen Rn. 84.

419 Vgl. Regierungsentwurf, a. a. O. (Fn. 9), S. 8.

420 Vgl. Regierungsentwurf, a. a. O. (Fn. 9), S. 8; ebenso bzgl. der Berücksichtigung vergleichbarer AN ErfK-*Koch,* Rn. 9; *Fitting,* a. a. O.; *Annuß,* NZA 18, 134 (135); a. A. GK-*Weber,* Rn. 144; HWGNRH-*Glock,* Rn. 112, wonach der vergleichbare AN abstrakt zu bestimmen ist; *Hennecke,* RdA 86, 241 [244] sieht eine Gesetzeslücke, die durch Analogie auszufüllen sein soll; *LAG Köln* 19. 4. 18 – 4 Sa 401/17, EzA-SD 2018, Nr. 25, 12 stellt für freigestellte BR-Mitglieder auf das Arbeitsentgelt ab, das diesen aus der arbeitsvertraglich vereinbarten Tätigkeit zustehen würde, wenn sie nicht freigestellt wären.

421 Vgl. *BAG* 15. 1. 92 – 7 AZR 194/91, DB 93, 1379 = AuR 92, 379, Ls. = AiB 93, 236 = BetrR 93, 35 mit kritischer Anm. *Ortmann* = AuR 92, 379, Ls.; *Fitting,* Rn. 119; GK-*Weber,* Rn. 144f.; vgl. auch *BAG* 17. 5. 77, 21. 4. 83, AP Nrn. 28, 43 zu § 37 BetrVG 1972; *GL,* Rn. 57, die jedoch zum Teil auf die Freistellung abheben; a. A. *Hennecke,* RdA 86, 241 [242]; *Schneider,* NZA 84, 21, die nur auf den Zeitpunkt der Freistellung abstellen; ähnlich *Thüsing/Denzer* Rn. 95 »Zeitpunkt des Antritts des Betriebsratsamts«.

422 *BAG* 22. 1. 20 – 7 AZR 222/19, NZA 20, 594.

423 Vgl. Regierungsentwurf, a. a. O. (Fn. 9), S. 7f.

424 Vgl. etwa *BAG* 23. 11. 22 – 7 AZR 122/22; 18. 1. 17 – 7 AZR 205/15.

fizierte Tätigkeiten ausführen wie die jeweiligen BR-Mitglieder und die hierfür in **gleicher Weise fachlich** und **persönlich qualifiziert** sind.[425]. Den Betriebsparteien steht in diesem Rahmen bei der Aufstellung von Auswahlkriterien ein **eigener Beurteilungsspielraum** zu.

88c Unabhängig vom Zeitpunkt der Amtsübernahme kann nach der in Abs. 3 S. 4 des Gesetzentwurfs enthaltenen **Alternative** eine **spätere Neubestimmung** von Vergleichsgruppen erfolgen, wenn es hierfür einen **sachlichen Grund** gibt. Damit sollen sowohl **Reaktionen** auf **berufliche Veränderungen** einzelner BR-Mitglieder **als auch auf Änderungen** innerhalb von Vergleichsgruppen ermöglicht werden. Ziel ist es, Besser- oder Schlechterstellungen von BR-Mitgliedern langfristig zu vermeiden.[426] Ein sachlicher Grund ist auch dann gegeben, wenn sich eine bestehende Vergleichsgruppe verändert, insbesondere wenn zugehörige AN aus dem Betrieb oder Unternehmen ausscheiden. Wird dieser Fall nicht bereits bei der Festlegung von Vergleichsgruppen verankert (was sinnvoll ist), kann für das spätere »Auffüllen« einer Vergleichsgruppe auf diese Regelung zurückgegriffen werden. Werden zu einer Vergleichsgruppe gehörige AN innerhalb eines Konzerns in andere Unternehmen versetzt, führen sie dort aber weiter vergleichbare Tätigkeiten aus oder üben sie dort eine höherwertige Tätigkeit aus, ist dies für Ansprüche der jeweiligen BR-Mitglieder weiterhin relevant.

88d Als einschlägiger sachlicher Grund für die spätere Neubestimmung einer Vergleichsgruppe kann beispielsweise die Beförderung eines BR-Mitglieds auf eine besser bezahlte Position oder die Zuweisung einer grundlegend anderen beruflichen Aufgabe aufgrund eines Änderungsvertrags in Betracht kommen.[427] **Wechselt** ein nicht freigestelltes BR-Mitglied im **Verlauf einer Amtsperiode** in eine Vollfreistellung, ist auch dies ein sachlicher Grund für eine Neubestimmung der entsprechenden Vergleichsgruppe sein. Gleiches gilt, wenn es zu **Änderungen in der Person** von BR-Mitgliedern kommt, weil sie ihre fachliche Qualifikation etwa durch Erwerb einer Meisterqualifikation oder durch den Abschluss einer berufsbegleitenden Hochschulausbildung verbessert haben. Zur Vermeidung einer Schlechterstellung, die aus einem Fortbestehen der »alten« Vergleichsgruppe resultieren würde, muss in derartigen Fällen eine neue Vergleichsgruppe festgelegt werden, die aus AN besteht, die auf vergleichbaren Positionen mit entsprechenden Aufgaben tätig sind oder die über entsprechende berufliche Qualifikationen verfügen. Eine Neubestimmung kommt ebenfalls in Betracht, wenn BR-Mitglieder auf eine schlechter **dotierte Position** wechseln, beispielsweise von der Funktion eines Teamleiters auf die eines einfachen Teammitglieds.[428] Hier hat die Neubestimmung der entsprechenden Vergleichsgruppe die Vermeidung einer unzulässigen finanziellen Besserstellung zum Ziel.

88e Erfolgt unter Hinweis auf die Fortführung der BR-Tätigkeit die **Ablehnung** eines entsprechenden **Vertragsangebots** des AG, soll die bisherige Vergleichsgruppe unverändert fortbestehen.[429] Eine aus einer solchen Situation resultierende mögliche Benachteiligung kann zu einem Entgeltanspruch nach § 611a BGB i. V. m. § 78 Satz 2 BetrVG führen, soweit den betroffenen BR-Mitgliedern der Nachweis einer Benachteiligung gelingt. Der Mindestentgeltanspruch des § 37 Abs. 4 soll insoweit keine hypothetischen Verläufe beruflichen Aufstiegs (»hypothetische Karriere« / »fiktiver Beförderungsanspruch«) erfassen.[430]

88f Bei **Teilzeit-AN** ist darauf abzustellen, ob es sachliche Unterschiede zwischen Voll- und Teilzeitarbeit gibt. Ist die Differenzierung kein Verstoß gegen das gesetzliche Diskriminierungsverbot (vgl. § 4 TzBfG), sind andere Teilzeit-AN für den Vergleich heranzuziehen. Liegt eine Diskriminierung vor, kann auf Vollzeit-AN abgestellt werden.[431] Bei **Ersatzmitgliedern** ist auf den **Zeitpunkt des erstmaligen Nachrückens** abzustellen, auch wenn dieses nur temporär für einen begrenzten Zeitraum erfolgt.[432] Um spätere Streitigkeiten auszuschließen, empfiehlt es sich, zu Beginn der Amtszeit schriftlich festzulegen (ggf. in einer nunmehr nach Abs. 4 S. 4

---

425 Vgl. Regierungsentwurf, a. a. O. (Fn. 9), S. 9.
426 Vgl. Regierungsentwurf, a. a. O. (Fn. 9), S. 8.
427 Vgl. a. a. O., S. 8.
428 Vgl. *BAG* 23. 11. 22 – 7 AZR 122/22.
429 *BAG* 23. 11. 22 – 7 AZR 122/22.
430 Vgl. Regierungsentwurf, a. a. O. (Fn. 9), S. 8.
431 *Greßlin,* S. 115 ff.
432 *BAG* 15. 1. 92, a. a. O; 21. 2. 18 – 7 AZR 496/16, NZA 18, 1012; hierzu *Frieling*, jurisPR-ArbR 34/2018 Anm. 5.

ausdrücklich vorgesehenen) spezifischen BV zum Thema »Vergleichsgruppe«), mit welcher Gruppe oder welchen einzelnen AN das BR-Mitglied vergleichbar ist, und diese Statusbeschreibungen fortlaufend zu ergänzen und zu erfassen.

Gibt es betriebliche Regelungen oder BVen zu Grundsätzen und Verfahren für die **Vergütung von freigestellten BR-Mitgliedern**, sind diese bei Festlegung der Entgeltentwicklung zu berücksichtigen, sofern hieraus kein Verstoß gegen diese Vorschrift oder gegen § 78 S. 2 resultiert.[433] 88g

Die Regelung in § 37 Abs. 4 S. 4 des Gesetzentwurfs vom 1.11.2023 nimmt die Praxis betrieblicher Festlegungen und BVen auf und ermöglicht AG und BR nunmehr ausdrücklich die Regelung eines **Verfahrens zur Festlegung vergleichbarer AN** in einer **BV**.[434] Deren **Abschluss** ist allerdings **weder verbindlich vorgeschrieben** noch über eine E-Stelle **erzwingbar**. Die Einfügung des Abs. 4 S. 4 soll zusammen mit der neuen Vorschrift in Abs. 4 S. 5 des Gesetzentwurfs für die Betriebsparteien einen Anreiz setzen, Vergleichsgruppen von AN für BR-Mitglieder vorab **transparent festzulegen, um so mögliche Streitigkeiten auszuschließen.**[435] Die inhaltliche Ausgestaltung einschlägiger BVen muss dabei insbesondere die **Vorgaben** des § 78 zum **Ausschluss unzulässiger Schlechter- oder Besserstellungen** beachten.[436] Über diese allgemeinen Vorgaben werden den Betriebsparteien angesichts der Vielfalt betrieblicher Stellenanforderungen und -bewertungen keine weiteren Kriterien zur Bestimmung der jeweiligen Vergleichbarkeit gemacht.[437] 88h

Die Regelungskompetenz der Betriebsparteien bei der Ausgestaltung entsprechender BVen bezieht sich auf die **Festlegung von Verfahrensvorgaben** für die Festlegung von Vergleichsgruppen, d.h. auf die Konkretisierung der Vergleichbarkeit.[438] 88i

Ausgehend von einer nach § 37 Abs. 4 S. 4 des Gesetzentwurfs abgeschlossen BV können AG und BR nach der ebenfalls neuen Regelung in § 37 Abs. 4 S. 5 zweiter Hlbs. die zu einer **Vergleichsgruppe** gehörenden AN **einvernehmlich festlegen. Wirksamkeitsvoraussetzung** für diese Festlegung ist, dass sie in **Textform dokumentiert** wird. Nach § 126b BGB handelt es sich bei der zu verwendenden Textform um eine **unveränderliche Form der Aufzeichnung** auf einem Datenträger. An die Textform nach § 126b BGB sind geringere formale Anforderungen zu stellen als an die Schriftform nach § 126 BGB. In Betracht kommen beispielsweise im unveränderlichen PDF-Format abgespeicherte E-Mails, Word- oder Excel-Dateien mit den Namen der Vergleichspersonen.[439] Vorgaben zur Ausgestaltung der Textform können in der BV verankert werden. 88j

Bezüglich der inhaltlichen Ausgestaltung von Verfahren zur Festlegung vergleichbarer Arbeitnehmer in BV wie auch zur sich hieran anschließenden einvernehmlichen Festlegung der Vergleichspersonen haben die Betriebsparteien im Rahmen der einschlägigen gesetzlichen Vorgaben einen **weiten Spielraum**. In diesem Rahmen kann beispielsweise auch festgelegt werden, wann und unter welchen Voraussetzungen eine Höhergruppierung erfolgen kann. Möglich ist dabei etwa auch die Vorgabe, dass vor Beginn der BR-Tätigkeit geleistete Überstunden weiterhin bei der Gehaltszahlung berücksichtigt werden müssen. **Kein Regelungsthema** ist hingegen etwa die Ausgestaltung der **Höhe des Einkommens** von BR-Mitgliedern oder Vorgaben zur pauschalen Abgeltung tatsächlich anfallender Überstunden.[440] 88k

Regelungen einer BV zur Konkretisierung der Vergleichbarkeit sowie deren einvernehmliche Umsetzung zwischen den Parteien können nach § 37 Abs. 4 S. 4 des Gesetzentwurfs nur **auf grobe Fehlerhaftigkeit überprüft** werden.[441] Damit wird die Möglichkeit der gerichtlichen Überprüfung von Regelungen zur Ausgestaltung von Vergleichsgruppen in einschlägigen BVen 88l

---

433 *BAG* 18.1.17 – 7 AZR 205/15, NZA 17, 935; zur Mitbestimmung des BR *Kania/Schulte-Wessermann*, NZA 19, 78.
434 Zur Praxis *Klebe*, AiB 12/2023, 19ff.
435 Vgl. Regierungsentwurf, a.a.O. (Fn. 9), S. 8f.
436 Vgl hierzu § 78 Rn. 33b-e.
437 Vgl. Regierungsentwurf, a.a.O. (Fn. 9), S. 9.
438 Vgl. Regierungsentwurf, a.a.O. (Fn. 9), S. 8.
439 Vgl. allgemein Einleitung, Rn. 184ff.
440 Vgl. allg. *Waas*, Betriebsrat und Arbeitszeit, Saarbrücken 2012, S. 20ff.
441 Vgl. Regierungsentwurf, a.a.O. (Fn. 9), S. 9.

auf die Fälle grober Fehlerhaftigkeit begrenzt.[442] Den Erfolgsaussichten von Rechtstreitigkeiten zu anderen Aspekten der Festlegung von Vergleichsgruppen wird damit eine deutliche Grenze gesetzt. Eine grobe Fehlerhaftigkeit kann beispielsweise dann vorliegen, wenn das in einer BV festgelegte Verfahren zur Bestimmung von Vergleichsgruppen sich nicht an den von der Rechtsprechung vorgegebenen Kriterien orientiert[443], sachwidrige weitere Kriterien benennt, wesentliche Kriterien unberücksichtigt lässt oder diese im Verhältnis zueinander eindeutig unzureichend oder mit eindeutig verfehlter Gewichtung berücksichtigt.[444] Das kann etwa der Fall sein, wenn ohne Berücksichtigung der fachlichen und persönlichen Qualifikationen von Vergleichspersonen oder Betriebsratsmitgliedern ausschließlich auf die Art der durchgeführten Tätigkeiten oder auf das erzielte Gehalt abgestellt würde. Keine grobe Fehlerhaftigkeit wird hingegen gegeben sein, wenn eine Formalqualifikation wie ein bestimmter Schul- oder Hochschulabschluss, die üblicherweise für die Erbringung einer bestimmten Tätigkeit erforderlich ist, für die Zugehörigkeit zu einer Vergleichsgruppe ebenso anerkannt wird wie eine langjährige Ausübung derselben Tätigkeit ohne das Vorhandensein eines entsprechenden Abschlusses.

88m Unterhalb der Schwelle einer groben Fehlerhaftigkeit von Regelungen steht den Betriebsparteien auf der Grundlage der in einer abgeschlossenen BV vereinbarten Festlegungen bei der Bildung der auf einzelne BR-Mitglieder bezogenen Vergleichsgruppe ein **weiter Beurteilungsspielraum** zu. Dieser findet seine Grenzen erst in dem Grundsatz, dass die Anwendung im Einzelfall nicht grob fehlerhaft sein darf. Das kann beispielsweise der Fall sein, wenn die in einer BV benannten **Auswahlkriterien ganz oder überwiegend unberücksichtigt bleiben oder missbräuchlich angewendet** werden und damit die Bildung der **Vergleichsgruppe evident unzulänglich** ist.

88n Genügen die in BVen vereinbarten Verfahren zur Festlegung von Vergleichsgruppen sowie deren einvernehmliche Umsetzungen und Dokumentationen in Textform den Vorgaben in § 37 Abs. 4 S. 4 und 5 des Gesetzentwurfs, ist die hierauf basierende **Vergleichsgruppenbildung** für die normunterworfenen BR-Mitglieder **verbindlich**. Kommt hingegen eine wirksame BV zur Regelung von Vergleichsgruppen nicht zustande, muss im Streitfall eine voll inhaltliche Überprüfung der Frage stattfinden, welche AN mit einem bestimmten BR-Mitglied vergleichbar sind. Der **individuelle Auskunftsanspruch** der einzelnen BR-Mitglieder nach § 242 BGB bleibt **unberührt**. AG müssen auf das Verlangen von BR-Mitgliedern zur Bewertung ihrer Gehaltsentwicklung vergleichbare AN benennen.[445]

89 Vergleichbar zum Zeitpunkt der Wahl sind die AN, die unter Berücksichtigung der **Qualifikation** und der **Persönlichkeit** dieselbe oder eine vergleichbare Arbeit verrichtet haben.[446] Hierzu gehören insbesondere die Person, die auf früheren Arbeitsplätzen freigestellter BR-Mitglieds beschäftigt werden, wenn sie über vergleichbare Qualifikationen und Fähigkeiten verfügen. Sind Arbeitsplätze freigestellter BR-Mitglieder weggefallen, ist ausschließlich die berufliche Entwicklung anderer vergleichbarer AN maßgeblich. Die berufliche Entwicklung der mit der bisherigen Tätigkeit beschäftigten vergleichbaren AN ist der Maßstab für die Zukunft.[447] Dies gilt auch, wenn diese neue Tätigkeit durch Änderungen der technischen Anlagen, Arbeitsverfahren und Arbeitsabläufe im Betrieb mit einem Wechsel von der Arbeiter- zur Angestelltentätigkeit verbunden ist, wie z. B. durch die Einführung des rechnergesteuerten Textsystems in der Druck- und Verlagsbranche. Solange das freigestellte BR-Mitglied die neue Tätigkeit nicht tatsächlich ausübt, ist kein Wechsel der AN-Gruppe erfolgt.[448]

---

442 Ebenso *Klebe*, AiB 12/2023, S. 19ff.

443 Vgl. hierzu Rn. 88b.

444 Vgl. Regierungsentwurf, a. a. O. (Fn. 9), S. 9.

445 *BAG* 19. 1. 05 – 7 AZR 208/04.

446 *Fitting*, Rn. 119; GK-*Weber*, Rn. 1; *GL*, Rn. 57; *Hennecke*, RdA 86, 241 [242]; *Kühner*, S. 107; *Schneider*, NZA 84, 21; Richardi-*Thüsing*, Rn. 71; *SWS*, Rn. 27a; vgl. auch *BAG* 17. 5. 77, 21. 4. 83, 13. 11. 87, AP Nrn. 28, 43, 61 zu § 37 BetrVG 1972, 15. 1. 92 – 7 AZR 19491, DB 93, 1379 = AiB 93, 236 = BetrR 93, 35 mit kritischer Anm. *Ortmann* = AuR 92, 379, Ls.; vgl. ferner 26. 9. 90 – 7 AZR 208/89, NZA 91, 694, wonach auf den fiktiven beruflichen Werdegang abzustellen ist, um zu prüfen, ob die Bevorzugung eines anderen Bewerbers berechtigt war oder nicht; *LAG Köln* 6. 4. 17 – 7 Sa 836/16, juris.

447 GK-*Weber*, Rn. 148.

448 So wohl auch *Hennecke*, BB 86, 936 [937]; vgl. im Übrigen Rn. 82ff.

Der Begriff »vergleichbar« ist **subjektiv** zu verstehen. Ist ein BR-Mitglied besonders qualifiziert und in seiner beruflichen Tätigkeit überdurchschnittlich gewesen, kommt als vergleichbarer AN nur einer mit ähnlicher Qualifikation und überdurchschnittlicher Leistung in Betracht.[449] **Persönliche Umstände,** z. B. die Behinderung des beruflichen Fortkommens durch eine längere Krankheit, in der weiteren Entwicklung des BR-Mitglieds müssen bei der Bemessung des Arbeitsentgelts nach Abs. 4 außer Acht bleiben, weil das Gesetz auf die Verhältnisse vergleichbarer AN und deren betriebsübliche Entwicklung abstellt.[450] Nicht zu berücksichtigen sind dagegen besondere Leistungen des BR-Mitglieds bei seiner Amtsführung.[451] 90

b) Betriebsübliche Entwicklung

Für die Bemessung des an das BR-Mitglied zu zahlenden Arbeitsentgelts ist die **betriebsübliche berufliche Entwicklung** der vergleichbaren AN zu berücksichtigen. Betriebsüblich ist die Entwicklung, die ein anderer nach Persönlichkeit, Qualifikation und Leistung vergleichbarer AN unter Berücksichtigung der betrieblichen Gegebenheiten im Betrieb genommen hat. Zu berücksichtigen sind alle vergleichbaren AN.[452] Ist die Vergleichsgruppe zu groß, kommt die Auswahl einer repräsentativen Untergruppe in Betracht. Die Festlegung sog. Referenzgruppen mit vergleichbaren AN ist zulässig.[453] Der Gesetzentwurf der Bundesregierung vom 1. 11. 2023 sieht in der Ergänzung zu § 37 Abs. 4 Klarstellungen zur Festlegung von Vergleichsgruppen vor.[454] Umfassender sind die Anforderungen des BAG an das Vorliegen der notwendigen Voraussetzungen. Hiernach soll eine »betriebsübliche berufliche Entwicklung« erst aus einem gleichförmigen Verhalten des AG und einer bestimmten Regelung entstehen. Beförderungen müssen so typisch sein, dass auf Grund der betrieblichen Gegebenheiten und Gesetzmäßigkeiten grundsätzlich, d. h. wenigstens in der überwiegenden Mehrzahl der vergleichbaren Fälle, damit gerechnet werden kann.[455] Der Geschehensablauf muss dabei so typisch sein, dass aufgrund der Gegebenheiten und Gesetzmäßigkeiten zumindest in der überwiegenden Anzahl der vergleichbaren Fälle mit der entsprechenden Entwicklung bei anderen AN gerechnet werden kann. Die Übertragung höherwertiger Tätigkeiten ist betriebsüblich, wenn diese einem BR-Mitglied nach den betrieblichen Gepflogenheiten hätten übertragen werden müssen oder wenn die Mehrzahl der vergleichbaren Arbeitnehmer einen entsprechenden Aufstieg gemacht hätte.[456] Dies schließt nicht aus, dass die Vergütung einzelner BR-Mitglieder dann anzupassen ist, wenn sie ihnen intern angebotene Positionen, die sich mit einem beruflichen Aufstieg und mit höherer Vergütung verbunden hätten, nur nachweislich infolge ihrer Amtsausübung nicht angenommen haben, etwa wegen eines dafür notwendigen Rücktritts vom BR-Amt.[457] Diese Position wird im Übrigen auch vom BGH vertreten, der die Zahlung einer höheren Vergütung aus strafrechtlicher Sicht für zulässig hält, wenn ein BR-Mitglied nachweislich nur wegen der 91

449 Vgl. *BAG* 17. 5. 77, 21. 4. 83, 13. 11. 87, AP Nrn. 28, 43, 61 zu § 37 BetrVG 1972.

450 Vgl. ErfK-*Koch*, Rn. 9; *Fitting*, Rn. 122; HWGNRH-*Glock*, Rn. 121; a. A. GK-*Weber*, Rn. 134.

451 *Rüthers*, RdA 76, 61; *Fitting*, Rn. 120; vgl. aber Rn. 93.

452 *Thüsing/Denzer* Rn. 52.

453 Enger *BAG* 17. 8. 05 – 7 AZR 528/04, NZA 06, 448, das als Maßstab ein gleichförmiges Verhalten des AG auf der Grundlage einer von ihm aufgestellten Regel anlegt und insbesondere die Übertragung höherwertiger Aufgaben als nicht betriebsüblich ansieht; ähnlich auch *LAG München* 22. 12. 05 – 4 Sa 736/05; *LAG Baden-Württemberg* 30. 11. 06 – 3 Sa 38/06, AE 07, 246; enger Richardi-*Thüsing*, Rn. 76, der auf repräsentative Gruppen abstellt.

454 Vgl. Rn. 88h.

455 *BAG* 19. 1. 05, AuA 05, 436 = juris PR-ArbR 26/05 Anm. 5 für die Vergleichbarkeit von AT-Angestellten; grundlegend *BAG* 22. 1. 20 – 7 AZR 222/19; 15. 1. 92 – 7 AZR 194/91, DB 93, 1379 = AiB 93, 236 = AuR 92, 379, Ls. = BetrR 93, 35 mit zutreffender, kritischer Anm. *Ortmann; HessLAG* 20. 9. 00 – 13 Sa 1832/99, AiB 02, 372 mit Anm. *Backmeister*, das Beförderungen nicht zur vergleichbaren Entwicklung zählt; *LAG Köln* 13. 3. 02 – 710 Sa 1061/01, AR-Blattei ES 530.8 Nr. 44 verlangt entsprechende Entwicklungen bei einer Mehrzahl aller vergleichbaren AN; zustimmend Richardi-*Thüsing*, Rn. 69; zur Vergleichbarkeit mit leitenden Angestellten *Schrader/Klagges/Siegel/Lipski*, NZA 22, 456.

456 *BAG* 22. 1. 20 – 7 AZR 222/19.

457 Vgl. *BAG* a. a. O., das ein freigestelltes BR-Mitglied in der Begründungspflicht sah, dass es eine ansonsten erfolgreiche Bewerbung wegen der Freistellung unterlassen hat.

Amtsübernahme nicht in eine entsprechend (besser) vergütete Position aufgestiegen ist.[458] Damit bleibt im Ergebnis insbesondere die Berücksichtigung besonderer Kenntnisse, die im Rahmen der Betriebsratstätigkeit erworben werden, bei der Berücksichtigung von Stellenangeboten möglich.[459] Diese Kenntnis nicht zu berücksichtigen, könnte im Übrigen eine unzulässige Benachteiligung wegen der BR-Arbeit sein.[460]

92 Hierbei sind auch Maßnahmen der betrieblichen **Fort- und Weiterbildung** zu berücksichtigen, an denen vergleichbare AN teilgenommen haben, während das betreffende BR-Mitglied wegen der BR-Tätigkeit auf eine Teilnahme verzichten musste.[461] Anspruch auf ein höheres Entgelt hat das BR-Mitglied auch dann, wenn es selbst ohne Erfolg an den betrieblichen Bildungsmaßnahmen teilgenommen hat, ohne dass zu prüfen wäre, ob der Misserfolg auf seiner Amtstätigkeit beruht,[462] da es nach Abs. 4 nicht auf die eigene, sondern auf die betriebsübliche Entwicklung ankommt (vgl. auch Rn. 90). Keine Entgeltabsicherung kommt in Betracht, wenn sich die früher vergleichbaren AN durch private Weiterbildung höher qualifiziert haben und deshalb eine höhere Vergütung erhalten.[463] Nur die in dem betreffenden Betrieb übliche berufliche Entwicklung ist zu berücksichtigen.[464] Hierbei können allerdings auch besondere Leistungen, die insbesondere freigestellte BR-Mitglieder erbracht haben, ein Indiz dafür sein, dass sie entsprechende Leistungen auch in ihrer beruflichen Tätigkeit erbracht hätten.[465]

93 Das Verbot der geringeren Bemessung des Arbeitsentgelts findet auch Anwendung, wenn die **Bewerbung von BR-Mitgliedern** um einen höher dotierten Arbeitsplatz zu Unrecht erfolglos bleibt.[466] Bewerben sich neben dem BR-Mitglied andere AN des Betriebs um den höher dotierten Arbeitsplatz, ist der Anspruch des nicht berücksichtigten BR-Mitglieds auf das höhere Arbeitsentgelt gerechtfertigt, wenn eine personelle Auswahl im Rahmen der betriebsüblichen beruflichen Entwicklung zu einer Beförderung geführt hätte,[467] und zwar unabhängig davon, ob es sich um ein freigestelltes oder nicht freigestelltes BR-Mitglied handelt.[468] Dies gilt selbst dann, wenn der höher dotierte Arbeitsplatz im Wege der Neueinstellung besetzt wird[469] oder das BR-Mitglied wegen seiner Amtsfunktion, z. B. Freistellung, die Stelle nicht antreten kann.[470] § 78 enthält im Übrigen auch ein an den AG gerichtetes Gebot, dem BR-Mitglied eine berufliche Entwicklung angedeihen zu lassen, wie es sie ohne das BR-Amt genommen hätte.[471] Auf Erfüllung dieses Gebots hat das BR-Mitglied einen unmittelbaren gesetzlichen Anspruch gegen den AG.[472]

---

458 *BGH* 10.1.23 – 6 StR 133/22; a. A. die Vorinstanz *LG Braunschweig* 28.9.21 – 16 KLs 406 Js 59398/16 (85/19), das das Angebot einer Stelle im Management bezogen auf eine Anpassung der Vergütung für nicht relevant hielt.

459 Vgl. ausführlich *Homburg/Otto*, AuR 23, 238f.; *Rothballer*, NZA 23, 257ff.; *Wypych*, DB 23, 1224ff.

460 Vgl. *Brand/Strauß*, NJW 23, 1024ff.

461 Vgl. *BAG* 21.4.83, AP Nr. 43 zu § 37 BetrVG 1972; GK-*Weber*, Rn. 154; *Görg*, AiB 81, 124; *Hennecke*, RdA 86, 241 [244]; HWGNRH-*Glock*, Rn. 117; *SWS*, Rn. 27b; enger Richardi-*Thüsing*, Rn. 75, der keine Vergleichbarkeit sieht, wenn AN eine zusätzliche Qualifikation erworben haben.

462 HWGNRH-*Glock*, Rn. 121; enger, sofern der Misserfolg durch die Amtstätigkeit bedingt war, GK-*Weber*, a. a. O.; a. A. *Hennecke*, a. a. O.; *ders.*, BB 86, 936 [938].

463 GK-*Weber*, a. a. O.; HWGNRH-*Glock*, Rn. 117; vgl. *ArbG Berlin* 12.8.15 – 28 Ca 18725/14, juris mit Anm. *Mittag* für die außerbetriebliche Erlangung eines »Wirtschaftsprüfer-Examens«.

464 *Kühner*, S. 108; vgl. auch *BAG* 13.11.87, AP Nr. 61 zu § 37 BetrVG 1972.

465 *Thüsing/Denzer* Rn. 127.

466 *BAG* 13.11.87, AP Nr. 61 zu § 37 BetrVG 1972 zur Bewerbung von nicht freigestellten BR-Mitgliedern, vgl. auch 26.9.90 – 7 AZR 208/89, NZA 91, 694.

467 Vgl. *BAG* 13.11.87, a. a. O.; *Hennecke*, BB 86, 936 [937]; enger HWGNRH-*Glock*, Rn. 120 und wohl auch *Bayreuther*, NZA 14, 235.

468 Vgl. hierzu *BAG* 15.1.92 – 7 AZR 194/91, DB 93, 1379 = AiB 93, 236 = AuR 92, 379, Ls. = BetrR 93, 35 mit kritischer Anm. *Ortmann*.

469 Vgl. *BAG* 13.11.87, a. a. O.

470 Vgl. *BAG* 26.9.90, a. a. O.

471 *BAG* 15.1.92, a. a. O., 26.9.90, a. a. O.

472 *BAG*, a. a. O.; vgl. im Übrigen § 78 Rn. 13.

c) Anpassung und Ausgleich

Das **Arbeitsentgelt** des BR-Mitglieds ist demjenigen vergleichbarer AN laufend **anzupassen.**[473] 94
Notwendige Anpassungen des Arbeitsentgelts können durch konkretisierende betriebliche Vereinbarungen vorgesehen werden, durch die Vergleichsgruppen festgelegt werden. Entsprechende Vereinbarungen müssen die einschlägigen gesetzlichen Vorschriften beachten wie § 37 Abs. 4 und § 78 Abs. 2.[474] Daraus folgt, dass einem BR-Mitglied selbst dann, wenn es wegen seiner Tätigkeit aus betrieblichen Gründen einen schlechter entlohnten Arbeitsplatz übernimmt oder beibehalten muss, dadurch **keine finanziellen Nachteile** entstehen dürfen. Nach der Rspr. wird einem freigestellten Betriebsratsmitglied nicht für alle Fälle das absolut gleiche Entgelt garantiert, dass vergleichbare Arbeitnehmer erhalten. Vergütungserhöhungen, auf die BR-Mitglieder vor der Übernahme ihres Amts keinen Anspruch hatte, sollen bei der Bemessung ihres Arbeitsentgelts nicht berücksichtig werden.[475] Entsprechendes gilt, wenn das BR-Mitglied wegen der Übernahme des BR-Amtes nicht mehr im Leistungslohn (Akkord, Prämie) oder in Wechselschicht arbeiten bzw. keine Sonntagsarbeit mehr verrichten kann.[476] Fortzuzahlen sind auch **Mehrarbeitspauschalen,** die vor Übernahme der BR-Tätigkeit gezahlt wurden.[477] Muss ein AN allein wegen seiner BR-Arbeit seine Tätigkeit als stellvertretender Schichtführer aufgeben, hat der AG eine etwaige Lohndifferenz auszugleichen.[478] Zur fortzuzahlenden Vergütung können auch Leistungen aus konzernverbundenen Unternehmen gehören, die Gegenleistung für die Erbringung der nach dem Arbeitsvertrag geschuldeten Arbeitsleistung sind.[479] Der Ausgleich kann in Form einer **Pauschale,** die dem AG Verwaltungsaufwand erspart, unter Berücksichtigung des Benachteiligungs- und Begünstigungsverbots i. S. d. § 78 erfolgen, wobei Abs. 4 einen gewissen Beurteilungsspielraum zulässt.[480]

Der Anspruch auf Entgeltsicherung umfasst den **Ausgleich etwaiger Entgeltminderungen** 95
einschließlich der **Weiterzahlung von Zuschlägen.**[481] Maßgebend ist jedoch nur das regelmäßige und nicht das effektive Arbeitsentgelt, das vergleichbare AN in bestimmten Abrechnungszeiträumen erzielen.[482] Die **Steigerungen des Arbeitsentgelts** auf Grund betriebsüblicher beruflicher Entwicklung sind zu berücksichtigen. Keine Anwendung findet Abs. 4 auf unterschiedliche Arbeitsverdienste infolge vorübergehender unterschiedlicher Arbeitszeit, z. B. durch vorübergehend anfallende Mehrarbeit, Schichtarbeit, Sonntagsarbeit oder Kurzarbeit, sofern das BR-Mitglied hiervon nicht betroffen ist, es sei denn, es hätte die Mehrarbeit geleistet, wenn es nicht durch die BR-Tätigkeit verhindert gewesen wäre.[483]

Nach Abs. 4 Satz 2 zählen zu dem Arbeitsentgelt allgemeine **Zuwendungen,** die der AG al- 96
len oder bestimmten AN-Gruppen oder einzelnen AN gewährt. Erhalten vergleichbare AN derartige Zuwendungen, haben die betreffenden BR-Mitglieder Anspruch darauf.[484] Nicht

---

473 Vgl. *BAG* 21.4.83, AP Nr. 43 zu § 37 BetrVG 1972; ErfK-*Koch,* Rn. 10; *Fitting,* Rn. 124; GK-*Weber,* Rn. 159ff.; Richardi-*Thüsing,* Rn. 78; a. A. bezüglich Angleichung der Eingruppierung *Natzel,* NZA 00, 79.

474 *BAG* 18.1.17 – 7 AZR 201/15, EzA-SD 17, Nr. 12, 15.

475 *BAG* 18.1.17 – 7 AZR 201/15, EzA-SD 17, Nr. 12, 15.

476 GK-*Weber,* Rn. 161ff.

477 *Mittag,* AuR 13, 136; zur Anrechnung im Fall einer Frühpensionierung vgl. Rn. 3.

478 *LAG Köln* 13.9.84, DB 85, 394.

479 LAG *Hamburg* 26.4.23 – 3 Sa 29/22.

480 Vgl. *LAG Köln,* a. a. O.; a. A. offenbar *SWS,* Rn. 28; allg. zur Zulässigkeit von Pauschalen *Waas,* S. 17ff.; *Oltmanns/Fuhlrott,* DB 18, 1086 sowie Rn. 3.

481 Vgl. *BAG* 6.11.73, AP Nr. 5 zu § 37 BetrVG 1972; *LAG Niedersachsen* 12.8.92 – 4 Sa 753/92; *BayVGH* 12.2.08 – 14 B 06 1022, juris für die einmalige Entgeltzulage eines Lokführers; GK-*Weber,* Rn. 161 ff HWGNRH-*Glock,* Rn. 120; bezüglich der Versteuerung der Zuschläge vgl. Rn. 58f.

482 *Fitting,* Rn. 125; GK-*Weber,* Rn. 162; *GL,* Rn. 56, 59; HWGNRH-*Glock,* a. a. O.; Richardi-*Thüsing,* Rn. 71; vgl. auch *BAG* 17.5.77, 21.4.83, AP Nrn. 28, 43 zu § 37 BetrVG 1972; *LAG Hamburg* 24.1.77, DB 77, 1097.

483 Vgl. *BAG* 17.5.77 7. 2. 85, AP Nr. 3 zu § 46 BPersVG; *LAG Hamburg,* a. a. O.; *LAG Niedersachsen* 1.8.79, a. a. O.; vgl. auch Rn. 49.

484 *BAG* 21.4.83, 13.11.87, AP Nrn. 43, 61 zu § 37 BetrVG 1972; *ArbG Stuttgart* 16.7.91 – 20 Ca 120/91; *LAG Niedersachsen* 12.8.92 – 4 Sa 753/92; *Fitting,* Rn. 127; GK-*Weber,* Rn. 163; enger *VG München* 7.3.06 – M 12 K 04 3982, juris, das einem als BR freigestellten Beamten in einem Unternehmen der

erforderlich ist, dass es sich dabei um arbeitsvertraglich vereinbarte Zuwendungen handelt. Durch die Vorschrift werden auch freiwillige und widerruflich gezahlte **Zulagen** jeglicher Art erfasst,[485] auch einmalige Zuwendungen.[486] Entsprechendes gilt für **Nahauslösungen** jedenfalls dann, wenn das BR-Mitglied wegen seiner BR-Tätigkeit z. B. keine Montagearbeiten mehr ausführen kann.[487] Abzulehnen ist die Auffassung des *LAG Hessen*,[488] nach der ein freigestelltes BR-Mitglied den Anspruch auf Ansprüche aus einem Aktienoptionsplan gegenüber der ausländischen Muttergesellschaft verliert, den andere vergleichbare Personen weiter erhalten. Auch wenn derartige Ansprüche sich nicht unmittelbar aus dem Arbeitsvertrag, sondern aus einer ergänzenden Vereinbarung mit der Konzernmutter ableiten, gehören sie dennoch im weiteren Sinn zu den berufsbezogenen Zuwendungen, deren Schutz durch die Regelung des Abs. 4 intendiert wird. Werden entsprechende Ansprüche freigestellten BR-Mitgliedern verwehrt, ist dies eine unzulässige Schlechterstellung des betroffenen BR-Mitglieds.[489]

97 Als **Zulagen** bzw. **Zuwendungen** kommen z. B. in Betracht: Leistungszulagen, Vertreterzulagen, Zulagen für Rufbereitschaft, Leistungsprämien, Nachtzuschläge,[490] Sozialzulagen (Familien-, Kinder-, Hausstands-, Wohnungszulagen), Gewinnbeteiligungen, Gratifikationen, Abschlussvergütungen, umsatzabhängige Jahresprämien,[491] Jubiläumszuwendungen, zusätzliches Urlaubsgeld, vermögenswirksame Leistungen[492] oder pauschale variable Zulagen.[493] Auch ein Firmenwagen kann als Zuwendung qualifiziert werden.[494] Zum anzupassenden Entgelt gehören Leistungen der betrieblichen Altersversorgung, wenn hier eine Differenzierung nach der Stellung der Arbeitnehmer im Betrieb erfolgt.[495] Dem BR-Mitglied steht gegen den AG ein Auskunftsanspruch über das Arbeitsentgelt (einschließlich Zuwendungen) vergleichbarer AN zu.[496]

d) Dauer des Entgeltschutzes

98 Der **Entgeltschutz** für das BR-Mitglied besteht für die **Dauer** seiner Mitgliedschaft im BR und für einen Zeitraum von einem Jahr nach Beendigung der Amtszeit. Zahlt ein AG eine »Aufwendungspauschale für die BR-Tätigkeit«, weil ein BR-Mitglied aufgrund seiner BR-Tätigkeit nicht mehr im vollkontinuierlichen Schichtbetrieb eingesetzt werden kann, entfällt diese spezifische Zahlung mit Beendigung der BR-Tätigkeit, wenn danach wieder eine Tätigkeit im Schichtbetrieb erfolgt.[497] Maßgebend ist nicht die Beendigung der Amtszeit des BR als Kollektivorgan, sondern die **individuelle Beendigung der Mitgliedschaft** des BR-Mitglieds, beispielsweise durch **Amtsniederlegung.**[498] Dies gilt auch bei Nichtigkeit einer Wahl, weil das BR-Mitglied auf deren ordnungsgemäße Durchführung in der Regel keinerlei Einfluss hat.[499] Der nachwirkende Schutz gilt auch, wenn der BR nach § 23 Abs. 1 aufgelöst oder das BR-Mitglied aus dem Gremium ausgeschlossen worden ist, da sich die Einschränkungen des § 15

DB AG keinen Anspruch auf Zahlungen zugesprochen hat, mit dem die individuelle Leistung eines vergleichbaren AN belohnt wurde; *VG Hannover* 29. 4. 08 – 2 A 3265/07, juris, das die Anrechnung einer Leistungsprämie in bestimmten Fällen für unzulässig hält.

485 Vgl. *BAG*, a. a. O.; *ArbG Stuttgart*, a. a. O.; *LAG Niedersachsen*, a. a. O.; *LAG Köln* 13. 9. 84, DB 85, 394.

486 HWGNRH-*Glock*, Rn. 125.

487 *BAG* 10. 2. 88, AP Nr. 64 zu § 37 BetrVG 1972; *LAG Hamburg* 30. 6. 86 – 2 Sa 27/86; vgl. Rn. 50ff.

488 31. 7. 06 – 7/2 Sa 1544/05, juris, nicht rskr.; zutreffend kritisch *Fischer*, jurisPR-ArbR 17/07, Anm. 4.

489 A. A. *LAG Hessen* a. a. O., das in der Gewährung eines eine unzulässige Besserstellung i. S. des § 78 BetrVG sieht.

490 *LAG Köln* 19. 12. 13 – 12 Sa 682/13AuR 14, 121 = AiB 4/14, 70.

491 *LAG Berlin* 28. 6. 96 – 6 Sa 37/96, AiB 97, 228 mit Anm. *Roos*.

492 Vgl. *Fitting*, Rn. 127; GK-*Weber*, Rn. 163; *GL*, Rn. 60; *Kühner*, S. 109; Richardi-*Thüsing*, Rn. 80.

493 *BAG* 29. 8. 18 – 7 AZR 206/17, NZA 19, 253.

494 A. A. *VG Ansbach* 9. 4. 08 – AN 11 K 06 01560, juris; allgemein *Dzida/Mehrens*, NZA 13, 753 (756).

495 *HessLAG* 6. 9. 00 – 8 Sa 999/99 AuR 02, 149.

496 *Fitting*, Rn. 128; *Hennecke*, RdA 86, 241; nunmehr auch *BAG* 19. 1. 05, AuA 05, 436 = jurisPR-ArbR 26/05 Anm. 5 vgl. ergänzend § 80 Rn. 11ff., 56ff.

497 Vgl. zum Wegfall *LAG Hamm* 25. 11. 11 – 10 Sa 757/11, juris.

498 Vgl. *BAG* 5. 7. 79, AP Nr. 6 zu § 15 KSchG 1969; *Fitting*, Rn. 129; GK-*Weber*, Rn. 133f.; HWGNRH-*Glock*, Rn. 128.

499 Enger *Fitting*, a. a. O.; *GL*, Rn. 61, die Abs. 4 so lange für anwendbar halten, bis die Nichtigkeit geltend gemacht wird; a. A. ErfK-*Koch*, Rn. 10.

Abs. 1 Satz 2 KSchG auf außerordentliche Kündigungen beschränken.[500] Entsprechendes gilt bei erfolgreicher Wahlanfechtung nach § 19.[501] Das später nachgerückte **Ersatzmitglied** hat den Anspruch nach Abs. 4 für einen Zeitraum von einem Jahr nach Beendigung der Amtszeit.[502] Für freigestellte BR-Mitglieder, die **drei volle aufeinander folgende Amtszeiten** freigestellt waren, erhöht sich der Schutz auf **zwei Jahre** nach Ablauf der Amtszeit (vgl. im Übrigen § 38 Rn. 78ff.).

2. Berufliche Sicherung

Die **Arbeitsentgeltgarantie** des Abs. 4 wird ergänzt durch den Tätigkeitsschutz nach **Abs. 5.** 99
Die Vorschrift soll aus Gründen des **Persönlichkeitsschutzes** verhindern, dass BR-Mitglieder durch die Zuweisung geringwertiger Arbeiten diskriminiert oder diszipliniert werden.[503] Da eine berufliche Tätigkeit vorausgesetzt wird, bezieht sich die Regelung in erster Linie auf die **nicht** gemäß § 38 **freigestellten BR-Mitglieder** während der Dauer ihrer Freistellung nach Abs. 5. Für nach § 38 Freigestellte ist Abs. 5 dann von Bedeutung, wenn sie nach Beendigung der Freistellung wieder eine berufliche Tätigkeit ausüben.[504] Sind BR-Mitglieder nur **teilweise freigestellt** (vgl. Rn. 10 und § 38 Rn. 14ff.), findet die Vorschrift ebenfalls Anwendung.[505]

BR-Mitglieder dürfen grundsätzlich nur mit **Tätigkeiten** beschäftigt werden, die den Arbeiten 100
vergleichbarer AN (Rn. 88ff.) mit **betriebsüblicher beruflicher Entwicklung** (vgl. Rn. 91f.) gleichwertig sind.[506] Unter dem Begriff »Tätigkeit« ist die konkrete berufliche Aufgabe zu verstehen, die das BR-Mitglied ausübt.[507] Es hat nur Anspruch auf eine **gleichwertige,** nicht auf die gleiche Tätigkeit.[508] Ob eine Tätigkeit gleichwertig ist, richtet sich nach den Umständen des Einzelfalles und ist unter Berücksichtigung der in der betreffenden Berufssparte vorherrschenden Verkehrsauffassung (Selbsteinschätzung der beteiligten AN-Gruppen) zu beurteilen.[509] Bezugspunkt für die Prüfung der Gleichwertigkeit ist der Moment der Übernahme des BR-Amtes (vgl. Rn. 88).

Die Vorschrift enthält zugunsten nicht freigestellter BR-Mitglieder eine **partielle Versetzungs-** 101
sperre.[510] Ihnen dürfen geringerwertige Tätigkeiten, als sie von vergleichbaren AN auszuüben sind, im Wege einer Versetzung nur zugewiesen werden, wenn dies einzelvertraglich zulässig und durch zwingende betriebliche Notwendigkeiten geboten ist.[511] Die Versetzung kann rechtswidrig sein, wenn das BR-Mitglied hiermit wegen seiner BR-Tätigkeit benachteiligt wird.[512] Der Schutz des Abs. 5 gegen Versetzung setzt den Tatbestand des § 78 Satz 2 nicht voraus.[513] Die Vorschrift verhindert die Versetzung nicht, wenn diese Maßnahme einzelvertraglich möglich und die neu zugewiesene Tätigkeit nach Entgelt und Aufgabenstellung derjenigen vergleichbarer AN mit betriebsüblicher Entwicklung gleichwertig ist.[514] Grundsätzlich muss ein AG, der ein BR-Mitglied wegen zwingender betrieblicher Notwendigkeiten mangels eines ander-

---

500 A. A. ErfK-*Koch,* a. a. O.; GK-*Weber,* Rn. 135; *GL,* a. a. O.; HWGNRH-*Glock,* Rn. 128f.; Richardi-*Thüsing,* Rn. 81.
501 ErfK-*Koch,* a. a. O.; GK-*Weber,* a. a. O.; wohl auch *Fitting,* a. a. O.; a. A. *GL,* a. a. O.
502 Vgl. *BAG* 6.9.79, AP Nr. 7 zu § 15 KSchG 1969; GK-*Weber,* Rn. 135.
503 *LAG Frankfurt* 14.8.86, BB 86, 2199, Ls.; *Fitting,* Rn. 130; GK-*Weber,* Rn. 165; *GL,* Rn. 62; HWGNRH-*Glock,* Rn. 130; *Schneider,* NZA 84, 21; Textmuster bei DKWF-*Wedde,* § 37 Rn. 44.
504 GK-*Weber,* Rn. 166.
505 Wegen des Tätigkeitsschutzes für BR-Mitglieder, die drei volle aufeinander folgende Amtszeiten freigestellt waren, siehe § 38 Abs. 3.
506 Vgl. *LAG Frankfurt* 14.8.86, BB 86, 2199, Ls.
507 *Fitting,* Rn. 132; GK-*Weber,* Rn. 167f.; Richardi-*Thüsing,* Rn. 854.
508 *Fitting,* a. a. O.; GK-*Weber,* a. a. O.; HWGNRH-*Glock,* Rn. 132ff.; *Kühner,* S. 110; *Richardi,* a. a. O.
509 *LAG Frankfurt,* a. a. O.; *Fitting,* a. a. O.; a. A. GK-*Weber,* a. a. O.; HWGNRH-*Glock,* a. a. O.; *Kühner,* a. a. O., die auf die Auffassung der im Betrieb tätigen AN abstellen wollen; ebenso Richardi-*Thüsing,* a. a. O., wenn die Auffassung der im Betrieb tätigen AN strenger ist als die in der Berufssparte maßgebende.
510 Ebenso *Roos,* AiB 99, 12, 14; *ders.* AiB 02, 198.
511 *LAG Frankfurt,* 14.8.86, BB 86, 2199, Ls.; *SWS,* Rn. 32a.
512 *LAG Frankfurt,* a. a. O.; vgl. auch *BAG* 15.1.92 – 7 AZR 194/91; AiB 93, 236 = AuR 92, 379, Ls.; Rn. 77.
513 *LAG Frankfurt,* a. a. O.
514 *LAG Frankfurt,* a. a. O.; *SWS,* a. a. O.

weitigen freien gleichwertigen Arbeitsplatzes zunächst auf einen nicht gleichwertigen versetzt hat, eine Weiterversetzung auf einen später freiwerdenden gleichwertigen Arbeitsplatz vornehmen, sobald dies möglich ist.[515] Die **Ausnahmeregelung,** dass aus zwingenden betrieblichen Notwendigkeiten kein gleichwertiger Arbeitsplatz zur Verfügung gestellt werden kann, ist **eng auszulegen.**[516] Die Beweislast hierfür hat der AG.[517]

102 **Zwingende betriebliche Notwendigkeiten,** die dem Anspruch auf Zuweisung einer gleichen oder gleichwertigen Beschäftigung entgegenstehen können, liegen z. B. vor, wenn ein entsprechender **Arbeitsplatz fehlt** oder wenn das **BR-Mitglied nicht an erforderlichen beruflichen Fortbildungsmaßnahmen teilgenommen** hat.[518] Als Ausnahmevorschrift ist diese Voraussetzung eng auszulegen.[519] Der Entgeltschutz nach Abs. 4 bleibt erhalten.[520] Wird vor Ablauf der Frist des Abs. 5 ein gleichwertiger Arbeitsplatz frei, ist dieser bei entsprechender Qualifikation mit dem BR-Mitglied zu besetzen.

103 Das Gebot gleichwertiger Beschäftigung gibt dem BR-Mitglied einen Anspruch auf Zuweisung einer **höheren Tätigkeit,** wenn vergleichbare AN unter Berücksichtigung der betriebsüblichen beruflichen Entwicklung inzwischen eine entsprechende höherwertige Tätigkeit ausüben.[521] Es ist daher eine **ständige Angleichung** der BR-Mitglieder an die berufliche Entwicklung vergleichbarer AN vorzunehmen. Ein BR-Mitglied darf nicht vom beruflichen Aufstieg ausgeschlossen werden. Das setzt allerdings eine entsprechende berufliche Qualifikation voraus, die fehlen kann, wenn das BR-Mitglied wegen seiner Amtstätigkeit nicht an **Maßnahmen der beruflichen Bildung** teilnehmen konnte. Fehlt sie, besteht grundsätzlich kein Anspruch auf die höherwertige Tätigkeit. In diesem Fall hat das BR-Mitglied aber gemäß der **Arbeitsentgeltgarantie** des Abs. 4 Anspruch auf das Arbeitsentgelt der vergleichbaren AN in der höherwertigen Tätigkeit.[522] Des Weiteren ist das BR-Mitglied bei Maßnahmen der beruflichen Bildung bevorzugt zu berücksichtigen.[523] Wurden die notwendigen beruflichen Fortbildungsmaßnahmen vor Ablauf der für den Schutz geltenden Fristen (vgl. Rn. 104) nachgeholt, ist der Angleichungsanspruch des BR-Mitglieds durch den AG zu realisieren.[524] Zur Bewertung der Zumutbarkeit der Dauer einer Umschulung zum Zwecke der Übernahme eines BR-Mitglieds in eine andere Abteilung kann die Jahresfrist des Abs. 4 Satz 1 herangezogen werden.[525]

104 Wie der Entgeltschutz in Abs. 4, besteht auch der Tätigkeitsschutz in Abs. 5 nicht nur für die Dauer der Amtszeit, sondern darüber hinaus für einen Zeitraum von **einem Jahr nach Beendigung der Mitgliedschaft** im BR.[526]

VI. Schulungs- und Bildungsveranstaltungen nach Abs. 6

1. Abgrenzung der Schulungs- und Bildungsmaßnahmen

105 Das Gesetz unterscheidet zwischen den beiden Anspruchsgrundlagen nach Abs. 6 und Abs. 7. Beide Ansprüche stehen selbstständig nebeneinander[527] und dienen der »Herstellung der **intellektuellen Waffengleichheit**« zwischen AG und BR (vgl. hierzu Rn. 106). Nach **Abs. 7** hat

515 *LAG Frankfurt*, a. a. O.
516 *Fitting*, Rn. 134; GK-*Weber*, Rn. 169; *GL*, Rn. 64; Richardi-*Thüsing*, Rn. 87; vgl. auch HWGNRH-*Glock*, Rn. 136.
517 *ArbG München* 12.5.76 – 21 Ca 2008/76; *Lichtenstein*, BetrR 87, 7 [44].
518 Vgl. *Fitting*, Rn. 134; GK-*Weber*, Rn. 169f.; *Kühner*, S. 112; Richardi-*Thüsing*, Rn. 87.
519 *Fitting*, a. a. O.; *Richardi*, a. a. O.
520 GK-*Weber*, Rn. 161; zum weitergehenden Anspruch freigestellter BR-Mitglieder vgl. § 38 Rn. 72ff., 76ff.
521 *LAG Rheinland-Pfalz* 3.6.80, EzA § 37 BetrVG 1972 Nr. 69; ErfK-*Koch*, Rn. 11; *Fitting*, Rn. 133; GK-*Weber*, Rn. 168; HWGNRH-*Glock*, Rn. 135; Richardi-*Thüsing*, Rn. 86; *ArbG München* 12.5.76 – 21 Ca 2008/76.
522 *Fitting*, Rn. 133; GK-*Weber*, a. a. O.; *GL*, Rn. 64; Richardi-*Thüsing*, Rn. 86.
523 *Fitting*, a. a. O.; GK-*Weber*, a. a. O.; *GL*, a. a. O.; *Kühner*, S. 111.
524 Vgl. auch *BAG* 15.1.92 – 7 AZR 194/91, DB 93, 1379 = AiB 93, 236 = AuR 92, 379, Ls. = BetrR 93, 35 mit kritischer Anm. *Ortmann*.
525 *LAG Niedersachsen* 7.5.97 – 15 (6) Sa 1233/96.
526 HWGNRH-*Glock*, Rn. 137; vgl. Rn. 98 sowie § 38 Rn. 78ff.
527 Vgl. *BAG* 5.4.84, AP Nr. 46 zu § 37 BetrVG 1972; *Schneider*, AiB 03, 344.

jedes BR-Mitglied während seiner regelmäßigen Amtszeit Anspruch auf bezahlte Arbeitsbefreiung von drei bzw. vier Wochen für die Teilnahme an Schulungsveranstaltungen, die von der zuständigen **obersten Arbeitsbehörde** des Landes **als geeignet anerkannt** wurden (vgl. Rn. 162ff.). Daneben sind nach **Abs. 6** BR-Mitglieder außerdem von ihrer beruflichen Tätigkeit ohne Minderung des Arbeitsentgelts für die Teilnahme an solchen Schulungsveranstaltungen zu befreien, die für die BR-Arbeit **erforderliche Kenntnisse** (zum Begriff vgl. Rn. 108ff.) vermitteln. Bei dem Anspruch nach **Abs. 7** handelt es sich grundsätzlich um einen **Individualanspruch** des einzelnen BR-Mitglieds; **Abs. 6** stellt dagegen auf die **Bedürfnisse des Kollektivorgans** BR ab (vgl. Rn. 108, 137, 187).

Der von Teilen der Rspr. und Literatur abgelehnte Grundsatz auf **»intellektuelle Waffengleichheit«**[528] ergibt sich aus der dem BR im BetrVG eingeräumten Stellung. Er ist nicht nur im Bereich der mitbestimmungspflichtigen Angelegenheiten (z. B. § 87) **gleichgewichtiger Gesprächspartner** des AG, wie sich aus dem Grundsatz der vertrauensvollen Zusammenarbeit nach § 2 Abs. 1 ergibt.[529] Nach § 80 Abs. 2 (und anderen Vorschriften des Gesetzes) ist der BR zur Durchführung seiner Aufgaben »rechtzeitig und umfassend« zu unterrichten, d. h. vor endgültigen Entscheidungen, damit er die unternehmerischen Maßnahmen noch beeinflussen kann (vgl. § 80 Rn. 50, 52; § 90 Rn. 19f.). Um seiner Schutzfunktion optimal gerecht zu werden, ist ein **hoher Informationsstand** für den BR erforderlich, was auch vom *BAG* anerkannt wurde.[530] Die »intellektuelle Waffengleichheit« findet ihre zusätzliche Stütze in der Tatsache, dass das BetrVG auf **Ausgleich und gegenseitige Verständigung,** nicht jedoch auf Kampf und machtmäßige Auseinandersetzungen angelegt ist. Dieses Prinzip liegt dem Zusammenarbeitsgebot nach § 2 Abs. 1 ebenso zugrunde wie das Arbeitskampfverbot nach § 74 Abs. 2 Satz 1. Daraus folgt, dass besonderer Wert darauf zu legen ist, dass die AN-Seite in diesem **»Argumentationskampf«** nicht von vornherein ins Hintertreffen gerät und deshalb kaum eine Chance zur Durchsetzung eigener Positionen besitzt. Aus Sicht des BR besteht mithin eine Verpflichtung, sich durch Schulungsteilnahme sachkundig zu machen.[531] Hierfür ist eine strukturierte Bildungsplanung sinnvoll.[532] 106

Die **»intellektuelle Waffengleichheit«** hat nicht an ihrer Bedeutung verloren. Mit Blick auf neue Anforderungen oder Themen, etwa im Zusammenhang mit der **»Künstlichen Intelligenz«,** ist sie im Gegenteil **notwendiger denn je.** Um nicht von der Planung der UN überrollt zu werden, muss der BR über ein **breites Repertoire an Fachwissen,** über kommunikative Kompetenzen und über Lernbereitschaft verfügen. Die Modernisierung der Arbeitswelt, die Einführung neuer Produktions- und Beteiligungskonzepte und die immer stärker werdende Internationalisierung der Wirtschaft und der Arbeitsbeziehungen erfordert BR-Mitglieder mit hohem und immer **aktualisiertem Wissensstand.** Bei Managern, die jahrelang für ihre Funktionen speziell qualifiziert werden und deren Wissen ständig aktualisiert wird, steht dies völlig außer Zweifel.[533] Lehrgänge, die BR-Mitgliedern als erforderliche Schulungsmaßnahme nach § 37 Abs. 6 BetrVG verweigert werden, wie »Sprech- und Verhandlungstraining«, »Rhetorik und Kinesik«, »Psychologie und Technik der Führung und Überzeugung« sind fester Bestandteil von Manager-Schulungsprogrammen, deren (hohe) Kosten vom Betrieb (AG) getragen werden müssen. Die dort vermittelten Fähigkeiten werden offenbar bei BR-Mitgliedern als selbstverständlich vorausgesetzt. Trotz des vorausgesetzten Bezugs zur BR-Tätigkeit wird die **Kostenfrage** bei entsprechenden Schulungsmaßnahmen nach Abs. 7 anders entschieden als nach Abs. 6.[534] 107

---

528 Vgl. z. B. *BAG* 6.11.73, AP Nr. 5 zu § 37 BetrVG 1972, 11.8.93 – 7 ABR 52/92, NZA 94, 517; GK-*Weber*, Rn. 175 m. w. N.; HWGNRH-*Glock*, Rn. 139; Richardi-*Thüsing*, Rn. 92f.; *Oetker*, AuA 92, 139; wie hier *Fitting*, Rn. 142; *GL*, Rn. 68; *Kittner*, Anm. zu AP Nr. 5 zu § 37 BetrVG 1972; vgl. auch *Künzl*, ZfA 93, 341 [343], der auf die Vermittlung des »notwendigen geistigen Rüstzeugs« zur Erledigung der BR-Aufgabe abstellt.

529 Im Ergebnis auch *Däubler, Schulungsanspruch, S.* 11ff.

530 Vgl. *BAG* 11.7.72, AP Nr. 1 zu § 80 BetrVG 1972.

531 *Däubler*, dbr 05, Nr. 10, 17f.

532 *Haas/Eichhorn-Haas*, AiB 22, Nr. 6, 19.

533 So im Ergebnis auch *Däubler*, Schulung Rn. 132f.; zur Gegenmeinung vgl. HWGNRH-*Glock*, Rn. 139.

534 Ähnlich *Däubler, Schulungsanspruch, S.* 153.

2. Zulässiger Schulungsinhalt – erforderliche Kenntnisse

108 Anspruch auf Arbeitsbefreiung unter Fortzahlung des Arbeitsentgelts besteht nach **Abs. 6** für Veranstaltungen, die Kenntnisse vermitteln, die für die BR-Arbeit erforderlich sind. Durch diese Regelung wird klargestellt, dass die Teilnahme an Schulungsveranstaltungen zu den **Amtsobliegenheiten des BR** gehört.[535] Der AG hat die Kosten der Veranstaltung zu tragen, wenn aktuelle oder absehbare betriebliche bzw. betriebsratsbezogene Anlässe die Schulung des entsandten BR-Mitglieds **erforderlich** machen.[536] Das einzelne BR-Mitglied ist nicht nur berechtigt, sondern grundsätzlich auch **verpflichtet,** an Schulungsmaßnahmen teilzunehmen,[537] sofern für die BR-Arbeit erforderliche Kenntnisse nicht in ausreichendem Maße vorhanden sind. Auch Schulungsmaßnahmen, durch die BR-Mitglieder in die Lage versetzt werden, Verhandlungen in einer ESt zu begleiten und sich mit deren Vorschlägen aus eigener Kompetenz kritisch auseinanderzusetzen zu können, sind erforderlich.[538]
Lehnt das BR-Mitglied die Schulungsteilnahme ab, kann eine Pflichtwidrigkeit i. S. d. § 23 Abs. 1 vorliegen.

109 Sowohl die Vermittlung von **Grundkenntnissen** (vgl. Rn. 112ff.) als auch von **Spezialwissen** (vgl. Rn. 117ff.) kann i. S. d. Vorschrift erforderlich sein.[539] Durch die Rspr. hat die Unterscheidung zwischen Grundkenntnissen und Spezialwissen eine besondere Bedeutung erlangt, da für die Vermittlung allgemeiner Grundkenntnisse des BetrVG grundsätzlich kein konkreter betriebsbezogener Anlass vorliegen muss.[540] Die **Abgrenzung** zwischen Grundkenntnissen und Spezialwissen ist im Einzelfall fließend. Der BR hat, wie die Gerichte der Tatsacheninstanzen, einen bestimmten **Beurteilungsspielraum.**[541]

110 Wegen der Schwierigkeit der gesetzlichen Materie kann ein BR-Mitglied nicht darauf verwiesen werden, sich über den Inhalt des Gesetzes im **Selbststudium** zu unterrichten oder auf die Unterrichtung durch bereits früher geschulte BR-Mitglieder zurückzugreifen.[542] Es gehört nicht zu den gesetzlich umschriebenen Aufgaben von BR-Mitgliedern, weniger erfahrene oder neu gewählte BR-Mitglieder in das für ihre Tätigkeit notwendige Wissen einzuführen, zumal sie in der Regel nicht über die entsprechenden pädagogischen Fähigkeiten verfügen.[543] Im Übrigen wäre der auf eine derartige Art der Wissensvermittlung innerhalb des BR – gleich ob in Form des Selbststudiums oder der **Unterrichtung durch erfahrene BR-Kollegen** – entfallende und i. S. d. Abs. 2 erforderliche Zeitaufwand unverhältnismäßig größer als derjenige, der durch den Besuch einer Bildungsstätte eines fachlich kompetenten Trägers entsteht.[544] Die Verweisung auf die Unterrichtung durch bereits geschulte BR-Mitglieder würde auch dem Grundsatz des BetrVG entgegenstehen, dass jedes BR-Mitglied sein Amt in **eigener Verantwortung** und in **Kenntnis seiner Kompetenzen** zu führen hat.[545] Aus diesem Grundsatz leitet sich auch ein Anspruch auf Schulungsmaßnahmen im **technischen Bereich** (etwa PC-Kenntnisse) ab, soweit

---

535 *BAG* 31.10.72, 7.6.89, AP Nrn. 2, 67 zu § 40 BetrVG 1972; *Däubler,* AiB 04, 525; *ders.,* Schulung Rn. 158, 441; GK-*Weber,* Rn. 186; *Käufer,* S. 59.
536 *BAG* 19.7.95 – 7 ABR 49/94, NZA 96, 442 = AiB 95, 971 mit Anm. *Grimberg;* 15.1.97 – 7 ABR 14/96, NZA 97, 781 = AiB 97, 410 mit Anm. *Wolmerath;* Richardi-*Thüsing,* Rn. 96; *Schneider,* AiB 03, 344; zur Auslegung *Wank/Maties,* NZA 05, 1033.
537 *BAG* 29.1.74, AP Nr. 5 zu § 40 BetrVG 1972; *Fitting,* Rn. 137; GK-*Weber,* Rn. 186.
538 So grundsätzlich *BAG* 20.8.14 – 7 ABR 64/12, NZA 14, 1349, das die Erforderlichkeit allerdings im Beschluss verneint hat.
539 Vgl. z. B. *BAG* 9.10.73, 6.11.73, 29.1.74, 14.6.77, 25.4.78, 21.11.78, 15.5.86, 16.10.86, AP Nrn. 4, 5, 9, 30, 33, 35, 54, 58 zu § 37 BetrVG 1972; *LAG Berlin* 10.3.87, CR 87, 699; *LAG Hamm* 13.10.99 – 3 TaRV 44/99, AiB 01, 609 mit Anm. *Rädel;* Rspr.-Übersicht bei *Peter,* AiB 98, 693ff.
540 Vgl. *BAG* 18.9.91 – 7 ABR 63/90, AuR 92, 60, Ls.; vgl. im Übrigen Rn. 103ff.
541 *BAG* 9.10.73, 6.11.73, AP Nrn. 4, 5 zu § 37 BetrVG 1972, 29.4.92 – 7 ABR 61/91, NZA 93, 375; vgl. im Übrigen Rn. 139.
542 *BAG* 19.9.01 – 7 ABR 32/00, DB 02, 51 m.w.N.; 15.5.86, AP Nrn. 35, 54 zu § 37 BetrVG 1972; *Däubler,* AiB 04, 525; *Däubler, Schulungsanspruch, S.* 4; ErfK-*Koch,* Rn. 12; vgl. auch *Oetker,* AuA 92, 139 [140]; *Künzl,* ZfA 93, 341 [345 f., 348]; *Schneider,* AiB 98, 369ff.; enger GK-*Weber,* Rn. 220, die Eigenschulungen in bestimmten Fällen für möglich und zumutbar halten.
543 *BAG,* 15.5.86, a. a. O.; vgl. auch HWGNRH-*Glock,* a. a. O.; a. A. GK-*Weber,* a. a. O.
544 So *BAG,* a. a. O.; ähnlich *Däubler, Schulungsanspruch, S.* 4f.; vgl. auch Rn. 131f.
545 *BAG,* a. a. O., 19.1.84 – 6 ABR 12/81; vgl. auch Rn. 116.

das hierbei zu erwerbende Wissen für die Betriebsratsarbeit erforderlich sind. Die Möglichkeit der Selbstaneignung derartiger Kenntnisse kann schon deshalb nicht gegen die Erforderlichkeit ins Feld geführt werden, weil sie zumindest theoretisch auch bezüglich aller anderen Themen besteht.[546] Beherrscht ein BR-Mitglied die deutsche Sprache nicht, kann eine Schulung in der Muttersprache erforderlich sein.[547] BR-Mitglieder, die Beisitzer einer ESt sind, können vom AG nicht darauf verwiesen werden, sich die Kenntnisse für die notwendige kritische und unabhängige Auseinandersetzung mit den dort erarbeiteten Vorschlägen von externen Beisitzern vermitteln zu lassen, die der BR entsandt hat.[548]

Das didaktische Konzept sowie die organisatorischen Rahmenbedingungen, die Schulungs- **111** und Bildungsveranstaltungen zugrunde liegen, sind bei der Bewertung der Erforderlichkeit nachrangig. Erforderliche Kenntnisse können deshalb nicht nur in Seminarveranstaltungen, sondern auch im Rahmen von **Fachkongressen** vermittelt werden. Entscheidend für die erforderliche Wissensvermittlung ist nämlich nicht vorrangig, dass ein individuell ansprechbarer Teilnehmerkreis gegeben ist, sondern dass das Wissen der Teilnehmer ausgebaut und verfestigt wird.[549] Diese Voraussetzung ist im Rahmen von Fachkongressen dann erfüllt, wenn neben der Konferenz auch Workshops angeboten werden, in denen ein individueller Austausch zwischen Lehrenden und Teilnehmern möglich ist.[550] Unter den Anwendungsbereich des Abs. 6 können völlig neue Lernangebote fallen wie etwa die Vermittlung erforderlicher Kenntnisse durch **E-Learning-Konzepte** oder durch andere Formen von **Online-Lernen.** Voraussetzung ist auch bezüglich dieser Lernformen lediglich, dass sie BR-Mitgliedern das für ihre Arbeit erforderliches Wissen vermitteln und dass die Auswahl dieser Vermittlungsform gegenüber anderen (konventionellen) Varianten nicht als unverhältnismäßig zu qualifizieren ist (zur kritischen Bewertung der Verhältnismäßigkeit vgl. Rn. 173).

a) Grundwissen

Die Vermittlung von **Grundkenntnissen des BetrVG** ist für alle BR-Mitglieder als unabding- **112** bare Voraussetzung für die BR-Arbeit regelmäßig erforderlich.[551] Dies gilt insbesondere für alle erstmals gewählten BR-Mitglieder, sofern sie nicht bereits ausreichende Kenntnisse über das BetrVG erlangt haben.[552] Die Erforderlichkeit besteht auch für BR-Mitglieder, die dem Gremium schon mehrere Jahre angehören.[553] Die Vermittlung von Grundkenntnissen beschränkt sich nicht auf **Einführungslehrgänge,** sondern erfasst auch **spezielle, abgeschlossene Teilgebiete** des Gesetzes,[554] ohne dass es im Regelfall der Darlegung einer besonderen betrieblichen Situation, die solche Kenntnisse erforderlich macht, bedarf. Grundschulungen, für deren Notwendig-

546 Abzulehnen deshalb *LAG Schleswig-Holstein* 15.5.07 – 5 TaBV 5/07, EzA-SD 2007, Nr. 14, 14 und 3.6.04 – 4 TaBV 24/02, ArbRB 03, 226, das einem »learning by doing« jeweils den Vorrang geben will.

547 ArbG Berlin 3311 – 3311 ArbR 33/11, jurisPR ArbR 33/11.

548 *BAG* 20.8.14 – 7 ABR 64/12, NZA 14, 1349.

549 A. A. HWGNRH-*Glock,* Rn. 144, die Kongresse nicht als Schulungs- und Bildungsveranstaltungen qualifizieren wollen.

550 *LAG Hamburg* 4.12.12 – 4 TaBV 14/11, juris.

551 Ständige Rspr.; vgl. *BAG* 19.9.01 – 7 ABR 32/00, DB 02, 51; *LAG Kiel* 15.5.07 – 5 TaBV 5/07, juris, das allerdings eine Darlegung zur Erforderlichkeit nur bei erstmals gewählten BR-Mitgliedern für verzichtbar hält; ähnlich *LAG Schleswig-Holstein* 15.5.05 – 5 TaBV 5/07, MDR 07, 1143; enger *LAG Schleswig-Holstein* 3.6.09 – 6 Ta BV 55/08, das die Erforderlichkeit für die Fälle anzweifelt, in denen bereits einschlägige Kenntnisse vorliegen.

552 *BAG* a.a.O., m.w.N.; vgl. auch *Schneider,* AiB 98, 369ff.; *Künzl,* ZfA 93, 341 [346 f.]; *Schneider,* AiB 87, 196; enger GK-*Weber,* Rn. 206; a.A. *LAG Hamm* 16.3.79, DB 79, 1364.

553 *BAG* 19.3.08 – 7 ABR 2/07, juris hält eine BR-Zugehörigkeit von vier Jahren noch nicht für ausreichend, um auf den Erwerb des erforderlichen Grundwissens im Bereich des allgemeinen Arbeitsrechts schließen zu können; *ArbG Bremen* 20.1.05 – 5 BV 103/04, dbr 05, Nr. 9, 99 = jurisPR-ArbR 29/05 Anm. 5 mit Anm. *Wolmerath.*

554 Vgl. *BAG* 15.5.86, AP Nr. 54 zu § 37 BetrVG 1972; *LAG Düsseldorf* 15.4.80, DB 81, 119; *LAG München* 25.2.93 – 7 TaBV 89/92, das in Ergänzung zu einem Einführungslehrgang zwei 5-tägige Lehrgänge zu den Teilgebieten soziale Angelegenheiten bzw. personelle Einzelmaßnahmen als erforderlich anerkannt hat; ähnlich *LAG Rheinland-Pfalz* 16.6.08 – 5 TaBV 3/08, juris; enger *BAG* 18.9.91 – 7 ABR 63/90, AuR 91, 60, Ls., wonach schwierige Fragenbereiche, die nur bei vertiefter Be-

keit keine besondere Erforderlichkeit gegeben sein muss, sind einschlägige Seminare für BR, die weder der Spezialisierung noch der Vertiefung vorhandenen Wissens dienen.[555] Regelmäßig erforderlich sind auch Schulungen, die Kenntnisse über aktuelle **Neuregelungen des BetrVG** vermitteln.[556] Der grundsätzliche Schulungsanspruch im Bereich des BetrVG wird nicht verändert, wenn in einem Betrieb gemäß der Geschäftsordnung des BR unterschiedliche Ausschüsse gebildet wurden, denen Aufgaben zur selbstständigen Erledigung übertragen sind.[557] Nach der Aufnahme des Themas **Beschäftigungssicherung** und **Beschäftigungsförderung** in das BetrVG (vgl. §§ 80 Abs. 1 Nr. 8, 92 a) gehören diese Themen zum Grundwissen von BR, ohne dass es einer gesonderten Darlegung der Erforderlichkeit bedarf.[558] In Abhängigkeit von den individuellen Vorkenntnissen können auch Schulungsmaßnahmen im Bereich **Rhetorik** zu den notwendigen Grundkenntnissen gehören.[559]

113 Die Vermittlung von Grundkenntnissen des allgemeinen **Arbeitsrechts,** insbesondere des Arbeitsschutzrechts, ist für jedes BR-Mitglied als erforderliche Kenntnisvermittlung anzusehen, ohne dass ein konkreter betriebsbezogener Anlass vorliegen muss.[560] Dies gilt auch für BR-Mitglieder, die schon längere Zeit in einem BR tätig sind.[561] Der BR kann nur dann seine Mitwirkungs- und Mitbestimmungsrechte sowie seine gesetzlichen Überwachungs- und Unterstützungsaufgaben sachgemäß wahrnehmen, wenn seine Mitglieder über entsprechende Grundkenntnisse verfügen,[562] wobei allerdings fälschlicherweise z. T. darauf abgestellt wird, dass entsprechende Kenntnisse auch durch langjährige BR-Tätigkeit erworben werden können.[563] Die langjährige BR-Tätigkeit steht einer Grundschulung nicht entgegen.[564] Im Rahmen entsprechender Grundlagenveranstaltungen ist auch der Besuch von Verhandlungen eines ArbG zulässig.[565]

114 Entsprechendes gilt für den Themenkomplex Arbeitsschutz und Unfallverhütung **(Arbeitssicherheit).** Die Befassung mit diesen Themen gehört nach §§ 80 Abs. 1 Nr. 9 und 89 ausdrücklich zu den Aufgaben des BR (vgl. dort). Bei Themen aus den Bereichen ArbSchG oder Arbeitssicherheit handelt es sich stets um aktuelle Fragen und Aufgaben, so dass insoweit eine nicht näher darzulegende unabdingbare Notwendigkeit der Vermittlung von Kenntnissen für die Arbeit des BR vorliegt.[566] Wegen der besonderen Bedeutung des Arbeitsschutzes hängt die Notwendigkeit einer Schulung im Hinblick auf die konkreten betrieblichen Gegebenheiten nicht davon ab, dass im Betrieb eine übermäßige Unfallhäufigkeit besteht. Das *BAG*[567] hat aus-

---

trachtung sinnvoll behandelt werden können, nicht als Grundwissen anzusehen sind; vgl. im Übrigen Rn. 104ff.

555 *LAG Berlin-Brandenburg* 3.5.13 – 10 TaBV 88/13.

556 *LAG Hamm* 17.10.03 – 10 TaBV 83/03, AuR 05, 37 zum BetrV-ReformG; ähnlich *Fitting,* Rn. 143.

557 *ArbG Frankfurt* 11.2.04 – 6 BV 619/03, AiB 04, 310 mit Anm. *Seum.*

558 Vgl. BDW, S. 121.

559 *LAG Sachen,* 22.11.02 – 9 TaBV 17/02, NZA-RR 03, 420; *ArbG Dortmund* – 6 BV 53/99, AiB 00, 628; *Däubler, Schulungsanspruch, S.* 22f.; enger *ArbG Frankfurt* 29.6.22 – 9 BV 284/21, das entsprechende Kenntnisse nicht für erforderliches Grundwissen hält; a. A. *LAG Köln* 20.12.07 – 10 TaBV 53/07, PersV 08, 473.

560 *LAG Berlin-Brandenburg* 7.9.12 – 10 TaBV 1297/12, juris; *Däubler,* AiB 04, 526; *Peter,* AiB 96, 476; ErfK-*Koch,* Rn. 14; *Fitting,* Rn. 144, 164; *Nacken,* AiB 16, Nr. 4, 56.

561 *BAG* 19.3.08 – 7 ABR 2/07, juris; *ArbG Düsseldorf* 3.9.04 – 12 BV 56/04, AiB 04, 758 mit Anm. *Malottke;* a. A. Richardi-*Thüsing,* Rn. 103, der den Anspruch auf einmalige Schulungen beschränken will; Textmuster für die Mitteilung an AG bei DKWF-*Wedde,* § 37 Rn. 47.

562 *BAG* 16.10.86, AP Nr. 58 zu § 37 BetrVG 1972; *LAG Schleswig-Holstein* 23.9.87, LAGE § 37 BetrVG 1972 Nr. 23; *LAG Frankfurt* 13.7.89, NZA 90, 156; *Fitting,* Rn. 144, 116; GK-*Weber,* Rn. 231ff.; *Schneider,* AiB 87, 196; *Trümner,* BetrR 87, 237; a. A. HWGNRH-*Glock,* Rn. 180ff.

563 *BAG* 16.10.86, a. a. O.; vgl. auch *LAG Bremen* 20.3.90 – 1 TaBV 16/89.

564 *LAG Schleswig-Holstein* 4.1.00 – 3 Sa 511/98, AiB 00, 287 mit Anm. *Komposch;* enger *LAG Köln* 2.12.99 – 10 TaBV 347/99, AuR 00, 158 mit kritischer Anm. *Peter.*

565 *LAG Hamm* 19.1.07 – 10 TaBV 62/06, juris.

566 *BAG* 15.5.86, AP Nr. 54 zu § 37 BetrVG 1972; ausführlich *Däubler, Schulungsanspruch, S.* 20; *Peter,* AiB 96, 476; HWGNRH-*Glock,* Rn. 173, vgl. aber dort Rn. 132a hinsichtlich der Beschränkung der Teilnehmerzahl; enger *BAG* 29.4.92 – 7 ABR 61/91, NZA 93, 375, wonach auch bei Grundkenntnissen der Arbeitssicherheit auf eine einzelfallbezogene Prüfung der Erforderlichkeit nicht verzichtet werden kann; so auch GK-*Weber,* Rn. 209.

567 *BAG* 15.5.86, a. a. O.

drücklich hervorgehoben, dass BR-Tätigkeit nicht erst einsetzen kann, wenn der Eintritt einer Schädigung absehbar oder eine Schädigung eingetreten ist, sondern dass sie bereits vorsorglich im Vorfeld notwendig ist. Nicht erforderlich können Schulungs- und Bildungsmaßnahmen in diesem Bereich nur sein, wenn in einem engen zeitlichen Zusammenhang mehrfach Angebote zum gleichen Themenkomplex besucht werden sollen, ohne dass es hierfür eine Begründung gibt.[568]

Zum erforderlichen Grundwissen gehört auch der Bereich des **AGG.** Betriebsräten obliegt 115
insoweit die Aufgabe, die Einhaltung der zwingenden Vorgaben zu überwachen und sicher zu stellen. Dieser Schulungsanspruch ist unabhängig von dem nach § 12 AGG.

Eine sachgerechte BR-Arbeit erfordert von jedem BR-Mitglied ausreichende Kenntnisse über 116
die für den Betrieb geltenden **TV**[569] sowie einen gewissen Standard an **allgemeinen rechtlichen, wirtschaftlichen und technischen Kenntnissen.**[570] Jedes BR-Mitglied muss aber über umfassende Grundkenntnisse (gilt praktisch deckungsgleich für Spezialwissen, vgl. Rn. 117ff.) verfügen, da der gesamte BR auch für die speziellen Fachprobleme einzelner Ausschüsse letztzuständig und verantwortlich ist und jedes BR-Mitglied in der Lage sein muss, die eigenen »Spezialisten« zu kontrollieren[571] und sein Amt in eigener Verantwortung und in Kenntnis seiner Kompetenzen zu führen.[572] Der unbestimmte Rechtsbegriff »Erforderlichkeit« bedeutet im Ergebnis: **Alle BR-Mitglieder** haben nach Abs. 6 **Anspruch auf Vermittlung von Grundkenntnissen** hinsichtlich der gesamten BR-Tätigkeit,[573] einschließlich Arbeitsschutzrecht und Arbeitssicherheit, soweit sie über derartige Kenntnisse noch nicht verfügen; **BR-Mitglieder mit speziellen Aufgaben** haben darüber hinaus Anspruch auf **vertiefte Kenntnisse** zu ihren Spezialgebieten.[574] Hierzu gehören auch **Grundkenntnisse für die Wahrnehmung von Tätigkeiten im Wirtschaftsausschuss.**[575]

Entscheidet sich ein BR, von der durch § 30 Abs. 2 eröffneten Möglichkeit der Durchführung 116a
von BR-Sitzungen per Video- und Telefonkonferenz Gebrauch zu machen (vgl. hierzu § 30 Rn. 168a ff), gehören auch die für den Gebrauch der eingesetzten Hard- und Software zu den erforderlichen Grundkenntnissen, über die jedes BR-Mitglied verfügen muss.

b) Spezialwissen

Die Vermittlung von **Spezialwissen** soll nur dann erforderlich sein, wenn der BR unter Berück- 117
sichtigung der konkreten Situation des Betriebs und des Wissensstands die Kenntnisse alsbald oder auf Grund einer typischen Fallgestaltung demnächst benötigt, um seine derzeitigen oder demnächst anfallenden Aufgaben sachgerecht wahrnehmen zu können.[576]

Bei der **Erforderlichkeitsprüfung** hat der BR einen Beurteilungsspielraum (vgl. Rn. 154). 118
Diese vom *BAG* aufgestellten Kriterien dürfen nicht einschränkend ausgelegt werden,[577] da der BR auch eigene Gestaltungsmöglichkeiten (z. B. §§ 80, 87, 90) hat und es schwer vorstell-

---

568 *BAG* 1.9.09 – 6 TaBV 18/09, BB 09, 672.

569 *LAG Hamm* 11.3.81, DB 81, 1678.

570 Vgl. *BAG* 27.11.73, AP Nr. 9 zu § 89 ArbGG 1973; *Däubler, Schulungsanspruch, S.* 16f.; *Peter,* AiB 96, 478; *Fitting,* Rn. 165; GK-*Weber,* Rn. 233; a. A. HWGNRH-*Glock,* Rn. 171.

571 Vgl. *Kittner,* Anm. zu AP Nr. 5 zu § 37 BetrVG 1972; *Kühner,* S. 117; *LAG München* 25.2.93 – 7 TaBV 89/92.

572 *BAG* 21.11.78, AP Nr. 35 zu § 37 BetrVG 1972.

573 Vgl. *BAG* 5.11.81, DB 82, 704; *LAG München,* a. a. O.; enger *BAG* 18.9.91 – 7 ABR 63/90, AuR 92, 60, Ls.; *LAG Köln* 12.4.96 – 1113 TaBV 83/95, BB 96, 1940, das eine Grundschulung von vier Wochen für zu lang hält.

574 Vgl. *Fitting,* Rn. 166; *Kühner,* S. 117.

575 *HessLAG* 17.1.22 – 16 TaBV 121/21 – für »WA I« und »WA II«; 22.5.17 – 16 TaBVGa 116/17 für Mitglieder eines neu gegründeten Wirtschaftsausschusses; *LAG Hamm* 22.6.07 – 10 TaBV 25/07, juris, für den Anspruch auf Grundlagenschulung eines BR-Mitglieds in der 2. Amtsperiode; enger *LAG Hamm* 10.6.05, 10 TaBV 1/05.

576 Vgl. *BAG* 9.10.73, 27.9.74, 8.2.77, 15.5.86, AP Nrn. 4, 18, 26, 54 zu § 37 BetrVG 1972; *LAG Düsseldorf* 15.4.80, DB 81, 119; *Fitting,* Rn. 141; *Künzl,* ZfA 93, 341 [346]; GK-*Weber,* Rn. 199, 234f.; Richardi-*Thüsing,* Rn. 106; *Nacken,* AiB 16, Nr. 4, 56.

577 So auch *Fitting,* Rn. 142.

bar ist, wie bei aktuellen Anlässen eine effektive Arbeit möglich sein soll, wenn er erst auf Grund entsprechender Vorfälle nachträglich die erforderlichen Kenntnisse erhalten kann.[578] Etwas anderes kann allenfalls dann gelten, wenn zumindest einige BR-Mitglieder, z. B. Mitglieder des betreffenden **Fachausschusses,** über entsprechende Grundkenntnisse verfügen.[579] Der Erforderlichkeit steht im Einzelfall nicht entgegen, dass der BR Experten zu bestimmten Themen als externe Beisitzer in eine ESt entsendet. Da BR-Mitglieder sich in eigener Kompetenz mit Vorschlägen und Beschlüssen der ESt sinnvoll und sachgerecht befassen können müssen, können sie nicht darauf verwiesen werden, auf die Sachkompetenz externer Beisitzer zu vertrauen.[580] Die Erforderlichkeit für die Vermittlung von Spezialwissen ist gegeben, wenn der BR auf Grund der sich vollziehenden **technischen Entwicklung** in einer Branche oder auf Grund von **TV-Forderungen** der im Betrieb vertretenen Gewerkschaft bzw. auf Grund von **sozialpolitischen Gesetzentwürfen**[581] damit rechnen muss, dass ihm in absehbarer Zukunft Aufgaben zuwachsen. Werden Beteiligungsrechte des BR durch TV oder BV erweitert, können die neuen Sachbereiche und Rechte Gegenstand erforderlicher Schulungen sein.[582]

119 Für die Notwendigkeit der Schulungsmaßnahme muss grundsätzlich eine **Aktualität** in der Weise bestehen, dass die vermittelten Kenntnisse, wenn nicht sofort, so doch voraussichtlich in absehbarer Zeit benötigt werden.[583] Insoweit ist eine weite Auslegung des Aktualitätsbegriffs geboten. Die bloße theoretische Möglichkeit, dass die Frage einmal im Betrieb auftauchen könnte, soll dagegen nicht ausreichen.[584]

120 Soweit der BR ein **Initiativrecht** besitzt (z. B. §§ 80, 87, 92), kann er ein Thema zu einem »demnächst anstehenden« machen.[585] So ist der Besuch eines speziellen Seminars für WA-Mitglieder nicht nur für alle BR-Mitglieder **erforderlich,** die diesem Gremium angehören, ohne dass es einer spezifischen Prüfung bedarf. Darüber hinaus wird der Besuch immer dann erforderlich, **wenn seitens des BR die Absicht besteht, einen** WA **einzurichten und** wenn die potenziellen Mitglieder vorab entsprechend geschult werden sollen.[586] Entsprechendes gilt auch für spezifische Seminare für Mitglieder des GBR oder KBR, wenn BR-Mitglieder diesen Gremien angehören. Der BR ist somit auch bei der Vermittlung von Spezialwissen **weder auf die Zukunft noch auf eine bloße Reaktion** auf unternehmerische Maßnahmen beschränkt.[587] Eine vom AG ausgehende **Konfrontation** kann ein **erhöhtes Schulungsbedürfnis** begründen.[588]

121 Anerkannt ist, dass BR-Mitglieder, die im BR **besondere Aufgaben** zu erfüllen haben, wie BR-Vorsitzende, stellvertretende Vorsitzende oder freigestellte Mitglieder, einen **erhöhten Bildungsbedarf** haben,[589] ohne dass jeweils der konkrete betriebsbezogene Anlass nachgewiesen

---

578 *Teichmüller,* S. 26; vgl. auch *BAG* 15. 5. 86, AP Nr. 54 zu § 37 BetrVG 1972, bezogen auf die Unfallverhütung.

579 *ArbG Berlin* 4. 2. 98, AiB 98, 643 mit Anm. *Noll* spricht allen Ausschussmitgliedern dann einen Anspruch zu, wenn arbeitsteilig gearbeitet wird; vgl. im Übrigen Rn. 104f., 110ff.

580 *LAG Hamburg* 18. 7. 12 – 5 TaBV 1/12, juris.

581 Vgl. GK-*Weber,* Rn. 203; zu eng *BAG* 16. 3. 88 – 7 AZR 557/87, AP Nr. 63 zu § 37 BetrVG 1972; hierzu auch Rn. 131.

582 *Fitting,* Rn. 148; a. A. *Loritz,* NZA 93, 8.

583 Vgl. *BAG* 9. 10. 73, AP Nr. 4 zu § 37 BetrVG 1972, vgl. auch 20. 12. 95, NZA 96, 945 = AiB 97, 170 mit Anm. *Peter;* 15. 2. 95, NZA 95, 1036 = AiB 95, 742 mit Anm. *Mache,* jeweils m. w. N.; *LAG Hamm* 25. 6. 04 – 10 Sa 2025/03 (n. v.); *Peter* AiB 06, 284f.; enger *GL,* Rn. 73, die verlangen, dass der BR mit der entsprechenden Angelegenheit ständig konfrontiert wird.

584 *BAG,* a. a. O.; *Fitting,* a. a. O.; HWGNRH-*Glock,* Rn. 171; *Däubler,* Schulungsanspruch, S. 15; *Teichmüller,* S. 27.

585 *LAG Düsseldorf* 18. 1. 77 – 11 TaBV 62/76, Die Quelle 77, 218; *Däubler, Schulungsanspruch, S.* 14; *Peter,* AiB 96, 471; a. A. offenbar HWGNRH-*Glock,* Rn. 192.

586 *BAG* 17. 9. 74, AP Nr. 6 zu § 40 BetrVG 1972; a. A. *LAG Nds.* 27. 9. 00 – 1 Sa 227/99, AuR 01, 116 = AiB 01, 228 mit Anm. *Peter,* das aber die Erforderlichkeit eines **Seminars über betriebswirtschaftliche Grundkenntnisse** für den Fall bejaht, dass der AG mit dem BR nach gemeinsamer Bilanzlesung die wirtschaftliche Situation des Unternehmens beraten will.

587 *Teichmüller,* S. 28.

588 *LAG Hamm* 5. 12. 74, BB 75, 92; bezüglich des Beurteilungsspielraums des BR vgl. Rn. 139.

589 *BAG* 27. 9. 74, 8. 2. 77, AP Nrn. 18, 26 zu § 37 BetrVG 1972; 24. 5. 95 – 7 ABR 54/94, BB 95, 2530; enger *LAG Köln* 2. 12. 99 – 10 TaBV 34/99, AuR 00, 158 für BR-Mitglied mit langjähriger Erfahrung; vgl. ferner *Künzl,* ZfA 93, 341 [346].

werden muss.[590] Entsprechendes gilt für **Wahlvorstandsmitglieder,** auch wenn diese bereits vorher dem BR angehörten oder BR-Vorsitzende waren.[591]

Auch die Mitglieder (und ggf. Ersatzmitglieder) des **Betriebsausschusses** (§ 27) und der **Fachausschüsse** (§ 28) sowie der **Arbeitsgruppen** gem. § 28a benötigen ggf. eine **vertiefende Vermittlung** von Grundkenntnissen und Spezialwissen auf dem jeweiligen Fachgebiet.[592] **Jedes Ausschussmitglied** kann die Vermittlung der erforderlichen Kenntnisse und Fähigkeiten verlangen, wenn nicht ein entsprechender eigener Kenntnis- oder Wissensstand vorliegt. 122

Für die sachgerechte Wahrnehmung der besonderen BR-Aufgaben genügt es nicht, wenn nur einige Mitglieder des für ein Fachgebiet gebildeten Ausschusses über hinreichende Vorkenntnisse verfügen.[593] Jedes Ausschussmitglied muss seine durch die interne Geschäftsverteilung näher umschriebene Funktion in Kenntnis seiner durch das BetrVG bestimmten Pflichten und Handlungsmöglichkeiten eigenverantwortlich wahrnehmen können.[594] Daraus ergibt sich, dass der BR ein Mitglied, das die erforderlichen Vorkenntnisse nicht besitzt, nicht darauf verweisen kann, sich an die besser informierten Mitglieder zu halten und sich im Einzelfall nach deren Belieben, so gut wie es geht, sachkundig zu machen. 123

Die Freistellung nach § 38 berechtigt den BR nicht, **freigestellte BR-Mitglieder** zu Schulungsmaßnahmen zu entsenden, die keine erforderlichen Kenntnisse i. S. d. Abs. 6 vermitteln.[595] 124

c) Vertiefung

Eine Schulungsmaßnahme zur **Vertiefung vorhandener Kenntnisse** des Betriebsverfassungsrechts, des allgemeinen Arbeitsrechts, der Arbeitssicherheit oder des speziellen Fachwissens in den Bereichen, in denen dem BR Beteiligungsrechte zustehen, kann ebenso erforderlich i. S. d. Abs. 6 sein wie **Wiederholungsschulungen,** wenn hierfür besondere Gründe vorgetragen und ggf. nachgewiesen werden.[596] Entsprechendes gilt zur Aneignung theoretischen Grundwissens zur **Ergänzung praktischer Erfahrungen,** da diese ebenso wenig wie langjährige Tätigkeit nicht den Mangel an theoretischem Wissen ausgleichen. Dies gilt insbesondere bei neuen technischen Entwicklungen im Betrieb (z. B. EDV-Systeme, soziale Netzwerke, sicherheitstechnische Fragen, Telearbeit), Änderung der betrieblichen Verhältnisse sowie bei betrieblichen Konflikten, Änderung der Rechtslage durch die Gesetzgebung bzw. Rspr. oder Fortentwicklung von Erkenntnissen.[597] 125

Auch nach vieljähriger Amtstätigkeit bzw. nach Aussetzen einer oder mehrerer Amtsperioden und erfolgter Neuwahl kann die Vermittlung von allgemeinen Grundkenntnissen des BetrVG erforderlich sein, sofern die Kenntnisse mit Rücksicht auf die konkrete Situation im Betrieb 126

---

590 *LAG Hamm* 14. 4. 76, AuR 76, 250, Ls.

591 *ArbG Frankfurt* 3. 3. 99, AiB 1999, 401 mit Anm. *Peter; HessLAG* 26. 3. 18 – 16 TaBVGa 57/18, juris für erstmals berufene Wahlvorstandsmitglieder.

592 *LAG Düsseldorf* 12. 10. 81, EzA § 37 BetrVG 1972 Nr. 72; 23. 4. 97 – 12 TaBV 9/97; vgl. auch *BAG* 19. 1. 84 – 6 ABR 12/81; vgl. ferner *LAG Frankfurt* 13. 7. 89, NZA 90, 156, Ls., das eine konkrete Darlegung der Erforderlichkeit verlangt; *ArbG Passau* 8. 10. 92, BB 92, 2431, Ls., das die Behandlung von Arbeitszeitfragen bei der Bildung eines Ausschusses auf die Mitglieder und Ersatzmitglieder des Ausschusses beschränkt.

593 Vgl. *BAG* 15. 5. 86, AP Nr. 54 zu § 37 BetrVG 1972, jedenfalls bei arbeitsteiliger Aufgabenwahrnehmung; *LAG Düsseldorf* 12. 10. 81, a. a. O.; *LAG Hamm,* a. a. O.; vgl. auch *LAG Düsseldorf* 15. 4. 80, DB 81, 119 und zum Schulungsanspruch von WA-Mitgliedern *LAG* Hamm, BB 97, 206, Ls.

594 *BAG* 15. 5. 86, a. a. O.

595 *BAG* 21. 7. 78, AP Nr. 4 zu § 38 BetrVG 1972.

596 *BAG* 29. 1. 74, AP Nr. 9, 23. 4. 74, DB 74, 1725; vgl. auch *ArbG Bremen* 20. 1. 05 – 5 BV 103/04, dbr 05, Nr. 9, 39, das insbesondere bei betriebsinternen Seminaren wegen der größeren Betriebsnähe die Erforderlichkeit bejaht hat; *Fitting,* Rn. 156, 166 m. w. N.; *Däubler, Schulungsanspruch, S.* 74f.; WP-*Kreft,* Rn. 53; *Künzl,* ZfA 93, 341 [347]; enger *LAG Nürnberg* 1. 9. 09 – 6 Ta BV 18/09; GK-*Weber,* Rn. 239, die die BR-Mitglieder für verpflichtet halten, den durch Schulung erworbenen Wissensstand im Rahmen des Zumutbaren durch Selbststudium zu erhalten und zu vertiefen; im Ergebnis auch MünchArbR-*Joost,* § 308 Rn. 112.

597 Vgl. *BAG* 15. 5. 86, a. a. O.

und im BR sowie im Hinblick auf den Wissensstand des BR-Mitglieds benötigt werden.[598] Ebenso kann eine **Wiederholungs- bzw. Vertiefungsschulung** über die Entwicklung der Rspr. insbesondere des *BAG* und der *LAG*[599] oder zur Auffrischung und Erweiterung der bisherigen Kenntnisse notwendig sein, zumal die für jedes BR-Mitglied erforderlichen Kenntnisse über das BetrVG nicht mit einem einmaligen Lehrgang zu erwerben sind.

d) Themenspektrum

127 Unter Abs. 6 fallen im Hinblick auf die sehr weitgehenden Aufgaben des BR nicht nur Schulungsmaßnahmen, die rechtliche Kenntnisse vermitteln, sondern **alle Themen,** in denen der BR zur Erfüllung der ihm **obliegenden Aufgaben** über **ausreichendes Wissen** verfügen muss.[600] Hierzu zählen Kenntnisse z. B. über das BetrVG und über das allgemeine Arbeitsrecht, da der BR u. a. nach § 80 Abs. 1 Nr. 1 die Einhaltung von Gesetzen, Rechts-VO und TV zu überwachen hat (vgl. auch Rn. 131), ebenso wie über Fragen des Akkord- und Prämienlohns oder anderer leistungsbezogener Entgelte, des Arbeitsschutzes, der Unfallverhütung und Arbeitssicherheit, des Datenschutzes, der Personalplanung, der EDV-Systeme, der Berufsbildung, der Betriebs- und Finanzwirtschaft, der Betriebsorganisation und andere betriebswirtschaftliche Fragen. Die zunehmende Verflechtung und Verzahnung, teilweise verbunden mit der Spaltung von UN bzw. Betrieben und ihrer rechtlichen Verselbstständigung sowohl auf nationaler als auch auf internationaler Ebene, machen **Konzern- bzw. Branchenschulungen,** in denen BR sich spezielle konzern-, betriebs- und branchenbezogene Kenntnisse aneignen können, erforderlich i. S. dieser Vorschrift. Dies gilt jedenfalls bei aktuellen Anlässen (vgl. Rn. 119) auch dann, wenn bei entsprechenden Schulungsmaßnahmen betriebliche Interessenvertretungen beispielsweise ausländischer Tochter-UN einbezogen werden und die Maßnahme im **Ausland** stattfindet.[601]

128 **Die** Erforderlichkeit der **Notwendigkeit der Vermittlung** von **Kenntnissen** aus dem Bereich des **EBRG** ist von der konkreten Situation im Unternehmen abhängig. Sie ist gegeben, wenn die Bildung eines EBR aufgrund der Größe des Unternehmens grundsätzlich in Betracht kommen würde. Etwas anderes gilt, wenn das EBRG aufgrund der mangelnden Größe des UN bzw. der UN-Gruppe keine Anwendung findet.[602]

129 Erforderlich ist eine Schulung über die durch §§ 17ff. EBRG eröffnete Möglichkeit der alternativen **Bildung anderweitiger Vereinbarungen** zur grenzüberschreitenden Unterrichtung und Anhörung der AN.[603]

130 Der **Schulungsanspruch** von **EBR-Mitgliedern** ergibt sich vorrangig aus den §§ 38 und 40 EBRG (vgl. ausführlich Anhang B, § 38 Rn. 1 ff und § 40 Rn. 2ff.). **Freiwillige Vereinbarungen** mit dem AG über Schulungsansprüche der EBR-Mitglieder sind möglich.[604]

---

598 *BAG* 24.7.79, DB 80, 551; *LAG Hamburg* 13.3.08 – 8 TaBV 14/07, AiB 09, 303; *LAG Hamm* 19.1.07 – 10 TaBV 62/06, juris; vgl. allgemein *Däubler, Schulungsanspruch, S.* 74; *Peter,* AiB 06, 284; enger *BAG* 19.3.08 – 7 ABR 2/07, ZBVR online 08, Nr. 12, 5–8, das die Frage der Nachweistiefe offen lässt; *LAG Hamm* 7.1.98 – 3 TaBV 36/97, das bei wiederholter Teilnahme eine detaillierte Begründung durch den BR verlangt; *LAG Hamm* 22.6.07 – 10 TaBV 25/07, juris für eine Veranstaltung zu Grundlagen des Wirtschaftsausschusses nach mehrjähriger Tätigkeit in diesem Gremium; *ArbG Ulm* 20.12.06 – 9 BV 5/06, dbr 6/07, 38 für die Vermittlung von Grundkenntnissen der GBR-Arbeit nach langjähriger Tätigkeit in diesem Gremium; a. A. offenbar *LAG Schleswig-Holstein* 23.9.87, LAGE § 37 BetrVG 1972 Nr. 23; *LAG Düsseldorf* 23.4.97 – 12 TaBV 9/97, das die wiederholte Vermittlung von Grundkenntnissen zumindest bei Ersatzmitgliedern für nicht erforderlich hält, ähnlich *LAG Köln* 9.6.00 – 11 TaBV 28/00, FA 00, 392.

599 *Fitting,* Rn. 149; *Teichmüller,* DB 75, 446; enger HWGNRH-*Glock,* Rn. 1&§; *Künzl,* ZfA 93, 341 [352]; *LAG Hamm* 19.1.07 – 10 TaBV 62/06, a. a. O., das konkrete betriebliche Bezüge fordert; enger nunmehr *BAG* 18.1.12 – 7 ABR 73/10, NZA 12, 813, das eine nähere Darlegung der Erforderlichkeit verlangt.

600 *Fitting,* Rn. 139; *Teichmüller,* S. 37; *Weiss,* Rn. 10.

601 Vgl. hierzu auch *Blank,* AiB 93, 483; *Däubler,* Arbeitsrecht 1, Rn. 209f.;§ 37 Rn. 20f.

602 Ähnlich *Fitting,* Rn. 150; a. A. HWGNRH-*Glock,* Rn. 156; vgl. ergänzend Rn. 20 sowie Anhang B.

603 *Fitting,* Rn. 150; vgl. im Übrigen die Kommentierung Anhang B.

604 Zutreffend *Fitting,* Rn. 151.

e) Erforderliche Kenntnisse

Unter Berücksichtigung der konkreten Verhältnisse des Betriebs und des BR kommen neben den Einführungs- und allgemeinen Lehrgängen zum BetrVG[605] und des allgemeinen Arbeitsrechts (hierzu Rn. 113) sowie des Arbeitsschutzes und der Arbeitssicherheit (vgl. Rn. 115) für eine Schulung nach Abs. 6 z. B. in Betracht:[606] 131

- Schulungen zu den Themen **»Aids im Betrieb«**[607] **bzw. »Alkohol/Sucht am Arbeitsplatz«**[608];
- Fragen des **Akkord- bzw. Prämienlohns** bzw. der **Lohngestaltung und Mitbestimmung** im Betrieb;[609]
- Schulungen zum **Allgemeinen Gleichbehandlungsgesetz – AGG;**[610]
- BR-Amt und **Arbeitskampf,**[611] **Rechte und Pflichten des BR im Arbeitskampf**[612] bzw. **Beteiligungsrechte** des BR **im Fall arbeitskampfbedingter Kurzarbeit;**[613]
- Schulungen zu **neuen** für die BR wichtigen **arbeitsrechtlichen Gesetzen,** insbesondere, soweit hierdurch Überwachungsaufgaben nach § 80 Abs. 1 Nr. 1 ausgelöst werden[614] wie z. B. zum **Nachweisgesetz**[615] sowie zu hieraus resultierenden Problemfeldern wie **Scheinselbstständigkeit**[616] oder **geringfügige Beschäftigungsverhältnisse,** Schulungen zum **TzBfG**[617] und zum **novellierten BetrVG;**[618]
- Fragen des **betrieblichen Arbeitsschutzes und der Arbeitssicherheit** sowie des **Gesundheitsschutzes** (vgl. Rn. 116, 138), wobei das Thema Gesundheitsschutz auch für Mitglieder der JAV erforderlich ist, wenn der Jugendschutz im Mittelpunkt steht; allerdings hält das *BAG*[619] die Behandlung der Mitbestimmungsrechte für die JAV mit wenig überzeugender Begründung für nicht erforderlich;
- Schulungsmaßnahmen über **Arbeitsstudien und Arbeitsbewertung;**[620]
- Schulungen zu neuen **Arbeitszeitformen** wie insbes. **»Vertrauensarbeitszeit«;**
- Fragen der **arbeitswissenschaftlichen Erkenntnisse** über die menschengerechte Gestaltung der Arbeit i. S. d. §§ 90, 91;[621]
- Fragen der **Berufsbildung**[622] sowie des **Bildungsurlaubs;**

---

605 Hierzu *BAG* 19. 1. 84 – 6 ABR 12/81; vgl. auch Rn. 109ff.

606 Vgl. allgemein *Däubler, Schulungsanspruch, S.* 27ff.; *Peter,* AiB 96, 476f.; *dies.,* AiB 98, 693ff. mit ausführlicher Rspr.-Übersicht; *Wichert,* DB 97, 2325; *Fitting,* Rn. 149; GK-*Weber,* Rn. 200ff.; *Hamm,* Rspr.-Übersicht, AiB 94, 545; HWGNRH-*Glock,* Rn. 173; *Künzl,* ZfA 93, 341 [347 f.].

607 *HessLAG* 7. 3. 91 – 12 TaBV 172/90, NZA 91, 981 = AiB 92, 93 mit Anm. *Hinrichs* = AuR 93, 62). (*OVG Bremen* 1. 2. 91, PersR 91, 176 mit Anm. *Richter; LAG Düsseldorf* 9. 8. 95 – 4 TaBV 38/95, BB 95, 2531.

608 *OVG Bremen* 1. 2. 91, PersR 91, 176 mit Anm. *Richter; LAG Düsseldorf* 9. 8. 95 – 4 TaBV 38/95, BB 95, 2531.

609 *BAG* 9. 10. 73, 29. 1. 74, 10. 6. 74, AP Nrn. 4, 9, 15 zu § 37 BetrVG 1972; *LAG Düsseldorf* 15. 4. 80, DB 81, 119; *LAG Hamm* 29. 6. 79, EzA § 37 BetrVG 1972 Nr. 67.

610 *HessLAG* 25. 10. 07 – 9 TaBV 84/07, juris für eine viertägige Schulung.

611 *ArbG Augsburg* 22. 10. 87 – 3 BV 16/87.

612 *LAG Hamm* 11. 8. 03 – 105a 141/03, NZA 04, 511 bei Bestehen eines aktuellen, betriebsbezogenen Anlasses; *LAG Düsseldorf* 12. 6. 03 – 11 Sa 281/03, AuR 03, 398 bereits ab einer gewissen Wahrscheinlichkeit eines Arbeitskampfes.

613 *ArbG Stuttgart* 27. 7. 90 – 13 BV 2/90 A.

614 *Fitting,* Rn. 149.

615 *ArbG Frankfurt,* AiB 98, 703 mit Anm. *Noll.*

616 *Fitting,* a. a. O.

617 Vgl. *ArbG Detmold* 30. 10. 97, AiB 98, 42 mit Anm. *Ludwig.*

618 *ArbG Berlin* 17. 10. 01 – 30 BV 24702/01, AiB 02, 566 mit Anm. *Kuster.*

619 *BAG* 10. 6. 75, AP Nr. 6 zu § 65 BetrVG 1972.

620 *BAG* 6. 11. 73, AP Nr. 8 zu § 89 ArbGG 1953; 21. 5. 74, AP Nr. 13 zu § 37 BetrVG 1972.

621 *BAG* 14. 6. 77, AP Nr. 30 zu § 37 BetrVG 1972, das jedoch als Anspruchsvoraussetzung eine schlüssige Darstellung, welche Änderungen und Planungen im Betrieb anstehen, verlangt; vgl. auch MünchArbR-*Joost,* § 308 Rn. 105.

622 *ArbG Kassel* 21. 3. 74, DB 74, 924.

- Fragen der **betrieblichen Altersversorgung**[623] jedenfalls dann, wenn ein besonderes Bedürfnis besteht, sowie Schulungen zum Thema »Riester-Rente«;[624]
- Schulungen zum **betrieblichen Eingliederungsmanagement BEM;**[625]
- Schulungen zum Bereich **Beschäftigungssicherung** und **Innovation;**[626]
- **betriebswirtschaftliche** oder **betriebsorganisatorische Fragen** einschließlich Grundkenntnisse der Betriebswirtschaftslehre, **Bilanzkunde und -analyse,** Grundkenntnisse für die Arbeit im **WA** und für die Verarbeitung und Umsetzung der Informationen[627] sowie Schulungen zu »betriebswirtschaftlichen Grundsätzen«;[628]
- Schulungen eines örtlichen BR zu einer bevorstehenden unternehmensweiten **Betriebsänderung,** auch wenn eine originäre Zuständigkeit des GBR besteht;[629]
- Schulungen zum Themenfeld »**Burn out«;**[630]
- allgemeinen Fragen des Datenschutzes im Betrieb, insbes. Unterrichtung über die DSGVO oder das BDSG und die Bedeutung dieser Regelungen für die BR-Arbeit,[631] über gesetzliche Regelungen zu Telekommunikationsdiensten und -netze (z. B. TKG, TMG) sowie über die spezifischen Vorschriften zum » **Beschäftigtendaten«**[632] **und die hierzu vorliegende einschlägige Rechtsprechung;**
- spezifische Fragen bezüglich der vom BR nach § 79a einzuhaltenden datenschutzrechtlichen Vorgaben (vgl. hierzu § 79a Rn. 13ff.) einschließlich der Umsetzung des notwendigen »Selbstdatenschutzes«;
- Fragen der Einführung und Ausgestaltung von **Datenschutz-Audits** gem. § 9a BDSG und deren Nutzung bzw. Integration in kollektivrechtliche Regelungssysteme;[633]
- Fragen und Probleme der Einführung und Anwendung von **Datenverarbeitungssystemen** und der Computertechnik, insbes. von Personaldatenverarbeitung und sonstiger computergestützter betrieblicher Informationssysteme,[634] selbst wenn kein aktueller Anlass gegeben ist, aber wegen der Eigenart des Betriebs mit der Einführung oder Erweiterung bereits vorhandener computergestützter Technologien latent gerechnet werden muss;[635] Entsprechendes gilt für Einführung und Anwendung des **Internets,** betrieblicher **Intranets,** von **E-Mail-Systemen** sowie bezüglich der Kontroll- und Überwachungsmöglichkeiten, die **Filter- und Kontrollsoftware** für den AG bieten;
- Schulungsveranstaltungen zu anstehenden tarifvertraglichen **Eingruppierungen;**[636]
- Schulungsveranstaltungen zum Thema »**Effektive Gremienarbeit im Betriebsrat** – Gremienlust statt Gremienfrust – Kommunikation und Konfliktfähigkeit in der BR-Arbeit«;[637]

---

623 A. A. *LAG Düsseldorf* 22. 3. 89, BB 89, 1559, Ls., wenn in einem UN mit mehreren Betrieben der GBR für die betriebliche Altersversorgung zuständig ist.
624 *ArbG Darmstadt* 24. 9. 01 – 3 BVGa 47/01, AiB 02, 306 mit Anm. *Mansholt*..
625 *LAG Berlin-Brandenburg* 16. 1. 20 – 26 TaBV 865/19, LAGE § 87 BetrVG 2001 Gesundheitsschutz Nr 11.
626 *LAG Hamm* 31. 5. 06 – 10 TaBV 202/05, AuR 07, 105: vgl. § 92a; ausführlich *BDW*, S. 212ff.
627 *BAG* 6. 11. 73, AP Nr. 5 zu § 37 BetrVG 1972; *LAG Köln* 11. 4. 02 – 10 TaBV 50/01, AuR 02, 358; enger *LAG Köln* 13. 6. 97, AiB 98, 697; *LAG Nds.* 27. 9. 00 – 1 Sa 227/99, AuR 01, 116; *LAG Köln* 2. 12. 99 – 10 TaBV 34/99, AuR 00, 158.
628 *LAG Niedersachsen* 27. 9. 00, AiB 01, 228 mit Anm. *Peter*.
629 *LAG Niedersachsen* 10. 9. 04 – 16 Sa 142/04; dbr 05, Nr. 2, 35 mit Anm. *Klein*.
630 *ArbG Essen – 3 BV 29/11, juris; Horcher,* AuR 12, 86; *Fitting*, Rn. 149; *Klapp*, AiB 15, Nr. 2, 49.
631 *LAG Niedersachsen* 28. 9. 79, EzA § 37 BetrVG 1972 Nr. 64; *Wohlgemuth*, BlStSozArbR 80, 209; enger *LAG Hamm* 19. 1. 07 – 10 TaBV 62/06, juris, dass einen konkreten aktuellen Anlass fordert.
632 *LAG Hamburg* 4. 12. 12 – 4 TaBV 14/11, das allerdings einen konkreten und betriebsbezogenen Anlass voraussetzt.
633 Vgl. *Wedde/Schröder*, AiB 01, 284; *dies.*, quid! – Das Gütesiegel für Qualität im betrieblichen Datenschutz, 2001, S. 16ff.
634 *ArbG Hamburg* 5. 8. 08 – 9 Ca 21/08, AuR 08, 407; für eine Grundschulung; *ArbG Würzburg* 4. 2. 99, AiB 99, 524 für Seminar »Keine Angst vor Computern«.
635 *LAG Düsseldorf* 7. 3. 90 – 4 Sa 1455/89, BB 90, 1130.
636 *LAG Rheinland-Pfalz* 24. 5. 07 – 2 TaBV 3/07, das den konkreten Anspruch allerdings wegen des Abschlusses der Eingruppierungen verneint hat.
637 *ArbG Wiesbaden* 15. 9. 99 – 6 BV 2/99.

- Schulungen zum Thema »**Frauenförderung und Gleichstellung**«;[638]
- Schulungen zu den Voraussetzungen von **Freistellungen nach § 38 BetrVG;**[639]
- beim Bestehen einer grenzüberschreitenden Arbeitnehmervertretung oder einer grenzüberschreitenden Zusammenarbeit der jeweiligen nationalen Vertretungen kann eine Schulung in einer der üblichen **Fremdsprachen** erforderlich sein;
- Schulungen für **GBR/KBR-Mitglieder,**[640] wobei für die Entsendung von Mitgliedern des KBR (GBR, WA, EBR) der entsendende BR zuständig ist;[641]
- Schulungen zum Thema »**Gefährdungsbeurteilung**« nach § 5 ArbSchG, soweit ein Mitbestimmungsrecht nach § 87 Abs. 1 Nr. 7 besteht;[642]
- Schulungen zu **gesellschaftsrechtlichen Fragen,** die über wesentliche gesetzliche Änderungen wie z. B. das neue Umwandlungsrecht informieren;[643]
- **Gesetze und VO,** die für die Arbeit des BR von Bedeutung sind,[644] insbesondere auch das **AGG;**[645]
- Schulungsmaßnahmen über **Gesetzesvorhaben**[646] sowie **EU-Richtlinien** jedenfalls dann, wenn damit zu rechnen ist, dass der Gesetzentwurf bzw. die Richtlinie ohne wesentliche Änderungen verabschiedet wird oder zwingend in nationales Recht umzusetzen ist;[647]
- Schulungen zur Problematik der **Geschlechtergleichstellung;**[648]
- Schulungen zum Thema »**Gesprächs- und Verhandlungsführung**«;[649]
- Schulungen zum Thema »**Gruppenarbeit**« und sonstige »**Beteiligungsmodelle**«,[650] »**Moderne Führungsmittel und -formen**«[651] bzw. »**Managementtechniken für BR und PR**«;[652]
- Schulungen zu Aspekten des **Hartz-Konzepts** und der hieraus folgenden gesetzlichen Neuregelungen;
- Schulungen zum Thema **Innovation** zur Beschäftigungssicherung und -förderung (§ 80 Abs. 1 Nr. 8 und § 92 a);

---

638 *ArbG Braunschweig* 9.5.89 – 4 BV 21/89.

639 *LAG Köln* 6.8.08 – 7 TaBV 11/08, NZA-RR 09, 423; *Fitting*, Rn. 143.

640 *ArbG Wesel* 31.8.89 – 5 BV 17/89; *LAG München* 24.11.06 – 11 TaBV 57/06, juris für eine Schulung zum Thema »Einführung in die Arbeit des KBR«, wenn Kenntnisse zur sachgerechten Ausübung des Amtes der KBR-Mitglieder vermittelt werden.

641 Vgl. *BAG* 6.11.73, AP Nr. 5 zu § 37 BetrVG 1972, 10.6.75, AP Nr. 1 zu § 73 BetrVG 1972; ähnlich *LAG Bremen* 3.11.00 – 4 TaBV 10/00, NZA-RR 01, 310, im Zusammenhang mit der geplanten Bildung eines **KBR** für die Teilnahme an einer Veranstaltung zum Thema »Betrieblicher Strukturwandel – Kooperation zwischen Betriebsrat, Gesamtbetriebsrat, Konzernbetriebsrat«; a. A. *BAG* 27.9.74, AP Nr. 18 zu § 37 BetrVG 1972, das die Erforderlichkeit einer entsprechenden Schulungsmaßnahme verneint, wenn kein GBR oder KBR errichtet werden kann; ebenso *BAG* 24.7.91, DB 92, 482 bei Streit über die Bildung eines KBR, da die Schulung nicht geeignet ist, den Streit über die Rechtmäßigkeit der Bildung des KBR beizulegen.

642 So grundsätzlich *BAG* 20.8.14 – 7 ABR 64/12, NZA 14, 1349, das den Schulungsanspruch im konkreten Fall allerdings mangels Nachweis der Erforderlichkeit abgelehnt hat.

643 *Fitting*, Rn. 149.

644 *BAG* 31.10.72, AP Nr. 2 zu § 40 BetrVG 1972.

645 Vgl. zu Rechtsproblemen *Wedde*, CF 12/06, 26.

646 *BAG* 16.3.88 – 7 AZR 557/87, AP Nr. 63 zu § 37 BetrVG 1972.

647 *BAG* 16.3.88 – 7 AZR 557/87, AP Nr. 63 zu § 37 BetrVG 1972; vgl. ergänzend § 87 Rn. 212ff.; *ArbG Stuttgart* 4.4.95 – 16 BV 258/94.

648 *Horstkötter*, AiB 02, 39.

649 *LAG Hamm* 13.1.06 – 10 TaBV 65/05, juris; a. A. *LAG Köln* 20.12.07 – 10 TaBV 53/07, juris, das eine Schulung, die sich nur schwerpunktmäßig mit Kommunikations-, Rede- und Argumentationstechnik befasst, zwar für nützlich, nicht aber für erforderlich hält; *LAG Schleswig-Holstein* 17.3.09 – 2 TaBV 36/08, das eine Schulung zu **Diskussions- und Verhandlungstechnik** für nicht erforderlich hält.

650 Vgl. *LAG Düsseldorf* 15.10.92 – 12 [13] Sa 1035/92.

651 A. A. *BAG* 21.7.78, AP Nr. 4 zu § 38 BetrVG 1972.

652 A. A. *BAG* 14.9.94 – 5 AZR 632/93, NZA 95, 381 = AiB 95, 530 mit Anm. *Wedde*, jedenfalls bei fehlender Darlegung eines betrieblichen Bezugs.

- Schulungen über Zertifizierung nach **»ISO 9000 F«,**[653] nach **»ISO 9000«**[654] und nach **»ISO 9000 – 9004«;**[655]
- Seminare zum Thema **»Logistik und Wertschöpfungskette«;**[656]
- Seminare zum Thema **»Konfliktmanagement« oder »betriebsverfassungsrechtliche Konfliktsituationen;**[657]
- Schulungsveranstaltung »Einführung in die Arbeit des **Konzernbetriebsrats«,** wenn die Frage der Gründung eines solchen Gremiums strittig ist;[658]
- Seminare für **Mitglieder der JAV,** sofern eine Beschlussfassung des BR vorliegt;[659]
- Schulungsveranstaltungen zum Thema **Mediation,** wenn der AG dieses Verfahren der innerbetrieblichen Konfliktlösung akzeptiert;[660]
- Kosten für die Teilnahme an einem zweitägigen Seminar zum Thema **»Mobbing«;**[661] der Anspruch besteht, sobald erste Anzeichen für eine systematische Schikane gegenüber Mitarbeitern erkennbar sind[662], erst recht, wenn es im Betrieb Problemlagen gibt, aus denen sich Mobbing entwickeln kann[663] oder wenn es bereits aktuelle betriebliche Konflikte gibt[664] oder wenn der BR sich inhaltlich mit diesem Thema auseinandersetzen will;[665] die Teilnahme ist im Wege der einstweiligen Verfügung durchsetzbar;[666]
- Lehrveranstaltungen in der **Muttersprache ausländischer AN;**[667]
- Schulungsmaßnahmen über den Einsatz eines **PC für BR-Arbeit,**[668] zu **Anwendungssoftware**[669] sowie zur Nutzung von **Internet/Intranet**-Anwendungen;
- Schulungsveranstaltung zum Thema »**Protokoll**- und Schriftführung im Betriebsrat«;[670] an dieser Veranstaltung kann auch die Teilnahme eines stellvertretenden Schriftführers des BR erforderlich sein;[671]
- Schulungen, die sich mit der eigenen **Organisation** des BR befassen und zu deren Gestaltung bzw. Optimierung erforderlich sind wie etwa ein Seminar **»Schriftverkehr, Protokolle, Be-**

---

653 *ArbG Wetzlar* 22.11.95, AiB 96, 188.
654 *ArbG Koblenz* 8.7.97 – 9 BV 16/95 N und 9 Ca 1189/95 N.
655 *LAG Rheinland-Pfalz* 29.11.97, AiB 97, 533 mit Anm. *Peter;* zustimmend GK-*Weber,* Rn. 2112; Richardi-*Thüsing,* Rn. 106; a. A. HWGNRH-*Glock,* Rn. 173 m. w. N.; *Schmidt/Dobberahn,* NZA 95, 1017, 1021.
656 *LAG Hamm* 31.5.06 – 10 TaBV 202/05, AuR 07, 105.
657 *LAG Berlin-Brandenburg* 17.3.16 – 26 TaBV 2215/15, juris, das die Erforderlichkeit aus einer Vielzahl von Konflikten zwischen AG und BR ableitet; *LAG München* 25.6.20 – 3 TaBV 118/19, juris, das den Anspruch mangels Vortrag zum Vorliegen einer tatsächlichen Konfliktsituation im Betrieb verneint hat.
658 *LAG München* 24.11.06 – 11 TaBV 75/06 – AuA 07, 441.
659 *BAG* 6.5.75, AP Nr. 5 zu § 65 BetrVG 1972; 19.1.84 – 6 ABR 12/81; ablehnend, weil kein BR-Beschluss vorlag bzw. überwiegend nicht erforderliche Themen behandelt wurden, *BAG* 10.5.74, AP Nrn. 3, 4 zu § 65 BetrVG 1972.
660 *ArbG Bochum* 9.9.05 – 4 BV 49/05, juris, das allerdings im entschiedenen Fall die Erforderlichkeit verneint hat.
661 *BAG* 15.1.97 – 7 ABR 14/96, NZA 97, 781 = AiB 97, 410 mit Anm. *Wolmerath.*
662 *ArbG Kiel* 27.2.97, AuR 97, 252, Ls. = AiB 97, 410 mit Anm. *Wolmerath.*
663 *BAG* 14.1.15 – 7 ABR 95/12, EzA-SD 2015, Nr. 10, 14.
664 *LAG München* 30.10.12 – 6 TaBV 39/12, EzA-SD 2013, Nr. 3, 14.
665 *ArbG Bremen* 17.12.03 – 9 BV 81/03, NZA-RR 04, 538, dessen Entscheidung über die das BAG hinausgeht; vgl. auch *ArbG Weiden* 13.7.05 – 1 BV 3/05C, dbr 06, Nr. 3, 37, das die Darlegung einer konkreten Konfliktlage nicht für erforderlich hält; a. A. *LAG Hamm* 15.11.12 – 13 TaBV 56/12, juris und 7.7.06 – 10 TaBV 114/05, AuR 06, 454, das eine entsprechende Darlegung für unverzichtbar hält; *LAG Mecklenburg-Vorpommern* 18.3.09 – 2 TaBV 18/08, das Vertiefungsseminare zum Thema in kleinen Betrieben an besondere Darlegungslasten knüpft.
666 *ArbG Detmold,* AiB 98, 405 mit Anm. *Wolmerath.*
667 *LAG Hamm* 10.10.74, DB 74, 1439.
668 *BAG* v. 19.7.95 – 7 ABR 49/94, DB 95, 2378 = AuR 95, 469, Ls., sofern die Erforderlichkeit dargelegt werden kann; enger *LAG Schleswig-Holstein* 3.6.03 – 4 TaBV 24/02, ArbRB 03, 226.
669 *LAG Schleswig-Holstein* 3.6.03 – 4 TaBV 24/02 ArbRB 03, 226.
670 *ArbG Weiden* 4.9.07 – 4 BV 14/07A, dbr 12/07, 38.
671 *LAG Düsseldorf* – 9 TaBV 329/08, NZA-RR 09, 306.

schlüsse«;[672] **Verhandlungen** des BR mit dem AG, **Moderationstechniken, »Gesprächs-, Diskussions- und Verhandlungsführung** in der BR-Arbeit«,[673] **Managementtechniken,**[674] Schulungen zum Thema **»Betriebsratsmarketing«;**[675] hierzu können auch Maßnahmen zur **Teambildung** oder zur **individuellen Mediation** gehören, auch wenn es hierzu noch keine Entscheidungen von Gerichten gibt;

- Schulungen zum Thema **Kompetent Führen – Training für Betriebsräte mit Leitungsaufgaben,** die sich an BR-Vorsitzende, deren Stellvertreter und Ausschussvorsitzende richten;[676]
- Fragen der **Personalplanung** und **Arbeitsorganisation** im Hinblick auf das Vorschlagsrecht des BR nach § 92 Abs. 2;[677]
- im Bereich der **privatisierten Postunternehmen** Schulungen zu einschlägigen **Regelungen des BPersVG** und zu **Grundzügen des Beamtenrechts;**[678]
- Themen aus dem Bereich »**physische Belastungen am Arbeitsplatz**«;[679]
- Schulungen zum Thema »**Qualität im Gesundheitswesen**«;[680]
- Schulungen zum Umgang mit **rassistischen oder fremdenfeindlichen Betätigungen** im Betrieb;[681]
- **Resilienzschulungen** zur Stärkung der psychischen Widerstandskraft für BR-Vorsitzende jedenfalls dann, wenn zwischen AG und BR in einem längeren Zeitraum zahlreiche gerichtliche und außergerichtliche Auseinandersetzungen geführt werden;[682]
- Schulungsmaßnahmen über die **Rspr.** des *BAG*[683] und der Instanzgerichte zum BetrVG, jedenfalls solange es angesichts der Fülle der Gerichtsentscheidungen zu diesem Gesetz selbst Fachleuten Mühe macht, den Überblick über die Rspr. zu behalten,[684] Informationen zu **Änderungen der Rspr.** zu für die BR-Arbeit wichtigen Gesetzen oder TV[685]. Das *BAG* verlangt nunmehr allerdings die Darlegung der Erforderlichkeit[686];
- **Rhetorik**-Schulungen, wenn sie zur sachgerechten Erfüllung der BR-Arbeit dienen.[687]

---

672 *LAG Rheinland-Pfalz* 17.11.05 – 4 TaBV 49/05, juris.

673 *ArbG Bremen* 25.2.00, AiB 00, 288 mit Anm. *Wolmerath; LAG Schleswig-Holstein* 4.12.90 – 1 TaBV 21/90, BB 91, 139, *Däubler, Schulungsanspruch,* S. 22f., vgl. auch *BVerwG* 23.4.91, PersR 91, 289, das den Anspruch allerdings auf den PR-Vorsitzenden beschränkt; *BAG* 15.2.95 – 7 AZR 670/94, BB 95, 1906: AiB 95, 742 mit Anm. *Mache* = AuR 95, 418, sofern die [Schriftliche Kommunikation] Erforderlichkeit dargelegt wird; 24.5.95, BB 95, 2530, wenn das BR-Mitglied eine herausgehobene Stellung einnimmt [Diskussionsführung und Verhandlungstechnik]; im Ergebnis ebenso *Fitting,* Rn. 153; *ArbG Dortmund* 17.6.99, AiB 00, 628 mit Anm. *Teuber/Sticher*; a. A. *BAG* 6.11.73, AP Nr. 6 zu § 37 BetrVG 1972 [Methoden und Techniken der Diskussion, Versammlung und Verhandlung.

674 *BAG* 14.9.94 – 5 AZR 632/93, NZA 95, 381 = AiB 95, 530 mit Anm. *Wedde,* bei Darlegung eines konkreten Bezugs sowie *LAG Frankfurt* 14.9.00 – 12 TaBV 23/98 – Gesprächs- und Verhandlungsführungsseminare.

675 Vgl. *Disselkamp,* AiB 02, 554.

676 *LAG Schleswig-Holstein* 22.7.09 – 3 TaBV 13/09.

677 Zu eng *LAG Berlin* 11.12.89, DB 90, 696; vgl. *OVG Rheinland-Pfalz* 9.4.91, PersR 92, 156.

678 *Fitting,* Rn. 153; *Wedde,* AiB-Sonderheft Juni 1995, S. 24.

679 Vgl. *LAG Rheinland-Pfalz* 23.10.18 – 8 TaBV 2/18, juris.

680 *LAG Rheinland-Pfalz* 16.3.05 – 1 TaBV 40/04, das den Anspruch allerdings im Verfahren wegen des Fehlens der Erforderlichkeit im konkreten Fall zurückgewiesen hat.

681 Ähnlich GK-*Weber,* Rn. 200.

682 *ArbG Hamburg* 1.9.21 – 16 BV 17/20.

683 *ArbG Iserlohn* 20.12.95, BB 96, 1169.

684 *BAG* 20.12.95 – 7 ABR 14/95, NZA 96, 895 = AiB 97, 170 mit Anm. *Peter; Fitting,* Rn. 149; *Teichmüller,* DB 75, 446; a. A. HWGNRH-*Glock,* Rn. 163.

685 *BAG* 22.1.65, AP Nr. 10 zu § 37 BetrVG.

686 *BAG* 18.1.12 – 7 ABR 73/10, NZA 12, 813.

687 *BAG* 12.1.11 – 7 ABR 94/09, NJW-Spezial 11, 308; ähnlich *ArbG Frankfurt* 29.6.22 – 9 BV 284/21, das einen aktuellen oder absehbaren betrieblichen oder betriebsratsbezogenen Anlass verlangt; *LAG Hamm* 14.8.09 – 10 TaBV 193/08, ZBVR online 10, Nr. 1, 20, das allerdings einen Anspruch im konkreten Fall wegen vorhandener »ausreichender Kommunikationsfähigkeiten« im entschiedenen Fall verneint hat; allg. *Horcher,* AuR 12, 86.

- auf bestimmte Gruppen oder Geschlechter zugeschnittene Schulungen wie etwa ein Seminar **»Rhetorik und Verhandlungsführung für Frauen«**, wenn BR-Mitglieder aufgrund ihrer vorherigen Tätigkeit keine spezifischen Vorkenntnisse besitzen;[688]
- ein Seminar zum Thema **»Sanktionsmöglichkeiten des Betriebsrats«**[689] – Vermittlung von Spezialkenntnissen auf dem Gebiet des **Schwerbehindertenrechts,** selbst dann, wenn die Schwerbehindertenvertretung als ordentliches Mitglied dem BR angehört;[690]
- Schulungen zum Thema **»Sexuelle Belästigung am Arbeitsplatz«;**[691]
- Schulungen zum Thema **»Einsatz und Nutzung sozialer Netzwerke im Betrieb«**, wenn dieser vom AG gewollt ist;
- ein Seminar zum Thema **»Der BR erstellt einen Sozialplan«;**[692]
- Schulungen über **sozialversicherungsrechtliche Fragen,** sofern diese z. B. für die Einrichtung oder Ausgestaltung einer betrieblichen Altersversorgung von Bedeutung sind,[693] wenn sie Pflichten des Arbeitgebers betreffen, die im Sozialversicherungsrecht wurzeln[694] oder wenn es für die Vermittlung von Grundkenntnissen des Sozial- und Sozialversicherungsrechts **einen konkreten betriebsbezogenen Anlass** gibt;[695] weitergehend *ArbG Essen,* das Schulungen zum **Sozialrecht** grundsätzlich für erforderlich hält;[696]
- **spezielle Schulungen** für BR-Mitglieder eines Betriebs,[697] UN oder Konzerns;
- Schulungen zu den **Strafrechtsvorschriften §§ 119 und 120 BetrVG;**[698]
- **»Strategieveranstaltungen«** zur Erörterung von Vorschlägen und Handlungsmöglichkeiten der Einflussnahme des BR auf aktuelle unternehmerische Vorhaben;[699]
- Schulungen zu »Neuen **Techniktrends«;**[700]
- Schulungen zu Fragen der Ein- und Durchführung von **Telearbeit, Call-Centern** und **virtuellen Betrieben;**
- Vermittlung von Kenntnissen über für den **Betrieb maßgebende TV** bzw. bei In-Kraft-Treten eines neuen TV[701] sowie Schulungen zu Themen, die im Zusammenhang mit einem TV im Betrieb strittig sind;[702]
- Schulungen zu den Themenkomplexen **»TzBfG und ungeschützte Arbeitsverhältnisse«**[703] sowie zur **Teilzeitarbeit**[704] und deren gesetzliche Verankerung im TzBfG;

---

688 *LAG Sachsen* – 9 TaBV 1/72, NZA-RR 03, 420; ausführlich *Däubler,* Schulung Rn. 229a.
689 *LAG Hamm* 15.10.10 – 10 TaBV 37/10, juris.
690 *LAG Hamm* 9.3.07 – 10 TaBV 34/06, juris; *HessVGH* 15.11.89, DB 90, 1243.
691 *ArbG Wesel* 31.3.93, AuR 93, 305 = AiB 93, 570, Ls.
692 *LAG Hannover* 10.9.04 – 16 Sa 142/04, AuR 05, 37; *Fitting,* Rn. 149.
693 A. A. *LAG Berlin* 24.9.73, BB 74, 786, Ls.; *Künzl,* ZfA 93, 341 [348 f.].
694 *LAG Köln* 3.6.00 – 1112 TaBV 18/00, NZA-RR 01, 255, das allerdings den Besuch einer zweiwöchigen Schulungsmaßnahme zur Einführung in das gesamte Sozialversicherungsrecht für nicht erforderlich hält.
695 *BAG* 4.6.03 – 7 ABR 42/02, NZA 03, 1284 = AP Nr. 136 zu § 37 BetrVG 1972 mit Anm. *Wedde* = AiB 05, 248 mit Anm. *Peter,* für den konkreten Fall hat das BAG den Anspruch allerdings verneint.
696 *ArbG Essen* 23.12.97, AuR 99, 75 = AiB 98, 694 mit Anm. *Noll;* a. A. für eine Schulung **»Soziale Sicherung – Grundlagen«** *ArbG Kiel* 8.7.97, NZA-RR 98, 169.
697 *LAG Berlin* 28.9.92 – 14 Sa 46/92, BB 93, 291, Ls. = AuR 93, 87, Ls.
698 *LAG Köln* 21.1.08 – 14 TaBV 44/07, juris.
699 A. A. allerdings *LAG Berlin* 11.12.89, DB 90, 696, wenn der UN lediglich ein Grobkonzept über die künftige Personalarbeit vorlegt.
700 *LAG Hamburg* 4.12.12 – 4 TaBV 14/11, das allerdings einen konkreten und betriebsbezogenen Anlass voraussetzt.
701 *BAG* 9.10.73, AP Nr. 4 zu § 37 BetrVG 1972; *LAG Hamm* 11.3.81, DB 81, 1678; a. A. *LAG Hamm* 11.3.05, 10 TaBV 123/04, das die Erforderlichkeit einer Veranstaltung »Tarifvertrag und betriebsrätliches Handeln« verneint hat; *LAG Hamm* 19.1.07 – 10 TaBV 62/06, juris hält entsprechende Kenntnisse für nicht erforderlich, wenn TV zum Zeitpunkt der Beschlussfassung gekündigt sind; *LAG Hamm* 21.8.09 – 10 TaBV 157/08, juris verneint den Anspruch für TV, die schon seit Jahren anwendbar sind.
702 *LAG Hamm* 17.8.07 – 13 TaBV 30/07, juris; enger *ArbG Ludwigshafen* 6.6.12 – 3 Ca 123/12, juris, das eine Veranstaltung mit Kerninhalt aus dem Bereich der Vorbereitung tariflicher Vereinbarungen für nicht erforderlich hält.
703 *LAG Düsseldorf* 19.4.89 – 4 TaBV 14/89 zum BeschFG.
704 *Fitting,* Rn. 149; GK-*Weber,* Rn. 212.

- Schulungen zum Thema »**Umweltschutz**« (vgl. insoweit die §§ 80 Abs. 1 Nr. 9; 89);
- **Vermögensbildung** und **Gewinnbeteiligung;**
- Schulungen zum Thema »**Vertrauensvolle Zusammenarbeit** zwischen BR und AG;[705]
- Schulungen zur Verwendung von Hard- und Software für die Durchführung **Video- und Telefonkonferenzen,** wenn diese gemäß § 30 Abs. 2 für die Durchführung von BR-Sitzungen verwendet wird;
- betriebliches **Vorschlagswesen** und **AN-Erfindungsrecht;**
- Schulungen zu **Wahlvorstandsfragen;**[706]
- Schulungen zu den Themen »**wirtschaftliche Rahmenbedingungen und Unternehmensstrategien**«[707] und »**wirtschaftliche Informationen im Betrieb**«;[708]
- Aufgaben des **Wirtschaftsausschusses;**[709]
- Schulungen zum **Wissensmanagement,** wenn der Arbeitgeber die Einführung entsprechender Systeme oder Konzepte plant
- Schulungen zu Fragen der elektronischen **Zeiterfassung** und **Zeitbewertung** (»**Workforce Management – WFM**«), wenn die Einführung entsprechender Systeme geplant ist.[710]

Für die Erforderlichkeit eines Schulungsmaßnahme ist es unerheblich, ob an der Veranstaltung auch **Personen teilnehmen, die keine BR-Mitglieder** sind,[711] oder die Maßnahme speziell für BR-Mitglieder ausgerichtet ist.

f) Nicht erforderliche Kenntnisse

Nicht erforderlich sollen dagegen Schulungsmaßnahmen sein zu 132
- rein **gewerkschaftspolitischen, politischen, parteipolitischen, künstlerischen oder kirchlichen Themen;**[712]
- zur **Einhaltung von Konzessionsauflagen** oder zur Verletzung von **Spielsperrverträgen durch ein Spielcasino;**[713]
- **Lohnsteuerrichtlinien,** da es nicht zu den Aufgaben des BR gemäß § 80 Abs. 1 Nr. 1 gehören soll, darüber zu wachen, dass der AG bei der Berechnung des Lohnes die Vorschriften des Steuerrechts beachtet, noch, den einzelnen AN in diesen Fragen zu beraten;[714]
- zur Vermittlung von **Grundkenntnissen des Sozial- und Sozialversicherungsrechts** ohne konkreten betriebsbezogenen Anlass;[715]
- zu allgemeinen **sozialversicherungsrechtlichen Fragen,** da die Beratung der Arbeitnehmer nicht zu den Aufgaben des BR gehören soll;[716]

705 *LAG Hamm* 19.1.07 – 10 TaBV 62/06, juris, wenn ein konkreter aktueller Anlass besteht.

706 *ArbG Frankfurt* 3.3.99, AiB 99, 401 mit Anm. *Peter*; *HessLAG* 26.3.18 – 16 TaBVGa 57/18, juris für erstmals berufene Wahlvorstandsmitglieder.

707 *LAG Baden-Württemberg* 8.11.96 – 5 TaBV 2/96, AuR 97, 168, Ls. = AiB 98, 102 mit Anm. *Hess-Grunewald.*

708 *LAG Hamm* 13.10.99 – 3 TaBV 44/99, AiB 01/609 mit Anm. *Rädel.*

709 *Fitting,* Rn. 149; vgl. *HessLAG* 22.5.17 – 16 TaBVGa 116/17, juris für den Schulungsanspruch neu gewählter Mitglieder; *LAG Hamm* 22.6.07 – 10 TaBV 25/07, juris, für den Anspruch auf Grundlagenschulungen in der 2. Amtsperiode.

710 *LAG Rheinland-Pfalz* 17.11.16 – 7 TaBV 24/16, juris; *Berlin-Brandenburg* 20.4.16 – 15 TaBV 52/16, juris, beide Gerichte haben im konkreten Fall den Schulungsanspruch eines BR wegen der bestehenden originären Zuständigkeit des GBR verneint; vgl. auch *Wolmerath,* jurisPR-ArbR 11/17, Anm. 4.

711 So auch *Fitting,* Rn. 206; HWGNRH-*Glock,* Rn. 120.

712 *BAG* 28.1.75, AP Nr. 20 zu § 37 BetrVG 1972, vgl. auch *Fitting,* Rn. 155 für gewerkschaftliche Bildung; GK-*Weber,* Rn. 200; HWGNRH-*Glock,* Rn. 152; *Däubler, Schulungsanspruch,* S. 51, sieht eine Erforderlichkeit bezgl. des Verhältnisses BR und Gewerkschaft.

713 *LAG Berlin-Brandenburg* 8.2.08 – 22 TaBV 1900/07 AE 08, 127, das die Teilnahme eines BR-Mitglieds an der Jahrestagung des Fachverbandes Glücksspielsucht für nicht erforderlich gehalten hat.

714 *BAG* 11.12.73, AP Nr. 5 zu § 80 BetrVG 1972.

715 *BAG* 4.6.03 – 7 ABR 42/02, NZA 03, 1284 = AP Nr. 136 zu § 37 BetrVG 1972 mit Anm. *Wedde* = AiB 05, 248 mit Anm. *Peter.*

716 *LAG Köln* 3.6.00 – 1112 TaBV 18/00, NZA-RR 01, 255.

- zum **Staatsangehörigkeitsrecht,** wenn ein konkreter betrieblicher Bezug nicht gegeben ist;[717]
- zu **Gesetzesentwürfen,** jedenfalls dann, wenn nicht zu erwarten ist, dass sie ohne wesentliche Änderungen verabschiedet werden.[718] Etwas anderes gilt, wenn mit dem alsbaldigen In-Kraft-Treten gerechnet werden kann[719] sowie
- zu **Rechten des KBR,** wenn seine Bildung streitig ist.[720]

g) Teilweise erforderliche Kenntnisse

133 Schulungsmaßnahmen werden von Veranstaltern (vgl. Rn. 142) durchweg allgemein angeboten und, von Ausnahmen abgesehen, nicht speziell für BR-Mitglieder eines bestimmten Betriebs durchgeführt. Die Allgemeinheit des Angebots kann zur Folge haben, dass für ein teilnehmendes BR-Mitglied nicht alle behandelten Themen als erforderlich anzusehen sind. Dies führt nicht dazu, dass für diese BR-Mitglieder der Besuch der Veranstaltung nach Abs. 6 unzulässig sein kann.[721] Für die Bewertung des **Überwiegens** kommt es nämlich nicht entscheidend auf die Zahl der Themen, sondern auf die für die einzelnen Themen aufgewendete Zeit an.[722] Vor diesem Hintergrund ist bei Schulungsmaßnahmen, die **teils erforderliche und teils nicht erforderliche** Kenntnisse vermitteln, wie folgt zu verfahren:

- Werden **nicht erforderliche Kenntnisse** nur ganz **geringfügig** gestreift, berührt dies die Erforderlichkeit der gesamten Schulungsmaßnahme nicht.[723]
- Sind die erforderlichen und nicht erforderlichen Themen sowohl von der Thematik als auch von der zeitlichen Behandlung so klar voneinander **abgrenzbar,** dass ein zeitweiser Besuch der Veranstaltung möglich und sinnvoll ist, beschränkt sich die Erforderlichkeit der Teilnahme auf den Teil, in dem für die BR-Arbeit des betreffenden BR-Mitglieds erforderliche Kenntnisse vermittelt werden.[724] Hierbei ist es unbeachtlich, ob der Träger der Schulung einen teilweisen Besuch der Schulungs- und Bildungsveranstaltung in seinen Anmeldeunterlagen vorsieht oder nicht.[725]
- Sind erforderliche und nicht erforderliche Themen zeitlich und sachlich **eng verzahnt** oder ist ein **zeitweiser Besuch** einer entsprechenden Schulungsveranstaltung **nicht möglich,** z. B. weil der Veranstalter die Maßnahme nur als einheitliches Ganzes anbietet,[726] oder sinnvoll, kommt es darauf an, ob die erforderlichen oder die nicht erforderlichen Themen mit mehr als 50 v. H. überwiegen.[727] Überwiegen die erforderlichen Themen, ist die Schulungsveranstaltung insgesamt als erforderlich anzusehen.[728]

---

717 *ArbG Marburg* 8.9.99, NZA-RR 00, 248.
718 *BAG* 16.3.88 – 7 AZR 557/87, AP Nr. 63 zu § 37 BetrVG 1972.
719 *Fitting,* Rn. 155.
720 *BAG* 24.7.91 DB 92, 482.
721 *Däubler, Schulungsanspruch, S.* 54f.; *Fitting,* Rn. 157; vgl. auch *Künzl,* ZfA 93, 341 [349 f.].
722 GK-*Wiese,* a. a. O.; Richardi/*Thüsing,* Rn. 112.
723 *BAG* 29.1.74, AP Nr. 5 zu § 40 BetrVG 1972; ErfK-*Koch,* Rn. 14; *Fitting,* Rn. 158; HaKo-BetrVG/*Wolmerath,* Rn. 35; vgl. auch *Däubler, Schulungsanspruch, S.* 54, der einen geringfügigen Anteil für bis zu 20 % für zulässig hält.
724 *BAG* 21.7.78, AP Nr. 4 zu § 38 BetrVG 1972; enger *BAG* 28.9.16 – 7 AZR 699/14, NZA 17, 69, das nur eine Beurteilung als Ganzes für möglich hält; kritisch hierzu *Sachadae,* jurisPR-ArbR 4/17 An. 4.
725 *LAG Hamm* 9.9.14 – 7 Sa 13/14, AiB 15, 59; kritisch zur Entscheidung *Spätlich,* jurisPR-ArbR 50/2014 Anm. 5.
726 *BAG* 27.9.74, AP Nr. 18 zu § 37 BetrVG 1972; 10.5.74, a. a. O.; 8.10.74, AP Nr. 7 zu § 40 BetrVG 1972.
727 *BAG* 28.5.76, a. a. O.; 7.5.08 – 7 AZR 90/07, DB 08, 2659; *LAG Köln,* 9.11.99 – 13 Sa 818/99, AiB 00, 360 mit Anm. *Peter; Däubler, Schulungsanspruch, S.* 55; ErfK-*Koch,* Rn. 14; *Fitting,* Rn. 160, mit der [abzulehnenden] Feststellung, dass entgegen der genannten *BAG*-Entscheidung darauf abzustellen sein soll, dass nicht nur die erforderlichen Themen, sondern auch die dafür aufgewandte Schulungszeit mit mehr als 50 % überwiegen müssen; enger insgesamt *HSWG,* Rn. 117, die die Freistellung des AG nur auf die erforderlichen Teile begrenzt sehen wollen.
728 *BAG,* a. a. O., 24.8.76, AP Nr. 2 zu § 95 ArbGG 1953; enger GK-*Weber,* Rn. 213, die dies lediglich bejahen, wenn der Besuch der thematisch gemischten Veranstaltung den Erwerb erforderlicher Kenntnisse ermöglicht; a. A. HWGNRH-*Glock,* Rn. 158; *Loritz,* NZA 93, 2.

Für die Frage der Erforderlichkeit der Teilnahme ist ausschlaggebend, ob der BR aus dem ihm **mitgeteilten Lehrplan** entnehmen durfte, dass die Schulung überwiegend oder schwerpunktmäßig der Vermittlung der für die BR-Tätigkeit notwendigen Kenntnisse dient.[729]

h) Erforderlichkeit von Schulungsveranstaltungen nach Abs. 7

Auch eine nach Abs. 7 **als »geeignet« anerkannte** Schulungsveranstaltung kann **erforderliche Kenntnisse i. S. d. Abs. 6** vermitteln; jedenfalls schließt die Anerkennung einer Maßnahme nach Abs. 7 die Teilnahme nach Abs. 6 nicht aus.[730] Die zwangsläufige Allgemeinheit des Angebots der Schulungsträger kann dazu führen, dass für einen Teil der Teilnehmer die Kenntnisse als erforderlich, für einen anderen Teil – möglicherweise aus demselben Betrieb – dagegen nur als nützlich (Abs. 7) eingestuft werden müssen. Zu weitgehend ist die Auffassung des BAG, dass die Teilnahme eines BR-Mitglieds an einer nach Abs. 7 anerkannten Schulungsveranstaltung – wenn diese gleichzeitig die Voraussetzung des Abs. 6 erfüllt – eines besonderen sorgfältigen Vortrags der Erforderlichkeit bedarf.[731] Dies kann allenfalls für Veranstaltungen zutreffen, deren Themenpläne eindeutig nicht erforderliche Kenntnisse beinhalten. Erfüllt dagegen ein rein vorsorglich auch nach Abs. 7 anerkannter Lehrgang dem Grunde nach die Voraussetzung der Erforderlichkeit i. S. d. Abs. 6, können daher für die Teilnahme keine höheren Anforderungen gestellt werden, als sie das BAG für die Teilnahme an erforderlichen Maßnahmen ohnehin festgelegt hat.[732] Es gibt keine gesetzliche Verpflichtung für BR-Mitglieder bei Schulungsangeboten, die sowohl die Voraussetzungen des Abs. 6 als auch die des Abs. 7 erfüllen, zunächst den Anspruch nach Abs. 7 auszuschöpfen, bevor der BR eine Freistellung nach Abs. 6 verlangen kann.[733] Hat jedoch ein BR-Mitglied an einer gleichartigen Schulungsmaßnahme nach Abs. 7 teilgenommen, kann die Erforderlichkeit einer Schulung nach Abs. 6 entfallen, sofern keine vertiefenden Kenntnisse erforderlich sind. 134

i) Zeitliche Festlegungen / Ende der Amtszeit

Schulungsveranstaltungen sind sowohl im Bereich des Grund- wie des Spezialwissens noch kurz vor Ablauf der Amtszeit des BR zulässig.[734] Für die Erforderlichkeit einer Schulungsveranstaltung ist es nicht maßgeblich, ob bis zur Neuwahl Beteiligungssachverhalte in Angelegenheiten anfallen, für die in Schulungsveranstaltung Kenntnisse benötigen werden.[735] Entscheidend ist vielmehr, ob der Betriebsrat bei seiner Beschlussfassung ein Anfallen einer solchen Angelegenheit nicht ausschließen konnte.[736] Gleiches gilt bezüglich eines BR, der zum Zeitpunkt der Durchführung einer Veranstaltung zurückgetreten ist, da er gemäß § 22 die Amtsgeschäfte in vollem Umfang bis zur Neuwahl des BR bzw. bis zum Ablauf seiner Amtszeit weiterführt.[737] Endet das Beschäftigungsverhältnis eines BR-Mitglieds durch Befristung, gelten bezüglich der Erforderlichkeit einer Grundschulung die gleichen dieselben Darlegungsanforderungen wie 135

729 *BAG* 10.5.74, 27.9.74, 8.10.74, 24.8.76, jeweils a. a. O.

730 *BAG* 6.11.73, 26.8.75, 5.4.84, AP Nrn. 5, 6, 21, 46 zu § 37 BetrVG 1972; *BVerwG* 27.4.79, ZBR 79, 310.

731 *BAG* 26.8.75, AP Nr. 21 zu § 37 BetrVG 1972; so auch HWGNRH-*Glock*, Rn. 153.

732 Vgl. auch Rn. 175.

733 Vgl. *BAG* 5.4.84, AP Nr. 46 zu § 37 BetrVG 1972 mit insoweit zustimmender Anm. *Löwisch/Riehle*.

734 So nun auch *BAG* 17.11.10 – 7 ABR 113/09, AuR 11, 252 = DB 11, 943; 7.5.08 – 7 AZR 90/07, DB 08, 2659 unter ausdrücklicher Aufgabe der gegenteiligen Position von *BAG* 7.6.89, AP Nr. 67 zu § 37 BetrVG 1975 bzw. 24.8.88, NZA 89, 221; zum Streitstand vgl. ausführlich Rn. 112 in der 11. Auflage dieses Kommentars; zustimmend *Fitting*, Rn. 163; *Markowski*, AiB 09, 59; *Schiefer*, DB 08, 2649; a. A. *LAG Hamm* 10.12.08 – 10 TaBV 125/08, juris, im Fall eines BR-Mitglieds unter Hinweis auf dessen zehnjährige arbeitsrechtliche Erfahrungen als Vertrauensperson der Schwerbehinderten.

735 Enger nunmehr *BAG* 17.11.10 – 7 ABR 113/09, AuR 11, 252, das die Vermittlung von Grundkenntnissen nicht für erforderlich hält, wenn diese bis zur Neuwahl nicht mehr eingesetzt werden können.

736 *BAG* 7.5.08, a. a. O.

737 *ArbG Berlin* 19.1.88 – 36 BV 11/87; *ArbG Krefeld* 29.4.80 – 2 BV 2/80; *ArbG Lübeck* 11.8.80 – 2 BV 19/80.

bei einem bevorstehenden Ende der Amtszeit.[738] Die Teilnahme an entsprechenden Schulungsveranstaltungen ist für diese BR-Mitglieder damit nicht ausgeschlossen.

136 Eine zunächst durch generelle **Betriebsferienregelung** erfolgte zeitige Festlegung des Urlaubs eines BR-Mitglieds wird gegenstandslos, wenn der BR dieses Mitglied zu einer in den Zeitraum der Betriebsferien fallenden Schulungsmaßnahme entsendet. In einem solchen Fall wird durch die Freistellung von der Arbeit unter Fortzahlung der Vergütung nicht der Erholungsurlaub des BR-Mitglieds, sondern sein Freistellungsanspruch nach Abs. 6 bzw. 7 erfüllt.[739]

3. Teilnehmer

137 Bei dem Bildungsanspruch aus Abs. 6 handelt es sich um einen Kollektivanspruch des BR. Der BR muss in die Lage versetzt werden, seine gesetzlichen Aufgaben ordnungsgemäß zu erfüllen. Deshalb ist **Träger des Schulungsanspruchs** nach Abs. 6 grundsätzlich der BR und nicht von vornherein das einzelne BR-Mitglied:[740] Erst wenn der BR durch Beschluss ein bestimmtes Mitglied für eine Schulungsteilnahme bestimmt hat, erwirbt dieses einen aus dem Kollektivbeschluss abgeleiteten Individualanspruch.[741] Auch hier ist die bereits vorgenommene Unterscheidung zwischen der Vermittlung von **Grundkenntnissen** und **Spezialwissen** bedeutsam.[742] Daran orientiert sich nämlich die Entscheidung, ob alle oder nur einzelne BR-Mitglieder und welche Mitglieder zu einer bestimmten Schulungsveranstaltung entsandt werden können.[743] Es hat somit eine **doppelte Prüfung der Erforderlichkeit** zu erfolgen: zum einen Prüfung der Erforderlichkeit, zum anderen, wie viele und welche BR-Mitglieder[744] zu entsenden sind.

138 Für eine ordnungsgemäße BR-Arbeit ist unerlässlich, dass **jedes BR-Mitglied Grundkenntnisse** über das BetrVG als Basis jeder BR-Arbeit haben muss; denn nur dann, wenn es diese Kenntnisse besitzt, ist es in der Lage, seiner Verpflichtung zur eigenverantwortlichen Erfüllung der mit dem Amt verbundenen Aufgaben zu genügen.[745] Entsprechendes gilt bezüglich der Kenntnisse der für den Betrieb geltenden **TV** (vgl. Rn. 116, 131), über das **allgemeine Arbeitsrecht** sowie über **Arbeitsschutz und Arbeitssicherheit.**[746] Des Weiteren muss jedes BR-Mitglied über einen gewissen Standard an allgemeinen rechtlichen, wirtschaftlichen und technischen Kenntnissen verfügen.[747]

139 Nimmt der BR eine Aufgabenverteilung vor, kommt in diesen Fällen eine intensivere und vertiefende Vermittlung **besonderer Spezialkenntnisse** auf den entsprechenden Sachgebieten im Allgemeinen für solche BR-Mitglieder in Betracht, die vom BR mit der Wahrnehmung dieser Aufgaben betraut bzw. in entsprechenden Fachausschüssen des BR tätig sind. Für diese BR-Mitglieder ist die Vermittlung entsprechender Kenntnisse des betreffenden Fachgebiets auf jeden Fall erforderlich (vgl. Rn. 121f.). Sind **Ausschüsse** gebildet, kann der BR die Vermittlung der erforderlichen Kenntnisse und Fähigkeiten für jedes Ausschussmitglied verlangen, sofern nicht bereits ein entsprechender Wissensstand vorhanden ist.[748]

---

738 *BAG* 17.11.10, a.a.O.

739 Vgl. *LAG Niedersachsen* 14.8.87, AiB 88, 284, Ls.

740 *Peter,* AiB 96, 467.

741 *BAG* 6.11.73, 27.9.74, AP Nrn. 5, 18 zu § 37 BetrVG 1972; GK-*Weber,* Rn. 184; weitergehend Richardi-*Thüsing,* Rn. 122, der generell auch das einzelne BR-Mitglied für anspruchsberechtigt hält.

742 *Däubler, Schulungsanspruch, S.* 61; *Peter,* AiB 96, 473; vgl. Rn. 108ff.

743 Vgl. *ArbG Stuttgart* 27.7.90 – 13 BV 2/90 A, das es auch unter dem Gesichtspunkt der Verhältnismäßigkeit für gerechtfertigt hielt, dass an einer Schulungsmaßnahme 7 von 15 BR-Mitgliedern teilnahmen.

744 Vgl. HWGNRH-*Glock,* Rn. 141; vgl. auch *Künzl,* a.a.O.; *Peter,* AiB 96, 472.

745 Vgl. Rn. 100ff.; a.A. HWGNRH-*Glock,* Rn. 181, die den Anspruch im Regelfall auf ein BR-Mitglied beschränken wollen.

746 *Däubler, Schulungsanspruch, S.* 16ff.; zur Notwendigkeit der Darlegung der Erforderlichkeit *ArbG Bamberg* 5.11.12 – 2 BVGa 3/12, juris mit Anm. *Spengler,* jurisPR-ArbR 16/2013 Anm. 4.

747 *BAG* 27.11.73, AP Nr. 9 zu § 89 ArbGG 1953; *Däubler, Schulungsanspruch, S.* 21; *Fitting,* Rn. 164; GK-*Weber,* Rn. 234; *WW,* Rn. 24; nunmehr wohl auch HWGNRH-*Glock,* a.a.O.; vgl. Rn. 100ff.

748 HWGNRH-*Glock,* Rn. 183; offenbar auch GK-*Weber,* a.a.O.; *Kittner,* Anm. zu AP Nr. 5 zu § 37 BetrVG 1972; vgl. auch *LAG Hamm* 8.7.05 – 10 Sa 2053/04, juris, zur gleichzeitigen Schulung von Ausschuss- und Arbeitsgruppenmitgliedern; *ArbG Berlin* 4.2.98, AiB 98, 644 mit Anm. *Noll* zum An-

4. Dauer der Schulungsmaßnahmen

Die Dauer der Teilnahme an Schulungsmaßnahmen richtet sich nach ihrer **Erforderlichkeit.**[749] Eine zwingende Grenze des Zeitvolumens gibt es für erforderliche Schulungsmaßnahmen nicht.[750] Demnach hängt die Dauer vom jeweiligen Inhalt der Schulung, insbesondere dem Umfang und der Schwierigkeit der Thematik, den betrieblichen Gegebenheiten sowie dem Kenntnis- und Wissensstand der Schulungsteilnehmer ab.[751] Die Rspr. hat grundlagenbildende sowie Speziallehrgänge mit einer Dauer von **ein bis zwei Wochen** als erforderlich angesehen.[752] Auch länger dauernde Schulungsveranstaltungen können erforderlich sein.[753] Für neu gewählte BR-Mitglieder kommen grundsätzlich bis zu vier Wochen in Betracht.[754] Für ausländische BR-Mitglieder kann sich die Notwendigkeit einer längeren Schulungszeit ergeben.[755] Ebenso kann der Besuch mehrerer Schulungsmaßnahmen zum gleichen Themenfeld (z. B. Fortsetzungs- bzw. Aufbauseminare) in derselben Amtsperiode erforderlich i. S. d. Vorschrift sein.[756] 140

Abzulehnen ist die Rspr. des *BAG*,[757] wonach sowohl die Dauer der Schulungsmaßnahme (ggf. auch Teilnehmerzahl) als auch die Kostentragungspflicht des AG (vgl. § 40 Rn. 5 ff.) unter dem Gesichtspunkt der **Verhältnismäßigkeit** zu beurteilen und ggf. zu begrenzen sind.[758] 141

5. Träger der Schulungsmaßnahmen

Das Gesetz geht von keinem bestimmten Schulungsträger aus. In Betracht kommen vor allem die **Gewerkschaften,** da sie in jeder Hinsicht die Gewähr für eine ordnungsgemäße Schulung bieten.[759] Darüber hinaus kommen andere Institutionen in Frage, wie z. B. Arbeiter- und Angestelltenkammern, Arbeitsgemeinschaft Arbeit und Leben, rechtlich selbstständige Bildungseinrichtungen[760] oder Volkshochschulen.[761] Welche Veranstaltungen von welchen Schulungsträgern das einzelne BR-Mitglied besucht, ist Sache des gesamten BR.[762] 142

Unerheblich ist, ob an der Schulungsmaßnahme außer BR-Mitgliedern noch **andere Personen,** z. B. gewerkschaftliche Vertrauensleute, teilnehmen.[763] Andererseits ist eine Gewerkschaft nicht verpflichtet, ihre Schulungsveranstaltungen für **nicht oder anders organisierte BR-Mitglieder** zu öffnen.[764] Es ist legitim, dass die Gewerkschaft bei Schulungsveranstaltungen von BR-Mit- 143

spruch aller Ausschussmitglieder bei arbeitsteiliger Organisation; Rn. 99 ff.; *LAG Hamm,* 8. 8. 96, BB 97, 206, Ls. zum Schulungsanspruch von neuen WA-Mitgliedern; enger Richardi-*Thüsing,* Rn. 109 gleichzeitige Schulung nur unter engen Voraussetzungen.

749 *Däubler, Schulungsanspruch, S.* 58, 290; *Peter* AiB 06, 284 ff.

750 *ArbG Kaiserslautern* 11. 1. 06 – 1 Ca 1735/05, AiB Newsletter Nr. 6, 5–6.

751 *Fitting,* Rn. 171 f.; *GL,* Rn. 82; enger GK-*Weber,* Rn. 237; HWGNRH-*Glock,* Rn. 147 ff.; Richardi-*Thüsing,* Rn. 116 f.; vgl. im Übrigen Rn. 123.

752 *BAG* 6. 11. 73, 8. 2. 77, 25. 4. 78, 5. 4. 84, 15. 5. 86, 16. 10. 86, AP Nrn. 5, 26, 33, 46, 54, 58 zu § 37 BetrVG 1972; *LAG Baden-Württemberg* 17. 12. 87, AiB 88, 282.

753 *Däubler, Schulungsanspruch, S.* 58.

754 *LAG Nürnberg* 28. 5. 02 – 65 TaBV 29/01, AuR 02, 438; *Fitting,* Rn. 173.

755 *LAG Hamm* 10. 10. 74, BB 74, 1439.

756 Vgl. z. B. *LAG Baden-Württemberg,* a. a. O.; *LAG München* 25. 2. 93 – 7 TaBV 89/92; vgl. zum Umfang der Schulungsmaßnahmen auch Rn. 100 ff.

757 *BAG* 31. 10. 72, 8. 10. 74, AP Nrn. 2, 7 zu § 40 BetrVG 1972; 27. 9. 74, 28. 5. 76, 8. 2. 77, AP Nrn. 18, 24, 26 zu § 37 BetrVG 1972.

758 Kritisch *Däubler, Schulungsanspruch, S.* 59 ff.; *Fitting,* Rn. 171; *Teichmüller,* S. 43; *Weiss,* DB 75, 504; kritisch ErfK-*Koch,* Rn. 17 unter Verweis auf die kaum praxisnahen Aussagen des *BAG* und mit der Folgerung, dass die Verhältnismäßigkeit nur in Ausnahmefällen heranzuziehen sei; ähnlich HWGNRH-*Glock,* Rn. 155, GK-*Weber,* Rn. 227 ff., der sich im Ergebnis dennoch dem BAG anschließt; der Rspr. zustimmend Richardi-*Thüsing,* Rn. 116.

759 *BVerwG* 27. 4. 79, ZBR 79, 310.

760 Zu gewerkschaftlichen Bildungseinrichtungen vgl. § 40 Rn. 66 ff.; zu freien Schulungsträgern *LAG Köln* 11. 4. 02 – 10 TaBV 50/01, AiB 03, 487 mit Anm. *Ibach.*

761 *Däubler, Schulungsanspruch, S.* 69.

762 *Däubler, Schulungsanspruch, S.* 64 f.; GK-*Weber,* Rn. 2308, der jedoch dem BR-Mitglied ein Wahlrecht einräumt, wenn gleichartige und gleichwertige Veranstaltungen angeboten werden.

763 *Däubler, Schulungsanspruch, S.* 73; *Fitting,* Rn. 170; *Käufer,* S. 62; GK-*Weber,* Rn. 231.

764 *BVerwG* 27. 4. 79, ZBR 79, 310.

gliedern Streitfragen aus dem Betriebsverfassungsrecht oder anderen Rechtsgebieten unter ihrer gewerkschaftspolitischen Zielsetzung sieht.[765]

6. Anspruchsberechtigte

144 Die Schulungsmöglichkeiten nach Abs. 6 sind auf **BR**- und **JAV-Mitglieder** (vgl. § 65 Abs. 1) beschränkt. **Teilzeitbeschäftigten BR-Mitgliedern** steht der Anspruch auf Schulung im selben Umfang zu wie vollzeitbeschäftigten, allerdings mit der Maßgabe, dass der AG ihnen die arbeitsfreie Zeit bis zur Höhe der Arbeitszeit eines vollbeschäftigten BR-Mitglieds zu vergüten hat (vgl. Rn. 164ff.).

145 Für **Ersatzmitglieder** gilt die Vorschrift, wenn sie für ausgeschiedene Mitglieder definitiv nachgerückt sind oder wenn sie häufig und für längere Zeit BR-Mitglieder vertreten,[766] so dass grundsätzlich das erste, ggf. auch weitere Ersatzmitglieder Anspruch auf Schulungsmöglichkeit nach Abs. 6 haben können.[767] Ein Indiz für die Notwendigkeit der Schulung von Ersatzmitgliedern ist die Häufigkeit der Heranziehungen zu BR-Sitzungen in der Vergangenheit.[768]

146 In einem einköpfigen BR hat das **erste Ersatzmitglied** einen herausgehobenen Schulungsanspruch, weil es im Vertretungsfall weitgehend auf sich selbst gestellt ist.[769] Dies gilt nach der Rspr. jedenfalls dann, wenn der Erwerb der in der Schulungsveranstaltung vermittelten Kenntnisse unter Berücksichtigung der Ersatzmitgliedschaft für die Gewährleistung der Arbeitsfähigkeit des BR erforderlich ist, wobei die im Zeitpunkt der Beschlussfassung zu erwartende Tätigkeit künftiger Vertretungsfälle und die noch verbleibende Amtszeit des BR zu berücksichtigen sind.[770]

147 Dem BR steht bei seiner Entscheidung ein **Beurteilungs-/Prognosespielraum** zu.[771] Grundlage der Feststellung der Erforderlichkeit ist eine auf Tatsachen gegründete Prognose über die künftige Dauer und Prognose der Heranziehung von Ersatzmitgliedern. In diesem Rahmen muss der BR nach Auffassung des *BAG* insbesondere die durch die Heranziehung eines Ungeschulten entstehenden Belastungen für die sachgerechte BR-Arbeit würdigen und Erwägungen über andere, den Arbeitgeber weniger belastende Maßnahmen, anstellen.[772] Der BR soll bei seiner Prognose weiterhin Einflussfaktoren wie einen nur kurzfristigen Vertretungsaufwand auf Grund der Urlaubszeit wie auch die Möglichkeit der Verschiebung von Sitzungsterminen zur Vermeidung der Heranziehung von Ersatzmitgliedern berücksichtigen.[773] Die auf Tatsachen begründete Prognose ist vom BR im Rahmen einer gerichtlichen Auseinandersetzung darzulegen. Ihre arbeitsgerichtliche Überprüfung beschränkt sich aber auf die Feststellung, dass die Prognose eine Interessenabwägung enthält. Von Arbeitsgerichten nicht zu berücksichtigen ist hingegen, ob ein »vernünftiger Dritter« notwendig dieselbe Entscheidung getroffen hätte.[774] Ggf. ist dem Ersatzmitglied die Teilnahme an einer Schulungsmaßnahme nach Abs. 6 auch

765 *BVerwG*, a. a. O.
766 Vgl. grundsätzlich *BAG* 19. 9. 01 – 7 ABR 32/00, DB 02, 51; *Hess. LAG* 17. 1. 22 – 16 TaBV 99/21 – für einen fünfmonatigen Vertretungsfall; *ArbG Mannheim* 19. 1. 00, AiB 00, 506 mit Anm. *Furier* für häufig herangezogene Ersatzmitglieder; *LAG Köln* 10. 2. 00 – 5 TaBV 63/99, AiB 01, 176 mit Anm. *Peter; OVG Bremen* 1. 2. 91, PersR 91, 176 mit Anm. *Richter; Däubler, Schulungsanspruch, S.* 156; *Fitting*, Rn. 179; a. A. Richardi-*Thüsing*, Rn. 125.
767 Vgl. *BAG* 10. 5. 74, AP Nr. 2 zu § 65 BetrVG 1972; 11. 11. 98 – 7 AZR 491/97, NZA 99, 1119; *LAG Düsseldorf* 23. 4. 97 – 12 TaBV 9/97; *LAG Köln* 10. 2. 00 – 5 TaBV 63/99, AiB 01, 176 mit Anm. *Peter*, auch für die Fälle, in denen die Vertretungsfälle regelmäßig nur durch Urlaubs- oder Krankheitsvertretung begründet sind; vgl. auch *Künzl*, ZfA 93, 341 [354].
768 *LAG Schleswig-Holstein* 26. 4. 16 – 1 TaBV 63/15, juris.
769 *ArbG Bremen-Bremerhaven* 14. 9. 06 – 5 BvGa 28/06, AiB 07, 251 mit Anm. *Grimberg*.
770 *BAG* 19. 9. 01 – 7 ABR 32/00, DB 02, 51; *LAG Berlin*, a. a. O. für ein Ersatzmitglied, das in eineinhalb Jahren an 220 Tagen als nachgerücktes BR-Mitglied tätig geworden ist, während die Amtszeit des BR noch über ein Jahr dauert; *LAG Hamm* 7. 4. 06 – 13 Sa 2298/05, juris, das einen Schulungsanspruch eines Ersatzmitgliedes zum Thema »Schichtplangestaltung« unter Hinweis darauf verneint hat, dass dieses mit den konkreten Verhandlungen nicht befasst war.
771 *BAG*, a. a. O.; vgl. auch Rn. 136.
772 *BAG* 19. 9. 01, a. a. O.; ähnlich im Ergebnis GK-*Weber*, Rn. 200.
773 *BAG*, a. a. O.
774 *BAG*, a. a. O.

dann zu ermöglichen, wenn es im Zeitpunkt der Schulung einmal gerade nicht für ein verhindertes BR-Mitglied nachgerückt ist.

Der Beschluss über den **Rücktritt des BR** (§ 13 Abs. 2 Nr. 3) steht einer Teilnahme an einer Schulungsmaßnahme nach Abs. 6 nicht entgegen. Bei Schulungen **kurz vor Ablauf der Amtszeit** soll es nach der Rspr. darauf ankommen, dass diese noch für den Rest der Amtszeit erforderlich ist.[775] 148

Auf alle **Mitglieder des WA** ist die Regelung des Abs. 6 entsprechend anzuwenden,[776] und zwar nicht nur auf die Mitglieder des WA, die zugleich BR-Mitglieder sind.[777] Der Anspruch besteht auch, wenn nur Grundkenntnisse für WA-Mitglieder vermittelt werden.[778] Für Schulungsmaßnahmen der **Schwerbehindertenvertretung** enthält § 179 Abs. 8 SGB IX eine Sonderregelung, durch die diesen Vertretern für die Teilnahme an einschlägigen Schulungs- und Bildungsmaßnahmen von ihrer beruflichen Tätigkeit ohne Minderung des Arbeitsentgelts befreit werden.[779] 149

7. Beschlussfassung und Beurteilungsspielraum des Betriebsrats

Voraussetzung für die Teilnahme eines oder mehrerer BR-Mitglieder an einer Schulungsmaßnahme i. S. d. Abs. 6 ist, dass der BR einen entsprechenden **Entsendungsbeschluss** gefasst hat.[780] Dies gilt auch bei der Entsendung von **Mitgliedern der JAV,** da die Beschlussfassung durch die **JAV** allein nicht ausreicht.[781] Erfolgt die Teilnahme im Zusammenhang mit Themenstellungen des **GBR, KBR, EBR** bzw. **GJAV oder KJAV,** muss die entsprechende Beschlussfassung durch den BR erfolgen, zu dem die einzelnen BR bzw. JAV-Mitglieder gehören.[782] Dieses Verfahren ist notwendig, weil in § 51 Abs. 1 bzw. in § 59 Abs. 1 keine Bezugnahme auf § 37 Abs. 6 erfolgt. Die Beschlussfassung des BR erstreckt sich auf die konkrete Schulungsveranstaltung, die Zahl und Auswahl der BR- bzw. JAV-Mitglieder und die zeitliche Lage der Maßnahme.[783] Auch im Falle von konkurrierenden Veranstaltungen kann das einzelne BR-Mitglied nicht selbst über die Teilnahme entscheiden. Es kann lediglich Wünsche an den BR herantragen. Der BR hat seine Entscheidungskompetenz nach pflichtgemäßem Ermessen auszuüben.[784] 150

Einen wirksamen Entsendungsbeschluss kann der BR nur in einer ordnungsgemäß einberufenen Sitzung fassen, wozu die Mitteilung der Tagesordnung und die rechtzeitige Ladung gehört.[785] Neben dem BR kann der Beschluss wirksam auch in einem vom BR entsprechend beauftragten BR-Ausschuss gefasst werden.[786] Der Beschluss muss nach der abzulehnenden Rechtsprechung des *BAG*[787] **vor der Durchführung** der Maßnahme gefasst sein. 151

775 Zustimmend Richardi-*Thüsing*, Rn. 135; *Däubler, Schulungsanspruch, S.* 18, 156; vgl. Rn. 135.

776 *Fitting*, Rn. 180; GK-*Oetker*, § 107 Rn. 44; Richardi-*Thüsing*, Rn. 127; *Däubler*, Schulung, Rn. 287; vgl. auch *Künzl*, ZfA 93, 341 [354]; *Rädel*, AuA 00, 364; zu eng *BAG* 28.4.88, NZA 89, 188, das den Schulungsanspruch nur für Ausnahmefälle anerkennt, wenn Mitglieder des WA die vom AG zu gebenden Informationen nicht verstehen; ebenso ErfK-*Koch*, Rn. 15.

777 So aber *BAG* 11.11.98 – 7 AZR 491/97, NZA 99, 1119 = AiB 99, 585 mit Anm. *Peter;* 6.11.73, AP Nr. 5 zu § 37 BetrVG 1972 mit krit. Anm. *Kittner;* vgl. auch *LAG Hamm* 10.6.05 – 10 TaBV 1/05, AuR 05, 289 = AiB 06, 175; *ArbG Weiden* 9.4.92, BetrR 92, 142 a. A. HWGNRH-*Glock*, Rn. 167; zur Frage der Schulung von **Mitgliedern des WV** vgl. § 20 Rn. 38ff.

778 *LAG Hamm* 13.10.99 – 3 TaBV 44/99, NZA-RR 00, 641.

779 Vgl. *LAG Berlin* 19.5.88, DB 88, 1708.

780 *Däubler, Schulungsanspruch, S.* 112ff.; *Peter* AiB 06, 284 [286]; *Schneider*, AiB 03, 348; ähnlich ErfK-*Koch*, Rn. 23; vgl. Rn. 126; Beschluss- und Textmuster bei DKWF-*Wedde*, § 37 Rn. 45ff.

781 *BAG* 20.11.73, 10.5.74, AP Nrn. 1, 3 zu § 65 BetrVG 1972.

782 *ArbG Würzburg* 4.2.99, AiB 99, 524 mit Anm. *Peter*.

783 *Däubler, Schulungsanspruch, S.* 113; *Fitting*, Rn. 231ff.; GK-*Weber*, Rn. 301ff.; HWGNRH-*Glock*, Rn. 184f.; *Künzl*, ZfA 93, 341 [357]; *Teichmüller*, S. 10; *ArbG Essen* 29.7.03 – 2 BV 38/03, AiB 05, 44 mit Anm. *Peter*.

784 *Fitting*, Rn. 235; GK-*Weber*, a.a.O.; *Künzl*, a.a.O. [358].

785 *BAG* 28.4.88, AP Nr. 2 zu § 29 BetrVG 1972, 28.10.92 – 7 ABR 14/92, DB 93, 580; vgl. § 33 Rn. 9ff.

786 *ArbG Essen* 29.7.03 – 2 BV 38/03, AiB 05, 44 mit Anm. *Peter*; im Ergebnis ebenso *Hess. LAG* 16.11.20 – 16 TaBV 107/20, juris, dass allerdings den gefassten Beschluss mangels Zuständigkeit des Ausschusses für unwirksam hält.

787 *BAG* 8.3.00 – 7 ABR 11/98, DB 00, 1335 = AiB 01, 356 mit Anm. *Wedde*; a.A. *Reitze*, NZA 02, 492, der die Rechtsprechung allerdings nur auf den AG benachteiligende Beschlüsse des BR anwenden will; dem BAG zustimmend HWGNRH-*Glock*, Rn. 184.

152 Eine **nachträgliche Beschlussfassung** auf Grund einer Terminverschiebung der Maßnahme soll auch bei unveränderten Seminarinhalten und -kosten **unwirksam** sein. Ggf. müssen BR deshalb Sondersitzungen durchführen, um eine ordnungsgemäße Beschlussfassung sicherzustellen. Zu der entsprechenden Sitzung müssen ggf. auch die entsprechenden Ersatzmitglieder eingeladen werden.[788] Nach Auffassung des *BAG*[789] muss ein beabsichtigter Entsendungsbeschluss eines oder mehrerer BR-Mitglieder ausdrücklich in der Tagesordnung angekündigt werden. Die Behandlung dieses Gegenstandes unter dem Tagesordnungspunkt »Verschiedenes« ist unzulässig, wenn der beabsichtigte Entsendungsbeschluss nicht zumindest als Unterpunkt angekündigt wird.[790] An der Beschlussfassung kann sich das betroffene BR-Mitglied beteiligen.[791] Ein nichtiger Entsendungsbeschluss des BR verpflichtet den AG nach Auffassung des *BAG* nicht zur Kostentragung nach § 40.[792]

153 Bei der Festlegung der zeitlichen Lage der Teilnahme an einer Schulungsveranstaltung ist der BR gehalten, die **betrieblichen Notwendigkeiten** zu berücksichtigen. Dieses Gebot greift jedoch nicht bei freigestellten BR-Mitgliedern. An das Vorliegen betrieblicher Notwendigkeiten sind **strenge Anforderungen** zu stellen.[793] Ein Fall dringender betrieblicher Notwendigkeiten kann z. B. angenommen werden, wenn eine für den ordnungsgemäßen Betriebsablauf unabkömmliche Vertretung nicht sichergestellt, wenn ein besonderer Arbeitsanfall (Saisonspitze), dessen Erledigung nicht hinausgeschoben werden kann, vorliegt[794] oder wenn es sich um einen Notfall handelt.[795] Ist eine Beeinträchtigung betrieblicher Notwendigkeiten nicht zu umgehen, hat die Schulungsteilnahme der BR-Mitglieder letztlich Vorrang;[796] ggf. hat der AG entsprechende Vorkehrungen zu treffen.[797]

154 Bei der Frage, ob eine Schulung erforderlich ist, hat der BR einen **Beurteilungsspielraum.**[798] Dies gilt sowohl hinsichtlich des Inhalts der Maßnahme als auch der Dauer und der Teilnehmerzahl.[799] ArbG können bezüglich des Beurteilungsspielraums im Einzelfall nicht dessen Inhalt prüfen, sondern nur beurteilen, ob ein BR dessen Grenzen überschritten hat. Damit bestehen für BR und ArbG unterschiedliche Bewertungsfelder bezüglich der Prüfung der Erforderlichkeit. Maßgebend bei deren Beurteilung ist der Zeitpunkt der Beschlussfassung.[800] Nicht entscheidend ist hingegen, ob die Schulungsmaßnahme rückblickend tatsächlich erforderlich war.[801] Ist bei sorgfältiger Prüfung für jeden Dritten ohne weiteres erkennbar, dass die Schulung nicht erforderlich ist, soll nach abzulehnender Auffassung der Rspr. eine Abmahnung möglich sein.[802] Ein solcher Fall wäre indes nur vorstellbar, wenn der BR eine an Vorsatz grenzende Fehleinschätzung vornimmt (etwa Schulung zu einer Sprache, die an keiner Stelle im Konzern gesprochen wird). Keine Überschreitung des Beurteilungsspielraums bei Beschlussfassung über Entsendungen liegt vor, wenn neu gewählten BR-Mitgliedern zwar im Rahmen der Grundlagenschulung ein sog. «Starter-Set« überlassen wird und wenn dort die

---

788 *LAG Hamm* 11. 10. 07 – 13 Sa 1100/07, juris, das wegen der fehlenden Einladung eines Ersatzmitglieds den entsprechenden Beschluss für unwirksam erklärte.
789 28. 4. 88, AP Nr. 2 zu § 29 BetrVG 1972; 28. 10. 92, DB 93, 580.
790 *BAG* 28. 10. 92 – 7 ABR 14/92, a. a. O.; vgl. im Übrigen § 29 Rn. 20ff.; § 33 Rn. 12f.
791 *Däubler, Schulungsanspruch, S.* 113; MünchArbR-*Joost,* § 308 Rn. 109; vgl. § 33 Rn. 16.
792 Vgl. *BAG* 8. 3. 00 a. a. O.
793 *Däubler, Schulungsanspruch, S.* 68; *Peter,* AiB 96, 470; *Fitting,* a. a. O.; vgl. auch GK-*Weber,* a. a. O.; a. A. HWGNRH-*Glock,* Rn. 187; Richardi-*Thüsing,* Rn. 132.
794 *Fitting,* a. a. O.; vgl. auch GK-*Weber,* Rn. 312; *Künzl,* ZfA 93, 341 [359].
795 *LAG Hamm* 8. 12. 17 – 13 TaBV 72/17, juris.
796 ErfK-*Koch,* Rn. 23; *Fitting,* Rn. 239.
797 So auch GK-*Weber,* a. a. O. für die Maßnahmen nach Abs. 7.
798 Ständige Rspr. zuletzt *BAG* 17. 11. 21 – 7 ABR 27/20.
799 ErfK-*Koch,* Rn. 14; *Fitting,* Rn. 174; *GL,* Rn. 83; Richardi-*Thüsing,* Rn. 131; vgl. auch *BAG* 28. 4. 88, a. a. O.; *HessLAG* 29. 6. 95 – 12 TaBV 73/94, AiB 96, 246 mit Anm. *Kreuder* zur Teilnahme von zwei BR-Mitgliedern; GK-*Weber,* Rn. 240 m. w. N.; *Künzl,* ZfA 93, 341 [344, 350]; *Blank,* AiB 93, 483 [486 f.]; a. A. HWGNRH-*Glock,* Rn. 176 und 184ff.
800 *LAG Düsseldorf,* a. a. O.
801 *BAG* 6. 11. 73, 15. 5. 86, a. a. O.; *LAG Düsseldorf,* a. a. O.
802 *BAG* 10. 11. 93 – 7 AZR 682/92, AP Nr. 4 zu § 78 BetrVG 1972; *Fitting,* Rn. 175.

Möglichkeit für eine «kostenfreie anwaltliche Erstberatung« besteht, der Seminarpreis sich aber im marktüblichen Rahmen bewegt.[803]

Trotz des dem BR zustehenden Beurteilungsspielraums kommt es in der Praxis zwischen den Betriebsparteien häufig zu Streitigkeiten über die Teilnahme von BR-Mitgliedern an Schulungsmaßnahmen nach Abs. 6.[804] Um derartige Streitigkeiten zu vermeiden, sollten AG und BR unter Berücksichtigung der jeweiligen betrieblichen Gegebenheiten und Notwendigkeiten in einer BV konkretisierende und pauschalierende Regelungen über die Schulung von BR- und JAV-Mitgliedern festlegen. Dies kann in der Form geschehen, dass dem BR als Gremium ein gewisses **Kontingent von Schulungstagen** pro Amtszeit zur Verfügung gestellt wird.[805] Dabei handelt es sich aber um einen Ermessensrahmen; bei konkreten betrieblichen Notwendigkeiten kann die vorgesehene Zahl von Tagen oder Wochen überschritten werden.[806] 155

8. Unterrichtungs- und Einspruchsrecht des Arbeitgebers

Der BR ist verpflichtet, dem AG die **Teilnahme** des betreffenden BR-Mitglieds und die zeitliche Lage der Schulungsveranstaltung **rechtzeitig bekannt zu geben.**[807] Dies gilt auch für die Teilnahme freigestellter BR-Mitglieder.[808] Einer gesonderten Freistellungserklärung des AG für die Teilnahme bedarf es nach einem Beschluss des BR nicht. Deshalb soll eine Durchsetzung der Freistellung im Wege der einstweiligen Verfügung nicht möglich sein.[809] Die Information ist so rechtzeitig zu geben, dass sich der AG auf die Abwesenheit des BR-Mitglieds einstellen und aus seiner Sicht prüfen kann, ob die Voraussetzungen für die Gewährung einer bezahlten Freistellung vorliegen. Ggf. soll noch die Möglichkeit bestehen, die ESt. anzurufen.[810] Darüber hinaus sind nur solche Angaben zu machen, an denen der AG ein berechtigtes Interesse hat, wie Zeit, Dauer, Ort und Themenplan der Veranstaltung, da sich keine weitere Verpflichtung des BR aus dem Gesetzeswortlaut ergibt.[811] Zweckmäßigerweise sollte der BR dem AG jedoch ferner mitteilen, aus welchen Gründen er die Teilnahme der betreffenden BR-Mitglieder für erforderlich hält.[812] Ist die Information des AG erfolgt, bedarf es darüber hinaus keiner Abmeldung beim zuständigen Vorgesetzten.[813] Dessen Information ist jedoch mit Blick auf die Grundsätze vertrauensvoller Zusammenarbeit angeraten. 156

Unterrichtet der BR den AG nicht oder nicht rechtzeitig über den Entsendungsbeschluss und nehmen die BR-Mitglieder an der Schulungsveranstaltung teil, behalten sie ihren Anspruch auf Fortzahlung des Arbeitsentgelts, sofern die Voraussetzungen des Abs. 6 vorliegen.[814] Die vorherige Unterrichtung des AG ist **keine zusätzliche anspruchsbegründende Voraussetzung.**[815] Die unterlassene oder nicht rechtzeitige Unterrichtung kann jedoch im Wiederholungsfall eine grobe Amtspflichtverletzung des BR i. S. d. § 23 Abs. 1 darstellen.[816] 157

---

803 *BAG* 17.11.21 – 7 ABR 27/20; zutreffend kritisch zum Umfang von Beigaben *Wolmerath*, jurisPR-ArbR 19/2022 Anm. 7.

804 Zu Handlungsmöglichkeiten *Fischer*, AiB 05, 88ff.

805 *Däubler, Schulungsanspruch*, S. 75, 108; *Fitting*, Rn. 176; GK-*Weber*, Rn. 241; *Künzl*, ZfA 93, 341 [353].

806 Ebenso *Fitting*, Rn. 177, *Künzl*, ZfA 93, 353.

807 Vgl. *LAG Niedersachsen* 14.8.87, AiB 88, 284, Ls., das die Mitteilung zweieinhalb Wochen vor Beginn der Schulungsmaßnahme als ausreichend ansieht; ebenso ErfK-*Koch*, Rn. 23; *Schneider*, AiB 98, 369, 372; HWGNRH-*Glock*, Rn. 192; *Fitting*, Rn. 240, die von zwei bis drei Wochen ausgehen.

808 *BAG* 21.7.78, AP Nr. 4 zu § 38 BetrVG 1972.

809 *LAG Hamm* 30.5.08 – 10 TaBV 129/07, juris; 21.5.08 – 10 TaBVGa 7/08, juris.

810 *BAG* 18.3.77, AP Nr. 27 zu § 37 BetrVG 1972].

811 Vgl. ErfK-*Koch*, Rn. 23; *Fitting*, Rn. 241; *Teichmüller*, S. 12f.

812 *Fitting*, a.a.O.; *Künzl*, a.a.O. [359 f.]; weitergehend *GL*, Rn. 86; Richardi-*Thüsing*, Rn. 141, der den Nachweis der Erforderlichkeit stets für notwendig hält; vgl. auch HWGNRH-*Glock*, Rn. 193.

813 *Peter*, AiB 06, 284 [287].

814 *LAG Baden-Württemberg* 17.12.87, AiB 88, 282; ErfK-*Koch*, Rn. 23; *Fitting*, Rn. 242; GK-*Weber*, Rn. 316; a. A. HWGNRH-*Glock*, Rn. 194; Richardi-*Thüsing*, Rn. 143.

815 *Fitting*, a.a.O. m.w.N.

816 ErfK-*Koch*, Rn. 23; *Fitting*, a.a.O.; GK-*Weber*, a.a.O.; Richardi-*Thüsing*, Rn. 142; *Künzl*, ZfA 93, 341 [360].

158 Hält der AG die **betrieblichen Notwendigkeiten** bei dem Entsendungsbeschluss für nicht oder nicht ausreichend berücksichtigt, kann er zur Klärung dieser Frage die ESt. anrufen, die gemäß § 76 Abs. 5 entscheidet.[817] Dies gilt nicht bei freigestellten BR-Mitgliedern, da bei diesen grundsätzlich die Frage der Nichtberücksichtigung betrieblicher Notwendigkeiten nicht auftreten kann. Der BR bzw. das BR-Mitglied ist nicht verpflichtet, ggf. im Wege der einstweiligen Verfügung eine vorherige Klärung herbeizuführen,[818] da sich das BR-Mitglied selbst von der betrieblichen Arbeitspflicht befreien kann.[819] Ruft der AG die ESt. nicht an, bleibt es beim Beschluss des BR.[820] Die ESt. hat nur über die Frage zu befinden, ob die betrieblichen Notwendigkeiten berücksichtigt worden sind.[821] Der Spruch der ESt. ist gerichtlich überprüfbar. Ist der AG der Auffassung, dass in der Schulungsveranstaltung nicht überwiegend oder keine für die BR-Arbeit **erforderlichen** Kenntnisse vermittelt werden, obliegt die Entscheidung dieser Frage nicht der ESt., sondern dem ArbG; allerdings ist das freiwillige ESt.-Verfahren nach § 76 Abs. 6 möglich. Die **gerichtliche Klärung** kann ggf. auch **durch den BR** herbeigeführt werden (vgl. im Übrigen Rn. 193ff.).

159 Das Gesetz selbst sieht keine **Frist** vor, innerhalb deren der AG seine Bedenken gegen die mangelnde Berücksichtigung der **betrieblichen Notwendigkeiten** durch die Anrufung der ESt. geltend machen muss. Unter der Voraussetzung, dass der BR seinerseits die Teilnahme an einer Schulungsveranstaltung angemessene Zeit vorher mitgeteilt hat, ist der AG verpflichtet, unverzüglich, in entsprechender Anwendung des § 38 Abs. 2 Satz 4 jedoch spätestens innerhalb von **zwei Wochen** nach Erhalt der Mitteilung durch den BR die ESt. anzurufen.[822] Andernfalls ist davon auszugehen, dass der AG gegen die beabsichtigte Teilnahme der BR-Mitglieder **keine Bedenken** erhebt.[823]

160 Hält die ESt. die betrieblichen Notwendigkeiten nicht für ausreichend berücksichtigt, kann sie sich nicht damit begnügen, den Beschluss des BR lediglich aufzuheben, sie hat vielmehr selbst einen oder mehrere geeignete Zeitpunkte für die Teilnahme an der Schulung festzusetzen.[824] Die rechtzeitige Anrufung der ESt. soll **aufschiebende Wirkung** haben, da, wie beispielsweise auch im Regelungsbereich des § 87, dem Spruch der ESt. nicht durch einseitige Maßnahmen vorgegriffen werden darf.[825] In besonderen Ausnahmefällen, z. B. wenn der BR nicht früher einen Beschluss fassen oder die ESt. nicht rechtzeitig zusammentreten konnte, wird der BR jedoch die Erlaubnis zur Teilnahme durch eine **einstweilige Verfügung des ArbG** erwirken können.[826] Die arbeitsgerichtliche Entscheidung schließt arbeitsrechtliche Konsequenzen[827]

---

817 Textmuster vgl. DKWF-*Wedde*, § 37 Rn. 49.
818 *ArbG Hamburg* 22.3.84, AiB 85, 48.
819 *LAG Düsseldorf* 15.10.92 – 12 [13] Sa 1035/92, BB 93, 581, Ls.
820 *Däubler, Schulungsanspruch, S.* 23ff.
821 *Fitting*, Rn. 243; GK-*Weber*, Rn. 301; HWGNRH-*Glock*, Rn. 198f.
822 *Däubler, Schulungsanspruch, S.* 117; ErfK-*Koch*, Rn. 24; *Fitting*, Rn. 244; vgl. auch *LAG Niedersachsen* 14.8.87, AiB 88, 284, Ls.; *ArbG Dortmund* 7.9.01 – 2 BFGa 16/01, AiB 01, 728 mit Anm. *Teuber* hält eine Frist von einem Monat für nicht mehr angemessen; enger Richardi-*Thüsing*, Rn. 147, der die unverzügliche Anrufung verlangt; a. A. GK-*Weber*, Rn. 302; HWGNRH-*Glock*, Rn. 201, die nach dem Gebot der vertrauensvollen Zusammenarbeit auf eine angemessene Zeit abstellen, so dass der BR noch umdisponieren kann.
823 Im Ergebnis auch *BAG* 18.3.77, AP Nr. 27 zu § 37 BetrVG 1972; *ArbG Hanau* 7.8.97, AiB 98, 699, das dem AG bei fehlender Anrufung der ESt. den Einwand verwehrt, betriebliche Notwendigkeiten seien nicht ausreichend berücksichtigt worden; *Däubler, Schulungsanspruch, S.* 120; *Fitting*, Rn. 245; Richardi-*Thüsing*, Rn. 147; GK-*Weber*, Rn. 303; a. A. *BAG* 24.5.95 – 7 ABR 54/94, AP Nr. 109, das im Schweigen des AG keine Zustimmung sieht.
824 ErfK-*Koch*, Rn. 24.; *Fitting*, Rn. 246; GK-*Weber*, Rn. 306; Richardi-*Thüsing*, Rn. 148.
825 So auch *BAG*, a. a. O.; ähnlich *ArbG Dortmund* 7.9.01 – 2 BGBa 16/01, AiB 01, 728 mit Anm. *Teuber;* im Ergebnis ebenso ErfK-*Koch*, Rn. 24; vgl. auch *Däubler, Schulungsanspruch, S.* 119; *LAG Baden-Württemberg* 17.12.87, AiB 88, 282.
826 Vgl. *HessLAG* 19.8.04 – TaBVGa 114/04, dbr 05, Nr. 4, 35 mit Anm. *Messerschmidt* für die Zulässigkeit einer auf Freistellung eines BR-Mitgliedes gerichtete einstweiligen Verfügung; ähnlich *ArbG Ulm* 12.1.05 – 7 BVGa 1/05; a. A. hierzu *LAG Hamm* 21.5.08 – 10 TaBVGa 7/08; HWGNRH-*Glock*, Rn. 203; *LAG Köln* 20.11.03 – 5 TaBV 69/03, DB 04, 551; *ArbG Darmstadt* 24.9.01 – 3 BVGa 47/01, AiB 02, 306 mit Anm. *Mansholt*, das auch eine Verpflichtung zur Vorschusszahlung für zulässig hält; sowie im Übrigen Rn. 160ff.
827 Vgl. *BAG* 10.11.93 – 7 AZR 682/92, DB 94, 2554.

und weitere Rechtsstreitigkeiten wegen der Erforderlichkeit der Schulungsmaßnahme, aber nicht wegen der Höhe der Kosten, aus (vgl. ergänzend Rn. 32).

Bestehen zwischen AG und BR sowie dem einzelnen BR-Mitglied **Meinungsverschiedenheiten über die Erforderlichkeit** einer Schulungsmaßnahme, ist für die Klärung dieser Rechtsfrage das ArbG zuständig. Das arbeitsgerichtliche Beschlussverfahren (ggf. ein Verfahren auf Erlass einer einstweiligen Verfügung) kann sowohl durch den AG als auch durch den BR oder durch das einzelne BR-Mitglied eingeleitet werden.[828] Wenn der AG ein arbeitsgerichtliches Beschlussverfahren eingeleitet hat, hat dieser Umstand für sich allein nicht die Folge, dass das BR-Mitglied den Besuch der Schulungsveranstaltung zurückstellen muss.[829] Dies gilt erst recht, wenn der BR vor Beginn der Maßnahme einen obsiegenden, aber noch nicht rechtskräftigen Beschluss des ArbG erwirkt hat.[830] 161

Die BR-Mitglieder benötigen, sofern ein ordnungsgemäßer und dem AG rechtzeitig mitgeteilter Beschluss des BR vorliegt, **keine Erlaubnis bzw. Zustimmung** des AG für die Teilnahme an der Schulungsmaßnahme.[831] Dieses ergibt sich für den Fall, dass der AG die Erforderlichkeit der Schulungsmaßnahme bestreitet, daraus, dass Abs. 6, was die Frage der Arbeitsbefreiung anbelangt, auf Abs. 2 Bezug nimmt.[832] Über die Mitteilung des BR-Beschlusses hinaus bedarf es keiner zusätzlichen Abmeldung.[833] Etwas anderes kann gelten, wenn der AG der Teilnahme eines BR-Mitglieds an einer Schulungsveranstaltung ausdrücklich widerspricht und deshalb möglicherweise von einer Nichtteilnahme ausgeht.[834] Will der AG die Teilnahme des BR-Mitglieds verhindern, muss er ggf. mit einer einstweiligen Verfügung beim ArbG initiativ werden.[835] 162

9. Entgeltfortzahlung und Freizeitausgleich

Erfolgt die Teilnahme betriebsbedingt außerhalb der persönlichen Arbeitszeit von BR-Mitgliedern, besteht nach Abs. 6 nunmehr ein Anspruch auf **Arbeitsbefreiung unter Fortzahlung des Arbeitsentgelts** (vgl. zu Einzelfragen die Kommentierung zu Abs. 3, insbes. Rn. 67). Dieser ist allerdings nach dem eindeutigen Wortlaut des Abs. 6 Satz 2, 2. Halbs. unter Einbeziehung der Arbeitsbefreiung nach Abs. 2 pro Schulungstag begrenzt auf die Arbeitszeit eines vollzeitbeschäftigten AN.[836] Maßgeblich ist die am Schulungstag zu erbringende Arbeitszeit. Bei Gleitzeit und anderen flexiblen Arbeitszeitmodellen ist eine an der Vergangenheit orientierte Prognose vorzunehmen. Gleiches gilt bei der Vereinbarung von sog. »Vertrauensarbeitszeit«. Der Ausgleichsanspruch wird nach dem Gesetzeswortlaut nicht durch jede Teilnahme an einer Schulungsteilnahme ausgelöst, sondern nur durch solche Maßnahmen, die aufgrund von Besonderheiten der betrieblichen Arbeitszeitgestaltung außerhalb der persönlichen Arbeitszeit stattfinden. Maßgeblich kann sowohl die Lage der Arbeitszeit als auch deren Umfang sein.[837] 163

Das Arbeitsentgelt ist gem. dem Entgelt- bzw. **Lohnausfallprinzip** einschließlich aller Zuschläge und Zulagen zu zahlen.[838] **Vermögenswirksame Leistungen** sind weiter zu gewähren, 164

828 *Däubler, Schulungsanspruch,* S. 123; ErfK-*Koch,* Rn. 24; *Fitting,* Rn. 251 f.; im Ergebnis ebenso Richardi-*Thüsing,* Rn. 212; GK-*Weber,* Rn. 306 sieht kein Bedürfnis für eine Freistellung durch einstweilige Verfügung, wenn in einem längeren Zeitraum mehrere Schulungsmaßnahmen zur Wahl stehen und die Teilnahme an der vorgesehenen Veranstaltung nicht gerade dringend erforderlich ist.

829 *LAG Hamm* 17.9.10 – 10 TaBV 26/10, juris; 24.10.74, DB 74, 2486; *Fitting,* Rn. 251; Richardi-*Thüsing,* Rn. 150; *Däubler,* Schulungsanspruch, S. 122; *Künzl,* ZfA 93, 341 [362]; a. A. offenbar HWGNRH-*Glock,* a. a. O.

830 *BAG* 6.5.75, AP Nr. 5 zu § 65 BetrVG 1972.

831 *LAG Baden-Württemberg* 17.12.87, AiB 88, 282; *LAG Düsseldorf* 15.10.92 – 12 [13] Sa 1035/92, BB 93, 581, Ls.; vgl. auch *BAG* 30.1.73, AP Nr. 3 zu § 40 BetrVG 1972.

832 *LAG Hamm* 24.10.74, DB 74, 2486; vgl. auch *BAG* 6.5.75, AP Nr. 5 zu § 65 BetrVG 1972; vgl. insoweit Rn. 10ff.; a. A. GK-*Weber,* Rn. 324 f.; HWGNRH-*Glock,* Rn. 195, die darauf verweisen, dass die Freistellung grundsätzlich vom AG zu gewähren ist.

833 Vgl. *BAG* 27.6.90 – 7 AZR 348/89, juris.

834 Vgl. *LAG Baden-Württemberg,* a. a. O.

835 *LAG Baden-Württemberg,* a. a. O.; *LAG Düsseldorf,* a. a. O.; vgl. im Übrigen Rn. 143 f., 175 ff.

836 *Fitting,* Rn. 193; GK-*Weber,* Rn. 172.

837 *Fitting,* Rn. 188.

838 *Däubler, Schulungsanspruch,* S. 77 ff.; ErfK-*Koch,* Rn. 18; *Fitting,* Rn. 183; GK-*Weber,* Rn. 242; *Schneider,* AiB 03, 344; vgl. im Einzelnen Rn. 64.

auch wenn eine tarifliche Regelung hierfür auf die tatsächliche Arbeitsleistung abstellt.[839] Die Teilnahme an einer Schulungsveranstaltung darf nicht zu einer Minderung der Jahressonderzahlung führen und stellt keine Fehlzeit i. S. einer Anwesenheitsprämienregelung dar.[840] Da die Teilnahme an Schulungsmaßnahmen der BR-Tätigkeit gleichzustellen ist,[841] besteht nach Abs. 6 Satz 2 ein Anspruch auf Freizeitausgleich. Der Ausgleichsanspruch wird auf die Arbeitszeit und die hieraus resultierenden Ausgleichsansprüche eines vollzeitbeschäftigten AN begrenzt sein (vgl. auch Rn. 168). Hätte das BR-Mitglied auf Grund des »**Schichtplans**« während der Reisezeit arbeiten müssen, sind ihm auch sämtliche Zuschläge und Zulagen zu vergüten.[842]

165 Aus den gleichen Gründen hat auch ein BR-Mitglied, das während eines **Streiks**[843] oder einer **Kurzarbeitsperiode** bzw. – im Baugewerbe – an **Schlechtwettertagen** an einer Schulungsmaßnahme teilnimmt, Anspruch auf Bezahlung der Zeit, die es für die Schulungsmaßnahme aufwendet.[844] Nach abzulehnender Rspr. soll der Anspruch entfallen, wenn der AG aussperrt oder den Betrieb während eines Streiks vorübergehend schließt.[845] Nach Auffassung des *BAG* ist die Teilnahme an einer Schulungsmaßnahme (BR-Sitzung u. Ä.) auch keine Unterbrechung der völlig **ruhenden Arbeit** i. S. d. § 6 Nr. 13 des TV für Poliere und Schachtmeister.[846]

166 **Teilzeitbeschäftigte BR-Mitglieder** haben in demselben Umfang Anspruch auf Schulungen wie vollzeitbeschäftigte.[847] Da Art. 142 EG-Vertrag und die Lohngleichstellungsrichtlinie 75/117/EWG vom 10.2.75 die Gleichstellung von voll- und teilzeitbeschäftigten BR-Mitgliedern hinsichtlich der Vergütung für Schulungsveranstaltungen gemäß Abs. 6 aufgewandter Arbeitszeit gebieten,[848] steht ihnen gem. Abs. 6 Satz 2 für Veranstaltungen, die zeitlich über die Dauer ihrer persönlichen Arbeitszeit hinausgehen, in Anwendung des Abs. 3 eine entsprechende **Arbeitsbefreiung** unter **Fortzahlung des Entgelts** als Ausgleich für die Einkommenseinbuße zu, die durch die Teilnahme entsteht. BR-Mitglieder müssen sich Arbeitsbefreiungen gem. Abs. 2 auf den Ausgleichsanspruch gem. Abs. 6 Satz 2 anrechnen lassen.[849] Durch diese sich unmittelbar aus § 37 ableitende Konsequenz soll die Gleichbehandlung voll- und teilzeitbeschäftigter BR-Mitglieder gewährleistet werden. Es ist insoweit nicht angebracht, von teilzeitbeschäftigten BR-Mitgliedern ein größeres Freizeitopfer zu fordern als von vollzeitbeschäftigten Mitgliedern.[850] Auch Wege- und Reisezeiten sind entsprechend auszugleichen (vgl. Rn. 71 ff.).[851]

167 **Begrenzt** wird der Ausgleichsanspruch von BR-Mitgliedern im Zusammenhang mit Schulungs- und Bildungsveranstaltungen (anders als der allgemeine Anspruch gem. Abs. 3, der

---

839 *LAG Düsseldorf* 9.4.74, DB 74, 1966.

840 *ArbG Ludwigshafen* 22.4.74, AuR 74, 349, Ls.; *Künzl*, ZfA 93, 341 [368].

841 *BAG* 29.1.74, AP Nr. 5 zu § 40 BetrVG 1972.

842 So *ArbG Augsburg* 24.1.90 – 3 Ca 1800/89 hinsichtlich der Lohnausfallstunden für Sonntagsarbeit einschließlich der tarifvertraglichen Zuschläge; vgl. auch *BAG* 13.7.94 – 7 ABR 50/93, NZA 95, 588 = AiB 94, 688 zur tariflichen Antrittsgebühr für Sonntagsarbeit; *Künzl*, ZfA 93, 346 [368]; vgl. ergänzend Rn. 48.

843 *BAG* 15.1.91 – 1 AZR 178/90, DB 91, 1465, auch für den Fall, dass sich das BR-Mitglied ohne die Schulung an dem Streik beteiligt hätte; a. A. HWGNRH-*Glock*, Rn. 213, der den Anspruch nur bei Nichtteilnahme sieht.

844 *Görg*, AiB 81, 124; a. A. *BAG* 23.4.74, 31.7.86, AP Nrn. 11, 55 zu § 37 BetrVG 1972; *LAG Hamm* 2.12.92 – 3 Sa 1305/92; vgl. ferner Rn. 50.

845 *BAG* 22.3.94 – 1 AZR 622/93, NZA 94, 1997 = AiB 95, 134 mit Anm. *Meyer;* ebenso HWGNRH-*Glock*, Rn. 213; vgl. auch *Fitting*, Rn. 184; *Däubler, Schulungsanspruch, S.* 81.

846 *BAG* 30.8.89, AP Nr. 116 zu § 1 TVG Tarifverträge: Bau.

847 BT-Drucks. 14/5741, S. 40 f.; im Grundsatz ebenso GK-*Weber*, Rn. 192; *Horstkötter*, AiB 02, 38.

848 *LAG Berlin* 5.8.92 – 8 Sa 64/90; vgl. auch *EuGH* 4.6.92, AP Nr. 39 zu Art. 117 EWG-Vertrag; 6.2.96, NZA 96, 319 = AiB 96, 375 mit Anm. *Nielebock* = AP Nr. 72 zu Art. 119 EWG-Vertrag [allerdings mit Jahresangabe 1995]; vgl. auch 7.3.96, NZA 96, 430; ähnlich ErfK-*Koch*, Rn. 18; *BAG* 5.3.97 – 7 AZR 581/92, BB 97, 2218 = AuR 97, 165, Ls., verneint einen Freizeitausgleich.

849 Ebenso *Löwisch*, BB 01, 1734 [1742]; GK-*Weber*, Rn. 245; HWGNRH-*Glock*, Rn. 207 ff.

850 Amtliche Begründung zu § 37 Abs. 6, BT-Drucks. 14/5741, S. 40 f. zu Nr. 29b; das *LAG Baden-Württemberg* 29.1.04 – 21 Sa 104/03, EzA-SD 04, Nr. 18, 13 hält bei Teilzeitbeschäftigten auch Essens- und Erholungspausen in der Größenordnung von bis zu einer Stunde pro Tag für ausgleichspflichtig nach § 37 Abs. 3.

851 A.A. *Sächsisches LAG* 21.3.22 – 2 Sa 77/21, das eine Ausgleichspflicht auf das Volumen eines üblichen Arbeitstags begrenzt.

keine entsprechende Beschränkung enthält, vgl. hierzu Rn. 67) nach dem Gesetzeswortlaut des Abs. 6 Satz 2 Hlbs. 2 durch die **Arbeitszeit eines vollzeitbeschäftigten AN.**[852] Dies gilt auch, wenn bei einem AG überwiegend Teilzeitbeschäftigte tätig sind.[853] Hierdurch soll insbesondere vermieden werden, dass ein teilzeitbeschäftigtes BR-Mitglied besser gestellt wird als ein vollzeitbeschäftigtes. In Teilzeit tätige BR-Mitglieder haben einen Anspruch auf den Ausgleich anfallender Pausenzeiten.[854] Dies stellt keine Besserstellung gegenüber Vollzeit-AN dar, da deren Anspruch pauschal auf einen Arbeitstag pro Schulungstag begrenzt ist.

Ein entsprechendes Besserstellungsverbot leitet sich aus dem Wortlaut der Norm auch für **vollzeitbeschäftigte BR-Mitglieder** ab. Ein über die Vollarbeitszeit hinausgehender Ausgleichsanspruch soll beispielsweise nicht bestehen, wenn eine Schulung länger als die betriebliche Arbeitszeit dauert oder wenn ein BR-Mitglied an einem im Betrieb arbeitsfreien Samstag an einer Schulung teilnimmt.[855] Nach der Rspr. soll es allein auf die für BR-Mitglieder maßgebliche Arbeitszeit ankommen und nicht auf die durchschnittliche tägliche Arbeitszeit.[856] Dies soll für Teilzeitkräfte zur Folge haben, dass dann kein Ausgleichsanspruch entsteht, wenn etwa Reisezeiten auch außerhalb der Arbeitszeit von Vollzeitkräften lagen.[857] Bezugsgruppe für eine Prüfung sollen Beschäftigte sein, die in der Abteilung bzw. im Bereich des jeweiligen BR-Mitgliedes tätig sind.[858] Gibt es keine **vergleichbaren Vollzeit-AN,** soll nach Auffassung des BAG fingiert werden, in welchem Rahmen eine Vollzeittätigkeit erfolgen würde. Ist dies nicht möglich, soll auf die Arbeitszeit von Vollzeit-AN in vergleichbaren Bereichen oder mit vergleichbaren Aufgaben abgestellt werden. Lässt sich auch dieser Vergleich nicht realisieren, soll die Arbeitszeit in Anlehnung an § 2 Abs. 1 Satz 4 TzBfG nach einem einschlägigen TV oder nach der Branchenüblichkeit bestimmt werden.[859] 168

Damit bleibt es bei der unbefriedigenden Situation, dass BR-Mitglieder in bestimmten Fällen für die für ihre Tätigkeit aufgewandte Zeit keinen Ausgleich erhalten, selbst wenn sie entsprechende Zeitabläufe (etwa Vorgaben eines Veranstalters) erforderlicher Schulungen nicht selbst beeinflussen oder steuern können (insbesondere auch bei **flexiblen Arbeitszeit-Systemen**).[860] 169

Während der Zeit der Teilnahme an einer Schulungsmaßnahme unterliegen die BR-Mitglieder dem gesetzlichen **Unfallversicherungsschutz** nach §§ 2ff. SGB VIII, das Gleiche gilt während der An- und Abreise zu bzw. von einer Schulungsveranstaltung.[861] Zur Frage der Erstattung der dem BR-Mitglied durch die Teilnahme an Schulungsveranstaltungen nach Abs. 6 entstehenden **Kosten** vgl. § 40 Rn. 63ff. 170

VII. Schulungs- und Bildungsveranstaltungen nach Abs. 7

1. Geeignete Schulungsveranstaltungen

Im Gegensatz zum Anspruch auf Teilnahme an Schulungs- oder Bildungsveranstaltungen nach Abs. 6 handelt es sich bei Abs. 7 um einen **Individualanspruch** des einzelnen BR-Mitglieds, 171

852 Vgl. *BAG* 16.2.05 – 7 AZR 330/04, AuR 05, 108 = DB 05, 1858, das einen Ausgleichsanspruch für den Fall verneint, dass während der Dauer der Bildungsveranstaltung (hier: an einem Freitagnachmittag) kein Vollzeitbeschäftigter AN mehr im Betrieb tätig war; ebenso *LAG Baden-Württemberg* 27.9.06 – 20 Sa 88/06, das nach Aufhebung des ersten Urteils durch das *BAG* erneut über den Sachverhalt zu entscheiden hatte.

853 *LAG Niedersachsen* 12.9.08 – 12 Sa 903/08.

854 BAG, a.a.O.; *Fitting*, Rn. 193c.

855 Vgl. BT-Drucks. 14/5741, S. 41; *Fitting*, Rn. 192; GK-*Weber*, Rn. 246.

856 *BAG* 10.11.04, DB 05, 1175; *Fitting*, Rn. 193a.

857 *BAG*, a.a.O.; Richardi-*Thüsing*, Rn. 156; zur substantiierten Darlegung von Reisezeiten *LAG Köln* 18.1.13 – 10 Sa 723/12, juris.

858 BAG, a.a.O. sowie 16.2.05 – 7 AZR 330/04, AuR 05, 108; *Fitting*, Rn. 193b.

859 *BAG* 16.2.05, a.a.O.; ebenso *Fitting*, Rn. 193c.

860 Vgl. GK-*Weber*, Rn. 250.

861 *Fitting*, Rn. 186; Richardi-*Thüsing*, Rn. 157; vgl. auch Rn. 8f.

ohne Rücksicht auf seinen konkreten Wissensstand.[862] Der Anspruch steht Voll- wie Teilzeitbeschäftigten gleichermaßen zu. Beide Ansprüche bestehen selbstständig und unabhängig voneinander.[863] Eine Anrechnung der Arbeitsbefreiung gem. Abs. 6 auf den Anspruch gem. Abs. 7 ist nicht zulässig. Ein BR-Mitglied kann nicht auf Abs. 7 verwiesen werden, wenn es Arbeitsbefreiung nach Abs. 6 für eine Schulungsveranstaltung verlangt, die auch nach Abs. 7 als geeignet anerkannt ist (vgl. Rn. 134). Die BR-Mitglieder müssen nicht erst die Schulungsmöglichkeiten nach Abs. 7 ausschöpfen, bevor sie einen Anspruch nach Abs. 6 geltend machen können.[864] Nehmen auch andere Personen teil, steht dies der Eignung einer Veranstaltung nicht entgegen.[865]

172 Während für die Arbeitsbefreiung zur Teilnahme an einer Schulungsmaßnahme nach Abs. 6 jeweils vom BR geprüft werden muss, ob Kenntnisse vermittelt werden, die er benötigt, um seine Aufgaben sachgemäß wahrnehmen zu können (vgl. Rn. 117ff.), ist eine solche **Prüfung für die Teilnahme an Schulungsmaßnahmen nach Abs. 7 entbehrlich.** Es reicht, wenn die betreffende Veranstaltung von der **zuständigen obersten Arbeitsbehörde** des Landes (vgl. Rn. 179ff.) als **geeignet anerkannt** ist. Ist diese Voraussetzung erfüllt, ist ein Bestreiten der Geeignetheit durch den AG unerheblich.[866] Auf die Rechtskraft der Anerkennung kommt es nicht an.[867]

173 Die mögliche **Thematik** der Schulungsmaßnahmen nach dieser Vorschrift ist weiter zu fassen als die nach Abs. 6. Auch die Vermittlung **allgemeinen Wissens** kann hierunter fallen.[868] Es ist anerkannt, dass die vermittelten Kenntnisse für die BR-Tätigkeit lediglich nützlich, d.h. förderlich sein müssen, ohne dass es darauf ankommt, dass die Kenntnisse für die konkrete Arbeit des BR auch benötigt werden.[869] Nach der zu engen Auffassung des *BAG*[870] soll die Schulung über rein gewerkschaftspolitische, historische oder allgemeinpolitische Themen ebenso wie die Vermittlung von Allgemeinwissen über staatsbürgerliche und ähnliche Fragen keinen genügenden Bezug zur BR-Tätigkeit haben.[871] Schulungsmaßnahmen nach Abs. 7 sind nach der Ansicht des *BAG* nicht dazu da, Rückstände an Allgemeinwissen von Mitgliedern der Betriebsverfassungsorgane abzubauen, allgemeine staatsbürgerliche Fortbildung zu vermitteln oder gar allgemein eine »intellektuelle Paritäts- oder Chancengleichheit« mit dem AG herzustellen.[872] Ungeeignet sollen auch Seminare mit dem Thema »Rhetorik und Persönlichkeitsbildung« sein.[873] Die vom *BAG* vorgenommene Ausklammerung insbesondere des staatsbürgerlichen Allgemeinwissens ist willkürlich und lässt unberücksichtigt, dass auch dieses Wissen für moderne Betriebsratsarbeit unumgänglich ist.[874]

---

862 *BAG* 28.8.96 – 7 AZR 840/95, NZA 97, 169 = AiB 97, 2 mit Anm. *Peter;* 6.11.73, 18.12.73, AP Nrn. 5, 7 zu § 37 BetrVG 1972; *Schneider,* AiB 03, 344f.; *Peter,* AiB 97, 223; bezüglich der Beschlussfassung vgl. Rn. 173; Musterschreiben bei DKWF-*Wedde,* § 37 Rn. 51.

863 GK-*Weber,* Rn. 223; *GL,* Rn. 114; *Kühner,* a.a.O.; vgl. auch Rn. 96.

864 *Fitting,* Rn. 229; a.A. HWGNRH-*Glock,* Rn. 238.

865 Richardi-*Thüsing,* Rn. 183.

866 *BAG* 11.8.93 – 7 ABR 52/92, AP Nr. 92 zu § 37 BetrVG 1972; *Fitting,* Rn. 224.

867 Vgl. *BAG* 11.10.95 – 7 ABR 42/94, NZA 96, 934 = AiB 97, 53 mit Anm. *Peter;* a.A. GK-*Weber,* Rn. 276.

868 *Däubler,* Schulungsanspruch, S. 133ff.; vgl. auch *WW,* Rn. 41; enger *Fitting,* Rn. 197ff., die sich zwar einerseits auch für einen weiten Zusammenhang der Themen zur BR-Arbeit aussprechen, andererseits aber darauf verweisen, dass die nach den Bildungsurlaubsgesetzen der Länder zulässigen Themen nicht ohne weiteres auch geeignete Themen nach Abs. 7 sein sollen; vgl. auch *BAG* 6.4.76 AP Nr. 23 zu § 37 BetrVG 1972; *Schiefer,* DB 91, 1453 und die dort aufgeführten Beispiele über die von den obersten Arbeitsbehörden bzw. Gerichten anerkannten bzw. nicht anerkannten Schulungsveranstaltungen; *Liebers,* DB 80, 638; a.A. GK-*Weber,* Rn. 265; HWGNRH-*Glock,* Rn. 220, 211; *Künzl,* ZfA 93, 341 [355].

869 *BAG* 6.11.73, 18.12.73, 6.4.76, AP Nrn. 5, 7, 23 zu § 37 BetrVG 1972, das allerdings auch für diese Schulungen einen betriebsverfassungsrechtlichen Bezug verlangt.

870 18.12.73, 6.4.76, a.a.O., 11.8.93 – 7 ABR 52/92, NZA 94, 57.

871 Ebenso ErfK-*Koch,* Rn. 22; GK-*Weber,* Rn. 266; HWGNRH-*Glock,* Rn. 222.

872 *BAG* 6.4.76, a.a.O.; enger GK-*Weber,* a.a.O.; wie hier *Däubler, Schulungsanspruch, S.* 134ff.

873 *BAG* 15.8.78 – 6 ABR 65/76.

874 A.A. *Künzl,* a.a.O.

Für die Anerkennung der **Geeignetheit** kommen nicht nur Schulungs- und Bildungsveranstaltungen in Betracht, die sozialversicherungsrechtliches, betriebs- und volkswirtschaftliches Wissen oder Kenntnisse des Versammlungswesens und der Redetechnik vermitteln. Vielmehr fallen auch Veranstaltungen mit Themen gewerkschaftspolitischer, gesellschaftspolitischer und staatsbürgerlicher Art darunter.[875] Entsprechendes gilt für Schulungen, die sich mit europäischen Themen, wie AN-Rechte, EG-Richtlinien im sozialpolitischen Bereich usw., befassen und ggf. im **Ausland** stattfinden,[876] soweit diese nicht sogar die Voraussetzungen der Erforderlichkeit erfüllen.[877] Die Eignung i. S. d. Abs. 7 ist stets zu bejahen, wenn die Voraussetzungen der Erforderlichkeit i. S. d. Abs. 6 vorliegen.[878] **174**

Als geeignet, soweit nicht sogar erforderlich i. S. d. Abs. 6, sind Schulungsveranstaltungen anzusehen, die Kenntnisse auf folgenden Sachgebieten vermitteln:[879] **175**

- **Mitbestimmungs- und Gesellschaftsrecht;**
- **verfassungsrechtliche Grundlagen** des Arbeitsrechts und seine Einbettung in das allgemeine Rechtssystem;
- **allgemeines Sozialrecht** und Sozialleistungsrecht, insbes. das Recht der Kranken-, Unfall- und Rentenversicherung;
- **wirtschaftliche** und **betriebswirtschaftliche Themen;**
- **internationale Zusammenarbeit** im Konzern;
- **EG-Recht,** soweit für BR relevant;
- **Richtlinie zu EBR,** Rechte der betrieblichen Interessenvertretung und der Gewerkschaften in Europa;[880]
- **Arbeitnehmerrechte in Europa,** EG-Richtlinien im sozialpolitischen Bereich wie Gesundheitsschutz, Bildschirmarbeit;
- Fragen des **Arbeitsschutzes** (insbesondere § 80 Abs. 1 Nr. 9 und § 89), der **Arbeitswissenschaften** und der **Arbeitsbewertung;**
- **Fragen des betrieblichen Umweltschutzes;**[881]
- Fragen des **Arbeitsmarktes** und andere Bereiche, die im Zusammenhang mit der **Arbeitslosigkeit oder Kurzarbeit** von Bedeutung sein können;
- **Versammlungstechnik und -leitung** sowie **Diskussions- und Verhandlungstechnik;**[882] vgl. Rn. 131;
- Schulung über die **Geschichte der deutschen Arbeiterbewegung;**[883]
- **Sozialleistungsrecht;**
- **Stellung der Frauen** und der **Ausländer** in Gesellschaft und Beruf;
- **Vermögensbildung** der AN;
- **internationale Zusammenarbeit** in Konzernunternehmen;
- Auswirkungen der Tätigkeit der **Europäischen Union** auf das nationale Arbeits- und Wirtschaftsrecht, insbesondere bezüglich einschlägiger Harmonisierungsrichtlinien und Verordnungen;
- **EBR** und Themen **nationaler Interessenvertretung** der AN in den EU-Staaten.

Für den Bereich der **privatisierten Postunternehmen** sind wegen der fortbestehenden starken Bezüge zum öffentlichen Recht die nach § 46 Abs. 7 BPersVG von der Bundeszentrale für

---

875 *Däubler, Schulungsanspruch,* S. 135 ff.; vgl. auch *WW,* Rn. 41; *Fitting,* Rn. 197 f.; a. A. GK-*Weber,* Rn. 268 m. w. N.; Richardi-*Thüsing,* Rn. 165.

876 *ArbG Stuttgart* 4.4.95 – 16 BV 258/94.

877 Vgl. *ArbG Lüneburg* 12.11.93 – 1 Ca 777/93, das die Maßnahme zutreffend als erforderlich nach Abs. 6 angesehen hat; hierzu auch Rn. 20 f., 139 ff.

878 *BAG* 6.11.73, AP Nr. 5 zu § 37 BetrVG 1972; GK-*Weber,* Rn. 267 m. w. N.; a. A. offenbar HWGNRH-*Glock,* Rn. 224 f.

879 Vgl. ErfK-*Koch,* Rn. 22; *Fitting,* Rn. 199 ff.; GK-*Weber,* Rn. 267; *Peter,* AiB 97, 223, 225.

880 Vgl. *ArbG Stuttgart* 4.4.95 – 16 BV 258/94; vgl. auch Rn. 107 a ff.

881 Insbesondere § 80 Abs. 1 Nr. 9 und § 89, vgl. auch *BAG* 11.10.95 – 7 ABR 42/94, NZA 96, 934 = AiB 97, 53 mit Anm. *Peter.*

882 Vgl. *BAG* 6.11.73, AP Nr. 6 zu § 37 BetrVG 1972 mit Anm. *Wiese;* a. A. zu einem Seminar über Rhetorik allerdings *BAG* 15.8.78 – 6 ABR 65/76, offen gelassen 20.10.93 – 7 ABR 14/93, AP Nr. 91 zu § 37 BetrVG 1972.

883 *LAG Rheinland-Pfalz* 24.7.90 – 3 Sa 276/90; BetrR 91, 215; a. A. *Schiefer,* DB 91, 1453 [1455].

politische Bildung als geeignet anerkannten Schulungsthemen im Sinne von Abs. 7 anzusehen.[884]

176 Schulungsveranstaltungen, die teils geeignete und teils nicht geeignete Themen vorsehen, verlieren nicht ihren Charakter als Maßnahme i. S. d. Vorschrift, wenn **überwiegend geeignete Themen** behandelt werden. Auf ein irgendwie geartetes Gepräge kommt es nicht an.[885] Bei überwiegender Geeignetheit hat die oberste Arbeitsbehörde des Landes somit die Schulungsmaßnahme nach Abs. 7 anzuerkennen.

177 Für die Anerkennung von Schulungsveranstaltungen kommt es **nicht auf die Geeignetheit des Trägers der Veranstaltung** oder der Bildungseinrichtung an, **sondern** auf **das jeweilige Seminar,** die Arbeitstagung oder den Lehrgang. Diese müssen ihrem Inhalt, d. h. ihrem Programm (einschließlich Referenten) und dessen Durchführung nach, geeignet sein.[886] Das bedeutet aber nicht, dass jede Einzelheit der Veranstaltung unabänderlich festliegt, z. B. Referenten, Ort und Zeitpunkt. Aus Gründen der Praktikabilität muss dem Veranstalter eine gewisse Beweglichkeit in der Durchführung der Veranstaltung und in der Auswahl der Referenten belassen werden.[887] Bei der Frage der Eignung ist die Person des Veranstalters mit zu berücksichtigen. Denn die Frage, ob eine Schulungsveranstaltung geeignet ist, lässt sich nicht losgelöst von der Frage beurteilen, wer die Veranstaltung durchführt.[888] Als Träger kommen vor allem **Gewerkschaften** in Betracht.[889]

178 Die Anerkennung bezieht sich in erster Linie auf einen bestimmten **Lehrgangstyp** und dessen Inhalt. Es kommt jedoch auch die Anerkennung von **Einzelveranstaltungen** in Betracht. Eine Wiederholung anerkannter Lehrgänge mit demselben Lehrpersonal ist ohne erneute Genehmigung zulässig.[890] Kein entscheidendes Kriterium ist die **Dauer der Schulungsveranstaltung.** Es kann sich daher, wie bei Veranstaltungen nach Abs. 6, um kurze oder längerfristige Veranstaltungen handeln.[891]

2. Anerkennungsverfahren

179 Die Anerkennung einer Schulungsveranstaltung erfordert einen **Antrag des Schulungsträgers,** der nach dem Gesetz zwar keiner Form bedarf, aber in der Praxis schriftlich zu stellen ist.[892] Er sollte folgende **Angaben** enthalten: Träger der Veranstaltung, Angabe von Zeit und Ort der Veranstaltung, nähere Beschreibung des Programms nach Inhalt und zeitlichem Ablauf, Teilnehmerkreis und die in Aussicht genommenen Lehrkräfte.[893] Eine **Frist** für die Antragstellung ist gesetzlich nicht vorgeschrieben. Die Grundsätze zur vorläufigen Regelung des Anerkennungsverfahrens, wie sie zwischen den zuständigen obersten Arbeitsbehörden der Länder und dem BMWA abgesprochen sind, verlangen aber, dass der Antrag in schriftlicher Form unter Beifügung der für die Anerkennung erforderlichen Unterlagen in jeweils von der obersten Arbeitsbehörde festgesetzten mehrfachen Ausfertigungen in der Regel **spätestens acht Wochen** vor Beginn der Veranstaltung oder der Veranstaltungsreihe bei der für die Anerkennung zuständigen Behörde zu stellen ist.[894] Über einen rechtzeitig gestellten Antrag kann noch nach

884 *Fitting,* Rn. 208; vgl. auch *Wedde,* AiB-Sonderheft Juni 1995, S. 26; GK-*Weber,* Rn. 263.
885 So ausdrücklich bei teilweise erforderlichen Themen *BAG* 28.5.76, AP Nr. 24 zu § 37 BetrVG 1972 unter Aufgabe seiner früheren Rspr.; vgl. auch Rn. 110; zur Diskussion vgl. die 12. Auflage, Rn. 144 m. w. N.
886 *BAG* 18.12.73, 6.4.76, AP Nrn. 7, 23 zu § 37 BetrVG 1972; a. A. hinsichtlich des Trägers GK-*Weber,* Rn. 272.
887 *Fitting,* Rn. 206; *Kühner,* S. 124; GK-*Weber,* Rn. 264.
888 Richardi-*Thüsing,* Rn. 182; a. A. ErfK-*Koch,* Rn. 22, der jeden Träger zulässt.
889 *BVerwG* 27.4.79, ZBR 79, 310; vgl. ferner Rn. 131 f.
890 Vgl. *BAG* 18.12.73, AP Nr. 7 zu § 37 BetrVG 1972; enger GK-*Weber,* Rn. 280, die die Anerkennung von Veranstaltungsreihen nur für ein Jahr zulassen.
891 Vgl. GK-*Weber,* Rn. 270; *Kühner,* S. 124.
892 Vgl. ausführlich *Heckes,* S. 23 ff.
893 *Däubler, Schulungsanspruch,* S. 138; *Fitting,* Rn. 210 f.; GK-*Weber,* Rn. 275; *Kühner,* S. 121; *Liebers,* DB 80, 268.
894 *BAG* 10.11.95, NZA 96, 934 = AiB 97, 53 mit Anm. *Peter* = JR 97, 132 mit Anm. *Kohte;* GK-*Weber,* Rn. 273 ff.

Veranstaltungsbeginn entschieden werden.[895] Ist eine Veranstaltung ohne Entscheidung über den Antrag bereits durchgeführt worden, ist hierüber mit Blick auf die Entgeltzahlungspflicht des AG **nachträglich** zu befinden.[896]

Zuständig für die Anerkennung ist die oberste Arbeitsbehörde des Landes – und zwar die 180
Arbeitsminister bzw. -senatoren –, in dem der Veranstalter seinen Sitz hat; es gilt das **Trägerprinzip.**[897] Die oberste Arbeitsbehörde entscheidet nach Beratung, d.h. mündlicher Erörterung, mit den Spitzenorganisationen der Gewerkschaften (insbes. DGB) und AG-Verbänden.[898] Auf eine mündliche Erörterung kann im Einvernehmen mit den Beteiligten verzichtet werden, wenn Einwendungen auch im schriftlichen Verfahren vorgebracht werden können.[899] Zu beteiligen sind nur die Spitzenorganisationen des Landes, dessen oberste Arbeitsbehörde die Entscheidung über die Anerkennung trifft, nicht die Spitzenorganisationen anderer Länder oder des Bundes.[900]

Für die **gerichtliche Überprüfung** einer Entscheidung einer obersten Arbeitsbehörde hat ein 181
AG auch dann keine Antragsbefugnis, wenn er auf Grund der Anerkennung einer Schulungsmaßnahme auf Lohnzahlung in Anspruch genommen wird.[901]

Antrags- und beteiligungsbefugt im arbeitsgerichtlichen Beschlussverfahren zur Überprü- 182
fung einer Entscheidung der obersten Arbeitsbehörde sind nur die schon im Verwaltungsvorverfahren zu beteiligenden Spitzenorganisationen der Gewerkschaften und der AG-Verbände.[902]

3. Dauer

Ein erheblicher Unterschied zu Abs. 6 liegt in der **zeitlichen Limitierung** der bezahlten Frei- 183
stellung nach Abs. 7, der **für BR- und JAV-Mitglieder** drei Wochen (18 Werktage bzw. 15 Arbeitstage in der 5-Tage-Woche) beträgt und sich für BR-Mitglieder, die erstmals in das Amt gewählt worden sind und vorher nicht JAV-Mitglied oder Mitglied eines BR waren, auf vier Wochen erhöht. Für erstmals gewählte BR-Mitglieder, die zuvor einer **ausländischen Betriebsvertretung** angehört haben, tritt keine Verkürzung des vierwöchigen Schulungsanspruchs ein.[903] Gleiches gilt bei Mitgliedschaft in einer AN-Vertretung der ehemaligen DDR.[904] Den Mitgliedern der JAV steht der volle »Bildungsurlaubsanspruch« trotz der kürzeren Amtszeit von zwei Jahren zu.[905] Keinen verlängerten Schulungsanspruch soll es bei vorheriger Mitgliedschaft in einem PR geben.[906] Diese Position überzeugt indes schon mit Blick auf die im Detail teilweise unterschiedlichen gesetzlichen Grundlagen und unterschiedliche Verfahrensabläufe (etwa im ESt.-Verfahren) nicht.

Schulungstage, an denen für das betreffende BR-Mitglied aus einem bestimmten Grund keine 184
Arbeitspflicht bestanden hätte (z.B. im Falle der Schichtarbeit ein freier Tag bei Schichtwechsel oder durch sonstige flexible Arbeitszeitgestaltung bzw. Kurzarbeit), sind **nicht auf die Höchstdauer** des Freistellungsanspruchs **anzurechnen.** Entsprechendes gilt, wenn ein BR-Mitglied

---

895 *BAG* 11.10.95, a.a.O.; vgl. auch HWGNRH-*Glock*, Rn. 231.
896 *BAG* 10.10.95 – 7 ABR 42/94, NZA 96, 934; GK-*Weber*, Rn. 276, 281.
897 *BAG* 18.12.73, 5.11.74, AP Nrn. 7, 19 zu § 37 BetrVG 1972; offen Richardi-*Thüsing*, Rn. 172.
898 Vgl. *BAG* 30.8.89, AP Nr. 73 zu § 37 BetrVG 1972.
899 Vgl. *Däubler, Schulungsanspruch, S.* 141; Richardi-*Thüsing*, Rn. 152; *Fitting*, Rn. 214; GK-*Weber*, Rn. 279.
900 *BAG* 5.11.74, 6.4.76, AP Nrn. 19, 23 zu § 37 BetrVG 1972.
901 *BAG* 25.6.81, vgl. auch 17.12.81, AP Nrn. 38, 41 zu § 37 BetrVG 1972 [mit kritischer Anm. *Grunsky*]; offen gelassen 30.8.89, AP Nr. 73 zu § 37 BetrVG 1972 = EzA § 37 BetrVG 1972 Nr. 103 mit Anm. *Berger-Delhey;* kritisch *Fitting*, Rn. 265; GK-*Weber*, Rn. 353; a.A. HWGNRH-*Glock*, Rn. 258.
902 *BAG* 6.4.76, 30.8.89, AP Nrn. 23, 73 zu § 37 BetrVG 1972; a.A. *LAG Frankfurt* 6.3.87, AuR 89, 321, Ls., das die Antragsbefugnis auf die Verletzung eigener Rechte beschränkt.
903 *Däubler, Schulungsanspruch, S.* 149; GK-*Weber*, Rn. 283; HWGNRH-*Glock*, Rn. 234; *Kopp*, AuR 76, 333.
904 *Fitting*, a.a.O.; GK-*Weber*, a.a.O.
905 *Lichtenstein*, BetrR 87, 7 [46].
906 Vgl. *Däubler*, Schulungsanspruch a.a.O.; *Fitting*, a.a.O.; GK-*Weber*, a.a.O.

während der Freistellung **erkrankt.**[907] Findet die Schulung während der **Werksferien** statt, hat der AN einen Anspruch auf Nachgewährung des Urlaubs.[908]

185 Die **Dauer des Anspruchs** ändert sich nicht dadurch, dass die **Amtszeit** z.B. wegen einer außerhalb des einheitlichen Wahlzeitraums durchgeführten Wahl (§ 13) ausnahmsweise **mehr oder weniger als vier** Jahre beträgt.[909] Für die hier vertretene Auffassung spricht deren Praktikabilität sowohl für den AG als auch für den BR und das einzelne anspruchsberechtigte BR- bzw. JAV-Mitglied. Hinzu kommt, dass sich wohl in den seltensten Fällen zwei verkürzte Amtszeiten hintereinander anschließen. Eine Mehrbelastung für den AG tritt somit nicht ein. Eine Besserstellung einzelner BR- und JAV-Mitglieder leitet sich hieraus ebenfalls nicht ab. Vorteilhaft ist zudem, dass jeder der Beteiligten nach einer Neuwahl genau die Höhe des entsprechenden »Bildungsurlaubsanspruchs« kennt und keine Berechnungen vorgenommen oder irgendwelche Ansprüche (plus oder minus) aus der vorherigen Amtsperiode verrechnet werden müssen. Hinzu kommt, dass ein zu viel verbrauchter Anspruch bei vorzeitiger Beendigung der Amtszeit vom AG nicht zurückverlangt werden kann.[910]

186 Dem **erstmals gewählten BR- bzw. JAV-Mitglied** steht die **Zusatzwoche** bezahlter Freistellung zur Teilnahme an Schulungs- und Bildungsveranstaltungen auch bei verkürzter Amtszeit in voller Höhe zu.[911]

187 Die Freistellung kann **zusammenhängend** oder in mehreren **Teilabschnitten** genommen werden.

188 Der Anspruch **verfällt** mit Ablauf der regelmäßigen Amtszeit, wenn und soweit die Arbeitsbefreiung vorher nicht in Anspruch genommen wurde; es sei denn, eine Übertragung auf die neue Amtszeit ist aus dringenden betrieblichen oder persönlichen Gründen erforderlich.[912] **Zuviel gewährte Freistellungen** können nicht zurückverlangt werden.[913] Da das **Teilnahmerecht** der BR-Mitglieder gemäß Abs. 7 während der gesamten Amtszeit besteht, ist der Besuch von Veranstaltungen gegen oder am **Ende der Amtszeit** noch zulässig.[914]

189 Einem **Ersatzmitglied,** das während der laufenden Amtsperiode **endgültig in den BR nachrückt,** steht der Anspruch anteilig für die verbleibende Amtszeit mit der Maßgabe zu, dass er ihn bezogen auf die zusätzliche Woche für erstmals gewählte BR-Mitglieder in vollem Umfang behält, sofern er vorher nicht bereits Mitglied eines BR, einer JAV oder eines PR gewesen ist.[915] Lässt sich in der verbleibenden Amtszeit die **Zusatzwoche des »Bildungsurlaubs«** nicht mehr realisieren, gilt das nachgerückte BR-Mitglied in einer späteren Amtszeit als erstmals gewähltes BR-Mitglied, so dass es dann über einen vierwöchigen »Bildungsurlaub« verfügt. Ersatzmit-

---

907 *Däubler, Schulungsanspruch,* S. 148; GK-*Weber,* Rn. 284; allg. *Kunz/Wedde,* EFZR, § 3 Rn. 38ff.

908 GK-*Weber,* Rn. 296; *Fitting,* Rn. 227; im Ergebnis ähnlich HWGNRH-*Glock,* Rn. 245.

909 *Däubler, Schulungsanspruch,* S. 150; a. A. und für eine entsprechende Verlängerung bzw. Verkürzung bei Abstellung auf das angefangene Jahr für die Berechnung *Fitting,* Rn. 221; Richardi-*Thüsing,* Rn. 1644f.; *Künzl,* ZfA 93, 341 [356]; vgl. auch *BAG* 19.4.89, AP Nr. 68 zu § 37 BetrVG 1972; ebenso, aber bei entsprechender Anwendung der Regelung über anteiligen Urlaub, GK-*Weber,* Rn. 286f.; *Kühner,* S. 125f.; vgl. auch *Kopp,* AuR 76, 333.

910 Vgl. GK-*Weber,* Rn. 287; *Kopp,* AuR 76, 333.

911 *BAG,* a. a. O.; *Däubler, Schulungsanspruch,* S. 150; *Fitting* und HWGNRH-*Glock,* jeweils a. a. O.; GK-*Weber,* Rn. 287.

912 Im Ergebnis auch *Däubler, Schulungsanspruch,* S. 148f.; aus wichtigem Grund *Kopp,* AuR 76, 333; a. A. ErfK-*Koch,* Rn. 20; *Fitting,* Rn. 223; GK-*Weber,* Rn. 290, jeweils m. w. N., die einen generellen Verfall annehmen.

913 *Fitting,* Rn. 221; GK-*Weber,* Rn. 271.

914 A. A. *BAG* 9.9.92 – 7 AZR 492/91, AP Nr. 86 zu § 37 BetrVG 1972; ebenso GK-*Weber,* Rn. 290; HWGNRH-*Glock,* Rn. 240; *Heckes,* S. 58; Richardi-*Thüsing,* Rn. 192; *Schiefer* DB 92, 631; *BAG* 28.8.96 – 7 AZR 840/95, NZA 97, 169 = AiB 97, 230 mit Anm. *Peter,* verlangt vom BR die Prüfung, ob die Kenntnisse überhaupt noch in die Arbeit eingebracht werden können; *Fitting,* Rn. 217 hält dieser Position zutreffend entgegen, dass sie den individuellen Charakter des Schulungsanspruchs und die Bedeutung des Beschlusses nach Abs. 6 Satz 2 verkennt.

915 *Däubler, Schulungsanspruch,* S. 150; *Fitting,* Rn. 218; vgl. auch *BAG* 19.4.89, AP Nr. 68 zu § 37 BetrVG 1972; für BR-Mitglieder, die vorher einer ausländischen Betriebsvertretung angehört haben, vgl. Rn. 166.

glieder, die nur **zeitweilig** verhinderte BR-Mitglieder vertreten, sollen nach der abzulehnenden Rspr. keinen Anspruch nach Abs. 7 haben.[916]

4. Träger der Schulungsmaßnahmen, Anspruchsberechtigte, Entgeltfortzahlung

Es gelten bezüglich der Anspruchsberechtigten, Entgeltfortzahlung und des Unfallschutzes dieselben **Grundsätze wie bei Schulungsveranstaltungen nach Abs. 6,**[917] allerdings mit der Ausnahme, dass Mitglieder des **WV**, des **WA** und **Ersatzmitglieder** keinen Anspruch gem. Abs. 7 haben sollen.[918] Aufgrund der in Abs. 7 S. 3 enthaltenen Verweisung auf Abs. 6 S. 2 haben BR-Mitglieder einen Anspruch auf bezahlten Freizeitausgleich bzw. auf Abgeltung nach Abs. 3, wenn die Teilnahme an Maßnahmen aus betriebsbedingten Gründen außerhalb der Arbeitszeit stattfinden.[919] Ein **Kostenerstattungsanspruch** nach § 40 besteht nicht, es sei denn, das BR-Mitglied hat an der nach Abs. 7anerkannten Schulungsmaßnahme auf Basis von Abs. 6 teilgenommen, weil erforderliche Kenntnisse vermittelt wurden, ggf. zu mehr als 50 v. H.[920] 190

5. Beschlussfassung des Betriebsrats

Die Teilnahme an Bildungsveranstaltungen nach Abs. 7 ist nur nach **erfolgter Beschlussfassung des BR** möglich (vgl. Rn. 151 ff. sowie § 29 Rn. 21 ff., § 33 Rn. 15 f.). Fehlt eine ordnungsmäßige vorherige Beschlussfassung, soll nach der abzulehnenden Rspr. des *BAG*[921] keine Pflicht zur Entgeltfortzahlung sowie zur Kostenerstattung durch den AG bestehen. Anders als beim Entsendungsbeschluss nach Abs. 6 beschränkt sich die Beschlussfassung des BR nach Abs. 7 auf die **Festlegung der zeitlichen Lage** der Teilnahme durch die einzelnen BR-Mitglieder[922] und auf die **Bekanntgabe des Beschlusses an den AG** (vgl. im Übrigen Rn. 182 ff.). An der Beschlussfassung kann sich das betroffene BR-Mitglied beteiligen.[923] Anders als nach Abs. 6 hat der BR nicht zu prüfen, ob die Schulungsmaßnahme Kenntnisse vermittelt, die für die BR-Arbeit geeignet sind. Die Anerkennung der Maßnahme durch die zuständige oberste Arbeitsbehörde des Landes reicht aus.[924] 191

6. Unterrichtungs- und Einspruchsrecht des Arbeitgebers

Der AG ist von der beabsichtigten Teilnahme der betreffenden BR-Mitglieder unter Angabe der zeitlichen Lage der Schulungs- und Bildungsveranstaltung sowie der Mitteilung, dass die Veranstaltung von der obersten Arbeitsbehörde des Landes als geeignet anerkannt ist, zweckmäßigerweise unter Bekanntgabe des betreffenden Aktenzeichens, **rechtzeitig zu unterrichten.**[925] Die Vorlage einer beglaubigten Abschrift des Anerkennungsbescheides ist nicht erforderlich.[926] Hält der AG die **betrieblichen Notwendigkeiten** für nicht ausreichend berücksichtigt, kann er 192

916 *BAG* 14.12.94 – 7 ABR 31/94, NZA 95, 593 = AiB 95, 361; ErfK-*Koch*, Rn. 22; *Fitting*, a.a.O.; GK-*Weber*, Rn. 192, jeweils m.w.N.; *Kühner*, S. 127; a.A. zutreffend *Däubler, Schulungsanspruch, S.* 150, S. 88, der einen proportional verkürzten Anspruch bejaht; weiter *Wenning-Morgenthaler*, BB 85, 1336, der den Ersatzmitgliedern, die überwiegend und häufig an BR-Sitzungen teilnehmen, den vollen Anspruch zuspricht.

917 Vgl. Rn. 147 ff.

918 *BAG* 14.12.94 – 7 ABR 31/94, DB 95, 834; HWGNRH-*Glock*, Rn. 218; Richardi-*Thüsing*, Rn. 162 f.; vgl. aber § 107 Rn. 32.

919 *Fitting*, Rn. 226, Richardi-*Thüsing*, Rn. 198; a.A. HWGNRH-*Glock*, Rn. 247.

920 *Fitting*, Rn. 228; GK-*Weber*, Rn. 292; vgl. § 40 Rn. 56 ff.; *Künzl*, ZfA 93, 341 [370 f.]; a.A. für Kostenübernahme Richardi-*Thüsing*, Rn. 200; vgl. im Übrigen Rn. 122.

921 *BAG* 8.3.00 – 7 ABR 11/98, AiB 01, 356 mit Anm. *Wedde*, ebenso *Fitting*, Rn. 232; ErfK-*Koch*, Rn. 23; GK-*Weber*, Rn. 302; zur Kritik vgl. Rn. 137.

922 *LAG Niedersachsen* 14.8.87, AuR 89, 60, Ls.; ErfK-*Koch*, Rn. 23.

923 Vgl. auch § 33 Rn. 20.

924 *Fitting*, Rn. 196 m.w.N.

925 Textmuster bei DKWF-*Wedde*, § 37 Rn. 52.

926 *ArbG Hamm* 16.5.74, AuR 74, 251, Ls.; *Künzl*, ZfA 93, 341 [360]; a.A. HWGNRH-*Glock*, Rn. 234.

die ESt. anrufen.[927] Für die Teilnahme nach Abs. 7 besteht der Schutz der **gesetzlichen Unfallversicherung.**[928]

VIII. Streitigkeiten

193 Für die Entscheidung sämtlicher Rechtsstreitigkeiten aus der Anwendung des § 37 sind die **ArbG** zuständig, soweit sich nicht nach Abs. 6 Satz 4 bzw. Abs. 7 Satz 3 die **Zuständigkeit der ESt.** (vgl. Rn. 156ff., 192) ergibt. Die Entscheidungen des ArbG ergehen nach dieser Vorschrift grundsätzlich im **Beschlussverfahren.**[929] Eine **Ausnahme** gilt für Streitigkeiten über Grund und Höhe des fortzuzahlenden Arbeitsentgelts bei Arbeitsbefreiung zur Durchführung von BR-Aufgaben (Abs. 2) und bei Teilnahme an Schulungsmaßnahmen (Abs. 6 und 7) sowie bei Ansprüchen aus den Abs. 3 bis 5, z. B. auf Gewährung des Freizeitausgleichs, Bemessung des Arbeitsentgelts oder Beschäftigung mit gleichwertiger Tätigkeit. In diesen Fällen ist nach Auffassung der Rspr. im **Urteilsverfahren** zu entscheiden, obwohl die Grundlage für die Streitigkeit im BetrVG liegt.[930] Ein fälschlicherweise eingeleitetes Beschlussverfahren kann auf Antrag noch in der Rechtsbeschwerdeinstanz an das im ersten Rechtszug zuständige Gericht zur Verhandlung und Entscheidung im Urteilsverfahren abgegeben werden.[931] Es kann bei derselben Vorfrage (z. B. Erforderlichkeit) zweckmäßig sein, unter Beachtung der tarifvertraglichen Ausschlussfristen das Urteilsverfahren einzuleiten und bis zum rechtskräftigen Abschluss des Beschlussverfahrens auszusetzen.[932]

194 Die Entscheidung im Urteilsverfahren gilt bei Anspruch auf Lohnfortzahlung bei Schulungsmaßnahmen nach Abs. 6 selbst dann, wenn auch die Kostenerstattung streitig ist. In diesem Fall sind **zwei Verfahren** – nämlich Urteilsverfahren wegen des Lohnanspruchs und Beschlussverfahren wegen Erstattung der Kosten – einzuleiten,[933] wobei es zweckmäßig erscheint, das Urteilsverfahren bis zum rechtskräftigen Abschluss des Beschlussverfahrens auszusetzen.[934] Die **Verbindung** beider Verfahren ist **unzulässig.**[935] Die Ansprüche sind im Streitfall vom einzelnen BR-Mitglied einzuklagen. Sie können ohne eine entsprechende **Abtretung** nicht von der Gewerkschaft geltend gemacht werden.[936]

195 **Streitigkeiten zwischen BR und AG** über betriebsverfassungsrechtliche Fragen sind im **Beschlussverfahren** nach §§ 2a, 80ff. ArbGG vor dem ArbG auszutragen. Ggf. kommt die Beantragung einer **einstweiligen Verfügung** in Betracht (vgl. Rn. 159ff.). Werden BR-Mitglieder durch Arbeitszeitordnungen betroffen, die das Gremium für rechtswidrig hält, soll keine Klärung im Beschlussverfahren möglich sein.[937] Nach der Rspr. des *BAG*[938] sind **Gewerkschaften** bei Streitigkeiten zwischen AG und BR über die Erforderlichkeit einer Schulungsmaßnahme auch dann nicht antragsberechtigt und an dem Verfahren zu beteiligen, wenn sie Träger der Schulungsveranstaltung sind.[939] Führt sie jedoch aus abgetretenem Recht das Verfahren gegen den AG, sind weder der BR noch der Schulungsteilnehmer zu beteiligen.[940]

196 Das Beschlussverfahren ist auch die zutreffende Verfahrensart für die **Anfechtung des Bescheids der obersten Arbeitsbehörde** über die Anerkennung von Schulungs- und Bildungsveranstaltungen, obwohl es sich dabei um einen Verwaltungsakt handelt. § 2a ArbGG enthält

927 Richardi-*Thüsing*, Rn. 195; vgl. Rn. 141ff.
928 GK-*Weber*, Rn. 2296; HWGNRH-*Glock*, Rn. 245.
929 *LAG Schleswig-Holstein* 30.8.05 – 5 Sa 161/05, DB 05, 2415.
930 Ständige Rspr. *BAG*; vgl. 30.1.72, 22.8.85, AP Nrn. 1, 50 zu § 37 BetrVG 1972; 11.5.73, 5.3.74, AP Nrn. 2, 5 zu § 20 BetrVG 1972; *HessLAG* 19.2.18 – 16 TaBV 493/17, juris; ebenso ErfK-*Koch*, Rn. 25; GK-*Weber*, Rn. 331.
931 *BAG* 21.5.74, AP Nr. 12 zu § 37 BetrVG 1972.
932 Vgl. auch *Däubler*, Schulung Rn. 601.
933 *BAG* 18.6.74, 17.9.74, AP Nrn. 16, 17 zu § 37 BetrVG 1972.
934 *Dütz*, Anm. zu AP Nr. 17 zu § 37 BetrVG 1972; auch *Fitting*, Rn. 253; HWGNRH-*Glock*, Rn. 253.
935 *Däubler*, Schulungsanspruch, S. 126; *Dütz*, AuR 73, 370; *Fitting*, a. a. O.
936 *BAG* 27.11.73, AP Nr. 4 zu § 40 BetrVG 1972.
937 *BAG* 21.3.17 – 7 ABR 17/15, EzA-SD 17, Nr. 13, 14.
938 28.1.75, AP Nr. 20 zu § 37 BetrVG 1972.
939 Ebenso ErfK-*Koch*, Rn. 28.
940 *BAG* 15.1.92 – 7 ABR 23/90, AP Nr. 41 zu § 40 BetrVG 1972.

mit der Zuweisung aller betriebsverfassungsrechtlichen Streitigkeiten an die ArbG eine gegenüber § 40 VwGO spezielle Zuständigkeitsregelung.[941] Der Antrag auf Aufhebung des Anerkennungsbescheids hat keine aufschiebende Wirkung.[942]

Für **Streitigkeiten zwischen BR und einzelnen BR-Mitgliedern** ist ebenfalls das ArbG im **Beschlussverfahren** zuständig. Voraussetzung ist aber, dass das BR-Mitglied geltend machen kann, durch eine Handlung oder ein Unterlassen des BR in seinen Rechten als BR-Mitglied verletzt zu sein, z. B. bei einem fehlerhaften Entsendungsbeschluss des BR.[943] **197**

Bei drohender Vereitelung bzw. Nicht-Nachholbarkeit der Teilnahme eines Betriebsratsmitgliedes an einer erforderlichen Schulung kann eine **einstweilige Verfügung** erwirkt werden.[944] **198**

Für die Geltendmachung der **individuellen Ansprüche der BR-Mitglieder,** z. B. Lohnansprüche wegen Arbeitsbefreiung bzw. Teilnahme an Schulungsmaßnahmen, sind ggf. die tarifvertraglichen **Ausschlussfristen** zu beachten. Der Anspruch auf bezahlte Freistellung soll der BR nicht geltend machen können, sondern nur die einzelnen BR-Mitglieder selbst.[945] Entsprechendes gilt für die Klageerhebung. Sonstige Ansprüche nach dieser Vorschrift unterliegen grundsätzlich nicht der tarifvertraglichen Ausschlussfrist. Individuelle Ansprüche auf Zahlung können ggf. per einstweiliger Verfügung durchgesetzt werden.[946] Während der vollständigen Freistellung soll einer Klage eines BR-Mitglieds, mit der dieses gegenüber dem AG das Ziel verfolgt, mit einer bestimmten Tätigkeit beschäftigt bzw. nicht beschäftigt zu werden, das berechtigte Interesse fehlen, Gerichte für Arbeitssachen in Anspruch zu nehmen.[947] **199**

§ 38 Freistellungen

(1) Von ihrer beruflichen Tätigkeit sind mindestens freizustellen in Betrieben mit in der Regel

200 bis	**500 Arbeitnehmern**	**ein Betriebsratsmitglied,**
501 bis	**900 Arbeitnehmern**	**2 Betriebsratsmitglieder,**
901 bis	**1500 Arbeitnehmern**	**3 Betriebsratsmitglieder,**
1501 bis	**2000 Arbeitnehmern**	**4 Betriebsratsmitglieder,**
2001 bis	**3000 Arbeitnehmern**	**5 Betriebsratsmitglieder,**
3001 bis	**4000 Arbeitnehmern**	**6 Betriebsratsmitglieder,**
4001 bis	**5000 Arbeitnehmern**	**7 Betriebsratsmitglieder,**
5001 bis	**6000 Arbeitnehmern**	**8 Betriebsratsmitglieder,**
6001 bis	**7000 Arbeitnehmern**	**9 Betriebsratsmitglieder,**
7001 bis	**8000 Arbeitnehmern**	**10 Betriebsratsmitglieder,**
8001 bis	**9000 Arbeitnehmern**	**11 Betriebsratsmitglieder,**
9001 bis	**10 000 Arbeitnehmern**	**12 Betriebsratsmitglieder.**

In Betrieben mit über 10 000 Arbeitnehmern ist für je angefangene weitere 2000 Arbeitnehmer ein weiteres Betriebsratsmitglied freizustellen. Freistellungen können auch in Form von Teilfreistellungen erfolgen. Diese dürfen zusammengenommen nicht den Umfang der Freistellungen nach den Sätzen 1 und 2 überschreiten. Durch Tarifvertrag oder Betriebsvereinbarung können anderweitige Regelungen über die Freistellung vereinbart werden.

(2) Die freizustellenden Betriebsratsmitglieder werden nach Beratung mit dem Arbeitgeber vom Betriebsrat aus seiner Mitte in geheimer Wahl und nach den Grundsätzen der Verhältniswahl gewählt. Wird nur ein Wahlvorschlag gemacht, so erfolgt die Wahl nach den Grundsätzen der Mehrheitswahl; ist nur ein Betriebsratsmitglied freizustellen, so wird dieses mit einfacher Stimmenmehrheit gewählt. Der Betriebsrat hat die Namen der Freizustellenden dem Arbeitgeber bekannt zu geben. Hält der Arbeitgeber eine Freistellung

941 *BAG* 18.12.73, 30.8.89, AP Nrn. 7, 73 zu § 37 BetrVG 1972; zur Anfechtung des Bescheids durch den AG bzw. AG-Verband vgl. Rn. 163ff.

942 *Fitting,* Rn. 266; vgl. auch *BAG* 11.10.95 – 7 ABR 42/94, NZA 96, 934 = AiB 97, 53 mit Anm. *Peter.*

943 *Däubler, Schulungsanspruch, S.* 130f.; GK-*Weber,* Rn. 348ff.

944 *ArbG Frankfurt* 27.1.00, AiB 00, 435.

945 *BAG* 21.3.17 – 7 ABR 17/15, NZA 17, 1014; vgl. *Wolmerath,* jurisPR-ArbR33/17, Anm. 5.

946 Vgl. *ArbG Frankfurt* 16.1.01, FA 01, 240 bzgl. eines Entgeltanspruchs i. V. m. § 37 Abs. 2.

947 *BAG* 23.9.14 – 9 AZR 1100/12, NZA 15, 179.

für sachlich nicht vertretbar, so kann er innerhalb einer Frist von zwei Wochen nach der Bekanntgabe die Einigungsstelle anrufen. Der Spruch der Einigungsstelle ersetzt die Einigung zwischen Arbeitgeber und Betriebsrat. Bestätigt die Einigungsstelle die Bedenken des Arbeitgebers, so hat sie bei der Bestimmung eines anderen freizustellenden Betriebsratsmitglieds auch den Minderheitenschutz im Sinne des Satzes 1 zu beachten. Ruft der Arbeitgeber die Einigungsstelle nicht an, so gilt sein Einverständnis mit den Freistellungen nach Ablauf der zweiwöchigen Frist als erteilt. Für die Abberufung gilt § 27 Abs. 1 Satz 5 entsprechend.

(3) Der Zeitraum für die Weiterzahlung des nach § 37 Abs. 4 zu bemessenden Arbeitsentgelts und für die Beschäftigung nach § 37 Abs. 5 erhöht sich für Mitglieder des Betriebsrats, die drei volle aufeinanderfolgende Amtszeiten freigestellt waren, auf zwei Jahre nach Ablauf der Amtszeit.

(4) Freigestellte Betriebsratsmitglieder dürfen von inner- und außerbetrieblichen Maßnahmen der Berufsbildung nicht ausgeschlossen werden. Innerhalb eines Jahres nach Beendigung der Freistellung eines Betriebsratsmitglieds ist diesem im Rahmen der Möglichkeiten des Betriebs Gelegenheit zu geben, eine wegen der Freistellung unterbliebene betriebsübliche berufliche Entwicklung nachzuholen. Für Mitglieder des Betriebsrats, die drei volle aufeinander folgende Amtszeiten freigestellt waren, erhöht sich der Zeitraum nach Satz 2 auf zwei Jahre.

Inhaltsübersicht

I. Vorbemerkungen

1 Die Regelung schreibt in **Abs. 1** eine Mindestzahl von Freistellungen von BR-Mitgliedern fest und sichert so die Arbeitsfähigkeit des BR. Sie gilt nur in größeren Betrieben. **Abs. 2** beinhaltet Regelungen zum Wahlverfahren, zur Information des AG sowie für den Konfliktfall. Die **Abs. 3** und **4** haben die finanzielle und berufliche Absicherung der freigestellten BR-Mitglieder insbesondere nach Beendigung der Freistellung zum Ziel. Die Vorschrift soll durch ihren klarstellenden Charakter insgesamt die Vermeidung von Streitigkeiten zwischen AG und BR bezüglich der Freistellung von BR-Mitgliedern gewährleisten.[1]

2 Im Rahmen des **BetrVerf-ReformG** erfolgte 2001 eine Verbesserung der Freistellung durch Senkung der Betriebsgröße und durch die normative Verankerung der Teilfreistellungen (zur Kritik vgl. die 12. Auflage).

2a Der **DGB-Entwurf** für ein modernes Betriebsverfassungsgesetz[2] belässt die bisherige Vorschrift inhaltlich weitgehend unverändert. Abs. 1 Satz 1 enthält eine Absenkung der Schwelle

1 GK-*Weber*, Rn. 1.
2 AuR Sonderausgabe April 2022, S. 25.

für eine erstmalige Freistellung von 200 auf 100 BR-Mitglieder. Durch den neuen Abs. 1 Satz 2 werden die Regelungen in § 15 Abs. 2 zur zahlenmäßigen Berücksichtigung des sich im Betrieb in der Minderheit befindlichen Geschlechts auch auf Freistellungen anwendbar. Der neu eingefügte Abs. 1a begründet für Betriebe mit in der Regel weniger als 100 AN einen Anspruch auf Teilfreistellung im erforderlichen Umfang.

Die Vorschrift gilt nicht für Mitglieder des **GBR** und des **KBR.** Diese Funktionsträger sind, soweit sie nicht ohnehin in ihrem BR freigestellt sind, für die Erfüllung ihrer Aufgaben als Mitglieder dieser Gremien nach § 37 Abs. 2 i. V. m. § 51 Abs. 1 bzw. § 59 Abs. 1 von ihrer beruflichen Tätigkeit zu befreien.[3] Auch auf die **JAV,** die **GJAV** und die **KJAV** findet sie keine Anwendung (vgl. § 65, § 73 Abs. 2 und § 73b Abs. 2). Hier gilt ebenfalls die allgemeine Regelung des § 37 Abs. 2. Es ist aber zulässig, dass AG und BR eine Vereinbarung über eine Freistellung von JAV-Mitgliedern treffen.[4] Auf die Mitglieder der **Bord-Vertretung** findet die Vorschrift keine Anwendung (§ 115 Abs. 4). Sie gilt jedoch für den **See-BR** (§ 116 Abs. 3). Für die **»zusätzliche AN-Vertretung«** i. S. d. § 3 Abs. 1 Nr. 4 und 5 gilt die Vorschrift nicht, es sei denn, der TV enthält eine entsprechende Regelung. Auf eine **»andere AN-Vertretung«** i. S. d. § 3 Abs. 1 Nr. 1–3 findet sie Anwendung, da diese AN-Vertretung an die Stelle des BR tritt.[5] 3

II. Gesetzliche Mindestregelung der Freistellung

1. Rechtscharakter der Freistellung

Die **Freistellung** nach dieser Vorschrift ist zu unterscheiden von der Befreiung von der beruflichen Tätigkeit gemäß § 37 Abs. 2. § 38 ist zwar ein **Unterfall der Generalnorm des § 37 Abs. 2,** es bestehen aber zwischen beiden Bestimmungen erhebliche Unterschiede. Während unter »Befreiung von der beruflichen Tätigkeit« (§ 37 Abs. 2) die **Entbindung** von der Arbeitspflicht zu verstehen ist, die z. B. aus einem **konkreten Anlass** zur Durchführung von Aufgaben des BR notwendig wird (vgl. § 37 Rn. 10 ff.), bedeutet »Freistellung« die **generelle Entbindung** von BR-Mitgliedern **von ihrer Verpflichtung zur Arbeitsleistung** zum Zwecke der Erfüllung der BR-Aufgaben, ohne dass es jeweils eines Nachweises bedarf.[6] **Freigestellt** werden können **nur BR-Mitglieder,** nicht sonstige AN. Dies gilt auch für **Ersatzmitglieder,** sofern sie nicht für ein ausgeschiedenes oder längere Zeit verhindertes BR-Mitglied in den BR nachrücken (vgl. auch Rn. 59). Die Freistellung setzt das **Einverständnis** des betreffenden BR-Mitglieds voraus, das vor oder unmittelbar nach der Wahl erklärt werden kann.[7] 4

Der **Anspruch auf Freistellung** steht dem **Gremium** und nicht einzelnen BR-Mitgliedern, z. B. dem BR-Vorsitzenden, zu.[8] Das einzelne BR-Mitglied erwirbt erst nach einem entsprechenden Beschluss des BR einen hieraus abgeleiteten Individualanspruch auf Freistellung. 5

Über die **Freistellung beschließt** der **BR** (vgl. Rn. 33 ff.). Der **Beschluss** ist dem **AG mitzuteilen.** Einer ausdrücklichen Erklärung seitens des AG, damit die Freistellung wirksam wird, bedarf es nicht. Er kann die ESt. nach Abs. 2 anrufen (vgl. Rn. 47 ff.). Steht kein BR-Mitglied für eine Freistellung zur Verfügung, ist der Verzicht auf sie kein dem Gremium zurechenbarer Verstoß gegen seine nach dem Gesetz bestehenden Pflichten.[9] 6

Durch die Freistellung wird eine durch die Mindeststaffel des Abs. 1 festgelegte Zahl von BR-Mitgliedern in **vollem Umfang ganz** oder **im Rahmen von Teilfreistellungen zeitweise** von ihrer Verpflichtung zur Arbeitsleistung entbunden. Die entsprechenden BR-Mitglieder können sich im festgelegten Rahmen ausschließlich mit BR-Arbeit befassen. Das bestehende Freistel- 7

3 *BAG* 26. 9. 18 – 7 ABR 77/16, NZA 19, 117 für GBR-Mitglieder; 23. 5. 18 – 7 ABR 14/17, für KBR-Mitglieder; *Fitting,* Rn. 3; HWGNRH-*Glock,* Rn. 5.

4 *Fitting,* a. a. O.; GK-*Weber,* Rn. 3.

5 *Fitting,* a. a. O.; GK-*Weber,* Rn. 4; HWGNRH-*Glock,* a. a. O.

6 *Fitting,* Rn. 7; GK-*Weber,* Rn. 8; Richardi-*Thüsing,* Rn. 5; *Jülicher,* AuR 73, 161; *Natzel,* NZA 00, 77; *BAG* 31. 5. 89, BB 90, 491 bei BR-Tätigkeit innerhalb des Betriebs; allg. *Müller,* AiB 08, 281.

7 *BAG* 11. 3. 92 – 7 ABR 50/91, NZA 92, 946 = AiB 92, 732; GK-*Weber,* Rn. 54; a. A. *Fitting,* Rn. 38, 70; Richardi-*Thüsing,* Rn. 33.

8 ErfK-*Koch,* Rn. 1; *Fitting,* Rn. 7; GK-*Weber,* Rn. 8.

9 *LAG Baden-Württemberg* – 4 TaBV 11/20.

lungskontingent kann der BR nach eigenem Ermessen auf seine Mitglieder verteilen. Die Ausgestaltung der Freistellung im konkreten Fall kann nach Absprache mit dem AG oder auf Basis anderweitiger Regeln in TV oder BV erfolgen. In diesem Rahmen ist auch eine Ausgestaltung möglich, bei der BR-Mitglieder für bestimmte Stunden, Tage oder sonstige überschaubare Zeitintervalle von der Arbeitspflicht entbunden werden.[10] Die Freistellung kann nach Absprache mit dem AG oder durch eine anderweitige Regelung durch TV oder BV auch in der Weise erfolgen, dass BR-Mitglieder nicht völlig, sondern lediglich für bestimmte Stunden oder für bestimmte Tage von ihrer Arbeitspflicht entbunden werden.[11]

2. Mindeststaffel

8 Die in Abs. 1 genannten Zahlen sind – vorbehaltlich einer abweichenden Regelung durch TV oder BV – **Mindestzahlen,** die bei Bedarf überschritten werden können.[12] Selbst bei sehr umfangreicher Inanspruchnahme der zusätzlichen Arbeitsbefreiung nach § 37 Abs. 2 kann diese nicht auf die Mindeststaffel angerechnet werden, da das BetrVG zwischen Freistellungen nach § 38 Abs. 1 und Arbeitsbefreiung gemäß § 37 Abs. 2 differenziert.[13]

9 Einziges Kriterium für die Freistellung ist die **Zahl der im Betrieb** (zum Betriebsbegriff § 1 Rn. 33 ff.) **in der Regel** (vgl. § 9 Rn. 6 ff.) **beschäftigten AN,** einschließlich der zu ihrer Berufsausbildung Beschäftigten (vgl. § 5). Gemäß § 5 Abs. 1 Satz 3 sind auch **Beamte, Soldaten** und **AN des öffentlichen Dienstes** wie etwas bei Allgemeinen Ortskrankenkassen Beschäftigte[14] zu berücksichtigen, wenn sie in **Betrieben des Privatrechts** tätig werden (vgl. § 5 Rn. 108). Weiterhin sind die im Betrieb beschäftigten **Leih-AN** zu berücksichtigen[15], und zwar unabhängig davon, ob sie wahlberechtigt sind oder nicht.[16] Auch »Vertretungsfälle« stehen dieser Berücksichtigung nicht entgegen.[17] Auf die **Wahlberechtigung** zum BR kommt es bei der Feststellung der für die Freistellung maßgeblichen AN-Zahl nicht an. Deshalb zählen die im Betrieb beschäftigten jugendlichen AN mit. Besteht die Arbeitnehmereigenschaft, kommt es auf den Ort der für den Betrieb erbrachten Tätigkeit nicht an. Auch außerhalb des Betriebs tätige Monteure, Außendienstmitarbeiter oder Telearbeiter sind relevant.[18] Zu berücksichtigen sind weiterhin:[19]

- **Heimarbeiter,** die in der Hauptsache für den Betrieb arbeiten (vgl. § 5 Rn. 126 ff.);
- **Teilzeitbeschäftigte,** und zwar nach Personen (»nach Köpfen«), nicht nach Aufrechnung der Arbeitszeit von Vollzeit-AN;[20]

10 *BAG* 26.6.96 – 7 ABR 48/95, NZA 97, 58; vgl. Rn. 16.
11 *BAG* 26.6.96 – 7 ABR 48/95, a. a. O.; *Däubler,* Arbeitsrecht 1, Rn. 870; vgl. auch Rn. 19 ff.
12 Vgl. *BAG* 21.11.78, AP Nr. 34 zu § 37 BetrVG 1972; Rn. 11 ff.; *LAG Baden-Württemberg* 21.09.10 – 14 TaBV 3/10.
13 *ArbG Berlin* 10.10.85 – 30 BV 12/85.
14 *BAG* 5.12.12 – 7 ABR 17/11, NZA 13, 690.
15 *BAG* 18.1.17 – 7 ABR 60/15, EzA-SD 17, Nr. 12, 14–15; 13.3.13 – 7 ABR 69/11, NZA 13, 789; 5.12.12 – 7 ABR 17/11, NZA 13, 690; *HessLAG* 2.11.15 – 16 TaBV 48/15, juris; *LAG Rheinland-Pfalz* 14.7.15 – 8 TaBV 34/14; juris; a. A. *BAG* 10.3.04 – 7 ABR 49/03, DB 04, 1836; 22.10.03 – 7 ABR 3/03, DB 04, 939; 16.4.03, DB 03, 2128; zum kontroversen Meinungsstand vgl. statt vieler *Däubler,* AuR 04, 81 ff.; *Dörner,* FS Wißmann, 287 [292 f.]; *Gillen/Vahle,* BB 06, 2749; *Ratayczak,* AiB 04, 212; *Schüren,* RdA 04, 186; *Unger-Hellmich,* AuA 15, 148; Schirner, FS 50 Jahre BAG, 1063 ff.; *Wlotzke,* FS 50 Jahre BA, 1149 ff., jeweils m. w. N.; für eine Berücksichtigung der Leih-AN auch *Fitting,* Rn. 9; *ArbG Berlin* 31.1.01, AiB 01, 541; Richardi-*Thüsing,* Rn. 9, der die Rechtsprechung des BAG als »zweifelhaft« charakterisiert; ErfK-*Koch,* Rn. 1; vgl. ausführlich auch § 7 Rn. 8, 22.
16 Vgl. zur Berücksichtigung von Leih-AN allg. § 7 Rn. 8 und § 9 Rn. 16.
17 *Fitting,* Rn. 9; a. A. *HessLAG* 12.8.13 – 16 TaBV 25/13 AuR 14, 121, das insbesondere Vertretungsfälle nicht berücksichtigen will.
18 Unverständlich insoweit die Differenzierung von HWGNRH-*Glock,* Rn. 11.
19 Vgl. allgemein *Fitting,* Rn. 9; GK-*Weber,* Rn. 14; HWGNRH-*Glock,* Rn. 11; Rspr.-Übersicht v. *Matusche,* AiB 94, 486 ff.
20 *LAG Saarland* 4.7.01 – 2 TaBV 2/01, AiB 02, 129; *LAG Düsseldorf* 26.9.89, BB 89, 2331, Ls.; *Fitting,* Rn. 9; Richardi-*Thüsing,* Rn. 10; a. A. GK-*Weber,* Rn. 26, die eine Aufrechnung der Personen vornehmen wollen.

- AN, die in zum Betrieb gehörenden **Betriebsteilen** oder **Kleinstbetrieben** arbeiten;[21]
- AN, die sich in **Altersteilzeit** in Form des sog. Blockmodells befinden;[22]
- bei Bildung eines BR auf Unternehmensebene bzw. bei Zusammenfassung mehrerer Betriebe gem. § 3 Abs. 1 Nr. 1 die Zahl der im Unternehmen bzw. im zusammengefassten Betrieb beschäftigten AN.[23]

Nicht zu berücksichtigen sind die in § 5 Abs. 2 und 3 genannten Personen (vgl. § 5 Rn. 144 insbesondere zur Einordnung von **Jobrotation, Ein-Euro-Jobs**[24] usw.).

Bei der Festlegung der Freistellungen ist von der Zahl der zum Zeitpunkt der Beschluss- 10
fassung in der Regel beschäftigten AN auszugehen.[25] **Erhöht sich die Zahl der regelmäßig beschäftigten AN** während der Amtszeit des BR nicht nur vorübergehend, ist die Zahl der freizustellenden BR-Mitglieder anzupassen.[26] Der BR kann frei entscheiden, ob die zusätzliche Freistellung als Voll- oder (aufgeteilte) Teilfreistellung erfolgt. Beschlussfassungen über Teilfreistellungen bedürfen keiner vorherigen und ausdrücklichen Beschlussfassung des BR über deren Zulässigkeit.[27]

Entsprechendes gilt für den Abbau von Freistellungen bei **Absinken der Belegschaftsstärke,** wenn sich die Aufgaben des BR ebenfalls verringert haben. Maßgeblich ist in diesen Fällen nur ein dauerhaftes Absinken der Belegschaftsstärke, nicht aber ein vorübergehendes.[28]

3. Zusätzliche Freistellungen

Eine **generelle Freistellung weiterer BR-Mitglieder** ist zulässig, wenn dies für die **ordnungs-** 11
gemäße Durchführung der **BR-Aufgaben erforderlich** ist.[29] Dies ist Gegenstand einer Vereinbarung mit dem AG.[30] Macht ein AG dem BR für die Dauer der Amtszeit eine Zusage hinsichtlich einer zusätzlichen Freistellung, erstreckt sich diese auf die gesamte Dauer der regelmäßigen vierjährigen Amtszeit und wird auch nicht durch eine Neuwahl nach Rücktritt des BR und der Konstituierung eines neuen Gremiums hinfällig.[31] Neben einer Vereinbarung mit dem AG (etwa im Rahmen einer Regelungsabrede) besteht nach dem Gesetzeswortlaut die Möglichkeit, eine Erhöhung der Zahl der Freistellungen durch TV oder durch eine freiwillige, nicht durch Anrufen der ESt. erzwingbare BV herbeizuführen. Zusätzliche Freistellungen können auch geboten sein, wenn nach dem AÜG beschäftigte **Leih-AN** als betriebszugehörig anzusehen sind (vgl. hierzu § 5 Rn. 81 ff.). In diesen Fällen rechtfertigen sich zusätzliche Freistellungen aus dem erhöhten Arbeitsaufwand des BR (vgl. aber Rn. 9). Erfolgt die Freistellung auf der Grundlage einer Regelungsabrede, ist diese vom AG in entsprechender Anwendung des ordentlich mit einer Frist von drei Monaten kündbar.[32]

---

21 *LAG Düsseldorf* 29.6.88, AiB 89, 80; GK-*Weber*, Rn. 13.
22 Vgl. § 5 Rn. 34a, § 9 Rn. 12; ebenso *Däubler*, AiB 01, 688; *Greßlin*, S. 46; a. A. *BAG* 16.4.03 – 7 ABR 53/02, NZA 03, 1345; *Fitting*, Rn. 9; HaKo-BetrVG/*Wolmerath*, Rn. 5.
23 *Fitting*, Rn. 9.
24 Ebenso GK-*Weber*, Rn. 12.
25 *Fitting*, Rn. 8; GK-*Weber*, Rn. 17; Richardi-*Thüsing*, Rn. 11.
26 *Fitting*, Rn. 15; GK-*Weber*, Rn. 18; HWGNRH-*Glock*, Rn. 13; *Richardi*, a. a. O.; *SWS*, Rn. 4.
27 *BAG* 24.3.21 – 7 ABR 6/20.
28 *LAG Rheinland-Pfalz* 14.5.13 – 6 SaGa 2/13, EZA-SD Nr. 16, 14, LAG *Köln* 2.8.88, AiB 89, 165 mit Anm. *Grimberg; Fitting*, a. a. O.; enger, bereits für den Fall, dass die Zahl der regelmäßig beschäftigten AN nicht nur vorübergehend sinkt, *Richardi*, a. a. O.; ErfK-*Koch*, Rn. 1; GK-*Weber*, Rn. 19; *GL*, Rn. 7; *Becker-Schaffner*, BB 82, 498 [499]; HWGNRH-*Glock*, a. a. O.; *ArbG Hagen* 18.12.74, DB 75, 699; hinsichtlich Nach- bzw. Neuwahlen vgl. Rn. 59 ff.
29 Ausdrücklich *BAG* 26.6.96 – 7 ABR 48/95, NZA 97, 58; *Busch*, DB 96, 326; *Gillen/Vahle*, BB 06, 2749; *Fitting*, Rn. 19; allgemein *Waas, S. 29 ff*; a. A. GK-*Weber*, Rn. 29 die für weitere Freistellungen § 37 Abs. 2 als allein einschlägig ansehen.
30 *BAG* 16.1.79, AP Nr. 5 zu § 38 BetrVG 1972; vgl. aber *Lichtenstein*, BetrR 87, 49, der eine Beschlussfassung durch den BR als ausreichend ansieht.
31 *ArbG Köln* 21.2.08 – 1 BV 166/07, BB 08, 945.
32 *LAG Hamm* 19.8.09 – 10 Sa 295/09, GWR 09, 457.

12 **Zusätzliche Freistellungen** können, sofern diese für die BR-Arbeit erforderlich sind, durch ein **arbeitsgerichtliches Beschlussverfahren** erzwungen werden.[33] Das nach Abs. 2 vorgesehene ESt.-Verfahren ist nach Auffassung des *BAG*[34] nicht anzuwenden. Dieser Ansicht kann nicht gefolgt werden. Sie ist mit dem Wortlaut des Gesetzes nicht in Einklang zu bringen.[35] Das *BAG* räumt selbst ein, dass der Wortlaut der Vorschrift für sich betrachtet die gegenteilige Meinung nicht ausschließt.[36] Der Erlass einer **einstweiligen Verfügung** ist zulässig.[37]

13 Für die Beurteilung der Erforderlichkeit einer Freistellung über die Mindeststaffel hinaus können **keine Richtwerte bzw. Erfahrungswerte** zugrunde gelegt werden.[38] Wie bei § 37 Abs. 2 ist maßgebend, ob zur ordnungsgemäßen Wahrnehmung der BR-Aufgaben zusätzliche Freistellungen erforderlich sind.[39] **Maßgebende Kriterien** können z. B. sein: **erhöhter Arbeitsanfall;**[40] **Mehrbelastung des BR** durch vom Regelfall abweichende **Besonderheiten der betrieblichen Organisation;**[41] **Freistellungszeiten** von **nicht freigestellten BR-Mitgliedern;**[42] **außergewöhnliche Maßnahmen** wie Betriebsänderungen, Einführung von EDV-Systemen; Betriebsgröße knapp unter der nächsten Stufe der Mindeststaffel; weitverzweigte Betriebsstätten;[43] **Drei- bzw. Mehrschichtbetrieb;**[44] die **zeitweilige Verhinderung** eines freigestellten Mitgliedes auf Grund Tätigkeit als GBR-Vorsitzender.[45] Auch eine große Zahl von **Telearbeitsplätzen** kann wegen des hiermit verbundenen größeren Betreuungsaufwands[46] eine Erhöhung rechtfertigen. Entsprechendes gilt für eine verhältnismäßig große Zahl von **Leiharbeitnehmern,** wenn aus deren notwendiger Repräsentation im Betrieb für den BR ein erhöhter Arbeitsaufwand folgt.[47]

14 Der BR muss die **Erforderlichkeit zusätzlicher Freistellungen** in einem arbeitsgerichtlichen Beschlussverfahren darlegen.[48] Begehrt er die Freistellung eines zusätzlichen BR-Mitglieds für den Rest der Wahlperiode, muss er darlegen, dass diese Freistellung für die gesamte restliche Wahlperiode erforderlich ist und die notwendigen BR-Arbeiten nicht durch sonstige personelle Möglichkeiten (§ 37 Abs. 2) verrichtet werden können.[49] Die Tatsachengerichte (ArbG und LAG) haben bei der Prüfung der Frage der Erforderlichkeit einen gewissen **Beurteilungsspielraum.**[50] Entsprechendes gilt für den BR.[51]

15 In **Betrieben mit weniger als 200 AN** kann eine Freistellung oder teilweise Freistellung in Betracht kommen, wenn diese zur ordnungsgemäßen Durchführung der BR-Aufgaben erforderlich ist und regelmäßig BR-Tätigkeit in einem bestimmten, einer Pauschalierung zugäng-

---

33 *BAG* 26.7.89, NZA 90, 621 = AuR 90, 232; 12.2.97 – 7 ABR 40/96, NZA 97, 728; 9.7.97 – 7 ABR 18/96, NZA 98, 164; *LAG Rheinland-Pfalz* 19.12.03 – 8 TaBV 558/03, juris; *Fitting*, Rn. 20; GK-*Weber*, Rn. 32 m. w. N.; Richardi-*Thüsing*, Rn. 18; ErfK-*Koch*, Rn. 2; a. A. HWGNRH-*Glock*, Rn. 17.
34 25.5.73, AP Nr. 2 zu § 38 BetrVG 1972.
35 *ArbG Darmstadt* 5.10.78 – 2 BV 11/78.
36 *BAG*, a. a. O.
37 GK-*Weber*, a. a. O.; *SWS*, Rn. 7; Richardi-*Thüsing*, Rn. 44.
38 *BAG* 21.11.78, AP Nr. 34 zu § 37 BetrVG 1972; GK-*Weber*, Rn. 31, 34; *Weber*, AiB 99, 71 f.; zu den Voraussetzungen zusätzlicher Freistellungen allg. *Waas*, S. 31 ff.
39 Vgl. § 37 Rn. 26 ff.; im Übrigen *BAG* 22.5.73, AP Nrn. 1, 2 zu § 38 BetrVG 1972; 12.2.97 – 7 ABR 40/96, AuR 97, 252, Ls.; *LAG Niedersachsen* 6.9.88 – 11 TaBV 46/88.
40 *LAG Köln* 2.8.88, AiB 89, 165.
41 *ArbG Frankfurt* 4.1.90, AiB 90, 256 mit Anm. *Hartwig*.
42 *ArbG Frankfurt*, a. a. O.
43 *LAG Düsseldorf* 29.6.88, AiB 89, 80; *BAG* 22.5.73, AP Nr. 1 zu § 38 BetrVG 1972; ErfK-*Koch*, Rn. 2; *Fitting*, Rn. 28.
44 *BAG*, a. a. O.
45 *BAG* 12.2.97 – 7 ABR 40/96, NZA 97, 782; *Fitting*, Rn. 23; vgl. Rn. 17: regelmäßige Beschäftigung von **Leih-AN** im Betrieb; *ArbG Berlin* 31.1.01, AiB 01, 541 mit Anm. *Manske; BAG* 22.10.03 – 7 ABR 3/03, NZA 04, 1052, das aber auf die konkrete Arbeitsbelastung abstellt; zur zusätzlichen Arbeitsbelastung für den BR vgl. *Ratayczak*, AiB 04, 212.
46 Vgl. *Wedde*, S. 142 f.
47 Vgl. in *BAG* 22.10.03 – 7 ABR 3/03, DB 04, 939; ähnlich *Fitting*, Rn. 23.
48 *BAG* 25.5.73, 9.10.73, 16.1.79, AP Nrn. 1, 2, 3, 5 zu § 38 BetrVG 1972; *Fitting*, Rn. 20 ff.; GK-*Weber*, Rn. 32.
49 *BAG* 26.7.89, AP Nr. 10 zu § 38 BetrVG 1972.
50 *BAG* 9.10.73, AP Nr. 3 zu § 38 BetrVG 1972.
51 *LAG Nürnberg* 19.11.85 – 5 TaBV 7/84.

lichen Mindestumfang anfällt.[52] Der Anspruch leitet sich nach Auffassung des *BAG* aus § 37 Abs. 2 ab, sofern keine anderweitige Regelung durch TV oder BV getroffen wurde.[53] Da es auf die konkreten Umstände des einzelnen Betriebs ankommt, lassen sich keine Richt- bzw. Erfahrungswerte zugrunde legen (vgl. Rn. 13).

4. Teilfreistellungen, Ersatzfreistellungen

Abs. 1 S. 3 normiert ausdrücklich die Möglichkeit einer **Teilfreistellung** von BR-Mitgliedern. 16
Die Regelung trägt der Tatsache Rechnung, dass Teilzeitarbeit in verschiedensten Formen zunimmt und nach Verkündung des TzBfG gesetzlich ausdrücklich begünstigt wird (TZA, § 1 TzBfG Rn. 3). Nicht relevant für die Berechnung des Gesamt-Freistellungsvolumens ist die individuelle Arbeitszeit der Freizustellenden, sondern das Stundenvolumen eines Vollzeitbeschäftigten. Damit besteht ein Teilfreistellungsanspruch für ein weiteres BR-Mitglied immer dann, wenn ein anderes freizustellendes Mitglied nur eine Teilzeittätigkeit ausübt.[54] Dies folgt unmittelbar aus dem Wortlaut, der für den Standardfall einer Vollfreistellung vollzeitbeschäftigter AN Teilzeit-Freistellungen zulässt.[55]

Ein **Ziel** der Teilzeitregelung ist es, **Teilzeitbeschäftigten** ein **Engagement in der BR-Arbeit** 17
zu ermöglichen. Darüber hinaus soll Vollzeitbeschäftigten durch die Nutzung von Teilfreistellungen die Möglichkeit gegeben werden, neben ihrer BR-Tätigkeit den Anschluss an ihre eigentlichen beruflichen Aufgaben zu wahren.[56] Schließlich soll es auf dieser Basis auch möglich werden, die BR-Arbeit in räumlich weit auseinander liegenden Betriebsteilen zu sichern.[57]

Weitergehende Regelungen zur Teilfreistellung, wie insbesondere auch eine Erhöhung des zur 18
Verfügung stehenden Zeitvolumens, können durch **TV** oder **BV** getroffen werden.

Bleibt die Aufteilung der verschiedenen Teilfreistellungen summenmäßig innerhalb des nach 19
Abs. 1 Satz 1 und 2 zulässigen Arbeitszeitvolumens von vergleichbaren freigestellten Vollzeitbeschäftigten, besteht **keine weitergehende Darlegungslast** des BR hinsichtlich des erforderlichen Umfangs gegenüber dem AG.[58] Für Teilfreistellungen gelten i. Ü. die gleichen allgemeinen Grundsätze wie für Vollfreistellungen (vgl. Rn. 4 ff.). Für die Berechnung des konkreten Freistellungsvolumens von Teilfreistellungen ist auf den Umfang der betrieblichen (Voll-) Arbeitszeit abzustellen.[59] Gibt es im Betrieb aufgrund unterschiedlicher Arbeitszeitmodelle für Gruppen von Vollzeitbeschäftigen verschiedene Arbeitszeiten, ist zur Berechnung des Freistellungsvolumens vom höchsten Zeitvolumen auszugehen. Abzulehnen ist das Abstellen auf das Volumen des im Betrieb mehrheitlich angewandten Vollzeitmodells.[60] Dieses Vorgehen würde zu Zufallsergebnissen führen, wenn etwa zwei Freistellungen je zur Hälfte auf vier BR-Mitglieder aufgeteilt werden sollten, die alle zu der Gruppe mit höheren Gesamtarbeitszeiten gehören. Die Freistellung dieser BR-Mitglieder läge damit unterhalb der gewollten fünfzig Prozent. Im Ergebnis würde damit die Arbeitsfähigkeit des BR beschränkt.

Mit der Regelung wird der Betriebsrat in die Lage versetzt, eine aus seiner Sicht **optimale** 20
Anpassung und **Gestaltung des Volumens der Teilfreistellungen** vorzunehmen. Damit lassen sich BR-Mitgliedern in unterschiedlichen Bereichen bzw. Abteilungen eines Betriebs optimierte Arbeitsmöglichkeiten einräumen. Ergebnis kann insbesondere bei Betrieben mit

---

52 *BAG* 13.11.91 – 7 ABR 5/91, NZA 92, 414, 2.4.74, AP Nr. 10 zu § 37 BetrVG 1972; a. A. HWGNRH-*Glock*, Rn. 19 f.

53 *BAG*, a. a. O.; Richardi-*Thüsing*, Rn. 16.

54 Ähnlich *Fitting*, Rn. 12b; Richardi-*Thüsing*, Rn. 14, ErfK-*Koch*, Rn. 4; *Hornung*, DB 02, 95 HWGNRH-*Glock*, Rn. 10, 20.

55 Im Ergebnis ebenso *Peter*, AiB 02, 283.

56 Ähnlich *Plander*, DB 00, 2014 [2018]; allgemein *Jansen*, AiB 2/19, 45; *Schiefer*, DB 19, 728.

57 Vgl. BT-Drucks. 14/5741 S. 41 zu Nr. 30a.

58 Im Ergebnis ebenso *Fitting*, Rn. 12 ff.; GK-*Weber*, Rn. 26; *Wlotzke/Preis*, Rn. 11; *Greßlin*, S. 170; *Gillen/Vahle*, BB 06, 2749; Richardi-*Thüsing*, Rn. 15., der allerdings Aufteilungen für unzulässig hält, die zu einer »Atomisierung« der Freistellung führen würden; zur Darlegungslast bei Überschreiten des Volumens vgl. Rn. 11.

59 BT-Drucks. 14/5741 S. 41.

60 So *Fitting*, Rn. 12b; *Greßlin*, S. 173.

einem hohen räumlichen Dezentralisationsgrad die Verbesserung der Basisnähe des BR zu den einzelnen AN sein.[61] Weiterhin kommt die Teilfreistellung auch den BR-Mitgliedern entgegen, die ihre berufliche Tätigkeit im Betrieb aus Gründen des Qualifikationserhalts nicht vollständig aufgeben wollen.

21 Über Teilfreistellungen und deren zeitliche und personelle Aufteilung entscheidet der BR durch **Beschluss** vor Durchführung der Wahl.[62] In der **konkreten Ausgestaltung** der Teilfreistellungen ist der BR frei.[63] Der AG kann keine bestimmte Form der Ausgestaltung von Teilfreistellungen verlangen. Beinhaltet eine Vollzeitstelle in einem Betrieb beispielsweise 37,5 Wochenstunden, sind Teilfreistellungen im entsprechenden Gesamtvolumen möglich (etwa zwei symmetrische Freistellungen zu je 18,75 Wochenstunden oder zwei asymmetrische Freistellungen zu 25 bzw. zu 12,5 Wochenstunden usw.). In größeren Betrieben kann der sich ergebende Gestaltungsspielraum etwa auch genutzt werden, um zwei Vollfreistellungen zu je ⅔ auf zwei BR-Mitglieder und zu je ⅓ auf zwei weitere BR-Mitglieder zu verteilen.[64] Bei der Aufteilung von Teilfreistellungen muss der BR bei Verhältniswahl beachten, dass die Entscheidung hierüber im Einzelfall der Liste zusteht, der die Vollfreistellung zufallen würde.[65]

22 Eine Grenze für Gestaltungen von Teilfreistellungen kann nur bestehen, wenn diese offensichtlich kontraproduktiv sind. Dies wäre etwa der Fall, wenn in einem Betrieb mit mehr als 200 AN die einzige Freistellung durch Verteilung auf alle neun BR-Mitglieder »atomisiert« würde, ohne dass es für diese Variante spezifische Gründe (beispielsweise eine räumliche Zergliederung bei einem Filialbetrieb) gibt.[66] Allerdings ist zu beachten, dass der BR auch in derartigen Fällen nicht unter einem Begründungszwang gegenüber dem AG steht, sondern in der Ausgestaltung frei ist, es sei denn, der AG hält diese Form der Freistellung in bestimmten Einzelfällen für sachlich nicht vertretbar.[67]

23 Ist ein freigestelltes BR-Mitglied **zeitweilig** verhindert, hat der BR, wenn dies für die ordnungsgemäße Durchführung seiner Aufgaben erforderlich ist, Anspruch auf **Ersatzfreistellung** eines anderen BR-Mitglieds.[68] Dieser Anspruch ist im **einstweiligen Verfügungsverfahren** durchsetzbar.[69] Dies gilt entsprechend auch für Teilfreistellungen. Eine **Ersatzfreistellung** ist nach der Rspr. **möglich,** wenn die Aufgaben eines zeitweilig verhinderten BR-Mitglieds auch nach einer zumutbaren betriebsratsinternen Umverteilung durch die anderen Mitglieder des BR nicht erledigt werden können und Arbeitsbefreiungen nach § 37 Abs. 2 bzw. die Vertretung durch ein Ersatzmitglied nach § 25 Abs. 1 Nr. 2 nicht ausreichen.[70]

24 Die **Notwendigkeit** der Ersatzfreistellung ist vom BR durch **konkrete Gründe** näher darzulegen.[71] Nach nicht überzeugender Auffassung des *BAG*[72] soll indes nicht jede **kurzfristige Verhinderung** (= weniger als drei Tage) von ständig freigestellten BR-Mitgliedern zu Ersatzfreistellungen berechtigen. Zur Begründung wird darauf verwiesen, dass in der Berechnung der Mindestfreistellungsstaffeln urlaubs-, krankheits- und schulungsbedingte Abwesenheits-

61 BT-Drucks. 14/5741, S. 41.
62 *LAG Brandenburg* 4. 3. 03 – 2 TaBV 22/02, juris.
63 Ebenso *Fitting*, Rn. 13; *Gillen/Vahle*, BB 06, 2749; a. A. *Löwisch*, BB 01, 1734 [1743], dessen »konkrete Betrachtungsweise« zu unkalkulierbaren Zufallsergebnissen führen würde und *Hornung*, DB 02, 94 der dem BR kein freies Ermessen in dieser Frage zugesteht.
64 Vgl. weitere Beispiele bei *Fitting*, Rn. 12b.
65 *LAG Brandenburg*, a. a. O.; ebenso *Ratayczak*, AiB 10, 296 ff.; a. A. *Fitting*, Rn. 43, nach dem sich die auf Listen zu verteilenden Höchstzahlen nach der Anzahl der tatsächlich freizustellenden Personen richten soll.
66 Ähnlich *Fitting*, Rn. 13; Richardi-*Thüsing*, Rn. 15; *Gillen/Vahle*, BB 06, 2749.
67 *Fitting*, Rn. 14; GK-*Weber*, Rn. 40; *Greßlin*, S. 189 ff.; a. A. ErfK-*Koch*, Rn. 4; HSWG, Rn. 19b.
68 *BAG* 22. 5. 73, AP Nr. 1 zu § 38 BetrVG 1972 mit Anm. *Richardi;* 12. 2. 97 – 7 ABR 40/96, NZA 97, 782; 9. 7. 97 – 7 ABR 18/96, NZA 98, 164 = AiB 98, 100 mit Anm. *Roos; ArbG Frankfurt* 17. 9. 99, AiB 91, 25 mit Anm. *Grimberg;* GK-*Weber*, Rn. 49; *Kühner*, S. 139 f.; *Gillen/Vahle*, BB 06, 2749; *Schneider*, AiB 99, 308; *Peter*, AiB 02, 285; a. A. offenbar HWGNRH-*Glock*, Rn. 17.
69 *ArbG Frankfurt*, a. a. O.
70 *BAG* 12. 2. 97, a. a. O.
71 *BAG* 9. 7. 97, a. a. O.; *Fitting*, Rn. 26.
72 *BAG* 22. 5. 73, 9. 7. 97, jeweils a. a. O.; mit zutreffenden Argumenten kritisch *Schneider*, AiB 99, 308 ff.

zeiten bereits enthalten seien.[73] Die Begründung überzeugt nicht uneingeschränkt. Interne Vertretungen für kurzfristig verhinderte BR-Mitglieder lassen sich trotz der Regelung des § 37 Abs. 2 allenfalls in größeren Gremien mit vielen Freistellungen realisieren, nicht aber bei nur einem oder zwei Freigestellten. Kann ein BR darlegen, dass eine interne Vertretung auch unter Ausschöpfung der Möglichkeiten des § 37 Abs. 2 bei kurzfristiger Verhinderung nicht realisiert werden kann, hat er einen Anspruch auf Ersatzfreistellung.[74] Dies gilt insbesondere bei **kleineren Betrieben** mit nur einem oder zwei freigestellten BR-Mitgliedern.[75] Ersatzfreistellungen sind **keine zusätzlichen Freistellungen**, weil mit der Verhinderung die Zahl der insgesamt freigestellten BR-Mitglieder sinkt.[76]

Für die **Erforderlichkeit einer Ersatzfreistellung** sind neben der Dauer der individuellen Verhinderung und der Zahl der Freigestellten auch Art, Organisation, Schichtsystem sowie die räumliche Lage der Betriebsstätten von Bedeutung.[77] An die Darlegungspflicht für zusätzliche Freistellungen bei verhinderten BR-Mitgliedern werden geringere Anforderungen gestellt als bei Freistellungen, die über die Mindeststaffel hinausgehen.[78] Die »**Darlegungslast**« kann sich nach dem Grundsatz des Beweises des ersten Anscheins umkehren. Dies ist z. B. der Fall, wenn in einem 3-Schicht-Betrieb mit zwei räumlich getrennten Betriebsstätten während der Urlaubszeit von fast zehn Wochen zeitweise zwei der vier ständig freigestellten BR-Mitglieder an der Ausübung des Amtes verhindert sind. In diesem Fall ist davon auszugehen, dass ohne zusätzliche Freistellung für die Zeit der Verhinderung der freigestellten BR-Mitglieder der BR die ihm obliegenden Aufgaben nicht mehr ordnungsgemäß durchführen kann.[79] Die Grundsätze für die Arbeitsbefreiung nach § 37 Abs. 2 (vgl. § 37 Rn. 10 ff.) sind für Ersatzfreistellungen heranzuziehen.[80] 25

Der BR kann in seinem Beschluss über die Freistellungen zugleich festlegen, welche **BR-Mitglieder** für den Fall der zeitweisen Verhinderung **ersatzweise freizustellen** sind. Hat der BR Teilfreistellungen vorgenommen, kann er beispielsweise auch festlegen, dass die Aufgaben eines BR-Mitgliedes im Fall seiner zeitweiligen Verhinderung zur Aufstockung des Freistellungskontingents eines anderen teilfreigestellten Mitgliedes führen, sofern dieses mit einer entsprechenden Regelung einverstanden ist (vgl. zum Einverständnis allg. Rn. 55). Derartige Regelungen entsprechen dem Interesse des BR, seiner einzelnen Mitglieder, aber auch dem des AG, weil sich alle Beteiligten hierauf einstellen können.[81] 26

5. Anderweitige Regelungen durch Tarifvertrag oder Betriebsvereinbarung

In **TV** oder durch **BV** können anstelle der Staffel **anderweitige Regelungen über die Freistellung** getroffen werden (Abs. 1 Satz 3). Eine **BV** kann nicht gegen den Willen des AG oder des BR durch den Spruch der ESt. erlassen werden.[82] Dagegen könnte ein **TV** über eine anderweitige Regelung der Freistellung durch Arbeitskampf erzwungen werden.[83] Möglich soll aufgrund des nicht abschließenden Charakters der Vorschrift auch die Vereinbarung per Regelungsabrede sein.[84] Sie kann einvernehmlich vereinbart werden, wenn die hieraus resultierenden Freistellungen für den BR günstiger sind als die gesetzlichen Vorgaben. Mit derartigen 27

---

73 *BAG* 12.2.97, 9.7.97, jeweils a. a. O.
74 Ebenso *Schneider*, a. a. O.
75 So auch *Fitting*, Rn. 27; *Roos*, Anm. zu *BAG* 9.7.97 – 7 ABR 18/96, AiB 98, 100 weist zutreffend auf die Möglichkeit einer weiteren Freistellung in diesen Fällen hin; ähnlich *ArbG Frankfurt*, a. a. O.
76 *Richardi*, Anm. zu AP Nr. 1, 2 zu § 38 BetrVG 1972; Richardi-*Thüsing*, Rn. 21; a. A. *BAG* 9.7.97 – 7 ABR 18/96, NZA 98, 164; GK-*Weber* Rn. 43.
77 *BAG* 22.5.73, AP Nrn. 1, 2 zu § 38 BetrVG 1972; vgl. auch *Schneider*, a. a. O.
78 *BAG*, a. a. O.; Richardi-*Thüsing*, Rn. 19; GK-*Weber*, Rn. 50; a. A. offenbar HWGNRH-*Glock*, Rn. 17.
79 *BAG* 22.5.73, AP Nr. 1 zu § 38 BetrVG 1972.
80 A. A. HWGNRH-*Glock*, a. a. O.
81 *Schumann*, DB 74, 190; zum Wahlverfahren Rn. 59 ff.
82 *Fitting*, Rn. 26; GK-*Weber*, Rn. 42, 34; HWGNRH-*Glock*, Rn. 27; Richardi-*Thüsing*, Rn. 22.
83 *Fitting*, a. a. O.; WP-*Kreft*, Rn. 13; a. A. GK-*Weber*, a. a. O.; Richardi-*Thüsing*, Rn. 22; ErfK-*Koch*, Rn. 5; *Gillen/Vahle*, BB 06, 2749.
84 *LAG Köln* 7.10.11 – 4 TaBV 52/11, NZA-RR 12, 135; zur Regelungsabrede allg. § 77 Rn. 163; *Bayreuther*, NZA 19, 430.

Regelungen wird es möglich, branchenüblichen oder betrieblichen Besonderheiten Rechnung zu tragen. So kann z. B. eine durch TV oder BV getroffene Regelung anstelle oder neben der AN-Zahl des Abs. 1 für den Umfang von Freistellungen andere Kriterien (z. B. Zusammensetzung der Belegschaft, Zahl der BR-Mitglieder, Entfernung der einzelnen Arbeitsplätze oder Betriebsbereiche u. Ä.) zugrunde legen.[85] Des Weiteren kann dem BR hinsichtlich der Zahl der Freizustellenden ein Spielraum eingeräumt werden.[86] Bei der Verteilung tariflich vereinbarter zusätzlicher Freistellungen sind die Grundsätze der Verhältnis- bzw. Mehrheitswahl zu beachten. Damit fällt beispielsweise die tariflich indizierte Entscheidung über Teilfreistellungen nur der Liste zu, der eine Vollfreistellung zufallen würde.[87]

28 Für eine durch TV oder BV abweichende Regelung sind die in Abs. 1 enthaltenen **Mindestzahlen nicht verbindlich.** Da die Öffnungsklausel keine Einschränkungen enthält, soll die Vereinbarung sowohl eine Erhöhung als auch eine Herabsetzung der Zahl der freizustellenden BR-Mitglieder vorsehen können.[88] Die Zulässigkeit einer Herabsetzung der Zahl der Freizustellenden per TV oder BV ist abzulehnen, weil sie der Tatsache nicht gerecht würde, dass der BR zur Wahrnehmung seiner Aufgaben die vom Gesetzgeber festgelegte Mindestzahl von Freistellungen benötigt, um seine Arbeit sachgerecht wahrnehmen zu können.[89] Kollektivrechtliche Vereinbarungen können deshalb rechtswirksam nur darauf gerichtet sein, die Ausgestaltung der Freistellungen innerhalb des gesetzlichen Mindestrahmens zu präzisieren (etwa allgemeine Vorgaben zur Verteilung der Freistellungen auf verschiedene Bereiche) oder ein erhöhtes Kontingent festzulegen.[90] In TV wie in BV uneingeschränkt zulässig sind hingegen Regelungen zu **Teilfreistellungen,** die über den durch Abs. 1 Satz 3 und 4 normierten Rahmen hinausgehen und für Betriebe **unter 200 AN** völlige oder teilweise Freistellungen.[91] Unzulässig sind hingegen entsprechende Regelungen, die die Möglichkeiten von Teilfreistellungen ohne zwingende Gründe einschränken.[92]

29 Eine anderweitige Regelung durch TV oder BV ist **unzulässig,** sofern sie einen **generellen Ausschluss** der gesetzlichen Regelung über die Freistellung vorsieht.[93] Ggf. handelt der BR pflichtwidrig i. S. d. § 23 Abs. 1, wenn er sich mit einer geringeren als der gesetzlich vorgesehenen Zahl von Freistellungen einverstanden erklärt, obwohl diese zur ordnungsgemäßen Durchführung der Aufgaben des BR notwendig ist.[94]

30 Besteht eine **anderweitige TV-Regelung** über die Freistellung, ist eine BV insoweit zulässig, als sie eine weitergehende Freistellungsregelung als der TV enthält.[95] Die Sperrwirkung des § 77 Abs. 3 findet keine Anwendung, da es sich bei der Freistellung nicht um die Regelung von Arbeitsbedingungen, sondern um eine betriebsverfassungsrechtliche Frage handelt.[96] Eine BV mit einer ungünstigeren Regelung, als der TV sie vorsieht, ist unzulässig, da der TV die höherrangige Norm ist. Etwas anderes gilt, wenn der TV eine entsprechende Öffnungsklausel enthält.

31 Die **anderweitige Regelungsbefugnis** durch TV oder BV bezieht sich auf Grund ihrer Stellung in Abs. 1 Satz 3 offenbar nur **auf die Zahl** der ganz oder teilweise freizustellenden BR-Mit-

---

85 Vgl. auch GK-*Weber,* Rn. 43.
86 Vgl. *Kühner,* S. 141 f.
87 *LAG Brandenburg* 4. 3. 03 – 2 TaBV 22/02, juris.
88 *BAG* 11. 6. 97 – 7 ABR 5/96, NZA 97, 1301 = SAE 98, 50 mit Anm. *Brors,* das eine **Herabsetzung** für zulässig hält; ähnlich *LAG Saarland* 4. 7. 01 – 2 TaBV 2/01, AiB 02, 129; GK-*Weber,* Rn. 43; ErfK-*Koch,* Rn. 5; a. A. *WW,* Rn. 4.
89 Ähnliche *Fitting,* Rn. 30; Richardi-*Thüsing,* Rn. 23, der auf die Arbeitsfähigkeit des BR hinweist; a. A. *LAG Baden-Württemberg* 14. 12. 16 – 4 TaBV 10/16, AiB 4/17, 46.
90 Richardi-*Thüsing,* a. a. O. verweist allerdings darauf, dass eine Freistellung weit über den gesetzlich festgelegten Grundbedarf hinaus eine unzulässige Begünstigung sein könnte.
91 *LAG Hamm* 19. 8. 09 – 10 Sa 295/09, GWR 09, 457.
92 Anders Brandenburg 4. 3. 03 – 2 TaBV 22/02, juris; *Fitting,* Rn. 28.
93 ErfK-*Koch,* Rn. 5; *Fitting,* Rn. 30; GK-*Weber,* Rn. 44; HWGNRH-*Glock,* Rn. 26.
94 *Fitting,* a. a. O.; GK-*Weber,* a. a. O.; *Kühner,* S. 142.
95 *Fitting,* Rn. 32; HWGNRH-*Glock,* Rn. 29; Richardi-*Thüsing,* Rn. 25.
96 *Fitting,* a. a. O.; GK-*Weber,* Rn. 45; HWGNRH-*Glock,* a. a. O.; Richardi-*Thüsing,* Rn. 25; a. A. *GL,* Rn. 32.

glieder und nicht auf eine abweichende Regelung des Freistellungsverfahrens.[97] Die durch TV oder BV getroffene Regelung tritt an die Stelle der gesetzlichen Regelung nach Abs. 1 Satz 1 und 2. In diesem Fall hat der BR, falls TV oder BV dies nicht ausdrücklich zulässt, keinen Anspruch auf weiter gehende Freistellungen.[98]

Unberührt von einer getroffenen Regelung bleibt die **Möglichkeit der Arbeitsbefreiung** aus konkretem Anlass gemäß § 37 Abs. 2 und einer weiteren Freistellung durch ArbG-Beschluss.[99] 32

III. Entscheidung über Freistellungen

1. Beschlussfassung des Betriebsrats

Das **Freistellungsverfahren** stellt sich wegen der Beteiligung des AG und ggf. der Wahl nach den Grundsätzen der Verhältniswahl (vgl. Rn. 34 ff.) als sehr kompliziertes Verfahren dar.[100] Der Entscheidungsprozess erfordert ggf. **mehrere Beschlüsse des BR**,[101] u. a. Vorauswahl der Freizustellenden durch den BR, Beratung mit dem AG, Wahl der Freizustellenden durch den BR und u. U. Verfahren vor der ESt. Das **Geschlecht spielt** bei der Freistellung **keine Rolle**, da das Gesetz keine Quoten vorschreibt. 33

Die **Wahl** der freizustellenden BR-Mitglieder hat **geheim** (vgl. § 27 Rn. 7) in einer ordnungsgemäß einberufenen Sitzung – möglichst unmittelbar nach der Konstituierung des BR – zu erfolgen[102] und zwar unabhängig davon, ob die Wahl nach den Grundsätzen der Mehrheitswahl oder der Verhältniswahl durchgeführt wird.[103] Beschlussfähigkeit des BR (vgl. § 33 Abs. 2) muss jeweils gegeben sein. Mit Blick auf die notwendige einheitliche und geheime Wahl ist die Durchführung der Wahl in getrennten Wahlgängen für die verschiedenen Standorte eines BR unzulässig.[104] Tarifvertraglich oder kollektivrechtlich vereinbarte Abweichungen vom Wahlverfahren sind unzulässig, wohl aber entsprechende anderweitige oder abweichende Regelungen über die Freistellung.[105] 34

Im Übrigen ist der **BR** bei der **Gestaltung** des **Wahlverfahrens frei** und kann entweder durch Beschluss oder in seiner GO[106] generelle Regeln aufstellen. Die **Leitung** der Wahl obliegt dem BR-Vorsitzenden. Für ihre **Durchführung** gelten die Erläuterungen zu § 27 entsprechend (vgl. § 27 Rn. 3, 19 ff.). 35

Trotz der Beratungspflicht mit dem AG liegt die **Entscheidungskompetenz** über die Freizustellenden allein **beim BR**, ggf. aber auch bei der ESt. (vgl. Rn. 47 ff.). Bei seiner Beschlussfassung sind die betrieblichen Notwendigkeiten zu berücksichtigen und die Einwände des AG zu prüfen, wobei allerdings bei gegensätzlicher Interessenlage grundsätzlich die Belange des BR Vorrang haben. Zur Rechtsstellung der freigestellten BR-Mitglieder vgl. Rn. 66 ff. 36

Der **Wechsel** der **Listengemeinschaft** bei Verhältniswahl während der Amtsperiode hat keinen unmittelbaren Einfluss auf die erfolgte Wahl.[107] 37

---

97 *LAG Nürnberg* 17. 12. 90 – 7 TaBV 16/90, DB 91, 1178, Ls.; *LAG Saarland* 27. 3. 91 – 3 TaBV 4/90; *LAG Frankfurt* 1. 8. 91 – 12 TaBV 40/91, DB 91, 2494, Ls. = AuR 92, 250, Ls.; vgl. auch *ArbG Kassel* 2. 2. 93 – 7 BV 28/29; vgl. ferner *Engels/Natter*, BB-Beilage 8/89, S. 23 hinsichtlich der Gruppenregelung.

98 *Fitting*, Rn. 33; GK-*Weber*, Rn. 46; Richardi-*Thüsing*, Rn. 26; ErfK-*Koch*, Rn. 5; vgl. aber *Kühner*, S. 143.

99 *Fitting*, Rn. 33; GK-*Weber*, Rn. 46; *Kühner*, S. 143.

100 HWGNRH-*Glock*, Rn. 30; *Grimberg*, Anm. zu *ArbG Hamburg* 15. 9. 98, AiB 99, 42.

101 GK-*Weber*, Rn. 58 ff.; *Peter*, AiB 02, 284; Textmuster bei DKWF-*Wedde*, § 38 Rn. 8 ff.

102 Vgl. § 29 Rn. 2 f., 13; zur Unzulässigkeit der Wahl vor der Konstituierung *LAG Hamburg* 23. 7. 07 – 3 TaBV 13/06, juris.

103 *Bopp*, S. 115; ErfK-*Koch*, Rn. 6; *Fitting*, Rn. 34; GK-*Weber*, Rn. 60.

104 *LAG Köln* 13. 5. 20 – 1 TaBV 28/19, juris, verlangt einen einheitlichen Wahlvorgang; ebenso *Fitting*, Rn. 41.

105 *LAG Nds.* 10. 10. 11 – 9 TaBV 32/11, juris.

106 Vgl. § 36 Rn. 3 ff.; a. A. *Fitting*, Rn. 41, die grds. einen einheitlichen Wahlgang fordern.

107 *Blanke/Trümner*, BetrR 90, 25 [33]; vgl. § 27 Rn. 12.

2. Beratung mit dem Arbeitgeber

38 Der BR ist verpflichtet, vor seiner endgültigen Entscheidung **mit dem AG über die Freistellungen zu beraten.** Die Beratung hat in einer ordnungsgemäß einberufenen Sitzung mit dem gesamten BR zu erfolgen, zu der der AG rechtzeitig einzuladen ist.[108]

39 **Beratungsgegenstand** sind einerseits die Personen der freizustellenden BR-Mitglieder, andererseits, wenn der BR Freistellungen über die Mindeststaffel hinaus für erforderlich hält, die Zahl der Freistellungen. Dem AG soll durch die Anhörung Gelegenheit gegeben werden, auf die Berücksichtigung der betrieblichen Belange hinzuwirken.

40 **Beschließt der BR** über die Freistellung, **ohne vorher den AG gehört** zu haben, ist der Beschluss nicht **unwirksam.**[109] Die Nichtanhörung kann aber die Anfechtung der Wahl rechtfertigen. Die Beratung kann auch im Nachhinein stattfinden.[110] **Unterlässt der BR die Beratung mit dem AG,** handelt er pflichtwidrig und kann ggf., wenn die Voraussetzungen des § 23 Abs. 1 (vgl. hierzu § 23 Rn. 50 ff.) vorliegen, aufgelöst werden.[111] Etwas anderes kann nach dem Grundsatz der vertrauensvollen Zusammenarbeit ausnahmsweise gelten, wenn der BR die freizustellenden BR-Mitglieder in der Vergangenheit stets ohne vorherige Beratung mit dem Arbeitgeber gewählt hat und dies vom AG nicht beanstandet wurde.[112] Der BR ist nicht verpflichtet, den vom AG geäußerten Bedenken Rechnung zu tragen und kann folglich auch andere AN wählen, als die vom AG favorisierten.[113] Dieser kann jedoch die ESt. nach Abs. 2 Satz 6 anrufen, wenn seine Einwände unberücksichtigt bleiben.[114]

3. Verhältniswahl

41 Wie bei der Wahl der Mitglieder der BR-Ausschüsse nach den §§ 27, 28 (vgl. § 27 Rn. 3, 19 ff.) führt die **gesetzliche Verankerung des Verhältniswahlrechts** bei der Wahl der freizustellenden BR-Mitglieder dazu, dass der BR in seiner Gesamtheit nicht mehr in der Lage ist, verantwortlich darüber zu entscheiden, welche BR-Mitglieder freigestellt werden.[115] Die Konzeption, nach der sich unter den freizustellenden BR-Mitgliedern weiterhin Vertreter von sog. Minderheiten befinden müssen, kann dazu führen, dass die freigestellten Personen für ihre Arbeit nicht mehr das Vertrauen der Mehrheit des BR haben.[116] Die zwingende Berücksichtigung von Minderheiten macht nicht nur das Freistellungsverfahren komplizierter, sondern wird Betrieben, in denen z. B. zwei oder drei Freizustellende zu wählen sind, dazu führen, dass keine echte Wahl mehr stattfindet, weil die Mandate faktisch nur auf die eingereichten Wahlvorschläge zu verteilen sind. Dies kann nicht nur die Kontinuität der BR-Arbeit negativ beeinflussen, sondern auch dazu führen, dass diese für den AG unberechenbarer wird.

42 Die **Verhältniswahl** ist weiterhin die **gesetzliche Regelwahl** für die Ermittlung der freizustellenden BR-Mitglieder.[117] Dies gilt auch in Postnachfolgeunternehmen, wenn es dort Arbeitnehmer und Beamte gibt.[118] Die **Mehrheitswahl** (Personenwahl) findet nur Anwendung, wenn

---

108 *BAG* 29.4.92 – 7 ABR 74/91, NZA 93, 329 = AuR 93, 87, Ls.; *Bopp,* S. 114; *Fitting,* Rn. 45; Richardi-*Thüsing,* Rn. 29; ErfK-*Koch,* Rn. 7; vgl. auch § 29 Rn. 17 ff., § 33 Rn. 12 ff.; GK-*Weber,* Rn. 55 hält eine Behandlung in der monatlichen Besprechung nach § 74 Abs. 1 für ausreichend.

109 BAG 22.11.17 – 7 ABR 26/16, NZA 18, 523; *LAG Nürnberg* 19.11.97 – 4 TaBV 15/96, AiB 98, 582 mit Anm. *Kunz* = BB 98, 427; *Bopp,* S. 114; ErfK-*Koch,* Rn. 6; *Fitting,* Rn. 46; GK-*Weber,* Rn. 57; *WW,* Rn. 12; a. A. *GL,* Rn. 10; HWGNRH-*Glock,* Rn. 34; Richardi-*Thüsing,* Rn. 31; *SWS,* Rn. 22; *ArbG Hagen* 20.12.72, DB 73, 191.

110 *Blanke/Trümner,* BetrR 90, 25 [33].

111 Vgl. *Fitting,* a. a. O.; GK-*Weber,* a. a. O.

112 *ArbG Köln* 21.2.08 – 1 BV 166/07, BB 08, 945.

113 GK-*Weber,* Rn. 56.

114 *Bopp,* S. 115; *Fitting,* Rn. 57; vgl. im Übrigen Rn. 47 ff.

115 Vgl. *Engels/Natter,* BB-Beilage 8/89, S. 22; *Hanau,* AuR 88, 261 [265]; *Wlotzke,* DB 89, 111 [114 f.].

116 Vgl. *Engels/Natter,* a. a. O.; *Wlotzke,* a. a. O.

117 Ebenso Richardi-*Thüsing,* Rn. 32; ausdrücklich gegen die Möglichkeit einer Mehrheitswahl *ArbG Bonn* 7.3.19 – 3 BV 87/18, hierzu *Mittag,* jurisPR-ArbR 25/2019 Anm. 3; bestätigt durch *LAG Köln* 13.5.20 – 11 TaBV 28/19.

118 *BAG* 20.6.20 – 7 ABR 48/16.

- bei gemeinsamer Wahl der Freizustellenden die BR-Mitglieder nur einen Wahlvorschlag machen oder
- nur ein BR-Mitglied freizustellen ist.

Bei der Wahl der freizustellenden BR-Mitglieder spielen die Listen keine Rolle, auf die BR-Mandate entfallen sind. Es können sich andere Koalitionen und »Listenverbindungen« bilden.[119] Dies gilt auch, wenn der BR in gemeinsamer Wahl und Mehrheitswahl gewählt wurde (vgl. § 27 Rn. 10). Sämtliche BR-Mitglieder können sich ggf. listenübergreifend auf einen Wahlvorschlag verständigen. Die Durchführung der Verhältniswahl hat analog § 5 WO nach dem d'Hondtschen Höchstzahlsystem zu erfolgen.[120] 43

Wie z. B. bei der Wahl der weiteren Mitglieder des Betriebsausschusses bedürfen die **Wahlvorschläge** für die Wahl der freizustellenden BR-Mitglieder **keines Quorums.** Sie können mündlich in der Sitzung gemacht werden, sofern der BR keine andere Regelung getroffen hat.[121] Die Wahl erfolgt geheim[122]. Findet **Mehrheitswahl** statt, muss nicht für jede Freistellung die Wahl in einem gesonderten Wahlvorgang durchgeführt werden.[123] Der BR entscheidet darüber, ob getrennte Wahlgänge oder ein gemeinsamer Wahlgang durchgeführt wird. Bei **Verhältniswahl** hat die Wahl aller freizustellenden BR-Mitglieder, auch wenn deren Zahl die Mindeststaffel übersteigt, in einem Wahlgang zu erfolgen.[124] 44

4. Unterrichtung des Arbeitgebers

Nach erfolgter Beratung mit dem AG beschließt der BR erneut über die freizustellenden BR-Mitglieder.[125] Der BR hat dem AG **die Namen der Freizustellenden mitzuteilen.** Die Mitteilung hat nach § 26 Abs. 3 durch den BR-Vorsitzenden, bei dessen Verhinderung durch seinen Stellvertreter, zu erfolgen.[126] Stimmt der AG den Beschlüssen zu, sind die betreffenden BR-Mitglieder von ihrer beruflichen Tätigkeit freigestellt. Die Freistellung kann auch **stillschweigend** geschehen.[127] Dies ist grundsätzlich bei bisher bereits freigestellten BR-Mitgliedern der Fall, weil hier keine anderweitigen beruflichen Verpflichtungen entgegenstehen. Entsprechendes gilt, wenn der AG nicht innerhalb von zwei Wochen nach Mitteilung die ESt. anruft.[128] 45

Obwohl der BR beschließt, erfolgt die **Freistellung durch den AG,** der Gläubiger des Anspruchs auf die Arbeitsleistung ist. Bevor seine Einverständniserklärung nicht vorliegt, die Zweiwochenfrist für die Anrufung der ESt. nicht abgelaufen ist oder eine stillschweigende Zustimmung nicht unterstellt werden kann, dürfen die für die Freistellung vorgesehenen BR-Mitglieder ihrer beruflichen Tätigkeit nicht generell fernbleiben. Die Freistellung kann auch durch **konkludentes Handeln** des Arbeitgebers, d. h. ohne ausdrückliche Zustimmung erfolgen.[129] Eine Arbeitsbefreiung ist jedoch unter den Voraussetzungen des § 37 Abs. 2 jederzeit möglich. Der Freistellungsanspruch kann bei vorliegender Eilbedürftigkeit ggf. durch eine **einstweilige Verfügung des ArbG** vorläufig durchgesetzt werden.[130] Handelt der AG bewusst seiner Verpflichtung zur Freistellung zuwider, kann dies eine grobe Pflichtverletzung i. S. d. § 23 Abs. 3 darstellen, u. U. kommt auch eine Bestrafung nach § 119 Abs. 1 Nr. 2 in Betracht.[131] 46

---

119 *Fitting,* Rn. 37.
120 *BAG* 11.3.92 – 7 ABR 50/91, NZA 92, 946 = AuR 92, 282, Ls.; vgl. die Beispiele bei § 14 Rn. 29 ff.; § 27 Rn. 21.
121 *ArbG Hamburg* 15.9.98, AiB 99, 42 mit Anm. *Grimberg;* vgl. im Übrigen § 27 Rn. 22.
122 Vgl. zu den Wahlgrundsätzen Rn. 33 ff.; § 27 Rn. 19 ff.
123 Vgl. § 27 Rn. 10.
124 Ebenso *LAG Hamm* 10.6.05 – 13 TaBV 26/05.
125 *Blanke/Trümner,* BetrR 90, 25 [33]); DKWF-*Wedde,* § 38 Rn. 3, 9 ff.
126 Textmuster bei DKWF-*Wedde,* § 38 Rn. 9, 14.
127 *Kühner,* S. 146.
128 *Fitting,* Rn. 57; *GL,* Rn. 26; GK-*Weber,* a. a. O.; a. A. offenbar HWGNRH-*Glock,* Rn. 34; vgl. im Übrigen Rn. 45 ff.
129 Vgl. ähnlich GK-*Weber,* Rn. 66.
130 *Fitting,* Rn. 58; GK-*Weber,* a. a. O.
131 *Fitting,* a. a. O.; GK-*Weber,* Rn. 65; *GL,* Rn. 18; HWGNRH-*Glock,* Rn. 31; *Kühner,* S. 147.

5. Anrufung der Einigungsstelle

47 Hält der AG den Beschluss des BR für sachlich nicht vertretbar, kann er gemäß Abs. 2 Satz 4 **innerhalb von zwei Wochen die ESt.** anrufen.[132] Unterlässt er dies, wird der Beschluss gemäß Abs. 2 Satz 7 mit Ablauf der Frist wirksam. Dies gilt nach überwiegender – aber abzulehnender – Auffassung[133] jedoch nicht für die vom BR beschlossenen, über die Mindeststaffel des Abs. 1 hinausgehenden Freistellungen (vgl. im Übrigen Rn. 11 ff.), sofern weder TV noch BV abgeschlossen wurde. Demnach kann sich die »sachliche Vertretbarkeit« des Freistellungsbeschlusses des BR nur auf die **Auswahl der freizustellenden BR-Mitglieder** beziehen.[134] Dagegen ist es nicht Aufgabe des AG, darüber zu wachen, dass durch den BR bei der Freistellung die Minderheitenregelung gewahrt wurde.[135]

48 Der **Freistellungsbeschluss** des BR ist **sachlich nicht vertretbar,** wenn der BR bei der **Auswahl der Freizustellenden betriebliche Notwendigkeiten** nicht ausreichend berücksichtigt hat. Zu berücksichtigen sind nur Gründe, die aus objektiver Sicht **zwingend** sind.[136] Dies kann z. B. der Fall sein, wenn der BR ein Mitglied freistellt, das im Betrieb eine wichtige Schlüsselposition innehat, oder mehrere Freistellungen innerhalb einer Abteilung oder Arbeitsgruppe vornimmt, so dass deren Funktionsfähigkeit nicht mehr gegeben ist, sofern der BR ohne weiteres ein anderes geeignetes BR-Mitglied freistellen könnte[137] oder ein Ausgleich der Interessen durch Teilfreistellungen möglich ist. Betriebliche Notwendigkeiten sind nicht mit betrieblichen Interessen oder Bedürfnissen gleichzusetzen. Deshalb kommen als betriebliche Notwendigkeiten nicht Erschwerungen des Betriebsablaufs oder sonstige Unannehmlichkeiten für den AG in Betracht, die ohnehin mit jeder Freistellung verbunden sind.[138]

49 Der AG kann den Freistellungsbeschluss des BR nur insoweit anzugreifen, als er ihn sachlich nicht für vertretbar ansieht. Er kann sich darauf beschränken, die ESt. wegen der **Freistellung eines einzelnen BR-Mitglieds anzurufen.**[139]

50 Die **Frist** zur Anrufung der ESt. beträgt **zwei Wochen.** Sie beginnt mit dem Zugang der Mitteilung der Namen der freizustellenden BR-Mitglieder durch den BR beim AG bzw. einer hierfür vertretungsberechtigten Person.[140] Die Zweiwochenfrist ist eine **Ausschlussfrist.** Die **Berechnung der Frist** bestimmt sich nach §§ 187 ff. BGB (vgl. § 19 Rn. 37). Sie ist etwa dann gewahrt, wenn vor ihrem Ablauf der Antrag des AG beim Vorsitzenden der ESt. eingegangen ist, sofern z. B. im Betrieb eine ständige ESt. besteht.[141] Muss dagegen die ESt. nach § 76 erst gebildet werden, wird man die Frist als gewahrt ansehen müssen, wenn der Antrag auf Bildung einer ESt. zum Zwecke der Überprüfung der Freistellung beim Vorsitzenden des BR (vgl. § 26 Abs. 3) eingegangen ist und dieser Antrag auch einen Vorschlag für den Vorsitzenden der ESt. und die Zahl der Beisitzer enthält.[142] Ruft der AG die ESt. nicht innerhalb dieser Frist an, wird der Freistellungsanspruch nach Abs. 2 Satz 9 wirksam. Bezüglich des ESt.-Verfahrens vgl. § 76.

51 Durch den **Spruch der ESt.** wird die **Einigung zwischen BR und AG** ersetzt (Abs. 2 Satz 5). **Hebt die ESt. den Beschluss auf,** muss sie gleichzeitig unter Abwägung zwischen einer ordnungsgemäßen BR-Arbeit, den Belangen der betroffenen AN und der betrieblichen Notwendigkeiten **ein anderes freizustellendes BR-Mitglied bestimmen,** das mit der Freistellung einverstanden ist.[143]

---

132 Abs. 2 Satz 6; Textmuster bei DKWF-*Wedde*, § 38 Rn. 12.
133 *BAG* 22.5.73, 9.10.73, AP Nrn. 2, 3 zu § 38 BetrVG 1972.
134 *Fitting*, Rn. 60; GK-*Weber*, a. a. O.
135 Richardi-*Thüsing*, Rn. 36.
136 *Fitting*, Rn. 61.
137 *Fitting*, a. a. O.; GK-*Weber*, a. a. O.; *Kühner*, S. 147.
138 *Fitting*, a. a. O.; GK-*Weber*, a. a. O.; HWGNRH-*Glock*, a. a. O.
139 *Fitting*, Rn. 64; GK-*Weber*, Rn. 74; HWGNRH-*Glock*, Rn. 49; Richardi-*Thüsing*, Rn. 35.
140 *Fitting*, Rn. 62; GK-*Weber*, Rn. 69.
141 *Fitting*, Rn. 63; GK-*Weber*, Rn. 70; HWGNRH-*Glock*, Rn. 48.
142 *Gnade*, AuR 73, 43; *Fitting*, a. a. O.; GK-*Weber*, a. a. O.; *GL*, Rn. 25; HWGNRH-*Glock*, a. a. O., die jedoch offenbar alle einen Vorschlag für den ESt.-Vorsitzenden und die Zahl der Beisitzer als entbehrlich ansehen.
143 Vgl. *Blanke/Trümner*, BetrR 90, 25 [33]; ErfK-*Koch*, Rn. 7; *Fitting*, Rn. 66; GK-*Weber*, Rn. 75; HWGNRH-*Glock*, Rn. 52; Richardi-*Thüsing*, Rn. 408; *Wlotzke*, DB 89, 111 [114].

Das von der ESt. **zusätzlich zu beachtende Kriterium** der Verhältniswahl grenzt ihre personelle Auswahlentscheidung erheblich ein. Diesem zusätzlichen Kriterium ist ein hoher Stellenwert, aber keine absolute Priorität einzuräumen.[144] In der Praxis kann es mit den weiterhin zu beachtenden Vorgaben »betriebliche Notwendigkeiten« und »Interessen des BR und der AN« in Widerstreit geraten. Dies ist z. B. der Fall, wenn auf dem Wahlvorschlag der betreffenden »Liste« hinter dem gewählten, aber vom AG mit Erfolg abgelehnten Kandidaten, ein nach Ansicht der ESt. ungeeigneter Bewerber steht oder gar kein Kandidat mehr aufgeführt ist.[145] 52

Die gesetzliche Regelung (Abs. 2 Satz 6) geht zwar grundsätzlich davon aus, dass anstelle des Gewählten ein BR-Mitglied freizustellen ist, das dem gleichen Wahlvorschlag wie jenes angehört. Deshalb wird die ESt. bei ihrer Entscheidung die **Minderheitenregelung** nicht gänzlich unberücksichtigt lassen dürfen, sondern bei ihrer Entscheidung den sich aus § 25 Abs. 2 ergebenden Grundgedanken zumindest im Auge behalten müssen.[146] Die ESt. darf sich eine Entscheidung nicht deshalb versagen, weil sie glaubt, eines der Kriterien nicht berücksichtigen zu können,[147] muss aber vor ihrer Entscheidung feststellen, ob das von ihr in Aussicht genommene BR-Mitglied für eine Freistellung zur Verfügung steht.[148] Zur Frage einer gerichtlichen Überprüfung des Spruchs der ESt. vgl. Rn. 92. 53

6. Beendigung der Freistellung – Amtsniederlegung, Abberufung

Der BR wählt die freizustellenden Mitglieder im Allgemeinen für die **gesamte Amtsperiode,** es sei denn, die Freistellung war von vornherein nur **befristet** vorgesehen.[149] Die **Freistellung endet** zusammen **mit der Amtszeit** des BR (§ 21), der Auflösung des BR (§ 23 Abs. 1), nach erfolgreicher Wahlanfechtung (§ 19) sowie mit dem Erlöschen der Mitgliedschaft im BR (§ 24) oder erfolgreicher Amtsenthebung (§ 23 Abs. 1). Eine **Abberufung** der Freigestellten aus dieser Funktion in entsprechender Anwendung des **§ 23 Abs. 1** durch das ArbG ist unzulässig.[150] 54

Da die Freistellung in allen Phasen das **Einverständnis** des betreffenden BR-Mitglieds voraussetzt (vgl. Rn. 4), kann es dieses jederzeit formlos widerrufen und auf die weitere Freistellung verzichten, um seine berufliche Tätigkeit wieder aufnehmen zu können. Allerdings kann das freigestellte BR-Mitglied verpflichtet sein, für eine gewisse Übergangszeit die Beendigung der Freistellung aufzuschieben, bis ein Nachfolger gewählt und ggf. eingearbeitet ist.[151] 55

Eine **Abberufung** aller oder einzelner freigestellter BR Mitglieder ist **jederzeit möglich.**[152] Sie beendet die Freistellung, nicht dagegen die Mitgliedschaft im BR. Eine nachträgliche **Aussetzung** der gefassten Freistellungsbeschlüsse ist mangels gesetzlicher Grundlage nicht möglich. In Betracht kommt nur eine Abberufung.[153] 56

Die **Abberufung** muss **in einer Sitzung des BR** erfolgen, zu der ordnungsgemäß einzuladen ist (vgl. § 29 Rn. 15 ff., § 33 Rn. 15 ff.) und zu der die Beschlussfähigkeit (§ 33 Abs. 2) gegeben sein muss. § 27 Abs. 1 Satz 5 und Abs. 2 Satz 5 gilt entsprechend.[154] Die Abberufung bedarf auch gegenüber den bisher freigestellten BR-Mitgliedern keiner Begründung.[155] Die für die Abberufung notwendigen Stimmenzahl wird dadurch vorgegeben, ob die ursprüngliche Wahl des Freigestellten in Verhältniswahl oder in Mehrheitswahl erfolgt ist. Wurden die bisher frei- 57

---

144 GK-*Weber,* Rn. 76 f.; a. A. *Buchner,* NZA-Beilage 1/89, S. 2 [4].

145 *Engels/Natter,* BB-Beilage 8/89, S. 23.

146 *ArbG Stuttgart* 30. 11. 06 – 28 BV 149/06, juris; *Engels/Natter,* BB-Beilage 8/89, S. 23; vgl. auch *Fitting,* Rn. 68; GK-*Weber,* Rn. 77; a. A. *Richardi,* AuR 86, 33 [38]; HWGNRH-*Glock,* Rn. 52; *Wlotzke,* DB 89, 111 [115], die zu dem Ergebnis kommen, dass dem BR die Nachwahl obliegt und dass deshalb kein entsprechender Spruch der ESt. erfolgen muss.

147 *Heither,* NZA-Beilage 1/90, S. 11 [16].

148 *Fitting,* Rn. 66 f., m. w. N.

149 *Fitting,* Rn. 71; GK-*Weber,* Rn. 80.

150 *Fitting,* Rn. 76.

151 *Fitting,* Rn. 70; WP-*Kreft,* Rn. 20; vgl. auch GK-*Weber,* Rn. 80 unter Hinweis auf § 23 Abs. 1.

152 *HessLAG,* 4. 3. 93 – 12 TaBV 142/92; *ArbG Saarlouis* 11. 12. 06 – 3 BV 9/06, AuR 07, 284 für die Abwahl nach Wahlanfechtung durch ein BR-Mitglied.

153 *ArbG Essen* 1. 7. 03 – 2 BV 2/03, AuR 04, 238.

154 Richardi-*Thüsing,* Rn. 48.

155 *Hess. LAG* 23. 11. 20 – 16 TaBV 79/20, juris; *LAG Hamburg* 7. 8. 12 – 2 TaBV 2/12, juris.

gestellten BR-Mitglieder per **Verhältniswahl** gewählt, ist für deren Abberufung eine **qualifizierten Mehrheit von drei Vierteln der Stimmen des** gesamten **BR notwendig** (beispielsweise bei einem Gremium mit neunzehn Mitgliedern mindestens fünfzehn Stimmen). Eine Neuwahl der freigestellten Personen ohne vorherige Abberufung ist unzulässig.[156] Die Abstimmung über die Abberufung muss wie die Verhältniswahl selbst in geheimer Form erfolgen. Sie ist deshalb nur in Präsenzsitzungen möglich.

58 Im Falle einer ursprünglichen **Mehrheitswahl** reicht für die Abberufung die **einfache Stimmenmehrheit** des BR. Beispielsweise müssen von neunzehn Mitgliedern eines Gremiums für die Herstellung der Beschlussfähigkeit mindestens zehn anwesend sein. Hiervon müssen mindestens sechs Mitglieder für die Abberufung stimmen. Diese Beschlussfassung muss nach dem Gesetzeswortlaut **nicht** durch **geheime** Stimmabgabe erfolgen. Allerdings kann der BR geheime Abstimmung beschließen oder in seiner GO festlegen.[157] Zur Wahrung der individuellen Wahlfreiheit sollte der BR eine geheime Wahl durchführen, wenn ein BR-Mitglied dieses fordert.[158]

7. Verfahren bei Ersatzfreistellungen, Nachwahlen

59 Ist ein freigestelltes BR-Mitglied verhindert oder scheidet es endgültig aus dem BR aus, rückt das **Ersatzmitglied** nach § 25 Abs. 1 nur in die Rechtsstellung als BR-Mitglied nach, ohne automatisch freigestellt zu werden.[159] Der BR hat in diesen Fällen Anspruch auf **Ersatzfreistellung** eines anderen BR-Mitglieds (vgl. Rn. 17 f.). Das Gleiche gilt, wenn ein freigestelltes BR-Mitglied diese Funktion niederlegt oder aus dieser Funktion abberufen wird oder wenn infolge der Erhöhung der Belegschaftszahl eine zusätzliche Freistellung durchzuführen ist.[160] Bei der Ersatzfreistellung muss beachtet werden, ob es sich vorher um eine Voll- oder um eine Teilzeitfreistellung gehandelt hat.

60 Erfolgte die Freistellung auf Grund einer Mehrheitswahl, hat der BR über die Ersatzfreistellung nach Abs. 2 (vgl. Rn. 33 ff.) erneut abzustimmen, es sei denn, er hat die **analoge Anwendung des § 25** beschlossen und für den Fall der Verhinderung bzw. des Ausscheidens, der Amtsniederlegung oder Abberufung Ersatzmitglieder gewählt.[161] In diesem Fall erfolgt das Nachrücken bei **Mehrheitswahl** in der Reihenfolge der bei der Wahl erreichten Stimmenzahlen.

61 Wurden die Freizustellenden dagegen in **Verhältniswahl** gewählt, erfolgt das Nachrücken aus der Vorschlagsliste, der das freigestellte BR-Mitglied angehört hat.[162] Ist die Vorschlagsliste erschöpft, ist nach § 25 Abs. 2 das nunmehr freizustellende Ersatzmitglied derjenigen Vorschlagsliste zu entnehmen, auf die die nächste Freistellung entfallen wäre.[163]

62 Sind keine Ersatzmitglieder gewählt oder sind die **Vorschlagslisten erschöpft,** hat der BR erneut über die Freistellung zu beschließen.[164] Entsprechendes gilt für **Nachwahlen,** die durch die **Erhöhung der Zahl oder der Freistellungen** im Laufe der Amtszeit, z. B. wegen **Erhöhung**

156 *Fitting,* Rn. 75; HWGNRH-*Glock,* Rn. 37; a. A. *BAG* 20. 4. 05 – 7 ABR 44/04, das in einer wirksamen Neuwahl eine Abberufung sieht; Richardi-*Thüsing,* Rn. 48; HaKo-BetrVG/*Wolmerath,* Rn. 13.

157 *Fitting,* Rn. 72; GK-*Weber,* Rn. 81; vgl. ferner § 27 Rn. 10, 14 ff.

158 Weitergehend *Fitting,* Rn. 72, der aus einer entsprechenden Forderung die Notwendigkeit einer geheimen Wahl ableiten.

159 *LAG Bremen* 22. 2. 00 – 1 TaBV 15/99, DB 00, 1232 = AiB 01, 483 mit Anm. *Gosch.*

160 *Fitting,* Rn. 47; GK-*Weber,* Rn. 83; vgl. ferner Rn. 54 ff.

161 *Fitting,* Rn. 47; WP-*Kreft,* Rn. 23; *Löwisch,* TK-BetrVG, Rn. 14; nunmehr auch GK-*Weber,* Rn. 84; *LAG Nürnberg* 19. 11. 97, AiB 98, 582 mit Anm. *Kunz* = BB 98, 427; *ArbG Saarlouis* 18. 9. 96, AuR 96, 506 Ls. unter Hinweis darauf, dass der BR die freie Auswahl unter den denkbaren Nachrückverfahren hat; vgl. auch § 27 Rn. 24; a. A. Richardi-*Thüsing,* Rn. 50, der eine separate Nachwahl wegen der bestehenden Rechtsunsicherheit lediglich für anfechtbar hält, nicht aber für nichtig; hierzu auch *LAG Düsseldorf* 24. 6. 04 – 5 TaBV 74/03, ZBVR 05, 37.

162 Ebenso *BAG* 21. 2. 18 – 7 ABR 54/16, NZA 18, 951; *Löwisch,* a. a. O.; a. A. *LAG BW* 1. 3. 00 – 17 TaBV 2/99, das in diesen Fällen die Neuwahl aller freigestellten BR-Mitglieder fordert.

163 Ebenso *Fitting,* Rn. 53; a. A. *BAG,* a. a. O., das für diese Fälle nunmehr ausdrücklich den Weg der Mehrheitswahl vorsieht; ErfK/*Koch,* Rn. 6; Richardi-*Thüsing,* Rn. 32a; GK-*Weber,* Rn 86; HaKo-BetrVG/*Wolmerath,* Rn. 14.

164 Ähnlich *SächsLAG* 25. 10. 01 – 6 TaBV 1501, LAG Report 02, 212 zum BetrVG 1972; wohl auch GK-*Weber,* Rn. 87.

der AN-Zahl, nach der Vereinbarung **zusätzlicher Freistellungen** oder nach erfolgter **Abwahl** erforderlich werden. In diesen Fällen findet die Nachwahl unabhängig davon, ob die Freizustellenden in Verhältnis- oder Mehrheitswahl gewählt wurden, durch **Mehrheitswahl** statt.[165]

Die vorstehenden Grundsätze gelten entsprechend für die Nachweil eines **teilfreigestellten** 63 BR-Mitglieds, sofern Kandidaten für eine Teilfreistellung zur Verfügung stehen. Einer Neuwahl sämtlicher freizustellender BR-Mitglieder bedarf es selbst dann nicht, wenn die ursprüngliche Wahl nach den Grundsätzen der Verhältniswahl stattgefunden hat.[166] Damit stellt sich die Frage einer vorherigen Abberufung nicht.

Sinkt die Belegschaftsstärke auf Dauer ab und muss deshalb die Zahl der freigestellten BR- 64 Mitglieder reduziert werden (vgl. Rn. 10), sind **alle Freizustellenden neu zu wählen.**[167] Einer Beschlussfassung etwa mit dreiviertel Mehrheit bedarf es nicht.[168] Dies folgt daraus, dass der Freizustellende mit den wenigsten Stimmen nicht zwangsläufig auch bei der Wahl unter geänderten Voraussetzungen weniger Stimmen als die Gewählten erhalten hätte. Der BR hat daher die freizustellenden Mitglieder neu zu wählen (vgl. hierzu Rn. 33 ff.).

Die **Beratungs- und Unterrichtungsrechte des AG** (vgl. Rn. 31 ff., 45 f.) sind dann zu beachten, 65 wenn die »Ersatzmitglieder« nicht bereits bei der ursprünglichen Beschlussfassung in die Beratung und Unterrichtung einbezogen wurden. Entsprechendes gilt bei Abberufung eines freigestellten BR-Mitglieds bzw. wenn das freigestellte BR-Mitglied sein Einverständnis widerruft. Zur **zeitweiligen Verhinderung** eines freigestellten BR-Mitglieds vgl. Rn. 23 f.

8. Rechtsstellung der Freigestellten

Die freigestellten BR-Mitglieder sind bei Vollfreistellung **grundsätzlich von ihrer** gesamten 66 sonstigen **Arbeitspflicht befreit,** bei **Teilfreistellung** anteilsmäßig. Im Arbeitsvolumen der Freistellung haben sie sich ganz oder teilweise nur der Erfüllung ihrer betriebsverfassungsrechtlichen Aufgaben zu widmen.[169] Im Rahmen ihrer Freistellung unterliegen sie **nicht** dem **Direktionsrecht des AG.**[170] Der AG kann den freigestellten BR-Mitgliedern keine bestimmte Anwesenheitszeit vorschreiben, sofern die BR-Tätigkeit während der betriebsüblichen Arbeitszeit verrichtet wird.[171] Allerdings gelten die nicht unmittelbar mit der Arbeitsleistung zusammenhängenden Pflichten auch für freigestellte BR-Mitglieder weiter, so z. B. die betriebliche Arbeitszeit, ggf. auch die Zeiterfassung und die Nutzung von Zeiterfassungssystemen.[172] BR-Mitglieder sollen ihre Arbeitszeiten nach allgemeinen Grundsätzen erfassen müssen.[173]

In Schichtbetrieben kann das freigestellte BR-Mitglied eine **Verlegung seiner Arbeitszeit** in 67 der Weise verlangen, dass es nicht nur während der Dauer »seiner« Schicht anwesend ist, sondern – wenn auch nur teilweise – während beider Tagschichten zur Verfügung steht.[174] Finden in einem Betrieb mehrere, unterschiedlich flexible Arbeitszeitmodelle Anwendung, gelten für freigestellte BR-Mitglieder im Zweifel diejenigen, die sie am wenigsten an feste Arbeitszeiten

---

165 *BAG,* 28.10.92 – 7 ABR 2/92, BB 93, 1658 = AuR 93, 255; *HessLAG* 4.3.93 – 12 Ta 142/92; *LAG Nürnberg* 19.11.97 – 4 TaBV 15/96, AiB 98, 582 mit zustimmender Anm. *Kunz* = BB 98, 584; a. A. nunmehr *BAG* 20.4.05 – 7 ABR 47/04, NZA 05, 1013, das bei einer Erhöhung der Anzahl freizustellender BR-Mitglieder **immer** eine **Neuwahl** aller Freizustellenden fordert; ebenso *Fitting,* Rn. 16; *Bopp,* S. 120 ff., 127 f.; ErfK-*Koch,* Rn. 6; WP-*Kreft,* Rn. 24; GK-*Weber,* Rn. 85, jedenfalls bei Verhältniswahlen, da sonst die Minderheitenregelung unterlaufen würde; Richardi-*Thüsing,* Rn. 49; im Ergebnis offen *Däubler,* DB 01, 1669.

166 *BAG* a. a. O.; *HessLAG,* a. a. O.; vgl. Rspr.-Übersicht v. *Matusche,* AiB 94, 486 ff.; a. A. *Fitting,* Rn. 51 ff.

167 Vgl. auch HWGNRH-*Glock,* Rn. 12.

168 *BAG* 29.4.92 – 7 ABR 74/91, NZA 93, 329 = AuR 93, 87, Ls.; a. A. wohl HWGNRH-*Glock,* Rn. 44.

169 Vgl. *BAG* 17.10.90 – 7 ABR 69/89, AP Nr. 8 zu § 108 BetrVG 1972.

170 *Fitting,* Rn. 77; Richardi-*Thüsing,* Rn. 52; GK-*Weber,* Rn. 88, der das Direktionsrecht hinsichtlich der Arbeitspflicht suspendiert sieht; vgl. Rspr.-Übersicht v. *Matusche,* AiB 94, 486 ff.

171 *ArbG Nienburg* 20.10.99, AiB 00, 289 mit Anm. *Voigt.*

172 *BAG* 10.7.13 – 7 ABR 22/12, NZA 13, 1221: allg. *Eckert,* AiB 22 Nr. 1, 40.

173 Allg. *BAG* 13.9.22 – 1 ABR 22/21; grundlegend *EuGH* 14.5.19 – C-55/18; vgl. hierzu *Wedde,* jurisPR-ArbR 3/2023 Anm. 1; *ders.* CuA 2/23, 8 ff.

174 *Fitting,* Rn. 78; a. A. GK-*Weber,* Rn. 90; HWGNRH-*Glock,* a. a. O., der die Zustimmung des AG für erforderlich hält.

binden.[175] BR-Mitglieder sind in Betrieben mit flexiblen Arbeitszeiten nicht nur berechtigt, sondern zur sachgerechten Wahrnehmung ihrer Aufgaben im Einzelfall sogar verpflichtet, sich bei Vorliegen betriebsverfassungsrechtlicher Aufgaben auch während der Nachtschicht im Betrieb aufzuhalten.[176]

68 Freigestellte BR-Mitglieder haben sich im Rahmen des entsprechenden AZ-Volumens ganz oder teilweise grundsätzlich am **Sitz des BR** für die **BR-Tätigkeiten** bereitzuhalten.[177] Das gilt auch, wenn sie vor ihrer Freistellung ihre Tätigkeit, z. B. im Außendienst oder auf Montage, außerhalb des Betriebs zu leisten hatten. Die Freistellung führt zu einer Veränderung des Leistungsorts.[178] Freigestellte BR-Mitglieder sind verpflichtet, während ihrer vertraglichen Arbeitszeit ausschließlich BR-Arbeit zu leisten. Sie müssen aber nicht explizit nachweisen, dass sie dies tun.[179] Vor diesem Hintergrund ist die vom *BAG*[180] geforderte Abmeldung in den Fällen, in denen BR-Tätigkeit außerhalb des Betriebs, sachlich nicht nachvollziehbar. Diese Abmeldepflicht würde etwa GBR- oder KBR-Mitglieder ohne nachvollziehbaren Grund zusätzlich belasten. Will ein AG ein nicht im Betrieb anwesendes BR-Mitglied kurzfristig erreichen, lässt sich dieses Bedürfnis beispielsweise mittels Mobiltelefon technisch und organisatorisch kurzfristig realisieren. vor diesem Hintergrund würde eine Ab- und Rückmeldepflicht die BR-Arbeit von Freigestellten ohne nachvollziehbaren Grund erschweren. Haben AG begründete Zweifel an der Erbringung von BR-Tätigkeit außerhalb des Betriebs, können sie diese dem jeweiligen BR-Mitglied mit der Bitte um Aufklärung mitteilen.

69 Soweit ein freigestelltes BR-Mitglied aus **betriebsbedingten** Gründen Aufgaben außerhalb der Arbeitszeit durchführt, hat es Anspruch auf entsprechenden **Freizeitausgleich** bzw. auf **Mehrarbeitsvergütung,** wenn dieser Freizeitausgleich nicht gemäß § 37 Abs. 3 innerhalb eines Monats realisiert werden kann.[181] Da ein freigestelltes BR-Mitglied nicht oder nur teilweise in den Betriebsablauf eingegliedert ist, kann es grundsätzlich selbst bestimmen, wann es den ihm zustehenden Freizeitausgleich nimmt.[182] Wird es an bestimmten Tagen aus **betriebsratsbedingten Gründen** in besonderem Maße zeitlich beansprucht und erfolgt deshalb eine Tätigkeit außerhalb der Arbeitszeit, wird man ihm ebenfalls die Möglichkeit zubilligen müssen, an den folgenden Tagen einen entsprechenden Freizeitausgleich vornehmen zu können.[183] Ein Anspruch auf Mehrarbeitsvergütung besteht nur bei BR-Tätigkeit aus **betrieblichen Gründen** außerhalb der Arbeitszeit.[184] Sofern es für eine ordnungsgemäße Durchführung der BR-Aufgaben erforderlich ist, muss der BR ggf. weitere Mitglieder gemäß § 37 Abs. 2 von der Arbeit befreien. Führt das BR-Mitglied während der Freistellung andere als BR-Aufgaben durch, soll nach der herrschenden Rechtsauffassung insoweit kein Anspruch auf **Zahlung des Arbeitsentgelts** bestehen[185] und soll auch **abgemahnt** werden können.[186]

70 Der AG kann vom freigestellten BR-Mitglied für ihre Arbeit **keinen Tätigkeitsnachweis** verlangen.[187] Dies gilt selbst dann, wenn es BR-Aufgaben **außerhalb der betriebsüblichen Arbeitszeit** oder **außerhalb des Betriebs** durchführt. Auch für die Wahrnehmung von BR-Tätigkeit im

175 *LAG Düsseldorf* 26. 5. 93 – 18 Sa 303/93, NZA 94, 720.
176 *LAG Rheinland-Pfalz* 8. 11. 07 – 9 TaBV 37/07.
177 *BAG* 24. 2. 16 – 7 ABR 20/14, NZA 16, 831; *LAG Mainz* 28. 4. 21 – 7 TaBV 9/20.
178 *BAG* 28. 8. 91 – 7 ABR 46/90, DB 91, 2594; *Fitting*, Rn. 78; HWGNRH-*Glock*, Rn. 57; *Lorenz*, AiB 99, 543.
179 *BAG* 24. 2. 16 – 7 ABR 20/14, NZA 16, 831.
180 Vgl. a. a. O.
181 *BAG* 21. 5. 74, AP Nr. 14 zu § 37 BetrVG 1972; vgl. im Übrigen § 37 Rn. 62 ff.; a. A. HWGNRH-*Glock*, Rn. 67.
182 *Fitting*, Rn. 6; GK-*Weber*, Rn. 102; a. A. HWGNRH-*Glock*, a. a. O.
183 Ebenso Richardi-*Thüsing*, Rn. 48; a. A. *Fitting*, Rn. 81; GK-*Weber*, Rn. 100.
184 In diesem Sinne auch *BAG*, a. a. O.
185 *BAG* 19. 5. 83, AP Nr. 44 zu § 37 BetrVG 1972; *Fitting*, Rn. 79; GK-*Weber*, Rn. 92; a. A. HWGNRH-*Glock*, Rn. 54 ff.
186 *BAG* 6. 8. 81, AP Nr. 39 zu § 37 BetrVG 1972; 13. 11. 91 – 5 AZR 74/91, NZA 92, 690; a. A. HWGNRH-*Glock*, a. a. O.
187 ErfK-*Koch*, Rn. 9; *Fitting*, Rn. 82; GK-*Weber*, Rn. 96; HWGNRH-*Glock*, Rn. 61; enger *ArbG Nienburg* 20. 10. 99, AiB 00, 289 mit Anm. *Voigt*, das im Falle des begründeten Verdachts der Durchführung betriebsratsfremder Tätigkeiten das Verlangen einer Auskunft durch den AG für zulässig hält.

Betrieb außerhalb des BR-Büros (z. B. Betriebsbesprechungen, Gespräche mit AN am Arbeitsplatz) entfällt jegliche An- oder Abmeldepflicht (vgl. § 37 Rn. 47f.). **Verlassen freigestellte BR-Mitglieder den Betrieb** für die Erledigung erforderlicher BR-Aufgaben (etwa für eine Besprechung mit einem beauftragten Rechtsanwalt), sollen sie nach der neuen Rechtsprechung des *BAG*[188] nunmehr verpflichtet sein, sich beim AG unter Angabe der voraussichtlichen Dauer der Abwesenheit abzumelden sowie bei der Rückkehr in den Betrieb wieder zurückzumelden. Notwendige Ab- und Rückmeldung müssen bei der zuständigen Stelle im Betrieb (z. B. Personalleitung) erfolgen.[189] Begründet wird diese Meldepflicht insbesondere mit dem berechtigten Interesse des AG, zu wissen, wann im Bedarfsfall die einzelnen freigestellten BR-Mitglieder im Betrieb zur Verfügung stehen.[190] Dieses Argument überzeugt schon mit Blick auf elektronische Kommunikationsmöglichkeiten nicht, die in dringenden Fällen eine jederzeitige Erreichbarkeit auch außerhalb des Betriebs sicherstellen. Eine generelle Meldepflicht bei Verlassen des Betriebs steht zudem im Wiederspruch zum grundlegenden kollektivrechtlichen Gebot der vertrauensvollen Zusammenarbeit, weil sie unterstellt, dass freigestellte BR-Mitglieder ihren Arbeitspflichten nicht nachkommen, wenn sie den Betrieb verlassen.[191] Entgegen der Auffassung des *BAG* wäre eine Pflicht zur Ab- und Rückmeldung für freigestellte BR-Mitgliedern vor Verlassen des Betriebs deshalb nur plausibel, wenn besondere Umstände vorliegen.[192] Unabhängig von der Frage einer bestehenden Ab- und Anmeldepflicht gilt weiterhin, dass für freigestellte BR-Mitglieder keine Verpflichtung besteht, AG über den Ort oder die Art der außerhalb des Betriebs beabsichtigten Betriebsratstätigkeit zu informieren. AG können deshalb beispielsweise nicht verlangen, dass freigestellte BR-Mitglieder ihnen eine (stichwortartige) Beschreibung des Gegenstands der auswärtigen BR-Tätigkeit vorlegen. Eine nachträgliche Angabe zum auswärtigen Ort der BR-Tätigkeit kann allenfalls dann in Betracht kommen, wenn ein BR-Mitglied die Erstattung von Kosten in Anspruch nimmt und wenn der AG dann die Erforderlichkeit prüfen will. Dazu genügt es jedoch, wenn der AG nachträglich über den Ort und ggf. über weitere Einzelheiten der Betriebsratstätigkeit in Kenntnis gesetzt wird.[193]

Für die Teilnahme freigestellter BR-Mitglieder an **Schulungsveranstaltungen** nach § 37 Abs. 6 **71**
und 7 gelten dieselben Voraussetzungen wie für andere BR-Mitglieder.[194] Das bedeutet, dass ein Entsendungsbeschluss zu fassen und dem AG mitzuteilen ist (vgl. im Übrigen § 37 Rn. 150f.). Nach Auffassung des *BAG* soll auch die Teilnahme eines freigestellten BR-Mitglieds als Zuhörer an einer **Gerichtsverhandlung** nur in Ausnahmefällen erforderliche BR-Tätigkeit sein,[195] z. B. wenn es vor einem VG um die Zustimmung der Hauptfürsorgestelle zu einer erst beabsichtigten Kündigung eines schwerbehinderten AN geht oder weitere Kündigungen auf Grund vergleichbarer Kündigungsgründe zu erwarten sind.[196]

Das BR-Mitglied unterliegt während der Freistellungszeit nicht den **Weisungen des BR-Vor- 72**
sitzenden.[197] Es ist jedoch verpflichtet, sich den betriebsverfassungsrechtlichen Aufgaben zu widmen, insbesondere den ihm durch BR-Beschluss generell oder im Einzelfall übertragenen Angelegenheiten.[198] Eine differenziertere Situation besteht bei **Teilfreistellungen.** Die betroffenen BR-Mitglieder unterliegen in diesen Fällen nur während ihrer »normalen« Arbeitszeit

---

188 *BAG* 24.2.16 – 7 ABR 20/14, NZA 16, 831.
189 *BAG* 19.6.79, AP Nr. 36 zu § 37 BetrVG 1972.
190 *BAG* 24.2.16, a.a.O.
191 Ähnlich *Fitting*, Rn. 82; a.A. etwa Richardi-*Thüsing*, Rn. 53.
192 Ebenso ErfK-*Koch*, Rn. 9; Fitting, Rn. 82.
193 *BAG* 24.2.16, a.a.O.; vgl. allgemein *Fitting*, a.a.O.; HWGNRH-*Glock*, a.a.O.; *Lorenz*, AiB 99, 543; enger GK-*Weber*, a.a.O., der den AG auch für berechtigt hält, einen Nachweis darüber zu verlangen, dass BR-Aufgaben wahrgenommen werden.
194 *BAG* 21.7.78, AP Nr. 4 zu § 38 BetrVG 1972; GK-*Weber*, § 37 Rn. 182; vgl. für Teilzeitbeschäftigte § 37 Rn. 166ff.
195 *Fitting*, a.a.O. nur unter denselben Voraussetzungen wie ein nicht freigestelltes BR-Mitglied.
196 *BAG* 31.5.89, BB 90, 491; 31.5.89, NZA 90, 313; 19.5.83, AP Nr. 44 zu § 37 BetrVG 1972 mit ablehnender Anm. *Weiss*, der zutreffend darauf verweist, dass ein Entgeltanspruch nur entfallen kann bei Tätigkeiten, die offensichtlich mit der Wahrnehmung von BR-Aufgaben nichts zu tun haben; vgl. ferner § 37 Rn. 24ff.
197 GK-*Weber*, Rn. 88.
198 *Fitting*, Rn. 83f.; WP-*Kreft*, Rn. 40; vgl. auch *Heither*, NZA-Beilage 1/90, S. 11 [16].

den Weisungen des AG, nicht aber während ihrer Teilfreistellung.[199] Es ist ihnen aber (wie anderen nicht freigestellten BR-Mitgliedern auch) unbenommen, beim Vorliegen der gesetzlichen Voraussetzungen des § 37 Abs. 2 zusätzliche BR-Arbeit zu leisten und hierfür ihre betriebliche Tätigkeit zu unterbrechen.[200]

73 Das freigestellte BR-Mitglied hat Anspruch auf das **Arbeitsentgelt,** das es bei Ausübung seiner beruflichen Tätigkeit erhalten würde. Es gilt insoweit das Gleiche wie für vorübergehend von der Arbeit befreite BR-Mitglieder.[201] Die Feststellung des individuellen Lohnes bereitet jedoch vielfach Schwierigkeiten, weil freigestellte BR-Mitglieder nicht in den Arbeitsprozess eingegliedert sind und nicht auf die persönliche Arbeitsleistung als Bezugspunkt zurückgegriffen werden kann.

74 Da BR-Mitglieder wegen ihrer Freistellung insbes. in **finanzieller Hinsicht nicht benachteiligt** werden dürfen, ist ihr Arbeitsentgelt so zu bemessen, wie es vergleichbare AN mit betriebsüblicher Entwicklung erhalten.[202] Dies gilt auch hinsichtlich einer **Leistungsentlohnung** (Akkord, Prämie), für **Überstunden bzw. Mehrarbeit,** selbst wenn im Rahmen der BR-Tätigkeit keine Mehrarbeit anfällt,[203] für Zeiten, in denen mangels Beschäftigungsmöglichkeit die vertraglich vereinbarte Arbeitsleistung nicht hätte erbracht werden können,[204] oder für **Zulagen,** z. B. Bereitschaftsdienstvergütungen.[205] Ausgenommen sind lediglich solche Leistungen, die reinen Aufwendungscharakter haben, sofern dem freigestellten BR-Mitglied diese Aufwendungen nicht mehr entstehen.[206] Dieser Grundsatz gilt auch dann, wenn der frühere Arbeitsplatz des BR-Mitglieds ersatzlos fortgefallen ist.[207] Freigestellte BR-Mitglieder haben den gleichen **Urlaubsanspruch** wie andere AN.

75 War ein BR-Mitglied vor seiner Freistellung auf Basis eines **rollierenden Arbeitszeitsystems** tätig, kommt auch während seiner Freistellung die für dieses System festgelegte tarifvertragliche Urlaubsregelung zur Anwendung, die ohne die Freistellung auf das BR-Mitglied anzuwenden gewesen wäre.[208]

76 Führt der Freigestellte BR-Tätigkeit über die normale Arbeitszeit hinaus aus betriebsbedingten Gründen aus, steht ihm der Anspruch aus § 37 Abs. 3 nur zu, wenn er für den gleichen Zeitraum nicht bereits eine **Überstundenbezahlung** deshalb erhält, weil vergleichbare AN Überstunden leisten, da er sonst gegenüber den übrigen AN begünstigt wäre.[209] Bei **Teilfreistellungen** gilt dies entsprechend mit der möglichen Folge von Anspruch auf Überstundenbezahlung, wenn BR-Tätigkeit über die persönliche Arbeitszeit hinaus erfolgt. Hatte das freigestellte BR-Mitglied vor seiner Freistellung wegen besonderer Arbeitsbedingungen Anspruch auf Zusatzurlaub, behält es diesen während der Freistellung.[210]

77 Freigestellte BR-Mitglieder ändern ihre **sozialversicherungsrechtliche Stellung** nicht. Die vormalige sozialversicherungsrechtliche Unterscheidung zwischen Arbeitern und Angestellten in

---

199 *Hornung,* DB 02, 94.
200 Ebenso *Hornung,* a. a. O.
201 Vgl. § 37 Rn. 50 ff.; *Fitting,* Rn. 85; GK-*Weber,* Rn. 104; Richardi-*Thüsing,* Rn. 56; *Göpfert/Fellenberg/Klarmann,* DB 09, 2041; *LAG Baden-Württemberg* 14. 10. 97 – 10 Sa 27/96, LAGE § 37 BetrVG 1972, Nr. 51; weitergehend *Aden,* RdA 80, 256 [258], der bei einem Freigestellten die BR-Tätigkeit als Beruf ansieht, in dem sich die Höhe des Verdienstes nach dem gemäß § 37 Abs. 4 anzupassenden Arbeitsvertrag ergebe; ebenso HWGNRH-*Glock,* Rn. 65.
202 *Fitting,* Rn. 85; GK-*Weber,* Rn. 104, § 37 Rn. 118 ff.; enger HWGNRH-*Glock,* Rn. 65; *Schneider,* NZA 84, 23; vgl. auch § 37 Rn. 87 ff.
203 *LAG Hamburg* 24. 1. 77, DB 77, 1097; *LAG Hamm* 11. 2. 98 – 3 Sa 1300/97, DB 98, 1569 (Ls.); *LAG Köln* 21. 11. 96 – 10 Sa 694/96, AuR 98, 82; *Becker-Schaffner,* BB 82, 501; ErfK-*Koch,* Rn. 10; *Fitting,* Rn. 87 f.; a. A. HWGNRH-*Glock,* Rn. 65.
204 *LAG Hamm* 2. 7. 97 – 3 Sa 903/97, AiB 98, 405 mit Anm. *Schuster* für eine freigestellte **Raumpflegerin** in einer Schule.
205 *LAG Niedersachsen* 19. 3. 87, AuR 88, 123, Ls. = AiB 89, 80; vgl. auch *LAG Schleswig-Holstein* 23. 7. 91 – 1 Sa 31/91, PersR 91, 430 zu einer Lehrentschädigung.
206 *Fitting,* Rn. 87.
207 *BAG* 17. 5. 77, AP Nr. 28 zu § 37 BetrVG 1972.
208 *BAG* 20. 8. 02 – 9 AZR 261/01, AP Nr. 27 zu § 38 BetrVG 1972.
209 ErfK-*Koch,* Rn. 10; Richardi-*Thüsing,* Rn. 57; *GL,* Rn. 40; vgl. auch § 37 Rn. 62 ff.; krit. HWGNRH-*Glock,* Rn. 67.
210 *BAG* 8. 10. 81, AP Nr. 2 zu § 49 BAT.

der gesetzlichen Rentenversicherung ist nach der Zusammenfassung zur allgemeinen Rentenversicherung[211] obsolet geworden.

IV. Entgelt- und Tätigkeitsschutz freigestellter Betriebsratsmitglieder

Freigestellte BR-Mitglieder genießen wie alle BR-Mitglieder den **Entgelt- und Tätigkeitsschutz** nach § 37 Abs. 4 und 5 (vgl. ausführlich § 37 Rn. 86 ff.). Die nachwirkenden Schutzfristen von einem Jahr nach Beendigung der Amtszeit werden für die BR-Mitglieder, die **drei volle aufeinander folgende Amtszeiten** hintereinander freigestellt waren, durch Abs. 3 jeweils auf zwei Jahre verlängert.[212] Unter Freistellung i. S. d. Abs. 3 sind nur völlige Freistellungen zu verstehen. 78

Die Regelung kommt auch zur Anwendung, wenn **Teilzeitbeschäftigte** vollständig von ihrer normalen Tätigkeit freigestellt sind. Sind **Vollzeitbeschäftigte** mit einem **Teil ihres Arbeitskontingentes freigestellt,** ist sie schon aus Gleichbehandlungserwägungen heraus immer dann **analog anwendbar,** wenn betriebsübliche berufliche Entwicklungen der betroffenen BR-Mitglieder wegen der Freistellung unterblieben sind. Ggf. ist eine zeitliche wie inhaltliche Anpassung der notwendigen Maßnahmen unter Berücksichtigung des tatsächlichen Freistellungsanteils vorzunehmen.[213] 79

Entsprechender **Nachholbedarf** kann beispielsweise bestehen, wenn ein zu 50 % freigestelltes BR-Mitglied während der Amtszeit aufwändige mehrwöchige berufliche Qualifikationsmaßnahmen nicht durchgeführt hat, wenn die Freistellung mit einem Wechsel vom Außen- in den Innendienst verbunden war, wenn bestimmte Tätigkeiten nicht mehr ausgeübt werden konnten usw. Etwas anderes kann gelten, wenn Ausgestaltung und Volumen der Teilfreistellung in einer Form erfolgt sind, durch die die normale berufliche Tätigkeit unbeeinflusst geblieben ist. Dies wäre beispielsweise dann der Fall, wenn bei einer 30 %igen Freistellung die vorherige Tätigkeit in der Produktion oder Verwaltung ohne Veränderung weiter durchgeführt wurde. 80

Voraussetzung für die **Erhöhung der nachwirkenden Schutzfrist** auf **zwei Jahre** ist eine Freistellung über drei volle aufeinander folgende Amtszeiten. Unter **voller Amtszeit** ist die vierjährige Amtszeit i. S. d. § 21 Satz 1 zu verstehen. Nicht als volle Amtszeit ist die verkürzte Amtszeit wegen vorzeitiger Neuwahl gemäß § 13 Abs. 2 Nrn. 1–4 i. V. m. Abs. 3 anzusehen.[214] Um eine volle Amtszeit handelt es sich, wenn der BR gemäß § 13 Abs. 3 Satz 2 i. V. m. § 21 Satz 4 erst in dem übernächsten regelmäßigen Wahlzeitraum neu zu wählen ist, da dessen Amtszeit länger als vier bzw. drei Jahre dauert.[215] Dies gilt auch, wenn der BR infolge einer vorzeitigen Neuwahl eine verkürzte Amtszeit hatte, die Amtszeit des nachfolgenden BR sich jedoch gemäß § 21 Satz 4 i. V. m. § 13 Abs. 3 Satz 2 über vier Jahre hinaus verlängert, so dass beide Amtszeiten zusammen acht Jahre ausmachen.[216] Im Zweifelsfall (z. B. bei mehrfach vorzeitiger Neuwahl) sind die Freistellungszeiten zu addieren. 81

Die drei Amtszeiten müssen **unmittelbar** aufeinander folgen. Es darf keine Amtszeit dazwischen liegen, in der das betreffende BR-Mitglied nicht freigestellt war. Allerdings ist ein kurzer Zwischenraum zwischen den Amtszeiten des BR – etwa wegen einer geringfügigen Verzögerung der Wahl – unerheblich.[217] 82

Für den **Anspruch** auf den erhöhten nachwirkenden Schutz kommt es nicht auf die Beendigung der Freistellung, sondern auf den **Ablauf der Amtszeit des BR,** mit der das Mitglied aus dem BR ausscheidet, an. War z. B. ein BR-Mitglied über drei volle aufeinander folgende Amtszeiten 83

---

211 »Deutsche Rentenversicherung«, vgl. BT-Drs. 15/3654 und 15/3824; *Fitting,* Rn. 90.

212 Enger *Fitting,* Rn. 93, die auf die Umstände des Einzelfalls abstellen.

213 Offen *Fitting,* Rn. 93; a. A. ErfK-*Koch,* Rn. 10; Richardi-*Thüsing,* Rn. 561.

214 *Fitting,* Rn. 94; GK-*Weber,* Rn. 106; HWGNRH-*Glock,* Rn. 71; HaKo-BetrVG/*Wolmerath,* Rn. 19; weitergehend Richardi-*Thüsing,* Rn. 62, der als erste Amtszeit auch eine verkürzte Amtszeit gelten lässt, die Folge einer ersten Wahl außerhalb des regelmäßigen Wahlturnus anerkennt; ähnlich WP-*Kreft,* Rn. 44.

215 *Fitting,* a. a. O.; GK-*Weber,* Rn. 107; HWGNRH-*Glock,* a. a. O.

216 *Fitting,* a. a. O.; GK-*Weber,* a. a. O.; HWGNRH-*Glock,* a. a. O.; Richardi-*Thüsing,* Rn. 62; a. A. *GL,* Rn. 43.

217 *Fitting,* Rn. 95; GK-*Weber,* Rn. 108; HWGNRH-*Glock,* Rn. 72; Richardi-*Thüsing,* Rn. 63; *Wlotzke/Preis,* Rn. 45.

freigestellt oder wird in der vierten Amtszeit seine Freistellung vorzeitig aufgehoben und wird er in den nächstfolgenden nicht mehr freigestellt, steht ihm, falls es nach Beendigung dieser Amtszeit endgültig aus dem BR ausscheidet, gleichwohl die erhöhte nachwirkende Schutzfrist von zwei Jahren zu.[218] Dies gilt unabhängig vom Freistellungsgrad.

V. Berufliche Weiterbildung freigestellter Betriebsratsmitglieder

84 Um eine Benachteiligung der freigestellten BR-Mitglieder zu verhindern, sieht Abs. 4 Satz 1 vor, dass sie von **inner- und außerbetrieblichen Maßnahmen der Berufsbildung** während ihrer Freistellung nicht ausgeschlossen werden dürfen, obwohl sie voll oder teilweise von ihrer beruflichen Tätigkeit entbunden sind.[219] Dies kann z. B. auch für die Teilnahme an Fortbildungskursen für Führungskräfte gelten, sofern die Teilnahmevoraussetzungen erfüllt werden.[220] Diese Regelung gibt den freigestellten BR-Mitgliedern zwar keinen Anspruch auf bevorzugte Berücksichtigung bei der Teilnahme an entsprechenden Maßnahmen, sie stellt aber sicher, dass sie nicht übergangen werden dürfen, sondern in gleicher Weise zu berücksichtigen sind, wie das der Fall wäre, wenn sie, anstatt freigestellt zu sein, ihre berufliche Tätigkeit auszuüben hätten,[221] wobei der BR ggf. von seinem Mitbestimmungsrecht nach § 98 Abs. 3 und 4 Gebrauch machen kann.[222] Die Vorschrift will die spätere Wiederaufnahme der beruflichen Tätigkeit erleichtern und gewährleisten, dass freigestellte BR-Mitglieder ihren früheren Arbeitskollegen in der beruflichen Entwicklung nicht nachstehen.[223]

85 Da voll oder teilweise freigestellte BR-Mitglieder infolge der Inanspruchnahme durch die BR-Aufgaben häufig nicht in der Lage sind, an betrieblichen Fortbildungsmaßnahmen teilzunehmen, sieht Abs. 4 Satz 2 vor, dass sie innerhalb eines Jahres **nach Beendigung der Freistellung** bevorzugt die Möglichkeit erhalten, an betrieblichen und außerbetrieblichen Berufsbildungsmaßnahmen teilzunehmen, um eine wegen der Freistellung unterbliebene berufliche Entwicklung nachzuholen.[224] Die unterbliebene berufliche Entwicklung muss hierbei durch die Freistellung bedingt sein.[225] Der Anspruch besteht ohne Rücksicht auf die Dauer der Freistellung innerhalb eines Jahres nach **Beendigung der Freistellung,** nicht erst nach Beendigung der Amtszeit des BR.[226]

86 Die Verpflichtung des AG besteht im Rahmen der **Möglichkeiten des Betriebs.** Die entsprechende Schulung muss für den Betrieb hinsichtlich der Art, Dauer und des finanziellen Aufwandes vertretbar sein.[227] Allerdings kann sie nicht bereits mit dem Hinweis auf eine fehlende innerbetriebliche Schulungsmöglichkeit abgelehnt werden. Bestehen entsprechende über- oder außerbetriebliche Fortbildungsmöglichkeiten, hat das BR-Mitglied einen Anspruch auf Teilnahme auf Kosten des AG. Nach Durchführung der Schulung hat das BR-Mitglied im Rahmen der betrieblichen Möglichkeiten Anspruch auf Zuweisung einer Tätigkeit, die dem damit bestehenden aktuellen Qualifikationsstand entspricht.[228]

87 War das BR-Mitglied über drei volle aufeinander folgende Amtszeiten (vgl. Rn. 78 ff.) freigestellt, erhöht sich der Zeitraum, innerhalb dessen dem BR-Mitglied bevorzugt Gelegenheit zu geben ist, eine infolge der Freistellung unterbliebene berufliche Entwicklung nachzuholen, auf **zwei Jahre.** Im Gegensatz zu Abs. 3 beginnt die erhöhte Schutzfrist nach Abs. 4 bereits mit Beendigung der Freistellung.[229]

---

218 GK-*Weber,* Rn. 109; a. A. ErfK-*Koch,* Rn. 11; *Fitting,* Rn. 96; *GL,* Rn. 44; Richardi-*Thüsing,* Rn. 64.
219 Zur Durchsetzung vgl. DKWF-*Wedde,* § 38 Rn. 15.
220 HWGNRH-*Glock,* Rn. 77.
221 *BAG* 26. 9. 90 – 7 AZR 208/89, NZA 91, 694 = AuR 91, 251, Ls. zu § 46 Abs. 3 BPersVG; vgl. auch § 37 Rn. 89 ff.
222 *Fitting,* Rn. 98; *GL,* Rn. 48; HWGNRH-*Glock,* a. a. O.; *Schneider,* NZA 84, 21.
223 GK-*Weber,* Rn. 110; HWGNRH-*Glock,* Rn. 76; ausführlich *Cox/Offermann,* AiB 99, 23 ff.
224 Textmuster bei DKWF-*Wedde,* § 38 Rn. 16.
225 *Fitting,* Rn. 99; GK-*Weber,* Rn. 112; Richardi-*Thüsing,* Rn. 66.
226 *Fitting,* Rn. 100; HWGNRH-*Glock,* Rn. 80.
227 *Fitting,* Rn. 102; GK-*Weber,* Rn. 114; HWGNRH-*Glock,* Rn. 81; Richardi-*Thüsing,* Rn. 66.
228 *Fitting,* Rn. 103; GK-*Weber,* Rn. 116; HWGNRH-*Glock,* Rn. 81; Richardi-*Thüsing,* Rn. 68.
229 *Fitting,* Rn. 101; GK-*Weber,* Rn. 110; Richardi-*Thüsing,* Rn. 64.

VI. Streitigkeiten

Streitigkeiten auf Grund der Abs. 1 und 2, etwa über den Umfang der Freistellungen bzw. über die Wahl der freizustellenden BR-Mitglieder sowie über die Beschlüsse des BR entscheiden die **ArbG im Beschlussverfahren.**[230] Der Antrag auf Erlass einer einstweiligen Verfügung ist möglich.[231] Die **Anfechtung der Wahl** der freigestellten BR-Mitglieder ist in entsprechender Anwendung des § 19 binnen einer **Frist** von zwei Wochen seit Bekanntgabe der Wahl gerichtlich geltend zu machen.[232] Das Rechtschutzbedürfnis an der Feststellung, dass eine Freistellung rechtsgemäß war, besteht nicht mehr, wenn der jeweilige BR nicht mehr im Amt ist[233] oder wenn mit der Stimmenmehrheit des § 27 Abs. 1 Satz 5 eine erneute Wahl erfolgt ist.[234] Zur Anfechtung der Wahl des Vorsitzenden vgl. § 26 Rn. 35. 88

Das ArbG entscheidet im Beschlussverfahren über die Notwendigkeit von weiteren, über die Staffel des Abs. 1 hinausgehenden Freistellungen, wobei es Sache des BR ist, im Einzelnen darzulegen, aus welchen Gründen weitere Freistellungen für eine ordnungsgemäße Erfüllung seiner Aufgaben erforderlich sind.[235] Erfolgt keine Freistellung, weil sich hierfür kein Betriebsratsmitglied bereit findet, rechtfertigt dies weder eine gerichtliche Auflösung des Betriebsrats noch dessen Amtsenthebung.[236] 89

Antragsberechtigt zur Einleitung des arbeitsgerichtlichen Beschlussverfahrens ist auch das betroffene BR-Mitglied, nach Auffassung des *BAG* aber nicht die im Betrieb vertretene Gewerkschaft.[237] Einzelne BR-Mitglieder, die von der Freistellung nicht persönlich betroffen sind, haben keine Anfechtungsbefugnis.[238] Die **Anfechtungsfrist** beginnt, wenn der BR das Wahlergebnis festgestellt hat.[239] Hat ein anfechtungsberechtigtes BR-Mitglied an der Sitzung nicht teilgenommen, beginnt sie mit der Kenntnisnahme des Wahlergebnisses.[240] 90

Streitigkeiten zwischen einem BR-Mitglied und dem AG, die sich aus einer Arbeitsentgeltminderung oder -vorenthaltung oder der Zuweisung eines minderwertigen Arbeitsplatzes ergeben, sind, obwohl es sich im Kern um betriebsverfassungsrechtliche Ansprüche handelt, nach der Rspr. durch die **ArbG im Urteilsverfahren** zu entscheiden. Das Gleiche gilt für Streitigkeiten von freigestellten BR-Mitgliedern hinsichtlich der Teilnahme an Berufsbildungsmaßnahmen nach Abs. 4.[241] 91

Bei Streitigkeiten bzw. Meinungsverschiedenheiten über die vom BR getroffene **Auswahl der freizustellenden BR-Mitglieder** entscheidet gemäß Abs. 2 die ESt. Der Spruch der ESt. kann durch das ArbG im Beschlussverfahren daraufhin überprüft werden, ob er sachlich begründet ist bzw., soweit es sich um Regelungsstreitigkeiten handelt, ob Ermessensfehler vorliegen.[242] Darüber hinaus ist innerhalb einer Frist von zwei Wochen die Anrufung des ArbG zur Überprüfung des unbestimmten Rechtsbegriffs der sachlichen Vertretbarkeit möglich.[243] 92

---

230 §§ 2a, 80 ff. ArbGG; vgl. *LAG Nürnberg* 19. 11. 97 – 4 TaBV 15/96.

231 Richardi-*Thüsing*, Rn. 66.

232 *BAG* 20. 4. 05 – 7 ABR 44/04, DB 05, 2416; 11. 3. 92 – 7 ABR 50/91, NZA 92, 946 = AiB 92, 732, vgl. auch 15. 1. 92 – 7 ABR 24/91, AiB 92, 234, 13. 11. 91 – 7 ABR 8/91, DB 92, 1988; *LAG Düsseldorf* 24. 6. 04 – 5 TaBV 74/03, ZBVR 05, 37; *LAG Berlin* 19. 6. 95 – 9 TaBV 1/95, AuR 95, 469; *LAG Saarland* 4. 7. 01 – 2 TaBV 2/01, AiB 02, 129.

233 *BAG* 21. 6. 06 – 7 ABR 45/05, juris.

234 *LAG Nürnberg* 27. 4. 06 – 5 TaBV 11/05, NZA-RR 06, 473.

235 *BAG* 22. 5. 73, AP Nr. 2 zu § 37 BetrVG 1972, 26. 7. 89, NZA 90, 621 = AuR 90, 232; vgl. auch Rn. 12 ff.

236 *LAG Nürnberg* 17. 12. 20 – 4 TaBV 11/20, juris.

237 *BAG* 12. 10. 76, AP Nr. 2 zu § 26 BetrVG 1972; vgl. auch 22. 5. 73, AP Nr. 2 zu § 38 BetrVG 1972; *ArbG Frankfurt* 2. 5. 90 – 7 BVGa 8/90; *Fitting*, Rn. 106; GK-*Weber*, Rn. 118; HWGNRH-*Glock*, Rn. 87.

238 *LAG Baden-Württemberg* 26. 10. 07 – 5 TaBV 1/07.

239 *BAG* 20. 4. 05 – 7 ABR 44/04, NZA 05, 1426.

240 BAG, a. a. O.; Richardi-*Thüsing*, Rn. 68.

241 *Fitting*, Rn. 110; GK-*Weber*, Rn. 120; *GL*, Rn. 53; HWGNRH-*Glock*, Rn. 84; im Übrigen § 37 Rn. 193.

242 *Fitting*, Rn. 107; GK-*Weber*, Rn. 119; HWGNRH-*Glock*, Rn. 74; *Kühner*, S. 156.

243 *Fitting*, Rn. 108; GK-*Weber*, Rn. 84; Richardi-*Thüsing*, Rn. 41; a. A. HWGNRH-*Glock*, Rn. 85.

§ 39 Sprechstunden

(1) Der Betriebsrat kann während der Arbeitszeit Sprechstunden einrichten. Zeit und Ort sind mit dem Arbeitgeber zu vereinbaren. Kommt eine Einigung nicht zustande, so entscheidet die Einigungsstelle. Der Spruch der Einigungsstelle ersetzt die Einigung zwischen Arbeitgeber und Betriebsrat.
(2) Führt die Jugend- und Auszubildendenvertretung keine eigenen Sprechstunden durch, so kann an den Sprechstunden des Betriebsrats ein Mitglied der Jugend- und Auszubildendenvertretung zur Beratung der in § 60 Abs. 1 genannten Arbeitnehmer teilnehmen.
(3) Versäumnis von Arbeitszeit, die zum Besuch der Sprechstunden oder durch sonstige Inanspruchnahme des Betriebsrats erforderlich ist, berechtigt den Arbeitgeber nicht zur Minderung des Arbeitsentgelts des Arbeitnehmers.

Inhaltsübersicht

I. Vorbemerkungen

1 Nach Abs. 1 kann der BR unabhängig von der Betriebsgröße während der Arbeitszeit **Sprechstunden** einrichten.[1] Sucht ein AN die Sprechstunde auf oder nimmt er außerhalb von Sprechstunden den BR in Anspruch, ist der AG verpflichtet, ihm die Zeit seiner Abwesenheit von seinem Arbeitsplatz zu bezahlen (Abs. 3).

2 Die Vorschrift gilt nicht für die Geschäftsführung des **GBR** (vgl. § 51 Abs. 1), des **KBR** (vgl. § 59 Abs. 1), der **GJAV** (vgl. § 73 Abs. 2) und der **KJAV** (§ 73b Abs. 2). Für die **JAV** gilt eine Sonderregelung nach § 69. Für die **Bordvertretung** (§ 115 Abs. 4) und den **See-BR** (§ 116 Abs. 3 Nr. 6) sowie für eine **anderweitige Vertretung der AN** nach § 3 Abs. 1 Nr. 2 gilt die Vorschrift entsprechend. Für eine **zusätzliche AN-Vertretung** nach § 3 Abs. 1 Nr. 1 bleibt die Errichtung von Sprechstunden dem TV vorbehalten. **Freiwillige nach dem BFDG** haben zwar keinen ausdrücklichen gesetzlichen Anspruch auf Teilnahme an den Sprechstunden, da sie nicht als AN des BetrVG zu definieren sind. Da der BR seine allgemeinen Aufgaben nach § 80 aber bezogen auf alle in den Betrieb eingegliederten Beschäftigten wahrnimmt, können die Freiwilligen angebotene Sprechstunden aufsuchen.[2]

2a Der **DGB-Entwurf** für ein modernes Betriebsverfassungsgesetz[3] belässt die bisherige Vorschrift inhaltlich unverändert.

II. Einrichtung der Sprechstunden (Abs. 1)

3 **Der BR entscheidet** nach pflichtgemäßem Ermessen durch Beschluss mit einfacher Stimmenmehrheit,[4] ob und in welcher Weise er während (oder außerhalb) der Arbeitszeit **Sprechstunden** einrichten will.[5] Bei seiner Entscheidung hat er die betrieblichen Verhältnisse, insbes. die Zahl der im Betrieb beschäftigten AN, zu berücksichtigen.[6] Einer **Zustimmung des**

1 Zu den Vor- und Nachteilen von Sprechstunden *Brill*, BB 79, 1247; zum »Betriebsratsmarketing« *Disselkamp*, AiB 02, 557; vgl. ferner *BAG* 23.6.83, AP Nr. 45 zu § 37 BetrVG 1972 mit Anm. *Löwisch/Reimann*, 13.11.91, NZA 92, 414 = AiB 92, 456; *Ohm*, AiB 96, 407.
2 Zutreffend GK-*Weber*, Rn. 4.
3 AuR Sonderausgabe April 2022, S. 26.
4 Vgl. § 33 Rn. 27; Beschlussvorlage bei DKWF-*Wedde*, § 39 Rn. 5.
5 *Fitting*, Rn. 7; Richardi-*Thüsing*, Rn. 3; GK-*Weber*, Rn. 9; ErfK-*Koch*, Rn. 1; *Ohm*, AiB 96, 407.
6 *Fitting*, a.a.O.; *Brill*, BB 79, 1247; *Kühner*, S. 158.

AG bedarf es **nicht.**[7] Hat der BR entschieden, Sprechstunden einzurichten, sind diese auch dann einzuhalten, wenn sie nicht stark in Anspruch genommen werden. Er hat dafür Sorge zu tragen, dass die AN innerhalb der Sprechstunde ordnungsgemäß beraten werden. Ggf. müssen **mehrere BR-Mitglieder** innerhalb der Sprechstunde zur Verfügung stehen.[8]

Eine Verpflichtung zur Durchführung von Sprechstunden **besteht nicht.**[9] Der BR kann zur 4
Einrichtung weder gezwungen werden[10] noch stellt der Verzicht auf eine Sprechstunde trotz Erforderlichkeit oder Anregung durch den AG eine grobe Amtspflichtverletzung dar.[11] Für die Einrichtung besteht im Allgemeinen keine zwingende Notwendigkeit; allenfalls sprechen Zweckmäßigkeitsgründe für Sprechstunden.[12] Die Einrichtung kann die Geschäftsführung des BR aber erleichtern, da sich Anfragen, Anregungen, Beschwerden u. Ä. an den BR auf einen bestimmten Zeitpunkt konzentrieren. In **kleinen Betrieben,** in denen ein enger Kontakt zwischen den einzelnen Belegschaftsmitgliedern und dem BR besteht, dürfte sich die Einrichtung von Sprechstunden erübrigen. Das Gleiche kann für **Großbetriebe** mit mehreren freigestellten BR-Mitgliedern gelten.[13] Maßgeblich ist allein die Beschlussfassung des BR.

Die Möglichkeit des BR, AN am Arbeitsplatz aufzusuchen, ist kein Ersatz für Sprechstunden, 5
da in diesem Fall die Initiative für ein Gespräch beim BR und nicht beim einzelnen AN liegt.[14] Unabhängig davon können die AN jedoch auch außerhalb der Sprechstunden **den BR jederzeit in Anspruch nehmen,** soweit dies erforderlich ist,[15] ohne vom Vorgesetzten auf die Sprechstunde des BR verwiesen zu werden.

Der BR entscheidet darüber, ob er **Sprechstunden während der Arbeitszeit** einrichtet und 6
welche BR-Mitglieder er mit der Durchführung beauftragt.[16] Trifft er keine anderweitige Entscheidung, sind der **BR-Vorsitzende,** im Verhinderungsfall sein Stellvertreter[17] und ggf. **freigestellte BR-Mitglieder** berechtigt, die Sprechstunden abzuhalten.[18] Soweit ein **Betriebsausschuss** besteht, gehört die Durchführung der Sprechstunden zu den von ihm wahrzunehmenden **laufenden Geschäften.**[19] Werden den BR-Mitgliedern bei der Durchführung von Sprechstunden schutzwürdige **persönliche Belange** von AN bekannt (z. B. Schwangerschaft), sind diese **vertraulich zu behandeln.**[20]

BR können **Sprechstunden** auch im Rahmen von **Video- und Telefonkonferenzen** anbieten, 7
wenn beispielsweise **Beschäftigte** oder die durchführenden **BR-Mitglieder** im Homeoffice tätig sind.[21] Dabei muss die **Vertraulichkeit** sichergestellt werden. Es gelten insoweit dieselben Voraussetzungen wie für Onlinesitzungen des Betriebsrats (vgl. § 30 Rn. 46 ff.). Die Einrichtung **elektronischer Sprechstunden** obliegt allein der **Entscheidung des BR.** Sie kann vom AG nicht mit Argumenten wie wegfallenden Reisekosten eingefordert werden. Beschäftigte können von AG auch nicht darauf verwiesen werden, ausschließlich elektronische Sprechstunden aufzusuchen.

Beauftragte der im Betrieb vertretenen Gewerkschaften können im Rahmen der allgemeinen 8
Unterstützungsfunktion in die Sprechstunden einbezogen werden, um z. B. bei der Auslegung von TV behilflich zu sein.[22] In diesem Fall ist eine Vereinbarung mit dem AG nicht erforderlich; dieser ist allenfalls gemäß § 2 Abs. 2 zu unterrichten.[23]

---

7 GK-*Weber,* Rn. 9; ausführlich *Ohm,* AiB 96, 407; ergänzend Rn. 11 ff., hinsichtlich Zeit und Ort der Sprechstunde; zur Information des AG DKWF-*Wedde,* § 39 Rn. 6.
8 *Kühner,* S. 159; GK-*Weber,* Rn. 15.
9 *Fitting,* Rn. 6; HWGNRH-*Glock,* Rn. 5.
10 *Fitting,* Rn. 5 m. w. N.; vgl. auch Rn. 14.
11 *Fitting,* Rn. 6; *Kühner,* S. 158.
12 *Brill,* BB 79, 1247; vgl. *Fitting,* a. a. O. für feste Sprechstunde.
13 A. A. *Kühner,* S. 158, der die Einrichtung einer Sprechstunde hier als unbedingt erforderlich ansieht.
14 *Fitting,* Rn. 6.
15 *LAG Berlin* 3.11.80, EzA § 39 BetrVG 1972 Nr. 1; hierzu auch Rn. 28.
16 Richardi-*Thüsing,* Rn. 3; *Brill,* BB 79, 1247.
17 *Brill,* a. a. OGK-*Weber,* Rn. 15; nunmehr auch HWGNRH-*Glock,* Rn. 16.
18 *Kühner,* S. 159.
19 Richardi-*Thüsing,* Rn. 11; GK-*Weber,* Rn. 14; vgl. auch *Fitting,* Rn. 8.
20 GK-*Weber,* Rn. 15; *Kühner,* S. 159 f.; *Fitting,* Rn. 22.
21 Ebenso *Rudolph,* AiB 3/23, 26 ff.
22 *LAG Baden-Württemberg* 25.6.74, BB 74, 1206; GK-*Weber,* Rn. 16; *Rudolph,* AiB 3/23, 26 ff.; a. A. *GL,* Rn. 8.
23 *Fitting,* a. a. O.; GK-*Weber,* a. a. O.; HWGNRH-*Glock,* a. a. O.; ErfK-*Koch,* Rn. 2.

9 Nach näherer Vereinbarung mit dem AG gemäß § 80 Abs. 3 (vgl. § 80 Rn. 83 ff.) kann der BR **Sachverständige zu Sprechstunden hinzuziehen,** sofern dies für eine ordnungsgemäße Beratung der AN erforderlich ist.[24] Eine nähere Vereinbarung gem. § 80 Abs. 3 wird auch dann für notwendig gehalten, wenn ein **Gewerkschaftsvertreter** als Sachverständiger tätig wird.[25]

1. Zeit und Ort

10 Hat der BR sich für die Errichtung entschieden, muss er **über Zeit und Ort** der während der Arbeitszeit stattfindenden Sprechstunden eine Vereinbarung mit dem AG treffen. Dies sollte grundsätzlich in einer BV geschehen, wenn auch eine Regelungsabrede nicht ausgeschlossen ist.[26]

11 Unter Festlegung der Zeit der Sprechstunden ist die **Lage** (Tag, Uhrzeit) und die **Häufigkeit** (z. B. täglich, an bestimmten Tagen in der Woche oder im Monat) zu verstehen. Über die **Dauer** entscheidet **allein der BR** unter Berücksichtigung der Erforderlichkeit und Verhältnismäßigkeit.[27] Bei der konkreten Ausgestaltung der Zeit kommt es auf die besonderen betrieblichen Belange an, wie z. B. Größe des Betriebs, Zusammensetzung der Belegschaft, räumliche Ausdehnung des Betriebs, Arbeitszeit und Schichten, verschiedene TV, Fluktuation usw. Arbeitet der Betrieb in mehreren **Schichten,** sollten die Sprechstunden so gelegt werden, dass zumindest den AN der Früh- und Spätschicht der Besuch während der Arbeitszeit möglich ist.

12 Unter **Ort** der Sprechstunden ist der Raum zu verstehen, in dem die Sprechstunden durchgeführt werden. Finden die Sprechstunden **außerhalb der Arbeitszeit,** aber innerhalb des Betriebs statt, bedarf es keiner Vereinbarung mit dem AG, sofern die Sprechstunden in den Räumen des BR durchgeführt werden.[28]

13 Kommt es über die Festlegung von Zeit und Ort der während der Arbeitszeit durchzuführenden Sprechstunden zu keiner Einigung zwischen AG und BR, entscheidet die ESt. nach § 76 Abs. 5 verbindlich. Sie hat ihre Entscheidung unter angemessener Berücksichtigung der Belange des Betriebs und der betroffenen AN nach billigem Ermessen zu treffen. Dabei muss sichergestellt werden, dass den AN ein Aufsuchen der Sprechstunden des BR ermöglicht wird.[29] Der **Spruch der ESt.** kann sich nicht auf die Einrichtung einer Sprechstunde erstrecken.[30]

2. Durchführung

14 Werden die Sprechstunden aus **betriebsbedingten Gründen außerhalb der Arbeitszeit** abgehalten, haben die mit der Durchführung betrauten BR-Mitglieder gemäß § 37 Abs. 3 Anspruch auf entsprechenden Freizeitausgleich bzw. auf Abgeltung dieser Zeit wie Mehrarbeit.[31]

15 Den Mitgliedern des BR, denen die Durchführung der Sprechstunden obliegt, ist **Arbeitsbefreiung nach § 37 Abs. 2** zu gewähren, soweit sie nicht nach § 38 von der Arbeit freigestellt sind. Die Einrichtung und Abhaltung von Sprechstunden rechtfertigt allein nicht die pauschale Freistellung eines BR-Mitglieds.[32]

---

24 zu den allgemeinen Voraussetzungen der Hinzuziehung vgl. § 80 Rn. 152.

25 Vgl. *Fitting,* Rn. 9; GK-*Weber,* Rn. 16; *GL,* Rn. 8; *Richardi,* Rn. 12; *Imping,* DB 23, 1093 ff., der allerdings ein willkürliches und unbeschränktes Teilnahmerecht an Sprechstunden verneint; a. A. *HSG,* Rn. 18, die Gewerkschaftsbeauftragte als Sachverständige ausschließen.

26 *Fitting,* Rn. 11; GK-*Weber,* Rn. 12; HWGNRH-*Glock,* Rn. 7; *Kühner,* S. 159; a. A. Richardi-*Thüsing,* Rn. 7; *GL,* Rn. 9, die eine BV für erforderlich halten; zur BV vgl. im Übrigen § 77 Rn. 7 f.; Textmuster bei DKWF-*Wedde,* § 39 Rn. 6 ff.

27 Richardi-*Thüsing,* Rn. 5; HaKo-BetrVG/*Wolmerath,* Rn. 4; a. A. ErfK-*Koch,* Rn. 1; *Fitting,* Rn. 11; WP-*Kreft,* Rn. 3; GK-*Weber,* a. a. O.; HWGNRH-*Glock,* Rn. 8.

28 *Fitting,* Rn. 11; GK-*Weber,* Rn. 11; *Kühner,* a. a. O.; a. A. HWGNRH-*Glock,* Rn. 6; Richardi-*Thüsing,* Rn. 29.

29 *Fitting,* Rn. 14; GK-*Weber,* Rn. 13; HWGNRH-*Glock,* Rn. 10.

30 GK-*Weber,* Rn. 13; vgl. auch Rn. 3.

31 *Fitting,* Rn. 16; vgl. auch § 37 Rn. 62 ff.

32 *BAG* 13.11.91 – 7 ABR 5/91, NZA 92, 414 = AiB 92, 456.

16 Der AG ist verpflichtet, die für die Sprechstunden erforderlichen Räume und sachlichen Mittel – z. B. Licht, Heizung, Schreibmaschine, PC nebst Zubehör, Büromaterial, Büropersonal – zur Verfügung zu stellen.[33] Bietet der BR **Online-Sprechstunden** per Video- und Telefonkonferenz an, muss der AG den Zugang zu betrieblichen Möglichkeiten einräumen (vgl. auch Rn. 9). Er hat auch die Kosten eines Dolmetschers zu tragen, wenn ausländische AN die Sprechstunde aufsuchen.[34] Erfolgt Telearbeit (vgl. § 5 Rn. 41 ff.) oder sonstige Arbeit außerhalb des Betriebs, können für erste Kontakte elektronische **Dienste** genutzt werden.[35]

3. Inhalte

17 In den Sprechstunden dürfen alle Angelegenheiten behandelt werden, die in den Aufgabenbereich des BR fallen und in unmittelbarem Zusammenhang mit den Arbeitsverhältnissen stehen. Hierzu gehört auch die Behandlung von **Beschwerden** (§ 85) und die **Entgegennahme von Anregungen.**[36] Der AN kann die Sprechstunden zwecks Einlegung einer Beschwerde auch dann aufsuchen, wenn er sich vorher nicht beim AG beschwert hat.[37] AN haben das Recht, Sprechstunden des BR allein oder gemeinsam aufzusuchen, um hier Fragen zur konkreten Tätigkeit oder zu beabsichtigten kollektiven Maßnahmen einschließlich aktueller Tarifverhandlungen zu stellen (vgl. Rn. 23).

18 Eine **Beratung und Auskunftserteilung,** die sich im Rahmen der Aufgaben des BR bewegt, ist als zulässig anzusehen, wenn es sich um arbeitsrechtliche Fragen handelt, sofern das BR-Mitglied dazu in der Lage ist.[38] Beratungsgegenstand können auch Fragen des Individualrechts sein, wenn sie die Situation der AN im Betrieb betreffen.[39] Erteilt werden dürfen auch **Rechtsauskünfte,** die mit den Aufgaben des BR in Zusammenhang stehen. Unter Beachtung des zum 1.7.08 in Kraft getretenen Rechtsdienstleistungsgesetzes ist dem BR eine Erörterung von Rechtsfragen erlaubt, wenn diese die AN betreffen.[40] **Falsche Rechtsauskünfte,** beispielsweise über die Klagefrist nach § 4 KSchG, gehen zu Lasten des AN und rechtfertigen keine nachträgliche Zulassung der Kündigungsschutzklage gemäß § 5 Abs. 1 KSchG.[41] BR-Mitglieder **haften für Rechtsauskünfte,** die sie in den von ihnen abgehaltenen Sprechstunden erteilen, nur bei **unerlaubter Handlung.**[42]

III. Teilnahme der Jugend- und Auszubildendenvertretung (Abs. 2)

19 In Betrieben, die in der Regel mehr als 50 in § 60 Abs. 1 genannte AN beschäftigen, kann die **JAV Sprechstunden während der Arbeitszeit einrichten** (vgl. § 69). Führt sie keine eigenen Sprechstunden durch, kann an den Sprechstunden des BR ein Mitglied der JAV teilnehmen, um in § 60 Abs. 1 genannte AN zu beraten.[43] Führt die JAV eigene Sprechstunden durch, entfällt ihr Teilnahmerecht an den Sprechstunden des BR.[44]

20 Die Teilnahme eines Mitglieds der JAV an der Sprechstunde des BR soll den in § 60 Abs. 1 genannten AN die Möglichkeit geben, ihre speziellen Probleme mit einem von ihnen gewählten

---

33 Richardi-*Thüsing,* Rn. 13; *Fitting,* Rn. 16; GK-*Weber,* Rn. 22; *GL,* Rn. 13; vgl. § 40 Rn. 14ff., 96.
34 *Brill,* BB 78, 1574.
35 *Wedde,* S. 142ff.
36 § 80 Abs. 1–3; vgl. auch GK-*Weber,* Rn. 7.
37 GK-*Weber,* a. a. O.; HWGNRH-*Glock,* a. a. O.; vgl. im Übrigen §§ 84 und 85.
38 Richardi-*Thüsing,* Rn. 2; GK-*Weber,* Rn. 7; enger nunmehr *Fitting,* Rn. 23 [»Erörterung«], der zutreffend darauf verweist, dass es sich nicht um eine Rechtsdienstleistung i. S. des RDG handelt; a. A. HWGNRH-*Glock,* Rn. 4; vgl. auch *LAG Rheinland-Pfalz* 10.9.84, NZA 85, 430; *LAG Hamburg* 10.4.87, DB 87, 1744.
39 Zutreffend WP-*Kreft,* Rn. 9 bezüglich der individuellen Voraussetzungen von Vergütungsansprüchen.
40 *Düwell,* dbr 7/08, 17.
41 Vgl. *LAG Rheinland-Pfalz,* a. a. O.; *LAG Hamburg,* a. a. O.; *Fitting,* a. a. O.
42 § 676 BGB; GK-*Weber,* Rn. 33; Richardi-*Thüsing,* Rn. 29.
43 Richardi-*Thüsing,* Rn. 15; *Fitting,* Rn. 17ff.; HWGNRH-*Glock,* Rn. 11; GK-*Weber,* Rn. 17ff.
44 *Fitting,* Rn. 18; GK-*Weber,* Rn. 17; *Malottke,* AiB 01, 206; vgl. im Übrigen § 69.

JAV-Mitglied durchzusprechen.[45] Sie sind jedoch nicht verpflichtet, sich an ein Mitglied der JAV zu wenden, sondern können sich auch mit einem BR-Mitglied beraten.[46]

21 Die **JAV entscheidet selbstständig** darüber, ob sie an den Sprechstunden teilnehmen will.[47] Auch die Entscheidung, **welches Mitglied der JAV** an den Sprechstunden des BR teilnimmt, obliegt allein der JAV.[48] Trifft sie keine ausdrückliche Regelung, ist ihr Vorsitzender, im Verhinderungsfall sein Stellvertreter, befugt, an den Sprechstunden teilzunehmen.[49]

22 Der BR kann **getrennte Sprechstunden** für die in § 60 Abs. 1 genannten und die sonstigen AN einrichten. Dann besteht das Teilnahmerecht des Mitglieds der JAV nur zur Beratung der in § 60 Abs. 1 genannten AN.[50] Bei **»gemeinsamen« Sprechstunden** kann das Mitglied der JAV an jeder Sprechstunde des BR teilnehmen, unabhängig davon, ob sie von in § 60 Abs. 1 genannten AN besucht wird, auch wenn es nur berechtigt ist, diese AN zu beraten.[51]

IV. Versäumnis von Arbeitszeit und Entgeltfortzahlung (Abs. 3)

23 Die AN sind berechtigt, **während ihrer Arbeitszeit** die Sprechstunden des BR aufzusuchen. Sie müssen sich vor dem Besuch bei ihrem Vorgesetzten ordnungsgemäß **abmelden** und nach Rückkehr wieder **zurückmelden.**[52] Die AN benötigen für den Besuch der Sprechstunden **weder die Zustimmung des AG,**[53] noch müssen sie den AG um Freistellung ersuchen.[54] Die Inanspruchnahme des BR muss erforderlich sein, d. h., es muss ein sachlicher Grund hierfür vorliegen.[55] Der AG ist verpflichtet, den AN den Besuch der Sprechstunden zu ermöglichen. Verweigert er dies ohne triftigen Grund, kann der AN auch gegen dessen Widerspruch die Sprechstunden aufsuchen.[56] Der AN braucht dem AG den **Anlass seines Besuchs** nicht mitzuteilen.

24 Mehrere AN können ggf. gleichzeitig, z. B. zur erforderlichen Information über den Stand oder zur Klärung wichtiger betrieblicher Fragen, nach ordnungsgemäßer Abmeldung (vgl. Rn. 23) die Sprechstunden des BR (**kollektive Inanspruchnahme**) aufsuchen.[57] Unerheblich ist, wenn durch den Besuch der Sprechstunde vorübergehend einzelne Anlagen stillstehen.[58]

25 Der Besuch der Sprechstunden berechtigt den AG **nicht zur Minderung des Arbeitsentgelts.** Die durch den Besuch bedingte Arbeitsversäumnis ist dem AN wie Arbeitszeit einschließlich aller Zuschläge und Zulagen zu vergüten.[59] Dies gilt auch für Leistungslohn.

26 Anspruch auf Arbeitsbefreiung haben auch **Leih-AN.** Sie können nach § 14 Abs. 1, 2 AÜG sowohl die Sprechstunde des BR im Entleih- als auch im Verleihbetrieb aufsuchen.[60] Dies gilt

45 *Fitting,* Rn. 17; GK-*Weber,* Rn. 18; *Kühner,* S. 161.
46 *Fitting,* Rn. 21; GK-*Weber,* a. a. O.; HWGNRH-*Glock,* Rn. 15.
47 ErfK-*Koch,* Rn. 1; GK-*Weber,* Rn. 19, der jedoch in der Nichtteilnahme ggf. eine grobe Pflichtverletzung i. S. d. § 23 Abs. 1 sieht.
48 Richardi-*Thüsing,* Rn. 17; GK-*Weber,* Rn. 20; *Kühner,* S. 161.
49 *Fitting,* Rn. 19.
50 Richardi-*Thüsing,* Rn. 18; GK-*Weber,* Rn. 21; a. A. ErfK-*Koch,* Rn. 2, der ein Teilnahmerecht nur für AN nach § 60 Abs. 1 sieht.
51 GK-*Weber,* a. a. O.; *Kühner,* S. 162; *Weiss,* Rn. 2; a. A. *Richardi,* a. a. O.; ErfK-*Koch,* a. a. O.; *Fitting,* Rn. 20; *GL,* Rn. 11; HWGNRH-*Glock,* a. a. O.
52 *BAG* 23. 6. 83, AP Nr. 45 zu § 37 BetrVG 1972; *LAG Düsseldorf* 9. 8. 85, DB 85, 2463.
53 So aber GK-*Weber,* Rn. 26; HaKo-BetrVG/*Blanke,* Rn. 2; HWGNRH-*Glock,* a. a. O.; wie hier *Fitting,* a. a. O.; HaKo-BetrVG/*Wolmerath,* Rn. 12; *Kühner,* S. 163; ErfK-*Koch,* Rn. 3.
54 So aber Richardi-*Thüsing,* Rn. 23.
55 Vgl. *LAG Berlin* 3. 11. 80, EzA § 39 BetrVG 1972 Nr. 1; *Fitting,* Rn. 29.
56 *Fitting,* a. a. O.; GK-*Weber,* Rn. 28; ErfK-*Koch,* a. a. O.; a. A. HWGNRH-*Glock,* Rn. 20, 24, der eine Abmahnung für zulässig ansieht.
57 *ArbG Hamburg* 18. 12. 81, AiB 82, 158 mit Anm. *Blanke; LAG Hamburg* 28. 7. 82 – 5 Sa 23/82; *ArbG Gießen* 14. 7. 82 – 3 Ca 131/82; *ArbG Darmstadt* 2. 10. 86 – 2 Ca 191/86; *Fitting,* Rn. 25; GK-*Weber,* Rn. 25; HWGNRH-*Glock,* Rn. 25 m. w. N.; HaKo-BetrVG/*Wolmerath,* Rn. 11; a. A. *LAG Frankfurt* 11. 11. 87 – 8 Sa 203/87; *ArbG Osnabrück* 17. 1. 95, NZA 95, 1013; Richardi-*Thüsing,* Rn. 24.
58 *ArbG Hamburg* a. a. O.; *Däubler,* Ratgeber Arbeitsrecht, S. 110.
59 *Fitting,* Rn. 27; HWGNRH-*Glock,* Rn. 23; GK-*Weber,* Rn. 29; ErfK-*Koch,* Rn. 3; DKWF-*Wedde,* § 39 Rn. 3, 9 f.
60 HWGNRH-*Glock,* Rn. 27; *Fitting,* Rn. 26; HaKo-BetrVG/*Wolmerath,* Rn. 11.

sowohl für gewerbsmäßig überlassene als auch für nicht gewerbsmäßig überlassene Leih-AN.[61] Anspruch auf Entgeltfortzahlung hat der Leih-AN gegenüber dem AG des Verleih-Betriebs.[62] Entsprechendes gilt für **Ein-Euro-Jobs** nach § 16 Abs. 3 Nr. 2 SGB II, für die eine allgemeine Zuständigkeit des BR besteht.[63]

AN des Betriebs, die sich überhaupt nicht mehr oder nur gelegentlich im Betrieb aufhalten (etwa Tele- oder Außendienst-AN), sind alle im Zusammenhang mit dem Besuch von Sprechstunden des BR anfallenden Kosten (Fahrkosten, Arbeitszeit) zu erstatten.[64] 27

V. Sonstige Inanspruchnahme des Betriebsrats

Auch **außerhalb der Sprechstunden** können AN den BR aufsuchen, wenn es erforderlich ist;[65] jedenfalls ist der einzelne AN grundsätzlich nicht verpflichtet, die Sprechstunden des BR in Anspruch zu nehmen.[66] Der BR und einzelne BR-Mitglieder sind nicht verpflichtet, AN generell auf die Sprechstunden zu verweisen.[67] Der AG kann **Gespräche von AN** mit dem BR außerhalb der Sprechstunden nicht verbieten.[68] 28

Das Verbot der Minderung des Arbeitsentgelts besteht auch dann, wenn sich ein **Mitglied des BR zu den einzelnen AN** begibt, um eine dringende, für die berufliche Zukunft der AN wichtige Angelegenheit mit ihnen zu besprechen, und dadurch ein kurzfristiger Produktionsausfall eintritt.[69] Dabei sind die BR-Mitglieder nicht verpflichtet, die Namen der AN anzugeben, die sie im Betrieb aufsuchen wollen.[70] Der Grundsatz der Verhältnismäßigkeit kann es im Einzelfall sogar notwendig machen, dass sich der BR zum Zwecke der erforderlichen Information außerhalb der Sprechstunden direkt zu den einzelnen AN begibt, um deren Angelegenheiten, soweit sie im Zusammenhang mit dem Arbeitsverhältnis und der BR-Tätigkeit stehen, zu besprechen und ggf. die erforderlichen Informationen weiterzugeben.[71] Sofern es dabei zu einer **Arbeitsunterbrechung** kommt, können die einzelnen AN verpflichtet sein, sich bei ihrem Vorgesetzten abzumelden.[72] 29

VI. Streitigkeiten

Streitigkeiten über die Einrichtung und Abhaltung von Sprechstunden sind von den **ArbG im Beschlussverfahren** zu entscheiden (§§ 2a, 80 ff. ArbGG). Bei Streitigkeiten über Zeit und Ort der Sprechstunden entscheidet die **ESt.**, deren Spruch im Rahmen des § 76 Abs. 5 gerichtlich überprüft werden kann.[73] 30

Ansprüche auf vorenthaltenes Arbeitsentgelt wegen des Besuchs der Sprechstunden oder für die sonstige Inanspruchnahme des BR sind von den **ArbG im Urteilsverfahren** zu entscheiden.[74] Das gilt nicht nur für die Ansprüche der AN, sondern auch für BR- und JAV-Mitglieder nach § 37 Abs. 2. 31

---

61 Vgl. auch *BAG* 18. 1. 89, DB 89, 1419; *Becker/Wulfgramm,* Art. 1 § 14 Rn. 13; HWGNRH-*Glock,* a. a. O.
62 Vgl. *Becker/Wulfgramm,* a. a. O.; HWGNRH-*Glock,* a. a. O.; ErfK-*Wank,* § 14 AÜG, Rn. 9; *Fitting,* Rn. 27.
63 *Engels,* NZA 07, 8 f.
64 *Wedde,* S. 141 ff.; *Fitting,* § 5 Rn. 194.
65 *BAG* 23. 6. 83, AP Nr. 45 zu § 37 BetrVG 1972 mit Anm. *Löwisch/Reimann;* GK-*Weber,* Rn. 13.
66 *LAG Berlin* 3. 11. 80, EzA § 39 BetrVG 1972 Nr. 1.
67 *BAG,* a. a. O.; *Fitting,* Rn. 27 ff.
68 Vgl. *LAG Berlin,* a. a. O.
69 *LAG Berlin,* 3. 11. 80, EzA § 39 BetrVG 1972 Nr. 1; *Fitting,* Rn. 31.
70 *BAG,* 23. 6. 83, AP Nr. 45 zu § 37 BetrVG 1972 mit Anm. *Löwisch/Reimann.*
71 *LAG Berlin,* a. a. O.; zum Zugangsrecht von BR-Mitgliedern zu den Arbeitsplätzen vgl. im Übrigen § 80 Rn. 12.
72 *ArbG Stuttgart* 29. 10. 80 – 2 BV 2/80; *Fitting,* a. a. O.; zur Abmeldepflicht von BR-Mitgliedern vgl. § 37 Rn. 45.
73 *Fitting,* Rn. 35; GK-*Weber,* Rn. 34; Textmuster für die Anrufung bei DKWF-*Wedde,* § 39 Rn. 8.
74 Richardi-*Thüsing,* Rn. 32.

§ 40 Kosten und Sachaufwand des Betriebsrats

(1) Die durch die Tätigkeit des Betriebsrats entstehenden Kosten trägt der Arbeitgeber.
(2) Für die Sitzungen, die Sprechstunden und die laufende Geschäftsführung hat der Arbeitgeber in erforderlichem Umfang Räume, sachliche Mittel, Informations- und Kommunikationstechnik sowie Büropersonal zur Verfügung zu stellen.

Inhaltsübersicht

I. Vorbemerkungen

1 Die Vorschrift verpflichtet den AG, die durch die **Tätigkeit des BR und der BR-Mitglieder** entstehenden und zur Durchführung ihrer Aufgaben erforderlichen Kosten zu tragen sowie die erforderlichen Räume, sonstigen Sachmittel, Informations- und Kommunikationstechnik und das erforderliche Büropersonal bereitzustellen. Sie findet auch Anwendung, wenn der BR ein **»Rest- bzw. Übergangsmandat«** ausübt. Erfasst werden

- Kosten, die dem BR-Gremium durch die Ausübung seiner Tätigkeit entstehen;
- Aufwendungen des einzelnen BR-Mitglieds im Rahmen seiner BR-Tätigkeit;
- Kosten, die dadurch entstehen, dass der AG dem BR Sachmittel und Büropersonal zur Verfügung stellen muss.[1]

1 Vgl. *Kühner*, S. 166; *Schuster*, AiB Nr. 5 18, 22.

Die Bestimmung gilt entsprechend für den **GBR** (§ 51 Abs. 1), den **KBR** (§ 59 Abs. 1), die **JAV** (§ 65 Abs. 1),[2] die **GJAV** (§ 73 Abs. 2), die **KJAV** (§ 73b Abs. 2), die **Bordvertretung** (§ 115 Abs. 4), den **See-BR** (§ 116 Abs. 3) und für eine **anderweitige Vertretung der AN** nach § 3 Abs. 1 Nr. 4 und 5. Bei einer **zusätzlichen Vertretung** der AN nach § 3 Abs. 1 Nr. 1–3 können die TV-Parteien entsprechende Regelungen treffen.[3] Fehlen diese, gilt die Vorschrift entsprechend.[4] Dies gilt auch für den **WA.**[5] Für die **Ausschüsse des BR** gilt § 40 unmittelbar, da deren Tätigkeit BR-Tätigkeit ist.[6] Ebenso sind die Kosten zu übernehmen, die einer **Arbeitsgruppe** gem. **§ 28a** bei der Ausübung von Aufgaben nach dem BetrVG entstehen.[7] 2

Der **DGB-Entwurf** für ein modernes Betriebsverfassungsgesetz[8] ergänzt die bisherige Vorschrift durch einen neuen **Abs. 1 Satz 2,** der die in Satz 1 enthaltene **Kostentragungspflicht** ausdrücklich auf erforderliche transnationale Kontakte sowie auf die Einschaltung von Sachverständigen und juristischen Beratern erstreckt, ohne dabei auf die in§ 80 Abs. 3 enthaltene Erforderlichkeit abzustellen. 2a

II. Kosten der Betriebsratstätigkeit

1. Grundsätzliches

Der **AG** hat **alle Kosten** zu tragen, die bei der pflichtgemäßen Wahrnehmung der Aufgaben nach dem BetrVG entstehen. Hierunter fallen, auch als notwendige Folge des Umlageverbots in § 41 und des Benachteiligungsverbots in § 78, die **sachlichen** und die **persönlichen Kosten** der Tätigkeit des BR und seiner Mitglieder. Unzulässig ist die Finanzierung aus dem **Tronc** einer Spielbank.[9] Die Kosten sind auch dann zu tragen, wenn der BR z. B. nach einer Betriebsstilllegung, ein **Restmandat** (§ 21 b) ausübt[10] oder ein **Übergangsmandat** (§ 21 a) wahrnimmt (vgl. ausführlich § 21a Rn. 48 ff.; zum **Kostenerstattungsanspruch im Insolvenzverfahren** vgl. Rn. 86 und 203).[11] Bei einem **Betriebsübergang** gehen gemäß § 613a Abs. 1 BGB die Kosten auf den Betriebserwerber über.[12] In einem gemeinsamen Betrieb gem. § 1 Abs. 2 haften die verschiedenen AG für die Kosten des BR gem. § 421 BGB gesamtschuldnerisch (vgl. auch § 1 Rn. 198).[13] Etwas anderes gilt, wenn sich die Kosten eindeutig einem AG zuordnen lassen.[14] Entfallen die Errichtungsvoraussetzungen für einen BR (etwa aufgrund der Nichtigkeit einer Wahl), berührt dies bestehende Ansprüche auf Kostenerstattung nicht.[15] 3

Die Kostentragungspflicht besteht auch für einen BR, dessen **Wahl angefochten** ist.[16] Entsprechendes gilt im Fall der **Nichtigkeit** der Wahl,[17] es sei denn, dass diese den BR-Mitgliedern bei Auslösung der Kosten bekannt war.[18] 4

---

2 Vgl. hierzu *Malottke,* AiB 01, 202.
3 *Hanau,* NJW 01, 2514.
4 *Fitting,* Rn. 2; GK-*Weber,* Rn. 3; *Löwisch,* BB 01, 1735, a. A. *Reichold,* NZA 01, 859.
5 *Fitting,* Rn. 2; GK-*Weber,* Rn. 2.
6 *Fitting,* a. a. O.; GK-*Weber,* a. a. O.; HWGNRH-*Glock,* Rn. 154.
7 *Fitting,* Rn. 2; a. A. HWGNRH-*Glock,* Rn. 155.
8 AuR Sonderausgabe April 2022, S. 26.
9 *BAG* 14. 8. 02 – 7 ABR 29/01, AuR 03, 271 mit Anm. *Wedde*; vgl. § 41 Rn. 3.
10 *LAG Bremen* 9. 12. 04 – 3 TaBV 15/04, AuR 05, 420 mit *Anm. Buschmann;* Fitting, Rn. 40; GK-*Weber,* Rn. 8; HWGNRH-*Glock,* Rn. 3; *LAG Hamm* 5. 1. 79, EzA § 40 BetrVG 1972 Nr. 42.
11 GK-*Wiese,* a. a. O.; Richardi-*Thüsing,* Rn. 3; *Feudner,* BB 96, 1934 ff.; *ArbG Leipzig* 5. 5. 06 – 10 BV 57/05, NZA-RR 07, 24.
12 *BAG* 20. 8. 14 – 7 ABR 60/12, 13. 7. 94 – 7 ABR 50/93, NZA 94, 1144 = AiB 94, 759 mit Anm. *Oberhofer; Fitting,* Rn. 95.
13 *BAG* 19. 4. 89, DB 90, 740; *Fitting,* Rn. 5; GK-*Wiese,* Rn. 6; *Wlotzke/Preis,* Rn. 4.
14 *Fitting,* Rn. 7 für eine Einigungsstelle wegen Meinungsverschiedenheiten in einem beteiligten Betrieb.
15 *BAG* 23. 8. 06 – 7 ABR 51/05, DB 07, 1091.
16 *Fitting,* Rn. 7; GK-*Weber,* Rn. 7; HWGNRH-*Glock,* Rn. 4; *Richardi,* a. a. O.
17 *LAG Düsseldorf* 9. 4. 79, DB 79, 2140; *BAG* 29. 4. 98 – 7 ABR 42/97, NZA 98, 1133.
18 *Fitting,* a. a. O.; HWGNRH-*Glock,* a. a. O.; *Wlotzke/Preis,* Rn. 3; ähnlich *BAG* 23. 8. 06 – 7 ABR 51/05, AP Nr. 12 zu § 54 BetrVG 1972 zur Kostenfreistellung eines unwirksam errichteten KBR; *LAG Köln* 10. 11. 05 – 5 TaBV 42/05, AE 07, 167 hat einem nicht wirksam bestellten zweiten GBR den Freistel-

5 Erstattungsfähig sind alle Kosten, deren **Aufwendung im Interesse des Betriebs und seiner Belegschaft** unter Berücksichtigung der Belange des AG erforderlich waren oder doch jedenfalls von dem BR oder seinem Mitglied unter Anlegung dieses Maßstabes für erforderlich gehalten werden durften.[19] Fallen **Schulungskosten** an, ist es unerheblich, ob diese durch einen gewerkschaftlichen, gewerkschaftsnahen oder nichtgewerkschaftlichen Schulungsträger entstanden sind.[20] Eine Erstattungspflicht kann für die Durchführung von erforderlichen internen »Betriebsratsklausuren« bestehen.[21] Für die Feststellung der Erforderlichkeit der Kosten ist ebenso wie für die Feststellung der Erforderlichkeit einer Arbeitsbefreiung nach § 37 Abs. 2 (vgl. dort Rn. 26 ff.) nicht rückblickend ein rein objektiver Maßstab anzulegen. Ausschlaggebend ist, ob die Ausgaben im **Zeitpunkt der Verursachung** bei gewissenhafter Abwägung aller Umstände als **erforderlich** angesehen werden konnten, weil der BR anderenfalls in der Ausübung seiner Aufgaben nicht unbeträchtlich behindert worden wäre.[22] Zu erstatten sind die zur ordnungsgemäßen Amtsausübung notwendigen Kosten, die der BR in vertretbarem Umfang gemacht hat. Nach der Rspr. soll der **Grundsatz der Verhältnismäßigkeit** gelten.[23] Die Anwendung dieses Maßstabs ist abzulehnen, da der Verhältnismäßigkeitsgrundsatz leicht zum Instrument einer Reglementierung der BR-Tätigkeit werden kann.[24]

6 Hält der BR bzw. das BR-Mitglied Aufwendungen und Kosten seiner Tätigkeit für erforderlich, benötigt er **nicht die Zustimmung des AG.**[25] Das gilt z. B. auch für Reisen, die zur ordnungsgemäßen Aufgabenerfüllung durchgeführt werden.[26] Der BR sollte über die Notwendigkeit der Aufwendungen einen **Beschluss** herbeiführen, soweit Entscheidungen des BR nicht sowieso einer ordnungsgemäßen Beschlussfassung (vgl. § 29 Rn. 25 ff.; § 33 Rn. 15 ff.) bedürfen, z. B. Beauftragung eines Rechtsanwalts (vgl. Rn. 26 ff.), Entsendung von BR-Mitgliedern zu Schulungsmaßnahmen (vgl. Rn. 81 ff., § 37 Rn. 144 ff., 191), Honorarzusage für einen Beisitzer einer ESt. (vgl. Erl. zu § 76 a). Die **Beschlussfassung** des BR allein **verpflichtet den AG nicht,** die Kosten zu erstatten.[27] Bei **außergewöhnlichen Aufwendungen und Kosten** kann es geboten sein, sich vorher mit dem AG ins Benehmen zu setzen, um ihm Gelegenheit zur Stellungnahme zu geben.[28] Unterlässt ein BR dies, bleibt der Anspruch auf Kostenerstattung unberührt, wenn dessen Voraussetzungen gegeben sind.[29]

7 Der AG kann die Erstattung der Aufwendungen nur verweigern, wenn der BR oder das BR-Mitglied bei der **Prüfung der Erforderlichkeit leichtfertig** gehandelt oder sich über die Erforderlichkeit oder Angemessenheit der Kosten in nicht entschuldbarer Weise geirrt hat.[30] Die Frage, ob entstehende Kosten für die BR-Arbeit erforderlich sind, ist **nicht unter rückblickender Betrachtung** von einem rein objektiven Standpunkt aus zu beurteilen, es genügt, dass

---

lungsanspruch zugestanden, weil seine Bildung nicht offenkundig unzulässig war; dem zustimmend Richardi-*Thüsing*, Rn. 4 enger GK-*Weber*, a. a. O., die die Kostentragungspflicht nur bejahen, wenn BR-Mitglieder nach Treu und Glauben von der Rechtmäßigkeit ihres Tuns überzeugt sein konnten.

19 *BAG* 10.8.95, NZA 95, 795, 798; 24.6.69, AP Nr. 8 zu § 39 BetrVG; *Brill*, DB 77, 2139; Richardi-*Thüsing*, Rn. 8; *Ehrich/Hoß*, NZA 96, 1075, 1076.

20 Vgl. *Däubler*, Schulungsanspruch, S. 68, 89.

21 Grundsätzlich *Houben*, AiB 2/19, 37.

22 GK-*Weber*, Rn. 11; *Wlotzke/Preis*, Rn. 9; *Kühner*, S. 167; *Weber*, NZA 08, 280 [283].

23 *BAG* 31.10.72, 8.10.74, AP Nrn. 2, 7 zu § 40 BetrVG 1972; 27.9.74, 28.5.76, AP Nrn. 18, 24 zu § 37 BetrVG 1972.

24 Vgl. *Däubler*, Schulung, Rn. 463 ff.; krit. auch *Fitting*, Rn. 7; *Klebe*, FS Gnade, S. 661 [670]; MünchArbR-*Joost*, § 309 Rn. 4; nunmehr auch GK-*Weber*, Rn. 13.

25 *Fitting*, Rn. 9; GK-*Weber*, Rn. 14 m. w. N.; *SWS*, Rn. 4; vgl. auch *LAG Frankfurt* 31.5.90 – 12 Ta 26/90 zum Tätigwerden eines Beraters auf Kosten des AG; weitergehend *LAG Baden-Württemberg* 17.12.87, AuR 88, 258, Ls. und *Kolbermoor*, NZA 89, 422, die eine Information bzw. rechtzeitige Information des AG für den Anspruch auf Kostenerstattung als nicht erforderlich ansehen.

26 *BVerwG* 22.6.62, AP Nr. 3 zu § 44 PersVG.

27 *LAG Schleswig-Holstein* 31.3.98 – 3 TaBV 58/97a, AiB 98, 472 mit Anm. *Weißgerber* = DB 99, 540.

28 *BAG* 18.4.67, AP Nr. 7 zu § 39 BetrVG; *LAG Frankfurt* 26.11.87, NZA 88, 441.

29 GK-*Weber*, Rn. 16.

30 *LAG Hamburg* 5.4.07 – 2 TaBV 12/06, juris, das einen Irrtum beim Fehlen einer höchstrichterlichen Entscheidung für möglich hält.

der BR die Aufwendungen unter Anlegung eines verständigen Maßstabs für erforderlich halten konnte.[31] Dabei kommt es auf den **Zeitpunkt der BR-Entscheidung** an.[32]

Die Erforderlichkeit ist nicht schon deshalb zu verneinen, weil eine im Betrieb vertretene Gewerkschaft ein besonderes Interesse z. B. an der Klärung einer Rechtsfrage gehabt und die Vertretung durch einen Rechtsanwalt ihres Vertrauens veranlasst hat.[33] In diesem Fall ist davon auszugehen, dass der BR bzw. die BR-Mitglieder auch ein eigenes Interesse haben.[34] Wurde die Erforderlichkeit der BR-Ausstattung in einem konkreten Fall rechtskräftig abgelehnt, kann ein erneuter Antrag durch den BR erfolgen, wenn eine reguläre BR-Wahl stattgefunden hat oder wenn sich die tatsächlichen Verhältnisse maßgeblich geändert haben.[35] **8**

Der AG braucht z. B. nicht die Kosten zu übernehmen, die durch den **Eintritt** des BR **in den Mieterbund** entstehen, da dessen allgemeine sozialpolitische Zielsetzung überwiegend nichts mit dem Aufgabenbereich des BR zu tun hat.[36] Dies soll nach abzulehnender Auffassung selbst dann gelten, wenn das UN Werkwohnungen unterhält.[37] **9**

Als regelmäßig **nicht notwendige Aufwendung** sind nach abzulehnender Auffassung des *BAG* Reisekosten anzusehen, die dadurch entstehen, dass ein Mitglied des BR vom **Urlaubsort zum Betriebsort** reist, um an einer (im entschiedenen Fall) konstituierenden BR-Sitzung teilzunehmen,[38] sofern hierdurch eine längere Reise erforderlich wird (vgl. aber auch § 37 Rn. 63 ff.). **10**

Nicht nach dieser Vorschrift zu erstatten sind in der Regel die Kosten, die aus der Tätigkeit im **Aufsichtsrat** resultieren, dem ein BR-Mitglied angehört. Etwas anderes gilt, wenn im WA gewonnene Erkenntnisse im Rahmen der BR-Arbeit benötigt werden und hierbei Kosten anfallen. **11**

Nur **tatsächlich entstandene Kosten** oder **Aufwendungen** hat der AG zu erstatten. Sie sind grundsätzlich **im Einzelnen nachzuweisen** und **abzurechnen.**[39] Die Zahlung einer **Kostenpauschale** ist zulässig bzw. möglich.[40] Sie muss sich im Rahmen der üblichen regelmäßig wiederkehrenden Aufwendungen halten und darf **keine versteckte Vergütung** umfassen.[41] Besteht eine betriebliche Reisekostenregelung für Geschäftsreisen der AN, ist diese für BR-Mitglieder zugrunde zu legen (vgl. ausführlich Rn. 62 ff.).[42] Sind die notwendigen Aufwendungen höher als die etwa zur Anwendung kommenden Pauschalsätze, kann das BR-Mitglied sie durch **Einzelnachweis** geltend machen.[43] **12**

Dem BR kann ein **Dispositionsfonds** zur Verfügung gestellt werden, aus dem er die ihm oder seinen Mitgliedern entstehenden Kosten bezahlen kann.[44] Ein Dispositionsfond darf jedoch nur der Geschäftsvereinfachung dienen und keine versteckten Zuwendungen als Vergütung für BR-Tätigkeit enthalten (vgl. auch § 37 Rn. 3 f.).[45] Daher muss über den Fonds in angemessenen Zeitabständen abgerechnet werden. Der AG kann den BR-Mitgliedern **Kreditkarten** zur Verfügung stellen. Nach Auffassung des BAG[46] ist es unzulässig, dass ein Dispositionsfond aus **13**

31 *LAG Hamburg* 13.3.84, AiB 84, 174, Ls.; Richardi-*Thüsing*, Rn. 8.
32 *BAG* 4.12.79, AP Nr. 18 zu § 40 BetrVG 1972; 11.12.87 – 7 ABR 14/87; a. A. GK-*Weber*, Rn. 142, der den Zeitpunkt der letzten mündlichen Verhandlung für maßgeblich hält.
33 Vgl. GK-*Weber*, Rn. 123.
34 *BAG* 26.11.74, AP Nr. 6 zu § 20 BetrVG 1972; a. A. *Stege*, DB 74, 2204.
35 *LAG Köln* 9.1.08 – 7 TaBV 25/07, AuR 09, 61.
36 *BAG* 27.9.74, AP Nr. 8 zu § 40 BetrVG 1972 mit ablehnender Anm. *Weimar* = EzA § 40 BetrVG 1972 Nr. 15 mit Anm. von *Herschel*.
37 HWGNRH-*Glock*, Rn. 20.
38 *BAG* 24.6.69, AP Nr. 8 zu § 39 BetrVG.
39 *BAG* 29.4.75, AP Nr. 9 zu § 40 BetrVG 1972; GK-*Weber*, Rn. 32 m. w. N.; Richardi-*Thüsing*, Rn. 51.
40 ErfK-*Koch*, Rn. 7; *Fitting*, Rn. 41; GK-*Weber*, Rn. 33; *Kehrmann*, FS Wlotzke, S. 357 ff.; *Franzen*, NZA 08, 250.
41 *Fitting*, a. a. O.; *Künzl*, ZfA 93, 341 [367]; Franzen, FS Adomeit, 173; ähnlich *ArbG Stuttgart* 13.12.12 – 24 Ca 5430/12, AuR 13, 136 mit Anm. *Mittag*; kritisch Richardi-*Thüsing*, Rn. 46.
42 *BAG* 17.9.74, AP Nr. 6 zu § 40 BetrVG 1972.
43 *BAG* 29.1.74, AP Nr. 9 zu § 37 BetrVG 1972; 23.6.75, 7.6.84, AP Nrn. 10, 24 zu § 40 BetrVG 1972.
44 *ArbG Bremerhaven* 11.12.85, AiB 86, 167 mit Anm. *Richter*, das dem BR für seine laufenden Aufgaben einen regelmäßigen Vorschuss zubilligt; offen gelassen von *BAG* 29.9.04 – 1 ABR 30/03, BB 05, 163; vgl. auch Anm. *Bertzbach*, juris PR-ArbR 6/2005, Anm. 1.
45 GK-*Weber*, Rn. 36.
46 BAG, a. a. O.

Vertragsstrafen gespeist wird, die der AG aufgrund einer BV zahlen muss. Dies wird aus der fehlenden Rechtsfähigkeit des BR abgeleitet.

14 Entstehen dem BR bzw. einem BR-Mitglied Aufwendungen oder Auslagen, kann vom AG in entsprechender Anwendung des § 669 BGB die Zahlung eines angemessenen **Vorschusses** verlangt werden.[47] Vorschusszahlungen sind beispielsweise für **Gerichts- und Anwaltsgebühren, Reise- oder Schulungskosten** (§ 37 Abs. 6, vgl. Rn. 76 ff.), zu leisten.[48] Der Anspruch auf Vorschuss kann mit einer **einstweiligen Verfügung** durchgesetzt werden.[49] Der BR kann verlangen, dass der AG es zukünftig unterlässt, die ihm durch seine Tätigkeit entstandenen **Kosten** auf Betriebsversammlungen gegenüber der **Betriebsöffentlichkeit bekanntzugeben.**[50] Dies gilt insbesondere, wenn durch die Art und Weise der Informationsgestaltung und -vermittlung eine **Beeinträchtigung der BR-Arbeit eintritt.**[51] AG haben auch in anderen Zusammenhängen nicht das Recht, entsprechende Unterrichtungen vorzunehmen.[52] Kommt es zu einer Behinderung seiner Tätigkeit, hat der BR einen **Anspruch auf Unterlassung.**[53]

2. Kosten des Betriebsrats (Abs. 1)

a) Allgemeine Geschäftsführung

15 Zu den Kosten i. S. d. Abs. 1 gehören alle im Rahmen des **normalen Geschäftsbetriebs** anfallenden Aufwendungen des BR.[54] Welche Aufwendungen nötig sind, richtet sich weitgehend nach den Umständen des Einzelfalles. Dies sind insbesondere die Kosten der **laufenden Geschäftsführung** des BR, wie beispielsweise **Porto- und Telefongebühren** sowie die Kosten für die nach § 34 vorgeschriebene Anfertigung der **Sitzungsniederschriften** und die dem AG oder Gewerkschaftsbeauftragten auszuhändigenden Abschriften.[55] Entsprechendes gilt für die Ausfertigungen der Sitzungsniederschriften, die den BR-Mitgliedern, ggf. der JAV und der Schwerbehindertenvertretung auf Grund eines BR-Beschlusses zur Verfügung gestellt werden (vgl. § 34 Rn. 16, 18). Hinzu kommen die Kosten des gesamten **Sachaufwands** und des **Büropersonals** (vgl. Rn. 116 ff., 196 ff.) sowie für die Durchführung von **Sitzungen, Betriebs- und Abteilungsversammlungen** sowie die Abhaltung von **Sprechstunden** (vgl. § 39 Rn. 16).[56] So hat z. B. der AG für Sitzungen und Versammlungen des BR (GBR, KBR, Ausschüsse) erforderliche **Tagungskosten** zu tragen, wenn im Betrieb kein geeigneter Sitzungs- bzw. Veranstaltungsraum vorhanden ist und deshalb in eine Gaststätte, ein Hotel, ein Gewerkschaftshaus oder in eine Stadthalle ausgewichen werden muss.[57] Wenn es nach dem Gestaltungskonzept zur Durchführung einer Betriebsversammlung dienlich ist, kann die Anmietung und Anlieferung

---

47 Vgl. ErfK-*Koch*, Rn. 14; *Fitting*, Rn. 91, 36; GK-*Weber*, Rn. 35; HWGNRH-*Glock*, Rn. 95; *Kühner*, S. 176; zu Schulungen *Däubler*, Schulungsanspruch, S. 104; *ArbG Darmstadt* 5.7.88, AiB 88, 285, Ls.

48 *Etzel*, Rn. 415; GK-*Weber*, Rn. 35, 126; HWGNRH-*Glock*, a. a. O.; a. A. *LAG Schleswig-Holstein* 19.4.83, BB 84, 533.

49 GK-*Weber*, Rn. 132.

50 *ArbG Verden* 25.4.90, BB 90, 1626; a. A. *Hunold*, BB 99, 1492.

51 *BAG* 12.11.97 – 7 ABR 14/97, NZA 98, 559 = AiB 98, 341 mit Anm. *Mletzko;* enger 19.7.95 – 7 ABR 60/94, NZA 96, 332 = AiB 96, 316 mit Anm. *Grimberg*, das dem AG im entschiedenen Fall ein Mitteilungsrecht zugestanden hat; dem zustimmend *Fitting*, Rn. 6, soweit die Gefahr der Beeinträchtigung der BR-Arbeit ausgeschlossen ist; ähnlich GK-*Weber*, Rn. 37; HWGNRH-*Worzalla*, § 45 Rn. 17; kritisch *Bengelsdorf*, AuA 98, 149.

52 Ebenso *Fitting*, Rn. 6.

53 *BAG* 12.11.97, a. a. O.; *ArbG Leipzig* 12.11.97 – 7 BvGa 54/02, NZA-RR 03, 142 für die Drohung des AG, aufgrund der Kosten des BR den Betrieb nach einer Verlagerung der Aufgaben ins Ausland zu schließen.

54 ErfK-*Koch*, Rn. 2; Textmuster zur Kostenübernahme bei DKWF-*Wedde*, § 40 Rn. 11 ff.

55 *Brill*, DB 77, 2139; GK-*Weber*, Rn. 39 m. w. N.; *Ehrich/Hoß*, NZA 96, 1075, 1076.

56 Vgl. auch DKWF-*Wedde*, § 40 Rn. 2 und 12.

57 Vgl. *ArbG Darmstadt* 5.7.88, AiB 88, 285, Ls. für eine Sitzung des GBR, die nicht am Ort der Hauptverwaltung des UN stattfand.

von Stehtischen erforderlich sein.[58] Nicht zu den erforderlichen Kosten sollen Aufwendungen für die Bewirtung der Teilnehmer einer Betriebsversammlung gehören.[59]

Zu den Geschäftsführungskosten können ausnahmsweise die Kosten eines **Moderators** im Rahmen einer Klausurtagung gehören. Grundsätzlich ist es zwar Aufgabe des BR-Vorsitzenden, Sitzungen zu leiten. Ist aber beispielsweise die Situation im Gremium festgefahren, kann es ausnahmsweise erforderlich sein, externe Hilfe in Anspruch zu nehmen.[60] 15a

Gibt es im Betrieb sog. **Öffentlichkeitsbeauftragte des BR,** die diesen bei der Kommunikation mit der Belegschaft unterstützen, können die hierfür entstehenden Aufwendungen Kosten der BR-Arbeit sein. Der BR ist insoweit nicht auf die Durchführung von Betriebs- oder Abteilungsversammlungen bzw. die Information über ein »Schwarzes Brett« oder über elektronische Medien beschränkt.[61] Gleiches gilt für interne »Datenschutzbeauftragte« des BR, die die Einhaltung einschlägiger datenschutzrechtlicher Vorschriften durch das Gremium und durch einzelne BR-Mitglieder strukturieren und kontrollieren.[62] 15b

Zu den Geschäftsführungskosten gehören die Kosten eines **Dolmetschers,** wenn dieser zur Verständigung z. B. in Sitzungen, in Sprechstunden[63] oder in Betriebsversammlungen benötigt wird.[64] Wird ein AN-Vertreter einer ausländischen Konzerngesellschaft auf eine Betriebsversammlung eingeladen, um dort über gemeinsame Probleme zu berichten, sind die hierfür anfallenden Dolmetscherkosten zu übernehmen.[65] Dasselbe gilt für die **Übersetzung von Schriftstücken** und für die schriftliche **Übersetzung** und **Verteilung des Tätigkeitsberichts** des BR nach § 43, insbes. in Betrieben mit zahlreichen ausländischen AN[66] (vgl. § 43 Rn. 10). 16

Stellt ein AG dem BR Dokumente, die im kollektivrechtlichen Rahmen bedeutsam sind, nur in einer Fremdsprache zur Verfügung, kann der BR Übersetzungen anfertigen lassen. Diese werden insbesondere dann erforderlich sein, wenn Dokumente Grundlage oder Anknüpfungspunkte von BVen sind. In diesen Fällen können rechtsverbindliche Übersetzungen durch vereidigte Sachverständige erforderlich sein. Nur so lassen sich rechtliche Probleme vermeiden, die aus dem unterschiedlichen Gehalt von deutschen und fremdsprachlichen Begriffen folgen können (insbesondere im Vergleich deutscher und englischer Rechtsbegriffe). Stellt der AG dem BR **Informationen in einer fremden Sprache** (etwa Systemdokumentationen zur EDV oder Datenschutzverträge mit ausländischen Unternehmen) zur Verfügung, sind die für die Übersetzung ins Deutsche anfallenden Kosten ebenfalls zu erstatten. 17

---

58 *LAG Rheinland-Pfalz* 23.3.10 – 3 TaBV 48/09, EzA-SD 10, Nr. 13, 21; zustimmend GK-*Weber*, Rn. 42.

59 *LAG Nürnberg* 25.4.12 – 4 TaBV 58/11, DB 12, 2106 = AuR 12, 370; ebenso GK-*Weber*, 43.

60 *HessLAG* 11.6.12 – 16 TaBV 237/11, juris mit Anm. *Wolmerath*, jurisPR-ArbR 50/2012 Anm. 5; zustimmend GK-*Weber*, Rn. 41.

61 Vgl. *LAG Baden-Württemberg* 6.9.12 – 3 TaBV 2/12, juris unter Hinweis auf *BAG* 21.11.78 – 6 ABR 85/76, DB 79, 751.

62 Vgl. *BAG* 18.7.12 – 7 ABR 23/11, NZA 13, 49 zur Verpflichtung des BR, den gesetzlichen Datenschutz bei der eigenen Arbeit sicherzustellen.

63 WP-*Kreft*, Rn. 11; HWGNRH-*Glock*, Rn. 16, für Ausnahmefälle; vgl. auch *ArbG Frankfurt* 5.3.97, AiB 98, 524 mit Anm. *Ebel; Hunold*, NZA-RR 99, 116; § 39 Rn. 16; DKWF-*Wedde*, § 40 Rn. 2 und 12; a. A. bezüglich der Kosten von Simultandolmetschern für eine Teilbetriebsversammlung *ArbG Leipzig* 19.1.23 – 8 BV 56/22.

64 *LAG Düsseldorf* 30.1.81, EzA § 40 BetrVG 1972 Nr. 49; *ArbG Stuttgart* 27.2.86, AiB 86, 168 mit Anm. *Herbst* = AuR 86, 316, sieht die Hinzuziehung mehrerer Dolmetscher für mehrere Sprachen als sachlich gerechtfertigt an; *LAG Baden-Württemberg* 16.1.98 – 5 TaBV 14/96, AuR 98, 286; *Aigner*, BB 92, 2357 ff.; *Helm*, AiB 93, 70 ff.; *Ehrich/Hoß*, NZA 96, 1076, 1077; *Hunold*, NZA-RR 99, 115; *Etzel*, Rn. 416, 1133; enger GK-*Weber*, Rn. 40 und HWGNRH-*Glock*, Rn. 16 nur bei einem erheblichen Teil fremdsprachiger AN; *Diller/Powietzka*, DB, 00, 719 [721]; a. A. *Vogt/Oltmanns*, NZA 14, 181.

65 *LAG Baden-Württemberg* 16.1.98 – 5 TaBV 14/96, AiB 98, 342 mit Anm. *Herbst; Fitting*, Rn. 19; GK-*Weber*, a. a. O.; a. A. HWGNRH-*Glock*, Rn. 16.

66 *ArbG München* 14.3.74, BB 74, 1118; *Fitting*, a. a. O.; GK-*Weber*, a. a. O., *GL*, Rn. 9; *Helm*, AiB 93, 70; HWGNRH-*Glock*, a. a. O.; a. A. jedenfalls für Kleinbetriebe *LAG Düsseldorf*, a. a. O.; kritisch *Etzel*, a. a. O., der die schriftliche Übersetzung des Tätigkeitsberichts nur dann zulässt, wenn dieser auch für deutsche AN schriftlich abgefasst werden darf; *Gutmann*, AuR 08, 81, der bei teureren schriftlichen Übersetzungen eine mündliche Übersetzung ausreichen lassen will, dabei aber übersieht, dass dieses Verfahren in keiner Weise praxistauglich ist.

18 Erfolgt die ordnungsgemäße Unterrichtung in einer fremden Sprache, können Dolmetscher- und Übersetzungskosten erforderliche Kosten sein, wenn nicht alle Mitglieder des Gremiums ausreichende Sprachkenntnisse haben und der BR nach Prüfung der Erforderlichkeit die Übersetzung in deutsche Sprache verlangt.[67] **Sprechen** einzelne **BR-Mitglieder nicht Deutsch,** sind ihnen Übersetzungen der einschlägigen Fachliteratur und der Korrespondenz zwischen Unternehmen und BR zur Verfügung zu stellen. Darüber hinaus besteht in diesen Fällen ein Anspruch auf Übersetzung der Protokolle der BR- und BR-Ausschusssitzungen sowie auf die Teilnahme eines Dolmetschers an den Sitzungen.[68]

19 Bei einem **umfangreichen Tätigkeitsbericht** des BR nach § 43 Abs. 1 kann es, um eine sachgerechte Diskussion des Berichts in einer Betriebsversammlung zu ermöglichen, u. U. erforderlich sein, den Bericht den AN vor der Versammlung schriftlich in mehreren Sprachen vorzulegen.[69] Dies gilt auch, wenn ein größerer Teil der Belegschaft nicht an der Betriebsversammlung teilnehmen kann.[70]

20 Zu den vom AG zu tragenden Kosten gehören auch die für die Herausgabe eines **Informationsblattes des BR.**[71] Auch für den **GBR** kann die Herausgabe eines **Informationsblattes** auf Kosten des UN erforderlich sein, sofern ein in die Zuständigkeit des GBR fallender aktueller Anlass gegeben ist.[72] Es kann sich auch aus der Tätigkeit des GBR ergeben, dass für den einzelnen BR ein konkreter Anlass für die Herausgabe eines Informationsblattes gegeben ist.[73] Die Versendung von **situationsbezogenen Informationen** des BR auf Kosten des AG während eines arbeitskampfbedingten Produktionsstillstands an die Privatanschriften der AN kann erforderlich sein.[74] Gleiches gilt für die Versendung von **Rundschreiben** des BR, sofern hierfür ein konkreter Anlass gegeben ist, was regelmäßig bei einer hohen Zahl von Außendienstmitarbeitern der Fall sein wird[75] (zu elektronischen Rundschreiben vgl. Rn. 179 ff.).

21 Auch **Zeitungsanzeigen** können in Ausnahmefällen zu Informationszwecken erforderlich sein.[76] **Presseerklärungen** des BR sind mit Blick auf die Meinungsfreiheit gem. Art. 5 Abs. 1 S. 1 GG immer zulässig.[77] Zu den vom AG zu tragenden Kosten gehören auch die für die Durchführung einer **Fragebogenaktion** durch den BR bzw. die JAV, soweit sich die Fragen im Rahmen der gesetzlichen Aufgaben halten (vgl. auch § 80 Rn. 37).[78] Unter bestimmten Umständen können auch die Kosten für Mediationsverfahren erforderlich sein.[79]

22 Der BR hat einen Anspruch auf Nutzung **im Betrieb vorhandener Kommunikationsmöglichkeiten** (vgl. ausführlich Rn. 179 ff.). Deshalb können die Kosten für die Erstellung und Pflege einer eigenen Homepage ebenso erforderlich sein wie die Aufwendungen für die Versendung elektronischer Mitteilungen, auch wenn hierfür auf externe Fachleute zurückgegriffen werden muss.

---

67 *HessLAG* 19.8.93 – 12 TaBV 9/93, NZA 95, 285; ebenso *Fitting*, a. a. O.; GK-*Weber*, a. a. O.; a. A. *Vogts/Oltmanns*, NZA 14, 181.

68 *ArbG Frankfurt* a. a. O.; *Hunold*, a. a. O.; a. A. *Fitting*, Rn. 19; *Diller/Powietzka*.

69 *Etzel*, Rn. 1132; *Fitting*, Rn. 18.

70 *LAG Baden-Württemberg* 10.2.83, AuR 84, 54, *Etzel*, a. a. O.

71 *Hoffmann*, AuR 74, 266; vgl. auch *BAG* 21.11.78, AP Nr. 15 zu § 40 BetrVG 1972 mit Anm. *Meisel* = EzA § 40 BetrVG 1972 Nr. 41 mit zustimmender Anm. *Herschel*; *BAG* 8.2.77, AP Nr. 10 zu § 80 BetrVG 1972; *LAG Baden-Württemberg* 10.2.83, AuR 84, 54; *LAG Düsseldorf* 1.3.91 – 10 TaBV 124/90, das jedoch eine regelmäßige Erscheinungsweise ablehnt; *Däubler*, Arbeitsrecht 1, Rn. 824 f.; GK-*Weber*, Rn. 155, jeweils m. w. N.; *Plander*, AuR 93, 161 [167]; *SWS*, Rn. 23; ablehnend HWGNRH-*Glock*, Rn. 147; *Eich*, DB 78, 395; zur Ausgestaltung einer BR-Zeitung *Bossmann*, AiB 12, 96.

72 *Fitting*, Rn. 118; a. A. GK-*Weber*, Rn. 176; Richardi-*Thüsing*, Rn. 81; *BAG* 21.11.78, AP Nr. 4 zu § 50 BetrVG 1972.

73 *BAG*, a. a. O.; a. A. für die Versendung von Informationen an Mitglieder des Aufsichtsrats und an Genossenschaftsvertreter durch den BR *LAG-Berlin-Brandenburg* 24.8.18 – 9 TaBV 157/18, EzA-SD 19, Nr. 9, 14.

74 *LAG Berlin* 28.6.84, DB 84, 1936.

75 Zutreffend *Ehrich/Hoß*, NZA 96, 1075, 1076.

76 A. A. GK-*Weber*, Rn. 176.

77 Ausführlich *Müller-Boruttau*, NZA 96, 1071 ff.

78 *BAG* 8.2.77, a. a. O.; *Ehrich/Hoß*, NZA 96, 1075, 1076.

79 Vgl. *Schwinkowski/Neumaier*, AiB 12, 36.

Vom AG zu tragen können Kosten sein, die durch Besprechungen und Sitzungen mit betrieblichen Interessenvertretungen **fremder und/oder ausländischer Betriebe** entstehen, sofern ein konkreter Anlass dafür besteht (vgl. auch Rn. 22; § 37 Rn. 20 f.).[80] 23

b) Auslandskontakte

Die immer stärker werdende internationale Verflechtung von UN und Konzernen sowie deren vielfache Abhängigkeit von in der Konzernspitze getroffenen Entscheidungen macht eine **engere Zusammenarbeit der BR** (GBR, KBR) **mit ausländischen Interessenvertretungen** erforderlich. Dies gilt insbesondere im Zusammenhang mit der Arbeit von **EBR** (vgl. Anhang B). Erstattungspflichtig sind etwa Kosten für Auslandsreisen der Mitglieder des BR, die im Zusammenhang mit der Gründung des EBR oder bei der laufenden Zusammenarbeit entstehen.[81] Der AG hat weiterhin die **Kosten zu tragen,** die durch die erforderliche Zusammenarbeit mit ausländischen Interessenvertretungen (vgl. Rn. 5, 7 ff.)[82] oder durch erforderliche Schulungsmaßnahmen (vgl. § 37 Rn. 127) entstehen,[83] sofern diese nicht nach den Grundsätzen der §§ 16, 30 EBRG (vgl. Anlage 2) zu erstatten sind. Hierzu können neben **Telefonkosten** usw. Kosten gehören, die durch **Besprechungen, Sitzungen** und **Schulungsmaßnahmen** mit betrieblichen Interessenvertretungen im **Ausland** entstehen. Neben den **Reise- und Übernachtungskosten**[84] für die teilnehmenden BR-Mitglieder hat der AG bzw. UN die erforderlichen **Veranstaltungskosten,** u. a. für die Übersetzung von Schriftstücken, Dolmetscher, Simultan-Anlage und Mietkosten, zu tragen.[85] Ob ein EBR Anspruch auf einen eigenen Intranet-Auftritt hat, ist offen.[86] Hinsichtlich der Erforderlichkeit der Kosten von Auslandsaktivitäten gelten die allgemeinen Grundsätze des § 40 (vgl. Rn. 3 ff.).[87] 24

Außerhalb des Anwendungsbereichs des EBRG (vgl. hierzu Anhang B, §§ 16, 30) können Auslandskontakte zur Tätigkeit des BR gehören, wenn z. B. mit der jeweiligen Konzernspitze **freiwillige Vereinbarungen** oder anderweitige **»Regelungsabsprachen«** getroffen wurden (vgl. zum Gesamtkomplex Einl. Rn. 231 ff.; § 37 Rn. 20 f.). Die in diesem Zusammenhang entstehenden Reisekosten sind erforderlich im Sinne von § 40.[88] 25

c) Rechtsverfolgung

Entstehen dem BR-Gremium bei der **gerichtlichen Verfolgung oder Verteidigung seiner Rechte** Kosten, hat der AG diese auch zu übernehmen, wenn er selbst Prozessgegner war und obsiegt hat.[89] Dies gilt auch für Verfahren nach § 119.[90] Der BR kann betriebsverfassungsrechtliche Streitfragen auf Kosten des AG gerichtlich klären lassen. Er hat die freie **Wahl,** ob er ein Verfahren selbst führt oder ob er eine **Gewerkschaft** um Unterstützung bittet bzw. einen **Rechtsanwalt** beauftragt.[91] Gibt es zwischen den Betriebsparteien bezogen auf einen bestimmten Regelungsgegenstand einen konkreten Streit über das Bestehen und den Umfang von Mitbestimmungsrechten, leitet sich nach Auffassung des *BAG* aus Abs. 1 das unmittelbare 26

---

80 *BAG* 10. 8. 94 – 7 ABR 35/93, NZA 95, 796 = BB 95, 1034 mit Anm. *Behrens; Klebe,* FS Gnade, S. 670.
81 *ArbG Hamburg* 17. 4. 97, AuR 98, 42 = AiB 98, 164 mit Anm. *Kunz;* ErfK-*Koch,* Rn. 8; *Fitting,* Rn. 50; vgl. auch DKWF-*Wedde,* § 40 Rn. 13.
82 *Plander,* AuR 93, 161 [167]; *ders.,* AiB 97, 195; GK-*Weber,* Rn. 52; a. A. HWGNRH-*Glock,* Rn. 61.
83 *Zabel,* AiB 95, 583.
84 *LAG Niedersachsen* 10. 6. 92 – 5 TaBV 392, BB 93, 291; *ArbG München* 29. 8. 91, BB 91, 2357 = AiB 91, 429 mit Anm. *Däubler* = BetrR 93, 47 mit Anm. *Meißner.*
85 *Däubler,* Betriebsverfassung, S. 80; *Klebe,* FS Gnade, S. 661; ähnlich *Fitting,* Rn. 19; a. A. *Vogts/Oltmanns,* NZA 14, 181.
86 *ArbG Lörrach* 26. 6. 13 – 5 BV 7/12, AiB 2/14, 68 verneint diesen Anspruch.
87 Enger GK-*Weber,* a. a. O., der eine sorgfältigere Prüfung verlangt.
88 Zutreffend *Fitting,* Rn. 52.
89 *Fitting,* Rn. 21; GK-*Weber,* Rn. 103, 89; a. A. *Platz,* ZfA 93, 373, 380 ff.; ferner Rn. 72.
90 *LAG Düsseldorf* 12. 8. 93 – 14 TaBV 54/93, NZA 94, 1052.
91 *BAG* 3. 10. 78, AP Nr. 14 zu § 40 BetrVG 1972 mit zustimmender Anm. *Grunsky* = AuR 79, 156 mit zustimmender Anm. *Däubler;* 4. 12. 79, AP Nr. 14 zu § 40 BetrVG 1972; ErfK-*Koch,* Rn. 4.

Recht des BR für die Beauftragung eines Rechtsanwalts ab.[92] Diese Position des *BAG* erleichtert BR die Beauftragung eines Rechtsanwalts für die gutachterliche Prüfung dieser Rechtsfrage. Durch ein solches Vorgehen wird regelmäßig dem berechtigten Interesse des AG Rechnung getragen, da der Streit über Bestehen und Umfang von Mitbestimmungsrechten in einer Form ausgetragen wird, die weniger zeitaufwändig, effizient und in der Regel auch kostensparend ist.[93] Kommt der Rechtsanwalt im Rahmen des ihm insoweit erteilten Mandats zu der Feststellung, dass bezogen auf einen konkreten Sachverhalt Mitbestimmungsrechte bestehen und leitet sich für den BR aus dieser Feststellung die Notwendigkeit der Zuziehung eines Sachverständigen nach § 80 Abs. 3 ab, ist es dem Gremium allerdings weiterhin unbenommen, im Falle der Weigerung des AG die Zustimmung gerichtlich durchzusetzen. Gleiches gilt, wenn AG die Zustimmung zur Hinzuziehung eines Sachverständigen verweigern, ohne dass das Bestehen eines Mitbestimmungsrechts strittig ist. Eine Gewerkschaft ist zur Übernahme der Prozessvertretung nicht verpflichtet.[94] Es ist **gleichgültig, zwischen wem das Gerichtsverfahren geführt wird,** ob zwischen BR und AG, zwischen BR und einem anderen betriebsverfassungsrechtlichen Organ (z. B. GBR, KBR), zwischen BR und der im Betrieb vertretenen Gewerkschaft (z. B. Wahlanfechtung, Antrag auf Auflösung des BR) oder zwischen BR und einem BR-Mitglied.[95] Es reicht, wenn der BR **Beteiligter** i. S. d. § 83 ArbGG ist.

27 Wird wegen Behinderung der BR-Tätigkeit ein Strafantrag nach § 119 Abs. 2 gestellt, kann die Hinzuziehung eines Rechtsanwalts selbst dann erforderlich sein, wenn gleichzeitig ein Unterlassungsantrag nach § 23 Abs. 3 erfolgt ist.[96] Erforderlich kann die Hinzuziehung eines Rechtsanwalts zur Erstattung einer **Ordnungswidrigkeitenanzeige nach § 121** wegen unvollständiger Information des Wirtschaftsausschusses[97] oder im Zusammenhang mit Strafverfahren nach § 119 BetrVG wegen **Behinderung der Betriebsratsarbeit** sein.[98] Außerhalb von Rechtsstreitigkeiten kann der BR berechtigt sein, sich von einem Rechtsanwalt vertreten zu lassen, wenn davon auszugehen ist, dass sich durch dessen Hinzuziehung eine friedliche Beilegung erreichen lässt.[99]

28 Der AG muss die **Kosten** nur übernehmen, wenn die Führung des Rechtsstreits erforderlich ist bzw. der BR diesen für erforderlich halten konnte[100] oder wenn eine **Rechtsfrage ungeklärt** und die Rechtsauffassung des BR hierzu vertretbar ist.[101] Dies soll z. B. **nicht** der Fall sein, wenn

- die **Rechtsverfolgung** oder die **Einlegung von Rechtsmitteln überflüssig** ist, weil der AG keinen Anlass für den Prozess gegeben oder den Anspruch anerkannt hat,[102]
- eine anderweitige Klärung möglich ist, z. B. Abwarten eines **Parallelverfahrens** oder **Durchführung eines Musterprozesses,**[103] sofern dies dem BR oder einzelnen BR-Mitgliedern, etwa bei gleichgelagerten Ansprüchen, zumutbar ist und der AG erklärt, die Entscheidung anzuerkennen[104] oder
- wenn ein **Eilverfahren** eingeleitet wird, obwohl dies nicht durch drohende konkrete Nachteile begründet ist.[105]

---

92 *BAG* 25. 6. 14 – 7 ABR 70/12, NZA 15, 629; allgemein *Trittin*, AiB 16, Nr. 5, 42.
93 *BAG* 25. 6. 14, a. a. O.
94 *BAG* 14. 1. 83, AP Nr. 12 zu § 76 BetrVG 1972; HWGNRH-*Glock*, Rn. 36.
95 ErfK-*Koch*, Rn. 3; *Fitting*, Rn. 21 ff.; GK-*Weber*, Rn. 105; *BAG* 19. 4. 89, NZA 90, 233; *LAG Berlin* 5. 7. 90 – 14 TaBV 3/90.
96 *LAG Düsseldorf* 12. 8. 93 – 14 TaBV 54/93, NZA 94, 1052; auch *Fitting*, Rn. 2; a. A. HWGNRH-*Glock*, Rn. 37.
97 *LAG Schleswig-Holstein* 14. 11. 00, DB 01, 988.
98 *LAG Düsseldorf* 12. 8. 93, NZA 94, 1052.
99 *LAG SH* 20. 7. 99 – 3 TaBV 16/99, AiB 00, 162 mit Anm. *Muratidis*.
100 *BAG* 19. 4. 89, a. a. O.; enger *BAG* 29. 7. 09 – 7 ABR 95/07, NZA 09, 1223, das eine Beachtung des Interesses des AG an der Begrenzung der Kostentragungspflicht fordert; ebenso *Fitting*, Rn. 21.
101 *BAG* 25. 8. 04 – 7 ABR 60/03, DB 05, 288; 19. 3. 03 – 7 ABR 15/02, DB 03, 1911; *LAG Hamm* 2. 10. 09 – 10 TaBV 189/08, AuA 10, 179.
102 GK-*Weber*, a. a. O.; *SWS*, Rn. 12.
103 *LAG Berlin* 7. 3. 83, AP Nr. 21 zu § 40 BetrVG 1972; ErfK-*Koch*, Rn. 4; *Fitting*, Rn. 23.
104 *BAG* 3. 10. 78, AP Nr. 14 zu § 40 BetrVG 1972; *Hanau*, SAE 79, 220; HWGNRH-*Glock*, Rn. 28.
105 *LAG Köln* 22. 7. 08 – 9 TaBV 8/08, ZTR 09, 163.

Nach der **nicht überzeugenden Auffassung** des *LAG Schleswig-Holstein*[106] soll **keine Pflicht zur Kostenübernahme** durch den AG bestehen, wenn dieser in einem arbeitsgerichtlichen Verfahren einen **Pflichtverstoß** des BR feststellen lassen will und der BR hierfür einen Rechtsanwalt beauftragt. Folgte man dieser Position, könnte der AG durch Formulierung entsprechender Vorwürfe dem BR die Möglichkeit einer angemessenen Reaktion nehmen. Deshalb ist entgegen dem *LAG Schleswig-Holstein* davon auszugehen, dass die Beauftragung eines Rechtsanwalts auch in diesen Fällen erforderlich ist. 29

Eine Kostenübernahmepflicht des AG soll mangels Erforderlichkeit ebenfalls nicht bestehen, wenn eine vom BR gesetzte **Frist fruchtlos abgelaufen ist.**[107] Das *LAG Köln* verlangt vor der Beauftragung zunächst eine erneute Nachfrage beim AG. Schließlich soll keine Erforderlichkeit bestehen, wenn Sachverhalte so einfach gelagert sind, dass BR notwendige Schreiben selbst verfassen können.[108] Diese Position verkennt, dass die fachliche Qualifikation eines BR-Gremiums durchaus unterschiedlich ist und dass es deshalb im Einzelfall erforderlich sein kann, auch für die Formulierung von Schreiben zu einfacheren Rechtsfragen fachkompetente Hilfe hinzuziehen zu können. 30

Vom AG zu erstatten können auch Anwaltskosten sein, die anfallen, wenn ein Rechtsanwalt vom BR zur Durchsetzung **betriebsverfassungsrechtlicher Rechte** eingeschaltet wird[109] oder wenn er mit der **außergerichtlichen Vertretung** des BR gegenüber der Firmenleitung mit dem Ziel beauftragt wird, eine gerichtliche Auseinandersetzung zu vermeiden und eine einvernehmliche Regelung herbeizuführen.[110] Hierzu können auch die Kosten eines zu Unrecht gegründeten GBR oder KBR (»Schein-GBR« bzw. »Schein-KBR«) gehören, wenn dessen Gründung nicht unter offensichtlicher Verkennung des Unternehmens- oder Konzernbegriffs erfolgt ist.[111] Erforderlich ist die Zuziehung eines Anwalts, wenn das BetrVG durch den Gehalt eines TV nicht unerheblich modifiziert wird.[112] **Verweigert der AG** dem BR oder dem Wahlvorstand pflichtwidrig die **Übergabe notwendiger Unterlagen,** soll die Einschaltung eines Anwalts erst nach wiederholter Fristsetzung bzw. Nachfrage erforderlich sein.[113] BR bzw. Wahlvorstand sollten dem AG in derartigen Fällen kurze Fristen setzen, um zu vermeiden, dass Mitwirkungsrechte bzw. Wahlvorgänge verzögert werden.[114] 31

Das *BAG* hält die Kostentragungspflicht für nicht gegeben, wenn die Rechtsverfolgung bzw. -verteidigung **mutwillig** bzw. von vornherein **offensichtlich aussichtslos** ist[115] oder wenn **unzweifelhaft** ein **Unterliegen im Rechtsstreit zu erwarten** ist.[116] Mutwilligkeit ist nicht gegeben, wenn ein vorheriger Einigungsversuch mit dem AG gescheitert ist oder wenn dieser seine Position zu einer strittigen Frage bereits abschließend erklärt hat.[117] Nicht offenkundig aussichtslos ist die Einreichung einer einstweiligen Verfügung auf Teilnahme eines BR-Mitglieds an einer Schulung.[118] Zu weitgehend ist die Auffassung des *BAG,*[119] wonach im Fall der Beantragung einer einstweiligen Verfügung kein Anspruch auf Erstattung der Anwaltskosten bestehen soll, wenn 32

106 *LAG Schleswig-Holstein* 4.7.00 – 2 TaBV 15/00, NZA-RR 00, 590.
107 *LAG Köln* 8.3.00 – 3 TaBV 61/99, NZA-RR 00, 640 = PersV 01, 82 (Ls.).
108 Vgl. *LAG Hamm* 16.5.07 – 10 TaBV 101/06, juris bezüglich eines Schreibens, mit dem ein BR die Wahrung seiner Mitbestimmungsrechte einfordert.
109 *LAG Schleswig-Holstein* 31.3.98 – 3 TaBV 58/97a, AiB 98, 472 mit Anm. *Kossens;* ähnlich GK-*Weber,* Rn. 48, der auch die Beratung im Vorfeld eines Beschlussverfahrens für erforderlich hält.
110 *BAG* 25.6.14 – 7 ABR 70/12, NZA 15, 629; *LAG Schleswig-Holstein* 20.7.99 – 3 TaBV 16/99, AiB 00, 162 mit Anm. *Muratidis; BAG* 15.11.00 – 7 ABR 24/00; EzA § 40 BetrVG 1972 Nr. 92; *Fitting,* Rn. 14, 31.
111 *LAG Rheinland-Pfalz* 26.2.15 – 5 TaBV 19/14, juris für den Fall eines »Schein-KBR«.
112 *LAG Rheinland-Pfalz* 8.11.07 – 9 TaBV 38/07, juris zu **ERA-ETV.**
113 *LAG Köln* 8.3.00 – 3 TaBV 61/99, NZA-RR 00, 640.
114 Vgl. zu Erstattungen in diesen Fällen Rn. 45 ff. sowie GK-*Weber,* a.a.O.
115 *BAG* 18.3.15 – 7 ABR 4/13, NZA 15, 954; 29.7.09 – 7 ABR 95/07, NZA 09, 1223; 19.3.03 – 7 ABR 15/02, NZA 03, 870; ebenso *HessLAG* 18.4.16 – 16 TaBV 80/15, juris; *LAG Düsseldorf* 25.9.15 – 6 TaBV 62/15, juris; vgl. auch *BVerwG* 9.3.92, PersR 92, 243.
116 *BAG* 22.11.17 – 7 ABR 34/16, NZA 18, 461 für den Fall einer offensichtlich aussichtslosen kostenverursachenden Nichtzulassungsbeschwerde im Auftrag eines zurückgetretenen Betriebsrats.
117 *LAG Schleswig-Holstein* 15.9.88 – 4 TaBV 22/88, DB 89, 52; *Fitting,* Rn. 22.
118 *HessLAG* 29.7.13 – 16 TaBV 312/12.
119 *BAG* 28.8.91, AP Nr. 2 zu § 85 ArbGG 1979.

sich im Rechtsstreit herausstellt, dass kein Verfügungsanspruch vorliegt.[120] Entsprechendes soll nach der Ansicht des *LAG Hamm*[121] bei Führung eines Rechtsstreits über eine Rechtsfrage gelten, die durch eine gefestigte Rspr. höchstrichterlich entschieden ist. Diese Auffassung ist nicht überzeugend. Sie verkennt, dass das BAG seine Rspr. verschiedentlich ändert. Abzulehnen ist weiterhin die Position des *LAG Schleswig-Holstein*,[122] für das sich die Durchführung eines Rechtsstreits zwischen BR und AG als »ultima ratio« darstellt. Das *LAG* verkennt, dass eine gerichtliche Klärung einer Streitfrage oft vom AG provoziert wird oder auch dem Betriebsfrieden dienen kann und nichts Ehrenrühriges ist.

33 Der BR hat die Prüfung der *Erforderlichkeit* der **Beauftragung eines Rechtsanwalts** nach der Rspr. aus dem Blickwinkel eines vernünftigen Dritten *vorzunehmen*.[123] Ihm steht bei seiner Entscheidung ein Beurteilungsspielraum zu. Bei der Abwägung der Erforderlichkeit ist vom **Zeitpunkt des Beschlusses** auszugehen, der die Kosten ausgelöst hat.[124] Da im arbeitsgerichtlichen Beschlussverfahren keine Gebühren und Auslagen erhoben werden (§ 12 Abs. 5 ArbGG), beschränkt sich die Kostentragungspflicht des AG auf die außergerichtlichen Kosten, wie z. B. die Rechtsanwaltsgebühren.[125]

34 Dass der BR bei seiner Wahl auf die finanziellen Belange des AG Rücksicht zu nehmen hat, bedeutet nicht, dass er in jedem Fall den für den AG **billigsten Weg** wählen muss.[126] Der AG hat die **Kosten einer Prozessvertretung des BR durch einen Rechtsanwalt** zu tragen, wenn der BR bei pflichtgemäßer verständiger Würdigung aller Umstände die Hinzuziehung für notwendig erachten konnte.[127] Gibt es zwischen den Betriebsparteien Streit über das Bestehen und den Umfang von Mitbestimmungsrechten hinsichtlich eines bestimmten Regelungsgegenstandes, ist der betriebsverfassungsrechtlich vorgesehene Weg nach Auffassung des *BAG* die Einschaltung eines Rechtsanwalts nach § 40 Abs. 1. Ihm obliegt dann die Prüfung, ob ein Mitbestimmungsrecht besteht und welchen Umfang es hat.[128] Dies gilt für die erste und zweite Instanz, selbst wenn eine Vertretung durch einen Gewerkschaftsvertreter möglich ist.[129] Die Kosten für die Hinzuziehung eines Rechtsanwalts hat der AG auch zu tragen, wenn dieser, statt die Vollstreckung aus einem **Vergleich,** der in einem Verfahren nach § 23 Abs. 3 abgeschlossen wurde, zu betreiben, ein Beschlussverfahren einleitet.[130] Keine Pflicht des AG zur Kostenübernahme soll bestehen, wenn ein BR während des Ruhens eines Beschlussverfahrens den Rechtsanwalt wechselt, ohne dass zu diesem Zeitpunkt irgendetwas gegenüber dem AG oder dem ArbG zu veranlassen war.[131] Der BR kann **Honorarvereinbarungen mit einem Rechtsanwalt** ab-

---

120 Dem BAG zustimmend HWGNRH-*Glock*, Rn. 26; a. A. GK-*Weber*, Rn. 48; *Fitting*, a. a. O.
121 *LAG Hamm* 4.12.85, DB 86, 88; *Fitting*, a. a. O.; vgl. auch GK-*Weber*, a. a. O.; HWGNRH-*Glock*, a. a. O.
122 *LAG Schleswig-Holstein* 15.8.88, DB 89, 52; so auch HWGNRH-*Glock*, Rn. 31.
123 *BAG* 16.10.86, AP 21 zu § 40 BetrVG 1972, *Kolbermoor*, NZA 89, 422; vgl. auch *Fitting*, Rn. 24; GK-*Weber*, Rn. 112; *Trittin*, AiB 16, Nr. 5, 42, der keine Notwendigkeit einer Prüfung der Erforderlichkeit sieht.
124 *BAG* 19.4.89, NZA 90, 233; HWGNRH-*Glock*, Rn. 31.
125 *Fitting*, Rn. 23.
126 *BAG* 26.11.74, AP Nr. 6 zu § 20 BetrVG 1972; a. A. *HessLAG* 18.4.16 – 16 TaBV 80/15, juris, das es für mutwillig hält, wenn ein BR unter mehreren gleichermaßen in Betracht kommenden Möglichkeiten für die Durchführung eines Beschlussverfahrens nicht den für den AG kostengünstigsten Weg und deshalb eine Pflicht zur Kostenübernahme verneint.
127 *BAG*, a. a. O.; 3.10.78, 4.12.79, 16.10.86, AP Nrn. 14, 18, 26 zu § 40 BetrVG 1972, 5.11.81, AP Nr. 9 zu § 76 BetrVG 1972; *LAG Köln* 14.7.95 – 4 TaBV 40/95, LAGE BetrVG § 40 Nr. 47 für den Fall, dass der AG anwaltliche Hilfe in Anspruch nimmt; *BAG* 21.6.89, AP Nr. 34 zu § 76 BetrVG 1972; 14.2.96 – 7 ABR 25/95, NZA 96, 892 = AiB 96, 610 mit Anm. *Warschkow* zur Hinzuziehung eines Rechtsanwalts als Verfahrensbevollmächtigten vor der ESt.; 27.7.94, DB 95, 835 = AuR 95, 238 mit Anm. *Fricke* zur Durchsetzung des Honoraranspruchs eines ESt.-Beisitzers, der selbst Rechtsanwalt ist.
128 *BAG* 25.6.16 – 7 ABR 70/12, NZA 15, 629; *Fitting*, Rn. 14; vgl. auch Rn. 26.
129 *BAG* 3.10.78, AP Nr. 14 zu § 40 BetrVG 1972; vgl. auch 4.12.79, AP Nr. 18 zu § 40 BetrVG 1972 jedenfalls für die zweite Instanz; a. A. *LAG Düsseldorf* 3.5.76, EzA § 40 BetrVG 1972 Nr. 28 mit ablehnender Anm. *Kittner;* ablehnend für die erste Instanz *LAG Hamm* 15.6.77, EzA § 40 BetrVG 1972 Nr. 34, Ls.
130 *LAG Bremen* 19.1.90, BB 90, 1422, Ls.
131 *HessLAG* 18.4.16 16 – TaBV 81/15, juris.

schließen,[132] soweit diese der Höhe nach angemessen sind.[133] Die Vereinbarung von Honoraren, die die durch das RVG festgelegten Regeln übersteigen, soll nur mit vorheriger Zustimmung des AG zulässig sein.[134] Auch die Vereinbarung von Stundenhonoraren ist möglich.[135] AG sind nicht verpflichtet, dem Rechtsanwalt des BR Honorar in derselben Höhe zu zahlen wie seinen eigenen Rechtsanwälten.[136]

Soweit es sich um eine außergerichtliche Vertretung oder Beratung handelt, die nicht als Sachverständigentätigkeit (vgl. Rn. 44) zu qualifizieren ist, kann der BR verlangen, dass er einen Fachanwalt für Arbeitsrecht beauftragen kann, wenn dessen Vergütung sich im üblichen Rahmen bewegt.[137] Beschließt ein BR die Einholung einer präzise gefassten Rechtsauskunft, sollen Kosten, die über diesen Beratungsgegenstand hinausgehen, nicht erstattungsfähig sein.[138] Der AG kann zur Zahlung eines **Kostenvorschusses** an den Rechtsanwalt verpflichtet sein (vgl. Rn. 13). Ein Anspruch auf Kostenübernahme besteht auch, wenn der BR-Vorsitzende von einer BR-Sekretärin als Vorgesetzter verklagt wird.[139] 35

Der BR ist nicht verpflichtet, von der Beauftragung eines Rechtsanwalts Abstand zu nehmen, wenn die im Betrieb vertretene Gewerkschaft zur Übernahme der Prozessvertretung bereit ist. Entsprechendes gilt für die Wahl der für den AG kostengünstigeren Möglichkeit, wenn die **Vertretung durch einen Gewerkschaftssekretär oder durch einen Rechtsanwalt** als gleichwertig anzusehen ist.[140] Der BR ist aber gut beraten, wegen der bestehenden Sachnähe eine gerichtliche Auseinandersetzung stets in enger Zusammenarbeit mit der im Betrieb vertretenen Gewerkschaft zu führen. 36

Die Hinzuziehung eines Rechtsanwalts erfordert einen **ordnungsgemäßen Beschluss** des BR.[141] Der Beschluss muss den Gegenstand der Beauftragung beinhalten, nicht aber auch den Namen eines bestimmten Anwalts. Die Auswahl eines Anwalts kann per Beschluss auf den BR-Vorsitzenden übertragen werden.[142] Da **im Zweifel** die **Beauftragung** eines Rechtsanwalts **nur für die jeweilige Instanz** gilt, bedarf es für jeden Instanzenzug eines erneuten Beschlusses des BR, wenn der AG verpflichtet werden soll, die Anwaltskosten zu tragen.[143] Deckt der Beschluss des BR eindeutig die Prozessvertretung für mehrere oder alle Instanzen ab oder geht es z. B. um die Abwehr eines Rechtsmittels gegen eine Entscheidung, die der beauftragte Rechtsanwalt zugunsten des BR erwirkt hat, besteht hierfür eine Zahlungsverpflichtung des AG.[144] 37

Eine **Nachholung des Beschlusses** bzw. die Genehmigung einer einseitigen Handlung des BR-Vorsitzenden bis zum Abschluss eines Rechtszuges im Gerichtsverfahren **möglich.**[145] Dies gilt 38

---

132 *BAG* v. 21.6.89, NZA 90, 107 für Verfahrensbevollmächtigten in einer ESt.

133 *LAG Schleswig-Holstein* 31.3.98 – 1 TaBV 43/97, AiB 98, 470 mit Anm. *Weißgerber* = DB 99, 540; Richardi-*Thüsing*, Rn. 28 hält eine Zusage für unzulässig, die über der Höhe des RVG-Satzes liegt; gegen eine Honorarvereinbarung GK-*Weber*, Rn. 126.

134 So zur BRAGO *LAG Schleswig-Holstein*, a. a. O.; *Fitting*, Rn. 28; enger *BAG* 20.10.99 – 7 ABR 25/98, DB 00, 524, das eine die Sätze der BRAGO übersteigende Honorarzusage regelmäßig für nicht erforderlich hält; zustimmend GK-*Weber*, Rn. 125.

135 *LAG Nds.* 14.10.14 – 11 TaBV 51/14, juris (n. rkr.) hält einen Stundensatz von 290,00 € nicht für unüblich.

136 *HessLAG* 7.11.11 – 16 TaBVGa 177/11, juris.

137 *Fitting*, Rn. 28; *Kilian*, RdA 06, 120; *LAG Hannover* 13.5.15 – 11 TaBV 51/14, juris halt ein Nettohonorar von 290,- €für Rechtsanwälte aus spezialisierten Büros im Einzelfall für angemessen.

138 *LAG Hamm* 14.10.13 – 13 TaBV 42/13.

139 *LAG Düsseldorf* 21.2.97 – 10 TaBV 95/96, AiB 97, 535 mit Anm. *Grimberg*.

140 *BAG* 3.10.78, AP Nr. 14 zu § 40 BetrVG 1972 mit Anm. *Grunsky*; a. A. bzw. einschränkender: *BAG* 26.11.74, AP Nr. 6 zu § 20 BetrVG 1972; ErfK-*Koch*, Rn. 4; *Fitting*, Rn. 27; GK-*Weber*, Rn. 130 f.; *Klinkhammer*, AuR 77, 144; HWGNRH-*Glock*, Rn. 35, der keine Pflicht des AG zur Kostenübernahme sieht, wenn die Vertretung durch einen Gewerkschaftsbeauftragten möglich ist.

141 *BAG* 18.1.06 – 7 ABR 25/05, dbr 06, Nr. 7, 38; 14.2.96 – 7 ABR 25/95, NZA 96, 892 m. w. N.; vgl. § 29 Rn. 17 ff., § 33 Rn. 15 ff.

142 *LAG Schleswig-Holstein* 20.9.01 – 5 TaBV 8/01, AiB 02, 632 mit Anm. *Komposch*.

143 *LAG Berlin* 26.1.87, AP Nr. 25 zu § 40 BetrVG 1972; *LAG Schleswig-Holstein* 19.4.83, BB 84, 533; vgl. auch *VGH Baden-Württemberg* 3.5.94, PersR 94, 527.

144 *BAG* 11.3.92 – 7 ABR 50/91, NZA 92, 946 = AiB 92, 732 mit Anm. *Warschkow* = AuR 92, 282, Ls.

145 *BAG* 6.12.06 – 7 ABR 62/05, AP Nr. 5 zu § 21b BetrVG 1972 für die Nachholung bis zum Erlass einer zurückweisenden Prozessentscheidung; vgl. auch *BAG* 18.2.03 – 1 ABR 1/70, NZA 04, 336; *LAG*

insbesondere dann, wenn die Beschlussfassung vorher nicht möglich oder zumutbar war.[146] Nicht ausreichend ist es hingegen, wenn der BR eine nicht durch Beschluss gedeckte Prozessführung eines Rechtsanwalt hinnimmt bzw. durch konkludentes Handeln genehmigt.[147] Liegt eine wirksame Entscheidung einer Instanz vor, ist eine nachträgliche Genehmigung der Beauftragung eines Rechtsanwalts durch Beschluss des BR nicht mehr möglich.[148]

39 Nicht zu den erstattungsfähigen Kosten sollen im Regelfall die **Reisekosten eines auswärtigen Rechtsanwalts** gehören. Etwas anderes gilt, wenn der BR dessen Zuziehung bei pflichtgemäßer Abwägung aller Umstände für erforderlich halten kann.[149] Die Beauftragung eines auswärtigen Rechtsanwalts kann der BR folglich beschließen, wenn er in schwierigen Rechtsfragen für die Prozessvertretung einen erfahrenen und anerkannten Fachanwalt für erforderlich hält und dieser am Ort nicht vorhanden ist.[150] Beauftragt der AG einen auswärtigen Rechtsanwalt, hat dieses Recht auch der BR.[151] Nicht zu den erstattungsfähigen Kosten sollen die eines Rechtsanwalts gehören, die einem Mitglied der JAV in einem Verfahren nach § 78a Abs. 4 entstanden sind.[152] Gleiches soll gelten, wenn die Übernahme des Mandats wegen einer Interessenkollision gem. § 43a BRAO nichtig ist.[153]

40 Der Grundsatz der **Kostenschonung** soll den BR und seinen Prozessbevollmächtigten (z. B. Rechtsanwalt) nach der Rspr. verpflichten, für gleichgelagerte Sachverhalte grundsätzlich **Gruppenverfahren anstelle von Einzelverfahren** durchzuführen.[154] Unterlässt er dies, soll er nicht die Anwaltsgebühren für die durchgeführten Einzelverfahren, sondern nur die Gebühren verlangen können, die bei der Durchführung der Gruppenverfahren entstanden wären. Dieser Position kann für den Fall zugestimmt werden, dass zwischen den einzelnen Ansprüchen keine wesentlichen Unterschiede bestehen und weder Verjährung noch Verwirkung droht. Lohnfortzahlungsansprüche mehrerer BR-Mitglieder nach § 37 Abs. 2 könnten daher nicht nebeneinander eingeklagt werden, wenn sie aus demselben Anlass entstanden wären.[155] Etwas anderes müsste aber z. B. mangels gleichgelagerter Sachverhalte gelten, wenn die Begründung des AG für die Zahlungsverweigerungen unterschiedlich ist (etwa Hinweis auf fehlende Erforderlichkeit in einem und fehlenden Entsendungsbeschluss im anderen Fall) oder wenn der BR nach pflichtgemäßer Prüfung wesentliche Unterschiede sieht.

41 Zulässig ist die gleichzeitige Vertretung des BR und eines BR-Mitglieds in einem Beschlussverfahren nach § 103 Abs. 2 BetrVG.[156] Nimmt der BR seine Zustimmungsverweigerung zurück, soll der Rechtsanwalt beide Mandate niederlegen müssen, um nicht gegen das Verbot der Vertretung widerstreitender Interessen gemäß § 43a BRAO zu verstoßen.[157]

Hamm 15.6.05 – 10 TaBV 32/05, AuR 06, 74; *LAG Hamburg* 24.2.05 – 3 TaBV 11/03, AuR 05, 465; enger die abzulehnende Position des *BAG* 8.3.00 – 7 ABR 11/98, DB 00, 1335 = AiB 01, 356 mit Anm. *Wedde*, die nachträgliche Beschlüsse zu Schulungsmaßnahmen gem. § 37 Abs. 6 ausschließt [vgl. § 37 Rn. 151 f.]; ähnlich GK-*Weber*, Rn. 116; vgl. auch § 29 Rn. 26.

146 *LAG Köln* 14.7.95 – 4 TaBV 40/95, LAGE § 40 BetrVG 1972 Nr. 47; *Fitting*, a. a. O.; GK-*Weber*, Rn. 116.

147 *BAG* 19.1.05 – 7 ABR 25/05, dbr 06, Nr. 7, 38.

148 WP-*Kreft*, Rn. a. a. O.

149 *BAG* 16.10.86, AP Nr. 31 zu § 40 BetrVG 1972; 2.4.87 – 6 ABR 36/85; 15.11.00 – 7 ABR 24/00, EzA § 40 BetrVG 1972 Nr. 92; *LAG Niedersachsen* 23.4.07 – 9 TaBV 51/06, juris für den Fall, dass der beauftragte auswärtige Anwalt die betrieblichen Abläufe besonders gut kennt; *LAG Hessen* 30.6.05 – 9 TaBV 2/05 für die Reisekosten eines Anwalts, dessen Beauftragung durch den GBR nicht erforderlich war.

150 *LAG Schleswig-Holstein* 21.9.88, DB 88, 2656, Ls.; *ArbG Siegburg* 29.1.87 – 3 BV 40/86; vgl. auch *ArbG Wetzlar* 26.11.92, BB 93, 583 Ls.

151 A. A. *BAG* 15.11.00, a. a. O.

152 *BAG* 5.4.00 – 7 ABR 6/99, NZA 00, 1178.

153 *LAG Köln* 15.11.00 – 3 TaBV 55/00, NZA-RR 01, 253.

154 29.7.09 – 7 ABR 95/07, NZA 09, 1223; *LAG Rheinland-Pfalz* 8.11.07 – 9 TaBV 38/07, juris.

155 HWGNRH-*Glock*, Rn. 39.

156 *BAG* 25.8.06 – 7 ABR 60/03, NZA 05, 168.

157 *BAG*, a. a. O.; *Fitting*, Rn. 29.

Der BR kann seinen betriebsverfassungsrechtlichen **Freistellungsanspruch auf Kostenerstattung** nach § 40 Abs. 1 rechtswirksam **an den Rechtsanwalt abtreten.**[158] Ein entsprechender Abtretungsbeschluss kann vom **aufgelösten BR im Rahmen seines Restmandats (§ 21b)** gefasst werden.[159] Der Freistellungsanspruch wird dann zu einem **Zahlungsanspruch des Rechtsanwalts** gegen den AG.[160] Dies gilt auch, wenn der BR in demselben Beschlussverfahren die Freistellung von dem Gebührenanspruch gegenüber dem AG beantragt hat.[161] Der BR, der in einem Beschlussverfahren von einem Rechtsanwalt vertreten worden ist, kann mangels Rechtsfähigkeit nicht als Kollegialorgan auf Zahlung der Anwaltskosten in Anspruch genommen werden.[162] Ein aufgrund eines Insolvenzverfahrens in Auflösung begriffenes BR-Gremium kann einen ihm zustehenden **Freistellungsanspruch** wirksam **an verbleibende BR-Mitglieder abtreten.** Voraussetzung ist ein wirksamer Beschluss des BR (vgl. Rn. 202 ff.).[163] Der Freistellungsanspruch des BR soll eine Masseverbindlichkeit[164], wenn er nach dem Insolvenzantrag entstanden ist.[165] Vorher entstandene Ansprüche auf Kostentragung sind Insolvenzforderungen.[166] 42

Der BR kann vom AG keine Freistellung von Rechtsanwaltskosten verlangen, die bereits **verjährt** sind. Der BR darf auf Grund des Grundsatzes der vertrauensvollen Zusammenarbeit in derartigen Fällen auf die Einrede der Verjährung nicht verzichten.[167] 43

d) Sachverständige, Rechtsanwälte und Auskunftspersonen

Zu den vom AG zu tragenden Kosten gehören auch die für die Hinzuziehung von **Sachverständigen** gemäß § 80 Abs. 3, wenn hierüber vorher mit dem AG eine Vereinbarung getroffen wurde.[168] Nach der abzulehnenden Rspr. des *BAG* soll es weitere Voraussetzung sein, dass sich der BR die fehlende Sachkunde nicht kostengünstiger verschaffen kann, etwa durch Schulungen oder durch die Inanspruchnahme sachkundiger Betriebs- bzw. UN-Angehöriger (vgl. im Übrigen § 80 Rn. 122 ff.).[169] Eine Kostenerstattungspflicht kann für **Berater** bestehen, wenn diese den BR zu schwierigen Fragestellungen etwa im Bereich des IT-Einsatzes oder der betrieblichen Altersversorgung unterstützen (zu Beratern gem. § 111 vgl. Rn. 50 ff.)[170] sowie für **Referenten auf einer Betriebsversammlung.**[171] 44

Wird ein **Rechtsanwalt** zur **gutachterlichen Beratung** z. B. über eine abzuschließende BV hinzugezogen, besteht eine Pflicht zur Kostenerstattung nur, wenn die Voraussetzungen des § 80 Abs. 3 vorliegen.[172] Bei der Beauftragung eines Rechtsanwalts muss der BR auch den Gegen- 45

158 *BAG* 17.8.05 – 7 ABR 56/04, NZA 06, 109; *LAG Hamm* 20.8.86, DB 87, 184, Ls.; *LAG Berlin* 26.1.87, AP Nr. 25 zu § 40 BetrVG 1972; *BAG* 13.5.98 – 7 ABR 65/96, NZA 98, 900 zur Abtretung an einen Sachverständigen gem. § 80 Abs. 3; 1.8.18 – 7 ABR 41/17, NZA 18, 1574.

159 *BAG* 24.10.01 – 7 ABR 20/00, DB 00, 849 = AiB 02, 572 mit Anm. *Peter* = AuR 02, 157; *Fitting*, Rn. 146.

160 *LAG Hamm*, a. a. O.; *LAG Berlin*, a. a. O.

161 *LAG Hamm*, a. a. O.

162 *LAG Hamm* 19.10.89, BB 89, 2479.

163 *BAG* 17.8.05 – 7 ABR 56/04, a. a. O.

164 *LAG Rheinland-Pfalz* 21.3.13 – 2 TaBV 43/12, ZInsO 13, 1480.

165 *Fitting*, Rn. 101.

166 *LAG Rheinland-Pfalz* 21.11.13 – 2 TaBV 43/12, ZInsO 2013, 1480; *Fitting*, a. a. O.

167 *LAG Schleswig-Holstein* v. 4.7.00 – 2 TaBV 15/00, NZA-RR 00, 590.

168 *BAG* 25.4.78, 26.2.92 – 7 ABR 51/90, AP Nrn. 11, 48 zu § 80 BetrVG 1972; *LAG Frankfurt*, NZA 94, 379; zum Fehlen des Erstattungsanspruchs ohne BR-Beschluss *LAG Berlin-Brandenburg* 20.1.15 – 7 TaBV 2158/14, juris (n. rkr.).

169 *BAG* 26.2.92 – 7 ABR 51/90, NZA 93, 86.

170 Vgl. *LAG Frankfurt* 31.5.90 – 12 TaBV 26/90, AuR 91, 93, Ls.

171 Vgl. *LAG Baden-Württemberg* 16.1.98 – 5 TaBV 14/96, AuR 98, 286, Ls. bezüglich der Reisekosten des Referenten einer ausländischen Schwestergesellschaft; *Däubler*, Betriebsverfassung, S. 81; *Hunold*, NZA-RR 99, 115.

172 *BAG* 13.5.98 – 7 ABR 65/96, NZA 98, 900 = AiB 98, 643 mit Anm. *Kossens*; *HessLAG* 25.1.16 – 16 TaBV 139/15, juris sowie 20.11.08 – 9 TaBV 126/08, juris; weiter *BAG* 25.6.14 – 7 ABR 70/12, NZA 15, 629; das auf die Prüfung von Mitbestimmungsfragen auf Basis von § 40 Abs. 1 verweist, ebenso *ArbG Marburg* 23.6.93 – 1 BV 5/93, das den Anspruch auf § 40 Abs. 1 stützt, weil keine gutachterliche

stand eines Gutachtens beschließen.[173] Entsprechendes gilt für die Tätigkeit eines Rechtsanwalts im Zusammenhang mit der **Errichtung einer ESt.** sowie damit verbundener vorbereitender Handlungen, wie z. B. der Erarbeitung von Entwürfen einer BV.[174] Kosten für die Einholung eines gesonderten, lediglich der Vorbereitung eines Prozesses dienenden **Rechtsgutachtens eines Rechtsanwalts** sind ebenfalls Sachverständigenkosten, wenn nicht zu erwarten ist, dass der Rechtsstreit hierdurch vermieden wird.[175]

46 Wird der **Rechtsstreit erspart,** sind die Kosten eines entsprechenden Gutachtens eines Rechtsanwalts in Höhe der sonst entstandenen Prozessvertretungskosten erstattungsfähig.[176] Nimmt ein BR-Mitglied anwaltliche Hilfe in Anspruch, ist der AG unabhängig von den Grundsätzen des § 80 Abs. 3 zur Erstattung der Anwaltskosten verpflichtet, wenn die Führung des Rechtsstreits bei pflichtgemäßer Berücksichtigung der objektiven Gegebenheiten und unter Würdigung aller Umstände, insbesondere auch der Rechtslage, für erforderlich gehalten werden kann.[177] Eine gleichzeitige Vertretung des BR und eines BR-Mitgliedes verstößt nicht gegen das Verbot widerstreitender Interessen, weil beide Parteien in der Regel dasselbe Ziel haben.[178]

47 **Erstattungsfähig** sind die **Kosten der ESt.** (vgl. die Erl. zu § 76 a), der **Vorbereitung der ESt.-Verfahren,** der **Einbeziehung von Rechtsanwälten als Verfahrensvertreter,**[179] der Hinzuziehung von **Sachverständigen durch die ESt.,**[180] der **gerichtlichen Durchsetzung** der **Honorarforderung von Beisitzern**[181], der **Tätigkeit des Vorsitzenden** bzw. der **Beisitzer der ESt. und die** Vertretung bei Interessenausgleichs- und Sozialplanverhandlungen **außerhalb der ESt.**[182] Nach der Rspr. soll allein das Gebühreninteresse des **Rechtsanwalts** wegen seiner Tätigkeit als Sachverständiger seine **Hinzuziehung** in einer ESt. nicht rechtfertigen.[183] Sind die Voraussetzungen der Erforderlichkeit einer anwaltlichen Vertretung durch einen Rechtsanwalt als **Verfahrensbevollmächtigter** vor der ESt. gegeben, muss der AG die entstehenden Kosten tragen (vgl. § 76a Rn. 12).[184] Keine Kostentragungspflicht für Rechtsanwaltskosten soll bestehen, wenn der AG der Einrichtung einer E-Stelle zwar grundsätzlich zugestimmt hat, bezüglich der zugrunde liegenden Thematik aber noch beim BR nachfragt.[185] Unzulässig sein soll die Mandatierung eines weiteren Rechtsanwalts für Verfahren nach § 78a Abs. 4 Satz 1, wenn der BR bereits selbst anwaltlich vertreten wird.[186]

48 Die Gebühr der anwaltlichen Vertretung vor der ESt. ist **nicht auf die des Honoraranspruchs** eines Beisitzers nach § 74a Abs. 3 begrenzt.[187] Übernimmt ein Rechtsanwalt im Auftrag des BR

Tätigkeit, sondern eine Interessenvertretung des BR verlangt wurde; zur Abgrenzung zwischen § 40 und § 80 Abs. 3 vgl. *LAG Köln* 2.2.07 – TaBV 61/06, juris; allg. *Trittin*, AiB 16, Nr. 5, 42.

173 *LAG Köln* 2.2.07 – 4 TaBV 61/06, juris; zur Höhe der Kostentragungspflicht *LAG München* 10.8.16 – 11 TaBV 51/16, juris.

174 Vgl. *BAG* 5.11.81, AP Nr. 9 zu § 76 BetrVG 1972.

175 *LAG Düsseldorf* 21.1.75, EzA § 80 BetrVG 1972 Nr. 9; ähnlich im Ergebnis *Fitting*, Rn. 14; weitergehend GK-*Weber*, Rn. 48, der eine Erstattungspflicht unabhängig von der Vermeidung eines Rechtsstreits sieht.

176 *LAG Schleswig-Holstein* 20.7.99 – 3 TaBV 16/99, AiB 00, 162; *Fitting*, a. a. O.; *GL*, Rn. 10; ähnlich auch Richardi-*Thüsing*, Rn. 26; GK-*Weber*, a. a. O., der in diesen Fällen eine Erstattung gem. § 40 Abs. 1 als den richtigen Weg sieht; a. A. HWGNRH-*Glock*, Rn. 17.

177 *BAG* 25.8.04 – 7 ABR 60/03, DB 05, 288; vgl. auch WP-*Kreft*, Rn. 11.

178 *BAG*, a. a. O.

179 *BAG* 21.6.89, AP Nr. 34 zu § 76 BetrVG 1972; *BAG* 14.2.96 – 7 ABR 25/95, NZA 96, 892; enger *LAG Schleswig-Holstein* 5.12.86, NZA 87, 754, das den Honoraranspruch gemäß § 80 Abs. 3 von einer Regelungsabrede zwischen AG und BR abhängig macht.

180 Vgl. *BAG* 13.11.91 – 7 ABR 70/90, NZA 92, 459 = AiB 92, 457.

181 *LAG Bremen* 5.2.92 – 2 TaBV 27/91 = AiB 92, 647; vgl. auch *LAG Frankfurt* 3.9.92 – 12 TaBV 22/92, BB 93, 1367, Ls.

182 *BAG* 14.12.16 – 7 ABR 8/15, NZA 17, 514.

183 *BAG* 14.2.96 – 7 ABR 25/95, NZA 96, 892; zustimmend *Fitting*, Rn. 14.

184 *BAG*, a. a. O. m. w. N.

185 *LAG Düsseldorf* 23.6.05 – 511 TaBV 9/05, AE 06, 124.

186 *BAG* 18.1.12 – 7 ABR 83/10, NZA 12, 683.

187 *BAG*, 14.2.96 – 7 ABR 70/90, NZA 12, 683; *Fitting*, Rn. 31; a. A. *Kamphausen*, NZA 94, 51; *LAG Schleswig-Holstein* 16.1.14 – 4 TaBV 3013 hält eine Honorarvereinbarung allenfalls in Höhe des Honorars des E-Stellenvorsitzenden für zulässig.

in gleicher Sache eine Prozessvertretung, handelt es sich um eine neue Angelegenheit im Sinne des § 15 Abs. 1 RVG, die autonome Gebührenansprüche auslöst.[188] Mit Blick auf § 3a Abs. 1 RVG bedürfen Vereinbarungen über das Honorar eines Rechtsanwalts der **Textform.**

Ob die parallele Vertretung eines BR in einem Verfahren nach § 103 und die gleichzeitige Vertretung des betroffenen BR-Mitglieds standesrechtlichen gem. § 43a Abs. 4 BRAO zulässig ist oder nicht und ob demgemäß eine Kostenerstattungspflicht des AG besteht oder nicht, ist strittig.[189] Im Einzelfall wird darauf abzustellen sein, ob beide Vertretungen die gleiche Zielrichtung verfolgen, so dass keine Interessenkollision besteht.[190] Liegt diese Voraussetzung vor, wird die parallele Vertretung zulässig sein. Werden AN des Betriebs als Auskunftspersonen gem. § 80 Abs. 2 Satz 3 tätig (vgl. § 80 Rn. 140ff.), sind entstehende Kosten vom AG nach allgemeinen arbeitsrechtlichen Grundsätzen auszugleichen, da die Tätigkeit Teil der zu erbringenden Arbeitsleistung ist.[191] Dies gilt auch für zusätzlich anfallende Kosten (etwa Anreise zur Besprechung mit auswärtigen BR-Mitgliedern, für die Teilnahme an Ausschusssitzungen an einem anderen Ort usw.). 49

e) Berater bei Betriebsänderungen (§ 111 Satz 2)

Findet in Unternehmen mit mehr als 300 AN eine Betriebsänderung statt, kann der BR gemäß § 111 Satz 2 zu seiner Unterstützung einen **Berater** hinzuziehen (vgl. § 111 Rn. 166ff.). Die Regelung ist ein Sonderfall gegenüber den allgemeinen Beratern, die als Sachverständige gem. § 80 Abs. 3 tätig werden (vgl. Rn. 44 sowie § 80 Rn. 91). Bezüglich der Frage, ob ein Berater erforderlich ist, steht dem BR schon im Interesse seiner Funktions- und Handlungsfähigkeit ein weiter Beurteilungsspielraum zu.[192] Dieser Spielraum ist eine hohe Hürde, die BR-Mitglieder vor einer persönlichen Inanspruchnahme für Beraterkosten weitgehend schützt. 50

Liegt in Unternehmen entsprechender Größe (mehr als 300 AN) eine **Betriebsänderung** vor, hat der AG gem. § 111 Satz 2 die Kosten eines Beraters zu tragen, ohne dass es einer weiteren Vereinbarung des BR mit ihm bedarf.[193] Gegenüber der Einschaltung eines Sachverständigen gem. § 80 Abs. 3 steht dem BR damit im Fall einer Betriebsänderung ein autonomer Handlungsspielraum zur Verfügung. Er kann auf das zeitaufwändige Verfahren zur Hinzuziehung von Sachverständigen gem. § 80 Abs. 3 verzichten.[194] Sind die normativen Voraussetzungen des § 111 Satz 2 erfüllt, muss der BR nicht prüfen, ob der Berater objektiv notwendig ist oder ob betrieblicher Sachverstand verfügbar ist.[195] Im Einzelfall kann es notwendig sein, nicht nur einen, sondern **mehrere Berater** nach § 111 Satz 2 hinzuzuziehen.[196] Unzulässig soll die Zuziehung eines Beraters sein, wenn eine E-Stelle für einen Interessenausgleich nach § 111 Satz 2 eingesetzt wurde.[197] Werden inhaltlich nicht alle Themenfelder der Betriebsänderung von der 51

---

188 *LAG Rheinland/Pfalz* 6.8.92 – 9 Ta 163/92, NZA 93, 93; GK-*Weber*, Rn. 134.

189 *LAG Köln* 15.11.00 – 3 TaBV 55/00, NZA-RR 01, 253 hält dies für unzulässig, *LAG Niedersachsen* 1.7.03 – 13 TaBV 6/03, DB 04, 334 und *LAG Rheinland-Pfalz* 21.12.06 – 6 TaBV 41/06 halten dies für zulässig.

190 Ebenso *LAG Niedersachsen*, a.a.O.

191 *Fitting*, Rn. 15; *Natzel*, NZA 01, 873.

192 *BGH* 25.10.12 – III ZR 26611, NZA 12, 1382 sowie das zugehörige Urteil des *OLG Frankfurt* 16.12.13 – 1 U 184/10..

193 Ebenso *Fitting*, Rn. 16; im Ergebnis auch GK-*Wiese*, § 111 Rn. 164; *LAG Hamm* 26.8.05 – 10 TaBV 152/04, AuR 06, 131 lässt die Frage der Erforderlichkeit ausdrücklich offen; *ArbG Hannover* 16.1.09 1 BvGa 1/09, NZA-RR 09, 309 sieht nur eine Verpflichtung für Kosten, die erforderlich und verhältnismäßig sind; *Hinrichs/Pitt*, NZA 11, 1006 stellen ausschließlich auf das marktübliche Honorar ab.

194 Vgl. BT-Drucks. 14/5741, S. 51f. zu Nr. 70b.

195 *Annuß*, NZA 01, 369; *Däubler*, AuR 01, 286; *Löwisch*, BB 01, 1798; a.A. *Bauer*, NZA 01, 376; *Natzel*, NZA 01, 874.

196 *LAG Hamm* – 10 TaBV 152/04 a.a.O. verweist ausdrücklich darauf, dass es sich auch um eine Beratungsfirma handeln kann; ähnlich Richardi-*Thüsing*, Rn. 5; vgl. auch § 111 Rn. 135k; *Bauer*, NZA 01, 376.

197 *LAG München* 24.6.10 – 2 TaBV 121/09, juris; vgl. aber *BAG* 14.12.16 – 7 ABR 8/15, NZA 17, 514 zur Zuziehung eines Rechtsanwalts.

E-Stelle abgedeckt, kann jedoch die Zuziehung zur Unterstützung des BR im Einzelfall weiter zulässig sein.

52 Als Berater in Betracht kommen alle Personen, die den BR fachlich bei den hochkomplizierten Fragestellungen unterstützen können, die sich im Zusammenhang mit Betriebsänderungen ergeben.[198] Hinsichtlich der Qualifikation der heranzuziehenden Person bestehen keine besonderen formalen Anforderungen (vgl. § 111 Rn. 169). In Betracht kommt damit insbesondere der **Personenkreis,** der auch Sachverständiger gem. § 80 Abs. 3 sein kann (vgl. § 80 Rn. 91).

53 § 111 Satz 2 enthält keine Aussage zur **Höhe der Honorierung** des Beraters. Anders als im Rahmen von § 80 Abs. 3 ist zu diesem Thema im Rahmen von § 111 keine vorherige Beratung mit dem AG erforderlich. Mit Blick auf die hochkomplizierten Fragestellungen, die im Zusammenhang mit Betriebsänderungen zu beantworten sind[199] ist hinsichtlich der Höhe der Honorierung davon auszugehen, dass entsprechend qualifizierte Berater sich nur zu den **marktüblichen Preisen** gewinnen lassen, wie sie insbesondere spezialisierte Unternehmensberater in Ansatz bringen.[200] Mit Blick darauf, dass schon vor knapp zehn Jahren Honorare in der Größenordnung von 1700 €[201] bzw. im Jahr 2011 bis zu 1900 €[202] **marktüblich** waren, sind unter Berücksichtigung der allgemeinen Preissteigerung auch Honorare von mehr als 2000 € nicht unverhältnismäßig.[203] Kann ein marktübliches Honorar nicht ermittelt werden, kann der Berater dies nach den §§ 316, 315 Abs. 1 BGB nach billigem Ermessen festsetzen.[204] Im Zweifel ist aus Sicht des BR darauf abzustellen, welche Honorare der AG externen Beratern im Zusammenhang mit der Betriebsänderung zahlt. Bezugspunkte für vergleichbare Honorare sind hierbei alle Beratungsleistungen, die direkt oder indirekt erbracht werden, d. h. beispielsweise auch solche im IuK-Bereich (vgl. auch § 111 Rn. 178). Der Schutz vor einer unangemessenen finanziellen Belastung wird in diesem Zusammenhang zugunsten der AG schon dadurch sichergestellt, dass die Zuziehung erst ab einer Unternehmensgröße mehr als 300 AN möglich wird.[205]

54 **Vereinbarungen** zur **Höhe des Honorars** können vom BR auf der Basis von marktüblichen **Stunden- oder Tagessätzen** getroffen werden.[206] Dies gilt auch bezüglich der Honorierung von als Berater verpflichteten Rechtsanwälten (vgl. § 111 Rn. 180).[207] Soweit für bestimmte Berufsgruppen **verbindliche Gebührenordnungen** bestehen, können diese zur Honorarfestlegung herangezogen werden.[208] Der BR hat gegenüber dem AG bezüglich der Kosten einen abtretbaren **Freistellungsanspruch.**[209] Der Freistellungsanspruch soll nicht bestehen, wenn BR-Mitglieder Beratungsleistungen vereinbaren, die zur Erfüllung der Aufgaben nach § 111 nicht erforderlich sind.[210] Die vom BGH vertretene Position verkennt, dass das BR-Amt ein Ehrenamt ist und dass aus dieser Situation die Notwendigkeit einer Haftungsprivilegierung folgt.[211] Sie wirft – ebenso wie das nach Zurückverweisung ergangene abschließende Urteil des *OLG Frankfurt* – im Ergebnis mehr Fragen auf als sie beantwortet.[212] Um individuelle Haftungs-

---

198 BT-Drucks. 14/5741, S. 51 f.

199 Vgl. BT-Drucks. 14/5741, S. 51 f.

200 Ähnlich *Fitting,* Rn. 17, der auf ein marktübliches Honorar nach § 612 Abs. 2 BGB abstellt; enger *HessLAG* 18. 11. 09 – 9 TaBV 39/09, FA 10, 50, das bzgl. der Zuziehung von Anwälten ein Abweichen von der den durch die RVG festgelegten Gebührensätzen nur dann für zulässig hält, wenn sonst kein qualifizierter Anwalt gefunden werden kann.

201 *LAG Hamm* 26. 8. 05 – 10 TaBV 15204, ZIP 05, 2269.

202 *LAG Rheinland-Pfalz* 7. 11. 11 – 7 TaBV 29/11, juris.

203 Enger *Fitting,* der die Werte aus den Jahren 2005 bzw. 2011 unverändert zugrunde legt.

204 *Fitting,* a. a. O., Natzel, NZA 01, 874; Oetker, NZA 02, 465.

205 *Engels/Trebinger/Löhr-Steinhaus,* DB 01, 532 [540].

206 A. A. *HessLAG* 18. 11. 09 – 9 TaBV 39/09, FA 10, 50.

207 A. A. *Bauer* NZA 01, 376.

208 Weitergehend *Fitting,* Rn. 17; *Löwisch,* BB 01, 1298, die Gebührenordnungen für maßgeblich halten.

209 Ebenso *Däubler,* AuR 91, 286; *Fitting,* Rn. 17 und § 111, Rn. 125; *HessLAG* 19. 2. 04 – 9 TaBV 95/03, AuR 04, 397; a. A. *Löwisch,* BB 01, 1798, der einen unmittelbaren Anspruch des Beraters sieht.

210 *BGH* 25. 10. 12 – III ZR 266/11, NZA 12, 1382 sowie *OLG Frankfurt* 16. 12. 13 – 1 U 184/10; hierzu *Jaeger/Steinbrück,* NZA 13, 401.

211 Zutreffend *Hayen,* AuR 13, 95; kritisch auch *Preis/Ulber,* JZ 13, 579; *Ratayczak,* AiB 13, 389; allgemein zur Haftung *Dommermuth-Ahlhäuser,* BB 13, 1461.

212 Vgl. hierzu *Fischer* jurisPR-ArbR 15/2014 Anm. 4.

probleme zu vermeiden, sollten BR mit Beratern Obergrenzen für Leistungen vereinbaren und diese dem AG mitteilen.[213] Hält der AG das vereinbarte Volumen nicht für erforderlich, lässt sich eine Klärung im Beschlussverfahren herbeiführen.

Aus dem allgemeinen Gebot der vertrauensvollen Zusammenarbeit folgt, dass der BR den AG über die Einschaltung eines Beraters und die Konditionen informieren sollte. Im Streitfall kann der BR das Bestehen der Kostentragungspflicht per **einstweiliger Verfügung** feststellen lassen. 55

Der BR wird unter Beachtung der (abzulehnenden) Rspr. bei Auswahl eines Beraters den **Grundsatz der Verhältnismäßigkeit** (vgl. Rn. 5, § 111 Rn. 181)[214] beachten müssen. Dies bedeutet indes **nicht,** dass er dem **jeweils billigsten Beratungsangebot** den Vorzug geben muss. **Ausschlaggebend** für die pflichtgemäße Auswahl eines Beraters sind vielmehr Aspekte wie Qualität und Qualifikation, Erfahrungen und Referenzen usw. Im Rahmen seines pflichtgemäßen Ermessens kann der BR den Berater auswählen, der nach seiner Meinung die **erforderlichen Leistungen am besten erbringt.** Bedeutsam kann auch die Tatsache sein, dass zu einem Berater bereits ein **Vertrauensverhältnis besteht** (§ 111 Rn. 181).[215] Der BR kann vom AG nicht darauf verwiesen werden, statt der Einschaltung eines externen Beraters entsprechende (kostenlose) Beratungsleistungen bei einer Gewerkschaft einzuholen. Dem BR ist es aber unbenommen, dies ergänzend zur Einschaltung eines Beraters zu tun. 56

3. Aufwendungen der einzelnen Betriebsratsmitglieder

Kosten, die **einzelnen BR-Mitgliedern in Ausübung ihrer BR-Tätigkeit** entstehen, hat der AG zu tragen.[216] Entsprechende Erstattungsansprüche stehen auch BR-Mitgliedern zu, die ein **Restmandat** wahrnehmen.[217] Voraussetzung ist, dass die Tätigkeit objektiv zum **Aufgabenbereich des BR** gehört und die Kosten für **erforderlich** angesehen werden konnten (vgl. Rn. 7 ff.). Dabei ist auch zu berücksichtigen, welche BR-Funktionen, z. B. Tätigkeit im GBR, KBR oder WA das einzelne BR-Mitglied ausübt. Nicht zur unmittelbaren BR-Tätigkeit gehört die Teilnahme an Sitzungen des **AR,** dem ein BR-Mitglied angehört.[218] Auf Verlangen ist ein angemessener Vorschuss zu zahlen (vgl. Rn. 14). Hat das BR-Mitglied bereits Aufwendungen gemacht, kann es die Erstattung vom AG verlangen.[219] Die entstandenen Kosten und Aufwendungen müssen abgerechnet werden.[220] Im Gegensatz zu § 46 Abs. 5 BPersVG, der für freigestellte und teilweise freigestellte PR-Mitglieder eine durch VO der Höhe nach festzusetzende monatliche Aufwandsentschädigung vorsieht, enthält das BetrVG keine entsprechende Regelung. Werden an **BR-Mitglieder Pauschbeträge für Aufwendungen** gezahlt, muss sich dieser Betrag im Rahmen der üblichen und notwendigen Aufwendungen halten und darf keine versteckte Vergütung umfassen.[221] Notwendige, über Pauschalbeträge hinausgehende Auslagen sind ebenfalls zu erstatten.[222] 57

Zu den Aufwendungen zählt **jede Aufopferung von Vermögenswerten.** Ein BR-Mitglied hat somit z. B. Anspruch auf Kostenerstattung, wenn z. B. in der Ausübung seiner BR-Tätigkeit seine Kleidung beschmutzt oder beschädigt wird[223] oder wenn er von seinem **privaten Tele-** 58

213 Ähnlich *Hayen*, a. a. o., *Kloppenberg*, jurisPR-ArbR 1/2013 Anm. 1; zur Möglichkeit entsprechender Versicherung für BR-Mitglieder *Bergmann* NZA 13, 57.
214 Ähnlich *Bauer* NZA 01, 377; GK-*Wiese*, § 111 Rn. 164; *Hanau* RdA 01, 72.
215 Vgl. *BAG* 28.6.95 – 7 ABR 55/94, DB 95, 2118 für den Bereich gewerkschaftlicher Schulungsveranstaltungen.
216 *BAG* 6. 11. 73, AP Nr. 6 zu § 37 BetrVG 1972; 3. 4. 79, AP Nr. 1 zu § 13 BetrVG 1972; *Ehrich/Hoß*, NZA 96, 1075, 1078; *Kühner*, S. 170.
217 Vgl. *Auktor*, NZA 03, 953; *Fitting*, Rn. 40.
218 Vgl. zu Ausgleichsansprüchen in diesen Fällen *Köstler/Kittner/Zachert/Müller*, Rn. 716 ff.
219 *Fitting*, Rn. 42; Richardi-*Thüsing*, Rn. 47; *Kühner*, a. a. O.
220 Weitergehend WP-*Kreft*, Rn. 23.
221 *Fitting*, a. a. O.; Franzen, FS Adomeit, 173; enger Richardi-*Thüsing*, Rn. 46; vgl. zu **Dispositionsfonds** Rn. 13.
222 *LAG Köln* 13. 9. 84, DB 85, 394; vgl. Rn. 11.
223 *Fitting*, Rn. 44; GK-*Weber*, Rn. 98 f.; HWGNRH-*Glock*, Rn. 57; *Kühner*, S. 171.

fonanschluss nachgewiesenermaßen dienstliche Anrufe getätigt hat.[224] Erleidet es im Rahmen seiner Tätigkeit einen Unfall, handelt es sich dabei um einen **Arbeitsunfall** i. S. d. § 8 Abs. 1, 2 SGB VII.[225] Benutzt ein BR-Mitglied den **eigenen Pkw** und erleidet hierbei einen Verkehrsunfall, kann es die **Reparaturkosten** vom AG verlangen, wenn dieser die Benutzung ausdrücklich gewünscht hat oder diese erforderlich war, damit die gesetzlichen BR-Aufgaben wahrgenommen werden konnten.[226]

59 Steht einem BR-Mitglied ein Firmenwagen zur Verfügung, muss der AG steuerlich bedingte Mehrkosten erstatten, die aus der BR-Tätigkeit folgen. Diese fallen aufgrund von § 8 Abs. 2 S. 2 2 EStR an, wenn das Fahrzeug für Fahrten zwischen Wohnung und Arbeitsstätte genutzt werden kann. Nach der Lohnsteuerrichtlinie R 9.4 aus dem Jahr 2008 besteht die Steuerpflicht, wenn die Fahrten zu einer regelmäßigen Arbeitsstätte durchgeführt werden. Diese ist gegeben, wenn ein Beschäftigter sie im Kalenderjahr durchschnittlich an einem Tag pro Woche aufsucht. Diese Voraussetzung wäre etwa erfüllt, wenn ein Außendienstmitarbeiter die eigene Betriebsstätte oder eine andere Betriebsstätte bzw. einen anderen Betrieb regelmäßig nur wegen der BR-Tätigkeit aufsuchen muss. Da die BR-Tätigkeit in derartigen Fällen der Anlass für die Fahrten zur Betriebsstätte ist, sind die aufgrund der Steuerpflicht anfallenden tatsächlichen Mehraufwendungen vom AG vollständig erstatten. Diese Erstattung stellt keinen Verstoß gegen das Begünstigungsverbot des § 78 dar. Die Ersatzpflicht des AG beinhaltet den **Nutzungsausfall,** falls keine abweichende Vereinbarung getroffen worden ist.[227] Wurde der Unfall vom BR-Mitglied **grob fahrlässig** verursacht, soll keine Ersatzpflicht bestehen.[228]

60 Ein freigestelltes BR-Mitglied hat Anspruch auf Erstattung der Kosten für die **Fahrten zwischen Wohnort und Sitz des Stammbetriebs** (bzw. Sitz des BR), wenn an die ständig im Stammbetrieb beschäftigten AN Fahrtkosten gezahlt werden. Dies soll nach der Rspr.[229] selbst dann gelten, wenn es vor seiner Freistellung als Montage-AN nach dem Bundesmontage-TV entschädigt wurde (vgl. auch § 37 Rn. 54, 64). Erstattungsfähig sind Fahrkosten, die entstehen, wenn ein BR-Mitglied in **Filialen** des AG über die Möglichkeit einer Abstimmung über die Teilnahme an der Wahl des Betriebsrats im Hauptbetrieb informiert.[230]

61 Zu erstatten sind die Kosten, die für die **Kinderbetreuung** entstehen, wenn z. B. Sitzungen außerhalb der Arbeitszeit eines BR-Mitgliedes (insbesondere auch für teilzeitbeschäftigte BR-Mitglieder) **stattfinden** und wenn eine anderweitige Betreuung der Kinder nicht sichergestellt werden kann (vgl. auch § 37 Rn. 39).[231] Einem Erstattungsanspruch von BR-Mitgliedern kann nicht entgegengehalten werden, dass die Betreuung von anderen im Haushalt lebenden Personen geleistet werden kann.[232] Eine solche Auffassung würde in der Verantwortung des Arbeitgebers stehende Verpflichtungen ohne Rechtsgrund auf unbeteiligte Dritte verlagern und die kollektivrechtlichen Grundsätze zur Kostenerstattung aushöhlen.

a) Reisekosten

62 Zu den vom AG zu tragenden Aufwendungen zählen auch **Reisekosten,** einschließlich der notwendigen Kosten für angemessene Unterkunft und Verpflegung (Reisespesen) sowie Telefonkosten (vgl. Rn. 71)[233], wenn diese anlässlich der pflichtgemäßen Wahrnehmung von BR-, GBR-,

224 *LAG Baden-Württemberg* 18.8.98 – 14 Ta BV 10/97.

225 *Däubler,* Schulungsanspruch, S. 105; *Fitting,* Rn. 45; GK-*Weber,* Rn. 100; Richardi-*Thüsing,* Rn. 54; vgl. auch *Etzel,* Rn. 419; a. A. hinsichtlich der Teilnahme von AN an einer außerhalb des Betriebs durchgeführten Betriebsversammlung *LG Osnabrück* 1.4.92 – 130 353/91; im Ergebnis bestätigt durch *BGH* 11.5.93, BB 93, 1442, Ls.; hierzu zutreffend krit. Anm. *Faupel,* SozSich 92, 249.

226 *BAG* 3.3.83, AP Nr. 8 zu § 20 BetrVG 1972 zum Unfallschaden eines Wahlbewerbers; GK-*Weber,* Rn. 99; Richardi-*Thüsing,* a. a. O.

227 *BAG* 7.9.95 – 8 AZR 515/94, NJW 96, 476.

228 *LAG Hamm* 16.4.97 – 3 TaBV 112/96, BB 97, 2007, Ls.; *Hunold,* NZA-RR 98, 117.

229 *BAG* 28.8.91 – 7 ABR 46/90, NZA 92, 72.

230 *ArbG Wiesbaden* 14.9.04 – 1 BV 3/04, AiB 05, 306 mit Anm. *Fischer.*

231 *BAG* 23.6.10 – 7 ABR 10308, NZA 10, 1298; *HessLAG* 22.7.97 – 412 TaBV 146/96, AiB 98, 221 mit Anm. *Sossna; Fitting,* Rn. 43; GK-*Weber,* Rn. 101; *Hunold,* NZA-RR 99, 116; a. A. *SWS,* Rn. 24a.

232 So aber *LAG Nürnberg* 27.11.08 – 5 TaBV 79/07, juris.

233 Musterschreiben siehe DKWF-*Wedde,* § 40 Rn. 14.

KBR- oder WA-Aufgaben entstehen und erforderlich sind.[234] Es besteht keine Verpflichtung, dem AG vor Antritt der Reise detaillierte Auskünfte über den Reisezweck zu erteilen, noch seine Zustimmung einzuholen.[235]

Erforderlich sind z. B. (vgl. auch § 37 Rn. 18 ff., 41): 63

- Besuche in **auswärtigen Betrieben, Betriebsteilen, Nebenbetrieben, gemeinsamen Betrieben** gem. § 1 Abs. 2, auf **Baustellen,** z. B. zur Wahrnehmung von Sprechstunden, zur Beilegung von Meinungsverschiedenheiten, zu Betriebsbegehungen,[236] in Filialen, um hier über die Teilnahme an der Wahl zum BR zu informieren[237] oder bei auf **Montage** befindlichen Mitarbeitern[238] sowie das Aufsuchen von **Telearbeitsplätzen;**[239]
- Fahrten von einem Einsatzort (etwa einer Baustelle) zu einer BR-Sitzung am Stammsitz des Betriebs;[240]
- Fahrten zu einer BR-Sitzung, für die auch die Teilnahme per **Video- und Telefonkonferenz** besteht (vgl. § 30 Abs. 3 und dort Rn. 62 ff.) auch dann, wenn BR-Mitglieder auf eigene Initiative, aber mit Wissen oder Billigung des AG, von zuhause aus arbeiten;
- Reisen zu **Schulungs- und Bildungsmaßnahmen** nach § 37 Abs. 1 (vgl. ausführlich Rn. 81 ff.);
- **Übernachtungskosten** im Zusammenhang mit mehrtätigen Sitzungen oder Schulungsveranstaltungen, wenn aufgrund der Entfernung die tägliche An- und Abreise nicht zumutbar ist.[241] Die Unzumutbarkeit kann beispielsweise bei einer Entfernung des Schulungsorts vom Wohnort von 44 km gegeben sein, wenn eine tägliche An- und Abreise aufgrund schwieriger Witterungsverhältnisse (etwa im Winter) nicht zumutbar ist.[242] Sie kann sich auch aus akuten Wetterbedingungen (extreme winterliche Verhältnisse) ableiten und dazu führen, dass ein BR die Notwendigkeit einer Übernachtung nach der Beschlussfassung über die Teilnahme unter den geänderten Umständen für erforderlich halten kann.[243]
- **Teilnahme an Sitzungen** des GBR, KBR, WA oder sonstiger Ausschüsse sowie an **BR-Versammlungen**[244] oder an **außerhalb der Betriebsstätte stattfindenden BR-Sitzungen** (vgl. zur Notwendigkeit in Ausnahmefällen § 33 Rn. 10);
- **Vorbesprechungen mit anderen örtlichen BR** vor einer **Betriebsräteversammlung**[245] bzw. vor einer **Betriebsrätekonferenz**[246] oder zur Beeinflussung der Willensbildung im GBR;[247]
- **Teilnahme** eines GBR-Mitglieds an einer **Betriebsversammlung eines anderen Werks des UN** auf Einladung des BR, um über die Tätigkeit des GBR zu berichten;[248]
- **Reisen des GBR-Vorsitzenden** zu einem **Betrieb,** dessen **Veräußerung** zu erwarten ist;[249]

---

234 Ebenso ErfK-*Koch*, Rn. 8; GK-*Weber*, Rn. 52, *Ehrich/Hoß*, NZA 96, 1075, 1078; *Kuhner*, S. 171.
235 *BAG* 19. 8. 94, NZA 95, 796; 29. 6. 11 – 7 ABR 135/07, keine Meldepflicht, wenn vorübergehende Umorganisation der Arbeitseinteilung nicht in Betracht kommt.
236 Vgl. auch *ArbG Hagen* 27. 11. 86 – 4 BV 20/86.
237 *ArbG Wiesbaden* 14. 9. 04 – 1 BV 3/04, AiB 05, 306.
238 Ähnlich *Ehrich/Hoß*, NZA 96, 1075, 1076.
239 *Wedde*, S. 218 ff.
240 *LAG Schleswig-Holstein* 16. 2. 12 – 4 TaBV 28/11, juris.
241 *ArbG Düsseldorf* 3. 9. 04 – 12 BV 56/04, AiB 757 mit Anm. *Malottke* hält eine Entfernung von 74 Kilometern mit Blick auf den abendlichen Austausch zwischen Teilnehmern einer Schulung für unzumutbar; ebenso *Fitting*, Rn. 52; *Däubler* AiB 04, 621 ff.; a. A. *LAG Köln* 11. 4. 02 – 10 TaBV 50/01, AiB 03, 487, das tägliche Anreisezeiten von bis zu 80 Minuten für zumutbar hält; *BAG* 28. 3. 07 – 7 ABR 33/07, AP Nr. 89 zu § 40 BetrVG 1972 das für eine Übernachtung im Tagungshotel jedenfalls dann eine besondere Begründung verlangt, wenn die Kosten hierfür über den Pauschalbeträgen einer betrieblichen Reisekostenregelung liegen – das Argument der Möglichkeit eines abendlichen Meinungsaustauschs zwischen Teilnehmern und Referenten hält das *BAG* für unerheblich; ähnlich *Fitting*, Rn. 54.
242 *BAG* 27. 5. 15 – 7 ABR 26/13 – 7 ABR 26/13, NZA 15, 1141.
243 *BAG*, a. a. O.
244 *BAG* 24. 7. 79, AP Nr. 1 zu § 51 BetrVG 1972; *ArbG Darmstadt* 5. 7. 88, AiB 88, 285, Ls.
245 *Ehrich/Hoß*, NZA 96, 1075, 1078.
246 *LAG Hamm* 23. 11. 12 – 10 TaBV 63/12, juris.
247 *LAG Hamburg* 23. 10. 97 – 1 TaBV 1/97.
248 *ArbG Stuttgart* 27. 10. 81, AiB 82, 63.
249 *LAG Berlin* 1. 10. 73, BB 74, 1439.

- Reisen des BR-Vorsitzenden und des beteiligten BR-Mitglieds **zu auswärtigen Gerichtsterminen** (vgl. im Übrigen § 37 Rn. 22);[250]
- Teilnahme an **Gesprächen mit Behörden,** z. B. an einem Arbeitsmarktgespräch auf Einladung der zuständigen Agentur für Arbeit;[251]
- **Auslandsreisen** in bestimmten Fällen (vgl. Rn. 20).

64 Fährt ein BR-Mitglied zu einer **BR-Sitzung,** die, z. B. wegen Schichtdienst, **außerhalb seiner Arbeitszeit,** aber innerhalb der üblichen Arbeitszeit der meisten BR-Mitglieder liegt, sind die aufgewendeten Fahrtkosten zu erstatten.[252] Der gleiche Anspruch auf Erstattung der Fahrtkosten besteht, wenn BR-Mitglieder während der **Elternzeit** an BR-Sitzungen teilnehmen. Elternzeit führt nicht zum Erlöschen der Mitgliedschaft im BR. Damit werden in diesen Fällen die Reisekosten allein durch die Sitzung ausgelöst und nicht durch die sonstige Arbeitstätigkeit.[253] Entsprechendes gilt auch, wenn BR-Mitglieder während der Elternzeit nur in Teilzeit tätig sind und wenn Sitzungen außerhalb ihrer persönlichen Arbeitszeit stattfinden, da auch hier allein die BR-Tätigkeit der Grund für die entstehenden Kosten ist. Die Situation entspricht etwa der von Schichtarbeitern.[254] Gleiches gilt, wenn es wegen seiner Amtstätigkeit die **kostenlose Beförderung** mit Bussen des AG nicht in Anspruch nehmen kann.[255] Fallen im Zusammenhang mit erforderlicher BR-Tätigkeit (vgl. § 37 Rn. 16 ff., 62 ff.), für die der AG den Lohn fortzuzahlen bzw. die aufgewendete Zeit auszugleichen oder abzugelten hat, Fahrtkosten an, sind diese ebenfalls zu erstatten.

65 Als **nicht notwendige Aufwendung** sind nach der Rspr. Reisekosten anzusehen, die entstehen, wenn ein BR-Mitglied vom **Urlaubsort zum Betriebsort** reist, um an der konstituierenden Sitzung des BR teilzunehmen. Begründet wird dies mit der Möglichkeit, sich durch ein Ersatzmitglied vertreten lassen zu können.[256] Dies soll insbes. gelten, wenn eine längere Reise erforderlich wird (vgl. im Übrigen § 37 Rn. 39).

66 Bezüglich der Konstituierung kann sich die Notwendigkeit einer Anweise vom Urlaubsort entgegen dem *BAG* beispielsweise dann ergeben, wenn die Teilnahme des BR-Mitglieds entscheidenden Einfluss auf das Wahlergebnis haben kann. Eine Erstattungspflicht kann entgegen der Position des *BAG* allerdings bestehen, wenn wichtige Termine für das BR-Mitglied überraschend in seine geplante Urlaubszeit fallen (etwa Verlegung der konstituierenden Sitzung bei anstehender Wahl des Mitglieds zum Vorsitzenden) oder wenn der BR ein Mitglied auf Grund besonderer Umstände (etwa anstehende Entlassungsmaßnahmen im Betrieb) zurückruft, weil zu diesem Sachverhalt über spezifische Erfahrungen oder Kenntnisse verfügt, die Ersatzmitglieder nicht haben. Der Lohnfortzahlungsanspruch entfällt nicht, wenn ein BR-Mitglied aus dem Urlaub auf eigene Kosten anreist.[257] Entsprechendes soll für die Übernachtungskosten gelten, wenn ein BR-Mitglied am Vortag einer Schulungsveranstaltung anreist, obwohl eine Anreise am gleichen Tag möglich und zumutbar gewesen wäre.[258] Nicht erstattungsfähig sollen die Reisekosten sein, die entstehen, wenn ein freigestelltes BR-Mitglied statt an seinem bisherigen Arbeitsplatz in einem weiter entfernten BR-Büro in einem anderen Betrieb arbeiten muss.[259] Die Auffassung des *BAG* ist abzulehnen. Sie übersieht, dass auch durch die ausschließliche Wahrnehmung der Amtsgeschäfte in einer anderen Betriebsstätte kein Wechsel des nach § 269 BGB begründeten Leistungsortes eintritt.[260] Die Aufbürdung erhöhter Fahrtkosten wider-

---

250 *BAG* 8.2.77, BB 77, 796; *SWS*, Rn. 6; verneinend bezüglich der Teilnahme als Zuhörer bei einer Rechtsbeschwerdeverhandlung *BAG* 11.12.87 – 7 ABR 14/87.
251 *BAG* 23.9.82, AP Nr. 42 zu § 37 BetrVG 1972; a. A. HWGNRH-*Glock*, Rn. 61.
252 *BAG* 16.1.08 – 7 ABR 71/06, NZA 08, 546 = AiB 08, 421; 18.1.89, AP Nr. 28 zu § 40 BetrVG 1972; ebenso GK-*Weber*, Rn. 97; vgl. auch *LAG Hessen* 29.6.06 – 9 TaBV 197/05, AuR 06, 454 für die Fahrtkosten von Teilzeit-AN.
253 *BAG* 25.5.05 – 7 ABR 45/04, NZA 05, 1002; Richardi-*Thüsing*, Rn. 10; *Fitting*, Rn. 48.
254 A. A. *Fitting*, Rn. a. a. O.
255 *Fitting*, Rn. a. a. O.; GK-*Weber*, Rn. 51; *LAG Düsseldorf* 28.10.68, BB 69, 1086; a. A. *GL*, Rn. 19.
256 *BAG* 24.6.69, AP Nr. 8 zu § 39 BetrVG; ähnlich *LAG Rheinland-Pfalz* 9.4.01 – 75a 54/01.
257 A. A. *LAG Rheinland-Pfalz*, a. a. O., das keinerlei Ansprüche gegen den AG anerkennt.
258 *Fitting*, a. a. O.
259 *BAG* 13.6.07 – 7 ABR 62/06, NZA 07, 1301 = AiB 08, 53 mit ablehnender Anm. *Schneider;* zustimmend *Fitting*, Rn. 48.
260 *Schneider*, AiB 08, 53.

spricht dem Schutzgedanken des § 78 (vgl. dort Rn. 15 ff.). Es benachteiligt freigestellte BR-Mitglieder beispielsweise gegenüber nicht-freigestellten, denen entsprechende Zusatzkosten erstattet werden, wenn sie von ihrem regulären Arbeitsplatz zur Teilnahme an einer BR-Sitzung in eine andere Betriebsstätte fahren.[261] Mit Blick auf § 78 ist es deshalb notwendig, freigestellten BR-Mitgliedern die zusätzlichen Fahrtkosten zu erstattet, die anfallen, wenn sie, ggf. auch dauerhaft, aufgrund ihres Wahlamtes an einem Arbeitsplatz in einer anderen Betriebsstätte tätig werden müssen.

Reisekosten für den **Besuch eines erkrankten AN** im Krankenhaus sollen nur erstattungsfähig sein, wenn hierfür ein konkreter, im Aufgabenbereich des BR liegender Anlass besteht.[262] Ist es üblich, dass BR-Mitglieder, ggf. auch in Vertretung des AG, Langzeitkranken einen Besuch abstatten, besteht ein Anspruch auf Ersatz der Kosten. **67**

Machen mehrere BR-Mitglieder eine erforderliche Dienstreise und benutzt eines den **eigenen Pkw,** sind die übrigen Mitglieder auf Grund vielfältiger Risiken und Probleme (Haftung, Fahrstil, persönliche Beziehungen) nicht verpflichtet, mitzufahren.[263] Der nunmehr vom *BAG* vertretenen Auffassung,[264] nach der regelmäßig eine Verpflichtung zur Bildung von Fahrgemeinschaften bestehen soll, überspannt die Darlegungspflichten von BR-Mitgliedern und lässt sich bezogen auf gesundheitsbedingte Gründe nicht mit datenschutzrechtlichen Grundsätzen vereinbaren, die es zum Schutz besonderer Arten personenbezogener Daten nach Art. 9 DSGVO gibt.[265] Eine Verpflichtung zur gemeinsamen Fahrt kann bestehen, wenn der AG ein **Dienstfahrzeug** zur Verfügung stellt, sofern es eine entsprechende zwingende betriebliche Reisekostenregelung gibt. Stellt der AG für Dienstreisen **Firmenfahrzeuge aus einem Pool** zur Verfügung, ist eine Nutzung solcher Fahrzeuge für BR-Tätigkeit, z. B. Anreise zu einer GBR-Sitzung, zu gestatten.[266] Bei längeren Strecken (etwa Fahrten von 500 km zur Teilnahme an GBR-Sitzungen) besteht aus **Sicherheitsgründen** keine Verpflichtung, mit dem PKW zu fahren.[267] Die Kosten für einen **Mietwagen** sind jedenfalls dann erforderlich, wenn die Anmietung kostengünstiger ist als die Nutzung alternativer Verkehrsmittel wie der Bahn.[268] **68**

Besteht im Betrieb eine verbindliche **Reisekostenregelung,** gilt diese grundsätzlich auch für Reisen im Rahmen der BR-Tätigkeit (ergänzend Rn. 72 ff.),[269] z. B. auch für den Besuch von Schulungs- und Bildungsmaßnahmen nach § 37 Abs. 6.[270] **Abweichungen** von verbindlichen Reiseregelungen sind ausnahmsweise möglich, wenn die Benutzung einer vorgeschriebenen bestimmten Verbindung oder Linie immer wieder zu Verspätungen führt, die der BR auch nicht durch eine andere Terminierung vermeiden kann.[271] Finden kraft **betrieblicher Übung** statt einer Reisekostenregelung die Lohnsteuerrichtlinien Anwendung, gelten diese auch für BR-Mitglieder,[272] soweit die entstehenden Kosten vom BR-Mitglied beeinflusst werden können.[273] Fallen **höhere Kosten** an, sind diese zu erstatten, wenn der **Nachweis der Erforderlichkeit** geführt werden kann (vgl. auch Rn. 11),[274] z. B. bei Schulungen höhere Tagessätze des **69**

261 *Schneider,* a. a. O.

262 *Fitting,* Rn. 46; GK-*Weber,* Rn. 54; HWGNRH-*Glock,* Rn. 61; Richardi-*Thüsing,* Rn. 5; a. A. *LAG Rheinland-Pfalz,* a. a. O., das keinerlei Ansprüche gegen den AG anerkennt.

263 *ArbG Marburg* 24. 1. 92, AuR 93, 61, Ls.; *Fitting,* Rn. 58; *BAG* 28. 10. 92, AuR 93, 120 f., Ls., nach dem die Mitfahrt nicht zumutbar ist, wenn die begründete Besorgnis einer besonderen Gefahr besteht; a. A. *LAG Hamm* 14. 4. 76, DB 76, 1919, 13. 11. 91 – 3 TaBV 11/091, BB 92, 781; *Etzel,* Rn. 419; GK-*Weber,* Rn. 54; HWGNRH-*Glock,* Rn. 61; *Künzl,* ZfA 93, 341 [364].

264 *BAG* 24. 10. 18 – 7 ABR 23/17, NZA 19, 407.

265 Zur Kritik *Wedde* jurisPR-ArbR 21/19 Anm. 3; *Krois,* DB 19, 915.

266 *ArbG Darmstadt* 5. 7. 88, AiB 88, 285, Ls.

267 *ArbG Nürnberg* 16. 6. 95, AiB 96, 248 mit Anm. *Grimberg;* GK-*Weber,* Rn. 54.

268 *LAG Hamm* 23. 11. 12 – 10 TaBV 63/12, juris.

269 *BAG* 28. 3. 07 – 7 ABR 33/07, jurisPR-ArbR 34/2007 mit Anm. *Wolmerath; LAG Köln* 17. 4. 02 – 7 TaBV 13/01, BB 02, 2680.

270 *BAG* 29. 1. 74, AP Nr. 8 zu § 37 BetrVG 1972; 28. 2. 90 – 7 ABR 5/89, AuR 91, 93, Ls.

271 *LAG Köln* 17. 4. 02 – 7 TaBV 13/01, BB 02, 2680 für den Fall eines Luftfahrtunternehmens, das die Benutzung der eigenen Flugzeuge zwingend vorschreibt.

272 *BAG* 29. 1. 74, a. a. O.

273 *BAG* 17. 9. 74, 23. 6. 75, 28. 2. 90, a. a. O.

274 GK-*Weber,* Rn. 60; *Fitting,* Rn. 54; Richardi-*Thüsing,* Rn. 49; *LAG Düsseldorf* 4. 5. 76, AuR 76, 283, Ls.

Veranstalters[275] oder bei höheren Übernachtungs- und Verpflegungspauschalen eines Seminarveranstalters.[276]

70 **Verzehrkosten** sind in angemessener Höhe auch dann anzuerkennen, wenn sie in der betrieblichen Reisekostenordnung nicht vorgesehen sind.[277] Zusätzliche Aufwendungen für Getränke und Rauchwaren gehören zu den **Kosten der persönlichen Lebensführung** und sind nicht zu erstatten.[278] Sieht die betriebliche Reisekostenregelung vor, dass für erhaltene Verpflegung bestimmte Prozentsätze von der Spesenpauschale in Abzug zu bringen sind, ist der Restpauschalbetrag auch bei Gewährung von Vollpension auszuzahlen.[279] Nimmt ein BR-Mitglied während einer Sitzung oder eines Seminars dort angebotene Getränke zu sich, muss er sich hierfür keine Ersparnis anrechnen lassen.[280] Ein Spesensatz für die An- und Abreise ist in Abhängigkeit von der betrieblichen Reisekostenregelung entweder pauschal zu zahlen oder auf Grund von Einzelbelegen abzurechnen.[281]

71 Steht bei betrieblichen Reisekostenabrechnungssystemen die Höhe des Tages- und Übernachtungsgeldes in Abhängigkeit von der Höhe des Jahresverdienstes, ist bei **teilzeitbeschäftigten BR-Mitgliedern** auf den **fiktiven Jahresverdienst** abzustellen, den sie bei Vollzeitarbeit erzielt hätten.[282]

72 Sieht die betriebliche Reisekostenregelung für Dienstreisen von AN mit der Bundesbahn die 2. Klasse vor, können BR-Mitglieder nicht die **1. Klasse** erstattet verlangen.[283] Benutzen andere AN auf Grund betrieblicher Richtlinien oder betrieblicher Übung die 1. Klasse, gilt dies auch für BR-Mitglieder.[284] Sehen Reisekostenrichtlinien vor, dass in bestimmten Fällen eine »Bahncard 100« zur Verfügung gestellt wird, kommen die entsprechenden Grundsätze auch für BR-Mitglieder zur Anwendung.[285] Entsprechend ist bei Flugreisen (Business/Economy-Klasse) zu verfahren.[286]

73 Enthält die betriebliche Reisekostenregelung nach Verdienst oder Stellung der AN **abgestufte Pauschalbeträge,** ist bei Dienstreisen von BR-Mitgliedern nicht darauf abzustellen, in welche Stufe sie als AN einzustufen wären. Stattdessen ist auf die Funktionstätigkeit im BR abzustellen. Wenn die betriebliche Reisekostenregelung keine besondere Stufe für reisende BR-Mitglieder enthält, ist die höchste Stufe anzuwenden.[287] Bei hochdifferenzierten Regelungen ist eine angemessene Stufe ggf. durch einen »Mittelwert« festzulegen.[288] Der Abschluss einer betrieblichen Regelung, die bei Dienstreisen alle BR-Mitglieder der gleichen Reisekostenstufe zuordnet, ist zulässig.[289]

74 Ob sich ein BR-Mitglied eine **Haushaltsersparnis** (z. B. wegen Wegfall der häuslichen Verpflegung oder Fahrten zwischen Wohnung und Arbeitsstätte) gemäß den Lohnsteuerrichtlinien anrechnen lassen muss, ist str. Keine Anrechenbarkeit ist gegeben, wenn sich die Aufwendung

---

275 *BAG* 29.1.74, AP Nr. 9 zu § 37 BetrVG 1972; 7.6.84, AP Nr. 24 zu § 40 BetrVG 1972; vgl. auch 28.2.90, a.a.O.
276 *LAG Baden-Württemberg* 1.2.06 – 2 TaBV 4/05, EzA-SD Nr. 8, 10.
277 *LAG Düsseldorf,* 4.5.76, AuR 76, 283, Ls.
278 *BAG* 15.6.76, AP Nr. 12 zu § 40 BetrVG 1972; GK-*Weber,* Rn. 560; *Ehrich/Hoß,* NZA 96, 1075, 1079.
279 *ArbG Frankfurt* 27.10.87 – 4 BV 10/87; *LAG Baden-Württemberg* 20.9.07 – 11 TaBV 5/07, dbr 4/08, 37 zur Kürzung um ersparte Aufwendungen.
280 *LAG Köln* 25.4.08 – 11 TaBV 10/08, n.v.
281 Vgl. *BAG* 29.1.74, AP Nr. 9 zu § 37 BetrVG 1972; 29.4.75, AP Nr. 9 zu § 40 BetrVG 1972.
282 *Fitting,* Rn. 57; a.A. *LAG Frankfurt* 6.10.88, DB 89, 2132, das auf den Einzelnachweis erhöhter Kosten verweist.
283 *BAG* 29.4.75, AP Nr. 9 zu § 40 BetrVG 1972 = EzA § 40 BetrVG 1972 Nr. 22 mit Anm. *Pfarr.*
284 *ArbG Bremen* 7.8.78 – 7 BV 145/77; vgl. auch *Däubler,* Schulungsanspruch, S. 96; GK-*Weber,* Rn. 60 m.w.N.; *Künzl,* ZfA 93, 341 [367].
285 Vgl. *LAG Köln* 28.7.22 – 6 TaBVGa 4/22, das jedenfalls die Durchsetzung eines entsprechenden Anspruchs per Einstweiliger Verfügung verneint.
286 *Etzel,* Rn. 419.
287 So im Ergebnis *Däubler,* Schulungsanspruch, a.a.O.; *ders.* AiB 04, 621.
288 *Fitting,* Rn. 55; Richardi-*Thüsing,* Rn. 50; a.A. *BAG* 29.4.75, AP Nr. 9 zu § 40 BetrVG 1972; kritisch GK-*Weber,* Rn. 59, der einen Pauschsatz für nicht begründbar hält; HWGNRH-*Glock,* Rn. 66.
289 GK-*Weber,* a.a.O. m.w.N.; a.A. HWGNRH-*Glock,* a.a.O.

innerhalb der Grenzen der steuerlichen **Pauschbeträge** bewegt.[290] Entgegen der Auffassung des *BAG*[291] ist die Anrechnung einer Haushaltsersparnis dann **nicht gerechtfertigt,** wenn die Aufwendungen die steuerlichen Pauschbeträge übersteigen, da das BR-Mitglied den Gesamtbetrag ausgelegt hat, dessen Höhe es, jedenfalls bei Schulungsmaßnahmen, regelmäßig nicht beeinflussen kann und dem so gut wie nie eine echte Ausgabenminderung gegenübersteht.[292]

Bei Dienstreisen notwendig werdende Aufwendungen für **Telefongebühren, Internetgebühren, Briefporto** und dergleichen sind zu erstatten.[293] In bestimmten Fällen sind auch Kosten für **Kinderbetreuung** erstattungsfähig (vgl. Rn. 64). 75

b) Führung von Rechtsstreitigkeiten

Nach Abs. 1 erstattungsfähig sind Kosten, die einem BR-Mitglied durch die **Führung von Rechtsstreitigkeiten in betriebsverfassungsrechtlichen Angelegenheiten** entstehen. Die für den BR dargelegten Grundsätze gelten auch bezüglich der Hinzuziehung von Rechtsanwälten entsprechend (vgl. Rn. 24 ff.).[294] Sie erfassen auch Rechtsstreitigkeiten, die ausschließlich das Verhältnis des einzelnen BR-Mitglieds zum BR betreffen[295] oder wenn seine gesetzliche Rechtsstellung Streitgegenstand ist oder durch den Rechtsstreit berührt wird. 76

In Betracht kommen können Streitigkeiten von BR-Mitgliedern, von Wahlbewerbern oder von Ersatzmitgliedern[296] zu Themen wie z. B.: 77

- Anfechtung der **Wahl eines BR-Mitglieds** nach § 19;
- **Ausschluss eines BR-Mitglieds** aus dem BR nach § 23 Abs. 1.[297] Ob im Falle eines Ausschlusses wegen grober Pflichtverletzung das BR-Mitglied in jedem Fall die Erstattung der ihm entstehenden Anwaltskosten verlangen kann, ist str.;[298] Erstattungsfähig sollen die Kosten sein, die einem BR-Mitglied, das den Ausschluss beantragt hat, aufgrund seiner Beteiligung im Beschlussverfahren entstehen.[299]
- **Abwehr von Klagen anderer Mitarbeiter** des AG, mit der einem BR-Mitglied die »Ausnutzung« seines Status vorgeworfen wird;[300]
- Feststellung des **Verlustes der Wählbarkeit** eines BR-Mitglieds;
- Feststellung der **Wirksamkeit eines Rücktrittsbeschlusses** des BR;
- Streitigkeit wegen des **Einblicksrechts** in die BR-Unterlagen;[301]

---

290 *BAG* 30.3.94 – 7 ABR 45/93, NZA 95, 382 [384] = AiB 95, 132 mit Anm. *Däubler;* vgl. auch *LAG Baden-Württemberg* 23.8.90 – 10 TaBV 3/90; für eine Reduzierung um den Betrag der sog. Haushaltsersparnis *LAG Nürnberg* 26.7.04 – 97 TaBV 51/02, AiB Newsletter 05, Nr. 2, 5 = dbr 05, Nr. 6, 37; *LAG Nürnberg* 25.2.03 – 2 TaBV 24/02, AuR 03, 278, *LAG Baden-Württemberg* 6.2.03 – 19 TaBV 3/02, jurisPR-ArbR 43/04 mit Anm. *Beckmann BAG* 11.2.04 – 7 ABR 32/03; allg. *Wulff,* AiB 09, 91.

291 29.1.74, AP Nr. 8 zu § 37 BetrVG 1972; vgl. auch 28.2.90, AuR 91, 93, Ls., wenn keine besonderen Umstände vorgelegen haben, aus denen sich ergeben könnte, dass ausnahmsweise keine Haushaltsersparnis eingetreten ist; so auch *Fitting,* Rn. 59; *Künzl,* ZfA 93, 341 [367 f.].

292 A. A. GK-*Weber,* Rn. 61; zur steuerlichen Bewertung allg. *Schölzel/Grüneberg,* AiB 11, 79.

293 *LAG Köln* 27.5.88 – 9 TaBV 14/88; *Fitting,* Rn. 43; GK-*Weber,* Rn. 53 m. w. N.; Richardi-*Thüsing,* Rn. 10; *Kühner,* S. 171; *Künzl,* ZfA 93, 341 [366].

294 *BAG* 14.10.82, AP Nr. 19 zu § 40 BetrVG 1972; zu Musterschreiben an den AG vgl. DKWF-Wedde, § 40 Rn. 15.

295 ErfK-*Koch,* Rn. 6; *Fitting,* Rn. 60; GK-*Weber,* Rn. 110 ff.; *GL,* Rn. 36; HWGNRH-*Glock,* Rn. 71; Richardi-*Thüsing,* Rn. 21.

296 Vgl. *BAG* 29.7.82, AuR 82, 258; *LAG Hamm* 28.11.78, DB 79, 2043; 7.6.79, DB 80, 213; *LAG Frankfurt* 4.1.90 – 12 TaBV 69/89, BB 90, 1346, Ls.

297 *BAG* 19.4.89, AP Nr. 29 zu § 40 BetrVG 1972; vgl. auch 29.7.82, AuR 82, 258 zum Ausschluss eines JAV-Mitglieds.

298 Bejahend HWGNRH-*Glock,* Rn. 72; Richardi-*Thüsing,* Rn. 19; verneinend *BAG,* a. a. O., wenn eine Verteidigung gegen den Ausschlussantrag von vornherein offensichtlich aussichtslos ist; *Fitting,* Rn. 61; vgl. auch GK-*Weber,* Rn. 112; *BVerwG* 26.10.62, AP Nr. 4 zu § 44 PersVG.

299 *HessLAG* 23.5.13 – 9 TaBV 17/13.

300 *LAG Köln* 3.7.97 – 7 TaBV 12/97, AiB 98, 163 mit Anm. *Dornieden.*

301 *BAG* 3.4.79, AP Nr. 1 zu § 13 BetrVG 1972; *LAG Berlin* 5.7.90 – 14 TaBV 3/90 zur **Klärung des Anspruchs auf rechtzeitige Einladung zur BR-Sitzung** unter Angabe sämtlicher Tagesordnungspunkte sowie auf **jederzeitigen Zugang zum BR-Büro** zur Einsichtnahme in sämtliche BR-Unterlagen.

- **Überprüfung von BR-Beschlüssen,** da durch diese in die Rechtsstellung eines BR-Mitglieds eingegriffen werden kann.[302] Die Überprüfung erstreckt sich nicht auf die Zweckmäßigkeit von Beschlüssen;[303]
- Beschlussverfahren zur Durchsetzung des Anspruchs eines BR-Mitglieds auf Berücksichtigung des Rechts auf **Teilnahme an einer Schulungsmaßnahme;**[304]
- Beschlussverfahren zur Klärung der Frage, ob die **Geschlechterquote** gem. § 15 ausreichend beachtet worden ist;[305]
- Beschlussverfahren eines Ersatzmitglieds wegen seines aktuellen **Nachrückens in den BR** bzw. seiner **zeitweiligen Ersatzmitgliedschaft im BR,** weil es sich um Fragen der ordnungsgemäßen Zusammensetzung und damit auch der Richtigkeit der Tätigkeit des BR handelt;[306]
- **Einstweilige Verfügung** eines Wahlbewerbers zur Durchsetzung des **Zutrittsrechts zum Betrieb** zwecks Sammlung von Stützunterschriften, der Durchführung von Wahlwerbung u. ä.[307]

78 Nach der abzulehnenden Rspr. des BAG[308] sollen die **Kosten von Rechtsstreitigkeiten** einzelner BR-Mitglieder gegen den AG selbst dann nicht erstattungsfähig sein, wenn der Rechtsstreit seinen Ursprung im BetrVG hat. Dies soll auch gelten, wenn im Urteilsverfahren ein Anspruch auf Lohnfortzahlung wegen **betriebsratsbedingter Arbeitsversäumnisse** geltend gemacht wird, weil insoweit keine BR-Tätigkeit vorliegt.[309]

79 Nicht erstattungsfähig sollen weiterhin die Kosten sein, die einem BR-Mitglied in einem Verfahren nach § 103 Abs. 2 entstehen, da es sich bei der Ersetzung der Zustimmung des BR zu einer vom AG beabsichtigten **Kündigung** nicht um BR-Tätigkeit handeln soll[310] sowie solche, die nach § 101 anfallen, wenn der AG zuvor noch kein Verfahren nach § 99 Abs. 4 eingeleitet hat.[311] Etwas anderes gilt, wenn das beteiligte und betroffene BR-Mitglied Beschwerde einlegt und obsiegt.[312] In diesem Fall hat der AG die Rechtsanwaltskosten des Beschwerdeverfahrens zu zahlen.[313] Kein Erstattungsanspruch soll bestehen, wenn das BR-Mitglied Lohnfortzahlung für die Teilnahme an einer **Schulungsveranstaltung**[314] oder an einem **Gerichtstermin**[315] geltend macht. Dies soll für die Erstattung der erstinstanzlichen Rechtsanwaltskosten auch dann nicht gelten, wenn das BR-Mitglied rechtskräftig obsiegt hat.[316]

80 Str. ist, ob der AG die Rechtsanwaltskosten zu tragen hat, die z. B. einem **Gewerkschaftssekretär** als **Beisitzer in einer ESt.** dadurch entstanden sind, dass der AG die durch den BR ordnungsgemäß beschlossene Honorarzahlung verweigert.[317]

---

302 *BAG* 3. 4. 79, AP Nr. 1 zu § 13 BetrVG 1972; HWGNRH-*Glock,* Rn. 69.
303 Vgl. *LAG Nürnberg* 19. 11. 85, AiB 86, 93 mit Anm. *Grimberg;* GK-*Weber,* Rn. 110.
304 GK-*Weber,* a. a. O.; vgl. auch § 37 Rn. 108 ff.
305 Vgl. entsprechend zur ehemals geltenden Gruppenregelung *BVerwG* 6. 3. 59, AP Nr. 1 zu § 44 PersVG; *Fitting,* 20. Aufl. Rn. 53; HWGNRH-*Glock,* Rn. 72.
306 *BAG* 11. 12. 87 – 7 ABR 76/86.
307 *LAG Berlin* 11. 3. 88, DB 88, 1172, Ls.
308 Vgl. 3. 4. 79, 14. 10. 82, AP Nrn. 16, 19 [mit Anm. *Otto*] zu § 40 BetrVG 1972; 31. 1. 90 – 1 ABR 39/89, BB 91, 205.
309 *BAG* 14. 10. 82, a. a. O.; GK-*Weber,* Rn. 114, 133; *SWS,* Rn. 20; wie hier *Blomeyer,* Die Finanzierung der Mitbestimmung durch den AG, S. 87 f.; *Fitting,* Rn. 65.
310 *BAG* 3. 4. 79, a. a. O.; 31. 1. 90, NZA 91, 152; *LAG Hamm* 15. 2. 13 – 13 TaBV 9/13, juris; *HessLAG* 29. 9. 05 – 9 TaBV 64/05, juris; *ArbG Hamburg* 24. 1. 97, NZA 97, 386 im Fall eines Betriebsobmanns; differenzierend *Fitting,* Rn. 62, für den Fall der Zustimmungsersetzung; GK-*Weber,* Rn. 113; wie hier *LAG Hamm* 8. 11. 89, BB 90, 283, Ls.
311 *LAG Hamm* 12. 1. 07 – 10 TaBV 63/06, juris.
312 Ähnlich *Fitting,* a. a. O.
313 *BAG* 31. 1. 90, a. a. O.
314 *BAG* 14. 10. 82, a. a. O., 30. 6. 93, DB 94, 2634, Ls.
315 *BAG* 30. 6. 90, BB 93, 2449.
316 *BAG* a. a. O.
317 Zutreffend dafür *ArbG Frankfurt* 25. 6. 87 – 13 BV 23/86; a. A. wohl Richardi-*Thüsing,* Rn. 27.

4. Schulungskosten

81 Zu den nach dieser Vorschrift zu erstattenden Aufwendungen gehören die Kosten für die **Teilnahme an Schulungs- und Bildungsveranstaltungen** nach § 37 Abs. 6.[318] Darüber hinaus sind vom AG **Stornierungskosten** jedenfalls dann zu erstatten, wenn er die Stornierung veranlasst hat.[319] Diese Situation ist die logische Konsequenz der Rechtsprechung des *BAG,* nach der Beschlüsse für eine Schulungsteilnahme bezogen auf konkrete Angebote gefasst werden müssen (vgl. § 37 Rn. 151 ff.). Keine Erstattungspflicht des AG besteht, wenn ein BR es versäumt hat, eine mögliche notwendige Stornierung fristgemäß kostenfrei vorzunehmen.[320]

82 Die zu erstattenden Kosten sind vom BR durch entsprechende Rechnungen des Veranstalters zu belegen und nach den üblichen betrieblichen Verfahren abzurechnen. Im Regelfall wird hierbei eine auf den Betrieb ausgestellte **Rechnung** ausreichend sein[321], die aber einen Bezug zu den vom BR in Anspruch genommenen Leistungen bzw. eine entsprechende Benennung aufweisen sollte. BR sollen bzgl. der Abrechnung verpflichtet sein, hierfür beim AG allgemein bestehende Prozesse einzuhalten.[322]

83 Die Erstattungspflicht für Schulungs- und Bildungsveranstaltungen gem. § 37 Abs. 6 besteht, weil hier für die BR-Arbeit erforderliche Kenntnisse vermittelt werden. Entsprechendes gilt, wenn eine Veranstaltung durch die zuständige oberste Arbeitsbehörde i. S. d. **§ 37 Abs. 7 als geeignet für die BR-Arbeit** anerkannt wurde, aber **i. S. d. § 37 Abs. 6 erforderliche Kenntnisse vermittelt** werden.[323] Werden Kosten für eine nach § 37 Abs. 7 als geeignet anerkannte Schulungsveranstaltung geltend gemacht, ist die Erforderlichkeit der Teilnahme nach Auffassung des *BAG* besonders zu begründen.[324] Das *BVerfG* hat die Rspr. des *BAG* zur Kostentragungspflicht des AG bei Schulungsmaßnahmen nach § 37 Abs. 6 auch für die Teilnahme an gewerkschaftlichen Schulungen (vgl. Rn. 88) als **verfassungsgemäß** anerkannt.[325] Die **Anforderungen an die Begründung** dürfen nicht zu hoch angesetzt werden. Es ist z. B. zu berücksichtigen, dass Veranstalter mit Blick auf die Position des *BAG* Teile ihres Angebots als geeignet im Sinne von Abs. 7 anerkennen lassen, um BR- und JAV-Mitgliedern auch in den Fällen eine Teilnahme zu ermöglichen, in denen Gerichte den Erwerb von Spezialwissen als nicht erforderlich ansehen (zur Rspr. ausführlich § 37 Rn. 108 ff.). Ausschlaggebend für eine Pflicht zur Kostenübernahme sind in jedem Fall die vermittelten Kenntnisse.

84 Die **Kosten für Schulungs- und Bildungsveranstaltungen nach § 37 Abs. 7** hat der AG nach der Rspr. nicht zu tragen.[326] Diese Auffassung überzeugt weder im Ergebnis noch in der Begründung, zumal das *BAG*[327] für diese Maßnahmen einen Bezug zur BR-Tätigkeit verlangt, damit sie als erforderlich i. S. dieser Vorschrift angesehen werden können.[328]

---

318 *BAG* 30.3.94 – 7 ABR 45/93, NZA 95, 382 = AuR 95, 280 mit krit. Anm. *Birk* = AiB 95, 132 mit krit. Anm. *Däubler* = BetrR 95, 15 mit krit. Anm. *Preuß;* 28.6.95, DB 95, 2118 = AuR 95, 419 mit Anm. *Müller-Knapp* = AiB 95, 731 mit Anm. *Däubler.*

319 *ArbG Berlin* 24.10.07 – 75 BV 9105/07; AiB 07, 613 mit Anm. *Meissner*; *ArbG Frankfurt* 10.2.04 – 8 BV 307/03, AiB 04, 377 mit Anm. *Burgmer,* enger Richardi-*Thüsing,* Rn. 52, der fordert, dass ggf. ein anderes Mitglied teilnehmen müsse. Er übersieht hierbei die engen Vorgaben des *BAG* zur vorherigen Beschlussfassung, vgl. § 40, Rn. 205.

320 *LAG Hamm* 18.9.09 – 13 TaBV 174/08.

321 A. A. *BAG* 4.6.03 – 7 ABR 42/02, AP Nr. 136 zu § 37 BetrVG 1972 mit Anm. *Wedde,* das einen Anspruch auf Freistellung von Schulungskosten für unbegründet hält, weil die Rechnung nur an den AG gesandt wurde; im Ergebnis ebenso *LAG Thüringen* 26.6.19 – 4 TaBV 1/19; vgl. auch *LAG Hamm* 11.3.05 – 10 TaBV 123/04, n. v., weil die BR-Mitglieder und nicht der BR vom Veranstalter in Anspruch genommen wurden.

322 *LAG Rheinland-Pfalz* 23.10.18 – 8 TaBV 2/18, juris, bzgl. der Einhaltung einer »internen Prozesskette«.

323 *BAG* 6.11.73, 25.4.78, AP Nrn. 6, 33 zu § 37 BetrVG 1972.

324 26.8.75, AP Nr. 21 zu § 37 BetrVG 1972.

325 *BVerfG* 14.2.78, AP Nr. 13 zu § 40 BetrVG 1972.

326 Vgl. statt vieler *BAG* 6.11.73, AP Nr. 6 zu § 37 BetrVG 1972.

327 11.8.93 – 7 ABR 52/92, *NZA* 94, 517.

328 Im Ergebnis auch *LAG Düsseldorf* 14.5.73, DB 73, 2048; *Däubler,* Schulungsanspruch, S. 153; Richardi-*Thüsing,* Rn. 33; *Schoden,* AuR 74, 287; *WW,* Rn. 16.

85 AG sind nur zur Übernahme der Kosten verpflichtet, die bei Teilnahme von BR-Mitgliedern an Schulungs- und Bildungsveranstaltungen entstehen, wenn diese erforderlich sind.[329] Das *BAG* hat als zusätzliches Bewertungskriterium den **Grundsatz der Verhältnismäßigkeit** eingeführt (ausführlich Rn. 5), in dessen Rahmen sowohl die **Dauer** einer Schulungs- und Bildungsmaßnahme als auch die **Zahl** der zu entsendenden BR-Mitglieder zu berücksichtigen sein soll.[330] Dieser Grundsatz soll auch für die **Kosten** gelten und den BR verpflichten, auf die Interessen des Betriebs und des AG Rücksicht zu nehmen.[331] Diese Rechtsauffassung ist abzulehnen, weil sie im Widerspruch zu dem Grundsatz steht, dass BR und AG gleichberechtigt sind (vgl. auch § 37 Rn. 105 ff.). Stattdessen ist davon auszugehen, dass die Kosten für BR-Schulungen an den Aufwendungen zu messen sind, die verkehrsüblich für **Schulungen des Managements,** die ebenfalls vom (»Betrieb«) AG zu tragen sind, aufgebracht werden.[332] Bewegen sich die Kosten für eine Schulungsveranstaltung im Bereich des Marktüblichen, stellt eine Seminarbeigabe wie ein Tablet keine Begünstigung von BR-Mitgliedern dar und lässt die Freistellungsverpflichtung des AG nicht entfallen.[333] Der Freistellungsanspruch steht dem BR zu und besteht nach Ende seiner Amtszeit fort. Ein Freistellungsanspruch einzelner BR-Mitglieder kann entstehen, wenn diese selbst Verbindlichkeiten eingehen.[334]

86 Bei mehreren **qualitativ gleichwertigen Veranstaltungen** ist der BR im Rahmen seines Beurteilungsspielraums nach pflichtgemäßem Ermessen nicht verpflichtet, das Angebot auszuwählen, das für den AG die **geringeren Kosten** verursacht.[335] Bei der Wahl zwischen einer qualitativ höherwertigen, aber teureren Schulungsveranstaltung, und einer weniger guten, aber billigeren, ist im Interesse einer sachgerechten Schulung **im Zweifel der qualitativ höherwertigen der Vorzug** zu geben, vorausgesetzt, dass sich die Kosten in einem angemessenen Rahmen bewegen.[336] Ist dies der Fall, muss ein BR nicht deshalb auf die Entsendung von BR-Mitgliedern zu dieser Schulung verzichten, weil der Seminaranbieter den Teilnehmern kostenlose Seminarbeigaben wie ein »Starter-Set« überlässt und die Möglichkeit einer anwaltlichen Erstberatung eröffnet.[337] BR-Mitglieder können nicht darauf verwiesen werden, statt an Präsenzveranstaltungen an online stattfindenden »Webinaren« teilzunehmen.[338]

86a Bietet ein Veranstalter Schulungs- und Bildungsveranstaltungen mit **denselben Inhalten** und mit denselben Referenten sowohl extern als auch (kostengünstiger) als Inhouse-Seminar an, muss der BR bei seiner Auswahlentscheidung nicht allein auf die günstigeren Kosten abstellen.[339] Vielmehr kann er bei seiner Entscheidung auch berücksichtigen, ob im Betrieb eine ungestörte Schulungsteilnahme aller BR-Mitglieder garantiert ist, oder ob ein offener Austausch möglich ist. Weiterhin kann er bei mehrtätigen Veranstaltungen in seine Bewertung den Aspekt

---

329 Ausführlich § 37 Rn. 92 ff.; ebenso zu den Anforderungen an eine vorherige Beschlussfassung vgl. § 37 Rn. 125.

330 *BAG* 8.2.77, AP Nr. 24, 26 zu § 37 BetrVG 1972; das *ArbG Stuttgart* 27.7.90 – 13 BV 2/90 A – hat diese Voraussetzungen auch bei Teilnahme durch 7 von 15 BR-Mitgliedern an einem Lehrgang, der der Vermittlung von Spezialwissen kurz vor Beendigung der Amtszeit bei einer konkreten betrieblichen Situation – Möglichkeit einer kalten Aussperrung – diente, als gegeben angesehen.

331 *BAG* 8.2.77, a.a.O.; *Fitting,* a.a.O.; enger GK-*Weber,* Rn. 76 f., die nunmehr ausschließlich auf die Erforderlichkeit abstellen; HWGNRH-*Glock,* Rn. 88 f.

332 Zutreffend *Däubler,* Schulungsanspruch, S. 92; vgl. auch *Kittner,* DB 72, 334; *Wedde,* AuR 94, 53; § 97 Rn. 91.

333 *Hess. LAG* 10.8.20 – 16 TaBV 177/19; BB 2020, 2559.

334 *HessLAG* 11.3.19 – 16 TaBV 201/18, juris.

335 *BAG* 28.6.95, DB 95, 2118 = AuR 95, 419 mit Anm. *Müller-Knapp* = AiB 95, 731 mit Anm. *Däubler;* ErfK-*Koch,* Rn. 10; enger *Fitting,* Rn. 74; HWGNRH-*Glock,* Rn. 85; GK-*Weber,* Rn. 76 f.; Richardi-*Thüsing,* Rn. 40, nach dem der günstigste Anbieter ausgewählt werden muss.

336 *BAG* 29.1.74, AP Nr. 9 zu § 37 BetrVG 1972; *LAG Rheinland-Pfalz* 20.5.29 – 7 TaBV 11/19, juris; *Fitting,* a.a.O.; GK-*Weber,* a.a.O.; *Kühner,* S. 174; *Künzl,* ZfA 93, 341 [364]; vgl. auch *BAG* 28.6.95, a.a.O.; *Däubler,* Schulungsanspruch, S. 90.

337 *BAG* 17.11.21 – 7 ABR 27/20; kritisch hierzu *Wolmerath,* jurisPR-ArbR 19/2022 Anm. 7 und HaKo-BetrVG/*Wolmerath,* Rn. 20; ähnlich *ArbG Lüneburg* 2.10.19 – 1 BV 5/19, das eine Herausgabepflicht entsprechender Sachmittel an den AG sieht.

338 *LAG Düsseldorf* 24.11.22 – 8 TaBV 59/21; hierzu *Lüthge,* DB 23, 715 ff.

339 Enger *ArbG Trier* 20.11.14 – 3 BV 11/14, BB 15, 435, das bei einer Mehrbelastung von 70 % einem Inhouse-Seminar dem Vorzug gibt.

einbeziehen, dass bei externen Veranstaltungen nach Beendigung des Seminarprogramms ein Gedanken- und Erfahrungsaustausch zwischen den Teilnehmern stattfindet.[340] Sind Seminardauer und Referenten nicht identisch, kann dies Einfluss auf die Auswahlentscheidung des BR haben. Im Streitfall muss der BR darlegen, warum er der Teilnahme an einem externen Seminar gegenüber einer Inhouse-Veranstaltung den Vorrang geben will.[341]

Der BR kann seine Auswahlentscheidung vom Veranstalter abhängig machen und dabei berück- 87
sichtigen, dass **gewerkschaftliche und gewerkschaftsnahe Anbieter** eine an den praktischen Bedürfnissen der BR-Arbeit ausgerichtete Wissensvermittlung erwarten lassen und dass eine gemeinsame Gewerkschaftszugehörigkeit ein Vertrauensverhältnis schafft, das den Schulungserfolg fördert.[342] Kennt ein BR die fachlichen Kompetenzen des Referenten in einem Schulungsangebot aus anderen Maßnahmen und werden in vergleichbaren Angeboten Namen von Referenten nicht genannt, steht auch eine Kostendifferenz zu anderen Angeboten von mehr als fünfzig Prozent der Erforderlichkeit nicht grundsätzlich entgegen.[343] Gewerkschaftsmitglieder müssen sich aus Kostengründen nicht auf Bildungsangebote **konkurrierender Gewerkschaften** oder einer **von AG getragenen Bildungseinrichtung** verweisen lassen, sondern können sich alternativ für Angebote der eigenen Gewerkschaften oder solche privater Schulungsträger entscheiden.[344] Entsprechendes gilt für BR-Mitglieder, die keiner Gewerkschaft angehören.

Die Grundsätze gelten auch in Bezug auf den **Ort der Schulungsveranstaltung.**[345] Reisekosten 88
zu einer weiter entfernt liegenden Schulungsstätte sind zu erstatten, wenn das Angebot, etwa im Hinblick auf den Einsatz entsprechender Lehrkräfte oder die Verwendung besonderer pädagogischer Hilfsmittel, eine effektivere Ausbildung ermöglicht,[346] zumal eine höhere Effizienz für internatsmäßig durchgeführte Schulungsmaßnahmen spricht. Gleiches gilt, wenn eine nahe gelegene Schulungsstätte für längere Zeit ausgebucht ist.[347]

Überschreitet der **Kostenaufwand** einer Schulung den Rahmen des nach den Verhältnissen 89
Zumutbaren, ist der AG nach Auffassung des *BAG* nur in diesem Rahmen zur Erstattung entstandener Kosten verpflichtet (vgl. aber Rn. 85 ff.).[348] Hat er gegenüber dem BR bzw. dem BR-Mitglied sein **Einverständnis zur Teilnahme an der Schulungsveranstaltung** nach § 37 Abs. 6 BetrVG ohne Vorbehalt erklärt, kann er sich nachträglich nicht mehr auf eine fehlende Erforderlichkeit berufen. Das Vertrauen des BR-Mitglieds auf die Einverständniserklärung genießt einen vorrangigen Schutz.[349] Ein entsprechender **Vertrauensschutz** soll jedoch nach abzulehnender Rspr. nicht bestehen, wenn der AG auf die Mitteilung eines entsprechenden BR-Beschlusses hin **geschwiegen** hat.[350]

Zu den Kosten, die im Rahmen einer erforderlichen Schulung vom AG zu tragen sind, zählen 90
insbesondere die **Fahrkosten** sowie die **Kosten für Verpflegung und Übernachtung** (ausführlich Rn. 62 ff.) und ggf. weitere Auslagen, wie z. B. **Teilnehmer- bzw. Kursgebühren** (vgl. Rn. 88 ff.), soweit sie notwendig sind.[351] **Übernachtungskosten** sind bei pauschalierter Abrech-

340 Dieser Möglichkeit misst auch das *BAG* 28.3.07 – 7 ABR 33/06, AP Nr. 89 zu § 40 BetrVG 1972 Bedeutung zu.
341 Das *ArbG Trier*, a. a. O. stellt insoweit auf entgegenstehende »gewichtige Interessen« des BR ab.
342 *BAG* 28.6.95, a. a. O.
343 Enger *BAG* 19.3.08 – 7 ABR 2/07, ZfPR online 08, Nr. 12, 5, das die Erforderlichkeit für »zweifelhaft« hält; ebenso *Fitting*, Rn. 74.
344 *BAG*, a. a. O.; *LAG Köln* 10.2.00 – 5 TaBV 63/99 AiB 01, 176 mit Anm. *Peter; LAG Köln* 11.4.02 – 10 TaBV 50/01, AuR 02, 358; im Ergebnis wohl auch *ArbG Düsseldorf* 3.9.04 – 12 BV 56/04, AiB 04, 757 mit Anm. *Malottke;* a. A. HWGNRH-*Glock*, Rn. 86 f., die einen Verweis auf Schulungsangebote von AG-Organisationen für zulässig halten.
345 *LAG Köln* 27.5.88 – 9 TaBV 14/88.
346 *BAG* 29.4.75, AP Nr. 9 zu § 40 BetrVG 1972; 24.8.76, AP Nr. 2 zu § 95 ArbGG 1953; 15.5.86, DB 86, 2496.
347 *LAG Köln* 11.4.02 – 10 TabV 50/01, AiB 03, 487 mit Anm. *Ibach; Däubler*, Schulungsanspruch, S. 91; *Fitting*, Rn. 39, a. A. Richardi-*Thüsing*, Rn. 40, der die Wahl eines räumlich näher liegenden Angebots für zwingend hält; ebenso *LAG Rheinland-Pfalz* 11.7.07 – 8 TaBV 10/07, juris.
348 27.9.74, AP Nr. 18 zu § 37 BetrVG 1972.
349 *ArbG Regensburg* 6.5.87, BB 87, 1460, Ls.
350 *BAG* 24.5.95 – 7 ABR 54/94, BB 95, 2530.
351 *Fitting*, Rn. 76; GK-*Weber*, Rn. 71 ff.; Richardi-*Thüsing*, Rn. 52; *Künzl*, ZfA 93, 341 [365 ff.].

nung durch den Veranstalter erstattungsfähig, wenn das betreffende BR-Mitglied fünf Kilometer von der Schulungsstätte entfernt wohnt.[352]

91 Werden üblicherweise die Aufwendungen anlässlich einer Dienstreise nach steuerlichen **Pauschalbeträgen der Lohnsteuerrichtlinien abgerechnet,** gilt dies auch für die Teilnahme von BR-Mitgliedern an Schulungsmaßnahmen nach § 37 Abs. 6.[353] Einzelne ArbG halten eine Reduzierung der vom AG zu tragenden **Verpflegungskosten** für zulässig.[354] Ein pauschaler Abzug in Höhe von 20 % gemäß der Lohnsteuerrichtlinien ist hierbei nicht mehr zulässig. Maßstab kann vielmehr die **Sozialversicherungsentgeltverordnung** sein, die in ihren § 1 Abs. 1 und Abs. 3 abstrakte Maßstäbe enthält.[355]

92 **Teilnehmergebühren** (Kursus- bzw. Lehrgangsgebühren) der Veranstalter von Schulungsmaßnahmen nach § 37 Abs. 6 sind im Rahmen der Verhältnismäßigkeit (vgl. Rn. 80 ff.) auch dann zu erstatten, wenn Veranstalter eine Gewerkschaft ist.[356] Die Gewerkschaften üben insoweit ihre betriebsverfassungsrechtliche Unterstützungsfunktion aus und sind nicht verpflichtet, die dadurch aufzuwendenden Kosten zu tragen.[357]

93 **Gewerkschaften oder gewerkschaftliche Träger** können sämtliche Schulungskosten einschließlich der Aufwendungen für Referentenhonorare, Schulungsmittel und -materialien, die durch die konkrete Schulungsmaßnahme entstanden sind, auf die Schulungsteilnehmer umlegen.[358] Gleiches gilt für weitere durch die Schulung verursachte Kosten wie etwa Miete für Tagungs- und Unterrichtsräume, persönliche Tagungsunterlagen der Teilnehmer sowie für Übernachtung, Verpflegung, Fahrtkosten, Spesen und Honorare von Referenten.[359]

94 Die Kostenerstattungspflicht des AG soll nach der Rspr. durch den koalitionsrechtlichen Grundsatz und das hieraus resultierende **Verbot der Gegnerfinanzierung** dahingehend eingeschränkt sein, dass Gewerkschaften aus Schulungsveranstaltungen keinen Gewinn ziehen dürfen.[360] Auch Gewerkschaften steht aber die Möglichkeit offen, die Abrechnung ihres Schulungsprogramms unter betriebswirtschaftlichen Gesichtspunkten vorzunehmen (vgl. Rn. 104 ff.).

95 Werden die Schulungsmaßnahmen von Gewerkschaften oder ihren Trägern in **gewerkschaftseigenen Einrichtungen bzw. Tagungsstätten** durchgeführt, sind alle **schulungsbedingten Kosten** wie z. B. für Strom, Wasser, Reinigung sowie **zusätzliche Aufwendungen** (sog. **Grenzkosten)** vom AG zu erstatten.[361] Nicht erstattungsfähig sollen nach der Rspr. hingegen sog. **Vorhaltekosten bzw. Generalunkosten** wie Abschreibungen auf benutzte Gebäude u. ä. sein, soweit sie nicht durch die konkrete Schulungsmaßnahme verursacht werden.[362] Die erstattungsfähigen Kostenanteile kann der **Träger der Einrichtung** durch Einzelkosten ermitteln oder nach betriebswirtschaftlichen Kriterien (unter Gewinnausschluss) pauschalieren.[363] Entsprechendes muss auch gelten hinsichtlich der Kosten für die Anmietung von Schulungs- und

352 *BAG* 7.6.84, AP Nr. 24 zu § 40 BetrVG 1972; *Kühner,* S. 174.
353 *BAG* 29.1.74, AP Nr. 8 zu § 37 BetrVG 1972; *LAG Hamm* 9.3.07 – 10 TaBV 34/06, ZBVR online 2007, Nr. 11, 15.
354 *LAG Nürnberg* 26.7.94 – 97 TaBV 51/02, AiB Newsletter 05, Nr. 2, 5 = dbr 05, Nr. 6, 37; *LAG Baden-Württemberg* 6.2.03 – 19 TaBV 3/02, jurisPR-ArbR 43/04 mit Anm. *Beckmann.*
355 *LAG Hamm* 13.1.06 – 10 TaBV 65/05, NZA-RR 06, 249 zur aufgehobenen Sachbezugsverordnung; *Fitting,* Rn. 59.
356 *BAG* 28.6.95 – 7 ABR 55/94, DB 95, 2118 = AuR 95, 419 mit Anm. *Müller-Knapp* = AiB 95, 731 mit Anm. *Däubler;* 17.6.98 – 7 ABR 25/97, AuR 99, 202 mit Anm. *Wedde; BVerwG* 27.4.79, ZBR 79, 310.
357 *BAG* 28.6.95, a. a. O.; vgl. auch *BVerfG* 14.2.78, AP Nr. 13 zu § 40 BetrVG 1972.
358 *BAG* 28.6.95 – 7 ABR 55/94, AuR 95, 419 mit Anm. *Müller-Knapp* = AiB 95, 731 mit Anm. *Däubler* = AP Nr. 48 zu § 40 BetrVG 1972; 3.4.79, AP Nr. 17 zu § 40 BetrVG 1972 hinsichtlich der Honoraraufwendungen für gewerkschaftliche Referenten, die Lehrtätigkeiten neben ihrer eigentlichen Aufgabe übernehmen; vgl. auch ErfK-*Koch,* Rn. 12; *Fitting,* Rn. 77; GK-*Weber,* Rn. 66 ff.; Richardi-*Thüsing,* Rn. 35 ff.; zur Kritik *Birk,* AuR 95, 281; *Wedde,* AuR 94, 511; *ders.,* DB 94, 730; *ders.,* AuR 97, 228 ff.; a. A. HWGNRH-*Glock,* Rn. 90 ff.; *Schiefer,* DB 92, 631; *ders.,* DB 92, 2506; *ders.,* NZA 95, 382.
359 *BAG* 28.6.95, a. a. O.; *Fitting,* Rn. 79b.
360 *BAG* 28.6.95, a. a. O. m. w. N.; 30.3.94, NZA 95, 382 = AuR 95, 280 mit krit. Anm. *Birk;* vgl. auch Rn. 100 ff.
361 *BAG* 28.6.95, a. a. O.; zur älteren Rspr. und Lit. vgl. die 12. Aufl., Rn. 66 ff. und dort die Fn. 319 ff.
362 *BAG,* a. a. O.; zur Anrechnung auch dieser Kosten vgl. *Wedde,* AuR 97, 229 f.
363 *BAG,* a. a. O.; zur Anwendung betriebswirtschaftlicher Grundsätze *Wedde,* a. a. O.

Gruppenräumen,[364] Medienkosten und Technikeinsatz sowie Lehrmittel[365] sowie für Kinderbetreuungskosten.

Erstattungsfähig sind auch die entstandenen **Personal- und Personalnebenkosten** wie z. B. für Reinigungspersonal, Hausmeister usw.[366] Gleiches gilt für die **Honorare** von **Referenten,** die Gewerkschaftsmitarbeiter sind und Schulungsmaßnahmen durchführen. Werden sie ausschließlich für BR-Schulungen (§ 37 Abs. 6) eingesetzt, sind die Personalkosten uneingeschränkt erstattungsfähig[367] und zwar unabhängig davon, ob Lehrtätigkeiten zu ihren Haupt- oder Nebenpflichten gehören. Werden Schulungsmaßnahmen von einem Gewerkschaftsmitarbeiter nur zeitweise durchgeführt, kann eine entsprechende Aufgliederung der hierauf entfallenden Personalkosten erfolgen.[368] Bei der Darlegung der angefallenen Personal- und Personalnebenkosten gegenüber den BR-Mitgliedern und dem AG müssen zugunsten der betroffenen Mitarbeiter **datenschutzrechtliche Aspekte** berücksichtigt werden (vgl. zum berechtigten Geheimhaltungsinteresse von Veranstaltern Rn. 110). Weigert sich ein Betroffener, Dritten Auskünfte über sein Einkommen aus der Schulungsmaßnahme zu erteilen, ist die Aufschlüsselung entsprechend allgemeiner durchzuführen. AG haben in diesen Fällen schon aus datenschutz- und persönlichkeitsrechtlichen Gründen keinen Anspruch auf vollständige Information zu individuell gezahlten Honoraren. 96

Nach der abzulehnenden Rspr. des *BAG* wird von den BR-Mitgliedern, die die Freistellung von den Seminargebühren begehren, die Vorlage einer **vollständigen Aufschlüsselung** der gesamten Schulungskosten verlangt, wenn das entsprechende Angebot von **Gewerkschaften oder gewerkschaftlichen Trägern** gemacht wird.[369] Die Aufschlüsselung soll die erbrachte Leistung nach Art und Umfang sowie die dafür vereinbarten Einzelpreise und ggf. die darauf entfallende gesetzliche MwSt. enthalten.[370] Die Aufschlüsselungspflicht soll auch bei **pauschalierten Seminargebühren** bestehen, da die Beachtung koalitionsrechtlicher Grundsätze nicht der freien Vereinbarung unterliegt.[371] Auch in diesen Fällen sollen daher nach der Rspr. die **Berechnungsfaktoren** der pauschalierten und entsprechend ausgewiesenen Seminargebühren dargelegt werden müssen. Die Angabe des vereinbarten Preises mit dem Hinweis auf die Pauschalierung soll nur bei Veranstaltern zulässig sein, die keinen koalitionsrechtlichen Beschränkungen unterliegen.[372] 97

Die vollständige Aufschlüsselungspflicht wird von der Rspr. aus § 666 BGB abgeleitet.[373] Diese Rspr. benachteiligt Gewerkschaften und gewerkschaftsnahe Schulungsträger gegenüber privaten Anbietern. Letzte unterliegen keiner entsprechenden Aufschlüsselungspflicht und können zudem Mischkalkulationen ihres gesamten Schulungsprogramms vornehmen.[374] 98

Nach der Rspr. soll die Übergabe einer vollständig aufgeschlüsselten Rechnung an Teilnehmer eine **vertragliche Nebenpflicht** der Schulungsträger sein.[375] Beim Fehlen einer entsprechenden Aufschlüsselung soll der AG ein **Leistungsverweigerungsrecht** haben.[376] Bei der Rechnungslegung sind steuerrechtliche Aufschlüsselungspflichten zu beachten.[377] 99

---

364 Vgl. *LAG Hamm* 2.3.83, DB 83, 1576; a. A. offenbar *BAG* 28.5.76, a. a. O.

365 *Künzl,* a. a. O., 365 zu erforderlichen Tagungsunterlagen; hinsichtlich der Überlassung der Textsammlung von *Michael Kittner,* Arbeits- und Sozialordnung, an alle Seminarteilnehmer zum Verbleib verneinend *LAG Berlin* 10.10.88, DB 89, 683.

366 *Fitting,* Rn. 80.

367 *BAG* 28.6.95, a. a. O. für Hauptamtler eines gewerkschaftsnahen Anbieters.

368 Ebenso im Ergebnis *Fitting,* Rn. 81; ErfK-*Koch,* Rn. 12; enger wohl GK-*Weber,* Rn. 100.

369 *BAG* 30.3.94, a. a. O.; ähnlich *Fitting,* Rn. 80; GK-*Weber,* Rn. 68 f.; Richardi-*Thüsing,* Rn. 37, zur Kritik vgl. *Birk,* a. a. O.; *Däubler,* Schulungsanspruch, S. 94, 101; *Wedde,* AuR 94, 511; *ders.,* DB 94, 730; zur Bewertung der neueren Rspr. *ders.,* AuR 97, 228 ff. und AuR 99, 203 f.; weitergehend *SWS,* Rn. 54, die eine entsprechende Aufschlüsselung auch von nicht gewerkschaftlichen Veranstaltern verlangen.

370 Vgl. *BAG,* a. a. O.

371 So *BAG* 28.6.95, a. a. O.; ebenso *Fitting,* a. a. O.

372 *BAG* a. a. O.

373 *BAG* 30.3.94, a. a. O.; 28.6.95, a. a. O.; zustimmend *Schiefer,* NZA 95, 454; *Fitting,* Rn. 100.

374 Zur Kritik vgl. Rn. 98 in der 14. Auflage dieses Kommentars.

375 *BAG* 30.3.94, a. a. O.; 28.6.95, a. a. O.; zur Kritik *Wedde,* AuR 94, 511 ff.; *ders.,* DB 94, 730 ff.

376 *BAG* a. a. O.

377 *BFH* 18.1.01, DB 01, 1074.

100 Das Bestehen der **Koalitionseigenschaft mit der Folge besonderer Aufschlüsselungspflichten** (vgl. hierzu Rn. 96) soll nach abzulehnender Auffassung des *BAG* auch für Schulungsangebote gegeben sein, die nicht von Gewerkschaften selbst oder deren Trägern, sondern von sog. **gewerkschaftsnahen Veranstaltern** durchgeführt werden. Unter diesen Begriff werden vom *BAG* z. B. rechtlich selbstständige Veranstalter gefasst, an denen **Gewerkschaften beteiligt** sind **oder** auf die sie einen **beherrschenden Einfluss** haben.[378] Dabei soll es sowohl **unerheblich** sein, in **welcher Rechtsform** sie auftreten, als auch, ob **Gemeinnützigkeit** gegeben ist. Entscheidend soll vielmehr sein, dass eine Gewerkschaft einen maßgeblichen Einfluss auf Inhalt, Organisation oder Finanzierung dieses Anbieters hat.[379]

101 Nach Auffassung des *BAG* sollen Gewerkschaften nicht durch das Dazwischenschalten einer von ihnen beherrschten juristischen Person dem Gebot der Aufschlüsselung von Seminargebühren entgehen und dadurch die gesetzliche Kostentragungspflicht des AG erweitern können.[380] Die **paritätische Besetzung** eines gemeinnützigen Vereins unter Beteiligung gewerkschaftlicher Vertreter begründet hingegen **keine Koalitionseigenschaft.**[381]

102 Die aus der Koalitionseigenschaft abgeleitete besondere Aufschlüsselungspflicht ist **kein zusätzliches Korrektiv zur Verringerung der** betriebsverfassungsrechtlichen **Kostentragungspflicht des AG.**[382] Im Streitfall müssen **AG** demnach im Einzelfall **substantiiert vortragen,** woraus sich die Koalitionseigenschaft eines Veranstalters ableitet. Die bloße Behauptung des Vorliegens der »Gewerkschaftsnähe« löst hingegen keine besonderen Aufschlüsselungspflichten aus.[383]

103 Als **gewerkschaftsnahen Veranstalter** hat das *BAG* z. B. die **HBV-KBV GmbH** in Düsseldorf qualifiziert, weil die Gewerkschaft HBV die Anteile der GmbH zu 100 % gehalten hat[384] und das **DGB-Bildungswerk Hamburg e. V.** auf Grund des kraft satzungsmäßiger Rechte und personeller Verflechtungen gegebenen maßgeblichen Einflusses der DGB-Gewerkschaften.[385] **Offengelassen** wurde eine entsprechende Qualifikation der **Bildungskooperative Alb-Donau-Bodensee e. V.**[386] **Verneint** wurde die Zuordnung in den Koalitionsbereich für den Verein **Arbeit und Leben – DGB/Volkshochschule – Arbeitsgemeinschaft für politische und soziale Bildung im Lande Nordrhein-Westfalen e. V.**[387]

104 **Das** *BAG* setzt jedoch der **Aufschlüsselungspflicht** gewerkschaftsnaher Schulungsveranstalter **Grenzen.** Sie sind nicht zur unbeschränkten Aufschlüsselung verpflichtet.[388] Zur Berechnung der durch Schulungsangebote entstehenden und vom AG zu erstattenden Kosten können sie vielmehr auf betriebswirtschaftlich anerkannte Berechnungsmethoden zurückgreifen.[389] Voraussetzung soll es allerdings sein, dass das Angebot gemäß § 37 Abs. 6 organisatorisch, finanziell und personell von anderen Angeboten getrennt ist. Ist dies der Fall, können die Selbstkosten für die Veranstaltung im Wege einer **Mischkalkulation** nach anerkannten betriebswirtschaftlichen Grundsätzen ermittelt werden.[390] Der **Nachweis** der **Kosten einer konkreten Veranstaltung** ist **nicht erforderlich.** In der Mischkalkulation können die Kosten für alle betriebsverfassungsrechtlichen Seminare gem. § 37 Abs. 6 gemeinsam ermittelt und anteilig den einzelnen Schulungsveranstaltungen zugeordnet werden.[391]

---

378 *BAG* 28.6.95, a. a. O.; enger *LAG Berlin* 2.12.94 – 6 TaBV 4/94, AuR 95, 282; zur Kritik vgl. *Däubler,* Schulung Rn. 42 f.; *Wedde,* a. a. O.
379 *BAG,* a. a. O.; ebenso *Fitting,* Rn. 82; a. A. *LAG Berlin,* 2.12.94 – 6 TaBV 4/94, AuR 95, 282.
380 *BAG* 17.6.98 – 7 ABR 22/97, AuR 99, 200 mit Anm. *Wedde.*
381 *BAG* 17.6.98 – 7 ABR 20/97 für »Arbeit und Leben Nordrhein-Westfalen e. V.«, AuR 99, 199 f. mit Anm. *Wedde;* ähnlich *Fitting,* Rn. 87, vgl. dort aber Rn. 66; a. A. GK-*Weber,* Rn. 70 die weitgehende Aufschlüsselungspflichten auch in diesen Fällen sehen.
382 *BAG* 17.6.98 – 7 ABR 25/97, AuR 99, 202 mit Anm. *Wedde; Fitting,* Rn. 84.
383 *BAG* 17.6.98 – 7 ABR 20/98, AuR 99, 199 f. mit Anm. *Wedde.*
384 *BAG* 30.3.94 – 7 ABR 45/93, AuR 95, 280 mit krit. Anm. *Birk* = AiB 95, 132 mit krit. Anm. *Däubler.*
385 *BAG* 28.6.95, a. a. O.
386 *BAG* 17.6.98 – 7 ABR 22/97, AuR 99, 200 mit Anm. *Wedde.*
387 *BAG* 17.6.98 – 7 ABR 20/97, AuR 99, 199 mit Anm. *Wedde.*
388 Grundlegend *BAG* 28.6.95, a. a. O.
389 *BAG* 17.6.98 – 7 ABR 25/97, a. a. O.
390 *BAG* 28.6.95, a. a. O.
391 *BAG* 28.6.95 – 7 ABR 55/94, a. a. O.; 17.6.98 – 7 ABR 25/97, a. a. O.; a. A. GK-*Weber,* Rn. 87.

Erfolgt eine betriebswirtschaftliche Jahreskalkulation, können die Gesamtkosten aller betriebsverfassungsrechtlichen Schulungen nach Grund und Höhe belegt und daraus der auf die jeweilige Schulung entfallende teilnehmerbezogene Endbetrag ermittelt werden.[392] Eine Berechnung auf der Basis sog. **Mann-** oder **Personentage** ist dabei ebenso möglich wie die Kalkulation auf Basis der **Vorjahresergebnisse.**[393] Dabei ist es zulässig, im Rahmen der Berechnung einen **Ausgleich** zwischen **erfolgreichen und weniger erfolgreichen Veranstaltungen** vorzunehmen und **Festpreise** für Veranstaltungen ohne Rücksicht auf die tatsächlich teilnehmenden Personen festzulegen. Führt ein gewerkschaftsnaher Schulungsträger neben erstattungsfähigen auch andere Veranstaltungen oder sonstige Aktivitäten durch, können die dafür anfallenden Kosten entsprechend abgegrenzt werden.[394] 105

Gewerkschaftsnahe Anbieter können in einer entsprechenden betriebswirtschaftlichen Gesamtkalkulation alle **Personal- und Personalnebenkosten** berücksichtigen, die im Zusammenhang mit der Organisation und Durchführung betriebsverfassungsrechtlicher Schulungen nach § 37 Abs. 6 anfallen (vgl. Rn. 96). Gleiches gilt für Aufwendungen zur **Planung des zukünftigen Angebots.** 106

Erfüllt eine von einem Schulungsveranstalter ausgestellte Rechnung die Anforderungen der Rspr., kann der AG keine weitergehende Aufschlüsselung der einzelnen Kosten verlangen. Entsprechende Aufschlüsselungspflichten lassen sich auch nicht aus den Rechtsgedanken des § 666 BGB ableiten (vgl. hierzu Rn. 98).[395] Die **Eröffnung betriebswirtschaftlicher Kalkulationsmöglichkeiten** durch das *BAG* ist damit **grundsätzlich zu begrüßen,**[396] weil sie Schulungsveranstalter in die Lage versetzt, ihre Kostenkalkulationen ebenso vorzunehmen wie private Anbieter. Damit wird die Chancengleichheit am Markt zumindest teilweise wiederhergestellt. Das *BAG* räumt damit aber die grundsätzliche Kritik (vgl. Rn. 97) an der von ihm geforderten Aufschlüsselung nicht aus. 107

Die **betriebswirtschaftlichen Berechnungsmöglichkeiten stehen** neben den gewerkschaftsnahen Schulungsveranstaltern auch den **Gewerkschaften selbst offen.**[397] Das *BAG* hat diese Frage zwar bisher nicht entschieden, sondern sich auf entsprechende Ausführungen zu gewerkschaftsnahen Veranstaltern beschränkt.[398] Überträgt man aber die Grundsätze der bisherigen Rspr. zu gewerkschaftsnahen Anbietern auf Gewerkschaften, wird es auch diesen möglich, die anfallenden Kosten nach betriebswirtschaftlichen Grundsätzen zu berechnen. **Voraussetzung** wäre unter Beachtung der Rspr. lediglich eine **Trennung des Angebots nach § 37 Abs. 6** von ihren übrigen Aktivitäten, um eine Gegnerfinanzierung auszuschließen.[399] 108

Werden Schulungsangebote von Trägern aus dem Koalitionsbereich gemacht, dürfen diese nach § 58 Nr. 6 AO **Rücklagen** bilden, soweit diese erforderlich sind, um die Ziele nachhaltig zu erfüllen.[400] Die Gewerkschaft darf jedoch keine Gewinnanteile entnehmen und bei der Auflösung einer Tochtergesellschaft nicht mehr als die eingezahlten Kapitalanteile zurückerhalten. Der übersteigende Wert darf nach dem Grundsatz der Vermögensbindung nur für steuerbegünstigte Zwecke verwendet werden.[401] 109

Veranstalter aus dem Koalitionsbereich dürfen nach der Rspr. durch die besonderen Aufschlüsselungspflichten **keine Wettbewerbsnachteile** gegenüber kommerziellen oder arbeitgebernahen Anbietern **erleiden,** da sie ansonsten in Gefahr geraten, ihre betriebsverfassungsrechtliche Unterstützungsfunktion nicht mehr oder nur in eingeschränktem Maße ausüben zu können.[402] Die **Aufschlüsselungspflichten** von Veranstaltern aus dem Koalitionsbereich 110

392 *BAG* 28.6.95, a.a.O.
393 *BAG* 17.6.98 – 7 ABR 25/97, AuR 99, 202 mit Anm. *Wedde.*
394 *BAG* 28.6.95 – 7 ABR 55/94, AP Nr. 48 zu § 40 BetrVG 1972; *Fitting,* a.a.O.
395 A.A. *Fitting,* Rn. 88.
396 Ebenso *Fitting,* Rn. 81.
397 Vgl. *Wedde,* AuR 97, 229f.; *ders.,* Anm. zu *BAG* 17.6.98 – 7 ABR 25/97, AuR 99, 203f.; *Fitting,* Rn. 81.
398 Vgl. 28.6.95, a.a.O.; 17.6.98 – 7 ABR 25/97, a.a.O.
399 Ebenso *Fitting,* a.a.O.; ausführlich *Wedde,* AuR 97, 229.
400 Ähnlich *BAG* 17.6.98 – 7 ABR 25/97, a.a.O.
401 *Birk,* Anm. zu *BAG* 30.3.94 – 7 ABR 4593, AuR 95, 281f.
402 *BAG* 28.6.95, a.a.O.

werden deshalb **durch ihre berechtigten Geheimhaltungsinteressen begrenzt.**[403] AG steht damit beispielsweise kein Recht zu, über die konkreten Honorare einzelner Referenten informiert zu werden. Eine solche Aufdeckung personenbezogener Daten gegenüber Dritten wäre im Übrigen auch **aus datenschutzrechtlichen Gründen unzulässig,** wenn Referenten in eine entsprechende Weitergabe ihrer Daten nicht ausdrücklich eingewilligt oder dieser ausdrücklich widersprochen haben.[404]

111 Nach der Rspr. des *BAG*[405] sind alle **kommerziellen und gewerkschaftlichen Anbieter** von Bildungsveranstaltungen auf Grund einer vertraglichen Nebenpflicht verpflichtet, **die Unterbringungs- und Verpflegungskosten** getrennt aufzuschlüsseln und anzugeben, welche **gastronomischen Leistungen** in Rechnung gestellt wurden. Da der AG nach dieser Rspr. berechtigt ist, entsprechend Abschnitt 39 Abs. 1 der Lohnsteuerrichtlinien 20 % der tatsächlichen Verpflegungsaufwendungen als **Haushaltsersparnis** anzurechnen, sofern sich das BR-Mitglied nicht mit der ihm zustehenden **Kostenpauschale** begnügt, die bereits die Haushaltsersparnis berücksichtigt, kann er nur auf Grund dieser Angaben den Umfang seiner Kostentragungspflicht feststellen. Zudem ist der AG nicht verpflichtet, auch die Kosten der **persönlichen Lebensführung** zu übernehmen. Die Aufschlüsselungspflicht der Unterbringungs- und Verpflegungskosten besteht auch, wenn eine **pauschalierte Tagungsgebühr** in Rechnung gestellt wird.[406]

112 Sofern der BR nach § 28 einen **Ausschuss** für Arbeitszeitfragen gebildet hat, soll sich die Verpflichtung des AG zur Erstattung der Kosten für Schulungsveranstaltungen auf diesem Gebiet grundsätzlich auf die Mitglieder bzw. Ersatzmitglieder dieses Ausschusses beschränken.[407] Sie haben Anspruch auf einen angemessenen **Vorschuss** (vgl. Rn. 14). Sind andere BR-Mitglieder mit Arbeitszeitfragen befasst, können entsprechende Schulungen auch für sie erforderlich sein.

5. Tarifvertragliche Ausschlussfrist, Verwirkung, Verjährung

113 Der Erstattungsanspruch des einzelnen BR-Mitglieds nach § 40 (nicht jedoch Verdienstansprüche und ggf. sonstige arbeitsvertragliche Ansprüche) unterliegt nicht einer **tarifvertraglichen Ausschlussfrist,**[408] da dieser nicht im Zusammenhang mit dem Arbeitsverhältnis entstanden ist, sondern sich aus dem BR-Amt ergibt. Der Anspruch verjährt nach den §§ 195, 199 BGB innerhalb einer Frist von drei Jahren, beginnend mit dem Ende des Entstehungsjahres des Anspruchs.[409] Der Anspruch kann zudem z. B. **verwirkt werden,** wenn er drei Jahre nach Entstehen und eineinhalb Jahre nach Ablauf der Amtszeit geltend gemacht wird.[410] Die Ansprüche eines BR-Mitglieds gem. § 40 bleiben bestehen, wenn ein Aufhebungsvertrag geschlossen wurde, der eine umfassende Erledigungserklärung enthält.[411]

6. Erstattungsanspruch im Insolvenzverfahren

114 **Vor Eröffnung des Insolvenzverfahrens** des AG bereits begründete Kostenerstattungsansprüche aus § 40 Abs. 1 sind, sofern es sich nicht um Rückstände für die letzten sechs Monate handelt, keine Masseschulden nach § 55 InsO, sondern einfache Insolvenzverbindlichkeiten.[412] Bei Eröffnung des Verfahrens durch den Insolvenzverwalter gemäß einer nach § 613a Abs. 1

403 *BAG*, 17.6.98 – 7 ABR 25/97, a.a.O.; enger noch *BAG* 28.6.95, a.a.O., das mit Blick auf Geschäftsgeheimnisse im Rahmen von Gerichtsverhandlungen lediglich den Ausschluss der Öffentlichkeit bzw. die Belegung der in der Sitzung anwesenden Personen mit einem Schweigegebot vorsah.
404 Vgl. *Wedde*, AuR 94, 51 ff.; *ders.*, DB 94, 730 ff.
405 Vgl. 28.6.95, a.a.O. [Rn. 66], 30.3.94, a.a.O. [67].
406 *BAG* 28.6.95, a.a.O.; vgl. *Wedde*, AuR 97, 228 ff.
407 *ArbG Passau* 8.10.92, BB 92, 2431, Ls.; vgl. *LAG Hamm* 25.6.80, BB 80, 1374.
408 *BAG* 30.1.73, AP Nr. 3 zu § 40 BetrVG 1972; *Däubler*, Schulungsanspruch, S. 105.
409 *Fitting*, Rn. 98.
410 *BAG* 14.11.78, AP Nr. 39 zu § 242 BGB Verwirkung; *LAG Schleswig-Holstein* 31.5.76, BB 76, 1418.
411 *LAG Niedersachsen* 24.1.00 – 5 TaBV 25/99, NZA-RR 00, 309.
412 *Fitting*, Rn. 101; vgl. zur Rspr. zur KO *BAG* 14.11.78, AP Nr. 6 zu § 59 KO mit Anm. *Uhlenbruck;* 25.8.83, AP Nr. 14 zu § 59 KO bezüglich des Honoraranspruchs des Vorsitzenden der ESt., die vor Insolvenzeröffnung einen Sozialplan aufgestellt hat.

BGB vorgenommenen **Betriebsänderung** haftet der Betriebserwerber nicht für Ansprüche, die vor Insolvenzeröffnung entstanden sind,[413] Sätze 2 und 3 geltend entsprechend. Wird ein vor der Insolvenz vom AG eingeleitetes Beschlussverfahren vom Insolvenzverwalter fortgeführt, sind hieraus resultierende Kosten eines vom BR beauftragten Anwalts ebenso Masseschulden nach § 55 InsO wie vor Eröffnung des Insolvenzverfahrens entstandene.[414]

Der Aufwendungsersatz für BR-Tätigkeit **nach Eröffnung des Insolvenzverfahrens** zählt zu den Masseschulden i. S. d. § 55 Ab. 1 Nr. 1 InsO und ist somit vorab aus der Insolvenzmasse zu befriedigen.[415] Eine Absicherung der BR-Mitglieder durch rechtzeitige Vorschusszahlung ist mit Blick auf mögliche Forderungsausfälle ratsam.[416] 115

III. Sachaufwand und Büropersonal (Abs. 2)

Nach Abs. 2 hat der AG unaufgefordert über die allgemeine Kostentragungspflicht gemäß Abs. 1 hinaus für die Sitzungen, die Sprechstunden und die laufende Geschäftsführung in erforderlichem Umfang, d. h. den Bedurfnissen des BR entsprechend, **Räume, sachliche Mittel und Büropersonal** zur Verfügung zu stellen, und die Kosten hierfür zu tragen. Die in Abs. 2 genannten Ansprüche stehen unabhängig nebeneinander. Ein BR kann deshalb etwa eine Bürokraft und einen PC verlangen, wenn beides erforderlich ist.[417] Der Begriff ist weiter als der gleich lautende in § 27 Abs. 3.[418] Umstritten ist jedoch, ob hierzu z. B. auch noch **Messgeräte** zählen, mit denen die Schadstoffbelastung am Arbeitsplatz gemessen werden kann.[419] Mit Blick auf die im Rahmen des BetrVerf-ReformG erfolgte besondere Betonung des Umweltschutzes (vgl. etwa §§ 80 Abs. 1 Nr. 9, 89) ist die Frage der Erforderlichkeit derartiger Geräte allerdings nunmehr zu bejahen. 116

Das Ausmaß der Verpflichtung des AG richtet sich nach den Aufgaben und der Größe des BR, nach der Größe und der Beschaffenheit des Betriebs sowie nach den besonderen Erfordernissen im Einzelfall.[420] Die Entscheidung über die Erforderlichkeit von Sachmitteln oder Büropersonal obliegt im Rahmen seines **pflichtgemäßen Ermessens** allein dem BR, dem entsprechende Ansprüche als Gremium zustehen.[421] Dieser hat seine Entscheidung in Abwägung seiner Bedürfnisse mit den Belangen des AG zu treffen. Dabei steht ihm ein Beurteilungsspielraum zu.[422] Die getroffene Entscheidung unterliegt bezüglich der Erforderlichkeit der arbeitsgerichtlichen Überprüfung. Der Anspruch steht dem BR als Gremium zu, nicht aber einzelnen Gruppierungen innerhalb des Gremiums.[423] 117

Der BR ist nicht berechtigt, auf Kosten des AG Sachmittel selbst zu beschaffen, Büroräume anzumieten oder Büropersonal einzustellen.[424] Kommt der AG seiner Verpflichtung in angemessener Frist nicht nach, wird es für zulässig angesehen, dass der BR die erforderlichen sachlichen Mittel selbst beschafft und Ersatz der Aufwendungen unter dem Gesichtspunkt der 118

413 *BAG* 13.7.94 – 7 ABR 50/93, NZA 94, 1144 = AiB 94, 759 mit Anm. *Oberhofer* = BetrR 95, 18 mit Anm. *Rosendahl.*

414 *BAG* 17.8.05, NZA 06, 109; Richardi-*Thüsing*, Rn. 59.

415 *LAG Hamm* 5.1.79, EzA § 40 BetrVG 1972 Nr. 42; *Däubler,* Schulungsanspruch, S. 108; *Fitting,* Rn. 102; GK-*Weber,* Rn. 236; vgl. auch *BAG* 27.3.79, AP Nr. 7 zu § 76 BetrVG 1972 bei Ansprüchen des Vorsitzenden einer ESt., die vor Konkurseröffnung begonnen, aber erst danach durch Spruch abgeschlossen wurde.

416 *Fitting,* Rn. 103.

417 *BAG* 20.4.05 – 7 ABR 14/04, DB 05, 2754; HaKo-BetrVG/*Wolmerath,* Rn. 15; Richardi-*Thüsing,* Rn. 71.

418 *Fitting,* Rn. 104.

419 Dazu *Däubler,* Das Arbeitsrecht 1, Rn. 876.

420 *Fitting,* a. a. O.; HWGNRH-*Glock,* Rn. 110; Richardi-*Thüsing,* Rn. 61 f.; vgl. auch *Besgen,* AiB 87, 150 ff.; *Kühner,* a. a. O.; enger *BAG* 11.3.98 – 7 ABR 59/96, NZA 98, 953 = AiB 98, 646 mit Anm. *Wedde;* ErfK-*Koch,* Rn. 16; GK-*Weber,* Rn. 120; *Wedde,* AiB 22, Nr. 5, 21 ff.

421 *LAG Köln* 20.1.23 – 9 TaBV 32/22.

422 *BAG* 9.6.99 – 7 ABR 66/97, AP Nr. 65 zu § 40 BetrVG 1972; 11.3.98 – 7 ABR 59/96, NZA 98, 953; 12.5.99 – 7 ABR 36/97, NZA 99, 1290; *Klebe/Wedde,* DB 99, 1955; *Fitting,* Rn. 105.

423 *LAG Berlin-Brandenburg* 19.7.11 – 7 TaBV 764/11, juris.

424 *BAG* 21.4.83, AP Nr. 20 zu § 40 BetrVG 1972.

Geschäftsführung ohne Auftrag verlangen kann.[425] Ggf. muss der Anspruch durch ein **arbeitsgerichtliches Beschlussverfahren** durchgesetzt werden, wobei auch eine einstweilige Verfügung in Betracht kommt.[426]

119 **Nicht verbrauchbare Sachen und Geräte,** die vom AG zur Verfügung gestellt werden, bleiben dessen **Eigentum.**[427] An **verbrauchbaren Sachen** wie z. B. Papier und Schreibmaterialien verliert er hingegen das Eigentum, weil diese durch das Beschreiben zu Geschäftspapieren und Akten des BR werden.[428] **Geschäftspapiere** und **Akten** kann der AG deshalb nach Ende der Amtszeit eines BR **nicht herausverlangen.**[429] Diese gehen an den neuen BR über. Wird kein neuer BR gewählt, sind sie vom alten BR zu vernichten.[430]

1. Büroräume und Raumausstattung

120 Regelmäßig hat der BR Anspruch auf eigene **Büroräume.**[431] In größeren Betrieben ist der AG verpflichtet, mehrere **Räume** (ggf. unter Berücksichtigung des Bedarfs der JAV und der Schwerbehindertenvertretung) zur Verfügung zu stellen, in denen der BR seine Sitzungen und Sprechstunden abhalten und die sonstige büromäßige Abwicklung seiner Tätigkeit vornehmen kann.[432] Sie müssen von den Arbeitsplätzen der Beschäftigten ohne längere Wegezeiten erreichbar sein.[433] Die Räume müssen so beschaffen sein, dass der BR in ihnen seine Aufgaben ordnungsgemäß wahrnehmen kann. Es muss möglich sein, BR-Sitzungen und Besprechungen durchzuführen, Sprechstunden abzuhalten, Schreibarbeiten auszuführen sowie sich dorthin zur Lektüre zurückzuziehen.[434] In kleineren Betrieben (weniger als fünf BR-Mitglieder)[435] kann es auf Grund der betrieblichen Gegebenheiten genügen, einen Raum für bestimmte Zeiten, z. B. tage- bzw. stundenweise, zur Verfügung zu stellen, sofern hierdurch die BR-Arbeit nicht beeinträchtigt wird und die ungestörte Abhaltung von BR-Sitzungen gewährleistet ist.[436] In diesen Fällen müssen dem BR verschließbare Aktenschränke zur Verfügung gestellt und zur alleinigen Nutzung überlassen werden.

121 **Räumlichkeiten** einschließlich sonstiger erforderlicher Sachmittel (Bestuhlung, Lautsprecheranlage, Overheadprojektoren usw.) sind auch für die **Tätigkeit der Ausschüsse** des BR (§§ 27, 28) sowie für den **GBR, KBR,** die **JAV,** die **GJAV,** den **WA,** die **Betriebsversammlung,** die **BR-Versammlung,** die **Arbeitsgruppen** gem. § 28a und ggf. die **ESt.** zur Verfügung zu stellen.[437] Sofern keine Sitzungen im Büroraum des BR abgehalten werden können, sind entsprechende

---

425 Richardi-*Thüsing,* Rn. 47; *Kühner,* a. a. O.; *Hässler,* S. 77, jedenfalls wenn eine gerichtliche Entscheidung vorliegt; a. A. *BAG,* a. a. O.; GK-*Weber,* Rn. 137, der eine Selbstbeschaffung nur in »dringenden Fällen« bejaht.

426 *Besgen,* a. a. O.; *Kühner,* a. a. O.; vgl. *ArbG Berlin* 6. 5. 92, AiB 93, 184; *ArbG Duisburg* 24. 12. 93, AuR 94, 381.

427 *Fitting,* Rn. 107; GK-*Weber,* Rn. 215; HWGNRH-*Glock,* Rn. 148; Richardi-*Thüsing,* Rn. 74.

428 Zutreffend *Fitting,* Rn. 107 unter Hinweis auf § 950 BGB; *Schaub,* § 222 III 6; a. A. Richardi-*Thüsing,* a. a. O.; WP-*Kreft,* Rn. 43; GK-*Weber,* Rn. 217 ff.; die dem BR nur Besitzrechte einräumen HWGNRH-*Glock,* Rn. 149 sieht nur ein Gebrauchsrecht.

429 GK-*Weber,* Rn. 222; *Fitting,* Rn. 107.

430 *Fitting,* a. a. O.; a. A. hinsichtlich der Vernichtung GK-*Weber,* a. a. O.; HWGNRH-*Glock,* Rn. 149.

431 Vgl. *LAG München* 8. 7. 05 – 3 TaBV 79/03, das einem BR mit fünf Mitgliedern einen Raum mit einer Grundfläche von mindestens 9 qm zugesprochen hat, als Notlösung, aber auch die Mitbenutzung eines Pausenraums für zumutbar hält; *ArbG Würzburg* 23. 6. 98, AiB 99, 402 für einen BR mit fünf Mitgliedern; zustimmend *Fitting,* Rn. 108; a. A. *LAG Hamm* 25. 11. 92 – 3 TaBV 131/92; allgemein *Ehrich/Hoß,* NZA 96, 1075, 1089; *Roos,* AiB 98, 188 f.; zu Schreiben an AG vgl. DKWF-*Wedde,* § 40 Rn. 16.

432 ErfK-*Koch,* Rn. 15; *Hess. LAG* 4. 2. 19 – 16 TaBVGa 172/18, juris, verneint einen Anspruch auf eigene Räume für »Fraktionssitzungen«.

433 *LAG Schleswig-Holstein* 31. 5. 17 – 1 TaBV 48/16, NZA-RR 17, 596, das notwendige Wegezeiten fünfzehnminütige Wegezeiten von Beschäftigten zum Betriebsratsbüro im Regelfall für zu lang hält, eine Auslagerung von Konferenzräumen in bestimmten Fällen aber zulässt.

434 *LAG Schleswig-Holstein* 19. 9. 07 – 6 TaBV 14/07, AiB 08, 668 mit Anm. *Rudolph.*

435 Vgl. *ArbG Frankfurt* 17. 2. 99 – 2 BV 454/98, NZA-RR 99, 420 = AuR 99, 280.

436 *Brill,* DB 77, 2139; GK-*Weber,* Rn. 147; Richardi-*Thüsing,* Rn. 63.

437 Vgl. *Fitting,* Rn. 113; *Kühner,* S. 178.

Sitzungsräume, ggf. zeitlich befristet, zur Verfügung zu stellen. Zu den erforderlichen Räumen gehört auch die **Anmietung eines Saales** zur Abhaltung von Betriebs- und Abteilungsversammlungen sowie BR-Versammlungen nach § 53.[438]

Die zur Verfügung gestellten **Räume** müssen **funktionsgerecht und benutzbar** sein, d.h. entsprechend eingerichtet, heizbar, beleuchtet, mit entsprechendem Mobiliar einschließlich Sachmitteln und Telefon ausgestattet und abschließbar.[439] Die Räume müssen einschlägigen gesetzlichen Vorgaben wie etwa der Arbeitsstättenverordnung entsprechen.[440] Sie müssen optisch und akustisch soweit abgeschirmt sein, dass sie von Zufallszeugen von außen nicht eingesehen oder abgehört werden können.[441] Nicht ausreichend ist ein fensterloser Raum, der den Anforderungen an eine Arbeitsstätte nicht entspricht.[442] Die Räume müssen im Betrieb bereitgestellt werden, d.h. innerhalb des Betriebsgeländes liegen[443] und für die AN gut zugänglich, in der Nähe der Arbeitsplätze und behindertengerecht sein. 122

Mit der Zurverfügungstellung des Büroraums einschließlich der Einrichtung und ggf. der sonstigen Räume, die zu Sitzungen, Sprechstunden u. ä. dienen, gehen Besitz und Nutzung der im Eigentum des AG verbleibenden Sachen auf Dauer auf den BR über.[444] Ihm allein steht hier das **Hausrecht** zu.[445] Aus dem Hausrecht folgt, dass der BR berechtigt ist, seine auf Dauer bereitgestellten **Räume abzuschließen.**[446] Zu diesem Zweck muss ihm der AG **Schlüssel** zur Verfügung stellen, die nicht in die zentrale Schließanlage integriert sind.[447] Der AG darf das BR-Büro ohne Zustimmung des BR allenfalls in Notsituationen betreten.[448] 123

Das Hausrecht schließt Selbsthilfemaßnahmen des AG aus; gegen einen »Hinauswurf« aus seinen Räumen kann sich der BR mit den sog. **Besitzschutzrechten** nach §§ 858 ff. BGB, auch durch eine einstweilige Verfügung, zur Wehr setzen.[449] Räumt der Arbeitgeber das BR-Büro aus, hat der BR einen Herausgabeanspruch.[450] Das Besitzrecht gegenüber einem AG erstreckt sich auch auf die dem BR zur Verfügung gestellten Sachmittel.[451] Benötigt der AG dringend die Räume und stellt er dem BR eine gleichwertige Alternative zur Verfügung, ist der BR zum »Umzug« verpflichtet.[452] Der AG darf die Räume jedoch nicht willkürlich entziehen und rechtsmissbräuchlich handeln.[453] Werden dem BR überlassene Räume von der Kündigung eines Mietvertrags erfasst, müssen diese geräumt werden.[454] Der AG muss dem BR dann in unmittelbarer zeitlicher Verbindung neue Räumlichkeiten zur Verfügung stellen. 124

---

438 Vgl. *Lichtenstein*, BetrR 87, 7 [55].

439 *LAG Rheinland-Pfalz* 2.2.96 – 3 TaBV 37/95, BB 96, 2465; *ArbG Halberstadt* AuR 98, 428 = AiB 98, 586 mit Anm. *Wedde*; *Besgen*, AiB 87, 150; *Kort*, NZA 90, 598, allg. *Peter*, S. 16 ff.

440 *LAG Schleswig-Holstein* – 1 TaBV 48/16; vgl. auch *Besgen/Flink* NZA 23, 146 ff.; *Heidemann* AiB 05, 288; ähnlich *Fitting*, Rn. 109.

441 *LAG Köln* 19.1.01, AiB 01, 605 mit Anm. *Groß-Kock*.

442 *LAG Köln*, a. a. O.

443 *LAG Schleswig-Holstein* 31.5.17 – 1 TaBV 48/16, AiB 2/19, 58; *ArbG Wiesbaden* 21.12.99 – 8 BV 29/99, NZA-RR 00, 195 = AiB 00, 290 mit Anm. *Müller-Tuckfeld*; WP-*Kreft*, Rn. 44; HaKo-BetrVG/*Wolmerath*, Rn. 17; a. A. Richardi-*Thüsing*, Rn. 63, der auch Räume außerhalb des Betriebsgebäudes zulassen will.

444 *ArbG Heilbronn* 17.2.84, BB 84, 982; *ArbG Osnabrück* 19.11.90 – 2 BV 18/90; *ArbG Duisburg* 24.12.93, AuR 94, 381, Ls.

445 *ArbG Heilbronn*, a. a. O.; ErfK-*Koch*, Rn. 15; *Fitting*, Rn. 112 m. w. N.; vgl. auch *BAG* 18.9.91 – 7 ABR 63/90, DB 92, 434; HWGNRH-*Glock*, Rn. 115; *Ehrich/Hoß*, NZA 96, 1075, 1082; vgl. ferner Rn. 101.

446 *Heidemann* AiB 05, 288; *Kühner*, S. 178; a. A. HWGNRH-*Glock*, Rn. 111; vgl. auch *Kort*, NZA 90, 598.

447 *ArbG Heilbronn*, a. a. O.; *LAG Nürnberg* 1.4.99 – 6 Ta 6/99, NZA 00, 335 = AiB 00, 35 mit Anm. *Seefried*; *Besgen*, AiB 87, 150; *ArbG Mannheim* 20.10.99, AiB 01, 48 mit Anm. *Stather*.

448 *ArbG Mannheim*, a. a. O.

449 *HessLAG* 14.1.19 – 16 TaBV 6/19, juris; *ArbG Berlin* 6.5.92, AiB 93, 184; *ArbG Duisburg*, a. a. O.

450 *ArbG Freiburg* 5.11.96, AiB 97, 413 mit Anm. *Kunz*; *Fitting*, Rn. 111.

451 *ArbG Duisburg*, a. a. O.

452 *ArbG Göttingen* 11.4.88, AiB 88, 284 mit Anm. *Schoof*; HWGNRH-*Glock*, Rn. 113. sieht eine jederzeitige Verfügungsmöglichkeit.

453 Zutreffend GK-*Weber*, Rn. 150, zum »Herausgabeanspruch« des AG *LAG Köln* 30.9.11 – 10 TaBV 23/11, juri9s.

454 *LAG Hamm* 28.5.10 – 13 TaBV 102/09, juris.

125 Nach der Rspr. soll das Hausrecht des BR nicht so weit gehen, dass er uneingeschränkt **Journalisten (oder sonstige Dritte) im BR-Büro empfangen kann.**[455] Ein solches Recht soll dem BR nur zustehen, wenn und soweit die Unterrichtung der Journalisten zur Erfüllung seiner gesetzlichen Aufgaben erforderlich ist[456] oder wenn er auf öffentliche Äußerungen des AG erwidern will.[457] Der BR hat aber das Recht, einen **Rechtsanwalt** in den BR-Räumen zu empfangen.[458]

2. Allgemeine Arbeitsmittel

126 Zu den **sachlichen Arbeitsmitteln,** die der BR zur ordnungsgemäßen Erfüllung seiner Aufgaben benötigt, gehören das **erforderliche Mobiliar,** z. B. **verschließbare Schränke, Schreibtische, Tische und Stühle**[459] sowie **Schreibmaterialien, Büro-(Klein-)Material, Aktenordner, Stempel, Briefmarken, Schreibmaschinen, Diktiergeräte** u. ä[460] und ggf. auch ein **Tischrechner mit Addierrolle.**[461] Darüber hinaus ist eine Grundausstattung mit digitalen Arbeitsmitteln notwendig, deren Erforderlichkeit allerdings im Streitfall begründet werden muss.[462]

127 Der BR ist berechtigt, für seinen Schriftverkehr **Briefpapier** mit dem Kopf des UN und dem Zusatz »Der Betriebsrat« zu benutzen.[463]

128 Sind BR viel außerhalb der Betriebsstätte unterwegs, können im Einzelfall auch (mobile) **Navigationsgeräte** erforderlich sein,[464] Der nach der Rechtsprechung[465] erforderliche Zusammenhang mit der BR-Tätigkeit kann beispielsweise gegeben sein, wenn ein BR-Mitglied Telearbeiter an ihren häuslichen Arbeitsplätzen aufsuchen muss.[466]

a) Kopierer

129 Der BR kann in der Regel verlangen, dass ihm der AG ein eigenes **Fotokopiergerät** zur Vervielfältigung von Sitzungsunterlagen, Protokollen u. ä. zur Verfügung stellt.[467] Das gilt jedenfalls in größeren Betrieben; in kleineren Betrieben muss die ungestörte und jederzeitige Mitbenutzung vorhandener Geräte ermöglicht werden.[468] Neben klassischen Geräten kann ein modernes **Multifunktionsgerät,** das zusätzlich auch das Scannen von Dokumenten sowie deren Ausdruck ermöglicht, nebst der erforderlichen Software als erforderlich in Betracht kommen. Das Fotokopieren einer **gewerkschaftlichen Druckschrift** auf einem allgemein zur Verfügung gestellten Fotokopiergerät muss der AG nicht dulden, wenn diese eine eindeutige gewerkschaftspolitische Zielsetzung hat.[469] Etwas anderes gilt, wenn die Vermittlung der in der Druckschrift enthaltenen Informationen zu den Aufgaben des BR zu rechnen ist.[470]

---

455 *BAG* 18.9.91 – 7 ABR 63/90, DB 92, 434; Richardi-*Thüsing,* Rn. 65; *Fitting,* Rn. 112.
456 *BAG,* a. a. O.
457 *Fitting,* a. a. O.; HWGNRH-*Glock,* Rn. 115; *Müller-Boruttau,* NZA 96, 1071, 1075.
458 Vgl. *BAG* 20.10.99 – 7 ABR 37/98; ebenso GK-*Weber,* Rn. 151.
459 Vgl. *ArbG Osnabrück* 19.11.90 – 2 BV 18/90; *ArbG Bremerhaven* 11.12.85, AiB 86, 167.
460 Vgl. GK-*Weber,* Rn. 153; *Heidemann* AiB 05, 288; *Ehrich/Hoß,* NZA 96, 1075, 1082; *Kühner,* S. 179.
461 *ArbG Münster* 21.6.89, CR 89, 825.
462 Allgemein *Schomaker,* AiB 3/21, 31.
463 *LAG Frankfurt* 21.8.73, DB 73, 2451; *Fitting,* Rn. 114; enger GK-*Weber,* Rn. 154; HWGNRH-*Glock,* Rn. 90.
464 *Besgen,* NZA 06, 959 f.
465 *BAG* 3.9.03 – 7 ABR 12/03, NZA 04, 278.
466 Enger *Besgen,* NZA 06, 959 f., die einen Anspruch im Regelfall nicht für ersichtlich hält.
467 ErfK-*Koch,* Rn. 16; *Fitting,* Rn. 114; GK-*Weber,* Rn. 155; *GL,* Rn. 42; *Kort,* NZA 90, 598.
468 Richardi-*Thüsing,* Rn. 68.
469 *LAG Frankfurt* 20.8.87, AuR 89, 321; HWGNRH-*Glock,* Rn. 119.
470 *Kort,* a. a. O.

b) Telefax

Ein **Telefaxgerät** gehört weiterhin zu den erforderlichen Sachmitteln des BR[471], auch wenn diese Technik zunehmend bedeutungslos wird. Statt eines Telefaxgeräts kann ein BR eine entsprechende Software verlangen, damit er vorhandene IT-Geräte (etwa einen PC) für die Versendung und den Empfang entsprechender Nachrichten verwenden kann. 130

c) Telefon

Zur Grundausstattung gehört ein **Telefonanschluss,** von dem der BR im Rahmen seiner Aufgaben ungestört, unkontrolliert und ohne unzumutbare zeitliche Einschränkung interne und externe Gespräche führen und entgegennehmen kann und den der AG zur Verfügung stellen muss.[472] Einem BR-Gremium muss es möglich sein, dass alle seine Mitglieder für die Belegschaft telefonisch erreichbar sind und dass sie jederzeit auch intern ungestört und vertraulich miteinander kommunizieren können.[473] Von daher ergibt sich ein Anspruch auf eine **eigene Telefonamtsleitung,** zumindest aber auf einen **eigenen Nebenanschluss** (ggf. mit Durchwahl, in größeren Betrieben auf mehrere Anschlüsse), von dem aus ohne Zwischenschaltung der Telefonzentrale **jederzeit** Orts- und Ferngespräche im Rahmen der BR-Tätigkeit geführt werden können.[474] Ein eigener Telefonanschluss des BR, der technisch von dem Telefonsystem des AG getrennt ist, kann ausnahmsweise dann erforderlich sein, wenn es eine durch objektive Tatsachen begründete Vermutung dafür gibt, dass unzulässige Überwachungsmaßnahmen durch den AG erfolgen. Hierfür muss es eine durch objektive Tatsachen begründete Vermutung geben.[475] 131

In Betrieben mit **ausgelagerten Betriebsteilen oder Filialen** muss die Telefonanlage technisch so geschaltet sein, dass der BR die außerhalb der zentralen Betriebsstätte Beschäftigten direkt anwählen kann.[476] Weiterhin muss in derartigen Betrieben technisch sichergestellt werden, dass die in Filialen beschäftigten BR-Mitglieder telefonisch über eine Amtsleitung erreichbar sind.[477] Das *BAG* verneint in einer Entscheidung vom 27.11.02 allerdings mangels Anwendbarkeit des § 40 Abs. 2 einen Anspruch, dass durch entsprechende technische Schaltung die AN in anderen Filialen alle BR-Mitglieder anrufen können. Die betroffenen AN werden vielmehr darauf verwiesen, die BR-Mitglieder an deren Arbeitsplätzen ggf. von einem privaten Anschluss oder einem öffentlichen Fernsprecher anzurufen.[478] Diese Position ist abzulehnen, weil sie dazu führt, 132

---

471 Vgl. *LAG Hamm* 14.5.97 – 3 TaBV 2/97, BB 97, 2052, Ls. = AiB 98, 43 mit Anm. *Wedde; LAG Niedersachsen* 27.5.02 – 5 TaBV 21/02, AiB 03, 555 mit Anm. *Peter, Klebe/Wedde,* FS, a.a.O.; *Fitting,* Rn. 130; HaKo-BetrVG/*Blanke,* Rn. 6; Richardi-*Thüsing,* Rn. 67; a.A. *LAG Düsseldorf* 24.6.93 – 8 TaBV 33/93, NZA 93, 1143 weil zwischen zwei Betriebsteilen dreimal täglich ein Kurierdienst fuhr; zu Anforderungsschreiben an AG vgl. DKWF-*Wedde,* § 40 Rn. 17.

472 ErfK-*Koch,* Rn. 16; *Fitting,* Rn. 128; *Ehrich/Hoß,* NZA 96, 1075, 1082; *Junker/Band/Feldmann,* Supplement Computer Praxis & Recht, BB-Beilage 10/00, 18; HWGNRH-*Glock,* Rn. 116 stellt auf die Betriebsüblichkeit ab; a.A. *BAG* 20.4.16 – 7 ABR 50/14, AuR 16, 432, das einen Anspruch auf einen eigenen Telefonanschluss bzw. einen eigenen Internetanschluss unter Hinweis darauf verneint, dass allein die abstrakte Gefahr von Kontrollen durch Vereinbarungen mit dem AG ausgeschlossen werden könnte.

473 Ebenso WP-*Kreft,* Rn. 50; *Fitting,* Rn. 128.

474 *BAG* 19.1.05 – 7 ABR 24/04, ZBVR 05, 110; *LAG Baden-Württemberg* 13.8.81 – 11 TaBV 8/81; enger *LAG Frankfurt* 18.3.86, NZA 86, 650; vgl. auch *Däubler,* CR 94, 754; *ders.,* AiB 95, 149; *Beckschulze,* DB 98, 1815ff.; GK-*Weber,* Rn. 186ff.; a.A. bezüglich des eigenen Amtsanschlusses Richardi-*Thüsing,* Rn. 67.

475 Vgl. *BAG* 20.4.16, a.a.O.

476 *BAG* 8.3.00 – 7 ABR 73/98, AuR 00, 142; 9.6.99 – 7 ABR 66/97, NZA 99, 1292 = AiB 99, 702 mit Anm. *Stather;* vgl. inges. *Klebe/Wedde,* FS, a.a.O.

477 *BAG* 19.1.05 – 7 ABR 24/04, ZBVR 05, 110; 27.11.02 – 7 ABR 33/01, AP Nr. 76 zu § 40 BetrVG 1972 = AiB 03, 746 mit Anm. *Ahlborn-Braun;* vgl. auch die weiteren Entscheidungen vom 27.11.02 – 7 ABR 45/01, n.v. und 7 ABR 36/01, AiB 05, 309 mit Anm. *Bergmann;* auch *LAG Köln* 9.2.04 – 213 TaBV 65/03, AuR 04, 277, das einem BR, der für 21 Filialen im Umkreis von 70 km zuständig ist, vier Amtsleitungen zugesteht; ausdrücklich bestätigt durch *BAG* 19.1.05 – 7 ABR 24/04, ZBVR 05, 110.

478 Vgl. *BAG* 27.11.02, a.a.O.; a.A. *LAG Nds.* 21.9.09 – 9 TaBV 98/08, das es sogar für erforderlich hält, dass in allen Verkaufsstellen des AG Telefone zur Verfügung stehen, auf denen eingehende Gespräche des BR angenommen werden können.

dass AN bei der Wahrnehmung kollektivrechtlich garantierter Rechte mit privat zu tragenden Kosten belastet werden. In einer weiteren Entscheidung gleichen Datums[479] stellt das *BAG* fest, dass der AG für alle AN in den Filialen technisch die Möglichkeit schaffen muss, von den dort vorhandenen Telefonen aus das »Betriebsratstelefon« erreichen zu können.

133 Ist für einzelne Betriebe kein örtlicher BR gebildet, steht der Anspruch auf Freischaltung der in den einzelnen Verkaufsstellen vorhandenen Telefonapparate zur Erfüllung von gesetzlichen Aufgaben dem GBR zu, damit er die Durchführung von einschlägigen BVen überwachen und einen WV bestellen kann.[480] In Kleinbetrieben kann die – ungestörte – **Mitbenutzung** des betrieblichen Fernsprechers ausreichend und zumutbar sein.[481] Entscheidend für die Zumutbarkeit der Mitbenutzung ist weniger die Technik als vielmehr das Bestehen eines ausreichenden Vertrauensschutzes.

134 Der BR hat weiterhin einen Anspruch auf einen **Anrufbeantworter.**[482] Dabei kann es sich entweder um ein eigenes Gerät im BR-Büro oder um die technische Einrichtung in einer zentralen Telefonanlage handeln. Bei der Einrichtung innerhalb einer zentralen Telefonanlage muss technisch sichergestellt sein, dass die eingegangenen Anrufe nicht von Dritten (etwa dem Systemadministrator der Telefonanlage) abgehört werden können. Ist dies nicht zu garantieren, muss der AG einen autonomen Anrufbeantworter im BR-Büro zur Verfügung stellen.

135 Das **Abhören der Telefongespräche von BR-Mitgliedern ist unzulässig.**[483] Als unbedenklich wird die Unterbrechung von Telefongesprächen durch eine sog. **Aufschaltanlage** angesehen, wenn das BR-Mitglied deutlich darauf aufmerksam gemacht wird und die Unterbrechung nicht zu einer Behinderung der BR-Tätigkeit führt.[484]

136 Nach strittiger Auffassung ist der Anschluss der BR-Telefone an **automatische Gebührenzähler** unzulässig.[485] Selbst wenn man diese Auffassung nicht teilt, ist in einer über die monatlich aufsummierte Erfassung der Gebühreneinheiten hinausgehenden Erfassung von Daten, z. B. Zielnummer, Zeitpunkt und Dauer der Einzelgespräche, ein Verstoß gegen das Verbot der Störung und Behinderung der BR-Arbeit zu sehen (§ 78). Sie ist daher unzulässig.[486] Mit Blick auf Telefon-Flatrates verliert diese Frage an praktischer Bedeutung.

d) Mobiltelefon, Smartphone u. ä.

137 Ein **Mobiltelefon (»Handy«)** oder ggf. auch mehrere Geräte können erforderlich sein, wenn ein BR etwa mehrere weit auseinanderliegende Betriebsstätten zu betreuen hat oder wenn es andere zumutbare Kommunikationsmöglichkeiten zwischen einzelnen BR-Mitgliedern und betrieblichen Stellen nicht gibt.[487] Die Ausstattung mit Mobiltelefonen verbessert die Kom-

---

479 *BAG* 27.11.02 – 7 ABR 36/01, AP Nr. 75 zu § 40 BetrVG 1972.
480 *LAG Baden-Württemberg* 30.4.08 – 2 TaBV 7/07, AiB 08, 416.
481 *LAG Rheinland-Pfalz,* a. a. O.; *Brill,* BB 77, 2139.
482 *Fitting,* Rn. 128; GK-*Weber,* Rn. 190; *Löwisch,* BB 01, 1744.
483 *Besgen,* AiB 87, 150; *Däubler,* CR 94, 754; *ders.,* AiB 95, 149; *Fitting,* Rn. 129; GK-*Weber,* Rn. 191; HWGNRH-*Glock,* Rn. 116; *Kort,* NZA 90, 598.
484 *BAG* 1.3.73, AP Nr. 1 zu § 611 BGB Persönlichkeitsrecht; *Besgen,* a. a. O.; *Däubler,* a. a. O.; GK-*Weber,* a. a. O.
485 *Hexel/Oberhofer,* BetrR 85, 289 [342]; *Schumann,* AiB 85, 89; *Wohlgemuth/Mostert,* AuR 86, 138; vgl. auch *Däubler,* CR 94, 754; *ders.,* AiB 95, 149; vgl. im Übrigen § 87 Rn. 166; a. A. GK-*Weber,* Rn. 192; HWGNRH-*Glock,* Rn. 116; Richardi-*Thüsing,* Rn. 67; *Kort,* NZA 90, 598; ferner *BAG* 27.5.86, AP Nr. 15 zu § 87 BetrVG 1972 Überwachung, 1.9.90, NZA 91, 316.
486 Näher *Däubler,* Gläserne Belegschaften?, Rn. 502.
487 *ArbG Karlsruhe* 11.6.08 – 4 BV 15/07, juris; *ArbG Berlin* 7.10.05 – 28 BV 17569/05, n. v.; *ArbG Frankfurt* 12.8.97, AiB 98, 223 mit Anm. *Hess-Grunewald; ArbG Wesel* 14.4.99, AuR 00, 37; zustimmend *König,* Computer-Fachwissen, 1/98, 25 f.; vgl. auch *Fuhrmann,* AiB 97, 495; *Klebe/Wedde,* FS, a. a. O., s. *dies.,* DB 99, 1954; *Fitting,* Rn. 128a; *Wolmerath,* jurisPR-ArbR 35/06 Anm. 5; enger *Beckschulze,* DB 98, 1815, 1817, der die Erforderlichkeit nur als Ausnahmefall sieht; ähnlich GK-*Weber,* Rn. 189; a. A. *LAG München* 20.12.05 – 8 TaBV 57/05, juris, mit der praxisfernen Begründung, dass ein BR-Vorsitzender seinem Stellvertreter jeweils vorab mitteilen könne, in welcher der 39 Verkaufsstellen er wann zu erreichen sei; ebenso *LAG Baden-Württemberg* 3.3.06 – 5 TaBV 9/05, LAGE § 40 BetrVG 2001 Nr. 6; *LAG Mecklenburg-Vorpommern* 24.10.17 – 5 TaBV 9/17, das eine zu 50 % im Außendienst tätige Schwerbehindertenvertretung alternativ auf einen Anrufbeantworter und Sprechzeiten ver-

munikationsmöglichkeiten der BR-Mitglieder.[488] Die Erforderlichkeit ist gegeben, wenn ein BR-Mitglied aufgrund der Einbindung in überbetriebliche Gremien wie GBR oder KBR mehr als 40 % seiner Arbeitszeit außerhalb des eigenen Betriebs tätig ist.[489] Der Anspruch besteht weiterhin, wenn ein BR-Mitglied ansonsten nicht ungestört telefonieren oder angerufen werden kann.[490]

Sind BR-Mitglieder aufgrund ihrer eigentlichen Tätigkeit oder wegen BR-Aufgaben oft außer- 138
halb ihrer Betriebsstätte unterwegs, kann ein internetfähiges »**Smartphone**« oder eine vergleichbare Form mobiler Kommunikationsgeräte erforderlich sein, dass den die E-Mail Kommunikation oder den Zugriff auf das Internet von unterwegs ermöglicht erforderlich sein.[491] Praktisch bedeutet dies, dass die zur Verfügung gestellten Geräte WLAN-fähig sein müssen bzw. über einen Zugang zum Internet über den Telefonprovider verfügen müssen.

Entsprechendes gilt auch für **Funkmodem- oder GSM-Karten,** die den Zugriff auf E-Mail- 139
Netze oder das Internet von jedem Notebook aus ermöglichen. Die Erforderlichkeit entsprechender Geräte ist insbesondere dann zu bejahen, wenn der AG entsprechende Kommunikationsmöglichkeiten im Rahmen von Verhandlungen mit dem BR nutzt (etwa durch Abruf aktueller Urteile in einer Verhandlungsrunde). BR haben insoweit ein Recht auf ein angemessenes und gleichrangiges Kommunikationsniveau.[492]

3. Betriebsinterne Kommunikation

Die flächendeckende Information der AN im Betrieb über relevante Themen ist eine der wich- 140
tigsten Aufgaben des BR. Diese Informationsform ergänzt die Möglichkeiten, die für einzelne BR-Mitglieder im Rahmen von Einzelgesprächen mit AN bestehen. Die für eine breit gestreute Information notwendigen sachlichen Mittel und Kommunikationsmöglichkeiten muss der AG auf der Grundlage von Abs. 2 zur Verfügung stellen.

Stehen mehrere unterschiedliche Informationswege oder -medien zur Verfügung, kann der 141
AG den BR nicht nach eigenem Ermessen auf ein bestimmtes von mehreren sachgerechten Informationsmitteln verweisen.[493] Eine derartige **Beschränkung der Handlungsmöglichkeiten des BR** würde der Grundthese widersprechen, dass der BR seine Geschäfte eigenständig und in eigener Verantwortung führt[494] und ist daher abzulehnen. Dem BR steht somit ein eigenes Auswahlermessen zu. Ist es zur Wahrnehmung von BR-Aufgaben notwendig, AN unter ihrer Privatanschrift anzuschreiben (etwa längere Zeit erkrankte AN), muss der AG ihnen die notwendigen Daten zur Verfügung stellen.

Handelt es sich um **neue Nutzungsmöglichkeiten oder neue Systeme,** sind dem BR Zugänge 142
oder entsprechende technische Möglichkeiten zur Verfügung zu stellen, wenn die Erforderlichkeit gem. Abs. 2 gegeben ist.[495] Die Erforderlichkeit der Nutzung ist vom BR nach allgemeinen Grundsätzen darzulegen (vgl. Rn. 3 ff.). Wird die Nutzung gefordert, muss von einem BR beispielsweise unter Berücksichtigung der Gegebenheiten im Betrieb **konkret dargelegt** werden, welche betriebsverfassungsrechtlichen Aufgaben mit den dort zur Verfügung stehenden Informationen erledigt werden sollen.[496] Allgemeine und pauschale Aussagen zur Erforderlichkeit reichen hingegen nach der zu engen Rspr. des *BAG* nicht aus.

---

weist; Richardi-*Thüsing*, Rn. 68 mit der These, dass BR-Mitglieder nicht rund um die Uhr erreichbar sein müssen; HWGNRH-*Glock*, Rn. 117 ist für ein zurückhaltendes Agieren.

488 *HessLAG* 28.11.11 – 16 TaBV 129/11, NZA-RR 12, 307.

489 Vgl. *ArbG Karlsruhe*, a. a. O.

490 *LAG-Sachsen-Anhalt* 23.6.10 – 4 TaBV 4/10, AuR 10, 664; ähnlich *Fitting*, Rn. 128a.

491 *HessLAG* 13.3.17 – 16 TaBV 212/16, EzA-SD 17, Nr. 12, 16; zustimmend *Wolmerath*, jurisPR-ArbR 24/2017 Anm. 6; ähnlich *Besgen*, NZA 06, 959 f.; für »Großzügigkeit« Richardi-*Thüsing*, Rn. 75.

492 *Besgen*, NZA 06, 959 f.

493 So aber *BAG* 17.2.93, DB 93, 1426.

494 Vgl. *BAG* 21.4.83, AP Nr. 20 zu § 40 BetrVG 1972; *Klebe/Wedde*, DB 93, 1418 m. w. N.

495 Vgl. *BAG* 23.8.06 – 7 ABR 55/05, NZA 07, 337, *LAG Köln* 10.1.92 – 12 TaBV 52/91, NZA 92, 519.

496 So *BAG* 23.8.06 – 7 ABR 55/05, NZA 07, 337 bezüglich des Zugriffs auf das Internet; allg. *Heidemann* AiB 05, 288.

143 Dem BR ist ein **Ermessensspielraum** einzuräumen.[497] Da er den Grundsatz der Verhältnismäßigkeit zu beachten hat, besteht für den AG ein ausreichender Schutz.[498] Verursacht etwa die Nutzung eines **E-Mail-Systems** keinen höheren Aufwand als ein sonstiges im Betrieb vorhandenes Informationsmittel, wird das Auswahlermessen des BR nicht durch den Verhältnismäßigkeitsgrundsatz eingeschränkt.[499] Er kann dies nach eigenem Ermessen sowohl für die interne Kommunikation innerhalb des Gremiums als auch für Kontakte zur Belegschaft und zu externen Personen nutzen.[500]

144 Bei der Bewertung der Erforderlichkeit ist zu beachten, dass die umfassende und rechtzeitige Information unstreitig zur laufenden Geschäftsführung des BR gehört.[501] Der AG hat die hierfür erforderlichen **Sachmittel zur Verfügung** zu stellen.[502] Unstreitig ist, dass neben Betriebsversammlung (§§ 42 ff.) und Sprechstunde (§ 39) weitere Informationsmittel wie Schwarzes Brett, Rundschreiben und Informationsschriften treten können.[503] Der BR darf Rundschreiben über das Postverteilsystem des AG versenden. Verweigert der AG dies, kann der BR diese von außerbetrieblichen Diensten befördern lassen.[504]

145 Die gleichen Grundsätze kommen zur Anwendung, wenn die **Kommunikation zunehmend oder ausschließlich über elektronische Systeme erfolgen soll.**[505] Sie gelten unabhängig von der jeweiligen Variante bzw. Gestaltung der IT-Technik (E-Mail, Internet, Intranet).

a) »Schwarze Bretter«

146 Für die Bekanntmachungen des BR hat der AG ein oder mehrere **»Schwarze Bretter«** zur Verfügung zu stellen, die an geeigneten, allen AN des Betriebs zugänglichen Stellen anzubringen sind.[506] Der BR kann als Schwarzes Brett einen **abschließbaren Info-Kasten** verlangen.[507] Er entscheidet selbstständig darüber, was er am »Schwarzen Brett« aushängen will.[508] Der Inhalt der Aushänge muss sich im Rahmen seiner Aufgaben und seiner Zuständigkeit bewegen.[509] Hierzu zählt auf Grund der Unterstützungsfunktion der Gewerkschaften gem. § 2 Abs. 1 auch die Unterrichtung der Belegschaft über die **Rechtsansicht der Gewerkschaft** zu einer bestimmten aktuellen betriebsverfassungsrechtlichen Frage.[510] Auch die **Benutzung** des »Schwarzen Bretts« **durch die Gewerkschaft** kommt in Betracht.[511] Dies gilt jedenfalls, wenn der Gewerkschaft im Betrieb keine eigenen Anschlagflächen zur Verfügung stehen.

147 Der BR ist nicht gehindert, **seine Ansicht,** auch wenn sie von der des AG abweicht, am »Schwarzen Brett« **bekanntzugeben**[512] oder der Belegschaft einen Interessenkonflikt mitzuteilen und

---

497 *BAG* 21.11.78, AP Nr. 15 zu § 40 BetrVG 1972; ähnlich *BAG* 11.11.98 – 7 ABR 57/97, DB 00, 150; *Junker/Band/Feldmann,* Supplement Computer Praxis & Recht, BB-Beilage 10/00, 14.
498 *Klebe/Wedde,* DB, a. a. O.; im Übrigen Rn. 5.
499 *LAG Baden-Württemberg* 26.9.97, AiB 98, 521 mit Anm. *Wedde.*
500 Vgl. auch *Däubler,* Internet, Rn. 509.
501 Vgl. *Klebe/Kunz,* NZA 90, 257; *BAG,* a. a. O.
502 Vgl. auch *BAG* 21.11.78, AP Nr. 15 zu § 40 BetrVG 1972; Richardi-*Thüsing,* Rn. 77 ff.
503 *BAG* 17.2.93, a. a. O.; vgl. auch *BAG,* 8.2.77, AP Nr. 10 zu § 80 BetrVG 1972 sowie Rn. 15 f., 88.
504 *ArbG Frankfurt* 26.3.97, AiB Telegramm 98, 1.
505 Vgl. zu immer dominierender werdenden elektronischen Kommunikationsformen und deren Auswirkung auf die BR-Arbeit *Klebe/Wedde,* DB 93, 1418, zugl. Anm. zu *BAG* 17.2.93, a. a. O.; *dies.,* FS, a. a. O., *dies.,* DB 99, 1954; *Wedde,* AiB 95, 252; zum Anspruch des BR auf einen Internetanschluss *Däubler,* Internet, Rn. 502 ff.
506 *BAG* 21.11.78, AP Nr. 15 zu § 40 BetrVG 1972; *Däubler,* Das Arbeitsrecht 1, Rn. 825; GK-*Weber,* Rn. 169 ff.; *Besgen,* AiB 87, 150 ff.; *Ehrich/Hoß,* NZA 96, 1075, 1082; *Roos,* AiB 98, 188, 193.
507 *ArbG Würzburg,* 23.6.98, AiB 99, 402.
508 *LAG Berlin* 23.6.80, DB 80, 1704; vgl. auch *VG Berlin* 9.11.94, PersR 95, 96.
509 *LAG Hamburg* 6.6.77, DB 78, 118; *LAG Baden-Württemberg* 10.11.77, DB 78, 799 = MitbGespr 78, 253 mit kritischer Anm. *Köstler; VG Berlin,* a. a. O.
510 *Fitting,* Rn. 116; GK-*Weber,* Rn. 170.
511 *Kort,* NZA 90, 598 [600]; GK-*Weber,* Rn. 170, wenn nur ein Schwarzes Brett zur Verfügung steht; a. A. HWGNRH-*Glock,* Rn. 141, die eine klare Trennung von den Anschlagflächen für die Gewerkschaften verlangen.
512 *LAG Berlin,* 23.6.80, DB 80, 1704; GK-*Weber,* Rn. 170 m. w. N.

Missstände zu kritisieren.[513] **Unzulässig** sind Anschläge, die offensichtlich Beleidigungen und Ehrenkränkungen des AG enthalten.[514]

Bei **unzulässigen Anschlägen** kann der AG vom BR die **Entfernung** verlangen. Verwehrt der 148
BR diese, begeht der AG grundsätzlich **verbotene Eigenmacht** (vgl. §§ 858 ff. BGB), wenn er Anschläge, die aus seiner Sicht unzulässig sind, entfernt oder entfernen lässt.[515] Der BR übt an den ihm zur Verfügung gestellten »Schwarzen Brettern« ein Besitzrecht aus.[516] Der AG ist auf das Mittel der **Gegendarstellung** beschränkt[517] oder kann den **Rechtsweg** beschreiten und ggf. eine **einstweilige Verfügung** auf Entfernung der Anschläge oder auf Widerruf der Behauptungen erwirken.[518]

Die Auffassung, dass bei Veröffentlichungen, die den Tatbestand einer unerlaubten Handlung 149
erfüllen, vor allem bei Straftaten und bei Persönlichkeitsrechtsverletzungen, der AG im Wege der Notwehr bzw. Nothilfe den Anschlag entfernen lassen kann,[519] ist abzulehnen, da diesem zur Sicherung seiner Rechte genügend Möglichkeiten verbleiben, wie Gegendarstellung und Rechtsweg.[520] Einer eigenmächtigen Entfernung von Anschlägen darf sich der BR nach § 859 Abs. 1 BGB notfalls sogar mit Gewalt widersetzen.[521] Weiter hat der BR nach § 861 Abs. 1 BGB das Recht, vom AG die **Wiederanbringung der Anschläge** zu verlangen.[522] Das Umhängen von Schwarzen Brettern als Folge von Renovierungsmaßnahmen kann zulässig sein, wenn alle Beschäftigten weiterhin Kenntnis von den Mitteilungen erlangen können.[523]

b) Homepage des BR

Der AG ist verpflichtet, dem BR eine eigene **Homepage** im betrieblichen Intranet zur Ver- 150
fügung zu stellen.[524] Steht ein Intranet **betriebsübergreifend** zur Verfügung, steht dies dem Nutzungsanspruch nicht entgegen, weil der AG Zugriffe technisch beschränken oder durch Anweisungen untersagen kann.[525] Dem BR muss es ermöglicht werden, die Inhalte seiner Homepage jederzeit eigenständig und ohne die Einschaltung eines »Systemverwalters« ändern zu können, da er nur so seine gegenüber der Belegschaft bestehenden Informationsrechte ausschöpfen kann.[526] Abzulehnen ist deshalb die Rspr., nach der ein BR hinzunehmen hat, dass die Einstellung und Veränderung von Inhalten immer von einem Systemadministrator durchgeführt wird.[527] Für die Homepage gelten die Grundsätze zu Schwarzen Brettern entsprechend

513 *LAG Baden-Württemberg* 10.11.77, DB 78, 799 = MitbGespr 78, 253 mit kritischer Anm. *Köstler; VG Berlin* 9.11.94, PersR 95, 96; vgl. auch HWGNRH-*Glock*, Rn. 145.

514 *LAG Düsseldorf* 25.5.76, DB 77, 453.

515 *HessLAG* 15.3.07 – 9 TaBVGa 32/07, juris.

516 Vgl. *Böhm*, RdA 74, 88 [93 f.]; *Däubler*, Gewerkschaftsrechte, Rn. 697; enger *Fitting*, Rn. 117; GK-*Weber*, Rn. 172; HWGNRH-*Glock*, Rn. 146; Richardi-*Thüsing*, Rn. 79, die dem AG unter den Voraussetzungen von Notwehr und Nothilfe und Weigerung des BR zur Entfernung ein entsprechendes Selbsthilferecht zubilligen wollen; zur Parallele bei gewerkschaftlichen Aushängen vgl. *LAG Frankfurt* 16.4.71, DB 72, 1027; *ArbG Gelsenkirchen* 15.3.84, AuR 85, 129, Ls.; *Schönfeld*, BB 89, 1818 [1820 f.].

517 *LAG Frankfurt*, a.a.O.; *Böhm*, a.a.O.

518 *LAG Frankfurt*, a.a.O.; *Fitting*, a.a.O.; GK-*Weber*, a.a.O.; *Kort*, NZA 90, 598 [600].

519 So *LAG Berlin* 23.6.80, DB 80, 1704; *Fitting*, a.a.O.; GK-*Weber*, a.a.O.; HWGNRH-*Glock*, Rn. 146; *Richardi*, Rn. 79.

520 So im Ergebnis auch *LAG Frankfurt*, a.a.O.; *Böhm*, a.a.O.

521 Vgl. *Böhm*, a.a.O.; vgl. ferner *Däubler*, a.a.O.

522 Vgl. *Däubler*, a.a.O.

523 *LAG Rheinland-Pfalz* 23.9.09 – 7 TaBV 20/09, juris.

524 *ArbG Paderborn* 29.1.98, DB 98, 678 = AiB 98, 282 mit Anm. *Klebe/Wedde; Fitting*, Rn. 133 ff.; GK-*Wiese*, Rn. 166; a.A. *Beckschulze*, DB 98, 1815, 1816; *Mühlhausen*, NZA 99, 136 ff.; *Junker/Band/Feldmann*, a.a.O., 19; *ArbG Frankfurt* 13.11.01 – 8 BV 633/00, RDV 02, 133, das keinen Anspruch sieht, wenn der BR andere Kommunikationswege im Betrieb nutzen kann; zum Zugang für Gewerkschaften *Klebe/Wedde*, AuR 00, 401; vgl. allg. *Gehrke/Pfeifer* AiB 03, 522; zur Anforderung vgl. DKWF-*Wedde*, § 40 Rn. 20.

525 *BAG* 1.12.04 – 7 ABR 18/04, AuR 05, 237.

526 *BAG* 3.9.03 – 7 ABR 8/03 und 7 ABR 12/03, DB 04, 491 = AuR 05, 111 mit Anm. *Wedde* = AiB 04, 694 mit Anm. *Wedde;* im Ergebnis ebenso *Fitting*, Rn. 133.

527 So aber *ArbG Frankfurt* 13.11.01 – 8 BV 633/00, RDV 02, 133.

(vgl. Rn. 146). Der BR kann auf einer Homepage auch sog. **Mitarbeiterforen**[528] als elektronische Diskussionsplattform einrichten. Einer Zustimmung des AG zur Veröffentlichung bedarf es nicht.[529] Entsprechendes gilt, wenn der BR Anwendungen aus dem Bereich der sog. »Sozialen Netzwerke« bzw. der »Sozialen Medien« für seine Arbeit nutzen will. Insoweit kann die Nutzung von Angeboten wie »Twitter« oder »Facebook« erforderlich sein. Auch die Einrichtung von BR-»Wikipedia-Systemen« zu relevanten Themen kann im Einzelfall erforderlich sein. Gleiches gilt für den Aufbau und die Nutzung von sog. »internen sozialen Netzwerken«, die in der Arbeitswelt zunehmend Verbreitung finden und durch die etwa E-Mails teilweise verdrängt werden. Ggf. kann für den Betrieb entsprechender Systeme eine Unterstützung des BR durch externe Fachleute erforderlich sein. Voraussetzung für die Zulässigkeit der Nutzung »Sozialer Netzwerke« oder »Sozialer Medien« ist, dass die notwendige Vertraulichkeit und Geheimhaltung sichergestellt ist.

151 Dem AG ist es untersagt, auf vom BR in das Intranet gestellte Informationen oder Beiträge einzuwirken oder diese eigenständig zu entfernen.[530] **Notwehr- oder Nothilfetatbestände** kann der AG für sich im Regelfall nicht in Anspruch nehmen.[531] Entfernt der AG Seiten aus dem Intranet eigenmächtig, hat der BR einen Unterlassungsanspruch. Das Verhalten des AG kann eine **Behinderung der BR-Arbeit** darstellen.[532]

152 Muss der BR zum Erstellen der Homepage auf externe Anbieter zurückgreifen, weil es entsprechenden Sachverstand im Gremium bzw. im Betrieb nicht gibt, muss der AG diese Kosten wie sonstigen Geschäftsbedarf übernehmen.[533] Hingegen soll **kein Anspruch** auf Einrichtung und Nutzung einer **öffentlichen Homepage** im Internet bestehen. Dem AG steht in diesen Fällen **ein Unterlassungsanspruch** gegen den BR zu.[534]

153 Besteht keine direkte elektronische Anbindung an betriebliche Netze, hat der BR ggf. einen Anspruch auf eine direkte Verbindung zum Internet, um auf die dort vorhandenen Möglichkeiten wie insbesondere das »WEB« oder die E-Mail-Kommunikation zugreifen zu können. In Betracht kommt insbesondere ein eigener DSL-Anschluss, während ein **Modem** nebst entsprechender **Kommunikationssoftware** inzwischen nicht mehr dem aktuellen Stand der Technik entsprechen wird.[535] In Abhängigkeit von der konkreten betrieblichen Situation kann auch ein eigener Kommunikationsserver (etwa »Microsoft Exchange«) erforderlich sein.[536] Werden in einem Betrieb **Kommunikationsvorgänge und Geschäftsvorgänge** auf der **Basis des Internet/Intranet abgewickelt** (etwa durch **Workflow-Management-Konzepte** oder durch Etablierung einer **»Internet-Driven-Company«**),[537] steht dem BR ein Anspruch auf autonome Nutzung dieser Strukturen für seine Arbeit zu.

c) Intranetanschluss

154 Werden innerhalb eines Betriebs ergänzende Kommunikationsvorgänge über ein bestehendes internes Intranet abgewickelt, hat der BR nach den vorstehend beschriebenen allgemeinen Grundsätzen (vgl. Rn. 140 ff.) einen Anspruch, autonome Nutzungsmöglichkeiten eingeräumt zu bekommen. Dieser Anspruch wird dann bedeutsam, wenn der AG beispielsweise eigene »Wikis«, d. h. von AN inhaltlich mit gestaltete Informationsangebote einrichtet oder offene interne Kommunikationskonzepte nach dem Modell von »**Facebook**« einführt.

---

528 Vgl. hierzu *Mitschewski,* CF 10/05, 35.
529 *LAG Schleswig-Holstein,* 31. 10. 02 – 1 TaBV 16/02, AuR 03, 311.
530 Vgl. *LAG Schleswig-Holstein,* 31. 10. 02 1 TaBV 16/02, AuR 03, 311, 28. 1. 03 5 TaBV 25/02 AuR 03, 312.
531 *LAG Hamm* 12. 3. 04 – 10 TaBV 161/03 RDV 04, 233.
532 *LAG Hamm,* a. a. O.
533 *Däubler,* Internet, Rn. 490.
534 *ArbG Paderborn,* a. a. O.
535 Vgl. *BAG* 3. 9. 03 – 7 ABR 8/02, DB 04, 491 zum Anspruch auf einen Internet-Anschluss; zustimmend GK-*Wiese,* Rn. 167; vgl. auch *Fitting,* Rn. 131; *Besgen,* NZA 06, 959; *Beckschulze,* DB 07, 1526.
536 Enger *BAG* 20. 4. 16 – 7 ABR 50/14, NZA 16; 625; hierzu kritisch *Steiner* jurisPR-ArbR 33/16, Anm. 5.
537 Vgl. *Wedde,* Die Virtualisierung der Arbeitsbeziehungen, in: *Lorenz/Schneider* (Hrsg.), Der flexible Betriebsrat, Hamburg 2002, S. 17 ff.

d) E-Mail-Zugang

Der BR hat nach den vorstehend beschriebenen allgemeinen Grundsätzen (Rn. 140 ff.) einen Anspruch darauf, ein vorhandenes betriebliches **E-Mail-System** für seine Arbeit eigenständig nutzen zu können. Hierzu gehört sowohl betriebsinterne Kommunikation als auch externe (etwa mit zuständigen Gewerkschaften oder mit anderen Betrieben). In diesem Rahmen kann er vom AG auch verlangen, dass eine eigene E-Mail-Adresse für den BR eingerichtet wird[538] oder dass der Zugang auf den E-Mail-Account auch von außerhalb des Betriebs »remote« möglich ist.[539] Gleiches gilt für die Einrichtung eines sog. »**Funktionspostfachs**«, das es ermöglicht, sowohl Mitteilungen des BR an alle AN oder bestimmte Gruppen von AN zu versenden als auch E-Mails aus der Belegschaft zentral entgegen zu nehmen.[540] 155

e) Neue Kommunikationsmöglichkeiten

Besteht die Möglichkeit der Ausstrahlung und des Empfangs **unternehmenseigener Fernsehsendungen (»Business-TV«)** und nutzt der AG diese für die Kommunikation mit der Belegschaft, steht dem BR ein Nutzungsanspruch nach allgemeinen Grundsätzen zu.[541] Entsprechendes gilt, wenn entsprechende **internetbasierende Kommunikationsmöglichkeiten (»Web-TV«)** geschaffen werden. 156

Sind AN aufgrund der spezifischen Belegschaftsstruktur optimal mittels neuer Kommunikationsdienste aus dem Bereich der sog. »Sozialen Netzwerke« wie etwa **Twitter, Facebook** usw. zu erreichen, kann der BR diese für seine Informationsarbeit nutzen, wenn er dies für erforderlich hält. Anfallende Kosten sind in diesen Fällen vom AG zu übernehmen bzw. zu erstatten. Der BR muss beachten, dass betriebsinterne Informationen nicht von Unbefugten gelesen werden können. 157

4. IuK-Technik

Der Gesetzgeber hat im Rahmen **des BetrVerf-ReformG 2001** neben den sachlichen Mitteln in Abs. 2 ausdrücklich **Informations- und Kommunikationstechnik** (IuK-Technik) als erforderliches Sachmittel eingeführt. Der AG ist verpflichtet, dieses Sachmittel dem BR für seine Arbeit zur Verfügung zu stellen.[542] Hierzu gehören vor allem Computer mit entsprechender Software, aber auch die Nutzung im Betrieb oder Unternehmen vorhandener moderner Kommunikationsmöglichkeiten und Kommunikationsdienste.[543] AG sind nicht berechtigt, auf Informationen, Dateien oder Daten zuzugreifen, die der BR mittels der zur Verfügung gestellten IuK-Technik erhebt, verarbeitet oder nutzt.[544] 158

Der Gesetzgeber hat die IuK-Technik in den Katalog von Abs. 2 aufgenommen, ohne zugleich Aussagen dazu zu machen, worauf der BR in welchem Umfang zugreifen darf und inwieweit die **Betriebsüblichkeit der Nutzung** hier relevant wird.[545] Damit sind betriebliche Konflikte nicht auszuschließen, in denen es nicht mehr um das »ob« der IuK-Nutzung geht, sondern um das »wie«.[546] 159

---

538 Ähnlich *Fitting*, Rn. 134; a. A. *LAG Köln* 27.9.01 – 10 TaBV 38/01, AiB 03, 37 mit Anm. *Wedde;* HWGNRH-*Glock*, Rn. 125.

539 *LAG Mecklenburg-Vorpommern* 19.1.22 – 3 TaBV 10/21.

540 *LAG Schleswig-Holstein* 8.10.15 – 5 TaBV 23/15, NZA 16, 568.

541 Zutreffend *Manstetten* in Anm. zu *ArbG Münster* 17.12.96, AiB 98, 169.

542 Vgl. *Engels/Trebinger/Löhr-Steinhaus*, DB 01, 532 [538]; *Hanau*, RdA 01, 65 [71]; *Klebe/Wedde*, DB 99, 1954 m. w. N.; *Löwisch*, BB 01, 1734 [1744]; *Konzen*, RdA 01, 76 [84]; einen Überblick zu erforderlicher IuK-Technik geben Lück, AiB 11, 298 und *Schomaker*, AiB 11, 325; zur Erforderlichkeit im Rahmen der BR-Wahl *Schneider/Wedde* AuR 07, 26.

543 BT-Drucks. 14/5741, S. 41 zu Nr. 31.

544 *LAG Düsseldorf* 7.3.12 – 4 TaBV 87/11, BB 12, 832.

545 Ähnlich *BAG* 3.9.03 – 7 ABR 8/03 und 7 ABR 12/03 –, DB 04, 491 = AuR 05, 111 mit Anm. *Wedde* = AiB 04, 694 mit Anm. *Wedde.*

546 *Wedde*, AiB 01, 131; ähnlich *Däubler*, AuR 01, 5; a. A. *Engels/Trebinger/Löhr-Steinhaus*, DB 01, 532 [538] sowie die AG-Meinung in Gestalt von *Rieble/Gutzeit*, ZFA 01, 341.

160 Als Konsequenz sind auf diesem Feld Rechtsstreitigkeiten zu erwarten, die an die Erforderlichkeit der IuK-Technik im konkreten Fall anknüpfen. Abzulehnen ist in diesem Zusammenhang die Feststellung des *BAG,*[547] dass BR regelmäßig nur ein Anrecht auf zeitnahe Beschaffung von Gesetzestexten haben, nicht aber auf tagesaktuelle Informationen. Diese Auffassung führt dazu, dass Entscheidungsabläufe in BR ohne zwingenden Grund verzögert werden. Gesehen wird die Erforderlichkeit vom *BAG* allerdings, wenn der AG im Betrieb Änderungen der Rechtslage missachtet oder nur zögerlich beachtet.[548]

a) Begriff

161 Der allgemeine und teilweise abstrakte Begriff der IuK-Technik als modernes Sachmittel berücksichtigt die **schnelle Entwicklung** in diesem Bereich und stellt klar, dass der BR dieses für seine Arbeit benötigt.[549] Die Aufnahme der IuK-Technik in den Katalog der gem. Abs. 2 erforderlichen Arbeitsmittel versetzt ihn in die Lage, an der schnellen Entwicklung und den hieraus resultierenden Vorteilen und Verbesserungen seiner praktischen Arbeit teilzuhaben.

162 Der **Begriff** der IuK-Technik **ist weit auszulegen.** Er erfasst alle technischen Möglichkeiten, die dem BR ein rationelles Arbeiten ermöglichen.[550] Mit Blick auf die hohe Innovationsgeschwindigkeit der IuK-Technik ist er darüber hinaus **flexibel** auszulegen und nicht statisch. Dies folgt aus dem gesetzgeberischen Hinweis, dass es sich um ein **modernes Sachmittel** handelt.[551] Er beinhaltet die Gesamtheit der zur Informationsbe- und -verarbeitung zur Verfügung stehenden Geräte und Anlagen, der zur Übermittlung von Daten dienenden Leitungs- und Verbindungsnetze sowie der verschiedenen Übermittlungsdienste. Erfasst werden damit neben **Computern nebst Software** (»**PC**« oder »**Notebook**«, vgl. hierzu auch Rn. 169 ff.) sowie **Telefone** oder Handys (vgl. Rn. 137 ff.) beispielsweise auch **Internet-Zugänge, Verschlüsselungssoftware,** sog. **Smartphones, MDAs, iPhones, iPads, Tablet-PCs** (vgl. Rn. 169 ff.) und andere vergleichbare Geräte.[552] Im Einzelfall können sich Überschneidungen zwischen »IuK-Technik« und Geräten sowie DV-Hard- und Software ergeben, die bisher unter »sachliche Mittel« gefasst waren.

b) Nutzung durch den BR

163 Sind im Betrieb elektronische **Kommunikationssysteme oder -dienste** (etwa **E-Mail, Internet, Intranet**) vorhanden, ist der AG verpflichtet, dem BR den Zugriff zu gestatten, auch wenn er etwa einen vorhandenen Zugang selbst nicht oder nur eingeschränkt nutzt.[553] Wann die Schwelle einer allgemeinen Nutzung überschritten ist, soll nach Auffassung der Rspr. in Abhängigkeit von der konkreten betrieblichen Situation beurteilt werden.[554] Erfolgt im Betrieb eine allgemeine

---

547 Vgl. etwa *BAG* 23.8.06 – 7 ABR 55/05, NZA 07, 337, das im konkreten Fall die Erforderlichkeit verneint hat.

548 *BAG,* a.a.O.; vgl. auch *Wolmerath* juris PR-ArbR 8/2007, Anm. 3.

549 Ähnlich Däubler, Internet, Rn. 463a; enger GK-*Weber,* Rn. 178 ff., die die Erforderlichkeit nach wie vor besonders betonen.

550 *Plander,* DB 00, 2015; ähnlich *Fischer,* NZA 00, 167 [174]; *Engels/Trebinger/Löhr-Steinhaus,* DB 01, 532 [538].

551 BT-Drucks. 14/5741, S. 41 zu Nr. 31.

552 Ähnlich *Engels/Trebinger/Löhr-Steinhaus,* DB 01, 532 [538].

553 *BAG* 3.9.03 – 7 ABR 8/03, DB 04, 493 und 7 ABR 12/03, DB 04, 491 = AuR 05, 111 mit Anm. *Wedde* = AiB 04, 694 mit Anm. *Wedde; LAG Nds.* 27.10.10 – 2 TaBV 55/10, AuR 11, 222; zur Rechtsprechung der Instanzgerichte vgl. die Nachweise in der 12. Auflage 2010; im Ergebnis wie hier *Däubler,* Internet, Rn. 474 ff.; *Fitting,* Rn. 134; GK-*Wiese,* Rn. 166; *Junker/Band/Feldmann,* a.a.O., 18 f.; enger *Beckschulze/Henkel,* DB 01, 1499; *Beckschulze,* DB 03, 2777 [2783]; *Löwisch,* BB 01, 1734 [1744]; HWGNRH-*Glock,* Rn. 143; *Weber,* NZA 08, 280 (284); a.A. *ArbG Frankfurt* 13.11.01 – 8 BV 633/00, RDV 02, 133, das einem BR eine Intranet-Homepage unter Hinweis auf die bestehende Möglichkeit der E-Mail-Versendung verweigert hat; Muster eines Anforderungsschreibens an den AG bei DKWF-*Wedde,* § 40 Rn. 21.

554 *BAG* 23.8.06 – 7 ABR 55/05, NZA 07, 337 sieht noch **keinen allgemeinen Anspruch,** wenn in einem Betrieb lediglich zwei leitende Mitarbeiter einen Internet-Zugang haben; *LAG Hessen* 16.9.05 – 13 TaBV 66/05, RDV 06, 83 hat einen Anspruch verneint, weil mehr als 80 % der Mitarbeiter keinen

Nutzung, steht dem BR ein **Auswahlermessen** nach den Grundsätzen des § 40 Abs. 1 zu,[555] in dessen Rahmen er nach pflichtgemäßem Ermessen darüber entscheiden kann, ob er zur Information die elektronischen Kommunikationsmöglichkeiten oder andere Informationswege wie beispielsweise Schwarze Bretter oder eine außerordentliche Betriebsversammlung nutzt.[556] Dem BR kann der Zugriff jedenfalls dann nicht verwehrt werden, wenn die gewählte Alternative kostenneutral gegenüber anderen Medien ist.[557]

Wird beispielsweise die Arbeit im Betrieb standardmäßig durch eine entsprechende Organisationssoftware (etwa zur Terminkoordinierung oder zum Projektmanagement) koordiniert, kann diese auch der BR nutzen. Verfügen sensible Bereiche oder Abteilungen im Betrieb (Entwicklung, Geschäftsleitung, Personal- oder Finanzabteilung usw.) über geschlossene Intranets, speziell abgesicherte Systeme, Verschlüsselungssoftware usw., kann auch der BR die entsprechende Nutzung verlangen.[558] Werden spezifische Geräte wie Handys (vgl. Rn. 137), Smartphones, Tablet-PCs, Notebooks (vgl. Rn. 177) oder Kommunikationswege wie E-Mail, Intranet/Internet (vgl. Rn. 161 ff.) oder Firmenfernsehen (vgl. Rn. 156) genutzt, kann der BR die Zurverfügungstellung für seine Arbeit verlangen, wenn sie aus seiner Sicht erforderlich ist. Das Vorliegen der Erforderlichkeit muss der BR für den Einzelfall vortragen.[559] Der Verweis auf die Notwendigkeit soll nach der zu engen Rspr. des BAG[560] nicht schon aus der Tatsache folgen, dass die Geschäftsleitung die Möglichkeiten der IuK-Technik umfassend nutzt bzw. dass der Zugriff auf das Internet sich aus kollektivrechtlichen Aufgaben ableitet, die dem BR obliegen. 164

Sind für eine effektive Nutzung elektronischer Kommunikationssysteme besondere Vorkehrungen wie etwa die Freischaltung von **E-Mail-Verteilern** notwendig, muss der Arbeitgeber diese treffen.[561] Der Zugang zum Internet darf inhaltlich nicht beschränkt werden.[562] Der Nutzung vorhandener IuK-Technik und insbesondere der Möglichkeit der Einstellung eigener Inhalte in ein betriebliches Internet (etwa auf einer eigenen Homepage) steht auch nicht die Tatsache gegenüber, dass neben den unmittelbar von einem BR vertretenen AN auch andere Beschäftigte (etwa AN in betriebsratslosen Betrieben) auf die eingestellten Inhalte zugreifen können.[563] 165

Sind in einem Betrieb AN nur noch auf elektronischem Weg zu erreichen **(Telearbeiter, Außenarbeitnehmer, Vertriebsmitarbeiter usw.)**, kann der BR sich aus den vorhandenen elektronischen Kommunikationswegen den heraussuchen, der für eine Herstellung und Aufrechterhaltung des Kontaktes sinnvoll und effizient ist.[564] 166

Entsprechendes gilt nach der Aufnahme der IuK-Technik in den Katalog der Arbeitsmittel des BR auch **für technische Möglichkeiten**, die **im Betrieb** noch **nicht standardmäßig** vor- 167

---

gesicherten Zugriff zu E-Mail-Systemen hatten; *LAG Nds.* 29.4.08 – 5 TaBV 140/07, AuR 09, 54 = AiB 09, 96 mit Anm. *Lück* sieht einen Anspruch erst, wenn ohne seinen Einsatz die Wahrnehmung anderer Rechte und Pflichten vernachlässig werden müsste; *LAG Nürnberg* 19.3.08 – 4 TaBV 350/7, AuR 08, 406 verweist bezüglich der Begründung der Erforderlichkeit auf die Möglichkeit der schnellen Informationsgewinnung.

555 *BAG* 21.11.78, AP Nr. 15 zu § 40 BetrVG 1972; vgl. auch *BAG* 1.12.04 – 7 ABR 18/04, EzA-SD 05, Nr. 10, 10; 3.9.03 – 7 ABR 8/03 und 7 ABR 12/03 –, DB 04, 491 = AuR 05, 111 mit Anm. *Wedde* = AiB 2004, 694 mit Anm. *Wedde*.

556 Vgl. *Klebe/Wedde*, FS, a.a.O. m.w.N.; *dies.*, DB 99, 1954; *Fitting*, a.a.O.; GK-*Wiese*, a.a.O.; a.A. *Junker/Band/Feldmann*, BB-Beilage 10/00, 14; zum entsprechenden Anspruch von Gewerkschaften *Klebe/Wedde*, AuR 00, 401.

557 A.A. *BAG* 17.2.93, DB 93, 1426; vgl. auch vom 1.12.04, NZA 05, 1656, nach dem bei der Abwägung zugunsten des AG auch die Begrenzung der Kostentragungspflicht zu berücksichtigen ist; ähnlich *Fitting*, Rn. 127.

558 Ähnlich *BAG* 3.9.03 – 7 ABR 8/03 und 7 ABR 12/03 –, DB 04, 491 = AuR 05, 111 mit Anm. *Wedde* = AiB 04, 694 mit Anm. *Wedde*.

559 *BAG* 23.8.06 – 7 ABR 55/05, a.a.O., das einen entsprechenden Sachvortrag im abgelehnten Fall vermisst hat.

560 *BAG* 23.8.06 – 7 ABR 55/05, NZA 07, 337; *LAG Köln* 19.1.06 – 6 TaBV 55/05, NZA-RR 06, 472.

561 Enger bezüglich der Erforderlichkeit von Verteilern für den GBR *LAG München* 21.5.08 – 3 TaBV 19/08, juris.

562 *LAG Berlin-Brandenburg* 9.7.08 – 17 TaBV 607/08, BB 08, 2066.

563 *BAG* 1.12.04 – 7 ABR 18/04, dbr 7/05, 37.

564 Ähnlich *Däubler*, Internet und Arbeitsrecht, Rn. 509; *Klebe/Wedde*, DB 99, 1959; *Wedde*, S. 143, 218 ff.; enger *Beckschulze*, DB 98, 1815.

handen sind, die der BR aber im Rahmen seines Auswahlermessens für erforderlich hält. Ist beispielsweise in einem Betrieb oder Unternehmen der Einsatz von Notebooks, Handys, E-Mail-Systemen oder anderen IuK-Technik-Komponenten nicht üblich, kann der BR ihre Zurverfügungstellung analog der vorstehend beschriebenen Grundsätze verlangen, wenn eine entsprechende Erforderlichkeit besteht. Die tatsächliche IuK-Ausstattung des AG stellt aus Sicht des BR keine Begrenzung für die Erforderlichkeit im Sinne der Vorschrift dar. Ein Verzicht des AG auf technische Neuerungen darf nicht dazu führen, dass die Arbeitsmöglichkeiten des BR in unzulässiger Weise eingeschränkt werden.

168 Der AG kann BR-Mitgliedern nicht verwehren, dass sie dem BR **private IuK-Geräte** (etwa DSL-Modem, Scanner usw.) oder persönliche Datenbankzugänge (für arbeitsrechtliche Themen etwa den Zugriff auf *www.boeckler.de*) zur Verfügung stellen, wenn diese für die BR-Arbeit erforderlich, aber im Betrieb noch nicht vorhanden sind. Dies gilt insbesondere, wenn durch die Nutzung keine Mehrkosten ausgelöst werden.

e) Ausstattung für die Teilnahme an Video- und Telefonkonferenzen

168a Die neue Regelung in § 30 Abs. 2 macht BR-Sitzungen mittels Video- und Telefonkonferenzsystemen möglich (vgl. § 30 Rn. 17 ff.). Die Durchführung von Online-BR-Sitzungen bzw. die Teilnahme einzelner Personen auf diesem Weg setzt voraus, dass alle BR-Mitglieder, die nicht persönlich im Sitzungsraum anwesend sind, über die **erforderlichen Endgeräte, Programme** und **Verbindungsmöglichkeiten** verfügen. Die hierfür notwendige Hard- und Software sowie die erforderliche Netzverbindungen ist in diesen Fällen ohne weitere Begründung als nach § 40 Abs. 2 BetrVG erforderlich zu qualifizieren.[565] In BR-Sitzungsräumen muss für die Durchführung von Video- oder Telefonkonferenzen insbesondere ein »Beamer«[566] oder ein ausreichend großer Bildschirm zur Verfügung stehen. Allen BR-Mitgliedern muss für die Teilnahme an Video- und Telefonkonferenzen des BR ein **internetfähiges Notebook** bzw. ein **adäquates Tablet** nebst Head-Set und externer Kamera zur Verfügung stehen. Hinzu kommt notwendige Software bzw. entsprechende Lizenzen sowie eine Anbindung ans Internet. Diese Ausstattung sollte mit Blick auf ergonomische Anforderungen aus dem Bereich des Arbeits- und Gesundheitsschutzes eine externe Tastatur nebst Maus sowie ein größerer Bildschirm beinhalten. Bei der Ausstattung muss zudem sichergestellt sein, dass die vorhandene Ausstattung einem einheitlichen Standard entspricht, um Benachteiligungen einzelner BR-Mitglieder zu vermeiden, die eintreten können, wenn sie beispielsweise über schlechtere Bildschirme, Kameras oder Mikrofone verfügen. Auch die Barrierefreiheit muss gewährleistet sein.[567]

168b **Unzulässig** ist hingegen der **Verweis** auf die Möglichkeit, für die Teilnahme an Video- und Telefonkonferenzen **private Geräte** verwenden zu können. Ein Rückgriff auf diese Möglichkeit käme allenfalls in Betracht, wenn BR-Mitglieder hierzu **freiwillig** bereit wären und wenn sie sich zugleich bereit erklären, die dann notwendigen technischen und organisatorischen Maßnahmen zum Datenschutz (etwa die Installation eines VPN-Clients sowie betrieblicher »Container« auf ihren Endgeräten) zu akzeptieren. Entsprechendes gilt für **private Internetanschlüsse.** Deren betriebliche (Mit-)Nutzung kann bei mobiler Arbeit oder bei Telearbeit im Einzelfall sinnvoll sein. AG müssen dann aber auf der technischen Ebene die sichere Übertragung betrieblicher Informationen gewährleisten und darüber hinaus ausschließen, dass durch diese Art der Nutzung private Interessen der Beschäftigten oder anderer Nutzer tangiert werden (etwa durch die Übernahme der Kosten für eine Erhöhung der Bandbreite).

168c Mit Blick auf ihre spezifische datenschutzrechtliche Verantwortlichkeit (vgl. § 79a Rn. 15 ff.) und auf die gesetzlich vorgeschriebene Vertraulichkeit (vgl. § 30 Rn. 46 ff.) müssen BR bezüglich der Durchführung von Video- und Telefonkonferenzen sicherstellen, dass unbefugte

565 Vgl. *Hess. LAG* 14.3.22 – 16 TaBV 143/21 – bezüglich notwendiger Endgeräte (hier: »Tablets«); *LAG Berlin-Brandenburg* 14.1.21 – 15 TaBVGa 401/21, DB 21, 1415 bezüglich der Zurverfügungstellung notwendiger Software-Lizenzen und Hardware; ähnlich *Fitting*, 134c; vgl. auch *Wedde*, CuA 21, Nr. 7–8, 8 ff.

566 So ausdrücklich *LAG Köln* 24.6.22 – 9 TaBV 52/21.

567 Ebenso *Fitting*, Rn. 134c.

Personen von deren Inhalt keine Kenntnis erlangen können. Diese Voraussetzung lässt sich in der Praxis für einzelne Softwareanwendungen nicht umsetzen, die es für die Durchführung von Video- und Telefonkonferenzen gibt. Diese Situation resultiert aus den Zugriffs- und Kenntnisnahme-Möglichkeiten, die bei einzelnen Systemen entsprechend berechtigten Administratoren standardmäßig zur Verfügung stehen. Diese können anhand vorliegender Protokollierungsdaten beispielsweise nachvollziehen, welche BR-Mitglieder wann teilgenommen haben. Schwerwiegender sind die in diesem Rahmen bestehende Zugriffsmöglichkeiten auf durchgeführte Chats oder auf ausgetauschte Dokumente.[568] Können derartige Zugriffsmöglichkeiten nicht durch technische und organisatorische Maßnahmen (etwa durch eine standardmäßige Verschlüsselung von Dateien) ausgeschlossen werden oder durch die Begrenzung der Zugriffsrechte auf Administratoren, die das Vertrauen des Betriebsrats genießen (§ 30 Rn. 49)[569], kann der Rückgriff auf externe Video- und Telefonkonferenzsysteme erforderlich sein, bei denen es keine Zugriffsmöglichkeiten anderer betrieblicher Personen gibt (vgl. § 30 Rn. 50f.).

Ist es technisch und organisatorisch möglich, dass Administrationsrechte für die von BR genutzten internen Video- und Telefonkonferenzsysteme nur an BR-Mitglieder vergeben werden können, sind die Kosten für die hierfür erforderliche Qualifikationsmaßnahmen nach § 37 Abs. 6 ebenfalls vom AG zu tragen (vgl. § 37 Rn. 116a). Entsprechendes gilt, wenn ein BR für Video- und Telefonkonferenzen ein externes System einsetzen will, weil für im Betrieb vorhandene Technik nicht sichergestellt ist, dass Personen außerhalb des Betriebsrats auf die hier verarbeiteten Daten keinen Zugriff nehmen können. **168d**

Gibt es keine BR-Mitglieder, die fachlich in der Lage sind, Administratorenaufgaben durchzuführen, kann die Beauftragung externer Fachleute im Einzelfall erforderlich sein. Entsprechend kann die Einbindung eines externen Datenschutzexperten, dessen Kosten vom AG zu tragen sind, erforderlich sein. **168e**

Die notwendige Ausstattung mit dienstlichen Endgeräten und Kommunikationsverbindungen ist vom AG zu beschaffen und zu bezahlen. Gleiches gilt nach § 670 BGB für Kosten, die im Homeoffice tätigen BR-Mitgliedern für die Teilnahme an BR-Sitzungen mittels Video- und Telefonkonferenzen entstehen (beispielsweise, weil für einen bestehenden privaten Internetanschluss eine höhere Übertragungsrate gebucht werden muss, um eine unterbrechungsfreie Übertragung sicherzustellen oder für Raumkosten).[570] **168f**

c) PC, PC-Zubehör und Notebook

Für die Nutzung der meisten IuK-Anwendungen und -dienste ist ein PC unumgänglich. Arbeitsplatzcomputer in ihrer Ausgestaltung als Desktop-PC oder als Notebook sowie in modernen Varianten als Hand-Held-Computer, Tablet-PC oder iPad sind das zentrale Arbeitsmittel geworden. Hieraus leitet sich unmittelbar die Erforderlichkeit einer Grundausstattung für BR-Arbeitsplätze ab. Die Konfiguration seiner PC bestimmt der BR selbst.[571] **169**

Die **Bereitstellung** einer angemessenen Zahl von **Personalcomputern (»PC«) nebst Zubehör** (Tastatur, Maus, CD- bzw. DVD-Laufwerk, USB-Anschlüsse sowie Speichermedien, vgl. hierzu Rn. 173) gehört als Ergebnis der Einfügung der Informations- und Kommunikationstechnik durch den BR zu den erforderlichen Sachmitteln der BR-Arbeit, ohne dass es hierfür noch einer **nähere Begründung** bedarf.[572] Verweigert ein AG dem BR einen PC und verweist ihn stattdessen etwa darauf, notwendige Schriftstücken handschriftlich zu erstellen bzw. mit einer konventionellen Schreibmaschine abzufassen und zu kopieren, kann dies als Behinderung einer auf einem Mindestniveau moderner Schreibtechnik stattfindenden BR-Arbeit qualifiziert werden.[573] Die Forderung eines AG, Schriftstücke per Hand oder mit einer elektrischen Schreib- **170**

568 Vgl. *www.forbit.de/news/nutzungsspuren-bei-ms-teams/*.
569 Vgl. allg. *Wedde*, CuA 20, Nr. 5, 8ff.
570 Ähnlich Richardi-*Thüsing*, Rn. 10 bezüglich Kosten für Raumnutzung.
571 *LAG Berlin-Brandenburg* 4.3.11 – 10 TaBV 1984/10, DB 11, 882 = DuD 11, 425.
572 Vgl. zur Rspr. die Nachweise in Rn. 563 der 18. Aufl. – Printfassung.
573 Vgl. *HessLAG* 7.2.08 – 9 TaBV 247/07, AiB Newsletter 9/5; zustimmend HaKo-BetrVG/*Wolmerath*, Rn. 25.

maschine des legendären Typs »Gabriele« zu schreiben, ist im Zeitalter der EDV unzumutbar und degradierend.[574] Ein BR muss sich selbst in Kleinbetrieben nicht auf die Mitbenutzung eines vorhandenen PC verweisen lassen, weil sich diese immer mit der Gefahr verbindet, dass der AG (bspw. über temporär gespeicherte Daten) unzulässige Kenntnisse von internen BR-Vorgängen (etwa von BR-Protokollen) erlangen kann.

171 Einer besonderen Begründung der Erforderlichkeit bedarf es deshalb nur in den Fällen, in denen der BR mehr als einen Standard-PC oder bestimmtes Zubehör wie etwa **ausgefallene Software** oder einen leistungsfähigen **Scanner** benötigt. Zur üblichen Ausstattung kann hingegen auch ein Multifunktionsgerät gehören, dass die Möglichkeiten eines Scanners und eines Druckers vereint und dass mit entsprechender Software auch als Kopierer oder Telefaxgerät genutzt werden kann.

172 Als **erforderlich** ist ein **PC mit Hard- und Software-Standardausstattung** anzusehen.[575] Für den technischen Standard ist es bedeutsam, welche Ausstattung der AG nutzt.[576] Der BR kann in jedem Fall eine Ausstattung mittlerer Qualität und Güte verlangen.[577] Weiterhin ist bezüglich der PC-Leistung zu berücksichtigen, dass neue Programme i. d. R. höhere Rechnerleistungen notwendig machen. Bei der Überprüfung der Erforderlichkeit ist von den betrieblichen Verhältnissen zum **Zeitpunkt der Beschlussfassung** auszugehen.[578] Auf die Größe des BR kommt es nicht an.[579] Der BR muss sich mit Blick auf den notwendigen **Vertrauensschutz** im Regelfall nicht auf die Mitbenutzung vorhandener Rechner des AG verweisen lassen.[580]

173 Zur **notwendigen Hardware** gehört ein PC mit einem Leistungsvolumen, das einerseits dem aktuellen betrieblichen Standard entspricht (vgl. Rn. 172) und das andererseits den Bedürfnissen des BR gerecht wird.[581] Die Geräte müssen mit angemessenen Speichermedien ausgestattet sein. Dies sind im Regelfall CD- bzw. DVD-Laufwerke, mit denen Daten gelesen und geschrieben werden können, Wechsellaufwerke[582] nebst des notwendigen Verbrauchsmaterials (CD- oder DVD-»Rohlinge«). Darüber hinaus sind mit Blick auf die aktuelle Technik universelle Anschlüsse für Peripheriegeräte (etwa USB- oder Firewireanschlüsse) erforderlich. Hinzu kommen im Einzelfall transportable Speichermedien wie beispielsweise »USB-Sticks« oder »USB-Festplatten«.

174 Zur PC-Standardausstattung eines BR gehören ein Monitor und ein Drucker nebst entsprechender Verkabelung. Ein **Farbdrucker** ist erforderlich, wenn der BR vom AG Unterlagen mit Farbdarstellung erhält.[583] Der AG muss weiterhin die **notwendige Software** stellen. Stets zur Verfügung zu stellen sind **Anwendungsprogramme** für Textverarbeitung, Präsentation und Tabellenkalkulation[584] und Programme zur Aufbereitung von BR-Unterlagen (etwa sog. PDF-Writer). Erforderlich können darüber hinaus Spezialprogramme sein wie etwa Programme, die auf die besonderen Bedürfnisse von BR zugeschnitten sind.[585]

175 Wird im Betrieb **spezielle Software** eingesetzt (z. B. SAP-Komponenten), hat der BR hierauf ebenfalls einen Anspruch. Dieser besteht insbesondere dann, wenn seine Mitwirkungs- und Mitbestimmungsrechte nur auf dieser Basis gesichert werden können (z. B. praktische Umsetzung des Anspruchs auf Einsicht in Bruttolohn- und Gehaltslisten gem. § 80 Abs. 2 Satz 2, 2. Halbs.). Bestehen im Betrieb Zugänge zum **Internet,** ist dem BR auch die hierfür notwendige

574 *LAG Schleswig-Holstein* 27. 1. 10 – 3 TaBV 31/09, AuR 10, 132.
575 *Fitting,* Rn. 131.
576 *BAG* 11. 3. 98 – 7 ABR 59/96, NZA 98, 953 = AiB 98, 646 mit Anm. *Wedde.*
577 *Fitting,* Rn. 131; enger GK-*Wiese,* Rn. 153.
578 *BAG* 16. 3. 98, AP Nr. 63 zu § 37 BetrVG 1972; 11. 3. 98, a. a. O.
579 A. A. *BAG* 11. 3. 98, a. a. O., das eine entsprechende Ausstattung für »Ein-Personen-BR« bzw. BR in Kleinunternehmen in Zweifel zieht; ähnlich *Fitting,* a. a. O.; zur Kritik vgl. Anm. *Wedde,* AiB 98, 647 f.; *Klebe/Wedde,* FS, a. a. O.; *dies.,* DB 99, 1954; *Fischer,* BB 99, 1921.
580 *BAG,* a. a. O.
581 *Fitting,* Rn. 131.
582 Ebenso *Fitting,* Rn. 131.
583 *LAG Hamm* 18. 6. 10 – 10 TaBV 11/10, NZA-RR 10, 521.
584 *Fitting,* Rn. 131; *Besgen,* NZA 06, 959 [961].
585 Vgl. zu speziellen BR-Software-Lösungen grundsätzlich *Böker,* ComputerFachwissen 1/98, 31.

Software zur Verfügung zu stellen.[586] Gleiches gilt, wenn ein betriebliches Intranet bzw. E-Mail-Systeme genutzt werden.

176 Sind im Betrieb spezifische technische Sicherungsmaßnahmen eingeführt, kann der BR sich darauf verlassen, dass der AG als der datenschutzrechtlich Verantwortliche diesbezüglich die einschlägigen datenschutzrechtlichen Vorgaben einhält.[587] Zur Sicherung der Vertraulichkeit ist darüber hinaus bei vernetzten PC-Systemen **Verschlüsselungssoftware** erforderlich, da anderenfalls nicht auszuschließen ist, dass technisches Personal oder andere Dritte Zugriff auf vertrauliche BR-Unterlagen erlangen. Haben BR einen direkten Zugriff auf das Internet, ist darüber hinaus Software zum **Viren- und Spamschutz** ebenso erforderlich wie eine **Firewall.** Wird entsprechende Schutzsoftware im Betrieb nicht ohnehin standardmäßig verwendet, hat der BR einen Anspruch, dass zum Schutz der Vertraulichkeit seiner Daten im inner- wie im außerbetrieblichen Rahmen eingesetzt wird (zur Erforderlichkeit von Fachkräften für die Installation und Bedienung dieser Software vgl. Rn. 23 und 196ff.). Die Erforderlichkeit entsprechender Hard- und Software leitet sich auch aus der Verpflichtung des BR ab, innerhalb des Gremiums selbst für die Einhaltung gesetzlicher Datenschutzvorgaben zu sorgen.[588] Ein BR kann ein Begehren auf Bereitstellung eines Internetzugangs im Regelfall allein auf die fortschreitende technische Entwicklung und den allgemeinen Verbreitungsgrad des Internets stützen. Ein Internetanschluss ist weder Luxus noch Annehmlichkeit, sondern in der Arbeitswelt inzwischen schlicht selbstverständlich.[589] Er ist vielmehr inzwischen Voraussetzung für die Nutzung eines Computers.[590] So erfolgen beispielsweise Updates der verwendeten Software heute regelmäßig über das Internet.

177 Derzeit noch etwas differenzierter ist die Erforderlichkeit eines **Notebooks** oder eines **Smartphones** zu betrachten.[591] Sie kann z. B. gegeben sein, wenn ein BR-Mitglied wegen erheblicher Reisetätigkeit im Rahmen seiner Aufgaben für den BR, GBR oder KBR seine Aufgaben nur mit diesem Hilfsmittel erfüllen kann.[592] Die Erforderlichkeit ist zu bejahen, wenn eine entsprechende Ausstattung betrieblicher Standard ist.[593] Mit Blick auf den notwendigen **Daten- und Vertrauensschutz** ist der Verweis auf die Nutzung vor Ort vorhandener anderer PCs des AG durch Einsatz von Disketten, portablen Speicherplatten oder USB-Sticks o. ä. kein sinnvoller Ersatz. In diesen Fällen ist nicht auszuschließen, dass aus Datensicherungsgründen automatisch Kopien der eingespielten Dateien auf den genutzten Geräten erstellt werden und dort Dritten zugänglich werden könnten. Zudem verkennt die Verweigerung eines Notebooks den immer stärker um sich greifenden Trend zum sog. »Mobile Computing«, der auf die Nutzung mobiler und universell einsetzbarer Arbeitsplätze baut. Mit Blick auf den rasanten Preisverfall im Notebook-Bereich werden die Anforderungen an die Begründung der Erforderlichkeit abnehmen.

178 Im Einzelfall können kompakte Speichermedien wie **USB-Sticks** oder eine **mobile Festplatte** erforderlich sein, wenn BR größere Datenmengen transportieren müssen. Auch iPods oder vergleichbare Abspielgeräte können erforderlich sein, wenn ein BR im Rahmen seiner gesetzlichen Rechte auf einschlägige Sprachdateien und Informationsdienste zurückgreifen will.

586 *Fitting,* Rn. 131.
587 Ähnlich *Fitting,* Rn. 134c.
588 Vgl. *BAG* 18.7.12 – 7 ABR 23/11, NZA 13, 49.
589 *LAG Berlin-Brandenburg* 17.8.09 – 10 TaBV 725/09, DB 09, 2329.
590 *LAG Köln* 23.1.13 – 5 TaBV 7/12.
591 Vgl. zur Begründung durch den BR das Textmuster DKWF-*Wedde,* § 40 Rn. 19.
592 *Klebe/Wedde,* FS, a. a. O.; *dies.,* a. a. O.; *Fitting,* Rn. 132; ErfK-*Koch,* Rn. 16; ähnlich WP-*Kreft,* Rn. 53; a. A. *LAG Köln* 17.10.97 – 11 TaBV 15/97, LAGE § 40 BetrVG 1972 Nr. 58, das den Antrag eines BR wegen unzureichenden Sachvortrags zurückgewiesen hat; *HessLAG* 25.7.16 – 16 TaBV 21/915, juris; ebenso GK-*Weber,* Rn. 184; *SWS,* Rn. 34b; Richardi-*Thüsing,* Rn. 68 »regelmäßig nicht«; HWGNRH-*Glock,* Rn. 122.
593 *Fitting,* Rn. 131.

d) Internet- und E-Mail-Zugang für den BR

179 Einen **Zugang zum Internet** sowie zu einem **E-Mail-System** darf der BR zur sachgerechten Wahrnehmung der ihm obliegenden betriebsverfassungsrechtlichen Aufgaben **regelmäßig** für **erforderlich** halten. Weiterhin kann der BR verlangen, dass der AG jedem BR-Mitglied eine eigene E-Mail-Adresse zuteilt. Zur Begründung des Anspruchs auf einen Internet- und E-Mail-Zugang bedarf es nicht der Darlegung konkreter, aktuell anstehender betriebsverfassungsrechtlicher Aufgaben, zu deren Erledigung Informationen aus dem Internet benötigt werden.[594] Dem BR steht ein nicht personalisierter Zugang zum Internet zu. Er kann eigenständig bestimmten, ob beim Zugriff auf das Internet über einen gemeinsamen PC eine Personalisierung stattfindet.[595] Gibt es im Betrieb einen Internetanschluss, kann der AG den BR auf dessen Benutzung verweisen. Darüber hinaus soll ein autonomer Internetanschluss für den BR, der vom Internet-System des AG getrennt und von diesem unabhängig ist, nach Auffassung des *BAG* nur dann erforderlich sein können, wenn ein BR konkrete Anhaltspunkte dafür darlegen kann, dass ein AG von technischen Überwachungsmöglichkeiten in unzulässiger Weise Gebrauch macht bzw. wenn es hierfür eine durch objektive Tatsachen begründete Vermutung gibt.[596] Mit Blick auf diese Position des *BAG* müssen BR die Erforderlichkeit eines von betrieblichen Systemen getrennten autonomen Internetzugangs, der vom AG technisch nicht kontrolliert werden kann, im konkreten Einzelfall begründet darlegen. Die Anforderungen an eine solche Darlegung dürfen mit Blick auf die begrenzten Erkenntnismöglichkeiten, die BR bezogen auf die technische Ausgestaltung der Systeme des AG haben, nicht zu hoch angesetzt werden. Erforderlich kann ein autonomer Internetzugang beispielsweise dann sein, wenn in einem Konzern die gesamte Internet-Infrastruktur außerhalb der EU angesiedelt ist und wenn der BR deshalb nicht wirksam kontrollieren kann, welche Kontrollmaßnahmen außerhalb der Einflusssphäre des AG tatsächlich durchgeführt werden oder wenn bekannt ist, dass im Ausland bestimmte Kontrollen (etwa aus »Compliance-Gründen«) explizit durchgeführt werden. Gibt es konkrete Anhaltspunkte für unzulässige Kontrollen und hat ein BR deshalb entsprechende Bedenken, kann er nicht allein darauf verwiesen werden, bestehende Kontrollmöglichkeiten durch Vereinbarungen mit dem AG auszuschließen.[597]

180 Begrenzt wird dieser grundlegende Anspruch ausnahmsweise durch berechtigte Belange des AG.[598] Diese muss der AG darlegen. Unerheblich für das Bestehen des Anspruchs auf einen Internet-Zugang und auf Einrichtung von E-Mail-Adressen ist die Tatsache, dass andere BR oder der GBR keinen E-Mail-Zugang haben, da jedes Gremium selbst über die notwendigen Sachmittel zu entscheiden hat.[599] Verwendet ein BR eine Internet-Domain-Adresse, die neben der Bezeichnung »BR« den Namen des AG enthält, kann der AG diese Nutzung nicht unter Hinweis auf eine bestehende Verwechslungsgefahr untersagen.[600]

181 Gibt es keine betriebliche Anbindung an das Internet, muss der AG dem BR einen **DSL-Anschluss** oder eine vergleichbare technische Möglichkeit zur Verfügung stellen.[601] Entsprechendes gilt, wenn der AG einen vorhandenen Anschluss selbst nur eingeschränkt nutzt.[602] Die Erforderlichkeit des Zugangs zum Internet leitet sich aus den Möglichkeiten der schnellen Informationsgewinnung ab, die sich BR über diesen Weg erschließen. Das *BAG* hat insoweit schon 2003 darauf verwiesen, dass das Internet die einzige Möglichkeit ist, Informationen zeitnah und gebündelt zu gewinnen. Hieraus hat es gefolgert, dass die Nutzung des Internets nicht ausschließlich der effektiveren Gestaltung der Betriebsratsarbeit, sondern einer sachgerechten,

---

594 *BAG* 14.7.10 – 7 ABR 80/08, DB 10, 2731 = AiB 11, 54 mit Anm. *Schomaker*; 20.1.10 – 7 ABR 79/08, NZA 10, 709; 17.2.10 – 7 ABR 81/09, BB 10, 1724.

595 *BAG* 18.7.12 – 7 ABR 23/11, NZA 13, 49 mit Anm. *Wolmerath*, jurisPR-ArbR 48/2012; GK-*Weber*, Rn. 202.

596 Vgl. *BAG* 20.4.16 – 7 ABR 50/14, AuR 16, 432.

597 So aber *LAG Nds.* 30.7.14 – 16 TaBV 92/13, juris, bestätigt durch *BAG* 20.4.16 – 7 ABR 50/14.

598 *BAG* vom 14.7.10, a.a.O.

599 A.A. *LAG Nürnberg* 4.11.09 – 4 TaBV 44/09, juris, das eine entsprechende Abhängigkeit sieht.

600 *BAG* 9.9.15 – 7 AZR 668/13, NZA 16, 435.

601 *ArbG Berlin* 7.10.05 – 28 BV 17569/05, n.v.

602 *LAG Nds.* 27.10.10 – 2 TaBV 55/10, AuR 11, 222.

umfassend an den aktuellen Gegebenheiten orientierten Tätigkeit des Betriebsrats dient.[603] Da für die BR-Arbeit erforderliche Informationen im Internet teilweise nur in unstrukturierter Form vorliegen[604], schließen entsprechende Zugangsmöglichkeiten den Anspruch des BR auf Fachliteratur und Fachzeitschriften nicht aus.[605]

Dem Anspruch des BR auf Einrichtung eines Internetzugangs steht nicht das Argument entgegen, dass in einem Betrieb oder in einer Filiale bisher kein Internetanschluss besteht oder dass auch die Filialleitung keinen Anschluss hat.[606] Etwas anderes kann ausnahmsweise nur gelten, wenn dem Zugang berechtigte Interessen des AG entgegenstehen wie etwa besondere Geheimhaltungsbedürfnisse oder greifbare Anhaltspunkte für die Gefahr des Missbrauchs bzw. das allgemeine betriebsübliche Ausstattungsniveau[607] oder wenn ein AG aufgrund einer schwierigen wirtschaftlichen Situation des Unternehmens generell auf die Nutzung des Internets verzichtet.[608] Bezogen auf das letzte Argument ist es heute indes kaum noch vorstellbar, dass ein Unternehmen wirtschaftliche Probleme ohne einen Zugriff zum Internet bewältigen kann. 182

5. Fachliteratur

Zu den erforderlichen sachlichen Mitteln gehört **Fachliteratur.**[609] Diese hat der AG dem BR zur Verfügung zu stellen und zur **ausschließlichen Benutzung** zu überlassen.[610] Die ihm zur alleinigen Benutzung überlassene Literatur kann der BR **selbst auswählen.**[611] Bezüglich der häufig benutzten Literaturquellen kann auch ein kleiner BR nicht auf die **Mitbenutzung** der beim AG vorhandenen Literatur verwiesen werden.[612] Gleiches gilt, wenn der AG nur über Literatur verfügt, die sich vorrangig an seinen Interessen orientiert bzw. wenn bei ihm keiner der vom BR bevorzugten Texte vorhanden ist, da sonst die notwendige Wahlmöglichkeit[613] in der Praxis leerlaufen würde.[614] Eine Mitbenutzung kommt damit im Ergebnis nur für Literatur in Betracht, die selten benötigt wird.[615] Sie ist **während der Arbeitszeit** zu ermöglichen.[616] Sind im Betrieb einschlägige Fachzeitschriften oder Entscheidungssammlungen vorhanden (etwa in der Personalabteilung), hat der BR ebenfalls ein Mitbenutzungsrecht. 183

Die dem BR zur Verfügung zu stellende Fachliteratur umfasst die **wichtigsten arbeits- und sozialrechtlichen Gesetzestexte,** wie z. B. BetrVG, ArbGG, AÜG, AZO, ASiG, ArbNErFG, ArbZG, BBiG, BetrAVG, BGB (arbeitsrechtliche Vorschriften), BUrlG, EFZG, GewO, HGB, JArbSchG, KSchG, MuSchG, SGB sowie BGB, TzBfG, einschlägige Gesetze und Normen aus den Bereichen Arbeitsschutz und Arbeitssicherheit, BBiG, TVG, VermBG usw. 184

Jedem BR-Mitglied und ersten Ersatzmitglied ist nicht nur der Text des BetrVG, sondern jeweils auch ein Exemplar eines Kurz- bzw. Basiskommentars zum BetrVG[617] und eine Samm- 185

---

603 *BAG* 3.9.03 – 7 ABR 8/03, NZA 04, 280; a. A. *BAG* 23.8.06 – 7 ABR 55/05, NZA 07, 337, für das die schnelle Informationsbeschaffung die Erforderlichkeit nicht zwingend begründet.
604 *BAG* 19.3.14 – 7 ABN 91/13, AuR 14, 391.
605 *LAG Stuttgart* 25.9.13 – 4 TaBV 3/13, AiB 6/14, 70.
606 *BAG* 17.2.10 – 7 ABR 81/09, BB 10, 1724.
607 *BAG* 20.1.10 – 7 ABR 79/08, NZA 10, 709.
608 *BAG* 17.2.10 – 7 ABR 81/09, BB 10, 1724.
609 *BAG* 25.1.95 – 7 ABN 41/94, NZA 95, 591; 26.10.94, NZA 95, 386; 21.4.83, AP Nr. 20 zu § 40 BetrVG 1972; *Fitting*, Rn. 119f.; GK-*Weber*, Rn. 156ff.; zu Anforderungsschreiben an AG vgl. DKWF-*Wedde*, § 40 Rn. 18.
610 Enger GK-*Weber*, a. a. O.; *Fitting*, Rn. 3; HWGNRH-*Glock*, Rn. 132, die in kleineren Betrieben die Mitbenutzung vorhandener Literatur für ausreichend ansehen, wenn sie dem BR bei Bedarf zur Verfügung steht; vgl. auch *BayVG* 13.4.94, PersR 94, 525.
611 *BAG* 25.1.95, a. a. O.; 26.10.94, NZA 95, 386; GK-*Weber*, Rn. 158m. w. N.; a. A. HWGNRH-*Glock*, Rn. 134.
612 *Bulla*, DB 74, 1622.
613 *BAG*, a. a. O.
614 A. A. HWGNRH-*Glock*, a. a. O., der eine Wahlmöglichkeit in diesen Fällen verneint, dabei aber verkennt, dass auch bei Mitbenutzung die Interessen des BR hinreichend berücksichtigt werden müssen.
615 Enger GK-*Weber*, Rn. 159, der jedoch hervorhebt, dass sie dem BR bei Bedarf zugänglich sein muss.
616 *Besgen*, AiB 87, 150ff.
617 Vgl. *ArbG Elmshorn* 19.2.91 – 1d BV 10/91; *ArbG Düsseldorf* 18.11.03 – 3 BV 131/03, NZA-RR 04, 311 für den Anspruch eines im Außendienst tätigen BR-Mitglieds; *Heidemann*, AiB 05, 288.

lung arbeits- und sozialrechtlicher Gesetze[618] jeweils in der neuesten Auflage zur Verfügung zu stellen. Jedes BR-Mitglied hat Anspruch auf eine aktuelle **Einführung in das Arbeitsrecht.**[619] Darüber hinaus hat der BR als Gremium Anspruch auf ein aktuelles Arbeitsrechtshandbuch nach seiner Wahl.[620] Im Einzelfall kann statt eines gedruckten Exemplars auch eine digitale Version auf CD, DVD o. ä. erforderlich sein, wenn hierdurch etwa die praktische Arbeit des BR erleichtert wird.

186 Weiterhin sind dem BR die **Unfallverhütungsvorschriften** und die im Betrieb anzuwendenden **TV** sowie erforderliche **Spezialliteratur** zu bestimmten Sachgebieten, wie z. B. Personalplanung, Akkord- und Prämienwesen, Unfallverhütung, Gesundheitsgefährdung, Ökologie am Arbeitspatz und im Betrieb, Gestaltung von Arbeitsplatz und Arbeitsmitteln, menschengerechte Gestaltung der Arbeit, Arbeitssicherheit, gefahrengeneigte Arbeit, ESt.-Verfahren oder Frauenförderung,[621] zur Verfügung zu stellen.[622]

187 Wegen der Besonderheiten im Bereich der privatisierten Bahn- und Postunternehmen stehen den BR dort kommentierte Fassungen des BPersVG zu.[623] In Kooperationsbetrieben der Bundeswehr, in denen Beamte und Soldaten gemeinsam tätig sind, ist ein Kommentar zum Soldatenrecht erforderlich.[624]

188 Neben den Textausgaben sind dem BR **kommentierte Ausgaben** der wichtigsten arbeitsrechtlichen Gesetze, soweit er diese für seine Tätigkeit benötigt, zur Verfügung zu stellen.[625] So stehen jedem BR, auch wenn er aus einer Person besteht, ein **Kommentar zum BetrVG** in der neuesten Auflage als der unentbehrlichen rechtlichen Grundlage seiner Tätigkeit[626] sowie alle BetrVG-Kommentare zu, auf die sich der AG bezieht.[627] Die Erforderlichkeit beschränkt sich nicht auf eine kommentierte Fassung. Um unterschiedliche Sichtweisen kennenzulernen, können **mehrere aktuelle Kommentare** von verschiedenen Autoren erforderlich sein.[628]

189 Der BR hat ein Wahlrecht.[629] Dieses beinhaltet auch die Entscheidung, bei einer Neuauflage an dem bisherigen Kommentar festzuhalten oder eine andere Ausgabe zu wählen, wobei er dann auch Anspruch auf die neueste Auflage hat.[630] Die Betriebsgröße ist nicht entscheidend. Der BR in kleinen Betrieben hat kein geringeres Informationsbedürfnis als der eines Großbetriebs, zumal die Mitwirkungs- und Mitbestimmungsrechte im Wesentlichen gleich sind.[631] In mittleren und größeren Betrieben sind dem BR mehrere und ggf. verschiedene Kommentare zum BetrVG zur Verfügung zu stellen.[632]

---

618 Z. B. »Arbeits- und Sozialordnung« von *Kittner,* vgl. *LAG Schleswig-Holstein* 11.4.95 – 1 TaBV 4/95, LAGE § 40 BetrVG 1972 Nr. 46 = AiB 97, 57 mit Anm. *Ledesma;* bestätigt durch *BAG* 24.1.96 – 7 ABR 22/95, NZA 97, 60; *ArbG Darmstadt* 27.5.20 – 1 BV 2/20, juris; *LAG Bremen* 3.5.96 – 4 TaBV 20/96, NZA 96, 1288; zustimmend *Ehrich/Hoß,* NZA 96, 1075, 1082; ErfK-*Koch,* Rn. 17; GK-*Weber,* Rn. 160; kritisch Richardi-*Thüsing,* Rn. 69; vgl. auch *LAG Düsseldorf* 12.4.88, DB 88, 1072; HWGNRH-*Glock,* Rn. 130, der auf den Grundsatz der Verhältnismäßigkeit abstellt; ähnlich im Ergebnis *Fitting,* Rn. 119.

619 Beispielsweise »Arbeitsrecht, Ratgeber für Beruf, Praxis und Studium« von *Däubler.*

620 Vgl. *LAG Bremen* 3.5.96 – 4 TaBV 20/96, BB 96, 2303 bzgl. des Anspruchs eines neunköpfigen Gremiums auf ein Exemplar der neuesten Auflage »*Schaub,* Arbeitsrechtshandbuch«.

621 Ähnlich ErfK-*Koch,* Rn. 17; *Fitting,* Rn. 122.

622 Bei Beschäftigung ausländischer AN kann der BR entsprechende **Wörterbücher** verlangen (*Brill,* BB 78, 1574; ErfK-*Koch,* a. a. O.; *Fitting,* Rn. 125; GK-*Weber,* Rn. 156; HWGNRH-*Glock,* Rn. 130.

623 Zustimmend *Spoo,* AiB 98, 184.

624 *Fitting,* Rn. 121.

625 Vgl. *Besgen,* AiB 87, 150 ff.; *ArbG Bremerhaven* 11.12.85, AiB 86, 167; einschränkend *Brill,* DB 77, 2139, der kommentierte Ausgaben lediglich mittleren und größeren Betrieben zuspricht.

626 So auch *BAG* 26.10.94, NZA 95, 386 = BB 95, 878 mit Anm. *Molls* = AiB 95, 468 mit Anm. *Rudolph;* ErfK-*Koch,* Rn. 17; *Fitting,* Rn. 120; GK-*Weber,* Rn. 162; HWGNRH-*Glock,* Rn. 133; Richardi-*Thüsing,* Rn. 70; *Besgen,* a. a. O.; *Bulla,* DB 74, 1622; *Ehrich/Hoß,* NZA 96, 1075, 1082; *Kort,* NZA 90, 598 [599].

627 A. A. GK-*Weber,* a. a. O.

628 *ArbG Halberstadt* 17.6.98, AiB 98, 585 mit Anm. *Wedde;* vgl. für mittlere und große Betriebe *Fitting,* a. a. O.

629 *BAG,* a. a. O.

630 *BAG,* a. a. O.; *LAG Rheinl.-Pfalz* 18.11.99 – 4 TaBV 22/99, AuR 00, 97.

631 Vgl. auch *BAG* 21.4.83, AP Nr. 20 zu § 40 BetrVG 1972.

632 Vgl. *Hässler,* S. 75; a. A. offenbar *Kühner,* S. 180.

Kommentare können weiterhin für folgende Gesetze in Betracht kommen: AZO, ArbGG, KSchG, EFZG, MuSchG, SGB IX, JArbSchG, BBiG, BUrlG.[633] Auch eine **Monographie** zum Ordnungswidrigkeitengesetz nach dem BetrVG ist zur Verfügung zu stellen.[634] Mit Blick auf die Verpflichtung zur Sicherstellung des gesetzlichen Datenschutzes für die BR-Arbeit[635] gehören zur Ausstattung weiterhin die Texte der DSGVO und des BDSG sowie einschlägige Erläuterungen und Arbeitshilfen zu diesem Thema (etwa auch zur Arbeit von betrieblichen Datenschutzbeauftragten). 190

Neben Gesetzestexten und Kommentaren ist dem BR eine **arbeits- und sozialrechtliche Fachzeitschrift**[636] und, jedenfalls in größeren Betrieben, eine arbeitsrechtliche **Entscheidungssammlung** zur Verfügung zu stellen, damit der BR aktuell auftretende Rechtsfragen unter Berücksichtigung der einschlägigen Rechtsprechung eigenständig bewerten kann[637] bzw. der Zugang zu arbeitsrechtlichen/betriebsverfassungsrechtlichen **Rspr.-Datenbanken** zu ermöglichen.[638] 191

Ggf. sind dem BR neben oder anstatt eines Online-Zugangs zu Rspr.-Datenbanken entsprechende Entscheidungs- und Literatursammlungen und oder digitale Versionen von Gesetzessammlungen und Kommentaren als **CD**- oder **DVD-ROM** zur Verfügung zu stellen, selbst wenn diese im Einzelfall teurer sind als entsprechende Bücher oder Zeitschriften. Die preisliche Situation ändert sich allerdings derzeit, da digitale Medien einem rasanten Preisverfall unterliegen. Für die **CD-/DVD**-ROM-Versionen sprechen insbesondere die besseren Such- und Auswertungsmöglichkeiten sowie die hinterlegten Querverweise dieses Mediums.[639] Ist die Nutzung elektronischer oder konventioneller Informationsmedien nur im Rahmen eines Abonnements möglich, fließen dessen Kosten im Rahmen der Prüfung der Erforderlichkeit in die Bewertung ein. Steht im Betrieb ein entsprechender Zugang zur Verfügung, kann der BR auf dessen Mitbenutzung nur verwiesen werden, wenn sichergestellt ist, dass der AG keine Kenntnis von durchgeführten Recherchen erlangen kann. Die Mitbenutzung könnte nur dann verwehrt werden, wenn hiermit unverhältnismäßig hohe Kosten verbunden wären.[640] 192

Als geeignete Fachzeitschrift, die erforderliche Informationen für die BR-Arbeit vermittelt und deren Bezug der BR deshalb vom AG verlangen kann, ist **»Arbeitsrecht im Betrieb«** anzusehen.[641] Die gegen die Entscheidung des *BAG*[642] eingelegte Verfassungsbeschwerde wurde vom *BVerfG* mangels Erfolgsaussicht nicht zur Entscheidung angenommen.[643] Nach Auffassung des *LAG Baden-Württemberg*[644] müssen BR sich über eine geeignete Fachzeitschrift nicht nur über die aktuelle Rechtsprechung, insbesondere zu Fragen der Betriebsverfassung, informiert können. Darüber hinaus müssen sie in der Lage sein, diese Informationen bei ihrer täglichen Arbeit im Betrieb umzusetzen. Hierfür ist insbesondere die Zeitschrift **»Arbeitsrecht im Betrieb«** erforderlich, weil sie die Folgen der Rechtsprechung auf die betriebliche Praxis für BR 193

---

633 *Sandvoss*, a.a.O.; *Kühner*, S. 179; GK-*Weber*, Rn. 135; für mittlere und größere Betriebe *Fitting*, Rn. 119; vgl. auch *Kort*, a.a.O.; *BayVGH* 13.4.94, PersR 94, 525; *LAG Rheinl.-Pfalz*, a.a.O.; enger HWGNRH-*Glock*, Rn. 139; Richardi-*Thüsing*, a.a.O.

634 *ArbG Darmstadt* 5.3.96, AiB 96, 482 mit Anm. *Schmidt*.

635 *BAG* 18.7.12 – 7 ABR 23/11, NZA 13, 49.

636 Vgl. *LAG Berlin* 5.10.92 – 9 TaBV 5/92, BB 93, 725.

637 *Fitting*, Rn. 123; *Heidemann*, AiB 05, 288; *SWS*, Rn. 36; *Kort*, NZA 90, 598 [599]; a.A. bezüglich einer Entscheidungssammlung *GL*, Rn. 44; GK-*Weber*, a.a.O.; HWGNRH-*Glock*, Rn. 137; Richardi-*Thüsing* a.a.O.; vgl. auch *LAG Düsseldorf* 27.6.78, BB 78, 1413, wonach sich bei Verfügbarkeit einer Fachzeitschrift die Bereitstellung eines Nachschlagewerks erübrigen soll.

638 Vgl. *Kort*, a.a.O.; *Fitting*, Rn. 134 für den Zugang zu Juris; ausführlich *Däubler* Internet, Rn. 503ff.; WP-*Kreft*, Rn. 55; a.A. *GK-Weber*, Rn. 201; HWGNRH-*Glock*, Rn. 123, die den Zugang allein unter Hinweis auf die Kosten verwehren wollen.

639 GK-*Weber*, Rn. 204 soweit eine Erforderlichkeit gegeben ist.

640 GK-*Weber*, a.a.O.

641 *BAG* 21.4.83, AP Nr. 20 zu § 40 BetrVG 1972 mit zustimmender Anm. *Naendrup;* GK-*Weber*, Rn. 138; *Besgen*, AiB 87, 150; *Kühner*, S. 180; vgl. auch *LAG Niedersachsen* 15.2.89, AiB 89, 254 mit Anm. *Lohre; Kort*, a.a.O.; *Heidemann*, AiB 05, 288; a.A. HWGNRH-*Glock*, Rn. 138; *SWS*, Rn. 38; *BVerwG* 30.1.91, PersR 91, 213 mit krit. Anm. *Weyand;* enger Richardi-*Thüsing*, Rn. 70, der den Anspruch aufgrund des »tendenziösen Charakters« der Zeitschrift anzweifelt.

642 21.4.83, a.a.O.

643 Vgl. *BVerfG* 10.12.85, AP Nr. 21 zu § 40 BetrVG 1972.

644 *LAG Baden-Württemberg* – 4 TaBV 3/13, AiB 6/14, 70 mit Anm. *Bartl*.

beschreibt und ihnen Handlungsempfehlungen gibt. Die Erforderlichkeit für den Bezug dieser Zeitschrift besteht unabhängig davon, ob dem BR vom AG ein Internetzugang ohne Zeit- und Datenmengenbeschränkung zur Verfügung gestellt wird.[645] Selbst die umfassende Information über das Internet ersetzt den Informationsgehalt einer Fachzeitschrift jedenfalls dann nicht, wenn sie nur in unstrukturierter Form zugänglich ist.[646] Entsprechendes gilt für die **»Arbeit und Ökologie-Briefe«,**[647] mit Blick auf die Verpflichtung zur eigenständigen Sicherstellung der einschlägigen Datenschutzvorschriften[648] für die Zeitschrift **»Computer und Arbeit«** (ehemals »Computer« bzw. »Computerfachwissen«),[649] für die Fachzeitschrift **»Der Personalrat«**[650] sowie für die Zeitschrift **»Arbeit und Recht«.**[651] Die Zeitschrift **»Arbeit und Recht«** erfüllt ebenso wie **»Arbeitsrecht im Betrieb«** die Voraussetzungen der Dienlichkeit für die Betriebsratstätigkeit.[652]

194 Der BR hat bei der **Auswahl,** welche Zeitschrift für seine Tätigkeit erforderlich ist, einen gerichtlich und nicht arbeitgeberseitig nachprüfbaren **Ermessensspielraum,** an den der AG gebunden ist und der nicht dadurch reduziert ist, dass die Zeitschrift in einem gewerkschaftseigenen Verlag erscheint.[653] Der BR kann eine Zeitschrift verlangen, in der die Interessen der Belegschaft in besonderer Weise angesprochen werden, selbst wenn in einzelnen Beiträgen polemische Formulierungen zu finden sein sollten und verschiedentlich Kritik an der Bundesregierung geübt wird.[654] Die **Betriebsgröße** ist für den Anspruch nicht entscheidend, da das Informationsinteresse eines BR unabhängig von der Zahl der vertretenen AN ist (vgl. auch Rn. 112).[655] Allerdings muss der BR jeweils darlegen können, warum er aus betriebs- bzw. betriebsratsbedingten Gründen den Bezug einer bestimmten zusätzlichen Zeitschrift benötigt.[656] Die Fachzeitschrift ersetzt jedoch nicht eine **Rspr.-Sammlung** oder den Online-Zugang zu einer **Rspr.-Datenbank,** da in den Fachzeitschriften die Gerichtsentscheidungen vielfach nicht vollständig abgedruckt sind und das Nachschlagen und Aufsuchen von Entscheidungen mit einem hohen Aufwand verbunden ist. In einer Entscheidungssammlung sind dagegen die Entscheidungen systematisch geordnet.

195 Nicht zur erforderlichen Literatur des BR sollen dagegen nach überwiegender Auffassung eine **Lohnabzugstabelle**[657] sowie ein **Lexikon**[658] gehören. Ein **»Duden«** ist vor dem Hintergrund der Rechtschreibreform als ein erforderliches Sachmittel anzusehen. Unter besonderen Umständen ist dem BR auch eine **Tageszeitung,** z. B. die Wirtschaftszeitung »Handelsblatt«, zur Verfügung zu stellen.[659] **Fremdsprachige Wörterbücher** sind erforderlich, wenn ausländische AN im Betrieb tätig sind.[660]

---

645 *LAG Baden-Württemberg* – 4 TaBV 3/13, a. a. O.
646 Ähnlich *BAG* 19. 3. 14 – 7 ABN 91/13, AuR 14, 391; vgl. auch *LAG Stuttgart* 25. 9. 13 – 4 TaBV 3/13, AiB 6/14, 70.
647 *LAG Frankfurt* 21. 3. 91 – 12 TaBV 191/90, DB 91, 1835 = AiB 91, 335 mit Anm. *Hinrichs*; vgl. *Fitting*, Rn. 124; einschränkend *BAG* 21. 9. 95, NZA 95, 591 = AiB 95, 673 mit krit. Anm. *Wedde* = AuR 95, 225, Ls., wenn eine andere Fachzeitschrift zur Verfügung steht, die sich regelmäßig mit arbeits- und gesundheitswissenschaftlichen Themenstellungen befasst und der BR die Erforderlichkeit einer weiteren Fachzeitschrift nicht darlegt; a. A. HWGNRH-*Glock*, Rn. 138.
648 Vgl. *BAG* 18. 7. 12 – 7 ABR 23/1, NZA 13, 49.
649 Vgl. *ArbG Wuppertal* 19. 6. 97, AiB 97, 603 mit Anm. *Kunz* = BetrR 97, 84 mit Anm. *Grimberg*; *LAG Düsseldorf* 30. 9. 97 – 8 TaBV 44/97, CR 98, 461 unter Hinweis auf eine notwendige besondere Begründung.
650 *OVG Lüneburg* 26. 8. 91, PersR 92, 62; a. A. HWGNRH-*Glock*, a. a. O.
651 *ArbG Halberstadt* 17. 6. 98, AuR 98, 428 = AiB 98, 585 mit Anm. *Wedde*.
652 *LAG Baden-Württemberg* – 4 TaBV 3/13, a. a. O.
653 *BAG*, a. a. O.; *LAG Niedersachsen*, a. a. O., das dem BR den Anspruch auf »AiB« zusprach, obwohl der AG dem BR die Zeitschrift »NZA« bereitstellte; a. A. offenbar HWGNRH-*Glock*, Rn. 133.
654 *LAG Niedersachsen*, a. a. O.
655 *BAG* 21. 4. 83, a. a. O.; *LAG Niedersachsen* 2. 3. 93 – 11 TaBV 73/92.
656 *BAG* 21. 1. 95, a. a. O.
657 *BAG* 11. 12. 73, AP Nr. 5 zu § 80 BetrVG 1972.
658 *Bulla*, DB 74, 1622.
659 So *ArbG Darmstadt* 30. 10. 86, DB 87, 746; *Kühner*, S. 180; a. A. *BAG* 29. 11. 89, AP Nr. 32 zu § 40 BetrVG 1972; GK-*Weber*, Rn. 166; HWGNRH-*Glock*, Rn. 140; Richardi-*Thüsing*, Rn. 70.
660 GK-*Weber*, Rn. 166.

6. Büropersonal

Dem BR ist **Büropersonal** im erforderlichen Umfang zur Verfügung zu stellen.[661] Der Anspruch auf Büropersonal ist unabhängig davon, ob dem BR PCs zur Verfügung stehen.[662] BR-Mitglieder sind nicht verpflichtet, alle anfallenden Schreibtätigkeiten selbst durchzuführen.[663] Auch ein hohes technisches Ausstattungsniveau (insbesondere vorhandene PCs) steht der Erforderlichkeit einer Bürokraft nicht entgegen.[664] Der Anspruch auf eine **Schreibkraft** besteht auch dann, wenn ein freigestelltes BR-Mitglied selbst über Schreibmaschinenkenntnisse verfügt, oder wenn der BR aufgrund seiner eigenen Arbeitsorganisation Schreibarbeiten auch selbst erledigt.[665] 196

Der Begriff »Büropersonal« ist weit zu fassen. Neben **Schreibkräften,** die die anfallende Schreibarbeit bzw. Protokollführung[666] des BR erledigen, erfasst der Begriff auch **wissenschaftliche Mitarbeiter,** den BR (GBR, KBR) insbesondere in Groß-UN bei ihrer Arbeit unterstützen, bzw. um Büropersonal, dem der BR andere Hilfstätigkeiten übertragen kann, wie z. B. Telefonate, Vervielfältigungsarbeiten und Botengänge, sofern solche bei der Erledigung von BR-Aufgaben anfallen.[667] Besonders in größeren BR-Organisationen kann es auch erforderlich sein, dass dem BR eigenes **technisches Personal** zur Verfügung steht, dass sich um den Betrieb und um die Sicherheit der vom BR benutzten IuK-Technik kümmert. Dies gilt insbesondere dann, wenn der AG selbst über keine herausragenden Sicherheitsvorkehrungen verfügt wie etwa beim Fehlen von Verschlüsselungssoftware, (vgl. hierzu Rn. 174 ff.) und wenn der BR deshalb seine elektronisch versendeten Daten eigenständig vor unberechtigten Zugriffen schützen muss. Die Übernahme entsprechender Administratorenfunktionen kann von BR-Mitgliedern nicht verlangt werden. **Beauftragte des BR** können **durch** Beschluss mit der Erledigung von Aufgaben betraut werden.[668] Eine Beauftragung kann insbesondere für die Wahrnehmung Aufgaben aus dem Bereich des gesetzlichen Datenschutzes erfolgen, die außerhalb des BR betrieblichen Datenschutzbeauftragten obliegen.[669] Ist in einem BR das notwendige Fachwissen nicht vorhanden, kommt insbesondere in größeren Gremien die Beschäftigung entsprechend qualifizierter Personen als Büropersonal in Betracht. Der AG kann BR hier nicht die Einbeziehung des betrieblichen Datenschutzbeauftragten verweisen.[670] 197

Je nach Größe und Art des Betriebs wird es ausreichen, dem BR eine Schreibkraft **zeitweilig,** das heißt stunden- oder tageweise, zur Verfügung zu stellen.[671] In größeren Betrieben ist es dagegen im Allgemeinen erforderlich, eine oder ggf. mehrere Schreibkräfte **ausschließlich für die BR-Arbeit** einzustellen. Entscheidend ist der tatsächliche Arbeitsanfall.[672] Dem BR kann 198

---

661 *BAG* 20.4.05 – 7 ABR 14/04, DB 05, 2754; *LAG Düsseldorf* 18.5.06 – 11 TaBV 33/03, juris; *LAG Baden-Württemberg* 25.11.87, AiB 88, 185, die beide einem BR mit drei freigestellten Mitgliedern eine vollzeitbeschäftigte Schreibkraft zusprechen; vgl. ferner *BAG* 17.10.90 – 7 ABR 69/89, DB 91, 1523 = BetrR 91, 273 zur Bereitstellung von Büropersonal für den WA; *ArbG Frankfurt/M.* 9.1.97, AiB 98, 587 zum Anspruch des GBR; ausführlich *Pielenz,* AiB 98, 421 ff.; *Roos,* AiB 98, 189 f.; zur schriftlichen Anforderung vgl. DKWF-*Wedde,* § 40 Rn. 22 ff.; zum Weisungsrecht des BR gegenüber dem Büropersonal *Zumkeller/Lüber,* BB 08, 2067 ff.

662 *BAG* a. a. O.

663 *BAG* 20.4.05 – 7 ABR 14/04, DB 05, 2754; *Fitting,* Rn. 135.

664 *BAG* 20.4.05 – 7 ABR 14/04, DB 05, 2754; HaKo-BetrVG/*Wolmerath,* Rn. 15; WP-*Kreft,* Rn. 57.

665 *Fitting,* Rn. 135; GK-*Weber,* a. a. O.; HWGNRH-*Glock,* Rn. 150; Richardi-*Thüsing,* Rn. 71; *ArbG Solingen,* a. a. O.; *ArbG Frankfurt* 7.8.90 – 4 BV 9/90, das dem BR eine Schreibkraft zur Protokollführung für die Dauer einer GBR-Sitzung zuspricht.

666 *ArbG Frankfurt* 7.8.90 – 4 BV 9/90; *LAG Mecklenburg-Vorpommern* 3.5.05 – 5 TaBV 20/04 n. v.

667 *LAG Düsseldorf* a. a. O.; *LAG Baden-Württemberg,* a. a. O.; *Heidemann,* AiB 05, 288; *Besgen,* AiB 87, 150 ff.; *Kühner,* S. 182; a. A. *Bayreuther,* NZA 2013, 758, nach dessen Definition wissenschaftliche Mitarbeiter nicht Büropersonal sein können.

668 *LAG Baden-Württemberg* 26.7.10 – 20 TaBV 3/09, AuR 10, 665.

669 Vgl. zu den spezifischen Pflichten des BR in diesem Bereich *BAG* 18.7.12 – 7 ABR 23/11, NZA 13, 49.

670 Vgl. *BAG* 11.11.97 – 1 ABR 21/97, NZA 98, 385 zur Kontrollfreiheit des BR bezogen auf betriebliche Datenschutzbeauftragte.

671 *Fitting,* Rn. 135; GK-*Weber,* Rn. 205, jeweils m. w. N.

672 *LAG Düsseldorf* 8.1.04 – 11 TaBV 33/03, AuR 04, 277 = NZA-RR 04, 358; *LAG Baden-Württemberg,* 25.11.87, AiB 88, 185; *LAG Mecklenburg-Vorpommern* – 5 TaBV 20/04, juris, das zwei freigestellten Mitgliedern eine Bürokraft mit einem Stundenvolumen von 24 Stunden pro Woche zugesteht.

diesbezüglich nicht das Argument entgegengehalten werden, dass die zusätzlichen Kosten einer Vollzeitkraft nach dem Grundsatz der vertrauensvollen Zusammenarbeit zu vermeiden seien.[673]

199 Bei der **Auswahl des Büropersonals** hat der BR ein Mitspracherecht,[674] da diese Tätigkeit ein Vertrauensverhältnis voraussetzt. Die Auswahl hat unter besonderer Berücksichtigung der Interessen des BR zu erfolgen. Er kann eine Person ablehnen, zu der er kein Vertrauen hat.[675] In diesem Fall muss der AG eine neue Person vorschlagen, da der BR kein eigenes Auswahlrecht hat.[676]

200 Der AG schließt den **Arbeitsvertrag** mit der Bürokraft auch dann ab, wenn diese ausschließlich mit Büroarbeiten des BR beschäftigt werden soll.[677] Für die Eingruppierung einer Bürokraft sind die vom BR im Rahmen seines Ausstattungsanspruchs zugewiesenen Tätigkeiten maßgeblich, nicht die den BR-Mitgliedern selbst obliegende originäre BR-Arbeit.[678] Das **Weisungsrecht** steht jedoch dem BR zu.[679] Das Büropersonal unterliegt nicht der Verschwiegenheitspflicht nach § 79. Jedoch ist es auf Grund seiner arbeitsvertraglichen Nebenpflicht zur **Verschwiegenheit über Betriebs- und Geschäftsgeheimnisse**[680] und gegenüber dem AG zur Verschwiegenheit über die BR-Angelegenheiten verpflichtet.[681]

201 Sofern die Bürokraft selbst BR-Mitglied ist, ist sie nicht auf die nach § 38 Abs. 1 vorgeschriebene Zahl der freizustellenden BR-Mitglieder anzurechnen.[682]

IV. Streitigkeiten

202 Alle Streitigkeiten, die sich aus der Anwendung des § 40 ergeben, wie z. B. über **die Erforderlichkeit** bzw. die **Freistellung von Kosten oder deren Erstattung, den Anspruch auf Kostenvorschuss** oder die **Bereitstellung der erforderlichen Räume** sowie über die **sachlichen Mittel** und **Bürokräfte,** entscheiden die **ArbG im Beschlussverfahren** (§§ 2a, 80 ff. ArbGG). Entsprechendes gilt für Streitigkeiten über Fragen des **Besitz- bzw. Gebrauchsrechts an den BR-Akten**[683] und für Ansprüche einzelner BR-Mitglieder auf Erstattung ihrer **Aufwendungen** bzw. **Freistellung wegen eingegangener Verbindlichkeiten,** weil sich der Anspruch aus der Amtstätigkeit und nicht aus dem Arbeitsverhältnis ergibt.[684] Freistellungen können von einem BR auch noch nach Ende seiner Amtszeit geltend gemacht werden.[685]

203 Das Beschlussverfahren ist auch die zutreffende Verfahrensart für die **insolvenzrechtliche Einordnung** von nach Grund und Höhe unstreitigen Kostenerstattungsansprüchen.[686] Honorarforderungen eines Sachverständigen, die vor Eröffnung des Insolvenzverfahrens begründet wurden, sind Insolvenzforderungen und keine Masseverbindlichkeiten.[687] Wird ein durch die Eröffnung eines **Insolvenzverfahrens** unterbrochenes Beschlussverfahren hingegen vom Insolvenzverwalter wieder aufgenommen, sind die dem BR entstandenen Kosten (insbes. die vom AG zu tragenden Rechtsanwaltskosten) **Masseverbindlichkeiten** nach § 55 Abs. 1

673 *LAG Düsseldorf,* a. a. O.
674 *Fitting,* Rn. 136; *Besgen,* a. a. O.; *Kühner,* S. 182; ErfK-*Koch,* Rn. 18; GK-*Weber,* Rn. 206; Richardi-*Thüsing,* Rn. 72; *Heidemann,* AiB 05, 288; *Pielenz,* AiB 98, 421, 424.
675 *BAG,* 5. 3. 97 – 7 ABR 3/96, NZA 97, 844 = AiB 97, 471 mit Anm. *Rudolph; LAG Berlin* 20. 10. 95 – 4 TaBV 2/95, AiB 96, 318.
676 GK-*Weber,* Rn 206; HWGNRH-*Glock,* Rn. 150.
677 GK-*Weber,* Rn. 178; *Kühner,* S. 182 f.
678 *HessLAG* 19. 2. 08 – 4 TaBV 147/07, juris.
679 ErfK-*Koch,* Rn 18; *Fitting,* Rn. 137; WP-*Kreft,* Rn. 58; GK-*Weber,* Rn. 207; Richardi-*Thüsing,* Rn. 73.
680 GK-*Weber,* Rn. 208; Richardi-*Thüsing,* a. a. O.; für eine ausdrückliche vertragliche Vereinbarung *Fitting,* a. a. O.
681 *Besgen,* a. a. O.; vgl. auch HWGNRH-*Glock,* Rn. 144.
682 ErfK-*Koch,* Rn. 18; *Fitting,* Rn. 135; GK-*Weber,* Rn. 209; HWGNRH-*Glock,* Rn. 153; *Kühner,* S. 183; *GL,* Rn. 49.
683 *Fitting,* Rn. 138; HWGNRH-*Glock,* Rn. 156.
684 Vgl. statt vieler *Fitting,* Rn. 139; GK-*Weber,* Rn. 224; HWGNRH-*Glock,* Rn. 157.
685 *Hess. LAG* 11. 3. 19 – 16 TaBV 201/18, juris.
686 Vgl. ausführlich GK-*Weber,* Rn. 226 ff.
687 *BAG* 9. 12. 09 – 7 ABR 90/07, DB 10, 678, hierzu auch *Wroblewski,* AiB 11, 60.

Nr. 1 InsO. Entsprechendes gilt für Rechtsanwaltsgebühren aus der Zeit vor Eröffnung des Insolvenzverfahrens.[688] Das BR-Mitglied ist dann selbst anspruchsberechtigter Beteiligter und Antragsteller. Der BR ist in dem Verfahren **notwendiger Beteiligter** i. S. v. § 83 ArbGG.[689] Dies gilt auch, wenn inzwischen ein neuer BR gewählt worden ist, da dieser **Funktionsnachfolger des früheren BR** ist.[690] Die ArbG entscheiden im Beschlussverfahren auch über Ansprüche bereits **ausgeschiedener BR-Mitglieder.**[691]

Der BR ist befugt, **Freistellungs- und Auslagenerstattungsansprüche** seiner Mitglieder gegen- 204
über dem AG im eigenen Namen im Beschlussverfahren geltend zu machen; er kann aber nur die Erstattung an seine Mitglieder verlangen.[692]

Hat eine **Gewerkschaft** die dem BR oder einem einzelnen BR-Mitglied entstandenen Ge- 205
schäftsführungskosten verauslagt und sich deren Ansprüche abtreten lassen, kann sie die **abgetretenen Ansprüche** im arbeitsgerichtlichen Beschlussverfahren geltend machen.[693] Entsprechendes gilt, wenn sich ein **Rechtsanwalt** seine Kosten für die Prozessvertretung des BR abtreten lässt.[694] Die Abtretung muss durch einen wirksamen BR-Beschluss erfolgen.[695] Für die gerichtliche Geltendmachung eines Kostenerstattungsanspruchs durch einen Rechtsanwalt ist der Vortrag ausreichend, dass eine entsprechende Abtretung erfolgt ist.[696] Eine Abtretung ist nach dem Prinzip der Funktionsnachfolge auch noch nach dem Ende der Amtszeit des BR zulässig.[697] Der Freistellungsanspruch des BR bzw. BR-Mitglieds verwandelt sich in diesem Fall in einen Zahlungsanspruch.[698] Die im Betrieb vertretene Gewerkschaft ist aus eigenem Recht für die Geltendmachung von Kostenerstattungsansprüchen aus der BR-Tätigkeit weder beteiligungs- noch antragsbefugt.[699] Hat der BR bzw. das BR-Mitglied seine Ansprüche an die Gewerkschaft abgetreten, sind weder der Schulungsteilnehmer noch der BR **beteiligungs- und antragsberechtigt,** da der Zedent seine materiell-rechtliche Position verliert,[700] sofern sich der Streit über die Höhe der Kostenerstattung auf die Frage beschränkt, ob die Kostenrechnung der Gewerkschaft aus koalitionsrechtlichen Gründen zu beanstanden ist.[701]

Ein vom BR oder einem BR-Mitglied in einem arbeitsgerichtlichen Beschlussverfahren als 206
Verfahrensbevollmächtigter hinzugezogener **Rechtsanwalt** ist in einem Beschlussverfahren, das vom BR wegen der Freistellung von Honoraransprüchen des Rechtsanwalts bzw. deren Erstattung eingeleitet wird, kein Beteiligter i. S. v. § 83 ArbGG.[702] Das Gleiche gilt in Bezug auf einen vom BR nach § 80 Abs. 3 hinzugezogenen **Sachverständigen.**[703]

Der BR, der in einem arbeitsgerichtlichen Beschlussverfahren von einem Rechtsanwalt ver- 207
treten worden ist, kann mangels Rechtsfähigkeit nicht als Kollegialorgan auf Zahlung der Anwaltskosten in Anspruch genommen werden.[704] Der BR soll kein schützenswertes eigenes wirtschaftliches Interesse daran haben, mittels einer Anhebung des Gegenstandswerts die Erhöhung der Kosten für die von ihm eingeschalteten **Verfahrensbevollmächtigten** durchzusetzen.[705] Aus der Beauftragung eines Anwalts können AN des Betriebs keine vertraglichen

688 *BAG* 17.8.05 – 7 ABR 56/04, AuR 05, 380; *Wolmerath* jurisPR-ArbR 3/2006, Anm. 3.
689 *BAG* 13.7.77, AP Nr. 8 zu § 83 ArbGG 1953; *Fitting*, Rn. 144f.; GK-*Weber*, a. a. O.
690 *BAG* 25.4.78, AP Nr. 11 zu § 80 BetrVG 1972; 3.4.79, AP Nr. 1 zu § 13 BetrVG 1972.
691 *BAG* 10.10.69, AP Nr. 1 zu § 8 ArbGG 1953; *Fitting*, Rn. 139, GK-*Weber*, a. a. O.; HWGNRH-*Glock*, Rn. 158.
692 *BAG* 10.6.75, AP Nr. 1 zu § 73 BetrVG 1972; 21.11.78, AP Nr. 35 zu § 37 BetrVG 1972; a. A. offenbar *LAG Frankfurt* 17.9.87, BB 88, 568, Ls.
693 *BAG* 30.1.73, 29.1.74, AP Nrn. 3, 5 zu § 40 BetrVG 1972; 25.4.78, AP Nr. 33 zu § 37 BetrVG 1972.
694 Vgl. *LAG Hamm* 20.8.86, BB 87, 196.
695 *BAG* 13.5.98 – 7 ABR 65/96, NZA 98, 900.
696 *LAG Berlin-Brandenburg* 9.10.14 – 21 TaBV 789/14, NZA-RR 15, 80.
697 *Fitting*, Rn. 146.
698 *BAG*, a. a. O.; GK-*Weber*, Rn. 226.
699 GK-*Weber*, Rn. 228.
700 *BAG* 15.1.92 – 7 ABR 23/90, DB 92, 2504 = AuR 92, 378, Ls.; vgl. auch *LAG Berlin* 10.10.88, DB 89, 683.
701 *BAG*, a. a. O.
702 *BAG* 3.10.78, AP Nr. 14 zu § 40 BetrVG 1972.
703 *BAG* 25.4.78, AP Nr. 11 zu § 80 BetrVG 1972.
704 *LAG Hamm* 19.10.89, BB 89, 2479.
705 *LAG Hamm* 22.2.05 – 13 TaBV 150/04, juris.

Ansprüche ableiten.[706] Wird ein Rechtsanwalt für einen zu Unrecht gebildeten GBR oder KBR (»Schein-GBR« bzw. »Schein-KBR«) tätig, besteht ein Anspruch auf Kostenerstattung jedenfalls dann, wenn die Gründung des Gremiums nicht unter offensichtlicher Verkennung des Unternehmens- oder Konzernbegriffs erfolgt ist.[707]

208 **Ansprüche auf Arbeitsentgelt** einerseits und **Kostenerstattung** andererseits, z. B. wenn es sich um ein und dieselbe Schulungs- und Bildungsveranstaltung nach § 37 Abs. 6 handelt, müssen in **getrennten Urteils- und Beschlussverfahren** geltend gemacht werden (vgl. hierzu § 37 Rn. 193).[708] Hat ein BR-Mitglied Kosten i. S. v. § 40 aufgewendet, z. B. Reisekosten oder durch Bezahlung einer von ihm eingegangenen Verbindlichkeit, ist die Erstattungsforderung bei Verzug oder nach Rechtshängigkeit zu **verzinsen.**[709] Entsprechendes gilt, wenn die Gewerkschaft die Ansprüche aus abgetretenem Recht geltend macht. Betriebsräte sind nicht verpflichtet, individuelle Schulungsansprüche zunächst durch finanzielle Vorleistungen ihrer Mitglieder zu sichern.[710]

209 Aus rechtskräftigen Beschlüssen der ArbG kann nach Maßgabe des § 85 Abs. 1 ArbGG **vollstreckt werden.**[711] Bei vermögensrechtlichen Streitigkeiten ist die Vollstreckung aus nicht rechtskräftigen Entscheidungen möglich. Gegenüber Kostenerstattungsansprüchen des BR kann der AG nicht nach den §§ 394 BGB, 850a Nr. 3 ZPO aufrechnen, etwa mit behaupteten Schadensersatzansprüchen.[712]

210 Führen Streitigkeiten über die Tragung der Kosten zu einer wesentlichen Erschwerung der BR-Arbeit, kann der BR im Beschlussverfahren nach § 85 Abs. 2 ArbGG i. V. m. § 940 ZPO eine **einstweilige Verfügung beantragen.**[713] Dies gilt auch für die **Zahlung von Vorschüssen,** z. B. Reisekosten, Schulungskosten, an einzelne BR-Mitglieder.[714] Weiterhin kann ein Verfahren nach **§ 23 Abs. 3** in Betracht kommen. Führt die Weigerung des AG, die ihm nach § 40 obliegende Pflicht zu erfüllen, zu einer Behinderung der BR-Arbeit, kann dies den **Straftatbestand** des § 119 Abs. 1 Nr. 2 erfüllen.

211 Der BR hat bei hinreichender Erfolgsaussicht seines Begehrens im arbeitsgerichtlichen Beschlussverfahren **Anspruch auf Prozesskostenhilfe** (vgl. § 116 Nr. 2 ZPO).[715] Die Gewährung kommt nur dann in Betracht, wenn bei gegebener hinreichender Erfolgsaussicht der AG nicht in der Lage wäre, die Prozesskosten aufzubringen.[716] Der BR soll bzgl. der Frage, dass die Masse zur Begleichung der Kosten nicht ausreicht, darlegungspflichtig sein.[717]

212 Ein rechtsfähiges **Berufsbildungswerk** einer Gewerkschaft kann sich jedenfalls dann vor dem ArbG und LAG durch Rechtssekretäre der betreffenden Gewerkschaft oder des DGB vertreten lassen, wenn bei ihm nach seiner Satzung nur Mitglieder der betreffenden Gewerkschaft Mitglied sein können.[718]

213 Führt eine **Gewerkschaft** ein Beschlussverfahren zur Durchsetzung ihres Zugangsrechts nach § 2 Abs. 2 durch, hat sie keinen Anspruch nach § 40, sondern einen Kostenerstattungsanspruch nach § 280 Abs. 1 BGB.[719]

---

706 *BAG* 24. 8. 06 – 8 AZR 414/05, NZA 07, 172.
707 *LAG Rheinland-Pfalz* 26. 2. 15 – 5 TaBV 19/14, juris, für den Fall eines »Schein-KBR«.
708 HWGNRH-*Glock*, Rn. 160.
709 *BAG* 18. 1. 89, NZA 89, 641 unter Aufgabe seiner früheren Rspr.; vgl. 24. 7. 79, AP Nr. 1 zu § 51 BetrVG 1972.
710 *LAG Düsseldorf* 5. 12. 17 – 4 TaBVGa 7/17, juris.
711 *Fitting,* Rn. 143; GK-*Weber,* Rn. 237; HWGNRH-*Glock,* Rn. 156.
712 *LAG Hamm* 15. 6. 05 – 10 TaBV 32/05, AuR 06, 74; *Fitting,* Rn. 92.
713 *Fitting,* Rn. 148; GK-*Weber,* Rn. 237; HWGNRH-*Glock,* Rn. 161; Richardi-*Thüsing,* Rn. 90.
714 *ArbG Darmstadt* 5. 7. 88, AiB 88, 285, Ls.
715 *SächsLAG* 25. 7. 08 – 4 Ta 2640/76, LAGE § 114 ZPO 2002, Nr. 9 für den Fall der Insolvenz des AG; *LAG Rheinland-Pfalz* 4. 5. 90 – 9 Ta 88/90, NZA 91, 32; *Fitting,* Rn. 34; HWGNRH-*Glock,* Rn. 38.
716 *LAG Rheinland-Pfalz,* a. a. O.; *ArbG Senftenberg* 2. 10. 96 – 2 BV 3/96.
717 *SächsLAG* a. a. O.
718 *BAG* 29. 1. 92 – 7 ABR 29/91, NZA 93, 379.
719 *LAG Hamm* 21. 7. 06 – 10 TaBV 11/06, EzA-SD 2006, Nr. 19, 14.

§41 Umlageverbot

Die Erhebung und Leistung von Beiträgen der Arbeitnehmer für Zwecke des Betriebsrats ist unzulässig.

Inhaltsübersicht Rn.

I. Vorbemerkungen

Die Vorschrift verbietet die Erhebung und Leistung von Beiträgen der AN für Zwecke des BR. 1
Sie gilt entsprechend für den **GBR** (§ 51 Abs. 1), den **KBR** (§ 59 Abs. 1), die **JAV** (§ 65 Abs. 1), die **GJAV** (§ 73 Abs. 2), die **KJAV** (§ 73b Abs. 2), die **Bordvertretung** (§ 115 Abs. 4) und den **See-BR** (§ 116 Abs. 3).

Der **DGB-Entwurf** für ein modernes Betriebsverfassungsgesetz[1] belässt die bisherige Vorschrift inhaltlich unverändert. 1a

II. Unzulässige Beiträge

Die **Erhebung von Beiträgen** der AN für BR-Tätigkeit ist ohne Rücksicht darauf unzulässig, ob sie freiwillig gegeben werden oder ob es sich um laufende **Beitragseinnahmen** oder um einmalige **Sammlungen** handelt.[2] Ein **Beschluss** des BR, Beiträge zu erheben, ist nichtig.[3] Auch die Entgegennahme von **Zuwendungen Dritter** (etwa der Gewerkschaften, politischer Parteien oder sonstiger Einrichtungen) ist unzulässig.[4] Dies gilt auch für weitere über den Regelungsbereich des § 40 hinausgehende Zuwendungen des AG, da sie den Grundsatz des unbedingten Ehrenamtes gefährden würden.[5] Allerdings können freiwillig geleistete Beiträge nicht **zurückgefordert** werden (§ 817 BGB), da sich das Verbot auch gegen den Leistenden richtet.[6] 2

Ein **Verstoß gegen dieses Verbot** liegt nur vor, wenn derartige Beiträge aus Vermögen der Zuwendenden fließen, entweder dadurch, dass sie Beiträge abführen, oder dadurch, dass ihre Ansprüche gekürzt werden.[7] Eine verbotene Leistung liegt nicht vor, wenn eine **Spielbank** aus einem **Tronc** auch Personalaufwendungen bestreitet, die ihr durch die BR-Tätigkeit ihrer BR-Mitglieder entstehen. Den AN steht weder Eigentum an dem Tronc zu noch haben sie Ansprüche darauf, dass aus dem Tronc, der von Gesetzes wegen der Bestreitung von Personalaufwendungen der Spielbank dient, auch die Ansprüche nach §§ 37, 40 abgedeckt werden dürfen.[8] Unzulässig ist hingegen die Finanzierung von Sachmitteln des BR gem. § 40 aus dem **Tronc** einer Spielbank.[9] 3

Zu den gesetzlichen Aufgaben des BR gehört nicht die **Führung von Kassen,** in die z. B. Teile der AR-Vergütungen von AN-Vertretern im Aufsichtsrat, Überschüsse aus dem Betrieb von Zigaretten- oder Getränkeautomaten, Kantinengewinne u. ä. fließen, um damit u. a. Jubiläumsgeschenke und Krankenhausbesuche von Betriebsangehörigen finanzieren zu können. 4

---

1 AuR Sonderausgabe April 2022, S. 26.
2 Richardi-*Thüsing,* Rn. 2; ErfK-*Koch,* Rn. 1; *Fitting,* Rn. 3; HWGNRH-*Glock,* Rn. 2; vgl. auch *Leuze,* ZTR 06, 474; gegen ein Umlageverbot *Franzen,* FS Adomeit, S. 173 ff.
3 Richardi-*Thüsing,* Rn. 3; *Fitting,* Rn. 7.
4 Richardi-*Thüsing,* Rn. 6; *Fitting,* Rn. 5; GK-*Weber,* Rn. 8; ErfK-*Koch,* a. a. O.; HWGNRH-*Glock,* Rn. 3; *Weiss,* Rn. 1.
5 Richardi-*Thüsing,* Rn. 5; *Fitting,* Rn. 5.
6 *Fitting,* Rn. 6; *GL,* Rn. 5; a. A. GK-*Weber,* Rn. 9; HWGNRH-*Glock,* Rn. 4; Richardi-*Thüsing,* Rn. 4; ErfK-*Koch,* a. a. O.
7 *BAG* 24.7.91 – 7 ABR 76/89, AP Nr. 1 zu § 41 BetrVG 1972; HWGNRH-*Glock,* Rn. 2.
8 *BAG,* a. a. O.; *Fitting,* Rn. 4; HWGNRH-*Glock,* a. a. O.; Richardi-*Thüsing,* Rn. 4.
9 *BAG* 14.8.02 – 7 ABR 29/01, AuR 03, 271 mit Anm. *Wedde* = NZA 03, 626; *Fitting,* Rn. 4.

Dennoch ist die Führung derartiger Kassen durch den BR **zulässig,**[10] wenn der AG mit der Kassenführung einverstanden ist oder diese stillschweigend duldet. Die Führung einer solchen Kasse von einzelnen BR-Mitgliedern – als AN – wird jedenfalls als zulässig angesehen.[11]

III. Erlaubte Sammlungen

5 Das Verbot des § 41 gilt nur für Sammlungen bzw. Leistungen der AN für Zwecke, die mit **der Tätigkeit des BR** zusammenhängen. Dagegen werden **Sammlungen für andere Zwecke,** wie z. B. für gemeinschaftliche Feste, Geburtstags- oder Jubiläumsgeschenke, Trauer- oder Unglücksfälle, jedenfalls dann als zulässig angesehen, wenn diese von einzelnen BR-Mitgliedern in die Hand genommen werden.[12] Der BR kann auch sonstige Sammlungen aus außerbetrieblichem Anlass durchführen, z. B. für Opfer einer Flutkatastrophe.[13] Unzulässig ist es hingegen, wenn der BR **Vertragsstrafen** aus BVen die der AG zahlen muss, eigenständig zu eigenen Zwecken verwaltet.[14]

IV. Streitigkeiten

6 Streitigkeiten, die sich aus der Anwendung dieser Vorschrift ergeben, entscheiden die ArbG nach §§ 2a, 80 ff. ArbGG im **Beschlussverfahren.**[15] Bei grober Pflichtverletzung können Verstöße gegen § 41 u. U. zur Auflösung des BR nach § 23 Abs. 1 führen.[16]

Vierter Abschnitt
Betriebsversammlung

§ 42 Zusammensetzung, Teilversammlung, Abteilungsversammlung

(1) Die Betriebsversammlung besteht aus den Arbeitnehmern des Betriebs; sie wird von dem Vorsitzenden des Betriebsrats geleitet. Sie ist nicht öffentlich. Kann wegen der Eigenart des Betriebs eine Versammlung aller Arbeitnehmer zum gleichen Zeitpunkt nicht stattfinden, so sind Teilversammlungen durchzuführen.

(2) Arbeitnehmer organisatorisch oder räumlich abgegrenzter Betriebsteile sind vom Betriebsrat zu Abteilungsversammlungen zusammenzufassen, wenn dies für die Erörterung der besonderen Belange der Arbeitnehmer erforderlich ist. Die Abteilungsversammlung wird von einem Mitglied des Betriebsrats geleitet, das möglichst einem beteiligten Betriebsteil als Arbeitnehmer angehört. Absatz 1 Satz 2 und 3 gilt entsprechend.

Inhaltsübersicht

10 *BAG* 22. 4. 60, AP Nr. 1 zu § 2 ArbGG 1953 Betriebsverfassungsstreit; a. A. Richardi-*Thüsing,* Rn. 8; *Fitting,* Rn. 9; GK-*Weber,* Rn. 6; HWGNRH-*Glock,* Rn. 7; vgl. *LAG Baden-Württemberg* 22. 9. 59, AP Nr. 2 zu § 82 BetrVG zu der Verwaltung von AR-Vergütungen.

11 *Fitting,* Rn. 9; GK-*Weber,* a. a. O.; HWGNRH-*Glock,* a. a. O.

12 Richardi-*Thüsing,* Rn. 8; *Fitting,* Rn. 8; *GL,* Rn. 6; ErfK-*Koch,* Rn. 1; ähnlich GK-*Weber,* Rn. 5.

13 Vgl. GK-*Weber,* a. a. O., für BR-Mitglieder in ihrer Eigenschaft als AN.

14 *BAG* 29. 9. 04 – 1 ABR 30/03, BB 05, 163.

15 Vgl. *BAG* 26. 7. 89, AP Nr. 4 zu § 2a ArbGG.

16 *Fitting,* Rn. 11.

I. Vorbemerkungen

Die Betriebsversammlung besteht aus den AN des Betriebs und hat als **Organ der Betriebsverfassung**[1] den Zweck, die **Kommunikation zwischen dem BR und den AN** zu fördern.[2] Sie dient vor allem der **Aussprache** und **Diskussion** der in § 45 genannten Themen und der **Unterrichtung** der AN durch BR und AG (§ 43 Abs. 1 Satz 1 und Abs. 2 Satz 3). 1

Die für eine erfolgreiche Interessenvertretung notwendige **gegenseitige Information zwischen BR und AN** und die Schaffung der erforderlichen Betriebsöffentlichkeit kann nicht nur mit der Betriebsversammlung, sondern zusätzlich auch mit **weiteren Informations- und Kommunikationsmöglichkeiten**[3] erfolgen (s. dazu auch § 80 Rn. 122): Aufsuchen von AN am Arbeitsplatz durch BR-Mitglieder (vgl. § 80 Rn. 23 f.), Gespräche im Rahmen der Sprechstunde des BR (§ 39), Informations-, Anhörungs- und Erörterungsrechte der AN unter Hinzuziehung eines BR-Mitglieds ihres Vertrauens (§§ 81 Abs. 3, 82 Abs. 2, 83 Abs. 1, 84, 85), schriftliche und mündliche Befragung der Belegschaft durch den BR (in entsprechender Anwendung von § 80 Abs. 2;[4] vgl. zur Kostentragungspflicht des AG § 40 Rn. 20),[5] Information der Belegschaft durch Anschläge am »Schwarzen Brett«, die Herausgabe von Informationsschriften durch den BR[6] und Versendung von Rundschreiben an die AN[7] (vgl. zur Kostentragungspflicht des AG § 40 Rn. 6) oder über eine betriebliche Telefonanlage,[8] ein EDV-gestütztes innerbetriebliches Kommunikationssystem,[9] die Einrichtung einer Homepage im Intranet sowie sonstige neue Kommunikationsmöglichkeiten wie »Business- oder Web-TV« und »Soziale Netzwerke« bzw. Social Web[10] (s. dazu auch Rn. 19 und zur Kostentragungspflicht des AG § 40 Rn. 150 ff., 156 f.) 2

Es ist grundsätzlich Sache des pflichtgemäßen **Ermessens des BR,** in welcher Weise er seine gesetzlichen Aufgaben wahrnimmt. Der Informationsaustausch zwischen Belegschaft und BR ist nicht allein auf die im Gesetz ausdrücklich vorgesehenen Institutionen, wie z. B. die Betriebsversammlung, beschränkt.[11] Der AG kann dem BR die Art der innerbetrieblichen **Kommunikation nicht vorschreiben**[12] oder von ihm verlangen, dass er für seine Kommunikationsaktivitäten zuvor die **Zustimmung des AG** einholt.[13] 3

Während der BR auf der Betriebsversammlung einen **Tätigkeitsbericht** zu erstatten hat (vgl. § 43 Abs. 1 Satz 1), kann die Betriebsversammlung dem BR Anträge unterbreiten und zu seinen Beschlüssen Stellung nehmen (vgl. § 45 Satz 2). Die Betriebsversammlung dient damit der gegenseitigen Information von BR und AN, der **Aussprache und Meinungsbildung**[14] und kann dem BR für seine Arbeit neue Impulse vermitteln. Entscheidungen der Betriebsversammlung 4

1 Eingehend zur Rechtsnatur der Betriebsversammlung GK-*Weber,* Rn. 8 f.
2 Zur Funktion der Betriebsversammlung aus AG-Sicht vgl. *Brötzmann,* NZA 90, 1055 [1056]; *Strehmel,* AuA 95, 337.
3 *BAG* 29.4.15 – 7 ABR 102/12, NZA 15, 1397, Rn. 34; *LAG Mecklenburg-Vorpommern* 20.1.16 – 5 TaBV 11/15, juris, Rn. 169; vgl. dazu auch *Berg/Bobke,* S. 28 ff.; *dies.,* AiB 90, 485 ff.; *Buschmann,* AiB 87, 52, 59 ff.
4 Dazu eingehend *Neufeld/Elking,* NZA 13, 116 91172 f.
5 *BAG* 8.2.77 – 1 ABR 82/74, DB 77, 914; *LAG Sachsen* 15.7.22, NZA-RR 23, 250; zur praktischen Durchführung *Satzer,* AiB 97, 251; *Wabra,* AiB 14, 57; zur Vorbereitung der Betriebsversammlung durch eine Befragungsaktion der AN vgl. *Bösche/Grimberg,* AiB 90, 272; AiB 91, 170.
6 *BAG* 21.11.78 – 6 ABR 85/76, juris, Rn. 11 f.; *LAG Berlin-Brandenburg* 24.8.18 – 9 TaBV 157/18, juris, Rn. 58.
7 *LAG Köln* 14.1.22 – 9 TaBV 34/21, Rn. 38.
8 *BAG* 9.6.99 – 7 ABR 66/97, NZA 99, 1292.
9 Intranet, E-Mail: *BAG* 3.9.03 – 7 ABR 12/03, DB 04, 491.
10 Zu den praktischen und rechtlichen Fragen *Greve,* CR 13, 32.
11 *BAG* 8.2.77, AP Nr. 10 zu § 80 BetrVG 1972; 17.2.93 – 7 ABR 19/92, NZA 93, 854; 9.6.99, a. a. O., 1294; 3.9.03, a. a. O., 492; ErfK-*Koch,* Rn. 2; *Fitting,* Rn. 13.
12 *BAG* 9.6.99, a. a. O.; 3.9.03, a. a. O.
13 *LAG Sachsen* 15.7.22, a. a. O.
14 *BAG* 24.8.11 – 7 ABR 8/10, NZA 12, 223; 27.6.89, NZA 90, 113.

haben jedoch keinen rechtsverbindlichen Charakter. Die Betriebsversammlung kann weder mit dem AG BV abschließen (das Inkrafttreten einer BV kann auch nicht von anderen Formen der Zustimmung der Belegschaft abhängig gemacht werden,[15]) oder bestehende BV kündigen noch dem BR gegenüber rechtlich verbindliche Weisungen erteilen.[16] Insofern ist die Betriebsversammlung **dem BR nicht übergeordnet.**[17]

5 Dennoch kommt der Betriebsversammlung für die Arbeit des BR eine besondere Bedeutung zu. Berücksichtigt man, dass im Betrieb durch die Arbeitspflicht und die sonstigen vertraglichen Nebenpflichten die Kommunikationsmöglichkeiten der AN untereinander und zwischen BR und AN stark eingeschränkt sind,[18] ist die Betriebsversammlung als **institutionalisiertes und rechtlich abgesichertes Forum der Aussprache und Meinungsbildung** für eine durchsetzungsfähige betriebliche Interessenvertretung unverzichtbar. Die wünschenswerte Zunahme ihrer quantitativen Bedeutung[19] könnte u.a. auch die kommunikationserschwerende Leistungsverdichtung und Vereinzelung der AN aufgrund der arbeitsorganisatorischen und **digitalen Veränderung der Arbeitsprozesse** und der **verringerten Präsenz** der AN im Betrieb durch **mobile Arbeit** und **Telearbeit** kompensieren (ausführliche Hinweise zu den praktischen Fragen der erfolgreichen Durchführung von Betriebsversammlungen bei § 43 Rn. 6 ff.).[20] Während der Zeit der **COVID-Pandemie** ist es allerdings zu einem deutlichen **Rückgang der tatsächlich durchgeführten Betriebsversammlungen** gekommen, der durch die vorübergehend eingeführten digital gestützten Durchführungsmöglichkeiten nur teilweise gebremst werden konnte[21] (die Geltung der für die Ausnahmesituation der COVID-19-Pandemie vorübergehend geschaffenen Vorschrift des § 129 Abs. 1 BetrVG, nach der Betriebsversammlungen mittels audio-visueller Einrichtungen durchgeführt werden können, war bis zum 7.4.2023 befristet, vgl. dazu Rn. 27 ff.).

6 Die Vorschrift grenzt die **Betriebsversammlung** (Abs. 1 Satz 1) von der **Teilversammlung** (Abs. 1 Satz 2) und der **Abteilungsversammlung** (Abs. 2) ab, regelt die Versammlungsleitung (Abs. 1 Satz 1) und schreibt die Nichtöffentlichkeit (Abs. 1 Satz 2) vor. Neben den Betriebsversammlungen nach dieser Vorschrift sieht das Gesetz vor: **zusätzliche Betriebsversammlungen** auf Initiative des BR (§ 43 Abs. 1 Satz 4); **außerordentliche Betriebsversammlungen,** wenn sie der BR als notwendig ansieht oder wenn er auf Wunsch eines bestimmten Teils der AN oder des AG zu ihrer Einberufung verpflichtet ist (§ 43 Abs. 3 Satz 1); auf Antrag der im Betrieb vertretenen Gewerkschaft wegen Untätigkeit des BR einberufene Betriebsversammlungen (§ 43 Abs. 4); Betriebsversammlungen zur Bestellung eines WV (§ 17 Abs. 1; zum vereinfachten Wahlverfahren vgl. §§ 14a, 17 a). Daneben kennt das Gesetz Betriebsjugendversammlungen (§ 71), Betriebsräteversammlungen (§ 53) und Bordversammlungen (§ 115 Abs. 5, § 116 Abs. 3 Nr. 6). Zur Problematik von vom AG einberufenen »Belegschafts-« oder **»Mitarbeiterversammlungen«** vgl. Rn. 50 ff.

7 Bei den Vorschriften der §§ 42 ff. handelt es sich um **zwingendes Recht,** die auch durch **TV** oder **BV** nicht abbedungen,[22] aber unter Beachtung des gesetzlichen Rahmens näher ausgestaltet[23] oder erweitert werden können.

---

15 *BAG* 28.7.20 – 1 ABR 4/19, NZA 20, 1548.

16 *BAG* 27.6.89, a.a.O.

17 *Fitting,* Rn. 10; *GL,* Rn. 1; HWGNRH-*Worzalla,* Rn. 10; Richardi-*Annuß,* vor § 42 Rn. 3.

18 Vgl. dazu *Däubler,* Das Arbeitsrecht 1, Rn. 807 ff.

19 Zum rechtstatsächlichen Befund vgl. *Behrens/Brehmer,* Betriebs- und Personalratsarbeit in Zeiten der COVID-Pandemie, WSI-Report Nr. 75, Mai 2023 (*https://www.boeckler.de/fpdf/HBS-008316/wsi_p_report_75_2022.pdf*), S. 10 ff.; *Däubler,* a.a.O., Rn. 815, 817.

20 *Bösche/Grimberg,* AiB 90, 272; AiB 91, 170; *Bossman,* AiB 11, 672; *Cox/Köhlbach,* AiB 04, 216 ff.; *Däubler,* AiB 82, 51 ff.; *Fricke/Grimberg/Wolter; Fuchs,* AiB 02, 242; *Kiausch,* AiB 89, 185 ff.; *Vorbrücken,* BR-Info 95, 9 ff.; *Müller,* AiB 11, 114 ff.; zur Rspr. zur Betriebsversammlung vgl. die Zusammenstellung bei *Cox/Grimberg,* AiB 01, 706 ff.; *Schoof,* AiB 89, 204 ff.

21 *Behrens/Brehmer,* a.a.O., S. 11 f.

22 ErfK-*Koch,* Rn. 2; *Fitting,* Rn. 5; *GL,* Rn. 5; GK-*Weber,* Rn. 10; HaKo-BetrVG-*Tautphäus,* Rn. 1; HWGNRH-*Worzalla,* Rn. 1; Richardi-*Annuß,* vor § 42 Rn. 13.

23 *Fitting,* a.a.O.; HWK-*Diller,* Rn. 4; Richardi-*Annuß,* a.a.O.

II. Teilnehmerkreis

8 Die Betriebsversammlung besteht gemäß Abs. 1 1. Halbsatz aus den **AN des Betriebs.** Zu diesem Personenkreis gehören gemäß § 5 Abs. 1 Satz 1 vor allem die Arbeiter und Angestellten einschließlich der zu ihrer Berufsausbildung Beschäftigten (zu den Einzelheiten vgl. Rn 15 f.; zum AN-Begriff vgl. § 5 Rn. 8 ff.). Dieser Grundsatz wird jedoch vom Gesetz selbst nicht uneingeschränkt durchgehalten. So haben der **AG** (§ 43 Abs. 2 Satz 1), die **im Betrieb vertretenen Gewerkschaften** (§ 46 Abs. 1 Satz 1) und – unter bestimmten Voraussetzungen – **Verbandsvertreter von AG-Vereinigungen** (§ 46 Abs. 1 Satz 2) ein Teilnahmerecht. Dagegen sind die **leitenden Angestellten** nach § 5 Abs. 3 von Gesetzes wegen nicht teilnahmeberechtigt.[24] Die Teilnahme von leitenden Angestellten ist jedoch möglich, wenn sie der BR zu der Versammlung zulässt oder wenn sie als Vertreter des AG teilnehmen (vgl. § 43 Rn. 23).

9 Die **Teilnahme weiterer Personen** an der Betriebsversammlung ist zulässig, soweit ein **sachlicher Grund** dafür vorliegt.[25] Das ist etwa der Fall, wenn bestimmte Personen zwar nicht zu den AN des Betriebs gehören, aber wegen ihrer besonderen Funktion eine **enge sachliche Verbindung zum Betrieb und zu den AN** haben. Das gilt z. B. für die Mitglieder des **GBR,** des **KBR,** des **EBR,** des **WA** und die **AN-Vertreter im AR.**[26] Teilnahmeberechtigt sind auch **Mitglieder des BR (bzw. vergleichbarer Interessenvertretungsorgane) ausländischer Betriebe bzw. UN,** wenn diese mit dem UN, dem der Betrieb des einladenden BR angehört, wirtschaftlich und/oder gesellschaftsrechtlich verbunden sind,[27] insbes. wenn es sich um vom EBRG (vgl. dazu Anhang B)[28] erfasste UN und Konzerne handelt.[29] Darüber hinaus kann für eine ordnungsgemäße Durchführung der Betriebsversammlung die Teilnahme anderer Personen notwendig werden, wie etwa von **Sachverständigen** (§ 80 Abs. 3)[30] oder von **Dolmetschern** in Betrieben mit einem Anteil ausländischer AN (zu der Frage der Übernahme der Kosten für Dolmetscher in Betrieben mit ausländischen AN vgl. § 43 Rn. 11). Sachkundige **betriebsfremde Referenten** und **Auskunftspersonen** können zu Tagesordnungspunkten an der Betriebsversammlung teilnehmen, die sich im Rahmen der Funktion der Betriebsversammlung und der zulässigen Themen gemäß § 45 bewegen.[31]

10 Diese Personen haben jedoch **kein originäres Teilnahmerecht** wie die AN des Betriebs oder die vom Gesetz ausdrücklich erwähnten Personen. Ihre **Teilnahme setzt** daher eine **Einladung durch den BR voraus.** Sie haben im Übrigen, wenn es in der Betriebsversammlung zu Abstimmungen kommen sollte, kein Stimmrecht.[32] Hat der BR gegenüber solchen betriebsfremden Personen eine Einladung ausgesprochen, kommt es auf eine Duldung durch den AG nicht an.[33] Zur Teilnahme von **Politikern** vgl. § 45 Rn. 20, von **Vertretern der Medien** vgl. Rn. 27.

11 Wegen der Bedeutung der Betriebsversammlung innerhalb der Betriebsverfassung sollte **jeder AN** an ihr **teilzunehmen.** Ein **gesetzlicher Zwang** zur Teilnahme besteht allerdings nicht.[34] Eine Freistellung bzw. **Erlaubnis durch den AG** ist nicht Voraussetzung für die Teilnahme. Der **AG darf** die **Teilnahme** der AN an der Betriebsversammlung **nicht untersagen** oder durch sonstige Maßnahmen **behindern** oder **erschweren** (vgl. dazu die Einzelheiten bei Rn. 48 f.). Nimmt ein AN an einer während der Arbeitszeit stattfindenden Betriebsversammlung nicht teil, darf er den Betrieb gleichwohl nicht verlassen. Er ist, sofern dazu die Möglichkeit besteht,

---

24 *Fitting,* Rn. 15; *GL,* Rn. 7; HWGNRH-*Worzalla,* Rn. 12a; Richardi-*Annuß,* Rn. 6.

25 *Fitting,* Rn. 20; GK-*Weber,* Rn. 48; *GL,* Rn. 9; Richardi-*Annuß,* Rn. 36; a. A. HWGNRH-*Worzalla,* Rn. 23; wie hier auch *Simitis/Kreuder,* NZA 92, 1009, 1012.

26 *BAG* 13.9.77, 28.11.78, AP Nrn. 1, 2 zu § 42 BetrVG 1972; *Fitting,* Rn. 18; GK-*Weber,* Rn. 49; Richardi-*Annuß,* Rn. 35.

27 *LAG Baden-Württemberg* 16.1.98 – 5 TaBV 14/96, AuR 98, 286.

28 Gesetz über Europäische Betriebsräte (EBGR) vom 28.10.96.

29 A. A. Richardi-*Annuß,* a. a. O.

30 Vgl. dazu *BAG* 19.4.89, AiB 90, 36 f. mit Anm. *Trittin.*

31 *BAG* 13.9.77, a. a. O.; *ArbG Paderborn* 24.10.96, AuR 97, 168 = AiB 97, 414 mit Anm. *Peter* – Teilnahme von Vertretern mehrerer Krankenkassen.

32 *Fitting,* Rn. 27.

33 *BAG* 13.9.77, a. a. O.; ErfK-*Koch,* Rn. 4; *Fitting,* Rn. 20; a. A. *GL,* a. a. O.; HWGNRH-*Worzalla,* Rn. 21.

34 *Fitting,* Rn. 24, GK-*Weber,* Rn. 14; HWK-*Diller,* Rn. 16; Richardi-*Annuß,* Rn. 4.

zur Arbeitsleistung verpflichtet. Zu der Frage des Entgeltausfalls, wenn die Möglichkeit des Weiterarbeitens nicht besteht, vgl. § 44 Rn. 26.

12 **Teilnahmeberechtigt** an der Betriebsversammlung sind **alle AN** (zum AN-Begriff vgl. § 5 Rn. 8 ff., zum Teilnahmerecht bestimmter AN-Gruppen vgl. Rn. 15 f.), die einem **Betrieb** i. S. v. Abs. 1 **zuzurechnen** sind. Dazu gehören der **Betrieb i. S. d. § 1** (einschließlich des **gemeinsamen Betriebs mehrerer UN,** vgl. § 1 Abs. 2), **betriebsverfassungsrechtliche Organisationseinheiten** gemäß § 3 Abs. 5, **Betriebsteile gemäß § 4 Abs. 1 Satz 1,** mit dem **Hauptbetrieb** zusammengefasste **Betriebsteile gemäß § 4 Abs. 1 Satz 2** und **Kleinstbetriebe** gemäß § 4 Abs. 2.[35] Auch der **auf Initiative der AN** gemäß § 3 Abs. 3 **gewählte unternehmenseinheitliche BR** führt zu einem Betrieb bzw. einer betriebsverfassungsrechtlichen Organisationseinheit, für den bzw. die eine Betriebsversammlung durchzuführen ist. Der in § 3 Abs. 5 fehlende ausdrückliche Verweis auf § 3 Abs. 3 rechtfertigt es nicht, bei der Zulässigkeit einer »unternehmenseinheitlichen« Betriebsversammlung zwischen den Fällen des § 3 Abs. 1 Nr. 1 a) und des § 3 Abs. 3 zu unterscheiden.[36]

13 Aus Anlass von Betriebs- oder UN-Umstrukturierungen kann das Bedürfnis der Durchführung **gemeinsamer Versammlungen der AN mehrerer Betriebe** (ggf. eines ganzen **UN** oder **Konzerns**) bestehen. Von den Fällen des Vorliegens abweichend gebildeter betriebsverfassungsrechtlicher Organisationseinheiten gemäß § 3 Abs. 1–3 abgesehen, dürfte es sich bei derartigen Versammlungen nicht um eine Betriebsversammlung i. S. d. Abs. 1 handeln.[37] Die Durchführung derartiger Versammlungen kann allerdings mit dem bzw. den beteiligten AG vereinbart werden. Daneben besteht die Möglichkeit, die Betriebsversammlungen der in Frage kommenden einzelnen Betriebe bei Vorliegen eines entsprechenden Bedürfnisses bezüglich ihrer Tagesordnung und zeitlichen Lage zu koordinieren. Schließlich ist auf die Möglichkeit der Durchführung von **BR-Versammlungen** gemäß § 53 und deren kollektivvertraglicher Erweiterung bezüglich ihres Teilnehmerkreises und ihrer Durchführung auf Konzernebene (streitig, vgl. § 53 Rn. 3 f.) hinzuweisen.[38]

14 Von den »Initiativrechten« gemäß §§ 14a, 17 und 43 Abs. 3 Satz 1 (bei Einberufung durch den BR) abgesehen, sieht das Gesetz ein **Selbstversammlungsrecht der AN** im Betrieb nicht vor. Finden im Einvernehmen mit dem AG sonstige Versammlungen der AN im Betrieb statt, können die Vorschriften der §§ 42–46 nur auf Grund einer besonderen Vereinbarung mit dem AG zur Anwendung kommen.[39] Unzulässig sind sonstige Versammlungen der AN im Betrieb zu Themen, die den Aufgabenbereich des BR und der Betriebsversammlung betreffen (**»Gegenveranstaltungen«,** vgl. Rn. 50 ff.).

15 Das Teilnahmerecht steht zunächst allen AN zu, die in einem Vertragsverhältnis zum Arbeitgeber stehen und in den Betrieb eingegliedert sind (vgl. zum AN-Begriff aber auch vgl. § 5 Rn. 8 ff.) Dabei ist es unerheblich, ob die AN ständig oder nicht ständig Beschäftigte, Jugendliche oder Erwachsene oder wahlberechtigt sind.[40] Zu den **teilnahmeberechtigten AN** gehören daher auch **befristet Beschäftigte, Teilzeitbeschäftigte, AN,** die ganz oder teilweise ihre Arbeitsleistung im **Homeoffice** oder in Gestalt **mobiler Arbeit** erbringen, AN auf ausgelagerten Arbeitsplätzen, Heim-AN und Tele-AN (vgl. dazu § 5 Abs. 1 2. Halbsatz) und **Auszubildende** (vgl. § 5 Abs. 1. Halbsatz). Dies gilt auch für **gekündigte AN,** wenn ein Kündigungsschutzverfahren wegen dieser Kündigung anhängig ist.[41] Schließlich sind AN teilnahmeberechtigt, für die am Tag der Betriebsversammlung **keine Arbeitspflicht** besteht, z. B. während einer

---

35 ErfK-*Koch*, Rn. 3; *Fitting*, Rn. 14; HaKo-BetrVG-*Tautphäus*, Rn. 3; Richardi-*Annuß*, Rn. 3.
36 *Fitting*, Rn. 14; GK-*Weber*, Rn. 14; HaKo-BetrVG-*Tautphäus*, a. a. O.
37 *Fitting*, a. a. O.; Richardi-*Annuß*, Rn. 3.
38 Zur Einberufung einer Informationsveranstaltung zur BR-Wahl in einem betriebsratslosen Betrieb durch den GBR vgl. *BAG* 16. 11. 11 – 7 ABR 28/10, NZA 12, 404 (verneint).
39 *Fitting*, Rn. 12; GK-*Weber*, Rn. 11; HWK-*Diller*, Rn. 13; Richardi-*Annuß*, Rn. 74 f.
40 Richardi-*Annuß*, Rn. 4; *Fitting*, Rn. 14; *GL*, Rn. 6.
41 *LAG Mecklenburg-Vorpommern* 30. 1. 173 – TaBVGa 1/17, AuR 17, 416 Ls. = juris; *ArbG Hamburg* 14. 7. 77 – 14 Ga/Bo 31/77; GK-*Weber*, Rn. 16; Hako-BetrVG-*Tautphäus*, Rn. 9.

Freischicht,[42] des **Freizeitausgleichs für Mehrarbeit,**[43] des **Urlaubs,**[44] der **Elternzeit,**[45] der Freistellungsphase der **Altersteilzeit** im Blockmodell (vgl. dazu auch § 7 Rn. 12),[46] der **Kurzarbeit**[47] oder eines **Arbeitskampfes.**[48] AN, die **in mehreren Betrieben** beschäftigt sind, können an allen Betriebsversammlungen dieser Betriebe teilnehmen.[49]

Das Teilnahmerecht an der BV steht grundsätzlich auch AN zu, die keinen Arbeitsvertrag mit dem AG haben, aber zur Erbringung der Arbeitsleistung in dessen Betrieb eingegliedert sind. Dies ergibt sich aus dem wesentlichen Zweck der Betriebsversammlung (vgl. Rn. 5): für das Teilnahmerecht eines AN an der Kommunikation zwischen dem BR und der Belegschaft, insbesondere zu allen Themen und Gegenständen, die die Zusammenarbeit der AN, deren Arbeitsbedingungen und die **darauf bezogenen Handlungsmöglichkeiten und Mitbestimmungsrechte des BR** betreffen, kann es neben der Eingliederung in den Betrieb nicht zwingend zusätzlich auf das Vorliegen einer vertragliche Bindung zum AG ankommen. Dem hat der Gesetzgeber durch die ausdrückliche Regelung Rechnung getragen, dass **Leih-AN** an Betriebsversammlungen im Betrieb des Entleiher-UN teilnehmen können (vgl. § 14 Abs. 2 Satz 2 AÜG).[50] Dies gilt auch für sonstige **von anderen AG zur Arbeitsleistung im Betrieb überlassene AN,** auch wenn diese (noch) nicht gemäß § 7 Satz 2 wahlberechtigt sind.[51] Weiterhin gehören Beamte, Soldaten sowie AN des öffentlichen Dienstes einschließlich der zu ihrer Berufsausbildung Beschäftigten, die in Betrieben privatrechtlich organisierter UN tätig sind, zu den teilnahmeberechtigten AN (vgl. § 5 Abs. 1 Satz 3).[52] Für **Beamte,** denen gemäß **§ 4 Abs. 4 Satz 1 und Satz 2 PostPersRG** eine Tätigkeit in einem Unternehmen zugewiesen ist, und die gemäß § 24 Abs. 3 Satz 1 PostPersRG betriebsverfassungsrechtlich als AN dieses Einsatzbetriebes gelten, besteht nach Auffassung des BAG[53] lediglich ein Teilnahmerecht an der **Betriebsversammlung des Einsatzbetriebes,** nicht aber an der des Stammbetriebes. **Auszubildende** eines **reinen Ausbildungsbetriebes,** die zum Zwecke ihrer Ausbildung (vorübergehend) dem Betrieb eines anderen (Konzern-) Unternehmens zugewiesen sind, können während ihrer Ausbildungszeit in diesem Betrieb an den dort stattfindenden Betriebsversammlungen teilnehmen.[54] 15a

Auch im **Außendienst**[55] oder vorübergehend **im Ausland tätige AN**[56] des Betriebes haben wegen des Vorrangs der Betriebsversammlung in Form der Vollversammlung gegenüber der Teilversammlung (vgl. dazu Rn. 30ff.) grundsätzlich das Recht, an Betriebsversammlungen teilzunehmen. Wenn im Betrieb zahlreiche **Außendienst-AN** beschäftigt sind und die Teilnahme an der Betriebsversammlung wegen der Eigenart des Betriebes, etwa aus zeitlichen, verkehrstechnischen oder sonstigen Gründen, nicht möglich ist, kommt in derartigen Fällen für die betroffenen AN die Abhaltung von **Teilversammlungen** (vgl. Rn. 29ff.) in Frage.[57] Für **im Ausland tätige AN** des Betriebs soll es nach einer Entscheidung des *BAG*[58] wegen der Geltung des Territorialitätsprinzips (vgl. dazu und zur Kritik dieses Ansatzes § 1 Rn. 23ff.) nicht zulässig sein, Betriebs-, Teil- oder Abteilungsversammlungen im Ausland durchzuführen. 16

---

42 *Fitting,* a.a.O.; HWGNRH-*Worzalla,* Rn. 16.
43 *Fitting,* a.a.O.
44 *BAG* 5.5.87, AP Nr. 5 zu § 44 BetrVG 1972.
45 *BAG* 31.5.89, DB 90, 793.
46 *SWS,* Rn. 14; a.A. *Fitting,* a.a.O.
47 *BAG* 5.5.87, AP Nr. 6 zu § 44 BetrVG 1972.
48 *BAG* 5.5.87, AP Nr. 4 zu § 44 BetrVG 1972.
49 GK-*Weber,* a.a.O.
50 *BAG* 24.8.11 – 7 ABR 8/10, NZA 12, 223.
51 *Fitting,* Rn. 14a; wohl auch Richardi-*Annuß,* Rn. 7.
52 *BAG* 5.12.12 – 7 ABR 48/11, NZA 13, 793.
53 *BAG* 5.12.12 – 7 ABR 48/11, AuR 13, 183 Ls., juris.
54 *BAG* 24.8.11, a.a.O.
55 *Fitting,* a.a.O.; HWGNRH-*Worzalla,* a.a.O.; einschränkend *GL,* a.a.O.
56 *Fitting,* a.a.O.; GK-*Weber,* Rn. 17; Hako-BetrVG-*Tautphäus,* Rn. 6.
57 *Fitting,* Rn. 55.
58 *BAG* 27.5.82, AP Nr. 3 zu § 42 BetrVG 1972; ebenso ErfK-*Koch,* §§ 42–46 Rn. 3; HWGNRH-*Worzalla,* Rn. 3.

Dies überzeugt nicht, da im Ausland tätige AN nach der Ausstrahlungstheorie durchaus noch dem im Inland gelegenen Betrieb zuzurechnen sein können.[59] Wenn AN vorübergehend (z. B. auf einer Auslandsbaustelle) oder auch dauerhaft mit enger Anbindung an den Inlandsbetrieb im Ausland tätig sind, damit zum Betrieb gehören (zur Frage der Zugehörigkeit im Ausland tätiger AN zum Inlandsbetrieb vgl. Einl. Rn. 245, § 1 Rn. 23 ff.) und wegen der Eigenart des Betriebes eine Teilnahme an einer Betriebsversammlung im Inland nicht möglich ist, kann für die betroffenen AN auch im Ausland eine Teilversammlung durchgeführt werden.[60] Dies gilt jedenfalls dann, wenn dem nicht zwingendes Recht des jeweiligen ausländischen Staates entgegensteht. Als Auffangregelung wird unter dem Gesichtspunkt der nach dieser Auffassung auf die Durchführung der Betriebsversammlungen im Inland abstellenden Konzeption des Gesetzgebers als Alternative die Ausschöpfung anderer Kommunikationsmöglichkeiten zwischen AN und BR im Ausland (z. B. die Durchführung von Sprechstunden) in Erwägung gezogen.[61] Zu der Frage der Erstattung von Fahrkosten und der Vergütung der Zeit der Teilnahme an der Versammlung einschließlich der zusätzlichen Wegezeiten für solche AN vgl. § 44 Rn. 22.

III. Einberufung

17 Über die **Formalien der Einberufung** zu den Betriebsversammlungen enthält das Gesetz keine ausdrücklichen Regelungen.

18 **Ort, Zeit** und **Tagesordnung** sind vom BR zu beschließen und den AN **rechtzeitig** bekannt zu geben.[62] Was rechtzeitig ist, richtet sich zunächst nach den **betrieblichen Gegebenheiten.** Darüber hinaus muss insbes. bei regelmäßigen Betriebsversammlungen gewährleistet sein, dass alle Teilnahmeberechtigten die Möglichkeit haben, sich auf den Termin einzustellen. Dabei ist auch auf AN Rücksicht zu nehmen, die sich z. B. wegen einer Außendiensttätigkeit oder wegen Urlaubs oder Krankheit nicht oder nur sporadisch im Betrieb befinden. Die **Einladungsfrist** muss so bemessen sein, dass sich die **AN** sachgerecht auf die Betriebsversammlung vorbereiten (z. B. Vorbereitung von Stellungnahmen und Anträgen gemäß § 45 Abs. 2) und dass sich auch die **Gewerkschaft** und der **AG terminlich** und **inhaltlich** auf die Betriebsversammlung einrichten können.[63] Eine bestimmte Frist, etwa zwei Wochen,[64] mindestens eine Woche[65] oder drei Tage,[66] braucht allerdings nicht eingehalten zu werden,[67] da stets die Gegebenheiten des Einzelfalls maßgebend sind.[68]

19 Auf welche Weise die Teilnehmer eingeladen werden, z. B. durch **Anschlag am »Schwarzen Brett«, Rundschreiben, Handzettel, Werkszeitung oder Schreiben an die Privatanschriften** u. ä., richtet sich ebenfalls **nach den betrieblichen Gegebenheiten** und dem Erfordernis der ausreichenden und rechtzeitigen Information aller Teilnahmeberechtigten. Können teilnahmeberechtigte AN wegen ihrer vorübergehenden oder ständigen Abwesenheit vom Betrieb durch eine nur im Betrieb bekannt gemachte Information von der Einladung zur Betriebsversammlung keine oder nicht rechtzeitig Kenntnis erlangen, ist der AG verpflichtet, dem BR zum

---

59 *LAG München* 7.7.10 – 5 TaBV 18/09, juris; *Fitting*, Rn. 55a.

60 *LAG Hamm* 12.3.80, DB 80, 1030; *ArbG Herne* 23.11.79 – 1 BV 16/79 (Vorinstanzen zu *BAG* 27.5.82, a. a. O.); *Beitzke*, Anm. zu *BAG* 27.5.82, AP Nr. 3 zu § 42 BetrVG 1972; *Bobke-von Camen*, AiB 89, 230 [233]; *Däubler*, AuR 90, 1 [6 ff.]; GK-*Weber*, Rn. 25; *GL*, Rn. 13; Richardi-*Annuß*, vor § 42 Rn. 9; einschränkend *Fitting*, a. a. O.

61 *Fitting*, a. a. O.

62 Zu den praktischen Fragen, insbes. den Vor- und Nachteilen der Durchführung der Betriebsversammlung innerhalb oder außerhalb des Betriebs und der zeitlichen Lage innerhalb der Schicht, *Vorbrücken*, BR-Info 95, 9 ff.; zu Musterschreiben und -beschlüssen vgl. auch DKWF-*Berg*, §§ 42–46 Rn. 5 ff.

63 Vgl. zum Ganzen auch *LAG Düsseldorf* 11.4.89, DB 89, 2284.

64 So *ArbG Berlin* 11.12.72, DB 73, 140 f.

65 HWK-*Diller*, Rn. 19; WPK-*Roloff*, Rn. 5.

66 So *LAG Düsseldorf* 11.4.89, a. a. O.

67 *ArbG Bielefeld* 20.4.90, DB 90, 1776; Richardi-*Annuß*, Rn. 12.

68 *LAG Düsseldorf* 11.4.89, a. a. O.

Zweck der Einladung zur Betriebsversammlung die Privatanschriften der entsprechenden AN zur Verfügung zu stellen.[69] Dies ist auch unter datenschutzrechtlichen Gesichtspunkten unbedenklich.[70] Werden im Betrieb **EDV-gestützte Kommunikationssysteme** eingesetzt, ist deren Benutzung durch den BR zur Einladung der Teilnehmer der Betriebsversammlung erforderlich und vom AG zu gestatten.[71] Das gilt insbesondere für weitgehend betriebsabwesende, im Außendienst tätige AN, die den Kontakt zum Betrieb über elektronische Medien aufrechterhalten (vgl. dazu auch § 40 Rn. 140 ff.),[72] oder wenn auf Grund besonderer Umstände eine Betriebsversammlung sehr kurzfristig einberufen werden muss.[73]

Als **Ort** der Betriebsversammlung ist in der Regel ein **geeigneter Versammlungsraum im Betrieb** zu bestimmen. Ist ein solcher vorhanden, ist der BR gehalten, diesen Raum für die Betriebsversammlung zu nutzen,[74] was sich auch wegen der Nähe zum Betriebsgeschehen in der Regel empfiehlt.[75] Der **AG** ist in analoger Anwendung von § 40 Abs. 1 (vgl. § 40 Rn. 15) verpflichtet, eine **geeignete** Räumlichkeit zur Verfügung zu stellen.[76] Geeignet ist in der Regel eine Räumlichkeit, die es ermöglicht, die Betriebsversammlung als **Vollversammlung aller AN** des Betriebs durchzuführen (zu den engen Voraussetzungen der Durchführung der Betriebsversammlung in Form mehrerer Teilversammlungen anstelle einer Vollversammlung vgl. Rn. 30 ff., 34). Die **Lautsprecherübertragung** der Betriebsversammlung in andere Räume des Betriebs entbindet den AG – soweit überhaupt zulässig (vgl. dazu Rn. 26) – nicht von seiner Verpflichtung, einen Versammlungsraum zur Verfügung zu stellen, der von seiner Größe her geeignet ist, allen AN des Betriebs die Teilnahme zu ermöglichen, Die **Geeignetheit des Versammlungsraums setzt außerdem voraus,** dass er mindestens mit Sitzplätzen und einer Lautsprecheranlage ausgestattet ist und bei Bedarf in erforderlichem Umfang beheizt und beleuchtet werden kann.[77] Bei einer sehr großen Teilnehmerzahl kann der Einsatz weiterer Konferenztechnik (z. B. Mittel zur Bild- und Tonübertragung, Saalmikrophone) erforderlich sein. Eine Durchführung der Betriebsversammlung auf dem **Betriebsgelände unter freiem Himmel** kommt in der Regel nicht in Betracht[78] und setzt stets zumutbare Witterungsbedingungen, die Gewährleistung der Nichtöffentlichkeit (vgl. dazu Rn. 24 ff.) und eine erforderliche Bestuhlung und Lautsprecheranlage voraus. **Virtuelle Betriebsversammlungen** mittels audiovisueller Einrichtungen sind nicht zulässig. Aus Anlass der **COVID-19-Pandemie** wurde allerdings die Sonderregelung des § 129 Abs. 1 bis zum 7.4.2023 wieder in Kraft gesetzt (vgl. dazu Rn 27). 20

Stehen mehrere Räume zur Auswahl, entscheidet der BR über den Ort der Versammlung.[79] Der BR ist jedenfalls nicht verpflichtet, die Betriebsversammlung in einem Raum durchzuführen, dessen Auswahl nicht im Einvernehmen mit dem AG festgelegt wurde, weil der BR einen anderen Raum für geeigneter hält.[80] Existiert im Betrieb **kein geeigneter Versammlungsraum,** ist der AG verpflichtet, die Durchführung der Betriebsversammlung in einem **angemieteten Raum außerhalb des Betriebs** zu ermöglichen.[81] Weigert sich der AG, einen geeigneten Raum zur Verfügung zu stellen, kann der BR entsprechende Räumlichkeiten – bei 20a

69 *ArbG Bonn* 21. 1. 15 – 4 BV 81/14, juris; *ArbG Berlin* 29. 1. 04 – 75 BVGa 1964/04, NZA-RR 04, 642; *Fitting*, Rn. 32.
70 *ArbG Bonn*, a. a. O.
71 Einladung auch per E-Mail: *Fitting*, a. a. O.; HWK-*Diller*, a. a. O.; Richardi-*Annuß*, Rn. 13; *SWS*, Rn. 8; WPK-*Roloff*, a. a. O.
72 Vgl. dazu *LAG Köln* 10. 1. 92 – 12 TaBV 52/91, NZA 92, 519 = AiB 92, 292; *ArbG München* 17. 10. 91, CR 92, 353 = AiB 92, 95.
73 *ArbG München* 19. 11. 96 – 19 BV 00126/96.
74 Im Ergebnis wie hier *HessLAG* 12. 6. 12 – 16 TaBVGa 149/12, juris.
75 Vgl. *Vorbrücken*, a. a. O.
76 GK-*Weber*, Rn. 22.
77 GK-*Weber*, Rn. 23.
78 GK-*Weber*, Rn. 24 (nur »ausnahmsweise«).
79 *GL*, Rn. 18; im Einvernehmen mit dem AG: *Fitting*, Rn. 31; a. A. *HessLAG* 10. 10. 13 – 5 TaBV 323/12, juris; *HessLAG* 12. 6. 12 – 16 TaBVGa 149/12. juris; GK-*Weber*, a. a. O.; HWGNRH-*Worzalla*, Rn. 32.
80 *Fitting*, a. a. O.; Richardi-*Annuß*, Rn. 16.
81 *LAG Hamm* 5. 10. 20 – 13 TaBVGa 16/20; GK-*Weber*, Rn. 24.

Kostentragungspflicht des AG (vgl. § 40 Rn. 15) – anmieten.[82] Die Gegenauffassung verkennt, dass die durch die Durchführung einer Betriebsversammlung entstehenden Kosten unter § 40 Abs. 1 fallen und dass der Versammlungsort für eine Betriebsversammlung nicht zu den »Räumen und sachlichen Mitteln« gehört, die der AG gemäß § 40 Abs. 2 »für die Sitzungen, die Sprechstunden und die laufende Geschäftsführung« des BR zur Verfügung zu stellen hat. Im Rahmen der Kostentragungspflicht des AG gemäß § 40 Abs. 1 ist der BR nicht verpflichtet, vor der Verursachung der Kosten die Zustimmung des AG einzuholen, sondern hat im Rahmen der Erforderlichkeit der verursachten Kosten einen Freistellungs- bzw. Erstattungs- oder Zahlungsanspruch gegen den AG (zu den Einzelheiten vgl. auch § 40 Rn. 3 ff., 15).[83] Der Betriebsrat hat in derartigen Fällen zumindest einen Anspruch auf die Gewährung eines **Kostenvorschusses zur Anmietung eines geeigneten Versammlungsraums** durch den AG, der bei Vorliegen der entsprechenden Voraussetzungen auch im Wege der einstweiligen Verfügung durchgesetzt werde kann.[84] Zumindest in den Fällen eines sehr eilbedürftigen Anlasses für die sofortige Durchführung einer Betriebsversammlung ist sind die Möglichkeiten der Erwirkung einer einstweiligen Verfügung (§ 85 Abs. 2 ArbGG) durch den BR allerdings nur bedingt hilfreich.[85]

IV. Versammlungsleitung

21 Die Betriebsversammlung, die auf der Grundlage eines entsprechenden BR-Beschlusses einberufen wird (vgl. Rn. 17 ff.), hat der **BR-Vorsitzende zu leiten** (Abs. 1 Satz 1 2. Halbsatz). Im Falle seiner Verhinderung erfolgt die Leitung durch den stellvertretenden BR-Vorsitzenden. Sind der BR-Vorsitzende und sein Stellvertreter verhindert, kann der BR ein anderes seiner Mitglieder mit der Leitung der Betriebsversammlung beauftragen.[86] Die **Befugnisse des Versammlungsleiters** hat das Gesetz im Einzelnen nicht festgelegt. Es entspricht allgemeiner Meinung, dass er insbesondere die Rednerliste zu führen, das Wort zu erteilen und zu entziehen sowie ggf. Abstimmungen zu leiten hat. Darüber hinaus hat der Versammlungsleiter allgemein die Aufgabe, für einen störungsfreien und ordnungsgemäßen Ablauf der Versammlung zu sorgen.[87]

22 Der/die BR-Vorsitzende bzw. deren Stellvertreter:in übt als Versammlungsleiter:in während der Versammlung innerhalb des **Versammlungsraumes,**[88] in den **Vorräumen** und auf den **Zugangswegen**[89] das **Hausrecht** aus. Das Hausrecht wird in dem vorstehend beschriebenen Umfang somit nicht vom AG wahrgenommen. Dieser darf insbesondere keinem Teilnahmeberechtigten den **Zugang** zur Versammlung **verweigern**[90] oder daran hindern, das Wort zu ergreifen. Auch ist der/die BR-Vorsitzende allein befugt und verpflichtet, alle geeigneten, erforderlichen und verhältnismäßigen Vorkehrungen zu treffen, den Zugang nicht teilnahmeberechtigter Personen zu unterbinden und die Sicherheit der Teilnehmer:innen zu gewährleisten. Der AG hat nicht das Recht, die Einlasskontrolle zur Betriebsversammlung selbst durchzuführen, etwa durch den Einsatz von AN externer Security-Dienstleister, oder dem BR entsprechenden Anweisungen zu erteilen. Allenfalls dann, wenn die Betriebsversammlung durch **nachhaltige grobe Verstöße** gegen den gesetzlichen Rahmen ihren Charakter als Betriebsversammlung

82 ErfK-*Koch*, § 43 Rn. 6; *Fitting*, Rn. 31; HaKo-BetrVG-*Tautphäus*, Rn. 12; a. A. GK-*Weber*, Rn. 31; *Renker*, AiB 01, 701, 705; Richardi-*Annuß*, Rn. 18, der allein den AG zur Anmietung für berechtigt und verpflichtet hält und den BR auf die Durchsetzung über das Arbeitsgericht verweist.

83 Wie hier wohl auch *Fitting*, a. a. O.

84 *LAG Hamm* 5.10.20, a. a. O.

85 Im Ergebnis auch ErfK-*Koch*, a. a. O.

86 *BAG* 19.5.78, AP Nr. 3 zu § 43 BetrVG 1972.

87 Zu Einzelfragen des Ablaufs der Betriebsversammlung und der Geschäftsordnung vgl. *Mußler*, NZA 85, 455.

88 *BAG* 18.3.64, AP Nr. 1 zu § 45 BetrVG; 13.9.77, AP Nr. 1 zu § 42 BetrVG 1972.

89 A. A. *LAG Düsseldorf* 11.1.11 17 TaBV 160/09, juris, anhängig *BAG* 1 ABR 11/11; offengelassen *LAG Hamm*, 17.3.05 – 10 TaBV 51/05; wie hier *Fitting*, Rn. 36; a. A. ErfK-*Koch*, Rn. 4; GK-*Weber*, Rn. 39; HaKo-*Tautphäus* Rn. 25; Richardi-*Annuß*, Rn. 29.

90 *BAG* 20.10.99 – 7 ABR 37/98, juris; *LAG Düsseldorf* 11.1.11., a. a. O.

verliert, kann dem AG das Hausrecht wieder zuwachsen.[91] Der Versammlungsleiter übt das Hausrecht auch gegenüber sonstigen Teilnehmern der Betriebsversammlung aus (zur Problematik der Teilnahme von Außenstehenden und des Grundsatzes der Nichtöffentlichkeit vgl. Rn. 9 ff., 27 ff.).

V. Tagesordnung

Für den Ablauf der Betriebsversammlung ist die vom BR vorher **festgesetzte Tagesordnung** maßgebend. Diese muss sich grundsätzlich in dem Rahmen halten, wie er durch diese Vorschrift und § 45 vorgegeben wird. Dem AG ist die Tagesordnung rechtzeitig zu übermitteln (§ 43 Abs. 2 Satz 1), ebenfalls den im BR vertretenen Gewerkschaften (§ 46 Abs. 2). Die gesetzlich vorgesehenen Teilnehmer der Betriebsversammlung, also die AN, der AG und die im Betrieb vertretenen Gewerkschaften, können Ergänzungen oder Änderungen der Tagesordnung anregen. Bei Betriebsversammlungen nach § 43 Abs. 3, d.h. Versammlungen, die auf Wunsch des AG oder von mindestens einem Viertel der wahlberechtigten AN stattfinden, ist der BR allerdings **verpflichtet,** den beantragten Beratungsgegenstand auf die Tagesordnung zu setzen. Aber auch hierbei hat er zu prüfen, ob die Anträge zulässig sind und sich innerhalb des Rahmens von § 45 bewegen. 23

VI. Nichtöffentlichkeit

Die Betriebsversammlung ist **nicht öffentlich** (Abs. 1 Satz 2). Das bedeutet vor allem, dass die Versammlung grundsätzlich in geschlossenen Räumen abzuhalten ist, weil in der Regel nur dort die Nichtöffentlichkeit aufrechterhalten werden kann, und eine Beschränkung des Teilnehmerkreises auf diejenigen Personen erfolgt, die entweder ein gesetzliches Teilnahmerecht haben oder vom BR wegen der bestehenden sachlichen Verbindung zur Betriebsversammlung eingeladen worden sind (zur Teilnahme betriebsfremder Personen vgl. Rn. 5). Der/die BR-Vorsitzende ist verpflichtet, in Abhängigkeit von der Anzahl der Teilnehmer:innen und dem Ort der Betriebsversammlung (im Betrieb bzw. auf dem Betriebsgelände oder Versammlungsraum außerhalb der Betriebsgeländes), die nötigen Vorkehrungen für die Durchführung einer ggf. erforderlichen Einlasskontrolle zu treffen (vgl. dazu auch Rn. 22). Liegt für die Teilnahme **betriebsfremder Personen,** die der BR eingeladen hat, ein sachlicher Grund vor und wird § 45 hinsichtlich der behandelten Themen berücksichtigt, wird der Grundsatz der Nichtöffentlichkeit der Betriebsversammlung durch die Teilnahme dieser Personen nicht verletzt.[92] Der BR ist etwa berechtigt, auch die nicht dem Betrieb angehörenden **AN-Mitglieder des AR** und die **AG-Mitglieder des AR** zu einer Betriebsversammlung einzuladen, wenn die Tätigkeit der vom AR zu überwachenden Unternehmensleitung Gegenstand der Tagesordnung ist.[93] 24

Öffentlich ist eine Versammlung immer dann, wenn der Kreis der Teilnehmer **unbestimmt** bleibt, sie also grundsätzlich jedermann zugänglich ist. **Sachfremde Einflüsse** sollen von der Betriebsversammlung ferngehalten werden, damit die AN des Betriebs die gesetzlichen Möglichkeiten, die ihnen die Betriebsversammlung bietet, unbeeinflusst wahrnehmen können. Außerdem dient das Gebot der Nichtöffentlichkeit dem **Persönlichkeitsschutz** der AN, die sich aktiv, insbesondere mit Redebeiträgen, an der Betriebsversammlung beteiligen. 25

Ton- und Bildaufnahmen der Betriebsversammlung ohne Zustimmung und ohne entsprechenden Hinweis des Versammlungsleiters den Teilnehmern der Betriebsversammlung gegenüber in jedem Fall unzulässig[94] und können den Straftatbestand des § 201 StGB erfüllen.[95] 26

---

91 So grundsätzlich auch *Fitting,* a.a.O.; Richardi-*Annuß,* Rn. 25.

92 *BAG* 13.9.77, AP Nr. 1 zu § 42 BetrVG 1972; *ArbG Paderborn* 24.10.96, AuR 97, 168 = AiB 97, 414 mit Anm. *Peter.*

93 *LAG Berlin-Brandenburg* 8.9.16 – 5 TaBV 780/15, juris.

94 *LAG München* 15.11.77, DB 78, 894; ErfK-*Koch,* Rn. 8; *Fitting,* Rn. 45; GK-*Weber,* Rn. 53; Richardi-*Annuß,* Rn. 40.

95 Weitergehend *Zieger,* PersR 96, 268, der die Zustimmung aller Teilnehmer fordert; *Leuze,* ZTR 00, 206 [248] und MünchArbR-*Joost,* § 224 Rn. 45, halten die Zustimmung jedes einzelnen Versammlungsteilnehmers für erforderlich, der einen Wortbeitrag hält.

Jeder Teilnehmer hat das Recht, die **Aufnahme** seiner Redebeiträge zu **untersagen.**[96] Heimliche Tonbandaufnahmen durch einen AN können eine außerordentliche Kündigung rechtfertigen.[97] Der BR-Vorsitzende ist verpflichtet, etwaige Tonbandaufnahmen für den BR sicher zu verwahren, und darf sie Dritten nicht zugänglich machen.[98] Insbes. hat der AG kein Recht, ohne Einverständnis der Betroffenen Tonbandaufnahmen vom BR heraus zu verlangen,[99] um sie abzuhören. Unzulässig ist auch die **Anfertigung von Wortprotokollen durch den AG,** da durch solche Protokolle die freie Meinungsäußerung behindert wird.[100] Dies gilt auch für die stichwortartige Protokollierung des Inhalts von Wortbeiträgen einzelner AN durch den AG, da ein derartiges Verhalten des AG regelmäßig geeignet ist, die Betriebsversammlung als ein Forum der freien Meinungsäußerung und der kritischen Auseinandersetzung in ihrer Funktion zu beeinträchtigen.[101] Der **AG hat kein Einsichtsrecht** bezüglich der vom BR rechtmäßig vorgenommenen Tonbandaufzeichnungen oder erstellten Wortprotokolle. Eine entsprechende Anwendung von § 34 Abs. 2 Satz 1 scheidet wegen dessen spezieller Zweckbestimmung aus.[102] Die **Übertragung der Redebeiträge mittels Lautsprecher** in andere Räume des Betriebs, die **nicht** der Durchführung der Betriebsversammlung dienen[103] (vgl. dazu Rn. 20), verstößt nicht gegen den Grundsatz der Nichtöffentlichkeit der Betriebsversammlung, wenn gewährleistet ist, dass sich dort nur AN des Betriebs aufhalten können.[104] Mit einer derartigen Lautsprecherübertragung in andere Räume kann allerdings nicht die Ungeeignetheit eines Versammlungsraums mit einem unzureichenden Fassungsvermögen kompensiert werden (vgl. Rn. 20), da die Betriebsversammlung ihrem Zweck nach ein gemeinsames betriebliches **Forum der Kommunikation und Aussprache** der AN ist. Eine Beschränkung eines Teils der AN auf passive Kenntnisnahme durch eine Audio- oder auch Videoübertragung der Betriebsversammlung ist daher unzulässig.[105]

27 Vor dem Hintergrund der Zwecke des Grundsatzes der Nichtöffentlichkeit (vgl. Rn. 25) und insbesondere wegen des **Persönlichkeitsschutzes** der teilnehmenden AN, ist es **nicht zulässig,** eine **Betriebsversammlung** mit Einsatz digitaler Technik für alle teilnahmeberechtigten Personen (oder auch nur für die an der Teilnahme Verhinderten[106]) **»virtuell«** bzw. in Gestalt einer **Videokonferenz** durchzuführen.[107] Außerdem ergibt sich die Unzulässigkeit daraus, dass jeder/e Teilnehmer:in einer Betriebsversammlung der Bild- und Tonaufnahme seines Redebeitrages widersprechen kann (s. Rn. 26). Wird von diesem Widerspruchsrecht Gebrauch gemacht, ist auch die Verfolgung des vollständigen Ablaufs der Betriebsversammlung nicht gewährleistet (zur Zulässigkeit der Durchführung von BR-Sitzungen als Video- oder Telefonkonferenz s. § 30 Rn. 17 ff., § 33 Rn. 10 ff.; die für die Ausnahmesituation der COVID-19-Pandemie vorübergehend geschaffenen Vorschrift des § 129 Abs. 1 BetrVG, nach der Betriebsversammlungen mittels audio-visueller Einrichtungen durchgeführt werden können, ist am 7.4.2023 außer Kraft getreten[108] (vgl. dazu die Kommentierung zu § 129 Rn. 4 ff., in der

---

96 ErfK-*Koch,* a. a. O.; *Fitting,* a. a. O.; GK-*Weber,* a. a. O.; Richardi-*Annuß,* a. a. O.
97 *LAG Düsseldorf* 28. 3. 80, DB 80, 2396.
98 *Fitting,* a. a. O.; *GL,* Rn. 31; *Zieger,* a. a. O.; Richardi-*Annuß,* Rn. 41.
99 *LAG Düsseldorf* 14. 1. 81, BetrR 81, 422.
100 *LAG Hamm* 9. 7. 86, AiB 87, 46 f.; ErfK-*Koch,* a. a. O.; *Fitting,* Rn. 47; MünchArbR-*Joost,* a. a. O., Rn. 44; Richardi-*Annuß,* Rn. 42; a. A. *LAG Baden-Württemberg* 27. 10. 78, DB 79, 316; GK-*Weber,* Rn. 54, der allerdings das Einverständnis der Redner fordern; HWGNRH-*Worzalla,* Rn. 43.
101 A. A. *LAG Düsseldorf* 4. 9. 91 – 4 TaBV 60/91, AiB 92, 154, mit kritischer Anm. *Fels,* das in diesem Zusammenhang allein das schriftliche Festhalten der Namen der betroffenen AN durch den AG für unzulässig hält; ErfK-*Koch,* a. a. O.; WPK-*Roloff,* Rn. 8, weitergehend HWK-*Diller,* Rn. 27: Aufzeichnung der Namen zulässig.
102 *Fitting,* a. a. O.; a. A. GK-*Weber,* Rn. 53; *Leuze,* a. a. O.; *Loritz,* FS Wiese, 280, 286 ff.
103 GK-*Weber,* Rn. 56.
104 GK-*Weber*; a. a. O.
105 A. A. wohl Fitting, Rn. 46.
106 A. A. wohl *Fitting,* a. a. O.; *Thüsing/Beden,* BB 19, 372.
107 *Däubler,* Digitalisierung, § 14 Rn. 80; Fitting, Rn. 1a; *Fünding/Sorber,* NZA 17, 552, 557; Richardi-*Annuß,* Rn. 16a; a. A. *Thüsing/Beden,* a. a. O., 376 f.
108 Art. 6d des Gesetzes zur Stärkung des Schutzes der Bevölkerung und insbesondere vulnerabler Personengruppen vor COVID-19, BGBl. I, 16. 9. 22, S. 1454, 1470.

Online-Auflage 2022)[109]. Soweit eine ›virtuelle Betriebsversammlung unter dem Gesichtspunkt der Internationalisierung der Unternehmen, der Digitalisierung der Arbeitswelt und der Zeit- und Kostenersparnis für den AG für wünschenswert gehalten wird[110] bzw. die herkömmlichen Betriebsversammlungen als »Anachronismus«[111] bzw. nicht »modern« und »zeitgemäß«[112] bezeichnet werden, wird verkannt, dass die Betriebsversammlung als gemeinsames betriebliches Forum der Kommunikation des BR mit den AN und der Aussprache und Diskussion der AN untereinander (s. Rn. 1 ff.) durch die virtuelle Kommunikation mittels Videotechnik nicht adäquat ersetzt werden kann.[113] Die Kommunikationssituation und die soziale Dynamik einer realen Betriebsversammlung unterscheiden sich wegen der jeweils unterschiedlichen Wahrnehmungsbedingungen der Teilnehmer erheblich von denjenigen einer virtuellen »Versammlung«, in der die AN nicht physisch anwesend sind, sondern lediglich an räumlich voneinander getrennten Standorten teilnehmen. Die Möglichkeiten spontaner Reaktionen auf den Verlauf einer Betriebsversammlung und die Anteile nonverbaler Kommunikation reduzieren sich weitgehend, außerdem können technische Störungen weitere Kommunikationsprobleme hervorrufen, so dass insbesondere der einheitliche Informationsstand der teilnehmenden AN nicht während der gesamten Dauer der Betriebsversammlung garantiert ist. Die Auswertung der Nutzung der vorübergehend bestehenden **digitalen Durchführungswege während der COVID-Pandemie** hat aber auch gezeigt, dass vor allem in Branchen mit weitgehend digitalisierten Arbeitsprozessen und Betriebsabläufen und/oder einer hohen Affinität zur digitalen Organisation der Arbeit des BR der pandemiebedingte Rückgang der Anzahl der Betriebsversammlungen mit einem **Mix aus Präsenzversammlungen, Hybridversammlungen und Videokonferenzen** in einem gewissen Umfang vermieden werden konnte[114] und teilweise auch eine Zunahme der Teilnehmer an den Versammlungen festzustellen war.[115] Der **DGB** hat in seinem aktuellen **Gesetzentwurf für ein modernes BetrVG** in § 42 Abs. 3 daher vorgesehen, dass die Teilnahme an Betriebsversammlungen nach Beschluss des BR zusätzlich zur Präsenz auch virtuell, also z. B. per Video-Zuschaltung, erfolgen kann. Allerdings dürfen Versammlungen nach diesem Gesetzentwurf nicht ausschließlich mittels Videokonferenz stattfinden und zwei Versammlungen im Kalenderjahr sind ausschließlich in Präsenz durchzuführen.[116]

Wenn es der BR im Einzelfall aufgrund der für die Öffentlichkeit besonderen Bedeutung eines auf der Betriebsversammlung behandelten Themas für sachdienlich hält, **Vertretern der Presse, des Rundfunks** oder **des Fernsehens** zum Zwecke der Berichterstattung über den Verlauf der Betriebsversammlung die Teilnahme zu erlauben, ist dies mit der Einschränkung zulässig, dass die teilnehmenden Arbeitnehmer und der Arbeitgeber dem zustimmen. Von der nachträglichen Berichterstattung durch die Medien kann grundsätzlich kein unsachgemäßer Einfluss auf den Ablauf der Betriebsversammlung ausgehen. Es darf darüber hinaus nicht übersehen werden, dass der Betrieb nicht lediglich eine bloße Produktionsstätte, sondern auch ein **Sozialgebilde** und damit ein Teil dieser Gesellschaft ist. Im Übrigen können Betriebe, zumindest von einer bestimmten Größenordnung an, die Wirtschafts- und Arbeitsstruktur ihrer Region in einem hohen Maße beeinflussen, so dass bereits von daher ein Interesse der Öffentlichkeit an einem Bericht über die Betriebsversammlung bestehen kann.[117] Die **nachträgliche Unter-** 27a

109 *https://www.bund-verlag.de/bundonline/modul/1726!84096/inhalt/1726!84097/werk/396!5866/asset/150!3987/position/396!5866_150!3987_1_139*

110 *Fischer*, *https://www.arbeitsrecht-weltweit.de/2016/11/28/geht-betriebsversammlung-auch-digital/*, (Abruf 6. 8. 18); *Fünding/Sorber*, a. a. O., 554.

111 *Fischer*, a. a. O.

112 *Schiefer/Worzalla*, NZA 21, 817, 820.

113 *Behrens/Brehmer*, Betriebs- und Personalratsarbeit in Zeiten der COVID-Pandemie, WSI-Report Nr. 75, Mai 2023 (*https://www.boeckler.de/fpdf/HBS-008316/wsi_p_report_75_2022.pdf*), S. 10 ff.; *Flemming*, Folgen der Ausweitung mobiler Arbeit für die betriebliche Mitbestimmung, WZB, Discussion Paper, SP III 2023–301, Juli 2023 (*https://bibliothek.wzb.eu/pdf/2023/iii23-301.pdf*), S. 10 f.

114 *Behrens/Brehmer*, a. a. O., S. 11 f.

115 *Flemming*, a. a. O., S. 10.

116 *Klebe*, AuR-Sonderausgabe 4/22, 4, 27.

117 Im Ergebnis wie hier ErfK-*Koch*, § 46, Rn. 8; Hako-*Tautphäus*, Rn. 31; HWK-Diller, Rn. 26; *Simitis/Kreuder*, NZA 92, 1009, 1012; a. A. *Fitting*, Rn. 44; GK-*Weber*, Rn. 49; HWGNRH-*Worzalla*, Rn. 25; Richardi-*Annuß*, Rn. 38; WPK-*Roloff*, Rn. 8; ähnlich einschränkend *BAG* 18. 9. 91 – 7 ABR 63/90,

richtung der Medien über die Erörterungspunkte der BV durch den BR ist in den Grenzen von § 79 uneingeschränkt zulässig.[118] Zur Teilnahme von **Politikern** an Betriebsversammlungen vgl. § 45 Rn. 20, zur Teilnahme sonstiger **betriebsfremder Personen** vgl. Rn. 9f.

28 Der Versammlungsleiter ist verpflichtet, auf die Einhaltung des Grundsatzes der Nichtöffentlichkeit zu achten und allen **Nichtteilnahmeberechtigten** den Zutritt zu verwehren. Nehmen gleichwohl nichtteilnahmeberechtigte Personen an der Betriebsversammlung teil, so verlieren die AN **nicht** ihren Anspruch auf Weiterzahlung des Entgelts. Sie gehen auch nicht des Anspruchs nach § 44 Abs. 1 Sätze 2 und 3 (Bezahlung der zusätzlichen Wegezeiten und der Fahrkosten für außerhalb der Arbeitszeit stattfindende Betriebsversammlungen) verlustig. Etwas anderes gilt dann, wenn es sich erkennbar um eine »öffentliche« Versammlung gehandelt hat, bei der die Anwesenheit von nicht Teilnahmeberechtigten ohne weiteres möglich war, eine größere Anzahl solcher Personen tatsächlich teilgenommen und die Versammlung damit ihren Charakter als Betriebsversammlung verloren hat.

29 Eine **gesetzliche Verschwiegenheitspflicht** für Teilnehmer der Betriebsversammlung besteht nur im Rahmen des § 79 für die dort genannten Mitglieder von Betriebsverfassungsorganen. Aus dem Grundsatz der Nichtöffentlichkeit kann dagegen nicht geschlossen werden, dass eine generelle Pflicht der Teilnehmer der Betriebsversammlung zur Geheimhaltung der Erörterungspunkte der Betriebsversammlung besteht.[119] Auch aus den allgemeinen arbeitsvertraglichen Nebenpflichten lässt sich eine solche Verpflichtung nicht herleiten.[120]

VII. Teilversammlungen

30 Betriebsversammlungen sind **in der Regel als Vollversammlungen** aller AN durchzuführen. Vollversammlungen haben wegen der besseren Kommunikationsmöglichkeiten grundsätzlich **Vorrang vor Teilversammlungen.**[121] Das Gesetz geht vom Grundprinzip der einheitlichen **Betriebsversammlung der Gesamtbelegschaft** des Betriebes aus.[122]

31 Ausnahmsweise können Teilversammlungen (Abs. 1 Satz 2) jedoch abgehalten werden, wenn wegen der Eigenart des Betriebs eine Versammlung aller AN zum gleichen Zeitpunkt nicht möglich ist. Dies kommt in erster Linie bei **technisch-organisatorischen Besonderheiten** des Betriebes in Frage.[123]

32 **Wirtschaftliche Erwägungen,** die **Störung des Betriebsablaufs** oder der **öffentlich-rechtliche Auftrag** eines UN allein, wie etwa bei der Deutschen Post AG,[124] erlauben nicht die Durchführung von Teilversammlungen.

33 Muss eine Betriebsversammlung wegen ihrer voraussichtlichen Dauer und der langen Anreisezeiten eines Teils der an **räumlich weit voneinander entfernten Standorten** bzw. Niederlassungen eines Betriebs beschäftigten AN an zwei aufeinander folgenden Arbeitstagen durchgeführt werden, kann der AG wegen der damit verbundenen **wirtschaftlichen Belastung mit Übernachtungskosten** und des **zusätzlichen Arbeitsausfalls** nicht verlangen, dass in Erset-

---

NZA 92, 315 für den Zugang von Pressevertretern zum BR-Büro, kritisch dazu *Plander,* AuR 93, 161, 168; *Simitis/Kreuder,* a. a. O., 1013 ff.

118 *LAG Düsseldorf* 28.3.80 – 9 Sa 67/80, DB 80, 2396, 2398; ErfK-*Dieterich,* Art. 5 GG Rn. 40; ErfK-*Koch,* a. a. O.; *Fitting,* a. a. O.; Richardi-*Annuß,* a. a. O.; zustimmend wohl auch *Leuze,* ZTR 09, 6, 8.

119 *LAG Düsseldorf* 28.3.80 – 9 Sa 67/80, DB 80, 2396 [2398]; GK-*Weber,* Rn. 57; Richardi-*Annuß,* Rn. 45.

120 GK-*Weber,* a. a. O.; a. A. ErfK-*Koch,* Rn. 8; *Fitting,* Rn. 51; GK-*Weber,* a. a. O.; Richardi-*Annuß,* a. a. O. für Betriebs- und Geschäftsgeheimnisse, auf deren Geheimhaltungsbedürftigkeit der AG ausdrücklich hingewiesen hat; weiter gehend *GL,* Rn. 32.

121 *BAG* 9.3.76, AP Nr. 3 zu § 44 BetrVG 1972.

122 Dazu *Rieble,* AuR 95, 245, 246.

123 ErfK-*Koch/Koch,* Rn. 9; *Fitting,* Rn. 54; *Gamillscheg,* Kollektives Arbeitsrecht Bd. II, S. 648; GK-*Weber,* Rn. 58; Richardi-*Annuß,* Rn. 54.

124 *ArbG Wuppertal* 9.7.96, AiB 97, 347 mit Anm. *Peiseler*; vgl. aber für den Fall einer mit dem Grundsatz der Vollversammlung kollidierenden gesetzlichen Betriebspflicht für einen Flughafenbetrieb *LAG Berlin-Brandenburg* 8.4.11 – 9 TaBV 2765/10, juris.

zung einer Betriebsversammlung an den einzelnen Standorten Teilversammlungen durchgeführt werden.[125]

34 Die Zulässigkeit einer Teilversammlung kann etwa gegeben sein, wenn ein **Betrieb so groß ist,** dass bei einer Versammlung aller AN eine vernünftige und sachliche Aussprache und Durchführung der Betriebsversammlung nicht mehr gewährleistet ist.[126] Eine Betriebsgröße von ca. 2500 Beschäftigten rechtfertigt noch nicht die Durchführung von Teilversammlungen.[127]

35 Das Gleiche kann auch für **Schichtbetriebe,** insbesondere für vollkontinuierlich arbeitende Betriebe gelten, in denen eine Unterbrechung des gesamten Betriebsablaufs nicht zu vertreten ist.[128]

36 Auch wenn die Voraussetzungen für die Durchführung von Teilversammlungen gegeben sein sollten, sind diese in möglichst kurzen Zeitabständen hintereinander abzuhalten, damit sie hinsichtlich ihrer Wirkung einer gemeinsamen Betriebsversammlung gleichkommen (vgl. zu dieser Problematik auch § 44 Rn. 14 ff.).

37 Keine Teilversammlung i. S. dieser Bestimmung liegt vor, wenn nur **bestimmte Gruppen** von AN, z. B. Arbeiter, Angestellte, Frauen oder ausländische AN, zu einer Versammlung einberufen werden. Das Gesetz verbietet solche Versammlungen zwar nicht; sie unterliegen jedoch nicht den Vorschriften der Betriebsverfassung (zu den Abteilungsversammlungen nach Abs. 2 vgl. Rn. 40 ff.).

38 Für die Durchführung der Teilversammlungen gelten im Übrigen dieselben Grundsätze wie für die Betriebsversammlungen.

39 Soweit Teilversammlungen i. S. d. Abs. 1 Satz 3 durchgeführt werden, dürfen sie nicht mit den in Abs. 2 angeführten Abteilungsversammlungen verwechselt werden. Abteilungsversammlungen haben, obwohl an ihnen nur ein Teil der Belegschaft teilnimmt, bestimmte Zielsetzungen. Demgegenüber sind die Teilversammlungen nach Abs. 1 Satz 3 ein Teil der Betriebsversammlung, die insgesamt aus allen AN des Betriebs besteht. Allerdings können auch Abteilungsversammlungen in der Form von Teilversammlungen durchgeführt werden (vgl. auch Rn. 47).

VIII. Abteilungsversammlungen

40 Die nach dieser Vorschrift (Abs. 2) vorgesehenen **Abteilungsversammlungen**[129] sollen es den AN dieser Betriebsbereiche ermöglichen, ihre gemeinsamen Belange, die in einer großen Betriebsversammlung häufig nicht angesprochen werden können, zu erörtern. Das schließt aber nicht aus, dass neben den abteilungsspezifischen Angelegenheiten auch Belange des gesamten Betriebs und aller AN erörtert werden.[130]

41 Abteilungsversammlungen i. S. d. Vorschrift können nur für die Beschäftigten von **organisatorisch oder räumlich abgegrenzten Betriebsteilen** durchgeführt werden. Der Begriff Betriebsteil nach dieser Vorschrift deckt sich dabei nicht ohne weiteres mit demjenigen, wie er sich aus § 4 ergibt. Er ist vielmehr weiter gefasst.[131] Andererseits reicht es aus, wenn eine der genannten Voraussetzungen vorliegt, also der Betriebsteil entweder organisatorisch oder räumlich vom übrigen Betrieb abgegrenzt ist.

42 Eine **räumliche Abgrenzung** wird sich regelmäßig leicht feststellen lassen. Sie bestimmt sich durch die örtliche Lage oder die jeweilige bauliche Situation. So sind etwa Filialen eines Lebensmittelbetriebs oder Außendienstbüros von Redaktionen, sofern sie nicht die Voraussetzungen zur Bildung eines eigenen BR erfüllen, räumlich abgegrenzte Betriebsteile. Aber auch einzelne

125 A. A. *LAG Schleswig-Holstein* 15.10.08 – 2 TaBV 2/08, juris, das übersieht, dass allein der Umstand, dass Betriebsstätten räumlich weit auseinanderliegen (Fitting, a. a. O.; Richardi-*Annuß*, Rn. 49), oder die mit der Durchführung einer Betriebsversammlung verbundene wirtschaftliche Belastung des AG nicht die ersatzweise Durchführung von Teilversammlungen rechtfertigen.

126 So auch *Rieble*, a. a. O., 249.

127 *ArbG Wuppertal* 9.7.96, AiB 97, 347 mit Anm. *Peiseler*.

128 Vgl. dazu *LAG Baden-Württemberg* 10.5.02 – 14 TaBV 1/02, AiB 03, 627 mit Anm. *Stather*.

129 Zu den praktischen Fragen ihrer Vorbereitung und Durchführung vgl. *Bösche/Grimberg*, AiB 91, 170.

130 *Fitting*, Rn. 74.

131 Richardi-*Annuß*, Rn. 61; *Fitting*, Rn. 65.

Gebäude (z. B. eine Verwaltung) auf einem größeren Betriebsgelände können einen räumlich abgegrenzten Betriebsteil darstellen.

43 Von einer **organisatorischen Abgrenzung** eines Betriebsteils kann dann gesprochen werden, wenn dieser eine organisatorisch-technische Einheit darstellt, d. h., wenn er betriebsorganisatorisch hinsichtlich der Aufgabenstellung und Leitung eine gewisse Eigenständigkeit aufweist. So werden z. B. Produktionsbetrieb und Verwaltung abgegrenzte Betriebsteile sein. Aber auch innerhalb der Verwaltung oder des Produktionsbereichs sind weitere Abgrenzungen möglich. So wird es, vor allem in größeren Betrieben, Produktionsabteilungen für verschiedene Erzeugnisse geben.

44 Der BR entscheidet nach **pflichtgemäßem Ermessen** darüber, ob die Voraussetzungen vorliegen. Wird das bejaht, ist der BR allerdings verpflichtet, in jedem Kalenderhalbjahr eine Betriebsversammlung in Form von Abteilungsversammlungen durchzuführen. Er kann dabei auch mehrere organisatorisch oder räumlich abgegrenzte Betriebsteile zu einer Abteilungsversammlung zusammenziehen, sofern die jeweilige Zusammensetzung für die Erörterung der besonderen Belange der beteiligten AN geboten ist.[132] Soweit Abteilungsversammlungen anstelle einer Betriebsversammlung abgehalten werden, sollten sie möglichst gleichzeitig erfolgen.

45 Es ist fraglich, ob Abteilungsversammlungen auch dann durchzuführen sind, wenn die Voraussetzungen bei nur einem **einzigen** Betriebsteil vorliegen. Das wird zu verneinen sein, da es nicht gerechtfertigt wäre, dem übrigen Betrieb anstelle der allgemeinen Betriebsversammlung eine Abteilungsversammlung aufzuzwingen.[133] Für den betreffenden Betriebsteil kann jedoch ein besonderer Grund für die Durchführung einer zusätzlichen Abteilungsversammlung gemäß § 43 Abs. 1 Satz 4 oder § 43 Abs. 3 gegeben sein.[134]

46 Die Entscheidung über die Durchführung von Abteilungsversammlungen trifft der BR durch **Beschluss**[135] nach § 33. Er entscheidet auch darüber, welches BR-Mitglied die Abteilungsversammlung leitet. Es soll möglichst dem betreffenden Betriebsteil als AN angehören. Der BR kann jedoch auch andere BR-Mitglieder, insbesondere den Vorsitzenden, mit der Durchführung der Versammlung beauftragen.

47 Für die Leitung und Durchführung der Abteilungsversammlungen gelten im Übrigen **dieselben Grundsätze** wie für die Betriebsversammlungen. Der Grundsatz der Nichtöffentlichkeit wird aber nicht dadurch verletzt, dass AN an der Abteilungsversammlung teilnehmen, die in anderen Betriebsteilen beschäftigt sind. Sofern Abstimmungen vorgenommen werden, sind jedoch nur die AN, die in dem betreffenden Betriebsteil beschäftigt sind, abstimmungsberechtigt.[136] Wegen des Verweises auf Abs. 1 Satz 3 können auch Abteilungsversammlungen in der Form von Teilversammlungen durchgeführt werden. Das wird insbesondere bei Schichtarbeit erforderlich sein.

IX. Behinderung der Betriebsversammlung durch den Arbeitgeber

48 **Der AG darf** die AN **nicht auffordern, an einer** rechtmäßig einberufenen **Betriebsversammlung nicht teilzunehmen, betriebsöffentlich** die **Durchführung** einer Betriebsversammlung **ablehnen** oder die **Entgeltfortzahlung** bzw. **Fahrkostenerstattung** bei Teilnahme an einer Betriebsversammlung **in Frage stellen.** Derartige Äußerungen kann der BR, da sie eine **Störung der BR-Tätigkeit** darstellen, dem AG **gerichtlich untersagen** lassen.[137] Dem AG kann in diesem Zusammenhang gerichtlich auch aufgegeben werden, einen entsprechenden **gerichtlichen Beschluss betriebsöffentlich** den AN bekannt zu geben.[138]

---

132 *Fitting*, Rn. 68.

133 *Fitting*, Rn. 70; GK-*Weber*, Rn. 75, § 43 Rn. 21; a. A. *GL*, Rn. 16; HWGNRH-*Worzalla*, Rn. 66; Richardi-*Annuß*, Rn. 65.

134 *Fitting*, a. a. O.

135 *LAG Baden-Württemberg* 13. 3. 14, AuR 14, 164, juris.

136 *Fitting*, Rn. 73.

137 *ArbG Darmstadt* 27. 11. 03, AiB 04 mit Anm. *Mansholt; ArbG Köln* 28. 4. 82, AiB 89, 212; *ArbG Detmold* 12. 5. 92 – 3 BV Ga 7/92.

138 *ArbG Darmstadt*, 27. 11. 03, a. a. O.

49 Im Einzelnen stellen z. B. folgende Maßnahmen des AG eine **rechtswidrige Behinderung** der Durchführung einer Betriebsversammlung dar:

- Unzulässig ist die **Befragung einzelner AN** im Vorfeld einer Betriebsversammlung durch den AG, ob sie an der Betriebsversammlung teilnehmen werden. Das gilt auch dann, wenn die Befragung der Planung des Betriebsablaufs dienen soll.[139]
- Wenn der AG die Durchführung einer Betriebsversammlung wegen dringender betrieblicher Bedürfnisse zu dem vom BR beschlossenen Zeitpunkt für unzulässig hält, darf er auch einzelnen AN oder bestimmten AN-Gruppen die **Teilnahme an der Betriebsversammlung nicht einseitig untersagen.**[140]
- Das **Überhängen der Einladung und das Versprechen eines halben Tages Zusatzurlaub** durch den AG bei Nichtteilnahme an der Betriebsversammlung ist ein grober Verstoß i. S. v. § 23 Abs. 3.[141]
- Auch der Versuch, mit **Leih-AN** oder anderen **außerbetrieblichen Beschäftigten** den Betrieb während einer Betriebsversammlung aufrechtzuerhalten, kann je nach Umständen des Einzelfalls eine unzulässige Behinderung der Betriebsversammlung darstellen. Werden in einem solchen Fall die Mitbestimmungsrechte des BR verletzt, hat der BR einen entsprechenden **Unterlassungsanspruch.**[142]
- Lehnt der AG mit einem **Aushang** oder in **an einzelne AN gerichteten Schreiben** eine Betriebsversammlung ab, so liegt hierin eine **Behinderung der BR-Tätigkeit,** wenn diese Meinungsäußerung auf AN, die an der Betriebsversammlung teilnehmen wollen, bei objektiver Beurteilung abschreckend wirkt. Das Organisationsrecht des BR wird dann in schwerwiegender Weise beeinträchtigt. Die Grenzen der dem AG von Rechts wegen zustehenden Einwirkungsmöglichkeiten werden dadurch überschritten, dass er erklärt, er könne »den Meistern und Leuten nicht empfehlen, diese Versammlung zu besuchen«, es bleibe dem BR »unbenommen, für ihre Mitglieder eine private Versammlung abzuhalten«. Der **Tatbestand des § 119 Abs. 1 Nr. 2** ist bereits mit der Behinderung der BR-Tätigkeit bei der Einberufung der Betriebsversammlung vollendet.[143]
- Zu weiteren Behinderungen der **Einberufung**[144] (vgl. Rn. 17 ff.) und des **Ablaufs** der Betriebsversammlung, z. B. durch **Einschüchterung und Verunsicherung der Teilnehmer,** Anfertigung von Protokollen oder technischen Mitschnitten von Wortbeiträgen[145] vgl. Rn. 26.

50 Eine unzulässige Form der Behinderung der Durchführung von Betriebsversammlungen kann auch die **Einberufung von »Mitarbeiterversammlungen« durch den AG** darstellen, wenn in derartigen Veranstaltungen betriebliche Belange behandelt werden, die Fragen berühren, für die der BR zuständig ist.[146] Für den Fall, dass entsprechende betriebliche Belange auf den vom BR einzuberufenden Betriebsversammlungen nicht oder nicht rechtzeitig behandelt werden können (z. B. wegen deren Terminierung oder aus Zeitgründen), eröffnet das Gesetz dem AG gemäß § 43 Abs. 3 Satz 1 die Möglichkeit, vom BR die Einberufung einer außerordentlichen Betriebsversammlung zu verlangen.[147]

51 **Unzulässig** ist es vor allem, wenn der AG derartige »Mitarbeiterversammlungen« dazu missbraucht, die betriebsverfassungsrechtliche Ordnung durch **Gegenveranstaltungen zu Betriebsversammlungen** gezielt zu unterlaufen oder die Kommunikation zwischen BR und Belegschaft zu erschweren.[148] Das gilt erst Recht, wenn – möglicherweise sogar im Zusammenwirken von BR und AG – durch sog. **Informationsveranstaltungen** oder gesellige Zusammenkünfte wie

---

139 *ArbG Bremen* 7. 12. 05 – 7 BV 68/05, AiB 06, 756, m. Anm. *Nacken.*
140 *LAG Hamburg* 12. 7. 84, AiB 89, 212.
141 *LAG Baden-Württemberg* 30. 4. 87, BetrR 87, 420; vgl. auch *ArbG Darmstadt,* 27. 11. 03, a. a. O.
142 *LAG Hamm* 26. 8. 05 – 13 TaBV 147/04, EzAÜG, § 14 AÜG Betriebsverfassung Nr. 63.
143 *OLG Stuttgart* 9. 9. 88, AiB 89, 23 f.
144 *Renker,* AiB 01, 701.
145 *Hamm,* AiB 99, 306.
146 Ähnlich Richardi-*Annuß,* Rn. 73; *Lichtenstein,* BetrR 72, 281.
147 Richardi-*Annuß,* a. a. O.; a. A. GK-*Weber,* Rn. 12.
148 *Fitting,* Rn. 11a; GK-*Weber,* a. a. O.; MünchArbR-*Joost,* § 223 Rn. 18; *Rieble,* AuR 95, 245, 250; *WW,* Rn. 3.

Betriebsfeste oder **Weihnachtsfeiern** die gem. § 43 1 Abs. gesetzlich vorgeschriebenen Versammlungen ersetzt werden und die Teilnahme eines Gewerkschaftsvertreters abgelehnt wird[149] (zu der damit verbundenen groben Verletzung betriebsverfassungsrechtlicher Pflichten s. § 43 Rn. 4). Werden »Mitarbeiterversammlungen« vom AG nicht zu Gegenveranstaltungen gegenüber Betriebsversammlungen missbraucht, sind sie **nach Auffassung des** *BAG* zulässig.[150]

52 **Anhaltspunkte** für einen **missbräuchlichen Einsatz** von »Mitarbeiterversammlungen« sind gegeben, wenn sich der AG im Zusammenhang mit ihrer Durchführung weigert, an Betriebsversammlungen teilzunehmen oder seinen Berichtspflichten gemäß Abs. 2 Satz 3 nachzukommen, oder wenn der AG seine Teilnahme an Betriebsversammlungen von der Abwesenheit von Gewerkschaftsvertretern abhängig macht. Für die Unzulässigkeit von »Mitarbeiterversammlungen« kann auch ihre zeitnahe Terminierung zu bereits festgelegten Betriebsversammlungen[151] sprechen[152] oder die Tatsache, dass der AG dem BR und Gewerkschaftsvertretern das Zutritts- und Rederecht verwehrt.

53 Missbraucht der AG »Mitarbeiterversammlungen« zu einer einseitigen Informationspolitik gegenüber der Belegschaft, kann der BR eine außerordentliche Betriebsversammlung gemäß § 43 Abs. 3 Satz 1 einberufen.[153]

54 Die Durchführung von Mitarbeiterversammlungen ist gem. § 87 Abs. 1 Nr. 3 **mitbestimmungspflichtig,** wenn der AG sie außerhalb der betriebsüblichen Arbeitszeit stattfinden lassen will und eine Verpflichtung der AN zur Teilnahme besteht.[154]

55 Unter Berücksichtigung des Gebots der vertrauensvollen Zusammenarbeit und des Zusammenwirkens mit der im Betrieb vertretenen Gewerkschaft sowie des gewerkschaftlichen Zutrittsrechts zum Betrieb und der betriebsverfassungsrechtlichen Unterstützungsfunktion der Gewerkschaft (§ 2 Abs. 1 und 2) ist **Vertretern des BR** und der **im Betrieb vertretenen Gewerkschaft** der **Zutritt** auch zu vom AG einberufenen **»Mitarbeiterversammlungen«** zu gewähren.[155] Dies gilt jedenfalls dann, wenn Fragen behandelt werden, die die Aufgaben des BR (§ 80 Abs. 1) berühren, wenn beteiligte AN die Anwesenheit des BR verlangen (§§ 81 Abs. 3, 82 Abs. 2, 83 Abs. 1, 84 Abs. 1) oder wenn der BR die Hinzuziehung eines Gewerkschaftsvertreters beschlossen hat (§ 2 Abs. 2).

X. Streitigkeiten

56 Streitigkeiten im Zusammenhang mit der Einberufung und Durchführung von Betriebs- oder Abteilungsversammlungen, Behinderungen der Betriebsversammlungen sind im **arbeitsgerichtlichen Beschlussverfahren** auszutragen (§§ 2a, 80 ff. ArbGG). Dies gilt beispielsweise für Streitigkeiten über den Zeitpunkt der Betriebsversammlung, die Teilnahmeberechtigung, die Zuständigkeit, die Zulässigkeit von Teil- oder Abteilungsversammlungen Behinderungen der Durchführung von Betriebsversammlungen durch den AG (vgl. Rn. 31 ff.) oder die Kostentragungspflicht des AG.

57 Beruft der BR eine Vollversammlung ein, obwohl wegen der Eigenart des Betriebs gemäß Abs. 1 Satz 2 eine Teilversammlung durchgeführt werden müsste, begründet dies **keinen Unterlassungsanspruch des AG** gegenüber dem BR.[156] Das *BAG* hat bezüglich des gesetzlichen

149 *LAG Baden-Württemberg* 13. 3. 14, AuR 14, 164, juris.

150 27. 6. 89, a. a. O.; so auch *Fitting*, a. a. O.; GK-*Weber*, a. a. O.; HWGNRH-*Worzalla*, Rn. 7; HWK-*Diller*, Rn. 11; MünchArbR-*Joost*, a. a. O.; WPK-*Roloff*, Rn. 3 *WW*, a. a. O.; einschränkend Richardi-*Annuß*, a. a. O.; *Lichtenstein*, a. a. O.

151 *ArbG Darmstadt* 6. 5. 96, AiB 96, 609 mit Anm. *Wolmerath; ArbG Marburg* 15. 12. 95, Mitb 97, 62 – Einladung durch AG in Verbindung mit polemischer Kritik an der Arbeit des BR; *ArbG Duisburg* 15. 12. 93, AuR 94, 276; *ArbG Osnabrück* 25. 6. 97, AuR 98, 298 = AiB 98, 109 mit Anm. *Elbers; ArbG Offenbach/Main* 16. 6. 00, AiB 00, 689 mit Anm. *B. Fischer*.

152 Vgl. zum Ganzen auch *BAG* 27. 6. 89, DB 89, 2543 f.

153 *BAG* 27. 6. 89, a. a. O.

154 *BAG* 13. 3. 01 – 1 ABR 33/00, DB 01, 2055; *ArbG Oldenburg* 17. 3. 04, AiB 05, mit Anm. *Nacken*.

155 A. A. HWGNRH-*Worzalla*, a. a. O.

156 *LAG Berlin-Brandenburg* 8. 4. 11, a. a. O., unter Bezugnahme auf *BAG* 17. 3. 10 – 7 ABR 95/08, NZA 10, 1133.

Gebots der Unterlassung jeder parteipolitischen Betätigung durch AG und BR (§ 74 Abs. 2 Satz 3 1. Halbsatz, vgl. § 74 Rn. 50 ff.) seine Rspr. neuerdings dahingehend geändert, dass dem AG bei Verstößen des BR gegen das Verbot parteipolitischer Betätigung kein Unterlassungsanspruch gegenüber dem AG zusteht[157] (vgl. dazu § 74 Rn. 88 ff.). Dabei stellt das BAG im Wesentlichen darauf ab, dass nach dem gesetzgeberischen Konzept des § 23 dem BR und der im Betrieb vertretenen Gewerkschaft bei groben Verstößen des AG gegen seine betriebsverfassungsrechtlichen Pflichten ein Unterlassungsanspruch gemäß § 23 Abs. 3 zusteht, während § 23 Abs. 1 bei entsprechenden Verstößen des BR für den AG nur die Möglichkeit vorsieht, die Auflösung des BR zu beantragen. Auch aus § 74 Abs. 2 Satz 3 1. Halbsatz lasse sich nicht entnehmen, dass dem AG darüber hinaus ein Unterlassungsanspruch gegenüber dem BR zusteht. Diese Rspr. ist auf den Fall eines Verstoßes des BR gegen Abs. 1 Satz 2 zu übertragen. Die Verpflichtung des BR, gemäß Abs. 1 Satz 2 unter Berücksichtigung der Eigenart des Betriebs über die Durchführung einer Voll- oder einer Teilversammlung zu entscheiden, ist im Unterschied zu § 74 Abs. 2 Satz 3 1. Halbsatz noch nicht einmal als Unterlassungsgebot formuliert.[158] Der AG hat lediglich die Möglichkeit, nach Maßgabe des § 256 ZPO mit einem **Feststellungsantrag** klären zu lassen, ob eine Voll- oder eine Teilversammlung hätte durchgeführt werden müssen bzw. durchgeführt werden muss.[159]

Über Vergütungs- und Kostenerstattungsansprüche der AN ist im **arbeitsgerichtlichen Urteilsverfahren** zu entscheiden (vgl. § 44 Rn. 34 f.). 58

§ 43 Regelmäßige Betriebs- und Abteilungsversammlungen

(1) Der Betriebsrat hat einmal in jedem Kalendervierteljahr eine Betriebsversammlung einzuberufen und in ihr einen Tätigkeitsbericht zu erstatten. Liegen die Voraussetzungen des § 42 Abs. 2 Satz 1 vor, so hat der Betriebsrat in jedem Kalenderjahr zwei der in Satz 1 genannten Betriebsversammlungen als Abteilungsversammlungen durchzuführen. Die Abteilungsversammlungen sollen möglichst gleichzeitig stattfinden. Der Betriebsrat kann in jedem Kalenderhalbjahr eine weitere Betriebsversammlung oder, wenn die Voraussetzungen des § 42 Abs. 2 Satz 1 vorliegen, einmal weitere Abteilungsversammlungen durchführen, wenn dies aus besonderen Gründen zweckmäßig erscheint.

(2) Der Arbeitgeber ist zu den Betriebs- und Abteilungsversammlungen unter Mitteilung der Tagesordnung einzuladen. Er ist berechtigt, in den Versammlungen zu sprechen. Der Arbeitgeber oder sein Vertreter hat mindestens einmal in jedem Kalenderjahr in einer Betriebsversammlung über das Personal- und Sozialwesen einschließlich des Stands der Gleichstellung von Frauen und Männern im Betrieb sowie der Integration der im Betrieb beschäftigten ausländischen Arbeitnehmer, über die wirtschaftliche Lage und Entwicklung des Betriebs sowie über den betrieblichen Umweltschutz zu berichten, soweit dadurch nicht Betriebs- oder Geschäftsgeheimnisse gefährdet werden.

(3) Der Betriebsrat ist berechtigt und auf Wunsch des Arbeitgebers oder von mindestens einem Viertel der wahlberechtigten Arbeitnehmer verpflichtet, eine Betriebsversammlung einzuberufen und den beantragten Beratungsgegenstand auf die Tagesordnung zu setzen. Vom Zeitpunkt der Versammlungen, die auf Wunsch des Arbeitgebers stattfinden, ist dieser rechtzeitig zu verständigen.

(4) Auf Antrag einer im Betrieb vertretenen Gewerkschaft muss der Betriebsrat vor Ablauf von zwei Wochen nach Eingang des Antrags eine Betriebsversammlung nach Absatz 1 Satz 1 einberufen, wenn im vorhergegangenen Kalenderhalbjahr keine Betriebsversammlung und keine Abteilungsversammlungen durchgeführt worden sind.

157 *BAG* 17. 3. 10, a. a. O.
158 *LAG Berlin-Brandenburg* 8. 4. 11, a. a. O.
159 *LAG Berlin-Brandenburg* 8. 4. 11, a. a. O.

Inhaltsübersicht Rn.

I. Vorbemerkungen

1 Die Vorschrift legt u. a. zwingend fest, wie oft und wann vom BR Betriebsversammlungen abzuhalten sind (Abs. 1 und 3). In Abs. 2 sind die Rechte und Pflichten des AG anlässlich der Abhaltung von Betriebsversammlungen geregelt. Um die praktische Durchsetzung der gesetzlich zwingend vorgeschriebenen vier Betriebsversammlungen pro Kalenderjahr zu fördern, hat der Gesetzgeber in Abs. 4 den im Betrieb vertretenen Gewerkschaften unter bestimmten Voraussetzungen ein Antragsrecht zur Einberufung einer Betriebsversammlung eingeräumt.

II. Regelmäßige Betriebs- und Abteilungsversammlungen

2 Die Bestimmung regelt, wie oft Betriebsversammlungen durchzuführen sind. Der BR ist **verpflichtet,** einmal im Kalendervierteljahr eine regelmäßige Betriebsversammlung einzuberufen, **pro Kalenderjahr** insgesamt also **vier Betriebsversammlungen.** Darüber hinaus ist der BR **berechtigt,** wenn dies aus besonderen Gründen zweckmäßig erscheint, **zwei weitere Betriebsversammlungen** (jeweils eine pro Kalenderhalbjahr) und zusätzlich **außerordentliche Betriebsversammlungen** (Abs. 3) durchzuführen. Außerordentliche Betriebsversammlungen gemäß Abs. 3 können jedoch nur mit Zustimmung des AG während der Arbeitszeit stattfinden. Zusätzlich ist der BR verpflichtet, auf Wunsch des AG oder von mindestens einem Viertel der wahlberechtigten AN eine außerordentliche Betriebsversammlung einzuberufen (Abs. 3). Liegen die Voraussetzungen des § 42 Abs. 2 Satz 1 vor, so hat der BR von den vierteljährlichen Versammlungen jährlich zwei als Betriebsversammlungen aller AN und weitere zwei in der Form von **Abteilungsversammlungen** (vgl. § 42 Rn. 40 ff.) abzuhalten. Dabei sind, sofern die Voraussetzungen nach § 42 Abs. 1 Satz 3 gegeben sind, sowohl die Betriebsversammlungen als auch die Abteilungsversammlungen in der Form von **Teilversammlungen** (zu den Teilversammlungen vgl. § 42 Rn. 30 ff.) durchgeführt werden.[1]

3 Es obliegt dem BR, die Reihenfolge der Versammlungen festzulegen. Er kann daher z. B. Betriebs- und Abteilungsversammlungen abwechselnd durchführen oder zunächst die Betriebsversammlung abhalten und dann die Abteilungsversammlungen. Im Übrigen ist die genaue Einhaltung eines Zwischenraums von drei Monaten zwischen den Versammlungen nicht erforderlich, sofern vierteljährlich eine Versammlung durchgeführt wird.

4 **Führt** der **BR** die gesetzlich vorgeschriebenen **Betriebsversammlungen nicht durch,** stellt dies eine erhebliche Beeinträchtigung eines wichtigen Bestandteils innerbetrieblicher Demokratie dar, verkürzt Unterrichtungs- und Informationsansprüche der AN und erschwert eine effektive Interessenvertretung durch den BR. Dies kann – insbes. im Wiederholungsfall – eine grobe **Verletzung der gesetzlichen Pflichten** des BR nach **§ 23 Abs. 1** darstellen[2] und auf Antrag u. a. der Gewerkschaft die gerichtliche Auflösung des BR rechtfertigen[3] (siehe dazu auch § 23 Rn. 162). Das gilt auch dann, wenn der AG den AN wegen des Verzichts des BR auf die Durchführung von Betriebsversammlungen besondere Leistungen oder sonstige Vorteile gewährt.[4] Seiner Verpflichtung zur Abhaltung der gesetzlich vorgeschriebenen Betriebsver-

---

1 Zur Jahresplanung und Vorbereitung von Betriebsversammlungen vgl. DKWF-*Berg,* §§ 42–46 Rn. 2 ff.

2 *LAG Baden-Württemberg* 13. 3. 14, AuR 14, 164, juris; *HessLAG* 25. 2. 93, AiB 94, 404; *LAG Rheinland-Pfalz* 5. 4. 60, BB 60, 982; *LAG Hamm* 25. 9. 59, DB 59, 1227; *ArbG Hamburg* 27. 6. 12 – 27 BV 8/12, juris; *Fitting,* Rn. 10; *GL,* Rn. 10; GK-*Weber,* Rn. 30 f.; Richardi-*Annuß,* Rn. 22.

3 *LAG Baden-Württemberg* 13. 3. 14, a. a. O.

4 *Däubler,* AiB 82, 51 f.; *Fitting,* a. a. O.

sammlungen kann der BR nicht dadurch nachkommen, dass er – auch gemeinsam mit dem AG – sonstige »Informationsveranstaltungen« oder eine Weihnachtsfeier durchführt, auf der der BR und der AG vor Beginn des »geselligen Teils« Geschäftsberichte abgeben.[5] Zum Antragsrecht der Gewerkschaft auf die Durchführung einer Betriebsversammlung in derartigen Fällen vgl. Rn. 40 ff.

Den Zeitpunkt der Versammlung legt der BR nach **pflichtgemäßem Ermessen** fest. Sie findet grundsätzlich während der Arbeitszeit statt (vgl. auch § 44 Rn. 2 ff.). 5

Um dem Charakter der Betriebsversammlung als **Forum der Kommunikation und Meinungsbildung** für BR und Belegschaft (vgl. § 42 Rn. 1 f.) gerecht zu werden, sollte der BR den **Ablauf der Betriebsversammlung** so gestalten, dass durch die **Tagesordnung** (vgl. § 42 Rn. 23) aktuelle Fragestellungen und Probleme im Betrieb und an den Arbeitsplätzen aufgegriffen und die Teilnehmer einbezogen und zur aktiven Beteiligung angeregt werden. Zur Festlegung der Tagesordnung und Vorbereitung einer Betriebsversammlung kann vom BR im Betrieb auch eine **Fragebogenaktion** durchgeführt werden.[6] Sowohl der gesetzlich vorgeschriebene **Tätigkeitsbericht des BR** (Abs. 1 Satz 1, vgl. Rn. 8) als auch der sonstige Inhalt der Betriebsversammlung, insbesondere die **Aussprache,** müssen nicht der überkommenen Ablaufgestaltung nach dem Modell des »Frontalunterrichts« und »Frage- und Antwortspiels« folgen, sondern können durch den Einsatz **unterschiedlicher und wechselnder Vortragsweisen** oder eines **aktivierenden Durchführungskonzepts** (z. B. Einzel- und Gruppenvortrag, Interviews, Rollenspiel, Gruppenarbeit, schriftliche und mündliche Befragung, Moderation, Aussprache in Kleingruppen), **Visualisierung** (z. B. Wandzeitungen, Overheadpräsentationen, Computerpräsentationen) und zusätzlicher **informierender und unterhaltender Gestaltungsmittel** (z. B. Videofilme,[7] Referenten, Künstler) teilnehmerorientiert, interessant, anschaulich und verständlich präsentiert werden.[8] 6

Die **Gestaltung des Ablaufs und des Inhalts einer Betriebsversammlung** obliegt in den Grenzen der §§ 42 ff. allein dem Betriebsrat. Das Gestaltungskonzept des Betriebsrats unterliegt **nicht der Zustimmung des AG.**[9] Bei der Beurteilung der **Erforderlichkeit und Kostentragungspflicht des AG für einzelne Gestaltungsmittel** sind neben der Größe des Betriebs, der Komplexität der zu behandelnden Themen, der UN-Kultur und der damit verbundenen betriebsüblichen Veranstaltungsstandards auch die gesicherten Erkenntnisse über die Effektivität teilnehmerorientierter und aktivierender Präsentationstechniken zu berücksichtigen.[10] 7

Es ist zwingend vorgeschrieben, dass der BR einen **Tätigkeitsbericht** erstattet. Er ist seinem Inhalt nach vom BR festzulegen und nach § 33 zu beschließen.[11] Der Tätigkeitsbericht soll ein Spiegelbild der Arbeit des BR seit der Durchführung der letzten Versammlung sein. Der Bericht wird so erschöpfend sein müssen, dass jeder Betriebsangehörige die Möglichkeit hat, sich ein Bild über alle besonderen Ereignisse und Tatsachen, die für das betriebliche Leben von Bedeutung sind, zu verschaffen.[12] Der Tätigkeitsbericht kann beispielsweise eine Darstellung der Arbeit der Ausschüsse des BR, des WA[13] und ggf. der Mitarbeit im GBR und KBR beinhalten. In Frage kommt ferner die eingehende Information über den Stand von Verhandlungen über den Abschluss von BV, den Verlauf wichtiger Auseinandersetzungen mit dem AG, die Personalentwicklung oder die wirtschaftliche Lage des UN. Im Tätigkeitsbericht kann auf das 8

5 *LAG Baden-Württemberg* 13. 3. 14, a. a. O.

6 *BAG* 8. 2. 77, DB 77, 914.

7 Siehe dazu *Thrun/Tenostendarp*, NVwZ 19, 938; *VG Düsseldorf* 18. 2. 19 – 40 K 196518.PVL, juris (zur personalvertretungsrechtlichen Personalversammlung).

8 Vgl. dazu die Anregungen von *Bossmann*, AiB, 11, 672; *Müller*, AiB 11, 114; *Cox/Kölbach*, AiB 04, 216; *Thannheiser*, PR 03, 12 und *Fricke/Grimberg/Wolter;* zu den Methoden des Visualisierens, Präsentierens und Moderierens siehe *Seifert*.

9 *LAG Rheinland-Pfalz* 23. 3. 10 – 3 TaBV 48/09, juris.

10 Zur Erforderlichkeit der Ausleihe von Videofilmen zur Gestaltung des Ablaufs einer Personalversammlung vgl. OVG Münster 9. 8. 89, NJW 90, 852 oder von Stehtischen für eine besonderes Konzept der Gruppenarbeit vgl. *LAG Rheinland-Pfalz* 23. 3. 10, a. a. O.

11 *Fitting*, Rn. 13; *GL*, Rn. 11; HWGNRH-*Worzalla*, Rn. 12; Richardi-*Annuß*, Rn. 8.

12 *Vogt*, S. 72.

13 *Fitting*, Rn. 13; *Weiss*, Rn. 3; a. A. *GL*, Rn. 13; GK-*Weber*, Rn. 6; HWGNRH-*Worzalla*, Rn. 15; *Vogt*, a. a. O.; Richardi-*Annuß*, Rn. 10.

gesamte betriebliche Geschehen eingegangen werden.[14] Dabei ist der BR nicht auf die Darstellung von Fakten beschränkt, sondern kann Bewertungen abgeben[15] und ggf. an betrieblichen Zuständen, am Verhalten des AG oder dem anderer Personen auch deutliche Kritik üben.[16]

9 Der Bericht ist vom **BR-Vorsitzenden,** im Falle seiner Verhinderung vom Stellvertreter, mündlich vorzutragen. Der BR kann aber auch ein anderes BR-Mitglied mit der Berichterstattung beauftragen.[17] Umfasst der Bericht verschiedene Sachgebiete, so kann der Tätigkeitsbericht auch von verschiedenen BR-Mitgliedern, die für die betreffenden Sachgebiete zuständig sind, erstattet werden.[18] BR-Mitglieder, die gleichzeitig Mitglieder des AR sind, können Informationen, die sich auf den Betrieb oder seine AN beziehen, in der Betriebsversammlung weitergeben, soweit nicht die Schweigepflicht nach § 93 Abs. 1 Satz 2, § 116 AktG entgegensteht.[19]

10 Den Teilnehmern der Betriebsversammlung bzw. der Abteilungsversammlung ist Gelegenheit zu geben, zu den einzelnen Punkten des Tätigkeitsberichts **Stellung zu nehmen** und darüber zu **diskutieren.** Das ist nicht zuletzt deshalb angezeigt, weil damit dem BR Anregungen und Hinweise für seine künftige Arbeit gegeben werden.

11 Die **schriftliche Vorlage des Tätigkeitsberichts** durch den BR ist zulässig.[20] Beschließt der BR, neben den mündlichen Erläuterungen den Tätigkeitsbericht ganz oder teilweise schriftlich vorzulegen, hat der AG die dafür anfallenden Kosten zu tragen. Voraussetzung dafür ist es jedoch, dass ein schriftlicher Bericht erforderlich ist.[21] Dies ist z. B. dann zu bejahen, wenn ein nicht unmaßgeblicher **Teil der Belegschaft verhindert** ist,[22] der Tätigkeitsbericht sehr umfangreich ist[23] oder für **ausländische Beschäftigte** der Bericht schriftlich übersetzt vorgelegt werden muss (vgl. auch § 40 Rn. 16).[24] Durch die schriftliche Vorlage des Tätigkeitsberichts bereits **vor der Betriebsversammlung** können sich die AN und der AG auf die Aussprache und Diskussion sachgerecht vorbereiten. Außerdem kann durch Verkürzung des mündlichen Tätigkeitsberichts Zeit gewonnen werden für eine **teilnehmerorientierte Gestaltung** des Ablaufs der Betriebsversammlung (vgl. Rn. 6f.).[25]

III. Weitere Betriebs- und Abteilungsversammlungen

12 Außer den zwingend vorgeschriebenen vierteljährlichen Versammlungen nach Satz 1 und 2 kann der BR in jedem Kalenderhalbjahr eine **weitere Betriebsversammlung** oder – unter den Voraussetzungen des § 42 Abs. 2 Satz 1 – eine **weitere Abteilungsversammlung** durchführen. Diese zusätzlichen Versammlungen müssen jedoch **aus besonderen Gründen zweckmäßig erscheinen.** Hierüber hat der BR nach pflichtgemäßem Ermessen zu beschließen und hat dabei einen **weiten Ermessensspielraum.**[26] Nur insoweit unterliegt die Durchführung der Betriebs-

---

14 *Däubler,* AiB 82, 51, 52; *Fitting,* a. a. O.; GK-*Weber,* a. a. O.; Richardi-*Annuß,* Rn. 11.
15 *Fitting,* a. a. O.; Richardi-*Annuß,* a. a. O.
16 *Däubler,* a. a. O.
17 *Fitting,* Rn. 16; HWGNRH-*Worzalla,* Rn. 12 f.; Richardi-*Annuß,* Rn. 12.
18 *Fitting,* a. a. O.
19 Zu eng *BAG* 1. 3. 66, AP Nr. 1 zu § 69 BetrVG, das meint, die Tätigkeit der AR-Mitglieder der AN dürfe nicht Gegenstand des Berichts des BR sein.
20 *Fitting,* Rn. 17.
21 MünchArbR-*Joost,* § 224, Rn. 54.
22 *LAG Baden-Württemberg* 10. 2. 83, AuR 84, 54.
23 *Fitting,* a. a. O.
24 *ArbG München* 14. 3. 74, BB 74, 1022; vgl. aber auch *LAG Düsseldorf* 30. 1. 81, DB 81, 1093 f., das jedenfalls für Kleinbetriebe die Verpflichtung zur Kostenerstattung für schriftliche Übersetzungen verneint, andererseits den AG jedoch als verpflichtet ansieht, die durch die erforderliche Hinzuziehung eines Dolmetschers zu Betriebsversammlungen anfallenden Kosten zu tragen; zur Notwendigkeit der Hinzuziehung eines Dolmetschers auf Betriebsversammlungen vgl. auch *LAG Baden-Württemberg* 16. 1. 98, AuR 98, 286; *ArbG Stuttgart* 27. 2. 86, AiB 86, 168; *Aigner,* BB 92, 2357; *Diller/Powietzka,* DB 00, 718 [721]; *Helm,* AiB 93, 70, 72.
25 *Cox/Kölbach,* AiB 04, 216 f.
26 *BAG* 23. 10. 91, DB 92, 689 = AiB 92, 455 mit Anm. *Grimberg; LAG Baden-Württemberg* 25. 9. 91, AiB 92, 96 mit Anm. *Petri-Klar; ArbG Oldenburg* 29. 5. 89, NZA 89, 652; *Fitting,* Rn. 34; GK-*Weber,* Rn. 34.

versammlung der gerichtlichen Nachprüfung.[27] Die Entscheidung des BR unterliegt einer **eingeschränkten gerichtlichen Kontrolle.**[28]

Besondere Gründe können beispielsweise gegeben sein, wenn der BR die AN aus wichtigem 13
Anlass über betriebliche Vorgänge (z. B. Massenentlassung, drohende Kurzarbeit, Lohnkürzungen, drohender Konkurs, Betriebsinhaberwechsel), deren Behandlung bis zur nächsten ordentlichen Betriebsversammlung nicht mehr aufgeschoben werden kann, informieren oder ihre Auffassung zu bestimmten Fragen, etwa dem Abschluss einer bestimmten BV, näher kennen lernen und mit den AN besprechen will.

Mit der in der Vorschrift angelegten **subjektiven Komponente,**[29] die sich bereits eindeutig aus 14
ihrem Wortlaut ergibt (»besondere Gründe« müssen die Einberufung einer weiteren Betriebsversammlung durch den BR lediglich »zweckmäßig erscheinen« lassen), ist es nicht vereinbar, wenn das *BAG*[30] meint, die Voraussetzungen für eine weitere Betriebsversammlung seien nur gegeben, wenn die Angelegenheit, die mit der Belegschaft erörtert werden soll, so bedeutend und dringend ist, dass ein »sorgfältig amtierender« BR unter Berücksichtigung der konkreten Situation im Betrieb die Einberufung einer weiteren Betriebsversammlung für »sinnvoll und angemessen« halten darf. Wenn ein AG in einer unternehmensinternen Hausmitteilung Rationalisierungsmaßnahmen ankündigt und der Agentur für Arbeit vorsorglich bevorstehende Massenentlassungen anzeigt, stellt dies unter Berücksichtigung der sich aus dem Gesetz ergebenden Aufgaben des BR und der Interessenlage der AN nicht nur regelmäßig einen außergewöhnlich wichtigen und einer Ausnahmesituation gleichkommenden Vorgang dar, sondern muss für den BR und die Belegschaft aus aktuellem und dringendem Anlass auch die Einberufung einer weiteren Betriebsversammlung für zweckmäßig erscheinen lassen.[31]

Wenn das *BAG*[32] die Zweckmäßigkeit einer weiteren Betriebsversammlung wesentlich in Ab- 15
hängigkeit von den Kommunikationsbedürfnissen, der Informationspolitik und der damit verbundenen Zeitplanung des AG diskutiert, wird völlig verkannt, dass die Betriebsversammlung in erster Linie den Zweck hat, die **Kommunikation zwischen dem BR und den AN** zu fördern (vgl. dazu auch § 42 Rn. 1 ff.). Mit dieser Rspr. wird die Einberufung weiterer Betriebsversammlungen von der Informationspolitik des AG abhängig gemacht und die Bevormundung des BR und der AN betrieben. Schließlich verkennt das *BAG*, dass das Gesetz die Zweckmäßigkeit der Durchführung von Betriebsversammlungen gerade nicht von den Dispositionen des AG abhängig macht, sondern BR und AN diesbezüglich mit einem **weiten, vom AG nicht einschränkbaren Ermessensspielraum** ausgestattet hat (vgl. Abs. 1 Satz 3, Abs. 3 Satz 1).

Die Möglichkeit, aktuelle und dringende Angelegenheiten auf der nächsten ordentlichen Be- 16
triebsversammlung zu behandeln, schließt die Einberufung einer weiteren Betriebsversammlung nicht aus.[33]

Die Abhaltung einer weiteren Betriebsversammlung kann auch aus besonderen Gründen 17
zweckmäßig erscheinen, **wenn ein großer Teil der Belegschaft,** z. B. mehr als ein Viertel der wahlberechtigten Beschäftigten, die **Durchführung einer Betriebsversammlung verlangt,**[34] wenn die **Kandidaten zur bevorstehenden BR-Wahl vorgestellt werden sollen**[35] oder wenn **während einer Tarifauseinandersetzung** durch betriebsöffentliche Stellungnahmen des AG zur Tarifpolitik oder wegen der Ankündigung arbeitskampfbedingter Kurzarbeit in der Belegschaft Informations- und Diskussionsbedarf entsteht.[36]

---

27 *LAG Berlin* 12.12.78, DB 79, 1850; bestätigt durch *BAG* 29.7.82 – 6 ABR 34/79.
28 *BAG* 23.10.91, a. a. O.
29 So auch *BAG* 23.10.91, DB 92, 689 = AiB 92, 455 mit Anm. *Grimberg; LAG Baden-Württemberg* 25.9.91, AiB 92, 96 mit Anm. *Petri-Klar;* GK-*Weber,* Rn. 34.
30 23.10.91, a. a. O.
31 A. A. *BAG* 23.10.91, a. a. O.; wie hier *Fitting,* Rn. 35.
32 23.10.91, a. a. O.
33 *Fitting,* Rn. 34; einschränkend GK-*Weber,* Rn. 33; *GL,* Rn. 20; HWGNRH-*Worzalla,* Rn. 33.
34 *ArbG Heilbronn* 6.3.90, AiB 90, 197 mit Anm. *Petri-Klar.*
35 *LAG Berlin* 12.12.78, a. a. O.; *ArbG Heilbronn* 6.3.90, a. a. O.
36 *LAG Baden-Württemberg* 25.9.91, AiB 92, 96 mit Anm. *Petri-Klar; ArbG Freiburg* 24.9.91 – 7 Ca 289/91; *ArbG Oldenburg* 29.5.89, a. a. O.; vgl. aber auch *ArbG Wilhelmshaven* 27.10.88, NZA 89, 571, das mit wenig überzeugenden Argumenten eine weitere Betriebsversammlung zur Diskussion

18 Für die zusätzlichen Versammlungen gelten die **gleichen Grundsätze,** wie sie auch für die regelmäßigen Betriebs- bzw. Abteilungsversammlungen maßgebend sind. Daher finden die Versammlungen ebenfalls grundsätzlich während der Arbeitszeit statt (§ 44 Abs. 1 Satz 1). Es besteht auch ein Teilnahmerecht des AG und der Gewerkschaftsbeauftragten. Dem AG und der Gewerkschaft sind Zeitpunkt und Tagesordnung rechtzeitig mitzuteilen (§ 43 Abs. 2 Satz 1 und § 46 Abs. 2).

19 Von den zusätzlichen Betriebs- und Abteilungsversammlungen nach dieser Vorschrift sind die **außerordentlichen** Betriebsversammlungen nach Abs. 3 (Rn. 32 ff.) zu unterscheiden.

IV. Rechte und Pflichten des Arbeitgebers, Jahresbericht des Arbeitgebers

20 Der AG hat das **Recht,** sowohl an den **regelmäßigen** als auch an den **weiteren Betriebs- und Abteilungsversammlungen** für deren gesamte Dauer nach Abs. 1 teilzunehmen.[37] Dieses Teilnahmerecht erstreckt sich auf die gesamte Dauer und alle Tagesordnungspunkte der Betriebsversammlung.[38] Im Falle seiner Verhinderung kann er sich durch einen oder mehrere **betriebs- oder unternehmensangehörige kompetente** Personen vertreten lassen.[39] Die Vertretung oder die Begleitung des Arbeitgebers durch betriebsfremde Personen, etwa einen **Rechtsanwalt,** ist unzulässig[40] (zu den Voraussetzungen der Begleitung des Arbeitgebers durch einen Beauftragten eines Arbeitgeberverbandes vgl. § 46 Rn. 11 f.). Er ist darüber hinaus zur Teilnahme an den Betriebsversammlungen berechtigt, die auf sein Verlangen nach Abs. 3 einberufen worden sind (Rn. 27). Der AG hat dagegen ohne ausdrückliche Einladung **kein Teilnahmerecht** an den **außerordentlichen Betriebsversammlungen** nach Abs. 3, die der BR einberuft, weil er sie für erforderlich erachtet, oder auf Antrag von einem Viertel der wahlberechtigten AN einberufen muss.[41] Damit hat der Gesetzgeber der Belegschaft auch einen **gegenüber dem AG abgegrenzten Raum der internen Willensbildung** zugebilligt.[42] Dies gilt auch für Betriebsversammlungen gemäß § 17 (und Wahlversammlungen gemäß § 14 a), da diese Versammlungen den AN die Möglichkeit geben sollen, unbeeinflusst vom AG und ohne Sanktionen befürchten zu müssen die BR-Wahl vorzubereiten (vgl. dazu im Einzelnen § 14a Rn. 11 und § 17 Rn. 8).[43]

21 Eine **Verpflichtung** des AG zur Teilnahme an den Versammlungen nach Abs. 1 besteht zwar grundsätzlich nicht. Der AG (oder sein Vertreter) ist jedoch gehalten, den in Abs. 2 Satz 3 festgelegten Bericht zu geben (Rn. 25 f.). Das setzt, da der Bericht mündlich gegeben werden muss, jedenfalls in der Versammlung, in der der AG den Bericht erstattet, seine Anwesenheit bzw. die seines Vertreters zwingend voraus. Darüber hinaus wird der AG bzw. sein Vertreter an der Versammlung teilzunehmen haben, wenn er vom BR ausdrücklich eingeladen worden ist, z. B., damit bestimmte Angelegenheiten mit ihm erörtert werden. In einer Verweigerung der Teilnahme trotz ausdrücklicher Einladung kann ein Verstoß gegen die Verpflichtung zur vertrauensvollen Zusammenarbeit mit dem BR liegen.

22 Der AG ist unter rechtzeitiger Mitteilung der Tagesordnung **einzuladen.** Soweit er selbst aus dringenden Gründen nicht teilnehmen kann, ist er berechtigt, einen kompetenten Vertreter

---

der Forderungen des AG zu aktuellen Manteltarifvertragsverhandlungen nicht für aus besonderen Gründen zweckmäßig hält; zu eng auch *ArbG München* 3.2.86, NZA 86, 235, das eine weitere Betriebsversammlung mit dem Thema »Auswirkungen der bevorstehenden Änderung des § 116 AFG auf die Beschäftigung der AN im Betrieb« für unzulässig hält, da es bei dieser Tagesordnung nicht um einen aktuellen betrieblichen Vorgang, sondern allein um eine rechtspolitische Frage gehe; ähnlich *ArbG Neumünster* 25.1.94, DB 94, 436.

37 *HessLAG* 27.2.17 – 16 TaBV 76/16, juris.; *Fitting*, Rn. 28; GK-*Weber*, Rn. 48; Richardi-*Annuß*, Rn. 45; zu den Rechten des AG in der Betriebsversammlung vgl. insgesamt *Brill*, BB 83, 1860 ff.

38 *HessLAG* 27.2.17, a.a.O.

39 *Fitting*, a.a.O.

40 *Fitting*, a.a.O.; Hako-*Tautphäus*; Rn. 23.

41 *BAG* 27.6.89, DB 89, 2543; *Fitting*, Rn. 50; *GL*, Rn. 33; GK-*Weber*, Rn. 49; HWGNRH-*Worzalla*, Rn. 50; Richardi-*Annuß*, Rn. 47.

42 *BAG* 27.6.89, a.a.O.

43 *ArbG Bielefeld* 23.6.82, AuR 83, 91; *ArbG Stuttgart* 25.6.92 – 5 BVGa 11/92.

zu entsenden.[44] In den Betrieben, in denen der AG nicht eine natürliche, sondern eine juristische Person ist, besteht ein Teilnahmerecht bzw. ggf. eine Teilnahmeverpflichtung eines Mitglieds des Organs, das zur gesetzlichen Vertretung der juristischen Person berufen ist (vgl. § 5 Rn. 154 ff.).

Soweit der AG an der Versammlung teilnimmt, kann er **einen Beauftragten der AG-Vereinigung,** der er angehört, hinzuziehen (§ 46 Abs. 1 Satz 2; Einzelheiten bei § 46 Rn. 11 f.). 23
Weitere Personen kann der AG grundsätzlich nicht hinzuziehen. Eine Ausnahme ist jedoch zu machen, wenn es sich um bestimmte Personen des Betriebs bzw. UN handelt, wie insbesondere leitende Angestellte, die ihn bei seinen Stellungnahmen oder seinem Bericht nach Abs. 2 Satz 2 in sachlicher Hinsicht unterstützen können.[45]

In den Betriebs- und Abteilungsversammlungen hat nicht der AG, sondern der BR das **Hausrecht** (vgl. § 42 Rn. 22). Der AG hat jedoch das Recht, unter bestimmten Voraussetzungen das Wort zu ergreifen. Das gilt ohnehin für den in Abs. 2 Satz 2 vorgesehenen Bericht, aber auch dann, wenn der AG zu Erklärungen oder Fragen von Teilnehmern Stellung nehmen oder zu einzelnen Punkten der Tagesordnung das Wort ergreifen will. Voraussetzung ist aber immer, dass er seitens des Versammlungsleiters das Wort erhält. Der AG kann jedoch keine Anträge stellen.[46] Er hat auch kein Stimmrecht.[47] Die Willensbildung in der Betriebsversammlung ist ausschließlich Angelegenheit der AN. 24

Die Regelung des Abs. 2 Satz 3 schreibt ausdrücklich vor, dass der **AG oder sein Vertreter** mindestens **einmal in jedem Kalenderjahr** in einer Betriebsversammlung über das **Personal- und Sozialwesen** einschließlich des Stands der **Gleichstellung von Frauen und Männern** im Betrieb sowie der Integration der im Betrieb beschäftigten **ausländischen AN,** über die wirtschaftliche Lage und Entwicklung des Betriebs sowie über den **betrieblichen Umweltschutz** einen **Bericht abgeben** (Jahresbericht). 25

Dieser Bericht ist auf einer **Betriebsversammlung,** nicht einer Abteilungsversammlung, zu geben. Wurde für mehrere UN ein einheitlicher BR gewählt, muss der Bericht von sämtlichen betroffenen AG für alle UN in einer Betriebsversammlung gegeben werden.[48] Auch in einem als Tendenz-UN anzusehenden Betrieb (Theater) hat der AG den jährlichen Bericht zu erstatten. In der Regel braucht sich der Bericht allerdings nicht auf die nähere Darlegung konkreter künstlerischer Entscheidungen zu erstrecken.[49] Die Unterrichtung hat mündlich zu erfolgen, was nicht ausschließt, dass der Bericht auch zusätzlich schriftlich vorgelegt wird.[50] 26

Der Bericht hat hinsichtlich des **Personalwesens** vor allem die Entwicklung des Personalbestandes, die Struktur der Belegschaft, die absehbare weitere Entwicklung der Belegschaftsstärke und ihre Zusammensetzung, hinsichtlich des Sozialwesens die sozialen Einrichtungen des Betriebs, also etwa betriebliche Versorgungseinrichtungen, Kantine, Werkswohnungen u. Ä., einzuschließen. Zur **wirtschaftlichen Lage und Entwicklung des Betriebs** gehören Angaben über die finanzielle Situation, die Produktions- und Absatzlage, Investitionsvorhaben, Rationalisierungsmaßnahmen oder vorgesehene Betriebsänderungen i. S. d. § 111 Abs. 1 sowie alle sonstigen wirtschaftlichen Vorgänge und Vorhaben, welche die Interessen der AN des Betriebs berühren können (§ 106 Abs. 3). Nach Abs. 2 ist der AG nicht verpflichtet, sich im Rahmen seines Berichts zu den **Kosten der Arbeit des BR** zu äußern. Die besondere Hervorhebung der Kosten der Arbeit des BR und Betonung ihrer negativen Auswirkung auf das 27

---

44 Zur Vertretung des AG in seiner Eigenschaft als Organ der Betriebsverfassung durch einen generell bevollmächtigten und mit uneingeschränkter Vertretungsvollmacht ausgestatteten Personalleiter auf einer Betriebsversammlung vgl. *LAG Düsseldorf* 11.2.82, DB 82, 1066.

45 Zu weitgehend *LAG Düsseldorf* 4.9.91, AiB 92, 154 mit Anm. *Fels,* das die Anwesenheit von zusätzlich vier leitenden Angestellten in einem Betrieb mit ca. 700 Beschäftigten ohne Zustimmung des BR für zulässig, die Teilnahme weiterer zehn AG-Vertreter – »Bezirksleiter« – allerdings für unzulässig hält.

46 *Fitting,* Rn. 32; HWGNRH-*Worzalla,* Rn. 53; *WW,* Rn. 12; a. A. GK-*Weber,* Rn. 50; *GL,* Rn. 34; Richardi-*Annuß,* Rn. 55.

47 *Fitting,* a. a. O.; GK-*Weber,* a. a. O.; *GL,* a. a. O.; HWGNRH-*Worzalla,* a. a. O.; Richardi-*Annuß,* a. a. O.

48 *LAG Hamburg* 15.12.88, NZA 89, 733.

49 *BAG* 8.3.77, AP Nr. 1 zu § 43 BetrVG 1972.

50 *Fitting,* Rn. 20.

wirtschaftliche Ergebnis des Betriebs ist gesetzwidrig und stellt eine Behinderung der Arbeit des BR gemäß § 78 und einen Verstoß gegen das Gebot der vertrauensvollen Zusammenarbeit gemäß § 2 dar (vgl. zur Unzulässigkeit der Veröffentlichung der Kosten der BR-Arbeit auch § 2 Rn. 23, § 74 Rn. 47 f.).[51]

28 Die **Berichtspflicht des AG** erstreckt sich gemäß Abs. 2 Satz 3 auch auf die Fragen der **Gleichstellung der Geschlechter,** der **Integration ausländischer AN** und des **betrieblichen Umweltschutzes.** Der betriebliche Umgang mit diesen Fragen steht in einem untrennbaren Zusammenhang mit der sozialen und gesellschaftspolitischen Entwicklung (vgl. zu diesem Aspekt § 74 Rn. 55; zur Aufgabe der Gleichstellung der Geschlechter vgl. die Einzelheiten bei § 75 Rn. 38 ff., § 80, zur Integration ausländischer AN §§ 75, 80 zum betrieblichen Umweltschutz §§ 80, 89).

28a Der Bericht hat unter dem Gesichtspunkt der **Geschlechtergleichstellung** über die Struktur und Zusammensetzung der Belegschaft, über geplante und bereits durchgeführte Maßnahmen zur Geschlechtergleichstellung und besondere betriebliche Vorkommnisse zu informieren. Mit der gesetzlichen Verpflichtung des AG, das Thema der Gleichstellung von Frauen und Männern im Betrieb zum Gegenstand seines Berichts auf der Betriebsversammlung zu machen, soll der Arbeitgeber veranlasst werden, eine entsprechende **Bestandsaufnahme** über die betriebliche Situation vorzunehmen, seine **Verantwortung** für die Förderung der Geschlechtergleichstellung zu dokumentieren und fortlaufend über die diesbezügliche betriebliche Entwicklung vor der Betriebsversammlung **Rechenschaft** abzulegen. Der Bericht sollte demzufolge über die Zusammensetzung der Belegschaft nach Geschlechtern, differenziert nach Tätigkeiten, Abteilungen, Beschäftigungsverhältnissen (z. B. befristet/unbefristet, Vollzeit/Teilzeit) und Entgeltgruppen, und über die Zielsetzungen des AG zur Verbesserung der Geschlechter und die in diesem Zusammenhang vorgesehenen Maßnahmen, z. B. **zur Vereinbarkeit von Familie und Beruf.** Dabei sollte die Beseitigung möglicher **Entgeltdiskriminierungen** von Frauen (vgl. dazu § 75 Rn. 99) und die gleichberechtigte Teilhabe von Frauen am **beruflichen Aufstieg** und an **Fortbildungsmaßnahmen** im Vordergrund stehen. Die unbefriedigende Situation hinsichtlich der gleichberechtigten Teilhabe am beruflichen Aufstieg ist Gegenstand des **neuen Gesetzes** »für die **gleichberechtigte Teilhabe von Frauen und Männern an Führungspositionen** in der Privatwirtschaft und im öffentlichen Dienst v. 24. 4. 15.[52] Neben der Einführung einer **Geschlechterquote** (30 %) für den Aufsichtsrat regelt das Gesetz eine für börsennotierte oder einem Mitbestimmungsgesetz unterliegende Unternehmen die verpflichtende Festlegung von **Zielgrößen für den Frauenanteil** im Vorstand/der Geschäftsführung, im Aufsichtsrat und den obersten Führungsebenen der Unternehmen. Über die Zielgrößen und die Zielerreichung müssen die Unternehmen, überwiegend im Lagebericht, Bericht erstatten und bei Nichterreichung der Zielgröße dafür die Gründe darlegen. Die Umsetzung des Gesetzes im Unternehmen sollte ebenfalls Bestandteil des Berichts des Arbeitgebers auf der Betriebsversammlung sein.

29 Der AG ist nicht verpflichtet, **Betriebs- und Geschäftsgeheimnisse** zu offenbaren. Ob und inwieweit solche vorliegen, hängt jedoch nicht von seiner subjektiven Beurteilung ab. Es kommt vielmehr ausschließlich darauf an, dass ein Betriebs- oder Geschäftsgeheimnis **objektiv** vorliegt (vgl. § 79 Rn. 7 ff.).

30 Der AG kann zu der Berichterstattung über das Personal- und Sozialwesen sowie die wirtschaftliche Lage und Entwicklung des Betriebs nach § 23 Abs. 3 **gerichtlich gezwungen** werden. Entsprechendes gilt für eine vollständige Darlegung, wenn der Bericht lückenhaft gegeben wird. Eine lückenhafte Darstellung wird allerdings nur dann zu einem Verfahren nach § 23 Abs. 3 führen können, wenn der AG Ausführungen, zu denen er im Rahmen des Berichts nach Abs. 2 Satz 3 verpflichtet war, bewusst nicht gemacht hat, da die Regelung des § 23 Abs. 3 einen groben Verstoß des AG gegen seine gesetzlichen Pflichten voraussetzt.

---

51 *BAG* 9. 8. 95, BB 96, 328.

52 BGBl. I, 642; zum Inhalt dieses Gesetzes vgl. die gemeinsame Darstellung des Bundesministeriums für Familie, Senioren, Frauen und Jugend und des Bundesministeriums der Justiz und für Verbraucherschutz: ‚*http://www.bmfsfj.de/RedaktionBMFSFJ/Abteilung4/Pdf-Anlagen/FAQ-gesetz-frauenquote,property=pdf,bereich=bmfsfj,sprache=de,rwb=true.pdf*.

Der Bericht des AG nach Abs. 2 Satz 3 bezieht sich ausdrücklich auf den **Betrieb.** Es wird vielfach unvermeidbar, ja sogar notwendig sein, auf die wirtschaftliche Lage und Entwicklung des **UN** einzugehen. Gleichwohl ist der Bericht nach Abs. 2 Satz 3 nicht mit dem Bericht zu verwechseln, den der UN nach § 110 Abs. 1 und 2 zu erstatten hat. Der AG kann jedoch seine Darlegungen nach Abs. 2 Satz 3 dazu benutzen, den nach § 110 Abs. 1 und 2 zu gebenden Bericht näher zu erläutern (vgl. auch § 110 Abs. 1, wonach der UN in UN mit in der Regel mehr als 1000 ständig beschäftigten AN den dort vorgesehenen Bericht schriftlich zu erstatten hat). 31

V. Außerordentliche Betriebsversammlungen

Neben den in Abs. 1 vorgesehenen regelmäßigen und zusätzlichen Betriebs- und Abteilungsversammlungen sieht das Gesetz **weitere (außerordentliche)** Betriebsversammlungen vor. Der BR kann bzw. muss solche außerordentlichen Versammlungen in folgenden Fällen einberufen: 32

- wenn sie vom BR als zweckmäßig angesehen werden;
- auf Wunsch des AG;
- auf Wunsch von mindestens einem Viertel der wahlberechtigten AN.[53]

Der BR kann eine außerordentliche Betriebsversammlung einberufen, wenn ihm die unverzügliche Abhaltung einer solchen Versammlung **dringend geboten** erscheint. Die Durchführung einer außerordentlichen Betriebsversammlung kann vor allem dann zweckmäßig sein, wenn die AN des Betriebs über einen besonderen betrieblichen Vorgang, z. B. drohende Kurzarbeit oder eine bevorstehende Betriebsänderung, unterrichtet werden sollen und diese Unterrichtung wegen der Aktualität des Vorgangs bald erfolgen muss, eine ordentliche und eine zusätzliche Betriebsversammlung i. S. v. § 43 Abs. 1 in dem betreffenden Zeitraum aber bereits durchgeführt wurden. Bei der Frage, ob die Abhaltung einer außerordentlichen Betriebsversammlung nach Abs. 3 zweckmäßig ist, hat der BR einen **weitgehenden Ermessensspielraum.** Die einseitige Informationspolitik des AG auf »Mitarbeiterversammlungen« (vgl. dazu § 42 Rn. 50 ff.) kann ein Anlass zur Durchführung einer außerordentlichen Betriebsversammlung sein.[54] 33

Der BR ist **verpflichtet,** eine außerordentliche Betriebsversammlung einzuberufen, wenn dies vom AG oder einem **Viertel der wahlberechtigten AN** (zur Wahlberechtigung vgl. § 7) verlangt wird. Der Antrag ist an keine besondere Form gebunden. Die Unterschriftensammlung für einen Antrag von AN auf Einberufung einer außerordentlichen Betriebsversammlung mit dem Tagesordnungspunkt »Stand der Tarifverhandlungen« ist zulässig und kann ohne Minderung des Arbeitsentgelts während der Arbeitszeit durchgeführt werden.[55] Der AG bzw. die AN müssen jedoch, wenn sie eine außerordentliche Betriebsversammlung verlangen, dem BR zugleich den Beratungsgegenstand angeben, den sie erörtert wissen wollen. Der BR ist, wenn das nicht geschieht, nicht verpflichtet, die Betriebsversammlung einzuberufen.[56] Der BR kann darüber hinaus beschließen, auf einer vom AG bzw. den AN beantragten außerordentlichen Betriebsversammlung weitere Tagesordnungspunkte behandeln zu lassen. 34

Das Gesetz sieht vor, dass der AG vom Zeitpunkt außerordentlicher Betriebsversammlungen, die auf sein Verlangen anberaumt werden, rechtzeitig zu verständigen ist. Ein **ausdrückliches Teilnahmerecht** hat er jedoch nur hinsichtlich dieser außerordentlichen Betriebsversammlung. Soweit weitere außerordentliche Betriebsversammlungen durchgeführt werden, weil sie der BR als erforderlich ansieht oder eine solche Versammlung von einem Viertel der wahlberechtigten AN beantragt worden ist, besteht ein Teilnahmerecht nicht. Es steht dem BR jedoch frei, den AG einzuladen, wenn er dies als zweckmäßig ansieht.[57] Unabhängig davon ist der AG vom BR über den **Zeitpunkt** außerordentlicher Betriebsversammlungen – also auch derjenigen, die nicht auf seinen Wunsch stattfinden – jedenfalls dann zu informieren, wenn die Versammlungen im Betrieb stattfinden sollen. 35

53 Vgl. entsprechende Antragsmuster bei DKWF-*Berg*, §§ 42–46 Rn. 11, 13.
54 *BAG* 27.6.89, DB 89, 2543, 2544.
55 *ArbG Stuttgart* 13.5.77, BB 77, 1304.
56 *Fitting*, Rn. 42; *GL*, Rn. 23.
57 *Fitting*, Rn. 50; *GL*, Rn. 33; *Vogt*, S. 62.

36 Anders als die ordentlichen und zusätzlichen Betriebsversammlungen nach Abs. 1 finden die **außerordentlichen Versammlungen** nach Abs. 3 **nur dann während der Arbeitszeit** statt, wenn der AG hiermit **einverstanden** ist (§ 44 Abs. 2; vgl. dazu auch § 44 Rn. 31). Eine entsprechende Erklärung des AG kann auch **konkludent** erfolgen, etwa durch **Teilnahme des AG** an einer außerordentlichen Betriebsvereinbarung während der Arbeitszeit oder durch widerspruchslose **Duldung** der Durchführung einer solchen Versammlung.[58]

37 Eine Ausnahme gilt, wenn die außerordentliche Betriebsversammlung auf **Wunsch des AG** einberufen worden ist. Sie hat in einem solchen Fall stets während der Arbeitszeit stattzufinden (§ 44 Abs. 1 Satz 1). Soweit die außerordentlichen Betriebsversammlungen während der Arbeitszeit stattfinden, weil ihre Durchführung vom AG beantragt oder er in den anderen Fällen mit der Abhaltung während der Arbeitszeit einverstanden war, darf ein Ausfall oder eine Minderung des Arbeitsentgelts nicht eintreten (§ 44 Abs. 1 Satz 2 und Abs. 2 Satz 2, 2. Halbsatz).

38 Der BR kann, wenn er eine außerordentliche Betriebsversammlung durchführen will oder auf Grund eines entsprechenden Antrags eines Viertels der wahlberechtigten AN vornehmen muss, diese Versammlung als eine **ordentliche** oder **zusätzliche Betriebsversammlung** nach Abs. 1 durchführen, wenn eine derartige Versammlung in dem betreffenden Zeitraum noch nicht durchgeführt worden ist.[59] In einem solchen Falle tritt ohne weiteres die Kostenfolge nach § 44 Abs. 1 Sätze 2 und 3 ein, d. h., die Zeit der Teilnahme einschließlich der zusätzlichen Wegezeiten ist den AN wie Arbeitszeit zu vergüten, und zwar auch dann, wenn die Versammlungen wegen der Eigenart des Betriebs außerhalb der Arbeitszeit stattfinden (§ 44 Rn. 9).

39 Die **außerordentlichen Versammlungen** können, obwohl im Gesetz nicht ausdrücklich vorgesehen, **als Abteilungsversammlungen** nach § 42 Abs. 2 durchgeführt werden. Das ergibt sich bereits aus § 44 Abs. 2.[60] Bei der Bestimmung des Viertels der wahlberechtigten AN ist von der AN-Zahl des betreffenden Betriebsteils auszugehen.[61]

VI. Betriebsversammlungen auf Antrag der Gewerkschaft

40 Die im **Betrieb vertretenen Gewerkschaften** haben das Recht, beim BR die Einberufung einer Versammlung zu verlangen, wenn im vorhergegangenen **Kalenderhalbjahr** keine Betriebsversammlung und keine Abteilungsversammlung durchgeführt worden sind. Dabei ist unter Kalenderhalbjahr i. S. d. Abs. 4 nicht ein beliebiger Zeitraum von sechs Monaten zu verstehen, sondern entweder die Zeit vom 1. 1. bis 30. 6. oder die vom 1. 7. bis 31. 12. eines Jahres.

41 In dem Kalenderhalbjahr, das dem Antrag der Gewerkschaft vorausgeht, dürfen weder Betriebs- noch Abteilungsversammlungen durchgeführt worden sein. Es kommt dabei nicht nur auf die ordentlichen Betriebsversammlungen an. Deshalb reicht es aus, wenn der BR eine zusätzliche Versammlung nach Abs. 1 Satz 4 oder eine außerordentliche Versammlung nach Abs. 3 Satz 1 durchgeführt hat. Soweit Abteilungsversammlungen durchgeführt wurden, genügt es jedoch nicht, wenn sie nur **in einigen wenigen** Betriebsabteilungen stattgefunden haben. Es ist vielmehr erforderlich, dass zumindest für die **ganz überwiegende Zahl** der AN des Betriebs Abteilungsversammlungen durchgeführt wurden.[62]

42 Der Antrag kann nur von einer im Betrieb vertretenen Gewerkschaft gestellt werden (vgl. § 2 Rn. 78 f.). Der Antrag ist an den BR zu richten. Er bedarf **keiner besonderen Form** und kann somit auch mündlich gestellt werden.[63] Die Gewerkschaft kann jedoch die Betriebsversammlung nicht selbst einberufen.[64]

---

58 *LAG Baden-Württemberg* 17.2.87, DB 87, 1441; zur Abgrenzung von Betriebsversammlungen zu sonstigen betrieblichen Informationsveranstaltungen, vgl. auch *Zachert*, BB 04, IV, und *Vogel*, BB 04, I.

59 *ArbG Heilbronn* 6.3.90, AiB 90, 197 mit Anm. *Petri-Klar; Däubler*, AiB 82, 51 [54]; Richardi-*Annuß*, Rn. 40.

60 *ArbG Stuttgart* 13.5.77, BB 77, 1304; *Fitting*, Rn. 45.

61 *Fitting*, a. a. O.; GK-*Weber*, Rn. 42; HWGNRH-*Worzalla*, Rn. 35; Richardi-*Annuß*, Rn. 33.

62 *Fitting*, Rn. 54.

63 Zu entsprechenden Antragsmustern vgl. DKWF-*Berg*, §§ 42–46 Rn. 12.

64 *Fitting*, Rn. 55; *Vogt*, S. 62.

Der BR ist verpflichtet, **vor Ablauf von zwei Wochen** nach Eingang des gewerkschaftlichen Antrags eine Betriebsversammlung einzuberufen. Für die Fristberechnung gelten die §§ 187, 188 BGB, so dass der Tag des Zugangs des Antrags beim BR nicht mitzählt. Die Versammlung selbst muss jedoch nicht innerhalb der zweiwöchigen Frist erfolgen. Das bedeutet, dass der BR vor Ablauf der zwei Wochen den Zeitpunkt der Betriebsversammlung festzusetzen und den AN bekannt zu geben hat. Die Durchführung der Betriebsversammlung hat jedoch innerhalb eines angemessenen Zeitraumes nach Antragstellung durch die Gewerkschaft zu erfolgen. Kommt der BR dem **Antrag der Gewerkschaft** nicht nach, so begeht er eine **grobe Amtspflichtverletzung,** die nach § 23 Abs. 1 zu seiner Auflösung durch das Gericht führen kann.[65] 43

Die auf Antrag der Gewerkschaft einberufene Versammlung ist grundsätzlich als **Vollversammlung** aller AN des Betriebs durchzuführen. Die Abhaltung von Abteilungsversammlungen ist in diesem Fall nicht zulässig.[66] Es ist jedoch möglich, die in § 42 Abs. 1 Satz 2 vorgesehenen Teilversammlungen durchzuführen, wenn wegen der Eigenart des Betriebs eine Versammlung aller AN zum gleichen Zeitpunkt nicht stattfinden kann (vgl. § 42 Rn. 30 ff.). 44

VII. Streitigkeiten

Streitigkeiten über die Zulässigkeit von Betriebs-, Teil- oder Abteilungsversammlungen oder außerordentlichen Betriebsversammlungen sind ebenso wie solche über die Zuständigkeit von Betriebsversammlungen und die Rechte und Pflichten des AG im **arbeitsgerichtlichen Beschlussverfahren** (§§ 2a, 80 ff. ArbGG) auszutragen. Nach neuer Rspr. des *BAG* begründet eine Verletzung der Vorschriften über die Durchführung der Versammlungen nach Abs. 1 oder 3 **keinen Unterlassungsanspruch des AG** gegenüber dem BR[67] (vgl. dazu näher § 42 Rn. 57, § 74 Rn. 88 ff.). 45

Streitigkeiten um die Verpflichtung des BR, eine Betriebsversammlung auf Grund eines **Antrags einer Gewerkschaft** gemäß Abs. 4 durchzuführen, sind ebenfalls im arbeitsgerichtlichen Beschlussverfahren auszutragen. 46

§ 44 Zeitpunkt und Verdienstausfall

(1) Die in den §§ 14a, 17 und 43 Abs. 1 bezeichneten und die auf Wunsch des Arbeitgebers einberufenen Versammlungen finden während der Arbeitszeit statt, soweit nicht die Eigenart des Betriebs eine andere Regelung zwingend erfordert. Die Zeit der Teilnahme an diesen Versammlungen einschließlich der zusätzlichen Wegezeiten ist den Arbeitnehmern wie Arbeitszeit zu vergüten. Dies gilt auch dann, wenn die Versammlungen wegen der Eigenart des Betriebs außerhalb der Arbeitszeit stattfinden; Fahrkosten, die den Arbeitnehmern durch die Teilnahme an diesen Versammlungen entstehen, sind vom Arbeitgeber zu erstatten.

(2) Sonstige Betriebs- oder Abteilungsversammlungen finden außerhalb der Arbeitszeit statt. Hiervon kann im Einvernehmen mit dem Arbeitgeber abgewichen werden; im Einvernehmen mit dem Arbeitgeber während der Arbeitszeit durchgeführte Versammlungen berechtigen den Arbeitgeber nicht, das Arbeitsentgelt der Arbeitnehmer zu mindern.

Inhaltsübersicht Rn.

65 *LAG Baden-Württemberg* 13.3.14, AuR 14, 164, juris; *ArbG Wetzlar* 22.9.92, AiB 93, 48, bestätigt durch *HessLAG*, 25.2.93, AiB 94, 404; *Fitting*, Rn. 59; *GL*, Rn. 42.

66 *Fitting*, Rn. 57; *GL*, Rn. 41; Richardi-*Annuß*, Rn. 60.

67 *BAG* 17.3.10, NZA 10, 1133.

I. Vorbemerkungen

1 Die Vorschrift regelt, welche **Betriebs- und Abteilungsversammlungen während** und welche **außerhalb der Arbeitszeit** stattfinden. Sie stellt außerdem die **Anspruchsgrundlage für die Vergütung** der AN für die Zeit der Teilnahme an Betriebsversammlungen und die Erstattung notwendiger Fahrkosten dar.

2 Die Zeit der Teilnahme der AN an einer Betriebsversammlung gilt **arbeitszeitrechtlich** als **Arbeitszeit i. S. d. § 2 Abs. 1 1. Halbsatz ArbZG.**[1] Nach dem gesetzlichen Regelfall (vgl. § 44 Abs. 1 Satz 1 und Rn. 4) finden Betriebsversammlungen im Zeitraum vom Beginn bis zum Ende der Arbeitsaufnahme (vgl. § 2 Abs. 1 1. Halbsatz ArbZG) statt. Bei der Zeit der Teilnahme handelt es sich demnach nicht um Ruhepausen bzw. Ruhezeiten im arbeitsschutzrechtlichen Sinne.[2]

II. Versammlungen während der Arbeitszeit nach Abs. 1

1. Allgemeines

3 Die in diesem Abs. genannten Betriebs- und Abteilungsversammlungen haben während der Arbeitszeit stattzufinden, soweit nicht die Eigenart des Betriebs die Durchführung der Versammlungen außerhalb der Arbeitszeit zwingend erfordert. Zu den Versammlungen, die grundsätzlich **während der Arbeitszeit** durchzuführen sind, gehören somit:

- die vierteljährlich abzuhaltenden regelmäßigen Betriebs- bzw. Abteilungsversammlungen nach § 43 Abs. 1 Sätze 1 und 2, und zwar auch dann, wenn die Betriebsversammlung auf Antrag einer im Betrieb vertretenen Gewerkschaft durchgeführt wird (§ 43 Abs. 4);
- die nach § 43 Abs. 1 Satz 4 möglichen weiteren Betriebs- und Abteilungsversammlungen;
- die auf Antrag des AG nach § 43 Abs. 3 einzuberufende außerordentliche Betriebsversammlung;
- die Betriebsversammlung zur Bestellung des WV nach § 17 Abs. 2;
- die Wahlversammlungen nach § 14a.

4 Die Regelung, dass diese Versammlungen **grundsätzlich während der Arbeitszeit** stattfinden, ist **zwingend.** Von ihr kann auch nicht durch TV oder BV abgewichen werden.[3] Den konkreten Beginn der Versammlung legt der BR durch Beschluss fest. Er bedarf **keiner Zustimmung** des AG.[4] Bei **der Festsetzung der zeitlichen Lage** der Betriebsversammlung hat der BR einen Ermessensspielraum, der weder durch den AG noch durch das ArbG eingeengt werden darf.[5] Der BR ist etwa berechtigt, bei gleitender Arbeitszeit die Versammlung in die **Kernarbeitszeit** zu legen.[6] Die Duldung der Durchführung der Betriebsversammlung während der Arbeitszeit kann ggf. durch eine **einstweilige Verfügung** im Beschlussverfahren erzwungen werden.[7]

5 Die **Dauer der Betriebsversammlung** ist gesetzlich nicht begrenzt, sondern richtet sich nach dem Umfang der zu behandelnden Themen, der Länge der zu erstattenden Berichte und der Anzahl der Wortmeldungen.[8] Grundsätzlich ist zu berücksichtigen, dass der ungestörten und freien Aussprache im Rahmen der Betriebsverfassung ein hoher Stellenwert zukommt.[9] Die

---

1 *OVG NRW* 10.5.11, 4 A 1403/08, juris; *Buschmann/Ulber*, Arbeitszeitgesetz, § 2 Rn. 38; HK-ArbR-*Growe*, § 2 ArbZG, Rn. 4; Schaub-*Vogelsang*, § 156, Rn. 14; eingehend dazu *Tonikidis*, AuR 18, 284.

2 *OVG NRW*, a. a. O.

3 *Fitting*, Rn. 14; *GL*, Rn. 2; HWGNRH-*Worzalla*, Rn. 2; Richardi-*Annuß*, Rn. 16.

4 *LAG Mecklenburg-Vorpommern* 20.1.16 – 5 TaBV 11/15, juris; ErfK-*Koch*, §§ 42–46, Rn. 2; *Fitting*, Rn. 9; GK-*Weber*, Rn. 10.

5 *ArbG Braunschweig* 22.6.81, AiB 82, 141 f.

6 *ArbG München* 27.7.72 – 17 Ca 56/72; *Fitting*, Rn. 8; HWGNRH-*Worzalla*, Rn. 7; Richardi-*Annuß*, Rn. 6.

7 *ArbG Frankfurt* 17.5.76 – 11 BVGa 6/76.

8 Zur zulässigen Verlängerung einer Betriebsversammlung wegen der erforderlichen Übersetzung der Aussprache in mehrere Sprachen für ausländische AN aus verschiedenen Sprachräumen *ArbG Stuttgart* 27.2.86, AuR 86, 316.

9 *Goerke*, AuA 96, 47, 48; *Zabel*, AiB 96, 346, 347.

Dauer der Betriebsversammlung ist daher auch grundsätzlich **nicht auf einen Arbeitstag beschränkt:**

- Ist aufgrund der Tagesordnung davon auszugehen, dass die Dauer der Betriebsversammlung nahezu einen vollständigen Arbeitstag in Anspruch nehmen wird, kann der BR eines Betriebes mit räumlich weit auseinander liegenden Betriebsstätten wegen der damit verbundenen langen Anreisezeiten eines Teils der AN die Betriebsversammlung **an zwei aufeinander folgenden Arbeitstagen** durchführen.[10]
- Auch kann unter bestimmten Voraussetzungen eine ursprünglich für einen Arbeitstag einberufene Betriebsversammlung **am nachfolgenden Arbeitstag fortgesetzt** werden.[11]
- Kann etwa die Tagesordnung nicht bis zum Ende der Betriebsversammlung abschließend behandelt werden, so kann der BR innerhalb seines Ermessensspielraums die Fortsetzung der Versammlung für den nächsten Tag innerhalb der Arbeitszeit bestimmen.[12]
- Wird auf einer Betriebsversammlung eine drohende Massenentlassung behandelt, kann sogar eine Dauer von vier Tagen im Einzelfall gerechtfertigt sein.[13]

Der BR hat den AG über den Zeitpunkt der Versammlung **rechtzeitig** zu unterrichten, so 6
dass sich dieser mit seinen betrieblichen Dispositionen auf die Arbeitsunterbrechung einstellen kann (vgl. dazu § 42 Rn. 17 ff.).

Unter Arbeitszeit i. S. v. Abs. 1 Satz 1 ist die **betriebliche Arbeitszeit** zu verstehen, also die 7
Zeit, während der jedenfalls ein erheblicher Teil der Belegschaft arbeitet.[14] Diese betriebliche Arbeitszeit muss sich nicht immer mit der **persönlichen Arbeitszeit** der einzelnen AN decken. So ergibt sich z. B. bei Durchführung einer Vollversammlung für alle AN des Betriebs in einem Schichtbetrieb, dass für einen Teil der AN die Versammlung außerhalb der Arbeitszeit liegt. Aber auch in anderen Fällen ist es denkbar, dass die Versammlung über das Ende der betriebsüblichen Arbeitszeit hinausgeht (zur Frage der Vergütung in solchen Fällen vgl. Rn. 17 f.). Nach Auffassung des *BAG*[15] ist der BR nicht berechtigt, eine regelmäßige Betriebsversammlung außerhalb der betriebsüblichen Arbeitszeit einzuberufen, wenn die persönliche Arbeitszeit einer bestimmten AN-Gruppe (z. B. Teilzeitbeschäftigte) von der Arbeitszeit eines wesentlichen Teils der übrigen Belegschaft abweicht.

Der Grundsatz, dass die in Satz 1 bezeichneten Versammlungen während der Arbeitszeit statt- 8
finden, führt dazu, dass der BR nicht von vornherein den **Zeitpunkt des Beginns** der Versammlung so legen darf, dass ein Teil der Versammlung mehr oder weniger zwangsläufig in die **Freizeit der AN** hineinreicht. Das bedeutet insbesondere, dass der Versammlungsbeginn grundsätzlich nicht erst kurz vor dem Ende der betriebsüblichen Arbeitszeit liegen darf. Als unzulässig muss es angesehen werden, wenn von vornherein eine planmäßige zeitliche Begrenzung der Versammlung, etwa auf die Höchstdauer von einer Stunde, erfolgt.[16]

Die Abhaltung der in Abs. 1 Satz 1 bezeichneten Versammlungen außerhalb der Arbeitszeit ist 9
an **strenge Voraussetzungen** geknüpft.[17] Die Eigenart des Betriebs muss der Durchführung der Versammlung während der Arbeitszeit **zwingend** entgegenstehen.

Unter »**Eigenart des Betriebs**« ist in erster Linie die **organisatorisch-technische Besonderheit** 10
des konkreten Einzelbetriebs zu verstehen, nicht die eines ganzen Gewerbezweiges.[18] Darüber hinaus hat der Gesetzgeber auf den Betrieb abgestellt und nicht auf die Eigenart des UN.

---

10 Zu eng *LAG Mecklenburg-Vorpommern* 15.10.08 – 2 TaBV 2/08, das meint, Betriebsversammlungen bis zu einer Dauer von acht Zeitstunden müssten zur Reduzierung der wirtschaftlichen Belastung des AG immer an einem Kalendertag durchgeführt werden.

11 *Fitting*, Rn. 10; GK-*Weber*, Rn. 16.

12 *LAG Baden-Württemberg* 5.5.82, AiB 89, 209 f.; 12.12.85, AiB 86, 67; *ArbG Stuttgart* 18.3.92 – 2 BVGa 7/92; *Goerke*, a. a. O.; *Zabel*, a. a. O., m. w. N.

13 *ArbG Hamburg* 28.6.77, AiB 89, 209.

14 *BAG* 9.3.76, AP Nr. 3 zu § 44 BetrVG 1972.

15 27.11.87, DB 88, 810.

16 *LAG Saarland* 21.12.60, AP Nr. 2 zu § 43 BetrVG; *Fitting*, Rn. 12; HWGNRH-*Worzalla*, Rn. 11; Richardi-*Annuß*, Rn. 21.

17 *LAG Schleswig-Holstein* 28.10.96, AiB 97, 348 mit Anm. *Peiseler*; *ArbG Essen* 14.4.11, DB 11, 1453; *Fitting*, Rn. 17.

18 *BAG* 26.10.56, AP Nr. 1 zu § 43 BetrVG.

Von Ausnahmefällen einer absoluten wirtschaftlichen Unzumutbarkeit bzw. des Entstehens eines ruinösen wirtschaftlichen Schadens abgesehen, reichen Allgemeine **wirtschaftliche Zumutbarkeitserwägungen** daher grundsätzlich **nicht** aus, damit die Versammlung wegen zwingender Erfordernisse außerhalb der Arbeitszeit stattfindet.[19] Das gilt auch für die regelmäßig mit der Durchführung einer Betriebsversammlung verbundenen **Störungen der Betriebsablaufs.**[20]

11 • Der AG kann sich somit nicht darauf berufen, dass Produktionsausfälle oder das Nichterbringen von Dienstleistungen zu **wirtschaftlichen Einbußen** führen.[21]
- Das gilt z. B. auch für Betriebe mit einer **Just-in-time-Produktion,** die für die Nichteinhaltung von Lieferzeiten **Konventionalstrafen** vereinbart haben und deren Kunden bzw. Investoren die Befolgung betriebsverfassungsrechtlicher Vorschriften für wirtschaftlich unvertretbar halten.[22]
- Auch im **Einzelhandel,** z. B. in Lebensmittelfilial-UN und Kaufhäusern, sind Betriebsversammlungen während der **Ladenöffnungszeit** und damit während der Arbeitszeit durchzuführen.[23]
- Die Durchführung einer Betriebsversammlung außerhalb der Arbeitszeit kann vom AG nicht unter Berufung auf **vertragliche Verpflichtungen gegenüber Dritten** (z. B. in Einkaufscentern) über die Einhaltung bestimmter **Mindestöffnungszeiten** erzwungen werden (zur vergleichbaren Problematik beim betriebsverfassungsrechtlichen Zugangsrecht der Gewerkschaft vgl. eingehend § 2 Rn. 117 f.).
- Der **öffentlich-rechtliche Auftrag eines UN,** etwa der Infrastruktur- und Dienstleistungsauftrag der Deutschen Post AG, rechtfertigt für sich allein ebenfalls nicht die Abhaltung von Betriebsversammlungen außerhalb der Arbeitszeit.[24]

12 Es muss sich somit um eine **organisatorisch-technische Eigenart des Betriebs** handeln, die die Durchführung der Betriebsversammlung außerhalb der Arbeitszeit zwingend erforderlich macht. Das braucht nicht schlechthin eine technische Unmöglichkeit zu bedeuten, wohl aber eine **technisch untragbare Störung** des eingespielten Betriebsablaufs.[25] Die organisatorisch-technische Eigenart des Betriebs muss eine Durchführung der Versammlung außerhalb der Arbeitszeit zwingend erfordern, also keine andere Wahl lassen.[26] Mit der gesetzlich angeordneten Durchführung einer Betriebsversammlung ist im **Normalfall** immer die vorübergehende **Einschränkung** und das vorübergehende **Ruhen des Betriebs** verbunden. Darauf hat sich der AG im gesetzlichen Regelfall einzustellen und kann u. U. auch zur **Schließung des Betriebs** verpflichtet sein:

---

19 *BAG* 9.3.76, AP Nr. 3 zu § 44 BetrVG 1972; *ArbG Essen* 14.4.11, a. a. O.; *Fitting*, Rn. 17; Hako-BetrVG-*Tautphäus*, Rn. 11; WPK-*Roloff*, Rn. 9.

20 *ArbG Essen* 14.4.11, a. a. O.

21 *ArbG Darmstadt* 7.5.09, AuR 09, 281.

22 *ArbG Darmstadt* 7.5.09, a. a. O.

23 Vgl. *BAG* 9.3.76, a. a. O., das erklärt, der Umsatzrückgang als wirtschaftliche Folge der Schließung des Betriebs wegen der Betriebsversammlung müsse außer Betracht bleiben; *ArbG Darmstadt* 27.11.03, AiB 04, 754 mit Anm. *Mansholt:* Durchführung von Betriebsversammlungen im Einzelhandel auch in umsatzstarken Wochen; GK-*Weber*, Rn. 20; a. A. *LK*, Rn. 9; vgl. auch *LAG Berlin* 7.10.80 – 8 TaBV 3/80, das hervorhebt, die Besonderheiten des Einzelhandels rechtfertigten keine Abweichung von der gesetzlichen Regelung, und dabei ausdrücklich erklärt, Betriebsversammlungen um 7.00 Uhr früh seien für die Beschäftigten unzumutbar; grundsätzlich zum Verhältnis von Ladenöffnungszeiten im Einzelhandel und betriebsverfassungsrechtlichen Kommunikations- und Mitbestimmungsrechten *BAG* 31.8.82, AP Nr. 8 zu § 87 BetrVG 1972 Arbeitszeit; zu einschränkend für den Fall, dass die Durchführung von Betriebsversammlungen in Kaufhäusern mit den Hauptgeschäftszeiten zusammenfällt, *Fitting*, Rn. 18; Richardi-*Annuß*, Rn. 12; aus AG-Sicht zur zeitlichen Lage von Betriebsversammlungen in Handelsunternehmen *Brötzmann*, NZA 90, 1055 [1060]; *Kappes/Rath*, DB 87, 2645 ff.; *Strümper*, NZA 84, 315 ff.

24 *LAG Schleswig-Holstein* 28.10.96, AiB 97, 348; *ArbG Wuppertal* 9.7.96, AiB 97, 347 mit Anm. *Peiseler*.

25 Vgl. *BAG* 26.10.56, AP Nr. 1 zu § 43 BetrVG; *LAG Saarbrücken* 21.12.60, AP Nr. 2 zu § 43 BetrVG; *Fitting*, Rn. 17.

26 *BAG* 9.3.76, AP Nr. 3 zu § 44 BetrVG 1972.

- Deshalb kann sich der AG für die Notwendigkeit der Durchführung einer Betriebsversammlung außerhalb der Arbeitszeit nicht auf von ihm zu verantwortende organisatorische Versäumnisse berufen.[27]
- Es ist unbeachtlich, wenn in der Bauwirtschaft wegen der Abhaltung von Betriebsversammlungen während der Arbeitszeit Schwierigkeiten bei der **Belieferung der Baustellen** mit Baumaterial sowie der **Stillstand von Maschinen** eintreten können bzw. schon einmal eingetreten sind.[28] 13
- Der AG ist nicht berechtigt, einen **Notdienst** für die Zeit der Betriebsversammlung einzuteilen und es den für diesen Notdienst vorgesehenen AN zu untersagen, an der Betriebsversammlung teilzunehmen.[29]
- In **Handels- und Dienstleistungsunternehmen** mit **Publikumsverkehr** ist es nicht zulässig, dass der AG durch die Öffnung des Betriebs während einer Betriebsversammlung unmittelbaren oder mittelbaren Druck auf die AN ausübt, auf den Besuch der Betriebsversammlung zu verzichten.
- Zur Vermeidung von Behinderungen der ordnungsgemäßen Durchführung von Betriebsversammlungen kann der AG zur **Schließung des Betriebs** verpflichtet sein.[30]
- Beschäftigt ein AG zur **Aufrechterhaltung des Geschäftsbetriebs** während der Zeit einer Betriebsversammlung **Leih-AN,** ohne vorher die Zustimmung des BR gemäß § 87 Abs. 1 Nr. 2 BetrVG einzuholen, kann der BR die **Unterlassung** des Einsatzes der Leih-AN gerichtlich erzwingen.[31] Die Leih-AN sollten vom BR frühzeitig darüber aufgeklärt werden, dass sie das **Recht haben,** selbst an der Betriebsversammlung **mit Anspruch auf Vergütung teilzunehmen** (s. dazu auch Rn. 17 und § 42 Rn. 15 a).

In bestimmten Fällen, so vor allem in Betrieben mit kontinuierlichem Arbeitsablauf (Schichtarbeit), wird sich die Frage stellen, ob es richtiger ist, **eine Vollversammlung aller** AN mit der Folge durchzuführen, dass für einen Teil der AN die Versammlung außerhalb der Arbeitszeit liegt, **oder Teilversammlungen** nach § 42 Abs. 1 Satz 3 abzuhalten, damit für alle AN die (Teil-) Versammlung in die Arbeitszeit fällt. Diese Frage stellt sich, weil sowohl § 42 Abs. 1 Satz 3 als auch § 44 Abs. 1 Satz 1 auf die Eigenart des Betriebs abstellen. Beide Gesetzesregelungen wird man grundsätzlich als **gleichwertig** ansehen müssen. Dem Gesichtspunkt der Teilnahme aller AN des Betriebs an einer Vollversammlung wird im Grundsatz kein höherer Rang beizumessen sein als dem Interesse der AN, ihre persönliche Freizeit nicht zum Besuch einer Versammlung außerhalb der Arbeitszeit opfern zu müssen.[32] 14

Nach richtiger Auffassung ist in solchen Fällen dem BR ein **Ermessensspielraum** zuzuerkennen, der es ihm erlaubt, nach den jeweiligen konkreten Umständen von der einen oder der anderen Regelung der genannten Vorschriften Gebrauch zu machen.[33] 15

Entschließt sich der BR in einem **Zwei-Schicht-Betrieb** dazu, eine Vollversammlung durchzuführen, so kann er das in der Weise machen, dass die Versammlung gegen Ende der ersten Schicht beginnt und in die zweite Schicht hineinragt, so dass die AN der beiden Schichten jeweils nur einen Teil ihrer Freizeit opfern müssen.[34] Der BR kann aber auch so verfahren, dass die Vollversammlung für die eine Schicht in die Arbeitszeit fällt, während sie für die andere Schicht außerhalb der Arbeitszeit stattfindet. In einer solchen Handhabung dürfte jedenfalls dann keine Unbilligkeit zu sehen sein, wenn der BR dies bei der Festsetzung der nachfolgenden 16

27 *ArbG Essen* 14.4.11, a.a.O.
28 So zutreffend *ArbG Mannheim* 18.12.73 – 5 BV 23/73.
29 *ArbG Hamburg* 2.11.79 – 18 GaBV 1/79.
30 ErfK-*Koch*, Rn. 3; *Fitting*, Rn. 18; GK-*Weber*, Rn. 20; einschränkend *LAG Köln* 19.4.88, DB 88, 1400.
31 *LAG Hamm* 26.8.05, EzAÜG, § 14 ÄUG Betriebsverfassung Nr. 63.
32 *Fitting*, Rn. 19; GK-*Weber*, Rn. 22; Richardi-*Annuß*, Rn. 13; vgl. dagegen *BAG* 9.3.76, AP Nr. 3 zu § 44 BetrVG 1972, wonach Vollversammlungen wegen der besseren Kommunikationsmöglichkeiten grundsätzlich Vorrang vor Teilversammlungen haben sollten.
33 *LAG Baden-Württemberg*, 10.5.02, AiB 03, 627 mit Anm. *Stather; Fitting*, Rn. 19; *GL*, Rn. 17; GK-*Weber*, Rn. 22; Richardi-*Annuß*, Rn. 13; vgl. auch *BAG* 9.3.76, AP Nr. 3 zu § 44 BetrVG 1972.
34 Zu eng *LAG Niedersachsen* 30.8.82, DB 83, 1312, das in einem Schichtbetrieb ausschließlich diese Form der Durchführung der Betriebsversammlung für zulässig hält; ähnlich *LAG Schleswig-Holstein* 30.5.91, DB 91, 2247 = AiB 91, 390 mit kritischer Anm. *Grimberg*.

Betriebsversammlung berücksichtigt und diese so anberaumt, dass sie in die Schicht derjenigen AN fällt, in deren Freizeit die letzte Betriebsversammlung abgehalten wurde.[35]

2. Entgeltfortzahlung, zusätzliche Wegezeiten, Fahrkosten

17 Alle an den Versammlungen gem. Abs 1 teilnehmenden AN des Betriebs haben einen **Anspruch auf Vergütung** durch den AG (einschließlich der Außendienstmitarbeiter, Heim- und Telearbeiter usw.). Einen Vergütungsanspruch haben auch die teilnahmeberechtigten (vgl. dazu § 42 Rn. 15 a) **Leih-AN** und sonstige von anderen AG zur Arbeitsleistung im Betrieb überlassene AN. Dieser richtet sich allerdings nicht gegen den Arbeitgeber des Einsatzbetriebs, sondern gegen deren **Vertragsarbeitgeber** (z. B. Verleih-UN), entsprechend der sonstigen aus dem Arbeitsverhältnis folgenden Entgeltansprüche.[36] Die Teilnahme an den Versammlungen ist **»wie Arbeitszeit«** zu vergüten. Der Anspruch auf Fortzahlung des Arbeitsentgelts ist somit nicht auf die Zeit begrenzt, in der die Betriebs- oder Abteilungsversammlung während der **persönlichen Arbeitszeit** der betreffenden AN stattfindet. Das gilt auch, wenn AN nur geringfügig oder nur zu bestimmten Zeiten tätig sind, wie beispielsweise **Teilzeitbeschäftigte** oder AN mit kapazitätsorientierter variabler Arbeitszeit. Geht eine Versammlung über das Ende der persönlichen Arbeitszeit hinaus, ist der AG zur Entgeltfortzahlung auch für diese Zeit der Teilnahme verpflichtet. Entsprechendes gilt, wenn die Versammlung wegen der Eigenart des Betriebs außerhalb der Arbeitszeit stattfindet.

18 Abs. 1 Sätze 2 und 3 enthält eine eigenständige, in sich abgeschlossene Regelung der Vergütung für die Zeiten, an denen AN an Betriebsversammlungen teilnehmen. Es handelt sich dabei um **Vergütungsansprüche eigener Art** und nicht etwa um Ansprüche auf Lohnersatz. Die AN haben für die Zeit der Teilnahme an Betriebsversammlungen in jedem Fall einen Anspruch auf Vergütung, unabhängig davon, ob sie Lohnansprüche erworben hätten, wenn sie nicht an der Betriebsversammlung teilgenommen hätten.[37] Dieser Vergütungsanspruch besteht deshalb auch für AN, die während des **Erholungsurlaubs,**[38] während des **Erziehungsurlaubs,**[39] während **Kurzarbeitszeiten**[40] oder während der Beteiligung an einem **Arbeitskampf**[41] an einer Betriebsversammlung teilnehmen.

19 Für die gesamte Zeit der Teilnahme an Betriebsversammlungen, darüber hinaus aber auch für die zusätzlichen Wegezeiten (Rn. 22) ist den AN das **individuelle Arbeitsentgelt** weiterzuzahlen. Nimmt daher ein im Akkord stehender AN an der Betriebs- oder Abteilungsversammlung teil, erhält er den Durchschnitt des zuletzt erzielten Akkordlohnes.[42] Auch besondere Zuschläge, wie z. B. **Schmutzzulagen** oder **Erschwerniszulagen,** die bei einer Arbeitsleistung gezahlt worden wären, sind fortzuzahlen.[43] Entsprechendes gilt für **Sonn- und Feiertagszuschläge,** sofern eine Versammlung nach Abs. 1 an einem Sonn- oder Feiertag durchgeführt wird.[44]

20 Da die Zeiten der Teilnahme an der Versammlung (und die zusätzlichen Wegezeiten) wie Arbeitszeit zu vergüten sind, müssen diese Zeiten einer schon erbrachten oder noch zu erbringenden tatsächlichen Arbeitszeit **hinzugerechnet** werden. Dadurch kann für diese Zeiten ein Anspruch auf **Mehrarbeitsvergütung** entstehen.[45] Aber auch dann, wenn man diese Auffas-

35 *Fitting,* Rn. 11; *GL,* Rn. 19; Richardi-*Annuß,* Rn. 19; zu den Gestaltungsoptionen des BR in einem Vier-Schicht-Betrieb (vier Teilversammlungen oder eine Vollversammlung) vgl. *LAG Baden-Württemberg,* 10.5.02, AiB 03, 627 mit Anm. *Stather.*

36 GK-*Weber,* Rn. 36; *Schüren/Hamann,* § 14 Rn. 86.

37 *BAG* 5.5.87, AP Nr. 4 zu § 44 BetrVG 1972.

38 *BAG* 5.5.87, AP Nr. 5 zu § 44 BetrVG 1972.

39 *BAG* 31.5.89, DB 90, 793.

40 *BAG* 5.5.87, AP Nr. 6 zu § 44 BetrVG 1972.

41 *BAG* 5.5.87, AP Nr. 4 zu § 44 BetrVG 1972.

42 *BAG* 29.3.60, AP Nr. 11 zu § 1 FeiertagslohnzahlungsG; *LAG Düsseldorf* 11.12.72, BB 73, 1395.

43 *LAG Düsseldorf* 16.1.78, AuR 79, 27.

44 *Fitting,* Rn. 31; vgl. aber *BAG* 1.10.74, AP Nr. 2 zu § 44 BetrVG 1972, das den AN, für die die Versammlung in die Freizeit fällt, keinen Anspruch auf sog. zeitabhängige Lohnzuschläge wie Sonn- und Feiertagszuschläge zuerkennt.

45 A. A. *BAG* 18.9.73, AP Nr. 1 zu § 44 BetrVG 1972; *LAG Düsseldorf* 18.12.72, DB 73, 386; *Fitting,* Rn. 33; GK-*Weber,* Rn. 33; Richardi-*Annuß,* Rn. 38.

sung nicht teilt, steht jedenfalls denjenigen AN ein Anspruch auf Mehrarbeitszuschlag zu, die normalerweise während der Zeit der Betriebsversammlung Mehrarbeit geleistet hätten.[46]

Die Entgeltzahlungspflicht des AG für die Zeit der Teilnahme an der Versammlung entfällt grundsätzlich auch dann nicht, wenn in der Versammlung Themen **mit behandelt** werden, die an sich nicht zum Themenkreis nach § 45 gehören (vgl. im Übrigen Rn. 27 und § 45 Rn. 22 ff.). 21

Zusätzliche Wegezeiten, die AN aufbringen müssen, um an einer Betriebs- bzw. Abteilungsversammlung teilzunehmen, sind ebenfalls wie Arbeitszeit zu vergüten. Es ist dabei auf den einzelnen AN abzustellen.[47] Eine Vergütung zusätzlicher Wegezeiten kommt daher vor allem in Betracht, wenn die Versammlung für den betreffenden AN außerhalb der Arbeitszeit stattfindet und der AN zusätzliche Wegezeiten aufbringen muss, die Versammlung außerhalb des Betriebs durchgeführt wird, so dass für den AN ggf. ein längerer Anreiseweg entsteht[48] oder wenn z. B. AN im **Außendienst,** Montage-AN oder im **Ausland** tätige AN zur Versammlung im Betrieb anreisen müssen. Der Anspruch auf Ersatz der Fahr- und sonstigen Reisekosten ist nicht auf im Inland entstehende Reisekosten beschränkt.[49] 22

Die Vergütung für zusätzliche Wegezeiten gehört zum **lohn- und sozialversicherungspflichtigen Arbeitseinkommen.**[50] 23

Entstehen den teilnehmenden AN zusätzliche **Fahrkosten,** sind diese vom AG ebenfalls zu erstatten. Nach dem Wortlaut der Regelung des Abs. 1 Satz 3 wird eine Fahrkostenerstattungspflicht ohnehin nur dann gegeben sein, wenn es sich um Versammlungen handelt, die wegen der Eigenart des Betriebs außerhalb der Arbeitszeit stattfinden. Auch in diesem Zusammenhang bedeutet »außerhalb der Arbeitszeit« die Zeit außerhalb der **persönlichen Arbeitszeit** des einzelnen AN.[51] 24

Umstritten ist, ob zusätzliche Fahrkosten zur Teilnahme an einer Versammlung nach Abs. 1 zu erstatten sind, wenn die Versammlung während der Arbeitszeit stattfindet, jedoch **außerhalb des Betriebs,** oder bei einem weitverzweigten Betrieb an einem zentralen Ort. Richtigerweise ist in solchen Fällen davon auszugehen, dass die Erstattung zusätzlicher Fahrkosten zu erfolgen hat, da das Gesetz allgemein davon ausgeht, dass die AN durch die Inanspruchnahme betriebsverfassungsrechtlicher Rechte und Befugnisse keine finanziellen Nachteile erleiden sollen.[52] Die Erstattung der Fahrkosten unterliegt nicht der Lohnsteuerpflicht, da es sich um einen Aufwendungsersatz handelt. 25

Der AG ist nicht verpflichtet, für die Teilnehmer der Betriebsversammlung **Bewirtungskosten** zu übernehmen.[53] 25a

Nimmt ein AN, der nicht aus bestimmten Gründen, z. B. wegen Urlaub oder Krankheit, dem Betrieb ohnehin fernbleiben kann, **nicht an einer Versammlung** nach Abs. 1 **teil,** hat er seine Arbeitsleistung zu erbringen. Kann diese Arbeitsleistung wegen der stattfindenden Versammlung nicht erbracht werden, gerät der AG **nicht** in Annahmeverzug.[54] 26

Die Behandlung nicht auf der Tagesordnung stehender, jedoch zulässiger Themen (§ 45) lässt den Vergütungsanspruch der AN unberührt.[55] Dies gilt ebenso, wenn **unzulässige Themen** behandelt werden und der AG nicht mit den ihm zur Verfügung stehenden Mitteln dagegen 27

---

46 *BAG* 18.9.73, a. a. O.; *Fitting,* a. a. O.; HWGNRH-*Worzalla,* Rn. 37; a. A. GK-*Weber,* Rn. 44; Richardi-*Annuß,* a. a. O.

47 *Fitting,* Rn. 36.

48 *Fitting,* a. a. O., Richardi-*Annuß,* Rn. 36.

49 *Fitting,* Rn. 41; Richardi-*Annuß,* Rn. 42; vgl. dazu auch *LAG Baden-Württemberg* 16.1.985TaBV1496, AiB 98, 342 (Anspruch auf Erstattung von Fahrkosten eines aus dem Ausland anreisenden Referenten auf einer Betriebsversammlung (BR-Mitglied eines im Ausland gelegenen Konzernunternehmens).

50 *Fitting,* Rn. 38.

51 *Fitting,* Rn. 39; *GL,* Rn. 32.

52 Wie hier grundsätzlich auch *Fitting,* Rn. 40; GK-*Weber,* Rn. 48; HWGNRH-*Worzalla,* Rn. 49; Richardi-*Annuß,* Rn. 41; a. A. *GL,* Rn. 33 ff.

53 *LAG Nürnberg* 25.4.12, NZA-RR 12, 524.

54 GK-*Weber,* Rn. 67; Richardi-*Annuß,* Rn. 52; a. A. *Fitting,* Rn. 35.

55 *Fitting,* Rn. 34.

eingeschritten ist.[56] Im Verhältnis zur Gesamtdauer einer Betriebsversammlung kurzzeitige Erörterungen unzulässiger Themen, z. B. im zeitlichen Umfang von 15 bis 30 Minuten, rechtfertigen ebenfalls keine Kürzung der Vergütung durch den AG.[57] Nach Auffassung des *BAG* entfällt der Vergütungsanspruch **bei zu Unrecht außerhalb der Arbeitszeit einberufenen Betriebsversammlungen,** wenn der AG der Einberufung vorher widersprochen hat.[58] Dies soll auch **bei zu Unrecht einberufenen weiteren Betriebsversammlungen gelten.**[59] Macht ein hoher Ausländeranteil im Betrieb Übersetzungen durch einen Dolmetscher in der Betriebsversammlung erforderlich, haben alle Teilnehmer der Betriebsversammlung einen Vergütungsanspruch für die Gesamtdauer der Betriebsversammlung.[60]

28 Durch BV kann eine pauschale Abgeltung der Zeit der Teilnahme an Betriebs- bzw. Abteilungsversammlungen, der zusätzlichen Wegezeiten und der Erstattung von Fahrtkosten vorgesehen werden. Es kann jedoch ein sich ggf. nach dem Gesetz ergebender Anspruch auf höhere Vergütung oder Fahrkostenerstattung nicht ausgeschlossen werden.

III. Versammlungen außerhalb der Arbeitszeit nach Abs. 2

29 Die in Abs. 2 angesprochenen **sonstigen Betriebs- oder Abteilungsversammlungen** betreffen solche, die der BR

- auf Antrag eines Viertels der wahlberechtigten AN oder
- auf Grund eigener Entschließung

einberuft. Gesetzliche Grundlage dieser Versammlungen ist § 43 Abs. 3.

30 Bei den genannten Versammlungen besteht, anders als bei den Betriebs- und Abteilungsversammlungen nach Abs. 1, grundsätzlich weder ein Anspruch auf Zahlung von Arbeitsvergütung noch auf Vergütung zusätzlicher Wegezeiten und Erstattung zusätzlicher Fahrkosten. Die Versammlungen können jedoch **im Einvernehmen mit dem AG** während der Arbeitszeit stattfinden.

31 Erklärt der AG sein **Einverständnis** (vgl. dazu § 43 Rn. 36), dass die Versammlung während der Arbeitszeit stattfindet, so darf das Arbeitsentgelt der AN durch die Teilnahme nicht gemindert werden. Sie haben das Entgelt zu erhalten, das sie ohne die Teilnahme an der Versammlung erhalten hätten. Im Übrigen kann der AG sein Einverständnis nicht auf die Abhaltung der Versammlung während der Arbeitszeit beschränken, eine Entgeltfortzahlung jedoch ablehnen.[61] Der Anspruch auf Entgeltfortzahlung ist auch dann gegeben, wenn der BR dem AG mitteilt, dass er eine der in Abs. 2 genannten Versammlungen während der Arbeitszeit durchführen will, der AG dem aber nicht widerspricht[62] oder in sonstiger Weise die Durchführung der Betriebsversammlung während der Arbeitszeit duldet.[63]

32 War der AG mit der Abhaltung der Versammlung während der Arbeitszeit einverstanden oder hat er einem entsprechenden Verlangen des BR nicht widersprochen, so besteht ein Anspruch auf Entgeltfortzahlung aber nur insoweit, als die Versammlung während der persönlichen Arbeitszeit des einzelnen AN durchgeführt wird.[64] Geht die Versammlung über die **persönliche Arbeitszeit von AN** hinaus, so ist der AG nicht verpflichtet, diese Zeit zu vergüten. Das ergibt sich daraus, dass Abs. 2 im Gegensatz zu Abs. 1 lediglich das Verbot einer Minderung des Arbeitsentgelts enthält.[65]

---

56 *LAG Baden-Württemberg* 17.2.87, DB 87, 1441; *LAG Bremen* 5.3.82, DB 82, 1573; *ArbG Augsburg* 2.12.86, AiB 89, 209; *ArbG Göttingen* 17.11.81, DB 82, 760; *ArbG Solingen* 16.9.86 – 2 Ca 584/86; a. A. *BAG* 23.10.91, DB 92, 689.

57 *LAG Baden-Württemberg* 25.9.91, AiB 92, 96, 98; *LAG Düsseldorf* 10.3.81, DB 81, 1729; *Däubler,* Das Arbeitsrecht 1, Rn. 820.

58 *BAG* 27.11.87, DB 88, 810.

59 *BAG* 23.10.91, a. a. O.

60 *ArbG Stuttgart* 27.2.86, AiB 86, 168.

61 *Fitting,* Rn. 43; Richardi-*Annuß,* Rn. 46.

62 *LAG Baden-Württemberg* 17.2.87, DB 87, 1441.

63 *Fitting,* a. a. O.; vgl. dazu auch § 43 Rn. 29.

64 *Fitting,* Rn. 46.

65 *Fitting,* a. a. O.; *GL,* Rn. 23; Richardi-*Annuß,* Rn. 45 f.

Das Einverständnis des AG, die sonstige Betriebs- oder Abteilungsversammlung i. S. d. Abs. 2 während der Arbeitszeit durchzuführen, führt auch nicht dazu, dass ein Anspruch auf die Vergütung von zusätzlichen Wegezeiten und Erstattung zusätzlicher Fahrkosten gegeben ist. Der AG kann sich aber verpflichten, eine solche Vergütung bzw. Erstattung vorzunehmen. Ein solches Einverständnis kann in einer BV geregelt oder formlos erklärt werden. 33

IV. Streitigkeiten

Streitigkeiten über die **Einberufung von Betriebsversammlungen,** über den Zeitpunkt, den Ort und die vom AG zu tragenden Kosten sind im **arbeitsgerichtlichen Beschlussverfahren** auszutragen (§§ 2a, 80 ff. ArbGG). Nach neuer Rspr. des *BAG* begründet eine Verletzung der Vorschriften über die Durchführung der Versammlungen nach Abs. 1 oder 2 **keinen Unterlassungsanspruch des AG** gegenüber dem BR[66] (vgl. dazu näher § 42 Rn. 57, § 74 Rn. 88 ff.). 34

Bei den **Vergütungs- und Fahrkostenerstattungsansprüchen der AN** handelt es sich um Ansprüche aus dem Arbeitsverhältnis i. S. d. § 2 Abs. 1 Nr. 2 ArbGG, über die im **arbeitsgerichtlichen Urteilsverfahren** zu entscheiden ist.[67] 35

§ 45 Themen der Betriebs- und Abteilungsversammlungen

Die Betriebs- und Abteilungsversammlungen können Angelegenheiten einschließlich solcher tarifpolitischer, sozialpolitischer, umweltpolitischer und wirtschaftlicher Art sowie Fragen der Förderung der Gleichstellung von Frauen und Männern und der Vereinbarkeit von Familie und Erwerbstätigkeit sowie der Integration der im Betrieb beschäftigten ausländischen Arbeitnehmer behandeln, die den Betrieb oder seine Arbeitnehmer unmittelbar betreffen; die Grundsätze des § 74 Abs. 2 finden Anwendung. Die Betriebs- und Abteilungsversammlungen können dem Betriebsrat Anträge unterbreiten und zu seinen Beschlüssen Stellung nehmen.

Inhaltsübersicht

I. Vorbemerkungen

Die Vorschrift regelt die Befugnisse der Betriebsversammlung, insbes. ihre inhaltliche Zuständigkeit, und das Verhältnis von BR und Betriebsversammlung. 1

II. Behandlung bestimmter Themen in der Betriebsversammlung

1. Allgemeine Abgrenzung

Die Vorschrift legt fest, welche Angelegenheiten in den Betriebs- und Abteilungsversammlungen behandelt werden können, und hebt ausdrücklich solche tarifpolitischer, sozialpolitischer und wirtschaftlicher Art hervor. Die Aufzählung ist jedoch, wie die Verwendung des Wortes »einschließlich« deutlich macht, **nicht abschließend.** 2

Voraussetzung ist immer, dass das behandelte Thema **einen unmittelbaren Bezug zum Betrieb oder seinen AN** hat. Dazu ist es jedoch nicht erforderlich, dass ein Thema lediglich die 3

---

66 *BAG* 17. 3. 10, NZA 10, 1133.
67 *BAG* 1. 10. 74, AP Nr. 2 zu § 44 BetrVG 1972.

Interessen nur des einen Betriebs oder seiner AN berührt. Gehört der Betrieb zu einem **UN mit mehreren Betrieben,** einer **UN-Gruppe** oder **Konzern,** können auch betriebsübergreifende Fragen der Geschäftspolitik, der Personalführung oder der wirtschafts- und gesellschaftspolitischen Positionierung des UN oder Konzerns, auch im Ausland, angesprochen werden, da diese Themen in der Regel einen unmittelbaren Bezug zum Betrieb und/oder seinen AN haben (zum Teilnahmerecht von Mitgliedern der Interessenvertretung ausländischer [Konzern-]UN vgl. § 42 Rn. 9 f.).

4 Es kann sich aber auch um Fragen handeln, die für die ANschaft **insgesamt** von Bedeutung sind, sofern sie **auch** den Betrieb oder seine AN betreffen. So dürfen z. B. sozialpolitische Angelegenheiten auch dann auf einer Betriebsversammlung erörtert werden, wenn sie nicht ausschließlich den Betrieb, sondern eine ganze Branche oder einen größeren Wirtschaftszweig angehen.[1]

5 In den Betriebs- oder Abteilungsversammlungen können vor allem Fragen erörtert werden, die zum **Aufgabenbereich des BR** gehören oder das **Verhältnis zwischen dem AG und den AN** betreffen. Da das Gesetz jedoch allein darauf abstellt, dass es sich um Themen handelt, die einen Bezug zum Betrieb oder seinen AN haben, können in den Versammlungen auch Angelegenheiten behandelt werden, die nicht in den Aufgabenbereich des BR fallen oder das Verhältnis zwischen dem AG und den AN betreffen.[2] Es ist daher beispielsweise zulässig, auf einer Betriebsversammlung darüber zu diskutieren und ggf. eine Resolution zu beschließen, wenn es um die Auswirkungen der beabsichtigten Stilllegung einer für den Betrieb bzw. die AN wichtigen Verkehrsverbindung geht, um Immissionen von dritter Seite oder die Errichtung oder Auflösung einer Kindertagesstätte in der Nähe des Betriebs,[3] um die Auswirkungen der Globalisierung und des internationalen Wettbewerbs[4] oder um friedens- und abrüstungspolitische Themen.[5]

2. Spezielle Themen

6 Es ist im Rahmen **tarifpolitischer Angelegenheiten** ohne weiteres zulässig, dass die AN in Betriebs- oder Abteilungsversammlungen über die für den Betrieb **maßgebenden TV** und deren Änderungen oder Ergänzungen unterrichtet werden. Sofern **Tarifverhandlungen** geführt werden, können sie auch über deren jeweiligen Stand informiert werden.[6] Es ist auch zulässig, dass die Diskussion der aktuellen tarifpolitischen Situation Gegenstand der Tagesordnung ist, und dass die Betriebsversammlung tarifpolitische Stellungnahmen abgibt.[7] Wird in anderen Betrieben desselben Tarifgebietes wegen des Abschlusses eines TV gestreikt, ist auch die Unterrichtung über mögliche **Auswirkungen von Arbeitskämpfen** etwa in Zulieferbetrieben zulässig.[8]

7 Der **Begriff »sozialpolitisch«** ist **weit zu verstehen** und umfasst alle gesetzlichen Maßnahmen oder sonstigen Regelungen, die den Schutz oder eine Veränderung der Rechtsstellung der AN bezwecken oder damit im Zusammenhang stehen.[9] Es gehören somit Probleme des Arbeits- und Sozialrechts dazu, wie Arbeits- und Unfallschutz, berufliche Bildung, Mitbestimmung, Vermögensbildung, flexible Altersgrenze.[10]

---

1 ErfK-*Koch*, Rn. 3; *Fitting*, Rn. 11; GK-*Weber*, Rn. 11; vgl. auch *BAG* 14. 2. 67, AP Nr. 2 zu § 45 BetrVG; enger Richardi-*Annuß*, Rn. 5 ff.
2 *Fitting*, Rn. 6.
3 *Löwisch*, TK-BetrVG, Rn. 1.
4 *Fitting*, Rn. 7.
5 *ArbG Mannheim* 17. 1. 91, AiB 91, 55; *Berg/Bobke/Wolter*, BlStSozArbR 83, 356 ff.
6 *LAG Baden-Württemberg* 25. 9. 91, AiB 92, 96 mit Anm. *Petri-Klar; ArbG Oldenburg* 29. 5. 89, NZA 89, 652; *ArbG Wilhelmshaven* 27. 10. 88, NZA 89, 571; *ArbG Freiburg* 24. 9. 91 – 7 Ca 289/91; *Fitting*, Rn. 9; *GL*, Rn. 6; GK-*Weber*, Rn. 13; HWGNRH-*Worzalla*, Rn. 9; Richardi-*Annuß*, Rn. 12.
7 *Fitting*, a. a. O.; GK-*Weber*, a. a. O.; a. A. HaKo-BetrVG-*Tautphäus*, Rn. 3; Richardi-*Annuß*, a. a. O.
8 *Fitting*, a. a. O.; *LAG Baden-Württemberg* 25. 9. 91, a. a. O.; 17. 2. 87, DB 87, 1441.
9 *Fitting*, Rn. 10.
10 Vgl. auch *LAG Bremen* 5. 3. 82, DB 82, 1573, das aktuelle Fragen der gesetzlichen Rentenversicherung als ein zulässiges Thema i. S. d. § 45 ansieht; *ArbG Frankfurt* 26. 4. 93, AiB 93, 432: Zulässigkeit des Themas »Rückenschulung und Hebetechnik«; *ArbG Paderborn* 24. 10. 96, AuR 97, 168 = AiB 97, 414

Es dürfen auch sozialpolitische oder arbeitsrechtliche Fragen, die sich im **Stadium der Gesetzgebung** befinden, behandelt werden, etwa hinsichtlich des aktuellen Standes und der Auswirkungen nach Abschluss des Gesetzgebungsverfahrens auf den Betrieb und seine AN.[11] Verschiedentlich wird allerdings darauf hingewiesen, dass gesetzgeberische Streitfragen als solche, zumal wenn sie sich schon auf dem Gebiet der Sozial- und Gesellschaftspolitik entwickelt haben, nicht zur Zuständigkeit einer betrieblichen Versammlung gehören.[12] Demgegenüber ist darauf hinzuweisen, dass die Behandlung sozialpolitischer Gesetzesvorhaben in Betriebsversammlungen wegen der gegebenen Aktualität gerade in Zeiten zweckmäßig ist, in denen sie Gegenstand parlamentarischer oder politischer oder auch parteipolitischer Auseinandersetzungen sind.[13] Zulässig ist somit beispielsweise auch die Erörterung der Auswirkungen des »Sparpakets 1996« bzw. des Sozialabbaus der Bundesregierung,[14] der Verlängerung des BeschFG, der Neuregelung des § 116 AFG (jetzt § 146 SGB III) auf den Betrieb und die AN,[15] der Novellierung des BetrVG, der Entwicklung des EG-Arbeitsrechts, der Einführung der Pflegeversicherung oder von Karenztagen. 8

Bei der Behandlung solcher Angelegenheiten ist zwar ein Bezugspunkt zum Betrieb oder seinen AN erforderlich. Gerade sozialpolitische Angelegenheiten werden sich jedoch regelmäßig auf einen größeren Bereich oder eine Vielzahl von AN erstrecken. Sie dürfen auch dann behandelt werden, wenn sie nicht ausschließlich den Betrieb, sondern eine ganze Branche oder einen größeren Wirtschaftszweig angehen.[16] 9

In den Rahmen der **sozialpolitisch zulässigen Themen** gehören auch **gewerkschaftliche Aktivitäten** und **Angelegenheiten,** sofern sie nicht ohnehin tarifpolitischer Art sind. So können in den Betriebs- und Abteilungsversammlungen nicht nur Fragen der Zusammenarbeit zwischen BR und den im Betrieb vertretenen Gewerkschaften erörtert werden, sondern auch andere Angelegenheiten, die einen Bezug zum Betrieb oder den AN haben, wie das z. B. bei gewerkschaftlichen Bildungs- und Schulungsangeboten der Fall ist. Zulässig ist es auch, wenn Gewerkschaftsvertreter über die Durchführung von Wahlen gewerkschaftlicher Vertrauensleute oder deren Aufgaben referieren.[17] 10

Angelegenheiten **umweltpolitischer Art** sind ausdrücklich im Themenkatalog des Satzes 1 als zulässiges Thema aufgeführt. Soweit diese Angelegenheiten einen Bezug zum Betrieb und den dort beschäftigten AN aufweisen, können sie unter allen einschlägigen Gesichtspunkten in der Betriebsversammlung erörtert werden.[18] Das gilt insbesondere für alle Fragen des **betrieblichen Umweltschutzes** (vgl. zu Definition § 89 Rn. 59 ff.)[19] wie z. B. Energieverbrauch, Einsatz ökologisch günstiger Arbeitsmaterialien und Rohstoffe, Abfallvermeidung und Entwicklung umweltfreundlicher Produktionsverfahren und Produkte (vgl. dazu auch §§ 80 Rn. 73 ff., 89 Rn. 52 ff.).[20] Die ausdrückliche Aufnahme umweltpolitischer Angelegenheiten in den Themenkatalog von Betriebsversammlungen hat den Zweck, die AN über die Notwendigkeit der Verbesserung der Standards des betrieblichen Umweltschutzes zu informieren und ihre Erfahrungen und ihre Kenntnisse zur Erreichung dieses Ziels zu aktivieren.[21] 11

---

mit Anm. *Peter:* Zulässigkeit des Themas »Wahlfreiheit für Pflichtversicherte in der Krankenversicherung«.

11 Wie hier *Fitting,* Rn. 12.

12 *GL,* Rn. 7.

13 So zutreffend *Vogt,* S. 105.

14 *ArbG Minden* 2.7.96, AiB 96, 555, bestätigt durch *LAG Hamm* 8.7.96 – 3 TaBV 71/96.

15 *Fitting,* Rn. 12; einschränkend GK-*Weber,* Rn. 14 (nur im Endstadium eines Gesetzgebungsverfahrens).

16 Vgl. *BAG* 14.2.67, AP Nr. 2 zu § 45 BetrVG.

17 Vgl. *LAG Düsseldorf* 10.3.81, DB 81, 1729; bejahend auch *LAG Hamm* 3.12.86, DB 87, 2659, mit der Einschränkung, dass keine Gewerkschaftswerbung betrieben wird; *Fitting,* Rn. 19 f.; GK-*Weber,* Rn. 22; Richardi-*Annuß,* Rn. 19; a. A. HWGNRH-*Worzalla,* Rn. 7. Zum Recht einer Gewerkschaft, vor dem Versammlungsraum auf dem Betriebsgelände Gewerkschaftswerbung zu betreiben vgl. *LAG Hamm* 17.3.05 – 10 TaBV 51/05; § 2 Rn. 46a, 46e ff.

18 *Fitting,* Rn. 14; GK-*Weber,* Rn. 16: weite Auslegung.

19 Siehe dazu auch *BAG* 11.10.95 – 7 ABR 42/94, NZA96, 934.

20 S. dazu *Däubler,* Klimaschutz, S. 53; *ders.* NZA 20, 1155.

21 *Fitting,* a. a. O.; siehe auch BetrVerf-ReformG, BT-Drs.14/5741, S. 26 (42):.

12 Angelegenheiten **wirtschaftlicher Art** sind nicht allein solche, wie sie durch den Rahmen der Beteiligungsrechte und die Aufgaben von BR und WA vorgegeben sind. Es zählen auch andere konkrete wirtschaftliche Maßnahmen des AG dazu. Es können aber auch Fragen der allgemeinen Wirtschaftspolitik, wie etwa die regionale Wirtschaftsstruktur oder wirtschaftliche Rahmenbedingungen behandelt werden, sofern sie einen Bezug zu dem Betrieb oder den AN haben. Beispielhaft sind Fragen der Rohstoff- und Energieversorgung, Subventionen für bestimmte Wirtschaftsbereiche und Auswirkungen der Steuergesetzgebung auf den Betrieb zu erwähnen.[22]

13 Die in Satz 1 genannten Themen der **Förderung der Gleichstellung von Frauen und Männern** und der **Vereinbarkeit von Familie und Erwerbstätigkeit** sollen die Betriebsparteien anzuregen, das Thema Gleichstellung von Frauen und Männern in Betrieb und Gesellschaft stärker als bisher in den Mittelpunkt ihrer Arbeit zu rücken. Betriebsversammlungen können vor allem zur Information und Diskussion über die Lage der Frauen in Betrieb, Branche und Gesellschaft und die darauf bezogenen Handlungsmöglichkeiten des BR (vgl. § 75 Rn. 38 ff., § 80, § 92 Rn. 48, § 93, § 96 Rn. 29) genutzt werden.

14 Die Erwähnung von Angelegenheiten der **Integration der im Betrieb beschäftigten ausländischen AN** in den Katalog der speziellen Themen in Satz 1 soll die betriebsöffentliche Behandlung der Integration ausländischer AN fördern, die Betriebsversammlung zu einem **Forum gegen Fremdenfeindlichkeit** werden lassen und der wirksamen innerbetrieblichen **Bekämpfung von Rassismus**[23] dienen (zu den Einzelheiten vgl. auch § 75 Rn. 24 ff.; § 80).[24] Dabei kommt es vor allem auch darauf an, auf ggf. im Betrieb vorhandene Vorkommnisse rassistischen und fremdenfeindlichen Charakters aufmerksam zu machen und dagegen gerichtete Maßnahmen zu erläutern und zur Diskussion zu stellen.[25] Den früheren Ansätzen, derartige Aktivitäten als unerlaubte parteipolitische Betätigung gemäß § 74 Abs. 2 Satz 3 im Betrieb zu unterbinden (vgl. die Nachweise bei § 74 Rn. 57), ist damit eine Absage erteilt.[26]

15 Soweit die Vorschrift hinsichtlich der Zulässigkeit der Behandlung bestimmter Themen gewisse Grenzen erkennen lässt, sind diese rechtlich ohne Belang, wenn Fragen außerhalb dieser Grenzen **in ausdrücklicher** oder **stillschweigender Übereinstimmung** aller Beteiligten in einer Betriebs- oder Abteilungsversammlung erörtert werden. Die verschiedentlich vertretene Auffassung, der Kreis der nach dieser Vorschrift zulässigen Themen dürfe in keinem Fall ausgedehnt werden, geht an der betrieblichen Wirklichkeit vorbei.

3. Anwendung der Grundsätze des § 74 Abs. 2

16 Soweit diese Vorschrift auf § 74 Abs. 2 Bezug nimmt, meint sie damit im Wesentlichen die **grundsätzlichen Erwägungen** des Gesetzgebers zu dem **Verbot des Arbeitskampfes** zwischen AG und BR, der Vornahme von Betätigungen, durch die der Arbeitsablauf oder der **Betriebsfrieden** beeinträchtigt werden, und der **parteipolitischen Betätigung** (zur grundsätzlichen Kritik und Reichweite dieser Vorschrift vgl. § 74 Rn. 2 f., 44 ff., 50 ff.).

17 Maßnahmen des (betrieblichen) **Arbeitskampfes zwischen BR und AG,** die ohnehin unzulässig sind, dürfen daher nicht Gegenstand von Beschlüssen der Betriebsversammlung sein. Dies gilt ebenfalls für **gewerkschaftliche Streiks** im Rahmen tarifpolitischer Auseinandersetzungen, da der Willensbildungsprozess über und die Durchführung von derartigen Kampfmaßnahmen den Gewerkschaften und ihren Mitgliedern vorbehalten ist.[27] Im Rahmen der **zulässigen Erörterung der Tarifpolitik** (vgl. Rn. 6) kann allerdings auch der **aktuelle Stand der Tarifauseinandersetzung** einschließlich der **von den Tarifvertragsparteien geplanten bzw. durchgeführten Arbeitskampfmaßnahmen** Thema der Betriebsversammlung sein und durch entsprechende Stellungnahmen aus Sicht der Betriebsversammlung bewertet werden (vgl. dazu

---

22 Vgl. *Fitting*, Rn. 15.
23 kritisch dazu *Fröb*, S. 155, 248, der aus systematischen Erwägungen das Thema der Bekämpfung von Rassismus und Fremdenfeindlichkeit den sozialpolitischen Angelegenheiten zuordnet.
24 BetrVerf-ReformG, BT-Drucks. 14/5741, S. 26, 31, 42; *Fitting*, Rn. 17; GK-*Weber*, Rn. 19.
25 Vgl auch *Fröb*, S. 247 ff.
26 *Däubler*, AuR 01, 1 [7].
27 *Fitting*, Rn. 23.

auch § 74 Rn. 21 f.).[28] Betriebsversammlungen können auch während eines Arbeitskampfes durchgeführt werden. In den als Gegenstand der Erörterung zulässigen Angelegenheiten gehören auch die Folgen des Arbeitskampfes (siehe auch § 44 Rn. 17 f.).[29]

Soweit sich die Betriebs- und Abteilungsversammlungen nicht mit Angelegenheiten zu befassen haben, durch die der **Arbeitsablauf** oder der **Betriebsfrieden** beeinträchtigt werden, darf das nicht zu einer Einschränkung des Rechts der AN zur **freien Meinungsäußerung** aus Art. 5 Abs. 1 GG auch über die betrieblichen Angelegenheiten führen (zur Bedeutung des Grundrechts der Meinungsfreiheit im Arbeitsverhältnis vgl. auch § 74 Rn. 65 f. m. w.N.).[30] Die AN sind daher nicht nur berechtigt, **Missstände im Betrieb** offen zu kritisieren, sondern auch an den Personen Kritik zu üben, die für diese Missstände verantwortlich sind.[31] Dies gilt auch für **satirische**[32] oder **polemische Äußerungen,** soweit keine unwahren Tatsachenbehauptungen verbreitet oder die Grenze zur Schmähkritik überschritten wird. Die Kritik darf sich auch auf den AG und die mit der Leitung des Betriebs oder von Teilen des Betriebs beauftragten Personen erstrecken, sofern sie nicht in einer unsachlichen, ehrverletzenden Weise ausgeübt wird.[33] Es ist auch zulässig, dass der BR ihm bekannt gewordene **Planungen über einen Personalabbau** anspricht und dem AG dazu konkrete Fragen stellt.[34] Da die Betriebsversammlung auch ein Forum der innerbetrieblichen verbalen Auseinandersetzung darstellt, darf insbesondere unter Berücksichtigung der besonderen Bedeutung und des Wesensgehalts des Grundrechts aus Art. 5 Abs. 1 GG dabei **kein kleinlicher Maßstab** angelegt werden.[35] Wird ein AN aufgrund eines kritischen Wortbeitrags in der Betriebsversammlung zu den unternehmerischen Planungen des AG benachteiligt, stellt dies einen Verstoß gegen das Maßregelungsverbot gemäß § 612a BGB dar.[36] Im Übrigen ist darauf hinzuweisen, dass es nicht ausreicht, wenn durch die Behandlung bestimmter Angelegenheiten der **Betriebsfrieden möglicherweise beeinträchtigt** werden kann. Allein der Umstand, dass als Reaktion auf einen kritischen Redebeitrag zu einem im Betrieb kontrovers behandelten Thema ein Teil der AN die Betriebsversammlung vorzeitig verlässt, ist keine durch den Redebeitrag verursachte Störung des Betriebsfriedens (vgl. auch § 74 Rn. 44).[37] 18

Auch der **AG** darf mit seinen Wortbeiträgen oder Präsentationen auf der Betriebsversammlung weder den **Betriebsfrieden beeinträchtigen** (§ 74 Abs. 2 Satz 2) noch das **Gebot der vertrauensvollen Zusammenarbeit** (§ 2 Abs. 1) oder das **Verbot der Störung oder Behinderung der Tätigkeit der Mitglieder des BR** (§ 78) verletzen.[38] Das gilt etwa für die unsachliche Darstellung der Kosten der Arbeit des BR[39] oder für den Bericht über den Inhalt eines Gesprächs mit einem BR-Mitglied, in dem der AG diesem den Abschluss eines Aufhebungsvertrages nahegelegt hat.[40] Vom AG sind bei seinen Äußerungen während einer Betriebsversammlung auch die Grundsätze für die Behandlung der Betriebsangehörigen (§ 75) zu beachten, insbesondere auch das **Persönlichkeitsrecht der AN** des Betriebs. Ein Verstoß gegen das Persönlichkeits- 18a

28 Wie hier *Fitting*, Rn. 9; GK-*Weber*, Rn. 13, 26; a. A. HWGNRH-*Worzalla*, Rn. 9; Richardi-*Annuß*, Rn. 12.
29 *BAG* 5. 5. 87, AP Nr. 4 zu § 44 BetrVG 1972.
30 *Fitting*, Rn. 22; GK-*Weber*, Rn. 10; dazu grundsätzlich ErfK-*Schmidt*, Art. 5 GG Rn. 28 ff., 37.
31 Richardi-*Annuß*, Rn. 25.
32 Vgl. dazu *Thrun/Tenostendarp*, NVwZ 19, 938; *VG Düsseldorf* 18. 2. 19 – 40 K 196518.PVL, juris (zur personalvertretungsrechtlichen Personalversammlung).
33 *LAG Köln* 14. 1. 22 – 9 TaBV 34/21, Rn. 31; *LAG Düsseldorf* 9. 1. 13, 12 TaBV 93/12, juris; *Fitting*, a. a. O.; Richardi-*Annuß*, Rn. 23; vgl. auch *BAG* 22. 10. 64, AP Nr. 4 zu § 1 KSchG Verhaltensbedingte Kündigung, das im Ergebnis aber zu einer zu engen Auslegung kommt, und *BAG* 15. 1. 86, AiB 89, 209, das bei Äußerung unrichtiger Rechtsauffassungen und Hinweisen auf ein Leistungsverweigerungsrecht der AN eine Abmahnung für nicht gerechtfertigt hält.
34 *HessLAG* 19. 3. 18 – 16 TaBV 185/17, juris.
35 *LAG Berlin* 3. 7. 89 – 18 Sa 24/89; *Däubler*, AiB 82, 51, 54 f.; ErfK-*Koch*, Rn. 4; *Kissel*, NZA 88, 145, 148; *Schuster*, AiB 86, 135 f.; vgl. auch *HessLAG*, 2. 5. 03, RDV 05, 172 zur konstitutiven Bedeutung der Meinungsfreiheit für die Tätigkeit der Betriebsparteien.
36 *BAG* 21. 9. 11, NZA 12, 317.
37 *LAG Hamm* 20. 3. 09 – 10 TaBV 149/08.
38 *BAG* 19. 7. 95 – 7 ABR 60/94, NZA 96, 332; *LAG Nürnberg* 14. 11. 22 – 1 TaBVGa 4/22.
39 *BAG* 19. 7. 95, a. a. O.
40 *LAG Nürnberg*, a. a. O.

recht betroffener AN liegt vor, wenn der AG beispielsweise über krankheitsbedingte Fehltage,[41] die Arbeitsleistung oder aus seiner Sicht begangene Pflichtverletzungen einzelner AN auf der Betriebsversammlung berichtet.

19 Die Bezugnahme auf das **Verbot der parteipolitischen Betätigung** bedeutet, dass nicht nur AG und BR, sondern auch die **Betriebsversammlung** insoweit zur Neutralität verpflichtet ist. Andererseits macht die Bezugnahme auf die Bestimmung des § 74 Abs. 2 in diesem Zusammenhang deutlich, dass auch für die Betriebsversammlung die dort genannten **Ausnahmeregelungen** über das Verbot der parteipolitischen Betätigung gelten, die sich auf Angelegenheiten tarifpolitischer, sozialpolitischer und wirtschaftlicher Art beziehen. Es ist daher kein Verstoß gegen das Verbot parteipolitischer Betätigung, wenn sich die Betriebsversammlung etwa mit Themen der Sozial- oder Wirtschaftspolitik befasst und gleichzeitig die verschiedenen Auffassungen der politischen Parteien dargelegt werden.[42]

20 Das grundsätzliche Verbot der parteipolitischen Betätigung schließt auch nicht aus, dass **Politiker als Referenten** in Betriebsversammlungen auftreten. Es liegt deshalb keine verbotene parteipolitische Betätigung in der Betriebsversammlung vor, wenn ein Politiker z. B. ein Referat über ein sozialpolitisches Thema hält, das auch die AN des Betriebs betrifft. Nach der Auffassung des *BAG*[43] kann aber dann eine unzulässige parteipolitische Betätigung vorliegen, wenn ein solches Referat gerade und nur zu Zeiten des Wahlkampfes von einem Spitzenpolitiker in seinem Wahlkreis im Rahmen seiner Wahlkampfstrategie gehalten wird.[44]

21 Der BR bedarf, wenn er einen außenstehenden Referenten zur Betriebsversammlung hinzuziehen will, **keines Einverständnisses** des AG. Da der BR im Rahmen der Zuständigkeit der Betriebsversammlung und unter Berücksichtigung der gestellten Anträge in der Gestaltung der Tagesordnung frei ist, kann er auch selbst entscheiden, wen er als Referenten für die Betriebsversammlung heranziehen will.[45] Der AG darf den vom BR eingeladenen Referenten den Zugang zu den Räumen der Betriebsversammlung nicht verwehren (vgl. § 42 Rn. 22). Zum Begriff der Parteipolitik vgl. im Übrigen § 74 Rn. 50 ff.

4. Folgen der Behandlung unzulässiger Themen

22 Soweit in den Betriebs- und Abteilungsversammlungen nach der Regelung des § 45 bestimmte Themen nicht behandelt werden dürfen, gilt diese Beschränkung für **alle Teilnehmer** an den Versammlungen, also den BR, den AG, die teilnehmenden AN, Beauftragte der Gewerkschaft und der AG-Vereinigung sowie sonstige Teilnehmer. Der BR darf daher Angelegenheiten, die über den Rahmen des § 45 hinausgehen, nicht auf die Tagesordnung einer Betriebs- oder Abteilungsversammlung setzen.

23 Der Versammlungsleiter, also regelmäßig der BR-Vorsitzende oder sein Stellvertreter, darf die Behandlung von Fragen oder Diskussionsbeiträgen, die nicht erörtert werden dürfen, nicht zulassen. Er muss ggf. von seinem **Hausrecht** Gebrauch machen, und zwar nicht nur gegenüber den teilnehmenden AN, sondern auch gegenüber jedem anderen Teilnehmer der Betriebs- und Abteilungsversammlung.[46]

24 Beiläufige Verstöße gegen § 45, wie sie etwa durch Anfragen einzelner Teilnehmer entstehen können, führen nicht dazu, dass die Betriebs- oder Abteilungsversammlung ihren Charakter als solche verliert.[47] Im Übrigen ist darauf hinzuweisen, dass ein Überschreiten der Grenze, wie sie durch § 45 gesetzt wird, rechtlich ohne Belang ist, wenn an sich unzulässige Themen in **ausdrücklicher oder stillschweigender Übereinstimmung** aller Beteiligten in einer Betriebs- oder Abteilungsversammlung erörtert werden (vgl. dazu auch § 44 Rn. 27).[48] Sanktionen gegen

---

41 *LAG Hamm* 25.4.13, juris.
42 So grundsätzlich auch *Fitting*, Rn. 25 f.
43 13.9.77, AP Nr. 1 zu § 42 BetrVG 1972.
44 Ähnlich zum Personalvertretungsrecht *BVerwG* 10.3.95, AuA 96, 178 mit Anm. *Rudolph*.
45 Vgl. *BAG* 13.9.77, AP Nr. 1 zu § 42 BetrVG 1972.
46 *Fitting*, Rn. 27 f.; vgl. auch *BAG* 4.5.55, AP Nr. 1 zu § 44 BetrVG.
47 *Fitting*, Rn. 29.
48 *Fitting*, a. a. O.; vgl. auch *LAG Bremen* 5.3.82, DB 82, 1573, das den AG ausdrücklich als verpflichtet ansieht, hinsichtlich ihm bekannter und nach seiner Meinung unzulässiger Themen rechtzeitig

einen AN, der sich mit einem Diskussionsbeitrag nicht im Rahmen der zulässigen Themen bewegt, sind unzulässig, wenn der Versammlungsleiter die Fortsetzung des Diskussionsbeitrages nicht verhindert hat.[49] Ein Wegfall der Entgeltzahlung kann allenfalls dann eintreten, wenn für jeden Teilnehmer **eindeutig erkennbar** wird, dass es sich nicht mehr um eine Betriebsversammlung handelt; dabei erfolgt ggf. der Wegfall der Verpflichtung zur Entgeltzahlung von dem betreffenden Zeitpunkt an.

III. Verhältnis Betriebsversammlung/Betriebsrat

Die Betriebs- oder Abteilungsversammlung hat **keine Mitbestimmungs-** oder **Mitwirkungsrechte** gegenüber dem AG. Sie kann weder BV abschließen noch dem BR bindende Aufträge oder Weisungen erteilen. Sie hat jedoch die Möglichkeit, zu den Beschlüssen und zur Tätigkeit des BR **Stellung zu nehmen** und dabei dem BR **Anträge zu unterbreiten.** An diese Anträge bzw. entsprechenden Beschlüsse der Betriebs- oder Abteilungsversammlung ist der BR zwar nicht gebunden. Er erhält dadurch jedoch einen Eindruck über die Meinung der AN. Im Rahmen der Erörterung der BR-Tätigkeit ist auch Kritik an der BR-Arbeit zulässig, soweit sie nicht in grob unsachlicher oder ehrverletzender Weise vorgetragen wird. 25

IV. Streitigkeiten

Streitigkeiten über die Befugnisse der Betriebsversammlung, die Zulässigkeit für die Tagesordnung vorgesehener oder behandelter Themen und die Rechtswirksamkeit ihrer Beschlüsse sind im **arbeitsgerichtlichen Beschlussverfahren** (§§ 2a, 80 ff. ArbGG) auszutragen. Nach neuerer Rspr. des *BAG* begründet eine Verletzung der Vorschriften über die zulässigen Themen der Versammlungen und deren sonstige Befugnisse **keinen Unterlassungsanspruch des AG** gegenüber dem BR[50] (vgl. dazu näher § 42 Rn. 57, § 74 Rn. 88 ff). 26

§ 46 Beauftragte der Verbände

(1) An den Betriebs- oder Abteilungsversammlungen können Beauftragte der im Betrieb vertretenen Gewerkschaften beratend teilnehmen. Nimmt der Arbeitgeber an Betriebs- oder Abteilungsversammlungen teil, so kann er einen Beauftragten der Vereinigung der Arbeitgeber, der er angehört, hinzuziehen.
(2) Der Zeitpunkt und die Tagesordnung der Betriebs- oder Abteilungsversammlungen sind den im Betriebsrat vertretenen Gewerkschaften rechtzeitig schriftlich mitzuteilen.

Inhaltsübersicht Rn.

I. Vorbemerkungen

Die Vorschrift beinhaltet ein **eigenständiges Recht der beratenden Teilnahme von Beauftragten der im Betrieb vertretenen Gewerkschaften** an der Betriebsversammlung und verpflichtet den BR, die im Betrieb vertretenen Gewerkschaften von der Einberufung einer Betriebsversammlung zu unterrichten. Dieses Teilnahme- und Beratungsrecht ist nicht nur eine Ausprägung der **betriebsverfassungsrechtlichen Unterstützungsfunktion** der Gewerk- 1

Widerspruch zu erheben und darüber hinaus durch eine einstweilige Verfügung die Erörterung des seiner Auffassung nach unzulässigen Tagesordnungspunktes untersagen zu lassen, wenn er der Entgeltzahlungspflicht entgehen will.

49 *LAG Frankfurt* 13.3.72, AiB 89, 209.

50 *BAG* 17.3.10, NZA 10, 1133.

schaften, sondern dient auch – als Ausdruck der koalitionsrechtlichen Betätigungsrechte der Gewerkschaft – der wechselseitigen **Kommunikation zwischen der Gewerkschaft und den AN im Betrieb** und ihrer **Selbstdarstellung.**[1]

2 **Beauftragte von AG-Vereinigungen** können an Betriebsversammlungen nur teilnehmen, wenn der selbst AG anwesend ist und sie von diesem hinzugezogen werden. Sie haben kein Beratungsrecht.

II. Teilnahme von Gewerkschaftsbeauftragten

3 Nach dieser Bestimmung haben **Beauftragte der im Betrieb vertretenen Gewerkschaften** über den allgemeinen Zugang zum Betrieb nach § 2 Abs. 2 hinaus das Recht, an **allen** Betriebs- oder Abteilungsversammlungen teilzunehmen. Auf **andere betriebliche Versammlungen** oder **Zusammenkünfte** ist die Vorschrift zwar nicht unmittelbar anzuwenden. Das schließt jedoch eine Teilnahme von Gewerkschaftsbeauftragten nicht aus, wenn sie im Rahmen der betriebsverfassungsrechtlichen Unterstützungs- und Beratungsfunktion der Gewerkschaft liegt oder die Beteiligten einverstanden sind (vgl. auch § 42 Rn. 50 ff.).

4 Die Teilnahme von Gewerkschaftsbeauftragten setzt voraus, dass die **Gewerkschaft im Betrieb vertreten** (vgl. dazu im Einzelnen § 2 Rn. 78 f.) ist. Es muss mindestens ein AN des Betriebs, der auch zur Teilnahme an der Betriebs- oder Abteilungsversammlung berechtigt ist, bei der betreffenden Gewerkschaft organisiert sein. Ist die Gewerkschaft im Betrieb vertreten, kann sie auch zu solchen Abteilungsversammlungen Beauftragte entsenden, an denen AN teilnehmen, von denen keiner in der Gewerkschaft organisiert ist.[2] In einem Tarifvertrag gem. § 117 (vgl. dazu § 117) zur Errichtung einer Personalvertretung kann das Zutrittsrecht zu Personalversammlungen nicht auf die den Tarifvertrag abschließende Gewerkschaft begrenzt werden,[3] Den Gewerkschaften stehen **Spitzenorganisationen** (vgl. dazu § 2 Rn. 63) gleich, wobei es darauf ankommt, dass eine der ihnen angehörenden Gewerkschaften im Betrieb vertreten ist. Ein Teilnahmerecht steht dagegen Organisationen nicht zu, bei denen die Gewerkschaftseigenschaft nicht gegeben ist (vgl. auch § 2 Rn. 48 ff.). Der Anspruch auf Teilnahme an einer Betriebsversammlung steht **nur tariffähigen Gewerkschaften** zu (zum Gewerkschaftsbegriff vgl. auch § 2 Rn. 48).[4]

5 **Der AG kann** dem Gewerkschaftsbeauftragten **die Teilnahme** an der Betriebs- oder Abteilungsversammlung **nicht verwehren.** Die **Verweigerung des Zugangs zur Betriebsversammlung** kann eine strafbare Behinderung oder Störung gemäß § 119 Abs. 1 Nr. 2 darstellen.[5] Es besteht auch **keine Unterrichtungspflicht** gegenüber dem AG, da § 46 gegenüber § 2 Abs. 2 die Sonderregelung darstellt.[6] Es besteht deshalb für den AG auch nicht die Möglichkeit, dem Gewerkschaftsbeauftragten die Teilnahme aus einem der in § 2 Abs. 2 genannten Gründe zu untersagen.[7]

6 Die **Gewerkschaft entscheidet selbst** darüber, wen sie als Beauftragten zu einer Betriebs- oder Abteilungsversammlung entsenden will. Dabei kann die Gewerkschaft nicht nur hauptamtliche Beschäftigte, sondern auch ehrenamtliche Funktionäre als Beauftragte bestimmen, die AN an-

1 *Gamillscheg*, Kollektives Arbeitsrecht Bd. II, S. 73, 649, der das Teilnahme- und Beratungsrecht zusätzlich unmittelbar aus Art. 9 Abs. 3 GG ableitet; a. A. GK-*Weber*, Rn. 2, unter Berufung auf *BAG* 14.2.67, AP Nr. 2 zu § 45 BetrVG: Teilnahme- und Beratungsrecht ist den Gewerkschaften nicht »in eigenem Interesse«, sondern nur zur Erreichung der betriebsverfassungsrechtlichen Zwecke eingeräumt.
2 *Däubler*, Gewerkschaftsrechte, Rn. 152; *Fitting*, Rn. 6; *GL*, Rn. 4; Richardi-*Annuß*, Rn. 4.
3 *LAG Berlin-Brandenburg* 19.9.17 – 7 TaBV 91/17, NZA-RR 18, 147.
4 *BAG* 22.5.12, NZA 12, 1176; 19.9.06, NZA 07, 518.
5 *LG Siegen* 13.11.86, AiB 92, 41 – bestätigt durch *OLG Hamm* 26.2.87 – 1 Ss 164/87 – mit Anm. *Zabel*.
6 *Fitting*, Rn. 8; ErfK-Koch, Rn. 3; a. A. GK-*Weber*, Rn. 8; Richardi-*Annuß*, Rn. 14.
7 *Fitting*, a. a. O.; vgl. allerdings *BAG* 14.2.67, AP Nr. 2 zu § 45 BetrVG, wonach der AG die Teilnahme eines bestimmten Gewerkschaftsvertreters an einer Betriebsversammlung dann untersagen kann, wenn durch die Entsendung gerade dieses Gewerkschaftsvertreters auf Grund eines früheren Verhaltens in einer Betriebsversammlung Störungen im Bereich des Betriebsgeschehens ernstlich zu befürchten sind; *Fitting*, Rn. 9; GK-*Weber*, Rn. 9 ff.; HWGNRH-*Worzalla*, Rn. 11; Richardi-*Annuß*, Rn. 14.

derer Betriebe sind.[8] So kann ein Gewerkschaftsbeauftragter nicht von der Teilnahme an der Betriebsversammlung ausgeschlossen werden, weil er in seiner Eigenschaft als AN-Vertreter dem AR eines Konkurrenzunternehmens angehört.[9] Die Gewerkschaft kann auch **mehrere Beauftragte** entsenden.[10] Auch die Vorbereitung und die Durchführung eines Streiks durch die Gewerkschaft lassen ihr Teilnahmerecht **unberührt.**[11] Der AG kann die Teilnahme eines bestimmten Gewerkschaftsbeauftragten aus in dessen Person liegenden Gründen nur in besonderen Ausnahmefällen verweigern, z. B. wenn er wiederholt seine Befugnisse grob verletzt oder den AG in strafrechtlich relevanter Art und Weise verletzt hat und von einer Wiederholungsgefahr auszugehen ist.[12] (vgl. dazu näher auch § 2 Rn. 90).

Der **Gewerkschaftsbeauftragte** nimmt an der Betriebs- oder Abteilungsversammlung **beratend** teil. Er kann das **Wort ergreifen** und zu den anstehenden Themen Stellung nehmen. Der Gewerkschaftsbeauftragte kann jedoch keinen formellen Antrag stellen und nicht mit abstimmen.[13] Er kann an betrieblichen Gegebenheiten und Zuständen scharfe **Kritik üben,** soweit sie sachlich bleibt.[14] Verweigert der Versammlungsleiter dem Gewerkschaftsbeauftragten die Erteilung des Wortes oder entzieht er ihm in unzulässiger Weise das Wort, so liegt darin eine Pflichtverletzung, die möglicherweise zum Ausschluss aus dem BR nach § 23 Abs. 1 führt.[15] 7

III. Unterrichtung der Gewerkschaft

Sind **im BR Gewerkschaften vertreten,** ist er verpflichtet, diesen den **Zeitpunkt** und die **Tagesordnung** der Betriebs- oder Abteilungsversammlungen rechtzeitig und schriftlich mitzuteilen. Im BR ist eine Gewerkschaft dann vertreten, wenn wenigstens ein BR-Mitglied bei ihr organisiert ist. Dagegen reicht es nicht aus, dass eine Gewerkschaft im Betrieb vertreten ist.[16] Die Unterrichtungspflicht besteht hinsichtlich aller Betriebs- und Abteilungsversammlungen. 8

Die Unterrichtungspflicht obliegt dem **BR-Vorsitzenden,** im Falle seiner Verhinderung dem Stellvertreter. In einem Verstoß gegen die gesetzliche Verpflichtung der Unterrichtung kann eine grobe Pflichtverletzung i. S. d. § 23 Abs. 1 liegen. Die Unterrichtung erstreckt sich zwar vom Wortlaut des Gesetzes her auf den **Zeitpunkt** und die **Tagesordnung** der Versammlung. Der BR ist jedoch gehalten, auch den **Ort** der Versammlung mitzuteilen, soweit er sich nicht auf Grund der betrieblichen Umstände von selbst ergibt.[17] 9

Die Unterrichtung muss nicht nur **schriftlich,** sondern auch **rechtzeitig** erfolgen. Das bedeutet, dass der im BR vertretenen Gewerkschaft Ort, Zeitpunkt und Tagesordnung der Betriebs- oder Abteilungsversammlung so frühzeitig bekannt gegeben werden müssen, dass sie noch ausreichend Gelegenheit hat, sich auf die Versammlung und die zu erörternden Themen terminlich und sachlich einzustellen.[18] Wird die Versammlung kurzfristig einberufen, muss die Unterrichtung der Gewerkschaft entsprechend **unverzüglich** erfolgen (vgl. auch § 42 Rn. 17 ff.).[19] 10

IV. Teilnahme von Beauftragten der Arbeitgebervereinigung

Es können nur Beauftragte einer **AG-Vereinigung** (zu den Voraussetzungen der Tariffähigkeit einer AG-Vereinigung vgl. § 2 Rn. 45 f.) teilnehmen, der der AG als **Mitglied** angehört. Die Mit- 11

8 *Fitting,* Rn. 7; HWGNRH-*Worzalla,* Rn. 11; Richardi-*Annuß,* Rn. 8.
9 *LAG Hamburg* 21. 11. 86, DB 87, 1595.
10 *ArbG Gießen* 5. 10. 18 – 7 BV 15/17, juris; *Däubler,* Gewerkschaftsrechte, Rn. 154; *Fitting,* a. a. O., die allerdings meinen, dass sich die Zahl der Beauftragten in dem Rahmen halten müsse, der durch den Zweck der Entsendung gezogen wird.
11 *BAG* 18. 3. 64, AP Nr. 1 zu § 45 BetrVG; *Fitting,* Rn. 9; Richardi-*Annuß,* Rn. 15.
12 *ArbG Gießen* 5. 10. 18, a. a. O.
13 *Fitting,* Rn. 11; GK-*Weber,* Rn. 10; Richardi-*Annuß,* Rn. 12.
14 Vgl. auch *BAG* 14. 2. 67, AP Nr. 2 zu § 45; *Däubler,* Gewerkschaftsrechte, Rn. 156; *Fitting,* Rn. 9.
15 Richardi-*Annuß,* Rn. 13.
16 *Fitting,* Rn. 13.
17 *Fitting,* Rn. 14.
18 *Fitting,* Rn. 15; GK-*Weber,* Rn. 15; HWGNRH-*Worzalla,* Rn. 6.
19 *Fitting,* a. a. O.

gliedschaft in einem OT-Verband oder die OT-Mitgliedschaft in einer AG-Vereinigung erfüllt die gesetzliche Voraussetzung für das Teilnahmerecht des Beauftragten einer AG-Vereinigung nicht.[20] Im Gegensatz zur Gewerkschaft hat die AG-Vereinigung, der der AG angehört, kein **selbstständiges Recht** zur Entsendung eines Beauftragten.[21] Der BR ist auch nicht verpflichtet, den AG-Verband, dem der AG angehört, von geplanten Betriebs- oder Abteilungsversammlungen zu unterrichten. Das obliegt vielmehr dem AG.[22]

12 Voraussetzung für die **Teilnahme des Beauftragten der AG-Vereinigung** ist nicht nur, dass der AG diesem AG-Verband angehört, sondern auch, dass er oder sein Vertreter an der Betriebs- oder Abteilungsversammlung **tatsächlich** teilnimmt.[23] Will der Beauftragte einer AG-Vereinigung an einer Betriebs- oder Abteilungsversammlung teilnehmen, obwohl der AG dieser **AG-Vereinigung nicht angehört** oder der **AG selbst** bzw. sein Vertreter an der Versammlung **nicht teilnimmt,** so ist dem Beauftragten der AG-Vereinigung der **Zutritt** zur Versammlung **zu verweigern.** Das hat durch den BR-Vorsitzenden zu geschehen, dem die Ausübung des Hausrechts obliegt. Die Zulassung des Vertreters des AG-Verbandes in einem solchen Fall würde gegen den Grundsatz der **Nichtöffentlichkeit** der Betriebs- oder Abteilungsversammlung verstoßen und könnte eine grobe Pflichtverletzung i. S. d. § 23 Abs. 1 darstellen. Unzulässig ist auch die Teilnahme von im Auftrag des AG tätigen **Rechtsanwälten** an Betriebsversammlungen, etwa um den AG arbeitsrechtlich zu beraten oder den AG auf der Betriebsversammlung zu vertreten. Dabei spielt es keine Rolle, ob der AG Mitglied einer AG-Vereinigung ist oder nicht.[24]

13 Da die Betriebs- und Abteilungsversammlung eine Angelegenheit der AN ist, hat der Gewerkschaftsbeauftragte umfassendere Rechte als der Beauftragte der AG-Vereinigung. Das führt auch dazu, dass der **Beauftragte der AG-Vereinigung** – im Gegensatz zum Gewerkschaftsbeauftragten – **keine beratende Funktion** ausübt.[25] Der Beauftragte der AG-Vereinigung kann auch nicht von sich aus verlangen, das Wort zu erhalten. Nimmt jedoch der AG an einer Betriebsversammlung in seinem Betrieb teil, so kann er vom Versammlungsleiter verlangen, dass dem von ihm hinzugezogenen Beauftragten seiner AG-Vereinigung zu bestimmten Einzelthemen an seiner Stelle und für ihn das Wort erteilt wird.[26] Im Übrigen hat der Beauftragte der AG-Vereinigung ebenso wenig wie der AG das Recht, an Abstimmungen teilzunehmen oder Anträge zu stellen.[27]

V. Streitigkeiten

14 Streitigkeiten über das Teilnahmerecht und die Befugnisse der Beauftragten der im Betrieb vertretenen Gewerkschaften und der AG-Vereinigung, der der AG angehört, sind im **arbeitsgerichtlichen Beschlussverfahren** auszutragen (§§ 2a, 80 ff. ArbGG).[28] In diesen Verfahren können nur der BR, der AG oder eine im Betrieb vertretene Gewerkschaft Beteiligte sein, nicht aber der AG-Verband.[29]

15 Ist in einem Beschlussverfahren über das **Zutrittsrecht einer AN-Koalition** deren **Gewerkschaftseigenschaft** streitig, ist das Verfahren gem. § 97 Abs. 5 ArbGG auszusetzen[30] (vgl. dazu auch § 2 Rn. 145).

---

20 *Fitting,* Rn. 17; HaKo-*Tautphäus,* Rn. 12; Richardi-*Annuß,* Rn. 17; a. A. HWK-*Diller,* Rn. 13; HWGNRH-*Worzalla,* Rn. 19; WPK-*Roloff,* Rn. 4.
21 *Fitting,* a. a. O.; GK-*Weber,* Rn. 18; Richardi-*Annuß,* a. a. O.
22 *Fitting,* a. a. O.; Richardi-*Annuß,* Rn. 21.
23 *Fitting,* Rn. 17.
24 ErfK-*Koch,* Rn. 5; *Fitting,* Rn. 17; GK-*Weber,* Rn. 18; *Henssler,* RdA 99, 38 [47]; Richardi-*Annuß,* Rn. 17; a. A. *Bauer,* NJW 88, 18 f.; *Brötzmann,* NZA 90, 1055 [1058]; HWK-*Diller,* Rn. 14.
25 *Fitting,* Rn. 19; ErfK-*Koch,* Rn. 5; GK-*Weber,* Rn. 19; a. A. Richardi-*Annuß,* Rn. 21.
26 *BAG* 19. 5. 78, AP Nr. 3 zu § 43 BetrVG 1972; *Fitting,* a. a. O.
27 *Fitting,* a. a. O.
28 Zu einer entsprechenden Antragsschrift der Gewerkschaft vgl. DKWF-*Berg,* §§ 42–46 Rn. 14.
29 *BAG* 19. 5. 78, AP Nr. 3 zu § 43 BetrVG 1972.
30 *LAG Düsseldorf,* 2. 3. 06 – 6 Ta 89/06, die christliche Gewerkschaft Postservice und Telekommunikation (CGPT) betreffend.

Fünfter Abschnitt
Gesamtbetriebsrat

§ 47 Voraussetzungen der Errichtung, Mitgliederzahl, Stimmengewicht

(1) Bestehen in einem Unternehmen mehrere Betriebsräte, so ist ein Gesamtbetriebsrat zu errichten.

(2) In den Gesamtbetriebsrat entsendet jeder Betriebsrat mit bis zu drei Mitgliedern eines seiner Mitglieder; jeder Betriebsrat mit mehr als drei Mitgliedern entsendet zwei seiner Mitglieder. Die Geschlechter sollen angemessen berücksichtigt werden.

(3) Der Betriebsrat hat für jedes Mitglied des Gesamtbetriebsrats mindestens ein Ersatzmitglied zu bestellen und die Reihenfolge des Nachrückens festzulegen.

(4) Durch Tarifvertrag oder Betriebsvereinbarung kann die Mitgliederzahl des Gesamtbetriebsrats abweichend von Absatz 2 Satz 1 geregelt werden.

(5) Gehören nach Absatz 2 Satz 1 dem Gesamtbetriebsrat mehr als vierzig Mitglieder an und besteht keine tarifliche Regelung nach Absatz 4, so ist zwischen Gesamtbetriebsrat und Arbeitgeber eine Betriebsvereinbarung über die Mitgliederzahl des Gesamtbetriebsrats abzuschließen, in der bestimmt wird, dass Betriebsräte mehrerer Betriebe eines Unternehmens, die regional oder durch gleichartige Interessen miteinander verbunden sind, gemeinsam Mitglieder in den Gesamtbetriebsrat entsenden.

(6) Kommt im Fall des Absatzes 5 eine Einigung nicht zustande, so entscheidet eine für das Gesamtunternehmen zu bildende Einigungsstelle. Der Spruch der Einigungsstelle ersetzt die Einigung zwischen Arbeitgeber und Gesamtbetriebsrat.

(7) Jedes Mitglied des Gesamtbetriebsrats hat so viele Stimmen, wie in dem Betrieb, in dem es gewählt wurde, wahlberechtigte Arbeitnehmer in der Wählerliste eingetragen sind. Entsendet der Betriebsrat mehrere Mitglieder, so stehen ihnen die Stimmen nach Satz 1 anteilig zu.

(8) Ist ein Mitglied des Gesamtbetriebsrats für mehrere Betriebe entsandt worden, so hat es so viele Stimmen, wie in den Betrieben, für die es entsandt ist, wahlberechtigte Arbeitnehmer in den Wählerlisten eingetragen sind; sind mehrere Mitglieder entsandt worden, gilt Absatz 7 Satz 2 entsprechend.

(9) Für Mitglieder des Gesamtbetriebsrats, die aus einem gemeinsamen Betrieb mehrerer Unternehmen entsandt worden sind, können durch Tarifvertrag oder Betriebsvereinbarung von den Absätzen 7 und 8 abweichende Regelungen getroffen werden.

Inhaltsübersicht Rn.

I. Überblick

1 §§ 47 ff. regeln die Interessenvertretung **auf UNsebene** gegenüber der UNsleitung. Die Errichtung eines GBRs ist hier **obligatorisch** (Rn. 10). Insoweit unterscheidet sich die Rechtslage von der noch unter dem BRG 1920 und dem BetrVG 1952, wonach die Errichtung eines GBRes den örtlichen BR freigestellt war.[1]

2 Im Zuge des **Betriebsverfassungsreformgesetzes** (Einleitung Rn. 37 ff.) wurden die Regelungen über den GBR infolge der Aufgabe des Gruppenprinzips hinsichtlich Arbeitern und Angestellten geändert. Zudem wurde die Zuständigkeit des GBRs nach § 50 Abs. 1 Satz 1 2. HS auf BRslose Betriebe erstreckt. Außerdem wurde die Berichtspflicht des AGs im Rahmen der BRversammlung nach § 53 Abs. 2 Nr. 2 erweitert.

3 Auf **Konzernebene** kann überdies fakultativ ein KBR nach § 54 errichtet werden. Die Zuständigkeiten von GBR und KBR schließen einander aus. Die Unterrichtung und Anhörung von ANvertretern in unionsweit operierenden UN und UNsgruppen durch Europäische BR oder alternative Verfahren ist durch das EBRG geregelt. (Kommentierung im Anhang B).

II. System

4 §§ 47 ff. regeln **Errichtung, Mitgliederzahl, Stimmengewicht, Rechtsstellung der Mitglieder, Aufgaben und Zuständigkeit sowie Geschäftsführung.** Die EinzelBR müssen einen GBR durch Entsendung von Mitgliedern errichten. Der Gruppenschutz für Arbeiter und Angestellte ist durch das Betriebsverfassungsreformgesetz entfallen (Rn. 2). Stattdessen ist nunmehr eine angemessene Berücksichtigung der Geschlechter vorgesehen (unten Rn. 50). Die Abstimmung im GBR erfolgt nicht nach Köpfen, sondern nach gewichteten Stimmen gemäß Abs. 7, wobei das Stimmengewicht durch die Größe der repräsentierten Belegschaft bestimmt wird.

5 Betriebliche Mitbestimmung erfolgt grundsätzlich auf der Ebene, auf der die Entscheidungen der Leitung in personellen und sozialen Angelegenheiten getroffen werden. Das ist prinzipiell die Ebene des Betriebes (zum Betriebsbegriff vgl. § 1 Rn. 33 ff.). Da allerdings häufig **Entscheidungen auf UNsebene** getroffen werden, muss auch auf dieser Ebene eine wirksame Interessenvertretung eingreifen.[2] Dies ist allerdings lediglich das rechtspolitische Konzept, das ein Regelungsdefizit auf UNsebene ausgleichen soll.[3] Tatsächlich knüpft die Handlungskompetenz des GBRs allerdings nicht an dieses Regelungsdefizit, sondern folgt einer klar geregelten Zuständigkeitsabgrenzung gemäß § 50. Überdies dient die Interessenvertretung durch einen GBR dem **Ausgleich kollidierender BRsinteressen** der EinzelBR bei notwendig UNseinheitlichen Regelungen.[4] In rechtstatsächlicher Hinsicht befördert die Bildung von Gesamt- (und Konzern-)BR tendenziell eine Professionalisierung der BRsarbeit durch funktionale Arbeitsteilung und die Durchsetzungsfähigkeit der ANvertretungen.[5]

6 Das Gesetz vollzieht damit die Unterscheidung von **Betrieb und UN** nach.[6] Dazu ist der GBR vorgesehen. Er wird im System der betrieblichen Interessenvertretung gegenüber dem UN ergänzt durch die BRversammlung nach § 53. Diese Differenzierung von betrieblicher und UNsebene erlaubt das Gesetz allerdings ein Stück weit zu durchbrechen, indem die Wahl UNseinheitlicher BR nach § 3 Abs. 1 Nr. 1a oder die Zusammenfassung von Betrieben nach § 3 Abs. 1 Nr. 1b durch Tarifvertrag oder (nach § 3 Abs. 2) hilfsweise durch BV bzw. (§ 3 Abs. 3) Wahl der AN vorgesehen wird.

7 Der GBR findet sein Pendant hinsichtlich der JAV in der **GJAV** (§§ 72 f.). Ihr Verhältnis zum GBR ist in § 73 geregelt. Ferner sieht § 180 SGB IX die Wahl einer **GesamtSBV** vor. Sie nimmt teil an den Sitzungen des GBRs (vgl. § 52). §§ 16 ff. SprAuG regeln die Errichtung eines **Gesamtsprecherausschusses** entsprechend den Regelungen zum GBR. Die alternative Möglichkeit zur

---

1 GK-*Franzen*, Vor § 47 Rn. 1; Richardi-*Annuß*, Vorbem § 47 Rn. 1; *Gamillscheg*, Kollektives Arbeitsrecht II, S. 658.

2 HWGNRH-*Glock*, Rn. 3; vgl. auch *BAG* 23.9.80 – 6 ABR 8/78, AP Nr. 4 zu § 47 BetrVG 1972, Bl. 2.

3 Vgl. GK-*Franzen*, Vor § 47 Rn. 4; Richardi-*Annuß*, Vorbem. § 47 Rn. 1.

4 *BAG* 16.8.83 – 1 AZR 544/81, AP Nr. 5 zu § 50 BetrVG 1972.

5 Vgl. Böckler Impuls 2/19, S. 3.

6 GK-*Franzen*, Vor § 47 Rn. 2.

Errichtung eines UNssprecherausschusses nach § 20 SprAuG entspricht dabei funktional einem UNsBR (dazu o. Rn. 6).[7] In der Seeschifffahrt gibt es für den GBR bei den Bordvertretungen keine Entsprechung gemäß § 115 Abs. 6. Funktional tritt an dessen Stelle der **SeeBR** nach § 116, der nach § 116 Abs. 5 die Aufgaben, Befugnisse und Pflichten eines GBRs wahrnimmt.

Ein gewisses Gegenstück zum GBR gibt es in der Personalvertretung in Gestalt des Gesamtper- 8
sonalrats. Wenn Nebenstellen und Teile von Dienststellen nach § 7 BPersVG als eigenständige Dienststellen gelten und einen Personalrat wählen, ist nach § 93 BPersVG neben den Einzelpersonalräten ein **Gesamtpersonalrat** zu bilden. Dieser besteht neben den Stufenvertretungen durch Personalrat, Bezirkspersonalrat und Hauptpersonalrat. Dabei verweisen die Regelungen für den Gesamtpersonalrat auf jene für die Stufenvertretungen. Die Stufenvertretungen sind nach Struktur und Zuständigkeit den GBRn allerdings nicht vergleichbar, sodass sich aus einer Parallelbetrachtung zum Personalvertretungsrecht wenig Erkenntnisse gewinnen lassen.[8]

Die gesetzliche Regelung zur Bildung von GBRn ist **zwingendes Recht.**[9] Das bedeutet, dass 9
weder die Betriebsparteien, noch die Tarifvertragsparteien andere Regelungen für die Errichtung von GBRn vorsehen können. Abs. 4 gestattet den Tarif- und Betriebsparteien lediglich, die Mitgliederzahl abweichend zu regeln (vgl. Rn. 76 ff.). Darüber hinaus gestatten Abs. 5 und 6 unter bestimmten Voraussetzungen Regelungen zur Entsendung gemeinsamer Mitglieder (Rn. 108 ff.). Zudem erlaubt Abs. 9 abweichende Regelungen zur Stimmgewichtung bei Mitgliedern, die aus Gemeinschaftsbetrieben entsandt wurden (Rn. 136 ff.).

III. Errichtung des GBRs

Die Errichtung eines GBRs ist **obligatorisch.**[10] Wenn die gesetzlichen Voraussetzungen vor- 10
liegen, ist ein GBR zu errichten, ohne dass den BR insoweit ein Ermessen zustünde.[11] Es ist auch nicht zulässig, stattdessen beispielsweise gemeinsame BR zu bilden durch Zusammenfassung mehrerer BR.[12] **Gesetzliche Errichtungsvoraussetzung** ist dabei lediglich die Existenz mindestens zweier BR (Rn. 31 ff.) in einem UN (Rn. 14 ff.). Auf ein Bedürfnis für einen GBR kommt es nicht an (vgl. Rn. 31).[13] Daraus erwächst für die EinzelBR eine **Rechtspflicht** zur Errichtung des GBRs.[14] Beschlüsse einzelner BR oder gar einer Mehrheit der BR gegen die Bildung eines GBRs sind daher rechtswidrig und können mangels entsprechender Gestaltungsmacht der BR keine Wirkungen entfalten. Vielmehr ist jeder EinzelBR verpflichtet, seiner Entsendungsaufgabe nach Abs. 2 nachzukommen. Die Verletzung dieser Pflicht stellt eine **grobe Pflichtverletzung** im Sinne des § 23 Abs. 1 dar.[15]

Unterbleibt unter **Verletzung** der gesetzlichen Pflichten die Errichtung eines GBRs, findet **kei-** 11
ne Beteiligung auf dieser Ebene statt.[16] Die Rechte des GBRs werden nicht ersatzweise von den BR wahrgenommen (§ 50 Rn. 14). Die BR haben aber die Möglichkeit, jederzeit zum rechtskonformen Zustand zurückzukehren und die Errichtung des GBRs nachzuholen.

7 GK-*Franzen*, Vor § 47 Rn. 10.
8 GK-*Franzen*, Vor § 47 Rn. 9.
9 Reg.Begr., BT-Drs. VI/1786, S. 42; *Fitting*, Rn. 3; HWGNRH-*Glock*, Rn. 3; GK-*Franzen*, Vor § 47 Rn. 1; LKK-*Robrecht*, Rn. 1; Hako-BetrVG/*Haase/Tautphäus*, Rn. 2; *Gamillscheg*, Kollektives Arbeitsrecht II, S. 657.
10 Reg.Begr., BT-Drs. VI/1786, S. 34, 42; *BAG* 5.6.02 – 7 ABR 17/01, AP Nr. 11 zu § 47 BetrVG 1972; *BAG* 1.6.22 – 7 ABR 41/20, NZA 22, 1542, Rn. 33; *Fitting*, Rn. 4; Richardi-*Annuß*, Rn. 1; NK-GA/*Bodem*, Rn. 1; MünchArbR/Nebendahl, § 300 Rn. 2.
11 HWGNRH-*Glock*, Rn. 3; zur Gesetzgebungsgeschichte vgl. *Polter*, S. 179, 256 f.
12 HWGNRH-*Glock*, Rn. 9.
13 GK-*Franzen*, Rn. 29.
14 HWGNRH-*Glock*, Rn. 24; GK-*Franzen*, Rn. 30; Richardi-*Annuß*, Rn. 23.
15 *Fitting*, Rn. 8; HWGNRH-*Glock*, Rn. 24; GK-*Franzen*, Rn. 31; Richardi-*Annuß*, Rn. 40; LKK-*Robrecht*, Rn. 7; einschränkend HWK-*Hohenstatt/Dzida*, Rn. 16: nur bei bewusster und beharrlicher Verweigerung.
16 GK-*Franzen*, Rn. 31.

12 Auch wenn **daneben** freiwillig **Arbeitsgemeinschaften** von BR des UNs oder auch mehrerer UN gebildet werden können, schließt dies die Pflicht zur Bildung eines GBRs nicht aus. Entsprechende Gremien können auch nicht die Zuständigkeiten des GBRs infrage stellen.[17]

13 Es kann grundsätzlich **nur einen GBR** im UN geben. Das folgt unmittelbar aus Abs. 1. Wird ein weiterer GBR errichtet, so ist er rechtlich nicht existent. Es gilt das Prioritätsprinzip.[18] Er kann einen bereits existierenden GBR nicht ersetzen. Der GBR ersetzt auch nicht die EinzelBR, sondern tritt neben diese.

1. Voraussetzungen (Abs. 1)

a) Ein UN

14 Voraussetzung für die Bildung eines GBRs ist, dass in einem UN mehrere BR bestehen. Dabei ist das UN der **Tätigkeitsbereich des UNs.**[19] Das Gesetz kennt neben der arbeitstechnischen Ebene des Betriebes nur das weitere Tätigkeitsfeld als UN. Dieses ist dem Rechtsträger, dem UN, zuzuordnen. Andererseits gibt es kein rechtsträgerübergreifendes UN, das Gesetz geht insoweit vom Konzern aus. Der Begriff des **UNs** ist dabei **synonym mit dem Begriff des AGs** zu verstehen.[20] Während der AG Vertragspartner der AN ist, wird der Begriff des UNs regelmäßig für die rechtlichen Beziehungen zu anderen Personen außerhalb der arbeitsrechtlichen Beziehung gewählt. In beiden Fällen ist dieselbe Rechtsperson gemeint.[21] Davon geht das Gesetz an verschiedenen Stellen ebenfalls aus, etwa wenn in § 180 Abs. 1 Satz 1 SGB IX von einem GBR für mehrere Betriebe eines AGs die Rede ist oder der AG nach § 48 den Ausschluss eines Mitglieds aus dem GBR beantragen kann.

15 **UN** ist das **Rechtssubjekt** im Sinne eines Rechtsträgers.[22] Zwar wäre es auch denkbar, einen eigenständigen betriebsverfassungsrechtlichen UNsbegriff anzunehmen, der maßgeblich nicht auf das rechtliche Entscheidungszentrum, sondern auf die tatsächliche Leitung, die die maßgeblichen wirtschaftlichen Entscheidungen trifft, abstellt.[23] Freilich liegt dem BetrVG erkennbar eine Unterscheidung zwischen dem UN als Rechtsträger (§§ 47 ff.) und dem Konzern (§§ 54 ff.) als Verbindung mehrerer rechtlich unabhängiger UN zugrunde (vgl. auch Rn. 25).[24] Dabei kann ein **Rechtsträger nur ein UN** betreiben (vgl. auch Rn. 14).[25] Es kann bei dem Rechtsträger also **nur einen GBR** geben.[26] Insofern sind auch eventuell unterschiedliche Betriebszwecke unerheblich.[27] Der UNsbegriff knüpft an die anderweitig geregelten Rechtsformen an.[28] In Betracht kommen insoweit teilrechtsfähige Personengesellschaften wie oHG und KG[29] sowie juristische Personen, in Gestalt der Kapitalgesellschaften (insb. GmbH und AG),[30] Genossenschaften oder eingetragenen Vereine[31]. Zu politischen Parteien s. Rn. 17. Ferner

---

17 *Fitting*, Rn. 4.
18 GK-*Franzen*, Rn. 30.
19 GK-*Franzen*, Rn. 17.
20 *BAG* 11.12.87 – 7 ABR 49/87, AP Nr. 7 zu § 47 BetrVG 1972; *BAG* 29.11.89 – 7 ABR 64/87, AP Nr. 3 zu § 10 ArbGG 1979.
21 GK-*Franzen*, Vor § 47 Rn. 3, § 47 Rn. 18.
22 *BAG* 11.12.87 – 7 ABR 49/87 – AP Nr. 7 zu § 47 BetrVG 1972; *BAG* 13.2.07 – 1 AZR 184/06, AP Nr. 17 zu § 47 BetrVG 1972; *BAG* 17.3.10 – 7 AZR 706/08, AP Nr. 18 zu § 47 BetrVG 1972; Hako-BetrVG/*Haase*/*Tautphäus*, Rn. 3; GK-*Franzen*, Rn. 17; Richardi-*Annuß*, Rn. 5; WPK-*Roloff*, Rn. 3; MünchArbR/*Nebendahl*, § 300 Rn. 4 ff.; vgl. *Joost*, Betrieb und UN, S. 216 ff.
23 *Leipold*, Anm. zu *BAG* 5.12.75 – 1 ABR 8/74, SAE 77, 139 ff.; vgl. auch *Konzen*, AuR 85, 341 [350].
24 Vgl. *Wendeling-Schröder*, AiB 83, 103 [106].
25 *BAG* 5.12.75 – 1 ABR 8/74, AP Nr. 1 zu § 47 BetrVG 1972; GK-*Franzen*, Rn. 14, 16, 19; WPK-*Roloff*, Rn. 3; MünchArbR/*Nebendahl*, § 300 Rn. 11; *Joost*, Betrieb und UN, S. 216 ff.
26 *Fitting*, Rn. 9, 12.
27 HWGNRH-*Glock*, Rn. 11.
28 *BAG* 11.12.87 – 7 ABR 49/87, AP Nr. 7 zu § 47 BetrVG 1972; *BAG* 13.2.07 – 1 AZR 184/06, AP Nr. 17 zu § 47 BetrVG 1972; *BAG* 17.3.10 – 7 AZR 706/08, AP Nr. 18 zu § 47 BetrVG 1972.
29 *BAG* 11.12.87 – 7 ABR 49/87, AP Nr. 7 zu § 47 BetrVG 1972; HWGNRH-*Glock*, Rn. 12.
30 *BAG* 11.12.87 – 7 ABR 49/87, AP Nr. 7 zu § 47 BetrVG 1972.
31 *BAG* 23.9.80 – 6 ABR 8/78, AP Nr. 4 zu § 47 BetrVG 1972.

kommt die Partnerschaft in Betracht.[32] Auch eine Gesellschaft bürgerlichen Rechts ist als Außengesellschaft rechtsfähig.[33] Auch sie kann dementsprechend UN sein.[34] Dasselbe gilt auch für **natürliche Personen.**[35] Eine natürliche Personen kann nicht mehrere UN zugleich betreiben. In ihrer Hand wird eine Mehrheit von Organisationen zu einem UN. Beim EinzelUN ist nur ein GBR zu errichten, nicht ein KBR.[36] Bei ihm ist es anders, wenn der EinzelUN dadurch, dass er Anteile an anderen UN hält (vgl. Rn. 25), mit diesen einen Konzern bildet und Konzernleitungsmacht ausübt. Dann kommt die Bildung eines KBRs in Betracht.

Auch die **GmbH & Co. KG** ist als KG ein UN, bei dem, wenn sie mehrere Betriebe unterhält, ein GBR zu errichten ist.[37] Wenn allerdings die Komplementär-GmbH sowie die Kommanditgesellschaft selbstständige Betriebe führen, kann ein KBR errichtet werden.[38] 16

Für Gebietsverbände der SPD hat das *BAG* entschieden, dass diese als rechtlich selbstständige nicht eingetragene **Zweigvereine** selber UN sind und nicht die **Bundespartei.** Das wurde maßgeblich auf die nach dem PartG zwingend erforderliche Untergliederung nach Gebietsverbänden gestützt, die im Hinblick auf die zwingend einzuhaltende demokratische Struktur weisungsfrei sind.[39] 17

Auch die Gliederung von UN und Konzernen in **Matrixstrukturen** stellt die Knüpfung der Pflicht zur Errichtung eines GBRs beim jeweiligen Rechtsträger nicht infrage. Matrixzellen sind ihrerseits keine UN im Sinne des § 47.[40] Die Repräsentationsebenen, die das BetrVG dafür vorsieht sind vielmehr UN einerseits und Konzern andererseits. 18

Die Zusammenfassung mehrerer rechtlich selbstständiger UNsträger unter einheitlicher Leitung erlaubt keine Bildung eines GBRs.[41] Vielmehr ist in den Fällen eines **Konzerns** gemäß § 18 AktG die Errichtung eines KBRs unter den Voraussetzungen des § 54 möglich. Der Konzern selber ist aber kein UN und es kann bei ihm daher kein GBR errichtet werden.[42] Im Gegenteil würde die Systematik der Interessenvertretung auf UNs- und Konzernebene durch Gesamt- und KonzernBR anderenfalls vernachlässigt (vgl. Rn. 25).[43] Auch bei einem abhängigen UN, bei dem keine eigenständige Willensbildung erfolgt, ist daher ein GBR zu errichten.[44] Die Interessenvertretung wird dann durch den KBR auf der nächsten Stufe ergänzt und effektuiert.[45] 19

Mehrere Rechtsträger können sich zusammenschließen ohne Rechtspersönlichkeit, etwa in Form des nichtrechtsfähigen Vereins, z.B. zur Auslagerung von Forschungsaufgaben. Soweit sie in diesem Zusammenhang mehrere Betriebe mit BR betreiben, wird für möglich gehalten, dass es sich um ein UN handelt, bei dem ein GBR gebildet werden muss.[46] Dem ist jedoch entgegenzuhalten, dass ein solches **GemeinschaftsUN** nur dann vorliegen kann, wenn dieses eigene Rechtspersönlichkeit hat. Das kann auch informell in Form einer BGB-Gesellschaft ge- 20

32 GK-*Franzen,* Rn. 17.
33 BGH 29.1.01 – II ZR 331/00, NJW 01, 1056.
34 HWGNRH-*Glock,* Rn. 12; GK-*Franzen,* Rn. 17, 21; Hako-BetrVG/*Haase/Tautphäus,* Rn. 4; WPK-*Roloff,* Rn. 3; HWK-*Hohenstatt/Dzida,* Rn. 3.
35 GK-*Franzen,* Rn. 15; Hako-BetrVG/*Haase/Tautphäus,* Rn. 5.
36 *Fitting,* Rn. 13; LKK-*Robrecht,* Rn. 3.
37 ErfK-*Koch,* Rn. 2; Richardi-*Annuß,* Rn. 13.
38 *Fitting,* Rn. 10; HWGNRH-*Glock,* Rn. 18; Hako-BetrVG/*Haase/Tautphäus,* Rn. 7; ErfK-*Koch,* Rn. 2.
39 *BAG* 9.8.00 – 7 ABR 56/98, AP Nr. 9 zu § 47 BetrVG; vgl. zur Problematik auch *Preis,* FS Däubler, S. 261 [263ff.].
40 *Berger,* Organisation der Betriebsverfassung im matrixorganisierten Konzern, S. 240ff.; *Hürdler,* Zuständigkeitsverteilung, S. 244ff.
41 *BAG* 11.12.87 – 7 ABR 49/87, AP Nr. 7 zu § 47 BetrVG 1972; *BAG* 13.2.07 – 1 AZR 184/06, AP Nr. 17 zu § 47 BetrVG 1972.
42 HWGNRH-*Glock,* Rn. 10; Richardi-*Annuß,* Rn. 6.
43 *BAG* 11.12.87 – 7 ABR 49/87, AP Nr. 7 zu § 47 BetrVG 1972; *BAG* 17.3.10 – 7 AZR 706/08, AP Nr. 18 zu § 47 BetrVG 1972; GK-*Franzen,* Rn. 28.
44 GK-*Franzen,* Rn. 28.
45 Vgl. *BAG* 11.12.87 – 7 ABR 49/87, AP Nr. 7 zu § 47 BetrVG 1972.
46 Hako-BetrVG/*Haase/Tautphäus,* Rn. 3; *Fitting,* Rn. 10; HWGNRH-*Glock,* Rn. 13; a.A. Schaub-*Koch,* § 224 Rn. 3.

schehen.[47] Soweit die neu entstandene Einheit allerdings nicht selber AG sein kann, also nicht UNsträger und AG, kommt die Bildung eines GBRs nicht in Betracht.[48]

21 Der UNsbegriff ist grundsätzlich an keine inländische Rechtsform geknüpft. Dementsprechend ist auch bei **UN mit Sitz im Ausland** ein GBR zu errichten (näher Rn. 35). Dasselbe gilt erst recht bei einem im Inland ansässigen UN **ausländischer Rechtsform.**[49]

22 Das UN muss mehrere Betriebe betreiben, in denen BR bestehen. Erforderlich ist dazu eine **Identität** des die Betriebe betreibenden UNs.[50] Ein **gemeinsamer GBR** mehrerer UN ist nicht möglich.[51] Insoweit kann allerdings ein Konzern vorliegen, bei dem ein KBR nach § 54 zu errichten ist. Wurde ein GBR gleichwohl errichtet, ist er **nichtig** (Rn. 149). Er lässt sich wegen der Unterschiedlichkeit der Institutionen auch nicht in einen KBR umdeuten.[52] Er konnte niemals rechtswirksame Handlungen, etwa in Form von BV vornehmen (vgl. Rn. 149).[53] Das bereitet gerade dann Schwierigkeiten, wenn Konzerne in Sparten organisiert sind, weil dann der Repräsentationsbedarf regelmäßig auf überbetrieblicher Ebene entsteht und die Bildung eines GBRs, zumal bei gemeinsamen Betrieben der SpartenUN, nahezuliegen scheint.[54] Allerdings wird gerade in diesen Konstellationen regelmäßig die Bildung eines KBRs möglich sein. Auch wenn infolge UNsspaltung die bisherigen Betriebe künftig als gemeinsame Betriebe der **gespaltenen UN** geführt werden, ist ein solcher gemeinsamer GBR nicht vorgesehen. Der bisherige GBR kann daher nicht im Amt bleiben, sondern seine Existenz endet, weil seine Errichtungsvoraussetzungen entfallen sind (Rn. 62).

23 Auch soweit in **Gemeinschaftsbetrieben** BR gewählt wurden, können diese zwar gegebenenfalls in mehrere GBR bei den betreibenden UNsträgern entsenden.[55] Denn das Gesetz geht in Abs. 9 davon aus, dass Mitglieder des BRs des gemeinsamen Betriebes in den GBR des am Gemeinschaftsbetrieb beteiligten UNs entsandt werden.[56] Es gibt aber keinen gemeinsamen GBR bei den beteiligten UN.[57] Das gilt auch in dem Fall, dass die **beteiligten TrägerUN ausschließlich gemeinsame Betriebe unterhalten.**[58] Denn auch in diesem Fall werden die TrägerUN nicht zu einem UN. Dagegen wurde eingewandt, dass in dieser Konstellation allein das Beharren auf dogmatischer Folgerichtigkeit der Errichtung eines UNsübergreifenden GBRs entgegenstehe, obwohl der Gesetzgeber mit dem Gemeinschaftsbetrieb bereits anerkannt habe, dass es in der Betriebsverfassung UNsübergreifende Einrichtungen geben könne. Aus diesem Grunde sei die Bildung von zwei GBRn anstelle eines UNsübergreifenden GBRs als praktisch schwer durchführbar und kostenaufwendig abzulehnen.[59] Das überzeugt indessen nicht. Der Gesetzgeber erkennt den Gemeinschaftsbetrieb lediglich als Ausnahme zur Regel an. Im Übrigen ist der UNsbezug nur beim KBR überwunden. Allein Kostenersparnisse vermögen eine Abweichung vom Gesetz nicht zu rechtfertigen. Zudem ergeben sich mindestens

---

47 Vgl. MünchArbR/*Nebendahl*, § 300 Rn. 9.
48 GK-*Franzen*, Rn. 24.
49 Richardi-*Annuß*, Rn. 22.
50 *BAG* 9.8.00 – 7 ABR 56/98, AP Nr. 9 zu § 47 BetrVG 1972; GK-*Franzen*, Rn. 11, 16.
51 *BAG* 5.12.75 – 1 ABR 8/74 AP Nr. 1 zu § 47 BetrVG 1972; *BAG* 11.12.87 – 7 ABR 49/87, AP Nr. 7 zu § 47 BetrVG 1972; *BAG* 13.2.07 – 1 AZR 184/06, AP Nr. 17 zu § 47 BetrVG 1972; *BAG* 17.3.10 – 7 AZR 706/08, AP Nr. 18 zu § 47 BetrVG 1972; *BAG* 25.2.20 – 1 ABR 40/18, NZA 20, 881, Rn. 14; *BAG* 1.6.22 – 7 ABR 41/20, NZA 22, 1542, Rn. 34; HWGNRH-*Glock*, Rn. 15; Richardi-*Annuß*, Rn. 5; LKK-*Robrecht*, Rn. 4; Hako-BetrVG/*Haase*/*Tautphäus*, Rn. 6; *Schmidt*, FS Küttner, S. 499 [503].
52 *BAG* 5.12.75 – 1 ABR 8/74, AP Nr. 1 zu § 47 BetrVG 1972.
53 *BAG* 17.3.10 – 7 AZR 706/08, AP Nr. 18 zu § 47 BetrVG 1972; *Fitting*, Rn. 10.
54 Vgl. *Salamon*, NZA 18, 143 [144].
55 *BAG* 17.3.10 – 7 AZR 706/08, AP Nr. 18 zu § 47 BetrVG 1972; *BAG* 29.7.20 – 7 ABR 27/19, BB 20, 2490, Rn. 51; LKK-*Robrecht*, Rn. 28; ErfK-*Koch*, Rn. 5; *Gamillscheg*, Kollektives Arbeitsrecht II, S. 659.
56 GK-*Franzen*, Rn. 22; Hako-BetrVG/*Haase*/*Tautphäus*, Rn. 9; NK-GA/*Bodem*, Rn. 2; *Salamon*, RdA 08, 24 [29]; *Schmidt*, FS Küttner, S. 499 [502]; *Schönhöft*/*Schönleber*, BB 13, 2485 [2489]; vgl. *BAG* 22.6.05 – 7 ABR 57/04, AP Nr. 23 zu § 1 BetrVG 1972 Gemeinsamer Betrieb.
57 *BAG* 17.3.10 – 7 AZR 706/08, AP Nr. 18 zu § 47 BetrVG 1972; *BAG* 1.6.22 – 7 ABR 41/20, NZA 22, 1542, Rn. 34; *Schmidt*, FS Küttner, S. 499 [503].
58 *BAG* 17.3.10 – 7 AZR 706/08, AP Nr. 18 zu § 47 BetrVG 1972; a.A. *Schönhöft*/*Wertz*, RdA 10, 100 [102].
59 GK-*Franzen*, Rn. 23.

ebensolche praktischen Schwierigkeiten wie die von zwei GBRn bei zwei UNsträgern, wenn neben einem UNsübergreifenden GBR bei einem UNsträger ein zusätzlicher Betrieb, der kein Gemeinschaftsbetrieb ist, hinzutritt. Spätestens dann wäre bei diesem UNsträger ebenfalls einen GBR zu errichten, dessen Verhältnis zum UNsübergreifenden GBR unklar bleibt. Wenn der Gemeinschaftsbetrieb allerdings noch einen zusätzlichen selbstständigen Betriebsteil hat, ist die Bildung eines GBRs denkbar.[60]

Eine **UNsübergreifende Interessenvertretung** ist allerdings möglich durch Errichtung eines UNseinheitlichen BRs (§ 3 Abs. 1 Nr. 1), eines SpartenBRs (§ 3 Abs. 1 Nr. 2) oder einer anderen ANvertretungsstruktur (§ 3 Abs. 1 Nr. 3).[61] Im Übrigen erfolgt in einem Konzern die UNsübergreifende Interessenvertretung durch den KBR nach § 54. 24

Die **Beteiligung an einem Rechtsträger** begründet allerdings nicht die UNsträgerschaft.[62] Die Identität der Rechtspersönlichkeit fehlt auch im Verhältnis zwischen einer juristischen Person und ihren Mitgliedern bzw. Anteilseignern oder Gesellschaftern, auch wenn letztere ihrerseits Betriebe führen. Eine **wirtschaftliche oder finanzielle Beteiligung** einer Rechtsperson an einer anderen kann daher nicht dazu führen, dass die BR in deren Betrieben einen GBR bilden. Derartige Beteiligungen können gleichermaßen wie die Zusammenfassung mehrerer rechtlich selbstständiger UN unter einheitlicher Leitung lediglich Konzernstrukturen begründen und die Errichtung eines KBRs nach § 54 ermöglichen (vgl. Rn. 19).[63] Dementsprechend können zwei unterschiedliche Rechtsträger nicht deswegen als einheitlicher Rechtsträger angesehen werden, weil an ihnen dieselben Personen beteiligt sind. Ebenso sind bei einer GmbH & Co. KG (vgl. Rn. 16) die Komplementär-GmbH und die KG unterschiedliche UN.[64] 25

Bei **Franchisesystemen** fehlt es ebenfalls an einem einheitlichen Rechtsträger, sodass die BR bei verschiedenen einen Betrieb im Franchisesystem führenden UN keinen GBR bilden können.[65] 26

Wenn mehrere UN für die von ihnen gehaltenen Betriebe eine **Betriebsführungsgesellschaft** zur gemeinsamen Führung der Betriebe gründen, ist zu unterscheiden. Führt die Betriebsführungsgesellschaft die Betriebe im eigenen Namen (vgl. Rn. 15), ist bei ihr ein GBR zu errichten.[66] Führt sie die Betriebe im Namen der diese haltenden UN, bleiben die Betriebe diesen zugeordnet und ein GBR bei der Betriebsführungsgesellschaft kommt nicht in Betracht.[67] Das gilt selbst dann, wenn die Betriebsführungsgesellschaft ihrerseits auch eigene AN beschäftigt, die einen BR gewählt haben.[68] Gegebenenfalls sind aber GBR bei den jeweiligen TrägerUN zu errichten. 27

Richtet **ein UN mehrere Betriebsführungsgesellschaften** zur Führung jeweils mehrerer eigener Betriebe dieses UNs ein, kommt nur ein GBR bei diesem UN in Betracht.[69] 28

Welcher Art der **UNszweck** ist, spielt **keine Rolle.** Es können wirtschaftliche oder ideelle Zwecke verfolgt werden.[70] Dementsprechend kann auch ein Spitzenverband der Freien Wohlfahrtspflege UN im Sinne des § 47 sein, wenn er neben den verbandlichen Aufgaben weitere Aufgaben wahrnimmt und dazu Leitungsfunktionen gegenüber den von ihm ins Leben gerufenen betrieblichen Einrichtungen ausübt.[71] Entsprechend sind auch TendenzUN i. S. d. § 118 Abs. 1 UN in diesem Sinne.[72] 29

---

60 Schaub-*Koch*, § 224 Rn. 3.
61 *Schmidt*, FS Küttner, S. 499 [503]; vgl. auch *BAG* 25.2.20 – 1 ABR 40/18, NZA 20, 881.
62 GK-*Franzen*, Rn. 21.
63 *BAG* 11.12.87 – 7 ABR 49/87, AP Nr. 7 zu § 47 BetrVG 1972.
64 GK-*Franzen*, Rn. 21.
65 HWGNRH-*Glock*, Rn. 18; GK-*Franzen*, Rn. 26; Richardi-*Annuß*, Rn. 12; *Gamillscheg*, Kollektives Arbeitsrecht II, S. 659; *Gittermann*, ANstatus und Betriebsverfassung in Franchise-Systemen, S. 160 ff.; *Selzner*, Betriebsverfassungsrechtliche Mitbestimmung in Franchise-Systemen, S. 98 f.; *Skaupy*, BB 90, 134 [134 f.]; teilw. a. A. *Buschbeck-Bülow*, BB 89, 352 [353].
66 *Fitting*, Rn. 14; Richardi-*Annuß*, Rn. 10; LKK-*Robrecht*, Rn. 31; Hako-BetrVG/*Haase*/*Tautphäus*, Rn. 7; *Schwab*, NZA-RR 07, 505 [506]; a. A. *Zöllner*, ZfA 83, 93 [99], der allerdings für mehrere Gesamtbetriebsräte bei mehreren fest abgegrenzten UNsteilen plädiert.
67 HWGNRH-*Glock*, Rn. 16; Richardi-*Annuß*, Rn. 10; Hako-BetrVG/*Haase*/*Tautphäus*, Rn. 7.
68 GK-*Franzen*, Rn. 25; *Rüthers*, BB 77, 605 [612].
69 Vgl. *BAG* 29.11.78 – 4 AZR 276/77, AP Nr. 18 zu § 611 BGB Bergbau.
70 HWGNRH-*Glock*, Rn. 11; GK-*Franzen*, Rn. 29.
71 *BAG* 23.9.80 – 6 ABR 8/78, AP Nr. 4 zu § 47 BetrVG 1972.
72 Vgl. *BAG* 23.9.80 – 6 ABR 8/78, AP Nr. 4 zu § 47 BetrVG 1972.

30 Ob bei dem UN **Aufgaben** für einen GBR, namentlich im Hinblick auf die Ausrichtung der UNsführung, anfallen können, ist nach dem Gesetz unerheblich. Denn der GBR ist nicht nur für die UNseinheitliche Behandlung von Angelegenheiten nach § 50 zuständig, sondern schon für betriebsübergreifende Angelegenheiten und zudem auch im Falle einer Beauftragung durch den EinzelBR.[73]

b) Mehrere BR

31 Abs. 1 fordert als weitere Voraussetzung, dass in dem UN **mehrere BR** bestehen. Genügend ist allein, dass es zwei BR gibt. Unerheblich ist, ob das UN in den Betrieben unterschiedliche Betriebszwecke verfolgt.[74] Nicht erforderlich ist, dass in allen Betrieben des UNs BR gewählt wurden.[75] Eine Mindestgröße gibt es nicht, sodass ein GBR auch zu errichten ist, wenn in einem UN lediglich zwei einköpfige BR existieren. Ein GBR ist auch zu errichten, wenn es im UN **BRslose Betriebe** gibt, vorausgesetzt, dass in zwei Betrieben BR gewählt wurden.[76] Die BRslosen Betriebe nehmen an der Errichtung des GBRs nicht teil, sie entsenden keine Mitglieder. Allerdings erstreckt sich die Zuständigkeit des GBRs nach § 50 Abs. 1 auf diese Betriebe (§ 50 Rn. 55 ff.). TVliche Vertretungen nach § 117 Abs. 2 ersetzen keine BR, sodass sie keinen GBR errichten können, soweit dies nicht im TV so vorgesehen ist.[77]

32 Wenn es **lediglich einen BR** im Betrieb gibt, kommt die Errichtung eines GBRs nicht infrage.[78] Das ist im Gesetz schlicht nicht vorgesehen.[79] Dieser örtliche BR kann auch nicht die Funktion eines GBRs übernehmen.[80] Das gilt selbst dann, wenn es im UN zwar nur einen Betrieb, aber mehrere (BRsfähige) Betriebe gibt. Auch dafür fehlt es an einer gesetzlichen Regelung.

33 Maßgebend ist im Übrigen nur, ob in den jeweiligen Betrieben ein BR besteht. Es muss ein BR gewählt sein. Dessen Konstituierung ist keine gesetzliche Voraussetzung für die Errichtung des GBRs (allerdings notwendig für einen Entsendungsbeschluss).[81] Entscheidend ist nach dem Gesetz allein, dass ein **BR besteht,** nicht, dass er zu Recht gewählt wurde.[82] Dementsprechend spielt, wenn ein BR gewählt wurde, auch keine Rolle, ob dies tatsächlich in einer BRsfähigen Einheit geschah.[83] Ob die Wahl in einer nach § 3 Abs. 5 auf Grundlage eines Tarifvertrages als Betrieb geltenden Einheit, in einem Betrieb im Sinne des § 1 Abs. 1, einem Gemeinschaftsbetrieb gemäß § 1 Abs. 2 oder in einem als selbstständiger Betrieb geltenden Betriebsteil gemäß § 4 Abs. 1 erfolgte, ist ebenfalls unerheblich.[84] Nicht berücksichtigt wird ein BR, wenn die BRswahl nichtig war oder erfolgreich gerichtlich angefochten wurde.[85] Denn dann gibt es keinen BR. Anders ist es allerdings, solange die BRswahl lediglich angefochten worden ist, hierüber aber noch nicht rechtskräftig entschieden wurde.[86] Denn so lange bleibt der BR im Amt. Im Übrigen zählen auch BR, die lediglich ein Übergangsmandat nach § 21a haben, mit.[87] Auch nach Rücktritt zählt ein BR mit, weil er nach § 22 die Geschäfte weiterführt.

34 Die Wahl eines **UNseinheitlichen BRs** auf Grundlage eines Tarifvertrags (§ 3 Abs. 1 Nr. 1) oder einer BV (§ 3 Abs. 2) oder Beschluss der Belegschaft (§ 3 Abs. 3) bewirkt, dass es im UN nur

---

73 *BAG* 23.9.80 – 6 ABR 8/78, AP Nr. 4 zu § 47 BetrVG 1972.
74 GK-*Franzen,* Rn. 29.
75 HWGNRH-*Glock,* Rn. 19; GK-*Franzen,* Rn. 4.
76 *Fitting,* Rn. 20; HWGNRH-*Glock,* Rn. 19; Richardi-*Annuß,* Rn. 16.
77 *LAG Düsseldorf* 26.11.20 – 11 TaBV 56/20, Rn. 65 ff. (n. rkr.).
78 HWGNRH-*Glock,* Rn. 19; Hako-BetrVG/*Haase/Tautphäus,* Rn. 11; a. A. *Helm/Müller,* AiB 01, 449 ff., nach denen die Errichtung eines GBR in diesen Fällen nicht verboten ist.
79 *Däubler,* FS Kreuz, S. 69 [77].
80 *BAG* 16.8.83 – 1 AZR 544/81, AP Nr. 5 zu § 50 BetrVG 1972; GK-*Franzen,* Rn. 4; a. A. *Bobisz/Manstetten,* AuR 18, 565 ff.
81 GK-*Franzen,* Rn. 6.
82 GK-*Franzen,* Rn. 4.
83 GK-*Franzen,* Rn. 11; Richardi-*Annuß,* Rn. 16.
84 GK-*Franzen,* Rn. 3; Richardi-*Annuß,* Rn. 4.
85 Hako-BetrVG/*Haase/Tautphäus,* Rn. 12.
86 GK-*Franzen,* Rn. 6; *Peix,* Errichtung und Fortbestand, S. 61 ff.
87 GK-*Franzen,* Rn. 6; MünchArbR/*Nebendahl,* § 300 Rn. 17.

einen BR gibt. Mangels Mehrheit von BR kann kein GBR errichtet werden.[88] Ist das dennoch geschehen, ist der GBR i. d. R. nichtig.[89] Der UNseinheitliche BR tritt funktional an die Stelle des GBRs.[90] Denkbar ist aber, dass in einem UN mit UNseinheitlichem BR weitere Betriebe mit BR, etwa durch Betriebsübergang, hinzutreten, die von diesem nicht vertreten werden. Dann ist ein GBR zu errichten. Das gilt auch, soweit die Einbeziehung dieser Betriebe in einen UNseinheitlichen BR vorgesehen ist, aber noch der Umsetzung durch Wahl bedarf, denn solange bleiben die bisherigen BR im Amt.[91]

Die Errichtung eines GBRs bei einem **ausländischen UN** (Rn. 21) ist nach h. M. möglich, wenn es **zwei Inlandsbetriebe** gibt.[92] Dabei ist richtiger Ansicht nach nicht der Rechtsprechung zu folgen, die nach dem Territorialitätsprinzip von einem auf das Inland beschränkten räumlichen Geltungsbereich ausgeht (§ 1 Rn. 23 ff.).[93] Vielmehr ist im Sinne einer Schwerpunktanknüpfung der Lageort des Betriebes zu ermitteln.[94] Daraus folgt, dass sich die Vertretung der AN inländischer Betriebe nach deutschem Recht, dem BetrVG, richtet.[95] Gleichermaßen hält die Rechtsprechung die Bildung eines Wirtschaftsausschusses bei ausländischen UN für verpflichtend.[96] Dass die Rechtsprechung die Bildung eines KBRs bei ausländischer Konzernspitze ablehnt,[97] führt zu keinem anderen Ergebnis.[98] Diese Rechtsprechung ist ohnehin abzulehnen (Vor § 54 Rn. 23 ff.). Die folgerichtige Fortsetzung jenes Gedankens, dass mangels inländischen UNs auch ein GBR nicht zu errichten sei, zeigt vielmehr in umgekehrter Hinsicht, dass in ihr Vertretungslücken angelegt sind, die vor dem Normzweck nicht zu rechtfertigen sind.[99] Vielmehr sind Gesamtbetriebsräte unabhängig von Sitz und Rechtsform des UNs zu errichten, wenn es mehr als einen Betrieb mit Betriebsrat im Inland gibt.[100] Nicht erforderlich ist, dass es eine inländische überbetriebliche Organisation bzw. Leitungsmacht gibt.[101] Entsprechendes ist im Gesetz nicht vorgesehen, ebensowenig wie für die Wahl von Betriebsräten.[102] 35

Auf der Grundlage des von der Rechtsprechung vertretenen Territorialitätsprinzips (näher § 1 Rn. 23 ff.) sollen die **Auslandsbetriebe** eines InlandsUNs nicht vom Gesetz erfasst sein.[103] Zum selben Ergebnis kommt man aber auch, wenn man entgegen der Rechtsprechung von einer ungeschriebenen Kollisionsnorm mit einer Anknüpfung an die Belegenheit des Betriebes[104] ausgeht. Entscheidend ist auf sachrechtlicher Ebene, dass es um die Vertretung der AN deutscher 36

---

88 *HessLAG* 4.4.22 – 16 TaBV 17/21, Rn. 38; GK-*Franzen*, Rn. 5; Richardi-*Annuß*, Rn. 4; Hako-BetrVG/*Haase/Tautphaus*, Rn. 11; WPK-*Roloff*, Rn. 5.

89 GK-*Franzen*, Rn. 5; a. A. für den Fall unklarer Tatsachenlage hinsichtlich Existenz eines unternehmenseinheitlichen BR *Hess. LAG* 4.4.22 – 16 TaBV 17/21, Rn. 40.

90 *Fitting*, Rn. 21; HWGNRH-*Glock*, Rn. 20.

91 GK-*Franzen*, Rn. 5.

92 *Birk*, FS Schnorr von Carolsfeld, S. 61 [83]; *Buchner*, FS Birk, S. 11 [19]; *Joost*, Betrieb und UN, S. 223 f.; *Lipperheide*, S. 90 ff.; *Peix*, Errichtung und Fortbestand, S. 66 ff.; GK-*Kreutz/Franzen*, Rn. 9; LKK-*Robrecht*, Rn. 6; Hako-BetrVG/*Haase/Tautphäus*, Rn. 15; ErfK-*Koch*, Rn. 5; *Gamillscheg*, Kollektives Arbeitsrecht II, S. 659; weitergehend MünchKomm-*Martiny*, Art. 8 Rom I-VO, Rn. 155; insg. a. A. *Gaul*, AWD 74, 471 [473 ff.].

93 *Deinert*, Internationales Arbeitsrecht, § 17 Rn. 19; *ders.*, Betriebsverfassung in Zeiten der Globalisierung, S. 24 ff.

94 *Deinert*, Betriebsverfassung in Zeiten der Globalisierung, S. 31 ff.

95 *Deinert*, Internationales Arbeitsrecht, § 17 Rn. 54; *ders.*, Betriebsverfassung in Zeiten der Globalisierung, S. 50 ff.

96 *BAG* 31.10.75 – 1 ABR 4/74, AP Nr. 2 zu § 106 BetrVG 1972.

97 *BAG* 23.5.18 – 7 ABR 60/16, NZA 18, 1562.

98 GK-*Franzen*, Rn. 10; a. A. *Bachmann*, RdA 08, 108 [111]; *Röder/Powietzka*, DB 04, 542 [544]; *Schubert*, Anm. zu *BAG* EzA § 54 BetrVG 01 – Nr. 3.

99 *Fitting*, Rn. 23.

100 *Deinert*, Betriebsverfassung in Zeiten der Globalisierung, S. 50 f.

101 MünchArbR/*Nebendahl*, § 300 Rn. 13; *Fitting*, Rn. 23; *Deinert*, Betriebsverfassung in Zeiten der Globalisierung, S. 51; a. A. *Auffarth*, FS Hilger und Stumpf, S. 31 [34]; HWK-*Hohenstatt/Dzida*, Rn. 4; Richardi-*Annuß*, Rn. 21; Schaub-*Koch*, § 224 Rn. 4; *Röder/Powietzka*, DB 04, 542 [544].

102 Vgl. *Fitting*, Rn. 23.

103 *Fitting*, Rn. 22; HWGNRH-*Glock*, Rn. 21; GK-*Franzen*, Rn. 9; LKK-*Robrecht*, Rn. 6; Richardi-*Annuß*, Rn. 19; *Gaul*, AWD 74, 471 [473]; NK-GA/*Bodem*, Rn. 2; a. A. *Birk*, FS Schnorr von Carolsfeld, S. 61 [83 f.]; *Däubler*, RabelsZ 39 (1975), 444 [462 ff.].

104 S. o. Fn. 90.

Betriebe geht.[105] Von daher kommt es gar nicht darauf an, wie die dortige Interessenvertretung geregelt ist.[106] Eine freiwillige Kooperation mit ausländischen Interessenvertretungen ist inländischen BR indes nicht versagt.[107] Ein UN mit nur einem Inlandsbetrieb kann keinen GBR haben, weil es an der Voraussetzung zweier InlandsBR fehlt.

2. Entsendung von Mitgliedern (Abs. 2)

37 Die Mitglieder des GBR werden nicht gewählt. Sie werden durch Beschlüsse (Rn. 45) der BR des UNs **entsandt.**

38 Die **Größe** des GBRs ist durch das Gesetz nicht unmittelbar, sondern nur **mittelbar geregelt.** Denn die Zahl der Mitglieder des GBRs hängt von der Zahl und Größe der im UN existierenden BR ab. Das führt im Übrigen dazu, dass der GBR anders als ein BR (vgl. § 9) auch eine gerade Zahl von Mitgliedern haben kann.

39 Die **Zahl der zu entsendenden BRsmitglieder** richtet sich nach Abs. 2 Satz 1 nach der Größe des entsendenden BRs. Die Regelung erhielt ihre jetzige Gestalt im Zuge des Betriebsverfassungsreformgesetzes (Einleitung Rn. 37 ff.) anlässlich der notwendigen Neugestaltung infolge Aufgabe des Gruppenprinzips.[108] Ein- und dreiköpfige BR entsenden ein Mitglied, größere BR zwei Mitglieder. Das führt tendenziell zu einer proportional besseren Vertretung von kleineren Betrieben bis 50 wahlberechtigten ANn. Auf diese Weise wird gleichsam eine Art Minderheitenschutz gewährleistet. Dieser betrifft allerdings nur die »Zahl der Köpfe«, also die Repräsentation durch Mitglieder. Bei der Beschlussfassung sehen Abs. 7 und 8 hingegen eine Gewichtung nach der repräsentierten Belegschaftsstärke vor (Rn. 126). Die Mitgliederzahl des GBRs kann nach Abs. 4 (Rn. 76 ff.) durch Tarifvertrag oder BV bzw. muss bei Überschreiten der Zahl von 40 nach Abs. 5 (Rn. 108 ff.) abweichend geregelt werden.

40 Bei der Beurteilung, wie viele Mitglieder in den GBR entsandt werden, ist die **tatsächliche Zahl** maßgeblich, nicht wie viele Mitglieder der BR nach dem Gesetz haben müsste. Ist die Zahl der BRsmitglieder unter fünf gesunken und gibt es keine Ersatzmitglieder mehr, wird nur noch ein Mitglied in den GBR entsandt.[109] Umgekehrt entsendet der BR zwei GBRsmitglieder auch dann, wenn nur irrtümlich unter fehlerhafter Rechtsanwendung ein BR mit fünf oder mehr Mitgliedern gewählt wurde und nach wie vor mehr als drei Mitglieder im BR vorhanden sind.[110]

41 Entsandt werden können nur **Mitglieder des BRs.** Dabei gibt es keinen Vorrang etwa für Vorsitzende oder stellvertretende Vorsitzende. Jedes BRsmitglied ist gleichermaßen entsendungsfähig.[111] Andere Personen, etwa andere AN des Betriebes, kann der BR nicht in den GBR entsenden.[112] Dementsprechend kann der BR auch keine noch nicht nachgerückten Ersatzmitglieder entsenden.[113] Nachgerückte Ersatzmitglieder kann er demgegenüber entsenden.[114]

42 Im Falle eines **Gemeinschaftsbetriebs** kann der BR auch Mitglieder in den GBR entsenden, die in keinem Arbeitsverhältnis zum UN stehen, bei dem der GBR errichtet wird.[115] Denn die Interessenvertretung über den GBR ist auch eine betriebliche Angelegenheit, die alle BRsmit-

---

105 *Deinert*, Internationales Arbeitsrecht, § 17 Rn. 54; *ders.*, Betriebsverfassung in Zeiten der Globalisierung, S. 50 f.

106 Für eine Einbeziehung der dortigen ANvertretungen *Agel-Pahlke*, S. 219; *Birk*, RabelsZ 46(1982), 384 [408]; MünchKomm-*Martiny*, Art. 8 Rom I-VO Rn. 155.

107 *Fitting*, Rn. 22.

108 Vgl. Reg.Begr., BT-Drs. 14/5741, S. 42.

109 GK-*Franzen*, Rn. 36.

110 GK-*Franzen*, Rn. 37.

111 GK-*Franzen*, Rn. 41; HWGNRH-*Glock*, Rn. 59.

112 GK-*Franzen*, Rn. 41.

113 *HessLAG* 28.8.03 – 9 TaBV 47/03, DB 04, 2112; *Fitting*, Rn. 30; HWGNRH-*Glock*, Rn. 27; *Gamillscheg*, Kollektives Arbeitsrecht II, S. 660.

114 Hako-BetrVG/*Haase*/*Tautphäus*, Rn. 18.

115 *BAG* 1.6.22 – 7 ABR 41/20, NZA 22, 1542, Rn. 35 ff.; *HessLAG* 11.12.17 – 16 TaBV 93/17, ArbR 2018, 321; *LAG München* 22.12.17 – 9 TaBV 93/17, ArbR 2018, 320; *Fitting*, Rn. 81; GK-*Franzen*, Rn. 41; *KRHS*, Rn. 11; WPK-*Roloff*, Rn. 11; *Schmidt*, FS Küttner, S. 499 [502]; a. A. Richardi-*Annuß*, Rn. 77; HWK-*Hohenstatt/Dzida*, Rn. 28; *Hoffmann/Alles*, NZA 14, 757 [658].

glieder unabhängig vom Bestand eines Arbeitsverhältnisses zum TrägerUN angeht.[116] Es vertreten nämlich sämtliche Mitglieder des GBR die Belegschaft des Gemeinschaftsbetriebes unabhängig von ihrer Unternehmenszugehörigkeit.[117] Insoweit überzeugt die Annahme nicht, dass die Entsendung nicht UNsangehöriger BRsmitglieder keine interessengerechte Vertretung sei.[118] Zudem könnte die Gegenansicht dazu führen, dass der BR eines Gemeinschaftsbetriebs überhaupt nicht im GBR vertreten ist, weil alle BRsmitglieder in einem Arbeitsverhältnis zu dem anderen TrägerUN stehen.[119] Zu Recht wurde außerdem darauf hingewiesen, dass das Legitimationsdefizit nicht geringer ist als im Fall der Mitbestimmung über einen Betrieb, in dem GBRsmitglieder nicht eingegliedert sind.[120] Letzteres ist namentlich bei BRslosen Betrieben im Zuständigkeitsbereich des GBRs der Fall. Aus § 47 Abs. 9 lässt sich im Übrigen ableiten, dass der Gesetzgeber sich der Möglichkeit der Entsendung aus einem Gemeinschaftsbetrieb bewusst war, ohne dass hinsichtlich der Frage der Unternehmenszugehörigkeit regelungsbedarf gesehen wurde.[121]

Auch BR im **Übergangsmandat** nach § 21a sowie im **Restmandat** nach § 21b entsenden Mitglieder in den GBR.[122] **43**

Die Entsendung bedarf der **Zustimmung** des zu entsendenden BRsmitglieds.[123] Dies kann man als allgemeinen Grundsatz, dass Wahlen keine Ämter gegen den Willen des Betroffenen verschaffen, verstehen. Letztlich folgt dies aber auch aus dem Umkehrschluss aus § 49, der die Amtsniederlegung erlaubt.[124] Dementsprechend stellt die Verweigerung der Zustimmung keine Amtspflichtverletzung dar. Anders ist dies nur beim einköpfigen BR. Zwar wird dieser nicht gewählt (Rn. 48), er kann aber sein Amt niederlegen (§ 49 Rn. 8 ff.). Wenn alle Mitglieder eines mehrköpfigen BRs ihre Zustimmung verweigern, muss es zur Auflösung des BRs gemäß § 23 Abs. 1 kommen.[125] **44**

Die Entsendung erfolgt durch (Geschäftsführungs-)**Beschluss** des Gremiums mit einfacher Stimmenmehrheit gem. § 33 Abs. 1.[126] Die zu entsendende Person ist nicht wegen eigener Betroffenheit von der Mitwirkung ausgeschlossen.[127] **45**

Das Gesetz sieht **nicht** die **Verhältniswahl** zum Schutz von Minderheiten vor.[128] Auch die Koalitionsfreiheit von Minderheitsgewerkschaften im Betrieb hinsichtlich der Beteiligung an der betrieblichen Interessenvertretung wird dadurch nicht verletzt, weil deren Beteiligung auf betrieblicher Ebene möglich bleibt und ihre Mitglieder mittelbar über die BRsarbeit mit Einflussnahmemöglichkeit auf die entsandten Mitglieder an der Arbeit im GBR mitwirken können.[129] Ob eine Wahl der zu entsenden Mitglieder mit relativer Stimmenmehrheit möglich ist,[130] wurde bislang nicht entschieden. Allerdings geht das *BAG* davon aus, dass der Gesetzgeber den Mehrheitsbeschluss und nicht die Wahl als Regelfall vorgesehen hat.[131] Mit Rücksicht darauf, dass der Gesetzgeber in § 33 Abs. 1 den Mehrheitsbeschluss für den Fall vorgesehen hat, dass gesetzlich **46**

---

116 Vgl. auch *BAG* 1.6.22 – 7 ABR 41/20, NZA 22, 1542, Rn. 42.
117 *BAG* 29.7.20 – 7 ABR 27/19, BB 20, 2490, Rn. 55.
118 So aber HWGNRH-*Glock*, Rn. 79; wie hier *LAG Baden-Württemberg* 5.11.20 – 1 TaBV 4/20, Rn. 68 (n. rkr.).
119 *LAG Baden-Württemberg* 5.11.20 – 1 TaBV 4/20, Rn. 73 (n. rkr.).
120 GK-*Franzen*, Rn. 41.
121 *BAG* 1.6.22 – 7 ABR 41/20, NZA 22, 1542, Rn. 39.
122 Richardi-*Annuß*, Rn. 25; a.A. hinsichtlich des Restmandats *Peix*, Errichtung und Fortbestand, S. 97 ff., 269.
123 Richardi-*Annuß*, Rn. 34.
124 GK-*Franzen*, Rn. 43; HWGNRH-*Glock*, Rn. 69.
125 GK-*Franzen*, Rn. 43; HWGNRH-*Glock*, Rn. 69.
126 *BAG* 21.7.04 – 7 ABR 58/03, AP Nr. 13 zu § 47 BetrVG 1972; *BAG* 21.7.04 – 7 ABR 62/03, AP Nr. 4 zu § 51 BetrVG 1972; GK-*Franzen*, Rn. 39; NK-GA/*Bodem*, Rn. 3; ErfK-*Koch*, Rn. 6; *Hanau*, ZIP 01, 2163 [2166]; *Rennpferdt*, RdA 22, 27 [28 f.].
127 GK-*Franzen*, Rn. 39.
128 *BAG* 21.7.04 – 7 ABR 58/03, AP Nr. 13 zu § 47 BetrVG 1972; GK-*Franzen*, Rn. 39.
129 *BAG* 21.7.04 – 7 ABR 58/03, AP Nr. 13 zu § 47 BetrVG 1972; a.A. *Klein*, Die Stellung der Minderheitsgewerkschaften in der Betriebsverfassung, S. 429 ff.
130 LKK-*Robrecht*, Rn. 17; Richardi-*Annuß*, Rn. 29; *Löwisch*, BB 02, 1366 ff.
131 *BAG* 21.7.04 – 7 ABR 58/03, AP Nr. 13 zu § 47 BetrVG 1972.

nichts anderes bestimmt ist, muss diese Möglichkeit grundsätzlich ausscheiden.[132] Für eine tarifvertragliche Regelung nach Abs. 4 hat das *BAG* letztlich offen gelassen, ob diese die Verhältniswahl anordnen kann (Rn. 103).

47 Bei der Entsendung von zwei Mitgliedern ist jeweils eine **gesonderte Beschlussfassung** notwendig.[133]

48 Bei einem **einköpfigen BR** bedarf es keines Entsendungsbeschlusses. Der BR ist kraft Amtes Mitglied des GBRs.[134]

49 Die Beschlussfassung ist dem BR **als Gremium** vorbehalten. Die Entsendung kann daher weder dem Vorsitzenden noch seinem Stellvertreter überlassen werden.[135] Auch der Betriebsausschuss kann nicht mit der Entsendung von Mitgliedern in den GBR beauftragt werden.[136]

50 Nach Abs. 2 Satz 2 »sollen« die **Geschlechter angemessen berücksichtigt** werden. Dabei dürfte auf das Geschlechterverhältnis im jeweiligen BR abzustellen sein. Die Regelung ist die einfachgesetzliche Umsetzung des Gleichstellungsauftrags des Art. 3 Abs. 2 GG. Da die Bestimmung anders als § 15 Abs. 2 nicht als Muss-Vorschrift ausgestaltet ist, geht die h. M. davon aus, dass die unterlassene Berücksichtigung keine Konsequenzen für die Wirksamkeit der Entsendung in den GBR hat.[137] Es ist jedoch zu bezweifeln, dass der Gesetzgeber letztlich eine völlig sanktionslose Bestimmung schaffen wollte.[138] Sollen ist eben mehr als Dürfen. Von daher ist die Bezeichnung als »nicht zwingend«[139] mindestens irreführend. Insofern ist die Herabwürdigung zu einer bloßen Empfehlung[140] nicht akzeptabel. Andererseits gibt es gute Gründe, dass der Gesetzgeber offensichtlich hinsichtlich der Zusammensetzung des GBRs keinerlei Konsequenzen für die Verletzung dieses Grundsatzes vorgesehen hat. Denn anderenfalls würde die Rechtssicherheit unerträglich belastet, wenn die Zusammensetzung des GBRs und letztlich die Wirksamkeit seiner Beschlüsse von einer gerichtlichen Aufklärung der Gründe für die Nichtberücksichtigung eines Geschlechtes abhingen. Insoweit muss es sein Bewenden damit haben, dass unter Umständen eine grobe Verletzung der gesetzlichen Pflichten gemäß § 23 Abs. 1 vorliegt.

51 Ansonsten gibt es keine Einschränkungen bei der **Auswahl** des zu entsendenden Mitglieds. Eine Einschränkung ergibt sich in **privatisierten PostUN** allerdings daraus, dass gemäß § 32 Abs. 1 PostPersRG bei Entsendung von zwei Mitgliedern eines ein Vertreter der Beamten sein muss, der nicht gegen die Mehrheit der Vertreter der Beamten im BR bestimmt werden darf.

52 Der **Beschluss** über die Entsendung **bewirkt die Mitgliedschaft** im GBR.[141] Eine Mitteilung an den Vorsitzenden des GBRs oder den Vorsitzenden des zur konstituierenden Sitzung einladenden BRs bedarf es nicht. Eine solche Mitteilung, die sinnvoll ist, hat nur deklaratorische Wirkung.

53 Die Entsendung in den GBR erfolgt regelmäßig **für die Dauer der Amtszeit** des entsendenden BRs. Eine Abberufung ist allerdings möglich (§ 49 Rn. 17 ff.).

54 Die Beschlussfassung ist analog § 19 Abs. 1 **anfechtbar.**[142] Nach einer **Neuwahl** des BR ist eine erneute Beschlussfassung über die Entsendung der Mitglieder in den GBR erforderlich.[143] Auf den Bestand des GBRs hat dies keinen Einfluss (Rn. 60).

---

132 GK-*Franzen,* Rn. 39; HWGNRH-*Glock,* Rn. 57.
133 *Fitting,* Rn. 33; GK-*Franzen,* Rn. 39; Hako-BetrVG/*Haase/Tautphäus,* Rn. 20.
134 GK-*Franzen,* Rn. 38; HWGNRH-*Glock,* Rn. 58; Richardi-*Annuß,* Rn. 30.
135 GK-*Franzen,* Rn. 40.
136 *Fitting,* Rn. 28; Richardi-*Annuß,* Rn. 29; Hako-BetrVG/*Haase/Tautphäus,* Rn. 20; a. A. GK-*Franzen,* Rn. 40.
137 *Fitting,* Rn. 34; GK-*Franzen,* Rn. 42; Richardi-*Annuß,* Rn. 31, 32; ErfK-*Koch,* Rn. 6; HWK-*Hohenstatt/Dzida,* Rn. 15; NK-GA/*Bodem,* Rn. 3; MünchArbR/*Nebendahl,* § 300 Rn. 24; *Mengel,* NZA 02, 409 [414]; a. A. *KRHS,* Rn. 3; WPK-*Roloff,* Rn. 10; *Löwisch,* BB 01, 1734 [1744].
138 So i. E. auch LKK-*Robrecht,* Rn. 16.
139 ErfK-*Koch,* Rn. 6.
140 So GK-*Franzen,* Rn. 42.
141 GK-*Franzen,* Rn. 44.
142 *BAG* 21.7.04 – 7 ABR 58/03, AP Nr. 13 zu § 47 BetrVG 1972; *Fitting,* Rn. 37.
143 *Fitting,* Rn. 35.

3. Konstituierung und Bestand

Die Errichtung des GBRs erfolgt durch Wahl des Vorsitzenden und des Stellvertreters in der **konstituierenden Sitzung.**[144] Voraussetzung dafür ist, dass mindestens zwei BR die Entsendung von Mitgliedern in den GBR beschlossen haben.[145] Teils wird allerdings davon ausgegangen, dass der GBR bereits errichtet sei, wenn mindestens zwei BR Mitglieder entsandt haben, wovon die nachfolgende Konstituierung durch Wahl von Vorsitzendem und Stellvertreter zu unterscheiden sei.[146] Diese Differenzierung hat allerdings allenfalls akademischen Wert, weil der GBR vor der Konstituierung nicht handlungsfähig und auch nicht befugt ist, das Amt auszuüben.[147] 55

Die Bildung eines GBR anders als durch **Entsendung** von Mitgliedern ist unwirksam.[148] 56

Zur konstituierenden Sitzung lädt der BR bei der Hauptverwaltung, in Ermangelung eines solchen der BR des nach Zahl der AN **größten Betriebes** gemäß § 51 Abs. 2 Satz 1 ein. 57

Die Wirksamkeit der Konstituierung wird nicht dadurch infrage gestellt, dass **nicht alle BR** ihrer Entsendeverpflichtung (Rn. 10) entsprochen haben.[149] Die betreffenden BR können die Entsendung jederzeit nachholen.[150] 58

Streitigkeiten um die Wirksamkeit der Errichtung können im Beschlussverfahren mit dem Antrag auf Feststellung der Unwirksamkeit der Errichtung einer Klärung zugeführt werden. 59

Der GBR hat als solcher **keine Amtszeit.**[151] Das Gesetz kennt nur Regelungen über die Beendigung der individuellen Mitgliedschaft. Das ist konzeptionell folgerichtig im Hinblick darauf, dass der GBR nicht gewählt, sondern dessen Mitglieder durch die BR der Einzelbetriebe entsandt werden.[152] Anders als BR muss er sich nicht der Wiederwahl stellen. Es handelt sich um eine **Dauereinrichtung,** die über die Wahlperioden der BR hinweg besteht.[153] Zwar müssen die EinzelBR nach Neuwahlen erneut Mitglieder in den GBR nach Abs. 2 entsenden. Das ändert den Fortbestand des GBRs aber nicht. Allerdings führt dies gegebenenfalls zu wechselndem Bestand. Auch mag das angesichts der regelmäßigen BRswahlen bisweilen zur vorübergehenden Handlungsunfähigkeit des GBRs bis zur Neukonstituierung führen.[154] Folgerichtig führt auch die Anfechtung einer BRswahl nicht zur Beendigung des GBRs, es sei denn, die Wahl eines von zwei BR eines UNs wurde erfolgreich vor Gericht angefochten. 60

Die Existenz des GBRs endet mit **Fortfall seiner Errichtungsvoraussetzungen.**[155] Insoweit kommen etwa in Betracht Zusammenlegung, Stilllegung oder Veräußerung von Betrieben. Die Errichtungsvoraussetzungen entfallen auch, wenn die vorhandenen Betriebe ihre BRsfähigkeit verlieren und die bisherigen BR nicht mehr im Amt sind, sodass keine zwei BR im UN mehr existieren.[156] Ob ein nur **kurzfristiger vorübergehender Wegfall** eines für die Errichtung eines GBRs erforderlichen BRs Einfluss auf dessen Bestand hat, ist allerdings str. Die Rechtsprechung verneint dies.[157] Angesichts des gesetzlichen Systems, das den Bestand des GBRs 61

144 GK-*Franzen*, Rn. 47; *Kreutz*, FS Birk, S. 495 [496].
145 *Fitting*, Rn. 38; Hako-BetrVG/*Haase/Tautphäus*, Rn. 22.
146 Richardi-*Annuß*, Rn. 41; HWGNRH-*Glock*, Rn. 25.
147 GK-*Franzen*, Rn. 48.
148 Vgl. *BAG* 15.8.78 – 6 ABR 56/77, AP Nr. 3 zu § 47 BetrVG 1972.
149 *Fitting*, Rn. 40; vgl. Richardi-*Annuß*, Rn. 41.
150 GK-*Franzen*, Rn. 49.
151 *BAG* 5.6.02 – 7 ABR 17/01, AP Nr. 11 zu § 47 BetrVG 1972.
152 GK-*Franzen*, Rn. 50.
153 *BAG* 8.6.99 – 1 AZR 831/98, AP Nr. 47 zu § 111 BetrVG 1972; *BAG* 5.6.02 – 7 ABR 17/01, AP Nr. 11 zu § 47 BetrVG 1972; *BAG* 16.3.05 – 7 ABR 37/04, NZA 05, 1069 [1071]; *BAG* 1.6.22 – 7 ABR 41/20, NZA 22, 1542, Rn. 33; GK-*Franzen*, Rn. 50; HWGNRH-*Glock*, Rn. 83; Richardi-*Annuß*, Rn. 26; Hako-BetrVG/Haase/*Tautphäus*, Rn. 24; WPK-*Roloff*, Rn. 2; *Kreutz*, FS Birk, S. 495.
154 GK-*Franzen*, Rn. 51.
155 *BAG* 5.6.02 – 7 ABR 17/01, AP Nr. 11 zu § 47 BetrVG 1972; *BAG* 16.3.05 – 7 ABR 37/04, NZA 05, 1069 [1071]; HWGNRH-*Glock*, Rn. 85; Richardi-*Annuß*, Rn. 27; LKK-*Robrecht*, Rn. 8; Hako-BetrVG/Haase/*Tautphäus*, Rn. 25; WPK-*Roloff*, Rn. 2; *Kreutz*, FS Birk, S. 495 [501]; *Thüsing*, DB 04, 2474 [2479].
156 GK-*Franzen*, Rn. 53.
157 *BAG* 8.6.99 – 1 AZR 831/98, AP Nr. 47 zu § 111 BetrVG 1972; *BAG* 15.10.14 – 7 ABR 53/12, AP Nr. 3 zu § 16 BetrVG 1972; ebenso HWGNRH-*Glock*, Rn. 85; WPK-*Roloff*, Rn. 8; a. A. GK-*Franzen*, Rn. 51; *Kreutz*, FS Birk, S. 495 [504].

von zwei BR im UN abhängig macht, kann der kurzfristige Fortfall nur dann unerheblich sein, wenn von vornherein keine Zweifel daran bestehen, dass die gesetzlichen Errichtungsvoraussetzungen wieder eintreten werden.[158] Auch der **Untergang des UNsträgers** beendet das Amt des GBRs.[159] Dazu gehört insbesondere die **Liquidation.** Bei der **Gesamtrechtsnachfolge** ist zu unterscheiden (Rn. 66). Im Falle eines Übergangsmandats oder Restmandats eines BRs ist die Existenz des GBRs nicht infrage gestellt (vgl. Rn. 43).[160] Auch eine fehlerhafte Entsendung einzelner BRsmitglieder hat keinen Einfluss auf die Existenz eines GBR.[161]

4. Folgen von Umstrukturierungen

62 Folge dessen, dass der GBR eine Dauereinrichtung ist (Rn. 60) und nur mit dem Fortfall seiner Errichtungsvoraussetzungen endet (Rn. 61), ist, dass das **Hinzutreten und** der **Fortfall von Betrieben** auf den Bestand des GBRs keinen Einfluss haben, solange im UN noch mindestens zwei BR existieren, sodass lediglich Mitglieder ausscheiden bzw. neue Mitglieder zu entsenden sind.[162] Entsprechendes gilt, wenn Umstrukturierungen von Betrieben zum Untergang oder zur Neuentstehung von Betrieben führen, solange die Errichtungsvoraussetzungen des GBRs im UN fortbestehen.[163]

63 Auch das Herauswandern eines Betriebes aus dem **sachlichen Geltungsbereich** des BetrVG (§§ 118 Abs. 2, 130) führt, dazu, dass im UN ein BR weniger existiert, sodass, wenn es keine weiteren zwei BR gibt, das Amt des BRs wegen Fortfalls der Errichtungsvoraussetzungen endet.[164]

64 Ebenso führt eine **Betriebsverlagerung** ins Ausland dazu, dass ein Inlandsbetrieb (dazu vgl. Rn. 36) fortfällt und ggf. der GBR deswegen aufhört zu existieren.[165] Der Wandel zu einem Tendenzbetrieb (§ 118 Abs. 1) ist indes ohne Einfluss auf den Bestand des GBRs.[166]

65 Wenn das **UN untergeht,** endet der GBR in seiner Existenz.[167] Demgegenüber bleibt das UN bei der **formwechselnden Umwandlung** bestehen und auch der GBR wird hierdurch nicht berührt.[168]

66 Bei der **Rechtsnachfolge** kommt es darauf an, ob das UN als Rechtsträger erhalten bleibt. Wenn dies der Fall ist, ist auch unerheblich, ob die Zahl der Mitglieder des GBRs als Folge davon steigt oder sinkt, solange die gesetzlichen Errichtungsvoraussetzungen für einen GBR erhalten bleiben (dazu Rn. 61).[169] So bleibt der GBR im Falle der **Erbfolge** (§ 1922 BGB) bestehen. Im Falle der **Verschmelzung** zur Aufnahme (§ 2 Nr, 1 UmwG) ist davon auszugehen, dass der GBR des aufnehmenden UNs bestehen bleibt, sodass die BR der Betriebe des hierauf verschmolzenen UNs künftig Mitglieder in den GBR entsenden.[170] Bei der Verschmelzung zur Neugründung (§ 2 Nr. 2 UmwG) gehen demgegenüber die GBR bei den verschmolzenen UN unter.[171] Beim neuen Rechtsträger ist gegebenenfalls ein GBR zu errichten.[172] Die **Aufspaltung** (§ 123 Abs. 1 UmwG) führt zum Untergang des aufgespaltenen Rechtsträgers, dessen Rechtsnachfolge die dadurch entstandenen UN antreten. Der beim bisherigen Rechtsträger gebildete GBR geht unter.[173] Denkbar ist aber, dass die neu entstehenden UN die bisherigen Betriebe als Gemein-

---

158 In diesem Sinne wohl auch GK-*Franzen,* Rn. 51; LKK-*Robrecht*, Rn. 9; a. A. Richardi-*Annuß*, Rn. 27.
159 GK-*Franzen,* Rn. 55; *Schmidt*, FS Küttner, S. 499 [504].
160 A. A. hinsichtlich des Restmandats *Peix*, Errichtung und Fortbestand, S. 97 ff.
161 *BAG* 1.6.22 – 7 ABR 41/20, NZA 22, 1542, Rn. 33.
162 Vgl. *Reinhard*, GBR und GBVen nach Umstrukturierung, S. 47 ff.
163 *Reinhard*, GBR und GBVen nach Umstrukturierung, S. 56 ff.
164 *Peix*, Errichtung und Fortbestand, S. 110 ff.
165 I. E. richtig *Peix*, Errichtung und Fortbestand, S. 115.
166 *Peix*, Errichtung und Fortbestand, S. 111.
167 *Kreutz*, FS Birk, S. 495 [502].
168 *Fitting*, Rn. 18; GK-*Franzen,* Rn. 55.
169 GK-*Franzen,* Rn. 55; *Joost*, ZIP 95, 976 [982].
170 *Fitting*, Rn. 18; HWGNRH-*Glock*, Rn. 86; LKK-*Robrecht*, Rn. 11.
171 GK-*Franzen,* Rn. 55; HWGNRH-*Glock*, Rn. 86; LKK-*Robrecht*, Rn. 11; WPK-*Roloff*, Rn. 6a.
172 HWK-*Hohenstatt/Dzida*, Rn. 9.
173 *LAG Niedersachsen* 22.6.04 – 1 TaBV 6/04, LAGReport 05, 255; GK-*Franzen*, Rn. 55; LKK-*Robrecht*, Rn. 12; *Schmidt*, FS Küttner, S. 499 [504]; WPK-*Roloff*, Rn. 6; a. A. HWK-*Hohenstatt/Dzida*, Rn. 10.

schaftsbetriebe fortführen. Gleichwohl bleibt der GBR nicht im Amt,[174] sondern es sind bei den neu entstandenen UN jeweils neue GBR zu errichten.[175] Denn ein gemeinsamer GBR mehrerer UN ist nicht möglich (Rn. 22). Wenn der bisherige GBR trotz Verlustes seiner Existenz Rechtshandlungen vornimmt, sind diese unwirksam (Rn. 149).[176] Bei den neuen Rechtsträgern müssen gegebenenfalls neue GBR errichtet werden, wenn es eine Mehrheit von Betrieben mit BR gibt. Im Falle der **Abspaltung** (§ 123 Abs. 2 UmwG) bleibt der bisherige GBR bestehen, solange es eine Mehrheit von Betrieben mit BR gibt.[177] Die BR der abgespaltenen UNsteile entsenden aber keine Mitglieder mehr. Im Falle der Aufnahme durch einen übernehmenden Rechtsträger kann die Errichtung eines GBRs notwendig werden, wenn dort bislang ein BR bereits bestand. Gibt es dort bereits einen GBR, entsenden die BR aus den übertragenen Betrieben künftig nach Abs. 2 Mitglieder in den GBR. Die Ausführungen zur Abspaltung gelten entsprechend auch im Falle der **Ausgliederung** gemäß § 123 Abs. 3 UmwG.

Beim **Betriebsübergang** ist zu unterscheiden. Wenn ein Betriebsteil übergeht, bleibt der GBR beim **Veräußerer** grundsätzlich bestehen.[178] Gegebenenfalls werden in einem Betrieb nach § 13 Abs. 2 Neuwahlen notwendig, bis dahin behält der BR gemäß § 21a ein Übergangsmandat und entsendet Mitglieder nach Abs. 2. Geht ein ganzer Betrieb über, bleibt der GBR bestehen, solange beim bisherigen Rechtsträger noch eine Mehrheit von Betrieben mit BR besteht.[179] Die vom BR des übergehenden Betriebs entsandten Mitglieder scheiden aus diesem Amt.[180] Gehen alle Betriebe des UNs über, endet das Amt des GBRs beim Veräußerer (zur Frage des Fortbestandes beim Erwerber, s. sogleich Rn. 68).[181] Das liegt allerdings weniger daran, dass das UN untergeht,[182] als vielmehr daran, dass es keine Mehrheit von BR mehr gibt, sodass die Errichtungsvoraussetzungen entfallen (vgl. Rn. 61). 67

Beim **Erwerber** kann ein Betriebsteilübergang dazu führen, dass in einem aufnehmenden Betrieb Neuwahlen gemäß § 13 Abs. 2 erfolgen müssen und der bisherige BR ein Übergangsmandat nach § 21a behält. Wird der Betriebsteil beim Erwerber als selbstständiger Betrieb geführt, sind dort BRswahlen erstmalig durchzuführen. Wenn beim Erwerber weitere BR bestehen, ist alsdann ein GBR zu errichten. Geht ein Betrieb auf den Erwerber über, der seine Identität bewahrt, bleibt der bisherige BR im Amt und entsendet künftig nach Abs. 2 Vertreter in den GBR.[183] Dasselbe gilt, wenn mehrere Betriebe auf den Erwerber übergehen. Existiert dort noch kein GBR, ist nunmehr einer zu errichten,[184] der bisherige GBR bleibt nicht beim neuen Rechtsträger im Amt.[185] Offengelassen hat das *BAG*, ob ausnahmsweise der GBR im Amt bleibt, wenn der Veräußerer sämtliche Betriebe abgibt und der Erwerber diese unverändert fortführt und keine weiteren Betriebe hat.[186] Die Literatur befürwortet dies überwiegend.[187] Dafür spricht 68

174 A. A. LKK-*Robrecht*, Rn. 12.
175 *Hoffmann/Alles*, NZA 14, 757 ff.
176 *Hoffmann/Alles*, NZA 14, 757 [759].
177 *Fitting*, Rn. 18; LKK-*Robrecht*, Rn. 12; WPK-*Roloff*, Rn. 6.
178 *Reinhard*, GBR und GBVen nach Umstrukturierung, S. 96 ff.
179 *Fitting*, Rn. 17; *Fuhlrott/Oltmanns*, BB 15, 1013 [1017]; *Kreutz*, FS Birk, S. 495 [503 f.]; *Peix*, Errichtung und Fortbestand, S. 282 ff.; vgl. *BAG* 18.9.02 – 1 ABR 54/01, AP Nr. 7 zu § 77 BetrVG BV.
180 GK-*Franzen*, Rn. 54; HWGNRH-*Glock*, Rn. 26.
181 *BAG* 5.6.02 – 7 ABR 17/01, AP Nr. 11 zu § 47 BetrVG 1972.
182 So GK-*Franzen*, Rn. 56.
183 *BAG* 16.3.05 – 7 ABR 37/04, NZA 05, 1069 [1071]; HWGNRH-*Glock*, Rn. 17; GK-*Franzen*, Rn. 27, 54; Hako-BetrVG/*Haase/Tautphäus*, Rn. 10; *Reinhard*, GBR und GBVen nach Umstrukturierung, S. 102; *Fuhlrott/Oltmanns*, BB 15, 1013 [1017].
184 *BAG* 5.6.02 – 7 ABR 17/01, AP Nr. 11 zu § 47 BetrVG 1972; *BAG* 18.9.02 – 1 ABR 54/01, AP Nr. 7 zu § 77 BetrVG BV; *Reinhard*, GBR und GBVen nach Umstrukturierung, S. 102; *Fuhlrott/Oltmanns*, BB 15, 1013 [1017]; so wohl auch GK-*Franzen*, Rn. 27.
185 A. A. *Peix*, Errichtung und Fortbestand, S. 294 ff.
186 *BAG* 5.6.02 – 7 ABR 17/01, AP Nr. 11 zu § 47 BetrVG 1972; vgl. auch *BAG* 18.9.02 – 1 ABR 54/01, AP Nr. 7 zu § 77 BetrVG BV.
187 *Fitting*, Rn. 17; LKK-*Robrecht*, Rn. 13; WPK-*Roloff*, Rn. 7; ErfK-*Koch*, Rn. 5; *Braun*, Die Fortgeltung von BV, S. 104 ff.; *Reinhard*, GBR und GBVen nach Umstrukturierung, S. 74 ff.; *Fuhlrott/Oltmanns*, BB 15, 1013 [1017]; *Hohenstatt/Müller-Bonanni*, NZA 03, 766 [767]; *Jacobs*, FS Konzen, S. 345 [353]; a. A. GK-*Franzen*, Rn. 56; *Schiebe*, Die betriebsverfassungsrechtliche Funktionsnachfolge, S. 136 f.; *Thüsing*, DB 04, 2474 [2479].

zwar der Gedanke der Kontinuität der Interessenvertretung, der dann nicht nur auf betrieblicher, sondern auch auf UNsebene eingreift. Dagegen wird jedoch zu Recht vorgebracht, dass das UN durch den Wechsel des Rechtsträgers nicht mehr seine Identität bewahrt hat.[188] Zudem hat das Kontinuitätsargument nur geringes Gewicht, da die BR beim Betriebsübergang im Amt bleiben und kurzfristig einen neuen GBR errichten können und müssen.[189] Erst recht scheidet ein Fortbestand des bisherigen GBRs beim Erwerber aus, wenn zwar sämtliche Betriebe des Veräußerers in unveränderter Struktur weitergeführt werden, beim Erwerber aber bereits mindestens ein weiterer Betrieb besteht, denn dann haben sich die betrieblichen Strukturen geändert.[190] Ebenso genügt es für den Fortbestand nicht, wenn nicht sämtliche Betriebe auf einen einzigen Erwerber, sondern auf mehrere übertragen werden, sei es auch nur in der Weise, dass teils eine Fortführung als Gemeinschaftsbetrieb mehrerer UN erfolgt.[191] Die Frage, ob eine abweichende Regelung nach Abs. 4 ff. (Rn. 76 ff.) beim Erwerber in Kraft bleibt,[192] stellt sich damit nicht, weil der GBR nicht beim Erwerber im Amt bleibt, sodass entsprechende Regelungen jedenfalls dort gegenstandslos werden (vgl. zu diesem Aspekt allg. § 50 Rn. 171).

69 Es hat sich vorstehend gezeigt, dass ein GBR beim bisherigen Träger bestehen bleiben und ein solcher beim neuen Träger fortbestehen oder zu errichten sein kann. Insofern ist es konsequent, dass das Gesetz – anders als beim BR – **keine Übergangs- und Restmandate** entsprechend §§ 21a, 21b kennt.[193]

70 Zu den Folgen von Umstrukturierungen für GBVen vgl. § 50 Rn. 163 ff.

IV. Bestellung von Ersatzmitgliedern (Abs. 3)

71 Für jedes Mitglied des GBRs ist auch ein Ersatzmitglied gemäß Abs. 3 zu bestellen. Die Ersatzmitglieder sind damit – anders als beim BR – personenbezogen zu bestellen.[194] Dadurch soll eine kontinuierliche Vertretung ermöglicht[195] und die Handlungsfähigkeit des GBRs gewährleistet werden.[196] Die Bestellung von Ersatzmitgliedern ist gesetzliche Pflicht des BRs, ihre Verletzung kann eine Auflösung nach § 23 Abs. 1 nach sich ziehen.[197]

72 Die Bestellung ist **entbehrlich** im Falle eines einköpfigen BRs, weil das Ersatzmitglied wegen § 25 Abs. 2 Satz 3 automatisch in den GBR nachrückt.[198]

73 Auch die Ersatzmitglieder können nur aus den Mitgliedern des BRs bestellt werden (vgl. Rn. 41). Die Bestellung erfolgt durch **Beschlussfassung** nach denselben Regeln wie die Entsendung der regulären Mitglieder (Rn. 37 ff.). Die Bestellung eines **Ersatzmitglieds im BR** setzt danach auch voraus, dass es bereits im Bestellungszeitpunkt nachgerückt ist.[199] Demgegenüber können Ersatzmitglieder im Übrigen nicht als Ersatzmitglieder des GBRs bestellt werden. Denn § 51 Abs. 1 Satz 1 sieht die in diesem Fall erforderliche Anwendung von § 25 Abs. 2 gerade nicht vor.[200]

74 Der BR muss **für jedes Mitglied mindestens ein Ersatzmitglied** bestellen. Wenn für ein Mitglied mehrere Ersatzmitglieder bestellt werden, verlangt Abs. 3, dass die Reihenfolge für das

188 GK-*Franzen*, Rn. 56; Richardi-*Annuß*, Rn. 27; NK-GA/*Bodem*, Rn. 6; *Kreutz*, FS Birk, S. 495 [502 f.].
189 GK-*Franzen*, Rn. 56.
190 *BAG* 5.6.02 – 7 ABR 17/01, AP Nr. 11 zu § 47 BetrVG 1972.
191 *BAG* 5.6.02 – 7 ABR 17/01, AP Nr. 11 zu § 47 BetrVG 1972.
192 *Reinhard*, GBR und GBVen nach Umstrukturierung, S. 139 ff.
193 Vgl. *Reinhard*, GBR und GBVen nach Umstrukturierung, S. 128 ff.; ferner *Schiebe*, Die betriebsverfassungsrechtliche Funktionsnachfolge, S. 137 ff.; a. A. DKW-*Trittin* (16. Aufl.), § 47 Rn. 49, 68.
194 *KRHS*, Rn. 5; MünchArbR/*Nebendahl*, § 300 Rn. 25.
195 Reg.Begr., BT-Drs. VI/1786, S. 42.
196 GK-*Franzen*, Rn. 58.
197 HWGNRH-*Glock*, Rn. 73.
198 *Fitting*, Rn. 44; GK-*Franzen*, Rn. 61; HWGNRH-*Glock*, Rn. 72; Richardi-*Annuß*, Rn. 38; Hako-BetrVG/*Haase*/*Tautphäus*, Rn. 30.
199 Hako-BetrVG/*Haase*/*Tautphäus*, Rn. 29.
200 GK-*Franzen*, Rn. 59.

Nachrücken festgelegt wird. In dem Zusammenhang ist es auch möglich, dass ein Ersatzmitglied für zwei Mitglieder des GBRs bestimmt wird.[201] Demgegenüber ist eine feste Zuordnung von Ersatzmitgliedern für ein jeweiliges Mitglied, gleichsam im »Huckepackverfahren« nicht vorgesehen,[202] lässt sich aber als Regelung der Reihenfolge des Nachrückens anordnen.

Nachrücken und Stellvertretung richten sich infolge Verweisung in § 51 Abs. 1 Satz 1 auf § 25 Abs. 1 nach den allgemeinen Regeln. Dementsprechend tritt das Ersatzmitglied an die Stelle des ordentlichen Mitglieds bei dessen Ausscheiden (§ 49) oder vertritt es bei zeitweiliger Verhinderung nach § 25 Abs. 1 Satz 2. Es tritt aber nicht in die besonderen Funktionen des vertretenen Mitglieds, etwa als Vorsitzender des GBRs, ein.[203] 75

V. Abweichende Regelung der Mitgliederzahl (Abs. 4)

1. Zweck

Die Zahl der Mitglieder nach Abs. 2 Satz 1 (vgl. Rn. 38 f.) kann durch Tarifvertrag oder BV abweichend geregelt werden. Eine bloße Beschlussfassung über die Mitglieder ohne Abschluss einer BV mit dem AG kann daher nicht genügen.[204] Diese Möglichkeit war im ursprünglichen Regierungsentwurf ausdrücklich nicht vorgesehen, um Benachteiligungen von Gruppen oder einzelner Betriebe auszuschließen.[205] Dass sie dann doch eingeführt wurde, ist vor allem vor dem **Hintergrund** zu sehen, dass die Struktur der Betriebe eines UNs zu einer unpassenden Größe des GBRs führen kann. So kann bei einer großen Zahl von Kleinbetrieben ein außergewöhnlich großer GBR notwendig werden, während umgekehrt bei wenigen Großbetrieben ein unangemessen kleiner GBR nach der gesetzlichen Konzeption die Folge wäre.[206] Abs. 4 ermöglicht deswegen abweichende Regelungen, um den Bedürfnissen im UN besser Rechnung tragen zu können.[207] Es sind weder Grenzen nach oben noch nach unten vorgesehen. Möglich ist auch, dass für mehrere BR gemeinsame Vertreter entsandt werden. Die Regelung ermöglicht, die Größe, die bei der Stimmgewichtung eine Rolle spielt, und die Bedeutung der Betriebe auch bei der Größe des GBRs zu berücksichtigen. Sie gestattet aber auch eine Verkleinerung des GBRs allein aus Kostengründen.[208] 76

Solche abweichenden Regelungen können unter Umständen auch verbunden werden mit Abweichungen hinsichtlich der BRsstruktur nach § 3 (vgl. Rn. 91). 77

2. Regelungsinstrument

Die Abweichung ist sowohl durch Tarifvertrag als auch durch BV möglich. Vereinbarungen unter Beteiligung der EinzelBR sind ebenso wenig zulässig wie lediglich Beschlüsse der GBR.[209] 78

a) Tarifvertrag

Die Tarifregelung kann sowohl in einem **Firmentarifvertrag** enthalten sein als auch in einem **firmenbezogenen Verbandstarifvertrag.** Es ist aber zwingend erforderlich, dass die abschließenden Verbände für sämtliche Betriebe des AGs tarifzuständig sind (Rn. 81 ff.). Möglich, wenn auch in der Praxis ungewöhnlich, ist insoweit auch der Abschluss durch Spitzenorganisationen nach § 2 Abs. 3 TVG, um eine gegebenenfalls fehlende Tarifzuständigkeit zu überwinden.[210] Ein allgemeinverbindlicher Tarifvertrag kommt regelmäßig nicht in Betracht, da er kaum der UNs- 79

---

201 GK-*Franzen,* Rn. 59.
202 A. A. HWGNRH-*Glock*, Rn. 70.
203 HWK-*Hohenstatt/Dzida*, Rn. 17.
204 *BAG* 15.8.78 – 6 ABR 56/77, AP Nr. 3 zu § 47 BetrVG 1972.
205 Reg.Begr., BT-Drs. VI/1786, S. 42.
206 HWGNRH-*Glock*, Rn. 28.
207 *BAG* 25.5.05 – 7 ABR 10/04, AP Nr. 16 zu § 47 BetrVG 1972.
208 GK-*Franzen,* Rn. 69.
209 GK-*Franzen,* Rn. 82.
210 HWGNRH-*Glock*, Rn. 38.

struktur entsprechen wird. Rechtlich ausgeschlossen scheint dies aber nicht.[211] Zwar scheint eine Regelung, die nicht auf das konkrete UN abzielt, möglich,[212] aber wenig sinnvoll. Allein aus der vom Gesetzgeber beabsichtigten Flexibilisierungsmöglichkeit lässt sich aber ein Verbot überbetrieblicher Tarifverträge nicht schlussfolgern, ebenso wenig aus der Verwendung des bestimmten Artikels (»des GBRs«). Auch ist eine Kenntnis der Zahl der Mitglieder des GBRs keine zwingende Voraussetzung, denn die Regelung sieht gerade nicht eine abweichende Zahl vor, sondern nur die Möglichkeit, mittelbar die Zahl zu beeinflussen (s. u. Rn. 90 ff.). Ohnehin scheint diese Problematik eher akademischer Natur. Auch für die denkbare Möglichkeit eines allgemeinverbindlichen Firmentarifvertrages für extrem große UN gibt es letztlich keinen Bedarf, weil die Tarifgebundenheit des AGs zu dessen Anwendung schon genügt (Rn. 82).

80 Eine tarifvertragliche Regelung ist grundsätzlich **erstreikbar.**[213] Dagegen lässt sich nicht einwenden, der Gesetzgeber habe lediglich eine sachgerechte Ordnung der Materie, nicht aber eine tarifautonome Optimierung der Mitgliederinteressen angestrebt.[214] Auch lässt sich ein betriebsverfassungsrechtliches Arbeitskampfverbot nicht im Wege der Rechtsfortbildung gewinnen.[215] Es ist das grundsätzliche Wesen eines Tarifvertrages, dass durch einen Kompromiss strukturell gleich starker Verhandlungspartner ein Ausgleich der Interessen erreicht wird, der eine sachnahe und sachgerechte Regelung ermöglicht. Diese Verhandlungsparität setzt grundsätzlich die Arbeitskampfmöglichkeit voraus.[216] Dass eine Gewerkschaft regelmäßig nicht für eine solche Regelung zum Streik aufrufen wird, steht auf einem anderen Blatt.

81 Auf Gewerkschaftsseite ist **jede tarifzuständige Gewerkschaft** befugt, einen entsprechenden Tarifvertrag zu schließen (vgl. auch Rn. 79, 83).[217] Es müssen nicht sämtliche im Betrieb vertretenen Gewerkschaften an dem Tarifvertrag beteiligt sein. Schließen mehrere Gewerkschaften jeweils einen Tarifvertrag, liegt eine auflösungsbedürftige Tarifkollision vor (Rn. 84).

82 Eine tarifliche Regelung nach Abs. 4 betrifft eine betriebsverfassungsrechtliche Frage. Deswegen genügt zu ihrer Anwendbarkeit die **Tarifgebundenheit des AGs** gemäß § 3 Abs. 2 TVG.[218]

83 Da **alle Betriebe** des UNs von einer Regelung über den GBR mindestens insoweit betroffen sind, als sich die originäre Zuständigkeit des GBRs nach § 50 Abs. 1 auch auf BRslose Betriebe erstreckt, muss der Geltungsbereich des Tarifvertrages sämtliche Betriebe des UNs erfassen.[219] Dazu kann es mit Rücksicht auf die Tarifzuständigkeit gegebenenfalls erforderlich sein, dass ein **mehrgliedriger Tarifvertrag** geschlossen wird.[220] Ein Tarifvertrag, der nicht alle Betriebe des UNs erfasst, kann nicht durch **BV** in dem Sinne **ergänzt** werden, dass durch diese die übrigen Betriebe einbezogen werden.[221] Der Tarifvertrag ist wirkungslos und statt seiner kann eine GBV geschlossen werden.[222]

84 Soweit es zu einer Tarifpluralität kommt, ist die damit verbundene **Tarifkollision** gemäß § 4a TVG aufzulösen (dazu § 3 Rn. 221a ff.)[223]. Voraussetzung ist allerdings, dass tatsächlich eine Tarifkollision vorliegt. Dies ist nur der Fall, wenn es zwei Tarifverträge unterschiedlicher Gewerkschaften gibt, die beide sämtliche Betriebe des UNs erfassen (vgl. Rn. 81). Die Auflösung

---

211 A. A. GK-*Franzen*, Rn. 84.
212 GK-*Franzen*, Rn. 83.
213 HWGNRH-*Glock*, Rn. 43; Richardi-*Annuß*, Rn. 50; Hako-BetrVG/*Haase/Tautphäus*, Rn. 34; WPK-*Roloff*, Rn. 14; a. A. *Fitting*, Rn. 52; HWK-*Hohenstatt/Dzida*, Rn. 20.
214 So GK-*Franzen*, Rn. 86.
215 So aber *Christ*, Freiwillige Tarifverträge, S. 233 ff.
216 A. A. *Christ*, Freiwillige Tarifverträge, S. 249 ff.
217 GK-*Franzen*, Rn. 83.
218 *BAG* 25.5.05 – 7 ABR 10/04, AP zu § 47 BetrVG 1972; HWGNRH-*Glock*, Rn. 41; Richardi-*Annuß*, Rn. 48; *Grimberg/Peter*, AiB 99, 617 [621].
219 *Fitting*, Rn. 49.
220 Richardi-*Annuß*, Rn. 48; WPK-*Roloff*, Rn. 14; MünchArbR/*Nebendahl*, § 300 Rn. 28.
221 MünchArbR/*Nebendahl*, § 300 Rn. 28; a. A. HWGNRH-*Glock*, Rn. 39; WPK-*Roloff*, Rn. 14; NK-GA/*Bodem*, Rn. 5; *Robrecht*, Die GBV, S. 96.
222 *Fitting*, Rn. 50; vgl. auch Richardi-*Annuß*, Rn. 49.
223 Zur Auflösung von Tarifkollisionen DHZ-*Deinert*, § 11 Rn. 293 ff.; Zur Verfassungsmäßigkeit der Regelung *BVerfG* 11.7.17 – 1 BvR 1571/15 u. a., NZA 15, 1271.

erfolgt nach dem betrieblichen Mehrheitsprinzip entsprechend § 4a Abs. 2 Satz 2 TVG.[224] Voraussetzung ist aber, dass die betriebsverfassungsrechtliche Regelung, hier also die Regelung zur Entsendung von Mitgliedern in den GBR bereits durch Tarifvertrag der anderen Gewerkschaft geregelt ist. § 4a Abs. 3 TVG bezieht sich zwar nur auf Tarifverträge nach § 3 Abs. 1 und nach § 117 Abs. 2, nicht aber auf solche nach § 47 Abs. 4. Die Regelung zielt aber darauf, die Kontinuität der betrieblichen Interessenvertretungsstruktur zu erhalten,[225] indem die Kollision nur aufgelöst wird, wenn beide kollidierenden Tarifverträge entsprechende Regelungen der betriebsverfassungsrechtlichen Frage enthalten.[226] Dieser Gedanke gilt auch für Tarifverträge nach § 47 Abs. 4, sodass insoweit von einem Redaktionsversehen des Gesetzgebers auszugehen ist und eine Verdrängung auch bei einem Tarifvertrag nach Abs. 4 eine **inhaltliche Kongruenz** voraussetzt.[227] Freilich erfordert die Anwendung des Mehrheitsprinzips an dieser Stelle eine Korrektur. Ein Tarifvertrag kann nur UNseinheitlich wirken. Die Auflösung der Tarifkollision in unterschiedliche Richtungen je nach Mehrheit in den einzelnen Betrieben ist daher nicht möglich. Das **Mehrheitsprinzip** ist aus diesem Grunde **UNbezogen** zu prüfen. Auch wenn das BVerfG davon ausgeht, dass ein Beschluss über die Auflösung einer Tarifkollision nach § 99 ArbGG keine konstitutive Wirkung hat, die Klärung dieser Frage aber letztlich den Arbeitsgerichten überlässt, wird man davon ausgehen müssen, dass die Auflösung der Tarifkollision in den Fällen des Abs. 4 zur Vermeidung unlösbarer praktischer Schwierigkeiten erst ab Rechtskraft eines solchen Beschlusses erfolgt.[228] Dann aber ist der Mehrheitstarifvertrag sofort anzuwenden.

Ein Tarifvertrag hat nach seinem Ablauf Nachwirkung (Rn. 105). 85

b) (Gesamt-)BV

Eine BV kann nur **von GBR** geschlossen werden.[229] Eine solche GBV kann nicht durch eine 86 Mehrheit von BV der EinzelBR substituiert werden. Das ist zwar ausdrücklich nur in Abs. 5 so geregelt, kann für Abs. 4 aber nicht anders sein,[230] da es sachlich um einen entsprechenden Gegenstand geht. Der Abschluss einer GBV setzt die Konstituierung des GBRs[231] (Rn. 55) und einen Beschluss über die GBV voraus.[232] Für dessen Zusammensetzung gilt bis dahin Abs. 2.[233] Auch BR, die sich nicht an der Beschlussfassung beteiligt haben, werden von der Regelung gleichwohl erfasst.[234] Wenn ein GBR bereits auf Grundlage einer BV nach Abs. 4 oder 5 in anderer Zusammensetzung errichtet wurde, schließt dieser die GBV, nicht etwa ein erneut auf Grundlage der gesetzlichen Regelungen zu errichtender »Ur-GBR«.[235]

Eine **BV** muss nicht durch Tarifvertrag zugelassen sein. Eine abweichende Regelung durch 87 **Tarifvertrag** hat als ranghöhere Norm aber **Vorrang** vor einer BV.[236] Davon geht auch Abs. 5 aus. Demgegenüber kommt § 77 Abs. 3 insoweit nicht zur Anwendung, weil eine entsprechende GBV nicht Arbeitsentgelt oder sonstige Arbeitsbedingungen betrifft. Die BV kann sich nicht als günstiger im Sinne von § 4 Abs. 3 TVG erweisen, weil es an Maßstäben für die Günstigkeits-

224 Jedenfalls i. E. GK-*Franzen*, Rn. 85.
225 So auch i. E. *Fitting*, Rn. 51.
226 NK-GA/*Bepler*, § 4a TVG Rn. 90.
227 A. A. Däubler-*Zwanziger*, § 4a Rn. 153.
228 *Fitting*, Rn. 51.
229 *Fitting*, § 50 Rn. 35; Richardi-*Annuß*, Rn. 51; Hako-BetrVG/*Haase/Tautphäus*, Rn. 35; *Robrecht*, Die GBV, S. 92 f.
230 *Robrecht*, Die GBV, S. 92 f.; i. E. ebenso GK-*Franzen*, Rn. 88; a. A. WPK-*Roloff*, Rn. 15.
231 HWGNRH-*Glock*, Rn. 46; LKK-*Robrecht*, Rn. 20.
232 *BAG* 15.8.78 – 6 ABR 56/77, AP Nr. 3 zu § 47 BetrVG 1972.
233 GK-*Franzen*, Rn. 89; *Robrecht*, Die GBV, S. 93.
234 *Fitting*, Rn. 53.
235 *Robrecht*, Die GBV, S. 93; *Klasen*, DB 93, 2180 [2186]; HWK-*Hohenstatt/Dzida*, Rn. 21.
236 *Fitting*, Rn. 48; Richardi-*Annuß*, Rn. 52; LKK-*Robrecht*, Rn. 20; Hako-BetrVG/*Haase/Tautphäus*, Rn. 35; *Robrecht*, Die GBV, S. 95.

beurteilung fehlt.[237] Eine spätere tarifliche Regelung verdrängt eine frühere BV.[238] Das gilt auch für eine nach Abs. 6 erzwingbare BV gemäß Abs. 5.[239]

88 Die GBV **endet nach allgemeinen Grundsätzen,** also etwa infolge Kündigung, Zeitablauf, Aufhebungsvereinbarung oder ablösender Regelung (vgl. § 50 Rn. 158 ff.). Insoweit erforderliche Beschlüsse fasst der GBR in der Zusammensetzung nach Maßgabe der bis dahin geltenden GBV. Die BV bleibt auch anwendbar, wenn Betriebe hinzutreten oder fortfallen, es sei denn, sie wird gegenstandslos, weil die Regelungen keinen Sinn mehr ergeben (Rn. 106).

89 Die BV ist grundsätzlich **freiwillige BV.** Sie hat daher keine Nachwirkung (Rn. 105). Lediglich eine nach Abs. 5 notwendige BV kann über die Einigungsstelle nach Abs. 6 erzwungen werden.

3. Regelungsgegenstand

90 Die Abweichungsbefugnis nach Abs. 4 bezieht sich auf die Regelung der Entsendung von Mitgliedern in den GBR nach Abs. 2 Satz 1. Das betrifft in erster Linie die **Zahl der Mitglieder.** Denn diese ergibt sich mittelbar aus Abs. 2 Satz 1. Damit verbunden ist auch die Möglichkeit einer abweichenden Regelung des Entsendungsrechts, wie sich zwanglos aus dem Wortlaut in Bezug auf die Möglichkeit der Abweichung von Abs. 2 Satz 1 ergibt, also eine mitgliederzahlneutrale Änderung der Berechnungsfaktoren.[240] Dass die veränderte Mitgliederzahl bzw. -struktur mittelbar die Stimmengewichtung berührt, ist die daraus folgende unproblematische Konsequenz.

91 § 47 ist im Übrigen, abgesehen von Abs. 4–6 sowie Abs. 9 zwingend (vgl. Rn. 9). **Nicht** zulässig ist es daher, abweichende Regelungen zur **Errichtung** des GBRs oder zu dessen **Zuständigkeit** zu treffen.[241] Ebenso wenig zulässig ist eine Abweichung vom Prinzip der Bestellung der Mitglieder durch Entsendung[242] oder vom Kreis der entsendungsfähigen Mitglieder[243]. Auch darf nicht vom Gebot der Bestellung von Ersatzmitgliedern nach Abs. 3 abgewichen werden.[244] Schließlich gestattet Abs. 4 **nicht,** die Zahlen der GBRsmitglieder mittelbar über die Zahl der im UN **zu errichtenden BR zu verändern.**[245] Die BRsfähigkeit von Betrieben ist zwingend gesetzlich vorgegeben. Nur in dem Rahmen, in dem § 3 Abweichungen gestattet, können die Tarifvertragsparteien, in Ermangelung eines Tarifvertrages auch die Betriebsparteien eine andere Struktur regeln. Eine solche Strukturvereinbarung kann allerdings mit einer Regelung der Größe des GBRs nach Abs. 4 kombiniert werden.

92 Die Abweichungsbefugnis betrifft nur die Regelung des Abs. 2 Satz 1. Satz 2 über die angemessene **Berücksichtigung der Geschlechter** ist davon nicht betroffen. Weder dürfen daher die BR von diesem entbunden werden, noch dürfen sie über eine Soll-Verpflichtung hinaus verpflichtet werden.[246] Allerdings kann geregelt werden, wie die angemessene Berücksichtigung der Geschlechter realisiert werden soll.[247]

93 Die Regelung darf zu einer **Erhöhung** der Mitgliederzahl auch über 40 (vgl. Abs. 5) hinaus führen.[248] Eine Höchstgrenze ist nicht vorgesehen. Die Regelung des Abs. 5 steht dem nicht

---

237 GK-*Franzen,* Rn. 91; i. E. ebenso WPK-*Roloff,* Rn. 14.
238 GK-*Franzen,* Rn. 91.
239 ErfK-*Koch,* Rn. 10.
240 GK-*Franzen,* Rn. 72.
241 *Fitting,* Rn. 46; GK-*Franzen,* Rn. 80; Richardi-*Annuß,* Rn. 46; NK-GA/*Bodem,* Rn. 4; *Robrecht,* Die GBV, S. 94; vgl. für erzwingbare BV nach Abs. 5 *Mengel,* NZA 02, 409 [412].
242 *BAG* 15. 8. 78 – 6 ABR 56/77, AP Nr. 3 zu § 47 BetrVG 1972; *BAG* 25. 5. 05 – 7 ABR 10/04, AP Nr. 16 zu § 47 BetrVG 1972; Richardi-*Annuß,* Rn. 45.
243 GK-*Franzen,* Rn. 80; Richardi-*Annuß,* Rn. 45; *Thüsing,* FA 12, 322 [323].
244 GK-*Franzen,* Rn. 80.
245 GK-*Franzen,* Rn. 78.
246 GK-*Franzen,* Rn. 81.
247 In diesem Sinne wohl auch *Mengel,* NZA 02, 409 [414].
248 *Fitting,* Rn. 55; GK-*Franzen,* Rn. 72; Hako-BetrVG/*Haase/Tautphäus,* Rn. 32; MünchArbR/*Nebendahl,* § 300 Rn. 30; *Klasen,* DB 93, 2180 [2181]; 95; *Kleinebrink,* DB 22, 189 [192]; a. A. Richardi-*Annuß,* Rn. 55.

entgegen. Desgleichen kann die Zahl der Mitglieder **verringert** werden. Auch gibt es keine Mindestmitgliederzahl.

94 Die Regelungsbefugnis hängt nicht an der schieren Zahl der Mitglieder des GBRs. Sie betrifft vielmehr auch das **Entsenderecht** (Rn. 90). Sie kann beispielsweise auch darin bestehen, dass für bestimmte Betriebsgrößen die Zahl der zu entsendenden Mitglieder **erhöht** oder verringert wird. Auch eine Kombination aus beidem ist möglich.[249]

95 Die **Erhöhung** der Zahl der Mitglieder kann in der Weise geschehen, dass BR mehr Mitglieder in den GBR entsenden können, wobei auch eine Differenzierung nach der BRsgröße denkbar erscheint. Die gewichteten Stimmen werden dann nach Abs. 7 Satz 2 auf diese mehreren Mitglieder verteilt. Auch hier ist eine Kombination denkbar mit einer Zusammenfassung von Betrieben, etwa dergestalt, dass mehrere größere Betriebe zusammengefasst insgesamt mehr Mitglieder entsenden.[250]

96 Die Verringerung ist möglich, indem mehrere Betriebe hinsichtlich des Entsenderechts **zusammengefasst** werden.[251] Diese Möglichkeit ist unter den Voraussetzungen des Abs. 5 sogar vorgesehen und von ihr geht auch Abs. 8 aus. Sie steht aber auch im Falle von Regelungen nach Abs. 4 zur Verfügung.[252] Soll von ihr Gebrauch gemacht werden, muss die Regelung bestimmen, welche BR gemeinsame Mitglieder in welcher Zahl entsenden.[253] Die Mitwirkung sämtlicher betroffener BR ist bei Zusammenfassung mehrerer Betriebe nicht dispositiv.[254] In dem Zusammenhang wird gefordert, dass eine solche Zusammenfassung nur zulässig sei, wenn die Betriebe regional oder durch gleichartige Interessen miteinander verbunden sind, wie dies für eine erzwingbare BV nach Abs. 5 vorgesehen ist.[255] Das ist nicht zutreffend,[256] wenngleich es sinnvoll sein mag.[257] Abs. 4 betrifft freiwillige Vereinbarungen und sieht insoweit eine weitere Regelungsmacht vor, die mit keinen weiteren Einschränkungen verbunden ist. Wann immer die Tarifparteien oder betrieblichen Sozialpartner eine Zusammenfassung von Betrieben für sachgerecht halten, können sie das machen.

97 Eine Verringerung der Zahl der GBRsmitglieder kann aber auch dadurch herbeigeführt werden, dass abweichend von der Regelung des Abs. 2 Satz 1 BR mit mehr als drei Mitgliedern gleichwohl **nur ein Mitglied** in den GBR entsenden.[258] In dem Zusammenhang ist aber auch eine weitere Größendifferenzierung denkbar.[259]

98 **Unzulässig** wäre es, einzelne BR gänzlich von der Entsendung **auszuschließen**[260], oder diesen den Verzicht auf eine Entsendung zu gestatten.

99 Ebenso wäre eine Regelung unzulässig, die in rechtsmissbräuchlicher Weise darauf zielt, die Position von Minderheitsgewerkschaften zu schwächen.[261] Das wäre etwa denkbar durch gezielte Zusammenfassung mehrerer Betriebe für das Entsenderecht.

100 Im Falle der Verkleinerung des GBRs ist nicht erforderlich, dass **jeder BR** im GBR **vertreten** ist.[262] Indes muss jeder BR bei der Bestimmung von Mitgliedern des GBRs mitwirken können (Rn. 98).[263]

---

249 GK-*Franzen*, Rn. 75; HWGNRH-*Glock*, Rn. 30.
250 GK-*Franzen*, Rn. 76; *Klasen*, DB 93, 2180 [2181].
251 GK-*Franzen*, Rn. 74; Hako-BetrVG/*Haase*/*Tautphäus*, Rn. 38.
252 *BAG* 25. 5. 05 – 7 ABR 10/04, AP Nr. 16 zu § 47 BetrVG 1972; *Robrecht*, Die GBV, S. 94.
253 *BAG* 25. 5. 05 – 7 ABR 10/04, AP Nr. 16 zu § 47 BetrVG 1972.
254 *BAG* 25. 5. 05 – 7 ABR 10/04, AP Nr. 16 zu § 47 BetrVG 1972.
255 GK-*Franzen*, Rn. 74; Richardi-*Annuß*, Rn. 56; *Klasen*, DB 93, 2180 [2181 f.].
256 *BAG* 25. 5. 05 – 7 ABR 10/04, AP Nr. 16 zu § 47 BetrVG 1972.
257 *Fitting*, Rn. 61; HWGNRH-*Glock*, Rn. 32.
258 Hako-BetrVG/*Haase*/*Tautphäus*, Rn. 38.
259 GK-*Franzen*, Rn. 75.
260 GK-*Franzen*, Rn. 75.
261 *Klein*, Die Stellung der Minderheitsgewerkschaften in der Betriebsverfassung, S. 437; vgl. zum Aspekt einer rechtsmissbräuchlichen Beschlussfassung *BAG* 11. 6. 97 – 7 ABR 5/96, AP Nr. 22 zu § 38 BetrVG 1972.
262 Richardi-*Annuß*, Rn. 58.
263 *BAG* 25. 5. 05 – 7 ABR 10/04, AP Nr. 16 zu § 47 BetrVG 1972.

101 Die abweichende Regelung kann, muss aber keine **Verfahrensregelungen** hinsichtlich der Entsendung der Mitglieder in den GBR enthalten.[264] Diese kann u. a. Regelungen zur angemessenen Berücksichtigung der Geschlechter (vgl. Rn. 50) enthalten (Rn. 92). Es empfiehlt sich, darin auch eine entsprechende Regelung zur Abberufung der entsandten Mitglieder zu treffen.[265]

102 Da die gesetzliche Regelung allein eine gemeinsame Entsendung von Mitgliedern in den GBR gestattet, aber keine abweichenden Regelungen zur Wahl durch Beschluss, ist die Beteiligung sämtlicher BRsmitglieder der betroffenen BR gesetzlich zwingend. Stattdessen Wahlen durch **Wahlmänner** vorzusehen, ist daher **ausgeschlossen.**[266] Freilich spricht nichts dagegen, dass die beteiligten BR **in getrennten Sitzungen** abstimmen.[267] Richtig ist allerdings die Forderung, dass die beteiligten BR bei Beratung und Beschlussfassung noch keine Kenntnis über Abstimmungen in den anderen BR haben dürfen.[268] Abstimmung im schriftlichen Verfahren ist demgegenüber nicht zulässig.[269]

103 Bei Zusammenfassung mehrerer Betriebe werden nicht parallele Beschlussfassungen der betroffenen BR herbeigeführt,[270] sondern es müssen sämtliche BR ein aus deren gesamten Mitgliedern bestehendes Gremium, einen sogenannten **Entsendungskörper,** bilden.[271] Über die Entsendung wird nicht durch Verhältniswahl, sondern durch **Mehrheitsbeschluss** entschieden (vgl. o. Rn. 46), falls der Tarifvertrag oder die BV diese Frage nicht regelt.[272] Offengelassen hat das *BAG*, ob ein Tarifvertrag Verhältniswahl anordnen kann. In Ermangelung einer Bestimmung geht es aber davon aus, dass der Mehrheitsbeschluss als Regelfall zur Anwendung kommt.[273] Die Tarifvertragsparteien sind nicht verpflichtet, in diesem Sinne Verhältniswahl verpflichtend vorzuschreiben.[274] Der Entsendungskörper beschließt in gemeinsamer Versammlung sämtlicher BR. Zu dieser müssen die BRsvorsitzenden gemeinsam oder parallel einladen.[275] Auf dieser Sitzung hat jedes BRsmitglied dieselbe Stimme.[276] Problematisch ist allerdings, dass die Belegschaftsstärke durch die Degression bei Bestimmung der BRsgröße nach § 9 bei Zusammenfassung in einem Entsendungskörper, in dem jedes Mitglied nur eine Stimme hat, ihre Bedeutung verliert. Könnte jeder BR für sich einen Entsendungsbeschluss fassen, wäre dies anders. Dementsprechend wird es für zulässig gehalten, eine **Stimmgewichtung analog Abs. 7** zu verabreden.[277] Dem ist zuzustimmen, weil Abs. 7 der Gedanke zugrunde liegt, dass sich die Belegschaftsstärke im GBR abbilden soll. Eine entsprechende Stimmgewichtung müsste allerdings in einer Verfahrensbestimmung (Rn. 101) vorgesehen sein.

4. Wirkung

104 Das Inkrafttreten einer Regelung nach Abs. 4 hat zur Folge, dass der GBR nicht richtig besetzt ist. Seine Amtszeit endet damit aber nicht (vgl. Rn. 60). Es bedarf einer **Neukonstituierung** analog § 51 Abs. 2 Satz 1.[278]

105 Die abweichende Regelung gilt für die Dauer der Geltung des Tarifvertrages bzw. der BV. Sie endet daher durch Fristablauf, Änderungstarifvertrag, Verdrängung einer BV durch Tarifver-

264 Richardi-*Annuß*, Rn. 58 f.; LKK-*Robrecht*, Rn. 21.
265 So für eine nach Abs. 5 erzwingbare BV *Mengel*, NZA 02, 409 [414].
266 *BAG* 15. 8. 78 – 6 ABR 56/77, AP Nr. 3 zu § 47 BetrVG 1972; *BAG* 25. 5. 05 – 7 ABR 10/04, AP Nr. 16 zu § 47 BetrVG 1972; a. A. *Fitting*, Rn. 64; GK-*Franzen*, Rn. 106; Richardi-*Annuß*, Rn. 59; *Döring*, DB 76, 821 [823].
267 GK-*Franzen*, Rn. 106; *Gaul*, DB 81, 214 ff.; *Klasen*, DB 93, 2180 [2182 ff.]; *Mengel*, NZA 02, 409 [432].
268 *Fitting*, Rn. 64.
269 A. A. GK-*Franzen*, Rn. 106.
270 So aber *Klasen*, DB 93, 2180 [2183].
271 *BAG* 25. 5. 05 – 7 ABR 10/04, AP Nr. 16 zu § 47 BetrVG 1972.
272 *BAG* 25. 5. 05 – 7 ABR 10/04, AP Nr. 16 zu § 47 BetrVG 1972; GK-*Franzen*, Rn. 107.
273 *BAG* 25. 5. 05 – 7 ABR 10/04, AP Nr. 16 zu § 47 BetrVG 1972.
274 *BAG* 25. 5. 05 – 7 ABR 10/04, AP Nr. 16 zu § 47 BetrVG 1972.
275 GK-*Franzen*, Rn. 107.
276 *BAG* 25. 5. 05 – 7 ABR 10/04, AP Nr. 16 zu § 47 BetrVG 1972; *Fitting*, Rn. 63.
277 *LAG München* 11. 11. 82 – 7 TaBV 4/82, DB 83, 2788; *Fitting*, Rn. 63; GK-*Franzen*, Rn. 107; HWGNRH-*Glock*, Rn. 66; *Mengel*, NZA 02, 409 [414].
278 *Fitting*, Rn. 54; GK-*Franzen*, Rn. 92; HWGNRH-*Glock*, Rn. 52, 54.

trag (Rn. 87), ändernde GBV, Eintritt der Verdrängungswirkung im Falle einer Tarifkollision (Rn. 84) oder Aufhebungsvereinbarung. Von da an gilt die neue Regelung. Fehlt es an einer neuen Regelung, gilt wieder die gesetzliche Regelung des Abs. 2. Allerdings hat ein Tarifvertrag **Nachwirkung** gemäß § 4 Abs. 5 TVG, soweit er nicht verdrängt wird.[279] Die Gegenansicht bestreitet dies zu Unrecht unter Berufung darauf, dass der gesetzliche Zweck einer Vermeidung der Regelungsfähigkeit hier nicht erreicht werde, da es mit Abs. 2 Satz 1 bereits eine gesetzliche Regelung gebe.[280] Einen solchen Vorbehalt kennt § 4 Abs. 5 TVG nicht. Es gibt auch sonst oftmals gesetzliche Regelungen, die zur Anwendung kommen könnten, wenn ein Tarifvertrag keine Nachwirkung hätte. Eben dies ist aber gesetzlich nicht vorgesehen.[281] Eine nach Abs. 6 erzwingbare GBV hat Nachwirkung,[282] ansonsten hat eine GBV keine solche[283]. Eine tarifvertragliche Regelung ersetzt eine GBV jedoch ohne Nachwirkung.[284]

Eine **Änderung der UNsstruktur** oder das Hinzutreten oder Fortfallen von Betrieben stellt die Wirkung einer Regelung nach Abs. 4 nicht infrage.[285] Beim Hinzutreten neuer Betriebe greift auch für diese die abweichende Regelung.[286] Ergeben die Regelungen infolge der Änderung allerdings keinen Sinn mehr, wird der Tarifvertrag oder die BV gegenstandslos.[287] 106

Im Falle eines Streits um die **Wirksamkeit** eines Tarifvertrages oder einer BV ist die auf dieser Grundlage erfolgte Entsendung von Mitgliedern analog § 19 anzufechten (vgl. Rn. 144). Die Wirksamkeit ist im Rahmen dieses Verfahrens als Vorfrage zu klären. 107

VI. Erzwingbare BV über die gemeinsame Entsendung (Abs. 5)

Wenn die Zahl der Mitglieder des GBRs **über 40** steigt, ist eine GBV über gemeinsame Entsendungen durch mehrere BR gemäß Abs. 5 vorgeschrieben. Der Sache nach ist damit eine zwingende Verringerung der Zahl der Mitglieder des GBRs angestrebt. Der Zweck der Regelung liegt darin, die Arbeitsfähigkeit des GBRs zu erhalten bzw. zu verbessern.[288] 108

Die Bestimmung ist nach h. M. **zwingend.**[289] Das kann letztlich aber nur bedeuten, dass zwingend über eine solche BV zur Verkleinerung des GBRs zu verhandeln ist. Wenn beide Seiten aber einvernehmlich die Größe des GBRs beibehalten wollen, ist dagegen auch aus Sicht des Gesetzes nichts einzuwenden.[290] Mangels Einigung entscheidet aber die Einigungsstelle gemäß Abs. 6 (Rn. 123 ff.). Im Übrigen gibt es keine Sanktionen bei Untätigkeit der Betriebsparteien.[291] Insofern ist es auch zutreffend, dass die Betriebsparteien andere Maßnahmen als eine Verkleinerung des GBRs verabreden können, um dessen Arbeitsfähigkeit herzustellen.[292] Solche anderen Maßnahmen sind ihnen nämlich nicht versagt und ein einvernehmliches Beibehalten der bisherigen Größe ist ihnen nach Vorstehendem gestattet. Ein Tarifvertrag, der eine Überschreitung der Grenze von 40 Mitgliedern vorsieht, hat ohnehin Vorrang (Rn. 87). 109

Es kommt auf das **tatsächliche Überschreiten** der Zahl der Mitglieder von 40 an.[293] Eine BV ist noch nicht notwendig, wenn zwar an sich so viele Mitglieder entsendet werden müssten, dass die Zahl 40 überschritten wird, einzelne BR von ihrer Entsendungspflicht jedoch noch keinen 110

279 HWGNRH-*Glock*, Rn. 44; a. A. *Fitting*, Rn. 54; Richardi-*Annuß*, Rn. 53; Hako-BetrVG/*Haase/Tautphäus*, Rn. 34.
280 GK-*Franzen*, Rn. 87; a. A. HWK-*Hohenstatt/Dzida*, Rn. 20; DKW-*Trittin* (16. Aufl.), Rn. 118.
281 HWGNRH-*Glock*, Rn. 44.
282 HWGNRH-*Glock*, Rn. 55; MünchArbR/*Nebendahl*, § 300 Rn. 36.
283 *Fitting*, Rn. 54; GK-*Franzen*, Rn. 90; Hako-BetrVG/*Haase/Tautphäus*, Rn. 36.
284 So wohl auch HWGNRH-*Glock*, Rn. 56.
285 *BAG* 16. 3. 05 – 7 ABR 37/04, NZA 05, 1069 [1071].
286 *Klasen*, DB 93, 2180 [2187]; a. A. (für ein Entsendungsrecht nach der gesetzlichen Regelung) HWGNRH-*Glock*, Rn. 36.
287 *BAG* 16. 3. 05 – 7 ABR 37/04, NZA 05, 1069 [1071]; HWGNRH-*Glock*, Rn. 34; *Klasen*, DB 93, 2180 [2187].
288 *BAG* 15. 8. 78 – 6 ABR 56/77, AP Nr. 3 zu § 47 BetrVG 1972.
289 GK-*Franzen*, Rn. 94.
290 A. A. GK-*Franzen*, Rn. 101.
291 *Mengel*, NZA 02, 409 [410].
292 *Klasen*, DB 93, 2180 [2181]; a. A. wohl GK-*Franzen*, Rn. 98.
293 GK-*Franzen*, Rn. 96; Hako-BetrVG/*Haase/Tautphäus*, Rn. 39; *Grimberg/Peter*, AiB 99, 617 [621].

Gebrauch gemacht haben. Einer Begrenzung im Interesse der Arbeitsfähigkeit des GBRs bedarf es in diesem Falle nämlich nicht.

111 Auch ein **späteres Überschreiten** der Zahl von 40 Mitgliedern, etwa durch Vergrößerung eines BRs, spätere BRswahl im BRslosen Betrieb, etwa nachdem ein Kleinbetrieb BRsfähig wurde, oder Hinzutreten von Betrieben macht eine GBV nach Abs. 5 notwendig.[294]

112 Voraussetzung ist, dass es **keine tarifvertragliche Regelung nach Abs. 4** gibt.[295] Auch eine tarifvertragliche Regelung die dazu führt, dass die Zahl der Mitglieder über 40 steigt, ist eine solche, die eine BV nach Abs. 5 sperrt.[296] Dementsprechend ist es den Tarifvertragsparteien als Minus auch gestattet, einen Tarifvertrag abzuschließen, der regelt, dass es bei der gesetzlichen Regelung bleibt, der mit anderen Worten lediglich eine BV nach Abs. 5 sperrt.

113 Abs. 5 schreibt eine BV vor. Diese muss nach der gesetzlichen Regelung von GBR und AG abgeschlossen werden. Es handelt sich also um eine **GBV.**[297] Notwendige Voraussetzung einer solchen ist also die Existenz eines GBRs.[298] Dieser kann seinerseits ein GBR sein, der aufgrund Kollektivvertrags verkleinert ist (Rn. 93). Zum erstmaligen Abschluss einer solchen GBV muss aber jedenfalls der gesetzliche GBR errichtet werden.[299] Auch wenn von vornherein klar ist, dass dieser die Zahl von 40 überschreiten wird, muss er sich zunächst konstituieren (Rn. 55) und über die GBV Beschluss fassen. Mangels Einigung entscheidet die Einigungsstelle gemäß Abs. 6 (Rn. 123 ff.). Zur ÄnderungsBV s. u. Rn. 122.

114 Die Betriebsparteien müssen eine Regelung über die Anzahl der Mitglieder des GBRs treffen. **Nicht** vorgeschrieben ist jedoch, dass die Zahl auf **unter 41 sinken muss.**[300] § 9 zeigt, dass ein Gremium mit mehr als 40 Personen nicht ohne weiteres als arbeitsunfähig anzusehen ist. Zudem ist es denkbar, dass die Zusammenfassung von BR mit regionaler Verbindung oder gleichartigen Interessen (dazu sogleich Rn. 115 f.) gar nicht reicht, um unter 41 Personen zu gelangen.[301] Ohnehin sind die Betriebsparteien nicht verpflichtet, eine Verringerung herbeizuführen (Rn. 109).[302]

115 Die Reduzierung muss geschehen durch Regelungen über die **gemeinsame Entsendung** von Mitgliedern durch mehrere BR. Es genügt insoweit nicht, lediglich vorzuschreiben, dass die Zahl der Mitglieder des GBRs verringert wird.[303] Eine gemeinsame Entsendung kann auch dergestalt vereinbart werden, dass mehrere BR gemeinsam mehrere Mitglieder in den GBR entsenden.[304] Das Gesetz verlangt, dass die BR zur gemeinsamen Entsendung durch gemeinsame Interessen oder regional miteinander verbunden sind. Dabei handelt es sich um einen zwingenden Gesichtspunkt hinsichtlich der Verbindung zu gemeinsamer Entsendung.[305] Allerdings sind sowohl gemeinsame Interessen als auch regionale Verbundenheit unbestimmte Rechtsbegriffe, hinsichtlich deren Ausfüllung die Betriebsparteien einen Beurteilungsspielraum haben.[306]

116 **Gemeinsame Interessen** können sich auf vielfältige Weise zeigen. Sie können sich aus Betriebszwecken ergeben, aus der Belegschaftsstruktur oder ihrer Bedeutung für die UNsstruk-

---

294 GK-*Franzen,* Rn. 96; HWGNRH-*Glock*, Rn. 48; MünchArbR/*Nebendahl*, § 300 Rn. 32.

295 Hako-BetrVG/*Haaase*/*Tautphäus*, Rn. 33; ErfK-*Koch*, Rn. 10; MünchArbR/*Nebendahl*, § 300 Rn. 28; *Mengel*, NZA 02, 409 [410]; *Grimberg/Peter*, AiB 99, 617 [621].

296 *BAG* 30.10.86 – 6 ABR 52/83, AP Nr. 6 zu § 47 BetrVG 1972; *Fitting*, Rn. 67; GK-*Franzen,* Rn. 97; Richardi-*Annuß*, Rn. 61; Hako-BetrVG/Haase/*Tautphäus*, Rn. 41; *Robrecht*, Die GBV, S. 99.

297 *BAG* 15.8.78 – 6 ABR 56/77, AP Nr. 3 zu § 47 BetrVG 1972.

298 Richardi-*Annuß*, Rn. 62.

299 *BAG* 15.8.78 – 6 ABR 56/77, AP Nr. 3 zu § 47 BetrVG 1972; *Robrecht*, Die GBV, S. 97; *Klasen*, DB 93, 2180 [2181]; *Mengel*, NZA 02, 409 [410].

300 *Fitting*, Rn. 68; GK-*Franzen,* Rn. 101; Richardi-*Annuß*, Rn. 66; Hako-BetrVG/*Haase*/*Tautphäus*, Rn. 42; LKK-*Robrecht*, Rn. 23; *Mengel*, NZA 02, 409 [410]; 34; a. A. HWGNRH-*Glock*, Rn. 49; WPK-*Roloff*, Rn. 17; *G.Hueck*, FS H.Westermann, S. 241 [257 ff.]; offengelassen von *BAG* 15.8.78 – 6 ABR 56/77, AP Nr. 3 zu § 47 BetrVG 1972.

301 *Robrecht*, Die GBV, S. 98.

302 *Mengel*, NZA 02, 409 [411].

303 GK-*Franzen,* Rn. 102.

304 *Mengel*, NZA 02, 409 [411].

305 *BAG* 15.8.78 – 6 ABR 56/77, AP Nr. 3 zu § 47 BetrVG 1972.

306 *HessLAG* 5.6.08 – 9 TaBV 44/07, juris; GK-*Franzen,* Rn. 103; Hako-BetrVG/*Haase*/*Tautphäus*, Rn. 44; ErfK-*Koch*, Rn. 9; *Mengel*, NZA 02, 409 [412].

tur.[307] Eine Verbundenheit durch gemeinsame Interessen kann sich etwa ergeben hinsichtlich verselbstständigter Betriebsteile und Hauptbetrieb.[308] **Regional miteinander verbunden** sind Betriebe, wenn sie im Sinne von § 4 Abs. 1 Satz 1 Nr. 1 (s. dort Rn. 15 ff.) nicht als weit voneinander entfernt anzusehen sind.[309] Denn auch hier kommt es letztlich darauf an, ob eine effektive Interessenvertretung durch die räumliche Entfernung gehindert wird. Wenn nach anderer Ansicht vertreten wird, dass die räumliche Nähe für den GBR eine geringere Bedeutung habe als für den BR,[310] beschränkt sich dies auf eine bloße Behauptung.

Eine **Mindestzahl** an Mitgliedern des GBRs ist von Gesetzes wegen **nicht vorgesehen.**[311] **117**

Das Vorschreiben einer gemeinsamen Entsendung bewirkt, dass die betroffenen BR einen **Ent- 118**
sendungskörper bilden müssen, der als Gremium aus sämtlichen BRsmitgliedern besteht und die gemeinsam zu entsendenden GBRsmitglieder bestimmen muss (Rn. 103).[312] Eine **andere Art** der Entsendung – außer im Falle der Entsendung durch den EinzelBR im Beschlusswege – ist **nicht zulässig.**[313] Dementsprechend kann die Nominierung der Mitglieder nicht einer BRversammlung oder einem Wahlgremium aus Delegierten überlassen bleiben.[314] Auch die Beauftragung des gesetzlich konstituierten GBRs mit der Bestellung der Mitglieder des neu zu konstituierenden GBRs nach § 50 Abs. 2 ist insoweit unzulässig.[315]

Darüber hinaus wird vertreten, dass, obwohl in Abs. 5 nicht ausdrücklich vorgesehen, alter- **119**
nativ zur gemeinsamen Entsendung eine Verkleinerung des GBRs auch durch Vereinbarung möglich ist, dass BR, die zwei Mitglieder zu entsenden hätten, **nur ein Mitglied entsenden.**[316] Das ist schon deshalb richtig, weil das Verständnis von Abs. 5 als zwingend sich nur auf die Pflicht zur Verhandlung über eine Verkleinerung des GBRs bezieht und die Möglichkeit belässt, Alternativen zur Herstellung bzw. Erhaltung der Arbeitsfähigkeit zu vereinbaren (Rn. 109).

Die GBV kann, muss aber nicht **Verfahrensregelungen** enthalten (vgl. auch zu Abs. 4 **120**
Rn. 101).

Der GBR existiert auch über den Zeitpunkt einer nach Abs. 5 sich ergebenden Notwendig- **121**
keit einer GBV hinaus fort (vgl. Rn. 60). Er bleibt daher im Amt **bis zur Konstituierung** des GBRs mit der verringerten Mitgliederzahl aufgrund einer nach Abs. 5 erforderlichen GBV (vgl. Rn. 55).[317] Auch ein Spruch der Einigungsstelle nach Abs. 6 führt nicht dazu, dass der bislang bestehende GBR sein Amt verlieren würde.[318] Ein solches Verständnis ist unvereinbar mit der Konzeption als Dauereinrichtung (Rn. 60) und widerspricht dem Interesse des Gesetzes an einem handlungsfähigen GBR.[319] Eine diesbezügliche Regelung kann daher nur deklaratorischer Natur sein und ist folglich entbehrlich.

Die GBV gilt für die **Dauer** einer eventuellen Befristung, ansonsten bis zu ihrer Aufhebung. **122**
Sie kann durch eine neue GBV abgelöst werden.[320] Sie kann ferner durch einen Tarifvertrag verdrängt werden (vgl. Rn. 87).[321] Nach Konstituierung des nach Abs. 5 oder nach Spruch der Einigungsstelle nach Abs. 6 neu strukturierten GBRs ist dieser für den Abschluss einer aufhebenden oder ablösenden GBV zuständig.[322] Die Gegenansicht, die den »Ur-GBR« für

307 *Mengel*, NZA 02, 409 [412]; vgl. Richardi-*Annuß*, Rn. 67.
308 HWGNRH-*Glock*, Rn. 51.
309 *Fitting*, Rn. 69; ErfK-*Koch*, Rn. 9; WPK-*Roloff*, Rn. 18; a. A. HWGNRH-*Glock*, Rn. 51; Richardi-*Annuß*, Rn. 67; MünchArbR/*Nebendahl*, § 300 Rn. 35.
310 *Mengel*, NZA 02, 409 [411].
311 *Mengel*, NZA 02, 409 [411].
312 *BAG* 15.8.78 – 6 ABR 56/77, AP Nr. 3 zu § 47 BetrVG 1972.
313 *BAG* 15.8.78 – 6 ABR 56/77, AP Nr. 3 zu § 47 BetrVG 1972; MünchArbR/*Nebendahl*, § 300 Rn. 31.
314 *BAG* 15.8.78 – 6 ABR 56/77, AP Nr. 3 zu § 47 BetrVG 1972.
315 *BAG* 15.8.78 – 6 ABR 56/77, AP Nr. 3 zu § 47 BetrVG 1972; GK-*Franzen*, Rn. 105.
316 GK-*Franzen*, Rn. 100; Richardi-*Annuß*, Rn. 68.
317 *Fitting*, Rn. 71; GK-*Franzen*, Rn. 99; Hako-BetrVG/*Haase*/*Tautphäus*, Rn. 45.
318 So wohl LKK-*Robrecht*, Rn. 24.
319 GK-*Franzen*, Rn. 99.
320 *Mengel*, NZA 02, 409 [415].
321 *Mengel*, NZA 02, 409 [415].
322 *Klasen*, DB 93, 2180 [2186]; *Mengel*, NZA 02, 409 [415].

zuständig hält,[323] ist zwar keineswegs »dogmatisch unhaltbar«,[324] denn sie beruft sich auf die ursprüngliche demokratische Legitimation für die Veränderung. Sie ist freilich nicht besonders praktikabel. Zudem ist ihr entgegenzuhalten, dass auch der auf Basis von Abs. 5 und Abs. 6 anders zusammengesetzte GBR von da an eine nach dem Gesetz hinreichende demokratische Legitimation besitzt. Im Falle ihrer Kündigung entfaltet die GBV, da sie nach Abs. 6 erzwingbar ist, nach § 77 Abs. 6 **Nachwirkung,** solange die Voraussetzungen des Abs. 5 noch vorliegen.[325] Auch wenn die h. M. für die Nachwirkung spricht, ist es mangels diesbezüglicher höchstrichterlicher Rechtsprechung sinnvoll, Nachwirkung ausdrücklich zu vereinbaren, um unnötige Rechtsunsicherheit und Streitigkeiten für den Fall der Kündigung zu vermeiden.[326] Bei teilmitbestimmter BV ist eine Vereinbarung möglich, nach der die Nachwirkung bis zum Scheitern der Verhandlungen über eine Neuregelung befristet ist. Das bewirkt, dass die Gegenstände der freiwilligen Mitbestimmung nicht durch die Nachwirkung dauerhaft erzwingbar gestellt werden.[327] Ungeachtet der Nachwirkung trifft die Betriebsparteien die Pflicht, über eine neue BV nach Abs. 5 zu verhandeln (vgl. Rn. 109).

VII. Anrufung der Einigungsstelle (Abs. 6)

123 Wenn eine nach Abs. 5 notwendige BV nicht zustande kommt, können beide Seiten die Einigungsstelle anrufen. Ihr Spruch ersetzt nach Satz 2 die Einigung zwischen AG und GBR. Durch Tarifvertrag kann gem. § 76 Abs. 8 aber bestimmt werden, dass an die Stelle der Einigungsstelle eine tarifliche Schlichtungsstelle tritt.[328] Es gibt keine Sanktion für den Fall der Nichtanrufung der Einigungsstelle durch beide Seiten. Es bleibt dann bei der gesetzlichen Regelung, bis eine der beiden Seiten sich entschließt, die Einigungsstelle anzurufen.[329] Bis zu einer Neukonstituierung mit einer herabgesetzten Mitgliederzahl bleibt der bis dahin konstituierte GBR im Amt.

124 Die **Beisitzer** auf Seiten der AN werden durch den GBR benannt.[330]

125 Die Einigungsstelle muss eine Entscheidung treffen, die zur Verringerung der Zahl der Mitglieder führt.[331] Auch für die Einigungsstelle ist nicht vorgeschrieben, dass die **Zahl der Mitglieder** auf unter 41 festgelegt wird.[332] Allerdings ist die Einigungsstelle an die Vorgabe gebunden, dass das Instrument allein eine Entsendung gemeinsamer Mitglieder durch mehrere BR sein kann. Alternative Instrumente zur Herstellung bzw. Aufrechterhaltung der Arbeitsfähigkeit hat die Einigungsstelle anders als die Betriebsparteien (vgl. Rn. 109) nicht, denn sie ist auf die Vorgabe des Abs. 5 verpflichtet.

VIII. Stimmengewichtung (Abs. 7)

126 Das Stimmengewicht im GBR **bei gesetzlicher Größe** nach Abs. 7 bildet die repräsentierte ANschaft der BR der entsendenden Betriebe ab. Dementsprechend sind kleinere Betriebe zwar durch die Zahl der entsandten Mitglieder im GBR überrepräsentiert (vgl. Rn. 39), nicht jedoch durch deren Stimmengewicht. Die Regelung über das Stimmengewicht schließt eine Majorisierung größerer Betriebe durch eine Minderheit aus mehreren kleineren Betrieben aus.[333] Aus

---

323 DKW-*Trittin* (16. Aufl.), Rn. 130.
324 So allerdings GK-*Franzen,* Rn. 109.
325 GK-*Franzen,* Rn. 109; *Mengel,* NZA 02, 409 [415]; *Robrecht,* Die GBV, S. 187 ff.; vgl. auch Richardi-*Annuß,* Rn. 69; a. A. DKW-*Trittin* (16. Aufl.), Rn. 122.
326 *Mengel,* NZA 02, 409 [416].
327 *Mengel,* NZA 02, 409 [416].
328 Richardi-*Annuß,* Rn. 64.
329 Hako-BetrVG/*Haase/Tautphäus,* Rn. 47.
330 Richardi-*Annuß,* Rn. 63; *Fitting,* Rn. 72.
331 Hako-BetrVG/*Haase/Tautphäus,* Rn. 48.
332 *Fitting,* Rn. 68; Hako-BetrVG/*Haase/Tautphäus,* Rn. 48; ErfK-*Koch,* Rn. 10; a. A. Richardi-*Annuß,* Rn. 66; HWK-*Hohenstatt/Dzida,* Rn. 24; *Mengel,* NZA 02, 409 [411].
333 *BAG* 16.8.83 – 1 AZR 544/81, AP Nr. 5 zu § 50 BetrVG 1972.

diesem Grunde schreibt Abs. 7 Satz 2 auch vor, dass sich mehrere durch einen BR entsandte Mitglieder die Stimmen teilen.

Maßgeblich für die Stimmengewichtung ist die Zahl der **wahlberechtigten AN.** Die Stimmgewichtung nach der Zahl der BRsmitglieder würde wegen der Degression bei der Bestimmung der BRsstärke in § 9 zu einem geringeren Gewicht großer Belegschaften führen. Das vermeidet die in Abkehr von § 47 Abs. 1 Satz 3 BetrVG 1952 vorgesehene direkte Anknüpfung an die Zahl der wahlberechtigten AN.[334] Im Falle eines Übergangsmandats nach Betriebsspaltung gemäß § 21a ist die Zahl der in die Wählerliste eingetragenen AN entsprechend dem Verhältnis des abgespaltenen Teils zum Gesamtbetrieb zu kürzen.[335] 127

Die Zahl der wahlberechtigten AN des Betriebes unterliegt freilich stetiger Veränderung. Es bedarf daher einer Bestimmung des maßgeblichen Zeitpunktes. Konsequent ist insoweit ein Abstellen auf die an der Wahl des entsendenden BRs beteiligten AN. Das Gesetz stellt daher auf die Zahl der **in die Wählerliste eingetragenen** wahlberechtigten AN ab. Spätere Veränderungen der ANzahl sind unerheblich.[336] Nachträgliche Berichtigungen der Wählerliste durch das Arbeitsgericht müssen aber beachtet werden.[337] Dasselbe gilt für Berichtigungen durch den Wahlvorstand nach § 4 Abs. 3 WO bis zum Abschluss der Stimmabgabe.[338] Entscheidend ist allein die Wählerliste, auf die materielle Wahlberechtigung kommt es nicht an.[339] Der Wortlaut lässt dieses Verständnis zu und es entspricht der ersichtlich vom Gesetzgeber gewünschten Klarheit der Zustände. Zu den so zu berücksichtigenden ANn zählen auch die nach § 7 Satz 2 wahlberechtigten AN anderer AG.[340] Hierfür spricht auch, dass Abs. 9 erkennen lässt, dass das Gesetz vor allem auf die Stärke der Wahlbelegschaft abstellt und weniger auf die vertragliche Beziehung (vgl. Rn. 130). Unerheblich ist, wie viele der wahlberechtigten AN an der Wahl teilgenommen haben.[341] Gezählt werden die AN nach Köpfen, sodass jeder TeilzeitAN voll mitzählt.[342] 128

Ein einzelnes GBRsmitglied repräsentiert immer die **Gesamtbelegschaft des Betriebes,** von dessen BR es entsandt wurde. Wenn der BR zwei GBRsmitglieder entsandt hat, teilen sich beide nach Abs. 7 Satz 2 die Stimmen hälftig. Bei ungerader Zahl wahlberechtigter AN kommt es zu einem Bruchteil.[343] Die Frage der Stimmenteilung richtet sich auch dann allein nach dem Umstand, ob lediglich ein GBRsmitglied entsandt wurde oder mehrere, wenn eine abweichende Regelung nach Abs. 4 bis Abs. 6 getroffen wurde.[344] Auf Grundlage eines Tarifvertrags oder einer BV nach diesen Bestimmungen können auch mehr als zwei Mitglieder für den Betrieb oder eine Mehrheit von Betrieben entsandt sein. Sie teilen sich die Stimmen dann kopfteilig nach Abs. 7 Satz 2. Demgegenüber ist fraglich, ob ein GBRsmitglied, wenn der entsendende BR **lediglich ein Mitglied entsandt** hat, aber hätte zwei entsenden müssen, lediglich den hälftigen Stimmenanteil hat[345] oder den vollen. Richtig ist ein Abstellen auf die Gesamtstärke der Belegschaft. Dafür spricht nicht nur der Gesetzeswortlaut (»Entsendet der BR…«), sondern auch der Gedanke der Repräsentation der Belegschaft bei der Beschlussfassung des GBRs. 129

Aus einem **Gemeinschaftsbetrieb** entsandte Mitglieder des GBRs repräsentieren die Gesamtbelegschaft des Gemeinschaftsbetriebes entsprechend der Zahl der insgesamt beschäftigten AN unabhängig davon, ob diese in einem Vertragsverhältnis zum jeweiligen UNsträger stehen, bei dem der GBR errichtet wurde. Das folgt im Umkehrschluss aus Abs. 9 (vgl. Rn. 135). 130

Eine Sonderregelung trifft insoweit § 32 PostPersRG für **Beamte der Post.** Nach § 32 Abs. 2 i. V. m. § 28 PostPersRG fassen in Angelegenheiten für die Beamten nur die Vertreter der Be- 131

---

334 GK-*Franzen,* Rn. 62; vgl. auch BT-Drs. VI/1786, S. 42.
335 HWGNRH-*Glock,* Rn. 77.
336 Hako-BetrVG/*Haase/Tautphäus,* Rn. 50; ErfK-*Koch,* Rn. 12.
337 *Fitting,* Rn. 75; HWGNRH-*Glock,* Rn. 77.
338 GK-*Franzen,* Rn. 65.
339 So aber wohl GK-*Franzen,* Rn. 65.
340 Richardi-*Annuß,* Rn. 71; LKK-*Robrecht,* Rn. 25.
341 Richardi-*Annuß,* Rn. 71.
342 Schaub-*Koch,* § 224 Rn. 12.
343 GK-*Franzen,* Rn. 64.
344 GK-*Franzen,* Rn. 64.
345 So GK-*Franzen,* Rn. 64.

amten Beschluss. Der Vertreter der Beamten hat dabei nach § 32 Abs. 1 Nr. 2 Satz 1 PostPersRG so viele Stimmen, wie wahlberechtigte Beamte in der Wählerliste eingetragen sind.

132 Zur einheitlichen Stimmrechtsausübung vgl. § 51 Rn. 56.

IX. Stimmengewichtung bei Entsendung für mehrere Betriebe (Abs. 8)

133 Im Falle einer **gemeinsamen Entsendung** eines Mitglieds aus mehreren Betrieben, was sowohl bei Tarifverträgen und BV nach Abs. 4 als auch bei BV nach Abs. 5 möglich ist, richtet sich die Stimmengewichtung nach der Anzahl der wahlberechtigten AN in sämtlichen Betrieben, für die das Mitglied entsandt wurde. Maßgeblich kommt es auch insoweit auf die Eintragungen in den Wählerlisten an (vgl. Rn. 128). Wenn mehrere GBRsmitglieder gemeinsam entsandt wurden, stehen diesen die Stimmen nach Abs. 8, letzter Halbsatz in Verbindung mit Abs. 7 Satz 2 gemeinsam zu. Sie werden also kopfteilig aufgeteilt, und zwar auch dann, wenn dies zu Bruchteilen führt.[346]

134 Wenn im Falle einer abweichenden Regelung der Mitgliederzahl des GBRs weiterhin ein BR allein über die Entsendung von Mitgliedern entscheidet, bleibt es bei der Regelung des Abs. 7.

135 Erfolgt eine gemeinsame Entsendung unter **Einbeziehung von Gemeinschaftsbetrieben** mehrerer UN, ist beim Zusammenzählen der wahlberechtigten AN jeweils auf die Gesamtstärke des Gemeinschaftsbetriebs abzustellen.[347] Dies ergibt sich im Umkehrschluss aus Abs. 9, der lediglich eine abweichende Stimmengewichtung vorsieht, mithin davon ausgeht, dass anderenfalls die Zahl der wahlberechtigten AN in der Wählerliste maßgeblich ist.

X. Stimmengewichtung bei Entsendung aus Gemeinschaftsbetrieb (Abs. 9)

136 Abs. 9 regelt die Stimmengewichtung für Mitglieder des GBRs, die aus einem gemeinsamen Betrieb mehrerer UN entsandt wurden. Aus dem Umstand, dass die Regelung es gestattet, durch Tarifvertrag oder BV abweichende Regelungen zu den Abs. 7 und 8 zu treffen, ist im Umkehrschluss herzuleiten, dass in Ermangelung einer entsprechenden Regelung die Bestimmungen der Abs. 7 und 8 gelten. Das bedeutet, dass auf die Zahl aller in die Wählerliste eingetragenen wahlberechtigten AN abzustellen ist. Dabei wird nicht differenziert nach der Zugehörigkeit zu den beteiligten UN. Mit anderen Worten spiegelt sich die **gesamte Belegschaft des Gemeinschaftsbetriebs** im Stimmengewicht wider.[348] Dazu gestattet Abs. 9 dann die kollektivvertragliche Regelung von Ausnahmen. Dies gilt im Übrigen **für sämtliche beteiligten UN,** da der BR Vertreter in die GBR aller beteiligten UN entsendet (Rn. 23).

137 Von dieser Stimmengewichtung sind Abweichungen durch **Tarifvertrag und BV** möglich. Verfassungsrechtliche Bedenken im Hinblick auf die Unbestimmtheit des **Gestaltungsrahmens** bestehen nicht.[349] Vielmehr besteht demgegenüber ein denkbar breiter Rahmen zulässiger Abweichungen hinsichtlich des Stimmengewichts, nicht aber darüber hinaus (Rn. 140 f.). Innerhalb dieses Rahmens ist alles zulässig. Das ist das Wesen eines Gestaltungsrahmens, macht die Beschreibung der Grenzen aber nicht unbestimmt.

138 Die abweichende Regelung führt im Zweifel **mit** ihrem **Inkrafttreten** zu einer abweichenden Stimmengewichtung. Für **Tarifverträge,** deren Verhältnis bei Tarifkollisionen und deren Verhältnis zu BV gelten die Ausführungen, die hinsichtlich der Abweichung von der gesetzlichen Regelung zur Entsendung gemäß Abs. 4 angestellt wurden (Rn. 76 ff.) entsprechend. Die abweichende Regelung durch **BV** ist ebenso wie bei Abs. 4 nur durch GBV möglich (Rn. 86).[350] Voraussetzung für deren Abschluss ist, dass der GBR sich bereits konstituiert hat (dazu Rn. 55 ff.).[351]

---

346 GK-*Franzen,* Rn. 113.

347 GK-*Franzen,* Rn. 112.

348 *Fitting,* Rn. 82; GK-*Franzen,* Rn. 63, 115 f.; HWGNRH-*Glock,* Rn. 80; MünchArbR/*Nebendahl,* § 300 Rn. 77; *Schmidt,* FS Küttner, S. 499 [504 f.].

349 A. A. *Giesen,* Tarifvertragliche Rechtsgestaltung für den Betrieb, S. 315 ff.; HWK-*Hohenstatt/Dzida,* Rn. 29; *Klein,* Die Stellung der Minderheitsgewerkschaften in der Betriebsverfassung, S. 438 ff.

350 *Robrecht,* Die GBV, S. 100.

351 GK-*Franzen,* Rn. 124.

Soweit die Ansicht vertreten wird, es seien nur Regelungen in Bezug auf die **konkreten Mitglieder** des GBRs zulässig, wird dies zu Unrecht auf den Gesetzeswortlaut gestützt.[352] Der Gesetzeswortlaut lässt durchaus auch ein Verständnis in Richtung einer **abstrakten Regelung** zu.[353] Gleichwohl mag es sinnvoll sein, in Bezug auf die konkreten GBRsmitglieder eine Regelung über die Stimmgewichtung zu treffen, weil dadurch der Situation des Gesamtbetriebes im jeweiligen Zeitpunkt Rechnung getragen werden kann. 139

Der Inhalt einer **abweichenden Regelung** kann darin bestehen, dass das Stimmengewicht sich allein auf die VertragsAN des UNsträgers im Gemeinschaftsbetrieb bezieht.[354] Es ist aber auch eine andere Stimmengewichtung regelbar. Sie kann auch auf bestimmte Regelungsgegenstände beschränkt sein.[355] 140

Nicht zulässig sind **hingegen sonstige Abweichungen** von den gesetzlichen Regelungen. So ist es beispielsweise nicht möglich, das Entsenderecht auf BRsmitglieder in einem Arbeitsverhältnis zum TrägerUN zu beschränken oder die zu entsendenden Mitglieder allein aus dem Kreis der VertragsAN zu bestimmen.[356] Auch eine Reduzierung des Stimmengewichts auf Null ist unzulässig.[357] Viel spricht auch dafür, dass das Stimmengewicht nicht unter die Anzahl der VertragsAN im Gemeinschaftsbetrieb rutschen darf.[358] 141

Entsprechende Abweichungen von den Regelungen des Stimmengewichts können auch vorgenommen werden, wenn der BR eines **Gemeinschaftsbetriebs** an einer gemeinsamen Entsendung nach Abs. 8 beteiligt ist. Denn Abs. 9 sieht auch die Möglichkeit abweichender Regelungen von Abs. 8 vor. In diesem Sinne kann das Stimmgewicht der gemeinsam entsandten Mitglieder des GBRs beispielsweise um die Zahl der wahlberechtigten AN im Gemeinschaftsbetrieb, die in keinem Arbeitsverhältnis zum UNsträger stehen, bei dem der GBR gebildet wird, reduziert werden.[359] Richtiger Ansicht nach enthält die Regelung im Verweis auf Abs. 8 allerdings ein Redaktionsversehen. Denn sie beschränkt sich ihrem Wortlaut nach auf die GBRsmitglieder, die aus dem Gemeinschaftsbetrieb entsandt wurden. Im Hinblick auf das beabsichtigte Regelungsanliegen, Stimmengewichtsverzerrungen ausgleichen zu können, muss sie aber auch Anwendung finden auf GBRsmitglieder, die im Falle einer gemeinsamen Entsendung unter Beteiligung des BRs eines Gemeinschaftsbetriebes Mitglieder des GBRs sind, **gleichgültig, ob sie dem Gemeinschaftsbetrieb entstammen** oder einem anderen daran beteiligten Betrieb. Insofern ist eine teleologische Extension geboten.[360] 142

XI. Streitigkeiten

Streitigkeiten über Errichtung und Zusammensetzung sowie das Stimmengewicht der Mitglieder werden gemäß §§ 2a Abs. 1 Nr. 1, 80 ff. ArbGG im **Beschlussverfahren** (dazu Einl. Rn 203 ff.) geklärt. Ebenso werden Streitigkeiten hinsichtlich der Wirksamkeit von **BV und Tarifverträgen** nach Abs. 4 und 5 sowie 9 oder Einigungsstellensprüchen nach Abs. 6 im Beschlussverfahren geklärt.[361] 143

Allerdings fordern Rechtssicherheit und Praxistauglichkeit, dass Rechtshandlungen des GBRs nicht beliebig später unter Berufung auf eine fehlerhafte Zusammensetzung angegriffen werden können. Es sind daher die Grundsätze für **BRsinterne Wahlen** anzuwenden. Danach sind Streitigkeiten über die **Zusammensetzung** des GBRs **analog § 19 Abs. 1** im Wahlanfechtungsverfahren zu klären.[362] Auch die **Wahl von Vorsitzendem und stellvertretendem Vorsitzen-** 144

---

352 GK-*Franzen*, Rn. 117.
353 In diesem Sinne allerdings auch GK-*Franzen*, Rn. 119.
354 Reg.Begr., BT-Drs. 14/5741, S. 42; *Robrecht*, Die GBV, S. 100.
355 Reg.Begr., BT-Drs. 14/5741, S. 42; GK-*Franzen*, Rn. 119.
356 GK-*Franzen*, Rn. 118; *Robrecht*, Die GBV, S. 100.
357 Richardi-*Annuß*, Rn. 80.
358 Richardi-*Annuß*, Rn. 80.
359 Vgl. GK-*Franzen*, Rn. 121.
360 So wohl auch GK-*Franzen*, Rn. 120.
361 *BAG* 25.5.05 – 7 ABR 10/04, AP Nr. 16 zu § 47 BetrVG 1972.
362 *BAG* 15.8.01 – 7 ABR 2/99, AP Nr. 10 zu § 47 BetrVG 1972; *BAG* 25.5.05 – 7 ABR 10/04, AP Nr. 16 zu § 47 BetrVG 1972; GK-*Franzen*, Rn. 127.

dem unterliegen diesen Grundsätzen. Dasselbe gilt für den **Entsendungsbeschluss,** obwohl dieser nicht im Wege der Wahl erfolgt.[363] Schließlich gelten diese Grundsätze auch für Mängel der Entsendung wegen **Unwirksamkeit** dafür maßgeblicher **Tarifverträge oder BV** nach den Abs. 4–6 und 9.[364] Dasselbe gilt für den Fall einer fehlerhaften Bildung eines Entsendungskörpers (Rn. 103). Auch die Wahlen zum GBRsausschuss (§ 51 Abs. 1 mit § 27) sind analog § 19 anzufechten.[365] Anwendbar ist auch (und gerade) die Zweiwochenfrist des § 19 Abs. 2 Satz 2 (zu dieser § 19 Rn. 36f.).[366] Grundsätzlich beginnt die Zweiwochenfrist mit Feststellung des Wahlergebnisses bzw. des Abstimmungsergebnisses.[367] Für verhinderte BRsmitglieder beginnt die Anfechtungsfrist aber erst mit Kenntniserlangung.[368] Eine Ausnahme wird dann gemacht, wenn die Wirksamkeit der Errichtung des GBRs als Ganzes streitig ist.[369] Das kann nicht überzeugen. Das Interesse an einer raschen Klärung, ob das Gremium auch künftig handlungsfähig ist, gilt bei Streitigkeiten um die Errichtung des GBRs insgesamt gleichermaßen wie etwa hinsichtlich dessen Zusammensetzung. Auch vom Standpunkt der herrschenden Meinung aus hat die gerichtliche Entscheidung, die die unwirksame Errichtung des GBRs feststellt, Wirkung nur für die Zukunft, es sei denn es handelt sich um einen Fall der Nichtigkeit (Rn. 148ff.).

145 Das Arbeitsgericht, in dessen Bezirk der Sitz des UNs liegt, ist gemäß § 82 Abs. 1 Satz 2 ArbGG **örtlich zuständig.** Liegt der Sitz im Ausland, richtet sich die Zuständigkeit nach dem Sitz des Betriebes, der im Bundesgebiet zentrale Bedeutung hat.[370] Das ist regelmäßig der Betrieb mit den meisten wahlberechtigten ANn.[371]

146 Die **Antragsbefugnis** hat jedes BRsmitglied, das geltend machen kann, in dieser Rechtsstellung oder als Mitglied einer geschützten Minderheit verletzt zu sein.[372] Keine entsprechende Anwendung findet § 19 Abs. 2 Satz 1, wonach mindestens drei Wahlberechtigte antragsbefugt sind.[373] Auch der GBR ist antragsbefugt, um die Voraussetzungen seines Bestehens gerichtlich klären zu lassen.[374] Im Falle einer kollektivvertraglichen Regelung gemeinsamer Entsendung ist antragsbefugt jedes Mitglied des Entsendungskörpers[375] bzw. jedes BRsmitglied, das geltend machen kann, dass es Teil des Entsendungskörpers sei. Auch die im Betrieb vertretene Gewerkschaft soll kein Antragsrecht haben.[376] Dem wurde aber mit Recht entgegengehalten, dass die Gewerkschaft durchaus auch an der inneren Ordnung des Betriebs beteiligt ist. Wer nach § 48 den Ausschluss einzelner Mitglieder aus dem GBR beantragen kann, muss auch hinsichtlich Errichtung und Zusammensetzung des GBRs antragsbefugt sein.[377] Vor allem aber ist die Vertretung durch den GBR immer auch eine Vertretung in betrieblichen und nicht in UNischen Angelegenheiten. Nach richtiger Ansicht hat daher auch eine im UN vertretene Gewerkschaft das Antragsrecht analog § 19 Abs. 2 Satz 1. Wie bei § 48 genügt es, wenn eine Gewerkschaft mindestens einen AN in einem Betrieb des UNs organisiert (vgl. § 48 Rn. 18). Es ist nicht erforderlich, dass die Gewerkschaft im GBR vertreten ist.

---

363 *BAG* 21.7.04 – 7 ABR 58/03, AP Nr. 13 zu § 47 BetrVG 1972; GK-*Franzen*, Rn. 127.
364 *BAG* 25.5.05 – 7 ABR 10/04, AP Nr. 16 zu § 47 BetrVG 1972; GK-*Franzen*, Rn. 127; *Fitting*, Rn. 65.
365 *BAG* 21.7.04 – 7 ABR 62/03, AP Nr. 4 zu § 51 BetrVG 1972.
366 *BAG* 21.7.04 – 7 ABR 62/03, AP Nr. 4 zu § 51 BetrVG 1972.
367 Vgl. *BAG* 20.4.05 – 7 ABR 44/04, AP Nr. 30 zu § 38 BetrVG 1972; a. A. (mit Mitgliedschaft im GBR, wozu auch die Zustimmung des Betriebsratsmitglieds gehört) GK-*Franzen*, Rn. 128.
368 Vgl. *BAG* 20.4.05 – 7 ABR 44/04, AP Nr. 30 zu § 38 BetrVG 1972; a. A. GK-*Franzen*, Rn. 128.
369 Richardi-*Annuß*, Rn. 83.
370 *BAG* 31.10.75 – 1 ABR 4/74, AP Nr. 2 zu § 106 BetrVG 1972.
371 *Fitting*, Rn. 86.
372 *BAG* 15.8.01 – 7 ABR 2/99, AP Nr. 10 zu § 47 BetrVG 1972; *BAG* 21.7.04 – 7 ABR 62/03, AP Nr. 4 zu § 51 BetrVG 1972; *BAG* 16.11.05 – 7 ABR 11/05, AP Nr. 7 zu § 28 BetrVG 1972.
373 *BAG* 15.8.01 – 7 ABR 2/99, AP Nr. 10 zu § 47 BetrVG 1972; *BAG* 21.7.04 – 7 ABR 58/03, AP Nr. 13 zu § 47 BetrVG 1972; *BAG* 16.11.05 – 7 ABR 11/05, AP Nr. 7 zu § 28 BetrVG 1972; *Fitting*, Rn. 85.
374 *BAG* 23.9.80 – 6 ABR 8/78, AP Nr. 4 zu § 47 BetrVG 1972.
375 GK-*Franzen*, Rn. 129.
376 *BAG* 29.8.85 – 6 ABR 63/82, AP Nr. 13 zu § 83 ArbGG 79; *BAG* 30.10.86 – 6 ABR 52/83, AP Nr. 6 zu § 47 BetrVG 1972; *Fitting*, Rn. 85; GK-*Franzen*, Rn. 129; HWGNRH-*Glock*, Rn. 91; Richardi-*Annuß*, Rn. 86; WPK-*Roloff*, Rn. 23; ErfK-*Koch*, Rn. 13.
377 DKW-*Trittin* (16. Aufl.), Rn. 166.

Bei Streit um das **Stimmengewicht** (§ 47 Abs. 7) kann ein Beschlussverfahren mit Feststellungsantrag eingeleitet werden. Antragsbefugt ist jedes Mitglied des GBR, wenn es geltend machen kann, in seinen Rechten aus § 47 Abs. 7 dadurch verletzt zu sein, dass seine Stimme mit zu geringem Gewicht berücksichtigt wird. Dem entsendenden BR steht dieses Recht nicht zu, weil es nicht um seine Rechte im GBR geht, sondern um die der entsandten Mitglieder im GBR.[378] Im Übrigen kann das Stimmengewicht inzident geklärt werden, wenn es um die Wirksamkeit der Beschlussfassung geht, etwa bei Streit, ob eine GBV nichtig ist. **146a**

Die Beteiligungsbefugnis im Beschlussverfahren richtet sich danach, ob ein Organ oder ein Rechtssubjekt nach der materiell-rechtlichen Position durch die Entscheidung betroffen wird.[379] **Beteiligt** sind grundsätzlich AG und GBR.[380] Sofern es um die Rechte der Mitglieder des GBRs, des einzelnen BRs oder seiner Mitglieder geht, sind diese Mitglieder bzw. der BR zu beteiligen.[381] Im Verfahren um die Existenz eines GBR sind auch die örtlichen BR unter Einschluss solcher von Gemeinschaftsbetrieben beteiligt.[382] Dasselbe gilt für andere AG, die mit dem Unternehmen, bei dem der GBR errichtet wurde, Gemeinschaftsbetriebe unterhalten.[383] Die Beteiligtenfähigkeit des GBR, dessen Existenz im Streit ist, ist für das Verfahren gegeben und für etwaige Rechtsmittel zu unterstellen.[384]. Im Falle einer Zusammenfassung mehrerer Betriebe zur gemeinsamen Entsendung sind die im Entsendungskörper (Rn. 103, 118) zusammengefassten EinzelBR zu beteiligen.[385] Auch die Gewerkschaft ist zu beteiligen, soweit sie nicht ohnehin den Antrag gestellt hat (dazu Rn. 146). Nicht beteiligt werden Anteilseigner des AGs.[386] **147**

Der Antrag ist auf Unwirksamerklärung der entsprechenden Wahl zu richten.[387] Die Entscheidung hat dann Wirkung nur **für die Zukunft.**[388] Bis dahin bleibt der GBR im Amt, die von ihm gefassten Beschlüsse und abgeschlossenen GBVen bleiben wirksam.[389] **148**

Demgegenüber ist die **Unwirksamkeit der Errichtung eines GBRs,** der nicht errichtet werden konnte, nach h. M. nicht analog § 19 anzugreifen, sondern kann **jederzeit** mit einem Feststellungsantrag geltend gemacht werden.[390] Das betrifft nicht nur den Fall, dass ein GBR errichtet wurde, ohne dass die gesetzlichen Voraussetzungen der Errichtung vorlagen,[391] sondern auch den Fall, dass ein GBR von BR errichtet wurde, deren Wahl ihrerseits nicht nur anfechtbar, sondern nichtig war.[392] Dasselbe gilt, wenn der GBR aufgehört hat zu existieren, etwa durch Fortfall von Betrieben. Insoweit ist die Existenz des GBRs als Ganzes infrage gestellt, nicht nur einzelne Teilakte seiner Errichtung und Zusammensetzung. Dies hat zur Konsequenz, dass der GBR insgesamt nicht besteht und ggf. nie bestanden hat und die von ihm getroffenen Maßnahmen rechtsunwirksam sind. Ein von diesem geschlossener Sozialplan wäre etwa in diesem Sinne un- **149**

378 *ArbG Frankfurt/M.* 8.3.22 – 10 BV 210/21, zu II.1.
379 *BAG* 31.10.75 – 1 ABR 4/74, AP Nr. 2 zu § 106 BetrVG 1972; *BAG* 1.6.22 – 7 ABR 41/20, NZA 22, 1542, Rn. 12.
380 *BAG* 15.8.78 – 6 ABR 56/77, AP Nr. 3 zu § 47 BetrVG 1972.
381 *BAG* 15.8.78 – 6 ABR 56/77, AP Nr. 3 zu § 47 BetrVG 1972.
382 *BAG* 1.6.22 – 7 ABR 41/20, NZA 22, 1542, Rn. 50.
383 *BAG* 1.6.22 – 7 ABR 41/20, NZA 22, 1542, Rn. 50.
384 *BAG* 17.8.22 – 7 ABR 3/21, NZA 23, 125, Rn. 14 f.
385 *BAG* 25.5.05 – 7 ABR 10/04, AP Nr. 16 zu § 47 BetrVG 1972.
386 HWGNRH-*Glock*, Rn. 91.
387 *BAG* 15.8.01 – 7 ABR 2/99, AP Nr. 10 zu § 47 BetrVG 1972; *BAG* 21.7.04 – 7 ABR 58/03, AP Nr. 13 zu § 47 BetrVG 1972.
388 ErfK-*Koch*, Rn. 13.
389 WPK-*Roloff*, Rn. 23.
390 *BAG* 17.3.10 – 7 AZR 706/08, AP Nr. 18 zu § 47 BetrVG 1972; *LAG Düsseldorf* 26.11.20 – 11 TaBV 56/20, Rn. 60 f. (n. rkr.); GK-*Franzen*, Rn. 131 f.; *Fitting*, Rn. 84; a. A. (zumindest für die Anfechtungsfrist des § 19 Abs. 2 Satz 1) DKW-*Trittin* (16. Aufl.), Rn. 169.
391 Vgl. *BAG* 25.2.20 – 1 ABR 40/18, NZA 20, 881, Rn. 16, für den Fall eines unwirksamen TV zur Errichtung eines unternehmensübergreifenden TV, der damit auch nicht den Errichtungsvoraussetzungen nach § 47 genügt.
392 *Robrecht*, Die GBV, S. 136.

wirksam,[393] desgleichen eine BV[394]. Die Konsequenzen sind zur einen wie zur anderen Seite hin gravierend. Ein GBR unter Beteiligung mehrerer UN mag über Monate und Jahre tätig gewesen sein und BV abgeschlossen haben. Daraus erwächst ein Vertrauensinteresse der Normunterworfenen einerseits. Andererseits kommt so ein Fall dem Fall einer nichtigen Wahl (Rn. 150), die ohnehin rückwirkend unwirksam wäre, durchaus nahe. Den beiderseitigen Interessen wird insoweit am besten dadurch Rechnung getragen, dass zwar die Anfechtungsfrist des § 19 Abs. 2 Satz 2 nicht entsprechend angewendet wird, die Unwirksamkeit jedoch rechtsfortbildend mit Rücksicht auf den Vertrauensschutz allein **für die Zukunft** wirkt.[395] Dem Vertrauensschutz auf individualvertraglicher Ebene kann zudem ergänzend durch Umdeutung einer unwirksamen GBV in eine Gesamtzusage[396] Rechnung getragen werden.[397] Freilich zögert die Rechtsprechung bei der Anerkennung einer solchen Umdeutung, weil der AG sich von einer GBV durch Kündigung lösen kann, während er von einer Gesamtzusage nur durch Änderungskündigung der Arbeitsverträge loskommen kann.[398] Eine Umdeutung in eine Gesamtzusage kommt aber in Betracht, wenn der AG eine GBV in Kenntnis der Unwirksamkeit anwendet.[399]

150 Lediglich in dem Fall, dass es nicht mal den Anschein einer dem Gesetz entsprechenden Wahl hat, kann der Beschluss **nichtig** sein.[400]. Der Antrag ist dann auf Feststellung der Nichtigkeit zu richten. Die Entscheidung wirkt dann auch für die Vergangenheit. Sie stellt die Nicht-Existenz des GBRs sowie seiner Rechtshandlungen rückwirkend fest. Zur Frage, ob der Fall eines gemeinsamen GBRs mehrerer UN (vgl. Rn. 22) darunterfällt, vgl. Rn. 149.

§ 48 Ausschluss von Gesamtbetriebsratsmitgliedern

Mindestens ein Viertel der wahlberechtigten Arbeitnehmer des Unternehmens, der Arbeitgeber, der Gesamtbetriebsrat oder eine im Unternehmen vertretene Gewerkschaft können beim Arbeitsgericht den Ausschluss eines Mitglieds aus dem Gesamtbetriebsrat wegen grober Verletzung seiner gesetzlichen Pflichten beantragen.

Inhaltsübersicht

I. Überblick

1 § 48 regelt mit dem Ausschluss aus dem GBR einen **speziellen Tatbestand des Erlöschens der Mitgliedschaft.** Die Erlöschensgründe sind insgesamt in § 49 aufgezählt. Die Bestimmung ist eine **Entsprechung zu § 23 Abs. 1,** der das Verfahren des Ausschlusses aus dem BR wegen grober Pflichtverletzung regelt.

---

393 *BAG* 17.3.10 – 7 AZR 706/08, AP Nr. 18 zu § 47 BetrVG 1972; so auch implizit *BAG* 13.2.07 – 1 AZR 184/06, AP Nr. 17 zu § 47 BetrVG 1972.

394 *BAG* 17.3.10 – 7 AZR 706/08, AP Nr. 18 zu § 47 BetrVG 1972; *BAG* 17.4.12 – 3 AZR 400/10, BB 13, 57, Rn. 41.

395 *Fitting*, Rn. 84; GK-*Franzen*, Rn. 133; *Kreutz*, FS Birk, S. 495 [497]; a. A. aber wohl *BAG* 25.2.20 – 1 ABR 40/18, NZA 20, 881, Rn. 16.

396 Zu den Voraussetzungen der Umdeutung einer unwirksamen BV vgl. Deinert/Heuschmid/Zwanziger-*Deinert*, § 12 Rn. 192. Vgl. für den Fall einer BV über betriebliche Altersversorgung *BAG* 23.2.16 – 3 AZR 960/13, NZA 16, 642.

397 GK-*Franzen*, Rn. 133.

398 *BAG* 17.3.10 – 7 AZR 706/08, AP Nr. 18 zu § 47 BetrVG 1972.

399 *Hoffmann/Alles*, NZA 14, 757 [760].

400 *BAG* 20.4.05 – 7 ABR 44/04, AP Nr. 30 zu § 38 BetrVG 1972.

Die Regelung fand ein **historisches Vorbild** in § 56 Abs. 2 BRG 1920, der eine entsprechende Anwendung der §§ 39 und 41 vorsah und so den Ausschluss möglich machte. Anders als dies in § 56 Abs. 3 BRG vorgesehen war, hat der Ausschluss aus dem GBR aber nicht den Verlust der Mitgliedschaft im BR zur Folge (Rn. 30). Im BetrVG 1952 gab es hingegen keine entsprechende Bestimmung. 2

Die Norm findet ein Pendant in § 56 für KBRmitglieder, während für Mitglieder der GJAV die Regelung des § 48 durch die Verweisung in § 73 Abs. 2 gilt. In der Personalvertretung gibt es eine entsprechende Regelung für die Stufenvertretungen und den Gesamtpersonalrat in §§ 90 Satz 1, 94 BPersVG, welche (mittelbar) auf § 56 BPersVG verweisen, der wiederum die dem § 23 Abs. 1 entsprechende Regelung zum Ausschluss eines Personalratsmitglieds enthält. Für den Gesamtsprecherausschuss enthält § 17 Abs. 1 SprAuG eine dem § 48 entsprechende Regelung. 3

Die Regelung betrifft nur den **Ausschluss von Mitgliedern** aus dem GBR, nicht indessen dessen Auflösung.[1] Die Möglichkeit der Auflösung des GBRs wäre mit der Natur des GBRs als Dauereinrichtung (§ 47 Rn. 60) unvereinbar. Zudem ist dies folgerichtige Konsequenz der Struktur des GBRs, der nicht als Gremium gewählt wird, sondern dessen einzelne Mitglieder durch Entsendung bestellt werden.[2] Deswegen können nur einzelne Mitglieder ausgeschlossen werden. Der BR, dessen entsandtes Mitglied ausgeschlossen wurde, muss, wenn es keine nach § 47 Abs. 3 nachrückenden Ersatzmitglieder gibt, dann ein anderes Mitglied entsenden. Der Antrag kann allerdings auch mehrere Mitglieder des GBRs betreffen,[3] wenn diese grobe Pflichtverletzungen begangen haben. Möglich ist auch ein Antrag, sämtliche Mitglieder des GBRs auszuschließen.[4] Unzulässig wäre nur ein Antrag auf Auflösung des GBRs (Rn. 11 ff.). Der Ausschluss sämtlicher Mitglieder des GBRs führt ebenfalls zum Nachrücken von Ersatzmitgliedern. Soweit es an solchen fehlt, trifft die betreffenden BR die Pflicht zur erneuten Entsendung von Mitgliedern in den GBR. 4

Möglich ist nur der Ausschluss durch **gerichtliche Entscheidung** aufgrund eines Antrags der dazu Antragsberechtigten. Eine **Abwahl,** etwa durch die AN des Betriebes, ist **nicht vorgesehen.**[5] 5

Es handelt sich um eine **zwingende Bestimmung.** Abweichungen durch Tarifvertrag oder BV sind nicht möglich.[6] 6

II. Tatbestand

1. Mitglieder des GBRs

Ausgeschlossen werden können Mitglieder des GBRs (vgl. Rn. 4). Ersatzmitglieder können nur ausgeschlossen werden, wenn sie, unter Umständen auch nur zeitweise, nachgerückt sind und in dieser Eigenschaft Pflichtverletzungen begangen haben.[7] Nicht erforderlich ist allerdings, dass das Ersatzmitglied noch im GBR tätig ist, solange es noch Ersatzmitglied ist und erneut nachrücken kann.[8] 7

2. Grobe Pflichtverletzung

Der Ausschluss setzt eine grobe Verletzung der gesetzlichen Pflichten des GBRsmitglieds voraus. Der Begriff der groben Pflichtverletzung entspricht dabei dem in § 23 Abs. 1 (vgl. § 23 Rn. 30 ff.). 8

---

1 LKK-*Robrecht*, Rn. 5; Richardi-*Annuß*, Rn. 1; *Gamillscheg*, Kollektives Arbeitsrecht II, S. 661.
2 GK-*Franzen*, Rn. 2.
3 *Fitting*, Rn. 6.
4 GK-*Franzen*, Rn. 6; HWGNRH-*Glock*, Rn. 4; Richardi-*Annuß*, Rn. 1.
5 Vgl. GK-*Franzen*, Rn. 5.
6 GK-*Franzen*, Rn. 3; HWGNRH-*Glock*, Rn. 2; WPK/*Roloff*, Rn. 1.
7 HWGNRH-*Glock*, Rn. 5.
8 GK-*Franzen*, Rn. 6.

9 Die grobe Pflichtverletzung muss sich auf die Tätigkeit **als GBRsmitglied** beziehen.[9] Dabei ist davon auszugehen, dass sich die Pflichten als GBRsmitglied als selbstständige Pflichten nicht schon aus ihrer Stellung als BRsmitglied ergeben.[10] Deswegen reichen grobe Pflichtverletzungen in der Eigenschaft als BRsmitglied für § 48 nicht aus.[11] Sie können allerdings zum Ausschluss aus dem BR nach § 23 mit der Folge führen, dass dadurch nach § 49 auch die Mitgliedschaft im GBR erlischt (Rn. 30). Das bedeutet aber auch umgekehrt, dass die Verletzung von Pflichten des GBRs, die einen Ausschluss nach § 48 rechtfertigen, für sich nicht den Ausschluss aus dem BR gemäß § 23 Abs. 1 rechtfertigen.[12] Pflichten als GBR können insbesondere bei der Behandlung von Angelegenheiten verletzt werden, für die der GBR originär oder kraft Auftrags eines EinzelBRs nach § 50 zuständig ist.[13]

10 Die **Verletzung arbeitsvertraglicher Pflichten** bedeutet für sich keine Amtspflichtverletzung (zur Problematik § 23 Rn. 80 ff.). Zur Problematik arbeitsvertraglicher Konsequenzen bei Amtspflichtverletzungen s. u. Rn. 32.

3. Antrag

11 Erforderlich ist ein Antrag **im Beschlussverfahren** (Rn. 21). Örtlich zuständig ist das Gericht, in dessen Bezirk das UN seinen Sitz hat, gemäß § 82 Abs. 1 Satz 2 ArbGG. Bei Sitz im Ausland kommt es auf den Sitz des Betriebes an, der im Bundesgebiet zentrale Bedeutung hat (vgl. § 47 Rn. 145). Der Antrag ist zu richten auf den Ausschluss eines konkret zu benennenden oder in Antragshäufung mehrerer konkret zu benennender Mitglieder des GBRs. Er ist an **keine Frist** gebunden.[14] Die Begründung erfordert die Darlegung der groben Pflichtverletzung. Der Antrag kann verbunden werden mit einem Antrag auf Erlass einer einstweiligen Verfügung gemäß § 85 Abs. 2 ArbGG, der darauf gerichtet ist, dem Mitglied bis zur rechtskräftigen Entscheidung die Amtsausübung zu untersagen.[15]

12 Die **Antragsberechtigung** ist keine Sachentscheidungsvoraussetzung, sondern eine Frage der materiellen Berechtigung.[16] Die fehlende Antragsberechtigung macht den Antrag daher, wenn er im Übrigen zulässig ist, unbegründet.

13 Antragsberechtigt ist zunächst mindestens ein **Viertel der wahlberechtigten AN** des UNs. Zu den wahlberechtigten ANn gehören auch jene in BRslosen Betrieben des UNs.[17] AN in Gemeinschaftsbetrieben können den Antrag aber nur stellen, wenn sie in einem Arbeitsverhältnis zum UN, bei dem der GBR errichtet ist, stehen.[18] Denn § 48 stellt ausweislich des Wortlauts eindeutig auf die AN des UNs ab. Der Rechtsgedanke des § 47 Abs. 9 vermag dies nicht zu überbrücken. Dasselbe gilt für Leiharbeiter, die nach § 7 Satz 2 wahlberechtigt sind.[19] Nach h. M. ist zur Ermittlung der Zahl der wahlberechtigten AN auf den Zeitpunkt der Antragstellung und nicht auf den der Errichtung des GBRs abzustellen.[20] Es kommt auf die Zahl der AN an, die für die UNsgröße kennzeichnend sind, **Schwankungen** bleiben außer Betracht.[21]

14 Die Zahl der Antragsteller muss **im UN** erreicht werden, ein Viertel der wahlberechtigten AN eines Betriebes genügt nicht.[22] AN in BRslosen Betrieben zählen mit.[23] Unerheblich ist, ob der Antrag von der Mehrheit der AN des Betriebes, aus dem das GBRsmitglied entsandt wurde,

---

9 *Fitting*, Rn. 9; GK-*Franzen*, Rn. 18; HWGNRH-*Glock*, Rn. 4; Richardi-*Annuß*, Rn. 3; ErfK-*Koch*, Rn. 1; NK-GA/*Bodem*, Rn. 3.
10 HWGNRH-*Glock*, Rn. 4; Richard-*Annuß*, Rn. 3.
11 GK-*Franzen*, Rn. 21; HWGNRH-*Glock*, Rn. 4; LKK-*Robrecht*, Rn. 2.
12 GK-*Franzen*, Rn. 21.
13 GK-*Franzen*, Rn. 19.
14 Richardi-*Annuß*, Rn. 6; ErfK-*Koch*, Rn. 2; NK-GA/*Bodem*, Rn. 4.
15 GK-*Franzen*, Rn. 8.
16 GK-*Franzen*, Rn. 9.
17 *Fitting*, Rn. 11; HWGNRH-*Glock*, Rn. 6; WPK/*Roloff*, Rn. 2.
18 A. A. wohl WPK/*Roloff*, Rn. 2.
19 GK-*Franzen*, Rn. 10 f.; LKK-*Robrecht*, Rn. 3.
20 GK-*Franzen*, Rn. 11; Richardi-*Annuß*, Rn. 7; Hako-BetrVG/*Haase/Tautphäus*, Rn. 6.
21 GK-*Franzen*, Rn. 11.
22 GK-*Franzen*, Rn. 10; Richardi-*Annuß*, Rn. 7.
23 GK- *Franzen*, Rn. 11; Hako-BetrVG/*Haase/Tautphäus*, Rn. 7.

getragen wird.[24] Es bedarf nicht einmal eines Quorums in diesem Betrieb. Andererseits kann es auch genügen, wenn das Quorum im UN allein durch die AN eines Betriebes erfüllt wird, es muss nicht aus ANn mehrerer Betriebe bestehen.[25] Eine Fremdbestimmung im Sinne der Abberufung missliebiger GBRsmitglieder aus anderen Betrieben durch starke Belegschaften droht nicht, da der Ausschluss einer gerichtlichen Entscheidung vorbehalten ist.[26]

Da der Ausschließungsantrag die Wahrnehmung eines subjektiven Rechtes für jeden einzelnen daran beteiligten AN darstellt, kann er über diesen verfügen. Auch wenn er beispielsweise einem Initiator Vollmacht erteilt hat, kann er diese jederzeit entziehen und auch **über den Antrag verfügen.**[27] Er kann den Antrag daher auch während eines Ausschließungsverfahrens wieder zurückziehen. **15**

Die Zahl der Antragsteller darf **während des Verfahrens** nicht unter die Mindestzahl sinken, sondern muss während des gesamten Verfahrens erhalten bleiben.[28] Das Ausscheiden aus dem Betrieb führt dazu, dass ein AN nicht mehr mitzählt. Ebenso kann folgerichtig das Quorum verfehlt werden, wenn die Wahlberechtigung verloren geht.[29] Andererseits können andere Wahlberechtigte sich auch nachträglich am Verfahren beteiligen.[30] Auch kann eine Gewerkschaft dem Antrag beitreten.[31] Sinkt die Zahl der Antragsteller unter ein Viertel (sei es durch Ausscheiden, sei es durch Aufgabe an der Beteiligung, sei es durch Ansteigen der Belegschaftsstärke), ist der Antrag zurückzuweisen.[32] Maßgeblicher Zeitpunkt ist die letzte mündliche Anhörung.[33] **16**

Antragsberechtigt ist auch der **AG.** Das ist der UN, bei dem der GBR errichtet ist.[34] Nicht antragsberechtigt ist ein Betriebsleiter.[35] **17**

Das Antragsrecht steht ferner einer jeden im UN vertretenen **Gewerkschaft** zu. Diese Voraussetzung ist erfüllt, wenn sie mindestens einen AN, der einem Betrieb des UNs angehört, organisiert.[36] Auf dessen Wahlberechtigung kommt es nicht an.[37] Sie muss nicht in dem Betrieb vertreten sein, aus dem das auszuschließende GBRsmitglied entsandt wurde.[38] Es ist erst recht unerheblich, ob das auszuschließende Mitglied des GBRs in dieser Gewerkschaft organisiert ist.[39] Kein Antragsrecht haben Spitzenverbände von Gewerkschaften.[40] **18**

Antragsberechtigt ist schließlich der **GBR.** Sein Antrag setzt einen Beschluss nach § 51 Abs. 3 i. V. m. § 33 voraus. Vertreten wird der GBR durch den Vorsitzenden bzw. im Verhinderungsfall durch dessen Stellvertreter gem. § 51 Abs. 1 i. V. m. § 26 Abs. 2 Satz 1. Das betreffende GBRsmitglied kann an diesem Beschluss nicht mitwirken und ist gemäß § 51 Abs. 1 i. V. m. § 25 Abs. 1 Satz 2 **zeitweilig verhindert.**[41] Insoweit liegt eine Interessenkollision vor (vgl. § 25 Rn. 25). Die Vertretung erfolgt durch das gemäß § 47 Abs. 3 bestellte Ersatzmitglied,[42] gegebenenfalls nach Maßgabe der festgelegten Reihenfolge. Zwar gibt es insgesamt gute Gründe, die auch gegen eine Beteiligung des Ersatzmitglieds vorgebracht werden können, weil der Ausschluss des regelmäßigen Mitglieds Einfluss auf die Stellung auch des Ersatzmitglieds haben kann.[43] Letztlich **19**

24 HWGNRH-*Glock*, Rn. 6.
25 GK-*Franzen*, Rn. 10.
26 GK-*Franzen*, Rn. 10.
27 GK- *Franzen*, Rn. 12.
28 HWGNRH-*Glock*, Rn. 6; NK-GA/*Bodem*, Rn. 4; a. A. LKK-*Robrecht*, Rn. 3.
29 GK-*Franzen*, Rn. 13; a. A. Richardi-*Annuß*, Rn. 7.
30 GK-*Franzen*, Rn. 13.
31 NK-GA/*Bodem*, Rn. 4.
32 A. A. GK-*Franzen*, Rn. 13, wonach es genügt, wenn die Zahl im Zeitpunkt der letzten mündlichen Verhandlung erreicht ist.
33 Hako-BetrVG/*Haase/Tautphäus*, Rn. 9.
34 GK-*Franzen*, Rn. 14.
35 HWGNRH-*Glock*, Rn. 7.
36 *Fitting*, Rn. 17; HWK-*Hohenstatt/Dzida*, Rn. 2.
37 GK-*Franzen*, Rn. 17; vgl. auch Richardi-*Annuß*, Rn. 10.
38 GK-*Franzen*, Rn. 17; HWGNRH-*Glock*, Rn. 9; WPK/*Roloff*, Rn. 5.
39 HWGNRH-*Glock*, Rn. 9.
40 GK-*Franzen*, Rn. 17; Richardi-*Annuß*, Rn. 10.
41 ErfK-*Koch*, Rn. 2.
42 WPK-*Roloff*, Rn. 3; HWGNRH-*Glock*, Rn. 7.
43 GK-*Franzen*, Rn. 15.

sind sie aber alle rechtspolitischer Natur und gestatten keine richterliche Gesetzeskorrektur, sodass es beim Nachrücken des Ersatzmitglieds bleiben muss.[44] Das auszuschließende Mitglied muss zuvor die Möglichkeit einer Stellungnahme erhalten.[45]

20 **Kein Antragsrecht** haben einzelne **BR.**[46] Allein der entsendende BR hat die Möglichkeit, das von ihm entsandte Mitglied des GBRs durch Abberufung gemäß § 49 wieder abzuziehen. Andere BR haben eine Einwirkungsmöglichkeit nur mittelbar, indem sie etwa ein Ausschließungsquorum initiieren oder der Gewerkschaft einen Ausschließungsantrag nahelegen.[47]

4. Rechtskräftige gerichtliche Entscheidung

21 Das Arbeitsgericht entscheidet im **Beschlussverfahren** nach §§ 2a Abs. 1 Nr. 1, 80 ff. ArbGG (zu den Grundsätzen Einleitung Rn. 203 ff.). Der Antrag ist begründet, wenn das Arbeitsgericht eine grobe Pflichtverletzung feststellt.

22 Das Verfahren kann **mit einem etwaigen Ausschlussverfahren** hinsichtlich der Mitgliedschaft im BR **gemäß § 23 verbunden** werden, sofern das Arbeitsgericht auch für dieses Verfahren örtlich zuständig ist.[48] Das führt im Erfolgsfalle zur Erledigung des Ausschlussverfahrens nach § 48, weil mit Ausschluss aus dem BR die Mitgliedschaft im GBR gemäß § 49 erlischt.[49] Gleichwohl ist ein Eventualantrag für den Fall, dass der Antrag auf Ausschluss aus dem BR gemäß § 23 erfolglos bleibt, nicht zu empfehlen, weil an den Verfahren unterschiedliche Beteiligte teilhaben.[50]

23 Im Wege der **einstweiligen Verfügung** kann bis zu einer rechtskräftigen Entscheidung die Amtsausübung untersagt werden.[51] Voraussetzung ist eine drohende (weitere) grobe Pflichtverletzung.[52]

24 Sofern der AG den Vorwurf der Pflichtverletzung zugleich zum Anlass einer außerordentlichen Kündigung gemäß §§ 626 Abs. 1 BGB, 15 KSchG nimmt, der BR aber nach § 103 die Zustimmung verweigert, kann das Ausschlussverfahren mit dem **Zustimmungsersetzungsverfahren nach § 103 Abs. 2** verbunden werden. Auch dies setzt voraus, dass das Arbeitsgericht für beide Anträge örtlich zuständig ist.[53]

25 Das Gericht entspricht dem zulässigen Antrag, wenn er **begründet** ist, also eine grobe Pflichtverletzung vorliegt (Rn. 8 ff.) und die weiteren Voraussetzungen (Rn. 7, 11 ff.) gegeben sind.

26 Scheidet das Mitglied des GBRs **vor einer Entscheidung** des Arbeitsgerichts aus anderem Grunde, etwa Abberufung oder Verlust des BRsamts aus (vgl. § 49), wird das Verfahren unzulässig. Es ist nach Erledigterklärung einzustellen.[54] Das gilt auch im Falle einer erneuten Entsendung,[55] allerdings kann ein erneuter Antrag gestellt werden, die erneute Legitimation durch erneute Entsendung macht das GBRsmitglied nicht immun gegen eine Sachentscheidung (vgl. insoweit auch Rn. 28).

III. Rechtsfolge und weitere Konsequenzen

27 Das GBRsmitglied ist durch rechtskräftige Entscheidung des Arbeitsgerichts aus dem GBR **ausgeschlossen.** Wenn die Mitgliedschaft nicht vorher endet, bleibt das GBRsmitglied bis dahin im Amt und wirkt an der Tätigkeit des GBRs mit.[56] Allerdings kann die Mitwirkung bis

---

44 So auch i. E. NK-GA/*Bodem*, Rn. 4.
45 *Fitting*, Rn. 15; Richardi-*Annuß*, Rn. 9; WPK-*Roloff*, Rn. 3; ErfK-*Koch*, Rn. 2.
46 *Fitting*, Rn. 16; WPK-*Roloff*, Rn. 4; HWGNRH-*Glock*, Rn. 8.
47 GK-*Franzen*, Rn. 16.
48 GK-*Franzen*, Rn. 21.
49 WPK-*Roloff*, Rn. 9.
50 WPK-*Roloff*, Rn. 9.
51 HWGNRH-*Glock*, Rn. 10.
52 WPK/*Roloff*, Rn. 10.
53 *Fitting*, Rn. 22; WPK-*Roloff*, Rn. 8.
54 *Fitting*, Rn. 18.
55 A. A. HWGNRH-*Glock*, Rn. 13; Richardi-*Annuß*, Rn. 15.
56 GK-*Franzen*, Rn. 22; HWGNRH-*Glock*, Rn. 10.

zur gerichtlichen Entscheidung durch einstweilige Verfügung untersagt werden (Rn. 23). Eine etwaige **Mitgliedschaft im KBR** erlischt ebenfalls gemäß § 57.

Eine **erneute Entsendung** des ausgeschlossenen Mitglieds ist **nicht möglich.**[57] Allerdings wird es für möglich gehalten, dass das ausgeschlossene Mitglied **nach erneuter Wahl wieder** in den GBR entsandt wird.[58] Dies soll dadurch gerechtfertigt sein, dass das Mitglied erneut demokratisch legitimiert sei.[59] Das überzeugt nicht. Der Grund des Ausschlusses aus dem GBR kann letztlich nicht dadurch beseitigt werden, dass das BRsmitglied von der Belegschaft des entsendenden Betriebes erneut gewählt wurde, denn der GBR ist eine Dauereinrichtung (§ 47 Rn. 60). Aus diesem Grunde steht die **Rechtskraft** der Entscheidung auch nach einer Neuwahl in den BR der erneuten Bestellung **entgegen.**[60] 28

Für das ausgeschlossene Mitglied rückt ein **Ersatzmitglied** gemäß § 47 Abs. 3, gegebenenfalls nach Maßgabe der festgelegten Reihenfolge, nach. Gibt es kein Ersatzmitglied, muss der entsendende BR gemäß § 47 Abs. 2 ein neues Mitglied in den GBR entsenden.[61] Dafür kommt das gerade ausgeschlossene Mitglied aber nicht in Betracht (Rn. 28). 29

Anders als das Ende der Mitgliedschaft im BR, das gemäß § 49 auch das Ende der Mitgliedschaft im GBR zur Folge hat, führt der Ausschluss aus dem GBR **nicht zum Erlöschen der Mitgliedschaft im BR.**[62] Dies kann nur im Verfahren nach § 23 Abs. 1 herbeigeführt werden. Die Verletzung von Amtspflichten ist für sich keine Verletzung von Vertragspflichten. 30

Mit dem Wirksamwerden des Ausschlusses aus dem GBR endet auch eine eventuelle Mitgliedschaft im **Gesamtbetriebsausschuss** und in weiteren Ausschüssen des GBRs. 31

Die Amtspflichtverletzung hat zunächst nur betriebsverfassungsrechtliche Konsequenzen. Allerdings wird es überwiegend für möglich gehalten, dass ein Verhalten zugleich Vertrags- und Amtspflichtverletzung darstellen kann und eine **außerordentliche Kündigung** nach §§ 626 Abs. 1 BGB, 15 KSchG mit Zustimmung des BRs nach § 103 rechtfertigt (vgl. § 103 Rn. 27).[63] Zuständig für die Entscheidung über die Zustimmung nach § 103 ist der entsendende BR, nicht der GBR.[64] Ein Zustimmungsersetzungsantrag kann mit dem Ausschließungsantrag verbunden werden, wenn dasselbe Gericht örtlich zuständig ist (vgl. Rn. 24). Der Antrag auf Ausschluss kann allerdings nicht als Hilfsantrag gestellt werden, weil der GBR nur an diesem Verfahren, nicht aber am Zustimmungsersetzungsverfahren zu beteiligen wäre.[65] 32

§ 49 Erlöschen der Mitgliedschaft

Die Mitgliedschaft im Gesamtbetriebsrat endet mit dem Erlöschen der Mitgliedschaft im Betriebsrat, durch Amtsniederlegung, durch Ausschluss aus dem Gesamtbetriebsrat aufgrund einer gerichtlichen Entscheidung oder Abberufung durch den Betriebsrat.

Inhaltsübersicht Rn.

57 *Fitting*, Rn. 23.
58 ErfK-*Koch*, Rn. 1; MünchArbR/*Nebendahl*, § 300 Rn. 121.
59 *Fitting*, Rn. 24; GK-*Franzen*, Rn. 24; Hako-BetrVG/*Haase/Tautphäus*, Rn. 17; HWGNRH-*Glock*, Rn. 12; Richardi-*Annuß*, Rn. 15.
60 WPK/*Roloff*, Rn. 7.
61 *Fitting*, Rn. 19; HWGNRH-*Glock*, Rn. 11; Richardi-*Annuß*, Rn. 15.
62 Reg.Begr., BT-Drs. VI/1786, S. 42; HWGNRH-*Glock*, Rn. 1; LKK-*Robrecht*, Rn. 1; Richardi-*Annuß*, Rn. 13.
63 *BAG* 12.5.10 – 2 AZR 587/08, NZA-RR 2011, 15, Tz. 15; dazu und zur Kritik DDZ-*Deinert*, § 15 KSchG Rn. 49.
64 *Fitting*, Rn. 21; WPK/*Roloff*, Rn. 8.
65 WPK/*Roloff*, Rn. 8.

I. Überblick

1 Die Bestimmung regelt das Erlöschen der **Mitgliedschaft des einzelnen GBRmitglieds.** Es sind dies neben der gerichtlichen Entscheidung (§ 48) das Erlöschen der Mitgliedschaft im BR, die Abberufung durch den BR sowie die Niederlegung des Amtes. Die Bestimmung ist aber **nicht abschließend.**[1] Die Mitgliedschaft endet auch, wenn der Betrieb auf einen anderen Inhaber übergeht, der GBR beim bisherigen UN aber erhalten bleibt (vgl. § 47 Rn. 67).[2]

2 **Historischer Vorläufer** war § 56 Abs. 2 BRG 1920, der entsprechend auf die Regelungen für Betriebsräte verwies. Demgegenüber gab es im BetrVG 1952 keine Entsprechung. Konzeptionell unterscheidet sich die Bestimmung von der entsprechenden Regelung für Betriebsräte in § 24 (Rn. 4 f.), insoweit sie dem Umstand Rechnung trägt, dass der GBR nicht gewählt wird, sondern als Dauereinrichtung entsandte Mitglieder der Betriebsräte hat.

3 Da der GBR eine **Dauereinrichtung** ist (§ 47 Rn. 60), wird das Organ GBR im Allgemeinen nicht beendet. Allerdings erfolgt hinsichtlich der einzelnen Mitglieder eine gewisse Verknüpfung mit der turnusmäßigen BRswahl, insoweit der neu konstituierte BR über die Entsendung in den GBR erneut entscheiden muss (§ 47 Rn. 60). Zudem hat die Abwahl auch den Verlust des Amtes im GBR zur Folge.

4 Im Hinblick darauf, dass es sich um eine Dauereinrichtung handelt, fehlt es an einer Regelung zur Beendigung des GBRs. Er entfällt nur mit dem Fortfall seiner Errichtungsvoraussetzungen (§ 47 Rn. 61). Folgerichtig ist anders als nach § 23 Abs. 1 eine gerichtliche **Auflösung** des GBRs **nicht vorgesehen** (§ 48 Rn. 4). Selbst das Erlöschen der Mitgliedschaft sämtlicher Mitglieder führt aber nicht zum Ende des Amtes des GBRs.[3] Die Mitglieder des GBRs können diesen auch nicht durch kollektiven Rücktritt beseitigen.[4] Vielmehr handelt es sich hinsichtlich jedes einzelnen Mitglieds um eine Amtsniederlegung. In diesem Falle rücken die Ersatzmitglieder nach § 47 Abs. 3 nach. Gibt es keine Ersatzmitglieder, müssen die betroffenen Betriebsräte erneut entsenden. Entsprechendes gilt für den Fall, dass sämtliche Mitglieder des GBRs nach § 48 durch gerichtliche Entscheidung ausgeschlossen werden (vgl. § 48 Rn. 4) oder von den sie entsendenden Betriebsräten abberufen werden. Auch der kollektive Amtsverlust im BR (Rn. 7 ff.) führt nicht zum Ende des GBRs.

5 Die Regelung ist das **Pendant** zur Regelung über das Erlöschen der Mitgliedschaft im BR nach **§ 24.** Sie gilt gemäß § 73 Abs. 2 durch Verweisung auch für die GJAV. Für den KBR gibt es eine Sonderregelung in § 57. In der Personalvertretung gibt es eine entsprechende Regelung für die Stufenvertretungen und den Gesamtpersonalrat in §§ 90, 94 BPersVG, welche (mittelbar) auf § 31 BPersVG verweisen, der wiederum die dem § 24 entsprechende Regelung zum Erlöschen der Mitgliedschaft im Personalrat enthält. § 17 Abs. 2 SprAuG enthält eine dem § 49 entsprechende Regelung für den Gesamtsprecherausschuss.

6 Es handelt sich um eine **zwingende Bestimmung.** Abweichungen durch Tarifvertrag oder BV sind nicht möglich.[5]

II. Erlöschen der Mitgliedschaft im entsendenden BR

7 Der BR kann **nur eigene Mitglieder in den GBR** entsenden (§ 47 Rn. 41). Deswegen erlischt die Mitgliedschaft im GBR immer dann, wenn die Mitgliedschaft im BR erlischt. Das Erlöschen der Mitgliedschaft im BR ist in § 24 (s. dort) geregelt. Auch im Falle einer gemeinsamen Entsendung durch mehrere Betriebsräte ist nur eine Entsendung von BRsmitgliedern der betroffenen Betriebe möglich (§ 47 Rn. 41, 91). Deshalb erlischt das Amt auch in diesem Fall mit dem Erlöschen der Mitgliedschaft im BR.[6] Infolge der regelmäßigen BRswahlen bedarf es in der Folge immer erneuter Entsendungen. Gleichwohl führt dies nur zu einer neuen Zusammen-

1 GK-*Franzen*, Rn. 5; a. A. WPK-*Roloff*, Rn. 1.
2 Vgl. HWK-*Hohenstatt/Dzida*, Rn. 2.
3 GK-*Franzen*, Rn. 5, 24; *Kreutz*, FS Birk, S. 495 [501].
4 GK-*Franzen*, Rn. 5; Richardi-*Annuß*, Rn. 3.
5 GK-*Franzen*, Rn. 2; HWGNRH-*Glock*, Rn. 2; WPK-*Roloff*, Rn. 1.
6 GK-*Franzen*, Rn. 7.

setzung, nicht aber zum Ende des GBRs. Dieser muss sich allerdings neu konstituieren (vgl. § 51 Rn. 10).

III. Amtsniederlegung

§ 49 setzt voraus, dass das GBRsmitglied sein Amt niederlegen kann.[7] Auch ein einköpfiger BR kann sein Amt im GBR niederlegen. Im Hinblick auf die Entsendungspflicht handelt es sich aber um eine grobe Pflichtverletzung, die zur Amtsenthebung im Verfahren nach § 23 führen kann.[8] 8

Die Amtsniederlegung bedarf keiner Begründung.[9] Sie erfolgt durch **Erklärung gegenüber dem Vorsitzenden** des GBRs[10] oder im Verhinderungsfalle gegenüber dessen Stellvertreter[11]. Dem Vorsitzenden des entsendenden BRs ist die Niederlegung aber mitzuteilen, da auch Interessen dieses EinzelBRs betroffen sind. Dies zu gewährleisten ist Sache des GBRs.[12] 9

Die Niederlegung des Amtes als Vorsitzender oder stellvertretender Vorsitzender des GBRs hat keinen Einfluss auf die Mitgliedschaft im GBR.[13] Dasselbe gilt für die Amtsniederlegung in einem Ausschuss des GBRs.[14] 10

Auch **mehrere** GBRsmitglieder können ihre Ämter **gleichzeitig** niederlegen. Für sie rücken dann die Ersatzmitglieder nach.[15] 11

Keine Amtsniederlegung ist die Ablehnung der Übernahme des Amtes. Die Zustimmung ist Voraussetzung einer wirksamen Entsendung (§ 47 Rn. 44). Fehlt es an ihr, kommt es also nicht zum Nachrücken eines Ersatzmitglieds. Vielmehr bedarf es eines neuen Entsendungsbeschlusses[16]. 12

Die Amtsniederlegung ist weder an Frist noch Form gebunden.[17] In der Geschäftsordnung kann Schriftform vorgesehen werden,[18] ob das mehr als deklaratorischer Natur sein kann, scheint allerdings zweifelhaft. Die Niederlegungserklärung muss **eindeutig** sein.[19] Insbesondere muss klar sein, ob nur das Amt als GBRsmitglied, das Amt als BRsmitglied, ein Amt als KBRsmitglied oder mehrere Ämter niedergelegt werden sollen. 13

Die Erklärung soll **nicht widerruflich, rücknehmbar oder anfechtbar** sein.[20] Dem ist **nur in Teilen zuzustimmen.** Für Rücknahme und Widerruf gibt es in der Tat keine gesetzlichen Grundlagen.[21] Anders ist es hinsichtlich der Anfechtung. Da es sich um eine Willenserklärung handelt, ist prinzipiell von der Möglichkeit der Anfechtbarkeit gemäß §§ 119 ff. BGB auszugehen. Rechtsfortbildend einen Ausschluss der Anfechtung anzunehmen, setzt voraus, dass es sich um eine planwidrige Regelungslücke handelt, die in dieser Richtung geschlossen werden kann. Dabei lässt sich eine Regelungslücke möglicherweise noch mit der Begründung annehmen, dass der Gesetzgeber sich über die Frage der Anfechtbarkeit keine Gedanken gemacht hat. Sie zu schließen setzt voraus, dass der Gesetzgeber, wäre er sich der Problematik bewusst gewesen, die Anfechtung ausgeschlossen hätte. Das lässt sich gut begründen hinsichtlich der **Irrtumsanfechtung,** weil die Klarheit hinsichtlich des Bestandes des Gremiums insoweit Vorrang verdient vor dem Interesse des Amtsträgers, mit Rücksicht auf den Willensmangel am Amt festhalten zu wollen. Hinsichtlich Täuschung und Drohung (§ 123 BGB) muss eine Lücken- 14

---

7 Vgl. *BAG* 4.11.15 – 7 ABR 61/13, NZA-RR 16, 256, Rn. 35.
8 HWGNRH-*Glock*, Rn. 10; Richardi-*Annuß*, Rn. 7; NK-GA/*Bodem*, Rn. 5.
9 GK-*Franzen*, Rn. 8.
10 *BAG* 4.11.15 – 7 ABR 61/13, NZA-RR 15, 256, Rn. 35.
11 GK-*Franzen*, Rn. 13.
12 WPK-*Roloff*, Rn. 3.
13 GK- *Franzen*, Rn. 9; Richardi-*Annuß*, Rn. 6.
14 GK-*Franzen*, Rn. 9; Richardi-*Annuß*, Rn. 6.
15 HWGNRH-*Glock*, Rn. 9; NK-GA/*Bodem*, Rn. 2.
16 GK-*Franzen*, Rn. 10.
17 HWGNRH-*Glock*, Rn. 6.
18 GK-*Franzen*, Rn. 12.
19 *Fitting*, Rn. 11; GK-*Franzen*, Rn. 9.
20 *Fitting*, Rn. 11; Hako-BetrVG/*Haase/Tautphäus*, Rn. 7; HWGNRH-*Glock*, Rn. 7; Richardi-*Annuß*, Rn. 6; WPK-*Roloff*, Rn. 3; NK-GA/*Bodem*, Rn. 5.
21 Ebenso GK-*Franzen*, Rn. 11.

füllung im intendierten Sinne allerdings ausscheiden. Denn hier steht nicht nur das Interesse des Einzelnen an der unbefangenen Willensbildung im Vordergrund, sondern es ist auch im Interesse des GBRs und der durch ihn repräsentierten UNsbelegschaft, dass die Zusammensetzung des GBRs nicht durch Angriffe auf die Willensbildung seiner Mitglieder beeinflusst werden kann. Zudem gibt es keinen Grund, die Anfechtung auszuschließen, wenn aus ihr **noch keine Konsequenzen** i. S. d. Beschlussfassung oder Einladung von Ersatzmitgliedern **gezogen** wurden.[22]

15 Die Mitgliedschaft im GBR **endet mit dem Zugang** der Amtsniederlegungserklärung beim GBRsvorsitzenden.[23] Es ist aber möglich, einen späteren Beendigungszeitpunkt zu benennen. Das Amt endet dann mit diesem Zeitpunkt,[24] sofern nicht ein anderer Grund zu einem früheren Erlöschen der Mitgliedschaft führt. Zugang beim Vorsitzenden des entsendenden BRs genügt nicht, weil die Erklärung die Mitgliedschaft im GBR betrifft.[25]

IV. Ausschluss aufgrund einer gerichtlichen Entscheidung

16 Auch der Ausschluss aus dem GBR durch gerichtliche Entscheidung (§ 48) bewirkt das Erlöschen der Mitgliedschaft im GBR.

V. Abberufung

17 Aus § 49 ergibt sich, dass der BR ein Mitglied **jederzeit aus dem GBR abrufen** kann. § 47 Abs. 2 Satz 4 a. F. sah dies bis zum Betriebsverfassungsreformgesetz (Einleitung Rn. 37 ff.) ausdrücklich vor. Durch Streichung dieser Bestimmung ist die Möglichkeit der Abberufung indes nicht beseitigt worden. Entsprechendes war nach den Gesetzesmotiven nicht erkennbar beabsichtigt.[26] Die Abberufungsmöglichkeit folgt daher weiterhin aus § 49.[27]

18 Das Verfahren der Abberufung entspricht dem Verfahren der Entsendung gemäß § 47. Es bedarf dazu eines **BRsbeschlusses** mit einfacher Mehrheit.[28] Die Abberufung erfolgt aus denselben Gründen wie bei der Entsendung (§ 47 Rn. 46) nicht aufgrund einer Verhältniswahl bzw. mit qualifiziertem Mehrheitsbeschluss analog § 27 Abs. 1 Satz 5.[29] Im Falle einer gemeinsamen Entsendung durch mehrere Betriebsräte bedarf es eines Beschlusses des Entsendungskörpers (zu diesem § 47 Rn. 103, 118).[30] Das betroffene BRsmitglied soll **an der Abstimmung teilnehmen** können.[31] Das ist in dieser Pauschalität nicht richtig. Vielmehr ist für den Fall der Abberufung gegen den Willen des BRsmitglieds von einer zeitweisen Verhinderung infolge Interessenkollision (vgl. § 25 Rn. 25) nach § 25 Abs. 1 Satz 2 auszugehen. Es wäre widersprüchlich, wenn das Mitglied des GBRs an einer solchen Entscheidung zwar mitwirken könnte, nicht indes an der Entscheidung des GBRs über ein Ausschlussverfahren (dazu § 48 Rn. 19).

19 Für die Abberufung sind **weder Fristen noch Gründe** vorgesehen. Es bedarf gerade keiner groben Pflichtverletzung, wie sie für ein Ausschlussverfahren nach § 48 erforderlich ist.[32] Die Abberufung steht vielmehr im pflichtgemäßen Ermessen des BRs.[33] Allerdings soll eine Abberufung aus offensichtlich unsachlichen Gründen unwirksam sein.[34]

---

22 GK-*Franzen*, Rn. 11.
23 GK-*Franzen*, Rn. 13.
24 HWGNRH-*Glock*, Rn. 7.
25 GK-*Franzen*, Rn. 13.
26 Zur Streichung der Regelung fehlt jede Begründung in BT-Drs. 14/5741, S. 42.
27 *Fitting*, Rn. 16; GK- *Franzen*, Rn. 16.
28 *BAG* 21.7.04 – 7 ABR 58/03, AP Nr. 13 zu § 47 BetrVG 1972; GK-*Franzen*, Rn. 17; Hako-BetrVG/*Haase/Tautphäus*, Rn. 10; HWGNRH-*Glock*, Rn. 13.
29 *BAG* 16.3.05 – 7 ABR 33/04, AP Nr. 14 zu § 47 BetrVG 1972; a. A. *Klein*, Die Stellung der Minderheitsgewerkschaften in der Betriebsverfassung, S. 441.
30 GK-*Franzen*, Rn. 20; ErfK-*Koch*, Rn. 1.
31 GK-*Franzen*, Rn. 17; WPK-*Roloff*, Rn. 4.
32 Vgl. GK-*Franzen*, Rn. 19; WPK-*Roloff*, Rn. 4.
33 HWGNRH-*Glock*, Rn. 14.
34 *Gamillscheg*, Kollektives Arbeitsrecht II, S. 662.

Die Abberufung **wird wirksam** durch Erklärung des BRsvorsitzenden.[35] Umstritten ist, wem gegenüber die Erklärung abzugeben ist. Teilweise wird angenommen, dies sei der Vorsitzende des GBRs,[36] nach anderer Ansicht soll es das BRsmitglied selber sein.[37] Für Letzteres spricht, dass die Rechtsstellung des BRsmitglieds dadurch verändert wird. Andererseits bewirkt die Abberufung eine Veränderung der Zusammensetzung des GBRs. Das spricht dafür, dass auf den **Zugang beim GBRsvorsitzenden** abzustellen ist, zumal anderenfalls eine unerträgliche Belastung der Rechtssicherheit durch die Gefahr der Beschlussfassung durch ein falsch besetztes Gremium besteht. In praktischer Hinsicht empfiehlt sich in jedem Falle die Erklärung gegenüber dem BRsmitglied und gegenüber dem Vorsitzenden des GBRs.[38] 20

VI. Rechtsfolgen und weitere Konsequenzen

Das Erlöschen der Mitgliedschaft wirkt in allen genannten Fällen **nur für die Zukunft.**[39] In die Vergangenheit hinein wirkt allein die Nichtigkeit einer Entsendung in den GBR, die gegeben ist, wenn nicht einmal der Anschein einer dem Gesetz entsprechenden Entsendung vorliegt (vgl. § 47 Rn. 150). Mit der Mitgliedschaft im GBR enden auch die weiteren damit verbundenen Ämter, etwa Mitgliedschaft in Ausschüssen und/oder Vorsitz bzw. stellvertretender Vorsitz. 21

Das Erlöschen der Mitgliedschaft im GBR nach § 49 hat **keinen Einfluss auf die Mitgliedschaft im BR.** Demgegenüber erlischt eine etwaige Mitgliedschaft im KBR gemäß § 57 ebenfalls. 22

Das Ausscheiden hat zur Folge, dass ein **Ersatzmitglied** nach § 47 Abs. 3, gegebenenfalls nach Maßgabe der festgelegten Reihenfolge, nachrückt. Allerdings kann der BR eine **Neubestellung** vornehmen und auf diese Weise ein anderes Mitglied in den GBR aufrücken lassen.[40] 23

Im Falle der Amtsniederlegung ist auch eine **erneute Entsendung** in den GBR zulässig.[41] Auch die Abberufung durch den BR steht einer erneuten Entsendung nicht entgegen. Das ist zwar in der Regel nicht während der Amtsdauer des BRs zu erwarten, scheint aber durchaus denkbar für den Fall einer Wiederwahl. Anderes gilt im Falle des Ausschlusses aufgrund gerichtlicher Entscheidung (§ 48 Rn. 28). 24

Vorsitzender und **stellvertretender Vorsitzender** des GBRs sind auch im Falle einer Wiederwahl in den BR bei weiterer Entsendung in den GBR **neu zu wählen,** weil die bisherigen Amtsinhaber erneut entsandt werden mussten.[42] 25

Wenn sämtliche Mitglieder ihr Amt verlieren, bleibt der GBR gleichwohl als solches existent (Rn. 4), er wird nur vorübergehend **handlungsunfähig.** Das ist auch der Fall, wenn für sämtliche Mitglieder Ersatzmitglieder nachrücken.[43] Der GBR muss sich dann neu konstituieren. 26

VII. Streitigkeiten

Streitigkeiten um das Erlöschen der Mitgliedschaft im GBR werden im arbeitsgerichtlichen **Beschlussverfahren** entschieden gemäß §§ 2a Abs. 1 Nr. 1, 80 ff. ArbGG (zu den Grundsätzen Einleitung Rn. 203 ff.). 27

Örtlich zuständig ist nach § 82 Abs. 1 Satz 2 ArbGG das Arbeitsgericht, in dessen Bezirk das UN seinen Sitz hat. Das gilt auch im Fall der Auseinandersetzung um einen Abberufungsbeschluss. Verfahrensgegenstand ist auch in diesem Fall die Mitgliedschaft im GBR, sodass die 28

---

35 *Fitting*, Rn. 18; a. A. (Beschlussfassung genügt bereits) WPK-*Roloff*, Rn. 4; HWK-*Hohenstatt/Dzida*, Rn. 2.
36 HWGNRH-*Glock*, Rn. 13.
37 GK-*Franzen*, Rn. 18; Hako-BetrVG/*Haase/Tautphäus*, Rn. 11; Richardi-*Annuß*, Rn. 9; ErfK-*Koch*, Rn. 1.
38 Vgl. NK-GA/*Bodem*, Rn. 7.
39 GK-*Franzen*, Rn. 22.
40 *Fitting*, Rn. 19; GK-*Franzen*, Rn. 18, 23; Richardi-*Annuß*, Rn. 11; a. A. HWGNRH-*Glock*, Rn. 15.
41 *Fitting*, Rn. 12; GK-*Franzen*, Rn. 13; HWGNRH-*Glock*, Rn. 8; Richardi-*Annuß*, Rn. 6; WPK-*Roloff*, Rn. 3.
42 *Fitting*, Rn. 5.
43 GK-*Franzen*, Rn. 24.

Wirksamkeit des Abberufungsbeschlusses lediglich eine Vorfrage ist.[44] Dasselbe gilt für den Streit um das Erlöschen der Mitgliedschaft durch Verlust des BRsamtes, auch Letzteres ist nur eine Vorfrage.[45] Wenn der Betrieb im Bezirk desselben Arbeitsgerichts liegt wie der Sitz des UNs, kann das Verfahren mit einem solchen zur Klärung der Mitgliedschaft im BR verbunden werden.[46] Bei ausländischem Sitz des AGs ist maßgeblich für die Zuständigkeit der Sitz des Betriebes, der im Bundesgebiet zentrale Bedeutung hat (§ 47 Rn. 145).

29 Ein **Abberufungsbeschluss** ist nach den Grundsätzen zu BRsinternen Wahlen analog § 19 gerichtlich anzufechten (vgl. § 47 Rn. 144).[47] Das setzt die Einhaltung der zweiwöchigen Frist des § 19 Abs. 2 Satz 2 voraus.[48] Anfechtungsbefugt ist jedes Mitglied des BRs (vgl. § 47 Rn. 146). Der Antrag des Mitglieds des GBRs, das die Abberufung mit der Begründung angreift, dass es keinen Abberufungsgrund gebe, ist unbegründet, weil es auf einen Grund nicht ankommt (vgl. Rn. 19).[49]

30 Zu beteiligen sind der GBR, das GBRsmitglied und das UN. Im Falle einer Auseinandersetzung um eine Abberufung ist auch der entsendende BR zu beteiligen.[50]

§ 50 Zuständigkeit

(1) Der Gesamtbetriebsrat ist zuständig für die Behandlung von Angelegenheiten, die das Gesamtunternehmen oder mehrere Betriebe betreffen und nicht durch die einzelnen Betriebsräte innerhalb ihrer Betriebe geregelt werden können; seine Zuständigkeit erstreckt sich insoweit auch auf Betriebe ohne Betriebsrat. Er ist den einzelnen Betriebsräten nicht übergeordnet.

(2) Der Betriebsrat kann mit der Mehrheit der Stimmen seiner Mitglieder den Gesamtbetriebsrat beauftragen, eine Angelegenheit für ihn zu behandeln. Der Betriebsrat kann sich dabei die Entscheidungsbefugnis vorbehalten. § 27 Abs. 2 Satz 3 und 4 gilt entsprechend.

Inhaltsübersicht Rn.

---

44 *Fitting*, Rn. 20; WPK-*Roloff*, Rn. 5; a. A. HWGNRH-*Glock*, Rn. 16.
45 GK-*Franzen*, Rn. 25; a. A. wohl HWGNRH-*Glock*, Rn. 16.
46 WPK-*Roloff*, Rn. 6.
47 Vgl. GK-*Franzen*, § 47 Rn. 129; Hako-BetrVG/*Haase/Tautphäus*, Rn. 15.
48 *BAG* 21.7.04 – 7 ABR 58/03, AP Nr. 13 zu § 47 BetrVG 1972; GK-*Franzen*, Rn. 25.
49 GK-*Franzen*, Rn. 21.
50 WPK-*Roloff*, Rn. 6.

I. Überblick

Die Bestimmung regelt die **Zuständigkeit** des GBRs sowie dessen **Verhältnis zu den EinzelBRn.** Sie knüpft an die entsprechende Regelung des § 48 Abs. 1 BetrVG 1952 und deren Vorgänger in § 91 BRG 1920. Wesentliche Änderungen gegenüber der vorherigen Rechtslage wurden nicht herbeigeführt,[1] offenbar weil es keine politischen Mehrheiten zur Klärung der bereits vorher bestehenden Auslegungszweifel gab.[2] Dem entspricht es, dass die Regierungsbegründung zum Gesetz an dieser Stelle ausgesprochen dünn ist und lediglich auf die vorherige Rechtslage verweist.[3] Gestrichen wurde allerdings der Zusatz, dass der GBR »nur« unter den im Gesetz genannten Voraussetzungen zuständig ist, ohne dass damit aber eine inhaltliche Änderung verbunden war, eine Erweiterung der Zuständigkeit des GBRs war nicht beabsichtigt.[4] Neu war jedoch die Möglichkeit, nach Abs. 2 die Zuständigkeit des GBRs durch Auftrag zu begründen. Im Zuge des Betriebsverfassungsreformgesetzes (Einleitung Rn. 37 ff.) wurde die originäre Zuständigkeit des GBRs nach Abs. 1 Satz 1 2. HS für BRslose Betriebe eingefügt. 1

Die Vorschrift gilt **entsprechend** gemäß § 73 Abs. 2 für die GJAV. Eine entsprechende Bestimmung gibt es für den Gesamtsprecherausschuss gemäß § 18 SprAuG. Abweichend ist das Verhältnis der Stufenvertretungen untereinander sowie des Personalrats zum Gesamtpersonalrat in § 92 BPersVG geregelt. Das Verhältnis zum KBR sowie dessen Zuständigkeit, die regelmäßig die Zuständigkeit des GBRs ausschließt, ist in § 58 geregelt. 2

Der DGB-Reformentwurf »Betriebliche Mitbestimmung für das 21. Jahrhundert« (Einl. Rn. 45h) sieht zwei Ergänzungen der Regelung vor. Zum einen sollte klargestellt werden, dass der Gesamtbetriebsrat seine Zuständigkeit durch Rahmenvereinbarungen[5] ausüben kann 2a

1 Vgl. nur *Halberstadt*, BB 75, 843; *Kittner*, BlStSozArbR 76, 232 ff.; je mit Rückblick auf die alte Norm.
2 So die Deutung bei GK-*Franzen*, Rn. 2.
3 Reg.Begr., BT-Drs. VI/1786, S. 43.
4 *BAG* 23.9.75 – 1 ABR 122/73, AP Nr. 1 zu § 50 BetrVG 1972.
5 Zu dieser Problematik s. Rn. 15 ff.

(Abs. 3 des Entwurfes).[6] Zum anderen sollen BR in jedem Falle so lange zuständig sein, wie der GBR von seiner Zuständigkeit noch keinen Gebrauch gemacht hat (Abs. 4 des Entwurfs).[7]

3 Die Bestimmung ist **zwingend** und kann weder durch Tarifvertrag noch durch BV abbedungen werden.[8] Insbesondere kann den EinzelBRn nicht durch GBV die Zuständigkeit entzogen werden.[9] Auch können nicht GBR und EinzelBR durch Vereinbarung die Zuständigkeiten verschieben.[10] Das schließt es allerdings nicht aus, durch Tarifvertrag Zuständigkeiten dem GBR zu übertragen.[11] Die Möglichkeit abweichender Regelungen nach § 3 Abs. 1 und 2 ist dadurch ebenfalls nicht infrage gestellt.[12]

4 Die Zuständigkeitsabgrenzung bezieht sich zunächst auf die Ausübung der materiellen Beteiligungsrechte, darüber hinaus aber auch auf die Regelung mitbestimmungsfreier und teilmitbestimmter Angelegenheiten.[13] Die Zuständigkeiten des GBRs wirken auch **nicht mitbestimmungserweiternd.**[14] Die gesetzlich vorgesehenen Mitwirkungsrechte bestehen unabhängig von den Zuständigkeiten. Die Zuständigkeiten entscheiden nur darüber, wer diese Mitwirkungsrechte ausübt, nicht indes über den Umfang der Mitwirkungsrechte. Dementsprechend führt die Existenz eines GBRs auch nicht dazu, dass Schwellenwerte für Mitbestimmungsrechte, die – wie etwa § 95 Abs. 2 – auf den Betrieb bezogen sind, nunmehr auf das UN bezogen würden. Das Mitbestimmungsrecht besteht daher nur, wenn im Betrieb der Schwellenwert erreicht wird,[15] unabhängig davon, ob es einen GBR gibt.[16] Zwar hat das *BAG* § 111 früher schutzzweckorientiert verfassungskonform dahin ausgelegt, dass bei Zuständigkeit des GBRs der betriebsbezogene Schwellenwert UNsbezogen zu verstehen sei, indes ausdrücklich darauf hingewiesen, dass es sich um eine nicht verallgemeinerungsfähige Auslegung von § 111 handele.[17] Der Gesetzgeber des Betriebsverfassungsreformgesetzes (Einleitung Rn. 37 ff.) hatte dementsprechend den Schwellenwert des § 111 in Richtung eines UNsbezuges geändert, dies aber nicht für alle Schwellenwerte nachvollzogen. Das Ergebnis, dass betriebsbezogene Schwellenwerte auch bei Zuständigkeit des GBRs betriebsbezogen sind, lässt sich auch nicht durch Beauftragung des GBRs (Rn. 124 ff.) überwinden.[18] Nicht als mitbestimmungserweiternd in diesem Sinne ist es allerdings anzusehen, wenn das Mitbestimmungsrecht beim GBR liegt und dieser die Mitbestimmung nach Abs. 1 Satz 1 2. HS auch für BRslose Betriebe ausübt, obwohl dort an sich kein Mitbestimmungsrecht bestünde.

5 Die Zuständigkeitsabgrenzung bezieht sich nur auf die **Regelungskompetenz** (»innerhalb ihrer Betriebe geregelt werden können«). Wo es nicht um Regelungen geht, ist grundsätzlich der örtliche BR zuständig.[19] Das gilt beispielsweise für das Überwachungsmandat nach § 80 Abs. 1 Nr. 1.[20] Das schließt allerdings nicht aus, dass die Zuständigkeit des GBRs sich auf weitere Aspekte als die bloße Regelungskompetenz beschränkt.[21] So kann der GBR etwa durchaus einen

---

6 Dazu s. *Deinert*, RdA 2023, 81, 86 ff.
7 Dazu s. *Deinert*, RdA 2023, 81, 87.
8 *BAG* 28.4.92 – 1 ABR 68/91, AP Nr. 11 zu § 50 BetrVG 1972; 11.11.98 – 4 ABR 40/97, AP Nr. 18 zu § 50 BetrVG 1972; 9.12.03 – 1 ABR 49/02, AP Nr. 27 zu § 50 BetrVG 1972; 14.11.06 – 1 ABR 4/06, AP Nr. 43 zu § 87 BetrVG 1972 Überwachung, Rn. 22, 34; Hako-BetrVG/*Haase/Tautphäus*, Rn. 1; HWGNRH-*Glock*, Rn. 3; Richardi-*Annuß*, Rn. 52; WPK-*Roloff*, Rn. 1; ErfK/*Koch*, Rn. 1; *Gamillscheg*, Kollektives Arbeitsrecht II, S. 664; *Robrecht*, Die GBV, S. 102 ff.; *Thüsing*, ZfA 10, 195 [198 f.]; *Richardi*, FS Gitter, S. 789 f.; a. A. LKK-*Löwisch*, § 3 Rn. 31 f.
9 *BAG* 9.12.03 – 1 ABR 49/02, AP Nr. 27 zu § 50 BetrVG 1972.
10 NK-GA/*Bodem*, Rn. 1.
11 GK-*Franzen*, Rn. 6.
12 GK-*Franzen*, Rn. 6.
13 GK-*Franzen*, Rn. 20 f.
14 *Fitting*, Rn. 8.
15 ErfK/*Koch*, Rn. 2.
16 HWGNRH-*Glock*, Rn. 4.
17 *BAG* 8.6.99 – 1 AZR 831/98, AP Nr. 47 zu § 111 BetrVG 1972; 23.9.03 – 1 AZR 576/02, AP Nr. 43 zu § 113 BetrVG 1972.
18 *Gamillscheg*, Kollektives Arbeitsrecht II, S. 669.
19 A. A. GK-*Franzen*, Rn. 21.
20 *BAG* 16.8.11 – 1 ABR 22/10, AP Nr. 75 zu § 80 BetrVG 1972.
21 So aber wohl GK-*Franzen*, Rn. 21.

Unterlassungsanspruch gegen mitbestimmungswidriges Verhalten des AGs im Rahmen seiner Regelungskompetenz haben.

Die **formell-betriebsverfassungsrechtlichen Beziehungen** des GBRs werden nicht durch die Zuständigkeitsregel berührt. So gilt der Grundsatz der vertrauensvollen Zusammenarbeit gemäß § 2 Abs. 1 über die Regelung des § 51 Abs. 5 für den GBR umfassend und uneingeschränkt.[22] 6

Teils sind dem GBR im formellen Betriebsverfassungsrecht **ausschließliche Zuständigkeiten** zugewiesen (vgl. Rn. 66ff.). 7

II. Stellung im Verhältnis zu den einzelnen BRn (Abs. 1 Satz 2)

Der GBR ist ein **selbstständiges Organ** der Betriebsverfassung. Er steht neben den einzelnen BRn. Er ist diesen nach Abs. 1 Satz 2 **nicht übergeordnet.** Damit sind sowohl Weisungen im Einzelfall als auch generell verbindliche Richtlinien für die betriebsverfassungsrechtliche Positionierung der BR ausgeschlossen.[23] Das schließt eine durch den GBR organisierte **Koordinierung** der EinzelBRe nicht aus,[24] die allerdings von einer **freiwilligen** Beachtung durch die BR abhängt.[25] Rechtlich sanktionieren kann der GBR eine solche Koordination nicht. 8

Als ständiges Organ der Betriebsverfassung ist der GBR den einzelnen BRn selbstverständlich auch **nicht untergeordnet.** Auch diesen fehlt die Möglichkeit, verbindliche Weisungen zu erteilen.[26] Auch ist das **Mandat** der entsandten Mitglieder des BRs in den GBR **kein imperatives** (§ 51 Rn. 57). Das bedeutet, dass auch über die Mitglieder des GBRs keine Weisungen ergehen können. Das Abstimmungsverhalten ist folglich rechtlich ungebunden, wenngleich durch das Abberufungsrecht des BRs (§ 49 Rn. 17ff.) eine gewisse faktische Bindung beim Abstimmungsverhalten regelmäßig nicht ausgeschlossen ist. 9

Als **gleichberechtigtes Organ** steht der GBR demnach neben den EinzelBRn. Insofern ist es unzutreffend, wenn der GBR als »nicht viel mehr als ein Ausschuss von Delegierten einzelner BRskollegien« bezeichnet wird.[27] Der GBR hat nach § 51 Abs. 5 dieselben Rechte und Pflichten wie jeder andere BR. Ihm stehen auch dieselben Handlungsformen zu, insbesondere die Möglichkeit zum Abschluss von BVen (§ 77).[28] 10

Im gleichen **Verhältnis** steht der GBR **zum KBR.** Er ist diesem gemäß § 58 Abs. 1 Satz 2 nicht untergeordnet. Er ist diesem gegenüber aber auch nicht weisungsbefugt. Dessen Zuständigkeit ist von der des GBRs gemäß § 58 Abs. 1 Satz 1 in gleicher Weise abgegrenzt wie die Zuständigkeit des GBRs von der der EinzelBR.[29] 11

III. Strikte Zuständigkeitsabgrenzung

Die Zuständigkeitsregelungen der §§ 50, 58 gelten nicht nur für die erzwingbare Mitbestimmung, sondern **auch für freiwillige BVen.** Potenziell kommen immer sowohl BR als auch GBR als zuständiges Organ für die Ausübung betriebsverfassungsrechtlicher Rechte in Betracht. Nur in Ausnahmefällen gibt es eine mit der Sachkompetenz verbundene Zuständigkeitszuschreibung, wie etwa bei BVen nach § 47 Abs. 5. 12

Die Zuständigkeiten sind derart voneinander abgegrenzt, dass jedes Betriebsverfassungsorgan diese nur für sich selbst ausüben kann. Dies ist Folge daraus, dass die Organe gleichberechtigt nebeneinanderstehen (Rn. 10). Die Nichtausübung einer Zuständigkeit lässt diese nicht 13

22 GK-*Franzen*, Rn. 20.
23 *Fitting*, Rn. 5; GK-*Franzen*, Rn. 13; Richardi-*Annuß*, Rn. 44; *Brill*, AuR 83, 169 [170].
24 HWGNRH-*Glock*, Rn. 5; Richardi-*Annuß*, Rn. 44; ErfK/*Koch*, Rn. 1; *Grotkamp*, Die Bedeutung des GBRs, S. 33f.; *Brill*, AuR 83, 169 [170].
25 GK-*Franzen*, Rn. 13.
26 GK-*Franzen*, Rn. 13; HWGNRH-*Glock*, Rn. 5; Richardi-*Annuß*, § 50 Rn. 45, 58; *Brill*, AuR 83, 169 [170].
27 So *Strasser*, FS Schnorr von Carolsfeld, S. 483 [484], der freilich dieses Bild im Vergleich mit dem ZentralBR österreichischen Rechts zeichnet.
28 GK-*Franzen*, Rn. 11.
29 GK-*Franzen*, Rn. 15.

wechselseitig einem anderen Organ (BR oder GBR) zufallen. Es gibt demnach **keine Subsidiärzuständigkeiten** des GBRs für die BR bzw. umgekehrt.[30] Zwar hat das *BAG* zu der alten Fassung des § 111, die noch auf den Betrieb abstellte, entschieden, dass trotz Nichterreichens des Schwellenwertes für die Beteiligung in wirtschaftlichen Angelegenheiten nach §§ 111 ff. im Falle einer betriebsübergreifend wirksamen wirtschaftlichen Maßnahme gleichwohl das Mitwirkungsrecht eingreife, wenn es in die Zuständigkeit des GBRs falle.[31] Dies beruhte aber nicht auf der Annahme einer gesetzlichen Mitbestimmungserweiterung, sondern vielmehr auf einer normzweckorientierten verfassungskonform erweiternden Auslegung des Mitbestimmungstatbestandes. In Konflikt mit diesem Verständnis gerät aber die Vorstellung des *BAG* von einem **vorsorglichen** UNseinheitlichen **Sozialplan,** der zum Zuge kommen soll, wenn bei einer Betriebsänderung eine Regelung auf betrieblicher Ebene ausbleibt.[32] Wenn der BR für diese Betriebsänderung zuständig ist, kann es nicht der GBR sein.

14 Es gilt danach ein Grundsatz strikter **Zuständigkeitstrennung.**[33] Das bedeutet, dass sich die Zuständigkeiten von KBR, GBR und EinzelBRn wechselseitig ausschließen.[34] § 50 nimmt damit die Funktion einer Kollisionsnorm ein.[35] Eine Ausnahme von dieser Zuständigkeitstrennung ergibt sich durch die Delegationsmöglichkeiten nach § 50 Abs. 2 an den GBR sowie gemäß § 58 Abs. 2 an den KBR. Der BR hat damit **grundsätzlich** auch **keine Auffangzuständigkeit.**[36] Es wurde allerdings vertreten, dass der BR eine Auffangzuständigkeit behalte für den Fall, dass der GBR pflichtwidrig nicht errichtet wurde oder von seinen Rechten keinen Gebrauch macht.[37] Der dagegen erhobene Einwand fehlender Rechtssicherheit sowie der Unvereinbarkeit mit der normativen Wirkung von BVen,[38] ist freilich zu oberflächlich, namentlich was den Fall des fehlenden GBRs angeht. Allerdings kann die Theorie der Auffangzuständigkeit nur theoretisch überzeugen. Das fehlende Gebrauchmachen von einer Kompetenz durch den GBR ist seinerseits Kompetenzausübung, sodass diese Überlegung vor allem für die Problematik des nicht errichteten GBRs Relevanz hat. Da dessen Zuständigkeit allerdings voraussetzt, dass die Angelegenheit nicht durch die einzelnen BR geregelt werden kann, ginge eine solche Auffangkompetenz regelmäßig ins Leere. Solange es keinen GBR gibt, muss allerdings das **Merkmal der Unmöglichkeit** einer Regelung auf Ebene der Einzelbetriebe **einschränkend** im Sinne einer objektiven Unmöglichkeit **ausgelegt** werden (s. u. Rn. 46), jedenfalls, wenn man diese Voraussetzung strikt interpretiert zugunsten einer grundsätzlich weitreichenden Primärkompetenz der einzelnen BR (Rn. 24).[39]

Insofern ist es allerdings **widersprüchlich,** wenn die Rechtsprechung bei der Argumentation gegen die Errichtung eines KBRs im Falle einer ausländischen Konzernspitze unter anderem damit argumentiert, die Mitbestimmungsrechte stünden den GBRn in diesem Falle zu.[40] Das ist

30 Hako-BetrVG/*Haase/Tautphäus*, Rn. 33; a. A. i. E. *Müller*, FS Küchenhoff, S. 283 [292 ff.]: Parallelzuständigkeiten mit Vorrang für die betriebliche Regelung.
31 *BAG* 8.6.99 – 1 AZR 831/98, AP Nr. 47 zu § 111 BetrVG 1972; 23.9.03 – 1 AZR 576/02, AP Nr. 43 zu § 113 BetrVG 1972.
32 *BAG* 17.4.12 – 1 AZR 119/11, AP Nr. 218 zu § 112 BetrVG 1972, Rn. 23.
33 *BAG* 14.11.06 – 1 ABR 4/06, AP Nr. 43 zu § 87 BetrVG 1972 Überwachung, Rn. 34; 30.1.19 – 5 AZR 442/17, NZA 19, 1076, Rn. 95; 19.11.19 – 3 AZR 127/18, NZA 20, 452, Rn. 24; GK-*Franzen*, Rn. 18; Hako-BetrVG/*Haase/Tautphäus*, Rn. 2; HWGNRH-*Glock*, Rn. 5; LKK-*Robrecht*, Rn. 10; *Grotkamp*, Die Bedeutung des GBRs, S. 47 f.; *Brill*, AuR 83, 169 [170]; *Ehrich*, ZfA 93, 427 [430 f.].
34 *BAG* 14.11.06 – 1 ABR 4/06, AP Nr. 43 zu § 87 BetrVG 1972 Überwachung, Rn. 34; *Fitting*, Rn. 9; *Robrecht*, Die GBV, S. 115 ff.; vgl. *BAG* 6.4.76 – 1 ABR 27/74, AP Nr. 2 zu § 50 BetrVG 1972.
35 GK-*Franzen*, Rn. 16.
36 *BAG* 17.5.11 – 1 ABR 121/09, AP Nr. 73 zu § 80 BetrVG 1972; *Fitting*, Rn. 9; GK-*Franzen*, Rn. 18; Hako-BetrVG/*Haase/Tautphäus*, Rn. 10; HWGNRH-*Glock*, Rn. 5; Richardi-*Annuß*, Rn. 46; *Stoffels/Lembke*, § 6 Rn. 28; *Grotkamp*, Die Bedeutung des GBRs, S. 42; *Röder/Gragert*, DB 96, 1674 [1675 f.]; *Salamon*, NZA 19, 283 ff.
37 *LAG Nürnberg* 29.9.89 – 4 TaBV 40/89, NZA 90, 503; vgl. *KRHS*, Rn. 1; *Däubler*, Das Arbeitsrecht 1, Rn. 1145a; DKW-*Trittin* (16. Aufl.), Rn. 15; a. A. *Schmelcher*, FS Dieter Gaul, S: 497 [506 ff.].
38 *Fitting*, Rn. 9.
39 Ähnlich für den Fall eines fehlenden KBR *Reinecke*, AuR 04, 328 [335 f.].
40 *BAG* 23.5.18 – 7 ABR 60/16, NZA 18, 1562, Rn. 26.

nach Vorstehendem unzutreffend und zeigt umgekehrt die Problematik der sich aus der Rechtsprechung ergebenden Vertretungslücke auf (zur Kritik an dieser Rspr. Vor § 54 Rn. 23 ff.).[41]

Die strikte Zuständigkeitstrennung hat nach h. M. auch zur Folge, dass die Zuständigkeit immer einem Organ **vollständig** zufällt. Damit **unvereinbar** sei die Vorstellung, dass dem GBR lediglich eine **Rahmenkompetenz** zufallen könne.[42] Das *BAG* begründet dies mit der Erwägung, dass eine Aufspaltung der Kompetenzen[43] von Gesamt- und Einzel-BR mit den Grundsätzen von Rechtssicherheit und Rechtsklarheit unvereinbar sei.[44] Sofern der GBR zuständig sei, müsse er die Angelegenheit danach vollständig regeln. Eine Aufspaltung der Zuständigkeit komme nicht in Betracht.[45] Das bedeutet auch, dass der GBR seine Zuständigkeit behält, wenn er noch keine vollständige und abschließende Regelung mit dem AG vereinbart hat.[46] **15**

Im Grundsatz ist der Vorstellung, dass dem GBR nicht lediglich eine Rahmenkompetenz, sondern die Zuständigkeit insgesamt zufällt, nicht zu widersprechen. Freilich bedarf es im Einzelfall einer genauen **Bestimmung der Angelegenheit,** für die der GBR zuständig ist. Am Beispiel eines Schichtplans für den Bahnverkehr hat *Däubler* zu Recht darauf hingewiesen, dass es sich bei der Erstellung des Schichtplans als solches um eine Angelegenheit handelt, die in die Zuständigkeit des GBRs fällt, dass die Entscheidung über den Einsatz der betreffenden konkreten Personen aber beim örtlichen BR als weitere mitbestimmungspflichtige Angelegenheit verbleibt.[47] Nur auf diese Weise lässt sich erreichen, dass das Mitbestimmungsrecht auf der Ebene ausgeübt wird, auf der eine angemessene Interessenvertretung möglich ist. Zu Recht hat *Däubler* in dem Zusammenhang auch darauf hingewiesen, dass die Rechtsprechung bei Interessenausgleichs- und Sozialplanverhandlungen ebenso verfährt (Rn. 115).[48] Der Umstand, dass insoweit zwei verschiedene Mitbestimmungsrechte im Raum stehen, kann letztlich keinen Unterschied machen. In beiden Fällen geht es um unterschiedliche Aspekte eines größeren Geschehens. Insoweit ist der hier vertretene Standpunkt auch besser kompatibel damit, dass das *BAG* **unterschiedliche Zuständigkeiten** in Bezug auf Bekleidung zum einen hinsichtlich der Kleiderordnung, zum anderen hinsichtlich des Gesundheitsschutzes annimmt (s. Rn. 27). Auch insoweit handelt es sich um verschiedene Aspekte in einem größeren Zusammenhang, die hier aber durch verschiedene Mitbestimmungsrechte geprägt sind. Die Erwägung, dass Materien, die sinnvoll nur einheitlich geregelt werden können, nicht sinnwidrig auseinandergerissen werden sollten durch Zuordnung unterschiedlicher Regelungsgeber, ist zwar zutreffend, erfordert aber gerade eine Beantwortung der Frage, wann von einer solchen Situation auszugehen ist.[49] Das *BAG* hat zwar ausgeführt, dass diese Frage anhand der Mitbestimmungstatbestände zu beantworten sei.[50] Dies darf allerdings nicht dahin missverstanden werden, dass mehrere Fragestellungen grundsätzlich allein deshalb einheitlich von einem Organ behandelt werden müssten, weil sie vom selben Mitbestimmungstatbestand erfasst werden. Gerade in matrix- **16**

---

41 Vgl. zur Kritik auch *Deinert*, Betriebsverfassung in Zeiten der Globalisierung, S. 16 f.

42 *BAG* 14. 11. 06 – 1 ABR 4/06, AP Nr. 43 zu § 87 BetrVG 1972 Überwachung, Rn. 32 ff.; 18. 7. 17 – 1 ABR 59/15, AP Nr. 25 zu § 87 BetrVG 1972 Gesundheitsschutz, Rn. 21; *Fitting*, Rn. 28; GK-*Franzen*, Rn. 17, 46; ErfK/*Koch*, Rn. 2; *Salamon*, NZA 13, 708 [711]; a. A. HWGNRH-*Glock*, Rn. 18; *Keim*, BB 87, 962 ff.; krit. wohl auch WPK-*Roloff*, Rn. 7.

43 *BAG* 8. 3. 22 – 1 ABR 20/21, NZA 22, 1134, Rn. 37.

44 *BAG* 14. 11. 06 – 1 ABR 4/06, AP Nr. 43 zu § 87 BetrVG 1972 Überwachung, Rn. 35; ebenso *Fitting*, Rn. 28.

45 *BAG* 14. 11. 06 – 1 ABR 4/06, AP Nr. 43 zu § 87 BetrVG 1972 Überwachung, Rn. 35; 18. 7. 17 – 1 ABR 59/15, AP Nr. 25 zu § 87 BetrVG 1972 Gesundheitsschutz, Rn. 21; 30. 1. 19 – 5 AZR 450/17, NZA 19, 1065, Rn. 91.

46 *BAG* 14. 11. 06 – 1 ABR 4/06, AP Nr. 43 zu § 87 BetrVG 1972 Überwachung, Rn. 46; Richardi-*Annuß*, Rn. 47.

47 *Däubler*, DB 17, 667 [668 f.]; a. A. (umfassende Zuständigkeit des GBRs) *HessLAG* 18. 7. 16 – 16 TaBV 1/16.

48 *Däubler*, DB 17, 667 [668].

49 Vgl. *Thüsing*, ZfA 10, 195 [199 ff.].

50 *BAG* 14. 11. 06 – 1 ABR 4/06, AP Nr. 43 zu § 87 BetrVG 1972 Überwachung, Rn. 35.

organisierten Konzernen liegt es nahe, dass die Zuständigkeit des GBR um Zuständigkeiten der örtlichen BR ergänzt wird.[51]

17 Soweit die Rechtsprechung allerdings eine Möglichkeit des GBRs zur **Delegation** von Regelungskompetenzen auf EinzelBR verneint,[52] vermag dies im Ergebnis nicht zu überzeugen.[53] Zwar ist bei gegebener Zuständigkeit die Delegation auf ein unzuständiges Gremium außer im Fall des Abs. 2 nicht möglich.[54] Das Mittel der **Rahmen-GBV** bedeutet letztlich aber lediglich, dass **keine vollständige Detailregelung** erfolgt. Soweit dann Regelungen der Details auf betrieblicher Ebene möglich sind, muss durch diese Öffnung der GBV für lokale BVen die Zuständigkeit des örtlichen BRs gegeben sein (vgl. § 95 Rn. 20).[55] Der GBR hat von seiner Kompetenz in ausreichendem Umfang Gebrauch gemacht. Auch ein Umkehrschluss aus § 50 Abs. 2 ist daher nicht zielführend. Wenn er die Ausfüllung der Regelung den örtlichen BRn überlässt, entspricht das einem Bedürfnis der Praxis, die verbreitet Rahmen-GBVen schließt, die auf örtlicher Ebene der Ausfüllung bedürfen, und es gibt keinen Grund, warum die Jurisprudenz sich dem verschließen sollte, wenn alle Beteiligten dies wünschen. Das Argument der Rechtssicherheit und Rechtsklarheit muss dahinter zurücktreten. Das gilt zumal deshalb, weil die Rechtsprechung an anderer Stelle betont, dass Regelungen, die unterschiedliche Mitbestimmungstatbestände betreffen, **keine Kompetenz kraft Sachzusammenhangs** begründen können, sondern für jede Angelegenheit gesondert die Zuständigkeit zu prüfen ist.[56]

18 Auch wenn der GBR in einer mitbestimmungspflichtigen Angelegenheit von dem Mitbestimmungsrecht im Rahmen seiner Zuständigkeit vollständig Gebrauch gemacht hat, schließt dies nicht aus, dass **ergänzende betriebliche Regelungen** möglich sind, die in die Zuständigkeit des EinzelBRs fallen.[57] Anders ist es aber, wenn eine GBV bestimmte Gegenstände abschließend regelt. In diesem Sinne hat das *BAG* die Zuständigkeit des örtlichen BRs für ergänzende Regelungen in einem Fall verneint, in dem die GBV die betreffenden Gegenstände der Vereinbarung durch die Arbeitsvertragsparteien oder der Festlegung durch den AG zugewiesen hatte.[58] Ob eine abschließende Regelung vorliegt, ist eine Frage der Auslegung der betreffenden GBV. Vgl. auch für die Frage der Ergänzung von Auswahlrichtlinien § 95 Rn. 20.

19 Folge der strikten Zuständigkeitsabgrenzung ist, dass derjenige, der sich auf eine Zuständigkeit verlässt, die nach der Rechtslage tatsächlich nicht gegeben ist, dieses **Risiko der Fehlbeurteilung** selber zu tragen hat. Insbesondere riskiert der AG, mit dem falschen Gremium verhandelt zu haben.[59] Es ist auch nicht Sache der ANvertretung, den AG auf Bedenken gegen die Zuständigkeit hinzuweisen oder eigene Beteiligungsrechte eigeninitiativ durchzusetzen. Der Versuch eines Interessenausgleichs ist folglich nicht genügend und hat einen Nachteilsausgleich nach § 113 Abs. 3 zur Folge, wenn der AG auf der falschen Ebene über den Interessenausgleich verhandelt hat.[60] Es wird daher geraten, die infrage kommenden ANvertretungen zur **Klärung der Zuständigkeitsfrage** aufzufordern.[61] Das nützt dem AG am Ende nicht wirklich viel, denn ohne eine rechtskräftige Entscheidung vermag eine bloße Zuständigkeitsabrede zwischen mehreren Organen der Betriebsverfassung eine gesetzlich nicht bestehende Zuständigkeit nicht zu überwinden (s. u. Rn. 124).[62] Allerdings kann bei einer Einigung auf die Zuständigkeit des GBRs (nicht umgekehrt!) die Annahme zumindest einer Auftragszuständigkeit (Rn. 118 ff.)

51 Vgl. *Hürdler*, Zuständigkeitsverteilung, S. 371 ff., der allerdings selber der Vorstellung einer Rahmenkompetenz entgegentritt.
52 *BAG* 14.11.06 – 1 ABR 4/06, AP Nr. 43 zu § 87 BetrVG 1972 Überwachung, Rn. 35; ebenso GK-*Franzen*, Rn. 46; HWGNRH-*Glock*, Rn. 17.
53 Wie hier auch i. E. *Grotkamp*, Die Bedeutung des GBRs, S. 54.
54 *BAG* 21.1.03 – 3 ABR 26/02, AP EzA § 50 BetrVG 2001 Nr. 2.
55 In diesem Sinne auch *Gamillscheg*, Kollektives Arbeitsrecht II, S. 666; *Reinecke*, AuR 04, 328 [335].
56 *BAG* 18.7.17 – 1 ABR 59/15, AP Nr. 25 zu § 87 BetrVG 1972 Gesundheitsschutz, Rn. 21.
57 *BAG* 3.5.84 – 6 ABR 68/81, AP Nr. 5 zu § 95 BetrVG 1972.
58 *BAG* 31.1.89 – 1 ABR 60/87, AP Nr. 12 zu § 81 ArbGG 1979.
59 *BAG* 26.1.93 – 1 AZR 303/92, AP Nr. 102 zu § 99 BetrVG 1972.
60 *BAG* 24.1.96 – 1 AZR 542/95, AP Nr. 16 zu § 50 BetrVG 1972; *Wißmann*, FS 25 Jahre Arbeitsgemeinschaft Arbeitsrecht im DAV, S. 1037 [1042].
61 *Fitting*, Rn. 13; Hako-BetrVG/*Haase/Tautphäus*, Rn. 26.
62 *BAG* 24.1.96 – 1 AZR 542/95, AP Nr. 16 zu § 50 BetrVG 1972.

naheliegen.[63] Das kann indes nur funktionieren, wenn sich sämtliche örtliche BR hieran beteiligen.[64] Freilich werden die formalen Voraussetzungen dafür nicht in jedem Falle vorliegen.[65] Immerhin: Dem AG ist die Verhandlung mit dem unzuständigen Gremium im Allgemeinen nicht vorzuwerfen, wenn er auf die durch BR und GBR getroffene Zuständigkeitsklärung vertraut. Insbesondere liegt kein Fall von § 23 vor; auch ist der AG dann nicht zur Zahlung eines Nachteilsausgleichs nach § 113 verpflichtet (Rn. 112).

Grundsätzlich richtet sich die Zuständigkeit des BRs bzw. GBRs **nicht nach dem Wunsch des AGs.**[66] Allerdings soll sich eine **Einschränkung bei freiwilligen Leistungen** ergeben.[67] Soweit der AG mitbestimmungsfrei darüber entscheiden kann, welche Leistungen er erbringt, soll er das auch davon abhängig machen können, dass es eine überbetriebliche Regelung gibt (Rn. 34). Folgerichtig bedarf es dann auch zur Änderung oder Ablösung einer BV mit dem GBR. Denn eine ablösende BV kann nur durch das zuständige Betriebsverfassungsorgan geschlossen werden (vgl. Rn. 155) und die einmal auf diese Weise begründete Zuständigkeit kann der AG nicht mehr willkürlich verändern.[68] Durch Kündigung und Abschluss freiwilliger BVen mit einem anderen Organ soll der AG sich von der so begründeten Zuständigkeit allerdings wieder abwenden können.[69] Freilich ist schon der Ausgangspunkt **nicht überzeugend.** Vielmehr muss es dabei bleiben, dass nicht der Wunsch des AGs über die Zuständigkeit entscheidet. Als besonders problematisch erweist es sich insoweit, wenn die Rechtsprechung davon ausgeht, dass die Mitbestimmung entfällt, wenn der AG eine Regelung auf Konzernebene anstrebt, es aber, obwohl die Errichtungsvoraussetzungen nach § 54 vorliegen, keinen KBR gibt.[70] Auch die Vorstellung, mangels Erfüllung der Voraussetzungen für die Errichtung eines KBRs könne ein Mitbestimmungsrecht doch von den GBRn und BRn der konzernangehörigen UN wahrgenommen werden,[71] zeigt wie wenig konsistent dieser Ansatz ist. Entscheidend kann allein sein, ob es um eine Angelegenheit geht, die mehrere Betriebe betrifft und von den EinzelBRn nicht geregelt werden kann (Rn. 24 ff.). Insoweit ist davon auszugehen, dass der AG durch ein solches Junktim diese gesetzliche Regelung nicht überbrücken kann. Vielmehr hat das gesetzlich zuständige Organ mitzubestimmen. Dass der AG unter Umständen aus diesem Grunde darauf verzichtet, die Leistung zuzusagen, ist letztlich hinzunehmende Konsequenz der gesetzlichen Regelung. Der AG hat **allein** dadurch die Möglichkeit, die Zuständigkeit **mittelbar** zu beeinflussen, dass er den **Kreis der Begünstigten und die Leistungsvoraussetzungen** so **zuschneidet,** dass allein eine überbetriebliche Regelung möglich bleibt und die Zuständigkeit des GBRs dadurch begründet wird. 20

Richtig ist allerdings, dass der AG bisweilen die Zuständigkeit dadurch beeinflussen kann, dass er mitbestimmungspflichtige Maßnahmen betrieblich oder überbetrieblich plant (zur Zuständigkeitsvoraussetzung der Überbetrieblichkeit vgl. Rn. 28 ff.). Denn grundsätzlich ist der **Geltungsbereich der jeweiligen Maßnahme,** der von ihrem Initiator geplant wird, maßgeblich für die Frage der Überbetrieblichkeit (Rn. 26).[72] Das ließe freilich AG und GBR jeweils bei Initiation einer Maßnahme die Möglichkeit, die Zuständigkeit des örtlichen BRs auszuschließen. Das jedoch wird durch den Aspekt der **fehlenden Regelungsmöglichkeit** der einzelnen BR bei der originären Zuständigkeit des GBRs (Rn. 31 ff.) begrenzt.[73] Insofern wäre es verkürzt, die 21

63 *BAG* 24.1.96 – 1 AZR 542/95, AP Nr. 16 zu § 50 BetrVG 1972; HWK-*Hohenstatt/Dzida*, Rn. 6; *Heider/Schimmelpfennig*, KSzW 14, 244 [250]; *Schmitt-Rolfes*, FS BAG, S. 1081 [1090].
64 *Däubler*, Das Arbeitsrecht 1, Rn. 1144c.
65 Richardi-*Annuß*, Rn. 48.
66 *BAG* 23.9.75 – 1 ABR 122/73, AP Nr. 1 zu § 50 BetrVG 1972; 9.12.03 – 1 ABR 49/02, AP Nr. 27 zu § 50 BetrVG 1972; 23.3.10 – 1 ABR 82/08, AP Nr. 135 zu § 87 BetrVG 1972 Lohngestaltung; 19.6.12 – 1 AZR 19/11, AP Nr. 35 zu § 50 BetrVG 1972, Rn. 21; 18.7.17 – 1 ABR 59/15, AP Nr. 25 zu § 87 BetrVG 1972 Gesundheitsschutz, Rn. 19; HWGNRH-*Glock*, Rn. 10, 15; LKK-*Robrecht*, Rn. 3.
67 Pointiert: *Gamillscheg*, Kollektives Arbeitsrecht II, S. 666.
68 *BAG* 17.4.12 – 1 AZR 119/11, AP Nr. 218 zu § 112 BetrVG 1972, Rn. 25.
69 *Fitting*, Rn. 11.
70 *BAG* 14.12.93 – 3 AZR 618/93, AP Nr. 81 zu § 7 BetrAVG.
71 So *Fitting*, Rn. 47.
72 Vgl. *BAG* 24.1.96 – 1 AZR 542/95, AP Nr. 16 zu § 50 BetrVG 1972.
73 GK-*Franzen*, Rn. 25.

Zuständigkeitsabgrenzung allein danach vorzunehmen, auf welcher Ebene die Entscheidungskompetenz beansprucht wird (vgl. auch § 58 Rn. 12).[74]

22 Angesichts der strikten Zuständigkeitsabgrenzung ist es richtig, wenn die Rechtsprechung davon ausgeht, dass auch freiwillige BVen der EinzelBR die Zuständigkeit des GBRs **nicht** verdrängen bzw. einer solchen **vorgreifen** können.[75] Allerdings sollte die Existenz solcher BVen umgekehrt ein Indiz dafür sein, dass es sich um eine Angelegenheit handelt, die durchaus durch die EinzelBR innerhalb ihrer Betriebe geregelt werden kann, sodass sich die Argumentationslast zulasten desjenigen verschiebt, der die Zuständigkeit des GBRs reklamiert.

23 Auf der anderen Seite folgt aus der strikten Zuständigkeitstrennung, dass eine BV für den einzelnen Betrieb **nicht durch GBV abgelöst** werden kann.[76] In diesem Sinne bleibt der örtliche BR beispielsweise zuständig für die Mitbestimmung nach § 87 Abs. 1 Nr. 4 hinsichtlich der Vereinbarung einer Kontoführungspauschale in einer BV, auch wenn der GBR im Rahmen einer UNssanierung in wirtschaftlichen Angelegenheiten zuständig ist, sodass dieser daran gehindert ist, die BV über die Kontoführungspauschale aufzuheben.[77] Eine Ausnahme vom vorstehenden Grundsatz ist aber für den Fall anzuerkennen, dass ein BR bis zur Errichtung des GBRs zuständig war und dieser danach zuständig wird (vgl. Rn. 155).

IV. Gesetzliche Zuständigkeit des GBRs (Abs. 1 Satz 1)

24 Das gesetzliche Zuständigkeitssystem geht von einer **primären Zuständigkeit des einzelnen BRs** aus.[78] Er ist als unmittelbar durch Wahlen legitimierter BR grundsätzlich zuständig, die Interessen der AN auch gegenüber dem UN wahrzunehmen.[79] Das allein sagt allerdings nichts darüber, wie die Zuständigkeitsregel in der Praxis gehandhabt wird. Insoweit scheint es, als würden auch Gegenstände, die tendenziell eher in den Bereich der Zuständigkeit des örtlichen BRs fallen, wie etwa personelle Einzelmaßnahmen (Rn. 104 ff.) oder Arbeitszeitregelungen (Rn. 82 f.) häufig von GBRn behandelt werden.[80]

25 Der GBR ist hingegen nur zuständig, wenn eine Angelegenheit nicht auf den Betrieb beschränkt ist und deshalb die ANinteressen nicht mehr auf betrieblicher Ebene gewahrt werden können.[81] Das ist nach dem Gesetz der Fall, wenn kumulativ[82] die folgenden Voraussetzungen vorliegen:[83]

(1) Es handelt sich um eine Angelegenheit, die das gesamte UN oder mehrere Betriebe des UNs betrifft (Rn. 28 ff.), die

(2) nicht durch die einzelnen BR innerhalb ihrer Betriebe geregelt werden können (Rn. 31 ff.).

---

74 So aber (in Bezug auf die Zuständigkeit des KBR) *BAG* 21. 11. 17 – 1 ABR 47/16, NZA 18, 380, Rn. 24.

75 *BAG* 11. 12. 01 – 1 AZR 193/01, AP Nr. 22 zu § 50 BetrVG 1972; 21. 1. 03 – 3 ABR 26/02, EzA § 50 BetrVG 2001 Nr. 2; zust. LKK-*Robrecht*, Rn. 10.

76 *BAG* 15. 1. 02 – 1 ABR 10/01, AP Nr. 23 zu § 50 BetrVG 1972.

77 *BAG* 15. 1. 02 – 1 ABR 10/01, AP Nr. 23 zu § 50 BetrVG 1972; *Fischer*, Anm. zu *BAG* 15. 1. 02 – 1 ABR 10/01, RdA 03, 111 [116].

78 *BAG* 23. 9. 75 – 1 ABR 122/73, AP Nr. 1 zu § 50 BetrVG 1972; 21. 3. 96 – 2 AZR 559/95, AP Nr. 81 zu § 102 BetrVG 1972; HWGNRH-*Glock*, Rn. 10; Richardi-*Annuß*, Rn. 3; ErfK/*Koch*, Rn. 2; HWK-*Hohenstatt/Dzida*, Rn. 2; *Edenfeld*, Rn. 162; *Gamillscheg*, Kollektives Arbeitsrecht II, S. 665; *Kittner*, BlStSozArbR 76, 232 [234]; *Richardi*, FS Gitter, S. 789; a. A. *Hümmerich*, Zuständigkeitsabgrenzung, S. 17 ff., wobei es in der Sache freilich letztlich um die Terminologie, weniger um sachliche Unterschiede geht. Ob eine Differenzierung in zwei Zuständigkeiten (GK-*Franzen*, Rn. 9: GesamtUN einerseits, mehrere Betriebe andererseits) mehr als nur akademische Bedeutung hat, ist zweifelhaft.

79 *BAG* 8. 6. 04 – 1 ABR 4/03, AP Nr. 20 zu § 76 BetrVG 1972 Einigungsstelle; 19. 6. 07 – 1 AZR 454/06, AP Nr. 4 zu § 58 BetrVG 1972; 18. 7. 17 – 1 ABR 59/15, AP Nr. 25 zu § 87 BetrVG 1972 Gesundheitsschutz, Rn. 19; 12. 6. 19 – 1 ABR 5/18, AP Nr. 161 zu § 99 BetrVG 1972, Rn. 32; *Schipp*, FS Schmidt, 515 [528 f.].

80 Vgl. die Angaben bei *Behrens/Kädtler*, WSI-Mitt. 08, 297 ff.

81 *BAG* 11. 12. 01 – 1 AZR 193/01, AP Nr. 22 zu § 50 BetrVG 1972; 23. 10. 02 – 7 ABR 55/01, AP Nr. 26 zu § 50 BetrVG 1972.

82 *BAG* 3. 5. 05 – 1 ABR 15/05, AP Nr. 29 zu § 50 BetrVG 1972.

83 Richardi-*Annuß*, Rn. 4.

Anderenfalls bleibt es bei der Zuständigkeit des EinzelBRs.[84] Demgegenüber darf die Begrifflichkeit der Primärzuständigkeit des EinzelBRs nicht im Sinne einer Beweislastregelung[85], einer Vermutung[86] oder einer Auffangzuständigkeit für den Fall, dass der GBR keinen Gebrauch von seiner Zuständigkeit macht (Rn. 14), verstanden werden. Denn im Rahmen einer Zuständigkeitstrennung (Rn. 14) ist jeweils abschließend die Zuständigkeit des einen oder anderen zu klären.[87]

Die Prüfung der Zuständigkeiten muss immer konkret **auf den jeweiligen Mitbestimmungstatbestand bezogen** erfolgen.[88] Das hängt von dem **Gegenstand** ab, **den der jeweilige Initiator,** sei es BR, sei es AG, **anstrebt** (vgl. Rn. 21).[89] Darauf, was am Ende Ergebnis der Mitbestimmung ist, kommt es nicht an. Strebt der AG also eine Restrukturierung an, die mehrere Betriebe betrifft, ist der GBR für Interessenausgleichsverhandlungen zuständig, auch wenn er am Ende dieses Konzept nicht billigt.[90] Diese Entscheidung kann nicht vom einzelnen BR getroffen werden. **Kollidiert die Initiative** des AGs mit der des (Gesamt-)BRs und ergeben sich daraus unterschiedliche Repräsentationsebenen, spricht viel dafür, dass sich am Ende die überbetriebliche Ebene durchsetzt, weil es zur Beurteilung beider Initiativen zwingend der überbetrieblichen Betrachtung bedarf. Ändert sich die Stoßrichtung einer Initiative, etwa indem der AG statt einer betriebsübergreifenden Maßnahme nunmehr nur noch eine betriebliche anstrebt, kann das zu einer Änderung der Zuständigkeit führen.[91] 26

Dabei ist **für jeden Mitbestimmungstatbestand** die Zuständigkeit **gesondert** zu prüfen. Wenn eine Materie mehreren Mitbestimmungstatbeständen unterliegt, kann dies zu einer Teilung der Zuständigkeiten für einzelne Aspekte führen. So hat das *BAG* trotz grundsätzlicher Zuständigkeit des GBRs für eine UNseinheitliche Kleiderordnung gleichzeitig eine Zuständigkeit des örtlichen BRes zu Fragen der Bekleidung unter dem Gesichtspunkt des Gesundheitsschutzes angenommen.[92] Das ist vom Gesetz so gewollt und hinzunehmen.[93] 27

1. Mehrere Betriebe des UNs

Die Angelegenheit muss das gesamte UN oder zumindest mehrere Betriebe des UNs betreffen. Es ist also nicht erforderlich, dass die Angelegenheit alle Betriebe des UNs betrifft. Erforderlich ist aber, dass **mindestens zwei Betriebe** betroffen sind.[94] Im Hinblick darauf, dass der GBR auch für BRslose Betriebe zuständig ist (Rn. 55 ff.) kann die Zuständigkeit auch eröffnet sein, wenn lediglich mehrere BRslose Betriebe oder zumindest zu einem Teil BRslose Betriebe betroffen sind.[95] 28

Nicht erforderlich ist, dass durch den überbetrieblichen Charakter der Angelegenheit diese eine UNsangelegenheit ist. Denn die Interessenvertretung bezieht sich ganz allgemein immer auf Betriebe.[96] In diesem Sinne bleibt auch bei überbetrieblichen Angelegenheiten der **Betrieb das Bezugsobjekt.**[97] 29

---

84 *BAG* 8.6.04 – 1 ABR 4/03, AP Nr. 20 zu § 76 BetrVG 1972 Einigungsstelle; 3.5.05 – 1 ABR 15/05, AP Nr. 29 zu § 50 BetrVG 1972.

85 Dafür *Gaul*, Anm. zu *BAG* AP Nr. 1 zu § 56 BetrVG Urlaubsplan, zum BetrVG 1952.

86 So *Neumann-Duesberg*, DB 62, 1009 [1012], zum BetrVG 1952.

87 GK-*Franzen*, Rn. 19; so auch i. E. *Grotkamp*, Die Bedeutung des GBRs, S. 39 ff.

88 GK-*Franzen*, Rn. 46.

89 *BAG* 3.5.84 – 6 ABR 68/81, AP Nr. 5 zu § 95 BetrVG 1972; HWGNRH-*Glock*, Rn. 10; *Schul*, Verlagerung der BRszuständigkeit, S. 93 ff.

90 *BAG* 20.4.94 – 10 AZR 186/93, AP Nr. 27 zu § 111 BetrVG 1972.

91 *LAG Köln* 11.9.20 – 9 TaBV 32/20.

92 *BAG* 18.7.17 – 1 ABR 59/15, AP Nr. 25 zu § 87 BetrVG 1972 Gesundheitsschutz, Rn. 21; *Werner*, NZA-RR 19, 1 [2]; a. A. *Salamon*, NZA 18, 832 [835 f.].

93 GK-*Franzen*, Rn. 48.

94 *BAG* 3.5.05 – 1 ABR 15/05, AP Nr. 29 zu § 50 BetrVG 1972.

95 GK-*Franzen*, Rn. 61.

96 GK-*Kreutz/Franzen*, Rn. 25.

97 *BAG* 18.9.02 – 1 ABR 54/01, AP Nr. 7 zu § 77 BetrVG BV.

30 Eine Angelegenheit, die **nur einen Betrieb** betrifft, kann niemals in die Zuständigkeit des GBRs fallen.[98] Hier kommt nur die Beauftragung nach Abs. 2 in Betracht. Alle Maßnahmen, die insoweit unter Beteiligung des GBRs getroffen wurden, sind ansonsten unwirksam.[99] Dessen Handlungen sind rechtswidrig. Freilich kann der EinzelBR den Mangel heilen, indem er ein Rechtsgeschäft des GBRs **analog § 184 BGB genehmigt.**[100] Alles andere wäre bloße Förmelei. Denn die Beteiligten können den erstrebten Zustand alternativ dadurch herbeiführen, dass der örtliche BR gemäß Abs. 2 den GBR beauftragt und dieser die Maßnahme wiederholt. Da eine Genehmigung das Fehlen einer Beauftragung nach Abs. 2 ersetzt, bedarf es entsprechend Abs. 2 Satz 1 der Mehrheit der Stimmen der Mitglieder des BRs, einfache Stimmenmehrheit genügt nicht.[101]

2. Fehlende Regelungsmöglichkeit der einzelnen BR

a) Objektive Unmöglichkeit

31 Es muss den örtlichen BRn unmöglich sein, die Angelegenheit zu regeln. Diese Voraussetzung ist zunächst gegeben, wenn die einzelnen BR **objektiv nicht in der Lage** sind, die Angelegenheit zu regeln. Das ist der Fall, wenn eine Maßnahme **nach ihrem Gegenstand** UNsbezogen ist und nicht durch parallele BVen der örtlichen BR geregelt werden kann.[102] Als Beispiel werden etwa Sozialeinrichtungen genannt.[103]

32 Die Zuständigkeitsregelung des § 50 Abs. 1 beruht letztlich darauf, dass der GBR tätig werden soll, wenn eine überbetriebliche Regelung notwendig ist. Eine solche Notwendigkeit ergibt sich aber noch nicht dann, wenn zwar eine Regelung auf betrieblicher Ebene möglich wäre, diese Möglichkeit aber daran scheitert, dass es in dem jeweiligen Betrieb keinen BR gibt. Die **BRslosigkeit** begründet demnach **keine** objektive **Unmöglichkeit.**[104]

33 Objektive Unmöglichkeit einer Regelung durch die EinzelBR ist **in den seltensten Fällen vorstellbar,** da zumindest in der Regel gleichlautende BVen der EinzelBR denkbar sind. Das hätte zur Folge, dass der GBR praktisch nie zuständig wäre. Das aber kann nicht vom Gesetzgeber gewollt gewesen sein. Auch wenn die Zuständigkeit primär bei den EinzelBRn liegen soll (Rn. 24), muss ein Restbereich denkbar sein, in dem der GBR zuständig wäre.[105] Die fehlende Regelungsmöglichkeit wird daher ebenfalls angenommen bei sog. subjektiver Unmöglichkeit (Rn. 34 ff.) und bei einem zwingenden Erfordernis (Rn. 40 ff.).

b) Subjektive Unmöglichkeit

34 Es soll deshalb auch die **subjektive Unmöglichkeit** einer Regelung auf betrieblicher Ebene die Zuständigkeit des GBRs begründen.[106] Eine solche liegt vor, wenn der AG einen Leistungszweck so definiert, dass dieser nur mit einer überbetrieblichen Regelung erreicht werden kann.[107] Es handelt sich insoweit um Fälle der **teilmitbestimmten BV,** weil der Leistungsplan, insbesondere die Verteilung der Mittel mitbestimmungspflichtig ist, während das Ob und die Höhe der Leistung vom AG mitbestimmungsfrei festgelegt werden.[108] Aus der Freiheit des AGs, darüber zu entscheiden, ob er eine Leistung gewährt, soll auch die Befugnis folgen, dies von

98 GK-*Kreutz/Franzen*, Rn. 24.
99 NK-GA/*Bodem*, Rn. 9.
100 A. A. *Fitting*, Rn. 19; Richardi-*Annuß*, Rn. 6; *Robrecht*, Die GBV, S. 159 f.
101 I. E. ebenso noch *Fitting*, 29. Aufl., Rn. 19.
102 GK-*Franzen*, Rn. 30.
103 Vgl. *BAG* 6.4.76 – 1 ABR 27/74, AP Nr. 2 zu § 50 BetrVG 1972; HWGNRH-*Glock*, Rn. 11; *Kittner*, BlStSozArbR 76, 232 [235].
104 GK-*Franzen*, Rn. 61.
105 Vgl. auch Richardi-*Annuß*, Rn. 8 f.; *Ehrich*, ZfA 93, 427 [437].
106 GK-*Franzen*, Rn. 32; Hako-BetrVG/*Haase/Tautphäus*, Rn. 5; HWGNRH-*Glock*, Rn. 12; LKK-*Robrecht*, Rn. 6; begriffliche Kritik bei *Lunk*, NZA 13, 232 [234].
107 *BAG* 18.10.94 – 1 ABR 17/94, AP Nr. 70 zu § 87 BetrVG 1972 Lohngestaltung; vgl. auch Richardi-*Annuß*, Rn. 16.
108 GK-*Franzen*, Rn. 33.

einem Zustandekommen einer Regelung auf der ihm genehmen Ebene abhängig zu machen.[109] Die Erkenntnis ist bemerkenswert: Die Zuständigkeit wird nicht nach dem Gesetz bestimmt, vielmehr wird eine nicht gesetzmäßige Zuständigkeit mit Rücksicht auf die Drohkulisse, dass anderenfalls eine Leistung ausbleibt, in Kauf genommen und auf diese Weise legalisiert. Das wird unverblümt dahingehend formuliert, dass der AG durch seine Vorgaben die Möglichkeit habe, die Ebene festzulegen, auf der das Mitbestimmungsrecht auszuüben sei.[110] Dies ist freilich gerade kein Fall der Unmöglichkeit einer Regelung auf betrieblicher Ebene (vgl. Rn. 20, vgl. auch Rn. 38).

Tatsächlich scheint für diese Konstellation die Bezeichnung als subjektive Unmöglichkeit kaum passend.[111] Wenn man nämlich davon ausgeht, dass der AG auf diese Weise eine Regelung durch den EinzelBR ausschließen kann, ist diese auf einzelbetrieblicher Ebene objektiv unmöglich. Der Begriff subjektiv passt nur in Bezug darauf, dass der AG diese Unmöglichkeit subjektiv vorgibt.[112]

Einen Fall der subjektiven Unmöglichkeit nimmt die Rechtsprechung außer bei freiwilligen Leistungen auch bei anderen Gegenständen an, **die nicht der erzwingbaren Mitbestimmung unterliegen.**[113] Hierunter soll jedoch nicht die Vergütung von AT-Angestellten fallen. Der AG schulde eine solche gemäß § 612 Abs. 1 BGB und könne daher nicht mitbestimmungsfrei darüber entscheiden, ob er sie überhaupt erbringt.[114] Insoweit könne er auch nicht die Zuständigkeit des GBRs dadurch begründen, dass er eine betriebsübergreifende UNseinheitliche Regelung verlangt.[115] Freilich könnte man an dieser Stelle auch anders argumentieren: die Höhe des Vergütungstopfes gebe der AG mitbestimmungsfrei vor, er könne diese dann auch von einer Regelung auf überbetrieblicher Ebene abhängig machen.[116] Eine solche Argumentation lässt sich indes nur dann führen, wenn man von der Machtfrage (»nur so oder gar nicht«) auf die Rechtsfrage in dem Sinne »kurzschließt«, dass der AG das Recht habe, die Mitbestimmungsebene zu bestimmen.[117] Tatsächlich reicht die Machtfrage an dieser Stelle aber nicht so weit: der AG kann nicht auf den Vergütungstopf als Ganzes verzichten, sondern nur dessen Höhe mitbestimmungsfrei vorgeben. Das Ganze zeigt letztlich nur, auf welchen Holzweg die h. M. sich hier begeben hat (vgl. Rn. 38). **35**

Insgesamt soll sich die subjektive Unmöglichkeit der Regelung auf Ebene der EinzelBR immer dann ergeben, wenn der AG **mitbestimmungsfrei über das Ob entscheidet,** sodass nur noch die Ausgestaltung mitbestimmt ist. Hier soll der AG mit dem Ob auch die Bedingung stellen können, dass die Maßnahmen nur im Falle einer überbetrieblichen Regelung stattfinden. Dadurch kann aber lediglich die Unmöglichkeit einer Regelung auf Ebene der EinzelBR begründet werden. Eine lediglich auf einen Betrieb bezogene Angelegenheit kann auf diese Weise jedoch nicht in die Zuständigkeit des GBRs übergehen.[118] Auch kann der AG, wenn bereits einzelnen AN Leistungen versprochen wurden, nicht im Nachhinein eine überbetriebliche Regelung fordern, denn die Leistungen wurden ja gerade nicht von einer solchen überbetrieblichen Regelung abhängig gemacht.[119] Anwendungsbeispiele sind Sozialleistungen, Gratifikationen, sonstige Zulagen und Altersversorgungsleistungen. Jenseits des Mitbestimmungstatbestandes des **36**

---

109 *BAG* 18.10.94 – 1 ABR 17/94, AP Nr. 70 zu § 87 BetrVG 1972 Lohngestaltung; 9.12.03 – 1 ABR 49/02, AP Nr. 27 zu § 50 BetrVG 1972; 10.10.06 – 1 ABR 59/05, AP Nr. 24 zu § 77 BetrVG 1972 Tarifvorbehalt; 23.3.10 – 1 ABR 82/08, AP Nr. 135 zu § 87 BetrVG 1972 Lohngestaltung; 18.5.10 – 1 ABR 96/08, AP Nr. 34 zu § 50 BetrVG 1972, Rn. 15; GK-*Franzen*, Rn. 33; Richardi-*Annuß*, Rn. 16; *Kreutz*, FS Buchner, S. 511 [513]; *Thüsing*, ZfA 10, 195 [198].

110 GK-*Franzen*, Rn. 33.

111 Begriffl. Kritik auch bei *Richardi*, FS Gitter, S. 789 [791 f.].

112 Deutlich in diesem Sinne etwa GK-*Franzen*, Rn. 32.

113 *BAG* 13.3.01 – 1 ABR 7/00, EzA § 87 BetrVG 1972 Betriebliche Lohngestaltung Nr. 72; 9.12.03 – 1 ABR 49/02, AP Nr. 27 zu § 50 BetrVG 1972.

114 *BAG* 18.5.10 – 1 ABR 96/08, AP Nr. 34 zu § 50 BetrVG 1972.

115 *BAG* 23.3.10 – 1 ABR 82/08, AP Nr. 135zu § 87 BetrVG 1972 Lohngestaltung; *Lunk/Leder*, NZA 11, 249 [252].

116 So GK-*Franzen*, Rn. 35; ferner *LAG Niedersachsen* 31.8.20 – 1 TaBV 102/19, NZA-RR 21, 18, Rn. 32.

117 S. o. Fn. 102.

118 Richardi-*Annuß*, Rn. 16.

119 *LAG München* 23.11.21 – 9 TaBV 64/21, Rn. 62.

§ 87 Abs. 1 Nr. 10 (Lohngestaltung) kommen dafür auch andere Bereiche der Mitbestimmung in Betracht. Auf dieser Basis nimmt das *BAG* die Zuständigkeit des GBRs für die Einrichtung einer überbetrieblichen Beschwerdestelle nach § 13 AGG an.[120] Ebenso soll die UNseinheitliche Dienstkleidung der Mitbestimmung des GBRs unterfallen können.[121] Desgleichen soll eine freiwillige Jahresprämie, die an alle unternehmensangehörigen AN geleistet werden soll, in die Zuständigkeit des GBRs fallen.[122] Davon zu unterscheiden ist der Fall des Verlangens einer ärztlichen Bescheinigung über die Arbeitsunfähigkeit bereits zu einem früheren Zeitpunkt (§ 5 Abs. 1 Satz 3 EFZG). Dieser ist nach der Rechtsprechung zwingend mitbestimmungspflichtig, sodass der AG keinen Einfluss auf die Zuständigkeit des örtlichen BRs nehmen kann.[123] Zu Recht ist das *BAG* nicht davon ausgegangen, dass der AG subjektive Unmöglichkeit hinsichtlich Beginn und Ende der täglichen Arbeitszeit durch Vorgaben zu den Arbeitsabläufen herbeiführen kann,[124] vielmehr ist insoweit zu klären, ob eine betriebsübergreifende Schichtregelung zwingend erforderlich ist.[125]

37 Die **Öffnung eines Tarifvertrags für freiwillige BVen** verschafft dem AG nicht die Möglichkeit, die Zuständigkeit des GBRs durch ein Verlangen nach einer betriebsübergreifenden Regelung im Sinne subjektiver Unmöglichkeit der EinzelBR zu begründen. An dieser Stelle geht die Rechtsprechung konsequenter nach der zwingenden gesetzlichen Zuständigkeitsverteilung zwischen örtlichen BRn und GBR vor. Sie betont hier nämlich den zwingenden Charakter der Zuständigkeitsabgrenzung (Rn. 3), der nicht zur Disposition steht.[126] Die Tarifparteien können einen Gegenstand, den sie regeln, durch Öffnung für ergänzende BVen nur an die Betriebsparteien zurückgeben, ohne an der Frage der Zuständigkeit von örtlichem oder GBR, die zwingend gesetzlich bestimmt ist, etwas ändern zu können.[127] Erst recht gibt es keine subjektive Unmöglichkeit einer Regelung durch die EinzelBR, wenn es um für die AN belastende Regelungen geht.[128] Diese sind keine mitbestimmungsfreien freiwilligen Maßnahmen des AGs, sondern unterliegen der Mitbestimmung nach der gesetzlichen Zuständigkeitsabgrenzung.

38 Letztlich zeigt das Fallmaterial, dass die herrschende Meinung bereit ist, auf den an sich zwingenden Charakter der Zuständigkeitsabgrenzung dann zu verzichten, wenn es den ANn nützt, nach dem Motto **besser mit dem unzuständigen GBR als gar keine Leistung.** Die Abwehrgefechte gegen andere Versuche der AG, die Zuständigkeit des GBRs für eine betriebsübergreifende Regelung zu begründen, dokumentieren, dass es sich letztlich um einen Dammbruch handelt. Welche Blüten das treibt, zeigt die Vorstellung von *Kreutz*, dass der tarifungebundene AG die Mitbestimmungsebene für die Vergütung insgesamt vorgeben könne (sic!),[129] obgleich der AG keineswegs frei entscheidet, ob er eine Vergütung zahlen möchte. Die Rechtsprechung sollte sich **nicht auf diese Weise erpressen lassen,** sondern **an der gesetzlichen Zuständigkeitsabgrenzung festhalten.** Ohnehin haben AG in den wenigsten Fällen etwas zu verschenken, sondern folgen auch bei vermeintlich freiwilligen Leistungen einem betriebswirtschaftlichen, regelmäßig personalwirtschaftlichen Kalkül. Gerade bei den freiwilligen Leistungen empfiehlt sich eine strikte Unterscheidung (vgl. o. Rn. 20): Der AG kann daher nur darüber entscheiden, **welche Leistungen** er **für welchen Empfängerkreis** vorsieht,[130] auch wenn dies die Zuständigkeit des GBRs insoweit begründet. Er kann aber nicht nach Belieben für jede Leistung autonom die Zuständigkeit des GBRs bestimmen.

39 Angesichts der Primärzuständigkeit des örtlichen BRs (Rn. 24) kommt eine subjektive Unmöglichkeit nur dann in Betracht, wenn der AG dem GBR gegenüber **klar erkennbar** deutlich

---

120 *BAG* 21.7.09 – 1 ABR 42/08, EzA § 87 BetrVG 2001 Betriebliche Ordnung Nr. 5.
121 *BAG* 7.1.12 – 1 ABR 45/10 EzA § 87 BetrVG 2001 Betriebliche Ordnung Nr. 7, Rn. 19ff.
122 *BAG* 9.11.21 – 1 AZR 206/20, NZA 22, 286, Rn. 21.
123 *BAG* 23.8.16 – 1 ABR 43/14, AP Nr. 48 zu § 87 BetrVG 1972 Ordnung des Betriebes, Rn. 19ff.
124 So aber GK-*Franzen*, Rn. 37.
125 *BAG* 19.6.12 – 1 ABR 19/11, AP Nr. 35 zu § 50 BetrVG 1972, Rn. 20ff.
126 *BAG* 9.12.03 – 1 ABR 49/02, AP Nr. 27 zu § 50 BetrVG 1972.
127 *BAG* 9.12.03 – 1 ABR 49/02, AP Nr. 27 zu § 50 BetrVG 1972.
128 *BAG* 19.6.07 – 1 AZR 454/06, AP Nr. 4 zu § 58 BetrVG 1972.
129 *Kreutz*, FS Buchner, S. 511 [518ff.].
130 *BAG* 9.11.21 – 1 AZR 206/20, NZA 22, 286, Rn. 21; vgl. insoweit auch *LAG Baden-Württemberg* 8.12.22 – 4 TaBV 7/22, Rn. 52.

macht, dass er zu einer Leistung nur im Falle einer UNseinheitlichen Regelung bereit ist.[131] Ansonsten bleibt es bei der Zuständigkeit der EinzelBR.

c) Zwingendes Erfordernis für eine betriebsübergreifende Regelung

Die h. M. lässt es überdies genügen, wenn es ein **zwingendes Erfordernis** für eine betriebs- 40
übergreifende Regelung gibt.[132] Das beruht auf der Erwägung, dass die Zuständigkeit des GBRs dann gegeben sein soll, wenn die EinzelBR nicht mehr in der Lage sind, die Interessen der repräsentierten AN sachgerecht zu vertreten.[133] Insoweit muss das zwingende Interesse an einer betriebsübergreifenden Regelung von der Regelungsmaterie her anhand der konkreten Verhältnisse im UN bestimmt werden.[134]

Angesichts der zumeist fehlenden objektiven Unmöglichkeit und des Ausnahmecharakters der 41
subjektiven Unmöglichkeit ist dies letztlich das in der Praxis regelmäßig entscheidende Kriterium der Zuständigkeitsabgrenzung.[135] Es handelt sich um einen **unbestimmten Rechtsbegriff.** Bei der Prüfung seines Vorliegens kommt den Tatsacheninstanzen ein Beurteilungsspielraum zu, der nur eingeschränkt darauf überprüfbar ist, ob der Rechtsbegriff selbst verkannt wurde, gegen Denkgesetze, Auslegungs- oder Erfahrungssätze verstoßen wurde oder wesentliche Umstände nicht berücksichtigt wurden.[136] Die Frage des zwingenden Erfordernisses wird nicht von ungefähr einer Beurteilung anhand aller Umstände des Einzelfalls überantwortet. Denn es fehlt bislang noch an Konzepten zu einer konkretisierenden Definition. Beschreibungen wie »Natur der Sache« oder Ermittlung unter Beachtung UNisch-wirtschaftlicher Belange sind ihrerseits nicht präziser und helfen deswegen nicht weiter.[137] Ein zwingendes Erfordernis einer betriebsübergreifenden Regelung soll sich insbesondere aus technischen oder rechtlichen Gründen ergeben können.[138] Insbesondere soll sich eine produktionstechnische Notwendigkeit ergeben, wenn das Fehlen einer einheitlichen Regelung eine technisch untragbare Störung nach sich ziehe, die zu unangemessenen betrieblichen oder wirtschaftlichen Auswirkungen führen könne.[139] In dem Zusammenhang offenbart sich, dass ein zwingendes Erfordernis immer dann vorliegt, wenn es einen **überbetrieblichen Abstimmungsbedarf** gibt, zu dessen Lösung gerade das Organ des GBRs geschaffen wurde:[140] Ein solcher Abstimmungsbedarf kann sich ergeben, wenn eine Regelung auf betrieblicher Ebene die Mitbestimmung für die anderen BR **unausweichlich präjudizieren** würde oder wenn wegen möglicher **divergierender Interessen** der betroffenen Belegschaft die Gefahr besteht, dass durch unterschiedliche Regelungen Betriebsablaufstörungen drohen,[141] mithin die mitbestimmungsfrei durch den AG vorgegebene Betriebsorganisation infrage gestellt wäre. Im Übrigen soll das Vorliegen eines zwingenden Erfordernisses für eine betriebsübergreifende Regelung anhand **aller Umstände des Einzel-**

---

131 *BAG* 18.10.94 – 1 ABR 17/94, AP Nr. 70 zu § 87 BetrVG 1972 Lohngestaltung.

132 *BAG* 23.9.75 – 1 ABR 122/73, AP Nr. 1 zu § 50 BetrVG 1972; 28.4.92 – 1 ABR 68/91, AP Nr. 11 zu § 50 BetrVG 1972; 26.1.93 – 1 AZR 303/92, AP Nr. 102 zu § 99 BetrVG 1972; 18.10.94 – 1 ABR 17/94, AP Nr. 70 zu § 87 BetrVG 1972 Lohngestaltung; 16.6.98 – 1 ABR 68/97, AP Nr. 7 zu § 87 BetrVG 1972 Gesundheitsschutz; 19.6.12 – 1 AZR 19/11, AP Nr. 35 zu § 50 BetrVG 1972 Rn. 21; GK-*Franzen*, Rn. 38; Hako-BetrVG/*Haase/Tautphäus*, Rn. 9; HWGNRH-*Glock*, Rn. 13; Richardi-*Annuß*, Rn. 7 ff.; *Däubler*, Das Arbeitsrecht 1, Rn. 1144; *Gamillscheg*, Kollektives Arbeitsrecht II, S. 665; *Stoffels/Lembke*, § 6 Rn. 22; MünchArbR/*Nebendahl*, § 300 Rn. 47; *Grotkamp*, Die Bedeutung des GBRs, S. 122 ff.; *Schul*, Verlagerung der BRszuständigkeit, S. 100 ff.; *Müller*, FS Küchenhoff, S. 283 [290 f.].

133 *BAG* 23.9.75 – 1 ABR 122/73, AP Nr. 1 zu § 50 BetrVG 1972.

134 *BAG* 23.9.75 – 1 ABR 122/73, AP Nr. 1 zu § 50 BetrVG 1972.

135 Vgl. Richardi-*Annuß*, Rn. 13.

136 *BAG* 23.9.75 – 1 ABR 122/73, AP Nr. 1 zu § 50 BetrVG 1972.

137 GK-*Franzen*, Rn. 41; vgl. in Bezug auf Natur der Sache auch *Thüsing*, ZfA 10, 195 [198].

138 *BAG* 9.12.03 – 1 ABR 49/02, AP Nr. 27 zu § 50 BetrVG 1972; 14.11.06 – 1 ABR 4/06, AP Nr. 43 zu § 87 BetrVG 1972 Überwachung; 23.3.10 – 1 ABR 82/08, AP Nr. 135 zu § 87 BetrVG 1972 Lohngestaltung, Rn. 15.

139 *BAG* 9.12.03 – 1 ABR 49/02, AP Nr. 27 zu § 50 BetrVG 1972.

140 GK-*Franzen*, Rn. 42.

141 *BAG* 9.12.03 – 1 ABR 49/02, AP Nr. 27 zu § 50 BetrVG 1972.

falls beurteilt werden.[142] Verkürzt wäre es hingegen, das zwingende Interesse in Orientierung daran zu bestimmen, wo die UNischen Entscheidungen getroffen werden,[143] weil dadurch die gesetzliche Zuständigkeitsabgrenzung nach der Möglichkeit einer Regelung auf betrieblicher Ebene gerade verlassen wird.

42 Kritisiert wird, dass die Rechtsprechung das Verhältnis des zwingenden Erfordernisses zur subjektiven Unmöglichkeit verwische, wenn dies teilweise als **Oberfallgruppe der subjektiven Unmöglichkeit** begriffen werde[144].[145] Es ist zwar richtig, wenn gefordert wird, dass die Rechtsprechung auf Basis eines stimmigen dogmatischen Konzeptes arbeiten sollte. Freilich fehlt es daran schon im Ansatz, wenn die subjektive Unmöglichkeit als zuständigkeitsbegründend begriffen wird. Vielmehr zeigt sich, dass die subjektive Unmöglichkeit bislang noch überhaupt keinem stimmigen Konzept folgt, sondern auf einer brüchigen Lehre beruht. Wenn man sie **auf den gesetzlichen Kontext zurückführt** (vgl. Rn. 38), ergibt sich, dass die anerkennenswerten Fälle daraus zwanglos unter die Fallgruppe eines zwingenden Erfordernisses für eine betriebsübergreifende Regelung passen.

43 Ob ein zwingendes Erfordernis für eine betriebsübergreifende Regelung besteht, ist anhand des **Gegenstands des Beteiligungsrechts** zu prüfen.[146] Dabei ist von der Unteilbarkeit der mitwirkungspflichtigen Angelegenheit als solcher auszugehen. Eine mitwirkungspflichtige Angelegenheit kann nicht künstlich in verschiedene Zuständigkeitsbereiche zwischen BR und GBR aufgespalten werden. Wenn auch nur ein Teil der Angelegenheit einer betriebsübergreifenden Regelung bedarf, ist der GBR für die gesamte Angelegenheit zuständig.[147]

44 Bei **Gewerkschaften** fehlt es in ihrer AGfunktion an einem Tarifpartner auf der anderen Seite, sodass die Vergütungen durch nach § 87 Abs. 1 Nr. 10 mitbestimmte BVen geregelt werden.[148] Um einheitliche Arbeitsbedingungen zu ermöglichen, erkennt die Rechtsprechung das Erfordernis einer **betriebsübergreifenden Regelung der Vergütung** in solchen Fällen an,[149] weil die Gewerkschaft anders als andere AG sonst keine Möglichkeit zur einheitlichen Regelung der Arbeitsbedingungen hätte.[150] Das soll sogar dann gelten, wenn ausschließlich Entgeltregelungen für AN eines bestimmten Betriebes der Gewerkschaft vereinbart werden.[151]

45 Eine **Matrixstruktur** kann ein zwingendes Erfordernis für eine betriebsübergreifende Regelung begünstigen.[152] Allein der Umstand, dass im Falle einer Matrixorganisation mehrere Betriebe betroffen sind, weil Weisungs- und Berichtslinien quer zueinander laufen, begründet ein solches Erfordernis aber noch nicht. Maßgeblich ist vielmehr, ob nach den Umständen des Einzelfalls hinsichtlich der konkreten Angelegenheit ein zwingendes Erfordernis an einer überbetrieblichen Regelung gegeben ist.[153]

46 Im vorliegenden Zusammenhang erweist es sich aber als problematisch, wenn die strikte Zuständigkeitsabgrenzung keine Auffangzuständigkeit der örtlichen BR begründen soll (Rn. 14). Denn je großzügiger an dieser Stelle die Unmöglichkeit einer Regelung auf Ebene der EinzelBR angenommen wird, umso problematischer wird die Vertretungslücke, falls es keinen GBR gibt. Den EinzelBRn vorzuhalten, sie seien verpflichtet, einen GBR zu errichten (vgl. § 47 Rn. 10), geht an die falsche Adresse, da die Konsequenzen von den ANn zu tragen sind, die dann durch

---

142 *BAG* 19.6.12 – 1 AZR 19/11, AP Nr. 35 zu § 50 BetrVG 1972, Rn. 21; 18.7.17 – 1 ABR 59/15, AP Nr. 25 zu § 87 BetrVG 1972 Gesundheitsschutz, Rn. 19.

143 So *Hümmerich*, Zuständigkeitsabgrenzung, S. 69 ff.

144 So etwa *BAG* 23.3.10 – 1 ABR 82/08, AP Nr. 135 zu § 87 BetrVG 1972 Lohngestaltung, Rn. 15; 18.5.10 – 1 ABR 96/08, AP Nr. 34 zu § 50 BetrVG 1972, Rn. 15.

145 GK-*Franzen*, Rn. 40.

146 *BAG* 15.1.02 – 1 ABR 10/01, AP Nr. 23 zu § 50 BetrVG 1972; 18.7.17 – 1 ABR 59/15, AP Nr. 25 zu § 87 BetrVG 1972 Gesundheitsschutz, Rn. 19; *Fischer*, Anm. zu *BAG* 15.1.02 – 1 ABR 10/01, RdA 03, 111 [116].

147 *BAG* 18.7.17 – 1 ABR 59/15, AP Nr. 25 zu § 87 BetrVG 1972 Gesundheitsschutz, Rn. 21.

148 *BAG* 14.12.99 – 1 ABR 27/98, AP Nr. 104 zu § 87 BetrVG 1972 Lohngestaltung.

149 Zust. *Gamillscheg*, Kollektives Arbeitsrecht II, S. 664; a. A. LKK-*Robrecht*, Rn. 25.

150 *BAG* 28.4.92 – 1 ABR 68/91, AP Nr. 11 zu § 50 BetrVG 1972.

151 *BAG* 14.12.99 – 1 ABR 27/98, AP Nr. 104 zu § 87 BetrVG 1972 Lohngestaltung.

152 *Hürdler*, Zuständigkeitsverteilung, S. 327 ff; *Kort*, BB 21, 1204 [1212].

153 *LAG Düsseldorf* 4.2.13 – 9 TaBV 129/12, LAGE § 98 ArbGG 1979 Nr. 65; GK-*Franzen*, Rn. 41; *Witschen*, RdA 16, 38 [48].

gar keinen BR geschützt werden. Andererseits gibt es gute Gründe, nicht allein auf die objektive Unmöglichkeit abzustellen. Denn es ist kaum ein Gegenstand vorstellbar, bei dem eine Regelung durch die EinzelBR objektiv unmöglich erscheint, wenngleich sie möglicherweise nicht optimal wäre. Insofern ist eine gewisse Öffnung geboten, wenn man den Gesetzgeber nicht unterstellen will, dass er dem GBR praktisch gar keinen Zuständigkeitsbereich belassen wollte. Beiden Aspekten kann man aber dann gerecht werden, wenn man die Unmöglichkeit einer Regelung durch die EinzelBR **differenzierend** versteht. In diesem Sinne ist eine Unmöglichkeit einer Regelung durch die EinzelBR auch dann anzunehmen, wenn eine betriebsübergreifende Regelung zwingend erforderlich ist (Rn. 40). Fehlt es indes an einem GBR, ist der örtliche BR nur dann unzuständig, wenn eine Regelung auf der Ebene des einzelnen Betriebes objektiv unmöglich ist. Dabei kann es sich ohnehin immer nur um Übergangsfälle handeln, weil die Errichtung des GBRs nicht im Ermessen der einzelnen Betriebe steht, sondern diese verpflichtet sind, Mitglieder in den GBR zu entsenden, damit dieser sich konstituiert. Für eine differenzierende Betrachtung im hier vorgeschlagenen Sinn spricht umso mehr, dass die Rechtsprechung ihrerseits keine klar abgrenzbaren Zuständigkeiten definieren kann, sondern bei dem zwingenden Erfordernis einer betriebsübergreifenden Regelung auf die Umstände des Einzelfalles abstellt (vgl. Rn. 41).

d) Weitere Gründe

In keinem Fall begründet der **Wunsch des AGs** nach einer möglichst UNseinheitlichen Regelung die Zuständigkeit des GBRs (Rn. 20, s. aber auch Rn. 34). Ebenso wenig genügt die **Zweckmäßigkeit** einer überbetrieblichen Regelung oder ein **Kosteninteresse** des AGs zur Begründung der Zuständigkeit des GBRs.[154] Auch ein **Koordinierungsinteresse** des AGs reicht nicht aus.[155] 47

Desgleichen sind entsprechende **Wünsche der AN** oder der betreffenden **BR** an einer UNseinheitlichen oder einzelbetrieblichen Regelung unerheblich.[156] 48

Die Zuständigkeit lässt sich auch **nicht durch eine Abwägung der Interessen** des AGs an einer überbetrieblichen Regelung und der AN an einer örtlichen Regelung klären,[157] zumal ein Interessengegensatz ohnehin nicht zwingend vorliegen muss. Aber auch die Motive der Beteiligten sind unerheblich.[158] 49

Das Bestreben einer UNsweiten **Gleichbehandlung** der Belegschaft(en) begründet keine Zuständigkeit des GBRs.[159] Vielmehr sind die Vergleichsgruppen zuständigkeitsbezogen zu bilden (Rn. 93). Die Frage der Gleichbehandlung ist der Frage der Zuständigkeit mithin nachgelagert. 50

Dass die UNsleitung sich weitgehende **Letztentscheidungsrechte** vorbehält, stellt die gesetzliche Primärzuständigkeit des örtlichen BRs nicht infrage. Ein solcher Letztentscheidungsvor- 51

---

154 *BAG* 15.1.02 – 1 ABR 10/01, AP Nr. 23 zu § 50 BetrVG 1972; 9.12.03 – 1 ABR 49/02, AP Nr. 27 zu § 50 BetrVG 1972; 14.11.06 – 1 ABR 4/06, AP Nr. 43 zu § 87 BetrVG 1972 Überwachung, Rn. 22; 19.6.12 – 1 AZR 19/11, AP Nr. 35 zu § 50 BetrVG 1972 Rn. 21; GK-*Franzen*, Rn. 41; HWGNRH-*Glock*, Rn. 15.

155 *BAG* 23.9.75 – 1 ABR 122/73, AP Nr. 1 zu § 50 BetrVG 1972; 28.4.92 – 1 ABR 68/91, AP Nr. 11 zu § 50 BetrVG 1972; 26.1.93 – 1 AZR 303/92, AP Nr. 102 zu § 99 BetrVG 1972; 16.6.98 – 1 ABR 68/97, AP Nr. 7 zu § 87 BetrVG 1972 Gesundheitsschutz; 9.12.03 – 1 ABR 49/02, AP Nr. 27 zu § 50 BetrVG 1972; 14.11.06 – 1 ABR 4/06, AP Nr. 43 zu § 87 BetrVG 1972 Überwachung, Rn. 22; 19.6.12 – 1 AZR 19/11, AP Nr. 35 zu § 50 BetrVG 1972, Rn. 21; 18.7.17 – 1 ABR 59/15, AP Nr. 25 zu § 87 BetrVG 1972 Gesundheitsschutz, Rn. 19; HWGNRH-*Glock*, Rn. 15; Richardi-*Annuß*, Rn. 13.

156 GK-*Franzen*, Rn. 41.

157 So aber *Körnig*, Anm. zu *BAG* 6.4.76 – 1 ABR 27/74, SAE 77, 41 [44f.].

158 GK-*Franzen*, Rn. 41; Richardi-*Annuß*, Rn. 13.

159 *BAG* 18.10.94 – 1 ABR 17/94, AP Nr. 70 zu § 87 BetrVG 1972 Lohngestaltung; 18.5.10 – 1 ABR 96/08, AP Nr. 34 zu § 50 BetrVG 1972, Rn. 17; HWGNRH-*Glock*, Rn. 16; Richardi-*Annuß*, Rn. 13; LKK-*Robrecht*, Rn. 25; *Robrecht*, Die GBV, S. 63ff.; *Kreutz*, FS Buchner, S. 511 [527f.]; *Lunk/Leder*, NZA 11, 249 [252]; a.A. HWK-*Hohenstatt/Dzida*, Rn. 5; anders auch noch *BAG* 23.9.75 – 1 ABR 122/73, AP Nr. 1 zu § 50 BetrVG 1972; 6.4.76 – 1 ABR 27/74, AP Nr. 2 zu § 50 BetrVG 1972.

behalt macht eine betriebsübergreifende Regelung nicht erforderlich.[160] Vielmehr ist der UN gehalten, seine Leitungsstruktur so zu gestalten, dass der BR einen adäquaten Verhandlungspartner hat.[161]

3. Besonderheiten im Gemeinschaftsbetrieb

52 Die Zuständigkeit des GBRs für Gemeinschaftsbetriebe bedarf besonderer Klärung, weil der BR des Gemeinschaftsbetriebes in die GBR aller beteiligten UN Mitglieder entsendet. Es ist daher zu prüfen, welcher GBR für Angelegenheiten, die auch den Gemeinschaftsbetrieb betreffen, zuständig ist. Dies ist nicht generell zu beantworten, sondern hängt von der jeweiligen zu **regelnden Angelegenheit** ab. Es ist immer der GBR des jeweiligen UNs, in dem die Angelegenheit geregelt werden soll, zuständig, wenn es sich auch um eine betriebsübergreifende Angelegenheit handelt, die der BR im Gemeinschaftsbetrieb nicht alleine regeln kann. Eine im Rahmen dieser Zuständigkeit geschlossene GBV wirkt im Gemeinschaftsbetrieb aber **nur für die VertragsAN** des UNs, bei dem der GBR errichtet wurde.[162] Eine Kollision von GBVen ist damit ausgeschlossen (Rn. 157).

53 Eine BV die der GBR **kraft Auftrags** nach Abs. 2 geschlossen hat, gilt im Zweifel für sämtliche AN des Gemeinschaftsbetriebs (Rn. 157).

54 Soweit es darum geht, **UNs- und betriebsübergreifend** betriebsorganisatorische Fragen zu regeln, stellt sich das Problem der Zuständigkeit eines GBRs für UNsfremde Betriebe. Teils wird hier analog § 21a Abs. 2 Satz 1 die Kompetenz des GBRs bei dem TrägerUN angenommen, das im Gemeinschaftsbetrieb mehr AN beschäftigt.[163] Teils wird die Zuständigkeit sämtlicher GBR verneint.[164] Teils wird der Abschluss paralleler GBVen für erforderlich gehalten, die je für die VertragsAN des TrägerUNs normativ wirken.[165] Schließlich wird eine **gemeinsame Zuständigkeit** beider GBR angenommen.[166] Dies erfordert Anpassungen bei der Besetzung der Einigungsstelle, sodass die GBR zusammen nur so viele Beisitzer benennen können wie der BetriebsAG. Auch hat dies die bizarre Folge, dass ein UNsfremder GBR an der Normsetzung für AN eines am Gemeinschaftsbetrieb beteiligten UNs beteiligt ist. Andererseits ist diese Ansicht letztlich deshalb vorzugswürdig, weil sie zum einen ein Vertretungsdefizit ausschließt und zum anderen Normsetzung durch ein nicht durch Wahl legitimiertes Gremium vermeidet.

4. Zuständigkeit für BRslose Betriebe (Abs. 1 Satz 1 2. HS)

55 Die gesetzlich begründete Zuständigkeit des GBRs für betriebsübergreifende Angelegenheiten erstreckt sich nach Abs. 1 Satz 1 2. HS auch auf **Betriebe ohne BR.** Damit ist bezweckt, dass AN in BRslosen Betrieben mit solchen in Betrieben mit BR gleichgestellt werden, indem sie in überbetrieblichen Angelegenheiten durch den GBR mit vertreten werden.[167] Durch diese Regelung, die im Zuge des Betriebsverfassungsreformgesetzes (Einleitung Rn. 37 ff.) eingefügt worden war (vgl. Rn. 1), hat der Gesetzgeber die bisherige entgegenstehende Rechtsprechung korrigiert: Die bisherige gesetzliche Regelung sah nicht ausdrücklich eine Zuständigkeit des GBRs für BRslose Betriebe vor. Das *BAG* verneinte – zumindest für BRsfähige BRslose Betriebe – die Auslegungsfrage, ob eine solche Zuständigkeit aus § 50 Abs. 1 folgt, mit der Erwägung, dass der GBR mangels Entsendung durch einen BR des BRslosen Betriebes nicht hinreichend demokratisch legitimiert sei, die dortige Belegschaft zu vertreten. Ein BRsloser Betrieb stehe

---

160 *BAG* 18.10.94 – 1 ABR 17/94, AP Nr. 70 zu § 87 BetrVG 1972 Lohngestaltung; *Fitting*, Rn. 27.
161 *BAG* 18.10.94 – 1 ABR 17/94, AP Nr. 70 zu § 87 BetrVG 1972 Lohngestaltung.
162 GK-*Franzen*, Rn. 90; Richardi-*Annuß*, Rn. 72; *Robrecht*, Die GBV, S. 166 f.; *Schmidt*, FS Küttner, S. 499 [505 ff.].
163 *Schmidt*, FS Küttner, S. 499 [507].
164 So wohl implizit Richardi-*Annuß*, Rn. 72.
165 *Salamon*, RdA 08, 24 [31].
166 Vgl., aber mit verbleibenden Zweifeln, *Fitting*, Rn. 34.
167 Reg.Begr., BT-Drs. 14/5741, S. 42 f.; GK-*Franzen*, Rn. 56.

außerhalb der Betriebsverfassung.[168] Gegen die gesetzliche Korrektur wurde rechtspolitische Kritik insoweit geübt, als das Betriebsverfassungsreformgesetz ohnehin auf die Vermeidung BRsloser Betriebe gesetzt habe und dieser Ansatz durch Fehlanreiz (Schutz auch ohne BRswahlen) wiederum desavouiert werde.[169]

Die Regelung betrifft nur die Erstreckung der originären Zuständigkeit des GBRs. Demgegenüber ist der GBR kein ErsatzBR für Betriebe ohne BR. Er nimmt daher **nicht** die **Aufgaben eines örtlichen BRs** war, falls es an einem solchen fehlt.[170] Der GBR kann daher auch nicht zu einer Betriebsversammlung einladen.[171] Die Zuständigkeit **knüpft an die gesetzlich begründete Zuständigkeit** an. Erst wenn diese eröffnet ist, erstreckt sie sich auch auf BRslose Betriebe.[172] 56

Das betrifft zunächst Betriebe, in denen **kein BR gewählt wurde.** Mit erfasst werden auch solche Betriebe ohne BR, die zwar BRsfähig sind, bei denen aber noch kein BR gewählt wurde, weil sie neu errichtet sind oder es im Falle einer Betriebsübernahme kein Übergangsmandat gibt. Die Zuständigkeit des GBR bezieht sich auch auf **nicht BRsfähige Kleinstbetriebe** gemäß § 1 Abs. 1 Satz 1.[173] Dies ist allerdings nur dann der Fall, wenn es im Hauptbetrieb im Sinne des § 4 keinen BR gibt.[174] Denn anderenfalls wählen die AN des Kleinstbetriebes gem. § 4 Abs. 2 den BR des Hauptbetriebes mit und werden durch diesen vertreten.[175] 57

Überdies ist der GBR auch zuständig für Betriebe, deren BR ihrer **Pflicht zur Entsendung** von Mitgliedern **nicht nachgekommen** sind.[176] Hierfür spricht zumindest ein Erst-recht-Schluss aus der Zuständigkeit für BRslose Betriebe.[177] 58

Soweit der GBR für eine betriebsübergreifende Angelegenheit zuständig ist, die **nicht das gesamte UN betrifft,** ist zu prüfen, inwieweit BRslose Betriebe in vergleichbarer Lage befindlich sind.[178] Dann werden sie von der Zuständigkeit des GBRs auch in diesen Fällen erfasst.[179] Denkbar ist auch, dass sich die Zuständigkeit für eine betriebsübergreifende Angelegenheit allein auf BRslose Betriebe des UNs bezieht.[180] 59

In der Literatur wurde – entsprechend der früheren Rechtsprechung (s. o. Rn. 55) – darauf hingewiesen, dass mangels Wahl eines BRes ein gewisses **Legitimationsdefizit** des GBRs bestehe.[181] Dies wird aber als verfassungsrechtlich unproblematisch angesehen.[182] Das wird damit begründet, dass es den ANn des BRslosen Betriebs möglich sei, jederzeit einen BR zu wählen.[183] Zudem ist der GBR angehalten, nach § 17 Abs. 1 einen Wahlvorstand zu bestellen. Dadurch, dass Kleinstbetriebe nach § 4 Abs. 2 durch den BR des Hauptbetriebes vertreten werden (können), bleibt insoweit kein Legitimationsdefizit.[184] Vor diesem Hintergrund mag rechtspolitische Kritik erhoben werden, auch mit Blick auf die Frage, ob dies Anreize zur Wahl von BRn beseitigt (Rn. 55). Die Geltung der Regelung ist dadurch aber nicht infrage gestellt. 60

---

168 *BAG* 16.8.83 – 1 AZR 544/81, AP Nr. 5 zu § 50 BetrVG 1972; i.E. ferner *BAG* 21.3.96 – 2 AZR 559/95, AP Nr. 81 zu § 102 BetrVG 1972; zust. etwa *Ehrich*, ZfA 93, 427 [434 ff.].
169 *Hanau*, RdA 01, 65 [66]; GK-*Franzen*, Rn. 58.
170 Reg.Begr., BT-Drs. 14/5741, S. 43; *BAG* 9.12.09 – 7 ABR 46/08, AP Nr. 97 zu § 40 BetrVG 1972, Rn. 23; GK-*Franzen*, Rn. 60; HWGNRH-*Glock*, Rn. 9; Richardi-*Annuß*, Rn. 51; *Gamillscheg*, Kollektives Arbeitsrecht II, S. 667; *Konzen*, RdA 01, 76 [85].
171 *BAG* 16.11.11 – 7 ABR 28/10, AP Nr. 9 zu § 17 BetrVG 1972; *Kreutz*, RdA 13, 176 ff.
172 *BAG* 9.12.09 – 7 ABR 46/08, AP Nr. 97 zu § 40 BetrVG 1972.
173 *Däubler*, DB 01, 1669 [1670]; ErfK/*Koch*, Rn. 2; a. A. HWK-*Hohenstatt/Dzida*, Rn. 16.
174 *Fitting*, Rn. 29; HWGNRH-*Glock*, Rn. 8.
175 GK-*Franzen*, Rn. 59; *Salamon*, RdA 08, 24 [27].
176 *BAG* 16.8.83 – 1 AZR 544/81, AP Nr. 5 zu § 50 BetrVG 1972; GK-*Franzen*, Rn. 55.
177 So GK-*Franzen*, Rn. 55.
178 *Däubler*, DB 01, 1669 [1670].
179 Vgl. ErfK/*Koch*, Rn. 8.
180 *Robrecht*, Die GBV, S. 170.
181 GK-*Franzen*, Rn. 57.
182 GK-*Franzen*, Rn. 58; *Löwisch*, BB 01, 1734 [1745]; vgl. auch *Hümmerich*, Zuständigkeitsabgrenzung, S. 84.
183 *Fitting*, Rn. 29.
184 *Hümmerich*, Zuständigkeitsabgrenzung, S. 85 f.; vgl. auch *BAG* 16.11.11 – 7 ABR 28/10, AP Nr. 9 zu § 17 BetrVG 1972; LK-*Robrecht*, Rn. 39.

61 Die Zuständigkeit für BRslose Betriebe setzt eine **Kommunikation** des GBRs mit der Belegschaft des BRslosen Betriebes voraus.[185]

62 Die Zuständigkeit des GBRs erstreckt sich auf die Möglichkeit, **GBVen** für die BRslosen Betriebe abzuschließen.[186] GBVen, die vor Inkrafttreten des Betriebsverfassungsreformgesetzes (Einleitung Rn. 37 ff.) geschlossen worden waren, gelten seither auch für die von der dadurch geschaffenen Kompetenz des GBRs erfassten BRslosen Betriebe,[187] sofern die GBV UNsweite Geltung hat oder im Falle einer nur einzelne Betriebe erfassenden GBV die BRslosen Betriebe nach ihrer Lage hierunter fallen (Rn. 59).[188]

63 Soweit dem BR die Kompetenz zu **belastenden Regelungen** zukommt, gilt dies auch für den GBR in Bezug auf AN in BRslosen Betrieben.[189] Das gilt auch etwa für einen Kündigungen erleichternden Interessenausgleich mit Namensliste gemäß § 1 Abs. 5 KSchG bzw. § 125 InsO (näher Rn. 113).

64 Erfasst von der Zuständigkeit für BRslose Betriebe ist auch ein eventuelles **Initiativrecht** des GBRs.[190]

5. Zuständigkeitsverteilung im Einzelnen

65 Da es für die Zuständigkeitsabgrenzung grundsätzlich immer einer Beurteilung der konkreten Angelegenheit in Bezug auf einen bestimmten Mitbestimmungstatbestand unter Berücksichtigung der individuellen Verhältnisse in den betroffenen Betrieben bedarf, sind Prognosen, ob gerichtsfest eine bestimmte Zuständigkeit angenommen werden kann, nur schwer möglich. Dass es an einer klaren Linie fehle,[191] ist freilich nicht anzunehmen. Es bietet sich aber jedenfalls an, eine fallgruppenweise abstrakte Betrachtung anzustellen. Da es auf die Umstände des Einzelfalls ankommt, können die nachfolgenden Ausführungen aber letztlich nur eine **Orientierungshilfe** darstellen, soweit nicht, wie gerade beim formellen Betriebsverfassungsrecht ausnahmsweise eine klare Zuständigkeitszuweisung vorliegt.

a) Formelle Betriebsverfassung sowie UNsmitbestimmung

66 Bei **GBVen nach § 3 Abs. 2** über die Zusammenfassung mehrerer Betriebe oder UNseinheitliche BR handelt es sich um eine Angelegenheit, die nur vom GBR geregelt werden kann.[192]

66a Für die **Einladung zur Betriebsversammlung** ist allein der örtliche BR zuständig, weil es sich grundsätzlich nicht um eine überbetriebliche Angelegenheit handelt.[193]

67 Auch die Regelung einer abweichenden Zahl von **Mitgliedern des GBRs** nach § 47 Abs. 4 fällt in die Zuständigkeit des GBRs (§ 47 Rn. 86). Dasselbe gilt für eine erzwingbare BV über die gemeinsame Entsendung von Mitgliedern des GBRs nach § 47 Abs. 5 (§ 47 Rn. 113).

68 Der GBR ist für die **Bestellung eines Wahlvorstands** gemäß § 16 Abs. 3 und § 17 Abs. 1 zuständig. Ungeachtet seines Beurteilungsspielraums hinsichtlich der dazu erforderlichen vorbereitenden Maßnahmen folgt aus der Zuständigkeit für die Bestellung eines Wahlvorstandes keine Annexkompetenz für eine Belegschaftsversammlung zwecks Bestellung des Wahlvor-

---

185 *BAG* 9. 12. 09 – 7 ABR 46/08, AP Nr. 97 zu § 40 BetrVG 1972, Rn. 23.
186 *BAG* 9. 12. 09 – 7 ABR 46/08, AP Nr. 97 zu § 40 BetrVG 1972, Rn. 23.
187 *Däubler*, DB 01, 1660 [1670]; *ders.*, AuR 01, 285 [287 f.]; a. A. *Löwisch*, BB 01, 1734 [1745]. Zu eng auch GK-*Franzen*, Rn. 62, wonach es immer einer gesonderten Vereinbarung für diese Betriebe bedürfen soll; ähnlich auch HWGNRH-*Glock*, Rn. 64.
188 I. E. wie hier Richardi-*Annuß*, Rn. 50; Schaub/*Koch*, § 224 Rn. 6; einschränkend *Robrecht*, Die GBV, S. 176 f.
189 *Fitting*, Rn. 30.
190 *BAG* 21. 7. 09 – 1 ABR 42/08, AP Nr. 1 zu § 13 AGG.
191 So *Lunk*, NZA 13, 233 [238].
192 *BAG* 24. 4. 13 – 7 ABR 71/11, AP Nr. 11 zu § 3 BetrVG 1972, Rn. 37.
193 *Kleinebrink*, ArbRB 19, 349.

standes.[194] Im Verfahren nach § 18 Abs. 2 ist der GBR antragsbefugt, wenn seine Zuständigkeit in Bezug auf die fragliche Organisationseinheit bestritten wird.[195]

Der GBR ist für **Anträge nach § 23 Abs. 3** zuständig, wenn seine Zuständigkeit für die fragliche Angelegenheit aus § 50 folgt.[196] **68a**

Der GBR ist ferner nach § 55 zuständig für Beschlüsse zur Errichtung eines **KBRs** nach § 54 Abs. 1. Desgleichen ist er zuständig für die Abberufung von Mitgliedern des KBRs gemäß § 57. **69**

Der GBR ist zuständig für die Bestellung des **UNswahlvorstands** gemäß § 4 Abs. 4 2. WOMitbestG sowie gem. § 26 Abs. 2 WODrittelbG und mangels KBRs auch für die Bestellung des Hauptwahlvorstands nach § 4 Abs. 4 3. WOMitbestG. Er hat ferner ein Antragsrecht hinsichtlich der Entscheidung über die **Zusammensetzung des Aufsichtsrats** nach § 98 Abs. 2 Nrn. 4 und 6 AktG. Auch ist er zuständig für **Anfechtungsanträge** hinsichtlich der Wahl von Aufsichtsratsmitgliedern der AN gemäß § 22 Abs. 2 Nrn. 2 und 4 MitbestG und § 10m Abs. 2 Nrn. 2 und 4 MontanMitbestGErgG. **70**

Überdies ist der GBR zuständig für die Bestellung von Mitgliedern des **besonderen Verhandlungsgremiums** gemäß § 11 Abs. 1 EBRG. Seine Mitglieder sind am Wahlgremium nach § 8 Abs. 3 SEBG sowie im Falle des Fehlens eines KBRs auch nach § 8 Abs. 2 SEBG beteiligt. Entsprechendes gilt für das Wahlgremium nach § 10 Abs. 2 und 3 MgVG. **71**

b) Allgemeine Aufgaben gemäß § 80 Abs. 1

Die allgemeinen Aufgaben nach § 80 fallen in die Zuständigkeit des örtlichen BRs.[197] Sie bedürfen angesichts der gesetzlichen Regelung in § 80 keiner Regelung in einer BV, sodass die Zuständigkeit des GBRs nach § 50 Abs. 1 nicht eröffnet sein kann.[198] Namentlich fällt dem örtlichen BR das **Überwachungsmandat** gemäß § 80 Abs. 1 Nr. 1 zu.[199] Das erstreckt sich auch auf die Durchführung der zugunsten der AN geltenden GBVen[200] und KBVen. Richtig ist allerdings, dass das Überwachungsmandat dann dem GBR nach § 50 Abs. 1 zufallen muss, wenn der örtliche BR die Überwachung nicht durchführen kann, etwa, wenn es um die Überwachung der Lohngerechtigkeit in einem UNseinheitlichen Lohnsystem geht.[201] Den Durchführungsanspruch hinsichtlich einer BV hat der BR, den hinsichtlich einer GBV der GBR.[202] **72**

Für die Wahrnehmung der Aufgaben im Zusammenhang mit den **Rechten der AN** nach §§ 81 ff. ist grundsätzlich nur der EinzelBR zuständig. Dass der GBR mit der Wahrnehmung einer solchen Aufgabe im Wege der Beauftragung betraut wird, ist allerdings nicht ausgeschlossen. **73**

Der Auskunftsanspruch nach § 80 Abs. 2 steht hingegen dem jeweiligen Organ zu, das für die Ausübung des jeweiligen Mitbestimmungsrechts zuständig ist.[203] **74**

Für ein Verfahren um die **Auslegung einer GBV** ist im Hinblick auf die Notwendigkeit einer UNseinheitlichen Klärung der GBR zuständig.[204] **75**

Für die Benennung der Beisitzer der AN in der **Einigungsstelle** bei einem Streit zwischen AG und GBR um dessen Zuständigkeit ist der GBR zuständig.[205] Bei Meinungsverschiedenheiten zwischen AG und BR insoweit ist eine betriebliche Einigungsstelle anzurufen, bei der der örtliche BR das Benennungsrecht hat. **76**

---

194 *BAG* 16.11.11 – 7 ABR 28/10, AP Nr. 9 zu § 17 BetrVG 1972; *Kreutz*, RdA 13, 176 [178 f.].
195 *BAG* 22.6.05 – 7 ABR 57/04, AP Nr. 23 zu § 1 BetrVG 1972 Gemeinsamer Betrieb.
196 *HessLAG* 17.8.20 – 16 TaBV 24/20.
197 HWGNRH-*Glock*, Rn. 20.
198 *BAG* 20.12.88 – 1 ABR 63/87, AP Nr. 5 zu § 92 ArbGG 1979.
199 *BAG* 16.11.11 – 7 ABR 28/10, AP Nr. 9 zu § 17 BetrVG 1972; WPK-*Roloff*, Rn. 10.
200 *BAG* 20.12.88 – 1 ABR 63/87, AP Nr. 5 zu § 92 ArbGG 1979.
201 *Rieble/Gistel*, BB 04, 2462 [2466].
202 *LAG Düsseldorf* 23.6.20 – 3 TaBV 65/19, Rn. 91 f.; vgl. MünchArbR/*Nebendahl*, § 300 Rn. 95.
203 HWGNRH-*Glock*, Rn. 20; vgl. *BAG* 19.3.81 – 3 ABR 38/80, AP Nr. 14 zu § 80 BetrVG 1972.
204 *LAG Berlin-Brandenburg* 25.10.12 – 5 TaBV 1168/12, Rn. 87.
205 HWGNRH-*Glock*, Rn. 64.

c) Soziale Angelegenheiten

77 Als Faustformel lässt sich festhalten, dass soziale Angelegenheiten **in der Regel** in die Zuständigkeit des **örtlichen BRs** fallen, weil die Unmöglichkeit einer Regelung auf betrieblicher Ebene in der Regel nicht gegeben ist.[206] Das schließt nicht aus, dass im Einzelfall sowie bei einzelnen Mitbestimmungstatbeständen (etwa bei Nr. 8, vgl. Rn. 89) durchaus auch häufiger die Zuständigkeit des GBRs gegeben sein kann.[207] Auch bei freiwilligen BV nach § 88 BetrVG wird oftmals die Zuständigkeit des örtlichen Betriebsrats gegeben sein. Allerdings kann auch nach allgemeinen Grundsätzen der GBR zuständig sein. Weniger überzeugend ist es freilich, wenn die Rechtsprechung die Zuständigkeit des GbR für eine Verlängerung der Einsatzhöchstdauer auf Grundlage eines Tarifvertrages nach § 1 Abs. 1 Satz 5 AÜG auf subjektive Unmöglichkeit stützt.[208] Denn insoweit geht es nicht um eine freiwillige Leistung des Arbeitgebers, sondern um sein Interesse am Personaleinsatz. Einen allgemeinen Grundsatz, dass für die Zuständigkeit für freiwillige Betriebsvereinbarungen grundsätzlich ein Wahlrecht bestünde, gibt es jedenfalls nicht.[209]

(aa) Ordnung des Betriebes (§ 87 Abs. 1 Nr. 1)

78 In vorstehendem (Rn. 77) Sinne ist die Zuständigkeit des örtlichen BRs auch für **Torkontrollen** und **Betriebsbußen** gegeben,[210] desgleichen für **Taschenkontrollen**[211]. Auch für Regelungen zum **Rauchen** oder **Alkoholgenuss** im Betrieb ist in der Regel der EinzelBR zuständig. Demgegenüber soll der GBR für die Regelung einheitlicher **Dienstkleidung** zwecks besonderer Kenntlichmachung der Zugehörigkeit zum AG zuständig sein.[212] Dasselbe gilt für die einheitliche Ordnung etwa eines gemeinsamen Parkplatzes mehrerer Betriebe.[213]

79 Zur Einrichtung einer **Beschwerdestelle** nach § 13 AGG vgl. Rn. 36.

80 Bei **Ethikrichtlinien** kommt es hinsichtlich der Mitbestimmungspflichtigkeit auf den jeweiligen Regelungsgegenstand an. Die Zuständigkeit für ein solches Regelwerk steht aber dem KBR oder GBR jeweils als Ganzes zu, wenn die Voraussetzungen nach §§ 50, 58 gegeben sind.[214] Diese Grundsätze müssen insgesamt für Regelungen zur **Compliance** gelten.

81 Für das Verlangen nach einer **Vorlage der Arbeitsunfähigkeitsbescheinigung** zu einem früheren Zeitpunkt ist der örtliche BR zuständig (Rn. 36).

(bb) Beginn und Ende der täglichen Arbeitszeit (§ 87 Abs. 1 Nr. 2)

82 Regelungen über Beginn und Ende der täglichen Arbeitszeit fallen grundsätzlich in die Zuständigkeit des örtlichen BRs.[215] Bei einer betriebsübergreifenden Verschränkung der Arbeitsabläufe durch Arbeitsteilung kann allerdings eine wechselseitige Abhängigkeit entstehen, die eine sinnvolle Regelung ohne **betriebsübergreifende Koordinierung** ausschließt.[216] Die Rechtsprechung hat daher die Möglichkeit der Regelung eines Schichtrahmenplanes durch

---

206 *BAG* 23.9.75 – 1 ABR 122/73, AP Nr. 1 zu § 50 BetrVG 1972; HWGNRH-*Glock*, Rn. 22; Richardi-*Annuß*, Rn. 20; ErfK/*Koch*, Rn. 4; HWK-*Hohenstatt/Dzida*, Rn. 8; *Lunk*, NZA 13, 233 [235]; *Brill*, AuR 83, 169 [171].

207 *Döring*, DB 80, 689 [690]; *Ehrich*, ZfA 93, 427 [444 ff.].

208 *BAG* 14.9.22 – 4 AZR 26/21, AP AÜG § 1 Nr. 52, Rn. 59; *BAG* 8.11.22 – 9 AZR 486/21, ZIP 2023, 928, Rn. 27.

209 So aber wohl *LAG Nürnberg* 6.9.22 – 1 TaBV 4/22, Rn. 39.

210 *Fitting*, Rn. 37.

211 *Werner*, NZA-RR 19, 1 [9].

212 *BAG* 17.1.12 – 1 ABR 45/10, AP Nr. 41 zu § 87 BetrVG 1972; vgl. *BAG* 18.7.17 – 1 ABR 59/15, AP Nr. 25 zu § 87 BetrVG 1972 Gesundheitsschutz, Rn. 21; i. E. zust. *Lunk*, NZA 13, 232 [235].

213 HWGNRH-*Glock*, Rn. 24; *Ehrich*, ZfA 93, 427 [445].

214 *BAG* 22.7.08 – 1 ABR 40/07, AP Nr. 14 zu § 87 BetrVG 1972.

215 *BAG* 23.9.75 – 1 ABR 122/73, AP Nr. 1 zu § 50 BetrVG 1972; 9.12.03 – 1 ABR 49/02, AP Nr. 27 zu § 50 BetrVG 1972; 19.6.12 – 1 AZR 19/11, AP Nr. 35 zu § 50 BetrVG 1972, Rn. 21.

216 Vgl. *BAG* 23.9.75 – 1 ABR 122/73, AP Nr. 1 zu § 50 BetrVG 1972; HWGNRH-*Glock*, Rn. 25; vgl. auch *Thüsing*, ZfA 10, 195 [201 ff.].

GBV anerkannt, wenn die Arbeitsabläufe technisch-organisatorisch miteinander verknüpft sind.[217]

(cc) Vorübergehende Verkürzung und Verlängerung der Arbeitszeit (§ 87 Abs. 1 Nr. 3)

Die Notwendigkeit von **Kurzarbeit** ist grundsätzlich nach der Lage im Betrieb zu beurteilen, 83
deren Einführung fällt mithin in die Zuständigkeit des örtlichen BRs.[218] Die Zuständigkeit des GBRs wird aber angenommen, wenn durch produktionstechnische Verflechtung Kurzarbeit im einen Betrieb mit Produktionseinschränkungen im anderen notwendig verbunden ist.[219]

(dd) Auszahlung der Arbeitsentgelte (§ 87 Abs. 1 Nr. 4)

Regelungen über die Auszahlung der Arbeitsentgelte fallen in die Zuständigkeit des örtlichen 84
BRs. Dasselbe gilt für Regelungen zur **Erstattung von Kontoführungsgebühren** (zur Frage der Aufhebung einer solchen BV im Rahmen eines Sanierungskonzeptes vgl. Rn. 23).[220] Auch für Regelungen über Freizeitausgleich für den Bankbesuch ist der örtliche BR zuständig.[221] Demgegenüber soll der GBR zuständig sein für die Einführung einer **zentralen Entgeltabrechnung.**[222] Das kann aber nur die Abrechnung selber betreffen, nicht die Auszahlung.[223]

(ee) Urlaub (§ 87 Abs. 1 Nr. 5)

Grundsätzlich ist der örtliche BR für die Aufstellung von **Urlaubsgrundsätzen** und den Ur- 85
laubsplan ebenso zuständig wie für die Mitbestimmung hinsichtlich der zeitlichen Lage des Urlaubs für einzelne AN.[224] Ähnlich wie bei der Arbeitszeit kommt eine Zuständigkeit des GBRs für die Aufstellung des Urlaubsplans in Betracht, wenn eine betriebsübergreifende Koordinierung wegen arbeitstechnischer Verflechtung notwendig ist.[225]

(ff) Technische Kontrolleinrichtungen (§ 87 Abs. 1 Nr. 6)

Eine pauschale Einordnung, dass die Mitbestimmung bei technischen Kontrolleinrichtungen 86
grundsätzlich in die Zuständigkeit des örtlichen BRs oder des GBRs falle, kommt nicht in Betracht. Entscheidend ist, ob mit der Einrichtung ein überbetrieblicher oder UNseinheitlicher Zweck verfolgt wird. Dann ist der GBR zuständig. Das gilt ebenso, wenn Daten zur betriebsübergreifenden Weiterverwendung erhoben oder verarbeitet werden.

Für das **Mithören** von Verkaufsgesprächen zwecks einheitlicher Marketingstrategie soll der 87
GBR zuständig sein.[226] Dasselbe gilt für die Mitbestimmung bei der Einführung eines Technikerberichtssystems.[227] Demgegenüber wurde eine Zuständigkeit des GBRs bei der Einführung von **EDV** im Falle UNseinheitlicher Standards für Hard- und Software angenommen.[228] Ebenso ist der GBR zuständig für Datenverarbeitungssysteme, die betriebsübergreifend mit einheitlicher Software und der Möglichkeit der Datenverwendung in verschiedenen Betrieben

---

217 *BAG* 19.6.12 – 1 AZR 19/11, AP Nr. 35 zu § 50 BetrVG 1972.
218 Richardi-*Annuß*, Rn. 21; vgl. *BAG* 29.11.78 – 4 AZR 276/77 AP Nr. 18 zu § 611 BGB Bergbau.
219 HWGNRH-*Glock*, Rn. 26.
220 *BAG* 15.1.02 – 1 ABR 10/01, AP Nr. 23 zu § 50 BetrVG 1972.
221 *BAG* 20.4.82 – 1 ABR 22/80, DB 82, 1674.
222 *LAG Berlin* 10.9.79 – 9 TaBV 3/79, DB 79, 91; *Fitting*, Rn. 39.
223 HWGNRH-*Glock*, Rn. 27; a.A. *Ehrich*, ZfA 93, 427 [451].
224 *BAG* 5.2.56 – 1 ABR 14/64, AP Nr. 1 zu § 56 BetrVG.
225 *Fitting*, Rn. 40; HWGNRH-*Glock*, Rn. 28; LKK-*Robrecht*, Rn. 21; Richardi-*Annuß*, Rn. 24; ErfK/*Koch*, Rn. 4; a.A. DKW-*Trittin* (16. Aufl.), Rn. 106; wohl auch *BAG* 5.2.56 – 1 ABR 14/64, AP Nr. 1 zu § 56 BetrVG.
226 *LAG Köln* 19.1.83 – 5 TaBV 16/82, DB 83, 1101.
227 *BAG* 14.9.84 – 1 ABR 23/82, AP Nr. 9 zu § 87 BetrVG 1972 Überwachung.
228 *LAG Düsseldorf* 21.8.87 – 9 TaBV 132/86, NZA 86, 211.

eingesetzt werden sollen.[229] Das kann insbesondere aus der Notwendigkeit einheitlicher Administration der Software folgen.[230] Dasselbe gilt für eine automatisierte **Telefonanlage** mit Servicefunktion für Reservierungen[231] sowie eine UNseinheitliche Telefonvermittlungsanlage[232]. Hinsichtlich der Nutzung des Intranet ist grundsätzlich der EinzelBR zuständig.[233] Hinsichtlich der Nutzung eines Unternehmens-Accounts für soziale Medien ist im Allgemeinen der GBR zuständig.[234]

(gg) Unfallverhütung und Gesundheitsschutz (§ 87 Abs. 1 Nr. 7)

88 Unfallverhütung und Gesundheitsschutz fallen grundsätzlich in die Zuständigkeit des örtlichen BRs.[235] Auch eine Einrichtung der Arbeitsplätze nach **UNseinheitlichen** oder gar konzerneinheitlichen **Standards** ändern nichts an der Zuständigkeit des BRs für Sicherheit und Gesundheitsschutz. Dasselbe gilt bei Unterbringung der Einzelbetriebe in einem gemeinsamen Gebäude.[236] Dementsprechend bleibt der BR auch für **Gefährdungsbeurteilungen** am Arbeitsplatz nach § 5 ArbSchG sowie die Arbeitsschutzunterweisung nach § 12 ArbSchG zuständig.[237] Auch fällt die Schaffung der Arbeitsorganisation gem. § 3 Abs. 2 Nr. 1 ArbSchG im Allgemeinen in die Zuständigkeit der Einzelbetriebsräte.[238] Dasselbe muss für Sicherheitsanweisungen für Montagearbeiten im Außendienst gelten. Insoweit überzeugt die entgegenstehende Rechtsprechung[239] nicht. Auch wenn die fraglichen Arbeiten außerhalb des jeweiligen Einzelbetriebs einheitlich erfolgen, begründet ein Bedürfnis nach einheitlichen Sicherheitsstandards noch kein *zwingendes* Erfordernis für eine betriebsübergreifende Regelung. Auch für Regelungen zum betrieblichen Eingliederungsmanagement (§ 167 SGB IX) ist regelmäßig der örtliche BR zuständig.[240]

(hh) Sozialeinrichtungen (§ 87 Abs. 1 Nr. 8)

89 Der GBR ist zuständig für Regelungen über betriebsübergreifende Sozialeinrichtungen.[241] Das betrifft namentlich eine UNseinheitliche **Altersversorgung** (vgl. auch Rn. 94).[242]

(ii) Wohnraum (§ 87 Abs. 1 Nr. 9)

90 Die Mitbestimmung bei Zuweisung und Kündigung von Wohnräumen fällt in die Zuständigkeit des örtlichen BRs.[243] Demgegenüber fällt die Festlegung der Nutzungsbedingungen für **UNsweit bereitgestellten Wohnraum** in die Zuständigkeit des GBRs.[244]

229 *BAG* 14.11.06 – 1 ABR 4/06, AP Nr. 43 zu § 87 BetrVG 1972 Überwachung; HWGNRH-*Glock*, Rn. 29.
230 *BAG* 8.3.22 – 1 ABR 20/21, NZA 22, 1134, Rn. 35.
231 *BAG* 30.8.95 – 1 ABR 4/95, AP Nr. 29 zu § 87 BetrVG 1972 Überwachung.
232 *BAG* 11.11.98 – 7 ABR 47/97, AP Nr. 19 zu § 50 BetrVG 1972.
233 *BAG* 1.12.04 – 7 ABR 18/04, AP Nr. 82 zu § 40 BetrVG 1972.
234 *Künzl*, BB 21, 500.
235 *BAG* 18.7.17 – 1 ABR 59/15, AP Nr. 25 zu § 87 BetrVG 1972 Gesundheitsschutz, Rn. 20.
236 HWGNRH-*Glock*, Rn. 31.
237 *BAG* 8.6.04 – 1 ABR 4/03, AP Nr. 20 zu § 76 BetrVG 1972 Einigungsstelle.
238 *LAG Nürnberg* 10.9.21 – 4 TaBV 29/19, Rn. 63 ff.
239 *BAG* 16.6.98 – 1 ABR 68/97, AP Nr. 7 zu § 87 BetrVG 1972 Gesundheitsschutz, m. insoweit zust. Anm. *Merten*; zust. auch HWGNRH-*Glock*, Rn. 31.
240 *Werner*, NZA-RR 19, 1 [10].
241 *BAG* 6.4.76 – 1 ABR 27/74, AP Nr. 2 zu § 50 BetrVG 1972; HWGNRH-*Glock*, Rn. 32; *Kittner*, BlStSozArbR 76, 232 [235].
242 *Fitting*, Rn. 43; HWGNRH-*Glock*, Rn. 31; weitergehend Richardi-*Annuß*, Rn. 28. Vgl. *BAG* 21.1.03 – 3 ABR 26/02, EzA § 50 BetrVG 2001 Nr. 2.
243 *Fitting*, Rn. 48.
244 HWGNRH-*Glock*, Rn. 33.

(jj) Betriebliche Lohngestaltung (§ 87 Abs. 1 Nr. 10)

Grundsätzlich fällt die Aufstellung von Entlohnungsgrundsätzen wie die Einführung und Anwendung neuer Entlohnungsmethoden in die Zuständigkeit des örtlichen BRs. Ein **zwingendes Erfordernis** zur überbetrieblichen Regelung kommt nur in Betracht, wenn angesichts struktureller Gleichartigkeit der Betriebe die Anwendung einheitlicher Grundsätze geboten erscheint.[245] 91

Dementsprechend wird die Zuständigkeit des GBRs für die UNseinheitliche **Vergütung** von Außendienstangestellten angenommen.[246] Auch für Provisionsordnungen, die für alle Verkaufsrepräsentanten des UNs gelten sollen, wurde ein solches zwingendes Erfordernis ebenfalls angenommen.[247] Dagegen gibt es kein zwingendes Erfordernis für eine betriebsübergreifende Regelung einer Eingruppierungsordnung.[248] Für ergebnisabhängige Bezahlung wurde die Zuständigkeit des GBRs angenommen.[249] Bejaht wurde die Zuständigkeit des GBRs auch für UNseinheitliche Richtlinien für **AGdarlehen.**[250] Demgegenüber ist eine **Spesenregelung** grundsätzlich für eine Regelung auf örtlicher Ebene geeignet, sodass der örtliche BR zuständig ist. Ebenso fällt die Regelung der Vergütungsstruktur von **AT-Angestellten** im Grundsatz in die Zuständigkeit des örtlichen BRs und nicht etwa der GBR wegen subjektiver Unmöglichkeit der Regelung auf betrieblicher Ebene (Rn. 35). Soweit allerdings eine unternehmenseinheitliche Entgeltstruktur für die AT-Angestellten angestrebt wird, ist der GBR kraft Gesetzes nach § 50 Abs. 1 zuständig.[251] 92

Das *BAG* hat aber mit Recht darauf hingewiesen, dass der allgemeine **Gleichbehandlungsgrundsatz nicht kompetenzbegründend** wirkt, sondern eine Kompetenzausübungsschranke darstellt (vgl. auch Rn. 50). Alles andere wäre auch unvereinbar mit der Kompetenzregelung des § 50 Abs. 1 Satz 1, denn über den Gleichbehandlungsgrundsatz ließe sich fast immer eine Zuständigkeit des GBRs begründen.[252] Dementsprechend ist zwar der AG, wenn er nach einem generalisierenden Prinzip verfährt, UNsweit zur Gleichbehandlung der AN verpflichtet.[253] Im Rahmen der Mitbestimmung ist hingegen die Mitbestimmungsebene nach der Zuständigkeitsregelung des § 50 sowie des § 58 zu bestimmen. Die Betriebsparteien sind dann im Rahmen ihrer Regelungskompetenz an den betriebsverfassungsrechtlichen Gleichbehandlungsgrundsatz gebunden.[254] Die Bindung an den betriebsverfassungsrechtlichen Gleichbehandlungsgrundsatz bedeutet sodann aber nicht eine Verpflichtung womöglich des BRs auf die UNsweite Gleichbehandlung der AN. Vielmehr ist der Gleichbehandlungsgrundsatz regelmäßig kompetenzbezogen zu verstehen.[255] Dementsprechend vermittelt er bei einer mit dem EinzelBR geschlossenen BV Anspruch auf Gleichbehandlung aller Betriebsangehörigen als Normunterworfenen, bei einer GBV vermittelt er je nach Anwendungsbereich Anspruch auf Gleichbehandlung in der Gruppe der davon Betroffenen. Die Betriebsparteien des Einzelbetriebs sind daher nicht verpflichtet, eine – ohnehin konstruktiv nur schwer zu bewerkstelligende – Gleichbehandlung aller UNsangehörigen AN herbeizuführen.[256] Dies wird auch deutlich an der Formulierung des § 75 Abs. 1, der – wie alle Normen des BetrVG – im Ausgangspunkt von den örtlichen Betriebsparteien als Normadressaten ausgeht und die Gleichbehandlung »alle(r) im Betrieb tätigen 93

---

245 *BAG* 6.4.76 – 1 ABR 27/74, AP Nr. 2 zu § 50 BetrVG 1972.
246 *BAG* 29.3.77 – 1 ABR 123/74, AP Nr. 1 zu § 87 BetrVG 1972 Provision; 6.12.88 – 1 ABR 44/87, AP Nr. 37 zu § 87 BetrVG 1972 Lohngestaltung.
247 *BAG* 18.10.88 – 1 ABR 31/87, AP Nr. 10 zu § 81 ArbGG 1979.
248 *BAG* 13.3.01 – 1 ABR 7/00, EzA § 87 BetrVG 1972 Betriebliche Lohngestaltung Nr. 72.
249 *BAG* 31.1.89 – 1 ABR 60/87, AP Nr. 12 zu § 81 ArbGG 1979.
250 *BAG* 6.4.76 – 1 ABR 27/74, AP Nr. 2 zu § 50 BetrVG 1972.
251 *LAG Niedersachsen* 31.8.20 – 1 TaBV 102/19, NZA-RR 21, 18.
252 GK-*Franzen*, Rn. 43.
253 *BAG* 17.11.98 – 1 AZR 147/98, AP Nr. 162 zu § 242 BGB Gleichbehandlung.
254 *BAG* 18.5.10 – 1 ABR 96/08, AP Nr. 34 zu § 50 BetrVG 1972, Rn. 17; 23.3.10 – 1 ABR 82/08, AP Nr. 135 zu § 87 BetrVG Lohngestaltung; *Werner*, NZA-RR 19, 1 [2]; weitergehend Richardi-*Annuß*, Rn. 17.
255 Vgl. *BAG* 17.11.98 – 1 AZR 147/98, AP Nr. 162 zu § 242 BGB Gleichbehandlung.
256 Ebenso *Fitting*, Rn. 46.

Personen« anordnet. Dies ist dann für den GBR und den KBR als Ausprägung des allgemeinen Gleichheitssatzes auf die jeweils größere Gruppe der Normunterworfenen zu übertragen.

94 Allein der Wunsch des AGs nach einheitlicher Gestaltung genügt nicht (Rn. 20). Die Rechtsprechung verfährt hier allerdings relativ großzügig bei **freiwilligen Leistungen,** insoweit sie es gestattet, im Rahmen der mitbestimmungsfreien Vorgabe einer Leistung auch das zuständige Betriebsverfassungsorgan zu bestimmen (vgl., auch zur Kritik, Rn. 20, 35 ff.). Das betrifft beispielsweise Weihnachtsgratifikationen, Prämien, Urlaubsgeld oder sonstige **Sonderzuwendungen.** Für die Ablösung einer Einheitsregelung über **Jubiläumszuwendungen** durch verschlechternde GBV ist der GBR ebenfalls zuständig.[257] Auch für **Bonuszahlungen** wird insoweit die Zuständigkeit des GBRs angenommen.[258] Für **Aktienoptionen** kann je nach Reichweite der Gesamt- oder KBR zuständig sein.[259] Für Beteiligungsrechte des Vertragsarbeitgebers im Hinblick auf Konzernprogramme ist der örtliche BR zuständig, wenn es sich nicht um eine unternehmensweit einheitliche Einflussnahme handelt.[260] Ferner soll der AG in Bezug auf die **betriebliche Altersversorgung** mit über die betriebsverfassungsrechtliche Regelungsebene entscheiden können.[261] Zuständig ist der GBR jedenfalls für eine UNseinheitliche betriebliche Altersversorgung.[262] Soweit eine konzerneinheitliche Altersversorgung angestrebt wird und die Zuständigkeit eines KBRs nach § 58 eröffnet ist, es einen solchen aber nicht gibt, fällt die Angelegenheit nicht etwa subsidiär in die Zuständigkeit des GBRs.[263] Regelmäßig fallen auch Aufhebungen, Änderungen oder Ablösungen von BVen in den so ermittelten Zuständigkeitsbereich (vgl. im Einzelnen Rn. 20).[264]

(kk) Akkord- und Prämiensätze (§ 87 Abs. 1 Nr. 11)

95 Für Regelungen zu Akkord- und Prämiensätzen gelten dieselben Grundsätze wie hinsichtlich der Lohngestaltung (Rn. 91 ff.). Grundsätzlich fällt dies in die Zuständigkeit des örtlichen BRs. Der Gleichbehandlungsgrundsatz begründet keine Kompetenz des GBRs. Dessen Kompetenz kommt nur ausnahmsweise im Falle eines zwingenden Erfordernisses zur überbetrieblichen Regelung in Betracht.

(ll) Vorschlagswesen (§ 87 Abs. 1 Nr. 12)

96 Für die UNseinheitliche Regelung des **Vorschlagswesens** ist der GBR zuständig.[265] Dasselbe gilt dann auch für die UNseinheitliche Vergütung von Verbesserungsvorschlägen.[266]

(mm) Gruppenarbeit (§ 87 Abs. 1 Nr. 13)

97 Die Aufstellung von Grundsätzen über die Durchführung von Gruppenarbeit fällt grundsätzlich in die Zuständigkeit des örtlichen BRs.[267] Eine Zuständigkeit des GBRs ist nur denkbar, wenn es im Falle überbetrieblicher Kooperation einer Abstimmung in Bezug auf die Gruppenarbeit bedarf.

257 *BAG* 3.11.87 – 8 AZR 316/81, AP Nr. 25 zu § 77 BetrVG 1972.
258 *LAG Düsseldorf* 20.3.07 – 8 TaBV 15/07, LAGE § 98 ArbGG Nr. 48a.
259 *Baeck/Diller*, DB 98, 1405 [1412].
260 *Reiter/Sura*, ZIP 20, 252 [260].
261 *BAG* 21.1.03 – 3 ABR 26/02, AP EzA § 50 BetrVG 2001 Nr. 2; *Reinecke*, AuR 04, 328 [335].
262 *BAG* 5.5.77 – 3 ABR 24/76, AP Nr. 3 zu § 50 BetrVG 1972.
263 *Reinecke*, AuR 04, 328 [336].
264 *BAG* 11.12.01 – 1 AZR 193/01, AP Nr. 22 zu § 50 BetrVG 1972.
265 HWGNRH-*Glock*, Rn. 38.
266 LKK-*Robrecht*, Rn. 27.
267 LKK-*Robrecht*, Rn. 28.

(nn) Mobile Arbeit (§ 87 Abs. 1 Nr. 14)

97a Da das Mitbestimmungsrecht nach § 87 Abs. 1 Nr. 14 nur die Ausgestaltung, nicht aber die Einführung mobiler Arbeit betrifft (vgl. § 87 Rn. 387d), kann der **AG entscheiden,** ob er nur für einzelne Betriebe mobile Arbeit einführen möchte oder auf übergeordneter Ebene. Das determiniert zugleich die Zuständigkeit des GBR.[268]

d) Gestaltung von Arbeitsplatz, -ablauf und -umgebung (§§ 90 f.)

98 Die Mitwirkung in Bezug auf Arbeitsstätten fällt grundsätzlich in die Zuständigkeit des EinzelBRs.[269] Das gilt auch bei der Einführung neuer Technologien, Verfahren und Arbeitsplätze. Ausnahmsweise ist denkbar, dass der GBR zuständig ist für die **überbetriebliche Einführung von Technologien.** Das kommt aber nur in Betracht, wenn unterschiedliche Gestaltungen in den verschiedenen Betrieben nicht möglich sind.[270] Für das korrigierende Mitbestimmungsrecht nach § 91 ist regelmäßig der örtliche BR zuständig.[271] Er kann die Belastungen aufgrund der Sachnähe besser beurteilen.

e) Personelle Angelegenheiten (§§ 92 ff.)

(aa) Allgemeine personelle Angelegenheiten

99 Hinsichtlich einer betriebsübergreifenden **Personalplanung** i. S. d. § 92 ist der GBR zuständig, weil eine übergreifende Regelung erforderlich ist (vgl. auch § 92 Rn. 49 f.).[272] Hierauf bezogene Personalfragebögen und Beurteilungsgrundsätze (§ 94) fallen ebenfalls in die Zuständigkeit des GBRs. Dasselbe gilt für **Personalauswahlrichtlinien** gemäß § 95.[273] Zur Frage ergänzender BV der örtlichen BR vgl. § 95 Rn. 20. Nur mit dieser Maßgabe ist der Rechtsprechung zuzustimmen, die die Aufstellung UNseinheitlicher Anforderungsprofile in der Zuständigkeit des GBRs sieht.[274] Der GBR ist allerdings zuständig für Auswahlrichtlinien hinsichtlich der UNsweiten Weiterbeschäftigungsmöglichkeiten zur Abwendung betriebsbedingter Kündigungen in mehreren Betrieben.[275] Für Regelungen über jährliche Mitarbeitergespräche sind hingegen die örtlichen BR zuständig.[276]

100 Eine Besonderheit ergibt sich hinsichtlich des **Initiativrechts für Auswahlrichtlinien** nach § 95 Abs. 2. Auch wenn der GBR davon Gebrauch machen möchte, ist dies nur in Betrieben mit mehr als 500 ANn möglich. Zur Frage, ob es genügt, wenn der Schwellenwert im Unternehmen erreicht wird, vgl. § 95 Rn. 21.

101 Soweit es an diesem betriebsübergreifenden Bezug fehlt, bleibt der örtliche BR zuständig sowohl für die Personalplanung[277] als auch für die Aufstellung von Auswahlrichtlinien. Entsprechendes gilt für **Personalfragebögen,** persönliche Angaben in schriftlichen Arbeitsverträgen und **Beurteilungsgrundsätze.** Deren Aufstellung fällt grundsätzlich in die Zuständigkeit des örtlichen BRs. Anders kann es sein, wenn UNseinheitlichkeit zum Zweck der Vergleichbarkeit bei UNsweitem Personalentwicklungskonzept angestrebt wird.[278] Ein zwingendes Erfordernis für betriebsübergreifende Personalfragebögen, einheitliche Grundsätze der persönlichen Angaben in Arbeitsverträgen und betriebsübergreifende Beurteilungsgrundsätze ist jenseits der Rücksichtnahme auf eine überbetriebliche Personalpolitik kaum vorstellbar. Für die unter-

268 *Grunicke/Brauckhoff,* BB 22, 2423 ff.
269 LKK-*Robrecht,* Rn. 30; *Ehrich,* ZfA 93, 427 [458].
270 *Fitting,* Rn. 49; HWGNRH-*Glock,* Rn. 39.
271 LKK-*Robrecht,* Rn. 30; Richardi-*Annuß,* Rn. 30.
272 *BAG* 17. 3. 15 – 1 ABR 48/13, EzA § 94 BetrVG 2001 Nr. 2, Rn. 33; *Fitting,* Rn. 51; HWGNRH-*Glock,* Rn. 41; Richardi-*Annuß,* Rn. 32; *Ehrich,* ZfA 93, 427 [459].
273 HWGNRH-*Glock,* Rn. 41.
274 *BAG* 31. 5. 83 – 1 ABR 6/80, DB 83, 2311.
275 DDZ/*Deinert,* § 1 KSchG Rn. 683.
276 *LAG Rheinland-Pfalz* 6. 6. 08 – 6 TaBV 4/08.
277 *Fitting,* Rn. 51.
278 HWGNRH-*Glock,* Rn. 42.

nehmensweit einheitliche Einführung der elektronischen Personalaktenführung ist der GBR zuständig.[279]

102 Auch das Verlangen nach **innerbetrieblicher Ausschreibung** von Arbeitsplätzen gemäß § 93 fällt in die Zuständigkeit des örtlichen BRs. Das gilt auch für UNsintern zu besetzende Arbeitsplätze.[280] Durch GBV oder KBV kann dem BR das Recht aus § 93 nicht entzogen werden.[281] Auch eine unternehmens- oder konzernweite Personalplanung stellt diese Möglichkeit nicht infrage.[282] Eine Ausnahme kommt nur in Betracht, wenn es um eine UNsweite Ausschreibung mit Blick auf eine UNsweite Personalplanung geht.[283] Der GBR ist ansonsten auch nicht für die Mitbestimmung über die Art und Weise der Ausschreibung zuständig.[284]

103 Bei der **Berufsbildung** ist der GBR zuständig für zentral durchgeführte Berufsbildungsmaßnahmen. Er ist auch zuständig für generelle Regelungen über Berufsbildung, die aus einer UNsweiten Personalplanung folgen.[285] Die Mitbestimmung bei einzelnen Bildungsmaßnahmen im Betrieb fällt in die Zuständigkeit des örtlichen BRs.[286] Das bloße Interesse an einer UNsweiten Kostenkontrolle begründet für sich jedenfalls nicht die Zuständigkeit des GBR.[287]

(bb) Personelle Einzelmaßnahmen

104 Personelle Einzelmaßnahmen sind Urdomäne des EinzelBRs. In dessen Zuständigkeit fallen Einstellungen, Eingruppierungen, Umgruppierungen und Versetzungen.[288] Auch zu einer **Kündigung** ist immer der örtliche BR gemäß § 102 anzuhören. Eine Zuständigkeit des GBRs scheidet aus (vgl. § 102 Rn. 149 ff.).[289] Für die Zustimmung zur Kündigung eines sondergeschützten Mandatsträgers nach § 103 ist ebenfalls grundsätzlich der EinzelBR zuständig (§ 103 Rn. 33). Der örtliche BR ist auch für die Kündigung nach Widerspruch gegen den Übergang des Arbeitsverhältnisses im Rahmen eines Betriebsübergangs gemäß § 613a Abs. 6 BGB zuständig.[290] Hier kann nur ein EinzelBR zuständig sein.[291] Ausnahmsweise kommt die Zuständigkeit des GBRs in Betracht, wenn ein AN in mehrere Betriebe eingegliedert ist.[292] Vgl. im Einzelnen § 102 Rn. 149 ff. Zur Zuständigkeit hinsichtlich der Mitteilung über personelle Veränderungen bei leitenden Angestellten s. § 105 Rn. 8.

105 Auch die **betriebsübergreifende Versetzung** innerhalb des UNs fällt in die Zuständigkeit der örtlichen BR, nicht des GBRs.[293] Es ist damit sowohl der BR im abgebenden Betrieb wegen einer Versetzung zu beteiligen als auch der im aufnehmenden Betrieb wegen einer Einstellung. Die Zuständigkeit des GBRs ist nicht gegeben, vielmehr verlangt auch der Zweck einer Wahrung der Interessen der jeweiligen Belegschaft sowie der betroffenen AN eine Beteiligung des sachnäheren örtlichen BRs.[294] Diese Grundsätze gelten auch bei einer sogenannten »Personalrun-

279 *LAG Düsseldorf* 23.6.20 – 3 TaBV 65/19.
280 *Fitting*, Rn. 53; vgl. auch für die – zu verneinende – Frage der Zuständigkeit des KBR *LAG Niedersachsen* 20.2.19 – 13 TaBV 24/18, NZA-RR 19, 423.
281 *BAG* 29.9.20 – 1 ABR 17/19, AP BetrVG 1972 § 93 Nr. 13, Rn. 22.
282 *BAG* 29.9.20 – 1 ABR 17/19, AP BetrVG 1972 § 93 Nr. 13.
283 HWGNRH-*Glock*, Rn. 41; a. A. (bezogen auf die Frage der Zuständigkeit des KBR) *LAG Niedersachsen* 20.2.19 – 13 TaB 24/18 (nicht rechtskr.).
284 *BAG* 1.2.11 – 1 ABR 79/09, AP Nr. 9 zu § 93 BetrVG 1972, verneint ein Mitbestimmungsrecht insgesamt; dagegen vgl. aber § 93 Rn. 10.
285 *BAG* 12.11.91 – 1 ABR 21/91, AP Nr. 8 zu § 98 BetrVG 1972; Richardi-*Annuß*, Rn. 34.
286 *Fitting*, Rn. 54; HWGNRH-*Glock*, Rn. 43.
287 *Göpfert/Seier*, NZA 19, 588 [594].
288 *BAG* 21.3.96 – 2 AZR 559/95, AP Nr. 81 zu § 102 BetrVG 1972; *Döring*, DB 80, 689 [690]; *Ehrich*, ZfA 93, 427 [461].
289 *BAG* 21.3.96 – 2 AZR 559/95, AP Nr. 81 zu § 102 BetrVG 1972.
290 *BAG* 21.3.96 – 2 AZR 559/95, AP Nr. 81 zu § 102 BetrVG 1972.
291 Dazu *BAG* 21.3.96 – 2 AZR 559/95, AP Nr. 81 zu § 102 BetrVG 1972.
292 *BAG* 21.3.96 – 2 AZR 559/95, AP Nr. 81 zu § 102 BetrVG 1972; 16.12.10 – 2 AZR 576/09, AP Nr. 150 zu § 2 KSchG 1969; DDZ/*Deinert*, Einl. Rn. 250; LKK-*Robrecht*, Rn. 33.
293 *BAG* 26.1.93 – 1 AZR 303/92, AP Nr. 102 zu § 99 BetrVG 1972; GK-*Franzen*, Rn. 53; HWGNRH-*Glock*, Rn. 44; Richardi-*Annuß*, Rn. 35.
294 *BAG* 26.1.93 – 1 AZR 303/92, AP Nr. 102 zu § 99 BetrVG 1972.

de«, die Versetzungen in mehreren Betrieben zur Folge hat.[295] Bei einer solchen Personalrunde ist schon der Regelungsgegenstand nicht einheitlich, sodass eine einheitliche Regelung durch den GBR gar nicht möglich ist.[296] Wenn ein AN allerdings **mehreren Betrieben angehört,** was bei Matrixstrukturen zunehmend Relevanz erhält, wird teils vertreten, dass ausnahmsweise der GBR zuständig sei.[297] Das überzeugt nicht. Auch wenn ein AN in mehrere Betriebe eingestellt werden soll, wird die Angelegenheit dadurch nicht zu einer betriebsübergreifenden, einheitlich zu regelnden Angelegenheit. Das gilt nicht einmal, wenn der AN Personalverantwortung in einem weiteren Betrieb ausüben soll.[298] Im Falle seiner Eingliederung zur weisungsgebundenen Tätigkeit in diesem anderen Betriebs wird vielmehr außerdem dessen BR für die dortige Einstellung ebenfalls zuständig.[299] Vielmehr ist jede Einstellung je für sich eine Angelegenheit des Einzelbetriebes, die der Beurteilung durch den sachnahen örtlichen BR bedarf. Nichts anderes gilt für den Aspekt der Versetzung. Auch wenn ein AN aus mehreren Betrieben heraus versetzt werden soll, handelt es sich je für sich um nebeneinanderliegende Angelegenheiten der betroffenen einzelnen Betriebe. Vor diesem Hintergrund kann nichts anderes gelten als für die einfache betriebsübergreifende Versetzung. Nur wenn mehrere Versetzungsmaßnahmen so miteinander zusammenhängen, dass sie zusammen »stehen und fallen«, kommt eine Beteiligung des GBRs in Betracht. Auch bei Kündigungen muss es somit bei der Zuständigkeit der EinzelBR bleiben. Ein AN, der mehreren Betrieben zugeordnet ist, kann daher nur nach Beteiligung sämtlicher betroffener EinzelBR gekündigt werden. Erst recht kann mithin die bloße Möglichkeit des AGs, einen AN in mehreren Betrieben einzusetzen, nicht genügen für die Zuständigkeit des GBRs.[300]

§ 32 Abs. 2 PostPersRG ordnet die entsprechende Anwendung von § 28 PostPersRG für die Beteiligung des GBRs in **Angelegenheiten der Beamten** an, was im Ergebnis bedeutet, dass das Gesetz von der Möglichkeit ausgeht, dass der GBR für die Beteiligung bei personellen Einzelmaßnahmen zuständig sein kann. Das ist freilich nicht zuständigkeitsbegründend, sondern setzt voraus, dass der GBR nach § 50 zuständig ist,[301] was nur in Ausnahmefällen so ist (vgl. Rn. 105). Soweit der GBR zuständig ist, beteiligen sich nur die Vertreter der Beamten, die Mitglieder des GBRs sind. Sie haben gemäß § 32 Abs. 1 Nr. 2 PostPersRG so viele Stimmen wie in ihren Ursprungsbetrieben Beamte in der Wählerliste eingetragen sind. 106

(cc) Massenentlassungen

Ungeachtet des unionsrechtlich determiniert spezifischen Betriebsbegriffs des Massenentlassungsrechts der §§ 17 ff. KSchG ist für die Konsultation der Arbeitnehmer auf den betriebsverfassungsrechtlichen Betriebsbegriff i. S. d. nationalen Rechts abzustellen.[302] Die Zuständigkeit des BR bzw. GBR richtet sich damit nach § 50 Abs. 1,[303] sodass es darauf ankommt, ob es sich um eine überbetriebliche Angelegenheit handelt. Das ist bei einem betriebsübergreifenden Konzept zu bejahen (vgl. Rn. 112 f.). 106a

f) Wirtschaftliche Angelegenheiten (§ 106 ff.)

Der GBR ist gemäß § 107 Abs. 2 Satz 2 für die Bestimmung der Mitglieder des **Wirtschaftsausschusses** zuständig. Wenn ein GBR nach § 47 zu errichten ist, aber nicht errichtet wurde, 107

---

295 *BAG* 26. 1. 93 – 1 AZR 303/92, AP Nr. 102 zu § 99 BetrVG 1972; NK-GA/*Bodem*, Rn. 6.
296 *BAG* 26. 1. 93 – 1 AZR 303/92, AP Nr. 102 zu § 99 BetrVG 1972.
297 HWGNRH-*Glock*, Rn. 45; *Lingemann/Steinhauser*, NZA 20, 87 [90 f.].
298 Wohl a. A. *Schubert*, Betriebliche Mitbestimmung in Unternehmen und Konzernen mit Matrixorganisation, S. 131.
299 *BAG* 22. 10. 19 – 1 ABR 13/18, NZA 20, 61; vgl. auch *BAG* 12. 6. 19 – 1 ABR 5/18, AP Nr. 161 zu § 99 BetrVG 1972, Rn. 34 f.; a. A. *Lingemann/Steinhauser*, NZA 20, 87 [90 f.].
300 *BAG* 16. 12. 10 – 2 AZR 576/09, AP Nr. 150 zu § 2 KSchG 1969.
301 *Fitting*, Rn. 57.
302 *BAG* 13. 2. 20 – 6 AZR 146/19, NZA 20, 1006, Rn. 61 ff.; vgl. auch *Operhalsky/Sura*, NZA-RR 21, 165.
303 *BAG* 13. 2. 20 – 6 AZR 146/19, NZA 20, 1006, Rn. 62.

kann kein Wirtschaftsausschuss gebildet werden (§ 107 Rn. 16). Die Zuständigkeit fällt dadurch nicht an einen BR bzw. die Gesamtheit der BR.

108 Die **Unterrichtungs- und Berichtspflicht** des Wirtschaftsausschusses nach §§ 106 Abs. 1 Satz 2, 108 Abs. 4 besteht nicht zwingend nur gegenüber dem GBR.[304] Es kommt vielmehr entscheidend darauf an, ob die jeweilige Angelegenheit der Sache nach in die Zuständigkeit des BRs oder des GBRs fällt.[305] Wenn danach auch EinzelBR zu unterrichten sind, kann gleichwohl die Unterrichtung des GBRs genügen, wenn der jeweilige EinzelBR im GBR vertreten ist (vgl. § 108 Rn. 29).

109 Soweit ein GBR besteht, ist er auch für die Beilegung von Meinungsverschiedenheiten über **Auskünfte** nach § 109 Satz 1 zuständig. Er ist bei der Erläuterung des **Jahresabschlusses** gemäß § 108 Abs. 5 zu beteiligen. Ebenso ist er zuständig für die vorherige Abstimmung über die Unterrichtung der AN über die wirtschaftliche Lage und Entwicklung gemäß § 110.

110 Auch ist der GBR nach § 108 Abs. 6 für die Beschlussfassung über eine anderweitige **Wahrnehmung der Aufgaben des Wirtschaftsausschusses** zuständig.[306]

111 Für die Mitwirkung bei **Betriebsänderungen** ist zu unterscheiden zwischen Interessenausgleichsverhandlungen und Sozialplanverhandlungen:

112 Der Versuch eines **Interessenausgleichs** bei Betriebsänderungen, die sich auf mehrere Betriebe oder das ganze UN auswirken, fällt in die Zuständigkeit des GBRes, sofern diese nur zwingend einheitlich geregelt werden können,[307] vgl. auch § 111 Rn. 144. Die Prüfung eines zwingenden Erfordernisses für die Mitwirkung des GBRs bezieht sich dabei auf die vom AG geplante Maßnahme, nicht darauf, welche Alternativen sich GBR oder BR vorstellen oder wie die Betriebsänderung am Ende realisiert wird.[308] Es ergibt sich bei einer UNsweiten Planung häufig aus der Notwendigkeit eines Gesamtkonzepts hinsichtlich des Beteiligungsumfangs einzelner Betriebe.[309] Demgegenüber kann aus der Zuständigkeit des GBRs im Hinblick auf § 123 InsO für den Sozialplan (Rn. 114) kein Rückschluss darauf erfolgen, dass der GBR grundsätzlich auch für Betriebsänderungen in der Insolvenz zuständig sei.[310] Bei **Zweifeln** hinsichtlich der Zuständigkeit muss der AG alle in Betracht kommenden Vertretungen zur **Klärung der Zuständigkeitsfrage** auffordern. Anderenfalls trägt er das Risiko, bei Zurückweisung eines Verhandlungspartners, den das Gericht später als zuständig ansieht, einen Interessenausgleich nicht im Sinne von § 113 Abs. 3 ausreichend versucht zu haben.[311]

Ein zwingendes Erfordernis einer einheitlichen Regelung ist insbesondere im Falle der **Zusammenlegung** von Betrieben anzunehmen.[312] Demgegenüber ist bei **Betriebsstilllegungen** in der Regel von der Zuständigkeit des örtlichen BRs auszugehen.[313] Das gilt – entgegen der Rechtsprechung[314] – auch, wenn die Stilllegung sämtlicher Betriebe geplant ist.[315] Im Allgemeinen wird es keine wechselseitigen Auswirkungen dergestalt geben, dass eine betriebsübergreifende Regelung erforderlich ist. Anders ist es, wenn die Stilllegung wesentlicher Betriebsteile auf

304 So aber WPK-*Preis*, § 108 Rn. 6.
305 *Fitting*, § 106 Rn. 27.
306 *Fitting*, Rn. 58; Richardi-*Annuß*, Rn. 36.
307 *BAG* 20.4.94 – 10 AZR 186/93, AP Nr. 27 zu § 111 BetrVG 1972; 24.1.96 – 1 AZR 542/95, AP Nr. 16 zu § 50 BetrVG 1972; 11.12.01 – 1 AZR 193/01, AP Nr. 22 zu § 50 BetrVG 1972; 23.10.02 – 7 ABR 55/01, AP Nr. 26 zu § 50 BetrVG 1972; *Schmitt-Rolfes*, FS BAG, S. 1081 [1083].
308 *BAG* 24.1.96 – 1 AZR 542/95, AP Nr. 16 zu § 50 BetrVG 1972; 11.12.01 – 1 AZR 193/01, AP Nr. 22 zu § 50 BetrVG 1972.
309 *BAG* 11.12.01 – 1 AZR 193/01, AP Nr. 22 zu § 50 BetrVG 1972; 20.9.12 – 6 AZR 155/11, AP Nr. 41 zu § 17 KSchG 1969; *Wißmann*, FS 25 Jahre Arbeitsgemeinschaft Arbeitsrecht im DAV, S. 1037 [1042]; vgl. auch *ArbG Essen* 3.9.20 – 5 BVGa 5/20, ZInsO 20, 2613.
310 So aber *Röger*, ZIP 18, 2045 [2051].
311 *BAG* 24.1.96 – 1 AZR 542/95, AP Nr. 16 zu § 50 BetrVG 1972; *Wißmann*, FS 25 Jahre Arbeitsgemeinschaft Arbeitsrecht im DAV, S. 1037 [1042].
312 *BAG* 24.1.96 – 1 AZR 542/95, AP Nr. 16 zu § 50 BetrVG 1972.
313 *Fitting*, Rn. 59; *LAG Hamm* 16.8.19 – 18 Sa 232/19, ZinsO 2019, 2586, Rn. 113.
314 Vgl. *BAG* 24.1.96 – 1 AZR 542/95, AP Nr. 16 zu § 50 BetrVG 1972; 17.2.81 – 1 AZR 290/78, AP Nr. 11 zu § 112 BetrVG 1972.
315 *Werner*, NZA-RR 19, 1 [7].

einer UNseinheitlich geplanten Neuorganisation beruht.[316] Die Planung einer vollständigen **Entlassung** sämtlicher Außendienstmitarbeiter mit dem Ziel, Verträge mit Selbstständigen zu schließen, soll die Zuständigkeit des GBRs begründen.[317]

Die Zuständigkeit hinsichtlich eines Interessenausgleichs bei Betriebsänderungen deckt sich regelmäßig auch mit der für das **Konsultationsverfahren nach § 17 KSchG.**[318] Die Konsultation nach § 17 Abs. 2 KSchG richtet sich danach, ob der Personalabbau mehrere Betriebe betrifft und die Lastenverteilung zwischen mehreren Betrieben tangiert.[319] Nach der Rspr. erstreckt sich die Zuständigkeit bei Betriebsänderungen auch auf den Abschluss eines **Interessenausgleichs mit Namensliste** i. S. d. § 1 Abs. 5 KSchG bzw. § 125 InsO.[320] Freilich ist der notwendige Zusammenhang zwischen Ausgestaltung der Betriebsänderung und dadurch bedingten Entlassungen[321] nur vordergründig überzeugend. Denn dieser Zusammenhang besteht nur zwischen der Betriebsänderung und dem Erfordernis von Entlassungen an sich, nicht aber zwischen der Betriebsänderung und der personellen Konkretisierung der Entlassungen. Richtiger Ansicht nach ist daher zu differenzieren. Grundsätzlich bleibt der örtliche BR zuständig für die Erstellung der Namensliste, auch wenn für den Interessenausgleich der GBR zuständig ist.[322] Der Einwand, die notwendige Einheitlichkeit ergebe sich besonders deutlich, wenn es um die Erhaltung einer ausgewogenen Personalstruktur geht,[323] verkennt, dass eben diese nach § 1 Abs. 3 Satz 2 KSchG betriebsbezogenen, nicht aber UNsbezogen herbeizuführen ist. **113**

Ebenso wenig folgt die Zuständigkeit zum Abschluss von **Sozialplänen** der Zuständigkeit für einen Interessenausgleich,[324] vgl. auch § 111 Rn. 145. Der Sozialplan ist vom Interessenausgleich zu unterscheiden. Freilich gilt: Wo der örtliche BR bereits für den Interessenausgleich zuständig war, kann es sich nicht um eine betriebsübergreifend zu regelnde Angelegenheit handeln, wenn es um einen Sozialplan geht, sodass die Zuständigkeit des EinzelBRs für den Interessenausgleich immer auch die für den Sozialplan nach sich zieht.[325] Das gilt aber nicht umgekehrt: Auch wenn die geplante Betriebsänderung betriebsübergreifende Konsequenzen hat und dadurch eine überbetriebliche Regelung erfordert, schließt dies nicht aus, dass der Ausgleich oder die Milderung der wirtschaftlichen Nachteile der davon betroffenen AN auf betrieblicher Ebene geregelt wird.[326] Nur dann, wenn ausnahmsweise auch die Regelung des Ausgleichs oder der Milderung der Nachteile zwingend betriebsübergreifend erforderlich ist, kommt eine Zuständigkeit des GBRs in Betracht. Dies muss aber ein Ausnahmefall sein. Keinesfalls kann der AG insoweit ein überbetriebliches Konzept vorgeben.[327] Dass die bereitzustellenden Mittel vom selben AG kommen müssen, genügt zur Begründung des Erforder- **114**

---

316 Vgl. *BAG* 16. 8. 83 – 1 AZR 544/81, AP Nr. 5 zu § 50 BetrVG 1972, wo die vom *LAG* angenommene Zuständigkeit des GBRs nicht infrage gestellt wurde; ferner bei Restrukturierung bei drohender Insolvenz *BAG* 11. 12. 01 – 1 AZR 193/01, AP Nr. 22 zu § 50 BetrVG 1972.

317 *BAG* 8. 6. 99 – 1 AZR 831/98, AP Nr. 47 zu § 111 BetrVG 1972.

318 *BAG* 13. 12. 12 – 6 AZR 772/11; GK-*Franzen*, Rn. 54; *Salamon*, BB 15, 1653 [1655 ff.].

319 Vgl. *LAG Düsseldorf* 15. 10. 20 – 11 Sa 799/19, NZA-RR 165 (Anm. *Operhalsky/Sura*).

320 *BAG* 19. 6. 07 – 2 AZR 304/06, NZA 08, 103 [105]; 19. 7. 12 – 2 AZR 386/11, DB 13, 523, Rn. 24; ebenso *Fitting*, Rn. 59; Hako-BetrVG/*Haase/Tautphäus*, Rn. 24; HWGNRH-*Glock*, Rn. 49; ErfK/*Koch*, Rn. 6; *Ohlendorf/Salamon*, NZA 06, 131 ff.

321 So *Fitting*, Rn. 59.

322 *LAG Mecklenburg-Vorpommern* 29. 5. 06 – 1 Sa 349/05; DDZ/*Deinert*, § 1 KSchG Rn. 623; *Däubler*, AiB 05, 387 [391]; *Fischer*, BB 04, 1001 [1003].

323 *Fitting*, Rn. 59.

324 *BAG* 11. 12. 01 – 1 AZR 193/01, AP Nr. 22 zu § 50 BetrVG 1972; 23. 10. 02 – 7 ABR 55/01, AP Nr. 26 zu § 50 BetrVG 1972; 3. 5. 05 – 1 ABR 15/05, AP Nr. 29 zu § 50 BetrVG 1972; Hako-BetrVG/*Haase/Tautphäus*, Rn. 25; LKK-*Robrecht*, Rn. 37; MünchArbR/*Nebendahl*, § 300 Rn. 60; *Heider/Schimmelpfennig*, KSzW 14, 244 [244 f.]; *Lunk*, NZA 13, 233 [238]; *Schmidt*, FS Kreutz, S. 451 [453 f.]; *Schipp*, FS Schmidt, 515 [520]; a. A. Richardi-*Annuß*, Rn. 37a; ferner *ders.*, FS Kreutz, S. 13 [18 f.]; *Schmitt-Rolfes*, FS *BAG*, S. 1081 [1088 ff.].

325 *Wißmann*, FS 25 Jahre Arbeitsgemeinschaft Arbeitsrecht im DAV, S. 1037 [1043].

326 *BAG* 3. 5. 05 – 1 ABR 15/05, AP Nr. 29 zu § 50 BetrVG 1972; HWGNRH-*Glock*, Rn. 50; *Wißmann*, FS 25 Jahre Arbeitsgemeinschaft Arbeitsrecht im DAV, S. 1037 [1043].

327 So aber GK-*Franzen*, Rn. 36.

nisses einer überbetrieblichen Regelung nicht.[328] Auch kann der AG nicht durch Bestimmung der bereitzustellenden Mittel die Zuständigkeit beeinflussen.[329] Ebenso wenig begründet der Gleichbehandlungsgrundsatz eine Zuständigkeit des GBRs (vgl. Rn. 93).[330] Ausnahmsweise soll der GBR zuständig sein, wenn das Sanierungskonzept im Interessenausgleich nur verwirklicht werden kann, wenn ein bestimmtes Sozialplanvolumen für das GesamtUN eingehalten wird.[331] Freilich läuft das darauf hinaus, dass AG und GBR auf diese Weise auch die Sozialplanverhandlungen an sich ziehen können.[332] Auch nimmt die Rechtsprechung die Zuständigkeit des GBRs an, wenn die Sozialplanregelung eine Beurteilung der Belange sämtlicher betroffener Betriebe und AN erfordert.[333] In diesem Sinne ist auch von einer Zuständigkeit des GBRs für Sozialplanverhandlungen im Hinblick auf das gedeckelte Volumen nach § 123 InsO auszugehen, weil die Verteilung dieses Volumens über die Betriebe hinweg nur einheitlich erfolgen kann.[334]

115 Für einen **vorsorglichen UNsweiten Sozialplan** im Hinblick auf mögliche künftige Betriebsänderungen, der Ansprüche für den Fall ausbleibender Regelungen auf betrieblicher Ebene vermittelt, soll der GBR zuständig sein, während für den Sozialplan für die konkrete Betriebsänderung der örtliche BR zuständig bleibt.[335]

116 Aus der Zuständigkeit des GBRs im Rahmen des Interessenausgleichs folgt **keine umfassende Zuständigkeit** für die Aufhebung anderweitiger BVen (vgl. Rn. 23).

6. Verhandlungspartner

117 Die gesetzliche Zuständigkeit entscheidet auch darüber, wer **Verhandlungspartner** des GBRs ist. Das ist grundsätzlich die Leitung des UNs.[336] Diese kann die Verhandlungsbefugnisse zwar delegieren.[337] Das setzt aber die Einräumung der dafür notwendigen Entscheidungsbefugnisse voraus.[338] Die UNsspitze kann die Zuständigkeit des GBRs nicht in der Weise »austrocknen«, dass sie die Kompetenz für bestimmte Entscheidungen den Leitungen der Einzelbetriebe überlässt.[339] Überdies muss die beauftragte Person über die notwendigen Informationen verfügen, anderenfalls verstieße deren Benennung als Verhandlungspartner gegen den Grundsatz der vertrauensvollen Zusammenarbeit gemäß § 2 Abs. 1.[340]

V. Auftragszuständigkeit (Abs. 2)

118 Nach Abs. 2 kann der BR den GBR mit der Behandlung einer Angelegenheit beauftragen. Erfasst werden von dieser Möglichkeit Angelegenheiten, die **an sich** in die **Zuständigkeit der einzelnen BR** gemäß Abs. 1 fallen. Eine Beauftragung kann auch durch BR mit Übergangs- oder im Restmandat nach §§ 21a, 21b erfolgen.[341]

119 Für eine Beauftragung spricht aus Sicht des örtlichen BRs insbesondere eine bessere Verhandlungsmöglichkeit des GBRs.[342] Zudem ermöglicht die Beauftragung die Schaffung UNseinheit-

---

328 *BAG* 3.5.05 – 1 ABR 15/05, AP Nr. 29 zu § 50 BetrVG 1972; ErfK/*Koch*, Rn. 6; *Schmidt*, FS Kreutz, S. 451 [453].
329 GK-*Franzen*, Rn. 36.
330 *BAG* 3.5.05 – 1 ABR 15/05, AP Nr. 29 zu § 50 BetrVG 1972.
331 *BAG* 11.12.01 – 1 AZR 193/01, AP Nr. 22 zu § 50 BetrVG 1972; 3.5.05 – 1 ABR 15/05, AP Nr. 29 zu § 50 BetrVG 1972.
332 Krit. daher WPK-*Roloff*, Rn. 19.
333 *BAG* 23.10.02 – 7 ABR 55/01, AP Nr. 26 zu § 50 BetrVG 1972.
334 *ArbG Nürnberg* 19.11.10 – 10 Bv46/10; zust. *Markowski*, AiB 12, 263; *Röger*, ZIP 18, 2045 [2050].
335 *BAG* 17.4.12 – 1 AZR 119/11, AP Nr. 218 zu § 112 BetrVG 1972, Rn. 21 ff.; GK-*Franzen*, Rn. 47; *Schmidt*, FS Kreutz, S. 451 [455].
336 *Fitting*, Rn. 14.
337 NK-GA/*Bodem*, Rn. 1; *Joost*, FS Zeuner, S. 67 [68 f.].
338 GK-*Franzen*, Rn. 81; HWGNRH-*Glock*, Rn. 7; ErfK/*Koch*, Rn. 1.
339 GK-*Franzen*, Rn. 81.
340 *Fitting*, Rn. 14.
341 *Rieble*, RdA 05, 26 [28].
342 BT-Drs. VI/1786, S. 43; HWGNRH-*Glock*, Rn. 54; *Grotkamp*, Die Bedeutung des GBRs, S. 150 f.

licher Regelungen, soweit diese zweckmäßig aber nicht im Sinne des Abs. 1 erforderlich sind.[343] Schließlich ermöglicht die (vorsorgliche) Beauftragung des GBRs rechtssicheres Handeln, wenn Zweifel mit Blick auf dessen Zuständigkeit bestehen (Rn. 125). Das setzt aber voraus, dass sämtliche BR den GBR entsprechend beauftragen. BR, die keinen Auftrag erteilen, werden insoweit nicht aus ihrer Zuständigkeit verdrängt (vgl. Rn. 141).

Dem GBR fehlt **umgekehrt** die Möglichkeit, seine Kompetenzen auf die EinzelBR zu über- 120
tragen.[344] Er kann auch nicht an den KBR weiterdelegieren (Rn. 142).

Demgegenüber kann der örtliche BR nicht unmittelbar an den KBR delegieren.[345] Ebenso wenig 121
kann der örtliche BR einen anderen EinzelBR beauftragen.[346]

Auch ein BR, der seiner Pflicht zur Entsendung in den GBR nicht nachgekommen ist, hat die 122
Möglichkeit, den GBR zu beauftragen.[347] In **BRslosen Betrieben** besteht hingegen die Möglichkeit zur Begründung einer Auftragszuständigkeit nicht. Denn die Beauftragung bedarf eines BRsbeschlusses. Dementsprechend lassen sich UNseinheitliche Regelungen, falls es BRslose Betriebe gibt, nicht im Wege der Auftragszuständigkeit begründen. In solchen Fällen muss definitiv geklärt werden, ob der GBR originär zuständig ist, denn anderenfalls werden nicht alle Betriebe erfasst.[348]

Es ist auch möglich, dass der GBR **durch mehrere BR** in gleicher Weise für dieselbe Angele- 123
genheit beauftragt wird.[349] So kann eine Angelegenheit, die in der Zuständigkeit der EinzelBR liegt, durch Beauftragung in die Zuständigkeit des GBRs gelegt werden, um UNseinheitliche Regelungen zu ermöglichen. Allerdings ist der AG nicht verpflichtet, sich darauf einzulassen, er muss zwar mit dem GBR verhandeln, kann aber gleichwohl unterschiedliche Regelungen für verschiedene Betriebe anstreben (vgl. Rn. 127).

1. Beauftragung

Die Auftragszuständigkeit wird teils als Stellvertretung angesehen.[350] Auch wenn es durchaus 124
Unterschiede zur rechtsgeschäftlichen Stellvertretung gibt und insb. die Beauftragung zuständigkeitsbegründend wirkt, kommt dies inhaltlich der Stellvertretung nahe.[351]

Eine wirksame Beauftragung setzt einen formell wirksamen **Beschluss** voraus (Rn. 126 ff.). 125
Dabei muss die betreffende Angelegenheit auf den GBR **übertragbar** sein (Rn. 134 ff.). Das tatsächliche Bestehen eines Mitbestimmungsrechts des delegierenden BRs ist allerdings keine Voraussetzung. Auch ohne Mitbestimmungsrecht wird der GBR insoweit durch Beauftragung zuständig (Rn. 138). Aus diesem Grunde ist auch eine **vorsorgliche Beauftragung** des GBRs **bei zweifelhafter Zuständigkeit** möglich und sinnvoll.[352] Das geht **auch rückwirkend,** sodass die Beauftragung eine fehlende Zuständigkeit des GBRs mit heilender Wirkung überwinden kann.[353] Hingegen wurden nicht von der Hand zu weisende Zweifel angemeldet, ob es genügen kann, wenn sich BR und GBR auf die Zuständigkeit des GBRs einigen. Das *BAG* nimmt dies zwar an, weil im Zweifel eine Beauftragung des GBRs vorliege.[354] Allerdings wird bei einer solchen Einigung in der Regel nicht eine Beauftragung vorliegen, die den nachfolgenden Anforderungen genügt.[355] Von daher ist das Risiko hoch, weil die von einem unzuständigen Organ abgeschlossene BV unwirksam ist (vgl. Rn. 19). Es empfiehlt sich insoweit, eine eindeutige

343 *Fitting*, Rn. 62; GK-*Franzen*, Rn. 64.
344 *BAG* 21.1.03 – 3 ABR 26/02, AP EzA § 50 BetrVG 2001 Nr. 2; GK-*Franzen*, Rn. 64.
345 *Rieble*, RdA 05, 26 [30].
346 *Rieble*, RdA 05, 26 [30].
347 GK-*Franzen*, Rn. 64.
348 GK-*Franzen*, Rn. 64; *Däubler*, DB 01, 1669 [1670].
349 Richardi-*Annuß*, Rn. 66.
350 Vgl. m. w. N. WPK-*Roloff*, Rn. 22; a. A. aber *Rieble*, RdA 05, 26 [27].
351 Vgl. **Fitting,** Rn. 62bf.
352 *Fitting*, Rn. 67; HWGNRH-*Glock*, Rn. 6; *Grotkamp*, Die Bedeutung des GBRs, S. 151; *Rieble*, RdA 05, 26 [28].
353 WPK-*Roloff*, Rn. 22; a. A. Richardi-*Annuß*, Rn. 56 LKK-*Robrecht*, Rn. 46.
354 *BAG* 24.1.96 – 1 AZR 542/95, AP Nr. 16 zu § 50 BetrVG 1972.
355 Richardi-*Annuß*, Rn. 48.

Beauftragung herbeizuführen. Erforderlich ist aber ohnehin, dass auch auf AGseite der richtige Ansprechpartner gewählt wurde, was gegebenenfalls auch dort eine Delegation voraussetzt.[356] Die Delegation verschafft nicht die Zuständigkeit für einen BRslosen Betrieb.[357]

a) Beschlussfassung zur Aufgabenübertragung

126 Der **Beauftragungsbeschluss** bedarf nach Abs. 2 Satz 1 der qualifizierten Mehrheit, d. h. der Mehrheit der Mitglieder des BRs. Die Beschlussfassung kann seit dem Betriebsrätemodernisierungsgesetz (Einl. Rn. 45eff.) auch nach § 33 Abs. 1 Satz 2 mittels Video- oder Telefonkonferenz erfolgen. Eine Delegation der Beauftragung, etwa an den Betriebsausschuss, ist nicht möglich.[358] Es bedarf zudem gemäß Abs. 2 Satz 3 in Verbindung mit § 27 Abs. 2 Satz 3 der Schriftform. Diese ist analog § 125 Satz 1 BGB Wirksamkeitsvoraussetzung.[359] Möglich ist nach § 126 Abs. 3 BGB allerdings auch die Einhaltung der elektronischen Form.[360] Textform i. S. d. § 126b BGB genügt nicht.[361] An den Formerfordernissen hat sich durch das Betriebsrätemodernisierungsgesetz nichts geändert. Der Beschluss muss zur Schriftform vom BRsvorsitzenden eigenhändig unterschrieben sein. Die Aufnahme in der Sitzungsniederschrift genügt dazu nicht.[362] Die Übertragungsurkunde muss dem Vorsitzenden des GBR zugehen.[363]

127 Die Beauftragung bedarf **keiner Rechtfertigung** und muss auch nicht als zweckmäßig oder sinnvoll eingeordnet werden. Allenfalls kann sie rechtsmissbräuchlich und daher unwirksam sein.[364] Allerdings fällt es schwer, sich konkrete Beispiele zu dieser theoretischen Möglichkeit vorzustellen. Durch Beauftragung ist es den BRn insbesondere möglich, **UNseinheitliche Verhandlungen** durch den GBR in den Fällen anzustreben, in denen dessen originäre Zuständigkeit mangels Unmöglichkeit der Regelung auf einzelbetrieblicher Ebene nicht gegeben ist, allerdings nur für Betriebe mit BR, die entsprechend beauftragen, nicht jedoch für BRslose Betriebe.[365] Das Ziel einer UNseinheitlichen Regelung ist aber für den AG nicht verbindlich, sodass er verschiedene Lösungen für die einzelnen Betriebe anstreben kann.[366]

128 Der BR kann sich nach Abs. 2 Satz 2 die **Entscheidungsbefugnis vorbehalten.** Er kann dadurch die Delegation auf die Verhandlungsführung beschränken.[367] Im Zweifel ist von keinem entsprechenden Vorbehalt auszugehen.[368] Dementsprechend muss ein Vorbehalt deutlich erklärt sein.[369] Wurde ein Vorbehalt erklärt, hindert dies auch die **Anrufung der Einigungsstelle** durch den GBR.[370] Ferner bleibt die Möglichkeit, ein **Beschlussverfahren** zur Anfechtung des Spruchs der Einigungsstelle im Falle der vorbehaltenen Entscheidungsbefugnis in der Zuständigkeit des örtlichen BRs. Denn dies betrifft die Entscheidung über die Angelegenheit selber.

129 Ob der GBR auch mit **inhaltlichen Maßgaben** beauftragt werden kann, ist zweifelhaft. Dies lässt sich zwar als Minus gegenüber dem Vorbehalt der Entscheidungsbefugnis verstehen.[371] Eben ein solches Minus ist vom Gesetz allerdings nicht vorgesehen.[372] Der richtige, gesetzeskonforme Weg ist, dass der BR dem selbstständig handelnden GBR Wünsche und Empfehlungen mitgibt und sich die Entscheidungsbefugnis vorbehält.

---

356 *Rieble*, RdA 05, 26 [28].
357 *Rieble*, RdA 05, 26 [28].
358 Richardi-*Annuß*, Rn. 59.
359 GK-*Franzen*, Rn. 70.
360 GK-*Franzen*, Rn. 70.
361 MünchArbR/*Nebendahl*, § 300 Rn. 72; a. A. DKW-*Trittin* (16. Aufl.), Rn. 183.
362 HWGNRH-*Glock*, Rn. 55.
363 GK-*Franzen*, Rn. 70; Richardi-*Annuß*, Rn. 60; vgl. auch *Rieble*, RdA 05, 26 [29].
364 GK-*Franzen*, Rn. 73.
365 GK-*Franzen*, Rn. 75.
366 Richardi-*Annuß*, Rn. 66.
367 Reg.Begr., BT-Drs. VI/1786, S. 43.
368 ErfK/*Koch*, Rn. 9; HWK-*Hohenstatt/Dzida*, Rn. 18.
369 *Fitting*, Rn. 69.
370 GK-*Franzen*, Rn. 74; HWGNRH-*Glock*, Rn. 58; LKK-*Robrecht*, Rn. 44; a. A. *LAG Düsseldorf* 3.7.02 – 12 TaBV 22/02, NZA-RR 03, 83.
371 GK-*Franzen*, Rn. 77.
372 *Fitting*, Rn. 68; *Ehrich*, AuR 93, 68 [70]; vgl. *Behrens/Kramer*, DB 94, 94.

Der **AG** ist mit Rücksicht auf den Grundsatz der vertrauensvollen Zusammenarbeit gemäß § 2 Abs. 1 von Beauftragung und Widerruf zu **unterrichten.**[373] Diese hängen in ihrer Wirksamkeit jedoch nicht von der Unterrichtung ab. Allerdings läuft der BR mangels Unterrichtung des AGs von der Beauftragung Gefahr, dass dieser Verhandlungen mit dem GBR unter Hinweis auf dessen Unzuständigkeit ablehnt.[374] 130

Zum Teil wird die Ansicht vertreten, dass der AG bei Beschlussmängeln **Vertrauensschutz** genießen müsse, soweit diese nicht aus dem schriftlichen Beschluss erkennbar seien.[375] Das kann allerdings nur für eine anderweitige Behandlung von Angelegenheiten gelten als den Abschluss von BVen. Denn mit dem normativen Charakter für Dritte verträgt es sich nicht, wenn ein unzuständiges Betriebsverfassungsorgan Rechtsnormen setzt. Insoweit muss eine analoge Anwendung von §§ 170 ff. BGB ausscheiden.[376] 131

Der Beauftragungsbeschluss ist grundsätzlich jederzeit **widerruflich** (Rn. 144). Auch vom Widerruf der Beauftragung ist der AG zu unterrichten. Unterbleibt dies, kann der AG analog §§ 172, 173 BGB auf den Fortbestand vertrauen.[377] Auch insoweit ist allerdings eine Ausnahme zu machen für den Fall, dass der GBR eine BV abgeschlossen hat (vgl. zum parallelen Problem für Beschlussmängel Rn. 131). 132

Anders als nach §§ 27 Abs. 2, 28 ist nicht die Übertragung von Aufgaben, sondern nur von Angelegenheiten vorgesehen. Das meint die Beschlussfassung über eine einzelne Angelegenheit. Eine gesammelte Übertragung von Angelegenheiten ganzer Sachbereiche ist nicht möglich.[378] Andererseits ist es nicht ausgeschlossen, in einem Beschluss mehrere **konkrete Angelegenheiten** oder ein Bündel gleichartiger Angelegenheiten dem GBR zur Behandlung zu übertragen.[379] Dies setzt allerdings eine konkrete Umschreibung der betreffenden Angelegenheiten voraus.[380] Zudem wird eine solche gebündelte Übertragung dann unzulässig sein, wenn der EinzelBR sich dadurch selber insgesamt seiner Kompetenzen entäußert.[381] Nicht nachvollziehbar ist, warum eine Angelegenheit bereits soll existent sein müssen, um übertragen werden zu können.[382] Möglich ist auch eine Beauftragung für zu erwartende Angelegenheiten. Erforderlich ist lediglich eine hinreichend konkrete Bezeichnung der betreffenden Angelegenheit. 133

b) Übertragbare Angelegenheiten

Grundsätzlich ist der Kreis der übertragbaren Angelegenheiten **nicht beschränkt.**[383] Sämtliche **Beteiligungsrechte** taugen daher zur Aufgabenübertragung auf den GBR. Ob die Übertragung sachgerecht ist, ist eine davon zu trennende, grundsätzlich aber nicht zu prüfende (Rn. 127) Frage. So kann der BR den GBR auch beauftragen, die Stellungnahme nach § 17 KSchG abzugeben.[384] Auch im Gemeinschaftsbetrieb können Beteiligungsrechte auf einen GBR übertragen werden, soweit sie sich gegen den VertragsAG, bei dem der GBR errichtet ist, richten.[385] 134

Wenn Mitbestimmungsrechte in die Zuständigkeit des GBRs fallen, kann dieser über die Angelegenheit **BVen** abschließen (Rn. 147 ff.), aber auch Regelungsabreden. BVen können auch abgeschlossen werden als freiwillige oder teilmitbestimmte BVen.[386] 135

---

373 HWGNRH-*Glock*, Rn. 62; Richardi-*Annuß*, Rn. 64.
374 Vgl. auch *Grotkamp*, Die Bedeutung des GBRs, S. 157.
375 GK-*Franzen*, Rn. 71; weitergehend *Schönhöft/Kessenich*, NZA-RR 17, 1 ff. Offengelassen von *LAG Schleswig-Holstein* 9. 6. 15 – 1 TaBV 4b/15, Rn. 65 ff.
376 A. A. ErfK/*Koch*, Rn. 10.
377 GK-*Franzen*, Rn. 71.
378 *BAG* 26. 1. 93 – 1 AZR 303/92, AP Nr. 102 zu § 99 BetrVG 1972; LKK-*Robrecht*, Rn. 45; MünchArbR/*Nebendahl*, § 300 Rn. 64; *Rieble*, RdA 05, 26 [29].
379 *Fitting*, Rn. 65; Richardi-*Annuß*, Rn. 54; MünchArbR/*Nebendahl*, § 300 Rn. 64.
380 HWGNRH-*Glock*, Rn. 56; *Ehrich*, AuR 93, 68 [69].
381 HWGNRH-*Glock*, Rn. 56; *Ehrich*, AuR 93, 68 [69].
382 GK-*Franzen*, Rn. 76.
383 GK-*Franzen*, Rn. 73.
384 A. A. DKW-*Trittin* (16. Aufl.), Rn. 194.
385 *Fitting*, Rn. 67; *Rieble*, RdA 05, 26 [28].
386 GK-*Franzen*, Rn. 78.

136 Grundsätzlich kommt auch eine Übertragung von **Aufgaben nach § 80** in Betracht.[387] Demgegenüber können Geschäftsführungsangelegenheiten des BRs nicht auf den GBR übertragen werden.[388]

137 Auch kann die Prozessführungsbefugnis hinsichtlich bestimmter Rechte des EinzelBRs nach Abs. 2 auf den GBR übertragen werden. Es handelt sich dann um einen Fall der gewillkürten **Prozessstandschaft.**[389]

138 Allerdings können **Mitbestimmungsrechte** grundsätzlich selbstverständlich nur übertragen werden, soweit sie existieren. Ein bereits ausgeübtes und dadurch verbrauchtes Mitbestimmungsrecht kann daher nicht übertragen werden.[390] Auch ein nur behauptetes Mitbestimmungsrecht kann nicht wirksam übertragen werden, wenn es gar nicht existiert. Gleichwohl ist der Übertragungsakt insoweit nicht unwirksam. Eben dies gestattet die vorsorgliche Begründung einer Auftragszuständigkeit des GBRs.[391] Diese kann allerdings kein nicht existentes Mitbestimmungsrecht begründen. Wenn für eine Angelegenheit die Zuständigkeit des BRs durch Beschluss begründet wurde, obwohl kein Mitbestimmungsrecht bestand, ist eine etwa abgeschlossene GBV freilich wirksam, da vom zuständigen Organ geschlossen, allerdings nur als freiwillige GBV. Auch sind gerichtliche Entscheidungen, die gegenüber dem GBR ergehen, dem übertragenden BR gegenüber wirksam.[392]

c) Wirksamkeitsmängel

139 Eine Beauftragung, die den vorstehenden Anforderungen nicht genügt, ist **unwirksam.** Falls der GBR von Rechts wegen ohnehin nach Abs. 1 zuständig ist, konnte er mangels Zuständigkeit nicht wirksam handeln.[393] Nur ausnahmsweise kann der AG Vertrauensschutz beanspruchen (Rn. 131). Von ihm abgeschlossene BVen sind in jedem Falle unwirksam. Möglich ist allerdings eine **Heilung** von Beschlussmängeln durch nachträgliche Genehmigung.[394]

2. Wirkungen

140 Der BR kann die Angelegenheit nur in vollem Umfang übertragen. Der GBR nimmt die Aufgabe infolge der Übertragung eigenverantwortlich wahr. Er ist insoweit **sachlegitimiert.**[395] Aus dem Umstand, dass der GBR durch die Beauftragung »für ihn«, also für den beauftragenden BR, eine Angelegenheit behandeln kann, ist zu schließen, dass die Beauftragung sowohl das Innenverhältnis zwischen BR und GBR, als auch das Außenverhältnis regelt, mithin Elemente von Auftrag und Vollmacht hat.[396] Die Beauftragung bewirkt einen Zuständigkeitswechsel. Der delegierende BR bleibt nicht etwa neben dem GBR zuständig.[397] Die Annahme, der AG könne sich statt an den GBR auch weiterhin an den örtlichen BR halten,[398] widerspricht dem Konzept klarer Zuständigkeit und bewirkt eine Gemengelage, die der Rechtssicherheit abträglich ist. Zudem ist sie mit dem Sinn der Delegation nur schwer zu vereinbaren. Dies lässt sich auch nicht auf die Vorstellung der Stellvertretung stützen:[399] Die Delegation ist nicht lediglich Stellvertretung, sondern ihr nur ähnlich. Wäre sie dasselbe, bedürfte es der Regelung gar nicht, weil die Möglichkeit der Stellvertretung bereits aus §§ 164 ff. BGB folgt. Das Ziel dieser Argumentation,

---

387 *Fitting*, Rn. 66.
388 *Rieble*, RdA 05, 26 [29].
389 *BAG* 6.4.76 – 1 ABR 27/74, AP Nr. 2 zu § 50 BetrVG 1972; 5.5.77 – 3 ABR 24/76, AP Nr. 3 zu § 50 BetrVG 1972; GK-*Franzen*, Rn. 67; Richardi-*Annuß*, Rn. 55; *Behrens/Kramer*, DB 94, 94.
390 *Fitting*, Rn. 67.
391 *Rieble*, RdA 05, 26 [27 f.].
392 *Fitting*, Rn. 67.
393 *Fitting*, Rn. 63; *Rieble*, RdA 05, 26 [27].
394 *Fitting*, Rn. 63; *Rieble*, RdA 05, 26 [30].
395 *Fitting*, Rn. 68.
396 GK-*Franzen*, Rn. 65; vgl. auch *Behrens/Kramer*, DB 94, 94; ferner *Kliemt/Teusch*, FS 100 Jahre Betriebsverfassungsrecht, S. 323 [326 ff.].
397 *Fitting*, Rn. 64.
398 *Kliemt/Teusch*, FS 100 Jahre Betriebsverfassungsrecht, S. 323 [329 ff.].
399 So aber *Kliemt/Teusch*, FS 100 Jahre Betriebsverfassungsrecht, S. 323 [329 ff.].

einer taktischen Verschleppung des Mitbestimmungsprozesses zu begegnen, muss auf anderem Wege bewerkstelligt werden, nämlich durch den Rechtsmissbrauchseinwand (vgl. Rn. 144).

Die Auftragserteilung berechtigt den GBR nur zur Behandlung von Angelegenheiten **für die Betriebe, die ihn beauftragt haben.**[400] Ihm kommt keine UNsweite Zuständigkeit aufgrund einer Beauftragung lediglich durch eine Mehrheit der BR zu. 141

Die Beauftragung des GBRs ist **bindend.** Er kann die Behandlung der Angelegenheit nicht ablehnen oder die Angelegenheit zurückdelegieren.[401] Auch eine Weiterdelegation an den KBR scheidet aus.[402] Denn die Delegationsmöglichkeit bezweckt eine Stärkung der Rechte des örtlichen BRs.[403] Es gehört damit zu den gesetzlichen Aufgaben des GBRs, dabei mit dem beauftragenden BR zusammenzuarbeiten und die Angelegenheit entsprechend der Beauftragung zu behandeln.[404] Insofern vermögen entgegen einer wohl h. M.[405] auch sachliche Gründe kein Ablehnungsrecht zu begründen, wenngleich es bei Vorliegen solcher sinnvoll sein mag, dass der örtliche BR die Zuständigkeit wieder an sich zieht. Die Ablehnung lässt sich nicht als eigenverantwortliche Behandlung der Angelegenheit deklarieren.[406] Die Nichtbehandlung ist keine Behandlung der Angelegenheit. Das schließt freilich nicht aus, dass der GBR die wirksame Beauftragung prüft. Denn im Falle einer unwirksamen Beauftragung ist er unzuständig und darf nicht tätig werden. Auch kann er den Auftrag zurückweisen, wenn unzulässige inhaltliche Vorgaben gemacht wurden (Rn. 145). Ob er die Beauftragung auch dann zurückweisen kann, wenn es an einem vom BR angenommenen Mitbestimmungsrecht offensichtlich mangelt,[407] erscheint allerdings zweifelhaft. Er kann insoweit immerhin mit dem AG über eine freiwillige BV verhandeln. Es empfiehlt sich aber der Hinweis an den beauftragenden BR, dass es insoweit an einem Mitbestimmungsrecht fehle. 142

Im Falle der Auftragszuständigkeit richtet sich nach dem Gegenstand der Angelegenheit, wer **Verhandlungspartner** des GBRs ist. Der GBR kann nicht verlangen, einen anderen Verhandlungspartner zu erhalten, als ihn der beauftragende EinzelBR hätte.[408] 143

Solange der GBR die Angelegenheit noch nicht abschließend behandelt hat, kann der BR die Zuständigkeit durch **Widerruf** wieder an sich ziehen.[409] Der Widerruf bedarf **keines** besonderen **Grundes** und er muss auch nicht begründet werden.[410] Der Widerruf ist lediglich im Fall des Rechtsmissbrauchs ausgeschlossen.[411] Dieser kann insbesondere gegeben sein, wenn der BR auf diese Weise auf Zeit zu spielen versucht. Um derartiges zu vermeiden, kann der AG auf eine unwiderrufliche Beauftragung drängen. Dem nachzukommen hat ein BR im Allgemeinen aber keinen Anlass und der AG darauf auch keinen Anspruch.[412] Als *actus contrarius* bedarf der Widerruf ebenfalls der qualifizierten Mehrheit im Sinne des Abs. 2 Satz 1.[413] Der Widerruf der Beauftragung bedarf im Übrigen nach Abs. 2 Satz 3 in Verbindung mit § 27 Abs. 2 Satz 4 ebenfalls der Schriftform. Er wird wirksam mit Zugang der Mitteilung beim Vorsitzenden des GBRs.[414] Bis dahin bleibt es bei der Zuständigkeit des GBRs und der Unzuständigkeit des Ein- 144

400 *BAG* 23.9.75 – 1 ABR 122/73, AP Nr. 1 zu § 50 BetrVG 1972.

401 *Fitting*, Rn. 70; GK- *Franzen*, Rn. 68; HWGNRH-*Glock*, Rn. 60; Richardi-*Annuß*, Rn. 63; *Grotkamp*, Die Bedeutung des GBRs, S. 153; *Hümmerich*, Zuständigkeitsabgrenzung, S. 179 f.; a. A. HWK-*Hohenstatt/Dzida*, Rn. 17; Schaub/*Koch*, § 224 Rn. 29; *Stoffels/Lembke*, § 6 Rn. 28; *Rieble*, RdA 05, 26 [26, 30].

402 MünchArbR/*Nebendahl*, § 300 Rn. 73; *Werner*, NZA-RR 19, 1 [3]; a. A. *Rieble*, RdA 05, 26 [30]; WPK-*Roloff*, Rn. 23.

403 MünchArbR/*Nebendahl*, § 300 Rn. 73.

404 *Ehrich*, AuR 93, 68 [70].

405 *Brill*, AuR 83, 169 [173]; *Ehrich*, AuR 93, 68 [70].

406 So aber LKK-*Robrecht*, Rn. 47.

407 So *Fitting*, Rn. 70.

408 GK-*Franzen*, Rn. 82.

409 HWGNRH-*Glock*, Rn. 61; NK-GA/*Bodem*, Rn. 9; *Brill*, AuR 83, 169 [173].

410 GK-*Franzen*, Rn. 72; Richardi-*Annuß*, Rn. 62; *Grotkamp*, Die Bedeutung des GBRs, S. 160 f.; *Hümmerich*, Zuständigkeitsabgrenzung, S. 181 f.; *Behrens/Kramer*, DB 94, 94 [95]; *Kliemt/Teusch*, FS 100 Jahre Betriebsverfassungsrecht, S. 323 [328].

411 DKW-*Trittin* (16. Aufl.), Rn. 187.

412 A. A. wohl HWK-*Hohenstatt/Dzida*, Rn. 17.

413 *Fitting*, Rn. 72; GK-*Franzen*, Rn. 72.

414 *Fitting*, Rn. 72; *Ehrich*, AuR 93, 68 [69].

zelBRs.[415] Der AG ist vom Widerruf ebenso zu unterrichten wie das bei der Auftragserteilung der Fall ist (dazu Rn. 130).

145 Eine etwa abgeschlossene BV ist wirksam, gleichgültig, ob der BR mit dem Ergebnis einverstanden ist. Der BR kann insoweit keine inhaltlichen Vorgaben machen.[416] Der BR hat nur die Möglichkeit, sich selber die **Entscheidungsbefugnis** nach Abs. 2 Satz 2 **vorzubehalten.** In diesem Fall hat der GBR lediglich ein Verhandlungsmandat, aber kein Abschlussmandat. Die Verhandlungen führt er gleichwohl eigenverantwortlich. Er ist daher auch in diesem Fall zur Anrufung der Einigungsstelle (vgl. auch allg. Rn. 146) zuständig, die allerdings nicht die Einigung ersetzen kann, wenn der BR sich nicht dem Spruch unterwirft.[417] Die Frage des Abschlusses einer BV bleibt dann aber dem BR vorbehalten. Wenn der GBR gleichwohl eine BV schließt, ist sie mangels Zuständigkeit unwirksam.

146 Grundsätzlich bleibt der örtliche BR **Träger des Mitbestimmungsrechts.** Er ist daher bei Streitigkeiten am Verfahren zu beteiligen. Anderes gilt nur, wenn die Beauftragung sich auch auf etwaige Verfahren bezieht. In diesem Fall kann der GBR als Prozessstandschafter ein Mitbestimmungsrecht im eigenen Namen geltend machen (vgl. Rn. 137). Der GBR ist auch zuständig für die Anrufung der Einigungsstelle.[418] Für die Kündigung einer BV, die der GBR in Auftragszuständigkeit geschlossen hat, ist der örtliche BR zuständig, soweit sich der Auftrag nicht ausnahmsweise auch hierauf erstreckt.[419]

VI. GBV und EinzelBV

1. Abschluss von BVen durch den GBR

147 Soweit der GBR im Rahmen seiner gesetzlichen Zuständigkeit handelt, sind die von ihm abgeschlossenen BVen **GBVen.** Soweit der GBR nicht zuständig ist, kann er keine GBVen schließen, diese sind unwirksam.[420] Wenn ein GBR errichtet wurde, obwohl die gesetzlichen Voraussetzungen dafür fehlten, ist er nichtig (§ 47 Rn. 149). Dementsprechend sind auch die von diesem abgeschlossenen GBVen nichtig.[421]

148 GBVen setzen einen **Beschluss des GBRs** voraus. Sie müssen von beiden Betriebsparteien eigenhändig unterzeichnet werden.[422] Alternativ genügt gem. § 77 Abs. 2 Satz 3 eine beiderseitige elektronische Signatur desselben Dokuments. An einer Kollektivvereinbarung können auch mehrere Organe beteiligt sein, etwa GBR und KBR. Das ist auch denkbar, wenn lediglich ein Organ gehandelt hat, z. B. der KBR, zugleich als Vertreter der GBR. Bei solchen Kollektivverträgen, an denen mehrere beteiligt sind, gilt das **Gebot der Rechtsquellenklarheit:** Es muss hinsichtlich jeder Einzelregelung klar sein, wer als Urheber anzusehen ist, um was für eine Rechtsquelle (Einzel-, Gesamt-, KBV oder Tarifvertrag) es sich handelt und in welchem Verhältnis die jeweiligen Rechtsquellen zueinander stehen (vgl. auch § 77 Rn. 71a).[423]

149 Im Falle der Anrufung der **Einigungsstelle** werden die Beisitzer der ANseite vom GBR bestellt.[424]

---

415 HWGNRH-*Glock*, Rn. 61.

416 ErfK/*Koch*, Rn. 9; *Hümmerich*, Zuständigkeitsabgrenzung, S. 176 ff.; *Salamon*, NZA 13, 708 [712]; a. A. GK-*Franzen*, Rn. 77; *Grotkamp*, Die Bedeutung des GBRs, S. 165.

417 *Oberthür*, FS Schmidt, S. 395 [398].

418 ErfK/*Koch*, Rn. 9; einschränkend auf Fälle der freiwilligen Mitbestimmung MünchArbR/*Nebendahl*, § 300 Rn. 68.

419 WPK-*Roloff*, Rn. 25.

420 *Robrecht*, Die GBV, S. 101 f., 156.

421 *Robrecht*, Die GBV, S. 133 ff.

422 *BAG* 23.8.16 – 1 ABR 22/14, NZA 17, 194, Rn. 27.

423 *BAG* 26.9.17 – 1 AZR 717/15, AP Nr. 237 zu § 112 BetrVG 1972, Rn. 40; ferner *BAG* 15.4.08 – 1 AZR 86/07, NZA 08, 1074; 26.2.20 – 4 AZR 48/19, AP TVG § 1 Tarifsozialplan Nr. 6, m. Anm. *Deinert*; *BAG* 30.1.19 – 5 AZR 450/17, NZA 19, 1065, Rn. 90; vgl. DHZ-*Deinert*, § 11 Rn. 27, § 12 Rn. 16; krit. *Giesen*, NZA 14, 1 ff.

424 GK-*Franzen*, Rn. 80.

Je nach Gegenstand erstreckt sich der **Anwendungsbereich** auf sämtliche Betriebe des UNs oder auf eine Mehrheit der Betriebe des UNs.[425] In Gemeinschaftsbetrieben gelten sie für die VertragsAN des TrägerUNs, bei dem der GBR errichtet wurde (Rn. 52). Eine für das gesamte UN geltende GBV erfasst auch neu errichtete Betriebe sowie Betriebe, die durch Betriebsübergang gemäß § 613a BGB in das UN einbezogen wurden (näher Rn. 165).[426] Zur Auflösung einer möglichen Kollision im Falle weitergeltender BVen im aufgenommenen Betrieb s. Rn. 175. Allerdings kann die GBV ihren Geltungsbereich auf die im Zeitpunkt des Abschlusses UNs-angehörigen Betriebe beschränken.[427] Zur Einbeziehung BRsloser Betriebe vgl. Rn. 59. Wenn die GBV nur auf einzelne Betriebe des UNs beschränkt ist, werden neu hinzutretende Betriebe nicht in den Geltungsbereich fallen.[428] Es ist aber Frage der Auslegung, ob im Einzelfall anderes gelten soll im Hinblick auf Betriebe vergleichbarer Struktur. 150

Da der örtliche BR nicht Partei einer GBV ist, hat er auch keinen Anspruch auf **Durchführung** der GBV.[429] Dieses Recht steht vielmehr dem GBR zu.[430] Nur im Falle einer groben Pflichtverletzung des AGs durch Missachtung einer GBV kann der GBR das Verfahren nach § 23 Abs. 3 einleiten.[431] 151

Die im Wege der Auftragszuständigkeit abgeschlossenen BVen sind dagegen **EinzelBVen.**[432] Der GBR leitet hier nämlich sein Recht aus dem Recht des EinzelBRs ab. Diese gilt unmittelbar für den beauftragten BR und die AN des Betriebes. Der Durchführungsanspruch steht hinsichtlich solcher BVen dem örtlichen BR zu.[433] Dieser ist auch Inhaber des Kündigungsrechts – wie auch Adressat einer eventuellen Kündigung –, sofern die Beauftragung des GBRs nicht auch die Ermächtigung zur Kündigung einschließt.[434] 152

2. Kollisionen

Eventuelle **Konkurrenzen** von EinzelBVen und GBVen sind in der Regel ein **Scheinproblem.** Soweit sich nämlich Zuständigkeit des BRs und des GBRs wechselseitig ausschließen, ist nur eine der beiden BVen wirksam, nämlich diejenige, die von dem zuständigen Organ geschlossen wurde.[435] Die andere ist unabhängig von der Frage der Günstigkeit unwirksam.[436] Das gilt auch, wenn die Gremienvertreter personenidentisch sind, denn es handelt sich um unterschiedliche Gremien.[437] Entsprechendes gilt auch für einen Spruch der Einigungsstelle, der die Einigung zwischen AG und GBR bzw. zwischen AG und BR ersetzen soll.[438] Unwirksam ist die BV eines unzuständigen Organs auch, soweit das zuständige Organ von seinem Mitbestimmungsrecht noch keinen Gebrauch gemacht hat.[439] Dieser Ausübung kann nicht durch sogenannte freiwil- 153

425 GK-*Franzen*, Rn. 79; *Robrecht*, Die GBV, S. 165.
426 *LAG München* 8.11.88 – 2 Sa 691/88, LAGE § 611 BGB Fürsorgepflicht Nr. 17; GK-*Franzen*, Rn. 89; LKK-*Robrecht*, Rn. 52; *Robrecht*, Die GBV, S. 179; a. A. HWGNRH-*Glock*, Rn. 65; *Jacobs*, FS Konzen, S. 345 [361 f.]; *Salamon*, RdA 07, 103 [109].
427 GK-*Franzen*, Rn. 88.
428 *Robrecht*, Die GBV, S. 180.
429 *BAG* 18.5.10 – 1 ABR 6/09, AP Nr. 51 zu § 77 BetrVG 1972 BV.
430 BAG 25.2.20 – 1 ABR 38/18, AP Nr. 119 zu § 77 BetrVG 1972, Rn. 19; GK-*Franzen*, Rn. 79.
431 *BAG* 18.5.10 – 1 ABR 6/09, AP Nr. 51 zu § 77 BetrVG 1972 BV.
432 *BAG* 18.9.02 – 1 ABR 54/01, AP Nr. 7 zu § 77 BetrVG BV; 18.5.10 – 1 ABR 6/09, AP Nr. 51 zu § 77 BetrVG 1972 BV; LKK-*Robrecht*, Rn. 58; Richardi-*Annuß*, Rn. 69; *Grotkamp*, Die Bedeutung des GBRs, S. 170.
433 *BAG* 18.5.10 – 1 ABR 6/09, AP Nr. 51 zu § 77 BetrVG 1972 BV.
434 *Fitting*, Rn. 73a; GK-*Franzen*, Rn. 79; LKK-*Robrecht*, Rn. 64; Richardi-*Annuß*, Rn. 69; ErfK/*Koch*, Rn. 11; a. A. für den Fall einer Beauftragung durch mehrere BR *LAG Düsseldorf* 9.8.12 – 15 TaBV 26/12.
435 DHZ-*Deinert*, § 12 Rn. 290.
436 *Fitting*, Rn. 74; GK-*Franzen*, Rn. 83 ff.; HWGNRH-*Glock*, Rn. 64; Richardi-*Annuß*, Rn. 71; *Hümmerich*, Zuständigkeitsabgrenzung, S. 188.
437 *BAG* 9.11.21 – 1 AZR 206/20, NZA 22, 286, Rn. 22.
438 Vgl. *BAG* 23.3.10 – 1 ABR 82/08, AP Nr. 135 zu § 87 BetrVG 1972 Lohngestaltung, Rn. 12 ff.; 18.5.10 – 1 ABR 96/08, AP Nr. 34 zu § 50 BetrVG 1972, Rn. 11 ff.; GK-*Franzen*, Rn. 84.
439 GK-*Franzen*, Rn. 85.

lige BV **vorgegriffen** werden.[440] Eine freiwillige GBV kann in diesem Fall den ANn so lange Ansprüche vermitteln, wie es an einer betrieblichen Regelung der Angelegenheit fehlt.[441] Soweit die Zuständigkeit des GBRs sich lediglich auf **Rahmenumstände** auf UNsebene bezieht, der örtliche BR aber Mitbestimmungsrechte hinsichtlich betrieblicher Einzelheiten hat, fehlt es ebenfalls an einer aufzulösenden Kollision, weil die jeweiligen Zuständigkeiten für sich abschließend sind und inhaltliche Überschneidungen ausschließen.[442] Insoweit lassen sich **vorsorgliche GBVen** schließen, die aber die Zuständigkeit des örtlichen BRs im konkreten Fall nicht infrage stellen können. So kann ein vorsorglicher Sozialplan mit dem GBR vereinbart werden, der dann durch einen betrieblichen Sozialplan im Falle der Zuständigkeit des örtlichen BRs bei einer konkreten Betriebsänderung ersetzt wird (Rn. 115).

154 Die Auflösung solcher vermeintlicher Konkurrenzen nach der Zuständigkeit gilt auch, sofern der AG durch **mitbestimmungsfreie Vorgabe der Ausgestaltung freiwilliger Leistungen** Einfluss auf das zuständige Organ der Betriebsverfassung genommen hat.[443] Er kann allerdings nach erfolgreicher Kündigung eine neue Leistungsfestsetzung treffen, mit der er erneut, diesmal möglicherweise in anderer Weise mittelbar Einfluss auf die Zuständigkeit nimmt (vgl. Rn. 20). Da der AG aber nach zutreffender Ansicht nicht einfach die Zuständigkeit des BRs oder des GBRs bestimmen kann, sondern nur mittelbar über die Leistungsfestsetzung (Rn. 20), ist es möglich, dass nunmehr ein anderes Organ zuständig ist. Da der AG aber an die bisherige BV in der bisherigen Form der Leistungsfestsetzung gebunden ist, kommt es nicht zur Ablösung (Rn. 155), sondern die bisherige BV bleibt bis zu ihrem Ende wirksam.[444]

155 In Ausnahmefällen ist eine **Ablösung** einer BV durch GBV oder umgekehrt einer GBV durch BV möglich. Das ist dann der Fall, wenn die frühere BV vom zuständigen Organ geschlossen wurde, später aber die Zuständigkeit eines anderen begründet wurde.[445] Ein solcher Fall liegt etwa vor, wenn erst nach Abschluss einer BV die Voraussetzungen für die Errichtung eines GBRs entstanden.[446] Ansonsten scheidet eine Ablösung aus.[447]

156 Soweit eine BV, die der GBR kraft **Auftragszuständigkeit** geschlossen hat, mit einer anderen EinzelBV, die der örtliche BR geschlossen hat, konkurriert, handelt es sich in Wirklichkeit um eine Kollision von BVen auf gleicher Ebene.[448] Sie ist nach dem Spezialitätsprinzip aufzulösen, wenn es um unterschiedliche Gegenstände geht. Ansonsten wird die Kollision nach dem Ablösungsprinzip aufgelöst.[449]

157 Eine GBV gilt **im Gemeinschaftsbetrieb** nur für die AN des VertragsAGs, mit dem die GBV geschlossen wurde (Rn. 52). Dementsprechend ist eine Kollision von GBVen, die mehrere GBR, in die der BR des Gemeinschaftsbetriebs Mitglieder entsendet hat, grundsätzlich ausgeschlossen. Das gilt jedenfalls für die gesetzliche Zuständigkeit des GBRs. Im Falle der Auftragszuständigkeit ist anders zu entscheiden. Da der BR des Gemeinschaftsbetriebs die gesamte Belegschaft des Betriebes vertritt, ist die Erledigung einer Angelegenheit für diesen BR gleichermaßen Vertretung sämtlicher AN des Gemeinschaftsbetriebs. Dementsprechend gilt eine BV, die der GBR im Rahmen einer Auftragszuständigkeit abgeschlossen hat, für sämtliche AN des Gemeinschaftsbetriebes, wenn nichts anderes bestimmt ist.[450] Der BR kann allerdings auch die GBR beider TrägerUN gemeinsam beauftragen.[451]

---

440 *BAG* 11.12.01 – 1 AZR 193/01, AP Nr. 22 zu § 50 BetrVG 1972.
441 *BAG* 9.12.14 – 1 AZR 406/13, NZA 15, 557, Rn. 27.
442 DHZ-*Deinert*, § 12 Rn. 291.
443 Vgl. auch *Fitting*, Rn. 75.
444 GK-*Franzen*, Rn. 87; LKK-*Robrecht*, Rn. 55; vgl. *BAG* 11.12.01 – 1 AZR 193/01, AP Nr. 22 zu § 50 BetrVG 1972.
445 GK-*Franzen*, Rn. 86.
446 *Däubler*, Das Arbeitsrecht 1, Rn. 1146.
447 *BAG* 11.12.01 – 1 AZR 193/01, AP Nr. 22 zu § 50 BetrVG 1972; *Gamillscheg*, Kollektives Arbeitsrecht II, S. 664; vgl. auch *BAG* 15.1.02 – 1 ABR 10/01, AP Nr. 23 zu § 50 BetrVG 1972.
448 DHZ-*Deinert*, § 12 Rn. 289.
449 DHZ-*Deinert*, § 12 Rn. 289.
450 GK-*Franzen*, Rn. 90; Richardi-*Annuß*, Rn. 72; a. A. LKK-*Robrecht*, Rn. 43.
451 *Schmidt*, FS Küttner, S. 499 [507].

3. Beendigung

GBVen **enden** in gleicher Weise wie BVen (dazu vgl. § 77 Rn. 92 ff.). Neben Zeitablauf und Aufhebungsvertrag ist damit auch die Ablösung durch eine neue GBV möglich. Die Ablösung führt zur Beseitigung der Normen der vorausgegangenen GBV. Die rückwirkende Ablösung ist aber nur in den Grenzen des Vertrauensschutz- und Verhältnismäßigkeitsgrundatzes zulässig.[452] Nur ausnahmsweise kommt eine Ablösung durch eine BV in Betracht (Rn. 155). Ferner kann die GBV gekündigt werden. Die Kündigung muss durch den GBR oder vom AG gegenüber dem GBR erklärt werden.[453] Die Frage der **Nachwirkung** richtet sich nach § 77 Abs. 6.[454] 158

Wenn der GBR infolge des **Fortfalls seiner Errichtungsvoraussetzungen** endet (vgl. § 47 Rn. 61), hat dies keinen Einfluss auf den Bestand der GBV.[455] Sie gilt in den Betrieben als BV fort.[456] Das gilt auch für Betriebe ohne BR (vgl. o. Rn. 55 ff.). Sowohl der AG als auch der BR können die weiterhin geltende BV kündigen oder durch ablösende BV ersetzen.[457] Im BRslosen Betrieb hat allein der AG die Möglichkeit der Kündigung gegenüber allen ANn.[458] Die spätere Neuerrichtung eines GBRs lässt die als EinzelBVen fortwirkende BV nicht wieder zu einer GBV werden.[459] Gleichwohl ist davon auszugehen, dass die BV durch GBV abgelöst werden kann, weil insoweit allein der GBR zuständig ist. 159

Der **Verlust der Zuständigkeit** des GBRs beendet die GBV nicht.[460] Sie wirkt in den Betrieben wie eine BV weiter und muss, soll sie beendet werden, gekündigt werden, wenn sie nicht durch eine BV zwischen AG und (nun zuständigem) EinzelBR ersetzt wird. Das muss dann auch gelten, soweit die Zuständigkeit vom GBR auf den EinzelBR übergeht[461]. Da dem AG allerdings dann ein betrieblicher Verhandlungspartner für BRslose Betriebe fehlt, steht ihm das Recht zur Kündigung der GBV gegenüber den ANn der jeweils betroffenen Belegschaft zu. 160

Auch das **Hinzutreten und** der **Fortfall von Betrieben** haben keinen Einfluss auf den Bestand der GBV. Wenn diese allerdings nur noch für einen Betrieb Geltung beanspruchen kann, etwa weil die beiden einzigen betroffenen Betriebe zusammengelegt wurden[462] oder weil einer von zwei Betrieben entfallen ist, gilt sie als EinzelBV fort. 161

Ein **Betriebsübergang** hat regelmäßig keine Beendigungswirkung in Bezug auf GBVen (näher Rn. 165 ff.). 162

4. Folgen von Umstrukturierungen

Im Falle einer **Verschmelzung** zur Aufnahme gilt eine GBV in den betroffenen Betrieben als GBV fort. Wenn im aufnehmenden UN bereits ein GBR besteht bzw. zu errichten ist und dort eine GBV zum selben Gegenstand besteht oder geschlossen wird, die die Betriebe des aufgenommenen UNs einschließt, löst diese die GBV ab. In anderen Fällen der Verschmelzung gilt die GBV in den betroffenen Betrieben als EinzelBV fort. Adressat einer Kündigung können nur die EinzelBR sein. 163

Im Falle der **Spaltung** wirkt die GBV, soweit bei den jeweiligen Rechtsträgern mehrere Betriebe bestehen, in den Betrieben als eine solche fort. Im Falle einer Abspaltung sowie wenn in einem Rechtsträger nur noch ein Betrieb existiert, gilt sie als EinzelBV fort. Auch in diesen Fällen können Adressaten einer Kündigung nur die EinzelBR sein. 164

---

452 *BAG* 15.12.20 – 1 AZR 499/18, NZA 21, 512, Rn. 32.
453 GK-*Franzen*, Rn. 91.
454 *Robrecht*, Die GBV, S. 184 f.
455 *Salamon*, NZA 07, 367 [369].
456 *BAG* 18.9.02 – 1 ABR 54/01, AP Nr. 7 zu § 77 BetrVG 1972 BV; *Gamillscheg*, Kollektives Arbeitsrecht II, S. 662.
457 *Salamon*, NZA 07, 367 [370].
458 GK-*Franzen*, Rn. 92; *Salamon*, NZA 07, 367 [370].
459 A. A. GK-*Franzen*, Rn. 92.
460 So i. E. *BAG* 11.12.01 – 1 AZR 193/01, AP Nr. 22 zu § 50 BetrVG 1972; ferner *Hümmerich*, Zuständigkeitsabgrenzung, S. 188 ff.; *Robrecht*, Die GBV, S. 125 f., 189 f.; a. A. LK-*Löwisch* (7. Aufl.), Rn. 54.
461 A. A. *Robrecht*, Die GBV, S. 190 ff.
462 GK-*Franzen*, Rn. 93.

165 Im Fall des **Betriebsübergangs** gelten BVen nach § 613a Abs. 1 Satz 2 BGB als Inhalt des Arbeitsverhältnisses fort (vgl. § 77 Rn. 102ff.). Das gilt auch für GBVen. Wegen ihres kollektivrechtlichen Ursprungs können sie gem. § 613a Abs. 1 Satz 3 BGB beim Erwerber kollektivrechtlich abgelöst werden. Für teilmitbestimmte BVen/GBVen hat das BAG entschieden, dass die mitbestimmungsfreie vollständige und ersatzlose Einstellung einer Leistung den AG zur Kündigung der transformierten BV/GBV berechtigt.[463] Er kann diese gegenüber dem in seinem Betrieb gewählten BR bzw. gegenüber dem in seinem UN gebildeten GBR erklären. Das ist nicht das Organ, das die BV ursprünglich geschlossen hatte, sondern das beim Erwerber errichtete Organ. Etwas anderes gilt, wenn die BV bzw. GBV kollektivrechtlich beim Erwerber fortgilt. Dies schließt § 613a BGB nicht aus.[464] Bei der Transformation nach **§ 613a Abs. 1 Satz 2 BGB** handelt es sich um einen **Auffangtatbestand.**[465] Entsprechendes gilt grundsätzlich auch für GBVen.[466] Auch transformierte BVen kann der Erwerber im Übrigen gegenüber dem BR kündigen.[467]

166 **Beim Veräußerer** bleibt die GBV in den verbleibenden Betrieben als Kollektivnorm erhalten, selbst wenn infolge der Umstrukturierung der GBR wegen Fortfalls der Errichtungsvoraussetzungen aufhört zu existieren (vgl. Rn. 159). Sie gilt dann als EinzelBV fort.[468] Es ist unerheblich, ob im Falle eines Betriebsübergangs der GBR oder auch nur die GBRsfähigkeit fortbesteht.[469]

167 Nach einem Betriebsübergang gilt die GBV in dem übergehenden Betrieb, der seine Identität bewahrt, **als EinzelBV weiter.**[470] Das hat das *BAG* jedenfalls für den Fall entschieden, dass es beim Erwerber noch keinen BR gibt (s. im Übrigen Rn. 172f.). Denn die GBV ist weiterhin eine Regelung für betriebliche Angelegenheiten der betroffenen Betriebe, auch wenn sie mehrere Betriebe betrifft.[471] Dagegen lässt sich nicht einwenden, dass nunmehr ein BR über die GBV allein gebunden bleiben könne, obwohl er möglicherweise gegen diese gestimmt habe.[472] Es handelt sich nur um eine aufrechterhaltene Bindung. Diese mag er als zuständiger BR nunmehr beenden oder über seine Mitglieder in einem neuen GBR eine Beendigung anstreben. Mit fortbestehendem Betrieb bleibt es auch bei der betrieblichen Interessenvertretung und dem für den Betrieb maßgeblichem Kollektivrecht. EinzelBV und GBV unterscheiden sich nur im räumlichen Geltungsbereich und durch die Normerzeuger, nicht aber in der Wirkungsweise. Die Identität des UNs ist insoweit ohne Bedeutung.[473] Freilich wechselt die Herrschaft über die

---

463 *BAG* 19.11.19 – 1 AZR 386/18, NZA 20, 297.

464 DHZ-*Bachner/Krüger*, § 98 Rn. 2.

465 *BAG* 18.9.02 – 1 ABR 54/01, AP Nr. 7 zu § 77 BetrVG BV; *Hanau/Vossen*, FS Hilger und Stumpf, S. 271 [272ff.]; *Jacobs*, FS Konzen, S. 345 [348]; *Kreft*, FS Wißmann, S. 347 [347f.]; *Preis/Richter*, ZIP 04, 925.

466 *BAG* 18.9.02 – 1 ABR 54/01, AP Nr. 7 zu § 77 BetrVG BV; DHZ-*Bachner/Krüger*, § 98 Rn. 14; *Greve*, Gesamt- und KBV, S. 82ff.; *Salamon*, Das Schicksal von GBVen, S. 10ff.

467 *BAG* 19.11.19 – 1 AZR 386/18, NZA 20, 297.

468 DHZ-*Bachner/Krüger*, § 98 Rn. 15.

469 *LAG Düsseldorf* 28.4.04 – 17 Sa 1952/03, NZA-RR 04, 480; *Reinhard*, GBR und GBVen nach Umstrukturierung, S. 245ff.; *Salamon*, Das Schicksal von GBVen, S. 77ff.

470 *BAG* 18.9.02 – 1 ABR 54/01, AP Nr. 7 zu § 77 BetrVG BV; 13.8.19 – 1 AZR 213/18, NZA 20, 49, Rn. 32; GK-*Franzen*, Rn. 95f.; *Greve*, Gesamt- und KBV, S. 150f.; DHZ-*Bachner/Krüger*, § 98 Rn. 19; *Bachner*, NJW 03, 2861 [2862]; *Huke/Lepping*, FA 04, 136 [137]; *Kreft*, FS Wißmann, S. 347 [360]; *Thüsing*, DB 04, 2474 [2480]; vgl. auch für die KBV *BAG* 25.2.20 – 1 ABR 39/18, NZA 20, 875, Rn. 21ff.; dazu *Salamon*, NZA 20, 1457ff.; weitergehend (auch bei identitätsändernden Umstrukturierungen, solange der [partielle] Geltungsbereich der GBV dadurch nicht verändert wird) *Salamon*, Das Schicksal von GBVen, S. 97ff.; a.A. *Hümmerich*, Zuständigkeitsabgrenzung, S. 202ff.; *Kolbe*, Mitbestimmung und Demokratieprinzip, S. 315ff.; *Jacobs*, FS Konzen, S. 345ff.; *Hohenstatt/Müller-Bonanni*, NZA 03, 766 [769ff.]; *Preis/Richter*, ZIP 04, 925 [930ff.]; *Rieble*, NZA Sonderbeilage 03, 62 [69f.]; *Rieble/Gutzeit*, NZA 03, 233 [236f.].

471 WPK-*Roloff*, Rn. 27; *Greve*, Gesamt- und KBV, S. 147ff.; *Salamon*, Das Schicksal von GBVen, S. 16ff., 42ff.; vgl. auch zur Betriebsbezogenheit des GBRs *Salamon*, RdA 08, 24ff.; *ders.*, RdA 07, 103 [105ff.].

472 Vgl. *Preis/Richter*, ZIP 04, 925 [932].

473 *BAG* 18.9.02 – 1 ABR 54/01, AP Nr. 7 zu § 77 BetrVG BV; 5.5.15 – 1 AZR 763/13, AP Nr. 66 zu § 77 BetrVG 1972 BV; GK-*Franzen*, Rn. 97; *Robrecht*, Die GBV, S. 218; *Huke/Lepping*, FA 04, 136 [139]; a.A. *Jacobs*, FS Konzen, S. 345 [350ff.]; *Preis/Richter*, ZIP 04, 925ff.; *Rieble*, NZA Sonderbeilage 03, 62 [69].

GBV nach dem Übergang in die Zuständigkeit des EinzelBRs.[474] Das gilt aber nicht, wenn beim Erwerber ein GBR zuständig ist bzw. wird.[475]

Gehen mehrere Betriebe auf denselben Erwerber über, bleibt die **GBV** für diese Betriebe **als eine solche** bestehen.[476] Voraussetzung ist ein fortbestehender überbetrieblicher Koordinationsbedarf.[477] Ansonsten gilt die GBV in den Einzelbetrieben als einfache BV fort. Solange noch kein neuer GBR beim Erwerber errichtet wurde, kann der AG nur einheitlich gegenüber sämtlichen BRn kündigen.[478] Diesen steht hingegen kein gemeinsames Kündigungsrecht zu, sie sind vielmehr verpflichtet, einen GBR zu errichten, der dann kündigen kann.[479] Zur Weitergeltung als GBV kommt es sogar dann, wenn nur **Betriebsteile** erworben werden, vom Erwerber aber als eigenständige Betriebe fortgeführt werden.[480] Eine kollektivrechtliche Fortgeltung in abgespaltenen Betriebsteilen kommt auch in Betracht, wenn diese zu einem Betrieb zusammengefasst werden, ohne dass andere Betriebsteile hinzutreten.[481] Anderenfalls kommt es zur Weitergeltung nach § 613a Abs. 1 Satz 2 BGB.[482] 168

Die **Geltungsbereiche** der GBV **teilen sich damit auf.**[483] Denn der Geltungsbereich bleibt unverändert, auch wenn die Rechtsetzungszuständigkeit in Bezug auf diesen wechselt.[484] Da es nicht auf die (Gesamt)BRsfähigkeit ankommt, bleibt die GBV selbst bei Übergang eines BRslosen Betriebs, für den der GBR zuständig war, bestehen.[485] 169

Auch soweit ein Betrieb oder Betriebsteil in einen Betrieb beim Erwerber **eingegliedert** wird, bleibt es für die AN des übergegangenen Betriebs bzw. Betriebsteils bei der Fortgeltung der (Gesamt-) BV, solange die Interessenvertretung fortbesteht. Betrifft dies mehrere Betriebe oder Betriebsteile in entsprechender Weise, kann es dazu kommen, dass mehrere (Gesamt-) BVen in dem neuen Betrieb parallel nebeneinander für verschiedene Arbeitsverhältnisse zur Anwendung kommen.[486] Besteht beim Erwerber allerdings ein eigener BR, kommt es nicht zu einer Weitergeltung.[487] Allerdings genießen die AN des übergehenden Betriebs oder Betriebsteils in dem Fall nach § 613a Abs. 1 Satz 2 BGB Schutz durch Fortgeltung der GBV als Inhalt des Arbeitsverhältnisses. 170

Die Fortgeltung beim Erwerber scheidet aber wegen **Gegenstandslosigkeit** aus,[488] wenn die GBV ihrem Inhalt nach die Zugehörigkeit des Betriebes zum VeräußererUN zwingend voraussetzt,[489] wie dies etwa der Fall ist, wenn Rechte für einen Wirtschaftsausschuss beim herrschenden KonzernUN geregelt werden.[490] Auch eine abweichende Regelung nach § 47 Abs. 4 ff. wird 171

474 *Reinhard*, GBR und GBVen nach Umstrukturierung, S. 181 ff.
475 DHZ-*Bachner/Krüger*, § 98 Rn. 24; *Salamon*, RdA 07, 103 [108].
476 *BAG* 18.9.02 – 1 ABR 54/01, AP Nr. 7 zu § 77 BetrVG BV; *Fitting*, Rn. 77; GK-*Franzen*, Rn. 97; *Bachner*, NJW 03, 2861 [2862]; *Thüsing*, DB 04, 2474 [2480]; ebenso, freilich basierend auf anderen Prämissen (abhängig von der Vertretungsstruktur im ErwerberUN) *Greve*, Gesamt- und KBV, S. 149 f.; *Salamon*, RdA 07, 103 [108]; a. A. *Braun*, Die Fortgeltung von BVen, S. 111 ff.
477 *Bachner*, NJW 03, 2861 [2863].
478 *BAG* 18.9.02 – 1 ABR 54/01, AP Nr. 7 zu § 77 BetrVG BV; DHZ-*Bachner/Krüger*, § 98 Rn. 20.
479 *BAG* 18.9.02 – 1 ABR 54/01, AP Nr. 7 zu § 77 BetrVG BV; DHZ-*Bachner/Krüger*, § 98 Rn. 20.
480 *BAG* 18.9.02 – 1 ABR 54/01, AP Nr. 7 zu § 77 BetrVG BV; DHZ-*Bachner/Krüger*, § 98 Rn. 21; *Greve*, Gesamt- und KBV, S. 152; *Kreft*, FS Wißmann, S. 347 [352 ff., 356 ff.]; a. A. *Preis/Richter*, ZIP 04, 925 [936 f.].
481 DHZ-*Bachner/Krüger*, § 98 Rn. 26.
482 LKK-*Robrecht*, Rn. 60.
483 *Salamon*, RdA 07, 103 [108]; a. A. *Hohenstatt/Müller-Bonanni*, NZA 03, 766 [770].
484 *Salamon*, Das Schicksal von GBVen, S. 94 f.
485 A. A. *Greve*, Gesamt- und KBV, S. 152 f., 156 f.
486 GK-*Franzen*, Rn. 102.
487 GK-*Franzen*, Rn. 102.
488 Dazu allg. *BAG* 18.9.02 – 1 ABR 54/01, AP Nr. 7 zu § 77 BetrVG 1972 BV; *Hanau/Vossen*, FS Hilger und Stump, S. 271 [276]; a. A. *Jacobs*, FS Konzen, S. 345 [358]: ferner *Preis/Richter*, ZIP 04, 925 [934 ff.], die von Störung der Geschäftsgrundlage gem. § 313 oder subjektiver Unmöglichkeit für den AG nach § 275 Abs. 1 BGB ausgehen, was aber auf die hier vertretene Ansicht i. E. ohne Einfluss bleiben dürfte.
489 DHZ-*Bachner/Krüger*, § 98 Rn. 22.
490 *BAG* 24.1.17 – 1 ABR 24/15, AP Nr. 67 zu § 77 BetrVG 1972 BV; *Salamon*, Das Schicksal von GBVen, S. 150 ff.

beim Erwerber gegenstandslos (§ 47 Rn. 68). Ebenfalls wird eine (Gesamt-) BV gegenstandslos im Falle der Betriebsspaltung, wenn die Regelung eine betriebseinheitliche Anwendung erfordert.[491]

172 Eine Weitergeltung als GBV erfolgt unabhängig davon, ob **beim Erwerber ein GBR** existiert. Wenn kein GBR existiert, ist nunmehr einer zu errichten. Die Weitergeltung als GBV ist dadurch jedoch nicht infrage gestellt.[492] Diese beschränkt sich aber in ihrem Geltungsbereich auf die übergegangenen Betriebe oder Betriebsteile.[493] Wenn es beim Erwerber einen GBR gibt, gilt die GBV, die zuvor beim Veräußerer galt, gleichwohl ebenfalls in den übergehenden Betrieben fort.[494] Der bereits vorhandene GBR beim Erwerber kann über diese durch Kündigung, Änderung oder Aufhebung verfügen (Rn. 174).[495] Er kann auch eine Anerkennungs-GBV schließen, mit der die Fortgeltung der bisherigen GBV, wie sie beim Veräußerer galt, zur Ausräumung von Zweifeln vereinbart wird.[496] Wenn allerdings nur ein Betrieb oder Betriebsteil übergegangen ist, sodass die GBV als EinzelBV weitergilt, wird es regelmäßig an der nach § 50 erforderlichen Zuständigkeit des beim Erwerber errichteten GBRs fehlen, sodass nur der BR dieses Betriebes oder der bisherige BR mit einem Übergangsmandat gemäß § 21a über die BV verfügen kann. Diesem gegenüber kann der AG kündigen.

173 Zwar mag ein EinzelBR nach einer Umstrukturierung mit Fortgeltung der BV beim neuen Rechtsträger Funktionsnachfolger des GBRs sein. Allerdings ist die Fortgeltung als EinzelBV allein eine Frage der Fortgeltung des Kollektivrechts im Betrieb. Sie hängt damit **nicht davon ab, ob es einen BR gibt.**[497] Auch im BRslosen Betrieb, auf den sich die Zuständigkeit des GBRs nach § 50 Abs. 1 Satz 1 a. E. erstreckt hat, gilt die GBV daher als EinzelBV fort.

174 Soweit die GBV im betreffenden Betrieb als EinzelBV weitergilt, besteht die Möglichkeit, diese durch oder gegenüber dem BR zu **kündigen** oder gemeinsam mit dem zuständigen BR eine Änderungs-BV zu schließen. Eine beim Erwerber fortwirkende GBV kann durch bzw. gegenüber einem nach § 47 neu zu errichtenden GBR gekündigt werden. In der Zwischenzeit bis zur Neuerrichtung eines GBRs bleibt dem AG nur die Möglichkeit, gegenüber sämtlichen betroffenen BRn zu kündigen.[498] Im BRslosen Betrieb (vgl. Rn. 173) kann der AG nur gegenüber sämtlichen ANn kündigen.

175 Soweit eine BV im übergehenden Betrieb weitergilt, eine bereits vorhandene GBV (oder KBV) im AufnahmeUN mit demselben Gegenstand hingegen auch diesen Betrieb einbezieht (vgl. Rn. 153), ist die **Kollision** im Sinne einer Ablösung durch die GBV aufzulösen.[499] Denn ab sofort ist nur noch der GBR beim Erwerber zuständig. Außerdem spricht die gesetzliche Wertung des § 613a Abs. 1 Satz 3 BGB für diese Lösung.[500] Vor diesem Hintergrund ist es einerlei, ob die ablösende GBV bereits bei Betriebsübergang existierte oder erst später geschlossen wurde (vgl. auch § 77 Rn. 103 ff.). Soweit fortbestehende (Gesamt-) BV und GBV beim Erwerber unterschiedliche Gegenstände betreffen, bleibt es bei der normativen Fortgeltung der bisherigen GBV, wie sie beim Veräußerer galt.[501]

---

491 GK-*Franzen*, Rn. 102.

492 *BAG* 18.9.02 – 1 ABR 54/01, AP Nr. 7 zu § 77 BetrVG BV; 5.5.15 – 1 AZR 763/13, AP Nr. 66 zu § 77 BetrVG 1972 BV; *Bachner*, NJW 03, 2861 [2864]; a. A. LKK-*Robrecht*, Rn. 59: Weitergeltung als EinzelBV.

493 GK-*Franzen*, Rn. 98; *Braun*, Die Fortgeltung von BVen, S. 145; *Richardi/Kortstock*, RdA 04, 173 [175].

494 *Robrecht*, Die GBV, S. 221; *Salamon*, RdA 07, 103 [108].

495 GK-*Franzen*, Rn. 99; *Bachner*, NJW 03, 2861 [2864]; *Salamon*, RdA 07, 103 [108]; vgl. auch *Kreft*, FS Wißmann, S. 347 [362].

496 *BAG* 10.10.06 – 1 ABR 59/05, AP Nr. 24 zu § 77 BetrVG 1972 Tarifvorbehalt.

497 A. A. *Schiebe*, Die betriebsverfassungsrechtliche Funktionsnachfolge, S. 134 ff.; weitergehend noch HWK-*Hohenstatt/Dzida*, § 47 BetrVG Rn. 13: abhängig vom Fortbestand das GBRs.

498 GK-*Franzen*, Rn. 97; a. A. *Braun*, Die Fortgeltung von BVen, S. 189 f.

499 LKK-*Robrecht*, Rn. 61; *Robrecht*, Die GBV, S. 221; *Bachner*, NJW 03, 2861 [2864]; *Kreft*, FS Wißmann, S. 347 [362]; *Richardi/Kortstock*, RdA 04, 173 [175]; a. A. *Braun*, Die Fortgeltung von BVen, S. 155 ff.; ferner (keine Kollisionsmöglich) *Salamon*, Das Schicksal von GBVen, S. 153 f.; *ders.*, RdA 07, 103 [109]; *ders.*, RdA 09, 175 [180].

500 GK-*Franzen*, Rn. 89, 100; vgl. auch *Reinhard*, GBR und GBVen nach Umstrukturierung, S. 280 ff.; DHZ-*Bachner/Krüger*, § 98 Rn. 51; ferner *Bachner*, NJW 03, 2861 [2864].

501 GK-*Franzen*, Rn. 100; vgl. *BAG* 13.8.19 – 1 AZR 213/18, NZA 20, 49, Rn. 32.

VII. Streitigkeiten

176 Die Frage der Zuständigkeit der örtlichen oder der UNsebene wird im Rahmen des Einigungsstellenverfahrens als Vorfrage geklärt. Das verspricht in der Regel eine schnellere Klärung als durch gerichtliches Beschlussverfahren, selbst im einstweiligen Rechtsschutz.[502]

177 Streitigkeiten werden im arbeitsgerichtlichen **Beschlussverfahren** gemäß §§ 2a Abs. 1 Nr. 1, 80 ff. ArbGG geklärt. Bei Streit, ob der GBR zum Abschluss einer BV zuständig war, kann der BR die Feststellung der Unwirksamkeit der BV im Beschlussverfahren beantragen. Statthaft ist es sowohl, die Unanwendbarkeit einer GBV im eigenen Betrieb (relative Unwirksamkeit)[503] als auch die Unwirksamkeit der GBV als Ganzes feststellen zu lassen. Eine Beschränkung auf Feststellung der relativen Unwirksamkeit ergibt Sinn, weil eine GBV auch lediglich für einzelne Betriebe unanwendbar sein kann, während sie in anderen Betrieben anwendbar ist, etwa weil es sich um eine zwar nicht UNseinheitlich erforderliche Regelung handelt, aber um eine betriebsübergreifend notwendige Regelung, oder weil der GBR in anderen Betrieben kraft Beauftragung zuständig war.[504] Der (Gesamt-)BR kann aber nicht individuelle Rechte der AN aus der (Gesamt-)BV feststellen lassen.[505] Der Antrag wird nicht durch die Kündigung der streitigen (Gesamt-)BV unzulässig.[506]

178 Bei einem Streit um die Zuständigkeitsabgrenzung zwischen BR und GBR in einer mitbestimmungspflichtigen Angelegenheit muss diese Angelegenheit im **Antrag** näher bezeichnet werden, um hinreichend **bestimmt** zu sein, eine generelle Bezeichnung, die lediglich den Mitbestimmungstatbestand umschreibt, genügt dafür nicht.[507] Zulässig ist aber ein Globalantrag, mit dem ein Mitbestimmungsrecht generell für bestimmte Fallgestaltungen geltend gemacht wird, freilich mit der Gefahr, dass, wenn nur in einer Fallgestaltung die Zuständigkeit eines anderen Organs gegeben ist, der Antrag abzuweisen ist.[508]

179 Bei Streitigkeiten über die Zuständigkeit des örtlichen BRs oder des GBRs stellt sich oftmals die Frage, ob die **örtliche Zuständigkeit** gemäß § 82 Abs. 1 ArbGG am Betriebssitz des örtlichen BRs oder am UNssitz gegeben ist. Dafür ist nicht entscheidend, wer Antragsteller oder Antragsgegner ist oder wie der Antrag formuliert wurde, sondern ob es sich um eine Angelegenheit auf UNsebene oder auf Betriebsebene handelt. Dies bestimmt sich nach materiellem Betriebsverfassungsrecht.[509] Die örtliche Zuständigkeit ist daher im Allgemeinen gem. § 82 Abs. 1 Satz 2 ArbGG am Sitz des UNs gegeben.[510]

180 Außerdem ist die Zuständigkeit eine Vorfrage hinsichtlich der Wirksamkeit einer BV, wenn in einem **Urteilsverfahren** über Ansprüche daraus gestritten wird. Allerdings ist dieser Vorfrage im Urteilsverfahren nicht von Amts wegen nachzugehen, sondern nur dann, wenn die Zuständigkeit bestritten wird oder nach dem Parteivortrag Zweifel an der Zuständigkeit bestehen.[511]

181 Da die örtliche Zuständigkeit nach Maßgabe materieller Kriterien bestimmt wird, ist bei Streitigkeiten wegen Angelegenheiten, für die der GBR **kraft Auftrags** nach Abs. 2 zuständig ist, die örtliche Zuständigkeit gem. § 82 ArbGG vom Sitz des betreffenden Betriebes abhängig.[512]

182 In Verfahren betreffend Streitigkeiten um das Bestehen oder Nichtbestehen von Mitbestimmungsrechten des GBRs sind die einzelnen BR nach § 83 Abs. 3 ArbGG zu **beteiligen,** wenn

---

502 *Werner*, NZA-RR 19, 1 [5].

503 *BAG* 9.12.03 – 1 ABR 49/02, AP Nr. 27 zu § 50 BetrVG 1972; 14.11.06 – 1 ABR 4/06, AP Nr. 43 zu § 87 BetrVG 1972 Überwachung.

504 *BAG* 9.12.03 – 1 ABR 49/02, AP Nr. 27 zu § 50 BetrVG 1972.

505 *BAG* 15.1.02 – 1 ABR 10/01, AP Nr. 23 zu § 50 BetrVG 1972; 18.9.02 – 1 ABR 54/01, AP Nr. 7 zu § 77 BetrVG BV.

506 *BAG* 31.1.89 – 1 ABR 60/87, AP Nr. 12 zu § 81 ArbGG 1979.

507 *BAG* 3.5.84 – 6 ABR 68/81, AP Nr. 5 zu § 95 BetrVG 1972; vgl. auch *BAG* 31.1.89 – 1 ABR 60/87, AP Nr. 12 zu § 81 ArbGG 1979.

508 *BAG* 11.11.98 – 4 ABR 40/97, AP Nr. 18 zu § 50 BetrVG 1972.

509 *BAG* 19.6.86 – 6 ABR 66/84; AP Nr. 1 zu § 82 ArbGG 1979.

510 WPK-*Roloff*, Rn. 28.

511 *BAG* 20.2.01 – 1 AZR 233/00, AP Nr. 15 zu § 77 BetrVG 1972 Tarifvorbehalt; 23.6.09 – 1 AZR 214/08, AP Nr. 45 zu § 77 BetrVG 1972 BV.

512 *Fitting*, Rn. 79; GK-*Franzen*, Rn. 103; HWGNRH-*Glock*, Rn. 69.

ernsthaft ein Mitbestimmungsrecht für diese in Betracht kommt.[513] Das gilt auch für BR im Restmandat gemäß § 21b.[514] Umgekehrt ist der GBR zu beteiligen, wenn über Bestehen oder Nichtbestehen des Mitbestimmungsrechts eines BRs gestritten wird und ernsthaft ein Mitbestimmungsrecht für den GBR möglich erscheint.[515] Dasselbe gilt für das Verhältnis zum KBR.[516] Wenn während eines Beschlussverfahrens um ein Beteiligungsrecht die Zuständigkeit auf den GBR übergeht, wird dieser Beteiligter.[517] Im Streit um die Wirksamkeit eines Einigungsstellenspruchs wegen Unzuständigkeit des GBRs sind die EinzelBR zu beteiligen.[518] Der GBR ist beim Streit um die Wirksamkeit einer von ihm geschlossenen GBV zu beteiligen.[519] Bei objektiver Antragshäufung ist die Beteiligung am Verfahren hinsichtlich jedes Einzelantrags gesondert zu prüfen.[520]

183 In Angelegenheiten, in denen der GBR **beauftragt** wurde, ist der BR richtiger Ansicht nach als Träger des materiellen Mitbestimmungsrechts zu beteiligen.[521]

§ 51 Geschäftsführung

(1) Für den Gesamtbetriebsrat gelten § 25 Abs. 1, die §§ 26, 27 Abs. 2 und 3, § 28 Abs. 1 Satz 1 und 3, Abs. 2, die §§ 30, 31, 34, 35, 36, 37 Abs. 1 bis 3 sowie die §§ 40 und 41 entsprechend. § 27 Abs. 1 gilt entsprechend mit der Maßgabe, dass der Gesamtbetriebsausschuss aus dem Vorsitzenden des Gesamtbetriebsrats, dessen Stellvertreter und bei Gesamtbetriebsräten mit
9 bis 16 Mitgliedern aus 3 weiteren Ausschussmitgliedern,
17 bis 24 Mitgliedern aus 5 weiteren Ausschussmitgliedern,
25 bis 36 Mitgliedern aus 7 weiteren Ausschussmitgliedern,
mehr als 36 Mitgliedern aus 9 weiteren Ausschussmitgliedern
besteht.

(2) Ist ein Gesamtbetriebsrat zu errichten, so hat der Betriebsrat der Hauptverwaltung des Unternehmens oder, soweit ein solcher Betriebsrat nicht besteht, der Betriebsrat des nach der Zahl der wahlberechtigten Arbeitnehmer größten Betriebs zu der Wahl des Vorsitzenden und des stellvertretenden Vorsitzenden des Gesamtbetriebsrats einzuladen. Der Vorsitzende des einladenden Betriebsrats hat die Sitzung zu leiten, bis der Gesamtbetriebsrat aus seiner Mitte einen Wahlleiter bestellt hat. § 29 Abs. 2 bis 4 gilt entsprechend.

(3) Die Beschlüsse des Gesamtbetriebsrats werden, soweit nichts anderes bestimmt ist, mit Mehrheit der Stimmen der anwesenden Mitglieder gefasst. Mitglieder des Gesamtbetriebsrats, die mittels Video- und Telefonkonferenz an der Beschlussfassung teilnehmen, gelten als anwesend. Bei Stimmengleichheit ist ein Antrag abgelehnt. Der Gesamtbetriebsrat ist nur beschlussfähig, wenn mindestens die Hälfte seiner Mitglieder an der Beschlussfassung teilnimmt und die Teilnehmenden mindestens die Hälfte aller Stimmen vertreten; Stellvertretung durch Ersatzmitglieder ist zulässig. § 33 Abs. 3 gilt entsprechend.

(4) Auf die Beschlussfassung des Gesamtbetriebsausschusses und weitere Ausschüsse des Gesamtbetriebsrats ist § 33 Abs. 1 und 2 anzuwenden.

(5) Die Vorschriften über die Rechte und Pflichten des Betriebsrats gelten entsprechend für den Gesamtbetriebsrat, soweit dieses Gesetz keine besonderen Vorschriften enthält.

---

513 *BAG* 28.3.06 – 1 ABR 59/04, AP Nr. 128 zu § 87 BetrVG 1972 Lohngestaltung.
514 *BAG* 3.5.05 – 1 ABR 15/05, AP Nr. 29 zu § 50 BetrVG 1972.
515 *BAG* 28.3.06 – 1 ABR 59/04, AP Nr. 128 zu § 87 BetrVG 1972 Lohngestaltung; 18.7.17 – 1 ABR 59/15, AP Nr. 25 zu § 87 BetrVG 1972 Gesundheitsschutz, Rn. 10.
516 *BAG* 29.7.20 – 7 ABR 27/19, BB 20, 2490, Rn. 22.
517 *BAG* 18.10.88 – 1 ABR 31/87, AP Nr. 10 zu § 81 ArbGG 1979.
518 *BAG* 19.6.12 – 1 ABR 19/11, AP Nr. 35 zu § 50 BetrVG 1972, Rn. 12.
519 *BAG* 14.11.06 – 1 ABR 4/06, AP Nr. 43 zu § 87 BetrVG 1972 Überwachung.
520 *BAG* 11.11.98 – 4 ABR 40/97, AP Nr. 18 zu § 50 BetrVG 1972.
521 *Behrens/Kramer*, DB 94, 94 [95 f.].

Inhaltsübersicht Rn.

I. Überblick

Die Vorschrift regelt Selbstorganisation, Einzelheiten der Geschäftsführung des GBRs sowie dessen Rechte und Pflichten. Abs. 2 regelt speziell die Geschäftsführung bei der Konstituierung des GBRs. Die **Stellung** des GBRs ist insoweit weitgehend der des **BRs angenähert.** Besonderheiten ergeben sich insbesondere daraus, dass der GBR eine Dauereinrichtung ist (§ 47 Rn. 60) und dass dessen Mitglieder entsandte Mitglieder der BR sind (§ 47 Abs. 2). 1

Die Regelung findet ein **historisches Vorbild** in § 48 Abs. 2 BetrVG 1952, der seinerseits auf die Vorschriften für den BR verwies. Zuvor bereits enthielt § 55 BRG 1920 eine Verweisung auf die Bestimmungen über die Geschäftsführung des BRs. Im Zuge des Betriebsverfassungsreformgesetzes (Einleitung Rn. 37 ff.) gab es verschiedene kleinere Anpassungen sowie die Beseitigung des bisherigen Abs. 2 und die damit einhergehende neue Nummerierung der Absätze infolge der Abschaffung des Gruppenprinzips. 2

§ 51 enthält **zwingende Bestimmungen.** Von ihnen kann weder durch Tarifvertrag noch durch BV abgewichen werden.[1] Eine Geschäftsordnung kann dementsprechend weder von § 51 noch von den darin in Bezug genommenen weiteren Vorschriften über die Geschäftsführung abweichen.[2] 3

Eine **entsprechende Regelung** enthält § 59 für den KBR, der weitgehend inhaltsgleich ist und teils auf die Regelungen für den GBR verweist. Lediglich für die Konstituierung ist eine abweichende Geschäftsführung, die der Besonderheit des KBRs Rechnung trägt, geregelt. Ähnliches gilt – mit Ausnahme der Regelungen über den Gesamtbetriebsausschuss – für die GJAV gemäß § 73 Abs. 2. Eine entsprechende Regelung findet sich zudem für den Gesamtsprecherausschuss in § 19 Abs. 1 und 2 SprAuG. Für den Gesamtpersonalrat findet sich die analoge Regelung in §§ 90 Satz 1, 94 BPersVG. 4

II. Rechte und Pflichten des GBRs (Abs. 5)

Abs. 5 verweist hinsichtlich der Rechte und Pflichten auf jene des BRs. Der Sache nach besagt die Bestimmung, dass dort, wo das Gesetz dem BR Rechte und Pflichten zuschreibt, solche auch dem GBR in seinem Aufgaben- und Zuständigkeitsbereich zustehen.[3] Die Regelung ordnet eine Substitution des BRs durch den GBR in den Bestimmungen über jene Rechte und Pflichten an. Sie verschafft eine **gleichartige betriebsverfassungsrechtliche Rechtsstellung.** 5

Die Regelung verschafft allerdings **keine zusätzlichen Rechte und Pflichten,** sondern knüpft an die Behandlung von Angelegenheiten, für die der GBR nach § 50 zuständig ist.[4] Sie will den GBR nur **mit dem BR gleichstellen.** Teilweise ist dies im Gesetz ausdrücklich geschehen, so 6

1 *Fitting*, Rn. 5; HWGNRH-*Glock*, Rn. 6; WPK-*Roloff*, Rn. 1.
2 GK-*Franzen*, Rn. 3.
3 GK-*Franzen*, Rn. 80.
4 *BAG* 16.11.11 – 7 ABR 28/10, AP Nr. 9 zu § 17 BetrVG 1972.

etwa in § 76 Abs. 1 Satz 1 oder in § 108 Abs. 6. Aus derartigen Regelungen kann indes nicht der Umkehrschluss gezogen werden, dass der GBR sonst nicht die gleiche Behandlung erfahren soll wie der BR.[5] Eben dies soll Abs. 5 verhindern.

7 Dementsprechend werden auch Mitbestimmungsrechte grundsätzlich materiell nicht erweitert.[6] Im Rahmen seiner Zuständigkeit hat der GBR dann dieselben materiellen **Beteiligungsrechte** wie der BR.[7] Da die Beteiligungsrechte im Zuständigkeitsbereich des GBRs nicht verändert werden, ist namentlich bei Schwellenwerten hinsichtlich der ANzahl im Betrieb nicht etwa im Zuständigkeitsbereich des GBRs auf das Erreichen der erforderlichen ANzahl im UN abzustellen.[8] Er übt das Mitbestimmungsrecht für Betriebe aus, in denen der Schwellenwert überschritten wird. Allerdings übt der GBR das Mitbestimmungsrecht in seinem Zuständigkeitsbereich auch für BRslose Betriebe aus (§ 50 Abs. 1 Satz 1 a.E.).

8 Ebenso hat der GBR nach § 80 Abs. 3 das Recht zum Heranziehen von Sachverständigen auf Kosten des AGs.[9] Für ihn gelten auch sonst die allgemeinen Regeln, die für den BR gelten, soweit nicht in §§ 47 ff. oder speziellen gesetzlichen Regelungen etwas Abweichendes geregelt ist. Zu diesen abweichenden Regelungen gehören insbesondere solche, die dem GBR bestimmte Aufgaben und Zuständigkeiten zuweisen, wie dies etwa für die Bestellung eines Wahlvorstands nach §§ 16 Abs. 3, 17 Abs. 1, die Involvierung beim KBR nach §§ 54 ff. oder die Bestimmung der Mitglieder des Wirtschaftsausschusses nach § 107 Abs. 2 Satz 2 geschieht. Ebenso werden **Organisation und Geschäftsführung** für den GBR spezialgesetzlich in Abs. 1–4 geregelt. Es handelt sich insoweit um eine **abschließende Regelung,** neben der Abs. 5 keine ergänzende Anwendung finden kann.[10] Mangels Sondernormen gilt für den GBR beispielsweise die Pflicht zur Achtung des betriebsverfassungsrechtlichen **Gleichbehandlungsgrundsatzes** gemäß § 75 Abs. 1[11] oder der Grundsatz der **vertrauensvollen Zusammenarbeit** gemäß § 2 Abs. 1.[12]

III. Konstituierung (Abs. 2)

9 Die Konstituierung ist Voraussetzung der **Handlungsfähigkeit** des GBRs. Bis dahin muss der AG den GBR nicht beteiligen. Allerdings kann der AG rechtsmissbräuchlich handeln, wenn er die Zeit bis zur Konstituierung ausnutzt, um den GBR zu umgehen.[13] Das ist einerseits denkbar, wenn er bei Neuerrichtung versucht, schnell noch Fakten zu schaffen, andererseits aber auch in Phasen der notwendigen Neukonstituierung des bereits existierenden GBRs (dazu Rn. 10).

10 Grundsätzlich konstituiert sich der GBR **erstmalig** nach erstmaliger Errichtung, sodass die Bestimmung des Abs. 2 Anwendung findet. Allerdings kann eine **Neukonstituierung** auch während des Bestandes des GBRs als Dauereinrichtung notwendig werden mit der Folge, dass ebenfalls Abs. 2 anzuwenden ist.[14] Das ist insbesondere möglich, wenn sämtliche Mitglieder ihr Amt niederlegen oder aus dem GBR ausgeschlossen wurden oder wenn die Amtszeit der Mitglieder der entsendenden BR nach § 24 Nr. 1 geendet hat[15] (vgl. § 47 Rn. 60)[16], vgl. § 49. Eine Neukonstituierung kann auch notwendig werden, wenn sich die Größe des GBRs aufgrund einer kollektivvertraglichen Regelung (§ 47 Rn. 76 ff.) geändert hat.[17] Es bedarf dann der Neuwahl von Vorsitzendem und stellvertretendem Vorsitzenden (vgl. § 49 Rn. 25).

---

5 *Fitting*, Rn. 65; GK-*Franzen*, Rn. 83; HWGNRH-*Glock*, Rn. 71.
6 GK-*Franzen*, Rn. 82.
7 GK-*Franzen*, Rn. 81; HWGNRH-*Glock*, Rn. 70.
8 *Fitting*, § 50 Rn. 8.
9 *BAG* 11.11.09 – 7 ABR 26/08, AP Nr. 23 zu § 20 BetrVG 1972; GK-*Franzen*, Rn. 81; Hako-BetrVG-*Haase/Tautphäus*, Rn. 29; HWGNRH-*Glock*, Rn. 67; Richardi-*Annuß*, Rn. 34; NK-GA/*Bodem*, Rn. 5.
10 *Fitting*, Rn. 64; GK-*Franzen*, Rn. 80; HWGNRH-*Glock*, Rn. 71; ErfK/*Koch*, Rn. 4; a. A. DKW-*Trittin* (16. Aufl.), Rn. 81.
11 *BAG* 16.8.11 – 1 ABR 22/10, AP Nr. 75 zu § 80 BetrVG 1972.
12 *Fitting*, Rn. 62; GK-*Franzen*, Rn. 81; LKK-*Robrecht*, Rn. 14.
13 HWGNRH-*Glock*, Rn. 16.
14 GK-*Franzen*, Rn. 16; HWGNRH-*Glock*, Rn. 16, 70; für Analogie hingegen *Fitting*, Rn. 7; *KRHS*, Rn. 4; Richardi-*Annuß*, Rn. 27.
15 Insoweit a. A. *Thüsing*, FA 12, 322 ff.
16 Richardi-*Annuß*, Rn. 8; vgl. auch NK-GA/*Bodem*, Rn. 2.
17 HWGNRH-*Glock*, Rn. 18.

11 Da die Errichtung eines GBRs obligatorisch ist (§ 47 Rn. 10), ist der nach Abs. 2 Satz 1 zuständige BR **verpflichtet,** mit Vorliegen der Errichtungsvoraussetzungen zur konstituierenden Sitzung einzuladen.[18] Das setzt nicht zwingend voraus, dass die BR zu diesem Zeitpunkt bereits ihre Mitglieder bestellt haben.[19] Unterlässt der zuständige BR die Einladung zur konstituierenden Sitzung, stellt dies eine grobe Pflichtverletzung im Sinne des § 23 Abs. 1 dar.[20] Die EinzelBR, bereits entsandte Mitglieder des GBRs oder der AG haben die Möglichkeit, analog § 29 Abs. 3 den zuständigen BR zur Einberufung zur konstituierenden Sitzung aufzufordern.[21] Bei unterlassener Einladung können auch die einzelnen BR-Mitglieder des GBRs bestellen, die von sich aus zusammentreten und die erforderlichen Wahlen vornehmen.[22] Aus diesem Grunde ist es auch unschädlich, wenn unter Verkennung des Begriffs der Hauptverwaltung der falsche BR zur Wahl eingeladen hat und der GBR sich darauf konstituiert hat. Auch die nachfolgende Sitzungsleitung durch den Vorsitzenden dieses BRs ist dann unschädlich, weil er im Sinne des Abs. 2 Satz 2 der Vorsitzende des einladenden BRs (dazu Rn. 19) ist.

12 Die Einladung zur konstituierenden Sitzung erfolgt **durch den BR der Hauptverwaltung des UNs.** Hauptverwaltung ist die organisatorische Einheit, in der die UNischen Planungen und Entscheidungen hinsichtlich der verfolgten Zwecke unmittelbar vollzogen werden.[23]

13 Die Zuständigkeit des BRs der Hauptverwaltung wird nicht dadurch infrage gestellt, dass die Hauptverwaltung womöglich nur ein **unselbständiger Betriebsteil** ist, der einem anderen Betrieb zugeordnet wurde.[24] Zweck ist nämlich, dass die Sitzungen am Sitz der Hauptverwaltung von Anfang an durchgeführt werden, weil diese in der Regel Ansprechpartner des GBRs ist. Insoweit ist es unerheblich, auf welcher Grundlage der BR für die Hauptverwaltung gewählt wurde. Die Alternative, auf den BR des Betriebes mit der größten ANzahl abzustellen (Rn. 14), macht insoweit weniger Sinn.[25] Entsprechendes gilt für die Fälle, dass die AN nach § 4 Abs. 1 Satz 2 an der Wahl des BRs im Hauptbetrieb teilgenommen haben, weil bei der Hauptverwaltung nur ein Betriebsteil besteht, der als selbständiger Betrieb gilt oder die AN bei der Hauptverwaltung nach § 4 Abs. 2 an der Wahl des BRs des Hauptbetriebes teilgenommen haben, weil ihr Betrieb **nicht BRsfähig** ist.[26]

14 Nur wenn im Betrieb der Hauptverwaltung kein BR besteht, ist der BR des nach der Zahl der wahlberechtigten AN **größten Betriebs** für die Einladung zur Wahl von Vorsitzendem und stellvertretendem Vorsitzenden zuständig. Gibt es dort keinen BR, ist der BR des nächstkleineren Betriebs zuständig. Dazu bedarf es keiner Analogie,[27] vielmehr heißt es im Gesetz »der BR des (...) größten Betriebs«. Da es in dem größeren Betrieb keinen BR gibt, ist der nächstkleinere Betrieb der Betrieb, in dem »der BR« gewählt wurde. Zur Ermittlung der Betriebsgröße gibt es keine spezifische Bestimmung. Richtiger Ansicht nach kommt es analog § 47 Abs. 7 und 8 auf die Eintragungen in die Wählerlisten der letzten BRswahlen an.[28] Dabei sind auch die in der Wählerliste nach § 7 Satz 2 eingetragenen LeihAN zu berücksichtigen.[29]

15 Der zuständige BR **lädt ein** zu der konstituierenden Sitzung, indem er die Einladung an alle BR des UNs richtet und diese auffordert, Mitglieder in den GBR zu entsenden. Alternativ können Einladungen auch an die bereits bestimmten Mitglieder der entsendenden BR gerichtet werden.[30] Nicht vorgesehen ist hingegen die Einladung des AGs, der im Betrieb vertretenen

---

18 *Fitting*, Rn. 10.
19 GK-*Franzen*, Rn. 6.
20 GK-*Franzen*, Rn. 15; Richardi-*Annuß*, Rn. 28.
21 GK-*Franzen*, Rn. 15.
22 GK-*Franzen*, Rn. 15; Richardi-*Annuß*, Rn. 28; a. A. HWGNRH-*Glock*, Rn. 20.
23 GK-*Franzen*, Rn. 7.
24 HWGNRH-*Glock*, Rn. 15;LKK-*Robrecht*, Rn. 1; Richardi-*Annuß*, Rn. 25.
25 GK-*Franzen*, Rn. 9.
26 GK-*Franzen*, Rn. 10.
27 So aber WPK-*Roloff*, Rn. 4.
28 *Fitting*, Rn. 9; GK-*Franzen*, Rn. 8; Richardi-*Annuß*, Rn. 24; ErfK/*Koch*, Rn. 1.
29 GK-*Franzen*, Rn. 8.
30 GK-*Franzen*, Rn. 12.

Gewerkschaften, der GJAV sowie der Gesamtschwerbehindertenvertretung. Eine bestimmte **Ladungsfrist** ist nicht vorgesehen, sodass eine angemessene Frist einzuhalten ist.[31]

16 Da selbst bei unterlassener Einladung des dafür zuständigen BRs ein GBR errichtet werden kann, ist auch eine **fehlerhafte Beschlussfassung** über die Einladung zur konstituierenden Sitzung ohne Einfluss auf die Wirksamkeit der Errichtung des GBRs.[32]

17 Die Einladung muss neben Angabe von Zeit und Ort nach Abs. 2 Satz 3 in Verbindung mit § 29 Abs. 2 Satz 3 eine **Tagesordnung** enthalten. Der Mangel einer fehlenden Tagesordnung kann aber noch während der konstituierenden Sitzung durch einstimmigen Beschluss der entsandten Mitglieder geheilt werden.[33] Zwingende Tagesordnungspunkte sind nur die Wahl des Vorsitzenden und seines Stellvertreters. Ergänzend sind aber weitere Tagesordnungspunkte möglich, etwa die Wahl der Mitglieder des Gesamtbetriebsausschusses oder Beschlussfassung über die Verkleinerung des GBRs nach § 47 Abs. 5.[34] Allerdings bedarf es in diesem Fall ergänzend der sonst nicht notwendigen (Rn. 15) Einladung der GJAV und Gesamtschwerbehindertenvertretung im Hinblick auf deren Teilnahmeberechtigungen.[35]

17a Auch für die konstituierende Sitzung gelten die Regelungen des § 30 über die Verweisung aus Abs. 1. Die Möglichkeit von Sitzungen und Beschlussfassungen per **Telefon- oder Videokonferenz** (Rn. 41a) ist theoretisch auch für die konstituierende Sitzung nicht ausgeschlossen. Da allerdings der einzige Zweck der Sitzung die Wahl von Vorsitz und Stellvertretung ist, scheidet die Durchführung per Telefon- und Videokonferenz aus, weil § 30 diese Möglichkeit nicht für Wahlen eröffnet.[36] Es sollte also in Pandemiezeiten nach Möglichkeit eine Sitzung an gemeinsamem Ort unter Einhaltung von Grundsätzen zur Vermeidung von Ansteckungen durchgeführt werden.[37]

18 Nach Abs. 1 in Verbindung mit § 31 kann auf Antrag eines Viertels der Mitglieder des GBRs ein **Gewerkschaftsbeauftragter** an der konstituierenden Sitzung teilnehmen.[38]

19 Der Vorsitzende des einladenden BRs leitet die Sitzung gemäß Abs. 2 Satz 2 bis zur **Bestellung eines Wahlleiters** aus der Mitte des GBRs. Sofern er nicht selber Mitglied des GBRs ist oder zum Wahlleiter bestellt wird, nimmt er nur bis zur Bestellung des Wahlleiters an der Sitzung teil.[39] Denn die Sitzung des GBRs ist nach § 51 Abs. 1 Satz 1 i. V. m. § 30 Abs. 1 Satz 4 nicht öffentlich. Wahlleiter können auch Kandidierende für das Amt des Vorsitzenden sein.[40]

20 Die **Wahlen von Vorsitzendem und stellvertretendem Vorsitzendem** sind einziger Zweck der konstituierenden Sitzung. Sie erfolgen nach Abs. 1 i. V. m. § 26 in getrennten Wahlgängen. Vor Beschlussfassung hat der Wahlleiter die Beschlussfähigkeit festzustellen. Der GBR ist zur Wahl von Vorsitzendem und stellvertretendem Vorsitzendem nach Abs. 3 Satz 4 beschlussfähig, wenn mindestens die Hälfte der Mitglieder an der Sitzung teilnehmen und diese die Hälfte aller Stimmen vertreten, wobei Stellvertretung durch Ersatzmitglieder zulässig ist. Wahlberechtigt sind alle anwesenden Mitglieder, auch wenn sie selber kandidieren. Auch Ersatzmitglieder können wählen.[41] Wählbar sind hingegen nur Mitglieder des GBRs. Denn der GBR wählt nach § 51 Abs. 1 Satz 1 in Verbindung mit § 26 Abs. 1 Vorsitzenden und Stellvertreter aus seiner Mitte. Deswegen sind Ersatzmitglieder nur im Falle des endgültigen Nachrückens wählbar. Die Wahl erfolgt durch Mehrheit der nach § 47 Abs. 7 ff. gewichteten Stimmen unter den anwesenden Mitgliedern nach Abs. 3 Satz 1. Es gibt keine besonderen Bestimmungen für die Wahl. Sie kann geheim oder auch offen erfolgen, die Stimmabgabe kann mündlich oder

---

31 GK-*Franzen*, Rn. 13.
32 *BAG* 15. 10. 14 – 7 ABR 53/12, AP Nr. 3 zu § 13 BetrVG 1972.
33 *BAG* 15. 10. 14 – 7 ABR 53/12, AP Nr. 3 zu § 13 BetrVG 1972; *Fitting*, Rn. 11.
34 Richardi-*Annuß*, Rn. 26.
35 GK-*Franzen*, Rn. 13; HWGNRH-*Glock*, Rn. 25.
36 Vgl. für § 129 *LAG Berlin-Brandenburg* 24. 8. 20 – 12 TaBVGa 1015/20, NZA-RR 20, 647, Rn. 31; dazu *Wolmerath*, JurisPR-ArbR 50/20, Anm. 3.
37 *Däubler*, Arbeitsrecht in Zeiten des Corona-Virus, § 7 Rn. 16 ff., wo auch Überlegungen angestellt werden, was gilt, falls dies nicht möglich ist.
38 Vgl. *BAG* 15. 10. 14 – 7 ABR 53/12, AP Nr. 3 zu § 13 BetrVG 1972.
39 GK-*Franzen*, Rn. 14; Richardi-*Annuß*, Rn. 26.
40 HWGNRH-*Glock*, Rn. 22.
41 Richardi-*Annuß*, Rn. 5.

schriftlich stattfinden. Die Gewählten müssen zur Wirksamkeit der Wahl das Amt annehmen. Dazu ist keine besondere Form vorgesehen. Eine Pflicht zur Annahme besteht nicht.[42] Denn das Amt kann auch jederzeit niedergelegt werden (Rn. 25). Über die Wahl ist eine Sitzungsniederschrift nach § 51 Abs. 1 Satz 1 in Verbindung mit § 34 zu fertigen.

Nach der erfolgten Wahl von Vorsitz und Stellvertretung obliegt dem Gewählten die Sitzungsleitung zur Behandlung eventueller weiterer Tagesordnungspunkte, nicht mehr dem Wahlleiter.[43] Dessen Amt erlischt.[44] 21

Für die Einberufung zu **weiteren Sitzungen** des GBRs gilt nach Abs. 2 Satz 3 dieselbe Regelung wie für Einladungen zu BRssitzungen durch den Vorsitzenden des BRs nach § 29 Abs. 2–4. 22

IV. Vorsitz (Abs. 1 mit § 26)

Für den Vorsitz gilt § 26 kraft Verweisung aus Abs. 1 (zur **Wahl** s. Rn. 20f.). 23

Das Amt des Vorsitzenden und des stellvertretenden Vorsitzenden **enden** mit der Amtszeit als BRsmitglied (§ 49 in Verbindung mit § 24 Nr. 1). Der Vorsitz kann auch jederzeit niedergelegt werden.[45] Ebenfalls ist eine Abberufung von Vorsitzendem und Stellvertreter möglich.[46] Außerdem kann der jeweils entsendende BR diese mittelbar abberufen durch Abberufung aus dem GBR (vgl. § 49 Rn. 17ff.). 24

Mit dem Ende der Mitgliedschaft im GBR bzw. Niederlegung des Vorsitzes bzw. des stellvertretenden Vorsitzes bedarf es der **Neuwahl** (durch Mehrheitsbeschluss nach Abs. 3). Das gilt auch, wenn die Mitgliedschaft im GBR durch Ende der Amtszeit des BRs beendet wurde, eine Wiederwahl und erneute Entsendung in den GBR erfolgte.[47] Ein Wiederaufleben des Amtes als Vorsitzender oder stellvertretender Vorsitzender des GBRs ist nicht vorgesehen.[48] 25

Die **Stellung des Vorsitzenden** bzw. des Stellvertreters richtet sich gemäß Abs. 1 Satz 1 nach § 26 Abs. 2. Er vertritt den GBR im Rahmen der gefassten Beschlüsse[49] und ist zur Entgegennahme von Erklärungen, die gegenüber dem GBR abzugeben sind, berechtigt.[50] Im Falle seiner Verhinderung tritt der stellvertretende Vorsitzende an diese Stelle. 26

Wo es an einer ordnungsgemäßen Beschlussfassung fehlt, kann der Vorsitzende den GBR nicht **wirksam vertreten.**[51] So kann er mangels ordnungsgemäßer Beschlussfassung keinen Rechtsanwalt wirksam mit der Einleitung eines Beschlussverfahrens beauftragen, so dass etwaige Anträge nicht von der erforderlichen Prozessvollmacht gedeckt sind. Allerdings ist bis zum Ergehen einer Prozessentscheidung eine Genehmigung durch den GBR durch nachträgliche Beschlussfassung möglich. 27

Dem Vorsitzenden oder anderen Mitgliedern kann die **Führung der laufenden Geschäfte** gemäß § 51 Abs. 1 Satz 1 in Verbindung mit § 27 Abs. 3 übertragen werden, wenn kein Gesamtbetriebsausschuss zu errichten ist (dazu Rn. 50), weil der GBR keine neun Mitglieder hat. 28

V. Organisation und Geschäftsführung (Abs. 1, Abs. 2 Satz 3)

1. Allgemeines

Die Geschäftsführung des GBRs ist in Abs. 1–4 **abschließend geregelt.**[52] Auch über Abs. 5 (Rn. 5ff.) lässt sich kein allgemeiner Rückgriff auf weitere Vorschriften über die Geschäftsführung bewerkstelligen, weil ansonsten die Verweisungen in den übrigen Absätzen überflüssig wären. Zur Konstituierung s. Rn. 9ff. 29

---

42 GK-*Franzen*, Rn. 23.
43 Vgl. Richardi-*Annuß*, Rn. 26.
44 HWGNRH-*Glock*, Rn. 24.
45 *Fitting*, Rn. 16.
46 Richardi-*Annuß*, Rn. 8.
47 *Fitting*, Rn. 17; Richardi-*Annuß*, Rn. 8; a.A. *Thüsing*, FA 12, 322 [323].
48 *ArbG Stuttgart* 13.1.75 – 4 BV 10/75, DB 76, 1160; GK-*Franzen*, Rn. 24.
49 *BAG* 17.2.81 – 1 AZR 290/78, AP Nr. 11 zu § 112 BetrVG 1972.
50 Vgl. *BAG* 20.1.76 – 1 ABR 48/75 AP Nr. 2 zu § 47 BetrVG 1972 Zustellung.
51 *BAG* 4.11.15 – 7 ABR 61/13, NZA-RR 16, 256, Rn. 23ff.
52 *BAG* 15.10.14 – 7 ABR 53/12, AP Nr. 3 zu § 13 BetrVG 1972; *Fitting*, Rn. 27; GK-*Franzen*, Rn. 39.

30 Zur Rolle des **Vorsitzenden** und seines Stellvertreters s. Rn. 23 ff.

31 Das Nachrücken von **Ersatzmitgliedern** (§ 47 Rn. 71 ff.) bei Verhinderung oder Ausscheiden erfolgt gemäß Abs. 1 Satz 1 in Verbindung mit § 25 Abs. 1.

32 Über eine **Geschäftsordnung** ist nach Abs. 1 Satz 1 in Verbindung mit § 36 mit absoluter Mehrheit (Rn. 55) durch das beschlussfähige Gremium zu beschließen.[53]

2. Sitzungen

33 Für die **Sitzungen** verweist Abs. 2 Satz 3 auf § 29 Abs. 2–4. Außerdem verweist Abs. 1 Satz 1 auf §§ 30, 31 und 34.

34 Zu den Sitzungen lädt der Vorsitzende des GBRs danach unter Mitteilung der **Tagesordnung** ein (§ 29 Abs. 2). Die Tagesordnung kann noch in der Sitzung ergänzt werden.[54] Dem Vorsitzenden kann gerichtlich aufgegeben werden, ein vom BR entsandtes Mitglied rechtzeitig unter Mitteilung der Tagesordnung einzuladen.[55] Auch die GJAV und die Gesamtschwerbehindertenvertretung sind einzuladen (§ 29 Abs. 2 Satz 4). Die Sitzungen finden während der Arbeitszeit statt und sind nicht öffentlich (§ 30 Abs. 1 Satz 1 und 4). Bei der Ansetzung ist auf betriebliche Notwendigkeiten Rücksicht zu nehmen (§ 30 Abs. 1 Satz 2), was angesichts der Entsendung von maximal zwei Mitgliedern pro Betrieb (§ 47 Abs. 2) nur selten zu Problemen führen wird.[56] Verhinderungsfälle sind dem Vorsitzenden unter Angabe der Gründe mitzuteilen, damit er Ersatzmitglieder lädt (§ 29 Abs. 2 Satz 5 und 6).

35 **Auf Verlangen** eines Viertels der Mitglieder des GBRs oder des AGs muss der Vorsitzende eine Sitzung einberufen und einen Gegenstand, dessen Beratung beantragt ist, auf die Tagesordnung setzen (§ 29 Abs. 3). Zur Feststellung des Quorums der Mitglieder des GBRs ist neben der Zahl der Mitglieder des GBRs auch auf eine entsprechende Stimmengewichtung nach § 47 Abs. 7 ff. abzustellen.[57] Für eine solche Anpassung spricht, dass erst dadurch zumindest eine gewisse Gewähr dafür besteht, dass es zu einer beschlussfähigen Versammlung kommen wird.[58] Nicht überzeugen kann hingegen die Ansicht, die es allein auf das Stimmengewicht ankommen lassen möchte.[59] Denn das Gesetz knüpft im Ausgangspunkt an die Zahl der Mitglieder.

36 EinzelBR haben kein Recht, auf eine Sitzung zu dringen oder die Behandlung eines bestimmten Gegenstandes zu verlangen.[60]

37 Im Übrigen liegt es in der Hand des GBRs, über **Dauer und Häufigkeit** seiner Sitzungen zu entscheiden.[61]

38 Der **AG** nimmt an den Sitzungen teil, die auf sein Verlangen einberufen wurden, sowie an solchen, zu denen er eingeladen ist; er kann einen Vertreter des **AGverbandes** hinzuziehen (§ 29 Abs. 4).

39 Auf Antrag eines Viertels der Mitglieder des GBRs kann ein Beauftragter einer im BR vertretenen **Gewerkschaft** an den Sitzungen teilnehmen (§ 31). Auch insoweit ist das Stimmengewicht nach § 47 Abs. 7 zu berücksichtigen.[62] Darüber hinaus bedarf es – wie beim Verlangen auf Einberufung einer Sitzung (vgl. Rn. 35) – eines Quorums von einem Viertel der Mitglieder des GBRs.[63] Es geht zwar allein darum, ein Mindestgewicht der gewerkschaftlichen Vertretung zu gewährleisten, gleichwohl verweist das Gesetz zunächst auf die Mitgliederzahl. Es reicht nicht, dass die Gewerkschaft im Betrieb vertreten ist. § 31 stellt auf das Vertretensein im BR ab (§ 31

53 GK-*Franzen*, Rn. 53; Richardi-*Annuß*, Rn. 37.
54 Vgl. *BAG* 4. 11. 15 – 7 ABR 61/13, NZA-RR 15, 256, Rn. 32.
55 *LAG Köln* 1. 6. 95 – 6 TaBV 21/95, AuR 95, 470.
56 *Fitting*, Rn. 35.
57 *Fitting*, Rn. 34; HWGNRH-*Glock*, Rn. 28; LKK-*Robrecht*, Rn. 10; Richardi-*Annuß*, Rn. 29; ErfK/*Koch*, Rn. 3.
58 GK-*Franzen*, Rn. 49.
59 So WPK-*Roloff*, Rn. 2, 8.
60 HWGNRH-*Glock*, Rn. 29; Richardi-*Annuß*, Rn. 29.
61 *Fitting*, Rn. 33.
62 Richardi-*Annuß*, Rn. 31.
63 *Fitting*, Rn. 36; a. A. GK-*Franzen*, Rn. 60; Hako-BetrVG-*Haase/Tautphäus*, Rn. 24; WPK-*Roloff*, Rn. 10; *Däubler*, Gewerkschaftsrechte im Betrieb, Rn. 149.

Rn. 11). Fraglich ist, ob für die Sitzungen des GBRs auch genügend ist, dass die Gewerkschaft in einem BR des UNs vertreten ist (so der Wortlaut des § 31)[64] oder ob erforderlich ist, dass sie auch in dem GBR vertreten ist (so, wenn das Wort BR in § 31 durch das Wort GBR ersetzt würde).[65] Für Letzteres spricht immerhin neben dem Wortlaut, dass das Teilnahmerecht der Gewerkschaft von einem Quorum im GBR abhängt und diese ohnehin durch das Vertretensein in einem BR eine Verankerung in der betrieblichen Interessenvertretung des UNs hat. Entsprechend muss nicht jede in einem BR vertretene Gewerkschaft die Einladung erhalten, sondern nur eine solche, die im GBR vertreten ist.[66] Bei der Behandlung von Angelegenheiten in Auftragszuständigkeit (§ 50 Abs. 2, s. dort Rn. 118 ff.) genügt es hingegen, wenn die Gewerkschaft im betreffenden Betrieb vertreten ist.[67]

An den Sitzungen nehmen ferner **GJAV** bzw. ein Vertreter der GJAV (§ 73 Abs. 2 mit § 67) **40**
und die **Gesamtschwerbehindertenvertretung** (§ 52) teil. Diesen kommt auch das Recht zu, mit Mehrheit die Aussetzung von Beschlüssen des GBRs herbeizuführen (Abs. 1 mit § 35).

Der **Sitzungsort** ist nicht vorgeschrieben, wenngleich es in der Regel sinnvoll ist, dass die Sit- **41**
zung am Sitz der Hauptverwaltung stattfindet. Die Sitzungen können auch in anderen Betrieben stattfinden.[68] Auch BRslose Betriebe kommen insoweit in Betracht.[69] Dafür kann insbesondere sprechen, wenn spezifisch mit Blick auf einzelne Betriebe zu beraten ist oder wenn der GBR alternierend tagt, um Kontakt zu den Betrieben zu halten.[70] Denkbar ist, dass aus sachlichen Gesichtspunkten auch andere Orte als Betriebe des UNs für die Sitzungen gewählt werden.[71] Desgleichen kommen außerbetriebliche Sitzungsorte in Betracht, wenn es im Betrieb keine geeigneten Sitzungszimmer gibt.[72]

Aus Anlass der Covid-19-Pandemie wurde zunächst letztmalig befristet bis 30.6.2021 eine **41a**
Sonderregelung in § 129 eingeführt, die auch Sitzungen per **Telefon- oder Videokonferenz** erlaubte. Der Gesetzgeber hat dieses Modell im Betriebsrätemodernisierungsgesetz (Einleitung Rn. 45e ff.) aufgegriffen. Pandemiebedingt wurde aber noch eine erweiterte Regelung in § 129 befristet bis 7.4.2023 vorübergehend eingeführt (s. Einl. Rn. 45d, 45i). Aus der Verweisung in § 51 Abs. 1 Satz 1 auf § 30 folgt, dass Sitzungen des Gesamtbetriebsrats grundsätzlich als Präsenzsitzungen stattfinden, abweichend aber entsprechend § 30 Abs. 2 die Teilnahme mittels Telefon- oder Videokonferenz unter den dort festgelegten Voraussetzungen möglich ist (vgl. § 30 Rn. 28 ff.). Falls die Möglichkeit virtueller Teilnahme besteht, erfordert eine ordnungsgemäße Einladung auch die Mitteilung dafür benötigter Einwahldaten.[73] Die eventuellen Kosten für die Ausstattung trägt der AG (Rn. 44). Hinsichtlich des Widerspruchsrechts nach § 51 Abs. 1 Satz 1 i. V. m. § 30 Abs. 2 Satz 1 Nr. 2 stellt sich wiederum die Frage, ob es genügt, wenn ein Viertel der Mitglieder des Gesamtbetriebsrats fristgerecht einer virtuellen oder hybriden Sitzung widerspricht oder ob (wie hinsichtlich des Verlangens nach Aufnahme einer Angelegenheit auf die Tagesordnung, vgl. Rn. 35) das Quorum auch auf die gewichteten Stimmen nach § 47 Abs. 7 zu beziehen ist. Der Wortlaut verweist in der Tat auf die bloße Anzahl der Mitglieder. Unter Berücksichtigung des Umstandes, dass die Regelung es gewährleisten soll, auch gegen den Willen des AG und einer Mehrheit auf der vom Gesetzgeber favorisierten Präsenzsitzung zu beharren, spricht auch mehr dafür, dass für die Bestimmung der Mehrheit allein die Kopfzahl genügt und die gewichteten Stimmen unerheblich sind. Unabhängig von der Möglichkeit zur Teilnahme mittels Video- oder Telefonkonferenztechnik gilt die Teilnahme in Präsenz nach § 51 Abs. 1

64 So *Fitting*, Rn. 37; Richardi-*Annuß*, Rn. 31.
65 So GK-*Franzen*, Rn. 60; Hako-BetrVG-*Haase/Tautphäus*, Rn. 24; ErfK/*Koch*, Rn. 3; *Däubler*, Gewerkschaftsrechte im Betrieb, Rn. 149; HWK-*Hohenstatt/Dzida*, Rn. 8.
66 HWGNRH-*Glock*, Rn. 32.
67 LKK-*Robrecht*, Rn. 11.
68 *BAG* 24.7.79 – 6 ABR 96/77, AP Nr. 1 zu § 51 BetrVG 1972; GK-*Franzen*, Rn. 50; Richardi-*Annuß*, Rn. 35.
69 *LAG Schleswig-Holstein* 24.2.20 – 1 TaBV 21/19.
70 *Fitting*, Rn. 35.
71 GK-*Franzen*, Rn. 50; a. A. HWGNRH-*Glock*, Rn. 13; offengelassen von *BAG* 24.7.79 – 6 ABR 96/77, AP Nr. 1 zu § 51 BetrVG 1972.
72 *ArbG Darmstadt* 5.7.88 – 2 Bv-Ga 17/88, AiB 88, 285.
73 *Fitting*, Rn. 13.

Satz 1 in Verbindung mit § 30 Abs. 3 als erforderlich, sodass auch in diesem Fall eine Freistellung nach § 37 Abs. 2 für Reisezeiten erfolgt und Reisekosten vom Arbeitgeber nach § 40 Abs. 1 zu tragen sind. Die Durchführung von virtuellen oder hybriden Sitzungen (teils durch Teilnahme in Präsenz, teils virtuelle Teilnahme) ist nach § 51 Abs. 1 Satz 1 i. V. m. § 30 Abs. 1 und 3 nicht erzwingbar. Insoweit gilt nichts anderes als bereits unter der Rechtslage der durch die Corona-Pandemie veranlassten Übergangsregelung des § 129. Offengelassen hat dazu aber das *LAG Berlin-Brandenburg*, ob unter besonderen Umständen ausnahmsweise etwas anderes gelten kann.[74] Das ist allenfalls denkbar in einer Lage, in der etwa aus Sicherheitsgründen eine Präsenzsitzung auf unabsehbare Zeit nicht möglich ist, z. B. angesichts einer pandemischen Lage. Allerdings gibt es letztlich keine rechtliche Handhabe gegen die Ausübung des Vetorechts durch ein Minderheitsquorum nach § 51 Abs. 1 Satz 1 i. V. m. § 30 Abs. 2 Satz 1 Nr. 2. In einem solchen Fall könnte das Quorum letztlich der Sache nach eine Sitzung verhindern.

42 Von den Sitzungen ist eine **Niederschrift** aufzunehmen (§ 34). Das Einsichtsrecht in Unterlagen des GBRs und seiner Ausschüsse (§ 34 Abs. 3) steht den Mitgliedern des GBRs zu, nicht jedoch den Mitgliedern der entsendenden BR.[75]

3. Sprechstunden

43 **Sprechstunden** des GBRs sind nicht vorgesehen.[76] Die Durchführung von Sprechstunden kann aber Gegenstand einer freiwilligen Vereinbarung von AG und BR sein.[77]

4. Kosten

44 Der AG trägt die **Kosten** des GBRs (§ 40). Die Erhebung einer Umlage ist unzulässig (§ 41). Neben dem Sachaufwand sind auch die Kosten der Sitzungsteilnahme vom AG zu tragen. Das gilt auch dann, wenn Sitzungen nicht am Sitz der Hauptverwaltung (s. o. Rn. 41) stattfinden.[78] Das erstreckt sich auch auf sämtliche für Sitzungen benötigte Telefon- und Videokonferenztechnik, soweit eine Sitzungsteilnahme nach §§ 51, 30 Abs. 2 erfolgt (vgl. Rn. 41a). Ebenfalls trägt der AG die Kosten der Rechtsberatung. Die Rechtsprechung hat hingegen die Kostentragungspflicht des AGs für ein Informationsblatt des GBRs für die AN verneint.[79] Derartiges sei kein notwendiger Teil der GBRsarbeit. Ein entsprechender Informationsbedarf der AN lasse sich durch die EinzelBR befriedigen. Dem ist ein Teil der Literatur mit Recht unter Hinweis darauf entgegengetreten, dass der GBR als eigenständiges Organ der Betriebsverfassung mit eigener Zuständigkeit ein eigenes Recht hat, die AN des UNs über seine Tätigkeit zu unterrichten.[80] Insoweit wäre es auch verfehlt, Reisekosten des GBR-Vorsitzenden zu Betriebsversammlungen auszuschließen, die Frage der Erforderlichkeit ist grundsätzlich aus Sicht des GBRs mit Blick auf das Für-erforderlich-halten-Dürfen zu beurteilen.[81] Daher können auch Reisekosten des Vorsitzenden des GBRs zum BR bei geplanter Betriebsveräußerung im Hinblick auf die Koordinierungsfunktion erforderlich sein.[82] Reisekosten können auch für Kontakte ins Ausland im Hinblick auf grenzüberschreitend geplante Maßnahmen des AGs erforderlich sein.[83] Ferner

---

74 Vgl. *LAG Berlin-Brandenburg* 24.8.20 – 12 TaBVGa 1015/20, NZA-RR 20, 647, Rn. 31; dazu *Wolmerath*, JurisPR-ArbR 50/20, Anm. 3.
75 ErfK/*Koch*, Rn. 4.
76 *BAG* 21.11.78 – 6 ABR 55/76, AP Nr. 4 zu § 50 BetrVG 1972.
77 GK-*Franzen*, Rn. 57; HWGNRH-*Glock*, Rn. 65; Richardi-*Annuß*, Rn. 38; MünchArbR/*Nebendahl*, § 300 Rn. 102.
78 *BAG* 24.7.79 – 6 ABR 96/77, AP Nr. 1 zu § 51 BetrVG 1972.
79 *BAG* 21.11.78 – 6 ABR 55/76, AP Nr. 4 zu § 50 BetrVG 1972; zust. GK-*Franzen*, Rn. 58.
80 *Fitting*, Rn. 47; MünchArbR/*Nebendahl*, § 300 Rn. 123; i. E. auch ErfK/*Koch*, Rn. 4.
81 Unklar insoweit GK-*Franzen*, Rn. 58.
82 *LAG Berlin* 1.10.73 – 5 TaBV 5/73, BB 74, 1439; Richardi-*Annuß*, Rn. 39; a. A., unter Hinweis auf fehlende Zuständigkeit, HWGNRH-*Glock*, Rn. 66.
83 *ArbG München* 29.8.91 – 12 BV 53/91, DB 91, 2295.

sind Reisekosten zur BRversammlung erforderlich.[84] Kinderbetreuungskosten für GBRsmitglieder infolge eines Sitzungstermins können ebenfalls erforderlich sein.[85]

45 Die Erforderlichkeit der Bereitstellung von **Sachmitteln** durch den AG (§ 40 Abs. 2) erstreckt sich auf erforderliche Mittel, die über das den BRn zur Verfügung gestellte Maß hinausgehen.[86] Der GBR kann auch die Freischaltung von Telefonen in seinem Büro sowie in BRslosen Betrieben, um mit den dort Beschäftigten kommunizieren zu können, verlangen.[87] Die Rechtsprechung stellt insoweit darauf ab, ob die Nutzung der im Betrieb bereits vorhandenen Kommunikationstechnik unter Berücksichtigung der AGinteressen für erforderlich gehalten werden darf.[88]

5. Ehrenamt, Vergütung, Freistellung

46 Die Regelungen über **Ehrenamt, Vergütungsfortzahlung und Freizeitausgleich** nach § 37 Abs. 1–3 sind gemäß § 51 Abs. 1 Satz 1 entsprechend anwendbar. Keine ehrenamtliche Tätigkeit des GBRsmitglieds, sondern eine Nebentätigkeit stellt es dar, wenn ein BRsmitglied, das zugleich (Ersatz-)Mitglied des GBRs ist, als Beisitzer in einer betrieblichen Einigungsstelle eines anderen Betriebes desselben UNs tätig wird.[89] Denn das ist keine überbetriebliche Angelegenheit, sondern eine auf den jeweiligen Betrieb beschränkte. Das UNsangehörige Einigungsstellenmitglied muss daher ebenso behandelt werden wie jedes andere betriebsfremde Mitglied.

47 Demgegenüber fehlt es an einer Verweisung auf die Regelungen des § 37 Abs. 4–7 über **Arbeitsentgeltermittlung,** Beschäftigung und Freistellung für Schulungs- und Bildungsveranstaltungen. Diese Rechte kommen den GBRsmitgliedern bereits als Mitgliedern der entsendenden BR zu.[90] Dabei beeinflussen auch Aufgaben im GBR die Frage der Erforderlichkeit von Schulungen.[91] Denn die Tätigkeit im GBR ist als Teil der BRstätigkeit anzusehen.[92] Folgerichtig entscheidet über die Entsendung zu Schulungsveranstaltungen auch nicht der GBR, sondern der entsendende BR.[93] Die Mindestfreistellung zur Teilnahme an Schulungs- und Bildungsveranstaltungen nach § 37 Abs. 7 erhöht sich nicht durch die Aufgaben im GBR, weil auch insoweit davon auszugehen ist, dass diese Teil der Aufgaben als BR sind.[94]

48 Ebenso fehlt es an einer Verweisung auf § 38 über **Freistellungen.** Das bedeutet jedoch nicht, dass es keine Freistellungen für GBRsmitglieder geben kann. GBRsmitglieder sind nach § 37 Abs. 2 – gegebenenfalls auch vollständig – freizustellen, wenn es die ordnungsgemäße Aufgabenwahrnehmung erfordert.[95] Da derartige Freistellungen nicht die Tätigkeit des BRs betreffen, sondern die des GBRs, muss Letzterer über die freizustellende Person entscheiden.[96] Dabei sind die Regelungen des Freistellungsverfahrens nach § 38 Abs. 2 analog anwendbar.[97] Wenn dieses vom Gesetz schon für den Fall vorgesehen ist, dass unwiderleglich die Erforderlichkeit der Freistellung für die BRstätigkeit vermutet wird, muss das Verfahren erst recht Anwendung finden für den Fall einer positiv festzustellenden Erforderlichkeit. Die entgegenstehende Rechtsprechung des *BAG*, wonach eine Auswahl durch Mehrheitsbeschluss nach § 51 Abs. 3

84 Vgl. *LAG Hamm* 23.11.12 – 10 TaBV 63/12, juris.
85 *HessLAG* 22.7.97 – 4/12TaBV 146/96, NZA-RR 98, 121.
86 *Fitting*, Rn. 48; HWGNRH-*Glock*, Rn. 69; ErfK-*Koch*, Rn. 4.
87 *BAG* 9.12.09 – 7 ABR 46/08, AP Nr. 97 zu § 40 BetrVG 1972.
88 *BAG* 9.12.09 – 7 ABR 46/08, AP Nr. 97 zu § 40 BetrVG 1972, m. Anm. *Weber* und m. Anm. *Wedde*; krit. *Bieder*, SAE 10, 257 ff.
89 *BAG* 21.6.89 – 7 ABR 92/87, AP Nr. 35 zu § 76 BetrVG 1972.
90 GK-*Franzen*, Rn. 55; HWGNRH-*Glock*, Rn. 60; ErfK/*Koch*, Rn. 4.
91 WPK-*Roloff*, Rn. 22.
92 *Fitting*, Rn. 43; GK-*Franzen*, Rn. 55; HWGNRH-*Glock*, Rn. 60.
93 GK-*Franzen*, Rn. 55; HWGNRH-*Glock*, Rn. 61; WPK-*Roloff*, Rn. 22; MünchArbR/*Nebendahl*, § 300 Rn. 108; differenzierend, wonach die Frage der Erforderlichkeit durch den GBR zu beurteilen ist, Richardi-*Annuß*, Rn. 50.
94 GK-*Franzen*, Rn. 55; i. E. ebenso Richardi-*Annuß*, Rn. 50.
95 *BAG* 26.9.18 – 7 ABR 77/16, NZA 19, 117, Rn. 28 ff.; dazu *Worzalla*, SAE 19, 71 ff.
96 Richardi-*Annuß*, Rn. 51; a. A. HWGNRH-*Glock*, Rn. 64.
97 Richardi-*Annuß*, (16. Aufl.) Rn. 51; a. A. jetzt Richardi-*Annuß*, Rn. 51; ferner *Fitting*, Rn. 44; MünchArbR/*Nebendahl*, § 300 Rn. 107; *Rennpferdt*, RdA 22 [29].

erfolgen soll, überzeugt insoweit nicht. Sie kann sich wesentlich nur auf den – wenig aussagekräftigen – Umstand einer fehlenden Verweisung auf § 38 Abs. 2 sowie darauf berufen, dass es eines Minderheitenschutzes nicht bedürfe.[98] Letzteres steht im Übrigen, was das *BAG* erkennt, aber für nicht relevant hält, im Widerspruch zur Verhältniswahl bei der Besetzung des Gesamtbetriebsausschusses (Rn. 69), insoweit reklamiert das Gericht für seinen Standpunkt allein den Umstand, dass die Verhältniswahl kein allgemeines Prinzip sei.[99] AG und GBR können aber Vereinbarungen über Freistellungen von GBRsmitgliedern treffen.[100]

49 Davon zu unterscheiden ist die Frage der **Freistellung** des GBRsmitglieds **im örtlichen BR.** Grundsätzlich geht § 38 davon aus, dass mindestens in dem Umfang, der dort geregelt ist, BRsaufgaben anfallen. Wenn ein freigestelltes GBRsmitglied allerdings in bestimmtem Maße Zeit für die Tätigkeit im GBR aufwendet, bedeutet dies nicht, dass automatisch eine ergänzende Freistellung von Mitgliedern des örtlichen BRs erforderlich ist. Zwar geht die Rechtsprechung davon aus, dass die Freistellung nach § 38 nicht ohne weiteres für Tätigkeiten im GBR aufzuwenden ist. Wenn aber ein freigestelltes BRsmitglied in den GBR entsandt ist, muss der örtliche BR, um weitere Teilfreistellungen zu erhalten, darlegen können, dass Aufgaben auch nach zumutbarer BRsinterner Umverteilung nicht durch andere BRsmitglieder erledigt werden können, sodass eine weitere Freistellung erforderlich ist.[101]

6. Laufende Geschäfte

50 Soweit ein Gesamtbetriebsausschuss eingerichtet wurde, führt dieser die **laufenden Geschäfte** (Rn. 75). Diesem können auch **weitere Aufgaben** übertragen werden. Außerdem können weitere Ausschüsse nach Abs. 1 Satz 1 in Verbindung mit § 28 Abs. 1 Satz 1 gebildet werden, damit ihnen bestimmte Aufgaben übertragen werden (Rn. 78 ff.). In Ermangelung eines Gesamtbetriebsausschusses kann die Führung der laufenden Geschäfte dem Vorsitzenden des GBRs oder anderen BRsmitgliedern nach § 51 Abs. 1 Satz 1 in Verbindung mit § 27 Abs. 3 übertragen werden.

VI. Beschlussfassung (Abs. 3 und 4)

51 Die Beschlussfassung setzt grundsätzlich voraus, dass eine Ladung unter Mitteilung der **Tagesordnungspunkte** erfolgte, obwohl § 29 Abs. 2 Satz 3 in § 51 nicht in Bezug genommen wurde.[102] Allerdings kann die Tagesordnung auch noch auf der Sitzung berichtigt und ergänzt werden und auf dieser Grundlage eine ordnungsgemäße Beschlussfassung erfolgen.[103]

52 Die Beschlussfassung erfolgt nach Maßgabe der **Stimmengewichtung** gemäß § 47 Abs. 7 ff. Jedes Mitglied des GBRs hat danach so viele Stimmen wie die von ihm repräsentierte Belegschaft (§ 47 Abs. 7 mit Sonderregeln in Abs. 8 und 9; vgl. § 47 Rn. 126 ff.).

53 Dabei hängt die **Beschlussfähigkeit** von einer doppelten Voraussetzung ab (Abs. 3 Satz 4): Einerseits muss die Hälfte der Mitglieder des GBRs anwesend sein, andererseits müssen die anwesenden GBRsmitglieder mindestens die Hälfte aller Stimmen vertreten. Als anwesend gelten neben den körperlich anwesenden Mitgliedern gemäß Abs. 3 Satz 2 auch diejenigen, die virtuell mittels Video- oder Telefonkonferenz teilnehmen. Anwesend sind auch **Ersatzmitglieder** als Stellvertreter. Allerdings setzt der Einsatz eines Stellvertreters voraus, dass ein Grund zum Nachrücken des Ersatzmitglieds (Rn. 31) gegeben ist. Ein Grund zum Nachrücken ist aber nicht schon deswegen ausgeschlossen, weil die Verhinderung durch virtuelle Teilnahme an der Sitzung hätte vermieden werden können. Aus der Regelung des § 30 Abs. 1 Satz 5, Abs. 2 und 3, auf die § 51 Abs. 1 Satz 1 verweist, folgt eindeutig, dass der Gesetzgeber die Präsenzsitzung favorisiert und (Gesamt-)Betriebsratsmitglieder nicht in die virtuelle Sitzung gezwungen

98 *BAG* 26.9.18 – 7 ABR 77/16, NZA 19, 117, Rn. 35 ff.
99 *BAG* 26.9.18 – 7 ABR 77/16, NZA 19, 117, Rn. 45.
100 *Fitting*, Rn. 44; GK-*Franzen*, Rn. 56.
101 *BAG* 12.2.97 – 7 ABR 40/96, AP Nr. 19 zu § 38 BetrVG 1972.
102 *BAG* 4.11.15 – 7 ABR 61/13, NZA-RR 15, 256, Rn. 32.
103 *BAG* 4.11.15 – 7 ABR 61/13, NZA-RR 15, 256, Rn. 32; GK-*Franzen*, Rn. 49.

werden dürfen. Diese Wertung ist auch hinsichtlich der Frage der Verhinderung zu berücksichtigen. Eine beliebige Beauftragung von Stellvertretern ist im Übrigen aber nicht möglich.[104] Entsprechend kommt es bei Ausschluss von regulären Mitgliedern auf die Anwesenheit des Ersatzmitglieds an.[105] Ohne Einfluss auf die Beschlussfähigkeit ist es, wenn ein Mitglied sich der Stimme enthält. Beschlussfähigkeit muss im Zeitpunkt der Stimmabgabe vorliegen.[106]

Für die Beschlussfassung bedarf es nach Abs. 3 Satz 1 der **Mehrheit** der Stimmen der anwesenden Mitglieder, soweit nichts anderes bestimmt ist. Dementsprechend spielt die Zahl der AN in BRslosen Betrieben für die Frage der Beschlussfähigkeit keine Rolle.[107] Es kommt auf die nach § 47 Abs. 7–9 **gewichteten Stimmen** an, nicht auf die Anzahl der Mitglieder.[108] Insoweit ist es sogar möglich, dass ein Mitglied sämtliche anderen Mitglieder überstimmt, wenn es nämlich wegen der Größe der von ihm vertretenen Belegschaft mehr Stimmen hat als alle anderen zusammen.[109] Bei Stimmengleichheit ist ein Beschluss abgelehnt. Das wird allerdings kaum vorkommen. Denn es wäre ein ungewöhnlicher Zufall, wenn die Zahlen der wahlberechtigten AN in den Betrieben gerade so zugeschnitten sind, dass exakt ein gleicher Stimmenanteil pro und contra herauskommen kann. Da volljährige Auszubildende auch für das Stimmengewicht der GJAV (Rn. 58) zählen, wird vertreten, dass in Abstimmungen, an denen die GJAV teilnimmt, diese Stimmen nur jener zufallen, nicht aber den GBRsmitgliedern, weil eine Doppelung von Stimmen nicht gewollt sei.[110] Das überzeugt nicht, denn diese Gruppe wird letztlich von beiden vertreten, dann muss sie auch bei beiden abgebildet sein. 54

Ausnahmsweise kann die **absolute Mehrheit** erforderlich sein. Damit ist die Mehrheit aller im GBR vertretenen Stimmen gemeint. Das Gesetz sieht diese vor für die Übertragung von Aufgaben auf Ausschüsse (Abs. 1 Satz 1 in Verbindung mit § 27 Abs. 2 und § 28), den Erlass einer Geschäftsordnung (§ 51 Abs. 1 Satz 1 in Verbindung mit § 36), die Übertragung von Aufgaben auf den KBR (§ 58 Abs. 2) und die Übertragung von Aufgaben auf den Wirtschaftsausschuss (§ 107 Abs. 3 Satz 1, 6). Auch bei der absoluten Mehrheit kommt es auf die nach § 47 Abs. 7–9 gewichteten Stimmen an, nicht auf die Personenzahl.[111] Erforderlich ist die Zustimmung zu einem Beschluss mit mehr Stimmen als im GBR insgesamt vorhanden sind, während es nicht reicht, wenn die Mehrheit der Stimmen unter den teilnehmenden Mitgliedern erreicht wird. 55

Das GBRsmitglied kann **nur einheitlich** abstimmen, es kann die ihm zustehenden Stimmen nicht verteilen.[112] Dies beruht darauf, dass jedes Mitglied als ein solches in einem unabhängigen Betriebsverfassungsorgan abstimmt und § 47 Abs. 7 – 9 allein die Frage des Gewichts der Stimme regelt, um die Starke der Belegschaft abzubilden. Demgegenüber können die entsandten Mitglieder eines BRes, wenn es sich um mehrere handelt, unterschiedlich abstimmen.[113] Auch kann ein Mitglied, das durch mehrere Betriebe entsandt wurde, seine Stimmen aufspalten, weil es anderenfalls zu illoyalem Verhalten gegenüber den entsendenden BRn gezwungen würde.[114] 56

Das Mitglied des GBRs ist bei der Stimmabgabe nicht gebunden.[115] Es gibt **kein** sogenanntes **imperatives Mandat.**[116] Denn der GBR ist ein eigenständiges betriebsverfassungsrechtliches Organ, das autonom handelt und dem BR zwar nicht über-, aber auch nicht untergeordnet ist. Das bedeutet allerdings nur, dass eine den Interessen des BRs oder gar einer Absprache zuwiderlaufende Stimmabgabe wirksam ist. Eine weitgehende faktische Bindung ergibt sich allerdings daraus, dass das Mitglied des GBRs nach § 49 abberufen werden kann. 57

104 GK-*Franzen*, Rn. 66; Richardi-*Annuß*, Rn. 41.
105 GK-*Franzen*, Rn. 66.
106 GK-*Franzen*, Rn. 65; HWGNRH-*Glock*, Rn. 10.
107 GK-*Franzen*, Rn. 68.
108 *Fitting*, Rn. 51; Richardi-*Annuß*, Rn. 42.
109 Vgl. das Beispiel bei *Fitting*, Rn. 51.
110 WPK-*Roloff*, Rn. 18.
111 HWGNRH-*Glock*, Rn. 11.
112 GK-*Franzen*, § 47 Rn. 66.
113 GK-*Franzen*, § 47 Rn. 66; Richardi-*Annuß*, § 47 Rn. 74; MünchArbR/*Nebendahl*, § 300 Rn. 78.
114 *Gamillscheg*, Kollektives Arbeitsrecht II, S. 663.
115 *Gamillscheg*, Kollektives Arbeitsrecht II, S. 663.
116 *Fitting*, § 47 Rn. 76; GK-*Franzen*, § 47 Rn. 66, § 51 Rn. 74; Richardi-*Annuß*, § 47 Rn. 73.

58 Nach Abs. 4 in Verbindung mit § 33 Abs. 1 und 2 wird bei Beschlüssen der **Ausschüsse des GBRs** nicht nach gewichteten Stimmen abgestimmt. Jedes Ausschussmitglied hat **nur eine Stimme.**[117] Der Grund liegt darin, dass das Ausschussmitglied nicht mehr als Repräsentant der Belegschaft tätig wird, sondern Aufgaben wahrnimmt, die ihm vom GBR übertragen wurden.[118] Würde es auf die gewichteten Stimmen ankommen, ergäben sich Verzerrungen, weil nur ein Teil der GBRsmitglieder in den Ausschüssen ist.[119] Beschlüsse werden mit Mehrheit der Stimmen der anwesenden Mitglieder gefasst, bei Stimmengleichheit ist der Antrag nach Abs. 4 in Verbindung mit § 33 Abs. 1 Satz 3 abgelehnt. Die Ausschussmitglieder werden auch zum Zwecke der Prüfung der **Beschlussfähigkeit** mit jeweils nur einer Stimme berücksichtigt.[120] Der Ausschuss ist nach Abs. 4 in Verbindung mit § 33 Abs. 2 beschlussfähig, wenn mindestens die Hälfte der Ausschussmitglieder an der Beschlussfassung teilnimmt. Das schließt über die Verweisung in Abs. 4 auf § 33 Abs. 1 Satz 2 auch die virtuell teilnehmenden Ausschussmitglieder ein. Hinsichtlich der Frage der Teilnahme von **Gesamt-Jugend- und Auszubildendenvertretern** an den Sitzungen der Ausschüsse des GBRs muss wegen § 73 Abs. 2 in Verbindung mit § 67 dasselbe gelten wie für die Beteiligung von Mitgliedern der JAV an Sitzungen der Ausschüsse des BRs (§ 27 Rn. 31). Ihr Stimmrecht ist dementsprechend entsprechend dem Verhältnis der Stimmen im Ausschuss zu jenen im GBR zu kürzen (vgl. § 27 Rn. 31).

59 **Ersatzmitglieder** (§ 47 Rn. 71 ff.) können als Stellvertreter bei der Beschlussfassung mitwirken. Sie zählen auch hinsichtlich der Beschlussfähigkeit mit (Rn. 53).

60 Mitglieder der **GJAV** haben nach § 73 Abs. 2 in Verbindung mit § 67 Abs. 2 **Stimmrecht,** soweit die zu fassenden Beschlüsse überwiegend Jugendliche und Auszubildende betreffen. Ihre Stimmen werden nach Abs. 3 Satz 5 in Verbindung mit § 33 Abs. 3 bei der Feststellung der Stimmenmehrheit mitgezählt. Dabei kommt es entsprechend wie bei den GBRsmitgliedern auf die gewichteten Stimmen gemäß § 72 Abs. 7 an. Die Mitglieder der GJAV müssen nicht geschlossen abstimmen.[121] Allerdings kann ein Mitglied der GJAV seine Stimmen nur einheitlich abgeben (§ 72 Rn. 25).

61 Die Stimmen der GJAV werden **nicht** bei der Frage der Beschlussfähigkeit (Rn. 53) **mitgezählt.**[122] Ebenso wenig werden sie mitgezählt zur Ermittlung der Zahl der Stimmen, die für eine absolute Mehrheit (Rn. 55) erforderlich ist.[123] Sie werden aber auch nicht für die Frage des Erreichens der absoluten Mehrheit mitgezählt.[124] Die absolute Mehrheit kann nur durch die Mehrheit der Stimmen der Mitglieder des GBRs erreicht werden.

62 Soweit nach dem PostPersRG Beteiligungsrechte in Personalangelegenheiten der Beamten bei PostnachfolgeUN in die Zuständigkeit des GBRs fallen, beteiligen sich nur die **Vertreter der Beamten,** die Mitglieder des GBRs sind. Die Stimmengewichtung resultiert nach § 32 Abs. 1 Nr. 2 PostPersRG aus der Zahl der Beamten in der Wählerliste des entsendenden Betriebes (§ 50 Rn. 106).

63 Beschlüsse und Mehrheitsverhältnisse sind nach § 51 Abs. 1 Satz 1 in Verbindung mit § 34 in die **Sitzungsniederschrift** aufzunehmen. Aus der Verbindung mit der Teilnehmerliste lässt sich dann auch im Nachhinein die Beschlussfähigkeit feststellen.[125] Im Falle der Teilnahme mittels Telefon- oder Videokonferenz ist die Teilnahmebestätigung in Textform und deren Beifügung zur Niederschrift nach § 34 Abs. 1 Sätze 4 und 5 erforderlich.

---

117 Richardi-*Annuß*, Rn. 47.
118 GK-*Franzen*, Rn. 78.
119 Reg.Begr., BT-Drs. VI/1786, S. 43; GK-*Franzen*, Rn. 63.
120 GK-*Franzen*, Rn. 78.
121 *Fitting*, Rn. 57.
122 GK-*Franzen*, Rn. 67, 77; HWGNRH-*Glock*, Rn. 12; Richardi-*Annuß*, Rn. 44.
123 *Fitting*, Rn. 56.
124 *Fitting*, Rn. 56; GK-*Franzen*, Rn. 77.
125 GK-*Franzen*, Rn. 73.

VII. Gesamtbetriebsausschuss (Abs. 1 mit § 27)

Abs. 1 Satz 2 sieht die verpflichtende[126] Bildung eines Gesamtbetriebsausschusses für **GBR mit neun und mehr Mitgliedern** vor. Unterbleibt die Bildung, kommt es nicht zur Auflösung des GBR, da eine solche gesetzlich nicht vorgesehen ist. Der Gesamtbetriebsausschuss besteht aus dem Vorsitzenden und dessen Stellvertreter sowie (hinsichtlich der Zahl gestaffelt nach Größe) weiteren Ausschussmitgliedern. Die Wahl der weiteren Mitglieder des Gesamtbetriebsausschusses muss bei entsprechender Größe regelmäßig bereits bei der konstituierenden Sitzung erfolgen.[127] Anderes kann aber gelten, wenn erst später die Bildung eines Gesamtbetriebsausschusses notwendig wird. Wählbar sind Mitglieder des GBRs, einschließlich endgültig nachgerückter Mitglieder.[128] Die Wahl per Telefon- oder Videokonferenz ist nicht möglich (Rn. 17aff.). 64

Die **Schwellenwerte** für die jeweilige Größe des Gesamtbetriebsausschusses sind prinzipiell gleich mit denen für den Betriebsausschuss in § 27 Abs. 1. Die Unterschiede ergeben sich lediglich daraus, dass ein GBR infolge der unterschiedlichen möglichen Zahlen zu entsendender Mitglieder auch aus einer geraden Anzahl von Mitgliedern bestehen kann. 65

Unterhalb des Schwellenwertes von neun GBRsmitgliedern ist ein **freiwilliger Gesamtbetriebsausschuss nicht möglich.**[129] Unter Umständen kommt aber die Bildung weiterer Ausschüsse (Rn. 78 ff.) in Betracht. Ansonsten besteht die Möglichkeit, die laufenden Geschäfte dem Vorsitzenden oder anderen GBRsmitgliedern nach § 51 Abs. 1 Satz 1 in Verbindung mit § 27 Abs. 3 zu übertragen. 66

Wird ein neuer Schwellenwert hinsichtlich der Größe des Gesamtbetriebsausschusses durch **Hinzutreten weiterer Betriebe,** die ebenfalls Mitglieder in den GBR entsenden, überschritten, kommt weder ein Nachrücken von Ersatzmitgliedern noch eine Nachwahl für die weiteren Ausschussmitglieder in Betracht. Vielmehr ist der Gesamtbetriebsausschuss vollständig neu zu wählen, um den Minderheitenschutz im Rahmen der Verhältniswahl (Rn. 55) zu gewährleisten.[130] 67

Bei **nicht nur vorübergehendem Absinken** der Zahl der Mitglieder des GBRs bedarf es folgerichtig einer vollständigen Neuwahl des Gesamtbetriebsausschusses, wenn durch Absinken unter einen der Schwellenwerte nach Abs. 1 Satz 2 nur noch ein kleinerer Gesamtbetriebsausschuss zu bilden ist.[131] Sinkt die Zahl der Mitglieder nicht nur vorübergehend auf unter neun, endet das Amt des Gesamtbetriebsausschusses (Rn. 66). 68

Die weiteren Mitglieder des Gesamtbetriebsausschusses werden vom GBR aus seiner Mitte nach den Grundsätzen der **Verhältniswahl** gemäß Abs. 1 Satz 2 in Verbindung mit § 27 Abs. 1 Satz 3 gewählt.[132] Das ist die eindeutige Konsequenz aus der Verweisung und daher nicht teleologisch zu reduzieren im Sinne einer Mehrheitswahl. Denn der Gesetzgeber hat hier durchaus zu differenzieren gewusst, wenn er zugleich bei weiteren Ausschüssen des GBRs Mehrheitswahl vorgesehen hat (vgl. dazu Rn. 77). Der dadurch bewirkte Minderheitenschutz ist auch nicht entbehrlich: Eine Minderheit im GBR kann durchaus im EinzelBR Mehrheitsfraktion und von daher zur Entsendung von Mitgliedern in den GBR in der Lage gewesen sein.[133] Bei nur einem Wahlvorschlag erfolgt die Wahl nach den Grundsätzen der Mehrheitswahl gemäß Abs. 1 Satz 2 in Verbindung mit § 27 Abs. 1 Satz 4. An sich müsste die Wahl der Ausschussmitglieder aufgrund der Verweisung in Abs. 1 Satz 2 auf § 27 Abs. 1 Satz 3 in **geheimer Wahl** erfolgen. Das lässt sich in praktischer Hinsicht bei der Wahl des Gesamtbetriebsausschusses allerdings **nicht** 69

---

126 GK-*Franzen*, Rn. 27; HWGNRH-*Glock*, Rn. 39; Richardi-*Annuß*, Rn. 10.
127 GK-*Franzen*, Rn. 30.
128 Richardi-*Annuß*, Rn. 12.
129 GK-*Franzen*, Rn. 38.
130 *BAG* 16.3.05 – 7 ABR 37/04, NZA 05, 1069 [1071 f.]; GK-*Franzen*, Rn. 38; HWGNRH-*Glock*, Rn. 44; LKK-*Robrecht*, Rn. 6; Richardi-*Annuß*, Rn. 12; ErfK/*Koch*, Rn. 5; HWK-*Hohenstatt/Dzida*, Rn. 6.
131 Richardi-*Annuß*, Rn. 13.
132 *BAG* 21.7.04 – 7 ABR 58/03, AP Nr. 13 zu § 47 BetrVG 1972; 21.7.04 – 7 ABR 62/03, AP Nr. 4 zu § 51 BetrVG 1972; 16.3.05 – 7 ABR 37/04, NZA 05, 1069 [1072]; GK-*Franzen*, Rn. 31; LKK-*Robrecht*, Rn. 6; Richardi-*Annuß*, Rn. 13; *Gamillscheg*, Kollektives Arbeitsrecht II, S. 662; *Klein*, Die Stellung der Minderheitsgewerkschaften in der Betriebsverfassung, S. 443; *Löwisch*, BB 01, 1734 [1744].
133 Vgl. *BAG* 21.7.04 – 7 ABR 62/03, AP Nr. 4 zu § 51 BetrVG 1972.

gewährleisten, da die Stimmen der GBRsmitglieder gewichtet sind und nur einheitlich abgegeben werden können (vgl. Rn. 56).[134] Es ist deshalb erforderlich, dass Stimmzettel verwendet werden, aus denen sich das jeweilige Stimmengewicht ergibt.[135] Auf diese Weise lässt sich freilich zumindest teilweise rekonstruieren, wer wie gewählt hat. Die Wahl in den Gesamtbetriebsausschuss bedarf der – formlosen – Annahme. Dazu besteht aber keine Pflicht des GBRsmitglieds.[136] Die Wahl der weiteren Mitglieder des Gesamtbetriebsausschusses muss nach § 51 Abs. 1 Satz 1 in Verbindung mit § 34 in die Sitzungsniederschrift aufgenommen werden.

70 Das Amt als Mitglied des Gesamtbetriebsausschusses **endet** mit seiner Niederlegung.[137] Das gilt aber nicht für den Vorsitzenden und seinen Stellvertreter, weil diese nach Abs. 1 Satz 2 kraft Amtes Mitglieder des Gesamtbetriebsausschusses sind. Sie können aber das Amt als Vorsitzender bzw. Stellvertreter niederlegen (Rn. 24), was zum Verlust des Amtes als Mitglied des Gesamtbetriebsausschusses führt, nicht jedoch zum Verlust des Amtes als GBRsmitglied. In diesem Fall rücken ein neu zu wählender Vorsitzender und/oder stellvertretender Vorsitzender in den Gesamtbetriebsausschuss nach, weil sie wiederum kraft Amtes Mitglieder sind. Waren sie bereits gewählte Mitglieder, müssen diese durch weitere gewählte Mitglieder ersetzt werden (dazu Rn. 72). Ferner endet das Amt als Mitglied des Gesamtbetriebsausschusses mit Verlust des Amtes als GBRsmitglied (§ 49). Zudem können die gewählten Mitglieder des Gesamtbetriebsausschusses abberufen werden (Rn. 71). Nicht vorgesehen ist ein Ausschluss durch gerichtliche Entscheidung oder durch den Gesamtbetriebsausschuss. Bei grober Pflichtverletzung kommt aber ein Ausschluss aus dem GBR nach § 48 in Betracht, der mittelbar auch den Ausschluss aus dem Gesamtbetriebsausschuss bewirkt.

71 Möglich ist die **Abberufung** aus dem Gesamtbetriebsausschuss nach Abs. 1 Satz 2 in Verbindung mit § 27 Abs. 1 Satz 5 mit Dreiviertelmehrheit.[138] Das gilt aber wiederum ebenfalls nicht für Vorsitzenden und Stellvertreter, da diese kraft Amtes Mitglieder des Gesamtbetriebsausschusses sind. Die Abberufung erfolgt im Rahmen einer Sitzung des GBRs. Sie kann einzelne, mehrere oder sämtliche gewählte Mitglieder betreffen. Wenn die Mitglieder des Gesamtbetriebsausschusses nach den Grundsätzen der Verhältniswahl gewählt worden sind, bedarf der Abberufungsbeschluss nach § 51 Abs. 1 Satz 2 in Verbindung mit § 27 Abs. 1 Satz 5 dreiviertel der gewichteten Stimmen der gewählten Mitglieder des GBRs im Rahmen einer geheimen Abstimmung (vgl. aber Rn. 69). Im Falle, dass die weiteren Ausschussmitglieder nach den Grundsätzen der Mehrheitswahl gewählt worden sind, erfolgt die Abberufung durch einfachen Mehrheitsbeschluss gemäß § 51 Abs. 3. Dieser kann auch in offener Abstimmung gefasst werden.[139]

72 Im Falle des Ausscheidens aus dem Gesamtbetriebsausschuss oder der zeitweiligen Verhinderung rückt analog § 25 Abs. 2 ein **Ersatzmitglied** nach. Dabei erfolgt das Nachrücken bis zur Erschöpfung der Vorschlagsliste der Reihe nach durch die nicht gewählten Gesamtbetriebsausschussmitglieder.[140] Demgegenüber sieht das Gesetz – entgegen der Rspr.[141] – keine Möglichkeit für eine vorsorgliche Wahl von Ersatzmitgliedern vor.[142] Ist die Liste erschöpft, erfolgt – anders als bei Erhöhung der Zahl der Mitglieder des Gesamtbetriebsausschusses (Rn. 67) – eine **Nachwahl.**[143]

73 Wenn die Voraussetzungen der Bildung des Gesamtbetriebsausschusses nach § 51 Abs. 1 Satz 2 durch **Absinken der Zahl** der GBRsmitglieder **unter neun** entfallen, endet das Amt des Gesamtbetriebsausschusses insgesamt und damit auch für sämtliche seiner Mitglieder.[144] Ein

134 *Fitting*, Rn. 20; Hako-BetrVG-*Haase/Tautphäus*, Rn. 12.
135 GK-*Franzen*, Rn. 32; Hako-BetrVG-*Haase/Tautphäus*, Rn. 12.
136 GK-*Franzen*, Rn. 34.
137 GK-*Franzen*, Rn. 37; Richardi-*Annuß*, Rn. 17.
138 *Fitting*, Rn. 21; Richardi-*Annuß*, Rn. 19; *Klein*, Die Stellung der Minderheitsgewerkschaften in der Betriebsverfassung, S. 444.
139 GK-*Franzen*, Rn. 37.
140 *LAG Düsseldorf* 8.5.12 – 16 TaBV 96/11.
141 Vgl. *BAG* 21.7.04 – 7 ABR 62/03, NZA 05, 173 [175].
142 HWGNRH-*Glock*, Rn. 42; *Fitting*, Rn. 21; a. A. Richardi-*Annuß*, Rn. 15.
143 ErfK/*Koch*, Rn. 5.
144 *BAG* 16.3.05 – 7 ABR 37/04, NZA 05, 1069 [1071]; Richardi-*Annuß*, Rn. 11.

freiwilliger Fortbestand ist nicht möglich (vgl. Rn. 66).[145] Demgegenüber führt eine **Veränderung der Zahl der Mitglieder** des GBRs und das Erreichen eines höheren oder niedrigeren Schwellenwertes nach Abs. 1 Satz 1 nicht zum Ende des Amtes des Gesamtbetriebsausschusses, vielmehr ist neu zu wählen (Rn. 67).

Überdies **endet das Amt** des Gesamtbetriebsausschusses, wenn der GBR sich neu konstituieren muss (zur notwendigen Neukonstituierung vgl. Rn. 10).[146] 74

Hinsichtlich der Stellung des Gesamtbetriebsausschusses verweist Abs. 1 Satz 1 auf § 27 Abs. 2. Das bedeutet, dass der Gesamtbetriebsausschuss die **laufenden Geschäfte** des GBRs führt. Außerdem können ihm **Aufgaben** des GBRs mit Ausnahme des Abschlusses von BVen **übertragen,** aber auch wieder entzogen werden. Erforderlich ist für beides die absolute Mehrheit (dazu Rn. 55). Die Übertragung bedarf im Übrigen nach Abs. 1 Satz 1 i. V. m. § 27 Abs. 2 Satz 3 der Schriftform. Den Vorsitz führt der Vorsitzende des GBRs.[147] 75

Der **Abschluss von (Gesamt-)BVen** ist dem Gesamtbetriebsausschuss nach Abs. 1 Satz 1 in Verbindung mit § 27 Abs. 2 Satz 2 **versagt.** Er kann daher auch nicht die Einigungsstelle mit dem Ziel eines BVersetzenden Beschlusses anrufen.[148] 76

Für die **Beschlussfassung** des Gesamtbetriebsausschusses gilt nicht die Stimmengewichtung gemäß § 47 Abs. 7 ff. Vielmehr hat jedes Mitglied des Gesamtbetriebsausschusses gemäß Abs. 4 in Verbindung mit § 33 Abs. 1 eine Stimme (Rn. 58).[149] Dadurch wird verhindert, dass Mitglieder aus belegschaftsstarken Betrieben den Gesamtbetriebsausschuss majorisieren können.[150] Die Stimmen der GJAV werden aufgrund der fehlenden Verweisung in Abs. 4 auf § 33 Abs. 3 nicht mitgezählt.[151] Beschlussfähigkeit ist gegeben, wenn mindestens die Hälfte der Mitglieder an der Beschlussfassung mitwirkt.[152] 77

VIII. Weitere Ausschüsse (Abs. 1 Satz 1 mit § 28 Abs. 1 Satz 1 und 3 sowie Abs. 2)

Durch Verweisung aus Abs. 1 Satz 1 wird dem GBR die Möglichkeit zur Bildung weiterer Ausschüsse und zur Übertragung von Aufgaben auf diese eingeräumt. Das setzt voraus, dass das **UN mehr als 100 AN** hat. **Zweifelhaft** ist allerdings, ob aus der entsprechend § 28 Abs. 1 Satz 1 erforderlichen UNsgröße weiter zu schließen ist, dass der **GBR mindestens sieben Mitglieder** haben muss, wie dies nach § 9 die BRsgröße in Betrieben mit mehr als 100 ANn wäre.[153] Zwar mag der Bedarf an einer Ausschussbildung in kleineren GBRn nicht so ausgeprägt sein. Das Gesetz enthält aber jedenfalls keine Anhaltspunkte dafür, dass dies zwingend ausgeschlossen sein soll. Zudem ist das Bestehen eines Gesamtbetriebsausschusses keine Voraussetzung für die Errichtung weiterer Ausschüsse.[154] Nicht ausgeschlossen ist es im Übrigen, dass in kleineren GBRn mit weniger als sieben Mitgliedern einzelnen oder mehreren Mitgliedern des GBRs Aufgaben zur Vorbereitung für Plenumsentscheidungen übertragen werden.[155] 78

Für die Bestellung der Mitglieder weiterer Ausschüsse gibt es keine spezifischen Verfahrensregelungen, da Abs. 1 ausdrücklich nicht auf § 28 Abs. 1 Satz 2 verweist. Daraus folgt, dass **Bestellung wie Abberufung** nach der allgemeinen Regel des Abs. 3 Satz 1 **durch Mehrheitsbeschluss** erfolgen.[156] Im Übrigen ist die Bestellung durch Wahl zwingend. Diese kann nicht im Wege einer Telefon- oder Videokonferenz durchgeführt werden (Rn. 17a ff.). Die Festlegung 79

---

145 GK-*Franzen*, Rn. 38.
146 HWGNRH-*Glock*, Rn. 40.
147 Richardi-*Annuß*, Rn. 21.
148 *LAG München* 29.10.09 – 4 TaBV 62/09, LAGE § 98 ArbGG 1979 Nr. 55; ErfK/*Koch*, Rn. 5.
149 Hako-BetrVG-*Haase/Tautphäus*, Rn. 38.
150 MünchArbR/*Nebendahl*, § 300 Rn. 89.
151 HWGNRH-*Glock*, Rn. 53.
152 ErfK/*Koch*, Rn. 5.
153 So *Fitting*, Rn. 22; GK-*Franzen*, Rn. 47; Hako-BetrVG-*Haase/Tautphäus*, Rn. 15; Richardi-*Annuß*, Rn. 22.
154 GK-*Franzen*, Rn. 47; ErfK/*Koch*, Rn. 5.
155 GK-*Franzen*, Rn. 47.
156 *Fitting*, Rn. 24; GK-*Franzen*, Rn. 46; Hako-BetrVG-*Haase/Tautphäus*, Rn. 16; *Rennpferdt*, RdA 22 [29]; a. A. LKK-*Robrecht*, Rn. 8; *Klein*, Die Stellung der Minderheitsgewerkschaften in der Betriebsverfassung, S. 444; *Löwisch*, BB 01, 1734 [1745].

geborener Mitglieder durch Geschäftsordnung ist nicht zulässig.[157] Es können nur Mitglieder des GBRs gewählt werden.[158] Für die Amtszeit gelten dieselben Grundsätze wie beim Gesamtbetriebsausschuss (Rn. 70 ff.).

80 Weiteren Ausschüssen können bestimmte **Aufgaben übertragen** werden. Im Hinblick darauf, dass die Matrixorganisation eine Tendenz zur Zuständigkeitsverlagerung in Richtung auf den GBR entfaltet (vgl. § 50 Rn. 45), kann es sich etwa anbieten, spezifische Probleme der Matrixzellen in weiteren Ausschüssen gebündelt zu behandeln.[159] Zur selbstständigen Erledigung können aber nur dann Aufgaben übertragen werden, wenn ein Gesamtbetriebsausschuss gebildet wurde (Abs. 1 Satz 1 in Verbindung mit § 28 Abs. 1 Satz 3).[160] Im Übrigen können Aufgaben aber zur selbstständigen Erledigung auf GBRsmitglieder in gemeinsamen Ausschüssen, deren Mitglieder von GBR und AG benannt werden, nach § 51 Abs. 1 Satz 1 i. V. m. § 28 Abs. 2 übertragen werden.

81 GBVen können GBRsausschüsse nach Abs. 1 Satz 1 in Verbindung mit § 28 Abs. 1 Satz 3 und 27 Abs. 2 Satz 2 a. E. nicht schließen.

82 Für die Beschlussfassung gilt nach Abs. 4 in Verbindung mit § 33 Abs. 1, dass **jedes Mitglied nur eine Stimme** hat (vgl. auch für den Gesamtbetriebsausschuss Rn. 77).

IX. Streitigkeiten

83 Über Streitigkeiten in Fragen der **Organisation und Geschäftsführung** entscheidet das Arbeitsgericht im Beschlussverfahren gemäß § 2a Abs. 1 Nr. 1, 80 ff. ArbGG (zu den Grundsätzen Einleitung Rn. 203 ff.). Die örtliche Zuständigkeit hat gemäß § 82 Abs. 1 Satz 2 ArbGG das Arbeitsgericht, in dessen Bezirk das UN seinen Sitz hat.

84 Die Wahl von **Vorsitzendem und Stellvertreter** sowie die **Wahl der weiteren Mitglieder des Gesamtbetriebsausschusses** sowie deren Stellvertreter[161] sind als BRsinterne Wahlen analog § 19 anfechtbar innerhalb der zweiwöchigen Frist des § 19 Abs. 2 Satz 2.[162] Bis zur rechtskräftigen Entscheidung bleiben die Mitglieder im jeweiligen Amt, darauf beruhende Rechtshandlungen sind wirksam. Nur bei schwerwiegenden offensichtlichen Gesetzesverstößen sind entsprechende Wahlen von Anfang an nichtig.[163] Abweichend von § 19 Abs. 2 Satz 1, der ohnehin nicht unmittelbar anwendbar ist, ist jedes GBRsmitglied anfechtungsberechtigt.[164] Nicht anfechtungsberechtigt ist der AG[165], ebenso wenig die einzelnen BR.[166] Desgleichen ist eine jede im UN vertretene Gewerkschaft entsprechend § 19 Abs. 2 Satz 1 anfechtungsberechtigt. Die Gegenansicht beruft sich zu Unrecht darauf, dass die Gewerkschaft an der Herstellung der inneren Ordnung des GBRs nicht beteiligt sei.[167] Sie verkennt insoweit, dass auch Angelegenheiten des GBRs betriebliche Angelegenheiten sind, die die Stellung der Gewerkschaften nach § 2 betreffen (vgl. auch § 47 Rn. 146).

85 **Weitere Ausschüsse** des GBRs (Rn. 78 ff.) werden durch Mehrheitsbeschluss errichtet. Dementsprechend gelten nicht die Grundsätze über BRsinterne Wahlen.[168]

86 Über Streitigkeiten um **Arbeitsentgelt** oder **Freizeitausgleich** von GBRsmitgliedern, bei denen es sich um individualrechtliche Streitigkeiten handelt, entscheidet das Arbeitsgericht im Urteilsverfahren.[169] Die örtliche Zuständigkeit bestimmt sich gemäß § 48 Abs. 1a ArbGG nach dem gewöhnlichen Arbeitsort, was regelmäßig der Sitz des Betriebes ist.

---

157 Vgl. *BAG* 16.11.05 – 7 ABR 11/05, AP Nr. 7 zu § 28 BetrVG 1972.
158 HWGNRH-*Glock*, Rn. 55.
159 *Hürdler*, Zuständigkeitsverteilung, S. 379 ff.
160 *Fitting*, Rn. 23; GK-*Franzen*, Rn. 47; Hako-BetrVG-*Haase/Tautphäus*, Rn. 15; ErfK/*Koch*, Rn. 5.
161 *BAG* 21.7.04 – 7 ABR 62/03, AP Nr. 4 zu § 51 BetrVG 1972.
162 GK-*Franzen*, Rn. 90; HWGNRH-*Glock*, Rn. 73.
163 *BAG* 21.7.04 – 7 ABR 62/03, AP Nr. 4 zu § 51 BetrVG 1972.
164 *BAG* 21.7.04 – 7 ABR 62/03, AP Nr. 4 zu § 51 BetrVG 1972.
165 A. A. *Sibben*, NZA 95, 819 [821].
166 WPK-*Roloff*, Rn. 25.
167 So etwa GK-*Franzen*, Rn. 90; *Sibben*, NZA 95, 819 [821].
168 GK-*Franzen*, Rn. 89.
169 GK-*Franzen*, Rn. 88.

§ 52 Teilnahme der Gesamtschwerbehindertenvertretung

Die Gesamtschwerbehindertenvertretung (§ 180 Absatz 1 des Neunten Buches Sozialgesetzbuch) kann an allen Sitzungen des Gesamtbetriebsrats teilnehmen.

Inhaltsübersicht

I. Überblick

Es handelt sich um eine Entsprechung zu § 32, wonach die Schwerbehindertenvertretung an den Sitzungen des BRs teilnehmen kann. § 52 regelt entsprechend das **Teilnahmerecht der GSBV.** Dadurch soll eine Wahrnehmung der besonderen Belange schwerbehinderter Menschen auch im GBR sichergestellt werden.[1] Dieses Teilnahmerecht ergibt sich auch aus § 180 Abs. 7 SGB IX in Verbindung mit § 178 Abs. 4 SGB IX. Aus diesen Bestimmungen ergibt sich allerdings zusätzlich auch ein Teilnahmerecht der GSBV an den Sitzungen der Ausschüsse des GBRs. Eine Parallelbestimmung zu § 52 findet sich für den KBR in § 59a und für den Gesamtpersonalrat in § 56 mit §§ 54 Abs. 1 und 40 BPersVG. Im SprAuG gibt es keine entsprechende Regelung. 1

Die Regelung wurde **1972** in das BetrVG **eingefügt.** Seitherige Änderungen beruhten auf Änderungen des in Bezug genommenen Schwerbehindertenrechts, allerdings ohne substantielle Relevanz.[2] 2

Die Bestimmung ist **zwingend.** Von ihr kann weder durch Tarifvertrag noch durch BV abgewichen werden.[3] 3

II. Die GSBV

Die GSBV ist in § 180 SGB IX geregelt: 4

§ 180 Konzern-, Gesamt-, Bezirks- und Hauptschwerbehindertenvertretung
(1) [1]Ist für mehrere Betriebe eines AGs ein GBR oder für den Geschäftsbereich mehrerer Dienststellen ein Gesamtpersonalrat errichtet, wählen die Schwerbehindertenvertretungen der einzelnen Betriebe oder Dienststellen eine GSBV. [2]Ist eine Schwerbehindertenvertretung nur in einem der Betriebe oder in einer der Dienststellen gewählt, nimmt sie die Rechte und Pflichten der GSBV wahr.
(2)-(4) (…)
(5) Für jede Vertrauensperson, die nach den Absätzen 1 bis 4 neu zu wählen ist, wird wenigstens ein stellvertretendes Mitglied gewählt.
(6) [1]Die GSBV vertritt die Interessen der schwerbehinderten Menschen in Angelegenheiten, die das GesamtUN oder mehrere Betriebe oder Dienststellen des AGs betreffen und von den Schwerbehindertenvertretungen der einzelnen Betriebe oder Dienststellen nicht geregelt werden können, sowie die Interessen der schwerbehinderten Menschen, die in einem Betrieb oder einer Dienststelle tätig sind, für die eine Schwerbehindertenvertretung nicht gewählt ist; dies umfasst auch Verhandlungen und den Abschluss entsprechender Inklusionsvereinbarungen. [2](…)
(7) § 177 Absatz 3 bis 8, § 178 Absatz 1 Satz 4 und 5, Absatz 2, 4, 5 und 7 und § 179 gelten entsprechend, § 177 Absatz 5 mit der Maßgabe, dass die Wahl der Gesamt- und Bezirksschwerbehindertenvertretungen in der Zeit vom 1. Dezember bis 31 Januar, die der Konzern- und Hauptschwerbehindertenvertretungen in der Zeit vom 1. Februar bis 31. März stattfindet, § 177 Absatz 6

1 Reg.Begr., BT-Drs. VI/1786, S. 43.
2 Einzelheiten bei GK-*Franzen*, Rn. 2 f.
3 *Fitting*, Rn. 2; GK-*Franzen*, Rn. 4; HWGNRH-*Glock*, Rn. 2; Richardi/*Annuß*, Rn. 2; WPK-*Roloff*, Rn. 1.

mit der Maßgabe, dass bei den Wahlen zu überörtlichen Vertretungen der zweite Halbsatz des Satzes 3 nicht gilt.
(8) § 178 Absatz 6 gilt für die Durchführung von Versammlungen der Vertrauens- und der Bezirksvertrauenspersonen durch die Gesamt-, Bezirks- oder Hauptschwerbehindertenvertretung entsprechend.

5 Wenn für mehrere Betriebe des AGs ein GBR errichtet wurde, **wählen** die Schwerbehindertenvertretungen eine GSBV. Es muss tatsächlich ein GBR existieren, anderenfalls ist die Wahl einer GSBV nicht möglich.[4] Demgegenüber lässt der spätere Wegfall des GBRs die GSBV infolge der Regelung von § 180 Abs. 7 SGB IX in Verbindung mit § 177 Abs. 7 SGB IX nicht wegfallen (zum Ende der Amtszeit vgl. Rn. 11).[5] Wenn nur in einem Betrieb eine Schwerbehindertenvertretung gewählt ist, nimmt diese die Aufgaben der GSBV wahr. Die regelmäßigen Wahlen finden nach § 180 Abs. 7 SGB IX in Verbindung mit § 177 Abs. 5 SGB IX alle vier Jahre in der Zeit zwischen dem 1. Dezember und dem 31 Januar statt und schließen sich an die Wahlen der Schwerbehindertenvertretungen an.

6 Die Errichtung der GSBV ist bei Vorliegen der gesetzlichen Voraussetzungen **zwingend vorgeschrieben** und steht nicht zur Disposition der Schwerbehindertenvertretungen.[6]

7 Es wird eine **Vertrauensperson** gewählt und nach Abs. 5 wenigstens ein stellvertretendes Mitglied. Die Wahl erfolgt nach § 180 Abs. 7 SGB IX in Verbindung mit § 177 Abs. 6 Satz 1 SGB IX in geheimer und unmittelbarer Wahl nach den Grundsätzen der **Mehrheitswahl.**

8 Der **Stellvertreter** vertritt den Gesamtschwerbehindertenvertreter nach § 180 Abs. 5 SGB IX in Verbindung mit § 177 Abs. 1 Satz 1 SGB IX im Falle der Verhinderung und rückt gem. § 180 Abs. 7 SGB IX in Verbindung mit § 177 Abs. 7 Satz 4 SGB IX bei vorzeitigem Ausscheiden des Gesamtschwerbehindertenvertreters aus dem Amt nach.

9 Wahlberechtigt sind nur die Schwerbehindertenvertretungen der Betriebe des UNs. Wählbar sind nach § 180 Abs. 7 SGB IX in Verbindung mit § 177 Abs. 3 Satz 1 SGB IX alle nicht nur vorübergehend Beschäftigten, die das 18. Lebensjahr vollendet haben und seit sechs Monaten dem UN angehören. Eine Schwerbehinderung der zu wählenden Person ist gesetzlich nicht gefordert.[7] Nicht wählbar ist aber, wer gesetzlich keinem BR angehören kann, wie etwa leitende Angestellte.[8]

10 Die Vorschriften über **Wahlanfechtung, Wahlschutz und Wahlkosten,** die für die BRswahl maßgeblich sind, sind nach § 180 Abs. 7 SGB IX in Verbindung mit § 177 Abs. 6 Satz 2 SGB IX entsprechend anzuwenden.

11 Die **Amtszeit** dauert vier Jahre gemäß § 180 Abs. 7 SGB IX in Verbindung mit § 177 Abs. 7 SGB IX. Ein vorzeitiges Ende der Amtszeit ist in § 180 Abs. 7 SGB IX in Verbindung mit § 177 Abs. 7 Satz 3 SGB IX vorgesehen bei Niederlegung des Amtes, Ausscheiden aus dem Arbeitsverhältnis und Verlust der Wählbarkeit. Darüber hinaus kann der Widerspruchsausschuss bei dem Integrationsamt gemäß § 180 Abs. 7 SGB IX in Verbindung mit § 177 Abs. 7 Satz 5 SGB IX auf Antrag eines Viertels der wahlberechtigten schwerbehinderten Menschen das Erlöschen des Amtes wegen grober Pflichtverletzung beschließen.

12 Die GSBV ist ein **Organ der Betriebsverfassung** mit eigenen Rechten und Pflichten.[9] Sie ist nicht lediglich Organ oder Teil des GBRs.[10] Ihre Rechtsstellung entspricht der der Schwerbehindertenvertretung, wie aus der Verweisung aus § 180 Abs. 7 SGB IX folgt. Ebenso entspricht die persönliche Rechtsstellung ihrer Mitglieder nach § 180 Abs. 7 Satz 1 SGB IX in Verbindung mit § 179 SGB IX jener der Mitglieder der Schwerbehindertenvertretung.[11] Diese wiederum ist der der Mitglieder des BRs nachempfunden. Die Rechtsstellung als GSBV ist **nicht** mit jener als GBRsmitglied **unvereinbar.** Dementsprechend kann ein Gesamtschwerbehindertenvertreter

---

4 Vgl. GK-*Franzen*, Rn. 8.
5 GK-*Franzen*, Rn. 8.
6 GK-*Franzen*, Rn. 9.
7 Richardi-*Annuß*, Rn. 5.
8 *Fitting*, Rn. 6; GK-*Franzen*, Rn. 10.
9 *BAG* 21.9.89 – 1 AZR 465/88, AP Nr. 1 zu § 25 SchwbG 1986.
10 GK-*Franzen*, Rn. 17.
11 Dazu *Düwell*, BB 2001, 2581 f.

als Mitglied in den GBR entsandt werden, wie auch umgekehrt ein GBRsmitglied zur GSBV gewählt werden kann[12]. Demzufolge kommt es im einen wie im anderen Fall nicht zum Nachrücken eines Ersatzmitglieds bzw. Stellvertreters.

Die GSBV ist der Schwerbehindertenvertretung weder über- noch untergeordnet.[13] Ihr **Zuständigkeitsbereich** ist in § 180 Abs. 6 Satz 1 SGB IX ähnlich definiert wie der des GBRs (vgl. § 50): die GSBV ist zuständig zur Vertretung der Interessen der schwerbehinderten Menschen in Angelegenheiten, die mehrere Betriebe oder das GesamtUN betreffen und von den Schwerbehindertenvertretungen der einzelnen Betriebe nicht geregelt werden können. Außerdem erstreckt sich die Zuständigkeit auf Betriebe ohne Schwerbehindertenvertretung. Anders als dies hinsichtlich der Aufgaben des GBRs geregelt ist (vgl. § 50 Rn. 56), nimmt die GSBV auch die Aufgabe der örtlichen Schwerbehindertenvertretung wahr, wenn es in einem Betrieb keine solche gibt.[14] Sie kann aber wegen § 1 Abs. 2 Satz 2 SchwbVWO keinen Wahlvorstand zur Wahl der SBV für den vertretungslosen Betrieb bestellen.[15] Soweit die GSBV zuständig ist, schließt dies den Abschluss von Inklusionsvereinbarungen i. S. d. § 166 SGB IX ein (§ 180 Abs. 6 Satz 1 letzter Halbsatz SGB IX). Für die Zuständigkeitsabgrenzung gegenüber den Schwerbehindertenvertretungen der Einzelbetriebe gelten dieselben Grundsätze wie für die Zuständigkeitsabgrenzung zwischen örtlichem BR und GBR (§ 50 Rn. 12 ff.). Eine Auftragszuständigkeit wie nach § 50 Abs. 2 (§ 50 Rn. 118 ff.) kennt die Schwerbehindertenvertretung nicht. 13

Die Zuständigkeit der GSBV erstreckt sich auch dann **nicht auf Konzernangelegenheiten,** wenn es nur eine GSBV im Konzern gibt. Zwar ist in § 180 Abs. 1 Satz 2 SGB IX vorgesehen, dass eine Schwerbehindertenvertretung die Aufgaben der GSBV wahrnimmt, wenn es nur eine solche im UN gibt. An einer entsprechenden Regelung für die Konzernschwerbehindertenvertretung fehlt es in § 180 Abs. 2 SGB IX aber. Diese Lücke hat der Gesetzgeber nicht planwidrig hinterlassen, sodass sie nicht im Wege der Analogie zu § 180 Abs. 1 Satz 2 SGB IX geschlossen werden kann.[16] 14

Im Rahmen ihrer Zuständigkeit ist die GSBV nach § 180 Abs. 7 SGB IX in Verbindung mit § 178 Abs. 2 SGB IX in allen Angelegenheiten, die schwerbehinderte Menschen betreffen, **unverzüglich und umfassend zu unterrichten und** vor einer Entscheidung **anzuhören.** Die Entscheidung ist ihr unverzüglich mitzuteilen. Nach § 180 Abs. 7 SGB IX in Verbindung mit § 178 Abs. 2 Satz 2 SGB IX ist die Durchführung oder Vollziehung einer ohne ihre Beteiligung getroffenen Entscheidung auszusetzen und die Beteiligung innerhalb einer Woche nachzuholen. Erst dann erfolgt eine endgültige Entscheidung. Allerdings bewirkt die unterbliebene Beteiligung nicht die Unwirksamkeit der betreffenden Maßnahme (vgl. § 32 Rn. 3). 15

Die GSBV hat nach § 180 Abs. 7 SGB IX i. V. m. § 178 Abs. 5 SGB IX auch ein Recht zur Teilnahme an den **monatlichen Besprechungen,** die zwischen AG und GBR gem. § 51 Abs. 5 i. V. m. § 74 Abs. 1 stattfinden. Das gilt unabhängig davon, ob Angelegenheiten schwerbehinderter Menschen zu behandeln sind.[17] 16

Ein Rederecht auf der **Betriebsversammlung** hat die GSBV nicht. Das folgt daraus, dass § 180 Abs. 7 SGB IX nicht auf § 177 Abs. 8 SGB IX verweist.[18] 17

Die GSBV kann nach § 180 Abs. 8 SGB IX in Verbindung mit § 178 Abs. 6 SGB IX einmal pro Jahr eine **Versammlung der Vertrauensleute** durchführen. Die Versammlung entspricht funktional der durch den GBR einzuberufenden BRversammlung (s. § 53). Es gibt allerdings keine Verpflichtung der GSBV, eine solche Versammlung einzuberufen.[19] Eine Versammlung aller schwerbehinderten Menschen des UNs kann die GSBV allerdings nicht abhalten.[20] 18

12 GK-*Franzen*, Rn. 17.
13 GK-*Franzen*, Rn. 13.
14 GK-*Franzen*, Rn. 14.
15 *ArbG Stuttgart* 26.2.21 – 7 BVGa 1/21, jurisPR-ArbR 7/21, Anm. 9 (*Düwell*).
16 *BAG* 4.11.15 – 7 ABR 62/13, AP Nr. 3 zu § 97 SGB IX.
17 GK-*Franzen*, Rn. 21.
18 Vgl. *BAG* 11.9.13 – 7 ABR 18/11, AP Nr. 28 zu Art 56 ZA-Nato-Truppenstatut.
19 BT-Drs. 10/5701, S. 11; GK-*Franzen*, Rn. 13.
20 HWGNRH-*Glock*, Rn. 5.

III. Teilnahmerecht an Sitzungen

19 Die GSBV ist berechtigt, allerdings nicht verpflichtet (Rn. 22), an allen Sitzungen des GBRs **beratend teilzunehmen.** Das Teilnahmerecht besteht unabhängig davon, ob Fragen zu behandeln sind, die schwerbehinderte Menschen betreffen.[21] Im Falle der Verhinderung nimmt der Stellvertreter teil (vgl. § 32 Rn. 7). Mit Rücksicht auf dieses Teilnahmerecht besteht die Verpflichtung zur Einladung zu den Sitzungen des GBRs gemäß § 51 Abs. 2 Satz 3 in Verbindung mit § 29 Abs. 2 (vgl. § 51 Rn. 34). Allerdings hat das Versäumen der Einladung keinen Einfluss auf die Wirksamkeit gefasster Beschlüsse.[22]

20 Das Teilnahmerecht bezieht sich, wie sich aus § 180 Abs. 7 SGB IX in Verbindung mit § 178 Abs. 4 SGB IX ergibt, auch auf die **Sitzungen der Ausschüsse** des GBRs. Die Schwerbehindertenvertretung hat überdies das Recht, an den **Sitzungen des Wirtschaftsausschusses** beratend teilzunehmen.[23]

21 Die Einberufung von Sitzungen kann die GSBV nicht verlangen. Sie kann aber nach § 180 Abs. 7 SGB IX in Verbindung mit § 178 Abs. 4 Satz 1 2. HS SGB IX beantragen, dass Angelegenheiten, die schwerbehinderte Menschen als Einzelne oder als Gruppe besonders betreffen, auf die **Tagesordnung** der nächsten Sitzung gesetzt werden.

22 Die GSBV ist allerdings **nicht zur Teilnahme an Sitzungen verpflichtet.**[24] Die Teilnahme an Sitzungen kann aber, gerade wenn Fragen schwerbehinderter Menschen zu behandeln sind, zur ordnungsgemäßen Erfüllung des Amtes gehören, sodass die unterlassene Teilnahme eine grobe Pflichtverletzung darstellt und daher eine Amtsenthebung (Rn. 11) rechtfertigt.

23 Wenn die GSBV einen Beschluss des GBRs als erhebliche Beeinträchtigung wichtiger Interessen schwerbehinderter Menschen erachtet, wird der **Beschluss auf ihren Antrag für eine Woche ausgesetzt.** Während dieser Zeit ist nach § 180 Abs. 7 SGB IX in Verbindung mit § 178 Abs. 4 SGB IX und § 51 Abs. 1 in Verbindung mit § 35 eine Verständigung, gegebenenfalls mithilfe der im Betrieb vertretenen Gewerkschaften zu versuchen. Dasselbe gilt nach § 180 Abs. 7 SGB IX in Verbindung mit § 178 Abs. 2 Satz 2 SGB IX auch, wenn die Schwerbehindertenvertretung vom AG nicht ordentlich beteiligt wurde.

IV. Streitigkeiten

24 Über Streitigkeiten hinsichtlich der Teilnahme der GSBV an den Sitzungen des GBRs und seiner Ausschüsse entscheidet das Arbeitsgericht im **Beschlussverfahren** gemäß §§ 2a Abs. 1 Nr. 1, Nr. 3a, 80 ff. ArbGG (zu den Grundsätzen Einleitung Rn. 203 ff.).[25] Örtlich zuständig ist gemäß § 82 Abs. 1 Satz 2 ArbGG das Gericht, in dessen Bezirk der Sitz des UNs liegt.

25 Auch die **Anfechtung der Wahlen der GSBV** nach § 180 Abs. 7 SGB IX in Verbindung mit § 177 Abs. 6 Satz 2 SGB IX sowie § 19 erfolgt im Beschlussverfahren nach §§ 2a Abs. 1 Nr. 3a, 80 ff. ArbGG.

26 Das Arbeitsgericht entscheidet ebenfalls im Beschlussverfahren gemäß §§ 2a Abs. 1 Nr. 3a, 80 ff. ArbGG über Streitigkeiten hinsichtlich **Kosten** der GSBV gem. § 179 Abs. 8 SGB IX.[26] Ansprüche wegen Fortzahlung des Arbeitsentgelts sind hingegen im Urteilsverfahren nach § 2 Abs. 1 Nr. 3a ArbGG zu verfolgen.[27]

---

21 GK-*Franzen*, Rn. 18.

22 GK-*Franzen*, Rn. 18; WPK-*Roloff*, Rn. 5; HWK-*Hohenstatt/Dzida*, Rn. 2; NK-GA/*Bodem*, Rn. 1.

23 *BAG* 4.6.87 – 6 ABR 70/85, AP Nr. 2 zu § 22 SchwbG.

24 *Fitting*, Rn. 15.

25 *BAG* 21.9.89 – 1 AZR 465/88, AP Nr. 1 zu § 25 SchwbG 1986; Hako-BetrVG/*Düwell*, Rn. 18; HWGNRH-*Glock*, Rn. 8.

26 *BAG* 22.7.11 – 7 AZR 412/10, AP Nr. 2 zu § 96 SGB IX.

27 Richardi-*Annuß*, Rn. 12.

§ 53 Betriebsräteversammlung

(1) Mindestens einmal in jedem Kalenderjahr hat der Gesamtbetriebsrat die Vorsitzenden und die stellvertretenden Vorsitzenden der Betriebsräte sowie die weiteren Mitglieder der Betriebsausschüsse zu einer Versammlung einzuberufen. Zu dieser Versammlung kann der Betriebsrat abweichend von Satz 1 aus seiner Mitte andere Mitglieder entsenden, soweit dadurch die Gesamtzahl der sich für ihn nach Satz 1 ergebenden Teilnehmer nicht überschritten wird.

(2) In der Betriebsräteversammlung hat

1. der Gesamtbetriebsrat einen Tätigkeitsbericht,

2. der Unternehmer einen Bericht über das Personal- und Sozialwesen einschließlich des Stands der Gleichstellung von Frauen und Männern im Unternehmen, der Integration der im Unternehmen beschäftigten ausländischen Arbeitnehmer, über die wirtschaftliche Lage und Entwicklung des Unternehmens sowie über Fragen des Umweltschutzes im Unternehmen, soweit dadurch nicht Betriebs- und Geschäftsgeheimnisse gefährdet werden,

zu erstatten.

(3) Der Gesamtbetriebsrat kann die Betriebsräteversammlung in Form von Teilversammlungen durchführen. Im Übrigen gelten § 42 Abs. 1 Satz 1 zweiter Halbsatz und Satz 2, § 43 Abs. 2 Satz 1 und 2 sowie die §§ 45 und 46 entsprechend.

Inhaltsübersicht

I. Überblick

1 Die BRV ist eine funktionale Entsprechung zur Betriebsversammlung auf der Ebene des Betriebes. Sie wird als »**Parlament der BRe** des UNs« bezeichnet.[1] Sie fungiert als Bindeglied zwischen GBR und BRen und dient dem **Erfahrungs- und Gedankenaustausch.**[2]

2 Die BRV wurde erstmals durch das BetrVG 1972 eingeführt. Im Zuge des Betriebsverfassungsreformgesetzes (Einleitung Rn. 37 ff.) wurde die Berichtspflicht des UNs in Abs. 2 Nr. 2 entsprechend der erweiterten Aufgaben (Gleichstellung der Geschlechter, Integration ausländischer AN sowie betrieblicher Umweltschutz) ausgeweitet.

3 Die Bestimmung findet keine Entsprechung auf **Konzernebene.** Es gibt keine GBRversammlung. Ebenso wenig gibt es eine Versammlung der **JAVen** des UNs. Auf freiwilliger Basis kann Entsprechendes aber mit Zustimmung des AGs durchgeführt werden.[3] Die Regelung findet auch keine Entsprechungen im Rahmen der Personalvertretung. Auch gibt es keine Sprecherausschussversammlungen nach dem SprAuG.

4 Eine Versammlung der Bordvertretungen findet in der **Seeschifffahrt** nicht statt, vgl. § 116 Abs. 5.[4]

5 Die BRV dient der **Information** gegenüber den BRen. Zwar sind diese bereits über die entsendenden Mitglieder im GBR repräsentiert. In der BRV nehmen sie aber in größerer Zahl teil, wenngleich nicht sämtliche BRsmitglieder des UNs an der BRV teilnehmen. Die Information erfolgt insoweit auch **aus erster Hand,** als auch der UN über das Personal- und Sozialwesen im

---

1 Richardi-*Annuß*, Rn. 1; NK-GA/*Bodem*, Rn. 1; WPK-*Roloff*, Rn. 1; *Gamillscheg*, Kollektives Arbeitsrecht II, S. 672; *Brill*, AuR 79, 138 [139].

2 Reg.Begr., BT-Drs. VI/1786, S. 43; GK-*Franzen*, Rn. 3; HWGNRH-*Glock*, Rn. 1.

3 HWGNRH-*Glock*, Rn. 3.

4 *Fitting*, Rn. 3.

UN sowie die wirtschaftliche und soziale Lage des UNs zu berichten hat. Außerdem ist die BRV eine Institution des Gedankenaustausches der BRsmitglieder des UNs (Rn. 1) und soll damit auch einer stärkeren Bindung in der ANschaft dienen.[5]

6 Die Vorschrift ist **zwingender** Natur. Abweichungen durch Tarifvertrag oder BV sind nicht möglich.[6] Zulässig sind ergänzende BVen zwischen GBR und AG, die Einzelheiten zur Durchführung der BRV regeln.[7] Auch von den Regelungen über die Höchstzahl der Teilnehmer, die sich aus der Begrenzung auf BRsvorsitzende und deren Stellvertreter sowie die Mitglieder der Betriebsausschüsse, bei abweichendem, zahlenneutralem Entsendungsrecht der EinzelBRe, ergibt, kann weder durch Tarifvertrag noch durch BV abgewichen werden.[8] Gegen eine Abweichungsmöglichkeit spricht, dass es sich um Organisationsrecht handelt, dessen Austarierung durch eine andere Teilnehmerzahl verändert würde.

7 Eine BRV ohne GBR ist nicht denkbar. Dementsprechend fällt ein gemeinsames Treffen von BRen in **UN ohne GBR** nicht unter § 53. Soweit dennoch ein Erfahrungsaustausch zwischen BRen erforderlich ist, fallen solche Treffen unter §§ 37 Abs. 2, 40.[9]

II. Teilnehmer

8 Teilnehmer der BRV sind zunächst die **Mitglieder des GBRs.** Die Teilnahme ist für die Mitglieder Amtspflicht. Denn diese müssen auch zur Aussprache zur Verfügung stehen.[10] Im Verhinderungsfalle nehmen Ersatzmitglieder gemäß § 51 Abs. 1 Satz 1 in Verbindung mit § 25 Abs. 1 teil.

9 An der BRV nehmen ferner die **Vorsitzenden der BRe sowie deren Stellvertreter** teil.

10 Auch nehmen die weiteren **Mitglieder der Betriebsausschüsse** nach § 27 an der BRV teil. Gemeint sind damit nur die Mitglieder eines nach § 27 Abs. 1 fakultativ zu bildenden Betriebsausschusses. Mitglieder weiterer Ausschüsse nach § 28 sind danach nicht teilnahmeberechtigt.[11] Neben dem Wortlaut des Gesetzes spricht hierfür, dass die größenmäßige Abbildung der Belegschaft nach § 27 Abs. 1 i. V. m. § 9 nicht mehr gewährleistet wäre und zudem die Begrenzung der Teilnehmerzahl der BRV, die mit der Beschränkung auf die Mitglieder des Betriebsausschusses bezweckt ist, nicht zu erreichen wäre, da BRe nach Belieben weitere Ausschüsse gemäß § 28 bilden können.[12] Vor diesem Hintergrund kann die Teilnahmeberechtigung auch nur den Mitgliedern eines **gesetzlich vorgeschriebenen Betriebsausschusses** zustehen, nicht aber den Mitgliedern eines Betriebsausschusses, der nach § 27 gar nicht zu errichten war. In diesem Fall gilt dasselbe wie auch sonst bei Fehlen eines Betriebsausschusses: Teilnahmeberechtigt sind nur der BRsvorsitzende und sein Stellvertreter bzw. im Falle eines einköpfigen BRs nur dieser.[13]

11 Wenn ein Mitglied des Betriebsausschusses **verhindert** ist, nimmt nicht das Ersatzmitglied an der BRV teil. Die Ersatzmitgliedschaft betrifft nicht auch Sonderfunktionen. Vielmehr muss der BR nach Abs. 1 Satz 2 ein anderes Mitglied entsenden (Rn. 14).[14] Ein nicht endgültig nachgerücktes Ersatzmitglied kann nur entsandt werden, wenn sämtliche BRsmitglieder verhindert sind.[15]

12 Der BR kann allerdings statt der gesetzlich vorgesehenen Teilnehmer **andere Mitglieder** entsenden, solange die sich nach der gesetzlichen Grundregelung ergebende Zahl an Teilnehmern nicht überschritten wird. Die Entsendung anderer Mitglieder steht im pflichtgemäßen Er-

---

5 *Fitting*, Rn. 2; GK-*Franzen*, Rn. 1.
6 HWGNRH-*Glock*, Rn. 2; *Brill*, AuR 79, 138 [139].
7 GK-*Franzen*, Rn. 4; HWGNRH-*Glock*, Rn. 2; *Brill*, AuR 79, 138 [139].
8 *Fitting*, Rn. 4; GK-*Franzen*, Rn. 4; HWGNRH-*Glock*, Rn. 2; WPK-*Roloff*, Rn. 2; a. A. – ohne Begründung – DKW-*Trittin* (16. Aufl.), Rn. 3.
9 *Däubler*, Das Arbeitsrecht 1, Rn. 1148.
10 GK-*Franzen*, Rn. 47.
11 Richardi-*Annuß*, Rn. 4; *Brill*, AuR 79, 138 [139].
12 GK-*Franzen*, Rn. 9.
13 GK-*Franzen*, Rn. 10; LKK-*Robrecht*, Rn. 2; Richardi-*Annuß*, Rn. 4.
14 GK-*Franzen*, Rn. 47.
15 MünchArbR/*Nebendahl*, § 301 Rn. 7.

messen des BRs.[16] Sie erfolgt durch BRsbeschluss mit einfacher Stimmenmehrheit gemäß § 33 Abs. 1.[17] Fraglich ist, wem gegenüber der Beschluss zugehen muss, dem GBR oder dem zu entsendenden Mitglied. Mehr spricht dafür, dass der Beschluss dem Mitglied zugehen muss,[18] da dadurch dessen Rechtsstellung verändert wird. Der GBR ist aber zu informieren. Die Möglichkeit, andere Mitglieder zu entsenden, ist aber auf BRsmitglieder beschränkt. Der BR kann nicht andere AN des Betriebes oder UNs zur BRV schicken.[19] Für Ersatzmitglieder bedeutet dies, dass sie nur dann entsandt werden können, wenn ein Mitglied zeitweilig verhindert ist oder im Falle des endgültigen Nachrückens.[20] Dabei können sowohl der Vorsitzende als auch sein Stellvertreter ersetzt werden, aber auch die Mitglieder des Betriebsausschusses. Das gilt auch in Betrieben ohne Betriebsausschuss.[21] Allerdings darf die Entsendung nicht dazu führen, dass die Zahl der Teilnehmer an der Betriebsversammlung erhöht wird. Es handelt sich gewissermaßen um ein **Austauschrecht.** Keine Erhöhung bedeutet es allerdings, wenn ein gesetzlich zu entsendendes BRsmitglied ersetzt wird, das auch Mitglied des GBRs ist (vgl. sogleich Rn. 13).[22] Es können insgesamt nicht mehr Mitglieder entsandt werden, als die Höchstzahl der Mitglieder des Betriebsausschusses gemäß § 27 Abs. 1 Satz 2. Das Gebrauchmachen vom Austauschrecht steht im Ermessen des BRs. So kann es bedeutsam sein, insofern es den EinzelBRen die Möglichkeit verschafft, sachkundige Personen zu bestimmten Tagesordnungspunkten zu entsenden.[23]

Es ist auch möglich, Teilnehmer der BRV auszutauschen, wenn die betreffenden Personen **Mitglieder des GBRs** sind und in dieser Eigenschaft bereits an der BRV teilnehmen.[24] Das ermöglicht die Schaffung einer möglichst breiten Basis. **13**

Wenn ein Mitglied des Betriebsausschusses verhindert ist, nimmt nicht das Ersatzmitglied an der BRV teil (vgl. Rn. 11). Die Ersatzmitgliedschaft betrifft nicht auch Sonderfunktionen. Vielmehr sollte daher der BR von seinem Austauschrecht Gebrauch machen. **14**

Weiterhin ist die **Gesamtschwerbehindertenvertretung** zur Teilnahme berechtigt.[25] Auch wenn es diesbezüglich keine gesetzliche Klarstellung gibt, entspricht dies der Aufgabenstellung der Gesamtschwerbehindertenvertretung gemäß § 180 Abs. 6 Satz 1 SGB IX, die Interessen der schwerbehinderten Menschen in Angelegenheiten, die das GesamtUN oder mehrere Betriebe des AGs betreffen und von den Schwerbehindertenvertretungen der einzelnen Betriebe nicht geregelt werden können, zu vertreten. Zudem korrespondiert ein solches Teilnahmerecht mit dem Recht auf Teilnahme der Gesamtschwerbehindertenvertretung an den Sitzungen des GBRs gemäß § 52 sowie § 180 Abs. 7 SGB IX in Verbindung mit § 178 Abs. 4 Satz 1 SGB IX.[26] **15**

Keine Teilnahmerechte sind vorgesehen für die **GJAV und KJAV,** den **KBR,** den Wirtschaftsausschuss sowie ANvertreter im Aufsichtsrat.[27] Gleichwohl kann deren Zuziehung sinnvoll sein und ist auch zulässig.[28] Die mangelnde Öffentlichkeit der Sitzungen der BRV nach Abs. 3 Satz 2 in Verbindung mit § 42 Abs. 1 Satz 2 steht dem nicht entgegen. Durch die Einladung zur Teilnahme ohne entsprechendes institutionelles Teilnahmerecht wird eine Sitzung im Falle der Beteiligung dieser Kreise nicht zur öffentlichen Sitzung (vgl. Rn. 31). **16**

Teilnahmeberechtigt und -verpflichtet wegen seiner Berichtspflicht nach Abs. 2 Nr. 2 ist auch der **UN.** Er ist deshalb unter Mitteilung der Tagesordnung zu laden nach Abs. 3 Satz 2 in Verbindung mit § 43 Abs. 2 Satz 1. Wenn allerdings über die Mindestzahl von BRV von einem Mal pro Jahr hinaus BRVen abgehalten werden, ist der UN weder berechtigt noch verpflichtet, an **17**

---

16 *Brill*, AuR 79, 138 [140].
17 *Fitting*, Rn. 10.
18 So auch GK-*Franzen*, Rn. 15.
19 LKK-*Robrecht*, Rn. 2; *Brill*, AuR 79, 138 [140].
20 GK-*Franzen*, Rn. 12; HWGNRH-*Glock*, Rn. 6; Richardi-*Annuß*, Rn. 7; *Brill*, AuR 79, 138 [140].
21 Richardi-*Annuß*, Rn. 6.
22 *Fitting*, Rn. 8; GK-*Franzen*, Rn. 11; HWGNRH-*Glock*, Rn. 5; Richardi-*Annuß*, Rn. 8.
23 GK-*Franzen*, Rn. 11; HWGNRH-*Glock*, Rn. 5.
24 *Fitting*, Rn. 7.
25 GK-*Franzen*, Rn. 41; a. A. HWGNRH-*Glock*, Rn. 10; Richardi-*Annuß*, Rn. 11; MünchArbR/*Nebendahl*, § 301 Rn. 11.
26 *Fitting*, Rn. 14.
27 GK-*Franzen*, Rn. 42.
28 *Fitting*, Rn. 15.

diesen teilzunehmen.[29] Denn in diesen muss er nicht berichten (Rn. 32). Etwas anderes kann sich allerdings nach Lage des konkreten Einzelfalls mit Rücksicht auf den Grundsatz vertrauensvoller Zusammenarbeit gemäß § 2 Abs. 1 ergeben.[30] Desungeachtet ist der UN vorab unter Übersendung der Tagesordnung zu unterrichten. Ist der AG eine juristische Person, sind teilnahmeberechtigt sämtliche geschäftsführungs- und vertretungsbefugten Personen. Eine Teilnahmepflicht besteht jedenfalls für die ressortzuständigen Personen.[31] Die Teilnahmepflicht des UNs besteht aber nur für den Tagesordnungspunkt seiner Berichtspflicht.[32]

18 Im Übrigen kann der UN, wenn er an der BRV teilnimmt, nach Abs. 3 Satz 2 in Verbindung mit § 46 Abs. 1 Satz 2 einen **Beauftragten des AGverbandes** hinzuziehen. Dieser hat allerdings kein eigenes originäres Teilnahmerecht.[33] Er leitet dieses von der Hinzuziehung durch den UN ab. Weitere Personen kann der UN nicht von sich aus hinzuziehen, wenn der Teilnehmerkreis nicht mit Zustimmung des GBRs und der BRV erweitert wird (vgl. auch Rn. 41).[34]

19 Auch die Beauftragten der in einem Betrieb des UNs vertretenen **Gewerkschaften** sind nach Abs. 3 Satz 2 in Verbindung mit § 46 Abs. 1 Satz 1 beratend zur Teilnahme berechtigt. Das beschränkt sich nicht auf im GBR vertretene Gewerkschaften, sondern meint alle in irgendeinem Betrieb des UNs vertretenen Gewerkschaften.[35] Für eine Begrenzung des Teilnahmerechts bei Teilversammlungen (Abs. 3, vgl. Rn. 50) auf Gewerkschaften, die in den betroffenen Betrieben vertreten sind, gibt es keine Grundlage. Die Gewerkschaftsvertreter haben auf der BRV Rederecht.[36] Zur Einladung der im UN vertretenen Gewerkschaften s. Rn. 26.

III. Durchführung der BRV

1. Turnus

20 Die BRV muss gemäß Abs. 1 Satz 1 mindestens einmal im **Kalenderjahr** stattfinden. Das bedeutet aber nicht, dass häufigere BRVen nicht zulässig wären. Vielmehr heißt es im Wortlaut **»mindestens«.** Weitere BRVen sind danach zulässig. Sie können auch gegen den Willen des AGs stattfinden, wenn ihre Durchführung für die Tätigkeit des GBRs oder des BRs sachlich erforderlich ist.[37] Weitere Einschränkungen etwa in Richtung auf schwerwiegende Gründe[38] bei erheblicher Kostenlast des AGs,[39] sind gesetzlich nicht vorgesehen. Ob der GBR weitere BRVen für erforderlich halten durfte, unterliegt seinem gerichtlich nur eingeschränkt überprüfbaren Beurteilungsspielraum.[40] Mit Zustimmung des AGs können weitere BRVen auch losgelöst von der Frage der Erforderlichkeit stattfinden.[41]

2. Vorbereitung

21 Über die Durchführung der BRV und weiterer erforderlicher BRVen entscheidet der GBR durch **Beschluss.** Das betrifft namentlich den Zeitpunkt der BRV. BRVen müssen nicht im Jahresabstand voneinander stattfinden, sondern mindestens einmal in jedem Kalenderjahr. Der Abstand kann dadurch deutlich größer werden. Die Festsetzung des **Zeitpunktes** liegt

29 *Fitting*, Rn. 11.
30 GK-*Franzen*, Rn. 51; HWGNRH-*Glock*, Rn. 44.
31 GK-*Franzen*, Rn. 49.
32 Vgl. MünchArbR/*Nebendahl*, § 301 Rn. 9.
33 GK-*Franzen*, Rn. 54.
34 GK-*Franzen*, Rn. 52.
35 Richardi-*Annuß*, Rn. 10; WPK-*Roloff*, Rn. 11; NK-GA/*Bodem*, Rn. 2; *Gamillscheg*, Kollektives Arbeitsrecht II, S. 672; einschränkend auf die in den BRen vertretenen Gewerkschaften *Klein*, Die Stellung der Minderheitsgewerkschaften in der Betriebsverfassung, S. 445.
36 GK-*Franzen*, Rn. 53.
37 *Fitting*, Rn. 30; GK-*Franzen*, Rn. 27; Hako-BetrVG/*Haase/Tautphäus*, Rn. 4; HWGNRH-*Glock*, Rn. 23; Richardi-*Annuß*, Rn. 18; LKK-*Robrecht*, Rn. 1; MünchArbR/*Nebendahl*, § 301 Rn. 2.
38 *Brill*, AuR 79, 138 [141].
39 So etwa HWGNRH-*Glock*, Rn. 23; HWK-*Hohenstatt/Dzida*, Rn. 6.
40 *Fitting*, Rn. 30; HWGNRH-*Glock*, Rn. 24.
41 GK-*Franzen*, Rn. 27; HWK-*Hohenstatt/Dzida*, Rn. 6; *Brill*, AuR 79, 138 [141].

im pflichtgemäßen Ermessen des GBRs.[42] In dem Zusammenhang ergeben sich Grenzen bei der Festsetzung einmal im Hinblick auf die Abstände zwischen zwei BRVen (sehr enger oder sehr weiter Zeitraum), zum anderen auch im Hinblick auf die auf einer BRV zu behandelnden Themen. Bei der Festsetzung des Zeitpunktes ist darauf Rücksicht zu nehmen, dass die BRV grundsätzlich während der Arbeitszeit stattfinden soll (Rn. 28).[43] Es gibt keine bestimmte Ladungsfrist zu beachten. Allerdings bedarf es für die Einladung eines angemessenen Vorlaufs,[44] damit die Teilnehmer sich darauf einrichten können und BRe darüber entscheiden können, ob sie andere als die gesetzlichen Mitglieder entsenden möchten (Rn. 12 f.). Mit dem Beschluss muss auch der **Ort** der BRV festgelegt werden. Befristet bis 30. 6. 2021 war auch die Durchführung mittels audiovisueller Einrichtungen gem. § 129 Abs. 3 möglich. Eine entsprechende Regelung war erneut mit Wirkung vom 12. 12. 2021 befristet bis 19. 3. 2022 in § 129 Abs. 1 eingeführt worden.[45] Sie wurde nochmals befristet bis 7. 4. 2023 erneuert (Einl. Rn. 45d). Außerhalb des zeitlichen Anwendungsbereichs dieser Sonderregelung (s. dazu die Kommentierung zu § 129) müssen BRV wieder in Präsenz stattfinden (Rn. 27). Der GBR beschließt schließlich auch über die **Tagesordnung.** Die Berichte von GBR (Rn. 33) und AG (Rn. 20 ff.) sind dabei obligatorische Tagesordnungspunkte, zu denen weitere hinzutreten können (Rn. 46). Der GBR kann durch Beschluss die Tagesordnung später ergänzen. Eine Pflicht, bestimmte Tagesordnungspunkte aufzunehmen, besteht nicht. Denn eine diesbezüglich in § 43 Abs. 3 vorgesehene Pflicht ist mangels Verweisung aus § 53 Abs. 3 gerade nicht vorgesehen. Allerdings kann die BRV die Tagesordnung durch Aufnahme weiterer Punkte während der Versammlung im Wege des Mehrheitsbeschlusses ergänzen.[46] Die vom GBR beschlossene Tagesordnung ist nicht endgültig.[47]

Gleichzeitig oder zu einem späteren Zeitpunkt kann (und muss) über den Tätigkeitsbericht des GBRs Beschluss gefasst werden (dazu Rn. 33). **22**

Die Einberufung einer BRV kann nicht im Wege einer Art **Ersatzvornahme** durch andere betriebsverfassungsrechtliche Organe erfolgen.[48] Ferner kann auch der UN nicht erzwingen, dass eine BRV sattfindet.[49] Dasselbe gilt für die Gewerkschaften.[50] Auch gibt es keine durchsetzbaren Antragsrechte auf Anberaumung einer BRV.[51] Allerdings kann das beharrliche Unterlassen einer solchen eine grobe Pflichtverletzung darstellen, die den Ausschluss der Mitglieder aus dem GBR nach § 48 rechtfertigt.[52] Aus Vorstehendem ergibt sich auch, dass in UN, in denen ein **GBR nicht errichtet** wurde, keine BRV stattfinden kann.[53] **23**

Die Anberaumung der BRV bedarf **nicht der Zustimmung des AGs.** Ob der Grundsatz der vertrauensvollen Zusammenarbeit nach § 2 Abs. 1 anderes gebietet,[54] ist zweifelhaft. Freilich ist eine Terminierung ohne Absprache mit dem AG im Hinblick auf dessen Berichtspflicht (Rn. 17, 34 ff.), die dessen Anwesenheit voraussetzt, wenig sinnvoll. In jedem Falle ist der AG bzw. UN unter Mitteilung der Tagesordnung und, soweit ihn eine Berichtspflicht trifft (Rn. 32), Aufforderung zur Berichterstattung einzuladen. Auch wenn die Anwesenheit des UNs im Falle einer zusätzlichen BRV entbehrlich ist, muss ihm die Tagesordnung mitgeteilt werden.[55] **24**

---

42 GK- /*Franzen*, Rn. 29; Hako-BetrVG/*Haase/Tautphäus*, Rn. 10; Richardi-*Annuß*, Rn. 19.
43 GK-*Franzen*, Rn. 29.
44 GK-*Franzen*, Rn. 32; HWGNRH-*Glock*, Rn. 25; Richardi-*Annuß*, Rn. 26.
45 Art. 5 Gesetz zur Stärkung der Impfprävention gegen COVID-19 und zur Änderung weiterer Vorschriften im Zusammenhang mit der COVID-19-Pandemie v. 10. 12. 21, BGBl. I 5162.
46 GK-*Franzen*, Rn. 33; HWGNRH-*Glock*, Rn. 27; Richardi-*Annuß*, Rn. 27.
47 *Fitting*, Rn. 38.
48 HWGNRH-*Glock*, Rn. 31; *Brill*, AuR 79, 138 [142].
49 HWGNRH-*Glock*, Rn. 32.
50 Richardi-*Annuß*, Rn. 21, 38.
51 Richardi-*Annuß*, Rn. 22.
52 *Fitting*, Rn. 34; GK-*Franzen*, Rn. 37; HWGNRH-*Glock*, Rn. 33; Richardi-*Annuß*, Rn. 20; MünchArbR/*Nebendahl*, § 301 Rn. 2.
53 Vgl. GK-*Franzen*, Rn. 30.
54 So *Fitting*, Rn. 32; GK-*Franzen*, Rn. 29; HWGNRH-*Glock*, Rn. 24.
55 GK-*Franzen*, Rn. 34.

25 Die **Einladung** zur BRV erfolgt gemäß § 26 Abs. 2 Satz 2 gegenüber den Vorsitzenden der örtlichen BRe.[56] Die Einladung muss aber so rechtzeitig sein, dass eine sinnvolle Vorbereitung möglich bleibt (Rn. 21). Demgegenüber bedarf es keiner ausdrücklichen Einladung der einzelnen Teilnehmer.[57] Diese ist im Hinblick auf das Recht der BRe, andere Mitglieder nach Abs. 1 Satz 2 zu entsenden, auch gar nicht sinnvoll möglich. Vielmehr ist die Information der Teilnehmer Sache des örtlichen BRs.[58] Die Unterrichtung des teilnahmeberechtigten **Beauftragten der AGvereinigung** obliegt dem UN, falls er dessen Teilnahme wünscht.[59] Denn jener hat kein eigenes Teilnahmerecht, sondern sein Teilnahmerecht hängt insoweit davon ab, dass der AG dies wünscht (Rn. 18).

26 Jede in einem Betrieb des UNs vertretene **Gewerkschaft** ist von Zeitpunkt und Tagesordnung der BRV gemäß § 53 Abs. 3 Satz 2 in Verbindung mit § 46 Abs. 2 zu unterrichten.[60] Eine Einschränkung allein auf im GBR vertretene Gewerkschaften[61] ist im Gesetz ausdrücklich nicht vorgesehen[62] und auch nicht sinnvoll. Denn die BRV betrifft auch und gerade die Interessen der EinzelBRe und der durch diese vertretenen Belegschaften. Mitteilung des Termins und Übersendung der Tagesordnung sind auch nicht Selbstzweck, sondern sollen den im Betrieb vertretenen Gewerkschaften Vorbereitung und Teilnahme ermöglichen. Dann müssen auch alle materiell berechtigten Gewerkschaften insoweit in den Genuss der Bestimmung kommen. Insoweit ist es auch zumutbar, dass der GBR über die EinzelBRe erfragt, welche Gewerkschaften in den Betrieben vertreten sind.[63]

3. Ablauf und Gegenstände

27 Die BRV muss grundsätzlich in **Präsenz** stattfinden. Die infolge der Corona-Pandemie eingeführte befristete Möglichkeit der Durchführung als Videokonferenz nach § 129 Abs. 3 bzw. 1 (Rn. 21) bestätigt als Ausnahme diesen Grundsatz. Das findet eine zusätzliche Bestätigung darin, dass das Betriebsrätemodernisierungsgesetz (Einl. Rn. 45eff.) zwar die Möglichkeit der Durchführung von Betriebsratssitzungen und anderen Gremiensitzungen mittels Videokonferenztechnik eingeführt hat, § 53 indes unverändert geblieben ist, sodass die Durchführung der BRV nach den Vorstellungen des Gesetzgebers offenkundig in Präsenz stattfinden soll. Die BRV kann sich eine **Geschäftsordnung** geben. Durch diese kann aber nicht von § 53 sowie den darin durch Verweisung in Bezug genommenen zwingenden Regelungen abgewichen werden.[64] Die Geschäftsordnung kann aber ergänzende Regeln für die Durchführung der BRV vorsehen.

28 Die BRV findet **während der Arbeitszeit** statt.[65] Das folgt aus § 37 Abs. 2. Denn die Teilnahme an ihr ist für die BRsmitglieder Teil der Durchführung ihrer Aufgaben. Soweit die BRV für den einzelnen AN außerhalb der persönlichen Arbeitszeit stattfindet, besteht Anspruch auf Freizeitausgleich nach § 37 Abs. 3 Satz 1, sonst unter den Voraussetzungen des § 37 Abs. 3 Satz 3 auf Vergütung wie Mehrarbeit (vgl. § 37 Rn. 62 ff.).[66] Hiervon werden auch notwendige Reisezeiten, die aus betriebsbedingten Gründen außerhalb der Arbeitszeit durchgeführt werden müssen, erfasst.[67]

---

56 HWGNRH-*Glock*, Rn. 26.
57 GK-*Franzen*, Rn. 35; Richardi-*Annuß*, Rn. 25; *Brill*, AuR 79, 138 [142].
58 MünchArbR/*Nebendahl*, § 301 Rn. 5.
59 GK-*Franzen*, Rn. 36.
60 Einschränkend auf die in den BRen der Betriebe vertretenen Gewerkschaften GK-*Franzen*, Rn. 36; *Klein*, Die Stellung der Minderheitsgewerkschaften in der Betriebsverfassung, S. 445.
61 So HWGNRH-*Glock*, Rn. 30.
62 So auch i. E. Richardi-*Annuß*, Rn. 29.
63 Ähnlich *Fitting*, Rn. 13: in den BRen vertretene Gewerkschaften.
64 GK-*Franzen*, Rn. 40.
65 HWGNRH-*Glock*, Rn. 36; *Gamillscheg*, Kollektives Arbeitsrecht II, S. 672; MünchArbR/*Nebendahl*, § 301 Rn. 14.
66 GK-*Franzen*, Rn. 60.
67 *BAG* 11.7.78 – 6 AZR 387/75, AP Nr. 57 zu § 37 BetrVG 1972.

Der AG trägt sämtliche **Kosten** der BRV gemäß § 40.[68] Dies umfasst auch die erforderlichen Reise- und Übernachtungskosten für die Teilnehmer. Erforderliche **Sachmittel** wie insbesondere die Bereitstellung von Räumlichkeiten hat der AG zur Verfügung zu stellen. Das folgt aus § 40 Abs. 2 bzw. § 51 Abs. 1 Satz 1. 29

Die BRV wird vom Vorsitzenden des GBRs **geleitet** gemäß Abs. 3 Satz 2 in Verbindung mit § 42 Abs. 1 Satz 1 HS 2. Im Falle der Verhinderung wird sie vom stellvertretenden Vorsitzenden geleitet.[69] Die Befugnisse als Versammlungsleiter entsprechen denen des BRsvorsitzenden bei einer Betriebsversammlung (vgl. § 42 Rn. 21 f.). Eine abweichende Bestimmung ist weder dem GBR noch der BRV gestattet.[70] Wenn beide verhindert sind, beschließt der GBR darüber, wer die Versammlungsleitung übernimmt.[71] Der Versammlungsleiter ist Inhaber des Hausrechts.[72] 30

Die Versammlung ist **nicht öffentlich** (Abs. 3 Satz 2 in Verbindung mit § 42 Abs. 1 Satz 2). Insoweit sind Dritte nicht zur Teilnahme berechtigt (zum Kreis der Teilnahmeberechtigten Rn. 8 ff.). Dies zu gewährleisten ist Aufgabe des Versammlungsleiters (dazu Rn. 30). Auf Grundlage eines Beschlusses des GBRs konnen **Sachverständige und Gäste** eingeladen werden.[73] Sofern diese nicht ohnehin der Geheimhaltungspflicht nach § 79 unterliegen, sind sie auf die Geheimhaltungsbedürftigkeit von Betriebs- und Geschäftsgeheimnissen hinzuweisen.[74] Derartigen Gästen kann auch Rederecht gewährt werden. Die Einladung bedarf nicht der Zustimmung des AGs.[75] Ein Stimmrecht kann ihnen allerdings nicht eingeräumt werden.[76] Die Presse kann über den Verlauf der BRV vom Leiter unterrichtet werden, sofern die Geheimhaltungspflicht nach § 79 nicht entgegensteht.[77] 31

Die **Berichtspflichten** von UN und GBR sollen nach dem Gesetzeswortlaut in »der« BRV Platz greifen. Das bedeutet freilich nicht zwingend, dass dies nur für die mindestens **einmal jährlich** stattfindenden BRVen, nicht aber für weitere Versammlungen gilt.[78] Allerdings spricht die Frage der Effizienz bei häufigeren BRVen mehr für eine Berichtspflicht lediglich auf der obligatorischen BRV. 32

Der GBR erstattet auf der BRV gemäß Abs. 2 Nr. 1 einen **Tätigkeitsbericht.** Zu berichten ist insbesondere über die Ausübung von Beteiligungsrechten, den Abschluss von GBVen, Entsendungen in den KBR sowie Beauftragungen des KBRs mit Angelegenheiten des GBRs. Zu berichten ist weiter über die Mitwirkung im Wirtschaftsausschuss. Die Berichtspflicht beschränkt sich nicht auf Aspekte, die sämtliche Betriebe des UNs angehen, sondern im Hinblick auf die Zuständigkeit des Gesamtbetriebes bei einer überbetrieblichen Angelegenheit auch auf derartige Gegenstände. Der GBR **fasst Beschluss** über den Inhalt des Berichts gem. § 51 Abs. 3.[79] Denn es handelt sich um einen Tätigkeitsbericht des Gremiums als Ganzes. Die Beschlussfassung kann entweder die wesentlichen Gesichtspunkte betreffen oder auch einen abgestimmten Bericht. Wesentliche Änderungen und Ergänzungen bedürfen einer erneuten Beschlussfassung.[80] Der eigentliche Bericht erfolgt mündlich. Zuständig dafür ist regelmäßig der Vorsitzende gemäß § 51 Abs. 1 Satz 1 in Verbindung mit § 26 Abs. 2. Für den Tätigkeitsbericht gelten im Übrigen dieselben Grundsätze wie für den Tätigkeitsbericht des BRs auf der 33

---

68 *BAG* 29.4.98 – 7 ABR 42/97, AP Nr. 58 zu § 40 BetrVG 1972; HWGNRH-*Glock*, Rn. 37; Richardi-*Annuß*, Rn. 30.
69 GK-*Franzen*, Rn. 38; Richardi-*Annuß*, Rn. 31.
70 HWGNRH-*Glock*, Rn. 34; Richardi-*Annuß*, Rn. 31.
71 GK-*Franzen*, Rn. 38; Richardi-*Annuß*, Rn. 31.
72 Richardi-*Annuß*, Rn. 32.
73 Weitergehend fordert GK-*Franzen*, Rn. 43, ein allseitiges Einverständnis; insg. a.A. HWGNRH-*Glock*, Rn. 10.
74 GK-*Franzen*, Rn. 46.
75 NK-GA/*Bodem*, Rn. 2.
76 GK-*Franzen*, Rn. 44.
77 GK-*Franzen*, Rn. 45.
78 So GK-*Franzen*, Rn. 16; *Brill*, AuR 79, 138 [141] a.A. DKW-*Trittin* (16. Aufl.), Rn. 16; HWGNRH-*Glock*, Rn. 13.
79 HWGNRH-*Glock*, Rn. 14; Richardi-*Annuß*, Rn. 13; LKK-*Robrecht*, Rn. 3.
80 GK-*Franzen*, Rn. 19.

Betriebsversammlung gemäß § 43 (§ 43 Rn. 8 ff.). Auf Nachfrage sind Einzelheiten zu erläutern und ggf. zu vertiefen.[81]

34 Der **Bericht des UNs** nach Abs. 2 Nr. 2 bezieht sich auf das **Personal- und Sozialwesen** und die Integration ausländischer AN sowie Fragen der Gleichstellung der Geschlechter im UN. Letztgenenannte Aspekte ordnet der Gesetzgeber vor allem als Aufgabe des ganzen UNs, nicht nur der einzelnen Betriebe ein.[82] Anders als die Berichtspflicht nach § 43 Abs. 2 Satz 3 bezieht sich diese nicht auf den einzelnen Betrieb, sondern auf das UN insgesamt.

35 Der Bericht über das **Personalwesen** betrifft alle Aspekte, die das UN betreffen. Individuelle Maßnahmen sind davon nicht erfasst. Gegebenenfalls kommen aber auch betriebliche Maßnahmen in Betracht, soweit sie auf UNischen Grundsatzentscheidungen beruhen.[83]

36 Auch hinsichtlich des **Sozialwesens** bedarf es eines Bezugs zum UN als Ganzes durch Planung und Entscheidung. Insoweit können auch Sozialeinrichtungen von Einzelbetrieben Relevanz haben.[84]

37 Der Bericht erstreckt sich auch auf Fragen der **Gleichstellung** von Frauen und Männern. Das korrespondiert mit dem Gleichstellungsauftrag nach § 80 Abs. 1 Nr. 2a. Folgerichtig ist über den Stand der Gleichstellung zu berichten, und zwar insbesondere in Bezug auf Einstellung, Beschäftigung, Aus-, Fort- und Weiterbildung sowie den beruflichen Aufstieg. Der Bericht muss Ausgangssituation und Situation am Ende des Berichtszeitraums gegenüberstellen.[85]

38 Ferner wird in Abs. 2 Nr. 2 ausdrücklich klargestellt, dass der Bericht sich auf die **Integration** der im UN beschäftigten **ausländischen AN** erstrecken muss. Dies korrespondiert mit der Integrationsaufgabe in § 80 Abs. 1 Nr. 7.

39 Der UN muss weiterhin zur **wirtschaftlichen Lage und Entwicklung** des UNs berichten.

40 Dies bezieht sich kraft ausdrücklicher gesetzlicher Klarstellung auch auf Fragen des **Umweltschutzes** im UN. Gemeint ist damit der Umweltschutz, soweit er betriebsübergreifend das UN betrifft. Diese Verpflichtung korrespondiert mit der Aufgabe des BRs gemäß § 80 Abs. 1 Nr. 9, den betrieblichen Umweltschutz zu fördern, sowie mit dem Beteiligungsrecht des BRs beim betrieblichen Umweltschutz gemäß § 89.

41 Die Berichtspflicht trifft den **UN.** Er muss selber Bericht erstatten. Das ist die natürliche Person oder die vertretungsberechtigte Person einer juristischen Person (vgl. Rn. 17). Anders als beim Wirtschaftsausschuss (§ 108 Abs. 2 Satz 1) und als bei der Betriebsversammlung (§ 43 Abs. 2 Satz 3) ist nicht vorgesehen, dass der UN sich vertreten lässt. Eine **Delegation** auf andere ist damit **ausgeschlossen.**[86] Der UN kann sich auch nicht durch Hinzuziehung leitender Mitarbeiter unterstützen lassen,[87] weil ihm die eigenmächtige Erweiterung des Teilnehmerkreises untersagt ist (Rn. 18).

42 Der Bericht des UNs erfolgt **mündlich.** Es besteht kein Anspruch auf eine schriftliche Abfassung.[88] Der UN kann sich am schriftlichen Bericht über Lage und Entwicklung des UNs nach § 110 Abs. 1, soweit ein solcher besteht, orientieren. Zur Berichterstattung gehört auch die **Beantwortung von Fragen** zum Bericht.[89]

43 Die Berichtspflicht des UNs steht unter dem Vorbehalt der **Gefährdung von Betriebs- und Geschäftsgeheimnissen.** Allerdings ist dabei zu berücksichtigen, dass sämtliche gesetzlichen Teilnehmer der BRV der Verschwiegenheitspflicht gemäß § 79 unterliegen.[90] Insoweit ist von prinzipiell gesetzeskonformem Verhalten der Mitglieder der BRV auszugehen und ohne diesbezügliche Anhaltspunkte nicht zu unterstellen, dass die Geheimhaltungspflicht verletzt wird.

---

81 HWK-*Hohenstatt/Dzida*, Rn. 8.
82 Reg.Begr., BT-Drs. 14/5741, S. 43.
83 Vgl. GK-*Franzen*, Rn. 20.
84 GK-*Franzen*, Rn. 21.
85 *Fitting*, Rn. 21; a. A. HWGNRH-*Glock*, Rn. 16.
86 *HessLAG* 26.1.89 – 12 TaBV 147/88, DB 89, 1473; *Fitting*, Rn. 20; GK-*Franzen*, Rn. 50; HWGNRH-*Glock*, Rn. 46; LKK-*Robrecht*, Rn. 3; a. A. Richardi-*Annuß*, Rn. 36; *Brill*, AuR 79, 138 [143]; *Joost*, FS Zeuner, S. 67 [77 f.].
87 So aber HWGNRH-*Glock*, Rn. 46.
88 Hako-BetrVG/*Haase/Tautphäus*, Rn. 15.
89 *HessLAG* 26.1.89 – 12 TaBV 147/88, DB 89, 1473; *Fitting*, Rn. 26.
90 *Fitting*, Rn. 25; GK-*Franzen*, Rn. 23; *Brill*, AuR 79, 138 [144]; a. A. wohl Richardi-*Annuß*, Rn. 16.

44 Der UN kann sich im Übrigen nach Abs. 3 Satz 2 in Verbindung mit § 43 Abs. 2 Satz 2 **zu allen Tagungsordnungspunkten äußern.** Allerdings setzt das Rederecht die Erteilung des Wortes durch den Versammlungsleiter voraus.[91] An Abstimmungen kann der UN sich nicht beteiligen.[92]

45 Die Behandlung **weiterer Angelegenheiten** richtet sich gemäß Abs. 3 Satz 2 nach § 45. Die BRV kann daher alle Angelegenheiten unter Einschluss tarifpolitischer, sozialpolitischer, umweltpolitischer und wirtschaftlicher Art behandeln (vgl. § 45 Rn. 6ff.), die das UN oder seine AN unmittelbar betreffen. Dazu gehören auch Fragen der Vereinbarkeit von Familie und Erwerbstätigkeit, der Förderung der Gleichstellung von Frauen und Männern sowie der Integration der im Betrieb beschäftigten ausländischen AN. Angesichts des Umstandes, dass die BRV als »Parlament des Betriebes« dem Austausch der EinzelBRe mit dem GBR dient (Rn. 1), liegt es nahe, hier überbetriebliche Angelegenheiten zu behandeln. Dadurch wird aber nicht ausgeschlossen, dass auch Angelegenheiten, die ausschließlich einen Betrieb des UNs oder dessen AN betreffen, behandelt werden.[93] Denn auch diese betreffen das UN mit Rücksicht darauf, dass jeder einzelne Betrieb dem UNszweck dienen soll.[94]

46 Die vom GBR beschlossene **Tagesordnung** ist nicht endgültig. Vielmehr kann die BRV weitere Tagesordnungspunkte mit einfachem Mehrheitsbeschluss ergänzen (Rn. 21).[95]

47 Die BRV spricht sich zu den Berichten von GBR und UN aus. Sie kann ferner dem GBR Anträge unterbreiten und zu seinen Beschlüssen Stellung nehmen gemäß § 53 Abs. 3 Satz 2 in Verbindung mit § 45 Satz 2. Sie kann auch **Beschlüsse** fassen. Stimmberechtigt sind die BRsmitglieder als Teilnehmer der BRV sowie die GBRsmitglieder. Andere Teilnehmer an der BRV haben kein Stimmrecht, weil sie keine Mitglieder sind.[96] Jedes teilnehmende BRsmitglied hat eine Stimme.[97] Die Regeln über die Gewichtung der Stimmen nach § 47 Abs. 7ff. finden keine Anwendung.[98] Die Belegschaftsgröße bildet sich gleichwohl ein Stück weit im Gewicht der Stimmen ab, weil größere Belegschaften potenziell mit einer größeren Zahl von Teilnehmern vertreten sind (vgl. Rn. 10). Beschlussfähigkeit setzt analog § 33 Abs. 2 die Anwesenheit mindestens der Hälfte der gesetzlichen Mitglieder voraus. Beschlüsse werden mit einfacher Mehrheit gefasst gemäß § 51 Abs. 3 Satz 1. Eine besondere Form ist nicht vorgesehen und auch eine Protokollierung analog § 34 nicht erforderlich, jedoch sinnvoll.[99]

48 Die Beschlüsse der BRV können den GBR nicht binden.[100] Sie hat auch sonst keine rechtlichen Einflussmöglichkeiten auf die Behandlung von Angelegenheiten durch den GBR. Ihr stehen **keine Weisungsrechte** zu.[101] Die BRV kann aber gemäß Abs. 3 Satz 2 in Verbindung mit § 45 Satz 2 dem GBR Anträge unterbreiten und zu dessen Beschlüssen Stellung nehmen. Außerdem können die EinzelBRe mittelbar den Beschlüssen der BRV dadurch Gewicht verleihen, dass sie ihrerseits über ihr Entsendungs- und Abberufungsrecht Einfluss auf die Tätigkeit des GBRs ausüben können.[102]

49 Die BRV unterliegt nach Abs. 3 Satz 2 in Verbindung mit § 45 Satz 1 2. Halbsatz, 74 Abs. 2 dem **Verbot des Arbeitskampfes,** der parteipolitischen Betätigung und der Beeinträchtigung des **Betriebsfriedens** (§ 74 Rn. 16ff.).

---

91 HWGNRH-*Glock*, Rn. 45.
92 MünchArbR/*Nebendahl*, § 301 Rn. 9.
93 *Fitting*, Rn. 27.
94 GK-*Franzen*, Rn. 25.
95 *Fitting*, Rn. 38.
96 GK-*Franzen*, Rn. 56.
97 GK-*Franzen*, Rn. 57; HWGNRH-*Glock*, Rn. 35.
98 *Fitting*, Rn. 44; Richardi-*Annuß*, Rn. 39.
99 GK-*Franzen*, Rn. 58.
100 *Fitting*, Rn. 16; GK-*Franzen*, Rn. 55; HWGNRH-*Glock*, Rn. 22; LKK-*Robrecht*, Rn. 4; Richardi-*Annuß*, Rn. 39; MünchArbR/*Nebendahl*, § 301 Rn. 16.
101 *Gamillscheg*, Kollektives Arbeitsrecht II, S. 671.
102 GK-*Franzen*, Rn. 55.

IV. Teilversammlungen (Abs. 3 Satz 1)

50 Abs. 3 Satz 1 gestattet die Durchführung der BRV in Teilversammlungen. Die Zulässigkeit einer Teilversammlung hängt – anders als die Teilversammlung nach § 42 Abs. 1 Satz 3 – aber nicht davon ab, dass eine Vollversammlung wegen der Eigenart des Betriebes nicht möglich ist.[103] Da solche in der Regel nicht so gut geeignet sind, den Zweck einer BRV (Rn. 5) zu erfüllen, sollte dies die Ausnahme sein.[104] Für eine Teilversammlung kann sprechen, wenn die BRV angesichts der vorgesehenen Teilnehmerzahl keinen sinnvollen Gedankenaustausch mehr erwarten lässt. Letztlich entscheidet über diese Frage der GBR **nach pflichtgemäßem Ermessen.**[105] Der Zustimmung des AGs bedarf dies nicht. Möglich ist auch, neben einer Vollversammlung weitere erforderliche (vgl. Rn. 20) Teilversammlungen durchzuführen. An einer TeilBRV nehmen die Mitglieder des GBRs sowie Vorsitzende, Stellvertreter und Mitglieder der Betriebsausschüsse der betroffenen Betriebe teil.

V. Streitigkeiten

51 Über Streitigkeiten in Bezug auf die Durchführung der BRV entscheidet das Arbeitsgericht im **Beschlussverfahren** gemäß §§ 2a Abs. 1 Nr. 1, 80 ff. ArbGG (zu den Grundsätzen Einleitung Rn. 203 ff.). Das betrifft auch Streitigkeiten um Kostentragung oder über Bereitstellung von Sachmitteln.[106] Die örtliche Zuständigkeit richtet sich gemäß § 82 Abs. 1 Satz 2 ArbGG nach dem Sitz des UNs. Für Streitigkeiten zwischen einem EinzelBR oder dessen Mitglied und dem AG hinsichtlich des Rechts zur Teilnahme an der BRV ist das Arbeitsgericht gemäß § 82 Abs. 1 Satz 1 ArbGG zuständig, in dessen Bezirk der Betrieb liegt.

52 Über Ansprüche hinsichtlich der **Vergütung** für die Zeit der Teilnahme an der BRV (Rn. 28) ist im **Urteilsverfahren** gemäß § 2 Abs. 1 Nr. 3a ArbGG zu entscheiden.[107]

Sechster Abschnitt
Konzernbetriebsrat

Vor § 54 Einführung zum Konzernbetriebsrat

Inhaltsübersicht

I. Vorbemerkung

1 Die dritte Ebene der betrieblichen Mitbestimmung bildet der KBR, der neben BR und GBR steht. Damit hat der Gesetzgeber dem Umstand Rechnung getragen, dass zahlreiche Entschei-

103 HWGNRH-*Glock*, Rn. 39; a. A. (für analoge Anwendung von § 42 Abs. 1 Satz 3) WPK-*Roloff*, Rn. 6.
104 GK-*Franzen*, Rn. 28; vgl. Richardi-*Annuß*, Rn. 23.
105 GK-*Franzen*, Rn. 28; Hako-BetrVG/*Haase/Tautphäus*, Rn. 16.
106 HWGNRH-*Glock*, Rn. 47; Richardi-*Annuß*, Rn. 41.
107 GK-*Franzen*, Rn. 62; WPK-*Roloff*, Rn. 15.

dungen in Konzernen auf der Konzernebene getroffen werden, so dass es auch hier einer **Repräsentation aller im Konzern beschäftigten AN** bedarf.[1] Mitbestimmt soll dort werden, wo unternehmerische Leitungsmacht in personellen, sozialen und wirtschaftlichen Angelegenheiten konkret entfaltet und ausgeübt wird.[2] Mit der Errichtung des KBR wirkt der Gesetzgeber einer **Beeinträchtigung betriebsverfassungsrechtlicher Beteiligungsrechte infolge konzernspezifischer Entscheidungsstrukturen** und der dadurch eröffneten faktischen und rechtlichen Einflussmöglichkeiten des herrschenden Konzernunternehmens entgegen.[3] Die Tätigkeit der Konzernbetriebsräte besteht deshalb auch im **Einholen von Informationen unter Diskussion einzelner auch das mitbeherrschte Unternehmen betreffenden Themen,** von denen GBR bzw. BR des abhängigen Unternehmens abgeschnitten wären, wenn es keine Entsendungsmöglichkeit in den KBR gäbe.[4]

Wirtschaftlich stellt der Konzern **mehr** dar als nur die **Summe der einzelnen Konzernunternehmen,** er ist eine eigene Instanz mit Entscheidungsbefugnissen. Die Konzernleitung hat dementsprechend die Aufgabe, den Konzern insgesamt zu führen und dessen Existenz zu sichern, nicht jedoch jedes einzelne Konzernunternehmen zu leiten.[5] 2

Voraussetzung für die Errichtung eines KBR ist das **Vorliegen eines Konzerns.** Das BetrVG bestimmt nicht selbst, wann ein Konzern besteht und welche Unternehmen ihm angehören. § 54 I BetrVG verweist vielmehr auf § 18 I AktG. Es gilt deshalb **kein eigenständiger betriebsverfassungsrechtlicher Konzernbegriff.** Maßgeblich sind vielmehr die Regelungen des Aktiengesetzes.[6] Dort finden sich in **§§ 15 ff. AktG** die Regeln für verbundene UN (§ 15) zu denen auch die Konzernunternehmen (§ 18 AktG) gehören. 3

§ 15 AktG Verbundene Unternehmen
Verbundene Unternehmen sind rechtlich selbstständige Unternehmen, die im Verhältnis zueinander in Mehrheitsbesitz stehende Unternehmen und mit Mehrheit beteiligte Unternehmen (§ 16), abhängige und herrschende Unternehmen (§ 17), Konzernunternehmen (§ 18), wechselseitig beteiligte Unternehmen (§ 19) oder Vertragsteile eines Unternehmensvertrags (§§ 291, 292) sind.

§ 16 AktG In Mehrheitsbesitz stehende Unternehmen und mit Mehrheit beteiligte Unternehmen
(1) Gehört die Mehrheit der Anteile eines rechtlich selbstständigen Unternehmens einem anderen Unternehmen oder steht einem anderen Unternehmen die Mehrheit der Stimmrechte zu (Mehrheitsbeteiligung), so ist das Unternehmen ein in Mehrheitsbesitz stehendes Unternehmen, das andere Unternehmen ein an ihm mit Mehrheit beteiligtes Unternehmen.
(2) Welcher Teil der Anteile einem Unternehmen gehört, bestimmt sich bei Kapitalgesellschaften nach dem Verhältnis des Gesamtnennbetrags der ihm gehörenden Anteile zum Nennkapital, bei bergrechtlichen Gewerkschaften nach der Zahl der Kuxe. Eigene Anteile sind bei Kapitalgesellschaften vom Nennkapital, bei bergrechtlichen Gewerkschaften von der Zahl der Kuxe abzusetzen. Eigenen Anteilen des Unternehmens stehen Anteile gleich, die einem anderen für Rechnung des Unternehmens gehören.
(3) Welcher Teil der Stimmrechte einem Unternehmen zusteht, bestimmt sich nach dem Verhältnis der Zahl der Stimmrechte, die es aus den ihm gehörenden Anteilen ausüben kann, zur Gesamtzahl aller Stimmrechte. Von der Gesamtzahl aller Stimmrechte sind die Stimmrechte aus eigenen Anteilen sowie aus Anteilen, die nach Absatz 2 Satz 3 eigenen Anteilen gleichstehen, abzusetzen.
(4) Als Anteile, die einem Unternehmen gehören, gelten auch die Anteile, die einem von ihm abhängigen Unternehmen oder einem anderen für Rechnung des Unternehmens oder eines von diesem abhängigen Unternehmens gehören und, wenn der Inhaber des Unternehmens ein Einzelkaufmann ist, auch die Anteile, die sonstiges Vermögen des Inhabers sind.

---

1 *Fitting,* § 54 Rn. 1; HWGNRH-*Glock,* § 54 Rn. 1; GK-*Franzen,* § 54 Rn. 8; Richardi-*Annuß,* Vor § 54 Rn. 1.
2 *BAG* 14.2.07 – 7 ABR 26/06, Rn. 63; 27.10.10 – 7 ABR 85/09, Rn. 35; 23.5.18 – 7 ABR 60/16, Rn. 21.
3 *BAG* 12.11.97 – 7 ABR 78/96 – AP BetrVG 1972 § 58 Nr. 2; 13.10.04 – 7 ABR 56/03, BAGE 112, 166–179, Rn. 41.
4 *BAG* 30.10.86 – 6 ABR 19/85; *LAG Berlin-Brandenburg* 5.7.18 – 10 TaBV 1537/17.
5 Vgl. *Wiedemann,* § 2 I 4; § 6 IV 2a.
6 *BAG* 27.10.10 – 7 ABR 85/09; 16.5.07 – 7 ABR 63/06; 14.2.07 – 7 ABR 26/06; 9.2.11 – 7 ABR 11/10.

§ 17 AktG Abhängige und herrschende Unternehmen
(1) Abhängige Unternehmen sind rechtlich selbstständige Unternehmen, auf die ein anderes Unternehmen (herrschendes Unternehmen) unmittelbar oder mittelbar einen beherrschenden Einfluss ausüben kann.
(2) Von einem in Mehrheitsbesitz stehenden Unternehmen wird vermutet, dass es von dem an ihm mit Mehrheit beteiligten Unternehmen abhängig ist.

§ 18 AktG Konzern und Konzernunternehmen
(1) Sind ein herrschendes und ein oder mehrere abhängige Unternehmen unter der einheitlichen Leitung des herrschenden Unternehmens zusammengefasst, so bilden sie einen Konzern; die einzelnen Unternehmen sind Konzernunternehmen. Unternehmen, zwischen denen ein Beherrschungsvertrag (§ 291) besteht oder von denen das eine in das andere eingegliedert ist (§ 319), sind als unter einheitlicher Leitung zusammengefasst anzusehen. Von einem abhängigen Unternehmen wird vermutet, dass es mit dem herrschenden Unternehmen einen Konzern bildet.
(2) Sind rechtlich selbstständige Unternehmen, ohne dass das eine Unternehmen von dem anderen abhängig ist, unter einheitlicher Leitung zusammengefasst, so bilden sie auch einen Konzern; die einzelnen Unternehmen sind Konzernunternehmen.

§ 19 AktG Wechselseitig beteiligte Unternehmen
(1) Wechselseitig beteiligte Unternehmen sind Unternehmen mit Sitz im Inland in der Rechtsform einer Kapitalgesellschaft oder bergrechtlichen Gewerkschaft, die dadurch verbunden sind, dass jedem Unternehmen mehr als der vierte Teil der Anteile des anderen Unternehmens gehört. Für die Feststellung, ob einem Unternehmen mehr als der vierte Teil der Anteile des anderen Unternehmens gehört, gilt § 16 Abs. 2 Satz 1, Abs. 4.

II. Konzernbegriff

4 Nach den maßgeblichen aktienrechtlichen Regeln (s. Rn. 3) kann ein KBR nur in einem sog. **Unterordnungskonzern** errichtet werden. Nach § 18 Abs. 1 Satz 1 AktG bilden ein **herrschendes** und ein oder **mehrere abhängige Unternehmen** einen sog. Unterordnungskonzern, wenn sie unter der **einheitlichen Leitung** des herrschenden UN zusammengefasst sind. Von einem abhängigen UN wird nach § 18 Abs. 1 Satz 3 AktG vermutet, dass es mit dem herrschenden UN einen Konzern bildet.

1. Rechtsform der verbundenen UN

5 Die **Rechtsform** der verbundenen UN ist **unerheblich:** Der Konzernbegriff und somit die Errichtung eines KBR ist nicht auf den Zusammenschluss von Aktiengesellschaften beschränkt, der Unternehmensbegriff wird in §§ 15 ff. AktG rechtsformneutral verwendet.[7] Die einzelnen UN können **auch in Form der Personengesellschaft** geführt werden – also OHG, KG, GbR – oder als **GmbH** sowie durch **Einzelkaufleute,** also natürliche Personen.[8] Eine von den Kommanditisten wirksam gegründete GbR nach § 705 BGB kann herrschendes Konzernunternehmen i. S. d. §§ 17 Abs. 1, 18 Abs. 1 Satz 1 AktG sein.[9]

6 Ein UN im konzernrechtlichen Sinn kann auch der **Staat** oder eine **öffentlich-rechtliche Körperschaft, Anstalt oder Stiftung** sein.[10] Im Falle von **Mischkonzernen des öffentlichen und privaten Rechts** schließt **§ 130** die Gründung eines KBR nur für öffentlich-rechtlich organisierte Unternehmen aus; für beherrschte Unternehmen, die privatrechtlich organisiert sind,

7 *BAG* 9.2.11 – 7 ABR 11/10; *BAG* 11.2.15 – 7 ABR 98/12; *Fitting*, § 54 Rn. 11; GK-BetrVG-*Franzen*, Rn. 22.
8 *BAG* 13.10.04 – 7 ABR 56/03; 16.5.07 – 7 ABR 63/06; 23.8.06 – 7 ABR 51/05; HWGNRH-*Glock*, § 54 Rn. 10; *Fitting*, § 54 Rn. 11; GK-*Franzen*, § 54 Rn. 22; Richardi-*Annuß*, § 54 Rn. 6.
9 *LAG Köln*, 16.9.20 – 3 TaBV 18/20, juris; *Schulze*, jurisPR-ArbR 14/2021 Anm. 5.
10 Z.B. die Bundesrepublik Deutschland: *BGH* 13.10.77, BGHZ 69, 334 (338 ff.); Richardi-*Annuß*, § 54 Rn. 7.

kann jedoch ein KBR gegründet werden.[11] Beispielsweise also für privatrechtlich organisierte Kliniken, die allesamt unter Leitung eines Landkreises als Körperschaft des öffentlichen Rechts stehen.[12] Die Geltung von § 54 für einen öffentlich-privatrechtlichen Mischkonzern mit einem **Landkreis als Konzernspitze** stellt keinen Eingriff in die ausschließliche Gesetzgebungskompetenz der Länder für das Personalvertretungsrecht des öffentlichen Dienstes der Länder und Kommunen dar. Da der KBR nur für den privatrechtlich organisierten Teil des Konzerns errichtet wird und zuständig ist, ist das Personalvertretungsrecht gar nicht tangiert.[13]

2. Einheitliche Leitung

Es bedarf einer einheitlichen Leitung der oder des abhängigen Unternehmens durch das herrschende, § 18 Abs. 1 S. 1 AktG. Dadurch tritt das Merkmal der Abhängigkeit (s. Rn. 8 ff.) in den Vordergrund.[14] Hierzu muss eine **einheitliche Leitungsmacht tatsächlich ausgeübt** werden.[15] Darauf, wie diese Leitung ausgeübt wird, kommt es nicht an, es bedarf aber einer Steuerung der Geschäftspolitik in wesentlichen Bereichen durch das beherrschende UN.[16] Eine umfassende Leitung der abhängigen Gesellschaft ist nicht erforderlich.[17] Deshalb kann das Kriterium **auch bei Matrixstrukturen** (dazu Rn. 30 ff.) erfüllt sein. 7

3. Abhängigkeit des beherrschten UN

§ 17 AktG setzt ein Beherrschungsverhältnis eines UN gegenüber den anderen verbundenen UN voraus. Nach § 17 Abs. 1 AktG sind abhängige UN rechtlich selbständige UN, auf die ein anderes Unternehmen (herrschendes Unternehmen) **unmittelbar oder mittelbar beherrschenden Einfluss** ausüben kann. Nach § 17 Abs. 2 AktG wird von einem in Mehrheitsbesitz stehenden Unternehmen vermutet, dass es von dem an ihm mit Mehrheit beteiligten UN abhängig ist. Gehört die Mehrheit der Anteile eines rechtlich selbständigen UN einem anderen UN, handelt es sich nach § 16 Abs. 1 AktG um ein in Mehrheitsbesitz stehendes Unternehmen.[18] 8

Als Mittel der Beherrschung kommen auch z. B. **Stimm- und Entsenderechte** infrage. Im Falle eines **Beherrschungsvertrages** gem. § 291 AktG wird die unwiderlegliche Konzernvermutung des § 18 Abs. 1 S. 2 AktG ausgelöst. Zwar lässt sich aus der Vermutungsregel des § 17 Abs. 2 AktG ableiten, dass die Beteiligung des herrschenden UN an der abhängigen Gesellschaft im Vordergrund steht. Dadurch werden jedoch **andere Herrschaftsgrundlagen** nicht ausgeschlossen.[19] Wenn die Einflussmöglichkeit **gesellschaftsrechtlich bedingt oder zumindest vermittelt** ist, liegt die erforderliche Abhängigkeit jedenfalls vor.[20] (Zur wirtschaftlichen Abhängigkeit aufgrund schuldrechtlicher Verträge siehe Rn. 10.) Es kommt nicht darauf an, dass die Beherrschung tatsächlich ausgeübt wird. Vielmehr genügt schon die hierfür bestehende **Möglichkeit,** was aus der Sicht des abhängigen UN zu beurteilen ist.[21] 9

Die Abhängigkeit muss **nicht in allen Geschäftsbereichen** ausgeübt werden, jedoch **in den zentralen,** wie z. B. Finanzen, Produktion, Organisation, Personalwesen, Vertrieb, Einkauf oder Forschung und Entwicklung vorliegt.[22] Soweit die Einflussmöglichkeiten gesichert sind und nicht nur zufällig, kommt es auf die **Dauer** der Einflussnahme nicht an.[23] 10

---

11 *BAG* 27.20.10 – 7 ABR 85/09; 26.8.20 – 7 ABR 24/18, AP Nr. 21 zu § 54 BetrVG 1972; *Fitting*, § 54 Rn. 12; HK-BetrVG-*Schulze*, § 54 Rn. 26; Richardi-*Annuß*, § 54 Rn. 6.
12 *LAG Hamm* 4.5.18 – 13 TaBV 76/16.
13 *BAG* 26.8.20 – 7 ABR 24/18, AP Nr. 21 zu § 54 BetrVG 1972.
14 Richardi-*Annuß*, § 54 Rn. 4.
15 *BAG* 9.2.11 – 7 ABR 11/10, Rn. 27 bis 31.
16 *Fitting*, § 54 Rn. 20.
17 *BAG* 25.1.95 – 7 ABN 41/94, AuR 95, 379; *BayObLG* 24.3.98, NZA 98, 956; *OLG Düsseldorf* DB 79, 699; *LG Stuttgart* AG 89, 445.
18 *BAG* 9.2.11 – 7 ABR 11/10.
19 HK-BetrVG-*Schulze*, § 54 Rn. 8; *Fitting*, § 54 Rn. 14.
20 *BAG* 13.10.04 – 7 ABR 56/03.
21 *BGH* DB 74, 767; BGHZ 74, 359 [367]; 16.2.81, DB 81, 931; *BAG* 30.10.86, AG 88, 106.
22 *BAG* 16.8.95 – 7 ABR 57/94; *Fitting*, § 54 Rn. 8; ErfK-*Koch*, § 54 Rn. 3.
23 *OLG Köln* 2.5.90, AG 91, 140.

11 Ein sog. **faktischer Unterordnungskonzern** liegt vor, wenn sich die Beherrschung des abhängigen UN nicht aus einem Beherrschungsvertrag ergibt oder aufgrund einer Eingliederung erfolgt, sondern durch andere Mittel gesichert wird.[24] Haftungsrechtlich – ohne Relevanz für das BetrVG – wird in § 311 ff. AktG zwischen qualifiziert faktischem und einfach faktischem Konzern unterschieden.

12 Nicht erfasst werden sog. **Gleichordnungskonzerne,** bei denen rechtlich selbständige UN unter einheitlicher Leitung zusammengefasst sind, jedoch das eine Unternehmen nicht von dem anderen abhängig ist (§ 18 Abs. 2 AktG). Für Gleichordnungskonzerne kann kein Konzernbetriebsrat gebildet werden.[25]

13 Das *BAG* hat bisher offengelassen, ob **andere als gesellschaftsrechtlich vermittelte Abhängigkeiten** das Vorliegen eines Konzerns i. S. v. § 54 Abs. 1 BetrVG begründen können.[26] Dies wird wegen möglicher Rechtsunsicherheiten kritisch gesehen, wobei aber die Notwendigkeit aufgrund des Erfordernisses effektiver Mitbestimmung durchaus anerkannt wird.[27] Nach Ansicht des *BAG* müsste jedenfalls die anderweitig begründete Abhängigkeit mit der gesellschaftsrechtlich vermittelten zumindest gleichwertig sein. Das herrschende UN müsse über die **rechtlich verstetigte Möglichkeit** verfügen, grundsätzlich alle unternehmensrelevanten Entscheidungen des abhängigen UN zu steuern. Die Möglichkeit, Teilbereiche des anderen UN zu beeinflussen, sei in diesem Fall ebenso wenig ausreichend wie die Möglichkeit, vorübergehend auftretende Schwierigkeiten des anderen UN zur Einflussnahme auf dieses zu nutzen.[28]

14 **Schuldrechtliche Vertragsbeziehungen** können nach richtiger Auffassung eine solche der Mehrheitsbeteiligung vergleichbare Herrschaft begründen.[29] Der *BGH* hat zwar entschieden, dass es zumindest einer **gesellschaftsrechtlich vermittelten Abhängigkeit** bedarf, da die Berücksichtigung rein wirtschaftlicher Abhängigkeiten, die allein durch externe Austauschbeziehungen (wie etwa durch Liefer-, Lizenz- oder Kreditverträge) bei der Vielzahl und Vielfalt möglicher wirtschaftlicher Abhängigkeiten tief und in kaum mehr zu übersehendem Ausmaß in das Marktgeschehen eingreifen würde.[30] Allerdings war in dem vom *BGH* entschiedenen Fall – in dem es um die mögliche Abhängigkeit aufgrund von existentiellen Kreditbeziehungen ging – ein Einfluss auf die Geschäftspolitik des womöglich abhängigen UN durch den Kreditgeber nicht ausreichend vorgetragen worden. Zudem hat der *BGH* den spezifisch aktienrechtlichen Zusammenhang betont, was auch das *BAG* zur Kenntnis nimmt.[31]

4. Vermutungsregeln

15 Nach **§ 17 Abs. 2 AktG** wird gesetzlich **vermutet,** dass bei Bestehen einer Mehrheitsbeteiligung gem. § 16 Abs. 1 AktG das im **Mehrheitsbesitz stehende UN abhängig** ist. Sobald § 17 Abs. 2 AktG eingreift, wird die weitere Vermutung nach **§ 18 Abs. 1 Satz 3 AktG** ausgelöst. Demnach wird von einem abhängigen UN vermutet, dass es mit dem herrschenden UN einen Konzern bildet.

16 Die Vermutung gem. § 17 Abs. 2 AktG ist **widerlegbar,** was allerdings sehr schwierig ist.[32] Hierfür bedarf es des Nachweises, dass in einer Gesamtschau trotz einer beherrschenden Einflussmöglichkeit **tatsächlich keine einheitliche Leitung ausgeübt** wird. Hierzu ist für alle wesentlichen Bereiche der Unternehmenspolitik nachzuweisen, dass bei einer Gesamtschau die **erforderlichen Entscheidungen ohne beherrschende Einflussnahme der Mehrheitsgesell-**

---

24 *Fitting*, § 54 Rn. 25; Basiskomm. BetrVG, § 54 Rn. 1; HK-BetrVG-*Schulze*, § 54 Rn. 6; Richardi-*Annuß*, § 54 Rn. 26.

25 *BAG* 22. 11. 95 – 7 ABR 9/95; 23. 8. 06 – 7 ABR 51/05; 14. 2. 07 – 7 ABR 26/06; *Fitting*, § 54 Rn. 9; GK-*Franzen*, § 54 Rn. 8; HWGNRH-*Glock*, § 54 Rn. 9; Richardi-*Annuß*, § 54 Rn. 3.

26 *BAG* 9. 2. 11 – 7 ABR 11/10; 11. 2. 15 – 7 ABR 98/12.

27 *Fitting*, § 54 Rn. 26.

28 *BAG* 9. 2. 11 – 7 ABR 11/10, Rn. 31; 11. 2. 15 – 7 ABR 98/12, Rn. 26.

29 *Köstler/Müller/Sick*, Rn. 236 f.; *Däubler*, CR 88, 834 ff.; *Nagel*, DB 88, 2291; ders., AuR 90, 205, 206; *Nagel/Riess/Theis*, DB 89, 1505 ff.; *Wagner*, AuR 90, 245, 252.

30 *BGH* 26. 3. 84, NJW 84, 1893, 1896 f.

31 *BAG* 9. 2. 11 – 7 ABR 11/10, Rn. 27.

32 Vgl. *BAG* 16. 8. 95 – 7 ABR 57/94.

schaft getroffen werden. Dabei kommen zur Widerlegung eines beherrschenden Einflusses insbesondere Satzungsregelungen, eine Stimmrechtsbeschränkung oder ein Entherrschungsvertrag in Betracht.[33]

III. Besondere Fälle

1. Konzern im Konzern

Mitbestimmung soll dort wahrgenommen werden, wo unternehmerische Leitungsmacht in personellen, sozialen und wirtschaftlichen Angelegenheiten konkret entfaltet und ausgeübt wird (s. Rn. 1). Innerhalb eines mehrstufigen Konzerns kann deshalb ein **»Konzern im Konzern«** bestehen, wenn das herrschende Unternehmen (»Mutter«) von seiner Leitungsmacht zwar in wesentlichem Umfang, aber doch nur teilweise (etwa als Richtlinienkompetenz) Gebrauch macht und einem **abhängigen Unternehmen (»Tochter«) noch wesentliche Leitungsaufgaben zur eigenständigen Ausübung gegenüber den diesem nachgeordneten Unternehmen (»Enkel«) verbleiben.**[34] Wenn die Tochtergesellschaft als Spitze des Unterkonzerns über einen wesentlichen Entscheidungsspielraum in mitbestimmungspflichtigen (personellen, sozialen und wirtschaftlichen) Angelegenheiten in Bezug auf die ihr nachgeordneten Unternehmen verfügt, bedarf es einer Sicherung der Mitbestimmungsrechte und die Bildung eines Konzernbetriebsrats bei der Tochtergesellschaft entspricht dem Sinn und Zweck der §§ 54ff. BetrVG.[35] 17

2. Gemeinschaftsunternehmen

Die Bildung eines Konzerns ist auch in einem sog. **Gemeinschaftsunternehmen** möglich. So kann eine Abhängigkeit i. S. v. § 17, 18 AktG auch durch mehrere UN bestehen, nämlich wenn **zwei Unternehmen jeweils zu 50 %** an einem anderen Unternehmen beteiligt sind und deshalb ein Unternehmen allein aufgrund der von ihm gehaltenen Anteile keinen beherrschenden Einfluss ausüben kann.[36] Es greift dann die Vermutung aus § 18 Abs. 1 S. 3 AktG. 18

Ein oder mehrere Gemeinschaftsunternehmen können auch von mehreren gleichgeordneten herrschenden Unternehmen abhängig sein, d.h. in einem Abhängigkeitsverhältnis zu jedem der herrschenden Unternehmen stehen (sog. **mehrfache Abhängigkeit von mehreren Mutterunternehmen).** Voraussetzung dafür ist, dass eine ausreichend sichere **Grundlage für die Ausübung gemeinsamer Herrschaft** durch die herrschenden Unternehmen besteht. Es bedarf einer Koordination der Einflussmöglichkeiten der verschiedenen Herrschaftsträger, die sich aus vertraglichen oder organisatorischen Bindungen, aber auch aus rechtlichen und tatsächlichen Umständen sonstiger Art ergeben können.[37] Es ist in diesem Fall **bei jedem der herrschenden Mütterunternehmen ein KBR** zu bilden. 19

Eine gesicherte Herrschaftsgewalt durch mehrere Mutterunternehmen ist dabei laut *BAG* **auch ohne ein organisatorisches oder vertragliches Band** möglich, wenn sich die herrschenden UN zu einer gemeinsamen Willensausübung zusammengefunden haben, was typischerweise dann anzunehmen sei, wenn gleichgerichtete Interessen eine **gemeinsame Unternehmenspolitik** gewährleisten.[38] Als keine ausreichende Sicherung der Herrschaftsgewalt wird die Ausübung von Aktionärsrechten gesehen, soweit sie ohne die vom *BAG* geforderte Koordination erfolgt.[39] 20

---

33 *BAG* 11.2.15 – 7 ABR 98/12; 15.12.11 – 7 ABR 56/10; *LAG Hamm*, 4.5.18 – 13 TaBV 76/16.

34 *BAG* 16.5.07 – 7 ABR 63/06, Rn. 31; 14.2.07 – 7 ABR 26/06.

35 *BAG* 16.5.07 – 7 ABR 63/06; 14.2.07 – 7 ABR 26/06; 23.5.18 – 7 ABR 60/16; HK-BetrVG-*Schulze*, § 54 Rn. 14; *Fitting*, § 54 Rn. 32; a. A. Richardi-*Annuß*, § 54 Rn. 11ff.

36 *BAG* 13.10.04 – 7 ABR 56/03; 11.2.15 – 7 ABR 98/12, Rn. 27; HWGNRH-*Glock*, § 54 Rn. 16; GK-*Franzen*, § 54 Rn. 40; *Fitting*, § 54 Rn. 29; HK-*Schulze*, § 54 Rn. 10; Richardi-*Annuß*, BetrVG § 54 Rn. 26.

37 *BAG* 13.10.04 – 7 ABR 56/03; 11.2.15 – 7 ABR 98/12.

38 *BAG* 13.10.04 – 7 ABR 56/03; 11.2.15 – 7 ABR 98/12.

39 HWGNRH-*Glock*, § 54 Rn. 16; *Fitting*, § 54 Rn. 29.

3. Spartenkonzernbetriebsrat

21 Mehrere Konzernbetriebsräte für einzelne Unternehmenssparten werden von der Rechtsprechung als unzulässig angesehen. Demnach **kennt das BetrVG keinen Sparten-*Konzern*-**betriebsrat (zu Sparten-BR siehe aber § 3 Rn. 63 ff.) und die Bildung mehrerer nebeneinander bestehender Konzernbetriebsräte ist gesetzlich ebenso wenig vorgesehen wie die Errichtung eines KBR für einen Teil des Konzerns.[40] Dafür spricht der Wortlaut des § 54 Abs. 1, nachdem ein KBR »für einen Konzern« gebildet wird. Nach § 18 Abs. 1 Satz 1 AktG, auf welchen § 54 Abs. 1 Bezug nimmt, bilden das herrschende sowie ein oder mehrere abhängige Unternehmen den – einen – Konzern. Zudem drohen Zuständigkeitskonflikte durch womöglich widerstreitende Konzernbetriebsvereinbarungen innerhalb verbundener Unternehmen. Für einen Konzern kann deshalb **grundsätzlich nur ein KBR** errichtet werden.[41]

22 Somit können Sparten*konzern*betriebsräte auch nicht wirksam **durch einen Tarifvertrag** nach § 3 Abs. 1 Nr. 2 BetrVG gebildet werden[42] (vgl. aber für Sparten BR auch innerhalb eines Konzerns § 3 Rn. 63 ff.).

4. Konzernspitze im Ausland

23 Im Jahr 2018 hat das *BAG* nach erneuter Prüfung an seiner kritisierten[43] Rechtsprechung aus dem Jahr 2007 festgehalten, gemäß der ein Konzernbetriebsrat nur gebildet werden kann, wenn das herrschende Unternehmen seinen **Sitz im Inland hat oder eine Teilkonzernspitze im Inland** besteht.[44] Damit hat sich das *BAG* einem Teil der Literatur angeschlossen[45] bzw. ist auf Zustimmung gestoßen.[46] Es gäbe für AG damit, so wird in der Literatur bereits festgestellt, »Gestaltungsmöglichkeiten, um die Bildung eines Konzernbetriebsrats zu verhindern oder dessen Einfluss zu beschränken«[47]. Wird also nicht etwa ein inländischer Konzern im Konzern (Vgl. Rn. 17) gegründet oder einem Konzernbetriebsrat auf andere Weise ein Verhandlungspartner mit Leitungsmacht zur Verfügung gestellt[48], so kann sich der AG der **Mitbestimmung auf Konzernebene entziehen.**

24 Seitens vieler Stimmen in der Literatur wurde und wird allerdings die Auffassung vertreten, dass **ein KBR jedenfalls zu bilden ist für im Inland gelegene Konzernteile** – und zwar nicht nur dann, wenn ein verbundenes abhängiges UN im Inland eine einheitliche Leitungsmacht ausübt, sondern auch dann, wenn im Inland diese Leitungsmacht fehlt.[49] Dabei geht es darum, dass dem Sinn und Zweck des § 54 BetrVG nur dann Rechnung getragen werden kann, wenn **Austausch und Information, aber auch Abstimmung der verschiedenen Interessenvertretungen verbundener UN auf Konzernebene** erfolgt.[50] Dieser Zweck entfällt nicht dadurch, dass die Spitze des Konzerns im Ausland liegt.[51] Die Zuständigkeit des KBR besteht ja gerade »in Angelegenheiten, die nicht durch die einzelnen GBR innerhalb ihrer UN geregelt werden können« (§ 58 Abs. 1, s. dort). Berechtigt ist deshalb der Hinweis, dass der KBR nicht etwa allein für

---

40 *BAG* 9.2.11 – 7 ABR 11/10, Rn. 36; *LAG Hamm* 4.5.18 – 13 TaBV 76/16.
41 HK-BetrVG-*Schulze*, § 54 Rn. 18; Richardi-*Annuß*, § 54 Rn. 3.
42 *LAG Hessen* 21.4.05 – 9/5 TaBV 115/04, Rn. 50; *Friese*, RdA 03, 92, 99.
43 *Bachmann*, RdA 08, 107 ff.; *Buchner*, FS Birk, 08 S. 11 ff.; *Fitting* 29. Aufl. § 54 Rn. 34 ff.; *Gaumann/Liebermann*, DB 06, 57 ff.; HK-BetrVG-*Schulze*, § 54 Rn. 21; DKW-*Trittin*, 16. Aufl. § 54 Rn. 48 ff.
44 16.5.07 – 7 ABR 63/06; 14.2.07 – 7 ABR 26/06; zuletzt offengelassen von *BAG* 27.10.10 – 7 ABR 85/09; dann 23.5.18 – 7 ABR 60/16, Rn. 23.
45 GK-*Franzen*, § 54 Rn. 43; HWGNRH-*Glock*, § 54 BetrVG Rn. 21; ErfK-*Koch* § 54 BetrVG Rn. 7; Richardi-*Annuß*, § 54 Rn. 35.
46 *Dzida/Hohenstatt*, NZA 07, 945 ff.; *Henssler*, ZfA 05, 289, 309; *Junker*, SAE 08, 41 ff.; *Kort*, NZA 09, 464 ff; *Zöllner*, § 49 Rn. 65; Richardi-*Annuß*, Rn. 35; *Dolde*, SAE 19, 43; *Denecke*, jurisPR-ArbR 44/18 Anm. 2.
47 *Dzida/Hohenstatt*, NZA 07, 945, 947.
48 Vgl. *Schmidt*, NZA 20, 293, 294 unter Verweis auf *BAG* v. 31.10.1975 – 1 ABR 4/74, AP BetrVG 1972 § 106 Nr. 2.
49 *Bachmann*, RdA 08, 107 ff.; *Buchner*, FS Birk 08 S. 11 ff.; *Fitting*, § 54 Rn. 34 ff.
50 *Gaumann/Liebermann*, DB 06, 1157, 1158; *Däubler*, Betriebsverfassung in globalisierter Wirtschaft, S. 57 ff.; *Hanau*, ZGR 84, 468, 476; *Fitting*, § 54 Rn. 34c; *Trittin*, AuR 08, 136; *Windbichler*, S. 323 f.
51 *Fitting*, § 54 Rn. 34 c.

die – im hier diskutierten Fall im Ausland ansässige – Konzernspitze gegründet werde, sondern auch für alle verbundenen, im Inland befindlichen UN und die Konzernstruktur insgesamt.[52] Außerdem ist weder dem Wortlaut noch der Entstehungsgeschichte des § 54 zu entnehmen, dass die Konzernspitze ihren Sitz im Inland haben müsste.[53] Für den im Inland befindlichen Teil dieser Struktur bedarf es deshalb der Bildung eines KBR. Dieser wäre in entsprechender Anwendung von § 59 Abs. 2 **bei dem größten inländischen UN anzusiedeln.**[54] Zu demselben Ergebnis kommt auch eine analoge Anwendung von § 2 Abs. 2 EBRG, die *Deinert* deshalb für vorzugswürdig hält, weil diese Norm an die arbeitgeberseitigen Leitungsstrukturen anknüpft.[55] Ohne eine Analogie wären jedenfalls konzernweite Regelungen mangels Kompetenz des GBR hierzu (Vgl. § 50) nicht möglich.[56] Nach demselben Prinzip ist auch die Frage der **örtlichen Zuständigkeit des Arbeitsgerichts** zu lösen.

Das *BAG* hat seine Auffassung 2018 aufgrund der Kritik umfassend begründet. Es erklärt seine Ansicht zum einen mit dem **Territorialitätsprinzip von BetrVG und AktG.** Das Aktiengesetz erstrecke sich nicht auf Konzerne, deren Obergesellschaft ihren Sitz im Ausland habe, weshalb die Errichtung eines KBR nur in Betracht komme, wenn nicht nur die unter einer einheitlichen Leitung zusammengefassten UN, sondern auch eine Konzernobergesellschaft ihren Sitz im Inland habe. Durch die Bezugnahme auf § 18 Abs. 1 AktG werde auch für § 54 das Territorialitätsprinzip ausdrücklich angeordnet und seine Durchbrechung sei nicht durch eine am Sinn und Zweck der betriebsverfassungsrechtlichen Mitbestimmung im Konzern ausgerichtete Auslegung geboten. Zudem ginge § 82 Abs. 1 S. 2 ArbGG von der Notwendigkeit einer inländischen Konzernspitze aus.[57] Es ist wird zu Recht als verfehlt angesehen, den räumlichen Anwendungsbereich des BetrVG nach dem Territorialitätsprinzip zu prüfen.[58] Doch eine solche Interpretation des Territorialitätsprinzips gibt der Wortlaut des § 54 nicht her. Vielmehr nimmt § 54 in keiner Weise Bezug auf in- oder ausländische Sachverhalte.[59] Und der Anforderung des § 82 Abs. 1 S. 2 ArbGG muss aufgrund des Unternehmensbegriffs des *ArbGG*, der funktionell auszulegen ist, nicht durch die Konzernspitze selbst Rechnung getragen werden; vielmehr genügt für die Zuständigkeit der deutschen Arbeitsgerichte eine Stelle im Inland, die über betriebsverfassungsrechtliche Leitungsmacht verfügt.[60] Es liegt deshalb nahe – wie das *BAG* es bei seiner Rechtsprechung zum »Konzern im Konzern« (siehe Rn. 15) auch tut – § 54 so auszulegen, dass der **gesetzgeberische Zweck für die Gründung eines KBR** erfüllt wird; dieser fällt im Falle einer Konzernspitze im Ausland nämlich keinesfalls weg.[61] Das *LAG Nürnberg* erkennt zwar diese Lücke und zieht das Mitbestimmungsrecht eines lokalen BR bei einer **konzernweit einheitlichen Corona-Prämie** – explizit unabhängig von einer Entscheidung im hier dargestellten Meinungsstreit – in Betracht, da dies jedenfalls dann nicht offensichtlich ausgeschlossen sei, wenn wegen eines Auslandssachverhalts kein KBR gegründet werden könne.[62] Konzernobergesellschaft war in dem Fall allerdings eine selbst im Gebiet der Bundesrepublik Deutschland ansässige und nach deutschem Recht errichtete Stiftung, die zugleich Komplementärin der Tochtergesellschaft war. Mit der Problematik, welche Einflussmöglichkeiten der Antragsgegnerin des BR bestanden, musste das *LAG* sich somit in dieser Konstellation nicht befassen. Dem Argument, ein Mitbestimmungsrecht des lokalen BR ließe die Tragweite einer konzernweiten Entscheidung »völlig unberücksichtigt«[63] hält das *LAG* allerdings zurecht ent- 25

52 *Fitting*, § 54 Rn. 34 d.
53 *Schmidt* in NZA 492, 493.
54 DKW-*Trittin*, 16. Aufl. § 54 Rn. 100; *Fitting*, § 54 Rn. 35.
55 *Deinert*, Betriebsverfassung in Zeiten der Globalisierung, HSI Schriftenreihe Band 38, S. 55; der BetrVG-Reformvorschlag des DGB sieht eine entsprechende Regelung vor; DGB (Hrsg.) Betriebliche Mitbestimmung für das 21. Jahrhundert, 2022.
56 *Schmidt*, NZA 2020, 293, 294.
57 16.5.07 – 7 ABR 63/06, Rn. 20 ff.; 14.2.07 – 7 ABR 26/06, Rn. 40 ff.; 23.5.18 – 7 ABR 60/16, Rn. 23.
58 *Deinert*, Betriebsverfassung in Zeiten der Globalisierung, S. 24 ff.
59 DKW-*Trittin*, 16. Aufl. § 54 Rn. 52; *Dolde*, SAE 19, 43, 45.
60 *Schmidt*, NZA 2020, 492, 493.
61 *Fitting*, § 54 Rn. 34c; ausführlich *Deinert*, Betriebsverfassung in Zeiten der Globalisierung.
62 *LAG Nürnberg*, 21.6.21 – 1 TaBV 11/21, NZA-RR 2021, 551.
63 *Köhler/Yakubi*, EWiR 22, 125, 126.

gegen, dass bei dieser Sichtweise ein Ausschluss jeglicher Mitbestimmungsrechte durch Einführung einer entsprechenden Konzernstruktur – gegebenenfalls mit einem einzigen kleinen im Ausland gelegenen Betrieb – und Verlagerung der Entscheidungsbefugnisse auf die Konzernebene möglich wäre.

26 Des Weiteren begründet das *BAG* seine Ansicht mit der unabdingbaren **Zuständigkeitsverteilung zwischen BR, GBR und KBR.** Diese setze voraus, dass die Errichtung eines KBR überhaupt rechtlich möglich sei. Wenn ein KBR wegen des Sitzes der Konzernspitze im Ausland nicht gebildet werden könne, gingen die an sich dem KBR zustehenden Beteiligungsrechte nicht ersatzlos unter, sondern würden durch GBR und BR der konzernangehörigen UN wahrgenommen.[64] Diese Sichtweise trägt jedoch dem Umstand nicht ausreichend Rechnung, dass in einem Konzern nicht jeder GBR für sich unabhängig in sinnvoller Weise seine Mitbestimmungsrechte ausüben kann – es besteht vielmehr die Gefahr, dass im Falle konzernweit relevanter Sachverhalte entscheidungsrelevante **Informationen aus verbundenen UN und deren Interessenvertretungen fehlen.** Zum anderen **fehlt es an der erforderlichen Koordination,** die nach der Rechtsprechung des *BAG* auch bei der Mitbestimmung bei konzernweiten Sachverhalten parallel durch die GBR der inländischen UN zu regeln wäre.[65] Genau diese Ebene geht eben doch ersatzlos unter, wenn ein KBR nicht gebildet wird.

27 Betriebsverfassungsrechtliche Beteiligungsrechte sind aus Sicht des *BAG* aber nur dort sinnvoll, wo wesentliche Entscheidungen in sozialen, personellen und wirtschaftlichen Angelegenheiten getroffen werden und wo es bei Bedarf möglich sei, **Mitbestimmungsrechte gerichtlich durchzusetzen und zu vollstrecken.** Anders als beim »Konzern im Konzern« (s. o. Rn. 15) würde aber im Falle einer ausländischen Konzernspitze einem inländischen KBR hierzu der **»Gegenspieler« fehlen.**[66] Würde dennoch in diesem Fall ein KBR eingerichtet, so wäre dieser nach Ansicht des *BAG* reduziert auf eine – vom BetrVG so nicht vorgesehene – »Plattform« für einen Austausch zwischen den Belegschaftsvertretern verschiedener UN. Mangels unbewusster Regelungslücken käme auch eine **analoge Anwendung von § 5 Abs. 3 MitbestG oder § 2 Abs. 2 EBRG nicht in Betracht. Inländische UN könnten nicht als Verhandlungspartner des Konzernbetriebsrats fungieren,** da sie rechtlich selbständige juristische Personen seien und somit keine Verpflichtung bestünde, als Einheit gegenüber dem KBR aufzutreten.[67] Doch dem KBR würde in einem inländischen UN keinesfalls ein Gegenspieler fehlen. Denn es gilt das »Geiselprinzip« wonach nicht zwangsläufig die Konzernspitze in Anspruch zu nehmen ist. Auch für die Mitbestimmungsrechte von BR und GBR gilt, dass sich der Arbeitgeber durch eine Verlagerung von Leitungsmacht ins Ausland nicht den Mitbestimmungsrechten im inländischen UN entziehen kann.[68] Es ist ein **»Informationsdurchgriff«** denkbar, der gegenüber einem inländischen UN geltend gemacht werden kann.[69] Richtig ist auch der Hinweis auf § 58 Abs. 2, der zeigt, dass dem BetrVG eine Auftragszuständigkeit nicht unbekannt ist.[70]

28 Schließlich ist das *BAG* der Auffassung, die **Zuständigkeit auf der inländischen Unternehmensebene der abhängigen UN sei dem jeweiligen GBR vorbehalten,** so dass der KBR nicht ebenfalls auf dieser Ebene verhandeln könne.[71] Den Vorschlag, den **KBR in diesen Fällen auf Unterrichtungs- und Beratungsrechte gegenüber den GBR bzw. den BR zu beschränken**[72] lehnt das *BAG* mit der Begründung ab, § 54 Abs. 1 S. 1 sehe eine hierauf reduzierte Zuständigkeit des KBR nicht vor.[73] Das ist allerdings ein formelles Argument, das dem Sinn und Zweck

---

64 *BAG* 14.2.07 – 7 ABR 26/06, Rn. 62; ErfK-*Koch*, § 54 BetrVG Rn. 7; a. A. *Kort*, NZA 09, 464, 465; Richardi-*Annuß*, § 58 Rn. 21.
65 DKW-*Trittin* 16. Aufl. § 54 Rn. 67; *Mittag*, AiB 18, 10, 11.
66 Dem *BAG* zustimmend deshalb *Denecke*, jurisPR-ArbR 44/18 Anm. 2; *Dolde*, SAE 19, 43 ff.; zuvor schon ErfK-*Koch*, § 54 BetrVG Rn. 7.
67 *BAG* 23.5.18 – 7 ABR 60/16.
68 *Fitting*, § 54 Rn. 34d.
69 DKW-*Trittin* 16. Aufl. § 54 Rn. 63.
70 *Deinert*, Betriebsverfassung in Zeiten der Globalisierung, S. 53.
71 *BAG* 23.5.18 – 7 ABR 60/16.
72 DKW-*Trittin* 16. Aufl. § 54 Rn. 92; *Bachmann*, RdA 08, 107, 110 ff.; *Gaumann/Liebermann*, DB 06, 1157, 1158; vgl. auch *Buchner*, FS Birk 08 S. 11, 21 ff.
73 *BAG* 23.5.18 – 7 ABR 60/16 unter Hinweis auf GK-*Franzen*, § 58 Rn. 10.

der §§ 54ff., effektive Mitbestimmungsrechte innerhalb von Konzernstrukturen zu schaffen (Rn. 1), nicht ausreichend Rechnung trägt.[74]

In der Praxis ist dies insbesondere bei **Aktienoptionsprogrammen** ein Problem, die durch eine Konzernmutter im Ausland aufgelegt und umgesetzt werden. Befindet sich deren Sitz im Ausland (dazu auch Vor§ 54 Rn. 23ff.) und wird durch das Inland kein Einfluss auf die Verteilungs- oder Auswahlkriterien genommen, lehnt das *BAG* Mitbestimmungsrechte der in Deutschland ansässigen Gremien ab mit der Begründung, dass es an einer Handlung des AG fehle, an die ein Mitbestimmungsrecht geknüpft werden könne.[75] Die Argumentation des *BAG*, dem Schutzzweck des § 87 sei ausreichend getragen, denn einer Mitbestimmung bedürfe es nicht, wenn der AG keine Entscheidung treffe, bleibt unbegründet. Denn auch wenn die Rechtsbeziehung direkt zwischen der Konzernmutter und den im Inland bei Tochterunternehmen beschäftigten AN besteht: Das *BAG* räumt selbst ein, dass die im Ausland aufgelegten Aktienoptionen einen Bezug zum Arbeitsverhältnis haben – ohne zu begründen, warum dabei nicht dasselbe synallagmatische Verhältnis zur Arbeitsleistung bestehen soll wie beim Entgelt.[76] Vielmehr honoriert auch die Konzernmutter die Arbeitsleistung, woran die inländische Tochter als AG ein Interesse hat.[77] Überzeugender ist es deshalb, darauf abzustellen, ob die Maßnahme direkte Auswirkungen auf das Arbeitsverhältnis hat, s. § 87 Rn. 328. Zudem ist auch bei Umgruppierungen anerkannt, dass die Beteiligung des BR gem. § 99 in diesem Fall kein Mitgestaltungs-, sondern nur ein Mitbeurteilungsrecht i. S. einer Richtigkeitskontrolle ist, siehe § 99 Rn. 66.[78] Die Mitbestimmung dient dann der einheitlichen und gleichmäßigen Anwendung der Vergütungsordnung in gleichen und vergleichbaren Fällen und damit der innerbetrieblichen **Lohngerechtigkeit** sowie der **Transparenz** der betrieblichen Vergütungspraxis.[79] Der Zweck § 87 gebietet, diesen Grundsatz auch dann anzuwenden, wenn die Grundsätze der Vergütungsordnung im Ausland aufgestellt wurden. Das *BAG* wendet diesen Grundsatz explizit auch dann an, wenn – etwa bei Lohnstufen nach Berufsjahresstaffel – keinerlei Entscheidungsspielraum der Betriebsparteien besteht (s. § 99 Rn. 95).[80] Es ist dem BetrVG also keinesfalls fremd, eine bloße Rechtsanwendung des AG zum Gegenstand der Mitbestimmung zu machen. Warum diese Rechtsanwendung im Fall von Aktienoptionen nicht in der Abrechnung des bei den AN entstandenen geldwerten Vorteils und der Abführung der hierauf anfallenden Steuern und Sozialversicherungsbeiträge durch den inländischen AG liegen soll, hat das *BAG* nicht begründet. Ob das eine ausreichende Verknüpfung zum Arbeitsverhältnis herstellt, wurde höchstrichterlich noch nicht entschieden.[81] Denkbar ist darüber hinaus, dass der inländische AG Informationen dazu zur Verfügung stellt, welche AN für Aktienoptionsprogramme infrage kommen, oder der Konzernmutter sogar Empfehlungen macht. Auch dürfte in der Praxis mit den Programmen im Inland um Arbeitskräfte geworben werden. All dies kommt als Arbeitgeberhandeln infrage, das als Anknüpfung für Mitbestimmungsrechte bei der Anwendung von im Ausland aufgestellten Entlohnungsgrundsätzen infrage kommt. Richtig ist jedenfalls der Hinweis, dass die Rechtsprechung des 1. Senats mit der des 7. Senats zur Konzernspitze im Ausland (Rn. 25) und der »Ersatzmitbestimmung« durch andere Gremien im Inland nicht zusammengeht.[82] Das *LAG Nürnberg* ist zu Recht auch aufgrund dieser Divergenz der Auffassung, dass die Rechtsprechung des 1. Senats zu Aktienoptionen (Rn. 35b) nicht auf **Boni** übertragbar ist, deren Finanzrahmen **durch einen Gesellschafter im Ausland** für inländische Beschäftigte festgelegt werden (dazu § 58 Rn. 35c).[83] 28a

74 *Fitting*, § 54 Rn. 34 h.
75 *BAG* 12.6.19 – 1 ABR 57/17.
76 *Deinert*, Betriebsverfassung in Zeiten der Globalisierung, S. 57.
77 *Deinert*, Betriebsverfassung in Zeiten der Globalisierung, S. 61.
78 *BAG* 30.10.03 – 8 ABR 47/02; 26.9.18 – 7 ABR 18/16, juris; Überblick bei *Thannheiser*, AiB 00, 529.
79 *BAG* 2.4.96 – 1 ABR 50/95, NZA 96, 1105.
80 *BAG* 6.4.11 – 7 ABR 136/09, BAGE 137, 260–274; 29.1.20 – 4 ABR 26/19.
81 Zweifelnd aufgrund der eigenen Rechtsbeziehung zur Konzernmutter *Deinert*, Betriebsverfassung in Zeiten der Globalisierung, S. 57.
82 *Deinert*, Betriebsverfassung in Zeiten der Globalisierung, S. 65.
83 *LAG Nürnberg* 23.2.21 – 6 TaBV 1/21, juris.

29 Soweit das **herrschende UN im Inland, aber einzelne abhängige UN eines Konzerns im Ausland** liegen, so ist im Inland ein KBR zu gründen, an dessen Bildung jedoch die im Ausland befindlichen Teile des Konzerns nicht teilnehmen.[84]

5. Matrixorganisation

30 Die Verwendung von Matrixorganisationen gehört insbesondere bei multinationalen UN zu der neuen Praxis der Flexibilisierung.[85] Dem Gesetz ist der **Begriff der Matrixorganisation** unbekannt, in der arbeitsgerichtlichen Praxis liegen nur wenige Entscheidungen vor, die sich mit Matrixstrukturen auseinandersetzen und eine einheitliche Definition des Begriffs hat sich im Arbeitsrecht aber auch in der Betriebswirtschaftslehre bisher nicht entwickelt.[86] (Zur Bedeutung für den Betriebsbegriff s. § 1 Rn. 81 ff.).

31 Für die Matrixorganisation ist kennzeichnend ein **Mehrliniensystem,** bei dem Kompetenzzuordnung und -abgrenzung zwischen den einzelnen Aktivitäten und deren Organisation zentrale Bedeutung haben. Die Linien können sich aus Funktionen (Produktion, Vertrieb usw.) oder aus Geschäftsbereichen ergeben. Ebenso wie bei der Spartenorganisation sind dabei die **organisatorische und die juristische Struktur nicht deckungsgleich.** Die einheitliche Organisationsstruktur umfasst also sowohl unternehmensinterne und -externe Einheiten, bei denen es sich i. d. R. um Tochtergesellschaften handelt. So genannte »Matrixmanager« steuern entsprechend der funktional, regional oder produktbezogen definierten Konzernbereiche den Arbeitsprozess durch fachliche Weisung, ohne selbst dem Betrieb anzugehören, in dem ihre Mitarbeiter tätig sind.[87]

32 Teilweise wird die Ansicht vertreten, Matrixstrukturen in einer Unternehmensgruppe hätten – je nach den Umständen des Einzelfalls – zur Folge, dass die **Voraussetzungen des Konzernbegriffs** des § 54 nicht mehr erfüllt seien.[88] Die Vermutung des § 18 I 3 AktG sei widerlegt, wenn selbst nach dem »weiten« Konzernbegriff eine einheitliche Leitung oder Wahrnehmung von Einflussmöglichkeiten in keinem der zentralen Unternehmensbereiche des Konzerns mehr stattfinde. Dies könne der Fall sein, wenn die konkrete Ausgestaltung von Matrix-Strukturen dazu führe, dass die operative Leitung nicht durch die Geschäftsleitung der Mutter erfolge, sondern ausschließlich auf den Matrix-bedingten Business-Unit-Ebenen stattfindet.[89] Das *ArbG Düsseldorf* hat vertreten, dass die Leitung einer Unternehmensgruppe durch eine Matrixorganisation so stark dezentralisiert sein kann, dass die Konzernvermutung widerlegt sei.[90]

33 Dass Matrixstrukturen der Errichtung eines KBR entgegenstehen, lässt sich jedoch pauschal keinesfalls beurteilen. Wenn die Konzernleitung mittels der Matrix-Manager unmittelbar Einfluss auf das operative Geschäft derjenigen UN nimmt[91], bei denen eine solche Matrix-Struktur besteht, so ist nach dem Zweck des § 54 (s. Rn. 1) eine **Mitbestimmung auf dieser Ebene gerade erforderlich.** Ein KBR soll deshalb jedenfalls dort gebildet werden können, wo die Fäden der Matrixleitung zusammenlaufen oder wenn die Konzernspitze in einem übergeordneten Einliniensystem noch **oberhalb der Matrixleitung** steht.[92] Liegt die so agierende Konzernleitung im Ausland, gilt das unter Rn. 23 ff. Gesagte.

---

84 *Fitting*, § 54 Rn. 37; GK-*Franzen*, § 54 Rn. 44; Richardi-*Annuß*, § 58 Rn. 34.
85 *Klebe*, NZA-Beilage 17, 77, 79; *Karthaus*, AuR 18, 342.
86 *Witschen*, RdA 16, 38, 49; *Kort*, NZA 13, 1318.
87 *Bauer/Herzberg*, NZA 11, 713 ff.; *Richardi/Maschmann*, § 1 Rn. 100 f.; *Fritz*, NZA-RR 18, 298 ff.; *Kort*, NZA 13, 1318; *Schubert* in: Schubert, Betriebliche Mitbestimmung in Unternehmen und Konzernen mit Matrixorganisation.
88 *Kort*, NZA 13, 1318; vgl. auch Meyer, NZA 13, 1326.
89 *Kort*, NZA 13, 1318; *ArbG Düsseldorf* 29. 9. 10 – 8 BV 71/10, BeckRS 11, 72434.
90 *ArbG Düsseldorf* 29. 9. 10 – 8 BV 71/10, BeckRS 11, 72434.
91 So nämlich *Kort*, NZA 13, 1318.
92 *Witschen*, RdA 16, 38.

§ 54 Errichtung des Konzernbetriebsrats

(1) Für einen Konzern (§ 18 Abs. 1 des Aktiengesetzes) kann durch Beschlüsse der einzelnen Gesamtbetriebsräte ein Konzernbetriebsrat errichtet werden. Die Errichtung erfordert die Zustimmung der Gesamtbetriebsräte der Konzernunternehmen, in denen insgesamt mehr als 50 vom Hundert der Arbeitnehmer der Konzernunternehmen beschäftigt sind.
(2) Besteht in einem Konzernunternehmen nur ein Betriebsrat, so nimmt dieser die Aufgaben eines Gesamtbetriebsrates nach den Vorschriften dieses Abschnitts wahr.

Inhaltsübersicht Rn.

I. Vorbemerkungen

1 Wo ein **Konzern** besteht (dazu Vor § 54 Rn. 4), schaffen die §§ 54ff. mit dem GBR eine dritte Ebene der betrieblichen Mitbestimmung, die neben BR und GBR tritt. Der Gesetzgeber trägt damit dem Umstand Rechnung, dass zahlreiche Entscheidungen in Konzernen auf der Konzernebene getroffen werden, so dass es auch hier einer **Repräsentation aller im Konzern beschäftigten AN** bedarf.[1] Mitbestimmt soll dort werden, wo unternehmerische Leitungsmacht in personellen, sozialen und wirtschaftlichen Angelegenheiten konkret entfaltet und ausgeübt wird[2] (vgl. vor § 54 Rn. 1).

2 Die **Errichtung eines KBR** ist fakultativ (Rn. 4). Dennoch ist § 54 **zwingend** und kann weder durch TV noch durch eine BV geändert oder abbedungen werden. Möglich ist es jedoch, durch TV oder BV gem. § 3 andere Strukturen unternehmensübergreifender Mitbestimmung zu regeln (s. § 3).[3]

3 Als Entsprechung zum KBR wurde in § 73a durch die Reform des BetrVG 2001 für die jugendlichen und zur Ausbildung beschäftigten AN die **KJAV** eingeführt (s. dort). Im BPersVG gibt es keine Entsprechung zur Ebene des KBR.

II. Errichtung des KBR (Abs. 1)

1. Fakultative Errichtung

4 Die Errichtung des KBR ist anders als die Errichtung des GBR[4] **nicht zwingend** vorgeschrieben. Die Bildung eines KBR hängt vielmehr davon ab, dass die oder der (Rn. 7) GBR eines Konzerns (zum Begriff siehe Vor § 54 Rn. 4ff.) einen entsprechenden Beschluss (Rn. 5ff.) fassen. In UN ohne GBR liegt die Zuständigkeit für den entsprechenden Entschluss gem. Abs. 2 beim BR (s. Rn. 24ff.).

5 Der KBR ist **beim herrschenden UN** (siehe Vor § 54 Rn. 7ff.) zu errichten. Hat das herrschende UN seinen Sitz im Ausland und gibt es keine inländische Teilkonzernspitze, so ist der KBR nach zutreffender Ansicht bei dem inländischen Konzernunternehmen zu gründen, dem die meisten AN zuzuordnen sind (Vor § 54 Rn. 21ff.). Im Falle eines **»Konzerns im Konzern«** (Vor § 54 Rn. 15) ist der GBR für die Errichtung des KBR sowohl im Mutter- als auch Tochter-

1 *Fitting*, Rn. 1; HWGNRH-*Glock*, Rn. 1; GK-*Franzen*, Rn. 8; Richardi-*Annuß*, Vor § 54 Rn. 1.
2 *BAG* 14.2.07 – 7 ABR 26/06; 27.10.10 – 7 ABR 85/09; 23.5.18 – 7 ABR 60/16.
3 ErfK-*Koch*, Rn. 1; *Fitting*, Rn. 6.
4 Siehe zur Errichtung des GBR § 47.

konzern zuständig. In einem **Gemeinschaftsunternehmen** (Vor § 54 Rn. 16 ff.) ist bei jedem der herrschenden Mütterunternehmen ein KBR zu bilden.

6 UN mit GBR, die sich an den Beschlüssen zur Errichtung des KBR nicht beteiligt haben, werden ebenfalls von der Zuständigkeit eines ohne ihren Beschluss errichteten KBR erfasst und sind gem. § 55 (s. dort) zur Entsendung von Mitgliedern in den KBR verpflichtet.[5]

2. Beschluss durch GBR

7 Die Errichtung des KBR hängt seit der Novellierung 2001 nicht mehr von der Zustimmung einer qualifizierten Mehrheit von 75 % ab, sondern von einer in Höhe von **50 % der im Konzern beschäftigten AN.** Mit ordnungsgemäßer Beschlussfassung und der Erfüllung des Quorums ist der KBR **errichtet.** Das **ArbG** prüft das Vorliegen der Voraussetzungen **von Amts wegen,**[6] die Parteien, insbesondere der Arbeitgeber[7], haben eine Mitwirkungspflicht § 83 Abs. 1 S. 2 ArbGG.

8 Für die Ermittlung der für das Quorum erforderlichen Beschäftigtenzahl ist auf die **tatsächliche Zahl der AN zum Zeitpunkt der Beschlussfassung** abzustellen.[8] Alle **AN gemäß § 5** im Konzern zählen mit. Die regelmäßige Beschäftigtenzahl i. S. d. § 9 ist dabei nicht maßgeblich; es werden vielmehr alle AN gezählt, ohne Rücksicht darauf, ob es sich um ständig oder nicht ständig beschäftigte, um wahlberechtigte oder nicht wahlberechtigte AN handelt, somit gem. § 14 Abs. 2 S. 4 AÜG **auch Leih-AN**[9] nicht jedoch die leitenden Angestellten.[10] Es zählen auch AN aus **BR-losen Betrieben** mit.[11] Der Wortlaut stellt auf die Beschäftigten in den Konzern-UN schlechthin ab.[12] Für dieses Verständnis spricht auch § 58 Abs. 1 S. 1 HS 2, demgemäß der KBR auch die in betriebsratslosen Betrieben beschäftigten AN vertritt.[13]

9 Entgegen dem Wortlaut (»Gesamtbetriebsräte«) genügt für die Errichtung der **Beschluss eines GBR,** soweit dieser mehr als 50 % der AN der Konzernunternehmen repräsentiert und die Anforderung des § 54 somit auch allein erfüllt.[14]

10 § 54 Abs. 1 setzt zudem nicht zwingend voraus, dass überhaupt mehrere AN-Vertretungen im Konzern bestehen. Vielmehr reicht aus, dass im Konzern **ein GBR bzw. BR** (Abs. 2) mit der nach Abs. 1 S. 2 erforderlichen Repräsentanz besteht.[15] Die Gegenauffassung schließt aus § 55, dass die Errichtung eines KBR mindestens zwei GBR oder die Funktion ausübende BR voraussetze.[16] Die mit der Reform 2001 eingefügte Klarstellung in § 58 Abs. 1 S. 1 HS 2, nach der die Zuständigkeit des KBR sich auch auf Betriebe des Konzerns ohne BR erstreckt, spricht jedoch dafür, dass das Gesetz nicht zwangsläufig von dem Bestehen mehrerer AN-Vertretungen als Voraussetzung für die Errichtung eines KBR ausgeht.[17] Der Wortlaut des Abs. 1 ist freilich unglücklich gewählt.[18]

11 **Jeder GBR** eines zum Konzern gehörenden UN kann die **Initiative zur Errichtung** eines KBR ergreifen, unabhängig davon, ob das UN herrschend oder abhängig ist.[19] Hierzu sollte zunächst ein **Errichtungsbeschluss** gefasst werden und dann **die übrigen GBR aufgefordert** werden,

---

5 HK-BetrVG-*Schulze*, Rn. 37; *Fitting*, Rn. 49; ErfK-*Koch*, Rn. 6; Richardi-*Annuß*, Rn. 36.
6 *BAG* 16.5.07 – 7 ABR 63/06 AP Nr. 3 zu § 96a ArbGG 1979; *Fitting*, Rn. 41.
7 *Schulze*, jurisPR-ArbR 14/2021 Anm. 5.
8 *BAG* 29.7.20 – 7 ABR 27/19, AP Nr. 20 zu § 54 BetrVG 1972; *Fitting*, Rn. 46; ErfK-*Koch*, Rn. 8.
9 ErfK-*Koch*, Rn. 6.
10 *Fitting*, Rn. 46; Richardi-*Annuß*, Rn. 39.
11 *BAG* 29.7.20 – 7 ABR 27/19, AP Nr. 20 zu § 54 BetrVG 1972.
12 *BAG* 11.8.93, NZA 94, 326; *Fitting*, Rn. 46; Richardi-*Annuß*, Rn. 40.
13 *BAG* 29.7.20 – 7 ABR 27/19, AP Nr. 20 zu § 54 BetrVG 1972.
14 *BAG* 29.7.20 – 7 ABR 27/19, AP Nr. 20 zu § 54 BetrVG 1972; Richardi-*Annuß*, Rn. 37; *Kreutz* NZA 08, 259, 261; *Fitting*, Rn. 43; ErfK-*Koch*, Rn. 6; HK-BetrVG-*Schulze*, Rn. 30.
15 *Fitting*, Rn. 39; ErfK-*Koch*, Rn. 6; HK-BetrVG-*Schulze*, Rn. 29.
16 Richardi-*Annuß*, Rn. 41.
17 *Fitting*, Rn. 39.
18 Eine Korrektur fordert HK-BetrVG-*Schulze*, Rn. 29.
19 *Fitting*, Rn. 40; Richardi-*Annuß*, Rn. 42; ErfK-*Koch*, Rn. 6; HK-BetrVG-*Schulze*, Rn. 29.

die Errichtung des KBR zu beschließen. Ein GBR, der sich zwar mit dieser Aufforderung befasst, die Errichtung eines KBR jedoch nicht beschließt, handelt nicht pflichtwidrig.[20]

12 Die Initiative zur Errichtung eines KBR kann **jederzeit** ergriffen werden.[21] Sie kommt nicht nur zu dem Zeitpunkt in Betracht, wenn ein **Konzern gebildet** wird, sondern z. B. auch, wenn **Konzernstrukturen verändert** werden oder **veränderte Beschäftigtenstrukturen** sich auf das Quorum nach Abs. 1 S. 2 auswirken. Auch eine veränderte Meinungsbildung in BR oder GBR kann Anlass für die Gründung eines KBR sein.

13 Alle GBR oder BR eines Konzerns, die eine Initiative zur Gründung ergreifen wollen, haben gem. § 80 Abs. 1 (s. dort) **Anspruch auf Auskunft** über die für die Errichtung erforderlichen Informationen, insbesondere über das Vorliegen und die Art eines Konzernverhältnisses (vgl. zu den Voraussetzungen des Konzerns Vor § 54 Rn. 4 ff.).[22]

14 Die Beschlussfassung richtet sich – für jeden GBR selbstständig – nach § 51. Erforderlich ist somit eine **einfache, nach Stimmengewicht berechnete Mehrheit** der anwesenden Mitglieder.[23]

3. Weiteres Vorgehen und Rechtsfolgen

15 Mit dem Ergehen des oder der erforderlichen Beschlüsse ist der GBR – bereits bevor feststeht, wer ihm angehört – und ohne, dass es der Zustimmung weiterer Gremien bedarf, **kraft Gesetzes errichtet.**[24]

16 Nach der Beschlussfassung sollten alle GBR über das Ergebnis informiert werden. Die **Einladung zur konstituierenden Sitzung** richtet sich nach § 59 Abs. 2 (s. § 59 Rn. 18 ff.), demgemäß wird sie durch den GBR des herrschenden UN oder, bei dessen Fehlen, durch den GBR des nach der Zahl der wahlberechtigten AN größten Konzernunternehmens. Bis zu der konstituierenden Sitzung ist der KBR errichtet aber noch nicht handlungsunfähig.

III. Bestand und Beendigung

1. Dauereinrichtung

17 Wie der GBR (siehe § 47) hat auch der KBR keine feste Amtszeit, sondern **besteht auf Dauer,** sobald er errichtet wurde. Der Beschluss zur Errichtung hat Bestand über die Wahlperiode des beschließenden Gremiums hinaus.[25]

18 **Nach Durchführung von BR-Wahlen** ist im BR eine **neue Beschlussfassung zu Entsendung in GBR und KBR** erforderlich. Insofern besteht von BR-Wahlen keine direkte Abhängigkeit. Nicht vorgeschrieben, aber empfehlenswert ist dann auch **Neuwahl der Person des KBR-Vorsitzenden und ihres Stellvertreters,** um die demokratische Legitimation des Gremiums zu unterstreichen. Diese Neuwahl bedeutet keine neue Konstituierung des KBR, sondern eine Bestätigung des Gremiums. Hält der KBR dennoch eine konstituierende Sitzung ab, so ist dies unschädlich.

19 **Nicht möglich ist ein kollektiver Rücktritt des KBR oder ein Beschluss über die Auflösung durch den KBR selbst,** denn hierfür fehlt dem KBR die Organisationszuständigkeit.[26] Einzelne Mitglieder des KBR können jedoch ihr Amt niederlegen. Für sie rücken dann allerdings gemäß (§ 55 Abs. 2, § 59 Abs. 1 i. V. m. § 25 Abs. 1) Ersatzmitglieder nach.[27]

---

20 *Fitting*, Rn. 44; Richardi-*Annuß*, Rn. 42.
21 GK-*Franzen*, Rn. 57; *Fitting*, Rn. 40.
22 HK-BetrVG-*Schulze*, Rn. 31; *LAG Köln* 16.4.21 – 9 TaBV 34/20, juris.
23 *Fitting*, Rn. 41; HK-BetrVG-*Schulze*, Rn. 34; Richardi-*Annuß*, Rn. 38.
24 HK-BetrVG-*Schulze*, Rn. 35; Richardi-*Annuß*, Rn. 43 f.; *Fitting*, Rn. 45.
25 *Fitting*, Rn. 50; HWGNRH-*Glock*, Rn. 31; Richardi-*Annuß*, Rn. 45.
26 *Fitting*, Rn. 53; HWGNRH-*Glock*, Rn. 32; Richardi-*Annuß*, Rn. 46.
27 Richardi-*Annuß*, Rn. 46.

20 **Unmöglich ist zudem die gerichtliche Auflösung** des KBR.[28] § 56 (s. dort) sieht nur den Ausschluss von einzelnen Mitgliedern des KBR, nicht jedoch dessen Auflösung als Gremium durch ein Gericht vor.

2. Beendigung

21 Das Amt des KBR endet beim **dauerhaften Entfall der Voraussetzungen seiner Errichtung.**[29] Dies ist insbes. der Fall, wenn der **Konzern aufgelöst** wird.[30] Endet das Konzernverhältnis gemäß § 18 Abs. 1 AktG z. B. durch Verschmelzung, Verkauf usw., so steht dem KBR ein **Rest- bzw. Übergangsmandat** zu. Die Rechtsfolgen entsprechen denen bei Wegfall der Voraussetzungen zur Errichtung des GBR (s. § 47 Rn. 61).

22 **Keinen Entfall** der Voraussetzungen bewirken dagegen andere **Veränderungen in der Konzernstruktur,** z. B. das Hinzukommen oder Ausscheiden von UN. Dies hat nur Änderungen in der Zusammensetzung des KBR zur Folge. Der GBR eines aus dem Konzern ausscheidenden UN verliert sein Entsenderecht in den KBR dieses Konzerns.[31] Neu hinzukommende GBR oder BR aus neuen UN entsenden zusätzliche Mitglieder in den KBR. Wird im »Konzern im Konzern« (vgl. Vor § 54 Rn. 15 ff.) ein herrschendes UN unter eine neue einheitliche Leitung einer Konzernobergesellschaft gestellt, übt das bisher herrschende UN aber weiterhin Leitungsmacht selbstständig gegenüber den von ihm abhängigen UN aus, so liegt ebenfalls kein Entfall der Voraussetzungen für die Errichtung vor.[32] Veränderungen in der Konzernstruktur bewirken **nicht die Notwendigkeit, das Quorum des Abs. 1 S. 2 zu überprüfen.**[33] Vielmehr ist die Entscheidung des *BAG*[34] zum Wegfall der Errichtungsvoraussetzungen auf die in Abs. 1 S. 1 benannte Konzernstruktur bezogen. Die Legitimation des KBR durch die GBR mit dem gesetzlich vorgegebenen Quorum ist erteilt, wenn der KBR durch den Beschluss errichtet wurde. Dies ist ein einmaliges Ereignis und insofern eine Voraussetzung, die nicht später »wegfallen« kann. Weder ist eine erneute Überprüfung des Quorums gesetzlich vorgesehen, noch ist das mit dem Charakter des KBR als Dauereinrichtung vereinbar. Die Auffassung, der KBR sei beendet, wenn mindestens 50 Prozent der AN des Konzernunternehmens nicht mehr durch GBR bzw. funktionell zuständige BR vertreten sind[35] – beispielsweise, wenn UN mit hoher Belegschaftsstärke aus dem Konzern ausscheiden und die verbleibenden Konzerngesellschaften überwiegend betriebsratslos sind[36] – ist insofern unzutreffend.

23 Da der KBR nicht zwingend errichtet wird (s. Rn. 1), sondern durch entsprechende Beschlüsse der GBR bzw. funktionell zuständigen BR der Konzernunternehmen, kann durch diese auch ein Auflösungsbeschluss getroffen und damit Einrichtung eines KBR beendet werden.[37] Zum Teil wird vertreten, für den **Auflösungsbeschluss** würden die allgemeinen Grundsätze gelten, so dass zur Auflösung eine **Zustimmung der GBR bzw. funktionell zuständigen BR erforderlich ist, die mindestens 50 % der AN** der Konzernunternehmen repräsentieren.[38] Nach richtiger Auffassung ist jedoch für die Auflösung des KBR ebenso wie für dessen Errichtung ist die Zustimmung der GBR erforderlich, in deren UN insgesamt **mehr als 50 %** der AN beschäftigt sind.[39] Hierfür spricht zum einen der Charakter des KBR als Dauereinrichtung, zum anderen wird nur so die Arbeitsfähigkeit des Gremiums gesichert, deren Fortbestand im anderen Fall bei kontroversen Sachentscheidungen durch die Option der Auflösung ohne quali-

---

28 *Fitting*, Rn. 53; Richardi-*Annuß*, Rn. 49.
29 *BAG* 23. 8. 06 – 7 ABR 51/05; *Fitting*, Rn. 53; Richardi-*Annuß*, Rn. 49.
30 *Fitting*, Rn. 51; Richardi-*Annuß*, Rn. 50.
31 *BAG* 14. 2. 07 – 7 ABR 26/06, NZA 07, 999; *Fitting*, Rn. 51.
32 *BAG* 23. 8. 06 – 7 ABR 51/05, AP Nr. 12 zu § 54 BetrVG 1972; *Fitting*, Rn. 51; HWGNRH-*Glock*, Rn. 31; GK-*Franzen*, Rn. 61.
33 HK-BetrVG-*Schulze*, Rn. 39; GK-BetrVG-*Franzen*, Rn. 61.
34 *BAG* 23. 8. 06 – 7 ABR 51/05 AP Nr. 12 zu § 54 BetrVG 1972.
35 So Richardi-*Annuß*, Rn. 53.
36 *Dzida/Hohenstatt*, NZA 2007, 945, 949.
37 *Fitting*, Rn. 52; HWGNRH-*Glock*, Rn. 37; HK-BetrVG-*Schulze*, Rn. 39.
38 Richardi-*Annuß*, Rn. 47.
39 *Fitting*, Rn. 52; ErfK-*Koch*, Rn. 9; HK-BetrVG-*Schulze*, Rn. 39.

fizierte Mehrheit bedroht würde. Dabei wird das Quorum entsprechend Abs. 1 S. 2 nicht nach der Zahl der GBR bzw. der nach Abs. 2 funktionell zuständigen BR, sondern **nach der Zahl der AN in den Konzernunternehmen** berechnet, deren Repräsentanten sich gegen den Fortbestand des KBR aussprechen.[40]

IV. Konzernunternehmen ohne GBR (Abs. 2)

Abs. 2 regelt den Fall, dass in einem Konzern kein GBR, sondern nur ein BR besteht. Damit wird eine Regelungslücke geschlossen. Der Grundsatz, dass in diesem Fall der BR die Aufgaben eines funktionell zuständigen GBR wahrnimmt, wird für den ganzen Abschnitt als **Generalklausel** aufgestellt.[41] Der BR hat bei der Bildung des KBR demnach im Fall des Abs. 2 die Stellung eines GBR. Er nimmt ebenso wie ein GBR an der **Beschlussfassung** über die Bildung eines KBR (Rn. 7) teil, aber auch bei der Entsendung und Abberufung von Mitgliedern gem. §§ 55 und 57. Wenn die Voraussetzungen des § 59 Abs. 2 auf den BR zutreffen (herrschendes oder größtes UN), so hat der BR auch zur **konstituierenden Sitzung** des KBR einzuladen.[42] 24

Der Regelfall des Abs. 2 sind Konzern-UN, in denen **nur ein BR-fähiger Betrieb** besteht. Der Wortlaut erfasst aber auch den Fall, dass in einem Konzern mit mehreren BR-fähigen Betrieben **nur ein BR gebildet** wurde und es deshalb an einem GBR fehlt. Zum Teil wird die Ansicht vertreten, Abs. 2 fände auf diesen Fall keine Anwendung, denn ein solcher BR repräsentiere nicht die AN des UN, sondern nur die AN des Betriebs, für den er gebildet worden sei. Er sei für die Aufgaben und Befugnisse eines GBR nicht funktionell zuständig.[43] Abs. 1 S. 2 stellt jedoch, um die nach dem Zweck des KBR (s. Vor § 54 Rn. 1) erforderliche Repräsentanz der AN sicherzustellen, das **50 % Quorum** auf (vgl. Rn. 5 ff.). Die Existenz mehrerer GBR oder ihnen nach Abs. 2 gleichgestellter BR ist dagegen keine Voraussetzung für die Errichtung eines KBR. Vielmehr kann das Quorum auch im Fall des Abs. 2 **auch schon durch einen BR** erfüllt werden.[44] Mitbestimmte Betriebe innerhalb einer Konzernstruktur, die einer Entsprechung auf der Ebene der Mitbestimmung bedarf, können nicht deshalb von der Mitbestimmung auf Konzernebene ausgeschlossen werden, weil in anderen Betrieben des Konzerns (noch) kein BR gegründet wurde. 25

Allerdings stellt sich in diesem Fall bei der Beschlussfassung – insbesondere der zur Errichtung des KBR – die Frage, welche AN der einzelne BR repräsentiert. Hier wird zum Teil vertreten, der einzelne BR habe wegen seiner Funktion als GBR so viele Stimmen, wie AN in dem UN beschäftigt sind, dem sein Betrieb angehört; die GBR-Funktion würde durch einen BR in dieser Konstellation nur dann nicht ausgeübt, soweit Aufgaben nicht den KBR beträfen.[45] Demgegenüber geht ein Teil des Schrifttums von einer **Begrenzung des Stimmengewichts des einzelnen BR auf die in dem betreffenden Betrieb beschäftigten AN** (vgl. Rn. 5 zum AN-Begriff) aus.[46] Der Wortlaut des Abs. 2 trifft keine eindeutige Aussage dazu, wie hinsichtlich der Stimmengewichtung ein BR zu behandeln ist, der »die Aufgaben eines GBR wahrnimmt«. Allerdings wurde eine Regelung entsprechend dem § 50 I 1 Hs. 2, demgemäß der GBR für die betriebsratslosen Betriebe des Unternehmens in bestimmten Fällen explizit zuständig ist, für § 54 Abs. 2 nicht geschaffen. Das spricht dafür, dass der einzelne BR **nur Repräsentant der in seinem Betrieb beschäftigten AN** ist und das Quorum nach Abs. 1 S. 1 von 50 % der AN des Konzerns (s. Rn. 5) somit mit diesen AN erreichen muss, um einen KBR errichten zu können. 26

---

40 Richardi-*Annuß*, Rn. 48; GK-*Franzen*, Rn. 60; HWGNRH-*Glock*, Rn. 37; HK-BetrVG-*Schulze*, Rn. 39.
41 Richardi-*Annuß*, Rn. 54.
42 *Fitting*, Rn. 60; HWGNRH-*Glock*, Rn. 39; ErfK-*Koch*, Rn. 10.
43 Richardi-*Annuß*, Rn. 55.
44 *Fitting*, Rn. 58; GK-*Franzen*, Rn. 64; HWGNRH-*Glock*, Rn. 39; vgl. auch Rn. 9 für den Fall des Abs. 1.
45 DKW-*Trittin*, 16. Aufl. § 54 Rn. 143.
46 *Fitting*, Rn. 58; HWGNRH-*Glock*, Rn. 39; ErfK-*Koch*, Rn. 10; GK-*Franzen*, Rn. 65; HK-BetrVG-*Schulze*, Rn. 42.

27 Haben mehrere mitbestimmte Betriebe eines Konzerns **pflichtwidrig keinen GBR gebildet** so ist Abs. 2 nicht anwendbar. Die BR müssen in dieser Konstellation, bevor sie sich an der Errichtung eines KBR beteiligen können, vielmehr **zunächst einen GBR bilden.**[47]

V. Streitigkeiten

28 Streitigkeiten wegen der Errichtung des KBR sind vom ArbG im **Beschlussverfahren** gemäß §§ 2a, 80 f. ArbGG zu entscheiden. Örtlich ist das ArbG zuständig, in dessen Bezirk das herrschende UN seinen Sitz hat (§ 82 Satz 2 ArbGG).[48] Ist der Sitz des herrschenden UN im Ausland (vgl. Vor § 54 Rn. 23 ff.), so ist der Sitz des Konzern-UN im Inland maßgebend, dem die **Mehrzahl der Arbeitsverhältnisse** zuzuordnen ist.[49]

29 **Antragsberechtigt** bei Streitigkeiten um die Errichtung des KBR ist jeder GBR bzw. der gem. § 54 Abs. 2 funktionell zuständige BR. Zur Klärung von Streitigkeiten über das Vorliegen der Voraussetzungen, insbes. eines Konzerns, sind AG oder der GBR bzw. BR antragsberechtigt. Entscheidend ist die Betroffenheit in einer betriebsverfassungsrechtlichen Position.[50]

30 Ist der primäre Feststellungsantrag darauf gerichtet, festzustellen, dass sich ein KBR wirksam konstituiert hat, so ist ein **spiegelbildlich leugnender Feststellungsantrag** bezüglich desselben Streitgegenstands wegen § 261 Abs 3 Nr. 1 ZPO unzulässig.[51]

31 Das *ArbG Braunschweig*[52] ist der Auffassung, dass dem Antrag eines (Gesamt-)Betriebsrats auf Feststellung der Konzernzugehörigkeit des UN sowie des Rechts auf Mitwirkung bei der Bildung eines KBR das **Feststellungsinteresse** gem. § 256 ZPO fehlt, solange nicht die Zustimmung der (Gesamt-)Betriebsräte zur Errichtung eines KBR mit dem gem. Abs. 1 erforderlichen Quorum zugestimmt haben. Ebenso hat das *ArbG Kiel* bzgl. des Antrags eines GBR, dass (künftig) in einem ausländischen Konzern ein KBR für inländische Unternehmen errichtet werden kann, entschieden.[53]

32 Auf die Unwirksamkeit der Errichtung eines KBR kann sich nach der Rspr. des *BAG* jedermann und jederzeit mit rechtlichem Interesse berufen, **ohne dass die Zweiwochenfrist des § 19 Anwendung findet.** Eine dem § 19 entsprechende Regelung, wonach die Betriebsratswahl innerhalb von zwei Wochen nach Bekanntgabe des Wahlergebnisses beim Arbeitsgericht angefochten werden muss, gibt es hinsichtlich der Geltendmachung der Unwirksamkeit der Errichtung des Konzernbetriebsrats nicht. § 19 BetrVG ist nach Ansicht des *BAG* weder auf die Errichtung des GBR noch des KBR entsprechend anwendbar.[54]

33 **Beteiligungsbefugt** nach § 83 Abs. 3 ArbGG im Beschlussverfahren über die Rechtmäßigkeit der Errichtung eines KBR ist der KBR sowie die BR und GBR, die nach § 54 Abs. 1 Satz 1 und Abs. 2 BetrVG den KBR errichtet haben. Da es durch die Bildung eines KBR zu Kompetenzverschiebungen bei der betrieblichen Mitbestimmung kommen kann, die von den einzelnen UN im Konzern beachtet werden müssen, sind auch diese UN Beteiligte.[55]

34 Die in den Konzern-UN bzw. im Konzern vertretene **Gewerkschaft** ist Teil der Betriebsverfassung und somit ebenfalls **Beteiligte** im Beschlussverfahren. Ist die Wirksamkeit der Entsendung von BR-Mitgliedern in den KBR Gegenstand eines Beschlussverfahrens, so steht der Gewerkschaft nach der Rspr. des *BAG* jedoch kein Antragsrecht zu.[56] Dabei wird jedoch verkannt, dass die Gewerkschaft durchaus auch an der inneren Ordnung des Betriebs beteiligt ist.

---

47 *Fitting*, Rn. 59; Richardi-*Annuß*, Rn. 55; ErfK-*Koch*, Rn. 10.
48 *Fitting*, Rn. 61; GK-*Franzen*, Rn. 65; vgl. Musterschriftsätze zum Fortbestand der errichteten KBR in DKWF-*Trittin*, § 53 Rn. 16 bis 18.
49 *ArbG Bielefeld* 27.3.96 – 4 BV 59/95.
50 *BAG* 18.02.03 – 1 ABR 17/02 – BAGE 105, 19; *BAG* 13.10.04 – 7 ABR 56/03, BAGE 112, 166–179.
51 *BAG* 13.10.04 – 7 ABR 56/03, NZA 05, 647.
52 *ArbG Braunschweig* 1.10.98, NZA-RR 99, 88.
53 *ArbG Kiel*, 10.2.22 – 3 BV 41 a/21, juris.
54 *BAG* 23.8.06 – 7 ABR 51/05 AP Nr. 12 zu § 54 BetrVG 1972; zum GBR 15.8.78 – 6 ABR 56/77, BAGE 31, 58; zustimmend GK-*Franzen*, Rn. 12; *Fitting*, Rn. 54.
55 *BAG* 22.11.95 – 7 ABR 9/95 – AP BetrVG 1972 § 54 Nr. 7; 13.10.04 – 7 ABR 56/03, BAGE 112, 166–179, Rn. 26.
56 *BAG* 29.8.85, NZA 86, 400; Richardi-*Annuß*, Rn. 60.

Wer nach § 56 den Ausschluss einzelner Mitglieder aus dem KBR beantragen kann (s. § 56), muss auch hinsichtlich Errichtung und Zusammensetzung des KBRs **antragsbefugt** sein.[57] Das *BAG* dagegen sieht die ein Antragsrecht begründende materielle betriebsverfassungsrechtliche unmittelbare Betroffenheit nicht gegeben. Es erkennt zwar an, dass das BetrVG den Gewerkschaften eine Vielzahl von Unterstützungs- und Kontrollfunktionen zuweist, die jeweils ausdrücklich im Gesetz genannt werden (vgl. zum Beispiel § 14 VII, § 16 II, § 17 II und III, § 18 I und II, § 23 I und III, § 31, § 35 I, § 43 IV, § 46 I und II, § 48, § 53 III, § 56 und § 119 II BetrVG). Jedoch war das BAG der Ansicht, die Gewerkschaften könnten sich darauf nicht berufen, weil diese Normen nicht im Zusammenhang mit der Konstituierung des streitgegenständlichen Gremiums (dort: GBR) stünden.[58] Diese Argumentation mag allenfalls für die Antragsbefugnis in Bezug auf die Errichtung des KBR überzeugen, nicht jedoch hinsichtlich der Zusammensetzung des KBR, da sich aus dem Antragsrecht der Gewerkschaften in § 56 schließen lässt, dass das BetrVG diesbezüglich von einer **materiellen betriebsverfassungsrechtlichen Position der Gewerkschaften** ausgeht (vgl. § 55 Rn. 28).

Wie auch BR und GBR bleibt der KBR nach erfolgter Konstituierung **so lange im Amt, bis über die Rechtmäßigkeit der Errichtung rechtskräftig entschieden wurde.**[59] Während der Dauer dieses Verfahrens muss der KBR arbeitsfähig sein und insbes. verfahrensrelevante Beschlüsse treffen können. Auch die Teilnahme an Sitzungen, Schulungen und sonstigen Aktivitäten darf nicht beeinträchtigt werden; dies wäre gem. § 119 Ziffer 2 strafbar. Dies soll jedoch nicht gelten, wenn so erhebliche Mängel vorliegen, dass eine auch nur vorübergehende Tätigkeit nicht zu tolerieren ist, insbesondere wenn bei der Errichtung die Voraussetzungen des § 54 nicht vorlagen.[60] 35

Wird festgestellt, dass ein KBR zu Unrecht errichtet wurde, so kann ein derartiger KBR **dennoch Ansprüche auf Freistellung von Kosten** erwerben, die im Zusammenhang mit seiner Konstituierung oder anlässlich der Wahrnehmung betriebsverfassungsrechtlicher Aufgaben entstanden sind. Auch dies soll laut *BAG* dann nicht gelten, wenn die Voraussetzungen des § 54 nicht vorlagen, also wenn der KBR unter offensichtlicher Verkennung des Konzernbegriffs oder unter Missachtung der sonstigen für die Errichtung eines Konzernbetriebsrats bestehenden gesetzlichen Voraussetzungen errichtet wurde. Das *BAG* wendet in diesem Fall die gleichen Grundsätze an wie für Kostenerstattungsansprüche nichtig gewählter Betriebsratsmitglieder.[61] 36

Ein Beschlussverfahren, das die Wirksamkeit der **Errichtung eines KBR** zum Gegenstand hat, ist eine nichtvermögensrechtliche Streitigkeit gem. § 23 Abs. 3 S. 2 RVG. Die Bemessung des **Gegenstandswerts** erfolgt dabei uneinheitlich. Der Streitwertkatalog enthält keine eindeutige Aussage. Die Hinweise zur Wertberechnung bei Streitigkeiten über Entsendung von Mitgliedern in den KBR sind nicht anwendbar, weil ihnen eine andere Fragestellung zugrunde liegt und insbesondere nicht für und gegen jedermann die Zulässigkeit der Errichtung eines KBR geklärt wird.[62] Überwiegend wird die Anfechtung einer Betriebsratswahl für vergleichbar gehalten und eine Orientierung an der Staffel des § 9 BetrVG vorgenommen.[63] Unabhängigkeit von der Größe des KBR wird dabei aufgrund der Reichweite der Streitigkeit der dreifache Ausgangswert des § 23 Abs. 3 S. 2 Halbs. 2 RVG zugrunde gelegt.[64] 37

57 DKW-*Trittin*, 16. Auflage, Rn. 177; vgl. auch § 47 Rn. 146.
58 *BAG* 30.10.86 – 6 ABR 52/83, NZA 88, 27.
59 Richardi-*Annuß*, Rn. 59.
60 *BAG* 23.8.06 – 7 ABR 51/05 AP Nr. 12 zu § 54 BetrVG 1972; Richardi-*Annuß*, Rn. 59.
61 *BAG* 23.8.06 – 7 ABR 51/05, AP Nr. 12 zu § 54 BetrVG 1972; GK-*Franzen*, Rn. 11; *Fitting*, Rn. 54.
62 *LAG BW* 31.8.17 – 5 Ta 109/17; 2.4.20 – 9 TaBV 2/19.
63 *LAG Köln* 22.6.05 – 10(5) Ta 144/04, NZA-RR 2006, 269; *LAG Hamburg* 7.1.09 – 4 Ta 22/08; *LAG BW* 2.4.20 – 9 TaBV 2/19; ausführlich DKW-*Trittin*, 16. Auflage, § 54 Rn. 179.
64 *LAG Hamburg* 7.1.09 – 4 Ta 22/08; *LAG BW* 2.4.20 – 9 TaBV 2/19.

§ 55 Zusammensetzung des Konzernbetriebsrats, Stimmengewicht

(1) In den Konzernbetriebsrat entsendet jeder Gesamtbetriebsrat zwei seiner Mitglieder. Die Geschlechter sollen angemessen berücksichtigt werden.

(2) Der Gesamtbetriebsrat hat für jedes Mitglied des Konzernbetriebsrats mindestens ein Ersatzmitglied zu bestellen und die Reihenfolge des Nachrückens festzulegen.

(3) Jedem Mitglied des Konzernbetriebsrats stehen die Stimmen der Mitglieder des entsendenden Gesamtbetriebsrats je zur Hälfte zu.

(4) Durch Tarifvertrag oder Betriebsvereinbarung kann die Mitgliederzahl des Konzernbetriebsrats abweichend von Absatz 1 Satz 1 geregelt werden. § 47 Abs. 5 bis 9 gilt entsprechend.

Inhaltsübersicht

I. Vorbemerkungen

1 Die Vorschrift regelt in Abs. 1 **Zusammensetzung und Mitgliederzahl** des KBR in Anlehnung an die für den GBR maßgebende Bestimmung des § 47 Abs. 2. Für die Entsendung der Mitglieder in den KBR (Abs. 1 Satz 3) gelten die Grundsätze, die für die Bildung des Gesamtbetriebsausschusses des GBR maßgebend sind (§ 51 Abs. 2).

2 **Mitgliederzahlen** und **Stimmengewichtung** im KBR (Abs. 3 und 4) können seit der Novellierung 2001 durch TV oder BV abweichend geregelt (Abs. 5), analog zu den entsprechenden Vorschriften für den GBR (§ 47 Abs. 4–8). Im Übrigen ist die Norm zwingend.

3 Im BPersVG ist keine entsprechende Vorschrift enthalten, im SprAuG ist § 21 Abs. 2–4 die entsprechende Regelung.

II. Zusammensetzung (Abs. 1)

1. Entsendung

4 Die GBR (bzw. im Fall des § 54 Abs. 2 der BR) der dem Konzern (zum Begriff Vor § 54 Rn. 4 ff.) angehörenden UN sind **verpflichtet,** jeweils **zwei Mitglieder** in den KBR zu entsenden, sobald dieser errichtet wurde. Dies gilt insbesondere auch für Gremien, die im Verfahren nach § 54 Abs. 1 (s. dort) gegen die Errichtung eines KBR gestimmt haben.[1] Auch der in einem **Gemeinschaftsbetrieb** gewählte BR entsendet insgesamt zwei Mitglieder – und nicht etwa zwei für jedes konzernangehörige Trägerunternehmen, in dem kein weiterer Betriebsrat gebildet ist (zur Stimmengewichtung s. Rn. 25).[2] Der im Gemeinschaftsbetrieb gewählte BR kann **auch unternehmensfremde Betriebsratsmitglieder** in den KBR entsenden. Die Interessen der in dem Gemeinschaftsbetrieb beschäftigten AN werden nämlich von allen Mitgliedern des im Gemeinschaftsbetrieb gewählten BR – unabhängig von ihrer Unternehmenszugehörigkeit – vertreten.[3]

---

1 *Fitting*, Rn. 4; GK-*Franzen*, Rn. 8; Richardi-*Annuß*, Rn. 8.
2 *BAG* 29.7.20 – 7 ABR 27/19, juris.
3 *BAG* 29.7.20 – 7 ABR 27/19, BAGE 172, 1; 1.6.22 – 7 ABR 41/20, juris.

Verweigern GBR oder BR **beharrlich** die Entsendung von Mitgliedern in den KBR, stellt dies eine **grobe Pflichtverletzung** i. S. v. § 23 Abs. 1 (s. dort) dar.[4] In dem unwahrscheinlichen Fall, dass sämtliche GBR (bzw. BR gemäß § 54 Abs. 2) keine Mitglieder mehr in den KBR entsenden, so bleibt wegen seiner Ausgestaltung als **Dauereinrichtung** (s. § 54 Rn. 17) der einmal errichtete KBR dennoch als Gremium bestehen – wenn auch funktionslos.[5] Aus einer Nichtentsendung von Mitgliedern kann **nicht die Beendigung** des KBR geschlossen werden.[6] Neue Mitglieder können daher ohne einen neuen weiteren Errichtungsbeschluss wieder entsandt werden, vgl. § 57 Rn. 7. 5

Kommen **weitere UN** mit GBR in den Konzern, dann entsenden sie zusätzlich ihre Mitglieder in den KBR, der sich dadurch **vergrößert** (vgl. auch § 47 Rn. 24ff. für den GBR).[7] 6

Es handelt sich bei der Entsendung um **Beschlüsse** des GBR bzw. bei § 54 Abs. 2 des BR als Gremium (siehe dazu § 51 und § 33), die **für jedes Mitglied einzeln** zu treffen sind.[8] Weder eine Wahldelegiertenversammlung noch der Betriebsausschuss können diese Beschlüsse des GBR ersetzen. Insofern gilt nichts anderes als für die Beschlussfassungen zur Errichtung des GBR selbst gem. § 47 Abs. 2 (s. dort). Wie bei der Bestimmung der Delegierten des GBR gem. § 47 Abs. 2 wird der Beschluss zur Entsendung durch **einfache Mehrheit** gem. § 33 gefasst. 7

Die **Geschlechter** »sollen« gem. Abs. 1 S. 2 **angemessen berücksichtigt** werden.[9] Dass es sich hierbei um ein nicht besonders sanktioniertes Soll-Gebot handeln soll[10], ist vor dem Hintergrund des **Gleichstellungsauftrags des Art. 3 Abs. 2 GG** wenig überzeugend. Auch weil es sich nicht um eine Kann-Vorschrift handelt, ist zu bezweifeln, dass der Gesetzgeber eine völlig sanktionslose Bestimmung schaffen wollte (s. auch § 47 Rn. 50).[11] Offenbar ist die Regelung jedenfalls nicht wirkungslos: Verglichen mit der Zeit vor der Novellierung des BetrVG 2001 hat sich die Repräsentanz von Frauen in Gremien erheblich erhöht, laut *WSI* nahmen 2015 Frauen 39 Prozent aller Sitze in den Betriebsratsgremien ein.[12] Laut *IW* entsprach 2022 der Anteil der gewählten weiblichen Betriebsratsmitglieder mit gut 27 Prozent dem Anteil der Frauen unter den Wahlberechtigten.[13] Eine angemessene Berücksichtigung der Geschlechter im KBR hat sich an den Geschlechterverhältnissen zu orientieren, die in den UN im Zuständigkeitsbereich der entsendenden GBR vorherrschen; im Fall der Entsendung aus einem BR gem. § 54 Abs. 2 sind die Geschlechterverhältnisse in diesem Betrieb maßgeblich. Finden diese keine angemessene Berücksichtigung, liegt eine **grobe Pflichtverletzung** nach § 23 Abs. 1 vor (s. auch § 47 Rn. 50). Von einer angemessenen Berücksichtigung ist jedenfalls nicht auszugehen, wenn auch schon bei einem geringen Frauenanteil in der Belegschaft des Konzerns und für eine Entsendung bereitstehende Frauen im GBR bzw. BR **keine Frau** im KBR vertreten ist. 8

Seit der Entscheidung des **BVerfG zur Geschlechtsidentität**[14] und der darauffolgenden Änderung des Personenstandsgesetzes ist der Begriff des »Geschlechts« nicht mehr binär zu verstehen. Auch im BetrVG ist der Begriff verfassungskonform entsprechend auszulegen, dass er außer weiblich und männlich **auch andere geschlechtliche Identitäten** erfasst.[15] § 55 wurde – wie auch §§ 15 und 62 – geschlechtsneutral formuliert. Dies bereitet nun Schwierigkeiten. Für den Wortlaut des Abs. 1, der sprachlich von nur einem Geschlecht in der Minderheit ausgeht (»das Minderheitengeschlecht«), gerät die Auslegung an Grenzen[16] – gerade auch angesichts 9

4 Richardi-*Annuß*, Rn. 13.
5 *Fitting*, Rn. 6; ErfK-*Koch*, § 57 Rn. 1.
6 So aber Richardi-*Annuß*, § 57 Rn. 3.
7 *BAG* 16.3.05 7 ABR 37/04, AP Nr. 5 zu § 51 BetrVG 72; *Fitting*, Rn. 4.
8 HK-BetrVG-*Schulze*, Rn. 4.
9 *Wankel*, AiB 01, 501.
10 Richardi-*Annuß*, Rn. 5; zu § 47 entsprechend: *Fitting*, § 47 Rn. 34; GK-*Franzen*, § 47 Rn. 41; ErfK-*Koch*, § 47 Rn. 6; a. A. KRHS, Rn. 3; WPK-*Roloff*, Rn. 10; *Löwisch*, BB 01, 1734 [1744].
11 So i. E. auch LK-*Löwisch*, Rn. 16.
12 *Baumann/Brehmer/Hobler/Klenner/Pfahl*, WSI Report, Nr. 34, S. 1.
13 *Kestermann/Lesch/Stettes*, Betriebsratswahlen 2022. Ergebnisse der IW-Betriebsratswahlbefragung, in: IW-Trends, 49. Jg. 2022, Nr. 4, S. 63–83.
14 BVerfG 10.10.17 – 1 BvR 2019/16; dazu *Nollert/Dickerhof/Wenckebach*, AGG, § 1 Rn. 10ff.
15 *Dutta/Fornasier* (2020).
16 Den Gesetzgeber sehen deshalb gefordert *Verhoek/Weuthen* in ArbRAktuell 18, 65, 68; vgl. auch § 15 Rn. 11.

des Ziels der Norm, in Umsetzung von Art. 3 Abs. 2 S. 2 GG Frauen zu fördern (vgl. § 15 Rn. 11). Denkbar wäre nämlich eine Umsetzung des BVerfG-Urteils derart, dass **mehrere Minderheitengeschlechter** anzuerkennen sind – was allerdings erhebliche Veränderungen für die Stimmauszählung mit deutlicher Beeinflussung sowohl des aktiven als auch des passiven Wahlrechts[17] bedeuten würde. Dies ist jedoch mit dem Singular formulierten Wortlaut unvereinbar. Wird wegen des Wortlauts wiederum davon ausgegangen, dass es **nur ein Minderheitengeschlecht** geben könne, dann fiele eine Frauenförderung durch Abs. 1 weg, sobald im Betrieb AN mit diverser Geschlechtsidentität tätig sind. Diese Auslegung von Abs. 3 wäre mit dem Ziel der Norm, in Umsetzung von Art. 3 Abs. 2 S. 2 GG die Gleichstellung von Frauen zu fördern (vgl. § 15 Rn. 11), nicht vereinbar. Die gesetzliche Klarstellung, dass die einschlägigen Normen des BetrVG der gezielten Förderung von Frauen dienen, wäre mit Blick auf die Rechtsklarheit wünschenswert und mit der Rechtsprechung des BetrVG auch vereinbar: Das BVerfG hat es als Verstoß gegen Persönlichkeitsrechte gewertet, wenn Menschen gezwungen werden, sich einem Geschlecht zuzuordnen oder auf eine Geschlechtsidentität zu verzichten. Benachteiligungen von nicht-binären Personen sind untersagt. Mit Anerkennung dieses Persönlichkeitsrechts ist dem Gesetzgeber jedoch nicht die Pflicht auferlegt, Menschen mit anderer Geschlechtsidentität dieselben Gleichstellungsmaßnahmen (»positive Diskriminierung«)[18] zukommen zu lassen, wie sie bisher Frauen zuteil werden, um bestehende Nachteile im Sinne des Art. 3 Abs. 2 S. 2 GG und des explizit auf Frauen bezogenen Verfassungsauftrags zu beseitigen.[19] Bis zu einer Reaktion des Gesetzgebers – die auch mit der Reform von 2021 durch das Betriebsrätemodernisierungsgesetz ausblieb – ist Abs. 1 allerdings der Auslegung zugänglich. Angesichts der Fallzahlen, von denen BVerfG und Bundesregierung ausgehen – bundesweit 160 000 non-binäre Personen[20] – dürfte jedoch in der Praxis die Frage, wann eine »angemessene Berücksichtigung« im KBR erforderlich wird, nur selten relevant werden.

10 Für **privatisierte Post-UN** trifft **§ 33 PostPersRG** teilweise spezielle Regelungen zur Zusammensetzung des KBR, da in den Gremien Beamte und AN vertreten sind und angemessen repräsentiert werden sollen.[21]

11 In den KBR entsandt werden können **nur Mitglieder des GBR** (bzw. BR gemäß § 54 Abs. 2) selbst.[22] Die **Mitgliedschaft im KBR endet** deshalb mit Ablauf der Amtszeit des BR, von dem das Mitglied im GBR oder aber gemäß § 54 Abs. 2 direkt in den KBR entsandt worden ist.[23] Allerdings ist im Falle einer anschließenden Wiederwahl als BR-Mitglied auch die Wiederentsendung in den KBR möglich. Der GBR eines **Gemeinschafts-UN** (s. Vor § 54 Rn. 18) entsendet Vertreter in den KBR der beteiligten Konzerne.

2. Abberufung

12 Vor der Reform des BetrVG 2001 war **die Abberufung von Mitgliedern des KBR** explizit geregelt (§ 55 Abs. 1 S. 4 a. F.). Obwohl das nun nicht mehr der Fall ist, ist die Abberufung von Mitgliedern des KBR jederzeit möglich.[24] Für den entsprechenden Beschluss gelten die oben dargelegten Regeln der Entsendung (vgl. auch § 49). Eines bestimmten Anlasses bedarf es hierzu nicht. Das für das abberufene Mitglied vorhandene Ersatzmitglied rückt gem. §§ 59 Abs. 1, 25 Abs. 1 nach, wenn GBR bzw. BR keine anderen Beschlüsse fassen. Zu **sonstigen Gründen des Erlöschens der Mitgliedschaft** im KBR siehe § 57).

17 In Bezug auf die Frauenförderung HK-BetrVG-Kloppenburg, Rn. 8 m. w. N.
18 Zum Begriff *Nollert/Dickerhof/Wenckebach*, AGG, § 5.
19 *Dutta/Fornasier*, 26 ff.
20 BVerfG 10. 10. 17 – 1 BvR 2019/16; BT-Drs. 19/4669, S. 1.
21 *Fitting*, Rn. 5.
22 *Fitting*, Rn. 6.
23 GK-*Franzen* Rn. 13.
24 *Fitting*, Rn. 10; Richardi-*Annuß*, Rn. 10.

3. Ersatzmitglieder (Abs. 2)

13 Da der KBR eine Dauereinrichtung ist (vgl. § 54 Rn. 17ff.) muss die Kontinuität der Besetzung gewahrt werden, um die Arbeitsfähigkeit des Gremiums zu erhalten. Für jedes Mitglied des KBR ist jeweils mindestens ein Ersatzmitglied zu bestellen (Abs. 2). Werden für ein KBR-Mitglied mehrere Ersatzmitglieder bestellt, ist gleichzeitig die **Reihenfolge des Nachrückens** festzulegen.[25] Die Ersatzmitglieder treten in den KBR ein, wenn das ordentliche Mitglied, für das sie bestellt wurden, **verhindert** ist oder aus dem KBR ausscheidet. Die Bestellung der Ersatzmitglieder erfolgt in derselben Weise, wie die der ordentlichen Mitglieder des KBR, vgl. zudem zum entsprechenden Verfahren im GBR § 47 Rn. 71ff.

14 Die Regelungen über die Bestimmung der Ersatzmitglieder gelten grundsätzlich auch, wenn es in einem UN des Konzerns **nur einen BR** gibt (§ 54 Abs. 2, s. dort). Besteht dieser BR allerdings **nur aus einer Person,** so ist es dieser nicht möglich, ein Ersatzmitglied zu bestellen. Ist das KBR-Mitglied aus dem BR an der Teilnahme verhindert oder ausgeschieden, rückt als Ersatzmitglied der BR-Wahlkandidat mit der zweithöchsten Stimmenanzahl auf.[26]

III. Stimmengewichtung (Abs. 3)

15 Im KBR werden – wie auch im GBR – die **Stimmen** nicht nach Köpfen vergeben, sondern **gewichtet.** Abs. 3 regelt, dass jedem Mitglied des KBR die Stimmen der Mitglieder des entsendenden GBR je zur Hälfte zusteht. Auch im KBR richtet sich also das Stimmengewicht der entsandten Mitglieder nach der Zahl der AN, die von ihnen repräsentiert werden.[27] Wie bei § 47 Abs. 7 ist dafür die **Gesamtzahl der wahlberechtigten AN maßgebend.** Wenn also wie im Regelfall zwei Mitglieder eines GBR in den KBR entsandt werden, dann steht jedem der beiden Mitglieder die Hälfte der Gesamtzahl der Stimmen der GBR-Mitglieder zu.[28] Im Einzelnen s. § 47 Rn. 126ff.

16 In einem Fall des § 54 Abs. 2, in dem **nur ein BR** in dem konzernangehörigen UN besteht, käme eine analoge Anwendung des Abs. 3 zu dem Ergebnis, dass das Mitglied nur so viele Stimmen hat, wie dem BR, der es entsandt hat, Mitglieder angehören.[29] Es fehlt dabei jedoch an einer Zuordnung der von dem BR repräsentierten AN, weshalb es einer **analogen Anwendung** des § 47 Abs. 7 bedarf und die Zahl der **bei der letzten BR-Wahl wahlberechtigten AN** heranzuziehen ist.[30]

17 In ihrer **Stimmabgabe** sind die Mitglieder des KBR eigenverantwortlich und an **keine Aufträge oder Weisungen** des entsendenden GBR oder BR gebunden.[31] Indirekt gibt es jedoch eine Möglichkeit der Einflussnahme des entsendenden Gremiums durch die **Möglichkeit der Abberufung** aus dem KBR (s. Rn. 12). Mehrere Mitglieder eines Gremiums können unterschiedlich abstimmen. Jedoch kann jedes Mitglied des KBR die auf sich entfallenden Stimmen **nur einheitlich** abgeben. Ein Aufteilen dieser Stimmen bei einer Beschlussfassung des KBR ist grundsätzlich nicht möglich.[32]

18 Sind bei der **Post-AG** Mitglieder im KBR für Angelegenheiten von Beamt:innen zuständig, so regelt § 33 Abs. 1 Nr. 2 PostPersG, dass nur die Vertreter:innen der Beamt:innen mit dem Stimmgewicht im KBR zur Beschlussfassung berufen sind.[33]

25 *Fitting*, Rn. 14.
26 *Fitting*, Rn. 15.
27 Richardi-*Annuß*, Rn. 22.
28 HK-BetrVG-*Schulze*, Rn. 10.
29 Richardi-*Annuß*, Rn. 23.
30 *Fitting*, Rn. 16; GK-*Franzen* Rn. 22; Richardi-*Annuß*, Rn. 23; HK-BetrVG-*Schulze*, Rn. 10.
31 *Fitting*, Rn. 18; GK-*Franzen*, Rn. 23; Richardi-*Annuß*, Rn. 28.
32 *Fitting* Rn. 17; GK-*Franzen* Rn. 23; Richardi-*Annuß*, Rn. 29.
33 *Fitting*, Rn. 25; Richardi-*Annuß*, Rn. 30.

IV. Abweichende Größe durch Tarifvertrag oder Betriebsvereinbarung (Abs. 4)

1. Abweichende Regelung

19 Das Gesetz erlaubt wie beim GBR, dass die **Mitgliederzahl durch TV oder BV abweichend vom Gesetz** geregelt wird. Hierfür gelten die Regelungen des § 47 Abs. 5–9 entsprechend (s. dort, zu den möglichen **Regelungsgegenständen** § 47 Rn. 90 ff.). Inhaltliche Grenzen nach oben oder unten sind nicht vorgesehen. Die Regelung dient dem **Zweck,** beispielsweise einen unverhältnismäßig kleinen KBR zu vermeiden, der nach der gesetzlichen Regelung bei einer kleinen Anzahl von UN im Konzern, in denen jedoch große Zahlen wahlberechtigter AN beschäftigt sind, entstehen würde. Oder aber, um bei vielen Konzern-UN mit jeweils wenig AN einen übergroßen KBR vermeiden zu können (vgl. § 47 Rn. 76 ff.).

2. Tarifvertrag

20 Im Falle einer abweichenden Regelung durch TV ist dieser mit dem **herrschenden Konzern-UN oder dessen AGV** abzuschließen.[34] Die den TV abschließende **Gewerkschaft** wiederum braucht nicht in den Betrieben sämtlicher UN des Konzerns vertreten zu sein.[35] Damit wird auch in Mischkonzernen ein TV ermöglicht. Gibt es in dem Konzern-UN mehrere Gewerkschaften, ist nach dem **Repräsentativ- oder Mehrheitsprinzip** die Gewerkschaft mit den meisten Mitgliedern zuständig. Dies ergibt sich aus § 4a Abs. 2 S. 1 TVG.[36] Warum es dabei auf die Tarifzuständigkeit im herrschenden UN des Konzerns ankommen soll[37], erschließt sich dagegen nicht.

21 **Arbeitskämpfe** um den TV nach § 55 Abs. 4 sind – ebenso wie ein TV gem. § 47 Abs. 4 erstreikbar ist – zulässig (s. 47 Rn. 80).

22 Soweit es zu einer Tarifpluralität kommt, ist die damit verbundene **Tarifkollision** gemäß § 4a TVG aufzulösen (dazu § 3 Rn. 221a ff. sowie § 47 Rn. 84)[38].

3. Betriebsvereinbarung

23 Der Abschluss einer **BV** gemäß Abs. 4 kommt infrage, wenn kein entsprechender TV vorliegt. Diese BV kann nur zwischen dem herrschenden UN und dem zunächst nach dem Gesetz (Abs. 1) gebildeten KBR abgeschlossen werden.[39] Im Übrigen gilt das zu § 47 Gesagte, s. § 47 Rn. 86 ff.

4. Erzwingbare Betriebsvereinbarung

24 Die Verweisung auf § 47 Abs. 5, 6 in Abs. 4 S. 2 ist relevant für den Fall, dass der nach dem Gesetz (Abs. 1) zu bildende **KBR aus mehr als 40 Mitgliedern** besteht und kein TV über eine abweichende Zusammensetzung des KBR besteht. Das herrschende UN bzw. der KBR können dann den Abschluss einer **BV** über die Größe des KBR verlangen. Im Falle der Nichteinigung entscheidet die ESt.[40] Es gelten für die Gestaltung der BV und das Verfahren auch insoweit dieselben Grundsätze wie im Falle der nach § 47 Abs. 5 vom Gesetz vorgesehenen notwendigen Verkleinerung des GBR (s. dort).

---

34 *Fitting*, Rn. 20; HWGNRH-*Glock*, Rn. 7; WW, Rn. 5; Richardi-*Annuß*, Rn. 16; GK-*Franzen*, Rn. 29.
35 *Fitting*, Rn. 20; Richardi-*Annuß*, Rn. 17; GK-*Franzen* § 55 Rn. 29.
36 *Fitting*, Rn. 20.
37 So Richardi-*Annuß*, Rn. 17.
38 Zur Auflösung von Tarifkollisionen Deinert/Heuschmid/Zwanziger-*Deinert*, § 11 Rn. 293 ff.; zur Verfassungsmäßigkeit der Regelung BVerfG 11.7.17 – 1 BvR 1571/15 u.a., NZA 15, 1271.
39 *Fitting*, Rn. 21; GL, Rn. 11; HWGNRH-*Glock*, Rn. 8; GK-*Franzen*, Rn. 31; Richardi-*Annuß*, Rn. 16.
40 *Fitting*, Rn. 26; HK-BetrVG-*Schulze*, Rn. 20.

5. KBR und Gemeinschaftsbetrieb

Die Verweisung des Abs. 4 S. 2 auf § 47 Abs. 9 betrifft **nur Gemeinschaftsbetriebe i. S. v. § 1 Abs. 1 S. 2** (s. dort) – nicht, wie sich in Konzernzusammenhängen interpretieren ließe, Gemeinschafts-UN (dazu Vor § 54 Rn. 18 ff.).[41] Die Verweisung ermöglicht, durch TV oder BV dort **abweichende Stimmengewichtungen** zu vereinbaren, soweit dies nicht bereits in direkter Anwendung des § 47 Rn. 9 (s. dort) erfolgt ist. Nach der Vorstellung des Gesetzgebers kommt eine entsprechende Regelung vor allem in Betracht, wenn Konzern-UN gemeinsame Betriebe mit konzernfremden UN gebildet haben.[42] 25

Ohne eine abweichende Regelung durch TV oder BV richtet sich bei Gemeinschaftsbetrieben die Stimmengewichtung nach Abs. 3, Abs. 4 S. 2 i. V. m. § 47 Abs. 7.[43] 26

V. Streitigkeiten

Über Streitigkeiten, die Zusammensetzung und Mitgliederzahl des KBR betreffen, entscheidet das ArbG im **Beschlussverfahren** (§ 2a, 80 ff. ArbGG). Örtlich **zuständig** ist das Gericht, in dessen Bezirk das herrschende UN des Konzerns seinen Sitz hat und wo der KBR gebildet ist (§ 82 Abs. 1 S. 2 ArbGG).[44] Ist die Konzernspitze im Ausland ansässig, dann ist der Sitz der größten inländischen UN maßgebend (s. Vor § 54 Rn. 23 ff). 27

Für Streitigkeiten über die Rechtsungültigkeit der Bildung eines KBR und die Entsendung von KBR-Mitgliedern ist **§ 19** anwendbar. Die in den Konzern-UN bzw. im Konzern vertretene **Gewerkschaft** ist Teil der Betriebsverfassung und somit ebenfalls **Beteiligte** im Beschlussverfahren. In einem Beschlussverfahren über die Wirksamkeit der Entsendung von BR-Mitgliedern in den KBR soll der **Gewerkschaft** nach der Rspr. des *BAG* jedoch kein **Antragsrecht** zustehen.[45] Dabei wird jedoch verkannt, dass die Gewerkschaft durchaus auch an der inneren Ordnung des Betriebs beteiligt ist. Wer nach § 56 den Ausschluss einzelner Mitglieder aus dem KBR beantragen kann (s. § 56), muss auch hinsichtlich Errichtung und Zusammensetzung des KBRs antragsbefugt sein (s. § 54 Rn. 33 und § 47 Rn. 146).[46] Das *BAG* dagegen sieht die ein Antragsrecht begründende materielle betriebsverfassungsrechtliche unmittelbare Betroffenheit nicht gegeben. Dabei wird zwar anerkannt, dass das BetrVG den Gewerkschaften eine Vielzahl von Unterstützungs- und Kontrollfunktionen zuweist. Die Gewerkschaften könnten sich darauf jedoch nicht berufen, weil diese Normen nicht im Zusammenhang mit der Konstituierung des streitgegenständlichen Gremiums (dort: GBR) stünden, so das *BAG*.[47] Diese Argumentation mag jedoch hinsichtlich der Zusammensetzung des KBR nicht zu überzeugen, da sich aus dem Antragsrecht der Gewerkschaften in § 56 schließen lässt, dass das BetrVG diesbezüglich von einer **materiellen betriebsverfassungsrechtlichen Position der Gewerkschaften** ausgeht (vgl. § 54 Rn. 33) aus der sich auch eine **Antragsbefugnis im Verfahren um die Entsendung von Mitgliedern in den KBR** ergibt. Andernfalls ließe sich beispielsweise durch eine Gewerkschaft nicht dagegen vorgehen, wenn ein auf ihren Antrag ausgeschlossenes Mitglied des KBR erneut entsandt wird. 28

§ 56 Ausschluss von Konzernbetriebsratsmitgliedern

Mindestens ein Viertel der wahlberechtigten Arbeitnehmer der Konzernunternehmen, der Arbeitgeber, der Konzernbetriebsrat oder eine im Konzern vertretene Gewerkschaft können beim Arbeitsgericht den Ausschluss eines Mitglieds aus dem Konzernbetriebsrat wegen grober Verletzung seiner gesetzlichen Pflichten beantragen.

41 *Fitting*, Rn. 29; Richardi-*Annuß*, Rn. 25; HK-BetrVG-*Schulze*, Rn. 11.
42 Begr. RegE, BT-Drs. 14/5741, 43; Richardi-*Annuß*, Rn. 25.
43 *Fitting*, Rn. 29; Richardi-*Annuß*, Rn. 25.
44 Richardi-*Annuß*, Rn. 31; GK-*Franzen*, Rn. 43; HWGNRH-*Glock*, Rn. 22; *Fitting*, Rn. 31.
45 *BAG* 29. 8. 85, NZA 86, 400; Richardi-*Annuß*, § 54 Rn. 60.
46 DKW-*Trittin*, 16. Auflage, Rn. 24.
47 *BAG* 30. 10. 86 – 6 ABR 52/83, NZA 88, 27.

Inhaltsübersicht Rn.

I. Vorbemerkungen

1 Die Bestimmung regelt den **gerichtlichen Ausschluss von Mitgliedern des KBR wegen grober Pflichtverletzung** in Anlehnung an § 48 (s. dort) als für den GBR geltende Vorschrift.

2 § 56 betrifft nur den Ausschluss **einzelner Mitglieder** aus dem KBR. Da der KBR, wenn er einmal wirksam errichtet wurde, eine **Dauereinrichtung** ist, kann eine Beendigung nur durch entsprechende Beschlüsse der GBR oder BR (§ 54 Abs. 2) der dem Konzern angehörenden UN herbeigeführt werden (s. § 54 Rn. 17 ff. zu den Beendigungsgründen, § 57 Rn. 9 zur **Abberufung** einzelner Mitglieder des KBR).[1] Eine **gerichtliche Auflösung** des KBR als Organ wegen grober Pflichtverletzung, wie sie gemäß § 23 Abs. 1 beim BR möglich ist (s. dort), ist nicht vorgesehen.

3 Die Vorschrift ist **zwingend.**

4 Das SprAuG enthält eine entsprechende Regelung in § 22 Abs. 1, im BPersVG dagegen ist eine vergleichbare Vorschrift nicht vorhanden.

II. Ausschluss von Mitgliedern

1. Grobe Pflichtverletzung

5 Der Ausschluss einzelner Mitglieder des KBR setzt eine **grobe Pflichtverletzung** voraus. Diese muss sich auf eine Pflicht beziehen, die mit der **Amtstätigkeit im KBR** zusammenhängt. Eine Pflichtverletzung, die jemand in seiner Eigenschaft als Mitglied des BR oder des GBR begeht, reicht allein für einen Ausschluss aus dem KBR nicht aus.[2] Allerdings hat ein Ausschluss aus dem GBR oder dem BR den Verlust der Mitgliedschaft im KBR zur Folge, da die Mitgliedschaft im KBR an die im GBR und diese wiederum an die Mitgliedschaft im BR gebunden ist (vgl. § 48 Rn. 27 ff.). Umgekehrt führt der Ausschluss aus dem KBR wegen einer mit dieser Aufgabe verbundenen Pflichtverletzung nicht zwangsläufig auch zum Verlust der Mitgliedschaft im GBR oder BR.[3]

2. Antragsberechtigung

6 Die Regelung der Antragsberechtigung ist angelehnt an § 48 (s. dort). Bei einem AN-seitigen Ausschlussantrag verlangt § 56 die Unterstützung durch ein **Viertel der wahlberechtigten AN** der Konzern-UN. Berechtigt sind dabei nicht nur AN von Konzernbetrieben, in denen ein BR besteht,[4] sondern wie bei § 48 (s. dort Rn. 13) **auch AN der Betriebe des Konzerns, die keinen GBR haben oder gar BR-los sind.**[5] Denn gem. § 58 Abs. 1 S. 1 2. HS ist der KBR auch für diese Betriebe zuständig.[6] Zur Ermittlung der Zahl der wahlberechtigten AN ist auf den **Zeitpunkt der Antragstellung** und nicht auf den der Errichtung des KBR abzustellen (Vgl. § 48 Rn. 13 ff.).

---

1 *Fitting*, Rn. 4; HWGNRH-*Glock*, Rn. 1.
2 *Fitting*, Rn. 5; *GL*, Rn. 3; GK-*Franzen*, Rn. 11; Richardi-*Annuß*, Rn. 2; *Schwab*, NZA-RR 07, 337; *ders.*, AiB 08, 87.
3 *Fitting*, Rn. 5; Richardi-*Annuß*, Rn. 2.
4 So noch DKW-*Trittin*, 16. Aufl., § 56 Rn. 3.
5 *Fitting*, Rn. 6; HWGNRH-*Glock*, Rn. 5; Richardi-*Annuß*, Rn. 5.
6 *Fitting*, Rn. 6.

Die vor dem Hintergrund von Konzernstrukturen unglücklich gewählte Formulierung des antragsberechtigten »Arbeitgebers« meint **das herrschende Unternehmen des Konzerns** und nicht etwa die Leitung irgendeines zum Konzern gehörenden UN.[7] Dies ergibt sich aus dem Wortlaut (AG im Singular) sowie dem konzerndimensionalen Bezug der anderen Antragsbefugten.[8] 7

Jede im Konzern vertretene **Gewerkschaft** kann den Ausschluss beantragen, wenn sie im Konzern vertreten ist; dies ist der Fall, wenn mindestens ein AN eines Konzern-UN Mitglied der Gewerkschaft ist.[9] 8

Schließlich ist der **KBR** antragsberechtigt, **nicht** dagegen **der GBR** eines Konzern-UN; allerdings kann dieser seine Vertreter aus dem KBR in derselben Weise wieder abberufen, wie sie entsandt worden sind (vgl. § 57 Rn. 9).[10] 9

3. Antrag

Der Antrag kann auf Ausschluss **eines, mehrerer oder aller Mitglieder** gerichtet sein. Er kann schriftlich eingereicht bzw. bei der Geschäftsstelle des ArbG zu Protokoll gegeben werden (vgl. § 81 Abs. 1 ArbGG) und ist zu begründen. 10

Der Antrag auf Ausschluss aus dem KBR führt nicht automatisch zu dem **Ausschluss aus dem entsendenden Gremium** (s. Rn. 5), kann jedoch mit einem Antrag auf Ausschluss aus dem entsendenden GBR oder BR **verbunden** werden.[11] 11

4. Rechtsfolgen

Die Rechtsfolgen einer rechtskräftigen arbeitsgerichtlichen Entscheidung über den Ausschluss eines Mitglieds des KBR entsprechen denen des Ausschlusses eines Mitglieds aus dem GBR (s. § 48).[12] Das Mitglied ist durch rechtskräftige Entscheidung des Arbeitsgerichts **aus dem KBR ausgeschlossen** und wird durch ein nachrückendes **Ersatzmitglied** ersetzt (§ 59 Abs. 1 i.V.m. § 25 Abs. 1, s. dort). Mit dem Ausschluss aus dem KBR endet weder die Mitgliedschaft im GBR noch im BR (s. Rn. 5). Die **Mitgliedschaft im Konzernbetriebsausschuss oder anderen Ausschüssen** des KBR ist **beendet.**[13] 12

Ist **kein Ersatzmitglied vorhanden,** so kann das entsendende Gremium ein anderes Mitglied in den KBR entsenden. Nicht zulässig ist allerdings, das Mitglied zu bestellen, das wegen seiner groben Amtspflichtverletzung aus dem KBR ausgeschlossen wurde.[14] 13

III. Streitigkeiten

Die Entscheidung über einen Ausschlussantrag ist gem. § 82 Abs. 1 S. 2 ArbGG bei dem ArbG zu stellen, in dessen Bezirk das herrschende UN seinen Sitz hat, und zwar unabhängig davon, wer den Ausschlussantrag gestellt hat.[15] Ist das herrschende UN im Ausland ansässig, dann ist der Sitz des größten inländischen UN maßgebend (vgl. Vor § 54 Rn. 23 ff). 14

---

7 *Fitting*, Rn. 8; *GL*, Rn. 5; HWGNRH-*Glock*, Rn. 6; GK-*Franzen*, Rn. 7 f.; GK-*Franzen*, Rn. 7; Richardi-*Annuß*, Rn. 6.
8 So zutreffend GK-*Franzen*, Rn. 7.
9 *Fitting*, Rn. 7; GK-*Franzen*, Rn. 10; Richardi-*Annuß*, Rn. 8.
10 *Fitting*, Rn. 9; *GL*, Rn. 6; HWGNRH-*Glock*, Rn. 7; Richardi-*Annuß*, Rn. 7.
11 GK-*Franzen*, Rn. 14.
12 *Fitting*, Rn. 10.
13 Richardi-*Annuß*, Rn. 10.
14 Richardi-*Annuß*, Rn. 12; vgl. auch § 48 Rn. 28.
15 *Fitting*, Rn. 10.

§ 57 Erlöschen der Mitgliedschaft

Die Mitgliedschaft im Konzernbetriebsrat endet mit dem Erlöschen der Mitgliedschaft im Gesamtbetriebsrat, durch Amtsniederlegung, durch Ausschluss aus dem Konzernbetriebsrat aufgrund einer gerichtlichen Entscheidung oder Abberufung durch den Gesamtbetriebsrat.

Inhaltsübersicht Rn.

I. Vorbemerkungen

1 Die Vorschrift regelt in Entsprechung zu § 49 die Beendigung der Mitgliedschaft der einzelnen Mitglieder des KBR. Zur Beendigung des KBR als Gremium insgesamt trifft sie keine Regelung (vgl. § 54 Rn. 21 ff. zu den Beendigungstatbeständen).

2 Das SprAuG enthält eine entsprechende Regelung in § 22 Abs. 2, im BPersVG dagegen ist eine vergleichbare Vorschrift nicht vorhanden.

3 Die Norm ist **zwingend** und weder durch TV noch durch BV abdingbar.[1]

II. Beendigung der Mitgliedschaft

1. Konzernbetriebsrat als Dauereinrichtung

3a Der KBR ist **ohne feste Amtszeit auf Dauer eingerichtet** (vgl. auch § 54 Rn. 17 ff.).[2] Ist der KBR einmal gebildet, bleibt er auch über die Amtszeit der einzelnen BR hinaus so lange bestehen, wie die Voraussetzungen für seine Errichtung (§ 54) vorliegen.

4 Das Amt des KBR endet nur im Falle des **dauerhaften Entfalls der Voraussetzungen seiner Errichtung** (s. § 54 Rn. 21).[3] Dies ist insbes. der Fall, wenn der Konzern aufgelöst wird, nicht jedoch bei Veränderungen der Konzernstruktur (siehe § 54 Rn. 21).[4]

5 Ein **kollektiver Rücktritt des KBR ist ebenso wenig möglich wie ein Beschluss über die Auflösung durch den KBR selbst,** denn hierfür fehlt dem KBR die Organisationszuständigkeit (s. § 54 Rn. 19).[5] Ein **Auflösungsbeschluss** kann vielmehr – wie bei dessen Errichtung – **nur mit der Zustimmung der GBR** (oder BR, § 54 Abs. 2) erfolgen, in deren UN insgesamt mehr als 50 % der AN des Konzerns beschäftigt sind (siehe § 54 Rn. 23).[6]

6 Unmöglich ist zudem die **gerichtliche Auflösung** des KBR.[7] § 56 sieht nur den Ausschluss von einzelnen Mitgliedern des KBR, nicht jedoch dessen Auflösung als Gremium durch ein Gericht vor (s. § 54 Rn. 20).

7 Entsenden sämtliche GBR (bzw. BR gemäß § 54 Abs. 2) keine Mitglieder mehr in den KBR, so bleibt der einmal errichtete KBR als Gremium bestehen – wenn auch funktionslos.[8] Die Nichtentsendung der Mitglieder durch die GBR ist **pflichtwidrig,** aus ihr kann jedoch nicht die Beendigung des KBR geschlossen werden.[9] Neue Mitglieder können daher ohne einen neuen weiteren Errichtungsbeschluss wieder entsandt werden (vgl. auch § 55 Rn. 4 ff.).

---

1 *Fitting*, Rn. 2; GK-*Franzen*, Rn. 2.
2 *Fitting*, § 54 Rn. 50; HWGNRH-*Glock*, § 54 Rn. 31; Richardi-*Annuß*, § 54 Rn. 45.
3 *BAG* 23. 8. 06 *BAG* – 7 ABR 51/05; *Fitting*, Rn. 53; Richardi-*Annuß*, § 54 Rn. 49.
4 *Fitting*, Rn. 51; Richardi-*Annuß*, Rn. 50.
5 *Fitting*, Rn. 53; HWGNRH-*Glock*, Rn. 32; GK-*Franzen*, Rn. 63; Richardi-*Annuß*, Rn. 46.
6 *Fitting*, Rn. 52; ErfK-*Koch*, § 54 Rn. 9; HK-BetrVG-*Schulze*, § 54 Rn. 39.
7 *Fitting*, Rn. 53; Richardi-*Annuß*, Rn. 49.
8 *Fitting*, Rn. 6; ErfK-*Koch*, Rn. 1.
9 So aber Richardi-*Annuß*, Rn. 3.

2. Erlöschensgründe

Die Entsendung in den KBR erfolgt für eine bestimmte Amtszeit, die oft mit der im entsendenden Gremium identisch ist. Mit **Ablauf der Amtszeit oder Beendigung der Mitgliedschaft im entsendenden Gremium** – GBR oder, im Fall des § 54 Abs. 2, BR – endet die Zugehörigkeit zum KBR. In diesem Fall rücken Ersatzmitglieder nach (s. Rn. 11).[10] Durch den Austausch entsandter Mitglieder wird der KBR ständig **ergänzt,** ohne dass dies seinen Bestand berührt. 8

In den KBR entsandte Mitglieder eines GBR oder BR können durch das entsendende Gremium jederzeit und ohne Angabe einer besonderen Begründung **abberufen werden.**[11] Hierzu bedarf es eines Beschlusses des entsendenden Gremiums. Mit Zugang der entsprechenden Mitteilung bei der abgerufenen Person wird die Abberufung wirksam.[12] 9

Möglich ist zudem eine **Amtsniederlegung** durch ein Mitglied des KBR selbst. Sie kann wie beim GBR (s. § 49) formlos erfolgen. Die entsprechende Erklärung kann gegenüber dem Vorsitzenden des KBR oder aber dem GBR oder BR gegenüber erfolgen, der das Mitglied entsandt hat. Die Mitgliedschaft im entsendenden Gremium bleibt davon unberührt (vgl. § 49). 10

Schließlich erlöscht die Mitgliedschaft im KBR auch im Falle des **Ausschlusses eines Mitglieds** aus dem Gremium gem. § 56 (s. dort) wegen Verletzung von ihm obliegenden Pflichten. 11

3. Rechtsfolgen

Mit dem Ende der Mitgliedschaft im KBR enden **Ämter** und **Funktionen,** z. B. die Mitgliedschaft im KBR-Ausschuss.[13] Für Mitglieder, die aus dem KBR ausscheiden, rücken gemäß § 55 Abs. 2, § 59 Abs. 1 i. V. m. § 25 Abs. 1 **Ersatzmitglieder** nach.[14] Das Gremium, aus welchem ein Ersatzmitglied zunächst entsendet wird, kann jedoch dieses abberufen und eine andere Person in den KBR entsenden.[15] 12

III. Streitigkeiten

Bei **gerichtlichen Streitigkeiten** über das Erlöschen der Mitgliedschaft im KBR entscheidet das ArbG im **Beschlussverfahren;** örtlich zuständig ist das ArbG am Sitz des herrschenden UN oder der Teilkonzernspitze (§§ 2a, 82 Abs. 1 Satz 2 ArbGG). Dies gilt auch für den Streit darüber, ob die Mitgliedschaft im entsendenden GBR und damit zugleich auch im KBR beendet ist.[16] 13

§ 58 Zuständigkeit

(1) Der Konzernbetriebsrat ist zuständig für die Behandlung von Angelegenheiten, die den Konzern oder mehrere Konzernunternehmen betreffen und nicht durch die einzelnen Gesamtbetriebsräte innerhalb ihrer Unternehmen geregelt werden können; seine Zuständigkeit erstreckt sich insoweit auch auf Unternehmen, die einen Gesamtbetriebsrat nicht gebildet haben, sowie auf Betriebe der Konzernunternehmen ohne Betriebsrat. Er ist den einzelnen Gesamtbetriebsräten nicht übergeordnet.

(2) Der Gesamtbetriebsrat kann mit der Mehrheit der Stimmen seiner Mitglieder den Konzernbetriebsrat beauftragen, eine Angelegenheit für ihn zu behandeln. Der Gesamtbetriebsrat kann sich dabei die Entscheidungsbefugnis vorbehalten. § 27 Abs. 2 Satz 3 und 4 gilt entsprechend.

---

10 Richardi-*Annuß*, Rn. 46.
11 *Fitting*, Rn. 12.
12 *Fitting*, Rn. 12, GK-*Franzen* Rn. 12; Richardi-*Annuß*, Rn. 7.
13 *Fitting*, Rn. 14.
14 Richardi-*Annuß*, Rn. 46.
15 *Fitting*, Rn. 15; GK-*Franzen*, Rn. 13.
16 *Fitting*, Rn. 17; HK-BetrVG-*Schulze*, Rn. 6.

Inhaltsübersicht Rn.

I. Vorbemerkungen

1 Die Vorschrift regelt die **Rechtsstellung des KBR,** den **Zuständigkeitsbereich** des KBR sowie das **Verhältnis zu BR und GBR.** Dabei ist die Zuständigkeitsabgrenzung zwischen KBR und GBR derjenigen zwischen BR und GBR nachgebildet (§ 50).[1] Mit der Reform 2001 wurde durch Hinzufügung des Abs. 1 S. 1 Hs. 2 klargestellt, dass der KBR **auch für betriebsratslose Betriebe zuständig** ist. Abs. 2 ist Ausdruck des Strukturprinzips des BetrVG, nach dem die Organe der Mitbestimmung – BR, GBR und KBR jeweils selbstständig sind und sich nur kraft gesetzlichen Auftrags gegenseitig vertreten können.[2]

2 Die Norm ist **zwingend.**

3 Eine Entsprechung der Norm im SprAuG ist § 23, im BPersVG gibt es keine Entsprechung.

II. Rechtsstellung des Konzernbetriebsrats (Abs. 1, Satz 2)

1. Selbstständiges Organ der Betriebsverfassung

4 Vergleichbar mit der Regelung, die § 50 (s. dort) für das Verhältnis von GBR und den einzelnen BR eines UN trifft[3], folgt aus Abs. 1, dass der KBR

- ein **selbstständiges Organ**[4] der Betriebsverfassung ist;

---

1 BR-Drucks. 715/70, S. 44; *BAG* 12.11.97 – 7 ABR 78/96, NZA 98, 497.
2 *BAG* 12.11.97 – 7 ABR 78/96, a.a.O.
3 *BAG* 12.11.97 – 7 ABR 78/96, NZA 98, 497; *Fitting*, Rn. 5; GK-*Franzen*, Rn. 7.
4 *BAG* 12.11.97 – 7 ABR 78/96, a.a.O. unter Verweis auf DKW-*Trittin*, 5. Aufl., Rn. 3; ErfK-*Koch*, Rn. 1; *Fitting*, Rn. 4.

- dem GBR des Konzern-UN **nicht übergeordnet** und deshalb **nicht weisungsbefugt** ist (Abs. 1 Satz 2)[5];
- seinerseits nicht an Weisungen und Richtlinien des GBR oder im Fall von § 54 Abs. 2 des BR gebunden ist; sich aber um die **Koordination** der Tätigkeiten des GBR zu bemühen hat;[6] (vgl. allerdings zur Möglichkeit der Abberufung von Mitgliedern des KBR durch entsendende Gremien und somit der mittelbaren Möglichkeit der Einflussnahme § 55 Rn. 12);
- im Rahmen seiner Zuständigkeit **dieselben Rechte und Pflichten** hat wie ein GBR oder ein BR.[7]

Der KBR ist auch für Betriebe zuständig, die **nicht betriebsratsfähig** sind oder keinen BR gewählt haben, Abs. 1 S. 2, s. dazu Rn. 44. 5

2. Verhandlungs- und Vertragspartner

Da die Regelung des § 58 an § 50 angelehnt ist (s. Rn. 4), fehlt es an der Definition dessen, **wer im Verhältnis zum KBR »Arbeitgeber« ist,** mit dem die betriebsverfassungsrechtlichen Angelegenheiten zu verhandeln und zu vereinbaren sind – denn bei BR und GBR ist eine Bestimmung des jeweiligen betriebsverfassungsrechtlichen Arbeitgebers verzichtbar, weil stets das UN Vertragsarbeitgeber der vom BR oder GBR repräsentierten AN ist.[8] Mit der Einrichtung des KBR als dritter Mitbestimmungsebene hat der Gesetzgeber einer Beeinträchtigung betriebsverfassungsrechtlicher Beteiligungsrechte infolge konzernspezifischer Entscheidungsstrukturen und der dadurch eröffneten faktischen und rechtlichen Einflussmöglichkeiten des herrschenden Konzernunternehmens entgegenwirken wollen (s. Vor § 54 Rn. 1 ff). Um diesem Ziel Rechnung zu tragen, müssen entsprechende betriebsverfassungsrechtliche Mitbestimmungs- und Mitwirkungsrechte auf der Ebene der Konzernleitung angesiedelt werden. Für den Bereich des nach Abs. 1 zuständigen KBR ist daher anerkannt, dass diesem **als Verhandlungs- und Vertragspartner die Konzernobergesellschaft** gegenübersteht, die durch das jeweilige Leitungsorgan handelt und zum Abschluss von KBVen befugt ist.[9] Anders liegt der Fall bei der Zuständigkeit kraft Beauftragung durch den GBR gem. **Abs. 2** (s. Rn. 49 ff.). In diesem Fall werden nämlich Mitbestimmungsrechte des GBR auf den KBR verlagert, so dass diejenige **UN-Leitung** Verhandlungspartner des KBR ist, dessen GBR oder BR (§ 54 Abs. 2) den KBR beauftragt hat.[10] 6

3. Durchführung von Vereinbarungen

Nach § 77 Abs. 1 Satz 1 führt der AG Vereinbarungen zwischen ihm und dem BR durch, auch soweit sie auf einem Spruch der Einigungsstelle beruhen. Diese Vorschrift grenzt nicht nur die Kompetenzen der Betriebspartner zueinander ab, sondern sie verpflichtet auch den AG gegenüber dem BR, solche **Vereinbarungen ihrem Inhalt entsprechend im Betrieb anzuwenden.**[11] Der BR kann daher vom AG aus der betreffenden BV i. V. m. § 77 Abs. 1 Satz 1 auch deren Durchführung im Betrieb verlangen (ausführlich § 77 Rn. 6 ff.).[12] Nach der Rechtsprechung des *BAG*[13] steht dieser **Durchführungsanspruch** grundsätzlich dem BR zu, der selbst Partei der BV ist. Wenn demnach ein KBR in originärer Zuständigkeit (Abs. 1, s. Rn. 12 ff.) mit dem AG eine KBV abschließt, so hat aus Sicht des BAG der nicht beteiligte **örtliche BR** aus eigenem Recht grundsätzlich **keinen Anspruch auf Durchführung dieser KBV.** Dasselbe gilt für GBV, s. § 50 Rn. 151. Der örtliche BR besitzt laut *BAG* in Bezug auf solche GBV oder KBV nicht die durch 7

5 *BAG* 12.11.97 – 7 ABR 78/96, a. a. O.
6 *BAG* 12.11.97 – 7 ABR 78/96, a. a. O.; *Fitting*, Rn. 5; GK-*Franzen*, Rn. 7.
7 *BAG* 20.12.95 – 7 ABR 8/95, NZA 96, 945; 12.11.97 – 7 ABR 78/96; *Fitting*, Rn. 4; ErfK-*Koch* Rn. 1.
8 *BAG* 12.11.97 – 7 ABR 78/96, a. a. O.
9 *BAG* 12.11.97 – 7 ABR 78/96, a. a. O.; *Fitting*, Rn. 6; Richardi-*Annuß*, Rn. 34; HK-BetrVG-*Schulze*, Rn. 2; ErfK-*Koch*, Rn. 1; für ein Wahlrecht des KBR: DKW-*Trittin*, 16. Aufl., Rn. 110.
10 *BAG* 12.11.97 – 7 ABR 78/96, a. a. O.; 17.3.15 – 1 ABR 49/13; *Fitting*, Rn. 6.
11 *BAG* 24.2.87 – 1 ABR 18/85, BAGE, 54, 191.
12 *BAG* 24.1.06 – 1 ABR 60/04, AP BetrVG 1972 § 80 Nr. 65.
13 *BAG* 18.5.10 – 1 ABR 6/09, NZA 10, 1433.

die Einigung auf einen bestimmten Norminhalt vermittelte Rechtsposition, die dazu berechtigt, vom AG als gemeinsamen Normgeber die Durchführung der vereinbarten Regelungen verlangen zu können.

8 Diese Rechtsprechung ist mit Hinblick auf Wortlaut und Systematik des BetrVG sowie wegen der Schutzlücken, die sie hervorruft, auf **Kritik** gestoßen (vgl. auch § 77 Rn. 10a).[14] Tatsächlich ist der Schluss von der Regelungskompetenz auf die Durchsetzungsrechte nicht zwingend. Die **Schutzlücken** sind vor dem Hintergrund des Ziels der §§ 54 ff., ebendiese zu schließen (s. Rn. 6 und Vor § 54 Rn. 1 ff.), bedenklich. Sie entstehen vor allem dadurch, dass dem KBV eine lückenlose Überwachung der Umsetzung einer KBV in den einzelnen Betrieben gar nicht möglich ist. Es sind aber auch Interessenkonflikte zwischen BR und KBR denkbar, die letzteren von einer Durchsetzung einer KBV abhalten.[15] Das *BAG* sah allerdings auch aufgrund der Vermeidung von Schutzlücken keine andere Auslegung für geboten. Denn der örtliche BR kann die Einhaltung der durch eine GBV oder KBV gestalteten betriebsverfassungsrechtlichen Ordnung **nach § 23 Abs. 3 erzwingen.** Diese Vorschrift begründet in den Fällen, in denen der Arbeitgeber seine Verpflichtungen aus dem BetrVG grob verletzt, die Antragsbefugnis des BR unabhängig von dessen materiell-rechtlicher Positionen.[16] Allerdings sind die Voraussetzungen dieses Anspruchs, der einen groben Verstoß voraussetzt, wesentlich höher als die des aus § 77 abgeleiteten Durchführungs- und Unterlassungsanspruchs (s. dazu § 77 Rn. 168 ff.).

9 Etwas anderes gilt nach der Rechtsprechung des BAG aber jedenfalls dann, wenn die KBV einem nicht an deren Abschluss beteiligten BR **ausdrücklich eigene Rechte einräumt.**[17] Insoweit kann auch der durch eine BV begünstigte BR die Durchführung der entsprechenden Regelungen verlangen. Entsprechendes gilt auch im Fall der **Beauftragung gem. Abs. 2** (s. Rn. 49 ff.). Der KBR handelt dabei als Vertreter des beauftragenden GBR; dies gilt aber nur für die Verhandlung und Vereinbarung einer BV, nicht auch für den Durchführungsanspruch, der weiterhin dem originär zuständigen GBR zusteht.[18]

10 Die Rspr. eröffnet AG und KBR zudem die Möglichkeit, in ihren KBV dem **GBR und BR Überwachungsrechte einzuräumen.**[19] Der Praxis ist zu empfehlen, hiervon Gebrauch zu machen.[20]

4. Unterlassungsanspruch

11 Der zur Sicherung der Mitbestimmungsrechte aus § 87 Abs. 1 entwickelte **Unterlassungsanspruch** steht laut BAG nach seinem Zweck allein dem Gremium zu, das **Träger des konkreten Mitbestimmungsrechts** ist. Liegt also die Zuständigkeit beim KBR, ist auch dieser Träger des Unterlassungsanspruchs. Lässt der AG in einem solchen Fall der originären Zuständigkeit des KBR dessen Mitbestimmungsrechte unbeachtet, soll dem örtlichen BR kein Unterlassungsanspruch aus § 87 Abs. 1 zustehen.[21]

III. Zuständigkeiten des KBR

1. Originäre Zuständigkeit

a) Grundsätze

12 Die Gesetzgebung hat die Abgrenzung der Zuständigkeiten zwischen KBR und GBR derjenigen zwischen **GBR und BR** in § 50 nachgebildet, so dass generell die dort entwickelten Grundsätze

14 DKW-*Trittin*, 16. Aufl., Rn. 34 ff.
15 DKW-*Trittin*, 16. Aufl., Rn. 38 u.39.
16 *BAG* 18.5.10 – 1 ABR 6/09, NZA 10, 1433.
17 *BAG* 18.5.10 – 1 ABR 6/09, NZA 10, 1433.
18 *BAG* 18.5.10 – 1 ABR 6/09, NZA 10, 1433; *Fitting*, Rn. 34; HK-BetrVG-*Schulze*, Rn. 38.
19 *BAG* 18.5.10 – 1 ABR 6/09, NZA 10, 1433.
20 *Schulze*, dbr, Heft 4, S 39; DKW-*Trittin*, 16. Aufl., Rn. 43.
21 *BAG* 17. 5. 111 ABR 121/09, AiB 12, 538.

entsprechend herangezogen werden können.[22] Für die Wahrnehmung von Mitbestimmungsrechten ist nach der Kompetenzzuweisung des BetrVG primär der von den AN durch die Wahl unmittelbar legitimierte BR zuständig.[23] Der KBR ist gemäß Abs. 1 deshalb nur dann **allein zuständig,** wenn es sich um Angelegenheiten handelt, die

- den **Konzern insgesamt** oder **mehrere seiner Konzern-UN** betreffen (Rn. 14) und
- nicht durch die einzelnen GBR innerhalb des UN geregelt werden können (Rn. 15 ff.).

Beide Voraussetzungen müssen **kumulativ** vorliegen.[24]

Die **praktische Bedeutung** originärer Zuständigkeiten des KBR wächst mit der zunehmenden Zahl verbundener UN.[25] Aufgrund der Entscheidungsbefugnisse der Konzernleitung können die Interessen der AN oft nur noch auf Konzernebene wirksam vertreten werden. **13**

Erste Voraussetzung für die originäre Zuständigkeit der KBR ist, dass die betreffende Angelegenheit den **Konzern** oder **mehrere – mindestens also zwei – Konzernunternehmen betrifft.** Maßgebend ist der persönliche und sachliche Geltungsbereich einer Maßnahme, die entweder von der Konzernleitung oder dem KBR initiiert wird.[26] **14**

Der für die zweite Voraussetzung originärer Zuständigkeit des KBR entscheidende **Begriff des »Nichtregelnkönnens«** durch einzelne GBR ist in Übertragung der Grundsätze des § 50 (s. § 50 Rn. 31 ff) zum einen im Fall der **objektiven Unmöglichkeit** der Regelung durch die GBR gegeben. Objektiv unmöglich ist eine Regelung, wenn sich die Natur einer Angelegenheit auf mehrere Konzern-UN bzw. auf den Gesamtkonzern bezieht und auch gedanklich nicht in Teilakte zerlegt werden kann.[27] Der Begriff des Nichtregelnkönnens in Abs. 1 ist jedoch nicht auf Fälle der objektiven Unmöglichkeit begrenzt, denn dies würde die Zuständigkeit des KBR auf äußerst seltene Fälle beschränken.[28] Ein Fall der originären Zuständigkeit des KBR ist deshalb auch – aber auch erst – dann gegeben, wenn ein **zwingendes Erfordernis für eine konzerneinheitliche oder zumindest unternehmensübergreifende Regelung besteht,** wobei auf die Verhältnisse des jeweiligen Konzerns, seiner konkreten Unternehmen und der konkreten Betriebe abzustellen ist (vgl. § 50 Rn. 40 ff).[29] **15**

Reine **Zweckmäßigkeits- oder Kostengründe** oder das **Koordinierungsinteresse** des Arbeitgebers allein genügen **nicht,** um ein solches zwingendes Erfordernis zu begründen (s. § 50 Rn. 47).[30] **16**

Für Zuständigkeitsfragen ist unerheblich, auf welcher **Entscheidungsebene** des UN eine der Mitbestimmung unterliegende Maßnahme beschlossen wurde oder werden soll. Das *BAG* hat vielmehr stets betont, dass der **Inhalt der geplanten Regelung entscheidend** ist sowie das Ziel, das durch diese Regelung erreicht werden soll.[31] Lässt sich dieses Ziel nur durch eine einheitliche Regelung auf der Konzernebene erreichen, so ist der KBR zuständig. Ob und wie die vom AG angestrebte Zielsetzung verwirklicht werden soll, ist dann auf der Ebene des KBR zu regeln. Auch wenn der Verhandlungspartner des KBR die Konzernspitze ist (vgl. Rn. 6), ist die Tätigkeit des KBR nicht auf die Mitbestimmung bei der Konzernspitze beschränkt, denn der KBR ist für die Konzernbelegschaft insgesamt zuständig.[32] Die Zuständigkeit des KBR lässt sich deshalb nicht allein damit bejahen, dass eine Initiative zur Regelung einer mitbestimmungspflichtigen Materie von der Konzernleitung ausgeht (vgl. auch § 50 Rn. 21).[33] Missverständlich ist insofern die Aussage des *BAG*, nach der eine originäre Zuständigkeit des KBR von vornherein ausscheidet, wenn es sich um eine Maßnahme handelt die »nicht die Konzernobergesell- **17**

---

22 *BAG* 19. 6. 071 AZR 454/06, AuR 07, 406; *BAG* 20. 12. 957 ABR 8/95, BB 96, 2686; *Fitting*, Rn. 4; ErfK-*Koch* Rn. 1.
23 *BAG* 25. 9. 121 ABR 45/11, NZA 13, 275; 13. 12. 16 – 1 AZR 148/15.
24 *Fitting*, Rn. 9.
25 Haipeter/Hertwig/Rosenbohm-*Behrens*, S. 11 ff.
26 GK-*Franzen*, Rn. 19; *Windbichler*, S. 365 f.; HK-BetrVG-*Schulze*, Rn. 7.
27 *BAG* 19. 6. 07 – 1 AZR 454/06, NZA 07, 1184; *Christoffer*, BB 08, 951, 952.
28 *BAG* 20. 12. 95, BB 96, 2686; *Fitting*, Rn. 11; *Windbichler*, S. 341.
29 20. 12. 95 – 7 ABR 8/95, a. a. O.; ErfK-*Koch*, Rn. 1, *Fitting*, Rn. 11.
30 20. 12. 95 – 7 ABR 8/95, a. a. O.; ErfK-*Koch*, Rn. 1, *Fitting*, Rn. 11.
31 20. 12. 95 – 7 ABR 8/95, a. a. O.
32 *Windbichler*, S. 335.
33 *BAG* 19. 6. 07 NZA 07, 1184; ErfK-*Koch*, Rn. 1; *Fitting*, Rn. 11; Richardi-*Annuß*, Rn. 8.

schaft unternehmensübergreifend durchführt«[34]. Hier wollte das *BAG* sicher nicht ohne Begründung von seiner bisherigen Rechtsprechung hinsichtlich der handelnden Entscheidungsebene abweichen, sondern die Notwendigkeit einer unternehmensübergreifenden Regelung betonen – in diesem Fall ist dann in der Regel die Konzernleitung der Verhandlungspartner des KBR, vgl. Rn. 6.

18 Geht es allerdings um **Regelungen freiwilliger Leistungen,** deren Zweck der AG mitbestimmungsfrei bestimmt, ist die Zuständigkeit des KBR gegeben, wenn der AG die Leistungen nur konzerneinheitlich oder unternehmensübergreifend gewähren will. Mit der Wahl des Empfängerkreises der Leistungen legt der AG laut BAG in diesem Fall auch die Regelungsebene fest, weshalb ein **subjektiv zwingendes Erfordernis** für die originäre Zuständigkeit des KBR anerkannt wird (sog. **Theorie der subjektiven Unmöglichkeit**).[35] Auch bei der Errichtung und der mitbestimmungspflichtigen Festlegung von Form, Ausgestaltung und Verwaltung einer **Sozialeinrichtung** kann der AG allein festlegen, dass sie für den gesamten Konzern gelten soll und damit der KBR originär zuständig ist.[36] In Fällen wiederum, in denen der AG nicht zusätzliche Leistungen gewährt, sondern den AN bereits zustehende Leistungen mit Zustimmung der AN-Vertretung gekürzt oder ihre Rechte beschränkt werden sollen, besteht kein Anlass, dem AG die Disposition über seinen Verhandlungspartner einzuräumen.[37] Das *LAG München* hat den Fall subjektiver Unmöglichkeit der GBR und somit Zuständigkeit des KBR angenommen für den Fall, dass der AG über das »Ob« von Mitteln frei entscheidet – auch wenn das »Wie« deren Vergabe mitbestimmungspflichtig ist.[38]

19 Beim sog. **»Konzern im Konzern«,** in dem sowohl bei der Konzernspitze als auch bei den Unterordnungskonzernen jeweils KBR bestehen (s. § 54 Rn. 17) richtet sich die Abgrenzung der Zuständigkeit zwischen den KBR danach, welches Unternehmen jeweils die **Entscheidungskompetenz** in der beteiligungspflichtigen Angelegenheit hat. Steht also beispielsweise der Unterkonzernspitze in einem mitbestimmungs- oder beteiligungspflichtigen Bereich eine eigene Entscheidungskompetenz zu, von der sie auch tatsächlich Gebrauch macht, ist der KBR des Unterkonzerns zuständig. Alle Angelegenheiten, die den gesamten Konzern oder mehrere Konzern-UN betreffen und deshalb nicht durch die KBR der Unterkonzernspitzen geregelt werden können, gehören in den Zuständigkeitsbereich des bei der Konzernspitze angesiedelten KBR.[39]

20 Die originäre Zuständigkeit des KBR **schließt die des GBR oder der BR zum selben Gegenstand aus.**[40] Das kann insbesondere im Bereich freiwilliger Leistungen des AG (s. dazu Rn. 18) zu einer Mitbestimmungslücke führen, wenn trotz Vorliegens der Voraussetzungen des § 54 kein KBR errichtet ist und der AG eine konzernweite Regelung trifft.[41] Da eine Mitbestimmung nicht stattfinden kann, wenn das für die Entscheidungsebene zuständige Mitbestimmungsorgan fehlt[42], sind an eine originäre Zuständigkeit sehr **strenge Maßstäbe** anzulegen.[43] Ausgeschlossen durch die originäre Zuständigkeit des KBR sind Regelungen durch GBR oder BR jedoch nur, wenn der KBR eine vollständige Regelung der Materie trifft. Wird z. B. nur eine **Rahmenregelung** durch den KBR getroffen oder überlässt dieser GBR oder BR auf andere Weise **ausfüllungsbedürftige Spielräume,** dann sind Vereinbarungen auf niederer Ebene möglich und nötig.[44] Die Möglichkeit solcher verbleibender Spielräume anderer Mitbestimmungsebenen wiederum ändert an der Berechtigung des KBR nichts.[45]

---

34 *BAG* 19.12.17 – 1 ABR 32/16, NZA 18, 673, 674.
35 *BAG* 19.6.07 – 1 AZR 454/06, AP BetrVG 1972 § 58 Nr. 4; 13.12.16 – 1 AZR 148/15; ErfK-*Koch*, Rn. 1; *Fitting*, Rn. 11; HK-BetrVG-*Schulze*, Rn. 10.
36 *BAG* 21.6.79, AP Nr. 1 zu § 87 BetrVG 1972 Sozialeinrichtung.
37 *BAG* 19.6.07, AP BetrVG 1972 § 58 Nr. 4; Richardi-*Annuß*, Rn. 9.
38 *LAG München*, 25.9.19 – 4 TaBV 52/18.
39 DKW-*Trittin*, 16. Aufl., Rn. 16.
40 *BAG* 20.12.95 – 7 ABR 8/95, NZA 96, 945.
41 ErfK-*Koch*, Rn. 1.
42 *BAG* 14.12.93 NZA 94, 554.
43 *Fitting*, Rn. 9; HWGNRH-*Glock*, Rn. 8; Richardi-*Annuß*, Rn. 8; *Konzen*, RdA 84, 76.
44 *BAG* 19.3.87, AP Nr. 14 zu § 80 BetrVG 1972; 3.5.84, AP Nr. 5 zu § 95 BetrVG 1972.
45 *BAG* 14.11.06 – 1 ABR 4/06; 18.7.17 – 1 ABR 59/15 Rz. 21.

Die Initiativlast für die **Ermittlung des richtigen Verhandlungspartners** (BR, GBR oder KBR) trägt der AG.[46] Bei Bedarf kann er die in Betracht kommenden Gremien auffordern, sich an der Aufklärung zu beteiligen (vgl. aber § 50 Rn. 19).[47] Wird der KBR durch das herrschende UN in Angelegenheiten, für die ein GBR oder BR zuständig sind, beteiligt, so hat die Konzernleitung oder das betroffene UN zusätzlich die rechtzeitige und **umfassende Beteiligung** von GBR und BR zu gewährleisten.[48] 21

b) Einzelne Mitbestimmungstatbestände

aa) Betriebliche Ordnung und Verhalten der Arbeitnehmer, § 87 Abs. 1 Nr. 1

(1) Ethikrichtlinien und »Codes of conduct«

Soll das **Leitbild des Konzerns** vereinbart werden, so fällt dies in die Zuständigkeit des KBR.[49] 22 Dies gilt insbesondere, wenn dies durch konzernweit geltende **Ethikregeln (»code of conduct«)** erfolgt.[50] Diese unterliegen gem. § 87 Abs. 1 Nr. 1 der Mitbestimmung. Besteht kein KBR, ist der GBR originär zuständig und die Ethikregeln können nicht etwa mitbestimmungsfrei vom AG eingeführt werden.[51] Der BR hat im Falle der originären Zuständigkeit des KBR laut *BAG* keinen Anspruch auf Unterlassung der verbindlichen Anwendung der Grundsätze der Unternehmensethik aus § 80 Abs. 1, soweit und solange Mitbestimmungsrecht des KBR missachtet werden (vgl. Rn. 10).[52]

(2) Beschwerden nach § 85 und Beschwerdestelle gem. § 13 AGG

Auch, wenn der Beschwerdegegenstand mit einer vom KBR abgeschlossenen KBV zusammenhängt, bleibt es für **Beschwerden gem. § 85** bei der Zuständigkeit des BR (§ 85 Rn. 1 ff.). Für die Errichtung überbetrieblicher **Beschwerdestellen** zur Regelung des **Beschwerdeverfahrens gem. § 13 AGG** ist der GBR zuständig (vgl. § 50 Rn. 36).[53] Da hinsichtlich der Frage, wo die Einigungsstelle eingerichtet wird und wie sie besetzt wird laut BAG kein Mitbestimmungsrecht besteht[54], kann sich die Zuständigkeit des KBR aus den unter Rn. 18 erläuterten Grundsätzen ergeben, wenn der AG sich für eine konzernübergreifende Regelung entscheidet. 23

bb) Technische Überwachungseinrichtungen, § 87 Abs. 1 Nr. 6

(1) Mitarbeiterbefragungen

Führt eine Konzernobergesellschaft eine **konzernweite Mitarbeiterbefragung** auf der Grundlage eines einheitlich standardisierten Fragebogens in elektronischer Form durch, ist für den Fall, dass eine mitbestimmungspflichtige Maßnahme vorliegt, die Zuständigkeit des Konzernbetriebsrats gegeben.[55] Laut BAG soll allerdings eine spätere **Modifikation der Fragen** – es ging um Verhalten von Führungskräften – keine Änderung einer einmal eingeführten technischen Einrichtung bedeuten, die eine Mitbestimmung nach § 87 I Nr. 6 erneut auslösen würde.[56] Dies wird zu Recht kritisiert, da sich mit veränderten Fragen auch der Bezugspunkt der Überwachung verändert (s. § 87 Rn. 201). 24

46 *BAG* 24.1.96 – 1 AZR 542/95, NZA 96, 1107.
47 *BAG* 24.1.96 – 1 AZR 542/95, NZA 96, 1107 zur Zuständigkeit des GBR bei Verhandlungen über den Abschluss eines Interessenausgleichs.
48 *Fitting*, Rn. 10.
49 *BAG* 22.7.08 – 1 ABR 40/07, BAGE 127, 146–172; HK-BetrVG-*Schulze*, Rn. 13.
50 *BAG*, 17.5.11 – 1 ABR 121/09, AiB 12, 538.
51 A. A. *Dzida*, NZA 08, 1265.
52 *BAG*, 17.5.11 – 1 ABR 121/09, AiB 12, 538.
53 *BAG* 21.7.09 – 1 ABR 42/08, EzA § 87 BetrVG 2001 Betriebliche Ordnung Nr. 5.
54 *BAG* 21.7.09 – 1 ABR 42/08, NZA 09, 1049; siehe *Nollert/Dickerhof/Wenckebach*, AGG, § 13 Rn. 3.
55 *BAG* 11.12.18 – 1 ABR 13/17, NZA 19, 1009.
56 *BAG* 11.12.18 – 1 ABR 13/17, NZA 19, 1009.

25 **Das Recht, als AN-Vertretung eine Mitarbeiterbefragung** unter den Beschäftigten des Betriebs durchzuführen, soweit sich die Fragen im Rahmen der gesetzlichen Aufgaben des BR halten und der Betriebsablauf und Betriebsfrieden nicht gestört werden,[57] liegt allerdings beim örtlichen BR und nicht beim KBR.[58]

(2) Informations- und Personalverwaltungssysteme

26 Für den Bereich technischer Informationssysteme wird aufgrund der zunehmend konzernweiten Einführung der IT – nicht nur in sog. Shared Service Centers – vermutet, dass die Bedeutung originärer Zuständigkeit des KBR weiter zunehmen wird.[59] Bei der Einführung spielen **Fragen des Beschäftigtendatenschutzes** eine entscheidende Rolle.[60] Die Einführung **konzernweiter Informationssysteme** zur Weitergabe von Daten von einem UN des Konzerns zu einem anderen kann in die originäre Zuständigkeit des KBR fallen, wenn sich der Zweck der Einführung nur durch eine einheitliche Regelung auf Konzernebene erreichen lässt.[61] Da mit den Vereinbarungen oftmals datenschutzrechtliche Grundlagen getroffen werden, kann sich die Regelungskompetenz laut BAG nicht nur aus faktischen Verhältnissen ergeben, sondern auch aus den gesetzlichen Regeln dazu, wer **Adressat der Datenschutznormen** ist, die durch die BV umgesetzt werden sollen.[62]

27 Eine Zuständigkeit des KBR bei Einführung eines **SAP-Systems** für alle UN des Konzerns kann sich nach den allgemeinen Grundsätzen (Rn. 12 ff.) über eine rechtliche oder **technische Notwendigkeit zu einer betriebsübergreifenden Regelung** ergeben. Allein die Zweckmäßigkeit eines konzernweiten Einsatzes des SAP-Systems führt nicht zur originären Zuständigkeit des KBR, wenn es technisch möglich ist, das SAP-System auf die Belange des einzelnen Konzern-UN anzupassen und der zusätzliche Aufwand finanzieller und personeller Art vom Konzern übernommen wird. Für diese AN ist der Vertrags-AG und dessen BR zuständig.[63] Der KBR ist aber für die Mitbestimmung bei der **Nutzung einer Personalverwaltungssoftware** zuständig, wenn das mit der Personalverwaltung betraute Konzernunternehmen dabei individualisierte oder individualisierbare Verhaltens- oder Leistungsdaten (auch) von AN erhebt und verarbeitet, die in anderen Konzernunternehmen beschäftigt werden, denn wegen der zentralen Nutzungsmöglichkeit der Daten ist eine Mitbestimmung durch einzelne BR oder GBR nicht ausreichend möglich.[64] Die Mitbestimmung im Fall des Personalverwaltungssystems SAP ERP ist dabei auch auf den **Einsatz aller weiteren Komponenten (Module) von SAP ERP** erstreckt, sofern mehr als ein Teilunternehmen SAP nutzt – was in der Praxis regelmäßig der Fall ist.[65]

(3) Videoüberwachung

28 Bei der Anwendung eines **Videoüberwachungssystems** hat der KBR dann kein Mitbestimmungsrecht, wenn das System ausschließlich von einem **konzernangehörigen UN** betrieben wird und kein unternehmensübergreifender Datenaustausch erfolgt. Dies gilt auch, wenn von den eingesetzten Kameras auch AN aufgenommen werden, die im Betrieb eines anderen konzernangehörigen UN Werk- oder Dienstleistungen für ihren Vertragsarbeitgeber erbringen.[66] Haben mehrere konzernangehörige UN Zugriff auf die Daten des Video- und Recherchesystems, liegt das Mitbestimmungsrecht beim KBR.[67]

---

57 *ArbG Berlin* 24.10.07 – 77 BVGa166307, AiB 08, 424.
58 DKW-*Trittin*, 16. Aufl. Rn. 45.
59 *Bachner/Rupp*, NZA 16, 207, 210.
60 *Maas/Schmitz/Wedde*, Datenschutz 2014; *Däubler*, Gläserne Belegschaften?, S. 450 ff.
61 *BAG* 20.12.95 – 7 ABR 8/95, BB 96, 2686; *Fitting*, Rn. 12.
62 *BAG* 20.12.95 – 7 ABR 8/95, BB 96, 2686; kritisch hinsichtlich der Argumentation des *BAG* zu § 4 BDSG a. F. *Trittin/Fischer*, NZA 09, 343, 345 ff.
63 *LAG Niedersachsen* 24.5.11 – 1 TaBV 55/09.
64 *BAG* 25.9.12 – 1 ABR 45/11, NZA 13, 275.
65 *Bachner/Rupp*, NZA 16, 207, 209.
66 *BAG* 26.1.16 – 1 ABR 68/13, NZA 16, 498=AuR 16–214.
67 *LAG Köln*, 31.1.20 – 9 TaBV 1/19.

(4) Facebook und Twitter

Eine originäre Zuständigkeit des KBR kann bei der Einführung einer **Facebook-Seite** des AG gegeben sein. Eine solche Seite ist eine technische Einrichtung i. S. d. § 87 Abs. 1 Nr. 6 und wenn ein entsprechendes Konto eingerichtet wird, bedeutet dies somit die Einführung und Anwendung dieser technischen Einrichtung (Vgl. auch § 87 Rn. 67, 201).[68] Denn durch die Funktion »Besucher-Beiträge« wird, wie das *BAG* richtig festgestellt hat, eine **Überwachung des Verhaltens und der Leistung der in ihrem Konzern beschäftigten AN** i. S. d. § 87 Abs. 1 Nr. 6 ermöglicht.[69] Diese Funktion eröffnet nämlich den Nutzern von Facebook die Möglichkeit, Kommentare zum Verhalten und zur Leistung der bei den konzernzugehörigen UN beschäftigten AN auf der Facebook-Seite des AG einzustellen. Wenn der AG im Rahmen einer unternehmerischen Vermarktungsentscheidung entscheidet, eine Facebook-Seite als **konzernweite Maßnahme der Öffentlichkeitsarbeit und des Marketings** mit einer einheitlichen Ausgestaltung einzurichten und zu betreiben (vgl. 18), so handelt es sich gemäß § 58 Abs. 1 um eine Maßnahme, die den Konzern betrifft und laut *BAG* offensichtlich nicht durch den GBR im UN oder örtliche BR der Konzernbetriebe geregelt werden kann.[70] Dasselbe muss für einen Account beim online-Dienst »**Twitter**« gelten. Denn nach der richtigen Einschätzung des *LAG Hamburg*[71] erfüllt auch das Eröffnen eines Accounts bei »**Twitter**« die Voraussetzungen einer technischen Einrichtung i. S. d. § 87 Abs. 1 Nr. 6 (s. auch § 87 Rn. 201). Denn die Funktion »Antwort« ermöglicht es ebenso wie bei Facebook auch Twitter-Nutzenden, auf die Tweets des AG Antworten zum Verhalten und zur Leistung der AN einzustellen, die sowohl für den AG als auch für registrierte Twitter-Nutzende sichtbar. 29

cc) Arbeits- und Gesundheitsschutz, § 87 Abs. 1 Nr. 7

Arbeitsschutztatbestände sind nicht allein deshalb notwendig konzerneinheitlich zu regeln, weil mehrere Betriebe und UN eines Konzerns **in einem Gebäude** untergebracht sind.[72] 30

dd) Sozialeinrichtungen § 87 Abs. 1 Nr. 8

Für die Errichtung, Form, Ausgestaltung und Verwaltung von **Sozialeinrichtungen** ist der KBR gem. gemäß § 87 Abs. 1 Nr. 8 und § 88 Nr. 2 dann zuständig, wenn sich deren Wirkungsbereich nicht nur auf ein Konzern-UN beschränkt, sondern entweder eine Gruppe von UN oder den gesamten Konzern erfasst.[73] 31

Besteht eine konzerneinheitliche Versorgungsordnung, erhalten aber die Angestellten in einem einzigen Konzernunternehmen **zusätzliche Versorgungsleistungen,** so ist für diese Zusatzversorgung nicht der KBR, sondern der GBR des betreffenden UN zuständig, solange keine konzerneinheitliche Zusatzregelung in Betracht kommt. Die Zuständigkeit des GBR bleibt dabei so lange bestehen, wie keine Seite konzerneinheitliche Regelungen anstrebt.[74] 32

ee) Wohnraum, § 87 Abs. 1 Nr. 9

Für das **Werkswohnungswesen** gem. § 87 Abs. 1 Nr. 9 ist unter den bei Rn. 12 ff. genannten Grundsätzen eine Zuständigkeit des KBR denkbar.[75] 33

---

68 *BAG* 13. 12. 16 – 1 ABR 7/15, AuR 17, 302.
69 Siehe auch *Klebe*, AuR 17, 309 ff. mit Hinweisen zum Regelungsbedarf in einer KBV.
70 *BAG* 13. 12. 16 – 1 ABR 7/15, AuR 17, 302.
71 *LAG Hamburg*, 13. 9. 18 – 2 TaBV 5/18, ZIP 19, 44.
72 *LAG Köln* 28. 1. 08 – 14 TaBV 70/07.
73 *BAG* 14. 12. 93 – 3 AZR 618/93, AP Nr. 81 zu § 7 BetrAVG; 21. 6. 79 – 3 ABR 3/78, AP Nr. 1 zu § 87 BetrVG 1972 Sozialeinrichtung.
74 *BAG* 19. 3. 81 – 3 ABR 38/80, AP Nr. 14 zu § 80 BetrVG 1972, 17. 6. 03 – 3 ABR 43/02, AuR 04, 165; *Reinecke*, AuR 04, 335.
75 *Fitting*, Rn. 12; HWGNRH-*Glock*, Rn. 10.

ff) Entgelt

34 Ist für **tarifvertragliche Ansprüche** im TV vorgesehen, dass diese Ansprüche durch eine freiwillige Betriebsvereinbarung gekürzt werden können, so ist für den Abschluss der BV – soweit der TV hierzu keine Regelung trifft – grundsätzlich der BR zuständig. Eine Zuständigkeit des KBR kann sich aber unter den Voraussetzungen des § 58 ergeben.[76] Die Notwendigkeit einer konzerneinheitlichen Regelung ergibt sich dabei – auch wenn der AG dies wünscht[77] – nicht aus dem **Gleichbehandlungsgrundsatz** (vgl. auch Rn. 60). Laut *BAG* gebietet dieser Grundsatz jedenfalls keine konzerneinheitliche Regelung der Reduzierung des tariflichen 13. Monatseinkommens. Denn mehrere rechtlich selbstständige AG sind nicht verpflichtet, ihre AN ebenso zu behandeln wie die anderen AG. Dies gilt auch in einem Konzernverbund.[78]

35 Sollen **bestehende Leistungen durch eine BV** gekürzt werden, so ist die Theorie der subjektiven Unmöglichkeit (s. Rn. 18) nicht anwendbar, da kein Fall einer freiwilligen Leistung des AG vorliegt. In diesem Fall kann der AG somit über das zuständige Gremium nicht disponieren.[79]

35a Bei **freiwilligen übertariflichen Leistungen,** etwa für die **Vergütung von Entsendungen ins Ausland,** oder die Möglichkeit zur **Privatnutzung von Dienstwagen**[80] ist der KBR nach der Theorie der subjektiven Unmöglichkeit dann zuständig, wenn der AG die nötigen Finanzmittel nur unter der Bedingung einer konzerneinheitlichen Reglung freiwillig zur Verfügung stellt.[81]

35b Werden **Aktienoptionen** gewährt, ist der KBR dann zuständig, wenn die Konzernobergesellschaft das Programm auflegt.[82] Befindet sich deren **Sitz im Ausland** (dazu Vor § 54 Rn. 23 ff.) und durch das Inland wird kein Einfluss auf die Verteilungs- oder Auswahlkriterien genommen, lehnt das *BAG* Mitbestimmungsrechte der in Deutschland ansässigen Gremien ab mit der Begründung, dass es an einer arbeitgeberseitigen Handlung fehle, an die ein Mitbestimmungsrecht geknüpft werden könne.[83] Überzeugender ist es aber, darauf abzustellen, ob die Maßnahme direkte Auswirkungen auf das Arbeitsverhältnis hat, s. § 87 Rn. 328; Vor§54, Rn. 28a.

35c Dass die Rechtsprechung des BAG zu Aktienoptionen auch auf **Boni** übertragbar ist, deren Finanzrahmen **durch einen Gesellschafter im Ausland** für inländische Beschäftigte festgelegt werden, wird mit guten Gründen bezweifelt. Zwar gilt auch hier die Zuständigkeitsregel des § 58. Das *LAG Nürnberg* verweist mit Recht darauf, dass bisher die grundsätzliche Frage nicht geklärt wurde, wann in einem solchen Fall einer ausländischen Konzernspitze die dem KBR nachgeordneten Gremien die Mitbestimmungsrechte wahrnehmen können. Denn Mitbestimmungsrechte sollen ja nach der Rechtsprechung des *BAG* zur Konzernspitze im Ausland[84] gerade nicht ersatzlos entfallen (dazu Vor § 54 Rn. 23 ff.). Ungeklärt sei auch, wie sich die Zuständigkeitsverteilung bei einer Matrixorganisation verhalte, in der eine eindeutige Zuordnung von AN zu bestimmten Betrieben nicht mehr vorhanden sei. Das *LAG* kommt deshalb zu dem treffenden Ergebnis, dass mangels KBR im Inland ersatzweise Mitbestimmungsrechte für inländische Gremien bestehen.[85]

gg) Vorschlagswesen – § 87 Abs. 1 Nr. 12

36 Soll ein konzerneinheitliches System eines **Ideenmanagements** abgeschlossen werden, so fällt dies in die Zuständigkeit des KBR.[86]

---

76 *BAG* 19.6.07 – 1 AZR 454/06, NZA 07, 11845.
77 DKW-*Trittin*, 16. Aufl., Rn. 65.
78 *BAG* 20.8.86, AP TVG § 1 Tarifverträge: Seniorität Nr. 6.
79 *BAG* 19.6.07 – 1 AZR 454/06, NZA 07, 1184.
80 *LAG Nürnberg*, 6.9.22 – 1 TaBV 4/22.
81 *LAG München*, 25.9.19 – 4 TaBV 52/18, juris.
82 *Reiter/Sura*, ZIP 20, 252, 261; *LAG München* 25.9.19 – 4 TaBV 52/18; *LAG Nürnberg* 23.2.21 – 6 TaBV 1/21, juris.
83 *BAG* 12.6.19 – 1 ABR 57/17, juris.
84 Zuletzt *BAG* 23.5.18 – 7 ABR 60/16, juris.
85 *LAG Nürnberg* 23.2.21 – 6 TaBV 1/21, juris.
86 *Wollwert*, NZA 12, 889.

hh) Personalpolitik und personelle Einzelmaßnahmen

37 Themen **allgemeiner Personalpolitik** gemäß §§ 92, 94, 95, 96, 98 können unter den unter Rn. 12 ff. genannten Voraussetzungen, die im Einzelfall zu prüfen sind, in den Zuständigkeitsbereich des KBR fallen.[87] Wenn im Konzern Personalplanung durchgeführt wird, ist eine **informatorische Einschaltung des KBR** und eventuell der Abschluss von **Konzern-BV zu Auswahlrichtlinien** oder zur Stellenbesetzung mit Regeln zur Ausschreibung, Besetzung von Arbeitsplätzen empfehlenswert (siehe dazu § 99 Rn. 1 ff.; § 50 Rn. 130 ff.; § 94 Rn. 1 ff.).[88] Werden **Arbeitsplätze** nach § 93 in mehreren Betrieben verschiedener Konzernunternehmen **ausgeschrieben,** so ist insoweit für das Initiativrecht der KBR zuständig.[89] Allerdings dürfen Konzernvereinbarungen das Recht der einzelnen BR aus § 93, Stellenausschreibungen zu verlangen, nicht beschränken.[90] Betriebsbezogene Stellenausschreibungen geltend zu machen, fällt nicht in die Zuständigkeit des KBR.[91]

38 Für **personellen Einzelmaßnahmen** betreffend AN, die von einzelnen Konzern-UN beschäftigt werden, ist die originäre Zuständigkeit des KBR ausgeschlossen, da diese betriebsbezogen sind. Das gilt auch für personelle Einzelmaßnahmen im **konzernleitenden Betrieb** der Konzerngesellschaft sowie für **Versetzungen** innerhalb des Konzerns. Hierfür besteht keine Zuständigkeit des KBR, sondern nur eine des jeweiligen Einzel-BR im jeweils betroffenen Betrieb.[92] Werden AN in ein anderes Konzern-UN versetzt, so ist gem. § 99 der BR des aufnehmenden Betriebes zu beteiligen.[93]

ii) Allgemeine wirtschaftliche Angelegenheiten

39 **Wirtschaftliche Angelegenheiten** i. S. d. § 106 Abs. 3 werden **häufig auf Konzernebene entschieden** und können in den einzelnen Betrieben nicht losgelöst von dieser Ebene behandelt werden (s. § 59 Rn. 14 ff. zur Notwendigkeit eines **Konzernwirtschaftsausschusses).**[94] Die Erörterung derartiger Angelegenheiten auf Konzernebene ist nicht etwa unzulässig, weil die §§ 106 ff. auf das UN abstellen.[95] Eine originäre Zuständigkeit des KBR kommt, soweit ein konzernweites Konzept besteht, bei wirtschaftlichen Angelegenheiten dann in Betracht bei

- der **Einführung von Matrixstrukturen** (s. Rn. 42 ff.)
- der UN-übergreifenden **Zusammenlegung von Betrieben** bei einer Betriebsänderung (s. Rn. 40 ff.)[96]
- **konzernweitem Personalabbau** mit konzernweitem Konzept der Übernahme Beschäftigter[97].

jj) Betriebsänderung

40 Bei Betriebsänderungen spielen oftmals betriebliche oder unternehmensspezifische Besonderheiten eine maßgebende Rolle, weshalb der **BR** originär zuständig ist, wenn es sich um eine **ausschließlich betriebsbezogene Betriebsänderung** handelt.[98] Die Zuständigkeit weist Abs. 1 Satz 1 dem KBR nur für den Fall zu, dass die zu regelnde Angelegenheit nicht auf das einzelne UN beschränkt ist und deshalb die Interessen der AN nicht mehr auf der Ebene des

87 *Fitting*, Rn. 13; GL, Rn. 4; HWGNRH-*Glock*, Rn. 12 ff.; Richardi-*Annuß*, Rn. 11.
88 DKW-*Trittin*, 16. Aufl. Rn. 68.
89 Richardi-*Annuß*, Rn. 11; *Fitting*, Rn. 13; HK-BetrVG-*Schulze*, Rn. 19.
90 *BAG* 29. 9. 20 – 1 ABR 17/19.
91 *BAG* 1. 2. 11 – 1 ABR 79/09.
92 *BAG* 30. 4. 81, AP Nr. 12 zu § 12 BetrVG 1972; *Fitting*, Rn. 14; HWGNRH-*Glock*, Rn. 14; Richardi-*Annuß*, Rn. 13.
93 *Fitting*, Rn. 14; HWGNRH-*Glock*, Rn. 14.
94 *Fitting*, § 106 Rn. 4; Richardi-*Annuß*, § 106 Rn. 9; vgl. auch § 106 Rn. 18.
95 *Fitting*, Rn. 18; *Kunz*, AiB 90, 325, 326; a. A. GL, Rn. 4.
96 *Fitting*, Rn. 15; Richardi-*Annuß*, Rn. 15.
97 *Fitting*, Rn. 15.
98 *BAG* 18. 7. 17 – 1 AZR 550/15.

UN gewahrt werden können.[99] Dies kann dann der Fall sein, wenn **verschiedene, bisher selbständige Betriebe im Sinne von § 111 S. 3 Nr. 3 zusammengeschlossen** werden. Für die Aufstellung eines **Interessenausgleichs gemäß § 112 Abs. 1 S. 1, Abs. 2** besteht nach der Rechtsprechung in diesem Fall grundsätzlich die Notwendigkeit einer einheitlichen Regelung durch das übergeordnete Gremium, also den GBR oder KBR, weil ein derartiger Zusammenschluss von Betrieben nur einheitlich geregelt werden kann. Es handelt sich um einen unteilbaren Vorgang, der nicht auf die bisherigen Betriebe aufgespalten werden kann.[100] Dass mehrere Standorte eines Konzerns verlegt werden, begründet laut *LAG Köln* selbst dann keinen offenkundigen Bedarf einer betriebsübergreifenden Regelung für einen Sozialplan, wenn mit dem KBR bereits ein Interessenausgleich verhandelt wird und die Verlegung einzelner Betriebe in einem Gesamtsozialplanvolumen geregelt ist.[101] Es gelten für die Zuständigkeiten in Bezug auf Interessenausgleich und **Sozialplan** im Übrigen dieselben Grundsätze wie für die Abgrenzung der Zuständigkeit zwischen BR und GBR (dazu § 50 Rn. 111 ff.).

41 Maßgeblicher Zeitpunkt für die Beurteilung der Zuständigkeit bei wirtschaftlichen Angelegenheiten ist der **Beginn der Planung.** Wenn sich im Verlauf der Verhandlungen der Umfang einer ursprünglich UN-übergreifenden Planung des AG beispielsweise auf nur noch einen Betrieb des UN reduziert, so verändert dies eine ursprünglich begründete Zuständigkeit nicht. Andernfalls könnten Mitbestimmungsrechte überhaupt nicht sinnvoll ausgeübt werden.[102]

kk) Matrixstrukturen

42 Eine **Matrixstruktur** kann ein zwingendes Erfordernis für eine betriebsübergreifende Regelung begründen. Dieses Erfordernis ist aber nicht schon dadurch erfüllt, dass im Falle einer Matrixorganisation mehrere Betriebe betroffen sind, weil Weisungs- und Berichtslinien quer zueinander laufen. Maßgeblich ist vielmehr auch in diesem Fall, ob nach den Umständen des Einzelfalls hinsichtlich der konkreten Angelegenheit ein **zwingendes Erfordernis an einer überbetrieblichen Regelung** gegeben ist (vgl. § 50 Rn. 45).[103]

43 Die **Einführung von Matrixstrukturen** als solche auf betrieblicher Ebene kann zudem eine **Betriebsänderung nach §§ 111 ff.** sein. Hierfür kann der KBR zuständig sein, wenn die Betriebsänderungen bei den betroffenen Betrieben in wechselseitiger Abhängigkeit voneinander stehen (vgl. Rn. 12 ff.). Das kann bei der Einführung von Matrixstrukturen – je nach deren Ausmaß und Intensität – durchaus der Fall sein, so dass eine Zuständigkeit des Konzernbetriebsrats bei der Einführung von Matrixstrukturen möglich ist, wenn sie zu unternehmensübergreifenden Betriebsänderungen i. S. des § 111 bei mehreren Betrieben des Konzerns führen.[104]

2. Betriebsratslose Betriebe (Abs. 1, 2. Halbsatz)

44 Der KBR ist – dies hat die Novellierung 2001 klargestellt – nach Abs. 1 S. 1 letzter Hs. auch zuständig für **UN ohne GBR und Betriebe ohne BR.** Dies gilt sowohl für **betriebsratsfähige Betriebe,** die keinen BR gewählt haben und über § 4 II ebenso für **nicht betriebsratsfähige Betriebe.**[105] Auch werden UN erfasst, in denen BR ihrer Pflicht zur Bildung von GBR nicht nachgekommen sind.[106] Die **Voraussetzungen** der originären Zuständigkeit ändern sich durch die weitere Zuständigkeit für betriebsratslose Betriebe jedoch nicht. Der KBR darf nicht die Rolle des fehlenden BR übernehmen und sie »**ersetzen**« indem er Regelungen trifft, die in die Zuständigkeit eines BR oder GBR fallen würden.[107]

---

99 *BAG* 13.12.16 – 1 AZR 148/15; 18.7.17 – 1 AZR 550/15.
100 *BAG* 24.1.96 – 1 AZR 542/95; *HessLAG* 10.7.18 – 4 TaBVGa 74/18.
101 *LAG Köln*, 20.3.23 – 9 TaBV 9/23.
102 DKW-*Trittin*, 16. Aufl. Rn. 82.
103 *LAG Düsseldorf* 4.2.13 – 9 TaBV 129/12, LAGE § 98 ArbGG 1979 Nr. 65; GK-*Franzen*, Rn. 41; *Witschen*, RdA 16, 38,48.
104 *Kort*, NZA 13, 1318, 1323.
105 ErfK-*Koch*, Rn. 1.
106 GK-*Franzen*, Rn. 38; *Fitting*, Rn. 29; ErfK-*Koch*, Rn. 1.
107 GK-*Franzen*, Rn. 41; *Fitting*, Rn. 30; ErfK-*Koch*, Rn. 1.

Um seiner Zuständigkeit nachkommen zu können, hat der KBR einen **Auskunftsanspruch** gegenüber dem Konzern-AG sowie dem betroffenen UN über betriebsratslose Betriebe im UN bzw. Konzern (§ 50 Rn. 94 ff. zum GBR).[108] 45

Sind KBV durch den KBR für alle Konzern-UN abgeschlossen, so sind diese **KBV normativ verbindlich.** Sie gelten selbst dann für AN betriebsratsloser Betriebe, wenn die betreffende KBV vor dem Inkrafttreten des BetrVG-Reformgesetzes von 2001 abgeschlossen wurde.[109] 46

3. Zuständigkeit kraft besonderer gesetzlicher Zuweisung

Die Zuständigkeit des KBR kann sich auch **kraft besonderer gesetzlicher Zuweisung** ergeben, und zwar hinsichtlich der **Organisation unternehmensbezogener Mitbestimmungsordnung** in folgenden Fällen[110]: 47

- Zuständig ist der KBR für die Bestellung und Abberufung der auf das Inland entfallenden **Arbeitnehmervertreter für den Europäischen Betriebsrat** (vgl. §§ 18 Abs. 2, 23 Abs. 2, 4 EBRG) sowie für das besondere Verhandlungsgremium nach § 11 Abs. 2 EBRG). Auch die Bildung der **Wahlgremien** nach **§ 8 Abs. 2 SEBG** für Europ. Gesellschaften, nach § 8 Abs. 2 SCEBG für Europ. Genossenschaften und nach **§ 10 MgVG** bei grenzüberschreitenden Verschmelzungen obliegt dem KBR.
- Der KBR ist zuständig für die **Bestellung des Hauptwahlvorstands (§ 4 Abs. 4 3. WOMitbestG)** wenn das herrschende Unternehmen unter das Mitbestimmungsgesetz (vgl. § 5) fällt. Der KBR nimmt den Antrag nach § 88 3. WOMitbestG auf Abstimmung über die **Abberufung eines AR-Mitglieds** der AN entgegen und ist zur **Wahlanfechtung** berechtigt (§ 22 Abs. 2 Nr. 2 MitbestG).
- Die **Bestellung der Mitglieder des Hauptwahlvorstands** bei Wahlen zum drittelmitbestimmten Aufsichtsrat gem. **§ 26 Abs. 3 WODrittelbG** obliegt dem KBR. Auch der Antrag auf Abberufung eines Arbeitnehmervertreters ist gem. **§ 39 Abs. 1 Nr. 2 WODrittelbG** bei ihm einzureichen.
- Soweit das **MontanMitbestG** gilt, wird der KBR zudem in die Wahl der Arbeitnehmervertreter eingeschaltet (vgl. § 3 Abs. 3 WOMitbestErgG).

In einem **Betrieb ohne BR** hat bei Fehlen eines GBR der KBR den **WV** gem. § 17 Abs. 1 (s. § 17 Rn. 1) **zu bestellen.** Für **Betriebe mit BR, in denen kein WV bestellt** wurde (§ 16 Abs. 3) ist es Aufgabe des GBR, den WV zu bestellen. Um jedoch BR-Wahlen in allen BR-fähigen Betrieben sicher zu stellen, ist die Bestellung des WV Aufgabe des KBR, wenn ein GBR fehlt (vgl. § 16 Rn. 31 ff.).[111] Der KBR hat – wie der GBR – einen **Informationsanspruch** über betriebsratslose Betriebe des Konzerns (s. o. Rn. 45).[112] 48

4. Zuständigkeit kraft Auftrags des GBR (Abs. 2)

Nach Abs. 2 kann ein GBR oder im Fall des § 54 Abs. 2 auch ein Einzelbetriebsrat den KBR beauftragen, eine Angelegenheit für ihn zu behandeln. Eine solche Beauftragung des KBR ist dann sinnvoll, wenn die Verhandlungen davon profitieren, dass der KBR sein **konzernspezifisches Wissen,** seine **konzernweiten Informationsmöglichkeiten** sowie seinen faktischen Einfluss und seinen **Zugang zur Konzernleitung** bei den Verhandlungen zugunsten des beauftragenden Gesamtbetriebsrats oder Betriebsrats nutzen kann. Diese Möglichkeit zu schaffen, ist der **Zweck des Abs. 2.**[113] Die Vorschrift ist dem § 50 Abs. 2 S. 1 nachgebildet (s. dazu § 50 Rn. 118 ff.). 49

Abs. 2 bringt das **Strukturprinzip des BetrVG** zum Ausdruck, nach dem die Arbeitnehmervertretungen auf den Ebenen BR, GBR und KBR eigenständige Betriebsverfassungsorgane mit 50

108 *LAG Nürnberg* 15. 1. 07 – 1 TaBV 14/06.
109 *Fitting*, Rn. 32.
110 Richardi-*Annuß*, Rn. 17 ff.; HK-BetrVG-*Schulze*, Rn. 26 ff.; *Fitting*, Rn. 22 ff.
111 *Fitting*, Rn. 24.
112 *LAG Frankfurt* 17. 1. 22 – 16 TaBV 8/21; *LAG Nürnberg* 25. 1. 07 – 1 TaBV 14/06, für den GBR.
113 BT-Dr VI/17, 86, S. 43, 44; *BAG* 12. 11. 97 – 7 ABR 78/96, a. a. O.

unterschiedlichen, durch Gesetz gegeneinander abgegrenzten Zuständigkeitsbereichen sind. Sie können sich untereinander weder wechselseitig vertreten noch sind sie berechtigt, für ein anderes Betriebsverfassungsorgan zu handeln. Hierzu bedarf es einer gesetzlichen Grundlage, die zum **Schutz der Eigenständigkeit des jeweiligen Betriebsverfassungsorgans** an besondere Voraussetzungen gebunden ist.[114] Diese Grundlage bildet Abs. 2.

51 Da es sich um eine Delegation der Zuständigkeit handelt, kann der GBR nur in Angelegenheiten beauftragen, für die er **selbst zuständig** ist.[115] Es kommt dabei nicht darauf an, ob der gem. § 50 Abs. 1 originär zuständig ist oder selbst gem. § 58 Abs. 2 beauftragt wurde.

52 **Verhandlungspartner** auf Seiten des KBR ist im Fall des Abs. 2 nicht die Konzernspitze – anders also als bei der originären Zuständigkeit des KBR (s. dazu Rn. 6) – sondern das jeweils betroffene **Konzernunternehmen.**[116] Weder Wortlaut (»Angelegenheit für ihn behandeln«) noch Zweck des Abs. 2 (Rn. 49) legen eine Änderung der Zuständigkeit auf AG-Seite durch die Übertragung der Zuständigkeit auf BR-Seite nahe.

53 Die **Beauftragung** des KBR setzt einen **wirksamen Beschluss** des GBR bzw. im Fall des § 54 Abs. 2 des BR voraus. Es bedarf gem. Abs. 2 S. 1 der **qualifizierten Mehrheit,** also der Hälfte der nach § 47 Abs. 7–9 gewichteten Stimmen des GBR. Die Mehrheit der Anwesenden reicht nicht aus. Für die Beschlussfassung zur Beauftragung gelten im Übrigen die zu § 50 ausgeführten Grundsätze (§ 50 Rn. 126ff.).

54 Die Übertragung einer Aufgabe bedarf ebenso wie deren Widerruf der **Schriftform,** Abs. 2 Satz 3 i. V. m. § 27 Abs. 2 Nr. 3. Diese ist analog § 125 Satz 1 BGB Wirksamkeitsvoraussetzung (vgl. zu dem entsprechend geregelten § 50 dort Rn. 126).[117] Der Beschluss muss zur Schriftform vom GBR-Vorsitz **eigenhändig unterschrieben** sein; eine Aufnahme in die Sitzungsniederschrift genügt dazu nicht.[118] Die **Textform des § 126b BGB** genügt dem Schriftlichkeitserfordernis ebenfalls **nicht;**[119] möglich ist nach § 126 Abs. 3 BGB allerdings auch die Einhaltung der **elektronischen Form** (vgl. § 50 Rn. 126).[120]

55 Ein **BR,** der gemäß § 54 Abs. 2 die Aufgaben eines GBR wahrnimmt, kann wie ein GBR ebenfalls den KBR beauftragen, eine Angelegenheit für ihn zu behandeln. Besteht aber ein GBR, kann der BR grundsätzlich nicht an ihm vorbei den KBR rechtwirksam beauftragen.[121] Zulässig ist aber eine **Durchgangsdelegation** in dem Sinne, dass ein GBR, der von einem BR gemäß § 50 mit der Erledigung einer Angelegenheit beauftragt wurde, diese mit Zustimmung des BR an den KBR weiterdelegiert.[122]

56 GBR oder BR können sich nach Abs. 2 Satz 2 die **Entscheidungsbefugnis vorbehalten.** Dadurch wird die Delegation auf die Verhandlungsführung beschränkt (vgl. § 50 Rn. 128). Im Zweifel ist von keinem entsprechenden Vorbehalt auszugehen,[123] so dass ein Vorbehalt **deutlich erklärt** sein sollte (vgl. § 50 Rn. 128).[124]

57 Der KBR ist **verpflichtet,** dem Auftrag zu entsprechen. Er kann auch **von mehreren GBR gleichzeitig** in sich entsprechenden Angelegenheiten beauftragt werden. Wird das **UN verkauft** und scheidet der GBR aus dem KBR aus, dann entfällt die Geschäftsgrundlage einer Beauftragung des KBR. Möglich ist auch ein **Widerruf** der Beauftragung ohne Angabe von Gründen[125] (vgl. § 50 Rn. 134).

114 *BAG* 12.11.97 – 7 ABR 78/96, a. a. O.
115 *BAG* 12.11.97 – 7 ABR 78/96, a. a. O.; 17.3.15 – 1 ABR 49/13, NZA 15, 960.
116 *BAG* 12.11.97 – 7 ABR 78/96, a. a. O.; 17.3.15 – 1 ABR 49/13, NZA 15, 960.
117 GK-*Kreutz/Franzen*, § 50 Rn. 69.
118 HWGNRH-*Glock*, Rn. 55.
119 MünchArbR-*Nebendahl*, § 300 Rn. 72; a. A. DKW-*Trittin* (16. Aufl.), § 50 Rn. 183 und § 58 Rn. 107; HK-BetrVG-*Schulze*, Rn. 34.
120 GK-*Kreutz/Franzen*, § 50, Rn. 69.
121 *BAG* 19.6.07, NZA 07, 11841 AZR 454/06.
122 *Fitting*, Rn. 25; HK-BetrVG-*Schulze*, Rn. 30; a. A. HWGNRH-*Glock*, Rn. 21.
123 ErfK-*Koch*, § 50 Rn. 9; HWK-*Hohenstatt/Dzida*, § 50 Rn. 18.
124 *Fitting*, § 50 Rn. 69.
125 *Fitting*, Rn. 25.

IV. Konzernbetriebsvereinbarungen

58 Konzern-BV des KBR mit dem AG (s. dazu Rn. 6) gelten nach Abs. 1 S. 1 **unmittelbar und zwingend** und zwar trotz der rechtlichen Selbstständigkeit der abhängigen Konzern-UN **für alle AN im Konzern.**[126] Einer Bevollmächtigung der Konzernleitung durch die einzelnen Konzern-UN oder eines gleichlautenden Abschlusses bedarf es nicht.[127] Die unmittelbare und zwingende Geltung ist erforderlich aufgrund des Vorrangs des BetrVG vor dem Gesellschaftsrecht: Im BetrVG hat der Gesetzgeber dem **Konzern betriebsverfassungsrechtlich die Stellung einer juristischen Person** zuerkannt und ihm originäre betriebsverfassungsrechtliche AG-Funktionen zugeordnet.[128]

59 Für das **Verhältnis einer KBV zu einer BV oder GBV** ist die gesetzliche Zuständigkeitsabgrenzung entscheidend.[129] Insoweit gilt das zu dem Verhältnis von GBV zu Einzel-BV Gesagte (§ 50 Rn. 147).

60 Nach der Rechtsprechung des BAG[130] ist es zulässig, **einzelne Konzern-UN** aus dem **Geltungsbereich** einer KBV herauszunehmen. Allerdings findet der **betriebsverfassungsrechtliche Gleichbehandlungsgrundsatz** nach § 75 laut BAG jedenfalls dann Anwendung, wenn das herrschende Unternehmen aufgrund seiner Vorgaben für eine UN-übergreifende Regelung die originäre Zuständigkeit des KBR begründen kann, um eine unternehmensübergreifende Wirkung der Regelungen zu erreichen. Da der Gleichbehandlungsgrundsatz darauf abzielt, eine Gleichbehandlung von Personen in vergleichbaren Sachverhalten sicherzustellen und eine gleichheitswidrige Gruppenbildung auszuschließen, kommt er allerdings nur zum Tragen, wenn die ausgeschlossenen UN in einer **vergleichbaren Lage** mit den UN sind, die in den Geltungsbereich der KBV fallen.[131]

61 Keinen Einfluss auf die **zwingende Wirkung von KBV** haben **Veränderungen der Konzernstruktur.** Es sind die für die BV (§ 77 Rn. 1 ff.) und GBV (§ 47 Rn. 1 ff.; § 50 Rn. 1 ff.) geltenden Grundsätze (§ 77 Rn. 1 ff.) anzuwenden.[132] Nach einem durch die **Übertragung von Geschäftsanteilen** bedingten Ausscheiden eines konzernangehörigen UN aus dem Konzern gilt eine zuvor im Betrieb oder in den Betrieben dieses UN geltende KBV dort gem. § 77 Abs. 4 Nr. 1 normativ weiter.[133] Dies gilt laut *BAG* jedenfalls dann, wenn das **aus dem Konzern ausscheidende Unternehmen** danach nicht in den Geltungsbereich einer zum selben Regelungsgegenstand abgeschlossenen anderen KBV fällt. Führt das aus dem Konzern ausscheidende UN mehrere Betriebe, gilt die KBV als GBV in diesen fort. Unterhält es nur einen Betrieb, gilt die KBV in diesem als Einzelbetriebsvereinbarung normativ weiter.[134] Dass § 58 Abs. 1 – anders als § 50 Abs. 1 Satz 1 – nicht ausdrücklich den einzelnen Betrieb als Bezugsobjekt der KBV nennt, spricht nicht gegen diese Sichtweise. Denn ebenso wie eine GBV regelt die KBV betriebliche Angelegenheiten, die nicht aufgrund der Zuständigkeit der KBR zu einer Angelegenheit des Konzerns werden. Auch wenn eine KBV in mehreren Betrieben eines Unternehmens gilt, gestaltet sie die kollektive Ordnung der von ihr erfassten Betriebe nicht anders als eine Einzelbetriebsvereinbarung.[135] Diese Normwirkung verlangt nicht die fortdauernde Zugehörigkeit des UN zum Konzern. Die Bindung eines UN an diese Normwirkung einer einmal geltenden KBV resultiert nicht aus seiner andauernden Zugehörigkeit zum Konzernverbund, sondern beruht nach der richtigen Auffassung des *BAG* darauf, dass es Inhaber der vom Geltungsbereich

126 *BAG* 22.1.02 – 3 AZR 554/00, NZA 2, 1224; *Fitting*, Rn. 35; ErfK-*Koch*, Rn. 6; GK-*Franzen*, Rn. 51.
127 *Fitting*, Rn. 35; ErfK-*Koch*, Rn. 6; a. A. Richardi-*Annuß*, Rn. 43.
128 *Fitting*, Rn. 36; DKW-*Trittin*, 16. Aufl., Rn. 120; kritisch dagegen Richardi-*Annuß*, Rn. 33 ff.
129 Richardi-*Annuß*, Rn. 46; HK-BetrVG-*Schulze*, Rn. 39; *Fitting*, Rn. 40.
130 *BAG* 13.12.16 – 1 AZR 148/15, BeckRS 16, 117544; vgl. HK-BetrVG-*Schulze*, Rn. 37.
131 Nach DKW-*Trittin*, 16. Aufl., Rn. 134 verstößt eine KBV, die AN aus Betrieben aus dem Geltungsbereich ausnimmt, deren BR oder GBR sein Mitbestimmungsrecht geltend und dazu einen Antrag gem. § 98 ArbGG rechtshängig machte, gegen das Maßregelungsverbot des § 612a BGB.
132 *Fitting*, Rn. 39.
133 *BAG* 25.2.20 – 1 ABR 39/18, EzA-SD 2020, Nr. 12, 11; *Fitting*, § 1 Rn. 218 und § 77 Rn. 170; GK-*Franzen* § 58 Rn. 60.
134 *BAG* 25.2.20 – 1 ABR 39/18, EzA-SD 2020, Nr. 12, 11.
135 *BAG* 25.2.20 – 1 ABR 39/18, EzA-SD 2020, Nr. 12, 11.

der KBV erfassten Betriebe ist. Ein bloßer Wechsel in den Beherrschungsverhältnissen des den Betrieb unterhaltenden Rechtsträgers wirkt sich nicht auf die betriebliche Identität aus.[136] Ein durch den Mehrheitswechsel bedingter **Wegfall des KBR** (zu den Vorauss. dafür vgl. § 54 Rn. 21) führt nicht zur Beendigung der normativen Wirkung der von ihm abgeschlossenen Vereinbarungen.[137] In diesem Fall kann die KBV gegenüber dem GBR gekündigt werden, weil dieser keine Auffangposition innehat und den BR nicht übergeordnet ist.[138]

62 **Verweigert der AG** Gespräche und Verhandlungen mit dem zuständigen KBR, verstößt er gegen seine gesetzliche Pflicht zur vertrauensvollen Zusammenarbeit gem. § 2 Abs. 1, § 23 Abs. 3.

V. Streitigkeiten

63 Streitigkeiten wegen der **Zuständigkeit des KBR** werden durch die ArbG gemäß §§ 2a, 80 f. ArbGG im **Beschlussverfahren** entschieden. Das ArbG, in dessen Bezirk das herrschende UN seinen Sitz hat, ist hierfür **örtlich zuständig.** Ist der Sitz im Ausland, dann ist der des größten inländischen UN im Konzern maßgebend (vgl. Vor § 54 Rn. 23 ff.). Ist die Wirksamkeit eines Beschlusses des GBR oder BR zur Beauftragung des KBR gemäß Abs. 2 Streitgegenstand, so ist das ArbG örtlich zuständig, in dessen Bezirk das UN seinen Sitz hat.

64 Bei Streit um Zuständigkeiten zwischen verschiedenen Gremien der Mitbestimmung ist zu beteiligen, wer »betroffen« i. S. v. § 83 Abs. 3 ArbGG ist. Soweit die Zuständigkeit des KBR infrage steht, sind **BR und GBR demnach dann zu beteiligen,** wenn eine Rechtsposition als Inhaber des vom Antragsteller geltend gemachten Anspruchs oder Rechts materiell-rechtlich **ernsthaft in Frage kommt.**[139] Im Verfahren über die **Wirksamkeit** einer vom KBR abgeschlossenen **Vereinbarung** sind die Konzern-UN sowie die jeweiligen GBR und die BR somit dann zu **beteiligen,** wenn (auch) ihre Zuständigkeit im Raum steht. Eine Beteiligung der örtlichen BR kommt umgekehrt dann nicht in Betracht, wenn es um die Mitbestimmung an einer Entscheidung des AG geht, die notwendig oberhalb der Ebene der einzelnen Betriebe getroffen wird, etwa weil sie das Verhältnis der einzelnen Betriebe zueinander betrifft; in diesem Fall wäre in einem Streit zwischen KBR und BR nur der GBR zu beteiligen.[140] Die Beteiligung eines KBR scheidet laut BAG dann offenkundig aus, wenn die streitgegenständliche Maßnahme nicht unternehmensübergreifend durchgeführt wurde.[141]

65 Für einen Antrag, der sich gegen die Inhalte einer KBV wendet, ohne die Zuständigkeit des KBR zu bestreiten, fehlt einem BR oder GBR die **Antragsbefugnis,** wenn die Angelegenheit in die Zuständigkeit des KBR fällt. In diesem Fall fehlt die erforderliche Betroffenheit in einer betriebsverfassungsrechtlichen Rechtsstellung.[142]

§ 59 Geschäftsführung

(1) Für den Konzernbetriebsrat gelten § 25 Abs. 1, die §§ 26, 27 Abs. 2 und 3, § 28 Abs. 1 Satz 1 und 3, Abs. 2, die §§ 30, 31, 34, 35, 36, 37 Abs. 1 bis 3 sowie die §§ 40, 41 und 51 Abs. 1 Satz 2 und Abs. 3 bis 5 entsprechend.

(2) Ist ein Konzernbetriebsrat zu errichten, so hat der Gesamtbetriebsrat des herrschenden Unternehmens oder, soweit ein solcher Gesamtbetriebsrat nicht besteht, der Gesamtbetriebsrat des nach der Zahl der wahlberechtigten Arbeitnehmer größten Konzernunternehmens zu der Wahl des Vorsitzenden und des stellvertretenden Vorsitzenden des Konzernbetriebsrats einzuladen. Der Vorsitzende des einladenden Gesamtbetriebsrats hat die Sitzung zu leiten, bis der Konzernbetriebsrat aus seiner Mitte einen Wahlleiter bestellt hat. § 29 Abs. 2 bis 4 gilt entsprechend.

---

136 *BAG* 25. 2. 20 – 1 ABR 39/18, EzA-SD 2020, Nr. 12, 11.
137 *BAG* 25. 2. 20 – 1 ABR 39/18, EzA-SD 2020, Nr. 12, 11.
138 *LAG BaWü* 12. 1. 07 – 12 Sa 43/06.
139 *BAG* 28. 3. 06 – 1 ABR 59/04, – BAGE 117, 337–344.
140 *BAG* 28. 3. 06 – 1 ABR 59/04.
141 *BAG* 19. 12. 17 – 1 ABR 32/16, NZA 18, 673.
142 *LAG Köln* 20. 5. 99 – 13 TaBV 37/98, NZA-RR 00, 140; offengelassen, ob aus prozessökonomischen Gründen eine Antragsbefugnis bejaht werden könnte.

Inhaltsübersicht Rn.

I. Vorbemerkungen

Die Vorschrift regelt in Anlehnung an § 51 innere Organisation und Geschäftsführung[1] des KBR durch **ausdrückliche Verweisung** in Abs. 1 auf folgende Regelungen zu BR und GBR: 1

- § 25 Abs. 1: **Ersatzmitglieder;**
- § 26: **Vorsitz** und stellvertretender Vorsitz;
- § 27 Abs. 2 und 3: (Konzern-)**Betriebsausschuss** und **laufende Geschäfte;**
- § 28: weitere **Ausschüsse;**
- § 30: **Sitzungen;**
- § 31: **Teilnahme von Gewerkschaftsbeauftragten;**
- § 34: **Sitzungsprotokoll;**
- § 35: **Aussetzung von Beschlüssen;**
- § 36: **Geschäftsordnung;**
- § 37 Abs. 1–3; **Ehrenamtliche Tätigkeit, Freistellungsanspruch**[2], **Entgeltausfallprinzip** sowie Ausgleich für Tätigkeit außerhalb der normalen Arbeitszeit
- § 40: **Arbeitsmittel und Kostentragungspflicht**
- § 41: **Umlageverbot;**
- § 51 Abs. 1 Satz 2: Größe des **(Konzern-)Betriebsausschusses;**
- § 51 Abs. 3 und 4: **Beschlussfassung;**
- § 51 Abs. 5: **Rechte und Pflichten.**

Abs. 2 regelt die Konstituierung des KBR sowie weitere Sitzungen durch Verweis auf § 29.

Die Vorschrift ist **zwingend.** 2

Im BPersVG gibt es keine Entsprechung, im SprAuG ist § 24 die entsprechende Regelung. 3

II. Vorsitz und Stellvertretung

Für die Bestellung des oder der Vorsitzenden des KBR und der Person des Stellvertreters gelten dieselben Regeln wie für **BR-Vorsitz und Stellvertretung,** denn Abs. 1 verweist auf § 26 Abs. 1. 4

Zum Vorsitz und als Stellvertretung **wählbar** sind nur **Mitglieder des KBR** (§ 26 Abs. 1), nicht jedoch stellvertretende Mitglieder oder sonstige Personen. Die **Wahl** erfolgt in der konstituierenden Sitzung (s. dazu Rn. 18ff.). 5

Weil der KBR eine **Dauereinrichtung** ist (s. § 54 Rn. 17 ff), ist auch die **Amtszeit von Vorsitz** und Stellvertretung nicht befristet. Sie kann deshalb nur aus anderen Gründen enden, z.B. durch 6

- **Erlöschen der Mitgliedschaft** (§ 57, s. dort), insbesondere bei **Ablauf der Amtszeit als BR bzw. GBR**[3];

---

1 Vgl. Muster einer Geschäftsordnung im DKWF-*Trittin/Wenckebach*, § 59 Rn. 1.
2 *BAG* 23.5.18 – 7 ABR 14/17, BAGE 163, 1–15.
3 *Fitting*, Rn. 5; Richardi-*Annuß*, Rn. 8.

- **Ausschluss** aus dem KBR (§ 56, s. dort);
- **Amtsniederlegung** diese ist formlos möglich, s. § 57 Rn. 10;
- **Absetzung** durch den KBR.

7 Mit der Neuwahl der BR und Neuwahlen in den GBR, die ihre Mitglieder in den KBR entsenden, verändert sich die personelle Zusammensetzung des KBR. Um die **demokratische Legitimation** des KBR zu unterstreichen, ist eine **Neuwahl** der Personen des Vorsitzenden und Stellvertreters nach Ablauf der regulären BR-Wahlen empfehlenswert (vgl. § 54 Rn. 18). § 57 nennt zwar die Neuwahl des BR oder GBR nicht als einen die Mitgliedschaft im KBR beendenden Tatbestand. Aber die Neukonstituierung des BR oder des GBR beendet sie zumindest für eine **juristische Sekunde,** so dass auch **normativ** Anlass für eine Neuwahl des KBR besteht.[4] Die Neuwahl sollte analog zur dreimonatigen Wahlperiode des BR gem. § 13 Abs. 1 Satz 1 innerhalb von 3 Monaten nach der letzten Konstituierung der GBR stattfinden, eine gesetzliche Frist gibt es allerdings nicht.

8 Für die **Rechtsstellung** der Person des Vorsitzenden und ihrer Stellvertretung gilt dasselbe wie für den Vorsitz des BR, Abs. 1 i. V. m. § 26 Abs. 2, 27 Abs. 3. Gemäß § 26 Abs. 3 wird der KBR durch die Person des Vorsitzenden im Rahmen der von ihm gefassten Beschlüsse **vertreten.** Der oder die Vorsitzende nimmt die dem KBR gegenüber abzugebenden **Erklärungen** entgegen. Hat der KBR weniger als neun Mitglieder, können auch laufende Geschäfte des KBR an den Vorsitz übertragen werden, Abs. 1 i. V. m. § 27 Abs. 3.

III. Ausschüsse und Arbeitsgemeinschaften

1. Konzernbetriebsausschuss

9 Die Bildung eines Konzernbetriebsausschusses ist verpflichtend, wenn der KBR aus **neun oder mehr Mitgliedern** besteht, Abs. 1 i. V. m. 51 Abs. 1 S. 2. (s. dort).[5] Der Konzernbetriebsausschuss erledigt die laufenden Geschäfte des KBR sowie besondere Aufgaben. Auch **Zusammensetzung und Mitgliederzahl** des Konzernbetriebsausschusses richten sich nach den für den GBR geltenden Regeln. Wenn neue UN mit BR bzw. GBR zum Konzern hinzukommen, erhöht sich die Zahl der Mitglieder des KBR.[6] Führt dies dazu, dass das Quorum von neun Mitgliedern überschritten wird, ist der Konzernbetriebsausschuss ab diesem Moment zu bilden.[7]

10 **Vorsitzende** und **Stellvertreter** gehören dem Konzernbetriebsausschuss kraft Gesetzes an. Die **weiteren Mitglieder** werden aus der Mitte des KBR nach den Grundsätzen der **Verhältniswahl gewählt, Abs. 1 i. V. m. § 51 Abs. 1 S. 2.** Wird nur ein Wahlvorschlag gemacht, erfolgt eine Mehrheitswahl gem. Abs. 1 i. V. m. §§ 51 Abs. 1 S. 2, 27 Abs. 1 S. 4. Eine geheime Wahl kann wegen der im KBR auch bei der Wahl gebotenen **Stimmengewichtung** im KBR – ebenso wie im GBR – nicht erfolgen.

11 Die **Übertragung von Aufgaben** auf den Konzernbetriebsausschuss zur selbstständigen Erledigung durch diesen erfolgt nach der Maßgabe von Abs. 1 i. V. m. § 27 Abs. 2 (s. § 27 Rn. 35 ff.). Für die **Beschlussfassung** im Ausschuss ist – wegen der Verweisung auf § 51 Abs. 4 – § 33 Abs. 1 u. 2 anzuwenden; jedes Ausschussmitglied hat also nur eine Stimme, das Prinzip der Stimmengewichtung findet keine Anwendung.[8]

12 Wenn nach einer Umstrukturierung des Konzerns oder dem Hinzukommen neuer UN die **Ober- oder Untergrenzen** für den Konzernbetriebsausschuss nach dessen Errichtung über- oder unterschritten werden, dann ist der Konzernbetriebsausschuss insgesamt neu zu wählen.[9]

---

4 *BAG* 9. 2. 11, AiB 11, 696.
5 Richardi-*Annuß*, Rn. 11; HK-BetrVG-*Schulze*, Rn. 18.
6 *BAG* 16. 3. 05, AP Nr. 5 zu § 51 BetrVG 1972 für den GBR.
7 *Fitting*, Rn. 7.
8 Richardi-*Annuß*, Rn. 15; *Fitting*, Rn. 13.
9 *BAG* 16. 3. 05, AP Nr. 5 zu § 51 BetrVG 1972 für den GBR.

2. Weitere Ausschüsse

Der **KBR kann weitere Ausschüsse** bilden, wenn im Konzern **mehr als 100 AN** beschäftigt sind und der KBR aus mindestens 7 Mitgliedern besteht (Abs. 1 i. V. m. § 28 Abs. 1 Satz 1). Ist ein Konzernbetriebsausschuss gebildet – hat also der KBR mehr als neun Mitglieder – kann der KBR diesen weiteren Ausschüssen bestimmte Aufgaben zur selbstständigen Erledigung übertragen (Abs. 1 i. V. m. § 28 Abs. 1 Satz 3). **Nicht möglich ist der Abschluss von KBV** durch die Ausschüsse, wie sich aus § 27 Abs. 2 S. 2 2. HS ergibt, auf den Abs. 1 verweist (s. § 28 Rn. 3 ff.). Die **Wahl der Mitglieder** der Ausschüsse erfolgt nach den Grundsätzen der Mehrheitswahl, da in Abs. 1 nicht auf § 28 Abs. 1 Satz 2 verwiesen wird.[10] Die Geschlechterverhältnisse sollen wegen dem Gleichbehandlungsgebot in Art. 3 Abs. 2 GG auch bei der Besetzung der Ausschüsse berücksichtigt werden (s. § 55 Rn. 8 ff.). Gemäß Abs. 1 i. V. m. § 28 Abs. 2 können auch **gemeinsame Ausschüsse** von KBR und Konzernleitung errichtet werden. 13

3. Konzernwirtschaftsausschuss

Informationen über die wirtschaftliche Lage und Entwicklung des Konzerns sind für die Arbeit des KBR von entscheidender Bedeutung zur Umsetzung seiner gesetzlich vorgesehenen Funktion, konzernweite Informationen zusammen zu führen und Entscheidungen zu koordinieren (vgl. dazu Vor § 54 Rn. 1 ff.). Wirtschaftliche Angelegenheiten i. S. d. § 106 Abs. 3 werden **häufig auf Konzernebene entschieden** und können in den einzelnen Betrieben nicht losgelöst von dieser Ebene behandelt werden.[11] Die Bedeutung von KBR und Mitbestimmung in Mehrebenensystemen wächst in Folge von »filialisierten« Unternehmensstrukturen und Ausgliederungen.[12] Der KBR benötigt deshalb wie auch der GBR einen WA.[13] Die nötigen Informationen ohne das dafür in § 106 vorgeschriebene Verfahren bei allen UN einzeln in Erfahrung zu bringen, ist dem KBR nicht nur unzumutbar,[14] sondern teilweise auch unmöglich. 14

Der Wirtschaftsausschuss ist aber nach der Rechtsprechung des *BAG* lediglich über die wirtschaftliche und finanzielle Lage des Unternehmens zu unterrichten, in dem er nach § 106 Abs. 1 Satz 1 BetrVG gebildet ist, nicht aber über die wirtschaftliche und finanzielle Lage des dieses beherrschenden Unternehmens.[15] Dies solle »ungeachtet der Intensität konzernrechtlicher Beziehungen« gelten und selbst bei einem Wechsel der Kontrolle mit einem dadurch bewirkten Mehrheitsbesitz von Anteilen. Art. 7 Abs. 4 der EU-Betriebsübergangsrichtlinie (Richtlinie 2001/23/EG) regelt indes explizit, dass Verstöße gegen die in dieser Richtlinie vorgesehenen Informations- und Konsultationspflichten nicht damit zu rechtfertigen sind, dass die Information von einem den Arbeitgeber beherrschenden Unternehmen nicht übermittelt wurden. Das BAG ist leider jedoch nicht darauf eingegangen, warum das nicht auch für den Informationsdurchgriff in anderen Zusammenhängen spricht (vgl. § 106 Rn. 91). 14a

Nach Ansicht des *BAG* kann der KBR allerdings **von sich aus keinen WA errichten,**[16] weil der **Wortlaut** des § 106 Abs. 1 den WA ausschließlich für UN vorsehe und der Begriff mit dem des Konzerns (dazu Vor § 54 Rn. 4 ff.) nicht identisch sei. Mangels planwidriger Regelungslücke komme auch eine analoge Anwendung des § 106 Abs. 1 für die Konzernebene nicht infrage.[17] Jedenfalls seit der Reform 2001, so wird dazu in der Literatur vertreten, könne nicht mehr argumentiert werden, der Gesetzgeber habe in § 106 die Konzernebene unbewusst nicht erfasst, 15

10 HK-BetrVG-*Schulze*, Rn. 22.
11 *Fitting*, § 106 Rn. 4; Richardi-*Annuß*, § 106 Rn. 9; vgl. auch § 106 Rn. 18.
12 Haipeter/Hertwig/Rosenbohm-*Behrens*, S. 11 ff.
13 *Nebendahl*, DB 91, 384 ff.; § 106 Rn. 17 f.; DKW-*Trittin*, 16. Auflage, § 59 Rn. 16.
14 So schon DKW-*Trittin*, 16. Auflage, § 59 Rn. 19.
15 *BAG* 17.12.19 – 1 ABR 35/18 (s. dazu § 106 Rn. 91); zustimmend *Boemke*, jurisPR-ArbR 19/2020 Anm. 4.
16 *BAG* 23.8.89 – 7 ABR 39/88 DB 90, 1519 f.
17 Zustimmend Richardi-*Annuß*, § 106 Rn. 9; HWGNRH-*Rose* § 91 Rn. 8; GK-*Oetker* § 106 Rn. 26.

denn im RegE war zunächst ein Konzernbetriebsausschuss vorgesehen[18], der dann jedoch nicht Gesetz wurde.[19]

16 Die Begründung des *BAG* dafür, warum es an einer planwidrigen Regelungslücke fehle, überzeugen – jedenfalls vor dem Hintergrund von Unternehmensstrukturen 30 Jahre nach der betreffenden Entscheidung – nicht. So ist es nicht der Zweck des WA, »wirtschaftlich ungeschulte BR zu unterstützen«[20]. Auch die Auffassung, dass die wirtschaftlichen Informationen nur beim BR auf der Unternehmensebene erforderlich seien, weil dort unternehmerische Entscheidungen der Mitbestimmung bedürften, nicht aber beim KBR, werden Konzernstrukturen nicht gerecht.

17 Der KBR kann jedenfalls mit der Konzernspitze **in einer KBV vereinbaren,** dass ein WA gebildet wird oder der KBR bzw. der Konzernbetriebsausschuss die Aufgaben eines WA in analoger Anwendung des § 106 wahrnimmt.[21] Auch eine entsprechende Regelung **durch Tarifvertrag** ist möglich (s. § 106 Rn. 19).[22] Die zudem bestehende Möglichkeit, wirtschaftliche Aufgaben an einen Ausschuss des KBR zu übertragen,[23] hilft allerdings nicht ausreichend ab, denn der KBR benötigt ebenso wie der GBR ein bestimmtes **Verfahren,** um die erforderlichen Informationen zu erlangen, wie es in § 106–109 geregelt ist.

IV. Konstituierung (Abs. 2)

18 Abs. 2 regelt die **konstituierende Sitzung des KBR,** die in Anlehnung an die Konstituierung des GBR erfolgt (s. dazu § 51). Die Konstituierung des KBR folgt auf dessen Errichtung, die sich nach § 54 richtet. Wenn die Voraussetzungen des § 54 vorliegen und der Errichtungsbeschluss gem. § 54 Abs. 1 S. 1 gefasst ist (s. zu den Voraussetzungen § 54 Rn. 4 ff.), ist der KBR kraft Gesetzes errichtet (vgl. § 54 Rn. 15). Handlungsfähig ist der KBR aber erst ab der konstituierenden Sitzung, in der Vorsitz und stellvertretender Vorsitz gewählt werden.

19 **Zuständig für die Einladung** zur konstituierenden Sitzung ist nach Abs. 2

- der **GBR des herrschenden UN**
- oder, soweit ein solcher GBR nicht besteht, der GBR – im Falle des § 54 Abs. 2 der BR – des nach der Zahl der wahlberechtigten AN **größten Konzernunternehmens.** Zur Ermittlung der maßgeblichen Zahl ist auf die Eintragungen in die Wählerliste bei der letzten BR-Wahl abzustellen. Wenn in einem Betrieb kein BR besteht, ist auf die zum Zeitpunkt der Einladung vorhandene Zahl wahlberechtigter AN abzustellen.[24]

Kommt das zur Einladung verpflichtete Gremium seiner **Einladungspflicht** nicht nach, so handelt es sich um eine Pflichtverletzung, die z. B. Sanktionen gemäß §§ 23 und 59 Abs. 1 i. V. m. § 48 zur Folge haben kann.

20 Die Einladung kann **an GBR oder BR** als Gremien insgesamt gerichtet werden oder an bestimmte Mitglieder der Gremien, soweit sie bekannt sind. Einzuladen sind auch die GBR bzw. BR, die sich gegen die Errichtung eines KBR ausgesprochen haben.[25] Gesetzlich ist keine bestimmte Form für die Einladung vorgeschrieben, aber es ist empfehlenswert, diese **schriftlich** unter Angabe von Ort, Zeit und Tagesordnung der konstituierenden Sitzung auszusprechen.

21 Die **Leitung der konstituierenden Sitzung** liegt so lange bei dem oder der Vorsitzenden des einladenden GBR, bis der KBR aus seiner Mitte eine **Wahlleitung** bestellt hat. § 29 Abs. 2 bis 4 gilt entsprechend.

---

18 *Schiefer/Korte,* NZA 2001, 71, 87.

19 Richardi-*Annuß,* § 106 Rn. 9; so argumentiert auch das *BAG* in anderem Zusammenhang: *BAG* 17.12.19 – 1 ABR 35/18.

20 *BAG* 23.8.89 – 7 ABR 39/88.

21 *Nebendahl,* DB 91, 384 ff.; HK-BetrVG-*Steffan,* § 106 Rn. 11.

22 Ohne Begründung a. A. Richardi-*Annuß,* § 106 Rn. 9.

23 *Fitting,* § 106 Rn. 4; HK-BetrVG-*Steffan,* § 106 Rn. 11.

24 *Fitting,* Rn. 14; GL, Rn. 11; Richardi-*Annuß,* Rn. 18; HK-BetrVG-*Schulze,* Rn. 9; a. A. GK-*Franzen,* Rn. 8; HWGNRH-*Glock,* Rn. 7, wonach diese AN außerhalb der Betriebsverfassung stehen und deshalb nicht mitrechnen.

25 *Fitting,* Rn. 15; HK-BetrVG-*Schulze,* Rn. 8.

V. Geschäftsführung und Beschlüsse

1. Sitzungen

Für die **weiteren Sitzungen** nach der Konstituierung gelten Abs. 2 Satz 3 i. V. m. § 29 Abs. 2 bis 4. Sie müssen nicht am Sitz des herrschenden UN stattfinden.[26] 22

Wie bei den Sitzungen des BR gilt, dass 23

- der oder die **Vorsitzende** unter Mitteilung der Tagesordnung **einlädt** und die Sitzung leitet (§ 29 Abs. 2) sowie eine Niederschrift anfertigt (§ 34);
- **auf Antrag** eines stimmgewichteten Viertels der Mitglieder des KBR oder des AG – in diesem Fall die Konzernleitung – eine **Sitzung einzuberufen** und der beantragte Beratungsgegenstand auf die Tagesordnung zu setzen ist (§ 29 Abs. 3);
- **Gewerkschaftsbeauftragte ein Recht zur beratenden Teilnahme** haben (§ 31), wobei es genügt, wenn die Gewerkschaft zwar nicht im KBR aber in einem entsenden BR oder GBR vertreten ist[27];
- der **AG** auf Einladung oder bei von ihm beantragten Sitzungen ein Teilnahmerecht hat (Abs. 4). Das Teilnahmerecht der **Konzernschwerbehindertenvertretung** ist in § 59a (s. dort) ausdrücklich vorgeschrieben;
- auch ein Teilnahmerecht der **KJAV** besteht (s. § 73a und b);
- auch der KBR das Recht hat, einen sachkundigen AN als **Auskunftsperson** heranzuziehen (§ 80 Abs. 2 S. 3) sowie einen **Sachverständigen** unter den Voraussetzungen des § 80 Abs. 3.[28]

Die **Kosten** des KBR trägt gem. Abs. 1 i. V. m. § 40 das herrschende UN.[29] Dies gilt für die Sitzungen, das Büro und Büropersonal. Der KBR hat auch Anspruch auf Zugang zum Intranet, in das er auch eigene Informationen stellen kann (s. § 40).[30] Streiten die Beteiligten darüber, ob ein KBR gebildet werden konnte und ist diese Frage umstritten und höchstrichterlich noch nicht entschieden, darf ein Mitglied die Kosten zur **Teilnahme an den Sitzungen des KBR** für erforderlich halten.[31] 24

Die 2021 durch das Betriebsrätemodernisierungsgesetz neu geschaffenen Regeln zur Nutzung von **Video- und Telefonkonferenztechnik gem. § 30 Abs. 2** (s. dort) gelten auch für Sitzungen des KBR. Auch unter den besonderen Bedingungen einer pandemischen Lage muss das Interesse des KBR an der Durchführung der Betriebsratssitzung in Präsenzform hier nicht grundsätzlich hinter dem Interesse des Arbeitgebers an einer Minimierung gesundheitlicher Risiken zurücktreten.[32] 24a

2. Beschlüsse

Für die **Beschlussfassung** des KBR gelten laut Abs. 1 § 51 Abs. 3 und 4 entsprechend. Danach ist u. a. erforderlich, dass 25

- eine **ordnungsgemäße Einladung** unter Angabe der Tagesordnung erfolgt;[33]
- die **Stimmengewichtung** (§ 55 Abs. 3, s. § 55 Rn. 15 ff.) berücksichtigt wird
- der KBR **beschlussfähig** ist, also mindestens die Hälfte der KBR-Mitglieder (§ 55 Abs. 1, s. dazu § 55 Rn. 4 ff.) an der Beschlussfassung teilnimmt und diese mindestens die **Hälfte des Gesamtstimmgewichts** im KBR vertritt (§ 59 Abs. 1 i. V. m. § 51 Abs. 3 Satz 3). Erscheint eine Mehrheit der Mitglieder bewusst nicht zur Sitzung und **boykottiert** damit Arbeit des

26 *BAG* 23.8.06, AP Nr. 12 zu § 54 BetrVG 1972.
27 *Fitting*, Rn. 19; Richardi-*Annuß*, Rn. 23; *Däubler*, Gewerkschaftsrechte, Rn. 149; a. A. HWGNRH-*Glock*, Rn. 24; GK-*Franzen*, Rn. 26; ErfK-*Koch*, Rn. 2 wonach sie im KBR selbst vertreten sein muss.
28 *Fitting*, Rn. 24; HWGNRH-*Glock*, Rn. 42; Richardi-*Annuß*, Rn. 26.
29 *BAG* 23.8.06, AP BetrVG 1972 § 54 Nr. 12; *Fitting*, Rn. 21; HWGNRH-*Glock* § 59 Rn. 40; Richardi-*Annuß*, Rn. 35.
30 Überholt *ArbG Frankfurt* 13.11.01, NZA-RR 02, 252 zum BR.
31 *LAG Hamburg* 5.4.07 – 2 TaBV 12/06.
32 *LAG Berlin-Brandenburg* 13.10.20 – 26 TaBVGa 1281/20.
33 *BAG* 23.8.06, AP Nr. 12 zu § 54 BetrVG 1972.

KBR, so verstoßen diese Mitglieder grob gegen ihre Pflichten gem. § 23 Abs. I und II und behindern den KBR in strafbarer Weise gem. § 119 Abs. 1 Nr. 2 (vgl. § 51 Rn. 41).

- Beschlüsse nur **in einer Sitzung**, nicht jedoch im Umlaufverfahren gefasst werden[34];
- eine **einfache Mehrheit** des nach § 55 Abs. 3 errechneten Stimmgewichts der anwesenden Mitglieder erzielt wird; eine qualifizierte Mehrheit ist nur erforderlich in den gesetzlich ausdrücklich benannten Fällen;
- die **Übertragung von Aufgaben** zur selbstständigen Erledigung auf den Konzernbetriebsausschuss, weitere Ausschüsse oder einzelne Mitglieder (§ 59 Abs. 1 i. V. m. §§ 27 Abs. 3, 28) und der Beschluss der Geschäftsordnung (§ 59 Abs. 1 i. V. m. § 36).[35]

25a Die 2021 durch das Betriebsrätemodernisierungsgesetz neu geschaffenen Regeln zur Beschlussfassung mithilfe von **Video- und Telefonkonferenztechnik gem. § 30 Abs. 2** (s. dort) gelten auch für den KBR. Es bleibt bei dem Vorrang von Präsenzsitzungen und der Unzulässigkeit von Beschlussfassungen im Umlaufverfahren. Die Geschäftsordnung des KBR sollte an die neu gefasste Rechtslage angepasst werden und Einzelheiten festlegen.[36]

26 Gemäß Abs. 1 i. V. m. § 35 haben die KJAV sowie die Konzernschwerbehindertenvertretung das Recht, Beschlüsse des KBR **auszusetzen.**

27 Im **Konzernbetriebsausschuss** und in weiteren Ausschüssen gilt für Beschlüsse § 51 Abs. 4 i. V. m. § 33 Abs. 1 und 2, wonach **nach Köpfen** abgestimmt wird und das unterschiedliche Stimmgewicht unberücksichtigt bleibt.[37]

VI. Rechte und Pflichten des KBR

1. Rechte und Pflichten des BR

28 Gemäß Abs. 1 i. V. m. § 51 Abs. 5 gelten die **Rechte und Pflichten des BR** entsprechend für den KBR, soweit das Gesetz keine besonderen Vorschriften enthält. Die Rechte des KBR sind wegen der in Abs. 1 sowie § 51 Abs. 5 allgemein formulierten Verweisung aber auch wegen des Gesetzeszwecks nicht auf die Rechte beschränkt, in denen der KBR explizit erwähnt wird. Jedoch sind **Organisation und Geschäftsführung** für den GBR spezialgesetzlich in § 51 Abs. 1–4 geregelt (s. § 51 Rn. 8 ff.). Es handelt sich insoweit um eine für den GBR **abschließende Regelung,** neben der § 51 Abs. 5 keine ergänzende Anwendung finden kann.[38] Dann allerdings kann für den KBR nicht aufgrund der Verweisung von Abs. 1 auf § 51 Abs. 5 eine Erweiterung der für die Geschäftsführung des KBR für anwendbar erklärten Vorschriften hergeleitet werden.[39]

29 Mangels Verweisung auf § 39 Abs. 1 ist für den KBR nicht vorgesehen, während der Arbeitszeit **Sprechstunden** einzurichten. Dasselbe gilt für jährliche **BR-Versammlung** gem. § 53. Möglich ist allerdings, sich hierfür die Zustimmung des AG einzuholen.[40] Der KBR kann zudem alle Beschäftigten unmittelbar informieren, z. B. über seine eigene **Konstituierung.**[41]

2. Eigener Freistellungsanspruch für Mitglieder des KBR

30 Der KBR hat laut *BAG* einen **eigenen Anspruch auf eine generelle (Teil-)Freistellung** eines oder mehrerer seiner Mitglieder aus Abs. 1 i. V. m. § 37 Abs. 2 (s. dazu § 37 Rn. 10 ff.), sofern die Freistellung für die ordnungsgemäße Durchführung der Aufgaben des KBR erforderlich ist.[42] Dem steht, wie das *BAG* klargestellt hat, nicht entgegen, dass mangels Verweisung des Abs. 1 auf § 38 Abs. 1 für den KBR die für den Betriebsrat in § 38 Abs. 1 geregelte generelle

---

34 Richardi-*Annuß*, Rn. 27.
35 HK-BetrVG-*Schulze*, Rn. 28.
36 Vgl. das Muster in DKWF-Trittin/*Wenckebach* § 59.
37 HK-BetrVG-*Schulze*, Rn. 29; *Fitting*, Rn. 27.
38 *Fitting*, Rn. 64; GK-*Franzen*, Rn. 79; HWGNRH-*Glock*, Rn. 71; ErfK/*Koch*, Rn. 4; a. A. DKW-*Trittin* (16. Aufl.), Rn. 81.
39 ErfK-*Koch*, Rn. 2; *Fitting*, Rn. 22; a. A. DKW-*Trittin* 16. Aufl., Rn. 32.
40 *Fitting*, Rn. 23.
41 Vgl. Muster eines Informationsschreibens in DKWF-*Trittin/Wenckebach*, § 54 Rn. 14.
42 *BAG* 23.5.18 – 7 ABR 14/17, BAGE 163, 1–15, Rn. 26; dem zustimmend *Wolmerath*, jurisPR-ArbR 46/2018 Anm. 6; *Rudolph* in AiB 1/19, 47; zuvor schon *Fitting*, Rn. 23, § 51 Nr. 44; GK-BetrVG-*Fran-*

Freistellungsmöglichkeit nicht gegeben ist. Daraus kann nämlich nicht geschlossen werden, dass dem KBR ständige Freistellungen grundsätzlich – also auch auf der Grundlage von § 37 Abs. 2 – nicht ermöglicht werden sollen. Der in § 37 Abs. 2 geregelte betriebsverfassungsrechtliche **Grundsatz zur Arbeitsbefreiung von Mandatsträgern,** gilt vielmehr über Abs. 1 auch für den KBR. § 38 Abs. 1 ist keine abschließende Regelung der pauschalen Freistellung von Mandatsträgern.

Der Anspruch auf erforderliche generelle Freistellungen von Mitgliedern des KBR zur Durchführung seiner Tätigkeiten ist ein **eigener Anspruch des KBR** und muss nicht etwa von dem BR geltend gemacht und durchgesetzt werden, dem das Konzernbetriebsratsmitglied angehört.[43] Denn der Anspruch auf eine ständige Freistellung auf der Grundlage von § 37 Abs. 2 verlangt im Streitfall **konkrete Angaben zur Erforderlichkeit** (vgl. § 37 Rn. 26) und damit zur Organisation und Aufgabenzuweisung im Gremium. Dem örtlichen BR fehlen die Kenntnisse dazu. Das *BAG* weist zu Recht auf mögliche Interessenkonflikte zwischen BR und KBR hin, die den KBR an seiner Rechtsdurchsetzung hindern würden, wenn der BR den Anspruch geltend machen müsste. Dem örtlichen BR, so führt das *BAG* aus, steht es nicht zu, über die Aufgabenverteilung und Arbeitsorganisation im KBR zu befinden – wobei gleiches auch umgekehrt gilt. 31

Bei der Freistellungsentscheidung ist zu berücksichtigen, **ob und ggf. in welchem Umfang Mitglieder des Gremiums bereits in anderen Gremien freigestellt sind** und ob Überschneidungen oder Konkurrenzen drohen, die es zu vermeiden gilt.[44] Ist etwa ein Mitglied des KBR bereits nach § 38 als Mitglied des BR vollständig freigestellt, kann der KBR eine pauschale Freistellung dieses Konzernbetriebsratsmitglieds nicht zusätzlich beschließen. Besteht nämlich bereits auf der Grundlage einer im BR beschlossenen Vollfreistellung keine Verpflichtung zur Arbeitsleistung gegenüber dem Vertragsarbeitgeber[45], kann eine weitere Freistellungsentscheidung eines anderen Gremiums keine Auswirkungen mehr haben. Wird ein bereits vollständig für Betriebsratstätigkeiten nach § 38 freigestelltes Betriebsratsmitglied auch für Aufgaben des KBR herangezogen, hat das Mitglied dies mit seinen Aufgaben im BR in Einklang zu bringen. Nimmt es Aufgaben für den KBR wahr, ist es an der Durchführung von Aufgaben als Betriebsratsmitglied zeitweilig verhindert.[46] Der BR ist dann nicht gehalten, die ihm zustehende Freistellung ganz oder teilweise für die Erledigung von Aufgaben des KBR zu verwenden, da die Freistellungsregelung in § 38 Abs. 1 eine pauschalierende Regelung zur Arbeitsbefreiung darstellt, die ausschließlich der Erledigung von Betriebsratsaufgaben dient.[47] Die zeitweise Verhinderung des freigestellten Betriebsratsmitglieds wegen der Wahrnehmung von Aufgaben im KBR kann den BR allerdings berechtigen, **weitere Freistellungen auf der Grundlage von § 37 Abs. 2** geltend zu machen.[48] Ist umgekehrt ein Mitglied des KBR vollständig nach § 37 Abs. 2 freigestellt, ist der BR gehindert, eine weitere pauschale Freistellung dieses Mitglieds zu verlangen. Soweit dieses Betriebsratsmitglied im Einzelfall aufgrund seiner Betriebsratstätigkeiten verhindert ist, Konzernbetriebsratsaufgaben wahrzunehmen, kann dem KBR ggf. eine weitere pauschale Freistellung auf der Grundlage von § 37 Abs. 2 BetrVG zustehen.[49] 32

VII. Streitigkeiten

Die ArbG entscheiden über Streitigkeiten wegen der Geschäftsführung des KBR gemäß §§ 2a, 80 ff. ArbGG im **Beschlussverfahren.** Örtlich zuständig ist das ArbG, in dessen Bezirk das herrschende Konzern-UN seinen Sitz hat. Ist der Sitz im Ausland, dann ist der Sitz des größten inländischen UN im Konzern maßgebend (s. Vor. § 54 Rn. 23 ff). 33

---

zen, Rn. 24 sowie § 51 Rn. 55; WPK-*Roloff* BetrVG 4. Aufl. § 59 Rn. 20; für den GBR Richardi-*Annuß*, § 51 Rn. 51; a. A. HWGNRH-*Glock*, BetrVG Rn. 38.

43 *BAG* 23.5.18 – 7 ABR 14/17, BAGE 163, 1–15.
44 *BAG* 23.5.18 – 7 ABR 14/17, BAGE 163, 1–15.
45 Vgl. *BAG* 10.7.13 – 7 ABR 22/12 – Rn. 20.
46 Vgl. zur Aufgabenwahrnehmung für den Gesamtbetriebsrat *BAG* 12.2.97 – 7 ABR 40/96.
47 *BAG* 12.2.97 – 7 ABR 40/96.
48 *BAG* 12.2.97 – 7 ABR 40/96.
49 *BAG* 23.5.18 – 7 ABR 14/17, BAGE 163, 1–15.

34 Ist Streitgegenstand die **Errichtung eines Konzernwirtschaftsausschusses,** so sind weder die abhängigen Konzernunternehmen noch die einzelnen GBR bzw. BR **beteiligungsbefugt,** weil ihre betriebsverfassungsrechtliche Position durch die Errichtung des WA nicht berührt wird.[50]

35 Der KBR hat einen eigenen Anspruch auf Freistellung seiner Mitglieder gem. Abs. 1 i. V. m. § 37 Abs. 2 und ist bezüglich dieses Anspruchs **antragsbefugt.** Der Anspruch ist nicht durch den BR geltend zu machen, der ein Mitglied in den KBR entsendet (s. Rn. 30 ff.).[51]

36 Verlangt ein einzelnes Mitglied des KBR vorenthaltenes Arbeitsentgelt oder Freizeitausgleich für Tätigkeiten im KBR, so entscheidet das ArbG im **Urteilsverfahren.** Es ist das ArbG zuständig, in dessen Bezirk der Beschäftigungsbetrieb liegt (§ 46 Abs. 2 ArbGG; § 29 Abs. 1 ZPO).

§ 59a Teilnahme der Konzernschwerbehindertenvertretung

Die Konzernschwerbehindertenvertretung (§ 180 Absatz 2 des Neunten Buches Sozialgesetzbuch) kann an allen Sitzungen des Konzernbetriebsrats beratend teilnehmen.

Inhaltsübersicht

I. Vorbemerkungen

1 § 59a wurde durch die Novellierung 2001 in das BetrVG eingefügt, um die **Vertretung der Schwerbehinderten auch auf der Konzernebene** gesetzlich zu verankern. Seit 1. 1. 2018 verweist die Norm auf § 180 Abs. 2 SGB IX, der nach der Neufassung des SGB IX dem Wortlaut des § 97 Abs. 2 SGB IX a. F., auf den bisher verwiesen wurde, entspricht.

2 Die Vorschrift entspricht § 32, der das Teilnahmerecht der Schwerbehindertenvertretung an Sitzungen des BR regelt und § 52 zum Teilnahmerecht der Gesamtschwerbehindertenvertretung an Sitzungen des GBR. SprAuG und BPersVG kennen keine entsprechenden Regeln.

3 Die Norm ist **zwingend.**

II. Die Konzernschwerbehindertenvertretung

1. Errichtung

4 **§ 59a verweist auf § 180 Abs. 2 SGB IX,** der nach der Neufassung des SGB IX ab 1. 1. 2018 in Kraft ist und § 97 Abs. 2 SGB IX a. F., auf den bisher verwiesen wurde, entspricht. Er lautet folgendermaßen:

(2) Ist für mehrere Unternehmen ein Konzernbetriebsrat errichtet, wählen die Gesamtschwerbehindertenvertretungen eine Konzernschwerbehindertenvertretung. Besteht ein Konzernunternehmen nur aus einem Betrieb, für den eine Schwerbehindertenvertretung gewählt ist, hat sie das Wahlrecht wie eine Gesamtschwerbehindertenvertretung.

5 Die Errichtung der Konzernbehindertenvertretung setzt gem. § 180 Abs. 2 SGB IX voraus, dass bereits ein **KBR errichtet** ist. Anders als die Errichtung des KBR selbst (s. § 54 Rn. 4 ff.) ist die

---

50 *BAG* 23. 8. 89, DB 90, 1519; DKW-*Trittin*, 16. Aufl. Rn. 50.
51 *BAG* 23. 5. 18 – 7 ABR 14/17.

Errichtung der Konzernschwerbehindertenvertretung dann **obligatorisch.**[1] Sollten also die Gesamtschwerbehindertenvertretungen eine Konzernschwerbehindertenvertretung nicht wählen, so kann die **Wahl aus dem Konzern-UN** erfolgen.[2] Ist eine Schwerbehindertenvertretung nur in einem der Betriebe gewählt, so nimmt gem. § 180 Abs. 1 S. 2 SGB IX diese die Rechte und Pflichten der Gesamtschwerbehindertenvertretung insbesondere auch bei der Errichtung der Konzernschwerbehindertenvertretung wahr.

Wie auch § 54 enthält § 180 Abs. 2 SGB IX keine eigene Legaldefinition des Begriffs »Konzern«. Da die Errichtung der Konzernschwerbehindertenvertretung jedoch an die des KBR geknüpft ist, gilt mittelbar die **definitorische Verweisung** in § 54 auf § 18 Abs. 1 AktG (s. dazu Vor § 54).[3] 6

2. Wahl

Für die Wahl der Konzernschwerbehindertenvertretung bedarf es – anders als für Errichtung des KBR selbst – **keines Quorums.**[4] Die Wahl schließt sich an die Wahl der Gesamtschwerbehindertenvertretungen an und findet gem. § 180 Abs. 7 SGB IX im **vier-Jahres-Rhythmus** in der Zeit vom **1.2. bis 31.3.** statt. Bei Wahlen außerhalb des regelmäßigen Turnus gilt § 177 Abs. 5 SGB IX. Hinsichtlich des **Wahlverfahrens** verweist § 180 Abs. 7 SGB IX auf § 177 SGB IX, Einzelheiten sind durch § 22 SchwbVWO geregelt.[5] Die Konzernschwerbehindertenvertretung wird **von den Gesamtschwerbehindertenvertretungen der einzelnen UN** gewählt, § 180 Abs. 2 S. 1 SGB IX. Besteht ein Konzernunternehmen nur aus einem Betrieb, für den eine Schwerbehindertenvertretung gewählt ist, so hat gem. § 180 Abs. 2 S. 2 SGB IX diese das Wahlrecht wie eine Gesamtschwerbehindertenvertretung. **Wählbar** sind neben den Vertrauens- oder Gesamtvertrauenspersonen auch Personen, die gem. § 177 Abs. 3 SGB IX wählbar sind.[6] Für jede Konzernvertrauensperson wird gem. § 180 Abs. 5 SGB IX mindestens eine **Stellvertretung** gewählt. 7

3. Rechtsstellung und Aufgaben

Die Konzernschwerbehindertenvertretung ist nicht etwa dem KBR zuzurechnen, sondern ist wie die Gesamtschwerbehindertenvertretung ein **eigenständiges gesetzliches Organ** der Betriebsverfassung mit eigenen Rechten und Pflichten (s. § 52 und § 32 Rn. 2). Sie ist **unabhängig vom KBR** und kann beispielsweise ihre Sitzungen unabhängig von diesem gestalten.[7] 8

Die **persönliche Rechtsstellung** von Mitgliedern der Konzernschwerbehindertenvertretung entspricht der von Vertrauenspersonen der Schwerbehinderten.[8] 9

§ 180 Abs. 7 SGB IX verweist auf **§ 179 SGB IX.** Dort ist geregelt, dass ein **Freistellungsanspruch** für die Vertrauenspersonen schwerbehinderter Menschen besteht, wenn im Betrieb **wenigstens 100 schwerbehinderte Menschen** beschäftigt sind. Der Wortlaut lässt im Unklaren, was sich auf Konzernebene (aber auch für den GBR auf UN-Ebene) als Bezug für den Schwellenwert ergibt, ob also die Zahl der schwerbehinderten Beschäftigten im Konzern maßgeblich ist. Um eine effektive Wahrnehmung der Aufgaben der Schwerbehindertenvertretung zu gewährleisten und gleichzeitig eine Kumulation von Freistellungsansprüchen auf den Ebenen von Betrieb und UN zu vermeiden, erscheint es sinnvoll, **ausgeschöpfte Freistellungen auf Betriebsebene** auch auf der Ebene von UN und Konzern zu berücksichtigen.[9] 10

Kosten, die durch die Tätigkeit als Vertrauenspersonen schwerbehinderter Menschen entstehenden, trägt gem. § 180 Abs. 7 i. V. m. § 179 Abs. 8 SGB IX der Arbeitgeber. 11

1 HK-BetrVG-*Düwell*, Rn. 5.
2 HK-BetrVG-*Düwell*, Rn. 5.
3 HK-BetrVG-*Düwell*, Rn. 2.
4 HK-BetrVG-*Düwell*, Rn. 5.
5 Richardi-*Annuß*, Rn. 5; ausführlich HK-BetrVG-*Düwell*, Rn. 12 ff.
6 Richardi-*Annuß*, Rn. 5.
7 HK-BetrVG-*Düwell*, Rn. 3.
8 Richardi-*Annuß*, Rn. 7.
9 Mit ausführlichen Beispielen HK-BetrVG-*Düwell*, § 52 Rn. 12.

12 Hinsichtlich Aufgaben und Rechtsstellung verweist § 180 Abs. 7 SGB IX auf **§§ 177, 178 SGB IX.** Es gelten dieselben Grundsätze wie für die Schwerbehindertenvertretung im Betrieb (s. § 32). Es ist gem. § 178 Abs. 1 S. 1 SGB IX Aufgabe der betrieblichen Schwerbehindertenvertretungen, die Eingliederung schwerbehinderter Menschen in den jeweiligen Betrieb zu fördern, ihre Interessen zu vertreten und ihnen beratend und helfend zur Seite zu stehen. Die Konzernschwerbehindertenvertretung vertritt gem. § 180 Abs. 6 S. 1 und 2 SGB IX die **Interessen der schwerbehinderten Menschen** in Angelegenheiten, die den Konzern oder mehrere Betriebe des AG betreffen und von den Gesamtschwerbehindertenvertretungen nicht geregelt werden können; dies umfasst auch Verhandlungen und den Abschluss entsprechender **Inklusionsvereinbarungen.** Für die Tätigkeit auf Konzernebene gilt somit die **Zuständigkeitsregelung des § 58** (s. dort).[10] Zusätzlich regelt § 180 Abs. 6 S. 2 SGB IX eine Auffangzuständigkeit der Konzernschwerbehindertenvertretung für Beschäftigte in **Betrieben ohne Schwerbehindertenvertretung,** für nicht bereits die Gesamtschwerbehindertenvertretung nach § 180 Abs. 6 S. 1 SGB IX zuständig ist.[11]

III. Teilnahme an Sitzungen des Konzernbetriebsrats

1. Sitzungen des KBR und seiner Ausschüsse

13 § 59a verbrieft das Recht der Konzernschwerbehindertenvertretung, an **allen Sitzungen des KBR** beratend teilnehmen. Das Teilnahmerecht erstreckt sich (wie das der Schwerbehindertenvertretung auf Sitzungen des BR, s. § 32 Rn. 4ff.) auch auf die Sitzungen der **Ausschüsse des KBR.** Der Begriff »Sitzungen« ist umfassend zu verstehen und schließt die der Ausschüsse mit ein.[12] Das Teilnahmerecht besteht unabhängig davon, ob Fragen auf der Tagesordnung stehen, die Schwerbehinderte besonders berühren.[13] Die Möglichkeiten des 2021 neu geschaffenen § 30 Abs. 2 zur Nutzung von Video- oder Telefonkonferenztechnik darf das Teilnahmerecht der Schwerbehindertenvertretung nicht negativ beeinflussen. Im Zweifel ist barrierefreie Technik zur Verfügung zu stellen.

14 Der Vorsitzende des KBR ist verpflichtet, die Konzernschwerbehindertenvertretung unter Mitteilung der Tagesordnung entsprechend § 29 Abs. 2 S. 4 **rechtzeitig einzuladen.** Wird dagegen verstoßen, macht dies allerdings die auf der betreffenden Sitzung gefassten Beschlüsse nicht unwirksam, da die Vertreter der Konzernbehindertenvertretung kein Stimmrecht haben (s. Rn. 13).[14] Spätestens im Wiederholungsfall ist jedoch von einem groben Verstoß im Sinne des § 23 auszugehen.

2. Beratende Teilnahme, Aussetzung von Beschlüssen

15 Das Teilnahmerecht an den Sitzungen des KBR ist wie das der Gesamtschwerbehindertenvertretung beim GBR beratender Art. Die Konzernschwerbehindertenvertretung hat **keine Stimmrechte.**[15] Dies gilt auch bei den Tagesordnungspunkten, die die Interessen der Schwerbehinderten unmittelbar berühren.

16 Die Konzernschwerbehindertenvertretung kann ebenso wie die Schwerbehindertenvertretung im Betrieb (s. § 32) oder die Gesamtschwerbehindertenvertretung im GBR (s. § 52) beantragen, dass Angelegenheiten, die einzelne oder alle Schwerbehinderte besonders betreffen, auf die **Tagesordnung der nächsten Sitzung** gesetzt werden. Einen Anspruch auf Einberufung einer Sitzung des KBR hat sie allerdings nicht.[16]

---

10 HK-BetrVG-*Düwell*, Rn. 4; Richardi-*Annuß*, Rn. 6.
11 HK-BetrVG-*Düwell*, Rn. 4.
12 HK-BetrVG-*Düwell*, Rn. 19; Richardi-*Annuß*, Rn. 11.
13 HK-BetrVG-*Düwell*, Rn. 19; Richardi-*Annuß*, Rn. 11.
14 HK-BetrVG-*Düwell*, Rn. 20; Richardi-*Annuß*, Rn. 8.
15 Richardi-*Annuß*, Rn. 8.
16 Richardi-*Annuß*, Rn. 8.

Im Rahmen ihrer Beratungsrechte kann die Konzernschwerbehindertenvertretung gem. § 35 i. V. m. § 59 Abs. 1 beantragen, einen Beschluss des KBR **auszusetzen** wegen einer erheblichen Beeinträchtigung wichtiger Interessen der Schwerbehinderten.[17]. 17

IV. Streitigkeiten

Gem. §§ 2a Abs. 1 Nr. 3a, 80 ff. ArbGG sind Streitigkeiten über das Recht der Konzernschwerbehindertenvertretung auf Teilnahme an Sitzungen des KBR und seiner Ausschüsse durch das ArbG im **Beschlussverfahren** zu entscheiden.[18] 18

Örtlich zuständig ist gem. § 82 Satz 2 ArbGG ist das Gericht, in dessen Bezirk das herrschende UN seinen Sitz hat. Hat es seinen Sitz im Ausland, ist der Sitz des inländischen Konzern-UN mit den meisten Arbeitsverhältnissen maßgebend (s. Vor § 54 Rn. 23 ff). Es gilt insoweit nichts anderes als für Streitigkeiten um die Errichtung des KBR und um seine Rechte. 19

17 HK-BetrVG-*Düwell*, Rn. 19; Richardi-*Annuß*, Rn. 10.
18 *BAG* 21.9.89, EzA § 14 SchwbG 1986 Nr. 2; HK-BetrVG-*Düwell*, Rn. 21; Richardi-*Annuß*, Rn. 12.

Dritter Teil
Jugend- und Auszubildendenvertretung

Erster Abschnitt
Betriebliche Jugend- und Auszubildendenvertretung

§ 60 Errichtung und Aufgabe

(1) In Betrieben mit in der Regel mindestens fünf Arbeitnehmern, die das 18. Lebensjahr noch nicht vollendet haben (jugendliche Arbeitnehmer) oder die zu ihrer Berufsausbildung beschäftigt sind, werden Jugend- und Auszubildendenvertretungen gewählt.
(2) Die Jugend- und Auszubildendenvertretung nimmt nach Maßgabe der folgenden Vorschriften die besonderen Belange der in Absatz 1 genannten Arbeitnehmer wahr.

Inhaltsübersicht Rn.

I. Vorbemerkungen

1. Entwicklung der gesetzlichen Regelung

1 Das **BetrVG 1972** fasste die bis dahin nur verstreuten Vorschriften über die Interessenvertretung jugendlicher AN in einem eigenen Abschnitt zusammen und **stärkte die Stellung** und Rechte der – damals noch – Jugendvertretung, die auch vergrößert wurde, um die jugendlichen AN leichter in das betriebliche Geschehen einzubeziehen.[1] Durch diese erste Reform wurde erstmals eine GJAV eingeführt. Das Recht der Jugendvertretung auf eigene Sitzungen (§ 65 Abs. 2) und Sprechstunden (§ 69) wurde geschaffen und die Stellung gegenüber dem BR gestärkt, indem das Teilnahmerecht an Sitzungen des BR und das Stimmrecht der Jugendvertretung gestärkt wurde (§ 67 Abs. 1 und 2) sowie ein Vetorecht geschaffen wurde, um Beschlüsse des BR auszusetzen (§ 66). Durch zwei weitere Reformen, zunächst dem **Gesetz zur Bildung von Jugend- und Auszubildendenvertretungen** in den Betrieben v. 13. Juli 1988[2] sowie dann durch das Änderungsgesetz aus dem Jahre 1989[3], wurde die bisherige Jugendvertretung zu einer Interessenvertretung auch der Auszubildenden bis zu 25 Jahren und damit zu einer JAV erweitert. (Zum Begriff der »zur Ausbildung Beschäftigten« s. § 5 Rn. 130 ff.). Durch das Betriebsrätemodernisierungsgesetz wurde der in § 60 Abs. 1 festgelegte Personenkreis erweitert,

1 BT-Drs. VI/2729, S. 15/16; BR-Drs. 715/70, S. 34, 44.
2 BGBl. I, S. 1034.
3 BGBl. 1988 I, S. 2312.

indem die bestehende Altersgrenze von 25 Jahren gestrichen worden ist;[4] s. Rn. 15 f. Die Wahrscheinlichkeit, dass die Voraussetzungen zur Errichtung der JAV vorliegen, ist damit höher.

2. Struktur der JAV

Auf der Ebene des UN kann gem. § 72 eine GJAV gebildet werden. Die Errichtung einer entsprechenden Vertretung auf Konzernebene ist gem. §§ 73a und 73b möglich. 2

Die Struktur der JAV muss nicht zwingend der Struktur des BR folgen. Wurden die BR also nach **Sparten** gewählt, muss dies nicht gleichfalls bei den JAV-Wahlen geschehen. Vielmehr ist eine Interessenabwägung durchzuführen, bei der die Effizienz der Interessenvertretung für die Auszubildenden durch die JAV im Vordergrund steht.[5] 3

Die Errichtung einer JAV gem. § 60 ist bei Vorliegen der Voraussetzungen **zwingend** und kann weder durch TV noch durch BV abbedungen werden.[6] Die Tarifvertragsparteien können die **Rechte und Pflichten der Auszubildendenvertreter jedoch grds. anders regeln,** als dies das BetrVG für Mitglieder der JAV vorsieht, wenn es sich um **zusätzliche, im BetrVG nicht vorgesehene Gremien** handelt, für die die Bestimmungen des BetrVG nicht zwingend gelten.[7] Dies können z. B. Auszubildendenvertretungen sein, die in örtlichen, unterhalb der Ebene des Betriebes angesiedelten Berufsbildungsstellen ausgebildet werden oder TVe, die JAVen schaffen für Auszubildende, die in reinen Ausbildungsbetrieben arbeiten. Wenn nämlich ausschließlicher Zweck dieses Betriebs die Durchführung der Berufsausbildung für andere Betriebe ist, werden die Auszubildenden nicht im Rahmen der arbeitstechnischen Zwecke des Betriebs eingesetzt, sind also keine AN (s. dazu Rn. 20 ff. und Vgl. § 5 Rn. 135). Regelt ein TV oder eine BV die Vertretung der dort beschäftigten Auszubildenden durch Auszubildendenvertretungen stellt dies keine vom Gesetz abweichende, sondern eine zusätzliche Vertretung für die dem Ausbildungsbetrieb zugeordneten Auszubildenden dar.[8] 4

Im Personalvertretungsrecht ist **§ 57 BPersVG** die entsprechende Regelung. 5

II. Aufgaben der JAV (Abs. 2) und betriebsverfassungsrechtliche Rechtsstellung

Nach Abs. 2 ist es die Aufgabe der JAV, nach Maßgabe der weiteren Vorschriften die **besonderen Belange** der Jugendlichen und zu ihrer Berufsausbildung beschäftigten AN unter 25 Jahren wahrzunehmen. Ihre allgemeinen Aufgaben definiert § 70 (s. dort). 6

Bei der JAV handelt es sich **nicht** um ein **eigenständiges Organ** der Betriebsverfassung (vgl. § 38 WO Rn. 1). Sie ist dem BR nicht gleichgestellt (s. § 23 Rn. 3).[9] Auch hat sie **keine eigenen Mitbestimmungs- und Mitwirkungsrechte gegenüber dem AG** und kann mit ihm **keine BV** abschließen. Hierzu bedarf es der Tätigkeit des BR. Er wird sogar bereits vor der Durchführung der JAV-Wahlen tätig, weil er den WV bestimmt, § 38 WO Rn. 6. Die JAV steht in einem Abhängigkeitsverhältnis zum Organ des BR.[10] 7

Die Stellung der JAV ist trotzdem nicht unterzugewichten: Ihr obliegt die Wahrnehmung eigener Aufgabenbereiche gem. §§ 60 Abs. 2, 70. Mit ihren übertragenen Aufgaben hat sie eine stärkere Stellung als beispielsweise der Wirtschaftsausschuss, denn dieser hat nicht die Belange einer bestimmten Personengruppe wahrzunehmen.[11] 8

---

4 BGBl. I, S. 1762; BT-Drs. 19/28899, S. 8.

5 *ArbG Köln* 27.4.15 – 15 BV 315/14; zustimmend *Pröpper*, ZBVR online 2015, Nr. 9, 18 f., a. A. *LK*, Rn. 3.

6 *Fitting*, Rn. 9; GK-*Oetker*, Vor § 60 Rn. 34 ff.

7 *BAG* 13.8.08 – 7 AZR 450/07, AP Nr 51 zu § 78a BetrVG 1972; *LAG Berlin-Brandenburg* 5.9.13 – 26 Sa 667/13, NZA-RR 2014, 68–72.

8 *LAG Berlin-Brandenburg* 5.9.13 – 26 Sa 667/13, NZA-RR 2014, 68–72.

9 *BAG* 20.11.73 1 AZR 331/73, AP BetrVG 1972 § 65 Nr. 1.

10 *BAG* 24.8.04 – 1 ABR 28/03, NZA 05, 371; *Fitting*, Rn. 24; 10; GK-*Oetker*, Vor § 60, Rn. 28 ff.; HWGNRH-*Rose*, Rn. 42; Richardi-*Annuß*, Rn. 13 ff.

11 *Däubler*, Arbeitsrecht 1, Rn. 1161; DKW-*Trittin*, 16. Aufl. 2018, Rn. 36; a. A. *Fitting*, Rn. 5; GK-*Oetker*, Vor § 60 Rn. 28 ff.

9 Die Zuständigkeit der JAV für die AN i. S. d. Abs. 1 steht **neben der Zuständigkeit des BR,** welche sich auch auf die von der JAV vertretenen AN erstreckt. Die JAV kann jedoch einen **Vertreter** in die **Sitzungen des BR** entsenden. An den Entscheidungen des BR ist die JAV in Angelegenheiten, die besonders oder überwiegend jugendliche oder auszubildende AN betreffen, **an Beratung und Beschlussfassung zu beteiligen** (s. § 67 Rn. 3 ff.). Der BR hat die JAV rechtzeitig zu unterrichten, damit diese ihre Aufgaben wahrnehmen kann (s. § 70 Rn. 26 ff.). Führt der BR mit dem AG Gespräche, die (auch) Angelegenheiten der jugendlichen und zur Ausbildung beschäftigten AN betreffen, ist die JAV ebenfalls zu beteiligen.

10 Schutzlücken entstehen allerdings, wenn eine gewählte JAV besteht, aber ein **BR vorübergehend nicht existiert** (Vgl. auch Rn. 26 ff. zur Errichtung der JAV in dieser Situation). Überwiegend wird vertreten, dass dies zwar nicht zum Wegfall der JAV führt,[12] sie jedoch mangels eigener Mitbestimmungsrechte weitestgehend funktionslos ist.[13] Wenn der JAV in diesem Fall das Recht eingeräumt werden soll, die Interessen der durch sie vertretenen AN unmittelbar gegenüber dem AG zu vertreten,[14] so kann dies allerdings nur für Gespräche mit dem AG gelten, nicht für den Abschluss von BV. Um die explizit für den BR geltenden Mitbestimmungsrechte für die JAV analog anwenden zu können, fehlt es an einer planwidrigen Regelungslücke.

11 Die eigenen Rechte der JAV betreffen zum einen die **Selbstorganisation.** So ist die JAV z. B. nach § 65 Abs. 2 berechtigt, nach Verständigung mit dem BR **Sitzungen** und **JA-Versammlungen** abzuhalten und sich eine **GO** zu geben. Zum anderen hat die JAV Rechte und Pflichten gegenüber den von ihr vertretenen AN, die sie über ihre Aktivitäten mündlich oder schriftlich informieren kann. Im Zuge ihrer Aufgaben aus § 70 hat die JAV auch das Recht, den **Betrieb** zu **begehen** (s. § 70 Rn. 18)[15] oder eine **Fragebogenaktion** durchzuführen (s. § 70 Rn. 6).[16]

12 Zur Rechtsstellung der **JAV-Mitglieder** s. § 65 Rn. 11 ff.; zur **Amtszeit der JAV** s. § 64 Rn. 9.

III. Errichtung der JAV (Abs. 1)

1. Obligatorische Errichtung

13 Wenn die in Abs. 1 genannten **Voraussetzungen** vorliegen, ist die Bildung der JAV **obligatorisch** und der BR ist zur Durchführung der JAV-Wahl gemäß § 80 Abs. 1 Nr. 5 **verpflichtet.**[17]

2. Mindestzahl wahlberechtigter AN im Betrieb

14 Es gilt der **Betriebsbegriff** des § 1 (s. dort). In dem Betrieb müssen gem. Abs. 1 i. d. R. entweder fünf AN beschäftigt sein, die das 18. Lebensjahr noch nicht vollendet haben (**jugendliche AN**) oder die zu ihrer **Berufsausbildung** beschäftigt sind. Der Arbeitnehmerbegriff ist identisch mit dem in § 5 Abs. 1 (s. § 5). Da die Mindestzahl »in der Regel« erfüllt sein muss, kommt es nicht darauf an, dass die in Abs. 1 genannte Zahl gerade am Wahltag oder dem letzten Tag der Stimmabgabe erreicht wird.[18] **Leih-AN** sind – auch wenn sie unter die Altersvorgaben fallen – nicht wahlberechtigt (näher § 38 WO Rn. 4b). Es handelt sich bei Ihnen nicht um AN des (Entleiher-)Betriebs, in dem sie beschäftigt sind, sondern um AN des Verleihers. Um eine Zuordnung zum Entleiherbetrieb anzunehmen, bedürfte es einer ausdrücklichen Ausnahmeregelung für Leih-AN wie in § 7 Abs. 2 S. 2 i. V. m. Abs. 3 bzw. zumindest eines Verweises auf die Norm.

---

12 *Fitting*, Rn. 25; GK-*Oetker*, Rn. 42 mit 6-Monatsfrist aus Praktikabilitätsgründen; Richardi-*Annuß*, Rn. 11.
13 *Fitting*, Rn. 25.
14 DKW-*Trittin*, 16. Aufl. 2018, Rn. 39.
15 *BAG* 21. 1. 82, AP Nr. 1 zu § 70 BetrVG 1972.
16 *BAG* 8. 2. 77, AP Nr. 10 zu § 80 BetrVG 1972; *Däubler*, Das Arbeitsrecht 1, Rn. 1161.
17 *Fitting*, Rn. 11; GK-*Oetker*, Rn. 4; Richardi-*Annuß*, Rn. 3.
18 *Fitting*, Rn. 13; Richardi-*Annuß*, Rn. 6.

3. Altersgrenzen

Eine **Mindestaltersgrenze** von 18 Jahren wie für die BR-Wahlen gem. § 7 gibt es für das aktive Wahlrecht (zur Wählbarkeit siehe § 61 Rn. 9) zur JAV nicht. 15

Die ursprünglich vorgesehene **Höchstaltersgrenze** von 25 Jahren wurde durch das Betriebsrätemodernisierungsgesetz gekippt.[19] Das damit verbundene gesetzgeberische Ansinnen, sowohl für das aktive Wahlrecht gem. Abs. 1 als auch für die Wählbarkeit (s. § 61 Rn. 9) den Charakter einer Jugendvertretung zu wahren,[20] rückt damit in den Hintergrund.[21] In der Begründung des Gesetzesentwurfs wird zur Änderung angeführt, dass das Alter bei fast einem Fünftel der Auszubildenden durchschnittlich 24 Jahre überschreitet.[22] Folglich korrespondiert diese Anpassung mit den Rechten und Pflichten der JAV, die neben der Interessenvertretung von Jugendlichen auch die von Auszubildenden umfasst. Gleichfalls wird die Altersgrenze von 25 Jahren für wählbare AN, die keine Berufsausbildung machen, in § 61 Abs. 2 erhalten. Dahingehend wird der Grundcharakter der Jugendvertretung erhalten. 16

4. Zuordnung von Auszubildenden

a) Grundsätze

Auszubildende werden betriebsverfassungsrechtlich grundsätzlich dem Betrieb des Ausbildenden zugeordnet.[23] Dort ist die JAV in der Regel zu errichten. Ist der Ausbilder ein **gemeinsamer Betrieb** mit BR, bei dem es sich nicht um einen reinen Ausbildungsbetrieb handelt, so ist eine JAV zu schaffen.[24] Schwierigkeiten bei der Feststellung der Betriebszugehörigkeit können sich ergeben, wenn die Ausbildung betriebsübergreifend, in reinen Ausbildungsbetrieben oder bei einem Dritten stattfindet. 17

Von der Frage der Betriebszugehörigkeit für die Wahlberechtigung nach Abs. 1 zu unterscheiden, ist die Frage, welcher BR für die Auszubildenden zuständig und somit mitbestimmungspflichtig und -berechtigt ist. Hier gilt, dass der BR des Betriebs zuständig ist, dessen Leitung die für die Ausbildung wichtigen mitbestimmungspflichtigen Entscheidungen, z. B. für die personellen Einzelmaßnahmen gem. §§ 99 ff. oder für die Berufsausbildung insgesamt trifft.[25] 18

b) Betriebsübergreifende Ausbildung innerhalb eines UN

Im Falle einer betriebsübergreifenden Ausbildung, in der Auszubildende abschnittsweise jeweils in verschiedenen Betrieben desselben UN tätig sind, führt laut *BAG* die vorübergehende Ausbildung in anderen Betrieben nicht zu der Betriebszugehörigkeit in diesen Betrieben.[26] Vielmehr gehören Auszubildende während der gesamten Ausbildungszeit dem die Ausbildung leitenden Stammbetrieb an, soweit die Ausbildung von einem der Betriebe mit bindender Wirkung auch für die anderen Betriebe geleitet wird.[27] Fehlt es aber an dieser einheitlichen Leitung der Ausbildung durch einen Betrieb, so wird die Betriebszugehörigkeit im Einzelfall zu beurteilen sein. 19

c) Reiner Ausbildungsbetrieb

Auszubildende in einem reinen Ausbildungsbetrieb gem. **§ 2 Abs. 1 Nr. 3 BBiG** sind betriebsverfassungsrechtlich keine AN, denn sie sind nicht im Rahmen der arbeitstechnischen Zwecke 20

---

19 BGBl. I, S. 1762; BT-Drs. 19/28899, S. 8.
20 BT-Drs. 11/2474, S. 10.
21 Kritisch Wahrung der Repräsentation jugendlicher Interessen erschwert, DGB, Ausschuss-Drs. 19(11)1121, 20.
22 BT-Drs. 19/28899, S. 13 auf Grundlage des BiBB-Datenreport 2019, S. 164.
23 *Fitting*, Rn. 17; Richardi-*Annuß*, Rn. 9.
24 *Fitting*, Rn. 20; GK-*Oetker*, Rn. 13; *Opolony*, BB 05, 1050.
25 *BAG* 12. 5. 05 – 2 AZR 149/04, NZA 05, 1358; *Fitting*, Rn. 17.
26 *BAG* 12. 5. 05 – 2 AZR 149/04, NZA 05, 1358.
27 *BAG* 13. 3. 91, AP BetrVG 1972 § 60 Nr. 2; Richardi-*Annuß*, Rn. 9; *Fitting*, Rn. 19.

des Betriebs eingesetzt. Betriebsverfassungsrechtlich gehören sie dem Ausbildungsbetrieb deshalb nicht an.[28] Um die Lücke der Interessenvertretung dieser Auszubildenden zu schließen, können sie **gem. § 51 BBiG eine besondere Interessenvertretung wählen.**[29]

Auszug aus dem BBiG:
§ 51 Interessenvertretung
(1) Auszubildende, deren praktische Berufsbildung in einer sonstigen Berufsbildungseinrichtung außerhalb der schulischen und betrieblichen Berufsbildung (§ 2 Abs. 1 Nr. 3) mit in der Regel mindestens fünf Auszubildenden stattfindet und die nicht wahlberechtigt zum Betriebsrat nach § 7 des Betriebsverfassungsgesetzes, zur Jugend- und Auszubildendenvertretung nach § 60 des Betriebsverfassungsgesetzes oder zur Mitbestimmungsvertretung nach § 36 des Neunten Buches Sozialgesetzbuch sind (außerbetriebliche Auszubildende), wählen eine besondere Interessenvertretung.
(2) Absatz 1 findet keine Anwendung auf Berufsbildungseinrichtungen von Religionsgemeinschaften sowie auf andere Berufsbildungseinrichtungen, soweit sie eigene gleichwertige Regelungen getroffen haben.

21 Entgegen dem Wortlaut findet die Regelung des § 51 Abs. 1 BBiG auch auf Betriebe Anwendung, deren Betriebszweck **nicht ausschließlich oder überwiegend in der Vermittlung einer Berufsausbildung** besteht.[30] Denn auch solche Betriebe fallen unter den Schutzzweck der Regelung, Lücken in der Interessenvertretung von Auszubildenden zu schließen. Voraussetzung für die Bildung einer Interessenvertretung gem. § 51 Abs. 1 BBiG ist laut *BAG*, dass es sich um eine betriebsverfassungsrechtliche Einheit handelt, deren Betriebszweck die Berufsausbildung ist und in der mindestens fünf Auszubildende tätig sind.[31]

22 **Gem. § 51 Abs. 2 BBiG von der Regelung ausgenommen** sind bereits errichtete Berufsbildungseinrichtungen, hierzu gehören z. B. durch TV gebildete Interessenvertretungen (Vgl. auch oben, Rn. 4).[32] Wegen des kirchlichen Selbstbestimmungsrechts aus Art. 140 GG i. V. m. § 137 Abs. 3 WRV sind gem. § 51 Abs. 2 BBiG auch die Berufsbildungseinrichtungen von Religionsgemeinschaften ausgenommen.

23 § 52 BBiG sieht vor, dass eine **Rechtsverordnung** die besondere Interessenvertretung näher ausgestalten kann z. B. durch Vorgaben zur Zusammensetzung, Amtszeit, Wahl, Art und Umfang der Informations- und Beteiligungsrechte. Diese Rechtsordnung ist bisher jedoch nicht ergangen, obwohl das *BAG* sie explizit nicht für entbehrlich hält.[33] Zu Recht wird deshalb auf den gesetzgeberischen Handlungsbedarf hingewiesen.[34]

d) Unternehmensübergreifender Ausbildungsverbund gem. § 10 Abs. 5 BBiG

24 **§ 10 Abs. 5 BBiG** ermöglicht es den ausbildenden UN, sich zu einem **unternehmensübergreifend ausbildenden Verbund** zusammenzuschließen, der verschiedene Ausbildungsabschnitte in mehreren UN durchführt. In diesem Fall sind die Auszubildenden dem UN zuzurechnen, das den Berufsausbildungsvertrag abgeschlossen hat.[35]

e) Ausbildung bei einem Dritten

25 Wenn ein Betriebsinhaber einem Dritten vertraglich Einrichtungen seines Betriebs überlässt, damit dieser Dritte dort mit eigenen Lehrkräften die Berufsausbildung seiner Auszubilden-

---

28 *BAG* 16. 11. 11, AP BetrVG 1972 Ausbildung Nr. 14, BeckRS 12, 68564.
29 *BAG* 13. 6. 07 – 7 ABR 44/06, NZA-RR 08, 19; *BAG* 20. 3. 96 – 7 ABR 34/95, AP Nr. 10 zu § 5 BetrVG 1972 Ausbildung; *Fitting*, Rn. 18; *Moderegger*, ArbRB 02, 339.
30 *BAG* 13. 6. 07 – 7 ABR 44/06, NZA-RR 08, 19.
31 *BAG* 13. 6. 07 – 7 ABR 44/06, NZA-RR 08, 19.
32 *BAG* 24. 8. 04 – 1 ABR 28/03, AP Nr. 12 zu § 98 BetrVG 1972 für das Trainings-Center der Telekom durch TV Nr. 122 vom 12. 10. 01; *Klinkhammer*, FS 50 Jahre BAG, S. 963 ff.
33 *BAG* 24. 8. 04 – 1 ABR 28/03, NZA 05, 371.
34 *Fitting*, Rn. 18; DKW-*Trittin*, 16. Auflage 2018, Rn. 20.
35 *BAG* 13. 3. 91 – 7 ABR 89/89, NZA 92, 223; *Fitting*, Rn. 20.

den durchführen kann, besteht laut *BAG* keine Betriebszugehörigkeit der Auszubildenden bei dem Betriebsinhaber. Die Auszubildenden sind bei der JAV-Wahl des Betriebsinhabers trotz Nutzung seiner Räume – womöglich sogar gemeinsam mit den Auszubildenden des Betriebsinhabers, etwa in Pausenräumen – nicht wahlberechtigt. Das *BAG* begründet dies mit dem fehlenden Weisungsrecht des Betriebsinhabers hinsichtlich der Ausbildung oder sonstiger Verhaltensweisen der Auszubildenden des Dritten.[36]

5. Bestehen eines BR

Anders als in der Parallelnorm des Personalvertretungsrechts, § 57 BPersVG, die klarstellt, dass eine JAV nur in Dienststellen errichtet werden kann, in denen auch Personalvertretungen gebildet sind, setzt der Wortlaut des § 60 nicht voraus, dass es für die Errichtung einer JAV eines bereits bestehenden BR bedarf. Allerdings wird gem. § 63 Abs. 1 der WV zur JAV-Wahl durch den BR eingesetzt (s. § 63). Von den Vertretern der Ansicht, nach der die JAV mangels eigener Mitbestimmungsrechte kein eigenständiges Organ der Betriebsverfassung ist (s. o. Rn. 7 ff.) wird vertreten, dass die Errichtung einer JAV nach Abs. 1 nur möglich sein soll, wenn ein BR bereits gebildet ist.[37] Nach dieser Auffassung ist eine JAV-Wahl, die ohne einen bestehenden BR durchgeführt wurde, nichtig.[38] Richtig ist jedoch die Ansicht, nach der die Errichtung der JAV **nicht zwingend voraussetzt,** dass in dem Betrieb ein **BR besteht,** denn die Gründung der Organe betrieblicher Mitbestimmung kann auch von den Jugendlichen und zur Ausbildung beschäftigten AN eines Betriebs ausgehen.[39] Mit dem Schutzzweck der §§ 60 ff. wäre nicht vereinbar, den AN i. S. d. Abs. 1, die sich als erste im Betrieb für eine Interessenvertretung einsetzen, die Errichtung derselben zu verwehren.[40] Da § 63 Abs. 2 die Bestimmung des WV durch den BR vorsieht und keine Bestimmung für den Fall trifft, dass im Betrieb kein BR besteht, zudem nicht auf § 17 Abs. 1 (Wahl des WV auf einer Betriebsversammlung) verweist, bedarf es einer analogen Anwendung des § 63 Abs. 1 u. 3 i. V. m. § 16 Abs. 2, der gemäß das *ArbG* den WV bestellt.[41] Das zur Ausübung des vollständigen Aufgabenspektrums der JAV, ein BR notwendig wird, bleibt richtig. Dies bedeutet gleichfalls nicht, dass eine parallele bzw. zeitversetzte Entstehung der beiden Organe nicht möglich ist. 26

IV. Streitigkeiten

Die *ArbG* entscheiden über Streitigkeiten in Bezug auf die Bildung einer JAV und deren Zuständigkeit gemäß § 2a Abs. 1 Nr. 1, Abs. 2, 80 ff. ArbGG im **Beschlussverfahren.** 27

Gem. § 10 Hs. 2 ArbGG ist die JAV **beteiligungsfähig.** Die Zuständigkeit des *ArbG* für Streitigkeiten gem. § 51 BBiG ergibt sich aus § 2a Abs. 1 Nr. 3c ArbGG. In einem reinen Ausbildungsbetrieb gem. § 51 Abs. 1 BBiG ist die dortige Interessenvertretung – mangels einer hierfür erforderlichen RechtsVO – ebenso wie die gem. § 51 Abs. 2 BBiG durch TV errichtete Vertretung nicht beteiligungsfähig.[42] 28

§ 61 Wahlberechtigung und Wählbarkeit

(1) Wahlberechtigt sind alle in § 60 Abs. 1 genannten Arbeitnehmer des Betriebs.
(2) Wählbar sind alle Arbeitnehmer des Betriebs, die das 25. Lebensjahr noch nicht vollendet haben oder die zu ihrer Berufsausbildung beschäftigt sind; § 8 Abs. 1 Satz 3 findet Anwendung. Mitglieder des Betriebsrats können nicht zu Jugend- und Auszubildendenvertretern gewählt werden.

---

36 *BAG* 4. 4. 90 – 7 ABR 91/89, NZA 91, 315.
37 *Fitting*, Rn. 24; GK-*Oetker*, Rn. 36 ff.; *Opolony*, BB 2001, 2055; HWGNRH-*Rose*, Rn. 35; Richardi-*Annuß*, Rn. 11.
38 *Fitting*, Rn. 24; HWGNRH-*Rose*, Rn. 35; Richardi-*Annuß*, Rn. 11.
39 DKW-*Trittin*, 16. Aufl. 2018, Rn. 35; *Däubler*, Gewerkschaftsrechte im Betrieb, Rn. 105.
40 DKW-*Trittin*, 16. Aufl. 2018, Rn. 36.
41 DKW-*Trittin*, 16. Aufl. 2018, Rn. 35; *Däubler*, Arbeitsrecht 1, Rn. 1158a.
42 *BAG* 24. 8. 04 – 1 ABR 28/03, NZA 05, 371; *Fitting*, Rn. 28.

Inhaltsübersicht

I. Vorbemerkungen

1 Abs. 1 der Vorschrift regelt das aktive und Abs. 2 das passive **Wahlrecht zur JAV.** Durch Abs. 2 wird die Doppelvertretung ausgeschlossen, indem vorgeschrieben wird, dass Mitglieder des BR nicht zusätzlich als Mitglieder der JAV wählbar sind. Wählbar sind aber, wie Abs. 2 ebenfalls klarstellt, unter 25-jährige AN auch dann, wenn sie nicht (mehr) in einem Berufsausbildungsverhältnis stehen.

2 Die Norm ist **zwingend** und nicht durch TV oder BV abdingbar.

3 Im Personalvertretungsrecht ist die entsprechende Norm § 58 BPersVG.

II. Wahlberechtigung (Abs. 1)

4 Wahlberechtigt sind gem. Abs. 1, der auf § 60 Abs. 1 verweist, alle AN des Betriebs (zum Begriff s. § 1), die das 18. Lebensjahr noch nicht vollendet haben oder die zu ihrer Berufsausbildung beschäftigt sind; zum Wegfall der Altersgrenze, s. § 60 Rn. 1 u. 16.

5 Jugendliche, die altersbedingt unter Vormundschaft stehen, sind ebenfalls wahlberechtigt. Sie benötigen **keine besondere Erlaubnis der Erziehungsberechtigten** zur Ausübung des Wahlrechts.[1]

6 Ob die Arbeitsverträge der AN i. S. d. § 60 Abs. 1 befristet oder unbefristet bzw. über Teilzeit oder Vollzeit abgeschlossen sind, ist ebenso unerheblich wie die Dauer der Betriebszugehörigkeit.[2]

7 Wahlberechtigt sind **auch AN mit ruhendem Arbeitsverhältnis,** denn sie sind weiterhin AN des Betriebs. Die trifft nicht auf **Leih-AN** zu. Diese sind gerade nicht AN des Betriebs. Eine ausdrückliche Regelung, die eine Ausnahme regeln würde, wie in § 7 Abs. 2 S. 2 i. V. m. Abs. 3 gibt es für die JAV nicht (näher § 60 Rn. 14 und § 38 WO Rn. 4b).

8 Voraussetzung für die Ausübung des Wahlrechts nach der WO ist gemäß §§ 30, 2 Abs. 3 WO die **Eintragung in die Wählerliste.**[3]

III. Wählbarkeit (Abs. 2)

9 Das passive Wahlrecht ist in Abs. 2 geregelt. Demnach sind **alle AN,** die das **25. Lebensjahr** noch nicht vollendet haben oder zu ihrer Berufsausbildung beschäftigt sind, grundsätzlich zur JAV wählbar (Ausnahmen davon s. Rn. 13 ff.). Mit dem Betriebsrätemodernisierungsgesetz wurde die Altersbeschränkung für zur Berufsausbildung Beschäftigte aufgehoben.[4] Wählbar sind nun alle AN, die eine Ausbildung im Betrieb absolvieren.[5] Eine **untere Altersgrenze besteht nicht.** Kandidieren minderjährige AN, bedarf dies keiner Zustimmung eines gesetzlichen Vertreters, ein Rückgriff auf § 113 BGB ist nicht erforderlich.[6]

10 Da § 64 Abs. 3 eine explizite Regel für JAV-Mitglieder schafft, die während der Amtszeit die Höchstaltersgrenze überschreiten, muss es auch für die Wählbarkeit auf die Amtszeit ankommen; **maßgeblicher Zeitpunkt für die Höchstaltersgrenze** ist deshalb anders als beim aktiven Wahlrecht (Rn. 4) nicht der Tag der Wahl, sondern der **Beginn der Amtszeit** der JAV.[7]

---

1 *Fitting,* Rn. 5; *GL,* Rn. 4; HWGNRH-*Rose,* Rn. 2; GK-*Oetker,* Rn. 9 ff.
2 *Fitting,* Rn. 5.
3 *Fitting,* Rn. 7.
4 BGBl. I, S. 1762; BT-Drs. 19/28899, S. 8.
5 Kritisch Wahrung der Repräsentation jugendlicher Interessen erschwert, DGB, Ausschuss-Drs. 19(11)1121, 20.
6 *Fitting,* Rn. 9; GK-*Oetker,* Rn. 27; Richardi-*Annuß,* Rn. 7.
7 GK-*Oetker,* Rn. 25; *Fitting,* Rn. 11; Richardi-*Annuß,* Rn. 6; *LAG Düsseldorf* 13.10.92 – 8 TaBV 119/92, BB 93, 141.

11 Die Wählbarkeit von AN hängt nicht von deren Wahlberechtigung ab. Voraussetzung ist, dass es sich um **AN des Betriebs** handelt. Auf eine bestimmte Dauer der Betriebszugehörigkeit kommt es aber nicht an.[8]

12 **Auch AN ohne deutsche Staatsangehörigkeit** sind bei Vorliegen der übrigen Voraussetzungen wählbar.[9]

IV. Ausschluss der Wählbarkeit

1. Strafgerichtliche Verurteilung

13 Aus der Anwendbarkeit von § 8 Abs. 1 S. 3 (s. § 8 Rn. 31 ff.) ergibt sich, dass AN von der Wählbarkeit ausgeschlossen sind, die durch **strafgerichtliche Verurteilung** die Fähigkeit verloren haben, öffentliche Funktionen wahrzunehmen.[10]

2. Keine Doppelvertretung (Abs. 2 S. 2)

14 Gem. Abs. 2 S. 2 sind Mitglieder des BR nicht auch als Mitglieder der JAV wählbar. Eine **Doppelmitgliedschaft** in der JAV und im BR ist dadurch ausgeschlossen und eine Kandidatur eines BR-Mitglieds für die JAV kommt nur in Frage, wenn das BR-Mandat vorher niedergelegt wird.[11]

15 Für die JAV wählbar sind **Ersatzmitglieder** des BR, solange sie nicht dauerhaft nachrücken.[12] Fraglich ist, ob der Verlust der Wählbarkeit eintritt, wenn ein Ersatzmitglied **nicht dauerhaft** in den BR nachrückt, sondern nur vorübergehend ein verhindertes BR-Mitglied ersetzt. Nach der Ansicht, dergemäß ein einmaliges Nachrücken schon den dauerhaften Ausschluss der Wählbarkeit – und somit gem. § 65 Abs. 1 i. V. m. § 24 Abs. 1 Nr. 4 auch den Amtsverlust in der JAV – bedeutet,[13] würde ein Mitglied der JAV sein Amt auch nur wegen der Teilnahme an einer Sitzung des BR endgültig verlieren, wenn es nur für eine Sitzung wegen Verhinderung eines Betriebsratsmitglieds in den BR einrückt. Das wird zu Recht kritisiert.[14] Überzeugender ist es, diesen Fall als **zeitweilige Verhinderung** des JAV-Mitglieds zu werten, nach der es wieder in die JAV eintritt.[15] Ersatzmitglieder des BR, die Mitglieder der JAV sind oder kandidieren wollen, können aber – zur Vermeidung von Streitigkeiten – für ein vorübergehendes Nachrücken in den BR als verhindert angesehen werden, oder aber die Ersatzmitgliedschaft niederlegen.[16]

16 Eine Mitgliedschaft in der JAV schließt nicht etwa als Umkehrschluss aus Abs. 2 S. 2 eine **Kandidatur für den BR** aus.[17] Die Mitgliedschaft in der JAV endet aber gem. § 65 Abs. 1 i. V. m. § 24 Nr. 4 mit der Wahl in den BR.

17 Ob die Eintragung in die **Wählerliste** nach §§ 38 i. V. m. 2 Abs. 3 WO eine formelle Voraussetzung der Wählbarkeit für diejenigen AN die zwar das passive, nicht jedoch das aktive Wahlrecht haben, darstellt, ist umstritten (näher § 38 WO Rn. 13).[18] Vor dem Hintergrund, dass die Wählerliste zur Unterbreitung von Wahlvorschlägen dienen soll, ist es sinnvoll sowohl aktiv als auch passiv Wahlberechtigte in der Wählerliste aufzulisten.[19]

---

8 *Fitting*, Rn. 12; Richardi-*Annuß*, Rn. 8.
9 Richardi-*Annuß*, Rn. 13, GK-*Oetker*, Rn. 33.
10 *Fitting*, Rn. 13; Richardi-*Annuß*, Rn. 9.
11 *Fitting*, Rn. 15.
12 *Fitting*, Rn. 14; HWGNRH-*Rose*, Rn. 7; Richardi-*Annuß*, Rn. 11.
13 So *BAG* 21.8.79 – 6 AZR 789/77, AP BetrVG 1972 § 78a Nr. 6; *Fitting*, Rn. 14; HK-BetrVG-*Kloppenburg*, Rn. 5.
14 Richardi-*Annuß*, Rn. 11.
15 Richardi-*Annuß*, Rn. 11; DKW-*Trittin*, 16. Aufl. 2018, Rn. 16.
16 *Fitting*, Rn. 14; HK-BetrVG-*Kloppenburg*, Rn. 5; Richardi-*Annuß*, Rn. 11.
17 *Fitting*, Rn. 11; Richardi-*Annuß*, Rn. 12.
18 Keine formelle Voraussetzung Richardi-*Annuß*, Rn. 14; Bejaht die formelle Voraussetzung mit Verweis auf die von § 2 Abs. 3 S. 1 WO vorausgesetzte Kongruenz GK-*Oetker*, Rn. 43 ff.; unentschieden GK-*Jacobs*, § 38 WO Rn. 7.
19 Abgeschwächte Forderung der Auflistung passiv Wahlberechtigter in separater Liste GK-*Jacobs*, § 38 WO Rn. 7.

IV. Streitigkeiten

18 Streitigkeiten zur Wählbarkeit werden im arbeitsgerichtlichen **Beschlussverfahren** gemäß §§ 2a, 80 ff. ArbGG entschieden, jedoch erst, nachdem der WV über Einsprüche gegen die Richtigkeit der Wählerliste einen Beschluss gefasst hat (s. dazu § 5 WO). Der WV ist im Verfahren Beteiligter.

§ 62 Zahl der Jugend- und Auszubildendenvertreter, Zusammensetzung der Jugend- und Auszubildendenvertretung

(1) Die Jugend- und Auszubildendenvertretung besteht in Betrieben mit in der Regel
5 bis 20 der in § 60 Abs. 1 genannten Arbeitnehmer aus einer Person,
21 bis 50 der in § 60 Abs. 1 genannten Arbeitnehmer aus 3 Mitgliedern,
51 bis 150 der in § 60 Abs. 1 genannten Arbeitnehmer aus 5 Mitgliedern,
151 bis 300 der in § 60 Abs. 1 genannten Arbeitnehmer aus 7 Mitgliedern,
301 bis 500 der in § 60 Abs. 1 genannten Arbeitnehmer aus 9 Mitgliedern,
501 bis 700 der in § 60 Abs. 1 genannten Arbeitnehmer aus 11 Mitgliedern,
701 bis 1000 der in § 60 Abs. 1 genannten Arbeitnehmer aus 13 Mitgliedern,
mehr als 1000 der in § 60 Abs. 1 genannten Arbeitnehmer aus 15 Mitgliedern.

(2) Die Jugend- und Auszubildendenvertretung soll sich möglichst aus Vertretern der verschiedenen Beschäftigungsarten und Ausbildungsberufe der im Betrieb tätigen in § 60 Abs. 1 genannten Arbeitnehmer zusammensetzen.

(3) Das Geschlecht, das unter den in § 60 Abs. 1 genannten Arbeitnehmern in der Minderheit ist, muss mindestens entsprechend seinem zahlenmäßigen Verhältnis in der Jugend- und Auszubildendenvertretung vertreten sein, wenn diese aus mindestens drei Mitgliedern besteht.

Inhaltsübersicht Rn.

I. Vorbemerkungen

1 Durch § 62 wird die **Zahl** der JAV-Vertretenden sowie die **Zusammensetzung** des Gremiums festgelegt. Abs. 2 sieht vor, dass nicht nur Repräsentierende der verschiedenen Beschäftigungsarten, sondern auch der verschiedenen Ausbildungsberufe in der JAV vertreten sein sollen. Ebenfalls wurde durch die Reform des BetrVG im Jahr 2001[1] die an § 15 angelehnte **zwingende Geschlechterquote** in Abs. 3 eingeführt.

2 Die Norm ist zwingend. Bei Abs. 2 handelt es sich jedoch um eine Soll-Vorschrift (s. Rn. 7).[2]

3 Im BPersVG ist § 59 die entsprechende Vorschrift.

II. Mitgliederzahl der Jugend- und Auszubildendenvertretung

4 **Die Größe der JAV** ergibt sich aus der in Abs. 1 enthaltenen Tabelle. Der WV hat die für die Größe der JAV maßgebende Beschäftigtenzahl zu ermitteln. Gemäß § 60 Abs. 1 ist die Zahl der im Betrieb beschäftigten jugendlichen AN und der zu ihrer Berufsausbildung Beschäftigten zugrunde zu legen. Die Anzahl der Leih-AN hat keinen Einfluss auf die Größe des JAV (näher § 60 Rn. 14).

5 Maßgeblicher Zeitpunkt für die Ermittlung der Größe der JAV ist der **Tag des Erlasses des Wahlausschreibens,** das die Zahl der zu wählenden JAV-Mitglieder nennen muss (§§ 30, 3 Abs. 2 Nr. 4 WO). Im Falle einer vorzeitigen Neuwahl der JAV gemäß § 64 Abs. 1 i. V. m. § 13

1 BGBl. 1852.
2 *Fitting*, Rn. 3.

Abs. 2 S. 2 ist die Größe anhand der Beschäftigtenzahl zum Zeitpunkt der Ausschreibung der Neuwahl maßgeblich.[3] Eine **Änderung** der Zahl der in § 60 Abs. 1 genannten AN in dem Zeitraum zwischen Erlass des Wahlausschreibens und dem Wahltag, hat **keine Auswirkung** auf die Größe der JAV. Jedoch nehmen neu hinzugekommene AN an der Wahl teil, während ausgeschiedene AN ihre Wahlberechtigung verlieren.[4] Maßgeblich sind die **»in der Regel«** im Betrieb zum maßgebenden Zeitpunkt beschäftigten AN (vgl. zum Begriff »in der Regel« § 9 Rn. 6). Der WV hat somit die Beschäftigtenzahl unter gewöhnlichen und normalen Umständen zu ermitteln.[5]

Eine Änderung der Zahl der AN i. S. d. § 60 Abs. 1 **nach der Wahl** löst selbst dann **keine Neuwahl** aus, wenn die Änderung erheblich ist. § 13 Abs. 2 Nr. 1, der für den BR in diesem Fall eine Neuwahl vorsieht, findet auf die JAV mangels einer Verweisung in § 64 keine Anwendung.[6] Etwas anderes gilt nur dann, wenn die Zahl der für die Bildung einer JAV maßgebenden AN **unter fünf sinkt,** so dass diese Voraussetzung für die Bildung einer JAV entfällt. Eine bestehende Vertretung verliert dann i. d. R. ihr Amt.[7] 6

III. Zusammensetzung der Jugend- und Auszubildendenvertretung, Abs. 2 und 3

Nach Abs. 2 »soll« sich die JAV möglichst aus **Vertretenden der verschiedenen Beschäftigungsarten und Ausbildungsberufe** der im Betrieb tätigen AN i. S. d. § 60 Abs. 1 zusammensetzen mit dem Ziel, die JAV möglichst sachkundig zu besetzen. Der WV hat nach der WO (§§ 30, 3 Abs. 3 WO, s. dort) hierauf im Wahlausschreiben besonders hinzuweisen. Da es sich um eine Soll-Vorschrift handelt, hat ein Verstoß gegen Abs. 2 keinen Einfluss auf die Gültigkeit der Wahl.[8] Wahlvorschläge, die den in Abs. 2 enthaltenen Grundsätzen nicht entsprechen, kann der WV zurückweisen. 7

Gemäß Abs. 3 muss in Anlehnung an § 15 Abs. 2 (s. § 15 Rn. 5 ff.) »das Geschlecht, das in der Minderheit ist«, mindestens entsprechend seinem zahlenmäßigen Verhältnis in der JAV vertreten sein, wenn diese aus mindestens drei Mitgliedern besteht. Damit wird dem verfassungsrechtlichen **Gleichstellungsauftrag** aus Art. 3 Abs. 2 S. 2 GG Rechnung getragen, der auch in § 75 BetrVG zum Ausdruck gebracht wird. Zur Feststellung der erforderlichen Mindestsitze s. § 15 Rn. 17 ff. sowie § 3 WO. Ein Verstoß gegen Abs. 3 macht die JAV-Wahl anfechtbar (s. § 19 Rn. 9).[9] Die Norm verstößt nicht gegen den Grundsatz der Wahlrechtsgleichheit.[10] 8

Seit der Entscheidung des *BVerfG* zu geschlechtlichen Identitäten[11] und der darauf folgenden Änderung des Personenstandsgesetzes kann der Begriff des »Geschlechts« in rechtlicher Hinsicht **nicht mehr als ein binäres System** verstanden werden. Auch im BetrVG ist der Begriff verfassungskonform entsprechend auszulegen, dass er **weitere geschlechtliche Identitäten erfasst.** § 62 wurde wie auch § 15 geschlechtsneutral formuliert. Dies bereitet nun Schwierigkeiten. Für den Wortlaut des Abs. 3, der sprachlich von nur einem Geschlecht in der Minderheit ausgeht (»das Minderheitengeschlecht«), gerät die Auslegung an Grenzen.[12] Denkbar wäre nämlich eine Umsetzung des *BVerfG*-Urteils derart, dass mehrere Minderheitengeschlechter anzuerkennen sind – was allerdings erhebliche Veränderungen für die Stimmauszählung und gleichzeitig eine deutliche Beeinflussung sowohl des aktiven als auch des passiven Wahlrechts[13] bedeuten würde. Dies ist jedoch mit dem Singular formulierten Wortlaut unvereinbar. Wird wegen des Wortlauts wiederum davon ausgegangen, dass es nur ein Minderheitengeschlecht 9

---

3 *BAG* 22.11.84 – 6 ABR 9/84, NZA 1985, 715.
4 HWGNRH-*Rose,* Rn. 3; *Fitting,* Rn. 6; GK-*Oetker,* Rn. 11.
5 *Fitting,* Rn. 5.
6 *Fitting,* Rn. 7; HWGNRH-*Rose,* Rn. 3; GK-*Oetker,* Rn. 17.
7 *Fitting,* Rn. 7; HWGNRH-*Rose,* Rn. 3; GK-*Oetker,* Rn. 17; Richardi-*Annuß,* Rn. 7.
8 *Fitting,* Rn. 8; HWGNRH-*Rose,* Rn. 4; GK-*Oetker,* Rn. 21 ff.; Richardi-*Annuß,* Rn. 8.
9 *Fitting,* Rn. 11; HK-BetrVG-*Kloppenburg,* Rn. 8.
10 *BAG* 16.3.05 – 7 ABR 40/04, NZA 2005, 1252.
11 *BVerfG* 10.10.17 – 1 BvR 2019/16; dazu *Nollert/Dickerhof/Wenckebach,* AGG, § 1 Rn. 10 ff.
12 Den Gesetzgeber sehen deshalb gefordert *Verhoek/Weuthen,* ArbRAktuell 18, 65, 68; Vgl. auch § 15 Rn. 11.
13 In Bezug auf die Frauenförderung HK-BetrVG-*Kloppenburg,* Rn. 8.

geben könne, dann fiele eine Frauenförderung weg, sobald im Betrieb AN mit diverser Geschlechtsidentität tätig sind. Diese Auslegung von Abs. 3 wäre mit dem Ziel der Norm, in Umsetzung von Art. 3 Abs. 2 S. 2 GG die Gleichstellung von Frauen zu fördern (Vgl. § 15 Rn. 11), nicht vereinbar. Die gesetzliche Klarstellung, dass die einschlägigen Normen des BetrVG der gezielten Förderung von Frauen dienen, wäre deshalb nicht nur mit Blick auf die Rechtsklarheit wünschenswert. Sie wäre mit der Rechtsprechung des *BVerfG* zur Geschlechtsidentität auch vereinbar: Das *BVerfG* hat es als Verstoß gegen Persönlichkeitsrechte gewertet, wenn Menschen gezwungen werden, sich einem Geschlecht zuzuordnen oder auf eine Geschlechtsidentität zu verzichten. Damit ist dem Gesetzgeber nicht die Pflicht auferlegt, Personen, die sich weder als Frau noch als Mann identifizieren, dieselben positiven Maßnahmen[14] zukommen zu lassen, wie sie bisher Frauen zuteilwerden, um bestehende Nachteile im Sinne des Art. 3 Abs. 2 S. 2 GG zu beseitigen. Bis zu einer Reaktion des Gesetzgebers ist § 62 Abs. 2 (ebenso wie § 55 Abs. 1, s. § 55 Rn. 9) allerdings der Auslegung dahingehend zugänglich. Angesichts der Fallzahlen, von denen *BVerfG* und Bundesregierung ausgehen – bundesweit 160 000 non-binäre Personen[15] – dürfte jedoch in der Praxis die Frage, wann eine »angemessene Berücksichtigung« dieser AN in der JAV erforderlich wird, weil sie als ein Minderheitengeschlecht infrage kommen, kaum relevant werden.

IV. Streitigkeiten

10 Streitigkeiten über die durch den WV festzulegende Zahl der zu wählenden JAV sowie über die Geschlechterrepräsentanz gem. Abs. 3 entscheidet das *ArbG* im **Beschlussverfahren** (§§ 2a, 80 ff. ArbGG).

11 In einem Verfahren zur **Wahlanfechtung** ist der **BR zu beteiligen.**[16]

12 Wenn eine Wahlanfechtung unterbleibt, bleibt es für die Dauer der Wahlperiode bei der Besetzung der JAV, wie sie der WV festgelegt hat – selbst wenn dies fehlerhaft erfolgte.[17]

§ 63 Wahlvorschriften

(1) Die Jugend- und Auszubildendenvertretung wird in geheimer und unmittelbarer Wahl gewählt.

(2) Spätestens acht Wochen vor Ablauf der Amtszeit der Jugend- und Auszubildendenvertretung bestellt der Betriebsrat den Wahlvorstand und seinen Vorsitzenden. Für die Wahl der Jugend- und Auszubildendenvertreter gelten § 14 Abs. 2 bis 5, § 16 Abs. 1 Satz 4 bis 6, § 18 Abs. 1 Satz 1 und Abs. 3 sowie die §§ 19 und 20 entsprechend.

(3) Bestellt der Betriebsrat den Wahlvorstand nicht oder nicht spätestens sechs Wochen vor Ablauf der Amtszeit der Jugend- und Auszubildendenvertretung oder kommt der Wahlvorstand seiner Verpflichtung nach § 18 Abs. 1 Satz 1 nicht nach, so gelten § 16 Abs. 2 Satz 1 und 2, Abs. 3 Satz 1 und § 18 Abs. 1 Satz 2 entsprechend; der Antrag beim Arbeitsgericht kann auch von jugendlichen Arbeitnehmern gestellt werden.

(4) In Betrieben mit in der Regel fünf bis 100 der in § 60 Abs. 1 genannten Arbeitnehmer gilt auch § 14a entsprechend. Die Frist zur Bestellung des Wahlvorstands wird im Fall des Absatzes 2 Satz 1 auf vier Wochen und im Fall des Absatzes 3 Satz 1 auf drei Wochen verkürzt.

(5) In Betrieben mit in der Regel 101 bis 200 der in § 60 Abs. 1 genannten Arbeitnehmer gilt § 14a Abs. 5 entsprechend.

---

14 Zum Begriff *Nollert/Dickerhof/Wenckebach*, AGG, § 5.
15 *BVerfG* 10.10.17 – 1 BvR 2019/16; BT-Drs. 19/4669, S. 1.
16 *BAG* 20.2.86 – 6 ABR 25/85, AP BetrVG 1972 § 63 Nr. 1; *Fitting*, Rn. 11.
17 *BAG* 14.1.72 – 1 ABR 6/71, AP Nr. 2 zu § 20 BetrVG Jugendvertretung; *Fitting*, Rn. 11; HWGNRH-*Rose*, Rn. 6; GK-*Oetker*, Rn. 32; Richardi-*Annuß*, Rn. 11.

Inhaltsübersicht

I. Vorbemerkungen

Die Vorschrift enthält die **Wahlvorschriften für die JAV** und verweist im Wesentlichen auf die Regeln zur BR-Wahl. Durch die Reform des BetrVG im Jahr 2001[1] wurde das zuvor geltende Gruppenprinzip abgeschafft: GBR und KBR haben die Kompetenz erhalten, den Wahlvorstand zur JAV-Wahl im Falle des Untätigbleibens des BR bestellen zu können und ein vereinfachtes Wahlverfahren in Kleinbetrieben eingeführt – dies machte auch im Bereich der JAV Änderungen erforderlich. Ergänzend zu § 63 gelten die §§ 38 ff. der WO. Mit dem Betriebsrätemodernisierungsgesetz wurde nun der Anwendungsbereich des vereinfachten Wahlverfahrens wesentlich erweitert (vgl. Anpassung auch für BR, s. § 14a Rn. 1a).[2] Statt wie zuvor in Abs. 4, die Pflicht der Durchführung der Wahl im vereinfachten Wahlverfahren für Betriebe mit fünf bis 50 zu verankern, sind es nun Betriebe mit fünf bis 100 AN i. S. d. § 60 Abs. 1. In Abs. 5 wurde die Möglichkeit die Wahldurchführung im vereinfachten Verfahren zu vereinbaren, statt für Betriebe mit 51 bis 100 AN auf 101 bis 200 AN i. S. d. § 60 Abs. 1 angehoben. Der Gesetzgeber bezweckt damit eine weitere Erleichterung der Entstehung von JAVen in den Betrieben. Er stützt sich in der Gesetzesbegründung neben der offensichtlichen Verkürzung der Verfahrenszeit auf die empirischen Belege, dass die Wahlbeteiligung im vereinfachten Verfahren höher sei als beim normalen Wahlverfahren.[3] Nähere Ausführungen zum Wahlverfahren, s. §§ 38 ff. WO. 1

Die Norm ist **zwingend** und weder durch TV oder BV abdingbar. 2

Im Personalvertretungsrecht ist die entsprechende Regelung **§ 60 Abs. 1 BPersVG.** 3

II. Wahlverfahren (Abs. 1)

1. Wahlgrundsätze

Wie gem. **§ 14** der BR (s. dort) wird die JAV gem. Abs. 1 in **geheimer und unmittelbarer Wahl** gewählt. Die **Freiheit und Gleichheit der Wahl** sind ungeschriebene Wahlgrundsätze.[4] 4

Abs. 2 S. 2 verweist seit der Reform des BetrVG im Jahr 2001 auf § 14, so dass wie bei der Wahl des BR die Wahl in der Regel gem. § 14 Abs. 2 S. 1 nach den Grundsätzen der **Verhältniswahl (Listenwahl)** erfolgt (s. § 14 Rn. 15 ff. und § 39 WO). Nach den Grundsätzen der Verhältniswahl (ausführlich § 14 Rn. 15 ff.) kann jede wahlberechtigte Person nur **eine Liste** wählen. 5

---

1 BGBl. 1852.

2 BGBl. I, S. 1762; BT-Drs. 19/28899, S. 8; Erklärungen zur JAV-Wahl 2022 *Berg/Heilmann*, AiB 22, Nr. 5, 36 ff.

3 BT-Drs. 19/28899, S. 13 mit Verweis auf Erkenntnisse aus *Demir/Funderr/Greifenstein/Kißler*, Mitbestimmungsreport No. 60, 06.2020, 1 ff.

4 *BAG* 6.12.00 – 7 ABR 34/99, AP BetrVG 1972 § 19 Nr. 48; s. ausführlich § 14.

Bewerberinnen und Bewerber können nicht gestrichen oder ergänzt werden. Für die Sitzverteilung auf die Listen wird das **d'Hondtsche Höchstzahlensystem** angewandt (s. § 15 WO).

6 Wird **nur ein Wahlvorschlag** eingereicht oder findet gem. Abs. 4 und 5 das **vereinfachte Wahlverfahren** statt (s. Rn. 32 ff.), so erfolgt die Wahl gem. Abs. 2 S. 2 i. V. m. § 14 Abs. 2 S. 2 nach den Grundsätzen der **Mehrheitswahl** (s. § 14 Rn. 16). Wahlberechtigte können dann auf ihrem Stimmzettel so viele Kandidaten ankreuzen, wie Mitglieder in die JAV zu wählen sind (vgl. § 34 Abs. 1 WO). Es dürfen weniger, nicht jedoch mehr Kandidaten angekreuzt werden.

2. Wahlvorschläge

7 Nur Personen, die auf einem Wahlvorschlag benannt sind, sind wählbar. Eine Wahl, die nicht auf Grund von Wahlvorschlägen erfolgt, ist nichtig.

8 In den **Vorschlagslisten** sind gem. § 39 Abs. 1 S. 3, 6 Abs. 3 S. 1 WO Familienname, Vorname, Geburtsdatum, Art der Beschäftigung sowie der Ausbildungszeitraum der vorgeschlagenen Person anzugeben.

9 Ein **Wahlvorschlagsrecht** haben die in § 60 Abs. 1 genannten AN des Betriebs, denn sie sind die »wahlberechtigten AN« i. S. d. § 14 Abs. 4. Mit dem Betriebsrätemodernisierungsgesetz wurden die notwendigen Unterschriften vorwiegend für kleine und mittlere Betriebe verringert.[5] Damit soll für diese das Wahlverfahren erleichtert werden. In Betrieben mit in der Regel bis zu 20 der in § 60 Abs. 1 genannten AN braucht es keine Unterschrift mehr (vgl. § 14 Abs. 4 S. 2). Insofern sich die Anzahl der genannten AN zwischen 21 und 100 beläuft, genügt nach Abs. 2 S. 2 i. V. m. § 14 Abs. 4 S. 2 die Unterzeichnung durch zwei Wahlberechtigte. Das Ziel, was mit den Unterschriften verfolgt wird, nämlich aussichtslose Wahlvorschläge zu verhindern, ist bei großen Betrieben weiterhin zu verfolgen. Sofern es sich also um einen Betrieb mit über 100 wahlberechtigten AN i. S. d. § 60 Abs. 1 handelt, muss jeder ihrer Wahlvorschläge von mindestens einem Zwanzigstel dieser AN unterzeichnet sein, wobei in jedem Fall die Unterzeichnung durch 50 AN i. S. d. § 60 Abs. 1 ausreichend ist, § 14 Abs. 4 S. 3 (vgl. § 39 WO Rn. 5).

10 Zudem hat nach der Bildung eines Wahlvorstands gemäß Abs. 2, § 14 Abs. 5 auch eine im Betrieb vertretene **Gewerkschaft** ein Wahlvorschlagsrecht. Der Wahlvorschlag muss gem. § 14 Abs. 5 von zwei Beauftragten der Gewerkschaft unterzeichnet sein.

3. Wahlanfechtung

11 Gemäß § 19 Abs. 1 kann die JAV-Wahl **angefochten** werden. Es gelten die Grundsätze zur Anfechtbarkeit der BR-Wahl (s. § 19 Rn. 3 ff.). **Zur Anfechtung berechtigt** sind – da § 19 Abs. 2 S. 1 nur auf Wahlberechtigte abstellt – nur **drei AN i. S. d. § 60 Abs. 1.**[6] Anfechtungsberechtigt sind außerdem der **AG** und die im Betrieb vertretenen **Gewerkschaften.**

12 Die Wahl einer JAV kann – ebenso wie eine BR-Wahl – **nichtig** sein. Nämlich dann, wenn die Voraussetzungen einer JAV-Wahl überhaupt nicht vorliegen oder wenn gegen allgemeine Grundsätze jeder ordnungsgemäßen Wahl in so hohem Maße verstoßen wurde, dass auch der Anschein einer Wahl nicht mehr vorliegt (s. § 19).[7]

4. Wahlkosten

13 Die **Kosten** der Wahl der JAV trägt gemäß Abs. 2 S. 2 i. V. m. § 20 Abs. 3 S. 2 – ebenso wie bei der BR-Wahl – der **AG.**

5 BGBl. I, S. 1762; BT-Drs. 19/28899, S. 13.
6 *Fitting*, Rn. 15; GK-*Oetker*, Rn. 75; Richardi-*Annuß*, Rn. 31.
7 *BAG* 19. 11. 03 – 7 ABR 25/03, AP Nr. 55 zu § 19 BetrVG 1972.

III. Bestellung des Wahlvorstands durch den Betriebsrat, Gesamtbetriebsrat oder Konzernbetriebsrat (Abs. 2)

Für die Durchführung einer Wahl zur JAV bedarf es der Bestellung eines **WV**, der die Wahl vorbereitet und durchführt (s. Rn. 28 zur Rechtsstellung und den Aufgaben des WV). Die Bestellung ist nicht innerhalb einer Wahlversammlung durchzuführen (näher § 36 WO Rn. 1 ff.). Mit der Bestellung des WV ist auch dessen Vorsitz zu bestimmen. Ist dies nicht erfolgt, kann der WV **aus seiner Mitte** einen Vorsitz mit Stimmenmehrheit wählen.[8] 14

1. Bestellung durch den BR

Die **Bestellung des WV** erfolgt gem. Abs. 2 S. 1 **durch den BR** und zwar spätestens acht Wochen vor Ablauf der Amtszeit der JAV. Im Falle eines vorzeitigen Endes der Amtszeit der JAV (s. § 64 Rn. 11) muss die Bestellung unverzüglich nach dem Ereignis erfolgen, das die Neuwahl bedingt (s. § 16 Rn. 6). Wenn im Betrieb keine JAV bestanden hat, muss der BR einen WV bestellen, wenn die Voraussetzungen für die Errichtung einer JAV gegeben sind.[9] 15

Der BR ist zur Bestellung des WV gesetzlich **verpflichtet.** Kommt er dieser Aufgabe nicht nach, kann dies eine grobe Amtspflichtverletzung gemäß § 23 Abs. 1 darstellen (s. § 23 Rn. 4 und 89 ff.).[10] 16

Eine amtierende JAV kann den WV nicht bestellen.[11] Sie ist jedoch in der Sitzung des BR zur Bestellung eines WV **stimmberechtigt** gem. § 67 Abs. 2, da es sich um eine Angelegenheit handelt, die überwiegend die von der JAV vertretenen und wahlberechtigten AN i. S. d. § 60 Abs. 1 betrifft.[12] 17

2. Bestellung durch GBR oder KBR

Bei Untätigkeit des originär zuständigen BR kann der **GBR** oder, falls ein solcher nicht besteht, der **KBR** den WV bestellen. Durch den Verweis in Abs. 2 S. 2 gilt § 16 Abs. 3 sinngemäß auch für die Wahl der JAV. 18

3. Größe des WV

Die genaue **Größe des WV** ist durch das Gesetz nicht vorgegeben. Ausdrücklich ist jedoch durch Abs. 2 S. 1 geregelt, dass der BR den WV *und* seinen Vorsitz bestellt. Zudem ist anerkannt, dass es auch eines Beisitzenden bedarf und der WV aus einer ungeraden Zahl von Mitgliedern bestehen muss.[13] Daraus ergibt sich, dass der WV aus **mindestens drei Personen** bestehen muss.[14] Ob es darüber hinaus weiterer Personen im WV bedarf, ist durch den BR nach pflichtgemäßem Ermessen festzulegen. 19

4. Zusammensetzung des WV

Hinsichtlich der Zusammensetzung des WV für die JAV-Wahl gibt es keine expliziten gesetzlichen Vorgaben diesbezüglich, dass die Mitglieder des WV Inhaber des aktiven oder passiven Wahlrechts sein müssten. Somit kommen auch andere AN als WV infrage. Allerdings ergibt sich aus § 38 S. 2 WO, dass mindestens ein Mitglied des WV das **passive Wahlrecht** zum BR haben muss. 20

§ 63 Abs. 2 S. 2 i. V. m. § 16 Abs. 1 S. 5 wiederum macht die Vorgabe für Betriebe mit weiblichen und männlichen jug. AN oder Auszubildenden, nach der dem WV »**sowohl Frauen als auch** 21

---

8 *Fitting*, Rn. 22; GK-*Oetker*, Rn. 25.
9 *Fitting*, Rn. 18; GK-*Oetker*, Rn. 9 ff.; Richardi-*Annuß*, Rn. 4.
10 *Fitting*, Rn. 19; GK-*Oetker*, Rn. 9 ff.; Richardi-*Annuß*, Rn. 5.
11 *Fitting*, Rn. 18; GK-*Oetker*, Rn. 11.
12 *Fitting*, Rn. 18.
13 GK-*Oetker*, Rn. 17 ff.; *Fitting*, Rn. 20; Richardi-*Annuß*, Rn. 6.
14 *Fitting*, Rn. 20; Richardi-*Annuß*, Rn. 6.

Männer angehören sollen«. Seit der Entscheidung des *BVerfG* zur Geschlechtsidentität[15] und der Änderung des Personenstandsgesetzes handelt es sich bei dem Begriff des »Geschlechts« in rechtlicher Hinsicht nicht mehr um ein binäres System. § 16 Abs. 1 S. 5 verwendet – anders als §§ 15 (s. § 15 Rn. 11), 62 (s. § 62 Rn. 9) und 55 (s. § 55 Rn. 9) jedoch nicht den Begriff Geschlecht, sondern explizit die Begriffe Frauen und Männer, so dass hier eine Auslegung dahingehend, dass Personen weiterer Geschlechtsidentitäten erfasst werden müssten, an Wortlautgrenzen stoßen würde. Zudem dienen die Normen der **Umsetzung des Verfassungsauftrags der Gleichstellung von Frauen und Männern** in Art. 3 Abs. 2 S. 2 GG. Es ist aus der Entscheidung des *BVerfG* zur Geschlechtsidentität nicht ersichtlich, dass die zu diesem Zweck erfolgende gezielte Förderung von Frauen dort, wo strukturelle Nachteile bestehen[16], nicht mehr zulässig wäre. Es bedarf deshalb keiner neuen Auslegung des § 16 Abs. 1 S. 5 vor dem Hintergrund der Rechtsprechung des *BVerfG*. Eine Klarstellung der Frage durch den Gesetzgeber wäre im Interesse der Rechtssicherheit freilich wünschenswert.

5. Ersatzmitglieder

22 Gem. Abs. 2 S. 2 i. V. m. § 16 Abs. 1 S. 4 kann der BR für jedes Mitglied des WV ein **Ersatzmitglied** bestellen.

6. Beauftragte der Gewerkschaft

23 Jede im Betrieb vertretene **Gewerkschaft,** die nicht bereits durch ein ordentliches Mitglied im WV vertreten ist, ist gem. Abs. 2 S. 2 i. V. m. § 16 Abs. 1 S. 6 befugt, eine von ihr beauftragte Person als nicht stimmberechtigtes Mitglied in den WV zu entsenden. Es gilt dasselbe, wie es in § 16 Abs. 1 S. 6 für die BR-Wahl geregelt ist, s. § 16 Rn. 22 ff. Das Entsendungsrecht der Gewerkschaft gilt nicht nur für eine unter den Wahlberechtigten zur JAV vertretene Gewerkschaft. Es reicht aus, wenn ein AN des Betriebs Mitglied ist.[17]

IV. Bestellung des Wahlvorstands durch das Arbeitsgericht (Abs. 3)

24 Die Bestellung des WV durch **das** *ArbG* erfolgt gem. Abs. 3 dann, wenn der BR seiner Verpflichtung hierzu nicht oder **nicht spätestens sechs Wochen vor Ablauf der Amtszeit** der JAV nachkommt. Im Falle eines vorzeitigen Endes der Amtszeit der JAV (s. § 64 Rn. 11) muss die Bestellung unverzüglich nach dem Ereignis erfolgen, das die Neuwahl bedingt (s. Rn. 15 und § 16 Rn. 6). Als nicht rechtzeitig ist die Bestellung des WV dann anzusehen, wenn sie **zwei Wochen nach diesem Ereignis** noch nicht erfolgt ist.[18] Bis zum Tätigwerden des Gerichts ist eine Nachholung der Bestellung des WV durch den BR noch möglich.[19]

25 Abs. 3 setzt nicht voraus, dass im Betrieb **ein BR besteht.**[20] Die Gründung der Organe betrieblicher Mitbestimmung kann auch von den Jugendlichen und zur Ausbildung beschäftigten AN eines Betriebs ausgehen.[21] (Vgl. auch § 60 Rn. 10, 26).

26 Das *ArbG* wird nur auf Antrag tätig. **Antragsberechtigt** hierzu sind

- die in § 16 Abs. 2 genannten mind. **drei AN des Betriebs,** die BR-Wahlberechtigte sind;
- die im Betrieb vertretenen Gewerkschaften;
- gem. Abs. 3 HS. 2 können auch **jugendliche AN,** die das 18. Lebensjahr noch nicht vollendet haben, den Antrag stellen. Die Regelung ist so zu verstehen, dass es drei jugendlicher AN bedarf oder aber mit den BR-Wahlberechtigten auch jugendliche AN den An-

15 *BVerfG* 10.10.17 – 1 BvR 2019/16; dazu *Nollert/Dickerhof/Wenckebach*, AGG, § 1 Rn. 10 ff.
16 Positive Maßnahmen i. S. d. § 5 AGG, Vgl. *Nollert/Dickerhof/Wenckebach*, AGG, § 5.
17 *Fitting*, Rn. 21; GK-*Oetker*, Rn. 26; HK-BetrVG-*Kloppenburg*, Rn, 10; Richardi-*Annuß*, Rn. 12; a. A. DKW-*Trittin*, 16. Aufl. 2018, Rn. 23.
18 *Fitting*, Rn. 25.
19 *Fitting*, Rn. 25.
20 A. A. *Fitting*, Rn. 25; Richardi-*Annuß*, Rn. 11; HK-BetrVG-*Kloppenburg*, Rn. 6.
21 DKW-*Trittin*, 16. Aufl. 2018, Rn. 35; *Däubler*, Gewerkschaftsrechte im Betrieb, Rn. 105.

trag gemeinsam stellen.[22] Dass es sich hierbei nur um zur JAV wahlberechtigte Jugendliche handeln könne,[23] verlangt der Wortlaut von Abs. 3 HS. 2 allerdings nicht.

27 Mit dem Antrag können gem. § 16 Abs. 2 S. 2 **Vorschläge** für die **Zusammensetzung** des WV gemacht werden. Das *ArbG* bestimmt dann die Mitglieder des WV nach freiem Ermessen (s. § 16 Rn. 26). Mangels Verweisung auf § 16 Abs. 2 S. 3 kann das Gericht **keine betriebsfremden Personen** in den WV berufen, sondern nur AN des Betriebs.[24] Für im Betrieb vertretene Gewerkschaften gilt aber Abs. 2 S. 2 i. V. m. § 16 Abs. 1 S. 6, s. Rn. 23.

V. Aufgaben und Rechtsstellung des Wahlvorstands

28 Es ist gem. Abs. 2 S. 2 i. V. m. **§ 18** Abs. 1 S. 1 die Aufgabe des WV, unverzüglich nach seiner Bestellung die **Wahl zur JAV einzuleiten und durchzuführen und das Wahlergebnis öffentlich festzustellen.** Das Ergebnis der Wahl übersendet der WV sowohl den im Betrieb vertretenen Gewerkschaften als auch dem AG. Er beruft gem. § 65 Abs. 2 i. V. m. **§ 29** die konstituierende Sitzung der gewählten JAV ein.

29 Die **Pflichten** des WV einer JAV-Wahl entsprechen denen des WV einer BR-Wahl, weshalb das unter **§ 18** Gesagte entsprechend gilt. Der WV ist unter den Voraussetzungen des Abs. 5 i. V. m. § 14a Abs. 5 berechtigt, mit dem AG eine Vereinbarung über die Anwendung des vereinfachten Wahlverfahrens zu treffen.

30 **Arbeitszeit,** die aufgrund der Betätigung im WV versäumt wurde, berechtigt den AG nicht zur Minderung des **Arbeitsentgelts,** Abs. 2 S. 2 i. V. m. § 20 Abs. 3 S. 2; siehe dazu § 20.

31 Für Mitglieder des WV der JAV-Wahl gilt der **Kündigungsschutz** des § 15 Abs. 3 KSchG.[25] Eine außerordentliche Kündigung sowie eine zum Amtsverlust führende Versetzung von Mitgliedern des WV bedarf gem. § 103 der Zustimmung des BR. Der Schutz des § 78a beginnt mit der Feststellung des Wahlergebnisses und nicht mit dem Beginn der Amtszeit.[26]

31a Die Sitzungen des WV können mittels Telefon- und/oder Videokonferenz stattfinden. Die Abhaltung der Versammlung in Präsenz hat dabei aber stets Vorrang (§ 1 Abs. 4 und 5 WO; näher dazu § 1 WO Rn. 20).

VI. Vereinfachtes Wahlverfahren in Kleinbetrieben (Abs. 4, 5)

32 Für die Wahl der JAV wird wie für BR-Wahlen in Kleinbetrieben mit fünf bis 100 AN das **Wahlverfahren kraft Gesetzes vereinfacht,** es gilt die für den BR geltende Regelung des § 14a (s. § 14a Rn. 1 ff.) entsprechend. Die zuvor geltende Grenze von 50 AN wurde durch das Betriebsrätemodernisierungsgesetz angehoben.[27] Die **Fristen** zur Bestellung des WV durch den BR werden dabei gem. Abs. 4 S. 2 auf vier Wochen und bei Untätigkeit des BR oder des WV auf drei Wochen **verkürzt.** Im vereinfachten Wahlverfahren findet stets eine **Mehrheitswahl** statt.[28]

33 In Betrieben mit in der Regel 101 bis 200 – vor dem Betriebsrätemodernisierungsgesetz 51 bis 100 – der in § 60 Abs. 1 genannten AN gilt gem. Abs. 5 **§ 14a Abs. 5** entsprechend. Demnach können der Wahlvorstand und der AG die Anwendung des **vereinfachten Wahlverfahrens** für Kleinbetriebe **vereinbaren,** was für Belegschaften ohne BR eine erhebliche Hürde darstellt (s. § 14a Rn. 33). Eine schriftliche Vereinbarung über die Anwendung des vereinfachten Wahlverfahrens dient der Rechtssicherheit und -klarheit.[29] Sie ist jedoch nicht vorgeschrieben. Siehe § 14a Rn. 34 für weitere Einzelheiten.

---

22 *Fitting*, Rn. 27; HWGNRH-*Rose*, Rn. 34, Richardi-*Annuß*, Rn. 12.
23 So GK-*Oetker*, Rn. 29.
24 *Fitting*, Rn. 26; Richardi-*Annuß*, Rn. 13.
25 Richardi-*Annuß*, Rn. 21.
26 *BAG* 22. 9. 83, AP Nr. 11 zu § 78a BetrVG 1972.
27 BT-Drs. 19/28899, S. 8.
28 *Fitting*, Rn. 9.
29 *Fitting*, Rn. 14.

VII. Streitigkeiten

34 Das *ArbG* entscheidet gemäß §§ 2a, 80 ff. ArbGG **im Beschlussverfahren** über Streitigkeiten im Zusammenhang mit der Bestellung des WV und seinen Zuständigkeiten.

35 Der BR ist neben der JAV im Beschlussverfahren über die Anfechtung der JAV-Wahl zu beteiligen.[30]

§ 64 Zeitpunkt der Wahlen und Amtszeit

(1) Die regelmäßigen Wahlen der Jugend- und Auszubildendenvertretung finden alle zwei Jahre in der Zeit vom 1. Oktober bis zum 30. November statt. Für die Wahl der Jugend- und Auszubildendenvertretung außerhalb dieser Zeit gilt § 13 Abs. 2 Nr. 2 bis 6 und Abs. 3 entsprechend.

(2) Die regelmäßige Amtszeit der Jugend- und Auszubildendenvertretung beträgt zwei Jahre. Die Amtszeit beginnt mit der Bekanntgabe des Wahlergebnisses oder, wenn zu diesem Zeitpunkt noch eine Jugend- und Auszubildendenvertretung besteht, mit Ablauf von deren Amtszeit. Die Amtszeit endet spätestens am 30. November des Jahres, in dem nach Absatz 1 Satz 1 die regelmäßigen Wahlen stattfinden. In dem Fall des § 13 Abs. 3 Satz 2 endet die Amtszeit spätestens am 30. November des Jahres, in dem die Jugend- und Auszubildendenvertretung neu zu wählen ist. In dem Fall des § 13 Abs. 2 Nr. 2 endet die Amtszeit mit der Bekanntgabe des Wahlergebnisses der neu gewählten Jugend- und Auszubildendenvertretung.

(3) Ein Mitglied der Jugend- und Auszubildendenvertretung, das im Laufe der Amtszeit das 25. Lebensjahr vollendet oder sein Berufsausbildungsverhältnis beendet, bleibt bis zum Ende der Amtszeit Mitglied der Jugend- und Auszubildendenvertretung.

Inhaltsübersicht

I. Vorbemerkung

1 Durch die Vorschrift wird in Abs. 1 der **Zeitraum für Wahlen** zur JAV geregelt, in Abs. 2 ihre **Amtszeit,** sowie in Abs. 3 die Festlegung, dass Mitglieder der JAV auch dann ihr Amt fortführen, wenn sie während der laufenden Amtszeit das 25. Lebensjahr vollenden oder – neu eingefügt durch das Betriebsrätemodernisierungsgesetz[1] – die Berufsausbildung beenden.

2 Die Vorschrift ist **zwingend.**

3 Im BPersVG ist § 60 Abs. 2 die entsprechende Vorschrift.

II. Regelmäßige Wahlen (Abs. 1 Satz 1)

4 Wie auch die Wahlen zum BR (siehe § 13 Rn. 3 ff.) werden auch die Wahlen zur JAV in einem **regelmäßigen Wahlzeitraum** von zwei Jahren durchgeführt. Durch die Reform 1989 wurde in § 125 Abs. 2 festgelegt, dass die erstmaligen Wahlen der JAV im Jahr 1988 stattfinden. Seitdem liegt gem. Abs. 1 der Wahlzeitraum in der **Zeitspanne vom 1. Oktober bis 30. November.** Damit sollte möglichst bald nach Schulabgängen im Sommer neuen jugendlichen und zur Ausbildung Beschäftigten eine Teilnahme an den Wahlen ermöglicht werden.[2] Somit endet die Amts-

30 *BAG* 20.2.86, AP Nr. 1 zu § 63 BetrVG 1972; *Fitting*, Rn. 15.

1 BGBl. I, S. 1762; BT-Drs. 19/28899, S. 8.

2 Vgl. zur Begründung der Gesetzentwürfe BT-Drucks. 11/1134, S. 5 und BT-Drucks. 11/955, S. 11.

zeit einer JAV spätestens mit Ablauf des 30. November. Da die Amtszeit der JAV gem. Abs. 2 S. 1 zwei Jahre beträgt, finden die Wahlen der JAV alle zwei Jahre in diesem Zeitraum statt.

In dem durch Abs. 1 festgelegten Wahlzeitraum muss **der Wahltag** liegen. Es muss in diesem Zeitraum nicht nur die **Stimmabgabe** erfolgen, sondern auch die **Auszählung der Stimmen** sowie die **Bekanntmachung des endgültigen Wahlergebnisses.** Sinnvoll und zulässig ist es, bereits vor diesem Zeitraum den Wahlvorstand zu bestellen.[3] 5

III. Wahlen außerhalb des regelmäßigen Zeitraums (Abs. 1 Satz 2)

Auch außerhalb des **regelmäßigen Zeitraums** sind Wahlen der JAV möglich. Abs. 1 S. 2 verweist diesbezüglich auf die für den BR geltende Regelung in § 13 Abs. 2 Nr. 2–6 und § 13 Abs. 3 (s. dazu § 13 Rn. 7 ff.). 6

In § 13 Abs. 2 wird **abschließend** aufgezählt, in welchen Fällen es außerhalb des regelmäßigen Wahlzeitraums zu einer BR-Wahl kommen darf. Auf § 13 Abs. 2 Nr. 1 wird durch Abs. 1 nicht verwiesen. Eine Neuwahl außerhalb des regelmäßigen Zeitraums findet also nicht statt, wenn sich die Zahl der im Betrieb beschäftigten Wahlberechtigten wesentlich verändert hat. Aus Nr. 2–6 ergibt sich, dass in folgenden Fällen eine Neuwahl der JAV außerhalb des regelmäßigen Zeitraums erfolgt: 7

- Wenn die Gesamtzahl der Mitglieder der JAV nach Eintreten sämtlicher Ersatzmitglieder unter die durch § 62 **vorgeschriebene Mitgliederzahl** gesunken ist (§ 13 Abs. 2 Nr. 2, s. § 13 Rn. 15 ff.). In diesem Fall führen die verbleibenden Mitglieder der JAV bis zur Neuwahl die Amtsgeschäfte weiter.
- Wenn die JAV mit der Mehrheit ihrer Mitglieder ihren **Rücktritt beschlossen** hat (§ 13 Abs. 2 Nr. 3, s. § 13 Rn. 18 ff.).
- Wenn die Wahl der JAV mit Erfolg **angefochten** worden ist (§ 13 Abs. 2 Nr. 4, s. § 13 Rn. 24 ff.).
- Wenn die JAV durch eine gerichtliche Entscheidung **aufgelöst** wurde (§ 13 Abs. 2 Nr. 5, s. § 13 Rn. 27 ff.).
- Oder wenn im Betrieb **keine JAV besteht** (§ 13 Abs. 2 Nr. 6, s. § 13 Rn. 29 ff.). Wenn in diesem Fall die Voraussetzungen für die Bildung einer JAV vorliegen, kann jederzeit gewählt werden.

Im Falle einer Wahl außerhalb des regelmäßigen Zeitraums soll der Anschluss an diesen wiederhergestellt werden. Dies regelt Abs. 1 durch den Verweis auf § 13 Abs. 3. Demnach wird die zweijährige Amtszeit entsprechend so **verkürzt,** dass die nächste Wahl wieder **zusammen mit den anderen Wahlen** zur JAV durchgeführt wird. Hat die Amtszeit der außerhalb des regelmäßigen Zeitraums gewählten JAV allerdings zu Beginn des für die regelmäßigen JAV-Wahlen festgelegten Zeitraums **weniger als ein Jahr** betragen, so wird die Amtszeit der JAV gem. Abs. 1 i. V. m. § 13 Abs. 3 S. 2 **verlängert** und die JAV ist erst in dem **übernächsten Zeitraum** der regelmäßigen Wahlen neu zu wählen (s. § 13 Rn. 32 f.). 8

IV. Amtszeit der Jugend- und Auszubildendenvertretung (Abs. 2)

Abs. 2 S. 1 legt als **regelmäßige Amtszeit der JAV** einen Zeitraum von **zwei Jahren** fest. Auch bei der Reform des BetrVG wurde die Amtszeit der JAV nicht an die längere des BR angepasst. Viele Jugendliche hätten sonst vor Vollendung des 18. Lebensjahres gar nicht die Möglichkeit, an einer Wahl teilzunehmen.[4] Bei Wahlen außerhalb des regelmäßigen Zeitraums kann die Amtszeit wegen der Anpassung an die turnusmäßigen Wahlen gem. Abs. 1 i. V. m. § 13 Abs. 3 länger oder kürzer sein (s. Rn. 8). 9

Die Amtszeit **endet** spätestens am 30.11. des Jahres, in dem die JAV während der regelmäßigen Wahlen neu zu wählen ist. In dem Fall einer zum Zwecke der Anpassung an den regelmäßigen Turnus gem. § 13 Abs. 3 S. 2 **verlängerten Amtszeit** (s. Rn. 8) endet diese spätestens am 30. November des Jahres, in dem die JAV neu zu wählen ist. In dem Fall des § 13 Abs. 2 10

3 *Fitting*, Rn. 6.
4 *Fitting*, Rn. 11.

Nr. 2 – also wenn die Gesamtzahl der Mitglieder der JAV nach Eintreten sämtlicher Ersatzmitglieder unter die durch § 62 **vorgeschriebene Mitgliederzahl** gesunken ist (s. Rn. 8 und § 13 Rn. 15 ff.) – endet die Amtszeit mit der Bekanntgabe des Wahlergebnisses der neu gewählten JAV. Um eine vertretungslose Zeit zu vermeiden, sollte der **WV bereits vor Ende der Amtszeit** bestellt werden.

11 Die Amtszeit der JAV **endet vorzeitig wenn:**

- Die JAV mit der Mehrheit ihrer Mitglieder ihren **Rücktritt beschlossen** hat (§ 13 Abs. 2 Nr. 3, s. § 13 Rn. 18 ff.).
- Die Wahl der JAV mit Erfolg **angefochten** worden ist (§ 13 Abs. 2 Nr. 4, s. § 13 Rn. 24 ff.).
- Die JAV durch eine gerichtliche Entscheidung **aufgelöst** wurde (§ 13 Abs. 2 Nr. 5, s. § 13 Rn. 27 ff.)
- Die Zahl der maßgebenden AN i. S. d. § 60 Abs. 1 **unter fünf gesunken** ist und somit die Voraussetzungen zur Errichtung einer JAV entfallen sind.[5]

12 Im Falle eines **Rücktritts** der JAV ist nicht eindeutig, ob die JAV wie der BR (Vgl. § 22) bis zur Bekanntgabe des Wahlergebnisses der neugewählten Vertretung im Amt bleibt, um eine vertretungslose Zeit zu vermeiden.[6] Dafür, dass die Amtszeit der JAV **bereits mit dem Rücktrittsbeschluss** endet, spricht aber, dass Abs. 2 S. 5 explizit nur für den Fall des § 13 Abs. 2 Nr. 2 das Ende der Amtszeit auf die Bekanntgabe des Wahlergebnisses der Neuwahlen festlegt, was wohl nicht als Redaktionsversehen qualifiziert werden kann.[7] Die Auslegung des § 21 für den Fall des Rücktritts des BR (s. § 21 Rn. 32) ist nicht auf die JAV übertragbar, da auf § 22 (s. § 22 Rn. 4) für die JAV nicht verwiesen wird und aufgrund der expliziten Regelung in Abs. 2 S. 5 für eine analoge Anwendung des § 22 kein Raum ist.[8]

13 Im Falle eines **Betriebsübergangs** behält die JAV ihr Mandat.[9] Im Falle einer **Spaltung** (zum Begriff § 21a Rn. 23 ff.) bleibt die JAV des verbleibenden Restbetriebs im Amt. Für den oder die abgespaltenen Teile des Betriebs ist fraglich, ob auch die JAV ein **Übergangsmandat,** wie es dem BR vermittelt wird, erhält. Mangels Verweisung des § 64 auf §§ 21a, 21b (oder umgekehrt, Vgl. § 21a Rn. 63) käme im Falle einer **Spaltung oder Verschmelzung des Betriebs** (zum Begriff § 21a Rn. 23 ff.) ein Übergangsmandat allenfalls durch eine analoge Anwendung der §§ 21a, 21b infrage.[10] Ob es sich bei der fehlenden Verweisung um eine planwidrige Regelungslücke handelt, ist angesichts der übrigen Verweisungen im 3. Teil allerdings fraglich, weswegen für eine **analoge Anwendung** der gesetzlichen Regeln zum Restmandat des BR überwiegend **kein Raum** gesehen wird.[11] Allerdings hat der Übergangs-BR das Recht und die Pflicht, rechtzeitig den WV für die **Neuwahl der JAV** zu bestellen, denn die Voraussetzungen des § 63 Abs. 2 sind jedenfalls erfüllt, wenn der BR ein Restmandat hat (Vgl. § 21a Rn. 63, § 63).

V. Vollendung des 25. Lebensjahres oder Beendigung des Ausbildungsverhältnisses (Abs. 3)

14 Ein Mitglied der JAV, das im Laufe der Amtszeit das 25. Lebensjahr vollendet oder das Ausbildungsverhältnis beendet, bleibt gem. Abs. 3 – obwohl das Mitglied gem. § 61 Abs. 2 S. 1 aufgrund seines Alters bzw. seines beruflichen Status nicht mehr wählbar wäre – bis zum Ende der Amtszeit dennoch Mitglied der JAV. Damit wird das Ziel verfolgt, die **Kontinuität der JAV** zu sichern. Es bleibt allerdings bei der Anfechtbarkeit der Wahl, wenn ein Mitglied der JAV vor der Amtszeit bereits das 25. Lebensjahr vollendet[12] oder das Ausbildungsverhältnis beendet hat (vgl. § 61 Rn. 10); Abs. 3 heilt nicht etwa diesen Mangel der Wählbarkeit.

---

5 *LAG BB* 15. 11. 75, BB 1976, 363; Richardi-*Annuß*, Rn. 24.
6 So DKW-*Trittin*, 16. Aufl. 2018, Rn. 10.
7 GK-Oetker, Rn. 20 f.; Richardi-*Annuß*, Rn. 22; *Fitting*, Rn. 12: HK-BetrVG-*Kloppenburg*, Rn. 6.
8 *Fitting*, Rn. 12.
9 *Fitting*, Rn. 13.
10 Hierfür DKW-*Trittin*, 16. Aufl. 2018, Rn. 11.
11 *Fitting*, Rn. 13; GK-*Oetker*, Rn. 25; Richardi-*Annuß*, Rn. 25.
12 *Fitting*, Rn. 14; Richardi-*Annuß*, Rn. 26.

VI. Streitigkeiten

Das *ArbG* entscheidet gemäß §§ 2a, 80 ff. ArbGG im **Beschlussverfahren** über Streitigkeiten bezüglich des Zeitpunkts der Wahlen zur JAV, vorzeitiger Neuwahlen und hinsichtlich der Amtszeit der JAV. 15

§ 65 Geschäftsführung

(1) Für die Jugend- und Auszubildendenvertretung gelten § 23 Abs. 1, die §§ 24, 25, 26, 28 Abs. 1 Satz 1 und 2, die §§ 30, 31, 33 Abs. 1 und 2 sowie die §§ 34, 36, 37, 40 und 41 entsprechend.
(2) Die Jugend- und Auszubildendenvertretung kann nach Verständigung des Betriebsrats Sitzungen abhalten; § 29 gilt entsprechend. An diesen Sitzungen kann der Betriebsratsvorsitzende oder ein beauftragtes Betriebsratsmitglied teilnehmen.

Inhaltsübersicht Rn.

I. Vorbemerkungen

§ 65 regelt die **Zusammensetzung, innere Organisation, Geschäftsführung und Rechtsstellung der JAV** im Wesentlichen durch Verweisung auf die für den BR geltenden Regelungen. Zudem enthält Abs. 2 das Recht der JAV, **eigene Sitzungen** abzuhalten. Seit der Reform 2001[1] ist auch für die JAV die Möglichkeit vorgesehen, Ausschüsse zu bilden. Mit dem Betriebsrätemodernisierungsgesetz[2] wurde nun das Vorrang-Ausnahmeverhältnis von Präsenzsitzungen zu einer Sitzungsdurchführung mittels Telefon- und Videokonferenz festgesetzt, s. § 30 Abs. 2 n. F.; ausführlich dazu § 30 Rn. 17 ff. Die nähergehenden Rahmenbedingungen sind von der JAV in ihrer GO selbst festzulegen, soweit die Voraussetzungen des § 30 Abs. 2 n. F. eingehalten werden (näher s. Rn. 33). 1

Im BPersVG sind § 62 und § 61 Abs. 5 BPersVG die entsprechenden Regelungen. 2

1 BGBl. 1852.
2 BGBl. I, S. 1762; BT-Drs. 19/28899, S. 7 f.

II. Entsprechend anwendbare Vorschriften zur Geschäftsführung, Organisation und Rechtsstellung der Mitglieder

1. Zusammensetzung der JAV

a) Vorsitz und Stellvertretung, § 26

3 Die JAV hat eine oder einen Vorsitzenden und eine Stellvertretung, welche die JAV im Rahmen der von ihr gefassten Beschlüsse vertreten und Erklärungen für die JAV entgegennehmen, Abs. 1 i. V. m. § 26 Abs. 1. Für die Wahl gilt Gleiches wie für die Wahl der oder des Betriebsratsvorsitzes und der Stellvertretung.

b) Ersatzmitglieder, § 25

4 Gem. Abs. 1 i. V. m. § 25 rückt ein Ersatzmitglied nach, sobald ein Mitglied aus der JAV ausscheidet. Welches Ersatzmitglied nachrückt, richtet sich nach § 25 Abs. 2 (s. § 25 zu den Einzelheiten).

c) Ausschüsse, § 28 Abs. 1

5 Abs. 1 verweist nicht auf § 27, so dass ein Betriebsausschuss der JAV nicht gebildet werden kann. Aufgrund der mit der Novellierung 2001 eingeführten Verweisung auf § 28 Abs. 1 können jedoch zugunsten einer effizienteren Arbeit der JAV **in Betrieben mit mehr als 100 AN i. S. d. § 60 Abs. 1** Ausschüsse gebildet und ihnen bestimmte Aufgaben übertragen werden (s. § 28 Rn. 3 ff. zu den Einzelheiten). Mangels Verweisung des Abs. 1 auf § 28 Abs. 1 S. 3 können an die Ausschüsse allerdings Aufgaben **nicht zur selbständigen Erledigung** übertragen werden.[3] Für die Wahl und Abberufung der Ausschussmitglieder nach § 28 Abs. 1 gilt § 27 Abs. 1 S. 3–5 entsprechend, Abs. 1 i. V. m. § 28 Abs. 1 S. 2.

6 Die Bildung informeller **Arbeitsgruppen** zur Behandlung punktueller Fragen ist ohne weiteres möglich.[4]

d) Auflösung der JAV § 23

7 Gem. Abs. 1 gilt **§ 23 Abs. 1** für die JAV entsprechend. Somit kann die JAV bei grober Verletzung ihrer gesetzlichen Pflichten **durch Beschluss des** *ArbG* aufgelöst oder einzelne Mitglieder ausgeschlossen werden. Wann eine grobe Amtspflichtverletzung vorliegt, entscheidet sich nach denselben Grundsätzen wie beim BR, s. § 23 Rn. 4, 30 ff. und 90 ff.

8 **Antragsberechtigt** sind mindestens ein Viertel der AN i. S. d. § 60 Abs. 1, der AG oder eine im Betrieb vertretene Gewerkschaft. Für den Ausschluss einzelner Mitglieder der JAV ist in entsprechender Anwendung von § 23 Abs. 1 S. 2 auch die JAV antragsberechtigt. Obwohl das im Gesetz nicht ausdrücklich genannt wird, wird die Ansicht vertreten, dass sowohl für den Ausschluss einzelner Mitglieder der JAV als auch deren Auflösung auch der BR antragsberechtigt ist.[5]

9 Im Falle einer gerichtlichen Auflösung der JAV setzt nicht das *ArbG* den Wahlvorstand **für die Neuwahl** ein, wie es bei der Auflösung des BR § 23 Abs. 2 vorsieht. Grund dafür ist, dass § 63 Abs. 2 hierfür die Zuständigkeit des BR vorschreibt und Abs. 1 nicht auf § 23 Abs. 2 verweist.[6] Wenn der BR nicht tätig wird, gilt § 63 Abs. 3 (s. § 63 Rn. 24).

---

3 Richardi-*Annuß*, Rn. 9; *Fitting*, Rn. 7.
4 Richardi-*Annuß*, Rn. 9; GK-BetrVG-*Oetker*, Rn. 27.
5 *Fitting*, Rn. 4; GK-*Oetker*, Rn. 9; HWGNRH-*Rose*, Rn. 8; Richardi-*Annuß*, Rn. 5.
6 Richardi-*Annuß*, Rn. 5; *Fitting*, Rn. 4b.

e) Amtsverlust eines Mitglieds aus sonstigen Gründen, § 24

Die Regeln zum **Amtsverlust** gem. **§ 24 Abs. 1** gelten gem. Abs. 1 entsprechend. Die Mitgliedschaft in der JAV erlischt somit durch Ablauf der Amtszeit, Niederlegung des Amtes als Mitglied der JAV, Beendigung des Arbeitsverhältnisses oder durch sonstigen Verlust der Wählbarkeit. Die Vollendung des 25. Lebensjahres oder die Beendigung des Ausbildungsverhältnisses während der Amtszeit führt allerdings nicht zur Amtsbeendigung, § 64 Abs. 3 (s. § 64 Rn. 14). Rückt jedoch ein Mitglied der JAV nachträglich als Ersatzmitglied in den BR, so endet die Mitgliedschaft in der JAV.[7] Weitere Erlöschensgründe sind die gerichtliche Amtsenthebung oder die gerichtliche Auflösung der JAV (s. § 23 Rn. 9). Schließlich erlischt die Mitgliedschaft in der JAV mit der rechtskräftigen gerichtlichen Entscheidung, dass das betr. Mitglied nicht wählbar war.[8] 10

2. Rechtsstellung der Mitglieder der JAV

a) Ehrenamt und Freistellungsanspruch

Wie Mitglieder des BR führen auch Mitglieder der JAV ihr Amt **unentgeltlich als Ehrenamt,** Abs. 1 i. V. m. **§ 37 Abs. 1** (s. § 37 Rn. 3 ff.). Sie sind von ihrer Arbeit ohne Minderung des Arbeitsentgelts **zu befreien,** wenn und soweit es nach Umfang und Art des Betriebs zur ordnungsgemäßen Durchführung ihrer Aufgaben erforderlich ist (§ 37 Abs. 2, s. § 37 Rn. 10 ff.). 11

Es besteht gem. Abs. 1 i. V. m. § 37 Abs. 3 ein **Anspruch auf Freizeitausgleich,** also auf entsprechende Arbeitsbefreiung unter Fortzahlung des Arbeitsentgelts (Vgl. § 37 Rn. 62 ff.), wenn das Mitglied der JAV seine Amtstätigkeit aus betriebsbedingten Gründen außerhalb der Arbeitszeit durchführt. Gem. Abs. 1 i. V. m. § 37 Abs. 3 S. 3 ist die aufgewendete Zeit wie Mehrarbeit zu vergüten, wenn aus betriebsbedingten Gründen der Freizeitausgleich nicht möglich ist. Das gilt auch für Minderjährige, denn § 21 Abs. 2 JArbSchG gilt für JAV-Tätigkeiten nicht, es sollte allerdings aus Gründen des Gesundheitsschutzes vorrangig ein Freizeitausgleich erfolgen.[9] 12

b) Keine Freistellungsstaffel

Abs. 1 erklärt **§ 38** nicht für anwendbar. Mitglieder der JAV können somit nicht generell von der Arbeit **freigestellt** werden. Mit dem Anspruch auf Freistellung gemäß Abs. 1 i. V. m. **§ 37 Abs. 2** kann in großen Betrieben mit vielen Aufgaben der JAV faktisch eine völlige Freistellung erreicht werden.[10] Möglich ist zudem eine **Vereinbarung zwischen AG und BR,** wonach eine bestimmte Anzahl von Mitgliedern der JAV ständig von der Arbeit freigestellt wird. Personen, die in der Berufsausbildung stehen, sind hiervon allerdings auszunehmen, um das Ausbildungsziel nicht zu gefährden.[11] 13

c) Wirtschaftliche und berufliche Absicherung, § 37 Abs. 4 und 5

Das Gebot der finanziellen und beruflichen Gleichstellung im Verhältnis zu vergleichbaren AN mit betriebsüblicher beruflicher Entwicklung gilt gem. Abs. 1 i. V. m. § 37 Abs. 4 u. 5 auch für die JAV (s. § 37 Rn. 86 ff.). 14

d) Besonderer Kündigungs- und Versetzungsschutz sowie Übernahmepflicht

Der **Kündigungsschutz für Mitglieder** des BR (§ 15 Abs. 1, Abs. 4 u. 5 KSchG) gilt gleichermaßen auch für die JAV. Zur Möglichkeit der außerordentlichen Kündigung s. § 103. § 78a (s. dort) 15

---

7 *Fitting*, Rn. 4c.
8 Richardi-*Annuß*, Rn. 7.
9 GK-*Oetker*, Rn. 38; *Fitting*, Rn. 13b; a. A. Richardi-*Annuß*, Rn. 37, der von der Anwendbarkeit des JArbSchG ausgeht.
10 *Fitting*, Rn. 25; einschränkend Richardi-*Annuß*, Rn. 38.
11 *Fitting*, Rn. 25; Richardi-*Annuß*, Rn. 39.

schließt die Lücke im Schutz von JAV-Mitgliedern durch die Verpflichtung, Mitglieder der JAV in ein **Arbeitsverhältnis auf unbestimmte Zeit** zu übernehmen.

3. Teilnahme an Schulungs- und Bildungsveranstaltungen: § 37 und § 40

16 Gem. Abs. 1 i. V. m. § 37 haben Mitglieder der JAV ebenso wie Mitglieder des BR **Anspruch** darauf, anlässlich der Teilnahme an einer erforderlichen Schulungs- und Bildungsveranstaltung bei **Fortzahlung des Entgeltes** von ihrer **Arbeitspflicht freigestellt** zu werden.

17 Nach dem gemäß Abs. 1 ebenfalls für entsprechend anwendbar erklärten **§ 40** hat der AG die durch die Tätigkeit der JAV entstehenden Kosten zu tragen und die erforderlichen Sachmittel zur Verfügung zu stellen, wozu auch die Kosten einer erforderlichen Schulung gehören.[12]

18 Auch **§ 37 Abs. 6** gilt entsprechend, so dass es sich um Schulungs- und Bildungsveranstaltungen handeln muss, die Kenntnisse vermitteln, die für die Arbeit der JAV **erforderlich** sind.[13] Schulungen über die **Aufgaben und Befugnisse der JAV** nach dem BetrVG sind deshalb jedenfalls i. S. d. § 37 Abs. 6 erforderlich.[14]

19 Erforderlich sind aber auch für die JAV **allgemeine Grundkenntnisse** des BetrVG.[15] Zwar ist richtig, dass die Aufgaben der JAV begrenzter sind als die Aufgaben des BR, da sie gegenüber dem AG keine direkten Mitbestimmungsrechte ausübt (Vgl. auch § 60 Rn. 7 ff.).[16] Jedoch kann die JAV ihre Rechte aus §§ 66 und 67 nicht ausüben, ohne von den Tätigkeiten des BR Kenntnis zu haben. Das BetrVG ist die Grundlage der Zusammenarbeit von JAV und BR.[17] Der Reformgesetzgeber hat zudem betont, dass die Arbeit in der JAV an das Amt des BR heranführen und auf diese Weise notwendige personelle Wechsel und die fachliche Qualifikation des BR gleichermaßen gewährleistet werden soll.[18] Es ist deshalb richtig, davon auszugehen, dass gerade bei jungen Menschen mit weniger betrieblicher Erfahrung ein höherer Schulungsbedarf besteht.[19]

20 Für die Beurteilung der Erforderlichkeit einer Schulungsmaßnahme ist es unerheblich, ob es sich bei den in den Schulungsveranstaltungen vermittelten Kenntnissen um allgemeine Grundkenntnisse oder um Spezialkenntnisse handelt.[20] Zu den für die Arbeit der JAV erforderlichem Spezialwissen zählt – insbesondere wegen der Überwachungsaufgaben gem. § 70 (s. dort) – auch Kenntnisse über das **BBiG** sowie zum **JArbSchG.**[21]

21 Für **noch nicht endgültig nachgerückte Ersatzmitglieder** sieht das *BAG* nur dann einen Schulungsanspruch, wenn das Ersatzmitglied aufgrund konkreten Bedarfs häufig und für längere Zeit ein ordentliches Mitglied vertreten muss (s. § 37 Rn. 145 ff.).[22]

22 Auf **Schulungen kurz vor Ende der Amtszeit** besteht ein Anspruch, wenn das vermittelte Wissen bis zum Ende der Amtszeit benötigt wird.[23] Das *LAG Nds.* hat eine Schulungsmaß-

12 *Fitting*, Rn. 14; Richardi-*Annuß*, Rn. 41; *LAG NDS* 31. 1. 19 – 10 TaBVGa 6/19.
13 *BAG* 20. 11. 73, AP BetrVG 1972 § 65 Nr. 1; 10. 5. 74, AP BetrVG 1972 § 65 Nr. 4; *Fitting*, Rn. 14; HWGNRH-*Rose* § 65 Rn. 50; Richardi-*Annuß*, Rn. 41.
14 *BAG* 10. 5. 74, AP BetrVG 1972 § 65 Nr. 4; Richardi-*Annuß*, Rn. 42; *Fitting*, Rn. 15.
15 *Fitting*, Rn. 15.
16 *BAG* 10. 5. 74, AP BetrVG 1972 § 65 Nr. 4; 6. 5. 1975, AP BetrVG 1972 § 65 Nr. 5; 10. 6. 1975, AP BetrVG 1972 § 65 Nr. 6 – allerdings vor der Stärkung der JAV durch die Novellierung 2001; *Fitting*, Rn. 14; GK-*Oetker* Rn. 50; HWGNRH-*Rose* Rn. 52.
17 Richardi-*Annuß*, Rn. 42.
18 BT Drucks. 14/5741, S. 26.
19 *Fitting*, Rn. 14a; DKW-*Trittin*, 16. Aufl., Rn. 21 ff.; a. A. Richardi-*Annuß*, Rn. 41; GK-BetrVG-*Oetker*, Rn. 48.
20 *BAG* 6. 5. 75, AP BetrVG 1972 § 65 Nr. 5; Richardi-*Annuß*, Rn. 42.
21 *Fitting*, Rn. 15; DKW-*Trittin*, 16.Aufl., Rn. 22; a. A. vor der Stärkung der JAV durch Novellierung 2001 *BAG* 10. 5. 74, AP BetrVG 1972 § 65 Nr. 4; 6. 5. 75, AP BetrVG 1972 § 65 Nr. 5; 10. 6. 75, AP BetrVG 1972 § 65 Nr. 6 – allerdings vor der Stärkung der JAV durch die Novellierung 2001; GK-*Oetker* Rn. 52 f.
22 *BAG* 10. 5. 74 – 1 ABR 47/73 – AP Nr. 2 zu § 65 BetrVG 1972 = BB 1974, 1206; 15. 5. 86 – 6 ABR 64/83, AP Nr. 53 zu § 37 BetrVG 1972; *BAG*, 19. 9. 01 – 7 ABR 32/00, AP Nr. 9 zu § 25 BetrVG 1972 = ZTR 02, 242; *LAG BB*, 28. 2. 17 – 11 TaBV 1626/16; Richardi-*Annuß*, Rn. 43; *Fitting*, Rn. 16.
23 *BAG* 17. 11. 10 – 7 ABR 113/09 – AP Nr. 149 zu § 37 BetrVG 1972 = NZA 2011, 816; *LAG BB* 28. 2. 17 – 11 TaBV 1626/16; *Fitting*, Rn. 15.

nahme mit arbeitsrechtlichem Schwerpunkt für ein Mitglied der JAV, die etwa ein Vierteljahr vor Neuwahl der JAV stattfindet, in einem Betrieb, der über 700 AN beschäftigt für erforderlich gehalten.[24]

Über die Teilnahme an der Schulung **beschließt nicht die JAV, sondern der BR,** indem er deren zeitliche Lage festlegt und die personelle Auswahl trifft, Abs. 1 i. V. m. § 37 Abs. 6 S. 3.[25] Bei der Entscheidung ist die JAV gem. § 67 Abs. 2 mit vollem Stimmrecht zu beteiligen.[26] 23

4. Kosten und Sachaufwand: §§ 40 und 41

Die durch die Tätigkeit der JAV entstehenden **Kosten trägt gem. Abs. 1 i. V. m. §§ 40 u. 41 der AG.** Zudem muss der AG der JAV die **erforderlichen Sachmittel** zur Verfügung stellen (s. § 40 Rn. 104). Stehen Kosten im Streit, sind diese **durch den BR geltend zu machen,** hierzu bedarf es eines Beschlusses des BR.[27] Auch Kosten aus einem Rechtsstreit BR und JAV trägt der AG.[28] Nicht gem. § 40 zu erstatten sind dagegen Kosten der anwaltlichen Vertretung, die einem Mitglied der JAV in einem Verfahren nach § 78a Abs. 4 entstanden sind.[29] 24

Das **Verbot der Umlage von Kosten auf die AN** gem. § 41 (s. dort) ist gem. Abs. 1 entsprechend auf die Kosten der Arbeit der JAV anwendbar. 25

III. Eigene Sitzungen der JAV (Abs. 2)

1. Eigene Sitzungen

Gem. Abs. 2 hat die JAV das Recht, **selbst Sitzungen abzuhalten.** Das ist notwendig, damit sie die ihr zustehenden Handlungsmöglichkeiten (s. §§ 66 bis 71) vorbereiten kann. 26

Der BR muss eigenen Sitzungen der JAV nicht zustimmen, vielmehr bedarf es nur einer **Unterrichtung des BR,** bei der es sich nicht um eine Wirksamkeitsvoraussetzung der Sitzung handelt.[30] Zweck der Unterrichtung des BR ist, diesem sein Teilnahmerecht an der Sitzung (s. Rn. 34) zu ermöglichen.[31] 27

2. Konstituierende Sitzung: Abs. 2 i. V. m. § 29 Abs. 1

Gem. Abs. 2 S. 1 HS. 2. gilt für die Einberufung der Sitzungen der JAV **§ 29 entsprechend.** 28

Die Einladung zur **konstituierenden Sitzung** erfolgt somit gem. § 29 Abs. 1 vor Ablauf einer Woche nach dem Wahltag durch den WV an die gewählten Mitglieder der JAV (s. § 29 Rn. 2 ff.). Der **WV unterrichtet** vor der konstituierenden Sitzung den BR von Zeitpunkt und Ort der konstituierenden Sitzung (Vgl. § 29).[32] Bis die JAV aus ihrer Mitte die Wahlleitung bestellt hat, wird die Sitzung durch die oder den Vorsitzenden des WV geleitet. Die JAV ist konstituiert, sobald Vorsitz und Stellvertretung gewählt sind. 29

3. Weitere Sitzungen: Abs. 2 i. V. m. § 29

Weitere Sitzungen werden durch den Vorsitz der JAV einberufen, Abs. 2 S. 1 i. V. m. § 29 Abs. 2 S. 1 (s. § 29 Rn. 15 ff.). Die Anberaumung der Sitzung erfolgt durch **Ladung** der JAV unter 30

---

24 *LAG NDS* 31. 1. 19 – 10 TaBVGa 6/19.

25 *BAG* 20. 11. 73, AP BetrVG 1972 § 65 Nr. 1; 10. 5. 1974, AP BetrVG 1972 § 65 Nr. 3; 10. 6. 75, AP BetrVG 1972 § 73 Nr. 1; Richardi-*Annuß*, Rn. 45; *Fitting*, Rn. 17; HWGNRH-*Rose* § 65 Rn. 56; *Teichmüller*, DB 1975, 446; a. A. Däubler Schulung-*Peter*, Rn. 271 ff.

26 *Fitting*, Rn. 17.

27 *BAG* 30. 3. 94 – 7 ABR 45/93, NZA 1995, 283; *Fitting*, Rn. 19; GK-*Oetker*, Rn. 57.

28 *BAG* 29. 7. 82, AuR 1982, 258 f.; *LAG Berlin* 28. 11. 78, DB 1979, 2043, 2188; Richardi-*Annuß*, Rn. 33.

29 *BAG* 5. 4. 00, AP BetrVG 1972 § 78a Nr. 33, Richardi-*Annuß*, Rn. 33; *Fitting*, Rn. 19.

30 *Fitting*, Rn. 26; GK-*Oetker*, Rn. 63; Richardi-*Annuß*, Rn. 13; ErfK-*Koch*, § 70 Rn. 4.

31 *Fitting*, Rn. 26.

32 Richardi-*Annuß*, Rn. 14.

Mitteilung der Tagesordnung, § 29 Abs. 2 S. 2 (s. § 29 Rn. 17). Die erforderliche Unterrichtung des BR (s. Rn. 29) kann gemeinsam mit der Ladung erfolgen.[33]

31 Wenn ein Viertel der **JAV oder der AG dies beantragen,** hat die oder der Vorsitz gem. Abs. 2 S. 1 i. V. m. § 29 Abs. 3 S. 1 eine Sitzung einzuberufen und den Gegenstand, dessen Beratung beantragt ist, auf die Tagesordnung zu setzen. Dem BR steht das Antragsrecht nicht zu – wegen der Möglichkeit des BR, Themen der Jugendlichen und Auszubildenden auf die Tagesordnung seiner Sitzung zu setzen, ist dies auch nicht erforderlich.[34]

32 **Verhinderte Mitglieder** sollen gem. Abs. 2 S. 1 i. V. m. § 29 Abs. 2 S. 6 dem Vorsitz ihre Verhinderung mitteilen, damit dieser unverzüglich ein Ersatzmitglied laden kann (s. zu Verhinderungsgründen § 29 Rn. 21).

33 Die Sitzungen der JAV finden gem. Abs. 1 i. V. m. § 30 in der Regel **während der Arbeitszeit** statt. Sie werden durch den Vorsitz der JAV geleitet, Abs. 2 S. 1 i. V. m. § 29 Abs. 2 S. 2. Durch das Betriebsrätemodernisierungsgesetz wurde – statt zuvor in der Sonderregelung des § 129 BetrVG aus Anlass der COVID-19-Pandemie – inzwischen in § 30 Abs. 2 BetrVG die Teilnahmemöglichkeit an Sitzungen der JAV im Rahmen von **Video- und Telefonkonferenzen** geregelt; ausführlich **§ 30 Rn. 17 ff.**[35] Dafür sollen folgende Bedingungen gelten:

- Die Voraussetzungen für die Teilnahme mittels Video- und Telefonkonferenz müssen in der **Geschäftsordnung** festgelegt werden. Vorrangig muss immer geprüft werden, ob eine Sitzung in **Präsenz** möglich ist.
- Der Vorsitz muss eine **Frist** festlegen, in der sich die JAV-Mitglieder zur digitalen Durchführung der JAV-Sitzung äußern können. Sollte (mindestens) ein Viertel der Mitglieder einer Durchführung der Sitzung als Telefon- oder Videokonferenz **widersprechen,** muss diese in Präsenz durchgeführt werden; zur Problematik der Stimmgewichtung, s. § 51 Rn. 41a.
- Es muss sichergestellt sein, dass Dritte keine Kenntnis vom Inhalt der Sitzung erlangen können. Nur dies wird dem **Grundsatz der Nichtöffentlichkeit** gerecht.

Beschlussfassungen im Umlaufverfahren bleiben weiterhin unzulässig. Ausführlich zu den Neuerungen, s. § 30 Rn. 17 ff., § 33 Rn. 10a und § 34 Rn. 5a ff. Die ausnahmsweise Durchführung der konstituierenden Sitzung mittels Telefon- und Videokonferenz kommt nicht in Betracht.

4. Recht zur Teilnahme an Sitzungen der JAV

34 Hinsichtlich des **Rechts zur Teilnahme an den Sitzungen** der JAV gilt:

- Ein Teilnahmerecht hat der oder die **Betriebsratsvorsitzende** oder ein **beauftragtes Betriebsratsmitglied,** Abs. 2 S. 2 (Vgl. § 69).
- Eine **von der Gewerkschaft beauftragte Person** hat ein Recht zur beratenden Teilnahme, wenn dies von der JAV mehrheitlich beschlossen[36] oder von einem Viertel der Mitglieder beantragt wird (Vgl. § 31 Rn. 4 ff.). Die Verweisung in Abs. 2 auf **§ 31** ist insofern nicht eindeutig, als dort dieses Recht für eine »im BR vertretene Gewerkschaft« normiert ist. Es ist fraglich, ob die von Abs. 1 angeordnete entsprechende Anwendung von § 31 auf Sitzungen der JAV es erforderlich macht, dass die Gewerkschaft in der JAV vertreten sein muss,[37] oder ob es ausreicht, wenn die Gewerkschaft im BR vertreten ist.[38] Eine konsequent analoge Anwendung des § 31 auf die JAV macht es für die in § 31 getroffene Regelung des Rechts der Minderheit von einem Viertel der Mitglieder der JAV erforderlich, dass es sich um **eine in der JAV vertretene Gewerkschaft** handelt. Allerdings schränkt § 31 die Möglichkeit der JAV nicht ein, mit Mehrheitsbeschluss die Teilnahme einer von der Gewerkschaft

---

33 Richardi-*Annuß*, Rn. 17.

34 *Fitting*, Rn. 29; GK-*Oetker*, Rn. 70; a. A. Richardi-*Annuß*, Rn. 14, demnach soll wegen § 67 Abs. 3 auch dem BR das Antragsrecht zustehen.

35 BGBl. I, S. 1762; BT-Drs. 19/28899, S. 7 f.

36 Nur für diesen Fall: *Fitting*, Rn. 9.

37 So GK-*Oetker*, Rn. 78 f.

38 So Richardi-*Annuß*, Rn. 25.

beauftragten Person zu ermöglichen.[39] Für diesen Fall des Mehrheitsbeschlusses macht § 31 daher nicht die Vorgabe, dass es sich um eine Gewerkschaft handeln muss, die in der JAV vertreten ist.[40]

- § 32 ist nicht in Bezug genommen, weswegen die **Schwerbehindertenvertretung kein Teilnahmerecht** nach § 94 SGB IX hat.[41]
- Der **AG** hat nur dann ein Teilnahmerecht, wenn die Sitzung auf sein Verlangen anberaumt wird oder wenn er ausdrücklich eingeladen ist, Abs. 2 S. 1 i. V. m. § 29 Abs. 4 S. 1. In diesem Fall hat der AG nach § 29 Abs. 4 S. 2 die Möglichkeit, einen Beauftragten der AG-Vereinigung, der er angehört, hinzuziehen, Abs. 2 S. 1 i. V. m. § 29 Abs. 4 S. 2 (s. § 29 Rn. 44 ff.).

5. Beschlüsse der JAV: Abs. 1 i. V. m. § 33

Hinsichtlich der **Beschlussfassung** in der JAV und deren **Beschlussfähigkeit** gilt gem. Abs. 1 **§ 33** und die entsprechenden Grundsätze wie für den BR. **Stimmberechtigt** ist nur die JAV, das teilnehmende BR-Mitglied hat keine Stimme. 35

Die JAV fasst Beschlüsse grds. mit **einfacher Stimmenmehrheit.** Eine **absolute Mehrheit** der Stimmen der Mitglieder der JAV ist aber in folgenden gesetzlich bestimmten Fällen erforderlich, nämlich für: 36

- Den Antrag auf **Aussetzung eines BR-Beschlusses** gem. §§ 35 Abs. 1, 66 Abs. 1 (s. § 35).
- Den Beschluss über die **Auflösung der JAV** gem. § 64 Abs. 1 i. V. m. § 13 Abs. 2 Nr. 3 (s. § 64 Rn. 7).
- Die Festlegung der **Geschäftsordnung** gem. Abs. 1 i. V. m. § 36.
- Sowie die **Beauftragung der GJAV** durch die JAV, eine Angelegenheit für sie zu behandeln, § 73 Abs. 2 i. V. m. § 50 Abs. 2 (s. § 73 Rn. 20).

Abs. 1 verweist nicht auf § 35, so dass **eine Aussetzung von Beschlüssen der JAV nicht möglich ist.**[42] 37

Auch über den Anlass der **Corona-Pandemie** hinaus, hat der Gesetzgeber im Betriebsrätemodernisierungsgesetz – angelehnt an die Übergangsregelung anlässlich der Covid-19 Pandemie verankert im § 129 BetrVG mit Wirkung zum 1. 3. 2020 – **die Beschlussfassung** der JAV im Rahmen einer **Video- und Telefonkonferenz** als **ausnahmsweise zulässig** normiert;[43] ausführlich **§ 30 Rn. 17 ff.** Die Beschlussfassung in einer Präsenzsitzung hat stets Vorrang. Sofern die JAV-Mitglieder bei Vorliegen der Voraussetzungen an der Beschlussfassung mittels Video- und Telefonkonferenz teilnehmen, wird deren Anwesenheit angenommen; vgl. § 33 Abs. 2 S. 3 n. F. dazu ausführlich § 33 Rn. 10a ff. Damit soll die Rechtmäßigkeit der Beschlussfassung auch über Video- und Telefonkonferenzen gesichert werden. Beschlussfassungen im Umlaufverfahren bleiben hingegen weiterhin unzulässig, näher § 33 Rn. 10. 37a

6. Sitzungsniederschrift: Abs. 1 i. V. m. § 34

Die JAV ist verpflichtet, über jede Verhandlung eine Niederschrift aufzunehmen; dafür hat der Vorsitz zu sorgen. Abs. 1 verweist diesbezüglich auf **§ 34.** Die Teilnahme eines JAV-Mitglieds an einer Sitzung mittels Video- und Telefonkonferenz ist gegenüber dem Vorsitz in Textform zu bestätigen. Diese Bestätigung ist dann wiederum der Niederschrift beizufügen; näher dazu § 34 Rn. 5a ff. 38

IV. Streitigkeiten

Streitigkeiten wegen der Tätigkeit der JAV sowie aus der weiteren Anwendung von § 65 werden gem. §§ 2a, 80 f. ArbGG von den *ArbG* im **Beschlussverfahren** entschieden. Örtlich **zuständig** 39

39 *Däubler*, Gewerkschaftsrechte im Betrieb, Rn. 150.
40 *Fitting*, Rn. 9; HWGNRH-*Rose*, Rn. 43; a. A. GK-*Oetker*, Rn. 79.
41 *Fitting*, Rn. 23; Richardi-*Annuß*, Rn. 26.
42 *Fitting*, Rn. 24; Richardi-*Annuß*, Rn. 30.
43 BGBl. I, S. 1762; BT-Drs. 19/28899, S. 7 f.

ist das *ArbG*, in dessen Bezirk das herrschende UN seinen Sitz hat (§ 82 Abs. 1 S. 2 ArbGG). Dies gilt auch für Streitigkeiten zwischen JAV und BR. Ist der Sitz des herrschenden UN im Ausland (Vgl. Vor § 54 Rn. 23 ff.), so ist der Sitz des Konzern-UN im Inland maßgebend, dem die Mehrzahl der Arbeitsverhältnisse zuzuordnen ist.

40 Ist der Freistellungsanspruch aus § 37 Abs. 3 oder der Vorenthalt bzw. die Minderung von Arbeitsentgelt eines Mitglieds der JAV Streitgegenstand, so entscheidet das *ArbG* im **Urteilsverfahren.**[44] Die Zuständigkeit richtet sich dann i. d. R. nach § 46 ArbGG i. V. m. § 29 ZPO.

41 Wenn ein Beschluss des BR zur **Teilnahme der JAV an Schulungs- und Bildungsveranstaltungen gem. § 37 Abs. 6 und 7** (s. Rn. 16 ff.) im Streit steht, ist der BR in dem Verfahren **antrags- und beteiligungsbefugt.**[45] Sind zwischen BR und AG die Kosten einer Bildungsveranstaltung strittig, ist die JAV nicht zu beteiligen.[46] Die Mitglieder der JAV wiederum, die an der Schulung teilnehmen, sind beteiligungsbefugt, weil sie auch Inhaber des betriebsverfassungsrechtlichen Freistellungsanspruchs sind.[47]

§ 66 Aussetzung von Beschlüssen des Betriebsrats

(1) Erachtet die Mehrheit der Jugend- und Auszubildendenvertreter einen Beschluss des Betriebsrats als eine erhebliche Beeinträchtigung wichtiger Interessen der in § 60 Abs. 1 genannten Arbeitnehmer, so ist auf ihren Antrag der Beschluss auf die Dauer von einer Woche auszusetzen, damit in dieser Frist eine Verständigung, gegebenenfalls mit Hilfe der im Betrieb vertretenen Gewerkschaften, versucht werden kann.

(2) Wird der erste Beschluss bestätigt, so kann der Antrag auf Aussetzung nicht wiederholt werden; dies gilt auch, wenn der erste Beschluss nur unerheblich geändert wird.

Inhaltsübersicht

I. Vorbemerkungen

1 Die Vorschrift regelt durch Wiedergabe der in § 35 getroffenen Regelung (s. § 35 Rn. 5) das Recht der JAV, **Beschlüsse des BR aussetzen** zu lassen. Die Norm gilt analog für die Aussetzung von **Beschlüssen des BA oder sonstiger Ausschüsse** des BR.[1] Sie gilt gem. § 73 Abs. 2 entsprechend für die GJAV (§ 73 Abs. 2) und die KJAV (§ 73b Abs. 2). Eigene Beschlüsse kann die JAV nicht aussetzen aber aufheben, sofern sie noch nicht nach außen wirksam geworden sind.[2]

2 Im BPersVG sind §§ 61 Abs. 2, 39 BPersVG die entsprechenden Regelungen.

II. Antrag auf Aussetzung der Beschlüsse des Betriebsrats

3 Nach Abs. 1 muss die **Mehrheit der JAV** einen Beschluss des BR als eine erhebliche Beeinträchtigung wichtiger Interessen der in § 60 Abs. 1 genannten AN bewerten. Deshalb muss über den Antrag auf Aussetzung in einer ordnungsgemäß einberufenen und beschlussfähigen Sitzung der JAV **mit absoluter Mehrheit** ein entsprechender **Beschluss** gefasst werden; vgl. § 65 Rn. 30 ff.[3]

---

44 *Fitting*, Rn. 18; GK-*Oetker*, Rn. 83.
45 *BAG* 6. 5. 75 – 1 ABR 135/73 AP BetrVG 1972 § 65 Nr. 5.
46 *BAG* 30. 3. 94 – 7 ABR 45/93, NZA 95, 283.
47 *BAG* 30. 3. 94 – 7 ABR 45/93, NZA 95, 283; *LAG NDS* 31. 1. 19 – 10 TaBVGa 6/19.

1 Richardi-*Annuß*, Rn. 10.
2 *Fitting*, Rn. 1.
3 *Fitting*, Rn. 3 f.; Richardi-*Annuß*, Rn. 4; WPK-*Roloff* § 66 Rn. 6; a. A. Richardi-*Annuß*, 11. Aufl. 2008 Rn. 4; HWGNRH-*Rose* Rn. 5; GK-*Oetker* Rn. 3 f.

Dass eine erhebliche Beeinträchtigung wichtiger Interessen der in § 60 Abs. 1 genannten AN objektiv vorliegt, ist nicht erforderlich. Abs. 1 stellt auf die **subjektive Annahme der Mehrheit der JAV** ab.[4] 4

Eine **Begründung** der Einschätzung der JAV und somit des Antrags ist keine Wirksamkeitsvoraussetzung des Antrags,[5] aber sicherlich sinnvoll für das Verfahren und das Verständnis des BR. 5

Der Antrag auf Aussetzung kommt immer dann in Betracht, wenn der auszusetzende Beschluss des BR eine Angelegenheit betrifft, die ein Teilnahmerecht gem. § 67 Abs. 1 S. 2 und ein Stimmrecht gem. § 67 Abs. 2 der JAV auslöst, denn dies sind Beschlüsse, die wichtige Interessen der in § 60 Abs. 1 genannten AN erheblich beeinträchtigen.[6] 6

Wenn der BR die JAV **nicht zu einer Sitzung eingeladen** hat, obwohl dabei Angelegenheiten i. S. d. § 67 Abs. 1 S. 2 und Abs. 2 behandelt wurden, dürfte der Aussetzungsantrag stets berechtigt sein. Das Unterlassen der Beteiligung der JAV allein verletzt die Interessen der von der JAV vertretenen AN. Dies gilt auch dann, wenn die Stimmen der JAV keine andere Beschlusslage hatten herbeiführen können.[7] 7

Allerdings dient § 66 nicht der Korrektur von erfolgten Stimmabgaben der JAV. Ein Aussetzungsantrag kommt deshalb dann nicht in Betracht, wenn die JAV bei der Beschlussfassung im BR selbst **bereits mehrheitlich für den Beschluss gestimmt** hat.[8] 8

III. Aussetzung und erneute Beschlussfassung

Stellt die JAV den Antrag, so hat der Vorsitz des BR die **Durchführung des Betriebsratsbeschlusses auszusetzen.** Die Aussetzung erfolgt auf die **Dauer von einer Woche,** damit in dieser Frist ein Verständigungsversuch, gegebenenfalls mit Hilfe der im Betrieb vertretenen Gewerkschaften, unternommen werden kann. Zur Berechnung der **Frist** gilt das zu § 35 Gesagte, s. § 35 Rn. 8 ff. 9

Über die Angelegenheit ist nach Ablauf der Wochenfrist **neu zu beschließen.** Wird der erste Beschluss bestätigt, so ist damit der Einspruch zurückgewiesen. Der Antrag auf Aussetzung kann in diesem Fall gem. Abs. 2 nicht wiederholt werden, und zwar explizit auch dann nicht, wenn der erste Beschluss zwar geändert wird, die Änderung aber nur unerheblich ist, so dass der Beschluss in seinem wesentlichen Inhalt bestätigt wird. Es bedarf eines erneuten Beschlusses aber auch dann, wenn innerhalb der Verständigungsfrist eine Lösung gefunden wurde. 10

IV. Streitigkeiten

Streitigkeiten darüber, ob dem Aussetzungsantrag der JAV stattzugeben ist, entscheidet das *ArbG* im **Beschlussverfahren** gemäß §§ 2a, 80 ff. ArbGG. Ob der entsprechende Beschluss des BR objektiv wichtige Interessen der in § 60 Abs. 1 genannten AN erheblich beeinträchtigt, ist eine subjektive Einschätzung der Mehrheit der JAV (S. Rn. 4) und somit der gerichtlichen Nachprüfung entzogen. 11

§ 67 Teilnahme an Betriebsratssitzungen

(1) Die Jugend- und Auszubildendenvertretung kann zu allen Betriebsratssitzungen einen Vertreter entsenden. Werden Angelegenheiten behandelt, die besonders die in § 60 Abs. 1 genannten Arbeitnehmer betreffen, so hat zu diesen Tagesordnungspunkten die gesamte Jugend- und Auszubildendenvertretung ein Teilnahmerecht.

---

4 *Fitting,* Rn. 4; GK-*Oetker,* Rn. 9.
5 Richardi-*Annuß,* Rn. 5; *Fitting,* Rn. 6; a. A. GK-*Oetker,* Rn. 8.
6 Richardi-*Annuß,* Rn. 5; *Fitting,* Rn. 4.
7 *Fitting,* Rn. 5; Richardi-*Annuß,* Rn. 6.
8 *Fitting,* Rn. 4; GK-*Oetker,* Rn. 11; Richardi-*Annuß,* Rn. 6; HWGNRH-*Rose,* Rn. 9.

(2) Die Jugend- und Auszubildendenvertreter haben Stimmrecht, soweit die zu fassenden Beschlüsse des Betriebsrats überwiegend die in § 60 Abs. 1 genannten Arbeitnehmer betreffen.

(3) Die Jugend- und Auszubildendenvertretung kann beim Betriebsrat beantragen, Angelegenheiten, die besonders die in § 60 Abs. 1 genannten Arbeitnehmer betreffen und über die sie beraten hat, auf die nächste Tagesordnung zu setzen. Der Betriebsrat soll Angelegenheiten, die besonders die in § 60 Abs. 1 genannten Arbeitnehmer betreffen, der Jugend- und Auszubildendenvertretung zur Beratung zuleiten.

Inhaltsübersicht Rn.

I. Vorbemerkungen

1 § 67 regelt die **gestaffelten Teilnahmerechte** der JAV an den Sitzungen des BR, das **Stimmrecht** der JAV bei Beschlussfassungen des BR, sofern Belange der jugendlichen und zu ihrer Ausbildung beschäftigten AN betroffen sind, sowie das Recht, solche **Angelegenheiten auf die Tagesordnung der BR-Sitzungen zu setzen.** Zudem stellt die Regelung sicher, dass die JAV die erforderlichen Informationen erhält, vor allem, wenn es um Angelegenheiten der von ihr repräsentierten AN geht. Damit wird durch § 67 eine sachgerechte Beteiligung der JAV an der Arbeit des BR gewährleistet. § 67 gilt gem. § 73 Abs. 2 bzw. § 73b Abs. 2 entsprechend für GJAV und KJAV.

2 Die Norm ist **zwingend.** Weder durch TV noch durch BV kann sie abbedungen werden.

3 § 40 BPersVG ist die Entsprechung der Norm im Personalvertretungsrecht.

II. Allgemeines Teilnahmerecht eines Mitglieds der Jugend- und Auszubildendenvertretung (Abs. 1 Satz 1)

1. Teilnahmerecht

4 Die **Teilnahmerechte** der JAV sind **gestaffelt** je nachdem, ob es sich bei den von dem BR jeweils behandelten Themen um Angelegenheiten der Jugendlichen und zur Ausbildung Beschäftigten handelt oder nicht.[1] Unterste Stufe der Teilnahmerechte der JAV an Sitzungen des BR bildet das **allgemeine Teilnahmerecht** gem. Abs. 1 S. 1. Demnach ist die JAV **berechtigt** – nicht jedoch verpflichtet[2], **zu allen BR-Sitzungen** eines ihrer Mitglieder zu entsenden.[3]

5 Um zu verhindern, dass das Teilnahmerecht der JAV unterlaufen wird und Entscheidungen faktisch unter Ausschluss der JAV getroffen werden, indem Beschlüsse auf Ausschüsse verlagert

1 Richardi-*Annuß*, Rn. 1 f.; *Fitting*, Rn. 1, 4.
2 Richardi-*Annuß*, Rn. 6; *Fitting*, Rn. 5; GK-*Oetker*, Rn. 6; a. A. HWGNRH-*Rose*, Rn. 18.
3 Richardi-*Thüsing*, § 29 Rn. 29; HWGNRH-*Rose*, § 29 Rn. 16; *Fitting*, Rn. 5.

werden, gilt das Teilnahmerecht **auch für Sitzungen des BA sowie weiterer Ausschüsse,** falls der BR diesen Angelegenheiten zur selbstständigen Erledigung übertragen hat.[4]

In der Literatur wird vertreten, ein **Ausschluss der JAV von Sitzungen des BR** sei dann möglich, wenn in den Sitzungen ein bestimmtes Verhalten der JAV oder das Verhältnis des BR zur JAV erläutert werden soll.[5] Eine solche Einschränkung gibt jedoch der Wortlaut von Abs. 1, der explizit von »jeder« Sitzung des BR spricht, nicht her. 6

Das Recht des in die BR-Sitzung entsandten Mitglieds ist auf eine **beratende Teilnahme** beschränkt.[6] Stimmrechte sind abschließend in Abs. 2 geregelt (s. Rn. 19 ff.). Das einfache Teilnahmerecht umfasst das Recht, **sich zu allen Tagesordnungspunkten zu äußern.** Dem Mitglied der JAV kann das Wort nur unter den gleichen Voraussetzungen wie für andere BR-Mitglieder entzogen werden.[7] 7

2. Beschluss der JAV

Welches Mitglied die JAV in die Sitzungen des BR entsendet, ist ihre Entscheidung, an der auch der BR nicht zu beteiligen ist. Allerdings muss es sich um ein Mitglied der JAV handeln. Ein Ersatzmitglied kann dann entsandt werden, wenn es auf Dauer nachgerückt ist.[8] Die JAV trifft die Entscheidung über die Entsendung **durch Beschluss.**[9] Eine **einfache Stimmenmehrheit** ist ausreichend.[10] Der BR muss der von der JAV ausgewählten Person das Teilnahmerecht gewähren. 8

Die JAV kann über die Teilnahme eines ihrer Mitglieder entweder **von Fall zu Fall** entscheiden oder über die Teilnahme für alle Sitzungen einer bestimmten Zeitspanne im Vorhinein eine Festlegung treffen.[11] Ersteres ist dann sinnvoll, wenn innerhalb der JAV Spezialisierungen der Mitglieder vorhanden sind, die je nach den im BR behandelten Themen dort teilnehmen sollen.[12] 9

3. Ladung durch BR-Vorsitz

Um das Teilnahmerecht der JAV sicherzustellen, hat der Vorsitz des BR gem. § 29 Abs. 2 S. 4 die JAV zu jeder Sitzung des BR rechtzeitig unter Mitteilung der Tagesordnung **zu laden.** Adressat der Einladung ist der Vorsitz der JAV, der dann für die Weiterleitung an das zur Teilnahme bestimmte Mitglied oder für die Herbeiführung eines Beschlusses über die Teilnahme zuständig ist.[13] Ist dem BR bekannt, welches Mitglied der JAV an der Sitzung des BR teilnimmt, so ist die Ladung an dieses Mitglied zu richten.[14] 10

III. Besonderes Teilnahmerecht: Anwesenheit der Mitglieder der gesamten Jugend- und Auszubildendenvertretung (Abs. 1 Satz 2)

1. Teilnahmerecht der gesamten JAV

Werden in der Sitzung des BR Angelegenheiten behandelt, die besonders die in § 60 Abs. 1 genannten AN betreffen, so hat gem. Abs. 1 S. 2 – ausdrücklich nur **zu diesen Tagesordnungspunkten**[15] – die **gesamte JAV** ein Teilnahmerecht. Es handelt sich um ein Recht auf **beratende Teilnahme,** vgl. Rn. 7. Stimmrechte richten sich nach Abs. 2 (s. Rn. 19 ff.). 11

---

4 *Fitting*, Rn. 6; Richardi-*Annuß*, Rn. 10; HWGNRH-*Rose*, Rn. 8.
5 *Fitting*, Rn. 5; Richardi-*Annuß*, Rn. 5; HWGNRH-*Rose*, Rn. 19; GK-*Oetker*, Rn. 10 ff.
6 *Fitting*, Rn. 9; Richardi-*Annuß*, Rn. 9; GK-*Oetker*, Rn. 19 f.
7 *Fitting*, Rn. 9; HWGNRH-*Rose*, § 67 Rn. 13; Richardi-*Annuß*, Rn. 9.
8 Vgl. auch GK-*Oekter*, Rn. 13; *Fitting*, Rn. 7; HWGNRH-*Rose*, Rn. 4.
9 *Fitting*, Rn. 8; GK-*Oetker*, Rn. 16; Richardi-*Annuß*, Rn. 7.
10 *Fitting*, Rn. 8; Richardi-*Annuß*, Rn. 7; GK-*Oetker*, Rn. 16.
11 *Fitting*, Rn. 8; HWGNRH-*Rose*, Rn. 4; GK-*Oetker*, Rn. 14.
12 *Fitting*, Rn. 8.
13 Richardi-*Annuß*, Rn. 8.
14 GK-*Oetker*, Rn. 17.
15 *Fitting*, Rn. 15; Richardi-*Annuß*, Rn. 15.

2. Besondere Betroffenheit

12 Fraglich ist, wann eine **»besondere« Betroffenheit** i. S. d. Abs. 1 S. 2 gegeben ist. Unstreitig ist das Vorliegen dieser Voraussetzung zu bejahen, wenn es **inhaltlich** um Themen der Jugendlichen und zur Ausbildung Beschäftigten geht, wie beispielsweise die Anwendung des JArbSchG, Fragen der Berufsausbildung oder zur Wahl und Arbeit der JAV, die eine **qualitative Betroffenheit** der jugendlichen und zur Ausbildung Beschäftigten begründen.[16] Es kommt somit nicht zwingend darauf an, dass eine Angelegenheit quantitativ mehr AN i. S. d. § 60 Abs. 1 betrifft als sonstige AN des Betriebs.[17]

13 Aber auch eine **quantitative Betroffenheit** der AN i. S. d. § 60 Abs. 1 kann »besondere« Betroffenheit begründen.[18] Der Begriff ist nicht etwa in Abgrenzung zum in Abs. 2 verwendeten »überwiegend« (s. Rn. 19) dahingehend auszulegen, dass es einer qualitativen Betroffenheit bedarf.[19] Ziel der Änderung des Abs. 1 S. 2 war eine Erweiterung der Rechte der JAV, weshalb auch der Begriff »besonders« weit auszulegen ist.[20] Eine »besondere« Betroffenheit ist schon sprachlich nicht als eine »ausschließliche« Betroffenheit der AN i. S. d. § 60 Abs. 1 zu verstehen. Es kann sich um Angelegenheiten handeln, die auch für die übrigen AN von Belang sind.[21]

14 Teilweise wird wegen der Verwendung des Plurals (Angelegenheiten »der AN«) aus dem Wortlaut des Abs. 1 S. 2 abgeleitet, dass nur kollektive Maßnahmen infrage kämen.[22] Dies verkennt jedoch, dass **auch personelle Einzelnahmen** wie z. B. die Einstellung, Kündigung oder Versetzung einer zur Ausbildung beschäftigten oder jugendlichen Person eine präjudizielle Wirkung auch für alle anderen von der JAV vertretenen AN haben kann.[23] In diesem Fall ist eine besondere Betroffenheit i. S. d. Abs. 1 S. 2 ebenfalls anzunehmen.[24]

3. Ladung

15 Alle Mitglieder der JAV sind durch den oder die Vorsitzende des BR unter Mitteilung der Tagesordnung gem. § 29 Abs. 2 S. 4 zu laden. Allerdings ist die ordnungsgemäße Ladung **keine Wirksamkeitsvoraussetzung** für die vom BR gefassten Beschlüsse, da die Teilnahme der JAV mangels Stimmrecht keinen Einfluss auf das Stimmverhältnis hat.[25] Gem. § 66 Abs. 1 kann die JAV im Falle einer unterbliebenen Ladung jedoch einen Aussetzungsantrag stellen.[26]

16 Unterlässt die BR-Vorsitzende die Einladung der JAV so ist dies pflichtwidrig und kann im Falle eines **groben Verstoßes** gemäß § 23 Abs. 1 (näher zu den Voraussetzungen, s. § 23 Rn. 4 ff.) geahndet werden.[27] Gleiches gilt, wenn ein BR insgesamt die Hinzuziehung der JAV ablehnt, obwohl die Voraussetzungen des Abs. 1 S. 2 erfüllt sind.[28]

4. Teilnahmerecht an Ausschüssen

17 Das Teilnahmerecht nach Abs. 1 S. 2 ist sowohl auf **Plenarsitzungen** als auch auf **Ausschusssitzungen** des BR bezogen, soweit die Voraussetzung der besonderen Betroffenheit erfüllt ist. Wie auch bei dem Teilnahmerecht nach Abs. 1 S. 1 (s. Rn. 5) könnte der Gesetzeszweck andernfalls dadurch unterlaufen werden, dass Themen, die die JAV betreffen, in die Ausschüsse verlagert werden. Das Teilnahmerecht der gesamten JAV besteht nicht nur, wenn die Angelegenheit dem

16 *Fitting*, Rn. 12; GK-*Oetker*, Rn. 22; Richardi-*Annuß*, Rn. 12; HK-BetrVG-*Kloppenburg*, Rn. 4.
17 Richardi-*Annuß*, Rn. 12.
18 *Fitting*, Rn. 12; HK-BetrVG-*Kloppenburg*, Rn. 4.
19 So aber HWGNRH-*Rose*, Rn. 23.
20 *Fitting*, Rn. 12.
21 *Fitting*, Rn. 14.
22 GK-*Oetker*, Rn. 25; HWGNRH-*Rose*, Rn. 24.
23 *Fitting*, Rn. 14.
24 *Fitting*, Rn. 14; HK-*Kloppenburg*, Rn. 4; Richardi-*Annuß*, Rn. 13.
25 *BAG* 6.5.75 – 1 ABR 135/73 AP Nr. 5 zu § 65 BetrVG 1972; HWGNRH-*Rose*, Rn. 15; GK-*Oetker*, Rn. 31; *Fitting*, Rn. 16; Richardi-*Annuß*, Rn. 19.
26 *Fitting*, Rn. 16.
27 *Fitting*, Rn. 17; Richardi-*Annuß*, Rn. 16.
28 *Fitting*, Rn. 17.

Ausschuss zur selbständigen Erledigung übertragen ist, sondern **auch für vorbereitende Ausschüsse.**[29] Denn anders als das einfache Teilnahmerecht nach Abs. 1 S. 1 dient Abs. 1 S. 2 nicht nur der Information der JAV, sondern der Wahrung der Interessen der von der JAV vertretenen AN: Schließlich entfaltet die Arbeit in den vorbereitenden Ausschüssen präjudizielle Wirkung für die Entscheidung im BR.[30] Die JAV muss also die Möglichkeit bekommen, ihren Standpunkt einzubringen.

18 Nimmt die JAV an Ausschusssitzungen teil, so stellt sich die Frage, ob dennoch die gesamte JAV ein Teilnahmerecht hat. Da ein Fall der besonderen Betroffenheit oftmals mit einem Stimmrecht nach Abs. 2 einhergehen dürfte, spricht viel dafür, die Proportionalität aufrecht zu erhalten und die **Zahl der teilnehmenden JAV-Mitglieder** auf die Zahl der teilnehmenden BR-Mitglieder zu begrenzen.[31] Die JAV hat durch Beschluss eine **Auswahl der Mitglieder** zu treffen, die an den Ausschusssitzungen teilnehmen.[32]

IV. Das Stimmrecht im Betriebsrat (Abs. 2)

19 Soweit die zu fassenden Beschlüsse des BR überwiegend die in § 60 Abs. 1 genannten AN betreffen, haben die Mitglieder der JAV gemäß Abs. 2 ein **Stimmrecht.** Der Begriff »überwiegend« ist anders als die besondere Betroffenheit gem. Abs. 1 S. 2 (s. Rn. 12 ff.) **quantitativ** zu verstehen.[33] Seine Voraussetzungen liegen also vor, wenn eine Angelegenheit **zahlenmäßig die von der JAV vertretenen AN mehr berührt als die übrigen AN** des Betriebs.[34] Beispiele hierfür sind ein Beschluss über **Freistellungsregeln der JAV,** über **Beginn und Ende der täglichen Arbeitszeit für jugendliche AN oder zur Berufsausbildung Beschäftigte**[35], eine BV über eine **Ausbildungswerkstatt**[36] oder eine BV zur Umsetzung tariflicher Regeln über freie Tage vor den Prüfungen. Die Voraussetzung wird in der Regel erfüllt sein, wenn auch das Teilnahmerecht der gesamten JAV nach Abs. 1 S. 2 gegeben ist, also eine »besondere Betroffenheit« der AN i. S. d. § 60 vorliegt (dazu Rn. 11 ff.). Das Vorliegen der Voraussetzungen des Abs. 1 S. 2 ist jedoch keine Voraussetzung des Stimmrechts nach Abs. 2.[37] Vielmehr kommt es, wenn eine quantitative Betroffenheit der jugendlichen und zur Ausbildung beschäftigten AN vorliegt, auf eine besondere qualitative Betroffenheit nicht mehr an.[38]

20 Auch **personelle Einzelmaßnahmen** wie Versetzung und Entlassung jugendlicher oder zur Ausbildung beschäftigter AN können den Anwendungsbereich des Abs. 2 eröffnen,[39] jedenfalls soweit diese einen kollektiven Bezug haben.[40] Ein Beispiel hierfür ist der Beschluss des BR über die Teilnahme eines Mitglieds der JAV an einer Schulungsveranstaltung.[41]

21 Wenn ein Beschluss nicht ausschließlich Angelegenheiten i. S. d. Abs. 2 betrifft, die die von der JAV vertretenen AN überwiegend angehen, so sollte eine **getrennte Beschlussfassung** erfolgen, in der die JAV an den Themen zu beteiligen ist, die überwiegend die von ihr vertretenen AN betreffen.[42]

22 Das Stimmrecht nach Abs. 2 gilt auch für **Beschlüsse im BA** oder in **anderen Ausschüssen.**[43] Falls die gesamte JAV gem. Abs. 1 S. 2 ein Teilnahmerecht hat, ist die Teilnehmerzahl so zu begrenzen, dass die Proportionalität zum BR hergestellt ist, s. Rn. 18.

29 *Fitting*, Rn. 18; GK-*Oetker*, Rn. 29; Richardi-*Annuß*, Rn. 18.
30 Richardi-*Annuß*, Rn. 18.
31 *Fitting*, Rn. 18; GK-*Oetker*, Rn. 29; Richardi-*Annuß*, Rn. 18.
32 *Fitting*, Rn. 18; GK-*Oetker*, Rn. 29; Richardi-*Annuß*, Rn. 18.
33 *Fitting*, Rn. 20; GK-*Oetker*, Rn. 34; HWGNRH-*Rose*, Rn. 32; Richardi-*Annuß*, Rn. 20.
34 *Fitting*, Rn. 20; GK-*Oetker*, Rn. 34; HWGNRH-*Rose*, Rn. 32; Richardi-*Annuß*, Rn. 20.
35 Richardi-*Annuß*, Rn. 20.
36 *Fitting*, Rn. 20.
37 So aber Richardi-*Annuß*, Rn. 21.
38 GK-*Oetker*, Rn. 35.
39 Richardi-*Annuß*, Rn. 20 f.
40 *Fitting*, Rn. 21.
41 *BAG* 6.5.75 – 1 ABR 135/73 AP Nr. 5 zu § 65 BetrVG 1972.
42 *Fitting*, Rn. 22; GK-*Oetker*, Rn. 38; HWGNRH-*Rose*, Rn. 21; HK-BetrVG-*Kloppenburg*, Rn. 9; Richardi-*Annuß*, Rn. 22.
43 *Fitting*, Rn. 23; GK-*Oetker*, Rn. 46; Richardi-*Annuß*, Rn. 24.

23 Die **Stimmen der JAV-Mitglieder** sind für die Ermittlung der **Beschlussfähigkeit** des BR gemäß § 33 Abs. 2 nicht zu berücksichtigen.[44]

24 Ein unter Missachtung des Stimmrechts der JAV zustande gekommener **Beschluss des BR ist unwirksam.**[45] Unter Berufung auf die Rechtsprechung des *BAG*[46] soll eine Ausnahme davon dann zugelassen werden, wenn die Stimmen der JAV rechnerisch auf das Ergebnis **keinen Einfluss** gehabt hätten.[47] In dem vom *BAG* entschiedenen Fall hatte jedoch der BR den Beschluss entsprechend dem Antrag der JAV gefasst, so dass nicht über die Frage zu entscheiden war, ob eine argumentative Einflussnahme der JAV auf die Stimmbildung innerhalb des BR einen Einfluss haben könnte, den es zu berücksichtigen gilt.[48] Allerdings ist der Hinweis darauf berechtigt, dass das Recht der JAV, diese Einflussnahme auszuüben, ausreichend durch die Möglichkeit gewahrt wird, Beschlüsse des BR gem. § 66 aussetzen zu lassen.[49]

V. Das Antragsrecht gegenüber dem Betriebsrat (Abs. 3 Satz 1)

25 Gemäß Abs. 3 kann die JAV beim BR beantragen, Angelegenheiten, die besonders die in § 60 Abs. 1 genannten AN betreffen und über die sie beraten hat, auf die **nächste Tagesordnung zu setzen.** Die Regelung stellt sicher, dass der BR sich mit den Maßnahmen und Anregungen der JAV befasst.[50] Eine Sitzung des BR kann die JAV damit jedoch nicht beantragen.[51]

26 Das Antragsrecht setzt voraus, dass die betreffende Angelegenheit »**besonders**« die von der JAV vertretenen AN betrifft. Zum Begriff der besonderen Betroffenheit gilt das unter Rn. 12 ff. Gesagte.

27 Zudem muss die JAV die betreffende **Angelegenheit bereits vorberaten** haben. Die JAV soll den BR nicht zur Befassung mit einem Thema zwingen, das sie selbst noch nicht beraten hat. Insofern soll die JAV zu dem Thema eine Sitzung abgehalten haben. Die Niederschrift dieser Sitzung sollte dem BR zweckmäßigerweise zugeleitet werden. Eine abschließende Meinung muss sich die JAV jedoch noch nicht gebildet haben.[52] Ist dies allerdings der Fall, sollte dem BR mit dem Antrag auch dieses Ergebnis mitgeteilt werden.[53]

28 Das Antragsrecht aus Abs. 3 besteht nicht nur gegenüber dem BR, sondern auch gegenüber seinen **Ausschüssen.**[54] Der Antrag kann dann unmittelbar bei dem Ausschuss eingebracht werden. Ein beim BR eingebrachter Antrag wird an den zuständigen Ausschuss weitergeleitet; vgl. Rn. 3 und 17 ff. zum Teilnahmerecht der JAV an Ausschusssitzungen.

29 Beim Vorliegen der Voraussetzungen ist der BR-Vorsitz verpflichtet, die Angelegenheit auf die Tagesordnung der nächsten BR-Sitzung zu setzen. Unterbleibt dies, so handelt es sich um eine Pflichtverletzung, die im Falle eines **groben Verstoßes** i. S. d. § 23 Abs. 1 (s. § 23 Rn. 4) entsprechend geahndet werden kann.[55] Zu dem beantragten Tagesordnungspunkt sind gem. § 29 Abs. 2 S. 3 i. V. m. § 67 Abs. 1 S. 2 **alle Mitglieder der JAV zu laden.**

30 Der BR ist nicht zu einer abschließenden Behandlung der Angelegenheit in der nächsten Sitzung nach dem Antrag verpflichtet. Er muss sich mit dem Antrag jedoch befassen. Geht der Antrag beim BR nicht so rechtzeitig ein, dass er noch berücksichtigt werden kann, muss die Angelegenheit auf die Tagesordnung der **nächstfolgenden Sitzung** gesetzt werden.[56] Es steht

---

44 *Fitting*, Rn. 24; GK-*Oetker*, Rn. 43; HK-BetrVG-*Kloppenburg*, Rn. 7.
45 *Fitting*, Rn. 25; Richardi-*Annuß*, Rn. 25.
46 *BAG* 6.5.75 – 1 ABR 135/73 AP Nr. 5 zu § 65 BetrVG 1972.
47 GK-*Oetker*, Rn. 45; *Fitting*, Rn. 25; Richardi-*Annuß*, Rn. 25.
48 Deshalb für ein Unwirksamkeit ohne Ausnahme DKW-*Trittin*, 16. Aufl. 2018, Rn. 24.
49 So nämlich GK-*Oetker*, Rn. 40.
50 Richardi-*Annuß*, Rn. 26.
51 *Fitting*, Rn. 26.
52 GK-*Oetker*, Rn. 51; *Fitting*, Rn. 27; HWGNRH-*Rose*, Rn. 25; Richardi-*Annuß*, Rn. 28.
53 *Fitting*, Rn. 27.
54 *Fitting*, Rn. 29; GK-*Oetker*, Rn. 62; Richardi-*Annuß*, Rn. 29.
55 *Fitting*, Rn. 28; Richardi-*Annuß*, Rn. 29.
56 *Fitting*, Rn. 28; HWGNRH-*Rose*, Rn. 26; GK-*Oetker*, Rn. 54.

dem BR frei, die Angelegenheit an einen Ausschuss zur weiteren Behandlung oder selbstständigen Erledigung zu übertragen.[57]

VI. Die Informationspflicht des Betriebsrats (Abs. 3 Satz 2)

Damit die JAV in der Lage ist, ihre Aufgaben und insbesondere die Rechte aus Abs. 1 und 2 auszuüben, soll der BR Angelegenheiten, die besonders die in § 60 Abs. 1 genannten AN betreffen (s. zum Begriff der besonderen Betroffenheit Rn. 12 ff.) der **JAV zur Beratung zuleiten.** 31

Die Information der JAV erfolgt durch den **oder der BR-Vorsitzenden** bzw. im Verhinderungsfall durch die Stellvertretung im Zuge der Sitzungsvorbereitung. Es bedarf keines Beschlusses des BR über die Information der JAV.[58] Ist für eine besonders jugendliche oder zur Ausbildung beschäftigte AN betreffende Angelegenheit ein Ausschuss des BR zuständig, dann hat die dem Ausschuss vorsitzende Person der JAV die notwendigen Informationen zuzuleiten.[59] 32

Die vorherige Beratung in der JAV stellt **keine Wirksamkeitsvoraussetzung** für die Beschlussfassung im BR dar.[60] Jedoch kann es eine **grobe Amtspflichtverletzung** der oder des BR-Vorsitzenden darstellen, wenn die Vorberatung der JAV ohne sachlichen Grund nicht ermöglicht wird.[61] 33

VII. Streitigkeiten

Streitigkeiten über das Recht zur Teilnahme der JAV an Sitzungen und Ausschüssen des BR sowie über das Stimmrecht nach Abs. 2 und über die Wirksamkeit von gemeinsamen Beschlüssen werden durch die *ArbG* gemäß §§ 2a, 80 ff. ArbGG im **Beschlussverfahren** entschieden. 34

§ 68 Teilnahme an gemeinsamen Besprechungen

Der Betriebsrat hat die Jugend- und Auszubildendenvertretung zu Besprechungen zwischen Arbeitgeber und Betriebsrat beizuziehen, wenn Angelegenheiten behandelt werden, die besonders die in § 60 Abs. 1 genannten Arbeitnehmer betreffen.

Inhaltsübersicht

I. Vorbemerkungen

Das in dieser Vorschrift geregelte Recht der JAV, an Besprechungen zwischen dem BR und dem AG teilnehmen zu können, soweit hierbei Angelegenheiten erörtert werden, die besonders die von der JAV vertretenen AN betreffen, ergänzt die Beteiligungs- und Informationsrechte der JAV. Für GJAV und KJAV ist sie gem. §§ 73 Abs. 2 und 73b Abs. 2 entsprechend anwendbar. 1

Die Norm ist **zwingend** und kann weder durch TV noch durch BV abbedungen werden. 2

Die entsprechende Vorschrift im Personalvertretungsrecht ist § 61 Abs. 4 BPersVG. 3

II. Teilnahmerecht an gemeinsamen Besprechungen

Ein Teilnahmerecht der JAV an Besprechungen zwischen BR und AG besteht dann, wenn Angelegenheiten behandelt werden, die »besonders« die in § 60 Abs. 1 genannten AN betreffen, für die die JAV zuständig ist. Eine **besondere Betroffenheit** der jugendlichen und zur Ausbildung beschäftigten AN wird auch für das Teilnahmerecht der gesamten JAV an BR-Sitzungen 4

---

57 *Fitting*, Rn. 28.
58 *Fitting*, Rn. 31; Richardi-*Annuß*, Rn. 32.
59 *Fitting*, Rn. 31.
60 *Fitting*, Rn. 30; GK-*Oetker*, Rn. 59; HWGNRH-*Rose*, Rn. 28; Richardi-*Annuß*, Rn. 34.
61 *Fitting*, Rn. 31; Richardi-*Annuß*, Rn. 34.

gem. § 67 Abs. 1 S. 2 verlangt. Es gilt deshalb das zu § 67 unter Rn. 12 ff. Gesagte.[1] Somit kann sich eine besondere Betroffenheit zum einen in qualitativer Hinsicht, also aus den **Inhalten der Besprechung** ergeben – wenn beispielsweise Themen wie Jugendarbeitsschutz oder die Berufsausbildung besprochen werden. Möglich ist aber auch eine besondere **quantitative Betroffenheit** der AN i. S. d. § 60 Abs. 1. Es ist nicht erforderlich, dass Angelegenheiten Gegenstand der Besprechung sind, die ausschließlich Jugendliche und zur Ausbildung Beschäftigte betreffen (s. § 67 Rn. 12 ff.).

5 Der Wortlaut formuliert nicht eindeutig, ob das Teilnahmerecht für die gesamte Besprechung besteht oder **nur für den Teil der Besprechung,** in dem die Angelegenheiten mit besonderer Bedeutung für die von der JAV vertretenen AN behandelt werden. Der Wortlaut »beiziehen« sowie der Zweck der Vorschrift, die Informationsrechte der JAV zu wahren, sprechen jedoch dafür, dass Letzteres zutrifft und die Teilnahme der JAV auf die Gegenstände der Besprechung begrenzt ist, die das Teilnahmerecht begründen.[2]

6 Soweit eine Besprechung mit dem AG **innerhalb einer BR-Sitzung** stattfindet, richten sich die Teilnahmerechte der JAV nach § 67 Abs. 1.[3]

7 Das Teilnahmerecht ist nicht auf die monatlichen Besprechungen des BR mit dem AG gemäß § 74 Abs. 1 beschränkt. Es bezieht sich vielmehr auf **alle Besprechungen** zwischen BR und dem AG.[4] Dabei sind **auch gelegentliche Einzelbesprechungen** des BR-Vorsitzes oder anderer BR-Mitglieder mit dem AG eingeschlossen, soweit es sich um Angelegenheiten handelt, die die in § 60 Abs. 1 genannten AN besonders betreffen.[5]

8 Teilnahmeberechtigt ist die **gesamte JAV,** es besteht jedoch **keine Pflicht zur Teilnahme** aller Mitglieder.[6] Trifft die JAV eine **Auswahl** der Teilnahmeberechtigten durch **Beschluss,** so ist dieser für die durch Beschluss bestimmten Mitglieder **verbindlich.**[7]

9 Auch für Besprechungen zwischen AG und dem **Betriebsausschuss oder einem anderen Ausschuss** besteht das Teilnahmerecht, dem die Behandlung der betreffenden Angelegenheit zur selbstständigen Erledigung übertragen worden ist, soweit die besondere Betroffenheit der AN i. S. d. § 60 Abs. 1 (s. Rn. 4) vorliegt.[8] Unterschiedlich sind die Ansichten dazu, ob es in diesem Fall einer Reduktion der Zahl der teilnehmenden JAV-Mitglieder bedarf, um das Verhältnis zu den Mitgliedern des BR auszugleichen. Da in den Besprechungen jedoch keine Abstimmung stattfindet, ist es nicht erforderlich, das **Teilnahmerecht der gesamten JAV** (s. Rn. 8) zu beschränken.[9] Es ist also eine Entscheidung der JAV, ob sie die Teilnahme aller ihrer Mitglieder für zweckmäßig erachtet oder nicht.

10 Es ist eine Amtspflicht des BR und des Vorsitzes des BR, die JAV zu den Besprechungen hinzuziehen. Verstößt er gegen diese Pflicht, kann hierin im äußersten Fall ein **Verstoß gegen § 23 Abs. 1** (s. § 23 Rn. 4) liegen.[10]

11 Der BR-Vorsitz hat die **JAV** als Organ **zu laden.** Findet die Besprechung außerhalb einer BR-Sitzung statt, findet § 29 Abs. 2 S. 4 keine Anwendung, so dass es in diesem Falle ausreichend ist, wenn der BR-Vorsitz die JAV über **Ort, Zeitpunkt und Gegenstand der Besprechung** gemäß § 65 Abs. 1 i. V. m. § 26 Abs. 3 S. 2 unterrichtet.[11]

12 Das Recht auf Teilnahme ist kein bloßes Anwesenheitsrecht.[12] Vielmehr haben die Mitglieder der JAV ein **aktives Teilnahmerecht.**[13] § 68 soll nicht nur die Information der JAV sicherstellen, sondern auch – im Interesse einer Lösung der zwischen AG und BR zu erörternden Angelegen-

1 *Fitting*, Rn. 4; GK-*Oetker*, Rn. 4.
2 Ebenso *Fitting*, Rn. 5; GK-*Oetker*, Rn. 5; Richardi-*Annuß*, Rn. 5.
3 *Fitting*, Rn. 5; GK-*Oetker*, Rn. 5.
4 *Fitting*, Rn. 5; GK-*Oetker*, Rn. 6; Richardi-*Annuß*, Rn. 5; a. A. HWGNRH-Rose, Rn. 7.
5 GK-*Oetker*, Rn. 9; HK-BetrVG-*Kloppenburg*, Rn. 3; Richardi-*Annuß*, Rn. 4; a. A. *Fitting*, Rn. 5.
6 *Fitting*, Rn. 8; GK-*Oetker*, Rn. 11 f.
7 GK-*Oetker*, Rn. 12.
8 *Fitting*, Rn. 9; Richardi-*Annuß*, Rn. 8; GK-*Oetker*, Rn. 7.
9 *Fitting*, Rn. 9; GK-*Oetker*, Rn. 15; a.A: Richardi-*Annuß*, Rn. 8.
10 *Fitting*, Rn. 6; GK-*Oetker*, Rn. 10.
11 *Fitting*, Rn. 7; GK-*Oetker*, Rn. 9; Richardi-*Annuß*, Rn. 7.
12 So aber GK-*Oetker*, Rn. 16.
13 *Fitting*, Rn. 8; Richardi-*Annuß*, Rn. 8.

heit – die Interessenvertretung der JAV. Es wäre ein Umweg, wenn die JAV dieses Recht erst im Wege ihres Rechts, einen im Anschluss an die Erörterung mit dem AG zu treffenden BR-Beschluss gem. § 66 auszusetzen, ausüben könnte. Deshalb ist es zweckmäßig, wenn die JAV sich aktiv in die Erörterung einbringt.

III. Streitigkeiten

Die *ArbG* entscheiden gemäß §§ 2a, 80 ff. ArbGG im **Beschlussverfahren** über Streitigkeiten, die das Teilnahmerecht der JAV an Sitzungen des BR betreffen. Die JAV kann ihr Teilnahmerecht auch im Wege einer **einstweiligen Verfügung** erwirken.[14] 13

§ 69 Sprechstunden

In Betrieben, die in der Regel mehr als fünfzig der in § 60 Abs. 1 genannten Arbeitnehmer beschäftigen, kann die Jugend- und Auszubildendenvertretung Sprechstunden während der Arbeitszeit einrichten. Zeit und Ort sind durch Betriebsrat und Arbeitgeber zu vereinbaren. § 39 Abs. 1 Satz 3 und 4 und Absatz 3 gilt entsprechend. An den Sprechstunden der Jugend- und Auszubildendenvertretung kann der Betriebsratsvorsitzende oder ein beauftragtes Betriebsratsmitglied beratend teilnehmen.

Inhaltsübersicht

I. Vorbemerkungen

Die Norm ermöglicht es der JAV, in Zusammenarbeit mit dem BR in Betrieben mit mehr als 50 Jugendlichen und Auszubildenden, **eigene Sprechstunden während der Arbeitszeit** anzubieten. 1

Die Norm ist **zwingend.** In Betrieben, in denen die Mindestzahl von 51 jugendlichen oder zur Ausbildung beschäftigten AN nicht erreicht wird, können jedoch ebenfalls Sprechstunden der JAV innerhalb der Arbeitszeit eingerichtet werden, wenn BR und AG dies mit der JAV vereinbaren.[1] 2

Im Personalvertretungsrecht ist Entsprechendes in § 62 i. V. m. § 43 BPersVG geregelt. 3

II. Sprechstunden der Jugend- und Auszubildendenvertretung

1. Voraussetzung der Einrichtung eigener Sprechstunden

Voraussetzung für die Einrichtung eigener Sprechstunden ist, dass im Betrieb (zum Begriff siehe § 4) »in der Regel« **mehr als 50** jugendliche oder zu ihrer Berufsausbildung beschäftigte AN (§ 60 Abs. 1) tätig sind. Der Begriff »in der Regel« bringt zum Ausdruck, dass es auf die **regelmäßige Anzahl** unter gewöhnlichen Umständen ankommt. Ein vorübergehendes Unterschreiten der Zahl von 51 führt also nicht zum Wegfall der Voraussetzung. Umgekehrt ist ein nur vorübergehendes Überschreiten des Schwellenwertes nicht ausreichend, um die Voraussetzung zu erfüllen.[2] In Betrieben, in denen die Mindestzahl von 51 jugendlichen oder aus- 4

---

14 *Fitting*, Rn. 10; GK-*Oetker*, Rn. 17; HWGNRH-Rose, Rn. 6; Richardi-*Annuß*, Rn. 10.

1 *Fitting*, Rn. 2; GK-*Oetker*, Rn. 2.
2 *Fitting*, Rn. 4; GK-*Oetker*, Rn. 5; HWGNRH-*Rose* § 69 Rn. 4; Richardi-*Annuß*, Rn. 3.

zubildenden AN nicht erreicht wird, können jedoch ebenfalls Sprechstunden der JAV innerhalb der Arbeitszeit eingerichtet werden, wenn BR und AG dies mit der JAV vereinbaren.[3]

5 Die JAV ist bei Vorliegen der Voraussetzung des § 69 nicht verpflichtet, eigene Sprechstunden während der Arbeitszeit einzurichten. Vielmehr liegt es in ihrem **Ermessen,** über die Einrichtung zu entscheiden.[4] Die Entscheidung über die Errichtung trifft sie durch **Beschluss** mit einfacher Stimmenmehrheit. Weder der BR noch der AG sind an dieser Entscheidung zu beteiligen.[5] Für die Festlegung von Zeit und Ort der Sprechstunden gilt S. 2 (s. Rn. 6 ff.).

2. Zeit und Ort

6 **Zeit und Ort** der Sprechstunden legt nicht die JAV fest. Vielmehr ist dies gem. S. 2 **durch BR und AG** zu vereinbaren, zweckmäßig ist hierfür eine BV.[6] Hat die JAV entschieden, die Sprechstunden während der Arbeitszeit einzurichten, so ist dies allerdings für BR und AG bindend.[7] Zu der Besprechung des BR mit dem AG über die Festlegung von Zeit und Ort der Sprechstunden ist die JAV gem. § 68 beizuziehen. An der Beschlussfassung im BR über die Festlegung nimmt die JAV gemäß §§ 67 Abs. 2, 68 mit eigenem Stimmrecht teil.

7 Die zwischen dem BR und dem AG getroffene Vereinbarung über Zeit, Häufigkeit und Ort der Sprechstunden ist für die JAV **verbindlich.** In ihrem Ermessen liegt aber die weitere Ausgestaltung der Sprechstunden und die Entscheidung, welches Mitglied die Sprechstunden durchführt.[8]

8 Die Festlegung von Zeit und Ort der Sitzungen der JAV ist eine Verpflichtung von AG und BR, deren Verletzung »grob« gemäß § 23 sein kann.[9] Können sich BR und AG nicht einigen, entscheidet die **ESt.,** deren Spruch wegen der Verweisung des S. 3 auf § 39 Abs. 1 S. 3 u. 4 die fehlende Einigung ersetzt. Die ESt. sollte die JAV anhören. Dazu ist sie allerdings nicht verpflichtet.[10]

3. Zuständigkeit

9 Die Sprechstunde der JAV kann **ausschließlich von jugendlichen und zur Ausbildung beschäftigten AN** in Anspruch genommen werden. Für andere Beschäftigte ist der BR zuständig. Dessen Sprechstunden stehen allerdings auch den Jugendlichen und Auszubildenden offen. Die Verantwortlichkeit des BR erübrigt sich nicht etwa durch die Einrichtung einer eigenen Sprechstunde der JAV.[11]

4. Anspruch auf Kostenerstattung und Arbeitsentgelt

10 Gemäß § 65 Abs. 1 i. V. m. § 40 hat der AG die **notwendigen Kosten** der Sprechstunden der JAV zu tragen sowie Räume und erforderliche Sachmittel zur Verfügung zu stellen.[12]

11 Soweit die Einrichtung von Sprechstunden beschlossen worden ist, gehört ihre Durchführung zu den **Amtspflichten** der JAV. Das Arbeitsentgelt von Mitgliedern der JAV, die Sprechstunden abhalten, darf deshalb gem. § 65 Abs. 1 i. V. m. § 37 Abs. 2 nicht gemindert werden.

12 Soweit die Sprechstunden während der Arbeitszeit eingerichtet sind, darf das **Entgelt** von jugendlichen oder zu ihrer Berufsausbildung beschäftigten AN, die Sprechstunden der JAV in Anspruch nehmen, gem. S. 3 i. V. m. § 39 Abs. 3 ebenfalls **nicht gemindert** werden (s. § 39).

---

3 *Fitting*, Rn. 2; GK-*Oetker*, Rn. 2.
4 GK-*Oetker*, Rn. 7; HWGNRH-*Rose*, Rn. 6; *Fitting*, Rn. 5; Richardi-*Annuß*, Rn. 4.
5 *Fitting*, Rn. 5; GK-*Oetker*, Rn. 8 f.; HWGNRH-*Rose*, Rn. 9; Richardi-*Annuß*, Rn. 4.
6 Richardi-*Annuß*, Rn. 6.
7 Richardi-*Annuß*, Rn. 5.
8 Richardi-*Annuß*, Rn. 7.
9 *Fitting*, Rn. 8.
10 *Fitting*, Rn. 7.
11 *Fitting*, Rn. 6; GK-*Oetker*, Rn. 18.
12 *Fitting*, Rn. 9; HWGNRH-*Rose*, Rn. 15.

III. Teilnahmerecht des Betriebsratsvorsitzes oder eines beauftragten Betriebsratsmitglieds

S. 4 sieht vor, dass der oder die BR-Vorsitzende oder ein – durch entsprechenden Beschluss des BR[13] – beauftragtes BR-Mitglied an den Sprechstunden der JAV beratend teilnehmen kann. Dies ermöglicht zum einen die direkte Information des BR zu Themen der JAV, die im BR zu behandeln sind. Und zum anderen wird eine **sachkundige Unterstützung** der JAV sichergestellt. 13

Bei dem **Beschluss des BR** über die Beauftragung eines anderen BR-Mitglieds als der Person des oder der Vorsitzenden zur Teilnahme an den Sprechstunden der JAV ist die JAV gemäß § 67 Abs. 2 stimmberechtigt. Die Entscheidung, welche Person in den Sprechstunden der JAV anzutreffen ist und die JAV bei den dort vorgetragenen Belangen berät und unterstützt, berührt die Belange der Jugendlichen und zur Ausbildung Beschäftigten.[14] 14

Die Anwesenheit der oder des BR-Vorsitzenden oder eines anderen beauftragten BR-Mitglieds während der Sprechstunde hat die JAV **zu dulden.** Es gibt aber **keine Verpflichtung** des BR-Vorsitzes oder der vom BR beauftragten Person zur Teilnahme an den Sprechstunden. Die Vertretungsperson des BR hat in der Sprechstunde das Recht, sowohl die JAV als auch die AN i. S. d. § 60 Abs. 1, die eine Sprechstunde aufsuchen, zu beraten.[15] 15

IV. Streitigkeiten

Über Streitigkeiten darüber, ob die JAV eigene Sprechstunden während der Arbeitszeit durchführen darf, entscheidet das *ArbG* im **Beschlussverfahren** gemäß §§ 2a, 80 ff. ArbGG. Das gilt ebenso für Streitigkeiten hinsichtlich der Inanspruchnahme der Sprechstunden AN i. S. d. § 60 Abs. 1, hinsichtlich des Teilnahmerechts des oder der BR-Vorsitzenden oder eines anderen beauftragten Mitglieds des BR an den Sprechstunden. 16

Wird vorenthaltenes Entgelt wegen einer Arbeitsversäumnis aufgrund des Besuchs von eingerichteten Sprechstunden durch Jugendliche oder zur Ausbildung Beschäftigte gerichtlich geltend gemacht, so entscheiden hierüber gem. § 2 Abs. 1 Nr. 3 lit. a, Abs. 5 i. V. m. §§ 46 ff. ArbGG die ArbG im **Urteilsverfahren.**[16] 17

Weil **Zeit und Ort der Sprechstunden** durch den BR mit dem AG zu verhandeln sind, ist die **ESt.** anzurufen, wenn diese nicht zur Einigung kommen. Diese kann durch einen Spruch die fehlende Einigung zwischen AG und BR ersetzen (S. 3 i. V. m. § 39 Abs. 1 S. 2 u. 3). Der Spruch der ESt. ist gemäß § 76 Abs. 5 im **Beschlussverfahren** gerichtlich überprüfbar. Antragsberechtigt hierfür ist allerdings nicht die JAV, sondern nur AG oder BR.[17] 18

§ 70 Allgemeine Aufgaben

(1) Die Jugend- und Auszubildendenvertretung hat folgende allgemeine Aufgaben:

1. Maßnahmen, die den in § 60 Abs. 1 genannten Arbeitnehmern dienen, insbesondere in Fragen der Berufsausbildung und der Übernahme der zu ihrer Berufsausbildung Beschäftigten in ein Arbeitsverhältnis, beim Betriebsrat zu beantragen;

1a. Maßnahmen zur Durchsetzung der tatsächlichen Gleichstellung der in § 60 Abs. 1 genannten Arbeitnehmer entsprechend § 80 Abs. 1 Nr. 2a und 2b beim Betriebsrat zu beantragen;

2. darüber zu wachen, dass die zugunsten der in § 60 Abs. 1 genannten Arbeitnehmer geltenden Gesetze, Verordnungen, Unfallverhütungsvorschriften, Tarifverträge und Betriebsvereinbarungen durchgeführt werden;

3. Anregungen von in § 60 Abs. 1 genannten Arbeitnehmern, insbesondere in Fragen der Berufsbildung, entgegenzunehmen und, falls sie berechtigt erscheinen, beim Betriebs-

13 *Fitting*, Rn. 13; Richardi-*Annuß*, Rn. 10.
14 A. A. *Fitting*, Rn. 13.
15 *Fitting*, Rn. 13; Richardi-*Annuß*, Rn. 11; GK-*Oetker*, Rn. 25; HWGNRH-*Rose*, Rn. 25.
16 *Fitting*, Rn. 15; Richardi-*Annuß*, Rn. 13.
17 *Fitting*, Rn. 14; Richardi-*Annuß*, Rn. 12.

rat auf eine Erledigung hinzuwirken. Die Jugend- und Auszubildendenvertretung hat die betroffenen in § 60 Abs. 1 genannten Arbeitnehmer über den Stand und das Ergebnis der Verhandlungen zu informieren;

4. die Integration ausländischer, in § 60 Abs. 1 genannter Arbeitnehmer im Betrieb zu fördern und entsprechende Maßnahmen beim Betriebsrat zu beantragen.

(2) Zur Durchführung ihrer Aufgaben ist die Jugend- und Auszubildendenvertretung durch den Betriebsrat rechtzeitig und umfassend zu unterrichten. Die Jugend- und Auszubildendenvertretung kann verlangen, dass ihr der Betriebsrat die zur Durchführung ihrer Aufgaben erforderlichen Unterlagen zur Verfügung stellt.

Inhaltsübersicht

I. Vorbemerkungen

1 In Anlehnung an den für den BR geltenden § 80 Abs. 1 enthält die Vorschrift einen **Katalog allgemeiner Aufgaben** für die JAV und einen umfassenden **Informationsanspruch** zu ihrer Erfüllung. Durch die Reform des BetrVG im Jahr 2001[1] wurden die Aufgaben der JAV erweitert. Die Aufzählung in Abs. 1 ist nicht abschließend. Der Informationsanspruch bezieht sich nicht nur auf die allgemeinen, sondern auch auf die in Abs. 1 nicht genannten besonderen Aufgaben.[2] Trotz eigener Aufgaben der JAV bleibt es dabei, dass die JAV nicht selbst mit dem AG verhandelt, sondern hierzu der BR tätig werden muss (vgl. § 60 Rn. 7 ff.). Hierfür stehen der JAV Beteiligungsrechte sowohl an BR-Sitzungen als auch an Gesprächen des BR mit dem AG zu, s. § 67 und 68.

2 Obwohl § 73 Abs. 2 und § 73b die Vorschrift nicht ausdrücklich erwähnen, kommt sie **auch für die GJAV und die KJAV** zur Anwendung.[3]

3 Im Personalvertretungsrecht ist § 61 Abs. 1 und 3 BPersVG die entsprechende Norm.

II. Allgemeine Aufgaben (Abs. 1)

4 Die JAV hat vor allem die Funktion, die Einhaltung der Rechte der durch sie vertretenen AN im Betrieb zu **überwachen** und den BR zu **beraten.** Abs. 1 macht dabei deutlich, dass der JAV im Betrieb eine **aktive Rolle** zugedacht ist.[4] Die allgemeinen Aufgaben der JAV umfassen **alle Angelegenheiten sozialer, personeller** oder **wirtschaftlicher** Art, welche die von der JAV vertretenen AN direkt oder indirekt berühren.

5 Trotz eigener Aufgaben der JAV, **verhandelt** sie **nicht selbst mit dem AG,** sondern hierzu muss der BR tätig werden (vgl. § 60 Rn. 7 ff.).[5] Hierfür stehen der JAV **Beteiligungsrechte** sowohl an den BR-Sitzungen (s. § 67) als auch an Gesprächen des BR mit dem AG (s. § 68) zu.

6 JAV und BR können auch **gemeinsam** tätig werden, beispielsweise durch die Durchführung einer **Fragebogenaktion** unter den jugendlichen und auszubildenden AN.[6]

1 BGBl. 1852.
2 Vgl. insgesamt *Malottke*, AiB 05, 353.
3 *Fitting*, Rn. 2; HWGNRH-*Rose*, Rn. 2.
4 Richardi-*Annuß*, Rn. 5.
5 *Fitting*, Rn. 4; Richardi-*Annuß*, Rn. 5.
6 *BAG* 8.2.77, AP Nr. 10 zu § 80 BetrVG 1972; *Fitting*, Rn. 4.

1. Antragsrecht (Nr. 1, 1a und 4)

Gemäß Abs. 1 Nr. 1 und 1a kann die JAV **alle Maßnahmen beantragen,** die den jugendlichen oder zu ihrer Berufsausbildung beschäftigten AN des Betriebs und der Durchsetzung der tatsächlichen Gleichstellung dienen. 7

Ein wesentliches Aufgabenfeld der JAV sind Fragen der **Berufsausbildung.** Das duale Ausbildungssystem, also das Zusammenwirken von betrieblicher und schulischer Ausbildung, ist seit 1969 mit der Einführung des Berufsbildungsgesetzes (BBiG) im Wesentlichen **gesetzlich geregelt.** Das BBiG wurde zunächst durch das Berufsbildungsreformgesetz im Jahr 2005 grundlegend und erneut im Jahr 2020 durch das Gesetz zur Modernisierung und Stärkung der beruflichen Bildung reformiert. Das neu gefasste BBiG ist zum 1. 1. 2020 in Kraft getreten.[7] Zu den Fragen der Berufsbildung innerhalb des gesetzlichen Rahmens, auf die sich das Antragsrecht der JAV gem. Abs. 1 Nr. 1 bezieht, gehören: 8

- **Mindestausbildungsvergütung** (§ 17 BBiG)
- **Ausbildungspläne**
- **Ausbildungsmethoden**
- **Ausbildungsmittel** (§ 14 Abs. 1 Nr. 3 BBiG)
- Kritik an der **Eignung des Ausbildungspersonals** (s. zum MBR des BR bei der Berufsbildung, zu der auch die Berufsausbildung gehört, § 96 ff.)
- Die JAV kann ferner beantragen, dass der BR sich im Zuge der Personalplanung gem. § 92 für eine Erhöhung der **Zahlen Auszubildender** einsetzt.[8]
- **Freistellung vor und nach der Berufsschule** (§ 15 BBiG)
- **Freistellung an Prüfungstagen**

Zu den Maßnahmen, die durch die JAV beim BR beantragt werden können, gehören des Weiteren: 9

- Fragen bezüglich der **Übernahme** von Ausgelernten in ein Arbeitsverhältnis;
- Die Festlegung der täglichen **Arbeitszeit** unter Berücksichtigung der §§ 8–18, 21 JArbSchG
- Regelungen für die **Urlaubsgrundsätze** unter Berücksichtigung des § 19 JArbSchG
- Die Schaffung von **Sozialeinrichtungen** speziell für Jugendliche und Berufsauszubildende im Betrieb, wie etwa Räume, Sportplätze, Gruppen- oder Ferienheime[9]
- Anwendung und Umsetzung von **tariflichen Regeln** für Jugendliche und Auszubildende

Neu eingefügt mit der Reform des BetrVG im Jahr 2001 wurde Abs. 1 Nr. 1a. Demnach gehören auch Maßnahmen zur Durchsetzung der tatsächlichen **Gleichstellung der Geschlechter** zum Aufgabenbereich der JAV. Der Gesetzgeber hat dabei erkannt, dass diese Maßnahmen gerade auch für die junge Generation in den Betrieben von besonderer Bedeutung sind.[10] Da mit der Reform des BBiG im Jahr 2020 die 2005 geschaffene Möglichkeit, **Ausbildung in Teilzeit** zu absolvieren, gestärkt wurde (s. Rn. 8), wird weiterhin das Thema der **Vereinbarkeit von Ausbildung und Sorgearbeit** eine wichtige Rolle spielen; s. näher zu den Aufgaben in Bezug auf Gleichstellung § 80 Rn. 37 ff. 10

Ein Antragsrecht steht der JAV zudem auch bezüglich ihrer Aufgabe gem. Abs. 1 **Nr. 4** zu, die **Integration ausländischer AN** i. S. des § 60 Abs. 1 zu fördern und entsprechende Maßnahmen beim BR zu beantragen. Gerade unter den jungen AN werden die **Grundlagen für Toleranz** und ein friedliches Miteinander ohne Fremdenfeindlichkeit geschaffen.[11] Berufsausbildung ist ein zentraler Baustein für Integration. Junge Menschen, die parallel zu ihrer Ausbildung auch ihre Sprachkenntnisse ausbauen, können besonderer Unterstützung bedürfen, insbesondere bei Prüfungen. Dies ist ein Betätigungsfeld der JAV. Möglich ist außerdem, Antirassismus und Toleranz zum Thema auf Versammlungen der JAV gem. § 71 zu machen.[12] Zu weiteren Handlungsmöglichkeiten in Zusammenarbeit mit dem BR s. § 80 Rn. 63 ff.[13] 11

---

7 Zu den Neuerungen *Rudolph* AiB 20, 27 ff.
8 *Fitting*, Rn. 6.
9 *Fitting*, Rn. 6; Richardi-*Annuß*, Rn. 5.
10 BT-Drucks. 14/5741, S. 44 zu Nr. 46b.
11 BT-Drucks. 14/5741, S. 44 zu Nr. 46c.
12 Richardi-*Annuß*, Rn. 8.
13 Zu den Handlungsmöglichkeiten des BR bei Rassismus und Fremdenfeindlichkeit im Betrieb *Wenckebach*, AiB 09, 274 ff.

12 Anträge der JAV sind an den BR zu richten, nicht beim AG zu stellen.[14] Ein MBR des BR ist keine Voraussetzung für das Antragsrecht. Es muss sich aber um den Betrieb betreffende Fragen handeln, da das Antragsrecht die **Zuständigkeit des BR** voraussetzt.[15]

13 Ein Antrag setzt voraus, dass die JAV in einer ordnungsgemäß einberufenen Sitzung einen entsprechenden **Beschluss gefasst** hat (siehe dazu § 65).[16]

14 Der BR ist im Falle eines Antrags der JAV durch § 80 Abs. 1 Nr. 3 **verpflichtet, den Antrag entgegenzunehmen** und sich mit ihm zu befassen (s. § 80 Rn. 47 ff.). Tut er dies nicht, kann dies einen **groben Verstoß** gegen die ihm obliegenden gesetzlichen Pflichten nach § 23 Abs. 1 (vgl. § 23 Rn. 4) darstellen.[17] Bei der Beratung über den Antrag der JAV im BR ist die JAV insgesamt gemäß § 67 Abs. 1 S. 2 **hinzuzuziehen,** wenn die Maßnahme die von ihr vertretenen AN besonders betrifft, was regelmäßig der Fall sein dürfte. Auch das Stimmrecht der JAV gemäß § 67 Abs. 2 (s. § 67 Rn. 19) ist zu beachten.

15 Der BR ist allerdings an den Antrag nicht gebunden. Er kann ihn **zurückweisen,** wenn ihm das Anliegen in der Sache nicht berechtigt bzw. als nicht sachdienlich erscheint, oder wegen Unzulässigkeit, falls seine Zuständigkeit nicht gegeben ist.[18] Hält der BR den Antrag aber für sachdienlich und begründet, muss er die Angelegenheit **mit dem AG erörtern.** In der Regel dürfte dabei ein Teilnahmerecht der JAV gemäß § 68 zum Tragen kommen. Der BR ist verpflichtet, die JAV über das weitere Verfahren zu **informieren.**

2. Überwachungsrecht (Nr. 2)

16 Nach Abs. 1 Nr. 2 hat die JAV darüber zu wachen, dass die zugunsten der jugendlichen und zu ihrer Berufsausbildung beschäftigten AN geltenden **Gesetze, VO, UVV, TV und BV** durchgeführt werden. Zu den einschlägigen Gesetzen gehören u. a. das **BBiG,** die **Handwerksordnung,** das **JArbSchG.** Es ist nicht erforderlich, dass es sich um Gesetze, betriebliche oder tarifliche Regeln handelt, die ausschließlich auf AN i. S. d. § 60 Abs. 1 Anwendung finden; es reicht, wenn die Regeln **auch auf die AN i. S. d. § 60 Abs. 1 anwendbar** sind.[19] Für die Überwachung der Einhaltung einzelvertraglicher Ansprüche ist die JAV – gleich dem BR – nicht verantwortlich.

17 Das Überwachungsrecht beinhaltet **gleichzeitig** eine **Überwachungspflicht** der JAV.[20]

18 Abs. 1 Nr. 2 ermächtigt die JAV, ohne konkreten Anlass **Stichproben** zu machen, um die Einhaltung von Schutzvorschriften zu kontrollieren.[21] Sie kann hierzu auch den **Betrieb begehen** und **Arbeitsplätze besichtigen.** Laut *BAG* erfordert dies die **Zustimmung des BR,** dem jedoch kein konkreter Verdacht dargelegt werden muss.[22]

19 Stellt die JAV die Nichtbeachtung oder einen Verstoß gegen zugunsten der AN i. S. d. § 60 Abs. 1 geltende Rechtsvorschriften fest, kann sie **nicht selbst als Kontrollorgan gegenüber dem AG auftreten.** Vielmehr muss die JAV den **BR einschalten,** der ebenfalls nach § 80 zuständig ist.[23]

20 Aus dem Grundsatz der vertrauensvollen Zusammenarbeit aber auch aus der Überwachungspflicht der JAV hat diese ein eigenes **Teilnahmerecht,** wenn der AG alle neu eingestellten Auszubildenden einlädt.[24] Da es sich um eigenständige Rechte und Pflichten der JAV handelt, gilt dies auch dann, wenn der BR an der Veranstaltung ebenfalls teilnimmt.[25]

---

14 *Fitting,* Rn. 5; GK-*Oetker,* Rn. 6; HWGNRH-*Rose,* Rn. 4; Richardi-*Annuß,* Rn. 9.
15 *Fitting,* Rn. 5; GK-*Oetker,* Rn. 11 ff.; HWGNRH-*Rose,* Rn. 5.
16 *Fitting,* Rn. 8; Richardi-*Annuß,* Rn. 10.
17 *Fitting,* Rn. 9.
18 *Fitting,* Rn. 10; GK-*Oetker,* Rn. 49; HWGNRH-*Rose,* Rn. 9; Richardi-*Annuß,* Rn. 10.
19 *Fitting,* Rn. 12; GK-*Oetker,* Rn. 45; Richardi-*Annuß,* Rn. 12; HWGNRH-*Rose,* Rn. 12.
20 *Fitting,* Rn. 12; Richardi-*Annuß,* Rn. 13; HK-BetrVG-*Kloppenburg,* Rn. 5.
21 *BAG* 21.7.82, AP Nr. 1 zu § 70 BetrVG 1972; *Fitting,* Rn. 14; a. A. HWGNRH-*Rose,* Rn. 9.
22 *BAG* 21.1.82, AP Nr. 1 zu § 70 BetrVG 1972; ebenso *Fitting,* Rn. 14; Richardi-*Annuß,* Rn. 13; GK-*Oetker,* Rn. 38.
23 *Fitting,* Rn. 14; GK-*Oetker,* Rn. 6; HWGNRH-*Rose,* Rn. 29; Richardi-*Annuß,* Rn. 13.
24 DKW-*Trittin,* 16. Aufl. 2018, Rn. 20.
25 A. A. *ArbG Darmstadt* 14.9.88, DB 89, 232.

3. Anregungen von Jugendlichen und Auszubildenden (Nr. 3)

Gemäß Abs. 1 Nr. 3 sind AN i. S. d. § 60 Abs. 1, also jugendliche und zur Ausbildung beschäftigte AN, berechtigt, sich mit **Anregungen** an die JAV zu wenden. Der **Begriff der Anregung** ist weit zu verstehen. Er erfasst thematisch alle betrieblichen Fragen und insbesondere auch **Beschwerden.**[26] Keine Voraussetzung ist, dass es sich bei den Anregungen um Themen handelt, die ausschließlich Jugendliche oder Auszubildende betreffen.[27] 21

Die JAV ist **verpflichtet,** die Anregungen entgegen zu nehmen, sich also im Rahmen einer Sitzung damit zu **befassen.**[28] Erscheint ihr das **Anliegen berechtigt,** kann sie nicht selbst an den AG herantreten, sondern muss **beim BR auf Erledigung des Anliegens hinwirken.** Hierzu sollte dem BR eine entsprechende **Stellungnahme** zugeleitet werden.[29] Der BR hat sich dann mit dem Thema zu befassen, ohne an den Beschluss der JAV gebunden zu sein.[30] Die JAV kann gem. § 67 Abs. 1 S. 2 beantragen, dass die Angelegenheit auf die Tagesordnung der nächsten BR-Sitzung gesetzt wird. Es besteht in diesem Fall ein Teilnahmerecht für alle Mitglieder der JAV gem. § 67 Abs. 1 S. 2, wenn die Angelegenheit besonders die in § 60 Abs. 1 genannten AN betrifft, was in der Regel der Fall sein dürfte (s. § 67).[31] Führt das Anliegen zu Besprechungen des BR mit dem AG, ist die JAV gem. § 68 beizuziehen. 22

Hält die JAV ein an sie herangetragenes Anliegen für nicht berechtigt und will dies nicht weiter verfolgen, so hat sie einen entsprechenden **Beschluss** zu fassen. 23

In jedem Falle hat die JAV gem. Abs. 1 Nr. 3 die Person, die Anregungen gemacht oder sich beschwert hat, zu **informieren** und zwar auch über den Fortgang des Verfahrens, nachdem die JAV das Anliegen an den BR weiter geleitet hat.[32] 24

Es besteht keine Verpflichtung für AN i. S. d. § 60 Abs. 1, Anregungen und insbesondere Beschwerden aufgrund von Abs. 1 Nr. 3 ausschließlich bei der JAV abzugeben. Vielmehr bleibt eine **direkte Kommunikation auch mit dem BR möglich,** die dann sinnvoll sein kann, wenn Anregungen **Aufgaben des BR** betreffen oder wenn es sich um Beschwerden über die Arbeit der JAV handelt.[33] 25

III. Unterrichtungsrecht (Abs. 2)

1. Recht auf Unterrichtung gegenüber dem BR, Abs. 2 S. 1

Zur Durchführung ihrer Aufgaben ist die JAV durch den BR **rechtzeitig und umfassend zu unterrichten,** Abs. 2 S. 1. Der Anspruch richtet sich gegen den BR; vom AG kann die JAV keine Unterrichtung verlangen.[34] 26

Der **Umfang** der Unterrichtung richtet sich nach den Aufgaben der JAV. Sie ist nicht auf Tatsachen begrenzt, sondern kann z. B. auch Rechtsauskünfte umfassen.[35] 27

Die Unterrichtung erfolgt **rechtzeitig,** wenn die JAV ihre Aufgaben ohne Verzögerung unter Berücksichtigung der erforderlichen Informationen ausüben kann. Ein Antrag der JAV auf Unterrichtung ist nicht erforderlich. Vielmehr soll der BR die Unterrichtung von sich aus vornehmen.[36] 28

Dem BR ist durch § 79 eine **Schweige- und Geheimhaltungspflicht bzgl. Betriebs- und Geschäftsgeheimnissen** auferlegt (s. § 79 Rn. 4 ff. insbesondere zum Umfang der Schweigepflicht). In § 79 Abs. 1 S. 4 wird aufgezählt, welchen Organen und Gremien gegenüber die Schweigepflicht allerdings nicht besteht. Auf diese Norm verweist für die **Geheimhaltung der** 29

---

26 *Fitting*, Rn. 15; HWGNRH-*Rose*, Rn. 11; Richardi-*Annuß*, Rn. 15.
27 *Fitting*, Rn. 15.
28 *Fitting*, Rn. 16; Richardi-*Annuß*, Rn. 15.
29 *Fitting*, Rn. 18.
30 *Fitting*, Rn. 18; HWGNRH-*Rose*, Rn. 38; GK-*Oetker*, Rn. 24; Richardi-*Annuß*, Rn. 15.
31 Richardi-*Annuß*, Rn. 15.
32 *Fitting*, Rn. 19; GK-*Oetker*, Rn. 50; Richardi-*Annuß*, Rn. 16.
33 *Fitting*, Rn. 15; GK-*Oetker*, Rn. 47; HWGNRH-*Rose*, Rn. 40; Richardi-*Annuß*, Rn. 17.
34 *Fitting*, Rn. 20; GK-*Oetker*, Rn. 52; HWGNRH-*Rose*, Rn. 45; Richardi-*Annuß*, Rn. 18.
35 *Fitting*, Rn. 20; HWGNRH-*Rose*, Rn. 46; Richardi-*Annuß*, Rn. 19.
36 *Fitting*; Rn. 21; GK-*Oetker*, Rn. 52; HWGNRH-*Rose*, Rn. 46; Richardi-*Annuß*, Rn. 20.

Informationen zu personellen Einzelmaßnahmen auch § 99 Abs. 1 S. 3 (s. § 99 Rn. 169). Die JAV kommt in dieser Aufzählung nicht vor. Daraus wird zum Teil geschlossen, dass die Schweigepflicht i. S. v. § 79 die Grenze des Unterrichtungsanspruchs der JAV bilde.[37] Allerdings erscheint dies vor dem Hintergrund, dass § 79 Abs. 2 der **JAV ihrerseits eine Schweigepflicht auferlegt,** als widersprüchlich (s. § 79 Rn. 26) und nicht zwingend.[38] Widersprüchlich und mit praktischen Schwierigkeiten verbunden wäre dieses Ergebnis auch vor dem Hintergrund des Teilnahmerechts der JAV gem. §§ 67, 68. Jedenfalls den Mitgliedern der JAV gegenüber, die diese Rechte wahrnehmen, ist eine Unterrichtung über geheimhaltungsbedürftige Informationen im Einzelfall deshalb zulässig (Vgl. § 79 Rn. 26).

30 Verweigert der BR der JAV die Unterrichtung zu Themen, die das Unterrichtungsrecht umfasst, so kann dies einen **groben Verstoß** gegen ihm obliegende Pflichten i. S. d. § 23 Abs. 1 (vgl. § 23 Rn. 4) darstellen.[39]

2. Vorlage von Unterlagen (Abs. 2 S. 2)

31 Die JAV kann in Ergänzung der Unterrichtungspflicht gem. Abs. 2 S. 2 vom BR verlangen, dass ihr die **zur Durchführung ihrer Aufgaben erforderlichen Unterlagen zur Verfügung gestellt werden.**

32 Der Anspruch bezieht sich auf die dem **BR bereits vorliegende** sowie solche **Unterlagen,** deren **Herausgabe** der BR gemäß **§ 80 Abs. 2 S. 2** vom AG verlangen kann.[40] Bedarf es für die Erfüllung der Aufgaben der JAV bestimmter Unterlagen, die dem BR noch nicht vorliegen, so ist er verpflichtet, von seinem Anspruch auf Herausgabe gegenüber dem AG Gebrauch zu machen.[41] Somit gilt der Anspruch nicht für die Vorlage von **Bruttolohn- und Gehaltslisten,** denn deren Herausgabe kann der BR selbst nicht vom AG verlangen, sondern er kann gem. § 80 Abs. 2 S. 2 nur Einblick in die Listen nehmen (Vgl. § 80 Rn. 126 ff.). Auch der Anspruch aus § 13 EntgTranspG beinhaltet kein Recht auf Herausgabe von Originalen oder Fotokopien.[42] Die JAV kann allerdings beim BR anregen, dass dieser in die Bruttolohn- und Gehaltslisten der von der JAV vertretenen AN Einblick nimmt und die JAV anschließend über das Ergebnis seiner Einsichtnahme informiert.[43]

33 Anders als bei der Pflicht zur Unterrichtung nach Abs. 2 S. 1 muss der BR nicht von sich aus tätig werden. Der Anspruch besteht vielmehr nur, wenn die JAV die Überlassung von Unterlagen beim BR **verlangt.** Ein Verstoß kann eine **grobe Verletzung der Pflichten des BR** i. S. v. § 23 Abs. 1 (vgl. § 23 Rn. 4) darstellen.[44]

34 Die Formulierung des Abs. 2 S. 2 »zur Verfügung stellen« entspricht der in § 80 Abs. 2 S. 2; insofern gilt das dazu Gesagte (s. § 80 Rn. 112 ff.). Der BR darf also die Unterlagen nicht nur vorlegen, sondern muss sie der JAV auch für eine angemessene Zeit **überlassen.**[45]

IV. Streitigkeiten

35 Streitigkeiten über Umfang und Inhalt der Aufgaben der JAV, wegen des Unterrichtungsrechts und der Herausgabe von Unterlagen entscheidet gemäß §§ 2a, 80 ff. ArbGG das *ArbG* im **Beschlussverfahren.** Die JAV ist auch Beteiligte.[46]

---

37 *Fitting*, Rn. 22; GK-*Oetker*, Rn. 58; HWGNRH-*Rose*, Rn. 21.
38 Richardi-*Annuß*, Rn. 29.
39 *Fitting*, Rn. 26; Richardi-*Annuß*, Rn. 31.
40 *Fitting*, Rn. 23; GK-*Oetker*, Rn. 60; Richardi-*Annuß*, Rn. 24.
41 Richardi-*Annuß*, Rn. 24.
42 *Oerder/Wenckebach*, EntgTranspG, § 13 Rn. 7.
43 *Fitting*, Rn. 24; GK-*Oetker*, Rn. 60; Richardi-*Annuß*, Rn. 26.
44 *Fitting*, Rn. 26; GK-*Oetker*, Rn. 63 f.; Richardi-*Annuß*, Rn. 31.
45 *Fitting*, Rn. 25; GK-*Oetker*, Rn. 62; HWGNRH-*Rose*, Rn. 55; Richardi-*Annuß*, Rn. 27.
46 *BAG* 8. 2. 77, AP Nr. 10 zu § 80 BetrVG 1972.

§ 71 Jugend- und Auszubildendenversammlung

Die Jugend- und Auszubildendenvertretung kann vor oder nach jeder Betriebsversammlung im Einvernehmen mit dem Betriebsrat eine betriebliche Jugend- und Auszubildendenversammlung einberufen. Im Einvernehmen mit Betriebsrat und Arbeitgeber kann die betriebliche Jugend- und Auszubildendenversammlung auch zu einem anderen Zeitpunkt einberufen werden. § 43 Abs. 2 Satz 1 und 2, die §§ 44 bis 46 und § 65 Abs. 2 Satz 2 gelten entsprechend.

Inhaltsübersicht

I. Vorbemerkungen

Um die **Kommunikation** der JAV mit den von ihr vertretenen AN zu ermöglichen und **Raum für Diskussionen** unter den Jugendlichen und zur Ausbildung Beschäftigten zu schaffen, regelt diese Vorschrift das Recht der JAV zur **Durchführung einer JA-Versammlung.** Dabei wird auf wesentliche Regeln für die Betriebsversammlung verwiesen. Weder für die GJAV noch für die KJAV ist die Norm anwendbar.[1] 1

Die Norm ist **zwingend** und durch TV oder BV nicht abdingbar.[2] 2

Die entsprechende Norm im Personalvertretungsrecht ist **§ 63 BPersVG.** 3

II. Voraussetzungen

Es liegt im **Ermessen der JAV,** ob sie Versammlungen durchführen will. Die Einberufung einer JA-Versammlung erfordert deshalb einen entsprechenden **Beschluss der JAV,** der mit einfacher Stimmenmehrheit zu fassen ist.[3] Ein Antragsrecht der Gewerkschaften auf Einberufung einer JA-Versammlung, wie es für Betriebsversammlungen gem. § 43 Abs. 4 gilt (s. § 43 Rn. 40 ff.), besteht nicht. 4

Die Einberufung von JA-Versammlungen erfolgt gem. S. 1 im »**Einvernehmen mit dem BR**«. Dies bedeutet, dass es der **Zustimmung des BR** bedarf.[4] Für seine Entscheidung – die auch der BR **durch Beschluss** trifft – muss die JAV dem BR die von ihr geplante zeitliche Lage der Versammlung und die Tagesordnung mitteilen. Der BR beschließt über diese im Wege eines **einfachen Mehrheitsbeschlusses** nach pflichtgemäßem Ermessen.[5] Eine **Änderung der Planung** durch die JAV bedarf eines erneuten Beschlusses.[6] Die beschlossene Tagesordnung der Versammlung schließt jedoch nicht aus, dass **auch weitere Themen** diskutiert werden, die aus dem Teilnehmerkreis in die Versammlung eingebracht werden.[7] 5

III. Teilnehmerkreis

Zur Teilnahme an der JA-Versammlung berechtigt sind **alle jugendlichen und die zu ihrer Berufsausbildung beschäftigten AN.** Die gesamte JAV hat ein Teilnahmerecht. 6

Teilnahmeberechtigt sind darüber hinaus: 7

---

1 *Fitting*, Rn. 2; Richardi-*Annuß*, Rn. 3.
2 *Fitting*, Rn. 3.
3 *Fitting*, Rn. 9; GK-*Oetker*, Rn. 27; HWGNRH-*Rose*, Rn. 28; Richardi-*Annuß*, Rn. 10.
4 *Fitting*, Rn. 11; GK-*Oetker*, Rn. 29; HWGNRH-*Rose*, Rn. 24; Richardi-*Annuß*, Rn. 11.
5 *Fitting*, Rn. 11; GK-*Oetker*, Rn. 30, 32; HWGNRH-*Rose*, Rn. 24; Richardi-*Annuß*, Rn. 11.
6 *Fitting*, Rn. 11 und 16; Richardi-*Annuß*, Rn. 11.
7 Richardi-*Annuß*, Rn. 11.

- **BR-Vorsitz** oder ein durch den BR **beauftragtes Mitglied,** S. 3 i. V. m. § 65 Abs. 2 S. 2.
- **AG,** S. 3 i. V. m. § 43 Abs. 2 S. 2 und bei dessen Teilnahme ein **Vertreter des AGV,** dem der AG angehört, S. 3 i. V. m. § 46 Abs. 1 S. 2. Der AG ist gem. S. 3 i. V. m. § 43 Abs. 2 S. 2 berechtigt, auf der JA-Versammlung das Wort zu ergreifen und zu allen Tagesordnungspunkten zu sprechen.
- Die **Beauftragten der im Betrieb vertretenen Gewerkschaften,** S. 3 i. V. m. § 46 Abs. 1 S. 1.

8 Alle Teilnahmeberechtigten, also nicht nur die in § 60 Abs. 1 genannten AN, haben ein **Recht zur Stellungnahme** in der Versammlung.[8]

9 Die Versammlung ist **nicht öffentlich.**[9] Wenn dies sachdienlich ist, können jedoch wie auch bei Betriebsversammlungen **Dritte** teilnehmen, wenn sie als **Gäste, Sachverständige oder Auskunftspersonen** geladen werden. Hierfür gelten dieselben Grundsätze wie für Betriebsversammlungen, s. § 42 Rn. 24 ff.

10 Wer an der JA-Versammlung teilnimmt, wird dadurch nicht daran gehindert, auch an der Betriebsversammlung teilzunehmen. Das **Teilnahmerecht für beide Versammlungen** besteht parallel.

IV. Zeitliche Lage, Anzahl und Art der Versammlung

11 Die JA-Versammlung findet wie die Betriebsversammlung gem. S. 2 i. V. m. § 44 Abs. 1 S. 1 **während der Arbeitszeit** statt. Wird eine JA-Versammlung allerdings im zeitlichen Zusammenhang mit einer **außerordentlichen Betriebsversammlung** abgehalten, so ist es unter den Voraussetzungen von S. 3 i. V. m. § 44 Abs. 2 S. 1 möglich, dass sie – soweit mit dem AG gem. § 44 Abs. 2 S. 2 HS. 1 nichts anderes vereinbart wird – außerhalb der Arbeitszeit stattfindet; zum Vergütungsanspruch in diesem Fall s. Rn. 27.

12 Die JA-Versammlung wird nach S. 1 **vor oder nach einer Betriebsversammlung** durchgeführt. Dies gilt auch dann, wenn eine Betriebsversammlung gem. § 42 i. V. m. § 43 Abs. 1 S. 2 in Form der **Abteilungsversammlung** durchgeführt wird.[10] Wenn es sich um eine **außerordentliche Betriebsversammlung** handelt, müssen deren besondere Voraussetzungen (s. § 43 Rn. 32 ff.) auch für die JA-Versammlung vorliegen.[11] Grundsätzlich muss die JA-Versammlung also **möglichst an demselben Tag** wie die Betriebsversammlung stattfinden.[12] Damit der Besuch von zwei Versammlungen an einem Tag nicht unzumutbar ist, sollte zwischen den Versammlungen eine **Pause** liegen.[13]

13 Nach **S. 2** kann die JA-Versammlung jedoch auch zu einem **anderen Zeitpunkt** anberaumt werden. Dies bedarf gem. S. 2 dem **Einverständnis von AG und BR.** Es sollte auch in diesem Fall beachtet werden, dass die Versammlung gem. S. 3 i. V. m. § 44 Abs. 1 S. 1 auch dann grundsätzlich während der Arbeitszeit stattfindet (s. Rn. 11, 25); zum Anspruch auf Vergütung im Fall des S. 2 s. Rn. 27.

14 Die **Häufigkeit** von JA-Versammlungen wird durch die Zahl der Betriebsversammlungen begrenzt, kann jedoch bei Einverständnis von BR und AG auch darüber hinausgehen.[14]

15 Die JA-Versammlung ist **in der Regel als Vollversammlung** abzuhalten. Möglich ist in analoger Anwendung von § 42 Abs. 1 S. 3 aber auch, sie **als Teilversammlung** durchzuführen.[15] Dass § 42 Abs. 1 S. 3 in § 71 nicht ausdrücklich erwähnt wird, steht dem nicht entgegen. Einer Teilversammlung bedarf es nämlich dann, wenn andernfalls keine Versammlung der von der JAV vertretenen AN möglich wäre – was mit den Zielen des § 71 unvereinbar wäre (vgl. § 42 Rn. 31).[16] Die Unmöglichkeit einer Vollversammlung kann sich aus der Eigenart des Betriebs

---

8 GK-*Oetker*, Rn. 54; Richardi-*Annuß*, Rn. 24.
9 *Fitting*, Rn. 5; GK-*Oetker*, Rn. 44; HWGNRH-*Rose*, Rn. 11; Richardi-*Annuß*, Rn. 19.
10 *Fitting*, Rn. 13; Richardi-*Annuß*, Rn. 12; a. A. GK-*Oetker*, Rn. 24.
11 *Fitting*, Rn. 14.
12 *BAG* 15.8.78 – 6 ABR 10/76, AP Nr. 1 zu § 23 BetrVG 1972.
13 Vgl. *Fitting*, Rn. 15.
14 Richardi-*Annuß*, Rn. 12.
15 *Fitting*, Rn. 8; GK-*Oetker*, Rn. 15; Richardi-*Annuß*, Rn. 8.
16 *Fitting*, Rn. 8; GK-*Oetker*, Rn. 16; Richardi-*Annuß*, Rn. 8.

ergeben, etwa, wenn in Schichten gearbeitet wird oder Betriebsteile räumlich voneinander entfernt sind (s. § 42 Rn. 30ff.).

Dass die JAV für die von ihr vertretenen AN auch **Abteilungsversammlungen** durchführen kann, wird von Teilen der Literatur deshalb abgelehnt, weil auch die §§ 42 Abs. 2 und 43 Abs. 1 S. 1 nicht in Bezug genommen werden.[17] Die Verweisungen auf die Grundsätze für Betriebsversammlungen in § 71 sind jedoch insgesamt nicht vollständig. § 71 ist auch nach den Reformen noch lückenhaft.[18] Zudem sind die Gründe, die zur Errichtung der Abteilungsversammlung geführt haben, auch auf die JA-Versammlung übertragbar.[19] Jedenfalls dann, wenn auch die Betriebsversammlung selbst als Abteilungsversammlung abgehalten wird und die Voraussetzungen des § 42 Abs. 2 (s. § 42 Rn. 40ff.) vorliegen, kann daher auch die JAV Abteilungsversammlungen durchführen. 16

Zunächst wurde durch die Übergangsregelung des § 129 Abs. 3 befristet bis zum 30.6.2021 die Möglichkeit geschaffen, Versammlungen **mittels audio-visueller Einrichtungen** durchzuführen, um den Einschränkungen durch die **Corona-Pandemie** Rechnung zu tragen. Diese Ausnahmeregelung wurde durch das neue Betriebsrätemodernisierungsgesetz[20] – anders als die Möglichkeit JAV-Sitzungen mittels Telefon- und Videokonferenzen durchzuführen – nicht unbefristet ins BetrVG übernommen,[21] vgl. § 53 Rn. 27. Die letzte Befristung der Übergangsregelung ist zumindest bis zum 19.3.22 fortgesetzt worden. Mit dem »Gesetz zur Stärkung des Schutzes der Bevölkerung und insbesondere vulnerabler Personengruppen vor COVID-19[22] hat der Gesetzgeber die Geltung der Übergangsregelung des § 129 Abs. 1 bis zum 7.4.23 verlängert hatte. Eine Nachfolgeregelung wurde nach Fristablauf nicht getroffen, sodass die Möglichkeit der Durchführung von Versammlungen i.S.d. § 71 mittels audiovisueller Einrichtungen inzwischen nicht mehr. Die JAV-Versammlungen müssen in Präsenz abgehalten werden. 16a

V. Durchführung, Themen und Anträge

Der Beschluss der JAV, eine Versammlung einzuberufen (s. Rn. 4) wird nach Zustimmung des BR (s. Rn. 5) **durch den Vorsitz der JAV** durchgeführt. Im Falle der Verhinderung des Vorsitzes wird die Stellvertretung tätig. Hierzu wird die JA-Versammlung zu dem im Beschluss festgesetzten Zeitpunkt im Namen der JAV einberufen.[23] 17

Auch die **ordnungsgemäße Ladung zu der Versammlung** obliegt dem Vorsitz der JAV. Sie hat rechtzeitig unter Mitteilung der Tagesordnung zu erfolgen. Auch der AG ist zu ihr unter Mitteilung der Tagesordnung einzuladen (S. 3 i.V.m. § 43 Abs. 2 S. 1). Zeitpunkt und Tagesordnung sind ebenfalls den im BR vertretenen Gewerkschaften rechtzeitig schriftlich mitzuteilen (S. 3 i.V.m. § 46 Abs. 2).[24] 18

Schließlich übernimmt der JAV-Vorsitz auch die **Leitung** der JA-Versammlung.[25] Dies ist zwar im Gesetz nicht ausdrücklich so bestimmt: Wäre jedoch anderes vorgesehen, als die entsprechende Geltung der für die Betriebsversammlung geltenden Grundsätze, so hätte es einer expliziten Regelung bedurft.[26] Die Versammlungsleitung hat dafür Sorge zu tragen, dass die **Versammlung ordnungsgemäß** abläuft. Sie übt auch das **Hausrecht** aus. Hierfür gelten dieselben Grundsätze wie für die Betriebsversammlung (s. dazu § 42 Rn. 24ff.).[27] 19

---

17 *Fitting*, Rn. 8; GK-*Oetker*, Rn. 18; HWGNRH-*Rose*, Rn. 15; Richardi-*Annuß*, Rn. 9.
18 Richardi-*Annuß*, Rn. 1.
19 *Schneider*, AiB 88, 34f.; DKW-*Trittin*, 16. Aufl. 2018, Rn. 7; HK-BetrVG-*Kloppenburg*, Rn. 2.
20 BGBl. I, S. 1762.
21 Kritik daran BVAU in Ausschuss-Drs. 19(11)1107, 1. Zusammenfassung.
22 Art. 6d Änderung des BetrVG BT-Drs. 433/22 v. 9.9.22.
23 Richardi-*Annuß*, Rn. 18.
24 *Fitting*, Rn. 11; Richardi-*Annuß*, Rn. 16.
25 *Fitting*, Rn. 18; GK-*Oetker*, Rn. 43; HWGNRH-*Rose*, Rn. 32; HK-BetrVG-*Kloppenburg*, Rn. 5; Richardi-*Annuß*, Rn. 18.
26 Richardi-*Annuß*, Rn. 18.
27 *Fitting*, Rn. 11; Richardi-*Annuß*, Rn. 18.

20 Gem. S. 3 i. V. m. § 45 (s. dort) können auf der JA-Versammlung **alle Themen** erörtert werden, die die jugendlichen AN oder die im Betrieb beschäftigten Auszubildenden unmittelbar betreffen. Hierzu zählen:

- Wirtschaftliche Fragen,
- Tarifpolitik,
- Vereinbarkeit von Ausbildung und Beruf,
- Geschlechtergleichstellung und
- Sozialpolitische Themen.

Voraussetzung ist, dass jeweils ein **Bezug zu den auszubildenden oder den jugendlichen AN** besteht. Nicht erforderlich ist, dass die Themen ausschließlich AN i. S. d. § 60 Abs. 1 berühren.[28] Es obliegt der Leitung der Versammlung (s. Rn. 19) dafür zu sorgen, dass auf der Versammlung **keine unzulässigen Themen** behandelt werden.

21 Es gilt auch in der JA-Versammlung gem. S. 3 i. V. m. § 45, der wiederum auf die Grundsätze des § 74 Abs. 2 verweist, das **Verbot parteipolitischer Betätigung** sowie die **betriebliche Friedenspflicht.**[29]

22 Alle an der Versammlung Teilnahmeberechtigten haben in der Versammlung ein **Rederecht** (s. Rn. 6 ff.).[30]

23 Gemäß S. 3 i. V. m. § 45 S. 2 kann die JA-Versammlung auch **Anträge an die JAV** richten und zu ihren Beschlüssen Stellung nehmen. Dasselbe gilt für Beschlüsse des BR. Alle an der Versammlung teilnahmeberechtigten jugendlichen und zu ihrer Berufsausbildung beschäftigten AN haben hierbei ein **Stimmrecht.** Abstimmungen in der Versammlung verschaffen ein Meinungsbild, entfalten jedoch keine bindende Wirkung für die JAV.[31]

24 Für die Durchführung der JA-Versammlung hat der AG die **erforderlichen Räume und sachlichen Mittel** zur Verfügung zu stellen.

VI. Arbeitsbefreiung, Entgeltanspruch, Kosten und Sachaufwand

25 Findet die JA-Versammlung innerhalb der Arbeitszeit statt, so besteht ein **Anspruch auf Arbeitsbefreiung** für die teilnahmeberechtigten AN.

26 Gem. § 44 Abs. 1 S. 2 u. 3, die durch S. 3 für anwendbar erklärt werden, ist den jugendlichen und zu ihrer Ausbildung beschäftigten AN die Zeit, die für die Teilnahme an der JA-Versammlung vom einzelnen AN aufgewendet wird, **wie Arbeitszeit zu vergüten.** Auch **zusätzliche Wegezeiten und Fahrtkosten** sind zu erstatten, soweit diese anfallen. Es gilt somit dasselbe wie auch für Betriebsversammlungen (s. § 44). Dass der Vergütungsanspruch für Auszubildende auf § 10 Abs. 1 BBiG beruht, ändert daran nichts.[32] Während eines **Arbeitskampfes** entfällt der Anspruch auf Vergütung nicht (vgl. § 44 Rn. 18).[33]

27 Finden JA-Versammlungen im zeitlichen Zusammenhang mit **außerordentlichen Betriebsversammlungen** mit dem erforderlichen Einverständnis des AG gem. § 44 Abs. 2 **innerhalb der Arbeitszeit** statt, so besteht gem. S. 3 i. V. m. § 44 Abs. 2 S. 2 HS. 2 der Vergütungsanspruch. In diesem Fall besteht allerdings – soweit der AG nichts anderes erklärt – **kein Anspruch auf Wegezeiten** oder die **Erstattung zusätzlich anfallender Fahrtkosten** (vgl. § 44 Rn. 33).[34] Für JA-Versammlungen allerdings, die im Zusammenhang mit außerordentlichen Betriebsversammlungen **außerhalb der Arbeitszeit** stattfinden (s. Rn. 11), besteht gem. S. 3 i. V. m. § 44 Abs. 2 S. 2 HS. 2 weder der Vergütungsanspruch noch Anspruch auf Erstattung von zusätzlichen Wegezeiten und Fahrtkosten (vgl. § 44 Rn. 30).[35]

---

28 *Fitting*, Rn. 21; HK-BetrVG-*Kloppenburg*, Rn. 5; Richardi-*Annuß*, Rn. 20 ff.
29 *Fitting*, Rn. 21; Richardi-*Annuß*, Rn. 20 ff.
30 *Fitting*, Rn. 23; Richardi-*Annuß*, Rn. 24.
31 *Fitting*, Rn. 23; Richardi-*Annuß*, Rn. 24.
32 *Lunk*, NZA 92, 534.
33 *BAG* 5. 5. 87, NZA 87, 853; *Colneric* in Däubler, Arbeitskampfrecht, Rn. 570, 570a, 653 f.; DKW-*Trittin*, 16. Aufl. 2018, Rn. 24.
34 *Fitting*, Rn. 27; Richardi-*Annuß*, Rn. 26.
35 *Fitting*, Rn. 28; GK-*Oetker*, Rn. 51; Richardi-*Annuß*, Rn. 27.

Werden JA-**Versammlungen gem. Abs. 2** mit dem Einverständnis des AG zu einem anderen Zeitpunkt anberaumt als im Zusammenhang mit einer Betriebsversammlung (s. Rn. 13), so hat dies keine Auswirkung auf die Grundsätze der Vergütung.[36] 28

Die **Kosten** der JA-Versammlungen hat der **AG** zu tragen. Durch den AG sind auch die **Räume** sowie die erforderlichen **sachlichen Mittel** zur Verfügung zu stellen.[37] 29

VII. Streitigkeiten

Die *ArbG* entscheiden über Streitigkeiten wegen der Durchführung von JA-Versammlungen oder der Teilnahme daran gemäß §§ 2a, 80 ff. ArbGG im **Beschlussverfahren.** Im **Urteilsverfahren** sind Ansprüche auf Vergütung und Fahrtkostenersatz gemäß § 2 Abs. 1 Nr. 3 ArbGG geltend zu machen. 30

Zweiter Abschnitt
Gesamt-Jugend- und Auszubildendenvertretung

§ 72 Voraussetzung der Errichtung, Mitgliederzahl, Stimmengewicht

(1) Bestehen in einem Unternehmen mehrere Jugend- und Auszubildendenvertretungen, so ist eine Gesamt-Jugend- und Auszubildendenvertretung zu errichten.

(2) In die Gesamt-Jugend- und Auszubildendenvertretung entsendet jede Jugend- und Auszubildendenvertretung ein Mitglied.

(3) Die Jugend- und Auszubildendenvertretung hat für das Mitglied der Gesamt-Jugend- und Auszubildendenvertretung mindestens ein Ersatzmitglied zu bestellen und die Reihenfolge des Nachrückens festzulegen.

(4) Durch Tarifvertrag oder Betriebsvereinbarung kann die Mitgliederzahl der Gesamt-Jugend- und Auszubildendenvertretung abweichend von Absatz 2 geregelt werden.

(5) Gehören nach Absatz 2 der Gesamt-Jugend- und Auszubildendenvertretung mehr als zwanzig Mitglieder an und besteht keine tarifliche Regelung nach Absatz 4, so ist zwischen Gesamtbetriebsrat und Arbeitgeber eine Betriebsvereinbarung über die Mitgliederzahl der Gesamt-Jugend- und Auszubildendenvertretung abzuschließen, in der bestimmt wird, dass Jugend- und Auszubildendenvertretungen mehrerer Betriebe eines Unternehmens, die regional oder durch gleichartige Interessen miteinander verbunden sind, gemeinsam Mitglieder in die Gesamt-Jugend- und Auszubildendenvertretung entsenden.

(6) Kommt im Fall des Absatzes 5 eine Einigung nicht zustande, so entscheidet eine für das Gesamtunternehmen zu bildende Einigungsstelle. Der Spruch der Einigungsstelle ersetzt die Einigung zwischen Arbeitgeber und Gesamtbetriebsrat.

(7) Jedes Mitglied der Gesamt-Jugend- und Auszubildendenvertretung hat so viele Stimmen, wie in dem Betrieb, in dem es gewählt wurde, in § 60 Abs. 1 genannte Arbeitnehmer in der Wählerliste eingetragen sind. Ist ein Mitglied der Gesamt-Jugend- und Auszubildendenvertretung für mehrere Betriebe entsandt worden, so hat es so viele Stimmen, wie in den Betrieben, für die es entsandt ist, in § 60 Abs. 1 genannte Arbeitnehmer in den Wählerlisten eingetragen sind. Sind mehrere Mitglieder der Jugend- und Auszubildendenvertretung entsandt worden, so stehen diesen die Stimmen nach Satz 1 anteilig zu.

(8) Für Mitglieder der Gesamt-Jugend- und Auszubildendenvertretung, die aus einem gemeinsamen Betrieb mehrerer Unternehmen entsandt worden sind, können durch Tarifvertrag oder Betriebsvereinbarung von Absatz 7 abweichende Regelungen getroffen werden.

36 *Fitting*, Rn. 27; Richardi-*Annuß*, Rn. 28.
37 *Fitting*, Rn. 29; Richardi-*Annuß*, Rn. 29.

Inhaltsübersicht

I. Vorbemerkungen

1 § 72 stellt die Mitbestimmung in Belangen der Jugendlichen und Auszubildenden auf UN-Ebene sicher. Nach der Norm, die an § 47 angelehnt ist, ist die **Errichtung einer GJAV zwingend,** sobald in einem UN mehrere JAV gewählt sind (Abs. 1, Rn. 4). Vorgegeben wird neben der Errichtung die **Zusammensetzung** der GJAV, die **Entsendung** von Mitgliedern aus den JAVen (Abs. 2 und 3, Rn. 9 ff.), die **Stimmengewichtung** (Abs. 7, Rn. 24 ff.) sowie Vorgaben zur möglichen Abweichung durch TV oder BV (Abs. 4, Rn. 27 ff.), insbesondere zur Einbeziehung von Jugendlichen und Auszubildenden, die aus gemeinsamen Betrieben entsandt wurden (Abs. 8, Rn. 30).

2 Die Vorschrift ist **zwingendes Recht.**[1] Die Mitgliederzahl sowie die Stimmengewichtung bei Einbeziehung von Jugendlichen und Auszubildenden, die aus gemeinsamen Betrieben entsandt wurden, können aber **durch TV oder BV abweichend** geregelt werden, Abs. 4 und 8. Zudem können abweichende Strukturen der Interessenvertretung für den Bereich der außerbetrieblichen Berufsbildung geregelt werden (s. § 60 Rn. 4).

3 Im BPersVG ist § 64 die entsprechende Vorschrift.

II. Errichtung kraft Gesetzes (Abs. 1)

4 Die Errichtung der GJAV ist durch Abs. 1 **zwingend** vorgeschrieben, sobald **in einem UN mehrere JAVen** bestehen.[2] Die Bildung setzt **keinen Beschluss** voraus, sondern erfolgt kraft Gesetzes.[3] Die Bildung der GJAV durch **Entsendung** der Mitglieder ist eine Pflicht der JAVen, deren Verletzung eine **grobe Pflichtverletzung** i. S. d. § 23 Abs. 1 (§ 23 Rn. 4) darstellen kann.[4]

5 Liegen die Voraussetzungen der Errichtung einer GJAV vor, sind i. d. R. auch die Voraussetzungen zur Errichtung eines GBR erfüllt. Wenig wahrscheinlich aber denkbar ist, dass die Voraussetzungen des Abs. 1 vorliegen aber ein **GBR nicht besteht** – entweder, weil die Voraussetzungen dafür nicht erfüllt sind oder, weil ein GBR von mehreren BR im UN pflichtwidrig nicht errichtet wurde. Die Errichtung einer GJAV setzt dem Wortlaut nach zwar nicht die Existenz eines GBR voraus.[5] Ein Tätigwerden der GJAV ist allerdings nur über den GBR möglich, da ihr keine eigenen Mitbestimmungsrechte zustehen (vgl. auch Rn. 15 ff.), woraus zum Teil abgeleitet wird, dass eine GJAV nur dort errichtet werden könne, wo zumindest die Voraussetzungen für die Bildung eines GBR vorlägen;[6] vgl. zur Notwendigkeit des BR zur Errichtung einer JAV § 60 Rn. 26.

1 *Fitting*, Rn. 3.
2 *Fitting*, Rn. 10; GK-*Oetker*, Rn. 12.
3 GK-*Oetker*, Rn. 12; Richardi-*Annuß*, Rn. 6.
4 *Fitting*, Rn. 18.
5 DKW-*Trittin*, 16. Aufl. Rn. 6; Richardi-*Annuß*, Rn. 5.
6 *Fitting*, Rn. 11; GK-*Oetker*, Rn. 10; HWGNRH-*Rose*, Rn. 4; Richardi-*Annuß*, Rn. 5.

III. Konstituierende Sitzung

6 Die **Einladung zur konstituierenden Sitzung** erfolgt nach § 73 Abs. 2 i. V. m. § 51 Abs. 1 durch die JAV, die bei der Hauptverwaltung des UN gebildet ist. Falls dort keine JAV besteht, so lädt die JAV des nach der Zahl der wahlberechtigten AN i. S. d. § 60 Abs. 1 größten Betriebs des UN ein.[7] Für die Zahl der wahlberechtigten AN ist die Wählerliste der letzten Wahl zur JAV maßgeblich. Die einladende JAV hat wegen § 73 Abs. 1 S. 1 den GBR über die Sitzung zu unterrichten.[8] Die konstituierende Sitzung muss in Präsenz stattfinden, näher dazu § 73 Rn. 8; vgl. § 51 Rn. 17a.

7 Solange, bis die GJAV aus ihrer Mitte eine Person zur **Wahlleitung** bestimmt hat, **leitet** die oder der **Vorsitzende der einladenden GJAV** die konstituierende Sitzung. Näher zu den Besonderheiten von Sitzungen s. § 73 Rn. 4 ff.

8 Konstituiert und handlungsfähig ist die GJAV **mit der Wahl** des oder der **Vorsitzenden** und der **Stellvertretung.**[9]

IV. Regelmäßige Zusammensetzung (Abs. 2 und 3)

1. Entsendung (Abs. 2)

9 Die JAVen sind nach Abs. 2 verpflichtet, aus ihrer Mitte **je ein Mitglied in die GJAV zu entsenden.** Die Zahl der Mitglieder und somit die Größe der GJAV kann gem. Abs. 4 durch TV oder BV abweichend geregelt werden (s. Rn. 27 ff.). Werden keine Mitglieder entsendet, so kann dies eine **grobe Pflichtverletzung** gem. § 23 Abs. 1 (s. § 23 Rn. 4 und Rn. 89 ff.) darstellen.[10] Die zu entsendenden Mitglieder werden in der beschlussfähigen JAV durch **einfachen Mehrheitsbeschluss** gem. § 65 Abs. 1 i. V. m. § 33 bestimmt.[11] Falls nur ein Jugend- und Auszubildendenvertreter vorhanden ist, so ist diese Person automatisch auch Mitglied der GJAV.[12] Auch eine JAV im Gemeinschaftsbetrieb mehrerer UN entsendet ein Mitglied in die GJAV, wie sich aus Abs. 8 ergibt.[13]

2. Ersatzmitglieder (Abs. 3)

10 Die JAV ist gem. Abs. 3 verpflichtet, für jedes Mitglied der GJAV **mindestens ein Ersatzmitglied** zu bestellen. Werden mehrere Ersatzmitglieder bestellt, ist gleichzeitig die **Reihenfolge des Nachrückens** zu bestimmen. Ersatzmitglieder rücken in die GJAV nach, sobald das ordentliche Mitglied vorübergehend verhindert ist oder aus der GJAV ausscheidet.[14]

11 Falls die entsendende JAV **nur aus einem Mitglied besteht,** so ist die Bestellung eines Ersatzmitglieds nicht erforderlich, sondern es ist automatisch die Person Ersatzmitglied, die bei der Wahl zur JAV die zweithöchste Stimmenanzahl auf sich vereint hatte.[15]

3. Abberufung

12 Mitglieder der GJAV können **abberufen** werden, § 73 Abs. 2 i. V. m. § 49. Ist ein Mitglied von **mehreren JAV gemeinsam** entsandt worden, kann es auch nur von diesen gemeinsam abberufen werden.[16]

---

7 *Fitting*, Rn. 25; GK-*Oetker*, Rn. 12; Richardi-*Annuß*, Rn. 6.
8 *Fitting*, Rn. 26.
9 *Fitting*, Rn. 17.
10 *Fitting*, Rn. 18; GK-*Oetker*, Rn. 13; Richardi-*Annuß*, Rn. 14.
11 *Fitting*, Rn. 16; GK-*Oetker*, Rn. 20.
12 Richardi-*Annuß*, Rn. 11; GK-*Oetker*, Rn. 23.
13 *Fitting*, Rn. 15.
14 *Fitting*, Rn. 19.
15 GK-*Oetker*, Rn. 23; *Fitting*, Rn. 19.
16 Richardi-*Annuß*, Rn. 12.

13 Die Abberufung ist **jederzeit** und **ohne Angabe von Gründen** möglich. Sie erfolgt durch **Beschluss** der entsendenden JAV, der mit **einfacher Mehrheit** zu fassen ist.[17]

14 Für aus der GJAV abberufene Mitglieder rücken **Ersatzmitglieder** nach, § 73 Abs. 1 i. V. m. § 25 Abs. 1. Dies erfolgt nach der gem. Abs. 3 festgelegten Reihenfolge, jedoch ist auch eine davon abweichende anderweitige Entsendung möglich, wenn die JAV einen entsprechenden Beschluss fasst.[18]

V. Rechtsstellung der GJAV

1. Verhältnis zu anderen Gremien

15 Die GJAV kann ihre **Mitbestimmungsrechte** zwar **nur mit dem GBR ausführen.**[19] Sie hat gleichwohl trotzdem ihre eigene demokratische Funktion im Betrieb: Sie hat eigene Rechte und Pflichten, beispielsweise die Überwachungsfunktion gem. § 70, der über § 73 Abs. 2, § 51 Abs. 6 gilt, oder die Möglichkeit, Ausschüsse zu bilden (Abs. 2 i. V. m. § 28 Abs. 1). Letztere Möglichkeit hat der Reformgesetzgeber 2001 explizit mit dem Ziel geschaffen, den Vertretungen der Jugendlichen und Auszubildenden ein effektiveres Arbeiten zu ermöglichen.[20] Die Einordnung der GJAV als reines Hilfsorgan des GBR[21] greift daher zu kurz. Zudem ist explizit im Jugendbereich eine inhaltliche Erweiterung von gesetzlichen Beteiligungsrechten der Arbeitnehmervertretung durch TV möglich (Vgl. auch § 60 Rn. 4).[22]

16 Die GJAV ist der JAV sowie der KJAV **weder über- noch untergeordnet**[23]; Weisungen sind in keine Richtung möglich.

17 Für die **Zuständigkeitsabgrenzung von GJAV und einzelnen JAVen** gilt dasselbe wie für die Abgrenzung der Zuständigkeiten zwischen BR und GBR, so dass die Grundsätze des § 50 (s. dort) zur Anwendung kommen. Das **Verhältnis der GJAV zum GBR** entspricht dem Verhältnis von JAV und BR (s. § 60 Rn. 7 ff.).

2. Bestand und Beendigung

18 Wie auch der GBR ist die GJAV ein **Dauergremium** ohne feste Amtszeit. Die Existenz der einmal errichteten GJAV endet nur mit Wegfall der Voraussetzungen der Errichtung.[24]

19 Die Mitglieder der GJAV können wechseln, ohne dass dies ihren Bestand beeinträchtigt. **Nach Durchführung von JAV-Wahlen** ist in der JAV eine **neue Beschlussfassung zur Entsendung in die GJAV** erforderlich. Die GJAV wird als Dauergremium nicht dadurch beendet, dass sämtliche JAVen pflichtwidrig keine Mitglieder mehr entsenden.[25] Sie ist in diesem Fall (vorübergehend) funktionslos, kann jedoch durch Entsendungsbeschlüsse jederzeit wieder »aktiviert« werden.

20 **Nicht möglich** ist ein **kollektiver Rücktritt** der GJAV oder **ein Beschluss über die Auflösung durch die GJAV selbst,** denn hierfür fehlt ihr die Organisationszuständigkeit.[26]

21 **Unmöglich** ist zudem **die gerichtliche Auflösung** der GJAV.[27] § 48 (s. dort), auf den § 73 Abs. 2 verweist, sieht nur den Ausschluss von einzelnen Mitgliedern, nicht jedoch die Auflösung als Gremium durch ein Gericht vor.

22 Über § 73 Abs. 2 kommen neben § 48 auch die für die Mitgliedschaft im GBR geregelten **Erlöschensgründe in § 49** (s. dort) auf die GJAV zur Anwendung.

---

17 *Fitting*, Rn. 22; GK-*Oetker*, Rn. 24.
18 GK-*Oetker*, Rn. 25.
19 GK-*Oetker*, Rn. 5; *Fitting*, Rn. 9.
20 BT-Drs. 14/5741 S. 31.
21 So GK-*Oetker*, Rn. 5; *Fitting*, Rn. 9.
22 *BAG*, 24.8.04 – 1 ABR 28/03, AuR 2005, 270 ff.
23 *Fitting*, Rn. 7; GK-*Oetker*, Rn. 6.
24 *Fitting*, Rn. 13; GK-*Oetker*, Rn. 14; Richardi-*Annuß*, Rn. 8.
25 So aber GK-*Oetker*, Rn. 14.
26 GK-*Oetker*, Rn. 15; Richardi-*Annuß*, Rn. 9.
27 GK-*Oetker*, Rn. 18.

Die **Auflösung der GJAV als Organ** kann durch die JAV **nicht** erfolgen.[28] Jederzeit möglich ist aber eine **Abberufung einzelner Mitglieder** durch Beschluss der JAV, § 73 Abs. 2 i. V. m. §§ 48, 49. Da in diesem Fall Ersatzmitglieder nachrücken (s. Rn. 12), hat das auf den Bestand des Gremiums und dessen Funktionsfähigkeit keine Auswirkungen. 23

VI. Stimmengewichtung (Abs. 7) und Stimmabgabe

Nach Abs. 7 hat ein Mitglied der GJAV so viele Stimmen, wie in dem entsendenden Betrieb **AN i. S. d. § 60 Abs. 1** in der **Wählerliste** eingetragen sind. Für den Fall, dass ein Mitglied der GJAV **für mehrere Betriebe** entsandt wurde, so richtet sich gem. Abs. 7 die Stimmengewichtung danach, wie viele AN i. S. d. § 60 Abs. 1 in den entsendenden Betrieben gemeinsam in den Wählerlisten eingetragen sind. Sind **mehrere Mitglieder** der JAV entsandt worden, so stehen diesen gem. Abs. 7 die Stimmen nach S. 1 anteilig zu. Zur Auswirkung abweichender Regelungen zur Größe der GJAV nach Abs. 4–8 auf die Stimmengewichtung siehe Rn. 29. 24

Die Stimmabgabe eines Mitglieds ist nur **einheitlich** möglich. Jede Form der Aufspaltung von auf ein Mitglied anfallenden Stimmen ist ausgeschlossen.[29] 25

Wie in allen Gremien sind auch die Mitglieder der GJAV bei der Abgabe ihrer Stimmen frei und nicht an Weisungen – auch nicht durch die entsendende JAV – gebunden.[30] Allerdings ergibt sich eine **mittelbare Möglichkeit der Einflussnahme** daraus, dass das entsendende Gremium das Mitglied jederzeit aus der GJAV abberufen und durch ein anderes ersetzen kann (vgl. Rn. 12 ff.). 26

VII. Abweichende Regelungen durch TV oder BV (Abs. 4 bis 8)

1. Abweichende Regelung

Nach **Abs. 4** kann – wie auch beim GBR (vgl. § 47 Abs. 4; näher § 47 Rn. 76 ff.) – die **Mitgliederzahl der GJAV** durch TV oder BV **abweichend von Abs. 2** geregelt werden. Damit soll vermieden werden, dass es unverhältnismäßig kleine Gremien gibt, falls in einem UN wenige Betriebe mit jeweils vielen AN zu repräsentieren sind; denkbar sind auch unverhältnismäßig große Gremien in dem Fall eines UN mit vielen Betrieben, in denen aber jeweils nur wenige AN i. S. d. § 60 Abs. 1 tätig sind.[31] 27

Zur Art der Abweichung macht das Gesetz **keine inhaltlichen Vorgaben.** Möglich ist sowohl eine **Vergrößerung** als auch eine **Verkleinerung** des Gremiums.[32] 28

Hinsichtlich der **Stimmengewichtung** im Falle einer Veränderung der Größe der GJAV gilt Abs. 7 S. 2 und 3. Wird das Gremium also **vergrößert,** so **teilen** sich die Mitglieder die Anzahl der auf sie gemeinsam anfallenden Stimmen (Abs. 7 S. 3) zu gleichen Teilen; wird das Gremium **verkleinert** und ein Mitglied wird für mehrere JAV in die GJAV entsandt, so stehen diesem Mitglied so viele Stimmen zu, wie AN i. S. v. § 60 Abs. 1 **in den zusammengefassten Betrieben** in die Wählerliste eingetragen sind (§ 72 Abs. 7 S. 2).[33] 29

Eine Möglichkeit zur **Abweichung vom Grundsatz der Stimmengewichtung** in Abs. 7 eröffnet nur **Abs. 8.** Dieser lässt eine von Abs. 7 abweichende Regelung durch TV oder BV jedoch nur für Mitglieder der GJAV zu, die aus einem **gemeinsamen Betrieb mehrerer UN** entsandt worden sind. Der Abs. 8 macht **keine inhaltliche Vorgabe** dahingehend, dass die Zahl der Stimmen auf die Zahl der dem UN angehörenden Stimmen zu begrenzen wäre.[34] 30

Vertragspartner für einen entsprechenden **Firmen-TV** ist das UN. Möglich ist aber auch ein **firmenbezogener Verbands-TV** mit dem AGV des UN.[35] Die den TV **abschließende Gewerk-** 31

---

28 GK-*Oetker*, Rn. 17.
29 GK-*Oetker*, Rn. 41; *Fitting*, Rn. 30.
30 GK-*Oetker*, Rn. 42; *Fitting*, Rn. 30.
31 *Fitting*, Rn. 31.
32 *Fitting*, Rn. 33.
33 *Fitting*, Rn. 36 ff.
34 GK-*Oetker*, Rn. 44.
35 GK-*Oetker*, Rn. 28.

schaft muss nicht in allen Betrieben der UN vertreten sein. Aus Abs. 4 i. V. m. Abs. 2 lässt sich **kein Arbeitskampfverbot** ableiten (vgl. GBR, s. § 47 Rn. 80).[36]

32 Eine entsprechende BV ist als **GBV zwischen dem GBR des UN und dem AG** abzuschließen. Weder die GJAV, noch einzelne JAVen, sondern allein der GBR sind auf AN-Seite zuständig.[37] Die GJAV ist bei den Verhandlungen gem. § 73 Abs. 2 i. V. m. § 68 allerdings **beizuziehen** und hat gem. § 73 Abs. 2 i. V. m. § 67 Abs. 2 ein **Stimmrecht bei der Abstimmung im GBR,** weil es sich um eine überwiegend jugendliche und zu ihrer Berufsausbildung beschäftigte AN betreffende Angelegenheit handelt, bei der die Mitglieder der GJAV volles Stimmrecht haben.[38]

33 Im Falle einer **Konkurrenz von BV und TV hat letzterer Vorrang.**[39] Die Ansicht, nach der das Prioritätsprinzip gelte, da Abs. 4 keine Konkurrenzregelung enthalte und die Regelung des § 77 Abs. 3 nicht anwendbar sei,[40] verkennt, dass schon der in **Art. 9 Abs. 3 GG** garantierte Schutz der Gewerkschaften und der Tarifautonomie es gebietet, sicherzustellen, dass die Tarifautonomie nicht ausgehöhlt wird (vgl. auch § 77 Rn. 126).

2. Erzwingbare Betriebsvereinbarung zur Mitgliederzahl (Abs. 5)

34 Nach Abs. 5 kann – wie beim GBR gem. § 47 Abs. 4 (s. § 47 Rn. 76 ff.) – die Zahl der zu entsendenden Mitglieder durch BV **verringert** werden, indem die JAV mehrerer UN **gemeinsam Mitglieder entsenden,** wenn sie regional oder durch gleichartige Interessen verbunden sind. **Voraussetzung** ist, dass ein TV zur abweichenden Mitgliederzahl nicht besteht und dass die GJAV bei regelmäßiger Zusammensetzung **mehr als 20 Mitglieder** hätte.

35 Ziel der Regelung ist, die Arbeitsfähigkeit des Gremiums zu sichern. Der Gesetzgeber hat mit der Vorgabe der Größe von 20 Mitgliedern lediglich geregelt, wann es einer Vereinbarung zur Größe der GJAV durch GBR und UN bedarf. Das Gesetz macht damit jedoch **keine Vorgaben** zu der durch BV festzulegenden maximalen Größe der GJAV im Sinne einer **Höchstgrenze** (vgl. auch § 47 Rn. 93).[41]

36 **Parteien** der erzwingbaren BV sind der GBR und das UN.[42]

37 Kommt eine Einigung nicht zustande, entscheidet gem. Abs. 6 die **ESt. verbindlich.** Die GJAV kann die ESt. nicht anrufen – dies obliegt allein AG und GBR.[43] Sinnvollerweise sollte sie jedoch vor einer Entscheidung gehört werden.[44] Die **AN-Beisitzer** werden durch den GBR bestellt.[45] Bei dem dazu erforderlichen Beschluss im GBR ergibt sich die **Stimmberechtigung** der Mitglieder der GJAV aus §§ 73 Abs. 2 i. V. m. 67 Abs. 1 und 2.

VIII. Streitigkeiten

38 Streitigkeiten wegen der Errichtung der GJAV sowie aus der weiteren Anwendung von § 72 werden gem. §§ 2a, 80 f. ArbGG von den *ArbG* im **Beschlussverfahren** entschieden. **Örtlich** zuständig ist das *ArbG*, in dessen Bezirk das herrschende UN seinen Sitz hat (§ 82 Abs. 1 S. 2 ArbGG).

§ 73 Geschäftsführung und Geltung sonstiger Vorschriften

(1) Die Gesamt-Jugend- und Auszubildendenvertretung kann nach Verständigung des Gesamtbetriebsrats Sitzungen abhalten. An den Sitzungen kann der Vorsitzende des Gesamtbetriebsrats oder ein beauftragtes Mitglied des Gesamtbetriebsrats teilnehmen.

---

36 GK-*Oetker*, Rn. 28.
37 *Fitting*, Rn. 34; GK-*Oetker*, Rn. 29 f.; Richardi-*Annuß*, Rn. 16.
38 *Fitting*, Rn. 35; GK-*Oetker*, Rn. 30.
39 *Fitting*, Rn. 34; Richardi-*Annuß*, Rn. 16.
40 GK-*Oetker*, Rn. 32.
41 *Fitting*, Rn. 40; a. A. GK-*Oetker*, Rn. 36, demnach müsse die Zahl 21 unterschritten werden.
42 *Fitting*, Rn. 41; GK-*Oetker*, Rn. 35.
43 *Fitting*, Rn. 41; GK-*Oetker*, Rn. 38.
44 DKW-*Trittin*, Rn. 58; *Fitting*, Rn. 41.
45 GK-*Oetker*, Rn. 38.

(2) Für die Gesamt-Jugend- und Auszubildendenvertretung gelten § 25 Abs. 1, die §§ 26, 28 Abs. 1 Satz 1, die §§ 30, 31, 34, 36, 37 Abs. 1 bis 3, die §§ 40, 41, 48, 49, 50, 51 Abs. 2 bis 5 sowie die §§ 66 bis 68 entsprechend.

Inhaltsübersicht Rn.

I. Vorbemerkungen

1 § 73 regelt in Ergänzung des § 72 die **Zusammensetzung, innere Organisation, Geschäftsführung, Zuständigkeiten und Rechtsstellung der GJAV** im Wesentlichen durch Verweisung auf die für BR, GBR und JAV geltenden Regelungen.

2 Die Norm ist **zwingend.**[1]

3 Im BPersVG ist § 64 die entsprechende Regelung.

II. Sitzungen der GJAV

4 Nach Abs. 1 S. 1 kann die GJAV nach Verständigung des GBR **eigene Sitzungen** abhalten. Verständigung des GBR bedeutet nicht, dass es einer Zustimmung des GBR bedürfte – vielmehr ist lediglich eine **Unterrichtung des GBR** erforderlich, die keine Wirksamkeitsvoraussetzung für eine Sitzung der GJAV darstellt.[2] Durch das Betriebsrätemodernisierungsgesetz[3] wurde die Möglichkeit ausnahmsweise Sitzungen mittels Video- oder Telefonkonferenz durchzuführen unbefristet in § 30 Abs. 2 verankert; näher Rn. 8.

5 Die **Einladung zur konstituierenden Sitzung** erfolgt nach § 73 Abs. 2 i. V. m. § 51 Abs. 1 durch die bei der Hauptverwaltung des UN gebildete JAV oder, sofern dort keine JAV besteht, die JAV des nach der Zahl der wahlberechtigten AN i. S. v. § 60 Abs. 1 größten Betriebs des UN. Für die Bestimmung der Zahl ist die Eintragung in den Wählerlisten bei der letzten JAV-Wahl maßgeblich.[4] Die einladende JAV hat wegen Abs. 1 S. 1 den GBR über die Sitzung zu unterrichten.[5] Die konstituierende Sitzung findet stets in Präsenz statt; näher Rn. 8. Die Ausführungen zu § 51 gelten entsprechend, vgl. auch § 72 Rn. 6.

6 Die **weiteren Sitzungen** der GJAV werden durch die oder den Vorsitzenden der GJAV rechtzeitig und unter Mitteilung der Tagesordnung einberufen. Gem. Abs. 2 gelten die Regeln des **§ 29 Abs. 2–4** über den Verweis in § 51 Abs. 2 S. 3 hierfür entsprechend.

7 Gem. Abs. 2 i. V. m. **§ 29 Abs. 3** können sowohl der AG als auch »ein **Viertel der Mitglieder**« eine Sitzung der GJAV einberufen. Da im BR – anders als gem. § 72 Abs. 7 (s. § 72 Rn. 24ff.) in der GJAV – keine Stimmengewichtung stattfindet, fragt sich, ob bei der entsprechenden Anwendung des § 29 Abs. 3 ein Viertel der Köpfe der GJAV ausreichend sind. Es ist jedoch nicht ersichtlich, warum hier von dem Prinzip der Stimmengewichtung, das die Repräsentanz der wahlberechtigten AN sicherstellt, abgewichen werden sollte. Bei der Abstimmung ist deshalb ebenfalls die in § 72 Abs. 7 vorgesehene **Stimmengewichtung zu beachten** (gilt auch für

---

1 *Fitting*, Rn. 2; GK-*Oetker*, Rn. 2.
2 *Fitting*, Rn. 4; GK-*Oetker*, Rn. 23.
3 BGBl. I, S. 1762.
4 *Fitting*, Rn. 8; Richardi-*Annuß*, Rn. 4.
5 *Fitting*, Rn. 9.

die Geschäftsführung des GBR: näher dazu s. § 51 Rn. 35).[6] Der GBR hat kein entsprechendes Antragsrecht auf Einberufung einer Sitzung.[7]

8 Die Sitzungen finden grundsätzlich **während der Arbeitszeit** statt und sind **nicht öffentlich,** Abs. 2 i. V. m. **§ 30.** Um den Umständen während der **Corona-Pandemie** Rechnung zu tragen und Gesundheitsschutz zu gewährleisten, wurde zunächst **ausnahmsweise** befristet mit Wirkung zum 30.6.2021 gemäß § 129 Abs. 1 S. 1 die **Teilnahme an Sitzungen der GJAV sowie die Beschlussfassung im Rahmen einer Video- und Telefonkonferenz zugelassen.** Geschäftsordnungen konnten für diese »coronabedingte« Situation Vorkehrungen treffen.[8] Diese Regelung wurde nun durch das Betriebsrätemodernisierungsgesetz[9] als unbefristete Regelung im BetrVG festgeschrieben: In § 30 Abs. 2 – auf dessen entsprechende Anwendbarkeit § 73 Abs. 2 verweist – wird nun die ausnahmsweise Abhaltung von Sitzungen mittels Telefon- und Videokonferenz geregelt. **Voraussetzung** dafür ist die Festlegung der genauen Anforderungen an die ausnahmsweise Abhaltung von Sitzungen mittels Video- und Telefonkonferenz in der Geschäftsordnung. Es muss stets zum Ausdruck kommen, dass die Durchführung von Sitzungen in **Präsenz Vorrang** hat. Die besondere Bedeutung des Grundsatzes der Nichtöffentlichkeit nimmt der Gesetzesentwurf ebenso auf: Es muss sichergestellt werden, dass **Dritte keine Kenntnis** von den Inhalten der Sitzungen erlangen können. Der Vorsitz muss eine Frist festlegen, in der sich die GJAV-Mitglieder zur digitalen Durchführung der GJAV-Sitzung äußern können. Sollte (mindestens) **ein Viertel** der Mitglieder einer Durchführung der Sitzung als Telefon- oder Videokonferenz **widersprechen,** muss diese in Präsenz durchgeführt werden. Zur Problematik der Stimmgewichtung, s. § 51 Rn. 41a. Beschlussfassungen im Umlaufverfahren bleiben weiterhin unzulässig. Ausführlich zu den Neuerungen, s. § 30 Rn. 17ff., § 33 Rn. 10a und § 34 Rn. 5aff. Die ausnahmsweise Durchführung der konstituierenden Sitzung mittels Telefon- und Videokonferenz kommt nicht in Betracht, vgl. § 51 Rn. 17a.

9 Ein **Teilnahmerecht** an den Sitzungen hat nach Abs. 1 S. 2 die oder der **Vorsitzende** des GBR oder ein vom GBR beauftragtes Mitglied desselben. Eine **von der Gewerkschaft beauftragte Person** kann unter den Voraussetzungen des Abs. 2 i. V. m. **§ 31** beratend teilnehmen. In konsequenter analoger Anwendung des § 31 ist es nicht ausreichend, dass die Gewerkschaft **in einem Betrieb des UN vertreten** ist – sie muss **auch in der GJAV vertreten** sein.[10] § 31 schränkt allerdings die Möglichkeit der GJAV nicht ein, mit Mehrheitsbeschluss (Abs. 2 i. V. m. § 51 Abs. 3) die Teilnahme einer von der Gewerkschaft beauftragten Person zu ermöglichen, auch wenn die Gewerkschaft nicht in der GJAV vertreten ist (s. auch § 65 Rn. 34).

III. Entsprechend anwendbare Vorschriften

10 Durch Abs. 2 werden zahlreiche gesetzliche Regelungen zur Rechtsstellung, Zusammensetzung und Geschäftsführung der GJAV für **entsprechend anwendbar erklärt,** nämlich Vorschriften, die das BetrVG für BR, GBR und der JAV vorsieht.
Im Einzelnen kommen folgende Regeln entsprechend für die GJAV zur Anwendung:

1. Zusammensetzung der GJAV

11 Hinsichtlich der **Zusammensetzung der GJAV** (s. dazu § 72 Rn. 9ff.) gilt **§ 25 Abs. 1** entsprechend für das Nachrücken von **Ersatzmitgliedern** und **§ 26** für die Wahl der Person des oder der **Vorsitzenden** und ihrer Rechtsstellung.

12 Der **Ausschluss von Mitgliedern** der GJAV erfolgt gem. **§ 48** und das **Erlöschen der Mitgliedschaft** ergibt sich aus der entspr. Anwendung des **§ 49.**

---

6 GK-*Oetker*, Rn. 21; *Fitting*, Rn. 6.
7 GK-*Oetker*, Rn. 22; a. A. Richardi-*Annuß*, Rn. 6.
8 Vgl. das Muster einer spezifischen Geschäftsordnung unter *https://www.bund-verlag.de/corona/corona-arbeitshilfen*.
9 BGBl. I, S. 1762.
10 *Fitting*, Rn. 11; GK-*Oetker*, Rn. 27; differenzierend HK-BetrVG-*Kloppenburg*, Rn. 3; a. A. Richardi-*Annuß*, Rn. 7, demnach genügt schon, wenn die Gewerkschaft in einem Betrieb des UN vertreten ist.

2. Geschäftsführung der GJAV

Für die **Geschäftsführung** gelten hinsichtlich der **Sitzungen §§ 30 und 31** (dazu Rn. 4 ff.). Für **Beschlussfähigkeit** und **Beschlussfassung** kommen **§§ 51 Abs. 3–5** zur entspr. Anwendung, vgl. § 51 Rn. 51 ff. Hinsichtlich **Sitzungsniederschrift** und **Einsichtsrechte** der Mitglieder in die Unterlagen des Gremiums gilt **§ 34.** 13

Eine **Geschäftsordnung für die GJAV** kann in entspr. Anwendung des **§ 36** erlassen werden. 14

§ 28 Abs. 1 S. 1 ermöglicht es auch der GJAV, **Aufgaben an Ausschüsse** zu übertragen.[11] Die **notwendige Zahl der AN** i. S. d. § 28 ergibt sich nicht eindeutig aus der Verweisungskette und die entsprechende Anwendung für die GJAV wird daher unterschiedlich ausgelegt.[12] Vor dem Hintergrund, dass der Reformgesetzgeber das Ziel verfolgte, die Arbeit der GJAV durch die Möglichkeit der Ausschussbildung effizienter zu gestalten[13], ist es nicht abwegig, die für § 28 Abs. 1 S. 1 erforderliche Größe nach einer Mindestanzahl der Mitglieder in der GJAV zu bemessen.[14] Da die Größe des BR bei mehr als 100 AN in § 9 Abs. 1 BetrVG 7 Mitglieder vorsieht, kann diese Größe auch auf die GJAV übertragen werden. Es ist daher naheliegend Ausschüsse zu bilden, wenn die GJAV **mindestens sieben Mitglieder** hat. Nur dies wird dem Umstand gerecht, dass die 100 AN nicht im Betrieb wie von § 28 Abs. 1 S. 1 vorgesehen, sondern dann im Unternehmen vertreten sein müssen. Gleichfalls ist dies nicht zwingend vorgesehen und stellt daher keine notwendige Voraussetzung dar (vgl. GBR, s. § 51 Rn. 78). Für die Bildung von Ausschüssen reicht in entsprechender Anwendung des § 28 Abs. 1 S. 1 daher grundsätzlich, dass **im Unternehmen 100 AN i. S. d. § 60 Abs. 1 vertreten** sind.[15] Mangels Verweis auf § 27 ist keine selbständige Erledigung der den Ausschüssen zugewiesenen Aufgaben vorgesehen. 15

Die durch die Tätigkeit der GJAV entstehenden **Kosten** hat gem. **§§ 40 u. 41** der AG zu tragen. Umlagen und Beiträge von AN dürfen nicht erhoben werden. 16

3. Rechte und Pflichten der Mitglieder

Für die allgemeinen Rechte der Mitglieder der GJAV gilt **§ 51 Abs. 5** entsprechend. 17

Für Mitglieder der GJAV gilt in entsprechender Anwendung von **§ 37 Abs. 1–3** das **Ehrenamtsprinzip** und ein **Freistellungsanspruch.** 18

4. Zuständigkeit

Die GJAV ist der JAV sowie der KJAV **weder über- noch untergeordnet**[16]; Weisungen sind in keine Richtung möglich. 19

Für die **Zuständigkeitsabgrenzung von GJAV und einzelnen JAVen** gilt dasselbe wie für die Abgrenzung der Zuständigkeiten zwischen BR und GBR, so dass die Grundsätze des § 50 (s. dort) zur Anwendung kommen (vgl. § 72 Rn. 17). Die JAV hat die Möglichkeit in entspr. Anwendung von § 50 Abs. 2 die GJAV zu beauftragen, eine Angelegenheit für sie zu behandeln. Dies sollte allerdings nur erfolgen, wenn auch der BR von der Möglichkeit der Beauftragung des GBR Gebrauch gemacht hat, da die GJAV in der Ausübung ihrer MBR an den GBR gebunden ist (vgl. § 72 Rn. 15).[17] Die GJAV ist gem. Abs. 2 i. V. m. § 50 Abs. 1 S. 1 auch zuständig für **Betriebe, in denen keine JAV besteht.** 20

Das **Verhältnis der GJAV zum GBR** entspricht dem Verhältnis von JAV und BR (s. § 60 Rn. 7 ff.). 21

---

11 BT-Drs. 14/5741, 45.

12 *Fitting*, Rn. 11 und HK-BetrVG-*Kloppenburg*, Rn. 8 verlangen, dass mehr als 100 AN i. S. d. § 60 Abs. 1 im UN beschäftigt werden; Richardi-*Annuß*, Rn. 18 verlangt zusätzlich, dass die GJAV aus mind. 7 Mitgliedern besteht.

13 BT-Drs. 14/5741, S. 45.

14 GK-*Oetker*, Rn. 17.

15 *Fitting*, Rn. 11, obwohl a. A. für GBR unter § 51 Rn. 22.

16 *Fitting*, § 72 Rn. 7; GK-*Oetker*, § 72 Rn. 6.

17 *Fitting*, Rn. 13.

5. Zusammenarbeit mit dem GBR

22 Zu allen **Sitzungen des GBR** kann die GJAV eines ihrer **Mitglieder entsenden,** Abs. 2 i. V. m. § 67 Abs. 1 S. 1. Ein **Teilnahmerecht** an den Sitzungen haben in entspr. Anwendung des **§ 67 Abs. 1 S. 2 alle Mitglieder der GJAV** zu solchen Tagesordnungspunkten, unter denen Angelegenheiten behandelt werden, die besonders die in § 60 Abs. 1 genannten AN betreffen (zur besonderen Betroffenheit, s. § 67 Fn. 12 ff.). Solche Angelegenheiten soll der GBR der GJAV **zur Beratung zuleiten,** Abs. 2 i. V. m. § 67 Abs. 3 S. 2.

23 Die GJAV kann gem. Abs. 2 i. V. m. § 67 Abs. 3 S. 1 in Angelegenheiten, die besonders die in § 60 Abs. 1 genannten AN betreffen und über die sie beraten hat, gegenüber dem GBR beantragen, dass diese auf die **Tagesordnung der nächsten Sitzung** des GBR gesetzt werden.

24 Ein **Stimmrecht** haben gem. Abs. 2 i. V. m. § 67 Abs. 2 alle Mitglieder der GJAV bei Beschlüssen des GBR, die überwiegend die in § 60 Abs. 1 genannten AN betreffen. Auch hier ist das Stimmengewicht maßgebend, wie es sich aus § 72 Abs. 7 u. 8 ergibt (s. § 72 Rn. 24 ff.). Die Beschlussfähigkeit des GBR beurteilt sich allerdings nach § 51 Abs. 3 S. 4.[18] Für das Teilnahme- und Stimmrecht im **Gesamtbetriebsausschuss** und **sonstigen Ausschüssen** gilt hier § 67 entsprechend.

25 Die GJAV hat ein **suspensives Vetorecht** gegen Beschlüsse des GBR, sofern sie gem. Abs. 2 i. V. m. **§ 66** geltend macht, dass durch den entsprechenden Beschluss wichtige Interessen der in § 60 Abs. 1 genannten AN erheblich beeinträchtigt werden (s. § 66 Rn. 3 ff.).

26 Zu **Besprechungen des GBR mit dem AG** ist die GJAV in entspr. Anwendung von **§ 68** beizuziehen, wenn Angelegenheiten behandelt werden, die besonders die in § 60 Abs. 1 genannten AN betreffen.

IV. Streitigkeiten

27 Streitigkeiten wegen der Tätigkeit der GJAV sowie aus der weiteren Anwendung von § 73 werden gem. §§ 2a, 80 f. ArbGG von den *ArbG* im **Beschlussverfahren** entschieden. **Örtlich zuständig** ist das *ArbG*, in dessen Bezirk das herrschende UN seinen Sitz hat (§ 82 Abs. 1 S. 2 ArbGG). Dies gilt auch für Streitigkeiten zwischen GBR und GJAV. Ist der Sitz des herrschenden UN im Ausland (vgl. Vor § 54 Rn. 21 ff.), so ist der Sitz des Konzern-UN im Inland maßgebend, dem die **Mehrzahl der Arbeitsverhältnisse** zuzuordnen ist.

28 Ist der Freistellungsanspruch aus § 37 Abs. 3 oder der Vorenthalt bzw. die Minderung von Arbeitsentgelt eines Mitglieds der GJAV Streitgegenstand, so entscheidet das *ArbG* im **Urteilsverfahren.**[19] Die Zuständigkeit richtet sich dann i. d. R. nach § 46 ArbGG i. V. m. § 29 ZPO.

Dritter Abschnitt
Konzern-Jugend- und Auszubildendenvertretung

§ 73a Voraussetzung der Errichtung, Mitgliederzahl, Stimmengewicht

(1) Bestehen in einem Konzern (§ 18 Abs. 1 des Aktiengesetzes) mehrere Gesamt-Jugend- und Auszubildendenvertretungen, kann durch Beschlüsse der einzelnen Gesamt-Jugend- und Auszubildendenvertretungen eine Konzern-Jugend- und Auszubildendenvertretung errichtet werden. Die Errichtung erfordert die Zustimmung der Gesamt-Jugend- und Auszubildendenvertretungen der Konzernunternehmen, in denen insgesamt mindestens 75 vom Hundert der in § 60 Abs. 1 genannten Arbeitnehmer beschäftigt sind. Besteht in einem Konzernunternehmen nur eine Jugend- und Auszubildendenvertretung, so nimmt diese die Aufgaben einer Gesamt-Jugend- und Auszubildendenvertretung nach den Vorschriften dieses Abschnitts wahr.

---

18 GK-*Oetker*, Rn. 50; Richardi-*Annuß*, Rn. 25.
19 *Fitting*, Rn. 18; GK-*Oetker*, Rn. 59.

(2) In die Konzern-Jugend- und Auszubildendenvertretung entsendet jede Gesamt-Jugend- und Auszubildendenvertretung eines ihrer Mitglieder. Sie hat für jedes Mitglied mindestens ein Ersatzmitglied zu bestellen und die Reihenfolge des Nachrückens festzulegen.
(3) Jedes Mitglied der Konzern-Jugend- und Auszubildendenvertretung hat so viele Stimmen, wie die Mitglieder der entsendenden Gesamt-Jugend- und Auszubildendenvertretung insgesamt Stimmen haben.
(4) § 72 Abs. 4 bis 8 gilt entsprechend.

Inhaltsübersicht Rn.

I. Vorbemerkungen

1 Durch die Novellierung 2001[1] wurden §§ 73a und 73b neu aufgenommen und damit auch für die Interessen der Auszubildenden und Jugendlichen eine dritte Ebene der Mitbestimmung neben Betrieb und UN geschaffen, die Konzernebene (zum Konzernbegriff siehe Vor § 54 Rn. 4). Denn innerhalb von Konzernen werden grundsätzliche Entscheidungen über die Berufsbildung zunehmend auf dieser Ebene getroffen, anstatt im einzelnen Betrieb oder auf UN-Ebene.[2] Die **Errichtung der KJAV** ist durch § 73a in Anlehnung an die Errichtung des KBR geregelt (s. dazu § 54). Sie ist **fakultativ** und hängt vom Votum der GJAV ab. § 73a regelt in Anlehnung an die Regeln zum KBR (vgl. §§ 54ff.) die Voraussetzungen der Errichtung und **Zusammensetzung der KJAV** (Rn. 4ff.), die **Rechtsstellung** (Rn. 28ff.) sowie unter Verweisung auf § 72 Abs. 4 die **Stimmengewichtung** (Rn. 37ff.) innerhalb der KJAV.

2 Auch wenn die Errichtung der KJAV fakultativ ist, ist § 73a **zwingendes Recht.**[3] Die Mitgliederzahl kann **durch TV oder BV** abweichend geregelt werden, Abs. 4 i. V. m. § 74 Abs. 4. Zudem können abweichende Strukturen der Interessenvertretung für den Bereich der außerbetrieblichen Berufsbildung geregelt werden (s. § 60 Rn. 4).

3 Im BPersVG gibt es keine Entsprechung.

1 BGBl. 1852.
2 BT-Drucks. 14/5741, S. 31; Richardi-*Annuß*, Rn. 1.
3 *Fitting*, Rn. 3.

II. Errichtung (Abs. 1) und Zusammensetzung (Abs. 2)

1. Fakultative Errichtung

4 Die Errichtung der KJAV ist anders als die Errichtung der GJAV (Vgl. § 72) nicht zwingend vorgeschrieben.[4] Die Bildung der KJAV hängt vielmehr davon ab, dass im Konzern (zum Konzernbegriff s. Vor § 54 Rn. 4 ff.) mindestens zwei GJAV bestehen und es einen entsprechenden **Beschluss** (Rn. 12 ff.) gibt. In **UN mit nur einer JAV** liegt die Zuständigkeit dafür gem. Abs. 1 S. 3 bei der JAV (s. Rn. 25 ff.).

5 Die Errichtung der KJAV setzt schon dem Wortlaut nach nicht die **Existenz eines KBR** voraus.[5] Ein Tätigwerden der KJAV ist allerdings – falls keine tarifvertragliche Regelung existiert – nur über den KBR möglich, da der KJAV keine eigenen MBR zustehen (vgl. auch Rn. 28).[6]

6 Die **KJAV ist beim herrschenden UN** (siehe Vor § 54 Rn. 7 ff.) zu errichten.

7 Hat das herrschende UN seinen **Sitz im Ausland** ist die KJAV bei der inländischen Teilkonzernspitze zu errichten.[7] Gibt es keine inländische Teilkonzernspitze, so ist die KJAV nach zutreffender Ansicht bei dem inländischen Konzern-UN zu gründen, dem die meisten AN zuzuordnen sind (Vor § 54 Rn. 21 ff.).

8 Im Falle eines »**Konzerns im Konzern**« (Vor § 54 Rn. 17) können für jeden Konzern – sowohl im Mutter- als auch im Tochterkonzern – KJAVen errichtet werden. Zuständig dafür sind die GJAVen.

9 In einem **Gemeinschafts-UN** (Vor § 54 Rn. 18 ff.) ist bei jedem der herrschenden Mütter-UN ein KBR zu bilden.

2. Voraussetzungen der Errichtung (Satz 1)

a) Konzern gem. § 18 Abs. 1 AktG

10 Abs. 1 S. 1 sieht die Bildung einer KJAV im Konzern vor. Dabei wird ebenso wie in § 54 für den Begriff des Konzerns auf die **Legaldefinition in § 18 Abs. 1 AktG** verwiesen (s. Vor § 54).

b) Mindestens zwei Gesamt-Jugend- und Auszubildendenvertretungen im Konzern

11 Die Errichtung einer KJAV erfordert, dass in dem Konzern mehrere, **mindestens zwei GJAVen** existieren. Besteht in einem Konzern-UN **keine GJAV** und kann diese auch nicht gebildet werden, weil die Voraussetzungen nicht vorliegen, so ist die bestehende JAV funktionell zuständig (Abs. 1 S. 3, dazu Rn. 25 ff; vgl. KBR § 54 Rn. 24). Somit können auch **zwei JAVen** eine KJAV bilden.[8]

c) Beschluss der Gesamt-Jugend- und Auszubildendenvertretungen

12 Die **Initiative zur Errichtung** kann jederzeit und **von jeder GJAV des Konzerns** ergriffen werden.[9] Ergreift eine GJAV die Initiative, sollte sie die anderen GJAVen informieren und zur Beschlussfassung auffordern.

13 Gem. Abs. 1 S. 1 erfolgt die Errichtung der KJAV **durch selbstständige Beschlüsse** der einzelnen GJAVen. Unterlässt eine GJAV, sich trotz Aufforderung an der Abstimmung zur Errichtung zu beteiligen, handelt sie **pflichtwidrig.** Da die Errichtung der KJAV **freiwillig** ist, steht es den GJAV frei, sich im Rahmen einer Abstimmung gegen die Errichtung einer KJAV auszusprechen.[10] In beiden Fällen ist die entsprechende GJAV aber, wenn auch ohne ihre Beteiligung oder Zustimmung eine Mehrheit zustande kommt und eine KJAV errichtet wird, zur

4 *Fitting*, Rn. 8; GK-*Oetker*, Rn. 2.
5 Richardi-*Annuß*, Rn. 7; GK-*Oetker*, Rn. 16 f.
6 *Oetker*, DB 05, 1165; *Fitting*, Rn. 7; Richardi-*Annuß*, Rn. 7.
7 Richardi-*Annuß*, Rn. 6.
8 *Fitting*, Rn. 10.
9 *Fitting*, Rn. 11; GK-*Oetker*, Rn. 12.
10 *Fitting*, Rn. 14.

Entsendung von Mitgliedern in die KJAV verpflichtet.[11] Es ist zweckmäßig, dass jede GJAV das Ergebnis ihrer Beschlussfassung allen anderen GJAVen mitteilt.

Die **Beschlussfassung** richtet sich nach § 73 Abs. 2 i. V. m. § 51 Abs. 4. Demnach ist die **einfache, nach Stimmengewicht berechnete Mehrheit** der anwesenden Mitglieder erforderlich. Für die Beschlussfassung der einzigen JAV eines Konzern-UN im Fall des Abs. 1 S. 3 ist die Mehrheit der Stimmen der anwesenden **Mitglieder erforderlich.** Das Stimmengewicht berechnet sich nach § 72 Abs. 7. 14

Wie für die Errichtung des KBR in § 54 Abs. 1 ist in Abs. 1 S. 2 auch für die Errichtung der KJAV ein **Quorum** vorgesehen. Vorausgesetzt ist demnach die Zustimmung der GJAV, die zusammen mindestens **75 %** der in § 60 Abs. 1 genannten AN der Konzern-UN repräsentieren – bei § 54 liegt die Hürde seit der Reform 2001 mit einem Quorum von 50 % wesentlich niedriger, so dass nicht bereits mit 25 % der AN der Konzern-UN eine Errichtung verhindert werden kann. Die in § 60 Abs. 1 genannten AN sind die **Jugendlichen und die zu ihrer Ausbildung beschäftigten AN.** Ebenso wie bei § 54 Abs. 1 (s. § 54 Rn. 7 ff.) wird für das Quorum auf die vertretenen AN abgestellt. Deshalb ist es unerheblich, wie viele GJAV der Errichtung der KJAV zustimmen. Entgegen dem missverständlichen Wortlaut in Abs. 1 S. 2 (Mehrzahl) ist es ausreichend, wenn nur eine GJAV, die 75 % der maßgebenden AN der Konzern-UN vertreten, der Errichtung zustimmt und sie beschließt (vgl. Ausführungen zum KBR, § 54 Rn. 25).[12] 15

Entscheidend ist die **tatsächliche Zahl der betreffenden AN i. S. d. § 60 Abs. 1** und zwar **zum Zeitpunkt der Beschlussfassung.** Es zählen dabei auch die in § 60 Abs. 1 genannten AN mit, die nicht durch eine JAV oder eine GJAV vertreten werden.[13] 16

Wenn der entsprechende Beschluss getroffen wurde, ist die KJAV **kraft Gesetzes errichtet.**[14] Damit sie handlungsfähig wird, bedarf es jedoch zunächst der Konstituierung (dazu Rn. 18). 17

3. Konstituierung und Entsendung von Mitgliedern

Die **Einladung zur konstituierenden Sitzung** erfolgt nach § 73b Abs. 2 i. V. m. § 59 Abs. 2 durch die GJAV des herrschenden UN oder, sofern ein solches nicht besteht, die GJAV des nach der Zahl der AN größten Konzern-UN. Kommt sie ihrer Pflicht nicht in angemessener Frist nach, hat jeweils die GJAV des nach der Zahl der wahlberechtigten AN größten UN einzuladen.[15] Die konstituierende Sitzung muss in Präsenz stattfinden, näher dazu § 73b Rn. 7; vgl. § 51 Rn. 17a. 18

Mit Errichtung der KJAV sind die GJAVen verpflichtet, aus ihrer Mitte **jeweils ein Mitglied in die KJAV zu entsenden.**[16] Die Pflicht trifft auch GJAVen, die sich am Beschluss nicht beteiligt oder gegen die Errichtung gestimmt haben (s. Rn. 13). Werden keine Mitglieder entsendet, so kann dies eine grobe Pflichtverletzung gem. § 23 Abs. 1 (s. § 23 Rn. 4) darstellen.[17] Die zu entsendenden Mitglieder werden in den entsendenden Gremien gem. Abs. 2 i. V. m. § 51 Abs. 3 **durch einfachen Mehrheitsbeschluss** bestimmt.[18] In die KJAV können nur **Mitglieder der GJAV** (bzw. der JAV gem. Abs. 1 S. 3) entsandt werden. 19

Solange, bis die KJAV aus ihrer Mitte eine Person zur **Wahlleitung** bestimmt hat, **leitet** die oder der **Vorsitzende der einladenden GJAV** die konstituierende Sitzung.[19] 20

Konstituiert und handlungsfähig ist die KJAV **mit der Wahl** des oder der **Vorsitzenden** und der **Stellvertretung.**[20] 21

---

11 *Fitting*, Rn. 14, 17; GK-*Oetker*, Rn. 18; Richardi-*Annuß*, Rn. 18.
12 *Fitting*, Rn. 13; GK-*Oetker*, Rn. 14.
13 *Fitting*, Rn. 15; GK-*Oetker*, Rn. 15.
14 Richardi-*Annuß*, Rn. 10.
15 *Fitting*, Rn. 25.
16 *Fitting*, Rn. 12; GK-*Oetker*, Rn. 18; Richardi-*Annuß*, Rn. 18.
17 GK-*Oetker*, Rn. 22.
18 *Fitting*, Rn. 19; GK-*Oetker*, Rn. 23.
19 *Fitting*, Rn. 26.
20 *Fitting*, Rn. 17; GK-*Oetker*, Rn. 18.

4. Ersatzmitglieder (Abs. 3)

22 Die GJAV ist gem. Abs. 3 verpflichtet, für jedes Mitglied der KJAV **mindestens ein Ersatzmitglied** zu bestellen. Werden mehrere Ersatzmitglieder bestellt, ist gleichzeitig die Reihenfolge des Nachrückens zu bestimmen. Auch die Ersatzmitglieder müssen Mitglieder der GJAV sein.[21]

23 Falls die entsendende JAV, die nach Abs. 1 S. 3 entsendet, **nur aus einem Mitglied besteht,** ist dieses Mitglied automatisch auch Mitglied der KJAV – einer formellen Entsendung bedarf es nicht.[22]

24 Ersatzmitglieder rücken in die KJAV nach, sobald das ordentliche Mitglied vorübergehend verhindert ist oder aus der KJAV ausscheidet.[23]

5. Konzern-UN mit nur einer JAV (Satz 3)

25 Für den Fall, dass in einem UN **nur eine JAV** existiert, regelt Satz 3, dass sämtliche für die GJAV geltenden Vorschriften über Rechte und Pflichten dann entsprechend auf die **JAV** zur Anwendung kommen. Die Norm ist § 54 Abs. 2 nachgebildet und sichert die lückenlose Mitbestimmung auf Konzernebene für den Jugendbereich.

26 Bei **Beschlussfassungen** in der KJAV (z.B. der Wahl des oder der Vorsitzenden) hat die JAV so viele Stimmen, wie jugendliche und auszubildende AN im Betrieb beschäftigt sind (vgl. § 60).

27 Abs. 1 S. 3 findet keine analoge Anwendung auf den Fall, dass in einem Konzern-UN **pflichtwidrig** durch die JAV **keine GJAV** errichtet wurde.[24]

III. Rechtsstellung der KJAV

1. Verhältnis zu anderen Gremien

28 Wie der GJAV (vgl. § 72 Rn. 15) kommt der KJAV eine eigene demokratische Funktion im Betrieb zu. Richtig ist zwar, dass sie ihre **Aufgaben nur mit dem KBR erfüllen** kann; existiert dieser nicht – was in der Praxis eine absolute Ausnahme sein dürfte – ist die KJAV weitestgehend funktionslos.[25] Allerdings ist explizit im Jugendbereich eine inhaltliche Erweiterung von gesetzlichen Beteiligungsrechten der Arbeitnehmervertretung durch TV möglich (s. auch § 60 Rn. 4).[26] **Anders als bei der GJAV** ist ihre Errichtung jedenfalls nicht an die Existenz eines KBR geknüpft (s. Rn. 5).

29 Die KJAV ist insbesondere GJAV sowie JAV **weder über- noch untergeordnet**[27]; Weisungen sind in keine Richtung möglich.

30 Für die **Zuständigkeitsabgrenzung zur GJAV** gilt dasselbe wie für die Abgrenzung der Zuständigkeiten zwischen KBR und GBR, so dass die Grundsätze des § 58 (s. dort) zur Anwendung kommen. Das **Verhältnis der KJAV zum KBR** entspricht dem Verhältnis von JAV und BR (s. § 60 Rn. 7ff.)

2. Bestand und Beendigung

31 Wie auch der KBR ist die KJAV ein **Dauergremium** ohne feste Amtszeit (Vgl. § 54 Rn. 17ff.). Die Errichtungsbeschlüsse haben über die einzelnen Wahlperioden hinaus Bestand. Die Existenz der einmal errichteten KJAV endet nur mit Wegfall der Voraussetzungen der Errichtung, vgl. § 54 Rn. 21ff.[28]

---

21 *Fitting*, Rn. 21.
22 GK-*Oetker*, Rn. 25.
23 *Fitting*, Rn. 22.
24 GK-*Oetker*, Rn. 11.
25 *Oetker*, DB 05, 1165; *Fitting*, Rn. 7; Richardi-*Annuß*, Rn. 7.
26 *BAG* 24.8.04 – 1 ABR 28/03, AuR 2005, 270ff.
27 *Fitting*, Rn. 5; GK-*Oetker*, Rn. 4.
28 *Fitting*, Rn. 23; GK-*Oetker*, Rn. 19.

Die Mitglieder der KJAV können wechseln, ohne dass dies den Bestand des Gremiums beeinträchtigt. **Nach Durchführung von JAV-Wahlen** ist in der JAV eine **neue Beschlussfassung zur Entsendung in GJAV und KJAV** erforderlich. Die KJAV wird als Dauergremium nicht dadurch beendet, dass sämtliche GJAV pflichtwidrig keine Mitglieder mehr entsenden.[29] Sie ist in diesem Fall (vorübergehend) funktionslos, kann jedoch durch Entsendungsbeschlüsse jederzeit wieder »aktiviert« werden. 32

Nicht möglich ist ein **kollektiver Rücktritt** der KJAV oder ein **Beschluss über die Auflösung durch die KJAV selbst,** denn hierfür fehlt ihr die Organisationszuständigkeit.[30] 33

Unmöglich ist zudem die **gerichtliche Auflösung** der GJAV.[31] § 56 (s. dort), auf den § 73b Abs. 2 verweist, sieht nur den Ausschluss von einzelnen Mitgliedern, nicht jedoch die Auflösung als Gremium durch ein Gericht vor. 34

Über § 73b Abs. 2 werden neben § 56 auch die für die Mitgliedschaft im KBR geregelten **Erlöschensgründe in § 57** (s. dort) auf die KJAV angewendet. 35

Die Auflösung der KJAV kann jedoch durch einen entsprechenden **Beschluss der GJAV** erfolgen.[32] Dafür muss jedoch – ebenso wie beim KBR (Vgl. § 54 Rn. 22 f.) – dasselbe **Quorum** erreicht werden, wie für die Errichtung erforderlich ist, somit **75 %.** Die Argumentation, im Interesse einer konzernweiten Interessenvertretung müssten es 50 % sein[33], ist nicht überzeugend, da der Gesetzgeber mit ebendieser Zielsetzung ein Quorum von 75 % festgelegt hat. 36

IV. Stimmengewichtung (Abs. 3) und Stimmabgabe

Nach Abs. 3 hat ein Mitglied der KJAV so viele Stimmen, wie die Mitglieder der entsendenden GJAV insgesamt an Stimmen haben. Dafür ist gem. Abs. 4 i. V. m. § 72 Abs. 7 S. 1 die Zahl der AN i. S. d. § 60 Abs. 1 maßgeblich, die in der **Wählerliste** des jeweiligen UN des Mitglieds eingetragen sind. In Konzern-UN mit nur einer JAV errechnet sich die Stimmenzahl nach den im gesamten Konzern-UN beschäftigten jugendlichen und auszubildenden AN. Wurde von der Möglichkeit abweichender Regeln in TV oder BV nach Abs. 4 Gebrauch gemacht, gilt für die Stimmengewichtung Abs. 4 i. V. m. § 72 Abs. 7 S. 2 und 3, s. Rn. 43). 37

Die Stimmabgabe eines Mitglieds ist nur **einheitlich** möglich. Jede Form der Aufspaltung von auf ein Mitglied anfallenden Stimmen ist ausgeschlossen. 38

Wie in allen Gremien sind auch die Mitglieder der KJAV bei der Abgabe ihrer Stimmen **frei** und nicht an Weisungen gebunden. Allerdings ergibt sich eine mittelbare Möglichkeit der Einflussnahme daraus, dass das entsendende Gremium – im Gegensatz bspw. zum BR – das Mitglied des KJAV jederzeit abberufen und durch ein anderes ersetzen kann. 39

V. Abweichende Regelungen durch TV oder BV (Abs. 4 i. V. m. § 72 Abs. 4 bis 8)

1. Abweichende Regelung (Abs. 4 i. V. m. § 72 Abs. 4)

Abs. 4 regelt die entsprechende Geltung von § 72 Abs. 4. Danach kann – wie auch beim GBR (Vgl. § 47 Abs. 4, s. § 47 Rn. 76 ff.) – die Mitgliederzahl der KJAV durch TV oder BV abweichend von Abs. 2 geregelt werden. 40

Zur Art der Abweichung macht das Gesetz **keine inhaltlichen Vorgaben.** Hinsichtlich der **Stimmengewichtung** im Falle einer Veränderung der Größe der KJAV gilt Abs. 4 i. V. m. § 72 Abs. 7 S. 2 und 3 entsprechend (siehe hierzu § 72 Rn. 24). Wird das Gremium also **vergrößert,** so **teilen** sich die Mitglieder die Anzahl der auf sie gemeinsam anfallenden Stimmen (§ 72 Abs. 7 S. 3) zu gleichen Teilen; wird das Gremium **verkleinert** und ein Mitglied wird für mehrere GJAV in die KJAV entsandt, so stehen diesem Mitglied so viele Stimmen zu, wie AN i. S. v. § 60 Abs. 1 in den zusammengefassten Betrieben beschäftigt sind (§ 72 Abs. 7 S. 2). 41

---

29 So aber GK-*Oetker*, Rn. 19.
30 *Fitting*, Rn. 23; GK-*Oetker*, Rn. 19; Richardi-*Annuß*, Rn. 12.
31 GK-*Oetker*, Rn. 20; Richardi-*Annuß*, Rn. 13.
32 *Fitting*, Rn. 23.
33 So *Fitting*, Rn. 23.

42 Vertragspartner für einen entsprechenden **Firmen-TV** ist das **herrschende UN.** Möglich ist aber auch ein **konzernbezogener Verbands-TV,** sofern der abschließende AGV für die UN des Konzerns tarifzuständig ist.[34] Die ihn **abschließende Gewerkschaft** muss nicht in allen Betrieben aller Konzern-UN vertreten sein. Aus Abs. 4 i. V. m. § 72 Abs. 4 lässt sich **kein Arbeitskampfverbot** ableiten (vgl. Ausführungen zum § 47 Rn. 80).[35]

43 Eine entsprechende **BV** ist als **KBV zwischen dem KBR und der Leitung des herrschenden UN** abzuschließen. Weder die KJAV, noch einzelne GJAV, sondern allein der KBR sind dafür zuständig.[36] Die KJAV ist bei den Verhandlungen gem. § 73b Abs. 2 i. V. m. § 68 **beizuziehen** und hat gem. § 73b Abs. 2 i. V. m. § 67 Abs. 2 ein **Stimmrecht bei der Abstimmung im KBR,** weil es sich um eine überwiegend jugendliche und zu ihrer Berufsausbildung beschäftigte AN betreffende Angelegenheit handelt (zur besonderen Betroffenheit § 67 Rn. 12 ff.), bei der die Mitglieder der KJAV volles Stimmrecht haben.

44 Im Falle einer Konkurrenz von BV und **TV** hat letzterer **Vorrang.**[37] Die Ansicht, nach der das Prioritätsprinzip gelte, da Abs. 4 i. V. m. § 72 Abs. 4 keine Konkurrenzregelung enthalte und die Regelung des § 77 Abs. 3 nicht anwendbar sei,[38] verkennt, dass schon der in **Art. 9 Abs. 3 GG** garantierte Schutz der Gewerkschaften und der Tarifautonomie es gebietet, sicherzustellen, dass die Tarifautonomie nicht ausgehöhlt wird (vgl. auch § 77 Rn. 126).

2. Erzwingbare Betriebsvereinbarung zur Mitgliederzahl (Abs. 4 i. V. m. § 72 Abs. 5)

45 Gem. Abs. 4 gilt § 72 Abs. 5 entsprechend (dazu § 72 Rn. 34). Danach kann die Zahl der zu entsendenden Mitglieder durch BV verringert werden, indem die GJAV mehrerer UN **gemeinsam Mitglieder entsenden,** wenn sie regional oder durch gleichartige Interessen verbunden sind. Voraussetzung ist, dass ein TV zur abweichenden Mitgliederzahl nicht besteht (Vgl. Rn. 44) und dass die KJAV bei regelmäßiger Zusammensetzung **mehr als 20 Mitglieder** hätte.

46 Das Gesetz macht keine Vorgaben zu der durch BV festzulegenden Größe der KJAV, insbesondere wird **keine Höchstgrenze** der Mitglieder festgelegt.[39] Ziel ist es, die Arbeitsfähigkeit des Gremiums zu verbessern.

47 **Parteien** der erzwingbaren KBV sind der KBR und der Konzern-AG.[40]

48 Da gem. Abs. 4 auch § 72 Abs. 6 entsprechend gilt, ist die BV erzwingbar: Kommt eine Einigung nicht zustande, entscheidet die **ESt. verbindlich.** Die KJAV kann die ESt. nicht anrufen – dies obliegt allein AG und KBR.[41] Sinnvollerweise sollte sie jedoch vor einer Entscheidung gehört werden.[42]

VI. Streitigkeiten

49 Streitigkeiten wegen der Errichtung der KJAV sowie aus der weiteren Anwendung von § 73a werden gem. §§ 2a, 80 f. ArbGG von den *ArbG* im **Beschlussverfahren** entschieden. **Örtlich** zuständig ist das *ArbG*, in dessen Bezirk das herrschende UN seinen Sitz hat (§ 82 Abs. 1 S. 2 ArbGG). Dies gilt auch für Streitigkeiten zwischen KBR und KJAV. Ist der Sitz des herrschenden UN im Ausland (Vgl. Vor § 54 Rn. 21 ff.), so ist der Sitz des Konzern-UN im Inland maßgebend, dem die **Mehrzahl der Arbeitsverhältnisse** zuzuordnen ist.

34 GK-*Oetker*, Rn. 29.
35 GK-*Oetker*, Rn. 29.
36 *Fitting*, Rn. 34; GK-*Oetker*, Rn. 30; Richardi-*Annuß*, Rn. 20.
37 *Fitting*, Rn. 34; Richardi-*Annuß*, Rn. 20.
38 GK-*Oetker*, Rn. 32.
39 *Fitting*, Rn. 37; a.A: GK-*Oetker*, Rn. 35, demnach müsse die Zahl 21 unterschritten werden.
40 *Fitting*, Rn. 37.
41 *Fitting*, Rn. 37; GK-*Oetker*, Rn. 36.
42 DKW-*Trittin*, 16. Aufl. 2018, Rn. 58.

§ 73b Geschäftsführung und Geltung sonstiger Vorschriften

(1) Die Konzern-Jugend- und Auszubildendenvertretung kann nach Verständigung des Konzernbetriebsrats Sitzungen abhalten. An den Sitzungen kann der Vorsitzende oder ein beauftragtes Mitglied des Konzernbetriebsrats teilnehmen.
(2) Für die Konzern-Jugend- und Auszubildendenvertretung gelten § 25 Abs. 1, die §§ 26, 28 Abs. 1 Satz 1, die §§ 30, 31, 34, 36, 37 Abs. 1 bis 3, die §§ 40, 41, 51 Abs. 3 bis 5, die §§ 56, 57, 58, 59 Abs. 2 und die §§ 66 bis 68 entsprechend.

Inhaltsübersicht Rn.

I. Vorbemerkungen

1 Eine **Vertretung der Jugendlichen und Auszubildenen auf Konzernebene** war bis zur Reform des BetrVG 2001[1] gesetzlich nicht vorgesehen. Der mit der Novellierung neu eingeführte § 73b regelt die **Tätigkeit der KJAV,** soweit sie nach § 73a errichtet wurde – dies ist fakultativ (s. § 73a Rn. 4 ff.). Die Regelung entspricht im Wesentlichen § 73 zur Tätigkeit der GJAV, allerdings wird mit Ausnahme von § 51 Abs. 3–5 nicht auf die Regelungen zum GBR, sondern auf Rechte und Pflichten des KBR verwiesen.[2]

2 Die Norm ist **zwingend.**[3]

II. Sitzungen der KJAV

3 Nach Abs. 1 S. 1 kann die KJAV nach Verständigung mit dem KBR **eigene Sitzungen** abhalten. Dies bedeutet nicht, dass es einer Zustimmung des KBR bedürfte – vielmehr ist lediglich eine **Unterrichtung des KBR** erforderlich, die keine Wirksamkeitsvoraussetzung für eine Sitzung des KJAV darstellt.[4]

4 Die **Einladung zur konstituierenden Sitzung** erfolgt nach Abs. 2 i. V. m. **§ 59 Abs. 2** durch die GJAV des herrschenden UN oder, sofern ein solches nicht besteht, die GJAV des nach der Zahl der AN i. S. d. § 60 Abs. 1 größten Konzern-UN. Kommt die für die Einladung zuständige GJAV ihrer Pflicht nicht in angemessener Frist nach, hat jeweils die GJAV des nach der Zahl der wahlberechtigten AN größten UN einzuladen (vgl. § 73a Rn. 18).[5]

5 Die **weiteren Sitzungen** der KJAV werden durch die oder den Vorsitzenden der KJAV rechtzeitig und unter Mitteilung der Tagesordnung einberufen, gem. Abs. 2 gelten die Regeln des § 59 Abs. 2, der auf den entsprechend anwendbaren **§ 29 Abs. 2–4** verweist.

6 Gem. Abs. 2 i. V. m. § 29 Abs. 3 können sowohl der AG als auch ein **Viertel ihrer Mitglieder** eine Sitzung der KJAV einberufen. Bei der Abstimmung ist die in § 73a Abs. 4 i. V. m. § 72 Abs. 7 vorgesehene **Stimmengewichtung** (s. § 72 Rn. 24 ff.) zu beachten.[6] Der KBR hat kein entsprechendes Antragsrecht auf Einberufung einer Sitzung.[7]

---

1 BGBl. 1852.
2 GK-*Oetker*, Rn. 1.
3 *Fitting*, Rn. 2; GK-*Oetker*, Rn. 2.
4 *Fitting*, Rn. 3; GK-*Oetker*, Rn. 26.
5 *Fitting*, § 73a Rn. 25.
6 Richardi-*Annuß*, Rn. 6; *Fitting*, Rn. 5.
7 GK-*Oetker*, Rn. 25; *Fitting*, Rn. 5; a. A. Richardi-*Annuß*, Rn. 6.

7 Die Sitzungen finden grundsätzlich **während der Arbeitszeit** statt und sind **nicht öffentlich,** Abs. 2 i. V. m. **§ 30.** Um den Umständen während der **Corona-Pandemie** und dem Gesundheitsschutz ausreichend Rechnung zu tragen, wurde zunächst befristet mit Wirkung zum 1. 3. 2020 gemäß § 129 Abs. 1 S. 1 die Teilnahme an Sitzungen der KJAV sowie die Beschlussfassung im Rahmen einer **Video- und Telefonkonferenz ausnahmsweise zugelassen.** Beschlussfassungen im Umlaufverfahren blieben hingegen weiterhin unzulässig. Geschäftsordnungen konnten für diese »coronabedingte« Situation Vorkehrungen treffen.[8] Diese Regelung wurde nun durch das Betriebsrätemodernisierungsgesetz[9] unbefristet in das BetrVG übernommen: In § 30 Abs. 2 – auf dessen entsprechende Anwendbarkeit § 73b Abs. 2 verweist – wird nun die ausnahmsweise Abhaltung von Sitzungen mittels Telefon- und Videokonferenz geregelt. Die Abhaltung der Sitzung in **Präsenz** hat stets **Vorrang.** Dies muss mit der Festlegung der genauen **Voraussetzungen** in der Geschäftsordnung zum Ausdruck gebracht werden. Es ist sicherzustellen, dass **Dritte keine Kenntnis** von den Inhalten der Sitzungen erlangen können. Dies wird der besonderen Bedeutung des Grundsatzes der Nichtöffentlichkeit gerecht. Sollte (mindestens) **ein Viertel** der Mitglieder einer Durchführung der Sitzung als Telefon- oder Videokonferenz **widersprechen,** muss diese in Präsenz durchgeführt werden (Zur Problematik der Stimmgewichtung, s. § 51 Rn. 41a und § 59 Rn. 24). Der Vorsitz muss dafür eine Frist festlegen, in der sich die KJAV-Mitglieder zur digitalen Durchführung der KJAV-Sitzung äußern können. Ausführlich zu den Neuerungen, s. § 30 Rn. 17 ff., § 33 Rn. 10a und § 34 Rn. 5a ff. Die **konstituierende Sitzung** der KJAV muss in Präsenz stattfinden, vgl. § 59 Rn. 18 ff. mit Verweis auf § 51 Rn. 17a.

8 Ein **Teilnahmerecht** an den Sitzungen hat nach Abs. 1 S. 2 die oder der **Vorsitzende** des KBR oder ein durch den KBR beauftragtes Mitglied desselben. Eine **von der Gewerkschaft beauftragte Person** kann unter den Voraussetzungen des Abs. 2 i. V. m. § 31 beratend teilnehmen. In konsequenter analoger Anwendung des § 31 ist es nicht ausreichend, dass die Gewerkschaft **in einem Betrieb der UN des Konzerns vertreten** ist[10] – sie muss vielmehr auch in der KJAV vertreten sein.[11] § 31 schränkt allerdings die Möglichkeit der KJAV nicht ein, mit Mehrheitsbeschluss die Teilnahme einer von der Gewerkschaft beauftragten Person zu ermöglichen, auch wenn die Gewerkschaft nicht in der KJAV vertreten ist (s. auch § 65 Rn. 34). Die **Konzernschwerbehindertenvertretung** hat bei den Sitzungen der KJAV kein Teilnahmerecht.

III. Entsprechend anwendbare Vorschriften

9 Durch Abs. 2 werden zahlreiche gesetzliche Regelungen zur Rechtsstellung, Zusammensetzung und Geschäftsführung der KJAV für **entsprechend anwendbar erklärt,** nämlich Vorschriften, die das BetrVG für BR, KBR und JAV vorsieht.
Im Einzelnen kommen folgende Regeln entsprechend für die KJAV zur Anwendung:

1. Zusammensetzung der KJAV

10 Hinsichtlich der **Zusammensetzung der KJAV** gilt **§ 25 Abs. 1** entsprechend für das Nachrücken von **Ersatzmitgliedern** und **§ 26** für die Wahl der Person des oder der **Vorsitzenden** und ihrer Rechtsstellung.

11 Der **Ausschluss von Mitgliedern** der KJAV erfolgt gem. **§ 56** und das **Erlöschen der Mitgliedschaft** ergibt sich aus der entspr. Anwendung des **§ 57.** Die Vorgaben zur **konstituierenden Sitzung** ergeben sich auch aus **§ 59,** s. Rn. 4.

---

8 Vgl. das Muster einer spezifischen Geschäftsordnung unter *https://www.bund-verlag.de/corona/corona-arbeitshilfen*.

9 BGBl. I, S. 1762.

10 So aber Richardi-*Annuß*, Rn. 21.

11 GK-*Oetker*, Rn. 30; *Fitting*, Rn. 8.

2. Geschäftsführung der KJAV

Für die **Geschäftsführung** gelten hinsichtlich der **Sitzungen §§ 30 und 31** (dazu § 73 Rn. 4 ff.). Für **Beschlussfähigkeit und Beschlussfassung** kommt **§ 51 Abs. 3–5** zur entspr. Anwendung. Hinsichtlich **Sitzungsniederschrift** und **Einsichtsrechte** der Mitglieder in die Unterlagen des Gremiums gilt **§ 34.** 12

Eine **Geschäftsordnung für die KJAV** kann in entspr. Anwendung des **§ 36** erlassen werden. 13

Bei der Verweisung auf **§ 28 Abs. 1 S. 1** gilt das zur GJAV Gesagte (vgl. § 73 Rn. 15). Die KJAV kann **Aufgaben an Ausschüsse** übertragen. Die Annahme liegt nahe, dafür ausreichen zu lassen, dass die KJAV **mindestens sieben Mitglieder** hat.[12] Gleichfalls ist dies nicht zwingend vorgesehen und stellt daher keine notwendige Voraussetzung dar (vgl. Argumentation bei § 51 Rn. 78). Für die Bildung von Ausschüssen reicht in entsprechender Anwendung des § 28 Abs. 1 S. 1 daher grundsätzlich auch schon, dass im Unternehmen 100 AN i. S. d. § 60 Abs. 1 vertreten sind.[13] Mangels Verweis auf § 27 ist keine selbständige Erledigung der den Ausschüssen zugewiesenen Aufgaben vorgesehen. 14

Die durch die Tätigkeit der KJAV entstehenden **Kosten** hat gem. **§§ 40 u. 41** der AG zu tragen, Umlagen und Beiträge dürfen nicht erhoben werden. 15

3. Rechte und Pflichten der Mitglieder

Für die allgemeinen Rechte der Mitglieder der KJAV gilt § 51 Abs. 5 entsprechend. 16

Für Mitglieder der KJAV gilt in entsprechender Anwendung von § 37 Abs. 1–3 das **Ehrenamtsprinzip** und ein **Freistellungsanspruch.** 17

4. Zuständigkeit

Die KJAV ist insbesondere GJAV sowie JAV weder **über- noch untergeordnet**[14]; Weisungen sind in keine Richtung möglich. 18

Für die **Zuständigkeitsabgrenzung zur GJAV** gilt dasselbe wie für die Abgrenzung der Zuständigkeiten zwischen KBR und GBR, so dass die Grundsätze des **§ 58** (s. dort) zur Anwendung kommen. Das **Verhältnis der KJAV zum KBR** entspricht dem Verhältnis von JAV und BR (s. § 60 Rn. 7 ff.). 19

Die KJAV ist wegen des Verweises auf § 58 Abs. 1 S. 1 auch zuständig für Jugendliche und Auszubildende in **UN, die keine GJAV** gebildet haben.[15] 20

5. Zusammenarbeit mit dem KBR

Zu allen **Sitzungen des KBR** kann die KJAV eines ihrer **Mitglieder entsenden,** Abs. 2 i. V. m. § 67 Abs. 1 S. 1. Ein **Teilnahmerecht** an den Sitzungen haben in entspr. Anwendung des § 67 Abs. 1 S. 2 alle Mitglieder der KJAV zu solchen Tagesordnungspunkten, unter denen Angelegenheiten behandelt werden, die besonders die in § 60 Abs. 1 genannten AN betreffen. Solche Angelegenheiten soll der KBR der KJAV **zur Beratung zuleiten,** Abs. 2 i. V. m. § 67 Abs. 3 S. 2. 21

Die KJAV kann gem. Abs. 2 i. V. m. § 67 Abs. 3 S. 1 in Angelegenheiten, die besonders die in § 60 Abs. 1 genannten AN betreffen und über die sie beraten hat, gegenüber dem KBR **beantragen,** dass diese auf die **Tagesordnung der nächsten Sitzung** des KBR gesetzt werden. 22

Ein **Stimmrecht** haben gem. Abs. 2 i. V. m. § 67 Abs. 2 alle Mitglieder der KJAV bei Beschlüssen des KBR, die überwiegend die in § 60 Abs. 1 genannten AN betreffen. Auch hier ist das Stimmengewicht maßgebend, wie es sich aus §§ 73a Abs. 4 i. V. m. 72 Abs. 7 u. 8 ergibt (s. § 72 23

---

12 GK-*Oetker*, Rn. 19; *Fitting*, Rn. 11 verlangt, dass zusätzlich 100 AN i. S. d. § 60 im Konzern beschäftigt werden.
13 *Fitting*, Rn. 11, obwohl a. A. für GBR unter § 51 Rn. 22.
14 *Fitting*, § 73a Rn. 5; GK-*Oetker*, § 73a Rn. 4.
15 *Fitting*, Rn. 13.

Rn. 24 ff.). Die Beschlussfähigkeit der KJAV beurteilt sich nach § 51 Abs. 3 S. 4.[16] Für das Teilnahme- und Stimmrecht im **Konzernbetriebsausschuss** und **sonstigen Ausschüssen** gilt hier § 67 entsprechend.

24 Die KJAV hat ein **suspensives Vetorecht** gegen Beschlüsse des KBR, sofern sie gem. Abs. 2 i. V. m. **§ 66** geltend macht, dass durch den entsprechenden Beschluss wichtige Interessen der in § 60 Abs. 1 genannten AN erheblich beeinträchtigt werden.

25 Zu **Besprechungen des KBR mit dem AG** ist die KJAV in entspr. Anwendung von **§ 68** beizuziehen, wenn Angelegenheiten behandelt werden, die besonders die in § 60 Abs. 1 genannten AN betreffen.

IV. Streitigkeiten

26 Streitigkeiten wegen der Tätigkeit der KJAV sowie aus der weiteren Anwendung von § 73b werden gem. §§ 2a, 80 f. ArbGG von den *ArbG* im **Beschlussverfahren** entschieden. **Örtlich zuständig** ist das *ArbG*, in dessen Bezirk das herrschende UN seinen Sitz hat (§ 82 Abs. 1 S. 2 ArbGG). Dies gilt auch für Streitigkeiten zwischen KBR und KJAV. Ist der Sitz des herrschenden UN im Ausland (vgl. Vor § 54 Rn. 21 ff.), so ist der Sitz des Konzern-UN im Inland maßgebend, dem die **Mehrzahl der Arbeitsverhältnisse** zuzuordnen ist.

27 Ist der Freistellungsanspruch aus § 37 Abs. 3 oder das Vorenthalten bzw. die Minderung von Arbeitsentgelt eines Mitglieds der KJAV Streitgegenstand, so entscheidet das ArbG im **Urteilsverfahren.**[17] Die Zuständigkeit richtet sich dann nach § 29 ZPO.

16 GK-*Oetker*, Rn. 52; Richardi-*Annuß*, Rn. 25.
17 *Fitting*, Rn. 17.

Vierter Teil
Mitwirkung und Mitbestimmung der Arbeitnehmer

Erster Abschnitt
Allgemeines

§ 74 Grundsätze für die Zusammenarbeit

(1) Arbeitgeber und Betriebsrat sollen mindestens einmal im Monat zu einer Besprechung zusammentreten. Sie haben über strittige Fragen mit dem ernsten Willen zur Einigung zu verhandeln und Vorschläge für die Beilegung von Meinungsverschiedenheiten zu machen.
(2) Maßnahmen des Arbeitskampfes zwischen Arbeitgeber und Betriebsrat sind unzulässig; Arbeitskämpfe tariffähiger Parteien werden hierdurch nicht berührt. Arbeitgeber und Betriebsrat haben Betätigungen zu unterlassen, durch die der Arbeitsablauf oder der Frieden des Betriebs beeinträchtigt werden. Sie haben jede parteipolitische Betätigung im Betrieb zu unterlassen; die Behandlung von Angelegenheiten tarifpolitischer, sozialpolitischer, umweltpolitischer und wirtschaftlicher Art, die den Betrieb oder seine Arbeitnehmer unmittelbar betreffen, wird hierdurch nicht berührt.
(3) Arbeitnehmer, die im Rahmen dieses Gesetzes Aufgaben übernehmen, werden hierdurch in der Betätigung für ihre Gewerkschaft auch im Betrieb nicht beschränkt.

Inhaltsübersicht

I. Vorbemerkungen

Die Vorschrift enthält Grundsätze über die Zusammenarbeit zwischen AG und BR. Sie ist jedoch nicht erschöpfend; denn auch in anderen Vorschriften des Gesetzes (z. B. §§ 2, 75) wird bestimmt, was **AG und BR im Rahmen ihrer Zusammenarbeit** zu beachten haben. In Abs. 3 wird insbes. klargestellt, dass sowohl die Mitglieder des BR als auch alle anderen AN, die betriebsverfassungsrechtliche Funktionen ausüben, in ihrer **gewerkschaftlichen Betätigung im Betrieb** nicht eingeschränkt sind. 1

Die in dieser Vorschrift enthaltenen **Verbote des Arbeitskampfes** zwischen BR und AG, der **parteipolitischen Betätigung** und der **Beeinträchtigung des Betriebsfriedens** stellen eine problematische Ausprägung des betriebsverfassungsrechtlichen Modells einer ausschließlich **wirtschaftsfriedlichen und kooperativen Austragung betrieblicher Konflikte** dar. Diese Konzeption gerät in der Praxis in Widerspruch zu dem das Arbeitsverhältnis und das betriebliche Geschehen prägenden Interessengegensatz zwischen Kapital und Arbeit und stellt den Schutz eines konfliktfreien betrieblichen Geschehens und ungestörter Arbeitsabläufe zu Lasten einer aktiven Interessenvertretung durch den BR und einer Umsetzung der Betriebsverfassung als Institution des AN-Schutzes einseitig in den Vordergrund. 2

3 Darüber hinaus hat der Gesetzgeber durch die Verwendung **generalklauselartiger »offener« Begriffe** (insbes. des Begriffs Betriebsfrieden) die Möglichkeit eröffnet, die Verbote dieser Vorschrift – in der Praxis nahezu ausschließlich zu Lasten des BR – in der Rechtsanwendung mit den unterschiedlichsten Wertvorstellungen aufzuladen und extensiv auszulegen. Das gesetzliche Verbot der parteipolitischen Betätigung begegnet – insbes. auch unter Berücksichtigung seiner erklärtermaßen weiten Auslegung durch das *BAG*[1] (vgl. dazu Rn. 51 ff.) – **grundsätzlichen verfassungsrechtlichen Bedenken** und stellt eine problematische Einschränkung des Grundrechts der Meinungsfreiheit (Art. 5 Abs. 1 GG) und der Betätigungsfreiheit der Parteien (Art. 21 Abs. 1 GG) für den betrieblichen Bereich dar.[2]

II. Monatliche Besprechungen

4 Die notwendige Zusammenarbeit zwischen AG und BR erfordert regelmäßige Kontakte zueinander. Aus diesem Grunde sollen AG und BR **mindestens einmal im Monat** zusammentreten, um alle anstehenden Fragen miteinander zu besprechen.[3] Obwohl es sich lediglich um eine Sollvorschrift handelt, gehören die vorgesehenen Besprechungen als **betriebsverfassungsrechtliche Pflicht**[4] zu den »Spielregeln« der Zusammenarbeit.[5]

5 Sowohl der BR als auch der AG sind gehalten, für die Durchführung der monatlichen Besprechungen Sorge zu tragen.[6] **Weigert sich eine der Betriebsparteien** mehrfach ohne sachlichen Grund, an den Besprechungen teilzunehmen, kann darin eine **grobe Pflichtverletzung** i. S. d. § 23 Abs. 1 oder 3 gesehen werden. Sind dagegen BR und AG übereinstimmend der Meinung, dass die monatliche Besprechung nicht erforderlich ist, sind keine Sanktionen vorgesehen.[7] Gleiches gilt, wenn eine Zusammenkunft von keiner Seite verlangt wird.[8]

6 An den Besprechungen haben grundsätzlich der AG und der BR teilzunehmen. Der AG kann sich ggf. durch eine kompetente Person vertreten lassen. Der BR braucht jedoch nur solche Personen als **Vertreter des AG** zu akzeptieren, die – fachlich kompetent[9] – für die Betriebsleitung zu sprechen befugt und dazu auch aus eigener Kenntnis der betrieblichen Zusammenhänge in der Lage sind.[10] Der AG ist nicht berechtigt, zu den Besprechungen unmittelbar eine **betriebsratsfremde Person zur Protokollführung** heranzuziehen.[11]

7 Auf der Seite des BR haben regelmäßig **alle BR-Mitglieder** an den Besprechungen teilzunehmen.[12] Der BR kann auch den **Betriebsausschuss** (§ 27) oder einen anderen Ausschuss (§ 28) mit der Durchführung der Besprechungen beauftragen.[13] Die monatlichen Besprechungen zählen nicht zu den »laufenden Geschäften«, die der Betriebsausschuss nach § 27 Abs. 3 Satz 1 zu führen hat.[14]

8 Sollten in einer Besprechung auch Angelegenheiten behandelt werden, die besonders jugendliche AN betreffen, ist nach § 68 die **JAV** (d. h. alle Mitglieder der JAV) hinzuzuziehen. Auch

---

1 Vgl. aber die neuere Entscheidung des *BAG* 17.3.10, NZA 10, 1333, 1136 f. = AiB 11, 540, mit Anm. *Kröll*, in der die bisherige Rspr. für Äußerungen »allgemeinpolitischer Art« zurückgenommen wird.
2 Vgl. dazu insgesamt auch *Däubler*, Das Arbeitsrecht 1, Rn. 782; *Derleder*, AuR 88, 17 ff.; ErfK-*Schmidt*, Art. 5 GG Rn. 43; *Kempff*, S. 44 ff., 53 ff.; *Zachert*, S. 73; *ders.*, AuR 84, 289 ff.
3 Vgl. dazu insgesamt *Brill*, BlStSozArbR 85, 85 ff.; *Rädel*, AiB 99, 669.
4 *Fitting*, Rn. 4; ErfK-*Kania*, Rn. 3; GK-*Kreutz/Jacobs*, Rn. 10; Richardi-*Richardi/Maschmann*, Rn. 8; a. A. HWGNRH-*Worzalla*, Rn. 7.
5 GK-*Kreutz/Jacobs*, a. a. O.
6 *Fitting*, Rn. 4; GK-*Kreutz/Jacobs*, Rn. 11.
7 Ebenso im Ergebnis *Fitting*, a. a. O.; Richardi-*Richardi/Maschmann*, Rn. 8.
8 Vgl. auch GK-*Kreutz/Jacobs*, a. a. O.
9 *BAG* 11.12.91 – 7 ABR 16/91, AiB 92, 534.
10 GK-*Kreutz/Jacobs*, Rn. 14.
11 *ArbG Hersfeld* 8.1.87, BB 87, 2452.
12 *ArbG Bielefeld* 11.6.08 – 6 BV 37/08 – juris; GK-*Kreutz/Jacobs*, Rn. 14; Richardi-*Richardi/Maschmann*, Rn. 7.
13 *BAG* 15.8.12 – 7 ABR 16/11, NZA 13, 284, AiB 14, 64 mit Anm. *Rudolph*; ErfK-*Kania*, Rn. 5; *Fitting*, Rn. 5; HWGNRH-*Worzalla*, Rn. 4; a. A. *GK-Kreutz/Jacobs*, a. a. O.; Richardi-*Richardi/Maschmann*, a. a. O.; offen gelassen vom *BAG* 19.1.84, AP Nr. 4 zu § 74 BetrVG 1972.
14 *BAG* 15.8.12, a. a. O.; *ArbG Bielefeld* 11.6.08, a. a. O.; *Fitting*, a. a. O.; GK-*Kreutz/Jacobs*, a. a. O.; Richardi-*Richardi/Maschmann*, a. a. O.

die **Schwerbehindertenvertretung** ist zu den Besprechungen hinzuzuziehen, da sie nach § 178 Abs. 5 SGB IX das Recht zur Teilnahme hat[15] Aus § 178 Abs. 5 SGB IX folgt kein Anspruch der Schwerbehindertenvertretung, an zusätzlich regelmäßig stattfindenden sonstigen informellen Besprechungen zwischen einzelnen Vertretern des BR und des AG teilzunehmen.[16]

Das Gesetz enthält keine ausdrückliche Bestimmung darüber, ob auch **Beauftragte einer im BR vertretenen Gewerkschaft** an den gemeinsamen Besprechungen teilnehmen können. Vorschriften, die § 31 bzw. § 46 Abs. 1 entsprechen, fehlen. Wegen der engeren Zusammenarbeit zwischen dem BR und den im Betrieb vertretenen Gewerkschaften (§ 2 Abs. 1) ist jedoch auch die Hinzuziehung von Gewerkschaftsbeauftragten gerechtfertigt. Diese bedarf keiner Zustimmung des AG,[17] jedenfalls dann nicht, wenn die Teilnahme, z. B. wegen der auf der Tagesordnung stehenden Themen, erforderlich ist und für die Verweigerung der Zustimmung des AG anerkennenswerte Gründe nicht ersichtlich sind.[18] Dies gilt umgekehrt auch für die Hinzuziehung eines Vertreters des AG-Verbandes durch den AG. 9

Für die Durchführung der monatlichen Besprechungen ist **keine besondere Form** vorgeschrieben. Einladen kann somit der AG oder der BR. Über den Zeitpunkt und den Ort sollten sich die Beteiligten einigen. Eine Tagesordnung ist nicht vorgesehen. Beide Seiten sollten Gesprächspunkte benennen, damit sie sich auf die anstehenden Fragen vorbereiten und evtl. die notwendigen Unterlagen bereithalten können.[19] 10

Die monatlichen **Besprechungen sind keine BR-Sitzungen** i. S. d. §§ 29 ff., so dass der BR während einer solchen Beratung auch keine Beschlüsse fassen kann. Im Übrigen werden die monatlichen Besprechungen auch nicht dadurch ersetzt, dass der AG monatlich einmal an einer Sitzung des BR teilnimmt.[20] Dies gilt erst recht für Gespräche »unter vier Augen« zwischen dem AG und dem BR-Vorsitzenden oder bloßes Korrespondieren zwischen AG und BR.[21] 11

III. Einlassungs- und Erörterungspflicht

AG und BR trifft die Verpflichtung, mit dem ernsten Willen zur Einigung zu verhandeln und Vorschläge für die Beilegung von Meinungsverschiedenheiten zu machen. Das gilt aber nicht nur für die monatlichen Besprechungen, sondern auch hinsichtlich der Beilegung aller sonstigen Probleme. Das in § 2 Abs. 1 normierte Zusammenarbeitsgebot erhält hier eine gewisse Konkretisierung. 12

Das Gesetz verlangt nur, dass die Beteiligten miteinander »verhandeln«. Insoweit besteht eine **Einlassungs- und Erörterungspflicht.**[22] Das gilt auch dann, wenn der BR eine Regelung in einer nicht mitbestimmungspflichtigen Angelegenheit anstrebt.[23] Aus Abs. 1 Satz 2 ergibt sich allerdings nicht die Verpflichtung der Betriebsparteien, sich auf ein **freiwilliges ESt.-Verfahren** (vgl. dazu § 76 Rn.) einzulassen.[24] AG und BR sind verpflichtet, ihre Standpunkte darzulegen und ggf. in einer Diskussion zu erläutern. Ziel der Verhandlungen soll eine Einigung der Beteiligten sein. Keinesfalls trifft AG und BR aber die Verpflichtung, eine Einigung herbeizuführen. Die Vorschrift ist nicht so zu verstehen, dass ein Zwang zum gegenseitigen Nachgeben besteht. Von einer **»Kompromisspflicht« kann keine Rede sein.**[25] Wenn beispielsweise der BR glaubt, auf seinem Standpunkt beharren zu müssen, weil er seinen Lösungsvorschlag für den besseren 13

15 A. A. zur alten Rechtslage und insoweit überholt *BAG* 19. 1. 84, a. a. O.

16 *LAG Schleswig-Holstein* 10.9.08 – 3 TaBV 26/08, DB 08, 2839.

17 *GL*, Rn. 3; HaKo-BetrVG-*Lorenz*, Rn. 2; a. A. ErfK-*Kania*, Rn. 7; *Fitting*, Rn. 8; GK-*Kreutz/Jacobs*, Rn. 18; HWGNRH-*Worzalla*, Rn. 5; Richardi-*Richardi/Maschmann*, Rn. 11.

18 ErfK-*Kania*, a. a. O.; *Fitting*, a. a. O.; GK-*Kreutz/Jacobs*, a. a. O.; Richardi-*Richardi/Maschmann*, a. a. O.

19 Zum Inhalt einer Regelungsabrede über die monatlichen Besprechungen vgl. DKWF-*Berg*, § 74 Rn. 6.

20 GK-*Kreutz/Jacobs*, Rn. 23.

21 *Fitting*, Rn. 6; GK-*Kreutz/Jacobs*, Rn. 9.

22 *LAG Sachsen-Anhalt* 17.6.08 – 8 TaBVGa 10/08, juris; *LAG Düsseldorf* 27.9.89 – 11 TaBV 35/89; ErfK-*Kania*, Rn. 8; *Fitting*, Rn. 9; GK-*Kreutz/Jacobs*, Rn. 24; Richardi-*Richardi/Maschmann*, Rn. 12.

23 *BAG* 13.10.87, AP Nr. 24 zu § 87 BetrVG 1972 Arbeitszeit; GK-*Kreutz/Jacobs*, a. a. O.

24 BAG 11.12.18 – 1 ABR 17/17, NZA 19, 714; GK-Jacobs, § 76 Rn 34.

25 ErfK-*Kania*, a. a. O.; *Fitting*, Rn. 10; *GL*, Rn. 5; GK-*Kreutz/Jacobs*, Rn. 26; HWGNRH-*Worzalla*, Rn. 8; Richardi-*Richardi/Maschmann*, a. a. O.

hält, ist das sein gutes Recht.[26] Ein solches Verhalten widerspricht nicht der Verhandlungspflicht;[27] insbes. liegt keine grobe Amtspflichtverletzung i. S. d. § 23 Abs. 1 vor.

14 Ist für die Beilegung einer Streitigkeit zwischen AG und BR letztlich die ESt. zuständig, entbindet das die Beteiligten nicht von ihrer Verpflichtung, vor der Anrufung der ESt. **sich selbst** um eine Einigung zu bemühen.[28] AG und BR haben für die Beilegung von Meinungsverschiedenheiten eine vorrangige Kompetenz. Die **Anrufung der ESt.** setzt allerdings verfahrensmäßig nicht eine bestimmte – gerichtlich überprüfbare – Form oder eine gewisse Intensität von Verhandlungen oder Einigungsversuchen voraus (vgl. dazu auch § 76 Rn. 5, 68 ff.).[29]

15 Ist zur Entscheidung einer Streitigkeit zwischen AG und BR die Zuständigkeit des ArbG gegeben, sind die Betriebsparteien nach Abs. 1 Satz 2 ebenfalls verpflichtet, vor **Anrufung des ArbG** den Versuch einer innerbetriebliche Einigung zu machen (zu den möglichen Auswirkungen eines unterlassenen innerbetrieblichen Einigungsversuchs auf die Erforderlichkeit der durch die Beauftragung eines Verfahrensbevollmächtigten durch den BR entstehenden Kosten vgl. § 40 Rn. 47).[30]

IV. Arbeitskampfverbot

1. Maßnahmen des Arbeitskampfes zwischen Arbeitgeber und Betriebsrat

16 Nach der Konzeption des BetrVG sollen die Meinungsverschiedenheiten zwischen AG und BR nicht im Wege des Arbeitskampfes ausgetragen werden, ggf. ist die gesetzlich vorgesehene ESt. (vgl. § 76) oder das ArbG in Anspruch zu nehmen.[31] Es darf demnach keine Seite Arbeitskampfmaßnahmen durchführen, um den anderen Teil zu einem bestimmten betriebsverfassungsrechtlichen oder sonstigen Verhalten oder zum Abschluss einer BV zu zwingen.[32]

17 Das Arbeitskampfverbot richtet sich gegen den **BR als Institution.**[33] Dieser darf z. B. keinen Streikaufruf erlassen oder in anderer Weise die AN auffordern, Kampfmaßnahmen zu ergreifen. Darüber hinaus dürfen in diesem Zusammenhang aber auch **die einzelnen BR-Mitglieder** – in ihrer Eigenschaft als BR-Mitglieder – keine Arbeitskämpfe organisieren oder gar durchführen.[34] Selbstverständlich können sie sich aber in ihrer Eigenschaft als AN und Gewerkschaftsmitglieder an rechtmäßigen Arbeitskämpfen von Gewerkschaften beteiligen (vgl. im Übrigen Rn. 28). Die **einzelnen AN** werden dagegen durch das Verbot überhaupt nicht erfasst,[35] sind aber unabhängig von Abs. 2 Satz 1 im Hinblick auf die Zulässigkeit ihrer Beteiligung an Arbeitskämpfen den arbeitskampfrechtlichen Grundsätzen der Rspr. des *BAG* unterworfen.[36]

18 Verstöße des BR gegen das Arbeitskampfverbot können zur Auflösung des BR oder zum Ausschluss einzelner Mitglieder führen (§ 23 Abs. 1), vgl. dazu auch Rn. 88 ff. Bei Verstößen des AG kann gegen diesen nach § 23 Abs. 3 und u. U. auch nach § 119 Abs. 1 vorgegangen werden.

---

26 *GL*, Rn. 5.
27 *BAG* 27. 11. 73, AP Nr. 4 zu § 40 BetrVG 1972.
28 *BAG* 18. 3. 15 – 7 ABR 4/13, NZA 15, 954; LAG Berlin-Brandenburg 23. 7. 15 – 26 TaBV 857/15, juris.
29 *HessLAG* 30. 9. 14 – 4 TaBV 157/14, juris; *LAG Hamm* 14. 5. 14 – 7 TaBV 21/14, juris; *Fitting*, Rn. 9a; *GL*, Rn. 6; GK-*Kreutz/Jacobs*, Rn. 28; HWGNRH-*Worzalla*, Rn. 10; a. A. wohl Richardi-*Richardi/Maschmann*, Rn. 14 f.
30 *BAG* 29. 7. 09 – 7 ABR 95/07, NZA 09, 1223; *LAG Hamm* 2. 10. 09 – 10 TaBV 189/08.
31 *BAG* 17. 12. 76, AP Nr. 52 zu Art. 9 GG Arbeitskampf.
32 ErfK-*Kania*, Rn. 9; *Fitting*, Rn. 12; Richardi-*Richardi/Maschmann*, Rn. 17.
33 Vgl. GK-*Kreutz/Jacobs*, Rn. 37 ff.
34 *BAG* 5. 12. 75, AP Nr. 1 zu § 87 BetrVG 1972 Betriebsbuße; 21. 2. 78, AP Nr. 1 zu § 74 BetrVG 1972.
35 GK-*Kreutz/Jacobs*, Rn. 40; Richardi-*Richardi/Maschmann*, Rn. 19; auch nicht »mittelbar«, so aber *BAG* 17. 12. 76, AP Nr. 52 zu Art. 9 GG Arbeitskampf; vgl. dazu auch Däubler-*Dette*, Arbeitskampfrecht, § 19 Rn. 125.
36 Vgl. etwa *BAG* 7. 6. 88, AP Nr. 106 zu Art. 9 GG Arbeitskampf; kritisch dazu *Däubler*, Das Arbeitsrecht 1, Rn. 479 ff., 518 ff. m. w. N.

2. Arbeitskampf tariffähiger Parteien

19 Durch das zwischen AG und BR bestehende Arbeitskampfverbot werden die Arbeitskämpfe tariffähiger Parteien nicht berührt (Abs. 2, 2. Halbsatz). Aus dem betriebsverfassungsrechtlichen Arbeitskampfverbot lassen sich **keine Einschränkungen der Arbeitskampffreiheit tariffähiger Parteien** ableiten.

20 Die Rechtmäßigkeit von **Arbeitskampfmaßnahmen der Tarifvertragsparteien** richtet sich allein nach den allgemeinen arbeitskampfrechtlichen Grundsätzen. Tariffähige Parteien sind auf der einen Seite die Gewerkschaften, auf der anderen einzelne AG oder AG-Verbände (§ 2 Abs. 1 TVG; zu den Einzelheiten vgl. § 2 Rn. 47 ff.; nach § 2 Abs. 2 und 3 TVG können auch Spitzenorganisationen der Gewerkschaften und der AG-Verbände TV-Parteien sein). Das zwischen AG und BR bestehende Kampfverbot wird auch dann nicht berührt, wenn der Arbeitskampf lediglich um den **Abschluss eines Firmen-TV** geführt wird.[37] Der Arbeitskampf von TV-Parteien muss sich nicht unbedingt auf die Verbesserung allgemeiner Arbeitsbedingungen beschränken. Es können auch betriebsverfassungsrechtliche Regelungen angestrebt werden.[38] Auch der Streik einer Gewerkschaft zur Durchsetzung eines Firmen-TV mit dem **Inhalt einer vom BR erfolglos angestrebten BV,** z. B. im Regelungsbereich der erzwingbaren Mitbestimmung gem. § 87 oder § 112 Abs. 4 (sog. Tarifsozialplan, vgl. dazu § 111 Rn. 15 ff.), würde nicht gegen das betriebsverfassungsrechtliche – oder ein sonstiges – Arbeitskampfverbot verstoßen.[39]

3. Betriebsratsamt und -rechte im Arbeitskampf tariffähiger Parteien

21 Das **uneingeschränkte Arbeitskampfverbot** in Abs. 2 Satz 1, 1. Halbsatz untersagt zwischen BR und AG als Organen der Betriebsverfassung jede Art von Arbeitskampfmaßnahmen. Im Hinblick auf die **Doppelstellung**[40] **von BR-Mitgliedern** (als Amtsträger der Betriebsverfassung und AN) **und AG** (als Organ der Betriebsverfassung und Tarifvertragspartei bzw. Mitglied eines AG-Verbandes) in Arbeitskämpfen tariffähiger Parteien lässt sich auch aus Abs. 2 Satz 1, 2. Halbsatz, nach dem Arbeitskämpfe tariffähiger Parteien vom betriebsverfassungsrechtlichen Arbeitskampfverbot unberührt bleiben, die Zulässigkeit der Beteiligung von BR-Mitgliedern und AG an Tarifarbeitskämpfen ableiten.

22 Während der AG als Tarifvertragspartei (eines Firmen-TV, vgl. § 1 Abs. 2 TVG) oder Mitglied eines AG-Verbandes unmittelbar an Arbeitskämpfen tariffähiger Parteien beteiligt sein kann und einzelne **BR-Mitglieder in ihrer Eigenschaft als AN** bzw. Gewerkschaftsmitglieder das Recht haben, sich an gewerkschaftlich geführten Arbeitskämpfen uneingeschränkt zu beteiligen (zu den Einzelheiten vgl. Rn. 58 f.), ist für den **BR als Organ** eine entsprechende Doppelstellung von vornherein ausgeschlossen. Der BR kann weder TV-Partei noch AN bzw. Mitglied einer Gewerkschaft sein, was bereits zwingend die Konsequenz nach sich zieht, dass er in Arbeitskämpfen tariffähiger Parteien nicht als Beteiligter agieren kann. Insofern gilt das Arbeitskampfverbot des Abs. 2 Satz 1, 1. Halbsatz für den BR als Organ absolut. Seine Stellung im Arbeitskampf tariffähiger Parteien ist ausschließlich betriebsverfassungsrechtlich zu bestimmen. Hinsichtlich seiner Rechte und Pflichten ist der BR allein der Beschränkung unterworfen, dass ihm Arbeitskampfmaßnahmen untersagt sind (Abs. 2 Satz 1, 1. Halbsatz).

---

37 ErfK-*Kania,* Rn. 10; *Fitting,* Rn. 13; *GL,* Rn. 11; GK-*Kreutz/Jacobs,* Rn. 43; Richardi-*Richardi/Maschmann,* Rn. 22.

38 Berg/Kocher/Schumann-*Heilmann/Schoof,* § 1 Rn. 137 ff.; *GL,* Rn. 11; GK-*Kreutz/Jacobs,* a. a. O.; zur Zulässigkeit der Erweiterung der Mitbestimmungsrechte des BR durch TV vgl. *BAG* 18.8.87, AP Nr. 23 zu § 77 BetrVG 1972; 10.2.88, AP Nr. 53 zu § 99 BetrVG 1972; unzutreffend dagegen *BAG* 17.12.76, AP Nr. 52 zu Art. 9 GG Arbeitskampf, soweit es die Auffassung vertritt, Arbeitskämpfe seien »auf dem Gebiet der Betriebsverfassung ohne Rücksicht auf die Frage, wer sie organisiert, rechtswidrig«.

39 Berg/Kocher/Schumann-*Wankel/Schoof,* § 1 Rn. 185 ff.; Berg/Kocher/Schumann-*Wankel/Schoof,* Rn. 31 ff.; *Schumann,* a. a. O., Rn. 184; *Gamillscheg,* Kollektives Arbeitsrecht Bd. I, S. 1124; GK-*Kreutz/Jacobs,* Rn. 43 f.; Richardi-*Richardi/Maschmann,* a. a. O.

40 GK-*Kreutz/Jacobs,* Rn. 62 f.

23 Weitere Beschränkungen, die sich aus einer völligen oder uneingeschränkten bzw. absoluten **Neutralitätspflicht**[41] des BR ergeben sollen, sind nach hier vertretener Auffassung weder Abs. 2 Satz 1 noch sonstigen Bestimmungen des Gesetzes zu entnehmen. Ebenso wenig ergibt sich aus Abs. 2 Satz 1, 1. Halbsatz ein **Gebot der Zurückhaltung und Distanz** zum tariflichen Arbeitskampfgeschehen unter dem Gesichtspunkt der negativen Koalitionsfreiheit unorganisierter AN bzw. der positiven Koalitionsfreiheit anders organisierter AN oder der Notwendigkeit, das Verhältnis der Betriebsparteien nicht zu belasten.[42]

24 Abgesehen davon, dass das Gesetz gerade nicht die strikte Trennung oder Distanz von BR und Gewerkschaft fordert, sondern deren Zusammenarbeit ausdrücklich vorsieht (§ 2 Abs. 1, vgl. dort Rn. 42 ff.), erlaubt es trotz des Verbots in Abs. 2 Satz 1, 1. Halbsatz dem BR die **Behandlung tarifpolitischer Angelegenheiten** (Abs. 2 Satz 3, 2. Halbsatz, § 45 Satz 1) auch im zeitlichen Zusammenhang mit Arbeitskämpfen tariffähiger Parteien.[43] Dies schließt notwendig das Recht der Betriebsparteien ein, **in Tarifauseinandersetzungen Stellung** zu nehmen (vgl. dazu auch § 45 Rn. 12).[44] Der Beschluss des *BVerfG*[45] zur Zulässigkeit gewerkschaftlicher Werbung während der Arbeitszeit (vgl. dazu § 2 Rn. 120) bestätigt dies implizit. Obwohl das in Streit geratene Verteilen gewerkschaftlichen Werbematerials während der Arbeitszeit durch einen freigestellten BR-Vorsitzenden erfolgt war, hat das *BVerfG* keine Veranlassung gesehen – trotz seiner Bezugnahme auf ungestörten Arbeitsablauf und Betriebsfrieden –, aus Abs. 2 Satz 2, sonstigen betriebsverfassungsrechtlichen Bestimmungen oder der negativen Koalitionsfreiheit unorganisierter AN (zur Kritik der Ansiedlung des Rechts, keiner Koalition beizutreten, im Schutzbereich von Art. 9 Abs. 3 GG vgl. § 75 Rn. 37 m. w. N.) Beschränkungen für die gewerkschaftliche Betätigungsfreiheit im Betrieb oder besondere Zurückhaltungs-, Distanz- oder Neutralitätspflichten für Mitglieder des BR abzuleiten.[46]

25 Schließlich ist darauf hinzuweisen, dass der **BR vorrangig Interessenvertretungsorgan** ist (vgl. § 2 Rn. 1 ff.) und im Rahmen seiner Befugnisse und der betriebsverfassungsrechtlichen Verfahrensordnung Konflikte austragen und **Druck auf den AG** ausüben kann.[47] Dies wird von der h. M. bei der Begründung der von ihr vertretenen **arbeitskampfbedingten Einschränkung der Beteiligungsrechte des BR** (vgl. dazu im einzelnen Rn. 20 ff.)[48] nicht berücksichtigt. Es kann nicht ohne weiteres davon ausgegangen werden, dass sich die aus dem betriebsverfassungsrechtlichen Mitbestimmungs- und Konfliktlösungssystem ergebende Druckausübung auf den AG während eines Arbeitskampfes zwangsläufig derartig steigert, dass sich damit die Einschränkung der Beteiligungsrechte des BR rechtfertigen ließe (zumindest wären dazu die tatsächlichen Umstände des Einzelfalls zu beurteilen).[49]

26 Führen tariffähige Verbände einen Arbeitskampf (Streik und/oder Aussperrung), darf sich der **BR als Organ** daran nicht beteiligen.[50] Er darf beispielsweise einen Streik nicht unterstützen, etwa durch den Einsatz von Sachmitteln des BR, aber auch die AN nicht auffordern, sich an

---

41 So *BAG* 22.12.80, AP Nr. 71 zu Art. 9 GG Arbeitskampf; ErfK-*Kania*, Rn. 11; *Fitting*, Rn. 14; MünchArbR-*v. Hoyningen-Huene*, § 214 Rn. 17 f.; *Rolf/Bütefisch*, NZA 96, 17, 18 f.; Richardi-*Richardi/Maschmann*, Rn. 24; kritisch dazu *Dette* in Däubler, Arbeitskampfrecht, § 19 Rn. 132 ff.; *Jahn*, S. 196 ff.; GK-*Kreutz/Jacobs*, Rn. 67; *Kissel*, § 36 Rn. 17; *Kempen*, NZA 05, 185, 187 f.; *Klocke*, S. 28; *Weiss*, AuR 82, 270; *WW*, Rn. 9.

42 So aber *Rolf/Bütefisch*, a. a. O.

43 *WW*, a. a. O.

44 HaKo-BetrVG-*Lorenz*, Rn. 6; *WW*, a. a. O.

45 14.11.95, NZA 96, 381 = AuR 96, 151.

46 *Heilmann*, AuR 96, 121.

47 *Jahn*, S. 198 f., der von der objektiven Eignung der Mitbestimmungsrechte zur Druckentfaltung auf den AG spricht, S. 199; GK-*Kreutz/Jacobs*, Rn. 76, geht von einem von den Beteiligungsrechten allgemein ausgehenden »Druck« aus.

48 Zuletzt *BAG* 10.12.02, NZA 04, 223.

49 So GK-*Kreutz/Jacobs*, a. a. O.; Fitting, Rn. 22.

50 Zur Rolle des BR im Arbeitskampf eingehend *Blanke*, AiB 93, 220 ff.; *Bobke/Grimberg*, AiB 84, 20 ff.; *Buschmann*, AiB 87, 52 ff.; Däubler-*Dette*, Arbeitskampfrecht, § 19 Rn. 125 ff.; *Herbst*, AiB 87, 4 ff.; *Wiese*, NZA 84, 378 ff.

einem gewerkschaftlich organisierten Streik nicht zu beteiligen.[51] Für das für den BR geltende Arbeitskampfverbot ist es unbedeutend, ob es sich um einen rechtmäßigen oder um einen rechtswidrigen Arbeitskampf handelt.[52]

Keinesfalls ist der BR verpflichtet, auf rechtswidrig streikende AN einzuwirken, um sie zur Wiederaufnahme der Arbeit zu bewegen,[53] da das Gesetz lediglich ein Arbeitskampfverbot enthält, nicht aber ein sich an den BR richtendes Handlungsgebot. Der **BR hat keine Garantenstellung für rechtmäßiges Verhalten der AN** im Rahmen eines Arbeitskampfes.[54] Obwohl eine Rechtspflicht dazu nicht besteht, ist es andererseits dem BR aber auch nicht verwehrt, dass er sich der Sache der rechtswidrig streikenden AN annimmt und durch Verhandlungen mit dem AG versucht, in der streitigen Frage eine Einigung herbeizuführen.[55] Dabei darf der BR die sachlichen Interessen der Streikenden vertreten.[56] Ruht in einem Betrieb wegen eines rechtswidrigen Streiks die Arbeit, behalten nach der Auffassung des *BAG*[57] die BR-Mitglieder, die mit den streikenden AN, mit Vertrauensleuten der im Betrieb vertretenen Gewerkschaft oder mit anderen Gewerkschaftsbeauftragten schlichtende Gespräche oder mit dem AG Verhandlungen führen, um eine Wiederaufnahme der Arbeit zu erreichen, den Lohnanspruch, da es sich insoweit um BR-Tätigkeit handelt. 27

Die **einzelnen BR-Mitglieder** können sich **in ihrer Eigenschaft als AN und Gewerkschaftsmitglieder** an einem rechtmäßigen Arbeitskampf aktiv beteiligen.[58] Daran ändert auch nichts, dass BR-Mitglieder regelmäßig über eine besondere Autorität verfügen und das BR-Amt von der AN-Eigenschaft praktisch nicht zu trennen ist. Als AN brauchen die BR-Mitglieder sich **keine Zurückhaltung** aufzuerlegen. Sie können somit in jeder Weise an einem rechtmäßigen Arbeitskampf teilnehmen. Es ist deshalb ohne weiteres zulässig, dass BR-Mitglieder – in ihrer Eigenschaft als Gewerkschaftsmitglieder – einen Streik im Betrieb organisieren, zum Streik aufrufen,[59] den Streik selbst leiten oder maßgebend in der Streikleitung tätig sind.[60] 28

Streikbeteiligte BR-Mitglieder sind nicht verpflichtet, ausdrücklich darauf hinzuweisen, dass sie als AN oder Gewerkschaftsmitglieder und nicht als BR-Mitglieder handeln.[61] Nach überwiegender Ansicht soll es aber unzulässig sein, dass BR-Mitglieder unter **Erwähnung ihrer Funktion als BR-Mitglied** z. B. einen Streikaufruf unterzeichnen.[62] Die bloße Angabe der – in der Regel in der Belegschaft ohnehin bekannten – BR-Mitgliedschaft stellt keine Pflichtverletzung dar.[63] Eine Pflichtverletzung kann dann vorliegen, wenn die Hervorhebung der Mitgliedschaft im BR eine **missbräuchliche Ausnutzung des BR-Amtes**[64] darstellt, etwa wenn ein bestimmtes 29

---

51 ErfK-*Kania*, Rn. 11; *Fitting*, Rn. 14; *Wiese*, NZA 84, 378 f.; Richardi-*Richardi/Maschmann*, Rn. 24 f.; a. A. GK-*Kreutz/Jacobs*, Rn. 84; kritisch zu dem in diesem Zusammenhang oft verwendeten Begriff der »Neutralitätspflicht des BR« *Buschmann*, AiB 81, 40; *Colneric*, a. a. O., Rn. 673.

52 GK-*Kreutz/Jacobs*, Rn. 56; *Wiese*, a. a. O., S. 379.

53 *BAG* 5. 12. 78, AiB 11, 471, mit Anm. *Däubler*; *LAG Hamm* 6. 11. 75, BB 76, 363; *Bieback*, RdA 78, 82, 96; *Bobke/Grimberg*, AiB 84, 20, 21; *Däubler*, Das Arbeitsrecht 1, Rn. 776; ErfK-*Kania*, a. a. O.; *Fitting*, a. a. O.; *GL*, Rn. 10; GK-*Kreutz/Jacobs*, Rn. 85; *Herbst*, AiB 87, 4; *Kempen*, NZA 05, 185, 189; *Kissel*, § 36 Rn. 32; Richardi-*Richardi/Maschmann*, Rn. 25; Schaub-*Koch*, § 230 Rn. 13; *Wiese*, a. a. O., S. 383.

54 ErfK-*Kania*, a. a. O.

55 *BAG* 5. 12. 78, a. a. O.

56 *Fitting*, a. a. O.; GK-*Kreutz/Jacobs*, Rn. 86; *GL*, Rn. 10; *Wiese*, NZA 84, 378, 383.

57 5. 12. 78, a. a. O.; zustimmend *Wiese*, a. a. O., S. 383.

58 *Fitting*, Rn. 16; GK-*Kreutz/Jacobs*, Rn. 65; *Wiese*, NZA 84, 378 [379]; Richardi-*Richardi/Maschmann*, Rn. 26.

59 *LAG Düsseldorf* 5. 7. 94 – 8 TaBV 57/94, AuR 95, 108, bejahend ausdrücklich auch für freigestellte BR-Mitglieder.

60 *Fitting*, a. a. O.; GK-*Kreutz/Jacobs*, a. a. O.; HWGNRH-*Worzalla*, Rn. 26; *SWS*, Rn. 4; Richardi-*Richardi/Maschmann*, a. a. O.; vgl. dazu im Einzelnen auch *Bobke/Grimberg*, AiB 84, 20 ff.; *Herbst*, AiB 87, 4 ff.; einschränkend für Arbeitskämpfe um einen Firmen-TV *GL*, Rn. 12; Richardi-*Richardi/Maschmann*, a. a. O.

61 *LAG Düsseldorf* 5. 7. 94 – 8 TaBV 57/94, AuR 95, 108; *Bieback*, RdA 78, 82, 93; *Bobke/Grimberg*, AiB 84, 20, 21; ErfK-*Kania*, Rn. 12; *Fitting*, Rn. 16; GK-*Kreutz/Jacobs*, Rn. 66; *Wiese*, NZA 84, 378 [380].

62 *Fitting*, Rn. 15; GK-*Kreutz/Jacobs*, a. a. O.; HWGNRH-*Worzalla*, Rn. 26.

63 *BAG* 20. 3. 79 – 1 AZR 450/76, AiB 12, 604 mit Anm. *Däubler*.

64 So grundsätzlich für die Abgrenzung unzulässiger Aktivitäten *Kissel*, § 36 Rn. 24; ähnlich *Reichold* NZA 04, 247, 249.

BR-Verhalten als Reaktion auf ein bestimmtes Streikverhalten der Belegschaft oder einzelner AN in Aussicht gestellt wird.[65] Unbedenklich ist die Hervorhebung des BR-Amtes nach der hier vertretenen Auffassung auch dann, wenn ein BR-Mitglied sich an **Solidaritätsaktionen zugunsten streikender AN** in einem anderen Betrieb beteiligt, z. B. an Geldsammlungen[66] oder Solidaritätsadressen.[67] Zumindest wenn es sich in dem anderen Betrieb um einen rechtmäßigen Arbeitskampf handelt, stellt eine verbale oder sonstige symbolischen Unterstützung der Streikenden durch ein BR-Mitglied keine Pflichtverletzung dar, auch wenn es sich um einen Streik in einem Zuliefererbetrieb handelt, aus dem dem eigenen Betrieb Nachteile erwachsen können.[68] Dabei ist zu berücksichtigen, dass in dieser Konstellation unter bestimmten Voraussetzungen sogar die Durchführung eines Solidaritätsstreiks zulässig ist.[69] In der bloßen Erörterung etwaiger – möglicherweise auch unzulässiger – Streikabsichten im Kreis von BR-Mitgliedern liegt keine Verletzung betriebsverfassungsrechtlicher Pflichten.[70]

30 Das **BR-Amt wird** durch den Arbeitskampf **nicht berührt;** es besteht grundsätzlich mit allen Rechten und Pflichten weiter.[71] Dabei ist es ohne Bedeutung, ob das einzelne BR-Mitglied sich selbst am Arbeitskampf beteiligt. Die Arbeitsverhältnisse der BR-Mitglieder können nur suspendiert werden; eine lösende Aussperrung von BR-Mitgliedern ist nicht möglich.[72] Nach abzulehnender Auffassung des *BAG*[73] sollen BR-Mitglieder für die durch die **Aussperrung** ausgefallene Zeit selbst dann **keinen Entgeltanspruch** haben, wenn sie während der Aussperrung BR-Aufgaben wahrgenommen haben.[74]

31 Während eines Arbeitskampfes bleibt der BR als Organ **funktionsfähig.**[75] Die Fortsetzung seiner Tätigkeit liegt im allgemeinen Interesse und auch im Interesse des AG. Das **BR-Amt bleibt mit seinen Rechten und Pflichten bestehen.**[76] Deshalb bleiben auch die **Mitbestimmungs- und Mitwirkungsrechte** des BR während des Arbeitskampfes **grundsätzlich wirksam,** gleichgültig, ob die BR-Mitglieder selbst streiken oder ausgesperrt worden sind.[77] Der Gesetzgeber hat insoweit klare Vorstellungen entwickelt. Ihm war der mögliche Konflikt zwischen Arbeitskampf und Mitbestimmung bekannt. Dennoch ist an keiner Stelle des Gesetzes davon die Rede, dass die Mitbestimmungsrechte des BR (z. B. nach § 87 und § 99) während eines Arbeitskampfes ganz oder teilweise suspendiert sein sollen. Das Gesetz **untersagt dem BR** in Abs. 2 Satz 1, 1. Halbsatz **jede Art von Arbeitskampfmaßnahmen,** sieht aber **kein spezifisches Neutralitätsgebot** für die Betriebsparteien vor, aus dem – über den begrenzten Wortlaut und Regelungsgehalt dieser Bestimmung hinaus – die Suspendierung oder Einschränkung von Mitbestimmungs- und Mitwirkungsrechten im Arbeitskampf abgeleitet werden könnte (vgl. dazu grundsätzlich auch Rn. 21 f.).

---

65 *Bobke/Grimberg,* a. a. O., S. 22; *Buschmann,* AiB 81, 407; HaKo-BetrVG-*Lorenz,* Rn. 6; *Weiss,* AuR 82, 265, 271.

66 *Bobke/Grimberg,* a. a. O.; *Däubler,* Das Arbeitsrecht 1, Rn. 777; *Germelmann,* S. 107 f.; *Pflug,* AuR 54, 296.

67 *BAG* 20. 3. 79 – 1 AZR 450/76, AiB 12, 604 mit Anm. *Däubler; Bobke/Grimberg,* a. a. O.; *Däubler,* a. a. O.; *Herbst,* AiB 87, 4; *Weiss,* Rn. 7.

68 A. A. *BAG* 20. 3. 79, a. a. O.; *Fitting,* Rn. 14; GK-*Kreutz/Jacobs,* Rn. 68; *Wiese,* a. a. O., S. 379; Richardi-*Richardi/Maschmann,* Rn. 24.

69 Däubler, AiB 12, 604, 605; zu den Voraussetzungen eines rechtmäßigen Solidaritätsstreiks vgl. *BAG* 19. 6. 07 – 1 AZR 396/06, NZA 07, 1055; Berg/Kocher/Schumann-*Berg,* Rn. 181 ff.

70 *ArbG Hagen* 6. 10. 11 – 4 BV 39/10, AuR 12, 180, anhängig *LAG Hamm* – 10 TaBV 107/11.

71 *BAG* 25. 10. 88, AP Nr. 110 zu Art. 9 GG Arbeitskampf; *Fitting,* Rn. 17; *GL,* Rn. 13; GK-*Kreutz/Jacobs,* Rn. 57; Richardi-*Richardi/Maschmann,* Rn. 23, 28.

72 *BAG [GS]* 21. 4. 71, AP Nr. 43 zu Art. 9 GG Arbeitskampf; *BVerfG* 19. 2. 75, AP Nr. 50 zu Art. 9 GG Arbeitskampf.

73 25. 10. 88, a. a. O., mit krit. Anm. *Brox.*

74 Zustimmend GK-*Kreutz/Jacobs,* Rn. 61.

75 *BAG* 10. 12. 02 – 1 ABR 7/02, NZA 04, 223, 225.

76 *BAG* 10. 12. 02, a. a. O.; *Blanke,* AiB 93, 220, 221; *Fitting,* Rn. 16; GK-*Kreutz/Jacobs,* Rn. 57; HWGNRH-*Worzalla,* Rn. 28; *Wiese,* NZA 84, 375; Richardi-*Richardi/Maschmann,* Rn. 23.

77 *Bieback,* RdA 78, 82, 94; *Blanke,* a. a. O.; *Dette* in Däubler, Arbeitskampfrecht, § 19 Rn. 138; *Däubler,* Arbeitsrecht 1, S. 288; HaKo-BetrVG-*Lorenz,* Rn. 11; *Herbst,* AiB 87, 4, 6 ff.; *Jahn; U. Mayer,* BB 90, 2482, 2488; Richardi-*Richardi/Maschmann,* Rn. 33; *Weiss,* AuR 82, 265, 266 ff.; *Wolter,* AuR 79, 333.

Entgegen der in der Literatur verbreiteten Auffassung[78] ist auch eine **arbeitskampfkonforme Einschränkung oder Suspendierung** der Beteiligungsrechte bereits aus methodischen Gründen abzulehnen.[79] Aus diesem Grunde ist auch die auf dieser Grundlage teilweise einschränkende Rspr. des *BAG*[80] abzulehnen (vgl. im Einzelnen auch § 87 Rn. 116 ff., § 99 Rn. 24 ff., § 102 Rn. 49).[81] Eine **Ausübungsschranke** besteht für den BR im Arbeitskampf lediglich dann, wenn er sich einer mitbestimmungspflichtigen Maßnahme des AG mit dem Ziel entgegenstellt, AN, die an einem Arbeitskampf gegen den AG beteiligt sind, Kampfhilfe zu leisten.[82] 32

Stellt die Ausübung der Beteiligungsrechte durch den BR in diesem Sinn einen Verstoß gegen das Arbeitskampfverbot aus Abs. 2 Satz 1, 1. Halbsatz dar, führt auch dies grundsätzlich nicht zu einem Alleinentscheidungsrecht des AG. Es gelten auch hier die Grundsätze, die bei rechtswidriger Ausübung der Beteiligungsrechte außerhalb des Arbeitskampfes maßgeblich sind (vgl. dazu die Erläuterungen bei § 23 und § 2 Rn. 12, § 87 Rn. 30). Das vom Gesetz zur Ersetzung der Zustimmung des BR in beteiligungspflichtigen Angelegenheiten und zur Sanktionierung rechtswidrigen Verhaltens des BR abschließend vorgesehene Instrumentarium gilt auch im Arbeitskampf uneingeschränkt.[83] Nach dem insoweit eindeutigen Inhalt des Gesetzes lassen sich im Wege der Auslegung spezielle auf den Arbeitskampf zugeschnittene Tatbestände des Wegfalls des Zustimmungserfordernisses mit dem Willen des Gesetzgebers nicht vereinbaren. Deshalb ist es auch im Arbeitskampf nicht vertretbar, dem Arbeitgeber zu gestatten, auf ein nicht rechtmäßiges Verhalten des BR dergestalt zu reagieren, dass er seinerseits die von ihm zu beachtenden gesetzlichen Bestimmungen außer Acht lassen darf.[84] 33

Folgt man der hier vertretenen Auffassung **nicht,** ist jedenfalls Voraussetzung für eine Einschränkung von Mitbestimmungsrechten, dass die vom AG beabsichtigen **mitbestimmungspflichtigen Maßnahmen unmittelbar und ausschließlich arbeitskampfbedingt** sind (z. B. Einstellungen, Versetzungen, Anordnung von Überstunden zur Organisation von Streikbrucharbeit). Es reicht nicht aus, dass personelle Einzelmaßnahmen oder mitbestimmungspflichtige soziale Angelegenheiten während der Dauer eines Arbeitskampfes vom AG durchgeführt werden.[85] 34

Eine Einschränkung der Mitbestimmungsrechte des BR setzt weiter voraus, dass sich der **AG selbst im Arbeitskampf** befindet und der Betrieb unmittelbar vom Arbeitskampf betroffen ist.[86] Eine arbeitskampfbedingte Einschränkung der Mitbestimmungsrechte des BR setzt nach der – restriktiven[87] – Abgrenzungsformel der höchstrichterlichen Rspr. voraus, dass deren Beachtung durch den AG »unmittelbar und zwangläufig« die Durchführung von Arbeitskampf- 35

---

78 *GL,* Rn. 13 ff.; HWGNRH-*Worzalla,* Rn. 29; MünchArbR-*v. Hoyningen-Huene,* § 214 Rn. 17 f.; Richardi-*Richardi/Maschmann,* Rn. 33 f.

79 Eingehend dazu GK-*Kreutz/Jacobs,* Rn. 73 ff. m. w. N.; ebenso *Fitting,* Rn. 20 ff.

80 22. 10. 80, AP Nrn. 70, 71 zu Art. 9 GG Arbeitskampf; 10. 2. 88, DB 88, 1325; 19. 2. 91 – 1 ABR 36/90, DB 91, 1627; 30. 8. 94 – 1 ABR 3/94, NZA 95, 189; 10. 12. 02, a. a. O.; vgl. auch *Kissel,* NZA 89, 81, 82 f., und *BVerfG* 7. 4. 97, NZA 97, 773 = AuR 97, 375 mit Anm. *Ratayczak:* Unzulässigkeit der Vorlage des *ArbG Hamburg* 20. 5. 96, BB 96, 1717, Ls.; für das Fortbestehen der Mitbestimmungsrechte des BR nach § 87 Abs. 1 Nrn. 2, 3 *LAG Bremen* 9. 2. 89, AiB 89, 316 ff. und nach § 99 *ArbG Frankfurt* 8. 10. 90, AuR 91, 219; 13. 11. 85, AuR 86, 156; *ArbG Regensburg* 31. 7. 86, AuR 87, 178.

81 Zur Kritik der teilweise einschränkenden Rspr. des *BAG* vgl. *LAG Bremen* 9. 2. 89, a. a. O.; *Colneric,* a. a. O., Rn. 664 ff.; GK-*Kreutz/Jacobs,* Rn. 70 ff.; *Herbst,* AiB 87, 4, 6 ff.; eingehend zu den Mitbestimmungsrechten und Handlungsmöglichkeiten des BR bei »kalter Aussperrung« *Schwitzer/Unterhinninghofen,* AiB 90, 5 ff.

82 *Colneric,* a. a. O., Rn. 680; GK-*Kreutz/Jacobs,* Rn. 77.

83 Im Ergebnis übereinstimmend HaKo-BetrVG-*Lorenz,* a. a. O.; anders GK-*Kreutz/Jacobs,* Rn. 78; *Fitting,* Rn. 21, nach denen in diesen Fällen, wenn die Zustimmung des BR als Wirksamkeitsvoraussetzung der AG-Maßnahme erforderlich ist, z. B. § 87 Abs. 1, und diese nicht durch Fristablauf fingiert wird, z. B. § 99 Abs. 3, und auch sonst keine speziellen Regelungen für Eilfälle existieren, z. B. § 100, die Zustimmung des BR als erteilt gelten soll.

84 Für den Fall eines Verstoßes gegen § 2 Abs. 1 außerhalb des Arbeitskampfes *LAG Niedersachsen* 26. 2. 91 – 6 TaBV 70/90.

85 *BAG* 6. 3. 79, DB 79, 1464; zumindest missverständlich insoweit *BAG* 10. 12. 02, NZA 04, 223; dazu auch Richardi-*Richardi/Maschmann,* Rn. 38.

86 *BAG* 19. 2. 91 – 1 ABR 36/90, DB 91, 1627; 10. 2. 88, DB 88, 1325; 22. 12. 80, DB 81, 321; WPK-*Preis,* Rn. 17.

87 So GK-*Kreutz/Jacobs,* Rn. 75.

maßnahmen des AG »in ihrem Kernbereich« beeinträchtigen würde,[88] wobei nach neuer Rspr. des *BAG* bereits die »ernsthafte« Gefährdung der Durchführung einer Arbeitskampfmaßnahme durch den AG ausreichen soll.[89] Diese Voraussetzungen liegen für einen **Betrieb, der nicht in den Arbeitskampf einbezogen** ist, nicht vor. Wenn ein AG einen anderen Betrieb, der in einen Arbeitskampf einbezogen ist, durch die Versetzung von AN aus einem nicht bestreikten Betrieb – zur Verrichtung von Streikbrecherarbeiten – bei der Bekämpfung des Streiks unterstützen will (Kampfhilfe), kann damit nach hier vertretener Auffassung zumindest nicht der Ausschluss bzw. die Einschränkung der **Mitbestimmungsrechte des BR im abgebenden** (nicht in den Arbeitskampf einbezogenen) **Betrieb** begründet werden (zur grundsätzlichen Kritik vgl. Rn. 31 ff. und § 99 Rn. 24). Das gilt unabhängig davon, ob die beteiligten Betriebe demselben oder **unterschiedlichen UN** angehören oder ob sie vom **Geltungsbereich** desselben oder unterschiedlicher **TV** erfasst werden.[90] Eine Anknüpfung an den umstrittenen arbeitskampfrechtlichen Überlegungen zu drohenden **Paritätsstörungen** durch die uneingeschränkte Ausübung der Mitbestimmungsrechte des BR im Zusammenhang mit **arbeitskampfbedingten Fernwirkungen** in mittelbar vom Arbeitskampf betroffenen Betrieben[91] (zur Kritik vgl. auch § 87 Rn. 116 ff.) verbietet sich schon deshalb, weil sich die Paritätsrelevanz, insbesondere personeller Einzelmaßnahmen auf einzelbetrieblicher Ebene, nicht feststellen lässt.[92]

36 Das *BAG*[93] hat demgegenüber in seiner neueren Rspr. die Einschränkung der Beteiligungsrechte des BR ausgeweitet und vertritt die Auffassung, dass allein die **Beteiligung des AG an einem Arbeitskampf** regelmäßig dazu führt, dass er die Versetzung von AN zum Zwecke des Streikbruchs **in einen bestreikten Betrieb seines UN** stets ohne Beteiligung des BR des abgebenden Betriebes durchführen kann, unabhängig davon, ob auch der abgebende Betrieb in den Arbeitskampf einbezogen ist oder nicht[94] und ob der im aufnehmenden Betrieb umkämpfte Tarifvertrag auch die AN des abgebenden Betriebs erfasst.[95] Der BR des abgebenden und nicht in den Arbeitskampf einbezogenen Betriebs ist allerdings zu beteiligen, wenn der nicht am Arbeitskampf unmittelbar beteiligte AG zum Zwecke des Streikbruchs AN **in den bestreikten Betrieb eines anderen AG,** auch in den Betrieb eines Tochterunternehmens, versetzen will.[96] Eine Einschränkung der Mitbestimmungsrechte des Betriebsrats kommt auch nicht in Betracht, wenn Arbeitnehmer von einem **Konzernunternehmen** in ein bestreiktes anderes Konzernunternehmen zur Ersetzung streikender Arbeitnehmer versetzt werden sollen, in dem ein Arbeitskampf um einen **Haustarifvertrag** geführt wird, der in dem abgebenden Konzernunternehmen nicht gelten wird.[97] Die mögliche **mittelbare Auswirkung des Arbeitskampfes** auf das abgebende Konzernunternehmen, zukünftig selbst mit erhöhten Tarifforderungen konfrontiert zu werden, rechtfertigt nicht die Einschränkung der Beteiligungsrechte des BR.

37 In der Rspr. des *BAG* bleibt unberücksichtigt, dass es gerade bei Versetzungen oder der Anordnung von Überstunden zum Zweck der Verrichtung von **Streikbrecherarbeit** für die Funktion des BR von Bedeutung ist, dass den betroffenen AN etwas Unzumutbares abverlangt wird,[98] und dass sie deshalb das Recht haben, die Ausführung von **Streikbrecherarbeit** zu **verweigern.**[99] Die Ausübung dieses individuellen Leistungsverweigerungsrechts kann für die betroffenen AN in Abhängigkeit von den Umständen des Einzelfalls mit erheblichen Nachteilen und Risiken verbunden sein, so dass insbesondere zur Ermöglichung der tatsächlichen Wahrnehmung

88 *BAG* 19.2.91, a.a.O.; 10.2.88, a.a.O.; so auch *LAG Hamburg* 25.4.18, 152 TABV 1/18, NZA-RR 18, 551.
89 *BAG* 13.12.11 – 1 ABR 2/10, NZA 12, 571.
90 A.A. *BAG* 13.12.11, a.a.O.
91 Vgl. dazu *Kissel*, NZA 89, 82 f.; TVG-AKR/AKR, Rn. 370 ff.
92 *Brox/Rüthers*, Rn. 445 ff.; *GK-Kreutz/Jacobs*, Rn. 75.
93 *BAG* 13.12.11, a.a.O.; zustimmend *Ubber*, BB 12, 51; ablehnend *Berg*, AiB 12, 73.
94 *BAG* 13.12.11, a.a.O.
95 *BAG* 13.12.11, a.a.O.; a.A. insoweit *LAG Köln* 13.8.09 – 7 TaBV 116/08, juris, das in der Vorinstanz darauf abstellte, dass der umkämpfte Tarifvertrag auch die AN des abgebenden Betriebs erfasste.
96 *BAG* 19.2.91, a.a.O.
97 *LAG Hamburg* 25.4.18, a.a.O.
98 Dazu *Berg*, AiB 12, 73.
99 *BAG* 25.7.57, AuR 58, 125: »Es ist dem Arbeitnehmer nicht zuzumuten, den Streikenden in den Rücken zu fallen.«; bestätigt durch *BAG* 10.9.85, DB 85, 2354; TVG-AKR/AKR, Rn. 506 f.

dieses Rechts und der Vermeidung von Nachteilen eine Kontrolle der arbeitgeberseitigen Anordnung der Verrichtung von Streikbrecherarbeiten durch den BR unerlässlich ist.

Sollen **Leiharbeitnehmer** als Streikbrecher eingesetzt werden soll, kann der Arbeitgeber nicht unter Berufung auf den »arbeitskampfbedingten« Charakter der personellen Einzelmaßnahme und der Suspendierung der Mitbestimmungsrechte des Betriebsrats von dessen Beteiligung gem. § 99 BetrVG absehen.[100] Da die Einstellung des Leiharbeitnehmers in diesem Fall gerade wegen ihrer »Arbeitskampfbedingtheit« unter den Voraussetzungen des § 11 Abs. 5 S. 1 AÜG rechtswidrig ist, kann bei einer Verweigerung der Zustimmung des Betriebsrats gem. § 99 Abs. 2 Nr. 1 BetrVG nicht davon ausgegangen werden, dass »die ernsthafte Gefahr besteht, dass der Betriebsrat eine dem Arbeitgeber sonst mögliche Arbeitskampfmaßnahme verhindert und dadurch zwangsläufig zu dessen Nachteil in das Kampfgeschehen eingreift«. 38

Jedenfalls sind die **Beteiligungsrechte des BR,** die sich in einer **Unterrichtung, Anhörung oder Beratung** erschöpfen, auch im Arbeitskampf vom AG **uneingeschränkt zu beachten.**[101] Selbst wenn man davon ausgeht, dass eine personelle Maßnahme, z. B. nach § 99, arbeitskampfbezogen und damit mitbestimmungsfrei ist, muss der AG dem BR dennoch gemäß § 80 Abs. 2 Satz 1 **die erforderlichen Informationen erteilen.**[102] Der BR kann verlangen, dass ihm auch im Arbeitskampf **unter Namensnennung** vom AG **im Voraus** mitgeteilt wird, welche **Überstunden, Schichtverschiebungen, kurzfristigen Versetzungen, Einstellungen** und **Beschäftigung von Mitarbeitern fremder Firmen**[103] anfallen. Der BR muss auch in diesem Fall in die Lage versetzt werden, eigenverantwortlich zu überprüfen, ob die Maßnahme seiner Mitbestimmung unterliegt oder nicht. Kommt der AG dieser Unterrichtungspflicht nicht nach, kann der BR auch während eines Streiks – ggf. im Wege der einstweiligen Verfügung – die Unterlassung der personellen Maßnahme vom AG verlangen, bis er über die Maßnahme ordnungsgemäß informiert wurde.[104] 38a

Die arbeitskampfbedingte Einschränkung der Mitbestimmungsrechte des Betriebsrats in personellen und sozialen Angelegenheiten durch die Rechtsprechung des BAG gilt allerdings **nur während der Dauer des Arbeitskampfes.** Wird z. B. vom Arbeitgeber eine ursprünglich arbeitskampfbedingt durchgeführte **personelle Maßnahme** oder arbeitskampfbedingt angeordnete **Mehrarbeit** über das Ende des Arbeitskampfes hinaus aufrechterhalten, hat er die Beteiligungsrechte des Betriebsrats uneingeschränkt zu beachten bzw. die Beteiligung des Betriebsrats unverzüglich nachzuholen.[105] Will der Arbeitgeber nach der Beendigung oder während einer Unterbrechung des Streiks die **Folgen des Streiks** durch die Anordnung von Mehrarbeit kompensieren, bedarf eine derartige Maßnahme der vorherigen Zustimmung des Betriebsrats.[106] Das gilt auch für die Zahlung von **Streikbruchprämien** (vgl. dazu auch § 75 Rn. 91, § 87 Rn. 328), die der AG vor und während des Arbeitskampfs nicht zugesagt hat und nach Beendigung des Arbeitskampfes zahlt.[107] 38b

In Ausübung ihrer BR-Tätigkeit darf den streikenden oder ausgesperrten **BR-Mitgliedern** auch der **Zutritt zum Betrieb** nicht verwehrt werden.[108] Der AG ist auch während eines Arbeits- 39

100 So auch Lembke, NZA 17, 1, 11.

101 *BAG* 13.12.11, a.a.O.; 10.12.02, NZA 04, 223; *Fitting*, Rn. 21; GK-*Kreutz/Jacobs*, Rn. 76, nach deren Auffassung sich die Ausübung dieser weniger intensiven Beteiligungsrechte »im Allgemeinen« als »arbeitskampfneutral« erweist, im Einzelfall sich aber auch als unzulässige Kampfmaßnahme darstellen kann, so insbesondere *Fitting*, a.a.O.; a.A. *Krummel*, BB 02, 1418; *Reichold*, NZA 04, 247.

102 *BAG* 13.12.11, a.a.O.; 10.12.02, a.a.O.; *LAG Köln* 22.6.92 – 14 TaBV 17/92, DB 93, 838; *LAG Frankfurt* 22.2.90 – 12 TaBVGa 1/90, DB 91, 707; *ArbG Frankfurt* 8.10.90 – 15 BV 12/90; ablehnend *Kissel*, § 36 Rn. 85.

103 *BAG* 10.12.02, a.a.O.

104 *ArbG Frankfurt* 8.10.90, a.a.O.; *ArbG Frankfurt* 28.12.89 – 15 BVGa 46/89; a.A. *LAG Frankfurt* 22.2.90, a.a.O.

105 *Fitting*, Rn. 23.

106 *BAG* 20.3.18 – 1 ABR 70/16, juris; *HessLAG* 21.4.16 – 5 TaBV 196/15, juris; *ArbG Oldenburg* 21.5.15 – 6 BVGa 2/15; *ArbG Stuttgart* 24.4.15 – 9 BVGa 1/15.

107 *LAG Hamm* 16.9.97 – 13 TaBV 33/97, AiB 98, 589 mit Anm. *Kettner*.

108 *LAG Köln* 20.8.92 – 5 TaBV 30/92, LAGE Nr. 9 zu § 2 BetrVG 1972; *LAG Frankfurt* 8.2.90 – 12 TaBVGa 13/90, BB 90, 1626; *ArbG Stuttgart* 22.5.84 – 2 BVGa 1/84; 30.5.84 – 18 BVGa 3/84; *Fitting*, Rn. 26; GK-*Kreutz/Jacobs*, Rn. 60; *Herbst*, a.a.O., S. 5; *SWS*, Rn. 5; *Wiese*, NZA 84, 378.

kampfes nicht berechtigt, die Zugangs-Code-Karten sämtlicher BR-Mitglieder (zur Überwindung der Zugangssicherungen) zu sperren, wenn er – berechtigt oder nicht – annimmt, ein BR-Mitglied habe »seine« Karte missbräuchlich verwandt. Darüber hinaus ist es nicht zulässig, wenn der AG während eines Arbeitskampfes BR-Mitglieder während der Ausübung ihrer BR-Tätigkeit fortwährend oder auch nur stichprobenhaft durch ein persönlich anwesendes oder hinzutretendes Mitglied der Personalabteilung kontrollieren lässt.[109]

40 Da auch und gerade **während eines Arbeitskampfes** auf den **BR vielfältige Aufgaben**[110] zukommen können,[111] weil beispielsweise bei den AN erhöhter Beratungsbedarf besteht oder beim Einsatz vom Streikbrechern durch den AG die Einhaltung von Gesetzen, Tarifverträgen, UVV usw. zu überwachen ist,[112] muss der BR auch während des Arbeitskampfes im Betrieb (z. B. BR-Büro, Arbeitsplätze) seine Amtspflichten erfüllen können.[113] Dazu gehört u. a. die

- Abhaltung von BR- oder Ausschusssitzungen,
- Durchführung von Sprechstunden des BR und Betriebs- und Arbeitsplatzbegehungen,
- Abwicklung der laufenden Geschäfte, wie z. B. des Schriftverkehrs,
- Einholung von Auskünften beim AG,
- Behandlung von Anfragen des AG und (nicht arbeitskampfbedingten, vgl. dazu Rn. 32 ff.) Mitbestimmungsangelegenheiten,
- Prüfung der Informationen des AG über die Durchführung arbeitskampfbedingter personeller und sozialer Angelegenheiten (vgl. dazu Rn. 38),
- Entgegennahme und Bearbeitung von Anträgen und Beschwerden der AN und
- Durchführung von Betriebsversammlungen (zur Vergütungspflicht des AG bei Betriebsversammlungen während des Arbeitskampfes vgl. § 44 Rn. 17 f.; zur Durchführung weiterer Betriebsversammlungen vgl. § 43 Rn. 12 ff.; zur Zulässigkeit von vom AG einberufenen »Belegschaftsversammlungen« vgl. § 42 Rn. 50 ff.).

41 Der **BR** sollte im Arbeitskampf regelmäßig dafür sorgen, dass er **für den AG** in betriebsverfassungsrechtlichen Angelegenheiten **ansprechbar** ist.[114]

42 Der **BR** hat das Recht, während eines arbeitskampfbedingten Produktionsstillstandes situationsbezogene **Informationen an die Privatanschriften der AN** zu versenden, und kann zu diesem Zweck die Herausgabe der Privatanschriften vom AG verlangen.[115]

43 Es gehört jedoch nicht zu den Aufgaben des BR, während eines Arbeitskampfes mit dem AG auch über die **Durchführung eines Notdienstes**[116] zu verhandeln oder gar entsprechende Vereinbarungen zu treffen. Notdienstvereinbarungen sind allein Sache der streikenden Gewerkschaft und des AG, die eine angemessene Lösung finden müssen.[117] Die zwischen BR und AG insoweit getroffenen Abreden sind unwirksam und die AN daran nicht gebunden.[118] Die streikende Gewerkschaft und der AG können aber vereinbaren, den BR bei der praktischen Durchführung des zwischen ihnen vereinbarten Notdienstes einzubeziehen.[119]

---

109 *LAG Frankfurt* 8.2.90, a. a. O.
110 Zu den praktischen Fragen eingehend *Blanke*, AiB 93, 220; *Herbst*, AiB 87, 4 und die Musterschreiben bei DKWF-*Berg*, § 74 Rn. 2 ff.
111 Vgl. *BAG* 25.10.88, AP Nr. 110 zu Art. 9 GG Arbeitskampf.
112 So auch *BAG* 10.12.02, a. a. O.
113 *Blanke*, a. a. O., 222.
114 *Blanke*, a. a. O., 223.
115 *LAG Berlin* 28.6.84, DB 84, 1936 ff.
116 Zum Begriff der Notdienstarbeiten vgl. *BAG* 30.3.82, AP Nr. 74 zu Art. 9 GG Arbeitskampf.
117 Vgl. dazu TVG-AKR/AKR, Rn. 491.
118 Vgl. *Bauer/Haußmann*, DB 96, 881; *Däubler*, AuR 81, 257; *Buschmann* AuR 80, 230, 233; *Fitting*, Rn. 24; *GL*, Rn. 13d; KassArbR-*Etzel*, 7.1., Rn. 350; *Löwisch/Mikosch*, ZFA 78, 153, 175; *G. Müller*, RdA 82, 86, 97; *Kempen*, NZA 05, 185, 189; siehe auch § 8 der Arbeitskampfrichtlinien des DGB, AuR 74, 252 und dazu *Kehrmann/Rose*, AuR 74, 321, 324; *LAG Niedersachsen* 1.2.80, AP Nr. 69 zu Art. 9 GG Arbeitskampf; *LAG Frankfurt* 22.4.69, AP Nr. 40 zu Art. 9 GG Arbeitskampf; a. A. *Brox/Rüthers*, Rn. 467, 293, Fn. 34; GK-*Kreutz/Jacobs*, Rn. 81 ff.; *Wiese*, NZA 84, 378, 382.
119 *Kempen*, a. a. O.; weitergehend *Fitting*, a. a. O.: Übertragung der Regelungsbefugnis auf BR und AG.

V. Beeinträchtigung von Arbeitsablauf oder Frieden des Betriebs

44 Über das Arbeitskampfverbot hinaus sind AG und BR verpflichtet, alles zu unterlassen, wodurch der Arbeitsablauf oder der Frieden des Betriebs beeinträchtigt wird. Dabei ist von Bedeutung, dass[120] nicht darauf abgestellt werden kann, ob eine Handlung lediglich geeignet ist, den Betriebsfrieden zu gefährden. Es genügt auch nicht, dass durch eine Handlung eine Störung des Betriebsfriedens oder des Arbeitsablaufs mit hoher Wahrscheinlichkeit zu erwarten ist.[121] Die Vorschrift ist vielmehr erst dann verletzt, wenn durch ein bestimmtes Verhalten eine tatsächliche Beeinträchtigung, also eine **konkrete Störung,** eingetreten ist.[122] Eine lediglich abstrakte Gefahr reicht also nicht aus.[123]

45 Nach der Rspr. des *BAG*[124] richtet sich das gesetzliche Verbot gegen den AG, den BR als Organ und gegen die einzelnen BR-Mitglieder (aber nur in ihrer Eigenschaft als BR-Mitglieder), keineswegs aber gegen die **AN des Betriebs.**[125] Letztere sind lediglich auf Grund ihres Arbeitsvertrags verpflichtet, betriebsstörende Aktivitäten zu unterlassen (vgl. dazu auch Rn. 71).[126] Der BR ist auch nicht gehalten, auf die AN einzuwirken, die ihrerseits den Betriebsfrieden beeinträchtigen.[127] Die Verpflichtung des BR besteht lediglich darin, selbst von derartigen Handlungen abzusehen **(Unterlassungspflicht).**

46 Verboten ist zunächst die Störung des **Arbeitsablaufs.** Unter »Arbeitsablauf« ist die organisatorische, räumliche und zeitliche Gestaltung des Arbeitsprozesses im Zusammenwirken von Menschen und Betriebsmitteln zu verstehen. Dazu gehören z. B. Fließband-, Gruppen- oder Einzelarbeit, Arbeit in Räumen oder im Freien, Arbeit im Schichtbetrieb u. Ä. (vgl. dazu § 90 Rn. 12 ff.). Der Arbeitsablauf kann insbesondere durch Unterbrechung der Arbeit beeinträchtigt werden.[128] Das ist der Fall, wenn durch **rechtswidrige** Aktionen des AG oder des BR die Weiterarbeit einzelner AN, bestimmter Betriebsteile oder des ganzen Betriebs im üblichen Rahmen nicht mehr möglich ist.

47 Über die Störung des eigentlichen Arbeitsablaufs hinaus ist auch die Störung des sog. **Friedens des Betriebs** untersagt. Der Betriebsfrieden[129] kann beeinträchtigt werden, wenn AG und BR Auseinandersetzungen führen, die keine Grundlage im betrieblichen Geschehen haben.[130] Insbes. darf keine Seite **in den Zuständigkeitsbereich** der anderen **eingreifen.**[131] Im Interesse der Erhaltung des Betriebsfriedens ist es beispielsweise BR und AG untersagt, jeweils gegen den anderen gerichtete **bewusst wahrheitswidrige Behauptungen** zu verbreiten.

48 Als eine unzulässige Beeinträchtigung des Betriebsfriedens **durch den AG** können beispielweise folgende Verhaltensweisen bewertet werden:

- Es ist unzulässig, wenn der AG ein von ihm verfasstes, polemische Angriffe gegen den BR enthaltendes **Schreiben an AN des Betriebs** in Kopie verschickt.[132]
- Das gilt auch für die Veröffentlichung wahrheitswidrige Informationen über das BR-Verhalten in Verhandlungen am »**Schwarzen Brett**« oder die Bekanntgabe einer einseitigen und willkürlichen Auswahl des Schriftwechsels mit dem BR.[133]

---

120 Wie noch nach dem BetrVG 1952, vgl. dazu *Däubler,* Das Arbeitsrecht 1, Rn. 784.
121 So aber u. a. *Fitting,* Rn. 29; GK-*Kreutz/Jacobs,* Rn. 133, jeweils m. w. N.
122 *Däubler,* a. a. O.; *Otto,* AuR 80, 189, 295; *WW,* Rn. 14 f.
123 GK-*Kreutz/Jacobs,* a. a. O.
124 21. 2. 78, AP Nr. 1 zu § 74 BetrVG 1972.
125 *Fitting,* Rn. 27; GK-*Kreutz/Jacobs,* Rn. 131; Richardi-*Richardi/Maschmann,* Rn. 51.
126 Kritisch dazu *Kempff,* S. 60 ff.
127 ErfK-*Kania,* Rn. 17; *Fitting,* Rn. 28; GK-*Kreutz/Jacobs,* Rn. 132; *GL,* Rn. 17; Richardi-*Richardi/Maschmann,* Rn. 49; a. A. HWGNRH-*Worzalla,* Rn. 36.
128 GK-*Kreutz/Jacobs,* Rn. 135.
129 Zur grundsätzlichen Kritik dieses Begriffs vgl. *Kohte,* AuR 84, 125 ff.; auch *ArbG Düsseldorf* 15. 3. 95, AuR 95, 424, 425.
130 Richardi-*Richardi/Maschmann,* Rn. 48.
131 *Fitting,* Rn. 31 f.
132 *LAG Köln* 16. 11. 90 – 12 TaBV 57/90, BB 91, 1191.
133 *ArbG Trier* 14. 6. 89, AiB 89, 353 ff. mit Anm. *Schoof;* zu weitgehend allerdings *LAG Düsseldorf* 25. 5. 76, BB 77, 294 f., das die Bekanntgabe des vollständigen Schriftwechsels zwischen den Betriebsparteien durch den BR am »Schwarzen Brett« grundsätzlich für unzulässig hält.

- Eine unzulässige Beeinträchtigung des Betriebsfriedens stellt auch die **Bekanntgabe von AN,** die abgemahnt wurden, am »Schwarzen Brett« durch den AG dar.[134]
- Der AG ist nicht berechtigt, durch BR-Tätigkeit, Krankheit oder sonstige Gründe veranlasste **Fehlzeiten von BR-Mitgliedern** betriebsöffentlich bekannt zu machen.[135]
- Dem AG ist es auch nicht erlaubt, eine **Veröffentlichung des BR** am »Schwarzen Brett« einseitig zu **entfernen,** wenn er mit den darin gemachten Aussagen nicht einverstanden ist.[136]

49 Eine Störung des Betriebsfriedens oder des Arbeitsablaufs liegt regelmäßig nicht vor, wenn der **BR** im Rahmen der ihm **gesetzlich zugewiesenen Aufgaben** handelt.[137] Die **Wahrnehmung der Rechte** des **BR** oder der **AN** stellen für sich allein grundsätzlich keine Störung des Betriebsfriedens dar:[138]

- So kann der BR u. a. die vorgeschriebenen Betriebsversammlungen durchführen, obwohl dadurch der Arbeitsablauf objektiv beeinträchtigt wird, von seinem Kontrollrecht gemäß § 80 von Gebrauch machen oder die ESt. anrufen, auch wenn dies zu Unruhe in der Belegschaft führt oder den AG verärgert.[139]
- Es verstößt nicht gegen Abs. 2 Satz 2, wenn der BR die **Belegschaft über Meinungsverschiedenheiten mit dem AG informiert,** z. B. über die arbeitsgerichtliche Untersagung mitbestimmungswidriger Maßnahmen oder die beabsichtigte Kündigung eines BR-Mitglieds.[140]
- Der BR kann auch mit **kritischen** mündlichen und schriftlichen **Stellungnahmen** dem AG und der Belegschaft gegenüber ablehnend darauf reagieren, dass der AG versucht, eine **Konkurrenzgewerkschaft** und deren Tarifverträge im Betrieb zu etablieren.[141]
- Auch wenn nach einem **kritischen Redebeitrag** eines Mitglieds des BR auf einer Betriebsversammlung einige AN die Betriebsversammlung vorzeitig verlassen, stellt dies keine Störung des Betriebsfriedens dar.[142]
- Der BR darf auch **Fragebogenaktionen** veranstalten, wenn die gestellten Fragen sich inhaltlich mit den Aufgaben des BR befassen.[143]
- Der BR ist jeder Zeit berechtigt, den AG auf rechtswidrige Maßnahmen aufmerksam zu machen, die dieser getroffen hat, z. B. bei der **Verletzung von Mitbestimmungsrechten,** von arbeitsschutzrechtlichen Bestimmungen[144] oder von tariflichen Vorschriften.[145]
- Das gilt z. B. auch für das **Verteilen eines Flugblatts** an die Belegschaft, in dem gegen Überstunden[146] oder von einem einzelnen BR-Mitglied kritisch zu Beschlüssen des BR Stellung genommen wird.[147]
- Der BR ist grundsätzlich berechtigt, insbes. bei Rechtsverstößen des AG, die **Beschäftigten zu mobilisieren** und gemäß der Überzeugung des BR zu beeinflussen.[148]
- Zulässig ist grundsätzlich auch die Darlegung der Meinung des BR in den **Medien** oder die Abgabe von **Presseerklärungen** durch den BR.[149]

---

134 *ArbG Regensburg* 28. 7. 89, AiB 89, 354.

135 *LAG Niedersachsen* 9. 3. 90 – 3 TaBV 38/89; zur Unzulässigkeit der Veröffentlichung der Kosten der BR-Arbeit im Betrieb durch den AG vgl. *BAG* 12. 11. 97 7 ABR 14/97, BB 98, 1006; 19. 7. 95 – 7 ABR 60/94, BB 96, 328, und § 2 Rn. 6, § 43 Rn. 21; *LAG Düsseldorf* 26. 11. 93 – 17 TaBV 71/93, AuR 94, 275; *ArbG Wesel* 10. 4. 96 – 3 BVGa 1/96; *ArbG Darmstadt* 20. 11. 86, AiB 86, 140 f. mit Anm. *Trittin*.

136 *VG Berlin* 9. 11. 94, PersR 95, 96; *Fitting*, a. a. O.; *GL*, Rn. 15; GK-*Kreutz/Jacobs*, Rn. 136.

137 ErfK-*Kania*, Rn. 20; *Fitting*, Rn. 36.

138 Vgl. auch GK-*Kreutz/Jacobs*, a. a. O.

139 GK-*Kreutz/Jacobs*, Rn. 134.

140 *LAG Schleswig-Holstein* 1. 4. 09 – 3 TaBVGa 2/09.

141 *LAG Hamm* 20. 3. 09 – 10 TaBV 149/08 (den DHV betreffend).

142 *HessLAG* 19. 3. 18 – 16 TaBV 185/17, juris; *LAG Hamm* 20. 3. 09, a. a. O.

143 So für die JAV *BAG* 8. 2. 77, AP Nr. 10 zu § 80 BetrVG 1972.

144 *Fitting*, a. a. O.

145 *ArbG Hamburg* 2. 2. 94 – 11 GaBV 1/94.

146 *ArbG Stuttgart* 23. 1. 80, AiB 4/80, S. 14 mit Anm. *Schoof*.

147 *HessLAG* 17. 2. 97 – 11 Sa 1776/96.

148 *ArbG Hamburg* 2. 2. 94, a. a. O.

149 Vgl. dazu ErfK-*Schmidt*, Art. 5 GG Rn. 40; *Plander*, AuR 93, 161; *Simitis-Kreuder*, NZA 92, 1009; *LAG Niedersachsen* 6. 12. 18 – 5 TaBV 107/17, juris (TwitterAccount des BR) – anhängig *BAG* 7 ABR 9/19;

VI. Parteipolitische Betätigung

50 Die Vorschrift bestimmt, dass AG und BR eine parteipolitische Betätigung im Betrieb zu unterlassen haben. Damit wird jedoch nicht jede politische Betätigung untersagt, sondern nur das **bewusste und nachhaltige Eintreten** für oder gegen eine politische Partei. Durch das Verbot der parteipolitischen Betätigung im Betrieb ist das **Grundrecht der freien Meinungsäußerung** eingeschränkt worden, was mit Rücksicht auf Art. 5 GG bedenklich ist.[150] Wegen der völlig ungleichen gesetzlichen Verteilung der Sanktionen im Falle der Zuwiderhandlung zwischen BR und AG und unter dem Gesichtspunkt der Einschränkung der Betätigungsfreiheit der Parteien (vgl. Art. 21 Abs. 1 GG) begegnet die Verbotsnorm **zusätzlichen verfassungsrechtlichen Bedenken.**[151] Sie ist entgegen der h. M. insoweit dahin gehend verfassungskonform auszulegen, dass eine parteipolitische Betätigung nur dann untersagt ist, wenn sie zu einer **konkreten Störung des Betriebsfriedens** führt.[152]

51 Unabhängig davon hat allerdings auch das *BVerfG*[153] **die Einschränkung des Grundrechts** der freien Meinungsäußerung im Betrieb grundsätzlich **nur in engen Grenzen** für zulässig gehalten. Da Abs. 2 Satz 3 der Freiheit der Meinungsäußerung Schranken setzt, muss diese Norm ihrerseits aus der Erkenntnis der wertsetzenden Bedeutung des Grundrechts der freien Meinungsäußerung ausgelegt und so in ihrer das Grundrecht begrenzenden Wirkung selbst wieder eingeschränkt werden.[154] Das führt im Ergebnis zu einer **engen Auslegung der Verbotsnorm** des Abs. 2 Satz 3, insbes. des Begriffs der »Parteipolitik«, mit der Folge, dass eine allgemeinpolitische Betätigung, die weder zu einer konkreten Beeinträchtigung des Betriebsablaufs noch des Betriebsfriedens führt (vgl. dazu Rn. 44 ff.), weder dem AG noch dem BR untersagt ist.[155]

52 In diese Richtung tendiert nun auch das *BAG* in seiner neuen Rspr., nach der das **Verbot der parteipolitischen Betätigung** im Betrieb **nicht jede »Äußerung allgemeinpolitischer Art«** erfasst, »die eine politische Partei, Gruppierung oder Richtung weder unterstützen noch sich gegen sie wenden« soll. Ob das Eintreten für oder gegen »eine **politische Richtung** unabhängig von einem konkreten Bezug zu einer politischen Partei« unter das Verbot fällt, hat das BAG allerdings offengelassen.[156]

---

teilweise einschränkend *BAG* 18.9.91 – 7 ABR 63/90, NZA 92, 315; *Fitting,* Rn. 34; *Müller Boruttau,* NZA 96, 1071.

150 *Däubler,* Das Arbeitsrecht 1, Rn. 781 ff.; *Zachert,* S. 73; a. A. *BVerfG* 28.4.76, AP Nr. 2 zu § 74 BetrVG 1972; *BAG* 13.9.77, AP Nr. 1 zu § 42 BetrVG 1972; 21.2.78 und 12.6.86, AP Nrn. 1, 5 zu § 74 BetrVG 1972; ErfK-*Kania,* Rn. 21; *Fitting,* Rn. 38; GK-*Kreutz/Jacobs,* Rn. 97; *GL,* Rn. 19; HWGNRH-*Worzalla,* Rn. 40.

151 *Däubler,* a. a. O.

152 *Däubler,* a. a. O.; HaKo-BetrVG-*Lorenz,* Rn. 9; *Zachert,* a. a. O.

153 28.4.76, AP Nr. 2 zu § 74 BetrVG 1972.

154 *BVerfG* 28.4.76, a. a. O.; ErfK-*Schmidt,* Art. 5 GG Rn. 20 f., 43; Schaub-*Koch,* § 230 Rn. 16; zur Abwägung grundrechtlich geschützter Betätigungen und betriebsverfassungsrechtlicher Rechtsgüter vgl. auch *BVerfG* 8.10.96, NJW 97, 386 = AuR 97, 293 mit Anm. *Kittner:* Schutz der Pressefreiheit für Werkszeitungen.

155 *BVerfG* 28.4.76, a. a. O.; so jetzt wohl auch *BAG* 17.3.10, NZA 10, 1133, 1136 f.; = AiB 11, 540 mit Anm. *Kröll; LAG Baden-Württemberg* 24.9.84, DB 85, 46 f. [aufgehoben durch *BAG* 12.6.86, AP Nr. 5 zu § 74 BetrVG 1972]; *LAG Hamburg* 21.4.86, DB 86, 475 ff.; *ArbG Essen* 4.10.83, AiB 83, 162; *ArbG München,* 29.11.83, DB 84, 512; *ArbG Gelsenkirchen* 14.2.84, AiB 84, 100 f.; *ArbG Köln* 28.3.84, BB 85, 663; *Bäumer,* AuR 60, 225; *Berg/Bobke/Wolter,* BlStSozArbR 83, 353, 355 ff.; *Däubler,* Arbeitsrecht 1, S. 448 f.; *Derleder,* AuR 88, 17, 21 ff.; *Dieckhoff,* AuR 58, 238; ErfK-*Dieterich,* a. a. O., Rn. 43; *Fitting,* Rn. 38; GK-*Kreutz/Jacobs,* Rn. 97, 111; *Gnade,* JbArbR 76, 59, 66; *Hofmann,* S. 58 ff.; *Hoyningen-Huene/Hofmann,* BB 84, 1050, 1051; *Joachim* in Posser/Wassermann (Hrsg.), S. 255, 262; KassArbR-*Etzel,* 9.1., Rn. 426; *Kempff,* AiB 85, 14, 15; *Konzen,* Anm. zu *BAG* 5.12.75, AP Nr. 2 zu § 87 BetrVG 1972 Betriebsbuße; *Lepke,* DB 68, 2039; *Mayer,* AiB 85, 16; *Radke,* BB 57, 1112, 1113; *Rüthers,* BB 58, 778; Schaub-*Koch,* a. a. O.; *Schmittner,* AuR 68, 359; *Wendeling-Schröder,* AiB 87, 183; *Vollmer, S.* 31 ff.; *Zachert,* AuR 84, 289, 294; a. A. *BAG* 21.2.78, 12.6.86, AP Nrn. 1, 5 zu § 74 BetrVG 1972; 12.6.86, NZA 87, 153 f.; *Bauer/Willemsen,* NZA 10, 1089; *GL,* Rn. 21; ErfK-*Kania,* Rn. 25; *Kissel,* NZA 88, 145, 147 f.; *Meisel,* RdA 76, 38, 39; *Reichold,* RdA 11, 58, 59 ff.; Richardi-*Richardi/Maschmann,* Rn. 62; *Wiebauer,* BB 10, 3091 ff.

156 *BAG* 17.3.10, a. a. O., 1136; vgl. dazu *Dohna-Jaeger,* AuR 11, 428.

53 Die vom *BAG*[157] bisher vertretene Auffassung einer ausdrücklich **weiten Auslegung des Begriffs »parteipolitische Betätigung«** i. S. jeder sonstigen »allgemeinpolitischen Betätigung« ist mit dem Wortlaut des Abs. 2 Satz 3 nicht vereinbar. Der Gesetzgeber ist nämlich nicht nur im Rahmen der Betriebsverfassung von einem differenzierten Politikbegriff ausgegangen (vgl. § 75 Abs. 1, § 118 Abs. 1 Nr. 1),[158] sondern auch in anderen gesetzlichen Regelungen.[159] Auch können die mit der Abgrenzung von Partei- und Allgemeinpolitik im Einzelfall möglicherweise verbundenen Schwierigkeiten nicht zur Rechtfertigung der weiten Auslegung des Abs. 2 Satz 3 herangezogen werden. Wenn das *BAG*[160] in diesem Zusammenhang sogar meint, dass »alle politischen Fragen, gleichgültig, ob es sich um solche der Außen- oder Innenpolitik, der äußeren oder inneren Sicherheit, der Kultur, der Arbeit oder der Freizeitgestaltung handelt, in den Bereich parteipolitischer Stellungnahmen fallen« und damit – einschließlich der Fragen der »Arbeit« (!) – verboten sein sollen, wird die Definition des Begriffs »Parteipolitik« unter **Aufgabe jeder rechtsstaatlichen Grundsätzen entsprechenden Rechtssicherheit** faktisch auf die verschwommene und vom Gesetzgeber gerade nicht vorgesehene Grenzziehung zwischen politischen und unpolitischen Fragen verlagert.[161]

54 Auch ist es abzulehnen, wenn in Rspr. und Literatur durch die **Annahme** entstehungsgeschichtlich und systematisch nicht begründbarer **zusätzlicher Verbotszwecke** (z. B. politische Neutralität von AG und BR, Meinungs- und Wahlfreiheit der AN, Missbrauch des Amtsbonus durch den BR) über den **Normzweck des Schutzes des ungestörten Arbeitsablaufs und des Betriebsfriedens** hinaus die weite Auslegung des Verbots der parteipolitischen Betätigung hergeleitet wird.[162]

55 Die Gegenseite verkennt im Übrigen, dass es lebensfremd wäre, die allgemeine Politik aus dem Betrieb verbannen zu wollen. Schließlich ist der **Betrieb innerhalb der Gesellschaft kein isoliertes Gebilde;** denn auch das Geschehen im Betrieb wird von der Politik bestimmt.[163] Immerhin verbringen die AN ein Drittel ihres gesamten Arbeitslebens im Betrieb.[164] Zu Recht wird auch auf den **»Strukturwandel des Politischen«** und die damit verbundene Tendenz hingewiesen, dass die unsere Gesellschaft prägenden politischen Kontroversen einen zunehmend globalen und parteiübergreifenden Charakter annehmen, so dass ihre generelle Verbannung aus der Arbeitswelt zwangsläufig zu einer vom Gesetzgeber nicht gewollten und verfassungsrechtlich unzulässigen Abschottung **des Betriebs** von der übrigen Gesellschaft **als politikfreiem Raum** führen würde.[165] Schließlich wäre es vor allem auch mit der elementaren Bedeutung des Grundrechts aus Art. 5 GG unvereinbar, wenn der Gesetzgeber die Freiheit der politischen Meinungsäußerung dem Bereich der betrieblichen Arbeitswelt, die die Lebensgestaltung zahlreicher Staatsbürger wesentlich bestimmt, schlechthin fern halten wollte.[166]

56 Ist somit davon auszugehen, dass eine allgemeinpolitische Betätigung für AG und BR im Betrieb nicht untersagt ist, ist es dem BR auch nicht untersagt, für oder gegen bestimmte **allgemeinpolitische Positionen** einzutreten.[167] Das *BAG*[168] geht allerdings davon aus, dass auch

---

157 12.6.86, a.a.O.
158 Vgl. dazu *BAG* 21.7.98 – 1 ABR 2/98, BB 99, 1116: Zur Auslegung von § 118 Abs. 1.
159 Vgl. etwa § 35 Abs. 2 BRRG, § 53 BBG, § 15 SoldG; die in diesen Vorschriften enthaltenen Beschränkungen der »politischen« bzw. »allgemeinpolitischen« Betätigung für Beamte und Soldaten, die sich, wenn überhaupt, allein unter Berücksichtigung des vom Gesetzgeber für erforderlich gehaltenen öffentlich-rechtlichen Dienst- und Treueverhältnisses oder des Soldatenverhältnisses verfassungsrechtlich rechtfertigen lassen, können nicht mit dem Vehikel der Auslegung auf das betriebsverfassungsrechtliche Verhältnis zwischen AG und BR übertragen werden (vgl. *Hofmann*, S. 58).
160 12.6.86, AP Nr. 5 zu § 74 BetrVG 1972; 12.6.86, NZA 87, 153f.
161 GK-*Kreutz/Jacobs*, Rn. 111; *Hofmann*, S. 60f.
162 Vgl. dazu insbes. *Derleder*, AuR 88, 17, 19ff.; GK-*Kreutz/Jacobs* Rn. 99ff.; *Hofmann*, S. 40ff.
163 *Berg*, FS Gnade, S. 215, 216f.
164 Vgl. dazu *Osterland u. a.*, S. 61ff.
165 *Derleder*, AuR 88, 17, 21ff.
166 *BVerfG* 15.1.58, BVerfGE 7, 198, 207f.; 19.1.63, AP Nr. 1 zu Art. 5 Abs. 1 GG Informationsfreiheit.
167 *BAG* 17.3.10 – 7 ABR 95/08.
168 21.2.78, 12.6.86, AP Nrn. 1, 5 zu § 74 BetrVG 1972.

das Eintreten für eine »politische Richtung« dem Verbot unterfalle.[169] Diese Aussage ist jedoch viel zu unbestimmt, als dass daraus sichere Rückschlüsse gezogen werden könnten. Der Begriff »politische Richtung« ist nicht justitiabel. Dennoch wird daraus gefolgert, dass auf Grund dieser Rspr. auch das **Eintreten für eine Bürgerinitiative** im Betrieb unzulässig sei.[170] Diese Ansicht ist schon deshalb abzulehnen, weil die verschiedensten – insbes. lokalen – Bürgerinitiativen eine »politische Richtung« im parteipolitischen Sinne regelmäßig nicht verfolgen. Etwas anderes kann ggf. nur dann gelten, wenn eine Bürgerinitiative oder eine sonstige politische Gruppierung offensichtlich auf eine Partei i.S.d. § 2 Abs. 1 ParteiG angelegt ist und sich an Wahlen beteiligt.[171]

Als **zulässige allgemeinpolitische Betätigung** sind daher nach hier vertretener Auffassung Aktivitäten oder Meinungsäußerungen (z.B. Anschlag am »Schwarzen Brett«, Verteilung von Informationsschriften, Tragen von Plaketten) zu den folgenden beispielhaft aufgeführten **Themenbereichen** oder **Bürgerbewegungen** anzusehen: 57

- **Anti-Atom-Bewegung und Nutzung der Kernenergie;**[172]
- **Friedensbewegung und Abrüstung;**[173] **Aufruf gegen den Irak-Krieg;**[174]
- **Auseinandersetzung mit fremdenfeindlichen, rassistischen** und **rechtsradikalen Aktivitäten;**[175]
- **Umweltschutz** und **ökologische Gefährdung** der Lebensgrundlagen, Veränderungen der Arbeit durch **neue Technologien, Arbeitslosigkeit** und **Beschäftigungspolitik** (die Angelegenheiten der **Umweltpolitik,** vgl. § 45 Rn. 11, und des **betrieblichen Umweltschutzes,** vgl. § 89, fallen ausdrücklich in die Kompetenz des BR (Rn. 73).[176]

Unabhängig davon erfährt das Verbot der parteipolitischen Betätigung schon dadurch Beschränkungen, als nach Abs. 2 Satz 3, 2. Halbsatz tarifpolitische, sozialpolitische und wirtschaftliche Angelegenheiten mit Bezug zum Betrieb und seinen AN behandelt werden dürfen (vgl. Rn. 69ff.) und nach Abs. 3 die Betätigung der Gewerkschaften durch die Verbotsnormen des Abs. 2 nicht beschränkt wird (vgl. Rn. 75ff.). Soweit sich also politische Äußerungen auf **tarifpolitische, sozialpolitische oder wirtschaftliche Angelegenheiten** beziehen oder im **Rahmen der gewerkschaftlichen Betätigung** nach Art. 9 Abs. 3 GG erfolgen, sind sie **ohne weiteres zulässig.**[177] 58

---

169 Zustimmend im Ergebnis *LAG Schleswig-Holstein* 30.9.08 – 2 TaBV 25/08 – juris; Richardi-*Richardi/Maschmann*, Rn. 61; GK-*Kreutz/Jacobs*, Rn. 109f.; *GL*, Rn. 20; *Oetker*, BlStSozArbR 83, 321, 325.

170 GK-*Kreutz/Jacobs*, Rn. 110; *Oetker*, a.a.O.; a.A. *Däubler*, Das Arbeitsrecht 1, Rn. 781; ErfK-*Kania*, Rn. 25; *Fitting*, Rn. 48; *Hofmann*, S. 62f.

171 *Hofmann*, S. 63f.

172 *ArbG Hamburg* 6.6.79, BB 80, 104; *Derleder*, AuR 88, 17, 24f.; *Fitting*, Rn. 48; *Hofmann*, S. 78; *v. Hoyningen-Huene/Hofmann*, BB 84, 1050 [1051]; *Zachert*, AuR 84, 289, 292; a.A. GK-*Kreutz/Jacobs*, Rn. 110; HWGNRH-*Worzalla*, Rn. 46; *Mummenhoff*, DB 81, 2539 [2540]; *Oetker*, BlStSozArbR 83, 321, 325.

173 *LAG Baden-Württemberg* 24.9.84, DB 85, 46f. (aufgehoben durch *BAG* 12.6.86, AP Nr. 5 zu § 74 BetrVG 1972); *LAG Hamburg* 21.4.86, DB 86, 475ff.; *ArbG Mannheim* 17.1.91, AiB 91, 55; *ArbG Essen* 4.10.83, AiB 83, 162; *ArbG München* 29.11.83, DB 84, 512; *ArbG Köln* 28.3.84, BB 85, 663; *Berg/Bobke/Wolter*, BlStSozArbR 83, 353 (355ff.); *Däubler*, AiB 83, 27ff.; *Derleder*, AuR 88, 17 (25); *Fitting*, a.a.O.; *Hofmann*, S. 79; *v. Hoyningen-Huene/Hofmann*, BB 84, 1050 (1051); KassArbR-*Etzel*, 7.1., Rn. 353; *Kempff*, AiB 85, 14 (15); *Mayer*, AiB 85, 16; *Wendeling-Schröder*, AiB 87, 183; *Zachert*, a.a.O., S. 297; a.A. *BAG* 12.6.86, AP Nr. 5 zu § 74 BetrVG 1972; 12.6.86, NZA 87, 153f.; ErfK-*Kania*, Rn. 25; GK-*Kreutz/Jacobs*, a.a.O.; *Oetker*, BlStSozArbR 83, 321 (325).

174 *LAG Schleswig-Holstein* 30.9.08, a.a.O.

175 *ArbG Gelsenkirchen* 14.2.84, AiB 84, 100f. mit zustimmender Anm. *Zachert;* a.A. *BAG* 21.2.78, AP Nr. 1 zu § 74 BetrVG 1972; MünchArbR-*v. Hoyingen-Huene*, § 301 Rn. 55; vor dem Hintergrund der ausdrücklichen Zuordnung der Bekämpfung von Fremdenfeindlichkeit und Rechtsextremismus und der Integration ausländischer AN zum Aufgabenkatalog der BR durch das BetrVerf-ReformG im Jahr 2001 dürfte die Gegenmeinung überholt sein; siehe dazu auch *Fröb*, S. 168f.

176 Vgl. *Derleder*, AuR 88, 17 (24f.).

177 Z.B. gewerkschaftliche Aktivitäten auf dem Gebiet der Friedenspolitik und Abrüstung, eingehend dazu *Berg/Bobke/Wolter*, BlStSozArbR 83, 353 (355ff.); vgl. auch *Däubler*, Gewerkschaftsrechte, Rn. 283ff.; *Derleder*, AuR 88, 17 (21); *Zachert*, AuR 84, 289 (297).

59 Von einer verbotenen parteipolitischen Betätigung kann somit nach hier vertretener Auffassung nur dann die Rede sein, wenn für oder gegen eine Partei i. S. d. § 2 Abs. 1 ParteiG[178] bewusst und nachhaltig aktiv gearbeitet wird. Nach der **weiter gehenden Rspr. des BAG,**[179] nach der auch Betätigungen für sonstige politische »Gruppierungen« oder »Richtungen« (zur Kritik vgl. Rn. 53 ff.) erfasst werden, gehört zur parteipolitischen Betätigung alles, was die AN zu einer Stellungnahme in parteipolitischen Fragen veranlassen soll, und zwar auch dann, wenn die Maßnahmen ohne Nennung einer Partei deren Interessen dienen können. Das kann z. B. durch persönliche Ansprache geschehen, aber auch durch das Verteilen von parteipolitischen Flugblättern oder Zeitungen. Dazu gehört weiter das Aushängen von Parteiplakaten, das Organisieren von politischen Veranstaltungen im Betrieb, Geld- oder Unterschriftensammlungen für eine politische Partei u. a.[180]

60 Ein **Aufruf des BR** an die Belegschaft zur **Beteiligung an politischen Wahlen oder an einem Volksentscheid** stellt keine parteipolitische Betätigung dar.[181] Die **Verteilung von sachlich abgefassten Handzetteln** einer Gewerkschaft durch ein BR-Mitglied im Betrieb, mit denen unter Nennung der Namen und Parteizugehörigkeit einzelner Kandidaten die AN dazu aufgerufen werden, bei einer **Kommunalwahl** aktive AN und Gewerkschaftsmitglieder zu wählen, stellt keine parteipolitische Betätigung dar, sondern gewerkschaftliche Informationstätigkeit.[182] Entgegen der Auffassung des *BAG*[183] stellt das **Tragen einer gegen einen Politiker gerichteten Plakette** keine parteipolitische Betätigung dar (zur Problematik der Beeinträchtigung des Betriebsfriedens und einer möglichen Verletzung arbeitsvertraglicher Pflichten in diesem Zusammenhang vgl. Rn. 65 ff.).[184] Die Beteiligung von AG oder BR an gelegentlichen **Gesprächen mit parteipolitischem Inhalt** fällt ebenfalls nicht unter das Verbot nach Abs. 2 Satz 3.[185]

61 Nicht unter den Begriff der unzulässigen parteipolitischen Betätigung fällt weiterhin der Besuch von **Spitzenpolitikern im Betrieb,** wenn ein solcher von AG und BR gemeinsam organisiert wird oder mit Billigung der Gegenseite erfolgt. In einem solchen Fall darf der Politiker auch in einer (häufig allein auf Grund des Besuchs) einberufenen Betriebsversammlung das Wort ergreifen und dabei zu parteipolitischen Fragen Stellung nehmen. Ob es sich dabei um Wahlkampfzeiten oder nicht handelt, ist unerheblich. Entscheidend ist, ob zwischen AG und BR darüber eine Verständigung erzielt wird.[186] Zu der Frage, ob der BR **allein** berechtigt ist, während des Wahlkampfes einen Spitzenpolitiker als Referent einer Betriebsversammlung einzuladen, vgl. § 45 Rn. 20.

62 Das Verbot erfasst lediglich die parteipolitische **Betätigung im Betrieb,** d. h. auf dem Betriebsgelände. Das *BAG* rechnet dazu aber auch eine Betätigung in **unmittelbarer** Betriebsnähe, z. B. das Verteilen von Flugblättern parteipolitischen Inhalts vor dem Fabriktor, mit der Zielrichtung, in den Betrieb hineinzuwirken.[187] Im Übrigen beschränkt sich das Verbot für die BR-Mitglieder auf den Amtsbereich. GBR- und KBR-Mitglieder sind in allen Betrieben des UN bzw. Konzerns daran gebunden.[188]

---

178 Vgl. dazu *Hofmann*, S. 62 ff.

179 21. 2. 78, 12. 6. 86, AP Nrn. 1, 5 zu § 74 BetrVG 1972; insoweit zustimmend ErfK-*Kania*, Rn. 25; GK-*Kreutz/Jacobs*, Rn. 110; *GL*, Rn. 20; HWGNRH-*Worzalla*, Rn. 33; Richardi-*Richardi/Maschmann*, Rn. 60 ff.; offen gelassen *BAG* 17. 3. 11, a. a. O., 1136.

180 Vgl. dazu auch *Fitting*, Rn. 49; GK-*Kreutz/Jacobs*, Rn. 112 f.

181 *BAG* 17. 3. 10 – 7 ABR 95/08, *BAG*-Pressemitteilung Nr. 21/10.

182 *BVerfG* 28. 4. 76, AP Nr. 2 zu § 74 BetrVG 1972.

183 9. 12. 82, AP Nr. 73 zu § 626 BGB = AuR 83, 122 ff. mit kritischer Anm. *Kohte*, offen gelassen vom *BAG* 21. 12. 83 – 7 AZR 131/82.

184 *Zachert*, AuR 84, 289 (294) m. w. N.

185 *BAG* 18. 1. 68, AP Nr. 28 zu § 66 BetrVG 1952; *LAG Frankfurt* 21. 1. 67, DB 67, 430 (431); *Däubler*, Das Arbeitsrecht 1, S. 449 f.; *Fitting*, Rn. 51; GK-*Kreutz/Jacobs*, Rn. 111; *GL*, Rn. 21; zum Sonderproblem der Verteilung von Betriebszeitungen von Parteien und politischen Organisationen im Betrieb unter Berücksichtigung der Pressefreiheit nach Art. 5 Abs. 1 Satz 2 GG vgl. *Däubler*, a. a. O., Rn. 783.

186 Einschränkend GK-*Kreutz/Jacobs*, Rn. 113; *GL*, Rn. 22.

187 *BAG* 21. 2. 78, AP Nr. 1 zu § 74 BetrVG 1972; ähnlich *LAG Niedersachsen* 3. 3. 70, BB 70, 1480; Richardi-*Richardi/Maschmann*, Rn. 65; GK-*Kreutz/Jacobs*, Rn. 115; *GL*, Rn. 22; HWGNRH-*Worzalla*, Rn. 33.

188 GK-*Kreutz/Jacobs*, Rn. 103; Richardi-*Richardi/Maschmann*, Rn. 65.

Außerhalb des Betriebs besteht keine Einschränkung der parteipolitischen Betätigung. Die BR-Mitglieder brauchen bei einer parteipolitischen Betätigung außerhalb des Betriebs keine Rücksicht auf ihr betriebsverfassungsrechtliches Mandat zu nehmen. Sie sind sogar befugt, in **Parteiversammlungen,** in **Wahlreden, Wahlaufrufen** oder **Wahlwerbeanzeigen** ausdrücklich auf ihre BR-Funktion hinzuweisen.[189] Selbstverständlich kann sich auch der AG außerhalb des Betriebs parteipolitisch betätigen.[190] 63

Von dem Verbot der parteipolitischen Betätigung sind nach dem Wortlaut der Vorschrift **nur der AG und der BR als Gremium** betroffen. Nach der Rspr. des *BAG*[191] erstreckt sich das Verbot aber auch auf die einzelnen BR-Mitglieder. Die **JAV** und ihre Mitglieder sind dagegen von dem Verbot nicht wie der BR und seine Mitglieder erfasst.[192] Das ergibt sich zunächst daraus, dass die Funktion der JAV nicht mit der des BR ohne weiteres verglichen werden kann. Die Rechte des BR sind eindeutig stärker ausgeprägt. Im Übrigen wird in § 65 auf alle Vorschriften des BetrVG verwiesen, die auf die JAV entsprechend Anwendung finden. Ein Hinweis auf § 74 ist darin nicht enthalten. Lediglich in § 71 wird auf die entsprechende Anwendung der §§ 44–46 verwiesen. Daraus ergibt sich, dass die JAV bei der Durchführung von JA-Versammlungen u. a. das Verbot der parteipolitischen Betätigung zu beachten hat. Eine Ausdehnung dieses Verbots auf die sonstige Tätigkeit der JAV sieht das Gesetz nicht vor. Für eine analoge Anwendung des § 74 auf die JAV ist daher kein Raum. 64

Die **AN des Betriebs** werden von dem betriebsverfassungsrechtlichen Verbot der parteipolitischen Betätigung im Betrieb nicht erfasst (h. M).[193] Dies gilt auch für AN, die Mitglied des BR sind, die aber nicht in dieser Eigenschaft, sondern als AN oder Mitglied des gewerkschaftlichen Vertrauensleutekörpers tätig werden.[194] Soweit Meinungsäußerungen oder sonstige Aktivitäten des einzelnen AN im Rahmen der gewerkschaftlichen Betätigung nicht bereits durch die speziellere Vorschrift des Art. 9 Abs. 3 GG geschützt sind (vgl. Rn. 58), gewährleistet das **Grundrecht der Meinungsfreiheit aus Art. 5 Abs. 1 GG** als unmittelbarer Ausdruck der menschlichen Persönlichkeit, konstituierendes Element einer demokratischen Gesellschaft[195] und Grundvoraussetzung solidarischen Handelns, auch die **politische und parteipolitische Betätigung des AN im Betrieb** im Rahmen der bestehenden arbeitsvertraglichen Pflichten (Art. 5 Abs. 3 GG).[196] 65

Eine **zu weit gehende Einschränkung** hat das Grundrecht der Meinungsfreiheit im Betrieb durch die **Rspr. des *BAG***[197] erfahren, nach der dieses durch die **»Grundregeln über das Arbeitsverhältnis«** begrenzt werden soll und seine Ausübung nicht zu einer »konkreten Störung oder Beeinträchtigung des Arbeitsverhältnisses im Leistungsbereich, im Bereich der betrieblichen Verbundenheit aller Mitarbeiter **(Betriebsfrieden),** im personalen Vertrauensbereich oder im Unternehmensbereich führen«[198] darf.[199] Eine schwerwiegende Beeinträchtigung des 66

---

189 *LAG Frankfurt* 2.1.67, DB 67, 430 (431); *LAG Hamburg* 17.3.70, BB 70, 1480; *Fitting,* Rn. 53; GK-*Kreutz/Jacobs,* Rn. 117; Richardi-*Richardi/Maschmann,* Rn. 66; a. A. *Meisel,* RdA 76, 38 (42); *Oetker,* BlStSozArbR 83, 321 (323).

190 Ausdrücklich *LAG Hamburg* 17.3.70, a.a.O., unter Hinweis darauf, dass die im Hinblick auf den BR in der Literatur vertretene restriktive Auffassung zwingend auch zu einem entsprechenden Betätigungsverbot für den AG kommen müsste.

191 21.2.78, AP Nr. 1 zu § 74 BetrVG 1972; 12.6.86, NZA 87, 153 (154).

192 *Hofmann,* S. 108 f.; a.A. GK-*Kreutz/Jacobs,* Rn. 103; *GL,* Rn. 23; Richardi-*Richardi/Maschmann,* Rn. 68; offen gelassen vom *BAG* 11.12.75, AP Nr. 1 zu § 15 KSchG.

193 *BVerfG* 28.4.76, AP Nr. 2 zu § 74 BetrVG 1972; *BAG* 12.6.86, AP Nr. 5 zu § 74 BetrVG 1972; 12.6.86, NZA 87, 153 [154]; ErfK-*Kania,* Rn. 22; *Fitting,* Rn. 41; GK-*Kreutz/Jacobs,* Rn. 105; *GL,* Rn. 23a; HWGNRH-*Worzalla,* Rn. 49; MünchArbR-*v. Hoyningen-Huene,* § 214 Rn. 25; Richardi-*Richardi/Maschmann,* Rn. 69.

194 *BAG* 12.6.86, a.a.O.; *Fitting,* a.a.O.; GK-*Kreutz/Jacobs,* Rn. 102.

195 *BAG* 24.6.04 – 2 AZR 63/03, NZA 05, 158.

196 Vgl. dazu *Däubler,* Das Arbeitsrecht 2, Rn. 535 ff.; *Hofmann,* S. 87 ff. m. w. N.

197 Vgl. etwa 9.12.82, AP Nr. 73 zu § 626 BGB; 12.6.86, NZA 87, 153 [154] und *Kissel,* NZA 88, 146 [149 ff.].

198 *BAG* 12.6.86, a.a.O.

199 Kritisch zur Methode und den Ergebnissen dieser Rspr. des *BAG ArbG Hamburg* 11.9.95, AuR 96, 77 = AiB 95, 774, 780 ff.; *ArbG München* 29.11.83, DB 84, 512; Kittner/Zwanziger-*Becker,* § 53 Rn. 63; *Däubler,* Das Arbeitsrecht 2, a.a.O.; *Deiseroth,* AuR 01, 161 [166 f.]; ErfK-*Schmidt,* Art. 5 GG, Rn. 34;

Betriebsfriedens reicht zur Annahme eines verhaltensbedingten Kündigungsgrundes nicht aus, wenn nicht eine konkrete Verletzung arbeitsvertraglicher Pflichten festgestellt werden kann (vgl. auch Rn. 94).[200] Die Offenlegung von Missständen im Unternehmen des AG einschließlich der Erstattung einer Strafanzeige wegen dieser Missstände durch einen AN (**»whistleblowing«**) rechtfertigt grundsätzlich nicht die fristlose Kündigung des Arbeitsverhältnisses wegen erheblicher Verletzung der Loyalitätspflicht und verstößt gegen Art. 10 EMRK (Freiheit der Meinungsäußerung).[201] Auch **kritische und unsachliche Äußerungen** eines AN innerhalb des Betriebs oder in der Öffentlichkeit **über den Arbeitgeber, die Arbeitsbedingungen oder die Personalführung im Betrieb** sind wegen des besonderen Gewichts des Grundrechts der Meinungsfreiheit (Art. 5 Abs. 1 GG) geschützt.[202] In der Regel sind derartige Meinungsäußerungen nicht geeignet, eine verhaltensbedingte Kündigung des Arbeitsverhältnisses zu rechtfertigen.[203] Die **Wahrnehmung des Beschwerderechts** gem. §§ 82 Abs. 1, 84 Abs. 1 BetrVG in Gestalt der Durchführung einer Unterschriftensammlung im Betrieb mit dem Ziel der Verbesserung der Arbeitsbedingungen stellt keine Beeinträchtigung des Betriebsfriedens oder eine Arbeitsvertragsverletzung dar.[204]

67 Zulässig ist es, wenn während der Arbeitszeit oder in den Pausen von AN Privatgespräche sowohl politischen als auch parteipolitischen Inhalts geführt werden (vgl. Rn. 60). Derartige Meinungsäußerungen sind stets durch Art. 5 Abs. 1 GG gewährleistet. Als zulässig ist auch das **Tragen von gegen Politiker gerichteten Plaketten** im Betrieb anzusehen.[205] Durch das Tragen solcher Plaketten soll zum Ausdruck gebracht werden, dass der AN einen bestimmten Politiker ablehnt, was zum Recht der freien Meinungsäußerung gehört.[206] Das gilt auch für sog. **Anti-Atom-Plaketten** oder **Plaketten der Friedensbewegung.**[207] Zulässig ist auch das **Verteilen von Aufrufen einer betrieblichen Friedensinitiative**[208] oder – insbes. mit Rücksicht auf die **Pressefreiheit** des Art. 5 Abs. 1 Satz 2 GG – von **»Betriebszeitungen«** politischer Parteien, Bürgerinitiativen oder anderer politischer Organisationen.[209] Schließlich bestehen auch keine Bedenken, wenn am **Heckfenster eines Pkw** die üblichen **»Wahlaufkleber«** oder **sonstigen »Meinungsplaketten«** angebracht werden und der AN sein Fahrzeug während der Arbeitszeit auf dem vom AG zur Verfügung gestellten Parkplatz abstellt.[210] Dagegen kann der AG von einem bei ihm beschäftigten Lkw-Fahrer nicht verlangen, dass dieser mit einem Fahrzeug

---

Hofmann, S. 87 ff.; *Kempff*, S. 44 ff.; *ders.*, AiB 96, 265; *Kohte*, AuR 84, 125 ff.; *Preis/Stoffels*, RdA 96, 210, 211 f.; *Wolter*, S. 130 ff.; *Zachert*, AuR 84, 289 ff.; zur Bedeutung des Grundrechts der Meinungsfreiheit im Betrieb vgl. auch *BVerfG* 19.5.92, BB 92, 1792, das mit dieser Entscheidung das Urteil des *BAG* 5.4.84, DB 85, 602, aufgehoben hat, und ErfK-*Schmidt*, a. a. O., Rn. 33 ff.; *Kühling*, AuR 94, 126, 130.

200 *BAG* 24.6.04, a. a. O.

201 *EGMR* 21.7.11 – 28274/08, juris; dazu *Ulber*, NZA 11, 962.

202 *LAG Köln* 14.1.22 – 9 TaBV 34/21, Rn. 31; *LAG Düsseldorf* 9.1.13 – 12 TaBV 93/12, juris; s. dazu auch ErfK-*Schmidt*, Art. 5 GG Rn. 30, 34; HK-ArbR/*Becker*, GG Art. 8 ff. Rn. 5.

203 Vgl. dazu die Fallgestaltungen bei *BAG* 18.12.14 – 2 AZR 265/14, NZA 15, 797 (Äußerungen im Wahlkampf); *LAG Berlin-Brandenburg* 2.10.14 – 10 TaBV 1134/14, NZA 15, 489 (KZ-Vergleich); *ArbG Freiburg* 12.6.18, 4 Ca 79/18, NZA-RR 18, 535 (Kritik an Anweisungen des AG).

204 *LAG Hamm* 3.9.14 – 4 Sa 235/14, NZA-RR 15, 131.

205 A. A. mit stark auf den Einzelfall bezogenen Wertungen *BAG* 9.12.82, AP Nr. 73 zu § 626 BGB = AuR 84, 122 ff. m. kritischer Anm. *Kohte;* vgl. aber auch *BAG* 21.12.83 – 7 AZR 131/82, wo eine fristlose Kündigung wegen Tragens einer gegen einen Politiker gerichteten Plakette für unwirksam erachtet wird; kritisch zur Rspr. des *BAG* außerdem ErfK-*Schmidt*, Art. 5 GG Rn. 34; *v. Hoyningen-Huene/Hofmann*, BB 84, 1050 (1054 f.); MünchArbR-*Berkowsky*, § 133 Rn. 145 ff.; *Otto*, AuR 84, 289; *Preis/Stoffels*, RdA 96, 210, 214; *Zachert*, AuR 84, 289 ff.

206 So auch *ArbG Aachen* 27.8.80, AuR 81, 218.

207 *ArbG Hamburg* 6.6.79, BB 80, 104; *ArbG Köln* 28.3.84, DB 85, 663; *Buschmann/Grimberg*, AuR 89, 65; ErfK-*Schmidt*, a. a. O., Rn. 43; *v. Hoyningen-Huene/Hofmann*, a. a. O., S. 1052; *Zachert*, a. a. O., S. 291; vgl. dazu aber *BAG* 2.3.82, AP Nr. 8 zu Art. 5 Abs. 1 GG Meinungsfreiheit, das im öffentlichen Dienst angestellten Lehrern das Tragen von Plaketten mit der Aufschrift »Atomkraft – nein danke« während des Dienstes untersagt hat.

208 *LAG München* 4.10.84, DB 85, 1539; *ArbG Hamburg* 10.1.86 – 7 Ca 140/85; KassArbR-*Etzel*, 9.1., Rn. 426.

209 *Däubler*, Arbeitsrecht 1, Rn. 825a.

210 *ArbG Hamburg* 6.6.79, BB 80, 104.

fährt, an dem Wahlwerbung des AG angebracht ist; denn der Arbeitsvertrag verpflichtet den AN nicht, für den AG Wahlpropaganda zu betreiben. Im Übrigen unterliegt eine solche Maßnahme dem Mitbestimmungsrecht des BR, da es sich um eine Frage der Ordnung des Betriebs (§ 87 Abs. 1 Nr. 1; vgl. § 87 Rn. 67) handelt.

Bei einer parteipolitischen Betätigung von AN im Betrieb sind weder der AG noch der BR zum Einschreiten verpflichtet, da eine derartige Einwirkungspflicht sich aus dem Gesetz nicht ergibt.[211] Auch die bewusste Duldung einer derartigen Tätigkeit kann nicht als eigene parteipolitische Betätigung des AG oder des BR gedeutet werden.[212] Sie dürfen allerdings die parteipolitische Betätigung von AN oder sonstigen Dritten nicht aktiv unterstützen oder eindeutig billigen.[213] **68**

VII. Behandlung tarif-, sozial- und umweltpolitischer sowie wirtschaftlicher Fragen

Die Behandlung von Fragen der **Tarifpolitik,** der **Sozialpolitik,** der **Umweltpolitik** oder von Problemen **wirtschaftlicher** Art wird durch das Verbot der parteipolitischen Betätigung nicht berührt. Voraussetzung ist hier lediglich, dass die zu behandelnden Fragen den Betrieb oder seine AN **unmittelbar** betreffen. An diese Voraussetzung sind jedoch keine strengen Anforderungen zu stellen. Es genügt, wenn die zu behandelnde Angelegenheit für den Betrieb oder die AN eine gewisse Bedeutung erlangen kann. Unbeachtlich ist es, wenn davon **gleichzeitig** auch ein **ganzer Wirtschaftszweig** oder gar die **gesamte Arbeitnehmerschaft** betroffen ist.[214] Maßgebend ist allein, dass **auch** die AN des Betriebs oder der Betrieb selbst betroffen sind. So können z. B. im Bereich der Sozialpolitik Fragen der gesetzlichen Rentenversicherung behandelt werden, obwohl diese eindeutig alle im Bereich der Bundesrepublik beschäftigten AN berühren. Es dürfen alle Regelungen diskutiert werden, die noch nicht konkret für den Betrieb gelten, aber z. B. im Rahmen von TV angestrebt werden (vgl. dazu § 45 Rn. 6). **69**

Unerheblich ist, ob die zu behandelnden Angelegenheiten **gleichzeitig** parteipolitischen Charakter haben. So können auch Äußerungen und Stellungnahmen abgegeben werden, die sich eindeutig mit der Ansicht einer oder mehrerer politischer Parteien decken.[215] Es muss nur sichergestellt sein, dass derartige parteipolitische Äußerungen nicht im Auftrag einer Partei abgegeben werden; das wäre eine unzulässige parteipolitische Betätigung.[216] **70**

Zur **Tarifpolitik** gehören alle Bestrebungen, die den Abschluss, den Inhalt oder die Änderung von TV betreffen. Ob bereits eine tarifliche Regelung für den einzelnen Betrieb besteht, ist unerheblich (vgl. im Übrigen auch § 45 Rn. 8). Zulässig ist insbesondere auch die Information und Unterrichtung der Belegschaft über den Stand von Tarifverhandlungen durch den BR.[217] Dem BR ist es nicht – auch nicht unter dem Gesichtspunkt der gewerkschaftspolitischen Neutralität (vgl. Rn. 75 ff.) – verwehrt, zur **Tarifpolitik konkurrierender Gewerkschaften** und den von diesen abgeschlossen **Tarifverträgen** und ihren Auswirkungen auf die AN des Betriebs wertend Stellung zu nehmen, insbesondere dann, wenn die Gewerkschaftskonkurrenz auf Initiative des AG in den Betrieb getragen wird.[218] **71**

Der Begriff der **Sozialpolitik** ist im weitesten Sinne zu verstehen.[219] Dazu zählen alle Maßnahmen, die der Existenz und der Würde des arbeitenden Menschen und seiner Angehörigen dienen. Auch die Behandlung gewerkschaftlicher Fragen kann darunter fallen. Zum Begriff der Sozialpolitik vgl. im Übrigen § 45 Rn. 7 ff. **72**

Die Zulässigkeit der Behandlung von Angelegenheiten **umweltpolitischer Art** wurde durch deren ausdrückliche Aufnahme in Abs. 2 Satz 3 durch den Gesetzgeber klargestellt. Dass die **73**

---

211 ErfK-*Kania,* Rn. 24; *Fitting,* Rn. 45; GK-*Kreutz/Jacobs,* Rn. 115; einschränkend Richardi-*Richardi/Maschmann,* Rn. 67; a. A. HWGNRH-*Worzalla,* Rn. 50.
212 GK-*Kreutz/Jacobs,* a. a. O.
213 GK-*Kreutz/Jacobs,* a. a. O.
214 *BAG* 14. 2. 67, AP Nr. 2 zu § 45 BetrVG 1972.
215 *Fitting,* Rn. 55; GK-*Kreutz/Jacobs,* Rn. 123; Richardi-*Richardi/Maschmann,* Rn. 63.
216 *GK-Kreutz/Jacobs,* a. a. O.
217 *LAG Hamm* 31. 5. 06 – 10 TaBV 204/05; 12. 3. 04 – 10 TaBV 161/03.
218 *LAG Hamm* 20. 3. 09 – 10 TaBV 149/08 (den DHV betreffend).
219 *BAG* 13. 9. 77, AP Nr. 1 zu § 42 BetrVG 1972.

betriebsbezogene Umweltpolitik zu den Aufgaben des BR gehört, war allerdings auch zuvor nicht zweifelhaft.[220] Wie weit das umweltpolitische Mandat des BR reicht, wird an anderer Stelle erörtert (vgl. § 45 Rn. 11, § 80, § 89).[221]

74 Unter Angelegenheiten **wirtschaftlicher Art** sind nicht nur diejenigen zu verstehen, die in § 106 Abs. 3 aufgeführt sind. Es können auch ggf. Fragen der allgemeinen Wirtschaftspolitik darunter verstanden werden (vgl. § 45 Rn. 12).

VIII. Gewerkschaftliche Betätigung und betriebsverfassungsrechtliches Amt

75 Dass der BR zur **Zusammenarbeit mit den im Betrieb vertretenen Gewerkschaften** verpflichtet ist, ergibt sich bereits aus § 2 Abs. 1. Darüber hinaus steht es auch den im Betrieb beschäftigten AN frei, sich als Gewerkschaftsmitglieder koalitionsmäßig zu betätigen.[222] Nach der Rspr. zum BetrVG 1952 war die **koalitionsmäßige Betätigung der BR-Mitglieder** erheblich eingeschränkt. Sie durften insoweit nur aktiv werden, wenn eine deutliche Trennung von ihrem BR-Amt zu erkennen war. Im Zweifel wurde angenommen, dass sie (rechtswidrig) als BR-Mitglieder handelten.[223] Diese **einschränkende Rspr.** hat heute **keinen Bestand mehr.**[224]

76 Nach dem eindeutigen Wortlaut der gesetzlichen Bestimmungen sind alle AN, die betriebsverfassungsrechtliche Funktionen ausüben, in ihrer **koalitionsmäßigen Betätigung** für ihre Gewerkschaft im Betrieb **nicht beschränkt.** Die Vorschrift bezieht sich zwar in erster Linie auf die Tätigkeit der BR-Mitglieder; sie gilt darüber hinaus aber auch für alle AN, die betriebsverfassungsrechtliche Funktionen übernommen haben. Dazu zählen insbes. die JAV, die Mitglieder des WA und des WV.[225] Sind betriebsverfassungsrechtliche Funktionsträger gleichzeitig Mitglieder des AR, werden auch dadurch ihre koalitionsmäßigen Rechte nicht eingeschränkt. Auch die AR-Mitglieder bleiben AN und Gewerkschaftsmitglieder.[226]

77 Die BR-Mitglieder (und alle anderen Träger betriebsverfassungsrechtlicher Ämter) können ihre koalitionsmäßige Betätigung so ausüben wie alle anderen AN des Betriebs auch. Das BR-Amt bedeutet **keine Behinderung.** Sie brauchen sich keine besondere Zurückhaltung auferlegen und vor allem nicht mit »schizophren gespaltenem Bewusstsein« ihr Amt zu verleugnen.[227] Die frühere Rspr. (vgl. Rn. 75), nach der ein BR-Mitglied bei der Werbung für seine Gewerkschaft regelmäßig auch als BR-Mitglied, und nicht nur als AN, tätig wurde, ist damit gegenstandslos.[228]

78 Abzulehnen ist die Auffassung, dass BR-Mitglieder mit **herausgehobenen Funktionen** (BR-Vorsitzender, freigestellte BR-Mitglieder u. Ä.) in ihrer gewerkschaftlichen Betätigung schon von der Sache her eingeschränkt seien und sich nicht wie die anderen BR-Mitglieder oder AN koalitionsmäßig betätigen dürfen.[229] Wäre diese Ansicht zutreffend, würde das zu einer unterschiedlichen Behandlung der einzelnen BR-Mitglieder führen und die Möglichkeit der gewerkschaftlichen Betätigung im Betrieb dann weitgehend davon abhängen, dass das BR-Mitglied im BR **keine** besonderen Funktionen ausübt. Das aber wäre eine Einschränkung der koalitionsmäßigen Rechte einiger BR-Mitglieder, die weder im BetrVG noch in anderen Bestimmungen eine Stütze findet und deshalb unzulässig ist. Die Doppelfunktion eines AN in betriebsverfassungsrechtlichen und gewerkschaftlichen Gremien führt auch zu **keiner Be-**

---

220 *Fitting,* § 89 Rn. 3.
221 S. dazu *Däubler,* NZA 20, 1155; *Engels/Trebinger/Löhr-Steinhaus,* DB 01, 532 (541).
222 *BAG* 28.7.20 – 1 ABR 41/18. NJW 20, 3404, Rn. 21; eingehend dazu *Däubler,* Gewerkschaftsrechte, Rn. 445 ff.
223 So u. a. *BAG* 14.2.67, AP Nr. 10 zu Art. 9 GG; *BVerfG* 26.5.70, AP Nr. 16 zu Art. 9 GG.
224 *BAG* 12.6.86, NZA 87, 153 [154]; GK-*Kreutz/Jacobs,* Rn. 142.
225 *Fitting,* Rn. 64; *GK-Kreutz/Jacobs,* Rn. 143; Richardi-*Richardi/Maschmann,* Rn. 78.
226 *Fitting,* § 76 BetrVG 1952, Rn. 177.
227 Vgl. *Becker/Leimert,* BlStSozArbR 72, 14; *Fitting,* Rn. 65; GK-*Kreutz/Jacobs,* Rn. 151; einschränkend HWGNRH-*Worzalla,* Rn. 58; a. A. Richardi-*Richardi/Maschmann,* Rn. 80.
228 *BAG* 12.6.86, NZA 87, 153 (154).
229 So aber Richardi-*Richardi/Maschmann,* Rn. 79; a. A. *LAG Düsseldorf* 5.7.94, AuR 95, 108; *Däubler,* Gewerkschaftsrechte, Rn. 467 ff.; GK-*Kreutz/Jacobs,* Rn. 151.

schränkung in der Wahrnehmung der Aufgaben als BR-Mitglied, etwa bei der Ausübung von Informationsrechten gem. § 80 Abs. 1 oder § 106.[230]

Die BR-Mitglieder sind bei der Ausübung ihrer koalitionsmäßigen Rechte nicht zur **Neutralität** verpflichtet. Sie können deshalb offen für ihre Gewerkschaft agieren und brauchen z. B. auf die Ansichten nichtorganisierter AN keine Rücksicht zu nehmen. Das Verbot der Bevorzugung oder Benachteiligung von AN des Betriebs, das in § 75 seinen besonderen Niederschlag gefunden hat, bezieht sich nur auf das BR-Amt. Ein Verstoß gegen diese Verpflichtung würde lediglich dann vorliegen, wenn das BR-Mitglied bei der eindeutigen **Erfüllung** seiner **Amtsaufgaben** sich gleichzeitig koalitionsmäßig betätigt und dadurch AN zu einem bestimmten Verhalten veranlasst.[231] 79

Das Recht der koalitionsmäßigen Betätigung der BR-Mitglieder schließt auch das Recht ein, im Betrieb gewerkschaftliche Funktionen auszuüben (vgl. zur Beteiligung an gewerkschaftlichen Streiks Rn. 17). Sie können beispielsweise Vorsitzender einer **gewerkschaftlichen Betriebsgruppe** oder Mitglied einer gewerkschaftlichen **Tarif- und Verhandlungskommission** bei Tarifverhandlungen über einen Firmen-TV sein[232] oder als **gewerkschaftliche Vertrauensleute** tätig werden. Es sind in keiner Weise Gründe ersichtlich, warum das Amt eines BR-Mitglieds mit dem eines gewerkschaftlichen Vertrauensmannes unvereinbar sein sollte.[233] Bei einigen Gewerkschaften ist es sogar üblich, dass auf Grund innergewerkschaftlicher Richtlinien die organisierten BR-Mitglieder **gleichzeitig** die Funktionen gewerkschaftlicher Vertrauensleute ausüben.[234] 80

Die koalitionsmäßige Betätigung der BR-Mitglieder erstreckt sich vor allem auf die freie **Informations- und Werbetätigkeit** für ihre Gewerkschaft im Betrieb. Das Recht der Gewerkschaftswerbung im Betrieb ist im BetrVG nicht ausdrücklich geregelt. Sie ist aber ein **notwendiger Ausfluss** des Grundrechts der Koalitionsfreiheit des Art. 9 Abs. 3 GG. Das ist auch durch die Rspr. nicht in Frage gestellt worden.[235] Die BR-Mitglieder durften nach der früheren Rspr.[236] allerdings nur dann werbend tätig werden, wenn eine deutliche Trennung von ihrem BR-Amt zu erkennen war. Diese Trennung ist jetzt nicht mehr erforderlich, da die gesetzliche Regelung nunmehr eindeutig ist (vgl. auch Rn. 76). 81

Der **AG ist verpflichtet,** die zulässige gewerkschaftliche Information und **Werbung** in seinem Betrieb **zu dulden.** Eigentumsrechte des AG werden dadurch nicht oder doch nur äußerst geringfügig beeinträchtigt. Im Übrigen muss das Eigentum (Art. 14 GG) gegenüber der Befugnis der Gewerkschaften aus Art. 9 Abs. 3 GG zurücktreten, und zwar auf Grund der in Art. 14 Abs. 2 GG normierten Sozialbindung (dazu eingehend § 2 Rn. 98 ff.).[237] 82

Die gewerkschaftliche Information und Werbung im Betrieb erfolgt anerkanntermaßen vor allem durch das **Verteilen von Informationsmaterial**[238] mit dem Ziel, die noch nicht organisierten AN für die eigene Organisation zu gewinnen und alle anderen AN über die Politik und die Tätigkeit der Gewerkschaft auf dem Laufenden zu halten. Das Verteilen erfolgt zwar üblicherweise während der Pausen und außerhalb der Arbeitszeit; dennoch wäre es nicht gerechtfertigt, Gewerkschaftsmitgliedern grundsätzlich jede **Werbung** für ihre Gewerkschaft **während der Arbeitszeit** zu verbieten. Das würde nämlich die Gewinnung neuer Mitglieder entscheidend erschweren und die Gewerkschaften in ihrem Bestand gefährden[239] (eingehend 83

---

230 *BAG* 11.7.00 – 1 ABR 43/99, NZA 01, 402 (406).

231 *Fitting,* Rn. 66; vgl. im Einzelnen *Däubler,* Gewerkschaftsrechte, Rn. 471 f.

232 *LAG Berlin-Brandenburg* 1.10.15 – 5 TaBV 876/15, AuR 16, 256 Ls. = juris.

233 Vgl. dazu *Däubler,* Gewerkschaftsrechte, Rn. 474; GK-*Kreutz/Jacobs,* Rn. 145.

234 Vgl. z. B. die Richtlinien für die Vertrauensleutearbeit der IG Metall oder die Richtlinien der IG Chemie-Papier-Keramik und dazu *Kramer,* BetrR 75, 267; in diesem Zusammenhang ist auch das Übereinkommen der IAO Nr. 135 v. 23.6.1971 – BGBl. II S. 954 – von Bedeutung.

235 Vgl. zuletzt *BAG* 30.8.83, 23.9.86, AP Nrn. 38, 45 zu Art. 9 GG.

236 *BAG* 14.2.67, AP Nr. 10 zu Art. 9 GG.

237 *BAG* 14.2.67, 14.2.78, AP Nrn. 10, 11, 26 zu Art. 9 GG.

238 Vgl. *BAG* 12.6.86, NZA 87, 153 (154).

239 *BVerfG* 26.5.70, AP Nr. 16 zu Art. 9 GG; einschränkend *BAG* 26.1.82, AP Nr. 35 zu Art. 9 GG; 13.11.91 – 5 AZR 74/91, DB 92, 843; aufgehoben durch *BVerfG* 14.11.95, NZA 96, 381 = AuR 96, 151; *Däubler,* Gewerkschaftsrechte, Rn. 384 ff., 405 f.

zu der neueren Rspr. des *BVerfG* zur Koalitionsfreiheit und der gewerkschaftlichen Information und Werbung im Betrieb und den sich daraus ergebenden größeren Handlungsspielräumen § 2 Rn. 120; zur gewerkschaftlichen Information und Werbung durch AN im **digitalisierten Betrieb** durch **Versand von E-Mails** an die **betrieblichen E-Mail-Adressen** der AN und im **betrieblichen Intranet** s. eingehend § 2 Rn. 125 ff.).

84 Auch das **Verteilen der Gewerkschaftszeitung** ist koalitionsrechtlich geschützt. Es ist auch davon auszugehen, dass der AG das Verteilen nicht deshalb verbieten kann, weil nach seiner Ansicht einzelne Artikel in einer einzelnen Nummer der Zeitung einen unzulässigen politischen oder parteipolitischen Inhalt enthalten.[240] Nach der Auffassung des *BAG* soll das Verteilen der Zeitung im Betrieb jedoch nicht durch Art. 9 Abs. 3 GG geschützt sein, wenn sie ausschließlich für Gewerkschaftsmitglieder bestimmt ist. Diese Rechtsauffassung ist unverständlich und nach der neueren Rspr. des *BVerfG* nicht mehr haltbar (vgl. dazu § 2 Rn. 98 ff., 120); für die tägliche Praxis bleibt sie auch bedeutungslos, da die Gewerkschaftszeitung stets auch vielen Nichtorganisierten im Betrieb zugeht.[241]

85 Zur gewerkschaftlichen Werbung im Betrieb gehört auch die **Plakatwerbung.**[242] Werden zu diesem Zweck der Gewerkschaft oder dem BR **»Schwarze Bretter« oder sonstige Anschlagflächen** zur Verfügung gestellt, können diese zur Plakatwerbung benutzt werden.[243] Fehlt es daran, muss eine Übereinkunft mit dem AG herbeigeführt werden.[244] Hat der AG das Aushängen von Werbeplakaten gestattet, ist es ihm verwehrt, diese einseitig zu entfernen.[245] Das Aufkleben von **Gewerkschaftsemblemen an arbeitgebereigenen Schutzhelmen** soll unzulässig sein, weil dadurch die Eigentumsrechte des AG in unzulässiger Weise beeinträchtigt würden.[246] Mit dieser Entscheidung hat das *BAG* den Begriff und das Recht am Eigentum in einer verfassungsrechtlich bedenklichen Weise interpretiert.[247] Hier hätte der Koalitionsfreiheit eindeutig der Vorrang eingeräumt werden müssen.[248]

86 Das Tragen von **Gewerkschaftsemblemen** oder **gewerkschaftlichen Plaketten** während der Arbeitszeit (z. B. während der Tarifrunde) an der eigenen Kleidung ist jedenfalls zulässig[249] und steht auch nicht unter dem Vorbehalt, dass **Kunden** oder **Geschäftsfreunde** des AG an dieser Art gewerkschaftlicher Information keinen Anstoß nehmen (vgl. dazu auch § 2 Rn. 123).[250] Bei der ggf. erforderlichen Abwägung des Rechts des Plakettenträgers aus Art. 9 Abs. 3 GG (und Art. 5 Abs. 1 GG) gegen das Interesse des AG an einem ungestörten Betriebsablauf und störungsfreien Kundenkontakten (Art. 2 Abs. 1 GG) reicht jedenfalls die abstrakte Gefahr einer Störung der Kundenkontakte für die Zulässigkeit eines präventiven Verbots des Tragens gewerkschaftlicher Plaketten nicht aus.[251]

---

240 *BAG* 23.2.79, AP Nr. 29 zu Art. 9 GG.
241 Vgl. auch *Däubler,* Gewerkschaftsrechte, Rn. 357; *Fitting,* Rn. 73.
242 *BAG* 30.8.83, AP Nr. 38 zu Art. 9 GG; *Fitting,* Rn. 71.
243 Eingehend dazu *Däubler,* Gewerkschaftsrechte, Rn. 358 ff.
244 Zur Verpflichtung des AG, der im Betrieb vertretenen Gewerkschaft ein eigenes Informationsbrett zur Verfügung zu stellen, vgl. *ArbG Hamburg* 3.2.82 – 6 Ca 274/81.
245 *LAG Frankfurt* 16.4.71, DB 72, 1027; *ArbG Gelsenkirchen* 15.3.84, AuR 85, 129.
246 *BAG* 23.2.79, AP Nr. 30 zu Art. 9 GG.
247 Ähnlich *Mayer-Maly,* Anm. zu *BAG* 23.2.79, a.a.O.; kritisch auch *Fitting,* a.a.O.
248 *Däubler,* Gewerkschaftsrechte, Rn. 370 f.; *Zachert,* AuR 79, 358 (366); im Ergebnis ebenso *Hanau,* in *Grupp/Weth,* AN-Interessen und Verfassung, S. 79; *Schulte/Westenberg,* NJW 97, 376; a.A. GK-*Kreutz-Jacobs,* § 2 Rn. 89; Richardi-*Richardi/Maschmann,* § 2 Rn. 155.
249 Auf diese Möglichkeit verweist auch das *BAG* 23.2.79, a.a.O.
250 *LAG Berlin* 21.12.87 – 5 Sa 119/87, juris; *Däubler,* Gewerkschaftsrechte, Rn. 612; *Buschmann/Grimberg,* AuR 89, 65, 75 f.
251 Ähnlich zur Unwirksamkeit der Kündigung einer Verkäuferin durch ein Einzelhandels-UN, weil diese als Muslimin aus religiösen Gründen nicht bereit war, auf das Tragen eines Kopftuches während der Arbeitszeit zu verzichten *BAG* 10.10.02 – 2 AZR 472/01, BB 03, 1283.

IX. Rechtsfolgen bei Verstößen und Streitigkeiten

Der Verhandlungspflicht gemäß Abs. 1 kommt zwar **keine Anspruchsqualität** zu,[252] die wiederholte Verweigerung von Verhandlungen durch den AG kann jedoch einen **groben Verstoß gegen seine betriebsverfassungsrechtlichen Pflichten** darstellen, der nach § 23 Abs. 3 geahndet[253] und im Einzelfall sogar als eine nach § 119 Abs. 1 Nr. 2 **strafbare Behinderung der BR-Tätigkeit** angesehen werden kann.[254] 87

Bei **groben Verstößen des BR** gegen seine nach **Abs. 2** bestehenden Pflichten ist der AG berechtigt, gemäß § 23 Abs. 1 (vgl. dort Rn. 10 ff:) die **Auflösung des BR** zu **beantragen** (oder den Ausschluss einzelner BR-Mitglieder aus dem BR). Bei weniger gravierenden Verstößen, kann der AG **beantragen** (§ 256 Abs. ZPO), dass entsprechenden **Pflichtverletzungen** des BR **gerichtlich festgestellt** werden. Eine derartige gerichtliche Feststellung ist bei wiederholten Pflichtverstößen des BR für die Begründetheit eines Auflösungsantrags des AG entscheidungserheblich. Daneben begründet ein Verstoß des BR gegen Abs. 2 **keinen Unterlassungsanspruch des AG** gegen den BR oder einzelne BR-Mitglieder.[255] 88

Damit hat das *BAG* seine bisherige **Rspr.**[256] **geändert,** nach der der AG die Möglichkeit hatte, bei groben Pflichtverstößen einen Unterlassungsanspruch gegenüber dem BR gerichtlich geltend zu machen (dem folgend auch noch die Vorauflage). Dass Abs. 2 keinen gerichtlich durchsetzbaren Unterlassungsanspruch des AG gegen den BR begründet, ergibt sich aus dem **Wortlaut** und dem **Sinn und Zweck der Vorschrift** sowie dem **gesetzlichen Gesamtzusammenhang:**[257] Abs. 2 Satz 3 normiert seinem Wortlaut nach im Hinblick auf jede parteipolitische Betätigung eine Unterlassungsverpflichtung der Betriebsparteien, regelt aber nicht, wer als Inhaber eines entsprechenden Anspruchs Unterlassung verlangen kann. Der Vorschrift des § 23 ist zudem ein strukturelles Konzept zu entnehmen, nach dem der AG nach § 23 Abs. 1 u. a. die Auflösung des BR beantragen kann, während u. a. der BR gemäß § 23 Abs. 3 einen Unterlassungsanspruch gegen den AG geltend machen und auch vollstrecken lassen kann (vgl. dazu § 23 Rn. 100). Ein entsprechender Unterlassungsanspruch des AG gegen den BR wäre demgegenüber wegen dessen Vermögenslosigkeit nicht vollstreckbar. 89

Die Entscheidung des *BAG*[258] bezieht sich zwar dem zugrunde liegenden Sachverhalt und dem einschlägigen Leitsatz nach nur auf das **Verbot der parteipolitischen Betätigung** gemäß Abs. 2 Satz 3, doch legt die Begründung des *BAG* und insbesondere das Abstellen auf das strukturelle Konzept des § 23 nahe, dass die Ablehnung eines Unterlassungsanspruch des AG für diesen Fall auch auf die sonstigen Fälle des Abs. 2 (**Verbot des Arbeitskampfes** und der **Beeinträchtigung des Arbeitsablaufs** und des **Betriebsfriedens**) und andere Vorschriften des Gesetzes betreffende **Pflichtverstöße des BR** zu übertragen ist.[259] 90

252 GK-*Kreutz/Jacobs*, Rn. 27.
253 *Fitting*, Rn. 4; GK-Kreutz/Jacobs, a. a. O.; Richardi-*Richardi/Maschmann*, Rn. 13.
254 GK-*Kreutz/Jacobs*, a. a. O.; HWGNRH-*Worzalla*, Rn. 9; Richardi-*Richardi/Maschmann*, a. a. O.
255 *BAG* 15. 10. 13 – 1 ABR 31/12, NZA 14, 318 (für einen Verstoß eines BR-Mitglieds gegen Abs. 2 Satz 1 1. Halbsatz; wegen der nach Auffassung des *BAG* mit der Verbreitung eines Streikaufrufs im Intranet verbundenen Beeinträchtigung des Eigentums des AG hat es allerdings einen Unterlassungsanspruch aus § 1004 Abs. 1 Satz 2 BGB bejaht); 17. 3. 11, NZA 10, 1133 (für einen Verstoß des BR gegen Abs. 2 Satz 3); zustimmend *Fitting*, Rn. 74a; ablehnend *Bauer/Willemsen*, NZA 10, 1089; *Burger/Rein*, NJW 10, 3613; GK-*Kreutz/Jacobs*, Rn. 127 ff.; HWGNRH-*Worzalla*, Rn. 61; *Reichold*, RdA 11, 58; *Wiebauer*, BB 10, 3091; dem *BAG* grundsätzlich folgend *LAG Berlin-Brandenburg* 8. 4. 11 – 9 TaBV 2765/10, Verfahren beim *BAG* 24. 6. 11 – 7 ABN 48/11, sonstige Erledigung: Rücknahme (für einen Verstoß des BR gegen § 42 Abs. 1 Satz 3); *LAG Düsseldorf* 14. 12. 10 – 17 TaBV 12/10, AuR 11, 266 = NZA-RR 11, 132, Verfahren beim *BAG* 26. 3. 12 – 7 ABR 85/10, durch Einstellung erledigt (für einen Verstoß des BR gegen Abs. 2 Satz 2).
256 *BAG* 12. 6. 86; 22. 7. 80, AP Nrn. 5, 3 zu § 74 BetrVG 1972 (zu Verstößen gemäß Abs. 2 Satz 3 bzw. Satz 2); so auch noch *LAG München* 6. 5. 10 – 3 TaBVGa 10/10, juris (Verstoß gegen Abs. 2 Satz 1).
257 *BAG* 17. 3. 11, a. a. O.
258 *BAG* 17. 3. 11, a. a. O.
259 So jetzt auch *BAG* 25. 8. 14 – 7 ABR 36/12, NZA 14, 1213; 15. 10. 13 – 1 ABR 31/12, NZA 14, 319; *LAG Berlin-Brandenburg* 8. 4. 11, a. a. O. (für einen Verstoß des BR gegen § 42 Abs. 1 Satz 3); *LAG Düsseldorf* 14. 12. 10, a. a. O. (für einen Verstoß des BR gegen Abs. 2 Satz 2); *Fitting*, Rn. 74a.

91 **Verstößt der AG grob gegen die ihm obliegenden Verpflichtungen,** kann der BR oder eine im Betrieb vertretene Gewerkschaft ein Verfahren nach § 23 Abs. 3 anstrengen und dann die allgemeine Zwangsvollstreckung – unter Berücksichtigung der Besonderheiten dieser Vorschrift – betreiben. Da die möglichen Sanktionen gegen den BR sich wesentlich von denen gegen den AG unterscheiden (das BR-Mitglied kann sein Amt verlieren; gegen den AG kann höchstens ein Ordnungsgeld in Höhe von 10000 Euro verhängt werden, und auch dies nur dann, wenn er trotz gegen ihn ergangener Gerichtsentscheidungen einen **erneuten** Verstoß begeht), bestehen gegen diese Regelung im Hinblick auf Art. 3 GG (Gleichheit vor dem Gesetz) verfassungsrechtliche Bedenken.

92 Das AG-Verhalten kann außerdem nach § 119 Abs. 1 Nrn. 2 und 3 wegen **Behinderung oder Störung der BR-Tätigkeit** oder Benachteiligung der BR-Mitglieder **strafbar** sein.[260]

93 Bei groben **Verstößen des AG** gegen das **Verbot der parteipolitischen Betätigung** im Betrieb kann gegen diesen ein Verfahren nach § 23 Abs. 3 eingeleitet werden. **Verstöße des BR** können zu seiner Auflösung oder zum Ausschluss einzelner Mitglieder führen, wenn es sich im Einzelfall um eine grobe Pflichtverletzung handelt. In Anbetracht der – schon aus grundsätzlichen Erwägungen bedenklichen (vgl. Rn. 50) – Einschränkung des Grundrechts der Meinungsfreiheit aus Art. 5 Abs. 1 GG ist der Tatbestand der groben Pflichtverletzung zurückhaltend zu beurteilen.[261]

94 Bei einer **unzulässigen parteipolitischen Betätigung** von **AN im Betrieb** ist von Bedeutung, ob darin ein Verstoß gegen **arbeitsvertragliche Verpflichtungen** zu sehen ist. Trifft das zu, hängt eine mögliche Sanktion von der Schwere des Verstoßes ab. Nur in **besonders schweren Fällen,** z.B. dann, wenn durch den Verstoß der ordnungsgemäße Arbeitsablauf oder der Betriebsfrieden **konkret und nachhaltig** gestört wurde, kann der Verstoß ggf. zur Auflösung des Arbeitsverhältnisses führen[262] (s. auch Rn. 44 ff.).

95 Ggf. bestehende **Unterlassungsansprüche sind** im arbeitsgerichtlichen **Beschlussverfahren** gem. §§ 2a, 80 ff. ArbGG geltend zu machen. Das gilt auch für Streitigkeiten über die **gewerkschaftliche Betätigung von BR-Mitgliedern.**

96 **Streitigkeiten über die Koalitionsfreiheit** der Gewerkschaften und ihre Informations- und Werbetätigkeit im Betrieb werden nach § 2 Abs. 1 Nr. 2 ArbGG im **Urteilsverfahren** entschieden.[263]

§ 75 Grundsätze für die Behandlung der Betriebsangehörigen

(1) Arbeitgeber und Betriebsrat haben darüber zu wachen, dass alle im Betrieb tätigen Personen nach den Grundsätzen von Recht und Billigkeit behandelt werden, insbesondere, dass jede Benachteiligung von Personen aus Gründen ihrer Rasse oder wegen ihrer ethnischen Herkunft, ihrer Abstammung oder sonstigen Herkunft, ihrer Nationalität, ihrer Religion oder Weltanschauung, ihrer Behinderung, ihres Alters, ihrer politischen oder gewerkschaftlichen Betätigung oder Einstellung oder wegen ihres Geschlechts oder ihrer sexuellen Identität unterbleibt.

(2) Arbeitgeber und Betriebsrat haben die freie Entfaltung der Persönlichkeit der im Betrieb beschäftigten Arbeitnehmer zu schützen und zu fördern. Sie haben die Selbständigkeit und Eigeninitiative der Arbeitnehmer und Arbeitsgruppen zu fördern.

Inhaltsübersicht

260 GK-*Kreutz/Jacobs,* Rn. 91.
261 *BVerfG* 28.4.76, AP Nr. 2 zu § 74 BetrVG 1972; GK-*Kreutz/Jacobs,* Rn. 126.
262 Vgl. auch GK-*Kreutz/Jacobs,* Rn. 95; kritisch zur einschlägigen Rspr. des *BAG Kohte,* AuR 84, 125 ff.; *Zachert,* AuR 84, 289 ff.
263 *BAG* 29.6.65, 14.2.67, AP Nrn. 6, 10 zu Art. 9 GG.

I. Vorbemerkungen

Mit dieser Vorschrift werden **elementare Grundsätze für die Behandlung der Betriebsangehörigen** durch AG und BR und für die Amtsführung des BR normiert. Sie setzt nicht nur dem **Direktionsrecht des AG** Schranken, sondern stellt auch eine **verbindliche Grundlage für die Regelungskompetenz der Betriebsparteien** und die **Ausübung der Mitbestimmung** dar.[1] Die u. a. in Art. 2 Abs. 1, 3 und 9 Abs. 3 GG normierten **Grundrechte werden** durch die Bestimmungen des § 75 näher **konkretisiert.**[2] 1

Im Hinblick auf die darüber hinaus gehenden **Diskriminierungsverbote** wurde Abs. 1 im Zusammenhang mit der Verabschiedung und dem Inkrafttretens **AGG**[3] geändert und an das AGG angepasst.[4] 2

In Anlehnung an Art. 9 Abs. 3 GG wird die **Koalitionsfreiheit der AN** besonders geschützt. 3

Die genannten Grundrechtskonkretisierungen und Diskriminierungsverbote sind in der Vorschrift **beispielhaft** (»insbesondere«) aufgeführt; sie stellen insoweit also **keine abschließende Regelung** dar.[5] 4

Nach Abs. 2 haben AG und BR die **freie Entfaltung der Persönlichkeit** der im Betrieb beschäftigten AN zu schützen und zu fördern und die **Selbstständigkeit** und **Eigeninitiative** der **AN** und **Arbeitsgruppen** zu fördern. 5

Die Vorschriften binden nicht nur den **BR,** sondern ebenfalls den **GBR** und **KBR** (vgl. § 51 Abs. 5, § 59 Abs. 1), die nach § 3 gebildeten BR und AN-Vertretungen, den WA, die JAV, die GJAV, die KJAV und die nach § 28a gebildeten Arbeitsgruppen.[6] Der **AG** ist an sie in wirtschaftlichen Angelegenheiten auch in seiner Eigenschaft als UN gebunden.[7] 6

II. Behandlung der Arbeitnehmer nach Recht und Billigkeit

Dass die AN nach den **Grundsätzen von Recht und Billigkeit** zu behandeln sind, entspricht einem allgemein gültigen arbeitsrechtlichen Prinzip. Dieses Prinzip erfordert ein Verhalten, durch das nicht nur alle sich aus der **gesamten Rechtsordnung** ergebenden Rechtsansprüche der AN anerkannt und erfüllt werden,[8] sondern auch ihre berechtigten sozialen, wirtschaftlichen und persönlichen Interessen im Rahmen des Möglichen Berücksichtigung finden.[9] Das gesamte Verhalten der Betriebsparteien und die Gestaltung der Arbeitsbedingungen und der betrieblichen Ordnung hat sich an den **Grundsätzen des Rechts** zu orientieren und insbesondere auf Grundlage und unter Beachtung der maßgebenden **G, VO, TV und BV** zu erfolgen.[10] Auch die den Gestaltungsspielraum der Betriebsparteien begrenzenden Grundsätze des **Ver-** 7

---

1 ErfK-*Schmidt,* Einl. GG Rn. 57, *Fitting,* Rn. 1; ErfK-*Kania,* Rn. 1; Richardi-*Maschmann,* Rn. 1.
2 GK-*Kreutz/Jacobs,* Rn. 31.
3 v. 14.8.06, jetzt gültig in der am 12.12.06 in Kraft getretenen geänderten Fassung vom 2.12.06, BGBl. I 2006, 2742.
4 Vgl. dazu die 12. Auflage 2010, Rn. 11 f.
5 GK-*Kreutz/Jacobs,* a. a. O.
6 *Fitting,* Rn. 6.
7 *Fitting,* Rn. 9; GK-*Kreutz/Jacobs,* Rn. 5.
8 ErfK-*Kania,* Rn. 5; *Fitting,* Rn. 25a; GK-*Kreutz/Jacobs,* Rn. 29; Richardi-*Maschmann,* Rn. 13.
9 *Fitting,* Rn. 26.
10 *Fitting,* Rn. 25.

trauensschutzes und der **Verhältnismäßigkeit** folgen aus dieser Vorschrift.[11] Die **Grundsätze der Billigkeit** sollen die Einzelfallgerechtigkeit gewährleisten, begrenzen die Wahrnehmung des Direktions- und Weisungsrechts des AG und sonstiger einseitiger Leistungsbestimmungsrechte (vgl. §§ 315 BGB)[12] und den Gestaltungsspielraum der Betriebsparteien.[13] Abs. 1 (und auch Abs. 2 Satz 1, vgl. dazu Rn. 114) verpflichtet die Betriebsparteien insbesondere auch beim Abschluss von BV (vgl. dazu § 77 Rn. 82 ff., 173 ff.) die **grundrechtlich garantierten Freiheitsrechte** zu wahren.[14] Diese Verpflichtung betrifft u. a. die Eigentumsgarantie (Art. 14 Abs. 1 GG),[15] die Handlungsfreiheit der betriebsangehörigen AN (Art. 2 Abs. 1 GG)[16] und den sich aus dem Rechtsstaatsprinzip ergebenden Grundsatz des Vertrauensschutzes (Art. 2 Abs. 1 i. V. m. Art. 20 GG).[17]

8 Die **Verpflichtung zur Überwachung** der in dieser Bestimmung angeführten Grundsätze trifft **sowohl den AG als auch den BR.** Die Überwachungspflicht gilt nicht nur für das Verhältnis zwischen den Betriebsparteien sondern auch für das zwischen ihnen und den AN des Betriebs.[18] Auch das **einzelne BR-Mitglied** muss bei seiner Amtsführung die in § 75 festgelegten Grundsätze beachten.[19] Ein AN, der die in § 75 Abs. 1 enthaltenen Grundsätze grob verletzt und dadurch den Betriebsfrieden wiederholt ernstlich stört, kann einen **Grund zur Kündigung** des Arbeitsverhältnisses geben. Eine solche Kündigung kann auch nach § 104 durch den BR vom AG verlangt werden (vgl. § 104 S. 1, dort Rn. 2 ff.). Somit binden diese Grundsätze letztlich auch die **einzelnen AN** des Betriebs.[20]

9 Die **Überwachungspflicht** von AG und BR erstreckt sich **auf alle im Betrieb tätigen Personen,** unabhängig von ihrem **Rechtsstatus,** der **Dauer ihrer Arbeitszeit** oder des **dauerhaften oder vorübergehenden Charakters der Beschäftigung.** Dieser über den arbeitsrechtlichen AN-Begriff hinausweisende persönliche Schutzbereich der Vorschrift ähnelt dem **erweiterten Beschäftigtenbegriff des AGG,** der neben den in § 6 Abs. 1 AGG genannten **Arbeitnehmern,** zu ihrer **Berufsbildung Beschäftigten, arbeitnehmerähnlichen Personen, Bewerber und Bewerberinnen** sowie **Personen, deren Beschäftigungsverhältnis beendet ist,** in § 6 Abs. 3 AGG auch **Selbstständige** und **Organmitglieder** einbezieht, soweit es die Bedingungen für den Zugang zur Erwerbstätigkeit sowie den beruflichen Aufstieg betrifft.[21]

10 Da die Überwachung der Einhaltung der – an das AGG angeglichenen – Diskriminierungsverbote in Abs. 1 allen im Betrieb tätigen Schutzbedürftigen zugute kommen soll,[22] ist es erforderlich, den Kreis der Schutzbedürftigen Personen auch in betriebsverfassungsrechtlichen Kontext entsprechend der Vorgaben von § 6 Abs. 3 AGG abzugrenzen.[23] Das gilt zumindest für die Überwachung der Einhaltung des Diskriminierungsverbots wegen der Merkmale in Abs. 1, die auch in § 1 AGG genannt sind (vgl. Rn. 21). Somit ist es ohne Bedeutung, ob die Schutzbedürftigen das aktive oder passive Wahlrecht zum BR besitzen. Es kommt auch nicht darauf an, ob sie nur vorübergehend z. B. als **befristet Beschäftigte, Leih-AN** (vgl. dazu § 5 Rn. 81 ff. und § 6 Abs. 2 S. 2 AGG) oder als **Teilzeitbeschäftigte** (vgl. § 2 TzBfG)[24] im Betrieb beschäftigt werden. Geschützt werden auch Personen, die zwar tatsächlich im Betrieb tätig

---

11 *BAG* 13. 11. 07 – 3 AZR 455/06, DB 08, 994.
12 GK-*Kreutz/Jacobs*, Rn. 32 ff.
13 *BAG* 12. 4. 11 – 1 AZR 412/09, BB 11, 2811; ErfK-*Kania*, Rn. 5; *Fitting*, Rn. 26 f.
14 *BAG* 30. 1. 19 – 5 AZR 450/17, juris; 24. 10. 17 – 1 AZR 846/15, ZTR 18, 221; 17. 7. 12 – 1 AZR 476/11, NZA 13, 338.
15 *BAG* 24. 10. 17, a. a. O.
16 *BAG* 17. 7. 12, a. a. O.
17 24. 10. 17, a. a. O.
18 *Fitting*, Rn. 18; GK-*Kreutz/Jacobs*, Rn. 9.
19 ErfK-*Kania*, Rn. 2; *Fitting*, Rn. 11; GK-*Kreutz/Jacobs*, Rn. 10.
20 A. A. *Fitting*, Rn. 11; GK-*Kreutz/Jacobs*, Rn. 12; Richardi-*Maschmann*, Rn. 5, 10, die aus der Vorschrift lediglich mittelbare Verpflichtungen für einzelne AN ableiten.
21 Vgl. dazu Däubler/Beck-*Schrader/Schubert*, § 6 Rn. 2 ff.
22 *Fitting*, Rn. 12.
23 Im Ergebnis a. A. für Selbstständige Hako-*Lorenz*, Rn. 2.
24 *BAG* 25. 1. 89, 29. 8. 89, AP Nrn. 2, 6 zu § 2 BeschFG 1985; 20. 11. 90 – 3 AZR 613/89, AP Nr. 8 zu § 1 BetrAVG Gleichberechtigung; 9. 10. 91 – 5 AZR 598/90, AP Nr. 95 zu § 1 LFG; *EuGH* 13. 7. 89, NZA 90, 437.

sind, aber nicht als AN des Betriebs, sondern z. B. als **Monteure** oder **Bauarbeiter** aus anderen Betrieben entsandt werden, um bestimmte Arbeiten auszuführen.[25] Der AG ist verpflichtet, geeignete, erforderliche und angemessene Schutzmaßnahmen zu ergreifen, wenn Beschäftigte bei der Ausübung ihrer Tätigkeit für den AG **durch Dritte** gemäß § 7 Abs. 1 AGG benachteiligt werden (12 Abs. 4 GG). Daraus – und auch aus Abs. 1 – erfolgt allerdings **keine generelle Drittbezogenheit der Überwachungspflichten** des AG. Der AG ist ohne besondere Anhaltspunkte nicht verpflichtet, darüber zu wachen, dass die Diskriminierungsverbote auch im Rahmen und bei der Durchführung anderer Vertragsverhältnisse gewährt bleibt, die bei ihm beschäftigte Arbeitnehmer mit Dritten geschlossen haben.[26]

Der Schutz dieser Bestimmung erfasst auch grundsätzlich die in § 5 Abs. 2 angeführten **Nicht-AN.**[27] Allerdings erstreckt sich dieser Schutz auf die in § 5 Abs. 2 Nrn. 1 und 2 aufgeführten Organmitglieder sowie auf die geschäftsführungs- oder vertretungsberechtigten Gesellschafter nur dann, wenn es den Zugang zur Erwerbstätigkeit oder den beruflichen Aufstieg betrifft (vgl. § 6 Abs. 3 AGG). Diese Einschränkung gilt ebenfalls für die gem. § 6 Abs. 3 AGG einzubeziehenden **Selbstständigen.**[28] **Leitende Angestellte** i. S. d. § 5 Abs. 3 und 4 werden wegen der spezielleren, ebenfalls an das AGG angeglichen Vorschrift, des SprAuG (vgl. die dem Inhalt des § 75 entsprechende Vorschrift des § 27 SprAuG) von der Vorschrift nicht erfasst.[29] 11

Von den Schutzbestimmungen werden auch **Bewerberinnen** und **Bewerber** für ein Beschäftigungsverhältnis sowie **Personen,** deren **Beschäftigungsverhältnis beendet** ist, erfasst (vgl. § 6 Abs. 1 S. 2 AGG).[30] 12

Die sich aus Abs. 1 und Abs. 2 ergebenden **Verpflichtungen des AG** bestehen **unabhängig von der Existenz** eines BR. Dies ergibt sich daraus, dass AG und BR nach dieser Vorschrift auch einzeln verpflichtet werden und die universelle Geltung der in Abs. 1 und 2 normierten Grundsätze für alle Arbeits- und Beschäftigungsverhältnisse nicht von der Existenz beider Betriebsparteien abhängig ist.[31] Vergleichbares gilt auch für **andere Vorschriften des Gesetzes,** die darauf gerichtet sind, die **Persönlichkeitsrechte der AN** zu sichern und zur Entfaltung zu bringen (vgl. §§ 81–84)[32] und insoweit auch individualvertragliche Relevanz haben (vgl. dazu § 81 Rn. 1 ff.). Konsequenterweise sind daher auch AG in nicht **betriebsratsfähigen Betrieben** aus Abs. 1 und Abs. 2 verpflichtet[33] (streitig, vgl. § 81 Rn. 1 mit Nachweisen zur Gegenmeinung). 13

Aus der **AG und BR obliegenden Überwachungspflicht** ergibt sich, dass beide für die Einhaltung der Grundsätze von Recht und Billigkeit im Betrieb Sorge zu tragen haben. Sie müssen die **Einhaltung** dieser Grundsätze **beobachten und überprüfen.**[34] Sie haben insbesondere beim **Abschluss von BV** oder sonstiger betrieblicher Abmachungen die Grundsätze dieser Vorschrift zu beachten (vgl. § 77 Rn. 19 ff., 173 ff.).[35] 14

Aus der **Überwachungspflicht des BR** folgt, dass dieser bei der **Durchführung personeller Maßnahmen** seine Zustimmung gemäß § 99 Abs. 2 zu verweigern hat, wenn die Grundsätze dieser Vorschrift verletzt werden.[36] Die Vorschrift räumt dem **BR** auch ein **Überwachungsrecht** ein.[37] Er kann **unabhängig von konkreten Anlässen oder Beschwerden betroffener** 15

25 *Fitting,* Rn. 14; HWGNRH-*Worzalla,* Rn. 5; a. A. ErfK-*Kania,* Rn. 3; GK-*Kreutz/Jacobs,* Rn. 16.
26 *BAG* 12.6.19 – 1 ABR 57/17, juris; 20.3.18 – 1 ABR 15/17, NZA 18, 1017.
27 *Fitting,* Rn. 13; Richardi-*Maschmann,* Rn. 6; a. A. GK-*Kreutz/Jacobs,* Rn. 13.
28 Vgl. Schieck-*Schmidt,* § 6 Rn. 13; Däubler/Beck-*Däubler,* § 2 Rn. 6 f.
29 *Fitting,* Rn. 15; ErfK-*Kania,* Rn. 3; GK-*Kreutz/Jacobs,* Rn. 14; Richardi-*Maschmann,* a. a. O.; so auch schon zur bisherigen Rechtslage *BAG* 19.2.75, AP Nr. 9 zu § 5 BetrVG 1972.
30 Im Ergebnis übereinstimmend *Fitting,* Rn. 16, Hako-BetrVG-*Lorenz,* Rn. 2, Richardi-*Maschmann,* Rn. 8.
31 Hako-BetrVG-*Lorenz,* Rn. 2.
32 Hako-BetrVG-*Lorenz,* a. a. O.; *Fitting,* § 81 Rn. 2; WPK-*Preis,* Vorbem. §§ 81–86a, Rn. 3.
33 *Fitting,* a. a. O.; WPK-*Preis,* a. a. O.; jeweils zu §§ 81 ff.
34 *Fitting,* Rn. 17; GK-*Kreutz/Jacobs,* Rn. 18 f.
35 *BAG* 9.11.72, DB 73, 528; 11.11.86 NZA 87, 449; 20.7.93 – 3 AZR 52/93, NZA 94, 125; 23.11.04 – 9 AZR 639/03, NZA 05, 833; 22.3.05 – 1 AZR 49/04, NZA 05, 773; ErfK-*Kania,* Rn. 4; *Fitting,* Rn. 22.
36 *Fitting,* Rn. 23; GK-*Kreutz/Jacobs,* Rn. 21.
37 Vgl. *BAG* 26.1.88, AP Nr. 31 zu § 80 BetrVG 1972; 12.6.75, AP Nr. 3 zu § 87 BetrVG 1972 Altersversorgung; *LAG Baden-Württemberg* 22.11.91 – 12 TaBV 8/91, AiB 93, 238 mit Anm. *Stather;* GK-*Kreutz/Jacobs,* Rn. 18, 21.

AN die Einhaltung der Grundsätze dieser Vorschrift im Betrieb überwachen, bei Verstößen auf Abhilfe hinwirken und kann bei Verstößen des AG deren Unterlassung arbeitsgerichtlich durchsetzen.[38]

16 Um die Einhaltung der Grundsätze von Recht und Billigkeit durchzusetzen, gehört es zu den Aufgaben des BR, im Rahmen seiner Einflussmöglichkeiten auf die Belegschaft einzuwirken, sie grundlegend zu informieren und mit den AN den betrieblichen Dialog und Meinungsaustausch über die Einhaltung der Grundsätze dieser Vorschrift zu organisieren,[39] z. B. durch die **Aufklärung in der Betriebsversammlung** oder durch **Anschläge am »Schwarzen Brett«.**[40]

17 Die Überwachungspflicht von **AG** und **BR** schließt auch deren Pflicht ein, bei ihren **eigenen, gemeinsam** oder **allein zu treffenden Maßnahmen** die Grundsätze des § 75 einzuhalten.[41] Diese ergibt sich für den BR auch aus § 80 Abs. 1 Nr. 1 (s. dazu § 80 Rn. 8 f.). Danach hat er darüber zu wachen, dass die zugunsten der AN geltenden Rechtsvorschriften auch tatsächlich eingehalten werden.[42] In diesem Rahmen gehört es auch zu den Aufgaben des BR, sein Überwachungsrecht dahin gehend auszuüben, dass die Beweissituation von AN in Individualstreitigkeiten, in denen die Verletzung der Grundsätze des § 75 geltend gemacht wird, verbessert wird, indem der BR beispielsweise seine Unterrichtungsrechte nach § 80 Abs. 2 wahrnimmt.[43] Darüber hinaus hat der BR nach § 85 Beschwerden der AN entgegenzunehmen (vgl. dazu § 85 Rn. 5 ff.).

18 Stellen AG oder BR fest, dass Recht und Billigkeit im Betrieb verletzt werden, so haben sie dem **entgegenzutreten** und um **Abhilfe bemüht zu sein.** Diese **Verpflichtung** trifft allerdings **vorrangig den AG,** da dieser als Inhaber der Leitungsgewalt in erster Linie in der Lage ist, entsprechende Verstöße rückgängig zu machen und ggf. weitere Maßnahmen zu ergreifen.[44] Hat sich ein AN beim AG mit der Behauptung beschwert, er werde nicht nach Recht und Billigkeit behandelt, so hat der AG einer solchen **Beschwerde** nachzugehen. Ist sie begründet, ist der AG zur Abhilfe verpflichtet (vgl. § 84 Abs. 2). Hat der AG gegen die Grundsätze verstoßen, kann der BR nach entsprechender Aufklärung des Sachverhalts darüber mit dem AG **verhandeln** (§ 74 Abs. 1 Satz 1, § 85 Abs. 1), **Anträge stellen** (§ 80 Abs. 1 Nr. 2) und **die AN** über ihre Rechte **aufklären.** Lehnt der AG es ab, den Vorstellungen des BR zu entsprechen, kann dieser unter den Voraussetzungen des **§ 85 Abs. 2** die **ESt. anrufen** (s. dazu § 85 Rn. 7 ff.). Daneben besteht bei einem groben Verstoß des AG gegen die §§ 6 – 18 AGG gem. § 17 Abs. 2 AGG die Möglichkeit, ein **Verfahren nach § 23 Abs. 3** durchzuführen (vgl. dazu § 23 Rn. 207 ff.).

19 Die Vorschrift richtet sich zwar **in erster Linie an AG und BR,** räumt aber darüber hinaus auch **dem einzelnen AN das individuelle Recht** ein, nach den Grundsätzen von Recht und Billigkeit behandelt zu werden.[45] Derartige subjektive Rechte ergeben sich u. a. auch aus den **arbeitsvertraglichen Nebenpflichten (Schutz- und Rücksichtnahmepflichten) des AG**[46] und dem **arbeitsrechtlichen Gleichbehandlungsgrundsatz,** die inhaltlich von den in § 75 niedergelegten Grundsätzen mitgeprägt werden.[47]

38 ErfK-*Kania,* Rn. 12; *Fitting,* Rn. 17; Hako-BetrVG-*Lorenz,* Rn. 5, WPK-*Preis,* Rn. 11, 13; vgl. auch Rn. 42.
39 *BAG* 9. 6. 99 – 7 ABR 66/97, NZA 99, 1292.
40 *Fitting,* Rn. 19.
41 *Fitting,* Rn. 20; GK-*Kreutz/Jacobs,* Rn. 22; HWGNRH-*Worzalla,* Rn. 2.
42 *BAG* 26. 1. 88, a. a. O.; *LAG Baden-Württemberg* 22. 11. 91 – 12 TaBV 8/91, a. a. O.
43 *LAG Baden-Württemberg* 22. 11. 91 – 12 TaBV 8/91, a. a. O.
44 GK-*Kreutz/Jacobs,* Rn. 22.
45 So auch *BAG* 5. 4. 84, AP Nr. 2 zu § 17 BBiG; offen gelassen von *BAG* 14. 1. 86, AP Nr. 5 zu § 1 BetrAVG Gleichbehandlung; a. A *BAG* 3. 12. 85, AP Nr. 2 zu § 74 BAT; ErfK-*Kania,* Rn. 1; *Fitting,* Rn. 24; GK-*Kreutz/Jacobs,* Rn. 23; Richardi-*Maschmann,* Rn. 9.
46 Vgl. dazu Deinert/Heuschmid/Zwanziger-*Becker,* § 55 Rn. 1 ff.
47 *Fitting,* a. a. O.; GK-*Kreutz/Jacobs,* Rn. 25; Richardi-*Maschmann,* a. a. O.

III. Diskriminierungsverbote

Das AGG (vgl. Rn. 2) und die in Abs. 1 normierten Grundsätze für die Behandlung der Betriebsangehörigen dienen der Umsetzung[48] **der gemeinschaftsrechtlichen Antidiskriminierungsrichtlinien.** Besondere Bedeutung haben in diesem Zusammenhang die 20

- EG-Richtlinie »zur Anwendung des Gleichbehandlungsgrundsatzes ohne Unterschied der Rasse oder der ethnischen Herkunft« v. 29. 6. 00,[49]
- EG-Richtlinie »zur Festlegung eines allgemeinen Rahmens für die Verwirklichung der Gleichbehandlung in Beschäftigung und Beruf« v. 27. 11. 00,[50]
- EG-Richtlinie »zur Verwirklichung der Gleichbehandlung von Männern und Frauen hinsichtlich des Zugangs zur Beschäftigung, zur Berufsbildung und zum beruflichen Aufstieg sowie in Bezug auf die Arbeitsbedingungen« v. 9. 2. 76[51] und Änderungsrichtlinie 2002/73/EG v. 23. 9. 02.[52]

Auf die Anwendung der betriebsverfassungsrechtlichen Vorschriften hat das **Antidiskriminierungsrecht,** u. a. des AGG, auch über die nach Abs. 1 und 2 zu beachtenden Grundsätze für die Behandlung der Betriebsangehörigen hinaus (vgl. dazu § 23 Rn. 367 ff., § 80 Rn. 8 f.) erhebliche Auswirkungen und verpflichtet u. a. insbesondere die **Betriebsparteien,** an der Verwirklichung des Ziels des AGG (vgl. § 1 AGG), der **Verhinderung und Beseitigung von Benachteiligungen** aus Gründen der **Rasse** (Rn. 34) oder wegen der **ethnischen Herkunft** (Rn. 35), des **Geschlechts** (Rn. 96 ff.), der **Religion oder Weltanschauung** (Rn. 45 ff.) einer **Behinderung** (Rn. 52 ff.), des **Alters** (Rn. 55 ff.) oder der **sexuellen Identität** (Rn. 102 ff.), **aktiv mitzuwirken** (§ 17 Abs. 1 AGG). 21

Dabei steht neben den Schutzwirkungen für die von Diskriminierungen betroffenen Beschäftigten bereits nach dem Wortlaut von § 1 AGG (»verhindern«) auch der mit dem AGG betonte in die Zukunft gerichtete, **präventive Ansatz** im Vordergrund. § 12 AGG legt **Maßnahmen und Pflichten des AG** zum Schutz vor Benachteiligungen fest und schreibt in seinem Abs. 1 S. 2 ausdrücklich auch **vorbeugende Maßnahmen** vor.[53] Mit dem Instrumentarium des Gesetzes soll im Hinblick auf die verpönten Diskriminierungsmerkmale eine größere **Aufmerksamkeit für schutzbedürftige Betroffene,** ein **öffentliches Klima** gegen diskriminierende Ausgrenzungen und Benachteiligungen und dementsprechende nachhaltige Änderungen der **Einstellung** und des **Verhaltens jedes Einzelnen** gefördert werden.[54] 22

Auch i. d. S. haben die **Betriebs-** (und **TV-**)**parteien** in ihrem Zuständigkeitsbereich – neben den Beschäftigten selbst – für die Beseitigung und Verhinderung von Benachteiligungen eine **besondere »soziale Verantwortung«** (§ 17 Abs. 1 AGG). Während allerdings § 17 Abs. 1 AGG, isoliert betrachtet, auf eine gesetzliche **Handlungsaufforderung bzw. einen Appell,** u. a. an die **Betriebsparteien,** beschränkt ist, statuiert Abs. 1 eine umfassende **betriebsverfassungsrechtliche Handlungspflicht** von BR und AG (vgl. dazu auch Rn. 14 ff.).[55] Für den **BR** ergeben sich aus dem Ineinandergreifen der Bestimmungen des AGG mit denen des BetrVG **zusätzliche Rechte** und **erweiterte Handlungsmöglichkeiten,** um Diskriminierungen von Beschäftigten zu unterbinden und deren Gleichbehandlung durchzusetzen.[56] 23

Das **zentrale arbeitsrechtliche Benachteiligungsverbot** ist in § 7 Abs. 1 AGG normiert. Danach dürfen Beschäftigte nicht **wegen eines in § 1 AGG genannten Grundes** (siehe Rn. 20) benachteiligt werden. Eine Benachteiligung liegt auch dann vor, wenn neben einem Grund aus § 1 AGG auch andere Beweggründe eine Rolle spielen (**»Motivbündel«**),[57] das der benachtei- 24

---

48 Kritisch zur Art und Weise der Umsetzung durch das AGG etwa *Thüsing,* Diskriminierungsschutz, Rn. 19 ff.,21.
49 EG-Richtlinie 2000/43/EG, Amtsbl. EG L 185 v. 19. 7. 00; Beilage zu NJW Heft 37/2001, 5.
50 EG-Richtlinie 2000/78/EG, Amtsbl. EG L 303/16 v. 2. 12. 00; Beilage zu NJW Heft 37/2001, 8; vgl. dazu *Waas,* a. a. O.; *Bauer,* NJW 01, 2672; *Leuchten,* a. a. O.
51 EG-Richtlinie 76/207/EWG, Amtsbl. EG L 39, 40.
52 Amtsbl. EG L 269/15; NZA 03, 478.
53 Hako-BetrVG-*Lorenz,* Rn. 6.
54 BT-Drucks. 16/1780, S. 25, 30.
55 Däubler/Beck-*Buschmann,* § 17 Rn. 4; *Hayen,* AuR 07, 6, 7 f.
56 Vgl. dazu den Überblick bei *Hayen,* AiB 06, 730, *ders.,* AuR 07, 6.
57 Däubler/Beck-*Däubler,* § 1 Rn. 19 f. m. w. N.

ligenden Person zugeschriebene verpönte Merkmal bei dieser tatsächlich nicht vorliegt oder die Benachteiligung wegen eines verpönten Merkmals erfolgt, das nicht bei der benachteiligten Person, sondern bei einem Dritten (z. B. Behinderung des Kindes eines AN) gegeben ist.[58] Die **öffentliche Äußerung eines AG,** er stelle AN, bei denen ein verpöntes Merkmal nach § 1 AGG vorliegt, nicht ein, begründet auch dann eine unmittelbare Diskriminierung, wenn aktuell eine davon konkret betroffene Person nicht identifiziert werden kann.[59]

25 Nach § 7 Abs. 2 sind Bestimmungen in **Vereinbarungen unwirksam,** die gegen das Benachteiligungsverbot in § 7 Abs. 1 verstoßen. Diese Rechtsfolge ergibt sich bereits aus § 134 BGB. Der Gesetzgeber wollte jedoch mit dieser Vorschrift die primäre Sanktionierung von Verstößen gegen das gesetzliche Benachteiligungsverbot hervorheben, wobei andere Nichtigkeits- oder Unwirksamkeitsgründe unberührt bleiben (vgl. auch § 32 AGG, der den nicht abschließenden Charakter des Gesetzes festlegt).[60] Zu den in § 7 Abs. 2 AGG genannten **Bestimmungen in Vereinbarungen** gehören alle Klauseln in **individual- und kollektivvertraglichen** Vereinbarungen, d. h. in Arbeits- (bzw. Beschäftigungs-)verträgen, arbeitsvertraglichen Einheitsregelungen (Gesamtzusagen, betriebliche Übung), **Betriebsvereinbarungen**[61] – oder **Regelungsabreden** oder **Einigungsstellensprüchen** – und Tarifverträgen. Für **Betriebsvereinbarungen** (oder **Regelungsabreden** oder **Einigungsstellensprüche) gilt daneben Abs. 1** (wie § 7 Abs. 1 AGG ein Verbotsgesetz i. S. v. § 134 BGB, vgl. Rn. 92). Soweit einseitige rechtsgeschäftliche Weisungen oder Maßnahmen des Arbeitgebers vom Wortlaut von § 7 Abs. 2 AGG nicht erfasst werden, sind diese nach § 134 BGB unwirksam.[62]

27 Neben den mit einer verbotenen Benachteiligung verbundenen **allgemeinen Rechtsfolgen** einer Vertragsverletzung gem. § 7 Abs. 3 AGG sieht das AGG als weitere Rechtsfolgen verschiedene **Rechte und Ansprüche der betroffenen Beschäftigten** (Beschwerderecht – § 13 AGG, Leistungsverweigerungsrecht – § 14 AGG, Entschädigungs- und Schadenersatzanspruch – § 15 AGG, Maßregelungsverbot – § 16 AGG) und **der Gewerkschaften und des BR** (§ 17 Abs. 2 AGG: **gerichtliche Geltendmachung der Ansprüche gem. § 23** bei einem **Verstoß des AG** gegen Vorschriften des Abschnittes 2 des AGG vgl. § 23 Rn. 367 ff.) vor. Daneben kommen **nach den allgemeinen Regeln Ansprüche betroffener Beschäftigter** gegen den Arbeitgeber (vgl. § 15 Abs. 5 u. 6 AGG)[63] oder Dritte[64] auf Schadenersatz oder Entschädigung wegen Verletzung des allgemeinen Persönlichkeitsrechts aus § 823 Abs. 1 BGB oder § 823 Abs. 2 BGB i. V. m. § 7 Abs. 1 AGG[65] sowie ein Unterlassungsanspruch aus § 1004 BGB[66] zur Abwehr fortdauernder oder konkret drohender Verletzungen des allgemeinen Persönlichkeitsrechts in Betracht.

28 Für die Auslegung des in Abs. 1 in Anlehnung an die Terminologie des AGG nunmehr verwendeten Begriffs der **Benachteiligung** (statt »unterschiedliche Behandlung« wie in der bisherigen Fassung dieser Vorschrift) und der Reichweite der **zulässigen Ausnahmen vom Benachteiligungsverbot** des Abs. 1 sind die entsprechenden **Bestimmungen des AGG** maßgebend.[67] Den Begriffsbestimmungen in § 3 AGG entsprechend ist zwischen einer **unmittelbaren Benachteiligung** (§ 3 Abs. 1 AGG), einer **mittelbaren Benachteiligung** (§ 3 Abs. 2 AGG), einer **Belästigung** (§ 3 Abs. 3 AGG) und einer **sexuellen Belästigung** (§ 3 Abs. 4 AGG) zu unterscheiden.

---

58 *EuGH* 17.7.08 – C-303/06 [Coleman], NZA 08, 932; dazu *Bayreuther*, NZA 08, 986.
59 *EuGH* 10.7.08 – C-54/07 [Feryn], NZA 08, 929; dazu Bayreuther, NZA 08, 986.
60 BT-Drucks. 16/1780, S. 34; *Nollert-Borasio/Dickerhof-Borello/Wenckebach,* § 7 Rn. 32; *Thüsing,* Diskriminierungsschutz, Rn. 493.
61 *BAG* 13.10.09 – 9 AZR 722/08, NZA 10, 327.
62 *Nollert-Borasio/Dickerhof-Borello/Wenckebach,* § 7 Rn. 47; Schieck-*Schmidt,* § 7 Rn. 3.
63 *Thüsing,* Diskriminierungsschutz, Rn. 512 ff.
64 *Nollert-Borasio/Dickerhof-Borello/Wenckebach,* § 7 Rn. 51; Schieck-*Schmidt,* § 7 Rn. 1.
65 *Nollert-Borasio/Dickerhof-Borello/Wenckebach,* a. a. O.; *Schieck/Schmidt,* a. a. O.; a. A. *Bauer/Göpfert/Krieger,* § 7 Rn. 7 f.; *Thüsing,* Diskriminierungsschutz, Rn. 566.
66 *Thüsing,* Diskriminierungsschutz, Rn. 569; *Nollert-Borasio/Dickerhof-Borello/Wenckebach,* § 7 Rn. 47.
67 BT-Drucks. 16/1780, S. 56.

Eine **unmittelbare Benachteiligung** liegt vor, wenn eine Person wegen eines verpönten Merkmals aus Abs. 1 schlechter behandelt wird, als eine andere Person in einer vergleichbaren Situation behandelt wird, wurde oder würde. 29

Eine **mittelbare Benachteiligung** ist gegeben, wenn die unterschiedliche Behandlung nicht an einem der verpönten Merkmale aus Abs. 1 anknüpft, sondern an scheinbar neutralen Kriterien, die tatsächlich mehrheitlich auf bestimmte Merkmalsträger i. S. d. Abs. 1 zu treffen. Mittelbare Benachteiligungen sind **zulässig,** wenn sie sachlich gerechtfertigt und verhältnismäßig sind. 30

Eine **Belästigung** im Zusammenhang mit einem verpönten Merkmal aus Abs. 1 oder eine **sexuelle Belästigung** liegt vor, wenn durch unerwünschte (sexuell bestimmte) Verhaltensweisen die Würde der betreffenden Person verletzt und ein von Einschüchterungen, Anfeindungen, Erniedrigungen, Entwürdigungen oder Beleidigungen gekennzeichnetes Umfeld geschaffen wird.[68] 31

Nach § 3 Abs. 5 AGG gilt auch die **Anweisung zu einer Benachteiligung** tatbestandlich als Benachteiligung i. S. v. § 3 AGG. 32

Vom allgemeinen Benachteiligungsverbot des § 7 Abs. 1 AGG kann ausnahmsweise abgewichen werden in den Fällen der §§ 8–10 AGG, in denen die **zulässige unterschiedliche Behandlung** wegen **beruflicher Anforderungen** (§ 8 AGG), der **Religion** oder **Weltanschauung** (§ 9 AGG) oder des **Alters** (§ 10 AGG) geregelt ist. Gem. § 5 AGG ist weiterhin eine unterschiedliche Behandlung zulässig, wenn durch **positive Maßnahmen** bestehende Nachteile wegen eines verpönten Merkmals gem. § 1 AGG verhindert oder ausgeglichen werden sollen.[69] 33

1. Rasse oder ethnische Herkunft, Abstammung oder sonstige Herkunft und Nationalität

Die Aufzählung der Merkmale Rasse, ethnische Herkunft, Abstammung, sonstige Herkunft und Nationalität in Abs. 1 knüpft am Inhalt der **RL 2000/43/EG** (vgl. Rn. 20) an. Der aus § 1 AGG übernommene Begriff der **Rasse** soll nach dem Willen des Gesetzgebers nicht eine Anerkennung der Existenz unterschiedlicher menschlicher Rassen dokumentieren, sondern die Ablehnung rassistischer Einstellungen und Verhaltensweisen verdeutlichen.[70] Insoweit ist eine Ungleichbehandlung wegen der Rasse zu verstehen als eine Diskriminierung aufgrund einer rassistischen Einstellung. 34

Der Begriff der **ethnischen Herkunft** kann in völkerrechtlichem Sinn an historischen, kulturellen, sozialen, sprachlichen, religiösen und/oder regionalen Gemeinsamkeiten einer bestimmten Gruppe definiert werden.[71] Benachteiligungen wegen der Rasse oder ethnischen Herkunft bestehen u. a. auch darin, dass sie wegen z. B. kultureller, sprachlicher oder sozialer Merkmale erfolgen, die der Diskriminierende wegen seiner eigenen ethnischen Herkunft als fremd und bedrohlich empfindet.[72] Dabei ist es unerheblich, ob die benachteiligten Personen tatsächlich eine bestimmte ethnische Herkunft haben oder ob ihnen diese von den diskriminierenden Personen lediglich zugeschrieben wird. Der Begriff der ethnischen Herkunft ist weit auszulegen, so dass es auch eine unzulässige Diskriminierung darstellt, wenn ein Stellenbewerber von einem AG mit dem **Unwerturteil »Ossi«** abgewiesen und damit wegen einer subjektiv angenommenen »ethnischen« Herkunft benachteiligt wird.[73] 35

Die Nichtberücksichtigung eines **nichtdeutschen Stellenbewerbers** oder die personenbedingte Kündigung **eines nichtdeutschen AN** wegen **mangelnder Deutschkenntnisse** bzw. Beherrschung der deutschen Schriftsprache kann eine mittelbare Benachteiligung gem. § 3 Abs. 2 AGG wegen der ethnischen Herkunft darstellen, wenn die vom AG für geforderten Sprach- 36

68 Zu den Einzelheiten vgl. Däubler/Beck-*Schrader/Schubert,* § 3 Rn. 84 ff.; *Nollert-Borasio/Dickerhof-Borello/Wenckebach,* § 3 Rn. 27 ff.; Schiek-*Schiek,* § 3 Rn. 2 ff.

69 Vgl. dazu eingehend Däubler/Beck-*Zimmer,* § 5 Rn. 36 ff.; zum Ansatz des sog. Diversity-Managements (*https://www.charta-der-vielfalt.de/diversity-verstehen-leben/diversity-management/*) *dies.*, a. a. O., Rn. 14; zur Zulässigkeit von Diversity-Befragungen *Powierski/Wittek*, DB 21, 1944.

70 BT-Drucks. 16/1780, S. 30.

71 *LAG Hamm* 4. 2. 14 – 7 Sa 1026/13, NZA-RR 14, 412.

72 Vgl. Däubler/Beck-*Däubler,* § 1 Rn. 26 ff.

73 *Greiner*, DB 10, 1940; a. A. *ArbG Stuttgart* 15. 4. 10 – 17 Ca 8907/09, NZA-RR 10, 322, juris.

kenntnisse auf dem zu besetzenden Arbeitsplatz sachlich nicht erforderlich sind.[74] Das Auswahlkriterium »**Deutsch als Muttersprache**« in einer Stellenbeschreibung oder die Ablehnung einer Bewerberin vor der Durchführung von Vorstellungsgesprächen mit der Begründung, sie seine keine »**deutsche Muttersprachlerin**«, stellt auch dann eine Benachteiligung dar, wenn perfekte Deutschkenntnisse in Wort und Schrift Voraussetzung für die Besetzung der Stelle sind.[75] Das gilt mangels entsprechenden Bezugs zur Muttersprache nicht für die Ausschreibung einer Stelle im IT-Bereich, wenn **sehr gute Deutsch- und Englischkenntnisse in Wort und Schrift** verlangt werden und diese **Anforderung** für die ausgeschriebene Stelle bzw. Tätigkeit **sachlich gerechtfertigt** ist,[76] etwa weil es sich um die vorherrschenden Kommunikationssprachen in der Branche handelt.[77] Auch die Anforderung »hohe **Kommunikationsfähigkeit in deutscher Sprache**« für einen Arbeitsplatz zur telefonischen Beratung von EDV-Nutzern stellt keine unzulässige Benachteiligung dar. Die Aufforderung des AG, ein ausländischer AN solle einen **Deutschkurs besuchen,** kann eine mittelbare Diskriminierung darstellen. Dies gilt allerdings nicht, wenn die Forderung nach besseren Deutschkenntnissen aufgrund der zulässigerweise angeordneten Tätigkeiten sachlich gerechtfertigt ist.[78] Wird das Arbeitsverhältnis eines AN gekündigt, weil er einen »**russischen Akzent**« hat und dies nach Auffassung des AG die **Kunden abschreckt** (die Kunden würden nach Auffassung des AG denken: »Was für ein Scheiß-Laden, in welchem nur Ausländer beschäftigt werden«), liegt eine **diskriminierende Kündigung** wegen der ethnischen Herkunft vor, die einen Entschädigungsanspruch nach § 15 abs. AGG auslöst.[79] Die **öffentliche Äußerung eines AG,** er stelle AN einer bestimmten ethnischen Herkunft nicht ein, begründet auch dann eine unmittelbare Diskriminierung, wenn aktuell eine davon konkret betroffene Person nicht identifiziert werden kann, da dennoch potentielle Interessenten von der Bewerbung abgehalten werden können.[80] Beschäftigt ein AG in mehreren der Betriebe seines UN AN aus insgesamt 13 Nationen, so stellt es kein aussagekräftiges Indiz für eine Diskriminierung nichtdeutscher AN dar, wenn in einem der Betriebe des UN **nur deutsche AN beschäftigt** werden.[81]

37 Der Begriff der **Abstammung** umfasst sowohl die Rasse als auch die Volkszugehörigkeit.[82] Dieses Differenzierungsverbot entspricht der **EG-Richtlinie 2000/43/EG** (vgl. Rn. 20).[83] So ist beispielsweise die ungleiche Behandlung wegen der Zugehörigkeit zu einer bestimmten Familie, ethnischen Minderheit oder wegen der Hautfarbe unzulässig.[84]

38 Die **sonstige Herkunft** erstreckt sich sowohl auf den örtlichen oder regionalen Bereich als auch auf die soziale Herkunft. Eine unterschiedliche Behandlung darf z. B. nicht allein deshalb erfolgen, weil ein AN **Flüchtling, Heimatvertriebener** oder **Umsiedler** ist oder einer **bestimmten gesellschaftlichen** oder **sozialen Schicht** entstammt. Dies gilt z. B. auch für die Anwendung niedrigerer Vergütungen oder schlechterer Arbeitsbedingungen für **AN aus den neuen Bundesländern,** die in Betrieben in den alten Bundesländern beschäftigt werden.[85] Die

---

74 *BAG* 28.1.10 – 2 AZR 764/08, NZA 10, 625; *LAG Hamm* 4.2.14 – 7 Sa 1026/13, Juris; in den entschiedenen Fällen Benachteiligung verneint; a. A. *ArbG Berlin* 26.9.07 – 14 Ca 10256/07, AuR 08, 112, mit ablehnender Anm. *Maier*.

75 *BAG* 18.9.17 – 8 AZR 402/15, NZA 18, 35; *ArbG Berlin* 11.2.09 – 55 Ca 16952/09, AuR 09, 279.

76 *BAG* 23.11.17 – 8 AZR 372/16, NZA-RR 18, 287.

77 *Fitting*, Rn. 64e.

78 *BAG* 22.6.11 – 8 AZR 48/10, DB 11, 2438.

79 *LAG Bremen* 29.6.10 – 1 Sa 29/10, AuR 10, 523.

80 *EuGH* 10.7.08 – C-54/07 (Feryn), NZA 08, 929; dazu Bayreuther, NZA 08, 986.

81 *BAG* 21.6.12 – 8 AZR 364/11, DB 12, 2579.

82 *Fitting*, Rn. 65.

83 GK-*Kreutz/Jacobs*, Rn. 57.

84 Zur Rechtfertigung der Kündigung des Arbeitsverhältnisses eines Lehrers, der während des Unterrichts einen menschenverachtenden »Witz« (»Juden-Witz«) erzählt, vgl. *BAG* 5.11.92 – 2 AZR 287/92, AuR 93, 124; zur Kündigung wegen antisemitischer Äußerungen vgl. auch *ArbG Hamburg* 19.12.06 – 20 Ca 157/06, AuR 07, 183; *ArbG Bremen* 26.9.94, BB 94, 1568.

85 *BAG* 15.5.01 – 1 AZR 672/00, DB 02, 273; 30.7.92 – 6 AZR 11/92, DB 93, 332, zur Unanwendbarkeit eines TV aus den neuen Bundesländern trotz dortiger Begründung des Arbeitsverhältnisses bei späterer dauerhafter Beschäftigung in den alten Bundesländern; *LAG Berlin* 30.8.00 – 17 Sa 582/00, ZTR 01, 191; vgl. auch eingehend *Däubler*, ZTR 92, 145, 148 f.

Ablehnung eines Stellenbewerbers mit dem **Unwerturteil »Ossi«** stellt eine Benachteiligung wegen des Merkmals »sonstige Herkunft« in Abs. 1 dar (vgl. dazu auch Rn. 36 m. w. N.).

Unter **Nationalität** ist die Staatsangehörigkeit zu verstehen. **Ausländische oder staatenlose AN** dürfen im Betrieb nicht anders behandelt werden als deutsche AN. Dabei ist es gleichgültig, ob es sich um AN aus Staaten der EG oder aus anderen Staaten handelt. Der AG hat jedoch die Vorschriften des Ausländergesetzes, insbesondere die Bestimmungen über die Aufenthaltserlaubnis für längeren Aufenthalt zwecks Erwerbstätigkeit, zu beachten, soweit es sich um AN aus dem Raum außerhalb der EG handelt. **Diskriminierungsverbote wegen der Staatsangehörigkeit** sind auch in einigen **internationalen Verträgen** enthalten.[86] Einschlägig ist auch die **EG-Richtlinie 2000/43/EG** (vgl. Rn. 20), wenn man den Begriff der Rasse und ethnischen Herkunft im Sinne der Richtlinie nicht biologistisch verkürzt.[87] 39

Hinsichtlich des **aktiven und passiven Wahlrechts der ausländischen AN** zur **Wahl des BR** enthalten die §§ 7, 8 keine Einschränkungen (vgl. § 7 Rn. 19 und § 8 Rn. 21). Soweit ausländische AN der **deutschen Sprache nicht ausreichend mächtig** sind, ist der WV gemäß § 2 Abs. 5 WO verpflichtet, diese vor Einleitung der Wahl des BR über das gesamte Wahlverfahren in ihren jeweiligen Sprache auf geeignete Weise zu unterrichten und die wesentlichen Aushänge und Bekanntmachungen entsprechend übersetzt zur Verfügung zu stellen[88] (vgl. dazu näher § 2 WO 2001, Rn. 26 ff.). 40

Das G sieht in verschiedenen Vorschriften nicht nur ausdrücklich die Verpflichtung des BR vor, die **Integration ausländischer AN** im Betrieb und das **Verständnis zwischen ihnen und den deutschen AN** zu fördern (vgl. etwa § 45 Satz 1, § 80 Abs. 1 Nr. 7), sondern verpflichtet den BR und den AG, u. a. darüber zu wachen, dass alle im Betrieb tätigen Personen nicht aus Gründen ihrer Rasse, ethnischen Herkunft oder ihrer **Abstammung** diskriminiert werden (Abs. 1). Darüber hinaus hat der BR verschiedene Rechte, **Rassismus und Fremdenfeindlichkeit** im Betrieb **zu bekämpfen** (vgl. § 80 Abs. 1 Nr. 7 [siehe § 80 Rn. 66 ff.], § 88 Nr. 4 2. Halbsatz [siehe § 88 Rn. 28], § 99 Abs. 2 Nr. 6 [siehe § 99 Rn. 235] und § 104 Satz 1 [siehe § 104 Rn. 3]). Wegen der Zunahme von zunehmender Fremdenfeindlichkeit und Rassismus im Betrieb,[89] **die** in der Gesellschaft neben verbaler Diskriminierung und sozialer Ausgrenzung sich auch auf Tätlichkeiten, Brandstiftung und Mord erstrecken, haben AG und BR eine besondere Verantwortung für die Auseinandersetzung mit allen Formen der Fremdenfeindlichkeit und des Rassismus im Betrieb. Erforderlich ist sowohl die **geistige Auseinandersetzung mit fremdenfeindlichen Vorurteilen,**[90] z. B. auf Betriebsversammlungen, in Werkszeitungen oder auf betrieblich organisierten Seminaren, und das eindeutige, **betriebsöffentliche Auftreten gegen fremdenfeindliche Verhaltensweisen** wie das Erzählen von »Ausländerwitzen« (vgl. auch Rn. 37), das Beschmieren von Wänden (z. B. in Sanitärräumen und Toiletten) mit ausländerfeindlichen Parolen oder das persönlich beleidigende und diskriminierende Verhalten gegenüber ausländischen AN.[91] Als **präventive Maßnahme** kann auch die Einrichtung einer 41

---

86 Vgl. dazu die weiteren Nachweise bei *Fitting*, Rn. 67 und GK-*Kreutz/Jacobs*, Rn. 61.

87 Vgl. dazu *Schieck*, AuR 03, 44, 45 f.

88 *BAG* 13.10.04 – 7 ABR 5/04, AiB 05, 245.

89 Siehe dazu *Schroeder/Greif/Ten Elsen/Heller*, WSI-Mitt. 19, 185.

90 S. die Handreichung für Betriebsräte und Gewerkschaften »Strategien gegen rassistisches Mobbing und Diskriminierung im Betrieb« der Antidiskriminierungsstelle des Bundes aus dem Jahr 2015: *http://www.antidiskriminierungsstelle.de/SharedDocs/Aktuelles/DE/2015/20150729-Handreichung-Betriebsraete.htm*; vgl. auch *Riedlinger*, AiB 19, 29; *Öztürk*, AiB 93, 73.

91 Vgl. dazu *Däubler*, NJW 00, 3691; *Fröb*, S. 251 ff.; *von Seggern*, AiB 93, 66; zu den arbeitsrechtlichen Reaktionsmöglichkeiten auf ausländerfeindliches Verhalten eingehend *Fröb*, S. 193 ff.; *BAG* 1.7.99 – 2 AZR 676/98, DB 99, 2216 = AuR 00, 72 mit Anm. *Korinth;* 14.2.96 – 2 AZR 274/95, NZA 96, 873 = AiB 97, 302; 9.3.95 – 2 AZR 644/94, NZA 96, 875; *LAG Niedersachsen* 21.3.19 – 13 Sa 371/18, juris; *Sächsisches LAG* 27.2:18 – 1 Sa 515/17, NZA-RR 18, 244; *LAG Rheinland-Pfalz* 10.6.97 – 6 Sa 309/97, BB 98, 163; *LAG Hamm* 11.11.94 – 10 – 19 Sa 100/94, BB 95, 678 = AuR 95, 422; 12.4.94 – 6 Sa 1839/93, BB 94, 1288 mit zu Recht krit. Anm. *Stückemann;* 27.5.93 – 16 Sa 1612/92, AiB 94, 54 mit Anm. *Oztürk; LAG Köln* 17.12.93 – 13 Sa 748/93, AuR 94, 315; *ArbG Berlin* 17.7.19 – 60 Ca 55/19, Pressemitteilung 19/2019 17.7.19 *LAG Berlin-Brandenburg*; *ArbG Hamburg* 18.10.17 – 16 Ca 23/17; *ArbG Mannheim* 26.1.95 – 5 Ca 773/94, BB 95, 985; *ArbG Bremen* 29.6.94 – 7 Ca 7160/94, BB 94, 1568; *ArbG Siegburg* 4.11.93 – 4 Ca 1766/93, NZA 94, 698; *ArbG Hannover* 22.4.93 – 11 Ca 633/92,

betrieblichen Stelle zur Bekämpfung von Rassismus und Fremdenfeindlichkeit[92] und der Abschluss einer entsprechenden **freiwilligen BV** (vgl. § 88 Nr. 4) geeignet sein.[93]

42 **Fremdenfeindliche** und **rassistische** (oder gegen eine bestimmte Abstammung oder Religion gerichtete) **Äußerungen** im Betrieb zielen auf die Herabwürdigung und Ausgrenzung anderer Personen oder Personengruppen ab und sind durch das **Recht auf freie Meinungsäußerung** nicht gedeckt,[94] sondern stellen einen **groben Verstoß gegen Abs. 1** dar.[95] Die **Duldung** des Anbringens fremdenfeindlicher Parolen an betrieblichen Toilettenwänden kann eine Verletzung der Würde ausländischer AN und die Schaffung eines »feindlichen Umfelds« bewirken, d.h. als Belästigung gem. § 3 Abs. 3 AGG (vgl. dazu auch Rn. 28 ff.) zu qualifizieren ist und damit einen Entschädigungsanspruch gem. § 15 Abs. 2 Satz 1 AGG begründen.[96]

43 **BR** und **AG** sind darüber hinaus **selbst** verpflichtet, z. B. bei **personellen Maßnahmen** wie Einstellungen, Eingruppierungen oder Entlassungen, jede Form der Diskriminierung ausländischer AN zu unterlassen.[97]

44 Bei **sprachlich bedingten Verständigungsschwierigkeiten** stellt es im Rahmen der Betriebsverfassung einen wichtigen Beitrag zur Integration ausländischer AN dar, **BV oder Tätigkeitsberichte auf Betriebsversammlungen zu übersetzen** oder **Dolmetscher** zu Betriebsversammlungen einzuladen (vgl. dazu § 43 Rn. 10 f.; zur Pflicht des BR gemäß § 80 Abs. 1 Nr. 7, die **Integration ausländischer AN im Betrieb** zu fördern, vgl. § 80 Rn. 63 f.).[98]

2. Religion, Weltanschauung

45 Das Diskriminierungsverbot wegen der Religion stimmt mit der **EG-Richtlinie 2000/78/EG** (vgl. Rn. 20) überein.[99] Während sich mit dem Begriff der **Religion** der Glaube an eine transzendentale übermenschliche Wirklichkeit verbindet,[100] wird unter **Weltanschauung** eine »nur mit der Person des Menschen verbundene Gewissheit über bestimmte Aussagen zum Weltganzen sowie zur Herkunft und zum Ziel des menschlichen Lebens«[101] verstanden.

46 Unter Einbeziehung des Verständnisses der gemeinschaftsrechtlichen Richtlinie ist allerdings davon auszugehen, dass auch **Überzeugungen** geschützt sind, die sich lediglich auf Teilbereiche des Lebens bzw. der Welt beschränken.[102] Allerdings sind **persönliche Einstellungen, Werthaltungen** oder **Sympathien sowie wertorientierte Verhaltensweisen** für sich genommen kein Ausdruck einer Weltanschauung. So kann allein aufgrund der »Sympathie für die Volksrepublik China« oder einer »regierungsfreundlichen« Haltung eines Journalisten gegenüber der Volksrepublik China[103] oder aufgrund des aktiven und konfliktträchtigen Engagements eines

---

BB 93, 1218, mit zu Recht krit. Anm. *Däubler;* vgl. auch *Däubler,* Das Arbeitsrecht 2, Rn. 579 f.; *Korinth,* AuR 93, 105; *Krummel/Küttner,* NZA 96, 67; *Lauswicker/Schwirtzek,* DB 01, 865; *Preis/Stoffels,* RdA 96, 210, 214 f.

92 *Fröb,* S. 254 ff.

93 Siehe dazu die Muster-BV bei Fröb, S. 278 f.

94 *BVerfG* 2.11.20 – 1 BvR 2727/19, NZA 20, 1704, vorgehend *LAG Köln* 6.6.19 – 4 Sa 18/19; *BAG* 1.7.99 – 2 AZR 676/98, a. a. O.

95 *BVerfG* 2.11.20, a. a. O.; *LAG Berlin-Brandenburg* 14.10.22 – 12 Sa 51/22, NZA-RR 23, 125; *ArbG Bremen* 29.6.94 – 7 Ca 7160/94, a. a. O.; *Däubler,* a. a. O., Rn. 579; zum Recht von Postzustellern, aus Gewissensgründen die Verteilung ausländerfeindlicher Postwurfsendungen zu verweigern, vgl. *ArbG Frankfurt* 15.12.93 – 17 Ca 3597/93, AuR 94, 314.

96 Vgl. dazu *BAG* 24.9.09 – 8 AZR 705/08, DB 10, 618.

97 Vgl. etwa das Fallbeispiel bei *Däubler,* AiB 05, 201.

98 *Helm,* AiB 93, 70; zur Situation ausländischer AN im Betrieb und zu den Aufgaben des BR in diesem Zusammenhang vgl. außerdem *Blank,* AiB 82, 87 ff.; *ders.,* AuR 94, 286 ff.; *Däubler,* Arbeitsrecht 2, S. 789 ff.; *Dohse,* AiB 82, 116 ff.; *Kiausch/Oberzig,* AiB 89, 298 ff.; *Klevemann,* AiB 93, 590 ff.; *von Seggern,* AiB 82, 85 ff.; *ders.,* AiB 89, 301 ff.; zu einem BV-Vorschlag *Campos,* AiB 98, 14; *Zimmer,* AiB 01, 256; Muster-BV abrufbar auch unter *www.igmetall.de.*

99 GK-*Kreutz/Jacobs,* Rn. 62.

100 *Annuß,* BB 06, 1629, 1631.

101 *BAG* 22.3.95 – 5 AZB 21/94, NZA 95, 822, 827.

102 Däubler/Beck-*Däubler,* § 1 Rn. 62 ff.; a. A. *Fitting,* Rn. 71.

103 *BAG* 20.6.13 – 8 AZR 482/12, NZA 14, 21.

AN als BR-Mitglied[104] nicht vom Vorliegen einer diskriminierungsrelevanten Weltanschauung ausgegangen werden.

Das Verbot unterschiedlicher Behandlung wird nicht verletzt, wenn z. B. einzelnen Personen mit Rücksicht auf ihre religiöse Überzeugung die **Möglichkeit zum Kirchgang** an hohen Feiertagen gegeben wird. Das gilt auch für die Gewährung von **Pausen für Gebete** und die Einrichtung von **Gebetsräumen** (vgl. zum Mitbestimmungsecht des BR § 87 Rn. 64, 97). Soweit durch derartige Formen der **Religionsausübung** der Betriebsablauf nicht gestört wird,[105] stellt das Verbot kurzer Arbeitsunterbrechungen zur Abhaltung eines Gebets für gläubige AN eine unzulässige Benachteiligung gemäß Abs. 1 dar, insbesondere für den Fall, dass im Betrieb Raucher- oder Kaffeepausen gewährt werden. Bei entsprechendem Bedarf gehört es zu den **Aufgaben des BR,** Fragen der Religionsausübung im Betrieb zu regeln.[106] 47

Es ist i. d. R. (d. h. ohne Darlegung konkreter betrieblicher Störungen oder wirtschaftlicher Einbußen) nicht durch betriebliche Belange gerechtfertigt, einer AN **muslimischen Glaubens** zu untersagen, aus religiösen Gründen während der Arbeitszeit ein **Kopftuch** zu tragen.[107] In derartigen Fällen wird ein Kopftuchverbot in der Regel auch nicht durch eine **berufliche Anforderung gemäß § 8 Abs. 1 AGG** bzw. entsprechende – möglicherweise ebenfalls diskriminierende – **Kundenerwartungen** zu rechtfertigen sein.[108] Auch wenn ein AG aufgrund einer **unternehmensinternen Richtlinie und Praxis** gegenüber seinen Kunden aus sachlich gerechtfertigten betrieblichen Gründen eine **Geschäftspolitik der politischen, philosophischen und religiösen Neutralität** verfolgt, ist ein Verbot von religiösen oder weltanschaulichen Zeichen und Kleidungsstücken nur zulässig, wenn für diese **Geschäftspolitik ein wirkliches Bedürfnis** besteht und dieses Verbot konsequent und systematisch befolgt wird.[109] Außerdem muss sich dieses Bedürfnis z. B. durch **konkrete betriebliche Störungen** oder **Ertragseinbußen** manifestieren,[110] die kausal auf das Tragen religiöser Kleidungsstücke zurückzuführen sind (siehe zu dieser Frage auch eine aktuelle Vorlage des *BAG*[111] an den *EuGH* und das Vorabentscheidungsersuchen des *ArbG Hamburg*[112]). Wird eine AN aus einem **Bewerbungsverfahren** ausgeschlossen, weil sie auf Nachfragen des AG angibt, das Kopftuch aus religiösen Gründen auch während der Arbeitszeit nicht ablegen zu wollen, stellt dies eine Diskriminierung wegen der muslimischen Religionszugehörigkeit dar.[113] Diese für die Privatwirtschaft geltenden Grundsätze erfahren ihre Bestätigung auch durch die neuere Rspr. des *BVerfG*: auch das **Tragen eines Kopftuchs** durch **Lehrkräfte** und **Sozialpädagogen muslimischen Glaubens im öffentlichen** 48

---

104 *ArbG Wuppertal* 1.3.12 – 6 Ca 338/11, juris.
105 Siehe zu dieser Problematik *LAG Hamm* 26.2.02 – 5 Sa 1582/01, AuR 09, 72 mit Anm. Rehwald; v. 18.1.02, NZA 02, 675.
106 Vgl. dazu *Jansen*, AiB 7–8/19, 38.
107 *BAG* 10.10.02 – 2 AZR 472/01, NZA 03, 483 (Verkäuferin in Kaufhaus); bestätigt durch *BVerfG* 30.7.03 – 1 BvR 792/02, NZA 03, 959; *LAG Nürnberg* 27.3.18 – 7 Sa 304/17, NZA-RR 18, 356; nachgehend *BAG* 30.1.19 – 10 AZR 299/18(A) Vorlagebeschluss (*EuGH*), NZA 19, 693, s. dazu *EuGH* 15.7.21 – C-804/18 – C-341/19; *HessLAG* 15.11.21 – 7 Sa 1341/19, NZA-RR 22, 279 (Sozialpädagogin in einer Kindertagesstätte); *Hoevels*, NZA 03, 701; *Preis/Greiner*, RdA 03, 244; *Thüsing*, NJW 03, 405.
108 *EuGH* 14.3.17 – C-188/15, NZA 17, 375; Hako-AR-*Berg*, AGG § 8 Rn. Rn. 6 m. w. N.; für den Fall einer Krankenschwester in einem Krankenhaus vgl. *ArbG Köln* 6.3.08 – 19 Ca 7222/07, PflR 08, 438, mit Anm. *Roßbruch*; für eine Verkäuferin und Kassiererin in einem Supermarkt vgl. auch *ArbG Frankfurt* 24.6.92, AiB 93, 472 mit Anm. *Hartwig/Laux;* zustimmend *Kraushaar,* a. a. O., 211; für einen AN, der der Religionsgemeinschaft der Sikhs angehört, zu verbieten, während der Arbeitszeit in einem Restaurationsbetrieb statt der vorgeschriebenen Arbeitskleidung einen Turban zu tragen und Bart- und Kopfhaar frei wachsen zu lassen, *ArbG Hamburg* 3.1.96, AuR 96, 243; *Kraushaar,* a. a. O.
109 *EuGH* 15.7.21, a. a. O.; pauschaler und wohl weitergehend zuvor *EuGH* 14.3.17 – C-157/15, NZA 17, 373; s. dazu *Schubert, J.*, NJW 17, 2333; *Stein,* NZA 17, 828, sowie *LAG Nürnberg* 27.3.18, a. a. O.
110 *HessLAG* 15.11.21, a. a. O.
111 *BAG* 30.1.19 – 10 AZR 299/18(A); siehe dazu Fuhlrott, NZA-RR 19, 119. S. dazu *EuGH* 15.7.21, Fn. 108.
112 *ArbG Hamburg* 21.1.18 – 8 Ca 123/18, juris; s. dazu *EuGH* 15.7.21, Fn. 108.
113 *ArbG Berlin* 28.3.12 – 55 Ca 2426/12, NZA-RR 12, 627.

Schuldienst fällt unter den Schutz der durch Art. 4 Abs. 1, 2 GG verbürgten Glaubensfreiheit.[114] Ein allgemeines gesetzliches Verbot religiöser Bekundungen durch das Erscheinungsbild von Lehrkräften (vgl. § 57 Abs. 4 NRWSchulG), etwa durch das Tragen eines muslimischen Kopftuchs, lässt sich auch nicht durch eine **abstrakte Gefährdung widerstreitender Verfassungsgüter** wie dem elterlichen Erziehungsrecht gem. Art. 6 Abs. 2 GG, der negativen Glaubensfreiheit der Schüler gem. Art. 4 Abs. 1 GG oder der Pflicht des Staates zu weltanschaulich-religiöser Neutralität im Rahmen seines staatlichen Erziehungsauftrags gem. Art. 7 Abs. 1 GG rechtfertigen.[115] Die Zulässigkeit eines Kopftuchverbots für Lehrkräfte und Sozialpädagogen im öffentlichen Schuldienst setzt voraus, dass deren äußeres Erscheinungsbild zu einer **hinreichend konkreten Gefährdung** oder **Störung des Schulfriedens** oder der **staatlichen Neutralität** führt.[116] Mit seiner jüngsten Entscheidung[117] ist das *BVerfG* von seiner bisherigen Rspr.,[118] nach der bei einer entsprechenden gesetzlichen Grundlage bereits die abstrakte Gefährdung des Schulfriedens oder der staatlichen Neutralität ein Kopftuchverbot rechtfertigte, abgerückt.[119] Die auf dieser Grundlage in der Vergangenheit ergangenen Entscheidungen des *BVerwG*[120] und des *BAG*[121], die von der Zulässigkeit entsprechender allgemeiner landesgesetzlicher Kopftuchverbote ausgingen, sind insoweit nicht mehr maßgeblich.[122] Wegen der im Unterschied zum Kopftuch mit der **Vollverschleierung** bzw. Gesichtsverhüllung (etwa in Form von Burka und Niqab) verbundenen funktionalen Erschwerung einer ungehinderten allgemeinen und fachlichen Kommunikation mit anderen AN, dem AG und Kunden und Geschäftspartnern des AG und den daraus folgenden Störungen der betrieblichen Abläufe oder sonstigen Beeinträchtigungen der Erbringung der vertragsgemäßen Arbeitsleistung dürfte das Verbot dieser Form der religiös motivierten Kleidung in der Regel zulässig sein (§ 8 Abs. 1 AGG).[123] Zur Zulässigkeit betrieblicher »Kleiderordnungen« s. Rn. 126 ff.; zum Mitbestimmungsrecht des BR s. § 87 Rn. 62.[124]

49 Weigert sich ein als Ladenhilfe in einem **Einzelhandelsmarkt** beschäftigter **gläubiger Moslem** aus religiösen Gründen, im **Getränkebereich mit Alkoholika** zu arbeiten, kann dies die Kündigung des Arbeitsverhältnisses rechtfertigen, wenn der AG im Rahmen seiner betrieblichen Organisation keine Möglichkeit hat, den AN unter Berücksichtigung seiner religionsbedingt beschränkten Einsatzfähigkeit vertragsgemäß zu beschäftigen.[125]

50 Gem. § 9 Abs. 1 AGG ist eine unterschiedliche Behandlung wegen der Religion oder Weltanschauung ausnahmsweise für **religiöse oder weltanschauliche AG** zulässig, wenn eine bestimmte Religion oder Weltanschauung unter Beachtung des **Selbstverständnisses dieser AG** und im Hinblick auf ihr **Selbstbestimmungsrecht** (Alt. 1) oder nach der Art der Tätigkeit eine gerechtfertigte berufliche Anforderung darstellt (Alt. 2). Vom Benachteiligungsverbot wegen der Religion oder Weltanschauung ist gem. § 9 Abs. 2 AGG auch nicht das Recht religiöser

114 Hierzu und zum Folgenden *BVerfG* 27.1.15 – 1 BvR 471/10; 1 BvR 1181/10, NJW 15, 1359 (Rn. 83 ff.), und 24.9.03, a.a.O. (zu B II 4–6).
115 *BVerfG* 27.1.15, a.a.O., (Rn. 98 ff.); so auch nunmehr *BAG* 27.8.20 – 8 AZR 62/19, NZA 21, 189.
116 *BVerfG* 27.1.15, a.a.O., (Rn. 112 ff.).
117 *BVerfG* 27.1.15, a.a.O.
118 *BVerfG* 24.9.03, a.a.O.
119 Vgl. dazu auch *Basslsperger*, PersR 5/15, 35, 37; *Traub*, NJW 15, 1338.
120 24.6.04 – 2 C-45/03, NJW 04, 3581; ähnlich *BVerwG* 16.12.08 – 2 B 46/08, NJW 09, 1289: Tragen einer »die Haare verdeckenden Kopfbedeckung« durch einen im Beamtenverhältnis auf Lebenszeit stehenden Grund- und Hauptschullehrer als unzulässige äußere religiöse Bekundung in Baden-Württemberg.
121 *BAG* 20.8.09 – 2 AZR 499/08, AP Nr. 6 zu Art. 4 GG (Abmahnung): ähnlich *BAG* 10.12.09 – 2 AZR 55/09, AP Nr. 7 zu Art. 4 GG (Verstoß gegen das Verbot des Tragens eines »Kopftuchs nach islamischem Religionsbrauch« durch eine Lehrerin an einer Schule in NRW, die muttersprachlichen Unterricht in türkischer Sprache erteilt: sozial gerechtfertigte verhaltensbedingte ordentliche Kündigung); beide Urteile wurden aufgrund der Verfassungsbeschwerden der betroffenen Lehrkraft bzw. Sozialpädagogin durch das *BVerfG* aufgehoben: *BVerfG* 27.1.15, a.a.O.
122 S. *BAG* 27.8.20, a.a.O.; dazu eingehend *Schubert, J.*, NJW 17, 2333.
123 So im Ergebnis auch *Berghan*, KJ 18, 167; Däubler-Bertzbach-*Brors*, § 8 Rn. 46.
124 S. dazu auch *BAG* 30.9.14, NZA 15, 121; *Sendelbeck*, AiB 1/18, 38.
125 *BAG* 24.2.11 – 2 AZR 636/09, DB 11, 2094; dazu und grundsätzlich zur Arbeitsverweigerung aus Glaubensgründen *Hunold*, DB 11, 1580.

oder weltanschaulicher AG berührt, **von ihren Beschäftigten** ein **loyales** und **aufrichtiges Verhalten** im Sinne ihres jeweiligen **Selbstverständnisses** verlangen zu können (vgl. dazu Rn. 52a).

Trotz des weitergehenden Wortlauts von § 9 Abs. 1 Alt. 1 AGG kann z. B. die **Zugehörigkeit zur Kirche** nur dann zur Voraussetzung für die **Begründung** oder den **Fortbestand von Beschäftigungsverhältnissen** gemacht werden, wenn dies durch eine **wesentliche** und **rechtmäßige berufliche Anforderung** gerechtfertigt ist, die in **Bezug auf die Tätigkeit** des Beschäftigten **verhältnismäßig** ist.[126] Eine **restriktive europarechtskonforme Auslegung** ist auch bezüglich der **Verhaltensanforderungen** gemäß § 9 Abs. 2 AGG geboten[127] (vgl. dazu Rn. 52a). Im Ergebnis bedeutet dies, dass nach hier vertretener Auffassung eine unterschiedliche Behandlung wegen der Religion oder Weltanschauung im sog. **verkündungsnahen Bereich** (z. B. Tätigkeit als Pfarrer oder Rabbi) in der Regel bejaht werden kann, während im sog. **verkündungsfernen Bereich** (z. B. Tätigkeit als Hausmeister, Köchin, Finanzbuchhalter) die rechtlichen Privilegierungen nicht oder nur eingeschränkt greifen können.[128] Davon geht auch die neuere Rspr. des *EuGH*[129] und des *BAG*[130] im Grundsatz aus. Danach ist § 9 Abs. 1 Alt. 1 AGG wegen seiner Unvereinbarkeit mit den einschlägigen europarechtlichen Vorgaben (RL 2000/78/EG, vgl. dazu Rn. 20) sogar als **europarechtswidrig** (und damit unanwendbar) zu betrachten, da die **Zugehörigkeit zu einer bestimmten Konfession** durch die in Art. 9 Abs. 1 AGG genannten Religionsgemeinschaften und Vereinigungen nicht allein im Hinblick auf deren Selbstbestimmungsecht von AN, insbesondere von Stellenbewerbern, verlangt werden darf, sondern nur dann, wenn die Konfessionszugehörigkeit unter Beachtung des Selbstverständnisses der Religionsgemeinschaft nach der Art der Tätigkeit oder den Umständen ihrer Ausübung eine wesentliche, rechtmäßige und gerechtfertigte berufliche Anforderung darstellt. 51

Nach Auffassung des *BAG*[131] ist ein **Sozialpädagoge** in einer **Kindertagesstätte** der Caritas im verkündungsnahen Bereich der Kirche tätig, so dass sein Austritt aus der katholischen Kirche die – ggf. außerordentliche – Kündigung des Arbeitsverhältnisses rechtfertigen kann. Die **Zugehörigkeit zur christlichen Kirche** stellt für die Stelle einer **Sozialpädagogin** in einem Integrationsprojekt des Diakonischen Werkes[132] oder einer Referentin für zum Thema Antirassismus in einer Einrichtung der Evangelischen Kirche[133] keine gerechtfertigte berufliche Anforderung gem. § 9 Abs. 1 AGG dar.[134] Das gilt auch für einen **konfessionslosen Krankenpfleger,** dessen Bewerbung für eine Stelle in einem Krankenhauses in kirchlicher Trägerschaft abgelehnt wird, weil er nicht Mitglied in einer Religionsgemeinschaft ist, obwohl diese formelle Mitgliedschaft nach den Regeln der Kirche nicht zwingend vorausgesetzt wird.[135] Wird in der Stellenausschreibung eines katholischen Krankenhauses für die Stelle eines Personalsachbearbeiters eine »positive Einstellung zu den Grundlagen/Zielen eines katholischen Trägers« gefordert, und wird eine Bewerberin nur deshalb nicht eingestellt, weil sie nicht getauft ist, stellt dies eine unzulässige Diskriminierung dar. Das Verbot des Tragens eines **muslimischen Kopftuchs** 52

126 Däubler/Beck-*Wedde*, § 9 Rn. 6 f.

127 Däubler/Beck-*Wedde*, § 9 Rn. 63 ff.

128 Offen gelassen von *BAG* 25.4.13 – 2 AZR 579/12, DB 13, 2274; wie hier *ArbG Hamburg* 4.12.07 – 20 Ca 105/07, AuR 08, 109 = AiB 08, 296 mit Anm. *Busch*; aufgehoben durch *LAG Hamburg* 29.10.08 – 3 Sa 15/08, AuR 09, 97, mit krit. Anm. *Kocher*, 78; *BAG* 19.8.10 – 8 AZR 466/09, DB 11, 359: Klageabweisung wegen fehlender objektiver Eignung der Bewerberin; Däubler/Beck-*Wedde*, § 9 Rn. 52 ff. m. w. N., 63 ff.; a. A. *Thüsing*, Diskriminierungsschutz, Rn. 480.

129 *EuGH* 17.04.18 – C-414/16, NZA 18, 569 (aufgrund einer Vorlage des *BAG* 17.3.16 – 8 AZR 01/14A, juris), vgl. dazu *Boemke*, juris PR-ArbR 28/2019, Anm. 3; *Feldhoff*, juris PR-ArbR 35/2018, Anm. 1; *Heuschmid*, AuR 18,265; *Heuschmid/Höller*, AuR 18, 586; *Stein*, AuR 19, 157.

130 *BAG* 25.10.18 – 8 AZR 501/14, NZA 19, 104.

131 *BAG* 25.4.13, a. a. O.

132 *ArbG Hamburg* 4.12.07, a. a. O.

133 *BAG* 25.10.18, a. a. O.

134 Zum Stellenwert der Konfessionszugehörigkeit bei Stellenausschreibungen kirchlicher AG vgl. *Hempel/Mroß*, WSI-Mitt. 14, 478.

135 *ArbG Aachen* 13.12.12 – 2 Ca 4226/11, BB 13, 52 Ls., juris.

für eine **Krankenschwester** in einem als **evangelische Einrichtung** geführten **Krankenhaus** ist nach Auffassung des *BAG* gerechtfertigt.[136]

52a Die Wiederverheiratung eines **Chefarztes in einem katholischen Krankenhaus** ist – so das BAG – jedenfalls wegen dessen Funktion als Führungskraft, Vorgesetzter und Repräsentant des AG grundsätzlich geeignet, eine Kündigung des Arbeitsverhältnisses wegen des damit verbundenen Verstoßes gegen seine Loyalitätspflichten gemäß § 9 Abs. 2 AGG zu rechtfertigen.[137] Die erforderliche Interessenabwägung zwischen den Belangen des AG und dem Recht des AN auf Achtung seines Privat- und Familienlebens kann im Einzelfall dennoch zu dem Ergebnis führen, dass die Kündigung unwirksam ist (z. B. weil der AG nicht ausnahmslos und konsequent auf der Einhaltung der Grundsätze der katholischen Glaubens- und Sittenlehre besteht).[138] Das *BVerfG*[139] hat diese Entscheidung des *BAG* auf die Verfassungsbeschwerde des katholischen Krankenhauses aufgehoben und die Sache an das *BAG* zurückverwiesen, weil die Entscheidung des *BAG* dem in Art. 137 Abs. 3 WRV gewährleisteten Selbstbestimmungsrecht der Kirche nicht im gebotenen Maße Rechnung trägt. Das *BAG*[140] hat daraufhin kein Endurteil gesprochen, sondern dem *EuGH* Fragen vorgelegt, mit denen geklärt werden soll, ob die Kirchen nach dem Unionsrecht bei ihrer Forderung nach loyalem und aufrichtigem Verhalten von AN in leitender Stellung unterscheiden dürfen zwischen AN, die der Kirche angehören und solchen, die einer anderen oder keiner Kirche angehören. Der *EuGH*[141] hat daraufhin entschieden, dass die Auferlegung unterschiedlicher Loyalitätspflichten für AN einer kirchlichen Einrichtung eine nicht gerechtfertigte Ungleichbehandlung wegen der Religion darstellen kann, wenn dies für AN mit vergleichbaren (Leitungs-)Tätigkeiten allein aufgrund ihrer Konfession geschieht. Dies hat zur Konsequenz, dass das nur für konfessionsangehörige AN geltende **Verbot der Wiederverheiratung** eine durch § 9 Abs. 2 AGG nicht gerechtfertigte Benachteiligung darstellt, so dass die wegen eines Verstoßes gegen dieses Verbot ausgesprochene Kündigung des Arbeitsverhältnisses unwirksam ist.[142] Der **Austritt** eines – in einer vom katholischen Caritasverband getragenen **Kinderbetreuungsstätte** beschäftigten – **Sozialpädagogen aus der katholischen Kirche,** u. a. wegen der zahlreichen Missbrauchsfälle in katholischen Einrichtungen und den Vorgängen um die »Piusbruderschaft«, rechtfertigt nach Auffassung des *BAG*[143] die **Kündigung des Arbeitsverhältnisses** durch den katholischen AG. Da es sich um eine verkündungsnahe Tätigkeit handele, stelle der Kirchenaustritt einen die Kündigung rechtfertigenden Verstoß gegen die arbeitsvertraglichen Loyalitätspflichten dar. Der **Austritt aus der evangelischen Kirche** rechtfertigt nicht die Kündigung des Arbeitsverhältnisses eines AN, der als **Koch** in einer evangelischen Kindertagesstätte beschäftigt ist.[144] Demgegenüber soll die Kündigung einer als **Hebamme** in einem katholischen Krankenhaus beschäftigten AN vor Ablauf der Wartezeit gem. § 1 KSchG zulässig sein, weil sie vor dem Beginn des Arbeitsverhältnisses aus der katholischen Kirche ausgetreten ist.[145] Dies dürfte mit den Vorgaben der höchstrichterlichen Rspr nicht vereinbar sein. Wird in einer Stellenausschreibung für eine **Sekretariats-Tätigkeit** bei einem evangelischen Oberkirchenrat von den Bewerbern die Angabe der Konfession verlangt, ist dies ein ausreichendes Indiz für eine unterschiedliche Behandlung wegen der Religion gem. § 22 AGG. Die Angehörigkeit zu einer bestimmten Religionsgemeinschaft ist als berufliche Anforderung nur dann gerechtfertigt, wenn sie angesichts des Ethos der Kirche und der Art der Tätigkeit oder der Umstände ihrer Erbringung eine wesentliche, rechtmäßige und gerechtfer-

---

136 *BAG* 24. 9. 14 – 5 AZR 611/12, NZA 14, 1407 (zur Kritik siehe *Czichon*, juris PR-Arb Anm. 3; *LAG Hamm* 8. 11. 18 – 18 Sa 639/18, juris (zur Kritik siehe *Boemke*, juris PR-ArbR 14/2019 Anm. 4.); a. A. *ArbG Köln* 6. 3. 08 – 19 Ca 7222/07, PflR 08, 438, mit Anm. *Roßbruch*.

137 *BAG* 8. 9. 11 – 2 AZR 543/10, DB 12, 690; vgl. dazu auch *Fischermeier*, RdA 14, 257.

138 *BAG* 8. 9. 11, a. a. O.

139 *BVerfG* 22. 10. 14 – 2 BvR 661/12, NZA 14, 1387; vgl. dazu *Edenharter*, NZA 14, 1378.

140 *BAG* 28. 7. 16 – 2 AZR 746/14(A), NZA 17, 388.

141 *EuGH* 11. 9. 18 – C-68/17, NZA 18, 1187.

142 *BAG* 20. 2. 19 – 2 AZR 746/14, NZA 19, 901.

143 *BAG* 25. 4. 13 – 2 AZR 579/12, DB 13, 2274.

144 *LAG Baden-Württemberg* 10. 2. 21 – 4 Sa 27/20.

145 *LAG Hamm* 24.9.20 – 18 Sa 210/20 (anhängig *BAG* – 2 AZR 130/21).

tigte berufliche Anforderung darstellt. Dies ist bei einer **rein verwaltungstechnischen und organisatorischen Tätigkeit**[146] oder der eines **leitenden Arbeitsmediziners** nicht der Fall.[147]

3. Behinderung

Mit der Aufnahme des Merkmals der Behinderung in Abs. 1 wurde Art. 1, 3 der **RL 2000/78/EG** (vgl. Rn. 20) umgesetzt. Der Begriff hat eine **weitere Bedeutung** als derjenige der **Schwerbehinderung** gem. § 2 Abs. 2 SGB IX.[148] Das Merkmal Behinderung ist i. S. v. § 2 Abs. 1 S. 1 SGB IX auszulegen.[149] Nach dieser Vorschrift sind Menschen behindert, wenn ihre körperliche Funktion, geistige Fähigkeit oder seelische Gesundheit mit hoher Wahrscheinlichkeit länger als sechs Monate von dem für das Lebensalter typischen Zustand abweichen und daher ihre Teilhabe am Leben in der Gesellschaft beeinträchtigt ist.[150] So hat etwa bereits eine **symptomlose HIV-Infektion** gegenwärtig einer Behinderung zur Folge,[151] weil die Teilhabe betroffener Personen durch das auf eine derartige Infektion zurückzuführende soziale Vermeidungsverhalten und die darauf beruhende Stigmatisierung beeinträchtigt ist (s. dazu unter Gesichtspunkt des Verbots der Diskriminierung wegen der sexuellen Identität Rn. 104). Auch **Adipositas** bzw. Fettleibigkeit kann im Einzelfall vom Begriff der Behinderung erfasst werden, wenn sie mit bestimmten Einschränkungen verbunden ist, die die betroffene Person an der vollen, wirksamen und gleichberechtigten Teilhabe am Berufsleben hindert.[152] Das Diskriminierungsverbot wegen des Merkmals der Behinderung schützt nicht nur behinderte Menschen selbst, sondern auch **Personen, die einen behinderten Angehörigen pflegen.**[153] 53

Fordert der AG einen **Bewerber** auf, sich vor der Einstellung im Hinblick auf etwaige Vorerkrankungen **ärztlich untersuchen zu lassen,** kann dies als Indiz für eine Diskriminierung wegen einer **angenommenen** (vgl. dazu Rn. 24 ff.) Behinderung gewertet werden.[154] Der Ausspruch einer unwirksamen (oder nach Erhebung einer Kündigungsschutzklage vom AG zurückgenommenen) **krankheitsbedingten Kündigung** allein rechtfertigt es nicht, eine Diskriminierung wegen einer Behinderung anzunehmen.[155] **Verstößt der AG** im Zusammenhang mit der Besetzung von Arbeitsplätzen gegen seine **Verpflichtungen aus § 81 SGB IX,** begründet das die Vermutung, dass eine Benachteiligung eines schwerbehinderten Bewerbers im Einstellungsverfahren vorliegt.[156] Die unterbliebene unverzügliche Unterrichtung der Beteiligten über die Gründe der Auswahlentscheidung bei Bewerbungen (§ 81 Abs. 1 Satz 9 SGB IX) löst die Indizwirkung für das Vorliegen einer Diskriminierung nicht aus, wenn der AG die Beschäftigungsquote gem. § 71 Abs. 1 SGB IX erfüllt.[157] Das gilt ebenfalls, wenn der schwerbehinderte Bewerber offensichtlich für eine ausgeschriebene Stelle **fachlich nicht geeignet** ist.[158]. Ist dem AG die Behinderung eines Bewerbers nicht bekannt und informiert dieser den AG nicht an hervorgehobener Stelle in seinen Bewerbungsunterlagen über die Behinderten- 54

146 *ArbG Karlsruhe* 18.9.20 – 1 Ca 171/19.
147 *LAG Niedersachsen* 10.11.22 – 10 Sa 957/21, öAT 23, 128.
148 *LAG Berlin-Brandenburg* 31.1.08 – 5 Sa 1766/07.
149 *BAG* 16.2.12 – 8 AZR 697/10; 13.10.11 – 8 AZR 608/10, BB 12, 1024 Ls., juris; Däubler/Beck-*Däubler*, § 1 Rn. 73; *Fitting*, Rn. 72; Schieck-*Welti*, § 1 Rn. 36.
150 Eingehend zum Behindertenbegriff *BAG* 19.12.13 – 6 AZR 190/12, NZA 14, 372; s. zum Behindertenbegriff im Sinne der Richtlinie 2000/78/EG auch *EuGH* 11.4.13 – C-335/11 und C-337/11, NZA 13, 553; s. dazu die Anm. *Heuschmid*, AuR 13, 410.
151 *BAG* 19.12.13, a. a. O.
152 *EuGH* 18.1.18 – C-270/16, NZA 18, 159; 18.12.14 – C-354/13, NZA 15, 33; *LAG Niedersachsen* 29.11.16 – 10 Sa 216/16, juris, DB 17, 853 mit Anm. *Vossen*; s. dazu *Busch*, AiB 5/15, 59; *Lingscheid*, NZA 15, 147.
153 *EuGH* 17.7.08 – C-303/06 (Coleman), NZA 08, 932.
154 *BAG* 17.12.09 – 8 AZR 670/08, AiB 10, 697, mit Anm. *Busch*.
155 *BAG* 28.4.11 – 8 AZR 515/10, juris 22.10.09 – 8 AZR 642/08, NZA 10, 280.
156 *BAG* 19.1.23 – 8 AZR 437/21; 2.6.22 – 8 AZR 191/21; 21.2.13 – 8 AZR 180/12, DB 13, 1670; 13.10.11, a. a. O.; 17.8.10 – 9 AZR 839/08, AiB 11, 131, mit Anm. Busch; *VGH Mannheim* 10 913 – 4 S 547/12, NZA-RR 14, 159.
157 *BAG* 21.2.13, a. a. O.
158 *BAG* 7.4.11 – 8 AZR 679/09 –, juris.

eigenschaft, scheidet eine Benachteiligung wegen der Behinderung im Bewerbungsverfahren aus.[159] Verletzung der **Verpflichtung des AG** zur Durchführung eines betrieblichen Eingliederungsmanagement (**BEM**), begründet **keine Vermutung für die Benachteiligung** eines AN wegen einer Behinderung.[160] Da die **§§ 81 ff. SGB IX nur für Schwerbehinderte** und diesen gleichgestellte behinderte Personen, nicht aber für einfach Behinderte gelten, kann sich ein **einfach behinderter Bewerber** nicht auf Verstöße des AG gegen die §§ 81 ff. SGB IX für das Vorliegen von Indizien für eine Benachteiligung berufen, sondern muss Vermutungstatsachen i. S. des § 22 AGG vortragen.[161] Die **Frage des AG nach der Schwerbehinderung** eines AN im Vorfeld der Durchführung von Kündigungen ist im bestehenden Arbeitsverhältnis nach Ablauf von sechs Monaten zulässig und stellt keine Diskriminierung dar.[162] Dies begegnet Bedenken: die vom AG im Zusammenhang mit der Beschäftigung von Schwerbehinderten zu erfüllenden Verpflichtungen rechtfertigen es nicht, im Zusammenhang mit beabsichtigten Kündigungen die Offenbarungspflichten des schwerbehinderten AN zu verschärfen bzw. zeitlich vorzuverlegen (zum eingeschränkten Fragerecht des AG nach der Schwerbehinderung in anderen Fällen siehe § 94 Rn. 13). Ob die Ablehnung der Einstellung oder Fortsetzung der Beschäftigung eines Arbeitnehmers durch den Arbeitgeber wegen dessen Behinderung unter Berufung auf § 8 Abs. 1 AGG gerechtfertigt ist, hängt u. a. auch davon ab, ob der Arbeitgeber zur Beseitigung entsprechender Barrieren **angemessene Vorkehrungen zur Ermöglichung der Berufsausübung** ergreifen kann, die für ihn keine unverhältnismäßige und unbillige Belastung darstellen.[163] Verkürzt sich aufgrund einer **Altersteilzeit-Regelung** die Freistellungsphase eines schwerbehinderten AN gegenüber der bereits zurückgelegten Arbeitsphase, weil Schwerbehinderte zu einem früheren Zeitpunkt als nicht schwerbehinderte AN eine abschlagsfreie Rente wegen Alters beanspruchen können, stellt dies eine unzulässige Ungleichbehandlung dar, mit der Folge, dass der Schwerbehinderte vom AG die Fortsetzung des Altersteilzeitarbeitsverhältnisses verlangen kann.[164] Eine Regelung, die AN bei betriebsbedingtem Verlust ihres Arbeitsplatzes ein **Überbrückungsgeld** bis zum Zeitpunkt des Bestehens eines Anspruchs auf eine Rente aus der gesetzlichen Rentenversicherung gewährt, diskriminiert behinderte AN, die eine **vorgezogene gesetzliche Altersrente** in Anspruch nehmen können weder wegen ihrer Behinderung noch wegen ihres Alters.[165] Die **Kündigung** des **Arbeitsverhältnisses eines HIV-infizierten AN** (s. auch Rn. 53) in der Probezeit, der in einem infektionssensiblen Bereich eines pharmazeutischen UN zur Herstellung von Arzneimitteln zur Krebsbehandlung beschäftigt wird, ist nur dann wirksam, wenn der AG darlegen kann, dass ein auf die HIV-Infektion zurückzuführendes Beschäftigungshindernis besteht, dass von ihm nicht durch angemessene Vorkehrungen beseitigt werden kann.[166] Die beim AG geltenden Sicherheitsstandards zum Ausschluss der gesundheitlichen Schädigung der Patienten stellen eine berufliche Anforderung gemäß § 8 Abs. 1 AGG dar (zur Frage des Diskriminierung HIV-infizierter AN wegen der sexuellen Identität vgl. Rn. 104).

4. Alter

55 Das Merkmal **Alter** entspricht dem entsprechenden Begriff in § 1 AGG und knüpft an der **EG-Richtlinie 2000/78/EG** (vgl. Rn. 20) an.

56 Die Vorschrift verpflichtet AG und BR, darauf zu achten, dass AN nicht deshalb benachteiligt werden, weil sie ein bestimmtes **Alter** haben. Ergänzend dazu ist der BR aber auch nach § 80 Abs. 1 Nr. 6 verpflichtet, die **Beschäftigung älterer AN im Betrieb zu fördern,** vgl. § 80 Rn. 61 f.; nach § 96 Abs. 2 haben AG und BR bei Maßnahmen der Berufsbildung auch die **Belange älterer AN** zu berücksichtigen (vgl. § 96 Rn. 29).

159 *BAG* 26. 9. 13 – 8 AZR 650/12, NZA 14, 258.
160 *BAG* 28. 4. 11, a. a. O., juris.
161 *BAG* 27. 1. 11, NZA 11, 737.
162 *BAG* 16. 2. 12 – 6 AZR 553/10, DB 12, 1042.
163 *BAG* 22. 5. 14 – 8 AZR 662/13, NZA 14, 924.
164 *BAG* 12. 11. 13 – 9 AZR 484/12, ZTR 14, 279.
165 *BAG* 6. 10. 11 – 6 AZN 815/11, NZA 11, 1431.
166 *BAG* 19. 12. 13 – 6 AZR 190/12, NZA 14, 372.

Der Begriff Alter ist i. S. v. Lebensalter zu verstehen. Eine unterschiedliche Behandlung ist daher wegen jeden Alters unzulässig und nicht etwa nur wegen des hohen Alters älterer AN. Auch Jugendliche bzw. jüngere AN sind in den Schutz vor Benachteiligung einbezogen. Ein **bestimmtes Lebensalter** ist für sich allein kein rechtfertigender **Grund,** um einen **AN schlechter zu stellen** als andere.[167] So darf z. B. die **Einstellung, Versetzung** oder **»Beförderung« eines AN** nicht davon abhängig gemacht werden, dass dieser ein bestimmtes Alter hat.[168] 57

Die Bestimmung erlangt eine besondere Bedeutung bei der **Aufstellung von Auswahlrichtlinien** (§ 95) über die personelle Auswahl bei Einstellungen, Versetzungen, Umgruppierungen und Kündigungen (§ 95, Rn. 22 ff.), der Vereinbarungen von **Altersgrenzen in BV** (vgl. Rn. 75 ff.) und **Abfindungen** und vergleichbaren Leistungen in **Sozialplänen** gem. §§ 112, 112a (vgl. dort Rn. 96 ff.). 58

Ausnahmen vom **Verbot der Benachteiligung wegen des Alters** ergeben sich (unabhängig von den außerdem in Frage kommenden Rechtfertigungsgründen aus § 3 Abs. 2, § 5 und § 8 AGG) aus der Vorschrift des **§ 10 AGG.** Mit dieser Regelung hat der Gesetzgeber die sich aus Art. 6 RL 2000/78/EG ergebende Möglichkeit in Anspruch genommen, **Ausnahmen vom Verbot der Altersdiskriminierung** vorzusehen. Nach § 10 S. 1 und 2 AGG ist eine **unterschiedliche Behandlung** wegen des Alters zulässig, wenn sie **objektiv** und **angemessen** und durch ein **legitimes Ziel** gerechtfertigt ist (S. 1) und die Mittel zur Erreichung dieses Ziels **angemessen** und **erforderlich** sind (S. 2). 59

Eine unterschiedliche Behandlung wegen des Alters ist **objektiv,** wenn sie wegen eines **sachlichen Differenzierungsgrundes** erfolgt, der vom Merkmal Alter unterscheidbar bzw. mit diesem nicht identisch ist.[169] Eine Ungleichbehandlung wegen des Alters kann nicht allein mit dem Alter selbst gerechtfertigt werden.[170] Die **Angemessenheit** der unterschiedlichen Behandlung ist gegeben, wenn der Differenzierungsgrund zumindest ebenso gewichtig ist, wie der vom Gesetz beabsichtigte Schutz vor Diskriminierung.[171] 60

Schließlich muss die unterschiedliche Behandlung nach § 10 S. 1 AGG durch ein **legitimes Ziel** gerechtfertigt sein. Der deutsche Gesetzgeber hat die in Art. 6 Abs. 1 RL 2000/78/EG beispielhaft genannten rechtmäßigen Ziele aus den Bereichen **Beschäftigungspolitik, Arbeitsmarkt** und **berufliche Bildung** in § 10 S. 1 AGG nicht übernommen, sondern sich auf eine Generalklausel beschränkt, aber auch deutlich gemacht, dass neben derartigen **im Allgemeininteresse liegenden Zielen** auch Ziele verfolgt werden können, die sich unter Berücksichtigung fachlich-beruflicher Zusammenhänge aus **einzelwirtschaftlichen** oder **branchenbezogenen Interessen,** etwa des **Arbeitgebers** oder der **Tarifvertragsparteien,** ergeben.[172] In der Literatur wird **kontrovers** die Frage erörtert, ob dies gemeinschaftsrechtlich zulässig ist.[173] 61

Nach § 10 S. 2 AGG müssen die Mittel zur Erreichung eines zulässigen Ziels **angemessen** und **erforderlich** sein. Dies erforderte eine **Verhältnismäßigkeitsprüfung.**[174] Das Mittel zur Erreichung des legitimen Ziels muss **geeignet** sein, es darf kein **milderes Mittel** zur Verfügung stehen und die Rechte der benachteiligten Beschäftigtengruppe dürfen **nicht unverhältnismäßig** beeinträchtigt werden. Auch wenn z. B. die **berufliche Eingliederung älterer arbeitsloser Arbeitnehmer** zweifellos ein legitimes Ziel darstellt (vgl. § 10 S. 3 Nr. 1 AGG), ist es dennoch nicht gerechtfertigt, für alle Arbeitnehmer, die das 52. Lebensjahr vollendet haben, den Abschluss befristeter Arbeitsverträge zu erleichtern. Da sich die Regelung nicht auf Arbeitnehmer jenseits der Altersgrenze beschränkt, die tatsächlich für eine bestimmte Zeit ar- 62

167 Richardi-*Maschmann,* Rn. 36.
168 Eingehend zum Verbot der Altersdiskriminierung im Arbeitsrecht, auch unter Berücksichtigung der Anforderungen der EG-Richtlinie 2000/78/EG, vgl. Rn. 12, *Bertelsmann,* ZESAR 05, 236; *Linsenmaier,* RdA 03, Sonderbeilage zu Heft 5, 22.
169 Däubler/Beck-*Brors,* § 10 Rn. 11, 24 ff.
170 Schieck-*Schmidt,* § 10 Rn. 5.
171 *Däubler/Beck-Brors,* § 10 Rn. 27.
172 BT-Drucks. 16/1780, S. 36.
173 Im Ergebnis die Zulässigkeit bejahend *Fitting,* Rn. 76 f.; *Kamanabrou,* RdA 06, 321, 329; *Linsenmaier,* RdA 03, Sonderbeilage Heft 5, 22, 26; *Nollert/Borasio-Perreng,* § 10 Rn. 7; Schieck-*Schmidt,* § 10 Rn. 6; *Thüsing,* Diskriminierungsschutz, Rn. 419; a. A. Däubler/Beck-*Brors,* § 10 Rn. 13 ff.
174 *Fitting,* Rn. 78.

beitslos waren, ist sie schon wegen ihrer überschießenden Ausschlusswirkung im Hinblick auf gesicherte Normalarbeitsverhältnisse für alle älteren Arbeitnehmer zur Erreichung des Ziels nicht erforderlich.[175]

63 In § 10 S. 3 AGG sind **sechs nicht abschließende Beispiele** für eine zulässige unterschiedliche Behandlung wegen des Alters aufgeführt:[176]

- besondere **Zugangs-, Arbeits- und Beendigungsbedingungen** (Nr. 1; vgl. dazu § 93 Rn. 13 ff.; § 95 Rn. 22 ff.),
- Mindestanforderungen an Alter, Berufserfahrung oder Dienstalter (Nr. 2),
- Höchstalter für die Einstellung (Nr. 3),
- Festsetzung von Altersgrenzen bei den betrieblichen Systemen der sozialen Sicherheit (Nr. 4; vgl. dazu Rn. 74 a),
- **Befristung** des Beschäftigungsverhältnisses auf den Zeitpunkt des Bezugs der gesetzlichen **Regelaltersgrenze** (Nr. 5; vgl. dazu Rn. 75 ff.) und
- **Abfindungen** und sonstige Leistungen **aus Sozialplänen** (Nr. 6; vgl. dazu §§ 112, 112a, Rn. 96a ff.).

64 Die im Beispielkatalog aufgeführten Ziele und Maßnahmen **indizieren** zwar **die Zulässigkeit** deswegen erfolgter **unterschiedlicher Behandlungen wegen des Alters,** es muss aber dennoch stets geprüft werden, ob diese tatsächlich i. S. v. § 10 S. 1 AGG durch ein entsprechendes **Ziel legitimiert** und gem. § 10 S. 2 AGG **verhältnismäßig** sind.[177]

65 So ist die **Verschlechterung** bestimmter **Arbeitsbedingungen** zur (vermeintlichen) **Förderung der beruflichen Integration** jugendlicher oder älterer AN als mehrfach belastende Maßnahme problematisch. Die geförderten Beschäftigten werden durch verschlechterte Arbeitsbedingungen benachteiligt und die sonstigen Beschäftigten durch die Verschlechterung ihrer Arbeitsmarktchancen bzw. verschärfte Konkurrenzbedingungen.[178] Betrieblichen (oder tarifvertraglichen) **Quotierungsregelungen,** z. B. zu Gunsten arbeitsloser jugendlicher oder älterer Beschäftigter, begegnen demgegenüber keine durchgreifenden Bedenken (vgl. dazu § 95 Rn. 32).

66 Zum **Schutz älterer Beschäftigter** kann die Festlegung **besonderer Arbeits-, Entgelt-** und **Beendigungsbedingungen** gerechtfertigt sein. Darunter fallen die weit verbreiteten **tarifvertraglichen Regelungen** zur **Verkürzung der wöchentlichen Arbeitszeit mit Lohnausgleich** oder **Gewährung zusätzlicher Urlaubstage** (vgl. dazu aber auch Rn. 70) für ältere Beschäftigte. Derartige Regelungsgegenstände können in den Grenzen von § 77 Abs. 3 (vgl. § 77 Rn. 126 ff.) grundsätzlich auch in **BV** vereinbart werden.

67 Obwohl sie zu einer **unmittelbaren Benachteiligung jüngerer Beschäftigter** führen, sind sie zum Schutz älterer Arbeitnehmer wegen derer höherer Erholungsbedürftigkeit grundsätzlich zulässig.[179] Im Rahmen des auch hier zu beachtenden **Verhältnismäßigkeitsgrundsatzes** wird allerdings im Einzelfall zu prüfen sein, ob die konkrete Altersgrenze und der Umfang der Besserstellung ggf. unter Berücksichtigung der branchen-, berufs- oder tätigkeitsbezogenen Belastungen, bei typisierender Betrachtungsweise angemessen und erforderlich sind.[180] So stellt es eine unzulässige Ungleichbehandlung jüngerer Flugbegleiter dar, wenn für Flugbegleiter ab Vollendung des 43. Lebensjahres und Absolvierung von mindestens 15 Dienstjahren wegen deren größerer »Eingewöhnungsprobleme« nach einer Änderung des Personaleinsatzsystems für Kurz- und Langstreckenflüge in einer BV belastungsmindernde bzw. besserstellende Einsatzmodalitäten festgelegt werden.[181]

---

175 *EuGH* 22. 11. 05 – C-144/04, Rs C-144/04-*Mangold,* NZA 05, 1345, zu § 14 Abs. 3 TzBfG a. F.; vgl. auch *BAG,* 26. 4. 06 – 7 AZR 500/04, DB 06, 1734.

176 Vgl. dazu eingehend Däubler/Beck-*Brors,* § 10 Rn. 36 ff.; *Fitting,* Rn. 79 ff.; Schieck-*Schmidt,* § 10, Rn. 11 ff.

177 *Bauer/Göpfert/Krieger,* § 10 Rn. 25; *Fitting,* Rn. 78; Schieck-*Schmidt,* § 10 Rn. 11.

178 ErfK-*Schlachter,* § 10 Rn. 5; kritisch auch *Linsenmaier,* RdA 03, Sonderbeilage Heft 5, 22, 30.

179 *Bauer/Göpfert/Krieger,* § 10 Rn. 28; ErfK-*Schlachter,* § 10 Rn. 6; *Fitting,* Rn. 81; *Linsenmaier,* RdA 03, Sonderbeilage Heft 5, 22, 29; *Kamanabrou,* RdA 06, 321, 330; *Rieble/Zedler,* ZFA 06, 273, 296 f.; differenzierend. Däubler/Beck-*Brors,* § 10 Rn. 42 ff., 43, die bezüglich des Erholungsurlaubs eine Rechtfertigung über § 5 AGG für möglich hält.

180 *Fitting,* a. a. O.

181 *BAG* 14. 5. 13 – 1 AZR 44/12, NZA 13, 1160.

Es ist grundsätzlich auch zulässig, mit einer BV das Ziel zu verfolgen, ältere AN im Zusammenhang mit altersbedingt steigenden Belastungen **vor Versetzungen zu schützen.**[182] Dabei ist allerdings zu berücksichtigen, welche Art von Mehrbelastungen mit den entsprechenden Personalmaßnahmen verbunden sind. Während es auch in der Rspr. allgemein anerkannt ist, dass die **physische Belastbarkeit** mit zunehmendem Alter abnimmt, ist dies für die **psychische Belastbarkeit,** z. B. durch höhere **Anforderungen an Flexibilität und Anpassungsfähigkeit,** eher zweifelhaft.[183] 68

Mit dem **Schutz jüngerer Beschäftigter** dürfte eine **BV** nicht zu rechtfertigen sein, mit der für **ältere Beschäftigte** die **wöchentliche Arbeitszeit ohne Lohnausgleich** mit der Begründung verkürzt wird, diese würden dadurch gesundheitlich weniger belastet und könnten wegen eines geringeren Bedarfs Einkommenseinbußen leichter verkraften.[184] Die **Beschränkung des Bewerberkreises** bei einer Stellenausschreibung auf »**Berufsanfänger**« oder AN in den **ersten Berufs- bzw. Tätigkeitsjahren** kann eine mittelbare Diskriminierung wegen des Alters darstellen, weil dadurch typischerweise ältere AN von der Bewerbung auf die ausgeschriebene Stelle ausgeschlossen werden.[185] Es verstößt in der Regel gegen das Benachteiligungsverbot wegen des Alters, wenn in einer **Stellenausschreibung** Bewerber mit einem **Hochschulabschluss, der »nicht länger als 1 Jahr zurück liegt** oder innerhalb der nächsten Monate erfolgt«,[186] **»junge« Bewerber** oder **»Berufsanfänger«** für ein Traineeprogramm »Hochschulabsolventen/Young Professionals«[187] oder in einem professionellen Umfeld »mit einem **jungen** dynamischen Team«[188] gesucht werden, nicht aber, wenn ein »sicherer Job in einem **dynamischen Team**« in Aussicht gestellt wird[189] oder die Ansprache potentieller Bewerber:innen im Text einer Stellenausschreibung in der **Duz-Form gehalten ist, wenn dies der vom AG gewählten und üblichen Unternehmenskommunikation entspricht.**[190] Wenn kein Rechtfertigungsgrund i. S. des § 10 AGG vorliegt, sind Stellen grundsätzlich **»altersneutral«** auszuschreiben.[191] Eine unzulässige Diskriminierung stellt auch die Festlegung des **Höchstalters für die Einstellung** von Piloten auf 32 Jahre dar.[192] Unzulässig ist in der Regel auch eine Vorschrift, die z. B. für die Gewährung von betrieblichen Sozialleistungen oder das Wirksamwerden von besserstellenden Schutzbestimmungen am Lebensalter anknüpft und dabei **Zeiten vor Vollendung eines bestimmten Lebensjahres** unberücksichtigt lässt.[193] Die **befristete Geltungsdauer einer BV,** die durch eine **Altersteilzeitregelung** ältere AN begünstigt, stellt bezüglich jüngerer AN, die erst nach Beendung der BV das die Begünstigung auslösende Lebensalter erreichen, keine Altersdiskriminierung dar. 69

Allein vom ansteigenden **Lebensalter abhängige Entgelterhöhungen** in BV oder TV lassen sich nicht rechtfertigen (z. B. Erhöhung der Vergütung im zwei-Jahres-Rhythmus gemäß § 27 A Abs. 1 BAT[194] oder nach dem Vergütungssystem des BAT-O[195]) Es ist schon nicht ersichtlich, dass derartige Regelungen dem Schutz älterer Beschäftigter dienen. Allerdings ist die **Über-** 70

182 *BAG* 13. 10. 09 – 9 AZR 722/08, NZA 10, 208.
183 *BAG* 13. 10. 09, a. a. O.
184 *Linsenmaier,* a. a. O.; a. A. noch *BAG* 18. 8. 87 – 1 ABR 30/86, NZA 87, 779.
185 *BAG* 19. 5. 16 – 8 AZR 477/14, juris; 19. 5. 16 – 8 AZR 470/14, NZA 16, 1394; 18. 8. 09 – 1 ABR 47/08, NZA 10, 222.
186 *BAG* 26. 1. 17 – 8 AZR 848/13, juris; *HessLAG* 18. 6. 18 7 Sa 851/17, NZA-RR 18, 584.
187 *BAG* 24. 1. 13 – 8 AZR 429/11, NZA 13, 498.
188 *BAG* 11. 8. 16 – 8 AZR 406/14, BB 17, 506.
189 *LAG Hamm* 4. 2. 14 – 7 Sa 1026/13, NZA-RR 14, 412.
190 *LAG Köln* 10. 09. 21 – 10 Sa 1264/20.
191 *BAG* 19. 8. 10 – 8 AZR 530/09, NZA 10, 1412 = AiB 11, 274, mit Anm. *Busch.*
192 *BAG* 8. 12. 10 – 7 ABR 98/09, ZTR 11, 409.
193 *BAG* 29. 9. 11 – 2 AZR 177/10, DB 12, 807; 9. 9. 10 – 2 AZR 714/08, NZA 11, 343; *EuGH* 19. 1. 10 – C-555/07 (Kücükdeveci), AuR 10, 264, mit Anm. *Laskawy/Rehfeld* = AiB 10, 265, mit Anm. *Meyer/Kaspers*: Europarechtswidrigkeit von § 622 Abs. 2 Satz 2 BGB.
194 *EuGH* 8. 9. 11 – C-297/10 (Rs. Hennings) – C-298/10 (Rs. Mai), NZA 2011, 1100; *BAG* 10. 11. 11 – 6 AZR 148/09, NZA 12, 161; *Fitting,* Rn. 86; *Kamanabrou,* NZA 06, Beilage 3, 138, 141; *Klimpe-Auerbach,* PR 12, 156.
195 *LAG Berlin Brandenburg* 4. 12. 13 – 15 Sa 1555/13, – 4. 12. 13 – 15 Sa 1555/13, juris; anhängig *BAG* 6 AZR 100/14.

leitung in das diskriminierungsfreie Entgeltsystem der Nachfolgeregelungen des BAT (z. B. TVöD i. V. m. TVÜ-Bund) nach Maßgabe bestehender Besitzstände aus den diskriminierenden Entgeltregelungen des BAT zulässig.[196] Unzulässig ist eine nach dem Lebensalter der AN abgestufte Höhe einer wegen einer Rationalisierungsmaßnahme gewährten tarifvertraglichen **Einkommenssicherungszulage** Keine durchgreifenden Bedenken bestehen gegen die sachlich gerechtfertigte Honorierung der **Berufserfahrung** durch die Orientierung der **Höhe des Entgelts** (bzw. bestimmter Entgeltbestandteile) oder der **Höhergruppierung** am Umfang der absolvierten **Berufsjahre** bzw. **Betriebszugehörigkeit.**[197] Zulässig sind **Verdienstsicherungsklauseln, die älteren Beschäftigten** zum Schutz vor alters- bzw. gesundheitsbedingten Leistungsminderungen oder betrieblich verursachten Verdiensteinbußen (z. B. durch Abgruppierung) das bisherige Effektiventgelt garantieren.[198] Wird in einem TV als Anspruchsvoraussetzung für eine **jährliche Sonderzahlung** das Bestehen des Arbeitsverhältnisses an einem bestimmten Stichtag im Kalenderjahr festgelegt, wirkt sich dies nicht altersdiskriminierend für AN aus, die vor diesem Stichtag wegen Erreichens der tariflichen Altersgrenze aus dem Arbeitsverhältnis ausscheiden.[199]

71 Eine **Erhöhung der tariflichen Urlaubstage** ab dem 30. und 40. Lebensjahrs (vgl. etwa § 26 TVöD-VKA) kann nicht damit gerechtfertigt werden, dass sie das legitime Ziel verfolgt, dem gesteigerten Erholungsbedürfnis älterer AN Rechnung zu tragen.[200] Eine bereits bei jüngeren AN (ab dem 20. Lebensjahr) einsetzende und beim Erreichen des 30. Lebensjahres endende **schrittweise Erhöhung der Anzahl der Urlaubstage** allein nach dem **ansteigenden Lebensalter** (so eine entsprechende Tarifregelung in § 15 MTV Einzelhandel NRW), stellt für einen bestimmten Zeitraum eine unzulässige Benachteiligung jüngerer AN dar, die sich nicht durch ein legitimes Ziel i. S. des § 10 AGG, auch nicht durch das Ziel der besseren Vereinbarkeit von Familie und Beruf, rechtfertigen lässt.[201] Die Gewährung von **zwei zusätzlichen Urlaubstagen ab Vollendung des 58. Lebensjahres** kann unter dem Gesichtspunkt des Schutzes älterer Arbeitnehmer wegen deren gesteigerten Erholungsbedarfs gem. § 10 Satz 3 Nr. 1 AGG gerechtfertigt sein.[202] Das gilt nicht für die Gewährung **zusätzlicher Urlaubstage** allein wegen **Vollendung des 50. Lebensjahres**[203] oder von **Freischichten** allein in Abhängigkeit vom Erreichen eines bestimmten Alters, ohne dass mir dem jeweils erreichten Lebensjahr ein besonderer Erholungsbedarf dargelegt werden kann.[204]

71a Die Beschränkung von **Versorgungsansprüchen aus einer betrieblichen Altersversorgung** durch die Festlegung von **Altersgrenzen** ist nach § 10 Satz 3 Nr. 4 AGG grundsätzlich zulässig.[205] So kann für die **Aufnahme in eine Versorgungsregelung** eine Höchstalter von 50 Jahren vorgesehen werden.[206] Zulässig ist auch die Festlegung eines Höchstalters auf die Vollendung des 60. Lebensjahres für die Gewährung von Versorgungsbeiträgen.[207] Die Regelung einer **Mindestbetriebszugehörigkeit** von 15 Jahren bis zum Erreichen der Regelaltersgrenze in einer

---

196 *EuGH* 8. 9. 11, a. a. O.; *BAG* 8. 12. 11 – 6 AZR 319/09, NZA 12, 275.

197 *BAG* 27. 1. 11 – 6 AZR 578/09, ZTR 11, 365 (tarifliche Regelung einer Stufenlaufzeit nach Höhergruppierung); s. auch zu einer ähnlichen Problematik *BAG* 13. 10. 10 – 5 AZR 378/09, ZTR 11, 94; *EuGH* 3. 10. 06 – C-17/05, NJW 07, 47; *LAG Baden-Württemberg* 23. 4. 07 – 15 Sa 116/06, NZA-RR 07, 630; *ArbG Heilbronn* 3. 4. 07 – 5 Ca 12/07, AuR 07, 391.

198 *Fitting*, Rn. 87; *Linsenmaier*, a. a. O.; Schieck-*Schmidt*, § 10 Rn. 16; Däubler/Beck-*Brors*, § 10 Rn. 48.

199 *BAG* 12. 12. 12 – 10 AZR 718/11, NZA 13, 577.

200 *BAG* 20. 3. 12 – 9 AZR 529/10, DB 12, 1814.

201 *LAG Düsseldorf* 18. 1. 11 – 8 Sa 1274/10, BB 11, 308, Ls., juris, rechtskräftig; vgl. dazu *Bonnani*, DB 11, M 1.; die Zulässigkeit derartiger Regelungen früher bejahend *BAG* 19. 11. 96 – 9 AZR 712/95, BB 97, 948 Ls., juris.

202 *BAG* 21. 10. 14 – 9 AZR 956/12, DB 15, 748.

203 *BAG* 11. 12. 18 – 9 AZR 161/18, NZA 19, 634; 15. 11. 16 – 9 AZR 534/15, NZA 17, 339; 18. 10. 16 – 9 AZR 123/16, NZA 17, 267; a. A. *LAG Mecklenburg-Vorpommern* 10. 2. 15 – 5 Sa 168/14, juris; *Hessisches LAG* 17. 1. 14 – 14 Sa 646/13, ZTR 14, 547.

204 *BAG* 27. 4. 17 – 6 AZR 11/16, NZA 17, 1116.

205 *BAG* 18. 3. 14 – 3 AZR 69/12, NZA 14, 606; 12. 11. 13 – 3 AZR 356/12, BB14, 1406; 17. 9. 13 – 3 AZR 686/11, NZA 14, 33; 12. 2. 13 – 3 AZR 100/11, NZA 13, 733.

206 *BAG* 12. 11. 13, a. a. O.

207 *BAG* 26. 4. 18 – 3 AZR 19/17, NZA 18, 1006.

betrieblichen Versorgungsordnung ist angemessen i. S. v. § 10 Satz 2 AGG und stellt keine Diskriminierung wegen des Alters dar.[208] Zulässig kann auch eine Regelung sein, die AN von der **Überleitung in ein geändertes System der betrieblichen Altersversorgung** ausschließt, die das 63. Lebensjahr vollendet haben.[209] Es stellt keine Diskriminierung wegen des Alters dar, wenn ein Anspruch auf **Witwen-/Witwerversorgung** davon abhängig gemacht wird, dass die Ehe vor dem Ausscheiden aus dem Arbeitsverhältnis geschlossen wurde[210] (s. auch unter dem Gesichtspunkt der Diskriminierung wegen des Geschlechts Rn. 100). Eine Versorgungsregelung mit einer sog. **Abstandsklausel,** die die Kürzung einer Witwenpension für jedes Jahr vorsieht, das die hinterbliebene Ehefrau mehr als 10 oder 15 Jahre jünger ist als der versorgungsberechtigte Ehegatte, stellt keine unzulässige Benachteiligung wegen des Alters dar.[211] Das gilt auch für eine sog. **Spätehenklausel,** die die Zusage einer Hinterbliebenenversorgung davon abhängig macht, dass die Ehe vor Vollendung des 62. Lebensjahres des AN geschlossen wurde, wenn diese Altersgrenze auch als feste Altersgrenze für die Versorgungsordnung gilt.[212] Unzulässig ist eine solche Regelung aber dann, wenn die Versorgungsordnung in einem solchen Fall eine feste Altersgrenze bei Vollendung des 65. Lebensjahres vorsieht.[213] Keine unzulässige Benachteiligung wegen des Alters ist eine Mindestaltersgrenze von 50 Jahren als Voraussetzung für einen Anspruch auf **Invaliditätsversorgung.**[214] Mit dem Verbot der Diskriminierung wegen des Alters ist eine Regelung nicht vereinbar, die den Anspruch auf eine betriebliche Altersrente davon abhängig macht, dass ein AN die **Wartezeit** von zehn Jahren mit Vollendung des 55. Lebensjahres erfüllt.[215]

Wegen der besonders hohen Gefährdung älterer AN bei der betriebsbedingten Kündigung 72
des Arbeitsverhältnisses (Langzeitarbeitslosigkeit wegen schlechter Arbeitsmarktchancen und abnehmender Mobilität) sind **zum Schutz älterer AN** grundsätzlich auch **besondere Entlassungsbedingungen** gerechtfertigt. Deren Rechtfertigung ist allerdings – trotz der europarechtswidrigen Bereichsausnahme für Kündigungen in § 2 Abs. 4 KSchG[216] – am Maßstab des AGG zu prüfen.[217] Bei der **Berechnung** der verlängerten **Kündigungsfristen** nach § 622 BGB dürfen vor Vollendung des 25. Lebensjahres liegende Beschäftigungszeiten nicht unberücksichtigt bleiben.[218] Die **Verlängerung der Kündigungsfristen** gem. § 622 Abs. 2 Satz 1 BGB selbst stellt keine mittelbare Altersdiskriminierung dar, da mit einer solchen Regelung das legitime Ziel verfolgt wird, länger beschäftigten und damit typischerweise älteren (und schutzbedürftigeren) Arbeitnehmern einen verbesserten Kündigungsschutz zu verschaffen.[219] Insbesondere im Hinblick auf die **Durchführung der Sozialauswahl** nach dem KSchG, ihre Ausgestaltung in betrieblichen **Auswahlrichtlinien** oder die individual- oder kollektivvertragliche **Vereinbarung von Kündigungserschwerungen,** etwa durch die Unkündbarkeit älterer AN, wird es für die Zulässigkeit derartiger Maßnahmen unter dem Gesichtspunkt der **Verhältnismäßigkeit** darauf ankommen, sich nicht (mehr) auf abstrakte Begründungen und schematische Differenzierungen zu beschränken. Erforderlich ist es dagegen, die sachliche Rechtfertigung der jeweils in Anspruch genommenen altersabhängigen Schutzbedürftigkeit, zumindest auf Grundlage einer typisierenden Betrachtungsweise, und des jeweiligen Ausmaßes der Besserstellung gegenüber jüngeren AN nachvollziehbar darzulegen (zu den rechtlichen **Grenzen der Regelungsbefugnis in Auswahlrichtlinien** in diesem Zusammenhang vgl. § 95 Rn. 22 ff.).[220] Der **Ausschluss ordentlicher Kündigungen** des Arbeitsverhältnisses älterer AN (z. B. ab dem

208 *BAG* 12. 2. 13 – 3 AZR 100/11, DB 13, 1245.
209 *BAG* 19. 9. 13, a. a. O.
210 *BAG* 15. 10. 13 – 3 AZR 653/11, NZA 14, 308.
211 *BAG* 11. 12. 18 – 3 AZR 400/17, juris; 16. 10. 18 – 3 AZR 520/17, NZA 19, 176.
212 *BAG* 22. 1. 19 – 3 AZR 560/17, NZA 19, 991.
213 *BAG* 19. 2. 19 – 3 AZR 215/18, NZA 19, 997.
214 *BAG* 10. 12. 13 – 3 AZR 796/11, BB 14, 1012 Ls., juris.
215 *BAG* 18. 3. 14, a. a. O.
216 Vgl. dazu *Däubler,* AiB 06, 738.
217 *BAG* 20. 6. 13 – 2 AZR 295/12, NZA 14, 208.
218 *EuGH* 19. 1. 10 – C-555/07, NZA 10, 85; *BAG* 9. 9. 10 – 2 AZR 714/08, NZA 11, 343.
219 *BAG* 18. 9. 14 – 6 AZR 636/13, NZA 14, 1400.
220 Vgl. dazu Däubler/Beck-*Brors,* § 10 Rn. 51 ff.

53. Lebensjahr) stellt außerhalb einer Sozialauswahl in der Regel keine unzulässige Benachteiligung jüngerer AN dar. Dies gilt auch innerhalb einer Sozialauswahl, wenn der Ausschluss ordentlicher Kündigungen nicht zu einem gemäß § 1 Abs. 3 KSchG grob fehlerhaften Auswahlergebnis führt.[221]

73 Werden ältere AN von einer **Personalabbaumaßnahme völlig ausgenommen,** werden diese auch dann nicht gegenüber den jüngeren AN unmittelbar diskriminiert, wenn der Personalabbau im Wege einvernehmlicher Aufhebungsverträge bei **Zahlung attraktiver Abfindungen** erfolgt.[222] Die **Berücksichtigung der Rentennähe** älterer Beschäftigter zu deren Lasten im Rahmen von Entlassungsbedingungen ist unzulässig (zur Zulässigkeit der Minderung oder des Ausschlusses von Sozialplanabfindungen für rentennahe Jahrgänge vgl. §§ 112, 112a Rn. 101). Die **Schlechterstellung älterer Beschäftigter** zur **Sicherung einer ausgewogenen Altersstruktur** (§ 1 Abs. 3 S. 2 KSchG) bedarf einer sachlich nachvollziehbaren Darlegung des für dieses Ziel streitenden berechtigten betrieblichen Interesses,[223] wobei vom Vorliegen legitimer Ziele für eine **Altersgruppenbildung** bei Massenkündigungen auf Grund einer **Betriebsänderung** regelmäßig auszugehen ist.[224] Die Betriebsparteien können das **Lebensalter** bei der Vergabe von Sozialpunkten allerdings auch **»linear« berücksichtigen.**[225] Die Altersgruppenbildung ist zur Erhaltung der Altersstruktur nur geeignet, wenn sie daraufhin angelegt ist, die bestehende Struktur zu wahren.[226]

74 Die **Erreichung einer bestimmten Altersgrenze** rechtfertigt die Kündigung des Arbeitsverhältnisses durch den AG nicht.[227] Das gilt auch, wenn ein **Anspruch auf eine Altersrente** besteht (§ 41 Abs. 1 Satz 1 SGB VI). Will der AG das Arbeitsverhältnis beenden, muss die Kündigung sozial gerechtfertigt i. S. d. § 1 KSchG sein. In **Einzelarbeitsverträgen** kann nach § 41 Abs. 1 Satz 2 SGB VI die Beendigung des Arbeitsverhältnisses ohne Kündigung zu einem Zeitpunkt, zu dem der AN vor Erreichen der Regelaltersgrenze eine Altersrente beantragen kann, wirksam nur vereinbart werden, wenn die Vereinbarung innerhalb der letzten drei Jahre vor diesem Zeitpunkt abgeschlossen oder von dem AN bestätigt wird. Andernfalls gilt die Vereinbarung dem AN gegenüber als auf die Vollendung des 65. Lebensjahres abgeschlossen. Das Arbeitsverhältnis wird in einem solchen Fall beendet, ohne dass es einer Kündigung bedarf. Das KSchG findet dann keine Anwendung. Auch eine Anhörung des BR entfällt.

75 Gem. § 10 S. 3 Nr. 5 AGG kann die **Vereinbarung von Altersgrenzen** zum Zeitpunkt der möglichen **Beantragung der Regelaltersrente** gerechtfertigt sein. Ob und unter welchen Voraussetzungen dies im Rahmen von **BV** (oder TV und einzelvertraglich) zulässig ist, war bereits vor Inkrafttreten des AGG umstritten und wurde nach Inkrafttreten des AGG trotz der rechtfertigenden Vorschrift des § 10 S. 3 Nr. 5 AGG und der dazu zwischenzeitlich ergangenen Rspr. kontrovers diskutiert.[228]

76 Nach der Rspr. des *BAG* zur Rechtslage vor dem 1. 1. 1992 konnte ein **TV** bestimmen, dass die Arbeitsverhältnisse auf das 65. Lebensjahr befristet werden.[229] Eine solche Regelung ist nach der Auffassung des *BAG* aus Gründen der Fürsorge für den AN eher zu vertreten, als

---

221 *BAG* 20. 6. 13, a. a. O.; s. dazu *Soost*, AuR 14, 127.

222 *BAG* 25. 2. 10 – 6 AZR 911/08, AuR 10, 267 mit krit. Anm. *Bieder*.

223 *LAG Niedersachsen* 13.7.07 – 16 Sa 269/07, AuR 07, 388 mit Anm. *Wendeling-Schröder*; *Thüsing*, Diskriminierungsschutz, Rn. 459; *Bauer/Göpfert/Krieger*, § 10 Rn. 5, 45m; *Fitting*, Rn. 80; Däubler/Beck-*Däubler*, § 7 Rn. 302; *Thüsing*, Diskriminierungsschutz, Rn. 413 ff., 436: enger Däubler/Beck-*Brors*, § 10, Rn. 55 ff. und *ArbG Osnabrück*, 5. 2. 07 – 3 Ca 721/06, AiB 07, 304, m. Anm. *Busch* (aufgehoben durch *LAG Niedersachsen* 18.7.07 – 16 Sa 278/07): zulässig nur wegen der Verwirklichung des beschäftigungspolitischen Ziels der beruflichen Eingliederung jüngerer Beschäftigter oder wegen eines tätigkeitsbezogenen Bedarfs an einer ausgewogenen Altersstruktur; a. A. *Bertelsmann*, AuR 07, 369.

224 *BAG* 6. 11. 08 – 2 AZR 523/07, NZA 09, 351, 366; bestätigt durch *BAG* 12. 3. 09, DB 09, 1932; 5. 11. 09 – 2 AZR 676/08, NZA 10, 457.

225 *BAG* 5. 11. 09, a. a. O.

226 *BAG* 19. 7. 12 – 2 AZR 352/11, NZA 13, 86.

227 *BAG* 28. 9. 61 – 2 AZR 428/60, AP Nr. 1 zu § 1 KSchG Personenbedingte Kündigung.

228 S. etwa *Preis*, NZA 10, 1323, *Berg F./Natzel*, BB 10, 2885, jeweils zu *EuGH* 12. 10. 10 – C-45/09 (Rosenbladt), NZA 10, 1167, = AiB 11, 270, mit Anm. *Rehwald*.

229 *BAG* 21. 4. 77 – 2 AZR 125/76, AP Nr. 1 zu § 60 BAT.

dass im Kündigungsschutzprozess der Nachweis geführt werden muss, dass ein AN aus altersbedingten Gründen nicht mehr in der Lage ist, seinen vertraglichen Verpflichtungen nachzukommen.[230]

Auch BR und AG konnten nach der Rechtslage vor dem 1.1.1992 in **BV** unter Berücksichtigung der Grenzen von Recht und Billigkeit (Abs. 1 Satz 1) und der Altersgrenzenregelung in Abs. 1 Satz 2 a.F. Regelungen über das Ausscheiden von AN aus dem Arbeitsverhältnis bei Erreichen einer bestimmten Altersgrenze treffen.[231] Das *BAG* hielt es für zulässig, dass in einer BV die Altersgrenze für das Ausscheiden der AN auf das 65. Lebensjahr festgesetzt wird. Allerdings muss dann eine auf dieses Alter abgestellte Versorgungsregelung bestehen.[232] 77

Die **Zulässigkeit von Altersgrenzen in TV oder BV** war nach In-Kraft-Treten des § 41 Abs. 4 Satz 3 SGB VI a.F. am 1.1.1992 vom BAG verneint worden.[233] Mit der ab 1.8.1994 geltenden **Neufassung des § 41 Abs. 4 Satz 3 SGB VI,**[234] gegen die durchgreifende verfassungsrechtliche Bedenken nicht bestehen,[235] waren **Altersgrenzen in BV,** die auf das Erreichen des 65. Lebensjahres und den Anspruch auf das gesetzliche Altersruhegeld abstellen, nach der Rechtsprechung wieder zulässig.[236] 78

Die Regelung zur Rechtfertigung von Altersgrenzenvereinbarungen in § 10 S. 3 Nr. 5 AGG, die nach dem Willen des Gesetzgebers der Rechtssicherheit dienen soll,[237] knüpft an der bisherigen **höchstrichterlichen Rspr.** an, nach der Altersgrenzen in Individual- und Kollektivverträgen i.d.R. zulässig sind, wenn sie auf den Zeitpunkt des Bezugs einer wirtschaftlich absichernden Altersrente abstellen.[238] Das **Bestandsschutzinteresse** des Beschäftigten tritt danach in Abwägung mit den für die Zulässigkeit der Vereinbarung von Altersgrenzen streitenden Gesichtspunkten einer **ausgewogenen betrieblichen Altersstruktur,** einer **berechenbaren Personalplanung** des Arbeitgebers, des **Überforderungsschutzes** für den älteren AN und der arbeitsmarktpolitisch erwünschten Förderung der **beruflichen Eingliederung jüngerer Beschäftigter** zurück. 79

Ob es sich dabei um legitime Ziele i.S.v. § 10 S. 1 AGG zur Rechtfertigung derartiger Altersgrenzen handelt und ob § 10 S. 3 Nr. 5 AGG als eine richtlinienkonforme Umsetzungsregelung qualifiziert werden kann, war in der Literatur äußerst umstritten.[239] Pauschale Altersgrenzen, die branchen- und berufsunspezifisch mit der Unterstellung eines **allgemeinen Leistungsabfalls** bzw. einer **generellen Ungeeignetheit** älterer AN begründet werden, lassen sich als **altersdiskriminierende Maßnahme** nicht aus § 10 S. 3 Nr. 5 AGG rechtfertigen. 80

230 *BAG* 21.4.77 – 2 AZR 125/76, a.a.O.; zur Zulässigkeit einer tariflichen Altersgrenze von 60 Jahren für das Cockpitpersonal *BVerfG* 25.11.04 – 1 BvR 2459/04, BB 05, 1231; *BAG* 21.7.04 – 7 AZR 589/03, NZA 04, 1352; 27.11.02 – 7 AZR 414/01, NZA 03, 812; 12.2.92 – 7 AZR 100/91, DB 93, 443.

231 *BAG* 7.11.89 – GS 3/85, DB 90, 1724.

232 *BAG* 25.3.71 – 2 AZR 185/70, AP Nr. 5 zu § 57 BetrVG; einschränkend aber *BAG* 20.11.87 – 2 AZR 284/86, AP Nr. 2 zu § 620 BGB Altersgrenze, nach dem ein Anspruch auf gesetzliches Altersruhegeld ausreichen soll; kritisch dazu *Däubler,* Tarifvertragsrecht, Rn. 786; GK-*Kreutz/Jacobs,* § 77 Rn. 386, und *Stahlhacke,* DB 89, 2329 [2332].

233 20.10.93 – 7 AZR 135/93, BB 94, 66; 1.12.93 – 7 AZR 428/93, NZA 94, 369; dazu *Hamer,* PersR 94, 265; *Moll,* NJW 94, 499.

234 BGBl. I S. 1797.

235 *BVerfG* 30.3.99 – 1 BvR 1814/94, AuR 99, 283.

236 *BAG* 11.6.97, DB 97, 2280; 14.10.97 – 7 AZR 660/96, BB 98, 321; 25.2.98 – 7 AZR 641/96, BB 98, 2165; 27.11.02 – 7 AZR 414/01, DB 03, 1000; zur Unwirksamkeit einer Altersgrenze von 55 Jahren [Bordpersonal]) 31.7.02 – 7 AZR 140/01, NZA 02, 1155; zur Auseinandersetzung mit dieser Rspr. vgl. *Feudner,* BB 99, 314; *Marschner,* AuA 98, 18. Zur verfassungsrechtlichen Problematik und die Regelungskompetenz der Betriebsparteien einschränkend *Bieback,* AuR 99, 41, 46; *Däubler,* Tarifvertragsrecht, Rn. 787ff.; *GK-Kreutz/Jacobs,* § 77 Rn. a.a.O.; Richardi-*Maschmann,* § 77 Rn. 119ff.; *Simitis,* NJW 94, 1453; *Waltermann,* NZA 94, 822.

237 BT-Drucks. 16/1780 S. 36.

238 *BAG,* 27.7.05 – 7 AZR 443/04, NZA 06, 37; 19.11.03 – 7 AZR 296/03, DB 04, 1045.

239 Zu Recht grundsätzlich bejahend *Bauer/Göpfert/Krieger,* § 10 Rn. 39; *Fitting* Rn. 93; *Linsenmaier,* RdA 03, Sonderbeilage Heft 5, 22, 30f.; *Thüsing,* Diskriminierungsschutz, Rn. 438ff.; a.A. ErfK-*Schlachter,* § 10 Rn. 14f.; Däubler/Beck-*Brors,* § 10 Rn. 92ff.; *Kamanabrou,* RdA 06, 321, 331; *KR-Pfeiffer,* AGG, Rn. 124; Schieck-*Schmidt,* § 10 Rn. 28ff.

81 Über einen derartigen untauglichen Rechtfertigungsversuch geht die Anerkennung der Vereinbarung der üblichen Regelaltersgrenze durch das **BAG** allerdings hinaus und knüpft mit den Gesichtspunkten von frei werdenden **Arbeitsplätzen für jüngere AN,** eines **sachgerechten Altersaufbaus der Belegschaften** und einer **berechenbaren Personalplanung** an **legitimen Zielen** i. S. v. § 10 S. 3 Nr. 3 AGG i. V. m. § 10 S. 1 und 2 AGG an.[240] Im Rahmen der erforderlichen **Verhältnismäßigkeitsprüfung** ist weiter zu berücksichtigen, dass die Zulässigkeit der Vereinbarung der Regelaltersgrenze die wirtschaftliche Absicherung des AN durch eine Altersrente voraussetzt, und das ältere Beschäftigte im Allgemeinen und sog. rentennahe Jahrgänge im Besonderen vor betriebsbedingten Kündigung und vor Vereinbarungen über die Beendigung des Arbeitsverhältnisses wegen des Bezugs einer Altersrente vor Vollendung des 65. Lebensjahres (vgl. § 41 S. 1 und 2 SGB VI) relativ stark durch entsprechende gesetzliche Regelungen geschützt sind. Altersgrenzen können bei verhältnismäßiger Ausgestaltung auch nach der neueren **Rspr. des *EuGH*** grundsätzlich im Rahmen des nationalen Rechts durch im Allgemeininteresse liegende beschäftigungspolitische Ziele gerechtfertigt sein.[241] Entsprechende **tarifvertragliche Altersgrenzen,** die die automatische Beendigung des Arbeitsverhältnisse bei Erreichen der gesetzlichen Regelaltersgrenze vorsehen (etwa in § 33 Abs. 1a TVöD oder § 19 Nr. 8 RTV Gebäudereinigung), sind zulässig.[242] Das gilt grundsätzlich auch für diesen Anforderungen entsprechende Altersgrenzen in **kirchlichen Arbeitsvertragsregelungen.**[243]

81a Auch auf das **Regelrentenalter** bezogene **Altersgrenzen in BV**[244] sind zulässig (zur Regelungskompetenz der Betriebsparteien vgl. § 88 Rn. 1 ff., 11 f.), wenn an die Stelle des Arbeitsentgelts unmittelbar nach Beendigung des Arbeitsverhältnisses der dauerhafte Bezug von **Leistungen aus einer Altersversorgung** tritt. Derartige Altersgrenzen sind i. S. v. **§ 14 Abs. 1 Satz 1 TzBfG** sachlich gerechtfertigt und verstoßen nicht gegen das Verbot der **Altersdiskriminierung** in Abs. 1. Die **Betriebsparteien** werden vom EuGH[245] als Sozialpartner anerkannt, die durch Regelungen in BV sozial- und beschäftigungspolitische Ziele i. S. d. Art. 6 Abs. Unterabsatz 2 RL 2000/78EG verfolgen können.[246] Bei der erstmaligen Einführung einer derartigen Altersgrenze in einem Betrieb sind allerdings unter dem Gesichtspunkt des **Vertrauensschutzes** für die bei Inkrafttreten der BV bereits **rentennahen AN** Übergangsregelungen vorzusehen.[247] Wird in Altersgrenzenregelungen in BV für den Zeitpunkt der Beendigung des Arbeitsverhältnisses auf die **Vollendung des 65. Lebensjahres** abgestellt, sind diese nach **Anhebung des gesetzlichen Regelrentenalters** in der Regel dahingehend auszulegen, dass das Arbeitsverhältnis zum Zeitpunkt der Vollendung des für den Bezug einer Regelaltersgrenze maßgeblichen Lebensalters endet. Die Verknüpfung der Beendigung des Arbeitsverhältnisses mit der »Vollendung des 65. Lebensjahres« entspricht in BV, die zur Zeit der Geltung des gesetzlichen Regelrentenalters von 65. Jahren abgeschlossen wurden, bereits ihrem Wortlaut nach dem Willen der Betriebsparteien, die Beendigung des Arbeitsverhältnisses auf den Zeitpunkt der Berechtigung des Bezugs der Regelaltersrente festzulegen. Dies entspricht nicht zuletzt dem Gebot der gesetzkonformen Auslegung von BV, weil nur diese Auslegung derartiger Altersgrenzenregelungen dazu führt, dass sie i. S. v. § 14 Abs. 1 Satz 1 TzBfG sachlich gerechtfertigt sind.

82 Wenn man auch bei Anerkennung der Legitimität der o. g. Ziele die Verhältnismäßigkeit einer generellen Altersgrenze für zweifelhaft hält, könnte man dem durch eine stärker nach Branchen

---

240 *BAG* 18. 6. 08 – 7 AZR 116/07, NZA 08, 1302; Schieck-*Schmidt*, § 10 Rn. 29.

241 *EuGH* 12. 10. 10 (Rosenbladt), NZA 10, 1167: Zulässigkeit der Altersgrenzenregelung in § 19 Nr. 8 RTV Gebäudereinigung; dazu Bayreuther, NJW 11, 19; Preis NZA 10, 1323; *EuGH* 16. 10. 07 – C-411/05 (Palacios), NZA 07, 1219; dazu *Bayreuther*, DB 07, 2425; *Bertelsmann*, AiB 07, 689; *Thüsing*, RdA 08, 51; *Wendeling-Schröder*, NZA 07, 1399.

242 *EuGH* 12. 10. 10 (Rosenbladt), a. a. O.; *BAG* 21. 9. 11 – 5 Sa 893/09, NZA 12, 271; 8. 12. 10 – 7 AZR 483/09, NZA 11, 586 (TVöD); zur Zulässigkeit entsprechender beamtengesetzlicher Altersgrenzen siehe *EuGH* 21. 7. 11 – C-159/10 (Rs. Fuchs/Köhler), ZTR 11, 700.

243 *BAG* 12. 6. 13 – 7 AZR 917/11, NZA 13, 1428.

244 *BAG* 25. 10. 17 – 7 AZR 63/15, NZA 18, 507; 21. 2. 17 – 1 AZR 292/15, NZA 17, 738; 13. 10. 15 – 1 AZR 853/13, NZA 16, 54; 5. 3. 13 – 1 AZR 880/11 – 1 AZR 417/12, NZA 13, 916.

245 *EuGH* 9. 12. 04 – C-19/02, *Hlozek*, BB 05, 273.

246 *EuGH* 5. 12. 12 – C-152/11, *Odar*, NZA 12, 1435; *BAG* 5. 3. 13, a. a. O.

247 *BAG* 21. 2. 17, a. a. O.

oder Unternehmen **differenzierte Ausgestaltung der Altersgrenze** oder ihre **Flexibilisierung** in Gestalt eines inhaltlich gebundenen und vor Ablauf einer bestimmten Frist geltend zu machenden **Weiterbeschäftigungsanspruchs** betroffener AN Rechnung tragen.

Niedrigere Altersgrenzen oder solche, die unabhängig vom möglichen Bezug der **gesetzlichen Regelaltersrente** festgesetzt werden, können aus § 10 S. 3 Nr. 5 AGG nicht gerechtfertigt werden, sondern nur aus § 8 Abs. 1 AGG. Dies betrifft vor allem Berufe und Tätigkeiten, deren Ausübung unmittelbare Auswirkungen auf die **Sicherheit,** das **Leben** und die **Gesundheit** Dritter oder des AN selbst hat. Sind Beschäftigte bei typisierender Betrachtungsweise ab einem bestimmten Alter für die Ausübung solcher Tätigkeiten nicht mehr ausreichend geeignet, ist die Festsetzung einer entsprechenden Höchstaltersgrenze durch eine **berufliche Anforderung i. S. v. § 8 Abs. 1 AGG** gerechtfertigt. 83

Insoweit wurde die zur bisherigen Rechtslage ergangene höchstrichterliche Rspr. zur Zulässigkeit von tarifvertraglichen Altersgrenzen (60 Jahre) für **Piloten, Flugzeugingenieure oder Mitglieder von Cockpit-Besatzungen**[248] auch nach Inkrafttreten des AGG bzw. europarechtlich zunächst nicht durchgreifend beanstandet. Nach der aktuelleren Rspr.[249] des *EuGH*[250] und des *BAG*[251] verletzt allerdings eine tarifvertragliche **Altersgrenzen von 60 Jahren für Piloten** das Diskriminierungsverbot wegen des Alters gemäß § 7 Abs. 1 i. V. m. § 1 AGG und ist **gemäß § 7 Abs. 2 AGG unwirksam.** Sie sind nicht gemäß § 8 Abs. 1 oder 10 Satz 1 und 2 AGG gerechtfertigt. Das ergibt sich zunächst daraus, dass es nach den internationalen und nationalen Lizenzregelungen für Piloten zulässig ist, dass Piloten bis zum 65. Lebensjahr ihre Tätigkeit in einem doppelt besetzten (Co-)Pilotencockpit ausüben können, wenn der Besatzung ein (Co-)Pilot angehört, der das 60. Lebensjahr noch nicht vollendet hat. Es liegen keine belastbaren Erkenntnisse darüber vor, dass die Sicherheit des Flugverkehrs und/oder der Gesundheitsschutz für die Piloten selbst eine absolute Altersgrenze von 60 Jahren i. S. v. § 8 Abs. 1 AGG sachlich rechtfertigen. Schließlich ist die Flugsicherheit kein legitimes Ziel i. S. v. § 10 Satz 1 AGG, da sie nicht zu den sozialpolitischen Zielen aus den Bereichen z. B. der Beschäftigungs- oder Arbeitsmarktpolitik gehört.[252] Eine Altersgrenze für Piloten mit Vollendung des 65. Lebensjahres ist allerdings europarechtskonform.[253] Eine Altersgrenze für das **Kabinenpersonal in der Luftfahrt** von 55 oder 60 Jahren ist ebenfalls **nicht zulässig.**[254] Dies gilt auch für eine Altersgrenze für die **Fluglotsen** in der Deutschen Flugsicherung von 55 Jahren.[255] 84

Eine Altersgrenze von 68 Jahren für **flugmedizinische Sachverständige** wird gemäß § 10 S. 1 AGG für gerechtfertigt gehalten, da die Sicherheit des Luftverkehrs auch von der zuverlässigen und fehlerhaften Tauglichkeitsüberprüfung des Luftpersonals selbst abhängt.[256] 85

Unter dem Gesichtspunkt der **Verhältnismäßigkeit** derartiger Altersgrenzen wird allerdings erwogen, ob nicht differenzierter, ggf. durch wissenschaftliche Gutachten, überprüft werden muss, ob das festgesetzte Lebensalter sachlich erforderlich ist und ob zumindest bei einer relativ niedrigen Altersgrenze nicht die Möglichkeit des individuellen Nachweises der weiteren Tauglichkeit eröffnet werden muss. Bei der Beurteilung niedrigerer Altersgrenzen sollte weiterhin 86

---

248 *BVerfG,* 26.01.07, AuR 07, 92; *BAG,* 21.07.04 – 7 AZR 589/03, ZTR 05, 255; *Bauer/Göpfert/Krieger,* § 10 Rn. 40; *Fitting,* Rn. 94; *Linsenmaier,* RdA 03, Sonderheft 5, 22, 31; s. dazu auch Däubler/Beck-*Brors,* § 8 Rn. 30 f.

249 S. dazu *Thüsing,* Diskriminierungsschutz, Rn. 440 ff.

250 *EuGH* 13.9.11 – C-447/09 (Rs. Prigge u. a.), NZA 11, 1038.

251 *BAG* 18.1.12 – 7 AZR 112/08, NZA 12, 575; 15.2.12 – 7 AZR 946/07, DB 12, 1276 Ls., juris.

252 *EuGH* 13.9.11, a. a. O.; *BAG* 18.1.12, a. a. O.

253 *EuGH* 5.7.17, NZA 17, 897.

254 *BAG* 19.10.11 – 7 AZR 253/07, juris; 23.6.10 – 7 AZR 1021/08, NZA 10, 1248; 16.10.08 – 7 AZR 253/07A, DB 09, 850; 31.7.02 – 7 AZR 140/01, AP Nr. 14 zu § 1 TVG Tarifverträge: Luftfahrt; *LAG Berlin-Brandenburg* 4.9.07 – 19 Sa 906/07.

255 *LAG Düsseldorf* – 12 TaBV 81/10, ZTR 11, 414.

256 *Niedersächsisches OVG,* 13.9.06, 12 NE 275/06; siehe aber auch *BVerfG* 24.10.11 – 1 BvR 1103/11, NZA 12, 202, *BVerwG* 1.2.12 – 8 C 24.11, DB 12, 806 Ls.: Altersgrenze 68/71 Jahre zur Gewährleistung eines geordneten Rechtsverkehrs für öffentlich bestellte und vereidigte Sachverständige für das Sachgebiet EDV unzulässig (a. A. noch BVerwG 26.1.11 – 8 C-46/09, NZA-RR 11, 233).

berücksichtigt werden, ob regelmäßige Tauglichkeitsnachweise vom Arbeitgeber auch vor Erreichen der Höchstaltersgrenze bzw. bei jüngeren Beschäftigten vorgesehen sind.[257]

87 Unwirksam sind **unterschiedliche Altersgrenzen für Männer und Frauen** wegen Verstoßes gegen Art. 3 GG,[258] gegen Art. 119 EGV[259]) und § 7 Abs. 1 i. V. m. § 1 AGG. Von einer besonderen Regelaltersgrenze für Frauen von 60 Jahren kann auf der Grundlage des SGB VI ohnehin nicht mehr ausgegangen werden.[260] Auch eine BV, die bereits auf die **Erreichung des 63. Lebensjahres (bei Frauen des 60. Lebensjahres)** abstellt, weil dem AN dann der Anspruch auf das vorgezogene Altersruhegeld aus der gesetzlichen Rentenversicherung zusteht, ist grundsätzlich unzulässig (eine derartige BV gilt zumindest nur als auf die Vollendung des 65. Lebensjahres bzw. der Erreichens der Regelaltersgrenze abgeschlossen). Es muss nämlich dem einzelnen AN überlassen bleiben, ob er von der Möglichkeit des Ausscheidens mit dem 63. Lebensjahr Gebrauch machen will oder nicht. Unzulässig ist auch die Festlegung der Beendigung des Arbeitsverhältnisses durch BV auf den Zeitpunkt des **»Eintritts der Erwerbsunfähigkeit«.**[261] Schließlich kann auch durch eine BV eine bestimmte Altersgrenze, bei der der AN ohne weitere Kündigung aus dem Arbeitsverhältnis ausscheiden soll (z. B. bei Erreichung des 55. oder 60. Lebensjahres), nicht festgelegt werden. Zur Beteiligung des BR nach § 99 bei einer Weiterbeschäftigung über die einzelvertragliche oder kollektivvertragliche Altersgrenze hinaus vgl. § 99 Rn. 47.

5. Politische Betätigung und Einstellung

88 Das Verbot der Ungleichbehandlung wegen der **politischen Betätigung oder Einstellung** i. S. dieser Vorschrift gilt für das **politische Verhalten der AN sowohl innerhalb als auch außerhalb des Betriebs** (zur politischen Betätigung im Betrieb vgl. § 74 Rn. 65 ff.).[262] Welche politischen Äußerungen ein AN im täglichen Leben abgibt, welcher Partei er angehört oder ob er sich sonst politisch betätigt, darf für seine Behandlung im Betrieb keine Rolle spielen. Dabei kommt es nicht darauf an, ob die Betätigung rechtlich erlaubt ist oder nicht, z. B. die Betätigung für eine verfassungsfeindliche Partei.[263]

89 Aus dem **politischen Verhalten des AN** können grundsätzlich erst dann arbeitsrechtliche Konsequenzen gezogen werden, wenn die Betätigung **in Ausübung der beruflichen Tätigkeit und innerhalb des Betriebs** erfolgt und damit gleichzeitig eine **Verletzung arbeitsvertraglicher Pflichten** verbunden ist (vgl. dazu § 74 Rn. 65 ff.).

6. Gewerkschaftliche Betätigung und Einstellung

90 Die **gewerkschaftliche Einstellung und Betätigung** wird bereits durch Art. 9 Abs. 3 Satz 2 GG geschützt.[264] Schon deshalb ist dem AG eine unterschiedliche Behandlung der AN aus diesen Gründen untersagt.[265] Nach Abs. 1 gehört es zu den **tragenden betriebsverfassungsrechtlichen Grundsätzen** für die Behandlung der Betriebsangehörigen, dass sich AN **ohne Furcht vor Repressalien** des AG **gewerkschaftlich betätigen** können.[266]

91 So ist es beispielsweise unzulässig, einem AN Nachteile zuzufügen oder anzudrohen, weil dieser **Gewerkschaftszeitungen oder Werbematerial** – ohne nachhaltige Störungen der Arbeitsabläufe zu verursachen – verteilt. Generell ist die Androhung des Vollzugs oder der Unterlassung

257 Vgl. zum Ganzen Däubler/Beck-*Brors*, § 8 Rn. 24 ff.; Schieck-*Schmidt*, § 10 Rn. 37.
258 *LAG Berlin* 26. 7. 93 – 15 Sa 52/93, AuR 93, 334 zu § 60 BAT-O; a. A. noch *BVerfG*, AP Nr. 3 zu § 25 AVG.
259 *EuGH*, EuZW 90, 283.
260 *BAG* 12. 10. 94 – 7 AZR 452/94, AuR 94, 423.
261 *BAG* 27. 10. 88 – 2 AZR 109/88, AP Nr. 16 zu § 620 BGB Bedingung.
262 GK-*Kreutz/Jacobs* Rn. 76.
263 *Fitting*, Rn. 97; GK-*Kreutz/Jacobs*, a. a. O.
264 Vgl. dazu im Einzelnen *Däubler*, Gewerkschaftsrechte, Rn. 445 ff., 550 ff.
265 Vgl. u. a. GK-*Kreutz/Jacobs*, Rn. 77.
266 *BAG* 25. 3. 92 – 7 ABR 65/90, DB 93, 95 = AuR 93, 88.

personeller Maßnahmen wegen der **Gewerkschaftszugehörigkeit** eines AN unzulässig.[267] Es ist dem AG beispielsweise auch untersagt, die **Einstellung eines AN** von dessen **Austritt aus der Gewerkschaft** abhängig zu machen.[268] Rechtswidrig handelt der AG auch dann, wenn er beispielsweise nur gewerkschaftlich organisierte AN **aussperrt,**[269] an Arbeitswillige während oder nach einem Streik **»Streikbruchprämien«** zahlt,[270] mit der Rücksicht auf die Streikteilnahme AN eine Jahresprämie kürzt[271] oder wegen der Beteiligung an einer **gewerkschaftlichen Protestveranstaltung** während der Arbeitszeit eine übertarifliche Zulage streicht.[272]

Keine unzulässige Benachteiligung liegt dagegen vor, wenn der AG **Gewerkschaftsmitgliedern auf Grund eines TV höhere Leistungen** gewährt als den nicht- oder andersorganisierten AN. Die Zulässigkeit einer derartigen Handlungsweise ergibt sich unmittelbar aus der Wirkung des TV, die auf dem Prinzip der **Tarifgebundenheit** beruht (vgl. §§ 3 Abs. 1, 4 Abs. 1 TVG)[273] und nur den Mitgliedern der tarifschließenden Gewerkschaft einen Rechtsanspruch auf die Gewährung der tariflichen Leistungen vermittelt. Würde man dies als unzulässige Benachteiligung nicht- oder andersorganisierter AN i. S. v. Abs. 1 werten, würde dies zu einer gegen das geltende Tarifrecht verstoßenden Erstreckung der Tarifbindung auf die Außenseiter führen, was auch im Rahmen der Betriebsverfassung durch die Regelung in § 77 Abs. 3 gerade unterbunden werden soll[274] (vgl. § 77 Rn. 126 ff.). 92

Tarifregelungen, die nur für diejenigen **Gewerkschaftsmitglieder** einen Anspruch auf **Sonderleistungen** begründen, die zu einem bestimmten Stichtag Gewerkschaftsmitglieder sind, stellen ebenfalls keine unzulässige Benachteiligung der der AN dar, die diese Voraussetzung nicht erfüllen. Das gilt auch für sogenannte **einfache Differenzierungsklauseln,** die Sonderleistungen nur für Gewerkschaftsmitglieder vorsehen, ohne den AG zu verpflichten, diese Sonderleistungen nicht- oder andersorganisierte AN vorzuenthalten. 92a

Abs. 1 verpflichtet neben dem AG und den gemeinsam handelnden Betriebsparteien auch den **BR und die BR-Mitglieder,** darüber zu wachen, dass weder die Mitglieder der Gewerkschaft noch die nicht in einer Gewerkschaft organisierten AN wegen ihrer entsprechenden Einstellung oder Betätigung benachteiligt werden, und bei der **Ausübung der Amtstätigkeit** nicht nach der gewerkschaftlichen Einstellung oder Mitgliedschaft der betroffenen AN zu differenzieren.[275] So ist es etwa unzulässig, bei betriebsbedingten Kündigungen AN wegen deren Mitgliedschaft in der Gewerkschaft von Kündigungen auszunehmen[276] oder die Art und Weise der Wahrnehmung der Belange einzelner AN[277] oder der Benennung von AN als Hilfspersonen des Betriebsrats gem. § 40 Abs. 2 (vgl. dazu § 40 Rn. 196 ff.) von deren Gewerkschaftsmitgliedschaft abhängig zu machen. 93

Daraus folgt nicht, dass der BR bzw. seine Mitglieder zu **»gewerkschaftspolitischer Neutralität«** verpflichtet sind (vgl. dazu auch § 74 Rn. 21 f., 69 ff.).[278] Sie können beispielsweise wertend über die betriebliche und überbetriebliche Arbeit der Gewerkschaften und ihre Tarifpolitik informieren und die Unterstützung gewerkschaftlicher Anliegen oder die Mitgliedschaft in 94

267 ErfK-*Kania,* Rn. 6; GK-*Kreutz/Jacobs,* a. a. O., Rn. 80.
268 *BAG* 28. 3. 00 – 1 ABR 16/99, NZA 00, 1294; 2. 6. 87, AP Nr. 49 zu Art. 9 GG.
269 *BAG* 10. 6. 80, AP Nr. 66 zu Art. 9 GG Arbeitskampf; Berg/Kocher/Schumann-*Schumann,* AKR Rn. 337.
270 *BAG* 4. 8. 87, AP Nr. 88 zu Art. 9 GG Arbeitskampf; 17. 9. 91 – 1 AZR 26/91, DB 92, 326; 28. 7. 92 – 1 AZR 87/92, DB 93, 232; 11. 8. 92 – 1 AZR 103/92, DB 93, 234; *BPSU-AKR,* Rn. 301; demgegenüber einschränkend *BAG* 13. 7. 93 – 1 AZR 676/92, AuR 93, 252, und *LAG Köln* 4. 10. 90 – 10 Sa 629/90, DB 91, 555; *Belling/von Steinau-Steinrück,* DB 93, 534.
271 *BAG* 4. 8. 87, AP Nr. 89 zu Art. 9 GG Arbeitskampf; vgl. auch Berg/Kocher/Schumann-*Schumann,* a. a. O., Rn. 301; *BVerfG* 11. 4. 88, NZA 88, 473.
272 *LAG Rheinland-Pfalz* 10. 4. 87, DB 87, 1543; a. A. für die Verweigerung einer freiwillig gewährten Anwesenheitsprämie aus Anlass der Streikteilnahme *LAG Köln* 18. 12. 86, NZA 87, 746 f.
273 *BAG* 20. 7. 60, AP Nr. 7 zu § 4 TVG; 21. 1. 87, AP Nrn. 46, 47 zu Art. 9 GG; Berg/Kocher/Schumann-Berg, § 4 Rn. 9; *Fitting,* Rn. 102; *Gamillscheg,* Arbeitsrecht II, S. 719; GK-*Kreutz/Jacobs,* Rn. 82.
274 *Fitting,* a. a. O.
275 *Fitting,* Rn. 103.
276 *LAG Köln* 29. 7. 04 – 5 Sa 63/04, AiB 04, 709 = LAGE AP Nr. 45a zu § 1 KSchG Soziale Auswahl.
277 *LAG Köln* 15. 12. 00 – 11 TaBV 63/00, NZA-RR 01, 371.
278 Hako-BetrVG-*Lorenz,* Rn. 27.

den Gewerkschaften empfehlen.[279] Schließlich sind die Mitglieder des BR in ihrer Eigenschaft als Gewerkschaftsmitglieder gemäß § 74 Abs. 3 in ihrer Betätigung für die Gewerkschaft nicht beschränkt (vgl. dazu § 74 Rn. 75 ff.).

95 Unabhängig von dem sich unmittelbar aus Abs. 1 ergebenden Benachteiligungsverbot unterliegt die – auch im vorliegenden Zusammenhang bemühte – **sog. negative Koalitionsfreiheit** (das Recht, keiner Gewerkschaft beizutreten) entgegen der h. M. keinem besonderen Schutz nach Art. 9 Abs. 3 GG.[280] Durch Art. 9 Abs. 3 GG nur die **positive Koalitionsfreiheit** geschützt, also die Freiheit, einer Koalition beizutreten und für diese tätig zu werden, nicht aber der Schutz vor der Koalition.[281] Selbstverständlich ist es jedem AN überlassen, einer Gewerkschaft fernzubleiben. Nur unterliegt eine solche Handlungsweise nicht dem Schutz des Art. 9 Abs. 3 GG. Sie ergibt sich allenfalls aus der allgemeinen Handlungsfreiheit nach Art. 2 Abs. 1 GG.[282] Aus dem Wort »Einstellung« in § 75 Abs. 1 lässt sich nicht ableiten, dass die sog. negative Koalitionsfreiheit durch das BetrVG einen besonderen Schutz erfahren hat.[283]

7. Geschlecht

96 Das Merkmal **Geschlecht** in Abs. 1 definiert die **biologische Zuordnung** der Menschen zur Gruppe der **Frauen, Männer** oder **Trans- und Intersexuellen**[284]. Mit diesem Merkmal ist nicht die **sexuelle Ausrichtung** angesprochen. Diese wird in Abs. 1 und in § 1 AGG durch das eigenständige Merkmal **sexuelle Identität** gesondert berücksichtigt (vgl. dazu Rn. 102). Das Benachteiligungsverbot wegen des Geschlechts hat insbesondere zur Folge, dass eine **Frau wegen ihres Geschlechts** nicht diskriminiert werden darf.[285] Das Diskriminierungsverbot wegen des Geschlechts erstreckt sich auch auf **transsexuelle Personen.**[286] Durch den Beschluss des *BVerfG* v. 10. 10. 2017[287] ist nunmehr anerkannt, dass in der Rechtsordnung neben dem weiblichen und männlichen ein **drittes Geschlecht** existiert, dessen geschlechtliche Identität ebenfalls vom verfassungsrechtlichen Schutz erfasst wird. Das allgemeine Persönlichkeitsrecht (Art. 2 Abs. 1 i. V. m. Art. 1 Abs. 1 GG) schützt die geschlechtliche Identität auch derjenigen Menschen, die sich dauerhaft weder dem männlichen noch dem weiblichen Geschlecht zuordnen lassen. Art. 3 Abs. 3 Satz 1 GG verbietet deren Diskriminierung wegen des Geschlechts.[288] Daneben gelten über Abs. 1 der **Gleichberechtigungsgrundsatz** des Art. 3 Abs. 2 GG und das **Diskriminierungsverbot** des Art. 3 Abs. 3 GG im Betrieb unmittelbar. Für den AG gilt diese Verpflichtung auch bei der Setzung allgemeiner Arbeitsbedingungen und bei arbeitsvertraglichen Einheitsregelungen.

97 AG und BR haben die Einhaltung des Benachteiligungsverbot (vgl. § 3 Abs. 4 AGG) zu überwachen und dürfen die Diskriminierung wegen des Geschlechts im Betrieb durch andere AN nicht zulassen, so z. B. auch nicht durch die **sexuelle Belästigung** von Frauen durch männ-

279 Hako-BetrVG-Lorenz, a. a. O.

280 AK-GG-*Kittner/Schieck,* Art. 9 Abs. 3 Rn. 108; *Däubler,* Das Arbeitsrecht 1, Rn. 137 ff.; *Gamillscheg,* Arbeitsrecht I, *S. 383 ff.;* ders., BB 88, 556 f.; HK-ArbR-*Hensche,* GG Art. 9, Rn. 42 ff.; *Hueck/Nipperdey,* Bd. II/I, S. 154 ff.; Kempen/Zachert-*Kempen,* Grundlagen Rn. 218; *Söllner,* Arbeitsrecht, S. 59 f.; *Zachert,* DB 95, 323 f.; a. A. die h. M., z. B. *BVerfG* 17. 2. 81, AP Nr. 9 zu Art. 140 GG; *BAG* 29. 11. 67, AP Nr. 13 zu Art. 9 GG; ErfK-*Linsenmaier,* Art. 9 GG Rn. 32 ff. m. w. N.; *Fitting,* Rn. 99; GK-*Kreutz/Jacobs,* Rn. 77; siehe dazu auch *BAG* 15. 4. 15 – 4 AZR 796/13, NZA 15, 1388.

281 *Hueck/Nipperdey,* a. a. O., S. 156 m. w. N.

282 AK-GG-*Kittner/Schieck,* a. a. O.; Zuordnung zu Art. 9 Abs. 1 GG bei *Däubler,* Das Arbeitsrecht 1, Rn. 137.

283 *Däubler,* Gewerkschaftsrechte, Rn. 458 ff.; *WW,* Rn. 5; a. A. *Fitting,* a. a. O.; GK-*Kreutz/Jacobs,* a. a. O.; HWGNRH-*Worzalla,* Rn. 26.

284 Vgl. dazu *Mallmann,* PR 11, 20.

285 Eingehend dazu *Däubler,* Das Arbeitsrecht 2, Rn. 1518 ff.; Kittner/Zwanziger/*Deinert-Zwanziger,* § 111 Rn. 43 ff.; zu den Handlungsmöglichkeiten des BR *Horst-Kötter,* AiB 02, 34 ff.; vgl. auch die Rechtsprechungsübersicht bei *Degen,* AiB 91, 104 ff.

286 *EuGH* 30. 4. 96, NJW 96, 2421; *Fitting,* Rn. 109.

287 1 BvR 2019/16, NJW 17, 3643.

288 Zu den Auswirkungen auf das arbeitsrechtliche Antidiskriminierungsrecht vgl. *Körlings,* NZA 18, 282.

liche Betriebsangehörige.[289] Dem **Schutz der Beschäftigten** vor **sexueller Belästigung am Arbeitsplatz** dienen die folgenden **Vorschriften des AGG:** § 3 Abs. 4 (Definition der sexuellen Belästigung),[290] § 12 Abs. 1 (vorbeugende Maßnahmen des AG), § 13 Abs. 1 (Beschwerderecht) und § 14 (Leistungsverweigerungsrecht).[291] Verletzt ein Mitglied des BR seine Pflicht aus Abs. 1, sexuelle Belästigungen im Betrieb zu unterbinden, dadurch grob, dass von ihm selbst derartige Belästigungen ausgehen, rechtfertigt dies gem. § 23 Abs. 1 seinen Ausschluss aus dem BR[292] (s. auch § 23 Rn. 52).

Unzulässig ist nicht nur die **unmittelbare Diskriminierung,** bei der das Geschlecht selbst als Kriterium der Ungleichbehandlung herangezogen wird, sondern auch die **mittelbare Diskriminierung,** bei der Männer und Frauen von bestimmten Regelungen oder Maßnahmen ungleich betroffen sind, obwohl das Geschlecht nicht der unmittelbare Anknüpfungspunkt für die Ungleichbehandlung ist.[293] **98**

Nach dem Grundsatz der **Lohngleichheit für Männer und Frauen**[294] ist den Frauen der gleiche Lohn wie vergleichbaren männlichen AN zu zahlen (Art. 141 EG, §§ 7, 8 Abs. 2 AGG). Dabei kommt es nicht darauf an, ob Grundlage der Vergütung eine **einzelvertragliche Abrede,** eine **BV** oder ein **TV** ist[295] oder in der **betrieblichen Altersversorgung.**[296] Wird eine Frau bei gleicher oder gleichwertiger Tätigkeit durch den AG geringer vergütet als ein Mann, wird deren **Entgeltbenachteiligung vermutet** (§ 22 AGG). Kann diese nicht widerlegt werden, steht den Frauen wegen Verstoßes gegen das Diskriminierungsverbot (§ 7 Abs. 1 i. V. m. § 1 AGG) neben dem **Erfüllungsanspruch auf Nachzahlung** der Vergütungsdifferenz auch ein Anspruch auf eine **Entschädigung** gem. § 15 Abs. 2 AGG zu.[297] Die Vermutung der geschlechtsspezifischen **99**

---

289 Fitting, Rn. 115; GK-*Kreutz/Jacobs,* Rn. 88; vgl. dazu auch *Bertelsmann,* AiB 87, 123 ff.; *Degen,* PersR 88, 174 ff.; *Krieger/Deckers,* NZA 18, 1161; *Linde,* BB 94, 2412 ff.; *Mästle,* BB 02, 250 ff.; *Pfarr/Bertelsmann,* Diskriminierung, S. 421 ff.; *Zabel,* AiB 88, 299 f.; vgl. auch den bei *Plogstedt/Degen,* S. 112 ff. abgedruckten Entwurf einer BV und die Rspr.-Übersicht, S. 95 ff. und *LAG Hamm* 22. 10. 96 – 6 Sa 730/96, DB 97, 482.

290 Vgl. dazu aus der Rspr. *BAG* 29. 6. 17 – 2 AZR 302/16, NZA 17, 1121; *LAG Rheinland-Pfalz* 11. 4. 19 – 5 Sa 339/18, juris.

291 Vgl. dazu Schieck-*Schieck,* § 3, Rn. 61 ff.

292 *LAG Berlin-Brandenburg* 30. 4. 20 – 13 TaBV 1794/19; *HessLAG* 11. 12. 08 – 9 TaBV 141/08.

293 Zum Ausschluss teilzeitbeschäftigter Frauen aus der betrieblichen Altersversorgung vgl. *EuGH* 13. 5. 86, NZA 86, 599; *BAG* 14. 10. 86, AP Nr. 11 zu Art. 119 EWG-Vertrag; 14. 3. 89, DB 89, 2336; zum Anspruch von teilzeitbeschäftigten weiblichen BR-Mitgliedern auf entsprechende Arbeitsbefreiung unter Entgeltfortzahlung gemäß § 37 Abs. 3 aus Anlass des Besuchs ganztägiger Schulungsveranstaltungen vgl. *EuGH* 4. 6. 92, NZA 92, 687; *BAG* 5. 3. 97 – 7 AZR 581/92, AP Nr. 123 zu § 37 BetrVG 1972; 20. 10. 93 – 7 AZR 581/92A, DB 94, 334; *LAG Berlin* 5. 8. 92 – 8 Sa 64/90; 30. 1. 90 – 8 Sa 86/89, NZA 90, 578 und § 37 Rn. 137). Zur Diskriminierung von Teilzeitbeschäftigten durch Ausschluss aus dem Geltungsbereich eines TV vgl. *BAG* 15. 10. 03 – 4 AZR 606/02, NZA 04, 351, oder durch Verlängerung tariflicher Bewährungszeiten vgl. *BAG* 2. 12. 92 – 4 AZR 152/92, PersR 93, 416 mit Anm. *Degen,* PersR 93, 393; zur tariflichen Vergütung von Überstunden für Teilzeitbeschäftigte *EuGH* 6. 12. 07 – C-300/06, AuR 08, 107; 15. 12. 94, DB 95, 49; *LAG Hamm* 22. 10. 92 – 17 Sa 1035/92, AiB 93, 126 mit Anm. *Engel; Däubler,* Das Arbeitsrecht 2, Rn. 1936 ff.

294 Vgl. dazu *BAG* 23. 8. 95 – 5 AZR 942/93, DB 96, 889.

295 Vgl. dazu insgesamt *Bertelsmann/Pfarr,* AuR 82, 86 ff.; *Däubler,* AuR 81, 193 ff.; *Schieck,* § 612 Rn. 1 ff.; *Wolter,* AuR, 81, 129 ff.; *ders.,* AiB 82, 68 ff.; zu den Anforderungen an diskriminierungsfreie Entgeltregelungen in TV und BV *Tondorf,* AiB 02, 755 ff.; zum einzelfallbezogenen Nachweis der Entgeltdiskriminierung, *dies.,* AiB 03, 78; zur Geschlechtsdiskriminierung bei übertariflicher Entlohnung vgl. *BAG* 23. 9. 92 – 4 AZR 30/92, DB 93, 737, und bei Altersteilzeit-, Übergangsgeld- oder Vorruhestandsregelungen vgl. *EuGH* 20. 3. 03, NZA 03, 506; *BAG* 20. 8. 02 – 9 AZR 750/00, DB 04, 710 = AiB 04, 702 mit Anm. *Goergens; LAG Düsseldorf* 3. 9. 02, BB 03, 683; *HessLAG* 22. 1. 02 – 15 Sa 853/01.

296 Vgl. *BAG* 11. 12. 07 – 3 AZR 249/06, NZA 08, 532, auch zur Geltung des AGG für die betriebliche Altersversorgung; 7. 9. 04 – 3 AZR 550/03, DB 05, 507.

297 *BAG* 16. 2. 23 – 8 AZR 450/21; *LAG Rheinland-Pfalz* 14. 8. 14 – 5 Sa 509/13, NZA-RR 15, 14; *LAG Rheinland-Pfalz* 13. 8. 14 – 4 Sa 519/13, NZA-RR 15, 236; zur Entgeltdiskriminierung durch unterschiedliche Eingruppierung s. *LAG Baden-Württemberg* 21. 10. 13 – 1 Sa 7/13, ZTR 14, 613 (geschlechtsbedingte Entgeltdiskriminierung verneint), mit krit. Anm. von *v. Roetteken,* ZTR 14, 585 (insbesondere auch zur Darlegungs- und Beweislast bei der gerichtlichen Durchsetzung von Nachzahlungs- und Entschädigungsansprüchen wegen Entgeltdiskriminierungen bei Frauen).

Entgeltbenachteiligung einer Frau kann nicht durch den Umstand widerlegt werden, dass sich der Arbeitgeber im Rahmen der Vertragsfreiheit mit einem Mann mir gleicher oder gleichwertiger Arbeit auf ein höheres Entgelt verständigt hat.[298] In der betrieblichen Praxis ist der Grundsatz der Lohngleichheit **zu Lasten der Frauen** nach wie vor **nur ungenügend realisiert.**[299] Bei der Verbesserung dieser Situation kann dem **BR** eine **wichtige Rolle** zu kommen. Die **Durchsetzung der tatsächlichen Gleichstellung** von Frauen und Männern gehört zu den ausdrücklich im Gesetz genannten Aufgaben des BR (vgl. § 80 Abs. 1 Nr. 2a Rn. 37 ff.). Die Beseitigung möglicher Entgeltdiskriminierungen setzt eine **genaue Kenntnis** der **vollständigen betrieblichen Entgeltstruktur** durch den BR voraus.[300]

99a Mit dem am 6. 7. 17 in Kraft getretenen **Entgelttransparenzgesetz**[301] (EntgTranspG) soll die Verwirklichung des Rechtsgrundsatzes des gleichen Entgelts für Männer und Frauen in den Betrieben verbessert werden. Was die **Rechte von Frauen,** die von einer Entgeltdiskriminierung betroffen sind, und die **Mitbestimmungsrechte des BR** angeht, beschränken sich die Neuregelungen des EntgTranspG auf einen individuellen mehrfach eingeschränkten Auskunftsanspruch der AN (§§ 10 ff. EntgTranspG) gegenüber dem Arbeitgeber. Die Aufgaben und **Rechte des BR** erfahren durch das EntgTranspG im Hinblick auf die betriebliche Durchsetzung des Entgeltgleichheitsgebots keine durchgreifenden Verstärkungen (vgl. dazu § 80, Rn. 38, 111, 130a). Die in § 13 Abs. 1 EntgTranspG geregelte Aufgabe des BR der Förderung der Durchsetzung der Entgeltgleichheit zwischen Frauen und Männern im Betrieb ergibt sich bereits aus § 80 Abs. 1 Nr. 1, 2a BetrVG. Das gilt ebenso für das Recht des Betriebsausschusses des Betriebsrats zur Einsicht in die Bruttolohn- und Gehaltslisten gemäß § 80 Abs. 2 BetrVG (§ 13 Abs. 2, 3 EntgTranspG). Die ursprünglich im Gesetzgebungsverfahren vorgesehene Begründung eines echten Mitbestimmungsrechts des Betriebsrats zur Durchsetzung der Entgeltgleichheit im Betrieb wurde fallen gelassen. Abgesehen davon, dass das EntgTranspG neben dem AG auch die betrieblichen Interessenvertretungen und die Tarifvertragsparteien im Sinne eines Appells auffordert, im Rahmen ihrer Aufgaben und Handlungsmöglichkeiten an der Verwirklichung der Entgeltgleichheit zwischen Frauen und Männern mitzuwirken (§ 6 Abs. 1 EntgTranspG), sind in den §§ 14, 15 EntgTranspG für den BR und die zuständigen Tarifvertragsparteien im Rahmen des Verfahrens des individuellen Auskunftsverlangens und seiner Erfüllung durch den Arbeitgeber bestimmte Mitwirkungsmöglichkeiten vorgesehen. Bei tarifgebundenen und tarifanwendenden Arbeitgebern (§ 14 EntgTranspG) haben die Beschäftigten sich an den BR zu wenden, der dann das Auskunftsverlangen in anonymisierter Form an den AG weiterzuleiten hat. Der BR kann verlangen, dass der AG die Auskunftsverpflichtung selbst übernimmt (§ 14 Abs. 1 EntgTranspG). Dies kann der AG auch selbst verlangen (§ 14 Abs. 2 EntgTranspG).

99b BR und AG haben in Anwendung des Gleichbehandlungsgrundsatzes auch dafür Sorge zu tragen, dass die im Betrieb tätigen Frauen gleichberechtigt an **Fortbildungsmaßnahmen** (§§ 96–98) und am **beruflichen Aufstieg** teilnehmen[302] (vgl. § 80 Rn. 37 ff.).

---

298 *BAG* 16. 2. 23, a. a. O.

299 Sachverständigenkommission zur Erstellung des Ersten Gleichstellungsberichts der Bundesregierung (2011), S. 117 ff.

300 S. dazu die instruktive Handlungsanleitung von *Tondorf,* AiB 11, 25; s. dazu auch *Maschke,* AiB 13, 444.

301 BGBl. I 2017, 2152.

302 Zur betrieblichen Durchsetzung der Gleichberechtigung von Frauen im Betrieb vgl. *Feldhoff,* AiB 96, 445 und von Frauenförderplänen vgl. *Schieck,* AiB 97, 441 ff.; *dies.,* WSI-Mitt. 96, 341 ff.; *Degen,* AiB 86, 218 ff.; *Compensis,* BB 91, 2153, mit Vorschlägen für tarifliche und betriebliche Vereinbarungen zur Frauen- und Familienförderung und zur Teilzeitarbeit; *Fisahn,* WSI-Mitt. 95, 22; *Pfarr/Bertelsmann,* Diskriminierung, S. 468 ff.; zum Prinzip des Gender Mainstreaming *Färber,* AiB 04, 660; *Martini,* AiB 03, 149; zu Quotierungsregelungen *dies.,* a. a. O., S. 89 ff.; *dies.,* NZA 95, 809; *Goergens,* AiB 98, 124 ff.; vgl. auch *BAG* 22. 6. 93 – 1 AZR 590/92, DB 94, 429; *LAG Hamm* 15. 7. 93 – 17 Sa 234/93, BB 93, 1811; *ArbG Dortmund* 1. 12. 92, PersR 93, 282 = AuR 93, 184; *Düwell,* PersR 93, 251; differenzierend GK-*Kreutz/Jacobs,* Rn. 98; zum Verhältnis von Frauenquoten und EG-Recht *EuGH* 11. 11. 97, NZA 97, 1337; 17. 10. 95, DB 95, 2172; *BAG* 5. 3. 96 – 1 AZR 590/92A, AP Nr. 226 zu Art. 3 GG und *Goergens,* a. a. O.; *Compensis,* BB 98, 2470; *Colneric,* BB 96, 265; *Schiek,* PersR 95, 512; zur Bevorzugung von Frauen bei der Vergabe betrieblicher Kinderbetreuungsplätze *EuGH* 19. 3. 02 – C-476/99, DB 02, 1450 mit Anm. *Thüsing.*

Die unbefriedigende Situation hinsichtlich der gleichberechtigten Teilhabe von Frauen am beruflichen Aufstieg ist Gegenstand des **neuen Gesetzes** »für die **gleichberechtigte Teilhabe von Frauen und Männern an Führungspositionen** in der Privatwirtschaft und im öffentlichen Dienst v. 24.4.15.[303] Neben der Einführung einer **Geschlechterquote** (30 Prozent) für den Aufsichtsrat regelt das Gesetz für börsennotierte oder einem Mitbestimmungsgesetz unterliegende Unternehmen die verpflichtende Festlegung von **Zielgrößen für den Frauenanteil** im **Vorstand/der Geschäftsführung,** im **Aufsichtsrat** und den **obersten Führungsebenen** der Unternehmen. Über die Zielgrößen und die Zielerreichung müssen die Unternehmen, überwiegend im Lagebericht, Bericht erstatten und bei Nichterreichung der Zielgröße dafür die Gründe darlegen. Die Umsetzung des Gesetzes sollte in die Arbeit des BR einbezogen werden und zum Anlass genommen werden, die gleichberechtigte Teilhabe von Frauen am beruflichen Aufstieg im Betrieb auch **unterhalb der obersten Führungsebenen** durch die Vereinbarung vergleichbarer Maßnahmen mit dem AG zu fördern.[304] 99c

Das **Diskriminierungsverbot wegen des Geschlechts** ergibt sich aus § 7 Abs. 1 i.V.m. § 1 AGG, die **Rechtfertigung einer unterschiedlichen Behandlung** wegen des Geschlechts als unverzichtbare Eigenschaft aus § 8 AGG die Regelung der **Beweislast** aus § 22 AGG, die **Schadenersatzansprüche** wegen geschlechtsbezogener Diskriminierung aus § 15 AGG und das **Verbot der geschlechtsspezifischen Stellenausschreibung** aus § 11 AGG.[305] Da sich diesbezüglich gegenüber der bis zum Inkrafttreten des AGG maßgeblichen Rechtslage nur geringfügige Abweichungen ergeben, kann an die dazu ergangene Rspr. weitgehend angeknüpft werden.[306] Danach darf der AG einen AN bei Vereinbarungen oder Maßnahmen nicht wegen seines Geschlechts benachteiligen, es sei denn, dass ein bestimmtes Geschlecht unverzichtbare Voraussetzung für eine bestimmte Tätigkeit ist.[307] Im Einzelnen gilt beispielsweise folgendes: 100

- Es ist unzulässig, für Frauen und Männer **unterschiedliche Einstellungsvoraussetzungen** festzulegen oder Frauen mit Rücksicht auf ihr Geschlecht im Bewerbungsverfahren,[308] bei sonstigen Auswahlentscheidungen oder Erbringung freiwilliger Leistungen auszuschließen bzw. nicht zu berücksichtigen.[309]
- Wird die **Stelle einer kommunalen Gleichstellungsbeauftragten** für eine Frau ausgeschrieben, weil für einen wesentlichen Teil deren Tätigkeit das weibliche Geschlecht eine unverzichtbare Voraussetzung ist (Integrationsarbeit mit zugewanderten muslimischen Frauen), wird ein nicht berücksichtigter männlicher Bewerber nicht unzulässig benachteiligt.[310]
- Die geschlechtsspezifische Ausschreibung einer Stelle für einen **Amtsvormund** ist gerechtfertigt, wenn nur so den Mündeln die Möglichkeit eingeräumt werden kann, zwischen einem männlichen und einem weiblichen Vormund auszuwählen.[311]

---

303 BGBl. I, 642.; zum Inhalt dieses Gesetzes vgl. die gemeinsame Darstellung des Bundesministeriums für Familie, Senioren, Frauen und Jugend und des Bundesministeriums der Justiz und für Verbraucherschutz: *http://www.bmfsfj.de/RedaktionBMFSFJ/Abteilung4/Pdf-Anlagen/FAQ-gesetz-frauenquote,property=pdf,bereich=bmfsfj,sprache=de,rwb=true.pdf.*

304 S. dazu Praxisbeispiele, Handlungsanleitungen und Hintergrundmaterial unter *http://www.boeckler.de/31613.htm#cont-31617.*

305 Die §§ 611a, 611b, 612 Abs. 3 BGB, mit denen bis zum Inkrafttreten des AGG die Gleichbehandlung von Frauen und Männern im Arbeitsleben geregelt wurde (vgl. dazu 10. Auflage 2006, Rn. 22ff.), wurden durch die für alle Diskriminierungstatbestände des AGG geltenden Vorschriften des AGG ersetzt, vgl. *Schiek-Kocher,* Art. 3 Abs. 11–15 Rn. 3ff.

306 ErfK-*Schlachter,* § 1 AGG, Rn. 6.

307 Z.B. Mannequin für die Vorführung von Damenoberbekleidung; für den Anwendungsfall eines Tischlers/einer Tischlerin vgl. *LAG Hamburg* 18.8.99 – 4 Sa 41/99, AiB 00, 443 mit Anm. *Goergens*; Beschränkung der Bewerbungen für eine kommunalen Gleichstellungsbeauftragte auf Frauen: *BAG* 18.3.10 – 8 AZR 77/09.

308 *BVerfG* 16.11.93, DB 94, 1292; *BAG* 5.2.04 – 8 AZR 112/03, NZA 04, 540; *LAG Frankfurt* 11.3.88, DB 88, 1754; *ArbG Hameln* 11.1.93, BB 94, 2144; *LAG Schleswig-Holstein* 17.4.90 – 2 Sa 561/89, LAGE Nr. 7 zu § 611a BGB; zur geschlechtsspezifischen Benachteiligung durch Nichtberücksichtigung einer schwangeren Stellenbewerberin vgl. *BAG* 24.4.08 – 8 AZR 257/07, AuR 08, 181.

309 *BAG* 14.8.07 – 9 AZR 943/06, NZA 08, 99.

310 *BAG* 18.3.10 – 8 AZR 77/09, DB 10, 1534.

311 *LAG Niedersachsen* 19.4.12 – 4 SaGa 132/11, juris.

- Die Anforderung in einer Stellenausschreibung, mit der für den Sportunterricht von Schülerinnen eine **weibliche Sportlehrkraft** gesucht wird, ist keine unzulässige Benachteiligung wegen des Geschlechts, weil es sich dabei um eine wesentliche und entscheidende berufliche Anforderung gemäß § 8 Abs. 1 AGG handelt.[312]
- In einer Versorgungszusage kann der **Anspruch auf eine Witwen-/Witwerversorgung** davon abhängig gemacht werden, dass die Ehe vor dem Ausscheiden aus dem Arbeitsverhältnis geschlossen wird[313] (vgl. dazu auch Rn. 71a).
- Wird der Anspruch auf eine **Vorruhestandsleistung** auf den Zeitpunkt des frühestmöglichen Renteneintritts festgelegt, stellt dies wegen des gegenüber den Männern früheren Renteneintritts von Frauen bestimmter Jahrgänge deren unzulässige Benachteiligung wegen des Geschlechts dar.[314] Eine unzulässige Benachteiligung liegt nicht vor, wenn die durch eine derartige Regelung für die Frauen entstehenden finanziellen Nachteile durch einen »Rentenverlustausgleich« ausgeglichen werden.[315]
- Bei Versorgungsregelungen, bei denen für die Anwartschaftssteigerung die tatsächlich erbrachte Arbeitsleistung maßgeblich ist, ist die nicht **Nichtberücksichtigung von Kindererziehungszeiten** zulässig.[316]
- Die **Nichtberücksichtigung der gesetzlichen Mutterschutzzeiten** bei der betrieblichen Zusatzversorgung der Versorgungsanstalt des Bundes und der Länder (VBL) ist verfassungswidrig (Verstoß gegen das Verbot der geschlechtsbezogenen Diskriminierung aus Art. 3 Abs. 3 Satz 1 GG).[317]
- Der Ausschluss der **Anrechnung der Elternzeit** auf für Höhergruppierungen maßgebliche Stufenlaufzeiten ist zulässig und führt u. a. nicht zu einer unzulässigen Benachteiligung wegen des Geschlechts.[318]
- Die Regelung in einem TV, nach der die Aufnahme in eine **Pilotenausbildung** eine **Körpergröße** der Bewerber und Bewerberinnen **von mindestens 165 cm** bis 198 cm voraussetzt, stellt eine unzulässige mittelbare Diskriminierung wegen des Geschlechtes dar.[319] Dies gilt auch im Falle der Ablehnung einer Bewerberin für eine Tätigkeit als **Zugbetreuerin im Schienenfernverkehr** wegen ihrer **Körpergröße** von **155 cm.**[320]
- Wird einem männlichen Stellenbewerber mit der Begründung abgesagt, »unsere sehr kleinen filigranen Teile sind eher etwas für **flinke Frauenhände**«, liegt ein unmittelbare Benachteiligung wegen des Geschlechts vor.[321]
- Bewirbt sich eine AN, deren **Schwangerschaft** dem AG bekannt ist, um einen Arbeitsplatz und besetzt der AG diesen Arbeitsplatz mit einem männlichen Mitbewerber, so muss die AN zur Glaubhaftmachung einer geschlechtsspezifischen Benachteiligung zwar weitere Tatsachen vortragen, doch sind an diesen Vortrag keine strengen Anforderungen zu stellen.[322] [323]
- Die **Kündigung** des Arbeitsverhältnisses **einer schwangeren Frau** unter Verstoß gegen § 9 MuSchG stellt in der Regel eine unzulässige Diskriminierung wegen des Geschlechts dar. Das gilt nicht, wenn die Kündigung vom AG in Unkenntnis der Schwangerschaft ausgesprochen wird.[324]
- Die in einer BV »**Dienstbekleidung**« einer Verkehrsfluggesellschaft festgeschriebene Verpflichtung, dass Piloten in dem der Öffentlichkeit zugänglichen Bereich der Flughäfen eine

312 *LAG Nürnberg* 20.11.18 – 7 Sa 95/18, ZTR 19, 388, anhängig *BAG* 8 AZR 12/19.
313 *BAG* 15.10.13 – 3 AZR 653/11, NZA 14, 308; 20.4.10 – 3 AZR 509/08, DB 10, 2000.
314 *BAG* 15.2.11 – 9 AZR 750/09, NZA 11, 740.
315 *BAG* 15.2.11 – 9 AZR 584/09, ZTR 11, 557.
316 *BAG* 20.4.10 – 3 AZR 370/08, DB 10, 2734.
317 *BVerfG* 28.4.11 – 1 BvR 1409/10, ZTR 11, 434.
318 *BAG* 27.1.11 – 6 AZR 526/09, ZTR 11, 357.
319 *LAG Köln* 25.6.14 – 5 Sa 75/14, juris.
320 *LAG Baden-Württemberg* 29.4.16 – 19 Sa 14/15, juris.
321 *LAG Nürnberg* 13.12.22 – 7 Sa 168/22.
322 *BAG* 27.1.11 – 8 AZR 483/09, NZA 11, 689.
323 *BAG* 12.12.13 – 8 AZR 838/12, AiB 14, 6, juris.
324 *BAG* 17.10.13 – 8 AZR 742/12, NZA 14, 303.

Pilotenmütze zu tragen haben, während eine solche Verpflichtung für Pilotinnen nicht besteht, stellt – so das LAG Köln[325] – keine Diskriminierung der Piloten wegen des Geschlechts dar, ist aber jedenfalls wegen Verletzung des Gleichbehandlungsgrundsatzes rechtswidrig.[326]

Unzulässig ist die **Frage nach einer** bestehenden oder möglichen **Schwangerschaft** bei Bewerberinnen um einen Arbeitsplatz.[327] Wird eine **Schwangere** auf eine unbefristete Stelle **nicht eingestellt,** weil sie auf Grund eines für Schwangere geltenden gesetzlichen Beschäftigungsverbots auf dieser Stelle nicht von Anfang an beschäftigt werden kann, ist dies wegen Diskriminierung unzulässig.[328] Aus diesem Grund stellt die Frage nach der Schwangerschaft bei der Einstellung auch in dieser Fallkonstellation eine unzulässige Diskriminierung dar.[329] Will eine AN mit Zustimmung des AG vorzeitig aus dem Erziehungsurlaub (jetzt Elternzeit) zurückkehren, ist sie zur Angabe einer Schwangerschaft nicht verpflichtet.[330] 101

8. Sexuelle Identität

Das Merkmal der **sexuellen Identität** in Abs. 1 knüpft an die **EG-Richtlinie 2000/78/EG** (vgl. Rn. 20) an, nach der die unmittelbare und mittelbare Diskriminierung wegen der **sexuellen Ausrichtung** in Beschäftigung und Beruf untersagt ist. 102

Die **Selbstbestimmung im Bereich der Sexualität** ist Bestandteil des allg. Persönlichkeitsrechts.[331] Bis zur Grenze **sexueller Belästigung** i. S. v. § 3 Abs. 4 AGG[332] bzw. strafrechtlich relevanter Verhaltensweisen gehört das Sexualleben zur unantastbaren Intimsphäre des AN,[333] so dass jede Form der an der sexuellen Identität anknüpfenden Benachteiligung im Arbeitsverhältnis bzw. im Betrieb durch Abs. 1 untersagt ist.[334] Das absichtliche Berühren primärer oder sekundärer Geschlechtsmerkmale eines anderen stellt unabhängig von der sexuellen Motivation derartiger Handlungen eine sexuelle Belästigung und einen Eingriff in die körperliche Intimsphäre dar.[335] 103

Unzulässig ist insbesondere die Diskriminierung von **Lesben** und **Schwulen.**[336] Auch Personen, die an **HIV/AIDS** erkrankt sind, werden u. a. durch das Diskriminierungsverbot wegen der sexuellen Identität geschützt[337] (s. dazu unter Gesichtspunkt des Verbots der Diskriminierung wegen einer Behinderung Rn. 53). 104

Insbesondere unter Berücksichtigung der Tatsache, dass der Gesetzgeber mit dem Gesetz zur Beendigung der Diskriminierung **gleichgeschlechtlicher Lebenspartnerschaften**[338] diese ausdrücklich anerkannt hat, müssen gleichgeschlechtliche Lebenspartnerschaften zur Ver- 105

---

325 *LAG Köln* 29. 10. 12 – 5 Sa 549/11, BB 13, 256 Ls., juris (s. aber nachfolgend *BAG* 30. 9. 14 – 1 AZR 1083/12, DB 15, 323.

326 *BAG* 30. 9. 14, a. a. O. (Verstoß gegen das Diskriminierungsverbot (§ 7 Abs. 1 i. V. m. § 1 AGG) offen gelassen.

327 *BAG* 15. 10. 92 – 2 AZR 227/92, DB 93, 435; 1. 7. 93 – 2 AZR 25/93, DB 93, 1978; *ArbG Frankfurt* 5. 8. 82, KJ 82, 419 f.; *ArbG München* 6. 9. 84, DB 84, 2519; *LAG Hamburg* 10. 4. 85, ARSt. 86, 15; *Colneric,* BB 86, 1573; *Degen,* AiB 93, 503; GK-*Kreutz/Jacobs,* Rn. 91; *Schatzschneider,* NJW 93, 1115; a. A. *LAG Berlin* 25. 11. 82, ARSt. 83, 129 f.; differenzierend *BAG* 20. 2. 86, AP Nr. 31 zu § 123 BGB mit krit. Anm. *Coester* = AiB 87, 188 ff. mit krit. Anm. *Heilmann* [überholt durch *BAG* 15. 10. 92 – 2 AZR 227/92, a. a. O.]; vgl. auch § 94 Rn. 14.

328 *EuGH* 3. 2. 00, DB 00, 380 = AiB 01, 490 mit Anm. *Graue.*

329 *BAG* 6. 2. 03 – 2 AZR 621/01, AuR 04, 65 = NZA 03, 848; vgl. dazu *Koppenfels-Spies,* AuR 04, 43.

330 *EuGH* 27. 2. 03 – C-320/01, BB 03, 686.

331 ErfK-*Schmidt,* Art. 2 GG Rn. 37, 81.

332 S. zur sexuellen Belästigung am Arbeitsplatz *Martini,* AiB 13, 224.

333 ErfK-*Schmidt,* a. a. O., Rn. 81.

334 Vgl. auch Deinert/Heuschmid/Zwanziger-*Zwanziger,* § 93 Rn. 158 f.; zur Unzulässigkeit der Kündigung in der Probezeit wegen Homosexualität vgl. *BAG* 23. 6. 94 – 2 AZR 617/93, NZA 94, 1080.

335 *BAG* 29. 6. 17 – 2 AZR 302/16, NZA 17, 1160.

336 *EuGH* 25. 4. 13 – C-81/12, NZA 13, 891.

337 Vgl. dazu *Mallmann,* PersR 08, 396; vgl. dazu *LAG Schleswig-Holstein* 12. 4. 18 – 5 Sa 438/17, NZA-RR 18, 466.

338 v. 16. 2. 01, BGBl. I 266.

meidung von Benachteiligungen wegen der sexuellen Orientierung[339] auch **arbeitsrechtlich gleichgestellt** werden. Soweit z. B. BV für die Gewährung betrieblicher Sozialleistungen am Ehestand und/oder am tatsächlichen Zusammenleben von Mann und Frau in einem gemeinsamen Haushalt anknüpfen, haben grundsätzlich auch gleichgeschlechtliche Lebenspartnerschaften entsprechende Ansprüche.[340]

IV. Gleichbehandlungsgebot

106 Soweit eine **unterschiedliche Behandlung von AN** nicht an den in Abs. 1 bzw. § 1 AGG aufgeführten verpönten Merkmalen anknüpft, kann sie dennoch wegen Verletzung des **arbeitsrechtlichen Gleichbehandlungsgrundsatzes** unzulässig sein. Dieser ist auch nach Inkrafttreten des AGG zu beachten.[341] Dies ergibt sich bereits aus § 2 Abs. 3 S. 1 AGG und Zweck und Entstehungsgeschichte des AGG. Der arbeitsrechtliche Gleichbehandlungsgrundsatz verlangt, dass nicht willkürlich, sondern nur in vernünftiger, sachgerechter Weise unter Beachtung der vom Arbeitsrecht anerkannten Wertungen differenziert werden darf.[342] Danach ist der AG verpflichtet, AN oder Gruppen von AN, die sich in einer vergleichbaren Lage befinden, bei der Anwendung einer selbst gesetzten Regel gleich zu behandeln.[343] Da sich die Verpflichtung des AG zur **Einhaltung des arbeitsrechtlichen Gleichbehandlungsgrundsatzes** auf seine eigenen Entscheidungen und Maßnahmen bezieht, ist er ohne besondere Anhaltspunkte nicht verpflichtet, darüber zu wachen, dass der Gleichbehandlungsgrundsatz auch im Rahmen und bei der Durchführung anderer Vertragsverhältnisse gewährt bleibt, die bei ihm beschäftigte Arbeitnehmer mit Dritten geschlossen haben (z. B. über den Anspruch auf die Zuteilung von Aktienoptionen durch eine Konzernobergesellschaft).[344]

107 Auf Grundlage des arbeitsrechtlichen Gleichbehandlungsgrundsatzes ergibt sich für vom AG vorgenommene Differenzierungen beispielsweise folgendes:

- Allein der **Statusunterschied** zwischen **gewerblichen AN und Angestellten** rechtfertigt keine Ungleichbehandlung.[345] Dies gilt nicht, wenn die unterschiedliche Behandlungsich ihrem Zweck nach nicht auf den Statusunterschied, sondern auf einen anderen Lebenssachverhalt bezieht (Vermeidung einer zukünftigen Ungleichbehandlung bei einer Gesamtversorgung).[346] Bei der Ausgestaltung der **Ruhegeldfähigkeit bestimmter Entgeltbestandteile** kann zwischen verschiedenen AN-Gruppen, etwa zwischen **tariflichen und außertariflichen AN,** differenziert werden, wenn dafür ein sachlicher Grund vorliegt (z. B. unterschiedlich hoher Besitzstand, typischerweise unterschiedlich hohe Vergütung).[347]
- Will der AG **einzelne AN** aus einer grundsätzlich von ihm durch freiwillige soziale Leistungen begünstigten AN-Gruppe **ausnehmen,** so muss er in einer allgemeinen Ordnung nach objektiven und sachgerechten Kriterien die Voraussetzungen dafür festlegen.[348]

---

339 Vgl. dazu *EuGH* 12. 12. 13 – C-267/12, NZA 14, 153; 10. 5. 11 – C-147/08 (Römer), DB 11, 1169 (Anspruch Zusatzversorgung); *BVerfG* 7. 5. 13 – 2 BvR 909/06 (Ehegattensplitting); 19. 6. 12 – 2 BvR 1397/09, ZTR 12, 667 (Familienzuschlag für Beamte); 21. 7. 10 – 1 BvR 611/07 und 1 BvR 2464/07 NJW 10, 2783 (Erbschaftssteuer).

340 *BAG* 11. 12. 12 – 3 AZR 684/10, NZA-RR 13, 308; 18. 3. 10 – 6 AZR 434/07, DB 10, 1295; 18. 3. 10 – 6 AZR 156/09, DB 10, 1296; 14. 1. 09 – 3 AZR 20/07, DB 09, 1545; GK-*Kreutz/Jacobs,* Rn. 100; vgl. dazu *Bauer,* NJW 01, 2672 [2674].

341 Däubler/Beck-*Zimmer,* § 2 Rn. 229 ff.; *Hinrichs/Zwanziger,* DB 07, 547.

342 Vgl. dazu *BAG* 11. 9. 74, AP Nr. 39 zu § 242 BGB Gleichbehandlung; GK-*Kreutz/Jacobs,* Rn. 38 ff. m. w. N.; vgl. auch die umfangreichen Rspr.-Nachweise bei *Fitting,* Rn. 44 ff.

343 *BAG* 13. 9. 19 – 1 AZR 213/18, NZA 2020, 49; 30. 9. 14 – 1 AZR 1083/12, NZA 2015, 121; 3. 9. 14 – 5 AZR 6/13, NZA 15, 222.

344 *BAG* 12. 6. 19 – 1 ABR 57/17, juris; 20. 3. 18 – 1 ABR 15/17, NZA 18, 1017.

345 *BAG* 17. 6. 14 – 3 AZR 757/12, ZTR 14, 671.

346 *BAG* 10. 11. 15 – 3 AZR 575/14, NZA-RR 16, 204; 17. 6. 14, a. a. O.

347 *BAG* 25. 1. 21 – 3 AZR 406/21, AP Nr. 84 zu § 1 BetrAVG.

348 *BAG* 19. 8. 09 – 3 AZR 194/07, NZA 09, 196.

- Soll durch eine freiwillige Sonderzahlung die Arbeitsleistung und die Betriebstreue honoriert werden, ist es nicht gerechtfertigt, bei der Ausgestaltung und Höhe der Sonderzahlung zwischen den Fernfahrern und allen anderen AN zu differenzieren.[349]
- Der AG ist verpflichtet, einen einzelnen AN **höherzugruppieren,** wenn alle anderen AN in vergleichbarer Lage höhergruppiert worden sind.[350]
- Sind die **Voraussetzungen eines Bonusanspruchs** noch nicht erfüllt und gewährt der AG dennoch einzelnen Beschäftigten anteilige Boni bei einem unterjährigen Ausscheiden aus dem Betrieb, so kann für Arbeitnehmer mit einem anderen Austrittsdatum aus dem arbeitsrechtlichen Gleichbehandlungsgrundsatz ebenfalls ein Anspruch auf die Zahlung anteiliger Boni ergeben.[351]
- Gleiches gilt, wenn ein AN eine **freiwillige Zulage** nicht erhält, obwohl sie allen anderen AN im Betrieb gewährt wird.[352]
- Es verstößt gegen den Gleichbehandlungsgrundsatz, wenn in einer BV in Abhängigkeit von der regelmäßigen oder unregelmäßigen Ableistung von Überstunden alternativ eine **pauschale** oder **auf Nachweis abgerechnete Überstundenvergütung** geregelt ist, die zur Folge hat, dass ein Arbeitnehmer, der regelmäßig Überstunden leistet, auch dann nur Anspruch auf die pauschale Vergütung hat, wenn diese Vergütung bei einem vorübergehenden Anfall eines sehr hohen Überstundenvolumens deutlich unter der konkret berechneten Überstundenvergütung liegt.[353]
- Gewährt der AG zu bestimmten Anlässen bzw. mit einer bestimmten Zwecksetzung **freiwillige Sonderzahlungen** und nimmt er einzelne AN oder eine bestimmte Gruppe von AN von dieser Leistung aus, muss dies durch sachliche Kriterien gerechtfertigt bzw. vom Zweck der Leistung gedeckt sein. Diese Voraussetzung ist nicht gegeben, wenn von der Gewährung der mit einer anderen Zwecksetzung verbundenen Sonderzahlung AN ausgenommen werden, die zuvor einer **Entgeltkürzung und Arbeitszeitverlängerung** nicht zugestimmt haben.[354]
- Zahlt der AG alljährlich eine **Weihnachtsgratifikation,** so rechtfertigt deren Zweck in der Regel nicht, hinsichtlich der Höhe zwischen **Arbeitern und Angestellten zu differenzieren.**[355]
- Die Höhe der **Gratifikation** kann allerdings dann unterschiedlich sein, wenn der AG auf Grund der **Arbeitsmarktsituation** Angehörige einer Gruppe durch besondere freiwillige Leistungen an den Betrieb binden oder besondere Belastungen ausgleichen will[356] oder die Mittel für die Zahlung der Weihnachtsgratifikation an die begünstigten AN fremdfinanziert werden.[357]
- Der AG hat derartige Differenzierungen jedoch zu begründen und in geeigneter Weise bekannt zu geben.[358]
- Soll mit einem **Urlaubs- und Weihnachtsgeld** der erhöhte finanzielle Bedarf der begünstigten AN zur Urlaubs- und Weihnachtszeit abgegolten werden, lässt sich der völlige Ausschluss einer bestimmten AN-Gruppe, z. B. geringer Qualifizierter, i. d. R. nicht sachlich begründen.[359]

---

349 *BAG* 26.4.16 – 1 AZR 435/14, NZA 16, 1160.
350 *BAG* 10.4.73, AP Nr. 38 zu § 242 BGB Gleichbehandlung.
351 *BAG* 25.1.23 – 10 AZR 29/22, NZA-RR 23, 332.
352 *BAG* 11.9.74, AP Nr. 39 zu § 242 BGB Gleichbehandlung.
353 *BAG* 26.6.19 – 5 AZR 452/18, NZA 19, 1361.
354 *BAG* 30.7.08 – 10 AZR 497/07, NZA 08, 1412; 26.9.07 – 10 AZR 569/06, DB 07, 277.
355 Das gilt auch für die betriebliche Altersversorgung *BAG* 16.2.10 – 3 AZR 216/09, AuR 10, 135; 10.12.02 – 3 AZR 3/02, DB 03, 2018.
356 *BAG* 19.3.03 – 10 AZR 365/02, BB 03, 1508.
357 *BAG* 21.5.03 – 10 AZR 524/02, BB 03, 2014.
358 *BAG* 5.3.80, AP Nr. 44 zu § 242 BGB Gleichbehandlung; vgl. auch *BAG* 30.3.94 – 10 AZR 681/92, BB 94, 1219; zur Anwendung des arbeitsrechtlichen Gleichbehandlungsgrundsatzes bei der Kürzung des 13. Monatseinkommens wegen krankheitsbedingter Fehlzeiten *BVerfG* 1.9.97, BB 97, 2330: in der Regel lässt sich die Schlechterstellung gewerblicher AN nicht mit deren im Vergleich zu den Angestellten höheren Krankenstand rechtfertigen.
359 *BAG* 27.10.98 – 9 AZR 299/97, DB 99, 1118.

- Werden die **betrieblichen Gehälter** generell **erhöht,**[360] ist es eine unzulässige Differenzierung, wenn die **AT-Angestellten** von der Erhöhung völlig ausgeschlossen werden. Das gilt jedenfalls dann, wenn die Erhöhung auch den Ausgleich der Verteuerung der Lebenshaltungskosten bezweckt.[361]
- Eine differenzierte Behandlung von AN-Gruppen nach **Stichtagsregelungen** ist nur zulässig, wenn derartige Regelungen durch sachliche Gründe gerechtfertigt sind.[362] **Wirtschaftliche Erwägungen,** wie die erforderliche Verringerung des Aufwandes der **betrieblichen Altersversorgung** und die bessere Steuerbarkeit und Kalkulierbarkeit des Versorgungsumfangs stellen einen hinreichenden Sachgrund für eine Ungleichbehandlung durch eine Stichtagsregelung dar.[363] Bei der Gruppenbildung und bei der Bestimmung des darauf bezogenen Stichtags verfügen die Betriebsparteien über einen **erheblichen Ermessenspielraum** und dürfen bei ihrer Normsetzung typisieren, pauschalieren und generalisieren. Dadurch verursachte unvermeidliche Härten sind hinzunehmen, wenn sie sachlich vertretbar sind.[364]
- Werden **Entgelte individuell vereinbart** und nur **einzelne AN** (bis 5 % aller AN) bessergestellt, kommt der Gleichbehandlungsgrundsatz für nicht begünstigte AN nicht zur Anwendung.[365]
- Es verstößt nicht gegen den arbeitsrechtlichen Gleichbehandlungsgrundsatz, wenn der AG nur einer Gruppe von AN eine Sonderzahlung gewährt, die Nachteile ausgleichen soll, die diesen AN infolge der Vereinbarung ungünstigerer Arbeitsbedingungen mit dem AG entstanden sind.[366]
- Eine Ungleichbehandlung bei der freiwilligen Erhöhung der Entgelte kann sachlich gerechtfertigt sein, wenn dadurch ein **Ausgleich unterschiedlicher Arbeitsbedingungen** zwischen unterschiedlichen AN-Gruppen herbeigeführt werden soll, solange dadurch keine **Überkompensation** stattfindet.[367]
- Differenziert der AG im Rahmen zeitlich aufeinanderfolgender **Versorgungssysteme** hinsichtlich des Umfangs der Versorgungsleistungen zwischen Alt- und Neubeschäftigten muss er das Verbot einer sachfremden Gruppenbildung beachten.[368]
- AN, mit denen **einzelvertraglich** eine Leistung der betrieblichen Altersversorgung vereinbart wurde, können nur dann vollständig aus dem Geltungsbereich eines durch BV geregelten **Systems der betrieblichen Altersversorgung** ausgenommen werden, wenn die einzelvertragliche Zusage im versorgungsfall zu einer annähernd gleichwertigen Versorgung führt.[369]
- Bezüglich des Umfangs der **Leistungen aus einer betrieblichen Altersversorgung** kann die unterschiedliche Behandlung von AN in den **neuen und alten Bundesländern** wegen der weiterhin noch bestehenden unterschiedlichen wirtschaftlichen Verhältnisse auch nach dem Jahr 2006 noch sachlich gerechtfertigt sein.
- Bei der Gewährung betrieblicher Leistungen ist es in der Regel unzulässig, zwischen **Betriebsrentnern und aktiven AN** nur deshalb zu differenzieren, weil die Betriebsrentner gegenüber den aktiven AN steuer- und sozialversicherungsrechtliche Vorteile haben.[370]

---

360 Vgl. dazu *BAG* 6.12.95 – 10 AZR 123/95, DB 96, 2342; 19.4.95 – 10 AZR 136/94, DB 95, 1966; 15.11.94, BB 95, 409.

361 *BAG* 17.5.78, AP Nr. 42 zu § 242 BGB Gleichbehandlung.

362 *BAG* 22.3.05 – 1 AZR 49/04, NZA 05, 773; 23.11.04 – 9 AZR 639/03, NZA 05, 833; 25.6.03 – 4 AZR 405/02 AuR 04, 78.

363 *BAG* 10.12.19 – 3 AZR 476/17, juris.

364 *BAG* 10.12.19 – 3 AZR 478/17, NZA 20, 976.

365 *BAG* 29.9.04 – 5 AZR 43/04, NZA 05, 183; 25.5.04 – 3 AZR 15/03; 24.3.02 – 5 AZR 713/00, NZA 03, 15. 0.

366 *BAG* 13.4.11 – 10 AZR 88/10, NZA 11, 1047.

367 *BAG* 3.9.14, a.a.O., (auch zu dem für die Feststellung einer Überkompensation anzustellenden Gesamtvergleich).

368 *BAG* 28.6.11 – 3 AZR 448/09, juris; *BAG* 12.11.13 – 3 AZR 92/12, ZTR 14, 273.

369 *BAG* 19.7.16 – 3 AZR 134/15, NZA 16, 1475.

370 *BAG* 10.2.09 – 3 AZR 653/09, NZA 09, 796.

- Bestehen aus sachlichen Gründen **mehrere Vergütungssysteme in einem Betrieb,** ist die weitere Entwicklung dieser Systeme im Verhältnis zueinander nicht nach den Maßstäben innerbetrieblicher Entgeltgerechtigkeit zu überprüfen.[371]
- Beabsichtigt ein AG (Erwerber) nach einem **Betriebsübergang** die als Folge des § 613a BGB entstandenen Entgeltdifferenzen in der Belegschaft (höheres Entgelt der aufgenommenen AN) durch ausschließlich an die Altbelegschaft des aufnehmenden Betriebes gewährte Entgelterhöhungen auszugleichen, stellt dies keine Verletzung des Gleichbehandlungsgrundsatzes dar.[372]
- Dies gilt auch für den Fall, dass nach einem **Betriebsübergang** die AN, deren Arbeitsverhältnis auf das UN des Betriebserwerbers übergegangen sind, von einer im aufnehmenden Betrieb bestehenden **Versorgungsordnung** ausgenommen werden, neu eintretende AN jedoch nicht.[373]
- Hält der AG an den bei einer **Fusion** vorgefundenen unterschiedlichen Vergütungssystemen fest **ohne neue Vergütungsstrukturen** zu schaffen, soll dies bereits mangels einer **verteilenden Entscheidung des AG** keine Verletzung des Gleichbehandlungsgrundsatzes darstellen.[374]
- Gehen einzelne Betriebe oder Betriebsteile eines Unternehmens im Wege eines **Betriebsübergangs** gem. § 613a BGB auf Erwerber über, um deren Effektivität und Wettbewerbsfähigkeit zu steigern, stellt es keine Verletzung des Gleichbehandlungsgrundsatzes dar, wenn die **Betriebsparteien** vor dem Zeitpunkt des Betriebsübergangs durch eine entsprechende BV (nur) für die vom Betriebsübergang betroffenen AN das im Unternehmen durch eine **BV geregelte Entgeltsystem** aufheben und die für die AN dadurch entstehenden Nachteile durch finanziellen Leistungen ausgleichen.[375] Eine derartige Regelung stellt auch **keine** gegen Abs. 1, Abs. 2 Satz 1 verstoßende **Umgehung von § 613a BGB** dar, sondern eine der **Zeitkollisionsregel** (s. dazu § 77 Rn. 23) entsprechende Ablösung der Normen einer älteren BV durch eine jüngere. Den Vorschriften der §§ 613a Abs. 1 Satz 2 BGB, 77 Abs. 4 Satz 1 kann kein die Zeitkollisionsregel einschränkendes Veränderungsverbot entnommen werden.[376]
- An einer verteilenden Entscheidung des AG fehlt es auch, wenn er Vergütungsbestandteile an bestimmten AN-Gruppen nur in **Erfüllung normativer oder vertraglicher Verpflichtungen** leistet.[377]
- Die Anwendung des Gleichbehandlungsgrundsatzes ist im Verhältnis von **Gewerkschaftsmitgliedern** und **un- oder andersorganisierten AN** ausgeschlossen, wenn der AG aufgrund einer entsprechenden mit einer Gewerkschaft vereinbarten kollektivvertraglichen Regelung den Gewerkschaftsmitgliedern Zusatzleistungen gewährt.[378]
- Bringt der AG z. B. die Normen eines TV zur Anwendung, ohne dazu durch Tarifbindung, vertragliche Bezugnahme oder einen anderen Rechtsgrund verpflichtet zu sein (vermeintlicher Normenvollzug), ist die Anwendung des Gleichbehandlungsgrundsatz allerdings eröffnet.[379]

Der arbeitsrechtliche Gleichbehandlungsgrundsatz ist zwischen **GBR** und **UN** auch **auf der UN-Ebene** zu beachten. Das bedeutet z. B., dass in einer GBV keine unterschiedlichen Regelungen für die einzelnen Betriebe des UN ohne sachlichen Grund getroffen werden dürfen.[380] Nach Auffassung des *BAG*[381] ist die überbetriebliche Gleichbehandlung von AN in Betrieben mit gewähltem BR und in betriebsratslosen Betrieben rechtlich nicht geboten. Nach neuerer **108**

371 *BAG* 14. 8. 01 – 1 AZR 619/00, NZA 02, 276.
372 *BAG* 14. 3. 07 – 5 AZR 420/06, NZA 07, 862.
373 *BAG* 19. 1. 10 – 3 ABR 19/08, DB 10, 1131.
374 *BAG* 21. 1. 10 – 6 AZR 449/09, DB 10, 1131.
375 *BAG* 13. 8. 19 – 1 AZR 213/18, NZA 20, 49, Rn. 53 ff.
376 *BAG* 13. 8. 19, a. a. O., Rn. 62 ff.
377 *BAG* 21. 9. 11 – 5 AZR 520/10, NZA 12, 31.
378 *BAG* 15. 4. 15 – 4 AZR 796/13, NZA 15, 1388; 21. 5. 14 – 4 AZR 50/13, NZA 15, 135.
379 *BAG* 6. 7. 11 – 4 AZR 596/09, NZA 11, 1426.
380 Vgl. bereits *BAG* 29. 3. 77, AP Nr. 1 zu § 87 BetrVG 1972 Provisionen; *Fitting,* Rn. 40 f.
381 25. 4. 95 – 9 AZR 690/93, DB 96, 278.

Rspr. des *BAG* ist der Anwendungsbereich des Gleichbehandlungsgrundsatzes grundsätzlich **betriebsübergreifend auf das ganze UN** zu erstrecken.[382] Eine **Differenzierung zwischen den Betrieben** des Unternehmens erfordert **sachliche Gründe,** die sich aus den Besonderheiten des UN und der Betriebe ergeben.[383]

109 Demgegenüber ist der Gleichbehandlungsgrundsatz nach der Rspr. des *BAG* regelmäßig **nicht konzernbezogen.**[384] Nimmt eine Konzernleitung für eine **konzernweit geltende Gratifikationsregelung** allerdings die Verteilungskompetenz in Anspruch, wirkt der Gleichbehandlungsgrundsatz konzernweit.[385]

110 Wird die Gewährung einer **Prämie für unfallfreies Fahren** in einer BV davon abhängig gemacht, dass der anspruchsberechtigte AN sein Arbeitsverhältnis im Bezugszeitraum nicht durch **Eigenkündigung** beendet, stellt dies keinen Verstoß gegen die Grundsätze von Recht und Billigkeit dar.[386] Dies gilt gleichermaßen, wenn in einer BV der Anspruch auf Gewährung einer **Jahressonderzahlung** für den Fall ausgeschlossen wird, dass ein AN zum Zeitpunkt eines bestimmten Stichtages auf Grund **betriebsbedingter Kündigung** in einem gekündigten Arbeitsverhältnis steht.[387]

111 Das *BAG* hält auch eine BV mit **Anwesenheitsprämien** für zulässig, die für jeden Fehltag nach Abschluss und Bekanntwerden der BV (auch bei krankheitsbedingter Arbeitsunfähigkeit) die Kürzung einer Sondervergütung um 1/30 vorsieht.[388]

112 Nicht vereinbar mit Abs. 1 Satz 1 ist eine, **Vertragsstrafen** begründende, BV, wenn in dieser bestimmt wird, dass einzelvertragliche Abmachungen über Vertragsstrafen der BV auch vorgehen, wenn sie für den AN ungünstiger sind.[389]

113 Zur Vereinbarkeit von **Sozialplanregelungen** mit dem arbeitsrechtlichen Gleichbehandlungsgrundsatz vgl. §§ 112, 112a Rn. 94ff.

V. Freie Entfaltung der Persönlichkeit

114 Bereits nach Art. 2 Abs. 1 GG hat jeder das Recht auf die freie Entfaltung seiner Persönlichkeit. Dieser Grundsatz wird durch Abs. 2 Satz 1 ausdrücklich auf den Betrieb übertragen und weiter konkretisiert. Er verpflichtet die Betriebsparteien zur **Wahrung der grundrechtlich geschützten Freiheitsrechte**[390] (vgl. dazu auch Rn. 14). AG und BR trifft nicht nur die Verpflichtung, die freie Entfaltung der Persönlichkeit der im Betrieb beschäftigten AN **zu schützen,** sondern diese auch **zu fördern.**[391] Diese Verpflichtung setzt der **Regelungsbefugnis der Betriebsparteien** Schranken und stellt eine verständliche Vorgabe für den **Inhalt betrieblicher Regelungen** dar.[392] Die freie Entfaltung der Persönlichkeit der AN ist in besonderem Maße durch die fortschreitende Technisierung und Rationalisierung gefährdet. Der BR sollte deshalb darauf hinwirken, dass auch unter derartigen Umständen Arbeitsplätze und Arbeitsabläufe geschaffen werden, die es dem AN ermöglichen, eine Tätigkeit auszuüben, die seinen Fähigkeiten und Kenntnissen entspricht.

115 Durch die Vorschrift sollen in erster Linie die **Persönlichkeitsrechte der AN** geschützt werden. Dabei handelt es sich vor allem um Abwehrrechte gegen rechtswidrige Eingriffe in die Per-

382 *BAG* 2.12.08 – 5 AZR 74/08, NZA 09, 367; 17.11.98, RdA 00, 94 mit Anm. *Wiedemann* = AiB 00, 114 mit Anm. *Feldhoff.*
383 *BAG* 2.12.08, a.a.O.
384 *BAG* 22.8.06 – 3 AZR 319/05, NZA 07, 1187; *Fitting,* Rn. 42.
385 *BAG* 13.12.16 – 1 AZR 148/15, juris; 17.6.09 – 7 AZR 112/08 (A), NZA 09, 1355; *LAG Köln* 24.6.99 – 6 Sa 241/99, AiB 00, 636 mit Anm. *Feldhoff; Fitting,* a.a.O.; zur Geltung des Gleichbehandlungsgrundsatzes in UN und Konzern eingehend *Bepler,* NZA 04, Sonderbeilage zu Heft 18, 3.
386 *BAG* 10.1.91 – 6 AZR 205/89, BB 91, 1045.
387 *BAG* 25.4.91 – 6 AZR 183/90, BB 91, 911; 19.11.92 – 10 AZR 264/91, DB 93, 688.
388 26.10.94, NZA 95, 266.
389 *BAG* 6.8.91 – 1 AZR 3/90, DB 92, 146.
390 *BAG* 30.1.19 – 5 AZR 450/17, juris; 24.10.17 – 1 AZR 846/15, ZTR 18, 221; 17.7.12 – 1 AZR 47611, NZA 13, 338; 19.1.99 – 1 AZR 499/98, NZA 99, 546, 548.
391 *BAG* 29.6.04 – 1 ABR 21/02, NZA 04, 1278; ErfK-*Kania,* Rn. 9; *Fitting,* Rn. 136.
392 *BAG* 29.6.04, a.a.O.

sönlichkeitssphäre.[393] Unzulässig ist beispielsweise die Bekanntgabe von **Abmahnungen am »Schwarzen Brett«**[394] oder die Versendung von Abmahnungen bzw. »**Krankenbriefen**« durch den AG an arbeitsunfähig erkrankte AN.[395] Eine allgemeine Einschränkung der Persönlichkeitssphäre des AN aus betrieblichen Gründen ist unzulässig. Eingriffe in einzelne Persönlichkeitsrechte des AN können lediglich dann zulässig sein, wenn diese sich im konkreten Fall bei objektiver Würdigung auf Grund überwiegender betrieblicher Belange als zwingend erforderlich erweisen. Aber auch dann ist der Eingriff nur gerechtfertigt, wenn er nach Inhalt, Form und Begleitumständen das schonendste Mittel zu Erreichung eines rechtlich gebilligten Zwecks ist.[396]

Rechtswidrige Eingriffe in die Persönlichkeitssphäre können insbesondere bei der Durchführung von **betrieblichen Kontrollmaßnahmen** erfolgen. Wenn auch die Kontrolle der AN nach § 87 Abs. 1 Nrn. 1 und 6 der Mitbestimmung des BR unterliegt (vgl. § 87 Rn. 57 ff., 166 ff.), so sind dennoch im Hinblick auf die Persönlichkeitsrechte der AN **bestimmte Kontrollmaßnahmen absolut unzulässig.** Die Zulässigkeit von Eingriffen in die Persönlichkeitsrechte der AN wird durch die Existenz von Mitbestimmungsrechten des BR nicht etwa erweitert, sondern deren Ausübung kann gerade nur unter Beachtung der Schutzpflicht gemäß § 75 Abs. 2 erfolgen (vgl. dazu auch § 87 Rn. 166).[397] 116

So ist beispielsweise die Durchführung von **Taschen-, Fahrzeug- oder Personenkontrollen** nur unter Berücksichtigung der persönlichen Freiheit und Würde der betroffenen AN zulässig.[398] Besonders problematisch ist die Durchführung derartiger Kontrollen **ohne Anlass** bzw. **Verdacht einer Straftat** (z. B. Zufallskontrollen mit Hilfe eines Generators), die in jüngster Zeit vom BAG im Hinblick auf Torkontrollen für rechtlich unbedenklich erklärt wurden.[399] 117

Mit den am 1. 2. 2010 in Kraft getretenen arbeitsrechtlichen Bestimmungen (§§ 19–22 GenDG) des **Gesetzes über genetische Untersuchungen bei Menschen** (Gendiagnostikgesetz – GenDG v. 31. 7. 2009) gilt nunmehr ein **generelles Verbot genetischer Untersuchungen** und der Verwertung der Ergebnisse derartiger Untersuchungen und Analysen bei der Begründung, Durchführung und Beendigung des Arbeitsverhältnisses sowie ein spezielles »**genetisches**« **Diskriminierungsverbot.**[400] 118

Die Anbringung von sog. **Einwegscheiben** (Glasscheiben, die nur einen Durchblick von außen gestatten) ist rechtswidrig,[401] weil der AN nicht feststellen kann, ob er beobachtet wird. Dabei handelt es sich deshalb um einen Eingriff in die Persönlichkeitssphäre, weil die Art und Weise einer derartigen Beobachtung als unwürdig anzusehen ist.[402] Werden selbst unter Berücksichtigung der Mitbestimmung des BR (vgl. § 87 Rn. 201) Kontrollen der AN mit Hilfe von **Fernsehanlagen** o. Ä. durchgeführt, ist es erforderlich, dass der einzelne AN vorab über die Maßnahme unterrichtet wird.[403] 119

Die **Videoüberwachung am Arbeitsplatz** stellt einen schwerwiegenden Eingriff in das Persönlichkeitsrecht der AN dar. Sie ist nur bei Vorliegen schutzwürdiger Interessen des AG und auf Grundlage einer umfassenden Güterabwägung und unter Berücksichtigung der Umstände 120

393 GK-*Kreutz/Jacobs*, Rn. 106 m. w. N.
394 *ArbG Regensburg* 28. 7. 89, AiB 89, 354 f.
395 *LAG Bremen* 19. 11. 81, AiB 87, 191 f.; *LAG Köln* 19. 2. 88, AiB 89, 163 f.
396 *Wiese*, ZfA 71, 283.
397 *Fitting*, Rn. 142; GK-*Kreutz/Jacobs*, Rn. 106.
398 *BAG* 15. 4. 14 – 1 ABR 2/13, BB 14, 1267; 9. 7. 13 – 1 ABR 2/13, NZA 13, 1433 (zur Zulässigkeit von Tor- und Taschenkontrollen), Vgl. auch *Seefried*, AiB 99, 428; zur Problematik von sog. Suchtkontrollen, z. B. Drogen-Screening, *DGB*, Bluttest und Drogenscreening; *Diller/Povietzka*, NZA 01, 1227; *Heilmann/Wienemann/Thelen*, AiB 01, 465 und *LAG Baden-Württemberg* 13. 12. 02 – 16 TaBV 4/02, AuR 03, 138; DNA-Analysen *VGH Baden-Württemberg* 28. 11. 00 – PL 15 S 2338/99, AuR 01, 469 mit Anm. *Roos;* biometrischen Zugangskontrollsystemen, *Hornung/Steidle*, AuR 05, 201; Aufenthaltskontrollen und Bewegungsprofilen, *Däubler*, CF 05, 42; Zuverlässigkeitstests *Maschmann*, NZA 02, 13.
399 BAG 15. 4. 14, a. a. O.; zur Kritik s. *Ruhland*, CuA 15, 19; *Eder*, AiB 10/14, 14.
400 Vgl. dazu im einzelnen *Genenger*, AuR 09, 285.
401 *Fitting*, Rn. 149; GK-*Kreutz/Jacobs*, Rn. 124.
402 *Wiese*, ZfA 71, 285.
403 *Fitting*, a. a. O.

des Einzelfalls zulässig. Die Anforderungen an die Zulässigkeit der Videoüberwachung steigen mit der Intensität des grundrechtsbeschränkenden Eingriffs.[404] Eine **verdeckte Videoüberwachung** von AN (und die prozessuale Verwertung von Videoaufzeichnungen zu Lasten von AN) ist nur zulässig, wenn ein konkreter Verdacht einer strafbaren Handlung oder einer anderen schweren Verfehlung zu Lasten des AG besteht, es keine milderen Mittel zur Aufklärung gibt und die Art und Weise der Durchführung der Videoüberwachung verhältnismäßig ist.[405] Zur **Krankenkontrolle** ist die Videoüberwachung eines AN nur dann zulässig, wenn es tatsächliche Anhaltspunkte im Sinne eines begründeten Anfangsverdachts dafür gibt, dass in strafrechtlich relevanter Art und Weise eine krankheitsbedingte Arbeitsunfähigkeit vorgetäuscht wird.[406] Stellt die rechtswidrige Video-Überwachung eines AN, etwa zur Krankenkontrolle, eine schwere Persönlichkeitsrechtsverletzung dar, steht dem AN ein Anspruch auf eine **Geldentschädigung** zu.

121 Die heimliche oder offene akustische Überwachung der AN durch **Abhörgeräte** (sog. Wanzen) oder andere **Tonaufnahmen** ist ebenso ein unzulässiger Eingriff in die Persönlichkeitsrechte wie das **heimliche Ab- oder Mithören von Telefongesprächen.**[407] Dabei ist es gleichgültig, ob es sich um private oder dienstliche Telefongespräche handelt.[408]

122 Mit dem Persönlichkeitsrecht des AN ist es unvereinbar, wenn der AG ohne Einwilligung des AN ein **graphologisches Gutachten** einholen lässt, um auf diesem Wege ein (vermeintlich) näheres Bild über die Persönlichkeit des AN zu erhalten (vgl. auch § 94 Rn. 8).[409] Dabei ist es bedeutungslos, ob der AN bereits im Betrieb tätig ist oder erst eingestellt werden soll. Im letzteren Fall berechtigt auch die Einreichung eines handgeschriebenen Lebenslaufs den AG nicht, diesen ohne Zustimmung des AN durch einen Graphologen auswerten zu lassen.

123 Die Persönlichkeitsrechte der AN werden in einem besonderen Maße durch die die **Digitalisierung der Arbeitswelt**[410] und die Anwendung **der elektronischen Datenverarbeitung** gefährdet. Computergesteuerte Informationssysteme ermöglichen die nahezu totale Überwachung aller betrieblichen Vorgänge und damit regelmäßig auch eine lückenlose **Verhaltens- und Leistungskontrolle der AN.**[411] Das Vordringen des Einsatzes von **Algorithmen und Künstlicher Intelligenz** (KI) im Personalmanagement birgt die Gefahr der Erzeugung und Nutzung **intransparenter und diskriminierender personenbezogener Datenanalysen und Persönlichkeitsprofile,** die den Anforderungen des AN-Datenschutzes (vgl. dazu die Kommentierung bei § 79a) nicht gerecht werden.[412] Ein bereits verbreitetes Anwendungsfeld ist der Einsatz von Algorithmen und KI in **Bewerbungsmanagementsystemen.**[413] Derartige Systeme unterliegen in mehrfacher Hinsicht den Beteiligungs- und Mitbestimmungsrechten des BR.[414]

Moderne **Personalinformations- und -managementsysteme** können die gespeicherten Daten der AN automatisch unter verschiedensten Gesichtspunkten auszuwerten, so dass über jeden

---

404 *BAG* 26.8.09 – 1 ABR 16/07, NZA 08, 1187 = AiB 09, 108, mit Anm. *Schulze*; 26.8.08 – 1 ABR 16/07, NZA 08, 1187; 29.6.04 – 1 ABR 21/03, NZA 04, 1278; *LAG Hamm* 3.9.21 – 13 TaBV 16/21; *LAG Schleswig-Holstein* – 5 TaBV 6/13, NZA-RR 13, 577; s. auch *Wilke*, AiB 05, 225; *Wedde*, AiB 04, 764 – Anm. zu *BAG* 27.3.03 – 2 AZR 51/02 AiB 04, 761.

405 *BAG* 21.6.12 – 2 AZR 153/11, PM *BAG* Nr. 49/12.

406 *BAG* 19.2.15 – 8 AZR 1007/13, NZA 15, 994.

407 *BAG* 23.4.09 – 6 AZR 189/09; 29.10.97 – 5 AZR 508/96, DB 98, 371 = AuR 98, 130, mit Anm. *Linnenkohl; ArbG Berlin* 23.11.88, DB 89, 885.

408 *BVerfG* 19.12.91, NZA 92, 307 = AiB 92, 349; *BAG* 1.3.73, AP Nr. 1 zu § 611 Persönlichkeitsrechte; *LAG Berlin* 19.2.74, DB 74, 1243; *Fitting*, Rn. 147; GK-*Kreutz/Jacobs*, Rn. 118; HWGNRH-*Worzalla*, Rn. 34; *Mengel*, BB 04, 1445, 1449; a.A. *LAG Baden-Württemberg* 29.4.76, DB 77, 776; vgl. auch *BAG* 30.8.95 – 1 ABR 4/95, DB 96, 333 = AuR 96, 66, das das Mithören externer Telefongespräche durch den AG zu Ausbildungszwecken für zulässig hält; zur Zulässigkeit der Erfassung von Telefonaten vgl. *BAG* 27.5.86, AP Nr. 16 zu § 87 BetrVG 1972 und § 87 Rn. 166; umfassend zum Fernsprechgeheimnis des AN *Däubler*, CR 94, 754.

409 GK-*Kreutz/Jacobs*, Rn. 119; a.A. *BAG* 16.9.82, EzA § 123 BGB Nr. 22 mit krit. Anm. *Wohlgemuth*..

410 S. dazu *Däubler*, Digitalisierung, Rn. 11ff.

411 Vgl. dazu eingehend *Däubler*, Gläserne Belegschaften, Rn. 24ff.; *Wedde*, AiB 03, 727; *Wohlgemuth*, Datenschutz, Rn. 6ff.

412 *Däubler*, a.a.O., Rn. 956ff.; *Fitting*, Rn. 153b.

413 *Berg*, FS Schmidt, S. 85ff.; *Hoffmann*, NZA 22, 19.

414 *LAG Köln* 15.5.20 – 9 TaBV 32/19, NZA-RR 21, 76; *Berg*, a.a.O., S. 88ff.

AN ein umfassendes Persönlichkeitsbild erstellt werden kann. Die dadurch erlangten Kenntnisse sind für die Durchführung des Arbeitsverhältnisses nicht erforderlich[415] (vgl. § 94 Rn. 7). Darüber hinaus eröffnen derartige Systeme dem AG eine kontinuierliche totale Kontrolle und Überwachung der Arbeitsleistung und des persönlichen Verhaltens der einzelnen AN. Der einzelne AN hat in der Regel weder einen Überblick über die gespeicherten Daten noch weiß er von den Auswertungsmöglichkeiten und den tatsächlich durchgeführten Auswertungen.[416]

Es obliegt AG und BR (s. dazu auch § 79 Satz 2), dafür Sorge zu tragen, dass unter Berück- 125
sichtigung des **BDSG** und der **DSGVO**[417] (zu den Rechten der AN nach dem BDSG vgl. § 83 Rn. 29 ff.) und unter Nutzung der **Mitbestimmungsrechte des BR**[418] (vgl. § 87 Rn. 166 ff.) alles unterbleibt, was die Persönlichkeitsrechte der AN beeinträchtigen könnte[419] (s. dazu § 79a Rn. 6 ff.; § 80 Rn. 14 ff., § 94 Rn. 5 ff, 12 ff.) und das Kontrollpotential des AG durch den Arbeitnehmerdatenschutz zu begrenzen.[420]

Eine **»betriebsbedingte Kleiderordnung«** kann ebenfalls die Persönlichkeitsrechte der AN un- 126
verhältnismäßig beeinträchtigen.[421] Das Verlangen des AG nach dem Tragen einer bestimmten **Arbeitskleidung** (oder einer bestimmten Frisur) kann in der Regel nur dann gerechtfertigt sein, wenn die konkreten betrieblichen Verhältnisse eine solche Maßnahme erfordern, z. B. aus zwingenden **hygienischen** oder **sicherheitstechnischen Gründen** (etwa zur Unfallverhütung).[422] Ist die Verpflichtung zum Tragen von Dienstkleidung sachlich gerechtfertigt, müssen den AN im Betrieb **angemessene Umkleidemöglichkeiten** zur Verfügung stehen. Der Verweis auf die Benutzung vorhandener Toilettenräume oder die Möglichkeit, sich vor und nach der Arbeitsschicht zu Hause umzuziehen, ist nicht angemessen bzw. greift unzulässig in die private Lebensführung ein.[423]

In **Kaufhäusern** und Einkaufsmärkten kann es aus sachlichen Gründen gerechtfertigt sein, 127
dass das **Verkaufspersonal** eine **einheitliche Kleidung** trägt. Dadurch wird einerseits ein **einheitliches »Erscheinungsbild« des Verkaufspersonals** gesichert, andererseits kann der Kunde ohne Schwierigkeiten erkennen, wer als Verkäufer tätig ist;[424] vom *BAG*[425] ist dies auch für ein **Spielcasino** bejaht worden. Ähnliches kann z. B. auch für sonstige **Dienstleistungsunternehmen** mit **regelmäßigem Kundenkontakt** oder für **Sicherheitsdienste** gelten (zum Mitbestimmungsrecht des BR vgl. § 87 Rn. 62).

Liegen keine sachlichen betrieblichen Gründe vor, die das Tragen einer bestimmten oder ein- 128
heitlichen (Arbeits-) Kleidung rechtfertigen, ist es **grundsätzlich den AN selbst überlassen,** welche Kleidung sie am Arbeitsplatz tragen (zur Problematik des Tragens eines Kopftuchs oder einer sonstigen Kopfbedeckung aus religiösen Gründen am Arbeitsplatz vgl. Rn. 48).

Abs. 2 wird verletzt, wenn AN durch eine BV dazu verpflichtet werden, die Kosten für das Es- 129
sen in einer **betrieblichen Kantine** zu tragen, wenn sie es selbst nicht in Anspruch nehmen.[426]

---

415 Vgl. auch *Fitting*, Rn. 154.
416 *Däubler*, a. a. O.; *Wiese*, ZfA 71, 309 f.
417 Vgl. *Däubler*, a. a. O., Rn. 46 ff.
418 Vgl. *Däubler*, a. a. O., Rn. 382 ff.; *Wohlgemuth*, a. a. O., Rn. 676 ff.
419 Zu den Grenzen einer umfassenden EDV-gestützten Katalogisierung und Registrierung des Menschen und dem daraus resultierenden informationellen Selbstbestimmungsrecht vgl. *BVerfG* 15. 12. 83, NJW 84, 419 ff. sowie *Däubler*, a. a. O., Rn. 84 ff.; zur Gefährdung der Persönlichkeits- und Datenschutzrechte von in Tele-Arbeit beschäftigten AN vgl. *Wedde*, FS Däubler, S. 703; *ders.*, WSI-Mitt. 97, 206; zum AN-Datenschutz im Konzernverbund vgl. *Hummel/Hilbrans*, AuR 05, 207.
420 *Däubler*, Digitalisierung, Rn. 218 ff.
421 *BAG* 1. 12. 92 – 1 AZR 260/92, DB 93, 990.
422 *Fitting*, Rn. 160; *LAG Köln* 8. 6. 88, DB 89, 684; *ArbG Frankfurt* 24. 6. 92, AiB 93, 472; *ArbG Düsseldorf* 27. 10. 89 – 8 Ca 3230/89; zur Unzulässigkeit von Vorschriften für die Haartracht von Polizisten BVerwG 2. 3. 06 – 2 C-3/05, AuR 06, 327 mit Anm. *Walter*.
423 *BAG* 17. 1. 12 – 1 ABR 45/10, BB 12, 1280 Ls., juris.
424 Zur Mitbestimmung des BR vgl. *BAG* 11. 6. 02 – 1 ABR 46/01, AiB 03, 629 mit Anm. *Mletzko* 1. 12. 92 – 1 AZR 260/92, a. a. O.; 15. 12. 61, AP Nr. 3 zu § 56 BetrVG Ordnung des Betriebs.
425 13. 2. 07 – 1 ABR 18/06, AuR 07, 93.
426 *BAG* 11. 2. 00 – 1 AZR 551/99, NZA 01, 462.

Das gilt auch für die Begründung eines Anspruchs des AG auf Erstattung der mit **Lohn- und Gehaltspfändungen** verbundenen Kosten durch die AN.[427]

130 Ob Nichtraucher unter Berufung auf ihr Persönlichkeitsrecht ein **allgemeines Rauchverbot** in ihrem Arbeitsbereich erwirken können, war früher umstritten.[428] AN hatten nach § 618 Abs. 1 BGB einen **arbeitsvertraglichen Anspruch** auf einen **tabakrauchfreien Arbeitsplatz** nur dann, wenn das für sie aus gesundheitlichen Gründen, z. B. wegen einer chronischen Atemwegserkrankung, geboten war.[429] Gem. § 5 ArbStättV ist der AG allerdings grundsätzlich öffentlich-rechtlich verpflichtet, die erforderlichen Maßnahmen zu treffen, damit die nicht rauchenden Beschäftigten in Arbeitsstätten wirksam vor den Gesundheitsgefahren durch Tabakrauch geschützt werden.[430] Wenn der AG nicht in der Lage war, den Interessen der Raucher und Nichtraucher z. B. durch getrennte Arbeitsräume oder andere Maßnahmen gerecht zu werden, so war schon nach früherer Rechtslage ein **Rauchverbot in allen geschlossenen Räumen des Betriebs** in der Regel auch unter Berücksichtigung des Persönlichkeitsrechts der Raucher zulässig.[431]

131 Aufgrund der mit Art. 2 des **PassivrauchschutzG**[432] in die ArbStättV eingefügten Bestimmung des § 5 Abs. 1 S. 2 ArbStättV ist der AG im Sinne einer **Verstärkung des gesetzlichen Nichtraucherschutzes** nunmehr ausdrücklich **verpflichtet,** ein allgemeines oder auf einzelne Bereiche des Betriebes beschränktes **Rauchverbot zu erlassen,** soweit dies erforderlich ist.[433]

132 Aus §§ 618 BGB, 62 HGB i. V. m. § 5 ArbStättV ergibt sich schließlich für Nichtraucher ein einklagbarer **Anspruch auf einen tabakrauchfreien Arbeitsplatz.**[434]

133 Der BR hat bei der Umsetzung der erforderlichen Maßnahmen durch den AG ein Mitbestimmungsrecht (vgl. § 87 Rn. 62).[435] Wird durch eine BV das Rauchen am Arbeitsplatz wirksam untersagt, sind die Betriebsparteien nach Abs. 2 Satz 1 nicht verpflichtet, über die gesetzlich, tarifvertraglich und/oder betrieblich vorgeschriebenen bzw. vereinbarten Pausen zusätzliche Raucherpausen zu vereinbaren.

134 Der mit einem **absoluten Alkoholverbot** bezweckte Schutz von Leben und Gesundheit von Personen und von Sachgütern mit erheblichem Wert kann den damit verbundenen Eingriff in das Persönlichkeitsrecht der betroffenen AN rechtfertigen[436] (zum Mitbestimmungsrecht des BR vgl. § 87 Rn. 62).

135 Das gilt etwa für ein Alkoholverbot **für eine Schiffsbesatzung** während der Dienstzeit und die Gebote, bei Dienstantritt nicht unter dem Einfluss alkoholischer Getränke zu stehen und während der Freizeit an Bord den Alkoholkonsum so zu gestalten, dass die auch während der Freizeit arbeitsvertraglich geschuldeten Aufgaben bei Bedarf jederzeit wahrgenommen werden können. Derartige Anordnungen stellen keine unangemessene Verletzung der allgemeinen Handlungsfreiheit der Besatzungsmitglieder eines Schiffes dar.

136 Da **AG** und **BR** nicht nur verpflichtet sind, die **freie Entfaltung** der Persönlichkeit der AN zu schützen, sondern diese auch **zu fördern,** haben sie alles zu unterlassen, was die **Persönlichkeitsrechte eines AN beeinträchtigt.**[437]

137 Sie dürfen auch nicht dulden, dass **von anderen Beschäftigten in die Persönlichkeitsrechte von AN eingegriffen** und ihre Handlungsfreiheit eingeschränkt wird.[438] Der AG ist insbesonde-

---

427 *BAG* 18.7.06 – 1 AZR 578/05, NZA 07, 462.

428 Vgl. dazu *Schillo/Behling,* DB 97, 2022; *Strehmel,* AuA 98, 133 und § 87 Rn. 50, 204, jeweils m. w. N.

429 *BAG* 17.2.98 – 9 AZR 84/97, DB 98, 2068.

430 *Uhl/Polloczek*, BB 08, 1114; *Düwell,* AiB 02, 400; *Lorenz,* DB 03, 721; *Wellenhofer-Klein,* RdA 03, 155.

431 *BAG* 19.1.99 – 1 AZR 499/98, NZA 99, 546; zustimmend *Künzl,* BB 99, 2187; kritisch *Heilmann,* AiB 99, 406; vgl. auch *Ahrens,* NZA 99, 686; *Dübbers,* AuR 99, 115.

432 v. 20.7.07, BGBl. 2007 I S. 1595 ff.

433 *BAG* 19.5.09 – 9 AZR 241/08, AuR 09, 318, mit Anm. *Raif/Böttcher*; vgl. auch *Uhl/Polloczek*, a. a. O.

434 *BAG* 19.5.09, a. a. O.

435 Vgl. auch *Heilmann,* Rauchen, S. 16 f. mit Muster-BV; *Hornauer,* PersV 05, 171; *Schulze/Sticher*, AiB 12, 381; weitere BV-Vorschläge AuR 97, 358; AuA 98, 132.

436 *LAG Schleswig-Holstein* 20.11.07 – 5 TaBV 23/07, DB 08, 248.

437 Zu Belästigungen und Beleidigungen durch Vorgesetzte vgl. *v. Hoyningen-Huene,* BB 91, 2215.

438 Zu den verschiedenen Erscheinungsformen des »Mobbing«, wie Schikanen, Belästigungen, Psychoterror, vgl. *HessLAG* 25.10.11 – 12 Sa 527/10, juris; *ThürLAG* 10.4.01 – 5 Sa 403/00, AuR 01, 274 mit Anm. *Kerst-Würkner* = DB 01, 1783; *ArbG Dresden* 7.7.03, AuR 04, 114; *Schrader*, AiB 3/15, 14; *ders.*, AiB 6/15; 36; *Wolmerath*, PersR 08, 310; *Beermann,* PersR 93, 385; *Esser/Wolmerath*, PersR 97,

re gemäß § 12 Abs. 3 AGG bei Verstößen gegen das **Benachteiligungsverbot gemäß § 7 Abs. 1 AGG,** wie **Belästigungen** und **sexuellen Belästigungen,** verpflichtet, geeignete, erforderliche und angemessene Maßnahmen zur zukünftigen Unterbindung weiterer Benachteiligungen wie Abmahnungen, Umsetzungen, Versetzungen oder Kündigungen zu ergreifen.[439]

Darüber hinaus erstreckt sich die Pflicht zur Förderung und zum Schutz der freien Entfaltung der Persönlichkeit der AN auf die **gesamten betriebsverfassungsrechtlichen Rechte und Pflichten** sowohl des AG als auch des BR. 138

Gemäß **Abs. 2 Satz 2** werden die Betriebsparteien zusätzlich verpflichtet, die **Selbstständigkeit** und **Eigeninitiative** der **AN** und **Arbeitsgruppen** zu fördern. 139

Bezüglich des einzelnen AN soll damit ein Beitrag zur Verwirklichung des Leitbildes des **mündigen** und **eigenverantwortlich handelnden AN** geleistet werden. 140

Mit der Einbeziehung von Arbeitsgruppen in diese Verpflichtung wird dem Bedürfnis der Praxis nach **dezentraleren Entscheidungs-** und **Verantwortungsstrukturen** Rechnung getragen (zum Begriff der Arbeitsgruppe vgl. § 28a Rn. 14ff.).[440] 141

VI. Rechtsfolgen bei Verstößen und Streitigkeiten

Verstößt eine Vereinbarung zwischen AG und BR gegen die Bestimmungen des § 75, so ist sie nichtig;[441] ebenso sind Anordnungen des AG rechtsunwirksam, die gegen diese Vorschriften verstoßen. Sie brauchen deshalb nicht befolgt zu werden; ggf. hat der AN auch ein **Leistungsverweigerungsrecht.**[442] 142

Bei Verstößen des AG gegen die Grundsätze des Abs. 1 und 2 können vom BR im **arbeitsgerichtlichen Beschlussverfahren** Feststellungs- oder Unterlassungsansprüche,[443] auch im Wege der **einstweiligen Verfügung,**[444] geltend gemacht werden (§§ 2a Abs. 1 Nr. 1 und Abs. 2, 80ff. ArbGG). Antragsberechtigt ist ausschließlich der BR, nicht jedoch der einzelne AN.[445] 143

Der BR oder die im Betrieb vertretene Gewerkschaft kann bei **groben Verstößen des AG** gegen Abs. 1 und Abs. 2 gegen den AG ein Verfahren nach § 23 Abs. 3 anstrengen.[446] Diese Möglichkeit besteht auch bei **groben Verstößen des AG** gegen die Vorschriften zum Schutz der Beschäftigten vor Benachteiligung (§§ 6–18 AGG) gemäß § 17 Abs. 2 AGG (vgl. dazu § 23 Rn. 367ff.). 144

Verstöße gegen die Grundsätze des Abs. 1 und 2 können auch zum Gegenstand einer **Beschwerde gemäß § 85** gemacht werden; zur **Zuständigkeit der ESt.** nach § 85 Abs. 2[447] vgl. § 85 Rn. 7ff. 145

Verstößt der **BR** in **grober Weise** gegen seine Pflichten aus Abs. 1 und Abs. 2, kann er nach § 23 Abs. 1 auf Antrag aufgelöst werden. Ist der Verstoß durch ein einzelnes BR-Mitglied erfolgt, kann es unter den Voraussetzungen des § 23 Abs. 1 aus dem BR ausgeschlossen werden. 146

Da Abs. 1 ein Schutzgesetz zugunsten der AN ist, können Verstöße des AG auch **Schadenersatzansprüche** auslösen.[448] 147

---

151 mit Muster-BV, 154f.; *Färber,* Mitb 93, 55; *Hage/Heilmann,* BB 98, 742; *Leymann;* zu den arbeitsrechtlichen Aspekten *Däubler,* BB 95, 1347ff.; *Bieler/Heilmann,* AuR 96, 430; *Wickler,* AuR 04, 87; Rspr.-Übersichten bei *Wagner/Bergmann,* AiB 04, 103; *Wolmerath,* PR 04, 327.

439 *BAG* 9.6.11 – 2 AZR 323/10, NZA 12, 407 (sexuelle Belästigung); *BAG* 19.4.12 – 2 AZR 258/11 (»Stalking«); s. zur sexuellen Belästigung am Arbeitsplatz *Krieger/Deckers,* NZA 18, 1161; *Martini,* AiB 13, 224.

440 Eingehend m.w.N. auch *Fitting* Rn. 172ff.; GK-*Kreutz/Jacobs,* Rn. 149ff.

441 *BAG* 8.6.99 – 1 ABR 67/98, DB 99, 2218, 2219; *GL,* Rn. 37; GK-*Kreutz/Jacobs,* Rn. 157.

442 ErfK-*Kania,* Rn. 11; *Fitting,* Rn. 177; *GL,* Rn. 37; Richardi-*Maschmann,* Rn. 41; a.A. GK-*Kreutz/Jacobs,* Rn. 155.

443 Vgl. *LAG Bremen* 19.11.91, AiB 86, 191f.; *LAG Köln* 19.12.88 AiB 89, 163f.; ErfK-*Kania,* a.a.O.; *Fitting,* Rn. 178; GK-*Kreutz/Jacobs,* Rn. 154; HaKo-BetrVG-*Lorenz,* Rn. 58; ablehnend auf der Grundlage von Abs. 2 *BAG* 28.5.02 – 1 ABR 32/01, NZA 03, 166.

444 Vgl. *ArbG Regensburg* 28.7.89, AiB 89, 354f.

445 *Fitting,* a.a.O.

446 *Fitting,* a.a.O.

447 Vgl. *LAG Frankfurt* 15.9.92 – 4 TaBV 52/92, DB 93, 1248.

448 *BAG* 5.4.84, AP Nr. 2 zu § 17 BBiG; *Fitting,* Rn. 177; HaKo-BetrVG-Lorenz, a.a.O., a.A. GK-*Kreutz/Jacobs*/Jacobs, Rn. 156; differenzierend Richardi-*Maschmann,* Rn. 88.

§ 76 Einigungsstelle

(1) Zur Beilegung von Meinungsverschiedenheiten zwischen Arbeitgeber und Betriebsrat, Gesamtbetriebsrat oder Konzernbetriebsrat ist bei Bedarf eine Einigungsstelle zu bilden. Durch Betriebsvereinbarung kann eine ständige Einigungsstelle errichtet werden.

(2) Die Einigungsstelle besteht aus einer gleichen Anzahl von Beisitzern, die vom Arbeitgeber und Betriebsrat bestellt werden, und einem unparteiischen Vorsitzenden, auf dessen Person sich beide Seiten einigen müssen. Kommt eine Einigung über die Person des Vorsitzenden nicht zustande, so bestellt ihn das Arbeitsgericht. Dieses entscheidet auch, wenn kein Einverständnis über die Zahl der Beisitzer erzielt wird.

(3) Die Einigungsstelle hat unverzüglich tätig zu werden. Sie fasst ihre Beschlüsse nach mündlicher Beratung mit Stimmenmehrheit. Bei der Beschlussfassung hat sich der Vorsitzende zunächst der Stimme zu enthalten; kommt eine Stimmenmehrheit nicht zustande, so nimmt der Vorsitzende nach weiterer Beratung an der erneuten Beschlussfassung teil. Die Beschlüsse der Einigungsstelle sind schriftlich niederzulegen und vom Vorsitzenden zu unterschreiben oder in elektronischer Form niederzulegen und vom Vorsitzenden mit seiner qualifizierten elektronischen Signatur zu versehen sowie Arbeitgeber und Betriebsrat zuzuleiten.

(4) Durch Betriebsvereinbarung können weitere Einzelheiten des Verfahrens vor der Einigungsstelle geregelt werden.

(5) In den Fällen, in denen der Spruch der Einigungsstelle die Einigung zwischen Arbeitgeber und Betriebsrat ersetzt, wird die Einigungsstelle auf Antrag einer Seite tätig. Benennt eine Seite keine Mitglieder oder bleiben die von einer Seite genannten Mitglieder trotz rechtzeitiger Einladung der Sitzung fern, so entscheiden der Vorsitzende und die erschienenen Mitglieder nach Maßgabe des Absatzes 3 allein. Die Einigungsstelle fasst ihre Beschlüsse unter angemessener Berücksichtigung der Belange des Betriebs und der betroffenen Arbeitnehmer nach billigem Ermessen. Die Überschreitung der Grenzen des Ermessens kann durch den Arbeitgeber oder den Betriebsrat nur binnen einer Frist von zwei Wochen, vom Tage der Zuleitung des Beschlusses an gerechnet, beim Arbeitsgericht geltend gemacht werden.

(6) Im Übrigen wird die Einigungsstelle nur tätig, wenn beide Seiten es beantragen oder mit ihrem Tätigwerden einverstanden sind. In diesen Fällen ersetzt ihr Spruch die Einigung zwischen Arbeitgeber und Betriebsrat nur, wenn beide Seiten sich dem Spruch im Voraus unterworfen oder ihn nachträglich angenommen haben.

(7) Soweit nach anderen Vorschriften der Rechtsweg gegeben ist, wird er durch den Spruch der Einigungsstelle nicht ausgeschlossen.

(8) Durch Tarifvertrag kann bestimmt werden, dass an die Stelle der in Absatz 1 bezeichneten Einigungsstelle eine tarifliche Schlichtungsstelle tritt.

Inhaltsübersicht

I. Vorbemerkungen

Sinn und Zweck der betriebsverfassungsrechtlichen ESt. ist es, Meinungsverschiedenheiten zwischen dem AG einerseits und dem BR sowie dem GBR oder KBR andererseits beizulegen. Mit der Einrichtung der ESt. hat der Gesetzgeber das der Betriebsverfassung zugrunde liegende **Modell der Konfliktaustragung,** das auf die Zusammenarbeit und die Beilegung von Streitigkeiten ausschließlich im Verhandlungsweg (§§ 2 Abs. 1, 74 Abs. 1) und die Vermeidung von Arbeitskämpfen (§ 74 Abs. 1 Satz 1) zwischen AG und BR abzielt, **institutionalisiert.**[1] Aus den vorliegenden Untersuchungen zur **Verbreitung von ESt.-Verfahren** ergibt sich, dass sie vor allem in größeren Betrieben mit mehr als 500 AN durchgeführt werden und dass insgesamt in rund 15 % der untersuchten Betriebe mindestens eines BV durch einen ESt.-Spruch zustande kommt.[2] Wegen ihrer Schlichtungsfunktion im erzwingbaren ESt.-Verfahren, insbes. in den Mitbestimmungsangelegenheiten, die dem Direktions- und Alleinentscheidungsrecht des AG entzogen sind, kommt der ESt. im Rahmen der Betriebsverfassung eine **besondere Bedeutung** zu.[3] Mit der primär auf eine **freiwillige Einigung der Betriebsparteien** abzielenden Konzeption des ESt.-Verfahrens und der sich daraus ableitenden Verantwortung des ESt.-Vorsitzenden zur Herbeiführung von für beide Betriebsparteien akzeptablen Konfliktlösungen (vgl. dazu auch Rn. 20, 115) ist das ESt.-Verfahren auch durch Elemente der **Mediation** geprägt.[4] Insofern stellt das – auch für das Arbeitsrecht und das arbeitsgerichtliche Verfahren geltende – **Mediationsgesetz**[5] keine effektiveren Instrumente zur Beilegung von Konflikten der Betriebsparteien zur Verfügung.[6] Dies gilt auch unter Berücksichtigung der Tatsache, dass ein ESt.-Verfahren, wenn eine Einigung nicht zustande kommt, auch mit der Stimme des Vorsitzenden durch mehrheitlichen Spruch entschieden werden kann (vgl. § 76 Abs. 3 Satz 2, 3 und Rn. 8 f., 117 ff.). Abgesehen davon, dass die ganz überwiegende Anzahl der ESt.-Verfahren erfahrungsgemäß nicht mit einer streitigen Entscheidung enden,[7] kann nicht davon ausgegangen werden, dass eine einvernehmlichen Lösung von Meinungsverschiedenheiten der Betriebsparteien (ohne die Möglichkeit der streitigen Entscheidung) stets zu besseren Ergebnissen und einer nachhaltigeren Befriedung bestehender Konflikte führen würde.[8] Die Einleitung eines Mediationsverfahrens kann bei dessen Scheitern und der (zulässigen) anschließenden Anrufung der ESt. sogar zu einer deutlichen Verlängerung des gesamten Prozesses der Konfliktlösung führen. 1

Die ESt. ist weder ein Gericht noch eine Verwaltungsbehörde, sondern ein **Organ der Betriebsverfassung,** das von AG und BR gemeinsam gebildet wird. Als **innerbetriebliche** (h. M.),[9] **privatrechtliche Schlichtungsstelle** übernimmt sie ersatzweise die Aufgaben der Betriebsparteien gemäß § 74 Abs. 1. Soweit ihre Entscheidungen die Einigung zwischen AG und BR ersetzen, 2

1 *Fitting,* Rn. 1; GK-*Jacobs,* Rn. 1; zur betriebsverfassungsrechtlichen und betriebspolitischen Funktion der ESt. vgl. näher *Laßmann u. a.,* S. 154 ff.; Überlegungen zu weiter gehenden Formen innerbetrieblicher Streitschlichtung bei *Bieler/Hage/Heilmann,* AiB 98, 677; *Sieg,* FS 50 Jahre *Bundesarbeitsgericht,* S. 1329, 1348 ff.; zur Rolle der Wirtschaftsmediation in betrieblichen Konflikten vgl. *Eyer,* AiB 03, 98 ff.; *Kramer,* NZA 05, 135 ff.

2 *Baumann/Mierich/Maschke,* WSI-Mitt. 18, 317, 321.

3 GK-*Jacobs,* Rn. 3; Richardi-*Maschmann,* Rn. 3.; zur Praxis des ESt.-Verfahrens und den bisherigen Erfahrungen vgl. *Laßmann u. a.,* S. 70 f., 165 ff.; *Rupp,* AiB 02, 247 ff.; Formulare, Checklisten und Handlungshilfen zum ESt.-Verfahren bei DKWF-*Berg,* § 76 Rn. 1 ff. und *Wenning-Morgenthaler,* S. 449 ff.

4 Vgl. dazu *U. Fischer,* DB 00, 217, 220.

5 BGBl. I 2012, 1577 ff.; siehe dazu *Düwell,* BB 12, 1921; *Francken,* NZA 12, 836; *Stiel/Stoppkotte,* AiB 12, 631.

6 Im Ergebnis ebenso *Stiel/Stoppkotte,* a. a. O., 634 f.; anders *Lehmann.* BB 13, 1014, 1015 f., der zu Unrecht davon ausgeht, dass die Anrufung der ESt. für die Wahrung des Grundsatzes der vertrauensvollen Zusammenarbeit (§ 2 Abs. 1 BetrVG) »abträglich« sein könne (dabei wird verkennt, dass das ESt.-Verfahren gerade das diesem Grundsatz adäquate Konfliktlösungsinstrument ist).

7 *U. Fischer,* a. a. O.

8 *Stiel/Stoppkotte,* a. a. O., 635.

9 Vgl. *Fitting,* Rn. 4; WPK-*Preis,* Rn. 1; a. A. Richardi-*Maschmann,* Rn. 6: betriebsfremdes Entscheidungsorgan.

haben diese keinen von den sonstigen Vereinbarungen der Betriebsparteien abweichenden Rechtscharakter (im Ergebnis h. M.).[10]

3 Gegen die Schlichtungsfunktion der ESt. im erzwingbaren ESt.-Verfahren und ihre Entscheidungskompetenz bestehen **keine verfassungsrechtlichen Bedenken.**[11] Das Verfahren vor der ESt. verstößt auch nicht gegen das Rechtsstaatsprinzip.[12]

3a Nach Abs. 8 kann durch Tarifvertrag geregelt werden, dass die ESt. durch eine **tarifliche Schlichtungsstelle** ersetzt wird (zu den Einzelheiten s. Rn. 156 ff.) Die Vereinbarungskompetenz der Betriebsparteien erstreckt sich demgegenüber nicht darauf, durch Vereinbarung einer **betrieblichen Kommission oder Schlichtungsstelle** die in Abs. 1 vorgesehene Est. zu verdrängen[13] (zur Zulässigkeit der Ersetzung der ESt. durch eine betrieblichen Beschwerdestelle gemäß § 86 Abs. 2 vgl. § 86 Rn. 4). Durch BV können jedoch gem. Abs. 4 gesetzlich nicht geregelte **Einzelheiten des ESt.-Verfahrens** geregelt werden (s. dazu Rn. 136). Die Regelung des freiwilligen ESt.-Verfahrens gem. Abs. 6 (vgl. Rn. 10 ff.) ermöglicht den Betriebsparteien, zur **Klärung streitiger Rechtsfragen,** z. B. zur Auslegung einer BV, ein – dem Arbeitsgerichtsverfahren vorgelagertes – **verbindliches innerbetriebliches Schlichtungsverfahren** zu vereinbaren[14] (s. dazu Rn. 12).

II. Aufgabe und Zuständigkeit der Einigungsstelle

1. Allgemeines

4 Die ESt. ist **zuständig** zur **Beilegung von Meinungsverschiedenheiten** zwischen AG und BR. Sofern ein GBR (§§ 47 ff.) oder ein KBR (§§ 54 ff.) besteht und dessen Zuständigkeit (§§ 50, 51 Abs. 6, 58, 59 Abs. 1) gegeben ist, kann die ESt. auch für Streitigkeiten zwischen diesen Organen und dem Unternehmen bzw. Konzern gebildet werden (§ 76 Abs. 1 Satz 1). Keine unmittelbare Anwendung findet die Vorschrift des § 76 auf die JAV (§§ 60 ff.), die GJAV (§§ 72 f.) und die KJAV (§§ 73a f.), da diese Organe nicht eigenständige Träger von Beteiligungsrechten gegenüber dem AG sind (vgl. § 60 Rn. 19). Die ESt. ist **nicht zuständig** für Streitigkeiten zwischen dem AG und AN oder Dritten, zwischen dem BR und AN oder unter BR-Mitgliedern oder AN. Der BR hat allerdings die Aufgabe (vgl. §§ 80 Abs. 1, 85 Abs. 1), auch die Interessen und Probleme **einzelner AN** aufzugreifen, und kann diese im Rahmen des § 85 Abs. 2 zum Gegenstand eines ESt.-Verfahrens machen. Da das Gesetz die Zuständigkeit des BR nicht von vornherein auf kollektive Angelegenheiten beschränkt,[15] ist die ESt. auch für die Regelung von **Einzelfällen,** über die zwischen AG und BR Streit besteht, zuständig (vgl. z. B. §§ 85 Abs. 2, 87 Abs. 1 Nrn. 5, 9, 98 Abs. 4, 102 Abs. 6).

5 Gemäß Abs. 1 Satz 1 ist die **ESt.** zur Beilegung von Meinungsverschiedenheiten zwischen dem AG und dem BR bzw. dem GBR oder dem KBR **bei Bedarf zu bilden.** Das ist dann der Fall, wenn die **Betriebsparteien** im Rahmen ihrer gemäß § 74 Abs. 1 Satz 2 gegebenen vorrangigen Kompetenz (vgl. dazu § 74 Rn. 12 ff.) trotz Ausschöpfung aller Verhandlungsmöglichkeiten zwischen ihnen bestehende **Streitigkeiten nicht beilegen können.** Für das erzwingbare ESt.-Verfahren (vgl. dazu Rn. 8 f.) bedeutet dies in der betrieblichen Praxis regelmäßig, dass zwischen den Betriebsparteien Verhandlungen über eine in die Zuständigkeit der ESt. (vgl. dazu Rn. 8) fallende Angelegenheit erfolglos geführt wurden oder dass eine der Betriebsparteien derartige Verhandlungen von vornherein ablehnt.[16] Ein bestimmter **formaler Ablauf der Verhandlungen,** deren **förmliches Scheitern** oder eine gewisse **Intensität der Einigungs-**

---

10 Vgl. *BAG* 22. 1. 80, AP Nr. 7 zu § 111 BetrVG 1972; *GL,* Rn. 3; GK-*Jacobs,* Rn. 136 ff.; Richardi-*Maschmann,* Rn. 30.

11 *BVerfG* 18. 12. 85, AP Nr. 15 zu § 87 BetrVG 1972 Arbeitszeit; 13. 3. 73, AP Nr. 1 zu § 87 BetrVG 1972 Werkmietwohnungen; 16. 12. 86, AP Nr. 8 zu § 87 BetrVG 1972 Prämie.

12 *BVerfG* 18. 10. 86, EzA § 76 BetrVG 1972 Nr. 38; zur verfassungsrechtlichen Unbedenklichkeit der ESt. insgesamt vgl. näher *Fitting,* Rn. 2 und GK-*Jacobs,* Rn. 7, jeweils m. w. N.

13 *HessLAG* 15. 11. 12 – 5 TaBVGa 257/12, juris; *Richardi,* Rn. 75.

14 *BAG* 11. 12. 18 – 1 ABR 12/17, NZA 19, 480; 23. 2. 16 – 1 ABR 5/14, NZA 16, 972; 11. 2. 14 – 1 ABR 76/12, NZA-RR 15, 26; 16. 8. 11 – 1 ABR 22/10, NZA 12, 342; 20. 11. 90 – 1 ABR 45/89, NZA 91, 473.

15 Vgl. GK-*Jacobs,* Rn. 10 ff.

16 *BAG* 18. 3. 15 – 7 ABR 4/13, NZA 15, 954.

bemühungen sind allerdings **keine Verfahrensvoraussetzungen** für die Anrufung der ESt. (vgl. dazu Rn. 47 ff.) durch AG oder BR.[17] Zur Frage der Zuständigkeit der ESt. in diesem Zusammenhang vgl. Rn. 65 f.; für Verhandlungen über Interessenausgleich und Sozialplan vgl. §§ 112, 112a Rn. 13.[18]

2. Ständige Einigungsstelle

Mit der Bestimmung in Abs. 1 Satz 1, nach der die ESt. »bei Bedarf« zu bilden ist, geht das Gesetz vom **Regelfall der nicht ständigen ESt.** aus. Die ESt. ist also von Fall zu Fall neu zu errichten. Ist ihre Aufgabe erfüllt, hört sie auf zu bestehen (vgl. Rn. 115 ff.).Gemäß Abs. 1 Satz 2 ist es allerdings auch möglich, eine **ständige ESt.** zu errichten.[19] Dies kann jedoch nur durch den Abschluss einer den Anforderungen des § 77 Abs. 2 (vgl. § 77 Rn. 54 ff.) entsprechenden **freiwilligen BV** geschehen,[20] nicht aber durch einen Spruch der Einigungsstelle.[21] 6

In der Praxis haben **ständige ESt.** gemäß Abs. 1 Satz 2 eine eher **geringe Bedeutung.**[22] Von besonderen betrieblichen Umständen abgesehen, ist von der Vereinbarung ständiger ESt. abzuraten.[23] Eine derartige Einrichtung bringt die Gefahr mit sich, dass das ESt.-Verfahren von den Betriebsparteien nicht als Ausnahme zur Konfliktlösung betrachtet wird, sondern dass die Beilegung bestehender Streitigkeiten ohne Ausschöpfung aller Verhandlungsmöglichkeiten auf die ständige ESt. abgewälzt wird. Hinzu kommt, dass eine dauerhafte Festlegung in der Frage der personellen Zusammensetzung der ESt. (vgl. Rn. 16 ff.) die am Inhalt und der Bedeutung der jeweiligen Streitigkeiten orientierte Auswahl des Vorsitzenden und der Beisitzer, z. B. unter fachlichen Gesichtspunkten, erschwert. Sinnvoll kann die Einrichtung einer ständigen ESt. allenfalls für die Beilegung inhaltlich präzise abgegrenzter Streitgegenstände sein, die etwa über einen längeren Zeitraum wiederholt auftreten oder sich auf besonders komplizierte und umstrittene Regelungsfragen erstrecken (z. B. Einführung und Anwendung von EDV-Systemen, EDV-gestützte Erfassung und Auswertung personenbezogener Daten, Auslegungsstreitigkeiten aus abgeschlossenen Rahmen-BV oder Sozialplänen).[24] 7

3. Erzwingbares Einigungsstellenverfahren

Grundsätzlich zu unterscheiden sind das erzwingbare (Abs. 5) und das freiwillige (Abs. 6) ESt.-Verfahren. Im **erzwingbaren ESt.-Verfahren** ist die ESt. in den im Gesetz ausdrücklich bezeichneten Fällen **zuständig:**[25] 8

§ 37 Abs. 6 und 7 Schulungs- und Bildungsveranstaltungen für BR-Mitglieder;
§ 38 Abs. 2 Freistellung von BR-Mitgliedern;
§ 39 Abs. 1 Zeit und Ort der Sprechstunden des BR;
§ 47 Abs. 6 Herabsetzung der Zahl der GBR-Mitglieder;
§ 55 Abs. 4 Herabsetzung der Zahl der KBR-Mitglieder;
§ 65 Abs. 1 Schulungs- und Bildungsveranstaltungen für JAV;
§ 69 Zeit und Ort der Sprechstunden der JAV;

---

17 *LAG Rheinland-Pfalz* 5.1.06 – 6 TaBV 60/05, AuR 06, 333 f.; *LAG Hamm* 9.8.04 – 10 TaBV 81/04, AuR 04, 398; *LAG Niedersachsen* 25.10.05 – 1 TaBV 48/05, AuR 06, 132; 7.12.98 – 1 TaBV 74/98, AiB 99, 647 mit Anm. *Rosendahl; LAG Düsseldorf* 27.9.89 – 11 TaBV 85/89; *LAG Berlin* 25.2.87, AuR 88, 221; *Fitting,* § 74 Rn. 9; *GL,* § 74 Rn. 6; GK-*Jacobs,* § 74 Rn. 28; Hako-BetrVG-*Krasshöfer,* Rn. 5; weitergehend wohl *Tschöpe,* NZA 04, 945, 946; einschränkend *LAG Baden-Württemberg* 4.10.84, NZA 85, 163; *ArbG Elmshorn* 16.5.90 – 3b BV 23/90; HWK-*Kliemt,* Rn. 15; Richardi-*Maschmann,* § 74 Rn. 14 f.

18 S. dazu auch *Göpfert/Krieger,* NZA 05, 254, 257.

19 *LAG Köln* 26.4.19 – 9 TaBV 12/19, juris; *Fitting,* Rn. 10.

20 *BAG* 12.3.19 – 1 ABR 42/17, NZA 19, 843.

21 *LAG Berlin-Brandenburg* 23.6.08 – 10 TaBV 303/08; *Fitting,* Rn. 10.

22 *Laßmann u. a.,* S. 66 f.; *Wenning-Morgenthaler,* Rn. 25.

23 *Laßmann* u. a., a. a. O.; *HBR,* Rn. 19.

24 Vgl. zum Ganzen auch *Laßmann u. a.,* S. 66 f.; zu positiven Erfahrungen mit ständigen ESt. vgl. auch *Bösche/Grimberg,* AiB 92, 302.

25 Vgl. auch die Übersicht bei *Rupp,* AiB 02, 247, 250.

§ 72 Abs. 6 Herabsetzung der Zahl der GJAV;
§ 85 Abs. 2 Berechtigung der Beschwerde eines AN;
§ 87 Abs. 2 Mitbestimmung in sozialen Angelegenheiten;
§ 91 Maßnahmen bei Änderungen von Arbeitsablauf und Arbeitsumgebung;
§ 94 Abs. 1 und 2 Personalfragebogen, persönliche Angaben in Arbeitsverträgen und Aufstellung allgemeiner Beurteilungsgrundsätze;
§ 95 Abs. 1 und 2 Ausführung von Auswahlrichtlinien und deren Inhalt;
§ 97 Abs. 2 Einführung von Maßnahmen betrieblicher Berufsbildung bei Tätigkeits- und Anforderungsänderungen;
§ 98 Abs. 4 Durchführung von betrieblichen Bildungsmaßnahmen;
§ 109 Auskunftserteilung in wirtschaftlichen Angelegenheiten;
§ 112 Abs. 4 Aufstellung eines Sozialplans;
§ 116 Abs. 3 Nrn. 2, 4 und 8 Fragen, die den See-BR betreffen.

Wird die ESt. in diesen Fällen tätig, ersetzt ihr Spruch die Einigung zwischen AG und BR **verbindlich.** Durch **TV** kann die vom Gesetz vorgesehene **Zuständigkeit der ESt.** zu verbindlichen Entscheidungen von Meinungsverschiedenheiten zwischen AG und BR **erweitert,** also auch auf nach dem Gesetz nicht mitbestimmungspflichtige Angelegenheiten erstreckt werden.[26] Zur Erweiterung der Zuständigkeit der ESt. durch **BV** vgl. Rn. 13.

9 Im **erzwingbaren ESt.-Verfahren** wird die ESt. bereits **auf Antrag einer Seite (AG oder BR)** errichtet (zum alleinigen Anrufungsrecht des AG bzw. des BR vgl. Rn. 41). Benennt eine Seite anlässlich der Errichtung (vgl. Rn. 51) der ESt. keine Mitglieder (Beisitzer) oder bleiben die von einer Seite genannten Mitglieder trotz rechtzeitiger Einladung durch den Vorsitzenden der Sitzung fern, findet die Sitzung der ESt. dennoch statt. In diesem Fall werden die notwendigen Entscheidungen vom Vorsitzenden und den erschienenen Mitgliedern allein getroffen (Abs. 5 Satz 3; vgl. auch Rn 121 ff.). Insofern besteht für die Betriebsparteien im erzwingbaren ESt.-Verfahren ein **mittelbarer Einlassungszwang.**[27] In der betrieblichen Praxis werden nahezu alle ESt.-Verfahren im erzwingbaren Verfahren durchgeführt. Davon entfallen die meisten auf Streitigkeiten aus dem Bereich der Mitbestimmungsangelegenheiten gemäß § 87 und auf den Bereich Interessenausgleich und Sozialplan (§§ 112, 112 a).[28]

4. Freiwilliges Einigungsstellenverfahren

10 Im Unterschied zum erzwingbaren ESt.-Verfahren wird die ESt. im **freiwilligen ESt.-Verfahren** allerdings nur tätig, wenn AG und BR dies **einvernehmlich beantragen** und **mit dem Tätigwerden der ESt. einverstanden** sind (Abs. 6 Satz 1).[29] Die für das freiwillige ESt.-Verfahren geltenden Grundsätze kommen auch zur Anwendung, wenn es dem Willen der Betriebsparteien entspricht, dass eine ESt. eine sogenannte **teilmitbestimmte Angelegenheit** unter Einschluss der nicht der erzwingbaren Mitbestimmung unterliegenden Gegenstände verbindlich regeln soll.[30] Das Tätigwerden der ESt. setzt im freiwilligen ESt.-Verfahren entweder einen gemeinsamen Antrag von AG und BR oder – wenn auf Initiative der einen Seite die ESt. bereits gebildet ist – die nachträgliche Zustimmung der anderen Seite voraus.[31] Lassen sich beide Seiten auf die Verhandlung vor der ESt. ein, gilt ihr Einverständnis als erteilt.[32] Wenn die Betriebsparteien nichts Abweichendes vereinbart haben, kann das Einverständnis mit dem Tätigwerden der ESt. von beiden Seiten mit der Konsequenz der Beendigung des ESt.-Verfahrens jederzeit **widerrufen** werden.[33] Dies kann auch konkludent geschehen, etwa durch das Fernbleiben

---

26 *BAG* 9.5.95 – 1 ABR 56/94, NZA 96, 156; 18.8.87, AP Nr. 23 zu § 77 BetrVG 1972; 10.2.88, AP Nr. 53 zu § 99 BetrVG 1972; *Fitting,* Rn. 99; GK-*Jacobs,* Rn. 17.
27 *Fitting,* Rn. 102.
28 Zur Häufigkeit von ESt.-Verfahren vgl. auch *Laßmann u. a.,* S. 165 f.
29 *BAG* 11.12.18 – 1 ABR 17/17, NZA 19, 714.
30 *BAG* 11.12.18, a. a. O.
31 *BAG* 11.12.18, a. a. O.
32 *BAG* 11.12.18, a. a. O.; *Fitting,* Rn. 107.
33 Richardi-*Maschmann,* Rn. 39; *Fitting,* a. a. O.; GK-*Jacobs,* Rn. 34.

der Beisitzer einer der Betriebsparteien bei einer anberaumten Sitzung der ESt.[34] Gegen den Willen einer der Betriebsparteien kann somit das freiwillige ESt.-Verfahren nicht durchgeführt werden.

Einen Sonderfall stellt in diesem Zusammenhang die Regelung des § 112 Abs. 2 Satz 2 dar, nach der zur **Erzielung eines Interessenausgleichs** (vgl. § 112 Rn. 3ff.) zwar allein von einer Seite in Anwendung von Abs. 1 bis 3 und Abs. 5 Satz 2 die ESt. mit der zwingenden Folge ihres Tätigwerdens angerufen werden kann, ihr Spruch aber nach h. M. dennoch nur die Wirkung des Abs. 6 Satz 2 (vgl. Rn. 13, 141) haben soll (zur Gegenmeinung vgl. § 112 Rn. 29f.). Ein dieser Regelung ähnliches ESt.-Verfahren wurde durch das im Jahr 2021 in Kraft getretene Betriebsrätemodernisierungsgesetz[35] durch die Vorschrift des **§ 96 Abs. 1a** geschaffen. Nach dieser Vorschrift können AG und BR **zur Vermittlung und zum Versuch einer Einigung** der Betriebsparteien die ESt. anrufen, wenn im Rahmen ihrer Beratung über **Maßnahmen der Berufsbildung** gem. § 96 Abs. 1 keine Einigung zustande kommt (s. dazu näher § 96 Rn. 26aff.). 11

Im Fall des § 102 Abs. 6 hat der Gesetzgeber die Möglichkeit der Vereinbarung des freiwilligen ESt.-Verfahrens zwischen AG und BR ausdrücklich vorgesehen (vgl. dazu § 102 Rn. 338ff.). Darüber hinaus kann das freiwillige ESt.-Verfahren im Rahmen der Zuständigkeit des BR für **alle Meinungsverschiedenheiten** zwischen AG und BR durchgeführt werden, sofern der Gegenstand der jeweiligen Streitigkeit der Dispositionsbefugnis der Betriebsparteien unterliegt.[36] So kann die Zuständigkeit einer freiwilligen ESt. auch für zwischen den Betriebsparteien streitige **Rechtsfragen** vereinbart werden.[37] Haben die Betriebsparteien eine derartige Vereinbarung getroffen, kann ein arbeitsgerichtliches Beschlussverfahren zur Klärung der streitigen Rechtsfrage, etwa der Auslegung einer BV, erst eingeleitet werden, wenn das vereinbarte innerbetriebliche Verfahren durchgeführt wurde.[38] Allerdings darf die Anrufung des ArbG zur Überprüfung der Entscheidung der ESt. nicht durch Vereinbarung ausgeschlossen werden, weil dies die unzulässige Vereinbarung eines Schiedsgerichts gemäß **§ 4 ArbGG** darstellen würde.[39] Dies gilt auch, wenn für das innerbetriebliche Verfahren eine paritätische Kommission zuständig ist, ohne dass für den Fall einer Pattsituation in dieser Kommission ein Konfliktlösungsmechanismus vorgesehen ist.[40] 12

Gemäß Abs. 6 Satz 2 ersetzt der **Spruch der ESt. im freiwilligen ESt.-Verfahren** die Einigung zwischen AG und BR nur dann, wenn sich beide Seiten der Entscheidung **im Voraus unterworfen** haben oder sie **nachträglich annehmen.** Das Einverständnis mit dem Tätigwerden der ESt. bzw. die Tatsache, dass sich beide Seiten auf die Verhandlungen vor der ESt. einlassen, kann für sich allein nicht als **Unterwerfung unter den Spruch** bzw. als seine **Annahme** angesehen werden.[41] Hinzu kommen muss stets die Unterwerfungserklärung (bzw. nachträgliche Annahmeerklärung) durch beide Seiten. Diese kann **formlos**[42] und **mündlich** oder durch BV erfolgen[43] (vgl. dazu auch § 102 Abs. 6 und § 102 Rn. 347). Auf Seiten des BR setzt die Wirksamkeit einer entsprechenden Erklärung einen ordnungsgemäßen **Beschluss** des Gremiums voraus.[44] Eine nicht durch einen Beschluss des BR legitimierte Erklärung des Betriebsratsvorsitzenden oder der Beisitzer des BR in der ESt. ist nicht ausreichend[45] (zur gerichtlichen Überprüfung von Entscheidungen der ESt. im freiwilligen ESt.-Verfahren vgl. Rn. 142). 13

---

34 *BAG* 11.12.18, a.a.O.
35 BGBl. I, S. 1762.
36 *Fitting,* Rn. 108; HWGNRH-*Worzalla,* Rn. 14; a. A. GK-*Jacobs,* Rn. 22.
37 *BAG* 23.2.16 – 1 ABR 5/14, NZA 16, 972; 11.2.14 – 1 ABR 76/12, NZA-RR 15, 26; 16.8.11 – 1 ABR 22/10, NZA 12, 342; 20.11.90 – 1 ABR 45/89, NZA 91, 473; *LAG Köln* 11.5.17 – 8 TaBV 32/17, juris = AiB 1/18, 64 mit Anm. *Brackelmann*; 22.4.94 – 13 TaBV 8/94, NZA 95, 445.
38 *BAG* 23.2.16, a.a.O.; *LAG Köln* 11.5.17, a.a.O.
39 *BAG* 20.11.90 – 1 ABR 45/89, DB 91, 1025.
40 *BAG* 11.12.18 – 1 ABR 12/17, NZA 19, 480.
41 *BAG* 11.12.18, a.a.O.; 27.10.92 – 1 ABR 4/92, AP Nr. 29 zu § 95 BetrVG 1972; 6.12.88, AP Nr. 26 zu § 111 BetrVG 1972.
42 *BAG* 26.8.97 – 1 ABR 12/97, DB 98, 265, 266: Annahme kann formlos und konkludent erfolgen.
43 *Fitting,* Rn. 132; GK-*Jacobs,* Rn. 133ff.; Richardi-*Maschmann,* Rn. 40.
44 *BAG* 11.12.18, a.a.O.
45 *BAG* 11.12.18, a.a.O.

13a In der betrieblichen Praxis spielen freiwillige ESt.-Verfahren keine nennenswerte Rolle,[46] da seitens der AG nur selten die Bereitschaft besteht, dem BR über den gesetzlichen Rahmen hinaus zusätzliche Mitbestimmungsmöglichkeiten einzuräumen.

5. Regelungs- und Rechtsstreitigkeiten

14 Die ESt. ist im Rahmen ihrer Aufgabenstellung sowohl für die Entscheidung von **Regelungsstreitigkeiten- als auch von Rechtsfragen zuständig** (h. M.).[47] Zwar stehen Regelungsstreitigkeiten, wie z. B. über die zukünftige Ausgestaltung eines mitbestimmungspflichtigen Gegenstandes, etwa eines Leistungslohnsystems, regelmäßig im Mittelpunkt des ESt.-Verfahrens. Doch hat die ESt. allein oder im Zusammenhang mit Regelungsfragen auch Rechtsfragen zu entscheiden. Dies ist beispielsweise bei Streitigkeiten im Bereich der §§ 37 Abs. 6 und 7, 38 Abs. 2, 87 Abs. 1 Nr. 5 oder 109 der Fall. Darüber hinaus ist die präzise Abgrenzung von Regelungs- und Rechtsstreitigkeiten im ESt.-Verfahren schon deshalb nicht möglich, weil die ESt. auch dann, wenn im Mittelpunkt des Verfahrens Regelungsfragen stehen, als Vorfrage stets über ihre Zuständigkeit entscheiden muss (vgl. dazu Rn. 112). Im Übrigen ist sie verpflichtet, bei ihren Entscheidungen die ihr im Gesetz gezogenen Grenzen (vgl. etwa § 76 Abs. 5 Satz 3, § 112 Abs. 5), die allgemeinen betriebsverfassungsrechtlichen Grundsätze oder sonstiges zwingendes Gesetzesrecht zu beachten.[48] Die Unterscheidung von Regelungs- und Rechtsfragen ist allerdings im Hinblick auf die **arbeitsgerichtliche Überprüfung der Entscheidungen der ESt.** von erheblicher Bedeutung (vgl. dazu Rn. 139).

III. Zusammensetzung und Anrufung der Einigungsstelle

15 Das Gesetz schreibt vor, dass die ESt. aus einer gleichen Anzahl von Beisitzern und einem unparteiischen Vorsitzenden besteht. AG und BR müssen sich sowohl auf die Person des Vorsitzenden als auch auf die Anzahl der Beisitzer einigen (§ 76 Abs. 2 Satz 1, 3).

1. Der Vorsitzende

16 Aus dem Wortlaut des Gesetzes ist nicht ersichtlich, welche Aufgaben dem Vorsitzenden der ESt. im Einzelnen obliegen. Da er jedoch die Verhandlungen der ESt. zu leiten hat und das Ergebnis der Beratungen mit seiner Stimme entscheidend beeinflussen kann, nimmt er im Rahmen des Verfahrens eine **Schlüsselposition** ein.[49]

17 Über die an die Person des Vorsitzenden zu stellenden Anforderungen bestimmt das Gesetz lediglich, dass dieser **»unparteiisch«** sein muss, ohne diesen Begriff zu definieren. Im Hinblick auf die vom Gesetz geforderte Unparteilichkeit wird Unabhängigkeit bei der Ausübung seines Amtes vorausgesetzt. »Unparteilichkeit« in diesem Sinn schließt allerdings nicht, wie von AG oder AG-Verbänden mitunter geltend gemacht wird, ein partei- oder gesellschaftspolitisches Engagement des ESt.-Vorsitzenden aus.[50]

18 Die Funktion des Vorsitzenden wird damit deutlich von derjenigen der Beisitzer abgegrenzt. Die Beisitzer sind zwar an Aufträge oder Weisungen der Betriebsparteien nicht gebunden, sie üben ihre Tätigkeit jedoch – als vom AG oder BR jeweils autonom bestellte Mitglieder der ESt. (vgl. dazu Rn. 29, 38 f.) – praktisch als deren Interessenvertreter aus.[51] Die vom Gesetz geforderte Unparteilichkeit des Vorsitzenden entspricht der Funktion der ESt. als Konfliktlösungsorgan.

46 Vgl. Laßmann *u. a.*, S. 63 f.; *Wenning-Morgenthaler*, Rn. 423.
47 ErfK-*Kania*, Rn. 2; *Fitting*, Rn. 112; *GL*, Rn. 2; GK-*Jacobs*, Rn. 9, 13; HWGNRH-*Worzalla*, Rn. 6; Richardi-*Maschmann*, Rn. 26.
48 *Fitting*, Rn. 117; GK-*Jacobs*, Rn. 127.
49 Ähnlich GK-*Jacobs*, Rn. 55; eingehend zur Person des ESt.-Vorsitzenden *U. Fischer*, DB 00, 217 ff.; *Wenning-Morgenthaler*, Rn. 92 ff.; *Schönfeld*, DB 88, 1996 ff.
50 Vgl. dazu *Schönfeld*, DB 88, 1998 m. w. N.; *Heilmann*, AiB 89, 68; *ArbG Wiesbaden* 12. 2. 74, AuR 74, 249.
51 GK-*Jacobs*, Rn. 46; *LAG Düsseldorf* 3. 4. 81, BB 81, 733.

Die Entscheidung der ESt. soll die Interessen beider Seiten angemessen berücksichtigen und möglichst zu einem Ausgleich dieser Interessen führen.

19 Es sollten daher als Vorsitzende Personen bestellt werden, die von den Betriebsparteien unabhängig handeln können und vom Ausgang des ESt.-Verfahren weder mittelbar noch unmittelbar betroffen sind. Die Bestellung von **Angehörigen des Betriebs** ist deshalb in der Regel nicht zweckmäßig.[52] Können sich die Betriebsparteien auf die Person des Vorsitzenden einigen, kann dessen Unparteilichkeit regelmäßig unterstellt werden.[53] AG und BR sind in ihrer Entscheidung über den Vorsitzenden frei, so dass sie letztlich auch nicht daran gehindert sind, einen betriebsangehörigen Vorsitzenden zu bestellen.[54]

20 Von der Unparteilichkeit abgesehen, sollte der Vorsitzende konkrete **Kenntnisse über die Arbeitswelt,** insbes. über betriebliche Abläufe und Interessenlagen, haben. Darüber hinaus muss er über die **Fähigkeit** verfügen, die streitigen betrieblichen Probleme zu analysieren, die Gesprächs- und Verhandlungsbereitschaft der Betriebsparteien zu fördern und sachlich kompetente und kompromissfähige Lösungsvorschläge zu entwickeln.[55] Die dazu erforderlichen Fachkenntnisse liegen vor allem auf dem arbeits- und verfahrensrechtlichen, insbes. betriebsverfassungsrechtlichen Gebiet,[56] sie können sich – je nach Streitgegenstand – aber z. B. auch auf den Bereich der Betriebswirtschaft, der Arbeitsstudien oder der Datenverarbeitung erstrecken.[57]

21 Die Betriebsparteien einigen sich bei der Auswahl der Person des ESt.-Vorsitzenden ganz überwiegend auf **Berufsrichter der Arbeitsgerichtsbarkeit,**[58] was sich allerdings aus der insoweit offenen gesetzlichen Regelung nicht zwingend ergibt.

22 Gemäß § 100 Abs. 1 Satz 5 ArbGG[59] darf ein Richter nur dann zum ESt.-Vorsitzenden bestellt werden, wenn auf Grund der **Geschäftsverteilung ausgeschlossen** ist, dass er mit der Überprüfung, der Auslegung oder der Anwendung des Spruchs der ESt. befasst wird. Die »Überprüfung, Auslegung und Anwendung« des Spruchs einer ESt. kann auch Streitgegenstand in Individualverfahren zwischen AN und AG sein. Wegen der z. Z. bei den meisten ArbG bestehenden Geschäftsverteilung[60] dürften die **Richter aus dem Bezirk des ArbG bzw. LAG,** in dem der Betrieb liegt, für den die ESt. gebildet werden soll, und zumindest auch **Richter bestimmter Senate des *BAG*** – wegen der in diesen Fällen zu versagenden Nebentätigkeitsgenehmigung – als ESt.-Vorsitzenden in der Regel nicht in Frage kommen.[61]

23 Für die von den Betriebsparteien ausgewählte Person besteht **keine Verpflichtung zur Übernahme des Amtes** des ESt.-Vorsitzenden.[62] Der von den Betriebsparteien gemeinsam – oder durch das ArbG bestellte – ESt.-Vorsitzende kann von diesen einvernehmlich jederzeit abberufen werden.[63] Zum Bestellungsverfahren gem. § 100 ArbGG vgl. Rn. 55 ff.

---

52 *Fitting,* Rn. 23; HWGNRH-*Worzalla,* Rn. 53; *Wenning-Morgenthaler,* Rn. 93.

53 *Fitting,* a. a. O.; *GL,* Rn. 10; HWGNRH-*Worzalla,* a. a. O.; WPK-*Preis,* Rn. 15; einschränkend GK-*Jacobs,* Rn. 55; Richardi-*Maschmann,* Rn. 52.

54 ErfK-*Kania,* Rn. 6; *Fitting,* a. a. O.; Richardi-*Maschmann,* a. a. O.; a. A. *Schaub-Koch,* Arbeitsrechts-Handbuch, § 232 Rn. 11.

55 Ausführlich zu den Anforderungen an die Person des ESt.-Vorsitzenden unter besonderer Berücksichtigung der Fähigkeit zur Kommunikation und Mediation *U. Fischer,* DB 00, 217, 219 ff.

56 GK-*Jacobs,* Rn. 63; *Wenning-Morgenthaler,* Rn. 95, 98.

57 Ähnlich GK-*Jacobs,* a. a. O.

58 GK-*Jacobs,* Rn. 64; *Laßmann u. a.,* S. 83.

59 Vgl. dazu *U. Fischer,* DB 00, 217 (218); *Goergens,* AiB 98, 481; *Hümmerich,* DB 98, 1133; *Treber,* NZA 98, 856.

60 Vgl. *Goergens,* a. a. O., 483.

61 GK-*Jacobs,* Rn. 65; ErfK-Koch, § 100 ArbGG Rn. 4; GMP-*Schlewing,* ArbGG § 100 Rn. 27 und Richardi-*Maschmann,* Rn. 54, die es für möglich halten, dass sich die Betriebsparteien außerhalb des Bestellungsverfahrens auf einen gem. § 100 Abs. 1 Satz 5 ArbGG ausgeschlossenen Richter einigen.

62 ErfK-*Kania,* Rn. 11; *Fitting,* Rn. 47.

63 *Schaub,* NZA 00, 1087.

2. Die Beisitzer

24 AG und BR müssen sich über die Anzahl der Beisitzer der ESt. einigen. Da das Gesetz auch insoweit nähere Einzelheiten nicht enthält, insbes. auch keine Höchstzahl festschreibt,[64] sind die Beteiligten deshalb **frei zu bestimmen, wie viele Beisitzer** jede Seite zu benennen hat. Zwingend ist lediglich, dass für **beide Seiten** die **gleiche Anzahl** bestimmt wird (vgl. Abs. 2 Satz 1). Davon kann auch nicht durch Vereinbarung der Betriebsparteien abgewichen werden, die bei einer ungleichen Anzahl der Beisitzer für AG und BR eine kompensierende unterschiedliche Gewichtung der Stimmen der Beisitzer vorsieht. Eine derartige Vereinbarung verstößt gegen Abs. 2 Satz 1, verletzt elementare Verfahrensgrundsätze (vgl. Rn. 89 f.) und ist nichtig (vgl. dazu auch Rn. 121 ff.).[65]

25 Die Anzahl der Beisitzer sollte sowohl unter Berücksichtigung des Streitstoffes als auch der personellen, räumlichen und sachlichen Auswirkungen des ESt.-Verfahrens festgelegt werden.[66] Maßgebend für die **Anzahl der Beisitzer** sind zunächst die **Schwierigkeit des Streitgegenstandes**[67] und die zur Beilegung der Streitigkeit notwendigen **Fachkenntnisse** und **betriebspraktischen Erfahrungen.** Die erforderliche Anzahl der Beisitzer hängt auch davon ab, ob das ESt.-Verfahren mehrere AN-Gruppen, Abteilungen oder Betriebe oder nur einen sehr begrenzten personellen oder betrieblichen Bereich betrifft.[68]

26 **In der Praxis** einigen sich die Betriebsparteien – nach den besonderen Umständen des Einzelfalls – ganz überwiegend auf **zwei, drei oder vier Beisitzer** für jede Seite.[69] Die Tatsache, dass auch für ein ESt.-Verfahren mit Streitigkeiten von durchschnittlichem Umfang und Schwierigkeitsgrad regelmäßig sowohl betriebsbezogener Sachverstand als auch rechtliche oder sonstige Fachkenntnisse (z. B. Betriebswirtschaft, Arbeitswissenschaft, Datenverarbeitung) erforderlich sind, spricht in derartigen Fällen für die Besetzung der ESt. mit je drei Beisitzern.[70] Neben einem **betrieblichen Beisitzer von jeder Seite** hat sich die Benennung eines Verbandsvertreters **(hauptamtlicher Gewerkschaftssekretär, Vertreter des AG-Verbandes)** und jeweils eines weiteren **Fachexperten** als zweckmäßig erwiesen.

27 Abzulehnen ist die in der Rspr.[71] und Literatur[72] überwiegend vertretene Auffassung, es sei von einer **Regelbesetzung der ESt. mit je zwei Beisitzern** für jede Seite[73] auszugehen,[74] von der

64 Richardi-*Maschmann*, Rn. 44.

65 *LAG Berlin-Brandenburg* 18.3.09 – 5 TaBV 2416/08, anhängig *BAG* – 1 ABR 87/09.

66 *Fitting*, Rn. 19; *GL*, Rn. 8; GK-*Jacobs*, Rn. 38; HWGNRH-*Worzalla*, Rn. 44.

67 *LAG Düsseldorf* 8.5.18 – 3 TaBV 15/18, NZA-RR 18, 607 Ls., juris.

68 Wie hier *LAG Hamburg* 13.1.99, AiB 99, 221 mit Anm. *Hjort*.

69 Vgl. *U. Fischer*, AuR 05, 1; *Laßmann* u. a., S. 88; *Wenning-Morgenthaler*, Rn. 138: oft je zwei oder drei Beisitzer.

70 *LAG Bremen* 8.9.83, AuR 84, 91; *LAG Baden-Württemberg* 20.10.84, AiB 85, 157: im Regelfall je drei Beisitzer für eine ESt. zum Abschluss eines Sozialplans gemäß § 112; ähnlich *HBR*, Rn. 283; *Kraushaar*, AiB 96, 113, 117; a. A. *Hennige*, S. 113; je vier Beisitzer für ein ESt.-Verfahren über den Wechsel des Entlohnungsgrundsatzes von Akkord- auf Zeitlohn, *ArbG Osnabrück* 23.8.90 – 2 BV 14/90; oder für die Einführung und Anwendung eines EDV-gestützten Redaktionssystems *LAG Hamburg* 13.1.99 – 4 TaBV 9/98, a. a. O.; ErfK-*Koch*, § 100 ArbGG Rn. 6: bei umfangreichen Sozialplänen und komplexen EDV- und Entlohnungsfragen mehr als zwei Beisitzer gerechtfertigt.

71 *LAG Mecklenburg-Vorpommern* 31.5.22 – 5 TaBV 17/21; *LAG Berlin-Brandenburg* 7.5.21 – 8 TaBV 597/21; *LAG Baden-Württemberg* 1.10.20 – 3 TaBV 4/20; *LAG Düsseldorf* 8.5.18, a. a. O.; *LAG Köln* 20.10.17 – 9 TaBV 69/17, juris; *LAG Hamm* 9.2.09 – 10 TaBV 191/08, juris; *LAG Hamm* 10.12.07 – 13 TaBV 118/07; *LAG Niedersachsen* 7.8.07 – 1 TaBV 63/07, LAGE Nr. 49a zu § 98 ArbGG 1979; *LAG Hamm* 20.6.75, BB 75, 880; 8.4.87, DB 87, 1441; *LAG Rheinland-Pfalz* 23.6.83, DB 84, 56; *LAG Bremen* 2.7.82, AuR 83, 28; *LAG München* 15.7.91 – 4 TaBV 27/91, DB 91, 267 – 4 TaBV 27/91 8; 15.7.75, DB 75, 2452.

72 ErfK-*Koch*, § 100 ArbGG Rn. 6; *Fitting*, Rn. 20; *GL*, Rn. 8; GK-*Jacobs*, Rn. 39; GMP-*Schlewing*, ArbGG § 100 Rn. 29 f.; HWGNRH-*Worzalla*, Rn. 45; *Tschöpe*, NZA 04, 945, 947 f.

73 Gegen die vom *LAG Schleswig-Holstein* – 4. Kammer – 28.9.83, DB 84, 1530; 13.9.90 – 4 TaBV 19/90 – 4 TaBV 19/90, vertretene Regelbesetzung mit je einem Beisitzer mit überzeugenden Argumenten schon *LAG Hamm* 8.4.87, a. a. O.; dagegen auch *LAG Schleswig-Holstein* – 5. Kammer – 4.2.97 – 1 TaBV 3/97, DB 97, 832 = AuR 97, 176 mit Anm. *Hjort* = AiB 98, 528: Besetzung »in keinem Fall« mit weniger als zwei Beisitzern pro Seite.

74 Ebenfalls ablehnend *LAG Hamburg* 13.1.99 – 4 TaBV 9/98, AiB 99, 221 mit Anm. *Hjort*; Hako-BetrVG-*Krasshöfer*, Rn. 13; *HBR*, Rn. 283; *Kraushaar*, AiB 96, 113, 117; *Lerch/Weinbrenner*, NZA 15, 1228, 1233; *Wenning-Morgenthaler*, Rn. 137.

allerdings bei besonders einfachen Regelungen nach unten und bei besonders schwierigen und komplexen Regelungs- und Rechtsfragen nach oben abgewichen werden könne.[75]

Abgesehen davon, dass der **Gesetzgeber** eine **Regelbesetzung der ESt.** in Abs. 2 gerade **nicht vorgesehen,**[76] sondern die Frage der Anzahl der Mitglieder der ESt. offengehalten hat, überzeugt auch das für die Regelbesetzung mit je zwei Beisitzern in erster Linie vorgetragene Argument der Gefährdung der Funktionsfähigkeit der ESt. durch eine zu große Anzahl von Mitgliedern[77] nicht.[78] Anhaltspunkte dafür, dass eine Besetzung der ESt. mit mehr als zwei Beisitzern, etwa drei oder vier, im Hinblick auf die Bildung, die Terminierung oder die Verhandlungs- und Beschlussfähigkeit dieses Gremiums zu größeren praktischen Schwierigkeiten führen könnte, sind weder ersichtlich noch konkret dargelegt. Dagegen spricht auch die gesetzlich geregelte Besetzung von mit der ESt. vergleichbaren Organen mit jeweils drei (§ 71 BPersVG, § 4 HAG) bzw. fünf (§ 5 MindArBG) Beisitzern für jede Seite. Eine Anlehnung an diese gesetzlichen Bestimmungen im Sinne einer Höchstzahl der für die ESt. erforderlichen Beisitzer[79] ist allerdings ebenso abzulehnen wie die Auffassung, in der Regel seien mehr als drei Beisitzer unter dem Gesichtspunkt der Kosten und der Arbeitsfähigkeit der ESt. nicht vertretbar.[80] 28

Persönliche und sachliche Voraussetzungen der Beisitzer werden durch das Gesetz nicht aufgestellt. Wer als Beisitzer der ESt. bestellt wird, bestimmen die Beteiligten jeweils allein. Es ist weder die Zustimmung der anderen Seite zur Auswahl der Personen erforderlich, noch kann eine Seite die von der anderen Seite benannten Beisitzer ablehnen (vgl. Rn. 33). Die **Betriebsparteien sind in ihrer Auswahl frei** und grundsätzlich nicht auf einen bestimmten Personenkreis beschränkt.[81] 29

Eine Begrenzung der für die Auswahl in Frage kommenden Personen kann in der Regel nicht den Grundsätzen der §§ 2 Abs. 1, 74 Abs. 2 Satz 1 entnommen werden. Unter Berücksichtigung der Funktion des ESt.-Verfahrens als zentrales betriebsverfassungsrechtliches Schlichtungs- und Konfliktlösungsinstrument (vgl. Rn. 1, 4 f.) ergibt sich aus dem Gebot der vertrauensvollen Zusammenarbeit allenfalls[82] eine Verpflichtung der Betriebsparteien, keinen Beisitzer zu bestellen, der aufgrund **mangelnder Kenntnisse, Erfahrungen** oder **Eignung** für die Wahrnehmung dieser Aufgabe **offensichtlich ungeeignet** ist[83] oder dessen Bestellung auf offenkundig sachwidrigen Motiven beruht.[84] Dabei ist ein strenger Maßstab anzulegen[85]. Der Ausschluss von der Tätigkeit als Beisitzer der BR-Seite kann vom AG jedoch nicht i. S. einer Sanktion für unerwünschte Verhaltensweisen oder arbeitsvertragliche Verfehlungen in der Vergangenheit verlangt werden.[86]

Dies gilt auch, wenn eine Seite die Auffassung vertritt, mit der **Auswahl des Beisitzers** durch die andere Seite würden ihre berechtigten Interessen verletzt oder der benannte Beisitzer sei **»unzumutbar«.**[87] Auch die Bestellung eines ehemaligen Mitglieds des BR zum außerbetrieb-

75 *LAG Baden-Württemberg* 1. 10. 20 – 3 TaBV 4/20; 10. 9. 20 – 4 TaBV 5/20 (3 Beisitzer zum Regelungsgegenstand psychische Gefährdungsbeurteilung); *LAG Düsseldorf* 7. 4. 20 – 3 TaBV 1/20, juris (3 Beisitzer bei ESt. zu den Regelungsgegenständen Eingliederungsmanagement und Gefährdungsbeurteilung); *LAG Köln* 20. 10. 17, a. a. O. (3 Beisitzer bei Est. zum Regelungsgegenstand Gefährdungsbeurteilung); *LAG Schleswig-Holstein* 15. 8. 06 – 1 TaBV 43/06; *LAG Niedersachsen* 13. 12. 05 – 1 TaBV 77/05, AuR 06, 214; *LAG München* 15. 7. 91, LAGE § 76 BetrVG 1972 Nr. 38; *LAG Hamm* 8. 4. 87, DB 87, 1441.

76 Zustimmend Hako-BetrVG-*Krasshöfer*, a. a. O.; *Wenning-Morgenthaler*, a. a. O.

77 So bereits *LAG Hamm* 1. 3. 72, BB 72, 539.

78 *LAG Hamburg* 13. 1. 99, a. a. O.

79 So wohl GK-*Jacobs*, Rn. 37.

80 So aber *LAG München* 31. 1. 89, NZA 89, 525; WPK-*Preis*, Rn. 14; wie hier *LAG Hamburg* 13. 1. 99, a. a. O.

81 *BAG* 24. 4. 96 – 7 ABR 40/95, BB 96, 1991; 14. 12. 88, AP Nr. 30 zu § 76 BetrVG 1972.

82 *Wenning-Morgenthaler*, Rn. 120: kaum denkbar, dass ein solcher Fall je eintreten wird.

83 *BAG* 20. 8. 14 – 7 ABR 64/12, NZA 14, 1349 (R. 23); 28. 5. 14 – 7 ABR 36/12, NZA 14, 1213 (Rn. 35 f.); 24. 4. 96 – 7 ABR 40/95, a. a. O.

84 *BAG* 19. 11. 19 – 7 ABR 52/17, NZA 20, 727 (Rn. 30 f.).

85 *BAG* 19. 11. 19, a. a. O. (Rn. 31); 28. 5. 14, a. a. O. (Rn. 36).

86 *BAG* 28. 5. 14, a. a. O.

87 Wie hier *LAG Baden-Württemberg* 4. 9. 01 – 8 TaBV 2/01, AuR 02, 151; *Fitting*, Rn. 16; GK-*Jacobs*, Rn. 47, 48; a. A. *GL*, Rn. 8; HWGNRH-*Worzalla*, Rn. 50; wohl auch Richardi-*Maschmann*, Rn. 49.

lichen Mitglied einer ESt., dessen Arbeitsverhältnis aus Anlass persönlichkeits- und ehrverletzender Äußerungen gegenüber Führungskräften des AG (durch gerichtlichen Vergleich) beendet wurde, ist – auch nach dem Grundsatz der vertrauensvollen Zusammenarbeit – nicht zu beanstanden.[88] Bei der Auswahl der Beisitzer kann sich der BR allein davon leiten lassen, **Personen seines Vertrauens** zu benennen, die geeignet sind, den bestehenden Konflikt mit dem AG beizulegen und die Interessen der vom BR vertretenen Belegschaft zu wahren.[89]

30 Die Beisitzer müssen **nicht Angehörige des Betriebs** sein. Es können z. B. **Verbandsvertreter**[90] ebenso wie **gänzlich Außenstehende** bestellt werden.[91] Wird eine ESt. in einem Betrieb eines UN, einer UN-Gruppe oder eines Konzerns tätig, können auch **AN oder BR-, GBR- oder KBR-Mitglieder aus einem anderen Betrieb** als außerbetriebliche Beisitzer bestellt werden[92] (zum Vergütungsanspruch s. § 76a Rn. 20). Einer derartigen Beisitzertätigkeit steht die arbeitsvertragliche Pflicht zur Rücksichtnahme nach § 241 Abs. 2 BGB nicht entgegen.[93] Auch handelt es sich in der Regel nicht um eine Nebentätigkeit, deren Erlaubnis der AG wegen der Beeinträchtigung betrieblicher Belange verweigern kann. Deshalb muss der AN unter dieser Voraussetzung bei Verweigerung der Erlaubnis durch den AG mit der Wahrnehmung der Beisitzertätigkeit nicht bis zu einer gerichtlichen Entscheidung über die Zulässigkeit der Nebentätigkeit abwarten.[94] Die Betriebsparteien können mehrere betriebsfremde und somit honorarberechtigte Beisitzer benennen.[95] Zulässig ist es auch, wenn keiner der Beisitzer dem Betrieb angehört,[96] wenn also beispielsweise von einer oder beiden Seiten zwei Verbandsvertreter oder ein Verbandsvertreter und ein Rechtsanwalt benannt werden. Für die **(auch ausschließliche) Auswahl externer Beisitzer** muss der BR nicht die Erforderlichkeit oder einen besonderen Schwierigkeitsgrad der ESt. darlegen (zum **Honoraranspruch** externer Beisitzer vgl. § 76a Rn. 21 f.).[97]

31 **AG und BR-Mitglieder** können selbst als Beisitzer tätig sein[98] oder sonstige **Betriebsangehörige** benennen. Der AG ist nicht gehindert, einen leitenden Angestellten zu bestellen.[99]

32 Auch der **Insolvenzverwalter** kann als Beisitzer tätig werden. Wird in der Insolvenz des AG aus Anlass einer Betriebsstilllegung ein Sozialplan aufgestellt, brauchen zu Mitgliedern der ESt. Vertreter der **Gläubiger** nicht bestellt zu werden.[100]

33 Die **Ablehnung** der von einer Seite benannten Beisitzer durch die andere Seite, etwa **wegen Befangenheit,** ist unzulässig,[101] weil dies der Funktion der Beisitzer als vom Vertrauen der sie bestellenden Betriebsparteien getragene Interessenvertreter widersprechen würde. Das gilt auch, wenn vom Ergebnis des ESt.-Verfahrens **persönliche Interessen eines Beisitzers** berührt werden,[102] was sich u. a. schon daraus ergibt, dass der AG selbst oder seine vertretungsberechtigten Personen als Beisitzer tätig sein können (vgl. Rn. 31).

---

88 *BAG* 20. 8. 14, a. a. O.; 28. 5. 14, a. a. O., (Rn. 36 f.).
89 *BAG* 28. 5. 14, a. a. O. (Rn. 32); 24. 4. 96 – 7 ABR 40/95, a. a. O.
90 Hauptamtliche Gewerkschaftssekretäre, Vertreter der AG-Verbände: *BAG* in ständiger Rspr., vgl. 14. 12. 88, AP Nr. 30 zu § 76 BetrVG 1972; *Fitting,* Rn. 10; *GL,* Rn. 8a; GK-*Jacobs,* Rn. 48; HWGNRH-*Worzalla,* Rn. 48; Richardi-*Maschmann,* Rn. 45.
91 GK-*Jacobs,* a. a. O.
92 BAG 13. 5. 15 – 2 ABR 38/14, NZA 16, 116; 21. 6. 89 – 7 ABR 92/87, NZA 90, 110.
93 BAG 13. 5. 15, a. a. O.
94 BAG 13. 5. 15, a. a. O.
95 *BAG* 19. 11. 19 – 7 ABR 52/17, NZA 20, 727; *LAG Mecklenburg-Vorpommern* 31. 5. 22 – 5 TaBV 17/21 (jeweils zwei betriebsinterne und zwei externe Beisitzer).
96 *BAG* 19. 11. 19, a. a. O.; 24. 4. 96 – 7 ABR 40/95, BB 96, 1991; 14. 12. 88, a. a. O. (im entschiedenen Fall zwei Beisitzer).
97 *BAG* 13. 5. 15, NZA 16, 116; 10. 10. 07 – 7 ABR 51/06, DB 08, 478; 24. 4. 96 – 7 ABR 40/95, a. a. O. (für die Bestellung externer unternehmensangehöriger Beisitzer); 21. 6. 89 – 7 ABR 92/87, NZA 90, 110; *HessLAG* 4. 9. 08 – 9 TaBV 71/08; juris; *Wenning-Morgenthaler,* Rn. 122.
98 *BAG* 6. 5. 86, AP Nr. 8 zu § 128 HGB.
99 GK-*Jacobs,* Rn. 48.
100 *BAG* 6. 5. 86, AP Nr. 8 zu § 128 HGB.
101 *LAG Baden-Württemberg* 4. 9. 01, AuR 02, 151; *LAG Düsseldorf* 3. 4. 81, BB 81, 733; *Fitting,* Rn. 16; GK-*Jacobs,* Rn. 52; Richardi-*Maschmann,* Rn. 49.
102 LAG-Düsseldorf 3. 4. 81, a. a. O.; *Fitting,* Rn. 16; ErfK-*Kania,* Rn. 10; GK-*Jacobs,* Rn. 49; Richardi-*Maschmann,* Rn. 49; a. A.: *U. Fischer,* AuR 05, 1, 2; *Wenning-Morgenthaler,* Rn. 122; *Schmitt,* NZA 87, 78 (82 f.).

Die Bestellung von **Ersatzbeisitzern** ist zulässig.[103] Sie kann vorsorglich bereits anlässlich der Errichtung der ESt. oder durch Neubenennung für einen konkret ausgefallenen Beisitzer geschehen. Bestellte Beisitzer können auch jederzeit von AG oder BR abberufen und durch eine andere Person ersetzt werden.[104] **Scheidet ein betriebsangehöriger Beisitzer** während des laufenden ESt.-Verfahrens **aus dem Betrieb aus,** führt dies nicht automatisch zur Beendigung seiner Tätigkeit in der ESt. Ist ein Beisitzer in den Streitgegenstand gut eingearbeitet oder hat er bereits an einer Verhandlung der ESt. teilgenommen, ist der BR nicht verpflichtet, ihn abzuberufen, sondern kann ihn als externen Beisitzer im Amt belassen (zu den Kosten vgl. § 76a Rn. 16).[105] 34

Die **Benennung** der vom **BR** zu bestellenden Beisitzer erfolgt durch **BR-Beschluss,** wobei die Voraussetzungen des § 33 zu beachten sind.[106] Erfolgt die Bestellung auf Grundlage einer **fehlerhaften Beschlussfassung** des BR oder einer vom BR-Vorsitzenden **ohne Rechtsgrundlage** im Namen des BR getroffenen Vereinbarung, kann der BR die Bestellung durch eine **nachträgliche Beschlussfassung** genehmigen (vgl. dazu auch § 26 Rn. 22).[107] Da die Beschlussfassung über die Bestellung eines Beisitzers nicht fristgebunden ist, kann sie auch noch **nach Beendigung des ESt.-Verfahrens** erfolgen. Die sich aus einer nachträglichen Genehmigung ergebenden Rechtsfolgen (insbesondere der gesetzliche **Vergütungsanspruch** externer Beisitzer gem. § 76a Abs. 3, vgl. dort Rn. 21 f.) werden nicht durch einen zugunsten des AG bestehenden Vertrauensschutz eingeschränkt.[108] Bestreitet der AG die Wirksamkeit des Bestellungsbeschlusses erstmals in einem Rechtstreit um die Beisitzervergütung, nachdem ein Beisitzer des BR über einen Zeitraum von neun Monaten an elf Sitzungen einer ESt. unbeanstandet teilgenommen hat, ist dies rechtsmissbräuchlich und unbeachtlich.[109] 35

Der **AG** bestellt seine **Beisitzer** durch einfache Benennung. 36

3. Die Rechtsstellung der Mitglieder

Die Mitglieder der ESt. üben **keine richterliche Funktion** aus.[110] Das gilt sowohl für den Vorsitzenden (auch wenn dieser Richter ist) als auch für die Beisitzer. Ihre Mitwirkung ist freiwilliger Art. Deshalb sind sie auch berechtigt, **das Amt abzulehnen**[111] oder jederzeit **niederzulegen.**[112] Das gilt auch für die Mitglieder des Betriebsrats.[113] 37

Trotz der vom Gesetz gewollten Nähe der **Beisitzer** zu der sie bestellenden Betriebspartei sollen sie nach Auffassung des *BAG* mit einer gewissen inneren Unabhängigkeit ihre **Schlichtungs- und Konfliktlösungsfähigkeit** in das ESt.-Verfahren einbringen.[114] Insoweit sind die Beisitzer auch nicht als **Vertreter** oder **Verfahrensbevollmächtigte** der Betriebsparteien anzusehen[115] und sind auch **an Aufträge und Weisungen nicht gebunden;** ihre Entscheidungen haben sie nach bestem Wissen und Gewissen zu treffen.[116] 38

Während der Vorsitzende wegen der in Abs. 2 Satz 1 geforderten Unparteilichkeit strikte Neutralität zu wahren hat (vgl. Rn. 17 f.), ist es den **Beisitzern allerdings unbenommen,** bei ihrer 39

---

103 *Fitting,* Rn. 22; GK-*Jacobs,* Rn. 50.

104 ErfK-*Kania,* Rn. 10; *Fitting,* Rn. 17; *GL,* Rn. 8b; GK-*Jacobs,* a. a. O.; *Wenning-Morgenthaler,* Rn. 130; a. A. *Tschöpe,* NZA 04, 945, 948.

105 *ArbG Düsseldorf* 24.6.92, AiB 93, 49.

106 *BAG* 22.11.17 – 7 ABR 46/16, NZA 18, 732; 10.10.07 – 7 ABR 51/06, DB 08, 478.

107 *BAG* 10.10.07, a. a. O.; *HessLAG* 4.9.08 – 9 TaBV 71/08; juris.

108 *BAG* 10.10.07, a. a. O.

109 LAG Schleswig-Holstein 14.1.16 – 5 TaBV 45/15, NZA-RR 16, 304; *HessLAG* 11.12.08 – 9 TaBV 196/08 – juris.

110 Vgl. zur Rechtsstellung der Beisitzer auch *U. Fischer,* AuR 05, 1, 2 ff.

111 *Fitting,* Rn. 47; GK-*Jacobs,* Rn. 89; Richardi-*Maschmann,* Rn. 141.

112 *Fitting,* a. a. O.; ErfK-*Kania,* Rn. 11; GK-*Jacobs,* Rn. 96; HWK-*Kliemt,* Rn. 26; *Wenning-Morgenthaler,* Rn. 133, 147, und *Schönfeld,* DB 88, 1996 [2001 f.]: ausdrücklich auch für den Vorsitzenden.

113 Richardi-*Maschmann,* a. a. O.

114 *BAG* 29.1.02 – 1 ABR 5/01, DB 02, 1948; 27.6.95 – 1 ABR 3/95, NZA 96, 161: kein »verlängerter Arm« der Betriebspartei; zustimmend GK-*Jacobs,* Rn. 95.

115 *BAG* 29.1.02, a. a. O.; 27.6.95, a. a. O.

116 Vgl. u. a. *Fitting,* Rn. 51; GK-*Jacobs,* a. a. O.

Stellungnahme die **Interessen zu berücksichtigen,** denen sie sich verbunden fühlen.[117] Da es sich bei der ESt. nicht um ein Gericht, sondern um ein Organ der Betriebsverfassung handelt, in dem gegensätzliche Interessen zum Ausgleich gebracht werden sollen, hat der Gesetzgeber den Betriebsparteien die Möglichkeit eingeräumt, auf der Grundlage ihrer autonomen Entscheidung **Personen ihres Vertrauens** als Beisitzer in die ESt. zu entsenden.[118] Insofern setzt das Gesetz die **Interessengebundenheit** der von AG und BR benannten Beisitzer von vornherein voraus.[119]

40 Eine **Ablehnung** der von einer Seite benannten Beisitzer durch die jeweils andere Seite ist unzulässig (vgl. dazu Rn. 33; zur Ablehnung des Vorsitzenden wegen Befangenheit vgl. Rn. 102 ff.).

41 Die **Annahme des Amtes** als Mitglied der ESt. erfolgt durch Erklärung (auch formlos oder durch schlüssiges Handeln) gegenüber der bestellenden Betriebspartei. Mit der Annahme kommt zwischen dem AG und dem Mitglied der ESt. regelmäßig ein Vertragsverhältnis zustande. Je nachdem, ob ein gesetzlicher Vergütungsanspruch besteht (vgl. dazu § 76a Rn. 21 ff.) oder nicht, handelt es sich um ein entgeltliches Geschäftsbesorgungsverhältnis (§§ 675, 611 BGB) oder es kommt Auftragsrecht (§§ 662 ff. BGB) zur Anwendung.[120]

42 In der **Ausübung ihrer Funktion** dürfen die Mitglieder der ESt. **nicht gestört oder behindert** und wegen ihrer Tätigkeit **nicht benachteiligt oder begünstigt** werden. Das gilt auch im Hinblick auf die berufliche Entwicklung betrieblicher Beisitzer (§ 78; vgl. im Übrigen § 119 Rn. 14 ff.). Die **Androhung einer Kündigung** des Arbeitsverhältnisses eines Beisitzers (oder Einleitung eines Verfahrens nach § 103 BetrVG) wegen dessen Verhalten oder dessen Äußerungen in einer Sitzung der ESt. kann eine unzulässige Behinderung gem. § 78 und eine Verletzung eigener Rechte des BR aus § 76 darstellen.[121]

43 Da die **Geheimhaltungspflicht** des § 79 sich auch auf die Mitglieder der ESt. erstreckt (§ 79 Abs. 2), sind diese verpflichtet, Betriebs- und Geschäftsgeheimnisse (vgl. § 79 Rn. 3 ff.), die ihnen wegen ihrer Zugehörigkeit zur ESt. bekannt geworden und vom AG ausdrücklich als geheimhaltungsbedürftig bezeichnet worden sind, nicht zu offenbaren und nicht zu verwerten.

44 Soweit es sich bei den Mitgliedern der ESt. um Betriebsangehörige handelt, können diese den besonderen Kündigungsschutz des § 15 KSchG nicht für sich in Anspruch nehmen, wenn sie nicht gleichzeitig Mitglieder des BR sind. Für diesen Personenkreis besteht jedoch auf Grund des Benachteiligungsverbots des § 78 ein sog. **relativer Kündigungsschutz.** Danach ist eine Kündigung, die der AG wegen der Tätigkeit in der ESt. ausspricht, wegen Verstoßes gegen ein gesetzliches Verbot (§ 134 BGB) nichtig.[122]

45 Eine **Haftung** von Mitgliedern der ESt. (etwa wegen Verletzung der Geheimhaltungspflicht) ist grundsätzlich nicht ausgeschlossen.[123] Sie ist aber wegen der Funktion der ESt. als betrieblichem Schlichtungsorgan auf **grobe Fahrlässigkeit** und **Vorsatz** beschränkt und setzt voraus, dass die Benachteiligten nicht die arbeitsgerichtliche Überprüfung des Spruchs der ESt. herbeiführen konnten (vgl. § 254 Abs. 2 Satz 1 BGB).

45a Da das Mitbestimmungsverfahren mit der Einsetzung einer ESt. nicht abgeschlossen ist, gehört es zu den **Aufgaben des BR,** aus eigener Kompetenz die Verhandlungen der **ESt. zu begleiten** und sich mit ihren **Vorschlägen kritisch auseinanderzusetzen.** Deshalb kann eine inhaltlich den Regelungsgegenstand der ESt. betreffende Schulung der vom BR als Beisitzer in die ESt. entsandten Mitglieder des BR erforderlich sein (§ 37 Abs. 6),[124] sofern diese Schulung nicht durch einen ebenfalls vom BR in die ESt. entsandten externen Beisitzer erfolgt.[125]

---

117 *BAG* 28.5.14 – 7 ABR 36/12, NZA 14, 1213 (Rn. 30 ff.); *Fitting,* a. a. O.; GK-*Jacobs,* a. a. O., *Wenning-Morgenthaler,* Rn. 148, 151.
118 *BAG* 28.5.14, a. a. O.
119 *BAG* 13.5.15, NZA 16, 116; GK-*Jacobs,* a. a. O.; *Wenning-Morgenthaler,* a. a. O.; vgl. auch *LAG Düsseldorf* 3.4.81, BB 81, 733.
120 Vgl. GK-*Jacobs,* Rn. 90; *Schönfeld,* DB 88, 1996 (2000).
121 *LAG Niedersachsen* 27.5.14 – 11 TaBV 104/13, juris.
122 ErfK-*Kania,* Rn. 13; *Fitting,* Rn. 54; GK-*Jacobs,* Rn. 93; Richardi-*Maschmann,* Rn. 145.
123 Vgl. im Einzelnen *Fitting,* Rn. 52; *Wenning-Morgenthaler,* Rn. 153 ff.
124 *BAG* 20.8.14 – 7 ABR 64/12, NZA 14, 1349.
125 *BAG* 20.8.14, a. a. O.

Zu den **Kosten des ESt.-Verfahrens,** insbes. auch der Vergütung für ihre Mitglieder, vgl. § 76a Rn. 9 ff. (Verfahrenskosten) und Rn. 21 ff. (Vergütung). 46

4. Anrufung der Einigungsstelle und arbeitsgerichtliche Entscheidung über die Besetzung der Einigungsstelle

Die ESt. wird im **erzwingbaren ESt.-Verfahren** (vgl. Rn. 8 f.) nur tätig, wenn sie in einer in 47
die Zuständigkeit der ESt. (vgl. Rn. 8) fallenden Streitigkeit, die zwischen den Betriebsparteien nicht beigelegt werden kann (vgl. Rn. 5), von einer dazu befugten Seite, also AG oder BR, angerufen wird (zum **freiwilligen ESt.-Verfahren** vgl. Rn. 88). Regelmäßig sind beide Seiten zur Anrufung befugt, es sei denn, dass ein Tatbestand des § 37 Abs. 6 und 7, des § 38 Abs. 2 Satz 5 oder des § 95 Abs. 1 (vgl. dazu aber auch § 95 Rn. 15) vorliegt. Dann ist allein der AG zur Anrufung berechtigt. Im Falle des § 85 Abs. 2 steht dieses Recht nur dem BR zu. Der WA, die JAV oder einzelne AN sind zur Anrufung der ESt. nicht berechtigt (vgl. dazu auch Rn. 4).

Die **Anrufung** der ESt. ist grundsätzlich an **keine Frist** gebunden. Eine **Ausnahme** enthält 48
lediglich § 38 Abs. 2. Danach muss der AG die ESt. innerhalb einer Frist von zwei Wochen anrufen, wenn er den Beschluss des BR hinsichtlich der Freistellung von BR-Mitgliedern für sachlich nicht begründet hält.

Hat der BR die Teilnahme von BR-Mitgliedern an Schulungs- und Bildungsveranstaltungen 49
(§ 37 Abs. 6 und 7) beschlossen und dem AG die zeitliche Lage rechtzeitig mitgeteilt, muss dieser die ESt. **unverzüglich** anrufen, wenn er der Meinung ist, dass der BR bei seiner Beschlussfassung die betrieblichen Notwendigkeiten nicht ausreichend berücksichtigt hat. Ruft der AG die ESt. nicht innerhalb einer Frist von zwei Wochen nach der Mitteilung des BR an, können die dazu bestimmten BR-Mitglieder an der Schulungsveranstaltung teilnehmen (vgl. § 37 Rn. 159 f.).

Formvorschriften für die Anrufung der ESt. bestehen nicht. Sie gilt im zwingenden ESt.-Ver- 50
fahren (Rn. 8) als angerufen, wenn der **Gegenseite eine entsprechende Erklärung** zugegangen ist. Im Interesse des Antragstellers ist es jedoch zweckmäßig, bei der Abgabe der Erklärung die **Schriftform** zu wählen.[126] Ruft der BR die ESt. an, muss ein entsprechender Beschluss (§ 33) vorausgegangen sein.

In der Erklärung, mit der die ESt. angerufen wird, sollte genau angegeben sein, in welcher An- 51
gelegenheit bzw. zu welchem **Streitgegenstand** eine Entscheidung begehrt wird (s. Rn. 58). Es ist dagegen weder erforderlich noch sinnvoll, darzulegen, welcher konkrete Regelungsvorschlag mit Hilfe der ESt. durchgesetzt werden soll (s. Rn. 76). Um eine beschleunigte Durchführung des Verfahrens zu ermöglichen, sollten weiterhin gleichzeitig **Vorschläge** über die **Person des Vorsitzenden** und über **die Anzahl der Beisitzer** unterbreitet werden.

Ruft der AG die ESt. nach **§ 38 Abs. 2** an, sind an den Antrag **strengere Anforderungen** zu 52
stellen, da dieser an die gesetzlich vorgeschriebene **zweiwöchige Frist** gebunden ist. Der AG muss dann innerhalb der Frist gegenüber dem BR eindeutig erklären, dass er die ESt. anruft. Gleichzeitig muss er mitteilen, welche Person er als Vorsitzenden vorschlägt und wie viele Beisitzer jede Seite benennen soll. Nur durch derartige strenge Anforderungen wird der AG von vornherein daran gehindert, das Verfahren zu verschleppen. Der BR kann hinsichtlich einer Beschleunigung hier kaum tätig werden, da er im Rahmen des § 38 Abs. 2 nicht zur Anrufung der ESt. befugt ist. Andererseits wird im Falle des § 38 Abs. 2 der Beschluss des BR erst wirksam, wenn die ESt. ihre Entscheidung getroffen hat.

Können sich die Betriebsparteien über die **Person des Vorsitzenden** und/oder die **Anzahl der** 53
Beisitzer nicht einigen, kann von beiden Seiten die von ihnen gewünschte Besetzung der ESt. beim **ArbG** beantragt werden (Abs. 2 Satz 2 und 3 i. V. m. § 100 Abs. 1 Satz 1 ArbGG). Die Festlegung der Besetzung einer ESt. durch den **Spruch einer ESt.** verstößt gegen diese zwingenden gesetzlichen Vorschriften und ist unwirksam.[127] Das **Bestellungsverfahren** ist auf 2 Instanzen beschränkt. Sowohl beim ArbG als auch beim LAG entscheidet der Vorsitzende allein. Die Einlassungs- und Ladungsfristen betragen 48 Stunden. Der erstinstanzliche Beschluss ist spä-

126 Zu den praktischen Fragen vgl. DKWF-*Berg,* § 76 Rn. 1 ff. und *Bösche/Grimberg,* AiB 91, 69.
127 *BAG* 9.7.13 – 1 ABR 19/12, NZA 14, 99.

testens innerhalb von vier Wochen nach Eingang des Antrags zuzustellen. Diese speziellen Vorschriften sollen der **Verfahrensbeschleunigung** dienen.

54 In vielen Fällen wird in diesem **gerichtlichen Bestellungsverfahren**[128] nur vordergründig über die **personelle Besetzung der ESt.** gestritten, während es im Kern eigentlich um einen Streit der Betriebsparteien über die Mitbestimmungspflichtigkeit eines betrieblichen Regelungsgegenstandes – und damit über die **Zuständigkeit der ESt.** – geht oder um die **zeitliche Verzögerung** der mitbestimmten Regelung einer mitbestimmungspflichtigen Angelegenheit (z. B. durch den AG, wenn der BR von seinem Initiativrecht [vgl. § 87 Rn. 25 ff.] Gebrauch macht). Es verstößt nicht gegen das Gebot der vertrauensvollen Zusammenarbeit gem. § 2 Abs. 1, wenn die Betriebsparteien zur Klärung bestehender Streitfragen über den Regelungsgegenstand, die Person des Vorsitzenden und/oder die Anzahl der Beisitzer einer Einigungsstelle das gerichtliche Bestellungsverfahren ausschöpfen[129] (vgl. dazu auch § 2 Rn. 31a). Hat der **AG eine mitbestimmungspflichtige Angelegenheit einseitig geregelt** und ist für den BR die Aussicht auf Durchsetzung einer einstweiligen Verfügung (vgl. Einl. Rn. 226 f.; § 23 Rn. 279, 331) eher gering, bietet die Durchführung des Bestellungsverfahrens gem. § 100 ArbGG eine geeignete Möglichkeit, die gesetzlich vorgesehene Mitbestimmung des BR im Rahmen eines ESt.-Verfahrens zumindest nachträglich durchzusetzen.[130] Die ESt. ist im Rahmen ihrer **vorläufigen Regelungskompetenz** (vgl. Rn. 118 f.) grundsätzlich befugt, mitbestimmungswidrige Maßnahmen des AG bis zum Abschluss des ESt.-Verfahrens ganz oder teilweise zu untersagen bzw. nur in modifizierter Form zu erlauben.

55 Ist eine Einigung über die **Person des Vorsitzenden der ESt.** nicht zu erzielen, so erfolgt die **Bestellung** durch das **örtlich zuständige ArbG.** Antragsberechtigt ist sowohl derjenige, der das ESt.-Verfahren betreibt, als auch die Gegenseite, sofern auch ihr ein Anrufungsrecht zusteht. Der Antragsteller ist nicht verpflichtet, dem Gericht konkrete Vorschläge zu unterbreiten, obwohl das im Interesse einer Beschleunigung des Bestellungsverfahrens dienlich ist.[131]

56 Das Gericht ist **an** derartige **Vorschläge** jedoch **nicht gebunden,**[132] sollte die vom Antragsteller vorgeschlagene Person jedoch immer dann bestellen, wenn im Hinblick auf die Unparteilichkeit oder die erforderlichen Fachkenntnisse keine durch Tatsachen begründeten Bedenken bestehen.[133] Wenn die Ablehnung der vorgeschlagenen Person durch eine der Betriebsparteien nicht mit derartigen Tatsachen nachvollziehbar begründet wird, ist das Gericht bei seiner Entscheidung nicht gehindert, die vorgeschlagene Person als Vorsitzenden zu bestimmen.[134] Allerdings ist zu berücksichtigen, dass der vom Gericht zu bestellende Vorsitzende, um seine Funktion effektiv wahrnehmen zu können, das **Vertrauen** möglichst **beider Betriebsparteien** genießen sollte,[135] so dass insoweit auch die durch eine der Betriebsparteien vorgebrachten subjektiven **Einwände gegen die Person eines vorgeschlagenen ESt.-Vorsitzenden** nicht übergangen werden dürfen. Andererseits können Bedenken gegen die Eignung einer vorgeschlagenen Person nur dann Beachtung finden, wenn diese zumindest **nachvollziehbar** und **schlüssig** vorgetragen werden[136] und durch das Erheben von Einwänden und Bedenken das

---

128 Zu den Einzelheiten vgl. ErfK-*Koch*, ArbGG § 100 Rn. 4 ff.; GMP-*Schlewing*, ArbGG § 100 Rn. 16 ff.; *HBR*, Rn. 273 ff.

129 A. A. *LAG Düsseldorf* 12.12.07 – 12 TaBVGa 8/07; *ArbG Augsburg* 24.9.15 – 9 BVGa 6/15, juris = AiB 5/16, 63 mit krit. Anm. *Helm/Seebacher*.

130 Vgl. dazu *HBR*, Rn. 21.

131 Vgl. Muster einer Antragsschrift in DKWF-*Berg*, § 76 Rn. 13.

132 *Fitting*, Rn. 38; GK-*Jacobs*, Rn. 63; Hako-BetrVG-*Krasshöfer*, Rn. 16; *LAG Schleswig-Holstein* 4.9.02 – 4 TaBV 8/02, LAGE § 98 ArbGG 1979 Nr. 39; *LAG Frankfurt* 6.4.76, AuR 77, 62; *LAG Hamm* 16.8.76, DB 76, 2069.

133 *LAG Berlin-Brandenburg* 10.9.14, juris; 22.1.10 – 10 TaBV 2829/09; 7.8.08 – 14 TaBV 1212/08 – juris; *LAG Bremen* 1.7.88, AiB 88, 315 mit zustimmender Anm. *Trittin*.

134 *LAG Baden-Württemberg* 28.9.17 – 12 TaBV 7/17, juris; *LAG Berlin-Brandenburg* 18.6.15 – 21 TaBV 745/15, juris; a. A. *LAG Düsseldorf* 25.8.14 – 9 TaBV 39/12, NZA-RR 16, 647; *LAG Berlin-Brandenburg* 4.6.10 – 6 TaBV 901/10, DB 10, 1891.

135 *LAG Frankfurt* 23.6.88, BB 88, 2173.

136 *LAG Niedersachsen* 22.10.13 – 1 TaBV 53/13, *LAG Baden-Württemberg* 12.1.87 – 6 [11] TaBV 16/86; *LAG Frankfurt* 23.6.88, a. a. O.; *LAG Berlin* 19.8.88 – 2 TaBV 5/88; Hako-BetrVG-*Krasshöfer*, a. a. O.

ESt.-Verfahren nicht behindert oder verzögert wird.[137] Werden begründete oder zumindest nachvollziehbare Einwände erhoben und ist es in Abweichung vom Vorschlag des Antragstellers ohne Schwierigkeiten möglich, eine Person als Vorsitzenden zu bestellen, gegen die von beiden Seiten keine Einwände vorgebracht werden, ist dieser Lösung der Vorzug zu geben.[138] Erklären sich BR und AG im Bestellungsverfahren, zumindest hilfsweise, **mit derselben Person als ESt.-Vorsitzenden einverstanden,** ist das Auswahlermessen des ArbG dahingehend gebunden.[139]

Aufgrund der Regelung des **§ 100 Abs. 1 Satz 5 ArbGG** (vgl. dazu Rn. 21 f.) darf ein Arbeitsrichter nur dann zum ESt.-Vorsitzenden bestellt werden, wenn auf Grund der Geschäftsverteilung ausgeschlossen ist, dass er mit der Überprüfung, der Auslegung oder der Anwendung des Spruchs der ESt. befasst wird (näheres dazu Rn. 21 f.). Zu den sonstigen an die Person des ESt.-Vorsitzenden zu stellenden Anforderungen, die auch und gerade im arbeitsgerichtlichen Bestellungsverfahren zu beachten sind, vgl. Rn. 16 ff. Durch das ArbG können wegen des **Gebots der Unparteilichkeit** insbes. Mitglieder des BR, Vertreter oder nahe Verwandte des AG, sonstige Betriebsangehörige oder Verbandsvertreter (Gewerkschaftssekretäre, Vertreter der AG-Verbände) nicht bestellt werden.[140] 57

Für die Bestellung des Vorsitzenden der ESt. ist das ArbG zuständig, in dessen **Bezirk der Betrieb** liegt (§ 82 ArbGG). Der **Antrag** kann bei dem Gericht schriftlich eingereicht oder auch zu Protokoll der Geschäftsstelle erklärt werden (§ 81 Abs. 1 ArbGG). Der Antrag ist zu begründen und muss erkennen lassen, dass es an einer Einigung der Betriebsparteien über einen **bestimmten,** vor der ESt. zu verhandelnden **Regelungsgegenstand** mangelt,[141] da im Bestellungsverfahren nach § 100 ArbGG nicht nur die Person des Vorsitzenden und die Anzahl der Beisitzer festgelegt wird, sondern auch die sich aus der Konkretisierung des Regelungsgegenstandes ergebende **Regelungs- und Spruchkompetenz der ESt** (vgl. dazu auch Rn. 76, 111).[142] 58

Die Entscheidung trifft das ArbG durch den **Vorsitzenden** (der nach dem Geschäftsverteilungsplan zuständigen Kammer) **allein** (§ 100 Abs. 1 Satz 1 ArbGG, vgl. dazu auch Rn. 53 f.). Trotz der mit § 100 ArbGG beabsichtigten Verfahrensbeschleunigung ist das Gericht verpflichtet, die Beteiligten vor der Bestellung **mündlich zu hören** (§ 100 Abs. 1 Satz 3 i. V. m. § 83 Abs. 3 ArbGG).[143] Im Einverständnis der Beteiligten ist eine Bestellung ohne mündliche Verhandlung zulässig (§ 83 Abs. 4 Satz 3 ArbGG). Bestellt der Vorsitzende des ArbG die ESt. **ohne mündliche Verhandlung,** ist wegen § 100 Abs. 2 i. V. m. § 91 Abs. 1 ArbGG eine **Zurückverweisung** des Rechtsstreits durch das LAG an das ArbG nicht zulässig. Derartige Verfahrensverstöße führen auch nicht zur Nichtigkeit der Bestellung.[144] Bestellt das Gericht in Abweichung von den Vorschlägen der Beteiligten einen Vorsitzenden, ohne ihnen hierzu vorher eine Möglichkeit zur Stellungnahme einzuräumen, verstößt dies gegen den Grundsatz des rechtlichen Gehörs.[145] 59

Während des Bestellungsverfahrens ist es dem **ArbG verwehrt,** gleichzeitig **über die sachliche Zuständigkeit** der ESt. **zu entscheiden** und aus diesem Grunde ggf. die Bestellung des Vorsitzenden abzulehnen. Ob ihre **Zuständigkeit** im konkreten Einzelfall gegeben ist, **entscheidet die ESt. selbst** (vgl. Rn. 112 ff.). Im Rahmen des Bestellungsverfahrens kann auch nicht das Begehren verfolgt werden, für eine bereits bestellte ESt. durch Beschluss des ArbG den **Re-** 60

---

137 Vgl. auch *Heilmann,* AiB 89, 68 ff. m. w. N.

138 Ähnlich *LAG Düsseldorf* 9.6.20 – 3 TaBV 31/20; *HessLAG* 20.5.08 – 4 TaBV 97/08, AuR 08, 406; 18.12.07 – 4 TaBV 268/07, AuR 07, 277; *Fitting,* a. a. O.; GK-*Jacobs,* a. a. O.; *Tschöpe,* NZA 04, 945, 947; WPK-*Preis,* Rn. 15, die allerdings auch unbegründete Einwände gelten lassen wollen.

139 LAG Düsseldorf 96.20, a. a. O.

140 ErfK-*Kania,* Rn. 6; GK-*Jacobs,* a. a. O.; Richardi-*Maschmann,* Rn. 52.

141 ErfK-*Koch,* § 100 ArbGG Rn. 2; GK-*Jacobs,* Rn. 62; *HBR,* Rn. 277 ff.; *LAG Hamburg* 10.4.91 – 5 TaBV 3/91, DB 91, 2195; *LAG Düsseldorf* 21.8.87, NZA 88, 211 (212).

142 *BAG* 7.12.21 – 1 ABR 25/20, NZA 2022, 504; 19.11.19 – 1 ABR 25/15, NZA 20, 266; 28.3.17 – 1 ABR 25/15, NZA 17, 1132. *LAG Schleswig-Holstein* 2.8.16 – 1 TaBV 171/16, juris; *LAG Hamburg* 1.2.07 – 8 TaBV 18/06, MDR 07, 1082; *HessLAG* 31.1.06 – 4 TaBV 208/05 – juris.

143 ErfK-*Koch,* ArbGG § 100, Rn. 4; GK-*Jacobs,* Rn. 41; GMP-*Schlewing,* ArbGG § 100 Rn. 21; *Grunsky,* § 98 ArbGG Rn. 1; Richardi-*Maschmann,* Rn. 63.

144 *LAG Köln* 1.3.01 – 3 TaBV 92/00, AuR 01, 238.

145 *LAG München* 31.1.89, NZA 89, 525; WP-*Preis,* Rn. 15.

gelungsgegenstand der Est. ändern zu lassen. Streitfragen bzgl. des Regelungsgegenstands der ESt. sind im ESt-Verfahren selbst zu klären.[146]

61 Das ArbG kann den Antrag auf Bestellung eines Vorsitzenden der ESt. nur dann zurückweisen, wenn die ESt. **offensichtlich unzuständig** ist (§ 100 Abs. 1 Satz 1 ArbGG).[147] Diese Voraussetzung ist nur dann gegeben, wenn die Zuständigkeit der ESt. bei fachkundiger Beurteilung auf den ersten Blick **unter keinem denkbaren rechtlichen Gesichtspunkt** als möglich erscheint[148] bzw. wenn sich die Streitigkeit sofort erkennbar nicht unter einen mitbestimmungspflichtigen Tatbestand des BetrVG subsumieren lässt.[149]

62 Die offensichtliche Unzuständigkeit der ESt. liegt dann nicht vor, wenn das Bestehen eines Mitbestimmungsrechts **höchstrichterlich noch nicht entschieden** und in Literatur und Instanzrechtsprechung **umstritten** ist.[150] Das gilt auch, wenn das *BAG* zwar entschieden hat, dass der für die Regelung durch die ESt. vorgesehene Fragenkomplex nicht der Mitbestimmung des BR unterliege oder nicht in die Zuständigkeit der ESt. falle, diese Ansicht aber **auf beachtliche Kritik gestoßen** ist.[151]

63 Dies gilt ebenfalls, wenn zu einer umstrittenen Frage von verschiedenen LAG **unterschiedliche Auffassungen** vertreten werden[152] oder die **Auslegung** einer neuen gesetzlichen Regelung durch die Rspr. nicht geklärt und in der Fachliteratur **umstritten** ist.[153]

64 Das Beschwerdegericht kann einen Antrag auf Bestellung des Vorsitzenden der ESt. nicht mehr wegen offensichtlicher Unzuständigkeit zurückweisen, wenn das **ArbG** in einem gleichzeitig anhängigen Beschlussverfahren in einer noch nicht rechtskräftigen Entscheidung das **Mitbestimmungsrecht,** um das BR und AG streiten, **bejaht** hat.[154]

65 Der **Maßstab der »offensichtlichen Unzuständigkeit«** und damit eine eingeschränkte Prüfungskompetenz des ArbG im Bestellungsverfahren gilt **nicht nur für die Frage der Zuständigkeit der ESt.** im engeren Sinn, sondern auch für **alle sonstigen** im Zusammenhang mit der Entscheidung über den Antrag ggf. **zu prüfenden rechtlichen Vorfragen.**[155] Auch bei zwischen BR und AG bestehenden Streitigkeiten, die sich im Zusammenhang mit der Bildung einer ESt. nicht unmittelbar auf das Vorliegen, den Inhalt und die Reichweite eines Mitbestimmungsrechtes, beziehen, sondern beispielsweise auf die Frage

- der Wirksamkeit einer BR-Wahl,[156]
- des Versuchs einer gütlichen Einigung[157] bzw. Scheiterns der Verhandlungen (vgl. dazu Rn. 68),
- ob der antragstellende BR nach einer UN-Aufspaltung noch im Amt ist,[158] oder
- der Zuständigkeitsabgrenzung von BR und GBR bzw. KBR,[159]

146 *Hessisches LAG* 3.6.14 – 4 TaBV 61/14, juris.

147 An Regelungsgegenständen orientierter Nachweis zahlreicher Bsp. aus der Rspr. für offensichtliche/nicht offensichtliche Unzuständigkeiten der ESt. bei GK-*Jacobs*, Rn. 74, *HBR*, Rn. 274, *Wenning-Morgenthaler*, Rn. 77 f.

148 Vgl. etwa *LAG München* 13.3.86, LAGE § 98 ArbGG 1979 Nr. 10; *Fitting*, Rn. 31; *Wenning-Morgenthaler*, Rn. 75.

149 Vgl. *LAG Köln* 5.12.01 – 7 TaBV 71/01, AuR 02, 278; *LAG Berlin* 18.2.80, AP Nr. 1 zu § 98 ArbGG; HWGNRH-*Worzalla*, Rn. 18; Richardi-*Maschmann*, Rn. 64; vgl. auch GK-*Jacobs*, Rn. 70, mit umfangreichen Hinweisen zur Rspr.

150 *LAG Hamm* 26.5.08 – 10 TaBV 51/08 – juris; *LAG Schleswig-Holstein* 19.12.06 – 6 TaBV 14/06, AuR 07, 183.

151 *LAG Saarland* 14.5.03 – 2 TaBV 7/03, AuR 03, 279; *LAG Baden-Württemberg* 16.10.91 – 12 TaBV 10/91, NZA 92, 186; a. A. *LAG Baden-Württemberg* 4.10.84, NZA 85, 163.

152 *LAG Nürnberg* 21.9.92 – 7 TaBV 29/92, NZA 93, 281.

153 *LAG Köln* 13.1.98 – 13 TaBV 60/97, NZA 98, 1018 = AiB 98, 593 mit Anm. *Ratayczak*.

154 *LAG Köln* 11.2.92 – 3 TaBV 54/91, NZA 92, 1103.

155 *LAG Köln* 1.3.01 – 3 TaBV 92/00, AuR 01, 238; 24.10.96 – 6 TaBV 59/96, AuR 97, 168.

156 *LAG Köln* 24.10.96 – 6 TaBV 59/96, a. a. O.

157 Vgl. dazu *BAG* 18.3.15 – 7 ABR 4/13, juris.

158 Vgl. dazu *LAG Hamburg* 2.11.88, BB 89, 916.

159 Vgl. dazu *LAG Mecklenburg-Vorpommern* 25.2.20 – 5 TaBV 1/20. NZA-RR 20, 257; *LAG Rheinland-Pfalz* 22.2.18 – 2 TaBV 38/17, juris; *LAG Köln* 20.10.17 – 9 TaBV 69/17, juris; *LAG Berlin-Brandenburg* 22.1.10 – 10 TaBV 2829/09; *LAG Düsseldorf* 20.3.07 – 8 TaBV 15/07; 3.7.02 – 12 TaBV 22/02,

kann ein Antrag auf Bestellung eines Vorsitzenden der ESt. nur dann zurückgewiesen werden, wenn die Zuständigkeit der ESt. bei fachkundiger Beurteilung auf den ersten Blick unter keinem denkbaren rechtlichen Gesichtspunkt als möglich erscheint. Allein diese Auffassung wird der mit § 100 ArbGG verbundenen Absicht der Verfahrensbeschleunigung und der Ausgestaltung des Bestellungsverfahrens als summarischem Eilverfahren gerecht.[160]

Wird in einem – möglicherweise **von mehreren AG – gemeinsam geführten Betrieb** eine Betriebsänderung (§ 111) mit der Folge durchgeführt, dass alle beteiligten AG gemeinsam verpflichtet sind, Verhandlungen über Interessenausgleich und Sozialplan zu führen, sind im Verfahren nach § 100 ArbGG alle AG zu beteiligen, die möglicherweise in ihrer betriebsverfassungsrechtlichen Stellung materiell betroffen sind, und ist ebenfalls in diesem Verfahren über die Person des Vorsitzenden und ggf. die Anzahl der Beisitzer zu entscheiden. Es bleibt den beteiligten AG – und ggf. einem eigenen Verfahren – überlassen und ist nicht im Verfahren nach § 100 ArbGG zu klären, welcher AG (wie viele) Beisitzer in die ESt. entsendet und verpflichtet ist, Interessenausgleichsverhandlungen zu führen und Sozialplanansprüche zu erfüllen.[161] 66

Das Bestellungsverfahren ist zwar grundsätzlich der **Sachverhaltsaufklärung durch Beweisaufnahme** zugänglich, was sich u. a. auch aus dem Verweis in § 100 Abs. 1 Satz 3 ArbGG auf die §§ 80–84 ArbGG ergibt,[162] und die Prüfung der tatsächlichen Voraussetzungen der Zuständigkeit der ESt. darf mit Rücksicht auf den maßgeblichen Untersuchungsgrundsatz nicht ausschließlich auf Grund der Tatsachenbehauptungen des Antragstellers erfolgen,[163] doch ist die Sachverhaltsaufklärung durch den Prüfungsmaßstab der »offensichtlichen Unzuständigkeit« beschränkt. Die **Durchführung einer Beweisaufnahme** kommt daher nur dann in Frage, wenn ein eindeutiges, jeden Zweifel ausschließendes Ergebnis erwartet werden kann (wie z. B. beim Urkundenbeweis oder der Einholung amtlicher Auskünfte). Die Zeugenvernehmung oder die Einholung eines Sachverständigengutachtens kommt nicht in Betracht, weil die Bewertung des Ergebnisses der Beweisaufnahme in diesen Fällen i. d. R. nicht jeden vernünftigen Zweifel ausschließt. Schließlich steht einer derartigen Beweisaufnahme auch der Grundsatz der Verfahrensbeschleunigung entgegen.[164] 67

Die gerichtliche Bestellung der Est. setzt den **erfolglosen Versuch** der Betriebsparteien zu einer **gütlichen Einigung** voraus[165] (vgl. Abs. 1 Satz 1 i. V. m. § 74 Abs. 1 Satz 2, siehe dazu auch Rn. 5). Ob die **Verhandlungen** zwischen BR und AG als **gescheitert** zu betrachten sind, steht grundsätzlich im **subjektiven Ermessen der beteiligten Betriebsparteien.**[166] Wird die Annahme des Scheiterns der Verhandlungen nicht ohne jeden Anlass behauptet, kann von der offensichtlichen Unzuständigkeit der ESt. nicht ausgegangen werden.[167] 68

Das gilt auch, wenn **Verhandlungen** stattgefunden haben, die eine Seite **für noch nicht beendet betrachtet**[168] oder wenn bezüglich des Regelungsgegenstandes unabhängig von der Intensität konkreter Verhandlungen zwischen den Betriebsparteien ein Dauerstreit besteht.[169] 69

DB 02, 1784; *LAG Nürnberg* 21.9.92 – 7 TaBV 29/92, NZA 93, 281; *LAG Hamburg* 10.4.91 – 5 TaBV 3/91, DB 91, 2195; *LAG Düsseldorf* 21.8.87, NZA 88, 211.

160 So auch im Ergebnis *LAG Hamburg* 2.11.88, a. a. O.; *LAG Frankfurt* 15.6.84, NZA 85, 33; *Fitting*, Rn. 35; GK-*Jacobs*, Rn. 65; HWGNRH-*Worzalla*, Rn. 19; a. A. *LAG Düsseldorf* 21.8.87, NZA 88, 211; *Göpfert/Krieger*, NZA 05, 254, 257; Richardi-*Maschmann*, Rn. 65; *Tschöpe*, NZA 04, 945, 946.

161 *LAG Nürnberg* 22.3.95 – 4 TaBV 33/94, DB 95, 1972.

162 *BVerfG* 24.9.86 – 1 BvR 1481/83.

163 *LAG München* 14.3.89, LAGE § 98 ArbGG 1979 Nr. 18.

164 Im Ergebnis ebenso *LAG Köln* 5.12.01 – 7 TaBV 71/01, AuR 02, 278; 10.6.96 – 11 TaBV 23/96; *LAG Berlin* 27.1.93 – 1 TaBV 5/92; *LAG Frankfurt* 15.9.92 – 4 TaBV 52/92, DB 93, 1248; *LAG München* 14.3.89, a. a. O.; weitergehend eine Beweisaufnahme grundsätzlich ablehnend: *HessLAG* 15.7.08 – 4 TaBV 128/08, AuR 09, 61; a. A. *LAG Düsseldorf* 21.8.87, a. a. O.; GMP-*Schlewing*, § 100 Rn. 20.

165 *BAG* 18.3.15 – 7 ABR 4/13, NZA 15, 954; *LAG Schleswig-Holstein* 2.8.16 – 1 TaBV 17/16, juris.

166 *LAG Rheinland-Pfalz* 5.1.06 – 6 TaBV 60/05, AuR 06, 333; *LAG Niedersachsen* 25.10.05 – 1 TaBV 48/05, AuR 06, 132; *ArbG Kaiserlautern* 26.10.07 – 1 BV 53/07, AuR 08, 162.

167 *HessLAG* 30.9.14 – 4 TaBV 157/14, juris; *LAG Hamm* 14.5.14 – 7 TaBV 21/14, juris; *LAG Niedersachsen* 7.12.98 – 1 TaBV 74/98, AiB 99, 647; *HessLAG* 22.11.94 – 4 TaBV 112/94, NZA 95, 1118; *LAG Frankfurt* 12.11.91 – 4 TaBV 148/91, AuR 92, 250; *ArbG Elmshorn* 22.12.95, AiB 96, 191.

168 *LAG Hamm* 29.2.08 – 13 TaBV 6/08.

169 *LAG Hamm* 11.2.08 – 10 TaBV 141/07.

70 Hat ein ernsthafter Verhandlungsversuch des AG stattgefunden, ergibt sich die offensichtliche Unzuständigkeit der ESt. nicht daraus, dass der AG nach Auffassung des BR im Hinblick auf den streitgegenständlichen Regelungsgegenstand seine **gesetzlichen Informationspflichten** noch nicht erfüllt hat.[170]

71 Lässt sich eine der beiden Seiten auf Verhandlungen überhaupt nicht ein, sind ebenfalls die verfahrensmäßigen Voraussetzungen für die Bestellung des Vorsitzenden der ESt. regelmäßig gegeben.[171] Dies gilt auch dann, wenn von der sich zunächst verweigernden Betriebspartei **nachträglich** während des gerichtlichen Bestellungsverfahrens **Verhandlungsbereitschaft** signalisiert wird.[172]

72 Hält eine der Betriebsparteien die Aufnahme förmlicher **Verhandlungen** zu einem den beiden Betriebsparteien bekannten Regelungsgegenstand aufgrund des bisherigen Verhaltens der Gegenseite für **aussichtslos,** ist die Einigungsstelle nicht wegen eines Verstoßes gegen § 74 Abs. 1 Satz 2 offensichtlich unzuständig.[173]

73 Lehnt der BR die Regelungsvorschläge des AG zur Veränderung eines der Mitbestimmung gemäß § 87 Abs. 1 Ziff. 10, 11 unterfallenden **Prämiensystems** ab und betreibt deshalb das Bestellungsverfahren zur Einrichtung der ESt., kann der AG die offensichtliche Unzuständigkeit der ESt. nicht durch seine Erklärung herbeiführen, wegen der Ablehnung seiner Vorschläge durch den BR sei er zur Prämiengewährung ab sofort nicht mehr bereit.[174]

74 Haben die Betriebsparteien gemäß Abs. 6 vereinbart, dass für Meinungsverschiedenheiten über die **Auslegung einer abgeschlossenen BV** die Zuständigkeit der ESt. gegeben ist, so kann die offensichtliche Unzuständigkeit der ESt. nicht damit begründet werden, die von der anderen Betriebspartei vertretene Meinung zur Auslegung der BV sei völlig abwegig bzw. nicht vertretbar.[175]

75 Die **Nichtbeachtung** eines von den Betriebsparteien verbindlich vereinbarten **innerbetrieblichen Vorverfahrens** (z. B. zur Behandlung eines Prämienstreites in einer betrieblichen Kommission oder Beilegung von Meinungsverschiedenheiten über die Auslegung einer von ihnen abgeschlossenen BV) begründet in der Regel die offensichtliche Unzuständigkeit einer ESt. für den Regelungsgegenstand, für den das innerbetriebliche Vorverfahren in der BV vereinbart wurde.[176] Die offensichtliche Unzuständigkeit der ESt. setzt allerdings voraus, dass das tatsächliche Tätigwerden der betrieblichen Kommission durch entsprechende Vorkehrungen in der vereinbarten Verfahrensordnung sichergestellt ist.[177]

76 Aus dem Antrag auf Bestellung eines Vorsitzenden der ESt. muss sich lediglich ergeben, dass für die von AG und BR nicht einvernehmlich regelbare Angelegenheit ein Mitbestimmungsrecht nicht offensichtlich ausscheidet. Die antragsgemäße Bestellung des Vorsitzenden durch das ArbG setzt nicht voraus, dass der **Antragsteller darlegt, welche konkrete Regelung mit Hilfe der ESt. getroffen werden soll,**[178] oder dass er einen Regelungsvorschlag unterbreitet, der betrieblich umsetzbar ist.[179]

77 Die ESt. ist nicht offensichtlich unzuständig, wenn der AG wegen behaupteten **Wegfalls der Geschäftsgrundlage einer Gesamtzusage** eine verschlechternde Neuregelung schaffen will, die z. B. gem. § 87 Abs. 1 Nr. 10 mitbestimmungspflichtig ist, und AG und BR sich nicht einigen können. Der BR kann seine Mitwirkung an der Neuregelung nicht verweigern.[180]

78 Die Auslegung einer (noch geltenden) BV, die lediglich Beginn und Ende der täglichen **Arbeitszeit** und der Pausen und die Verteilung der Arbeitszeit auf die Wochentage regelt, kann

---

170 *BAG* 18.3.15 – 7 ABR 4/13, NZA 15, 954; *HessLAG* 17.4.07 – 4 TaBV 59/07, AuR 08, 77.
171 *LAG Baden-Württemberg* 16.10.91 – 12 TaBV 10/91, NZA 92, 186; a. A. *LAG Schleswig-Holstein* 17.11.88, LAGE § 98 ArbGG 1979 Nr. 13; *LAG Baden-Württemberg* 4.10.84, NZA 85, 163.
172 *LAG Baden-Württemberg* 16.10.91 – 12 TaBV 10/91, a. a. O.
173 *LAG Hamm* 29.2.08 – 13 TaBV 6/08 – juris; 11.2.08 – 10 TaBV 141/07 – juris.
174 *LAG Köln* 11.11.92 – 8 TaBV 56/92.
175 *LAG Köln* 22.4.94 – 13 TaBV 8/94, NZA 95, 445.
176 *LAG Köln* 11.5.17 – 8 TaBV 32/17, juris = AiB 1/18, 64 mit Anm. *Brackelmann.*
177 *LAG Düsseldorf* 22.2.85, DB 85, 764.
178 *HessLAG* 31.1.06 – 4 TaBV 208/05, AuR 06, 214; *LAG Baden-Württemberg* 1.7.87 – 10 TaBV 2/87.
179 *LAG Köln* 9.11.94 – 7 TaBV 54/94, BB 95, 1244.
180 *BAG* 23.9.97 – 3 ABR 85/96, DB 98, 779.

ergeben, dass sie **keine abschließende Regelung** der Arbeitszeit darstellt, mit der Folge, dass die ESt. für den Regelungsgegenstand Flexibilisierung der Arbeitszeit bzw. Arbeitszeitkonten nicht offensichtlich unzuständig ist.[181] Das kann auch für den Regelungsgegenstand der Lage von **Umkleidezeiten** gelten, wenn eine ungekündigte BV zur Arbeitszeit bezüglich dieses Regelungsgegenstandes keine offensichtlich abschließende Regelung enthält.[182]

Lässt der Antragsteller den durch die Est. zu behandelnden **Regelungsgegenstand im Unklaren,** kann die Feststellung, die ESt. sei nicht offensichtlich unzuständig, nicht getroffen werden (vgl. dazu auch Rn. 111, 120).[183] 79

Die offensichtliche Unzuständigkeit der ESt. kann sich daraus ergeben, dass zu dem Regelungsgegenstand bereits eine **abschließende tarifliche Regelung** gemäß § 87 Abs. 1 Eingangssatz vorliegt.[184] 80

Der Umstand, dass zu einem Regelungsgegenstand bereits eine **ungekündigte und nicht unwirksame BV** mit einer **abschließenden Regelung** besteht, begründet die offensichtliche Unzuständigkeit einer ESt. **zu demselben Regelungsgegenstand.**[185] Das gilt auch, wenn die wirksame BV zwar gekündigt, die Kündigungsfrist aber noch nicht abgelaufen ist.[186] Wirkt eine BV nach Ablauf der Kündigungsfrist nach, so dass sie noch durchgeführt werden muss, bis sie durch eine andere Abmachung ersetzt wird, ist die Zuständigkeit der ESt. für deren Regelungsgegenstand gegeben.[187] Wird ein **ESt.-Spruch angefochten,** ist der entsprechende Rechtsstreit noch nicht rechtskräftig entschieden und die sich aus dem Est.-Spruch ergebene BV deshalb zunächst durchzuführen, ist die Est. offensichtlich unzuständig[188] (vgl. dazu Rn. 150, 167). Offensichtlich unzuständig ist eine ESt. auch für einen Regelungsgegenstand, der bereits Gegenstand eines anderen ESt.-Verfahrens ist. Zu **demselben Regelungsgegenstand** können nicht **mehrere Einigungsstellen** bestellt werden.[189] 81

Dem **ArbG** ist es **verwehrt,** das **Bestellungsverfahren** gemäß § 148 ZPO **auszusetzen,** wenn gleichzeitig ein (anderes) Beschlussverfahren (vgl. dazu Rn. 162) anhängig ist, mit dem eine Entscheidung über die Frage des Bestehens eines Mitbestimmungsrechts herbeigeführt werden soll (h. M.).[190] Das gilt auch, wenn das ArbG die ESt. für offensichtlich unzuständig hält.[191] In diesem Fall kommt nur die Zurückweisung des Bestellungsantrags in Frage.[192] 82

Das **Bestellungsverfahren** ist erst **abgeschlossen,** wenn die zum Vorsitzenden der ESt. bestellte Person das Amt angenommen hat (vgl. dazu Rn. 41). Lehnt sie ab, ist das Gericht verpflichtet, einen anderen zu bestellen.[193] Die Beteiligten haben es allerdings sowohl während des Bestellungsverfahrens als auch nach erfolgter Bestellung des Vorsitzenden der ESt. in der Hand, sich auf einen (anderen) Vorsitzenden zu einigen. Geschieht das, ist ein bereits anhängiges Bestellungsverfahren durch das Gericht einzustellen. Ist die gerichtliche Bestellung schon erfolgt, wird diese hinfällig.[194] 83

---

181 *LAG Hamm* 10.9.07 – 10 TaBV 85/07, BB 08, 340 mit Anm. *Mohnke*; ähnliche Fallgestaltungen bei *LAG Hamm* 26.5.08 – 10 TaBV 51/08, juris; 24.9.07 – 10 TaBV 83/07, AuR 08, 121.

182 *LAG Rheinland-Pfalz* 9.10.18 – 8 TaBV 14/18, juris.

183 *HessLAG* 31.1.06, a.a.O.; *LAG Köln* 18.2.98, 378.

184 *LAG Köln* 17.8.00 – 6 TaBV 46/00, BB 01, 831.

185 *LAG Köln* 7.4.16 – 12 TaBV 86/15, juris; *LAG Köln* 5.3.09 – 13 TaBV 97/08; *LAG Baden-Württemberg* 18.11.08 – 9 TaBV 6/08 – juris; *LAG Niedersachsen* 29.7.08 – 1 TaBV 47/08, LAGE Nr. 51 zu § 98 ArbGG 1979; *HessLAG* 20.5.08 – 4 TaBV 97/08, AuR 09, 61; vgl. aber auch *LAG Köln* 23.1.07 – 9 TaBV 66/06; 6.9.05 – 4 TaBV 41/05, das in einem solchen Fall – nach hier vertretener Ansicht, zu Unrecht – die offensichtliche Unzuständigkeit verneint hat.

186 *LAG Niedersachsen* 7.3.22 – 12 TaBV 4/22, AiB 9/22, 46, mit Anm. *Markowski*; a.A. *LAG Düsseldorf* 29.6.21 – 3 TaBV 18/21; *LAG Köln* 6.9.05, a.a.O.

187 *LAG Baden-Württemberg* 8.12.22 – 4 TaBV 7/22.

188 *LAG Baden-Württemberg* 20.7.16 – 21 TaBV 4/16, juris.

189 *HessLAG* 21.1.20 – 4 TaBV 141/19, NZA-RR 20, 309.

190 *BAG* 24.11.81, AP Nr. 11 zu § 76 BetrVG 1972; *LAG Hamm* 16.6.08 – 10 TaBV 59/08 – juris; *Fitting*, Rn. 36; *GL*, Rn. 25; GK-*Jacobs*, Rn. 76; HWGNRH-*Worzalla*, Rn. 25; Richardi-*Maschmann*, Rn. 71.

191 GK-*Jacobs*, a.a.O.

192 WPK-*Preis*, Rn. 44.

193 GK-*Jacobs*, Rn. 76; a.A. GMP-*Schlewing*, ArbGG § 100 Rn. 32, die die Einleitung eines neuen Bestellungsverfahrens für erforderlich hält.

194 *Fitting*, Rn. 40; *GL*, Rn. 15; GK-*Jacobs*, Rn. 74; Richardi-*Maschmann*, Rn. 70.

84 Kann über die **Anzahl der Beisitzer** zwischen AG und BR eine **Einigung nicht erzielt** werden, entscheidet auch insoweit das ArbG (vgl. Rn. 58 ff.). Sie ist vom ArbG unter Berücksichtigung der Schwierigkeit des Streitgegenstandes und der absehbaren personellen, räumlichen und sachlichen Auswirkungen des ESt.-Verfahrens festzulegen (vgl. dazu Rn. 25 f.). Im Zusammenhang mit der abzulehnenden Auffassung der Regelbesetzung der ESt. mit zwei Beisitzern (vgl. Rn. 27 f.) wird von der Rspr. verlangt, dass ein von BR oder AG gestellter Antrag, der auf eine von der Regelbesetzung nach oben abweichenden Zusammensetzung der ESt. abzielt, unter Darlegung nachprüfbarer Tatsachen zur Betriebsgröße, zum Schwierigkeitsgrad und zur Anzahl der betroffenen AN begründet werden muss.[195]

85 Eine Kompetenz hinsichtlich der **Auswahl der Beisitzer** steht dem Gericht nicht zu. Diese liegt allein in der jeweils autonomen Entscheidung von AG und BR (vgl. auch Rn. 29, 33).[196]

86 Hat das Gericht die Anzahl der Beisitzer bestimmt, steht es den Beteiligten dennoch frei, sich nachträglich auf eine andere Anzahl zu einigen.[197] Die **nachträgliche Einigung** hat den Vorrang vor der gerichtlichen Bestimmung.

87 Gegen die Entscheidung des ArbG im Bestellungsverfahren findet nur die **Beschwerde an das LAG** statt (§ 100 Abs. 2 Satz 4 ArbGG). Zu den Auswirkungen auf den Zeitpunkt der Einleitung des ESt.-Verfahrens vgl. Rn. 98 ff.

88 Im **freiwilligen ESt.-Verfahren** (vgl. Rn. 10 ff.) kann die ESt. von AG und BR nur einvernehmlich, also durch einen gemeinsamen Antrag, angerufen werden. Soweit die Vereinbarung des freiwilligen ESt.-Verfahrens nicht in einer nur gemäß § 77 Abs. 5 kündbaren BV getroffen wurde, ist die Zustimmung zur Durchführung des freiwilligen ESt.-Verfahrens jederzeit widerruflich.[198] Auch die gerichtliche Bestellung des Vorsitzenden oder die gerichtliche Festlegung der Anzahl der Beisitzer kann nur von AG und BR gemeinsam beantragt werden.[199] Einen Sonderfall stellt insoweit das gerichtliche Bestellungsverfahren für eine **ESt. zur Erzielung eines Interessenausgleichs** (§ 112 Abs. 2 Satz 2) dar. Zwar kann die ESt. in diesem Fall eine verbindliche Entscheidung nicht treffen, doch ist es dem AG oder dem BR auch ohne Einverständnis der Gegenseite möglich, die ESt. anzurufen.[200]

IV. Das Verfahren vor der Einigungsstelle

89 Umfassende **Vorschriften über das Verfahren** vor der ESt. sind im Gesetz nicht enthalten. Abs. 3 regelt im Wesentlichen Abstimmung und Beschlussfassung bei Abschluss des Verfahrens: die mündliche Beratung, die Abstimmung durch den Spruchkörper, den Abstimmungsmodus, die schriftliche Niederlegung und Zuleitung der Beschlüsse.[201] Diese Vorschriften sind **zwingender Natur.**[202] Im Übrigen obliegt die **Gestaltung des Verfahrensablaufs** dem **pflichtgemäßen Ermessen** der ESt.[203] (vgl. dazu Rn. 101 ff.), wobei elementare **rechtsstaatliche Grundsätze** (Art. 20 Abs. 1, 3, Art. 28 Abs. 1 GG) und die **Funktion der ESt. als normsetzendes Organ** zu beachten sind.[204] Zu den nach der Rspr. des *BAG*[205] zu beachtenden **elementaren Verfahrensgrundsätzen** gehören die rechtzeitige und **ordnungsgemäße Einladung** der ESt.-

---

195 *LAG Niedersachsen* 7. 8. 07 – 1 TaBV 63/07, LAGE Nr. 49a zu 3 98 ArbGG 1979; *LAG Rheinland-Pfalz* 23. 6. 83, DB 84, 56.

196 *Fitting,* Rn. 21; *GL,* Rn. 16; GK-*Jacobs,* Rn. 46; HWGNRH-*Worzalla,* Rn. 47; *LAG Düsseldorf* 3. 4. 81, BB 81, 733; *LAG Hamm* 8. 4. 87, DB 87, 1441.

197 *Fitting,* Rn. a. a. o.; GK-*Jacobs,* Rn. 45.

198 *Fitting,* Rn. 107; GK-*Jacobs,* Rn. 34.

199 GK-*Jacobs,* Rn. 34; Richardi-*Maschmann,* Rn. 38; a. A. *Fitting,* Rn. 106, für die Bestellung des Vorsitzenden.

200 Richardi-*Maschmann* § 112 Rn. 229; *LAG Berlin* 3. 6. 94 – 6 TaBV 1/94, DB 94, 2035; *LAG Bremen* 8. 9. 83, AuR 84, 90; vgl. auch §§ 112, 112a Rn. 5 ff.; a. A. *LAG Berlin* 4. 10. 82, DB 83, 888.

201 Vgl. *BAG* 29. 1. 02 – 1 ABR 18/01, DB 02, 1948.

202 ErfK-*Kania,* Rn. 14; *Fitting,* Rn. 56; GK-*Jacobs,* Rn. 123; *Wenning-Morgenthaler,* Rn. 165.

203 Vgl. dazu auch DKWF-*Berg,* § 76 Rn. 7, 11, 12.

204 *BAG* 29. 1. 02, a. a. O.; 27. 6. 95 – 1 ABR 3/95, NZA 96, 161; 18. 1. 94 – 1 ABR 43/93, DB 94, 838; 18. 4. 89, DB 89, 1926 = AiB 89, 361 mit Anm. *Schoof;* eingehend zur Verfahrensgestaltung *Hennige,* S. 123 ff.; *Wenning-Morgenthaler,* Rn. 166; *Schönfeld,* NZA-Beilage 4/88, S. 3 ff.

205 Vgl. zusammenfassend: 29. 1. 02, a. a. O.

Mitglieder zu den Sitzungen,[206] die **Gewährung rechtlichen Gehörs,**[207] die **Beschlussfassung** auf Grund nichtöffentlicher mündlicher Beratung[208] und die **Bescheidung** eines gestellten **Befangenheitsantrages.**[209] Deren Einhaltung ist u. a. auch deshalb von Bedeutung, weil die Rechtmäßigkeit der Entscheidung der ESt. auch im Hinblick auf schwerwiegende Verfahrensverstöße der arbeitsgerichtlichen Überprüfung unterliegt.[210]

Weitere **Einzelheiten des Verfahrens** vor der ESt. können gemäß Abs. 4 **durch BV** geregelt werden. Wenn das Gesetz von »weiteren Einzelheiten des Verfahrens« spricht, ergibt sich daraus, dass durch eine BV von den – wenn auch nur wenigen – gesetzlichen Verfahrensvorschriften (vgl. Abs. 3) und elementaren Verfahrensgrundsätzen (vgl. Rn. 89) nicht abgewichen werden darf (und dass auch eine Ersetzung des ESt.-Verfahrens durch eine betriebliche Schlichtungsstelle durch die Betriebsparteien nicht zulässig ist, vgl. dazu Rn. 3a). So kann z. B. der in Abs. 3 vorgeschriebene Abstimmungsmodus auf keinen Fall abgeändert werden (zur Unzulässigkeit der Begründung der Alleinzuständigkeit des Vorsitzenden der ESt. für die Festlegung wesentlicher Verfahrensfragen oder die Durchführung des ESt.-Verfahrens in schriftlicher Form oder als Videokonferenz vgl. Rn. 92 ff., 101). Durch BV kann z. B. festgelegt werden, welche Ladungs- und Einlassungsfristen zu beachten sind. Sie kann auch Vorschriften über die Protokollführung enthalten. Weiterhin kann bestimmt werden, wann Zeugen und Sachverständige zu hören sind, ob der Spruch schriftlich zu begründen ist und wie die Zuleitung des Spruchs an die Beteiligten zu erfolgen hat. Wird eine BV über »weitere Einzelheiten« des Verfahrens vor der ESt. nicht abgeschlossen, bestimmt diese unter Berücksichtigung der gesetzlichen Vorschriften und elementaren Verfahrensgrundsätze (vgl. Rn. 89) selbst über die zu regelnden Verfahrensfragen (vgl. Rn. 101 ff.). 90

Die ESt. wird grundsätzlich nur **auf Antrag** tätig (vgl. Abs. 5 Satz 1, Abs. 6 Satz 1 und Rn. 51), nicht von Amts wegen.[211] **Antragsberechtigt und Beteiligte des Verfahrens** vor der ESt. sind auf der AG-Seite der AG und auf der AN-Seite der BR. Anstelle des BR kann jedoch der GBR oder auch der KBR am Verfahren beteiligt sein, wenn die Voraussetzungen des § 47 Abs. 5 bzw. § 55 Abs. 4 vorliegen. Weitere Beteiligte kommen nicht in Betracht. Insbesondere können sich einzelne AN des Betriebs nicht am Verfahren beteiligen, selbst wenn sie von der Entscheidung unmittelbar betroffen werden.[212] Unabhängig davon kann die ESt. allerdings einzelne AN etwa als Zeugen, betriebliche Sachverständige oder Betroffene zur ESt.-Sitzung laden und anhören. 91

Im ESt.-Verfahren ist der rechtsstaatliche **Grundsatz des rechtlichen Gehörs** (Art. 103 Abs. 1 GG) zu beachten.[213] Aus diesem Grund ist den Betriebsparteien in jedem Fall Gelegenheit zu geben, sich vor der ESt. zur Sache zu äußern.[214] Orientiert man sich allein am Wortlaut von Abs. 3 Satz 1, ist es vertretbar, davon auszugehen, dass das Gesetz eine mündliche Verhandlung unter Beteiligung der Betriebsparteien nicht ausdrücklich vorschreibt, sondern lediglich die Vorbereitung der Beschlussfassung durch die »mündliche Beratung« der ESt. selbst verlangt. Unter Berücksichtigung der Funktion des ESt.-Verfahrens als betrieblichem Schlichtungsorgan zur Beilegung von Meinungsverschiedenheiten **der Betriebsparteien** ist dennoch vom **zwingenden Erfordernis der mündlichen Verhandlung** auszugehen.[215] Die mündliche Verhandlung ist wegen ihrer Unmittelbarkeit in der Regel besser geeignet, zeitnah den Sachverhalt 92

206 27.6.95, a.a.O.
207 11.2.92 – 1 ABR 51/91, NZA 92, 1730.
208 18.1.94, a.a.O.
209 11.9.01 – 1 ABR 5/01, NZA 02, 572.
210 *BAG* 29.1.02, a.a.O.; vgl. dazu im Einzelnen *Schönfeld,* a.a.O., S. 3 ff. und Rn. 93, 102.
211 *Fitting,* Rn. 59; GK-*Jacobs,* Rn. 99; *Schönfeld,* NZA-Beilage 4/88, S. 3 [8].
212 *Fitting,* Rn. 69; GK-*Jacobs.* a.a.O.
213 *BAG* 11.2.92 – 1 ABR 51/91, NZA 92, 1730.
214 A. A. *BAG* 11.2.92 – 1 ABR 51/91, a.a.O., das die Gewährung rechtlichen Gehörs für die Mitglieder der ESt. für ausreichend hält; ihm folgend ErfK-*Kania,* Rn. 18; wie hier *Fitting,* Rn. 69; GK-*Jacobs,* Rn. 104; KassArbR-*Etzel,* 9.1., Rn. 1336 f.; Richardi-*Maschmann,* Rn. 87.
215 Wie hier HWK-*Kliemt,* Rn. 43; *Schönfeld,* NZA-Beilage 4/88, S. 3 (9); a. A. *Däubler,* Das Arbeitsrecht 1, Rn. 948; ErfK-*Kania,* a.a.O.; *Fitting,* Rn. 71; GK-*Jacobs,* Rn. 105; HWGNRH-*Worzalla,* Rn. 64; Richardi-*Maschmann,* Rn. 86; WPK-*Preis,* Rn. 25.

aufzuklären und durch die Erörterung von Regelungsvorschlägen eine Einigung der Betriebsparteien herbeizuführen. Eine nur **schriftliche Anhörung der Betriebsparteien** verstößt demnach gegen das zu beachtende Gebot der Mündlichkeit, es sei denn, sie verzichten auf ihre mündliche Anhörung.

93 Schließlich ist es mit dem **Grundsatz der Unmittelbarkeit**[216] nicht vereinbar und für die Realisierung eines beschleunigten betrieblichen Konfliktlösungsverfahrens nicht zielführend (sowie in der Praxis auch eher unüblich), das Est.-Verfahren in einen **Abschnitt des schriftlichen Verfahrens** und einen **Abschnitt der mündlichen Beratung** unmittelbar vor der Beschlussfassung der Est. aufzuteilen. Unzulässig ist in jedem Fall eine **Beschlussfassung** über einen Spruch der ESt. **ohne vorhergehende mündliche Beratung** durch die Est., etwa nach Lage der Akten, durch schriftliches Votum oder im Umlaufverfahren.[217] Einigkeit besteht allerdings im Hinblick auf die Schlichtungsfunktion der ESt., dass eine **mündliche Verhandlung** unter **Einbeziehung der Betriebsparteien** in der Regel **sinnvoll und geboten** ist.[218] Das ergibt sich auch daraus, dass es zu den **Aufgaben des BR** gehört, aus eigener Kompetenz die Verhandlungen der **ESt. zu begleiten** und sich mit ihren **Vorschlägen kritisch auseinanderzusetzen.**[219]

93a Die Durchführung des Est.-Verfahrens als **Video- oder Telefonkonferenz** ihrer stimmberechtigten Mitglieder ist zumindest während der in Abs. 3 Satz 1 vorgeschriebenen mündlichen Beratung der Est. **unzulässig.**[220] (zur Zulässigkeit der Durchführung von BR-Sitzungen als Video- oder Telefonkonferenz s. § 30 Rn. 17 ff., § 33 Rn. 10 ff.; die für die Ausnahmesituation der COVID-19-Pandemie vorübergehend geschaffenen Vorschrift des § 129 Abs. 2 BetrVG, nach der Sitzungen der ESt. mittels Video- oder Telefonkonferenz durchgeführt werden können, ist am 7.4.2023 außer Kraft getreten[221] (vgl. dazu die Kommentierung zu § 129, Rn. 20 ff., in der Online-Auflage 2022).[222] Die **Unzulässigkeit** der Durchführung der Sitzungen des Est. gilt wegen des Gebots der Nichtöffentlichkeit (zu dessen Reichweite vgl. Rn. 95 f.) des Est.-Verfahrens und des Persönlichkeitsschutzes aller am Est-Verfahren ggf. Beteiligten (neben den Mitgliedern der ESt. z. B. Vertreter der Betriebsparteien, AN als Zeugen, Sachverständige) nicht nur für die mündliche Beratung, sondern auch für die sonstigen Sitzungen der ESt.[223] Nicht zuletzt bestehen erhebliche Zweifel, ob die besonderen Kommunikations- und Wahrnehmungsbedingungen in einer Video- oder Telefonkonferenz genauso gut geeignet sind, einen zwischen den Betriebsparteien bestehenden Regelungskonflikts beizulegen, wie Verhandlungen und Beratungen zwischen persönlich anwesenden Personen.

94 Die Beteiligten können ihren Standpunkt vor der ESt. selbst vortragen. Sie können sich grundsätzlich aber auch durch **sachkundige Bevollmächtigte,** z. B. durch **Verbandsvertreter** oder **Rechtsanwälte,**
vertreten lassen.[224] Auch die Vertretung durch mehrere Verfahrensbevollmächtigte ist zulässig.[225] Einer Zulassung der Bevollmächtigten durch die ESt. bedarf es nicht.[226] Bei Vorlage einer entsprechenden Vollmacht sind sie berechtigt, im gleichen Umfang wie die von ihnen vertretene Betriebspartei an der Sitzung der ESt. teilzunehmen.[227] Die ESt. hat nicht das Recht, die von

216 Vgl. dazu *Wenning-Morgenthaler*, Rn. 187.
217 *BAG* 29.1.02, DB 02, 1948; 11.2.92, a. a. O.; *GL*, Rn. 32; GK-*Jacobs*, Rn. 107.
218 *Däubler*, a. a. O.; ErfK-*Kania*, a. a. O.; *Fitting*, a. a. O.; Richardi-*Maschmann*, a. a. O.; WPK-*Preis*, a. a. O.; in Abhängigkeit vom Stand der betrieblichen Verhandlungen: *Wenning-Morgenthaler*, Rn. 185 f.
219 *BAG* 20.8.14 – 7 ABR 64/12, NZA 14, 1349.
220 *Wenning-Morgenthaler*, Rn. 188.
221 Art. 6 des Gesetzes zur Stärkung des Schutzes der Bevölkerung und insbesondere vulnerabler Personengruppen vor COVID-19, BGBl. I, 16.9.22, S. 1454, 1470.
222 *https://www.bund-verlag.de/bundonline/modul/1726!18/inhalt/1726!45/werk/396!5866/asset/396!2239!par129/position/396!5866_396!2239!par129_1_8_5.*
223 A. A. *Wenning-Morgenthaler*, 188 ff.
224 *BAG* 5.11.81, AP Nr. 9 zu § 76 BetrVG 1972, 21.6.89, DB 89, 2436; *Fitting*, Rn. 72; *GL*, Rn. 26; GK-*Jacobs*, Rn. 106; HWGNRH-*Worzalla*, Rn. 64; *Wenning-Morgenthaler*, Rn. 185; Richardi-*Maschmann*, Rn. 87.
225 A. A. *SWS*, Rn. 4; *Tschöpe*, NZA 04, 945, 948.
226 GK-*Jacobs*, a. a. O.
227 *Wenning-Morgenthaler*, a. a. O.

den Beteiligten präsentierten Bevollmächtigten zurückzuweisen.[228] Zur der – vom Teilnahmerecht zu unterscheidenden – Frage der **Kostentragungspflicht des AG** für Bevollmächtigte des BR vgl. § 76a Rn. 12f.

Während in der Literatur überwiegend die Auffassung vertreten wird, das Verfahren vor der ESt. sei **nicht öffentlich,**[229] ist die Anwesenheit dritter betriebsangehöriger Personen – über die unmittelbar Verfahrensbeteiligten hinaus – schon wegen der verfahrensrechtlichen Offenheit der gesetzlichen Regelung des ESt.-Verfahrens nicht von vornherein ausgeschlossen. Gegen die Zulassung betroffener AN als Zuhörer sind grundsätzlich rechtserhebliche Einwände nicht ersichtlich, jedenfalls dann nicht, wenn der Streitgegenstand weder Betriebs- und Geschäftsgeheimnisse noch die persönlichen Verhältnisse einzelner AN berührt.[230] 95

Dies gilt erst recht für die **parteiöffentliche Durchführung**[231] **des ESt.-Verfahrens,** etwa für die Anwesenheit von Ersatzbeisitzern oder weiteren, – nicht als Beisitzer in der ESt. vertretenen – BR-Mitgliedern oder innerbetrieblichen Vertretern des Arbeitgebers. Über die Erforderlichkeit der Teilnahme zumindest an der mündlichen Verhandlung (zum zwingenden Erfordernis der mündlichen Verhandlung vgl. Rn. 92, zur Beratung und Beschlussfassung vgl. Rn. 97) entscheidet jede Betriebspartei für sich allein. Die Teilnahme kann etwa erforderlich sein, um bei komplexen Regelungsgegenständen zusätzlichen Sachverstand in das Verfahren einzubeziehen oder dem BR eine breitere unmittelbare Beteiligung seiner Mitglieder am Verfahren zu ermöglichen. Zumindest dann, wenn eine entsprechende Entscheidung der ESt. vorliegt[232] oder die Betriebsparteien dies im Rahmen einer Verfahrensregelung gemäß Abs. 4 (vgl. auch Rn. 136)[233] vereinbart haben, ist die parteiöffentliche Durchführung der mündlichen Verhandlung stets zulässig. Um eine breitere Beteiligung des gesamten BR-Gremiums zu gewährleisten besteht darüber hinaus die Möglichkeit (zur Festlegung des Zeitpunktes und der Häufigkeit von BR-Sitzungen nach pflichtgemäßem Ermessen vgl. § 29 Rn. 16), dass parallel zur Sitzung der ESt. eine BR-Sitzung stattfindet (was auch sinnvoll sein kann, um bei entsprechendem Bedarf – vgl. dazu Rn. 116 – die für den Abschluss von BV im Rahmen des Einigungsstellenverfahrens erforderlichen Beschlüsse des BR herbeizuführen bzw. bereits gefasste Beschlüsse zu modifizieren). 96

Für die **abschließende mündliche Beratung und Beschlussfassung** der ESt. gehört es nach Auffassung des *BAG* allerdings zu den elementaren Verfahrensgrundsätzen des ESt.-Verfahrens, dass diese **in Abwesenheit der Betriebsparteien** und **sonstiger Verfahrensbeteiligter** erfolgt, sofern diese nicht Beisitzer der ESt. sind (vgl. auch Rn. 115ff.),[234] wobei die Anwesenheit eines Protokollführers für unschädlich gehalten wird.[235] 97

Der **Vorsitzende** hat **unverzüglich** (vgl. Abs. 3 Satz 1), d.h. ohne schuldhaftes Zögern (§ 121 Abs. 1 Satz 1 BGB), die **Einladung zur Sitzung der ESt.** zu besorgen[236] und ihre **Konstituierung** durchzuführen. Nehmen nicht alle Beisitzer an einer ESt.-Sitzung teil, weil sie **nicht rechtzeitig** und **ordnungsgemäß geladen** wurden, und ergeht dennoch ein ESt.-Spruch, so ist dieser unwirksam.[237] 98

Wurde der Vorsitzende durch das ArbG gemäß Abs. 2 Satz 2 i.V.m. § 100 ArbGG bestellt, kann er unter dem Gesichtspunkt der **Verfahrensbeschleunigung** – sobald die Bestellungsentscheidung des ArbG ergangen ist – **durch die sofortige Terminierung und Einladung das** 99

---

228 *Fitting,* a.a.O.

229 ErfK-*Kania,* Rn. 18; *Fitting,* Rn. 73; GK-*Jacobs,* Rn. 110; Richardi-*Maschmann,* Rn. 88.

230 *Däubler,* Das Arbeitsrecht 1, Rn. 948; zulässig zumindest im Einvernehmen der Mitglieder der ESt.: Hako-*Krasshöfer,* Rn. 22; HWK-*Kliemt,* Rn. 38; WPK-*Preis,* Rn. 22.

231 *HessLAG* 3.8.15 – 16 TaBV 200/14, juris; bejahend auch ErfK-*Kania,* a.a.O.; *Fitting,* a.a.O.; *Hennige,* S. 193; HWGNRH-*Worzalla,* Rn. 65; HWK-*Kliemt,* a.a.O.; *Wenning-Morgenthaler,* Rn. 184; *Schönfeld,* NZA-Beilage 4/88, 3 [9]; WPK-*Preis,* a.a.O.; bejahend bei Durchführung einer mündlichen Verhandlung GK-*Jacobs,* a.a.O.

232 Bei Einverständnis aller Mitglieder der ESt. bejahend ErfK-*Kania,* a.a.O.; *Kraushaar,* AiB 96, 113, 118; *Wenning-Morgenthaler,* Rn. 186.

233 *Däubler,* a.a.O.; ErfK-*Kania,* a.a.O.

234 *BAG* 18.1.94 – 1 ABR 43/93, BB 94, 1214.

235 *Fitting,* Rn. 74; GK-*Jacobs,* a.a.O.

236 *BAG* 27.6.95 – 1 ABR 3/95, DB 95, 2219.

237 *BAG* 29.1.02, DB 02, 1948; 27.6.95, a.a.O.

ESt.-Verfahren einleiten, ohne den Ablauf der Beschwerdefrist gemäß § 100 Abs. 2 Satz 2 ArbGG abwarten zu müssen.[238] Dies setzt vor Rechtskraft des erstinstanzlichen Bestellungsbeschlusses des ArbG allerdings voraus, dass die Betriebsparteien zu diesem Zeitpunkt bereits ihre Beisitzer benannt haben.[239] Ist dies nicht der Fall, kann der Vorsitzende versuchen, die Betriebsparteien zur zeitnahen Benennung ihrer Beisitzer zu veranlassen. (zu den Folgen der unterlassenen Benennung von Beisitzern in sonstigen Fällen vgl. Rn. 121). Wird die erstinstanzliche Entscheidung mit der **Beschwerde gemäß § 100 Abs. 2 Satz 1 ArbGG** angefochten, ist der vom ArbG bestellte Vorsitzende an der Einleitung des ESt.-Verfahrens gehindert bzw. darf ein bereits eingeleitetes ESt.-Verfahren nicht fortführen, da § 100 Abs. 2 Satz 3 ArbGG mit seiner Verweisung auf § 87 Abs. 3 ArbGG die aufschiebende Wirkung der Einlegung der Beschwerde anordnet.[240]

100 Soweit sich die Betriebsparteien auf den **Tagungsort** der ESt. nicht geeinigt haben, entscheidet der Vorsitzende im Rahmen der von ihm zu besorgenden Einladung über den Tagungsort.[241] Die Sitzung der ESt. kann sowohl in Räumen des Betriebs (oder UN) als auch in einer »neutralen« Tagungsstätte (z. B. Hotel) stattfinden. Unter Berücksichtigung der Kostentragungspflicht des AG (vgl. dazu § 76a Rn. 10) wird der ESt.-Vorsitzende seine Entscheidung über den Tagungsort u. a. davon abhängig machen müssen, ob der AG im Betrieb geeignete Räume zur Verfügung stellt.

101 Der **Vorsitzende leitet die Sitzung,** erteilt das Wort und trifft auch die darüber hinaus erforderlichen **verfahrensleitenden Maßnahmen,**[242] insbesondere organisatorischer Art. Die wesentlichen Verfahrensfragen und z. B. auch die Frage ihrer Zuständigkeit (vgl. dazu Rn. 112) hat die **ESt. gemeinsam als Kollegialorgan** durch Beschluss zu entscheiden und nicht der Vorsitzende allein.[243] Dies gilt auch, wenn von den **Beisitzern** zum Ablauf der Verhandlung und der **Ausgestaltung des Verfahrens** Gegenvorstellungen erhoben werden.[244] Für die von der ESt. als Kollegialorgan zu fassenden Beschlüsse kann auch durch eine Vereinbarung der Betriebsparteien nicht die Alleinzuständigkeit des Vorsitzenden begründet werden.[245] Die **verfahrensbegleitenden Zwischenbeschlüsse** der ESt. sind **nicht isoliert gerichtlich anfechtbar,**[246] da sich die Möglichkeit der gerichtlichen Anfechtung des das ESt.-Verfahren beendenden ESt.-Spruchs gemäß Abs. 4 auch auf Verfahrensfehler erstreckt.[247] Zur Frage der Anfechtbarkeit von **Zwischenbeschlüssen zur Zuständigkeit der Est.** vgl. Rn. 113 f.

102 Eine **Ablehnung des Vorsitzenden wegen Befangenheit** ist in entsprechender Anwendung von §§ 1036, 1037 ZPO durch die Beteiligten **in jedem Zeitpunkt** des ESt.-Verfahrens möglich.[248] Aufgrund der neueren Rspr. des *BAG*[249] in Anwendung der geänderten schiedsverfahrensrechtlichen Rechtslage ist höchstrichterlich geklärt, dass sich bei Ablehnung eines ESt.-Vorsitzenden durch eine Betriebspartei wegen Besorgnis der Befangenheit das weitere Verfahren entsprechend den **Vorschriften der ZPO (§§ 1036, 1037)** über die **Ablehnung von Schiedsrichtern** im schiedsgerichtlichen Verfahren bestimmt,[250] wenn nicht zwingende Grundsätze des ESt.-Verfahrens dem entgegenstehen und das Verfahren nicht in einer BV nach Abs. 4 geregelt ist.

103 Hält eine Betriebspartei den **Vorsitzenden nicht für unparteiisch** (vgl. Abs. 2 Satz 1) kann sie ihn jederzeit wegen der Besorgnis der Befangenheit ablehnen. Der **Befangenheitsantrag** kann

---

238 HWK-*Kliemt,* Rn. 55.
239 *BAG* 12.3.19 – 1 ABR 42/17, NZA 19, 843.
240 Ebenso GK-*Jacobs,* Rn. 80.
241 *Wenning-Morgenthaler,* Rn. 218.
242 *Fitting,* Rn. 57; GK-*Jacobs,* Rn. 103.
243 *LAG Köln* 26.4.19 – 9 TaBV 12/19, juris; 26.7.05 – 9 TaBV 5/05, NZA-RR 197; *Fitting,* Rn. 58.
244 *LAG Hamburg* 14.11.07 – 5 TaBV 9/07 – juris; *LAG Düsseldorf* 21.10.86, DB 87, 1255; ErfK-*Kania,* Rn. 16; *Fitting,* Rn. 58; GK-*Jacobs,* a. a. O.; *Schönfeld,* NZA-Beilage 4/88, S. 3 [7].
245 *LAG Köln* 26.4.19, a. a. O.
246 *BAG* 22.1.02 – 3 ABR 28/01, DB 02, 1839.
247 *LAG Hamburg* 14.11.07, a. a. O.
248 *BAG* 17.11.10 – 7 ABR 100/09, AuR 11, 268, juris; 29.1.02, DB 02, 1948; 11.9.01, NZA 02, 572; 9.5.95 – 1 ABR 56/94, NZA 96, 156, 159, noch zum alten Schiedsverfahrensrecht, § 1032 ZPO a. F.
249 Zu deren kritischer Bewertung vgl. *Bertelsmann,* FS Wißmann, S. 230 ff.; *Deeg,* RdA 11, 221.
250 Vgl. dazu *Caspers,* BB 02, 578; GK-*Jacobs,* Rn. 56 ff.

nicht von den Beisitzern, sondern muss von den **Betriebsparteien** selbst gestellt werden und **schriftlich** erfolgen (§ 1037 Abs. 2 Satz 1 ZPO). Die schriftliche Darlegung der Ablehnungsgründe muss innerhalb einer **Frist von zwei Wochen** ab Kenntnis der maßgeblichen Umstände erfolgen. Legt der Vorsitzende aufgrund eines Befangenheitsantrags sein Amt nicht von sich aus nieder, hat die Est. über den Antrag zu entscheiden. Über den Ablehnungsantrag findet unter Ausschluss des Vorsitzenden nur eine **einmalige Abstimmung** der **Beisitzer der ESt.** statt.

Lehnt die ESt. den Antrag ab, was auch bei Stimmengleichheit der Fall ist, kann die unterlegene Betriebspartei unter Beachtung der **Monatsfrist** des § 1037 Abs. 3 Satz 1 ZPO eine **gerichtliche Entscheidung** beim **ArbG**[251] beantragen. Der neueren Rspr. des *BAG*[252] folgend ist nicht im Beschlussverfahren gemäß § 98 ArbGG zu entscheiden,[253] sondern analog zu §§ 1036 ff. ZPO. Demnach ist das **ArbG in erster und letzter Instanz** entsprechend § 1037 Abs. 3 Satz 1 Nr. 1 2. Alternative, § 1065 Abs. Satz 2 ZPO in der **vollen Kammerbesetzung** für die Entscheidung über den Anlehnungsantrag zuständig.[254] Für diese Lösung spricht, dass über den Befangenheitsantrag das ArbG ebenso in voller Kammerbesetzung zu entscheiden ist wie im Beschlussverfahren über die Anfechtung des ESt.-Spruchs. Die **Unanfechtbarkeit der Entscheidung des ArbG** über den Befangenheitsantrag entspricht dem Beschleunigungsgrundsatz, der das ESt.-Verfahren prägen soll. 104

Wurde der Ablehnungsantrag durch die ESt. abgelehnt (vgl. Rn. 103), entscheidet über die **Fortsetzung des ESt.-Verfahrens** die ESt. unter Beteiligung des für befangen gehaltenen Vorsitzenden **nach freiem Ermessen** (§ 1037 Abs. 3 Satz 1 und 2 ZPO). Sie kann das **Verfahren** bis zur Entscheidung des ArbG **aussetzen** oder trotz gerichtlicher Anhängigkeit des Ablehnungsantrags das Verfahren **fortsetzen** und durch einen **Spruch beenden.**[255] Ist die gerichtliche Überprüfung des Ablehnungsantrages wegen vorhergehender Beendigung des ESt.-Verfahrens nicht mehr möglich, kann ausnahmsweise über das Vorliegen von Befangenheitsgründen im Verfahren über die **Anfechtung des ESt.-Spruchs** entschieden werden.[256] 105

Eine **Ablehnung der Beisitzer** wegen Befangenheit ist nicht zulässig (vgl. Rn. 33 m. w. N.). 106

Die ESt. kann von den Betriebsparteien die **Vorlage der** für die Entscheidungsfindung **notwendigen Unterlagen, Daten oder Statistiken** verlangen. Sie kann darüber hinaus selbst Ermittlungen anstellen, Ortsbesichtigungen vornehmen oder Zeugen und Sachverständige hören.[257] Die **Mitwirkungspflicht der Betriebsparteien,** insbes. des AG, ergibt sich aus den allgemeinen betriebsverfassungsrechtlichen Grundsätzen (§ 2 Abs. 1, § 74 Abs. 1 Satz 2). 107

Die **Mitwirkung des AG** oder **von Zeugen** kann die ESt. allerdings **nicht durch Zwangsmittel** durchsetzen.[258] Die ESt. kann die Verweigerung der Mitwirkung, beispielsweise des AG, im Rahmen ihrer freien Beweiswürdigung (§ 286 ZPO) jedoch berücksichtigen.[259] Darüber hinaus hat der **BR,** auch bereits im Vorfeld des ESt.-Verfahrens, die Möglichkeit, die Vorlage von Unterlagen gemäß § 80 Abs. 2 vom AG zu verlangen (vgl. § 80 Rn. 64 ff.) und diese ggf. an die ESt. weiterzugeben.[260] Zu diesem Zweck kann der BR auch ein entsprechendes **arbeitsgerichtliches Beschlussverfahren** durchführen und die Erteilung der Auskünfte direkt an die ESt. verlangen.[261] Dies ist auch für den Fall zu bejahen, dass die ESt. z. B. zum Zweck der Sachverhaltsaufklärung mehrheitlich die Besichtigung bestimmter Arbeitsplätze oder Betriebsteile 108

---

251 *BAG* 17. 11. 10, a. a. O.
252 *BAG* 17. 11. 10, a. a. O.
253 Anders noch die in der 12. Aufl. 2010 (dort Rn. 66) vertretene Auffassung.
254 *BAG* 17. 11. 10, a. a. O.
255 *Bertelsmann,* a. a. O., S. 238 f.; *Fitting,* Rn. 44 f.; HWK-*Kliemt,* Rn. 68; WPK-*Preis,* Rn. 16.
256 *BAG* 11. 9. 01, a. a. O.; *LAG Köln* 11. 7. 01, a. a. O.
257 *Fitting,* Rn. 65 f.; *GL,* Rn. 28; GK-*Jacobs,* Rn. 107; *Wenning-Morgenthaler,* Rn. 220 ff.; Richardi-*Maschmann,* Rn. 90 f.
258 *Fitting,* Rn. 67; *GL,* a. a. O.; GK-*Jacobs,* Rn. a. a. O.; *Wenning-Morgenthaler,* Rn. 281; Richardi-*Maschmann,* a. a. O.
259 *Däubler,* Das Arbeitsrecht 1, Rn. 948; *Wenning-Morgenthaler,* a. a. O.
260 *Fitting,* Rn. 68; *Wenning-Morgenthaler,* Rn. 282.
261 *ArbG Berlin* 2. 7. 99, AiB 00, 436 mit Anm. *Kuster;* a. A. *LAG Berlin-Brandenburg* 1. 7. 11 – 8 TaBV 656/11, juris.

beschließt (etwa zur Vorbereitung einer Entscheidung der ESt. über die Durchführung einer Gefährdungsbeurteilung) und der AG den Mitgliedern des ESt. dennoch den Zutritt zum Betrieb verweigert. Da die ESt. in derartigen Fällen mangels wirkungsgleicher Aufklärungsmöglichkeiten daran gehindert sein kann, ihren gesetzlichen Regelungsauftrag zu erfüllen, ihr selbst keine Zwangsmittel zur Verfügung stehen und damit die Wahrnehmung des einschlägigen Mitbestimmungsrechts des BR vereitelt würde, kann der BR dem AG arbeitsgerichtlich aufgeben lassen, dem Beschluss der ESt. Folge zu leisten.[262]

109 Die ESt. ist weiterhin nach pflichtgemäßem Ermessen befugt, durch die **Einholung von Sachverständigengutachten** selbstständig Beweis zu erheben[263] und ist im Hinblick auf die Verpflichtung des AG zur Kostentragung[264] (vgl. dazu § 76a Rn. 8 ff., 11) nicht darauf verwiesen, mit dem AG gemäß § 80 Abs. 3 zuvor eine Vereinbarung zu treffen.[265] Lehnt die ESt. einen Antrag auf Hinzuziehung eines Sachverständigen mehrheitlich ab, wird dadurch in der Regel der **Grundsatz des rechtlichen Gehörs** (vgl. dazu Rn. 92) **nicht verletzt.**[266] Soweit die ESt. entschieden hat, **AN als Zeugen** zu vernehmen, sind diese vom AG, ggf. unter Fortzahlung des Entgelts, für diesen Zweck von der Arbeit freizustellen.[267]

110 Im ESt.-Verfahren gilt grundsätzlich die **Dispositionsmaxime,** d. h., die Betriebsparteien bestimmen durch den Inhalt der von ihnen zu stellenden Anträge (vgl. Rn. 45, 61) den Streitgegenstand des ESt.-Verfahrens selbst. Im Rahmen der in die Zuständigkeit der ESt. fallenden Regelungs- und Rechtsfragen entscheiden die Betriebsparteien daher sowohl über das »Ob« des Tätigwerdens der ESt. wie auch über das »Wie«, also über den Umfang der Regelungsbefugnis der ESt.[268] Im Rahmen dieses von den Betriebsparteien eingegrenzten Verfahrensgegenstandes ist es allerdings auf der Grundlage der für das ESt.-Verfahren zur Anwendung kommenden **Offizialmaxime** Aufgabe der ESt., **von Amts wegen die Sachaufklärung** in einem für die zu treffende Sachentscheidung erforderlichen Umfang durchzuführen.[269]

111 Voraussetzung für die Durchführung eines des Est.-Verfahrens ist ein **Antrag der Betriebsparteien,** der den von der ESt. zu verhandelnden Regelungsgegenstand bestimmt bzw. eingrenzt (dessen Inhalt und Reichweite bei gerichtlicher Anrufung der ESt. in der Regel bereits dem gerichtlichen Beschluss zu entnehmen ist, vgl. Rn. 58). Die **Rücknahme eines Antrags** ist jederzeit zulässig, führt im Fall des erzwingbaren ESt.-Verfahrens (vgl. dazu Rn. 8 f.) allerdings nur mit der Zustimmung der anderen Betriebspartei zur Beendigung des ESt.-Verfahrens.[270] Im Fall des freiwilligen ESt.-Verfahrens (vgl. dazu Rn. 10 ff.) beendet die einseitige Rücknahme des Antrags das ESt.-Verfahrens, es sei denn, die Betriebsparteien haben sich verbindlich auf das ESt.-Verfahren eingelassen und sich dem Spruch der ESt. im Voraus unterworfen (s. dazu Rn. 13). Die **Bestimmung des Regelungsgegenstandes** muss erkennen lassen, über welche zwischen den Betriebsparteien streitige regelungsbedürftige Angelegenheit in der ESt. verhandelt und ggf. eine Entscheidung der ESt. ergehen soll.[271] Der **Regelungsgegenstand** kann zwar weit gefasst sein, es muss aber dennoch für das ESt.-Verfahren selbst und auch für eine sich ggf. anschließende gerichtliche Überprüfung des Spruchs der ESt. (vgl. dazu Rn. 142 ff.) **hinreichend klar** sein, für **welche konkreten Regelungsfragen** die ESt. eingesetzt wurde.[272] Dies bedeutet

---

262 *Wenning-Morgenthaler,* Rn. 283; a. A. *LAG Berlin-Brandenburg* 1.7.11, a. a. O. (mangels Rechtsgrundlage).
263 *BAG* 4.7.89, BB 90, 918.
264 Vgl. *BAG* 13.11.91 – 7 ABR 70/90, NZA 92, 459.
265 *LAG Hamm* 22.2.08 – 10 TaBVGa 3/08 – juris; *LAG Rheinland-Pfalz* 91.4.05 – 5 TaBV 18/05; *LAG Niedersachsen* 4.3.88, AiB 88, 311 mit zustimmender Anm. *Schwitzer;* ErfK-*Kania,* Rn. 17; *Fitting,* Rn. 66; GK-*Jacobs,* Rn. 14 zu § 76a; Hako-BetrVG/*Krasshöfer,* Rn. 22; *Löwisch,* DB 89, 123; WPK-*Preis,* Rn. 26; a. A. MünchArbR-*Joost,* § 232 Rn. 42.
266 *BAG* 7.5.19 – 1 ABR 54/17, NZA 19, 1295.
267 *Fitting,* Rn. 67; *Wenning-Morgenthaler,* Rn. 299.
268 *Schönfeld,* NZA-Beilage 4/88, S. 3 [9].
269 ErfK-*Kania,* Rn. 17; *Fitting,* Rn. 65; HWK-*Kliemt,* Rn. 48; *Wenning-Morgenthaler,* Rn. 167; *Schönfeld,* a. a. O.; einschränkend GK-*Jacobs,* Rn. 107; ablehnend MünchArbR-*Joost,* § 232 Rn. 41; einschränkend Richardi-*Maschmann,* Rn. 92.
270 GK-*Jacobs,* Rn. 102; Richardi-*Maschmann,* Rn. 95.
271 *BAG* 19.11.19,1 ABR 22/18, NZA 20, 266; 28.3.17 – 1 ABR 25/15, NZA 17, 1132.
272 *BAG* 19.11.19, a. a. O.

allerdings nicht, dass das ESt.-Verfahren zwingend durch im Einzelnen bestimmte Anträge vorbereitet werden muss und dass etwaige Anträge im Laufe des Verfahrens nicht geändert werden könnten (zur Regelungskompetenz der ESt. im Zusammenhang mit den von den Betriebsparteien gestellten Anträgen vgl. Rn. 120).[273] Der durch den Inhalt des Antrags bzw. der Anträge **vorgegebene Regelungsgegenstand** kann durch die ESt. selbst nicht erweitert werden. Die **Betriebsparteien** (bzw. deren Vertreter in der ESt. im Rahmen ihrer Vertretungsmacht) können allerdings aufgrund der im ESt.- Verfahren geltenden Dispositionsmaxime (vgl. Rn. 110) den Regelungsgegenstand **einvernehmlich ändern,** etwa **einschränken**[274] oder **erweitern**[275] und die Zuständigkeit der ESt. auf **weitere mitbestimmungspflichtige Angelegenheiten** erstrecken, in denen Meinungsverschiedenheiten zwischen den Betriebsparteien bestehen.[276]

Da die ESt. nur im Rahmen ihrer **Zuständigkeit** (vgl. Rn. 8) entscheiden kann, muss sie zunächst, zumindest dann, wenn das ESt.-Verfahren mit einem ESt.-Spruch (vgl. Rn. 141) beendet wird und nicht durch eine – jederzeit mögliche – Einigung der Betriebsparteien oder durch Antragsrücknahme (vgl. dazu Rn. 111) die Frage ihrer **Zuständigkeit als Vorfrage selbst prüfen** und über sie befinden (**»Vorfragenkompetenz«** der ESt.).[277] Die ESt. ist allerdings nicht verpflichtet, ihre Zuständigkeit **förmlich,** etwa **durch einen Zwischenbeschluss, festzustellen,** sondern kann diese auch inzidenter durch den – in der Regel das ESt.-Verfahren beendenden – **ESt.-Spruch in der Sache** zum Ausdruck bringen. Ein Zwischenbeschluss ist auch bei Vorliegen eines entsprechenden **Antrags einer Betriebspartei** nicht zwingend von der ESt. vorzunehmen.[278] **112**

Kommt die ESt. zu dem Ergebnis, dass sie im konkreten Fall **unzuständig** ist, hat sie entsprechend zu beschließen und das **Verfahren einzustellen.** Das ESt.-Verfahren ist damit erledigt. Dieser Beschluss kann allerdings **von jedem Beteiligten beim ArbG,** als Entscheidung über Rechtsfragen auch nach Ablauf der Frist des Abs. 5, **angefochten** werden. Bejaht das ArbG die Zuständigkeit, ist das ESt.-Verfahren im Hinblick auf die Unwirksamkeit des Einstellungsbeschlusses fortzusetzen (vgl. dazu auch Rn. 151 ff.).[279] Die einseitige Beendigung des ESt.-Verfahrens, Abberufung des Vorsitzenden oder Neuanrufung einer ESt. durch eine der Betriebsparteien ist nicht möglich. Eine derartige Verfahrensweise setzt Einvernehmen der Betriebsparteien voraus. **113**

Bejaht die ESt. durch **Zwischenbeschluss ihre Zuständigkeit** und wird die Rechtmäßigkeit dieser Entscheidung von einer Seite nach wie vor bestritten oder ist parallel zum ESt.-Verfahren ein **arbeitsgerichtliches Beschlussverfahren** (vgl. Rn. 162) zur Frage der Zuständigkeit der ESt. oder der streitigen Frage des Bestehens oder Nichtbestehens eines Mitbestimmungsrechts des BR anhängig bzw. wird von einer der Betriebsparteien ein solches anhängig gemacht, ist das ESt.-Verfahren unabhängig davon fortzuführen. Eine **Aussetzung des ESt.-Verfahrens** in entsprechender Anwendung des § 148 ZPO bis zur rechtskräftigen Entscheidung im arbeitsgerichtlichen Beschlussverfahren ist nicht zulässig,[280] es sei denn, es liegt das Einverständnis aller Beteiligten vor.[281] Ein **Zwischenbeschluss über die Zuständigkeit der ESt.** stellt als Entscheidung über eine Rechtsfrage keine die Einigung der Betriebsparteien ersetzende und diese **114**

---

273 *BAG* 28.7.81, AP Nr. 2 zu § 87 BetrVG 1972 Urlaub; 30.1.90 – 1 ABR 2/89, DB 90, 1090; *Wenning-Morgenthaler*, Rn. 196.

274 *BAG* 28.3.17, a.a.O.; 11.2.14 – 1 ABR 72/12, NZA 14, 989.

275 *BAG* 9.11.10 – 1 ABR 75/09, NZA-RR 11, 354; 27.10.92 – 1 ABR 4/92, AP Nr. 29 zu § 95 BetrVG 1972; *LAG Frankfurt* 13.11.84, DB 85, 1535; *LAG Schleswig-Holstein* 28.9.83, DB 84, 1530; *Hennige*, S. 153 ff.; *Fitting*, Rn. 88.

276 *Wenning-Morgenthaler*, Rn. 197 f.

277 Vgl. *BAG* 22.10.81, 24.11.81, AP Nrn. 10, 11 zu § 76 BetrVG 1972; 8.3.83, AP Nr. 14 zu § 87 BetrVG 1972 Lohngestaltung; ErfK-*Kania*, Rn. 35; *Fitting*, Rn. 113; *GL*, Rn. 25; GK-*Jacobs*, Rn. 126; HWGNRH-*Worzalla*, Rn. 24; Richardi-*Maschmann*, Rn. 105.

278 *BAG* 28.5.02 – 1 ABR 37/01, NZA 03, 171.

279 ErfK-*Kania*, Rn. 22; *Fitting*, Rn. 114; GK-*Jacobs*, Rn. 127.

280 ErfK-*Kania*, Rn. 22; *Fitting*, Rn. 115; *Hennige*, S. 222 f.; MünchArbR-*Joost*, § 232 Rn. 128; a.A. *LAG Düsseldorf* 21.2.79, EzA § 76 BetrVG 1972 Nr. 29; Richardi-*Maschmann*, Rn. 106; *GL*, Rn. 25; GK-*Jacobs*, Rn. 129; HWGNRH-*Worzalla*, Rn. 25, die die Aussetzung durch Mehrheitsbeschluss der ESt. für zulässig erachten.

281 *Fitting*, a.a.O.; a.A. ErfK-*Kania*, a.a.O.

bindende Regelung dar. Er kann deshalb **nicht isoliert angefochten** werden, sondern unterliegt im Rahmen einer späteren gerichtlichen Anfechtung des die ESt. beendenden ESt.-Spruchs in vollem Umfang der gerichtlichen Rechtskontrolle.[282]

115 **Geht die ESt.** in Wahrnehmung ihrer Vorfragenkompetenz **von ihrer Zuständigkeit** aus, kann sie nach mündlicher oder schriftlicher **Anhörung der Beteiligten** und **ggf. weiterer Sachaufklärung** einen **Einigungsversuch** unternehmen. Dem Zweck des ESt.-Verfahrens entsprechend sind alle Möglichkeiten einer freiwilligen **Einigung der Betriebsparteien** vor der ESt. bzw. eines **einstimmigen Beschlusses der ESt.** auszuschöpfen. Hier liegt die besondere Verantwortung des Vorsitzenden. In der Praxis endet die weit überwiegende Mehrzahl der ESt.-Verfahren ohne streitige zweite Abstimmung (zum Abstimmungsverfahren vgl. Rn. 124 ff.).[283]

116 Vor Unterzeichnung einer BV im Rahmen einer **Einigung der Betriebsparteien** muss die ESt.-Sitzung zur vorhergehenden **Beschlussfassung im BR** nicht unterbrochen werden, wenn der BR-Vorsitzende beim Abschluss der BV im Rahmen der vom BR gefassten Beschlüsse (§ 26 Abs. 3 Satz 1) handelt.[284]

117 Gelingt ein solcher Versuch nicht, hat sie **nach mündlicher Beratung** eine Entscheidung, den **Spruch der ESt.** zu fällen (zum Entscheidungsspielraum der ESt. vgl. Rn. 138 ff.). Die der Beschlussfassung unmittelbar vorausgehende **mündliche (Schluss-)Beratung** und die **Beschlussfassung** selbst haben **allein durch den ESt.-Vorsitzenden und die Beisitzer** in Abwesenheit der Betriebsparteien, ihrer Vertreter oder sonstiger Verfahrensbeteiligter oder Zuhörer zu erfolgen. Ein Verstoß gegen diesen Verfahrensgrundsatz führt zur Unwirksamkeit des ESt.-Spruchs.[285]

118 Ist abzusehen, dass die **Durchführung des ESt.-Verfahrens** wegen eines umfangreichen oder rechtlich und sachlich anspruchsvollen Streitgegenstandes oder weil eine umfangreiche Sachaufklärung erforderlich ist, einen **längeren Zeitraum in Anspruch nehmen** wird, kann die ESt. durch einvernehmliche Regelung oder – **in Eilfällen** – durch Spruch auch **vorläufige Regelungen** treffen.[286] Dies kann beispielsweise erforderlich sein, um **einseitige mitbestimmungswidrige Maßnahmen des AG** bis zur endgültigen Entscheidung der ESt. zu unterbinden bzw. zu beenden. Unter Berücksichtigung ihrer Funktion als betriebliches Schlichtungsorgan und des ihr eingeräumten weiten Ermessensspielraumes (vgl. dazu Rn. 139 f.) ist die Kompetenz der ESt., bei Vorliegen eines **eilbedürftigen Sicherungsbedürfnisses,** vorläufige Regelungen zu treffen, nicht nur grundsätzlich zu bejahen, sondern dürfte rechtlich auch geboten sein.[287]

119 Ergehen derartige **vorläufige Regelungen** durch Spruch der ESt., unterliegen sie der **uneingeschränkten gerichtlichen Kontrolle** (vgl. Rn. 142 ff.), ihr **Vollzug** kann ggf. im Wege der einstweiligen Verfügung durchgesetzt bzw. ihre Durchführung – bei offensichtlicher Rechtswidrigkeit – unterbunden werden (vgl. Rn. 167). Vorläufige Regelungen allein durch den Vorsitzenden der ESt. sind grundsätzlich nicht zulässig.[288]

120 Für die **Beschlussfassung** ist die **einfache Stimmenmehrheit** der anwesenden Mitglieder erforderlich.[289] Dabei ist die ESt. **nicht an die Anträge der Betriebsparteien gebunden,** sondern kann im vorgegebenen Entscheidungsrahmen (Streitgegenstand) durchaus abweichende Lösungsvorschläge zur Beilegung der Meinungsverschiedenheit zur Abstimmung stellen.[290]

---

282 *BAG* 23.2.10 – 1 ABR 65/08; 22.11.05 – 1 ABR 50/04, NZA 06, 803; 10.12.02 – 1 ABR 27/01, ZTR 03, 584; *LAG Hamburg* 7.2.12 – 4 TaBV 12/11, juris; offen lassen 22.1.02 – 3 ABR 28/01, DB 02, 1839; *Fitting*, Rn. 116; *GK-Jacobs*, Rn. 128; a. A. HWK-*Kliemt*, Rn. 62.

283 *U. Fischer*, DB 00, 217, 220.

284 *BAG* 24.2.00 – 8 AZR 180/99, NZA 00, 785 = AiB 00, 699 mit Anm. *Schmitz*.

285 *BAG* 18.1.94 – 1 ABR 43/93, BB 94, 1214.

286 *HessLAG* 21.1.20 – 4 TaBV 141/19, NZA-RR 20, 309; 25.6.09 – 5 TaBVGa 52/09; *Bengelsdorf*, BB 91, 613; *Fitting*, Rn. 90; GK-*Jacobs*, Rn. 119; *Heinze*, RdA 90, 262; MünchArbR-*Joost*, § 232 Rn. 71; *Olderog*, NZA 85, 753; Richardi-*Richardi/Maschmann*, Rn. 33.

287 *HessLAG* 25.6.09, a. a. O.

288 GK-*Wiese*, § 87 Rn. 144; HWGNRH-*Worzalla*, Rn. 51b; Richardi-*Maschmann*, a. a. O.

289 *BAG* 17.9.91 – 1 ABR 23/91, AuR 92, 223; *Fitting*, Rn. 80; MünchArbR-*Joost*, § 320 Rn. 49; a. A. GK-*Jacobs*, Rn. 115, HWGNRH-*Worzalla*, Rn. 67; Richardi-*Maschmann*, Rn. 99.

290 *BAG* 17.9.13 – 1 ABR 24/12, DB 13, 2806; 27.10.92 – 1 ABR 4/92, AP Nr. 29 zu § 95 BetrVG 1972; 30.1.90 – 1 ABR 2/89, DB 90, 1090 [1091]; Richardi-*Maschmann*, Rn. 104; *Dörner/Wildschütz*, AiB 95, 256, 272; GK-*Jacobs*, Rn. 118; *Wenning-Morgenthaler*, Rn. 342; krit. zur Entscheidung des *BAG*

121 **Benennt eine Seite** im erzwingbaren ESt.-Verfahren (vgl. Rn. 8 f.) **keine Beisitzer** für die ESt., bleiben benannte Beisitzer trotz rechtzeitiger Einladung ohne Rechtfertigung der ESt.-Sitzung fern (§ 76 Abs. 5 Satz 2) oder verlassen Beisitzer diese vor deren Abschluss ohne Rechtfertigungsgrund, **entscheiden** die **anwesenden Beisitzer** und der **Vorsitzende allein** (vgl. auch Rn. 9).[291] Wird in einem derartigen Fall das ESt.-Verfahren ohne die abwesenden Beisitzer durch Spruch beendet, liegt kein Verstoß gegen deren Anspruch auf rechtliches Gehör vor.[292]

122 Um dies zu vermeiden, können die Betriebsparteien auch noch während des ESt.-Verfahrens **vereinbaren,** dass die ursprünglich einvernehmlich zwischen ihnen oder durch das ArbG festgelegte **Anzahl der Beisitzer** so **verringert** wird, dass an der Beschlussfassung der ESt. eine gleiche Anzahl von Beisitzern der AN- und der AG-Seite beteiligt ist. Die aufgrund einer solchen Vereinbarung von der Beschlussfassung ausgeschlossenen Beisitzer dürfen dann allerdings bei der (Schluss-)Beratung und Beschlussfassung der ESt. nicht anwesend sein, weil sonst die Nichtöffentlichkeit der Beschlussfassung als elementarer Verfahrensgrundsatz verletzt ist (vgl. dazu Rn. 89 f., 115 ff.).

123 Liegen Anhaltspunkte vor, dass die von einer der Betriebsparteien benannten **Beisitzer** durch **Nichterscheinen** das **Verfahren verzögern** wollen, empfiehlt es sich, dass der Vorsitzende die Ladungen per Einschreiben mit Rückschein vornimmt. Durch das **kurzfristige Auswechseln von Beisitzern** einer Seite ist die **Aufhebung eines bereits anberaumten Termins** der ESt. nur statthaft, wenn für das Auswechseln erhebliche Rechtfertigungsgründe (wie z. B. Erkrankung) vorliegen und der Gegenstand und der Verfahrensstand die erforderliche Vorbereitung des neuen Beisitzers bis zum anberaumten Verhandlungstermin nicht zumutbar erscheinen lassen.

124 Das Gesetz schreibt in Abs. 3 Satz 2 ausdrücklich vor, dass bei der **Beschlussfassung** der **Vorsitzende** sich zunächst der **Stimme zu enthalten** hat. In dieser **ersten Abstimmung** muss der Beschlussvorschlag mit Stimmenmehrheit angenommen werden. Werden von den Betriebsparteien alternative Beschlussvorschläge zur Abstimmung gestellt und stimmen die Beisitzer jeweils geschlossen für den Vorschlag ihrer Seite, hat keiner der beiden Vorschläge die erforderliche Stimmenmehrheit erzielt. Es stellt keinen Verfahrensfehler dar, wenn der Vorsitzende nicht ausdrücklich nach »Nein-Stimmen« gefragt hat. Mit der positiven Stimmabgabe für den Vorschlag ihrer Seite haben die Beisitzer den Vorschlag der anderen Seite jeweils konkludent abgelehnt.[293]

125 Wird bei der ersten Abstimmung eine Mehrheit nicht erzielt, muss eine **erneute mündliche Beratung** stattfinden. Das Unterlassen der erneuten Beratung führt als Verfahrensfehler zur Unwirksamkeit des ESt.-Spruchs,[294] es sei denn, alle Mitglieder der ESt. verzichten auf die erneute Beratung.[295]

126 Erst dann darf unter Beteiligung des Vorsitzenden die **zweite Abstimmung** stattfinden In dieser Abstimmung gibt der Vorsitzende mit seiner Stimme regelmäßig den Ausschlag. Der **Vorsitzende darf sich** deshalb **nicht** der Stimme **enthalten.**[296]

127 Wird aufgrund der erneuten Beratung der **Regelungsvorschlag,** der in der ersten Abstimmung zur Entscheidung stand, **geändert,** muss ein **neues,** mit der ersten Abstimmung beginnendes, **Abstimmungsverfahren** durchgeführt. werden. Wird in der zweiten Abstimmung über einen gegenüber der ersten Abstimmung geänderten Regelungsvorschlag abgestimmt, stellt dies einen wesentlichen Verfahrensfehler dar, der zur **Unwirksamkeit des Spruchs** der ESt. führt.[297]

---

30. 1. 90 – 1 ABR 2/89, a. a. O., *Behrens,* NZA-Beilage 2/91, S. 23, 26, der allerdings übersieht, dass das *BAG* die Bindung der ESt. an den von den Betriebsparteien bestimmten Streitgegenstand bejaht.

291 *Fitting,* Rn. 102; HWGNRH-*Worzalla,* Rn. 68.

292 *ArbG Mannheim* 2. 7. 87, NZA 87, 682; zur Unwirksamkeit eines ESt.-Spruchs, der in Abwesenheit eines nicht ordnungsgemäß geladenen Beisitzers ergeht, *BAG* 27. 6. 95 – 1 ABR 3/95, DB 95, 2219.

293 *BAG* 11. 11. 98 – 7 ABR 47/97, NZA 99, 947.

294 *BAG* 30. 1. 90 – 1 ABR 2/89, NZA 90, 571; *LAG Hamburg* 5. 5. 00 – 3 TaBV 6/00, AiB 01, 50 mit Anm. *Bertelsmann; ArbG München* 19. 6. 91, CR 92, 219.

295 *LAG Hamburg* 5. 5. 00 – 3 TaBV 6/00, a. a. O.; *Fitting,* Rn. 83.

296 *Fitting,* Rn. 86; GK-*Jacobs,* Rn. 117; HWGNRH-*Worzalla,* Rn. 71.

297 *BAG* 5. 10. 10 – 1 ABR 31/09, NZA 11, 420; *Fitting,* Rn. 84.

128 Die **Beisitzer können sich** der Stimme **enthalten.**[298] Gegenteiliges ist der Vorschrift nicht zu entnehmen. Abs. 5 Satz 2 sieht sogar für den Fall der Abwesenheit von Beisitzern die Möglichkeit der Beschlussfassung in der ESt. vor. Die zulässige Stimmenthaltung von Beisitzern hat notwendigerweise zur Konsequenz, dass die **Stimmenthaltung** eines Beisitzers nicht als Nein-Stimme, sondern **als nicht abgegebene Stimme gewertet** wird. Der Spruch der ESt. ist daher – auch bereits im ersten Abstimmungsgang – mit Stimmenmehrheit beschlossen, wenn die Zahl der Ja-Stimmen größer ist als die der Nein-Stimmen.[299] Diese Auffassung findet auch im Wortlaut der Vorschrift ihre Bestätigung: Nach Abs. 3 Satz 1 fasst die ESt. ihre Beschlüsse »mit Stimmenmehrheit«, während in anderen Vorschriften demgegenüber auf die »Mehrheit der Stimmen der Mitglieder des Organs« (§ 27 Abs. 3) oder auf die »Mehrheit der Stimmen der anwesenden Mitglieder« (§ 33 Abs. 1) abgestellt wird.[300]

129 Wird der den Spruch darstellende Regelungsvorschlag in **einzelnen Abschnitten zur Abstimmung gestellt,** muss gewährleistet sein, dass der Spruch der ESt. im Ergebnis **in seiner Gesamtheit von der Mehrheit der Mitglieder der ESt. getragen wird.**[301] Im Zweifel empfiehlt sich daher bei einem derartigen Abstimmungsverfahren eine förmliche Schlussabstimmung über den gesamten Regelungsvorschlag. Dass der Spruch der ESt. in seiner Gesamtheit von der Mehrheit der Mitglieder der ESt. getragen wird, kann sich im Einzelfall allerdings auch aus anderen Umständen ergeben.[302] Dies ist z. B. der Fall, wenn über die Einzelabschnitte des Regelungsvorschlags nicht mit wechselnden Mehrheiten abgestimmt wurde.[303]

130 Im Übrigen gilt das Abstimmungsverfahren gemäß Abs. 3 nur für die **Entscheidungen sachlich-inhaltlicher Art** und nicht für solche über Verfahrensfragen. Letztere können in einem Abstimmungsgang unter sofortiger Beteiligung des Vorsitzenden mit einfacher Stimmenmehrheit gefasst werden.[304]

131 Auch wenn über die Regelung des Streitgegenstandes **zwischen den Betriebsparteien Einvernehmen** hergestellt werden kann, kommt es in diesen Fällen in der Praxis nicht nur zum Abschluss von BV zwischen den Betriebsparteien, sondern auch zu einem **»einvernehmlichen« Spruch bzw. einer einstimmigen Annahme des** zur Abstimmung gestellten **Regelungsvorschlags.** Dies kann sich daraus ergeben, dass die Unterschriftsbefugnis aller anwesenden Beteiligten nicht vorliegt, oder dass sich die Betriebsparteien durch einen ESt.-Spruch eine höhere Akzeptanz bei der Belegschaft bzw. bei der Unternehmens- oder Konzernleitung oder den Anteilseignern versprechen.[305]

132 Hat die ESt. einen **Beschluss (Spruch)** gefasst, ist dieser gem. Abs. 3 Satz 4 **schriftlich niederzulegen** und **vom Vorsitzenden zu unterschreiben.** Durch das im Jahr 2021 in Kraft getretene Betriebsrätemodernisierungsgesetz[306] wurde die Regelung in Abs. 3 Satz 4 dahingehend ergänzt, dass Beschlüsse der ESt. vom Vorsitzenden **auch in elektronischer Form niedergelegt** (§ 126a BGB, s. dazu Einl. Rn. 185 ff.) und vom Vorsitzenden mit seiner **qualifizierten elektronischen Signatur** versehen werden können. Die Formvorschrift des Abs. 3 Satz 4 ist ausreichend beachtet, wenn die Unterzeichnung oder qualifizierte elektronische Signatur durch den Vorsitzenden am Ende eines sich unmittelbar an den Spruch anschließenden Begründungstextes (zum Erfordernis der Begründung des Beschlusses der ESt. s. Rn. 133) vorgenommen wird.[307] Die zusätzliche **Unterschrift der Beisitzer** ist nicht vorgeschrieben, berührt aber die

298 *Fitting,* a. a. O.; Hako-*Krasshöfer,* Rn. 26; HWGNRH-*Worzalla,* Rn. 67; HWK-*Kliemt,* Rn. 78; WPK-*Preis,* Rn. 29; a. A. *GL,* Rn. 32; *Wenning-Morgenthaler,* Rn. 346; Richardi-*Maschmann,* Rn. 103.
299 *BAG* 17. 9. 91 – 1 ABR 23/91, AuR 92, 223; *LAG Baden-Württemberg* 7. 11. 89, DB 90, 546; *LAG Frankfurt* 25. 9. 90 – 4 TaBV 107/90, DB 91, 1288; *Fitting,* a. a. O.; *Wenning-Morgenthaler,* a. a. O.; a. A. GK-*Jacobs,* Rn. 115; Richardi-*Maschmann,* a. a. O.
300 *BAG* 17. 9. 91 – 1 ABR 23/91, a. a. O.
301 *BAG* 18. 4. 89, DB 89, 1926.
302 *BAG* 18. 4. 89, a. a. O.
303 *BAG* 6. 11. 90 – 1 ABR 34/89, AP Nr. 94 zu § 1 TVG TV Metallindustrie.
304 *Fitting,* Rn. 87; GK-*Jacobs,* Rn. 116; *Hennige,* S. 168; Richardi-*Maschmann,* Rn. 101; eingehend *Schönfeld,* NZA-Beilage 4/88, S. 3, 9 f.
305 *Wenning-Morgenthaler,* Rn. 335 ff.
306 BGBl. I, S. 1762.
307 *BAG* 29. 1. 02, DB 02, 1948.

Wirksamkeit des ESt.-Spruchs nicht und kann insbesondere bei einem einstimmigen Spruch (vgl. Rn. 80 a) unter dem Gesichtspunkt der Umsetzung in die betriebliche Praxis sinnvoll sein.[308]

Einer **schriftlichen Begründung** bedarf der **Spruch** der ESt. nicht (vgl. § 76 Abs. 3 Satz 3; h. M.).[309] Sie ist auch verfassungsrechtlich nicht geboten.[310] Dennoch wird sich eine solche in der Regel als **zweckmäßig** erweisen, insbes. dann, wenn der Spruch für die zukünftige Betriebspraxis von weittragender Bedeutung ist. Gleiches gilt, wenn der Spruch nicht einstimmig gefasst wurde und mit einer gerichtlichen Überprüfung zu rechnen ist.[311] 133

Der vom Vorsitzenden **unterzeichnete** oder **mit seiner Signatur versehene Spruch** (s. Rn. 132) 134
ist dem **AG und dem BR zuzuleiten** (Abs. 3 Satz 4). Ein **Verstoß** gegen diese **Formvorschrift** führt zur Unwirksamkeit des Spruchs der ESt.[312] Die Zuleitung des Spruchs an AG und BR dient der **Rechtsklarheit** und **dokumentiert** rechtsicher den **Willen der ESt.-Mitglieder** gegenüber den normunterworfenen AN. Dies ist erforderlich, weil der Spruch die fehlende Einigung zwischen BR und AG ersetzt und ihm die normative Wirkung einer BV gemäß § 77 Abs. 4 Satz 1 zukommt.[313] Die Zuleitung des **ESt.-Spruchs mit Unterschrift des Vorsitzenden** in Form einer **pdf-Datei als Anlage zu einer Email** führt nicht zur Wirksamkeit des ESt.-Spruchs.[314] Eine **nachträgliche, rückwirkende Heilung** der Verletzung des Unterschrifts- bzw. Signatur- oder Zuleitungserfordernisses ist grundsätzlich nicht möglich.[315] Erfolgt die den Formerfordernissen entsprechende Zuleitung des Einigungsstellenspruchs im engen zeitlichen Zusammenhang mit seiner vorhergehenden Übersendung als Textdatei per E-Mail, führt dies nicht zu seiner Unwirksamkeit.[316] Die Formunwirksamkeit eines ESt.-Spruchs kann vom Vorsitzenden der ESt. nicht dadurch beseitigt werden, dass er eine von ihm **inhaltlich geänderte Fassung des Spruchs** den Betriebsparteien unter Beachtung der Formerfordernisse zuleitet.[317] Wird in einem ESt.-Spruch auf umfangreiche **Anlagen** verwiesen, die mit dem Spruch nicht körperlich verbunden (vgl. dazu § 77 Rn. 61) und auch nicht wie der Beschluss des EST.-Spruchs unterzeichnet, signiert oder paraphiert sind, und enthalten die Anlagen selbst keinen rückbeziehbaren Verweis auf den ESt.-Spruch, sind die der Rechtsklarheit dienenden Formerfordernisse ebenfalls nicht erfüllt, so dass der ESt.-Spruch unwirksam ist.[318]

Für die **Zuleitung** selbst sind keine besonderen Erfordernisse vorgeschrieben. Es muss ledig- 135
lich sichergestellt werden, dass der Spruch den Betriebsparteien **nachweislich zur Kenntnis** gelangt ist. Wie das geschieht, ist Sache des Vorsitzenden. Der unterzeichnete Spruch kann z. B. unmittelbar nach Schluss der Sitzung übergeben, auf dem Postweg übersandt oder durch Boten überbracht werden. Der **Zeitpunkt der Zuleitung** ist wegen der **Anfechtungsfrist** des Abs. 5 Satz 4 u. U. von entscheidender Bedeutung. Diese Frist wird vom Tage der Zuleitung an in Lauf gesetzt (vgl. Rn. 142).

(unbesetzt) 136

Das ESt.-Verfahren wird durch die **Eröffnung des Insolvenzverfahrens** weder unterbrochen 137
noch beendet, sondern fortgeführt (zur Besetzung der ESt. in diesem Fall vgl. Rn. 32).[319]

---

308 ErfK-*Kania,* Rn. 21; *Wenning-Morgenthaler,* Rn. 352; vgl. ein entsprechendes Muster bei DKWF-*Berg,* § 76 Rn. 12.

309 Vgl. GK-*Jacobs,* Rn. 121 m. w. N.

310 *BVerfG* 18. 10. 86, NZA 88, 25.

311 ErfK-*Kania,* Rn. 21; *Fitting,* Rn. 131; *Wenning-Morgenthaler,* Rn. 354; zur Zweckmäßigkeit einer – gesetzlich nicht vorgeschriebenen (*Fitting,* Rn. 65) – Protokollierung des Ablaufs der ESt.-Sitzung vgl. *Kraushaar,* AiB 96, 113, 119; *Wenning-Morgenthaler,* Rn. 250 ff.; vgl. dazu das Muster bei DKWF-*Berg,* § 76 Rn. 11.

312 *BAG* 10. 12. 13 – 1 ABR 45/12, DB 14, 1027; 13. 3. 12 – 1 ABR 78/10, DB 13, 1001; 5. 10. 10, NZA 11, 420 = AiB 11, 466 mit Anm. *Weinbrenner;* 14. 9. 10 – 1 ABR 30/09, AuR 11, 38, juris; *LAG Berlin-Brandenburg* 16. 11. 11 – 31 BV 12235/10, NZA-RR 12, 134; kritisch *Tschöpe/Geißler,* NZA 11, 545.

313 *BAG* 10. 12. 13, a. a. O.; 5. 10. 10, a. a. O.

314 *BAG* 10. 12. 13, a. a. O.; 13. 3. 12, a. a. O.

315 *BAG* 13. 8. 19 – 1 ABR 6/18, NZA 19, 1717; 10. 12. 13, a. a. O.; 5. 10. 10, a. a. O.

316 *Weinbrenner,* AiB 11, 467, 468; offen gelassen von *BAG* 5. 10. 10, a. a. O.

317 *BAG* 10. 12. 13, a. a. O.

318 *BAG* 13. 8. 19, a. a. O.; *LAG Niedersachsen* 1. 8. 12, a. a. O.

319 *BAG* 27. 3. 79, AP Nr. 7 zu § 76 BetrVG 1972.

V. Die Entscheidung der Einigungsstelle und ihre arbeitsgerichtliche Überprüfung

138 Die ESt. hat bei ihren Entscheidungen grundsätzlich **zwingendes vorrangiges Recht** zu beachten. Dazu gehören neben den **Grundrechten**[320] beispielsweise die **gesetzlichen AN-Schutzbestimmungen** (z. B. ArbZG, SchwbG, MuSchG), aber auch die im Betrieb geltenden **TV** und **BV** sowie auch innerstaatlich noch nicht umgesetzte **EG-Richtlinien,** vgl. § 87 Rn. 85). Von der Bindung an die, auch von AG und BR bei Abschluss einer BV stets einzuhaltenden, **betriebsverfassungsrechtlichen Grundsätze** (vgl. § 2 Abs. 1, § 75) abgesehen, hat die ESt. ihre Beschlüsse unter **angemessener Berücksichtigung der Belange des Betriebs und der AN nach billigem Ermessen** zu fassen (vgl. Abs. 5 Satz 3). Im Fall der Entscheidung über einen Sozialplan (§ 112 Abs. 5), wo bei der Entscheidung der ESt. die sozialen Belange der AN und die wirtschaftliche Vertretbarkeit für das UN zu beachten sind, hat der Gesetzgeber die Grenzen des Ermessens für die ESt. durch die Festlegung weiterer Leitlinien zusätzlich konkretisiert (vgl. § 112 Rn. 121 ff.).

139 Während die ESt. bei der **Entscheidung in Rechtsfragen** den Bindungen an zwingendes Recht uneingeschränkt unterliegt und lediglich bei der Auslegung unbestimmter Rechtsbegriffe über einen **begrenzten Beurteilungsspielraum** verfügt,[321] räumt das Gesetz für die **Entscheidung in Regelungsfragen** der ESt. einen **Ermessensspielraum** ein, der lediglich durch den unbestimmten Rechtsbegriff der Billigkeit eingeschränkt wird (h. M.).[322]

140 Innerhalb dieses Ermessensspielraums hat die ESt. ihre Entscheidung zu treffen. Sie hat also so zu entscheiden, wie AG und BR sich vernünftigerweise hätten einigen können, aber nicht geeinigt haben. Dabei hat sie die Belange des Betriebs und der betroffenen AN angemessen zu berücksichtigen. Insoweit muss die ESt. eine **Interessenabwägung** vornehmen. Sie kann sich sowohl der Auffassung des AG als auch der des BR anschließen; sie kann aber auch von beiden Ansichten abweichen. Welche Wertung sie letztlich vornimmt, unterliegt ihrer eigenverantwortlichen Ermessensausübung, die auch nur beschränkter gerichtlicher Kontrolle unterliegt (vgl. dazu Rn. 144 ff.).

141 Der **Spruch der ESt.** legt die Meinungsverschiedenheit zwischen AG und BR bei. Er hat die Wirkung, die auch eine Einigung zwischen AG und BR gehabt hätte. Das bedeutet, dass die Entscheidung der ESt. die **Wirkung einer BV** in den Fällen hat, in denen es zur Durchführung einer Maßnahme des Abschlusses einer BV zwischen AG und BR bedurfte.[323] Der Spruch hat insoweit **verbindlichen Charakter,** begründet Rechte und Pflichten für AG und BR, wirkt normativ auf die Arbeitsverhältnisse ein (vgl. dazu § 77 Rn. 98) und unterliegt auch ansonsten dem Recht der BV.[324] So kann ein Spruch der ESt. mit Rückwirkung versehen sein[325] oder hinsichtlich seiner Beendigung eine Kündigungsfrist enthalten,[326] deren Länge sich nicht im Rahmen von § 77 Abs. 5 halten muss.[327] Aus dem Spruch der ESt. kann allerdings nicht unmittelbar die Zwangsvollstreckung betrieben werden (zur Durchsetzung des Durchführungsanspruchs des BR im arbeitsgerichtlichen Beschlussverfahren vgl. § 77 Rn. 11 ff.). Im freiwilligen ESt.-Verfahren (vgl. dazu auch Rn. 10 ff.) wird die Entscheidung der ESt., auch bei BV gemäß § 88, dann verbindlich, wenn sich die Betriebsparteien ihr im Voraus unterworfen haben oder sie nachträglich annehmen (Abs. 6 Satz 2).

142 **AG oder BR können** gemäß Abs. 5 Satz 4 **das ArbG anrufen,** wenn sie der Meinung sind, die ESt. habe mit ihrem Spruch die **Grenzen des ihr eingeräumten Ermessens überschritten** (zur Anrufung des ArbG wegen Verstößen des Spruchs der ESt. gegen **zwingende Rechtsvor-**

---

320 Vgl. dazu ErfK-*Schmidt,* GG, Einl., Rn. 56 ff.

321 Vgl. dazu am Beispiel eines ESt.-Spruchs nach § 109 *BAG* 11.7.00 – 1 ABR 43/99, NZA 01, 402 und § 109 Rn. 14.

322 *BAG* 31.8.82, 28.10.86, AP Nrn. 8, 20 zu § 87 BetrVG 1972 Arbeitszeit; 11.3.86, AP Nr. 14 zu § 87 BetrVG 1972 Überwachung; 28.9.88, DB 89, 48; *Fitting,* Rn. 121; GK-*Jacobs,* Rn. 134; *GL,* Rn. 31; HWGNRH-*Worzalla,* Rn. 73; Richardi-*Maschmann,* Rn. 107.

323 ErfK-*Kania,* Rn. 27; *Fitting,* Rn. 134; *GL,* Rn. 36; GK-*Jacobs,* Rn. 140.

324 GK-*Jacobs,* a. a. O.

325 *BAG* 19.9.95 – 1 AZR 208/95, NZA 96, 386; 8.3.77, BB 77, 1199.

326 *BAG* 28.7.81, BB 82, 616.

327 *BAG* 29.1.02, DB 02, 1948.

schriften vgl. Rn. 148ff.). Obwohl es der Wortlaut und die systematische Stellung des Abs. 5 Satz 3, nach dem die ESt. ihre Entscheidungen unter angemessener Berücksichtigung der Belange des Betriebs und der betroffenen AN nach billigem Ermessen zu treffen hat, nahelegt, dass diese Vorgabe nur im **erzwingbaren ESt.-Verfahren** gilt, ist sie auch im **freiwilligen ESt.-Verfahren** zu beachten, wenn sich die Betriebsparteien dem Spruch der ESt. im Voraus unterworfen haben (Abs. 6 Satz 2).[328] Es kann auch für das freiwillige ESt.-Verfahren nicht davon ausgegangen werden, dass der Gesetzgeber die Verbindlichkeit des Spruchs einer ESt., mit dem das ihr eingeräumte Ermessen überschritten wird, anordnen wollte. Deshalb können die Betriebsparteien auch in diesem Fall die Überschreitung des der ESt. eingeräumten Ermessens beim ArbG geltend zu machen.[329] Haben die Betriebsparteien den Spruch der ESt. erst nachträglich angenommen, scheidet die gerichtliche Geltendmachung einer Ermessensüberschreitung allerdings aus, da bei der nachträglichen Annahme des Spruchs der ESt., wie auch bei jeder anderen einvernehmlich getroffenen Vereinbarung der Betriebsparteien, der Grundsatz billigen Ermessens von diesen nicht zwingend beachtet werden muss.[330] Verstöße des Spruchs der Est. gegen **zwingende Rechtsvorschriften** (vgl. dazu Rn. 148), können von den Betriebsparteien im freiwilligen ESt.-Verfahren unabhängig davon gerichtlich geltend gemacht werden, ob sie sich dem Spruch im Voraus unterworfen oder ihn nachträglich angenommen haben.

Ein **Antrag** auf Überprüfung eines Spruchs der ESt. wegen Ermessensüberschreitung muss binnen einer **Frist von zwei Wochen** vom Tage der Zuleitung des Spruchs (vgl. Rn 134f.) an gerechnet, **beim ArbG** gestellt werden [Abs. 5 Satz 4]; vgl. das Muster einer Antragsschrift bei DKWF-*Berg*, § 76 Rn. 14). Die zweiwöchige Frist ist **zwingend,** eine Fristverlängerung oder Wiedereinsetzung in den vorigen Stand ist ausgeschlossen.[331] Sie endet zwei Wochen später mit Ablauf des Tages, der seiner Benennung nach dem Tag entspricht, an dem der Spruch der ESt. der das Gericht anrufenden Partei zugeleitet worden ist (vgl. dazu aber auch § 193 BGB). Die Frist des Abs. 5 Satz 4 wird nicht durch einen **Antrag** gewahrt, mit dem **ohne jede Begründung** die Feststellung der Unwirksamkeit eines Sozialplans oder einer BV begehrt wird. Auch eine nach Ablauf der Frist nachgeschobene Begründung kann diesen Mangel nicht heilen.[332] Ob bei der gerichtlichen Entscheidung über die Anfechtung eines ESt.-Spruchs grundsätzlich nur die Tatsachen berücksichtigt werden können, die im Rahmen der zweiwöchigen Frist vorgetragen werden, hat das BAG offengelassen,[333] so dass sich insofern stets die eingehende Begründung innerhalb der Frist des Abs. 5 Satz 4 empfiehlt. Wurde die Zwei-Wochen-Frist für die Anfechtung nicht eingehalten (oder das ArbG zwecks Überprüfung des Spruchs nicht angerufen), obwohl die ESt. mit ihrem Spruch ihr Ermessen überschritten hat, ist der **Spruch wirksam.** Die Ermessensüberschreitung kann später nicht mehr geltend gemacht werden. Der AG ist in diesem Fall zu seiner **Durchführung** berechtigt und gegenüber dem BR verpflichtet und der BR kann seine Durchführung verlangen.[334] 143

Die Verletzung des Ermessenspielraums durch einen ESt.-Spruch ist eine **Rechts- und keine Tatsachenfrage.**[335] Die Ermessenfehlerhaftigkeit ist deshalb nicht bereits dann gegeben, weil beide Betriebsparteien den Est.-Spruch übereinstimmend für ermessensfehlerhaft halten oder der ESt.-Spruch von einer der Betriebsparteien als unbillig empfunden wird. Entscheidend ist vielmehr, dass die ESt. ihren Spruch **außerhalb des** ihr eingeräumten **Gestaltungs- und Ermessensspielraums** gefällt hat. Ein solcher Fall liegt dann vor, wenn die Entscheidung eindeutig erkennbar keine sachgerechte Interessenabwägung enthält oder beispielsweise die Belange der betroffenen AN oder des Betriebs überhaupt nicht berücksichtigt.[336] Wird ein ESt-Spruch über die Aufstellung eines Sozialplans wegen der **Überdotierung des Sozialplans** angefochten, 144

328 *Fitting*, Rn. 126; GK-*Jacobs*, Rn. 130.
329 *Fitting*, a. a. O.; im Ergebnis ebenso GK-*Jacobs*, Rn. 135.
330 *Fitting*, Rn. 127.
331 *BAG* 26.5.88, AP Nr. 26 zu § 76 BetrVG 1972; *Fitting*, Rn. 157; GK-*Jacobs*, Rn. 163.
332 *BAG* 26.5.88, AP Nr. 26 zu § 76 BetrVG 1972.
333 14.5.85, AP Nr. 16 zu § 76 BetrVG 1972; vgl. dazu auch *Fitting*, Rn. 158f.; GK-*Jacobs*, Rn. 164.
334 *BAG* 25.2.15 – 5 AZR 886/12, juris.
335 *BAG* 14.2.23 – 1 ABR 28/21, NZA 23, 702.
336 *BAG* 22.1.13 – 1 ABR 85/11, DB 13, 1182; 15.3.11 – 1 ABR 97/09, DB 11, 1698; *Fitting*, Rn. 155; GK-*Jacobs*, Rn. 170; HWGNRH-*Worzalla*, Rn. 84.

ist der ESt.-Spruch ermessenfehlerhaft, wenn seine Regelungen für das UN wirtschaftlich nicht vertretbar sind oder zu einer Überkompensation der den AN voraussichtlich entstehenden Nachteile führen.[337] Ermessenfehlerhaft ist auch eine ESt.-Spruch, der dem AG in einer mitbestimmungspflichtigen Angelegenheit eine Gestaltungsfreiheit einräumt, die einem **»mitbestimmungsfreien« Zustand** gleichkommt.[338]

145 (nicht besetzt)

146 Dies kann ebenfalls gelten, wenn die ESt. sich damit begnügt, den Antrag einer Seite zurückzuweisen, **ohne die streitige Angelegenheit** im Rahmen eines bestehenden Mitbestimmungsrechts **selbst zu regeln.**[339] Unwirksam ist der Spruch einer ESt. auch dann, wenn er die streitige Angelegenheit **nicht vollständig regelt**[340] bzw. den Betriebsparteien aufgibt, sich auf der Grundlage bestimmter Vorgaben zu einigen.[341]

147 Reine Zweckmäßigkeitserwägungen der ESt. unterliegen keinesfalls einer gerichtlichen Kontrolle, das Gericht darf nicht sein Ermessen an das der ESt. setzen. Der gerichtlichen Kontrolle unterliegt **nur** die **Entscheidung der ESt. selbst,** also das Ergebnis ihrer Tätigkeit, **nicht** etwa die **von der ESt. angestellten Überlegungen und Erwägungen.**[342]

148 Außerdem ist der Spruch der ESt. gerichtlich daraufhin überprüfbar, ob er **gegen zwingende Rechtsvorschriften** verstößt. Die **gerichtliche Geltendmachung von Rechtsverstößen** kann auch noch **nach Ablauf der Zweiwochenfrist** (vgl. Rn. 142) erfolgen.[343] Die **rechtliche Überprüfung durch die ArbG** erstreckt sich dabei insbesondere auf die Zuständigkeit der ESt., die hinreichende Bestimmtheit des Regelungsauftrags der ESt.,[344] die Einhaltung der zwingenden Verfahrensgrundsätze und die inhaltliche Rechtmäßigkeit des Spruchs der ESt.[345] Das wäre z. B. der Fall, wenn der Spruch eine Arbeitszeitregelung beinhaltet, die nach den Bestimmungen des ArbZG unzulässig ist, gegen die Grundsätze des § 75 Abs. 1 verstößt, die Mitbestimmungsrechte des BR erweitert,[346] die Regelung einer mitbestimmungspflichtigen Angelegenheit auf den AG überträgt,[347] oder wenn die Zuständigkeit der ESt.[348] nicht **gegeben** ist.[349]

149 Soll die Rechtmäßigkeit eines Spruchs der ESt. oder die Überschreitung der Grenzen des Ermessens durch einen Spruch der ESt. einer gerichtlichen Überprüfung unterzogen werden, ist der Antrag auf die **Feststellung der Unwirksamkeit des ESt.-Spruchs** zu richten und nicht auf seine Aufhebung, da eine entsprechende gerichtliche Entscheidung feststellende und nicht rechtsgestaltende Wirkung hat.[350] Grundsätzlich kann auch die Feststellung der Unwirksamkeit einer eigenständigen Teilregelung des ESt.-Spruchs beantragt werden (vgl. dazu auch

---

337 *BAG* 14. 2. 23, a. a. O.

338 *BAG* 8. 12. 15 – 1 ABR 2/14, juris; 28. 10. 86, AP Nr. 20 zu § 87 BetrVG 1972 Arbeitszeit; 17. 10. 89, NZA 90, 399 [401 f.]; 22. 1. 02 – 3 ABR 28/01, DB 02, 1839; 8. 6. 04 – 1 ABR 4/03, NZA 05, 227, 231; *LAG Niedersachsen* 20. 2. 12 – 9 TaBV 66/11, juris, anhängig *BAG* – 1 ABR 19/12.

339 *BAG* 30. 1. 90 – 1 ABR 2/89, DB 90, 1090 ff.; vgl. zu einem Fall der Ermessensunterlassung auch *LAG Hamm* 16. 1. 90 – 13 TaBV 98/89, NZA 90, 500 f.

340 *BAG* 11. 2. 14 – 1 ABR 72/12, NZA 14, 989; 11. 1. 11 – 1 ABR 104/09, NZA 11,114; *LAG Hamm* 25. 11. 14 – 7 TaBV 45/14, juris.

341 *LAG Rheinland-Pfalz* 9. 2. 11 – 8 TaBV 7/10, juris.; *LAG Bremen* 26. 10. 98 – 4 TaBV 4/98, AiB 99, 161 mit Anm. *Roos*.

342 *BAG* 7. 5. 19 – 1 ABR 54/17, NZA 19, 1295; 22. 1. 13 – 1 ABR 85/11, DB 13, 1182; 15. 3. 11 – 1 ABR 97/09, DB 11, 1698; 24. 8. 04, NZA 05, 303, 304; 6. 5. 03, NZA 04, 108, 110; 25. 1. 00 – 1 ABR 1/99, BB 00, 2261 [2262]; 31. 8. 82, AP Nr. 8 zu § 87 BetrVG 1972 Arbeitszeit; vgl. auch GK-*Jacobs*, Rn. 168 m. w. N. zur Gegenmeinung.

343 *BAG* 15. 3. 06 – 7 ABR 24/05, NZA 06, 1422; 11. 7. 00 – 1 ABR 43/99, AP Nr. 2 zu § 109 BetrVG 1972.

344 *BAG* 19. 11. 19 – 1 ABR 22/18, NZA 20, 266; 28. 3. 17 – 1 ABR 25/15, NZA 17, 1132.

345 *Fitting*, Rn. 138 ff.

346 *LAG Düsseldorf* 23. 5. 12 – 5 TaBV 2/12, LAGE Nr. 5 zu 76 BetrVG 2001, anhängig *BAG* 1 ABR 49/12.

347 *BAG* 9. 7. 13 – 1 ABR 19/12, NZA 14, 99.

348 Vgl. dazu *BAG* 20. 7. 99 – 1 ABR 66/98, NZA 00, 495 = AiB 00, 439 mit Anm. *Hjort;* 4. 7. 89, DB 90, 127, 128 und Rn. 108.

349 Zur gerichtlichen Rechtskontrolle wegen Verfahrensverstößen vgl. eingehend *Schönfeld*, NZA-Beilage 4/88, S. 3 ff.

350 *BAG* 23. 2. 10 – 1 ABR 65/08; 15. 3. 06 – 7 ABR 24/05, NZA 06, 1422; 6. 5. 03 – 1 ABR 28/02, NZA 04, 108, 110; 22. 7. 03 – 1 ABR 28/02, NZA 04, 507, 508; 19. 2. 02 – 1 ABR 20/01, NZA 03, 1159, 1161.

Rn. 151 ff.),[351] wobei ein Antrag auf Feststellung der Unwirksamkeit eines Spruchs der ESt. als Minus auch zu der Prüfung führt, ob einzelne Regelungen des Spruchs unwirksam sind.[352] **Ein** verfahrensbegleitender Zwischenbeschluss der ESt. ist **nicht isoliert gerichtlich anfechtbar,**[353] da sich die Möglichkeit der gerichtlichen Anfechtung des das ESt.-Verfahren beendenden ESt.-Spruchs gemäß Abs. 4 auch auf Verfahrensfehler erstreckt.[354] Das gilt auch für einen **(Zwischen)-Beschluss,** mit dem die **Zuständigkeit der ESt.** bejaht oder verneint wird. Er stellt als Entscheidung über eine Rechtsfrage keine die Einigung der Betriebsparteien ersetzende und diese bindende Regelung dar. Er kann deshalb **nicht isoliert angefochten** werden, sondern unterliegt im Rahmen einer späteren gerichtlichen Anfechtung des die ESt. beendenden ESt.-Spruchs in vollem Umfang der gerichtlichen Rechtskontrolle.[355] Der **Beschluss einer ESt., mit der diese ihre Zuständigkeit verneint** und dementsprechend das ESt.-Verfahren einstellt, kann nicht mit einem Antrag gerichtlich angefochten werden, mit dem die Feststellung der Unwirksamkeit dieses Beschlusses begehrt wird.[356] Stattdessen ist in einem Beschlussverfahren die Feststellung zu beantragen, dass **für den fraglichen Regelungsgegenstand ein Mitbestimmungsrecht besteht.**[357]

Die **Anrufung des ArbG** durch den AG oder den BR lässt die **rechtliche Wirksamkeit des Spruchs** der ESt. zunächst unberührt. Dieser ist auch während des gerichtlichen Verfahrens durchzuführen.[358] Der BR kann den Vollzug ggf. durch eine einstweilige Verfügung durchsetzen.[359] Der Spruch wird nicht etwa suspendiert, vielmehr sind beide Seiten daran gebunden;[360] vgl. aber auch Rn. 167. 150

Kommt das ArbG zu dem Ergebnis, dass die ESt. die Grenzen ihres Ermessens überschritten hat oder der Spruch gegen zwingende Rechtsvorschriften verstößt, so hat es die **Unwirksamkeit der Entscheidung** festzustellen.[361] Der Spruch der ESt. kann nicht durch eine eigene Sachentscheidung des Gerichts ersetzt werden.[362] Weist das ArbG einen Antrag auf die **Feststellung der Unwirksamkeit eines ESt.-Spruchs rechtskräftig** zurück, steht dessen Wirksamkeit endgültig fest, unabhängig davon, ob alle möglichen Unwirksamkeitsgründe im Anfechtungsverfahren geprüft wurden und ob z. B. der ESt.-Spruch wegen des Fehlens eines Mitbestimmungsrechts bezüglich des Regelungsgegenstandes des ESt.-Verfahrens nicht hätte ergehen dürfen[363] 151

Fehlt es auf Grund der Rechtsunwirksamkeit des Spruchs der ESt. an einer wirksamen Beendigung des ESt.-Verfahrens – weil die Zuständigkeit der ESt. gegeben ist –, ist die nach wie vor bestehende ESt. unter Fortsetzung des Verfahrens verpflichtet, die zwischen den Betriebsparteien streitige Frage zu regeln.[364] 152

---

351 *BAG* 24. 1. 06 – 1 ABR 6/05, DB 06, 1161.
352 *BAG* 19. 11. 19 – 1 ABR 36/18, NZA 20, 389.
353 *BAG* 22. 1. 02 – 3 ABR 28/01, DB 02, 1839.
354 *LAG Hamburg* 14. 11. 07 – 5 TaBV 9/07 – juris.
355 *BAG* 17. 9. 13 – 1 ABR 24/12, DB 13, 2806; 17. 9. 13 – 1 ABR 21/12, juris; 22. 11. 05 – 1 ABR 50/04, NZA 06, 803; 10. 12. 02 – 1 ABR 27/01, ZTR 03, 584; *LAG Hamburg* 7. 2. 12 – 4 TaBV 12/11, juris; offen lassen 22. 1. 02 – 3 ABR 28/01, DB 02, 1839; *Fitting*, Rn. 139; GK-*Jacobs*, Rn. 128; a. A. HWK-*Kliemt*, Rn. 105.
356 *BAG* 26. 9. 17 – 1 ABR 57/15, NZA 18, 194; 23. 2. 16 – 1 ABR 18/14, NZA 16, 838; *Fitting*, Rn. 139.
357 *BAG* 26. 9. 17, a. a. O.; 23. 2. 16, a. a. O.
358 *LAG Baden-Württemberg* 20. 7. 16 – 21 TaBV 4/16, juris.; *Fitting*, Rn. 164 f.; Hako-BetrVG/*Krasshöfer*, Rn. 33; a. A. wohl GK-*Jacobs*, Rn. 189.
359 *LAG Köln* 20. 4. 99 – 13 TaBV 2243/98, NZA-RR 00, 311; *LAG Berlin* 8. 11. 90 – 14 TaBV 5/90, DB 91, 1288 = AiB 91, 110 mit Anm. *Grimberg;* 6. 12. 84, BB 85, 1199.
360 *ArbG Frankfurt* 3. 8. 82 – 13 BVGa 5/82; *LAG Berlin* 6. 12. 84, a. a. O.; *Fitting*, Rn. 164; *GL*, Rn. 37; GK-*Jacobs*, Rn. 180.
361 *BAG* 30. 10. 79, AP Nr. 9 zu § 112 BetrVG 1972; 27. 5. 86, AP Nr. 15 zu § 87 BetrVG 1972 Überwachung.
362 *LAG Düsseldorf* 24. 1. 78, EzA § 87 BetrVG 1972 Vorschlagswesen Nr. 1; *Fitting*, Rn. 161; GK-*Jacobs*, Rn. 177; Richardi-*Maschmann*, Rn. 135.
363 *LAG Berlin-Brandenburg* 23. 6. 23 –12 TaBV 638/22; GK-*Jacobs*, Rn. 176; *Wenning-Morgenthaler*, Rn. 459.
364 *BAG* 30. 1. 90 – 1 ABR 2/89, DB 90, 1090 [1091]; *Fitting*, Rn. 162; GK-*Jacobs*, Rn. 178; a. A. *GL*, Rn. 46; Richardi-*Maschmann*, Rn. 138.

153 Die **Teilunwirksamkeit eines eine BV ersetzenden ESt.-Spruchs** führt nicht zur Unwirksamkeit des gesamten Spruchs, wenn der wirksame Teil des Spruchs für sich allein eine sinnvolle und in sich geschlossene Regelung enthält[365] (§ 139 BGB). Ist dies nicht der Fall, führt dies zur **Unwirksamkeit** des gesamten Est.-Spruchs.[366]

VI. Garantie des Rechtswegs

154 Wenn auch der Spruch der ESt. lediglich vom AG oder BR beim ArbG angegriffen werden kann, so ist es dem **einzelnen AN** dennoch unbenommen, seinerseits **individualrechtliche Ansprüche** geltend zu machen und deshalb das ArbG anzurufen. Er ist dabei an keine Frist gebunden. Diese Folge entspricht rechtsstaatlichen Grundsätzen.[367] Da die ESt. kein Gericht ist, muss der AN jederzeit die Möglichkeit besitzen, trotz des Spruchs der ESt. den Rechtsweg zu beschreiten.

155 Die Auslegung von Meinungsverschiedenheiten zwischen dem AG und einzelnen AN aus einer BV bzw. einem Sozialplan kann nicht der ESt. oder einem Mitglied derselben zur verbindlichen Entscheidung übertragen werden, da es sich dabei um eine unzulässige Schiedsabrede gemäß §§ 4, 101 ArbGG handelt.[368]

VII. Tarifliche Schlichtungsstelle

156 Die TV-Parteien haben die Möglichkeit, eine **tarifliche Schlichtungsstelle** zu errichten, die dann die **Befugnisse der betriebsverfassungsrechtlichen ESt.** übernimmt (Abs. 8; zur Zulässigkeit der tarifvertraglichen Erweiterung der Zuständigkeit der betriebsverfassungsrechtlichen ESt. selbst vgl. Rn. 8). Wird ein solcher TV abgeschlossen, muss es den TV-Parteien auch überlassen bleiben, wie sie das Verfahren der tariflichen Schlichtungsstelle regeln. Sie können dabei auch von den **gesetzlichen Verfahrensgrundsätzen abweichen,** wenn das Verfahren im Übrigen rechtsstaatlichen Prinzipien entspricht.[369] Damit wird auch dem Vorrang der Tarifautonomie gebührend Rechnung getragen. Sieht der TV keine besonderen Verfahrensregelungen vor, so ist auch die tarifliche Schlichtungsstelle an das **gesetzlich vorgeschriebene Verfahren** gebunden.[370] Enthalten die tarifvertraglichen Verfahrensgrundsätze eine **unbewusste Regelungslücke,** ist diese in der Regel durch Anwendung der gesetzlichen Verfahrensgrundsätze zu schließen.[371]

157 Die TV-Parteien können auch bestimmen, ob sich die Zuständigkeit der tariflichen Schlichtungsstelle auf alle Aufgaben der ESt. oder nur auf einen Teil erstrecken soll.[372]

158 Die **Sprüche** der tariflichen Schlichtungsstellen in Betriebsverfassungsfragen können **gerichtlich überprüft** werden wie Sprüche der ESt.[373] Nehmen sie auf Grund des TV andere Aufgaben wahr, haben sie jedoch die **Vermutung der Richtigkeit** für sich, so dass eine Nachprüfung nur auf **offensichtliche Unbilligkeit** hin gegeben sein dürfte (§ 319 Abs. 1 BGB).[374]

159 Der TV, der die ESt. durch eine tarifliche Schlichtungsstelle ersetzt, findet bereits dann Anwendung, wenn nur der AG tarifgebunden ist, da es sich um die Regelung betriebsverfassungsrechtlicher Fragen handelt (§ 3 Abs. 2 TVG).[375]

---

365 *BAG* 9.11.10 – 1 ABR 75/09, BB 11, 819, Ls., juris; 20.7.99 – 1 ABR 66/98, NZA 00, 495, 498; 18.12.90 – 1 ABR 11/90, DB 91, 1076, 1078; *Fitting,* Rn. 160; GK-*Jacobs,* Rn. 179; gegen eine Teilunwirksamkeit *Fischer,* NZA 97, 1017 ff.
366 *BAG* 11.1.11 – 1 ABR 104/09, DB 11, 1111.
367 Vgl. *Fitting,* Rn. 167.
368 *BAG* 8.11.88, AP Nr. 48 zu § 112 BetrVG 1972; 27.10.87, AP Nr. 22 zu § 76 BetrVG 1972.
369 A. A. *Fitting,* Rn. 176; GK-*Jacobs,* Rn. 186; offen gelassen *BAG* 14.9.10, AuR 11, 38 Ls., juris.
370 Grundsätzlich für Bindung an die gesetzlichen Form- und Verfahrensvorschriften wohl *BAG* 14.9.10, a.a.O.
371 *BAG* 16.8.11 – 1 ABR 30/10, NZA 12, 873.
372 *BAG* 18.8.87, AP Nr. 23 zu § 77 BetrVG 1972GK-*Jacobs.*
373 *BAG* 22.10.81, AP Nr. 10 zu § 76 BetrVG 1972; 18.8.87, AP Nr. 23 zu § 77 BetrVG 1972.
374 *Fitting,* Rn. 180; a. A. GK-*Jacobs,* Rn. 191.
375 *BAG* 14.9.10, a.a.O.

VIII. Streitigkeiten

Für Streitigkeiten über die **Zuständigkeit,** die **Besetzung** oder das **Verfahren** der ESt. ist das ArbG im **Beschlussverfahren** zuständig (Abs. 2 Satz 2 und 3 i. V. m. §§ 2a, 80 ff., 100 ArbGG). Dies gilt auch für die **Anfechtung von Entscheidungen** der ESt. wegen Rechtsverstößen, der Überschreitung des Ermessensspielraums oder Verfahrensfehlern (Abs. 5 Satz 4 i. V. m. §§ 2a, 80 ff. ArbGG).[376] 160

Antragsberechtigt sind in diesen Fällen in der Regel **nur der AG oder der BR,**[377] nicht jedoch einzelne AN (zur Antragsberechtigung der TV-Parteien im Zusammenhang mit der gerichtlichen Kontrolle von ESt.-Sprüchen vgl. § 77 Rn. 137).[378] Die ESt. ist grundsätzlich weder antragsberechtigt noch Beteiligte,[379] da sie lediglich in einer Ersatzfunktion für die Betriebsparteien tätig wird (vgl. dazu Rn. 2).[380] 161

Obwohl dies einer Entwertung des ESt.-Verfahrens gleichkommt und die schnelle Beilegung von Meinungsverschiedenheiten zwischen AG und BR eher behindert, kann nach h. M. vor der Errichtung einer ESt., während des Bestellungsverfahrens gemäß Abs. 2 Satz 2 und 3 i. V. m. § 98 ArbGG oder während eines laufenden ESt.-Verfahrens beim ArbG ein sog. **Vorabentscheidungsverfahren zur Frage der Zuständigkeit der ESt.** bzw. des Bestehens oder Nichtbestehens eines Mitbestimmungsrechts des BR durchgeführt werden.[381] Es ist allerdings nicht zulässig, das Bestellungsverfahren gemäß Abs. 2 Satz 2 und 3 i. V. m. § 100 ArbGG (vgl. Rn. 82) oder das ESt.-Verfahren selbst wegen der Anhängigkeit eines derartigen Vorabentscheidungsverfahrens auszusetzen (str., vgl. Rn. 114). 162

Weiterhin soll das **Rechtsschutzinteresse für ein allgemeines Beschlussverfahren** über das Bestehen oder Nichtbestehen eines Mitbestimmungsrechts des BR auch dann gegeben sein, wenn ein zum Streitgegenstand ergangener Spruch einer ESt. bereits im Beschlussverfahren angefochten wird[382] oder im Bestellungsverfahren gemäß Abs. 2 Satz 2 und 3 i. V. m. § 100 ArbGG die Bestellung eines Vorsitzenden rechtskräftig abgelehnt wurde.[383] 163

Werden in einem ESt.-Spruch bestimmte **Regelungsvorstellungen des BR nicht berücksichtigt,** fehlt es i. d. R. an einem **Rechtsschutzinteresse** für einen Antrag auf Feststellung, dass dem BR hinsichtlich der nicht berücksichtigten Regelungsvorstellungen kein Mitbestimmungsrecht zusteht.[384] Wenn ein ergangener ESt.-Spruch nicht angefochten wurde und im Betrieb angewandt wird, fehlt ebenfalls das Rechtsschutzinteresse für einen Antrag auf Feststellung, dass dem BR hinsichtlich der getroffenen Regelung ein Mitbestimmungsrecht nicht zusteht.[385] 164

Unzulässig ist es, die **Rechtsunwirksamkeit eines ESt.-Spruchs** einerseits und die Anfechtung wegen eines **Ermessensfehlers** gemäß Abs. 5 Satz 4 andererseits **in zwei getrennten Beschlussverfahren** geltend zu machen. Dem steht die anderweitige Rechtshängigkeit einer Sache gemäß § 261 Abs. 3 Nr. 1 ZPO entgegen.[386] 165

Eine **einstweilige Verfügung im Bestellungsverfahren** gemäß Abs. 2 Satz 2 i. V. m. § 100 ArbGG ist nach überwiegender Auffassung ausgeschlossen, obwohl in Eilfällen eine rechtzeitige Regelung von Mitbestimmungsangelegenheiten nicht in allen Fällen gewährleistet ist.[387] 166

---

376 Vgl. dazu die Muster entsprechender Antragsschriften bei DKWF-*Berg,* § 76 Rn. 13, 14.

377 ErfK-*Kania,* Rn. 29; *Fitting,* Rn. 181; GK-*Jacobs,* Rn. 150; HWGNRH-*Worzalla,* Rn. 81; Richardi-*Maschmann,* Rn. 117.

378 Zu den Ausnahmen vgl. GK-*Jacobs,* Rn. 153.

379 *BAG* 28.4.81, AP Nr. 1 zu § 87 BetrVG 1972 Vorschlagswesen.

380 Zur zulässigen Anhörung von Mitgliedern der ESt. als Zeugen vgl. *BAG* 28.4.81, a. a. O.

381 *BAG* 22.10.81, 24.11.81, AP Nrn. 10, 11 zu § 76 BetrVG 1972; 25.4.89, DB 89, 1928; *Fitting,* Rn. 183; *GL,* Rn. 25; GK-*Jacobs,* Rn. 128; Richardi-*Maschmann,* Rn. 106; a. A. *ArbG Wetzlar* 24.1.86, AuR 81, 181; *Rossmanith,* AuR 82, 339.

382 *BAG* 20.4.82, DB 82, 1674.

383 *BAG* 25.4.89, DB 89, 1928.

384 *BAG* 13.10.87, NZA 88, 249.

385 *BAG* 13.10.87, a. a. O.

386 *BAG* 16.7.96 – 3 ABR 13/95, NZA 97, 337.

387 *LAG Niedersachsen* 29.9.88, AuR 89, 290; *LAG Baden-Württemberg* 8.4.87 – 7 TaBV 2/87; *ArbG Ludwigshafen* 20.11.96, NZA 97, 172; *ArbG Düsseldorf* 24.6.92, NZA 92, 907 = AiB 92, 538, *ArbG Stuttgart* 9.2.84 – 15 BVGa 1/84; 23.7.91 – 11 BVGa 13/91; *Bengelsdorf,* BB 91, 613, 614 ff.; *Dütz,* ZfA 72, 247 [255]; *Fitting,* Rn. 42; *HBR,* Rn. 367; *Olderog,* NZA 85, 753 [757]; a. A. *LAG Düsseldorf*

Das ArbG kann von den Betriebsparteien in dringenden Eilfällen auch nicht mit dem Ziel angerufen werden, **vorläufige Regelungen in Mitbestimmungsangelegenheiten** bis zur Entscheidung der ESt. zu treffen (vgl. auch § 87 Rn. 29 m. w. N.).[388] Zu den Möglichkeiten der **Verfahrensbeschleunigung in Eilfällen durch die ESt.** selbst vgl. Rn. 98 ff., 118 f.

167 Wird ein **ESt.-Spruch** im Beschlussverfahren angefochten, hat dies keine Auswirkungen auf seine (vorläufige) Wirksamkeit (vgl. dazu auch Rn. 150), so dass seine **Durchführung,** ggf. mit Hilfe einer **einstweiligen Verfügung,** im Beschlussverfahren durchgesetzt werden kann.[389] Bei offensichtlicher Rechtswidrigkeit des Spruchs – kann seine Durchführung unterbunden werden.[390] Anders hat dies nunmehr das BAG[391] entschieden und festgestellt, dass jedenfalls im Falle der Anfechtung eines ESt.-Spruchs über einen Sozialplan durch den AG der BR die Durchführung des Est.-Spruchs erst nach rechtskräftiger Abweisung des auf die Unwirksamkeit des ESt.-Spruchs gerichteten Antrags des AG verlangen kann.[392] Dem kann nicht gefolgt werden, weil ansonsten durch die Anfechtung eines ESt.-Spruchs eine der Betriebsparteien die Durchführung eines ESt.-Spruchs für erhebliche Zeit hinauszögern könnte. Im Fall der erstmaligen Regelung eines mitbestimmungspflichtigen Regelungsgegenstands könnte dies dazu führen, dass (zumindest vorläufig) keine mitbestimmte Regelung besteht und der AG seine bisher mitbestimmungsfrei durchgeführten Maßnahmen fortsetzen könnte.

168 Der **Beweisbeschluss einer ESt.** bzw. einer tariflichen Schlichtungsstelle gemäß Abs. 8 kann ebenso wenig selbstständig angefochten werden wie der eines Gerichts.[393] Anfechtbar ist grundsätzlich nur der ESt.-Spruch als materielle Endentscheidung (vgl. dazu Rn. 149).

§ 76a Kosten der Einigungsstelle

(1) Die Kosten der Einigungsstelle trägt der Arbeitgeber.

(2) Die Beisitzer der Einigungsstelle, die dem Betrieb angehören, erhalten für ihre Tätigkeit keine Vergütung; § 37 Abs. 2 und 3 gilt entsprechend. Ist die Einigungsstelle zur Beilegung von Meinungsverschiedenheiten zwischen Arbeitgeber und Gesamtbetriebsrat oder Konzernbetriebsrat zu bilden, so gilt Satz 1 für die einem Betrieb des Unternehmens oder eines Konzernunternehmens angehörenden Beisitzer entsprechend.

(3) Der Vorsitzende und die Beisitzer der Einigungsstelle, die nicht zu den in Absatz 2 genannten Personen zählen, haben gegenüber dem Arbeitgeber Anspruch auf Vergütung ihrer Tätigkeit. Die Höhe der Vergütung richtet sich nach den Grundsätzen des Absatzes 4 Satz 3 bis 5.

(4) Das Bundesministerium für Arbeit und Soziales kann durch Rechtsverordnung die Vergütung nach Absatz 3 regeln. In der Vergütungsordnung sind Höchstsätze festzusetzen. Dabei sind insbesondere der erforderliche Zeitaufwand, die Schwierigkeit der Streitigkeit sowie ein Verdienstausfall zu berücksichtigen. Die Vergütung der Beisitzer ist niedriger zu bemessen als die des Vorsitzenden. Bei der Festsetzung der Höchstsätze ist den berechtigten Interessen der Mitglieder der Einigungsstelle und des Arbeitgebers Rechnung zu tragen.

(5) Von Absatz 3 und einer Vergütungsordnung nach Absatz 4 kann durch Tarifvertrag oder in einer Betriebsvereinbarung, wenn ein Tarifvertrag dies zulässt oder eine tarifliche Regelung nicht besteht, abgewichen werden.

7.2.91, LAGE § 98 ArbGG 1979 Nr. 19; *ArbG München* 11.3.83 – 17 BVGa 158/83; *Bauer,* NZA 92, 433 [436]; KassArbR-*Etzel,* 9.1., Rn. 1317.

388 *Fitting,* Rn. 186.

389 *LAG Hamm 4.8.15* – 7 TaBVGa 7/15, juris; *LAG Köln* 20.4.99 – 13 TaBV 243/98, NZA-RR 00, 311; *LAG Berlin* 6.12.84, BB 85, 1199; 8.11.90 – 14 TaBV 5/90, DB 91, 1288 = AiB 91, 110 mit Anm. *Grimberg; Fitting,* Rn. 164; *Wenning-Morgenthaler,* Rn. 445.

390 *LAG Hamm 4.8.15,* a.a.O.; *LAG Hamburg* 5.5.00, AiB 01, 50 mit Anm. *Bertelsmann; LAG Köln* 30.7.99 – 11 TaBV 35/99, NZA 00, 334; *LAG Frankfurt* 24.9.87, LAGE § 85 ArbGG 1979 Nr. 2.

391 22.1.13 – 1 ABR 92/11, DB 13, 1184 = juris.

392 *BAG* 22.1.13, a.a.O.

393 *BAG* 4.7.89, BB 90, 918.

Inhaltsübersicht

I. Vorbemerkungen

1 Die Vorschrift hat die Regelung der **Kosten der ESt.** zum Gegenstand.[1] Sie begründet in Abs. 1 eine **umfassende Kostentragungspflicht des AG.**

2 Neben den **Sach- und Verfahrenskosten** im engeren Sinne (z.B. Tagungsräume, sonstiger Sachaufwand wie Büromaterial, Personal) hat der AG auch die **Vergütung** des Vorsitzenden und der außerbetrieblichen Beisitzer – den Regelungen des Abs. 3 entsprechend – zu tragen. Für die dem Betrieb angehörenden Beisitzer schließt Abs. 2 einen Vergütungsanspruch aus.

3 Von der Ermächtigung zur Regelung der Vergütung gemäß Abs. 3 in einer **Rechts-VO** (Abs. 4) wurde bisher kein Gebrauch gemacht.

4 Nach Maßgabe des Abs. 5 kann durch **TV** oder **BV** von Abs. 3 oder einer Vergütungsordnung gemäß Abs. 4 (vgl. Rn. 3) abgewichen werden. Dies ist ebenfalls durch eine **Vereinbarung** zwischen dem AG und den Mitgliedern des ESt. mit Vergütungsanspruch zulässig (vgl. dazu Rn. 49).

5 Die mit den Kosten der ESt. belastete **AG-Seite** kritisierte in der Vergangenheit die Vergütungspraxis im ESt.-Verfahren wiederholt durch das Hochspielen von Einzelfällen, in denen AG offensichtlich bereit waren, erheblich **überhöhte Honorare an ESt.-Vorsitzende** zu zahlen, und lehnte vor allem den von der Rspr. anerkannten **Vergütungsanspruch von Beisitzern des BR, die hauptamtlich bei den Gewerkschaften beschäftigt** sind, ab.[2] Problematisiert wurde auch, ob nicht die Vereinbarung großzügiger Pauschalhonorare Zweifel an der Unabhängigkeit eines Vorsitzenden der ESt. wecken könnte.[3] Durch die Fixierung der Diskussion über die Höhe der Honorare der ESt.-Mitglieder auf vereinzelt bekannt gewordene Fälle tatsächlich überhöhter Vergütungen ging der Streit nicht unerheblich an der sich wesentlich **differenzierter darstellenden Praxis des ESt.-Verfahrens** vorbei. Das vor allem von der AG-Seite immer wieder vorgebrachte Argument angeblich regelmäßig überhöhter ESt.-Kosten findet in der Praxis keine Bestätigung.[4] Wenn auch die ESt.-Kosten für Klein- und Mittelbetriebe im Einzelfall durchaus eine nicht unbeachtliche Kostenbelastung darstellen können, bleibt doch zu berücksichtigen, dass ESt.-Verfahren nach den vorliegenden Untersuchungen insgesamt in nur 5 v.H.[5] bzw. 18 v.H.[6] der befragten UN überhaupt durchgeführt wurden und dass gerade in **Klein- und Mittelbetrieben** die Anrufung der **ESt. besonders selten** erfolgt.[7]

6 Abgesehen davon ist gerade für Klein- und Mittelbetriebe eine Sichtweise verkürzt, die die Beilegung von Meinungsverschiedenheiten im ESt.-Verfahren nur unter dem Gesichtspunkt der Kostenbelastung der AG diskutiert. Die durch die Tätigkeit der Mitglieder der ESt. hervorgebrachten Regelungen stellen nicht selten auch den AG willkommene Lösungen betrieblicher Probleme dar, die seitens der UN-Leitung allein nicht bewältigt werden konnten (z.B. Einführung neuer EDV-, Leistungslohn- oder Arbeitszeitsysteme, Aus- und Umgestaltung der betrieblichen Altersversorgung). Insoweit beschränkt sich die Funktion der ESt. in der Praxis

---

1 Zur Entstehungsgeschichte der am 1.1.89 in Kraft getretenen gesetzlichen Regelung der Kosten der ESt. in § 76a vgl. die Vorauflage (12. Aufl. 2010), § 76a Rn. 1 ff.
2 Exemplarisch dafür die Darstellung bei *Bengelsdorf*, NZA 89, 489 ff.
3 Vgl. etwa *Däubler*, DB 73, 233 ff.; *ders.*, Das Arbeitsrecht 1, Rn. 953.
4 Vgl. *Göritz u.a.*, S. 152.
5 *Hase u.a.*, S. 147.
6 *Däubler*, Das Arbeitsrecht 1, Rn. 953, Fn. 652.
7 *Göritz u.a.*, a.a.O.; *Wassermann*, S. 77.

nicht allein auf die einer **sozialen Schlichtung,**[8] sondern weist durchaus auch Elemente einer **unternehmensberatenden Tätigkeit** auf.[9]

7 Unter Berücksichtigung der **an die Person des Vorsitzenden zu stellenden Anforderungen** (vgl. § 76 Rn. 20) besteht bei einer zu niedrigen Bemessung der Vergütung im Übrigen die Gefahr, dass ausreichend erfahrene und qualifizierte Personen sich gerade kurzfristig nicht ohne weiteres zur Verfügung stellen.[10] Dies gilt im besonderen Maße auch für die **Beisitzer des BR,** der schon aus Paritätsgründen in die Lage versetzt werden muss, fachlich versierte und erfahrene Personen als Beisitzer benennen zu können.

8 Schließlich ist auch nicht zu verkennen, dass der »Kostenfaktor ESt.-Verfahren« in gewisser Hinsicht für den BR eine **mitbestimmungssichernde Funktion** haben und mit dazu beitragen kann, dass die **Betriebsparteien von ihrer** vom Gesetz gewollten **vorrangigen Kompetenz** zur Beilegung von Meinungsverschiedenheiten (vgl. § 74 Abs. 1 Satz 2) tatsächlich »mit dem ernsten Willen zur Einigung« **Gebrauch machen** und nicht voreilig die Lösung bestehender Streitigkeiten auf die ESt. abwälzen.

II. Die Verfahrenskosten der Einigungsstelle

9 Abs. 1 begründet die **Kostentragungspflicht des AG** für die Kosten des ESt.-Verfahrens. Die Kostentragungspflicht des AG ist **umfassend**[11] und wird lediglich durch den **Grundsatz der Erforderlichkeit** der Kosten begrenzt (vgl. dazu auch § 40 Rn. 5).[12]

10 Zu den vom AG zu tragenden Kosten gehört der **Sachaufwand** (z. B. Anmietung von Räumen, Schreibmaterial, Schreibkräfte), der durch die Durchführung des ESt.-Verfahrens entsteht.[13]

11 Weiterhin sind vom AG die Kosten der **persönlichen Aufwendungen der Mitglieder der ESt.** (z. B. Reise-, Übernachtungs-, Verpflegungs-, Telefon-, Porto- und Fotokopierkosten) gemäß §§ 675, 670 BGB zu übernehmen.[14] Sofern mit dem AG eine Pauschalierung des Aufwendungsersatzes nicht vereinbart wurde, sind die Kosten im Einzelnen aufgeschlüsselt abzurechnen.[15]

12 Zieht die ESt. nach eigenem pflichtgemäßem Ermessen einen **Sachverständigen** hinzu (vgl. § 76 Rn. 102 ff.), hat der AG ebenfalls die dadurch entstehenden Kosten im erforderlichen Umfang (vgl. § 40 Rn. 5) zu tragen.[16] Die Kostentragungspflicht setzt – anders als bei der Hinzuziehung eines Sachverständigen durch den BR (vgl. § 80 Abs. 3) – **keine Vereinbarung zwischen AG und ESt.** voraus.[17]

13 Lässt sich der BR vor der ESt. durch einen **Rechtsanwalt als Bevollmächtigten** vertreten (vgl. § 76 Rn. 94), ist der AG grundsätzlich ebenfalls verpflichtet, die dadurch entstehenden Kosten zu übernehmen. Dabei handelt es sich allerdings nicht unmittelbar um Kosten der ESt., so dass nicht § 76a Abs. 1, sondern **§ 40 Abs. 1 als Anspruchsgrundlage** in Betracht kommt.[18]

14 Insoweit gelten im Zusammenhang mit der Kostentragungspflicht des AG für das Tätigwerden eines Rechtsanwalts für den BR vor der ESt. **die gleichen Grundsätze wie bei der Vertretung des BR** durch einen Rechtsanwalt **beim ArbG** (vgl. zu diesen Grundsätzen § 40 Rn. 16 ff.).[19]

---

8 Vgl. *Wlotzke,* DB 89, 111, 117.
9 *Wenning-Morgenthaler,* Rn. 498.
10 S. zu diesem Gesichtspunkt auch *Wenning-Morgenthaler,* Rn. 558 f.
11 GK-*Jacobs,* Rn. 6.
12 GK-*Jacobs,* Rn. 9 f.
13 ErfK-*Kania,* Rn. 2; *Fitting,* Rn. 6; GK-*Jacobs,* Rn. 12; *Löwisch,* DB 89, 223; *Wenning-Morgenthaler,* Rn. 590 ff.
14 *BAG* 14.2.96 – 7 ABR 24/95, DB 96, 2233, 2234; *LAG Schleswig-Holstein* 11.5.95 – 4 TaBV 9/94, DB 95, 1282, 1283; 12.8.86, DB 87, 104; ErfK-*Kania,* Rn. 2; *Fitting,* Rn. 9; GK-*Jacobs,* Rn. 13; *Löwisch,* DB 89, 223; *Wenning-Morgenthaler,* Rn. 509 ff., 533 ff., 590 ff.
15 GK-*Jacobs,* a. a. O.; *Wenning-Morgenthaler,* Rn. 536.
16 *BAG* 13.11.91 – 7 ABR 70/90, NZA 92, 459; ErfK-*Kania,* Rn. 2; *Fitting,* Rn. 7; GK-*Jacobs,* Rn. 14; *Löwisch,* DB 89, 223; *Wenning-Morgenthaler,* Rn. 592 ff.
17 *LAG Niedersachsen* 4.3.88, AiB 88, 311 f. mit zustimmender Anm. *Schwitzer; Fitting,* a. a. O.
18 *BAG* 5.11.81, AP Nr. 9 zu § 76 BetrVG 1972; 21.6.89, DB 89, 2436; 14.2.96 – 7 ABR 25/95, DB 96, 2187; GK-*Jacobs,* Rn. 16 ff.; *Kamphausen,* NZA 94, 49, 51; *Ziege,* NZA 90, 922 [929].
19 GK-*Jacobs,* a. a. O.

Die Kostentragungspflicht des AG setzt nach Auffassung des *BAG* voraus, dass der Regelungsgegenstand der ESt. **schwierige und zwischen den Betriebsparteien umstrittene Rechtsfragen** aufwirft.[20] **Schwierigkeiten in tatsächlicher Hinsicht oder die wirtschaftliche Bedeutung des Streitgegenstandes** hält das *BAG* in dieser Hinsicht nicht für aussagekräftig.[21]

Wenn dies für BR mit mehreren freigestellten BR-Mitgliedern und hohem Professionalisierungsgrad im Einzelfall auch zutreffend sein mag, verkennt das *BAG* allerdings die typische **Handlungssituation des BR in Klein- und Mittelbetrieben,**[22] wenn es für die Erforderlichkeit der Heranziehung eines Rechtsanwalts durch den BR darüber hinaus nicht mehr die Tatsache für beachtlich hält, dass der Vorsitzende der ESt. die **schriftliche Vorbereitung und Darlegung der Standpunkte der Beteiligten** verlangt hat.[23] Auch wenn der Regelungsgegenstand im Wesentlichen allein in tatsächlicher Hinsicht Schwierigkeiten aufwirft, ist zumindest der **BR in Klein- und Mittelbetrieben** bei der Wahrnehmung seiner ihm durch die Betriebsverfassung zuerkannten Rechte vor der ESt. aus Paritätsgründen (Grundsatz der »Waffengleichheit«) darauf angewiesen, sich durch einen versierten Bevollmächtigten, ggf. durch einen Rechtsanwalt, vertreten zu lassen.[24] 15

Dies muss jedenfalls dann – auch unabhängig von der Schwierigkeit des Regelungsgegenstandes in rechtlicher Hinsicht – gelten, wenn **sich der AG vor der ESt. selbst durch einen Rechtsanwalt vertreten lässt.**[25] Die Vertretung des AG durch einen Rechtsanwalt ist zumindest ein gewichtiges Indiz dafür, dass der Regelungsgegenstand der ESt. rechtlich schwierig ist und auch eine Vertretung des BR durch einen Rechtsanwalt erforderlich macht.[26] Ist ein Rechtsanwalt bereits als Beisitzer durch den BR benannt, ist ein Rechtsanwalt als Verfahrensbevollmächtigter i. d. R. nicht zusätzlich erforderlich.[27] 16

Der BR kann einem Rechtsanwalt für die Vertretung vor der ESt. ein **Honorar in Höhe der Vergütung eines außerbetrieblichen Beisitzers** zusagen, wenn der vom BR beauftragte Rechtsanwalt nur gegen Zahlung eines derartigen Honorars zur Mandatsübernahme bereit ist und im Übrigen der Gegenstandswert der anwaltlichen Tätigkeit ohnehin nach billigem Ermessen festzulegen wäre.[28] Andererseits sind die Kosten anwaltlicher Vertretung nicht grundsätzlich auf die Höhe des Honoraranspruchs eines außerbetrieblichen Beisitzers nach Abs. 3 beschränkt.[29] Ist zwischen den Betriebsparteien das Volumen eines Sozialplans umstritten und ist dies ausschließlicher Streitgegenstand der ESt., errechnet sich der Gegenstandswert nach *BAG* gemäß § 8 Abs. 2 Satz 2 BRAGO aus der Differenz des jeweils vorgeschlagenen Sozialplanvolumens.[30] 17

20 21.6.89, a.a.O.; *Fitting,* § 40 Rn. 37; GK-*Jacobs,* a.a.O.; *Kamphausen,* a.a.O., 52, der allerdings unter dem Gesichtspunkt der »Waffengleichheit« – wenn auch nur im engen Rahmen – Ausnahmen zulassen will.

21 14.2.96, a.a.O.

22 Vgl. *Wassermann,* S. 68 ff., 140 ff.

23 21.6.89, DB 89, 2436, 2437 (insoweit unter Aufgabe des *BAG* 5.11.81, AP Nr. 9 zu § 76 BetrVG 1972), zustimmend *Wenning-Morgenthaler,* Rn. 576.

24 Zustimmend *Fitting,* a.a.O.; *Wenning-Morgenthaler,* Rn. 577.

25 *Fitting,* a.a.O.; *GL,* § 40 Rn. 16; GK-*Jacobs,* a.a.O.; *Kamphausen,* a.a.O.; *Wenning-Morgenthaler,* Rn. 578; a.A. *BAG* 5.11.81, a.a.O.; 21.6.89, a.a.O.

26 *BAG* 14.2.96, a.a.O.

27 *LAG Hamm* 11.12.90 – 13 TaBV 140/90, LAGE § 76a BetrVG Nr. 2; *Fitting,* Rn. 38; *Kamphausen,* a.a.O., 55, 61; a.A. *BAG* 14.2.96, a.a.O., unter Hinweis auf die unterschiedliche Funktion von Beisitzer und anwaltlichem Verfahrensbevollmächtigten, mit der Folge, dass in ESt. mit schwierigen Rechtsfragen ein anwaltlicher Verfahrensbevollmächtigter auch erforderlich ist, wenn bereits als Beisitzer ein Rechtsanwalt bestellt ist; eingehend zur Vergütung von Rechtsanwälten sowohl als Beisitzer in wie auch als Verfahrensbevollmächtigte vor der ESt. *Kamphausen,* a.a.O., 49 ff.

28 *BAG* 21.6.89, DB 89, 2436 [2437]; 20.10.99 – 7 ABR 25/98, DB 00, 524; a.A. *Kamphausen,* NZA 92, 55, 61 f.; *Ziege,* NZA 90, 922 [929].

29 *BAG* 14.2.96 – 7 ABR 25/95, DB 96, 2187, 2188.

30 14.2.96, a.a.O.

III. Der Freistellungs- und Entgeltfortzahlungsanspruch betriebsangehöriger Beisitzer

18 Betriebsangehörige Beisitzer haben in nach Abs. 2 **keinen Anspruch auf eine Vergütung,** da sie als Beisitzer in der ESt. ein **unentgeltliches Ehrenamt** entsprechend § 37 Abs. 1 ausüben.[31] Diese Vorschrift gilt unabhängig davon, ob es sich bei diesen Beisitzern um solche der AG- oder BR-Seite oder um Mitglieder des BR oder sonstige betriebsangehörige AN handelt,[32] und ist zwingend.[33]

19 Betriebsangehörige Beisitzer sind jedoch gemäß § 37 Abs. 2 von ihrer beruflichen Tätigkeit **ohne Minderung des Arbeitsentgelts freizustellen** und haben ggf. einen **Anspruch auf Freizeitausgleich bzw. Mehrarbeitsvergütung** gemäß § 37 Abs. 3 (s. Abs. 2 Satz 1 2. Halbsatz; zu den Einzelheiten vgl. § 37 Rn. 62ff.). Wird ein BR-Mitglied zum Beisitzer einer ESt. bestellt, kann sich daraus die Erforderlichkeit einer **Schulung gem. 37 Abs. 6** zum Regelungsgegenstand des ESt.-Verfahrens ergeben[34] (s. dazu näher § 76 Rn. 45a). Betriebsangehörige Beisitzer haben ggf. auch einen Anspruch auf **Erstattung von Reisekosten,** die ihnen für die An- und Rückreise zum (etwa außerhalb des Betriebs gelegenen) Tagungsort der ESt. entstanden sind. Erledigt ein betriebsangehöriger Beisitzer seine berufliche Tätigkeit zur Zeit der Sitzungen der ESt. im Rahmen mobiler Arbeit oder im Home Office und muss er zu den im Betrieb stattfindenden Sitzungen der ESt. zum Betrieb fahren, stellen die Fahrtkosten allgemeine Kosten des ESt.-Verfahrens dar, die vom AG gem. Abs. 1 zu tragen sind.[35]

20 Diese Grundsätze gelten auch für **unternehmens- bzw. konzernangehörige Beisitzer in ESt.,** die für Streitigkeiten **zwischen AG und GBR bzw. KBR** gebildet werden. Wird allerdings eine ESt. für einen bestimmten BR eines UN bzw. Konzerns gebildet und gehört der Beisitzer einem anderen Betrieb des UN bzw. des Konzerns an, fällt er als **betriebsfremder Beisitzer** nicht unter die Vorschrift des Abs. 2, sondern hat einen Vergütungsanspruch gemäß Abs. 3.[36] Ist ein betriebsfremder unternehmens- oder konzernangehöriger Beisitzer zugleich Mitglied des BR eines unternehmens- oder konzernangehörigen Betriebs, verstößt sein Honoraranspruch nicht gegen das Begünstigungsverbot gem. § 78 Satz 1.[37] Scheidet ein betriebsangehöriger Beisitzer während des noch laufenden ESt.-Verfahrens aus dem Betrieb aus, ohne dass der BR verpflichtet ist, diesen von seinem Amt abzuberufen (vgl. § 76 Rn. 34), nimmt er ab diesem Zeitpunkt die Stellung eines außerbetrieblichen Beisitzers mit der Folge des Vergütungsanspruchs gemäß Abs. 3 ein.[38]

IV. Der Vergütungsanspruch des Vorsitzenden und der außerbetrieblichen Beisitzer

21 Aus der **Begründung eines gesetzlichen Vergütungsanspruchs**[39] unmittelbar gegen den AG in Abs. 3 Satz 1 ergibt sich der Grundsatz, dass die Tätigkeit in der ESt. für den Vorsitzenden und die außerbetrieblichen Beisitzer **kein unentgeltliches Ehrenamt** ist (zum Vergütungsanspruch betriebsfremder, aber unternehmens- oder konzernangehöriger Beisitzer s. Rn. 20).

22 Der Vergütungsanspruch der Mitglieder der ESt. setzt allerdings ihre **rechtswirksame Bestellung** voraus. Dies erfordert bei einem vom BR bestellten Beisitzer einen wirksamen **BR-Beschluss** (vgl. dazu näher § 76 Rn. 35ff.).[40] Rügt der AG die Teilnahme eines betriebsfremden

---

31 Vgl. *BAG* 11.5.76, AP Nr. 2 zu § 76 BetrVG 1972; GK-*Jacobs*, Rn. 22 m.w.N.
32 *Fitting*, Rn. 11.
33 GK-*Jacobs*, a.a.O.
34 *BAG* 20.8.14 – 7 ABR 64/12, NZA 14, 1349.
35 *LAG Schleswig-Holstein* 26.07.22 – 2 TaBV 8/22.
36 *BAG* 13.5.15 – 2 ABR 38/14, *NZA 16, 116; HessLAG* 28.8.03 – 9 TaBV 40/03, AuR 04, 477; *Bauer/Röder*, DB 89, 224, 225; *Engels/Natter*, BB-Beilage 8/89, S. 1 [26]; ErfK-*Kania*, Rn. 3; *Fitting*, Rn. 13; GK-*Jacobs*, Rn. 26; ebenfalls wie hier, bereits zur früheren Rechtslage *BAG* 21.6.89, NZA 90, 110; *LAG Baden-Württemberg* 30.12.88, DB 89, 736; a.A. *LAG Niedersachsen* 18.8.87, NZA 88, 290.
37 *BAG* 13.5.*15, a.a.O.;* 21.6.89, a.a.O.
38 *ArbG Stuttgart* 4.5.01 – 3 BV 2/01; *ArbG Düsseldorf* 24.6.92, AiB 93, 49.
39 *LAG Hamm* 10.2.12 – 10 TaBV 61/11, juris.
40 *BAG* 22.11.17 – 7 ABR 46/16, NZA 18, 732; 10.10.07 – 7 ABR 51/06, DB 08, 478; 19.8.92 – 7 ABR 58/91, a.a.O.; *LAG Hamm* 10.2.12, a.a.O.; *HessLAG* 1.6.06 – 9 TaBV 164/05.

Beisitzers an der Sitzung der Einigungsstelle wegen der nicht ordnungsgemäßen Beschlussfassung des BR über die Benennung des Beisitzers nicht unverzüglich, kann er in einem nachfolgenden Beschlussverfahren, das die Begründetheit des Honoraranspruchs des Beisitzers zum Gegenstand hat, die ordnungsgemäße Beschlussfassung des BR nicht mehr wirksam bestreiten (§ 242 BGB, vgl. dazu auch § 76 Rn. 35).[41]

Regelungen zu der **vertretbaren Anzahl der Beisitzer** (vgl. dazu § 76 Rn. 25 ff.) und der **Zulässigkeit der Bestellung außerbetrieblicher Beisitzer,** wie z. B. von Verbandsvertretern (Vertreter der AG-Verbände, hauptamtliche Gewerkschaftssekretäre), Rechtsanwälten oder sonstigen Fachexperten (vgl. § 76 Rn. 30), lassen sich den Abs. 2 und 3 nicht entnehmen. Insbesondere enthält Abs. 2 **keine Beschränkung** dahin gehend, dass **nur ein außerbetrieblicher Beisitzer** bestellt werden darf oder dass die Bestellung **ausschließlich außerbetrieblicher Beisitzer** unzulässig ist.[42] Insofern setzt der Honoraranspruch eines vom BR entsandten externen Beisitzers nicht voraus, dass der BR die Bestellung von einem oder mehreren externen Beisitzern für erforderlich halten durfte.[43] Das kann bei einer offenkundig sachwidrigen Bestellung ausschließlich externer Beisitzer unter dem Gesichtspunkt des Gebots der vertrauensvollen Zusammenarbeit (§ 2) ausnahmsweise anders zu bewerten sein.[44] 23

Auch ein **hauptamtlicher Gewerkschaftssekretär,** der verpflichtet ist, sein Honorar ganz oder teilweise an die ihn beschäftigende Gewerkschaft oder an eine gewerkschaftsnahe Stiftung abzuführen, hat als Beisitzer einer ESt. einen Honoraranspruch gegenüber dem AG, da eine derartige **Abführungspflicht** nicht gegen das koalitionsrechtliche Prinzip der **Gegnerunabhängigkeit** verstößt.[45] 24

Hat der AG die Anzahl der Beisitzer nicht durch die Einleitung eines arbeitsgerichtlichen Bestellungsverfahrens gemäß § 100 ArbGG festlegen lassen, kann er sich nach Konstituierung der ESt. bzw. nach Abschluss des ESt.-Verfahrens im Zusammenhang mit den Vergütungsforderungen der Beisitzer nicht darauf berufen, die Benennung der Beisitzer durch den BR sei nicht erforderlich gewesen.[46] 25

Der Honoraranspruch der vom BR entsandten externen Beisitzer hängt neben der wirksamen Bestellung durch den BR auch von der **Annahme der Bestellung** durch die Beisitzer (vgl. dazu § 76 Rn. 41) ab.[47] 26

Den Kern der Vorschrift stellt die **Normierung der** bei der Festlegung der Höhe der Vergütung zu beachtenden **Bemessungskriterien** in Abs. 4 dar.[48] 27

Solange eine entsprechende Rechts-VO nicht erlassen wird, sind die in Abs. 4 Satz 3 genannten Bemessungskriterien des **erforderlichen Zeitaufwands,** der **Schwierigkeit der Streitigkeit** sowie eines **etwaigen Verdienstausfalls** zu berücksichtigen.[49] Bis zum Erlass einer Rechts-VO ist es der Arbeitsgerichtsbarkeit wegen Fehlens einer planwidrigen Gesetzeslücke verwehrt, Höchstbeträge für das Honorar von ESt.-Mitgliedern festzusetzen.[50] Eine **Heranziehung des RVG** und des damit verbundenen Gegenstandswerts der Streitigkeit als Bemessungskriterium 28

---

41 *LAG Schleswig-Holstein* 14.1.16 – 5 TaBV 45/15, NZA-RR 16, 304; *HessLAG* 11.12.08 – 9 TaBV 196/08, juris.

42 *BAG* 13.5.15, a.a.O.; 10.10.07, a.a.O.; 24.4.96 – 7 ABR 40/95, DB 96, 2232, 2233; *LAG Hamm* 10.2.12, a.a.O.

43 *BAG* 19.11.19 – 7 ABR 52/17, NZA 20, 727; *LAG Mecklenburg-Vorpommern* 31.05.22 – 5 TaBV 17/21.

44 *BAG* 19.11.19, a.a.O. (vorhergehend *LAG Nürnberg* 19.9.17 – 2 TaBV 75/16, NZA-RR 18, 28 = AiB 18, 46 mit krit. Anm. *Schulze,* [Verletzung des Grundsatzes der vertrauensvollen Zusammenarbeit durch den BR bei Bestellung von drei außerbetrieblichen Beisitzern, darunter zwei Rechtsanwälten derselben Kanzlei].

45 *BAG* in ständiger Rspr., zuletzt *BAG* 14.12.88, AP Nr. 30 zu § 76 BetrVG 1972; *Fitting,* Rn. 16; GK-*Jacobs,* Rn. 36; Richardi-*Maschmann,* Rn. 16.

46 *LAG Hamm* 10.2.12 – 10 TaBV 61/11, juris; *LAG Rheinland-Pfalz* 24.5.91 – 6 TaBV 14/91, DB 91, 1992; *Kamphausen,* NZA 92, 55, 61.

47 *BAG* 19.11.19, a.a.O.

48 *Engels/Natter,* BB-Beilage 8/89, S. 1, 26.

49 A.A. *LAG Düsseldorf* 15.3.90 – 135 TaBV 129(89, NZA 90, 946.

50 *BAG* 28.8.96 – 7 AZR 840/95, DB 97, 283.

für die Vergütung ist **nicht mehr zulässig** (h. M.).[51] Dies gilt auch für **Rechtsanwälte,** die als außerbetriebliche Beisitzer der ESt. tätig werden.[52]

29 Unter Berücksichtigung der Systematik der vom Gesetzgeber ausgewählten Bemessungskriterien ist es – in Übereinstimmung mit einer in der Praxis bisher durchaus schon verbreiteten Übung[53] – nahe liegend, die **Vergütung** auf der Grundlage der Neuregelung **nach Stundensätzen**[54] oder **Tagessätzen**[55] abzurechnen.

30 Für die Festlegung der **Höhe der Stunden- oder Tagessätze** sind zunächst die an die Mitglieder der ESt. zu stellenden **persönlichen Anforderungen** (vgl. § 76 Rn. 20, 25 f.) in Rechnung zu stellen. Darüber hinaus ist **die zentrale Bedeutung der ESt.** für die praktische Umsetzung des Konfliktlösungsmodells der Betriebsverfassung (vgl. § 76 Rn. 1)[56] und die in der Praxis äußerst **komplexe Funktion der ESt. als soziale Schlichtung und Institution, die unternehmensberatende Elemente aufweist** (vgl. Rn. 5 f.),[57] zu berücksichtigen.

31 Vor diesem Hintergrund ist ein – je nach Schwierigkeit der Streitigkeit und der sonstigen Umstände im einzelnen Fall differenziert anzuwendender – **Vergütungsrahmen bei Stundensätzen von 200 bis 400 Euro pro Stunde** für den Vorsitzenden der ESt.[58] durchaus angemessen. Daraus ergibt sich für eine Streitigkeit vor der ESt. mit durchschnittlichem Schwierigkeitsgrad und Umfang ein **mittlerer Stundensatz in Höhe von 300 Euro.**[59] Dieser Vergütungsrahmen ist nicht nur für den **Zeitaufwand der Sitzung** der ESt. selbst in Ansatz zu bringen, sondern auch für den **Zeitaufwand für die erforderliche Vor- und Nachbereitung** der Sitzungen der ESt.[60]

32 Abzulehnen sind die Vorschläge, die **Stundensätze** (65–100 Euro) **des JVEG** (durch das das **ZSEG** mit Stundensätzen von 25–52 Euro, höchstens 78 Euro, abgelöst wurde) heranzuziehen[61] oder die Mindest- oder Höchstsätze des Vergütungsrahmens zumindest faktisch an dessen Vorgaben zu orientieren.[62] Der Honoraranspruch ist auch nicht durch eine Höchstgrenze beschränkt, die in Orientierung an § 3 ZSEG zu ermitteln ist.[63] Die **Tätigkeit als Vorsitzender oder Beisitzer** der ESt. ist mit der eines **Sachverständigen i. S. d. ZSEG nicht vergleichbar,**[64]

---

51 *Däubler,* Das Arbeitsrecht 1, Rn. 952; *Engels/Natter,* BB-Beilage 8/89, S. 1 [26]; *Fitting,* Rn. 19; GK-*Jacobs,* Rn. 45; *Kamphausen,* NZA 92, 55, 57; *Wlotzke,* DB 89, 111, 118; einschränkend *Bauer/Röder,* DB 89, 224, 225; *Tschöpe,* NZA 04, 945, 949.

52 *LAG Hamm* 20.1.06 – 10 TaBV 131/05, NZA-RR 06, 323; zur Vergütung von in ESt.-Verfahren tätigen Rechtsanwälten eingehend *Kamphausen,* NZA 94, 49 ff.

53 *Göritz u. a.,* S. 153; vgl. auch *BAG* 27.3.79, AP Nr. 7 zu § 76 BetrVG 1972.

54 *Bauer/Röder,* DB 89, 224, 225; *Däubler,* Das Arbeitsrecht 1, Rn. 952 f.; *Engels/Natter,* BB-Beilage 8/89, S. 1 [26]; *Fitting,* Rn. 24; GK-*Jacobs,* Rn. 46 ff.; *Löwisch,* DB 89, 223, 224; *Wenning-Morgenthaler,* Rn. 552 ff.

55 Vgl. auch *Kamphausen,* NZA 92, 55, 59, der neben Stunden- und Tagessätzen auch einmalige Pauschalhonorare für gesetzeskonform hält.

56 Und *Kamphausen,* NZA 92, 55, 59.

57 Zustimmend *Fitting,* Rn. 24.

58 So auch *LAG Rheinland-Pfalz* 19.6.17 – 3 TaBV 3/17, ZIP 17, 2320 = juris, anhängig *BAG* – 7 ABR 4/18; Hako-BetrVG-*Krasshöfer,* Rn. 5; ähnlich *Wenning-Morgenthaler,* Rn. 558 (150–400 Euro); s. dazu insgesamt auch die weiteren differenzierenden Überlegungen bei *Wenning-Morgenthaler,* Rn. 555 ff., auch mit Angaben zu den üblichen Pauschalhonoraren und Tagessätzen, Rn. 535 ff. sowie Nachweisen zur Rspr.

59 Im Ergebnis ähnlich wohl auch *BAG,* das bereits im Jahr 1996 bei einer Streitigkeit mittlerer Schwierigkeit über den Abschluss eines Sozialplans einen Stundensatz von 300 DM (ca. 153 Euro) für gerechtfertigt hielt (r8. 8. 967AZR84095, DB 97, 283, 284.

60 *Bauer/Röder,* DB 89, 224, 225 f.; *Engels/Natter,* BB-Beilage 8/89, S. 1 [26]; GK-*Jacobs,* Rn. 46; *Löwisch,* DB 89, 223, 224.

61 Wie hier *LAG Frankfurt* 26.9.91 – 12 TaBV 73/91, NZA 92, 469; *LAG München* 11.1.91 – 2 TaBV 57/90, LAGE § 76a BetrVG Nr. 1; *ArbG Bielefeld* 21.6.90 – 6 BV 6/90; *Bauer/Röder,* DB 89, 224, 225 f.; *Däubler,* Das Arbeitsrecht 1, Rn. 952; *Fitting,* Rn. 24; *Kamphausen,* NZA 92, 55, 59; *Kraushaar,* AiB 96, 282; *Wenning-Morgenthaler,* Rn. 553; jetzt wohl zustimmend GK-*Jacobs,* Rn. 47; dagegen bejahend HWGNRH-*Worzalla,* Rn. 33; *Löwisch,* DB 89, 223, 224; *Lunk/Nebendahl,* NZA 90, 921, 925.

62 So etwa GK-*Jacobs,* a. a. O., m. w. N.; *Bobke,* S. 112.

63 *BAG* 28.8.96 – 7 AZR 840/95, DB 97, 283, 284.

64 *Bauer/Röder,* a. a. O., 226; *Däubler,* a. a. O.

da es im ESt.-Verfahren nicht um die sachverständige Beantwortung bzw. Begutachtung einer konkreten Fragestellung geht, sondern um die Beilegung von Meinungsverschiedenheiten der Betriebsparteien, die Gestaltung der innerbetrieblichen Beziehungen und – nicht selten – die Erarbeitung komplexer Lösungen für bestehende Probleme der UN-Leitung und Personalführung (vgl. dazu auch Rn. 5f.).[65] Insofern **gleicht die Tätigkeit in der ESt.** eher derjenigen eines **UN-Beraters** – mit üblicherweise wesentlich höheren Stunden- bzw. Tagessätzen – als derjenigen eines Sachverständigen i.S.d. ZSEG,[66] so dass auch aus diesem Grund der oben genannte Vergütungsrahmen von 200–400 Euro sachgerecht ist. Abzulehnen ist ebenfalls die Orientierung der Beisitzervergütung an der Entschädigung ehrenamtlicher Richter.[67]

33 Bei der **Anwendung des Vergütungsrahmens auf den Einzelfall** sind die Schwierigkeiten der Streitigkeit in tatsächlicher und rechtlicher Hinsicht, der Umfang des ESt.-Verfahrens, die wirtschaftliche Lage des UN, die wirtschaftliche Bedeutung des Streitgegenstandes und ein etwaiger Verdienstausfall zu berücksichtigen.

34 Für die **Vergütung der Beisitzer** schreibt Abs. 4 Satz 4 als Besonderheit ausschließlich vor, dass diese **niedriger** anzusetzen ist **als diejenige des Vorsitzenden** (vgl. dazu aber auch Rn. 35 ff.).[68] Insoweit entspricht die eine Honorarabstufung vorsehende gesetzliche Regelung im Grundsatz der ständ. Rspr.,[69] nach der ein Beisitzerhonorar in Höhe von 70 v.H. des Honorars des Vorsitzenden der ESt. als vernünftig und angemessen und grundsätzlich als billigem Ermessen entsprechend angesehen wurde.[70] Zwar sagt das Gesetz zum Umfang der Abstufung zwischen dem Honorar des Vorsitzenden und demjenigen der Beisitzer nichts aus,[71] doch besteht **keine Veranlassung, von dem nach der Rspr. geltenden Grundsatz der Abstufung von 70 v.H. abzugehen.**[72] Dies gilt zumindest immer dann, wenn die Vergütung des Vorsitzenden den Grundsätzen des Abs. 4 Sätze 3–5 entspricht und im Rahmen billigen Ermessens keine besonderen individuellen Umstände (vgl. Rn. 26) zu berücksichtigen sind.[73] Dieser entspricht dem Grundsatz der Verhältnismäßigkeit. Außerdem muss durch eine **angemessene Vergütung der Beisitzer** sichergestellt werden, dass erfahrene und qualifizierte Personen als Beisitzer in ausreichender Anzahl zur Verfügung stehen. Darauf ist wegen der erforderlichen **qualitativen Parität in der ESt.**[74] insbes. der BR angewiesen.

35 Grundsätzlich unzulässig ist die **Gewährung unterschiedlich hoher Vergütungen** für die Beisitzer der AG- und der BR-Seite,[75] da dies mit der gleichen Aufgabe und Rechtsstellung der

65 Ähnlich *Däubler,* a.a.O.

66 *Däubler,* a.a.O.

67 Gesetz über die Entschädigung der ehrenamtlichen Richter vom 1.10.69, BGBl. I S. 1753; wie hier *LAG Frankfurt* 26.9.91 – 12 TaBV 73/91, a.a.O.; *Kamphausen,* a.a.O.; bejahend dagegen *Bengelsdorf,* NZA 89, 489, 495; *Lunk/Nebendahl,* a.a.O.

68 Für die Zulässigkeit höherer, die Vorsitzendenvergütung übersteigender Beisitzervergütungen im Wege der Vereinbarung mit dem AG: *LAG Hamm* 20.1.06 – 10 TaBV 131/05, NZA-RR 06, 323.

69 Vgl. etwa *BAG* 14.12.88, AP Nr. 30 zu § 76 BetrVG 1972.

70 Grundsätzlich auch für Rechtsanwälte als Beisitzer: *BAG* 20.2.91 – 7 ABR 6/90, BB 91, 1190.

71 *Engels/Natter,* BB-Beilage 8/89, S. 1, 26.

72 *BAG* 18.9.19 – 7 ABR 15/18, NZA 20, 458; 14.2.96 – 7 ABR 24/95, DB 96, 2233, 2234; 20.2.91 – 7 ABR 6/90, DB 91, 1939; *HessLAG* 11.6.12 – 16 TaBV 203/11, juris; *LAG Hamm* 10.2.12, a.a.O.; *LAG Frankfurt* 26.9.91 – 12 TaBV 73/91, NZA 92, 469; *LAG Rheinland-Pfalz* 24.5.91 – 6 TaBV 14/91, DB 91, 1992; *LAG Hamm* 15.1.91 – 13 TaBV 112/90, AuR 91, 220; *LAG München* 11.1.91 – 2 TaBV 57/90, BB 91, 551; 26.11.98 – 4 TaBV 30/97, AiB 99, 359 mit Anm. *Manske; LAG Düsseldorf* 15.3.90 – 135 TaBV 129/89, NZA 90, 946; *LAG Frankfurt* 15.6.89, BB 89, 2251; *ArbG Wesel* 1.3.90 – 2 BV 3/90; *ArbG Bielefeld* 21.6.90 – 6 BV 6/90; *Däubler,* Das Arbeitsrecht 1, Rn. 952; ErfK-*Kania,* Rn. 6; *Fitting,* Rn. 25; KassArbR-*Etzel,* 7.1., Rn. 1250; Richardi-*Maschmann,* Rn. 22; a.A. *LAG Schleswig-Holstein* 11.5.95 – 4 TaBV 9/94, DB 95, 1282; *Bauer/Röder,* DB 89, 224, 226; GK-*Jacobs,* Rn. 50; *Lunk/Nebendahl,* NZA 90, 921, 922; einschränkend HWGNRH-*Worzalla,* Rn. 38.

73 *BAG* 18.9.19, a.a.O.; 14.2.96 – 7 ABR 24/95, a.a.O.; 12.2.92 – 7 ABR 20/91, DB 93, 743; *HessLAG* 11.6.12, a.a.O.

74 Vgl. dazu auch *Kamphausen,* NZA 92, 55, 59f.

75 *LAG Rheinland-Pfalz* 24.5.91 – 6 TaBV 14/91, DB 91, 1992; *Fitting,* Rn. 26; *Löwisch,* DB 89, 223 [224]; *Wenning-Morgenthaler,* Rn. 572; a.A. *Bauer/Röder,* DB 89, 224 [226]; GK-*Jacobs,* Rn. 52; HWGNRH-*Worzalla,* Rn. 38; *Lunk/Nebendahl,* NZA 90, 921, 925.

Beisitzer und dem Paritätsgrundsatz nicht vereinbar wäre und im Übrigen einen Verstoß gegen § 78 Satz 2 darstellen könnte.[76]

36 Vereinbart der AG mit einzelnen Beisitzern eine Vergütung, die die **Vorsitzendenvergütung** oder den Betrag von **70 Prozent der Vorsitzendenvergütung übersteigt,**[77] haben die anderen Beisitzer der ESt. daher in der Regel einen Vergütungsanspruch in entsprechender Höhe.

37 Sachlich begründete **Differenzierungen zwischen den Beisitzern** und **Abweichungen von der Abstufung von 70 v. H.** zwischen dem Honorar des Vorsitzenden und demjenigen der Beisitzer können sich z. B. ausnahmsweise dann ergeben, wenn bei der Anwendung des Vergütungsrahmens bei einzelnen Mitgliedern der ESt. ein **Verdienstausfall** zu berücksichtigen ist.[78] Dies kann der Fall sein, wenn die Höhe des Honorars des Vorsitzenden unter Berücksichtigung von Verdienstausfall ermittelt wurde, bei den Beisitzern Verdienstausfall jedoch nicht eingetreten ist. Liegt bei allen ESt.-Mitgliedern kein Verdienstausfall vor, kann dies kein Anlass sein, von der »70 v. H.«-Praxis abzuweichen.[79] Bereits nach dem Wortlaut von Abs. 4 Satz 3 ist nur ein (eingetretener) Verdienstausfall zu berücksichtigen, nicht aber dessen Nichteintritt. Nach dem Gesetzeszweck soll ein Nachteil, der durch die Tätigkeit in der ESt. ggf. entsteht, ausgeglichen werden, es sollen aber nicht anderweitige Vorteile abgeschöpft werden.[80] Das Festhalten an der Abstufung von 70 v. H. zwischen dem Honorar des Vorsitzenden und dem der Beisitzer kann auch unbillig sein, wenn der AG mit dem Vorsitzenden ein von der üblichen und rechtlich anerkannten Praxis abweichendes, extrem niedriges Honorar vereinbart hat.[81] **Unterschiede im Zeit- und Vor- und Nachbereitungsaufwand** zwischen Vorsitzendem und Beisitzer sind in der Regel bei der pauschalierten Abstufung in Höhe von 70 v. H. ausreichend berücksichtigt.[82]

38 Wird ein Teil der an den Vorsitzenden zu entrichtenden Vergütung als **»pauschaler Auslagenersatz«** ausgewiesen und liegt die Größenordnung dieses Vergütungsanteils deutlich über den entstandenen Auslagen des Vorsitzenden, ist unter Berücksichtigung des Paritätsgrundsatzes als Berechnungsgrundlage für die Beisitzervergütung die »Gesamthonorierung« des Vorsitzenden zugrunde zu legen.[83]

39 Die Gewährung extrem unterschiedlicher Vergütungen für den Vorsitzenden und die Beisitzer (z. B. Beisitzervergütung in Höhe von 30 v. H. der Vorsitzendenvergütung), kann einen Verstoß gegen § 78 darstellen.[84]

40 Da die Gewährung unterschiedlich hoher Vergütungen nur im Ausnahmefall und bei Vorliegen sachlicher Gründe zulässig ist, haben die Beisitzer und der BR gegen den AG und den Vorsitzenden der ESt. einen **Auskunftsanspruch** hinsichtlich der an die Beisitzer und den Vorsitzenden gewährten Vergütungen.[85]

41 Soweit eine Vergütungsverordnung nach Abs. 4 Satz 1 nicht vorliegt und eine vertragliche Vergütungsvereinbarung mit dem AG nicht zustande kommt, ist die **Höhe der Vergütung** unter Berücksichtigung der Bemessungskriterien des Abs. 4 Sätze 3–5 und – nach der hier vertretenen Auffassung – in Anwendung des oben genannten Vergütungsrahmens (vgl. Rn. 28, 30 f.) **von den anspruchsberechtigten Mitgliedern der ESt. gemäß §§ 315, 316 BGB zu be-**

---

76 *LAG München* 11. 9. 91, BB 91, 551; *Kamphausen,* NZA 92, 55, 60 f.

77 Für die Zulässigkeit derartiger Vereinbarungen *LAG Hamm* 20. 1. 06 – 10 TaBV 131/05, NZA-RR 06, 323.

78 *BAG* 28. 8. 96 – 7 AZR 840/95, DB 97, 283, 284; 14. 2. 96 – 7 ABR 24/95, DB 96, 2233, 2234; *LAG Hamm* 15. 1. 91 – 13 TaBV 112/90, AuR 91, 220; *ArbG Wesel* 1. 3. 90 – 2 BV 3/90; *ArbG Hamburg* 3. 8. 90 – 22 BV 6/90; *Fitting,* a. a. O.; *Schäfer,* NZA 91, 836, 839; differenzierend *Kamphausen,* a. a. O., 62 f.; abwegig ist die vom *LAG Schleswig-Holstein* 11. 5. 95 – 4 TaBV 9/94, DB 95, 1282, befürwortete Honorarkürzung für gewerkschaftliche Beisitzer auf der Basis spekulativer Annahmen über deren spezifisch verdienstunschädliche Tätigkeit während ihrer Arbeitszeit in der ESt.; eine ähnliche Entscheidung des *ArbG Regensburg* 10. 2. 97, NZA-RR 97, 256, wurde vom *LAG München* 26. 11. 98 – 4 TaBV 30/97, AiB 99, 359, mit Anm. *Manske* aufgehoben.

79 *BAG* 28. 8. 96 – 7 AZR 840/95, a. a. O.; 14. 2. 96 – 7 ABR 24/95, a. a. O.

80 *BAG* 28. 8. 96 – 7 AZR 840/95, a. a. O.

81 *BAG* 20. 2. 91 – 7 ABR 6/90, NZA 91, 93; *LAG Köln* 29. 10. 14 – 11 TaBV 30/14, juris; *Fitting,* Rn. 25.

82 *BAG* 14. 2. 96 – 7 ABR 24/95, a. a. O.; *LAG Hamm* 10. 2. 12, a. a. O.

83 *ArbG Koblenz* 5. 5. 94 – 8 BV 18/93.

84 *LAG München* 11. 1. 91 – 2 TaBV 57/90, BB 91, 551.

85 So auch *Wenning-Morgenthaler,* Rn. 572.

stimmen.[86] Für eine **gerichtliche Festsetzung der Höhe der Vergütung** ist nur Raum (§ 315 Abs. 3 Satz 2 BGB), wenn die vom Mitglied der ESt. getroffene Bestimmung nicht billigem Ermessen entspricht.[87]

Haben der AG und der Vorsitzende der ESt. eine **Vergütungsvereinbarung** getroffen oder hat der AG die vom Vorsitzenden der ESt. gemäß § 315 Abs. 1 BGB bestimmte Vergütungshöhe nicht als unbillig beanstandet, entspricht diese i. d. R. billigem Ermessen.[88] **42**

Da der Vergütungsanspruch der Beisitzer im Verhältnis zum Vergütungsanspruch des Vorsitzenden **nicht akzessorisch** ist, können die Beisitzer **im Fall eines Verzichts oder Teilverzichts des Vorsitzenden auf seine Vergütung** auf der Grundlage der fiktiv zu ermittelnden Vergütung des Vorsitzenden ihren eigenen Vergütungsanspruch dennoch geltend machen.[89] **43**

Aus seinem Vergütungsanspruch folgt für einen umsatzsteuerpflichtigen[90] Beisitzer ein **Anspruch auf Erstattung der** auf die Vergütung entfallenden **Umsatzsteuer.**[91] Die Umsatzsteuer ist keine eigenständige Honorarforderung, sondern ist als Teil der Honorarforderung lediglich gesondert auszuweisen (§ 14 Abs. 4 Satz 1 Nr. 8 UstG).[92] Die Erstattung der **Umsatzsteuer** bedarf daher keiner gesonderten Vereinbarung mit dem AG.[93] **44**

Die **Honorardurchsetzungskosten** eines Mitglieds der ESt., die etwa durch die Beauftragung eines Rechtsanwalts mit der Prozessvertretung entstehen, sind vom AG als nach § 286 Abs. 1 BGB zu ersetzender **Verzugsschaden** zu erstatten.[94] Dies gilt auch für die Kosten der Prozessvertretung, die dadurch entstehen, dass ein als ESt.-Beisitzer tätig gewesener Rechtsanwalt das Beschlussverfahren selbst führt.[95] Das gilt nicht, wenn mangels **Fälligkeit des Honoraranspruchs** ein Anspruch auf Erstattung des Verzugsschadens **nicht entstanden** ist, weil das Mitglied der ESt. weder mit dem AG eine Vereinbarung über die Höhe der Vergütung getroffen noch sein Leistungsbestimmungsrecht (vgl. dazu Rn.) unter Beachtung der Grundsätze des Abs. 4 nach billigem Ermessen ausgeübt, sondern eine der Höhe nach unbillige Leistungsbestimmung vorgenommen hat. Ist deshalb eine gerichtliche Leistungsbestimmung erforderlich, tritt die Fälligkeit erst aufgrund eines rechtskräftigen Gestaltungsurteils ein.[96] **45**

Hat der als Beisitzer in der ESt. tätige **Rechtsanwalt** eine **Vergütung** nach Abs. 3 Satz 1 erhalten, ist damit nicht gleichzeitig die spätere **Prozessvertretung** abgegolten, die der Rechtsanwalt im Auftrag des BR zur Anfechtung des Spruchs der ESt. übernommen hat. Es handelt sich um eine neue Angelegenheit i. S. d. § 15 RVG.[97] **46**

Vergütungsanspruche (und andere Kosten) der ESt. sind im **Insolvenzverfahren** nicht nur dann **Masseverbindlichkeiten** gemäß § 55 InsO, wenn die ESt. erst nach Insolvenzeröffnung gebildet wurde, sondern auch dann, wenn das ESt.-Verfahren zwar vor der Insolvenzeröffnung begonnen, aber erst nach diesem Zeitpunkt durch einen Spruch abgeschlossen wurde.[98] War das ESt.-Verfahren bereits vor Insolvenzeröffnung abgeschlossen, handelt es sich um einfache Insolvenzforderungen gemäß § 38 InsO.[99] **47**

---

86 *BAG* 12.2.92 – 7 ABR 20/91, DB 93, 743; *LAG Frankfurt* 26.9.91 – 12 TaBV 73/91, NZA 92, 469; *Fitting*, Rn. 28; GK-*Jacobs*, Rn. 57; *Löwisch*, DB 89, 223, 224.
87 *BAG* 18.9.19 – 7 ABR 15/18, NZA 20, 458; 12.2.92 – 7 ABR 20/91, a. a. O.
88 *BAG* 12.2.92 – 7 ABR 20/91, a. a. O.
89 *Schäfer*, NZA 91, 836, 839.
90 S. dazu näher *BAG* 18.9.19, a. a. O.
91 *BAG* 18.9.19, a. a. O.
92 *BAG* 18.9.19, a. a. O.
93 *BAG* 18.9.19, a. a. O.; 14.2.96 – 7 ABR 24/95, DB 96, 2233, 2234; *LAG Hamm* 20.1.06 – 10 TaBV 131/05, NZA-RR 06, 323.
94 *BAG* 11.12.19 – 7 ABR 4/18, NZA 20, 526; 19.11.19 – 7 ABR 52/17, NZA 20, 727; 27.7.94 – 7 ABR 10/93, BB 95, 104; *LAG Hamm* 10.2.12 – 10 TaBV 61/11 und 10 TaBV 67/11, juris; *LAG Bremen* 5.2.92 – 2 TaBV 27/91, AiB 92, 647 mit Anm. *Richter*.
95 *BAG* 19.11.19, a. a. O.; 27.7.94 – 7 ABR 10/93, a. a. O.; *LAG Hamm* 10.2.12, a. a. O.
96 *BAG* 19.11.19, a. a. O.
97 *LAG Rheinland-Pfalz* 6.8.92 – 9 Ta 163/92, NZA 93, 93.
98 *BAG* 11.12.19 – 7 ABR 4/18, NZA 20. 526; zum früheren Konkursrecht *BAG* 27.3.79, AP Nr. 7 zu § 76 BetrVG 1972.
99 Zum früheren Konkursrecht *LAG Niedersachsen* 21.10.81, ZIP 82, 488; GK-*Jacobs*, Rn. 40 m. w. N.

V. Abweichende Regelungen durch Tarifvertrag oder Betriebsvereinbarung

48 Von Abs. 3 und einer Vergütungsordnung nach Abs. 4 kann durch TV – und bei Beachtung des Tarifvorrangs – durch eine BV abgewichen werden. Entsprechende Regelungen können **sowohl zugunsten wie auch zuungunsten der vergütungsberechtigten ESt.-Mitglieder** ausgestaltet werden.[100]

49 Abweichungen von der gesetzlichen Vergütungsregelung sind darüber hinaus auch durch **individuelle Vereinbarungen zwischen dem AG und den vergütungsberechtigten ESt.-Mitgliedern** zulässig,[101] wenn dabei die **Gleichbehandlung** aller Beisitzer gewährleistet ist[102] (vgl. dazu Rn. 35 ff.).

VI. Streitigkeiten

50 Da sich die Kostenerstattungs- und Vergütungsansprüche gemäß Abs. 1 ausschließlich und unmittelbar gegen den AG richten, sind die ArbG für alle entsprechenden Streitigkeiten zwischen Mitgliedern der ESt. und dem AG **zuständig** (§ 2a Abs. 1 Nr. 1 ArbGG)[103] und die **Mitglieder der ESt. uneingeschränkt antragsberechtigt.**[104]

51 Die Streitigkeiten über die **Kosten der ESt.** werden vom ArbG im **Beschlussverfahren**[105] entschieden (§§ 2a, 80 ff. ArbGG). Da sich der Vergütungsanspruch der Mitglieder der ESt. unmittelbar aus dem Gesetz ergibt (vgl. Rn. 17), ist der BR im Beschlussverfahren über die Vergütungshöhe des von ihm bestellten Beisitzers nicht mehr zu beteiligen.[106]

52 Über **Ansprüche betriebsangehöriger Beisitzer** gemäß Abs. 2 Satz 1 i. V. m. § 37 Abs. 2 und 3 entscheidet das ArbG im **Urteilsverfahren** (§§ 2 Abs. 1 Nrn. 3a und 5, 46 ff. ArbGG).

§ 77 Durchführung gemeinsamer Beschlüsse, Betriebsvereinbarungen

(1) Vereinbarungen zwischen Betriebsrat und Arbeitgeber, auch soweit sie auf einem Spruch der Einigungsstelle beruhen, führt der Arbeitgeber durch, es sei denn, dass im Einzelfall etwas anderes vereinbart ist. Der Betriebsrat darf nicht durch einseitige Handlungen in die Leitung des Betriebs eingreifen.

(2) Betriebsvereinbarungen sind von Betriebsrat und Arbeitgeber gemeinsam zu beschließen und schriftlich niederzulegen. Sie sind von beiden Seiten zu unterzeichnen; dies gilt nicht, soweit Betriebsvereinbarungen auf einem Spruch der Einigungsstelle beruhen. Werden Betriebsvereinbarungen in elektronischer Form geschlossen, haben Arbeitgeber und Betriebsrat abweichend von § 126a Absatz 2 des Bürgerlichen Gesetzbuchs dasselbe Dokument elektronisch zu signieren. Der Arbeitgeber hat die Betriebsvereinbarungen an geeigneter Stelle im Betrieb auszulegen.

(3) Arbeitsentgelte und sonstige Arbeitsbedingungen, die durch Tarifvertrag geregelt sind oder üblicherweise geregelt werden, können nicht Gegenstand einer Betriebsvereinbarung sein. Dies gilt nicht, wenn ein Tarifvertrag den Abschluss ergänzender Betriebsvereinbarungen ausdrücklich zulässt.

(4) Betriebsvereinbarungen gelten unmittelbar und zwingend. Werden Arbeitnehmern durch die Betriebsvereinbarung Rechte eingeräumt, so ist ein Verzicht auf sie nur mit Zustimmung des Betriebsrats zulässig. Die Verwirkung dieser Rechte ist ausgeschlossen. Ausschlussfristen für ihre Geltendmachung sind nur insoweit zulässig, als sie in einem

100 *Fitting,* Rn. 31; GK-*Jacobs,* Rn. 60.

101 *LAG Rheinland-Pfalz* 24. 5. 91 – 6 TaBV 14/91, DB 91, 1992; *Bauer/Röder,* DB 89, 225 [226]; *Fitting,* Rn. 32; GK-*Jacobs,* Rn. 61; *Löwisch,* DB 89, 223, 224; *Lunk/Nebendahl,* NZA 90, 221, 225.

102 *Fitting,* a. a. O.; *Löwisch,* a. a. O.

103 Das gilt auch für nach erfolgter Anfechtung gegebene Rückzahlungsansprüche des Konkursverwalters gegen ein Mitglied der ESt. (*LAG Frankfurt* 25. 6. 93, NZA 94, 96).

104 *BAG* 27. 7. 94 – 7 ABR 10/93, BB 95, 104; 26. 7. 89, DB 91, 184.

105 *BAG* 27. 7. 94 – 7 ABR 10/93, BB 95, 104; 26. 7. 89, a. a. O.

106 *BAG* 12. 2. 92 – 7 ABR 20/91, DB 93, 743; zur alten Rechtslage vgl. *BAG* 15. 12. 78, AP Nr. 5 zu § 76 BetrVG 1972.

Tarifvertrag oder einer Betriebsvereinbarung vereinbart werden; dasselbe gilt für die Abkürzung der Verjährungsfristen.
(5) Betriebsvereinbarungen können, soweit nichts anderes vereinbart ist, mit einer Frist von drei Monaten gekündigt werden.
(6) Nach Ablauf einer Betriebsvereinbarung gelten ihre Regelungen in Angelegenheiten, in denen ein Spruch der Einigungsstelle die Einigung zwischen Arbeitgeber und Betriebsrat ersetzen kann, weiter, bis sie durch eine andere Abmachung ersetzt werden.

Inhaltsübersicht Rn.

I. Vorbemerkungen

In Abs. 1 ist die grundsätzliche **Alleinzuständigkeit des AG** für die Durchführung der zwischen AG und BR getroffenen Vereinbarungen festgelegt und klargestellt, dass der AG trotz des Abschlusses von Vereinbarungen mit dem BR alleiniger Inhaber der **Leitungsmacht im Betrieb** ist. 1

Ansonsten regelt die Vorschrift in den Abs. 2–6 im Wesentlichen die Einzelheiten des **Zustandekommens,** des **Inhalts,** der **Rechtswirkungen** und der **Beendigung von BV** (Abs. 2–6). Diese Regelungen gelten auch für Vereinbarungen, die der AG mit den GBR und KBR abschließt, insbesondere für die **GBV** und **KBV.** 2

3 Der Abschluss einer BV stellt die **wichtigste Form der Ausübung** der **Mitbestimmungsrechte** des BR dar[1] und bietet diesem die Möglichkeit, im Rahmen seiner **Zuständigkeit** und unter Beachtung des **Vorrangs des TV** gemäß Abs. 3 (vgl. Rn. 126 ff.) auf betrieblicher Ebene die **Arbeitsbedingungen der AN** in deren Interesse **kollektiv zu gestalten** und **zum Schutz der AN Einfluss auf die betriebliche Organisation und Ordnung** zu nehmen.[2] Insoweit und – in ihren Rechtswirkungen – **dem TV vergleichbar,** kommt in dem Abschluss von BV als **»gesellschaftlicher Rechtsquelle«** ein in anderen Rechtsgebieten unbekanntes **demokratisches Element** zum Ausdruck: Die AN sind als unmittelbar Betroffene über ihre Interessenvertretung, den BR, am Zustandekommen der kollektiven betrieblichen Rechtsnormen beteiligt.[3]

4 Insbesondere durch BV, aber auch durch andere von den Betriebsparteien abgeschlossene Vereinbarungen und betriebliche Regelungen, darf nach der Konzeption des Gesetzgebers nicht in die **kollektivvertragliche Vorrangkompetenz der TV-Parteien** eingegriffen werden. Die Errichtung einer **betrieblichen Konkurrenzordnung** zum tarifvertraglichen Regelungssystem ist unzulässig. Dies findet vor allem seinen Ausdruck in der **gesetzlichen Regelung** des **Tarifvorbehalts** (Abs. 3) und des **Tarifvorrangs** (§ 87 Abs. 1 Eingangssatz). Zu den gesetzlich vorgegebenen Grundsätzen der Zusammenarbeit von BR und AG gehört auch das **Zusammenwirken** mit den im Betrieb vertretenen **Gewerkschaften und Arbeitgebervereinigungen** und die **Beachtung der geltenden Tarifverträge** (vgl. § 2 Abs. 1). Durch diese Vorschriften soll die Normsetzungsprärogative bzw. kollektivvertragliche Vorrangkompetenz der TV-Parteien gesichert und die ausgeübte und aktualisierte **Tarifautonomie geschützt** werden (zu den Einzelheiten vgl. Rn. 126 ff.). Handeln die Betriebsparteien tarifwidrig oder bewegen sie sich beim Abschluss von BV oder anderen Vereinbarungen im Zuständigkeitsbereich der TV-Parteien, begründet dies für die TV-Parteien im Allgemeinen und die tarifschließende **Gewerkschaft** im besonderen **Unterlassungsansprüche** und **gerichtlichen Rechtsschutz** (zu den – in vieler Hinsicht noch streitigen – Einzelheiten vgl. Rn. 197 ff.).

5 Die im Betrieb durch BV als **wichtigstes Instrument** der Ausübung der betrieblichen Mitbestimmung[4] geschaffene **Regelungsdichte,** vor allem in den in § 87 genannten Mitbestimmungsangelegenheiten, ist ein wesentlicher **Gradmesser für die Ausschöpfung der Mitbestimmungsrechte** durch den BR und das **»Funktionieren« der Betriebsverfassung.**[5] Die BV ist ein wichtiges Instrument zur Gestaltung der Betriebsverfassung **als Einrichtung des AN-Schutzes** (vgl. Einl. Rn. 131).[6] Ihr Schutzzweck besteht darin, die Überlegenheit des AG bei der Arbeitsvertragsgestaltung und der Ausübung des Direktionsrechts im Betrieb zu kompensieren.[7] Soweit Untersuchungen zum **rechtstatsächlichen Befund** überhaupt vorliegen,[8] lässt sich auf Grundlage der WSI-Betriebsrätebefragungen 2015 und 2017[9] feststellen, dass zwar ein gewisser Anstieg des Abschlusses von BV in Kleinbetrieben zu verzeichnen ist, dass aber erst in Betrieben mit mindestens 500 AN der Abschluss von BV die Regel ist.[10] Außerdem gibt es eine größere Verbreitung von BV in tarifgebundenen Betrieben.[11] Durchschnittlich bestehen in

---

1 *Däubler,* Das Arbeitsrecht 1, Rn. 927; *Fitting,* Rn. 11 f.; GK-*Kreutz,* Rn. 7, 33; *HWK/Gaul,* Rn. 1; WPK-*Preis,* Rn. 1; *WW,* Rn. 2.

2 Überblick zum Aufbau und zum Abschluss einer BV bei DKWF-*Berg,* § 77 Rn. 3 ff.; *Bachner/Heilmann,* Rn. 147 ff.; zu den thematischen und inhaltlichen Schwerpunkten und der Verbreitung abgeschlossener BV vgl. aktuell Baumann/Mierich/Maschke, WSI-Mitt. 18, 317, 321 ff.; *Baumann/Maschke,* WSI-Mitt. 3/16, 223; zu älteren Untersuchungsergebnissen vgl. *Zachert,* S. 43 ff.; *Knuth,* Mitb 82, 204 [205 ff.]; *ders.,* BABl. 9/83, S. 8, 9 f.

3 *Däubler,* a. a. O., Rn. 17.

4 GK-*Kreutz,* Rn. 7.

5 *Kittner,* Arbeits- und Sozialordnung, S. 648; *Knuth,* Mitb 82, 204, 205, 207 f., der u. a. darauf hinweist, dass der Abschluss von BV ganz überwiegend auf die Initiative des BR zurückgeht.

6 *Fitting,* § 1 Rn. 266.

7 Vgl. *Kreutz,* S. 154 ff., 246 ff.; GK-*Kreutz,* Rn. 359.

8 Zum aktuellen Stand der Datenquellen siehe *Baumann/Mierich/Maschke,* a. a. O.; vgl. dazu auch *Däubler,* a. a. O., Rn. 17.

9 Näheres zu diesen Befragungen unter *https://www.boeckler.de/wsi_5863.htm#.*

10 *Baumann/Mierich/Maschke,* a. a. O., 320; zu den Ergebnissen einer Untersuchung aus der 1980er-Jahren siehe *Knuth,* BABl. 83, 8 f.

11 *Baumann/Mierich/Maschke,* a. a. O.

Betrieben mit BV pro Betrieb 23 BV.[12] Die ganz überwiegende Anzahl von BV kommt in freien Verhandlungen zwischen den Betriebsparteien zustande, lediglich in rund 15 % der Betriebe gehen sie auf den Spruch einer ESt. (vgl. dazu § 76) zurück.[13] Die inhaltlichen Schwerpunkte der abgeschlossenen BV lagen im Jahr 2017 bei den Regelungsgegenständen Arbeitszeit, Datenschutz, Urlaub, Arbeits- und Gesundheitsschutz und betriebliche Sozialleistungen.[14] Eine sehr umfangreiche **Dokumentation von ca. 17 000 BV und Dienstvereinbarungen** besteht beim **»Archiv Betriebliche Vereinbarungen«** der *Hans-Böckler-Stiftung*,[15] die regelmäßig durch systematische **Auswertungen** zu zahlreichen Regelungsbereichen und **Handlungsanleitungen** für die inhaltliche Konzipierung und den Abschluss von BV ergänzt und aktualisiert wird.[16] Die *Hans-Böckler-Stiftung* bietet weiterhin **Handlungshilfen** an, die BR dabei unterstützen sollen, den Prozess der Entwicklung und Vereinbarung einer BV als strukturierten Projektablauf zu planen und durchzuführen.[17]

II. Durchführung von Vereinbarungen

Erzwingbare und **freiwillige BV** und alle sonstigen **Vereinbarungen** (zum Begriff vgl. Rn. 14), 6
die vom AG und BR abgeschlossen werden, **führt der AG durch.** Das gilt auch für Vereinbarungen, die durch einen Spruch der ESt. zustande gekommen sind (vgl. § 76). Die betriebliche Leitungsmacht liegt auch in mitbestimmungspflichtigen Angelegenheiten bzw. allen durch Vereinbarungen geregelten Gegenständen allein beim AG.[18]

Die **dem BR** vom Gesetz z. B. im Rahmen des § 37 Abs. 6, § 38 Abs. 2, § 39 Abs. 1 oder § 44 7
Abs. 2 **eingeräumten Vollzugsrechte** werden von Abs. 1 ebenso wenig eingeschränkt wie die **alleinige Zuständigkeit des BR** für die **Ausführung der** im Rahmen seiner Zuständigkeit gefassten **Beschlüsse** (§ 33). Dies gilt etwa für Beschlüsse zur Bestellung eines WV (§ 16), zur Einberufung von BR-Sitzungen (§ 29) oder Betriebsversammlungen (§ 43),[19] zur Überwachung der Durchführung der zugunsten der AN geltenden Vorschriften (§ 80 Abs. 1 Nr. 1) und zur Information der Belegschaft durch Anschläge am »Schwarzen Brett«[20] oder durch die Verteilung von Informationsblättern (vgl. dazu § 40 Rn. 12). Die **Ausübung der Rechte des BR** und die **Wahrnehmung der Interessen der AN** stellt grundsätzlich **keinen unzulässigen Eingriff** des BR in die **betriebliche Leitungsmacht des AG** dar, auch wenn dadurch die Interessen des AG und der Betriebsablauf berührt werden.[21]

Die dem AG nach Abs. 1 vorbehaltene alleinige Durchführung der Vereinbarungen bedeutet 8
u. a., dass der **AG** auch die **Verantwortung für die Umsetzung und Einhaltung** der vereinbarten Regelungen und Maßnahmen im Betrieb trägt und auch dafür zu sorgen hat, dass sich die AN an die Vereinbarungen halten[22] (z. B. Einhaltung der Arbeitszeit oder eines Alkoholverbots). Außerdem haftet er ggf. auch für **Schadensersatzansprüche.** Eine Haftung des BR kommt daneben unter keinem Gesichtspunkt in Betracht.[23]

Die Vorschrift zur Zuständigkeit für die Durchführung der Vereinbarungen ist dispositiv, so 9
dass **abweichende Absprachen zulässig** sind. BR und AG können vereinbaren, dass bestimmte in BV vereinbarte Regelungen und Maßnahmen allein vom BR oder gemeinsam vom AG und

---

12 *Baumann/Mierich/Maschke*, a. a. O., 321.
13 *Baumann/Mierich/Maschke*, a. a. O.
14 Zu den Einzelheiten siehe *Baumann/Mierich/Maschke*, a. a. O., 321 ff.
15 *https://www.boeckler.de/index_betriebsvereinbarung_32304.htm.*
16 Vgl. *Maschke*, AiB 08, 655.
17 *Demuth/Böker*, CuA 12, 9; *https://www.boeckler.de/597.htm*; zu weiteren Arbeitshilfen und Mustertexten s. auch DKWF, Arbeitshilfen für den Betriebsrat, und *Bachner/Heilmann*.
18 *Fitting*, Rn. 4; GK-*Kreutz*, Rn. 23; *GL*, Rn. 1; HWGNRH-*Worzalla*, Rn. 206; Richardi-*Richardi*, Rn. 8.
19 *Fitting*, Rn. 6, 9; GK-*Kreutz*, Rn. 34; Richardi-*Richardi*, Rn. 7.
20 *Fitting*, Rn. 9; HWGNRH-*Worzalla*, Rn. 201; Richardi-*Richardi*, a. a. O.
21 GK-*Kreutz*, a. a. O.
22 *BAG* 29. 4. 04 – 1 ABR 30/02, NZA 04, 670, 671; *HessLAG* 30. 11. 15 – 16 TaBV 96/15, juris; 19. 4. 12 – 5 TaBV 192/11, juris; *LAG Hamm* 10. 2. 12 – 10 TaBV 59/11, juris; *ArbG Berlin* 22. 3. 12 – 54 BV 7072/11, juris.
23 *Fitting*, a. a. O.; *WW*, Rn. 2; Richardi-*Richardi*, a. a. O.

BR durchgeführt werden, z. B. die Verwaltung einer Sozialeinrichtung.[24] Der AG kann allerdings vom BR die Durchführung von Vereinbarungen nicht verlangen.[25]

10 Dem **AG** ist nicht nur zur alleinigen Durchführung der Vereinbarungen **berechtigt,** sondern gleichzeitig auch zu ihrer Durchführung **verpflichtet.** Es besteht sowohl ein **Durchführungsanspruch des BR** als auch ein **Anspruch auf Unterlassung**[26] **vereinbarungswidriger Handlungen** gegenüber dem AG.[27] Dies gilt auch für **freiwillige BV**[28] (siehe dazu auch § 88 Rn. 7). Es handelt sich um einen **betriebsverfassungsrechtlichen Durchführungs- und Unterlassungsanspruch** des BR, der nicht auf die Durchsetzung der durch die BV vermittelten **Individualansprüche** (s. dazu auch Rn. 13) der AN gerichtet ist, so dass keine unzulässige Prozessstandschaft vorliegt. Das gilt auch, wenn sich der Durchführungsanspruch auf den Inhalt der durch eine BV normativ begründeten Ansprüche von AN bezieht, da BV aufgrund ihrer unmittelbaren und zwingenden Wirkung typischerweise Ansprüche von AN gegen den AG begründen.[29] **Räumen die Betriebsparteien dem AG ein Leistungsbestimmungsrecht** gem. § 315 BGB bei der Berechnung eines bestimmten Vergütungsbestandteils ein, kann der BR im Wege seines Durchführungsanspruchs vom AG nicht verlangen, die Ausübung des Leistungsbestimmungsrechts nach billigem Ermessen zu treffen, da § 315 Abs. BGB nur das individualrechtliche Schuldverhältnis gestaltet.[30] Diese Ansprüche des BR können im **arbeitsgerichtlichen Beschlussverfahren** auf Antrag des BR verfolgt werden, bei Vorliegen der entsprechenden Voraussetzungen auch im Wege der **einstweiligen Verfügung**[31] (zu den Einzelheiten der gerichtlichen Durchsetzung des Durchführungs- und Unterlassungsanspruchs des BR vgl. Rn. 168 ff.). Das gilt bis zur rechtskräftigen **gerichtlichen Feststellung der Unwirksamkeit einer BV** auch für die Dauer eines entsprechenden anhängigen Beschlussverfahrens (zur Anfechtung eines ESt.-Spruchs vgl. in diesem Zusammenhang § 76 Rn. 143, 150 f.). Wurde ein **ESt.-Spruch** nicht angefochten (vgl. dazu § 76 Rn. 142 ff.), obwohl mit ihm das Ermessen der ESt. überschritten wurde, ist es dennoch wirksam und berechtigt den AG (und verpflichtet ihn gegenüber dem BR), den ESt.-Spruch durchzuführen. Der Durchführung des ESt-Spruchs kann in diesem Fall nicht die unangemessene Behandlung der Belange des Betriebs oder der betroffenen AN entgegengehalten werden.[32] Der Durchführungsanspruch des BR besteht auch im Zeitraum der **Nachwirkung einer BV**[33] nach Abs. 6 (vgl. dazu Rn. 116 ff.). Das gilt auch für **freiwillige BV,** in denen deren Nachwirkung vereinbart wurde[34] (siehe dazu auch Rn. 123, § 88 Rn. 6 f.).

---

24 *Fitting,* Rn. 5; GK-*Kreutz,* Rn. 28; Richardi-*Richardi,* Rn. 6; beispielsweise Kantine: vgl. *BAG* 24. 4. 86, AP Nr. 7 zu § 87 BetrVG 1972 Sozialeinrichtung; vgl. § 87 Rn. 222.

25 GK-*Kreutz,* Rn. 31; HWGNRH-*Worzalla,* Rn. 211.

26 *BAG* 16. 11. 11 – 7 ABR 376/10, NZA-RR 12, 579; 18. 1. 05 – 3 ABR 21/04, NZA 06, 167; 29. 4. 04 – 1 ABR 30/02, NZA 04, 670, 671; *LAG Hamm* 10. 2. 12 – 10 TaBV 59/11, juris; *LAG Baden-Württemberg* 25. 2. 11 – 18 TaBV 2/10, juris, anhängig *BAG* 1 ABR 25/11.

27 *BAG* 16. 11. 11, a. a. O.; 16. 12. 08 – 9 AZR 893/07, NJW 09, 1527; 18. 1. 05 – 3 ABR 21/04, NZA 06, 167; 21. 1. 03 – 1 ABR 9/02, NZA 03, 1097; 29. 4. 04 – 1 ABR 30/02, NZA 04, 670, 671; 24. 2. 87, 10. 11. 87, AP Nrn. 21, 24 zu § 77 BetrVG 1972; 13. 10. 87, AP Nr. 2 zu § 77 BetrVG 1972 Auslegung; 28. 9. 88, AP Nr. 29 zu § 87 BetrVG 1972 Arbeitszeit; 17. 10. 89, BB 90, 489 f. = AiB 90, 311 ff. mit Anm. *Kempff;* 23. 6. 92 – 1 ABR 11/92, DB 92, 2450; *LAG Köln* 8. 2. 10 – 5 TaBV 28/09; *LAG München* 12. 12. 90 – 5 TaBV 61/89, AiB 91, 269 mit Anm. *Schindele; ArbG Hamburg* 7. 12. 99 – 25 BV 7/99, AiB 01, 360 mit Anm. *Wulff; ArbG Köln* 10. 12. 91, AiB 92, 650; *Fitting,* Rn. 7; GK-*Kreutz,* Rn. 24 ff.; *GL,* Rn. 1; der Anspruch kann vom BR auch im Wege der einstweiligen Verfügung geltend gemacht werden, vgl. dazu Rn. 83 m. w. N.

28 *BAG* 25. 2. 20 – 1 ABR 38/18, juris; 13. 10. 87 – 1 ABR 51/86, NZA 88, 253.

29 *BAG* 25. 2. 20, a. a. O.

30 *BAG* 23. 2. 21 – 1 ABR 12/20, NJW 21, 1772.

31 *LAG Köln* 12. 6. 12 – 12 Ta 95/12, juris.

32 *BAG* 25. 2. 15 – 5 AZR 886/12, juris.

33 *BAG* 12. 2. 96 – 4 ABR 1/95, NZA 97, 565; 24. 2. 87 – 1 ABR 81/85, NZA 87, 639; offen gelassen durch *BAG* 27. 0. 98 – 1 ABR 3/98, NZA 99, 381; *LAG Schleswig-Holstein* 3. 5. 16 – 1 TaBV 51/15, juris; *Fitting* Rn. 7; a. A. *Ahrendt,* NZA 11, 774.

34 *LAG Schleswig-Holstein* 3. 5. 16, a. a. O.

Nach der Rspr. des *BAG*[35] hat der BR nur dann einen Durchführungsanspruch gegenüber dem AG, wenn er selbst **Partei der Vereinbarung** ist oder ihm durch die Vereinbarung eigene betriebsverfassungsrechtliche Rechte eingeräumt. werden. Schließen KBR oder GBR in originärer Zuständigkeit gemäß §§ 50 Abs. 1, 58 Abs. 1 **GBV bzw. KBV** ab, soll der örtliche BR danach keinen Anspruch auf Durchführung der GBV bzw. KBV haben. Dies überzeugt nicht und führt zu einer Schutzlücke in den Betrieben, in denen der AG GBV bzw. KBV nicht oder vereinbarungswidrig durchführt (zur Kritik vgl. im Einzelnen § 58 Rn. 8 ff.). Stellt dieses Verhalten des AG eine **grobe Verletzung** seiner **betriebsverfassungsrechtlichen Pflichten** dar, kann der örtliche BR allerdings unabhängig von seiner Beteiligung an den GBV bzw. KBV gemäß § 23 Abs. 3 gegen den AG vorgehen.[36] Liegt im Zusammenhang mit der Verletzung der Durchführungspflicht ein **grober Verstoß** des AG i. S. des **§ 23 Abs. 3** vor, kann auch eine **im Betrieb vertretene Gewerkschaft** den AG auf die Einhaltung von BV in Anspruch nehmen (vgl. § 23 Rn109 ff., 154).[37] 10a

Auch Streitigkeiten zwischen AG und BR z. B. über das **Bestehen oder Nichtbestehen** einer BV, ihre **Nachwirkung,** die **Vereinbarkeit** ihrer Regelungen mit höherrangigem Recht oder ihre **Auslegung** werden auf Antrag einer der Betriebsparteien im Beschlussverfahren vom ArbG entschieden (vgl. dazu Rn. 167 ff.). 11

Bleiben Verhandlungen zwischen AG und BR über einen noch **nicht in einer BV** geregelten **mitbestimmungspflichtigen Gegenstand** erfolglos und lässt sich keine Einigung erzielen, ist für die Beilegung dieser Streitigkeit nicht das ArbG, sondern die **ESt. zuständig** (vgl. § 76). 12

Die sich aus einer BV ergebenden individualrechtlichen **Ansprüche einzelner AN** kann der **BR** dem AG gegenüber arbeitsgerichtlich **nicht durchsetzen.** Derartige Ansprüche sind von den **AN** selbst im arbeitsgerichtlichen **Urteilsverfahren** geltend zu machen.[38] 13

III. Betriebsvereinbarung

1. Begriff und Rechtsnatur

Das Gesetz unterscheidet in dieser Vorschrift die Begriffe **»Vereinbarungen«** (Abs. 1) und **»Betriebsvereinbarungen«** (Abs. 2–6). Darüber hinaus werden an anderen Stellen des Gesetzes Absprachen zwischen AG und BR z. B. mit »Einigung« (z. B. § 39 Abs. 1, § 74 Abs. 1, § 87 Abs. 2, § 94 Abs. 1), »Einvernehmen« (§ 44 Abs. 2 Satz 2) oder »Einverständnis« (§ 76 Abs. 2) bezeichnet. Der in Abs. 1 verwendete **Begriff »Vereinbarung« ist** als **Oberbegriff** anzusehen.[39] Er umfasst die im Gesetz ausdrücklich aufgeführten Absprachen, alle sonstigen **formlosen Regelungsabreden** (vgl. dazu Rn. 79 ff.) und die mit **besonderen Formvorschriften und Rechtswirkungen versehene BV** (Abs. 2–6). Die BV ist in ihren Rechtswirkungen **dem TV vergleichbar.**[40] Sie ist das **häufigste und wichtigste Instrument der Ausübung der Mitbestimmungsrechte des BR.**[41] Es wird zwischen **erzwingbaren** und **freiwilligen** BV unterschieden[42] (vgl. § 76 Rn. 8 ff.). 14

Der Begriff der »BV« ist vom Gesetz nicht näher definiert; ihre **Rechtsnatur** ist streitig (Vertrags-, Satzungs- oder Vereinbarungstheorie),[43] wobei die h. M. die BV als **privatrechtlichen**[44] 15

35 *BAG* 18.5.10 – 1 ABR 6/08, NZA 10, 1433; *LAG Baden-Württemberg* 25.2.11, a. a. O.; vgl. dazu auch *Ahrendt*, NZA 11, 774.
36 *BAG* 18.5.10, a. a. O.
37 *BAG* 29.4.04, NZA 04, 670, 671.
38 *BAG* 18.1.05 – 3 ABR 21/04, NZA 06, 167; 17.10.89, BB 90, 489 f. = AiB 90, 311 ff. mit Anm. *Kempff.*
39 GK-*Kreutz*, Rn. 6; Schaub-*Koch*, § 231 Rn. 1.
40 *Däubler*, Das Arbeitsrecht 1, Rn. 928; *Fitting*, Rn. 13; vgl. § 4 TVG, s. dazu Berg/Kocher/Schumann-*Berg*, TVG, § 4 Rn. 1 ff.; *Däubler-Deinert*, TVG, § 4 Rn. 1 ff.
41 *Däubler*, a. a. O., Rn. 927; GK-*Kreutz*, Rn. 7; *WW*, Rn. 2.
42 Vgl. dazu GK-*Kreutz*, Rn. 39.
43 Vgl. dazu eingehend *Kreutz*, S. 51 ff., sowie auch GK-*Kreutz*, Rn. 40 ff. m. w. N.; HWGNRH-*Worzalla*, Rn. 4 ff.
44 *BVerfG* 23.4.86, AP Nr. 28 zu Art. 2 GG.

Normenvertrag ansieht[45] und die praktischen Auswirkungen des Meinungsstreits für gering hält.[46]

2. Verhältnis zu anderen Normen

a) Grundrechte

16 Die Regelungsbefugnis der Betriebsparteien beim Abschluss von BV findet ihre Grenzen in den Normen des höherrangigen zwingenden staatlichen Rechts, zu dem neben Gesetzen, Verordnungen und UVV auch die Grundrechte gehören.

17 Die **Grundrechtsbindung der Betriebsparteien**[47] und die nähere Bestimmung ihres Umfanges lassen sich – wie auch diejenigen der TV-Parteien[48] – nicht überzeugend allein formal-begrifflich mit dem **Rechtsnormcharakter der Regelungen der BV** begründen, sondern in erster Linie mit der **Schutzfunktion der Grundrechte,**[49] nämlich **den Einzelnen** nicht nur gegenüber staatlicher, sondern auch **gegenüber sozialer Gewalt zu schützen** und seine Freiheit zu gewährleisten.[50] Die beim Abschluss einer BV **gemeinsam handelnden Betriebsparteien treten dem einzelnen AN** – unabhängig davon, in welchem Umfang durch Beteiligung an der BR-Wahl oder sonstige Formen der Kommunikation mit dem BR auf dessen Handeln tatsächlich Einfluss genommen werden kann – grundsätzlich **als soziale Gewalt gegenüber.** Den – auf gesetzlicher Grundlage legitimierten – Normen einer BV[51] ist der AN allein auf Grund seiner Zugehörigkeit zum Betrieb automatisch unterworfen[52] und kann sich ihnen – außer durch Beendigung des Arbeitsverhältnisses – praktisch nicht entziehen.[53]

18 Unabhängig davon, ob wie hier – wenn auch mit anderer Begründung – die **unmittelbare**[54] oder der heute h. M. entsprechend die **mittelbare Grundrechtsbindung**[55] der BV bejaht wird,[56] besteht im Ergebnis Einigkeit darüber, dass über die dem Grundrechtsschutz der AN dienenden **Grundsätze für die Behandlung der Betriebsangehörigen nach § 75** (vgl. § 75 Rn. 1 ff.) der **Eingriff in den geschützten Grundrechtsbereich der AN durch BV unzulässig ist.**[57] Letztlich ist damit ein umfassender Grundrechtsschutz gewährleistet. Die Regelungskompetenz der Betriebsparteien geht im Ergebnis nicht weiter wie bei unmittelbarer Grundrechtsbindung.[58]

---

45 *BAG* 18.2.03 – 1 ABR 17/02, NZA 04, 337, 339; *Fitting,* Rn. 13; GK-*Kreutz,* Rn. 40 f.; *GL,* Rn. 7; Richardi-*Richardi,* Rn. 24; Schaub-*Koch,* a. a. O., Rn. 4.

46 *Däubler,* Das Arbeitsrecht 1, Rn. 928; *Fitting,* Rn. 14; *GL,* a. a. O.

47 Vgl. dazu ErfK-*Schmidt,* GG Einl. Rn. 24, 59 ff. m. w. N.

48 Vgl. dazu *Däubler,* Tarifvertragsrecht, Rn. 411 ff.; Kempen/Zachert-*Kempen,* Grundlagen Rn. 292 ff.

49 ErfK-*Schmidt,* a. a. O., Rn. 59; Richardi-*Richardi,* Rn. 100.

50 *Berg/Wendeling-Schröder/Wolter,* RdA 80, 299, 310; *Däubler,* a. a. O., jeweils m. w. N.

51 Zur Kontroverse über die Legitimationsgrundlagen betrieblicher Rechtsetzung vgl. den Überblick bei *Hänlein,* RdA 03, 26 ff.

52 So im Ergebnis auch Richardi-*Richardi,* Rn. 65, 101, der daraus eine besonders enge Grundrechtsbindung ableitet; im Ergebnis ebenso Deinert/Heuschmid/Zwanziger-*Deinert,* § 12 Rn. 47.

53 *Hänlein,* a. a. O., 31.

54 *BAG* 28.3.58. AP Nr. 28 zu Art. 3 GG; 28.11.58, AP Nr. 39 zu Art. 3 GG; 7.12.62, AP Nr. 28 zu Art. 12 GG; 24.3.81, 12.2.84, AP Nrn. 12, 21 zu § 112 BetrVG 1972; 20.11.87, DB 88, 1501; *Jobs,* AuR 86, 147, 148; *Travlos-Tzanetatos,* S. 75 ff.

55 *BVerfG* 23.4.86, AP Nr. 28 zu Art. 2 GG, für die Prüfung der Wahrung von AG-Grundrechten durch die Normen eines Sozialplanes; *BAG* 27.5.86, AP Nr. 15 zu § 87 BetrVG 1972 Überwachung, für den Spruch einer ESt.; ErfK-*Schmidt,* a. a. O., Rn. 24; GK-*Kreutz,* Rn. 332 f.; MünchArbR-*Richardi,* § 10 Rn. 34 ff.

56 Zur Problematik der unmittelbaren oder mittelbaren Grundrechtsbindung im Arbeitsrecht vgl. *Däubler,* Das Arbeitsrecht 1, Rn. 448 ff.; ErfK-*Schmidt,* a. a. O. Rn. 15 ff.; *Kempff,* S. 17 ff.; MünchArbR-*Richardi,* § 10 Rn. 6 ff., jeweils m. w. N.

57 *BVerfG* 1.9.97, NZA 97, 1339; *BAG* 19.1.99 – 1 AZR 499/98, NZA 99, 546; 7.11.89, AP Nr. 46 zu § 77 BetrVG 1972; ErfK-*Schmidt,* a. a. O., Rn. 60; GK-*Kreutz,* Rn. 333 ff.; *GL,* Rn. 57; HWGNRH-*Worzalla,* Rn. 62 ff.; Deinert/Heuschmid/Zwanziger-*Deinert,* a. a. O., Rn. 49; MünchArbR-*Richardi,* a. a. O., Rn. 36.

58 ErfK-*Schmidt,* a. a. O.

b) Gesetz

BV dürfen grundsätzlich nicht gegen **höherrangiges, zwingendes staatliches Recht,** wie Gesetze, Verordnungen, UVV, verstoßen. Dies gilt im Besonderen für die **§§ 134, 138 BGB** und die in **§§ 2 Abs. 1, 75 normierten Grundsätze** i. V. m. **den Diskriminierungsverboten** aus § 7 Abs. 1 AGG. 19

Soweit in sozialen Angelegenheiten durch den **Gesetzesvorrang gemäß § 87 Abs. 1** im Rahmen der Ausübung der Mitbestimmungsrechte die Regelungsbefugnis des BR eingeschränkt ist (vgl. dazu § 87 Rn. 32), kann in **freiwilligen BV** (vgl. dazu § 88 Rn. 3 f.) von einseitig zwingendem Gesetzesrecht, vor allem im Bereich des individuellen AN-Schutzrechts, zugunsten der AN abgewichen werden.[59] Insofern gilt **im Verhältnis zwischen Gesetz und BV das Günstigkeitsprinzip.** Dies bedeutet, dass grundsätzlich die für den AN günstigere BV Anwendung findet, auch wenn das Gesetz etwas Schlechteres vorsieht. 20

Im umgekehrten Verhältnis ist zu unterscheiden, ob es sich um eine zwingende oder dispositive Gesetzesnorm handelt und ob von einer **dispositiven Rechtsvorschrift** nur **zugunsten** oder auch **zuungunsten des AN** abgewichen werden kann. Nur wenn Letzteres der Fall ist, kann eine BV ausnahmsweise auch eine ungünstigere Regelung für den AN treffen, als sie nach dem Gesetz vorgesehen ist (vgl. auch § 87 Rn. 32 ff.). Eine arbeitsvertragliche Bezugnahme auf eine BV mit dem Regelungsgegenstand Teilzeitarbeit ist unwirksam, soweit in der BV zuungunsten des AN vom TzBfG abgewichen wird.[60] Auch soweit das **gesetzliche AN-Schutzrecht tarifdispositiv** ausgestaltet ist, also von ihm durch TV auch zuungunsten der AN abgewichen werden kann (vgl. z. B. §§ 616 Abs. 2 BGB, 622 Abs. 4 BGB, 7, 12 ArbZG, 13 Abs. 1 BUrlG, 4 Abs. 4 EFZG, 13 Abs. 4 TzBfG), ist dies durch eine BV ausnahmslos unzulässig; der Gesetzgeber hat **betriebsvereinbarungsdispositives Gesetzesrecht** nicht vorgesehen.[61] Den Betriebsparteien steht auch nicht die Befugnis zu, von **tarifdispositivem Richterrecht** zuungunsten der AN durch BV abzuweichen.[62] 21

c) Tarifvertrag

Das Gesetz schließt grundsätzlich eine **Konkurrenz** von **TV** und **BV** – und damit auch die generelle Geltung des **Günstigkeitsprinzips im Verhältnis zwischen TV und BV** – aus, soweit diese die TV-Parteien nicht selbst durch entsprechende **Öffnungsklauseln** zulassen (vgl. im Übrigen Rn. 73 ff. und § 87 Rn. 96 ff.). Im Rahmen einer tariflichen Öffnungsklausel kann durch BV grundsätzlich nur eine im Vergleich zum TV für die AN günstigere Regelung getroffen werden, es sei denn, aus dem TV ergibt sich, dass die TV-Parteien den Abschluss einer für die AN ungünstigeren BV ausdrücklich zulassen wollten. Eine **vortarifliche BV** wird durch In-Kraft-Treten eines TV auch dann ersetzt, wenn die BV für AN günstigere Regelungen enthält (vgl. Rn. 68). Etwas anderes gilt aber, wenn der TV eine Öffnungsklausel enthält und sich die BV im Rahmen der Öffnungsklausel bewegt (vgl. Rn. 150 ff.). 22

d) Andere Betriebs-, Gesamtbetriebs- oder Konzernbetriebsvereinbarung

Eine **neue BV** löst **die Normen einer alten BV** nach der **Zeitkollisionsregel** grundsätzlich ab.[63] Im Verhältnis **gleichrangiger Rechtsnormen** zweier aufeinanderfolgender BV, die **denselben** 23

59 GK-*Kreutz*, Rn. 340; HWGNRH-*Worzalla*, Rn. 51; *Wlotzke*, S. 215, 257 f.

60 *BAG* 20. 1. 15 – 9 AZR 735/13, NZA 15, 816.

61 GK-*Kreutz*, Rn. 320; *GL*, Rn. 56; Richardi-*Richardi*, Rn. 91.

62 *BAG* 16. 11. 67, AP Nr. 63 zu § 611 BGB Gratifikation; GK-*Kreutz*, Rn. 321; *GL*, a. a. O.; Richardi-*Richardi*, Rn. 92.

63 *BAG* 19. 3. 19 – 3 AZR 2011/17, juris; 15. 1. 13 – 3 AZR 169/10, NZA 13, 1028; 15. 1. 13, NZA-RR 13, 376; 15. 8. 12 – 3 AZR 11/10, NZA-RR 12, 433; 15. 4. 08 – 9 AZR 26/07, NZA-RR, 580; 23. 1. 08 – 1 AZR 988/06, NZA 08, 709; 2. 10. 07 – 1 AZR 815/06, ZIP 08, 570; 13. 3. 07 – NZA-RR, 411; 28. 6. 05 – 1 AZR 213/04, AiB 07, 192; 18. 11. 03 – 1 AZR 604/02, NZA 04, 803; 29. 10. 02 – 1 AZR 573/01, NZA 03, 393; 6. 8. 02 – 1 ABR 49/01, NZA 03, 386; 15. 11. 00 – 5 AZR 310/99, DB 00, 2383; 16. 7. 96 – 3 AZR 398/95, DB 97, 631; 21. 1. 92 – 3 AZR 21/91, BB 92, 860; 3. 9. 91 – 3 AZR 369/90, DB 92, 994; ErfK-*Kania*, Rn. 75; *Fitting*, Rn. 192; GK-*Kreutz*, Rn. 381; Richardi-*Richardi*, Rn. 174.

Regelungsgegenstand und **Adressatenkreis** betreffen, **gilt das Günstigkeitsprinzip nicht.**[64] Die jüngere Norm einer BV löst unter den genannten Voraussetzungen die ältere Norm unabhängig davon ab, welche Regelung für die betroffenen AN die günstigere ist.[65] Die Betriebsparteien sind bei der einvernehmlichen Ablösung zwischen ihnen abgeschlossener BV nicht gehalten, etwaige **Mindestlaufzeiten** der abgelösten BV oder die nur für einseitige Kündigungen von BV geltende gesetzliche **Kündigungsfrist** (vgl. Abs. 5) einzuhalten.[66]

24 Die ablösende BV darf aber nur in den **Grenzen von Recht und Billigkeit** in die **Besitzstände der AN** eingreifen. Die Ablösung einer älteren BV durch eine neue zeitlich nachfolgende BV muss im Hinblick auf mit ihr verbundenen Eingriffe in die Besitzstände der betroffenen AN – insbesondere in **Versorgungszusagen – die Grundsätze der Verhältnismäßigkeit und des Vertrauensschutzes**[67] wahren. Die Eingriffe müssen – am Zweck der Maßnahme gemessen – geeignet, erforderlich und proportional sein.[68] Bei mehreren **zeitlich aufeinanderfolgenden ablösenden BV** ist die Zulässigkeit der jüngsten ablösenden BV nur an den Regelungen der unmittelbar vorhergehenden BV zu überprüfen, wenn diese wiederum wirksam erfolgt ist.[69] Eine ablösende BV, die eine Regelung zur **Entgeltfortzahlung im Krankheitsfall** verschlechtert, greift nicht in eigentumsähnliche Besitzstände der AN ein.[70] Die für die Ablösung von BV über Versorgungszusagen geltenden Grundsätze lassen sich auch auf BV über **Jahressonderzahlungen**[71] oder ein **Sterbegeld**[72] nicht übertragen.

25 Die Zeitkollisionsregel unter Ausschluss des Günstigkeitsprinzips gilt auch bei der Ablösung von Normen einer BV, die nach einem **Betriebsübergang gemäß § 613a BGB** beim Betriebserwerber lediglich individualrechtlich weitergelten und dann durch eine BV ersetzt werden (vgl. dazu Rn. 101 ff.).

26 Besteht eine im Rahmen der **originären Zuständigkeit des GBR** nach § 50 Abs. 1 (vgl. § 50 Rn. 26 ff.) abgeschlossene **GBV,** kann diese mit einer bereits auf betrieblicher Ebene existierenden oder später neu abgeschlossenen, sich auf den gleichen Regelungsgegenstand beziehenden **BV** kollidieren, wenn die GBV abschließenden Charakter hat. Unter Berücksichtigung der vom Gesetz vorgesehenen **Zuständigkeitsverteilung zwischen BR und GBR** (vgl. dazu § 50 Rn. 26 ff.) **verdrängt** in diesem Fall **die GBV die BV.**[73] Etwas anderes kann gelten, wenn die GBV keine abschließende Regelung oder eine Öffnungsklausel für Ergänzungen durch BV enthält.[74]

27 Durch eine **freiwillige GBV** kann eine freiwillige – oder auf Grund gesetzlicher Zuständigkeit des BR abgeschlossene[75] – **BV** nicht verschlechternd abgelöst werden.[76] Eine auf Grund **gesetzlicher Zuständigkeit des GBR** abgeschlossene GBV löst freiwillige **BV** ab,[77] vgl. dazu auch § 50 Rn. 24.

---

64 *BAG* 15.1.13, a.a.O.; 15.8.12, a.a.O.; 26.8.08 – 1 AZR 353/07, DB 09, 461; 13.3.07, a.a.O.; 28.6.05, a.a.O.; 18.11.03, a.a.O.; 10.8.94 – 7 ABR 35/93, DB 95, 480; 16.9.86, AP Nr. 17 zu § 77 BetrVG 1972; *LAG Köln* 16.7.03 – 3 TaBV 65/02, AvR 04, 166; *Fitting,* a.a.O.

65 *BAG* 23.1.08. a.a.O.; 13.3.07 – 1 AZR 232/06, DB 07, 2604.

66 *BAG* 26.8.08, a.a.O.

67 *BAG* 15.1.13, a.a.O.; 15.8.12, a.a.O.; 2.10.07, a.a.O.; 13.3.07, a.a.O.; 28.6.05, a.a.O.; 16.7.96 – 3 AZR 398/95, a.a.O.; 21.1.92 – 3 AZR 21/91, a.a.O.; 3.9.91 – 3 AZR 369/90, a.a.O.; zu ablösenden BV im Bereich der betrieblichen Altersversorgung vgl. *BAG* 11.5.99 – 3 AZR 21/98, NZA 00, 322; ErfK-*Kania,* Rn. 76; *Heither,* BB 92, 145, 147 ff.; Deinert/Heuschmid/Zwanziger-*Hlava,* § 65 Rn. 71 ff.; *Reinecke,* DB 02, 2717, 2719; *Schoden,* Betriebliche Altersversorgung, S. 76 ff.

68 *BAG* 19.3.19 – 3 AZR 201/17, juris; 13.10.16 – 3 AZR 72/83, AP Nr. 74 zu § 1 BetrAVG Ablösung; 18.9.01 – 3 AZR 728/00, NZA 02, 1164; 16.9.86, AP Nr. 17 zu § 77 BetrVG 1972; 17.3.87, a.a.O.; 17.4.85 – 3 AZR 72/85, NZA 86, 57.

69 *BAG* 19.3.19, a.a.O.

70 *BAG* 15.11.00 – 5 AZR 310/99, a.a.O.

71 *BAG* 29.10.02, a.a.O.

72 *BAG* 19.9.06 – 1 ABR 58/05, AP Nr. 29 zu § 77 BetrVG 1972 Betriebsvereinbarung.

73 *Fitting,* § 50 Rn. 74 f.; HWGNRH-*Glock,* § 50 Rn. 58; Richardi-*Annuß,* § 50 Rn. 71.

74 Vgl. dazu *BAG* 3.5.84, AP Nr. 5 zu § 95 BetrVG 1972.

75 *BAG* 15.1.02 – 1 ABR 10/01, NZA 02, 988.

76 *BAG* 11.12.01 – 1 AZR 193/01, NZA 02, 688.

77 *BAG* 21.1.03 – 3 ABR 26/02, DB 03, 2131; 11.12.01, a.a.O.

Diese Grundsätze gelten entsprechend, **wenn eine** im Rahmen der originären Zuständigkeit des KBR nach § 58 Abs. 1 (vgl. dazu § 58 Rn. 16ff.) abgeschlossene **KBV mit einer GBV oder BV zusammentrifft.** 28

Eine im originären Zuständigkeitsbereich des GBR abgeschlossene GBV gilt auch für **Betriebe, die** durch das UN nach Abschluss der GBV **neu errichtet oder eingegliedert werden.**[78] Für den eingegliederten Betrieb bestehende BV werden ggf. durch die GBV verdrängt.[79] Entsprechendes gilt für KBV und das Schicksal konkurrierender BV bzw. GBV bei einer **Eingliederung in einen Konzern.**[80] 29

Bei der **Ablösung einer BV oder GBV durch eine GBV oder KBV** (oder einer **KBV durch eine KBV**) sind die in Rn. 23ff. dargelegten Grundsätze (Zeitkollisionsregel, Rechtskontrolle bei Eingriff in Besitzstände der AN) zu beachten. 30

Ein Sonderfall betriebsverfassungsrechtlicher Normenkollision liegt im **paritätisch von mehreren Konzernen beherrschten Gemeinschafts-UN** (vgl. § 54 Rn. 29ff.) vor, wenn mehrere jeweils für die Konzerne geltende KBV zum gleichen Regelungsgegenstand nebeneinander bestehen. Da die gesetzlichen Vorgaben zur Zuständigkeitsabgrenzung von BR, GBR und KBR in diesem Fall als Kollisionsregel nicht anwendbar sind, scheint es sachgerecht, die für das Gemeinschafts-UN geltende KBV nach dem **Grundsatz der demokratischen Legitimation** des die AN vertretenden BR-Gremiums zu bestimmen.[81] Danach gilt für **Gemeinschafts-UN** die **KBV,** die **zuerst** von einem die **AN des Gemeinschafts-UN repräsentierenden KBR** abgeschlossen wurde. Soweit in den Träger-UN eines **Gemeinschaftsbetriebs** (vgl. dazu auch § 1 Rn. 88ff.) von den GBR dieser Träger-UN zum gleichen Regelungsgegenstand abgeschlossene **GBV** bestehen, gilt für den Gemeinschaftsbetrieb die GBV des Träger-UN, das für die **größte Zahl der im Gemeinschaftsbetrieb beschäftigten AN** Vertrags-AG ist.[82] Die Ablösung der Normen der für ein Gemeinschafts-UN geltenden KBV ist – unter Berücksichtigung der unter Rn. 23ff. dargelegten Grundsätze – nur durch eine vom gleichen KBR abgeschlossene neue KBV möglich. Dies gilt für **GBV im Gemeinschaftsbetrieb** entsprechend. 31

Auf die **Eingliederung von UN oder Betrieben in einen derartigen Konzernverbund** mit auf mehreren Ebenen konkurrierenden betriebsverfassungsrechtlichen Normen können die für herkömmliche Eingliederungsfälle geltenden Grundsätze (vgl. dazu Rn. 101ff.) mangels vollständiger Integration der einzugliedernden Einheiten nicht zur Anwendung kommen. Die – demokratisch legitimierten – **BV der eingegliederten Einheiten gelten** kollektivrechtlich oder arbeitsvertraglich (vgl. dazu Rn. 101ff.) **weiter,** bis sie – unter Berücksichtigung der unter Rn. 12 dargelegten Grundsätze – durch KBV abgelöst werden, die unter Beteiligung des die AN des Gemeinschafts-UN vertretenden BR-Gremiums zustande gekommen sind.[83] 32

e) Arbeitsvertrag

Die **unmittelbare Wirkung** (Abs. 4 Satz 1, vgl. dazu Rn. 92) der **Normen einer BV** hat zur Folge, dass diese – neben den sonstigen auf das Arbeitsverhältnis einwirkenden Normen – **den Inhalt des Arbeitsverhältnisses automatisch gestalten.** Die Kenntnis oder Billigung der BV durch die Parteien des Arbeitsvertrages ist dafür nicht erforderlich. Aus der **zwingenden Wirkung** (Abs. 4 Satz 1, vgl. Rn. 88) der **Normen einer BV** ergibt sich, dass die **Parteien des Arbeitsvertrags nichts vereinbaren können, was gegen eine BV verstößt.**[84] Daraus ergibt sich 33

78 *LAG München* 8.11.88, DB 89, 1880, unter der Voraussetzung, dass im neuen Betrieb ein BR gewählt wird; diese Einschränkung ist durch die geänderte Fassung von § 50 Abs. 1 Satz 1 überholt, da sich nunmehr die originäre Zuständigkeit des GBR ausdrücklich auch auf Betriebe ohne BR erstreckt; § 50 Rn. 19; a. A. *Sowka/Weiss,* DB 91, 1518.

79 *BAG* 27.6.85, AP Nr. 14 zu § 77 BetrVG.

80 Deinert/Heuschmid/Zwanziger-*Deinert,* § 12 Rn. 292.

81 *Weiss/Weyand,* Die Aktiengesellschaft, 97, 100ff.

82 So auch *Däubler,* FS Zeuner, S. 19, 29, der vorrangig allerdings das Günstigkeitsprinzip zur Lösung der Kollision heranziehen will.

83 *Weiss/Weyand,* Die Aktiengesellschaft, 97, 104ff.; vgl. dazu auch Deinert/Heuschmid/Zwanziger-*Deinert,* a.a.O., Rn. 293.

84 *BAG* 16.9.86, AP Nr. 17 zu § 77 BetrVG 1972; 21.9.89, NZA 90, 351 [354].

auch, dass eine **dynamische Verweisung** im Arbeitsvertrag auf die im Betrieb geltenden BV in der Regel nur deklaratorische Bedeutung hat und ggf. zur Betriebsvereinbarungsoffenheit (vgl. dazu Rn. 42) des Arbeitsvertrages insgesamt oder einzelner seiner Regelungen führen kann.[85] Allerdings ist Abs. 4 Satz 1 für das Verhältnis von BV und Arbeitsvertrag durch die **Kollisionsregel des Günstigkeitsprinzips** eingeschränkt,[86] dem als Schutzprinzip und als Ausdruck der Privatautonomie bzw. allgemeinen Handlungsfreiheit aus Art. 2 Abs. 1 GG[87] für die gesamte Arbeitsrechtsordnung besondere Bedeutung zukommt, im Wege verfassungskonformer Interpretation einzuschränken.

34 Im Verhältnis **zwischen BV und Einzelarbeitsvertrag** gilt daher, soweit in ihnen die gleichen Gegenstände unterschiedlich geregelt, grundsätzlich das **Günstigkeitsprinzip.**[88] **Günstigere einzelarbeitsvertragliche Regelungen gehen** der BV stets **vor,** auch wenn sie bereits **vor In-Kraft-Treten der BV** begründet wurden (vgl. dazu weiter auch Rn. 42).[89] Entgegenstehende **schlechtere Bedingungen des Einzelarbeitsvertrages treten** gegenüber den Normen einer BV **zurück.** Für AN **günstigere Einzelvereinbarungen** können auch **nach Abschluss der BV** jederzeit vereinbart werden. Durch eine BV kann der Inhalt eines Arbeitsvertrages jedoch nicht verändert werden. Die BV führt **nicht zur Nichtigkeit** ungünstigerer einzelvertraglicher Regelungen und ersetzt sie auch **nicht mit ablösender Wirkung,** sondern verdrängt sie lediglich für die Dauer ihrer Wirkung[90] einschließlich des Nachwirkungszeitraums gemäß Abs. 6.[91]

35 Zur Feststellung der günstigeren Regelung ist nach dem **Sachgruppenprinzip** anhand eines **objektiven Beurteilungsmaßstabes** ein **individueller Günstigkeitsvergleich** anzustellen.[92] Im Rahmen des Sachgruppenvergleichs können nur Leistungen miteinander verglichen werden, die **funktional äquivalent** sind. Sind die zu vergleichenden Leistungen mit unterschiedlichen Gegenleistungen verbunden, scheidet ein Günstigkeitsvergleich regelmäßig aus. Ist nicht zweifelsfrei feststellbar, dass die arbeitsvertragliche Abweichung für den AN günstiger ist, bleibt es bei der zwingenden Geltung der BV.[93] Mit einer BV können arbeitsvertraglich vereinbarte **Entgeltbestandteile** auch dann nicht **abgesenkt** werden, wenn in der BV gleichzeitig eine **»Standortsicherung«** bzw. eine **»Arbeitsplatzgarantie«** zugesagt wird. Eine derartige inhaltliche Ausweitung des Sachgruppenvergleichs ist mit den von der Rspr. entwickelten Grundsätzen nicht vereinbar.[94]

36 Fraglich ist es, wie sich die **Anwendung des Günstigkeitsprinzips in Mitbestimmungsangelegenheiten nach § 87** auswirkt,[95] insbesondere ob über die unmittelbare und zwingende

85 *Fitting*, Rn. 198.

86 Grundlegend *BAG* 19.9.86, a.a.O. (Rn. 61ff.); 5.3.13, NZA 13, 211, 213; 14.1.14 – 1 ABR 57/12, NZA 14, 922 (Rn. 21); 16.11.11 – 10 AZR 60/11, NZA 12, 349 (Rn. 16); *Fitting*, Rn. 196; *Linsenmaier*, RdA 14, 336, 340f.

87 Vgl. dazu *Däubler*, Tarifvertragsrecht, Rn. 196ff.; GK-*Kreutz*, Rn. 257 m.w.N.

88 *BAG* 16.9.86, a.a.O.; 21.9.89, a.a.O.; 7.11.89, BB 90, 1840, 1841; 20.1.00 – 2 ABR 40/99, DB 00, 1666, 1667; 22.4.09 – 5 AZR 292/08, DB 09, 1602, 1603; *Belling*, DB 82, 2513; *Fitting*, Rn. 196; GK-*Kreutz*, Rn. 251f.; *GL*, Rn. 94; HWGNRH-*Worzalla*, Rn. 161ff.; Richardi-*Richardi*, Rn. 144f.

89 *BAG* 16.9.86, a.a.O.; *LAG Hamm* 6.2.01 – 11 Sa 1434/00, NZA 02, 283; *Däubler*, AuR 87, 349, 351.

90 *BAG* 11.4.18 – 4 AZR 265/17, juris; 19.7.16 – 3 AZR 134/15, NZA 16, 1475; 28.3.00 – 1 AZR 366/99, NZA 01, 49; 21.9.89, a.a.O.; vgl. dazu Richardi-*Richardi*, NZA 90, 331ff.; *Fitting*, Rn. 197; Richardi-*Richardi*, Rn. 174; a.A. GK-*Kreutz*, Rn. 256.

91 Vgl. für nachwirkende TV *BAG* 14.2.91 – 8 AZR 166/90, DB 91, 2088.

92 *BAG* 27.1.04 – 1 AZR 148/03, NZA 04, 667; zu den Einzelheiten vgl. Berg/Kocher/Schumann-*Berg* TVG § 4 Rn. 154ff.; *Däubler*, Tarifvertragsrecht, Rn. 201ff.; GK-*Kreutz*, Rn. 271ff.; Deinert/Heuschmid/Zwanziger-*Deinert*, § 12 Rn. 216ff.

93 *BAG* 27.1.04, a.a.O.

94 *ArbG Bielefeld* 15.6.99, AiB 00, 104 mit Anm. *Röder*; vgl. auch *BAG* 20.4.99 – 1 ABR 72/98, NZA 99, 887, 893; Berg/Kocher/Schumann-*Berg* TVG § 4 Rn. 148ff.; *Fitting*, Rn. 201.

95 Vgl. dazu auch Deinert/Heuschmid/Zwanziger-*Deinert*, § 12 Rn. 221ff.; etwa wenn in einer BV nach § 87 Abs. 1 Nr. 3 die Einführung von Kurzarbeit oder die Ableistung von Mehrarbeit vereinbart wird und damit in den nicht dem allgemeinen Direktionsrecht des AG unterliegenden Kernbereich des Arbeitsverhältnisses eingegriffen wird, vgl. dazu *BAG* 12.12.84, NZA 85, 321 (Umfang der Arbeitszeit).

Wirkung der BV nach Abs. 4 Satz 1 ohne Rücksicht auf den Willen der AN[96] eine **Änderung der Arbeitsverträge** erfolgt. Sind die **Arbeitsverträge nicht »betriebsvereinbarungsoffen«** ausgestaltet (vgl. dazu Rn. 42, 51) oder enthalten diese – oder die **arbeitsvertraglich in Bezug genommenen oder gemäß § 3 Abs. 1 TVG geltenden TV – keine** sich beispielsweise auf die Leistung von **Mehrarbeit** oder die Einführung von **Kurzarbeit** beziehenden **Vorbehalt** (vgl. dazu Rn. 42, 51), muss unter Anwendung der Kollisionsregel des Günstigkeitsprinzips festgestellt werden, ob die entsprechende Regelung der BV oder diejenige des Arbeitsvertrages den Vorrang hat.[97] Kann sich die BV bei Anwendung des Günstigkeitsprinzips über Abs. 4 Satz 1 (unmittelbare und zwingende Wirkung) dem Arbeitsvertrag gegenüber nicht durchsetzen, ist der AG darauf verwiesen, den Inhalt der BV im Rahmen des ihm zur Verfügung stehenden individualrechtlichen Instrumentariums (Änderungsvereinbarung oder -kündigung) **auf einzelarbeitsvertraglicher Ebene umzusetzen.**[98]

Demgegenüber leitet **die h. M.** – im hier erörterten Zusammenhang im Ergebnis übereinstim- 37
mend – den **Vorrang der BV im Verhältnis zum Arbeitsvertrag** aus der uneingeschränkten Geltung von Abs. 4 Satz 1 (unmittelbare und zwingende Wirkung), der aus § 87 folgenden umfassenden Regelungskompetenz der Betriebsparteien, dem lediglich vorübergehenden Charakter der Einführung von Kurz- und Mehrarbeit, allgemeinen Ordnungsvorstellungen und/ oder Praktikabilitätserwägungen ab.[99] Eine **individualrechtliche Wirkungsgrenze** für die Einführung von Kurz- oder Mehrarbeit liegt zunächst immer dann vor, wenn die Anordnung von Kurz- oder Mehrarbeit **arbeitsvertraglich** ausgeschlossen ist. Die Befugnis zur Anordnung von Kurz- oder Mehrarbeit ergibt sich nicht aus dem Direktionsrechts des AG.[100]

Der bei der Anwendung des Günstigkeitsprinzips durchzuführende **individuelle Günstig-** 38
keitsvergleich (zu den Einzelheiten vgl. Rn. 33 ff.; zum **»kollektiven Günstigkeitsprinzip«**, das **ausschließlich** für – auf einer betrieblichen Einheitsregelung, einer Gesamtzusage oder einer betrieblichen Übung beruhende – **arbeitsvertragliche Ansprüche auf betriebliche Sozialleistungen** gilt, vgl. Rn. 46 ff.) wird bei der Einführung von Kurzarbeit in der Regel ohnehin dann zum **Vorrang der BV** führen, wenn die Alternative zur Einführung der Kurzarbeit in einer betriebsbedingten Beendigungskündigung besteht.[101] Enthält der Arbeitsvertrag keine Regelung zur Kurzarbeit, ist durch Auslegung zu ermitteln, ob er insoweit als betriebsvereinbarungsoffen angesehen werden kann (vgl. dazu Rn. 42).[102]

Wird den Betriebsparteien durch TV die Kompetenz übertragen, die **Dauer der individuellen** 39
regelmäßigen wöchentlichen Arbeitszeit festzulegen, **gehen günstigere arbeitsvertragliche Vereinbarungen** den Regelungen in entsprechenden BV **vor.**[103] Dies gilt auch bei **BV nach § 87**

---

96 So für die Einführung von Kurzarbeit durch BV *BAG* 14.2.91 – 2 AZR 415/90, NZA 91, 607; *LAG Hamm* 19.11.14 – 4 Sa 1108/14, NZA-RR 15, 194; für die Ableistung von Mehrarbeit *BAG* 3.6.03 – 1 AZR 349/02, NZA 03, 1155, 1159.

97 *BAG* 14.1.14 – 1 ABR 57/12, NZA 14, 922 (Rn. 21); Richardi-*Richardi*, ZfA 92, 307, 314.

98 *Brosette*, ZfA 92, 379, 411 ff.; *Buschmann/Ulber*, S. 214; *Däubler*, Das Arbeitsrecht 2, Rn. 909; *Kohte*, AuA 91, 168, 169 f.; im Ergebnis auch *Hamm*, AiB 05, 52 ff.; *Reuter*, RdA 91, 193, 198; *Waltermann*, NZA 93, 679, 684.

99 *BAG* 1.2.57, AP Nr. 1 zu § 32 SchwbeSchG; 15.12.61, AP Nr. 1 zu § 615 BGB Kurzarbeit; 29.11.78, AP Nr. 18 zu § 611 BGB Bergbau; 14.2.91 – 2 AZR 415/90, a.a.O.; 3.6.03, a.a.O.; GK-*Wiese*, § 87 Rn. 393 f.; GK-*Kreutz*, § 77 Rn. 349; HWGNRH-*Worzalla*, § 87 Rn. 184; *Leinemann*, DB 90, 732, 737; *Otto*, NZA 92, 97, 106; Richardi-*Richardi*, § 87 Rn. 396 f.; *Säcker/Oetker*, ZFA 91, 131, 177; *Wlotzke*, S. 265.

100 *BAG* 3.6.03, a.a.O. = AiB 05, 48 mit kritischer Anm. *Hamm*; *HessLAG* 27.9.12 – 16 Sa 1741/11, juris; *LAG Hamm* 1.8.12 – 5 Sa 27/12, NZA-RR 13, 244; *ArbG Hagen* 9.10.12 – 1 Ca 1420/12, juris; *Fitting*, Rn. 203.

101 Im Ergebnis übereinstimmend KDZ-*Zwanziger*, § 2 KSchG Rn. 86, die es unter dem Gesichtspunkt der Solidarität für gerechtfertigt halten, das mit der vorübergehenden Absenkung der Arbeitszeit verbundene Lohnrisiko im Interesse des Erhalts der Arbeitsplätze durch kollektivvertragliche Regelung bei den AN insgesamt anzusiedeln und von einem fehlenden Annahmeverzug des AG bei der mitbestimmten Absenkung der Arbeitszeit ausgehen; ähnlich Richardi-*Richardi*, § 87 Rn. 366.

102 Auch *BAG* 16.9.86, AP Nr. 17 zu § 77 BetrVG 1972; ErfK-*Kania*, § 87 Rn. 36; *Fitting*, Rn. 203.

103 *BAG* 18.8.87, AP Nr. 23 zu § 77 BetrVG 1972; zum individuellen Günstigkeitsvergleich bei der Festlegung der Dauer der Arbeitszeit vgl. *Däubler*, Tarifvertragsrecht, Rn. 217 ff. m w. N.; *Fitting*, Rn. 202; *Linnenkohl/Rauschenberg/Reh*, BB 90, 628; *Zachert*, DB 90, 986; *ders.*, AuR 95, 1, 9 ff.

Abs. 1 Nr. 2 zur Lage der Arbeitszeit, mit denen etwa die **Einführung von Schicht-, Nacht- oder Wochenendarbeit** vereinbart wird und die auf entgegenstehende günstigere arbeitsvertragliche Abmachungen treffen. Die arbeitsvertraglichen Abmachungen gehen vor und können vom AG nur durch Änderungsvereinbarung oder -kündigung angepasst werden.[104] Dies setzt allerdings voraus, dass tatsächlich arbeitsvertragliche Vereinbarungen mit **eigenständigem materiellem Regelungsgehalt** konstitutiver Art – und nicht lediglich deklaratorischen Charakters – vorliegen.[105]

40 Ist dieses Ergebnis bei günstigeren Individualvereinbarungen **jenseits betrieblicher Veranlassung bzw. ohne kollektiven Bezug,** die nur durch die **individuellen Umstände des einzelnen AN** bzw. Arbeitsverhältnisses veranlasst sind (vgl. dazu § 87 Rn. 23), weitgehend unproblematisch,[106] kann es unter dem **Gesichtspunkt des Gleichbehandlungsgrundsatzes** (§ 75 Abs. 1 Satz 1) geboten sein, den Vorrang günstigerer einzelvertraglicher Vereinbarungen mit kollektivem Bezug einzuschränken, wenn dieser zu einer Privilegierung eines Teils der AN gegenüber einer BV ohne sachlichen Grund führen würde.[107] Auf arbeitsvertraglicher Ebene kann bei der Regelung betrieblicher Gegenstände mit kollektivem Bezug den **Belangen der AN insgesamt** dem AG gegenüber nicht angemessen zur Geltung verholfen werden, insbes. ist der erforderliche **Ausgleich der teilweise unterschiedlichen AN-Interessen** nicht zu verwirklichen. Gerade diesem Ziel dient aber u. a. die an inhaltliche Vorgaben (z. B. § 75) gebundene Regelungskompetenz der Betriebsparteien (§ 87 Rn. 107 f.).[108]

41 Auch ist zu berücksichtigen, dass das Günstigkeitsprinzip vor allem als Ausdruck der Privatautonomie bzw. der allgemeinen Handlungsfreiheit aus Art. 2 Abs. 1 GG zu einer Einschränkung von Abs. 4 Satz 1 führt. Es kann daher zugunsten arbeitsvertraglicher Vereinbarungen gegenüber einer BV allein dann Geltung beanspruchen, wenn der fragliche Inhalt des Arbeitsvertrages **Ergebnis der privatautonomen Ausübung der Arbeitsvertragsgestaltung durch den AN** und nicht der **Fremdbestimmung durch den AG** ist.[109] Die u. a. dem AN-Schutz und der Kompensation der sozialen Übermacht des AG dienenden Mitbestimmungsrechte gemäß § 87 sollen gerade die Ausübung der Privatautonomie durch den AG zum Schutz der AN einschränken und dürfen nicht durch den Abschluss von vom AG aus betrieblichem Anlass initiierten und maßgeblich ausgestalteten Individualabreden – die den im Arbeitsverhältnis strukturell unterlegenen AN möglicherweise aufgedrängt wurden – unterlaufen werden (vgl. dazu auch § 87 Rn. 7; zur Ausübung des Mitbestimmungsrechts als Wirksamkeitsvoraussetzung mitbestimmungspflichtiger Maßnahmen des AG vgl. § 87 Rn. 5 f.).[110]

---

104 Vgl. zum Fall der Einführung von Schichtarbeit *LAG Düsseldorf* 22. 5. 91 – 42 Sa 290/91, DB 91, 2247 = AiB 91, 433 mit Anm. *Schoof; LAG Frankfurt* 27. 11. 86, DB 87, 1844; *LAG Berlin* 19. 12. 77, AuR 78, 283; *Buschmann/Ulber,* S. 230 f.; Deinert/Heuschmid/Zwanziger-*Deinert,* § 12 Rn. 227; Richardi-*Richardi,* § 87 Rn. 310; *Heilmann u. a.,* BetrR 83, 262 f.; *Wlotzke,* S. 264.

105 Zu den Anforderungen an – das Direktionsrecht des AG ausschließende bzw. einschränkende – arbeitsvertragliche Vereinbarungen zur Lage der Arbeitszeit vgl. *BAG* 29. 9. 04 – 5 AZR 559/03, AP Nr. 111 zu § 87 BetrVG 1972 Arbeitszeit; 23. 6. 92 – 1 AZR 57/92, NZA 93, 89; *LAG Hamburg* 22. 6. 04 – 1 Sa S 2/03; *LAG Rheinland-Pfalz* 13. 9. 04 – 7 Sa 341/04, AuR 05, 237; *HessLAG* 28. 8. 03 – 5 SaGa 1623/02; *LAG Düsseldorf* 23. 10. 91 – 4 Sa 789/91, BB 92, 997; *LAG Berlin* 29. 4. 91 – 9 Sa 9/91, DB 91, 2193; *ArbG Freiburg* 15. 9. 87, DB 88, 184; *Bauer/Diller,* NZA 94, 353, 354; ErfK-*Kania,* Rn. 98 ff.; *Leßmann,* DB 92, 1137, 1138; *Richter,* DB 89, 2378, 2380 ff., oder an eine entsprechende betriebliche Übung vgl. *BAG* 21. 1. 97, NZA 97, 1009.

106 Vgl. auch Deinert/Heuschmid/Zwanziger-*Deinert,* § 12 Rn. 221 ff.; MünchArbR-*Matthes,* § 238 Rn. 78.

107 Deinert/Heuschmid/Zwanziger-*Deinert,* a. a. O., Rn. 221; *Otto,* NZA 92, 97, 106.

108 Zum Verhältnis mitbestimmter Arbeitszeit- oder Teilzeitregelungen und individueller Interessenlagen betroffener AN vgl. *LAG Köln* 19. 12. 01 – 7 12 Sa 1376/00, AuR 02, 192; *LAG Berlin* 18. 1. 02 – 19 Sa 1982/01, AuR 02, 190 mit Anm. *Buschmann..*

109 Vgl. auch MünchArbR-*Matthes,* a. a. O., Rn. 77; Richardi-*Richardi,* R. 164.

110 *WW,* Rn. 15, vertreten die Auffassung, dass mitbestimmungspflichtige Angelegenheiten überhaupt erst dann wirksam zum Gegenstand einer arbeitsvertraglichen Regelung gemacht werden können, wenn es zuvor zu einer Ausübung des Mitbestimmungsrechts gekommen ist. Vorher sei der Gegenstandsbereich arbeitsvertraglichen Vereinbarungen schlechthin verschlossen, vgl. dazu auch Deinert/Heuschmid/Zwanziger-*Deinert,* a. a. O., Rn. 222 f.

Die Veränderung **einzelvertraglicher Vereinbarungen** durch nachfolgende ungünstigere BV kann zulässig sein, wenn diese »**betriebsvereinbarungsoffen**« begründet[111] oder in ihnen ausdrücklich **auf die jeweils geltenden BV Bezug genommen wurde.**[112] Ein Arbeitsvertrag ist »betriebsvereinbarungsoffen« gestaltet, wenn er – was durch Auslegung zu ermitteln ist[113] – unter dem **Vorbehalt einer ablösenden BV** steht.[114] Wird arbeitsvertraglich z. B. die Vergütung oder ein Vergütungsbestandteil »**gemäß der jeweils gültigen Betriebsvereinbarung**« oder »**nach den betrieblichen Regeln**« gewährt, bringt dies für den AN hinreichend deutlich zum Ausdruck, dass für das zusätzliche Urlaubsgeld im Betrieb einheitliche Vertragsbedingungen gelten, zu denen typischerweise auch BV gehören.[115] Die arbeitsvertragliche Vereinbarung von Arbeitsbedingungen, die ausdrücklich unabhängig von den im Betrieb normativ geltenden Regelungen einer BV Anwendung finden sollen, schließt deren verschlechternde Änderung durch eine BV aus.[116] Der Vorbehalt kann auch stillschweigend erfolgt sein (zur Einführung von Kurz- oder Mehrarbeit vgl. Rn. 36 ff.),[117] muss aber dem **Transparenzgebot** des § 307 Abs. 1 Satz 2 BGB genügen[118] (zur Betriebsvereinbarungsoffenheit betrieblicher Einheitsregelungen vgl. Rn. 51). Nimmt ein mit einem kirchlichen Träger abgeschlossener Arbeitsvertrag formularmäßig kirchliches Arbeitsrecht in Bezug, ist dieser grundsätzlich nicht betriebsvereinbarungsoffen, weil das BetrVG auf kirchliche Träger keine Anwendung findet (§ 118 BetrVG).[119] Findet ein bestimmter Gegenstand im **Arbeitsvertrag keine Erwähnung,** kann er auf individualvertraglicher Ebene grundsätzlich als nicht geregelt angesehen werden und ist einer Regelung durch eine BV zugänglich.[120] Wird arbeitsvertraglich eine Versorgungszusage nach den »beim AG geltenden Bestimmungen« vereinbart, sind im Zweifel die jeweils geltenden BV in Bezug genommen. Ist eine **statische Verweisung** gewollt, muss dies deutlich zum Ausdruck gebracht werden.[121] Eine Verweisung in einem Arbeitsvertrag auf die beim AG geltenden BV hat in der Regel **deklaratorischen Charakter.**[122] Soll durch die Bezugnahme auf die gemäß Abs. 4 Satz 1 ohnehin unmittelbar und zwingend geltenden BV eine **konstitutive individualvertragliche Geltung** der BV begründet werden, muss dies ausdrücklich vereinbart sein oder es müssen sich aus sonstigen Umständen Anhaltspunkte für eine entsprechende Auslegung ergeben. 42

f) Betriebliche Einheitsregelung

Vertragliche Ansprüche der AN können auch durch **betriebliche Einheitsregelungen, Gesamtzusagen oder auf Grund betrieblicher Übung** begründet werden: 43

- Bei einer **betrieblichen Einheitsregelung** unterbreitet der AG den AN ein Angebot, etwa in Form der Zusage einer freiwilligen sozialen Leistung, das von diesen ausdrücklich angenommen wird.

---

111 *BAG* 17.8.21 – 1 AZR 50/20, NZA 22, 207; 30.1.19 – 5 AZR 450/7, juris; 12.8.82, 3.11.87, AP Nrn. 4, 25 zu § 77 BetrVG 1972.

112 *BAG* 17.8.21, a.a.O.; 5.3.13 – 1 AZR 417/12, NZA 13, 916; 20.11.87, AP Nr. 2 zu § 620 BGB Altersgrenze: *Fitting*, Rn. 198.

113 Vgl. dazu näher *Linsenmaier*, RdA 14, 336, 342.

114 *BAG* 11.7.19 – 6 AZR 40/17, NZA-RR 19, 590; 30.1.19, a.a.O.; 5.3.13., a.a.O.; 16.11.11 – 10 AZR 60/11, DB 12, 237; 5.8.09 – 10 AZR 483/08, NZA 09, 1105; 22.4.09 – 5 AZR 292/08, DB 09, 1602, 1603; *Fitting*; a.a.O.; *Linsenmaier*, a.a.O.; Richardi-*Richardi*, Rn. 18.

115 *BAG* 17.8.21, a.a.O.; *LAG Hamm* 23.11.22 – 9 Sa 682/22.

116 *BAG* 30.1.19, a.a.O.; 11.4.18 – 4 AZR 119/17, NZA 18, 1273; 5.3.13, a.a.O.

117 *BAG* 17.8.21, a.a.O.; 11.7.19, a.a.O.; 30.1.19, a.a.O.; 5.3.13, a.a.O.; kritisch zu dieser Rspr. *BAG* 11.4.18, a.a.O.; *Creutzfeldt*, NZA 18, 1111; Deinert/Heuschmid/Zwanziger-*Deinert*, § 12 Rn. 228ff, 230ff.; *Preis/Ulber*, NZA 14, 6; dies., RdA 13, 211, 216; Säcker, BB 13, 2677: *Waltermann*, RdA 16, 29; zur Auseinandersetzung mit dieser Kritik eingehend *BAG* 30.1.19, a.a.O.; zustimmend: *Fitting*, a.a.O.; *Hromadka*, NZA 13, 1061; *Meinel/Kiehn*, NZA 14, 509; s. auch ErfK-*Kania*, Rn. 79 ff.; GK-*Kreutz*, Rn. 300.

118 *BAG* 5.8.09, a.a.O.; siehe dazu näher *BAG* 30.1.19, a.a.O.

119 *BAG* 11.7.19, a.a.O.

120 *Linsenmaier*, a.a.O., 339.

121 *BAG* 23.9.97 – 3 ABR 85/96, PersR 98, 122 = BB 98, 849.

122 *BAG* 15.1.19 – 1 AZR 250/17, juris; 11.7.18 – 4 AZR 533/17, NZA 18, 1486; 13.3.12 – 1 AZR 659/10, NZA 12, 990; 7.6.11 – 1 AZR 807/09, NZA 11, 1234.

- Bei der **Gesamtzusage** wird das Angebot in allgemeiner Form, etwa am »Schwarzen Brett«, bekannt gemacht, ohne dass eine ausdrückliche Annahmeerklärung der AN erwartet wird.[123] Für die Wirksamkeit einer Gesamtzusage ist es ausreichend, dass sie den AN gegenüber in einer Form bekannt gemacht wird, die es diesen typischerweise ermöglicht, von der Erklärung Kenntnis zu nehmen; auf die konkrete Kenntnis kommt es nicht an.[124]
- Für die **betriebliche Übung**[125] wird vom Zustandekommen eines stillschweigenden Vertrages oder einer Vertrauenshaftung des AG ausgegangen.[126]

44 Diese Besonderheiten bei der Begründung der vertraglichen Ansprüche der AN haben keinen Einfluss auf deren Rechtsnatur, insbes. kann in betrieblichen Einheitsregelungen, Gesamtzusagen oder der betrieblichen Übung **keine selbstständige, die BV ergänzende kollektivrechtliche Gestaltungsmöglichkeit** auf betrieblicher Ebene gesehen werden. Insoweit gilt auch im Verhältnis von **betrieblichen Einheitsregelungen, Gesamtzusagen** oder der **betrieblichen Übung** zu den Normen einer BV das Günstigkeitsprinzip,[127] so dass die Möglichkeiten des **»betrieblichen Sozialabbaus« durch BV** eingeschränkt sind.[128]

44a Die Ablösung einzelvertraglicher Ansprüche in Gestalt betrieblichen Einheitsregelungen, Gesamtzusagen oder aufgrund betrieblicher Übung durch eine BV setzt einen entsprechenden wirksamen **Ablösungsvorbehalt** (vgl. Rn. 51) oder die Beschränkung auf eine lediglich **umstrukturierende BV** unter Beachtung des **kollektiven Günstigkeitsprinzips** (vgl. Rn. 45 ff.) voraus. Die wirksame Ablösung setzt voraus, dass das Regelungsziel der Ablösung einzelvertraglicher Ansprüche in der ablösenden BV selbst geregelt ist. Dieses Regelungsziel kann sich bereits mittelbar daraus ergeben, dass die BV den Leistungszweck der betrieblichen Sozialleistung beibehält. Soll die bisherige betriebliche Sozialleistung demgegenüber durch die ablösende BV durch eine Sozialleistung mit einem anderen Leistungsweck ersetzt werden, muss dieser Regelungswillen in einer eindeutigen Regelung in der BV zum Ausdruck kommen.[129]

45 Das **Günstigkeitsprinzip** ist nach Auffassung des *BAG*[130] allerdings modifiziert anzuwenden. **Durch »umstrukturierende BV«**, mit denen etwa für bestimmte soziale Zwecke zur Verfügung gestellte Mittel anders auf die begünstigten AN verteilt werden, soll der Eingriff in vertragliche Ansprüche zulässig sein, sofern einzelne AN dabei nicht unbillig behandelt werden und die **Neuregelung bei kollektiver Betrachtungsweise insgesamt nicht ungünstiger** ist.[131] Ein **Verstoß gegen das Günstigkeitsprinzip** liegt jedenfalls immer dann vor, wenn durch die nachfolgende BV eine betriebliche Einheitsregelung insgesamt verschlechtert wird, der **AG** also **seine Aufwendungen** für die zugesagten **Sozialleistungen reduzieren** will. In diesem Fall kann die BV die vertraglichen Ansprüche der AN nicht verdrängen.

46 Dies ist etwa der Fall, wenn eine überwiegend arbeitgeberfinanzierte **betriebliche Altersversorgung** durch ein arbeitnehmerfinanziertes System der **Entgeltumwandlung** mit Arbeitgeberzuschüssen abgelöst werden soll und die vom AG ursprünglich aufgebrachten Versorgungsleistungen durch die **Einsparung der anteiligen Arbeitgeberbeiträge zur Sozialversicherung** nicht nur umverteilt, sondern auch reduziert werden.[132] Durch BV nicht ablösbare vertragliche Ansprüche der AN können allerdings vom AG ggf. im Wege der individualrechtlichen Än-

---

123 Vgl. dazu *BAG* 30. 1. 19, a. a. O.; 28. 6. 06 – 10 AZR 385/05, NZA 06, 1174; 10. 12. 02 – 3 AZR 92/02, NZA 04, 271.
124 *BAG* 30. 1. 19. a. a. O.; 2. 8. 18 – 6 AZR 28/17, NZA-RR 19, 34; 22. 3. 17 – 5 AZR 424/16, NZA 17, 1073.
125 *BAG* 28. 6. 06, a. a. O.; eingehende Rspr.-Übersicht bei *Bepler,* RdA 04, 226.
126 Zur Bedeutung derartiger vertraglicher Anspruchsgrundlagen für die BR-Arbeit vgl. *Thannheiser,* AiB 01, 529 ff.
127 *BAG* 5. 8. 09 – 10 AZR 483/08, NZA 09, 1105; 11. 12. 07 – 1 AZR 953/06, DB 08, 1215; 17. 6. 03 – 3 ABR 43/02, NZA 04, 1110 = RdA 04, 304 mit Anm. *Däubler;* 16. 9. 86, AP Nr. 17 zu § 77 BetrVG 1972 = AiB 87, 114 ff. mit kritischer Anm. *Stevens-Bartol.*
128 *Däubler,* Das Arbeitsrecht 1, Rn. 928; *ders.,* AuR 87, 349 ff.; *Schoden,* AiB 87, 109 ff.
129 *BAG* 16. 11. 11 – 10 AZR 60/11, DB 12, 237 = BB 12, 456 mit Anm. *Diepold.*
130 16. 9. 86, AP Nr. 17 zu § 77 BetrVG 1972.
131 *BAG* 16. 9. 86, a. a. O.; *BAG* 3. 11. 87, AP Nr. 25 zu § 77 BetrVG 1972; kritisch zum »kollektiven Günstigkeitsprinzip« des *BAG* u. a. *Belling,* DB 87, 1888 ff.; *Blomeyer,* DB 87, 634 ff.; *Däubler,* AuR 87, 349 ff.; GK-*Kreutz,* Rn. 286 ff.; *Hayen,* BetrR 87, 152 ff.; *Richardi,* NZA 87, 185 ff.
132 *BAG* 23. 10. 01, DB 02, 1383; *Reinecke,* DB 02, 2717, 2720; vgl. auch die Fallgestaltung bei *BAG* 17. 6. 03 – 3 ABR 43/02, NZA 04, 1110 = RdA 04, 304 mit Anm. *Däubler* und *Rengier,* BB 04, 2185.

derungskündigung, der Ausübung eines vorbehaltenen Widerrufsrechts oder der Anpassung wegen Wegfalls der Geschäftsgrundlage[133] und unter Beachtung der Mitbestimmungsrechte des BR gemäß § 87 Abs. 1 Nr. 10 BetrVG 1972 eingeschränkt werden.[134] Entfällt nachträglich die Geschäftsgrundlage einer Gesamtzusage, sind die Ansprüche der AN kraft Gesetzes anzupassen, was dann auch durch ablösende BV geschehen kann.[135]

Ist die Ablösung einer betrieblichen Einheitsregelung oder einer Gesamtzusage unter Beachtung des **»kollektiven Günstigkeitsprinzips«** (Rn. 22) oder auf Grund eines entsprechenden **Änderungsvorbehalts** (Rn. 43 f.) durch BV grundsätzlich möglich, ist in einem weiteren Schritt stets zu prüfen, ob die beabsichtigte Ablösung unter Beachtung der **Grundsätze der Verhältnismäßigkeit und des Vertrauensschutzes** zulässig ist.[136] Die Betriebsparteien sind so gestellt, als veränderten sie mit der ablösenden BV eine andere BV (vgl. dazu Rn. 23 ff. m. w. N.). **47**

Die vom *BAG*[137] aufgestellten Grundsätze zur Ablösung allgemeiner Arbeitsbedingungen durch »umstrukturierende BV« gelten allerdings **ausschließlich** für arbeitsvertragliche Ansprüche auf **betriebliche Sozialleistungen,** die auf einer betrieblichen Einheitsregelung, einer Gesamtzusage oder einer betrieblichen Übung beruhen. Außerhalb dieser Fallgestaltung, z. B. bei **Altersgrenzen für das Ausscheiden eines AN,**[138] über das eigentliche **Arbeitsentgelt als Gegenleistung für die geschuldete Arbeitsleistung**[139] oder über **Bezahlung von Mehrarbeit, Nachtarbeit** oder **Feiertagsarbeit, Urlaub** und **Urlaubsvergütung, Entgeltfortzahlung** bei Arbeitsverhinderung, die Dauer der **Arbeitszeit** oder die **Kündigungsfristen**[140] kommt **weder die ablösende Wirkung einer BV** gegenüber derartigen arbeitsvertraglichen Ansprüchen in Betracht **noch ein kollektiver Günstigkeitsvergleich.**[141] Werden derartige auf betrieblicher Einheitsregelung beruhende **Arbeitsbedingungen gemeinsam mit vertraglichen Sozialleistungen** durch eine BV insgesamt neu geregelt, kommt dieser BV ebenfalls keine ablösende Wirkung zu.[142] Die gegenüber der arbeitsvertraglichen Regelung nicht ungünstigeren Normen der BV können allenfalls für die Dauer des Bestandes der BV die individualrechtlichen Vereinbarungen verdrängen. **48**

Wird eine z. B. auf Grund einer Gesamtzusage gewährte **betriebliche Sozialleistung,** die freiwillig, jedoch ohne Vorbehalt, zugesagt war, zulässigerweise durch eine nachfolgende **umstrukturierende BV** abgelöst, so kann diese vom AG später **nicht einseitig ersatzlos gekündigt** oder **insgesamt verschlechtert werden.** Wenn es den Betriebsparteien nach der Rspr. des *BAG*[143] bereits verwehrt ist, eine betriebliche Einheitsregelung durch eine BV gemeinsam abzulösen, die bei kollektiver Betrachtungsweise insgesamt ungünstiger ist, kann der AG erst recht nicht über den Umweg der späteren Kündigung einer ablösenden BV einseitig eine Verschlechterung durchsetzen.[144] Deshalb leben die durch eine umstrukturierende BV abgelösten vertraglichen Regelungen nach Beendigung der ablösenden BV wieder auf.[145] **49**

Die vom *BAG*[146] aufgestellten Grundsätze zum Verhältnis von betrieblichen Einheitsregelungen und nachfolgenden BV sind rückwirkend **seit Bekanntwerden der Entscheidung des *BAG*** vom 12. 8. 82[147] anzuwenden, da ab diesem Zeitpunkt für die Beteiligten unklar war, ob eine **50**

133 Vgl. *BAG* 9. 7. 85, AP Nr. 6 zu § 1 BetrAVG Ablösung.
134 *BAG* 16. 9. 86, a. a. O.; *Fitting,* Rn. 213.
135 *BAG* 23. 9. 97 – 3 ABR 85/96, DB 98, 779; dazu *Heither,* BB 98, 1155.
136 *BAG* 24. 1. 06 – 3 AZR 484/04, DB 07, 471; 17. 6. 03 – 3 ABR 43/02, NZA 04, 1110; 10. 12. 02 – 3 AZR 92/02, NZA 04, 271; 23. 10. 01, DB 02, 1383; 16. 7. 96, DB 97, 631.
137 16. 9. 86, AP Nr. 17 zu § 77 BetrVG 1972.
138 *BAG* 7. 11. 89, DB 90, 1724 ff.
139 *BAG* 28. 3. 00 – 1 AZR 366/99, NZA 01, 49, 51; 21. 9. 89, DB 90, 692 ff.
140 *BAG* 28. 3. 00 – 1 AZR 366/99, a. a. O.
141 *BAG* 21. 9. 89, 7. 11. 89, a. a. O.; *B. Gaul,* DB 94, 1137, 1142; vgl. dazu auch *Richardi,* NZA 90, 331 ff.
142 *BAG* 28. 3. 00 – 1 AZR 366/99, a. a. O.
143 16. 9. 86, AP Nr. 17 zu § 77 BetrVG 1972.
144 *ArbG Frankfurt* 5. 9. 89 – 11 Ca 26/89; vgl. zu dieser Problematik auch *Däubler,* AuR 87, 349, 357 f.
145 ErfK-*Kania,* BetrVG Rn. 78; offen gelassen *BAG* 15. 2. 11 – 3 AZR 196/09, juris.
146 16. 9. 86, AP Nr. 17 zu § 77 BetrVG 1972.
147 AP Nr. 4 zu § 77 BetrVG 1972.

verschlechternde BV überhaupt noch ihr Ziel erreichen konnte. Insoweit bestand **ab Januar 1983**[148] **für einen Vertrauensschutz keine ausreichende Grundlage mehr.**[149]

51 Die Ablösung betrieblicher Einheitsregelungen oder Gesamtzusagen kann allerdings **ohne Beachtung des Günstigkeitsprinzips** zulässig sein, wenn diese **betriebsvereinbarungsoffen** ausgestaltet sind bzw. **ausdrücklich** oder **stillschweigend** einen entsprechenden **Vorbehalt** enthalten,[150] der dem Transparenzgebot des § 307 Abs. 1 Satz BGB genügt.[151] Im Einzelfall kann sich auch aus dem **verallgemeinerndem Charakter** betrieblicher Einheitsregelungen, dem Regelungsgegenstand, der Existenz eines BR und sonstiger Umstände deren Betriebsvereinbarungsoffenheit ergeben. Bei entsprechenden vom AG gestellten Arbeitsbedingungen, kann es für den AN in der Regel nicht unklar sein, dass die Arbeitsbedingungen grundsätzlich durch eine BV geändert – und insbesondere auch verschlechtert – werden können[152] (siehe dazu und auch zur Kritik dieser Rspr. Rn. 42 Fn. 116). Auch in diesem Fall hat die ablösende BV – wie bei der Ablösung einer BV (vgl. Rn. 23 ff.) – die grundrechtlich geschützten Freiheitsrechte wie die durch Art. 14 Abs. 1 GG geschützte Eigentumsgarantie, die in Art. 2 Abs. 1 GG geschützte allgemeine Handlungsfreiheit und die aus § 75 folgenden Grundsätze des Vertrauensschutzes und der Verhältnismäßigkeit einzuhalten.[153] Wird eine betriebsvereinbarungsoffene betriebliche Einheitsregelung oder Gesamtzusage durch eine inhaltsgleiche BV dauerhaft abgelöst, **lebt** die betriebliche Einheitsregelung oder Gesamtzusage nach Beendigung der ablösenden BV **nicht wieder auf.**[154]

3. Auslegung

52 Die **Auslegung der BV** als **privatrechtlicher Normenvertrag** (vgl. dazu Rn. 15) folgt den für die **Auslegung von TV** geltenden Grundsätzen.[155] Für die Auslegung der Normen einer BV gilt daher nach ganz überwiegender Auffassung grundsätzlich dasselbe wie für die **Auslegung von Gesetzesnormen.**[156] Daher ist zunächst vom **Wortlaut** der Regelungen der BV auszugehen. Vermittelt dieser keinen eindeutigen Sinn, ist auf den **Zweck** der Regelung und den **wirklichen Willen** der Betriebsparteien abzustellen, wenn dieser im Text seinen Niederschlag gefunden hat.[157] Dabei sind die **Verhältnisse beim Abschluss der BV** und in ihrem Regelungsbereich maßgebend und nicht die zum Zeitpunkt eines späteren Streits über deren Auslegung.[158] Weiter können zur Auslegung der **Gesamtzusammenhang** und die **Systematik** der Regelungen, ihre

148 Vgl. dazu auch *Heither*, BB 92, 145, 149.

149 *BAG* 18.9.01, AiB 03, 637 mit Anm. *Furier;* 20.11.90 – 3 AZR 679/00, DB 91, 915; *Däubler*, AuR 87, 349, 358; *Fitting*, Rn. 215 m. w. N.; a. A. *LAG Köln* 9.5.90 – 2 Sa 26/90, DB 90, 1523; *LAG Hamm* 10.7.90 – 6 Sa 109/90, DB 90, 2330: für Bindungswirkung des Beschlusses des *Großen Senats des BAG* 16.9.86, a. a. O., erst ab dem Zeitpunkt seines Erlasses.

150 *BAG* 17.7.12 – 1 AZR 476/11, NZA 13, 338; 15.2.11 – 3 AZR 196/09, juris; 15.2.11 – 3 AZR 35/09, BB 11, 3068 mit Anm. *Schnitker/Sittard*; 5.8.09, a. a. O.; 17.6.03, a. a. O.; 10.12.02, a. a. O.; 23.10.01 – 3 AZR 74/01, DB 02, 1382 = AiB 03, 493 mit Anm. *Steininger;* 16.9.86, a. a. O.; dazu *Reinecke*, DB 02, 2717, 2720; *HessLAG* 27.6.01 – 8 Sa 678/00, BB 02, 1321.

151 *BAG* 5.8.09, a. a. O.; s. dazu näher *BAG* 30.1.19, a. a. O.; *Linsenmaier*, RdA 14, 336, 342 f.

152 *BAG* 30.1.19, a. a. O.; 5.3.13, a. a. O. (Rn. 60), für den Gegenstand der Regelaltersgrenze; *Linsenmaier*, a. a. O., 343 f.; enger wohl *BAG* 5.8.09, NZA 09, 1105, für den Gegenstand einer in der Vergangenheit wiederholt gewährten Sonderzahlung.

153 *BAG* 21.2.17 – 1 AZR 292/15, NZA 17, 1342; 17.7.12, a. a. O.; 13.11.07 – 3 AZR 455/06, DB 08, 994.

154 *BAG* 15.2.11, a. a. O.

155 *BAG* 19.10.05 – 7 AZR 32/05, NZA 06, 393; 21.8.01 – 3 AZR 746/00, NZA 02, 394; 9.12.97 – 1 AZR 330/97, NZA 98, 609, 611; vgl. dazu *Däubler*, Tarifvertragsrecht, Rn. 129 ff.; ErfK-*Kania*, Rn. 3.

156 *BAG* 11.6.75, AP Nr. 1 zu § 77 BetrVG 1972 Auslegung; 4.3.82, AP Nr. 3 zu § 77 BetrVG 1972; 8.11.88, AP Nr. 48 zu § 112 BetrVG 1972; 18.1.90 – 6 AZR 485/88; 21.1.03 – 1 ABR 5/02, NZA 03, 810; 14.3.12 – 7 AZR 147/11, NZA 12, Ls. = juris; 9.10.12 – 3 AZR 539/10, DB 13, 942; *Fitting*, Rn. 15; GK-*Kreutz*, Rn. 71; *GL*, Rn. 20; HWGNRH-*Worzalla*, Rn. 21; kritisch Richardi-*Richardi*, Rn. 129 f.

157 *BAG* 25.1.22 – 3 AZR 406/21, NZA 22, 792; 22.9.20 – 3 AZR 303/18; 11.12.07 – 1 AZR 824/06; 13.3.07 – 1 AZR 262/06, AP Nr. 183 zu § 112 BetrVG 1972.

158 *BAG* 25.1.22, a. a. O.

Entstehungsgeschichte[159] sowie die **Handhabung** der BV durch die Betriebsparteien herangezogen werden.[160] Bleiben Zweifel, ist das Auslegungsergebnis vorzuziehen, das zu einer sachgerechten, zweckorientierten, praktizierbaren und gesetzeskonformen Anwendung der BV führt.[161] Unter Berücksichtigung des **betrieblichen Aushandlungsprozesses von BV,** insbesondere seiner Nachvollziehbarkeit und Überschaubarkeit, und des Zustandekommens von BV als **privatrechtlicher Vertrag,** kann bei dieser Auslegungsmethode der **subjektive Wille der Betriebsparteien** zu sehr in den Hintergrund treten.[162] Die an den Grundsätzen der Gesetzesauslegung orientierte Auslegung der BV schließt allerdings die Berücksichtigung der in **§§ 133, 157 BGB** zum Ausdruck kommenden Gesichtspunkte nicht aus.[163]

Der wirkliche **Wille der Betriebsparteien** beim Abschluss der BV ist jedenfalls zu berücksichtigen, wenn dieser im **Wortlaut der Regelungen der BV** seinen Ausdruck gefunden hat.[164] Der **subjektive Wille** bzw. die **Vollzugspraxis des normsetzenden AG,** der bzw. die ihn belastet und die AN begünstigt, ist auch dann zu berücksichtigen, wenn dieser Wille in der BV nur unzureichend zum Ausdruck gebracht wurde,[165] zumindest dann, wenn sich nach Wortlaut und Systematik kein eindeutiges Auslegungsergebnis ergibt.[166] Die Vollzugspraxis eines einzelnen, beherrschten UN in einem **Konzern** lässt keine ausreichenden Rückschlüsse auf den mit einer KBV verbundenen Regelungswillen des Norm setzenden, herrschenden UN zu.[167] Übernehmen die Betriebsparteien den **Inhalt einer gesetzlichen Vorschrift** ganz oder teilweise, ist in der Regel davon auszugehen, dass sie deren Bedeutung auch zum Inhalt der BV machen wollten.[168] Das gilt beispielsweise auch für die Übernahme eines im **Sozialversicherungsrecht gebräuchlichen Rechtsbegriffs.**[169] Gebrauchen die Betriebsparteien in einer BV einen Begriff, der in den **angewendeten TV** unstrittig in einer bestimmten Bedeutung ausgelegt wird, so ist grundsätzlich davon auszugehen, dass sie ihn dementsprechend verwenden wollten.[170] Verweist eine BV nicht ausdrücklich auf eine bestimmte Fassung einer gesetzlichen Vorschrift, ist in der Regel von einer **dynamischen Verweisung** auszugehen. Ist ausnahmsweise eine **statische Verweisung** und damit die Festschreibung eines bestimmten Regelungsinhaltes gewollt, muss dies in der BV deutlich zum Ausdruck kommen.[171] 53

Die Regelung des freiwilligen ESt.-Verfahrens gem. Abs. 6 (vgl. § 76 Rn. 10 ff.) ermöglicht den Betriebsparteien, zur **Klärung streitiger Rechtsfragen,** z. B. zur **Auslegung einer BV,** ein – dem Arbeitsgerichtsverfahren vorgelagertes – **verbindliches innerbetriebliches Schlichtungsverfahren** zu vereinbaren[172] (s. dazu § 76 Rn 12). 53a

4. Zustandekommen

Das **wirksame** Zustandekommen einer BV setzt zunächst ihre **Vereinbarung durch die** in Abs. 1 Satz 1 und Abs. 2 Satz 1 genannten **Betriebsparteien,** den **BR** und den **AG,** voraus. Die Ge- 54

159 *BAG* 25.1.22, a. a. O.
160 *BAG* 14.3.12 – 7 AZR 147/11, NZA 12, Ls. = juris; 9.10.12 – 3 AZR 539/10, DB 13, 942; 18.10.11 – 1 AZR 376/10, AuR 12, 140 Ls., juris; 19.4.11 – 3 AZR 272/09, juris; 27.7.10 – 1 AZR 67/09, DB 10, 2455; zu den Einzelheiten vgl. eingehend auch GK-*Kreutz,* Rn. 74 ff. m. w. N.
161 *BAG* 25.1.22, a. a. O.; 23.3.21 – 3 AZR 24/20, NZA 21, 860; 9.10.12 – 3 AZR 539/10, DB 13, 942; 14.3.12 – 7 AZR 147/11, NZA 12, Ls. = juris; 18.10.11, a. a. O.; 19.4.11, a. a. O.
162 *Däubler,* Arbeitsrecht 1, Rn. 928; *Bartholomä,* BB 05, 100.
163 *BAG* 24.6.92 – 5 AZR 468/91; GK-*Kreutz,* Rn. 73.
164 *BAG* 25.1.22, a. a. O.; 22.9.20 – 3 AZR 303/18; 11.12.07 – 1 AZR 824/06; 13.3.07 – 1 AZR 262/06, AP Nr. 183 zu § 112 BetrVG 1972; 18.1.90 – 6 AZR 485/88; 16.6.75, a. a. O.; 9.2.84, AP Nr. 9 zu § 77 BetrVG 1972.
165 *BAG* 22.1.02 – 3 AZR 554/00, NZA 02, 1224.
166 *BAG* 21.8.01 – 3 AZR 746/00, NZA 02, 394.
167 *BAG* 22.1.02, a. a. O.
168 *BAG* 27.7.10, a. a. O.
169 *BAG* 14.12.10 – 3 AZR 939/08, BB 11, 947 Ls., juris.
170 *BAG* 27.3.07 – 3 AZR 60/06, DB 08, 536.
171 *BAG* 19.4.11., a. a. O.
172 *BAG* 11.2.14 – 1 ABR 76/12, NZA-RR 15, 26; 16.8.11 – 1 ABR 22/10, NZA 12, 342; 20.11.90 – 1 ABR 45/89, NZA 91, 473.

setzesformulierung in Abs. 2 Satz 1, dass BV von BR und AG gemeinsam zu beschließen sind, bedeutet nicht, dass dies in einer gemeinsamen Sitzung zu erfolgen hat, denn einen Beschluss, den AG und BR fassen, indem sie gemeinsam über die betreffende Angelegenheit abstimmen, gibt es nicht.[173]

55 Die BV kommt grundsätzlich wie ein **privatrechtlicher Vertrag** durch Angebot und Annahme, also durch **übereinstimmende Willenserklärung** des AG und BR zustande.[174]

55a Auf **AN-Seite** kommt neben dem BR als Partei ggf. auch der GBR bzw. der KBR im Rahmen des § 50 bzw. § 58 (Zuständigkeit) in Betracht.[175] Die JAV, GJAV, der WA und die Betriebsversammlung sind dagegen ebenso wenig zum Abschluss einer BV befugt wie Ausschüsse des BR (vgl. § 27 Abs. 3 Satz 2, § 28 Abs. 1 Satz 2). Besteht in einem Betrieb kein BR, kann auch keine BV abgeschlossen werden. Eine von einem – unzulässiger Weise (vgl. dazu § 47 Rn. 18, 21 ff.) – **unternehmensübergreifend gebildeten BR** (oder **GBR**) – oder einem sonstigen vom BetrVG nicht vorgesehenen Gremium auf AN-Seite – abgeschlossene Vereinbarung ist unwirksam,[176] da derartige betriebsverfassungsrechtliche Organe rechtlich nicht existent sind[177] (zur Umdeutung einer unwirksamen BV in eine Gesamtzusage gem. § 140 BGB s. Rn. 131). Auf **AG-Seite** ist der Inhaber des Betriebs Vertragspartei der BV, handelnd durch die zuständigen Vertretungsorgane oder entsprechend bevollmächtigte Vertreter (z. B. Personal- oder Betriebsleiter).[178] Im **gemeinsamen Betrieb mehrerer Unternehmen** gem. § 1 Abs. 2 (vgl. § 1 Rn. 88 ff.) kommen als Vertragspartei alle beteiligten AG in Betracht, ggf. vertreten durch die entsprechend vertretungsberechtigte **gemeinsame Leitung.** In Abhängigkeit vom Regelungsgegenstand und dem sich daraus ergebenden beschränkten Geltungsbereich einer BV, z. B. auf die AN eines der beteiligten Vertrags-AG, kann eine BV im gemeinsamen Betrieb auch nur von einem der beteiligten AG abgeschlossen werden.[179] Die Wirkung einer vom BR, dem AG und dem **Betriebserwerber** (oder lediglich vom BR und dem Betriebserwerber) vor dem **Übergang des Betriebs** abgeschlossene BV tritt zum Zeitpunkt des Betriebsübergangs ein und ist vorher als eine unter dieser aufschiebenden Bedingung abgeschlossene Vereinbarung zu qualifizieren.[180]

55c Eine BV kann im erzwingbaren und freiwilligen ESt-Verfahren auch durch den **Spruch einer ESt.** zustandekommen, da dieser die Wirkung einer BV hat (vgl. dazu näher 76 Rn. 141). Zu Rechtsnatur, Zustandekommen und Inhalt von **Vereinbarungen einer Arbeitsgruppe** gem. § 28a Abs. 2 vgl. § 28a Rn. 56 ff.).

56 Bei **Vereinbarungen und Richtlinien, die ein SpA** nach § 28 SprAuG mit dem AG **abschließt,** handelt es sich nicht um BV,[181] sondern um schuldrechtliche Verträge.[182] Nach § 28 Abs. 2 SprAuG kann jedoch die unmittelbare und zwingende Wirkung dieser Verträge vereinbart werden; außerdem ist das Günstigkeitsprinzip in dieser Vorschrift normiert. Im Übrigen ist der AG nach § 2 Abs. 1 Satz 2 SprAuG verpflichtet, den SpA rechtzeitig anzuhören, bevor er mit dem BR BV oder sonstige Vereinbarungen abschließt, die die rechtlichen Interessen der leitenden Angestellten berühren. Die Anhörung ist für die BV allerdings keine Wirksamkeitsvoraussetzung.[183] Diese Anhörungspflicht des AG besteht unter dem Gesichtspunkt der vertrauensvollen Zusammenarbeit (§ 2 Abs. 1) auch gegenüber dem BR, wenn der AG Vereinbarungen oder Richtlinien mit dem SpA abschließt.[184]

---

173 GK-*Kreutz*, Rn. 45; Richardi-*Richardi*, Rn. 30.
174 GK-*Kreutz*, a. a. O.; HWGNRH-*Worzalla*, Rn. 6; WPK-*Preis*, Rn. 7.
175 Vgl. *BAG* 24.5.06 – 7 AZR 201/05, NZA 06, 1364.
176 *BAG* 23.2.16 – 3 AZR 960/13, NZA 16, 251; 17.4.12 – 3 AZR 400/10, BB 13, 57.
177 *BAG* 23.2.16, a. a. O.; 17.3.10 – 7 AZR 706/08, DB 10, 2812.
178 Hako-BetrVG-*Lorenz*, Rn. 8.
179 *Fitting*, Rn. 20; GK-*Kreutz*, Rn. 46.
180 *Fitting*, a. a. O.; Richardi-*Richardi*, Rn. 33; a. A. GK-*Kreutz*, Rn. 48: schuldrechtlicher Vorvertrag, der erst durch einen erneuten Vertragsabschluss mit dem Erwerber zum Zeitpunkt des Betriebsübergangs die Wirkung einer BV erhält).
181 GK-*Kreutz*, Rn. 44.
182 *Fitting*, Rn. 27.
183 *Fitting*, Rn. 28; GK-*Kreutz*, Rn. 60; Richardi-*Richardi*, Rn. 45; *Wlotzke*, DB 89, 173, 174.
184 *Fitting*, a. a. O.; *Wlotzke*, a. a. O., S. 175.

Der **wirksame Abschluss einer BV** setzt voraus, dass der BR (GBR/KBR) gemäß § 33 einen **ordnungsgemäßen Beschluss** über den Abschluss gefasst hat[185] (vgl. dazu im Einzelnen § 33 Rn. 9 ff.). Eine **vom Vorsitzenden des BR unterzeichnete BV,** deren Abschluss nicht vom BR beschlossen oder durch einen Beschluss nachträglich genehmigt wurde, ist unwirksam. Die allein vom Vorsitzenden des BR abgegebene Erklärung zum Abschluss der BV kann dem BR nicht nach den Grundsätzen der **Anscheinsvollmacht** zugerechnet werden.[186] Hat der BR den Abschluss einer BV beschlossen, kann der Vorsitzende des BR im Rahmen des vom BR vorab gefassten Beschlusses (§ 26 Abs. 3 Satz 1) während eines **ESt.-Verfahrens** eine BV unterzeichnen, ohne eine erneute Beschlussfassung mit den nicht anwesenden BR-Mitgliedern herbeizuführen.[187] Eine BV, die durch einen in unzulässiger Weise im **Umlaufverfahren** erfolgten BR-Beschluss zustande gekommen ist, ist unwirksam.[188] Eine durch den BR-Vorsitzenden oder ein anderes Mitglied des BR im Namen des BR ohne Vertretungsmacht unterschriebene BV ist schwebend unwirksam und kann durch **nachträglichen Genehmigungsbeschluss** des BR (§ 33) gem. § 184 Abs. 1 BGB **rückwirkend voll wirksam** werden (vgl. auch § 26 Rn. 22).[189] Hat beim Abschluss einer BV auf Seiten des **AG ein vollmachtloser Vertreter** gehandelt, begründet dies für AN keine **Erfüllungs- oder Schadenersatzansprüche** aus § 179 Abs. 1 BGB. Die AN sind als Normadressaten nicht der »andere Teil« i. S. d. § 179 Abs. 1 BGB.[190] Soweit im Falle der Nichteinigung zwischen BR und AG in mitbestimmungspflichtigen Angelegenheiten eine **verbindliche Entscheidung der ESt.** getroffen worden ist, hat diese die Wirkung einer BV (vgl. dazu § 76 Rn. 141). 57

Zwingende **Wirksamkeitsvoraussetzung für das Zustandekommen einer BV** ist die **schriftliche Niederlegung** und die **Unterzeichnung** (Schriftform).[191] Das Schriftformerfordernis in Abs. 2 S. 1 und 2 dient der **Rechtssicherheit** und **Zurechenbarkeit** bzw. der **Rechtsquellenklarheit.**[192] Um der Schriftform zu genügen, müssen die **eigenhändigen Unterschriften** von AG und BR bzw. ihrer Vertreter (z. B. vertretungsberechtigtes Organ, Vorsitzender des BR) **auf derselben Urkunde** geleistet sein (§ 126 Abs. 2 Satz 1 BGB).[193] Die **zusätzliche Unterzeichnung einer BV durch Dritte,** etwa durch die Gewerkschaft und/oder den AG-Verband, ist unschädlich, wenn sich die Vereinbarung ohne weiteres zweifelsfrei als BV qualifizieren lässt (vgl. dazu auch Rn. 69).[194] 58

Der **Austausch gleichlautender Urkunden,** die jeweils **nur von einer Seite unterschrieben** sind (§ 126 Abs. 2 Satz 2 BGB), ist ebenso unzureichend[195] wie allein der **Abdruck der Stempel der Parteien** auf der Urkunde.[196] 59

Durch das FormVAnpG v. 13. 7. 01[197] wurden die §§ 126 ff. BGB dahingehend modifiziert, dass die gesetzlich vorgeschriebene Schriftform auch durch die **elektronische Form** (§ 126a BGB) verwirklicht werden kann. Gemäß § 126 Abs. 3 BGB ist dies grundsätzlich auch für BV möglich,[198] setzt allerdings voraus, dass AG und BR entsprechend den Anforderungen einer 60

---

185 *BAG* 8. 2. 22 – 1 AZR 233/21, NZA 22, 984; 9. 12. 14 – 1 ABR 19/13, NZA 15, 368 = AiB 1/15, 61, mit Anm. *Kröll; Fitting,* Rn. 18; GK-*Kreutz,* a. a. O.; *GL,* Rn. 9; Richardi-*Richardi,* a. a. O.

186 *BAG* 8. 2. 22, a. a. O.

187 *BAG* 24. 2. 00 – 8 ABR 180/99, NZA 00, 785, 787.

188 *ArbG Heilbronn* 13. 6. 89, AiB 89, 351 ff. mit Anm. *Schoof.*

189 *BAG* 8. 2. 22, a. a. O.; 9. 12. 14, a. a. O.; 10. 10. 07 – 7 ABR 51/06, DB 08, 478; GK-*Kreutz,* a. a. O.; Richardi-*Richardi,* a. a. O.

190 *BAG* 11. 12. 07 – 1 AZR 824/06.

191 Vgl. dazu auch Deinert/Heuschmid/Zwanziger-*Deinert,* § 12 Rn. 16 ff.

192 *BAG* 15. 4. 08 – 1 AZR 86/07, AuR 08, 322.

193 *BAG* 23. 8. 16 – 1 ABR 22/14, NZA 17, 194; 18. 3. 14 – 1 AZR 807/12, NZA 14, 736; 11. 11. 86, AP Nr. 18 zu § 77 BetrVG 1972; 14. 2. 78, AP Nr. 60 zu Art. 9 GG Arbeitskampf; *Fitting,* Rn. 21; GK-*Kreutz,* Rn. 49; Richardi-*Richardi,* Rn. 35 ff.; grundsätzlich zum Schriftformerfordernis im BetrVG vgl. *Fischer,* AiB 99, 390, 393.

194 *BAG* 15. 4. 08, a. a. O.

195 *BAG* 23. 8. 16, a. a. O.

196 *BAG* 14. 2. 78, a. a. O.

197 BGBl. I S. 1542.

198 ErfK-*Kania,* Rn. 21; GK-*Kreutz,* Rn. 49; *LK,* Rn. 17; WPK-*Preis,* Rn. 8 a. A. *Fitting* Rn. 21e; Richardi-*Richardi,* Rn. 35.

qualifizierten elektronischen Signatur (§ 126a Abs. 1, 2 BGB) technisch ausgestattet sind und das bezüglich der Nutzung der elektronischen Form zwischen BR und AG Einvernehmen besteht (zu den Einzelheiten vgl. Einl. Rn. 185 ff. m. w. N.). Durch das im Jahr 2021 in Kraft getretene Betriebsrätemodernisierungsgesetz[199] wurde Abs. 2 dahingehend ergänzt, dass im Falle des Abschlusses von BV in elektronischer Form AG und BR abweichend von § 126a Abs. 2 BGB **dasselbe Dokument elektronisch zu signieren** haben. Damit soll sichergestellt werden, dass die normunterworfenen AN nachvollziehen können, dass AG und BR eine BV mit einem gleichlautenden Text abgeschlossen und signiert haben.

61 Besteht die **BV aus mehreren Seiten** oder ist ihr eine **Anlage beigefügt,** die auf Grund einer Bezugnahme in der BV eindeutig deren Bestandteil sein soll, müssen nicht alle Seiten und die Anlage gesondert unterzeichnet werden, wenn sie äußerlich erkennbar eine Einheit bilden, weil sie beispielsweise durch eine **Heftklammer miteinander verbunden** sind[200] und die **Unterschriften unterhalb des abgeschlossenen Textes** der BV stehen. Wenn sich die Einheitlichkeit der Urkunde zweifelsfrei aus Merkmalen wie fortlaufenden Seitenzahlen, Gliederung bzw. Nummerierung der Textpassagen oder inhaltlicher Zusammenhang des Textes erkennen lässt, ist die körperliche Verbindung einer aus mehreren Blättern bestehenden BV nicht zwingend erforderlich.[201]

62 Ein gemeinsames von AG und BR unterzeichnetes **Rundschreiben,**[202] ein **Aushang** am »Schwarzen Brett« oder ein **Sitzungsprotokoll**[203] können nur dann als BV angesehen werden, wenn der beiderseitige Wille erkennbar ist, eine förmliche BV abzuschließen.[204] Unterzeichnet der AG die **Fotokopie eines** auf den Entwurf einer BV verweisenden **Beschlusses des BR,** der im Original von sämtlichen BR-Mitgliedern unterschrieben ist, kommt dadurch wegen Verstoßes gegen das Schriftformerfordernis des Abs. 2 Satz 1 keine wirksame BV zustande.[205]

63 **Verstöße gegen die Formvorschriften** machen die BV **nichtig.**[206] Sie kann im Einzelfall allerdings als **Regelungsabrede** (vgl. Rn. 161 ff.) angesehen werden (§ 140 BGB),[207] wenn nach den Grundsätzen der normativen Auslegung festgestellt werden kann, dass die Betriebsparteien keine unmittelbar und zwingend wirkende Regelung treffen wollten.[208] Unter bestimmten Voraussetzungen (vgl. dazu Rn. 131) kann eine wegen Verstoßes gegen Abs. 2 Satz 1 und 2 unwirksame BV – wie im Fall einer wegen Verstoßes gegen Abs. 3 unwirksamen BV – in entsprechender Anwendung von § 140 BGB in eine **einzelvertragliche Zusage umgedeutet** werden.[209]

64 Dies kommt nicht in Frage, wenn der AG einen vom BR vorgelegten BV-Entwurf unterzeichnet, der BR anschließend den Inhalt der BV nicht akzeptiert und die BV seinerseits nicht unterzeichnet.[210]

65 Bei BV, die auf einem **Spruch der ESt.** beruhen, ist die Unterschrift durch AG und BR nicht erforderlich; hier genügt die Unterschrift des Vorsitzenden der ESt. gemäß § 76 Abs. 3 Satz 3 (vgl. § 76 Rn. 132).

66 BV sind grundsätzlich **in deutscher Sprache** abzufassen. Dies ergibt sich aus dem normativen Charakter der BV (Abs. 4) und ihrer unmittelbaren und zwingenden Wirkung für die Arbeitsverhältnisse[211] (zum Gebot der Kommunikation des AG mit dem BR in deutscher Sprache s. § 2 Rn. 13a, § 87 Rn. 68). Beherrschen Teile der von einer BV erfassten AN die deutsche Sprache nicht ausreichend, sind BV in deren **Muttersprache zu übersetzen.**

---

199 BGBl. I, S. 1762.
200 *BAG* 11. 11. 86, a. a. O.
201 *BAG* 7. 5. 98 – 2 AZR 55/98, NZA 98, 1110, 1111; BGH 24. 9. 97 – XII ZR 234/95, NJW 98, 58; ErfK-*Kania,* Rn. 19; *Fitting,* a. a. O.; GK-*Kreutz,* Rn. 50, WPK-*Preis,* Rn. 8.
202 *LAG Düsseldorf* 3. 2. 77, DB 77, 1954.
203 *BAG* 20. 12. 61, AP Nr. 7 zu § 59 BetrVG 1972.
204 *Fitting,* a. a. O.
205 *LAG Berlin* 6. 9. 91 – 2 TaBV 3/91, DB 91, 2593.
206 *Fitting,* Rn. 30; *GL,* Rn. 10; GK-*Kreutz,* Rn. 61; Richardi-*Richardi,* Rn. 46 ff.
207 *BAG* 16. 12. 08 – 9 AZR 893/07, NJW 09, 1527; ErfK-*Kania,* Rn. 29, 45; Richardi-*Richardi,* Rn. 46; a. A. GK-*Kreutz,* Rn. 64, 145.
208 *BAG* 16. 12. 08, a. a. O.
209 *HessLAG* 1. 8. 11 – 7 Sa 1878/10, juris.
210 *ArbG Dortmund* 28. 4. 01 – 6 BV13 7/00, AiB 02, 312 mit Anm. *Teuber/Stichner.*
211 A. A. *Diller/Powietzka,* DB 00, 718, 722; HWK/*Gaul,* Rn. 18.

Aus der **Beschlussfassung des BR** über die Zustimmung zu einem BV-Entwurf des AG ergibt sich kein **Anspruch des AG auf Unterzeichnung der BV** durch den BR. Ein Beschluss des BR über die Zustimmung zu einer BV kann bis zu dem Zeitpunkt wieder aufgehoben werden, in dem der Beschluss im Rahmen des Abs. 2 Satz 1 und unter Beachtung der Formvorschriften gefasst damit bindend wird.[212] 67

Das Ziel der Schriftform – die Klarstellung des Inhalts[213] – wird auch gewahrt, **wenn in einer BV auf einen bestimmten TV,** was wegen der Sperrvorschrift des Abs. 3 aber nur in Ausnahmefällen zulässig ist (vgl. im Übrigen Rn. 92 ff.), oder **auf eine BV** verwiesen und diese Rechtsvorschrift nicht wörtlich wiedergegeben wird oder als Anlage beigefügt ist.[214] Das gilt auch für den Verweis auf eine schriftliche und dem AN bekannt gemachte **Gesamtzusage.**[215] Voraussetzung ist allerdings, dass die in Bezug genommene Regelung anderweitig schriftlich abgefasst ist und in der verweisenden BV so genau bezeichnet wird, dass Irrtümer über Art und Ausmaß der in Bezug genommenen Regelung ausgeschlossen sind.[216] Diese Voraussetzung ist bei einem Verweis auf BV eines anderen UN, die die »betriebsspezifischen Belange des eigenen Betriebs ausreichend berücksichtigen«, nicht erfüllt.[217] Unzulässig sind **sog. Blankett-Verweisungen,** durch die z. B. auf einen **TV** in der jeweils geltenden Fassung[218] oder auf die jeweils gültigen **BV** in einem anderen (Konzern-)UN verwiesen wird.[219] Die **Unwirksamkeit der sog. Blankett-Verweisung** auf den »jeweils geltenden TV« (oder BV) führt allerdings nicht zur Unwirksamkeit der mit ihr gleichzeitig erfolgten Verweisung auf den TV, der zum Zeitpunkt des Abschlusses der BV gültig ist.[220] 68

Die **Qualifizierung einer Vereinbarung der Betriebsparteien** als BV hängt nicht entscheidend von ihrer Bezeichnung als »Betriebsvereinbarung« ab, sondern von deren Normsetzungswillen.[221] Ein von den Betriebsparteien gemeinsam unterzeichnetes Informationsschreiben über die im Einvernehmen der Betriebsparteien bevorstehende Abänderung einer Gesamtzusage lässt keinen Rückschluss darauf zu, dass mit der Zustimmung des BR der Abschluss einer BV mit normativer Wirkung verbunden war.[222] Die Bezeichnung einer Vereinbarung z. B. als Übereinkunft, Gemeinsame Erklärung, Gesprächsprotokoll, Aktenvermerk oder Protokollnotiz steht der Einordnung als BV nicht entgegen, wenn der Normsetzungswille der Betriebsparteien in der Vereinbarung zum Ausdruck kommt.[223] Ob die **Protokollnotiz** zu einer BV normative Geltung hat bzw. selbst eine BV darstellt, ist durch Auslegung der BV und der Protokollnotiz zu ermitteln.[224] 69

Problematisch kann die rechtliche Qualifizierung **gemischter, von AG, der Gewerkschaft und dem BR gemeinsam unterzeichneter** Vereinbarungen (z. B. von **Standortsicherungsverträgen,** vgl. dazu eingehend §§ 112, 112a Rn. 24 ff.) sein.[225] Lässt sich aus den Bestimmungen einer derartigen Vereinbarung selbst nicht zweifelsfrei ableiten, wer der Urheber der Normen ist und ist eine eindeutige rechtliche Qualifizierung als BV (und/oder als TV) nicht möglich, 70

212 *LAG Berlin* 6.9.91 – 2 TaBV 3/91, DB 91, 2593.
213 Vgl. dazu *BAG* 3.6.97 – 3 AZR 25/96, NZA 98, 382, 384.
214 *BAG* 8.10.59, AP Nr. 14 zu § 56 BetrVG; 27.3.63, AP Nr. 9 zu § 59 BetrVG; 9.7.80, AP Nr. 7 zu § 1 TVG Form; 18.3.14 – 1 AZR 807/12, NZA 14, 736;*Fitting*, Rn. 23; GK-*Kreutz*, Rn. 52; *GL*, Rn. 11; Richardi-*Richardi*, Rn. 36.
215 *BAG* 3.6.97 – 3 AZR 25/96, a. a. O.
216 *BAG* 23.8.16, NZA 17, 58; 18.3.14, a. a. O.; 14.11.06 – 1 AZR 40/06, DB 07, 173; 9.7.80, a. a. O.
217 *BAG* 22.8.06 – 3 AZR 319/05, NZA 07, 1187.
218 *BAG* 27.7.56, AP Nr. 3 zu § 4 TVG Geltungsbereich; 16.2.62, AP Nr. 12 zu § 3 TVG Verbandszugehörigkeit; 23.6.92 – 1 ABR 9/92, BB 93, 289; *Fitting*, Rn. 24; GK-*Kreutz*, Rn. 53; *GL*, a. a. O.; Richardi-*Richardi*, Rn. 37; a. A. *BAG* 22.8.79, AP Nr. 3 zu § 611 BGB Deputat; 9.7.80, 10.11.82, AP Nrn. 7, 8 zu § 1 TVG Form; a. A. HWGNRH-*Worzalla*, Rn. 14.
219 *BAG* 28.3.07 – 10 AZR 719/05, NZA 07, 1066; 22.8.06, a. a. O.; a. A. HWGNRH-*Worzalla*, Rn. 14; Richardi-*Richardi*, a. a. O.
220 *BAG* 28.3.07, a. a. O.; 23.6.92 – 1 ABR 9/92, a. a. O.
221 *BAG* 17.4.12 – 3 AZR 400/10, BB 13, 57; 11.12.07 – 1 AZR 953/06, DB 08, 1215.
222 *BAG* 11.12.07, a. a. O.
223 *BAG* 17.4.12, a. a. O.; 2.10.07 – 1 AZR 815/06, ZIP 08, 570; 20.2.01 – 1 AZR 233/00, NZA 01, 903.
224 *BAG* 2.10.07, a. a. O.; 9.12.97 – 1 AZR 330/97, NZA 98, 609.
225 *BAG* 26.2.20 – 4 AZR 48/19, juris.

können die Bestimmungen derartiger Vereinbarungen **unwirksam** sein.[226] Die gemeinsame Unterzeichnung einer Vereinbarung durch den Arbeitgeber, eine Gewerkschaft und den Betriebsrat führt für sich allein nicht zur Unwirksamkeit der Vereinbarung.[227] Derartige Vereinbarungen müssen – so das *BAG* – dem **Gebot der Rechtsquellenklarheit** entsprechen, dass dem **Schriftformerfordernis** des Abs. 1 S. 1 und 2 zugrunde liegt (vgl. dazu auch Rn. 30).[228] Obwohl es sich sowohl bei **TV** als auch bei **BV** um Normenverträge handelt, bestehen nach Auffassung des *BAG* zwischen ihnen so **erhebliche Unterschiede** (insbesondere hinsichtlich ihres Zustandekommens, ihrer Geltungserstreckung nur auf tarifgebundene oder alle AN eines Betriebes, der unterschiedlichen Maßstäbe bei der Überprüfung der Vereinbarkeit mit höherrangigem Recht, den Möglichkeiten und der Folgen ihrer Beendigung und ihres Schicksals bei Unternehmens- und Betriebsumstrukturierungen), dass es erforderlich sein soll, zweifelsfrei die **Normurheberschaft,** den **Rechtscharakter** und die **Rechtswirkungen eines Kollektivvertrages** bestimmen zu können. Dies sei zum einen im Interesse der **Rechtssicherheit** und **Rechtsklarheit für die** den kollektiven Normen unterworfenen **AN** und zum anderen zur Sicherung der verfassungsrechtlich verbürgten **Normsetzungsprärogative** bzw. **Vorrangkompetenz der TV-Parteien** gegenüber den Betriebsparteien (Tarifvorbehalt gemäß Abs. 3, vgl. Rn. 126 ff.) unverzichtbar. BR, GBR und KBR haben nicht die rechtliche Kompetenz, **einem TV als weiterer Vertragspartner des TV beizutreten,** sondern sind nur befugt, betriebsverfassungsrechtliche Vereinbarungen abzuschließen. Der Abschluss von TV ist den Gewerkschaften, Arbeitgeberverbänden, Spitzenorganisationen und einzelnen Arbeitgebern vorbehalten (vgl. § 2 Abs. 1, 2 TVG).[229]

71 In der Vergangenheit wurde allerdings durchaus anerkannt, dass auch ein als BV bezeichneter **Konsolidierungsvertrag** zwischen AG einerseits und **BR und Gewerkschaft** andererseits als wirksamer FirmenTV[230] oder eine Vereinbarung des AG mit BR und Gewerkschaft **zugleich** als **Sozialplan und Firmen-TV** angesehen werden kann.[231] Zu den mit Rücksicht auf die neue Rspr. des *BAG* für die Praxis von Konsolidierungs- und Standortsicherungsverträgen unter Beteiligung von BR und Gewerkschaft zu ziehenden Konsequenzen vgl. §§ 112, 112a Rn. 69.

71a Das **Gebot der Rechtsquellenklarheit** ist nach der Rspr. des *BAG*[232] auch von den **Parteien von BV, GBV** oder **KBV** zu beachten, wenn sie als Vertragsparteien einer derartigen Vereinbarung gemeinsam auftreten, ohne dass als weitere Vertragspartei eine Gewerkschaft beteiligt ist. Es steht in diesem Fall zwar fest, dass es sich bei einer derartigen Vereinbarung jedenfalls um eine betriebsverfassungsrechtliche Rechtsquelle mit normativer Wirkung für die die von ihr erfassten AN handelt, doch lässt sich daraus nicht unbedingt mit der erforderlichen Sicherheit erkennen, ob sich die Parteien beim Abschluss eines sich aus mehreren betriebsverfassungsrechtlichen Rechtsquellen speisenden Normenvertrages noch im Rahmen ihrer betriebsverfassungsrechtlichen Zuständigkeiten im Verhältnis zueinander und im Verhältnis zu ihren Vertragsparteien auf AG-Seite bewegt haben. Wegen des **Erfordernisses der Rechtssicherheit** muss im Interesse der rechtsunterworfenen AN und im Verhältnis der beteiligten Betriebsverfassungsorgane zueinander sicher beantwortet werden können, ob es sich um eine BV, GBV oder KBV handelt, in welchem Verhältnis möglicherweise zeitgleich abgeschlossene Vereinbarungen dieser Art zueinander stehen und welches der beteiligten Betriebsverfassungsorgane für welcher Teile der Vereinbarung(en) im Rahmen seiner Zuständigkeit gehandelt hat.[233]

72 Der **AG** hat **die BV an geeigneter Stelle im Betrieb auszulegen** (Abs. 2 Satz 3). Diese Verpflichtung trägt u.a. den Rechtswirkungen der BV (Abs. 4) und ihrer damit verbundenen Bedeutung für die Arbeitsbedingungen der AN und ihrer Zusammenarbeit im Betrieb Rechnung. Eine BV (bzw. deren Inhalt) ist deshalb grundsätzlich kein **Betriebs- und Geschäftsgeheimnis** (vgl. § 79 Abs. 1), so dass ihre Bekanntmachung außerhalb des Betriebs durch ein

226 *BAG* 15.4.08 – 1 AZR 86/07, AuR 08, 322.
227 *BAG* 26.2.20, a.a.O.
228 *BAG* 26.2.20, a.a.O.; 15.4.08 a.a.O.
229 *BAG* 26.2.20, a.a.O.
230 *BAG* 7.11.00 – 1 ABR 175/00, DB 01, 1151.
231 *BAG* 24.11.93 – 4 AZR 225/93, DB 92, 2436.
232 *BAG* 30.1.19 – 5 AZR 450/17, juris; 26.9.17 – 1 AZR 717/15, NZA 18, 803, Rn. 40 ff.; *Fitting*, Rn. 22.
233 *BAG* 26.9.17, a.a.O.

BR-Mitglied, z. B. gegenüber BR anderer Betriebe oder UN, keine Pflichtverletzung darstellt.[234] Sie ist so auszulegen (oder auszuhängen), dass sämtliche AN in der Lage sind, sich ohne besondere Umstände mit dem Inhalt vertraut zu machen.[235] In Betracht kommen kann ein **Aushang am »Schwarzen Brett«** oder die Bekanntmachung im **Intranet** bzw. **Internet,** wenn dies für alle AN zugänglich ist.[236] Bei umfangreichen BV dürfte es auch genügen, durch Aushang am »Schwarzen Brett« auf die BV hinzuweisen und anzugeben, wo sie eingesehen werden kann.[237] In Frage kommen das **BR-Büro,** die **BR-Mitglieder** und die **gewerkschaftlichen Vertrauensleute,** da die AN auch Gelegenheit haben müssen, ohne Einschaltung des AG Kenntnis von der BV zu nehmen. Auf Anforderung eines AN, ist der AG verpflichtet, eine nicht ausgelegte BV dem AN zugänglich zu machen.[238] Die Vorschrift gilt auch für BV, die auf einem **Spruch der ESt.** beruhen.[239]

Kommt der AG seiner Pflicht zur Bekanntgabe der BV nicht oder ungenügend nach, kann der 73
BR, der dazu nach **§ 80 Abs. 1 Nr. 1** ohnehin berechtigt und verpflichtet ist,[240] die BV selbst durch **Aushang am »Schwarzen Brett«** oder **Verteilung eines Informationsblatts** bekannt geben.

Die Bekanntmachung ist jedoch keine Wirksamkeitsvoraussetzung. Bei der Bestimmung 74
handelt es sich lediglich um eine **Ordnungsvorschrift.**[241] Der **AG** macht sich aber u. U. **schadensersatzpflichtig,** wenn einem AN wegen der Nichtveröffentlichung Schaden entsteht.[242] Daneben kann sich noch ein Schadenersatzanspruch des AN wegen der Verletzung der Informationspflicht des AG auf geltende BV gem. **§ 2 Abs. 1 Nr. NachwG** ergeben.[243]

5. Geltungsbereich

Der **räumliche Geltungsbereich** der BV erstreckt sich auf den Betrieb, dessen BR die BV abge- 75
schlossen hat. Schließt der GBR im Auftrag des BR (§ 50 Abs. 2) eine BV ab, gilt die BV räumlich nur für den Betrieb des auftraggebenden BR. Entsprechendes gilt für den KBR. Eine aus originärer Zuständigkeit des GBR (§ 50 Abs. 1) oder des KBR (§ 58 Abs. 2) abgeschlossene GBV bzw. KBV gilt für alle Betriebe des UN bzw. Konzerns soweit der räumliche Geltungsbereich insoweit nicht beschränkt wurde. Auch ein **Betrieb ohne BR** bzw. ein **UN ohne GBR** wird von einer vom GBR bzw. KBR in originärer Zuständigkeit abgeschlossenen **GBV bzw. KBV** erfasst, wobei es dabei nicht auf die BR-Fähigkeit ankommt.[244] (vgl. dazu auch Rn. 29 und § 50 Rn. 211, § 58 Rn. 125 f.). Werden verschiedene Betriebe gemäß § 3 Abs. 1 Nr. 1 b) durch einen TV zu einem fingierten Einheitsbetrieb zusammengefasst und bleibt dabei die betriebsverfassungsrechtliche Identität unberührt, weil insbesondere die Organisation der Arbeitsabläufe, der Betriebszweck und die Leitungsstruktur der (oder einiger der) beteiligten Betriebe unverändert bleiben, gelten die ursprünglich in den Betrieben abgeschlossenen BV in den entsprechenden Betriebsteilen des Einheitsbetriebs weiter (vgl. dazu § 3 Rn. 208).[245]

Der Geltungsbereich einer BV kann von BR und AG nicht auf **andere Betriebe** oder **Betriebs-** 76
teile gemäß § 4 Abs. 1 Satz 1 erstreckt werden, auch wenn in diesen kein BR gewählt ist. Die

---

234 *LAG Hamm* 30.9.11 – 10 Sa 471/11, juris.
235 *Fitting,* Rn. 25; GK-*Kreutz,* Rn. 56.
236 HaKo-*Lorenz,* Rn. 14; *WPK-Preis,* Rn. 11.
237 Fitting, a. a. O.; Richardi-*Richardi,* Rn. 43.
238 *LAG Nürnberg* 9.12.04 – 5 Sa 328/04, AuR 05, 164.
239 HWGNRH-*Worzalla,* Rn. 18.
240 GK-*Kreutz,* Rn. 50.
241 *BAG* 17.4.12 – 3 AZR 400/10, BB 13, 57; *Fitting,* Rn. 25; GK-*Kreutz,* Rn. 57; *GL,* Rn. 13; Richardi-*Richardi,* Rn. 42; a. A. *Fischer,* BB 00, 354, 1143; *Heinze,* NZA 94, 582.
242 *Fitting,* Rn. 26; *GL,* a. a. O.; a. A. GK-*Kreutz,* Rn. 57; Richardi-*Richardi,* Rn. 41; WPK-*Preis,* a. a. O.
243 *BAG* 17.4.02 – 5 AZR 89/01, NZA 02, 1096; *Fitting,* a. a. O.; *GK-Kreutz,* Rn. 58; Richardi-*Richardi,* Rn. 44; WPK-*Preis,* a. a. O.; vgl. auch *ArbG Frankfurt* 25.8.99 – 2 Ca 477/99, DB 99, 2316.
244 *Fitting,* Rn. 34; GK-*Kreutz,* Rn. 213; vgl. § 50 Abs. 1 Satz 1 bzw. § 58 Abs. 1 Satz 1, in denen im Rahmen des BetrVerf-ReformG 2001 ausdrücklich geregelt wurde, dass der GBR bzw. der KBR auch für betriebsratslose Betriebe bzw. UN ohne GBR seine originäre Zuständigkeit wahrnimmt; zur früheren Rechtslage ablehnend *BAG* 16.8.83, AP Nr. 5 zu § 50 BetrVG 1972; HWGNRH-*Worzalla,* Rn. 28.
245 *BAG* 7.6.11 – 1 ABR 110/09, DB 11, 2498; 18.3.08 – 1 ABR 3/07, NZA 08, 1259.

Regelungskompetenz ist auf die Organisationseinheit beschränkt, für die der BR gewählt ist, und kann auch nicht durch eine freiwillige Vereinbarung mit dem AG auf andere Organisationseinheiten erstreckt werden (zur Auslegung einer solchen BV als Vertrag zugunsten Dritter vgl. Rn. 88).[246]

77 In einem **Konzern** können mehrere Konzern-UN bzw. -AG mit den in ihren Betrieben gebildeten BR gleichlautende in einer einheitlichen Urkunde zusammengefasste von den Vertretern der einzelnen BR unterzeichnete BV abschließen (»**BV-Bündel**«), die dann normativ für die AN derjenigen Betriebe im Konzern gelten, deren Betriebsparteien die Urkunde unterzeichnet haben.[247] Eine derartige Urkunde kann auf AG-Seite von Organmitgliedern der Konzernobergesellschaft für diese und zugleich in Vollmacht für die Tochtergesellschaften abgeschlossen werden.[248]

78 Der **persönliche Geltungsbereich** der BV erstreckt sich grundsätzlich auf **alle AN** (§ 5 Abs. 1, § 6) **des Betriebs** – unabhängig von ihrer gewerkschaftlichen Zugehörigkeit – einschließlich der in Heimarbeit Beschäftigten, die in der Hauptsache für den Betrieb arbeiten. Sie gilt auch für AN, die erst **nach Abschluss der BV** in den Betrieb eintreten.[249] **Der Geltungsbereich** kann auch auf **bestimmte AN-Gruppen** oder **Betriebsabteilungen beschränkt werden.**[250] BV gelten **nicht für den in § 5 Abs. 2 und 3 genannten Personenkreis.**[251]

79 BV gelten grundsätzlich nicht für zum Zeitpunkt ihres Abschlusses aus dem Betrieb **ausgeschiedene AN.** Es sind jedoch Ausnahmen denkbar, wenn in BV Arbeitsbedingungen geregelt werden, die einen Bezug zu früheren Arbeitsverhältnissen haben und für ausgeschiedene AN fortwirken,[252] z. B. bei **Sozialplanregelungen**[253] oder Bestimmungen für **Werkswohnungen**[254] für ausgeschiedene AN. In einer BV zwischen einem **Betriebsveräußerer** und dem bei ihm existierenden BR können aus Anlass eines bevorstehenden **Teilbetriebsübergangs** Ansprüche der auf den Betriebserwerber übergehenden AN gegen den Betriebsveräußerer geregelt werden (z. B. Wiedereinstellungsanspruch, Ausgleich von Entgeltdifferenzen zur Sicherung des Besitzstandes).[255] Wenn eine derartige BV vor dem Teilbetriebsübergang abgeschlossen wird, also zu einem Zeitpunkt, zu dem der BR beim Betriebsveräußerer die auf den Betriebserwerber übergehenden AN noch repräsentiert, und ausschließlich Ansprüche dieser AN gegen den Betriebsveräußerer regelt, handelt der BR beim Betriebsveräußerer im Rahmen seiner sachlich-funktionellen Zuständigkeit.[256] Dies gilt auch, wenn die Erfüllung der Anspruchsvoraussetzungen, z. B. für die Wiedereinstellung beim Betriebsveräußerer, von zukünftigen und im Verantwortungsbereich des Betriebserwerbers liegenden Ereignissen (z. B. Wegfall der Weiterbeschäftigungsmöglichkeit aus betriebsbedingten Gründen) abhängt.

80 Nach der bisherigen Ansicht des *BAG* gelten BV nicht für **Pensionäre.**[257] Da Pensionäre mit Anspruch auf betriebliche Ruhegeldleistungen Teil einer in der Regel die **aktiven und ausgeschiedenen AN erfassenden kollektiven Ordnung** sind,[258] ist es nicht überzeugend, den Betriebsparteien als Gestalter dieser kollektiven Ordnung eine Regelungszuständigkeit für Pensionäre generell abzusprechen. Eine Verbesserung der Rechtspositionen der Pensionäre durch BV ist jedenfalls zulässig.[259] Eine Verschlechterung entstandener Ansprüche durch BV scheitert

---

246 *BAG* 11.12.07 – 1 AZR 824/06; 26.9.02 – 1 ABR 26/01, NZA 02, 1300; 19.2.02 – 1 ABR 26/01, AiB 03, 692 mit Anm. *Kraus;* 1.8.01 – 4 AZR 82/00, NZA 02, 41; *LAG München* 19.7.07 – 3 Sa 729/06.

247 *LAG München* 19.7.07, a. a. O.

248 *LAG München* 19.7.07, a. a. O.

249 *BAG* 5.9.60, AP Nr. 4 zu § 399 BGB; *Fitting,* Rn. 35; *GL,* Rn. 22; HWGNRH-*Worzalla,* Rn. 29.

250 *BAG* 1.2.57, AP Nr. 1 zu § 32 SchwbeschG; *Fitting,* a. a. O.; *GL,* Rn. 34; HWGNRH-*Worzalla,* Rn. 34.

251 *BAG* 31.1.79, AP Nr. 8 zu § 112 BetrVG 1972; *Fitting,* Rn. 36; GK-*Kreutz,* Rn. 195; Richardi-*Richardi,* Rn. 80; zu Vereinbarungen zwischen AG und Sprecherausschuss vgl. *Kramer,* DB 96, 1082.

252 Eingehend *Kreutz,* ZFA 03, 361 ff.; *Fitting,* Rn. 39.

253 Vgl. dazu *Fitting,* Rn. 37; GK-*Kreutz,* Rn. 201, 206.

254 *Fitting,* Rn. 39; GK-*Kreutz,* Rn. 206.

255 *BAG* 14.3.12 – 7 AZR 147/11, AuR 12, 414 Ls. = juris.

256 *BAG* 14.3.12, a. a. O.

257 *BAG* 30.1.70, 17.1.80, AP Nrn. 142, 185 zu § 242 BGB Ruhegehalt; 25.10.88, AP Nr. 1 zu § 1 BetrAVG Betriebsvereinbarung; ausdrücklich offen gelassen jetzt von *BAG* 12.10.04 – 3 AZR 557/03, DB 05, 783; 28.7.98 – 3 AZR 357/97, DB 99, 750; Richardi-*Richardi,* Rn. 83 f.

258 *Fitting,* a. a. O.

259 Im Ergebnis auch *Fitting,* Rn. 39; GK-*Kreutz,* Rn. 206.

demnach nicht schon an der fehlenden Zuständigkeit der Betriebsparteien, sondern ist in der Regel durch die Grundsätze der **Verhältnismäßigkeit** und des **Vertrauensschutzes** weitgehend eingeschränkt.[260] Ist ausnahmsweise die Kürzung oder Streichung von Ruhegeldansprüchen wegen wirtschaftlicher Notlage des Betriebs den noch Beschäftigten gegenüber zulässig[261] und besteht auch den Pensionären gegenüber eine volle oder teilweise Zahlungsunfähigkeit, sind diese gemäß § 7 Abs. 1 BetrAVG vor Einbußen geschützt.

6. Gegenstand und Regelungsbefugnis

Die Betriebsparteien verfügen innerhalb der gesetzlich vorgegebenen Grenzen über eine **umfassende Befugnis zur Regelung von materiellen und formellen Arbeitsbedingungen.**[262] 81 Die im Gesetz angelegte Konzeption einer umfassenden Regelungskompetenz ergibt sich aus einer Zusammenschau der Regelungen in Abs. 3 Satz 1, 2 und § 88: nehmen die TV-Parteien ihre Regelungsbefugnis nicht wahr oder lassen sie den Abschluss ergänzender BV zu, geht der Gesetzgeber von einer entsprechenden Regelungsbefugnis der Betriebsparteien aus. § 88 beschränkt schließlich die Zulässigkeit freiwilliger BV nicht auf die in dieser Vorschrift genannten Gegenstände (s. § 88 Rn. 2).[263] In diesem Rahmen kann der BR mit dem AG BV abschließen, durch die unmittelbar der **Inhalt,** der **Abschluss** oder die **Beendigung von Arbeitsverhältnissen** umfassend[264] bzw. **betriebliche oder betriebsverfassungsrechtliche Fragen** geregelt werden (zu freiwilligen BV vgl. § 88 Rn. 1 ff.),[265] soweit nicht der **Vorrang gesetzlicher oder tariflicher Regelungen** gegeben ist (vgl. Rn. 126ff., § 75 Rn. 7ff. und § 87 Rn. 32ff.). Dabei können die Betriebsparteien Rechte und Pflichten nur im Verhältnis zueinander und normative Ansprüche von AN nur gegenüber dem an der BV beteiligten AG begründen, **nicht jedoch zu Lasten Dritter.**[266]

BV können auch **einzelne konkrete Arbeitsverhältnisse** betreffen[267] und sind nicht auf kollek- 82
tive bzw. gruppenbezogene Regelungen beschränkt. Durch BV kann aber insbesondere nicht in den **durch § 75 Abs. 1, Abs. 2 Satz 1, besonders geschützten Persönlichkeitsbereich** und die **allgemeine Handlungsfreiheit** (Art. 2 Abs. 1 GG) der einzelnen AN eingegriffen werden.[268] So sind beispielsweise **Regelungen unzulässig** über:

- die Verwendung des verdienten Arbeitsentgelts,[269]
- Lohnabtretungsverbote,[270]
- die Gestaltung der arbeitsfreien Zeit,[271]
- die Verpflichtung zur Teilnahme an Betriebsfeiern oder -ausflügen, auch während der Arbeitszeit;[272]

260 Vgl. *BAG* 12.10.04, a.a.O.; zur Wirksamkeit entsprechender BV unter sonstigen Gesichtspunkten vgl. *Reinecke,* AuR 04, 328, 331 f.; vgl. für eine ablösende BV mit Jeweiligkeitsklausel *BAG* 13.5.97 – 1 AZR 75/97, BB 97, 2328.

261 Vgl. u.a. *BAG* 18.5.77, 24.11.77, 17.1.80, AP Nrn. 175, 177, 185 zu § 242 BGB Ruhegeld m.w.N.

262 *BAG* 14.12.22 – 10 AZR 531/20, NZA 23, 647; 10.11.21 – 10 AZR 696/19, NZA 22, 345; 28.7.20 – 1 ABR 41/18, NZA 20, 1413; 5.3.13 – 1 AZR 417/12, NZA 13, 916, 918; *BAG* 7.11.89 – GS 3/85, NZA 90, 816; *Fitting,* Rn. 45; ErfK-*Kania,* Rn. 36; GK-*Kreutz,* Rn. 93; a.A. Richardi-*Richardi,* Rn. 73 ff.

263 *BAG* 5.3.13, a.a.O.; kritisch zu dieser Rspr. *Preis/Ulber,* RdA 13, 211, 214 ff.

264 *BAG* 18.8.87, AP Nr. 23 zu § 77 BetrVG; 7.11.89, DB 90, 1724; 9.4.91 – 1 AZR 406/90, DB 91, 1629; 6.8.91 – 1 AZR 3/90, DB 92, 146; 19.10.05 – 7 AZR 32/05, NZA 06, 393; 12.12.06 – 1 AZR 96/06, NZA 07, 453; *Fitting,* Rn. 45 ff.

265 *Fitting,* Rn. 48; GK-*Kreutz,* Rn. 231 f.; *WW,* Rn. 2.

266 *BAG* 11.1.11 – 1 AZR 375/09, DB 11, 1171.

267 GK-*Kreutz,* Rn. 354 ff.; Richardi-*Richardi,* Rn. 104 f.; a.A. HWGNRH-*Worzalla,* Rn. 42.

268 *BAG* 12.12.06 – 1 AZR 96/06, NZA 07, 453.

269 *BAG* 10.11.21, a.a.O.; 18.7.06 – 1 AZR 578/05, NZA 07, 462; 1.12.92 – 1 AZR 260/92, DB 93, 990; 20.12.57, AP Nr. 1 zu § 399 BGB; vgl. auch *LAG Düsseldorf* 12.5.99 – 1116 Sa 162/99, DB 99, 2219.

270 *ArbG Hamburg* 31.8.10 – 21 Ca 176/10, AuR 10, 527; *Fitting,* Rn. 57; GK-*Kreutz,* Rn. 358; a.A. *BAG* 2.6.66 – 2 AZR 322/65, AP Nr. 8 zu § 399 BGB; 20.12.57 – 1 AZR 237/56, AP Nr. 1 zu § 399 BGB.

271 *Fitting,* Rn. 56; GK-*Kreutz,* Rn. 375, 378; *Travlos-Tsanetatos,* S. 143.

272 *BAG* 4.12.70, AP Nr. 5 zu § 7 BUrlG; *Fitting,* a.a.O.; GK-*Kreutz,* Rn. 381; HWGNRH-*Worzalla,* Rn. 68.

- Nebenbeschäftigungsverbote,[273]
- einen Impfzwang.[274]

83 Die **Rückwirkung normativer Regelungen** einer BV ist nur unter Beachtung der Grundsätze des **Vertrauensschutzes** und der **Verhältnismäßigkeit** zulässig.[275] Eine BV kann nicht in bereits entstandene[276] bzw. **fällige Einzelansprüche** der AN eingreifen.[277] So ist die **Stundung oder der Erlass des bereits verdienten Lohnes** selbst bei notleidendem Betrieb nicht möglich.[278] Unzulässig ist es wegen Verstoßes gegen § 75 Abs. 1 Abs. 2 Satz 1 und Art. 12 Abs. 1 GG auch, den durch BV begründeten Anspruch auf eine variable Erfolgsvergütung vom **Bestehen eines ungekündigten Arbeitsverhältnisses** am Auszahlungstag (**Stichtagsregelung**) abhängig zu machen.[279] **Individualrechtliche Versorgungszusagen** können nicht geschmälert[280] bzw. **Versorgungsanwartschaften** nicht ohne Grund gekürzt werden.[281] Eine unverhältnismäßige und damit unwirksame Belastung des AN stellt auch die Regelung dar, die den AN verpflichtet, bereits während eines laufenden Kündigungsschutzprozesses Annahmeverzugsansprüche geltend zu machen, die vom Ausgang dieses Rechtsstreits abhängen.[282]

84 In BV können in bestimmten Grenzen auch **Regelungen zuungunsten der AN** (vgl. Rn. 13 ff., 29 f.) enthalten sein und diesen **unter Wahrung ihrer Persönlichkeitsrechte** auch bestimmte **Pflichten** auferlegt werden, so beispielsweise im Bereich der Ordnung im Betrieb durch **Rauchverbote** oder **Torkontrollen** (vgl. § 75 Rn. 88 f., § 87 Rn. 62). Zur der **Regelung der Personaldatenverarbeitung** in BV hat das *BAG*[283] in einem Vorabentscheidungsersuchen dem *EuGH* u. a. die Frage vorgelegt, ob es ausreichend ist, wenn in derartigen BV lediglich die Vorgaben des Art. 88 Abs. 2 DSGVO berücksichtigt werden oder ob die BV auch den sonstigen **Vorgaben der DSGVO,** insbesondere den Vorschriften der Art. 5, Art. 6 Abs. 1 und Art. 9 Abs. 1, 2, genügen muss (s. dazu näher § 79 Rn. 3, 11; zu den Inhalten und Grenzen von BV zur Verarbeitung von Beschäftigtendaten vgl. § 87 Rn. 194 ff.). Möglich ist auch in den Grenzen von § 10 S. 3 Nr. 5 AGG die Vereinbarung des **Ausscheidens der AN** zum Zeitpunkt des möglichen Bezugs der gesetzlichen Altersrente (vgl. dazu im Einzelnen § 75 Rn. 75 ff.). Vom Ausscheiden im Zusammenhang mit dem Bezug von Altersruhegeld abgesehen, ist die **Auflösung von Arbeitsverhältnissen durch BV** grundsätzlich nicht zulässig.[284] Auch kann das zwingende Kündigungsschutzrecht nicht durch BV eingeschränkt werden.[285] Unzulässig sind grundsätzlich BV, die **ausschließlich eine Belastung der AN** bewirken.[286] Unzulässig ist auch eine BV, die den AN die eigentlich den AG treffende **Kostentragung für Arbeits- und Schutzkleidung**[287] oder Bearbeitungskosten für Lohn- und Gehaltspfändungen[288] auferlegt. Dies gilt auch für eine **Vertragsstrafen** begründende BV, die vorsieht, dass einzelvertragliche

273 *Fitting,* a. a. O.; GK-*Kreutz,* Rn. 379; MünchArbR-*Matthes,* § 327 Rn. 56; a. A. HWGNRH-*Worzalla,* Rn. 69; für die Zulässigkeit unter Beachtung der für arbeitsvertragliche Nebentätigkeitsverbote geltenden Maßstäbe *Wertheimer/Krug,* BB 00, 1462 [1466].
274 HWGNRH-*Worzalla,* Rn. 71.
275 *BAG* 23. 1. 08 – 1 AZR 988/06, NZA 08, 709; 2. 10. 07 – 1 AZR 815/06, ZIP 08, 570.
276 *BAG* 10. 11. 21, a. a. O.
277 *Fitting,* Rn. 60; HWGNRH-*Worzalla,* Rn. 72.
278 *LAG Baden-Württemberg* 27. 4. 77, BB 77, 996.
279 *BAG* 7. 6. 11 – 1 AZR 807/09, NZA 11, 1234; 12. 4. 11 – 1 AZR 412/09, BB 11, 2811; *LAG Hamm* 21. 10. 16 – 1 Sa 414/16, juris; 11. 5. 16 – 2 Sa 1746/15, juris.
280 *BAG* 24. 11. 77, AP Nr. 177 zu § 242 BGB Ruhegehalt.
281 *BAG* 17. 1. 80, AP Nr. 185 zu § 242 BGB Ruhegehalt.
282 *BAG* 12. 12. 06 – 1 AZR 96/06, NZA 07, 453.
283 *BAG* 22. 9. 22 – 8 AZR 209/21 (A), NZA 23, 363.
284 *BAG* 2. 10. 74, AP Nr. 1 zu § 613a BGB; *LAG Hamm* 6. 11. 84, DB 85, 442.
285 *LAG Berlin-Brandenburg* 19. 12. 11 – 15 Sa 1461/11, NZA-RR 12, 131.
286 *BAG* 1. 12. 92 – 1 AZR 260/92, DB 93, 990; so auch *BAG* 5. 3. 59, AP Nr. 26 zu § 611 BGB Fürsorgepflicht zum generellen Haftungsausschluss des AG bei der Gestellung von Parkplätzen; *Fitting,* Rn. 66;; HWGNRH-*Worzalla,* Rn. 82; Richardi-*Richardi,* Rn. 111; differenzierend GK-*Kreutz,* Rn. 358 ff.; kritisch zum Ergebnis der Entscheidung des *BAG* 5. 3. 59, a. a. O.: *Fitting,* a. a. O.; GK-*Kreutz,* Rn. a. a. O.; HWGNRH-*Worzalla,* a. a. O.
287 *BAG* 10. 3. 76, 18. 8. 82, 21. 8. 85, AP Nrn. 17, 18, 19 zu § 618 BGB; 1. 12. 92, a. a. O.; *LAG Düsseldorf* 24. 4. 01 – 13 Sa 1804/00, AuR 02, 274.
288 *BAG* 18. 7. 06 – 1 AZR 578/05, NZA 07, 462.

Abmachungen über Vertragsstrafen, die für die AN ungünstiger sind, der BV vorgehen.[289] Die Regelung in einer BV, nach der **Arbeitszeitguthaben** zu bestimmten Stichtagen ohne Berücksichtigung der Gründe für den unterbliebenen Abbau des Arbeitszeitguthabens und ohne Gegenleistung des AG **verfallen,** verstößt gegen § 75 Abs. 1.[290] Die Verpflichtung des AG zur Erbringung der geschuldeten Gegenleistung für die vom vorleistungspflichtigen AN erbrachten Arbeitsleistung kann grundsätzlich nicht durch BV aufgehoben werden.[291] In BV können grundsätzlich auch **Ausschlussfristen** geregelt werden[292]
Zur **gerichtlichen Billigkeitskontrolle** gegenüber BV vgl. Rn. 173 ff.

Im Rahmen **betriebsverfassungsrechtlicher Fragen** können generell die **Stellung und die Beziehung der Organe der Betriebsverfassung zueinander** geregelt werden. Entsprechende BV können z. B. die in den einzelnen Vorschriften des Gesetzes angelegten Möglichkeiten aufgreifen (z. B. Einrichtung einer ständigen ESt. gem. § 76 Abs. 1, 4, anderweitige Regelung über die Freistellung von BR-Mitgliedern gem. § 38 Abs. 1 Satz 5, abweichende Mitgliederzahl des GBR gem. § 47 Abs. 4, 5) oder zusätzliche Ausschüsse, Projekte o. Ä. zur Behandlung bestimmter Fragen einrichten. Nach § 3 Abs. 2 ist auch die Moglichkeit eröffnet, in den Fällen des § 3 Abs. 1 Nrn. 1, 2, 4 oder 5 **andere AN-Vertretungen** und **zusätzliche** betriebsverfassungsrechtliche **Gremien bzw. Vertretungen** durch BV festzulegen, wenn keine tarifliche Regelung und kein anderer TV gelten (vgl. § 3 Rn. 158 ff.). **Veränderungen des zwingenden Organisationsrechts** sind aber ebenso unzulässig[293] wie die Abbedingung der in § 50 Abs. 1 geregelten Zuständigkeitsverteilung zwischen GBR und BR[294] und der Verzicht auf die bzw. die **Aufhebung der gesetzlich eingeräumten Mitbestimmungsrechte** (zu den Einzelheiten vgl. § 87 Rn. 49). Unzulässig ist auch eine BV zur **rechtsmissbräuchlichen Absenkung** der gesetzlich vorgesehenen Freistellungen für BR-Mitglieder, um die Vertreter einer Minderheitenliste im BR gezielt zu benachteiligen[295] (siehe dazu auch § 38 Rn. 28). Eine **Erweiterung der Mitbestimmungsrechte des BR** durch BV ist grundsätzlich zulässig (vgl. auch Einl. Rn. 84, § 87 Rn. 45 ff. m. w. N.).[296] 85

7. In-Kraft-Treten

Der **Zeitpunkt des In-Kraft-Treten** einer BV wird von den Betriebsparteien festgelegt. Fehlt eine solche Festlegung, tritt sie am Tag des Abschlusses in Kraft.[297] Gegen den Abschluss einer BV unter einer **aufschiebenden Bedingung** bestehen jedenfalls dann keine Bedenken, wenn der **Eintritt der Bedingung** (z. B. der Abschluss eines eindeutig bestimmbaren Tarifvertrages) insbesondere **für die normunterworfenen AN ohne weiteres feststellbar** ist.[298] Es ist allerdings nicht zulässig, dass die Betriebsparteien das Inkrafttreten einer von ihnen **bereits abgeschlossenen BV** von der Zustimmung der normunterworfenen AN (**»Belegschaftsquorum«**), etwa durch deren **arbeitsvertragliche Zustimmung,** abhängig machen.[299] Eine derartige Regelung verstößt gegen die unabdingbare Vorschrift des Abs. 4 Satz 1, nach der abgeschlossene BV unmittelbar und zwingend gelten (vgl. dazu auch Rn. 88). 86

Der **zeitliche Geltungsbereich** einer BV kann grundsätzlich auch so festgelegt werden, dass ihre Regelungen **rückwirkend in Kraft** treten.[300] Die gilt auch für die rückwirkende bestätigende Inkraftsetzung einer vormals formunwirksamen BV.[301] Rückwirkungsvereinbarungen sind grundsätzlich nur zulässig, wenn sie **für AN ausschließlich günstigere Regelungen** ent- 87

---

289 *BAG* 6.8.91 – 1 AZR 3/90, DB 92, 146.
290 A. A. *LAG München* – 6 TaBV 101/11, AiB 13, 460, mit krit. Anm. *Heinlein.*
291 Vgl. dazu *BAG* 12.4.11 – 1 AZR 412/09, NZA 11, 989; 4.5.94 – 4 AZR 445/93, NZA 94, 1035.
292 *BAG* 14.12.22 – 10 AZR 531/20, NZA 23, 647.
293 *Fitting,* Rn. 48; GK-*Kreutz,* Rn. 234.
294 *BAG* 21.1.03 – 3 ABR 26/02, DB 03, 2131.
295 *LAG Baden-Württemberg* 14.12.16 – 4 TaBV 10/16, juris, AiB 4/17, 46 m. Anm. *Brackelmann.*
296 *BAG* 13.7.62, AP Nr. 3 zu § 57 BetrVG; *LAG Hamm* 21.9.00 – 3 Sa 758/00.
297 *Fitting,* Rn. 40.
298 *BAG* 15.1.02 – 1 AZR 165/01, NZA 02, 1112.
299 *BAG* 28.7.20 – 1 ABR 4/19, NZA 20, 1548.
300 *Fitting,* Rn. 41 ff.; Richardi-*Richardi,* Rn. 142 ff.
301 *BAG* 3.5.22 – 3 AZR 472/21, NZA 22, 1418.

halten.[302] Etwas anderes kann allenfalls in engen Grenzen, insbesondere unter Berücksichtigung des **Grundsatzes des Vertrauensschutzes,** dann gelten, wenn die AN schon während des Rückwirkungszeitraums mit einer geänderten Regelung rechnen mussten und sich hierauf einstellen konnten.[303] Eine **Rückwirkung zu Lasten des AG** ist jedoch im Rahmen der Vertragsfreiheit zulässig,[304] wobei sich die zulässige Dauer der Rückwirkung nach den jeweiligen Umständen des Einzelfalls richten kann.[305]

8. Rechtswirkungen

88 Die Normen der BV gelten nach Abs. 4 Satz 1 ebenso wie Tarifnormen (§ 4 Abs. 1 TVG) **unmittelbar und zwingend** zugunsten der Arbeitsverhältnisse der AN des Betriebs. Sie sind **unabdingbar,** d. h., sie können nicht zuungunsten der AN durch Einzelabmachungen geändert werden (vgl. dazu auch Rn. 33),[306] es sei denn, es handelt sich ausnahmsweise um **nachgiebige Normen,** die arbeitsvertragliche Abweichungen zulassen.[307] Es ist nicht zulässig, dass die Betriebsparteien in Abweichung von der Geltungsanordnung des Abs. 4 Satz 1 das Inkrafttreten einer von ihnen **bereits abgeschlossenen** BV von **der arbeitsvertraglichen Zustimmung** der normunterworfenen AN abhängig machen[308] (s. dazu auch Rn. 86). Unter Berücksichtigung des Schutzzwecks der BV (vgl. Rn. 3), u. a. auch die auf Ebene der Arbeitsvertragsparteien zuungunsten der AN bestehende Störung der Vertragsparität zu kompensieren, ist es zu weitgehend, die Unabdingbarkeit der Normen der BV durch analoge Anwendung des § 4 Abs. 3 1. Alternative TVG uneingeschränkt zur Disposition der Betriebsparteien zu stellen und die Regelungen einer BV allgemein für verschlechternde arbeitsvertragliche Regelungen zu öffnen.[309] BV im Sinne von Abs. 2 Satz 1 (oder § 88) sollen in der Regel **Ansprüche für AN normativ** und nicht schuldrechtlich erzeugen. Für die Qualifizierung einer BV als **schuldrechtlicher Vertrag zugunsten Dritter** (etwa AN eines anderen Betriebes, vgl. dazu Rn. 75 f.) muss es daher nach Form und Inhalt der BV und den Umständen ihres Abschlusses besondere Anhaltspunkte geben.[310]

89 Ein **Verzicht auf Rechte,** die den AN durch die BV eingeräumt worden sind, ist gem. Abs. 4 Satz 2 nur mit **Zustimmung des BR** zulässig.[311] Dies gilt nicht nur während der Dauer des Arbeitsverhältnisses, sondern auch nach dessen Beendigung. Deshalb ist eine vom AN unterzeichnete **Ausgleichsquittung,** in der auf entsprechende Rechte aus der BV verzichtet wird, unwirksam.[312] Auch in einem **Vergleich** kann nicht auf Ansprüche aus BV verzichtet werden; dabei ist es gleichgültig, ob es sich um einen gerichtlichen oder um einen außergerichtlichen Vergleich handelt.[313] Etwas anderes kann bei einem sog. Tatsachenvergleich gelten, wenn über die tatsächlichen Voraussetzungen eines Anspruchs aus einer BV gestritten und dieser Streit

---

302 *BAG* 6. 3. 84, DB 84, 2516.

303 Vgl. *BAG* 3. 5. 22, a. a. O.; 17. 7. 12 – 1 AZR 476/11, NZA 13, 338; 18. 9. 01 – 3 AZR 728/00, NZA 02, 1164, 1167; 19. 9. 95 – 1 AZR 208/95, DB 96, 1576 für die Rückwirkung einer BV über die Anrechnung übertariflicher Zulagen auf den Zeitpunkt einer Tariferhöhung; für den TV 23. 11. 94, DB 95, 778; 17. 5. 00, DB 00, 2481; 14. 11. 01 – 10 AZR 698/00, NZA 02, 1056; *Fitting,* Rn. 44; GK-*Kreutz,* Rn. 220; Richardi-*Richardi,* Rn. 144.

304 *Fitting,* Rn. 43; GK-*Kreutz,* Rn. 224; Richardi-*Richardi,* Rn. 145.

305 Vgl. auch *BAG* 8. 3. 77, AP Nr. 1 zu § 87 BetrVG 1972 Auszahlung.

306 *GL,* Rn. 38; *Fitting,* Rn. 124 ff.; GK-*Kreutz,* Rn. 235 ff.

307 *Fitting,* Rn. 126.

308 *BAG* 28. 7. 20 – 1 ABR 4/19, NZA 20, 1548.

309 Deshalb zu Recht einschränkend unter Hinweis auf die mit dem Schutzzweck der BV nicht zu vereinbarende Öffnung für individualvertragliche Verschlechterungen Deinert/Heuschmid/Zwanziger-*Deinert,* § 12 Rn. 236.

310 *BAG* 11. 12. 07 – 1 AZR 824/06.

311 Vgl. dazu *LAG Frankfurt* 18. 2. 91 – 7 Sa 997/91, NZA 92, 799; zur entsprechenden Auslegung einer Sozialplanregelung vgl. *LAG Chemnitz* 24. 11. 93, DB 94, 588.

312 *Fitting,* Rn. 133; GK-*Kreutz,* Rn. 315.

313 *Fitting,* Rn. 135; Richardi-*Richardi,* Rn. 197 f.

durch Abschluss eines Vergleichs beigelegt wird.[314] Ein **Verzicht des AG** auf Rechte aus der BV ist jedoch möglich.[315]

Für die erforderliche Zustimmungserklärung des BR bestehen **keine Formvorschriften.** Eine formlose Erklärung gegenüber dem AG oder AN reicht daher aus, das **Einverständnis** mit dem Verzicht muss allerdings **unmissverständlich** zum Ausdruck kommen. Der BR kann vorher einwilligen (§ 183 BGB) oder den Verzicht nachträglich (§ 184 BGB) genehmigen.[316] Die Erklärung des BR kann nicht allgemein, sondern nur konkret für den **Einzelfall** erfolgen[317] und erfordert einen **wirksamen BR-Beschluss** (§ 33).[318] Dies setzt u. a. die vorherige ordnungsgemäße Unterrichtung des BR über alle für den Verzicht bedeutsamen Begleitumstände und insbesondere auch über den konkreten Umfang des individuellen Verzichts voraus.[319] Für das Vorliegen eines Verzichts des AN auf Ansprüche aus einer BV und der Zustimmung des BR ist der **AG beweispflichtig.**[320] **Gemeinsam** können die **Betriebsparteien** – auch in einer später ergänzend abgeschlossenen BV – **nicht einzelfallbezogene Regelungen** vereinbaren, nach denen AN unter bestimmten Voraussetzungen auf einzelne Ansprüche aus einer BV wirksam verzichten können.[321] 90

Die **Verwirkung** der sich aus der BV ergebenden Rechte ist ausgeschlossen. Dies gilt allerdings nicht für Ansprüche des AG.[322] Die AN erleiden somit durch längerfristige Nichtgeltendmachung von Rechten für die Zukunft keine Nachteile.[323] Auch Rechte aus einer BV, die AN während ihres Arbeitsverhältnisses eingeräumt wurden, sind auch für ausgeschiedene AN dem Einwand der Verwirkung entzogen.[324] Allerdings kann – was in der Praxis häufig geschieht – der Zeitraum möglicher Geltendmachung solcher Rechte dadurch eingeschränkt werden, dass die TV-Parteien im TV oder AG und BR in der BV **Ausschlussfristen** und **kürzere** als die gesetzlich vorgesehenen **Verjährungsfristen** vereinbaren (Abs. 4 Satz 3).[325] Unter Ausschlussfristen versteht man Fristen, deren Ablauf einen Rechtsanspruch zum Erlöschen bringt.[326] 91

9. Beendigung

Eine BV endet mit **Ablauf der Zeit** oder **Erreichung des Zwecks,** für die sie abgeschlossen wurde, z. B. Vereinbarung einer Arbeitszeitverkürzung oder Arbeitszeitverlängerung, Verlegung der Arbeitszeit im Zusammenhang mit Feiertagen, Vereinbarung von Betriebsurlaub.[327] Zweckerreichung liegt auch vor, wenn ein TV endet, zu dem eine BV zugelassene ergänzende Regelungen getroffen hat (vgl. Rn. 93). 92

AG und BR können eine BV auch jederzeit durch Abschluss einer nachfolgenden BV **ablösen** (vgl. Rn. 23 ff.) oder durch **Vertrag aufheben.** Dieser **Aufhebungsvertrag** bedarf jedoch der Schriftform gemäß Abs. 2.[328] Die Aufhebung einer BV kann auch durch eine neue BV, die denselben Gegenstand regelt, erfolgen, ohne dass die Aufhebung der älteren BV ausdrücklich 93

314 *BAG* 31.7.96 – 10 AZR 138/96, DB 97, 882; 5.11.97, AP Nr. 17 zu § 4 TVG mit krit. Anm. *Zachert* wegen der Gefahr der »Aushöhlung« des Prinzips der Unabdingbarkeit durch die Rspr. zum Tatsachenvergleich.
315 GK-*Kreutz,* Rn. 319.
316 *BAG* 3.6.97 – 3 AZR 25/96, NZA 98, 383, 384.
317 *BAG* 15.10.13 – 1 AZR 405/12, NZA 14, 217; 27.1.04 – 1 AZR 148/03, NZA 04, 667, 668; *Fitting,* Rn. 132; GK-*Kreutz,* Rn. 312; HWGNRH-*Worzalla,* Rn. 192; Richardi-*Richardi,* Rn. 196.
318 *BAG* 15.10.13, a. a. O.; 27.1.04, a. a. O.; *Fitting,* a. a. O.; GK-*Kreutz,* a. a. O.; a. A. ErfK-*Kania,* Rn. 88.
319 *BAG* 15.10.13, a. a. O.
320 *LAG Rheinland-Pfalz* 10.2.11 – 11 Sa 263/10, juris.
321 *BAG* 11.11.07 – 1 AZR 824/06; 27.1.04, a. a. O.; a. A. HWGNRH-*Worzalla,* Rn. 192.
322 *Fitting,* Rn. 137; GK-*Kreutz,* Rn. 320; HWGNRH-*Worzalla,* Rn. 196.
323 *WW,* Rn. 21.
324 *BAG* 13.10.20 – 3 AZR 246/20, AP Nr. 84 zu § 1 BetrAVG Ablösung.
325 *Fitting,* Rn. 138 f.; *WW,* a. a. O.
326 Zu den Einzelheiten vgl. GK-*Kreutz,* Rn. 305 ff.
327 *BAG* 20.12.61, 14.12.66, AP Nrn. 7, 27 zu § 59 BetrVG.
328 *Fitting,* Rn. 143; GK-*Kreutz,* Rn. 400; HWGNRH-*Worzalla,* Rn. 236; Richardi-*Richardi,* Rn. 209; a. A. *GL,* Rn. 68a; *Schaub,* BB 95, 1639; offen gelassen *BAG* 20.11.90 – 1 AZR 643/89, BB 91, 835.

erklärt sein muss.[329] Die Ablösung oder Beendigung einer BV durch eine formlose **Regelungsabrede** (Rn. 161 ff.) ist nicht möglich.[330]

94 Die BV endet mit der endgültigen **Stilllegung des Betriebs,** mit Ausnahme des Sozialplans und sonstiger BV, die im Zusammenhang mit der Betriebsstilllegung abgeschlossen wurden[331] oder unabhängig vom Untergang des Betriebs die Arbeitsbedingungen gestalten sollen (z. B. betriebliche Altersversorgung).

94a Werden **Betriebe** gemäß § 3 Abs. 1 Nr. b) durch TV oder BV **zu neuen Organisationseinheiten zusammengefasst** (vgl. dazu § 3 Rn. 45 ff.) und bleibt die Betriebsidentität der zusammengefassten Betriebe unverändert, gelten die von den BR der zusammengefassten Betriebe abgeschlossenen BV – auf ihren bisherigen Geltungsbereich beschränkt – im fingierten Einheitsbetrieb weiter[332] (vgl. dazu auch § 3 Rn. 209). Das gilt nach neuerer Rspr. des *BAG* nicht, wenn die die Betriebsidentität prägenden Eigenschaften der zusammengefassten Betriebe (insbesondere Organisation der Arbeitsabläufe, Betriebszweck, Leitungsstruktur) nach der Zusammenfassung so geändert werden, so dass sie nicht mehr als betriebsverfassungsrechtlicher Bezugspunkt fortbestehen.[333]

95 Bei der **Umstrukturierung von UN** (vgl. § 1 Rn. 91, § 21 Rn. 34 ff.)[334] sind hinsichtlich deren Folgen für den Bestand von BV zahlreiche Fallgestaltungen zu unterscheiden. Während für UN-Umstrukturierungen, die von einem **rechtsgeschäftlichen Betriebsinhaberwechsel** (vgl. § 1 Rn. 145 ff., 234 ff., § 21 Rn. 40)[335] und/oder von **gesellschaftsrechtlichen Umwandlungsvorgängen** nach dem Umwandlungsgesetz (vgl. § 21a Rn. 21 ff.)[336] begleitet sind, die Folgen für den Bestand von BV zumindest teilweise gesetzlich geregelt sind, ist das Schicksal von BV bei **unternehmensinternen betrieblichen Umstrukturierungen** rechtlich abschließend noch nicht geklärt.[337]

96 Die **uneingeschränkte kollektivrechtliche Fortgeltung der BV** in den aus der UN-Umstrukturierung hervorgehenden Betrieben wird einerseits mit dem von der UN-Umstrukturierung nicht tangierten Grundsatz der **Amtskontinuität des bzw. der gewählten BR,** der durch die **Verankerung des Übergangsmandats** gemäß § 21a Abs. 1 und 2 durch das BetrVerf-ReformG 2001 gesetzgeberisch seine Bestätigung gefunden hat,[338] und andererseits mit der Notwendigkeit des **Schutzes der AN vor den nicht kontrollierbaren Organisationsentscheidungen des AG**[339] begründet, wobei die Fortgeltung der BV durch die rechtliche oder tatsächliche Unmöglichkeit ihrer Durchführung[340] dennoch begrenzt sein kann.[341] Dem ist jedenfalls im Ergebnis zu folgen. Das *BAG* hat es zumindest für richtig gehalten, dass der für AN eines stillgelegten Betriebes abgeschlossene Sozialplan in dem diese AN aufnehmenden Betrieb kollektivrechtlich fortgilt und eine normative Teilordnung des aufnehmenden Betriebs darstellt.[342]

Bei der **Eingliederung eines Betriebs** als unselbstständiger Betriebsteil **in einen anderen Betrieb** oder wenn ein als selbstständiger Betrieb geltender Betriebsteil (§ 4 Abs. 1 Satz 1) seine betriebsverfassungsrechtliche Selbstständigkeit verliert, gelten die BV des aufnehmenden Be-

---

329 *BAG* 10. 8. 94 – 7 ABR 35/93, DB 95, 480; MünchArbR-*Matthes,* § 239 Rn. 36; Rn. 37.

330 *BAG* 20. 11. 90 – 1 AZR 643/89, a. a. O.; 27. 6. 83, AP Nr. 14 zu § 77 BetrVG 1972; *Fitting,* a. a. O.; GK-*Kreutz,* a. a. O.; HWGNRH-*Worzalla,* 235; Richardi-*Richardi,* a. a. O.; a. A. *GL,* a. a. O.; differenzierend nach normativer und schuldrechtlicher Wirkung der BV ErfK-*Kania,* Rn. 113 ff.

331 *BAG* 24. 3. 81, AP Nr. 12 zu § 112 BetrVG 1972; *Fitting,* Rn. 160; *GL,* Rn. 66; GK-*Kreutz,* Rn. 419 ff.

332 *BAG* 18. 3. 08 – 1 ABR 3/07, NZA 08, 1259; Fitting, Rn. 164.

333 *BAG* 7. 6. 11 – 1 ABR 110/09, NZA 12, 110; nachgehend *LAG München* 25. 7. 12 – 5 TaBV 77/11, juris; vorgehend a. A. *LAG München* 11. 3. 09 – 5 TaBV 6/08, juris.

334 Dazu eingehend Deinert/Heuschmid/Zwanziger-*Bachner,* § 98 Rn. 1 ff.

335 Deinert/Heuschmid/Zwanziger-*Bachner,* a. a. O., Rn. 2 ff.

336 *Bachner,* AiB 03, 408; Deinert/Heuschmid/Zwanziger-*Bachner,* a. a. O., Rn. 3 ff.

337 Vgl. dazu eingehend *Bachner,* NZA 97, 79; *Bachner/Köstler/Matthießen/Trittin,* § 4 Rn. 151 ff.

338 So GK-*Kreutz,* Rn. 424; vgl. dazu auch *ders.,* FS Sonnenschein, 829 ff. und *BAG* 18. 9. 02, DB 03, 1281, 1284.

339 So *Bachner,* a. a. O., S. 81.

340 Beispiele bei *Bachner,* a. a. O.

341 Ähnlich *Fitting,* Rn. 161 f.

342 24. 3. 81, DB 81, 2178.

triebs für diesen unter Einschluss der AN des eingegliederten Betriebs weiter.[343] Die BV des eingegliederten Betriebs enden zum Zeitpunkt der Eingliederung. Dies gilt nicht für BV, die im Hinblick auf die Eingliederung abgeschlossen wurden (z. B. Sozialplan) oder die Regelungsgegenstände betreffen, für die es im aufnehmenden Betrieb keine BV gibt.[344] Die in diesen Fällen fortgeltenden BV des eingegliederten Betriebs sind in ihrer Wirkung auf ihren ursprünglichen räumlichen oder organisatorischen, ggf. den persönlichen Geltungsbereich beschränkt.[345]

Bei der **Zusammenlegung mehrerer Betriebe** zu einem neuen Betrieb gelten die BV der verschmolzenen Betriebe im Rahmen ihres ursprünglichen räumlichen, organisatorischen oder persönlichen Geltungsbereichs weiter, bis sie durch Abschluss neuer BV abgelöst werden.[346] Auch in diesem Fall gelten BV, die im Hinblick auf die Betriebszusammenlegung abgeschlossen wurden, in jedem Fall weiter.[347] 98

Bei einer **Betriebsspaltung** gelten in den aus der Spaltung hervorgegangenen Betrieben die BV des gespaltenen Betriebes weiter, bis sie durch den Abschluss neuer BV abgelöst werden.[348] Bei Abspaltung eines Betriebsteils von einem ansonsten fortbestehenden Betrieb gelten die BV in dem fortbestehenden Betrieb fort.[349] Für den abgespaltenen Betriebsteil gelten die oben dargestellten Grundsätze (Rn. 48 ff.) in Abhängigkeit von der Frage, ob dieser als selbstständiger Betrieb fortbesteht, in einen anderen Betrieb eingegliedert oder mit einem oder mehreren anderen Betrieben zusammengelegt wird.[350] 99

Beim **rechtsgeschäftlichen oder umwandlungsbedingten Betriebsinhaberwechsel** (vgl. dazu Rn. 95 f. m. w.N.), der nicht mit einer Änderung der **bisherigen Betriebsidentität** (vgl. dazu § 1 Rn. 234 ff.) verbunden ist, gelten die BV uneingeschränkt fort.[351] Die Aufhebung[352] oder verschlechternde Ablösung einer BV in zeitlicher Nähe zu einem bevorstehenden Betriebsinhaberwechsel stellt für sich allein keine rechtsmissbräuchliche Umgehung von § 613a BGB dar[353] und stellt auch keinen Verstoß gegen Art. 3 Abs. 3 Unterabsatz 1 RL 2001/23/EG dar.[354] Zum **Schicksal von GBV und KBV** im Zusammenhang mit UN-Umstrukturierungen vgl. § 50 Rn. 163 ff., § 58 Rn. 61. 100

Bleibt die bisherige **Betriebsidentität** demgegenüber **nicht erhalten,** ist folgendermaßen zu differenzieren: 101

- Bei einem **Betriebsteilübergang** gelten die **BV** im verbleibenden Restbetrieb, wenn dessen Identität erhalten bleibt, unverändert weiter.[355]
- Wird der übergegangene Betriebsteil als neu entstandener Betrieb oder als – **als selbstständiger Betrieb** geltender – Betriebsteil (§ 4 Abs. 1 Satz 1) fortgeführt, gelten die BV des übergegangenen Betriebs weiter, bis sie durch Abschluss neuer BV abgelöst werden.[356] 102
- Verliert der übergegangene **Betrieb** oder **Betriebsteil** seine Selbstständigkeit dadurch, dass er **in einen bereits bestehenden Betrieb eingegliedert** oder **mit einem anderen Betrieb oder Betriebsteil** zu einem **neuen Betrieb verschmolzen** wird, **gelten die BV** dem Über- 103

343 *Fitting,* Rn. 163; GK-*Kreutz,* Rn. 426; HWGNRH-*Worzalla,* Rn. 244.
344 *Fitting,* a. a. O.; GK-*Kreutz,* a. a. O.
345 *Fitting,* a. a. O.; GK-*Kreutz,* a. a. O.
346 *Fitting,* Rn. 164; *GL,* Rn. 67; GK-*Kreutz,* Rn. 425; Richardi-*Richardi,* Rn. 215; a. A. HWGNRH-*Worzalla,* Rn. 245, die die BV der verschmolzenen Betriebe automatisch für beendet hält.
347 *Fitting,* a. a. O.; GK-*Kreutz,* a. a. O.
348 *Fitting,* Rn. 165; GK-*Kreutz,* a. a. O.; Richardi-*Richardi,* Rn. 227.
349 *Fitting,* Rn. 166.
350 *Fitting,* a. a. O.; GK-*Kreutz,* Rn. 426.
351 *BAG* 13. 8. 19 – 1 AZR 213/18, NZA 20, 49; 5. 5. 15 – 1 AZR 763/13, NZA 15, 1331; 14. 8. 13 – 7 ABR 56/11, DB 14, 308; 18. 9. 02 – 1 ABR 54/01, DB 03, 1281; 5. 6. 02 – 7 ABR 17/01, DB 03, 512; 14. 8. 01 – 1 AZR 619/00, DB 02, 380; 27. 7. 94 – 7 ABR 37/93, AuR 95, 105; 5. 2. 91 – 1 ABR 32/90, DB 91, 1937; *Bachner/Köstler/Matthießen/Trittin,* § 4 Rn. 101 ff.; ErfK-*Preis,* § 613a BGB Rn. 109; *Fitting,* Rn. 168; GK-*Kreutz,* Rn. 432 ff.; *Henssler,* NZA 94, 294, 299; HWGNRH-*Worzalla,* Rn. 226; *Schiefer,* NJW 98, 1817, 1819; *Sowka,* DB 88, 1318.
352 *LAG Schleswig-Holstein* 26. 9. 18 – 6 Sa 210/17, juris, anhängig *BAG* 1 AZR 539/18.
353 *BAG* 13. 8. 19, a. a. O.
354 *BAG* 13. 8. 19, a. a. O., unter Bezugnahme auf *EuGH* 6. 9. 11 – C-108/10 – Scattalon, juris.
355 *Fitting,* Rn. 172; a. A. *Sowka,* DB 88, 1318 [1321]; *Gaul,* NZA 86, 628 [631].
356 *BAG* 14. 8. 13, a. a. O.; 18. 9. 02, DB 03, 1281, 1284 = AiB 04, 41 mit Anm. *Trittin; ArbG Frankfurt* 12. 9. 96, AiB 97, 481 mit Anm. *Weicker; Fitting,* Rn. 172; GK-*Kreutz,* Rn. 433.

gangsmandat des BR **des ursprünglichen Betriebes** folgend zumindest im Rahmen ihres ursprünglichen räumlichen oder organisatorischen, ggf. persönlichen Geltungsbereichs **kollektivrechtlich fort.** Soweit **im neuen Betrieb** bereits ein BR besteht und **BV mit gleichem Regelungsgegenstand abgeschlossen wurden,** werden die BV des ursprünglichen Betriebs unmittelbar durch diese BV abgelöst (§ 613a Abs. 1 Satz 3 BGB).[357] Ansonsten erfolgt in jedem Fall die **Transformation der Rechtsnormen der BV** des übergegangenen Betriebs **in die Arbeitsverhältnisse** mit einjähriger Veränderungssperre (§ 613a Abs. 1 Satz 2 BGB, vgl. dazu Rn. 105).[358] Die Ersetzung der BV des Ursprungsbetriebs durch BV beim Erwerber gemäß § 613a Abs. 1 Satz 3 BGB setzt allerdings voraus, dass die ersetzende BV **denselben Gegenstand** regelt und nach ihrem Geltungsbereich und der **Regelungskompetenz der abschließenden Betriebsparteien** den übergegangenen Betrieb oder Betriebsteil erfasst (vgl. auch Rn. 75 ff.).[359] Für den Fall der Ersetzung der BV des Ursprungsbetriebs durch eine BV beim Erwerber gilt das **Ablösungsprinzip,** d. h., die ersetzende BV kommt auch zur Anwendung, wenn ihre Regelungen für die AN ungünstiger sind (vgl. Rn. 23 ff.). Bei der Ersetzung von **BV über Leistungen der betrieblichen Altersversorgung** durch eine beim Erwerber geltende BV nach § 613a Abs. 1 Satz 3 BGB ist allerdings der bis zum Zeitpunkt des Betriebsübergangs erdiente Versorgungsbesitzstand aufrechtzuerhalten.[360] **Einschränkungen** des grundsätzlich geltenden **Ablösungsprinzips** könnten sich bei Fallgestaltungen ergeben, in denen ein Betriebsübergang und die Vereinbarung einer BV beim Betriebserwerber gezielt (und damit rechtsmissbräuchlich) als Instrument zu einer **erheblichen Absenkung der Besitzstände** der auf den Betriebserwerber übergehenden AN eingesetzt wird.[361]

104 • Wegen des insoweit nicht eindeutigen Wortlauts von § 613a Abs. 1 Satz 3 BGB ist die Frage umstritten, inwieweit nach dieser Vorschrift auch eine sog. »**Über-Kreuz-Ablösung**«[362] zulässig ist, dass nämlich eine im Ursprungsbetrieb geltende BV durch einen beim Erwerber geltenden TV abgelöst wird und umgekehrt. Sind die in einer beim Betriebserwerber fortgeltenden BV (s. dazu auch Rn. 100) geregelten Gegenstände in einem TV geregelt oder üblicherweise geregelt, unter dessen Geltungsbereich der Betrieb des Betriebserwerbers fällt und/oder ist der Betriebserwerber an einen TV gebunden, der im Bereich der erzwingbaren Mitbestimmung nach § 87 Abs. 1 den Gegenstand der BV abschließend geregelt hat, verdrängt der TV die BV wegen des Tarifvorrangs aus Abs. 3 (vgl. Rn. 126) und § 87 Abs. 1 Eingangssatz (vgl. § 87 Rn. 36 ff.).[363] Soweit **tarifliche Ansprüche arbeitsvertraglich in Bezug genommen** sind und nach einem Betriebsübergang gem. § 613a Abs. 1 Satz 1 BGB vertraglich weitergelten, können sie durch eine beim Erwerber geltende **BV nicht abgelöst** werden.[364] Das gilt auch für **tarifliche Ansprüche,** die gem. § 613a Abs. 1 Satz 2 BGB Inhalt des Arbeitsverhältnisses mit dem Erwerber werden. Eine sog. **Über-Kreuz-Ablösung** durch eine beim Erwerber geltende BV ist – jedenfalls außerhalb des Bereichs der erzwingbaren Mitbestimmung des BR – **unzulässig.**[365] Das gilt auch dann, wenn nicht schon Abs. 3 Satz 1 – mangels Sperrwirkung eines TV – einer ablösenden BV entgegensteht (vgl. auch Rn. 136).[366]

---

357 Vgl. dazu *BAG* 27. 5. 85, AP Nr. 14 zu § 77 BetrVG 1972.
358 *Fitting,* Rn. 171; GK-*Kreutz,* Rn. 441; dazu eingehend *Bachner/Köstler/Matthießen/Trittin,* § 4 Rn. 132 ff.
359 *BAG* 13. 8. 19, a. a. O. 1. 8. 02 – 4 AZR 82/00, NZA 02, 41, 43.
360 *BAG* 24. 7. 01 – 3 AZR 660/00, NZA 02, 520 = AiB 03, 119 mit Anm. *Silberberger.*
361 Vgl. dazu *EuGH* 6. 9. 11 – C-108/10 – Scattalon, NZA 11, 1077, und *Winter,* RdA 13, 36; ablehnend *Sittard/Flockenhaus,* NZA 13, 652, 657.
362 *Meyer,* NZA 01, 751.
363 *BAG* 13. 3. 12 – 1 AZR 659/10, NZA 12, 990.
364 *BAG* 13. 11. 07 – 3 AZR 191/08, NZA 08, 600.
365 *BAG* 3. 7. 13 – 4 AZR 96/11, NZA-RR 14, 80; 21. 4. 10 – 4 AZR 768/08, BB 10, 2965; 13. 11. 07, a. a. O.; 6. 11. 07 – 1 AZR 862/06, NZA 08, 542; vgl. dazu auch *Bachner/Köstler/Matthießen/Trittin,* § 5 Rn. 188 f.; *Bepler,* RdA 09, 65, 71 f.
366 *BAG* 6. 11. 07, a. a. O.

- Kommt es mangels Ersetzung der BV des Ursprungsbetriebs durch BV oder TV beim Erwerber zur **Transformation der Rechtsnormen dieser BV in die Arbeitsverhältnisse** (§ 613a Abs. 1 Satz 2 BGB), ist deren **Ablösung** gemäß § 613a Abs. 1 Satz 3 BGB **durch BV jederzeit möglich.** Die in die Arbeitsverhältnisse transformierten Rechtsnormen der BV sind nicht stärker geschützt als bei Fortbestehen der Betriebsidentität und kollektivrechtlicher Weitergeltung der BV.[367] Aus diesem Grund kann der Betriebserwerber in das Arbeitsverhältnis transformierte Inhaltsnormen einer **teilmitbestimmten BV** gegenüber dem in seinem Betrieb gebildeten BR **kündigen,** wenn er die in dieser BV geregelten finanziellen Leistungen vollständig einstellen will.[368] **Günstigkeitsprinzip** (vgl. Rn. 23 ff.) kommt **nicht zur Anwendung** und es ist zulässig, dass die ablösende BV vom Erwerber und dem bei ihm gewählten BR erst **nach dem Betriebsübergang** abgeschlossen wird.[369] Handelt es sich bei den in das Arbeitsverhältnis transformierten Normen um solche einer **teilmitbestimmten BV** und will der Betriebserwerber die in ihr geregelten finanziellen Leistungen vollständig und ersatzlos einstellen, ist er zur Kündigung dieser Normen gegenüber dem in seinem Betrieb bestehenden BR berechtigt.[370] 105

In allen Fällen der UN-Umstrukturierung, in denen BV kollektivrechtlich und damit normativ (Abs. 4 Satz 1) fortgelten, können diese vom (neuen) AG **gemäß Abs. 5** jederzeit **gekündigt** oder durch eine neu abgeschlossene BV **abgelöst** werden (Zeitkollisionsregel, vgl. Rn. 23 ff.). Das Günstigkeitsprinzip und die Jahresfrist gemäß § 613a Abs. 1 Satz 3 BGB kommen nicht zur Anwendung.[371] 106

Die BV endet nicht beim **Tod des Betriebsinhabers.**[372] Auch durch das **Ende der Amtszeit** bzw. die **Neuwahl eines BR** werden bestehende BV nicht berührt.[373] Die BV endet auch nicht bei endgültigem und dauerndem **Fortfall des BR,**[374] z. B. wegen Absinkens der Zahl der ständig wahlberechtigten AN unter fünf; allerdings wird man den AG für berechtigt ansehen müssen, die BV durch Erklärungen **gegenüber den AN zu kündigen.**[375] 107

Der Hauptfall des Ablaufs einer BV ist deren **Kündigung.** Enthält die BV selbst keine Vorschriften über **Kündigungsfristen,** kann jede Seite die BV mit einer Frist von drei Monaten kündigen (Abs. 5). Als einseitige empfangsbedürftige Willenserklärung muss die Kündigung im Interesse der Rechtssicherheit **eindeutig** und **unmissverständlich** erfolgen.[376] 108

In der **Insolvenz** ist eine in **§ 120 InsO** enthaltene Spezialnorm zu Abs. 5 zu beachten. Soweit in BV **Leistungen** enthalten sind, die die Konkursmasse belasten, sollen der BR und der Insolvenzverwalter über eine einvernehmliche Herabsetzung dieser Leistungen beraten (§ 120 Abs. 1 InsO). Als Leistungen, die die Konkursmasse belasten, können nur solche gelten, die sich auf **Entgeltbestandteile, Sozialleistungen, geldwerte Vorteile** usw. beziehen. Arbeitszeit- oder EDV-Regelungen beispielsweise gehören nicht zu den BV, bezüglich deren eine Beratungspflicht besteht.[377] Soweit in einer BV auf **tarifliche Regelungen** Bezug genommen oder soweit in einer BV ein TV auf Grund einer entsprechenden Öffnungsklausel ergänzt oder konkretisiert wird, besteht bezüglich des **tariflichen Mindeststandards,** dessen Herabsetzung rechtlich ohnehin nicht zulässig ist, keine Beratungspflicht. § 120 Abs. 1 Satz 1 InsO begründet für den BR lediglich eine **Beratungspflicht,** keineswegs jedoch eine Einigungspflicht. 109

---

367 *BAG* 12.6.19 – 1 AZR 154/17, NZA 19, 1203; 13.3.12 – 1 AZR 659/10, NZA 12, 990; 28.6.05 – 1 AZR 213/04, AiB 07, 192; 18.11.03 – 1 AZR 604/02, DB 04, 1508; 14.8.01 – 1 AZR 619/00, NZA 02, 276 = AiB 02, 438 mit Anm. *Bachner; Fitting,* Rn. 171.

368 *BAG* 19.11.19 – 1 AZR 386/18, NJW 20, 1243.

369 *BAG* 14.8.01, a.a.O.; GK-*Kreutz,* a.a.O.

370 *BAG* 19.11.19 – 1 AZR 386/18, NZA 20, 297.

371 *Meyer,* DB 00, 1174, 1177; *Silberberger,* S. 63; zur Fortgeltung und Ablösung freiwilliger BV vgl. *Bauer/v. Steinau-Steinrück,* NZA 00, 505.

372 GK-*Kreutz,* Rn. 428.

373 *BAG* 28.7.81, DB 81, 2621; *LAG Baden-Württemberg* 14.12.16 – 4 TaBV 10/16, juris; AiB 4/17. 46 mit Anm. *Brackelmann; Fitting,* Rn. 175; GK-*Kreutz,* Rn. 429.

374 *BAG* 12.6.19 – 1 AZR 154/17, NZA 19, 1203; 18.9.02 – 1 ABR 5/01, NZA 03, 670.

375 *BAG* 18.9.02, DB 03, 1281, 1283; *Fitting,* Rn. 175; *GL,* Rn. 62; GK-*Kreutz,* Rn. 430; a. A. *Gaul,* NZA 86, 628 [631].

376 *BAG* 19.2.08 – 1 AZR 114/07; 6.11.07 – 1 AZR 826/06, NZA 08, 542.

377 *Bichlmeier/Oberhofer,* AiB 97, 161, 163; *Fitting,* Rn. 154; einschränkend auch *Zwanziger,* § 120 Rn. 2 f.

110 Es bestehen gegenüber dem Insolvenzverwalter diesbezüglich keine gesteigerten Verhaltenspflichten des BR. Gemäß § 120 Abs. 1 Satz 2 InsO können die in Satz 1 genannten BV grundsätzlich mit einer **Frist von drei Monaten** gekündigt werden, auch dann, wenn in der BV eine längere **Kündigungsfrist** vereinbart ist. Diese erleichterte Kündigungsmöglichkeit ist zwar anwendbar auf **ordentlich kündbare BV,** nicht aber auf BV, die auf Grund Befristung oder sonstiger Umstände ordentlich überhaupt nicht kündbar sind (vgl. dazu Rn. 113).[378] Wortlaut und Regelungsgehalt der Bestimmung sind insoweit eindeutig. § 120 Abs. 2 InsO stellt lediglich einen klarstellenden Hinweis auf die ohnehin bestehende Möglichkeit der **fristlosen Kündigung von BV** dar (vgl. dazu Rn. 112). Bezüglich der **Nachwirkung von BV** (vgl. Rn. 116 ff.) gelten für die gemäß § 120 Abs. 1 Satz 2 InsO gekündigte BV keine Besonderheiten.

111 Abs. 5 räumt den Betriebsparteien, falls etwas anderes in der BV ausdrücklich nicht vereinbart wurde, grundsätzlich ein **freies Kündigungsrecht** ein. Es gelten weder Kündigungsschutzbestimmungen noch bedarf die Kündigung einer BV eines sachlichen Grundes, der von den ArbG überprüfbar wäre.[379] Bei Kündigungen von **BV über betriebliche Altersversorgung** ist deren Wirkung durch die **Grundsätze des Vertrauensschutzes und der Verhältnismäßigkeit** begrenzt. Das vom ***BAG*** für die Überprüfung ablösender BV entwickelte Prüfungsschema (vgl. Rn. 23 ff.)[380] ist entsprechend heranzuziehen, um die Wirkung der Kündigung ggf. zu beschränken.[381] Soweit die Wirkung der Kündigung begrenzt ist, bleibt die BV als Rechtsgrundlage erhalten und schützt die verbleibenden Rechtspositionen der AN gemäß Abs. 4.[382] Die Betriebsparteien können in einem arbeitsgerichtlichen Beschlussverfahren die Wirkungen der Kündigung der BV und den Umfang ihres Fortbestehens feststellen lassen.[383] Unabhängig davon, dass das *BAG* zu einer Befürwortung der Bindungswirkung der Entscheidung über einen entsprechenden Feststellungsantrag des BR im Verhältnis von AG und betroffenen AN zueinander neigt, ist eine konkrete Billigkeitskontrolle in einem Individualverfahren hierdurch nicht ausgeschlossen.[384] Der **Ausschluss der Kündbarkeit** kann gemäß Abs. 5 vereinbart werden (zum Sozialplan vgl. §§ 112, 112a Rn. 203).[385] Es kann einen Missbrauch betriebsverfassungsrechtlicher Gestaltungsmöglichkeiten in diesem Zusammenhang darstellen, wenn Betriebsparteien im zeitlichen Zusammenhang mit einer bevorstehenden BR-Wahl nach den Modalitäten von Abs. 5 kündbare BV ausschließlich dahingehend einvernehmlich abändern, dass die BV frühestens zu einem Zeitpunkt in drei Jahren gekündigt werden können. Dies kann als Änderungs- und Beendigungssperre zu Lasten des zukünftig zuständigen BR auch eine Behinderung der BR-Tätigkeit darstellen.[386]

112 Eine BV kann auch **fristlos aus wichtigem Grund** gekündigt werden, wenn Tatsachen vorliegen, auf Grund deren dem Kündigenden die **Bindung an die BV** selbst bis zum Ablauf der Kündigungsfrist **nicht zugemutet werden kann.**[387] Derjenige, der vom Recht der fristlosen

---

378 *Fitting,* Rn. 156; *Bichlmeier/Oberhofer,* a. a. O.; a. A. GK-*Kreutz,* Rn. 389; *Lakies,* RdA 97, 145, 147; *Schrader,* NZA 97, 70, 79; *Zwanziger,* § 120 Rn. 3.

379 *BAG* 17.8.04 – 3 AZR 189/03, NZA 05, 128; 18.9.01 – 3 AZR 728/00, NZA 02, 1164; 21.8.01 – 3 ABR 44/00, NZA 02, 575; 17.8.99 – 3 ABR 55/98, NZA 00, 498 = AiB 00, 509 mit Anm. *Schoden;* 11.5.99 – 3 AZR 21/98, NZA 00, 322 = AuR 00, 386 mit Anm. *Herbst/Matthes* = AiB 00, 512 mit Anm. *Schoden;* vgl. auch *Langohr/Plato,* BB 00, 1885; 26.10.93, BB 94, 1072; 10.3.92 – 3 ABR 54/91, DB 92, 1735; 26.4.90 – 6 AZR 278/88, 1871 [1872] m. w. N.; *Heither,* BB 92, 145, 148; *Molkenbur/Rossmanith,* AuR 90, 333 [338]; für einen begrenzten Kündigungsschutz bei freiwilligen BV über betriebliche Sozialleistungen *Schaub,* BB 90, 289 ff.; dagegen *BAG* 26.4.90, a. a. O.; vgl. auch *Hilger/Stumpf,* BB 90, 929 ff., und *Hanau/Preis,* NZA 91, 81.

380 Zu den Einzelheiten siehe *Langohr-Plato,* a. a. O., 1886 ff.

381 *BAG* 8.12.20 – 3 ABR 44/19, BB 21, 1337; 18.9.01, a. a. O.; 21.8.01, a. a. O.

382 *BAG* 11.5.99, a. a. O.; 17.8.99, a. a. O.

383 *BAG* 21.8.01, a. a. O.

384 *BAG* 17.8.99 – 3 ABR 55/98, a. a. O.

385 *BAG* 21.8.01, a. a. O.; 10.3.92, a. a. O., bedarf allerdings bei stillschweigender Vereinbarung in den Regelungen der BV selbst hinreichender Anhaltspunkte; zu den Möglichkeiten, dass sich Einschränkungen der Kündbarkeit ohne ausdrückliche Vereinbarung aus dem Inhalt der BV selbst ergeben vgl. *Hanau/Preis,* a. a. O., 86 f.

386 *HessLAG* 3.3.11 – 9 TaBV 168/10, juris.

387 *BAG* 28.4.92 – 1 ABR 68/91, AuR 92, 313; 19.7.57, AP Nr. 1 zu § 52 BetrVG; *Fitting,* Rn. 151; *GL,* Rn. 63; GK-*Kreutz,* Rn. 413; HWGNRH-*Worzalla,* Rn. 225; Richardi-*Richardi,* Rn. 216.

Kündigung Gebrauch machen will, muss **nachprüfbare Tatsachen** vortragen, aus denen sich ergibt, dass wichtige Gründe für die vorzeitige Beendigung der BV vorliegen, und kann sich nicht auf **pauschale Begründungen** (»untragbare wirtschaftliche Belastung«, »Erschöpfung finanzieller Mittel«) beschränken.[388] Eine wegen des Normcharakters der BV grundsätzlich nicht mögliche rückwirkende **Anfechtung** der BV wegen Willensmängeln beim Abschluss[389] kann ggf. als für die Zukunft wirkende fristlose Kündigung angesehen werden.

Auch BV, die auf einem **Spruch der ESt.** beruhen, können gekündigt werden, sofern sie **keine** 113 **feste Laufzeit** haben.[390] Dies gilt im Regelfall jedoch nicht für einen **Sozialplan** (vgl. dazu §§ 112, 112a Rn. 203 ff.).[391] Eine Kündigung scheidet dagegen regelmäßig aus, wenn es sich um die **Regelung eines einmaligen Tatbestandes** handelt, z. B. bei einer BV über die Arbeitszeit zwischen Weihnachten und Neujahr oder über Betriebsferien.[392] Doch kann möglicherweise unter dem **Gesichtspunkt des Wegfalls der Geschäftsgrundlage** eine Lossagung in Betracht kommen.[393] Dies führt allerdings nicht zur Unwirksamkeit der BV, sondern lässt diese – wenn auch mit einem, ggf. durch Anrufung der ESt., anzupassenden Inhalt – fortbestehen.[394] Die Kündigung lediglich **eines Teils der BV** ist nur möglich, wenn dies **vereinbart** ist[395] oder wenn sich die Kündigung auf einen **selbstständigen Teilkomplex** der BV bezieht.[396] Die Zulassung der Teilkündigung einer BV ist allerdings dann abzulehnen, wenn verschiedene Regelungskomplexe einer BV im Rahmen eines **Verhandlungskompromisses der Betriebsparteien** trotz ihrer »technischen« Teilbarkeit als Geschäftsgrundlage der BV inhaltlich untrennbar miteinander verknüpft sind. Das BAG verlangt aber nunmehr auch in diesen Fällen, dass die Betriebsparteien den Ausschluss der Teilkündigung vereinbaren, oder dass der Ausschluss der Teilkündigung in der BV zumindest deutlich zum Ausdruck kommt.[397] Aus diesem Grund sollten bei entsprechenden Fallgestaltungen zum Ausschluss oder zur Zulassung einer Teilkündigung einer BV durch die Betriebsparteien klarstellende Regelungen in eine BV aufgenommen werden.

Die Kündigung durch den BR setzt eine **Beschlussfassung nach § 33** voraus.[398] **Im Kündi-** 114 **gungszeitraum kann** bereits über eine neue BV **verhandelt** und ggf. **die ESt. angerufen werden.** Die neue Regelung gilt aber erst nach Ablauf des Geltungszeitraums der alten BV, sofern die Parteien nicht etwas anderes vereinbaren.[399]

Eine BV kann **nichtig** sein, beispielsweise weil die **Schriftform gemäß Abs. 2** nicht eingehalten 115 wurde, ein **Verstoß gegen Abs. 3** oder höherrangiges Recht vorliegt (zur Möglichkeit der Umdeutung einer nichtigen BV in ein gebündeltes Vertragsangebot an die AN vgl. Rn. 131). Sind lediglich **einzelne Bestimmungen** einer BV – oder eines ESt.-Spruchs[400] – **nichtig,** ist zu entscheiden, ob die ganze Vereinbarung unwirksam ist oder nur Teilnichtigkeit vorliegt,[401] wobei von **Teilnichtigkeit** wegen des Rechtsnormcharakters der Regelungen einer BV in der Regel dann auszugehen ist, wenn der wirksame Teil der BV auch ohne die nichtigen Regelungen

---

388 *BAG* 10.8.94 – 7 ABR 35/93, DB 95, 480, 481 f.; 28.4.92 – 1 ABR 68/91, a.a.O.
389 *BAG* 15.12.61, AP Nr. 1 zu § 615 BGB Kurzarbeit; *Fitting,* Rn. 33; *GL,* Rn. 16; HWGNRH-*Worzalla,* Rn. 237; Richardi-*Richardi,* Rn. 49.
390 *Fitting,* Rn. 152; *GL,* Rn. 61; GK-*Kreutz,* Rn. 405; Richardi-*Richardi,* Rn. 223.
391 *Fitting,* Rn. 145.
392 *BAG* 26.4.90 – 6 AZR 278/88, DB 90, 1871 [1872]; 22.6.62, AP Nr. 2 zu § 52 BetrVG; *Fitting,* Rn. 145.
393 *BAG* 29.5.64, AP Nr. 24 zu § 59 BetrVG; 5.3.64, AP Nr. 2 zu § 607 BGB; *Fitting,* Rn. 152; HWGNRH-*Worzalla,* Rn. 239; Richardi-*Richardi,* Rn. 199.
394 *BAG* 10.8.94 – 7 ABR 35/93, DB 95, 480, 482.
395 *BAG* 19.3.57, AP Nr. 1 zu § 16 AOGö; 17.4.59, AP Nr. 1 zu § 4 TVG Günstigkeitsprinzip; *Fitting,* Rn. 153; GK-*Kreutz,* Rn. 410; HWGNRH-*Worzalla,* Rn. 230; Richardi-*Richardi,* Rn. 211.
396 *BAG* 6.11.07 – 1 AZR 826/06, NZA 08, 1218; 29.5.64, AP Nr. 24 zu § 59 BetrVG 1952; *Fitting,* a.a.O.; GK-*Kreutz,* a.a.O.; HWGNRH-*Worzalla,* a.a.O.; Richardi-*Richardi,* 221.
397 *BAG* 6.11.07, a.a.O.
398 GK-*Kreutz,* Rn. 414.
399 *Fitting,* Rn. 158.
400 *BAG* 20.7.99 – 1 ABR 66/98, NZA 00, 495; 25.1.00 – 1 ABR 1/99, BB 00, 2261.
401 *BAG* 23.6.92 – 1 ABR 9/92, BB 93, 289; 15.5.57, AP Nr. 5 zu § 56 BetrVG; vgl. auch *BAG* 10.3.92 – 3 ABR 54/91, DB 92, 1735.

eine sinnvolle und in sich geschlossene Regelung enthält.[402] Im Zweifel ist lediglich Teilnichtigkeit anzunehmen. Die Nichtigkeit der gesamten BV kann sich allerdings auch bei Vorliegen in sich geschlossener und sinnvoller Teilregelungen daraus ergeben, dass durch die Nichtigkeit einzelner Regelung der BV dem in ihr zum Ausdruck kommende Verhandlungsergebnis zu Lasten einer Betriebspartei die Grundlage entzogen wird.[403]

10. Nachwirkung

116 Regelungen einer BV, die durch den Spruch der ESt. erzwungen werden können, gelten nach Ablauf weiter, bis sie durch eine **andere Abmachung ersetzt** werden. Die Vorschrift stellt somit sicher, dass in mitbestimmungspflichtigen Angelegenheiten auch nach Kündigung einer vorher bestandenen BV und nach Ablauf der Kündigungsfrist Regelungen nur gemeinsam zwischen AG und BR – bzw. durch Spruch der ESt. – getroffen werden können. Auch bei Vorliegen einer wirksamen **außerordentlichen Kündigung** einer BV (vgl. Rn. 113) kommt die Nachwirkung uneingeschränkt zur Anwendung.[404] Die Nachwirkung erstreckt sich auf alle Normen der BV.[405]

117 Die Bestimmung gilt nicht für **freiwillige BV.** Soweit in einer BV ausschließlich Verfahrensregelungen im Hinblick auf die Ausübung von Mitbestimmungsrechten des BR geregelt werden, handelt es sich um freiwillige Angelegenheiten, die nicht der Nachwirkung unterliegen.[406] In einer freiwilligen BV kann die **Nachwirkung** allerdings **vereinbart** werden (vgl. dazu Rn. 123, § 88 Rn. 5 ff.).[407]

118 Versorgungsbesitzstände von AN aus einer BV über eine **betriebliche Altersversorgung** sind nach deren Kündigung allerdings unabhängig von der Frage der Nachwirkung der BV kraft Gesetzes unter dem Gesichtspunkt der Verhältnismäßigkeit und des Vertrauensschutzes geschützt.[408]

119 Auch wenn in einer BV **erzwingbare und freiwillige Regelungstatbestände** gleichzeitig enthalten sind, soll sich nach Auffassung des *BAG* – zumindest bei freiwilligen betrieblichen Sozialleistungen – im Fall der Kündigung einer solchen BV die Nachwirkung nicht auf die freiwilligen Regelungstatbestände beziehen,[409] allerdings nur, wenn der AG die **vollständige Beseitigung der freiwilligen** Leistung beabsichtigt.[410] Allerdings kann sich aus dem inneren Zusammenhang und dem Aushandlungsprozess solcher »kombinierter« BV eine **untrennbare Verknüpfung der erzwingbaren und freiwilligen Elemente** ergeben, die es erforderlich macht, dass die BV insgesamt nachwirkt.[411] Das ist etwa dann der Fall, wenn eine BV über

402 *BAG* 14.3.12 – 7 AZR 147/11, NZA 12, 1183; 19.2.08 – 1 AZR 1004/06, NZA 08, 719; 8.6.04, NZA 05, 227; 29.4.04, NZA 04, 670; 25.1.00 – 1 ABR 1/99, a.a.O.; 20.7.99 – 1 ABR 66/98, a.a.O.; 18.12.90 – 1 ABR 11/90, DB 91, 1076; *Fitting*, Rn. 32.

403 *BAG* 21.1.03 – 1 ABR 9/02, NZA 03, 1097.

404 *BAG* 10.8.94 – 7 ABR 35/93, DB 95, 480, 481; MünchArbR-*Matthes*, § 239 Rn. 58; a.A. *Fitting*, Rn. 179; GK-*Kreutz*, Rn. 447; wohl auch ErfK-*Kania*, Rn. 102.

405 *Fitting*, Rn. 178; GK-*Kreutz*, Rn. 469.

406 *BAG* 23.10.18 – 1 ABR 10/17, NZA 19, 186; siehe dazu auch *LAG Berlin-Brandenburg* 17.1.19 – 26 TaBV 1175/18, juris.

407 *BAG* 12.8.82, 9.2.89, AP Nrn. 5, 35 zu § 77 BetrVG 1972; 18.4.89, DB 89, 2232; 26.4.90 – 6 AZR 278/88, DB 90, 1871; 21.8.90 – 1 ABR 73/89, BB 90, 2406 = AiB 91, 87; 21.8.01, NZA 02, 575; 18.11.03 – 1 AZR 604/02, NZA 04, 803; 19.9.06 – 1 ABR 58/05, AP Nr. 29 zu § 77 BetrVG 1972 Betriebsvereinbarung; *Fitting*, Rn. 178; GK-*Kreutz*, Rn. 469; *Heither*, BB 92, 145, 148; HWGNRH-*Worzalla*, Rn. 255; *Leinemann*, BB 89, 1908 f.; Richardi-*Richardi*, Rn. 186 f.; a.A. *ArbG Hamburg*, 16.10.91, DB 92, 436 (aufgehoben durch *LAG Hamburg* 17.8.92 – 1 TaBV 5/91, NZA 93, 283); *ArbG Frankfurt* 5.9.89 – 11 Ca 26/89; *Schwerdtner*, ZfA 85, 192; kritisch zur Rspr. des *BAG Schirge*, DB 91, 441.

408 *BAG* 21.8.01, a.a.O.; 18.9.01, NZA 02, 1164; 10.3.92 – 3 ABR 54/91, DB 92, 1735; 21.8.90 – 1 ABR 73/89, a.a.O., S. 2408; 18.4.89, a.a.O., S. 2233; vgl. dazu auch Rn. 53b und *Heither*, a.a.O.; *Molkenbur/Rossmanith*, AuR 90, 333 ff.; *Reinecke*, DB 02, 2717 ff.

409 21.8.90, a.a.O.; a.A. *Blomeyer*, DB 90, 173 ff.

410 *BAG* 10.12.13 – 1 ABR 39/12 – 1 ABR 39/12, juris; 6.10.93 – 1 AZR 46/93, BB 94, 1072.

411 *BAG* 9.7.13 – 1 AZR 275/12, NZA 13, 1438; 5.10.10 – 1 ABR 20/09, NZA 11, 598; *LAG Saarland* 18.1.17 – 1 TaBV 1/16, juris, anhängig *BAG* – 1 ABR 10/17; *LAG Hamburg* 7.12.16 – 6 Sa 59/16, juris; anhängig *BAG* – 1 AZR 65/17; *LAG Köln* 27.4.95 – 10 TaBV 69/94, AiB 96, 250 mit Anm. *Petri*.

eine erzwingbare Schichtplanregelung als Ausgleich für die Erschwernisse der Schichtarbeit die Zahlung einer freiwilligen bzw. nur teilmitbestimmten Schichtzulage vorsieht, so dass sich bei einer Kündigung der BV die Nachwirkung der Schichtplanregelung auch auf die Zulagenregelung erstreckt.[412]

Dies muss auch bei freiwilligen Leistungen zumindest dann gelten, wenn der AG mit der Kündigung nicht deren ersatzlose Streichung, sondern deren Neustrukturierung oder Umverteilung anstrebt.[413] Das wird vom *BAG (1. Senat)*[414] für sog. **teilmitbestimmte BV** über freiwillige Leistungen bejaht, wenn der AG mit der Kündigung beabsichtigt, das zur Verfügung gestellte **Volumen** lediglich **zu reduzieren** und den **Verteilungsschlüssel zu ändern.** In diesem Fall wirkt die teilmitbestimmte BV insgesamt nach.[415] Dies führt bei einem nicht tarifgebundenen AG, der die gesamte Vergütung der AN in mitbestimmungsrechtlicher Hinsicht »freiwillig« leistet, dazu, dass eine gekündigte BV über die Vergütung in der Regel insgesamt nachwirkt.[416] Erklärt der AG im Zusammenhang mit der Beendigung einer BV (vgl. Rn. 92ff.), dass er die freiwillige Leistung aus der BV **zukünftig nicht mehr gewährt** und die finanziellen Mittel für deren Zweck **vollständig und ersatzlos** streicht, wirkt die BV grundsätzlich **nicht** nach.[417] Aus Gründen der Rechtsklarheit und Rechtssicherheit gilt dies allerdings solange nicht, bis dem BR eine entsprechende Erklärung des AG zugeht.[418] 120

Nach der Rspr. des *3. Senats* wirken **BV über Leistungen der betrieblichen Altersversorgung** »grundsätzlich« nicht nach,[419] wobei offen bleibt, ob die Rspr. des *1. Senats* zur Nachwirkung teilmitbestimmter BV überhaupt auf den Bereich der betrieblichen Altersversorgung übertragen werden kann.[420] In Betracht kann das kommen, wenn in engem zeitlichem Zusammenhang mit dem Auslaufen der Kündigungsfrist eine vergleichbare neue BV angestrebt wird[421] und wenn innerhalb des mitbestimmungsfrei reduzierten Dotierungsrahmens überhaupt noch Raum für eine Neuverteilung bleibt.[422] 121

Der AG kann die Nachwirkung der teilmitbestimmten BV nicht durch die nachträglich erklärte Änderung seiner Absichten (vollständige Streichung statt Umstrukturierung) mit sofortiger Wirkung, sondern frühestens nach Ablauf von drei Monaten beseitigen (§ 77 Abs. 5).[423] Im Einzelfall wird eine solche BV auch dahin gehend auszulegen sein, dass sie eine **Abrede über eine ihren gesamten Regelungsinhalt umfassende Nachwirkung** enthält (was aber deutliche Anhaltspunkte in den Regelungen der BV selbst erfordert).[424] Bei BV, die erzwingbare und freiwillige Regelungstatbestände gleichzeitig enthalten, wirken die **erzwingbare Regelungen enthaltenden Normen** jedenfalls dann allein nach, wenn sie einen **geschlossenen** und **für sich sinnvoll handhabbaren Komplex** darstellen.[425] 122

Bei **freiwilligen BV** kann die **Nachwirkung vereinbart werden.**[426] Aus der Regelung in einer freiwilligen BV, nach der die Nachwirkung »nicht ausgeschlossen« ist, kann nicht der Rege- 123

---

412 *BAG* 9.7.13 – 1 AZR 275/12, NZA 13, 1438.
413 *Fitting,* Rn. 190b; *Hanau,* NZA-Beilage 2/85, S. 10.
414 26.10.93, a.a.O.
415 *BAG* 10.11.09 – 1 AZR 511/08, NZA 11, 475; 26.8.08 – 1 AZR 354/07, NZA 08, 1426; 18.11.03, a.a.O.; 26.10.93, a.a.O.; *Fitting,* Rn. 190c; differenzierend GK-*Kreutz,* Rn. 489; Richardi-*Richardi,* Rn. 185; a.A. HWGNRH-*Worzalla,* Rn. 255.
416 *BAG* 26.8.08, a.a.O.; vgl. dazu auch *BAG* 22.6.10 – 1 AZR 853/08, NZA 10, 1243.
417 BAG 10.12.13 – 1 ABR 39/12, NZA 14, 1040.
418 *BAG* 5.10.10 – 1 ABR 20/09, NZA 11, 598.
419 *BAG* 18.9.01, a.a.O.
420 *BAG* 18.9.01, a.a.O.; 17.8.99, NZA 00, 498.
421 *BAG* 18.9.01, a.a.O.
422 *BAG* 21.8.01, a.a.O.
423 So auch *ArbG Hameln* 13.7.94 – 2 BV 19/93.
424 So *BAG* 21.8.01, a.a.O.; vgl. dazu *BAG* 18.4.89, a.a.O.; *Hanau,* a.a.O.
425 *BAG* 9.7.13, a.a.O.; 23.6.92 – 1 ABR 9/92, BB 93, 289; 28.4.92 – 1 ABR 68/91, AuR 92, 313.
426 *BAG* 23.10.18 – 1 ABR 10/17, NZA 19, 186; 21.8.01, a.a.O.; 28.4.98 – 1 ABR 43/97, DB 98, 2423 = AiB 99, 223 mit Anm. *Roos*; *LAG Baden-Württemberg* 17.5.17 – 4 Sa 1/17, juris; *LAG Saarland* 18.1.17 – 1 TaBV 1/16, juris; *LAG Schleswig-Holstein* 3.5.16 – 1 TaBV 51/15, juris; ErfK-*Kania,* Rn. 122; *Boemke/Kursawe,* DB 00, 1405; *Fitting,* Rn. 187; *GL,* Rn. 42; GK-*Kreutz,* Rn. 469; Hako-BetrVG-Lorenz, Rn. 30; Richardi-*Richardi,* Rn. 186; a.A. *v. Hoyningen-Huene,* BB 97, 1998; *Jacobs,* NZA 00, 69.

lungswillen der Betriebsparteien abgeleitet werden, die Nachwirkung solle abweichend von Abs. 6 vereinbart werden.[427] Wird eine entsprechende Vereinbarung getroffen, ohne gleichzeitig Regelungen über eine Begrenzung der Nachwirkung vorzusehen (z. B. Befristung oder gesonderte Kündigungsmöglichkeit der Nachwirkung), steht den Betriebsparteien nach Kündigung der BV zu deren Ersetzung durch eine andere Abmachung der Weg zur ESt. offen, die in diesem Fall dann nach § 76 Abs. 5 entscheidet. In der Regel ist davon auszugehen, dass die Betriebsparteien die in einer solchen BV geregelten Gegenstände als Angelegenheit der erzwingbaren Mitbestimmung gemäß § 87 behandeln wollten bzw. sich im Sinne von § 76 Abs. 6 der verbindlichen Entscheidung der ESt. vorab unterworfen haben.[428] Wollen sich die Betriebsparteien zwecks zeitlicher Befristung der Nachwirkung der Entscheidung einer ESt. nicht unterwerfen, müssen sie dies zum Ausdruck bringen.[429] Eine fristlose Kündigung »der Nachwirkung« der zuvor fristgemäß gekündigten freiwilligen BV ist demgegenüber nicht zulässig.[430] Auch fristlos gekündigte BV wirken nach (vgl. Rn. 116 f. m. w.N.).

124 Nach Auffassung des *BAG* soll es zulässig sein, die **Nachwirkung durch BV auszuschließen.**[431] Der **Ausschluss der Nachwirkung** kann sich bei einer **zeitlich begrenzten Regelung** aus der Natur der Sache ergeben,[432] z. B. bei **Sozialplan, Betriebsurlaub für ein Kalenderjahr, Mehrarbeit für eine Zusatzschicht.**[433] Endet die BV durch **Aufhebungsvereinbarung,** ist durch Auslegung der Vereinbarung zu ermitteln, ob sie nachwirkt. Eine **befristete BV** wirkt i. d. R. nach, es sei denn, der Ausschluss der Nachwirkung ergibt sich aus besonderen Anhaltspunkten in der BV selbst. Die Befristungsabrede für sich allein rechtfertigt die Annahme des Ausschlusses der Nachwirkung nicht.[434]

125 Die erzwingbare **BV wirkt** nach ihrer Beendigung so lange **fort, bis eine andere Abmachung vorliegt.** Soweit Rechtsansprüche für die AN begründet werden, gelten diese nicht nur für die bisher schon bestehenden Arbeitsverhältnisse weiter, sondern auch für AN, die erst im **Nachwirkungszeitraum** in den Betrieb eintreten, sofern nicht ausdrücklich etwas anderes vereinbart wird.[435] Eine **andere Abmachung** ist nicht nur ein **TV** oder eine neue **BV,** sondern ggf. auch ein **Einzelarbeitsvertrag,** wobei allerdings das Mitbestimmungsrecht des BR nicht durch den Abschluss gebündelter, gleich oder ähnlich lautender Einzelarbeitsverträge umgangen werden darf[436] (vgl. dazu auch § 87 Rn. 7). Werden durch die neue Abmachung nur einzelne Bestimmungen ersetzt, gelten die übrigen Bestimmungen der BV weiter.

IV. Tarifautonomie und Betriebsvereinbarung

1. Sinn und Zweck der Vorschrift

126 Nach Abs. 3 können Arbeitsentgelte und sonstige Arbeitsbedingungen, die durch TV geregelt sind oder üblicherweise geregelt werden, nicht Gegenstand einer BV sein. Dies gilt gemäß Abs. 3 Satz 2 nur dann nicht, wenn ein TV den Abschluss ergänzender BV ausdrücklich zu-

---

427 *BAG* 23. 10. 18, a. a. O.

428 *BAG* 28. 4. 98 – 1 ABR 43/97, a. a. O., 2424; *HessLAG* 5. 5. 94, a. a. O., 22. 3. 94 a. a. O.; *LAG Sachsen-Anhalt* 19. 1. 96 – 2 TaBV 6/95, NZA-RR 97, 213; *LAG Düsseldorf* 23. 2. 88, a. a. O.; einschränkend *Kort,* NZA 01, 477, für den speziellen Fall einer freiwilligen BV, die mit einem Freiwilligkeitsvorbehalt durch eine Öffnungsklausel gemäß Abs. 3 Satz 2 legitimiert ist; a. A. *v. Hoyningen-Huene,* a. a. O.; *Loritz,* DB 97, 2074.

429 *BAG* 28. 4. 98 – 1 ABR 43/97, a. a. O.

430 So aber wohl *Boemke/Kursawe,* a. a. O., 1409 f.; *Jacobs,* a. a. O., 73.

431 *BAG* 9. 2. 84, AP Nr. 9 zu § 77 BetrVG 1972; *Fitting,* Rn. 180; *GL,* Rn. 45; GK-*Kreutz,* Rn. 474; HWGNRH-*Worzalla,* Rn. 254.

432 *Fitting,* Rn. 180.

433 Vgl. dazu *BAG* 17. 1. 95 – 1 ABR 29/94, DB 95, 1918.

434 *Fitting,* a. a. O.; GK-*Kreutz,* a. a. O.; für eine BV zur Umsetzung der Arbeitszeitverkürzung vgl. *BAG* 19. 2. 91 – 1 ABR 31/90, DB 91, 2043.

435 *LAG Düsseldorf* 4. 6. 08 – 2 TaBV 2/08, ZTR 09, 43; *Fitting,* Rn. 182; GK-*Kreutz,* Rn. 472; a. A. *GL,* Rn. 43.

436 Vgl. *BAG* 19. 4. 63, AP Nr. 2 zu § 56 BetrVG Entlohnung; *Fitting,* Rn. 183; *GL,* Rn. 42; Richardi-*Richardi,* Rn. 181.

lässt.[437] Die Vorschrift des Abs. 3 trägt dem **durch Art. 9 Abs. 3 GG verfassungsrechtlich garantierten Schutz der Gewerkschaften und der Tarifautonomie** Rechnung.[438] Sie soll sicherstellen, dass die **Tarifautonomie durch kollektive betriebliche Regelungen** nicht **beeinträchtigt** oder gar **ausgehöhlt** wird. Ungeachtet der anhaltenden rechtsdogmatischen und -politischen Diskussion über die Reichweite und die Zweckmäßigkeit dieser Vorschrift (vgl. dazu Rn. 155 f.) ist die Regelungssperre des Abs. 3 von den Betriebsparteien uneingeschränkt zu beachten[439] und ist der höchstrichterlichen Rspr. wiederholt bestätigt.[440] Im Zusammenhang mit den von marktradikalen Ökonomen und konservativen Politikern verstärkt vorgetragenen **Angriffen auf die Tarifautonomie** (»freier« Arbeitsmarkt versus »Tarifdiktat«)[441] nehmen **Tendenzen der schrittweisen Erosion der Tarifverträge** durch die auf verschiedenen Wegen[442] vorangetriebene Etablierung **konkurrierender Regelungssysteme auf betrieblicher Ebene** zu. Während in der rechtspolitischen und tarifrechtlichen Debatte die **Uminterpretation des Günstigkeitsprinzips**[443] und der Ruf nach der den Tarifvorrang beseitigenden **Öffnungsklausel** (vgl. dazu Rn. 150 ff.) im Vordergrund stehen, verstärken sich **auf betrieblicher Ebene** die Versuche der AG-Seite, durch tarifwidrige BV, unternehmens- und konzernweite »Verträge« der Betriebsparteien,[444] Regelungsabreden (vgl. Rn. 158 ff.), informelle Absprachen der Betriebsparteien und den Einsatz verschiedener individualrechtlicher Instrumentarien[445] (vgl. Rn. 158 ff.) bestehende **Tarifverträge zu unterlaufen.**

127 Die historisch gewachsene und durch Art. 9 Abs. 3 GG bestätigte Privilegierung der Koalitionen und ihrer Tätigkeit garantiert diesen grundsätzlich eine **vorrangige kollektivvertragliche Regelungskompetenz** auf dem Gebiet der Arbeits- und Wirtschaftsbedingungen. Die gesetzliche Regelung der Betriebsverfassung und die damit verbundene Schaffung einer konkurrierenden Normsetzungsbefugnis auf betrieblicher Ebene macht daher schon aus verfassungsrechtlichen Gründen die **Absicherung der Normsetzungsprärogative bzw. Vorrangkompetenz der Tarifvertragsparteien** erforderlich.[446] Insoweit trägt Abs. 3 der **qualitativ höheren Gewichtung** der **Tarifautonomie** gegenüber der **Betriebsautonomie** Rechnung.[447] Es geht also nicht nur um den Vorrang der Tarifnorm »als der stärkeren Norm«, sondern vor allem um die **Gewährleistung eines leistungsfähigen und attraktiven tarifautonomen Handlungssystems**[448] im Allgemeinen und die **Sicherung der ausgeübten und aktualisierten Tarifautonomie**[449] im Besonderen.

---

437 *BAG* 12.3.19 – 1 AZR 307/17, NZA 19, 784; 15.1.19 – 1 AZR 64/18, juris; 15.5.18 – 1 ABR 75/16, NZA 18, 1150.

438 Vgl. dazu Kempen/Zachert-*Wendeling-Schröder,* Grundlagen Rn. 425 ff.

439 *Buchner,* DB 97, 573.

440 *BVerfG* 24.4.96, BB 96, 1835; *BAG* 26.1.17 – 2 AZR 406/16, NZA 17, 522; 14.3.12 – 7 AZR 147/11, AuR 12, 414 Ls., juris; 13.3.12 – 1 AZR 659/10, NZA 12, 990; 16.11.11 – 7 ABR 27/10, NZA-RR 12, 579; 23.3.11 – 4 AZR 268/09, NZA 12, 231 Ls., juris; 20.11.01 – 1 AZR 12/01, NZA 02, 872 = EzA § 77 BetrVG 1972 Nr. 70; 5.3.97 – 4 AZR 532/95, NZA 97, 951; 24.1.96 – 1 AZR 597/95, BB 96, 1717; 5.3.97 – 4 AZR 532/95, AuR 97, 336.

441 Vgl. dazu den Überblick bei *Däubler,* Tarifvertragsrecht, S. 58 ff.; *Kittner,* AiB 95, 158; *Zachert,* GMH 94, 168.

442 Vgl. *Linnenkohl,* BB 94, 2077, 2078 ff. mit Hinweisen zur Situation in den neuen Bundesländern, 2080 ff.

443 Dazu *Däubler,* a. a. O., S. 62 f., 148 ff.; *Dieterich,* RdA 02, 1, 12, 14.

444 Dazu *Linnenkohl,* a. a. O., 2080; *Nagel,* BetrR 94, 53, 56.

445 Beispiele bei *Linnenkohl,* a. a. O., 2078 ff. und *ArbG Regensburg* 23.3.95 – 5 BVGa 1/95 N.

446 AK-GG-*Kittner/Schieck,* Art. 9 Abs. 3 Rn. 68; *Halblitzel,* DB 71, 2158; *Heinze,* NZA 89, 41; *Kissel,* NZA 86, 73 79; Kempen/Zachert-*Wendeling-Schröder,* a. a. O., Rn. 426 ff., die in diesem Zusammenhang zusätzlich die besondere demokratische Legitimation der Normen eines TV im Unterschied zu den Normen einer BV betont; Wiedemann-*Wank,* Tarifvertragsgesetz, § 4 Rn. 612.

447 *WW,* Rn. 9.

448 *Weyand,* AuR 89, 193 [194].

449 *BAG* 26.1.17 – 2 AZR 405/16, NZA 17, 522; 13.3.12 – 1 AZR 659/10, NZA 12, 990; 24.1.96 – 1 AZR 597/95, BB 96, 1717; 3.12.91 – GS 2/90, BB 92, 1418; *Fitting,* Rn. 67; GK-*Kreutz,* Rn. 100 ff.; *Haug,* BB 86, 1921 [1922]; *v. Hoyningen-Huene/Meier-Krenz,* NZA 87, 793 [794]; *Moll,* S. 37; Richardi-*Richardi,* Rn. 270; Schaub-*Koch,* § 231 Rn. 22.

128 Den Gewerkschaften und AG-Verbänden wurde daher bezüglich der Gestaltung der Arbeitsentgelte und Arbeitsbedingungen eine weitgehende **Monopolstellung** eingeräumt.[450] Die **BV** soll **nicht als** ein »**Ersatz-TV**« für nicht organisierte AN **oder als** »**Zusatz-TV**« für übertarifliche Leistungen wirken können, weil dadurch die Stellung der Koalitionen und ihre Funktionsfähigkeit entscheidend getroffen würde.[451] Daher **gilt im Verhältnis zwischen TV und BV** auch **nicht das sog. Günstigkeitsprinzip** (vgl. auch Rn. 29), soweit nicht der TV selbst eine entsprechende **Öffnungsklausel** (vgl. Rn. 92) enthält. **Weitere,** in der Literatur teilweise vertretene **Normzwecke,** wie etwa der **Schutz der überbetrieblichen Ordnung,** des **Betriebsfriedens** oder der **Gleichheit der Wettbewerbsbedingungen**[452] können der Vorschrift nicht entnommen werden und würden sich bereits mit der vom Gesetzgeber in Abs. 3 Satz 2 vorgesehenen tarifvertraglichen Öffnungsklausel nicht vereinbaren lassen.[453]

2. Arbeitsentgelte und Arbeitsbedingungen

129 Die Sperrvorschrift des Abs. 3 erstreckt sich auf **Arbeitsentgelte** und sonstige **Arbeitsbedingungen,** die durch TV geregelt sind oder üblicherweise geregelt werden. Unter Arbeitsentgelt ist jede in Geld zahlbare Vergütung und Sachleistung des AG zu verstehen, wie Lohn einschließlich Zulagen und Prämien, Gratifikationen, Deputate oder Gewinnbeteiligungen. Unter sonstigen Arbeitsbedingungen sind **alle Arbeitsbedingungen** zu verstehen, die **Gegenstand tariflicher Inhaltsnormen** (vgl. § 1 Abs. 1, § 4 Abs. 1 TVG) sein können. Auf die – ohnehin fragwürdige – **Unterscheidung zwischen materiellen und formellen Arbeitsbedingungen** (vgl. dazu § 87 Rn. 24) kann bei der Bestimmung des Umfangs der Sperrwirkung nicht abgestellt werden.[454] Eine Einschränkung des Umfangs der Sperrwirkung der Vorschrift lässt sich weder mit dem Wortlaut von Abs. 3 noch mit seinem Normzweck rechtfertigen. Schon der Begriff Arbeitsentgelt schließt Fragen der Lohnfindung und -technik und damit den formellen Arbeitsbedingungen zuzurechnende Gegenstände ein.[455] Auch dem an den Begriff Arbeitsentgelt anschließenden Text »und sonstige Arbeitsbedingungen« lässt sich eine Beschränkung auf materielle Arbeitsbedingungen nicht entnehmen.[456] Vor allem aber der Normzweck der Vorschrift, die Sicherung der Tarifautonomie und der Funktionsfähigkeit der Koalition (vgl. Rn. 78), spricht für die Einbeziehung aller Arbeitsbedingungen in die Sperrwirkung.[457]

130 Sind Arbeitsentgelte und sonstige Arbeitsbedingungen durch TV geregelt bzw. üblicherweise geregelt (vgl. dazu Rn. 68 ff.), sind insoweit also die Voraussetzungen der Sperrwirkung grundsätzlich gegeben, ist **bei der Beurteilung des Umfangs der Sperrwirkung** eine **enge Auslegung des TV** geboten:[458]

- So gilt die Sperrwirkung nicht für Arbeitsbedingungen, die die TV-Parteien im TV nicht regeln wollten[459] oder – etwa mangels Einigung – nicht regeln konnten.[460]
- Etwas anderes kann gelten, wenn sich der Wille der TV-Parteien zu einer Negativregelung unmittelbar aus einer positiven Sachregelung im TV ergibt.[461]
- Da die Regelungskompetenz der Betriebsparteien nicht zur Disposition der TV-Parteien steht, tritt die Sperrwirkung auch nicht bei Tarifregelungen ein, die dem AG das Recht

450 HWGNRH-*Worzalla,* Rn. 100.
451 So auch GK-*Kreutz,* Rn. 86; ähnlich ErfK-*Kania,* Rn. 43.
452 Vgl. z. B. *GL,* Rn. 73; HWGNRH-*Worzalla,* Rn. 105.
453 GK-*Kreutz,* Rn. 88; *Haug,* a. a. O.; Wiedemann-*Wank,* a. a. O.
454 Im Ergebnis ebenso *BAG* 9. 4. 91 – 1 AZR 406/90, DB 91, 1629; 3. 12. 91 – GS 2/90, BB 92, 1418, 1422; *Fitting,* Rn. 71; GK-*Kreutz,* Rn. 100 ff.; *Haug,* BB 86, 1921 [1928 f.]; *v. Hoyningen-Huene/Meier-Krenz,* NZA 87, 793 [794 f.]; *Moll,* S. 44 ff.; *WW,* Rn. 11; a. A. Richardi-*Richardi,* Rn. 270; *GL,* Rn. 75.
455 *Haug,* a. a. O., 1928.
456 GK-*Kreutz,* Rn. 102; *v. Hoyningen-Huene/Meier-Krenz,* a. a. O., 794.
457 GK-*Kreutz,* Rn. 103; *Haug,* a. a. O.; *v. Hoyningen-Huene/Meier-Krenz,* a. a. O., 795; *Moll,* S. 49.
458 Deinert/Heuschmid/Zwanziger-*Deinert,* § 12 Rn. 112.
459 *BAG* 1. 12. 92 – 1 AZR 234/92, NZA 93, 613; 22. 1. 80, AP Nr. 3 zu § 87 BetrVG 1972 Lohngestaltung; *GL,* Rn. 83g; GK-*Kreutz,* Rn. 124; *Moll,* S. 75.
460 GK-*Kreutz,* Rn. 102.
461 Vgl. dazu GK-*Kreutz,* Rn. 126 f.

einräumen, nach dem BetrVG mitbestimmungspflichtige Angelegenheiten einseitig zu regeln.[462]

- Auch lückenhafte TV oder ergänzungsbedürftige tarifliche Rahmenregelungen stehen der Ausfüllung durch BV offen.[463]
- Eine BV, in der die **Arbeitsentgelte** ganz oder teilweise auch der **Höhe** nach geregelt werden, verstößt gegen Abs. 3.[464]
- Die Tatsache, dass das **Arbeitsentgelt tarifvertraglich** (oder üblicherweise tariflich) **geregelt** ist, bedeutet nicht, dass sich die Sperrwirkung schon deshalb auf **Prämien** und **Zulagen** für zusätzliche Leistungen oder für **Leistungen mit anderen tatbestandlichen Voraussetzungen,** z. B. auf Schmutz- und Erschwerniszulagen, Funktionszulagen, Gratifikationen aus besonderem Anlass oder Zusatzurlaub bei längerer Betriebszugehörigkeit erstreckt.[465]
- Beschränkt sich der **TV** auf **Zeitlohn,** erfasst die Sperrwirkung nicht die Regelung von **Akkord- und Prämienlohn.**[466]
- Unterliegen bestimmte AN-Gruppen, z. B. **AT-Angestellte,** nicht dem persönlichen Geltungsbereich eines TV, sind BV zur Regelung der Arbeitsbedingungen dieser AN-Gruppen zulässig (vgl. auch § 87 Rn. 51, 338).[467]
- Die tarifliche Regelung von **Nachtarbeitszuschlägen** führt nicht zur Unzulässigkeit einer BV über **Wechselschichtzulagen,** da mit den Zulagen unterschiedliche Erschwernisse honoriert werden sollen.[468]
- Eine BV über **flexible Arbeitszeiten** verstößt gegen Abs. 3, wenn in ihr der Wegfall tariflich geregelter **Mehrarbeitszuschläge** vorgesehen ist.
- Regelungen in einer BV über **vergütungspflichtige Fahrzeiten** der Außendienstmitarbeiter sind unwirksam, wenn dieser Regelungsgegenstand tarifvertraglich abschließend geregelt ist.[469]
- Handelt es sich bei der betrieblichen Regelung um **allgemeine,** nicht an besondere Voraussetzungen gebundene **Zulagen** oder um **offene** oder z. B. als Anwesenheits- und Pünktlichkeitsprämie, **versteckte Zuschläge auf das Tarifentgelt,** verstößt diese gegen die Sperrvorschrift.[470]
- Das gilt auch für Regelungen über **Ausgleichszahlungen für Arbeitszeit** in Eil- und Notfällen[471] und für vom TV abweichende Regelungen über die Vorlage von **Arbeitsunfähigkeitsbescheinigungen.**[472]
- Unzulässig ist eine BV über die **betriebliche Vorwegnahme, Art und Weise der Weitergabe** oder Fälligkeit **von Tariflohnerhöhungen**[473] oder die **Erhöhung der bisherigen Vergütung und Weihnachtsgratifikation,** wenn entsprechende tarifliche Regelungen bestehen oder üblich sind.[474]
- Eine BV, die einen tarifvertraglich abschließend geregelten **Stücklohn** durch Gegenrechnungen auf dem **Arbeitszeitkonto** ergänzt, verstößt gegen Abs. 3.[475]

---

462 *BAG* 1.12.92, a. a. O.; *Fitting,* Rn. 85; Richardi-*Richardi,* Rn. 284.
463 GK-*Kreutz,* a. a. O.
464 *BAG* 23.01.18 – 1 AZR 65/17, NZA 18, 871; 18.2.15 – 4 AZR 778/13, juris.
465 *BAG* 14.11.74, AP Nr. 1 zu § 87 BetrVG 1972; 17.12.85, AP Nr. 5 zu § 87 BetrVG 1972 Tarifvorrang; *LAG Hamm* 8.8.79, DB 79, 2236; *Fitting,* Rn. 88; *GL,* Rn. 77; GK-*Kreutz,* Rn. 127; Richardi-*Richardi,* Rn. 299.
466 *BAG* 18.3.64, AP Nr. 4 zu § 56 BetrVG Entlohnung.
467 *BAG* 22.1.80, a. a. O., mit zustimmender Anm. *Moll*..
468 *BAG* 23.10.85, AP Nr. 33 zu § 1 TVG Tarifverträge: Metallindustrie.
469 *BAG* 18.3.20 – 5 AZR 36/19, NZA 20, 868.
470 *BAG* 3.5.06, NZA 06, 1170.
471 *BAG* 21.1.03 – 1 ABR 9/02, NZA 03, 1097.
472 *BAG* 26.2.03 – 5 AZR 112/02, DB 03, 1395.
473 *BAG* 23.1.18 – 1 AZR 65/17, NZA 18, 871; 3.5.06, a. a. O.; 7.12.62, AP Nr. 28 zu Art. 12 GG.
474 *BAG* 14.3.07 – 5 AZR 420/06, NZA 07, 862; 24.1.96 – 1 AZR 597/95, BB 96, 1717 = AiB 97, 110 mit Anm. *Thannheiser.*
475 *BAG* 17.1.12 – 1 AZR 482/10, ZTR 12, 345 Ls., juris.

- Mit Abs. 3 vereinbar ist eine Regelung über das ob und wie der **Anrechnung von Tariferhöhungen** auf **übertarifliche Zulagen.**[476]
- Bei der betrieblichen **Umsetzung der ERA-TV** in der Metall- und Elektroindustrie müssen die Betriebsparteienbei Abschluss entsprechender BV unter dem Gesichtspunkt des Abs. 3 die tarifvertraglichen Vorgaben beachten.[477] Enthält ein TV (wie § 7 Nrn. 2 und 9 ERA-TV) lediglich eine Regelung der Zeiträume, innerhalb derer eine Leistungsbeurteilung zu erfolgen hat, verstößt es nicht gegen Abs. 3 Satz 1, wenn in einer BV innerhalb der tarifvertraglich festgelegten Beurteilungszeiträume der konkrete Zeitpunkt der Leistungsbeurteilung festgelegt wird.[478]
- Ist in einem TV für – aus betriebsbedingten Gründen – gekündigte AN unter bestimmten Voraussetzungen ein **Anspruch auf Wiedereinstellung** bei ihrem ehemaligen AG geregelt, ist es zulässig, in einer BV für den Fall einer bevorstehenden **Teilbetriebsübergangs** ein Anspruch auf Wiedereinstellung der übergegangenen AN gegen den Betriebsveräußerer für den Fall zu vereinbaren, dass beim Betriebserwerber aus betriebsbedingten Gründen keine Weiterbeschäftigung mehr möglich ist.[479]
- Besteht eine an bestimmte Voraussetzungen (u. a. Betriebszugehörigkeit und Lebensalter) gebundene tarifvertragliche Regelung des **Schutzes vor ordentlichen betriebsbedingten Kündigungen,** verstößt eine BV mit einer weitergehenden Kündigungsschutzregelung gegen Abs. 3.[480]

131 **Verstößt eine BV gegen die Sperrvorschrift** des Abs. 3 Satz 1, ist sie **unwirksam.**[481] Aus einer wegen Verletzung der Sperrvorschrift unwirksamen BV[482] können für die AN Ansprüche erwachsen, wenn die **begünstigende BV** in ein gebündeltes Vertragsangebot an die AN gemäß § 140 BGB analog **umgedeutet** werden kann[483] oder wenn eine **Gesamtzusage des AG** oder **betriebliche Übung** vorliegt.[484] Dies muss zumindest dann gelten, wenn der AG in Kenntnis der Nichtigkeit der BV Leistungen gewährt und damit seinen **unbedingten Bindungswillen** zum Ausdruck gebracht hat.[485] Die tatsächliche Gewährung von Leistungen ist dafür nicht ausreichend, wenn sie erkennbar zur Erfüllung vermeintlicher Verpflichtungen aus einer unwirksamen BV erfolgt.[486] Ergibt sich **aus der BV selbst** oder aus den **Umständen ihres Abschlusses,** dass sich der AG freiwillig unbedingt und unwiderruflich binden wollte, reicht dies für die Umdeutung aus.[487] Ist die nichtige **BV unter Druck oder kraft eines ungültigen Spruchs im erzwingbaren ESt.-Verfahren** zustande gekommen, kann der Umdeutungswille des AG regelmäßig nicht unterstellt werden.[488] Eine Umdeutung ist auch in den Fällen ausgeschlossen, in denen die Regelungen der nichtigen BV auch **als arbeitsvertragliche Regelung rechtswidrig** wären, z. B. bei Verstoß gegen § 4 Abs. 3 TVG oder sonstige gesetzliche AN-Schutzbestimmungen.[489]

---

476 *BAG* 3. 5. 06, a. a. O.
477 *BAG* 16. 11. 11 – 7 ABR 27/10, NZA-RR 12, 579; 16. 8. 11 – 1 AZR 314/10, DB 12, 468 Ls., juris.
478 *BAG* 16. 11. 11, a. a. O.
479 *BAG* 14. 3. 12 – 7 AZR 147/11, AuR 12, 414 Ls., juris.
480 *BAG* 26. 1. 17 – 2 AZR 405/16, NZA 17, 522.
481 *BAG* 17. 8. 21 – 1 AZR 175/20, NZA 21, 1894; 17. 8. 21 – 1 AZR 173/20; 15. 5. 18 – 1 ABR 75/16, NZA 18, 1150; 26. 1. 17 – 2 AZR 405/16, NZA 17, 522; 14. 3. 12, a. a. O.; 12. 3. 12 – 1 AZR 659/10, NZA 12, 990; 16. 11. 11, a. a. O.
482 *BAG* 13. 8. 80, AP Nr. 2 zu § 77 BetrVG 1972; *Fitting,* Rn. 97; GK-*Kreutz,* Rn. 139 f.; HWGNRH-*Worzalla,* Rn. 143; Richardi-*Richardi,* Rn. 327.
483 *BAG* 26. 1. 17, a. a. O.; 23. 2. 16 – 3 AZR 960/13, NZA 16,642; 19. 6. 12 – 1 AZR 137/11, ZTR 12, 663; 17. 3. 10 – 7 AZR 706/08, DB 10, 2812; 30. 5. 06 – 1 AZR 111/05, NZA 06, 1170; 29. 1. 02, NZA 09, 393; 24. 1. 96 – 1 AZR 597/95, BB 96, 1717 = AiB 97, 110 mit Anm. *Thannheiser;* 23. 8. 89, BetrR 90, 164 = BB 89, 2330; *Braun,* DB 86, 1428 [1433]; *Fitting,* Rn. 104 ff. 11.
484 *LAG Hamburg* 20. 10. 16 – 8 Sa 47/16, juris; siehe dazu die Einwände bei *Veit/Waas,* BB 91, 1329.
485 *BAG* 9. 11. 21 – 1 AZR 206/20, NZA 22, 286; 23. 8. 89, a. a. O.; 13. 8. 80, a. a. O.; 26. 4. 90 – 6 AZR 27888, DB 90, 1871, 1873; *Fitting,* Rn. 105; GK-*Kreutz,* Rn. 144; *v. Hoyningen-Huene,* DB-Beilage 1/84, S. 1 [8 f.]; enger HWGNRH-*Worzalla,* Rn. 146.
486 *BAG* 28. 6. 05 – 1 AZR 213/04, AiB 07, 192.
487 *BAG* 23. 01. 18 – 1 AZR 65/17, NZA 18, 871; 24. 1. 96, a. a. O.; 23. 8. 89, a. a. O.
488 *Braun,* a. a. O.; *Fitting,* a. a. O.
489 *Fitting,* a. a. O.

3. Verhältnis der Vorschrift zu § 87

Von der Sperrwirkung des Abs. 3 Satz 1 werden **BV zu Regelungsgegenständen,** die der **erzwingbaren Mitbestimmung gem. § 87 Abs. 1 unterliegen,** nicht erfasst, wenn diese Regelungsgegenstände tarifvertraglich nicht zwingend und abschließend geregelt sind.[490] Der primäre Schutzzweck des § 87 Abs. 1, das **Direktionsrecht** des AG einzuschränken und durch die Mitbestimmung des BR eine **gleichberechtigte Beteiligung der AN** an der Ausgestaltung der betrieblichen Arbeitsbedingungen zu sichern,[491] kann nur durch das Bestehen einer **abschließenden und zwingenden tarifvertraglichen Regelung** der Regelungsgegenstände, die der erzwingbaren Mitbestimmung unterliegen, verwirklicht werden. Besteht keine entsprechende tarifvertragliche Regelung, greift deshalb die Sperrwirkung des Abs. 3 Satz 1 nicht (s. dazu auch § 87 Rn. 36 ff.). Besteht allerdings eine derartige tarifvertragliche Regelung, kann das Mitbestimmungsrecht gem. § 87 Abs. 1 nicht wirksam wahrgenommen werden, so dass Abs. 3 Satz 1 auch im Anwendungsbereich des § 87 Abs. 1 zur Unwirksamkeit einer BV führt, die einer zwingenden und abschließenden Tarifregelung entgegensteht.[492] Der Tarifvorrang des § 87 Abs. 1 Eingangssatz sichert außerdem die verfassungsrechtlich verbürgte **Tarifautonomie** und die **Vorrangkompetenz der Tarifvertragsparteien** (vgl. dazu auch Rn. 192 ff., 194) und soll verhindern, dass im Wege der betrieblichen Mitbestimmung eine betriebliche Konkurrenzordnung zum Tarifvertrag errichtet wird.[493] 132

Lediglich üblicherweise tariflich geregelte Arbeitsbedingungen können somit im Rahmen der Mitbestimmungsangelegenheiten gemäß § 87 Abs. 1 die betriebsverfassungsrechtliche Regelungskompetenz grundsätzlich nicht verdrängen. 133

Gemäß § 112 Abs. 1 Satz 4 werden auch **Sozialpläne** von der Sperrwirkung des Abs. 3 nicht erfasst (vgl. im Einzelnen § 112 Rn. 108 f.). 134

Freiwillige BV oder ein **Interessenausgleich** gem. § 112 Abs. 1 Satz 1 in Form einer freiwilligen BV unterliegen allerdings der Regelungssperre nach Abs. 3 (§ 88 Rn. 3 f.),[494] da § 88 im Gegensatz zu § 87 Abs. 1 keine im Vergleich zu Abs. 3 speziellere Regelung enthält. 135

4. Tarifvertragsübernehmende oder -ersetzende Betriebsvereinbarung

Die vollständige oder teilweise **inhaltliche konstitutive Übernahme eines TV** – auch für einen unter dessen Geltungsbereich fallenden Betrieb oder eines **Firmen-TV**[495] – durch eine BV mit der Folge, dass der TV auch auf nicht tarifgebundene oder anders organisierte AN eines Betriebs ausgedehnt wird, ist unzulässig.[496] Damit wird verhindert, dass der persönliche Geltungsbereich von TV auf einem anderen als dem hierfür vorgesehenen Weg der Allgemeinverbindlichkeit (§ 5 TVG) ausgedehnt wird.[497] Dies gilt selbst dann, wenn in einem TV 136

490 *BAG* 17.8.21 – 1 AZR 175/20, a. a. O.; 13.8.19 – 1 AZR 213/18, NZA 20, 49; 24.2.87, AP Nr. 21 zu § 77 BetrVG 1972; 24.11.87, AP Nr. 6 zu § 87 BetrVG 1972 Auszahlung; 10.2.88, AP Nr. 33 zu § 87 BetrVG 1972 Lohngestaltung; 3.12.91 – GS 2/90, BB 92, 1418, 1422; *Däubler,* Arbeitsrecht 1, S. 473; *Fitting,* Rn. 111 ff.; *Gast,* BB 87, 1249; *Heinze,* NZA 89, 41, 47; *v. Hoyningen-Huene/Meier-Krenz,* NZA 87, 794 [797 ff.]; *Säcker,* ZfA-Sonderheft 72, 41 [64 ff.]; Kempen/Zachert-*Wendeling-Schröder,* Grundlagen, Rn. 464f; *Weiss/Weyand,* AuR 89, 193, 195; WPK-*Preis,* Rn. 62; a. A. *GL,* Rn. 76; GK-*Kreutz,* Rn. 158 ff.; HWGNRH-*Worzalla,* Rn. 157 f.; *Hromadka,* DB 87, 1991; *Moll,* S. 34 ff.; Richardi-*Richardi,* Rn. 261 ff.

491 Vgl. *BAG* 24.2.87, a. a. O.; Kempen/Zachert-*Wendeling-Schröder* a. a. O.

492 *BAG* 21.1.23 – 4 ABR 4/22, NZA 23,1246; 29.4.04 – 1 ABR 30/02, NZA 04, 670; *Fitting,* Rn. 115.

493 *BAG* 27.1.10, NZA 10, 645 (Rn. 98); *BAG* 31.1.84 – 1 ABR 46/81, NZA 84, 47; in diese Richtung wohl auch *BVerfG* 29.6.93, NZA 94, 34; s. aber auch den Beschluss des *BAG* 20.8.91, NZA 92, 317, der Gegenstand des Nichtannahmebeschlusses des *BVerfG* 29.6.93, a. a. O., war); Kempen/Zachert-*Wendeling-Schröder,* Grundlagen Rn. 462; Richardi-*Richardi,* BetrVG, § 87 Rn. 143; HSWGNR-*Worzalla,* § 87 Rn. 46, *Moll,* s. S. 18 ff.: Wiedemann-*Wank,* § 4 a. a. O.; a. A. GK-*Wiese* § 87 Rn. 55 f.

494 *LAG Baden-Württemberg* 13.1.99, AuR 99, 156.

495 *ArbG Hamburg* 24.10.94 – 21 Ca 202/94; 31.1.95 – 25 Ca 239/94; a. A. *v. Hoyningen-Huene,* DB 94, 2026.

496 *BAG* 11.12.18 – 1 ABR 17/17, NZA 19, 714; 15.5.18 – 1 ABR 75/16, NZA 18, 1150.

497 *BAG* 20.11.01, NZA 02, 872; 22.3.94 – 1 ABR 47/93, EzA TVG § 4 Geltungsbereich Nr. 10; 3.12.91 – GS 2/90, BB 92, 1418, 1423; *LAG Hamburg* 7.6.95 – 4 Sa 115/94, AuR 96, 66; *ArbG Mainz* 27.7.95,

den Betriebsparteien die Möglichkeit eröffnet wird, den Geltungsbereich des TV durch BV auf alle AN des Betriebs, also auch auf die nicht tarifgebundenen AN, zu erstrecken.[498] Eine Erstreckung des Geltungsbereichs eines TV auf nicht tarifgebundene AN – jenseits einer Allgemeinverbindlichkeitserklärung gemäß § 5 TVG – überschreitet die Regelungskompetenz der TV-Parteien und kann demnach von ihnen auch nicht an die Betriebsparteien delegiert werden. Die lediglich **deklaratorische Wiedergabe** einer Tarifvorschrift in einer BV, z. B. über die Dauer der tarifvertraglich vorgegebenen Dauer der wöchentlichen Arbeitszeit in einer BV zur Regelung der Verteilung der Arbeitszeit auf die einzelnen Wochentage gem. § 87 Abs. 1 Nr. 2, verstößt nicht gegen Abs. 3.[499] Unzulässig ist auch die **Ersetzung tariflicher Bestimmungen,** die bei einem Betriebsveräußerer galten, **durch** eine bei einem Betriebserwerber geltende **BV im Rahmen von § 613a Abs. 1 Satz 3 BGB** anlässlich eines Betriebsübergangs (sog. Über-Kreuz-Ablösung; vgl. auch Rn. 104 ff.). § 613a Abs. 1 Satz 3 BGB liegt die gesetzgeberische Wertung zugrunde, dass sich nur einander gleichwertige Kollektivverträge ablösen können. Genau diese Gleichwertigkeit besteht zwischen TV und BV nicht, was auch durch den Tarifvorrang aus Abs. 3 seinen gesetzgeberischen Ausdruck gefunden hat.[500]

5. Tarifregelung und Tarifüblichkeit

137 Die Sperrwirkung von Abs. 3 wird ausgelöst, wenn Arbeitsentgelte und sonstige Arbeitsbedingungen **durch TV geregelt** sind oder **üblicherweise durch TV geregelt werden** (dazu Rn. 147 f.). Dies setzt **nicht** voraus, dass der **AG**[501] **oder** ein oder mehrere **AN tarifgebunden** sind (s. auch Rn. 140). Eine Regelung durch TV liegt im Sinne des Abs. 3 vor, wenn ein TV abgeschlossen ist und aktuell besteht, d. h. während des Zeitraums vom **In-Kraft-Treten bis zum Ablauf eines TV** (für das sich an den Zeitpunkt des Ablaufs anschließende Stadium der Nachwirkung des TV vgl. Rn. 146). Die Sperrwirkung greift auch dann ein, wenn der TV zeitlich erst **nach Zustandekommen der BV** in Kraft tritt[502] oder z. B. aufgrund einer Änderung des **Betriebszwecks,** eines **Branchenwechsels** oder eines **Betriebsübergangs** erstmals Geltung erlangt. In derartigen Fällen **verdrängt der TV** die zuvor geltende **BV.**[503] Die Regelungssperre des Abs. 3 Satz 1 stellt **keinen Eingriff in die Koalitionsfreiheit** nicht tarifgebundener AN[504] und AG dar. Sie ist geeignet und erforderlich, um die verfassungsrechtlich garantierte **Vorrangkompetenz der Tarifvertragsparteien** zu sichern (vgl. dazu Rn. 126 f.). Der **erstmalige Abschluss** eines TV ist ausreichend.[505] Der TV muss für die Branche oder bezüglich der von seinem Geltungsbereich erfassten AN und AG nicht **repräsentativ** sein.[506] Auch kommt es nicht auf die **»Bedeutung« des TV** oder die **»Größe« der tarifschließenden Gewerkschaft** an. Das Gesetz stellt auf die Existenz einer Tarifregelung ab und nicht auf das Ausmaß ihrer Anwendung und zielt von seinem Schutzzweck her gerade auch darauf ab, die Ausübung der Tarifautonomie und Verhinderung einer betrieblichen Kon-

---

AuR 96, 240 = DB 96, 2500; *Fitting,* Rn. 98; *GL,* Rn. 85; GK-*Kreutz,* Rn. 150; *Linnenkohl,* BB 94, 2077, 2079; MünchArbR-*Matthes,* § 238 Rn. 61; Richardi-*Richardi,* Rn. 306 ff.; *Vetter,* DB 91, 1833; *WW,* Rn. 33; a. A. wohl HWGNRH-*Worzalla,* Rn. 120 ff.

498 *LAG Berlin-Brandenburg* 23. 01. 18 – 7 Sa 1076/17.

499 *LAG Mecklenburg-Vorpommern* 24. 2. 22 – 5 TaBV 10/22, NZA-RR 23, 142.

500 KDZ-*Zwanziger,* § 613a BGB Rn. 66; *Willemsen/Hohenstatt,* Umstrukturierung, E Rn. 169; *Silberberger,* Veränderungsprozesse, S. 70 f.; *BAG* 13. 11. 07 – 3 AZR 191/06, NZA 08, 600; 6. 11. 07 – 1 AZR 862/06, NZA 08, 542; offen gelassen noch von *BAG* 1. 8. 01 – 4 AZR 82/00, NZA 02, 41; a. A. ErfK-*Kania,* Rn. 68 ff.; ErfK-*Preis,* § 613a BGB Rn. 122 m. w. N.; *Meyer,* NZA 01, 751.

501 *BAG* 13. 3. 12 – 1 AZR 659/10, NZA 12, 990; 21. 1. 03 – 1 ABR 9/02, NZA 03, 1097.

502 *BAG* 13. 3. 12, a. a. O.; 21. 1. 03, a. a. O.; *Fitting,* Rn. 99; *GK-Kreutz,* Rn. 132.

503 *BAG* 13. 3. 12, a. a. O.

504 *BAG* 13. 3. 12, a. a. O.

505 *Fitting,* Rn. 75; GK-*Kreutz,* Rn. 105; Richardi-*Richardi,* Rn. 257.

506 *BAG* 20. 11. 01, NZA 02, 872 = EzA § 77 BetrVG 1972 Nr. 70; 13. 11. 80 – 5 AZR 325/78, EzA § 77 BetrVG Nr. 8; *Fitting,* Rn. 79; GK-*Kreutz,* Rn. 118, 136; Richardi-*Richardi,* Rn. 278.

kurrenzordnung in (z. B. neuen) Branchen ohne traditionell starke Tarifvertragsparteien zu sichern.[507]

Es werden nur solche Betriebe von der Sperrwirkung erfasst, die unter den **räumlichen, betrieblichen und fachlichen Geltungsbereich des TV** fallen.[508] Der räumliche Geltungsbereich der Sperrwirkung eines TV bezieht nicht den gesamten Wirtschafts- und Gewerbezweig auf dem Gebiet der Bundesrepublik ein, sondern beschränkt sich auf den **geographischen Raum,** für den der TV abgeschlossen ist.[509] Es genügt auch das Bestehen eines **Firmen-TV** für diesen Betrieb.[510] Wird mit AN eines Betriebs die **Anwendung eines TV einzelvertraglich vereinbart** und fällt dieser Betrieb nicht unter den Geltungsbereich dieses TV, greift die Sperrwirkung nicht ein.[511] 138

Die Feststellung, welche Betriebe – im Sinne von Abs. 3 – vom Geltungsbereich einer tariflichen Regelung erfasst werden, wirft besondere Probleme auf, wenn die für bestimmte Branchen tarifzuständigen TV-Parteien den **räumlichen und/oder fachlichen bzw. betrieblichen Geltungsbereich** des TV nicht – ausdrücklich – im Rahmen ihrer Tarifzuständigkeit inhaltlich definieren, sondern ausschließlich auf die **Mitgliedschaft im AG-Verband** bzw. in den tarifschließenden Parteien abstellen. Da die Voraussetzungen der Mitgliedschaft im AG-Verband notwendig mit dessen Tarifzuständigkeit korrespondieren, erfasst die Sperrwirkung des Abs. 3 neben den Betrieben der Mitglieder des AG-Verbandes auch die Betriebe derjenigen AG, die nach der Satzung des AG-Verbandes die Mitgliedschaft erwerben können und für die die Tarifzuständigkeit der tarifschließenden Gewerkschaft gegeben ist.[512] Unabhängig davon, dass es für die Geltung des Tarifvorrangs auf die Tarifbindung und damit auch auf die Mitgliedschaft im AG-Verband nicht ankommt (vgl. Rn. 140), grenzt die Mitgliedschaft im AG-Verband als Kriterium für die Erfassung durch den TV nicht den fachlichen bzw. betrieblichen Geltungsbereich des TV ab, sondern stellt die schlichte Bestätigung der ohnehin gegebenen Rechtslage dar. Ergeben sich aus dem TV keine weiteren Auslegungsgesichtspunkte, wird in derartigen Fällen der Geltungsbereich des TV jedenfalls durch die Tarifzuständigkeit der beteiligten TV-Parteien umrissen. Die Gegenmeinung, nach der die Sperrwirkung die Betriebe der unorganisierten AG im durch Auslegung (Tarifzuständigkeit der TV-Parteien) zu ermittelnden Geltungsbereich des TV nicht erfassen soll,[513] verkennt, dass der Schutzzweck des Tarifvorbehalts leer laufen würde, wenn allein die fehlende Mitgliedschaft im AG-Verband die Errichtung einer betrieblichen Konkurrenzordnung ermöglichen würde. 139

Voraussetzung für das Eingreifen der Sperrwirkung ist **weder die Tarifbindung eines oder mehrerer AN**[514] **noch des AG.**[515] Dies hat zur Konsequenz, dass der Nichteintritt in den oder der **Austritt aus dem AG-Verband** oder die **Ausgliederung von Betrieben** auf nicht tarifgebundene Rechtsträger nicht die **Errichtung einer betrieblichen Konkurrenzordnung** durch 140

507 Deinert/Heuschmid/Zwanziger-*Deinert,* § 12 Rn. 104; Wiedemann-*Wank,* Tarifvertragsgesetz, § 4 Rn. 627; im Ergebnis wie hier *Fitting,* a. a. O.; a. A. ErfK-*Kania,* Rn. 51; ebenso wohl MünchArbR-*Matthes,* § 238 Rn. 64.

508 *BAG* 21.12.83, DB 83, 996; 27.1.87, AP Nr. 42 zu § 99 BetrVG 1972; *Fitting,* Rn. 75; GK-*Kreutz,* Rn. 110 ff.; Richardi-*Richardi,* Rn. 282 f.

509 *BAG* 29.5.64, 21.2.67, AP Nrn. 24, 26 zu § 59 BetrVG; HWGNRH-*Worzalla,* Rn. 123.

510 *BAG* 21.1.03 – 1 ABR 9/02, NZA 03, 1097; *Fitting,* Rn. 80; GK-*Kreutz,* Rn. 119; MünchArbR-*Matthes,* § 238 Rn. 64; Richardi-*Richardi,* Rn. 273; *WW,* Rn. 31; jetzt auch HWGNRH-*Worzalla,* Rn. 132, a. A. *v. Hoyningen-Huene,* DB 94, 2026.

511 *BAG* 27.1.87, AP Nr. 42 zu § 99 BetrVG 1972.

512 Deinert/Heuschmid/Zwanziger-*Deinert,* § 12 Rn. 102; im Ergebnis übereinstimmend *BAG* 23.3.11 – 4 AZR 268/09, NZA 12, 231 Ls., juris; 22.3.05 – 1 ABR 64/03, AP Nr. 26 zu § 4 TVG Geltungsbereich; *LK,* Rn. 63; MünchArbR-*Matthes,* § 238 Rn. 64.

513 *LAG Köln* 16.3.99 – 13 TaBV 27/98, ZTR 99, 431; *Buchner,* DB 97, 573, 577; *Fitting,* Rn. 76; GK-*Kreutz,* Rn. 114; ErfK-*Kania,* Rn. 46; *Kania,* BB 01, 1091.

514 MünchArbR-*Matthes,* § 238 Rn. 64; Richardi-*Richardi,* Rn. 246; Wiedemann-*Wank,* Tarifvertragsgesetz, § 4 Rn. 624).

515 *BAG* 13.3.12 – 1 AZR 659/10, NZA 12, 990; 21.1.03 – 1 ABR 9/02, NZA 03, 1097; 20.11.01, NZA 02, 872 = EzA § 77 BetrVG 1972 Nr. 70; 24.1.96 – 1 AZR 597/95, NZA 96, 948; 5.3.97 – 4 AZR 532/95, NZA 97, 951; 9.12.97 – 1 AZR 319/97, NZA 98, 661; ErfK-*Kania,* Rn. 46; *Fitting,* Rn. 78; *GL,* Rn. 81; HWGNRH-*Worzalla,* Rn. 124; MünchArbR-*Matthes,* a. a. O.; Schaub-*Koch,* § 231 Rn. 25; Wiedemann-*Wank,* a. a. O.; a. A. GK-*Kreutz,* Rn. 115 f.; Richardi-*Richardi,* Rn. 275.

Abschluss entsprechender BV zulässt. Dies entspricht dem Normzweck von Abs. 3 und verweist auf den **Firmen-TV** als systemadäquate Alternative zur Bindung an den Verbands-TV.[516] Nicht gesperrt sind allerdings **BV im Rahmen der zwingenden Mitbestimmung** gemäß § 87 (vgl. dazu Rn. 132 ff., § 87 Rn. 41).

141 Besondere Probleme werfen neuere Strategien der »Flucht aus dem TV« auf, wie bestimmte Formen der **»organisierten Tarifunwilligkeit« auf AG-Seite.** Ändern AG-Verbände die Satzung dahingehend, dass neben der herkömmlichen »Vollmitgliedschaft« eine Mitgliedschaft ohne Tarifbindung (sog. **OT-Mitgliedschaft**) vorgesehen ist, stellt sich die Frage, ob für AG im Status der OT-Mitgliedschaft die Sperrwirkung nach Abs. 3 greift. Wenn die Satzung des AG-Verbandes, wie üblich, den Wechsel von der Voll- in die OT-Mitgliedschaft (und umgekehrt) durch schriftliche Erklärung und ohne Einhaltung von Fristen vorsieht, ist dieser Sachverhalt nicht anders zu bewerten wie der Ein- und Austritt aus dem AG-Verband. Letztlich geht es auch hier um die Frage der Tarifbindung des AG und nicht um eine Begrenzung der Tarifzuständigkeit, wie das *BAG*[517] im Anschluss an *Buchner*[518] entschieden hat.[519] Für den AG im Status der OT-Mitgliedschaft im AG-Verband gilt daher Abs. 3 in gleicher Weise wie für den AG, der den AG-Verband durch Austritt verlassen hat.[520]

142 Bei **Auflösung des AG-Verbandes** oder gewillkürter Tarifunfähigkeit durch entsprechende **Satzungsänderung des AG-Verbandes (OT-Verband)** kann die Fortgeltung der Sperrwirkung fraglich werden, wenn die TV-Partei auf AG-Seite wegfällt und der TV endet. Das Fehlen der TV-Partei auf AG-Seite steht einem Neuabschluss möglicherweise langfristig entgegen, so dass die **Tarifüblichkeit** entfallen könnte (vgl. Rn. 72). Das gilt nicht, solange der TV nachwirkt und die Gewerkschaft mit den bisher verbandsgebundenen AG Firmen-TV ernsthaft anstrebt. Die Tarifüblichkeit fällt in diesem Fall – für alle Betriebe im Geltungsbereich des abgelaufenen und nachwirkenden TV – erst weg, wenn die Gewerkschaft erklärt, dass sie keine Firmen-TV mehr anstrebt, oder wenn sie nach mehreren Jahren keinen Tarifabschluss realisieren konnte.[521]

143 Wird ein Betrieb bzw. werden die Arbeitsverhältnisse in einem Betrieb vom **Geltungsbereich mehrerer TV erfasst** (ohne dass eine **Tarifkonkurrenz,**[522] **Tarifpluralität**[523] oder **Tarifkollision** i. S. d. § 4a Abs. 2 Satz 2 TVG vorliegt (s. dazu Rn. 145), löst **jeder dieser Tarifverträge** die Sperrwirkung des Abs. 3 Satz 1 aus.[524] Wird z. B. der Betrieb eines AG, der aufgrund des Abschlusses eines Firmen-TV tarifgebunden ist, gleichzeitig vom Geltungsbereich eines Verbands-TV erfasst, an den der AG nicht tarifgebunden ist, können beide Tarifverträge die Regelungssperre des Abs. 3 Satz 1 auslösen.[525] Dies ergibt sich daraus, dass es für das Eingreifen des Tarifvorrangs nach Abs. 3 Satz 1 – in Abweichung von der Regelung des **Tarifvorbehalts in § 87 Abs. 1 Eingangssatz** (vgl. § 87 Rn. 37) – nicht auf die Tarifbindung des AG (und der AN) ankommt (s. dazu Rn. 140).

144 Auch in den Fällen einer **Tarifkonkurrenz** oder **Tarifpluralität** (rechtlich zulässig und praktisch relevant wegen der Tarifdispositivität[526] der Verdrängungswirkung des § 4a Abs. 2 Satz 2 TVG) kann **jeder einschlägige TV** unter Berücksichtigung des **Schutzzwecks dieser Vorschrift** die Sperrwirkung des Abs. 3 Satz 1 auslösen.[527] Durch Abs. 3 Satz 1 soll die Tarif-

---

516 *BAG* 20.11.01, a. a. O.; 24.1.96, a. a. O.
517 23.10.96, DB 97, 582.
518 NZA 94, 2.
519 A. A. *Kania,* BB 01, 1091, 1092.
520 s. dazu näher *Berg,* AuR 01, 393, 396; *Fitting,* Rn. 78; Deinert/Heuschmid/Zwanziger-*Deinert,* § 12 Rn. 122 f.
521 *BAG* 16.9.60, AP Nr. 1 zu § 2 ArbGG BV; Deinert/Heuschmid/Zwanziger-*Deinert,* a. a. O.; a. A. *Fitting,* Rn. 94; GK-*Kreutz,* Rn. 137.
522 S. dazu Berg/Kocher/Schumann-*Berg,* TVG § 4 Rn. 60 ff.
523 S. dazu Berg/Kocher/Schumann-*Berg,* TVG § 4 Rn. 82 ff.
524 *Fitting,* Rn. 81; Richardi-*Richardi,* Rn. 278.
525 *Fitting,* a. a. O.
526 *BVerfG* 11.7.17 – 1 BvR 1571/15, NZA 17, 915 Rn. 178 f., in seinem Urteil zum Tarifeinheitsgesetz, das eine restriktive Auslegung der Verdrängungsregelung verfassungsrechtlich für geboten hält; vgl. dazu Berg/Kocher/Schumann-Berg, TVG § 4a Rn. 22.
527 *BAG* 25.1.23 – 4 ABR 4/22; Berg/Kocher/Schumann-*Berg,* TVG § 4 Rn. 108; *Brecht-Heitzmann,* GS Zachert, S. 502, 561 ff.; *Fitting,* a. a. O.; GK-*Kreutz,* Rn. 112; Deinert/Heuschmid/Zwanziger-*Deinert,*

autonomie durch die Vorrangkompetenz der Tarifvertragsparteien vor Beeinträchtigungen durch konkurrierende betriebliche Regelungen geschützt werden (s. dazu Rn. 126 ff.). Dieser Schutz erstreckt sich nach der Konzeption des Gesetzgebers grundsätzlich auf alle in einem einschlägigen TV geregelten oder üblicherweise geregelten Arbeits- und Entgeltbedingungen, unabhängig vom Ausmaß ihrer Anwendung oder Bedeutung (s. dazu Rn. 137).

Liegt eine **Tarifkollision** i. S. d. des durch das **Tarifeinheitsgesetz**[528] (zu Entstehungsgeschichte, Inhalt und Vereinbarkeit des Tarifeinheitsgesetzes mit Art. 9 Abs. 3 GG vgl. § 2 Rn. 73a f.) in das TVG eingefügten § 4a Abs. 2 Satz 2 TVG vor, wird die Sperrwirkung nicht nur vom danach ausschließlich anwendbaren **Mehrheitstarifvertrag** ausgelöst (die ausschließliche Anwendbarkeit des Mehrheits-TV gilt gem. § 13 Abs. 3 TVG im Sinne eines Bestandsschutzes allerdings nicht für kollidierende Tarifverträge, die bereits am 10. 7. 2015 galten[529]), sondern auch von dem verdrängten **Minderheits-TV**[530] (Aufgabe der in der 16. Auflage vertretenen Auffassung, dort Rn. 145a). Die Rechtsnormen des **verdrängten Minderheits-TV** werden im Fall einer Tarifkollision i. S. d. § 4a Abs. 2 S. 2 TVG nicht unwirksam, sondern für die Dauer der normativen Geltung des Mehrheitstarifvertrages lediglich verdrängt.[531] Endet der verdrängende Mehrheitstarifvertrag und befindet er sich (lediglich) in der **Nachwirkung** gem. § 4 Abs. 5 TVG – was an der von ihm ausgelösten Sperrwirkung unter dem Gesichtspunkt der Tarifüblichkeit (vgl. Rn. 137 ff., 146) in der Regel nichts ändert – kann der **Minderheits-TV** (wieder) **normative Geltung** beanspruchen und kommt zur Anwendung.[532] Da es unter Berücksichtigung des Schutzzwecks von Abs. 3 Satz 1 für die Auslösung der Sperrwirkung nicht darauf ankommt, ob ein TV repräsentativ oder aktuell anwendbar ist (vgl. dazu Rn. 137, 144), kann die Sperrwirkung auch vom (möglicherweise ohnehin nur vorübergehend) verdrängten Minderheits-TV ausgelöst werden. Auch der verdrängte Minderheits-TV ist in der Regel geeignet, die **Tarifüblichkeit** (vgl. dazu Rn. 147) zu begründen[533] und kann unabhängig davon, insbesondere bei relativ knappen Mehrheitsverhältnissen zum Zeitpunkt der Tarifkollision,[534] zukünftig zum Mehrheits-TV werden. Es scheint im Übrigen nicht vertretbar, in Ergänzung der schwerwiegenden Beeinträchtigungen der Koalitionsfreiheit[535] der Minderheitsgewerkschaft durch die sich aus § 4a Abs. 2 TVG ergebende Verdrängungswirkung die einschlägigen Regelungsgegenstände des verdrängten Minderheits-TV dem Zugriff der Betriebsparteien zu öffnen.[536] Soweit vertreten wird, dass in Abweichung von § 4a Abs. 2 Satz 2 TVG von den beteiligten Tarifvertragsparteien eine Tarifkollision einvernehmlich herbeigeführt bzw. hingenommen und praktiziert werden kann[537] (Tarifdispositivität der Kollisionsvorschrift[538]), die TV unterschiedlicher Tarifvertragsparteien mit unterschiedlichen Regelungsgegenständen nebeneinander im Betrieb zur Anwendung kommen[539] oder der Minderheits-TV gem. § 4a Abs. 2 Satz 2 2. Halbsatz TVG (vgl. § 2 Rn. 73b) neben dem Mehrheits-TV zur Anwendung kommt, sind die zur bisherigen Rechtslage bei Tarifpluralität (vgl. Rn. 144) geltenden Grundsätze an- 145

---

§ 12 Rn. 290; Richardi-*Richardi*, Rn. 279 (für den Fall der Tarifpluralität); *Schmidt, B.*, S. 469 ff., 508.

528 BGBl. I, S. 1130.

529 So auch das BVerfG 11. 7. 17 – 1 BvR 1571/15, juris Rn. 189, in seinem Urteil zum Tarifeinheitsgesetz, das eine restriktive Auslegung der Verdrängungsregelung verfassungsrechtlich für geboten hält; vgl. dazu Berg/Kocher/Schumann-Berg, TVG § 4a Rn. 22.

530 *Fitting*, a. a. O.; Deinert/Heuschmid/Zwanziger-*Deinert*, a. a. O.; *Schmidt, B.*, a. a. O.; im Ergebnis ebenso *Löwisch/Rieble*, TVG, § 4 Rn. 193; a. A. *Däubler/Bepler*, Rn. 169; GK-*Kreutz*, Rn. 111; Richardi-*Richardi*, Rn. 281; Schaub-*Koch*, § 231 Rn. 25b (wenn im Verfahren nach § 99 ArbGG festgestellt wurde, welcher TV als Mehrheitstarifvertrag ausschließlich zur Anwendung kommt).

531 Berg/Kocher/Schumann-*Berg*, a. a. O., Rn. 46.

532 Berg/Kocher/Schumann-*Berg*, a. a. O.

533 *BVerfG* 11. 7. 17, a. a. O., Rn. 168; *Fitting*, a. a. O.; einschränkend *Däubler/Bepler*, a. a. O.

534 Berg/Kocher/Schumann-*Berg*, a. a. O., Rn. 23 ff., 70.

535 *BVerfG* 11. 7. 17, a. a. O.

536 *Löwisch/Rieble*, a. a. O.

537 Berg/Kocher/Schumann-*Berg*, a. a. O., Rn. 38.

538 *BVerfG* 11. 7. 17, a. a. O., Rn. 178 f.

539 Berg/Kocher/Schumann-*Berg*, a. a. O., Rn. 29 f.

zuwenden (was nach hier vertretener Auffassung bedeutet, dass im Ergebnis alle einschlägigen TV die Sperrwirkung auslösen können, vgl. Rn. 144).

145a Bei allen vorstehend dargestellten Konstellationen, in denen ein Betrieb bzw. die Arbeitsverhältnisse in einem Betrieb vom Geltungsbereich mehrerer TV erfasst werden, ist bei TV mit sich nur **teilweise überschneidenden Geltungsbereichen** (wenn z. B. einer der TV nur eine bestimmte **Berufsgruppe** im Betrieb erfasst) die Sperrwirkung des Abs. 3 Satz 1 auf die vom Geltungsbereich der einzelnen TV erfassten Arbeitsverhältnisse beschränkt.[540] Enthalten mehrere TV **betriebliche** oder **betriebsverfassungsrechtliche Normen** zu identischen Regelungsgegenständen, die gemäß § 3 Abs. 2 TVG für alle Arbeitsverhältnisse im Betrieb gelten,[541] kann wegen der notwendig betriebseinheitlichen Anwendung derartiger Normen nur einer dieser TV die Sperrwirkung auslösen. Der vorrangige TV ist in diesem Fall nach dem **Mehrheitsprinzip**[542] zu ermitteln. Dabei ist zur berücksichtigen, dass die gesetzlich angeordnete und sachlich notwendige betriebseinheitliche Geltung von Betriebsnormen voraussetzt, dass sich die satzungsmäßige **Tarifzuständigkeit** der einen TV mit Betriebsnormen abschließenden Gewerkschaft **auf alle Arbeitsverhältnisse in dem Betrieb** bzw. in den Betrieben erstreckt, für die die Betriebsnormen Geltung beanspruchen.[543] Das hat zur Konsequenz, dass eine Gewerkschaft, die nur für einen Teil der Beschäftigten eines Betriebes tarifzuständig ist, rechtlich gehindert ist, für diesen Betrieb Betriebsnormen wirksam zu vereinbaren.[544]

146 Gilt der TV nur noch kraft **Nachwirkung** (§ 4 Abs. 5 TVG), besteht im Sinne von Abs. 3 keine tarifliche Regelung mehr. Der TV kann grundsätzlich **jederzeit** durch eine andere Abmachung, also auch **durch BV, ersetzt werden,**[545] **sofern nicht Tarifüblichkeit** (vgl. auch Rn. 147 f.)[546] **besteht,** was typischerweise der Fall ist und aus diesem Grund zur Fortsetzung der Sperrwirkung führt.[547] BV im Rahmen der **zwingenden Mitbestimmung gemäß § 87** sind allerdings zulässig (vgl. Rn. 132 ff., § 87 Rn. 41).[548]

147 Wenn keine tarifliche Regelung besteht (vgl. Rn. 137), kann von einer – die Sperrwirkung des Abs. 3 ebenfalls auslösenden – **Tarifüblichkeit** gesprochen werden, wenn überhaupt für den **räumlichen, betrieblichen** und **fachlichen Tätigkeitsbereich des Betriebs** TV über die jeweiligen Arbeitsbedingungen abgeschlossen zu werden pflegen. Die Tarifüblichkeit kann sich auch auf bestimmte AN-Gruppen (z. B. Arbeiter) beschränken. Der **Begriff der Tarifüblichkeit** i. S. dieser Bestimmung ist **weit** auszulegen.[549] Nach älterer Rspr. des *BAG* muss der **TV für die Branche repräsentativ** sein, d. h., die in tarifgebundenen Betrieben beschäftigten AN müssen zahlenmäßig überwiegen.[550] Diese Auffassung ist abzulehnen, weil hier die Üblichkeit der Regelung mit der Üblichkeit der Anwendung, worauf es gerade nicht ankommt, verwechselt wird. Maßgebend ist demnach, ob der Betrieb üblicherweise in den Geltungsbereich des TV fallen würde.[551] Die Sperrwirkung gilt auch für Tendenzbetriebe.[552]

148 Besteht ein **Firmen-TV,** ist auch darauf abzustellen, ob der Betrieb vom räumlichen, betrieblichen und fachlichen Geltungsbereich eines Verbands-TV erfasst wird. Während dies bei sog. Anerkennungs-TV mit identischem Regelungsumfang ohnehin unproblematisch ist, muss dies auch bei Firmen-TV gelten, deren Regelungsumfang sich vom einschlägigen Verbands-TV

---

540 GK-*Kreutz,* Rn. 112.
541 Berg/Kocher/Schumann-*Dierssen,* § 3, Rn. 63 ff.
542 Berg/Kocher/Schumann-*Berg,* § 4, Rn. 68a, § 4a Rn. 59 ff.
543 *BAG* 14. 1. 14 – 1 ABR 66/12, NZA 14, 910 (für betriebsverfassungsrechtliche Normen zur Ausgestaltung der Mitbestimmungsrechte des Betriebsrats); 29. 7. 09 – 7 ABR 27/08, NZA 09, 1424 (für betriebsverfassungsrechtliche Normen gemäß § 3 Abs. Nr. 1–3 BetrVG); Kempen/Zachert-*Wendeling-Schröder,* Rn. 229; Schaub-*Treber,* § 203 Rn. 40; ablehnend *Löwisch/Rieble,* § 2 Rn. 187 ff.
544 Kempen/Zachert-*Wendeling-Schröder,* a. a. O.
545 *BAG* 15. 12. 61, AP Nr. 1 zu § 615 BGB Kurzarbeit; 17. 12. 68, AP Nr. 27 zu § 56 BetrVG; 31. 1. 69, AP Nr. 5 zu § 56 BetrVG Entlohnung; *LAG Berlin* 15. 6. 77, EzA § 87 BetrVG 1972 Nr. 6.
546 *LAG Nürnberg* 20. 9. 01 – 8 Sa 15/01, AiB 03, 44 mit Anm. *Rehwald; LAG Berlin* 5. 11. 80, DB 81, 1730.
547 *Fitting,* Rn. 83; GK-*Kreutz,* Rn. 115.
548 *LAG Nürnberg* 6. 11. 01 – 6 Sa 592/00, AuR 02, 158.
549 *BAG* 16. 9. 60, AP Nr. 1 zu § 2 ArbGG 1953 Betriebsvereinbarung.
550 *BAG* 6. 12. 63, AP Nr. 23 zu § 59 BetrVG; *GL,* Rn. 82; Richardi-*Richardi,* Rn. 271.
551 *Fitting,* Rn. 90; GK-*Kreutz,* Rn. 136; HWGNRH-*Worzalla,* Rn. 138.
552 *BAG* 8. 12. 70, AP Nr. 28 zu § 59 BetrVG.

unterscheidet. Vom Zweck des Abs. 3 her ist es sachgerecht, wie bei nicht tarifgebundenen Betrieben bei der Prüfung der Tarifüblichkeit auf den Inhalt des einschlägigen Verbands-TV abzustellen.[553] Die Existenz einer Vielzahl von Firmen-TV für fachlich vergleichbare Betriebe begründet für die von diesen TV nicht erfassten Betriebe keine Tarifüblichkeit.[554]

Um eine Tarifüblichkeit auszulösen, muss der Betrieb zunächst vom räumlichen, betrieblichen und fachlichen Geltungsbereich des TV erfasst werden (s. Rn. 147). In diesem Fall liegt eine Tarifüblichkeit jedenfalls dann vor, wenn in **ununterbrochener zeitlicher Reihenfolge mehrere TV** abgeschlossen wurden. Zeitliche Unterbrechungen zwischen der Beendigung und dem Neuabschluss der Tarifverträge beseitigen die Tarifüblichkeit nicht.[555] Von einer Tarifüblichkeit ist auch auszugehen, wenn in der Vergangenheit **ein** einschlägiger **TV erstmals abgeschlossen** wurde und nach seinem Ablauf über den Neuabschluss des TV verhandelt wird.[556] Die Tarifüblichkeit ist nicht bereits gegeben, wenn es in der Vergangenheit noch keinen einschlägigen TV gab und die TV-Parteien **Verhandlungen** ankündigen oder bereits (erstmals) über den Abschluss eines TV verhandelt haben.[557] Gleiches gilt, wenn der fragliche Regelungsgegenstand im einschlägigen TV nicht geregelt ist.[558] Die **Beendigung der Tarifüblichkeit** tritt nicht ein, wenn angenommen werden kann, dass nach Ablauf eines einschlägigen TV – auch nach einem längeren Nachwirkungszeitraum – von den TV-Parteien ein Neuabschluss des TV angestrebt wird[559] (s. auch Rn. 142). Das gilt auch bei Firmen-TV. 149

6. Tarifliche Öffnungsklausel

Nach Abs. 3 Satz 2 gilt die Sperrwirkung dann nicht, wenn **der TV den Abschluss ergänzender BV ausdrücklich zulässt.** Nach der Rspr. des *BAG* ist die Sperrwirkung weit, die ausdrückliche Zulassung ergänzender BV dagegen eng auszulegen.[560] Die Zulässigkeit der BV muss klar zum Ausdruck gebracht werden, ohne dass der Begriff »Betriebsvereinbarung« unbedingt verwendet werden muss.[561] An die Eindeutigkeit und den Umfang der den Betriebsparteien übertragenen Regelungsbefugnis sind insbesondere dann strenge Anforderungen zu stellen, soweit eine tarifliche Öffnungsklausel nicht nur ergänzende, sondern sogar vom TV abweichende BV zulässt[562] (vgl. dazu Rn. 152). Hat die Öffnungsklausel im schriftlichen TV keinen Niederschlag gefunden, ist ein Rückgriff auf eine ergänzende Vertragsauslegung ausgeschlossen.[563] Eine etwaige Öffnungsklausel kann von den Betriebsparteien **nicht tarifgebundener Betriebe** nicht angewendet werden, weil bereits der TV, der die Öffnungsklausel enthält, für diese Betriebe nicht gilt.[564] Die Erstreckung des Geltungsbereichs eines TV auf nicht tarifgebundene AG und AN kann auch nicht auf dem Weg einer tarifvertraglichen Öffnungsklausel für eine Ergänzung oder die Abweichung von einer bestimmten Tarifregelung erfolgen.[565] Der Abschluss einer BV auf Grundlage einer Öffnungsklausel kann im TV auch von der einzelfallbezogenen **Zustim-** 150

553 Anders allerdings *BAG* 21.12.82, DB 83, 996, für den Fall eines Firmen-TV mit vom Verbands-TV abweichenden Regelungsumfang.
554 *BAG* 27.1.87, AP Nr. 42 zu § 99 BetrVG 1972.
555 *BAG* 5.3.13 – 1 AZR 417/12, NZA 13, 916, 917.
556 BAG 5.3.13, a.a.O.; Richardi-*Richardi,* Rn. 291; *Fitting,* Rn. 90; HWGNRH-*Worzalla,* Rn. 136.
557 *BAG* 5.3.13, a.a.O.; 22.5.79, AP Nr. 13 zu § 118 BetrVG 1972; 23.10.85, AP Nr. 33 zu § 1 TVG Tarifverträge: Metallindustrie.
558 *BAG* 21.2.67, AP Nr. 25 zu § 59 BetrVG.
559 *BAG* 24.2.87, AP Nr. 21 zu § 77 BetrVG 1972; *LAG Berlin* 5.11.80, DB 81, 1731; *Neudel,* AiB 81, 62.
560 6.3.58, 6.12.63, 21.2.67, AP Nrn. 1, 23, 26 zu § 59 BetrVG; *GL,* Rn. 86; GK-*Kreutz,* Rn. 170ff.; HWGNRH-*Worzalla,* Rn. 151; Richardi-*Richardi,* Rn. 319.
561 *BAG* 20.12.61, AP Nr. 7 zu § 59 BetrVG.
562 BAG 12.3.19 – 1 AZR 307/17, NZA 19, 784.
563 *Fitting,* Rn. 117; GK-*Kreutz,* Rn. 162.
564 A.A. *Braun,* BB 86, 1428, 1434; *Fitting,* Rn. 120.
565 Zur Unzulässigkeit der generellen Erstreckung des Geltungsbereichs eines TV auf nicht tarifgebundene AN s. *LAG Berlin-Brandenburg* 23.01.18, a.a.O.

mung der TV-Parteien abhängig gemacht werden.[566] Nach Auffassung des *BAG*[567] kann von den TV-Parteien eine BV durch eine Tariföffnungsklausel auch **nachträglich genehmigt** und in den Grenzen des Vertrauensschutzes mit **Rückwirkung** versehen werden. Sieht eine Öffnungsklausel vor, dass bei Vorliegen bestimmter Voraussetzungen die TV-Parteien einer vom TV abweichenden BV zustimmen »sollen«, kann eine der TV-Parteien – bei Vorliegen dieser Voraussetzungen – die andere TV-Partei auf Abgabe einer entsprechenden Willenserklärung gerichtlich in Anspruch nehmen.[568] Eine Öffnungsklausel in einem unternehmensbezogenen Verbandstarifvertrag kann die die durch einen Flächenverbandstarifvertrag ausgelöste Sperrwirkung von Abs. 3 Satz 1 aufheben.[569]

151 Die Zulassung den TV ergänzender BV durch eine Öffnungsklausel[570] ist i. V. m. einer präzisen Grenzziehung für den Umfang der zulässigen Ergänzung auch zulässig für die **Übertragung** der Ausgestaltung von Arbeitsbedingungen, z. B. der Dauer der individuellen wöchentlichen Arbeitszeit (»Leber-Kompromiss«), **auf die Betriebsparteien.** Sofern die TV-Parteien einen **ausreichenden tariflichen Regelungsrahmen** vorgeben, bestehen auch gegenüber derartigen Öffnungsklauseln unter dem Gesichtspunkt einer **Verlagerung der** verfassungsrechtlich privilegierten **Normsetzungsbefugnis der Koalitionen auf die Betriebsparteien** keine durchgreifenden Bedenken.[571] Derartige Öffnungsklauseln haben in den **TV nahezu aller Branchen** inzwischen eine **große Verbreitung** und reichen von beschäftigungssichernden Bausteinen, flexiblen Rahmenregelungen für betriebsnahe Lösungen sogar bis zu Öffnungen für konditionierte und befristete Unterschreitungen der tariflichen Standards.[572]

152 Entgegen verbreiteter Ansicht kann allerdings Abs. 3 Satz 2 über seinen Wortlaut hinaus (… »Abschluss **ergänzender** BV« …) bei richtig verstandener Bestimmung des Normzwecks dieser Vorschrift und aussystematischen Gründen nicht weit ausgelegt werden, insbesondere nicht i. S. der Zulassung auch vom TV **abweichender** BV.[573] Zwar hat das *BAG* anerkannt, dass die TV-Parteien selbst darüber bestimmen können, in welchem Umfang sie die Ausgestaltung der Arbeitsverhältnisse selbst vornehmen oder deren Regelung durch eine entsprechende Öffnungsklausel auf die Betriebsparteien übertragen;[574] es hat jedoch gleichzeitig darauf hingewiesen, dass durch einen Verzicht der TV-Parteien auf die eigenverantwortliche Ausgestaltung der Arbeitsverhältnisse die der Tarifautonomie immanenten Grenzen der Regelbefugnis überschritten werden können. Zunächst erfordert das Verbot der Schaffung bzw. Begünstigung einer beitragslosen Ersatzgewerkschaft bzw. Zwangsgewerkschaft auf betrieblicher Ebene (Art. 9 Abs. 3 GG, Art. 5 ILO-Abkommen Nr. 135) zwingend, dass die TV-Parteien die Ausgestaltung der Arbeitsverhältnisse zumindest in einem Kernbereich vornehmen und diese Aufgabe nicht ohne Bindung und Begrenzung auf die Betriebsparteien übertragen. Dies ergibt sich auch aus der unterschiedlichen demokratischen Legitimation der Normsetzungsbefugnis auf tariflicher und betrieblicher Ebene.

---

566 *BAG* 15. 12. 20 – 1 AZR 213/18, NZA 21, 512; 5. 7. 11 – 1 AZR 868/09, DB 11, 2668 Ls., juris.

567 *BAG* 22. 5. 12 – 1 AZR 103/11, NZA 12, 1110; 29. 1. 02 – 1 AZR 267/01, NZA 02, 927; 24. 9. 99, BB 99, 1976.

568 *BAG* 20. 10. 10 – 4 AZR 105/09, NZA 11, 468.

569 *BAG* 13. 8. 19 – 1 AZR 213/18, AP Nr. 117 zu § 77 BetrVG 1972.

570 Zur Diskussion über die Öffnung des Flächentarifvertrages durch Öffnungsklauseln vgl. WSI-Tarifhandbuch 1997, S. 60 ff.; eingehend Deinert/Heuschmid/Zwanziger-*Deinert,* § 12 Rn. 129 ff.; *Kittner,* FS Schaub, 389 ff.

571 *BAG* 18. 8. 87, AP Nr. 23 zu § 77 BetrVG 1972; vgl. zu dieser Problematik insgesamt auch Berg/Kocher/Schumann-*Berg,* Grundlagen Rn. 205 ff., TVG § 4 Rn. 122 ff.; *Däubler,* Das Arbeitsrecht 1, Rn. 225; *Heinze,* NZA 89, 41; *Linnenkohl,* BB 88, 1489; *Meier-Krenz,* DB 88, 2149; *Kissel,* NZA 86, 70; *Weyand,* AuR 89, 193.

572 Vgl. dazu die Übersicht mit entsprechenden Beispielen bei Berg/Kocher/Schumann-*Berg,* TVG § 4 Rn. 130; zur gewerkschafts- und tarifpolitischen Kontroverse über Flexibilisierung und Dezentralisierung der Tarifpolitik vgl. Berg/Kocher/Schumann-*Berg,* Grundlagen Rn. 205 ff.

573 So aber *BAG* 12. 3. 19 – 1 AZR 307/17, NZA 19, 784; ErfK-*Kania,* Rn. 74; *Fitting,* Rn. 121; GK-*Kreutz,* Rn. 173; HWGNRH-*Worzalla,* Rn. 152; *Waltermann,* RdA 96, 129, 135 f.; *WW,* Rn. 37; wie hier *Heinze,* NZA 95, 5, 7; *Kittner,* FS Schaub, 389 ff.; *Zachert,* RdA 96, 140, 143.

574 *BAG* 18. 8. 87, a. a. O.

153 Die Rechtsnormqualität des TV legt es nahe, eine Parallele zum Problem der Verordnungsermächtigung des Parlaments an die Exekutive zu ziehen. Die TV-Parteien müssen, wie das Parlament als Normgeber, als primäre Rechtssetzungsinstanz ihre verfassungsrechtliche Verantwortung für die Regelung der Arbeits- und Wirtschaftsbedingungen dadurch wahrnehmen, dass sie Inhalt, Zweck und Ausmaß der betrieblichen Öffnungsklausel selbst regeln (vgl. Art. 80 Abs. 1 Satz 2 GG). Dieser Ansatz rechtfertigt sich daraus, dass Art. 80 Abs. 1 Satz 2 GG Ausdruck des Gedankens der Rechtsklarheit und Rechtssicherheit als Element des Rechtsstaatsgrundsatzes ist.[575] Die Grenzen für die Übertragung der Regelungskompetenz der TV-Parteien auf die betriebliche Ebene ist erreicht, wenn inhaltliche Minimalerfordernisse (»Selbstentscheidungserfordernis«) und Rahmen- und Strukturvorgaben (»Programmvorgabeerfordernis«) fehlen.

154 Dies wäre z. B. der Fall, wenn die TV-Parteien auf die Festlegung der Hauptleistungspflichten aus dem Arbeitsvertrag völlig verrichten würden. Je präziser die tariflichen Vorgaben an die Betriebsparteien sind, umso vorhersehbarer ist die auf betrieblicher Ebene zu treffende ergänzende Regelung für die Normunterworfenen und umso mehr können Bedenken wegen der Verletzung der Gebote der Rechtsklarheit und Rechtssicherheit zurücktreten. Die Zulässigkeit weitgehend ungeregelter »Optionsklauseln« oder von »Korridor«- bzw. »Bandbreiten«-Regelungen ist unter Berücksichtigung dieser Kriterien äußerst fraglich, während geregelte »Optionsklauseln«, nach denen die Betriebsparteien zwischen auf tariflicher Ebene weitgehend abschließend gestalteten Regelungsalternativen wählen können, den Anforderungen in der Regel entsprechen.[576]

155 Wenn es auch durchaus anzuerkennen ist, dass die TV-Parteien im Rahmen moderner Konzepte betrieblicher Gestaltungspolitik einer gewissen **Dezentralisierung der Verhandlungssysteme** Rechnung tragen müssen,[577] darf nicht verkannt werden, dass eine zu weitgehende oder unpräzise konturierte Verlagerung der Kompetenzen von den TV- auf die Betriebsparteien mit erheblichen **Gefahren für die verfassungsrechtlich gewährleistete Tarifautonomie** verbunden[578] und im Übrigen auch **verfassungsrechtlichen Bedenken** ausgesetzt ist.[579] Von der rechtlichen Problematik eines solchen Regelungsverzichts abgesehen würde zusätzlich die Gefahr eines schleichenden und möglicherweise nicht mehr rückholbaren **Verlustes an Gestaltungsmacht und Regelungskompetenz auf überbetrieblicher Ebene** und eines damit verbundenen **Autoritätsverlustes**[580] **der TV-Parteien** bestehen.[581] Insbesondere für Klein- und Mittelbetriebe haben Untersuchungen zur betrieblichen Gestaltung von Arbeitszeitsystemen die begrenzte Verhandlungsmacht und Gestaltungsfähigkeit von BR bestätigt und unterstrichen, dass eine große Regelungsdichte durch präzise und überschaubare Tarifbestimmungen für die Realisierung eines effektiven AN-Schutzes unverzichtbar ist.[582]

156 Die Realisierung der in der politischen und wissenschaftlichen Auseinandersetzung wiederholt öffentlich zur Diskussion gestellten[583] und auf einen Vorschlag der sog. Deregulierungskommission zurückgehenden[584] Absicht, durch entsprechende Änderungen von Abs. 3 und

575 Dazu eingehend *Däubler,* Tarifvertragsrecht, Rn. 243; Kempen/Zachert-*Kempen,* Grundlagen, Rn. 266; *Zachert,* RdA 96, 140, 142; vgl. auch *BAG* 28.11.84, DB 85, 183; 9.5.95 – 1 ABR 56/94, DB 95, 2610.

576 Vgl. dazu Deinert/Heuschmid/Zwanziger-*Deinert,* § 12 Rn. 141 f.; *Kittner,* FS Schaub, S. 389 ff.

577 Vgl. dazu *Bösche/Grimberg,* Mitb 91, 614; *Bosch u. a.,* S. 285 ff.; *Däubler,* a. a. O.; *Lang u. a.,* S. 53; *Weyand,* a. a. O., 194.

578 *BAG* 18.8.87, a. a. O.

579 *Kissel,* a. a. O., 78 f.; *Weyand,* a. a. O., 196.

580 *Kissel,* a. a. O., 78.

581 *Lang u. a.,* S. 54.

582 *Bosch u. a.,* S. 172 f.

583 Vgl. dazu auch die Diskussion auf dem 61. Deutschen Juristentag 1996: Gutachten von Richardi-*Richardi,* »Empfiehlt es sich, die Regelungsbefugnisse der Tarifparteien im Verhältnis zu den Betriebsparteien zu ordnen?«, Gutachten B zum 61. DJT; Beschlussfassung des 61. DJT, Abteilung Arbeitsrecht, DB 96, 2030, dazu *Buchner,* DB 97, 573; *Zachert,* AuR 97, 11, 12; *ders.,* RdA 96, 140; *Rieble,* RdA 96, 151; *Waltermann,* RdA 96, 129.

584 Vgl. Marktöffnung und Wettbewerb, Bericht der von der Bundesregierung eingesetzten unabhängigen Expertenkommission zum Abbau marktwidriger Regelungen [1991], S. 149.

§ 4 Abs. 3 TVG eine **gesetzliche Grundlage für vom TV abweichende BV zuungunsten der AN** in **wirtschaftlichen Notlagen** einzelner UN zu schaffen, wäre mit dem **Grundrecht der Koalitionsfreiheit aus Art. 9 Abs. 3 GG** nicht vereinbar. Eine derartige **gesetzliche Öffnungsklausel** würde die zum **unantastbaren Kernbereich der Tarifautonomie** gehörende **Unabdingbarkeit des TV** aufheben.[585] Die damit verbundene Übertragung von – den TV-Parteien vorbehaltenen – Befugnissen auf den hier beschränkt durchsetzungsfähigen und im Hinblick auf das Zustandekommen von Tarifnormen demokratisch nicht legitimierten BR würde das **Verhältnis von TV und BV umkehren** und tief greifend in die bestehende Arbeitsrechtsordnung eingreifen.[586]

157 Die auf Grund tarifvertraglicher Zulassung abgeschlossene BV ist in ihrer **Laufzeit grundsätzlich auf die Dauer des TV** beschränkt.[587] Sie gilt jedoch fort und kann ggf. geändert werden, solange der TV kraft Nachwirkung weitergilt.[588]

7. Sperrwirkung gegenüber Regelungsabreden und allgemeinen Arbeitsbedingungen

158 Unter Berücksichtigung des Normzwecks von Abs. 3, nämlich die **Normsetzungsprärogative der TV-Parteien** zu sichern und **eine betriebliche Konkurrenzordnung zum Tarifvertragssystem auszuschließen,** gilt die Sperrwirkung **nicht nur für förmliche BV,** sondern **auch für formlose Regelungsabreden.**[589] Vom Normzweck der Sperrwirkung ausgehend kann es nicht darauf ankommen, in welcher Form bzw. mit welcher rechtlichen Konstruktion die betriebliche Konkurrenzordnung errichtet wird. Immerhin verpflichtet die Regelungsabrede den AG gegenüber dem BR, den mit dem Inhalt eines TV konkurrierenden zwischen den Betriebsparteien vereinbarten Regelungskomplex im Verhältnis zu den AN arbeitsvertraglich umzusetzen. Geschieht dies in Form eines gemeinsamen »empfehlenden Angebots« (vgl. dazu die Hinweise auf Fallbeispiele in Rn. 126 ff.) der Betriebsparteien an die AN oder durch sonstige Formen der betriebseinheitlichen (und faktisch einseitigen) Umsetzung durch den AG, ist der AN dem in vergleichbarer Weise unterworfen wie den Normen einer BV. Dass der Inhalt der Regelungsabrede als »Angebot« des AG in die Arbeitsverträge übernommen wird, entspricht im Ergebnis der verbreiteten Praxis, in förmliche BV Freiwilligkeitsvorbehalte aufzunehmen oder in anderer Art und Weise ihre normative Wirkung einzuschränken.

159 Insoweit kann die **Regelungsabrede als funktionales Äquivalent zur BV** bezeichnet werden. Die Erstreckung der Sperrwirkung auf Regelungsabreden scheitert auch nicht am **Wortlaut von Abs. 3** (»…, können nicht Gegenstand einer **BV** sein.«), da die Regelungsabrede vom Gesetzgeber an keiner Stelle des Gesetzes ausdrücklich erwähnt wird. Der Wortlaut von Abs. 5 und Abs. 6 hat auch das *BAG* (vgl. die Nachweise in Rn. 165) nicht daran gehindert, die gesetzliche Regelung über die Kündigung und Nachwirkung einer BV auf Regelungsabreden anzuwenden. Die durch diese Rechtsprechungsentwicklung erfolgte **Aufwertung und Annäherung der Regelungsabrede an die BV** spricht ebenfalls für die hier vertretene Auffassung.

---

585 *BVerfG* 18.11.54, BVerfGE 4, 96; 24.5.77, BVerfGE 44, 322, 340 f.; *Däubler,* Tarifvertragsrecht, Rn. 352 f.; *Dieterich,* DB 01, 2398; *ders.,* RdA 02, 1; *Hanau,* RdA 93, 1, 4 ff.; *Heinze,* NZA 95, 5, 6; *Herschel,* AuR 81, 226; *Müller,* AuR 92, 258; *Zachert,* DB 91, 225.

586 Vgl. dazu im Einzelnen *Dieterich,* a.a.O.; *Hanau,* a.a.O.; *Müller,* a.a.O.; *Tyska,* AuR 85, 276; *Wiedemann,* Tarifvertragsgesetz, § 4 Rn. 598; a.A. *Wagner,* DB 92, 2550.

587 *BAG* 25.8.83, AP Nr. 7 zu § 77 BetrVG 1972.

588 *Fitting,* Rn. 123; *GL,* Rn. 88; GK-*Kreutz,* Rn. 183; HWGNRH-*Worzalla,* Rn. 153.

589 Im Ergebnis wie hier *Däubler,* Tarifvertragsrecht, Rn. 249; Däubler-*Zwanziger,* § 4 Rn. 986; *GL,* Rn. 91; *Gamillscheg,* FS Stahlhacke, S. 129; *ders.,* Kollektives Arbeitsrecht, Bd. I, S. 328; *Halser,* S. 186 f.; *Hanau,* BB 77, 350; *Krauss,* DB 95, 1562, 1564, Fn. 33; MünchArbR-*Matthes,* § 238Rn. 69; *Rost,* in DAI (Hrsg.), Brennpunkt des Arbeitsrechts 1998, S. 190; Richardi-*Richardi,* Rn. 311; *WW,* Rn. 36; *Zachert,* RdA 96, 140, 145; a.A. *BAG* 21.1.03 – 1 ABR 9/02, NZA 03, 1097; 20.4.99 – 1 ABR 72/98, DB 99, 1555, 1557; *LAG Köln* 31.1.12 – 11 TaBV 73/11; ErfK-*Kania,* Rn. 71; *Fitting,* Rn. 102; GK-*Kreutz,* Rn. 154; Kempen/Zachert-*Wendeling-Schröder,* Grundlagen, Rn. 453; s. zum Ganzen auch *Berg,* FS *Kehrmann,* S. 271 ff.

Unter Berücksichtigung der **aktuellen Gefährdung der Tarifautonomie** (vgl. Rn. 126 ff.) gebietet schließlich auch Art. 5 des IAO-Abkommens Nr. 135 vom 23. 6. 1971[590] mit seinem Verbot der Untergrabung der Stellung der Gewerkschaften durch das Vorhandensein gewählter betrieblicher Interessenvertreter eine weite Auslegung des Abs. 3. Aus diesem Grund erstreckt sich die Sperrwirkung des Abs. 3 auch auf **betriebliche Einheitsregelungen** oder **allgemeine Arbeitsbedingungen, bei deren Aufstellung der BR mitgewirkt hat.**[591] Die Mitwirkung des BR am Zustandekommen tarifwidriger vertraglicher Einheitsregelungen durch Abschluss einer Regelungsabrede oder ausdrücklicher Befürwortung bzw. Billigung des tarifwidrigen Handelns des AG verleiht diesem durch den zielgerichteten Einsatz der sich aus der Existenz der Betriebsverfassung ergebenden Möglichkeiten ein besonderes Gefährdungspotential im Hinblick auf die durch Abs. 3 geschützte Tarifautonomie: Die betriebliche Konkurrenzordnung soll unter Umgehung von Abs. 3 mit Hilfe des BR gezielt errichtet und kann in der Regel auch nur mit dessen Unterstützung im Betrieb realisiert werden. Unberührt von Abs. 3 bleiben arbeitsvertragliche Vereinbarungen, die der AG mit den AN abschließt. Solche Vereinbarungen sind allerdings nur bei Berücksichtigung von § 4 Abs. 3 TVG zulässig.[592] 160

V. Regelungsabrede (Betriebsabsprache, betriebliche Einigung)

Schon aus dem Wortlaut des Gesetzes (vgl. Abs. 1 und 2) ergibt sich, dass die BV nicht die einzige Möglichkeit ist, Vereinbarungen zwischen AG und BR abzuschließen. Neben der **formbedürftigen BV** (vgl. dazu Rn. 49 ff.) gibt es die formlose Einigung, die als Regelungsabrede, aber auch als Regelungsabsprache, Betriebsabrede, Betriebsabsprache oder betriebliche Einigung bezeichnet wird. Auch in **Ausübung des Mitbestimmungsrechts** gemäß § 87 Abs. 1 in sozialen Angelegenheiten können grundsätzlich formlose Regelungsabreden abgeschlossen werden (vgl. dazu aber auch Rn. 163 f.).[593] Im Gegensatz zur BV entfaltet die Regelungsabrede keine normative, die einzelnen Arbeitsverhältnisse unmittelbar gestaltende Rechtswirkung.[594] Sie kann nur mittelbar auf die Rechtsstellung der AN einwirken, z. B. wenn der BR bei Einstellungen, Versetzungen, Ein- und Umgruppierungen seine Zustimmung erteilt. 161

Die Regelungsabrede begründet üblicherweise nur **schuldrechtliche Beziehungen** zwischen AG und BR. Sie wird als ein geeignetes Instrument angesehen, um bestimmte strittige Fragen zwischen AG und BR einer Regelung zuzuführen. So kann sich der AG beispielsweise gegenüber dem BR verpflichten, Kosten oder Sachaufwand über das in § 40 festgelegte Maß hinaus zu tragen, nach § 80 Abs. 1 Nrn. 2 bis 4, 6, 7 beantragte oder angeregte Maßnahmen zu ergreifen, einer Beschwerde nach §§ 84, 85 abzuhelfen, eine geplante personelle Maßnahme (§ 99) nicht oder anders als vorgesehen durchzuführen, dem WA eine Auskunft zu geben, auf die dieser keinen oder nur einen zweifelhaften Anspruch hat.[595] Die **Einhaltung der getroffenen Regelungsabrede** kann der BR in einem arbeitsgerichtlichen Beschlussverfahren durchsetzen (vgl. dazu auch Rn. 11 ff.).[596] 162

Darüber hinaus erfüllt die Regelungsabrede eine **wichtige Funktion im Rahmen der Mitwirkungs- und Mitbestimmungsbefugnisse des BR,**[597] z. B. im Bereich der **personellen Einzelmaßnahmen** (§§ 99, 102) und der **Freistellung von BR-Mitgliedern** (§ 38 Abs. 2; zur Zulässigkeit einer Regelungsabrede über abweichende Vereinbarungen gemäß § 38 Abs. 1 Satz 5 siehe § 38 Rn. 27) oder der **Teilnahme an Schulungsveranstaltungen** (§ 37 Abs. 6 oder 7) erfolgt sie grundsätzlich nicht durch BV, sondern durch eine formlose Einigung. Auch bei den **sozialen Angelegenheiten (§ 87)** sind Regelungsabreden möglich, beispielsweise bei **echten Einzelmaßnahmen,** wie zeitliche Festlegung des Urlaubs für einen einzelnen AN bzw. Zuweisung 163

590 BGBl. 1973 II S. 953.
591 A. A. *BAG* 20. 4. 99, a. a. O., 1557; *Fitting*, Rn. 101.
592 *Däubler*, a. a. O.; MünchArbR-*Matthes*, a. a. O.
593 *BAG* 16. 9. 86, AP Nr. 17 zu § 77 BetrVG 1972; 14. 2. 91 – 2 AZR 415/90, NZA 91, 607; 10. 3. 92 – 1 ABR 31/91, NZA 92, 952 = AiB 92, 583 mit Anm. *Neuhaus*..
594 *BAG* 14. 2. 91, a. a. O.; GK-*Kreutz*, Rn. 20; *GL*, Rn. 101.
595 GK-*Kreutz*, Rn. 16 f.
596 *BAG* 23. 6. 92 – 1 ABR 53/91, NZA 92, 1098; GK-*Kreutz*, Rn. 13; *GL*, Rn. 102.
597 *WW*, Rn. 22.

oder Kündigung einer Werksmietwohnung, ober bei generellen Maßnahmen, z. B. Verlegung oder Verlängerung der Arbeitszeit an einzelnen Tagen. Diese formlose Einigung kann insbesondere in **Eilfällen** zweckmäßig sein.

164 Sie darf aber **nicht zu einer Aushöhlung des Anwendungsbereichs der BV** führen,[598] da **nur eine BV** eine normative Wirkung auf die Einzelarbeitsverhältnisse hat und damit die erforderliche **Rechtssicherheit für die AN** erzeugt.[599] Mit der Regelungsabrede ist außerdem die Gefahr verbunden, dass sie **als Instrument missbraucht** wird, z. B. um die (in Wahrheit ggf. nicht vorliegende) Zustimmung des BR zu Vorhaben des AG durch »schlüssiges Verhalten« zu konstruieren (vgl. dazu auch Rn. 165). Im Streitfall kann es für den BR auch schwierig sein, einen aus seiner Sicht günstigen Inhalt einer Regelungsabrede zu beweisen. Im Zweifel sollte daher dem **Abschluss förmlicher BV der Vorzug gegeben werden.** Obwohl die Regelungsabrede nicht der Schriftform bedarf, kann eine (u. U. nachträgliche) schriftliche Niederlegung aus Beweisgründen zweckmäßig sein.[600]

165 Die Regelungsabrede **kommt** durch übereinstimmende **Willenserklärung von AG und BR zustande.**[601] Der Abschluss einer entsprechenden Vereinbarung setzt einen **ordnungsgemäß zustande gekommenen Beschluss des BR** (vgl. § 33 Rn. 9 ff.) voraus.[602] Aus diesem Grund ist die erforderliche Zustimmung des BR zu einer Regelungsabrede durch »stillschweigendes« Einverständnis oder »widerspruchslose Hinnahme« des BR grundsätzlich nicht möglich (Rn. 57, § 87 Rn. 19).[603] Wird die »Duldung« oder »Hinnahme« einer mitbestimmungspflichtigen Maßnahme des AG allerdings durch den BR ordnungsgemäß beschlossen, liegt die Zustimmung des BR vor. Fehlt es an einem ordnungsgemäßen BR-Beschluss und kommt deshalb **keine wirksame Regelungsabrede** zustande, ist es dem AG in mitbestimmungspflichtigen Angelegenheiten verwehrt, den Inhalt der Regelungsabrede individualrechtlich umzusetzen. Die Zustimmung des BR zu einer mitbestimmungspflichtigen Angelegenheit ist auch für Maßnahmen des AG zur individualrechtlichen Umsetzung einer Regelungsabrede Wirksamkeitsvoraussetzung (s. dazu auch § 87 Rn. 20). Der BR und die AN sind jederzeit berechtigt, sich auf die Unwirksamkeit derartiger mitbestimmungswidriger Maßnahmen des AG zu berufen. Auch wenn der BR seine Mitbestimmungsrechte jahrelang nicht wahrnimmt, unterliegen diese nicht der Verwirkung und es bleibt bei der Unwirksamkeit der mitbestimmungswidrigen Maßnahmen des AG (s. dazu Einl. Rn. 99 und § 87 Rn. 5).

166 Die **Regelungsabrede endet** – wie die BV – mit Ablauf der Zeit, für die sie eingegangen ist, durch Zweckerreichung, durch Aufhebungsvertrag oder durch Wegfall der Geschäftsgrundlage.[604] Auch eine **Kündigung,** ggf. eine außerordentliche aus wichtigem Grund, kann in analoger Anwendung von Abs. 5 in Betracht kommen,[605] insbesondere bei auf Dauer angelegten Vereinbarungen.[606] Die Möglichkeit der Kündigung besteht unabhängig von der Frage, ob sich der Inhalt der Regelungsabrede auf eine der zwingenden Mitbestimmung unterliegende oder auf eine freiwillig regelbare Angelegenheit erstreckt.[607] Wenn nichts anderes vereinbart ist, muss bei der ordentlichen Kündigung eine **Frist von drei Monaten** eingehalten werden.[608] Das Kündigungsrecht kann durch die Betriebsparteien im Einvernehmen eingeschränkt oder aus-

598 *Däubler,* Das Arbeitsrecht 1, Rn. 940.
599 Vgl. *BAG* 14. 2. 78, AP Nr. 60 zu Art. 9 GG Arbeitskampf; 24. 2. 87, AP Nr. 21 zu § 77 BetrVG 1972; 8. 8. 89, DB 90, 281, 282; 3. 12. 91 – GS 2/90, BB 92, 1418, 1424.
600 *Fitting,* Rn. 218.
601 Zur Qualifizierung der Regelung einer mitbestimmungspflichtigen Angelegenheit im Rahmen eines gerichtlichen Vergleichs im Beschlussverfahren als Regelungsabrede vgl. *BAG* 23. 6. 92 – 1 ABR 53/91, NZA 92, 1098.
602 *LAG Frankfurt* 17. 3. 83, DB 84, 882.
603 *LAG Frankfurt* 17. 3. 84, a. a. O.; *Fitting,* Rn. 219; GK-*Kreutz,* Rn. 11; *GL,* Rn. 103; Richardi-*Richardi,* Rn. 243; vgl. auch *BAG* 10. 11. 92 – 1 AZR 183/92, DB 93, 439, 441.
604 Richardi-*Richardi,* Rn. 247.
605 *Fitting,* Rn. 225; GK-*Kreutz,* Rn. 21; *GL,* Rn. 104.
606 *BAG* 26. 9. 18 – 7 ABR 18/16, NZA 19, 181; 23. 6. 92, NZA 92, 1098; 10. 3. 92 – 1 ABR 31/91, NZA 92, 952 = AiB 92, 583 mit Anm. *Neuhaus;* 20. 11. 90 – 1 AZR 643/89, BB 91, 835.
607 *BAG* 29. 6. 18, a. a. O.
608 *BAG* 10. 3. 92, a. a. O.; 23. 6. 92, a. a. O.

geschlossen werden.[609] Nach einer neuen Entscheidung[610] hält das *BAG* nicht mehr an seiner bisherigen Rspr.[611] fest, nach der gekündigte Regelungsabreden in mitbestimmungspflichtigen Angelegenheiten in analoger Anwendung von Abs. 6 **nachwirken.** Danach liegen die Voraussetzungen für eine Rechtsfortbildung durch Analogie nicht vor, insbesondere deshalb, weil die Vorschriften einer Regelungsabrede keine unmittelbare und zwingende Wirkung auf die Arbeitsverhältnisse der AN entfalten. Regelungsabreden wirken daher nach ihrer Kündigung nicht nach und zwar auch dann nicht, wenn sie eine mitbestimmungspflichtige Angelegenheit zum Gegenstand haben.[612] Eine Regelungsabrede kann jederzeit **durch eine BV abgelöst werden,** nicht jedoch eine BV als höherrangiges Recht durch eine Regelungsabrede (zur Beendigung einer BV durch Aufhebungsvertrag vgl. Rn. 93).[613] Besteht in einer **mitbestimmungspflichtigen Angelegenheit** lediglich eine Regelungsabrede, kann der BR **jederzeit** über den Gegenstand und Inhalt dieser Regelungsabrede den **Abschluss einer BV** verlangen.[614]

VI. Streitigkeiten

1. Grundsätze

Das ArbG entscheidet auf Antrag einer der Betriebsparteien im Beschlussverfahren (§§ 2a, 80 ff. ArbGG) insbesondere über folgende Streitigkeiten im Zusammenhang mit BV (oder sonstigen Vereinbarungen, z. B. Regelungsabreden) zwischen AG und BR: 167

- **Durchführung** einer BV durch den AG (zu weiteren Einzelheiten vgl. Rn. 168 ff.);[615]
- **Bestehen** oder **Nichtbestehen** einer BV (z. B. Wirksamkeit einer Kündigung oder Befristung, kollektivrechtliche Weitergeltung nach Unternehmens- oder Betriebsumstrukturierung),[616]
- **Nachwirkung** einer BV,[617]
- **Auslegung** einer BV bzw. einzelner Vorschriften einer BV,[618]
- **Unwirksamkeit** bzw. Teilunwirksamkeit einer BV,
- **Zulässigkeit des Abschlusses** einer BV,
- Gegenstand und Umfang der **Mitbestimmungsrechte** des **BR.**

Der BR ist nicht befugt, eine **von einer anderen AN-Interessenvertretung** (etwa einem GBR oder KBR) abgeschlossene Vereinbarung auf ihre **Wirksamkeit hin gerichtlich überprüfen** zu lassen. Das gilt nicht, wenn die Vereinbarung in die Regelungsbefugnisse des BR selbst eingreift.[619]

2. Durchführungs- und Unterlassungsanspruch des BR

Für den **Durchführungsanspruch** und den **Anspruch auf Unterlassung vereinbarungswidriger Handlungen** des BR gegenüber dem AG[620] und seine arbeitsgerichtliche Durchsetzung gilt im Einzelnen folgendes: 168

---

609 *BAG* 26.9.18, a.a.O.
610 *BAG* 13.8.19 – 1 ABR 10/18, NZA 19, 1651.
611 *BAG* 23.6.92, a.a.O.; a.A. 3.12.91, BB 92, 1418, 1424.
612 *BAG* 13.8.19, a.a.O.
613 *BAG* 27.6.85, AP Nr. 14 zu § 77 BetrVG 1972; 20.11.90 – 1 AZR 643/89, BB 91, 835; *Fitting*, Rn. 192.
614 *BAG* 8.8.89, DB 90, 281, 282.
615 *BAG* 24.2.87, 10.11.87, AP Nrn. 21, 24 zu § 77 BetrVG 1972; 13.10.87, AP Nr. 2 zu § 77 BetrVG 1972 Auslegung; 28.9.88, AP Nr. 29 zu § 87 BetrVG 1972 Arbeitszeit; auch im Wege der einstweiligen Verfügung *LAG Frankfurt* 24.11.87, BB 88, 1461; 12.7.88, AiB 88, 288; *ArbG München* 10.5.01 – 6b BVGa 30/16, AiB 02, 308 mit Anm. *Abel; ArbG Darmstadt* 22.9.97 – 1 BVG a 13/97.
616 *BAG* 21.2.67, 8.12.70, AP Nrn. 25, 26 zu § 59 BetrVG.
617 *BAG* 21.8.90 – 1 ABR 73/89, BB 90, 2406.
618 *BAG* 18.1.05 – 3 ABR 21/04, NZA 06, 167.
619 *BAG* 5.3.13 – 1 ABR 75/11, DB 13, 1423.
620 *BAG* 16.12.08 – 9 AZR 893/07, NJW 09, 1527; 18.1.05 – 3 ABR 21/04, NZA 06, 167; 21.1.03 – 1 ABR 9/02, NZA 03, 1097; 29.4.04 – 1 ABR 30/02, NZA 04, 670, 671; 24.2.87, 10.11.87, AP Nrn. 21, 24 zu § 77 BetrVG 1972; 13.10.87, AP Nr. 2 zu § 77 BetrVG 1972 Auslegung; 28.9.88, AP Nr. 29 zu § 87 BetrVG 1972 Arbeitszeit; 17.10.89, BB 90, 489 f. = AiB 90, 311 ff. mit Anm. *Kempff;* 23.6.92 – 1 ABR

- Der Anspruch des BR auf Unterlassung vereinbarungswidriger Maßnahmen des AG setzt nicht das Vorliegen eines **groben Verstoßes i. S. d. § 23 Abs. 3** durch den AG voraus.[621]
- Der Durchführungs- und Unterlassungsanspruch kann auch im Hinblick auf die **Einhaltung von Regelungsabreden** (zur Regelungsabrede vgl. Rn. 161 ff., 162)[622] oder **freiwilligen BV** geltend gemacht werden (vgl. dazu Rn. 10, § 88 Rn. 7).
- Auch im **Nachwirkungszeitraum einer BV** besteht der Durchführungs- und Unterlassungsanspruch des BR (vgl. dazu Rn. 10).
- Der Durchführungs- und Unterlassungsanspruch des BR setzt voraus, dass die fragliche **BV wirksam** ist (und z. B. nicht wegen eines tarifvertraglichen Inhalts gegen Abs. 3 verstößt).[623] Ist ein **arbeitsgerichtliches Beschlussverfahren,** in dem über die **Wirksamkeit einer BV** gestritten oder ein **ESt.-Spruch angefochten** wird, anhängig, kann der BR seinen Durchführungs- und Unterlassungsanspruch bis zum Zeitpunkt der rechtskräftigen Feststellung der Unwirksamkeit der BV verfolgen (vgl. dazu Rn. 10).
- Nach der Rspr. des *BAG*[624] kann der BR bezüglich einer vom GBR/KBR in originärer Zuständigkeit abgeschlossenen **GBV/KBV keinen** Durchführungsanspruch geltend machen (vgl. dazu näher und zur Kritik Rn. 10 und § 58 Rn. 8).
- Sichert der AG nach Bekanntwerden seines vereinbarungswidrigen Verhaltens dem BR zu, er werde zukünftig nicht mehr gegen die Vereinbarung verstoßen, lässt dies allein die **Wiederholungsgefahr** nicht entfallen.[625]
- Duldet der AG die Leistung von Arbeiten, die den Arbeitszeitrahmen einer BV überschreiten, kann er gegen den Unterlassungsanspruch des BR nicht erfolgreich einwenden, er genüge seiner Durchführungspflicht dadurch, dass er die **betriebsvereinbarungswidrig geleistete Arbeit nicht vergütet.**
- Der **AG ist verpflichtet,** die betrieblichen Abläufe auf Übereinstimmung mit den Normen einer BV zu überprüfen und ggfs. **korrigierend einzugreifen**[626] und dafür zu sorgen, dass sich auch die AN an die Regelungen einer BV halten.[627]
- **Hat sich der AG** in einer BV dem BR gegenüber **zu einer bestimmten Art und Weise der Durchführung einer getroffenen Regelung verpflichtet,** z. B. der Kontrolle der Einhaltung eines Alkoholverbots oder der Durchführung von Inventurarbeiten in Filialbetrieben, darf er bei der Durchführung dieser BV nicht einseitig von der mit dem BR vereinbarten Art und Weise der Durchführung abweichen.[628]
- Auch ein **BR, der es für einen längeren Zeitraum hingenommen hat,** dass der AG gegen eine BV verstößt, kann die Unterlassung des betriebsvereinbarungswidrigen Verhaltens des AG arbeitsgerichtlich durchsetzen.[629]
- Wurde die **Wahl** eines BR durch den AG **angefochten** – aber noch nicht rechtskräftig für unwirksam erklärt –, ist der AG dennoch verpflichtet, die mit dem BR abgeschlossene BV durchzuführen.[630]

169 Bei Vorliegen der entsprechenden Voraussetzungen kann der Durchführungs- und Unterlassungsanspruch des BR auch **im Wege der einstweiligen Verfügung** verfolgt werden.[631]

11/92, DB 92, 2450; *LAG Köln* 8. 2. 10 – 5 TaBV 28/09; *LAG München* 12. 12. 90 – 5 TaBV 61/89, AiB 91, 269 mit Anm. *Schindele; ArbG Hamburg* 7. 12. 99 – 25 BV 7/99, AiB 01, 360 mit Anm. *Wulff; ArbG Köln* 10. 12. 91, AiB 92, 650; *Fitting,* Rn. 7; GK-*Kreutz,* Rn. 24; *GL,* Rn. 1.

621 *BAG* 16. 11. 11 – 7 ABR 27/10, NZA-RR 12, 579; 29. 4. 04, a. a. O.; 23. 6. 92 – 1 ABR 11/92, a. a. O.; 10. 11. 87, a. a. O.; *LAG München* 12. 12. 90 – 5 TaBV 61/89, a. a. O.; *ArbG Köln* 10. 12. 91, a. a. O.

622 *BAG* 16. 12. 08, a. a. O.; 21. 1. 03 – 1 ABR 9/02, AP Nr. 1 zu § 21a BetrVG 1972; 23. 6. 92 – 1 ABR 53/91, NZA 92, 1098; GK-*Kreutz,* Rn. 15.

623 Vgl. dazu *BAG* 29. 4. 04, a. a. O.

624 *BAG* 18. 5. 10, NZA 10, 1433.

625 *BAG* 23. 6. 92 – 1 ABR 11/92, a. a. O.

626 *BAG* 29. 4. 04, a. a. O.

627 *HessLAG* 30. 11. 15 – 16 TaBV 96/15, juris; 19. 4. 12 – 5 TaBV 192/11, juris; *LAG Hamm* 10. 2. 12 – 10 TaBV 59/11, juris; *ArbG Berlin* 22. 3. 12 – 54 BV 7072/11, juris.

628 *BAG* 10. 11. 87, AP Nr. 24 zu § 77 BetrVG 1972; *ArbG Lingen* 15. 1. 88, AiB 88, 43 f.

629 *LAG Frankfurt* 12. 7. 88, AiB 88, 288.

630 *LAG Frankfurt* 24. 11. 87, BB 88, 1461.

631 *LAG Köln* 12. 6. 12 – 12 Ta 95/12, juris.

Liegt ein **grober Verstoß** des AG i. S. des **§ 23 Abs. 3** vor, kann auch eine **im Betrieb vertretene Gewerkschaft** den AG auf die Einhaltung einer BV in Anspruch nehmen (vgl. § 23 Rn. 271).[632] 170

Die sich aus einer BV ergebenden individualrechtlichen **Ansprüche einzelner AN** kann der **BR** dem AG gegenüber arbeitsgerichtlich **nicht durchsetzen.** Derartige Ansprüche sind von den **AN** selbst im arbeitsgerichtlichen **Urteilsverfahren** geltend zu machen.[633] In einem derartigen **Urteilsverfahren** wird allerdings in vielen Fällen z. B. die **Wirksamkeit, der Inhalt** oder die **Auslegung** einer **BV** vom ArbG als **Vorfrage** geprüft werden müssen. Ist in einem **Rechtsstreit zwischen den Betriebsparteien** z. B. über den Inhalt einer BV eine **rechtskräftige Entscheidung** ergangen, wirkt diese Entscheidung **auch gegenüber einzelnen AN,** die Ansprüche aus der BV geltend machen.[634] 171

Bleiben Verhandlungen zwischen AG und BR über einen noch **nicht in einer BV** geregelten **mitbestimmungspflichtigen Gegenstand** erfolglos und lässt sich keine Einigung erzielen, ist für die Beilegung dieser Streitigkeit nicht das ArbG, sondern die **ESt. zuständig** (vgl. § 76). 172

3. Auslegung der Vereinbarungen, Rechts- und Billigkeitskontrolle

Die Regelungen der BV unterliegen wegen ihres Rechtsnormcharakters uneingeschränkt der **Auslegung** (vgl. dazu auch Rn. 52 f.) **durch die Gerichte.** BV unterliegen nach § 310 Abs. 4 Satz 1 BGB **keiner Inhaltskontrolle** gemäß **§§ 305 ff BGB.**[635] Das gilt auch, wenn eine betriebsvereinbarungsoffene vertragliche Einheitsregelung durch eine verschlechternde BV abgelöst wird.[636] Der Inhalt der BV kann auch im Hinblick auf seine **Zweckmäßigkeit** gerichtlich nicht überprüft werden, ist aber wegen Verstößen gegen **zwingendes Recht** zu überprüfen und unterliegt darüber hinaus – weitergehend als ein TV – der gerichtlichen **Billigkeitskontrolle.**[637] 173

Die Billigkeitskontrolle ist erforderlich, weil der BR – im Vergleich zur tarifschließenden Gewerkschaft – nur begrenzte Rechtsmittel zur Durchsetzung der Interessen der AN zur Verfügung hat und in nicht unerheblichem Maß vom AG abhängig ist.[638] Die Ausnahme von BV aus der AGB-Kontrolle durch § 310 Abs. 4 Satz 1 BGB[639] ändert an der Zulässigkeit der von der Rechtsprechung bis zum Zeitpunkt des Inkrafttretens der Ausnahme von der AGB-Kontrolle praktizierten inhaltlichen Überprüfung von BV nichts.[640] Die Neuregelung der AGB-Kontrolle hatte nicht den Zweck, bereits bestehende Möglichkeiten der Korrektur unangemessener Benachteiligungen der schwächeren Seite abzubauen.[641] 174

Uneingeschränkt bleibt jedenfalls die Überprüfung von BV am Maßstab des § 75 Abs. 1.[642] 175

---

632 *BAG* 29. 4. 04, a. a. O.

633 *BAG* 18. 1. 05 – 3 ABR 21/04, NZA 06, 167; 17. 10. 89, BB 90, 489 f. = AiB 90, 311 ff. mit Anm. *Kempff.*

634 *BAG* 10. 11. 87, AP Nr. 15 zu § 113 BetrVG 1972; 17. 2. 92 – 10 AZR 448/91, BB 92, 2083 = AiB 92, 651 mit Anm. *Neuhaus;* vgl. dazu auch *Dütz,* FS Gnade, S. 487, 496 f.

635 *BAG* 17. 7. 12 – 1 AZR 476/11, NZA 13, 338; 1. 2. 06 – 5 AZR 187/05, NZA 06, 563.

636 *BAG* 17. 7. 12, a. a. O.

637 *BAG* 11. 6. 75, AP Nr. 1 zu § 77 BetrVG 1972 Auslegung; 12. 8. 82, AP Nr. 4 zu § 77 BetrVG 1972; 26. 7. 88, AP Nr. 45 zu § 112 BetrVG 1972; *GL,* Rn. 54 f.; Bedenken äußern *Fitting,* Rn. 231 f.; krit. und ablehnend zur Billigkeitskontrolle GK-*Kreutz,* Rn. 342 ff.; HWGNRH-*Worzalla,* Rn. 95 f.; *v. Hoyningen-Huene,* BB 92, 1640; *Jobs,* AuR 86, 147; Richardi-*Richardi,* Rn. 131 ff.

638 Vgl. dazu auch *Däubler,* Das Arbeitsrecht 1, Rn. 804; *Travlos-Tzanetatos,* S. 74.

639 DBD-*Däubler,* § 310 BGB Rn. 32 ff.

640 *Däubler,* NZA 01, 1329, 1334; DBD-*Däubler,* a. a. O., Rn. 33; *Thüsing,* BB 02, 2666, 2669.

641 *Thüsing,* a. a. O.

642 *Annuß,* BB 02, 459; Richardi-*Richardi,* NZA 02, 1039; ablehnend gegenüber einer Billigkeitskontrolle insbesondere auch unter dem Gesichtspunkt der Ausnahme von BV aus § 310 Abs. 4 Satz 1 BGB ErfK-*Preis,* §§ 305–310, Rn. 12; Deinert/Heuschmid/Zwanziger-*Deinert,* § 12 Rn. 63; WPK-*Preis,* Rn. 33.

4. Antragsrechte der TV-Parteien bei Verstößen gegen Tarifvorrang und -vorbehalt

a) Grundsätze

176 **Betriebliche Abmachungen** (BV, Regelungsabreden, vertragliche Einheitsregelungen usw.), die gegen den Tarifvorbehalt des Abs. 3 (vgl. Rn. 126 ff.) oder den Tarifvorrang des § 87 Abs. 1 Eingangssatz (vgl. § 87 Rn. 32 ff.) verstoßen und oder für die AN vom TV abweichende ungünstigere Regelungen (vgl. § 4 Abs. 3 TVG) enthalten, lösen **Antragsrechte** der davon betroffenen **TV-Parteien** aus.

177 Diese sind wegen der **individualrechtlichen Durchsetzungsschwäche des Tarifrechts** zum **Schutz der Tarifautonomie** und eines **funktionierenden Tarifvertragssystem** erforderlich. Tarifwidrige betriebliche Abmachungen sind zwar unwirksam (vgl. zu Verstößen gegen Abs. 3 Rn. 131) und können die gem. § 4 Abs. 1 TVG unmittelbar und zwingend geltenden Tarifnormen nicht verdrängen, so dass die einzelnen Arbeitnehmer sich auf **die Nichtigkeit der abweichenden Abmachung** berufen und die tariflichen Ansprüche geltend machen und einklagen können. Doch ist die **individuelle Rechtsdurchsetzung** über die Arbeitsgerichte zumindest für Arbeitnehmer in Klein- und Mittelbetrieben in der Privatwirtschaft – wegen der damit verbundenen Risiken offener oder verdeckter Nachteile oder Maßregelungen mit **erheblichen Funktionsdefiziten** belastet:[643] 80 Prozent aller arbeitsgerichtlichen Klagen werden erst nach Beendigung des Arbeitsverhältnisses von Arbeitnehmern erhoben.[644]

178 Darüber hinaus geht von **betrieblichen Absenkungsregelungen** mit kollektivem bzw. belegschaftsweitem Geltungsanspruch, die oft mit der Drohung des Arbeitsplatzverlustes oder der Standortverlagerung erzwungen werden, ein zusätzlicher **Anpassungsdruck auf die betroffenen Arbeitnehmer** aus,[645] insbesondere wenn der Betriebsrat eine tarifwidrige Betriebsvereinbarung abgeschlossen hat oder am Zustandekommen einer sonstigen betrieblichen Abmachung mittelbar oder unmittelbar beteiligt war.[646] Die daraus resultierende **faktische Durchsetzungsschwäche des Tarifrechts** macht zum Schutz der tarifgebundenen Arbeitnehmer und zur Abwehr der mit derartigen tarifwidrigen betrieblichen Abmachungen verbundenen Eingriffe in die kollektive Koalitionsfreiheit der Tarifvertragsparteien die **Bereitstellung effektiver Rechtsbehelfe** insbesondere der Gewerkschaften (aber auch der Arbeitgeberverbände, vgl. Rn. 215) gegen tarifwidrige betriebliche Regelungen erforderlich.

179 Wenig effektiv ist die **Einwirkungsklage der Gewerkschaft** gegen den Arbeitgeberverband. Die Einwirkungspflicht eines Arbeitgeberverbandes auf seine Mitglieder, tarifwidrige Regelungen in BV zu unterlassen, wird vom *BAG*[647] nur für den Fall bejaht, dass die Auslegung des Tarifvertrages ergibt, dass die Regelung einer BV gegen den Tarifvertrag verstößt, ein entsprechendes rechtskräftiges Urteil bzw. eine verbindliche Entscheidung einer tariflichen Schlichtungsstelle vorliegt oder der Arbeitgeberverband selbst von der Tarifwidrigkeit der Regelung in der BV ausgeht. Die »**Schwäche des Einwirkungsanspruchs**«[648] ergibt sich insbesondere auch daraus, dass er sich nicht unmittelbar gegen den tarifwidrig handelnden Arbeitgeber richtet, sondern allenfalls auf Umwege und im Rahmen von vom Arbeitgeberverband vorgegebenen verbandsrechtlichen Sanktionsmitteln zum Ziel führt.

180 Die Möglichkeit der Gewerkschaft auf Grundlage des **betriebsverfassungsrechtlichen** (vgl. Rn. 184 ff.) oder **koalitionsrechtlichen Unterlassungsanspruchs** (vgl. Rn. 197 ff.) direkt gegen den Arbeitgeber vorzugehen, eröffnen den Zugriff auf effektivere rechtliche Instrumente, die Einhaltung zwingenden Tarifrechts im Betrieb durchzusetzen und haben in erster Linie eine

---

643 Vgl. dazu Kittner/Zwanziger/Deinert-*Zwanziger*, § 140 Rn. 9 ff.

644 *Grothmann-Höfling*, AuR 97, 268, 270.

645 Vgl. die Fallbeispiele *BAG* 12.6.02 – 10 AZR 340/01, NZA 02, 1389 = AiB 03, 761 mit Anm. *Kraus; LAG Berlin* 26.9.96 – 10 Sa 55/96, LAGE Nr. 26 zu § 611.

646 Vgl. die Fallbeispiele *BAG* 7.11.02 – 2 AZR 742/00, RdA 03, 368 m. Anm. *Franzen, ArbG Freiburg* 15.7.97, AiB 98, 402 m. Anm. *Gnann; ArbG Marburg* 7.8.96, NZA 96, 1331.

647 29.4.92 – 4 AZR 432/91, NZA 92, 846; in einer neueren Entscheidung lässt es das *BAG* allerdings zu, dass die streitige Auslegungsfrage gemeinsam mit der Einwirkungspflicht zum Streitgegenstand eines Rechtsstreits gemacht wird: 10.6.09, ZTR 10, 73; s. dazu auch Berg/Kocher/Schumann-*Wankel*, TVG, § 1 Rn. 409.

648 *BAG* 20.4.99 – 1 ABR 72/98, DB 99, 1555, 1559.

(unerlässliche) **präventive Funktion.** Da die tarifschließende Gewerkschaft in derartigen Verfahren nicht selten in eine **politische Konfrontationsstellung zum beteiligten Betriebsrat** gerät und nicht ohne Rücksicht auf die **wirtschaftliche Situation betroffener Unternehmen** und die **Meinungsbildung innerhalb der Belegschaft** handeln kann und wird, konzentriert sich die Beschreitung des Rechtswegs in der gewerkschaftlichen Praxis in der Regel auf **krasse Fälle des Tarifbruchs.**[649]

Zu **unterscheiden** sind zunächst die **betriebsverfassungsrechtlichen** und **koalitionsrechtlichen Rechtsbehelfe** der Tarifvertragsparteien, da sie unterschiedliche Voraussetzungen haben, in ihrer Reichweite nicht identisch und von der höchstrichterlichen Rechtsprechung nur teilweise anerkannt sind: **181**

- Der **betriebsverfassungsrechtliche Unterlassungsanspruch** (vgl. Rn. 184 ff.) wird von der aktuellen höchstrichterlichen Rechtsprechung nur partiell anerkannt. Während er sich nach hier vertretener Auffassung (vgl. Rn. 184 ff.) unmittelbar aus **Abs. 3** (und auch aus § 87 Abs. 1 Eingangssatz, vgl. dazu § 87 Rn. 32 ff.) ergibt, wird dies **vom BAG abgelehnt** (vgl. Rn. 189 ff.). Von der höchstrichterlichen Rechtsprechung befürwortet wird der Unterlassungsanspruch aus dem Betriebsverfassungsgesetz lediglich unter der Voraussetzung, dass sich ein Verstoß gegen Abs. 3 (**nicht** gegen § 87 Abs. 1 Eingangssatz) als **grober Verstoß gegen die betriebsverfassungsrechtlichen Pflichten der Betriebsparteien gem. § 23 Abs. 3 BetrVG** darstellt (vgl. Rn. 189). Unter diesen Voraussetzungen kann unter dem Gesichtspunkt der **Tarifüblichkeit** wegen Verstoßes gegen Abs. 3 auch die Unterlassung tarifabweichender Betriebsvereinbarungen im **Nachwirkungszeitraum** eines Tarifvertrages verlangt werden (vgl. Rn. 146 ff.). Nach Auffassung des BAG können mit dem betriebsverfassungsrechtlichen die Unterlassungsanspruch lediglich **tarifwidrige BV** angegriffen werden, nicht aber **Regelungsabreden** und **betriebliche Einheitsregelungen** (vgl. Rn. 158 ff.). Es kommt nicht darauf an, **wie viele** und **welche Arbeitnehmer Mitglied** der im Betrieb vertretenen **tarifschließenden Gewerkschaft** sind. Der betriebsverfassungsrechtliche Unterlassungsanspruch ist regelmäßig im **Beschlussverfahren** geltend zu machen. **182**
- Der **koalitionsrechtliche Unterlassungsanspruch** wegen Verletzung des Art. 9 Abs. 3 GG ist **vom BAG grundsätzlich anerkannt** (vgl. Rn. 197 ff.). Mit diesem Rechtsbehelf können in einem **tarifgebundenen Unternehmen** von der **im Betrieb vertretenen tarifschließenden Gewerkschaft** (vgl. Rn. 202) und bei Vorliegen der sonstigen Voraussetzungen grundsätzlich **alle** in der betrieblichen Praxis vorkommenden **Varianten tarifwidriger betrieblicher Regelungen** angegriffen werden, wenn sie **einheitlich** wirken sollen (vgl. Rn. 212). Dies gilt allerdings nicht bei lediglich **nachwirkenden** Tarifverträgen (vgl. Rn. 210). Erfasst werden unter dieser Voraussetzung **BV, Regelungsabreden** und **betriebliche Einheitsregelungen.** Umstritten ist die Frage, ob und unter welchen Voraussetzungen die antragsberechtigte **Gewerkschaft** im Rechtsstreit vortragen muss, **wie viele Mitglieder** sie im Betrieb organisiert hat und ob sie darüber hinaus deren **Namen nennen** muss (vgl. Rn. 207 ff.). Bei **Beteiligung des Betriebsrats** am Zustandekommen einer tarifwidrigen betrieblichen Regelung ist auch der koalitionsrechtliche Unterlassungsanspruch im **Beschlussverfahren** geltend zu machen, ansonsten im **Urteilsverfahren** (vgl. Rn. 214). **183**

b) Betriebsverfassungsrechtlicher Unterlassungsanspruch

Bei Abschluss **tarifwidriger BV** – und nach hier vertretener Auffassung auch **tarifwidriger Regelungsabreden** (vgl. Rn. 158 ff.) –, die den Tarifvorbehalt des Abs. 3 verletzen (vgl. Rn. 126 ff.), kommt für einen **betriebsverfassungsrechtlichen Rechtsbehelf** der Gewerkschaft **Abs. 3** selbst (ergänzend auch § 2 Abs. 1) als Anspruchsgrundlage in Frage. Aus dem Schutzzweck dieser Vorschrift folgt ein **eigenständiger Unterlassungsanspruch der Gewerkschaft.**[650] **184**

Abs. 3 trägt dem durch Art. 9 Abs. 3 GG verfassungsrechtlich garantierten Schutz der Gewerkschaften und der Tarifautonomie Rechnung. Das *BVerfG*[651] qualifiziert Abs. 3 als **aus Art. 9** **185**

649 Vgl. dazu auch *Berg/Platow*, DB 99, 2362, 2368; *Däubler-Reim*, § 1 Rn. 1095.
650 *Fitting*, Rn. 235; a. A. wohl *Schmidt, K.*; RdA 04, 152, 160.
651 24.4.96 – 1 BvR 712/86, BB 96, 1835.

Abs. 3 GG abgeleitetes Recht, das den Schutzbereich von Art. 9 Abs. 3 GG selbst anhand der Sperrwirkung für die Betriebsparteien **markiert.**[652] Die Vorschrift soll sicherstellen, dass die Tarifautonomie durch kollektive betriebliche Regelungen nicht beeinträchtigt oder gar ausgehöhlt wird. Die historisch gewachsene mit Art. 9 Abs. 3 GG verbundene **Privilegierung der Koalitionen** und ihrer Tätigkeit garantiert diesen grundsätzlich eine **vorrangige kollektivvertragliche Regelungskompetenz auf dem Gebiet der Arbeits- und Wirtschaftsbedingungen.**

186 Die gesetzliche Regelung der Betriebsverfassung und die damit verbundene Schaffung einer **konkurrierenden Normsetzungsbefugnis auf betrieblicher Ebene** macht daher schon aus verfassungsrechtlichen Gründen die Absicherung der Normsetzungsprärogative bzw. Vorrangkompetenz der Tarifparteien erforderlich. Insoweit trägt **Abs. 3 der qualitativ höheren Gewichtung der Tarifautonomie gegenüber der Betriebsautonomie** Rechnung. Es geht also nicht nur um den Vorrang der Tarifautonomie »als der stärkeren Norm«, sondern vor allem um die Gewährleistung eines **leistungsfähigen** und **attraktiven tarifautonomen Handlungssystems** im Allgemeinen und die Sicherung der **ausgeübten und aktualisierten Tarifautonomie** im Besonderen. Den Gewerkschaften und Arbeitgeberverbänden wurde daher bezüglich der Gestaltung der Arbeitsentgelte und Arbeitsbedingungen eine weitgehende Monopolstellung eingeräumt. Die **BV soll nicht als ein »Ersatztarifvertrag«** für nicht organisierte AN oder als **»Zusatztarifvertrag« für über- oder untertarifliche Leistungen** wirken können, weil dadurch die Stellung der Koalitionen und ihre Funktionsfähigkeit entscheidend getroffen würde.

187 Durch den Abschluss einer gegen Abs. 3 verstoßenden BV greifen die Betriebsparteien in eine auch **durch das BetrVG geschützte Rechtsposition der Gewerkschaft als TV-Partei** ein. Hieraus erwächst der Gewerkschaft ein **betriebsverfassungsrechtlicher Unterlassungs- und Beseitigungsanspruch,** der auch mit Hilfe eines Feststellungsantrages gerichtlich verfolgt werden kann.

188 Dies gilt nach hier vertretener Auffassung entsprechend, wenn eine BV oder Regelungsabrede (zur Regelungsabrede Rn. 161 ff.) im Rahmen des § 87 gegen zwingende tarifliche Vorgaben verstößt und damit den **Tarifvorrang des § 87 Abs. 1 Eingangssatz** verletzt (vgl. dazu Rn. 191 ff.).

189 Das **BAG** hatte zunächst die Antragsberechtigung der Gewerkschaft zur Feststellung der Unwirksamkeit einer BV wegen Verstoßes gegen Abs. 3 in Übereinstimmung mit zahlreichen Stimmen in der Literatur befürwortet,[653] diese Rechtsprechung dann aufgegeben[654] und später ein Antragsrecht der Gewerkschaft auf Nichtanwendung einer tarifwidrigen BV anerkannt, soweit sich eine **Verletzung des Abs. 3** (»Grundnorm der betriebsverfassungsrechtlichen Ordnung«) als **grober Verstoß gegen die betriebsverfassungsrechtlichen Pflichten** von Betriebsrat und Arbeitgeber gem. **§ 23 Abs. 1, 3** darstellt.[655]

190 Tarifwidrige **Regelungsabreden** können nach Auffassung des *BAG* mangels Verstoß gegen Abs. 3 nicht Gegenstand eines betriebsverfassungsrechtlichen Unterlassungsanspruchs sein (vgl. dazu und zur hier vertretenen Gegenauffassung auch Rn. 158 ff.).[656]

---

652 So *Zachert,* AuR 97, 11, 12.

653 *BAG* 16.9.60, AP Nr. 1 zu § 2 ArbGG Betriebsvereinbarung; 1.2.63, 21.2.67, 8.12.70, AP Nrn. 8, 25, 26, 28 zu § 59 BetrVG; *LAG Schleswig-Holstein* 27.8.86, DB 86, 2438; *Däubler,* Arbeitsrecht 1, S. 474 ff.; *ders.,* BB 90, 2256 ff.; *Grunsky,* § 80 Rn. 29c; *ders.,* DB 90, 526; HWGNRH-*Worzalla,* Rn. 260; *Kempen,* AuR 89, 261; *Kempff,* AiB 89, 66; *Matthießen,* DB 88, 285; *Otto,* RdA 89, 257; *Weyand,* AuR 89, 193.

654 *BAG* 18.8.87 – 1 ABR 65/86, 23.2.88 – 1 ABR 75/86, AP Nrn. 6, 9 zu § 81 ArbGG 1979; im Ergebnis zustimmend: Fitting, Rn. 235e; GK-*Kreutz,* Rn. 482, zur Kritik vgl. die oben genannte Literatur.

655 *BAG* 20.8.91 – 1 ABR 85/90, NZA 92, 317; *LAG Hamm* 29.7.11 – 10 TaBV 91/10, AuR 11, 504 Ls., juris; *LAG Baden-Württemberg* 7.12.07 – 20 TaBV 7/06, AuR 08, 185, mit Anm. *Drohsel*; zwischenzeitlich durch das *BAG,* 20.4.99 – 1 ABR 72/98, DB 99, 1555, 1556 f. mit der Erwägung in Frage gestellt, dass die durch den Tarifvorbehalt des Abs. 3 geschützte Tarifautonomie nicht zum Schutzgegenstand des § 23 gehört, im Ergebnis aber offen gelassen; vgl. dazu auch *BAG* 13.3.01 – 1 AZB 19/00, AP Nr. 17 zu § 2a ArbGG 1979.

656 *BAG* 20.4.99, a.a.O., 1557.

Während das *BAG*[657] insoweit einen **auf die Nichtanwendung einer Betriebsvereinbarung gerichteten Antrag** der Gewerkschaft nach § 23 Abs. 3 bei einem Verstoß gegen Abs. 3 für zulässig hält,[658] lehnt es einen Unterlassungsanspruch der Gewerkschaft ab, wenn eine nach **§ 87 Abs. 1** grundsätzlich zulässige **BV gegen zwingende tarifliche Vorgaben verstößt.**[659] 191

Wenig überzeugend ist die **unterschiedliche Gewichtung** des *BAG* **von Verstößen** tarifwidriger BV **gegen Abs. 3 einerseits und § 87 Abs. 1 Eingangssatz andererseits.** Für die Qualifizierung des – in der betrieblichen Praxis oft vorsätzlichen – Abschlusses und der Durchführung tarifwidriger BV als groben Verstoß gegen die betriebsverfassungsrechtliche Ordnung gemäß § 23 Abs. 3 BetrVG kann es nicht darauf ankommen, ob sich die Betriebsparteien, wie im Fall des Abs. 3 von vornherein **außerhalb ihrer Zuständigkeit** bewegen oder ob sie **im Rahmen ihrer Zuständigkeit,** wie im Fall des § 87 Abs. 1 Eingangssatz, **tarifwidrige** BV abschließen, die gegen durch Art. 9 Abs. 3 GG geschütztes höherrangiges Recht verstoßen.[660] 192

Man kann ohnehin in Zweifel ziehen, ob sich die **Betriebsparteien** im Fall des **Abschlusses tarifwidriger BV** in mitbestimmungspflichtigen Angelegenheiten überhaupt noch im Rahmen ihrer **Zuständigkeit** bewegen: Soweit eine tarifliche Regelung besteht, ist das Mitbestimmungsrecht ausgeschlossen. Selbst bei lückenhaften und ausfüllungsbedürftigen Tarifregelungen ist die Ausübung des Mitbestimmungsrechts beschränkt auf den offen gelassenen Regelungsspielraum und erstreckt sich nicht auf die zwingend vorgegebenen tariflichen Eckdaten bzw. Rahmenregelungen. Freiwillige günstigere BV scheiden aus, weil diese durch Abs. 3 ausgeschlossen sind. 193

Abzulehnen ist auch die Auffassung des *BAG*, im Gegensatz zum Tarifvorrang gemäß Abs. 3 handele es sich bei § 87 Abs. 1 Eingangssatz nicht um eine **»Fundamentalnorm« der Betriebsverfassung.** Auch § 87 Abs. 1 Eingangssatz stellt eine durch Art. 9 Abs. 3 GG fundierte unverzichtbare Norm zum Schutz der Koalitionsfreiheit dar, der mindestens das gleiche Gewicht wie Abs. 3 zukommt.[661] Soweit das *BAG*[662] generell Schutzansprüche der Gewerkschaft gegen tarifwidrige BV über mitbestimmungspflichtige Angelegenheiten im Sinne von § 87 Abs. 1 verneint hat, hat das *BVerfG*[663] festgestellt, dies sei nicht unproblematisch, um Zweifel angemeldet, ob die Auffassung des *BAG* in ihrer vollen Tragweite mit dem rechtlichen Schutz vereinbar ist, der Tarifverträgen zum Schutz der Koalitionsfreiheit von Verfassungs wegen zu gewähren ist. 194

Der vom *BAG* somit nach jüngster Rechtsprechung nur **in engen Grenzen anerkannte betriebsverfassungsrechtliche Unterlassungsanspruch** besteht neben dem **koalitionsrechtlichen Unterlassungsanspruch** aus Art. 9 Abs. 3 GG (vgl. dazu Rn. 197 ff.) und verdrängt diesen nicht.[664] 195

Soweit **§ 23 Abs. 1** der Gewerkschaft rechtlich die Möglichkeit bietet, entsprechende Verfahren unmittelbar gegen den am Abschluss einer tarifwidrigen BV beteiligten Betriebsrat mit dem Ziel der **Auflösung des Betriebsrats** bzw. **Amtsenthebung einzelner Mitglieder des Betriebsrats** zu richten, gilt die oben (vgl. Rn. 87) angesprochene politische Problematik einer Konfrontationsstellung zwischen Gewerkschaft und Betriebsrat in besonderem Maße. Zu derartigen Rechtsstreitigkeiten kommt es daher in der Regel nur in **extremen Einzelfällen.**[665] 196

---

657 20.8.91, a.a.O.

658 Zu den Anforderungen an das Vorliegen einer groben Verletzung der gesetzlichen Pflichten des Betriebsrats i.S.v. § 23 Abs. 1 in diesem Zusammenhang, z.B. bei Vorliegen einer unübersichtlichen Tarifregelung, vgl. *BAG* 22.6.93 – 1 ABR 62/92, NZA 94, 184.

659 *BAG* 20.8.91, a.a.O.

660 *Kittner,* FS Stahlhacke, S. 247, 254.

661 *Kittner,* a.a.O., 255.

662 20.8.91, a.a.O.

663 26.6.93 – 1 BVR 1916/91, AP Nr. 2a zu § 77 BetrVG 1972 Tarifvorbehalt.

664 *BAG* 20.4.99 – 1 ABR 72/98, DB 99, 1555, 1557; *Berg/Platow,* DB 99, 2362, 2366.

665 Vgl. die Beispiele bei *BAG* 22.6.93 – 1 ABR 62/92, NZA 94, 184; *ArbG Freiburg* 15.10.97, AiB 98, 402 mit Anm. *Gnann; ArbG Marburg* 7.8.96, NZA 96, 1331.

c) Koalitionsrechtlicher Unterlassungsanspruch

197 Die Gewerkschaft kann gegen den tarifbrüchigen Arbeitgeber zusätzlich auf Grundlage eines **koalitionsrechtlichen Unterlassungsanspruchs**[666] wegen **Verletzung des Art. 9 Abs. 3 GG aus eigenem Recht** direkt gegen den AG vorgehen.[667] Dies ergibt sich aus **§ 1004 BGB i. V. m. § 823 Abs. 1 BGB und Art. 9 Abs. 3 GG.**

198 Nach Art. 9 Abs. 3 Satz 1 GG hat jedermann das Recht, zur Wahrung und Förderung der Arbeits- und Wirtschaftsbedingungen Vereinigungen zu bilden. Die zu diesem Zweck gebildeten Vereinigungen sind Koalitionen. Art. 9 Abs. 3 GG enthält das Grundrecht der Koalitionsfreiheit. Auf dieses Grundrecht können sich auch die Koalitionen selbst berufen. Verfassungsrechtlich geschützt sind ihre Existenz- und Funktionsfähigkeit. Es wird ihnen ein Mindestmaß an spezifisch koalitionsmäßiger Betätigung gewährleistet. Zum **verfassungsrechtlich geschützten Bereich der koalitionsmäßigen Betätigung** gehört insbesondere der **Abschluss von Tarifverträgen,** durch die die Koalitionen ihre Lohn- und sonstigen Arbeitsbedingungen in eigener Verantwortung und im Wesentlichen ohne staatliche Einflussnahme ordnen. Der **verfassungsrechtliche Schutz des Art. 9 Abs. 3 GG** richtet sich nicht nur gegen Beeinträchtigungen der Koalitionen durch den Staat, sondern sichert die Koalitionen und ihre Betätigung – wie sich u. a. aus Art. 9 Abs. 3 Satz 2 GG ergibt – auch **gegen private Macht,** insbesondere konkurrierende Koalitionen und den **sozialen Gegenspieler in Gestalt des Arbeitgeberverbandes oder einzelner Arbeitgeber.**

199 Das durch Art. 9 Abs. 3 GG geschützte Betätigungsrecht der Gewerkschaft[668] ist vom *BAG* als absolutes Recht i. S. d. §§ 823 Abs. 1, 1004 BGB qualifiziert worden. **Unterlassungs- und Schadensersatzansprüche der Gewerkschaft** werden von der höchstrichterlichen Rspr. grundsätzlich bejaht:

- So hat das *BAG*[669] einer Gewerkschaft einen Unterlassungsanspruch aus § 1004 BGB i. V. m. Art. 9 Abs. 3 GG gegen eine andere Gewerkschaft zuerkannt und zur Begründung ausgeführt, diese habe in das Recht zur koalitionsmäßigen Betätigung rechtswidrig eingegriffen.
- Ebenso hat der *BGH* der vorbeugenden Unterlassungsklage einer Gewerkschaft mit der Begründung stattgegeben, das Verfahrensrecht müsse den Gewerkschaften die Möglichkeit eröffnen, die Gerichte zum Schutz gegen zivilrechtliche unerlaubte Störungen ihrer Organisation und ihrer Tätigkeit anzurufen.[670]
- Weiter hat das *BAG* einer Gewerkschaft das Recht eingeräumt, einen einzelnen Arbeitgeber auf Unterlassung in Anspruch zu nehmen, der die Einstellung einer Bewerberin von ihrem vorherigen Gewerkschaftsaustritt abhängig gemacht hatte.[671]
- Schließlich hat das *BAG* einen eigenen Anspruch der Gewerkschaft gegen den sozialen Gegenspieler anerkannt, rechtswidrige Arbeitskampfmaßnahmen zu unterlassen.[672]

---

666 Dazu eingehend *Berg*, FS Däubler, S. 492 ff.; *Dieterich;* AuR 05, 121, ders., FS *Wißmann*, S. 114 ff.; *Däubler,* AuR 95, 305, 308 f.

667 *BAG* 17.5.11, AuR 11, 498 mit Anm. *Voigt*; 20.4.99, DB 99, 1555; *LAG Hamm* 29.7.11 – 10 TaBV 91/10, AuR 11, 504 Ls., juris; *LAG Baden-Württemberg* 7.12.07, AuR 08, 185, mit zust. Anm. Drohsel; *LAG Mecklenburg-Vorpommern* 10.2.05 – 1 TaBV 18/04; *Sächsisches LAG* 13.11.01, AuR 02, 310, mit zust. Anm. *Jacobs* (aufgehoben durch *BAG* 19.3.03, AuR 04, 155, mit abl. Anm. *Kocher*); *LAG Sachsen-Anhalt* 8.5.01, AuR 02, 308, mit zust. Anm. *Jacobs*; *ArbG Freiburg* 1.2.12 – 6 BV 10/12; *ArbG Stuttgart* 15.3.12 – 27 Ca 207/11, dazu jeweils *Petri*, AiB13, 352; *ArbG Marburg* 3.1.06, AuR 06, 133; *ArbG Dresden* 5.12.00, AiB 01, 554, mit zust. Anm. *Unterhinninghofen*; dem *BAG* zustimmend *Berg*, AiB 99, 304; *Berg/Platow,* DB 99, 2362; *Däubler,* AiB 99, 481; *Däubler-Reim,* § 1 Rn. 1091 ff.; *Fitting*, Rn. 236; *Kocher,* AuR 99, 382; Deinert/Heuschmid/Zwanziger-*Deinert,* § 12 Rn. 178 ff.; *Schmidt K.*, RdA 04, 152; *Wohlfahrt,* NZA 99, 962, Kempen/Zachert-*Stein,* § 4 Rn. 249 ff.; kritisch *Bauer,* NZA 99, 957; *Buchner,* NZA 99, 897; *Löwisch,* BB 99, 2080; Richardi-*Richardi,* Rn. 332; *ders.,* DB 00, 42; *Rieble,* ZTR 99, 483; *Thüsing,* DB 99, 1552; im Ergebnis mit dem *BAG* übereinstimmend GK-*Kreutz,* Rn. 486; Wiedemann-*Oetker,* § 1 Rn. 906.

668 *BVerfG* 4.7.95 – 1 BvF 2/86, DB 95, 1464 linke Spalte.

669 11.11.68, AP Nr. 14 zu Art. 9 GG.

670 6.10.64, AP Nr. 6 zu § 54 BGB.

671 2.6.87 – 1AZR 651/85, DB 87, 2312.

672 26.4.88 – 1 AZR 399/86, AP Nr. 101 zu Art. 9 GG Arbeitskampf.

Das muss auch gelten, wenn ein tarifgebundener Arbeitgeber einen TV nicht nur nicht einhält, sondern durch eine offen tarifwidrige Betriebsvereinbarung oder sonstige betriebliche Abmachung bewusst unterläuft. Wenn das *BAG* noch in seiner Entscheidung v. 20. 8. 91[673] davon ausgegangen ist, durch tarifwidrige Betriebsvereinbarung würden die durch Art. 9 Abs. 3 GG geschützten Rechte der Gewerkschaft jedenfalls nicht in ihrem Kernbereich verletzt, hat das *BVerfG* zwischenzeitlich[674] klargestellt, dass sich der Schutz des Art. 9 Abs. 3 GG nicht auf diejenigen Tätigkeiten, die für die Erhaltung und die Sicherung des Bestandes der Koalition unerlässlich sind (Kernbereich), beschränkt, sondern alle **koalitionsspezifischen Verhaltensweisen** erfasst. Das *BVerfG* hat weiter festgestellt, dass Art. 9 Abs. 3 GG den Koalitionen einen spezifischen Wirkungsbereich für den Abschluss von TV gewährleistet und dass die **Aushandlung von TV zu den wesentlichen Zwecken der Koalitionen.**[675] **200**

Soweit das *BAG*[676] den **koalitionsrechtlichen Unterlassungsanspruch** grundsätzlich anerkannt hat, hängt seine gerichtliche Durchsetzung allerdings vom Vorliegen verschiedener **Voraussetzungen** ab: **201**

- Das *BAG*[677] geht von einem dem Unterlassungsanspruch auslösenden **Eingriff in die Tarifautonomie** nur aus, wenn die abweichende betriebliche Regelung »eine **Tarifnorm als kollektive Ordnung** verdrängt«. Daraus wird in der Literatur verbreitet die Schlussfolgerung gezogen, es müsse – neben der **Tarifgebundenheit des Arbeitgebers** – ein gewisser **Mindestanteil tarifgebundener Arbeitnehmer an der Gesamtbelegschaft** existieren, weil nur unter dieser Voraussetzung die Tarifnorm als »kollektive Ordnung« gelte.[678] Dies ist nach hier vertretener Auffassung nicht zutreffend und lässt sich auch nicht zwingend aus der Entscheidung des BAG ableiten.[679] **202**
- Die **Geltung einer Tarifnorm als kollektive Ordnung** setzt nicht die Erreichung eines bestimmten zahlenmäßigen Schwellenwertes tarifgebundener Arbeitnehmer voraus, sondern ergibt sich bereits aus dem **Charakter des Tarifvertrages als Kollektivvertrag** und aus der **unmittelbaren und zwingenden Wirkung seiner Tarifnormen** für die bereits organisierten Arbeitnehmer und der mit ihr verbundenen Chance für die unorganisierten Arbeitnehmer, durch Vollzug des Gewerkschaftsbeitritts für sich die Tarifbindung jederzeit herbeiführen zu können. Jedenfalls für den tarifgebundenen Arbeitgeber und die bei ihm beschäftigten tarifgebundenen Arbeitnehmer gilt der Tarifvertrag **unabhängig von der Anzahl der tarifgebundenen Arbeitnehmer** als kollektive Ordnung der Entgelt- und sonstigen Arbeitsbedingungen im Betrieb. Selbst wenn der wenig realitätsnahe Fall unterstellt wird, dass der Arbeitgeber mit den (möglicherweise die Mehrheit der Belegschaft stellenden) unorganisierten Arbeitnehmern untertarifliche Arbeitsbedingungen vereinbart hat, ändert dies nichts daran, dass jedenfalls für die organisierten Arbeitnehmer die Tarifnormen als **kollektive tarifliche (Teil-)Ordnung** gelten (und für die unorganisierten Arbeitnehmer zulässigerweise eine vom Tarifvertrag abweichende **kollektive betriebliche (Teil-)Ordnung**). Sollen die, auch nur für eine geringe Anzahl tarifgebundene Arbeitnehmer, als kollektive Ordnung geltenden Tarifnormen durch eine betriebseinheitlich wirkende und **alle tarifgebundenen Arbeitnehmer erfassende** tarifwidrige Abmachung verdrängt werden, kann die tarifschließende Gewerkschaft insoweit Unterlassung verlangen. **203**
- Dies muss erst Recht gelten, wenn der Tarifvertrag **für alle Arbeitnehmer** – unabhängig von der Tarifbindung – zur Anwendung kommt und für alle Arbeitnehmer durch eine tarifwidrigen betriebliche Regelung verdrängt werden soll. Wendet der tarifgebundene Arbeitgeber den Tarifvertrag, was der Regelfall ist, auf Grundlage von **Gleichstellungsabreden betriebseinheitlich** für organisierte und unorganisierte Arbeitnehmer an, existiert im Betrieb – unabhängig vom quantitativen Anteil der Gewerkschaftsmitglieder an der Gesamt- **204**

673 1 ABR 85/90, NZA 92, 317, 320.
674 14. 11. 95 – 1 BvR 601/92, BB 96, 590.
675 24. 4. 96 – 1 BvR 712/86, BB 96, 1835.
676 25. 1. 23 – 4 ABR 4/22; 7. 6. 17 – 1 ABR 32/15; 17. 5. 11, AuR 11, 498 mit Anm. *Voigt*; 20. 4. 99 – 1 ABR 72/98, DB 99, 1555.
677 20. 4. 99, a. a. O., 1558.
678 Aus der neueren Literatur etwa *Kocher*, AuR 04, 155, 159; *Schmidt, K.*, RdA 04, 152, 158.
679 Vgl. dazu auch *Dieterich*, AuR 05, 121 ff.

belegschaft – für alle Arbeitnehmer eine tarifliche, zumindest aber eine im Kern **tarifvertraglich geprägte kollektive Ordnung.** Durch eine tarifwidrige betriebliche Regelung wird diese verdrängt und damit der durch Art. 9 Abs. 3 GG geschützte und von der **kollektiven Koalitionsfreiheit** umfasste **Geltungsanspruch des Tarifvertrages** durch **Errichtung einer betrieblichen Konkurrenzordnung** ausgehebelt. Diese Folge tritt unabhängig von der Anzahl der betroffenen Gewerkschaftsmitglieder ein.

205 • Auch aus diesem Grund setzt der Unterlassungsanspruch **keinen Mindestanteil von Gewerkschaftsmitgliedern** (»kritische Masse«)[680] an der Gesamtzahl der vom Geltungsbereich einer tarifwidrigen betrieblichen Regelung erfassten Arbeitnehmer voraus.[681] Zumindest bei der typischen Konstellation der betriebseinheitlichen Anwendung des Tarifvertrages durch den Arbeitgeber ist es ausreichend, wenn der **Arbeitgeber tarifgebunden** und die als **Tarifvertragspartei auftretende** (und den Unterlassungsanspruch verfolgende) **Gewerkschaft im Betrieb vertreten** (zum Nachweis des Vertretenseins siehe unten) ist (was gleichbedeutend ist mit der Tarifbindung zumindest einzelner Arbeitnehmer und der normativen Geltung des Tarifvertrages für diese Arbeitnehmer).

206 • Folgt man dem nicht, wird man bei der von der Gegenauffassung geforderten **quantitativen Betrachtung** neben den Gewerkschaftsmitgliedern jedenfalls die **Arbeitnehmer mit** arbeitsvertraglichen **Gleichstellungsabreden einbeziehen** müssen.[682] Selbst wenn man es mit der Gegenauffassung für die **Begründetheit des Unterlassungsanspruchs** für erforderlich hält, dass die Gewerkschaft einen gewissen Mindestanteil an tarifgebundenen Arbeitnehmern darlegt (und im Falle des Bestreitens) beweist, geht es dabei, zumindest im Erkenntnisverfahren,[683] **nicht um die namentliche Benennung der Gewerkschaftsmitglieder,**[684] bzw. um deren Individualisierung oder konkreten Arbeitsverhältnisse, sondern allein um die Tatsache, dass die **Gewerkschaft** mit einem **zahlenmäßig zu benennenden Mindestanteil an Gewerkschaftsmitgliedern im Betrieb vertreten** ist.[685] Der **Nachweis** kann ohne Nennung von Namen mittelbar geführt werden, etwa durch **notarielle Erklärung** oder **Vernehmung bzw. eidesstattliche Versicherung eines Gewerkschaftssekretärs** (§ 2 Rn. 80 f. mit weiterführenden Nachweisen).[686]

207 • Unabhängig von der Frage, ob ein gewisser Anteil tarifgebundener Arbeitnehmer an der Gesamtbelegschaft Tatbestandsvoraussetzung des Unterlassungsanspruchs ist (was nach hier vertretener Auffassung verneint wird, vgl. Rn. 202 ff.), hat der 4. Senat des *BAG*[687] die Auffassung vertreten, der Antrag einer Gewerkschaft zur gerichtlichen Durchsetzung ihres koalitionsrechtlichen Unterlassungsanspruchs sei **ohne namentliche Benennung der Gewerkschaftsmitglieder** im Antrag **nicht hinreichend bestimmt** und hat die Klage einer antragstellenden Gewerkschaft deshalb als unzulässig abgewiesen. Diese gelte zumindest immer dann, wenn der **Unterlassungsantrag** der Gewerkschaft **auf die tarifgebundenen Arbeitnehmer beschränkt** sei.[688]

208 • Wenn der 4. Senat in dieser Entscheidung gleichzeitig Spekulationen darüber anstellt, dass die Gewerkschaft aus rechtlichen und praktischen Gründen in der Regel nicht in der Lage sei, die Namen der Gewerkschaftsmitglieder zu nennen, und dass es wenig wahrscheinlich sei, dass die Mitglieder ihre Gewerkschaft bei der Durchsetzung des Unterlassungsanspruchs

---

680 Vgl. *Kocher,* AuR 04, 156, 159.

681 A. A. *Kocher,* a. a. O.; *Rieble,* ZTR 99, 483, 485; *Schmidt, K.,* RdA 04, 152, 158, die als Mindestvoraussetzung auf die Vorgaben aus § 17 KSchG zurückgreifen wollen.

682 *Kocher,* a. a. O.; eine entsprechende Erwägung auch bei *Wiedemann,* RdA 00, 169, 172.

683 Vgl. *BAG* 20.4.99 – 1 ABR 72/98, a. a. O., 1560.

684 Zur gegenteiligen Auffassung des 4. Senats des *BAG* 19.3.03 – 4 AZR 271/02, AuR 04, 155, vgl. Rn. 207 ff.

685 *Kocher,* AuR 04, 156, 159.

686 *Dieterich,* AuR 05, 121, 126; HaKo-BetrVG-*Krasshöfer,* Rn. 127; vgl. zu der vergleichbaren Problematik im Rahmen von § 2 BetrVG: *BAG* 25.3.92 – 7 ABR 65/90, AP Nr. 4 zu § 2 BetrVG 1972.

687 19.3.03 – 4 AZR 271/02, AuR 04, 155 mit kritischer Anm. *Kocher; dies.,* NZA 05, 140; *Dieterich,* FS *Wißmann,* S 114 ff.

688 *BAG* 19.3.03, a. a. O., 156.

überhaupt unterstützen würden,[689] drängt sich der Eindruck auf, dass es im Ergebnis auch darum ging, der den Unterlassungsanspruch grundsätzlich anerkennenden Entscheidung des 1. Senats des *BAG*[690] zumindest partiell den Boden zu entziehen. Die Entscheidung kann ihre Sympathie für die den Anlass des Rechtsstreits darstellenden tarifwidrigen arbeitsvertraglichen Abreden und deren – vom Arbeitgeber erzwungene – Akzeptanz durch die betroffenen Arbeitnehmer kaum verbergen, was zu Recht zu der Bewertung Anlass gibt, dass es bemerkenswert ist, »dass ein oberstes Bundesgericht eine rechtswidrige Maßnahme als akzeptables »Sanierungskonzept« adelt …«.[691]

- Der 4. Senat hat im Ergebnis verkannt, dass die Durchsetzung der **individuellen Ansprüche der Gewerkschaftsmitglieder** weder Inhalt noch Gegenstand des Unterlassungsantrags sind, sondern dass es beim koalitionsrechtlichen Unterlassungsanspruch um die Durchsetzung **eigener Rechte der Gewerkschaft** geht.[692] Abgesehen davon sprechen gute Gründe dafür, dass bei einer **Beschränkung des Unterlassungsanspruchs auf die Gewerkschaftsmitglieder** ihre **namentliche Benennung** erst im **Vollstreckungsverfahren** erforderlich ist,[693] und dass dies auch unter dem Gesichtspunkt der **erforderlichen Bestimmtheit eines Unterlassungsantrags** im **Erkenntnisverfahren** ausreichend.[694] Beabsichtigt der tarifwidrig handelnde Arbeitgeber, die abweichende Abmachung **unabhängig von deren Tarifgebundenheit auf alle Arbeitnehmer** zu erstrecken, was typischerweise der Fall ist (vgl. Rn. 202 ff.)[695] – muss der Unterlassungsantrag nicht auf die tarifgebundenen Arbeitnehmer beschränkt werden[696] und eine **namentliche Benennung** ist erst Recht **entbehrlich,**[697] denn der Arbeitgeber weiß, welche Arbeitnehmer bei ihm beschäftigt sind.[698] 209
- Der Tarifvertrag im Anwendungsbereich der tarifwidrigen betrieblichen Regelung muss **normativ** gelten.[699] Dies setzt **Tarifbindung gem. § 3 Abs. 1 oder Abs. 3 TVG** voraus[700] und gilt mit der Folge der Anwendbarkeit des Unterlassungsanspruchs auch für den Fall der **Allgemeinverbindlichkeit eines Tarifvertrages.**[701] Befindet sich der Tarifvertrag nach seiner Beendigung gem. § 4 Abs. 5 TVG lediglich in der **Nachwirkung,** ist für die Durchsetzung des **koalitionsrechtlichen** Unterlassungsanspruchs kein Raum mehr. Die nachwirkenden Tarifnormen können prinzipiell abgelöst werden. Dies kann allerdings wegen des Tarifvorbehalts gem. Abs. 3 unter dem Gesichtspunkt der **Tarifüblichkeit** (vgl. Rn. 137 ff.), **nicht durch Abschluss einer BV** erreicht werden. Erfolgt die Ablösung dennoch – unter Verstoß gegen Abs. 3 – durch BV (oder nach hier vertretener Auffassung durch eine Regelungsabrede, vgl. Rn. 158 ff.), steht den Tarifvertragsparteien der **betriebsverfassungsrechtliche** Unterlassungsanspruch (vgl. Rn. 184 ff.) zur Seite. 210

689 *BAG* 19.3.03, a.a.O.
690 20.4.99, a.a.O.
691 So *Kocher,* a.a.O., 158.
692 *Kocher,* a.a.O., 156.
693 *BAG* 20.4.99, a.a.O., 1560.
694 *Schmidt, K.,* RdA 04, 152, 157.
695 So auch *ArbG Marburg* 3.1.06 – 1 Ca 671/05, AuR 06, 133; *Schmidt, K.,* a.a.O., 157.
696 *BAG* 20.4.99, a.a.O.; *LAG Baden-Württemberg* 7.12.07 – 20 TaBV 7/06, AuR 08, 185, mit Anm. *Drohsel; Schmidt, K.,* a.a.O., 158.
697 *BAG* 17.5.11 – 1 AZR 473/09, AuR 11, 498 mit Anm. *Voigt; LAG Hamm* 29.7.11 – 10 TaBV 91/10, AuR 11, 504 Ls., juris; *LAG Hamburg* 18.6.09 – 2 Sa 176/08, juris; *LAG Baden-Württemberg* 7.12.07, a.a.O.; *Kocher,* a.a.O.; *Schmidt, K.,* a.a.O.
698 So auch der 4. Senat des *BAG,* 19.3.03, a.a.O., 156, der im Ergebnis aber unter Hinweis auf *Löwisch,* BB 99, 2080 und *Rieble,* ZTR 99, 483, 486 die Frage aufwirft und unbeantwortet lässt, ob nicht zumindest doch einzelne oder ein Mitglied der klagenden Gewerkschaft im Erkenntnisverfahren genannt werden müsse.
699 *BAG* 20.4.99, a.a.O., 1558 f.; dazu eingehend *Schmidt, K.,* RdA 04, 152, 154 f.
700 *Däubler,* AiB 99, 481; *Schmidt, K.,* a.a.O., 158 f.
701 *LAG Hamm* 29.7.11, a.a.O.; *Bepler,* AuA 99, 558; *Berg/Platow,* DB 99, 2362, 2365; *Däubler,* a.a.O., 484; a.A. *Kocher,* AuR 99, 382, 384; *Rieble,* ZTR 99, 483, 486; *Schmidt, K.,* a.a.O., 154 f.

211 • Es ist unerheblich, welche **Rechtsqualität** die tarifwidrige betriebliche Regelung hat. Der Unterlassungsanspruch kann nicht nur auf die Nichtanwendung von **BV,** sondern auch von **Regelungsabreden** (vgl. Rn. 79 ff.) oder **betrieblichen Einheitsregelungen**[702] abzielen.[703]

212 • Das BAG verlangt für die Begründetheit des Unterlassungsanspruchs das **Vorliegen einer »betrieblichen Regelung«,** die **»einheitlich« wirken** soll.[704] Tarifwidrige Bestimmungen in **einzelnen Arbeitsverträgen** oder **fehlerhafte Anschlussregelungen** sollen danach mit dem Unterlassungsanspruch nicht angegriffen werden können, obwohl auch Tarifrechtsverstöße in einzelnen Arbeitsverträgen prinzipiell geeignet sind, den Geltungsanspruch der entsprechenden Tarifnormen zumindest indirekt in Frage zu stellen.[705] Kollektive Interessen können auch berührt sein, wenn nur (bzw. zunächst) wenige bzw. einzelne Arbeitnehmer von einer tarifwidrigen Regelung betroffen sind, insbesondere dann, wenn in der tarifwidrigen Behandlung einzelner Arbeitnehmer die Absicht zum Ausdruck kommt, rechtswidrige Abweichungen vom Tarifvertrag als allgemeine Verfahrensweise zu etablieren.[706] Von einer **einheitlichen Regelung** wird jedenfalls immer dann auszugehen sein, wenn sie für den gesamten Betrieb, bestimmte Teile eines Betriebs, etwa eine Abteilung oder für bestimmte Gruppen von Arbeitnehmern (z. B. gewerbliche Arbeitnehmer, Kraftfahrer, Schichtarbeiter) gelten soll. Liegen diese Voraussetzungen vor, kommt es für die Bejahung des Unterlassungsanspruchs auf das Verhalten des BR im Einzelnen nicht an. Kommt die tarifwidrige Regelung mit ausdrücklicher oder stillschweigender **Unterstützung des BR** zustande, liegt ihr kollektiver Charakter allerdings auf der Hand und es ist im Zweifel vom Vorliegen einer einheitlichen Regelung auszugehen.[707]

213 • Ein **Verschulden des AG** oder eine besondere **Schwere des Tarifverstoßes** sind für die Begründetheit des Unterlassungsanspruchs keine Voraussetzung.[708] Die Zielrichtung des Arbeitgebers, Tarifnormen durch tarifwidrige Regelungen zu ersetzen bzw. zu verdrängen, so eine betriebliche Konkurrenzordnung zu errichten und die tarifliche Ordnungsfunktion leer laufen zu lassen, ist für das Vorliegen eines relevanten Verstoßes ausreichend. Auf den **Anlass,** die **Motivationslage** und die sonst vom Arbeitgeber verfolgten **Ziele** kommt es ebenso wenig an wie auf die **Intensität der Verletzung des Tarifvertrages.** Es stellt daher kein entscheidungserhebliches Kriterium dar, in welchem **Umfang** vom Tarifvertrag abgewichen wird, oder welche **materiellen Auswirkungen** die Abweichung für die Tarifunterworfenen hat.

214 • Ist der **BR** am Zustandekommen der tarifwidrigen betrieblichen Regelung **beteiligt,** ist der gewerkschaftliche Unterlassungsanspruch im **Beschlussverfahren** geltend zu machen,[709] ansonsten im **Urteilsverfahren.** Bei Vorliegen der üblichen Voraussetzungen kann der Unterlassungsanspruch auch durch **Einstweilige Verfügung** verfolgt werden[710] (vgl. dazu auch das Muster einer Antragsschrift bei DKWF-*Berg,* § 77 Rn. 6).

215 Prinzipiell hat auch der **Arbeitgeberverband** als Tarifvertragspartei die Möglichkeit, im Wege **verbandsrechtlicher Sanktionen** oder des **betriebsverfassungs- oder koalitionsrechtlichen Unterlassungsanspruchs** gegen tarifwidrig handelnde Arbeitgeber vorzugehen. Dies spielt zwar praktisch keine Rolle, kann aber im Hinblick auf die **Wettbewerbsinteressen tariftreuer Verbandsmitglieder,** zumindest präventiv, dennoch von Bedeutung sein.[711]

---

702 Zum Begriff vgl. Deinert/Heuschmid/Zwanziger-*Callsen,* § 13 Rn. 114 f.
703 *BAG* 20.4.99, a. a. O., 1548.
704 *BAG* 20.4.99, a. a. O., 1555, 1558.
705 *Kocher,* AuR 99, 382, 383.
706 Ähnlich *Thüsing,* DB 99, 1552, 1554.
707 *BAG* 20.4.99, a. a. O., 1555.
708 *LAG Baden-Württemberg* 7.12.07 – 20 TaBV 7/06, AuR 08, 185, mit Anm. *Drohsel*..
709 *BAG* 17.5.11 – 1 ABZR 473/09, AuR 11, 498 mit Anm. *Voigt*; 13.3.01 – 1 AZB 19/00, AP Nr. 17 zu § 2a ArbGG 1979; 20.4.99, a. a. O., 1556; *LAG Baden-Württemberg* 7.12.07; *Berg/Platow,* a. a. O., 2367; a. A. *Bauer,* NZA 99, 957, 958; *Rieble,* a. a. O., 486.
710 *BAG* 17.5.11 – 1 ABZR 473/09, a. a. O.; *Berg/Platow,* a. a. O., 2368; *Schmidt, K.,* a. a. O., 160; a. A. *Bauer,* a. a. O., 961.
711 Vgl. Deinert/Heuschmid/Zwanziger-*Deinert,* § 12 Rn. 186; *Rieble,* NZA 00, 225, 228 f. unter Bezugnahme auf den Fall Holzmann.

216 Die von der tarifschließenden Gewerkschaft gerichtlich durchsetzbare **Einwirkungspflicht eines AG-Verbandes** auf seine Mitglieder, **tarifwidrige Regelungen in BV** zu unterlassen, wurde ursprünglich vom *BAG*[712] nur für den Fall bejaht, dass die Auslegung des TV ergibt, dass die Regelung in der BV gegen den TV verstößt, ein entsprechendes rechtskräftiges Urteil bzw. eine verbindliche Entscheidung einer tariflichen Schlichtungsstelle vorliegt oder der AG-Verband selbst von der Tarifwidrigkeit der Regelung in der BV ausgeht. Für den Fall, dass der in Anspruch genommene AG-Verband die Rechtsauffassung der Gewerkschaft zur Auslegung des TV ablehnt, ist nunmehr anerkannt, dass eine **kombinierte Feststellungs- und Leistungsklage** gegen den AG-Verband anhängig gemacht werden kann. Dabei richtet sich der Feststellungsantrag gemäß § 9 TVG auf die Auslegung des TV und der Leistungsantrag auf die Verurteilung zur Einwirkung im Sinne des begehrten Feststellungsantrags.[713]

d) Beseitigungsanspruch

217 Im Zusammenhang mit dem vorstehend erläuterten Unterlassungsanspruch der Gewerkschaft stellt sich weitergehend die Frage, ob sie zusätzlich die **Beseitigung der Folgen des Verstoßes gegen den Tarifvertrag** gerichtlich durchsetzen kann (§§ 1004, 823 BGB i. V. m. Art. 9 Abs. 3 GG). § 1004 BGB billigt dem Anspruchsinhaber grundsätzlich nicht nur einen Unterlassungsanspruch zur Abwehr zukünftiger Beeinträchtigungen zu, sondern gewährt auch einen **Beseitigungsanspruch,** der auf die Beseitigung der rechtswidrigen Beeinträchtigung gerichtet ist.[714] Bei Verstößen gegen das Mitbestimmungsrecht des BR ist dies ebenfalls anerkannt. Hat der AG z. B. unter Verletzung der Mitbestimmungsrecht des BR Anweisungen in ein von den AN zu beachtendes Handbuch aufgenommen, kann der BR die Beseitigung dieses betriebsverfassungswidrigen Zustands durch Herausnahme der Anweisungen aus dem Handbuch verlangen.[715] Der Beseitigungsanspruch der Gewerkschaft richtet sich im Fall des Verstoßes gegen den Tarifvertrag auf die **Beseitigung des tarifwidrigen** bzw. **Wiederherstellung des tarifkonformen Zustandes,** d. h. nach hier vertretener – allerdings **vom BAG**[716] **inzwischen abgelehnter** – Auffassung z. B. auf die Aufhebung der – auf Grundlage einer entsprechenden Betriebsvereinbarung oder Regelungsabrede abgeschlossenen – tarifwidrigen **Individualverträge** und die **Nachzahlung** der vorenthaltenen tariflichen Leistungen bzw. Gewährung von Ansprüchen auf Freizeitausgleich.[717] Die Beseitigung der Beeinträchtigung kann jedenfalls von der Gewerkschaft dadurch verlangt werden, dass die (zukünftige) **Anwendung der tarifwidrigen betrieblichen Regelung unterbleibt** und der AG eine darauf gerichtete ausdrückliche **Erklärung gegenüber den AN** abgibt.[718] Dieser Anspruch der Gewerkschaft ist im Beschlussverfahren geltend zu machen und kann im Wege der einstweiligen Verfügung verfolgt werden.[719]

§ 78 Schutzbestimmungen

Die Mitglieder des Betriebsrats, des Gesamtbetriebsrats, des Konzernbetriebsrats, der Jugend- und Auszubildendenvertretung, der Gesamt-Jugend- und Auszubildendenvertretung, der Konzern-Jugend- und Auszubildendenvertretung, des Wirtschaftsausschusses, der Bordvertretung, des Seebetriebsrats, der in § 3 Abs. 1 genannten Vertretungen der Arbeitnehmer, der Einigungsstelle, einer tariflichen Schlichtungsstelle (§ 76 Abs. 8) und einer betrieblichen Beschwerdestelle (§ 86) sowie Auskunftspersonen (§ 80 Absatz 2 Satz 4) dürfen in der Ausübung ihrer Tätigkeit nicht gestört oder behindert werden. Sie dürfen wegen ihrer Tätigkeit nicht benachteiligt oder begünstigt werden; dies gilt auch

712 *BAG* 29.4.92 – 4 AZR 432/91, NZA 92, 846.
713 *BAG* 10.6.09 – 4 AZR 77/08, ZTR 10, 73; Berg/Kocher/Schumann-*Wankel*, TVG § 1 Rn. 412.
714 *BAG* 17.5.11, a. a. O.; Palandt-*Bassenge*, § 1004, Rn. 28.
715 *BAG* 16.6.98 – 1 ABR 68/97, NZA 99, 49; vgl. auch Richardi-*Thüsing*, § 23 Rn. 80 ff.
716 *BAG* 17.5.11, a. a. O.; ebenso GK-*Kreutz*, Rn. 488.
717 Berg/Kocher/Schumann-*Berg*, TVG § 4 Rn. 240; *Däubler*, AiB 99, 481, 483.
718 *BAG* 17.5.11, a. a. O.
719 *BAG* 17.5.11, a. a. O.

für ihre berufliche Entwicklung. ***Eine Begünstigung oder Benachteiligung liegt im Hinblick auf das gezahlte Arbeitsentgelt nicht vor, wenn das Mitglied einer in Satz 1 genannten Vertretung in seiner Person die für die Gewährung des Arbeitsentgelts erforderlichen betrieblichen Anforderungen und Kriterien erfüllt und die Festlegung nicht ermessensfehlerhaft erfolgt.**** *

Inhaltsübersicht Rn.

I. Vorbemerkungen

1. Sinn und Zweck

1 Zweck der Vorschrift ist es, den Betriebsverfassungsorganen und ihren Mitgliedern eine **ungestörte und unbeeinflusste Amtsausübung** zu gewährleisten und die Mitglieder in ihrer persönlichen Stellung, vor allem als AN des Betriebs, vor Nachteilen wegen ihrer Amtsstellung zu bewahren.[1] Die Vorschrift besteht nicht nur im Interesse des Funktionsträgers, sondern auch im öff. Interesse an der Funktionsfähigkeit der BR. Sie ist nicht Privileg, sondern Ausdruck und Reaktion auf typische Gefährdungssituationen, die sich aus der betriebsverfassungsrechtlichen Interessenvertretung ergeben können, ohne im Einzelnen nachgewiesen werden zu müssen.[2] Sie geht über das allgemeine Maßregelungsverbot des § 612a BGB, das auch BR-Mitglieder schützt, hinaus. Sie ist zwingend. Auf die Einhaltung der Verbote kann kein Geschützter wirksam verzichten. Eine Abbedingung durch TV oder BV ist nicht wirksam.[3] Die Vorschrift bildet ein Auslegungskriterium bei der Anwendung der anderen Bestimmungen dieses Gesetzes, etwa des § 37 (vgl. § 37 Rn. 1).

2. Vorrangige Grundlagen

2 Die Bestimmung konkretisiert die **verfassungsrechtliche Fundierung der Betriebsverfassung** aus Art. 12 und 20 GG bzw. das Benachteiligungsverbot aus Art. 3 und 5 GG, indem sie betriebsverfassungsrechtliche Funktionsträger in ihrer Betätigung und in ihrer arbeitsrechtlichen Stellung als AN besonders schützt.

3 Bei der Auslegung und Anwendung der Vorschrift ist das von Deutschland ratifizierte **IAO-Übereinkommen Nr. 135** über Schutz und Erleichterungen für Arbeitnehmervertreter im Be-

---

* Einfügung auf Basis des »Entwurf eines Zweiten Gesetzes zur Änderung des Betriebsverfassungsgesetzes« vom 1.11.2023.

1 Ausführlich *Schreckling-Kreuz/Kreuz*, AuR 19, 206ff.; weiter GK-*Kreutz*, Rn. 2; Richardi-*Thüsing*, Rn. 2; *BAG* 21.1.90, AP Nr. 28 zu § 103 BetrVG 1972; 28.6.95 – 7 AZR 1001/94, DB 96, 226; 12.11.97 – 7 ABR 14/97, EzA § 23 BetrVG 1972 Nr. 38.

2 *HessLAG* 10.4.08 – 9 TaBV 236/07, AuR 09, 222.

3 *HessLAG* a.a.O.; *Fitting*, Rn. 4; GK-*Kreutz*, Rn. 24; zu Art. 7 der RL 2002/14/EG *EuGH* 11.2.10 – C-405/08, *Holst*, AuR 10, 273.

trieb v. 23.6.1971[4] zu berücksichtigen. Nach Art. 1 des Übereinkommens sind Arbeitnehmervertreter im Betrieb gegen jede Benachteiligung, einschließlich Kündigung, die auf Grund ihrer Stellung oder Betätigung als Arbeitnehmervertreter oder auf Grund ihrer Zugehörigkeit zu einer Gewerkschaft oder ihrer gewerkschaftlichen Betätigung erfolgt, wirksam zu schützen, sofern sie im Einklang mit bestehenden Gesetzen oder Gesamtarbeitsverträgen oder anderen gemeinsam vereinbarten Regelungen handeln. Nach Art. 2 Abs. 1 sind Arbeitnehmervertretern im Betrieb Erleichterungen zu gewähren, die geeignet sind, ihnen die rasche und wirksame Durchführung ihrer Aufgaben zu ermöglichen. Nach Art. 3 gelten als Arbeitnehmervertreter i.S.d. Übereinkommens Personen, die auf Grund der innerstaatlichen Gesetzgebung oder Praxis als solche anerkannt sind, und zwar a) Gewerkschaftsvertreter, d.h. von Gewerkschaften oder von deren Mitgliedern bestellte oder gewählte Vertreter, oder b) gewählte Vertreter, d.h. Vertreter, die von den AN des Betriebs im Einklang mit Bestimmungen der innerstaatlichen Gesetzgebung oder von Gesamtarbeitsverträgen frei gewählt werden und deren Funktionen sich nicht auf Tätigkeiten erstrecken, die in dem betr. Land als ausschließliches Vorrecht der Gewerkschaften anerkannt sind, also Gewerkschaftsvertreter und im Betrieb von Arbeitnehmern gewählte Vertreter.[5] Sind in einem Betrieb sowohl Gewerkschaftsvertreter als auch gewählte Vertreter tätig, so sind nötigenfalls geeignete Maßnahmen zu treffen, um zu gewährleisten, dass das Vorhandensein gewählter Vertreter nicht dazu benutzt wird, die Stellung der beteiligten Gewerkschaften oder ihrer Vertreter zu untergraben, und um die Zusammenarbeit zwischen den gewählten Vertretern und den beteiligten Gewerkschaften und ihren Vertretern in allen einschlägigen Fragen zu fördern (Art. 5). Nach zweifelhafter Aussage des 1. Senats des *BAG*[6] begründet Übereinkommen Nr. 135 keine unmittelbaren Rechtsansprüche. Zur Umsetzung seien nur staatliche Gesetzgebungsorgane und Tarifvertragsparteien berufen. Das Übereinkommen sei durch BetrVG und Personalvertretungsgesetze verwirklicht. Dieser letzte Satz kann nur richtig sein, wenn in der Auslegung und Anwendung dieser Bestimmungen die Vorgaben des Übereinkommens beachtet werden. Somit sind nicht nur die in der Vorschrift ausdrücklich genannten Mitglieder, sondern auch gewerkschaftliche Arbeitnehmervertreter im Betrieb grundsätzlich gegen Benachteiligungen auf Grund ihrer gewerkschaftlichen Stellung, Betätigung oder Zugehörigkeit wirksam zu schützen (vgl. Rn. 8).

Teil I Nr. 28 der **Revidierten Europäischen Sozialcharta** (RESC)[7] lautet: 4
»Die Arbeitnehmervertreter im Betrieb haben das Recht auf Schutz gegen Benachteiligungen und müssen geeignete Erleichterungen erhalten, um ihre Aufgaben wahrzunehmen.« Dementsprechend statuiert Teil II Art. 28 RESC *»das Recht der Arbeitnehmervertreter auf Schutz im Betrieb und Erleichterungen, die ihnen zu gewähren sind«* mit folgendem Inhalt:
»Um die wirksame Ausübung des Rechts der Arbeitnehmervertreter zu gewährleisten, ihre Aufgaben wahrzunehmen, verpflichten sich die Vertragsparteien sicherzustellen, dass

---

4 Das Übereinkommen unter www.ilo.org sowie bei *DKL*, Nr. 212 m. Einl. *Bobke/Lörcher*; dazu *J. Schubert (Hrsg.)*, Arbeitsvölkerrecht, 2017, S. 174; *Zimmer*, in Schlachter/Heuschmid/D.Ulber (Hrsg.), Arbeitsvölkerrecht, 2019, S. 117ff., auch zu Ü 87 u. 98; *Schreckling-Kreuz/Kreuz*, AuR 19, 206.

5 *BAG* 7.5.86 – 2 AZR 349/85, DB 86, 1883; nach *Zimmer*, a.a.O. Rn. 216, befindet sich Deutschland wegen des mangelnden gesetzlichen Schutzes gewerkschaftlicher Vertrauensleute nicht in Übereinstimmung mit Ü 135.

6 *BAG* 22.6.10 – 1 AZR 179/09, AuR 11, 36 (krit. Anm. *Däubler*); 3.12.97 – 7 AZR 236/97.

7 Die Rev. Eur. Sozialcharta v. 3.5.96 (Europarats-Abkommen Nr. 163) wurde von Deutschland am 29.6.07 unterzeichnet, ratifiziert erst durch Gesetz v. 12.11.20 (BGBl. II 900 v. 24.11.20), dem Europarat zugestellt am 29.3.21, in Kraft seit 1.5.21. Mit der Ratifikation wurden Vorbehaltserklärungen (= Nicht-Ratifikation) abgegeben zu Art. 4 Abs. 4, Art. 7 Abs. 1, Art. 10 Abs. 5, Art. 21, 22, 24, 30 u. 31 sowie Auslegungserklärungen zu Art. 2 Abs. 2, Art. 3 Abs. 2 u. 3, Art. 4 Abs. 1 u. 3, Art. 6 Abs. 4, Art. 7 Abs. 5, Art. 12 Abs. 2 u. Art. 19 Abs. 11. Zu Art. 28 wurde kein Vorbehalt erklärt, wohl aber zu Art. 21 (Recht auf Unterrichtung und Anhörung) und zu Art. 22 (Recht auf Beteiligung an der Festlegung und Verbesserung der Arbeitsbedingungen und der Arbeitsumwelt). Zum Ratifikationsverfahren s. *Lörcher*, AuR 20, 303; zur Auslegung EUArbR/*Schubert*, (50) ESC; *Bruun/Lörcher/Schömann/Clauwaert* (Hrsg.), The European Social Charter and the Employment Relation, 2017. Die RESC wird u.a. in den amtlichen Erläuterungen zu Art. 30 EU-GrCh, Grundrecht auf Schutz bei ungerechtfertigter Entlassung, in Bezug genommen, vgl. *Buschmann*, AuR 13, 388; *Schubert* a.a.O., S. 140ff.

a) die Arbeitnehmervertreter im Betrieb gegen Benachteiligungen,[8] *einschließlich der Kündigung, die auf Grund ihrer Eigenschaft oder Betätigung als Arbeitnehmervertreter im Betrieb erfolgen, wirksam geschützt werden;*
b) den Arbeitnehmervertretern im Betrieb Erleichterungen gewährt werden, die geeignet sind, ihnen die rasche und wirksame Wahrnehmung ihrer Aufgaben zu ermöglichen, wobei das in dem betreffenden Land zu beachtende System der Arbeitsbeziehungen sowie die Erfordernisse, Größe und Leistungsfähigkeit des jeweiligen Betriebs berücksichtigt werden.«
Für den Begriff der »Arbeitnehmervertreter« verweist Anhang II zu Art. 28 und 29 auf die »*Personen, die nach den innerstaatlichen Rechtsvorschriften und Gepflogenheiten als Arbeitnehmervertreter anerkannt sind.«*

5 Art. 27 der Europäischen **Grundrechtecharta** statuiert ein besonderes Recht auf Unterrichtung und Anhörung der AN im Unternehmen: *»Für die AN oder ihre Vertreter muss auf den geeigneten Ebenen eine rechtzeitige Unterrichtung und Anhörung in den Fällen und unter den Voraussetzungen gewährleistet sein, die nach dem Unionsrecht und den einzelstaatlichen Rechtsvorschriften und Gepflogenheiten vorgesehen sind.«* Dazu bestimmt Art. 7 der **(Unterrichtungs- und Anhörungs-) RL** 2002/14/EG v. 11. 3. 02:[9] *»Die Mitgliedstaaten tragen dafür Sorge, dass die Arbeitnehmervertreter bei der Ausübung ihrer Funktion einen ausreichenden Schutz und ausreichende Sicherheiten genießen, die es ihnen ermöglichen, die ihnen übertragenen Aufgaben in angemessener Weise wahrzunehmen«*. Vor diesem Hintergrund ist u. a. zu klären, unter welchen besonderen Voraussetzungen Befristungen der Arbeitsverhältnisse von BR-Mitgliedern bzw. die Berufung auf deren Ablauf zulässig sind (ausführlich Rn. 28 m. w. N.). Nach *EuGH*[10] verlangt Art. 7 RL allein zwar noch nicht einen verstärkten Kündigungsschutz für AN-Vertreter. Unvereinbar mit dieser Vorschrift ist danach aber eine Kündigung, die mit der Eigenschaft oder den Funktionen eines AN-Vertreters begründet wird bzw. damit in einem Zusammenhang steht. Besondere Schutzvorschriften für AN-Vertreter finden sich auch in Einzel-Rl, so in Art. 10 der EBR-RL 2009/38/EG v. 6. 5. 2009, Art. 7 der Gleichbehandlungs-RL 2002/73/EG im Zusammenhang mit der Behandlung von Beschwerden (s. auch § 85).

3. Schutzbereich

6 Seit 2001 sind die KJAV, alle in § 3 Abs. 1 aufgeführten Arbeitnehmervertretungen, weiterhin die in § 80 Abs. 2 Satz 3 genannten Auskunftspersonen in den Schutzbereich einbezogen. Durch das AÜG-ÄnderungsG v. 21. 2. 17, BGBl. I 258, wurde der Hinweis auf Auskunftspersonen redaktionell in § 80 Abs. 2 Satz 4 angepasst. Das **AGG** hat die Vorschrift unverändert gelassen. Ebenso wenig wurde die Benachteiligung wegen Mitgliedschaft im BR förmlich in die nach §§ 1, 7 AGG verpönten Merkmale einbezogen. Inwieweit die Benachteiligung von Mitgliedern der Betriebsverfassungsorgane eine nach § 3 Abs. 2 AGG unzulässige mittelbare Benachteiligung wegen eines nach § 1 AGG verpönten Merkmals, etwa des Geschlechts oder der Weltanschauung[11] darstellen könnte, ist ungeklärt. § 16 Abs. 2 Satz 2 AGG formuliert ein besonderes Maßregelungsverbot für Personen, die einen Beschäftigten nach diesem Gesetz unterstützen oder als Zeugen aussagen. Dies kann für BR-Mitglieder im Rahmen des § 17 AGG relevant werden.

7 Neben den im Gesetzestext ausdrücklich aufgezählten geschützten Organen und Personen erstreckt sich der Schutzbereich auf **AN-Vertreter im AR** nach § 9 Drittelbeteiligungsgesetz v. 18. 5. 04[12] und **Ersatzmitglieder,** soweit sie im BR oder in anderen Institutionen für ein verhindertes Mitglied vorübergehend tätig werden oder endgültig nachrücken.[13] Für **AN-Vertreter im AR nach dem MitbestG** gilt § 26 MitbestG mit einem Störungs-, Behinderungs-

---

8 Die offizielle franz. Fassung erfasst auch *mögliche Nachteile*: « actes qui pourraient leur porter préjudice ».
9 ABlEG L 080/29; geändert 6. 10. 15, ABl. L 263/1, in diesem Kommentar Anhang C.
10 *EuGH* 11. 2. 10, Rs. C-405/08, Holst, AuR 10, 273; vgl. *Benecke*, EuZA 16, 34.
11 Zu letzterer Däubler/Beck-*Däubler*, § 1 AGG, Rn. 58ff., 69.
12 BGBl. I S. 974; vgl. auch *BAG* 4. 4. 74, AP Nr. 1 zu § 626 BGB Arbeitnehmervertreter im Aufsichtsrat.
13 Richardi-*Thüsing*, Rn. 4ff.; *Fitting*, Rn. 2; GK-*Kreutz*, Rn. 13.

und Benachteiligungs-, jedoch keinem Begünstigungsverbot.[14] Für **Mitglieder des WV** und für **Wahlbewerber** gilt § 20 Abs. 1 und 2 sowie § 78 entsprechend, soweit der Schutz nach § 20 dahinter zurückbleibt.[15] Der Schutz erstreckt sich auch auf Betriebsfremde, wie sich aus der Nennung bspw. der **Mitglieder der ESt.** ergibt. Geschützt sind damit auch der/die Vorsitzende[16] und die von beiden Seiten benannten Mitglieder der ESt. (vgl. Rn. 18). In dieser Vorschrift nicht ausdrücklich angesprochen sind Mitglieder einer **Arbeitsgruppe** nach § 28a. Deren Behinderung stellt indes regelmäßig eine Maßregelung i. S. d. § 612a BGB sowie eine Behinderung des BR als Organ dar, da sie vom BR übertragene Aufgaben wahrnehmen.[17] Nach § 40 EBRG i. V. m. Art. 10 der EBR-RL (vgl. Kommentierung zu § 40 EBRG) genießen die Mitglieder des besonderen Verhandlungsgremiums, des **EBR** und die AN-Vertreter, die bei dem Unterrichtungs- und Anhörungsverfahren mitwirken, den gleichen Schutz wie innerstaatliche AN-Vertreter. Zum PR §§ 10, 127 BPersVG, zum Sprecherausschuss § 2 Abs. 3 SprAuG.

Nach Richardi-*Thüsing* ist der Schutz dieser Vorschrift auf **Gewerkschaftsbeauftragte,** die Auf- 8
gaben oder Befugnisse nach diesem Gesetz wahrnehmen, entsprechend anzuwenden.[18] Zwar ist § 78 enger gefasst als etwa § 10 BPersVG: »Personen, die Aufgaben oder Befugnisse nach diesem Gesetz / dem Personalvertretungsrecht wahrnehmen«. Allerdings geht das BetrVG (vgl. nur §§ 2, 31, 46) davon aus, dass sich die gesetzlich gewollte und geschützte Vertretung der AN in enger Zusammenarbeit von BR und Gewerkschaft vollzieht. Deshalb stellt die Behinderung der betriebsverfassungsrechtlichen Betätigung der Gewerkschaft bzw. ihrer Beauftragten, etwa die Zutrittsverweigerung, zugleich eine Behinderung der nach dieser Vorschrift geschützten Amtsführung des BR dar, die bei Vorsatz sogar den Straftatbestand des § 119 erfüllen kann. Dabei kommt es nicht darauf an, ob sich die betriebsverfassungsrechtliche Tätigkeit der Gewerkschaft im Einzelfall im Einvernehmen mit dem BR vollzieht oder nicht. Auch Art. 3 des IAO-Übereinkommens Nr. 135 schützt Gewerkschaftsvertreter in gleicher Weise wie BR-Mitglieder (vgl. Rn. 3).

Für **Schwerbehindertenvertretung / Gesamtschwerbehindertenvertretung / Vertrauensper- 9
sonen** enthalten §§ 179 Abs. 2–6, 180 Abs. 7 SGB IX entspr. Vorschriften, in § 179 Abs. 3 SGB IX darüber hinaus eine generelle Verweisung auf die Rechtsstellung der Mitglieder des BR, damit auch § 78. Zu **Immissionsschutz- und Störfallbeauftragten** vgl. §§ 58, 58d BImSchG.[19] Nach *BAG* 22. 7. 92[20] besteht der nachwirkende Kündigungsschutz des Immissionsschutzbeauftragten nur bei Abberufung durch den AG, nicht bei einseitiger Amtsniederlegung durch den AN. Weitere Schutzregelungen bzw. Diskriminierungsverbote in § 8 ASiG (Betriebsärzte und Fachkräfte für Arbeitssicherheit), Art. 38 DS-GVO (Datenschutzbeauftragter),[21] § 32 Abs. 3 GenTSV (Beauftragter für biologische Sicherheit/Gentechnik), § 22 Abs. 3 SGB VII (Sicherheitsbeauftragter), § 66 WHG (Gewässerschutzbeauftragter), § 55 Abs. 3 KrW-/AbfG i. V. m. § 58 BImSchG (Abfallbeauftragter).[22]

Satz 2 gilt für die **gesamte Amtszeit** der Mitglieder des BR bzw. der sonstigen Institutionen; 10
sie kann **Vor- und Nachwirkungen** entfalten, wenn die Benachteiligung oder Begünstigung im Hinblick auf die zukünftige oder bereits beendete Tätigkeit erfolgt (ausführlich Rn. 29, § 25

14 Vgl. im Übrigen *Fitting/Wlotzke/Wißmann,* § 26 Rn. 3.

15 *Fitting,* Rn. 2; GK-*Kreutz,* Rn. 14: Gesetzgeber hat Mitglieder des WV vergessen.

16 GK-*Kreutz,* Rn. 18.

17 Vgl. § 28a, Rn. 7, 83; für entspr. Anwendung auf Arbeitsgruppenmitglieder *Fitting,* § 28a Rn. 39, § 78, Rn. 1.

18 Richardi-*Thüsing,* Rn. 11; a. A. GK-*Kreutz,* Rn. 19, unter gleichzeitiger Hervorhebung des Schutzes gewerkschaftlicher Vertrauensleute gegen unterschiedliche Behandlung nach § 75 Abs. 1.

19 dazu *Schaub,* DB 93, 481; *Fischer,* AuR 96, 481.

20 *BAG* 22. 7. 92 - 2 AZR 85/92, DB 93, 1192.

21 Zum BDSG a. F. *BAG* 27. 7. 17 – 2 AZR 812/16, AuR 18, 101; 29. 9. 10 – 10 AZR 588/09, AuR 10, 487; nach Inkrafttreten von DSGVO / BDSG n. F. haben allerdings 2 Senate des BAG mit Vorlagebeschlüssen v. 30. 7. 20 – 2 AZR 225/20 (A), AuR 20, 532 sowie 27. 4. 21 – 9 AZR 383/19 (A) u. 621/19 (A), AuR 21, 277 (Anm. *Bender*) angefragt, ob Art. 38 DSGVO für den Schutz des Datenschutzbeauftragten eine abschließende Regelung enthält oder ob daneben die Mitgliedstaaten strengere Schutzvorrichtungen treffen können wie § 38 BDSG i. V. m. § 6 Abs. 4 BDSG: Abberufung/Kündigung nur entspr. § 626 BGB.

22 Vgl. auch *Fischer,* AuR 96, 474; *Pulte,* Betriebsbeauftragte, m. w. N.

Rn. 40).[23] Für den Fall, dass die reguläre Amtszeit des BR auf Grund eines Betriebsübergangs endet, etwa bei Eingliederung in einen aufnehmenden Betrieb oder Zusammenlegung mit einem größeren Betrieb mit BR, ergibt sich dieser besondere nachwirkende Schutz auch aus Art. 6 Abs. 2 der Betriebsübergangs-RL 2001/23/EG v. 12. 3. 01 (vgl. § 21a, Rn. 22).

11 Die in dieser Bestimmung enthaltenen Verbote richten sich zwar in erster Linie, aber nicht nur gegen den AG, sondern **gegen jedermann,** z. B. auch gegen AN incl. BR-Mitglieder (zur Behandlung von Beschwerden über andere AN vgl. § 84 Rn. 22), Lt. Angestellte (§ 5 Abs. 3) und außerbetriebliche Stellen.[24] Adressaten sind auch AG eines **gemeinsamen Betriebs** sowie Vertreter **anderer** konzernierter oder »befreundeter« **UN** sowie von Eigentümer-/Vermietergesellschaften, die auf diese Weise gehalten sind, die Praktizierung betriebsverfassungsrechtlicher Befugnisse, insbes. den Zugang von BR-Beauftragten zu dulden.[25] Unzulässig ist es z. B., wenn nach Betriebs-/Unternehmensteilung oder Aufspaltung in eine Betriebs- und eine Besitzgesellschaft Mitglieder betriebsverfassungsrechtlicher Organe durch nunmehr betriebsfremde Gesellschaften unter formaler Berufung auf Eigentum gestört oder behindert werden. Nach Auffassung des *BAG* ist allerdings der Entleiher-AG nicht verpflichtet, den Mitgliedern des Verleiher-BR jederzeit und unabhängig von einem konkreten Anlass Zutritt zum Betrieb zu gewähren.[26] Das Zutrittsrecht aus konkretem Anlass bzw. zu BR-losen Entleiher-Betrieben blieb ausdrücklich offen.

12 **Innergewerkschaftliche Meinungsbildung** wird hierdurch nicht berührt. In seiner Eigenschaft als Gewerkschaftsmitglied unterliegt auch das BR-Mitglied den verbandsinternen Richtlinien und Beschlüssen. So kann eine Gewerkschaft ein konkretes BR-Verhalten, das Gewerkschaftsbeschlüssen zuwiderläuft, zum Anlass für innergewerkschaftliche Reaktionen und Sanktionen nehmen. Sie kann z. B. ihren Mitgliedern unter Ausschlussdrohung untersagen, auf nichtgewerkschaftlichen Listen zu kandidieren[27] oder tarifwidrige Regelungen zu unterstützen. Die Zulässigkeit der im Einzelfall ausgesprochenen Sanktion richtet sich allein nach Verbands-, nicht nach Betriebsverfassungsrecht.[28] Auch die Bildung eines betrieblichen Gremiums gewerkschaftlicher Vertrauensleute fällt nicht unter den Verbotstatbestand,[29] sondern legitimiert sich eigenständig aus Art. 9 Abs. 3 GG.

4. Sonderregelungen

13 **Spezialvorschriften** mit konkreter Sanktionsanordnung sind **§§ 119 und 121,** während sich § 78 auf den Ausspruch des Verbots beschränkt. Nach Vorkommnissen bei Siemens und anderorts hat bei Begünstigungshandlungen (»Kauf« von BR-Mitgliedern) eine Strafverfolgung der auf Arbeitgeberseite handelnden Personen nach **§ 266 StGB (Untreue)** größere Relevanz erhalten, wenn etwa besondere arbeitsvertraglich nicht legitimierbare Zuwendungen eines UN an einzelne Mitglieder eines BR oder einer sich an BR wendenden Organisation nachgewiesen sind, um damit ein arbeitgeberfreundliches Verhalten zu erreichen. Strafrechtlich kommt es darauf an, ob die dafür erwarteten oder eingetretenen Gegenleistungen offengelegt werden (Schadensausgleich; vgl. auch § 119 Rn. 19). Diese Form der strafrechtlichen Entlastung wäre zugleich Nachweis des Verstoßes gegen §§ 78, 119. Nach der Rspr. der Strafgerichte sind rechtswidrige erwartete Vorteile grundsätzlich nicht zu berücksichtigen. Der subjektive Tatbestand

---

23 Ebenso *Fitting,* Rn. 16; *GL,* Rn. 4; enger GK-*Kreutz,* Rn. 63, der Vorwirkungen ablehnt.

24 *BAG* 15. 10. 14 – 7 ABR 74/12, NZA 2015, 560; 10. 6. 69 – 1 AZR 203/68; *BGH* 29. 1. 18, AnwZ (Brfg) 12/17, NJW 18, 791; Richardi-*Thüsing,* Rn. 12; ErfK-*Kania,* Rn. 6; *Fitting,* Rn. 7; GK-*Kreutz,* Rn. 23; zur Verteilung finanzieller Lasten und Sanktionen bei »nützlichen« Rechtsverstößen im UN: *Krause,* BB Spezial 8/07, 2 ff.; gegen eine Anwendung der Vorschrift für binnenorganschaftliche Streitigkeiten *HessLAG* 25. 2. 19 – 16 TaBVGa 26/19, LAGE § 24 BetrVG 2001 Nr 1.

25 Zur Grundrechtsbindung von Dritteigentümern *BVerfG* 22. 1. 11 – 1 BvR 699/06, AuR 11, 132, Versammlungsfreiheit im Frankfurter Flughafen; zur Normbindung der Polizei *Zabel,* AuR 92, 335.

26 *BAG* 15. 10. 14 – 7 ABR 74/12, DB 15, 870; weiter gehend Vorinstanz *LAG Bremen* 30. 5. 12 – 2 TaBV 36/11, AuR 13, 178 f. (Anm. *Lange*); zusammenfassend *Schreckling-Kreuz/Kreuz,* AuR 19, 208 f.

27 *GL,* Rn. 5.

28 *BVerfG* 24. 2. 99 – 1 BvR 123/93, AuR 99, 406 (Anm. *Sachse*).

29 GK-*Kreutz,* Rn. 32; Richardi-*Thüsing,* Rn. 15.

(Vorsatz) ist jeweils im Einzelfall zu prüfen.[30] Nach § 266 StGB strafbar ist insbes. die Förderung einer antigewerkschaftlichen Arbeitsgemeinschaft »Unabhängiger« BR (AUB) durch leitende Angestellte bzw. Vorstandsmitglieder eines UN[31] aus geheimen Unternehmenskassen (ebenfalls Siemens).

Allerdings »*handelt es sich bei § 266 StGB um eine sehr weit gefasste und verhältnismäßig unscharfe Strafvorschrift. In beiden Varianten ist der Untreuetatbestand sehr abstrakt formuliert und von großer Weite. Entsprechend hoch ist seine Auslegungsfähigkeit und -bedürftigkeit.*«[32] Für das ***BVerfG*** ergibt sich daraus das Gebot einer **restriktiven Handhabung** des Untreuetatbestands. 13a

Die **Rspr. des *BGH*** ist widersprüchlich.[33] Zwar führt danach schon das Entziehen und Vorenthalten erheblicher Vermögenswerte unter Einrichtung verdeckter Kassen zu einem endgültigen Nachteil i. S. d. § 266 StGB. Bei Siemens erkannte der 1. Strafsenat jedoch Untreue i. S. d. § 266 StGB nur, wenn die verletzte Rechtsnorm wenigstens auch vermögensschützende Wirkung für das zu betreuende Vermögen hat. Dies sei bei § 119 Abs. 1 Nr. 1 BetrVG nicht der Fall. »*Liegt der Verstoß gegen die §§ 93, 116 AktG allein darin, dass eine nicht vermögensschützende Norm außerhalb des Aktiengesetzes verletzt wird, (so) führt dies nicht dazu, dass die Verletzung einer vermögensschützenden Norm i. S. e. Pflichtverletzung gem. § 266 Abs. 1 StGB vorläge, nur weil die primär verletzte Pflicht durch die §§ 93, 116 AktG zu einer aktienrechtlichen Pflicht der Organe der Aktiengesellschaft wird. Denn auch §§ 93, 116 AktG sind Vorschriften von erheblicher Unbestimmtheit und generalklauselartigem Charakter. Eine allein auf die Verletzung dieser Vorschriften abstellende Auslegung des Pflichtwidrigkeitsmerkmals des § 266 Abs. 1 StGB wäre daher nicht geeignet, die verfassungsrechtlich gebotene Beschränkung der Anwendung des Untreuetatbestands auf evidente Fälle pflichtwidrigen Handelns zu beschränken und damit den Charakter des Untreuetatbestands als eines Vermögensdelikts zu bewahren.*«[34] Unter Berufung auf die verfassungsnotwendige Tatbestandsbegrenzung löste damit der 1. Strafsenat diese mit Vermögensaufwendungen bewirkte Verletzung betriebsverfassungsrechtlicher Arbeitgeberpflichten aus dem Untreuetatbestand heraus. Im Ergebnis privilegiert dieser Ansatz die finanzielle Bekämpfung gewerkschaftlicher Resilienz, d. h. union busting, aus Unternehmenskassen. 13b

2023 formulierte dagegen der 6. Strafsenat schlicht, der objektive Tatbestand der Untreue nach § 266 Abs. 1 StGB könne erfüllt sein, wenn einem BR-Mitglied ein überhöhtes Arbeitsentgelt gewährt werde. Überhöht sei jede Vergütung, die den Mindestschutz nach § 37 Abs. 4 übersteige, was der Senat ungeachtet der verfassungsnotwendigen Tatbestandsbegrenzung als »strenge« Auslegung bezeichnete. Jeglicher Verstoß gegen § 78 S. 2 BetrVG verletze zugleich § 93 Abs. 1 AktG und die Vermögensbetreuungspflicht i. S. v. § 266 Abs. 1 StGB.[35] Danach wäre eine Überzahlung von BR-Mitgliedern mit dieser erheblichen Strafdrohung behaftet, Unterzahlung nicht. Dabei überwiegt letztere in der betrieblichen und arbeitsgerichtlichen Praxis. Schutzzweck des § 78 S. 2 ist jedoch nicht das Vermögen, sondern die ungestörte und unbeeinflusste Amtstätigkeit. Der Senat verkannte, dass diese nicht bei jeder über § 37 Abs. 4 hinausgehenden Vergütung gefährdet ist. Damit konnte schon vor der Novellierung des Satzes 3 der Kurzschluss von einer § 37 Abs. 4 übersteigenden Vergütung über die Verletzung des § 78 und der §§ 93, 116 AktG bis zur Verletzung des § 266 Abs. 1 StGB nicht überzeugen. Allerdings wäre nach dieser Logik im Falle der AUB der Untreuetatbestand erfüllt. 13c

---

30 Vgl. *LG Braunschweig* 22. 2. 08 – 6 KLs 20/07: 2 Jahre und 9 Monate bzw. 1 Jahr auf Bewährung; 28. 9. 21 – 16 KLs 406 Js 59398/16 (85/19), 16 KLs 85/19: Freispruch wg. Tatbestandsirrtums hinsichtlich der Pflichtwidrigkeit ihres Handelns, aufgehoben durch *BGH* 10. 1. 23 – 6 StR 133/2022, NZA 23, 301; kritisch dazu *Fischer*, AuR 23, 230; *Homburg/Otto*, AuR 23, 238; *Annuß*, NZA 22, 247.

31 LG *Nürnberg* 24. 11. 08 – 3KLs501 Js 77/08, Siemens, AuR 10, 35 (Besprechungsaufsatz *Fischer*).

32 *BVerfG* 23. 6. 10 – 2 BvR 2559/08, BVerfGE 126, 170–233, Rn. 89 – 91.

33 Einerseits *BGH* 29. 8. 08 – 2 StR 587/07, NJW 09, 89; *BGH* 13. 9. 10 – 1 StR 220/09, AuR 10, 490 = NJW 11, 88, Rev. zu LG *Nürnberg* a. a. O., alle Siemens; andererseits *BGH* 10. 1. 23 – 6 StR 133/2022, NZA 23, 301; dazu *Fischer*, AuR 23, 230; *Homburg/Otto*, AuR 23, 238.

34 *BGH* 13. 9. 10 – 1 StR 220/09, a. a. O., Rn. 38.

35 *BGH* 10. 1. 23 – 6 StR 133/2022, a. a. O.

13d Diese *BGH*-Rspr. ist spätestens durch die für 2024 vorgesehene[36] Novellierung des Satzes 3 dieser Vorschrift und der Sätze 3–5 des § 37 Abs. 4 überholt (dazu ausführlich **Rn. 33** sowie **§ 37 Rn. 88b–91**). Beide Vorschriften sollen insbesondere den Spielraum für eine Berücksichtigung vor oder nach Amtsübernahme erworbener Qualifikationen und eine Neubestimmung der Vergleichsgruppen erweitern. Erfüllt das Mitglied in seiner Person die für die Gewährung des Arbeitsentgelts erforderlichen betrieblichen Anforderungen und Kriterien und erfolgt die Festlegung nicht ermessensfehlerhaft, liegt keine Begünstigung vor. Ohne positive Feststellung einer Begünstigung scheidet Strafbarkeit wegen Untreue aus. Neben der verfassungsrechtlich erforderlichen Begrenzung des Tatbestands des § 266 StGB entfällt diese auch in Grauzonen i. S. d. § 37 Abs. 4 Satz 3 (Überprüfung der Konkretisierung der Vergleichbarkeit in einer Betriebsvereinbarung nur auf grobe Fehlerhaftigkeit) sowie des § 78 Satz 3 (Ermessensausübung).

13e Nach § 2 Abs. 3 StGB gilt dies auch für vor Inkrafttreten des Satzes 3 noch nicht rkr. entschiedene sog. Altfälle. Darin liegt keine Durchbrechung des verfassungsrechtlichen Rückwirkungsverbots, das nur Rückwirkungen zulasten von Beschuldigten verhindert. Danach ist bei Gesetzesänderungen vor der gerichtlichen Entscheidung das jeweils mildeste Gesetz anzuwenden. Zwar wird § 266 Abs. 1 StGB selbst nicht geändert, wohl aber der vom *BGH* tragend in Bezug genommene § 78 BetrVG. Nach der ratio des Gesetzes findet § 2 Abs. 3 StGB auch bei einer Änderung blankettausfüllender Normen Anwendung.[37] Es kann dahinstehen, ob § 78 Satz 3 eine Änderung oder Klarstellung darstellt, da die Norm jedenfalls den Anwendungsbereich des Begünstigungstatbestandes konstitutiv begrenzt. Nach dem Grundsatz der strikten Alternativität ist maßgeblich, welches Recht in seiner Gesamtheit im konkreten Fall das mildere Gesetz i. S. v. § 2 Abs. 3 StGB darstellt.[38] Das ist hier die n. F. Die Anwendung dieses »Meistbegünstigungsgrundsatzes« ergibt sich auch aus Art. 49 Abs. 1 Satz 3 EU-GRC und Art. 15 Abs. 1 Satz 3 IPbpR, die sich ebenso wie § 2 StGB nach zutreffender Auffassung nicht nur auf das Strafmaß, sondern auch auf die Strafbarkeitsvoraussetzungen beziehen.[39] Dagegen wäre der Tatbestand der Untreue weiterhin erfüllt bei finanziellen Leistungen eines UN an antigewerkschaftliche Gruppen oder deren Mitglieder, um damit ein »angepasstes« BR-Verhalten zu erreichen.

13f Zusätzlich zur Untreue ist bei rechtswidrigen Begünstigungshandlungen wie im Falle der AUB typischerweise der Tatbestand der **Steuerhinterziehung** nach § 370 AO verwirklicht.[40] Dies ergibt sich schon aus dem Betriebsausgabenabzugsverbot des § 4 Abs. 5 Nr. 10 EStG in Bezug auf »die Zuwendung von Vorteilen sowie damit zusammenhängende Aufwendungen, wenn die Zuwendung der Vorteile eine rechtswidrige Handlung darstellt, die den Tatbestand eines Strafgesetzes oder eines Gesetzes verwirklicht, das die Ahndung mit einer Geldbuße zulässt.«. Eine teleologische Reduktion ist nicht möglich.[41] Für betr. BR-Mitglieder kommen ggf. Beihilfedelikte in Frage.[42] Steuerhinterziehung liegt auch vor, wenn unter Verstoß gegen §§ 78, 119 Ausgaben zur Behinderung der Arbeit des BR getroffen und anschließend steuermindernd abgesetzt werden. Die Strafrechtsvorschriften der §§ 119, 120 BetrVG gehören zum Grundlagenwissen für BR. Deshalb kann eine Schulung über »Strafrechtliche Risiken der Betriebsratstätigkeit« als erforderlich i. S. d. § 37 Abs. 6 angesehen werden (vgl. auch § 37 Rn. 131 sowie §§ 119f.).[43] Für das allgemeine Störungs-, Behinderungs-, Benachteiligungs- und Begünstigungsverbot gilt dies erst recht.

---

36 Entwurf der Bundesregierung eines 2. Gesetzes zur Änderung des BetrVG, BR-Drucks. 564/23 v. 3. 11. 2023. Novellierung bei Redaktionsschluss noch nicht abgeschlossen; Gesetzestext deshalb kursiv.

37 *Schönke/Schröder*, § 2 StGB, Rn. 24.

38 *BGH* 19. 5. 11 – 3 StR 89/11, Rn. 14, juris; *Ebner*, Wistra 2010, 92 ff.; *Schönke/Schröder*, § 2 StGB, Rn. 24.

39 *Meyer/Eser*, Art. 49 EU-GRC, Rn. 34 f.

40 So auch LG *Nürnberg* a. a. O.; insofern bestätigt durch *BGH* 13. 9. 10 a. a. O; *Dzida/Mehrens*, NZA 13, 757.

41 Ebenso *Rieble*, BB 09, 1021.

42 *BGH* 17. 9. 09 – 5 StR 521/08, NJW 10, 92.

43 *LAG Köln* 21. 1. 08 – 14 TaBV 44/07, AuR 08, 277.

14 **Sonderregelungen zum Schutz von Organmitgliedern** sind §§ 37–41, 51, 59, 65, 73, 78a, 103 BetrVG, 15 KSchG. Daneben hat das Verbot der Störung, Behinderung sowie Benachteiligung die Funktion eines Auffangtatbestandes sowie eines Schutzgesetzes i. S. d. § 823 Abs. 2 BGB[44] und kann u. U. Schadensersatz- bzw. Unterlassungsansprüche auslösen (vgl. auch Rn. 36, 39). Satz 2 räumt dem BR-Mitglied schließlich einen unmittelbaren Anspruch gegen den AG auf eine berufliche Entwicklung ein, wie er sie ohne das BR-Amt genommen hätte.[45]

II. Verbot der Störung und Behinderung der Arbeit der Betriebsverfassungsorgane

1. Grundsatz

15 Der Schutz erstreckt sich auf die Tätigkeit sowohl der betriebsverfassungsrechtlichen Organe als auch ihrer einzelnen Mitglieder. Bitten Beschäftige einzelne BR-Mitglieder um Unterstützung bei der Wahrnehmung ihrer Rechte, gehört das »Kümmern um diese Angelegenheit« unabhängig von etwaigen BR-Beschlüssen zu den geschützten, originären Aufgaben des BR-Mitglieds.[46] Geschützt ist jede **legale,** sich im Rahmen der gesetzlichen und tariflichen Vorschriften bewegende **Tätigkeit** der genannten Organe und Stellen, nicht ein dagegen verstoßendes Verhalten. An dessen Überschreitung können sie (nur) im Rahmen der gesetzlichen Möglichkeiten gehindert werden.[47] Pflichtverletzungen können jeweils nur die der Handlungsebene entsprechenden verhältnismäßigen Sanktionen auslösen.[48]

16 Der Begriff der **Behinderung nach Satz 1** ist umfassend zu verstehen. Er umfasst jede unzulässige Erschwerung, Störung oder gar Verhinderung der Betriebsratsarbeit.[49] Somit ist jede Störung zugleich Behinderung.[50] »Unzulässig« i. S. d. vorstehenden Formel des *BAG* ist kein eigenständiges Tatbestandsmerkmal der Norm, das etwa einen Verstoß gegen andere Vorschriften voraussetzen würde, sondern ist durch die Störung / Behinderung objektiv indiziert.[51] Eine verbotene Störung / Behinderung der Tätigkeit kann **jedes positive Tun** und, soweit eine Förderungs-, Mitwirkungs- oder Mitbestimmungspflicht besteht, auch ein **Unterlassen** sein (h. M.).[52] Eine »Begünstigung« der genannten Betriebsverfassungsorgane und ihrer Mitglieder *in der Ausübung ihrer Tätigkeit* ist im Gegensatz zu Satz 2 (persönliche Rechtsstellung) nicht verboten.

2. Einzelfälle

17 Die aus aktuellen Ereignissen entstandene Rspr. dokumentiert ein eigenartiges Bild betrieblicher Umgangsformen. Eine Störung oder Behinderung der Tätigkeit des BR bzw. der Organmitglieder kann z. B. vorliegen[53] bei: **[Rechtsprechung]**

- Abhören von Sitzungen des BR ohne dessen Willen durch Tonbandgerät;

---

44 Nach GK-*Kreutz*, Rn. 27f. nur das Benachteiligungs-, nicht das Begünstigungsverbot nach Satz 2, mit dem zutr. Hinweis, dass nicht Vermögensinteressen Dritter geschützt werden sollen. *Kreutz* verneint (Rn. 29) auch den Schutzgesetzcharakter des Behinderungsverbots nach S. 1, bejaht (Rn. 48) aber wie hier bei Verstößen Unterlassungsansprüche des Organs und betroffener Mitglieder.

45 *BAG* 15. 1. 92 – 7 AZR 194/91, AuR 92, 379.

46 *LAG Berlin-Brandenburg* 20. 10. 11 – 10 TaBV 567/11, juris.

47 Vgl. *Fitting*, Rn. 8; GK-*Kreutz*, Rn. 31; Richardi-*Thüsing*, Rn. 14; *Schreckling-Kreuz/Kreuz*, AuR 19, 207; *BAG* 20. 10. 99 – 7 ABR 37/98 a. a. O.

48 GK-*Kreutz*, Rn. 41.

49 *BAG* 19. 7. 95 – 7 ABR 60/94, DB 96, 226; 12. 11. 97 – 7 ABR 14/97, EzA § 23 BetrVG 1972 Nr. 38; 20. 10. 99 – 7 ABR 37/98, DB 00, 524; 4. 12. 13 – 7 ABR 7/12, Rn. 34, 36; 9. 9. 15 – 7 ABR 69/13, Rn. 24, AP Nr. 15 zu § 78 BetrVG 1972.

50 GK-*Kreutz*, Rn. 30.

51 Vgl. GK-*Kreutz*, Rn. 39: Frage der Rechtswidrigkeit beantwortet sich im Einzelfall unter Berücksichtigung der Umstände, insbesondere unter Abwägung der widerstreitenden Interessen.

52 Vgl. Richardi-*Thüsing*, Rn. 16; *Fitting*, Rn. 9; GK-*Kreutz*, Rn. 36.

53 Vgl. hierzu auch § 23, Rn. 212ff.; *Fitting*, Rn. 9; GK-*Kreutz*, Rn. 46ff.; *GL*, Rn. 7f.; HaKo-BetrVG/*Lorenz*, Rn. 6; *HWGNRH*, Rn. 6; *Schreckling-Kreuz/Kreuz*, AuR 19, 206ff.; *Dilcher/Schoof*, AiB 3/20, 31ff. m. w. N.

- Ablehnung der erforderlichen Räume und sachlichen Mittel nach § 40 Abs. 2;[54]
- Ablehnung der Zusammenarbeit nach § 2 Abs. 1;
- Abmahnung eines BR-Mitglieds wegen Flugblattverteilung an Belegschaft in mitbestimmungspflichtiger Angelegenheit;[55]
- Absage einer Weihnachtsfeier und Zurückstellung einer Sonderzahlung wegen eines laufenden Rechtsverfahrens, Ankündigung der Verweigerung einer Lohn- und Gehaltserhöhung, bis der BR der vorgeschlagenen Lage des Sommerurlaubs zustimmt, wiederholtes Bedrängen des BR, dass BR-Sitzungen am Ende der Arbeitszeit stattfinden;[56]
- Anbrüllen und körperliche Gewalt gegen BR-Mitglieder;[57]
- **Androhung** durch Aushang am »Schwarzen Brett«, der Betrieb müsse geschlossen und die Produktion ins Ausland verlagert werden, wenn der Betrieb die Kosten für einen BR tragen müsse;[58]
- Ankündigung der Anrechnung übertariflicher Zulagen, Streichung von Freizeit und Wäldchestag sowie Verbot, während der Arbeitszeit Radio zu hören, weil der BR bei der Einstellung von Aushilfskräften auf seinem Recht auf vorherige Anhörung und Mitbestimmung bestehe;[59]
- Anordnung persönlicher An- und Abmeldung der BR-Mitglieder für BR-Tätigkeit in einem bestimmten Verfahren zur Buchung in einem Zeiterfassungssystem;[60] unterschiedliche **Abmeldepflichten** für einzelne BR-Mitglieder;[61] Verlangen einer schriftlichen Bestätigung durch Vorgesetzte;[62] zur An- und Abmeldung ausführlich § 37 Rn. 44 ff.; § 23 Rn. 123;
- Anordnung, jedes Ortsgespräch bei der Telefonvermittlung anzumelden;[63]
- Anordnung des AG, dass Anfragen des BR an Mitarbeiter und Vorgesetzte, Antworten von Mitarbeitern und Vorgesetzten, Vorgaben des BR bei Anfragen an Mitarbeiter und Vorgesetzte schriftlich formuliert und in Kopie bzw. cc der Bereichsleitung zur Kenntnis übermittelt werden müssen;[64]
- Ausschluss von BR-Mitgliedern von vom AG einberufener Mitarbeiterversammlung; anlasslose Überwachung einzelner BR-Mitglieder ununterbrochene Begleitung während des Nachtdienstes;[65]
- Befragung der einzelnen AN im Vorfeld einer **Betriebsversammlung,** ob sie daran teilnehmen wollen oder nicht;[66]
- Belastung einzelner BR-Mitglieder mit individualrechtlichen Klageverfahren auf Unterlassung und Widerruf wegen vom BR als Organ abgegebener Äußerungen;[67]
- Bewusste und wiederholte Missachtung der Beteiligungsrechte des BR;[68]
- Einrichtung von Konkurrenzorganen zum BR wie betriebliche Vertrauensleute, zusätzliche oder andere Vertretungen i. S. d. § 3 ohne entsprechende Legitimierung durch TV;
- Einschränkung oder Streichung von Sozialleistungen unter **Hinweis auf Kosten der BR-Arbeit** oder der Wahrnehmung von BR-Rechten;[69] monatliche Bekanntgabe der BR-Kosten

54 *SWS,* a. a. O.
55 *HessLAG* 17.2.97 – 11 Sa 1776/96, NZA-RR 1998, 17; vgl. auch 30.9.19, 16 TaBV 82/19; ausführlich Rn. 40.
56 *AG Kempten* 6.12.99, AuR 00, 361 = AiB 01, 182 (Anm. *Growe*), Strafsache!.
57 *ArbG Frankfurt/M.* 14.1.99, AuR 00, 115.
58 *ArbG Leipzig* 5.9.02 – 7 BVGa 54/02, NZA-RR 03, 142; dazu *Däubler,* NJW 05, 30.
59 *ArbG Darmstadt* 24.3.94 – 2 BV Ga 2/94, AuR 94, 381; Beschwerde 12 TaBVGA 68/94 zurückgenommen.
60 *LAG Hamm* 26.11.13 – 7 TaBV 74/13, NZB 7 ABN 26/14 Rücknahme; praktische Tipps zur Abmeldung bei *Schulze,* AiB 1/15, 33.
61 *Däubler,* Arbeitsrecht 1, Rn. 883.
62 *ArbG Oberhausen* 7.12.84, 7.2.85, AiB 85, 47.
63 *Fitting,* a. a. O.
64 *HessLAG* 26.9.11 – 16 TaBV 105/11, NZA-RR 12, 85.
65 *ArbG Gelsenkirchen* 30.8.16 – 5 BV 19/16, juris.
66 *ArbG Bremen* 7.12.05 – 7 BV 68/05, AiB 06, 756 (Anm. *Nacken*).
67 *LAG Baden-Württemberg* 4.7.12 – 13 TaBV 4/12, juris.
68 Vgl. auch Derleder, AuR 83, 289 [300]; a. A. Dütz, DB 84, 115 [118 f.].
69 *ArbG Rosenheim* 22.6.88, AiB 89, 83.

auf Lohn- und Gehaltsabrechnungen der AN;[70] betriebsöffentliche Bekanntgabe von BR-Kosten nebst Aufschlüsselung von »Fehlzeiten« der BR-Mitglieder mit dem Ziel, das Ansehen des BR herabzusetzen;[71] Belegschaftsinformation zu BR-Kosten auf Betriebsversammlung, bei der die Kostenverursachung durch Wahrnehmung betriebsverfassungsrechtlicher Aufgaben gezielt herausgestellt und als Gefährdung der Sicherheit der Arbeitsplätze[72] bzw. als nachteilig für das wirtschaftliche Ergebnis hervorgehoben wird;[73] Bekanntgabe von BR-Kosten auf Gruppenleiterbesprechung als Ursache mangelnder finanzieller Mittel für Fortbildungsmaßnahmen;[74] Aushang dieser Kosten verbunden mit der Ankündigung, bei einer Senkung das Weihnachtsgeld zu erhöhen;[75] Personalinfo, dass Kosten, die durch Beauftragung von RAen und/oder Sachverständigen des BR entstehen, zur Kürzung und / oder sonst. Beeinträchtigungen von Leistungen des Betriebs an Mitarbeiter führen bzw. auf Mitarbeiter abgewälzt werden;[76] Aushang, ein BR-Mitglied habe durch die Forderung nach einer hohen Abfindung das Vertrauen der Belegschaft und die Verantwortung gegenüber dieser missbraucht;[77]

- Einstellung der Vergütungszahlung an BR-Mitglied während des laufenden Zustimmungsersetzungsverfahrens nach § 103 BetrVG;[78]
- Entfernen von BR-Informationen und -Anschlägen vom »Schwarzen Brett«;[79]
- Löschung vom BR in das betriebsinterne Intranet eingestellter Seiten, selbst wenn diese Veröffentlichung den Aufgabenbereich des BR überschreitet;[80]
- ernsthaftes Verhandeln mit Willen zur Einigung nur in sog. internen Verhandlungen, d. h. in Abwesenheit von Gewerkschaftsbeauftragten nach § 31;
- Durchführung eines Personalgesprächs bei einer seitens eines Beschäftigten gewünschten Teilnahme eines BR-Mitglieds und Vergütung der dafür erforderlichen Zeit als BR-Tätigkeit nur, wenn BR oder Beschäftigter diese Teilnahme vorher ankündigt;[81]
- Kontrolle der Telefondaten des BR-Vorsitzenden ohne Anlass und außerhalb einer Stichprobenregelung;[82] u. a. mit dieser Begründung wurde der Zustimmungsersetzungsantrag des AG nach § 103 zurückgewiesen;

---

70 *ArbG Darmstadt* 20.11.86, AiB 87, 140 (Anm. *Trittin*).

71 *ArbG Verden* 25.4.90, AuR 90, 389; Musterschreiben des BR in DKWF-*Buschmann*, § 78 Rn. 4.

72 *LAG Düsseldorf* 26.11.93 – 17 TaBV 71/93, AuR 94, 275 = LAGE § 23 BetrVG 1972 Nr 34.

73 *BAG* 19.7.95 – 7 ABR 60/94, EzA § 43 Nr. 3 mit krit. Anm. *Bengelsdorf; ders.*, FS Hanau, S. 359, der die Meinungsfreiheit des AG hervorhebt und nur gegen den BR gerichtete *Schmähkritik* wie im Falle des *LAG Düsseldorf* a. a. O. für unzulässig hält. Diese Position entwertet die handlungsbegrenzende Bedeutung der Vorschrift bei Äußerungstatbeständen, da sich diese Rechtsfolge schon aus §§ 185, 186 StGB, § 612a BGB, § 2 BetrVG ergibt. Das Plädoyer für Meinungsfreiheit überzeugt weniger, wenn zugleich die Meinungsfreiheit des AN unter Berufung auf *BAG* 3.12.54, AP Nr. 2 zu § 13 KSchG, durch ungeschriebene »*Grundregeln des Arbeitsverhältnisses*« begrenzt und auf »*wahre Tatsachenbehauptungen, gestützt auf seriöse Veröffentlichungen*« reduziert wird; für die Bewertung der Bekanntgabe legal entstandener BR-Kosten als Behinderung i. S. d. § 78 *Wiedenfels*, AuA 99, 220; vgl. auch *Preis/Stoffels*, RdA 96, 210, 213.

74 *BAG* 12.11.97 – 7 ABR 14/97, EzA § 23 BetrVG 1972 Nr. 38; dem folgend allg. zur Bekanntgabe der BR-Kosten durch den AG *LAG B-Brandenburg* 31.5.17 – 15 TaBV 1979/16, 15 TaBV 2010/16, 15 TaBV 2049/16; nicht überzeugend *BAG* 25.10.17 – 7 ABR 10/16, AuR 19, 184: keine Verpflichtung des AG, sich jeder kritischen Äußerung über den bestehenden BR oder einzelne seiner Mitglieder im Hinblick auf eine zukünftige Wahl zu enthalten. Damit wurde eine Wahlanfechtung abgelehnt. Wie hier auch *zu Dohna-Jaeger*, AuR 19, 185; *Homburg/Pietsch*, AiB 18, Nr 12, 28. Jedenfalls beinhaltet diese Entscheidung selbst nach Darstellung des *BAG* keinen allg. Freibrief für eine arbeitgeberische »Gesamtstrategie« mit dem Ziel einer anderen BR-Zusammensetzung.

75 *ArbG Wesel* 10.4.96 – 3 BVGa 1/96, AiB 97, 52 (Anm. *Grimberg*).

76 *ArbG Dortmund* 17.6.15 – 8 BV 83/14.

77 *LAG Nürnberg* 14.11.22 – 1 TaBVGa 4/22, AiB 2023, Nr 5, 37, dazu *Höland*, jurisPR-ArbR 19/2023 Anm. 1.

78 *HessLAG* 14.3.07 – 9 TaBVGa 72/07, AE 07, 331.

79 *GL*, Rn. 8.

80 *LAG Hamm* 12.3.04 – 10 TaBV 161/03, RDV 04, 223.

81 *HessLAG* 7.12.15 – 16 TaBV 140/15, NZB 7 ABN 14/16 zurückgewiesen.

82 *LAG Sachsen-Anhalt* 23.11.99 – 8 TaBV 6/99, NZA-RR 00, 476 = AuR 00, 359.

- leichtfertige Anträge nach § 23 Abs. 1 auf Auflösung des BR oder Ausschluss einzelner BR-Mitglieder durch AG; noch bedenklicher ist die Aufstachelung und Unterstützung einzelner AN durch den AG zur Einleitung derartiger Verfahren, etwa indem der AG deren Kosten der Prozessvertretung übernimmt;
- Maßnahmen, durch welche die Ausübung der Überwachungspflicht nach §§ 80 Abs. 1, 89 Abs. 2 bis 5, 96 beeinträchtigt wird;
- Missachtung der (bekannten) Geschäftsordnung des BR, wenn Informationen und Erklärungen mehrfach an nicht empfangszuständige BR-Mitglieder gegeben werden;
- öffentlicher Aushang mit der Empfehlung, eine Betriebsversammlung nicht zu besuchen;[83]
- Öffnung bzw. Nichtweiterleitung der an den BR gerichteten Post, auch dann, wenn sich diese Adressierung erst aus der zweiten oder dritten Zeile des Adressenfeldes ergibt;[84]
- Entnahme und vorübergehende Entziehung der vom BR in die Hauspost für den Versand gegebenen Post, indem diese im Vorstandsbüro in Verwahrung genommen wird;[85]
- Speicherung der Zielnummer aller Telefongespräche eines BR-Mitglieds;[86]
- Sperrung der passwortgeschützten Zugänge (»Accounts«) des BR-PC, auf dem sich für BR-Arbeit notwendige Daten befinden;[87]
- ständige Unterlassung der Mitteilungs- und Auskunftspflicht nach §§ 99 Abs. 1, 102 Abs. 1, 105;[88]
- Störung des Besitzrechts durch Entfernung von Mobiliar aus BR-Büro;[89]
- Streichung von bisher kostenlosem Firmenkaffee und -tee, weil der BR ein arbeitsgerichtliches Beschlussverfahren nicht aufgebe;[90]
- Umgehung der Mitwirkung des BR durch wiederholtes Aussprechen außerordentlicher anstelle von ordentlichen Kündigungen, um das Widerspruchsrecht nach § 102 Abs. 3 zu unterlaufen;[91]
- Unterlaufen der Mitbestimmung durch Einzelverträge, wenn gleichzeitig dem BR keine oder schlechtere Leistungen angeboten werden als freiwillig gewährt;
- Verhinderung bzw. Behinderung von BR-Sitzungen oder Betriebs- bzw. Abteilungsversammlungen;[92] Anordnung von »dringenden Arbeiten«, Dienstreisen oder auswärtigen Montagearbeiten für einzelne Funktionsträgern ohne sachliche Notwendigkeit, die die Beteiligung an BR-Sitzungen, Sprechstunden u. Ä. unmöglich macht;
- Verknüpfung einer Prämienzahlung durch den AG gegen Zustimmung des Betriebsrats zu einer unbefristeten BV zu längeren Ladenöffnungszeiten;[93]
- Verpflichtung der AN zum Schweigen gegenüber dem BR;
- Versetzung eines BR-Mitglieds ohne Einholung der Zustimmung des abgebenden BR;[94]
- Versprechen, bei Nichtteilnahme an Betriebsversammlung einen halben Tag Zusatzurlaub zu gewähren;[95]

---

83 *OLG Stuttgart* 9.9.88, BB 88, 2245 = AuR 89, 157; *SWS*, Rn. 2.
84 *ArbG Stuttgart* 22.12.87, BetrR 3/88, S. 17; *ArbG Elmshorn* 27.3.91, AiB 91, 269.
85 *LAG Berlin-Brandenburg* 24.8.18 – 9 TaBV 157/18, BB 18, 2804.
86 *LAG Hamburg* 1.9.88 – 2 Sa 94/86, BB 89, 1053.
87 *ArbG Düsseldorf* 8.9.99, AiB 99, 648 (Anm. *Malottke*).
88 Vgl. auch *SWS*, a.a.O.
89 *ArbG Duisburg* 24.12.93, AuR 94, 381.
90 *ArbG Darmstadt*, a.a.O.
91 *WW*, Rn. 2.
92 Vgl. *ArbG München* 16.4.91 – 15 GaBV 59/91; *ArbG Frankfurt* 2.3.88, AiB 89, 78, wonach jedes BR-Mitglied berechtigt ist, an jeder BR-Sitzung teilzunehmen, sofern es nicht aus rechtlichen oder tatsächlichen Gründen daran gehindert ist; vgl. auch Rn. 17a.
93 *LAG Hamburg* 20.12.10 – 7 TaBV 4/10, LAGE § 78 BetrVG 2001 Nr. 6; zu unzulässigen Prämien für Gewerkschaftsaustritt *ArbG Gelsenkirchen* 9.3.16 – 3 Ga 3/16, AuR 16, 174, 214.
94 *BAG* 26.1.93 – 1 AZR 303/92, AuR 93, 84.
95 *LAG Baden-Württemberg* 30.4.87 – 13 [7] TaBV 15/86; *SWS*, a.a.O.

- Verweigerung der Arbeitsbefreiung nach § 37 Abs. 2[96] bzw. Freistellung nach § 38; Abschluss einer BV zur Absenkung von Freistellungen mit dem Ziel, dadurch eine gewerkschaftliche Minderheitenliste auszuschalten;[97]
- Verweigerung des Zugangs zu einzelnen Arbeitsplätzen in einem anderen Konzernbetrieb;[98]
- Verweigerung des Zutritts eines BR-Mitglieds zum Betrieb, dessen Kündigung beabsichtigt bzw. durch Zustimmungsersetzungsverfahren nach § 103 Abs. 2 betrieben wird[99] oder schon ausgesprochen, aber noch nicht rechtskräftig ist,[100] es sei denn, es liegt mit an Sicherheit grenzender Wahrscheinlichkeit eine strafbare Handlung (z. B. Betrug, Untreue) zu Lasten des AG vor;[101]
- Verweigerung des Zutritts eines vom BR zur Besprechung betriebsverfassungsrechtlicher Aufgaben eingeladenen Rechtsanwalts (oder Rechtssekretärs) zur BR-Sitzung;[102]
- Verweigerung des Zutritts von Gewerkschaftsbeauftragten zum Betrieb ohne Vorliegen eines der Ausnahmetatbestände nach § 2 Abs. 2 (vgl. auch Rn. 8);[103]
- Verweigerung eines innerbetrieblichen Kommunikationsmittels (Telefon), das der AG für sich in Anspruch nimmt;[104]
- Verweigerung des Bezugs einer arbeitsrechtlichen Fachzeitschrift wie AuR oder AiB;[105]
- Weiterleitung eines von ihm an den BR gerichteten aggressiven Schreibens durch den AG an die AN;[106] Veröffentlichung anonymer Briefe in einer Werkszeitung, in denen gegen den BR polemisiert wird.[107] Bei Äußerungstatbeständen sind die Grundrechte des AG auf Meinungsfreiheit[108] bzw. bei der Werkszeitung auf Pressefreiheit nach Art. 5 Abs. 1 Satz 1 und 2 GG zu beachten.[109] Das *BVerfG* hat deshalb o. g. Entscheidung des *LAG Baden-Württemberg*, das die Grundrechte nicht geprüft hatte, aufgehoben. Die verfassungsrechtliche Prüfung unter Berücksichtigung der Schrankensetzung nach Art. 5 Abs. 2 GG durch die »allgemeinen Gesetze«, wozu auch § 78 gehört,[110] legt aber dem AG/Verleger einer Betriebszeitung gegenüber dem BR eine wesentlich größere Rücksichtnahme auf als einem unbestimmten Publikum auf dem offenen Markt, zumal wenn diese Äußerungen mit der Autorität des AG und nicht zuletzt dem wirtschaftlichen Machtmittel[111] einer kostenlosen Werkszeitung an die Adressaten gebracht werden. Im Ergebnis treffen somit o. g. fachgerichtliche Entscheidungen auch bei verfassungsrechtlicher Prüfung zu;
- Zustimmungsersetzungsantrag nach § 103, wenn außerordentliche Kündigung unter keinem rechtlichen Gesichtspunkt denkbar ist.[112]

---

96 *Dütz*, S. 20; *Bopp*, S. 10, der zutreffend darauf verweist, dass das Gesetz der Erfüllung der BR-Aufgaben Vorrang einräumt.
97 *LAG Baden-Württemberg 14. 12. 16* – 4 TaBV 10/16, AiB 4/17, 46 (Anm. *Brakelmann*).
98 *LAG Bremen* 30. 5. 12 – 2 TaBV 36/11, AuR 13, 178 f. (Anm. *Lange*); aufgehoben aus anderen Gründen durch *BAG* 15. 10. 14 – 7 ABR 74/12, DB 15, 870: kein Zutritt für Verleiher-BR jederzeit und ohne konkreten Anlass zum Entleiher-Betrieb.
99 *LAG Berlin* 14. 8. 87 – 13 TaBV 5/87; *ArbG Berlin* 2. 8. 13 – 28 BVGa 10241/13, BB 13, 2547; *LAG Hamm* 23. 6. 14 – 13 TaBVGa 20/14 (offensichtlich unwirksame a. o. Kündigung); 27. 4. 72, 24. 10. 74, EzA § 103 BetrVG 1972 Nrn. 1, 5; *LAG München* 28. 9. 05 – 9 TaBV 58/05, AuR 06, 213; dazu *Kohte/Schulze-Doll*, jurisPR-ArbR 7/2006 Anm. 4; *LAG Düsseldorf* 22. 2. 77, DB 77, 1053.
100 *ArbG Hamburg* 16. 6. 97 – 21 GaBV 1/97; *ArbG Elmshorn*, AiB 97, 173 (Anm. *Zabel*).
101 *LAG Berlin*, a. a. O.; Musterschreiben des BR in DKWF-*Buschmann*, § 78 Rn. 2; Musterantrag auf einstweilige Verfügung a. a. O., Rn. 3.
102 *BAG* 20. 10. 99 – 7 ABR 37/98, DB 00, 524.
103 Ausführlich *Zabel*, AuR 92, 335.
104 *BAG* 9. 6. 99 – 7 ABR 66/97, NZA 99, 1292.
105 *BAG* 19. 3. 14 – 7 ABN 91/13, AuR 14, 391.
106 *LAG Köln* 16. 11. 90 – 12 TaBV 57/90, AuR 91, 121.
107 *LAG Baden-Württemberg* 21. 12. 89 – 13 TaBV 18/89; bestätigt durch *BAG* 21. 8. 90 – 1 ABN 20/90.
108 *Bengelsdorf*, a. a. O.
109 *BVerfG* 8. 10. 96, AuR 97, 293 (zust. Anm. *Kittner*).
110 Wechselwirkung, vgl. *BVerfG* 15. 1. 58, BVerfGE 7, 198; 28. 4. 76, AP Nr. 2 zu § 74 BetrVG 1972.
111 BVerfGE 25, 264.
112 Vgl. *ArbG Ludwigshafen* 21. 5. 92 – 4 BV 8/92, BetrR 92, 140 (zust. Anm. *Growe*).

17a Während der **Corona-Pandemie** 2020 erlaubte es die bis 31.12.20 geltende Vorschrift des § 129, unter bestimmten Bedingungen anstatt von Präsenzsitzungen der Arbeitnehmervertretungen auch Video- und Telefonkonferenzen durchzuführen. Mit dem Betriebsrätemodernisierungsgesetz 2021 wurden ähnliche Möglichkeiten in § 30 Abs. 2 eröffnet. Diese zusätzlichen Optionen heben den Grundsatz der Präsenzsitzungen nicht auf. Untersagt eine AG auch in einer solchen Situation Präsenzsitzungen des BR/GBR/KBR, kann darin eine Störung bzw. Behinderung der BR-Arbeit liegen.[113] Gleiches gilt, wenn ein AG die Teilnahme an digitalen BR-Sitzungen aus dem Homeoffice während der Pandemie untersagt, den BR-Mitgliedern Abmahnungen erteilt oder Gehaltskürzungen vornimmt.[114]

18 Benennt der AG **keine Mitglieder für die ESt.**, liegt darin noch keine Störung i. S. d. Vorschrift, da die ESt. auch ohne Beisitzer des AG tätig werden kann (vgl. § 76 Abs. 5). Wird jedoch die Tätigkeit der ESt. durch andere Maßnahmen beeinträchtigt, greift diese Bestimmung.[115] Dies ist z. B. der Fall, wenn dem Vorsitzenden und dem außerbetrieblichen Beisitzer der ESt. extrem unterschiedliche Vergütungen gewährt werden.[116] Eine unzulässige Behinderung i. S. d. Satzes 1 liegt vor; wenn der AG einem vom BR benannten (unternehmensangehörigen, außerbetrieblichen) Beisitzer wegen dessen Auftreten und Äußerungen in der ESt. eine Kündigung androht oder ein Verfahren nach § 103 BetrVG einleitet. In einem solchen Fall ist auch der BR in eigenen Rechten aus § 76 BetrVG verletzt.[117]

19 Mit dem Verbot der Störung oder Behinderung wäre es unvereinbar, würde eine über das Gesetz hinausgehende Regelung der AN-Beteiligung durch Gesellschaftsvertrag oder Satzung festlegen, dass der AN-Repräsentant nicht zugleich Mitglied des BR sein kann. Eine solche **Inkompatibilität** wäre auch nicht durch Satzungsautonomie gerechtfertigt, da sie AN davon abhalten könnte, sich betriebsverfassungsrechtlich zu engagieren.[118]

20 Eine Störung oder Behinderung kann bereits bei einem Verstoß gegen das Recht auf informationelle Selbstbestimmung vorliegen, wenn etwa Informationen über BR-Mitglieder gesammelt, sie bespitzelt oder Detektive auf sie angesetzt werden, was die Amtsausübung des Organs beeinträchtigen könnte.[119]

21 Eine Störung oder Behinderung liegt auch bei einer unbeabsichtigten, aber **objektiv feststellbaren Beeinträchtigung** vor. Im Gegensatz zum Straftatbestand des § 119 kommt es nicht auf Verschulden oder eine Behinderungsabsicht des Störers an.[120] Auch ein sog. »unverschuldeter Rechtsirrtum« ist deshalb unbeachtlich.

3. Rechtsfolgen

22 Anweisungen des AG, die dem Verbot widersprechen, sind **unwirksam** (§ 134 BGB) und für das BR-Mitglied unbeachtlich.[121] Das BR-Mitglied macht sich keiner Verletzung seiner arbeitsvertraglichen Pflichten schuldig, wenn es entspr. Anweisungen nicht Folge leistet. Die Verbotsnorm führt dazu, dass der Störer gegenüber dem unmittelbar behinderten Funktionsträger, z. B.

113 *LAG Berlin-Brandenburg* 24.8.20 – 12 TaBVGa 1015/20, AuR 20, 433; ebenso 13.10.20 – 26 TaBVGa 1281/20, juris.
114 *ArbG Köln* 24.3.21 – 18 BVGa 11/21, AuR 21, 279.
115 *Fitting*, Rn. 9.
116 *LAG München* 11.1.91 – 2 TaBV 57/90, AuR 91, 382, bestätigt durch *BAG* 12.2.92 – 7 ABR 9/91: Vergütung eines Beisitzers unter ⅓ des Vorsitzendenhonorars.
117 *LAG Niedersachsen* 27.5.14 – 11 TaBV 104/13, AuR 16, 121 (zust. Anm. *Vormbaum-Heinemann*); aus formellen Gründen, nicht hinreichend bestimmter Feststellungsantrag, aufgehoben durch *BAG* 18.5.16 – 7 ABR 41/14, NZA 17, 342; unvertretbar a. A. *LAG Rheinland-Pfalz* 20.3.14 – 2 TaBV 18/13 (Zustimmungsersetzung), aufgehoben durch *BAG* 13.5.15 – 2 ABR 38/14, AuR 16, 81, 121: BR-Mitglied verletzt durch Wahrnehmung des Amtes als Beisitzer in Einigungsstellen anderer Betriebe des AG keine arbeitsvertragliche Rücksichtnahmepflicht nach § 241 Abs. 2 BGB.
118 A. A. Richardi-*Thüsing*, Rn. 25.
119 *LAG Rheinland-Pfalz* 27.4.17 – 5 Sa 449/16, AuR 17, 417; NZB verworfen.
120 *BAG* 12.11.97 – 7 ABR 14/97, EzA § 23 BetrVG 1972 Nr. 38; 20.10.99 – 7 ABR 37/98; ErfK-*Kania*, Rn. 4; Richardi-*Thüsing*, Rn. 17; *Fitting*, Rn. 10; GK-*Kreutz*, Rn. 35; *GL*, Rn. 10; a. A. *HWGNRH*, Rn. 10, die Vorsatz verlangen.
121 *Fitting*, Rn. 12; GK-*Kreutz*, Rn. 40; *HWGNRH*, Rn. 13.

dem BR-Mitglied, oder seiner Institution, BR, zur Unterlassung verpflichtet ist, diese also einen entspr. durchsetzbaren Unterlassungsanspruch haben. Insofern stellt die Vorschrift auch eine eigenständige Anspruchsgrundlage dar.[122]

III. Verbot der Benachteiligung und Begünstigung von Mitgliedern der Betriebsverfassungsorgane

1. Grundsatz

Es soll die innere und äußere **Unabhängigkeit** der Mitglieder betriebsverfassungsrechtlicher Organe geschützt werden. Jedes BR-Mitglied soll ohne Furcht vor Maßregelungen und Sanktionen des AG sein Amt ausüben können.[123] Untersagt ist jede **Handlung, durch die der geschützte Personenkreis ausschließlich oder überwiegend wegen seiner ehrenamtlichen Tätigkeit im Rahmen der Betriebsverfassung benachteiligt oder begünstigt wird.**[124] Durch die Erfüllung seiner betriebsverfassungsrechtlichen Aufgaben dürfen dem einzelnen BR-Mitglied keine wirtschaftlichen oder sonstigen Nachteile entstehen.[125] Untersagt sind nicht nur konkrete Benachteiligungen, sondern alle Akte, die zu Nachteilen für Arbeitnehmervertreter führen können, wie Art. 28 der Rev. Eur. Sozialcharta, RESC (insbes. franz. Text: *contres les actes qui pourraient leur porter préjudice*) klarmacht (s. Rn. 4). Hinsichtlich der **Vergütung** wird das allg. Benachteiligungsverbot durch § 37 Abs. 2 BetrVG konkretisiert, wonach die mit der Durchführung erforderlicher BR-Aufgaben verbundene Versäumung von Arbeitszeit nicht zur Minderung des Arbeitsentgelts führen darf.[126] Die Benachteiligung oder Begünstigung muss anders als nach Satz 1 nicht in der betriebsverfassungsrechtlichen Tätigkeit liegen. Es reicht jede mögliche Auswirkung in der Person, innerhalb und außerhalb des Arbeitsverhältnisses, z. B. als Mieter oder Kunde. Ein subjektives Element wie. **Benachteiligungs- oder Begünstigungsabsicht bzw. Verschulden, ist nicht erforderlich.**[127] Ist Benachteiligungsabsicht belegbar, wird der Tatbestand der Verbotsnorm in seinem Gewicht verstärkt. Es genügt, dass ein Mitglied eines Betriebsverfassungsorgans im Vergleich mit anderen AN objektiv besser oder schlechter gestellt ist,[128] soweit dies nicht aus sachlichen oder in der Person des Betroffenen liegenden Gründen bedingt ist.[129] Die Mitgliedschaft im Betriebsverfassungsorgan stellt diesen Grund nicht dar. Versuche eines AG, UN oder Konzerns, BR-Mitglieder unter dem Stichwort »**Compliance**« besonderen Pflichten zu unterwerfen,[130] sind deswegen unzulässig (und unwirksam) und verstoßen ihrerseits gegen die Vorschrift. Es reicht aus, wenn zwischen Benachteiligung oder Begünstigung und Amtstätigkeit des Betroffenen ein objektiver Kausalzusammenhang besteht.[131] Dieser liegt auch vor, wenn die Benachteiligung nur einzelne, nicht alle Organmitglieder trifft. 23

Eine unzulässige Benachteiligung eines BR-Mitglieds kann darin liegen, dass es aufgrund seiner Amtsstellung mit **Vermögensaufwendungen** belastet wird, die bei vergleichbaren AN im Ergebnis den AG treffen würden. Dem Benachteiligungsverbot ist dadurch Rechnung zu 24

---

122 Vgl. GK-*Kreutz*, Rn. 48f. m. w. N.; *BAG* 15. 10. 14 – 7 ABR 74/12, DB 15, 870.
123 *BAG* 20. 1. 10 – 7 ABR 68/08, AuR 10, 346.
124 *BAG* 10. 11. 15 – 3 AZR 574/14, AuR 16, 170.
125 *BAG* 23. 6. 10 – 7 ABR 103/08, AuR 10, 484: Übernahme von Kinderbetreuungskosten eines alleinerziehenden BR-Mitglieds.
126 *BAG* 5. 4. 00 – 7 AZR 213/99, AuR 00, 361.
127 *BAG* 16. 2. 05 – 7 AZR 95/04, AuR 05, 386; 20. 1. 10 – 7 ABR 68/08; 10. 11. 15, a. a. O.; *BVerwG* 1. 2. 10 – 6 PB 36.09, PersR 10, 167; ErfK/*Kania* § 78 Rn. 6; GK-*Kreutz*, Rn. 61.
128 *BAG* 29. 1. 74, AP Nr. 8 zu § 37 BetrVG 1972; 31. 1. 90 – 7 ABR 39/89, AP Nr. 28 zu § 103 BetrVG 1972; 20. 1. 10 – 7 ABR 68/08, a. a. O.; *GL*, Rn. 13; vgl. auch *Hennecke*, RdA 86, 241ff.; *ders.*, BB 86, 936ff.
129 *Fitting*, Rn. 17.
130 So Konzernrichtlinie der Dt. Bank über Annahme von Geschenken und Einladungen, Ziff. 6.2: Annahme einer Einladung durch BR-Mitglied nur nach vorheriger Genehmigung durch Abt. »Compliance«; dazu *Däubler*, Compliance für den BR?, FS v. Hoyningen-Huene, S. 59ff.; wie hier auch GK-*Kreutz*, Rn. 47.
131 *BVerwG* 1. 2. 10 – 6 PB 36.09, a. a. O.; GK-*Kreutz*, Rn. 58; *WW*, Rn. 3.

tragen, dass dem BR-Mitglied unter denselben Voraussetzungen und in demselben Umfang ein Erstattungsanspruch gegen seinen AG zusteht.[132]

25 Erst recht liegt eine Benachteiligung/Begünstigung vor, wenn einzelne Funktionsträger oder eine Gruppe von ihnen nicht nur im Hinblick auf ihr Amt, sondern im Hinblick auf die konkrete Amtsausübung Nachteile/Vorteile erfahren und/oder sich diese nicht nur im Vergleich zu vergleichbaren AN, sondern im Vergleich zu anderen Funktionsträgern auswirken. Zwar richtet sich das Verbot an jedermann. In der Praxis kann eine solche Benachteiligung/Begünstigung aber vor allem vom AG ausgehen, da dieser die Möglichkeit hat, a) einzelnen BR-Mitgliedern Nachteile zuzufügen/Vorteile zu gewähren, b) aus einer konkreten Ausrichtung der Tätigkeit einzelner Funktionsträger Nutzen zu ziehen, c) auf diese Weise das Verhalten von Funktionsträgern in Ausübung ihres Amtes eigennützig, d. h. funktionswidrig zu beeinflussen. Das Benachteiligungs-/Begünstigungsverbot trägt dem gesetzlich und verfassungsrechtlich vorausgesetzten **Gegensatz zwischen der Berufsfreiheit des AG** und der u. a. vom BR zu sichernden **Berufsfreiheit der AN**[133] Rechnung und soll insbes. Funktionsträger davon abhalten, diese notwendige Austragung gegensätzlicher Interessen durch kollektive Interessenvertretung zur Vermeidung persönlicher Nachteile bzw. zu Gunsten persönlicher Vorteile zu vernachlässigen. Es soll verhindert werden, dass die Amtsausübung der BR-Mitglieder oder anderer betriebsverfassungsrechtlicher Funktionsträger, die den Beschäftigten dienen soll, durch Erfahrung oder Erwartung besonderer persönlicher Nach-/Vorteile der Mitglieder zum Nutzen des AG oder Dritter beeinflusst wird. In diesem Sinne verbietet die Vorschrift z. B. auch ein Verhalten, das gewerkschaftlich organisierte oder (wie auch immer) kritisch eingestellte BR-Mitglieder gegenüber anderen BR-Mitgliedern benachteiligt, auch wenn diese Differenzierung formal nicht an die Mitgliedschaft im betriebsverfassungsrechtlichen Organ, sondern an die dort vorhandenen Verhaltensoptionen anknüpft (vgl. Rn. 33).

2. Benachteiligung

26 Eine unzulässige Benachteiligung i. S. d. Satzes 2 liegt z. B. vor bei: [**Rechtsprechung**]

- Angabe der BR-Tätigkeit in Regelbeurteilung[134] oder im **Zeugnis** gegen den Willen des AN;[135]
- Aushang von »**Fehlzeiten**« des BR-Mitglieds, die durch Krankheit, BR-Tätigkeit oder Lehrgänge verursacht sind, am »Schwarzen Brett« oder durch Herausgabe schriftlicher Informationsmitteilungen;[136]
- **Ausschluss** der BR-Mitglieder von **Aktienoptionen,** die vergleichbare AN erhalten;[137]
- Ausschluss von einer beruflichen Entwicklung incl. Vergütung, die sie ohne ihre Amtstätigkeit durchlaufen hätten;[138]
- Ausschluss von besonderen Zuwendungen oder Vergünstigungen wie Beförderungsmöglichkeit mit einem Werksbus;[139]
- Forderung, als Bedingung für eine Stelle das Amt als BR-Vorsitzende aufzugeben;[140]
- **Honorierung eines Mitglieds der ESt.** mit weniger als ⅓ der Vergütung des Vorsitzenden;[141]
- **Kündigung** des BR-Mitgliedes wegen BR-Tätigkeit; dieser Zusammenhang ist zu vermuten, wenn dem BR-Mitglied als einzigem von vielen Streikteilnehmern gekündigt wird; die Kün-

132 *BAG* 31. 1. 90 – 1 ABR 39/89, BAGE 65, 28; 20. 1. 10 – 7 ABR 68/08, a. a. O.
133 Vgl. *BVerfG* 18. 12. 85, AP BetrVG 1972 § 87 Nr. 15.
134 *BAG* 19. 8. 92 – 7 AZR 262/91, AuR 93, 27.
135 *LAG Hamm* 6. 3. 91 – 3 Sa 1279/90, DB 91, 1527; *LAG Frankfurt* 2. 12. 83, AuR 84, 287; *Brill,* BB 81, 616; GK-*Kreutz,* Rn. 73.
136 *ArbG Verden* 14. 4. 89, BB 89, 1405, Ls.
137 *BAG* 16. 1. 08 – 7 AZR 887/06, AuR 2008, 55.
138 *BAG* 4. 11. 15 – 7 AZR 972/13, DB 16, 1024.
139 So auch *LAG Düsseldorf/Köln* 28. 10. 68 – 12 Sa 391/68, BB 69, 1086.
140 *LAG Baden-Württemberg* 30. 12. 11 – 14 Sa 103/11, juris.
141 *LAG München* 11. 1. 91 – 2 TaBV 57/90, AuR 91, 382, bestätigt durch *BAG* 12. 2. 92 – 7 ABR 991/91: anwaltlicher Beisitzer.

digung ist unabhängig vom besonderen Kündigungsschutz des BR-Mitgliedes wegen Verstoßes gegen § 134 BGB nichtig;[142]

- **Lohneinbehalt** bzw. **Abmahnung** für Abwesenheit infolge von BR-Tätigkeit (§ 37 Abs. 2);
- Nichtanwendung einer betrieblichen Vereinbarung auf BR-Mitglieder, wonach über 55 Jahre alte AN aus dem Betrieb gegen Abfindung ausscheiden können;[143]
- Nichtgewährung der **Freistellung von der Nachtschicht** bei Teilnahme an ganztägiger BR-Sitzung und Verweis darauf, das erarbeitete Freizeitkonto für die ausfallenden Nachtschichten zu verwenden, wenn andere AN hierüber frei verfügen können;[144]
- Nichtgewährung eines Reisekostenvorschusses für voraussichtliche Aufwendungen anlässlich der Teilnahme an auswärtiger GBR-Sitzung[145] oder Schulungsmaßnahme;
- Versagung eines Zusatzurlaubs für freigestelltes BR-Mitglied, weil berufliche Tätigkeit nicht ausgeübt wird[146] bzw. weil es wegen seiner Freistellung nicht in Wechselschicht eingesetzt wird;[147]
- **Versetzung** auf geringer bezahlten Arbeitsplatz,[148] z. B. bei Prämien- oder Akkordarbeit;
- Versetzung als Reaktion auf betriebsverfassungsrechtliche Aktivitäten des BR-Mitglieds;[149] zur Versetzung von BR-Mitgliedern ferner Rn. 17, 32; § 99 Rn. 128, 226, 254; § 103 Abs. 3;
- Widerruf der vorübergehenden Übertragung einer tariflich höherwertigen Tätigkeit wegen Freistellung eines BR-Mitglieds;[150]
- Zuweisung einer anderen, härteren, unangenehmeren, zeitlich oder örtlich ungünstiger liegenden Arbeit;[151]
- Zuweisung eines räumlich ungünstigeren Büros (Großraumbüro statt Arbeitszimmer mit 2 Arbeitsplätzen) aus Anlass der Wahl in den BR.[152]

Das Benachteiligungsverbot gebietet, dass der AG dem BR-Mitglied **Anwaltskosten** im Zustimmungsersetzungsverfahren erstattet. Dies gilt jedenfalls, wenn dieser Antrag des AG auf Beschwerde des BR-Mitglieds vom LAG rkr. abgewiesen wird.[153] Das *BAG* begrenzte die Kostentragung des AG für die Vertretung des BR-Mitglieds auf den Fall, dass dieses allein wegen seiner Amtsstellung mit Vermögensaufwendungen belastet wird, die bei einem AN ohne betriebsverfassungsrechtliches Amt nicht den AN, sondern den AG treffen würden. Für das Zustimmungsersetzungsverfahren wurde diese Voraussetzung auf Grund der präjudiziellen Wirkung des Beschlussverfahrens für ein Kündigungsschutzverfahren des BR-Mitglieds bejaht, für das Verfahren um die Übernahme nach § 78a, das durch Beschwerderücknahme des Jugendvertreters geendet hatte, verneint. Die Belastung einzelner BR-Mitglieder mit Kosten vom AG gegen sie anhängig gemachter individualrechtlicher Klageverfahren wegen vom BR als Organ abgegebener Äußerungen stellt eine unzulässige Erschwerung der BR-Arbeit i. S. d. Vorschrift dar.[154] Eine vergleichsweise Regelung zwischen AG und BR-Mitglied, nach der letzterer die Kosten aus einem Urteilsverfahren über individualrechtliche, im Zusammenhang mit der BR-Tätigkeit stehende Ansprüche selbst trägt, beinhaltet nach Ansicht des *BAG* keine unzulässige Benachteiligung des BR-Mitglieds.[155] 27

---

142 *LAG Hamm* 10.4.96 – 3 TaBV 96/95, AiB 96, 736; *Schreckling-Kreuz/Kreuz*, AuR 19, 207.
143 Vgl. *SG Mannheim* 30.3.90, BB 90, 2496, das in dieser Vereinbarung einen wichtigen Grund i. S. v. § 119 AFG für die vertragliche Beendigung der Arbeitsverhältnisse sieht.
144 *BAG* 7.6.89, AP Nr. 72 zu § 37 BetrVG 1972; aktueller *BAG* 18.1.17 – 7 AZR 224/15, AuR 17, 90: Wertungen des ArbZG auch bei BR-Tätigkeit zu berücksichtigen, z. B. Ruhezeit vor bzw. nach BR-Sitzung.
145 *ArbG Darmstadt* 5.7.88, AiB 88, 285.
146 *BAG* 8.10.81, AP Nr. 2 zu § 49 BAT.
147 *BAG* 7.11.07 – 7 AZR 820/06 – zum freigestellten PR-Mitglied unter Bezug auf 29.9.99 – 7 AZR 378/98 – Zusatzurlaub für Schichtarbeit für BR-Mitglieder.
148 Vgl. *BAG* 9.6.82, AP Nr. 1 zu § 107 BPersVG.
149 *ArbG Trier* 12.8.92, AiB 93, 241 (Anm. *Grimberg*).
150 *BAG* 13.1.81, AP Nr. 2 zu § 46 BPersVG.
151 *LAG Bremen* 12.8.82, AP Nr. 15 zu § 99 BetrVG 1972; *LAG Frankfurt* 14.8.86, BB 86, 2199.
152 *LAG Köln* 26.7.10 – 5 SaGa 10/10, AuR 10. 528.
153 *BAG* 31.1.90 – 1 ABR 39/89, BAGE 65, 28; 5.4.00 – 7 ABR 6/99, NZA 00, 1178.
154 *LAG Baden-Württemberg* 4.7.12 – 13 TaBV 4/12, juris.
155 *BAG* 20.1.10 – 7 ABR 68/08, AuR 10, 346.

28 Durch den Schutzzweck der Norm sind Maßnahmen des AG in das Benachteiligungsverbot einbezogen, die einem BR-Mitglied eine konkrete Chance in der **beruflichen Entwicklung** vereiteln, die sich dem AN ohne die Maßregelung geboten hätte. Der AG muss den Mitgliedern der in Satz 1 genannten Arbeitnehmervertretungen eine berufliche Entwicklung gewährleisten, die derjenigen entspricht, die sie ohne ihre Amtstätigkeit durchlaufen hätten. Von dem Benachteiligungsverbot erfasst wird nicht nur die berufliche Tätigkeit, sondern auch das sich aus ihr ergebende Entgelt. Ein BR-Mitglied, das infolge der Amtsübernahme nicht in eine höher vergütete Position aufgestiegen ist, kann den AG aus § 611a Abs. 2 BGB i. V. m. Satz 2 BetrVG unmittelbar auf Zahlung der höheren Vergütung in Anspruch nehmen (»fiktiver Beförderungsanspruch«). Ob die Beförderung »wegen der BR-Tätigkeit« abgelehnt wurde, ist eine in der Sphäre des AG liegende »innere Tatsache«, die einer unmittelbaren Wahrnehmung durch den AN oder Dritte nicht zugänglich ist. Dem ist im Rechtsstreit durch abgestufte Darlegungs- und Beweislast Rechnung zu tragen. So darf der kl. AN darlegen, dass er die fachlichen Qualifikationsanforderungen der Stelle erfüllt, und trotz fehlender genauer Kenntnis ohne Verstoß gegen zivilprozessuale Wahrheitspflicht behaupten, er sei wegen seiner BR-Tätigkeit nicht für die Stelle ausgewählt worden. Der AG muss sich dazu wahrheitsgemäß erklären. Er hat seine Motive für die Auswahlentscheidung zu Gunsten eines anderen Bewerbers so konkret zu benennen, dass sich das BR-Mitglied hierauf einlassen kann.[156]

28a Die Weigerung des AG, ein BR- oder JAV-Mitglied nach der Berufsausbildung in ein Arbeitsverhältnis zu übernehmen, wenn andere Ausgebildete übernommen werden und für die **Nichtübernahme keine sachlichen Gründe** angeführt werden können, verstößt gegen die Schutzvorschrift.[157] Nach Auffassung des *BAG* gebieten Art 7 und Art 8 der RL 2002/14/EG i. V. m. Art 27, 28 und 30 EU-GRC keine generelle Einschränkung des § 14 Abs. 2 TzBfG bei **befristeten Arbeitsverträgen von BR-Mitgliedern,** wohl aber deren Schutz vor einer im Zusammenhang mit der Befristung stehenden Benachteiligung. Das *BAG* sieht sogar die »Sicherung der personellen Kontinuität der BR-Arbeit« als sonstigen Sachgrund i. S. v. § 14 Abs. 1 Satz 1 TzBfG für die Befristung eines BR-Mitglieds an. Voraussetzung ist, dass sich die Laufzeit des Vertrags auf die Dauer der noch verbleibenden ges. Amtszeit des BR erstreckt. Ist sie kürzer bemessen, ist sie regelmäßig unzulässig. In einem solchen Fall bedarf es ganz besonderer Umstände, aus denen sich ergibt, dass die Befristung gleichwohl zur Wahrung der personellen Kontinuität des BR geeignet und erforderlich ist.[158] Die Nichtübernahme in ein unbefristetes oder ein weiteres befristetes Arbeitsverhältnis stellt eine unzulässige Benachteiligung dar, wenn sie wegen der BR-Tätigkeit erfolgt. Ist ein AN bereits bei Abschluss der Befristungsabrede BR-Mitglied, ist die Befristung als solche unwirksam. Wäre ohne die gegen § 78 Satz 2 BetrVG verstoßende Benachteiligung ein Folgevertrag mit dem BR-Mitglied abgeschlossen worden, kann dieses als Schadensersatz den Abschluss eben eines solchen Vertrags verlangen. § 15 Abs. 6 AGG, der eine Wiedereinstellung ausschließt, ist mangels vergleichbarer Interessenlage nicht analog anzuwenden.[159] Nach der ratio der Norm kommt es auf die Motivation nicht an. Es reicht eine objektive Schlechterstellung gegenüber anderen vergleichbaren Beschäftigten. Hier führt der von Art. 7 der RL 2002/14/EG geforderte effektive Mindestschutz zu einer abgestuften Darlegungs- und Beweislast. Danach darf der kl. AN trotz fehlender genauer Kenntnis ohne Verstoß gegen seine zivilprozessuale Wahrheitspflicht vortragen, ihm sei gerade wegen seiner BR-Tätigkeit der Abschluss eines Folgevertrags verweigert worden. Der bekl. AG muss sich zu der Behauptung wahrheitsgemäß erklären. Bestreitet er sie nicht ausdrücklich, gilt sie nach

---

156 *BAG* 20. 1. 21 – 7 AZR 52/20, AuR 21, 337; 14. 10. 20 – 7 AZR 286/18, AuR 21, 237; 22. 1. 20 – 7 AZR 222/19, AuR 20, 285; 4. 11. 15 – 7 AZR 972/13, DB 16, 1024; 15. 1. 92 – 7 AZR 1904/91, AuR 92, 379; 12. 2. 75, AP Nr. 1 zu § 78 BetrVG 1972.

157 So *BAG* 12. 2. 75 a. a. O. vor In-Kraft-Treten des § 78a.

158 *BAG* 23. 1. 02 – 7 AZR 611/00, AuR 03, 389, (Anm. *Pauli*); 20. 01. 16 – 7 AZR 340/14, AuR 16, 296; 8. 6. 16 – 7 AZR 467/14, AuR 16, 472.

159 *BAG* 5. 12. 12 – 7 AZR 698/11, BB 13, 819; 25. 6. 14 – 7 AZR 847/12, DB 14, 2416; dazu *Pallasch*, RdA 15, 108 ff.; *LAG Berlin-Brandenburg* 13. 1. 16 – 23 Sa 1445/15, BB 16, 244; für die generelle Unzulässigkeit der sachgrundlosen Befristung bei BR-Mitgliedern *ArbG München* 8. 10. 10 – 24 Ca 861/10, AuR 11, 313, unter Berufung auf Art. 27, 30 EU-GRC i. V. m. Art. 7 der RL 2002/14/EG; zust. *Helm/Bell/Windirsch*, AuR 12, 293 ff.; *Huber/Schubert/Ögüt*, AuR 12, 429 ff.

§ 138 Abs. 3 ZPO als zugestanden. Eine Erklärung mit Nichtwissen ist, nachdem dem AG seine eigenen Motive bekannt sind, nicht zulässig.[160]

Das Gleiche gilt für die (Nicht)Übernahme eines **Teilzeitbeschäftigten** in ein Vollzeitarbeitsverhältnis.[161] Macht ein freigestelltes teilzeitbeschäftigtes BR-Mitglied eine Verlängerung seiner persönlichen Arbeitszeit nach § 9 TzBfG geltend und kommen für den zu besetzenden Arbeitsplatz mehrere AN in Betracht, so dürfen bei der Auswahlentscheidung Unterschiede in den Eignungs-, Befähigungs- und Leistungsbildern der Bewerber nur berücksichtigt werden, soweit sie nicht durch BR-Tätigkeit, insbes. die Freistellung entstanden sind. Hat sich das Mitglied wegen der Freistellung nicht in neue Produktionsstrukturen einarbeiten können, kann daraus eine geringere Eignung für die Aufgabenerledigung nicht abgeleitet werden.[162] 28b

Mitgliedern von Betriebsverfassungsorganen gewährt das Benachteiligungsverbot unabhängig von § 15 KSchG und § 103 **relativen Kündigungsschutz:** Eine Kündigung ist unwirksam, wenn sie wegen betriebsverfassungsrechtlicher Betätigung erfolgt.[163] Diese Rechtsfolge ergibt sich wegen Verstoßes gegen das gesetzliche Verbot des Satzes 2 aus § 134 BGB. Geschützt sind auch Mitglieder der ESt, einer tariflichen Schlichtungsstelle nach § 76 Abs. 8, des Wirtschaftsausschusses, Ersatzmitglieder des BR vor einem Nachrücken oder einer Stellvertretung.[164] Zudem kann sich dieser Schutzzweck bei der Prüfung des wichtigen Grundes des § 626 BGB auswirken. Eine Benachteiligung wegen BR-Tätigkeit ist bspw. gegeben, wenn eine Gruppe von AN einen wichtigen Grund zur fristlosen Kündigung gegeben hat und der AG nur den BR-Mitgliedern dieser Gruppe kündigen will.[165] Desgleichen widerspräche es dem Schutzzweck der Norm, würde ein Organmitglied wegen eines Verhaltens gekündigt, das es nur im Rahmen der Amtstätigkeit an den Tag gelegt hat und legen konnte.[166] Verboten ist auch die **mittelbare Diskriminierung** betriebsverfassungsrechtlicher Funktionsträger, d.h. dem Anschein nach neutrale Vorschriften, Kriterien oder Verfahren stellen Verbote, Bedingungen oder Anforderungen auf, die ohne unmittelbare Anknüpfung an das Mandat formuliert sind und von allen AN erfüllt werden können, in wesentlich höherem Maße aber betriebsverfassungsrechtliche Funktionsträger nachteilig betreffen; zur RESC sowie der RL 2002/14/EG vgl. Rn. 5. 29

Die Vorschrift gebietet, dass im Rahmen der Überprüfung von a.o. Kündigungen bzw. der Ersetzung der Zustimmung hierzu bei Beurteilung der Zumutbarkeit einer Weiterbeschäftigung nicht auf den frühestmöglichen Kündigungszeitpunkt nach Ablauf der Amtszeit des BR-Mitglieds nach § 15 Abs. 1 Satz 2 KSchG, sondern auf die mangels ordentlicher Kündbarkeit konkret nicht einschlägige und daher »fiktive« Kündigungsfrist abgestellt wird. Dies bedeutet, dass einem BR-Mitglied nach §§ 15 KSchG, 626 BGB nur gekündigt werden kann, wenn dem AG bei einem vergleichbaren Nicht-Betriebsratsmitglied dessen Weiterbeschäftigung bis zum Ablauf der einschlägigen ordentlichen Kündigungsfrist unzumutbar wäre.[167] Dagegen führt der Ausschluss der ordentlichen Kündigung für BR-Mitglieder nicht wegen der langen Bindungsdauer zu einer Erleichterung der außerordentlichen Kündigung, da hierdurch das BR-Mitglied allein wegen seines Amtes gravierende Rechtsnachteile erleiden würde.[168] 30

Mitglieder von Betriebsverfassungsorganen müssen grundsätzlich eine **Schlechterstellung** in Kauf nehmen, wenn diese für alle AN des Betriebs, der Betriebsabteilung oder Beschäftigungsgruppe gilt (h.M.),[169] etwa Kurzarbeit, Herabsetzung übertariflicher Löhne, soweit dies ohne Änderungskündigung möglich ist, Änderung der betrieblichen Altersversorgung,[170] Ausschei- 31

160 *BAG* 25.6.14 – 7 AZR 847/12, DB 14, 2416; dazu *Benecke*, EuZA 16, 34; *Pallasch*, RdA 15, 108ff.
161 GK-*Kreutz*, Rn. 75; *GL*, Rn. 16.
162 *LAG Düsseldorf* 3.8.07 – 10 Sa 112/07, AuR 08, 120.
163 *BAG* 6.7.55, AP Nr. 1 zu § 20 BetrVG Jugendvertreter; *GL*, Rn. 18.
164 *Brill*, BlStSozArbR 83, 177; KR-*Friedrich*, § 13 KSchG Rn. 221.
165 *BAG* 22.2.79, BB 79, 1347; *LAG Hamm* 10.4.96 – 3 TaBV 96/95, AiB 96, 736.
166 KR-*Friedrich*, § 13 KSchG, Rn. 220.
167 *BAG* 17.1.08 – 2 AZR 821/06, AuR 08, 276.
168 *BAG* 10.2.99 – 2 ABR 31/98, DB 99, 1121; 27.9.01 – 2 AZR 487/00, AuR 01, 468; *ArbG Berlin* 7.2.14 – 28 BV 16501/13, m.w.N., BB 14, 1843.
169 Vgl. *Fitting*, Rn. 20; *GK-Kreutz*, Rn. 76.
170 *BAG* 30.1.70, AP Nr. 142 zu § 242 BGB Ruhegehalt.

den mit vollendetem 65. Lebensjahr kraft BV.[171] Vor **individuellen oder Massenänderungskündigungen** ist das BR-Mitglied durch § 15 KSchG geschützt.[172] Dieser besondere Kündigungsschutz ist auch nicht bei Massenänderungskündigungen unter Hinweis auf § 78 Satz 2 einzuschränken.[173] Allerdings sieht das *BAG*[174] den AG nicht verpflichtet, dem BR-Mitglied bei Stilllegung einer Betriebsabteilung einen höherwertigen Arbeitsplatz anzubieten. Das nach § 15 KSchG nicht kündbare BR-Mitglied behält nach § 615 BGB seinen Lohnanspruch für die Zeit des witterungsbedingten Arbeitsausfalls, selbst wenn seine Kollegen wegen kurzfristiger witterungsbedingter Entlassung ihren Lohnanspruch verlieren.[175] Zur Situation während der Kurzarbeit vgl. § 37 Rn. 3ff.

32 **Eine unzulässige Benachteiligung liegt nach der Rspr. nicht vor bei:**

- Anerkennung der BR-Tätigkeit teilzeitbeschäftigter BR-Mitglieder über vertragliche Arbeitszeit hinaus nur bei Beleg der Erforderlichkeit;[176]
- Bewertung von Fahrt- und Reisezeiten eines BR-Mitglieds zur Wahrnehmung von BR-Aufgaben nach den gleichen Maßstäben wie Dienstfahrten der AN;[177]
- automatischer Erfassung von Telefondaten für BR-Ferngespräche, wodurch der BR gezwungen werden kann, die Erforderlichkeit der Gespräche nachzuweisen.[178] Nach Satz 1 wird es unzulässig sein, vom BR Detailangaben zu verlangen, wen er angerufen hat;
- Nichtberücksichtigung von Trinkgeldern bei der Vergütung für BR-Tätigkeit nach § 37 Abs. 2, solange dasselbe auch für die Arbeitsverhinderung anderer AN, etwa wegen Urlaubs oder Krankheit, gilt;[179]
- Reduzierung freiwillig gewährter Anwesenheitsprämien infolge der Teilnahme eines BR-Mitglieds an einer nicht für BR-Arbeit erforderlichen Schulungsmaßnahme (§ 37 Abs. 6);[180]
- Einstellung bisher gezahlter Nachtarbeitszuschläge, wenn das BR-Mitglied vor der Amtsübernahme Nachtarbeit geleistet hatte, sein Arbeitsbeginn anlässlich der Amtsübernahme einvernehmlich auf 6 Uhr morgens verschoben wurde und es teilfreigestellt BR-Arbeit außerhalb der Nachtzeit leistet;[181] steuer- und sozialabgabenfreie Lohnzuschläge werden nach Freistellung des BR-Mitglieds nicht mehr unversteuert und sozialabgabenfrei ausgezahlt;[182] andererseits ist der AG nicht gehindert, BR-Mitgliedern die bisher gezahlten steuerfreien Zuschläge in der Weise weiterzuzahlen, dass er den Bruttolohn um die Differenz zum bisherigen Nettolohn aufstockt;[183] eine Benachteiligung liegt vor, wenn die für die Teilnahme an nächtlicher BR-Sitzung erhaltenen Nachtschichtzulagen im Unterschied zu anderen AN versteuert werden;[184]
- Verlängerung des Weges vom BR-Büro zur Damentoilette aufgrund von Baumaßnahmen;[185]
- Versagung der Zulassung des freigestellten BR-Mitglied als Syndikusrechtsanwalt;[186]

---

171 *BAG* 25.3.71, AP Nr. 5 zu § 57 BetrVG; vgl. auch 7.11.89, BB 90, 1840, wonach im konkreten Einzelfall ein Günstigkeitsvergleich, z.B. zwischen Arbeitsvertrag und BV, entscheidet.

172 *BAG* 29.1.81, AP Nr. 10 zu § 15 KSchG 1969; 7.10.04 – 2 AZR 81/04, AuR 04, 426, zur Massenänderungskündigung.

173 *LAG Hamm* 20.11.09 – 13 Sa 1161/09, juris; ausführlich § 103. Rn. 7, m.w.N.

174 *BAG* 23.2.10 – 2 AZR 656/08, BB 10, 1980.

175 *BAG* 18.5.99 – 9 AZR 14/98, DB 99, 1121.

176 *LAG Berlin* 14.7.00 – 6 TaBV 934/00, AuR 00, 478 zu § 37 a.F.

177 *BAG* 27.7.16 – 7 AZR 255/14, AP Nr. zu § 37 BetrVG 1972.

178 *BAG* 25.5.86, AP Nr. 15 zu § 87 BetrVG 1972 Überwachung; *LAG Hamburg* 17.3.86, DB 86, 1473.

179 *BAG* 28.6.95 – 7 AZR 1001/94, AuR 96, 65.

180 *LAG Hamm* 20.4.88, DB 88, 2058.

181 *BAG* 18.5.16 – 7 AZR 401/14, AP Nr. 162 zu § 37 BetrVG 1972; a.A. *LAG Ba.-Wü.* 17.9.19 – 19 Sa 15/19, NZA-RR 20, 19, wonach sich die (pauschale) Fortzahlung der Schichtzuschläge an ein freigestellten BR-Mitglieds aus § 37 Abs. 2 rechtfertigt, auch wenn es sein Amt ausschließlich in der Tagesschicht ausübt; *ArbG Dresden* 27.2.19 – 13 Ca 2259/18; zust. *Krämer*, AiB 20, Nr 2, 47–48.

182 *BAG* 29.7.80, 22.8.85, AP Nrn. 37, 50 zu § 37 BetrVG 1972.

183 Vgl. auch *Fitting*, Rn. 20.

184 *HessLAG* 10.3.14 – 16 TaBV 197/13, AuR 14, 441; aufgehoben wegen Unzulässigkeit des Feststellungsantrags durch *BAG* 24.2.16 – 7 ABR 23/14, NZA 16, 567.

185 *HessLAG* 3.3.14 – 16 TaBVGa 214/13.

186 *BGH* 29.1.18 – AnwZ (Brfg) 12/17, NJW 18, 791.

- Versetzung mit einen Teil der Arbeitszeit in einen anderen Betrieb des UN, sofern sie nicht auf Grund der BR-Funktion ausgesprochen und der Kontakt zum Mandatsbetrieb weiterhin gewährleistet wird;[187] zur Versetzung von BR-Mitgliedern ferner Rn. 17, 26; § 99 Rn. 128, 226, 254; § 103 Abs. 3;
- Verweigerung der Nutzung des für Kundenbesuche überlassenen Dienstfahrzeugs für Fahrten zwischen Wohnung und Betrieb zur Wahrnehmung von BR-Aufgaben, wenn eine entspr. Nutzungsmöglichkeit auch für nicht dem BR angehörige AN nicht besteht.[188]
- Verweigerung der Vergütungsanpassung entsprechend dem Arbeitsentgelt ursprünglich vergleichbarer AN mit betriebsüblicher beruflicher Entwicklung, wenn das BR-Mitglied vor seiner Freistellung mit dem AG dauerhaft eine geringwertigere Tätigkeit und entsprechend niedrigere Vergütung vereinbart hat, sofern in dieser Vereinbarung keine Benachteiligung i. S. d. § 78 S. 2 liegt. Das *BAG* betont, dass diese – dysfunktionale – Vereinbarung nicht zwingend erforderlich war, d. h. ohne Not erfolgte.[189]

3. Begünstigung

Begünstigung ist die Bevorzugung, d. h. Gewährung eines Sondervorteils, die wegen der Tätigkeit als Mitglied eines Betriebsverfassungsorgans und nicht aus sachlichen Erwägungen erfolgt.[190] Obwohl der Wortlaut ausdrücklich auf »Tätigkeit«, nicht auf »Mitgliedschaft« abstellt, wird allgemein eine Bevorzugung schon angenommen, wenn Funktionsträger allein wegen dieser Eigenschaft Sondervorteile erhalten, die vergleichbaren AN nicht gewährt werden,[191] was mit der **gesetzlichen Gestaltung als Ehrenamt** begründet wird. Es soll das Vertrauen der vom BR vertretenen AN stärken, dass die Wahrnehmung der Mitbestimmungsrechte durch den BR nicht durch Gewährung oder Entzug materieller Vorteile für BR-Mitglieder beeinflussbar ist.[192] Das *BAG* hält es insb. für nicht vereinbar mit dem Ehrenamtsprinzip, dass BR-Mitglieder durch ihre BR-Tätigkeit **zusätzliche Vergütungsansprüche** erwerben.[193] Hier besteht ein **Spannungsverhältnis zwischen Vertragsfreiheit und Begünstigungsverbot.** Vergütungen oder Beförderungen, die normale AN für sich ohne weiteres mit dem AG vereinbaren können, werden nicht dadurch rechtswidrig, dass der AN BR-Mitglied ist.[194] Insbesondere stellt § 37 Abs. 4 weder eine Obergrenze für die Beförderung von BR-Mitgliedern[195] noch eine abschließende Regelung über die Höhe ihres Arbeitsentgelts dar. Die Vorschrift konkretisiert auch nicht das Begünstigungsverbot.[196] Letzteres verpflichtet ein BR-Mitglied nicht, sich mit der Mindestentwicklung nach § 37 Abs. 4 zu begnügen. Andernfalls ergäbe sich eine strukturelle Benachteiligung von BR-Mitgliedern gegenüber anderen AN.[197] So ist es keine sachfremde Erwägung, wenn der AG bei der Auswahl der bestgeeigneten Bewerber für Beförderungen auch an die im Rahmen der BR-Tätigkeit erworbenen Qualifikationen anknüpft, sofern diese für die zu besetzende Position relevant sind. Nicht jede Gewährung von Leistungen an BR-Mitglieder, auf die diese aus allg. Vorschriften keinen durchsetzbaren Anspruch haben, ist eine unzulässige Bevorzugung.[198] Eine solche liegt objektiv nur vor, wenn dem BR-Mitglied durch den AG ein ungerechtfertigter 33

187 *LAG Köln* 22. 10. 13 – 12 TaBV 64/13, LAGE § 78 BetrVG 2001 Nr. 7a.
188 *BAG* 25. 2. 09 – 7 AZR 954/07, AP Nr. 146 zu § 37 BetrVG 1972.
189 *BAG* 23. 11. 22 – 7 AZR 122/22, AP Nr 178 zu § 37 BetrVG 1972; dazu *Otto/Homburg*, AiB 6/23, 17.
190 WPK-*Preis*, Rn. 17.
191 Vgl. nur *BAG* 16. 2. 05 – 7 AZR 95/04, AuR 05, 386; *Fitting*, Rn. 22.
192 *BAG* 18. 2. 14 – 3 AZR 568/12, AE 14, 245.
193 *BAG* 26. 9. 18 – 7 AZR 829/16, ZTR 2019, 186; 18. 2. 14 a. a. O.; 5. 5. 10 – 7 AZR 728/08, BAGE 134, 233.
194 *Annuß*, NZA 20, 20ff.; *HessLAG* 20. 2. 17 – 7 Sa 513/16, AuR 17, 417, aus formellen Gründen zurückverwiesen durch *BAG* 29. 8. 18 – 7 AZR 206/17, AuR 19, 190.
195 *BAG* 22. 1. 20 – 7 AZR 222/19, AuR 20, 285; *LAG Schleswig-Holstein* 12. 11. 20 – 5 Sa 135/20, ArbR 2021, 141; Begründung des Gesetzentwurfs der Bundesregierung, BR-Drucks. 564/23 v. 3. 11. 2023, S. 7 zu Nr. 2.
196 *Bachner/Wall*, NZA 21, 842.
197 BT-Drucks. 20/8344, S. 5; *Annuß*, NZA 22, 248.
198 So aber Richardi-*Thüsing*, Rn. 28; restriktiver auch *Jacobs*, NZA 19, 1606, 1610; wie hier *Bayreuther*, DB 19, 1208; *Annuß*, NZA 20, 20ff.; *ders.*, NZA 22, 247ff.; *Bachner/Wall* a. a. O.

Vorteil im Vergleich zu vergleichbaren AN gewährt wird. Dies ist z. B. nicht der Fall bei Leistungen, die effektiv entstandene Aufwendungen oder Mehrarbeit realitätsgerecht typisieren und ausgleichen.[199] Bei einer vertraglichen Vereinbarung ist davon zunächst auszugehen. Das *BAG* hielt es schon vor der für 2024 vorgesehenen Novellierung (dazu sogleich Rn. 33b) für zulässig, konkretisierende betriebliche Vereinbarungen etwa zum Verfahren der Festlegung vergleichbarer AN zu treffen. Solche Regelungen müssten sich im Rahmen der gesetzlichen Vorgaben in § 37 Abs 4 BetrVG und § 78 S 2 BetrVG bewegen.[200] Der pauschalierte Betrag müsste sich zur Vermeidung einer unzulässigen Begünstigung am Umfang der üblicherweise erbrachten zuschlagspflichtigen Tätigkeiten orientieren und darf lediglich einer rechnerischen Erleichterung dienen.[201]

33a Unzulässig ist danach die Vereinbarung einer pauschalen Stundenvergütung zur Abgeltung von BR-Tätigkeit, die ohne sachlichen Grund wegen der BR-Tätigkeit gewährt wird und zu einer Verdiensterhöhung führt.[202] Um deren Nichtigkeit zu belegen, bedarf es eines sorgfältigen Tatsachenvortrags, dass übermäßige Leistungen gewährt werden und dass dies nur wegen der BR-Mitgliedschaft erfolgt.[203] Dieser Vorteil muss dem AN **persönlich,** also nicht nur dem betriebsverfassungsrechtlichen Gremium zu Gute kommen und **ursächlich** auf seine Tätigkeit als Mitglied eines Betriebsverfassungsorgans zurück zu führen sein. Auch der subjektive Tatbestand bezieht sich auf vorstehende Merkmale. Zwar hält das *BAG* eine Begünstigungsabsicht nicht für erforderlich. Er reiche danach die objektive Besserstellung gegenüber Nicht-BR-Mitgliedern. Allerdings muss auch nach dieser Rspr. ein *Kausalzusammenhang* zwischen Begünstigung und betriebsverfassungsrechtlicher Amtsausübung für den Einzelfall festgestellt werden.[204] Dies gilt erst recht, wenn die Vorteilsgewährung nicht formal an das Amt, sondern an die konkrete Art der Ausübung der Amtstätigkeit anknüpft und ggf. zwischen den Mitgliedern differenziert.

33b Erhebliche Rechtsunsicherheit in Bezug auf die Anwendung des § 266 StGB (Untreue) bei der Vergütung von BR-Mitgliedern entstand durch das ***BGH***-Urteil v. 10. 1. 2023 zu »überhöhtem Arbeitsentgelt«; im einzelnen **Rn. 13c ff**[205] Nach Feststellung der vom Bundesminister für Arbeit und Soziales am 15. 5. 2023 eingesetzten Kommission »**Rechtssicherheit in der Betriebsratsvergütung**«[206] haben infolge der durch die ***BGH***-Rspr. entstandenen Rechtsunsicherheit mehrere UN präventiv die Vergütung von BR-Mitgliedern gekürzt, waren Klagen gegen diese Kürzungen bekannt, waren UN mit anonymen Anzeigen und entsprechenden Ermittlungen der Staatsanwaltschaft konfrontiert. Klarstellende, gesetzliche Maßnahmen seien deshalb notwendig, um negative Folgen für die betriebliche Mitbestimmung insgesamt auszuschließen, ohne dabei die Möglichkeit der Aufklärung und Ahndung von Verstößen gegen das Begünstigungsverbot einzuschränken.

33c Die Kommissionsvorschläge beinhalteten die Ergänzung des § 37 Abs. 4 um Sätze 3–5 (dazu **§ 37 Rn.** 88b–91) sowie des § 78 um Satz 3. Sie wurden mit geringen redaktionellen Änderungen als Regierungsentwurf 2023[207] übernommen, der hier – seine Verabschiedung unterstellt – aus Gründen der Aktualität mit kommentiert wird. Beide Vorschriften haben bei vergleichbarer Zielrichtung **unterschiedliche Voraussetzungen und Rechtsfolgen**. Gemeinsam

199 *HessLAG* 20.2.17 – 7 Sa 513/16, AuR 17, 417, s. o.; *ArbG Stuttgart* 13.12.12 – 24 Ca 5430/12, AuR 13, 136 (Anm. *Mittag*); vgl. auch Richardi-*Thüsing*, Rn. 33; *Waas*, Betriebsrat und Arbeitszeit, HSI-Schriftenreihe Bd. 4, 2011.

200 *BAG* 18.1.17 – 7 AZR 205/15, BB 17, 1331.

201 *BAG* 29.8.18 – 7 AZR 206/17, AuR 19, 190.

202 *BAG* 8.11.17 – 5 AZR 11/17, AuR 18, 255 sowie 526 (krit. Anm. *Waas*); ähnlich 26.5.21 – 7 AZR 248/20, ZTR 21, 715, pauschale monatliche Stundengutschrift für PR-Mitglied auf Langzeitkonto.

203 *HessLAG* 20.2.17 – 7 Sa 513/16, AuR 17, 417, s. o.

204 *BAG* 8.11.17 – 5 AZR 11/17, a. a. O.

205 *BGH* 10.1.23 – 6 StR 133/2022, NZA 23, 301; kritisch dazu *Fischer*, AuR 23, 230; *Homburg/Otto*, AuR 23, 238; *Annuß*, NZA 22, 247.

206 BSG-Präsident Prof. Dr. *Rainer Schlegel*, Vorsitzender, BAG-Präsidentin a. D. *Ingrid Schmidt*, Prof. Dr. *Gregor Thüsing*, Uni Bonn.

207 Entwurf der Bundesregierung eines 2. Gesetzes zur Änderung des BetrVG, BR-Drucks. 564/23 v. 3.11.23. Novellierung bei Redaktionsschluss noch nicht abgeschlossen; Gesetzestext deshalb kursiv. Für den endgültigen Gesetzestext und seine Konsequenzen wird auf die aktualisierte online-Kommentierung verwiesen.

sollen sie den Spielraum für eine Berücksichtigung der erworbenen Qualifikationen und Neubestimmung der Vergleichsgruppen erweitern bzw. offen halten. Während aber § 37 Abs. 4 Mindestbedingungen für das Arbeitsentgelt definiert, schließt § 78 Satz 3 als Rechtsfolge unter in der Vorschrift eigenständig definierten Voraussetzungen vor allem Begünstigung aus. Aus dieser unterschiedlichen Struktur folgt der **Ausschluss der Begünstigung unabhängig von § 37 Abs. 4**, d.h. gerade in Fällen, in denen sich Entgeltansprüche nach jener oder anderen Vorschriften nicht durchsetzen lassen.

In seinen Voraussetzungen knüpft Satz 3 nicht an die Entwicklung einer Vergleichsgruppe an, sondern an die **Erfüllung der für die Gewährung des gezahlten Entgelts erforderlichen betrieblichen Anforderungen und Kriterien** durch das BR-Mitglied. Nicht maßgeblich ist der Zeitpunkt des Erwerbs dieser Qualifikationen. Damit sind grundsätzlich auch vor oder während des BR-Amtes erworbene vergütungsrelevante (auch Über-)Qualifikationen zu berücksichtigen, die den Begünstigungstatbestand ausschließen, z. B. besondere Qualifikationen in der Information-Technologie, Personalverwaltung und strategischer Planung. Umgekehrt formuliert: Begünstigung ist tatbestandlich auf Fälle begrenzt, in denen das Mitglied die für die Gewährung des Arbeitsentgelts erforderlichen betrieblichen Anforderungen und Kriterien personell nicht erfüllt. Zur Feststellung von Ermessensfehlern bei der Festlegung des Entgelts reicht es nicht, dass das gezahlte Entgelt die über § 37 Abs. 4 oder das Maßregelungsverbot durchsetzbaren Mindestentgelte übersteigt. Die aus dem Kommissionsvorschlag übernommene Begründung des Gesetzentwurfs sieht zwar eine Begünstigung schon in der Beförderung eines freigestellten BR-Mitglieds auf eine nicht freie, d. h. besetzte Stelle. Im Wortlaut der Norm, die allein auf personell zu erfüllende Qualifikationen abstellt, hat diese Auffassung aber keinen Ausdruck gefunden. 33d

Nach seiner Struktur hat Satz 3 einen sinnvollen **Anwendungsbereich nur** einen **Bezug auf den Ausschluss einer Begünstigung** in Bezug auf das gezahlte Entgelt. Nur insofern war die durch die Untreue-Rspr. entstandene Rechtsunsicherheit zu beseitigen. Soweit ein BR-Mitglied eine nach den Kriterien dieser Vorschrift unzulässige Benachteiligung im Entgelt erfährt, ist diese unzulässig und kein Gegenstand von Ermessensentscheidungen. Zudem ist nicht verständlich, dass und wie die personelle Erfüllung der für die Gewährung erforderlichen betrieblichen Anforderungen und Kriterien durch das BR-Mitglied der Feststellung einer Benachteiligung beim Arbeitsentgelt entgegenstehen soll. Zu Konsequenzen in Bezug auf die umstrittene ***BGH***-Rspr. zur Untreue s. **Rn. 13e**. 33e

Unzulässige Begünstigungen können z. B. sein:[208] **[Rechtsprechung]** 34

- Beförderung ausschließlich, weil das freigestellte BR-Mitglied schneller abkömmlich ist;[209]
- Ermäßigung der Haftungsquote bei schuldhaft verursachten Verkehrsunfällen auf Grund der Eigenschaft als BR-Vorsitzender;[210]
- Erstattung von Rechtsanwaltskosten des BR-Mitglieds aus gerichtlicher Durchsetzung seines Lohnanspruchs wegen BR-Tätigkeit (str.);[211]
- Förderung der sog. AUB durch finanzielle Unterstützung von Seminaren und Publikationen, Freistellung für BR-Wahlkampf u. a. durch Siemens, s. Rn. 13;
- Gewährung besonderer Zuwendungen oder überhöhter Entschädigungen für Auslagen oder Reisekosten;[212]
- pauschale Heraufsetzung der Arbeitszeit von 19, 25 auf 30 Std. während der Freistellung aus »Abrechnungsgründen«;[213]

---

208 Vgl. auch *Schweibert/Buse*, NZA 07, 1086; GK-*Kreutz*, Rn. 81 ff.; HaKo-BetrVG/*Lorenz*, Rn. 20.
209 *BAG* 31.10.85, AuR 86, 158.
210 *LAG Bremen* 26.7.99 – 4 Sa 116/99, NZA-RR 00, 126.
211 *BAG* 14.10.82, AP Nr. 19 zu § 40 BetrVG 1972 mit abl. Anm. *Otto*, der zu Recht darauf hinweist, dass das Prozessrisiko des BR-Mitglieds allein auf sein BR-Amt zurückzuführen ist; a. A. im Ergebnis auch *BAG* 20.1.10 – 7 ABR 68/08, AuR 10, 346, für eine vergleichsweise Kostenregelung.
212 *BAG* 29.1.74, AP Nr. 8 zu § 37 BetrVG 1972, 23.6.75, AP Nr. 10 zu § 40 BetrVG 1972.
213 *BAG* 16.2.05 – 7 AZR 95/04, AuR 05, 386, zu § 8 BPersVG; *Fitting*, Rn. 22.

- pauschale Aufwandsentschädigungen oder Mehrarbeitspauschalen, die generell, unabhängig von den betrieblichen Verhältnissen gezahlt werden und keine realitätsgerechte Typisierung für entstandene Aufwendungen oder Mehrarbeit darstellen;[214]
- Unentgeltliche Ferienreisen oder Bordellbesuche;[215]
- zusätzliche Sozialplanleistungen für BR-Mitglieder.[216]

35 **Keine Begünstigung** ist der **gesetzliche Kündigungsschutz** für Mitglieder der Betriebsverfassungsorgane nach § 15 KSchG, § 103 BetrVG. BR-Mitglieder sind deshalb von (Änderungs-) Kündigungen ohne Verstoß gegen diese Vorschrift auszunehmen.[217] Ungleichbehandlungen, die von der Rechtsordnung gedeckt sind, untersagt die Vorschrift nicht.[218] Durch den Abschluss eines Aufhebungsvertrags mit einer deutlichen Abfindung wird das BR-Mitglied regelmäßig nicht unzulässig begünstigt. Soweit seine Verhandlungsposition günstiger ist als die eines AN ohne BR-Amt, beruht dies auf dem in § 15 KSchG und § 103 BetrVG geregelten Sonderkündigungsschutz.[219] Zulässig sind auch Maßnahmen, durch die die Arbeitsleistung oder die soziale Lage des BR-Mitglieds in betriebsüblicher Weise berücksichtigt wird.[220] Das Begünstigungsverbot rechtfertigt weder den Ausschluss eines BR-Mitglieds von Vergünstigungen, die nur Mitgliedern eines bestimmten Kreises vergleichbarer AN zugänglich sind, noch verbietet es die Annahme von Vorteilen nur deswegen, weil sie nicht allen oder nicht allen vergleichbaren AN zugänglich sind.[221] Eine unzulässige Begünstigung liegt auch nicht vor, wenn ein BR-Mitglied während eines Arbeitskampfes BR-Tätigkeit ausübt und für diese Zeit Lohnzahlung beansprucht.[222] Erst Recht stellt Gehaltsfortzahlung während der Aufsichtsratstätigkeit keine Begünstigung, Gehaltskürzung dagegen eine Benachteiligung dar. Die Einrichtung zusätzlicher Kommunikationsbeauftragter des BR beinhaltet[223] weder eine Behinderung noch Benachteiligung oder Begünstigung.

4. Rechtsfolgen

36 Arbeitgeberweisungen sowie sonstige rechtsgeschäftliche Handlungen unter Verstoß gegen das Benachteiligungs- und/oder Begünstigungsverbot sind gemäß § 134 BGB **nichtig.**[224] Soweit aus einer Benachteiligung ein **materieller Schaden** entsteht, kann der Betreffende Schadensersatz verlangen, da § 78 ein Schutzgesetz i. S. d. § 823 Abs. 2 BGB darstellt.[225] Die im Rahmen einer rechtswidrigen Begünstigung versprochene Leistung kann nicht mit Erfolg eingeklagt werden.[226] Eine gewährte Vergünstigung kann dagegen entgegen einer Entscheidung des 5. Se-

---

214 *ArbG Stuttgart* 13.12.12 – 24 Ca 5430/12, AuR 13, 136 (Anm. *Mittag*); vgl. auch *BAG* 18.2.14 – 3 AZR 568/12, AE 14, 245: unzulässige Berücksichtigung eines einem freigestellten BR-Mitglied gezahlten Vergütungsausgleichs für hypothetische Mehrarbeit bei der Berechnung von Frühpensionsleistungen; *HessLAG* 20.2.17 – 7 Sa 513/16, AuR 17, 417, s.o.; Richardi-*Thüsing*, Rn. 33; *Waas*, Betriebsrat und Arbeitszeit, HSI-Schriftenreihe Bd. 4, 2011.

215 *BGH* 17.9.09 – 5 Str 521/08, AuR 09, 357.

216 *LAG Düsseldorf* 13.9.01 – 11(4)Sa 906/01, AuR 02, 35; *Fitting*, Rn. 22.

217 *LAG Düsseldorf* 15.8.12 – 7 Sa 165/12, ZTR 13, 101.

218 *BAG* 28.9.16 – 7 AZR 248/14, ZTR 17, 193.

219 *BAG* 21.3.18 – 7 AZR 590/16, AuR 18, 259 (Anm. *Müller-Wenner*); dazu auch *Oltmanns/Fuhlrott*, DB 18, 1086.

220 *Fitting*, Rn. 22; zur zulässigen Gewährung von Freizeitausgleich auch bei Freistellung in der der BR-Tätigkeit vorausgehenden Schicht *BAG* 15.5.19 – 7 AZR 396/17, AuR 19, 485.

221 *LAG München* 15.11.77, BB 79, 732.

222 *ArbG Düsseldorf* 10.10.84 – 10 CA 4116/84; a. A. bei einer Aussperrung *BAG* 25.10.88, AP Nr. 110 zu Art. 9 GG Arbeitskampf.

223 *BAG* 29.4.15 – 7 ABR 102/12, AuR 2015, 460.

224 *BAG* 20.1.10 – 7 ABR 68/08, AuR 10, 346; Richardi-*Thüsing*, Rn. 37a; *Fitting*, Rn. 21; GK-*Kreutz*, Rn. 53, 103.

225 *HessLAG* 10.4.08 – 9 TaBV 236/07, AuR 09, 222 m. w. N. zur Rspr.; offen gelassen in *BAG* 20.1.10 a. a. O.; so aber ausdrücklich *BAG* 12.2.75, AP Nr. 1 zu § 78 BetrVG 1972; 9.6.82, AP Nr. 1 zu § 107 BPersVG; 31.10.85, AP Nr. 5 zu § 46 BPersVG; *Palandt*, § 823 BGB Rn. 9f.

226 *Fitting*, Rn. 23; ausführlich und zutreffend *Waas*, AuR 18, 528.

nats des *BAG* grundsätzlich nicht zurückverlangt werden.[227] Der Bereicherungsanspruch aus § 812 BGB scheitert an § 814 BGB (Kenntnis der Nichtschuld. Der Rückforderungsanspruch nach § 817 Satz 1 BGB (Annahme verstößt gegen Gesetz oder gute Sitten) scheitert an § 817 Satz 2 BGB, da dem Leistenden (erst recht) ein solcher Verstoß zu Last fällt. Wenn das BAG hier eine einschränkende Auslegung von Satz 2 verlangt, verkennt es, dass die begünstigende Leistung regelmäßig vom AG ausgeht, objektiv eher ein angepasstes, d. h. weniger widerstandsorientiertes Verhalten der betroffenen BR-Mitglieder fördert, kein BR-Mitglied solche Leistungen erzwingen und die Amtsführung des begünstigten BR-Mitglieds durch Rückforderungsansprüche nach §§ 812ff. BGB erst recht beeinflusst werden kann. Ebenso wenig entspricht es dem Sinn und Zweck des Begünstigungsverbotes, dass der AG »gefahrlos« begünstigen kann, weil er weiß, dass er ggf. das zu viel gezahlte Entgelt zurückerhält.[228] So ist ein AG auch nicht berechtigt, von ihm gezahlte BR-Kosten im Wege der Aufrechnung von dem betr. BR-Mitglied zurückzuverlangen, nachdem er die – nicht erforderlichen – Kosten zunächst übernommen hat.[229]

IV. Streitigkeiten

Die **Beweislast** trägt grds. derjenige, der die unzulässige Benachteiligung oder Begünstigung behauptet, jedoch sind die Regeln des **Beweises des ersten Anscheins** (Prima-facie-Beweis) anzuwenden.[230] Wird ein BR-Mitglied während seiner Amtstätigkeit schlechter gestellt als ein vergleichbarer AN, spricht der Beweis des ersten Anscheins für den genannten Ursachenzusammenhang. Der AG muss diesen Anschein im Streitfall erschüttern, d. h. plausible Anhaltspunkte für einen anderen Geschehensablauf darlegen.[231] So handelt es sich z. B. bei der Frage, ob ein Folgevertrag vom AG wegen der BR-Tätigkeit abgelehnt wird, um eine in der Sphäre des AG liegende »innere Tatsache«, die einer unmittelbaren Wahrnehmung durch AN oder Dritte nicht zugänglich ist. Es reicht deshalb, wenn das benachteiligte BR-Mitglied für die Ungleichbehandlung Indizien vorträgt, die den Rückschluss auf eine Benachteiligung zulassen. In Abwägung dieser Indizien hat das Gericht darüber zu befinden, ob die Benachteiligung bewiesen ist.[232] 37

Die vorsätzliche Verletzung der Verbotsvorschriften ist gemäß § 119 Abs. 1 Nrn. 2 und 3 **strafbar.** Antragsberechtigt sind der BR und/oder die im Betrieb vertretene Gewerkschaft. Nach der Koalitionsvereinbarung SPD/Grüne/FDP »Mehr Fortschritt wagen« v. 24.11.2021, soll diese »Behinderung der demokratischen Mitbestimmung« künftig als Offizialdelikt eingestuft werden. Zur Untreue nach § 266 StGB ausführlich Rn. 13ff. 38

Der Anspruch auf **Unterlassung einer Störung oder Behinderung** der BR-Tätigkeit kann gegenüber dem AG im arbeitsgerichtlichen **Beschlussverfahren** durchgesetzt werden. In Betracht kommt auch eine **einstweilige Verfügung** (§§ 2a, 80ff. ArbGG).[233] Nicht nur das einzelne unmittelbar betroffene BR-Mitglied,[234] sondern auch der BR können beim ArbG den Antrag stellen, die Rechtswidrigkeit der Behinderungsmaßnahmen festzustellen oder weitere Behin- 39

227 *Fitting, Waas* a. a. O.; *GL,* Rn. 28; *HWGNRH,* Rn. 25; a. A. *BAG* 8.11.17 – 5 AZR 11/17, AuR 18, 255 sowie 526 m. krit. Anm. *Waas*; *Dzida/Mehrens,* NZA 13, 757; GK-*Kreutz,* Rn. 103 i. V. m. § 37 Rn. 14, Richardi-*Thüsing,* a. a. O., wonach der Zweck des Begünstigungsverbots § 817 Satz 2 BGB entgegenstünde. Im Extremfall vorsätzlich sittenwidriger Begünstigung der sog. AUB durch Siemens gab das LG *Nürnberg* 1.9.10 – 12 O 11145/08 – der Rückzahlungsklage des UN gegen den früheren AUB-Vorsitzenden *Schelsky* über 3,2 Mio. € statt.

228 *LAG Düsseldorf* 17.4.19 – 7 Sa 1065/18, AuR 19, 290; zustimmend *Klocke,* jurisPR-ArbR 29/2019 Anm. 1; Revision 7 AZR 213/19 zurückgenommen.

229 *LAG Niedersachsen* 30.8.22 – 9 Sa 945/21, FA 2022, 328; bestätigt durch *BAG* 25.10.23 – 7 AZR 338/22.

230 So auch *BAG* 12.2.75, AP Nr. 1 zu § 78 BetrVG 1972.

231 *WW,* Rn. 5; WPK-*Preis,* Rn. 12.

232 *BAG* 25.6.14 – 7 AZR 847/12, BAGE 148, 299–311, Rn. 37; *LAG Köln* 25.4.16 – 2 Sa 561/15, PflR 16, 7; dazu *Kohte,* jurisPR-ArbR 48/2016 Anm. 1.

233 *ArbG Darmstadt* 24.3.94 – 2 BV Ga 2/94; *ArbG Stuttgart* 22.12.87, BetrR 3/88, S. 17; ErfK-*Kania,* Rn. 5; GK-*Kreutz,* Rn. 50.

234 Dazu *LAG Berlin-Brandenburg* 20.10.11 – 10 TaBV 567/11, juris.

derungen zu **unterlassen.**[235] Dies gilt nicht nur bei groben Verstößen gemäß § 23 Abs. 3, da **»grob« kein Tatbestandsmerkmal des § 78** ist.[236] Behinderungsabsicht oder Verschulden des Störers sind nicht erforderlich.[237] Anderenfalls stünde ein objektiv normwidriges, verbotenes Verhalten ohne verfahrensrechtliche Sanktion dar.[238] Der Antrag muss auf ein konkretes Verhalten gerichtet sein, nicht allgemein auf Unterlassung jeder Störung oder Behinderung der BR-Arbeit.[239] Macht ein BR-Mitglied einen auf § 78 BetrVG gestützten Anspruch wegen Behinderung seiner BR-Arbeit (im Ausgangsverfahren Verweigerung der bezahlten Seminarteilnahme) im Wege des **Schadensersatzes** geltend, ist das Beschlussverfahren zulässig, weil über eine betriebsverfassungsrechtliche Angelegenheit zu entscheiden ist.[240]

40 Eine Kündigung oder eine **Abmahnung von BR-Mitgliedern** kommt nur bei Vertragspflichtverletzungen, nicht aber bei Verletzung betriebsverfassungsrechtlicher Pflichten in Betracht.[241] Dies ergibt sich auch aus Art. 28 RESC sowie Art. 7 der RL 2002/14/EG (vgl. Rn. 4, 5). Nach *a. A.* ist es einer AG zwar gestattet, ihrer Ansicht nach betriebsverfassungsrechtlich unzulässige Verhaltensweisen einzelner BR-Mitglieder zu rügen und Konsequenzen anzukündigen. Indes hat eine Dokumentation dieses Vorgangs in der Personalakte nichts zu suchen.[242] Gegen den Ausspruch von **Abmahnungen wegen angeblicher Verletzung von Amtspflichten** sollte sowohl dem BR-Mitglied als auch dem Gremium ein Unterlassungsanspruch zustehen, da diese sowohl das Mitglied als auch den gesamten BR in seiner Tätigkeit behindern und/oder stören können.[243] Angesichts der Bedenken des *BAG* hinsichtlich der Antragstellung des BR als Gremium sollte der Unterlassungsantrag die konkrete Störung bzw. Behinderung in den Vordergrund stellen, nicht die Abmahnung. Die individualrechtliche Klage auf Beseitigung einer Abmahnung oder Rückgängigmachung von Lohneinbehalt ist im Allgemeinen im Urteilsverfahren anhängig zu machen.[244] Ist die kollektiv-rechtliche Rechtsposition des BR-Mitglieds betroffen wie bei einer sog. betriebsverfassungsrechtlichen Abmahnung (s. o.), ist auch das Beschlussverfahren zulässig.[245] Dafür muss das BR-Mitglied schlüssig darlegen, dass der Anspruch seine Rechtsgrundlage – auch – in einem betriebsverfassungsrechtlichen Rechtsverhältnis hat.[246] Nach Auffassung des *BAG* handelt es sich um Anspruchskonkurrenz.[247]

---

235 *LAG Baden-Württemberg* 4. 7. 12 – 13 TaBV 4/12, m. w. N., juris.; *HessLAG* 26. 9. 11 – 16 TaBV 105/11, NZA-RR 12, 85; vgl. auch Richardi-*Thüsing*, Rn. 39, 41; *Fitting*, Rn. 25; GK-*Kreutz*, Rn. 51; *Schreckling-Kreuz/Kreuz*, AuR 19, 208 m. w. N. zur Rspr.; Musterantrag auf e. V. in DKWF-*Buschmann*, § 78 Rn. 3.

236 Ebenso *BAG* 12. 11. 97 – 7 ABR 14/97, EzA § 23 BetrVG 1972 Nr. 38; 20. 10. 99 – 7 ABR 37/98, DB 00, 524.

237 *ArbG Köln* 17. 3. 08 – 15 BV 286/07, AuR 08, 362.

238 Zum allgemeinen Unterlassungsantrag wegen Verstößen gegen Mitbestimmungsrechte ebenso *BAG* 3. 5. 94 – 1 ABR 24/93, AuR 95, 67 mit Anm. *Derleder;* 23. 7. 96 – 1 ABR 13/96, AuR 97, 171 mit Anm. *Buschmann..*

239 *Schreckling-Kreuz/Kreuz*, AuR 19, 208, m. w. N.

240 *BAG* 22. 10. 19 – 9 AZB 19/19, AuR 20, 94; *Däubler/Stang*, NZA 2023, 1085, m. w. N.

241 *BAG* 9. 9. 15 – 7 ABR 69/13, AuR 16, 38; 12. 5. 10 – 2 AZR 587/08, DB 11, 478; *HessLAG* 29. 11. 21 – 16 TaBV 52/21, juris.

242 *LAG Baden-Württemberg* 3. 7. 20 – 8 TaBV 3/19, FA 2020, 350; *LAG Nürnberg* 11. 3. 21 – 1 TaBV 24/20, BB 21, 2227.

243 Nach *BAG* 4. 12. 13 – 7 ABR 7/12, AuR 14, 205; 9. 9. 15 – 7 ABR 69/13, AuR 16, 38, kann der Antrag auf Entfernung einer Abmahnung aus der PA als höchstpersönliches Recht (im Beschlussverfahren) nur vom betr. BR-Mitglied selbst gestellt werden, nicht vom Gremium; wie hier *LAG Düsseldorf* 23. 2. 93 – 8 TaBV 245/92, AiB 93, 569; *LAG Baden-Württemberg* 3. 7. 20 – 8 TaBV 3/19, FA 2020, 350; *HessLAG* 29. 11. 21 a. a. O.

244 *LAG Berlin-Brandenburg* 2. 1. 12 – 10 Ta1993/11, EzA-SD 12; Nr: 2, 21; *Fitting*, Rn. 25; zur Vertrauensperson der Schwbh. *BAG* 3. 12. 20 – 7 AZB 57/20, AuR 21, 142.

245 *LAG Baden-Württemberg* 3. 7. 20; *HessLAG* 29. 11. 21 a. a. O.

246 *LAG Düsseldorf* 8. 11. 19 – 4 Ta 412/19, AuR 20, 94.

247 *BAG* 9. 9. 15 – 7 ABR 69/13, AuR 16, 38; 4. 12. 13 – 7 ABR 7/12, AuR 14, 205; *HessLAG* 4. 5. 17 – 9 Ta 45/17, FA 17, 285 = AuR 18, 45; *LAG Niedersachsen* 7. 11. 17 – 3 Ta 166/17, AuR 18, 309, zur Verhinderung von erforderlicher BR-Arbeit durch den AG mit der Folge eines betriebsverfassungsrechtlichen Leistungsanspruchs; zusammenfassend *Schreckling-Kreuz/Kreuz*, AuR 19, 207, m. w. N.

Nach allgemeinen Grundsätzen negatorischen Rechtsschutzes kann auch ein **Beseitigungsanspruch** gegen den Störer geltend gemacht werden.[248] In Frage kommt auch ein **Einwirkungsantrag** gegen den AG, seine Mitarbeiter zu veranlassen, im Einzelnen bezeichnete Behinderungen des BR und seiner Mitglieder zu unterlassen.[249] Erfolgt der Verstoß durch ein Mitglied eines Betriebsverfassungsorgans, können die Voraussetzungen für ein Amtsenthebungsverfahren nach § 23 Abs. 1 BetrVG gegeben sein.[250] 41

Gegen **Benachteiligungen i. S. d. Satzes 2** sowie gegen Verletzungen des **Persönlichkeitsrechts**[251] (etwa bei Bespitzelung durch Detektive) können betr. BR-Mitglieder im Wege der **Unterlassungs- oder Schadensersatzklage** vorgehen. Für ein individuelles Verfahren gegen die angebliche Begünstigung anderer BR-Mitglieder in Vergütungsfragen fehlt die eigene unmittelbare Betroffenheit und damit Antragsbefugnis,[252] soweit damit keine individuelle Benachteiligung verbunden ist. Einzelne BR-Mitglieder können weder in unmittelbarer noch in analoger Anwendung von § 731 ZPO die Erteilung einer Vollstreckungsklausel gegen andere BR-Mitglieder zu einem im arbeitsgerichtlichen Beschlussverfahren zustande gekommenen Vergleich erwirken, mit dem sich der BR gegenüber den antragstellenden BR-Mitgliedern zur Vornahme bestimmter unvertretbarer Handlungen verpflichtet.[253] 42

Einen **Feststellungsantrag** des BR, dass die AG durch Abführung von Steuern auf Nacht-, Sonn- und Feiertagszuschläge, die für Zeiten der Teilnahme an BR-Sitzungen gewährt werden, gegen das Benachteiligungsverbot des Satzes 2 verstößt, hält das *BAG* mangels feststellungsfähigen Rechtsverhältnisses für unzulässig.[254] 43

§ 78a Schutz Auszubildender in besonderen Fällen

(1) Beabsichtigt der Arbeitgeber, einen Auszubildenden, der Mitglied der Jugend- und Auszubildendenvertretung, des Betriebsrats, der Bordvertretung oder des Seebetriebsrats ist, nach Beendigung des Berufsausbildungsverhältnisses nicht in ein Arbeitsverhältnis auf unbestimmte Zeit zu übernehmen, so hat er dies drei Monate vor Beendigung des Berufsausbildungsverhältnisses dem Auszubildenden schriftlich mitzuteilen.

(2) Verlangt ein in Absatz 1 genannter Auszubildender innerhalb der letzten drei Monate vor Beendigung des Berufsausbildungsverhältnisses schriftlich vom Arbeitgeber die Weiterbeschäftigung, so gilt zwischen Auszubildendem und Arbeitgeber im Anschluss an das Berufsausbildungsverhältnis ein Arbeitsverhältnis auf unbestimmte Zeit als begründet. Auf dieses Arbeitsverhältnis ist insbesondere § 37 Abs. 4 und 5 entsprechend anzuwenden.

(3) Die Absätze 1 und 2 gelten auch, wenn das Berufsausbildungsverhältnis vor Ablauf eines Jahres nach Beendigung der Amtszeit der Jugend- und Auszubildendenvertretung, des Betriebsrats, der Bordvertretung oder des Seebetriebsrats endet.

(4) Der Arbeitgeber kann spätestens bis zum Ablauf von zwei Wochen nach Beendigung des Berufsausbildungsverhältnisses beim Arbeitsgericht beantragen,

1. festzustellen, dass ein Arbeitsverhältnis nach Absatz 2 oder 3 nicht begründet wird, oder

2. das bereits nach Absatz 2 oder 3 begründete Arbeitsverhältnis aufzulösen,

wenn Tatsachen vorliegen, aufgrund derer dem Arbeitgeber unter Berücksichtigung aller Umstände die Weiterbeschäftigung nicht zugemutet werden kann. In dem Verfahren vor dem Arbeitsgericht sind der Betriebsrat, die Bordvertretung, der Seebetriebsrat, bei Mitgliedern der Jugend- und Auszubildendenvertretung auch diese, Beteiligte.

---

248 GK-*Kreutz*, Rn. 51; *ArbG Rosenheim*, BB 89, 147; *Dütz*, DB 84, 121.

249 *ArbG Frankfurt/M.* 14.1.99, AuR 00, 115 zu »Anbrüllen, Freiheitsberaubung, körperliche Gewalt« gegen BR-Mitglieder seitens eines Personalleiters.

250 Richardi-*Thüsing*, Rn. 38; *LAG München* 15.11.77, BB 79, 732.

251 Nachweise bei *Dilcher/Schoof*, AiB 03/20, 31 ff.

252 *LAG BaWü* 13.2.14 – 3 TaBV 7/13, ArbRB 14, 65.

253 *BAG* 23.10.19 – 7 ABR 7/18, BAGE 168, 204 = AuR 20, 236; dazu *Ulrici*, RdA 21, 111.

254 *BAG* 24.2.16 – 7 ABR 23/14, NZA 16, 567.

(5) Die Absätze 2 bis 4 finden unabhängig davon Anwendung, ob der Arbeitgeber seiner Mitteilungspflicht nach Absatz 1 nachgekommen ist.

Inhaltsübersicht

I. Vorbemerkungen

1 Die 1974 in das Gesetz aufgenommene Vorschrift hat eine bis dahin bestehende Lücke geschlossen. Auszubildende, die einem betriebsverfassungsrechtlichen Organ angehören oder zur Wahl kandidieren, haben zwar während der Ausbildungszeit ebenfalls den besonderen Kündigungsschutz nach § 15 KSchG und § 103. Die **ordentliche Kündigung** ist ihnen gegenüber somit grundsätzlich unzulässig; die **außerordentliche Kündigung** bedarf der Zustimmung des BR.[1] Der besondere Kündigungsschutz versagt jedoch bei der Beendigung des **befristeten Ausbildungsvertrages.** Es endet mit Ablauf der vereinbarten Zeit, ohne dass es hierzu einer Kündigungserklärung bedarf. § 78a betrifft hingegen nicht die Fortsetzung eines befristeten Arbeitsvertrages eines Mandatsträgers (dazu § 103 Rn. 9a) und ist auf diese Fallgestaltungen auch nicht entsprechend anwendbar.[2] Rechtspolitisch wäre eine Ausdehnung auf diesen Personenkreis aber bedenkenswert.[3] Eine Parallelbestimmung zu § 78a findet sich in § 56 BPersVG. Der DGB-Gesetzentwurf Betriebliche Mitbestimmung für das 21. Jahrhundert (Einl. Rn. 45h) sieht eine Klarstellung hinsichtlich des dualen Studiums (dazu Rn. 4) und die Aufrechterhaltung des Anspruchs bei Verletzung der Mitteilungspflicht durch den AG (dazu Rn. 14) vor. Außerdem soll die Bestimmung entsprechende Anwendung auf befristet beschäftigte Arbeitnehmer finden (dazu § 103 Rn. 9a).

2 Der **Schutzzweck des § 78a** geht somit dahin, zu verhindern, dass ein Auszubildender nach Beendigung des Ausbildungsverhältnisses wegen seiner betriebsverfassungsrechtlichen Betätigung nicht in ein anschließendes Arbeitsverhältnis übernommen wird. Den Mitgliedern betriebsverfassungsrechtlicher Organe soll, auch wenn sie in der Ausbildung stehen, eine Ausübung des Amtes **ohne Furcht vor Nachteilen** für ihre zukünftige berufliche Entwicklung ermöglicht werden. Es soll durch die in dieser Vorschrift vorgesehene Übernahme in ein unbefristetes Arbeitsverhältnis eine vergleichbare **Unabhängigkeit in der Amtsführung** gesichert werden, wie sie die Mitglieder von Betriebsverfassungsorganen haben, deren Arbeitsverhältnis in seinem Bestand durch den besonderen Kündigungsschutz (§ 15 KSchG, § 103 BetrVG) gewährleistet ist.[4] Damit ist § 78a zugleich eine **spezielle Ausformung** des allgemeinen Benachteiligungsverbots des § 78.[5] Der in § 78 enthaltene Schutz der unmittelbaren Organträger wird durch § 78a verstärkt.[6] Darüber hinaus dient § 78a einer **Kontinuität der Tätigkeit betriebsverfassungsrechtlicher Organe.**[7] Daher besteht der Anspruch auf Übernahme grds. in den Betrieb, für den der Auszubildende in das betriebsverfassungsrechtliche Organ gewählt wurde

1 Vgl. § 103 und die dortigen Erl. sowie die Übersicht zu § 78a in DKWF-*Bachner/Deinert*, § 78a Rn. 2.

2 Vgl. *BAG* 5.12.12 – 7 AZR 698/11, NZA 13, 515, Rn. 44ff.; krit. zur sich daraus ergebenden Lücke im Mandatsträgerschutz *Deinert*, AuR 21, 292 [299f.].

3 AuR Sonderausgabe April 2022, 6ff.

4 *BAG* 13.11.87 – 7 AZR 246/87, AP BetrVG 1972 § 78a Nr. 18; 15.12.11 – 7 ABR 40/10, AP BetrVG 1972 § 78a Nr. 55, Rn. 16; Richardi-*Thüsing*, Rn. 2; *Opolony*, BB 03, 1329; *Pielsticker*, S. 4; *Becker-Schaffner*, DB 87, 2647.

5 *BAG* 16.7.08 – 7 ABR 13/07, NZA 09, 202, Rn. 20; 5.12.12 – 7 ABR 38/11, NZA-RR 13, 241, Rn. 20.

6 *Fitting*, Rn. 1.

7 *BAG* 16.1.79 – 6 AZR 153/77, AP BetrVG 1972 § 78a Nr. 5, m. Anm. *Schwedes*; 13.11.87 – 7 AZR 246/87, AP BetrVG 1972 § 78a Nr. 18; *BAG* 15.12.11 – 7 ABR 40/10, AP BetrVG 1972 § 78a Nr. 55, Rn. 13; GK-*Oetker*, Rn. 2; *Opolony*, BB 03, 1329; *Kramer*, S. 139f.

(vgl. Rn. 38). Freilich müssen nicht in jeder Fallgestaltung die beiden Normzwecke (Amtskontinuität und Unabhängigkeit der Amtsführung) gleichermaßen erreicht werden. Das hat die Rechtsprechung bislang zu wenig beachtet. Die Ausführung etwa, »Der Schutz vor den nachteiligen Folgen der Amtsausübung allein ist nicht ausreichend«[8], findet keine Stütze im Gesetz. Der nachwirkende Schutz des Abs. 3 spricht vielmehr für das Gegenteil. Es genügt nach der Konzeption des Gesetzes, wenn mal der eine, mal der andere Normzweck stärker in den Vordergrund tritt. Auch gibt es keinen vorrangigen Normzweck, der gleichsam in jedem Fall erfüllt sein müsste. Vielmehr stehen die Normzwecke in einem Verhältnis der Alternativität zueinander.[9] Dem Schutz des Amtsträgers kommt auch kein Vorrang vor dem Schutz des Organs zu.[10]

Die durch den Schutz der Vorschrift eintretende **Beschränkung der Vertragsfreiheit** des AG verstößt ebenso wenig wie § 103 gegen Verfassungsrecht. Der sich durch die Vorschrift ergebende Schutz ist gleichermaßen wie bei § 103 durch das **Sozialstaatsprinzip** gerechtfertigt.[11] Der Arbeitgeber wird nicht in seiner Dispositionsfreiheit beeinträchtigt, ob er einen Arbeitsplatz schaffen möchte oder nicht, sondern lediglich in verhältnismäßiger Weise um des betriebsverfassungsrechtlichen Zwecks Willen in seiner Auswahlfreiheit beschränkt.[12] 3

II. Geschützter Personenkreis

Der Schutzzweck der Vorschrift erstreckt sich **nicht nur** auf die nach dem BBiG staatlich **anerkannten Ausbildungsberufe,** sondern nach der Rspr. des *BAG* auch auf Ausbildungsverhältnisse, die tariflichen Regelungen entsprechen und eine geordnete Ausbildung von mindestens zwei Jahren Dauer vorsehen.[13] § 78a ist weit auszulegen, da durch die Bestimmung eine Lücke im betriebsverfassungsrechtlichen Schutzsystem geschlossen wird. Voraussetzung des Übernahmeanspruchs ist aber, dass ein Ausbildungsvertrag abgeschlossen wurde, der den Voraussetzungen der §§ 3, 4 oder 26 BBiG entspricht. Auszubildender ist demnach auch, wer sich in einem **Umschulungsverhältnis** für einen anerkannten Ausbildungsberuf befindet.[14] Entscheidend für die Frage, ob ein Ausbildungsverhältnis i. S. der Bestimmung vorliegt, ist darauf abzustellen, ob **nach dem Schwerpunkt des Vertrages** die Leistung von Arbeit nach den Weisungen des Arbeitgebers oder aber der Lernzweck im Vordergrund steht.[15] Deshalb können auch (Redaktions-)**Volontäre und Praktikanten** vom Schutzzweck der Norm erfasst sein.[16] Nicht ausreichend ist aber, wenn im Rahmen eines Arbeitsverhältnisses auch eine berufliche Fortbildung durchlaufen wird.[17] Ebenfalls keinen Anspruch auf Übernahme in ein Arbeitsverhältnis hat derjenige, der in seinem praktischen Ausbildungsbetrieb als Jugendvertretung amtiert hat, wenn der eigentliche Ausbildungsvertrag mit dem Träger der überbetrieblichen Ausbildung abgeschlossen und lediglich die Ausbildung als Praktikant im Ausbildungsbetrieb absolviert wurde. Die neben dem Ausbildungsvertrag geschlossene Vereinbarung zur Durchführung eines Praktikums in einem Ausbildungsbetrieb ist kein anderer Vertrag i. S. von § 26 BBiG.[18] Etwas anderes kann aber dann gelten, wenn ein dreiseitiger Praktikumsvertrag geschlossen wurde.[19] Auch ein berufsqualifizierendes **duales Studium** soll keine Ausbildung 4

8 *BAG* 15.11.06 – 7 ABR 15/06, AP BetrVG 1972 § 78a Nr. 38 Rn. 24.
9 Ausf. dazu *Deinert*, AuR 21, 292 [292f., 295f.].
10 A. A. LKK-*Klumpp*, Rn. 1.
11 *Fitting*, Rn. 2; GK-*Oetker*, Rn. 10.
12 *Deinert*, AuR 21, 292 [293].
13 *BAG* 23.6.83 – 6 AZR 595/80, AP Nr. 10 zu § 78a BetrVG 1972.
14 APS-*Künzl*, Rn. 12; a. A. LKK-*Klumpp*, Rn. 6.
15 *BAG* 1.12.04 – 7 AZR 129/04, NZA 05, 779.
16 Vgl. *BAG* 1.12.04 – 7 AZR 129/04, NZA 05, 779; a. A. *LAG Köln* 23.2.00 – 2 Sa 1248/99, AiB 01, 53; GK-*Oetker*, Rn. 18ff.; differenzierend *Fitting*, Rn. 6ff., und APS-*Künzl*, Rn. 20f.: Ja bei Volontariat mit festgelegtem Verfahren und einer Ausbildungsdauer von 2 Jahren, z. B. Redaktionsvolontäre bei Tageszeitungen.
17 *BAG* 15.12.02 – 6 AZR 216/01, DB 04, 141; HWGNRH-*Nicolai*, Rn. 6.
18 *LAG Brandenburg* 24.8.04 – 2 Sa 233/04 – LAGE § 78a BetrVG 2001 Nr. 1.
19 *Fitting*, Rn. 6b; *Malottke*, AiB 06, 493.

i. S. d. Norm sein.[20] Das hat das *BAG* jedenfalls für die abschließende Praxisphase mit anschließender Bachelor-Prüfung angenommen und dabei zugleich ausgeschlossen, dass der Charakter einzelner Abschnitte als Ausbildung i. S. d. § 78a das gesamte duale Studium zur Ausbildung machen könne.[21] Erforderlich sei dann vielmehr, dass das gesamte Ausbildungsgeschehen als eine Ausbildung erscheine. Auch eine entsprechende Anwendung von § 78a lehnt das *BAG* ab, weil es eine Lücke im Mandatsträgerschutz im Anschluss an ein duales Studium verneint. Die hochschulische Berufsausbildung sei nach § 3 Abs. 2 Nr. 1 BBiG keine vom Gesetz erfasste Ausbildung. Das habe der Gesetzgeber im Hinblick auf den Schutz durch § 78a zwar nicht bedacht, indes bedürften Hochschulabsolventen wegen eines geringen Risikos der Beschäftigungslosigkeit nach Abschluss der Ausbildung keines vergleichbaren Schutzes. Das überzeugt nicht.[22] Ohne einen Schutz im Hinblick auf eine Anschlussbeschäftigung ist die unbefangene Amtsausübung nicht gewährleistet, auch wenn die Nachteile möglicherweise nicht als »übermäßig« erscheinen. Der Gesetzgeber differenziert gerade nicht danach, wie stark Mandatsträger Sorge um ihre Zukunft haben müssen. Vor allem aber ist der Normzweck der Amtskontinuität berührt, weil der Arbeitgeber durch die Entscheidung über die Weiterbeschäftigung Einfluss darauf nehmen kann, wer künftig dem Betriebsverfassungsorgan angehört. Der Benachteiligungsschutz nach § 78 Satz 2 ist entgegen dem *BAG*[23] ungenügend, gerade deswegen hat der Gesetzgeber ja die Bestimmung des § 78a geschaffen. Der DGB-Gesetzentwurf für ein modernes Betriebsverfassungsgesetz[24] sieht dementsprechend eine Klarstellung in einem neuen Abs. 1 Satz 2 vor.

5 Auf das Alter des Auszubildenden kommt es ebenso wenig an wie auf die Dauer des Ausbildungsverhältnisses. Die Vorschrift erfasst daher **ohne Rücksicht auf das Alter** die amtierenden Mitglieder der JAV, der GJAV, des BR, der Bordvertretung und des See-BR. Für WV-Mitglieder und nicht gewählte Wahlbewerber gilt sie nicht.[25]

6 Der Auszubildende muss im Zeitpunkt der prospektiven Beendigung des Ausbildungsverhältnisses Mitglied einer der genannten gesetzlichen Interessenvertretungen sein.[26] Demgegenüber spielt es keine Rolle, wenn er noch in den letzten drei Monaten des Ausbildungsverhältnisses nach Nichtverlängerungsmitteilung durch den AG zum Mandatsträger wird.[27] Die Drei-Monats-Frist hat nicht den Zweck, den Mandatsträgerschutz einzugrenzen.[28] Der Schutz beginnt mit dem Zeitpunkt, zu dem das **Wahlergebnis feststeht,** ohne Rücksicht darauf, ob das Ergebnis schon bekannt wurde oder die JAV bzw. die anderen betriebsverfassungsrechtlichen Organe bereits Amtsbefugnisse ausüben können.[29] Auf die **Dauer der Zugehörigkeit** zu einem der genannten Betriebsverfassungsorgane kommt es **nicht an.** Es ist auch nicht entscheidend, dass die Mitgliedschaft zu dem betreffenden Betriebsverfassungsorgan im Zeitpunkt der **Beendigung des Ausbildungsverhältnisses** noch besteht. Auch ein Auszubildender, der schon vorher aus der JAV bzw. dem betreffenden Betriebsverfassungsorgan ausgeschieden ist, fällt nach Abs. 3 unter die Vorschrift, wenn der Zeitpunkt des Ausscheidens bei Beendigung des Berufsausbildungsverhältnisses noch nicht ein Jahr zurückliegt und das Ausscheiden nicht auf einem gerichtlichen Ausschluss oder der Feststellung der Nichtwählbarkeit oder einer gerichtlichen Auflösung der JAV bzw. des betreffenden Betriebsverfassungsorgans beruht.[30] Es gilt

---

20 *BAG* 17.6.20 – 7 ABR 46/18, AP BetrVG 1972 § 78a Nr. 58.

21 *BAG* 17.6.20 – 7 ABR 46/18, AP BetrVG 1972 § 78a Nr. 58.

22 Zum folgenden *Deinert*, AuR 21, 292 [295f.]; krit. auch *Klengel*, Anm. zu *BAG* 17.6.20 – 7 ABR 46/18, jurisPR-ArbR 2/21, Anm. 3; *Düwell*, NZA 21, 28 [29f.]; *Holtz/Annerfelt*, AuR 21, 36ff.; *Koch-Rust/Rosentreter*, Rechtsstellung Dual Studierender (2023), S. 77ff.

23 *BAG* 17.6.20 – 7 ABR 46/18, AP BetrVG 1972 § 78a Nr. 58, Rn. 46.

24 AuR Sonderausgabe April 2022, 6ff.

25 *Fitting*, Rn. 7.

26 GK-*Oetker*, Rn. 29.

27 *LAG Baden-Württemberg* 13.10.77 – 7 Sa 134/77, AP BetrVG 1972 § 78a Nr. 4; *Fitting*, Rn. 9; a. A. *Houben*, NZA 06, 769ff.

28 GK-*Oetker*, Rn. 30.

29 *BAG* 22.9.83 – 6 AZR 323/81, AP Nr. 11 zu § 78a BetrVG 1972; APS-*Künzl*, Rn. 24.

30 *BAG* 21.8.79 – 6 AZR 789/77, AP Nr. 6 zu § 78a BetrVG 1972; *Fitting*, Rn. 10.

nichts anderes als für vorzeitig ausscheidende BR-Mitglieder hinsichtlich des nachwirkenden Kündigungsschutzes (vgl. auch § 103 Rn. 16f.).

Auch **Ersatzmitglieder** fallen, soweit sie nicht ohnehin endgültig nachrücken, unter die Vorschrift, wenn sie vertretungsweise für ein ordentliches Mitglied der geschützten Betriebsverfassungsorgane tätig werden.[31] Ein anderes Ergebnis wäre nicht sachgerecht, da das Ersatzmitglied für den Vertretungszeitraum die Rechtsstellung eines ordentlichen Mitglieds innehat.[32] Es kommt dabei nicht darauf an, ob während der **Vertretungszeit tatsächlich Aufgaben** angefallen sind und wie lange die Vertretung gedauert hat.[33] Auch das Ersatzmitglied bedarf des Schutzes von § 78a, damit es sein Amt ohne Furcht vor beruflichen Nachteilen antreten und ausüben kann. Im Übrigen kann auch eine kurzfristige Vertretung zu Repressalien führen.[34] Das Ersatzmitglied hat daher auch einen **nachwirkenden Schutz** nach Abs. 3, wenn im Zeitpunkt des Ablaufs des Ausbildungsverhältnisses das Ende der (letzten) Vertretungszeit **noch nicht ein Jahr** zurückliegt und der Auszubildende innerhalb von drei Monaten vor der Beendigung des Ausbildungsverhältnisses seine Weiterbeschäftigung verlangt.[35] 7

(unbesetzt) 8

Die Vorschrift des § 78a gilt nach der Rspr. des *BAG*[36] nicht, auch nicht über § 3 Abs. 5 Satz 2, wenn eine Auszubildendenvertretung durch **Tarifvertrag für einen reinen Ausbildungsbetrieb** eingeführt wurde.[37] Es handele sich dann nicht um eine andere Vertretung i. S. von § 3 Abs. 1 Nr. 3, sondern um eine zusätzliche Vertretung nach § 3 Abs. 1 Nr. 5. Allerdings kann durch TV § 78a für eine auf der Grundlage eines TV errichtete Auszubildendenvertretung entsprechend anwendbar erklärt werden.[38] 9

Mit Beginn des unbefristeten Arbeitsverhältnisses erlangt der AN, der der JAV bzw. einem anderen in Abs. 1 genannten Betriebsverfassungsorgan angehört, den besonderen Kündigungsschutz nach § 103 dieses Gesetzes und § 15 KSchG (vgl. dazu § 103 und die dortigen Erl.). 10

III. Mitteilungspflicht des Arbeitgebers

Der AG ist verpflichtet, dem Auszubildenden, der Mitglied einer JAV oder eines anderen in dieser Vorschrift genannten betriebsverfassungsrechtlichen Organs ist, **spätestens drei Monate** vor der Beendigung des Ausbildungsverhältnisses (§ 21 BBiG) schriftlich Mitteilung zu machen, wenn er ihn nach erfolgreicher Beendigung des Berufsausbildungsverhältnisses nicht in ein unbefristetes Arbeitsverhältnis übernehmen will.[39] Die Mitteilung des AG muss sich auf ein Arbeitsverhältnis auf **unbestimmte Zeit** beziehen. Die Fristberechnung erfolgt nach den §§ 187, 188 BGB. Die Mitteilung hat der gesetzlichen Schriftform des § 126 BGB zu genügen. Allerdings genügt die Textform.[40] 11

Bei vorgezogener Abschlussprüfung ist deren Tag maßgebend, falls dies bereits drei Monate vorher bekannt ist.[41] Die Abschlussprüfung ist bestanden, wenn das Prüfungsverfahren ab- 12

---

31 *BAG* 15.1.80 – 6 AZR 726/79, AP BetrVG 1972 § 78a Nr. 8; Hako-BetrVG/*Lorenz*, Rn. 5; *Fitting*, Rn. 11; GK-*Oetker*, Rn. 44ff.; Richardi-*Thüsing*, § 78a Rn. 13; *Opolony*, BB 03, 1329, 1331; *Pielsticker*, S. 41ff.

32 Vgl. *BAG* 15.1.80 – 6 AZR 726/79, AP Nr. 8 zu § 78a BetrVG 1972.

33 Vgl. *BAG* 15.1.80 – 6 AZR 726/79, AP Nr. 8 zu § 78a BetrVG 1972; GK-*Oetker*, Rn. 47; a. A. APS-*Künzl*, Rn. 42.

34 Zum Fall eines faktischen Vertreters ohne formelles Nachrücken *ArbG Mannheim* 20.1.82 – 5 Ca 378/81, BB 82, 1665; HWGNRH-*Nicolai*, Rn. 10.

35 *BAG* 13.3.86 – 6 AZR 207/85, AP Nr. 3 zu § 9 BPersVG; *Fitting*, Rn. 11; ErfK-*Kania*, Rn. 2; GK-*Oetker*, Rn. 51; NK-GA-*Waskow*, Rn. 8; *Oppolony*, BB 03, 1329, 1331; einschränkend *Pielsticker*, S. 44ff.

36 *BAG* 13.8.08 – 7 AZR 450/07, AP Nr. 51 zu § 78a BetrVG 1972; dazu *Rudolph*, PersR 13, 390, 392.

37 A. A. *LAG München* 6.9.06 – 9 TaBV 84/05, LAGE § 78a BetrVG 2001 Nr. 3.

38 *Fitting*, Rn. 12a.

39 Vgl. DKWF-*Bachner/Deinert*, § 78a Rn. 3.

40 Richardi-*Thüsing*, Rn. 17; DKW-*Bachner*, 17. Aufl., Rn. 11.

41 *BAG* 31.10.85 – 6 AZR 557/84, 13.11.87 – 7 AZR 246/87, AP Nrn. 15, 18 zu § 78a BetrVG 1972; *Fitting*, Rn. 14; APS-*Künzl*, Rn. 48; GK-*Oetker*, Rn. 60, 61; zu abweichender Festsetzung des Prüfungstermins gem. § 47 BBiG vgl. *BAG* 16.2.94 – 5 AZR 251/93, AP Nr. 6 zu § 14 BBiG; zu einer zweiten Wiederholungsprüfung *BAG* 15.3.00 – 5 AZR 622/98, AP Nr. 10 zu § 14 BBiG.

geschlossen und das Ergebnis der Prüfung mitgeteilt ist. Wird die Abschlussprüfung **nicht bestanden,** endet das Ausbildungsverhältnis mit der Ablegung der nächstmöglichen Wiederholungsprüfung, wenn der Auszubildende die Verlängerung des Ausbildungsverhältnisses verlangt.[42] Da das Ausbildungsverhältnis gemäß § 21 Abs. 2 BBiG bereits mit Bekanntgabe des Prüfungsergebnisses bei bestandener Abschlussprüfung endet, kann sich ein früherer Beginn der 3-Monats-Frist ergeben im Vergleich zu einer Berechnung auf Basis der Befristung des Vertrages. Es ist daher **von der Mitteilung des Prüfungsergebnisses an zurückzurechnen** (zum umgekehrten Fall, dass der Prüfungstermin nach dem Ausbildungsende liegt, s. Rn. 22).[43]

13 Der AG genügt seiner **Weiterbeschäftigungspflicht** nur dann, wenn er dem Auszubildenden eine auf Dauer angelegte – also unbefristete – Beschäftigung ermöglicht, die dessen Ausbildung entspricht und ihn sowohl hinsichtlich der rechtlichen Ausgestaltung des Arbeitsverhältnisses als auch der Bezahlung und der beruflichen Entwicklungsmöglichkeiten einem Beschäftigten gleichstellt, der vom AG für eine vergleichbare Tätigkeit ausgewählt und eingestellt worden ist (vgl. auch Rn. 24 ff.).[44]

14 Nimmt der AG die nach Abs. 1 vorgeschriebene Mitteilung **nicht** vor, hat der Auszubildende **gleichwohl** seine Weiterbeschäftigung zu verlangen (vgl. Rn. 17 ff.). Der Sache nach soll die Verletzung der Mitteilungspflicht damit keine Konsequenzen für die Weiterbeschäftigungspflicht haben.[45] Die Nichtmitteilung durch den AG kann dann nur **Schadensersatzansprüche** des Auszubildenden auslösen, z. B. dann, wenn dieser deswegen das Angebot zur Eingehung eines anderen Arbeitsverhältnisses ausgeschlagen hat.[46] Die h. M., die die Verletzung der Mitteilungspflicht für konsequenzlos hält, ist nicht überzeugend. Sie läuft auf eine Missachtung des gesetzlichen Schutzkonzeptes hinaus. Zwar ist es richtig, dass durch die Versäumung der Mitteilungspflicht nicht schon automatisch ein Arbeitsverhältnis entsteht.[47] Das besagt aber nicht, dass die treuwidrige Antragsvereitelung folgenlos bleiben muss. Vielmehr wollte der Gesetzgeber von Anfang an vermeiden, dass der Arbeitgeber Vorteile daraus ziehen kann, dass er seinen Pflichten nicht nachkommt. Darauf beruht es, dass nach Abs. 5 ein Anschlussarbeitsverhältnis unabhängig von der Erfüllung der Mitteilungspflichten durch den Arbeitgeber zustande kommen kann. Im Hinblick auf die treuwidrige Antragsvereitelung kann der Mandatsträger auch nach Beendigung der Ausbildung die Weiterbeschäftigung verlangen, wenn dies bis dahin nicht geschehen ist in der Annahme, der Arbeitgeber wolle tatsächlich weiterbeschäftigen.[48] Das Weiterbeschäftigungsverlangen muss dann aber zeitnah gestellt werden, weil dem Mandatsträger die ablehnende Haltung des Arbeitgebers spätestens im Anschluss an die Ausbildung klar wird, wenn jener eine ausbildungsentsprechende Weiterbeschäftigung ablehnt.[49] Entsprechendes sieht der DGB-Gesetzentwurf für ein modernes Betriebsverfassungsgesetz[50] durch Ergänzung des Abs. 2 vor.

15 Die Mitteilung des AG nach Abs. 1, er werde den Auszubildenden nicht übernehmen, steht einer **nachfolgenden Wahl** des Auszubildenden in den BR oder die JAV nicht im Wege. Die Wählbarkeit wird dadurch nicht beeinträchtigt.[51]

16 Erfolgt die Mitteilung nicht wenigstens bis zum Ablauf des Ausbildungsverhältnisses, ergibt sich bereits aus § 24 BBiG, dass ein Arbeitsverhältnis als **begründet** gilt, wenn der Auszubildende **tatsächlich weiterbeschäftigt** wird. Dieses kann dann nur im Wege einer Kündigung beendet werden; für die Anwendung von § 78a ist dann kein Raum mehr.

---

42 GK-*Oetker*, Rn. 62.

43 *BAG* 15.12.11 – 7 ABR 40/10, DB 12, 1693, Rn. 21; 5.12.12 – 7 ABR 38/11, NZA-RR 13, 241, Rn. 29.

44 *Fitting*, Rn. 15; APS-*Künzl*, Rn. 50.

45 *BAG* 15.1.80 – 6 AZR 621/78, AP Nr. 7 zu § 78a BetrVG 1972; 31.10.85 – 6 AZR 557/84, AP BetrVG 1972, § 78a Nr. 15; GK-*Oetker*, Rn. 64; *Opolony*, BB 03, 1329 [1332]; *Wullenkord*, RdA 21, 344 [347]; *Pielsticker*, S. 57 f.; *Possienke*, S. 84; zust. Schaub-*Koch*, § 227 Rn. 15; *Fitting*, Rn. 16.

46 Vgl. etwa *BAG* 31.10.85 – 6 AZR 557/84, AP Nr. 15 zu § 78a BetrVG 1972; Hako-BetrVG/*Lorenz*, Rn. 9; *Fitting*, Rn. 16; GK-*Oetker*, Rn. 65.

47 *BAG* 15.1.80 – 6 AZR 621/78, AP BetrVG 1972 § 78a Nr. 7.

48 Ausf. *Deinert*, AuR 21, 292 [296 f.]; i.E. ebenso Richardi-*Thüsing*, Rn. 24.

49 Richardi-*Thüsing*, Rn. 24; *Deinert*, AuR 21, 292 [296 f.].

50 AuR Sonderausgabe April 2022, 6 ff.

51 *LAG Baden-Württemberg* 13.10.77 – 7 Sa 134/77, AP Nr. 4 zu § 78a BetrVG 1972; GK-*Oetker*, Rn. 66.

IV. Verlangen auf Weiterbeschäftigung

17 Der Auszubildende, der Mitglied einer JAV oder eines anderen in dieser Vorschrift genannten Betriebsverfassungsorgans ist, kann vom AG **schriftlich** die Weiterbeschäftigung in einem **unbefristeten Arbeitsverhältnis** verlangen.[52] Das hat innerhalb der **letzten drei Monate** vor der Beendigung des Berufsausbildungsverhältnisses zu geschehen (zur Berechnung der Dreimonatsfrist vgl. Rn. 11). Ein **zu früh gestelltes Weiterbeschäftigungsverlangen ist unwirksam** und begründet kein Arbeitsverhältnis, da die 3-Monats-Frist nicht nur der Planungssicherheit des AG dienen soll, sondern auch den Auszubildenden vor einer vorzeitigen Bindung für die Zeit nach Ende der Ausbildung.[53] Es muss innerhalb der zwingenden Dreimonatsfrist wiederholt werden.[54] Eine entsprechende Regelung zum Schutz des Auszubildenden vor einer vorzeitigen Bindung enthält § 12 Abs. 1 BBiG, der die Nichtigkeit einer Verpflichtung zum Abschluss eines Arbeitsvertrages nach Ende der Ausbildung vorsieht, wenn sie nicht innerhalb der letzten 6 Monate geschlossen wurde. Obwohl die Zeiträume bei § 12 Abs. 1 BBiG und § 78a Abs. 2 zunächst einheitlich waren, hat der Gesetzgeber bei § 12 BBiG diesen zwischenzeitlich auf 6 Monate ausgedehnt, entsprechendes aber bei § 78a versäumt. Die Rechtsprechung sieht darin aber keine planwidrige Regelungslücke, da der Gesetzgeber im Rahmen der umfassenden Betriebsverfassungsreform von 2001 keine Reform des § 78a vorgenommen hat.[55] Zudem sei die Interessenlage nicht völlig gleich, da § 78a anders als § 12 BBiG nicht nur dem Schutz des Auszubildenden, sondern auch der Planungssicherheit des AG diene, so dass insgesamt eine Analogie hinsichtlich der Vorfrist für die Geltendmachung des Weiterbeschäftigungsverlangens ausscheiden müsse.[56] Dennoch sprechen die besseren Gründe dafür, dass ein Weiterbeschäftigungsverlangen, das vorzeitig gestellt wurde, jedoch nicht die Bindungsgrenzen des § 12 Abs. 1 Satz 2 BBiG überschreitet, als rechtswirksam betrachtet wird.[57] Die verlängerte Frist in § 12 BBiG sollte das Interesse des Auszubildenden an frühzeitiger Rechtssicherheit schützen. Das von der Rechtsprechung zugrunde gelegte strenge Verständnis ist damit nicht kompatibel.[58] Auch tut die hier vertretene Ansicht der Planungssicherheit des Arbeitgebers keinen Tort an, der Gesetzgeber selbst sieht in § 12 BBiG einen längeren Planungshorizont des Arbeitgebers als realistisch an.[59] Nur ausnahmsweise ist nach der Rspr. die Berufung des AG auf das Fehlen eines Weiterbeschäftigungsverlangens in der Frist **treuwidrig,** wenn der AG erkennt, dass ein Verlangen zu früh gestellt wurde, und den Arbeitnehmer davon abhält, ein erneutes fristgerechtes Verlangen zu stellen.[60] Ob darüber hinaus den AG ganz allgemein eine Hinweispflicht bei Form- oder Fristverstößen des Auszubildenden hinsichtlich des Weiterbeschäftigungsverlangens besteht, hat das *BAG* offengelassen und jedenfalls bei sachkundiger Vertretung durch eine Gewerkschaft sowie bei vorausgegangenen erheblichen Pflichtverletzungen des Auszubildenden verneint.[61] Zur Hinweisobliegenheit bei Formverstößen s. Rn. 20.

Ein Weiterbeschäftigungsverlangen, das erst nach Beendigung des Berufsausbildungsverhältnisses gestellt wird, ist ebenfalls unwirksam. Das Weiterbeschäftigungsverlangen muss nicht begründet werden, allerdings muss der Weiterbeschäftigungswille erkennbar sein. Ein Auszubildender, der bei Fehlen einer ausbildungsadäquaten Weiterbeschäftigungsmöglichkeit auch zu anderen Arbeitsbedingungen in ein Arbeitsverhältnis im Ausbildungsbetrieb übernommen werden möchte, muss dem Arbeitgeber unverzüglich nach dessen Nichtübernahmeerklärung seine Bereitschaft zu einer Weiterbeschäftigung zu geänderten Vertragsbedingungen mitteilen

52 Vgl. DKWF-*Bachner/Deinert*, § 78a Rn. 4.

53 *BAG* 15.12.11 – 7 ABR 40/10, DB 12, 1693, Rn. 23ff.; 5.12.12 – 7 ABR 38/11, NZA-RR 13, 241, Rn. 23ff.

54 *BAG* 15.1.80 – 6 AZR 621/78, AP Nr. 7 zu § 78a BetrVG 1972; vgl. APS-*Künzl*, Rn. 62.

55 *BAG* 15.12.11 – 7 ABR 40/10, DB 12, 1693, Rn. 29; 5.12.12 – 7 ABR 38/11, NZA-RR 13, 241, Rn. 26.

56 *BAG* 15.12.11 – 7 ABR 40/10, DB 12, 1693, Rn. 30; 5.12.12 – 7 ABR 38/11, NZA-RR 13, 241, Rn. 27.

57 Ähnl. wohl *Fitting*, Rn. 19; ferner wohl auch Hako-BetrVG/*Lorenz*, Rn. 12.

58 *Opolony*, BB 03, 1329 [1333].

59 A. A. *BAG* 15.12.11 – 7 ABR 40/10, AP BetrVG 1972 § 78a Nr. 55, Rn. 28.

60 *BAG* 15.12.11 – 7 ABR 40/10, DB 12, 1693, Rn. 39.

61 *BAG* 5.12.12 – 7 ABR 38/11, NZA-RR 13, 241, Rn. 35.

(Rn. 17). Eine Einverständniserklärung im gerichtlichen Verfahren über den Auflösungsantrag genügt nicht[62] (vgl. Rn. 25).

18 Es findet § 113 BGB Anwendung, so dass bei Minderjährigen eine Genehmigung des gesetzlichen Vertreters zur Antragstellung nicht erforderlich ist, wenn der Minderjährige zur Eingehung eines Arbeitsverhältnisses ermächtigt wurde.[63] Es ist zwar richtig, dass § 113 BGB sich nicht auf eine Ausbildung bezieht.[64] Das steht der Anwendung von § 113 BGB aber nicht entgegen.[65] Denn es geht vorliegend nicht um eine Ausbildung, sondern um ein Arbeitsverhältnis. Wird das Verlangen nicht gestellt, scheidet der Auszubildende mit Ablauf des Ausbildungsverhältnisses aus, es sei denn, dass er anschließend weiterbeschäftigt wird (vgl. Rn. 16). Der Auszubildende übt mit dem Weiterbeschäftigungsverlangen ein **gesetzliches Gestaltungsrecht** aus, mit dem auch gegen den Willen des AG ein Arbeitsverhältnis begründet wird.[66]

19 Auf den Schutz nach § 78a kann weder durch einen **vor Beginn** der Dreimonatsfrist abgeschlossenen Aufhebungsvertrag noch durch eine einseitige Erklärung des Auszubildenden verzichtet werden.[67] Der Schutz, den der Auszubildende nach der Vorschrift hat, ist im Voraus **nicht abdingbar.**[68] Das Weiterbeschäftigungsverlangen wird auch durch eine Verletzung der Mitteilungspflicht des AG nach Abs. 1 nicht entbehrlich (vgl. Rn. 14).

20 Die Schriftform nach § 126 Abs. 1 BGB ist **zwingend,** Textform (§ 126b BGB) genügt nicht.[69] Elektronische Form (§ 126a BGB) genügt ebenfalls.[70] Eine E-Mail ist nach der Rspr. des *BAG* nicht ausreichend.[71] Verlangt allerdings der Auszubildende innerhalb der Dreimonatsfrist die Weiterbeschäftigung nur **mündlich,** hat ihn der **AG** auf Grund der ihm obliegenden vertraglichen Nebenpflichten darauf **aufmerksam zu machen,** dass das Gesetz die Schriftform verlangt.[72] Unterlässt der AG einen solchen Hinweis, kann er aus seiner Pflichtwidrigkeit **keinen Rechtsvorteil herleiten.** Er würde gegen Treu und Glauben verstoßen, wenn er die Übernahme in ein Arbeitsverhältnis verweigerte.

21 Das schriftliche Verlangen auf Weiterbeschäftigung ist nach § 130 Abs. 1 Satz 1 BGB dem AG dann zugegangen, wenn die Erklärung in **verkehrsüblicher Weise,** etwa auf postalischem Wege oder durch Übergabe in der Personalabteilung, in seine **tatsächliche Verfügungsgewalt** oder die eines **empfangsberechtigten Dritten** gelangt ist und der Empfänger unter gewöhnlichen Umständen davon Kenntnis nehmen konnte.[73]

22 Dem Verlangen auf Weiterbeschäftigung und der damit verbundenen Begründung eines unbefristeten Arbeitsverhältnisses steht es nicht entgegen, wenn die **Abschlussprüfung** erst nach dem **Ende der Ausbildungszeit** abgelegt wird.[74] Die 3-Monats-Frist ist vom Ende der Ausbildungszeit ab zurückzurechnen (für den umgekehrten Fall, dass die Mitteilung des Prüfungsergebnisses vor Ende der Ausbildungszeit erfolgt, s. Rn. 12).

23 Bis zum Beginn des Arbeitsverhältnisses kann das Verlangen auf Weiterbeschäftigung **widerrufen** werden.[75] Freilich basiert die Rechtsprechung auf einer entgegengesetzten Prämisse,

---

62 Vgl. *BAG* 8.9.10 – 7 ABR 33/09, NZA 11, 223, Rn. 29.

63 Hako-BetrVG/*Lorenz,* Rn. 15; *Fitting,* Rn. 26; KR-*Rinck,* Rn. 26; *Moritz,* DB 74, 1016; APS-*Künzl,* Rn. 64; a.A. Richardi-*Thüsing,* Rn. 28; GK-*Oetker,* Rn. 77f.; HWGNRH-*Nicolai,* Rn. 21; LKK-*Klumpp,* Rn. 9.

64 NK-BGB-*Baldus,* § 113 Rn. 7.

65 So aber GK-*Oetker,* Rn. 78.

66 *Fitting,* Rn. 29; GK-*Oetker,* Rn. 77; Richardi-*Thüsing,* Rn. 21; LKK-*Klumpp,* Rn. 9; *Opolony,* BB 03, 1329 [1332].

67 *LAG Frankfurt* 9.8.74 – 8 Sa 510/74, BB 75, 1205; *Fitting,* Rn. 27.

68 APS-*Künzl,* Rn. 73.

69 Hako-BetrVG/*Lorenz,* Rn. 15; GK-*Oetker,* Rn. 71 m.w.N.; für das Schriftformerfordernis als Ordnungsvorschrift Richardi-*Thüsing,* Rn. 17, Rn. 15.

70 GK-*Oetker,* Rn. 73.

71 *BAG* 15.12.11 – 7 ABR 40/10, DB 12, 1693; a.A. *LAG Düsseldorf* 19.5.10 – 12 TaBV 23/10, EzB BetrVG § 78a Nr. 14b.

72 Ähnlich *Fitting,* Rn. 21.

73 *BAG* 31.10.85 – 6 AZR 557/84, AP Nr. 15 zu § 78a BetrVG 1972.

74 *LAG Baden-Württemberg* 13.10.77 – 7 Sa 134/77, AP Nr. 4 zu § 78a BetrVG 1972.

75 GK-*Oetker,* Rn. 99; a.A. Possienke, S. 95f.

wenn sie in der 3-Monats-Frist einen Schutz des Auszubildenden vor vorzeitiger Bindung sieht (vgl. Rn. 17).

23a Das Weiterbeschäftigungsverlangen genügt auch zur Wahrung einer einstufigen tariflichen **Ausschlussfrist** im Hinblick auf Ansprüche wegen Annahmeverzugs (zum Annahmeverzug vgl. Rn. 24).[76]

V. Inhalt des Weiterbeschäftigungsanspruchs

24 Der Gesetzgeber geht von einer Anschlussbeschäftigung, die der abgeschlossenen Ausbildung entspricht, in einem unbefristeten Vollzeitarbeitsverhältnis im Ausbildungsbetrieb aus. Das heißt aber nicht, dass jede Abweichung hiervon nicht mehr unter das gesetzliche Modell der Weiterbeschäftigung fällt. Vielmehr kann, wenn lediglich eine befristete Beschäftigung, eine Teilzeitbeschäftigung oder eine Beschäftigung zu anderen Bedingungen möglich ist, auch durch eine solche dem Normzweck im Hinblick auf die unbefangene Amtsausübung und die Kontinuität der Amtstätigkeit (Rn. 2) gerecht werden, wie auch eine Beschäftigung in einem anderen Betrieb, obwohl sie keine Fortsetzung des Amtes zuließe, der unbefangenen Amtsführung dienen könnte.[77] Die abweichende Rechtsprechung (vgl. auch Rn. 45) ist insoweit zu formalistisch, wenn sie die Durchsetzung nach § 78a Abs. 4 in solchen Fällen verweigert und stattdessen auf das vertragliche Konsensprinzip verweist.[78] Das drängt auszubildende Mandatsträger unnötig in eine Darlegungs- und Beweislast, von der die Bestimmung des § 78a sie gerade durch die Notwendigkeit des Entbindungsantrags des Arbeitgebers entlasten sollte.

24a Der Auszubildende hat ausschließlich einen Anspruch gegen seinen Vertragsarbeitgeber, auch dann, wenn er bei der Ausbildung (ggf. auch) in den Betrieb eines anderen AG eingegliedert ist[79]. Er hat dabei keinen Anspruch auf einen **bestimmten Arbeitsplatz,** wohl aber auf Weiterbeschäftigung in dem Betrieb, für den er als Mitglied der JAV bzw. des betreffenden Betriebsverfassungsorgans gewählt worden ist, weil er sonst sein Amt verlieren würde.[80] Die Arbeitsbedingungen in dem sich anschließenden unbefristeten Arbeitsverhältnis haben denen vergleichbarer AN mit betriebsüblicher beruflicher Entwicklung zu entsprechen. Die Weiterbeschäftigung hat **grundsätzlich im erlernten Beruf** zu erfolgen. Das nach § 78a geschützte Mitglied einer JAV oder eines anderen Betriebsverfassungsorgans darf nicht auf eine ausbildungsfremde, insbesondere nicht auf eine geringerwertige Beschäftigung verwiesen werden, wenn es ausbildungsgerecht beschäftigt werden könnte.[81] Kommt der AG seiner Weiterbeschäftigungspflicht nicht nach, so hat der Auszubildende Anspruch auf **Annahmeverzugslohn** gem. § 615 BGB[82].

25 Aus dem Schutzzweck des § 78a folgt allerdings die Verpflichtung des Arbeitgebers zur **Weiterbeschäftigung des Auszubildenden zu anderen** als den sich aus § 78a ergebenden **Arbeitsbedingungen,** wenn sich der Auszubildende zumindest hilfsweise mit einer Beschäftigung zu geänderten Vertragsbedingungen bereiterklärt hat.[83] Hat der Auszubildende seine Bereitschaft zu einer anderweitigen Beschäftigung im Ausbildungsbetrieb erklärt, muss der Arbeitgeber prüfen, ob ihm diese möglich und zumutbar ist.[84] Dabei kommt, soweit in dem entsprechenden **Ausbildungsberuf kein Arbeitsplatz frei** ist, eine Weiterbeschäftigung auch auf einem minder qualifizierten Arbeitsplatz oder in Teilzeit in Betracht.[85] Sind mehrere (vermeintliche) Teilzeit-

76 *BAG* 19.8.15 – 5 AZR 1000/13, NZA 15, 1465.
77 *Deinert*, AuR 21, 292 [298f.].
78 *BAG* 13.11.87 – 7 AZR 246/87, AP BetrVG 1972 § 78a Nr. 18; 24.7.91 – 7 ABR 68/90, AP BetrVG 1972 § 78a Nr. 23, 15.11.06 – 7 ABR 15/06, AP BetrVG 1972 § 78a Nr. 38, Rn. 42; 17.2.10 – 7 ABR 89/08, AP BetrVG 1972 § 78a Nr. 53, Rn. 31.
79 *LAG Hamm* 24.4.15 – 13 Sa 1794/14, juris.
80 *LAG Berlin* 16.12.74 – 5 Sa 91/74, BB 75, 837.
81 *BVerwG* 15.10.85 – 6 P 13/84, BVerwGE 72, 154.
82 *BAG* 19.8.15 – 5 AZR 1000/13, NZA 15, 1465.
83 Vgl. *BAG* 8.9.10 – 7 ABR 33/09, NZA 11, 221; *LAG Hamm* 14.3.17 – 7 Sa 1191/16, juris.
84 *BAG*, 6.11.96 – 7 ABR 54/95, AP BetrVG 1972 § 78a Nr. 26; 15.11.06 – 7 ABR 15/06, AP BetrVG 1972 § 78a Nr. 38.
85 *LAG Hamm* 14.3.17 – 7 Sa 1191/16, AuR 17, 512 (OS); *Fitting*, Rn. 57.

arbeitsplätze vorhanden, so ist der Auszubildende in Vollzeit weiterzubeschäftigen, wenn für die Aufteilung in mehrere Teilzeitarbeitsverhältnisse kein nachvollziehbares Organisationskonzept erkennbar ist.[86] Das *BAG* verlangt insoweit allerdings eine rechtsmissbräuchliche Umgehung der Übernahmeverpflichtung.[87] Die Bereitschaft zu nicht ausbildungsadäquater Weiterbeschäftigung muss dem Arbeitgeber unverzüglich nach dessen Nichtübernahmemitteilung erklärt werden.[88] Dabei muss der Auszubildende konkret angeben, zu welchen Bedingungen er sich die Weiterarbeit vorstellt.[89] Eine Einverständniserklärung im gerichtlichen Verfahren genügt i. d. R. nicht, da dem Arbeitgeber ausreichend Zeit für die Prüfung der Bereitschaftserklärung und ggf. für die Durchführung eines Beteiligungsverfahrens nach § 99 Abs. 1 (vgl. Rn. 29) verbleiben muss.

26 Die Vorschriften des **§ 37 Abs. 4 und 5** finden auf die Weiterbeschäftigung entsprechende Anwendung (Abs. 2 Satz 2). Das bedeutet, dass das **Arbeitsentgelt** des Ausgebildeten einschließlich eines Zeitraums von einem Jahr nach Beendigung der Amtszeit in dem betreffenden Betriebsverfassungsorgan **nicht geringer bemessen** werden darf als das Arbeitsentgelt vergleichbarer AN mit betriebsüblicher beruflicher Entwicklung. Das gilt auch für allgemeine Zuwendungen des AG (vgl. auch § 37 Rn. 94 ff.). Auch die Tätigkeit selbst muss grundsätzlich den Tätigkeiten entsprechen, die AN mit betriebsüblicher beruflicher Entwicklung ausüben (vgl. auch § 37 Rn. 99 ff.). Nach Ablauf des in § 37 Abs. 4 und 5 genannten Jahreszeitraums endet der Entgelt- und Tätigkeitsschutz jedoch nicht zwangsläufig. Eine Verschlechterung der Arbeitsbedingungen kann seitens des AG anschließend vielmehr nur im Wege einer Änderungskündigung herbeigeführt werden, deren soziale Rechtfertigung gerichtlich nachprüfbar ist.

27 Der Weiterbeschäftigungsanspruch richtet sich auf ein **unbefristetes Arbeitsverhältnis.**[90] Schließt der AG mit dem nach § 78a geschützten Auszubildenden gleichwohl einen befristeten Vertrag ab, ist die Befristung **sachwidrig** und damit **unwirksam.** Es ist dann ein unbefristetes Arbeitsverhältnis zustande gekommen (zur Rechtslage, falls nur ein befristeter Vertrag möglich ist, s. Rn. 45).[91] Allerdings ist die Klagefrist des § 17 TzBfG einzuhalten.

28 Der Weiterbeschäftigungsanspruch erstreckt sich nicht nur auf ein unbefristetes Arbeitsverhältnis, sondern auch auf die Übernahme in ein **Vollzeitarbeitsverhältnis,** da das Ausbildungsziel regelmäßig darin liegt, in dem erlernten Beruf ohne Hinzutreten weiterer Einkünfte eine ausreichende, dem jeweiligen Berufsbild entsprechende wirtschaftliche Lebensgrundlage zu finden (zur Rechtslage, falls nur ein Teilzeitarbeitsverhältnis möglich ist, s. Rn. 45).[92] Im Allgemeinen korrespondiert dies damit, dass ein Ausbildungsverhältnis in der Regel in Vollzeit stattfindet.[93] Soweit allerdings eine Teilzeitberufsausbildung (§ 7a BBiG) absolviert wurde, muss die gewählte Arbeitszeit auch für ein anschließendes Arbeitsverhältnis maßgeblich sein.[94]

29 Das Zustandekommen des unbefristeten Arbeitsverhältnisses ist **kein beteiligungspflichtiger Vorgang** für den BR.[95] Es handelt sich – vergleichbar der sich aus § 613a BGB ergebenden Rechtsfolge – um eine Gesetzesfolge, die nicht von einem Willensentschluss des AG abhängt, sondern vom Gestaltungsrecht des Auszubildenden. Das Zustandekommen des unbefristeten Arbeitsverhältnisses ist folglich keine Einstellung. Der BR hat jedoch hinsichtlich der **Eingruppierung** und einer möglichen **Versetzung** das Beteiligungsrecht nach § 99.[96] Eine Verset-

---

86 *LAG Köln*, 15.12.08 – 2 TaBV 13/08, EzAÜG BetrVG Nr. 111.
87 *BAG* 8.9.10 – 7 ABR 33/09, AP Nr. 54 zu § 78a BetrVG 1972.
88 GK-*Oetker*, Rn. 83.
89 *BAG* 17.2.10 – 7 ABR 89/08, AP Nr. 53 zu § 78a BetrVG 1972; 15.11.06 – 7 ABR 15/06, AP BetrVG 1972 § 78a Nr. 38.
90 *BAG* 13.11.87 – 7 AZR 246/87, AP Nr. 18 zu § 78a BetrVG 1972; 25.5.88 – 7 AZR 627/87, AuR 88, 217.
91 *LAG Hamm* 5.2.86 – 3 Sa 1822/85, PersR 87, 111.
92 *BAG* 13.11.87 – 7 AZR 246/87, AP Nr. 18 zu § 78a BetrVG 1972; 25.5.88 – 7 AZR 627/87, AuR 88, 217; ferner etwa *Gamillscheg*, Kollektives Arbeitsrecht II, S. 685; *Fitting*, Rn. 15; Richardi-*Thüsing*, Rn. 32; *Künzl*, BB 86, 2406.
93 Vgl. *Opolony*, BB 03, 1329 [1334].
94 *Deinert*, AuR 21, 292, [297 f.]; in der Tendenz bereits ähnlich *Opolony*, BB 03, 1329 [1334].
95 *Fitting*, Rn. 29; GK-*Oetker*, Rn. 96; *Wullenkord*, RdA 21, 344 [347].
96 *Fitting*, Rn. 29; GK-*Oetker*, Rn. 97.

zung darf grundsätzlich nicht zu einem Amtsverlust führen.[97] Auch aus diesem Grunde ist der (frühere) Auszubildende grundsätzlich in **demselben Betrieb** weiterzubeschäftigen (vgl. auch Rn. 2 und 38). § 103 findet Anwendung.

VI. Entbindung von der Übernahme in ein Arbeitsverhältnis

Der AG kann, sofern das Weiterbeschäftigungsverlangen gestellt worden ist, den Übergang des Ausbildungsverhältnisses in ein Arbeitsverhältnis nur durch die **Anrufung des ArbG** im Wege des Beschlussverfahrens verhindern.[98] Der AG wird also auf die »Klägerrolle« verwiesen. In ihrer inneren Struktur entspricht die Bestimmung den Regelungen zur Abwehr des Weiterbeschäftigungsanspruchs nach § 102 Abs. 5. Die Anrufung des ArbG durch den AG muss spätestens **innerhalb von zwei Wochen** nach Beendigung des Ausbildungsverhältnisses erfolgen (zum Zeitpunkt der Beendigung des Ausbildungsverhältnisses vgl. Rn. 11 f.). Auch hier berechnet sich die Frist nach §§ 187 ff. BGB.[99] Aus Abs. 5 folgt, dass der AG den Entbindungsantrag auch stellen kann, wenn er seine Mitteilungspflicht nach Abs. 1 verletzt hat.[100] 30

Wird der Antrag vom falschen AG gestellt, kann dies nicht zur Entbindung führen. Eine Falschbezeichnung des AG führt allerdings nur zu einer Rubrumsberichtigung. Denn dann hat von vornherein der richtige Beteiligte den Antrag gestellt.[101] Die Rechtzeitigkeit der Antragstellung wird dann auch nicht infrage gestellt, wenn die Berichtigung erst nach Ablauf der Frist (Rn. 30) erfolgt. Im Falle eines Gemeinschaftsbetriebes soll AG i. S. der Bestimmung nur der jeweilige Vertragsarbeitgeber sein, also diejenige Partei, die den Ausbildungsvertrag abgeschlossen hat, nicht die jeweils anderen an dem **Gemeinschaftsbetrieb** beteiligten Unternehmen; diese sind jedoch Beteiligte i. S. von § 83 Abs. 3 ArbGG, weil von dem Ausgang des Verfahrens auch die personelle Zusammensetzung der JAV abhängt.[102] Dieses Ergebnis erscheint jedoch zweifelhaft. Immerhin haben sich die Unternehmen im Gemeinschaftsbetrieb zu gemeinsamer Führung in personellen und sozialen Angelegenheiten verbunden. Damit treten die Unternehmen nach außen als einheitlicher Arbeitgeber auf. Auch die Ausbildung wird jedenfalls i. d. R. im gesamten Betrieb ausgeführt. Schließlich kommt es für das Angebot anderweitiger Arbeitsplätze auch kündigungsschutzrechtlich auf den gesamten Betrieb an (vgl. § 102 Rn. 217). 31

Die Vorschrift des Abs. 4 sieht zwei Arten von möglichen Anträgen des AG vor: einen **Feststellungsantrag** (Abs. 4 Nr. 1) und einen **Auflösungsantrag** (Abs. 4 Nr. 2). Beide Anträge sind im Wege des Beschlussverfahrens zu stellen (vgl. Rn. 48). Der Antrag auf Feststellung, dass ein Arbeitsverhältnis nicht begründet wird, soll das Zustandekommen eines Arbeitsverhältnisses verhindern, während der Antrag, das bereits begründete Arbeitsverhältnis aufzulösen, auf das rechtsgestaltende Eingreifen des ArbG in das bestehende Arbeitsverhältnis abzielt. 32

Vor Beendigung des Ausbildungsverhältnisses kommt nur der Feststellungsantrag nach Abs. 4 Nr. 1 in Betracht. Voraussetzung dafür ist, dass das geschützte Organmitglied, das zur Erhebung des Weiterbeschäftigungsverlangens berechtigt ist, dieses Verlangen bereits gestellt hat. Ein zuvor gestellter arbeitgeberseitiger Feststellungsantrag ist unzulässig.[103] 33

Auch ein vom AG rechtzeitig eingeleitetes Feststellungsverfahren nach Abs. 4 Nr. 1 verhindert nicht den Eintritt der gesetzlichen Fiktion, dass ein Arbeitsverhältnis begründet wird. Wie auch der Auflösungsantrag nach Abs. 4 Nr. 2 zielt der Feststellungsantrag auf eine rechtsgestaltende gerichtliche Entscheidung, die ihre Wirkung erst mit ihrer Rechtskraft für die **Zukunft entfaltet.**[104] Ist im Zeitpunkt der Beendigung des Berufsausbildungsverhältnisses über den Feststellungsantrag des AG **noch nicht rechtskräftig** entschieden, wandelt er sich in einen Antrag nach Abs. 4 Nr. 2 auf **Auflösung** des nunmehr begründeten Arbeitsverhältnisses um, ohne dass 34

97 *LAG Berlin* 16.12.74 – 5 Sa 91/74, BB 75, 837.
98 Vgl. *BAG* 5.4.84 – 6 AZR 70/83, AP Nr. 13 zu § 78a BetrVG 1972.
99 *BAG* 18.9.19 – 7 ABR 44/17, NZA 20, 329, Rn. 16.
100 GK-*Oetker*, Rn. 64.
101 *BAG* 18.9.19 – 7 ABR 44/17, NZA 20, 329, Rn. 21 ff.
102 *BAG* 25.2.09 – 7 ABR 61/07, DB 09, 1473.
103 *Fitting*, Rn. 35; a. A. GK-*Oetker*, Rn. 185; LKK-*Klumpp*, Rn. 14.
104 *BAG* 29.11.89 – 7 ABR 67/88, AP Nr. 20 zu § 78a BetrVG 1972 mit krit. Anm. *Berger-Delhey*.

es einer förmlichen Antragsänderung bedarf.[105] Die Entscheidung darüber, ob ein Anspruch auf vorläufige Weiterbeschäftigung besteht oder nicht, ist nicht davon abhängig, zu welchem Zeitpunkt der AG den Antrag nach Abs. 4 Nr. 1 stellt. Der Auszubildende kann die Weiterbeschäftigung schon damit erreichen, dass er sie erst am letzten Tag der Ausbildung verlangt und damit verhindert, dass der AG noch vor dem Ausbildungsende den Feststellungsantrag stellt.

35 Nach **Beendigung der Ausbildungszeit** kommt grundsätzlich nur noch der **Auflösungsantrag** nach Abs. 4 Nr. 2 in Betracht, der darauf gerichtet ist, das bereits begründete Arbeitsverhältnis wieder aufzulösen.[106] Das so begründete Arbeitsverhältnis wirkt strukturell ähnlich wie die Weiterbeschäftigung nach Kündigung gem. § 102 Abs. 5.[107] Nach Auffassung des *BAG*[108] kann der AG neben dem auf rechtsgestaltende Veränderung der Rechtslage abzielenden Antrag nach Abs. 4 Nr. 2 zugleich feststellen lassen, ob die Voraussetzungen der Abs. 2 oder 3 erfüllt sind (vgl. auch Rn. 49).

36 Der **Feststellungsantrag** ist begründet, wenn Tatsachen vorliegen, auf Grund derer dem AG unter Berücksichtigung aller Umstände die Weiterbeschäftigung **nicht zugemutet** werden kann. Das Gesetz knüpft hier in seiner Formulierung an § 626 Abs. 1 BGB an, ohne ihm jedoch voll zu entsprechen.[109] Bezogen auf den Schutzzweck der Vorschrift ist die Nichtübernahme des Auszubildenden nur ausnahmsweise in schwer wiegenden Fällen denkbar.[110] Maßgeblich ist, ob dem AG zumutbar ist, den Auszubildenden künftig in einem unbefristeten AV zu beschäftigen.[111] In dieser Hinsicht kann es jedoch nicht zulässig sein, geringere Anforderungen als an eine Entlassung z. B. im Rahmen des § 15 KSchG deswegen zu stellen, weil sie schwerer wiege als die Nichtübernahme eines Auszubildenden. Das Gesetz will nämlich gerade die Kontinuität der Amtsführung sichern.[112] Deshalb ist es auch problematisch, für die Frage der Zumutbarkeit allein darauf abzustellen, ob im Zeitpunkt der Beendigung des Berufsausbildungsverhältnisses im Ausbildungsbetrieb ein freier Arbeitsplatz vorhanden ist, auf dem der Auszubildende in seiner durch die Ausbildung erworbenen Qualifikation beschäftigt werden kann (vgl. Rn. 41).[113]

37 Die Unzumutbarkeit der Übernahme kann sich sowohl aus Gründen in der Person des AN (Rn. 40) als auch aus verhaltensbedingten Gründen (Rn. 41a) wie auch aus betrieblichen Gründen ergeben (Rn. 42). Dabei ist in jedem Falle eine **umfassende Interessenabwägung** vorzunehmen.[114] In sie sind gegenüber den Interessen des AG nicht nur diejenigen des betroffenen Mandatsträgers, sondern auch des gesamten Betriebsverfassungsorgans, dem er angehört, und diejenigen der gesamten Belegschaft einzubeziehen. In diesem Rahmen muss auf eine bestehende **Schwangerschaft** Rücksicht genommen werden. Zwar gilt § 17 MuSchG nur für Kündigungen.[115] Diese gesetzliche sowie die dahinterstehende verfassungsrechtliche (Art. 6 Abs. 4 GG) Wertung muss bei der Rechtsanwendung dennoch Beachtung finden.

38 Die Zumutbarkeitsprüfung bezieht sich nach der hier vertretenen Ansicht auf den **Betrieb,**[116] in dem der Auszubildende tätig ist. Sie soll sich nach der Rechtsprechung des *BAG* hingegen nicht auf alle Arbeitsplätze im **Unternehmen** erstrecken. Die von der Vorschrift bezweckte

---

105 Inzwischen ständ. Rspr., *BAG* 29. 11. 89 – 7 ABR 67/88, BB 91, 65; 11. 1. 95 – 7 AZR 574/94, AP Nr. 24 zu § 78a BetrVG 1972; *Fitting*, Rn. 43; GK-*Oetker*, Rn. 193 ff., jeweils m. w. N.

106 *BAG* 16. 1. 79 – 6 AZR 153/77, AP Nr. 5 zu § 78a BetrVG 1972; 29. 11. 89 – 7 ABR 67/88, BB 91, 65; zu der entsprechenden Vorschrift des § 9 BPersVG vgl. *BVerwG* 26. 6. 81 – 6 P 71/78, BVerwGE 62, 364.

107 *Auffarth*, FS Herschel, S. 13 [19].

108 *BAG* 29. 11. 89 – 7 ABR 67/88, AP Nr. 20 zu § 78a BetrVG 1972.

109 *BAG* 16. 1. 79 – 6 AZR 153/77, AP Nr. 5 zu § 78a BetrVG 1972.

110 Vgl. *Fitting*, Rn. 46.

111 *BAG* 18. 9. 19 – 7 ABR 44/17, NZA 20, 329, Rn. 39.

112 *BAG* 16. 1. 79 – 6 AZR 153/77, AP Nr. 5 zu § 78a BetrVG 1972.

113 So aber *BAG* 12. 11. 97 – 7 ABR 73/96, AP § 87a BetrVG 1972 Nr. 31, bestätigt durch *BAG* 8. 8. 07 – 7 ABR 43/06, AP Nr. 42 zu § 78a BetrVG 1972 und *BAG* 5. 12. 07 – 7 ABR 65/06 – 7 ABR 65/06, AP Nr. 46 zu § 78a BetrVG 1972.

114 *BAG* 15. 12. 83 – 6 AZR 60/83, EzA § 78a BetrVG 1972 Nr. 13.

115 *LAG Hamm* 14. 1. 11 – 10 TaBV 58/10, EzB BetrVG § 78a Nr. 17.

116 Auch zu beziehen auf einen Gemeinschaftsbetrieb, vgl. *ArbG Bayreuth* 21. 2. 02 – 2 BV 5/01 H, EzB-VjA BetrVG § 78a Nr. 64a.

Ämterkontinuität könne in einem anderen Betrieb nicht erreicht werden, auf den Schutz der unbefangenen Amtsführung dürfe hingegen nicht allein abgestellt werden.[117] Das überzeugt nicht. Zwar ist zur Sicherung der Amtskontinuität vorrangig eine Beschäftigung in dem Betrieb anzustreben, in dem das betriebsverfassungsrechtliche Amt besteht. Gegenüber der Alternative des völligen Ausscheidens ist jedoch eine Beschäftigung in einem anderen Betrieb vorzuziehen. Dies ist jedenfalls ein Beitrag zum Zweck der Regelung, eine Amtsführung zu ermöglichen, die nicht von Wohlverhaltenserwartungen im Verhältnis zum AG beeinflusst ist.[118] Außerdem entspricht allein die **Erstreckung des Übernahmeanspruchs auf alle Betriebe des Unternehmens** den Wertungen der §§ 1 Abs. 2 Nr. 1b, 15 Abs. 5 KSchG.[119] Erforderlich ist in einem solchen Fall aber die Mitteilung des Auszubildenden, dass er notfalls mit der Beschäftigung in einem anderen Betrieb einverstanden ist.[120] Ein **konzernweiter Weiterbeschäftigungsanspruch** wird entgegen der höchstrichterlichen Rechtsprechung[121] jedenfalls teils anerkannt, wenn die Ausbildung zwar durch einen eigenständigen Betrieb im Konzern durchgeführt wurde, jedoch der Auszubildende zu ⅔ seiner Ausbildungszeit in den Konzernunternehmen eingesetzt war, um berufspraktische Erfahrung zu erlangen und entsprechende Unterweisung zu erhalten.[122]

Wird nur **ein Teil der Auszubildenden** eines Jahrgangs übernommen, muss sich der durch § 78a geschützte Amtsträger jedenfalls darunter befinden.[123] Wenn **mehr Mandatsträger** für eine Übernahme in Betracht kommen als Arbeitsplätze vorhanden sind, stellt sich die Frage, ob der AG eine freie Auswahl treffen kann oder eine Sozialauswahl entsprechend § 1 Abs. 3 KSchG durchführen muss. Die Ansicht, die die Situation des Übernahmeverlangens als eher einer Neueinstellung denn einer Kündigung vergleichbar ansieht und deshalb die freie Entscheidung des Arbeitgebers zulassen möchte,[124] überzeugt nicht. Der Vergleich mit einer Neueinstellung ist zu formal und wird der Zwecksetzung der Bestimmung des § 78a nicht gerecht. Vielmehr zielt die Bestimmung darauf, die Situation von auszubildenden Mandatsträgern derjenigen von BRsmitgliedern in einem unbefristeten AV anzugleichen und auf diese Weise einerseits die unbefangene Amtsausübung zu ermöglichen und andererseits dem AG die Befugnis zur Gestaltung der Zusammensetzung der betrieblichen Interessenvertretung zu nehmen. Gerade Letzteres zeigt, dass für eine freie Auswahl des AG kein Raum ist. Sachgerecht ist vielmehr ein objektivierbarer Maßstab. Einen solchen hält § 1 Abs. 3 KSchG bereit, sodass diese Bestimmung analog anzuwenden ist. Stattdessen ließe sich zwar auch auf die Abschlussnote abstellen.[125] Jedoch würde dies dem Umstand nicht hinreichend Rechnung tragen, dass es hier eben auch um eine Annäherung an die Stellung von Mandatsträgern nach §§ 15 KSchG, 103 geht (vgl. Rn. 2). Unter jenen ist im Falle der Weiterbeschäftigung bei Abteilungsstilllegung aber ebenfalls eine Sozialauswahl analog § 1 Abs. 3 KSchG durchzuführen.[126] 39

Grundsätzlich können nur **schwerwiegende Gründe persönlicher Art** geeignet sein, die Nichtbegründung eines Arbeitsverhältnisses bzw. die Auflösung eines schon begründeten Ar- 40

117 *BAG* 15.11.06 – 7 ABR 15/06, AP Nr. 38 zu § 78a BetrVG 1972; *LAG Köln* 4.9.96 – 2 TaBV 25/96, NZA-RR 97, 435; 18.3.04 – 10 TaBV 74/03, DB 04, 1374; *Gamillscheg*, FS Wiedemann, S. 269 [278]; a. A. *LAG Niedersachsen* 10.4.97 – 14 TaBV 89/96, LAGE § 78a BetrVG 1972 Nr. 5; 26.4.96 – 16 (3) TaBV 110/95, NZA-RR 97, 14; offengelassen bei *BAG* 6.11.96 – 7 ABR 54/95, NZA 97, 783.

118 Vgl. die Rechtslage bei Kündigung eines Amtsträgers wegen Betriebsstilllegung, DDZ-*Deinert*, § 15 KSchG Rn. 83.

119 *LAG München* 12.10.05 – 9 TaBV 30/05, juris; *LAG Bremen* 1.2.06 – 2 TaBV 15/05, juris; wohl auch *LAG Brandenburg* 24.11.05 – 9 TaBV 7/05, juris; a. A. *BAG* 15.11.06 – 7 ABR 15/06, DB 07, 1646; *LAG Köln* 18.3.04 – 10 TaBV 74/03, DB 04, 1374; LKK-*Klumpp*, Rn. 25.

120 *BAG* 6.11.96 – 7 ABR 54/95, NZA 97, 783.

121 *BAG* 15.11.06 – 7 ABR 15/06, DB 07, 1646; 8.8.07 – 7 ABR 43/06, AP Nr. 42 zu § 78a BetrVG 1972; vgl. auch schon *BAG* 17.8.05 – 7 AZR 553/04, EzA § 78a BetrVG 2001 Nr. 2.

122 *LAG Bremen* 1.2.06 – 2 TaBV 15/05, juris; *LAG Köln* 24.1.06 – 9 TaBV 14/05, AuR 06, 294; *LAG München* 12.10.05 – 9 TaBV 30/05, juris; a. A. *BAG* 5.12.07 – 7 ABR 80/06, AP Nr. 43 zu § 78a BetrVG 1972.

123 *LAG Düsseldorf* 12.6.75 – 3 TaBV 106/74, DB 75, 1995.

124 *Possienke*, S. 221 ff.

125 So GK-*Oetker*, Rn. 134.

126 *BAG* 5.2.98 – 2 AZR 227/97, AP Nr. 143 zu § 626 BGB; DDZ-*Deinert*, § 15 KSchG Rn. 96.

beitsverhältnisses zu rechtfertigen.[127] Vorwürfe aus der Amtsführung können dazu nicht herangezogen werden. Soweit der Amtsträger zugleich gegen Amts- und Arbeitspflichten verstoßen hat, ist das ebenso wie bei § 15 KSchG nicht tragfähig, zumindest ist ein besonders strenger Maßstab anzulegen.[128] Soweit es sich um vorwerfbares Fehlverhalten handelt, muss es unter zukunftsbezogenen Aspekten geeignet sein, eine Kündigung gemäß § 626 BGB zu rechtfertigen.[129] Entscheidend ist die konkrete Befürchtung, der Auszubildende werde auch in seinem Arbeitsverhältnis in grober Weise entsprechend gegen seine Pflichten aus dem Arbeitsvertrag verstoßen.[130] In der Vergangenheit liegende Gründe sind umso weniger gewichtig, je länger sie zurückliegen. Deshalb rechtfertigt z. B. die Tatsache einer während der Ausbildungszeit begangenen Straftat für sich allein ohne Zukunftsprognose keine Negativ-Entscheidung.[131]

41 Ein allgemeiner **Qualifikationsvergleich** zwischen dem geschützten Amtsträger und anderen Bewerbern um den Arbeitsplatz ist unzulässig.[132] Insbesondere machen **schlechtere Prüfungsnoten** allein die Weiterbeschäftigung nicht unzumutbar.[133] Erst das wiederholte **Nichtbestehen der Abschlussprüfung** kann die Übernahme für den AG unzumutbar machen.[134] Allerdings hat der Auszubildende trotz fehlender Abschlussprüfung dann einen Anspruch auf Übernahme, wenn freie Arbeitsplätze für an- oder ungelernte AN existieren.[135] Erfordert ein freier Arbeitsplatz eine **höhere Qualifikation,** kann der Auszubildende an sich nicht darauf verweisen.[136] Er hat jedoch Anspruch auf entsprechende Qualifizierungsmaßnahmen, wobei als Untergrenze des dem AG Zumutbaren die vergleichbaren Maßstäbe des § 102 Abs. 3 Nr. 4 (§ 102 Rn. 232 ff.) herangezogen werden können. Dem Auszubildenden ist jedenfalls eine betriebsübliche Zeit des Qualifikationserwerbs zuzubilligen, wobei eine positive Prognose hinsichtlich des Schulungserfolgs erforderlich ist.[137]

41a Auch **verhaltensbedingte Gründe** können einen Entbindungsantrag rechtfertigen. Das ist der Fall bei groben Verletzungen der Ausbildungspflichten, die die Befürchtung grober Pflichtverletzungen in einem AV rechtfertigen.[138] Im Hinblick darauf, dass der Entbindungsantrag qualitativ einer Kündigung nahekommt und eine Abmahnung einen Verbrauch des Kündigungsrechts bewirkt,[139] erscheint es allerdings bedenklich, wenn das *BAG* es zulässt, einen Entbindungsantrag auf Tatsachen zu stützen, die bereits Gegenstand einer Abmahnung waren.[140]

42 Ausnahmsweise können auch **dringende betriebliche Gründe** im Rahmen der Unzumutbarkeit des § 78a Berücksichtigung finden.[141] An die »Unzumutbarkeit« der Übernahme sind nach Wortlaut und Sinn des Gesetzes strengere Anforderungen zu stellen als an »dringende betriebliche Erfordernisse« i. S. d. § 1 Abs. 2 KSchG.[142] Bis zur Grenze der Willkür bzw. Gesetzesumgehung ist der AG nach der Vorstellung des *BAG* in der **unternehmerischen Entscheidung** über die Arbeitsorganisation und den Zuschnitt der Arbeitsplätze frei.[143] Es geht dabei davon aus, dass § 78a nicht dazu verpflichten solle, ohne jede Rücksicht auf Planungen und Bedarfslage neue Arbeitsplätze zu schaffen. Demgemäß wird eine Übernahmeverpflichtung nur für den

---

127 *BAG* 16.1.79 – 6 AZR 153/77, AP Nr. 5 zu § 78a BetrVG 1972.
128 DDZ-*Deinert*, § 15 KSchG Rn. 49.
129 GK-*Oetker*, Rn. 126; APS-*Künzl*, Rn. 122.
130 Vgl. APS-*Künzl*, Rn. 123.
131 *BAG* 15.12.83 – 6 AZR 60/83, EzA § 78a BetrVG 1972 Nr. 13.
132 GK-*Oetker*, Rn. 132; APS-*Künzl*, Rn. 126, jeweils m. w. N.
133 *LAG Hamm* 21.10.92 – 3 TaBV 106/92, BB 93, 294; *LAG Berlin* 18.7.95 – 12 TaBV 1/95, LAGE § 78a BetrVG 1972 Nr. 8.
134 *LAG Düsseldorf* 12.6.75 – 3 TaBV 106/74, DB 75, 1995; *LAG Niedersachsen* 8.4.75 – 2 TaBV 60/74, DB 75, 1224.
135 Vgl. *LAG Baden-Württemberg* 13.10.77 – 7 Sa 134/77, AP Nr. 4 zu § 78a BetrVG 1972; *LAG Niedersachsen* 8.4.75 – 2 TaBV 60/74, DB 75, 1224; GK-*Oetker*, Rn. 135; Richardi-*Thüsing*, Rn. 46.
136 GK-*Oetker*, Rn. 132 ff.
137 Vgl. *Fitting*, Rn. 51; Richardi-*Thüsing*, Rn. 41; a. A. LKK-*Klumpp*, Rn. 24.
138 *BAG* 18.9.19 – 7 ABR 44/17, NZA 20, 329, Rn. 40.
139 *BAG* 26.11.09 – 2 AZR 751/08, AP Nr. 61 zu § 1 KSchG 1969 Verhaltensbedingte Kündigung, Rn. 12 ff.; DDZ-*Deinert*, § 314 BGB Rn. 91.
140 *BAG* 18.9.19 – 7 ABR 44/17, NZA 20, 329, Rn. 43 f.
141 *BAG* 16.1.79 – 6 AZR 153/77, AP Nr. 5 zu § 78a BetrVG 1972; vgl. APS-*Künzl*, Rn. 101 m. w. N.
142 *LAG Schleswig-Holstein* 21.3.06 – 5 TaBV 45/05, NZA-RR 06, 469.
143 *BAG* 8.9.10 – 7 ABR 33/09 – NZA 11, 221, Rn. 24, 35 f.

Fall bejaht, dass zum Zeitpunkt der Beendigung des Ausbildungsverhältnisses ein **Arbeitsplatz frei** ist (ständige Rspr.).[144] Ist im Zeitpunkt der Beendigung des Ausbildungsverhältnisses ein freier Arbeitsplatz vorhanden, hat bei der Prüfung der Unzumutbarkeit einer Weiterbeschäftigung ein **künftiger Wegfall von Arbeitsplätzen** unberücksichtigt zu bleiben.[145] Die Prüfung der Weiterbeschäftigungsmöglichkeit bezieht sich grundsätzlich auf solche freien Arbeitsplätze, auf denen der Auszubildende mit seiner durch die Ausbildung erworbenen Qualifikation dauerhaft beschäftigt werden kann. Erklärt sich der Auszubildende zuvor rechtzeitig mit einer anderweitigen unbefristeten Beschäftigungsmöglichkeit einverstanden, so gilt dies auch für solche Arbeitsplätze.[146] Der AG ist, soweit es um die Frage verfügbarer freier Arbeitsplätze geht, an einen mit dem BR vereinbarten Stellenplan gebunden.[147] Kann ein an sich freier Arbeitsplatz wegen des Bestehens eines Beschäftigungsverbots nicht eingenommen werden, ist der AG verpflichtet, durch zumutbare organisatorische Maßnahmen (z. B. Änderung der Schichtpläne mit der Notwendigkeit des Einverständnisses der betroffenen AN und des BR) einen Arbeitsplatz neu zu schaffen, um die Weiterbeschäftigung zu gewährleisten.[148]

Andere AN müssen **nicht gekündigt** werden, um einen Arbeitsplatz für ein Mitglied der JAV frei zu machen.[149] Das gilt jedenfalls für AN, für die das KSchG gilt. Der Hinweis auf laufende **Kurzarbeit** reicht nicht aus, wenn der zu Übernehmende den Arbeitsplatz eines ausgeschiedenen kurzarbeitenden AN übernehmen kann.[150] Auch der bloße Hinweis auf einen **Einstellungsstopp** reicht jedenfalls dann nicht aus, wenn durch Eigenkündigung eines anderen AN ein Arbeitsplatz frei wird.[151] Das *BAG* hält den Arbeitgeber nicht für verpflichtet, eine Arbeitsmöglichkeit durch den Abbau von **Überstunden** zu schaffen[152], was jedenfalls dann zweifelhaft ist, wenn in dem jeweiligen Betrieb dauerhaft Mehrarbeit aufgebaut wird. Demgegenüber ist das *BAG* zu Recht der Auffassung, dass die vom Arbeitgeber getroffene Entscheidung, kein neues Personal mehr einzustellen, sondern entstehenden Beschäftigungsbedarf durch den Einsatz von **Leiharbeitnehmern** zu decken, nicht zum Wegfall von Arbeitsplätzen und damit zur Unzumutbarkeit der Weiterbeschäftigung führt,[153] da der Beschäftigungsbedarf nach wie vor dauernd vorhanden ist. Beschäftigt der Arbeitgeber bereits Leiharbeitnehmer auf dauerhaft eingerichteten Arbeitsplätzen, so kann es ihm auch zumutbar sein, einen solchen Arbeitsplatz für das zu übernehmende Mitglied der JAV freizumachen.[154] Im Einzelfall berechtigte betriebliche Interessen oder »vertragliche Verpflichtungen (…) gegenüber dem Verleiher« sollen entgegengesetzt werden können.[155] Das lässt missbräuchlichen Vertragsgestaltungen freilich zu viel Spielraum. Zumutbar ist auch die Umverteilung von Aufgaben im Rahmen des Direktionsrechtes.[156] Liegen tatsächliche Beschäftigungsmöglichkeiten vor, kann sich der AG nicht auf Stellenpläne berufen, die nicht das gesamte Arbeitsvolumen abdecken.[157] 43

144 *BAG* 6.11.96 – 7 ABR 54/95, BB 96, 1793; *LAG Köln* 25.11.87 – 7 TaBV 37/87, DB 88, 1327: keine Verpflichtung zur Neueinrichtung einer Springerstelle; *LAG Hamm* 14.1.11 – 10 TaBV 58/10, EzB BetrVG § 78a Nr. 17; 5.2.10 – 13 TaBV 82/09, EzB BetrVG § 78a Nr. 13a: kein freier Arbeitsplatz nach § 78a bei anderweitiger Zweckgebundenheit eines freien befristeten Arbeitsplatzes.

145 *BAG* 16.8.95 – 7 ABR 52/94, BB 96, 537.

146 *BAG* 15.11.06 – 7 ABR 15/06, AP Nr. 38 zu § 78a BetrVG 1972.

147 *LAG Schleswig-Holstein* 21.3.06 – 5 TaBV 45/05, NZA-RR 06, 469.

148 *BAG* 15.1.80 – 6 AZR 361/79, DB 80, 1647.

149 *BAG* 16.1.79 – 6 AZR 153/77, AP Nr. 5 zu § 78a BetrVG 1972; GK-*Oetker*, Rn. 159.

150 *ArbG Hameln* 18.4.84 – 2 Ca 682/83, AiB 84, 127; a. A. GK-*Oetker*, Rn. 150.

151 *LAG Hamm* 22.8.78 – 10 Sa 1210/77, BB 78, 912.

152 *BAG* 12.11.97 – 7 ABR 73/96, NZA-RR 98, 1057; 6.11.96 – 7 ABR 54/95, BB 97, 1793 mit Anm. *Kukat*; a. A. *Fitting*, Rn. 56; differenzierend GK-*Oetker*, Rn. 159 ff., 153 m. w. N.

153 *BAG* 25.2.09 – 7 ABR 61/07, DB 09, 1473; 16.7.08 – 7 ABR 13/07, NZA 09, 202; LKK-*Klumpp*, Rn. 23.

154 *BAG* 17.2.10 – 7 ABR 89/08, DB 10, 1355.

155 *BAG* 17.2.10 – 7 ABR 89/08, DB 10, 1355.

156 GK-*Oetker*, Rn. 151; KR-*Rinck*, Rn. 52; a. A. LKK-*Klumpp*, Rn. 22.

157 *LAG Schleswig-Holstein* 11.4.85 – 2 TaBV 78/84; *BAG* 16.8.95 – 7 ABR 52/94, AP Nr. 25 zu § 78a BetrVG 1972.

44 Vom AG muss erwartet werden, dass er sich **auf ein Übernahmeverlangen einrichtet.**[158] Von ihm ist zu verlangen, dass er entsprechende **Dispositionen** trifft.[159] Dazu gehört, dass der AG ab dem Zeitpunkt, zu dem ein Übernahmeverlangen absehbar ist, jedenfalls ab den in Abs. 2 Satz 1 vorgesehenen drei Monaten vor Beendigung des Ausbildungsverhältnisses, einen entsprechenden Arbeitsplatz **freihält.**[160] Der AG kann sich nicht darauf berufen, dass alle Arbeitsplätze besetzt sind, wenn er diesbezügliche Einstellungen in Kenntnis oder bei Kennenmüssen eines bevorstehenden Übernahmeverlangens getätigt hat.[161] Besetzt ein AG in den **letzten drei Monaten** vor dem Ausbildungsende eines Jugendvertreters einen in Frage kommenden Weiterbeschäftigungsarbeitsplatz, so ist die Weiterbeschäftigung nicht unzumutbar, auch wenn beim Ausbildungsende kein freier Arbeitsplatz vorhanden ist.[162] Allerdings ist eine Übernahme solcher Auszubildender unschädlich, die ihre Ausbildung vorzeitig – **fünf Monate** vor dem nach § 78a anstehenden Übernahmetermin – abgeschlossen haben.[163]

45 Der AG muss den Auszubildenden in ein **unbefristetes Vollzeitarbeitsverhältnis** übernehmen.[164] Damit soll ein Abdrängen der Mandatsträger auf nicht vollwertige Arbeitsverhältnisse verhindert werden. Steht jedoch **kein unbefristeter oder voller Arbeitsplatz zur Verfügung,** wohl aber ein befristeter bzw. Teilzeitarbeitsplatz, lehnt das *BAG* die Übernahme ab; ein anderes als das vom Gesetz gewollte unbefristete Vollzeitarbeitsverhältnis komme nur nach dem **Konsensprinzip,** aber nicht über § 78a zustande.[165] Diese Rspr. ist bedenklich (Rn. 24). Unter Berücksichtigung des Verhältnismäßigkeitsgrundsatzes und unter Einbeziehung der Wertung des § 102 Abs. 3 Nr. 5 muss insbesondere zur Verwirklichung des Schutzzwecks des § 78a beim Fehlen eines unbefristeten Vollzeitarbeitsplatzes wenigstens ein befristeter bzw. Teilzeitarbeitsplatz zustande kommen.[166] Nach der Rechtsprechung des *BAG* hingegen kommt es grundsätzlich nur bei einem zur Verfügung stehenden unbefristeten Vollzeitarbeitsverhältnis zur Fortsetzung. Mit Rücksicht auf den Schutzzweck des § 78a will das *BAG* nur dann den AG als verpflichtet ansehen zur Prüfung, ob eine Weiterbeschäftigung zu anderen Bedingungen möglich ist, wenn der Auszubildende sich dazu zumindest hilfsweise bereit erklärt hat. Er muss diese anderen Bedingungen so konkret beschreiben, dass der AG weiß, wie der Auszubildende sich die Weiterbeschäftigung vorstellt.[167] Die Erklärung der Bereitschaft, zu konkreten anderen Arbeitsbedingungen zu arbeiten, muss dabei unverzüglich nach der Nichtübernahmeerklärung seitens des Arbeitgebers erfolgen; die Erklärung erst in einem späteren gerichtlichen Verfahren genügt dagegen nicht.[168] Wenn der AG darauf keine alternative Beschäftigung geprüft hat, ist das ausbildungsadäquate dauerhafte Vollzeitbeschäftigungsverhältnis nach § 78a zustande gekommen, das der AG mit den gebotenen individualvertraglichen Instrumenten dann mit den notwendigen Änderungen anpassen muss.[169] Ist ein Auszubildender gemäß § 78a nur in ein befristetes oder Teilzeitarbeitsverhältnis übernommen worden, hat er beim Freiwerden eines unbefristeten bzw. Vollzeitarbeitsplatzes bevorrechtigten Anspruch auf diesen Arbeitsplatz.

46 Das *BAG* beurteilt die Frage der Zumutbarkeit der Weiterbeschäftigung danach, ob zum **Zeitpunkt der Beendigung des Berufsausbildungsverhältnisses** ein freier Arbeitsplatz vorhanden ist.[170] Dem kann nur gefolgt werden, solange der AG einen Feststellungsantrag gemäß Abs. 4 Nr. 1 verfolgt. Stellt er einen Auflösungsantrag bzw. geht der Feststellungsantrag in einen sol-

---

158 *LAG Baden-Württemberg* 23.9.76 – 1b Sa 15/76, BB 77, 1601.
159 Vgl. APS-*Künzl*, Rn. 108 m. w. N.
160 *BAG* 12.11.97 – 7 ABR 63/96, NZA 98, 1057.
161 *ArbG Kassel* 12.6.75 – 1 BV 6/75, BB 75, 1018; KR-*Weigand/Rinck*, Rn. 53; APS-*Künzl*, Rn. 131.
162 *BAG* 12.11.97 – 7 ABR 63/96, NZA 98, 1056; 16.7.08 – 7 ABR 13/07, NZA 09, 202.
163 *BAG* 12.11.97 – 7 ABR 63/96, NZA 98, 1056.
164 *BAG* 24.7.91 – 5 AZR 430/90, AP Nr. 15 zu § 611 BGB Ausbildungsbeihilfe; 13.11.87 – 7 AZR 246/87, AP Nr. 18 zu § 78a BetrVG 1972.
165 *BAG* 24.7.91, 13.11.87, a. a. O.; ebenso *LAG Bremen* 23.1.96 – 1 TaBV 7/95.
166 Wie hier *LAG Frankfurt* 6.1.87 – 7 Sa 1151/86, LAGE § 78a BetrVG 1972 Nr. 4; *ArbG Hannover* 16.10.86 – 7 Ca 341/86, DB 87, 179; *Fitting*, Rn. 57 f.; APS-*Künzl*, Rn. 119; a. A. ErfK-*Kania*, Rn. 5.
167 *BAG* 16.7.08 – 7 ABR 13/07, NZA 09, 202, Rn. 29; 13.11.87 – 7 AZR 246/87, AP Nr. 18 zu § 78a BetrVG 1972.
168 *BAG* 8.9.10 – 7 ABR 33/09, NZA 11, 221, Rn. 29.
169 *BAG* 16.7.08 – 7 ABR 13/07, NZA 09, 202, Rn. 29.
170 *BAG* 29.11.89 – 7 ABR 67/88, AP Nr. 20 zu § 78a BetrVG 1972.

chen über (Rn. 34), müssen alle sich bis zum Zeitpunkt der letzten mündlichen Verhandlung in der Tatsacheninstanz ergebenden Umstände berücksichtigt werden.[171] Dem Abstellen auf den Zeitpunkt der Beendigung des Berufsausbildungsverhältnisses liegt eine unzulässige Gleichstellung mit den Beurteilungskriterien der Berechtigung einer Kündigung[172] zugrunde.

VII. Streitigkeiten

Bei einer rechtskräftigen Entscheidung des ArbG treten **unterschiedliche Wirkungen** danach ein, ob im Anschluss an das Berufsausbildungsverhältnis das gesetzliche Arbeitsverhältnis bereits begründet worden ist oder nicht. Hat das ArbG auf Grund des Feststellungsantrags des AG vor Beendigung des Berufsausbildungsverhältnisses dem Antrag rechtskräftig stattgegeben, enden die rechtlichen Beziehungen mit dem **Ende des Ausbildungsverhältnisses.** Ist der Feststellungsantrag des AG rechtskräftig abgelehnt worden, wird im Anschluss an das Berufsausbildungsverhältnis das Arbeitsverhältnis begründet. Ist ein Arbeitsverhältnis nach Abs. 2 oder 3, was in der Praxis regelmäßig der Fall sein wird, vor der Rechtskraft der arbeitsgerichtlichen Entscheidung begründet worden, **beendet** der dem Auflösungsantrag des AG stattgebende rechtskräftige Beschluss des ArbG mit gestaltender Wirkung das **bereits begründete Arbeitsverhältnis.** Die gerichtliche Entscheidung auf Auflösung reicht daher nicht auf den Zeitpunkt der Begründung des Arbeitsverhältnisses und auch nicht auf den Zeitpunkt der Einreichung des Auflösungsantrags bei Gericht zurück. Sie hat nur Wirkung für die Zukunft.[173] Bis zur Rechtskraft der die Auflösung aussprechenden gerichtlichen Entscheidung ist das geschützte Organmitglied somit grundsätzlich entsprechend der Ausbildung im Betrieb zu beschäftigen.[174] Rechtskraft tritt im Falle der Nichtzulassung der Rechtsbeschwerde bei Auflösung des Arbeitsverhältnisses durch das *LAG* erst mit Zustellung des die Nichtzulassungsbeschwerde ablehnenden Beschlusses des *BAG* ein, denn die Einlegung der Beschwerde hat aufschiebende Wirkung (§ 72a Abs. 4 Satz 1 ArbGG).[175] Entscheidet das ArbG rechtskräftig **zugunsten des geschützten Organmitglieds,** wird das **bereits entstandene Arbeitsverhältnis fortgesetzt.** 47

Der **Antrag des AG** nach Abs. 4 Nr. 1 oder 2, der auf die **Nichtbegründung** oder **Auflösung** eines Arbeitsverhältnisses gerichtet ist, ist im **Beschlussverfahren**[176] zu verfolgen (§§ 2a, 80 ff. ArbGG).[177] Bedient sich der Arbeitgeber zur Antragstellung eines Rechtsanwalts, genügt nach § 46 Abs. 2 Satz 1 ArbGG i. V. m. § 88 Abs. 2 ZPO die anwaltliche Versicherung der **Vollmacht,**[178] vollmachtloses Handeln kann nach § 89 Abs. 2 ZPO durch Genehmigung rückwirkend geheilt werden. Das *BAG* hat sich in dem Zusammenhang nicht der Rechtsprechung des *BVerwG*[179] zu der vergleichbaren Bestimmung des § 56 BPersVG angeschlossen, die die Vorlage der Vollmacht innerhalb der Antragsfrist fordert. Diese abweichende Rechtsprechung sei durch Besonderheiten des öffentlichen Dienstes bedingt, die im privaten AV nicht einschlägig seien.[180] Offen blieb dabei, ob der Entbindungsantrag auch materiellrechtlicher Natur ist,[181] sodass die Gestaltungswirkung nach § 174 Satz 1 BGB entfiele, wenn **unverzüglich** die fehlende Vorlage der Vollmachturkunde **gerügt** wird. Aus Sicht des Auszubildenden ist mangels Vorlage der Urkunde daher in jedem Fall die unverzügliche Rüge zu empfehlen. 48

---

171 *LAG Hamm* 30.3.88 – 3 TaBV 100/87, DB 88, 2057; *Fitting,* Rn. 44; APS-*Künzl,* Rn. 155; a. A. GK-*Oetker,* Rn. 204 f.

172 Vgl. dazu DDZ-*Deinert,* § 1 KSchG Rn. 77 ff.

173 *BAG* 29.11.89 – 7 ABR 67/88, AP Nr. 20 zu § 78a BetrVG 1972.

174 Vgl. *BAG* 15.1.80 – 6 AZR 361/79, AP Nr. 9 zu § 78a BetrVG 1972.

175 Vgl. *LAG Niedersachsen* 22.1.10 – 10 Sa 424/09, LAGE § 103 BetrVG 2001 Nr. 10.

176 DKWF-*Bachner/Deinert,* § 78a Rn. 5, 6.

177 Vgl. *BAG* 11.1.95 – 7 AZR 574/94, EzA § 78a BetrVG 1972 Nr. 22; 5.4.84 – 6 AZR 70/83, AP Nr. 13 zu § 78a BetrVG 1972; 29.11.89 – 7 ABR 67/88, AP Nr. 20 zu § 78a BetrVG 1972; *LAG Düsseldorf* 12.6.75 – 3 TaBV 106/74, DB 75, 1995; *Wullenkord,* RdA 21, 344 [350 f.]; GK-*Oetker,* Rn. 200 ff. m. w. N.

178 *BAG* 18.9.19 – 7 ABR 44/17, AP Nr. 57 zu § 78a BetrVG 1972; a. A. *LAG Rheinland-Pfalz* 20.3.17 – 3 TaBV 10/16, juris.

179 *BVerwG* 21.2.11 – 6 P 12.10, NZA-RR 11, 332.

180 *BAG* 18.9.19 – 7 ABR 44/17, NZA 20, 329, Rn. 24 ff.

181 *BAG* 18.9.19 – 7 ABR 44/17, NZA 20, 329, Rn. 34.

49 Ein **Feststellungsantrag des AG,** mit dem dieser die gerichtliche Entscheidung begehrt, dass zwischen ihm und dem Auszubildenden ein Arbeitsverhältnis nicht zustande gekommen ist, weil die Voraussetzungen nach Abs. 2 oder 3 nicht vorliegen, betrifft nicht die Geltendmachung der Unzumutbarkeit nach Abs. 4. Es handelt sich um einen negativen allgemeinen Feststellungsantrag i. S. d. § 256 ZPO.[182] Dieser bezieht sich auf ein individualrechtliches Rechtsverhältnis und ist deshalb im arbeitsgerichtlichen **Urteilsverfahren** zu verfolgen.[183] Das *BAG*[184] erwägt allerdings ein einheitliches Beschlussverfahren. Es hat die Frage zuletzt jedoch offengelassen.[185] Tatsächlich sprechen die besseren Gründe dafür, dass beide Anträge einheitlich im Beschlussverfahren verfolgt werden können.[186]

50 Nach Auffassung des *BAG* können **beide Verfahren** (Feststellungsverfahren, dass die Voraussetzungen des Abs. 2 oder 3 nicht vorliegen, und Verfahren nach Abs. 4 Nr. 1 oder 2) **unabhängig voneinander betrieben** und einer Entscheidung zugeführt werden.[187] Wird somit nach einer dem Antrag des AG nach Abs. 4 Nr. 1 oder 2 rechtskräftig stattgebenden gerichtlichen Entscheidung festgestellt, dass ein Arbeitsverhältnis nach Abs. 2 oder 3 nicht begründet worden ist, weil nach rechtskräftiger Entscheidung des ArbG die Voraussetzungen des Abs. 2 oder 3 nicht vorliegen, steht fest, dass die das Arbeitsverhältnis auflösende Entscheidung gegenstandslos ist. Wird dagegen im Urteilsverfahren festgestellt, dass wegen Vorliegens der Voraussetzungen nach Abs. 2 oder 3 ein Arbeitsverhältnis begründet worden ist, so wird dieses Arbeitsverhältnis mit Rechtskraft der Auflösungsentscheidung im Beschlussverfahren nach Abs. 4 Nr. 2 wieder beendet.

51 Leitet der AG ein **Verfahren nach Abs. 4** beim ArbG **nicht ein,** weil er das Bestehen eines Arbeitsverhältnisses oder die Mitgliedschaft in dem Betriebsverfassungsorgan leugnet, liegt es am Auszubildenden, seine Rechte gerichtlich geltend zu machen. Der Auszubildende kann seinen Anspruch auf **Feststellung des Bestehens eines Arbeitsverhältnisses** und dessen Inhalt im Urteilsverfahren verfolgen, da es sich um eine bürgerliche Rechtsstreitigkeit zwischen dem AN und dem AG über den Bestand oder den Inhalt eines Arbeitsverhältnisses nach § 2 Abs. 1 Nr. 3 ArbGG handelt.[188]

52 Der Anspruch auf Weiterbeschäftigung in dem Betrieb, in dem der Auszubildende in das Betriebsverfassungsorgan gewählt wurde, kann auch im Wege einer **einstweiligen Verfügung** durchgesetzt werden.[189] Der Weiterbeschäftigungsanspruch auch im Wege der einstweiligen Verfügung ergibt sich bereits daraus, dass sowohl das betreffende Betriebsverfassungsorgan, dem das geschützte Mitglied angehört, als auch der Auszubildende selbst ein Recht darauf haben, dass die Organtätigkeit ungestört ausgeübt werden kann. So muss etwa der geschützte Auszubildende, der einer JAV angehört, stets Gelegenheit haben, in Kontakt zu den jugendlichen Arbeitskolleginnen und Arbeitskollegen zu treten. Das geschützte Organmitglied kann seine Tätigkeit nur dann voll und ungestört ausüben, wenn es in den Betrieb integriert ist.

53 Eine **Entbindung des AG** von der **Weiterbeschäftigungspflicht** im Rahmen eines **einstweiligen Verfügungs-Verfahrens** ist – entgegen der h. M.[190] – nicht möglich, ebenso wenig eine **einstweilige Verfügung auf Auflösung** des gesetzlich begründeten Arbeitsverhältnisses.[191]

182 *BAG* 17.6.20 – 7 ABR 46/18, AP BetrVG 1972 § 78a Nr. 58, Rn. 20f.

183 *BAG* 29.11.89 – 7 ABR 67/88, AP Nr. 20 zu § 78a BetrVG 1972; vgl. APS-*Künzl*, Rn. 146; *Wullenkord*, RdA 21, 344 [349]; a. A. LKK-*Klumpp*, Rn. 16.

184 *BAG* 11.1.95 – 7 AZR 574/94, DB 95, 1418.

185 *BAG* 17.6.20 – 7 ABR 46/18, AP BetrVG 1972 § 78a Nr. 58, Rn. 16.

186 *Wullenkord*, RdA 2021, 344 [351 ff.].

187 *BAG* 29.11.89– 7 ABR 67/88, AP Nr. 20 zu § 78a BetrVG 1972.

188 *BAG* 23.6.83 – 6 AZR 595/80, 22.9.83– 6 AZR 323/81, 13.11.87 – 7 AZR 246/87, AP Nrn. 10, 11, 18 zu § 78a BetrVG 1972; *Wullenkord*, RdA 21, 344 [348 f.]; ErfK-*Kania*, Rn. 11.

189 *LAG Sachsen* 2.11.05 – 2 Sa 731/05, juris; *Fitting*, Rn. 64; vgl. auch *LAG Schleswig-Holstein* 25.3.85 – 5 Sa 65/85, DB 85, 2412, das eine einstweilige Verfügung auf Weiterbeschäftigung dann bejaht, wenn der Auszubildende rechtzeitig den Antrag nach § 78a Abs. 2 gestellt hat, dem Begehren aber lediglich der Auflösungsantrag des AG nach § 78a Abs. 4 Nr. 2 entgegensteht und das Beschäftigungsinteresse des Ausgebildeten die Kontinuität der Beschäftigung dringend erfordert.

190 *LAG Köln* 31.3.05 – 5 TA 52/05, LAGE BetrVG 2001 § 78a Nr. 2; *Fitting*, Rn. 45; GK-*Oetker*, Rn. 208 ff.; HWGNRH-*Nicolai*, Rn. 44; *Houben*, NZA 06, 769 [772 f.].

191 *ArbG Wiesbaden* 11.1.78 – 6 GA 3/77, DB 78, 797; *Fitting*, Rn. 45; APS-*Künzl*, Rn. 159.

Bei einem Vergleich mit § 102 Abs. 5 ist überdies festzustellen, dass in dieser Vorschrift die Zulässigkeit einer vom AG zu betreibenden einstweiligen Verfügung ausdrücklich aufgeführt worden ist. Bei der Weiterbeschäftigung nach § 78a hat der Gesetzgeber jedoch, obwohl diese Vorschrift zeitlich später entstanden ist, von einer Entbindung des AG durch einstweilige Verfügung abgesehen. Damit hat der Gesetzgeber zuungunsten des AG bewusst eine negative Entscheidung getroffen.

Zumindest bei einem Verfahren, mit dem der Arbeitgeber nach § 78a Abs. 4 Nr. 2 die Auf- **54**
lösung eines bereits begründeten Arbeitsverhältnisses beantragt, ist der volle Streitwertrahmen des § 42 Abs. 2 Satz 1 GKG auszuschöpfen, da mit dem Antrag die Auflösung eines bereits kraft gesetzlicher Fiktion begründeten unbefristeten Arbeitsverhältnisses begehrt wird, so dass das Verfahren in seiner Bedeutung für die Beteiligten nicht hinter der eines Kündigungsrechtsstreits zurücktritt.[192] Demgegenüber soll in einem Feststellungsverfahren nach § 78a Abs. 4 Nr. 1 ein Gegenstandswert von zwei Bruttomonatsvergütungen ausreichend sein.[193]

Der BR darf in einem Verfahren nach § 78a Abs. 4 Satz 1 neben der **Mandatierung eines** ihn, **55**
den BR, vertretenden **Rechtsanwalts** regelmäßig nicht die weitere Beauftragung eines Rechtsanwalts zur gesonderten Vertretung der JAV für erforderlich halten, obwohl diese notwendig zu beteiligen ist. Das ist nach der Rspr. des *BAG* nur in absoluten Ausnahmesituationen denkbar.[194]

§ 79 Geheimhaltungspflicht

(1) Die Mitglieder und Ersatzmitglieder des Betriebsrats sind verpflichtet, Betriebs- oder Geschäftsgeheimnisse, die ihnen wegen ihrer Zugehörigkeit zum Betriebsrat bekannt geworden und vom Arbeitgeber ausdrücklich als geheimhaltungsbedürftig bezeichnet worden sind, nicht zu offenbaren und nicht zu verwerten. Dies gilt auch nach dem Ausscheiden aus dem Betriebsrat. Die Verpflichtung gilt nicht gegenüber Mitgliedern des Betriebsrats. Sie gilt ferner nicht gegenüber dem Gesamtbetriebsrat, dem Konzernbetriebsrat, der Bordvertretung, dem Seebetriebsrat und den Arbeitnehmervertretern im Aufsichtsrat sowie im Verfahren vor der Einigungsstelle, der tariflichen Schlichtungsstelle (§ 76 Abs. 8) oder einer betrieblichen Beschwerdestelle (§ 86).

(2) Absatz 1 gilt sinngemäß für die Mitglieder und Ersatzmitglieder des Gesamtbetriebsrats, des Konzernbetriebsrats, der Jugend- und Auszubildendenvertretung, der Gesamt-Jugend- und Auszubildendenvertretung, der Konzern-Jugend- und Auszubildendenvertretung, des Wirtschaftsausschusses, der Bordvertretung, des Seebetriebsrats, der gemäß § 3 Abs. 1 gebildeten Vertretungen der Arbeitnehmer, der Einigungsstelle, der tariflichen Schlichtungsstelle (§ 76 Abs. 8) und einer betrieblichen Beschwerdestelle (§ 86) sowie für die Vertreter von Gewerkschaften oder von Arbeitgebervereinigungen.

Inhaltsübersicht Rn.

192 *LAG Hamburg* 26.10.06 – 7 Ta 18/06, NZA-RR 07, 154.
193 *LAG Köln* 20.2.06 – 2 Ta 468/05, NZA-RR 06, 434.
194 *BAG* 18.1.12 – 7 ABR 83/10, NZA 12, 683.

I. Vorbemerkungen

1. Systematischer Zusammenhang

1 Der BR ist nicht auf Kommunikation mit dem AG beschränkt. Erforderlich ist vor allem interne Kommunikation mit den AN; auch externe Kommunikation mit Dritten kann erforderlich sein.[1] Eine Einschränkung dieser Kommunikationsformen ist nur als rechtlicher Ausnahmetatbestand zulässig, der einer ausdrücklichen Rechtsgrundlage bedarf. Die in dieser Vorschrift begründete Schweigepflicht des BR gegenüber dem AG (zum Begriff Rn. 4) ist **Pendant und Sicherungsmittel zu den gesetzlichen Informationsrechten** des BR und anderer betriebsverfassungsrechtlicher Organe.[2] Ein AG soll nicht Informationen zurückhalten, weil er befürchten muss, dass deren Weitergabe etwa an Kunden oder Konkurrenten geschäftliche Nachteile gegenüber Dritten nach sich zieht. Die Bestimmung setzt in Übereinstimmung mit Art. 3 Abs. 1c) der (Geheimnisschutz-)RL (EU)2016/943 und § 3 Abs. 1 Nr. 3 Geschäftsgeheimnisgesetz (»Ausüben von Informations- und Anhörungsrechten der Arbeitnehmer oder Mitwirkungs- und Mitbestimmungsrechte der Arbeitnehmervertretung«) voraus, dass der BR im Rahmen seiner Amtsausübung auch Informationen über Betriebs- oder Geschäftsgeheimnisse erhält bzw. dass der AG nicht eine Auskunft, zu deren Erteilung er gegenüber dem BR verpflichtet ist, deshalb verweigern darf, weil es sich um ein Betriebs- oder Geschäftsgeheimnis handelt.[3] § 80 Abs. 2 kennt keinen Vorbehalt wie etwa § 43 Abs. 2 Satz 3 gegenüber der Betriebsversammlung oder § 106 Abs. 2 gegenüber dem WA (vgl. § 80 Rn. 84; § 106 Rn. 59 ff.).[4] Für die Information des BR, etwa nach § 80 Abs. 2 oder § 111, gilt diese Einschränkung ebenso wenig wie der Geheimnisschutz nach § 93 Abs. 1 Satz 2 AktG oder das Verbot der Weitergabe von sog. Insider-Informationen nach § 14 Abs. 1 Nr. 2 WpHG (vgl. auch § 106 Rn. 59).[5] Etwas anderes konnte nach einer älteren Entscheidung des *BAG* gelten, wenn der BR Betriebs- und Geschäftsgeheimnisse offenbart hatte. In einem nach Auffassung des *BAG* besonders krassen Einzelfall durfte der AG geheimhaltungsbedürftige Informationen so lange zurückhalten, bis der BR eindeutig erklärte, die Verschwiegenheitspflicht zu beachten.[6]

2 Die Schweigepflicht dient dem **Schutz des AG als UN im Markt.**[7] Sie schützt das UN bei seiner Teilnahme am Wirtschaftsverkehr, nicht in seiner Rolle als (Mitglied einer) Tarifpartei[8] oder als AG gegenüber den AN. Objektiv besteht die Gefahr, dass sich eine Geheimhaltungspflicht des BR bei seinen Wählern als Kommunikations- und Vertrauensstörung zwischen diesen auswirkt, den **für demokratische Interessenvertretung notwendigen Austausch zwischen Mitbestimmungsorgan und Betroffenen**[9] behindert und den BR in **Interessenkonflikte zu seinen Amtspflichten** gegenüber den AN bringt. Der BR muss mit der Belegschaft einen offenen oder vertraulichen[10] Dialog führen können.[11] Diese besondere Funktionsbeziehung

---

1 *BAG* 14.7.10 – 7 ABR 80/08, AuR 10, 397; *Neufeld/Elking*, NZA 13, 1170.
2 Ebenso *Leuze*, ZTR 09, 7.
3 Richardi-*Thüsing*, Rn. 16; H/M-*Hayen* § 3 Abs. 1 Nr. 3 Rn. 85.
4 *Fitting*, Rn. 1; *WW*, Rn. 1; *BAG* 31.1.89, AP § 80 BetrVG 1972 Nr. 33; 15.12.98 – 1 ABR 9/98, AuR 99, 242 (Anm. *Buschmann*); 13.2.07 – 1 ABR 14/06, AuR 07, 326, zum Einblick in Gagenlisten.
5 HaKo-BetrVG/*Lorenz*, Rn. 14; *Oetker*, FS Wißmann, S. 404.
6 *BAG* 14.5.87 – 6 ABR 39/84, DB 88, 2569.
7 WPK-*Preis*, Rn. 13.
8 *BAG* 11.7.00 – 1 ABR 43/99, DB 01, 598; *LAG Köln* 13.7.99 – 13 (10) TaBV 5/99, AuR 00, 151 (Anm. *Däubler*).
9 Vgl. *BAG* 31.8.82 – 1 ABR 27/80, bestätigt durch *BVerfG* 18.12.85 – 1 BvR 143/83, AP Nrn. 8, 15 zu § 87 BetrVG 1972 Arbeitszeit.
10 *HessLAG* 26.9.11 – 16 TaBV 105/11, NZA-RR 12, 85, Rechtsbeschw. 7 ABR 88/11, eingestellt.
11 *BAG* 9.6.99 – 7 ABR 66/97, NZA 99, 1292; 8.3.00 – 7 ABR 73/98, AuR 00, 142.

(Informationssicherung) sowie das Spannungsverhältnis zwischen Schweigepflicht und kommunikativer Interessenvertretung sowie dem Grundrecht auf freie Meinungsäußerung nach Art. 5 GG erfordern eine **restriktive Auslegung** der Schweigepflicht, insbes. bei der Weitergabe arbeitnehmerrelevanter Daten und Informationen an die Beschäftigten (vgl. Rn. 8, 24 ff.).[12] Es handelt sich um eine Meinungsäußerung. Die Gerichte haben von Verfassungs wegen zu prüfen, ob von der Anwendung einfachgesetzlicher Vorschriften Grundrechte der AN betroffen sind. Trifft dies zu, haben sie diese, soweit möglich, im Lichte der Grundrechte auszulegen und anzuwenden.[13]

Die Bestimmung regelt (für Betriebs- und Geschäftsgeheimnisse abschließend) einen **tatbestandlich begrenzten Ausschnitt der im Betriebsablauf entstehenden Schweigepflichten.** 3
Daneben können betriebsverfassungsrechtliche, arbeitsvertragliche und personaldatenschutzrechtliche Pflichten treten (§§ 79a, 82 Abs. 2 Satz 3, 83 Abs. 1 Satz 2, 99 Abs. 1 Satz 3, 102 Abs. 2 Satz 5, 120 Abs. 2 BetrVG, 53 BDSG n. V.). Sie richten sich teilweise an denselben Personenkreis, teilweise an andere (AG, Beschäftigte der Personalabteilung, dritte Personen). Im Einzelnen ist zu unterscheiden, wer gegenüber wem zum Schweigen bzw. zur Vertraulichkeit verpflichtet ist, welches und wessen legitimes Interesse dadurch geschützt werden soll, wer berechtigt ist, die Schweigepflicht einzufordern (zur sog. Relativität Rn. 20). Unzutreffend wäre die undifferenzierte Vorstellung, dass jede Schweigepflicht des BR oder eines BR-Mitglieds zugleich eine Verpflichtung gegenüber dem AG darstellt, die dieser einfordern könnte. Denkbar sind Schweigepflichten des BR bzw. seiner Mitglieder nur zum Schutze einzelner betr. AN oder auch die Verpflichtung, Betriebsratsinterna oder bestimmte, einzelne AN betreffende persönliche Informationen nicht an den AG gelangen zu lassen (vgl. § 79a Satz 4). Zur vertraulichen Behandlung von Arbeitnehmerdaten, etwa aus der Personalakte, durch den AG vgl. § 83. Spezialvorschrift mit einer konkreten Sanktionsanordnung ist § 120. Entsprechende Vorschriften: § 11 BPersVG; § 203 Abs. 2 Nr. 3 StGB; § 29 SprAuG; § 35 Abs. 2 EBRG; § 28 ZDG zum Vertrauensmann der Zivildienstleistenden.

Der Begriff »**Geheimhaltungspflicht**« ist insofern nicht korrekt, als er über den tatbestandlichen Normbefehl des Abs. 1 Satz 1 hinausgeht, der ausdrücklich nur ein Offenbarungs- und Verwertungsverbot, also eine Unterlassungspflicht, beinhaltet. § 4 GeschGehG v. 18.4.19 untersagt »Erlangung, Nutzung und Offenlegung«. Eine positive Verpflichtung, für die Geheimhaltung von Geheimnissen einzutreten, ergibt sich auch nicht aus § 2 Abs. 1, da § 79 eine abschließende Sonderregelung darstellt. Treffender ist die Bezeichnung »**Schweige**- (so § 11 BPersVG) bzw. **Verschwiegenheitspflicht** (so § 79a)«. 4

Die Prüfung des Abs. 1 (sinngemäß Abs. 2) erfolgt in mehreren Stufen: 5

- materielles Betriebs- oder Geschäftsgeheimnis,
- das Gegenstand angemessener Geheimhaltungsmaßnahmen durch ihren rechtmäßigen Inhaber ist,
- an dessen Geheimhaltung dieser ein berechtigtes Interesse hat,
- das dem BR-Mitglied wegen seiner BR-Zugehörigkeit bekannt geworden ist,
- das vom AG ausdrücklich als geheimhaltungsbedürftig bezeichnet worden ist,
- keine besondere Offenbarungspflicht/besonderes Offenbarungsrecht gegenüber der Allgemeinheit bzw. besonderen Personen oder Funktionsträgern,
- Aktivlegitimation des AG,
- Passivlegitimation der Mitglieder/Ersatzmitglieder des BR bzw. der in Abs. 2 genannten Organe,
- Rechtsfolge: Verbot der Offenbarung und Verwertung.

---

12 HaKo-BetrVG/*Lorenz*, Rn. 12, *LAG Schleswig-Holstein* 20.5.15 – 3 TaBV 35/14, AuR 15, 368 (Anm. *Buschmann*, ebd. 355) = LAGE § 79 BetrVG 2001 Nr. 2, zust. Anm. *Kohte/Schulze-Doll*; *HessLAG* 20.3.17 – 16 TaBV 12/17, AuR 17, 413 (Anm. *Buschmann*); dazu auch *Mittag*, jurisPR-ArbR 29/2017 Anm. 3; NZB zurückgewiesen, *BAG* 30.8.17 – 7 ABN 42/17 u. 49/17.

13 *HessLAG* 29.3.18 – 16 TaBV 185/17, AuR 19, 190.

2. Europarechtliche Vorgaben

6 **EU-Europäische einschlägige Vorschriften** sind u. a. Art. 6 der (Informations- und Konsultations-)RL 2002/14/EG, Art. 8 der (Beteiligungs-)RL 2001/86/EG, Art. 8 der (EBR-)RL 2009/38/EG, schließlich die RL (EU)2016/943 über den Schutz vertraulichen Know-hows und vertraulicher Geschäftsinformationen (Geschäftsgeheimnisse) vor rechtswidrigem Erwerb sowie rechtswidriger Nutzung und Offenlegung **(Geheimnisschutz-RL)** v. 8. 6. 2016,[14] umgesetzt durch GeschGehG v. 18. 4. 2019, sogleich Rn. 6b. Rechtsgrundlage letzterer RL war Art. 114 AEUV (Binnenmarkt). Nach Art. 114 Abs. 2 AEUV gilt dessen Abs. 1 nicht für Bestimmungen über die Rechte und Interessen der AN. Somit können sich aus der RL weder weiter gehende arbeitsrechtlichen Verpflichtungen der AN noch dahingehende staatliche Umsetzungsverpflichtungen ergeben.[15] Art. 5 Buchst. c) der RL (EU) 2016/934 anerkennt die Rechtmäßigkeit von Erwerb, Nutzung und Offenlegung von Geschäftsgeheimnissen »zum Schutz eines durch das Unionsrecht oder das nationale Recht anerkannten legitimen Interesses.« Die EU nimmt nicht in Anspruch, eine Regelung zum Betriebsverfassungsrecht vorzunehmen.[16] Nach Begründungserwägung 18 und Art. 3 Abs. 1 c) RL 2016/943 sind Erwerb, Nutzung und Offenlegung von Geschäftsgeheimnissen im Rahmen des Informationsrechts von Arbeitnehmervertretern rechtmäßig. Nach Erwägung 20 und Art. 5 Buchst. b) sollen Whistleblowing-Aktivitäten nicht eingeschränkt werden, sofern der AN in der Absicht gehandelt hat, das allg. öff. Interesse zu schützen. Erwägung 25 i. V. m. Art. 9 RL regelt die vertrauliche Behandlung von Geschäftsgeheimnissen durch Anwälte und andere Prozessvertreter. Nach Art. 1 berührt die RL nicht die Ausübung des Rechts auf freie Meinungsäußerung und auf Informationsfreiheit sowie Informationspflichten gegenüber Öffentlichkeit, Verwaltungsbehörden und Gerichten (Abs. 2a, b). Sie bietet keinen Grund zur Beschränkung der Autonomie der Sozialpartner (Abs. 2d), der Mobilität der AN (Abs. 3), der Nutzung von Informationen, die kein Geschäftsgeheimnis sind (Abs. 3a), der Nutzung erworbenen Erfahrungswissens (Abs. 3b), schließlich für zusätzliche arbeitsvertragliche Beschränkungen für AN (Abs. 3c). Zulässig bleibt vor allem die Weitergabe von Informationen durch AN an ihre Vertreter im Rahmen der rechtmäßigen Aufgabenerfüllung dieser Vertreter (Art. 5 Buchst. c RL). Insgesamt gibt die Richtlinie keine Veranlassung zur Verschärfung dieser Vorschrift bzw. zur Verschlechterung der Rechtsstellung der AN und ihrer Vertreter.[17]

6a Hinzukommt die RL (EU) 2019/1937 des EP und des Rates v. 23. 10. 2019 zum Schutz von Personen, die Verstöße gegen das Unionsrecht melden (Hinweisgeber/**Whistleblower,** Umsetzungsfrist 17. 12. 21[18]). Sie legt gemeinsame Mindeststandards für den Schutz von Personen fest, die Verstöße gegen im Einzelnen aufgeführte Rechtsakte bzw. Bereiche des Unionsrechts melden. Nach Art. 3 Abs. 4 berührt die RL nicht die nationalen Vorschriften über die Wahrnehmung des Rechts von AN, ihre Vertreter oder Gewerkschaften zu konsultieren, und über den Schutz vor ungerechtfertigten nachteiligen Maßnahmen aufgrund einer solchen Konsultation sowie über die Autonomie der Sozialpartner und deren Recht, TV einzugehen. Dies gilt unbeschadet des durch diese RL garantierten Schutzniveaus. Mehr zur Whistleblower-RL unter § 84 Rn. 3a). Die Eur. Kommission hatte wegen mangelnder Umsetzung (Umsetzungsfrist 17. 12. 21) am 27. 1. 22 ein Vertragsverletzungsverfahren gegen Deutschland eingeleitet.[19]

---

14 ABlEU 2016, L 157/1 v. 15. 6. 16; zum Entwurf *Buschmann,* AuR 16, 177 sowie 15. Aufl.; zu externem Whistleblowing im Wandel der Zeiten *Krause,* SR 19, 138 ff., m. w. N.

15 H/M-*Böning,* § 1 Abs. 3 Nr. 3 u. 4, Rn. 39; eine RL begründet ohnehin keine Verpflichtungen der AN, *EuGH* 21. 10. 10 – C-227/09, Accardo.

16 *Hoeren/Münker,* WRP 18, 151, mit Verweis auf Art. 1 Abs. 2 RL.

17 EUArbR/*Schubert,* RL 2016/943/EU, Art. 2 Rn. 21; *Bissels/Schroeders,* DB 16, 2299; *Preis/Seiwerth,* RdA 19, 360; a. A. *Oetker,* ZESAR 7/17, 257 ff., der nicht nur Einschränkungen des Geheimnisschutzes bei Gesetzesverstößen bzw. im Hinblick auf notwendige Kommunikation zwischen gewählten AN-Vertretern und AN ablehnt, sondern entgegen Art. 6 RL 2002/14/EG auch das Erfordernis eines objektiven, berechtigten Geheimhaltungsinteresses.

18 Zur RL und zu den Folgen ihrer nicht fristgerechten Umsetzung *Gerdemann,* NJW 21, 3489.

19 Dazu *Gerdemann,* Whistleblowing, quo vadis? Die Europäische Whistleblower-Richtlinie und ihre Umsetzung in deutsches Recht, SozR 1/21, 2 ff.; 3/21, 89 ff; umfassend *Colneric/Gerdemann,* Die Umsetzung der Whistleblower-Richtlinie in deutsches Recht, HSI, Frankfurt/M 2020; *Fischer-Lescano,*

Die nationale Umsetzung der RL 2016/943 durch das **Gesetz zum Schutz von Geschäftsgeheimnissen** (GeschGehG) v. 18. 4. 2019[20] bestätigt diesen Befund. Nach dessen erst am Ende des Gesetzgebungsverfahrens[21] klargestellten § 1 Abs. 3 Nr. 3 bleiben die Autonomie der Sozialpartner und ihr Recht, Kollektivverträge nach den bestehenden europäischen und nationalen Vorschriften abzuschließen, unberührt (entspricht RL (EU) 2019/1937 Erwägung 12). Sozialpartner i. S. d. Vorschrift sind allein die TV-Parteien, nicht die Betriebsparteien.[22] Nach Nr. 4 bleiben die Rechte und Pflichten aus dem Arbeitsverhältnis und die Rechte der Arbeitnehmervertretungen unberührt. Spezialgesetzliche Regelungen im Bereich der Mitbestimmung gehen dem GeschGehG vor. Somit beinhaltet dieses Gesetz keine Erweiterung von Schweigepflichten der Interessenvertretungen von AN.[23] Das »berechtigte Interesse« ist nach § 2 Nr. 1c Voraussetzung für die Anerkennung als Geschäftsgeheimnis. Die im Gesetzentwurf noch aufgezählten »Rechtfertigungsgründe« werden in § 5 als förmliche Ausnahmetatbestände umgestaltet, für die das Gesetz nicht gilt: 6b

»Die Erlangung, die Nutzung oder die Offenlegung eines Geschäftsgeheimnisses fällt nicht unter die Verbote des § 4, wenn dies zum Schutz eines berechtigten Interesses erfolgt, insbesondere
1. zur Ausübung des Rechts der freien Meinungsäußerung und der Informationsfreiheit, einschließlich der Achtung der Freiheit und der Pluralität der Medien;
2. zur Aufdeckung einer rechtswidrigen Handlung oder eines beruflichen oder sonstigen Fehlverhaltens, wenn die Erlangung, Nutzung oder Offenlegung geeignet ist, das allgemeine öffentliche Interesse zu schützen;
3. im Rahmen der Offenlegung durch AN gegenüber der Arbeitnehmervertretung, wenn dies erforderlich ist, damit die Arbeitnehmervertretung ihre Aufgaben erfüllen kann.«

In diesen Fällen wird somit der Verbotstatbestand gar nicht erst erfüllt (und nicht lediglich gerechtfertigt). Der Begriff » insbesondere« stellt klar, dass die Aufzählung nach Nrn. 1–3 nicht abschließend ist, sondern darüber hinausgehen kann.[24] Mit Art. 5 des Gesetzes v. 18. 4. 19 wurden zugleich §§ 17–19 UWG aufgehoben.

Die nationale Umsetzung der Whistleblower-RL erfolgte – verspätet – durch das Gesetz für einen besseren Schutz hinweisgebender Personen sowie zur Umsetzung der RL zum Schutz von Personen, die Verstöße gegen das Unionsrecht melden v. 31. 5. 23.[25] Miterfasst ist die Offenlegung von Informationen, die (…) einer Rechtsvorschrift des Bundes wie § 79 (…) unterliegen.[26] Im Einzelnen Kommentierung unter § 84 Rn. 3b. 6c

II. Gegenstand und Umfang der Schweigepflicht

1. Materielles Geheimnis

Der Schweigepflicht unterliegen nur objektive Betriebs- und Geschäftsgeheimnisse. Hierunter sind Tatsachen zu verstehen, die im Zusammenhang mit dem technischen Betrieb oder der wirtschaftlichen Betätigung des UN stehen, nur einem **begrenzten betrieblichen Personenkreis bekannt,** also nicht offenkundig sind, nach dem bekundeten Willen des AG (UN) geheim 7

Internationalrechtliche Regulierung des Whistleblowing – Anpassungsbedarf im deutschen Recht, AuR 2016, 4 ff. u. 48 ff.

20 BGBl. I, 466.

21 BT-Drucks. 19/8300, S. 13; zum Entwurf *Böning/Heidfeld*, AuR 18, 555 ff.; zum Gesetz *Böning*, AiB 9/19, 26.

22 H/M-*Böning*, § 1 Abs. 3 Nr. 3 u. 4, Rn. 46.

23 H/M-*Hoeren*, Vorb §§ 1–2, Rn. 11; H/M-*Böning*, § 1 Abs. 3 Nr. 3 und 4, Rn. 72; *Reinfeld*, § 1 Rn. 80 f.

24 Die Begründung des Gesetzentwurfs BT-Drucks. 19/4724, S. 28 nannte – noch als Rechtfertigungsgrund – ausdrücklich die Unterrichtung durch die Arbeitnehmervertretung: »Berechtigtes Interesse kann jedes von der Rechtsordnung gebilligte Interesse sein. Es umfasst auch Interessen wirtschaftlicher oder ideeller Art, wenn diese von der Rechtsordnung gebilligt werden. In Betracht kommen sowohl eigene Interessen wie die Durchsetzung von Ansprüchen oder Abwehr von Beeinträchtigungen wie auch die Verfolgung legitimer Gruppeninteressen, z. B. wenn die Arbeitnehmervertretung über einen bevorstehenden Personalabbau unterrichtet.«.

25 BGBl. I, Nr. 140; dazu *Bayreuther*, NZA 23, 666.

26 *Bayreuther*, NZA 23, 669; unter Hinweis auf Begründung BT-Drs. 20/3442, S. 72, 79.

gehalten werden sollen und deren Geheimhaltung – insbesondere vor Konkurrenten – für den Betrieb oder das UN wichtig ist.[27] Das setzt nach *Hoeren/Münker* eine Bilanzierung von Geschäftsgeheimnissen voraus.[28] Der notwendige Unternehmensbezug fehlt bei Geheimnissen priv. Personen oder anderer UN, selbst bei Konzernbezug.[29] Ein Betriebs- oder Geschäftsgeheimnis liegt nicht vor, wenn der AG kein **berechtigtes, wirtschaftliches, objektives Geheimhaltungsinteresse** (materielles Geheimnis) hat, auch wenn er eine bestimmte Angelegenheit dazu erklärt.[30] Arbeitsvertragliche Definitionen und Fiktionen, insbes. Erweiterungen, sind deshalb rechtlich unverbindlich.[31] Auch eine Vereinbarung mit dem BR bzw. seinem Vorsitzenden erweitert den gesetzlichen Geheimnisbegriff nicht.[32]

8 Das Geheimhaltungsinteresse muss **legal und legitim** sein. Art. 6 Abs. 1 der RL 2002/14/EG verlangt ebenso wie § 2 Abs. 1 c) GeschGehG ausdrücklich ein »berechtigtes Interesse.« Begründungserwägung 14 der RL (EU) 2016/943 verlangt sowohl ein legitimes Interesse an ihrer Geheimhaltung als auch die legitime Erwartung, dass diese Vertraulichkeit gewahrt wird. In der Lit. wird deshalb die Richtlinienkonformität des § 79 bezweifelt.[33] Er lässt sich jedoch europarechtskonform auslegen, dass ein berechtigtes wirtschaftliches Interesse des Betriebsinhabers an der Geheimhaltung bestehen muss.[34] Nicht jeder durch Offenbarung entstehende Nachteil begründet ein geschütztes Geheimhaltungsinteresse. Auch das *BAG*[35] lässt nicht jede wirtschaftlich vorteilhafte Geheimhaltung von Daten ausreichen, sondern nur diejenige, deren Verletzung die Wettbewerbsfähigkeit der Konkurrenz steigern könnte. Dies ist z. B. nicht der Fall, wenn eine solche Konkurrenzsituation nicht oder nicht mehr besteht, wenn das UN oder der Konkurrent beschließt, aus dem Markt auszutreten und den Betrieb zu schließen.[36]

8a Bei dieser Wertungsfrage sind die **berechtigten Belegschaftsinteressen** zu berücksichtigen. Ist etwa der quantitative oder qualitative Bestand der Arbeitsplätze gefährdet, haben z. B. die betr. AN ein berechtigtes Interesse, dies frühzeitig zu erfahren. So kann ein dem BR mitgeteilter, geplanter, interessenausgleichspflichtiger **Personalabbau** als solcher und dessen Umfang nicht zu einem Betriebs- oder Geschäftsgeheimnis erklärt werden.[37] Gegenüber den AN besteht kein Konkurrenz- oder Wettbewerbsverhältnis. Der AG hat kein sachlich begründetes, objektiv berechtigtes Geheimhaltungsinteresse daran, dass ein BR erst kommuniziert, wenn seine Entscheidungen konkret ausverhandelt sind. Die sachgerechte Wahrnehmung der Mitbestimmungs- und Mitwirkungsrechte ist ohne einen Informationsaustausch zwischen BR und Belegschaft nicht denkbar. Mit dieser Begründung wurde ein Ausschlussantrag gegen ein BR-Mitglied zurückgewiesen, das seine Gewerkschaft über Schließungspläne informiert hatte,

---

27 *BAG* 26.2.87, AP Nr. 2 zu § 79 BetrVG 1972; 13.2.07 – 1 ABR 14/06, AuR 07, 326; *BGH* 15.5.55, AP Nr. 1 zu § 17 UWG; 5.6.75, BGHZ 64, 325; *Preis/Reinfeld*, AuR 89, 363; Richardi-*Thüsing*, Rn. 5; GK-*Oetker*, Rn. 10; *ders.*, FS Wißmann, 398; *GL*, Rn. 6; *HWGNRH*, Rn. 3.

28 *Hoeren/Münker*, WRP 18, 151.

29 *Müller*, BB 13, 2293.

30 So schon *BGH* 5.6.75 – II ZR 156/73, BGHZ 64, 325; vgl. ferner Rn. 17 sowie Art. 1 Abs. 3 a) RL 216/943; Richardi-*Thüsing*, Rn. 7; GK-*Oetker*, Rn. 13; *GL*, Rn. 9.

31 Vgl. *Preis/Reinfeld*, AuR 89, 363.

32 *LAG Hamm* 22.7.11 – 10 Sa 381/11, AE 2011, 244; *HessLAG* 20.3.17 – 16 TaBV 12/17, AuR 17, 413; NZB zurückgewiesen, *BAG* 30.8.17 – 7 ABN 42/17 u. 49/17.

33 Preis/Sagan/*Müller-Bonanni/Jenner*, § 12, Rn. 229; *Reichold*, NZA 03, 289.

34 EUArbR/*Weber*, RL 2002/14/EG, Art. 6 Rn. 6; EUArbR/*Schubert*, RL 2016/943/EU, Art. 2 Rn. 13; EnzEuR Bd. 7-*Greiner*, § 21 Rn. 34.

35 Vgl. *BAG* 26.2.87, a.a.O., »berechtigtes wirtschaftliches Interesse«; so schon *BGH* 5.6.75 – II ZR 156/73, BGHZ 64, 325.

36 Zum Fall Nokia vgl. *Leuze*, ZTR 09, 7: »drastische Darstellung in der Öffentlichkeit nicht nur erlaubt, sondern sogar geboten.«.

37 *LAG Schleswig-Holstein* 20.5.15 – 3 TaBV 35/14, AuR 15, 368; zust. *Buschmann*, ebd., 355; = LAGE § 79 BetrVG 2001 Nr. 2, zust. Anm. *Kohte/Schulze-Doll*; *HessLAG* 20.3.17 – 16 TaBV 12/17, AuR 17, 413 (Anm. *Buschmann*), NZB zurückgewiesen, *BAG* 30.8.17 – 7 ABN 42/17 u. 49/17; *Däubler*, Arbeitsrecht 1, Rn. 789a; HaKo-BetrVG/*Lorenz*, Rn. 8; *Kittner*, ZHR 136 [1972], 208 ff.; *Zachert*, Betriebliche Mitbestimmung, 132; zur Geheimnisschutz-RL EUArbR/*Schubert*, RL 2016/943/EU, Art. 2 Rn. 21; zum Geheimnisschutzgesetz *Preis/Seiwerth*, RdA 19, 359; H/M-*Böning*, § 1 Abs. 3 Nr. 3 u. 4 Rn. 74; H/M-*Hayen* § 5 Nr. 3 Rn. 150; so ausdrücklich BT-Drucks. 19/4724, S. 28, s. Rn. 6b; enger: Ausnahmefälle, GK-*Oetker*, Rn. 14.

die der AG absolut vertraulich behandelt wissen wollte.[38] So anerkennt der Gesetzgeber ausdrücklich das »Anliegen [der AN], selbst stärker Einfluss auf die Betriebspolitik und die BR-Arbeit nehmen zu können.«[39] Deshalb können sich Mitglieder des BR für eine dahingehende Mitteilung auf einer BV auf Art. 5 Abs. 1 GG berufen und sind dabei auch nicht durch eine Pflicht zur vertrauensvollen Zusammenarbeit beschränkt.[40]

Das Geheimhaltungsinteresse ist nicht gegeben bei Informationen, an denen seitens der Strafverfolgungs- oder Ordnungsbehörden **öffentliches Ermittlungsinteresse** besteht.[41] Illegale Geheimnisse, d. h. gesetz- oder tarifwidrige Vorgänge wie Steuerdelikte oder Vorenthalten und Veruntreuen von Arbeitsentgelt (§ 266a StGB) genießen keinen Geheimnisschutz.[42] § 79 begründet kein strafprozessuales Zeugnisverweigerungsrecht. Eine Offenbarungspflicht besteht im Rahmen des § 138 StGB, nicht also bei Steuerdelikten. Es steht im Ermessen des BR, ob er sie offenbart. Entschließt er sich, hierüber zu schweigen, drohen ihm keine Sanktionen. Unzulässig ist allerdings jede Form der Beihilfe oder Begünstigung. 9

Der Bezug des Geheimnisses auf »Betrieb« oder »Geschäft« kennzeichnet zum einen den **Gegenstand** des Geheimnisses, zum anderen den **begrenzten Personenkreis der Geheimnisträger.** Diese müssen entweder dem Betrieb/Geschäft oder dem BR bzw. den in Abs. 2 bezeichneten Organen angehören. Zu Ersteren gehören der AG selbst, seine Organvertreter, Vorstandsmitglieder, AR, Rechtsberater (des AG-Verbandes oder Anwälte), ggf. verantwortliche Beschäftigte der zust. Abteilung. Eine quantitative Ausweitung (etwa alle Beschäftigten) hebt den Geheimnischarakter auf. Offenkundigkeit liegt vor, wenn die Tatsache für jedermann ohne größere Schwierigkeit in Erfahrung gebracht werden kann, z. B. nach Veröffentlichung in einer Fachzeitschrift.[43] Andererseits sind auch bei einer geringen Anzahl von »Geheimnisträgern« Informationen, die die Sphäre des Betriebs/Geschäfts verlassen haben, etwa an Vertreter anderer UN, Journalisten, AG, Politiker oder Gewerkschafter gelangt sind, keine Geheimnisse des Betriebs/Geschäfts mehr, soweit diese nicht ihrerseits durch Abs. 2 gebunden sind. 10

Betriebsgeheimnisse liegen i. d. R. auf technischem Gebiet. Hierunter können z. B. fallen: Diensterfindungen, Herstellungsverfahren, Konstruktionszeichnungen, Unterlagen über neue technische Verfahren, Modelle, Versuchsprotokolle, chemische Formeln, Rezepturen u. Ä., ggf. auch die Tatsache, dass ein bekanntes Verfahren im Betrieb angewendet wird.[44] 11

Ein **Geschäftsgeheimnis** ist nach § 2 Abs. 1 GeschGehG »eine Information a) die weder insgesamt noch in der genauen Anordnung und Zusammensetzung ihrer Bestandteile den Personen in den Kreisen, die üblicherweise mit dieser Art von Informationen umgehen, allgemein bekannt oder ohne Weiteres zugänglich ist und daher von wirtschaftlichem Wert ist und b) die Gegenstand von den Umständen nach angemessenen Geheimhaltungsmaßnahmen durch ihren rechtmäßigen Inhaber ist und c) bei der ein berechtigtes Interesse an der Geheimhaltung besteht.« Das Erfordernis angemessener Geheimhaltungsmaßnahmen entspricht Art. 2 Abs. 1c der RL (EU) 2016/943. Es ist dann auch in den Geschäftsgeheimnisbegriff des § 79 einzupassen. Allenfalls entstünde eine nicht zu rechtfertigende Ungleichbehandlung, wenn gerade ein BR strenger behandelt würde als andere Personen, die mit geheimen Informationen in Berührung kommen.[45] Zu Ausnahmen nach § 5 GeschGehG, für die die Verbote des § 4 nicht gelten, vgl. **Rn. 6b.** Geschäftsgeheimnisse betreffen Tatsachen und Erkenntnisse von wirtschaftlicher und 12

38 *HessLAG* 20.3.17 – 16 TaBV 12/17, a. a. O.

39 BT-Drucks. 14/5741, S. 47 zu Nr. 55 (§ 86a BetrVG: Vorschlagsrecht der AN).

40 *HessLAG* 29.3.18 – 16 TaBV 185/17, AuR 19, 190.

41 *BVerfG* 2.7.01 – 1 BvR 2049/00, AuR 02, 187 (Anm. *Deiseroth*, 161); Art. 1 Abs. 2b) RL (EU) 2016/943; zur strafrechtlichen Verantwortlichkeit der AN vgl. *Deinert*, AuR 03, 104, 135.

42 *LAG Köln* 21.01.08 – 14 TaBV 44/07, AuR 08, 277; *Däubler*, Arbeitsrecht 1, S. 507; ErfK-*Kania*, Rn. 6; *Fitting*, Rn. 33; H/M-*Hayen*, § 5 Nr. 3 Rn. 141 ff., 147; MünchArbR-*Krois*, § 295, Rn. 207, 214; Siebert/Becker-*Seebacher*, Rn. 3; WPK-*Preis*, Rn. 4; *Preis/Reinfeld*, AuR 89, 363; *Müller*, BB 13, 2294; EU-ArbR/*Schubert*, RL 2016/943/EU, Art. 2 Rn. 20; Art. 1 Abs. 2b u. c), Art. 5 Buchst. b) u. c), vgl. Rn. 6.

43 So *Preis/Reinfeld*, AuR 89, 362 m. w. N.

44 *BAG* 16.3.82, AP Nr. 1 zu § 611 BGB Betriebsgeheimnis; *BGH* 15.5.55, AP Nr. 1 zu § 17 UWG; *LAG Schleswig-Holstein* 20.5.15 – 3 TaBV 35/14, AuR 15, 368; *Buschmann*, ebd. 355 = LAGE § 79 BetrVG 2001 Nr. 2, zust. Anm. *Kohte/Schulze-Doll*.

45 H/M-*Böning*, § 1 Abs. 3 Nr. 3 u. 4 Rn. 61; *Preis/Seiwerth*, RdA 19, 353; EUArbR/*Schubert*, RL 2016/943/EU, Art. 2 Rn. 6;.

kaufmännischer Bedeutung, vgl. auch Art. 2 Abs. 1 RL 2016/043. Beispiele: Kalkulationsunterlagen, Kundenlisten und -karteien, Planungen, Bezugsquellen, Liquidität des UN, getätigte oder beabsichtigte Vertragsabschlüsse.[46] **Betriebsvereinbarungen,** auch wenn ein AG sie nicht nach außen bekannt werden lassen möchte, können niemals Betriebs- oder Geschäftsgeheimnisse darstellen. Hier besteht vielmehr eine Bekanntmachungspflicht aus § 77 Abs. 2 Satz 4, damit die AN davon Kenntnis nehmen können. Zudem besteht kein geschütztes Interesse, sie nach außen geheim zu halten.[47]

13 **Lohn- und Gehaltsdaten** sind keine Betriebs- und Geschäftsgeheimnisse. Mit dem EntgTranspG 2017 hat sich der Gesetzgeber ausdrücklich für Transparenz entschieden und diesbzgl. AG und BR zur Offenlegung verpflichtet. Dies gilt schon für das einzelne Arbeitsverhältnis. Eine Klausel, die den AN verpflichtet, über seine Arbeitsvergütung auch gegenüber Arbeitskollegen Verschwiegenheit zu bewahren, ist unwirksam, da sie den AN daran hindert, Verstöße gegen den Gleichbehandlungsgrundsatz gegenüber dem AG erfolgreich geltend zu machen. Darüber hinaus verstößt sie gegen Art. 9 Abs. 3 GG.[48] Dies gilt ebenso für Daten mehrerer AN. Das *BAG* hatte den Charakter eines Betriebsgeheimnisses für den Ausnahmefall bejaht, dass Gehaltsdaten weitgehend mit Produktionskosten identisch und wesentlicher Kalkulationsfaktor der Gesamtkosten sind.[49] Dieser Beschluss wurde teilweise zu Unrecht für eine generelle Unterstellung von Lohn- und Gehaltsdaten unter die Schweigepflicht in Anspruch genommen. Nach dieser Entscheidung des *BAG* lässt sich diese Frage nur unter Berücksichtigung der Besonderheiten des betr. Unternehmensbereichs beantworten. Zwar seien Lohn- und Gehaltsdaten stets Teil der betriebswirtschaftlichen Kalkulation über Umsätze und Gewinnmöglichkeiten. Um sie aber als Geschäftsgeheimnisse zu bezeichnen, müsse die »Geheimhaltung der Daten gerade dieses Betriebs bzw. eines Teils eines Betriebs oder einer bestimmten Arbeitnehmergruppe für den wirtschaftlichen Erfolg des Betriebs insofern von Vorteil sein, als die Konkurrenz mit deren Kenntnis ihre eigene Wettbewerbsfähigkeit steigern könnte. Sind hingegen die zu den Kalkulationsgrundlagen hinzuzurechnenden Bruttogehaltsdaten für die Reaktion der Konkurrenz auf dem Markt unergiebig, besteht kein objektiv berechtigtes wirtschaftliches Geheimhaltungsinteresse. Ein dennoch geäußerter Wille des UN ist sowohl für § 17 UWG als auch für die Begründung einer besonderen Schweigepflicht des BR unerheblich.«[50] So anerkannte das *BAG* schon vor dem EntgTranspG die Information einzelner AN über festgestellte Ungleichbehandlungen in abstrakter Form. Das gleiche gilt, wenn der AG seinerseits in eigenen Veröffentlichungen Personalangelegenheiten und -daten bekannt gibt.[51] Keine Betriebs- und Geschäftsgeheimnisse sind **anonymisierte Daten** über bezahlte durchschnittliche Bruttolöhne und -gehälter, übertarifliche Zulagen und Spannen der übertariflichen Zulagen, die der BR nach Einblicknahme in die Listen über Bruttolöhne und -gehälter selbst erstellt.[52] Die wesentlichen Arbeitsbedingungen einschließlich des Arbeitsentgelts können schon deshalb kein Geschäftsgeheimnis darstellen, weil der AG selbst hierzu gem. § 13 AÜG zur Auskunft verpflichtet ist, die ein Leiharbeiter dann gegenüber dem Verleiher verwerten kann. Auch die nach der Transparenz-RL (EU) 2019/1152 v. 20.6.19 zur Verfügung zu stellenden Informationen können kein Geschäftsgeheimnis sein. Kontrolllisten, die der AG führt, um Ein-

---

46 Zu Übernahmeplänen (tender offer) hinsichtlich eines an der Nasdaq gelisteten US-amerikanischen Konkurrenten im Volumen von ca. 800 Mio. Euro *BAG* 23.10.08 – 2 ABR 59/07, DB 09, 1131.

47 *LAG Hamm* 30.9.11 – 10 Sa 471/11, juris; *LAG Düsseldorf* 30.1.14 – 15 TaBV 100/13, AuR 14, 124; *LAG Köln* 14.1.22 – 9 TaBV 34/21, juris).

48 *LAG MV* 21.10.09 – 2 Sa 183/09, AuR 10, 343.

49 *BAG* 26.2.87 – 6 ABR 46/84, AP Nr. 2 zu § 79 BetrVG 1972; zust. *Fitting,* Rn. 4; 14.5.87 – 6 ABR 39/84, DB 88, 2569.

50 *BAG* a. a. O.; ebenso *ArbG Mannheim* 6.2.07 – 7 BvGA 1/07, AuR 07, 284 = AiB 07, 542 (zust. Anm. *Stather*); *Müller,* AiB 09, 577 f.

51 Vgl. hierzu *LAG Hamburg* 24.5.88 – 1 TaBV 1/88, CR 89, 409.

52 Vgl. *v. Friesen,* AuR 82, 246 und dort Fn. 10; *Hjort,* AiB 88, 44 unter Bezug auf *ArbG Hamburg* 13.9.89 – 16 BV 17/88; *LAG Köln* 18.12.92 – 14 Sa 977/91, AiB 93, 334; *LAG Schleswig-Holstein* 4.3.15 – 3 Sa 400/14, BB 15, 1012.

satztage und -zeiten einzelner AN von Fremdfirmen festzustellen, unterliegen ebenfalls nicht der Verschwiegenheitspflicht i. S. d. Vorschrift (zum Datenschutz vgl. Rn. 44).[53]

2. Formelles Geheimnis

14 Liegt ein Betriebs- oder Geschäftsgeheimnis vor, hängt die Schweigepflicht davon ab, ob der AG die zugrunde liegenden Tatsachen **ausdrücklich als geheimhaltungspflichtig** bezeichnet (**formelles Geheimnis**).[54] Die Erklärung des AG muss hinsichtlich des Gegenstandes und des Umfanges der Geheimhaltung **klar und eindeutig** sein.[55] Es genügt nicht, wenn sich das Geheimhaltungsbedürfnis aus den Umständen ergibt.[56] Eine Begründung ist nicht zwingend erforderlich. Die Erklärung des AG bedarf zwar keiner Form; Schriftform ist aber sinnvoll.[57] Die Erklärung muss nicht vom AG selbst ausgehen; es reicht, wenn sie ein Repräsentant des AG, etwa ein Lt. Angestellter, abgibt. Die Kennzeichnung als »Persönlich/Vertraulich« in einem Schreiben einer Wirtschaftsprüfungsgesellschaft stellt eine solche ausdrückliche Erklärung des AG noch nicht dar.[58] Der AG braucht eine entspr. Erklärung nicht gegenüber jedem von der Schweigepflicht Betroffenen abzugeben.[59] Gegenüber dem gesamten BR wird sie jedoch nur wirksam, wenn sie einem nach § 26 Abs. 3 Satz 2 empfangszuständigen Mitglied zugeht. Andernfalls trägt der AG das Übermittlungsrisiko. Andere BR-Mitglieder sind insofern nur Erklärungsboten.[60] Der BR (bzw. ein anderes Organ) hat Sorge dafür zu tragen, dass ggf. BR-Mitglieder, die bei der Erklärung nicht anwesend waren, hiervon in Kenntnis gesetzt werden. An die Schweigepflicht ist nur gebunden, wer – auf welchem Wege auch immer – Kenntnis erhält, dass eine Tatsache vom AG als geheimhaltungsbedürftig bezeichnet wurde.[61]

15 Der Schweigepflicht nach dieser Vorschrift unterliegen nur Betriebs- und Geschäftsgeheimnisse, die einem Mitglied eines in Abs. 1 und 2 genannten Organe in dieser Eigenschaft **von AG-Seite und nicht von Dritten** bekannt geworden sind.[62] Hierzu gehört die Kenntniserlangung über Repräsentanten des AG, etwa Lt. Angestellte, desgleichen über Auskunftspersonen nach § 80 Abs. 2 Satz 3, Sachverständige oder Wirtschaftsprüfer, vorausgesetzt, sie erfolgt nur auf Grund der besonderen Aufgabenstellung des BR. Haben BR, BR-Mitglieder u. a. wegen ihrer Organzugehörigkeit Kenntnis vom geheimhaltungsbedürftigen Gegenstand durch Dritte erhalten, unterliegt dieser der Schweigepflicht erst, wenn der AG die Geheimhaltung ausdrücklich verlangt.[63] Betriebs- und Geschäftsgeheimnisse, die den Angehörigen betriebsverfassungsrechtlicher Organe nicht in ihrer Eigenschaft als Mandatsträger, sondern auf andere Weise rechtmäßig bekannt werden, begründen keine Verschwiegenheitspflicht nach dieser Vorschrift (eine solche kann sich u. U. aus dem Arbeitsvertrag ergeben).[64]

16 Die einmal entstandene Schweigepflicht kann entfallen, wenn der BR nachträglich dieselbe Information von dritter Seite, d. h. nicht »wegen der Zugehörigkeit zum BR« erfährt, wodurch ein anspruchsbegründendes Merkmal entfallen ist.[65]

---

53 *BAG* 31. 1. 89 – 1 ABR 72/87, AP Nr. 33 zu § 80 BetrVG 1972: Vorlage der Verträge mit Fremdfirmen an den BR.

54 Vgl. *BAG* 13. 2. 07 – 1 ABR 14/06, AuR 07, 326; Richardi-*Thüsing*, Rn. 7; *Fitting*, Rn. 5; GK-*Oetker*, Rn. 21.

55 *Simitis/Kreuder*, NZA 92, 1012; enger Richardi-*Thüsing*, Rn. 8; GK-*Oetker*, *HWGNRH*, Rn. 6; *Müller*, BB 13, 2295.

56 ErfK-*Kania*, Rn. 7.

57 Muster in DKKF-*Buschmann*, § 79 Rn. 2; Antwort des BR a. a. O., Rn. 3.

58 *LAG Hamm* 22. 7. 11 – 10 Sa 381/11, AE 2011, 244.

59 Richardi-*Thüsing*, a. a. O.

60 Vgl. *BAG* 27. 6. 85, AuR 85, 59.

61 *WW*, Rn. 7.

62 Ebenso *Fitting*, Rn. 7.

63 Richardi-*Thüsing*, Rn. 8; *Fitting*, Rn. 5; GK-*Oetker*, Rn. 29; *GL*, Rn. 10; *HWGNRH*, Rn. 7; H/M-*Hayen*, § 5 Nr. 3 Rn. 161.

64 *Fitting*, Rn. 7; GK-*Oetker*, Rn. 37; Richardi-*Thüsing*, Rn. 9; *WW*, Rn. 8; Müller, BB 13, 2295.

65 A. A. GK-*Oetker*, Rn. 36, wonach in diesem Fall aber der Geheimnischarakter entfallen kann.

3. Negative Abgrenzung

17 Bloße **vertrauliche Angaben** des AG unterliegen nicht der betriebsverfassungsrechtlichen Schweigepflicht.[66] Eine solche ergibt sich auch nicht aus § 2 Abs. 1 bzw. aus dem Arbeitsvertrag.[67] Aus dem **Charakter einer speziellen Verbots- bzw. Unterlassungsnorm** ergibt sich, dass ihre **tatbestandliche Begrenzung auch die Grenzen der Schweigepflicht setzt,** zumal der Gesetzgeber an anderer Stelle deutlich macht, wann vertrauliche Angaben (§ 395 Abs. 2 AktG) oder sonstige Angelegenheiten (§§ 93ff., 353bff. StGB, 18 BNotO) wie Betriebs- oder Geschäftsgeheimnisse behandelt werden.[68] Die tatbestandliche Begrenzung der für die Informationsweitergabe geltenden Spezialnorm wäre verkannt, könnte man über den Grundsatz der vertrauensvollen Zusammenarbeit dem BR oder seinen Mitgliedern weitergehende betriebsverfassungsrechtliche Verschwiegenheitspflichten in Angelegenheiten auferlegen, in denen § 79 nicht greift. Die Weitergabe von vertraulichen Angaben unterliegt auch nicht der Strafandrohung des § 120[69] und stellt keine Amtspflichtverletzung i. S. d. § 23 Abs. 1 dar.

18 **Persönliche Angelegenheiten der AN** des Betriebs begründen keine Schweigepflicht nach § 79, da es sich insoweit nicht um Betriebs- oder Geschäftsgeheimnisse handelt (zur Verschwiegenheit auf Grund anderer Rechtsgrundlagen vgl. Rn. 40ff.).[70]

19 Die **Schweigepflicht beginnt** mit Amtsantritt.[71] Sie **endet** weder mit Ausscheiden aus dem BR noch mit Beendigung des Arbeitsverhältnisses, sondern erst, wenn die Tatsache entweder kein Betriebs- oder Geschäftsgeheimnis mehr ist oder ihre Geheimhaltungsbedürftigkeit vom AG aufgehoben wird.[72] Nach *BGH* 20.1.81[73] verringert sich das Gewicht der schutzwürdigen Interessen des AG in der nachvertraglichen Phase.[74] Entsprechendes gilt für Organisationsvertreter, auch wenn sie es nicht mehr sind, sowie für Sachverständige gem. § 80 Abs. 3 nach Beendigung ihrer Sachverständigentätigkeit.[75] Eine Erweiterung des Verschwiegenheitsgebots über § 79 hinaus ist unzulässig.[76]

4. Relative Verpflichtung gegenüber dem Arbeitgeber – Verpflichtete

20 Bei der Schweigepflicht aus dieser Vorschrift handelt sich um eine **relative Verpflichtung gegenüber dem AG** als rechtmäßigem Inhaber von Betriebs- und Geschäftsgeheimnissen, der durch seine Erklärung den formellen Geheimnischarakter herstellen oder beseitigen kann. Dagegen können Dritte hieraus keine Rechte gegenüber dem verpflichteten Personenkreis ableiten.[77]

---

66 Richardi-*Thüsing,* Rn. 10; *Fitting,* Rn. 3; GK-*Oetker,* Rn. 2, 19; *HWGNRH,* Rn. 8 *SWS,* Rn. 5.

67 A. A. zur vertrauensvollen Zusammenarbeit Richardi-*Thüsing, GL, HWGNRH, Wochner,* a. a. O.; unklar *BAG* 3.6.03 – 1 ABR 19/02, EzA BetrVG 2001 § 89 Nr. 1, in einem verunglückten obiter dictum.

68 Ebenso *Simitis/Kreuder,* NZA 92, 1012; *Däubler,* Arbeitsrecht 1, S. 508.

69 Richardi-*Thüsing,* a. a. O.; *HWGNRH,* Rn. 9.

70 ErfK-*Kania,* Rn. 6; GK-*Oetker,* Rn. 88; *LAG Hamburg* 24.5.88 – 1 TaBV 1/88, CR 89, 409, wonach der BR berechtigt ist, Informationen über Einstellungen, Versetzungen, Kündigungen u. Ä. in einem BR-Info zu veröffentlichen, wenn der AG in eigenen Veröffentlichungen Personalangelegenheiten bekannt macht.

71 GK-*Oetker,* Rn. 50.

72 H. M.; vgl. *BAG* 15.12.87, DB 88, 1020; Richardi-*Thüsing,* Rn. 32; *Fitting,* Rn. 17; GK-*Oetker,* Rn. 51; *WW,* Rn. 10.

73 *BGH* 20.1.81 – VI ZR 162/79, NJW 81, 1089, im Wesentlichen bestätigt durch *BVerfG* 25.1.84 – 1 BvR 272/81, NJW 84, 1741, Wallraff: »Ein AN ist durch seine Verpflichtung zur Verschwiegenheit dann nicht gehindert, nach seinem Ausscheiden aus dem Anstellungsverhältnis Betriebsinterna zu offenbaren, wenn er damit gewichtige innerbetriebliche Missstände aufdeckt, durch die die Öffentlichkeit betroffen ist und denen durch betriebsinternes Vorstelligwerden nicht erfolgreich begegnet werden kann.«.

74 Restriktiv zu nachvertraglichen Schweigepflichten des AN *Fezer,* Anm. zu *BGH* 4.2.93, JZ 93, 956 m. w. N. zur Rspr. von *RG, BGH* und *BAG..*

75 *HWGNRH,* Rn. 13.

76 *LAG Schleswig-Holstein* 20.5.15 – 3 TaBV 35/14, AuR 15, 368; zust. *Buschmann,* ebd., 355 = LAGE § 79 BetrVG 2001 Nr. 2, zust. *Kohte/Schulze-Doll* ebd.; BGH 5.6.75, DB 75, 1308.

77 Vgl. *Wendeling-Schröder,* Autonomie im Arbeitsrecht, Nr. 2.1.2.3 zur Relativität des Geheimnisschutzes, 82; *v. Hoyningen-Huene,* RdA 92, 359 zur grundsätzlichen Relativität des Verhältnisses AG-BR; zu Außenbeziehungen des BR *Plander,* AuR 93, 161; *Simitis/Kreuder,* NZA 92, 1009; Einl. Rn. 118ff.;

Umgekehrt stellen Schweigepflichten aus anderen Gründen wie Persönlichkeits-/Datenschutz gegenüber den Beschäftigten nicht eo ipso auch Verpflichtungen gegenüber dem AG dar (vgl. Rn. 40).

Die Verschwiegenheitspflicht richtet sich an den **BR als Organ,** seine **Mitglieder** und **Ersatzmitglieder,** da diese in Betriebs- oder Geschäftsgeheimnisse eingeweiht werden können.[78] *Sinngemäß* gilt sie für **betriebliche / außerbetriebliche** Mitglieder und Ersatzmitglieder der in Abs. *2* aufgeführten Betriebsverfassungsorgane sowie **Vertreter der Gewerkschaften** und **AG-Vereinigungen.** Nach §§ 80 Abs. 4, 107 Abs. 3 werden Auskunftspersonen, **Sachverständige und WA-Mitglieder** einbezogen. Für die **Schwerbehindertenvertretung** gilt nach § 179 Abs. 7 SGB IX inhaltlich die gleiche Schweigepflicht. Diese Vorschrift drückt die in Voraussetzungen und Rechtsfolgen notwendige Differenzierung zwischen persönlichen und Betriebs- und Geschäftsgeheimnissen aus. Für letztere trifft sie nicht nur ein Offenbarungs-, sondern auch ein Verwertungsverbot. Andererseits begrenzt sich dieses Verbot auf Betriebs- und Geschäftsgeheimnisse, die ihnen wegen ihres Amtes bekannt geworden und vom AG ausdrücklich als geheimhaltungsbedürftig bezeichnet wurden. Zugleich unterscheiden sich die geschützten Personen, die diese Verpflichtungen einfordern können. Für **AN-Vertreter im AR** gilt nicht § 79, sondern §§ 116, 93 Abs. 1 S. 3 AktG, nach § 25 Abs. 1 Nr. 2 MitbestG und § 1 Abs. 1 Nr. 3 Drittelbeteiligungsgesetz auch für die AR von GmbHs.[79] Zur Schweigepflicht bei sog. Insider-Geschäften § 14 Abs. 1 Nr. 2 WpHG; vgl. auch § 106 Rn. 59. Nicht in dieser Vorschrift (auch nicht in § 120) genannt sind Mitglieder einer **Arbeitsgruppe** nach § 28a. Eine Schweigepflicht für sie kann sich im Einzelfall aus der Rahmenvereinbarung oder dem Arbeitsvertrag ergeben.[80] Weitere entspr. Bestimmungen unter Rn. 40ff. 21

5. Offenbarungs- und Verwertungsverbot

Als konkrete Rechtsfolge der Norm sind **Offenbarung und Verwertung** unzulässig. **Offenbarung** bedeutet Weitergabe an unberechtigte Dritte, Verwertung die Ausnutzung dieser Kenntnisse zur Erzielung persönlicher, wirtschaftlicher Vorteile.[81] Offenbarung/Verwertung verstehen sich wie in § 120 BetrVG und §§ 203, 204 StGB.[82] Die strafrechtliche Tathandlung des **Verwertens** i.S.d. § 204 StGB besteht in der eigenen wirtschaftlichen Nutzung des in dem Geheimnis verkörperten Wertes zum Zwecke der Gewinnerzielung. Kein Verwerten ist das nicht wirtschaftliche Ausnutzen des Geheimnisses. Der Tatbestand ist erst erfüllt, wenn der Täter die den Gegenstand des Geheimnisses bildenden wirtschaftlichen Nutzungsmöglichkeiten selbst in der Absicht realisiert, daraus unmittelbar und auf Kosten des dadurch entsprechend entreicherten (Vermögensverschiebung) Geheimnisträgers Gewinn zu ziehen.[83] 22

Untersagt sind Offenbarung und Verwertung der geheimhaltungsbedürftigen Tatsachen selbst. Der BR ist nicht gehindert, seine Schlussfolgerungen und Bewertungen zu veröffentlichen. Auch das Verwertungsverbot ist eine besondere Form des Konkurrenzschutzes. BR sollen nicht Informationen, über die sie als Interessenvertreter verfügen, als sog. »Insider« zur eigenen wirtschaftlichen Betätigung nutzen. Die Auswertung von Geheimnissen im Rahmen der Aufgabenerfüllung des BR wird hierdurch nicht beeinträchtigt. 23

---

zur Erforderlichkeit der externen Kommunikation des BR mit Dritten *BAG* 14.7.10 – 7 ABR 80/08, AuR 10, 397.

78 *Fitting,* Rn. 10.

79 Ausführlich *Köstler/Kittner/Zachert/Müller,* Aufsichtsratspraxis, B 2 I 4.

80 Ebenso HaKo-BetrVG/*Lorenz,* Rn. 1; *Müller,* AiB 09, 577, 582; a.A. *Fitting,* Rn. 1 sowie § 28a Rn. 39: analoge Anwendung; ErfK-*Koch,* § 28a, Rn. 3; GK-*Oetker,* Rn. 40, jeweils ohne weitere Begründung.

81 H.M.; vgl. *Fitting,* Rn. 16; GK-*Oetker,* Rn. 40.

82 Dazu Schönke/Schröder-*Lenckner,* §§ 203 Rn. 19, 204 Rn. 5.

83 Vgl. Schönke/Schröder-*Lenckner,* § 204 Rn. 5 m.w.N.

III. Einschränkungen der Schweigepflicht

1. Kommunikation mit Arbeitnehmervertretern

24 Die Schweigepflicht besteht weder gegenüber Mitgliedern des eigenen Betriebsverfassungsorgans noch gegenüber Mitgliedern der anderen in Abs. 1 Sätze 3 und 4 genannten Organe und Institutionen. Diese Vorschriften gelten entsprechend auch bzgl. der Schweigepflichten zu persönlichen Verhältnissen und Angelegenheiten der AN, etwa nach §§ 99 Abs. 1 Satz 3, 102 Abs. 2 Satz 5.[84] Insoweit ist ein uneingeschränkter **Informationsaustausch** möglich.[85] Dies gilt auch für vorübergehend nachgerückte Ersatzmitglieder i. S. d. § 25 Abs. 1. Aufforderungen seitens des AG an den Vorsitzenden oder an Ausschusssprecher, den übrigen Mitgliedern des Gremiums (zunächst) noch nichts zu offenbaren, sind unverbindlich.[86] Innerhalb eines Organs besteht sogar eine Verpflichtung zum Informationsaustausch, da BR-Mitglieder grundsätzlich über den gleichen Informationsstand verfügen müssen. So ist bspw. ein BR-Mitglied verpflichtet, auch geheimhaltungsbedürftige Informationen dem BR mitzuteilen, damit dieser sie ggf. bei seinen Entscheidungen verwerten kann.[87] Dieser freie Informationsaustausch erfolgt auch innerhalb des BR eines **gemeinsamen Betriebs mehrerer UN,** was im Einzelfall bedeuten kann, dass Informationen an Beschäftigte anderer UN gelangen. So kann der BR eines Gemeinschaftsbetriebs in den GBR eines Trägerunternehmens auch Mitglieder entsenden, die in keinem Arbeitsverhältnis zu diesem UN stehen.[88]

25 Nach *BAG* 23.10.08[89] soll die Schweigepflicht des § 116 AktG eines Arbeitnehmervertreters im AR, der zugleich BR-Mitglied ist, grundsätzlich auch gegenüber den anderen BR-Mitgliedern gelten. Die Entscheidung betraf den Ausnahmefall hochvertraulicher Insider-Informationen über ein Übernahmeangebot mit einem Volumen von ca. 800 Mio. € an der amerikanischen Börse Nasdaq und lässt sich nicht nahtlos auf jede im AR erlangte Information übertragen. Eine Informationssperre innerhalb des BR würde zu einem unterschiedlichen Informationsstand innerhalb des BR führen und dem Grundsatz des gleichen Mandats widersprechen. Sie ist jedenfalls dort nicht nachvollziehbar, wo der BR bzw. der WA als Organ der Betriebsverfassung diesbezüglich selbst ein berechtigtes Informationsinteresse hat. Soweit das Informationsinteresse nach §§ 80, 106 reicht, kann deshalb weder gesetzlich noch arbeitsvertraglich eine Schweigepflicht zu Lasten dieser Organe begründet werden. Ob die Schweigepflicht gilt, wenn der AG gegenüber dem BR seine Informationspflichten rechtswidrig und nachhaltig verletzt, ließ das *BAG* auch offen. Abs. 1 S. 3 und 4 nennt nicht die Mitglieder einer **Arbeitsgruppe** i. S. d. § 28a, die auch nicht Adressat der Vorschrift sind. Der Rahmen ihrer Schweigepflicht ergibt sich aus der abzuschließenden Rahmenvereinbarung.

26 Umstritten ist, ob **geheimhaltungsbedürftige Informationen an Mitglieder der nur in Abs. 2, nicht in Abs. 1 S. 4 aufgeführten Organe und Institutionen** weitergegeben werden dürfen. Dies ist nach h. M.[90] nicht der Fall. Über die in Abs. 1 Sätze 3 und 4 genannten Personen und Organe hinaus nennt Abs. 2 die (Gesamt-/Konzern-) JAV, den WA, generell Ersatzmitglieder, die gemäß § 3 Abs. 1 Nr. 1 und 2 gebildeten Vertretungen sowie Vertreter von Gewerkschaften und Arbeitgeberverbänden. Die in dieser Systematik angelegte **informationelle »Einbahnstraße«** wäre schwer verständlich.[91] Bei isolierter Gegenüberstellung nur von Abs. 1 und 2 wären etwa WA, Jugend-, Auszubildenden- oder Verbandsvertreter grundsätzlich zum Schweigen verpflichtet, ohne informationsberechtigt zu sein. Andererseits geht Abs. 2 davon aus, dass die

---

84 *BAG* 12.8.09 – 7 ABR 15/08, AuR 10, 14.

85 *WW,* Rn. 3; *Fitting,* Rn. 18 ff.; GK-*Oetker,* Rn. 52; vgl. auch *BAG* 26.2.87, AP Nr. 2 zu § 79 BetrVG 1972.

86 *Staack/Sparchholz,* AiB 11/14, 43.

87 *LAG Hamm* 22.7.11 – 10 Sa 381/11, AE 2011, 244.; *Nikisch,* III, S. 169; Richardi-*Thüsing,* Rn. 15; vgl. GK-*Oetker,* Rn. 64: grundsätzlich pflichtgemäßes Ermessen; Verpflichtung zur Weitergabe nur, soweit Kenntnis für sachgerechte Entschließung und ordnungsgemäße Durchführung von Maßnahmen unerlässlich; *Müller,* BB 13, 2296.

88 *BAG* 1.6.22 – 7 ABR 41/20, AP Nr 19 zu § 47 BetrVG 1972.

89 *BAG* 23.10.08 – 2 ABR 59/07, DB 09, 1131.

90 Vgl. GK-*Oetker,* Rn. 59; kritisch HaKo-BetrVG/*Lorenz,* Rn. 18; Siebert/Becker-*Seebacher,* Rn. 3.

91 Ebenso *Fitting,* Rn. 25; *Staack/Sparchholz,* AiB 11/14, 43.

dort zum Schweigen verpflichteten Personen die geheimhaltungsbedürftigen Informationen berechtigt erfahren haben. Eine Weitergabe von Geheimnissen an diesen Personenkreis ist demnach zwar nicht generell zulässig, wohl aber in Einzelfällen, z. B.

- an Ersatzmitglieder, wenn sie an einer Organsitzung oder sonstigen Tätigkeit des Organs teilnehmen und insofern als Organmitglied zu betrachten sind;
- an (Ersatz-)Mitglieder der (Gesamt-/Konzern-)JAV, soweit ihnen ein Teilnahmerecht gem. §§ 67, 68 zusteht;
- an den WA anlässlich Sitzungen gemäß § 108;
- über den GBR/KBR an Einzel-BR, die dort vertreten sind;
- an die Arbeitnehmervertreter i. S. d. § 3 Abs. 1.[92]

Abs. 1 gilt für den erweiterten Verpflichtetenkreis nur »sinngemäß«. Abs. 1 statuiert den **Grundsatz, dass Informationen zulässig an andere Mitglieder des gleichen Betriebsverfassungsorgans bzw. von Betriebs- an Unternehmens-/Konzernorgane gelangen und umgekehrt.** Entsprechendes gilt für die Informationen zwischen Betriebs- und Gesamtjugendvertretung sowie innerhalb dieser Gremien. 27

Informationsweitergabe an **Gewerkschaftsvertreter** ist zulässig im Rahmen der gewerkschaftlichen Zugangs- und Beratungsrechte (z. B. nach §§ 2, 31). »Beratung« ist nur möglich, wenn Berater über einen vollständigen Informationshorizont verfügen. Weder der AG, noch etwa eine Mehrheit innerhalb des BR kann einem einzelnen BR-Mitglied die Einholung von Rechtsrat seitens der Gewerkschaft untersagen. Deswegen können sich auch einzelne Mitglieder Hilfe oder Recht suchend an ihre Gewerkschaft wenden.[93] Jede qualifizierte Beratung erfordert eine gründliche Tatbestandserfassung. Es ist der Betriebsverfassung systemimmanent, dass gewerkschaftliche Funktionsträger oder Beauftragte Kenntnisse über Betriebs- oder Geschäftsgeheimnisse erhalten,[94] selbst wenn sie diese Kenntnisse im Rahmen von Tarifauseinandersetzungen verwerten können.[95] 28

Treten **Gewerkschafts-** bzw. **Rechtsschutzsekretäre als Prozessvertreter** oder Rechtsberater auf, haben sie die gleiche Stellung wie **Rechtsanwälte,** denen gegenüber in Mandatsangelegenheiten keine Schweigepflicht besteht (vgl. auch § 203 Abs. 1 Nr. 3 StGB). Auch Begründungserwägung 25 und Art. 9 RL 2016/934 stellen Anwälte und »sonstige Vertreter, die nach dem nationalen Recht ausreichend qualifiziert sind, um eine Partei in einem unter diese RL fallenden Gerichtsverfahren zu verteidigen, zu vertreten oder ihre Interessen wahrzunehmen« ausdrücklich gleich. »All diese Personen sollten Zugang zu den betreffenden Beweismitteln oder Anhörungen haben ...« Anderenfalls wäre die in § 11 ArbGG vorgesehene ordnungsgemäße Prozessvertretung nicht möglich.[96] Sie unterliegen ihrerseits der Schweigepflicht nach Abs. 2. So wäre es unzulässig, Betriebs- oder Geschäftsgeheimnisse aus einem gerichtlichen Verfahren durch Rundschreiben zu verbreiten. Sie sind aber durch die Vorschrift nicht an dem von ihnen für notwendig erachteten gerichtlichen Tatsachenvortrag gehindert. Nach § 52 Satz 2 ArbGG, § 171b GVG kann die **Öffentlichkeit ausgeschlossen** werden, weil Betriebs- oder Geschäftsgeheimnisse oder Umstände aus dem persönlichen Lebensbereich eines Prozessbeteiligten zum Gegenstand der Verhandlung oder Beweisaufnahme gemacht werden. Nach § 174 GVG kann das Gericht den Anwesenden ein ausdrückliches Schweigegebot auferlegen.[97] 29

Die Vorschrift enthält keine Regelung zur Kommunikation zwischen BR und **Sachverständigen** bzw. **Auskunftspersonen.** Allerdings verweist § 80 Abs. 4 für beide auf § 79, d. h. nicht nur auf Abs. 1, sondern auf die gesamte Vorschrift. Das bedeutet, dass beide Personengruppen 30

---

92 *Fitting,* Rn. 25; GK-*Oetker,* Rn. 60; a. A. ErfK-*Kania,* Rn. 13; *HWGNRH,* Rn. 11.

93 *HessLAG* 20.3.17 – 16 TaBV 12/17, AuR 17, 413 (Anm. *Buschmann*); NZB zurückgewiesen, *BAG* 30.8.17 – 7 ABN 42/17 u. 49/17; 7.3.13 – 9 TaBV 197/12, AiB 3/14, 68 (Anm. *Trittin).*

94 *BAG* 11.7.00 – 1 ABR 43/99, AuR 01, 157, zur Information des WA.

95 *BAG,* a. a. O.; *EuGH* 22.11.05 – C-384/02, NJW 06, 133, zur Insider-RL 89/592: wenn ein enger Zusammenhang zwischen der Weitergabe und der Ausübung ihrer Arbeit oder ihres Berufes oder der Erfüllung ihrer Aufgaben besteht und diese Weitergabe für die Ausübung dieser Arbeit oder dieses Berufes oder für die Erfüllung dieser Aufgaben unerlässlich ist.

96 Zustimmend *Fitting,* Rn. 27; Siebert/Becker-*Seebacher,* Rn. 13; ebenso *Preis/Seiwerth,* RdA 19, 357; *Oltmanns/Fuhlrott,* NZA 20, 1384.

97 Vgl. *Stadler,* Gerichtliche Verschwiegenheitsanordnungen, FS Prütting, 2018, 559 ff.

in ihrer Funktion legitim Kenntnisse über Betriebs- und/oder Geschäftsgeheimnisse erlangen können, insofern aber einer Schweigepflicht unterliegen, die nach § 120 Abs. 1 Nrn. 2 und 3b auch strafrechtlich sanktioniert ist. Die Schweigepflicht von Auskunftspersonen über Betriebs- und Geschäftsgeheimnisse besteht grundsätzlich nicht gegenüber dem BR, da sie gerade die Aufgabe haben, dem BR ihr besonderes Wissen zur Verfügung zu stellen.[98] Andererseits muss es dem BR möglich sein, diesen Personen auch Geheimnisse mitzuteilen, deren Kenntnis sie für die Erfüllung ihrer Aufgaben benötigen.

31 Nicht eigenständig geregelt ist der Informationsaustausch im Rahmen transnationaler UN/Konzerne bzw. ihrer Interessenvertretungen. Allgemein gilt der **Grundsatz, dass die Mitwirkungs- und Kontrollrechte der AN nicht durch die internationale Organisation der UN geschmälert werden dürfen** (vgl. Einl. Rn. 231 ff.). Innerhalb eines inländischen GBR bzw. KBR[99] ist eine Informationsweitergabe unter direkter Anwendung des § 79 Abs. 1 Satz 3 zulässig. Fraglich ist nur, welche Betriebe (im In-/Ausland) in dem Gremium vertreten sind. Hinsichtlich der Schweigepflicht bestehen dann keine weiteren Schranken. Nach h. M. ist es nicht möglich, dass ausländische AN-Vertretungen Delegierte in einen dt. GBR/KBR entsenden.[100] Soweit eine unmittelbare Beteiligung im Ausland gelegener Betriebsstätten am GBR/KBR etwa wegen des Territorialprinzips verneint wird, liegt eine echte Regelungslücke vor,[101] zumal die Problematik im Wesentlichen erst nach In-Kraft-Treten des BetrVG 1972 gesehen wurde.

32 Nach der EBR-RL 2009/38/EG v. 6. 5. 09[102] sind in gemeinschaftsweit operierenden UN und -gruppen **EBR** einzusetzen. Die RL ist durch das **Europäische Betriebsräte**-Gesetz, Neufassung 07. 12. 11 umgesetzt worden. Nach Art. 8 RL und § 35 Abs. 2 EBRG unterliegen EBR-Mitglieder einer besonderen Schweigepflicht gegenüber Dritten. Diese besteht nach § 35 Abs. 2 Sätze 3 u. 4 sowie Abs. 4 EBRG nicht gegenüber dem EBR und nationalen AN-Vertretern, da Letztere nach Abs. 3 Nr. 4 der gleichen Schweigepflicht unterliegen. Diese Regelung entspricht § 79 Abs. 1 Sätze 3 und 4 sowie Abs. 2. Demnach ist eine wechselseitige Information der Mitglieder des EBR über Betriebs- oder Geschäftsgeheimnisse i. S. d. § 35 Abs. 2 EBRG ausdrücklich zulässig. Darüber hinaus verlangt Erwägung 12 der RL 2009/38/EG, dass die AN »angemessen informiert und konsultiert werden, wenn Entscheidungen, die sich auf sie auswirken, außerhalb des Mitgliedstaats getroffen werden, in dem sie beschäftigt sind« (vgl. § 80 Rn. 81 f.). Bei derartigen Entscheidungen widerspräche es der RL, verlangte man von den EBR-Mitgliedern, entsprechende Informationen gegenüber ausländischen EBR-Mitgliedern nur deshalb geheim zu halten, weil sie sie nicht wegen ihrer Zugehörigkeit zum EBR, sondern zum BR/GBR/KBR usw. erhalten haben.

33 In einheitlich geführten UN/Konzernen sind **transnationale AN-Vertretungen** (z. B. Welt-BR) denkbar, die weder der RL noch dem nationalen Ausführungsgesetz unterliegen.[103] Insoweit kann eine eigenständige Regelung der Schweigepflicht durch Kollektivvereinbarung getroffen werden. Ist dies nicht ausdrücklich der Fall, kommt eine Analogie zu Art. 8 RL bzw. dem nationalen Ausführungsgesetz in Frage.[104] Voraussetzung für eine Weitergabe auch geheimhaltungsbedürftiger Informationen in einem transnationalen Konzern ist die Errichtung eines gemeinsamen Vertretungsorgans bzw. eines konzernbezogenen Informations- und Austauschverfahrens sowie eine eindeutige Rechtsgrundlage hierfür (z. B. Kollektivvertrag), schließlich die Gewährleistung der weiteren Verschwiegenheit der Adressaten nach jeweiligem nationalen Recht oder Vereinbarung.

---

98 A. A. *Hanau*, RdA 01, 71, zu Informationen, die die Auskunftspersonen vor und unabhängig von ihrer Zusammenarbeit mit dem BR kannten und die der AG nicht freigibt.

99 Zu dessen Voraussetzungen vgl. *BAG* 14. 2. 07 – 7 ABR 26/06, AuR 07, 93; Einl. Rn. 124 ff., § 47 Rn. 33 ff., § 54 Rn. 46 ff. jeweils m. w. N. zu a. A.

100 A. A. *Däubler*, Betriebsverfassung in globalisierter Wirtschaft, S. 57 f. und dort Fn. 2 m. w. N.; zum AR vgl. *EuGH* 18. 7. 17 – C-566/15, *Erzberger*, NJW 17, 2603.

101 A. A. GK-*Oetker*, Rn. 53.

102 AblEU 2009 Nr. L 122, S. 28.

103 *Seifert*, Die Schaffung transnationaler Arbeitnehmervertretungen in weltweit tätigen UN, ZIAS 06, 205 ff. m. w. N.

104 A. A. GK-*Oetker*, Rn. 53.

34 Nach dem Grundsatz der wechselseitigen Anerkennung und Nichtdiskriminierung ist die **Legitimation** der nationalen Interessenvertreter **nach im jeweiligen Land geltenden Regeln** und Traditionen anzuerkennen, ohne dass diese jeweils der WO zum BetrVG entsprechen müssen (was generell auch nicht der Fall ist; vgl. Art. 2 Abs. 1d RL). Eine Verschwiegenheit in Bezug auf Betriebs- oder Geschäftsgeheimnisse lässt sich in der dem transnationalen Gremium zugrunde liegenden Rechtsgrundlage mit vereinbaren.[105]

35 Bei der **Weitergabe von Betriebs- und Geschäftsgeheimnissen** hat das betr. Organ bzw. Organmitglied auf die Geheimhaltungsbedürftigkeit und die entspr. Erklärung des AG hinzuweisen (h. M.).[106]

2. Offenbarungspflichten und -rechte

36 Nach Begründungserwägung 20 i. V. m. Art. 5b) der RL 2016/943 »sollten die dort vorgesehenen Maßnahmen, Verfahren und Rechtsbehelfe nicht dazu dienen, **Whistleblowing**-Aktivitäten einzuschränken. Daher sollte sich der Schutz von Geschäftsgeheimnissen nicht auf Fälle erstrecken, in denen die Offenlegung eines Geschäftsgeheimnisses insoweit dem öffentlichen Interesse dient, als ein regelwidriges Verhalten, ein Fehlverhalten oder eine illegale Tätigkeit von unmittelbarer Relevanz aufgedeckt wird.« Art. 5 Buchst. c RL privilegiert dann ausdrücklich die »Aufdeckung eines beruflichen oder sonstigen Fehlverhaltens oder einer illegalen Tätigkeit, sofern der Antragsgegner in der Absicht gehandelt hat, das allgemeine öffentliche Interesse zu schützen.« Erfasst ist damit auch sonstiges, nicht unbedingt illegales Fehlverhalten. Der Whistleblower muss nur nachvollziehbar darstellen, im öffentlichen Interesse gehandelt zu haben. Eine Beweislastumkehr zu seinen Lasten findet nicht statt.[107] Bemerkenswert ist, dass die RL 2016/943 ebenso wie das zu seiner Umsetzung ergangene Gesetz zum Schutz von Geschäftsgeheimnissen (Rn. 6a) **keinen Vorrang eines innerbetrieblichen Abhilfeversuchs** vorsieht.[108] Die Schweigepflicht entfällt weiter nach Art. 2 GG i. V. m. dem Rechtsstaatsprinzip (Art. 20 GG), soweit eine **Pflicht zum Reden** besteht, z. B. als Zeuge,[109] aber auch, wenn eine Pflicht zur Erstattung einer Anzeige zur Verhütung einer strafbaren Handlung gegeben ist, oder im Rahmen der Mitwirkung des BR bei der Bekämpfung von Unfall- und Gesundheitsgefahren (vgl. § 138 StGB sowie § 89 Rn. 25).[110] § 53 Abs. 1 StPO räumt den BR-Mitgliedern kein auf ihr Amt bezogenes Zeugnisverweigerungsrecht im Strafprozess ein.[111] Etwas anderes kann für einen Zivilprozess gelten, da nach § 383 Abs. 1 Nr. 6 ZPO Personen, denen kraft Amtes, Standes oder Gewerbes Tatsachen anvertraut sind, deren Geheimhaltung durch ihre Natur oder durch gesetzliche Vorschrift geboten ist, in Betreff der Tatsachen, auf welche die Verpflichtung zur Verschwiegenheit sich bezieht, zur Zeugnisverweigerung berechtigt sind. Die Auskunftspflicht gegenüber den Trägern der gesetzlichen Unfallversicherung und Behörden gem. §§ 22, 23 ArbSchG betrifft verantwortliche Personen i. S. d. § 13 ArbSchG, wozu der BR nicht gehört.

37 Nach § 89 Abs. 1 Satz 2 hat der BR bei der Bekämpfung von Unfall- und Gesundheitsgefahren die für den Arbeitsschutz zuständigen Behörden und Institutionen u. a. durch Anregung, Beratung und Auskunft zu unterstützen. Hierzu kann es erforderlich sein, den Aufsichtsbehörden nähere innerbetriebliche Informationen zu geben, damit sie auf **Verletzungen von Arbeitsschutzbestimmungen** reagieren können.[112] Nach § 37 Abs. 2 Nr. 3 Beamtenstatusgesetz

105 Ebenso *Däubler*, Betriebsverfassung in globalisierter Wirtschaft S. 81; *ders.*, Einl. Rn. 243; *Klebe*, FS Gnade, S. 671.

106 Vgl. Richardi-*Thüsing*, Rn. 15; *Fitting*, Rn. 31; GK-*Oetker*, Rn. 63; *GL*, Rn. 18.

107 So selbst *Reinhardt-Kasperek/Kaindl*, BB 18, 1334, *Eufinger*, ZRP 16, 229, 231.

108 *Reinhardt-Kasperek/Kaindl*, a. a. O.

109 *BVerfG* 2.7.01 – 1 BvR 2049/00, AuR 02, 187 (Anm. *Deiseroth*, 161); *LAG Rheinland-Pfalz* 13.12.02 – 3 Sa 724/02, bestätigt durch *BAG* 28.8.03 – 2 AZN 289/03, AuR 04, 430 (Anm. *Buschmann*).

110 Vgl. § 89 Rn. 24ff; Richardi-*Thüsing*, Rn. 16; *Fitting*, Rn. 30; *GL*, Rn. 19.

111 *BVerfG* 19.1.79 – 2 BvR 995/78, NJW 79, 1286; *Fitting*, a. a. O.

112 So zutr. *BAG* 3.6.03 – 1 ABR 19/02, EzA BetrVG 2001 § 89 Nr. 1, das aber in einem unklaren obiter dictum Einschränkungen dieser gesetzlichen Informationsweitergabe aus dem Grundsatz der vertrauensvollen Zusammenarbeit erwog und schließlich datenschutzrechtlich begründete; abwegig *ArbG Iserlohn* 14.1.20 – 2 BV 5/19, aufgehoben durch *LAG Hamm* 18.6.21 – 13 TaBV 12/20; ausführlich § 89 Rn. 24ff.

v. 17.6.08[113] gilt für Länderbeamte deren Verschwiegenheitspflicht nicht, »soweit gegenüber der zust. obersten Dienstbehörde, einer Strafverfolgungsbehörde oder einer durch Landesrecht bestimmten weiteren Behörde oder außerdienstlichen Stelle ein durch Tatsachen begründeter Verdacht einer Korruptionsstraftat nach den §§ 331–337 StGB angezeigt wird. Im Übrigen bleiben die gesetzlich begründeten Pflichten, geplante Straftaten anzuzeigen und für die Erhaltung der freiheitlich demokratischen Grundordnung einzutreten, von Abs. 1 [Verschwiegenheitspflicht] unberührt«. Damit sollte das von der Bundesrepublik unterzeichnete Zivilrechtsübereinkommen über Korruption des Europarats v. 4.11.99 umgesetzt werden.[114] Art. 9 des Übereinkommens fordert, dass Beschäftigte, die den zust. Personen oder Behörden in redlicher Absicht einen begründeten Korruptionsverdacht mitteilen, angemessen vor ungerechtfertigten Nachteilen geschützt werden. Nach Anhang II 3c zu Art. 24 der (von Deutschland mit Einschränkungen ratifizierten) Rev. Eur. **Sozialcharta** (RESC, dazu § 78 Rn. 4) gilt die Tatsache, dass jemand wegen einer behaupteten Verletzung von Rechtsvorschriften eine Klage gegen den AG einreicht, an einem Verfahren gegen ihn beteiligt ist oder die zust. Verwaltungsbehörden anruft, nicht als triftiger Grund für eine Kündigung. Zu **whistleblowing** vgl. Rn. 6a, 6c, 46, 47.

38 Die Schweigepflicht tritt grundsätzlich zurück, soweit ein **Anzeige- bzw. Antragsrecht** gem. §§ 158 StPO, 46 OWiG besteht. Gegenüber einem staatlichen Ermittlungsanspruch besteht kein geschütztes Geheimhaltungsinteresse. Das Gleiche gilt gegenüber atom-, umweltschutz- sowie gewerberechtlich zuständigen Aufsichtsbehörden und Kommissionen (z.B. Landesenergieministerien, Gewerbeaufsichtsämtern usw.).[115] Stellt der BR bei der Überprüfung der Einhaltung des gesetzlichen **Mindestlohns** fest, dass dieser nicht eingehalten wird oder dass die tatsächliche Arbeitszeit nur gekürzt in die Lohnabrechnung einfließt oder unzulässige Verrechnungen vorgenommen werden, kann er die Informationen an die **Finanzkontrolle Schwarzarbeit** (FKS) weitergeben. Nach § 5 Abs. 1 SchwArbG (in Bezug genommen in § 17 AEntG und § 15 MiLoG) haben AN, die bei einer Prüfung nach § 2 Abs. 1 SchwArbG (u.a. über die Arbeitsbedingungen nach Maßgabe des MiLoG, des AEntG und des § 10 Abs. 5 AÜG) angetroffen werden, die Prüfung zu dulden und dabei mitzuwirken, insbes. für die Prüfung erhebliche Auskünfte zu erteilen und Unterlagen vorzulegen. Derartige Informationen sind weder Betriebs-/Geschäftsgeheimnisse noch Gegenstand besonderer Vertraulichkeitspflichten. Auch BR-Mitglieder sind AN i.S.d. Vorschrift. Sie können auch die betr. AN unterrichten, damit diese ihre Ansprüche einklagen können.[116]

39 In Einzelfällen kann die Schweigepflicht aus dem Gesichtspunkt des **übergesetzlichen Notstandes** (§ 34 StGB) zurücktreten, wenn der gesetzliche Interessenvertretungsauftrag eine Information der betroffenen AN (z.B. bei Planungen des AG zu Betriebsänderungen, vgl. auch Rn. 2) erfordert. Eine Offenbarung im »Notstand« kommt in Frage, wenn sie zum Schutz bedrohter, vom Recht anerkannter Interessen erforderlich ist und diese bei einer Gesamtabwägung gegenüber dem Geheimhaltungsinteresse überwiegen.[117] Dies wäre etwa der Fall, wenn

---

113 BGBl. I 1010.

114 BT-Drucks. 16/5375, Nr. 174. Vgl. auch Empfehlung CM/Rec(2014)7 des Ministerkomitees des Europarats an die Mitgliedstaaten über den Schutz von Whistleblowern v. 30.4.2014, AuR 15, S. 16ff.; *Fischer-Lescano*, Internationalrechtliche Regulierung des Whistleblowing – Anpassungsbedarf im deutschen Recht, AuR 2016, 4ff. u. 48ff.; *Gerdemann*, Whistleblowing, quo vadis? Die Europäische Whistleblower-Richtlinie und ihre Umsetzung in deutsches Recht, SozR 1/21, 2ff.; 3/21, 89 ff; umfassend *Colneric/Gerdemann*, Die Umsetzung der Whistleblower-Richtlinie in deutsches Recht, HSI, Frankfurt/M 2020.

115 Vgl. auch *BGH* 20.1.81 – VI ZR 162/79, NJW 81, 1089, im Wesentlichen bestätigt durch *BVerfG* 25.1.84 – 1 BvR 272/81, NJW 84, 1741, Wallraff; *BVerfG* 2.7.01, a.a.O.; zu Art. 10 EMRK Meinungsfreiheit bei whistleblowern *EGMR* 21.7.11 – Nr. 28274/08, AuR 11, 355; zu restriktiv *BAG* 3.7.03 – 2 AZR 235/02, AuR 04, 427 mit krit. Anm. *Peter/Rohde-Liebenau;* noch enger Richardi-*Thüsing*, Rn. 16, der von einem grundsätzlichen Verbot des whistleblowing ausgeht.

116 So ausdrücklich *Düwell*, AiB 2/15, 35.

117 Schönke/Schröder-*Lenckner*, § 203 Rn. 30; zum Wertpapierhandelsgesetz *Assmann/Schneider*, § 14 Rn. 7, 178m.w.N.; ähnlich *LAG Schleswig-Holstein* 20.5.15 – 3 TaBV 35/14, AuR 15, 368 (Anm. *Buschmann*, ebd. 355) = LAGE § 79 BetrVG 2001 Nr. 2 (Anm. *Kohte/Schulze-Doll*).

anderenfalls der AG möglicherweise Arbeitsleistungen der AN entgegennehmen und verwerten könnte, ohne dafür (z. B. im Insolvenzfall) die entsprechende Gegenleistung zu erbringen. Das Gleiche gilt, wenn der AG mit (teilweise) unrichtigen Informationen die AN zu einem Verhalten veranlasst, auf das er keinen Anspruch hat (z. B. Abschluss neuer Arbeitsverträge zu geänderten Bedingungen nach einem Betriebsübergang).

IV. Verschwiegenheit aus anderen Rechtsgründen

1. Persönlichkeitsrecht und Datenschutz

a) Persönlichkeitsrechte einzelner Arbeitnehmer

Verschwiegenheitspflichten zu Gunsten von AN, über die der BR bei seiner Tätigkeit Informationen erlangt, sind von dieser Norm nicht erfasst.[118] Sie ergeben sich aus DSGVO / BDSG sowie §§ 82 Abs. 2 Satz 3, 83 Abs. 1 Satz 3, 99 Abs. 1 Satz 3[119] und 102 Abs. 2 Satz 5.[120] Insoweit unterliegen Verletzungen der Verschwiegenheitspflicht der Strafandrohung nach § 120 Abs. 2. Da AG und BR nach § 75 Abs. 2 die **freie Entfaltung der Persönlichkeit** der AN zu schützen und zu fördern haben, dürfen sie vertrauliche Angaben über persönliche Angelegenheiten nicht ohne Zustimmung des Betroffenen weitergeben.[121] Hierfür bedarf es keiner Erklärung des AG über die Geheimhaltungsbedürftigkeit.[122] So wäre es bspw. unzulässig, in betriebsöffentlich ausgehängten Protokollabschriften der BR-Sitzung die Vergütungs- nebst Fallgruppen oder die Gehalts- bzw. Lohnhöhe der von einer persönlichen Maßnahme betroffenen AN aufzuführen, da diese Daten grundsätzlich der Allgemeinheit nicht ohne deren Zustimmung zugänglich gemacht werden dürfen.[123] Der AG ist aber nicht arbeitsvertraglich verpflichtet, die Höhe gezahlter Löhne und übertariflicher Zulagen gegenüber dem BR geheim zu halten, da die Vertragsfreiheit nicht dazu dienen kann, betriebsverfassungsrechtliche Pflichten zu negieren (vgl. auch § 80 Rn. 84).[124] Da es sich hier um **relative Verpflichtungen gegenüber den geschützten AN** handelt, sind nur diese berechtigt, die Geheimhaltung einzufordern. Sie können den BR oder ein BR-Mitglied auch von seiner Schweigepflicht entbinden, was in § 82 Abs. 2 Satz 3 und § 83 Abs. 1 Satz 3 ausdrücklich klargestellt wird und bestätigt, dass die betr. Beschäftigten selbst insofern einer Verschwiegenheitspflicht weder unterliegen noch dazu (arbeitsvertraglich) verpflichtet werden können.[125] Der AG ist im Übrigen weder Vertreter noch Prozessstandschafter seiner Beschäftigten.[126] So ausdrücklich das *BAG*: »Der AG ist nicht befugt, sich gegenüber dem Anspruch des BR aus § 80 Abs. 2 Satz 2 Halbs. 2 BetrVG auf Grundrechte von AN zu berufen.«[127] Um eine Pflichtverletzung gegenüber dem AG handelt es sich nur, wenn es sich bei einer offenbarten und verwerteten Information zugleich um ein Betriebs- oder Geschäftsgeheimnis i. S. dieser Vorschrift handelt. 40

Unabhängig von o. g. Vorschriften und Anlässen ist der BR aus dem Gesichtspunkt des Persönlichkeitsschutzes[128] verpflichtet, **vertrauliche Angaben über AN,** die er von diesen im Rahmen seiner BR-Tätigkeit erhalten hat, geheim zu halten, solange er nicht im Einzelfall von dieser Pflicht entbunden worden ist. Abs. 1 Satz 2–4 gilt dann entsprechend.[129] **Unzulässig ist insbes.** 41

118 GK-*Oetker,* Rn. 74.

119 Vgl. § 99 Rn. 169; zum Ausschluss nach § 23 wegen Verletzung dieser Schweigepflicht *LAG Düsseldorf* 9. 1. 13 – 12 TaBV 93/12, RDV 13, 203.

120 Richardi-*Thüsing,* Rn. 34; *Fitting,* Rn. 32 f.; GK-*Oetker,* Rn. 74 ff.; *Müller,* BB 13, 2293; zur Schweigepflicht eines beim BEM-Gespräch nach § 167 Abs. 2 S. 1 SGB IX hinzugezogenen BR-Mitglieds vgl. *Kort,* NZA 19, 502.

121 Richardi-*Thüsing,* Rn. 33; *GL,* Rn. 13.

122 *Fitting,* Rn. 32.

123 *LAG Berlin* 26. 6. 86, RDV 87, 252; GK-*Oetker,* Rn. 74; vgl. aber *LAG Hamburg,* a. a. O.

124 *BAG* 20. 9. 90 – 1 ABR 74/89, PersR 91, 182; *LAG Frankfurt* 27. 6. 89, BB 90, 282.

125 *LAG MV* 21. 10. 09 – 2 Sa 183/09, AuR 10, 343.

126 Zutreffend *BAG* 20. 1. 09 – 1 AZR 515/08, AuR 09, 281.

127 *BAG* 14. 1. 14 – 1 ABR 54/12, EzA-SD 2014, Nr 11, 15.

128 Grundrecht auf informationelle Selbstbestimmung nach Art. 1 GG, vgl. auch *BVerfG* 15. 12. 83 – 1 BvR 209/83 u. a., DB 84, 36, sog. Volkszählungsurteil.

129 GK-*Oetker,* Rn. 74; Richardi-*Thüsing,* Rn. 34: Analogie zu §§ 82, 83, 99, 102.

die Informationsweitergabe an den AG, Vorgesetzte oder Mitarbeiter (vgl. auch § 75 Abs. 2). Zulässig sind Veröffentlichungen aus allgemeinen Umfragen, die der BR durchgeführt hat.

42 Die Informationsweitergabe innerhalb der in § 79 Abs. 1 Satz 2 und 3 genannten Gremien ist (abgesehen von § 82 Abs. 2 Satz 2, dort Rn. 16) ebenso zulässig wie bei Betriebs- und Geschäftsgeheimnissen.[130]

b) Interna des Betriebsrats

43 Es besteht keine generelle Pflicht, Stillschweigen über den **Inhalt von BR-Sitzungen** zu bewahren.[131] Über allgemeine oder besondere Informationen an AN entscheidet der BR. Sinnvoll kann es etwa sein, vorübergehend nachrückende Ersatzmitglieder weitergehend zu informieren. Die **Pflicht, Betriebsratsinterna nicht an den AG weiter zu geben,** kann sich aus der Aufgabenstellung des BR ergeben, z. B. bei vertraulichen oder internen Überlegungen hinsichtlich eines Vorgehens des BR gegenüber dem AG, weil hierdurch die Funktionsfähigkeit des BR ernstlich beeinträchtigt wird.[132] »*Die sachgerechte Wahrnehmung der jeweils vom AG und BR vertretenen Interessen setzt voraus, dass sich deren Meinungsbildung unabhängig voneinander vollzieht. Das Gebot der Nichtöffentlichkeit von BR-Sitzungen gem. § 30 Satz 4 soll den anwesenden BR-Mitgliedern eine Willensbildung frei von Einflüssen Dritter ermöglichen. Zu den ausgeschlossenen Personen gehört der AG. Der AG hat nur ein Teilnahmerecht an Sitzungen, die auf sein Verlangen anberaumt sind, und solchen, zu denen er ausdrücklich eingeladen ist (§ 29 Abs. 4 Satz 1). Dieses erstreckt sich nicht auf eine etwaige, der Beschlussfassung vorangehende Aussprache unter den BR-Mitgliedern und die Beschlussfassung des Gremiums. Zwischen den Betriebspartnern bestehen gerade keine wechselseitigen Unterrichtungsansprüche über den Kenntnisstand der jeweils anderen Seite.*«[133] Um seine Aufgaben ungestört erfüllen zu können, muss der BR gegenüber dem AG und der Belegschaft Informationen zurückhalten dürfen. Andernfalls erhielte der AG eine ihm nicht zustehende »*Kenntnis, welches Wissen aus Sicht des BR erforderlich ist, um sachgerecht über eine mögliche Aufgabenwahrnehmung zu befinden.*«[134] Unzulässig wäre es insbes., eigenmächtig dem AG Auskunft über BR-Interna, etwa Abstimmungsverhalten einzelner Mitglieder, Besprechungen mit Gewerkschaft oder Prozessvertreter, Ablauf interner Beratungen oder geplante BR-Initiativen zu geben oder BR-Protokolle weiterzuleiten.[135] Hierzu kann auch kein BR-Mitglied verpflichtet werden. Art und Umfang der gegenüber dem AG geheim zu haltenden sowie auch der ihm zuzuleitenden Informationen können durch BR-Beschluss oder durch Geschäftsordnung näher präzisiert werden.[136] Eine Erweiterung des Normbefehls dieser Vorschrift ist damit nicht verbunden. Generell dürfen **vertrauliche Angaben über persönliche Angelegenheiten von AN** nicht ohne Zustimmung des Betroffenen an den AG weitergegeben werden.[137] Ein Verstoß gegen diese Verpflichtungen kann die Rechtsfolgen des **§ 23 Abs. 1** auslösen. (ausführlich auch **§ 30 Rn. 14 ff.**). Das Betriebsrätemodernisierungsgesetz 2021 unterstreicht diese besondere Verschwiegenheitsverpflichtung an verschiedenen Stellen: Nach § 30 Abs. 2 Nr. 3 sind Video- und Telefonkonferenzen nur zulässig, wenn sichergestellt ist, dass

---

130 *BAG* 12. 8. 09 – 7 ABR 15/08, AuR 10, 14.

131 *BAG* 5. 9. 67 – 1 ABR 1/67, AP Nr. 8 zu § 37 BetrVG; *LAG München* 15. 11. 77, DB 78, 894; *HessLAG* 16. 12. 10 – 9 TaBV 55/10: »Der BR ist kein geheimer Zirkel, der die Aufgabe hat, die AN durch die Geheimhaltung von Informationen über unternehmerische Planungen und Entscheidungen vor unnötiger Aufregung und Unruhe zu bewahren.« Vgl. auch § 30, Rn. 14.

132 *BAG, LAG München, HessLAG* 16. 12. 10 – 9 TaBV 55/10, a. a. O.; *HessLAG* 26. 9. 11 – 16 TaBV 105/11, NZA-RR 12, 85*Fitting*, Rn. 40.

133 So wörtlich *BAG* 20. 1. 15 – 1 ABR 25/13, AP Nr. 80 zu § 80 BetrVG 1972.

134 *BAG* a. a. O.; GK-*Oetker*, Rn. 77; *Fitting*, Rn. 40; Richardi-*Thüsing*, Rn. 34.

135 Zum Ausschluss aus dem PR wegen Verstoßes gegen Art. 1 Abs. 1 Satz 1 BayPVG durch Veröffentlichung personalratsinterner Protokolle, die die Wahl des PR-Vorsitzenden betreffen, *VG München* 23. 11. 21 – M 20 P 21.4154, Der Personalrat 5/22 online (Anm. *Klein*) = AuR 22, 331.

136 HaKo-BetrVG/*Lorenz*, Rn. 23.

137 *HessLAG* 26. 9. 11 – 16 TaBV 105/11, rkr., NZA-RR 12, 85: »Die Kommunikation zwischen dem BR und der Belegschaft, zu der auch Vorgesetzte gehören, ist in Bezug auf Vertraulichkeit gegenüber dem AG absolut zu schützen. Ansonsten ist die Interessenwahrnehmung durch den BR in ihrem Kern verletzt.«.

Dritte vom Inhalt der Sitzung keine Kenntnis nehmen können. Dritte sind vor allem AG. Der in den Ausschuss-Beratungen neu aufgenommene **§ 79a S. 3** stellt klar, dass selbst **Datenschutzbeauftragte,** die BR in Fragen des Datenschutzes unterstützen, gegenüber dem AG in Bezug auf Informationen, die Rückschlüsse auf den Meinungsbildungsprozess des BR zulassen, zur Verschwiegenheit verpflichtet sind. Satz 4 i. V. m. § 6 Abs. 5 Satz 2 BDSG konkretisiert diese Verschwiegenheitspflicht. Dies gilt dann für BR-Mitglieder erst recht.

c) Datengeheimnis

Für BR-Mitglieder gilt ebenso wie für den AG § 26 BDSG n. F. über das **Datengeheimnis.**[138] 44
Nach der Rspr. des *BAG* wird der Erlaubnistatbestand des § 26 Abs. 1 S. 1 BDSG nicht durch § 80 Abs. 2 Halbs. 2 verdrängt.[139] Die Nutzung personenbezogener AN-Daten zu betriebsverfassungsrechtlichen Zwecken (»rechtmäßige Aufgabenerfüllung«) ist zulässig.[140] § 79a Satz 1 stellt klar, dass der BR personenbezogene Daten rechtmäßig verarbeiten darf und dabei die Vorschriften des Datenschutzes einzuhalten hat. Wie Satz 2 weiter klarstellt, ist **er nicht Dritter, sondern Teil der verantwortlichen Stelle, des AG.**[141] Daraus folgt, dass der »Datenfluss« zwischen AG und BR durch Datenschutzrecht nicht eingeschränkt wird (vgl. § 79a; 80 Rn. 116 f.; § 83 Rn. 29 ff.; § 94 Rn. 49 ff.).[142] Dem BR ist zwar eine unbefugte Erhebung, Verarbeitung oder Nutzung von personenbezogenen Daten untersagt. Die Nutzung zur Erfüllung und im Rahmen der BR-Aufgaben ist aber nicht unbefugt. Nach überholter Rechtsprechung des *BAG*[143] hatte der BR nicht generell und einschränkungslos die Befugnis, arbeitnehmerbezogene Aufzeichnungen elektronisch erfasster Arbeitszeiten an die Aufsichtsbehörden zu übermitteln. Es komme vielmehr darauf an, ob die Datenübermittlung im Einzelfall zur Wahrung der berechtigten Interessen des BR oder der Aufsichtsbehörde erforderlich ist und schutzwürdige Interessen der betr. AN nicht entgegenstehen (ausführlich § 89 Rn. 25 m. w. N. auch zur Kritik). Die in § 53 (zuvor § 5) BDSG vorgesehene Verpflichtung auf das Datengeheimnis durch den AG findet auf BR-Mitglieder keine Anwendung, da dem die organisatorische Unabhängigkeit des BR vom AG entgegensteht.[144]

2. Arbeitsvertragliche Schweigepflichten

Diese Pflichten gelten für BR-Mitglieder grundsätzlich im gleichen Umfang wie für alle AN. 45
Allerdings sind sie dem Arbeitsverhältnis nicht immanent. Vielmehr bedarf es hierfür einer ausdrücklichen vertraglichen Bestimmung, die an §§ 138, 307 BGB zu messen ist. Auch die vertragliche Verschwiegenheitsvereinbarung kann nur insoweit zulässig sein, als die Geheimhaltung durch berechtigte, betriebliche Interessen gedeckt ist.[145] Schließlich sind Transparenzgebote und Angemessenheitskontrolle nach §§ 305 ff. BGB zu beachten. Häufig enthalten vorformulierte Arbeitsverträge überschießende Schweigepflichten, die AN unangemessen benachteiligen (in extremer Form sog. catch all-Klauseln: »alle geschäftlichen Angelegenheiten«) oder aus sonstigen Gründen rechtswidrig sind. Sie sind dann auch für BR-Mitglieder unwirksam. Eine geltungserhaltende Reduktion scheidet aus. Nicht selten sind etwa Klauseln, die es den

---

138 *BAG* 3.6.03 – 1 ABR 19/02, EzA § 89 BetrVG 2001 Nr. 1; Richardi-*Thüsing*, Rn. 35; GK-*Oetker*, Rn. 89; zur Novellierung des BDSG vgl. *Däubler*, NZA 01, 874.

139 *BAG* 7.5.19 – 1 ABR 53/17, AuR 21, 272 (Anm. *Zemlyankina*).

140 *Däubler*, Gläserne Belegschaften?, Rn. 636.

141 So schon zum BDSG a. F. *BAG* 12.8.09 – 7 ABR 15/08, AuR 10, 14, *LAG Sachsen-Anhalt* 18.12.18 – 4 TaBV 19/17, DB 19, 1156; offengelassen dagegen zum BDSG n. F. *BAG* 7.5.19 – 1 ABR 53/17, AuR 21, 272 a. a. O.

142 *BAG* 14.1.14 – 1 ABR 54/12, EzA-SD 2014, Nr 11; 3.6.03 – 1 ABR 19/02, a. a. O.; *Fitting*, Rn. 35 ff.; *Simitis*, a. a. O., § 28 BDSG Rn. 53; a. A. *GL*, Rn. 13a.

143 *BAG* 3.6.03 – 1 ABR 19/02, a. a. O.; überholt durch *EuGH* 30.5.13 – C-342/12, Worten, NZA 13, 723 = AuR 13, 370.

144 *Zum Datenschutz im BR-Büro* vgl. *Däubler*, Gläserne Belegschaften, Rn. 640 ff.

145 Verneint in Bezug auf die Formulierung »betriebsinterne Vorgänge« bzw. »Betriebsinterna« durch *LAG Rheinland-Pfalz* 21.2.13 – 2 Sa 386/12, BB 13, 1844, unter Bezug auf *LAG Hamm* 5.10.88 – 15 Sa 1403/88, DB 89, 783 m. w. N.; Küttner-*Kania*, Personalbuch, Verschwiegenheitspflicht A. Rn. 7, 8.

AN z. B. untersagen, mit anderen AN über ihr Effektivgehalt zu sprechen bzw. dieses zu offenbaren.[146] Eine derartige Klausel ist wegen Verstoßes gegen vorrangiges Recht, u. a. Art. 9 III GG, unwirksam.[147] Erst recht unzulässig wären Bestimmungen, die die Weitergabe von Informationen an AN-Vertreter, insbes. BR-mitglieder untersagen (Art. 5 Buchst. c) der RL 2016/934 sowie Art. 7 Abs. 5 der RL (EU) 2023/970 (Entgelttransparenz und Durchsetzungsmechanismen); § 5 GeschGehG).

46 Für seinen Geltungsbereich stellt § 79 eine abschließende Sonderregelung dar.[148] Nach älterer umstr. Rspr. sollte durch die sog. »Treuepflicht« das Anzeigerecht des AN bei Verstößen gegen Arbeitsschutz-, Wettbewerbs-, Sozialversicherungs-, Steuergesetze Beschränkungen erfahren.[149] Diese Rspr. ist nach den Entscheidungen des *BVerfG* und des *EGMR*[150] überholt, die aus rechtsstaatlichen Gründen der Wahrnehmung staatsbürgerlicher Rechte und Pflichten im Strafverfahren, hier Aussagen gegenüber der Staatsanwaltschaft, den Vorrang vor dem Interesse des AG eingeräumt haben.[151]

47 Maßstab ist Art. 5 GG i. V. m. Art. 10 EMRK. Deswegen ist ein AN auch durch Verschwiegenheitspflichten nicht gehindert, Betriebsinterna zu offenbaren, wenn er damit **gewichtige innerbetriebliche Missstände** aufdeckt, durch die die Öffentlichkeit betroffen ist und denen durch betriebsinternes Vorstelligwerden nicht erfolgreich begegnet werden kann.[152] Zu **whistleblowing** vgl. auch Rn. 6a, 6c, 37.

48 Das Verlangen des AG nach Abgabe inhaltlich standardisierter Erklärungen, in denen sich AN zum Stillschweigen über bestimmte betriebliche Vorgänge verpflichten, unterliegt der **Mitbestimmung des BR** nach § 87 Abs. 1 Nr. 1, wenn sich die Verschwiegenheitspflicht auf das sog. Ordnungsverhalten (d. h. nicht das sog. Arbeitsverhalten) der AN bezieht und nicht schon gesetzlich geregelt ist.[153]

3. Geheimhaltungsinteressen dritter Stellen

49 Denkbar ist, dass ein dritter AG oder eine Behörde dem AG Informationen und Unterlagen unter dem ausdrücklichen Vorbehalt zugeleitet hat, sie nicht an andere, auch nicht den BR, weiterzugeben, obwohl dies von ihrem Inhalt her geboten wäre. **Private Vorbehalte** können aber die gesetzliche Informationspflicht des AG nicht ausschließen. Der AG kann sich nicht durch Verträge oder Zusammenarbeit mit anderen AG der Betriebsverfassung entziehen. Allerdings können derartige Informationen, sollten sie nicht offenbar sein, den Charakter eines Betriebs- oder Geschäftsgeheimnisses i. S. d. Vorschrift annehmen, wenn bei Offenbarung schwere Schäden (UN macht sich ggf. schadensersatzpflichtig und erhält künftig keine weiteren Informationen) drohen.

---

146 Vgl. *Preis,* Grundfragen, Schlussthesen, S. 581 ff.; *ders.,* AuR 94, 139.

147 So ausdrücklich *LAG Mecklenburg-Vorpommern* 21. 10. 09 – 2 Sa 183/09, AuR 10, 343; Art. 7 (5) der RL (EU) 2023/970 v. 10. 5. 23, ABlEU L 132/21 v. 17. 5. 23: AN dürfen nicht daran gehindert werden, ihr Entgelt offenzulegen, um den Grundsatz des gleichen Entgelts durchzusetzen. Insbesondere ergreifen die Mitgliedstaaten Maßnahmen, um Vertragsbedingungen zu verbieten, durch die AN davon abgehalten werden, Informationen über ihr Entgelt offenzulegen.

148 Ebenso Siebert/Becker-*Seebacher,* Rn. 18.

149 Abwegig *LAG Baden-Württemberg* 20. 10. 76, EzA § 1 KSchG Verhaltensbedingte Kündigung Nr. 8 mit krit. Anm. *Weiss,* bekannt als »Schandurteil«; ausführlich dazu § 84 Rn. 4 ff., § 119 Rn. 32; *Plander,* AuR 93, 161; *Preis/Reinfeld,* AuR 89, 361 m. w. N.; zu Hintergründen anschaulich *Petri,* in Borgstedt/Natter (Hrsg.), Die Arbeitsgerichtsbarkeit Baden-Württemberg, 2016; krit. zur »Treuepflicht« *Leinemann,* DB 71, 3309; *Kempff,* DB 79, 790 ff.; *ders.,* Grundrechte im Arbeitsverhältnis, S. 57; *Stevens-Bartol,* AuR 92, 262; ErfK-*Preis,* § 611 BGB Rn. 707.

150 *BVerfG* 2. 7. 01 – 1 BvR 2049/00, AuR 02, 187 (Anm. *Deiseroth,* 161); ebenso *EGMR* 21. 7. 11 – No. 28274/08, *Heinisch,* AuR 11, 355, zu Art. 10 EMRK.

151 Zu restriktiv *BAG* 3. 7. 03 – 2 AZR 235/02, AuR 04, 427 mit Anm. *Peter/Rohde-Liebenau.* Die arbeitsgerichtliche Umsetzung der Verfassungsrechtsprechung steht noch aus (informativ zu kontroversen Positionen *Binkert* einerseits, *Deiseroth* andererseits, AuR 07, 195 ff. FORUM.

152 So schon *BGH* 20. 1. 81 – VI ZR 162/79, NJW 81, 1089; *BVerfG* 25. 1. 84 – 1 BvR 272/81, NJW 84, 1741, Fall *Wallraff.*

153 *BAG* 10. 3. 09 – 1 ABR 87/07, AuR 09, 131.

Nicht grds. anders gestaltet sich der **Umgang mit Behörden.** §§ 79, 80 stehen anders als die Mitbestimmung nach § 87 Abs. 1 Eingangssatz nicht unter einem allg. Gesetzes- oder Tarifvorbehalt. Wenn z. B. die Rspr. Mitbestimmung in Risikotechnologien wie z. B. Atomkraftwerken ausschließt, wenn und soweit der AG auf Grund verbindlicher Vorgaben keinen Regelungsspielraum hat (vgl. § 87 Rn. 42),[154] gilt diese Eingrenzung nicht für die Information des BR. Der Informationsanspruch beruht auf gesetzlicher Grundlage und kann demnach nur auf Grund einer spezialgesetzlichen Vorschrift ausdrücklich eingeschränkt werden. Es bestehen keine speziellen öffentlich-rechtlichen Geheimhaltungsvorschriften, die den Informationsweg zwischen AG und BR unterbrechen. Gesetzlich geregelt ist die **Beschränkung der Akteneinsicht** auf Grund der sog. »Staatswohlklausel« im Verwaltungsverfahren (§ 29 VwVfG) oder im Prozess (§§ 99 VwGO, 96 StPO, 86 FGO, 119 SGG). Nach § 172 Nr. 1 GVG kann u. U. die Öffentlichkeit ausgeschlossen werden. Die Sperrerklärung zur Verweigerung der Akteneinsicht ist ein VA, der nur von der obersten Verwaltungsbehörde erklärt und selbstständig nach § 40 VwGO verwaltungsgerichtlich angefochten werden kann.[155] Er setzt voraus, dass das Bekanntwerden der Urkunden, Akten oder Auskünfte dem Wohl des Bundes oder eines deutschen Landes Nachteile bereiten würde oder diese nach einem Gesetz oder ihrem Wesen nach geheim gehalten werden müssen. **Verfassungsschutzakten sind nicht ihrem Wesen nach geheimhaltungsbedürftig.**[156] Der AG kann also im Rahmen eines Anhörungsverfahrens zur Einstellung oder Kündigung in sicherheitsrelevanten Bereichen Informationen des Verfassungsschutzes nicht mit dem Argument verschweigen oder zurückhalten, sie seien ihrem Wesen nach geheim. Im Übrigen regeln o. g. Sperrerklärungen nicht den Informationsfluss von AG zu BR; sie schützen vielmehr Geheimnisse von einer solchen Bedeutung, dass auch der AG sie nicht zu erfahren hat. Steht das »Wohl des Bundes oder eines Landes« der Information des AG nicht entgegen, besteht keine rechtliche Grundlage, sie dem BR vorzuenthalten. Es gibt **keinen Erfahrungssatz, dass das Staatswohl durch Kenntnisse eines BR mehr gefährdet würde als durch Kenntnisse eines AG.** 50

Bei **Staatsgeheimnissen,** die von einer amtlichen Stelle oder auf deren Veranlassung geheim gehalten werden, treffen §§ 97 ff. StGB (Preisgabe von Staatsgeheimnissen), bei sonstigen Geheimnissen, zu deren Geheimhaltung der AG auf Grund des Beschlusses eines Gesetzgebungsorgans des Bundes oder eines Landes oder eines seiner Ausschüsse oder von einer anderen amtlichen Stelle unter Hinweis auf die Strafbarkeit der Verletzung der Geheimhaltungspflicht förmlich verpflichtet worden ist, § 353b StGB eine abschließende Regelung. Der BR ist nicht »unbefugt«, soweit die Informationen oder Unterlagen nach § 80 Abs. 2 an ihn zu geben sind. Sodann unterliegt der BR der strafrechtlichen Geheimhaltungspflicht. 51

Andere geheimnisschützende Vorschriften beziehen sich auf **Persönlichkeitsrechte** einzelner Personen sowie Betriebs- oder Geschäftsgeheimnisse (§§ 29, 30 VwVfG, 3 Abs. 2 Satz 1 Atomrechtliche Verfahrensordnung). Diese Vorschriften hindern nicht die Information des BR, führen aber zu einer entsprechenden Schweigepflicht. 52

Nach § 6 des **Informationsfreiheitsgesetzes** des Bundes darf der Zugang zu Betriebs- oder Geschäftsgeheimnissen (an Jedermann) nur gewährt werden, soweit der Betroffene eingewilligt hat. 53

V. Rechtsfolgen und Streitigkeiten

Eine grobe Verletzung der Verschwiegenheitspflicht kann zum **Ausschluss** eines BR-Mitglieds aus dem BR gemäß § 23 Abs. 1 führen. Dies gilt jedoch nur für Amtspflichtverletzungen in derselben Amtsperiode.[157] Umstände aus einer früheren Amtszeit sind dafür nicht heranzuziehen. So kann sich auch ein einmal ausgeschlossener Bewerber in einem nächsten Wahlgang wieder 54

154 *BAG* 26.5.88, AuR 89, 95 (Anm. *Beck/Trümner*)..

155 BVerfGE 57, 288; BGHSt. 29, 112; 32, 125; *BVerwG* 19.8.86, *BVerwGE* 75, 1 ff. [14] = NJW 87, 202; zur Prozessfähigkeit des BR in verwaltungsgerichtlichen Verfahren vgl. *Plander,* AuR 93, 165.

156 *BVerwG,* a. a. O.

157 *BAG* 27.7.16 – 7 ABR 14/15, AuR 17, 362; *LAG München* 28.4.14 – 2 TaBV 44/13, AuR 14, 414, NZB 10 ABR 65/14 zurückgenommen; ausführlich § 23, Rn. 27–29, m. w. N.

zur Wahl stellen. Ein Ausschluss in der/den nächsten Amtsperiode/n, d. h. nach Wiederwahl, käme einem Verlust der Wählbarkeit gleich, den das Gesetz aber ausdrücklich nicht angeordnet hat. Prozessual wäre die Erstreckung des Antrags auf Ausschluss aus dem neugewählten BR eine Antragserweiterung gem. § 263 ZPO, die jedenfalls in der Rechtsbeschwerdeinstanz nicht mehr möglich ist.[158] Da die Verschwiegenheitspflicht die Pflicht des einzelnen Funktionsträgers ist, schließt dies die gerichtliche Auflösung des BR mit der Folge von Neuwahlen (vgl. § 13 Abs. 2 Nr. 5) regelmäßig aus.[159] Die gerichtliche Auflösung des BR nach § 23 Abs. 1 kann nach Ansicht des *BAG* ausnahmsweise in Betracht kommen, wenn der Verstoß dem BR als Kollegialorgan zuzuordnen ist.[160] Ein Ausschlussverfahren nach § 23 Abs. 1 kommt in Frage, wenn ein BR-Mitglied pflichtwidrig Betriebsratsinterna oder bestimmte, einzelne AN betreffende persönliche Informationen an den AG weiterleitet (vgl. Rn. 3, 41 ff.).[161]

55 Eine **außerordentliche Kündigung** kann im Einzelfall nur dann in Betracht kommen, wenn zugleich eine Verletzung einer arbeitsvertraglichen Schweigepflicht vorliegt, die eine Fortsetzung des Arbeitsverhältnisses unzumutbar macht.[162] Das *BAG* ließ diese Frage dahinstehen und verneinte im Einzelfall den wichtigen Grund i. S. d. § 626 BGB. Das *HessLAG* wies einen mit der Weitergabe von Zahlen eines geplanten Personalabbaus an die Belegschaft vor der Ad-hoc-Meldung begründeten Zustimmungsersetzungsantrag als unverhältnismäßig, den Ausschlussantrag wegen Wegfalls des Rechtsschutzbedürfnisses nach Neuwahl des BR als unzulässig zurück.[163] Besondere Bedeutung hat in diesem Zusammenhang Art. 7 der europäischen (Unterrichtungs-) RL 2002/14/EG (vgl. § 78 Rn. 6). Nach *EuGH*[164] ist eine Kündigung, die mit der Eigenschaft oder den Funktionen eines AN-Vertreters begründet wird bzw. damit in einem Zusammenhang steht, mit dieser Vorschrift unvereinbar.

56 Eine Verletzung der Schweigepflicht aus § 79 kann **Schadensersatzansprüche** des AG gemäß § 823 Abs. 2 BGB auslösen, da § 79 ein Schutzgesetz i. S. d. Vorschrift ist (h. M.).[165] Schadensersatzansprüche können AN (nicht der AG) geltend machen,[166] soweit ihnen gegenüber eine Schweigepflicht (etwa aus § 82 Abs. 2 Satz 3, § 83 Abs. 1 Satz 2 usw., nicht also § 79) verletzt worden ist.

57 Die vorsätzliche Verletzung der betriebsverfassungsrechtlichen Schweigepflicht ist gemäß § 120 strafbar. Die **Strafverfolgung** setzt gemäß § 120 Abs. 5 einen Antrag des Verletzten voraus. Daneben kommt eine Bestrafung nach §§ 17, 18, 20 UWG in Betracht. Zu Verstößen gegen das Datengeheimnis vgl. § 43 BDSG.

58 Streitigkeiten über Bestehen und Umfang der Schweigepflicht (Vorliegen eines Betriebs- oder Geschäftsgeheimnisses oder der ausdrücklichen Geheimhaltungserklärung durch den AG) entscheidet das ArbG gemäß §§ 2a, 80 ff. ArbGG im **Beschlussverfahren.** Erklärt ein AG bestimmte Tatsachen, etwa eine geplante Betriebsänderung, zu einem Betriebs- oder Geschäftsgeheimnis und verlangt vertrauliche Behandlung, ist auch der negative Feststellungsantrag zulässig, dass diese Tatsachen zum Zeitpunkt der Mitteilung bzw. des Schlusses der mündlichen Verhandlung kein Betriebs- oder Geschäftsgeheimnis i. S. d. Vorschrift waren bzw. sind.[167] Dies ergibt sich auch aus Art. 6 Abs. 3 der Informations- und Konsultations-RL 2002/14 EG, der

158 *BAG* 18. 5. 16 – 7 ABR 81/13, AP Nr. 49 zu § 23 BetrVG 1972.
159 ErfK-*Kania*, Rn. 19; a. A. *Fitting*, Rn. 41.
160 Vgl. *BAG* 26. 2. 87, AP Nr. 2 zu § 79 BetrVG 1972, 14. 5. 87, DB 88, 2569; Richardi-*Thüsing*, Rn. 38; GK-*Oetker*, Rn. 65; *GL*, Rn. 21; *HWGNRH*, Rn. 15.
161 HaKo-BetrVG/*Lorenz*, Rn. 23.
162 *BAG* 23. 10. 08 – 2 ABR 59/07, DB 09, 1131; allg. 9. 9. 15 – 7 ABR 69/13, AuR 16, 38; einschränkend GK-*Oetker*, Rn. 71: nur bei eigennütziger Verwertung bzw. unter den besonderen Voraussetzungen des § 120 Abs. 3; *Fitting*, Rn. 41: nur bei schwerem Verstoß gegen Arbeitsvertragspflichten, wenn andererseits Amtspflichten überhaupt nicht berührt werden; a. A. Richardi-*Thüsing*, Rn. 39; *GL*, Rn. 22; *HWGNRH*, Rn. 16: unerlaubte Weitergabe bzw. Verwertung von Betriebs- und Geschäftsgeheimnissen als grober Verstoß gegen Pflichten aus dem Arbeitsvertrag.
163 *HessLAG* 12. 3. 15 – 9 TaBV 188/14, GWR 16, 104.
164 *EuGH* 11. 2. 10 – C-405/08, *Holst*, AuR 10, 273.
165 Vgl. Richardi-*Thüsing*, Rn. 40 m. w. N.
166 *Fitting*, Rn. 43.
167 *LAG Schleswig-Holstein* 20. 5. 15 – 3 TaBV 35/14, AuR 15, 368 (Anm. *Buschmann*, ebd. 355) = LAGE § 79 BetrVG 2001 Nr. 2, zust. Anm. *Kohte/Schulze-Doll*.

ein Rechtsbehelfsverfahren auf dem Verwaltungsweg oder vor Gericht vorsieht, falls ein AG in Bezug auf mitgeteilte Informationen Vertraulichkeit verlangt. Über die Unterrichtungspflicht gegenüber dem WA bei Weigerung des AG unter Berufung auf ein Betriebs- oder Geschäftsgeheimnis (§ 106 Abs. 2) entscheidet gemäß § 109 die **ESt.**

Zur **Durchsetzung der Verschwiegenheitspflicht** aus dieser Vorschrift hat der AG nach früherer Auffassung des *BAG* einen Unterlassungsanspruch.[168] An dieser Rspr. kann nicht mehr festgehalten werden, nachdem das *BAG* Unterlassungsansprüche des AG gegen den BR als Gremium zutreffend generell verneint hat.[169] 59

Nach § 2 ArbGG ist der Arbeitsrechtsweg auch für Geschäftsgeheimnisstreitsachen zwischen AG und BR einschlägig. § 15 GeschGehG beinhaltet keine ausschließliche Rechtswegzuständigkeit der ordentlichen Gerichte.[170] 60

§ 79a Datenschutz

Bei der Verarbeitung personenbezogener Daten hat der Betriebsrat die Vorschriften über den Datenschutz einzuhalten. Soweit der Betriebsrat zur Erfüllung der in seiner Zuständigkeit liegenden Aufgaben personenbezogene Daten verarbeitet, ist der Arbeitgeber der für die Verarbeitung Verantwortliche im Sinne der datenschutzrechtlichen Vorschriften. Arbeitgeber und Betriebsrat unterstützen sich gegenseitig bei der Einhaltung der datenschutzrechtlichen Vorschriften. Die oder der Datenschutzbeauftragte ist gegenüber dem Arbeitgeber zur Verschwiegenheit verpflichtet über Informationen, die Rückschlüsse auf den Meinungsbildungsprozess des Betriebsrats zulassen. § 6 Absatz 5 Satz 2, § 38 Absatz 2 des Bundesdatenschutzgesetzes gelten auch im Hinblick auf das Verhältnis der oder des Datenschutzbeauftragten zum Arbeitgeber.

Inhaltsübersicht Rn.

I. Grundlagen

Datenschutz (engl. Data Protection, franz. Protection des Données) ist auf Menschen- **und Grundrechtsebene** mehrfach gesichert: Art. 12 der Allgemeinen Erklärung der Menschenrechte (1948); Art. 17 UN-Zivilpakt, Art. 8 EMRK, Übereinkommen 108 des Europarats zum Schutz des Menschen bei der automatischen Verarbeitung personenbezogener Daten v. 28. 1. 1981 (+ Protokolle 181, 223), Art. 16 AEUV, Art. 8 EU-Gr-Ch, Art. 1, 2 GG (Recht auf informationelle Selbstbestimmung). An die Stelle der europäischen Datenschutz-RL 95/46/EG sowie des BDSG a. F.[1] trat mit Wirkung zum 25. 5. 2018 die VO 2016/679 zum Schutz natürlicher Personen bei der Verarbeitung personenbezogener Daten, zum freien Datenverkehr und zur Aufhebung der RL 95/46/EG (Datenschutz-Grundverordnung, DSGVO[2]) v. 27. 4. 16. Während RL grds. erst einer nationalen Umsetzung bedürfen, hat eine VO nach Art. 288 Abs. 2 AEUV allgemeine Geltung, ist in allen ihren Teilen verbindlich und gilt unmittelbar in jedem Mitgliedstaat. Die DSGVO ist erheblich umfangreicher als die zuvor geltende RL. 1

168 *BAG* 26. 2. 87, AP Nr. 2 zu § 79 BetrVG 1972 (zust. Anm. *Teplitzky*); *Fitting*, Rn. 42; *LK*, Rn. 10.
169 *BAG* 17. 3. 10 – 7 ABR 95/08, AuR 10, 181, 393.
170 *Francken*, NZA 19, 1665.

1 Vgl. Übersicht zuletzt in 15. Aufl. 2016.
2 Zur Rechtsgrundlage im primären Unionsrecht sowie zum nationalen Ausgestaltungsspielraum *Heuschmid*, DSGVO und Betriebsverfassung, SR 19, 2; *Körner*, Die Auswirkungen der Datenschutz-Grundverordnung (DSGVO) in der betrieblichen Praxis, HSI-Schriftenreihe Bd. 28, 2019.

1a Die RL 95/46/EG basierte auf Art. 100a EG (Binnenmarkt). Art. 16 AEUV als Rechtsgrundlage der DSGVO vermittelt der Union dagegen eine spezifische, aber beschränkte Rechtssetzungskompetenz für »*Vorschriften über den Schutz natürlicher Personen bei der Verarbeitung personenbezogener Daten…*«. Weder die DSGVO noch Art. 16 AEUV regeln Arbeitsrecht im Allgemeinen, kollektive Arbeitnehmervertretung im Besonderen.[3] Ein Rechtsakt der Union muss nicht nur seinem Ziel, sondern auch seinem Inhalt nach von seiner Kompetenzgrundlage umfasst sein. Für die Vertretung und kollektive Wahrnehmung der Arbeitnehmer- und Arbeitgeberinteressen, einschließlich Mitbestimmung ist Art. 153 Abs. 1 Nr. f) AEUV speziell. Diese Vorschrift erlaubt indes nach ihrem Abs. 4 keine Vollharmonisierung. Werden mit einem Rechtsakt mehrere Zielsetzungen zugleich verfolgt, kann und muss ein solcher Rechtsakt auf verschiedene einschlägige Rechtsgrundlagen gestützt werden. Hätte die DSGVO die Zielsetzung verfolgt, kollektives Arbeitsrecht zu regeln, hätte es einer weiteren Rechtsgrundlage bedurft. Weder verfolgt die DSGVO unterschiedliche Zielsetzungen, noch stützt sie sich auf weitere Rechtsgrundlagen.

2 Art. 5 DSGVO normiert für die Verarbeitung personenbezogener Daten die Grundsätze der **Rechtmäßigkeit, Verarbeitung nach Treu und Glauben, Transparenz, Zweckbindung, Datenminimierung, Richtigkeit, Speicherbegrenzung, Integrität und Vertraulichkeit, Rechenschaftspflicht.** Art. 6 der VO definiert Bedingungen für die Rechtmäßigkeit der Verarbeitung, Art. 7 Bedingungen für die Einwilligung. Art. 9 stellt bestimmte sensitive Daten unter besonderen Schutz. Art. 13 regelt die **Informationspflicht** bei Erhebung von personenbezogenen Daten bei der betroffenen Person, Art. 14 die Informationspflicht, wenn die personenbezogenen Daten nicht bei der betroffenen Person erhoben wurden, Art. 15 das **Auskunftsrecht** der betroffenen Person, Art. 16 das Recht auf **Berichtigung,** Art. 17 das Recht auf **Löschung** (Vergessenwerden), Art. 21 das **Widerspruchsrecht** der betroffenen Person, Art. 37–39 Benennung, Stellung und Aufgaben des **Datenschutzbeauftragten** (DS-Beauftragten).

3 Nach **Art. 88 (1) der VO** *können die Mitgliedstaaten durch Rechtsvorschriften oder Kollektivvereinbarungen spezifischere Vorschriften zur Gewährleistung des Schutzes der Rechte und Freiheiten hinsichtlich der Verarbeitung personenbezogener Beschäftigtendaten im Beschäftigungskontext, insbesondere für Zwecke der Einstellung, der Erfüllung des Arbeitsvertrags einschließlich der Erfüllung von durch Rechtsvorschriften oder durch Kollektivvereinbarungen festgelegten Pflichten, des Managements, der Planung und der Organisation der Arbeit, der Gleichheit und Diversität am Arbeitsplatz, der Gesundheit und Sicherheit am Arbeitsplatz, des Schutzes des Eigentums der AG oder der Kunden sowie für Zwecke der Inanspruchnahme der mit der Beschäftigung zusammenhängenden individuellen oder kollektiven Rechte und Leistungen und für Zwecke der Beendigung des Beschäftigungsverhältnisses vorsehen. (2) Diese Vorschriften umfassen geeignete und besondere Maßnahmen zur Wahrung der menschlichen Würde, der berechtigten Interessen und der Grundrechte der betroffenen Person, insbes. im Hinblick auf die Transparenz der Verarbeitung, die Übermittlung personenbezogener Daten innerhalb einer Unternehmensgruppe oder einer Gruppe von UN, die eine gemeinsame Wirtschaftstätigkeit ausüben, und die Überwachungssysteme am Arbeitsplatz.*

Nationale »spezifischere Vorschriften« i. S. v. Abs. 1 müssen die Vorgaben von Abs. 2 dieses Artikels erfüllen. Andernfalls müssen sie unangewendet bleiben, es sei denn, sie stellen eine Rechtsgrundlage i. S. v. Art. 6 Abs. 3 DSGVO dar, die den Anforderungen dieser VO genügt.[4] Die nationale Umsetzung erfolgte durch das **Datenschutz-Anpassungs- und Umsetzungsgesetz** (DSAnpUG-EU, in Kraft ab 25. 5. 2018, nachfolgend **BDSG n. F.**). Das 2. Gesetz zur Anpassung des Datenschutzrechts an die VO 2016/679 und zur Umsetzung der RL (EU) 2016/680

3 *Heuschmid* a. a. O.; HaKo/Düwell-*Lorenz*, Rn. 4; *Middel*, AuR 18, 415.

4 *EuGH* 30. 3. 23 – C-34/21, HPR der Lehrer/innen Hessen, ZIP 23, 1039; vgl. auch *EuGH*-Vorlage des *BAG* 22. 9. 22 – 8 AZR 209/21 (A), ZIP 23, 981 (*EuGH* C-65/23), ob bei der Verarbeitung personenbezogener Daten auf Grundlage von Kollektivvereinbarungen i. S. v. § 26 BDSG stets auch die sonstigen Vorgaben der VO wie Art. 5, Art. 6 Abs. 1 und Art. 9 Abs. 1 und Abs. 2 DSGVO einzuhalten sind, ob den Betriebsparteien bei der Beurteilung der Erforderlichkeit der Datenverarbeitung i. S. d. Art. 5, Art. 6 Abs. 1 und Art. 9 Abs. 1 und Abs. 2 DSGVO ein gerichtlich nur eingeschränkt überprüfbarer Spielraum zusteht. Unter Berücksichtigung der vorg. EuGH-Urteils ist erstgenannte Frage zu bejahen, die zweite zu verneinen.

(2. Datenschutz-Anpassung und Umsetzungsgesetz EU – 2. DSAnpUG-EU, v. 25.11.2019, BGBl. I 1626) passte über 150 Fachgesetze an das Unionsrecht an und änderte die Voraussetzungen für die Bestellung von DS-Beauftragten in nicht-öffentlichen Stellen (s. u. Rn. 18). Im Koalitionsvertrag CDU, CSU und SPD für die 19. Legislaturperiode hieß es: »... *zum anderen besteht die Sorge vor dem gläsernen Mitarbeiter. Daher wollen wir Klarheit über Rechte und Pflichten der Arbeitgeberinnen und Arbeitgeber, der Arbeitnehmerinnen und Arbeitnehmer schaffen sowie die Persönlichkeitsrechte der Beschäftigten sicherstellen (Beschäftigtendatenschutz).*« Dessen Verabschiedung steht noch aus.

Zentrale Norm des nationalen Beschäftigtendatenschutzes ist **§ 26 BDSG n. F.** Die Vorschrift knüpft an § 32 BDSG a. F. an, jedoch mit wesentlichen Ergänzungen: Die Verarbeitung von Beschäftigtendaten ist nach Abs. 1 zulässig, soweit sie aufgrund Gesetzes oder Kollektivvereinbarung zur Ausübung oder Erfüllung von Rechten und Pflichten der betrieblichen Interessenvertretung erforderlich ist; Abs. 2 enthält Anforderungen an die Wirksamkeit einer von Beschäftigten abgegebenen Einwilligung; Abs. 3 enthält Vorgaben für die Verarbeitung sensibler Daten nach Art. 9 DSGVO. Die hier definierten Voraussetzungen. der Datenverarbeitung für Zwecke des Beschäftigungsverhältnisses sind nach Abs. 7 auch anzuwenden, wenn personenbezogene Daten, einschließlich besonderer Kategorien personenbezogener Daten, von Beschäftigten verarbeitet werden, ohne dass sie in einem Dateisystem gespeichert sind oder gespeichert werden sollen (so schon § 32 Abs. 2 BDSG a. F.). Beschäftigte i. S. dieses Gesetzes sind neben AN einschließlich Leih-AN im Verhältnis zum Entleiher u. a. Azubis, Rehabilitanden, arbeitnehmerähnliche Personen. Abs. 5 statuiert die generelle Verpflichtung des AG, geeignete Maßnahmen zu ergreifen, um sicherzustellen, dass insbesondere die Grundsätze des Art. 5 DSGVO eingehalten werden. 4

Sätze 1–3 des § 79a waren bereits im Gesetzentwurf der Bundesregierung für ein **Betriebsrätemodernisierungsgesetz** v. 22. 4. 2021 (BT-Drucks 19/28899) enthalten. S. 4 und 5 zur Verschwiegenheitspflicht des DS-Beauftragten gegenüber dem AG in Bezug auf Informationen, die Rückschlüsse auf den Meinungsbildungsprozess des BR zulassen oder Gegenstand der Datenverarbeitung des BR sind, wurden eingefügt aufgrund der Beschlussempfehlung des AuS-Ausschusses v. 19. 5. 2021 (BT-Drucks. 19/29819). Fast wortidentische Regelung im BPersVG 2021, allerdings ohne S. 4 und 5. 5

II. Datenschutz in der Betriebsverfassung

1. DSGVO/BDSG als arbeitnehmerschützende Vorschriften

Obwohl diese mit dem Betriebsrätemodernisierungsgesetz 2021 eingeführte Vorschrift allgemein mit der Überschrift »Datenschutz« überschrieben ist, ist sie nicht die einzige und auch **keine abschließende Regelung** dieses Gesetzes, bei der Datenschutz eine Rolle spielt (vgl. nur § 34 Rn. 2, 27 ff.; § 36 Rn. 6a.; § 40, Rn. 197; § 80 Rn. 14 ff. (Kommentierung seit 18. Aufl. in diese Vorschrift übernommen); § 83, Rn. 29 ff.; § 87, Rn. 194 ff.; § 94 Rn. 49 ff.). Die Verpflichtung zur Gewährleistung des Datenschutzes bei der Verarbeitung von Beschäftigtendaten ergibt sich primär nicht aus dieser Vorschrift, sondern aus **DSGVO / BDSG.** Vorrangiger Adressat ist der AG. Das Gesetz erwartet, dass AG eine funktionierende Datenverarbeitung einrichten und die Einhaltung dieser Vorschriften sicherstellen. Datenschutz bei der Verarbeitung personenbezogener Daten durch BR ist nur eine Folgeregelung, die sich daraus ergibt, dass BR in Ausübung ihrer Amtspflichten rechtmäßig Informationen über personenbezogene Daten erhalten und diese verarbeiten müssen. Versuche von Anwaltsfirmen, den Informationsfluss von AG an BR unter Berufung auf die DSGVO auf anonymisierte Daten zu beschränken, hatten prozessual keinen Erfolg.[5] 6

Die Vorschrift hat zweiseitigen Charakter. Sätze 1 und 2 betreffen die **Verarbeitung personenbezogener Daten durch BR.** Die gegenseitige Unterstützungspflicht von AG und BR 7

---

5 *BAG* 7. 5. 19 – 1 ABR 53/17, BAGE 166, 309–322 = AuR 21, 272 (Anm. *Zemlyankina*); dazu auch *Arendt*, NZA 21, 1307; zu Auskunftsansprüchen des WV gegenüber dem AG s. *HessLAG* 10. 8. 20 – 16 TaBVGa 75/20, AuR 22, 445.

nach Satz 3 sowie die Überschrift der Vorschrift beziehen sich allgemein auf die Einhaltung des Datenschutzes zugunsten der Beschäftigten.[6] Die in den Ausschussberatungen ergänzten Sätze 4 und 5 beinhalten die Klarstellung, dass ein vom BR hinzugezogener DS-Beauftragter – unabhängig von der Verarbeitung personenbezogener Daten durch den BR – besonderen Pflichten zur Verschwiegenheit gegenüber dem AG unterliegt in Bezug auf Informationen, die Rückschlüsse auf den Meinungsbildungsprozess des BR zulassen oder Gegenstand der Datenverarbeitung des BR sind. Dies belegt neben dem Wortlaut auch die Begründung des AuS-Ausschusses v. 19. 5. 2021 (BT-Drucks. 19/29819, S. 17). Sie bezieht diese Verschwiegenheitspflicht des DS-Beauftragten auf »alle Informationen, die Rückschlüsse auf den Meinungsbildungsprozess des BR ermöglichen und deren Kenntnis eine frei von Beobachtung durch den AG stattfindende Meinungsbildung im BR gefährden würden. Dabei kommt es nicht darauf an, ob es sich um personenbezogene Daten handelt.« Die Pflicht zur Verschwiegenheit des DS-Beauftragten gegenüber dem AG ist also umfassend, nicht allein auf die Datenverarbeitung durch den BR bezogen.

2. Verarbeitung von Beschäftigtendaten durch Arbeitgeber

8 DSGVO und BDSG n. F. sind wie schon das BDSG a. F. **zugunsten der AN geltende Gesetze** i. S. d. § 80 Abs. 1 Nr. 1, soweit ihre Bestimmungen auf AN des Betriebs Anwendung finden.[7] Sie sind wie schon ihre Vorläufer als **Verbot mit Erlaubnisvorbehalt** ausgestaltet. Die Namen der AN, die ihnen zugeordneten Bruttoentgelte, die weiteren von AG verarbeiteten Beschäftigtendaten sind »personenbezogene Daten« i. S. v. Art. 4 Nr. 1 DS-GVO. Nach § 26 Abs. 1 BDSG n. F. dürfen Beschäftigtendaten von AG für die dort definierten Zwecke des Beschäftigungsverhältnisses verarbeitet werden. Nach dessen Abs. 5 muss der AG die Einhaltung der in Art. 5 DSGVO dargelegten Grundsätze durch geeignete Maßnahmen sicherstellen. Somit hat der BR nach § 80 Abs. 1 die Anwendung und Durchführung sowohl der DSGVO als auch des BDSG zugunsten der im Betrieb Beschäftigten zu überwachen.[8] Zusätzlich stellt Satz 3 dieser Vorschrift (im Indikativ) fest, dass AG und BR sich gegenseitig bei der Einhaltung der datenschutzrechtlichen Vorschriften unterstützen. Adressaten dieser Erwartung sind beide Seiten. Für BR lässt sich dies als Vorgabe interpretieren, nicht nur die Einhaltung der gesetzlichen Vorschriften zum Beschäftigtendatenschutz durch den AG zu überwachen, sondern aktiv für denselben einzutreten.

9 Damit der BR seiner Überwachungspflicht nachkommen kann, sind ihm die erforderlichen Unterlagen der Verarbeitungsprogramme bestehender **Personaldatenbanken,** auch soweit eine Verknüpfung der Personaldatenbank mit anderen Datenbanken möglich ist, einschließlich Projekt-, Programm- und Benutzerhandbuch des Software-Lieferanten vorzulegen und zu erläutern.[9] Dazu gehören auch sog. »BiG-Data-Analysen« mit Personenbezug, wenn aus Vertragsverhältnissen oder als Metadaten anfallende Informationen aus ihrem ursprünglichen Kontext herausgelöst, neu strukturiert und mit geänderter Zielrichtung ausgewertet werden.[10] Er kann auch ohne tatsächliche Anhaltspunkte für eine Nichtanwendung bei der Überwachung der Personalinformationssystem-BV Stichproben machen und Ausdrucke und Abbildungen von Programmen und Datenläufen verlangen.[11] Mit dem **Betriebsrätemodernisierungsgesetz** 2021 wurden in §§ 80 Abs. 3, 90 Abs. 1 Nr. 3 sowie 95 Abs. 2a die Beteiligungsrechte des BR in Bezug auf Künstliche Intelligenz (KI) besonders hervorgehoben. Dies erfordert einen erhöhten Informationsstand einschließlich der in den Algorithmen entwickelten Parameter (im einzelnen vgl. Kommentierung zu § 90 Abs. 1 Nr 3). Zuvor zeigte sich die Rspr. des 1. Senats des *BAG* zu Auskunftsbegehren von BR über die Einhaltung des § 26 BDSG n. F. restriktiv. So

6 A. A. GK-*Franzen*, Rn. 1: Reduktion des Anwendungsbereichs der Vorschrift auf Datenverarbeitung des BR; wie hier *Maschmann*, NZA 21, 835.
7 *BAG* 23. 3. 21 – 1 ABR 31/19, DB 21, 1750; 17. 3. 87 – 1 ABR 59/85, AP Nr. 29 zu § 80 BetrVG 1972 = AuR 88, 92 mit Anm. *Linnenkohl*; DWWS-*Däubler*, § 26 BDSG Rn. 71.
8 Richardi-*Thüsing*, Rn. 10; *Fitting*, Rn. 7, 67; SWS, Rn. 2a, 12a; jeweils zu § 80.
9 Vgl. *BAG* 17. 3. 87, AP Nr. 29 zu § 80 BetrVG 1972; *Fitting*, SWS a. a.O..
10 *Fitting*, § 80 Rn. 7.
11 *HessLAG* 18. 3. 93 – 12 TaBV 106/93, LAGE § 80 BetrVG 1972 Nr. 9.

wies der Senat den Antrag eines BR auf Mitteilung der Namen und den personenbezogenen Anlass der AN, deren elektronischer Schriftverkehr (E-Mails) im Zusammenhang mit einer internen Untersuchung, von ihr überprüft, gesichert, ausgewertet oder zur Auswertung an eine Rechtsanwaltskanzlei und eine Wirtschaftsprüfungs-GmbH weitergeleitet wurden, als nicht erforderlich ab.[12]

Der AG kann die Auskunftsansprüche des BR nach § 80 Abs. nicht pauschal unter Verweis auf Persönlichkeits- oder Datenschutzrechte der AN zurückweisen. Zum einen ist der AG nicht Sachwalter von Grundrechten der AN, die ihm selbst keine geschützte Rechtsposition vermitteln.[13] Zum anderen dient die Weitergabe personenbezogener Beschäftigtendaten an den BR einem datenschutzrechtlich zulässigen Zweck i. S. d. § 26 Abs. 1, 3 BDSG n. F.[14] Mit dieser Regelung hat der Gesetzgeber in zulässiger Weise von der Öffnungsklausel in Art. 9 Abs. 2 Buchst. b DS-GVO Gebrauch gemacht. Steht dem BR ein Anspruch auf die streitbefangene Information zu, ist die von § 26 Abs. 3 Satz 1 BDSG verlangte Erforderlichkeit der Datenverarbeitung gegeben. Die gesetzlichen Überwachungsrechte und -pflichten bestehen unabhängig von dahingehenden individuellen Wünschen bzw. Zustimmungen.[15] Zu informieren ist auch bei Schwangerschaft von AN selbst dann, wenn sie den AG auffordern, diese Mitteilung nicht weiterzugeben.[16] Das *BAG* verlangt hierfür eine genaue Benennung der Überwachungsaufgabe des BR. Der generelle Verweis auf den beschäftigungsspezifischen Schutznormkomplex für schwangere Frauen reiche nicht. Bei sensitiven Daten im datenschutzrechtlichen Sinn ist danach ferner Anspruchsvoraussetzung, dass der BR zur Wahrung der Interessen der von der Datenverarbeitung betroffenen AN angemessene und spezifische Schutzmaßnahmen trifft. Aus Gründen des Persönlichkeitsschutzes ist der BR wie der AG zur vertraulichen Behandlung verpflichtet. 10

Ein besonderes **Gefährdungspotential** besteht, wenn versucht wird, über die Zustimmung des BR mittels einer BV den Weg zu einer Verarbeitung, insbes. Übermittlung von Beschäftigtendaten an »dritte« AG zu eröffnen und dabei das Erfordernis der individuellen Einwilligung der Betroffenen nach § 26 Abs. 2 BDSG zu überspielen. Unter dem Stichwort von sog. Due Diligence wird vorgeschlagen, auch sensitive Beschäftigtendaten an mögliche Investoren vor einem **Unternehmenskauf** zu übermitteln, damit diese vorhandene »Assets und Kostenverursacher«, d. h. Personalkosten und -risiken finanziell kalkulieren (vgl. § 33, Rn. 11). Individuelle Einwilligungen der Beschäftigten gem. § 26 Abs. 2 BDSG werden sich hierfür ebenso wenig durchsetzen lassen wie tarifliche Legitimationen. Nach § 26 Abs. 4 ist die Verarbeitung personenbezogener Daten, einschließlich besonderer Kategorien personenbezogener Daten von Beschäftigten für Zwecke des Beschäftigungsverhältnisses, auf der Grundlage von Kollektivvereinbarungen [d. h. TV/BV/DV] zulässig, was auch sensitive Daten i. S. d. Art. 9 DSGVO erfasst. Dabei haben die Verhandlungspartner alle Vorgaben aus Art. 5, 6, 9, 88 der VO (EU) 2016/679 zu beachten (vgl. Rn. 3). Eine Öffnung für BV war im Gesetzgebungsverfahren von AG-Seite mit Nachdruck gefordert worden, um Datentransfers an Dritte, gestützt auf BV, zu ermöglichen.[17] Für die Betriebspraxis birgt sie erhebliche Risiken. AG könnten versuchen, unter dem Eindruck dramatisch aufgebauter Entlassungsszenarien oder anderer Drohungen sich von BR weitgehende Eingriffe in den Datenschutz, insbes. zur Übermittlung personenbezogener Daten an Dritte, genehmigen zu lassen.[18] Indes lässt sich solch vorsorgliche »**Durchleuchtung der Belegschaft**« nicht unter die in Art. 88 Abs. 1 DSGVO aufgeführten Zwecke fassen. Zudem setzt Art. 88 diese Zwecke nicht absolut, sondern eingeordnet in den Kontext der Gewährleistung des Beschäftigtendatenschutzes. Dazu enthält die Öffnungsklausel lediglich eine Konkretisierungsbefugnis, nicht aber die Regelungskompetenz zu einer vom Schutz der VO ab- 11

---

12 *BAG* 23. 3. 21 – 1 ABR 31/19, DB 2021, 1750.
13 *BAG* 14. 1. 14 – 1 ABR 54/12, EzA-SD 2014, Nr 11, 15.
14 *BAG* 9 4. 19 – 1 ABR 51/17, AuR 19, 434; 7. 5. 19 – 1 ABR 53/17, BAGE 166, 309; *Fitting*, Rn. 61; *Lücke*, NZA 19, 658, 669; *LAG Sachsen-Anhalt* 18. 12. 18 – 4 TaBV 19/17, AuR 19, 389, rkr.
15 *BAG* 7. 2. 12 – 1 ABR 46/10, AuR 12, 141, zum BEM.
16 *BAG* 9. 4. 19 – 1 ABR 51/17, AuR 19, 434; 7. 5. 19 – 1 ABR 53/17, BAGE 166, 309; *Fitting*, Rn. 61; GK-*Weber*, Rn. 78.; a. A., sofern die Schwangere widerspricht, Richardi-*Thüsing*, Rn. 67, jeweils zu § 80.
17 Vgl. nur *Wybitul/Sörup/Pötters*, ZD 15, 559.
18 *Wybitul/Braun*, BB 08, 782.

weichenden Regelung.[19] Die vorstehend beschriebene Form von »due Diligence« verfolgt aber gerade nicht das Ziel des Datenschutzes, sondern dessen Einschränkung. Bereits unter der Geltung des BDSG a. F. war es einhellige Auffassung, dass BV nicht oder jedenfalls nicht wesentlich negativ von dem Niveau des BDSG, also zu Ungunsten der AN, abweichen konnten.[20] Eine Verstärkung des Datenschutzes zugunsten der Beschäftigten war jederzeit möglich. Diese Grundsätze gelten erst recht unter der Geltung der DSGVO und des BDSG n. F., sodass eine negative Abweichung in BV vom Beschäftigtendatenschutz-Niveau der DSGVO und des BDSG nicht zulässig ist.[21] Vor Abschluss derartiger BV ist deshalb besondere Wachsamkeit geboten (vgl. auch § 83 Rn. 29 ff.).

12 Zum Datenschutz gehört der Schutz der AN vor Videoüberwachung bzw. Verarbeitung hierdurch erhobener Daten (besondere Straftatbestände zur Verletzung des persönlichen Lebens- und Geheimbereichs in §§ 201 ff. StGB).[22] Zum Datenschutz im weiteren Sinne gehört das Gendiagnostikgesetz (GenDG). Nach §§ 19, 20 GenDG sind genetische Untersuchungen oder Analysen von AN vor und nach Begründung des Beschäftigungsverhältnisses grundsätzlich unzulässig.[23]

3. Verarbeitung von Beschäftigtendaten durch Betriebsräte

13 Nach § 26 Abs. 6 BDSG bleiben bei der Datenverarbeitung für Zwecke des Beschäftigungsverhältnisses die **Beteiligungsrechte der Interessenvertretungen** der Beschäftigten unberührt. Dazu gehören zunächst die Informationsrechte des BR wie nach §§ 80, 90, 92, 99, 102, 111 BetrVG, § 13 Abs. 3 EntgTranspG u. a. Vorschriften (Übersicht unter § 80 Rn. 111). Die Verarbeitung dieser Daten durch den BR gehört zu seinen Amtspflichten. Datenschutzrechtliche Bedenken stehen dem nicht entgegen. Diese Vorschriften sind genügend spezifisch i. S. v. Art. 88 Abs. 1 DSGVO, regeln Mindestanforderungen an eine bereichsspezifische Norm, legen Zweck, Art und Umfang der Datenverarbeitung abschließend fest und lassen keinen Verstoß gegen die DSGVO oder Grundrechte erkennen. Die Verarbeitung von Beschäftigtendaten durch den BR ist nach diesem Gesetz sowie § 26 BDSG n. F. ausdrücklich vorgesehen.

14 Schon vor dem Betriebsrätemodernisierungsgesetz waren BR gehalten, zur Wahrung der Interessen der von der Datenverarbeitung betroffenen AN **angemessene und spezifische Schutzmaßnahmen** zu treffen. Sind diese vorhanden, geht das *BAG* davon aus, dass schutzwürdige Interessen der Beschäftigten der Datenverarbeitung durch BR nicht entgegenstehen. Andernfalls sei die Verarbeitung sensitiver Daten unzulässig.[24] Seit 2021 stellt Satz 1 klar, dass der BR bei der Verarbeitung personenbezogener Daten die Datenschutzvorschriften einzuhalten hat. Schutzsubjekt sind die AN, deren personenbezogene Daten i. S. v. Art. 4 Nr. 2 DSGVO verarbeitet werden, nicht der AG. Danach ist der BR berechtigt, auch personenbezogene Daten über bestimmte AN, die er im Rahmen seiner kollektiven Befugnisse erhalten hat, bei der Unterstützung dieser AN zur Durchsetzung ihrer Rechtspositionen gegenüber dem AG zu verarbeiten. Für die Verschwiegenheit über Betriebs- und Geschäftsgeheimnisse des AG ist allein § 79 maßgeblich.

---

19 *EuGH* 30. 3. 23 – C-34/21, HPR der Lehrer/innen Hessen, ZIP 2023, 1039; so schon *Düwell/Brink*, NZA 16, 665.

20 *Hummel/Hilbrans*, AuR 05, 207.

21 *Kort*, NZA 18, 1101; auch gegen eine Heranziehung des Art. 6 Abs. 1 c) DSGVO als »Freibrief« zur Schaffung nationaler datenschutzrechtlicher Erlaubnistatbestände; *Middel*, AuR 18, 416.

22 Vgl. § 4 BDSG sowie *BVerfG* 11. 3. 08 – 1 BvR 2074/05, NJW 08, 1505: Verstoß gegen Grundrecht auf informationelle Selbstbestimmung durch automatisierte KFZ-Kennzeichenerfassung; zur Persönlichkeitsrechtsverletzung durch Observation durch einen Detektiv mit heimlichen Videoaufnahmen *BAG* 19. 2. 15 – 8 AZR 1007/13, AuR 15, 157; *EGMR* 9. 1. 18 sowie (Gr. Kammer) 17. 10. 19 – 1874/13 u. 8567/13, *López Ribalda*, AuR 19, 32 (Anm. *Jessolat*); AuR 20, 131 (Anm. *Lörcher*).

23 Dazu und zu Ausnahmemöglichkeiten *Genenger*, AuR 09, 285 ff.; FA 09, 168 ff.

24 *BAG* 9. 4. 19 – 1 ABR 51/17, AuR 19, 434; zuvor11. 11. 97 – 1 ABR 21/97, NJW 98, 2466; 12. 8. 09 – 7 ABR 15/08, AuR 10, 44; 7. 2. 12 – 1 ABR 46/10, AuR 12, 141, jeweils zu § 3 Abs. 7 BDSG a. F.; *Schuster*, AuR 20, 104.

15 Nach Art. 4 Nr. 7 DSGVO bezeichnet der Ausdruck »**Verantwortlicher**« die natürliche oder juristische Person, Behörde, Einrichtung oder andere Stelle, die allein oder gemeinsam mit anderen über die Zwecke und Mittel der Verarbeitung von personenbezogenen Daten entscheidet. »Dritter« ist nach Art. 4 Abs. 10 DSGVO eine natürliche oder juristische Person, Behörde, Einrichtung oder andere Stelle, außer der betroffenen Person, dem Verantwortlichen, dem Auftragsverarbeiter oder den Personen, die unter der unmittelbaren Verantwortung des Verantwortlichen oder des Auftragsverarbeiters befugt sind, die personenbezogenen Daten zu verarbeiten. »Verantwortlicher« ist der zentrale Terminus der DSGVO. Er ist für die Einhaltung der in Art. 5 Abs. 1 DSGVO festgelegten Grundsätze verantwortlich und muss deren Einhaltung nachweisen können. Ihm treffen die Informationspflichten der Art. 13 f.; er führt das Verzeichnis aller Verarbeitungstätigkeiten in seiner Zuständigkeit; er ist Adressat der Rechte betroffener Personen auf Auskunft (Art. 15), Berichtigung (Art. 16), Löschung (Art. 17), Einschränkung der Verarbeitung (Art. 18), Mitteilung darüber (Art. 19), Datenübertragbarkeit (Art. 20), Widerspruch (Art. 21). Nach 37 Abs. 1 dieses Gesetzes führen die Mitglieder des BR ihr Amt unentgeltlich als Ehrenamt. Würden ihnen diese mit der Stellung von Verantwortlichen« verbundenen Rechtspflichten bei der Verarbeitung der Ihnen vorliegenden Beschäftigtendaten auferlegt, wäre diese praktisch nicht mehr möglich.

16 Art. 4 Nr. 7 DSGVO erlaubt es den Mitgliedstaaten, den Verantwortlichen bzw. die bestimmten Kriterien seiner Benennung eigenständig zu bestimmen, sofern Zweck und Mittel dieser Verarbeitung durch Unionsrecht oder nationales Recht vorgegeben sind. Von dieser Spezifizierungsmöglichkeit macht Satz 2 der Vorschrift Gebrauch und stellt klar, dass allein der **AG »Verantwortlicher«** ist, was zugleich bedeutet, dass der **BR nicht »Dritter«** ist. Bei der Verarbeitung personenbezogener Daten agiert der BR als institutionell unselbstständiger Teil des für die Einhaltung des Datenschutzes verantwortlichen AG. Die Regelung ist sachgerecht, da der BR keine nach außen rechtlich verselbstständigte Institution ist.[25] Sie entspricht der schon bisher überwiegenden und auch in diesem Kommentar vertretenen Auffassung, dass der BR nicht Dritter ist, sondern Teil der verantwortlichen Stelle i. S. d. Art. 4 Nr. 7 DSGVO.[26]

17 Nach Satz 3 unterstützen sich AG und BR gegenseitig bei der Einhaltung der datenschutzrechtlichen Vorschriften.[27] Die Vorschrift beinhaltet die **beiderseitige Unterstützung** bei der Einhaltung der datenschutzrechtlichen Pflichten beider Seiten, ist somit nicht allein auf Datenverarbeitung durch den BR bezogen (s. o.). Der Regierungsentwurf betont die datenschutzrechtliche Verantwortlichkeit des AG einerseits und die innerorganisatorische Selbstständigkeit und Weisungsfreiheit des BR andererseits. Daher seien AG und BR bei der Erfüllung der datenschutzrechtlichen Pflichten in vielfacher Weise auf gegenseitige Unterstützung angewiesen: So habe der BR z. B. keine Pflicht, ein eigenes Verzeichnis von Verarbeitungstätigkeiten (Art. 30 DSGVO) zu führen, allerdings müsse das Verarbeitungsverzeichnis des AG auch die Verarbeitungstätigkeiten des BR enthalten.[28] Die gleichen Grundsätze werden für die Erfüllung der datenschutzrechtlichen Auskunftspflichten gelten. Nach außen verantwortlich ist der AG. Der BR stellt innerhalb seines Zuständigkeitsbereichs eigenverantwortlich die Umsetzung technischer und organisatorischer Maßnahmen zur Gewährleistung der Datensicherheit i. S. d. Art. 24 und 32 DSGVO sicher. Der AG hat den BR nach § 40 Abs. 2 mit den hierfür erforderlichen Sachmitteln, wie etwa geeigneten Sicherungseinrichtungen für Unterlagen mit personenbezogenen Daten, auszustatten.[29]

---

25 Begründung des Regierungsentwurfs, BT-Drucks. 19/28899, S. 22; dagegen *Maschmann*, NZA 21, 836: unionsrechtswidrig.

26 *BAG* 14. 1. 14 – 1 ABR 54/12, EzA-SD 2014, Nr 11, 15; 7. 2. 12, 11. 11. 97 a. a. O., jeweils zu § 3 Abs. 7 BDSG a. F.; *Fitting*, Rn. 58; *Kort*, NZA 10, 1272; *Heuschmid*, SR 19, 7 ff.; *M. Körner*, Die Auswirkungen der DSGVO in der betrieblichen Praxis, Frankfurt/M 2019, S. 56, 73; *Lücke*, NZA 19, 658, 669; zur Neufassung: *BAG* 7. 5. 19 – 1 ABR 53/17, BAGE 166, 309; *HessLAG* 10. 12. 18, 16 TaBV 130/18, NZA-RR 19, 196; NZB verworfen *BAG* 8. 4. 19 – 1 ABN 5/19; zum Datengeheimnis ferner § 79 Rn. 44; zur Personalakte § 83 Rn. 29.

27 Nach *Maschmann*, NZA 21, 835: »obskure Unterstützungspflichten«.

28 Begründung des Regierungsentwurfs, BT-Drucks. 19/28899, S. 22.

29 Begründung a. a. O.; *Weichert*, CuA 7/21, 23.

4. Verhältnis zum Datenschutzbeauftragten

18 Die **Benennung, Stellung und Aufgaben** des DS-Beauftragten beruhen auf Art. 37–39 DSGVO sowie § 38 BDSG n. F. (zuvor § 4f, g BDSG a. F.). Mit dem 2. DSAnpUG-EU v. 25. 11. 2019 (Rn. 3) wurde der Schwellenwert für die Bestellung eines DS-Beauftragten in nicht-öffentlichen Stellen von 10 auf mindestens 20 Personen erhöht (§ 38 Abs. 1 BDSG). Diese Bestellungspflicht besteht unabhängig von bzw. ergänzend zu den in Art. 37 Abs. 1a–c der VO definierten Mindestvoraussetzungen (Behörden und öffentliche Stellen, Kerntätigkeit in der Durchführung von Verarbeitungsvorgängen, die eine umfangreiche, regelmäßige und systematische Überwachung von betroffenen Personen erforderlich machen, Kerntätigkeit in der umfangreichen Verarbeitung sensitiver Daten nach Art. 9 und 10). Mit dieser Regelung machte der Gesetzgeber von der Öffnungsklausel in Art. 37 Abs. 4 der VO Gebrauch.

19 Verantwortlich für die **Bestellung des DS-Beauftragten** ist der AG. Deswegen werden diese grundsätzlich dem Arbeitgeberlager zugerechnet. Gleichwohl haben sie eine gewisse Unabhängigkeit. Nach Art. 38 Abs. 3 DSGVO darf der DS-Beauftragte bei der Erfüllung seiner Aufgaben keine Anweisungen bzgl. der Ausübung dieser Aufgaben erhalten. Er darf wegen der Erfüllung seiner Aufgabe nicht abberufen oder benachteiligt werden. Hier stellt die DSGVO keine nach oben abschließende Regelung dar, sondern nur eine Negativverpflichtung i. S. eines Benachteiligungsverbots. Eine Vollharmonisierung i. S. einer Deckelung nationaler arbeitsrechtlicher Schutzvorschriften wäre nach der Rechtsgrundlage der DSGVO (Art. 16 AEUV) nicht möglich.[30] Damit steht der in § 38 i. V. m. § 6 Abs. 4 BDSG geregelte besondere Kündigungsschutz des DS-Beauftragten nicht im Widerspruch zur DSGVO.[31]

19a Nach dem Wortlaut dieser Vorschriften ist der BR an dessen **Bestellung** nicht besonders beteiligt. Zulässig ist es, hierfür durch TV oder durch freiwillige BV Mitbestimmung des BR vorzusehen.[32] Im Einzelfall kann es sich um eine Einstellung oder Versetzung i. S. d. § 95 Abs. 3 S. 1 handeln. Nach allgemeinen Grundsätzen kann der BR eine Zustimmungsverweigerung nach § 99 insbesondere darauf stützen, die Benennung sei gesetzwidrig, weil dem vorgeschlagenen Kandidaten die notwendige Fachkunde und Zuverlässigkeit fehle oder weil er neben seiner Aufgabe als DS-Beauftragter Tätigkeiten (EDV-Fachkraft) ausübe, die mit seiner Kontrollfunktion unvereinbar seien, weil sie den AN in einen Interessenkonflikt geraten ließen.[33]

19b Ein **BR-Mitglied kann DS-Beauftragter** sein.[34] Daran hat sich durch die DSGVO und diese Vorschrift nichts geändert. Art. 37 Abs. 5 und 6 DSGVO formulieren – positiv – Voraussetzungen für das Amt wie Fachwissen, Qualifikation und Fähigkeit, jedoch nicht – negativ – Unvereinbarkeit mit der Arbeitnehmervertretung. Nach Art. 38 Abs. 6 DSGVO können DS-Beauftragte andere Aufgaben und Pflichten wahrnehmen. Nach *EuGH* X-FAB Dresden[35] kann ein Interessenkonflikt i. S. d. Art. 38 Abs. 6 DSGVO bestehen, wenn einem DS-Beauftragten andere Aufgaben oder Pflichten übertragen werden, die ihn dazu veranlassen würden, die Zwecke und Mittel der Verarbeitung personenbezogener Daten bei dem Verantwortlichen oder seinem Auftragsverarbeiter festzulegen. Zu den Amtspflichten eines BR gehört es, diese Zwecke und Mittel zu überwachen, nicht aber sie selbst festzulegen. Art. 38 Abs. 6 Satz 2 DSGVO begründet damit keine aus dem Amt als Arbeitnehmervertreter resultierende grds. Inkompatibilität, sondern allenfalls in Einzelfällen eine Handlungspflicht für Verantwortliche oder Auftragsverarbeiter.

---

30 *Rüdesheim*, AuR 2021, 344; *Kort*, NZA 18, 1102; a. A. *Maschmann* in Kühling/Buchner, DS-GVO BDSG, 3. Aufl. 2020, Art. 88 DSGVO, Rn. 32 ff.; *Ströbel/Böhm/Breunig/Wybitul*, CCZ 2018, 14, 15.

31 Nach *EuGH* 22. 6. 22 – C-534/20, *Leistritz* steht Art. 38 Abs. 3 Satz 2 DSGVO einer nationalen Regelung nicht entgegen, nach der einem bei einem Verantwortlichen oder einem Auftragsverarbeiter beschäftigten Datenschutzbeauftragten nur aus wichtigem Grund gekündigt werden kann, auch wenn die Kündigung nicht mit der Erfüllung seiner Aufgaben zusammenhängt, sofern diese Regelung die Verwirklichung der Ziele der DSGVO nicht beeinträchtigt.« Ebenso *EuGH* 9. 2. 23, C-453/21, X-FAB Dresden, NJW 23, 1045; dem folgend *BAG* 25. 8. 22 – 2 AZR 225/20 (Leistritz); 7. 6. 23 – 9 AZR 383/19 (X-FAB).

32 *LAG Düsseldorf* 23. 2. 88 – 16 TA BV 13/88, RDV 89,34; zu dem Ganzen vgl. DWWS-*Däubler*, 2. Aufl. 2020, DSGV Art. 37, Rn. 20.

33 *BAG* 22. 3. 94 – 1 ABR 51/93, DB 94, 1678 = AuR 94, 347.

34 *BAG* 23. 3. 11 – 10 AZR 562/09, AuR 12, 133.

35 *EuGH* 9. 2. 23 – C-453/21, X-FAB Dresden, NJW 23, 1045.

Diese scheidet aber im Dreiecksverhältnis zwischen Verantwortlichem, DS-Beauftragtem und Arbeitnehmervertretung strukturell aus. Beide Funktionsträger verfolgen mit der Überwachung der Einhaltung des Datenschutzes durch den Verantwortlichen sich überschneidende Interessen gegenüber dem Verantwortlichen. Es wäre dysfunktional, könnte der Verantwortliche, der kontrolliert werden soll, gestützt auf Art. 38 Abs. 6 Satz 2 DSGVO in dieses Verhältnis eingreifen. Dagegen meinte das *BAG*, die hervorgehobene Funktion des BR-Vorsitzenden, der den BR im Rahmen der gefassten Beschlüsse vertritt, hebe die zur Erfüllung der Aufgaben eines DS-Beauftragten erforderliche Zuverlässigkeit i. S. v. § 4f Abs. 2 Satz 1 BDSG aF auf. Nach Maßgabe des BDSG i. d. bis zum 24. 5. 18 ggültigen Fassung (aF) sei der AG in aller Regel berechtigt gewesen, die Bestellung zum DS-Beauftragten zu widerrufen.[36]

Die **Überwachungspflicht des BR** wird durch die Aufgaben des DS-Beauftragten nicht gemindert.[37] Sie verdoppelt vielmehr die Kontrolle. Das Überwachungsrecht des BR erstreckt sich auch darauf, ob der DS-Beauftragte die nach dem Gesetz erforderliche Fachkunde und Zuverlässigkeit hat[38] und ob er seine Tätigkeit ordnungsgemäß und weisungsfrei ausübt. Nach § 26 Abs. 6 BDSG bleiben die Beteiligungsrechte der Interessenvertretungen der Beschäftigten (von der Novellierung des BDSG) unberührt. Erkenntnisse über Verstöße gegen datenschutzrechtliche Bestimmungen kann der BR sowohl beim AG als auch beim DS-Beauftragten oder bei der Aufsichtsbehörde vorbringen. 20

Nach der vor dem Betriebsrätemodernisierungsgesetz 2021 überwiegenden – auch in diesem Kommentar vertretenen – Auffassung und Rspr. schließt die vom BetrVG geforderte **Unabhängigkeit des BR** eine Kontrolle des BR durch den betrieblichen DS-Beauftragten aus, da dieser keine neutrale Stellung zwischen AG und BR einnimmt, sondern Aufgaben des AG erfüllt und von diesem abhängig ist.[39] Weder die DSGVO, noch das BDSG n. F. noch diese Vorschrift haben dem AG bzw. dem DS-Beauftragten neue Kontrollbefugnisse gegenüber dem BR zugewiesen. Die Unabhängigkeit der BR vom AG ist ein Strukturprinzip der Betriebsverfassung.[40] Art. 16 als Rechtsgrundlage der DSGVO ist nach dem Grundsatz der begrenzten Einzelermächtigung nicht geeignet, in ein derartiges Strukturprinzip des nationalen Rechts einzugreifen.[41] Trotz seiner in dieser Vorschrift hervorgehobenen besonderen Verschwiegenheitspflichten auch gegenüber dem AG steht der DS-Beauftragte nach wie vor im Arbeitgeberlager, zumal der BR schon an seiner Bestellung nicht gleichgewichtig beteiligt ist. Ob und wie er deshalb die Inanspruchnahme des DS-Beauftragten für erforderlich hält, entscheidet der BR im Einzelfall. 21

Durch Satz 4 und 5 ist **keine neue Rechtslage in Bezug auf die Unabhängigkeit des BR** eingetreten.[42] Zwar meint die Begründung des Gesetzentwurfs (BT Drs. 19/28899, Nr. 14), die Stellung und die Aufgaben des DS-Beauftragten … bestünden auch gegenüber dem BR als Teil der verantwortlichen Stelle. Diese Rechtsauffassung hat indes keinen Eingang in den nach Ausschussberatung veränderten Gesetzestext gefunden.[43] Satz 4 und 5 regeln nur besondere Verschwiegenheitspflichten des DS-Beauftragten gegenüber dem AG über Informationen, die Rückschlüsse auf den Meinungsbildungsprozess des BR zulassen oder Gegenstand der Datenverarbeitung des BR sind. Die Vorschrift unterstellt, dass DS-Beauftragte derartige Informationen *erlangen,* nicht *verlangen* können. Auch die Begründung regt (im Konjunktiv) an, dass der BR, soweit erforderlich, die Beratung durch den DS-Beauftragten in Anspruch nehmen sollte. Beratung ist keine Kontrolle.[44] Sie ist auch sinnvoll. DS-Beauftragte können BR 22

---

36 *BAG* 7. 6. 23 – 9 AZR 383/19 (X-FAB).
37 Richardi-*Thüsing*, Rn. 10, 65; *Fitting*, Rn. 7; GK-*Weber*, Rn. 14, jeweils zu § 80; *Wohlgemuth*, AuR 81, 273.
38 *BAG* 22. 3. 94 – 1 ABR 51/93, DB 94, 1678 = AuR 94, 347.
39 *BAG* 11. 11. 97 – 1 ABR 21/97, NJW 98, 2466; dazu *Simitis*, NJW 98, 2395; *Tinnefeld*, ZRP 99, 197; *Schuster*, AuR 20, 105; a. A. *Leuze*, ZTR 03, 167; vgl. auch *Däubler*, Gläserne Belegschaften?, Rn. 686; Richardi-*Thüsing*, Rn. 11; DWWS-*Däubler*, § 26 BDSG Rn. 270; *Heuschmid*, SR 19, 10.
40 *BAG* 11. 11. 97 – 1 ABR 21/97, AuR 99, 363 ff.
41 *Middel*, AuR 18, 417.
42 *Wedde*, CuA 11/22, 12 ff.
43 Richardi-*Thüsing*, Rn. 12, räumt dies ein, meint aber, der Gesetzgeber möchte erkennbar darüber hinausgehen und dem AG eine eigenständige Kontrollmöglichkeit einräumen.
44 *Wandscher*, AuR 21, 451; HaKo/Düwell-*Lorenz*, Rn. 20; a. A. *Fitting*, Rn. 54; GK-*Franzen*, Rn. 14.

bei der Organisation der Verarbeitung der Ihnen vorliegenden Beschäftigtendaten, aber auch bei der Überwachung der Einhaltung des Datenschutzes durch den AG beraten und unterstützen. Diese Zusammenarbeit wird erst möglich, wenn BR nicht befürchten müssen, dass Betriebsratsinterna auf diese Weise an den AG gelangen (vgl. 79 Rn. 43). Dem entspricht die ebenfalls mit dem Betriebsrätemodernisierungsgesetz 2001 eingeführte Bestimmung des § 30 Abs. 2 Nr. 3, nach der Video- und Telefonkonferenzen nur zulässig sind, wenn sichergestellt ist, dass Dritte vom Inhalt der Sitzung keine Kenntnis nehmen können. Würden BR anders als vorstehend durch DS-Beauftragte kontrolliert, wäre es in der Praxis weder möglich, Daten des BR, die seine Meinungsbildungsprozesse betreffen, von anderen Daten sauber zu trennen, noch hätte der BR eine wirksame rechtliche Handhabe, sich gegen unberechtigte Maßnahmen von DS-Beauftragten zu wehren.[45]

23 Diese nationale Rechtslage steht im **Einklang mit Europarecht.** Auch aus Art. 39 DSVGVO ergibt sich kein unmittelbares Kontrollrecht des DS-Beauftragten gegenüber dem BR.[46] Seine dort beschriebenen Befugnisse bestehen gegenüber dem Verantwortlichen bzw. Auftragsdatenverarbeiter, während er gegenüber den Beschäftigten überwiegend als Berater (Art. 39 Abs. 1a DSGVO) fungiert. Man kann nicht davon ausgehen, dass der europäische Gesetzgeber Arbeitnehmervertretungsorgane bewusst der Kontrolle des allein vom AG bestellten betrieblichen DS-Beauftragten unterstellen wollte. Dafür wäre schon die Kompetenzgrundlage in Art. 16 AEUV zweifelhaft, der allein zum Erlass von Vorschriften über den Schutz natürlicher Personen bei der Verarbeitung personenbezogener Daten, nicht aber wie Art. 153 Abs. 1 f) AEUV zur Regelung der kollektiven Wahrnehmung der Arbeitnehmer- und Arbeitgeberinteressen, d. h. zur Kontrolle der Beschäftigtenvertretung, ermächtigt. Auch wäre das Unterrichtungs- und Anhörungsrecht von Arbeitnehmervertretungsorganen in Art. 27 GR-CH, konkretisiert in der RL 2002/14/EG, ohne das Recht auf Unabhängigkeit der Vertretungsorgane nicht viel wert.[47]

§ 80 Allgemeine Aufgaben

(1) Der Betriebsrat hat folgende allgemeine Aufgaben:

1. darüber zu wachen, dass die zugunsten der Arbeitnehmer geltenden Gesetze, Verordnungen, Unfallverhütungsvorschriften, Tarifverträge und Betriebsvereinbarungen durchgeführt werden;

2. Maßnahmen, die dem Betrieb und der Belegschaft dienen, beim Arbeitgeber zu beantragen;

2a. die Durchsetzung der tatsächlichen Gleichstellung von Frauen und Männern, insbesondere bei der Einstellung, Beschäftigung, Aus-, Fort- und Weiterbildung und dem beruflichen Aufstieg, zu fördern;

2b. die Vereinbarkeit von Familie und Erwerbstätigkeit zu fördern;

3. Anregungen von Arbeitnehmern und der Jugend- und Auszubildendenvertretung entgegenzunehmen und, falls sie berechtigt erscheinen, durch Verhandlungen mit dem Arbeitgeber auf eine Erledigung hinzuwirken; er hat die betreffenden Arbeitnehmer über den Stand und das Ergebnis der Verhandlungen zu unterrichten;

4. die Eingliederung schwerbehinderter Menschen einschließlich der Förderung des Abschlusses von Inklusionsvereinbarungen nach § 166 des Neunten Buches Sozialgesetzbuch und sonstiger besonders schutzbedürftiger Personen zu fördern;

5. die Wahl einer Jugend- und Auszubildendenvertretung vorzubereiten und durchzuführen und mit dieser zur Förderung der Belange der in § 60 Abs. 1 genannten Ar-

---

45 *Rüdesheim*, AuR 21, 344; im Ergebnis auch *Maschmann*, NZA 21, 836: BR ist verpflichtet, seinen eigenen, vom AG unabhängigen Datenschutzbeauftragten zu bestellen; *Möllenkamp*, DB 21, 1198, 1202.

46 *Schuster*, AuR 20, 108; a. A. *Kort*, ZD 17, 6.

47 *Körner*, Die Auswirkungen der Datenschutz-Grundverordnung (DSGVO) in der betrieblichen Praxis, HSI-Schriftenreihe Bd. 28, 2019, S. 65.

beitnehmer eng zusammenzuarbeiten; er kann von der Jugend- und Auszubildendenvertretung Vorschläge und Stellungnahmen anfordern;

6. die Beschäftigung älterer Arbeitnehmer im Betrieb zu fördern;

7. die Integration ausländischer Arbeitnehmer im Betrieb und das Verständnis zwischen ihnen und den deutschen Arbeitnehmern zu fördern sowie Maßnahmen zur Bekämpfung von Rassismus und Fremdenfeindlichkeit im Betrieb zu beantragen;

8. die Beschäftigung im Betrieb zu fördern und zu sichern;

9. Maßnahmen des Arbeitsschutzes und des betrieblichen Umweltschutzes zu fördern.

(2) Zur Durchführung seiner Aufgaben nach diesem Gesetz ist der Betriebsrat rechtzeitig und umfassend vom Arbeitgeber zu unterrichten; die Unterrichtung erstreckt sich auch auf die Beschäftigung von Personen, die nicht in einem Arbeitsverhältnis zum Arbeitgeber stehen, und umfasst insbesondere den zeitlichen Umfang des Einsatzes, den Einsatzort und die Arbeitsaufgaben dieser Personen. Dem Betriebsrat sind auf Verlangen jederzeit die zur Durchführung seiner Aufgaben erforderlichen Unterlagen zur Verfügung zu stellen; in diesem Rahmen ist der Betriebsausschuss oder ein nach § 28 gebildeter Ausschuss berechtigt, in die Listen über die Bruttolöhne und -gehälter Einblick zu nehmen. Zu den erforderlichen Unterlagen gehören auch die Verträge, die der Beschäftigung der in Satz 1 genannten Personen zugrunde liegen. Soweit es zur ordnungsgemäßen Erfüllung der Aufgaben des Betriebsrats erforderlich ist, hat der Arbeitgeber ihm sachkundige Arbeitnehmer als Auskunftspersonen zur Verfügung zu stellen; er hat hierbei die Vorschläge des Betriebsrats zu berücksichtigen, soweit betriebliche Notwendigkeiten nicht entgegenstehen.

(3) Der Betriebsrat kann bei der Durchführung seiner Aufgaben nach näherer Vereinbarung mit dem Arbeitgeber Sachverständige hinzuziehen, soweit dies zur ordnungsgemäßen Erfüllung seiner Aufgaben erforderlich ist. Muss der Betriebsrat zur Durchführung seiner Aufgaben die Einführung oder Anwendung von Künstlicher Intelligenz beurteilen, gilt insoweit die Hinzuziehung eines Sachverständigen als erforderlich. Gleiches gilt, wenn sich Arbeitgeber und Betriebsrat auf einen ständigen Sachverständigen in Angelegenheiten nach Satz 2 einigen.

(4) Für die Geheimhaltungspflicht der Auskunftspersonen und der Sachverständigen gilt § 79 entsprechend.

Inhaltsübersicht

I. Vorbemerkungen

1 Das BetrVG enthält Mindestbestimmungen über Beteiligungsrechte des BR.[1] In diesem Rahmen regelt § 80 allgemeine Aufgaben (Abs. 1) und Informationsrechte (Abs. 2), schließlich das Recht zur Hinzuziehung von Sachverständigen (Abs. 3). Mit dem **Gesetz zur Änderung des AÜG u. anderer Gesetze v. 21. 2. 2017** (BGBl. I 258) wurden u. a. Abs. 2 Satz 1 ergänzt und Abs. 2 Satz 3 eingefügt. Das **Entgelttransparenzgesetz 2017 (EntgTranspG)** hat diese Norm nicht geändert, nimmt aber auf sie Bezug, trifft teilweise parallele Regelungen und bindet in seinen §§ 13–16 den BR in ein Verfahren zur Überprüfung der Entgeltgleichheit ein. Mit dem **Betriebsrätemodernisierungsgesetz** v. 14. 6. 21 (BGBl. I 1762) wurden in Abs. 3 Sätze 2 und 3 zum Sachverständigen eingefügt.

2 Die allg. Aufgaben und Rechte nach Abs. 1 gehen über die speziellen Mitwirkungs- oder Mitbestimmungsbefugnisse der §§ 87–113 hinaus. Sie stehen einerseits neben den sich aus den **sozialen, personellen und wirtschaftlichen Angelegenheiten** ergebenden Befugnissen, sind andererseits Grundlage für deren Ausübung.[2] Es ist nicht in das Belieben des BR gestellt, ob er von seinen ihm hier übertragenen Kompetenzen Gebrauch machen will oder nicht. Deren Wahrnehmung gehört zu seinen **Amtspflichten.**[3] Deswegen kann er nicht wirksam auf sie verzichten. Zwar können einzelne Rechte des BR durch TV erweitert werden. Die Überwachungspflichten und das ihnen korrespondierende Überwachungsrecht des BR Abs. 1 Nr. 1 können aber (auch mittels TV) nicht beseitigt oder eingeschränkt werden, wenn dies nicht das BetrVG selbst, etwa nach § 87 Abs. 1 Einleitungssatz, vorsieht. Dies gilt auch dann, wenn der TV selbst ein überwachungsfähiges Recht erst schafft.[4] Diese zu Abs. 1 Nr. 1 getroffenen Feststellungen des *BAG* gelten ebenso für die weiteren Regelungen dieser Vorschrift.

3 **Abs. 1** bestimmt (weder systematisch noch abschließend) **Zielvorgaben und Arbeitsfelder** des BR und der Betriebsverfassung überhaupt. Er steht insofern im Zusammenhang mit § 75. Obwohl der AG in § 80 anders als in § 75 nicht ausdrücklich genannt ist, ist er ebenso gehalten, diese Ziele zu verwirklichen.

---

1 *BAG* 21. 10. 03 – 1 ABR 39/02, AuR 04, 78, m. w. N.
2 *BAG* 21. 10. 03 – 1 ABR 39/02 a. a. O.
3 *So* auch GK-*Weber*, Rn. 24; *Zimmermann*, AuR 17, 192.
4 *BAG* 21. 10. 03, a. a. O.

Abs. 1 Nrn. 2, 3, 5 enthält **Verfahrenselemente zu einzelnen Aufgabenschwerpunkten,** ohne die Aktionsmöglichkeiten des BR abschließend zu beschreiben. Insbes. zu Abs. 1 Nr. 1 wird nicht vorgegeben, auf welche Weise der BR die Durchführung der zugunsten der AN geltenden Rechtsnormen überwachen kann. Verfahrensregelungen bestehen (positiv) in Form ausdrücklicher Mitbestimmungsrechte des BR sowie (negativ) als Verbot einseitiger Regelungen (§ 77 Abs. 1 Satz 2) sowie von Arbeitskampfmaßnahmen (§ 74 Abs. 2). Die Mittel, mit denen der BR die in der Vorschrift genannten Ziele verfolgt, hat der Gesetzgeber nicht festgelegt. Angesichts der der **Betriebsverfassung vorgegebenen und von ihr anerkannten Interessenspannungen und -konflikte**[5] wird der BR auch unabhängig von Mitbestimmungsrechten betriebsbezogene Tatsachen und Meinungen aufnehmen und kommunikativ derart vermitteln, dass ein entsprechender Druck auf den AG entsteht, der eine Verhaltensänderung möglich macht. Sieht man den BR als Grundrechtsträger an (vgl. § 1 Rn. 5 ff.),[6] kann sich dieser, andernfalls jedenfalls seine Mitglieder, bei der Aufnahme (Informationsfreiheit) und Weitergabe (Meinungsäußerungsfreiheit) von Informationen und Meinungen auf **Art. 5 GG** berufen. Seine Kommunikationspartner (etwa BR, AN, AG, Gewerkschaft, Behörden, Parlamente, Öffentlichkeit, Presse) werden nicht abschließend festgelegt und ergeben sich aus funktionalen Überlegungen des BR, ohne dass es im Einzelnen einer Rechtsgrundlage hierfür bedarf.[7] Insbes. die dem BR aufgegebenen Verpflichtungen zum betrieblichen Umweltschutz (vgl. Abs. 1 Nr. 9 sowie § 89) machen beispielhaft deutlich, dass der BR auch **mit außerbetrieblichen Stellen kommunizieren** kann und soll. Die in Abs. 2 und an anderer Stelle geregelte Unterrichtung durch den AG ist für den BR eine wichtige, nicht aber die einzige Informationsquelle (aus dieser Quelle ließen sich Daten über betriebliche Missstände, Gefährdungen und Unzufriedenheit schwerlich ermitteln). Umgekehrt ist der AG nicht alleiniger Adressat des BR. Dessen Außenkommunikation wird allerdings durch § 79 (Betriebs- und Geschäftsgeheimnisse) beschränkt. 4

Abs. 1 Nrn. 2a, 2b, 4, 6, 7, 8, 9 legt dem BR **Förderungspflichten** auf. Sie begründen weder Mitbestimmungsrechte außerhalb der in diesem und anderen Gesetzen festgelegten Mitbestimmungstatbestände noch eine Begrenzung spezifischer Mitbestimmungsrechte in Form einer Reduktion auf bloße Mitwirkung.[8] Allen Förderungspflichten gemeinsam ist ein verbindlicher gesetzlicher Handlungsauftrag an den BR und zugleich an den AG. Daraus ergibt sich zugleich, dass die Verfolgung dieser Ziele seitens des BR weder den Betriebsfrieden stört noch eine parteipolitische Betätigung i. S. d. § 74 Abs. 2 Satz 3 darstellt, selbst wenn politische Parteien diese Ziele teilen. Schließlich stellt die Vorschrift klar, dass die Befassung mit den hier hervorgehobenen Förderungsaufträgen für den BR erforderlich ist, so dass sie grundsätzlich § 37 Abs. 2 und 6 sowie § 40 unterfällt. 5

Die Vorschrift gilt auch für **GBR** und **KBR** im Rahmen ihrer Zuständigkeiten. Nach *BAG*[9] ist der GBR nicht zuständig für die betriebliche Überwachung von BV, auch wenn er sie selbst abgeschlossen hat, vgl. Rn. 18. Für die **JAV** gilt § 70, für **die Schwerbehindertenvertretung** (SchwV) § 178 SGB IX. Deren Aufgaben und Zuständigkeiten schließen die des BR nicht aus.[10] Die in der Vorschrift genannten Befugnisse des BR erstrecken sich auf AN i. S. d. § 5 Abs. 1, grds. jedoch nicht auf leitende Angestellte i. S. d. § 5 Abs. 3. Begründungserwägung 8 der Transparenzrichtlinie (EU) 2019/1152 v. 20. 6. 19 verweist auf die in der *EuGH*-Rspr. aufgestellten Kriterien für die Feststellung des Arbeitnehmerstatus, einschließlich Hausangestellte, AN auf Abruf, Intermittierend, auf Grundlage von Gutscheinen und online-Plattformen, Praktikanten und Auszubildende. Soweit Informationsansprüche wie nach Abs. 2 Satz 1 oder Schutzvorschriften wie § 2 Abs. 2 Nr. 3 ArbSchG, §§ 6, 17 AGG oder § 5 Abs. 2 Entgelttransparenzgesetz 6

5 Vgl. *G. Müller,* AuR 92, 257; *HessLAG* 26. 9. 11 – 16 TaBV 105/11, NZA-RR 12, 85.

6 *LAG Niedersachsen* 6. 12. 18 – 5 TaBV 107/17, AiB 19, 7/8, 54; *Plander,* AuR 93, 165.

7 Vgl. *Plander,* AuR 93, 166; *Simitis/Kreuder,* NZA 92, 1009 ff.; *Buschmann,* AiB 87, 53; zum Fall Nokia vgl. *Leuze,* ZTR 09, 7: »drastische Darstellung in der Öffentlichkeit nicht nur erlaubt, sondern sogar geboten«; *BAG* 14. 7. 10 – 7 ABR 80/08, AuR 10, 397; *HessLAG* 26. 9. 11 – 16 TaBV 105/11, NZA-RR 12, 85; einschränkend *BAG* 18. 9. 91 – 7 ABR 63/90, NZA 92, 315.

8 *BAG* 22. 9. 21 – 7 ABR 22/20, Rn. 38, AuR 22, 189.

9 *BAG* 16. 8. 11 – 1 ABR 22/10, AuR 12, 83.

10 Ebenso *Fitting,* Rn. 2.

nicht an den AN-Status, sondern an einen weiteren »Beschäftigten«-Begriff anknüpfen, gestaltet sich auch deren Überwachung durch den BR umfassend (vgl. Rn. 85 ff.).

II. Allgemeine Aufgaben des Betriebsrats (Abs. 1)

1. Überwachung von Rechtsnormen (Nr. 1)

a) Zugunsten der Arbeitnehmer geltende Rechtsnormen

aa) Übersicht

7 Der Vorschrift liegen mehrere Gedanken zugrunde: Einmal sollen Einhaltung und Anwendung der AN-schützenden Vorschriften sichergestellt werden. Die Wahrnehmung dieser Überwachungsaufgabe hängt weder vom Bestehen besonderer Mitwirkungs- oder Mitbestimmungsrechte[11] noch von einer etwaigen Regelverletzung des AG ab. Der BR darf auch vorbeugend tätig werden.[12] Zum anderen soll er einzelnen AN bei der Durchsetzung ihrer Rechte gegenüber dem AG helfen.[13] Schließlich dient das betriebsverfassungsrechtliche Beteiligungsverfahren der Umsetzung betrieblicher Handlungs- und Organisationspflichten des AG.[14] Daraus folgt, dass der Begriff der **zugunsten** der AN geltenden Gesetze und Verordnungen weit auszulegen ist[15] und auch Richterrecht einbezieht.[16] Im Widerspruch dazu steht eine überschießende Argumentation in einer *BAG*-Entscheidung, die anlässlich der Befristungsregelungen des TzBfG nur solche gesetzliche Bestimmungen erfassen wollte, die ausdrücklich **Verbote oder Verbote** enthalten, nicht aber solche, die gesetzliche Rechtsfolgen (hier: Unwirksamkeit der Befristung) anordnen, was verkürzt aus dem Wort »durchgeführt« abgeleitet wurde.[17] Gerade die Unzulässigkeit einer bestimmten Befristung, d. h. Weiterbeschäftigung ergibt sich nicht von selbst, da der AG sich zunächst auf die Befristung berufen wird. Sie bedarf eines Verfahrens, um diese Rechtsfolge durchzusetzen. Nichts anderes ist Durchführung. Auch § 7 Abs. 3 der RL 1999/70/EG über befristete Arbeitsverträge kennt diese Unterscheidung nicht. Die Überwachungspflicht erstreckt sich deshalb auf alle – arbeitsrechtlichen und sonstigen – **Rechtsvorschriften, die sich zugunsten der im Betrieb tätigen AN auswirken.** Hierunter fallen u. a.:

- **Grundrechte** der AN aus dem GG, der EMRK und der EU-Grundrechte-Charta.
- **Europarechtliche Vorschriften,** insbes. Art. **151 ff.** AEUV sowie die dazu ergangenen Richtlinien, die bei Auslegung nationalen Rechts (richtlinienkonform) sowie bei der Ermessensausübung nach § 76 Abs. 5 (Spruch der ESt.) zu berücksichtigen sind;[18] Revidierte Europäische Sozialcharta.
- Von Deutschland ratifizierte **UN-** und **IAO-Übereinkommen.**
- Gesetze und VO zum **Arbeitsschutz,** z. B. ArbSchG, ArbZG, BetrSichV, LSchlG (des Bundes bzw. der Länder), MuSchG, JArbSchG, HAG, Arbeitsmedizinische Vorsorge-VO (ArbMedVV) sowie **UVV/BGV** der Berufsgenossenschaften gem. § 15 SGB VII (vgl. §§ 87 Abs. 1 Nr. 7 und 89).

---

11 *BAG* 19. 10. 99 – 1 ABR 75/98, AuR 00, 268 mit Anm. *Buschmann*; *Fitting*, Rn. 5.

12 *BAG* 19. 2. 08 – 1 ABR 84/06, AuR 08, 321; *Fitting*, Rn. 5; Richardi-*Thüsing*, Rn. 22.

13 *GL*, Rn. 6; vgl. auch *Fitting*, Rn. 5.

14 *Kohte*, FS Wißmann, 331.

15 Vgl. Richardi-*Thüsing*, Rn. 6 ff.; *Fitting*, Rn. 6; *GL*, Rn. 6 f.; *HWGNRH*, Rn. 13.

16 Richardi-*Thüsing*, Rn. 9.

17 *BAG* 27. 10. 10 – 7 ABR 86/09, AuR 11, 222; in der Entscheidung v. 6. 4. 11 – 7 AZR 716/09, AuR 11, 409, zur sachgrundlosen Befristung nahm der *Senat* an dem gesetzlichen Normbefehl des § 14 Abs. 2 Satz 2 TzBfG, den er als sog. »Vorbeschäftigungsverbot« verkannte, selbst Anstoß. Ein solches Verbot enthält die Vorschrift nicht, vgl. *Buschmann*, AuR 14, 455; *D. Ulber*, FS Buschmann, S. 129. Das *BVerfG* hat diese Rspr. mit Beschluss v. 6. 6. 18 – 1 BvL 7/14, 1 BvR 1375/14, AuR 2018, 389, wegen Verstoßes gegen Art. 20 GG (Überschreitung der Grenzen richterlicher Rechtsauslegung) zutreffend für verfassungswidrig erklärt.

18 *EuGH* 10. 4. 84 – C-1419/83, DB 84, 1297 mit Anm. *Bertelsmann/Pfarr*; *BAG* 2. 12. 92 – 4 AZR 152/92, AuR 93, 225 mit Anm. *Richter;* 18. 2. 03 – 1 ABR 2/02, AuR 03, 298 mit Anm. *Linnenkohl*; *Ende*, AuR 97, 137, zur Europarechtswidrigkeit des ArbZG.

- **Umweltschutzvorschriften,** die auch AN-schützenden Charakter haben, z. B. ImmissionsschutzG, ChemikalienG, AtomG, StrahlenschutzVO, StörfallVO, GefStoffV, Umwelt-Audit-VO; Umweltauditgesetz (UAG); vgl. auch § 89.
- Bei Auslandseinsätzen zwingende ausländische Arbeits- und Umweltschutzbestimmungen.
- **Sonstige** zugunsten der AN geltende **Gesetze und Vorschriften des Arbeitsrechts** wie BBiG (mit Wirkung v. 1.1.2020 geändert durch Berufsbildungsmodernisierungsgesetz, BGBl. I, 2019, 2522), NachweisG, KSchG, Urlaubs- und Feiertagsgesetze, EFZG, EntgTranspG, MitarbeiterkapitalbeteiligungsG, BetrVG; arbeitsrechtliche Vorschriften in BGB (z. B. §§ 305 ff. BGB zum AGB-Recht, §§ 611 ff.), HGB, GewO, BEEG, Pflegezeitgesetz (Freistellungsanspruch nach § 3), arbeitsrechtliche Grundsätze wie **Gleichbehandlungsgrundsatz,** Grundsatz von **Recht und Billigkeit**[19] und **Betriebsübung;** gesetzliche Bestimmungen über Teilzeitarbeit und befristete Arbeitsverhältnisse[20] nach dem TzBfG, arbeitsrechtliche Aushang- und Bekanntmachungspflichten.[21] Ein spezifischer Schutz der AN von Baubetrieben bei Insolvenz ergibt sich aus dem Bauforderungssicherungsgesetz.[22] Zum Gendiagnostikgesetz vgl. unter BDSG.
- Für **Leih-AN** bedeutsam sind: Verbot der gewerbsmäßigen Leiharbeit im Baugewerbe und der Schwarzarbeit (§ 1b AÜG; §§ 1 ff. SchwArbG), Grundsatz der Gleichstellung (equal treatment, equal pay) der Leih-AN mit vergleichbaren AN des Entleiherbetriebs (Art. 5 Abs. 1 RL 2008/104/EG; §§ 8 ff. AÜG), VO über eine Lohnuntergrenze (§ 3a AüG), Verbot des Einsatzes als Streikbrecher (§ 11 Abs. 5 AÜG), das für den Entleiherbetrieb geltende öffentlich-rechtliche Arbeitsschutzrecht (§ 11 Abs. 6 AÜG). Nach § 1 Abs. 1 Satz 4 i. V. m. Abs. 1b AÜG erfolgt die Überlassung von AN nur »vorübergehend« bis zu 18 aufeinander folgenden Monaten. Nicht vorübergehende Leiharbeit ist grds. verboten.[23] Sowohl zur Gleichstellung als auch zur Höchstüberlassungsdauer gibt es Abweichungsmöglichkeiten, die mit der Leiharbeits-RL 2008/104/EG nur beschränkt vereinbar sind.[24] Nach dem *EuGH*-Urteil Daimler[25] sind Überlassungen auf demselben Arbeitsplatz bei einem Entleiher für eine Dauer von 55 Monaten regelmäßig missbräuchlich, wenn dafür keine objektive Erklärung gegeben wird. Dies festzustellen ist Sache nationaler Gerichte. § 19 Abs. 2 AÜG, nach dem Zeiten vor dem 1.4.2017 nicht berücksichtigt werden sollen, verstößt gegen die RL. Unter Rn. 99 verweist der *EuGH* auf Staatshaftungsansprüche, was die Unvereinbarkeit des AÜG mit Unionsrecht voraussetzt. Eine nationale Tariföffnungsklausel billigt der *EuGH* nur in Bezug auf Abweichungen von der gesetzlichen Höchstüberlassungsdauer, nicht aber von der Begrenzung auf vorübergehende Einsätze bzw. vom Verbot missbräuchlicher aufeinanderfolgende Überlassungen. Wörtlich Rn. 109: »Diese Möglichkeit befreit die Mitgliedstaaten jedoch nicht von der Verpflichtung, durch geeignete Rechts- und Verwaltungsvorschriften sicherzustellen, dass die AN in vollem Umfang den Schutz in Anspruch nehmen können, den ihnen die RL 2008/104 gewährt.« Somit sind auch TV an die Begrenzung auf vorübergehende Einsätze und das Verbot missbräuchlicher aufeinanderfolgender Einsätze bei einem Entleiher gebunden. CGZP-TV sowie darauf bezogene arbeitsvertragliche Verweisungen sind unwirksam, da CGZP keine tariffähige und tarifzuständige Gewerkschaft war und ist.[26] Hier kommt equal pay / treatment immer zur Anwendung.[27] Unabhängig

19 St. Rspr., s. nur *BAG* 21.10.03 – 1 ABR 39/02, AP Nrn. 8, 12, 13, 27 zu § 80 BetrVG 1972; vgl. auch *Fitting*, Rn. 6; GK-*Weber*, Rn. 16.
20 Hier wollte *BAG* 27.10.10 – 7 ABR 86/09 a. a. O. nur §§ 4–8, 10, 18–20 TzBfG einbeziehen.
21 Übersicht bei *Pulte*, BB 08, 2569 ff.
22 Vgl. *Opolony*, AuR 01, 206 ff.
23 *BAG* 10.7.13 – 7 ABR 91/11, AuR 9/13, mit der Folge des Widerspruchsrecht des BR nach § 99 Abs. 2 Nr. 1.
24 Zur Abweichung vom Gleichbehandlungsgrundsatz *EuGH* 15.12.22 – C-311/21, TimePartner, AP Nr 7 zu RL 2008/104/EG, dazu *Däubler*, NZA 23, 73.; vgl. auch *BAG* 14.10.20 – 7 AZR 286/18, AuR 21, 237; *ArbG Kaiserslautern* Vorlagebeschluss 20.5.20 – 8 Ca 114/20, AuR 20, 376; zur AÜG-Reform 2017 *Ulber*, AuR 17, 238.
25 *EuGH* 17.3.22 – C-232/20, *Daimler*, AuR 22, 187.
26 *BAG* 14.12.10 – 1 ABR 19/10, AuR 11, 40; 22.5.12 – 1 ABN 27/12; 23.5.12 – 1 AZB 58/11, 1 AZB 67/11, AuR 12, 270.
27 *BAG* 13.3.13 – 5 AZR 242/12 u. a., AuR 13, 187.

davon müssen alle Leiharbeits-TV nach Art. 5 Abs. 3 RL den Gesamtschutz wahren, d. h. tarifliche Ungleichbehandlungen in Bezug auf wesentliche Arbeits- und Beschäftigungsbedingungen im Vergleich zu den Stammbeschäftigten der Entleiher zum Nachteil von Leih-AN durch gleichwertige tarifliche Vorteile ausgleichen,[28] was arbeitsgerichtlich zu kontrollieren ist. Damit schwer vereinbar ist die Auffassung des 5. *BAG*-Senats, wonach die grds. Entgeltfortzahlung auch in verleihfreien Zeiten bei unbefristeten wie bei befristeten Leiharbeitsverhältnissen ein möglicher Ausgleichsvorteil sein könne.[29]

bb) Allgemeines Gleichbehandlungsgesetz

8 Besondere Überwachungs- und Handlungspflichten ergeben sich für den BR aus dem Allgemeinen Gleichbehandlungsgesetz (AGG). Dieses Gesetz **verbietet Benachteiligungen** aus Gründen der Rasse oder wegen der ethnischen Herkunft, des Geschlechts, der Religion oder Weltanschauung, einer Behinderung, des Alters oder der sexuellen Identität und enthält besondere Rechtsbehelfe, u. a. für den BR, mit dem Ziel ihrer Beseitigung. Das Benachteiligungsverbot dient der Umsetzung von 4 GleichbehandlungsRL. Das AGG ist im Lichte dieser RL sowie des Art. 21 EU-GrCh zu interpretieren. Darüber hinaus versteht der *EuGH* den Grundsatz der Gleichbehandlung in Beschäftigung und Beruf als allgemeinen Grundsatz des (primären) Unionsrechts, der unabhängig von seiner nationalen Umsetzung unmittelbar anzuwenden ist, was die Unwirksamkeit entgegenstehender nationaler Vorschriften wie z. B. § 622 Abs. 2 Satz 2 BGB (a. F.) zur Folge haben kann.

9 Das AGG verpflichtet unmittelbar den AG, enthält in § 17 zudem die **Aufforderung an Tarifparteien, Beschäftigte und deren Vertretung, an der Verwirklichung der Gesetzesziele mitzuwirken.** »Soziale Verantwortung« nach § 17 Abs. 1 AGG reicht insoweit weiter als nach diesem Gesetz, als sie sich auf »Beschäftigte« i. S. d. § 6 AGG bezieht. Dazu gehören neben AN u. a. auch Bewerber und ausgeschiedene sowie arbeitnehmerähnliche Personen, hinsichtlich der Bedingungen für den Zugang zur Erwerbstätigkeit sowie den beruflichen Aufstieg sogar Selbstständige. Bestimmungen in BV, die gegen das Benachteiligungsverbot verstoßen, sind nach § 7 Abs. 2 AGG unwirksam. Bei einem Verstoß des AG gegen Vorschriften aus dem Abschnitt 2 AGG (Schutz der Beschäftigten vor Benachteiligung) kann der BR nach § 17 Abs. 2 AGG unter den Voraussetzungen des § 23 Abs. 3 (vgl. dort, Rn. 207 ff.) die dort genannten Recht gerichtlich gegen den AG geltend machen. Ein vergleichbares Benachteiligungsverbot regeln §§ 4, 21 GenDG (s. u. unter BDSG). Für die Rechtsfolgen verweist das GenDG auf §§ 15, 22 AGG. Das EntgTranspG 2017 sieht neben dem individuellen Erfüllungsanspruch (§ 7), dem Maßregelungsverbot (§ 9) und dem individuellen Auskunftsanspruch des AN (§ 10) die Auskunftspflicht des AG (§ 11) vor, bei deren Durchsetzung der BR mitzuwirken hat.

cc) Entsende- und Mindestlohngesetz

10 Ziel des **Entsendegesetzes** sind Schaffung und Durchsetzung angemessener Mindestarbeitsbedingungen für grenzüberschreitend entsandte und für regelmäßig im Inland beschäftigte AN (§ 1 AEntG). Dies erfolgt durch Allgemeinverbindlicherklärung oder Rechtsverordnung (§ 3 AEntG), nach der die Bestimmungen u. a. folgender TV zwingend Anwendung finden: Baugewerbe, Gebäudereinigung, Briefdienstleistungen, Sicherheitsdienstleistungen, Bergbauspezialarbeiten auf Steinkohlebergwerken, Wäschereidienstleistungen im Objektkundengeschäft, Abfallwirtschaft einschl. Straßenreinigung und Winterdienst, Aus- und Weiterbildung nach den SGB II und III, Schlachten und Fleischverarbeitung (§ 4 AEntG). Mit dem **Tarifautonomiestärkungsgesetz** v. 11. 8. 2014 (BGBl. I, 1348 ff.) wurde diese Möglichkeit in § 4 Abs. 2 AEntG auf alle anderen Branchen erweitert, wenn die Erstreckung der Rechtsnormen des TV im öffentlichen Interesse geboten erscheint, um die Gesetzesziele zu erreichen und einem

28 *EuGH* 15. 12. 22 – C-311/21, TimePartner, a. a. O.
29 *BAG* 31. 5. 23 – 5 AZR 143/19, TimePartner.

Verdrängungswettbewerb über Lohnkosten entgegen zu wirken.[30] Die Verordnungsermächtigung verstößt weder gegen Verfassungs-[31] noch gegen Europarecht.[32] Auch die Allgemeinverbindlicherklärung ist zulässig.[33] Für die im Geltungsbereich eines allgemeinverbindlichen TV oder einer entspr. Rechtsverordnung nach dem AEntG Beschäftigten incl. Leiharbeiter hat der AG Beginn, Ende und Dauer der tägl. Arbeitszeit aufzuzeichnen und diese Aufzeichnungen mind. 2 Jahre lang aufzubewahren (§ 19 Abs. 1 AEntG). Der BR hat die Einhaltung dieser Dokumentationspflicht und des tariflichen Mindestlohns sowie die tatsächlichen Arbeitszeiten zu überwachen. Für die Zahlung dieses Mindestlohns haftet nicht nur der eigentliche AG, sondern auch dessen Auftraggeber wie ein Bürge, der auf die Einrede der Vorausklage verzichtet hat (§§ 14, 8 AEntG). Nach § 3 des Gesetzes über die unternehmerischen Sorgfaltspflichten in Lieferketten (**Lieferkettengesetz**), BGBl. 2021 I S. 2959, sind UN dazu verpflichtet, in ihren Lieferketten bestimmte menschenrechtliche und umweltbezogene Sorgfaltspflichten in angemessener Weise zu beachten. Nach § 6 Abs. 2 muss das UN eine Grundsatzerklärung über seine Menschenrechtsstrategie verabschieden, welche lt. Gesetzesbegründung gegenüber Beschäftigten, ggf. dem BR, den unmittelbaren Zulieferern und der Öffentlichkeit zu kommunizieren ist.

Nach § 1 **Mindestlohngesetz** i. V. m. der MindestlohnanpassungsVO nach § 11 MiLoG beträgt die Höhe des gesetzlichen Mindestlohns ab 1. 1. 2017 € 8,84 je »Zeitstunde«. Die Höhe wird alle 2 Jahre angepasst (1. 1. 2020: 9, 35 €; 1. 1. 2021: 9,50 €; 1. 7. 2021: 9,60 €; 1. 1. 2022: 9,82 €; 1. 7. 2022: 10.45 €; 1. 10. 2022: 12 €; 1. 1. 2024: 12,41 €; 1. 1. 2025: 12,82 €). Der Begriff der Zeitstunde entspricht § 2 ArbZG bzw. Art. 2 Abs. 1 der RL 2003/88/EG, d. h. die Zeit, die ein AN arbeitet bzw. dem AG zur Arbeitsaufnahme zur Verfügung steht.[34] Dazu gehören Arbeitsbereitschaft und Bereitschaftsdienst,[35] angeordnete Umkleide- und innerbetriebliche Wegezeiten, Rüst-, Vor- und Nachbereitungsarbeiten. Ausnahmen vom Mindestlohn (Praktikanten, Jugendliche ohne abgeschlossene Berufsausbildung, Auszubildende) ergeben sich aus § 22 MiLoG. Für Auszubildende regelt § 17 BBiG seit 1. 1. 2020 differenzierte Ansprüche auf Mindestvergütung. Von besonderer praktischer Bedeutung für den BR sind wie beim Entsendegesetz die Dokumentationspflichten des AG in Bezug auf Beginn, Ende und Dauer der täglichen Arbeitszeit nach § 17 MiLoG. Sie betreffen generell Geringfügig Beschäftigte i. S. d. §§ 8 Abs. 1 SGB IV sowie die in den Branchen des § 2a SchwArbG Beschäftigten: Bau, Gaststätten und Beherbergung, Personenbeförderung, Spedition, Transport und damit verbundene Logistik, Schausteller, Forstwirtschaft, Gebäudereinigung, Beteiligung am Auf- und Abbau von Messen und Ausstellungen, Fleischwirtschaft, jeweils incl. Leiharbeiter. Für diese und alle anderen Beschäftigten einschließlich der Auszubildenden gelten zudem die Dokumentations- und Nachweispflichten des § 16 Abs. 2 ArbZG, die nach der Rspr. des *EuGH* comisiones obreras / Dt. Bank nicht nur auf die Überschreitung von 8 Std. täglich, sondern auf sämtliche Arbeitszeiten zu beziehen sind. Der AG kann sich von seinen öffentlich-rechtlichen Dokumentationspflichten nicht durch einfache Übertragung auf die AN entlasten.[36] Sog. Vertrauensarbeitszeit, die das versucht, ist damit unvereinbar.[37] Der BR kann die **Vorlage dieser Dokumentationen** (z. B. nach Musterformularen des BMAS) anfordern und damit zugleich die 10a

30 Übersicht des BMAS: Neben den Branchen des § 4 AEntG TV u. a. für Schornsteinfeger, Steinmetz- und Steinbildhauer, Textil- und Bekleidungsindustrie, Elektrohandwerke Land- und Forstwirtschaft, Gartenbau, Fleischwirtschaft, Pflege, Dachdecker, Gerüstbauer, Maler- und Lackierhandwerk, Leiharbeit.

31 *BVerfG* 18. 7. 00 – 1 BvR 948/00, AuR 00, 353; *BAG* 12. 1. 05 – 5 AZR 617/01, AuR 05, 72 zur Haftung des Generalunternehmers.

32 *EuGH* 23. 11. 99 – C-369/96, AuR 00, 32; 12. 10. 04 – C-60/03, *BAG* 12. 1. 05 a. a. O.

33 *OVG Berlin* 10. 3. 04 – 1 B 2.02, AuR 04, 351, mit Anm. *Bordt*.

34 Im Einzelnen *Kocher*, AuR 15, 173 ff.; *Buschmann/Ulber*, ArbZG, Arbeitszeitrecht, § 2 ArbZG, 5, 9 ff.; Art. 2 RL 2003/88/EG, Rn. 64 ff.

35 *BAG* 19. 11. 14 – 5 AZR 1101/12, AuR 14, 484, 488, zum Mindestentgelt in der Pflege.

36 *Buschmann/Ulber*, § 16 ArbZG, Rn. 22, m. w. N. insbes. zur Rspr. des *EuGH* v. 14. 5. 19 – C-55/18, comisiones obreras; zur Mitbestimmung ebd. Rn. 47; **§ 87, Rn. 62.**

37 *Schrader/Novak*, NJW 15, 1783 ff.; *LAG München* 11. 7. 22 – 4 TaBV 9/22, AiB 2023, Nr 1, 34, »Vertrauensarbeitszeit« von Außendienstlern, NZB zurückgewiesen.

ordnungsgemäße Arbeitszeit und Vergütung überprüfen.[38] Für die Zahlung des Mindestlohns haftet nicht nur der eigentliche AG, sondern (über §§ 13 MiLoG, 14, 8 AEntG) auch dessen Auftraggeber wie ein Bürge, der auf die Einrede der Vorausklage verzichtet hat. Hier sollten BR von Auftraggeber und -nehmer zusammenarbeiten.

dd) Sozialversicherungsrecht

11 Es gehört zu den Aufgaben des BR, AG-Pflichten aus den **Sozialversicherungsgesetzen** zu überwachen[39] und sich um die richtige Anwendung und Ausnutzung der Möglichkeiten des SGB III zu kümmern. Dabei geht es vorwiegend um Vorschriften über Kurzarbeitergeld, Arbeits- und Winterbauförderung, Umschulungsmaßnahmen usw.[40] Nach *BAG*[41] soll zwar die Beratung der AN in sozialversicherungsrechtlichen Fragen nicht zu den Aufgaben des BR gehören. Dort erkennt das *BAG* aber an, dass die vom AG zu beachtenden **Abführungs- und Meldepflichten** zu den zu Gunsten der AN geltenden Gesetzen i. S. d. Vorschrift gehören, deren Einhaltung vom BR zu überwachen ist. Maßgeblich für die Berechnung der abzuführenden Sozialversicherungsbeiträge ist der geschuldete, nicht der effektiv gezahlte Lohn (vgl. Rn. 13). Insofern findet über das strafrechtlich bewehrte Sozialversicherungsrecht indirekt eine Kontrolle der Erfüllung von Lohn- und Gehaltsansprüchen statt. Nach § 2 Abs. 2 Nr. 3 SGB III hat der AG den AN über seine Pflicht zur **frühzeitigen Arbeitssuchendmeldung** bei der Agentur für Arbeit zu informieren, ihn hierfür freizustellen und ihm die Teilnahme an erforderlichen Qualifizierungsmaßnahmen zu ermöglichen.[42] Sozialversicherungsrechtliche Vorschriften können arbeitsrechtliche Ansprüche begründen, z. B. den Freistellungsanspruch nach § 3 Pflegezeitgesetz. Schließlich können sie auf §§ 242, 618 BGB beruhende Nebenpflichten des AG begründen, die durch Regelungen des SGB ausgestaltet werden.[43]

ee) Steuerrecht

12 Den AG trifft aus dem Arbeitsverhältnis die Nebenpflicht, die Steuern der AN richtig zu berechnen und abzurechnen.[44] Daher erstreckt sich das Überwachungsrecht des BR auf die Feststellung, ob der AG Lohnsteuer und Sozialversicherungsbeiträge generell richtig berechnet und abführt.[45] Nach Auffassung des *BAG* gehört es weder zu den Aufgaben des BR, darüber zu wachen, dass der AG bei der Berechnung des Lohnes die Vorschriften des **Lohnsteuerrechts** und die hierzu ergangenen Richtlinien beachtet, noch einzelne AN in steuerrechtlichen Fragen zu beraten.[46] Nach *LAG Köln*[47] (zu einer Schulungsmaßnahme nach § 37 Abs. 6) gehört die Beratung von AN in steuer- und sozialversicherungsrechtlichen Fragen so lange nicht zu den Aufgaben des BR, als diese Fragen nur mittelbaren Bezug zum Arbeitsverhältnis haben. Dieser Bezug ist aber vorhanden, wenn Arbeitsvertragsbestimmungen etwa bei **geringfügiger Beschäftigung** an steuer- und sozialversicherungsrechtlichen Regelungen orientiert werden. Hier kann der BR die AN generell darüber beraten, ob der AG die Bestimmungen des § 40a EStG einhält und welche sinnvollen Konsequenzen sich für AN daraus ergeben. Nach der Rspr.[48] hat zwar auch bei geringfügiger Beschäftigung grundsätzlich der AN die pauschale Lohnsteuer im Innenverhältnis zu tragen, wenn nicht deren Übernahme durch den AG vereinbart ist. Un-

---

38 *Düwell*, AiB 15, 37 ff.
39 *GL*, Rn. 7; *Fitting*, Rn. 9; Hako-*Kohte/Schulze-Doll*, Rn. 14.
40 GK-*Weber*, Rn. 13.
41 *BAG* 4. 6. 03 – 7 ABR 42/02, AuR 03, 436.
42 Zur Meldepflicht des AN und zur Informationspflicht des AG vgl. *BSG* 25. 5. 05 – B 11a/11 AL 81/04 R, AuR 05, 270; *BAG* 29. 9. 05 – 8 AZR 571/04, AuR 06, 72; *Gabke*, AuR 05, 160, 270.
43 *BAG* 5. 10. 05 – 5 AZB 27/05, EzA ArbGG 1979 § 2 Nr. 63; vgl. auch *Nebe*, DB 2008, 1801.
44 Vgl. *BAG* 17. 3. 60, AP Nr. 8 zu § 670 BGB.
45 GK-*Weber*, Rn. 16; Richardi-*Thüsing*, Rn. 11; *GL*, Rn. 7; *HWGNRH*, Rn. 13; Hako-*Kohte/Schulze-Doll*, Rn. 15.
46 *BAG* 11. 12. 73, AP Nr. 5 zu § 80 BetrVG 1972.
47 *LAG Köln* 30. 6. 00 – 11 (12) TaBV 18/00, NZA-RR 2001, 255.
48 *BAG* 1. 2. 06 – 5 AZR 628/04, AuR 06, 118.

zulässig wäre es aber, ohne ausdrückliche Vereinbarung aus Anlass gesetzlicher Neuregelungen bisher pauschal übernommene Steuern oder die Arbeitgeberbeiträge zur Sozialversicherung auf die AN zu überwälzen.[49] Auch Nettolohnvereinbarungen rechtfertigen nicht die Benachteiligung (geringfügig) Teilzeitbeschäftigter in der Bruttovergütung.

ff) Arbeitsstrafrecht

Zwar gehört die Durchsetzung des staatlichen Strafanspruchs nicht zu den originären Aufgaben des BR. Den über mehrere Gesetze verstreuten Vorschriften des **Arbeitsstrafrechts** liegen aber zivil- oder öffentlich-rechtliche AG-Verpflichtungen mit arbeitnehmerschützendem Charakter zu Grunde, deren Verletzung u. U. zur Nichtigkeit nach § 134 BGB oder zu Schadensersatzansprüchen nach § 823 Abs. 2 BGB führen kann.[50] Nach § 2 des HinweisgeberschutzG[51] fallen Meldungen und Offenlegungen von Informationen über Verstöße, die straf- oder bußgeldbewehrt sind (letztere, soweit die verletzte Vorschrift dem Schutz von Leben, Leib oder Gesundheit oder dem Schutz der Rechte von Beschäftigten oder ihrer Vertretungsorgane dient) in den sachlichen Anwendungsbereich dieses Gesetzes. § 130 OWiG unterstreicht die Organisations- und Aufsichtsverpflichtung des Inhabers eines Betriebs oder UN (vgl. § 121). Neben Ordnungswidrigkeiten- und Straftatbeständen des Arbeitsschutzrechts (insbes. § 25 f. ArbSchG, § 209 SGB VII) bzw. nach §§ 119 ff. dieses Gesetzes besonders hervorzuheben sind: 13

- **Lohnwucher** (§ 291 StGB);[52]
- **Ausbeutung** der Arbeitskraft (§ 233 StGB);[53]
- Beschäftigung von Ausländern ohne Genehmigung oder ohne Aufenthaltstitel und zu **ungünstigen Arbeitsbedingungen** (§ 10 Schwarzarbeitsbekämpfungsgesetz);
- **Betrug** (§ 263 StGB) durch Vorspiegelung einer tariflichen Bezahlung, die aber tatsächlich nicht erfolgt; dazu Strafbefehl des AG *Stuttgart*;[54]
- **Vorenthalten und Veruntreuen von Arbeitsentgelt** (§ 266a StGB). Dieser ursprünglich nur auf das Vorenthalten von Arbeitnehmerbeiträgen zur Sozialversicherung bezogene Straftatbestand (Abs. 1) erstreckt sich auch auf sonstige »an einen anderen zu zahlende Teile des Arbeitsentgelts« (Abs. 3) sowie auf die Verletzung von Meldepflichten gegenüber der Einzugsstelle (Abs. 2). Mindestens § 266a Abs. 2 StGB (vom *BAG* offen gelassen zu Abs. 1) ist ein Schutzgesetz zu Gunsten des AN[55] woraus sich i. V. m. § 823 Abs. 2 BGB u. U. eine zivilrechtliche Haftung des Geschäftsführers ergeben kann.[56] Der Tatbestand des Vorenthaltens ist gegeben, wenn der Lohn und die daran anknüpfenden Sozialversicherungsbeiträge nicht oder nicht in geschuldeter Höhe (z. B. untertariflich bei anzuwendendem TV) gezahlt werden, was der Gesetzgeber durch die Formulierung *»unabhängig davon, ob Arbeitsentgelt gezahlt wird«* in Abs. 1 klargestellt hat.[57] Dies ist auch der Fall, wenn (etwa im Reinigungsgewerbe) Anwesenheitszeiten am Arbeitsplatz nicht vollständig als Arbeitszeit angerechnet

---

49 *LAG Köln* 25. 1. 01 – 10 Sa 1040/00, AuR 01, 352; TZA-*Buschmann,* § 4 TzBfG Rn. 33.

50 Übersicht bei *Reinecke,* Die Rolle des Strafrechts bei der Durchsetzung des Arbeitsrechts, AuR 97, 139; *Le Friant,* Die straf- und verwaltungsrechtliche Verantwortung des Arbeitgebers, S. 22 ff.; *Schorn,* Die straf- und ordnungswidrigkeitenrechtliche Verantwortung im Arbeitsschutzrecht und deren Abwälzung, BB 10, 1345 ff.; *Metz,* Strafbarkeit bei untertariflicher Bezahlung, NZA 11, 782; *Buschmann,* Perspektivenwechsel im Arbeitsstrafrecht, FS Ostendorf, 2015, S. 141 ff.

51 Dazu *Bruns,* NJW 23, 1609 ff.

52 *BGH* 22. 4. 97 – 1 StR 701/96, AuR 97, 453, mit Anm. *Reinecke* zu § 302a StGB a. F.; strafrechtliche Parallele zu § 138 BGB.

53 *BGH* 11. 1. 22 – 3 StR 177/21, BGHR StGB § 233 Abs 1 Nr 3 Ausbeutung 1.

54 AG *Stuttgart,* B 17 Cs 182(164) Js 1885/95, AuR 98, 238, Schlecker; vgl. auch *Metz,* NZA 11, 782.

55 *BAG* 18. 8. 05 – 8 AZR 542/04, DB 05, 2414; *LAG Hamm* 18. 7. 14 – 10 Sa 1492/13, AuR 15, 286; zu Beiträgen für private und betriebliche Altersversorgung; NZB 8 AZN 815/14 verworfen.

56 *BGH* 18. 4. 05 – II ZR 61/03, NJW 05, 2546; OLG *Düsseldorf* 16. 9. 14 – I-21 U 38/14; vgl. auch *Schneider/Brouwer,* ZIP 07, 1033.

57 NK-ASStrafR/*Eisele* StGB § 266a Rn. 41; *Brüssow/Petri,* Arbeitsstrafrecht, 2008, C II; *BGH* 16. 5. 00 – VI ZR 90/99, EzA StGB § 266a Nr. 1; 28. 5. 02 – 5 StR 16/02, AuR 02, 319. LG *Magdeburg* 29. 6. 10 – 21 Ns 17/09, AuR 10, 396; *OLG Naumburg* 1. 12. 10 – 2 Ss 141/10, AuR 11, 37; Metz, NZA 11, 782 ff.; *Buschmann,* FS Ostendorf, 2015, S. 141 ff.

und dann nicht nach dem gesetzlichen Mindestlohn oder dem verbindlichen Mindestlohn-TV vergütet werden.[58] Dem entspricht die Rspr. des *BSG*,[59] nach der für die Frage, ob die sozialversicherungsrechtliche Geringfügigkeitsgrenze überschritten wird und somit eine Versicherungs- und Beitragspflicht eintritt, auch bei untertariflicher Bezahlung das tariflich geschuldete Arbeitsentgelt maßgeblich ist, nicht hingegen das tatsächlich gezahlte (untertarifliche) Entgelt. Zu einer solchen rechtlichen Überschreitung der Geringfügigkeitsgrenze kommt es oft, bezieht man tariflich oder aus Gleichbehandlungsgrundsätzen geschuldete, jedoch tatsächlich nicht gezahlte Sonder- oder Nebenleistungen wie Weihnachts-, Urlaubsgelt, Sparförderung u. ä. mit ein. Mithin beinhalten rechtswidrig untertarifliche Bezahlung bzw. unzulässige geringfügige Beschäftigung überwiegend auch strafbares Vorenthalten von Arbeitsentgelt bzw. Sozialversicherungsbeiträgen i. S. d. Strafvorschrift. Dasselbe gilt bei illegalen Beschäftigungsverhältnissen i. S. d. § 14 Abs. 2 SGB IV wie der Beschäftigung von Paketfahrern als »Subunternehmer«[60] oder der zum Schein durchgeführten Aufsplitterung eines Arbeitsverhältnisses in mehrere geringfügige Beschäftigungen bei mehreren Schein-AG.[61] Mit Wirksamwerden des gesetzlichen Mindestlohns hat die Bedeutung der Vorschrift zugenommen.[62] Beitragszahlungen von Schwarzarbeitern und illegal Beschäftigten aufgrund einer mit dem AG getroffenen Vereinbarung lassen nicht schon die Tatbestandsmäßigkeit des § 266a Abs. 1 und 2 StGB entfallen, sondern sind erst auf der Ebene der Strafzumessung zu berücksichtigen.[63]

- Durch das Gesetz gegen illegale Beschäftigung und Sozialversicherungsmissbrauch v. 11. 7. 19 wurde § 8 Abs. 3 SchwarzArbG eingeführt. Danach handelt ordnungswidrig, wer als AG eine in § 266a Abs. 2 Nr. 1 oder 2 StGB bezeichnete Handlung leichtfertig begeht und dadurch der Einzugsstelle Beiträge des/der AN zur Sozialversicherung einschließlich der Arbeitsförderung oder vom AG zu tragende Beiträge zur Sozialversicherung einschließlich der Arbeitsförderung, unabhängig davon, ob Arbeitsentgelt gezahlt wird, leichtfertig vorenthält. Damit werden vor allem Lücken geschlossen, wenn sich der für § 266a StGB erforderliche Vorsatz nicht nachweisen lässt (Rechtsfolge: Geldbuße bis zu 50 000 €, Schutzgesetz i. S. d. § 823 Abs. 2 BGB, persönliche Haftung insbes. von Organverwaltern jur. Personen, Eintragung in das Gewerbezentralregister (§ 149 Abs. 2 Nr. 3 GewO).
- Einsatz illegaler ausländischer Leiharbeitnehmer zu **Arbeitsbedingungen, die in einem auffälligen Missverhältnis zu den Arbeitsbedingungen vergleichbarer deutscher Leiharbeitnehmer** stehen, nach § 15a AÜG.
- Zu Untreue und korrespondierenden Steuerdelikten vgl. § 78 Rn. 13.

gg) Datenschutz

14 Zu den arbeitnehmerschützenden Vorschriften, deren Einhaltung der BR zu überwachen hat, gehören das Bundesdatenschutzgesetz (BDSG) und die europäische VO 2016/679 (**Datenschutz-GrundVO, DSGVO**[64]) v. 27. 4. 16. Zum betrieblichen Datenschutz hat der Gesetzgeber mit dem Betriebsrätemodernisierungsgesetz 2021 § 79a neu aufgenommen. Wegen des Sachzusammenhangs wurden deshalb die bisher an dieser Stelle vorhandenen Ausführungen zum

58 Exemplarisch *BGH* 12. 9. 12 – 5 StR 363/12, AuR 13, 88 ff. (Anm. *Buschmann*): Geringfügig bezahlte de facto Vollzeitbeschäftigte im Reinigungsgewerbe; ausführlich HK-ArbR/*Ernst*, Anhang zu § 3 ArbZG.

59 *BSG* 14. 7. 04 – B 12 KR 1/04 R, AuR 05, 167; 27. 7. 05 – B 12 KR 75/04 B; bestätigt durch *BVerfG* 11. 9. 08 – 1 BvR 200 7/05, NJW 08, 3698, zu geringfügig beschäftigten Aushilfen im Supermarkt.

60 *BGH* 16. 4. 14 – 1 StR 516/13, AuR 15, 115.

61 *BGH* 7. 12. 16 – 1 StR 185/16, NStZ 2017, 354.

62 Zu Beitragsrisiken für AG *Barkow von Creytz/Rittweger/Zieglmeier*, DStR 15, Beil. zu Nr. 17, 75–77; *Rettenmaier/Reichling*, NJW 20, 2147.

63 *BGH* 8. 3. 23 – 1 StR 188/22, ZIP 23, 1192.

64 Zur Rechtsgrundlage im primären Unionsrecht sowie zum nationalen Ausgestaltungsspielraum *Heuschmid*, DSGVO und Betriebsverfassung, SR 19, 2; *Körner*, Die Auswirkungen der Datenschutz-Grundverordnung (DSGVO) in der betrieblichen Praxis, HSI-Schriftenreihe Bd. 28, 2019.

Datenschutz aus der Kommentierung des § 80 herausgenommen und unter § 79a zusammengefasst. Darauf kann verwiesen werden.

nicht besetzt 15–16

hh) Tarifverträge

Die Überwachungspflicht bezüglich der **Einhaltung von TV** erstreckt sich auf **Inhaltsnormen** i. S. d. § 4 Abs. 1 Satz 1 TVG zugunsten der AN, auf **betriebliche und betriebsverfassungsrechtliche Normen** i. S. d. § 4 Abs. 1 Satz 2 TVG,[65] schließlich auf **obligatorische Bestimmungen** eines TV, die sich zugunsten der AN auswirken.[66] Das Überwachungsrecht hinsichtlich der TV setzt voraus, dass diese kraft Mitgliedschaft des AG im tarifschließenden AG-Verband bzw. kraft Allgemeinverbindlichkeit bzw. Rechtsverordnung für den betr. Betrieb gelten. Liegt keine Allgemeinverbindlicherklärung bzw. VO vor, ist, sofern es um Rechte einzelner AN geht, erforderlich, dass der AN Mitglied der tarifschließenden Gewerkschaft ist bzw. die Anwendung des TV einzelvertraglich vereinbart wurde[67] und dass der TV kraft seines persönlichen und fachlichen Geltungsbereichs für den AN gilt. Daraus schloss das *BAG* die Unbegründetheit diesbezüglicher Unterrichtungsanträge der BR, die nicht zwischen tarif- und nicht tarifgebundenen AN differenzieren (Globalantrag).[68] Bei **Tarifpluralität** betrifft diese Überwachungspflicht ggf. mehrere TV. Eine Verdrängung des TV einer Minderheitsgewerkschaft über § 4a Abs. 2 TVG ist nach dem Urteil des *BVerfG*[69] nur in engen Grenzen zulässig.[70] Dem TV stehen die bindenden Festsetzungen der Arbeitsbedingungen nach §§ 19, 22 HAG gleich.[71] Der BR hat sich darum zu bemühen, dass diese Vorschriften realisiert werden. Schließlich hat er zu überwachen, dass die für den Betrieb maßgeblichen[72] TV im Betrieb ausgelegt werden und die Arbeitsverträge bzw. Nachweise einen Hinweis nach § 2 Abs. 1 Nr. 15 NachwG auf die auf das Arbeitsverhältnis anzuwendenden TV enthalten. 17

ii) Betriebliche Regelungen

Der BR überwacht die **Einhaltung von BV und Regelungsabreden,**[73] deren Durchführung zu den Aufgaben des AG gehört (§ 77 Abs. 1). Entsprechendes gilt für sich aus **betrieblichen Einheitsregelungen** bzw. gleich lautend abgeschlossenen Arbeitsverträgen[74] ergebende allgemeine Arbeitsbedingungen, z. B. auch hinsichtlich der Frage, ob diese dem **Gleichbehandlungsgrundsatz** und den Grundsätzen von **Recht und Billigkeit** (§ 75) entsprechen.[75] Der örtliche BR ist auch originär zuständig, wenn es um eine BV geht, die der GBR oder KBR abgeschlossen hat.[76] Nach Auffassung des *BAG* hat jedoch der örtliche BR grds. keinen Anspruch auf Durchführung einer GBV oder KBV, die der GBR/KBR in originärer Zuständigkeit (§§ 50 Abs. 1, 58 Abs. 1) abgeschlossen hat, es sei denn, ihm seien dadurch eigene betriebsverfassungsrechtliche Rechte eingeräumt worden.[77] Sollten die in verschiedenen UN und Konzernen geltenden 18

---

65 *HWGNRH,* Rn. 19.

66 *BAG* 11.7.72, AP Nr. 1 zu § 80 BetrVG 1972; Richardi-*Thüsing,* Rn. 13, 15; *Fitting,* Rn. 11; GK-*Weber,* Rn. 20; *HWGNRH,* Rn. 21.

67 *BAG* 18.9.73, AP Nr. 3 zu § 80 BetrVG 1972; Richardi-*Thüsing,* Rn. 14.

68 *BAG* 27.10.10 – 7 ABR 36/09, ZTR 11, 322. Prozessual ergibt sich daraus die Notwendigkeit differenzierter Hilfsanträge.

69 *BVerfG* 11.7.17 – 1 BvR 1571/15, 1477/16, 1043/16, 2883/15, 1588/15, AuR 17, 366.

70 Gegen einen Unterrichtungsanspruch des BR in Bezug auf Verfahren und Daten der Ermittlung der betrieblichen Mehrheitsgewerkschaft i. S. v. § 4a TVG *LAG Niedersachsen* 13.1.23 – 17 TaBV 36/22, Rechtsbeschw. 1 ABR 10/23.

71 *Fitting,* a. a. O.; zu Mindestlohn-TV nach dem EntsendeG siehe Rn. 10.

72 Tarifbindung des AG reicht aus, vgl. Kempen/Zachert-*Zeibig,* § 8 Rn. 8.

73 *BAG* 19.2.08 – 1 ABR 84/06, AuR 08, 321.

74 *Fitting,* Rn. 12; so etwa im ö. D., vgl. Arbeits- und Ausbildungsvertragsmuster des Bundes, GMBl. 2015, 366 ff.

75 GK-*Weber,* Rn. 18.

76 *BAG* 20.12.88, AP Nr. 5 zu § 92 ArbGG 1979; 16.8.11 – 1 ABR 22/10, AuR 12, 83.

77 *BAG* 18.5.10 – 1 ABR 6/09, DB 10, 2175.

Unternehmensgrundsätze (sog. »**Codes of conduct**«) AN-schützende Vorschriften enthalten, kann sich der BR für deren Einhaltung einsetzen.

b) Arbeitsverträge

19 Ein eigenständiges Überwachungsrecht des BR bezogen auf die **Einhaltung individueller Arbeitsvertragsbestimmungen** besteht nicht.[78] Individuell ausgehandelte Vertragsansprüche sollen vom AN selbst überwacht und ggf. durchgesetzt werden. Die Nicht-Erwähnung des Arbeitsvertrages in Nr. 1 beinhaltet keine Negativregelung derart, dass kollektive Überwachungsbefugnisse zurücktreten, soweit sie die Gestaltung der Einzelverträge berühren.[79] Z. B. muss der BR überprüfen können, ob Einzelverträge Gesetzen, TV, BV usw. entsprechen oder dagegen verstoßen. Andernfalls besteht die Gefahr, dass staatliche oder kollektive Schutz- oder Anspruchsnormen sich nicht durchsetzen und die Praxis sich nach – rechtswidrigen – Arbeitsvertragsgestaltungen richtet. In der Praxis ist die Formulierung von Individualverträgen nach wie vor Domaine von Kautelarjuristen auf Arbeitgeberseite, deren »Kreativität« das Arbeitsleben erheblich belastet und die Rspr. zur Überprüfung immer neuer »innovativer« Vertragsklauseln zwingt. Empirische Untersuchungen belegen,[80] dass zahlreiche Formular**arbeitsverträge in einer Vielzahl von Einzelbestimmungen rechtswidrig** sind bzw. der gerichtlichen Vertragskontrolle nach §§ 305ff. BGB nicht standhalten. Typisch hierfür sind einseitige Gestaltungsbefugnisse des AG zur Lage und Dauer der Arbeitszeit, einseitige Versetzungsrechte auch »nach unten«, unzulässige Abtretungsverbote, übermäßige Vertragsstrafen,[81] unzulässige Befristungen, Erweiterungen außerordentlicher Kündigungsgründe, Verzicht auf Betriebszugehörigkeit, vor allem nach Betriebsübernahmen, nicht gerechtfertigte Schweigepflichten, z. B. über Lohn und Gehalt[82] usw. Sittenwidrige (§ 138 BGB) bzw. wucherische (§ 291 StGB) arbeitsvertragliche Lohnvereinbarungen finden sich häufig in Kombination mit formularmäßigen Verweisungen auf Vereinbarungen von Organisationen, deren Gewerkschaftseigenschaft wegen ihrer Mitglieder- bzw. Durchsetzungsschwäche sowie dubioser Geldquellen in Frage steht. Der individuelle Rechtsschutz ist defizitär. Deswegen sind betriebliche Interessenvertreter in besonderer Weise gefordert.

20 Der BR ist ggf. über einzelne Vereinbarungen in den individuellen Arbeitsverträgen der AN zu unterrichten.[83] Gerichtliche Aussagen zur Nichtvorlage von Arbeitsverträgen bei der Einstellung nach § 99 lassen sich nicht auf die allgemeine Überwachungspflicht nach § 80 übertragen. In diesem Rahmen hat der BR zwar nicht zu überprüfen, ob individuell ausgehandelte Vertragsbestimmungen im Vollzug des Arbeitsverhältnisses eingehalten werden, wohl aber, ob diese Bestimmungen gegen arbeitnehmerschützende Normen verstoßen. So sind Vereinbarungen, die den Anspruch auf **Mindestlohn** unterschreiten oder seine Geltendmachung beschränken oder ausschließen, insoweit unwirksam (§ 3 S. 1 MiLoG). Dazu gehört die Verpflichtung des AG zur schriftlichen Niederlegung der in § 2 **NachweisG** geforderten wesentlichen (Mindest) Vertragsbedingungen im Lichte der Transparenz-RL (EU)2019/1152 v. 20. 6. 19. Hierfür hat ihm der AG insbes. die im Betrieb verwandten **(Formular-)Arbeitsverträge** vorzulegen.[84] Das *BAG* verneinte lediglich eine generelle Vorlagepflicht in Bezug auf die ausgefüllten Arbeitsverträge, wenn der Inhalt der Formulararbeitsverträge mit dem BR abgestimmt ist und diese alle

78 Richardi-*Thüsing*, Rn. 16; *Fitting*, Rn. 12; GK-*Weber*, Rn. 19; *GL*, Rn. 11.
79 GK-*Weber*, Rn. 19.
80 *Preis*, Grundfragen, Schlussthesen, S. 581 ff.; *ders.*, AuR 94, 139.
81 Vgl. *BAG* 18. 8. 05 – 8 AZR 65/05, AuR 06, 37.
82 *LAG MV* 21. 10. 09 – 2 Sa 183/09, AuR 10, 343.
83 So ausdrücklich *BAG* 18. 10. 88, AP Nr. 57 zu § 99 BetrVG 1972; für die Unterrichtung nach § 80 bei gleichzeitiger Ablehnung der Vorlage des Arbeitsvertrages bei der Einstellung nach § 99 vgl. *BAG* 15. 12. 98 – 1 ABR 9/98, AuR 99, 242 mit Anm. *Buschmann*, das die Verpflichtung des AG zur **Unterrichtung des BR über Aufgaben, Arbeitsplatz, Arbeitszeiten, Vergütung sog. freier Mitarbeiter unter Vorlage von Unterlagen** anerkannt hat; einschränkend *BAG* 27. 10. 10 – 7 ABR 36/09, DB 11, 713.
84 *BAG* 19. 10. 99 – 1 ABR 75/98, AuR 00, 268 mit Anm. *Buschmann;* Mustergesuch des BR auf Vorlage in DKWF-*Buschmann*, § 80 Rn. 4.

nach dem NachwG erforderlichen Angaben vorsehen. Im Beschluss v 16.11.05[85] hat das *BAG* diese Überwachungspflicht bzgl. der Vereinbarkeit der Arbeitsverträge mit dem NachweisG und den **AGB-Bestimmungen der §§ 305 ff. BGB** anerkannt. Angesichts des § 310 Abs. 3 Nr. 2 BGB, wonach eine Kontrolle vorformulierter Vertragsbedingungen auch dann stattfindet, wenn diese nur zur einmaligen Verwendung bestimmt sind,[86] wird die Begrenzung auf allgemein verwendete Formularverträge nicht aufrechtzuerhalten sein. Der BR hat Arbeitsverträge weiterhin daraufhin zu überprüfen, inwieweit sie den in Nr. 1 genannten Rechtsnormen entsprechen, sowie darauf zu achten, dass sie sämtliche Vorschriften einschließlich der allgemeinen arbeitsrechtlichen Grundsätze (wie AGG, Gleichbehandlungsgrundsatz, Grundsatz von Recht und Billigkeit), die zugunsten der AN wirken, einhalten.[87]

Dies gilt auch für Arbeitsbedingungen sog. **AT-Angestellter**[88] und **übertariflich bezahlter AN.**[89] So erstreckt sich z. B. die Einsichtnahme in die Ergebnisse einer Leistungsbeurteilungsaktion auch auf AT-Angestellte, da hierdurch dem BR die Möglichkeit eröffnet wird, zu prüfen, ob die z. B. in einer BV niedergelegte Entgeltregelung in der Praxis richtig angewandt und der Gleichbehandlungsgrundsatz beachtet wird.[90] 21

Erst recht bezieht sich die Überwachungspflicht des BR auf den Inhalt von **Rahmenvereinbarungen,** mit denen allein zwar noch kein Arbeitsverhältnis begründet werden soll, die jedoch bei kurzzeitigen Einsätzen oder sog. »absprachegebundener Arbeitszeit« zu Grunde gelegt werden. 22

c) Zugang zu den Arbeitsplätzen

Die Kommunikation zwischen BR und Beschäftigten ist in diesem Gesetz nicht enumerativ und abschließend geregelt.[91] Im Rahmen seiner Aufgabenstellung haben der BR bzw. seine Mitglieder ein eigenes, von der Zustimmung des AG unabhängiges **Zugangsrecht zu allen Räumen, Betriebsteilen und Arbeitsplätzen der AN,**[92] um sich über deren Arbeitsbedingungen zu informieren, ohne Hinzuziehung des AG bzw. Begleitung durch die Geschäftsleitung.[93] Es ergibt sich sowohl aus Abs. 1 Nr. 1 Überwachungspflicht, als auch aus Abs. 2 Satz 1 (Informationsrecht des BR).[94] Dem AG steht kein Prüfungsrecht zu, ob das Betreten dieser Räume im Einzelfall notwendig ist. Der BR kann zur Erfüllung seiner betriebsverfassungsrechtlichen Aufgaben regelmäßig, ggf. nach einem Arbeitsplan, von sich aus und ohne konkreten Verdacht der Nichtbeachtung von Vorschriften **Betriebsbegehungen** durchführen und ohne Anlass **Stichproben** machen.[95] 23

Dies gilt auch während eines **Arbeitskampfes** jedenfalls dann, wenn im Betrieb AN arbeiten.[96] Auch während des Arbeitskampfes bleiben das BR-Amt und die damit verbundenen Rechte und Pflichten bestehen.[97] Der AG ist auch im Arbeitskampf nicht berechtigt, die Zugangs- 24

85 *BAG* 16.11.05 – 7 ABR 12/05, EzA BetrVG 2001 § 80 Nr. 4 = AuR 2006, 172.

86 Dazu ErfK-*Preis,* §§ 305–310 BGB, Rn. 26.

87 Vgl. Richardi-*Thüsing,* Rn. 17; *GL,* a. a. O.; *ArbG Bremen* 13.10.83, AiB 84, 95 mit Anm. *Richter.*

88 *BAG* 30.6.81, AP Nr. 15 zu § 80 BetrVG 1972; 20.12.88, DB 89, 1032; differenzierend GK-*Weber,* Rn. 21; *HWGNRH,* Rn. 15 f.

89 *BAG* 18.9.73, 28.5.74, AP Nrn. 3, 7 zu § 80 BetrVG 1972; krit. noch GK-*Kraft,* 7. Aufl., Rn. 21: nur bei vertragseinheitlichen oder sonstigen kollektiven Regelungen; diese enge Auffassung macht jedoch ein mögliches Ergebnis der Überprüfung zu ihrer Voraussetzung.

90 Vgl. *BAG* 20.12.88, a. a. O.

91 *Neufeld/Elking,* NZA 13, 1170.

92 *BAG* 15.10.14 – 7 ABR 74/12, DB 15, 870; *BAG* 21.1.82, AP Nr. 1 zu § 70 BetrVG 1972; 17.1.89 – 1 AZR 805/87; 13.6.89 – 1 ABR 4/88, AP Nr. 36 zu § 80 BetrVG; a. A. *BVerwG* 9.3.90, ZTR 90, 254 für den Zugang von PR-Mitgliedern zu den Arbeitsplätzen in einem Klinikum, wenn der Dienststellenleiter triftige Gründe dagegen geltend macht; kritisch *Lemcke,* PersR 90, 171 ff.

93 *BAG* 20.1.15 – 1 ABR 25/13, DB 15, 1112; *LAG München* 28.9.05 – 9 TaBV 58/05.

94 *BAG* 15.10.14 – 7 ABR 74/12, DB 15, 870.

95 *BAG* a. a. O.; *ArbG Stuttgart* 19.2.02, NZA-RR 02, 365; GK-*Weber,* Rn. 27.

96 *LAG Düsseldorf* 5.7.94 – 8 TaBV 57/94, AuR 95, 107; *ArbG Frankfurt/M* 19.3.99 – 2 BvGa 13/99, AiB 99, 648; ErfK-*Kania,* Rn. 6; vgl. § 78 Rn. 17; *Klocke,* Das BetrVG und der Arbeitskampf im Betrieb, HSI-Schriftenreihe Bd. 29, 2019, S. 30, 98, m. w. N. zur Rspr.

97 *BAG* 20.3.18 – 1 ABR 70/16, BAGE 162, 98; 10.12.02 – 1 ABR 7/02, AuR 03, 30.

Code-Karten sämtlicher BR-Mitglieder zu sperren, selbst wenn er annimmt, ein BR-Mitglied habe seine Karte missbräuchlich verwandt. Ebenso wenig ist er in Arbeitskampfsituationen berechtigt, BR-Mitglieder während der Ausübung von BR-Tätigkeit fortwährend oder auch nur stichprobenhaft, z. B. durch ein Mitglied der Personalabteilung, kontrollieren zu lassen.[98]

25 Auch die **JAV** kann – jedenfalls mit Zustimmung des BR – zur Erfüllung ihrer Überwachungsaufgaben Arbeitsplätze der in § 60 Abs. 1 genannten AN aufsuchen.[99] Auf Ersuchen des BR kann ein Beauftragter der im Betrieb vertretenen **Gewerkschaft** an der Besichtigung der Arbeitsplätze teilnehmen, z. B. zur Überprüfung der Eingruppierung.[100] Das Zutrittsrecht des BR erstreckt sich auch auf Räume, deren Betreten nur bestimmten Beschäftigten erlaubt, allen anderen »Unbefugten« jedoch verboten ist.[101] Dies gilt jedenfalls nach vorheriger Anmeldung bei der zust. aufsichtsführenden Person.[102] Außerhalb dieser besonderen Sicherheitsbereiche besteht keine Anmeldepflicht.[103]

26 Der BR kann auch **Arbeitsplätze** von AN aufsuchen, die in einem **gemeinsamen Betrieb** mehrerer Unternehmen liegen; Arbeitsplätze, für die er ein **Übergangsmandat** wahrnimmt;[104] Arbeitsplätze auf **fremdem Betriebsgelände** (z. B. Personal eines Bewachungs-UN in bewachten Gebäuden oder auf bewachten Grundstücken; sog. Werkvertragsbeschäftigte auf Betriebsgelände des Auftraggebers).[105] **Die Übertragung eigener Aufgaben des AG auf Dritte verändert grds. nicht die Beteiligungsrechte des BR.**[106] Über Rechte des BR können AG und Auftraggeber nicht durch Vertrag disponieren.[107] Ein Verbot des Auftraggebers hatte der BR nach älterer Auffassung des *BAG* zu beachten. Er musste ggf. eine Genehmigung des Auftraggebers erwirken,[108] wobei ihn der AG zu unterstützen hatte.[109] Im Falle der Verweigerung müsste der BR durch arbeitsgerichtliches Beschlussverfahren durchsetzen, dass der AG nur mit solchen Auftraggebern Verträge abschließt, bei denen die Erfüllung von Gesetzen möglich ist. Maßgeblich ist, dass sich das **Behinderungsverbot des § 78** nicht nur gegen den AG, sondern **gegen jedermann richtet.** Adressaten sind auch AG eines **gemeinsamen Betriebs** sowie Vertreter anderer konzernierter oder »befreundeter« UN, die in einem engen funktionalen Zusammenhang stehen, sowie von Eigentümer-/Vermietergesellschaften. Auch sie haben die Praktizierung betriebsverfassungsrechtlicher Befugnisse, insbes. den Zugang von BR-Beauftragten zu dulden.[110] Unzulässig ist es insbes., wenn nach Betriebs-/Unternehmensteilung oder Aufspaltung in eine Betriebs- und eine Besitzgesellschaft Mitglieder betriebsverfassungsrechtlicher Organe durch nunmehr betriebsfremde Gesellschaften unter formaler Berufung auf Eigentum gestört oder behindert werden. Lediglich das Zutrittsrecht des Verleiher-BR zum Entleiherbetrieb hat das *BAG*[111] auf dessen Überwachungsbefugnisse beschränkt, d. h. Mitwirkung an Entscheidungen des Verleihers in den die Leiharbeiter betreffenden sozialen, personellen und wirtschaftlichen Angelegenheiten. Für die Einhaltung arbeitsplatzbezogener Schutzvorschriften und Mitbestimmung bzgl. der im Entleiherbetrieb beschäftigten AN sei der Entleiher-BR zuständig. Ausdrücklich offen gelassen wurde, ob und wie die Schutzlücke für Leiharbeiter in einem BR-losen Einsatzbetrieb zu schließen wäre; ferner, ob die Besichtigung von Arbeitsplätzen im Ein-

98 *LAG Frankfurt* 8. 2. 90 – 12 TaBVGa 13/90, BB 90, 1626.
99 *BAG* 21. 1. 82, a. a. O.
100 Vgl. *BAG* 17. 1. 89, a. a. O.
101 *ArbG Frankfurt* 30. 10. 86 – 13 BV 10/86; *ArbG Hamburg* 6. 5. 97 – 25 GaBV 4/97, AuR 98, 43.
102 Vgl. *LAG Frankfurt* 4. 2. 72, DB 72, 2214.
103 *Koll*, AiB 5/15, 40 ff., auch zu weiteren Fragen des Zugangsrechts.
104 *ArbG Duisburg* 3. 9. 96, AuR 96, 506.
105 Vgl. *BAG* 13. 6. 89, AP Nr. 36 zu § 80 BetrVG 1972.
106 *v. Hoyningen-Huene*, RdA 92, 365.
107 *BAG*, a. a. O.
108 *BAG*, a. a. O.
109 *LAG Düsseldorf* 13. 11. 87 – 2 TaBV 141/86; offen gelassen *BAG*, a. a. O.
110 Zur Grundrechtsbindung von Dritteigentümern *BVerfG* 22. 1. 11, 1 BvR 699/06, AuR 11, 132, Versammlungsfreiheit im Frankfurter Flughafen.
111 *BAG* 15. 10. 14 – 7 ABR 74/12, DB 15, 870: keine Verpflichtung des Entleihers, den Mitgliedern des Verleiher-BR jederzeit und unabhängig von einem konkreten Anlass Zutritt zu seinem Betrieb zu gewähren; kritisch dazu *Hamann*, AuR 16, 99 ff. sowie jurisPR-ArbR 16/2015 Anm. 1; weiter gehend Vorinstanz *LAG Bremen* 30. 5. 12 – 2 TaBV 36/11, AuR 13, 178 f. (Anm. *Lange*).

satzbetrieb aus konkretem Anlass zur Wahrnehmung betriebsverfassungsrechtlicher Aufgaben oder Mitbestimmungsrechte durch den Verleiher-BR erforderlich werden könnte, bspw. im Rahmen der personellen Mitbestimmung nach § 99 Abs. 1 bei der Eingruppierung oder zur sachgerechten Behandlung einer Beschwerde nach § 84 Abs 1 Satz 1, und ob der Entleiher in einem solchen Fall den Zutritt des BR zum Betrieb dulden muss. Nach vorstehenden Grundsätzen sind diese Fragen zu bejahen. Zu den Überwachungsrechten des Verleiher-BR vgl. Rn. 7

d) Überwachungsmaßnahmen

27 Der AG hat die **Maßnahmen des BR** oder seiner Ausschüsse bzw. Mitglieder zu dulden, die der Wahrnehmung der Überwachungsaufgabe dienen. **Schranken** ergeben sich aus dem Verbot, durch einseitige Handlungen in die Leitung des Betriebs einzugreifen (§ 77 Abs. 1), sowie aus dem AG wie BR treffenden Missbrauchsverbot.[112] **Rechtsmissbrauch** als Sonderfall einer unzulässigen Rechtsausübung i. S. d. § 242 BGB liegt noch nicht vor, wenn der AG keinen Anlass für das Vorgehen des BR sieht, sondern allenfalls, wenn die Ausübung eines Rechts Vorwand für die Erreichung vertragsfremder oder unlauterer Zwecke ist oder Schikanecharakter i. S. d. § 226 BGB hat. Dies ist der Fall, wenn die Ausübung des Rechts keinen anderen Zweck hat, als dem anderen Schaden zuzufügen.[113] Ob und wann der BR von seiner Überwachungspflicht Gebrauch macht, bestimmt er selbst nach pflichtgemäßer Abwägung. Legen ihm bekannt gewordene Hinweise und Verdachtsmomente die Möglichkeit eines Rechtsverstoßes nahe, muss er diesen nachgehen.[114] Der Vorwurf des Rechtsmissbrauchs ist deshalb gegenüber dem Antrag des BR auf Feststellung der Unwirksamkeit einer BV keine beachtliche Einwendung.[115]

28 Die allgemeine Überwachungspflicht dient der **Rechtskontrolle.** Sie gibt dem BR nach Auffassung des *BAG* das Recht, bei Nichtbeachtung oder fehlerhafter Durchführung der genannten Vorschriften Abhilfe zu verlangen, indes keinen Anspruch, die zutr. Durchführung arbeitsrechtlicher Vorschriften, insbes. Erfüllung individueller Leistungsansprüche, aber auch Einhaltung gesetzlicher Schutzvorschriften wie des ArbZG durch den AG, in eigenem Namen im **Beschlussverfahren** durchzusetzen.[116] Danach sei die Auslegung gesetzlicher Vorschriften und TV keine betriebsverfassungsrechtliche Angelegenheit.[117]

29 Soweit AN-Schutzbestimmungen als Bestimmungen einer BV formuliert sind, kann der BR deren Einhaltung aus eigenem Recht gerichtlich durchsetzen. De lege lata hat er einen im Beschlussverfahren durchsetzbaren **Erfüllungsanspruch aus abgeschlossenen BV** oder Spruch einer ESt.,[118] der nach der Rspr.[119] aber nicht die durch BV begründeten individuellen Ansprüche betrifft. Gegen die Verletzung seiner Mitbestimmungsrechte aus § 87 hat er einen allgemeinen Unterlassungsanspruch.[120] Zulässig ist auch der Feststellungsantrag bzgl. der Unwirksamkeit[121] bzw. Wirksamkeit und Fortgeltung von BV einschließlich ihrer Auslegung.[122] Bei einer von einer anderen AN-Vertretung (GBR) abgeschlossenen BV verlangt das *BAG*, dass der BR einen Eingriff in eine eigene betriebsverfassungsrechtliche Rechtsposition geltend macht.[123]

---

112 Vgl. *BAG* 11.7.72, AP Nr. 1 zu § 80 BetrVG 1972.
113 Vgl. auch *Palandt-Heinrichs,* § 242 Rn. 49 ff.
114 Vgl. auch GK-*Weber,* Rn. 28.
115 *BAG* 18.2.03 – 1 ABR 17/02, EzA BetrVG 2001 § 77 Nr. 4.
116 *BAG* 22.8.17 – 1 ABR 24/16, ZTR 18, 103; 21.3.17 – 7 ABR 17/15, BB 17, 1460; 28.5.02 – 1 ABR 32/01, AuR 03, 76; 18.2.03 – 1 ABR 17/02 a. a. O.; 18.1.05 – 3 ABR 21/04, AuR 05, 72, 465; 20.5.08 – 1 ABR 19/07, DB 08, 2490; a. A. noch *BAG* 29.4.82, AP Nr. 4 zu § 15 BAT; vgl. auch *Däubler,* AuR 95, 310; *Gamillscheg,* AuR 96, 354; allgemein zur Mitbestimmung bei Formulararbeitsverträgen *Bachner,* NZA 07, 536.
117 *BAG* 18.1.05 – 3 ABR 21/04, AuR 05, 72, 465.
118 *BAG* 28.9.88, AP Nr. 26 zu § 87 BetrVG 1972 Arbeitszeit.
119 *BAG* 18.1.05 – 3 ABR 21/04, a. a. O.
120 *BAG* 3.5.94 – 1 ABR 24/93, AuR 95, 67; dazu *Derleder,* AuR 95, 13, auch zur Übertragung dieser Rspr. auf andere Mitbestimmungstatbestände wie §§ 99, 111.
121 *BAG* 18.2.03, a. a. O.
122 *BAG* 18.1.05 – 3 ABR 21/04, a. a. O.
123 *BAG* 5.3.13 – 1 ABR 75/11, DB 13, 1423.

30 Ein Verfahren nach § 23 Abs. 3 i. V. m. § 75 kommt in Betracht, wenn der AG gegen die Grundsätze für die Behandlung der Betriebsangehörigen verstößt.[124] Das *BAG*[125] anerkennt jedenfalls, wenn dieses Gesetz Rechte einzelner AN mit kollektivem Bezug begründet (z. B. Anspruch auf Beiziehung eines BR-Mitglieds), eine **gesetzliche Prozessstandschaft** des BR und der im Betrieb vertretenen Gewerkschaft unabhängig von deren materiell-rechtlichen Positionen. Noch weiter reicht das Recht des BR aus § 17 Abs. 2 AGG. Damit hat der BR die Möglichkeit, eine unter Verstoß gegen § 1 AGG erfolgte Diskriminierung einzelner AN zum Anlass für die Einleitung entsprechender arbeitsgerichtlicher Leistungs-, Duldungs- oder Unterlassungsverfahren zu nehmen.[126]

31 Dem BR steht das Recht zu, AN über **Tarifbestimmungen zu informieren,** zu beraten,[127] eine andere Rechtsauffassung als der AG zu vertreten, Reaktionsmöglichkeiten zu erläutern,[128] **Fremdfirmen**- bzw. **Leih-AN** z. B. über Sicherheits- und UVV zu belehren.[129] Es gehört zu seinen Pflichten, AN auf festgestellte Missstände aufmerksam zu machen und sie über ihre Rechte aufzuklären.[130]

32 Stellt der BR Rechtsverstöße fest, hat er dies beim AG zu beanstanden und auf **Abhilfe** zu drängen.[131] In diesem Rahmen kann er gegenüber dem AG, Führungskräften oder AN Abmahnungen aussprechen.[132] Bei Verletzung von Arbeitsschutznormen bzw. UVV oder bei sonstigen Verstößen gegen AN-Schutzgesetze und TV kann er **Gewerbeaufsicht, Berufsgenossenschaft** oder **Gewerkschaft,** bei Nichteinhaltung des gesetzlichen oder tariflichen Mindestlohns auch die **Finanzkontrolle Schwarzarbeit** einschalten.[133] Unterlässt der AG die Anzeige an die **Agentur für Arbeit** gemäß § 17 KSchG, kann der BR diese unterrichten.[134] Um die Überwachungstätigkeit ausüben zu können, hat der BR umfassende **Informationsrechte** nach Abs. 2.

33 Für die Geltendmachung und ggf. gerichtliche Durchsetzung individualvertraglicher Ansprüche sind in erster Linie die einzelnen AN zuständig. Der BR kann sie – z. B. in Kündigungsschutzverfahren – beraten und auch mit Informationen unterstützen, die er in Wahrnehmung seiner kollektiven Befugnisse gewonnen hat. Aus der detaillierten Beschreibung der Befugnisse der SchwV in § 178 SGB IX ist kein Umkehrschluss zu ziehen, dass ein BR diese Befugnisse nicht hätte. Es gehört nicht zu den Aufgaben des BR (als Gremium), allgemein die **Prozessstandschaft**[135] oder **-vertretung** für Individualansprüche von AN vor ArbG zu übernehmen.[136] Noch weniger ist der AG Vertreter bzw. Prozessstandschafter der Beschäftigten.[137] Kraft besonderen Auftrags (Vollmacht) kann ein BR-Mitglied einen AN außergerichtlich vertreten. Allerdings setzt eine ordnungsgemäße **Geltendmachung von AN-Ansprüchen** gegenüber dem AG zur Wahrung tariflicher Ausschlussfristen durch den BR eine Bevollmächtigung durch

---

124 So *LAG Bremen* 19. 11. 81, AiB 86, 199 mit Anm. *Grimberg; LAG Köln* 19. 2. 88, AiB 89, 163 mit Anm. *Trittin,* jeweils zu Abmahnungsschreiben an Kranke; *ArbG Regensburg* 28. 7. 89, AiB 89, 354 zum Aushang von Abmahnungen am »Schwarzen Brett«.
125 *BAG* 16. 11. 04 – 1 ABR 53/03, AuR 05, 163; einschränkend *LAG Berlin-Br.* 20. 8. 15 – 21 TaBV 336/15, BB 15, 3128.
126 § 23 Rn. 207 ff.; Däubler/Beck-*Buschmann,* § 17 AGG, Rn. 10 ff.
127 *BAG* 17. 2. 10 – 7 ABR 81/09, DB 10, 2676.
128 *ArbG Detmold* 18. 6. 86, AuR 86, 369; *GL,* Rn. 13; vgl. auch *Mache,* AiB 87, 200.
129 *ArbG Hagen* 1. 7. 87 – 3 Ca 143/87; im Ergebnis bestätigt durch *LAG Hamm* 17. 2. 88 – 3 Sa 1575/87.
130 *GL,* a. a. O.; zur Mitbestimmung *Kreuder,* AuR 93, 316.
131 *BAG* 21. 3. 17 – 7 ABR 17/15, BB 17, 1460; 28. 5. 02 – 1 ABR 32/01, AuR 03, 76; *Fitting,* Rn. 15; GK-*Weber,* Rn. 28; *HWGNRH,* Rn. 20; Musterbeschluss des BR in DKWF-*Buschmann,* § 80 Rn. 2; Rüge a. a. O., Rn. 3.
132 *Wetzling/Habel,* BB 11, 1082.
133 Vgl. *Fitting,* Rn. 16; GK-*Weber,* Rn. 28; WPK-*Preis,* Rn. 6.
134 *Bieback,* AuR 86, 164 [174]; *Fitting,* a. a. O.
135 *BAG* 5. 5. 92 – 1 ABR 69/91, AuR 92, 181.
136 *BAG* 19. 5. 83, AP Nr. 44 zu § 37 BetrVG 1972; Richardi-*Thüsing,* Rn. 20; *Fitting,* Rn. 13; GK-*Weber,* Rn. 29; *HWGNRH,* Rn. 25; *V. Schmidt,* AuR 88, 26; zusammenfassend zur koll. Durchsetzung individueller Rechte *Däubler,* AuR 95, 305.
137 *BAG* 20. 1. 09 – 1 AZR 515/08, AuR 09, 281.

den AN voraus.[138] Nach älterer Rspr.[139] kann die Geltendmachung »für alle Frauen im Betrieb« durch den BR ausreichen, wenn der AG ohnehin die Erfüllung des Anspruchs ausdrücklich abgelehnt hat. Im Übrigen muss der AG, will er die Vollmacht des BR rügen, sie entspr. § 174 BGB unverzüglich zurückweisen. Die Beratung und Erörterung von Rechtsfragen, die AN betreffen, ist dem BR auch unter Beachtung des Rechtsdienstleistungsgesetzes erlaubt.[140] Der BR sollte in der Erteilung von **Rechtsauskünften** zu individualrechtlichen Fragen Zurückhaltung üben und die AN grundsätzlich an die zuständige Gewerkschaft verweisen.[141]

2. Antragsrecht gegenüber dem Arbeitgeber (Nr. 2)

Der BR soll nicht lediglich auf Initiativen des AG reagieren, sondern **von sich aus initiativ werden.**[142] Das Antragsrecht des BR ist **nicht an Mitwirkungs- oder Mitbestimmungsrechte** gebunden.[143] Es bezieht sich auf alle **Maßnahmen auf sozialem, personellem** oder **wirtschaftlichem Gebiet,** die dem Betrieb und der Belegschaft (bzw. einem Teil oder einer Gruppe) dienen. Es kann sich auch auf **rein individuelle Belange** einzelner AN, z. B. in sozialen oder personellen Angelegenheiten, beziehen.[144] Erforderlich ist aber ein konkreter Bezug zum Betrieb und seinen AN. Dazu gehören auch außerbetriebliche Maßnahmen, die sich auf den Betrieb auswirken, z. B. Fragen der Verkehrsverbindung oder des Umweltschutzes (vgl. Nr. 9 sowie § 89). In diesen Fällen kann die Anregung an den AG dahin gehen, dass dieser gegenüber außerbetrieblichen Stellen tätig wird. Die Vorschrift ist weit auszulegen.[145] Nach Auffassung des *BAG* gibt sie aber dem BR keinen Anspruch auf weitere Informationen, z. B. über Revisions- und Fachinspektionsberichte der zentralen Revisionsabteilung.[146] 34

Auf **sozialem Gebiet** kann der BR z. B. Anregungen zur Zahlung von Gratifikationen, Ausgleichszahlungen und außertariflichen Lohnerhöhungen[147] geben. Sie werden durch § 77 Abs. 3 nicht ausgeschlossen.[148] Er kann wegen Gewährung von Vorschüssen oder Zusatzurlaub für einzelne oder bestimmte AN vorstellig werden. Auf **personellem Gebiet** kann er, bspw. im Hinblick auf Nrn. 4 und 5 dieser Vorschrift, von sich aus Anträge auf Einstellungen, Versetzungen und Umgruppierungen stellen. Über §§ 90, 91 hinaus kann er Anregungen für eine **humanere Arbeitsgestaltung** geben sowie **Verbesserungen der Arbeitsmethoden** und **Beseitigung vermeidbarer Arbeitserschwernisse** beantragen. Das Antragsrecht erstreckt sich auch auf unternehmerische Entscheidungen, z. B. Investitionen und Rationalisierungsmaßnahmen,[149] was auch in Nr. 8 sowie § 92a zum Ausdruck kommt. 35

Der AG ist verpflichtet, sich mit den Anträgen und Vorschlägen des BR ernsthaft zu befassen.[150] Die Vorschrift definiert nicht die Mittel, mit denen der BR die Zustimmung des AG zu seinen Anträgen herstellen kann, so dass die allgemeinen **Grundsätze des gegenseitigen Gebens und Nehmens** Anwendung finden. Eine gerichtliche Durchsetzung seiner Anträge erfolgt nur in den im Gesetz genannten Fällen, so in den Fällen der §§ 85 Abs. 2, 87, 91, 93, 95 Abs. 2, 97 Abs. 2, 98 Abs. 2 und 5, 103 Abs. 1, 104, 109, 112 Abs. 4, 112a. 36

138 *LAG Berlin* 5.10.87, NZA 88, 442.
139 *BAG* 7.12.62, AP Nr. 23 zu § 1 HausarbTG NRW = AuR 62, 221; offen gelassen in *BAG* 5.4.95 – 5 AZR 961/93, EzA § 4 TVG, Ausschlussfristen Nr. 111; a. A. *Rieble*, Anm zu *BAG* a. a. O.
140 *Düwell*, dbr 7/2008, 17.
141 *Fitting*, Rn. 13; vgl. *LAG Hamburg* 10.4.87, DB 87, 1744; *BVerwG* 18.8.03 – 6 P 6/03, PersR 03, 498, zum PR; dazu *Düwell*, PersR 08, 306.
142 *HWGNRH*, Rn. 26; *WW*, Rn. 6; vgl. Richardi-*Thüsing*, Rn. 21 ff.; *Fitting*, Rn. 18.
143 Vgl. *BAG* 27.6.89, AP Nr. 37 zu § 80 BetrVG 1972; Richardi-*Thüsing*, Rn. 23; *Fitting*, a. a. O.
144 So auch *Fitting*, Rn. 20; a. A. Richardi-*Thüsing*, Rn. 25; GK-*Weber*, Rn. 33.
145 GK-*Weber*, a. a. O.
146 *BAG*, a. a. O.
147 Vgl. *BAG* 26.1.62, AP Nr. 8 zu § 626 BGB Druckkündigung; *Fitting*, Rn. 20; *GL*, Rn. 15.
148 GK-*Weber*, Rn. 32.
149 *Fitting*, a. a. O.
150 *Fitting*, Rn. 18; vgl. Richardi-*Thüsing*, Rn. 27; GK-*Weber*, Rn. 31; *GL*, Rn. 16; *WW*, Rn. 7.

3. Durchsetzung der tatsächlichen Gleichstellung von Frauen und Männern (Nr. 2a)

37 Die Vorschrift ist im Lichte **des Art. 3 Abs. 2 Satz 2 GG** zu verstehen: »Der Staat fördert die tatsächliche Durchsetzung der Gleichberechtigung von Männern und Frauen und wirkt auf die Beseitigung bestehender Nachteile hin.« Gleichberechtigung der Geschlechter ist ein verbindliches Staatsziel.[151] Das *BVerfG*[152] hatte bereits die bis 1994 geltende Fassung des Art. 3 Abs. 2 GG als Gleichberechtigungsgebot interpretiert, das auf Angleichung der Lebensverhältnisse zielt. In der Gerichtspraxis spielen eine große Rolle der **europarechtliche Gleichheitsgrundsatz** (Art. 23 Gr-Ch, Art. 157 AEUV[153]), die dem AGG zu Grunde liegenden Gleichbehandlungsrichtlinien sowie das AGG selbst, schließlich das Diskriminierungsverbot in § 75 Abs. 1 (ausführlich § 75 Rn. 20 ff.). Dieses Gebot ist auf alle Geschlechter gleichermaßen zu beziehen.

38 § 17 AGG fordert u. a. die Betriebsparteien dazu auf, an der Verwirklichung des in § 1 AGG genannten Ziels [Verhinderung oder Beseitigung von Benachteiligungen] mitzuwirken. § 6 **Entgelttransparenzgesetz**[154] konkretisiert diesen Aufruf auf Mitwirkung bei der »Verwirklichung der Entgeltgleichheit« zwischen Frauen und Männern, während § 13 EntgTranspG die »Förderung der Durchsetzung der Entgeltgleichheit von Männern und Frauen im Betrieb« als Aufgabe des BR im Rahmen des § 80 Abs. 1 Nr. 2a BetrVG hervorhebt. § 3 EntgTranspG verbietet unmittelbare oder mittelbare Benachteiligung wegen des Geschlechts im Hinblick auf sämtliche Entgeltbestandteile und Entgeltbedingungen. Auch § 7 EntgTranspG beinhaltet trotz der Überschrift »Entgeltgleichheitsgebot« ein Verbot der Entgeltbenachteiligung wegen des Geschlechts, jeweils bezogen auf gleiche oder gleichwertige Arbeit.[155] Dagegen verstoßende Vereinbarungen sind nach § 8 EntgTranspG unwirksam. §§ 3 und 7 EntgTranspG beziehen sich auf »das Geschlecht«, was (diverse) andere Geschlechter einschließt, andere Vorschriften auf »Frauen und Männer«. Der Sinn dieser unterschiedlichen Terminologien erschließt sich nicht einfach. Zunächst richtet sich der Aufruf an beide Betriebsparteien – inhaltlich aber mit unterschiedlicher Qualität. Der AG ist unmittelbarer Adressat von Entgeltansprüchen nach diesem und anderen Gesetzen (etwa dem AGG) und hat es ohne weiteres in der Hand, Entgeltgleichheit herzustellen. BR und Gewerkschaften können dabei nur mitwirken und Entgeltgleichheit fördern. Im Auskunftsverfahren zur Entgeltfindung und zum Vergleichsentgelt werden dem BR dazu besondere Aufgaben zugewiesen (vgl. Rn. 130a). Die besonderen Hürden in § 12 EntgTranspG, etwa Betriebe mit i. d. R. mehr als 200 Beschäftigten bei demselben AG, keine regionalen Unterschiede bzw. Beschäftigtengruppen, beschränken nur den individuellen Auskunftsanspruch nach § 10 EntgTranspG, nicht den gesetzlichen Normbefehl insgesamt. § 4 Abs. 3 EntgTranspG schließt nur einen Vergleich unterschiedlicher Rechtsverhältnisse nach 5 Abs. 2 aus. Das bedeutet im Umkehrschluss, dass ein Vergleich regional unterschiedlicher Entgeltregelungen bei demselben AG (vgl. § 12 Abs. 2 EntgTranspG) nicht ausgeschlossen wird. Vielmehr bezieht sich das Entgeltdiskriminierungsverbot grds. auf Beschäftigte bei demselben AG, auch betriebsübergreifend. In Übereinstimmung mit der RL 2006/54/EG hat das *BAG* den Beschäftigtenbegriff unionsrechtskonform so ausgelegt, dass im Einzelfall auch arbeitnehmerähnliche Personen i. S. v. § 5 Abs. 2 Nr. 1 dieses Gesetzes darunterfallen, d. h. gleichbehandelt werden müsssen.[156] Die bezeichneten Benachteiligungsverbote und Förderungs-/Mitwirkungspflichten gelten somit in allen Betrieben und UN. Nur die Aufgaben des BR nach § 13 beschränken sich auf Entgeltgleichheit *im Betrieb*.

---

151 Zur Verfassungsreform 1993 vgl. *Holtschneider,* AuR 93, 350 ff.; *Berlit,* AuR 95, 19; zur Rolle der BR als Akteure der Geschlechtergerechtigkeit *Zimmer,* AuR 14, 88 ff.

152 *BVerfG* 16. 11. 93 – 1 BvR 258/86, AuR 94, 110.

153 Nach *EuGH* 3. 6. 21 – C-624/19, Tesco, entfaltet diese Vorschrift in Rechtsstreitigkeiten zwischen Privaten um einen Verstoß gegen den Grundsatz des gleichen Entgelts für Männer und Frauen bei »gleichwertiger Arbeit« unmittelbare Wirkung.

154 Ausführlich dazu *Kocher*, AuR 18, 8.

155 Nach *Thüsing,* BB 17, 565, eine Doppelung derselben Aussage.

156 *BAG* 25. 6. 20 – 8 AZR 145/19, AuR 20, 204 (Anm. *Zimmer*).

Frauenförderpläne oder Gleichstellungsgesetze, die Frauen bei Einstellungen oder Beförderungen absoluten und unbedingten Vorrang einräumen, verstoßen nach der Rspr. des *EuGH*[157] gegen die GleichbehandlungsRL 76/207/EWG, es sei denn, diese Regelung garantiert männlichen Bewerbern, die die gleiche Qualifikation wie die weiblichen Bewerber besitzen, in jedem Einzelfall, dass die Bewerbungen Gegenstand einer objektiven Beurteilung sind, bei der alle die Person der Bewerber betreffenden Kriterien berücksichtigt werden, und dass der Bewerberinnen eingeräumte Vorrang entfällt, wenn eines oder mehrere dieser Kriterien zugunsten des männlichen Bewerbers überwiegen. 38a

Der Gesetzestext gibt dem BR eine **umfassende Förderungspflicht**, wenn auch kein besonderes Mitbestimmungsrecht. Hierfür kann der BR alle Aktivitäten unternehmen, die ihm zur Erreichung dieses Ziels sinnvoll erscheinen. Die Betonung der »tatsächlichen« Gleichstellung verdeutlicht, dass rein juristische Gleichstellung nicht ausreicht. Vielmehr geht es darum, die tatsächlichen Bedingungen hierfür herzustellen. Der Wortlaut spricht neutral von **Gleichstellung beider Geschlechter, nicht nur von Frauen.** Der Gesetzeszweck geht also über bloße Frauenförderung hinaus, welche im Einzelfall sogar dem Gleichstellungsziel entgegenstehen könnte. 39

Tatsächliche Gründe für mangelnde Gleichstellung am Arbeitsplatz liegen u.a. in einer unterschiedlichen Rollenverteilung in der Familie, einer nicht verwirklichten Vereinbarkeit von Familie und Beruf (§ 8 SGB III) und einer auf Sondervorteile abzielenden Personalpolitik. Eine solche liegt auch vor, wenn Geschlechtsdiskriminierung nicht beabsichtigt ist, sondern sich schlicht aus der Möglichkeit ergibt, Arbeitskraft billiger einzukaufen, etwa bei »geringfügigen Beschäftigungsverhältnissen« nach § 8 SGB IV, Aushilfen, KAPOVAZ-Beschäftigten.[158] Von da aus beinhaltet betriebliche Geschlechtergleichstellung in erster Linie die Beseitigung ungeschützter Beschäftigung, das Diskriminierungsverbot von Teilzeitbeschäftigten nach § 4 TzBfG, die Begrenzung von KAPOVAZ und Leiharbeit, die Herstellung der Bedingungen der Vereinbarkeit von Familie und Erwerbstätigkeit, die in Nr. 2b eigenständig als Aufgabe des BR hervorgehoben wird. Ein davon abstrahierender allg. Vorrang, etwa bei Beförderungen, der nicht an diese besonderen Bedingungen bzw. an § 5 AGG anknüpft, sondern nur an das Geschlecht, und keine Einzelfallbeurteilung zulässt, würde nicht Gleichstellung fördern, sondern Diskriminierung anderer Geschlechter.[159] 40

Tarifliche Sonderregelungen, die der geschlechtsspezifischen Spaltung des Arbeitsmarktes entgegenwirken, z. B. indem sie zur Verhinderung sozialversicherungsloser ungeschützter Beschäftigung eine bestimmte Mindeststundenzahl festsetzen,[160] sind für AG und BR verbindlich und sowohl generell als auch bei einzelnen Mitbestimmungstatbeständen zu beachten.[161] 41

Eine besondere Pflicht des AG zum Schutz der Beschäftigten vor **sexueller Belästigung** ergibt sich aus § 12 i. V. m. § 3 Abs. 4 AGG. Täter und Opfer können allen, auch dem gleichen Geschlecht angehören. Untersagt ist nach § 3 Abs. 4 AGG unerwünschtes, sexuell bestimmtes Verhalten, das die Würde der Beschäftigten verletzt.[162] **Zur Würde des Menschen i. S. d. Art. 1 GG gehört Sexualität selbst.** Sexuelle Selbstbestimmung hat Grundrechtscharakter[163] und ist nach § 1 AGG (sexuelle Identität) besonders geschützt. Auch Verhalten, das die selbstbestimmte Entfaltung der Sexualität beeinträchtigt, insbes. das Verbot bestimmter Formen von Sexualität, ist 42

---

157 *EuGH* 17. 10. 95, Rs. C-450/93, Kalanke, AuR 95, 474, dem folgend *BAG* 5. 3. 96 – 1 AZR 590/92 (A), AuR 96, 279; *EuGH* 11. 11. 97 – C-409/95, Marschall, AuR 96, 40 mit Anm. *Pape*.

158 Vgl. *LAG Köln* 28. 1. 94 – 4(2) Sa 970/93, AuR 95, 158; TZA-*Buschmann*, zu § 12 TzBfG; zur geringfügigen Beschäftigung vgl. *Gün/Voigt*, in Buschmann u. a. (Hrsg.), Unsichere Arbeits- und Lebensbedingungen in Deutschland und Europa, 2014, S. 145; *Griese/Preis/Kruchen*, NZA online 1/2013, 1 ff.

159 *EuGH* 11. 11. 97 a. a. O.

160 Nachw. bei TZA-*Buschmann*, § 22 TzBfG Rn. 5 ff.

161 *BAG* 28. 1. 92 – 1 ABR 45/91, AuR 92, 251 mit Anm. *Kleveman* zum Widerspruch des BR nach § 99 wegen Unterschreitung der tariflichen Mindest-Soll-Arbeitszeit.

162 Nachw. zur Rspr. bei *Linde*, Basta! Gegen sexuelle Belästigung am Arbeitsplatz, Köln 2015.

163 Vgl. *Hohmann*, ZRP 95, 167, 169.

sexuell bestimmt i. S. v. § 3 Abs. 4 AGG[164] und unzulässig. Ebenso wenig darf den Beschäftigten eine bestimmte Sexualmoral verordnet werden. Das Gesetz kann nicht dazu herangezogen werden, Sexualität als solche, sexuelle Beziehungen, Kontakte, Annäherungen zwischen AN zu diskreditieren. Regelungen in sog. **Ethik-Richtlinien,** die Sexualverhalten und Liebesbeziehungen der Beschäftigten untereinander reglementieren, insbes. einschränken, sind wegen Verstoßes gegen Art. 1 GG unwirksam.[165]

4. Förderung der Vereinbarkeit von Familie und Erwerbstätigkeit (Nr. 2b)

43 Diese besondere Förderungspflicht basiert auf Art. 6 Abs. 1 GG / Art. 33 EU-Gr-Ch. Sie verwirklicht einen **eigenständigen Schutzzweck** (unabhängig von dem in Nr. 2a ausgesprochenen Gleichstellungsauftrag für verschiedene Geschlechter), wie ihn das *BVerfG* in seinem Abtreibungsurteil v. 28. 5. 93[166] verfassungsrechtlich begründet hat: Danach sind Staat und Gesetzgeber verpflichtet, *»die Grundlagen dafür zu schaffen, dass Familientätigkeit und Erwerbstätigkeit aufeinander abgestimmt werden können und die Wahrnehmung der familiären Erziehungsaufgabe nicht zu beruflichen Nachteilen führt. Dazu zählen auch rechtliche und tatsächliche Maßnahmen, die ein* **Nebeneinander von Erziehungs- und Erwerbstätigkeit für beide Elternteile** *ebenso wie eine Rückkehr in eine Berufstätigkeit und einen beruflichen Aufstieg auch nach Zeiten der Kindererziehung ermöglichen«.*

44 Nach dem gemeinsamen Wort der beiden großen Kirchen v. 21. 3. 07 sind nicht Familien an die Arbeitswelt anzupassen, sondern Wirtschaft und Arbeitswelt familienfreundlich zu gestalten. Es geht nicht darum, die Erfüllung familiärer Pflichten und Bedürfnisse, z. B. Kinderbetreuung, zu reduzieren bzw. auf andere zu verlagern, so dass AN sich besser an Arbeitserfordernisse anpassen können (hier hätten AG und BR auch keine Kompetenz), sondern darum, den AN im Arbeitsverhältnis größeren Freiraum einzuräumen, damit sie familiären Bedürfnissen nachkommen können, ohne das Arbeitsverhältnis zu gefährden oder sogar aufzugeben. Ebenso wenig reduziert sich die Förderungspflicht auf den Elternteil, der seiner Unterhaltspflicht vornehmlich durch Haushaltsführung (§ 1360 Satz 2 BGB) und Kinderbetreuung nachkommt. Vielmehr haben auch in Vollzeit beschäftigte AN bzw. sog. »Haupternährer« **Anspruch auf aktive Teilnahme am Familienleben.** Gerade die an Vollzeitbeschäftigte gerichteten Leistungs- und Flexibilisierungserwartungen in Bezug auf Arbeitseinsatz, Arbeitsort und Verfügbarkeit stehen dieser verfassungsrechtlichen Zielvorstellung häufig entgegen. Ein maßgeblicher, wenn auch nicht der einzige Faktor zur Verwirklichung dieser Ziele für beide Partner ist die Gestaltung der Arbeitszeit in Bezug auf Lage und Dauer. Hierbei kann der BR AN unterstützen, die ihre Arbeitszeit, gestützt auf § 8 TzBfG oder § 15 Abs. 5 BEEG, aus familiären Gründen reduzieren wollen. Ebenso lassen sich – freiwillige – Betriebsvereinbarungen abschließen über Betriebskindergärten, (Tele-)Heimarbeitsplätze auch in qualifizierten Berufen, familienbedingte Freistellungen, Sabbaticals, verlängerte Eltern(teil)zeiten, Zusatzleistungen zum Elterngeld, um damit auch »Haupternährern« Anreize zur Wahrnehmung der Elternzeit nach §§ 15 f. BEEG zu geben.[167] Die Beschränkung vom AG zu gewährender Leistungen bei Elternzeit auf Frauen bzw. zusätzliche Bedingungen für Väter in Elternzeit würden eine nach Art. 3 Abs. 2 GG, Art. 141 EG **unzulässige Diskriminierung von Männern** darstellen.[168] Im Übrigen sind betriebliche wie tarifliche Normen unwirksam, wenn sie zu einer Gruppenbildung führen, die die durch Art. 6 GG geschützten Belange der Familie gleichheits- oder sachwidrig außer Betracht lässt.[169]

---

164 Zum Verbot von Homosexualität § 1 AGG; so schon *ArbG Lörrach,* AuR 93, 151; bestätigt durch *LAG Baden-Württemberg* 24. 6. 93 – 11 Sa 39/93, AuR 93, 221; *BAG* 23. 6. 94 – 2 AZR 617/93, AuR 95, 198 mit Anm. *Geck/Schimmel:* Kündigung wegen Homosexualität während der Probezeit.

165 *BAG* 22. 7. 08 – 1 ABR 40/07, AuR 08, 310, 406: Mitbestimmung bei Ethik-RL; *LAG Düsseldorf* 14. 11. 05 – 10 TaBV 46/05, AuR 2005, 452, dazu *Deinert/Kolle,* AuR 06, 177: Liebe ist Privatsache.

166 *BVerfG* 28. 5. 93 – 2 BvF 2/90 u. a., BVerfGE 88, 203, 258 ff., dazu *Sommer,* AuR 94, 241; zu betriebsverfassungsrechtlichen Handlungsmöglichkeiten *Zimmer*, AuR 14, 88 ff.

167 *Engels/Trebinger/Löhr-Steinhaus,* DB 01, 532; *Fitting,* Rn. 40.

168 *HessLAG* 26. 11. 99 – 7 Sa 557/99, AuR 00, 118, zu §§ 13 Ziff. 9 Abs. 3 Satz 3, 3 Ziff. 3 MTV Versicherung.

169 *BAG* 18. 12. 08 – 6 AZR 287/07, AuR 09, 145.

Familie i. S. d. Art. 6 GG / Art. 8 EMRK / Art. 33 EU-Gr-Ch ist die »umfassende Gemeinschaft zwischen Eltern und Kindern«.[170] Zentrales Kriterium ist das Vorhandensein von Kindern. Als Familie verstehen sich nicht nur **eheliche Lebensgemeinschaften** i. S. d. §§ 1353 ff. BGB mit Kindern, sondern auch Lebenspartnerschaften (mit Kindern), wie sie der Gesetzgeber schon mit dem Gesetz zur Beendigung der Diskriminierung **gleichgeschlechtlicher Lebenspartnerschaften** v. 16. 2. 2001[171] ausdrücklich anerkannt hat.[172] Lebenspartner sind Angehörige i. S. d. § 11 Abs. 1 Nr. 1 StGB und enge Verwandte i. S. d. § 5 Abs. 2 Nr. 5 BetrVG. Der verfassungsrechtliche Schutz insbes. des Kindes verlangt, dass **Eltern-Kind-Beziehungen** jeder Art Förderungsanspruch haben, unabhängig davon, ob eine Ehe besteht oder ob dem AN im Einzelfall das Sorgerecht zusteht.[173] Auch der **nichteheliche Vater** mit seinem Kind bilden eine Gemeinschaft, die den Schutz des Art. 6 GG genießt,[174] ebenso die Stief- oder Pflegefamilie.[175] Der Bestand einer Familie ist nicht auf bestimmte Lebensabschnitte oder Altersgruppen beschränkt und kann auch in der Gemeinschaft lebende (Groß)Eltern mit umfassen. Besondere Rücksicht ist auf evtl. Pflegebedürfnisse im Zusammenleben mehrerer Generationen zu nehmen. 45

Ein Verständnis des Arbeitslebens, das keine Rücksicht auf familiäre Bindungen, vor allem auf Personensorge für Kinder, nimmt, führt im Ergebnis zwangsläufig zu einer **Pflichtenkollision zwischen Arbeits- und Betreuungspflicht** und damit zu einer **Diskriminierung betreuungspflichtiger Eltern.**[176] In der Betriebspraxis besteht die Gefahr, dass diese besondere Pflichtenkollision, z. B. Einschränkung von Mobilität und zeitlicher Verfügbarkeit, von AG oder Vorgesetzten ausgenutzt wird, um AN besonders unter Druck zu setzen oder sogar zu Aufhebungsverträgen zu veranlassen. Daraus ergeben sich **Rücksichtnahmepflichten etwa bei der Gestaltung der Arbeitszeit**[177] oder des **Arbeitsorts,** etwa eine Beschränkung von Versetzungen, die die Betreuung minderjähriger Kinder erschweren.[178] Versetzungen, die zu Wochenendfamilien oder zu täglichem Pendeln über lange Distanzen führen, sind familienfeindlich. Der 60. Dt. Juristentag hat dazu Vorschläge unterbreitet[179] wie außerbetriebliche Betreuungseinrichtungen, Erziehungsurlaub, Rückkehrrecht in den Beruf, Recht auf gleichberechtigte Teilzeit, Beseitigung der Sozialversicherungsfreiheit geringfügiger Beschäftigung und Abbau bestehender arbeits- und sozialversicherungsrechtlicher Nachteile der Teilzeitarbeit. Unter Letzterem sind vor allem KAPOVAZ, Arbeit nach Anfall bzw. auf Abruf zu verstehen, bei denen nicht der Beruf an die Familie, sondern die Familie an den Beruf angepasst wird.[180] AG und BR können bei der Regelung der betrieblichen Arbeitszeit dieses Arbeitszeitsystem durch erzwingbare BV ausschließen und stattdessen etwa feste Arbeits-/Freizeiten oder Gleitzeit vorsehen.[181] 46

---

170 BVerfGE 10, 59 [66]; 80, 81 [90] = NJW 89, 2195; *EGMR* 26. 2. 04, 74969/01, Görgülü.

171 BGBl. I S. 266 ff.

172 Dazu *Beck*, NJW 01, 1894.

173 BVerfGE 18, 97 [105]; 45, 104 [123]; 92, 158 [162] = NJW 64, 1563; 78, 33; 95, 2155; *Beck*, a. a. O., 1898.

174 *BAG* 18. 1. 01 – 6 AZR 492/99, AuR 01, 68.

175 *Beck*, a. a. O., Fn. 56.

176 Dies übersah *BAG* 21. 5. 92 – 2 AZR 10/92, AuR 93, 153 mit krit. Anm. *Martina Trümner*, das die Kündigung einer AN, die keine Betreuungsmöglichkeit für ihr Kind gefunden hatte und deshalb der Arbeit fernbleiben musste, aus verhaltensbedingten Gründen billigte, indem es schon den Tatbestand der unverschuldeten Zwangslage verneinte; wie hier aber *BAG* 23. 6. 10 – 7 ABR 103/08, AuR 10, 349: Kinderbetreuungskosten eines BR-Mitglieds.

177 *BAG* 23. 9. 04 – 6 AZR 567/03, AuR 05, 115; *LAG MV* 26. 11. 08 – 2 Sa 217/08, jurisPR-ArbR 36/2998, Anm. *Nebe*; *ArbG Hamburg* 4. 12. 95 – 21 Ca 290/95, AuR 98, 297, 19. 8. 03 – 9 Ga 12/03, AuR 04, 434.

178 *ArbG Hannover* 24. 5. 07 – 10 Ca 384/06, AuR 07, 280.

179 AuR 94, 418 mit Anm. *Sommer;* vgl. auch *Colneric,* RdA 94, 65; *Pfarr,* ZRP 94, 309; pauschal dagegen 65 DJT, AuR 04, 417.

180 Ausführlich *Hohmann-Dennhardt*, Familie und Arbeitsleben – unvereinbar?, AuR 10, 52 ff.; *Nebe*, Vereinbarkeit von Familie und Beruf – ein Thema für Tarifvertrags- und Betriebsparteien?, FS Bepler, 2012, 439 ff., 451; *Buschmann*, Geschlechtergerechtigkeit Emanzipation, Beruf und Familie, FS Pfarr, 2010, 442 ff.; TZA-*Buschmann,* § 12 TzBfG Rn. 1 ff.

181 *BAG* 13. 10. 87, 28. 9. 88, AP Nrn. 24, 29 zu § 87 BetrVG 1972 Arbeitszeit; zu Musterregelungen zur Frauen- und Familienförderung des Dt. Juristinnenbundes *v Friesen,* AuR 94, 405 ff.; vgl. auch *Düwell/Göhle-Sander/Kohte* (Hrsg.), Juris-PK Vereinbarkeit von Familie und Beruf.

5. Entgegennahme von Anregungen und deren Behandlung (Nr. 3)

47 Die Vorschrift ergänzt Nr. 2. Sie unterstreicht zusammen mit dem in § 86a herausgehobenen Vorschlagsrecht der AN für Beratungsthemen des BR die gesetzlich gewollte wechselseitige Kommunikation zwischen AN und BR. Der BR ist **Anlaufstelle für Anregungen der AN** des Betriebs **und der JAV.** AN sind wie in § 86a alle betriebsangehörigen Arbeiter und Angestellten einschl. der zu ihrer Berufsausbildung Beschäftigten (§ 5 Abs. 1) unabhängig davon, welchem VertragsAG sie zugeordnet sind, d. h. auch Leiharbeiter; bei gemeinsamen Betrieben (vgl. § 1 Abs. 1 Satz 2, Abs. 2) alle AN, die unabhängig von ihrer Unternehmenszugehörigkeit dem gemeinsamen Betrieb angehören. Anregungen werden auch von **Beschäftigten** i. S. d. § 2 Abs. 2 ArbSchG bzw. des § 8 Abs. 2 ArbSchG entgegengenommen. Diese können die dem AG zu machenden Vorschläge zu allen Fragen der Sicherheit und des Gesundheitsschutzes bei der Arbeit nach § 17 ArbSchG auch an den BR richten. Für Beschäftigte i. S. d. § 6 AGG ergibt sich dieser besondere Zugang aus der Sozialen Verantwortung des BR nach § 17 Abs. 1 und 2 AGG. Verbunden damit ist tatsächliche Information über betriebliche oder geschäftliche Vorgänge, was selbst die Geheimnisschutz-RL (EU)2016/943 in Art. 5c) anerkennt: »Offenlegung durch AN gegenüber ihren Vertretern im Rahmen der rechtmäßigen Erfüllung der Aufgaben dieser Vertreter gemäß dem Unionsrecht oder dem nationalen Recht, sofern die Offenlegung zur Erfüllung dieser Aufgaben erforderlich war.« Der AG darf diese Kommunikation nicht unterbinden.

48 »Anregungen« ist der Sammelbegriff für Beanstandungen und Vorschläge.[182] Auch **Beschwerden** können darunter fallen.[183] Diese behandelt der BR zweckmäßigerweise nach § 85, da dort ggf. die Möglichkeit besteht, eine verbindliche Entscheidung der ESt. herbeizuführen. Zulässig ist auch, dass sich ein AN, z. B. ein gewerkschaftlicher Vertrauensmann, beschwerdeführend für einen anderen AN an den BR wendet.[184]

49 Der BR ist verpflichtet, sich mit den ihm vorgetragenen Anregungen – gleich welcher Art – zu befassen.[185] Er hat sie zu untersuchen und zu prüfen[186] und ggf. darüber zu beschließen. Nach § 86a Satz 2 hat er einen Vorschlag für ein Beratungsthema, der von mindestens 5 % der AN des Betriebs unterstützt wird, innerhalb von 2 Monaten auf die Tagesordnung einer BR-Sitzung zu setzen (vgl. § 86a Rn. 14 ff.). Die Behandlung von Anregungen gehört zu den **Pflichtaufgaben des BR;**[187] es darf daher keine unerledigt bleiben.[188] Hält der BR (bzw. ein Ausschuss nach §§ 27, 28 oder eine Arbeitsgruppe nach § 28a die Anregung im Interesse des Betriebs, der Belegschaft oder einzelner AN für berechtigt, hat er in Verhandlungen mit dem AG auf Erledigung hinzuwirken.[189]

50 Der BR ist verpflichtet, die Betroffenen über Stand und Ergebnis der Verhandlungen zu unterrichten und ggf. einen Zwischenbescheid zu geben, wenn sich die Verhandlungen länger hinziehen.[190] Eine **Unterrichtungspflicht** besteht auch, wenn der BR zum Ergebnis kommt, der Anregung nicht zu folgen.[191] Kann eine Streitfrage durch Verhandlungen zwischen BR und AG nicht beigelegt werden, kann der BR den AN auf die Möglichkeiten einer Klage oder förmlichen Beschwerde nach §§ 84, 85 hinweisen.[192]

51 Die JAV hat nicht das Recht, sich unmittelbar und unter Umgehung des BR an den AG zu wenden.[193] Sie muss ihre Anregungen und Vorschläge über den BR an den AG herantragen.[194]

---

182 Vgl. Richardi-*Thüsing*, Rn. 34; *Fitting*, Rn. 24; *WW*, Rn. 8.
183 *Richardi*, *Fitting*, a. a. O.; vgl. auch GK-*Weber*, Rn. 37.
184 *Richardi*, GK-*Weber*, a. a. O.
185 *Fitting*, Rn. 25; GK-*Weber*, Rn. 38; vgl. auch Richardi-*Thüsing*, Rn. 35.
186 *HWGNRH*, Rn. 32.
187 Richardi-*Thüsing*, Rn. 36.
188 GK-*Weber*, a. a. O.
189 *Fitting*, GK-*Weber*, *Richardi*, a. a. O.; *GL*, Rn. 18.
190 Richardi-*Thüsing*, Rn. 37; *Fitting*, Rn. 25; GK-*Weber*, Rn. 38; *GL*, Rn. 18; *HWGNRH*, Rn. 32.
191 *HWGNRH*, a. a. O.; *WW*, Rn. 8.
192 *Fitting*, a. a. O.
193 *HWGNRH*, Rn. 34.
194 Vgl. *BAG* 21. 1. 82, AP Nr. 1 zu § 70 BetrVG 1972; *Fitting*, Rn. 26; *GL*, Rn. 20.

Im Übrigen gilt das gleiche Verfahren wie bei Anregungen von AN, allerdings mit der Maßgabe, dass die **JAV bei Verhandlungen mit dem AG hinzuzuziehen ist.**[195]

6. Eingliederung schwerbehinderter und sonstiger besonders schutzbedürftiger Personen (Nr. 4)

52 Der BR hat die Aufgabe, die Eingliederung schutzbedürftiger Personen zu fördern, z. B. **Programme und Maßnahmen** anzuregen, die geeignet sind, spezifische **Eingliederungsbarrieren** der jeweiligen Gruppen abzubauen[196] und/oder der **Integration der betreffenden AN** in die Belegschaft zu dienen.[197] Dabei geht es vor allem darum, bei AG und AN das notwendige Verständnis zu wecken.[198] Er hat sich dafür einzusetzen, dass besonders schutzbedürftige Personen eingestellt werden und dass nicht Einstellungskriterien aufgestellt werden, die diese ausschließen.[199]

53 Art. 1 der **UN-Behindertenrechtskonvention** (UN-BRK), die in Deutschland Gesetzeskraft hat,[200] verfolgt den Zweck, den vollen und gleichberechtigten Genuss aller Menschenrechte und Grundfreiheiten durch alle Menschen mit Behinderungen zu fördern, zu schützen und zu gewährleisten und die Achtung der ihnen innewohnenden Würde zu fördern. Zu Menschen mit Behinderungen zählen Menschen, die langfristige körperliche, seelische, geistige oder Sinnesbeeinträchtigungen haben, welche sie in Wechselwirkung mit verschiedenen Barrieren an der vollen, wirksamen und gleichberechtigten Teilhabe an der Gesellschaft hindern können. In Art. 5 anerkennen die Vertragsstaaten, dass alle Menschen vor dem Gesetz gleich sind, vom Gesetz gleich zu behandeln sind und ohne Diskriminierung Anspruch auf gleichen Schutz durch das Gesetz und gleiche Vorteile durch das Gesetz haben. Sie verbieten jede Diskriminierung aufgrund von Behinderung und garantieren Menschen mit Behinderungen gleichen und wirksamen rechtlichen Schutz vor Diskriminierung, gleichviel aus welchen Gründen. Zur Förderung der Gleichberechtigung und zur Beseitigung von Diskriminierung unternehmen sie alle geeigneten Schritte, um die Bereitstellung angemessener Vorkehrungen zu gewährleisten.

53a § 7 i. V. m. § 1 AGG verbietet die **Benachteiligung aus Gründen einer Behinderung.** Die Vorschrift dient der Umsetzung der Art. 1, 3 der Europäischen RahmenRL 2000/78/EG v. 27. 11. 2000. Sie bezieht sich auf **jede Form einer Behinderung, nicht nur Schwerbehinderung** i. S. d. § 2 SGB IX, und reicht damit weiter. Nach der Rspr. des *EuGH*[201] ist das Diskriminierungsverbot nicht auf Personen beschränkt, die selbst behindert sind, sondern erfasst auch die Benachteiligung eines AN wegen Behinderung seines Kindes. Eine unterschiedliche Behandlung ist nur zulässig, wenn sie aus arbeitsplatzbezogenen, behinderungsunabhängigen, sachlichen Gründen gerechtfertigt ist.[202] Nicht mehr haltbar ist deshalb die ältere Rspr. des *BAG*, die den AG für berechtigt hielt, den AN im bestehenden Arbeitsverhältnis nach einer Schwerbehinderteneigenschaft zu befragen, mit der Folge, dass sich der Schwerbehinderte, der diese Frage verneint hatte, in einem Kündigungsschutzverfahren nach § 242 BGB auf den besonderen Kündigungsschutz nicht mehr berufen können sollte.[203]

---

195 *Fitting*, a. a. O.

196 *WW*, Rn. 10.

197 *GL*, Rn. 21; *Nebe*, AuR 14, 51 ff., 53.

198 *Fitting*, Rn. 28; *GL* a. a. O.

199 Nur zugunsten der Schwerbehinderten GK-*Weber*, Rn. 38; *GL*, Rn. 22.

200 Gesetz zu dem Übereinkommen der Vereinten Nationen v. 13. 12. 2006 über die Rechte von Menschen mit Behinderungen sowie zu dem Fakultativprotokoll v. 13. 12 2006 zum Übereinkommen v. 21. 12. 2008, BGBl. II S. 1419. Das Übereinkommen wurde als EU-Recht übernommen mit Beschluss 2010/48/EG des Rates v. 26. 11. 2009 (ABl. 2010, L 23, S. 35); vgl. *EuGH* 11. 4. 13 – C-335/11 und C-337/11, Ring u. Werge, AuR 13, 230, 410; 1. 12. 16 – C-395/15. Daouidi; s. auch *Schubert (Buschmann)*, Arbeitsvölkerrecht, 2017, S. 133.

201 *EuGH* 17. 7. 08 – Rs. C-303/06, Coleman, AuR 08, 318.

202 *LAG S.-Anhalt* 19. 9. 07 – 5 Sa 552/06, AuR 08, 403; bestätigt *BAG* 16. 9. 08 – 9 AZR 791/07, AuR 09, 58.

203 *BAG* 16. 2. 12 – 6 AZR 553/10, AuR 12, 141; ausführlich dazu § 94 Rn. 13; *Werner*, AuR 17, 281, unter Bezug auf § 81 Abs. 2 SGB IX, m. w. N. in Fn. 18.

53b § 12 AGG gibt dem AG eine umfassende **Organisationspflicht zum Schutz vor Benachteiligungen wegen Behinderung.** Nach § 17 Abs. 2 AGG hat der BR das Recht zur gerichtlichen Geltendmachung der Rechte aus § 23 dieses Gesetzes auch bei Verstoß des AG gegen das Diskriminierungsverbot. Für den Fall, dass der AG die Schwerbehindertenvertretung (SchwV) in einem Bewerbungsverfahren nicht beteiligt, hatte die Rspr. bereits vor Inkrafttreten des AGG eine Benachteiligung wegen der Behinderteneigenschaft vermutet,[204] ebenso, wenn ein AG des ÖD seine Pflichten nach §§ 163 f. SGB IX verletzt, frei werdende Stellen frühzeitig zu melden und mit der Agentur für Arbeit Verbindung aufzunehmen sowie die schwerbehinderten Bewerber zu einem Vorstellungsgespräch zu laden.[205] Dies gilt auch nach Maßgabe des AGG. § 21 GenDG enthält ein besonderes Verbot der Benachteiligung wegen genetischer Eigenschaften und verweist bezüglich der Rechtsfolgen auf das AGG.

54 Das Gesetz hebt die **Eingliederung der Schwerbehinderten**[206] hervor. Diese Förderungspflicht ergibt sich für den BR auch aus § 176 SGB IX, für die SchwV aus § 178 SGB IX. Beide haben über die Einhaltung der zu Gunsten der Schwerbehinderten geltenden Normen zu wachen. Das Schwerbehindertenrecht wurde durch das **Bundesteilhabegesetz**[207] v. 23. 12. 16 neu gefasst. Der BR hat auf die Erfüllung der Beschäftigungspflicht des AG nach §§ 154 f. SGB IX zu achten und darauf zu drängen,[208] dass das UN sich nicht durch Zahlung einer Ausgleichsabgabe i. S. d. § 160 SGB IX von dieser Pflicht entbindet. Hierzu muss der BR ggf. auf Arbeitsplätze aufmerksam machen, die evtl. durch entsprechende Hilfsmittel auf der Grundlage des SGB III für Schwerbehinderte geeignet gemacht werden, und darauf hinwirken, dass auch auf weiteren Arbeitsplätzen Schwerbehinderte beschäftigt werden.[209] Der AG hat dem BR alle frei gewordenen für Schwerbehinderte geeigneten Arbeitsplätze aufzulisten.[210] So verstößt bspw. die Einstellung eines nicht schwb. AN gegen eine gesetzliche Vorschrift i. S. v. § 99 Abs. 2 Nr. 1, wenn der AG vor der Einstellung nicht gem. § 164 SGB IX geprüft hat, ob der freie Arbeitsplatz mit einem schwb. AN besetzt werden kann (ausführlich **§ 99 Rn. 197**). Der Förderungsauftrag entspricht der Pflicht des AG, die Schwerbehinderten so zu beschäftigen, dass diese ihre Fähigkeiten und Kenntnisse möglichst voll verwerten und weiterentwickeln können (§ 164 Abs. 4 Nr. 1 SGB IX). Daraus ergibt sich ein einklagbarer Anspruch des Schwerbehinderten auf Beschäftigung zur stufenweisen Wiedereingliederung[211] bzw. auf **behindertengerechte Gestaltung der Arbeitszeit,** etwa 5-Tage-Woche oder Befreiung von Nachtarbeit.[212] Nach § 207 SGB IX werden schwb. Menschen auf ihr Verlangen von Mehrarbeit freigestellt. Mehrarbeit ist unabhängig vom TV jede über 8 Std. werktäglich hinausgehende Arbeitszeit.[213] Schließlich muss der AG die betriebsverfassungsrechtlichen Voraussetzungen für behindertengerechten Einsatz schaffen. Soweit dafür eine Versetzung erforderlich ist, hat der schwb. Mensch Anspruch darauf, dass der AG die Zustimmung nach § 99 beim BR einholt und ggf. ein Zustimmungsersetzungsverfahren einleitet. Der BR hat mit der SchwV (§ 182 SGB IX) eng zusammenzuarbeiten (vgl. auch § 32). Mitbestimmungsrechte des BR nach § 99 werden durch den Beschäftigungsanspruch der Schwerbehinderten nach § 164 SGB IX nicht berührt.[214]

55 Nach § 166 SGB IX treffen die AG mit der SchwV und dem BR in Zusammenarbeit mit dem Beauftragten des AG (§ 181 SGB IX) eine verbindliche **Inklusionsvereinbarung (bis 2016 Integrationsvereinbarung).** Diese enthält nach § 166 Abs. 2 SGB IX Regelungen im Zusammenhang mit der Eingliederung schwb. Menschen, insbes. zur Personalplanung, Gestaltung von

---

204 *BAG* 15. 2. 05 – 9 AZR 635/03, AuR 05, 344.
205 *BAG* 12. 9. 06 – 9 AZR 807/05, PersR 07, 198; *Welti,* AuR 06, 247, zu *LAG Schleswig-Holstein* 8. 11. 05 ebd.
206 Das SGB IX spricht durchgängig synonym von schwerbehinderten Menschen.
207 Gesetz v. 23. 12. 16, BGBl. I, 3234; dazu *Sachadae,* AiB 5/17, 27 ff.
208 Vgl. Richardi-*Thüsing,* Rn. 39; *Fitting,* Rn. 29; GK-*Weber,* Rn. 39 ff.; restriktiv zu diesbezgl. Informationsansprüchen des BR *BAG* 20. 3. 18 – 1 ABR 11/17 u. a.
209 Vgl. Richardi-*Thüsing,* Rn. 39; *HWGNRH,* Rn. 36.
210 *BAG* 10. 11. 92 – 1 ABR 21/92, NZA 93, 377.
211 *BAG* 13. 6. 06 – 9 AZR 229/05, EzA § 81 SGB IX Nr. 13.
212 *BAG* 3. 12. 02 – 9 AZR 462/01, AuR 03, 29, 318.
213 *BAG* a. a. O.
214 *BAG* 3. 12. 02 – 9 AZR 481/01, AuR 03, 236.

Arbeitsplatz und -umfeld, Arbeitsorganisation, Arbeitszeit sowie Regelungen über die Durchführung. AG oder SchwV können das Integrationsamt einladen, sich an den Verhandlungen hierüber zu beteiligen. Nach § 166 Abs. 1 Satz 3 SGB IX wird in Betrieben ohne SchwV die Inklusionsvereinbarung auf Antrag des BR getroffen, während nach Satz 2 dieser Vorschrift allgemein die SchwV die Initiative dazu ergreift. Tut sie dies nicht, ergibt sich aus der allgemeinen Förderungspflicht des BR, dass er hierzu initiativ wird.[215] Nach § 167 SGB IX ist der AG gehalten, bei personen-, verhaltens- oder betriebsbedingten Schwierigkeiten im Arbeitsverhältnis, die zur Gefährdung des Arbeitsverhältnisses führen können möglichst frühzeitig SchwV und BR einzuschalten, um mit ihnen alle Möglichkeiten und zur Verfügung stehenden Hilfen und mögliche finanzielle Leistungen zu erörtern, mit denen die Schwierigkeiten beseitigt werden können und das Arbeitsverhältnis möglichst dauerhaft fortgesetzt werden kann (zur Anhörung der SchwV §§ 170, 178 SGB IX). Nach § 167 Abs. 2 Satz 7 SGB IX hat der BR darüber zu wachen, dass der AG die ihm nach dieser Vorschrift obliegenden Verpflichtungen erfüllt. Dies betrifft vor allem das vom AG einzuleitende **Betriebliche Eingliederungsmanagement** (BEM).[216] Anders als die Durchführung des BEM selbst ist die Wahrnehmung dieser Überwachungsaufgabe nicht von der Zustimmung der betr. AN abhängig. Deshalb sind dem BR u. a. sämtliche AN anzugeben, die für die Durchführung des BEM in Frage kommen, auch wenn diese der Weitergabe nicht zugestimmt haben.[217] Die Aufstellung eines formalisierten Verfahrens für das BEM unterliegt der Mitbestimmung nach § 87 Abs. 1 Nrn. 1, 7 BetrVG.[218] Nach § 181 SGB IX hat der AG einen verantwortlichen **Inklusionsbeauftragten** zu bestellen.

Entsprechende Aufgaben hat der BR gegenüber allen sonstigen **schutzbedürftigen Personen** 56
und Personengruppen.[219] Hierunter fallen erkrankte AN im Rahmen einer stufenweise Wiedereingliederung i. S. d. §§ 44 SGB IX, 74 SGB V,[220] körperlich, geistig oder seelisch Behinderte (§ 19 SGB III), auch soweit das SGB IX keine bzw. nur eingeschränkte Anwendung findet, (Aids-)Kranke, aber auch Alkohol- oder Drogenabhängige, frühere Strafgefangene und langfristig Arbeitslose.[221] Nicht zuletzt mit Blick auf die Problematik der Jugendarbeitslosigkeit hat der BR darauf hinzuwirken, dass genügend Ausbildungsplätze im Betrieb zur Verfügung gestellt werden. In den letzten Jahrzehnten hat sich eine dramatische Spaltung der Arbeitsmärkte durch **prekäre Arbeitsverhältnisse** ergeben. Dazu gehören **befristete Arbeitsverhältnisse, Aushilfen, Saison-Arbeiter, geringfügig Beschäftigte, Abruf-Arbeiter nach § 12 TzBfG, Leih- und Werkvertragsarbeitnehmer.** Der für diese Beschäftigungsverhältnisse typische geminderte Bestandsschutz und die damit verbundenen Hemmnisse bei der Durchsetzung allgemeiner AN-Rechte geben dem BR eine besondere Pflicht, sich für die innerbetriebliche Integration einzusetzen, insbes. den Übergang in ein Normalarbeitsverhältnis zu unterstützen. Eine Benachteiligung der Teilzeitbeschäftigten und befristet Beschäftigten bei allgemeinen Arbeitsbedingungen verstößt gegen die Diskriminierungsverbote des § 4 der Europäischen RL 1997/81/EG über Teilzeitarbeit bzw. des § 4 TzBfG, des Art. 3 GG sowie des § 4 der RL 1999/70/EG über befristete Arbeitsverträge; zu Leiharbeitern Art. 5 der RL 2008/104/EG; vgl. auch das Benachteiligungsverbot bei der Arbeitssicherheit und dem Gesundheitsschutz in der RL 91/383/EWG über atypische Arbeit sowie die GleichbehandlungsRL 2000/43/EG, 2000/78/EG, 2002/73/EG, 2006/54/EG, 2004/113/EG.

Im Übrigen ist »**besondere Schutzbedürftigkeit**« nicht justitiabel und Veränderungen unter- 57
worfen. Sie kann aus außerbetrieblichen Lebenssituationen oder politischen Veränderungen entstehen (z. B. Aussiedler, allein erziehende Eltern). Insgesamt enthält die Vorschrift den Auftrag, einerseits die Interessen sog. »**Randgruppen**« zu fördern und zu vertreten, andererseits jeder Diskriminierung entgegenzutreten. Dazu gehört auch Diskriminierung auf Grund sexu-

---

215 Vgl. *Feldes,* Handbuch Integrationsvereinbarung, 2003.
216 Zum Schulungsanspruch *BAG* 28.9.16 – 7 AZR 699/14, AuR 17, 128.
217 *BAG* 7.2.12 – 1 ABR 46/10, AuR 12, 141.
218 *BAG* 13.3.12 – 1 ABR 78/10, NJW 12, 2830; *LAG Düsseldorf* 4.2.13 – 9 TaBV 129/12, juris; *LAG Schleswig-Holstein* 19.12.06 – 6 TaBV 14/06, AiB 07, 425, m. w. N.; zur Mitbestimmung im Einzelnen § 87 Rn. 65, 198, 259.
219 *Däubler,* NZA 19, 1601 ff.; *HWGNRH,* Rn. 37.
220 *Nebe,* DB 08, 1801.
221 *Fitting,* Rn. 30; Hako-BetrVG-*Kohte/Schulze-Doll,* Rn. 37.

eller Identität.[222] Mit dem Gesetz zur Bekämpfung der Diskriminierung gleichgeschlechtlicher Lebenspartnerschaften sowie mit Aufnahme der »sexuellen Identität« in das Benachteiligungsverbot des § 75 Abs. 1 Satz 1 und der §§ 1, 7 AGG hat der Gesetzgeber diesen Schutzzweck aufgenommen und ausgestaltet. **Der BR ist von Gesetzes wegen nicht Vertreter der »normalen« oder »privilegierten«, sondern aller AN.**

7. Zusammenarbeit mit der Jugend- und Auszubildendenvertretung (Nr. 5)

58 Nr. 5 verpflichtet den BR in Ergänzung des § 63 Abs. 2, die **Wahl einer JAV** vorzubereiten und durchzuführen. Da die Durchführung der Wahl Aufgabe des WV ist, kann nur die allgemeine Vorbereitung der Wahl gemeint sein,[223] d. h. Bestellung der WV, Information der Betroffenen, Vermittlung von Kenntnissen und Erfahrungen, Bereitstellung der sächlichen Mittel u. Ä. Die Bestimmung verpflichtet den BR, bzgl. der Wahl aktiv zu werden und diese nach Kräften zu unterstützen.

59 Zur **Förderung der Belange der in § 60** Abs. 1 **genannten AN** (Jugendliche und Auszubildende bis zu 25 Jahren) hat der BR mit der JAV eng zusammenzuarbeiten. Daraus folgt, dass der BR sie betreffende Maßnahmen nicht im Alleingang, sondern in Zusammenarbeit mit der JAV vornehmen soll. Die Durchführung einer **Fragebogenaktion** unter den in § 60 Abs. 1 genannten AN durch die JAV ist in Zusammenarbeit mit dem BR zulässig.[224] Der BR hat die JAV in allen Angelegenheiten der in § 60 Abs. 1 genannten AN zu beraten und die zur sachgerechten Wahrnehmung ihrer Aufgaben notwendigen Hinweise zu geben.[225] Der BR hat die von der JAV gem. § 70 Abs. 1 Nr. 1 beantragten Maßnahmen zu behandeln (vgl. § 70) und kann von ihr Vorschläge und Stellungnahmen anfordern.[226] Die verantwortliche Vertretung der Interessen der in § 60 Abs. 1 genannten AN gegenüber dem AG nimmt der BR als Vertreter aller AN im Betrieb wahr, der hierbei die **JAV zu beteiligen** hat.[227] Organisatorische Grundlage für die Zusammenarbeit ist das Teilnahmerecht der JAV an den BR-Sitzungen (vgl. § 67).[228]

60 **Zusammen mit der JAV** achtet der BR darauf, dass Ausbildungsplätze gut ausgestaltet sind, Werkunterricht in ausreichendem Maße angeboten wird, Aus- und Fortbildung der Ausbilder gesichert ist, ein angemessenes Verhältnis der Ausbilder zur Zahl der Auszubildenden besteht, moderne Ausbildungsmittel verwandt werden und eine planmäßige Ausbildung stattfindet. Das Verbot der Altersdiskriminierung beinhaltet auch das Verbot der Diskriminierung wegen Jugend.

8. Förderung der Beschäftigung älterer Arbeitnehmer (Nr. 6)

61 Die Bestimmung ergänzt § 75 Abs. 1, wonach AN nicht wegen ihres **Alters** benachteiligt werden dürfen, und § 96 Abs. 2, wonach die Belange älterer AN bei Maßnahmen der **Berufsbildung** zu berücksichtigen sind. Nrn. 6 und 8 begründen weder Mitbestimmungsrechte außerhalb der in diesem und anderen Gesetzen festgelegten Mitbestimmungstatbestände noch eine Begrenzung spezifischer Mitbestimmungsrechte wie § 99 in Form einer Reduktion auf bloße Mitwirkung. Wird etwa ein AN über eine auf das Arbeitsverhältnis anwendbare tarifliche Altersgrenze hinaus weiterbeschäftigt, liegt eine Einstellung i. S. v. § 99 Abs 1 S 1 BetrVG vor, auch wenn die Weiterbeschäftigung aufgrund einer Hinausschiebensvereinbarung i. S. v. § 41

---

222 Zur Unvereinbarkeit des Verbots homosexueller Betätigung in der katholischen Morallehre mit dem »ordre public« nach Art. 6 EGBGB schon *ArbG Lörrach*, AuR 93, 151, bestätigt durch *LAG Baden-Württemberg* 24. 6. 93 – 11 Sa 39/93, AuR 93, 221; zur Unzulässigkeit der Kündigung wegen Homosexualität während der Probezeit vgl. *BAG* 23. 6. 94 – 2 AZR 617/93, AuR 95, 198 mit Anm. *Schimmel/Geck*; heute §§ 1 ff. AGG.

223 GK-*Weber*, Rn. 45.

224 *BAG* 8. 2. 77, AP Nr. 10 zu § 80 BetrVG 1972.

225 *BAG* 10. 5. 74, AP Nr. 2 zu § 65 BetrVG 1972.

226 Richardi-*Thüsing*, Rn. 43; *HWGNRH*, Rn. 39.

227 *HWGNRH*, a. a. O.

228 Vgl. GK-*Weber*, Rn. 47.

S 3 SGB 6 erfolgt.[229] Nr. 6 verpflichtet den BR, soweit er Einfluss auf Personalpolitik hat, dafür zu sorgen, dass auch ältere AN eingestellt werden. Die Aufgabe des BR bezieht sich deshalb nicht nur auf bereits im Betrieb tätige AN; er hat auch darauf hinzuwirken, dass für ältere AN geeignete, frei werdende Arbeitsplätze mit solchen besetzt werden.[230] Schließlich haben BR und AG dafür einzutreten, älteren AN ihren Arbeitsplatz möglichst zu erhalten. Eine Personalpolitik, nach der ältere AN generell oder bei Betriebsänderungen vorrangig ihren Arbeitsplatz für andere AN »frei machen«, widerspricht dieser Zielsetzung. § 7 i V.m. § 1 AGG verbietet jede **Benachteiligung wegen des Alters** und lässt Ausnahmen nur unter besonderen in § 10 AGG bestimmten Voraussetzungen zu. Das Verbot der Altersdiskriminierung hat eur. Grundrechtscharakter. Zu Grunde liegen Art. 21 EU-GRCh sowie Artt. 1, 3 der Eur. GleichbehandlungsRL 2000/78/EG. Schon vor Inkrafttreten der Grundrechtecharta verstand der *EuGH*[231] den Grundsatz der Gleichbehandlung in Beschäftigung und Beruf als allg. Grundsatz des (primären) Gemeinschaftsrechts, der unabhängig von seiner nationalen Umsetzung unmittelbar anzuwenden ist, was zur Folge hat, dass entgegenstehende nationale Vorschriften zurücktreten. Mit der Mangold-Entscheidung wurde die Europarechtswidrigkeit und damit Unzulässigkeit der in § 14 Abs. 3 TzBfG a. F. zugelassenen unbegrenzten Altersbefristung ab dem 52. Lebensjahr festgestellt. Dieselbe Kritik ist auch an die aktuelle Fassung der Vorschrift[232] zu richten.[233] Tarifliche Befristungen auf das Erreichen des Rentenalters sind nach Maßgabe des § 41 SGB VI zulässig und werden auch europarechtlich gebilligt.[234] Unter diesen Voraussetzungen billigt das *BAG* selbst Altersgrenzen in BV, was problematisch ist, da das Gesetz den Betriebsparteien eine Kompetenz für solch belastende Regelungen nicht gegeben hat.[235] Immerhin verlangt auch das *BAG* in einer solchen BV aus Gründen des Vertrauensschutzes Übergangsregelungen für die bei Inkrafttreten der BV bereits rentennahen AN.[236] Besondere Vorsicht ist bei Altersgruppenbildungen in Interessenausgleichen geboten. Eine diskriminierende BV, damit auch ein Interessenausgleich bzw. eine Namensliste i. S. d. § 1 Abs. 5 KSchG, ist nach § 7 Abs. 2 AGG unwirksam.[237] Altersgrenzen vor dem Rentenalter sind nur bei Gefährdung wichtiger Rechtsgüter sachlich gerechtfertigt.[238] § 12 AGG gibt dem AG eine umfassende Organisationspflicht zum Schutz vor Benachteiligungen wegen des Alters. Nach § 17 Abs. 2 AGG hat der BR das Recht zur gerichtlichen Geltendmachung der Rechte aus § 23 dieses Gesetzes auch bei einem Verstoß des AG gegen das Verbot der Altersdiskriminierung.[239]

Die Nichtberücksichtigung älterer Bewerber, etwa in Anwendung von Höchstaltersgrenzen, kann ein Zustimmungsverweigerungsgrund für den BR nach § 99 Abs. 2 Nr. 1 sein **(vgl. § 99 Rn. 197).** 62

229 *BAG* 22.9.21 – 7 ABR 22/20, Rn. 38, AuR 22, 189.
230 *Fitting*, Rn. 31; *HWGNRH*, Rn. 41.
231 St. Rspr. des *EuGH*: 22.11.05 – Rs. C-144/04, Mangold, AuR 06, 167, mit Anm. *Schiek*; 19.1.10 – Rs. C-555/07, Kücükdeveci, AuR 10, 264; 10.3.11 – C-109/09, Kumpan, AuR 11, 225; dem folgend *BVerfG* 6.7.10 – 2 BvR 2661/06, AuR 10, 397 (Honeywell); *BAG* 26.4.06 – 7 AZR 500/04, AuR 06, 167, 330; 25.2.10 – 6 AZR 911/08, AuR 10, 267.
232 Gesetz v. 19.4.07, BGBl. I 538.
233 Vgl. nur *Kohte*, AuR 07, 168; kritisch selbst *BAG* 28.5.14 – 7 AZR 360/12, DB 14, 275: erhebliche Bedenken an der Vereinbarkeit mit RL 2000/78/EG gegenüber der wiederholten Anwendung von § 14 Abs. 3 S. 1und 2 TzBfG zwischen denselben Arbeitsvertragsparteien.
234 *EuGH* 12.10.10 – C-45/09, AuR 10, 488, 524, Rosenbladt; kritisch zur Befristung von Arbeitsverhältnissen auf das Renteneintrittsalter *Dickerhof-Borello*, AuR 09, 251; *Adam*, AuR 14, 140 ff.; weit. Nachw. bei Kempen/Zachert-*Buschmann*, § 1 Rn. 645 ff.; zur Vereinbarkeit der verlängerten Altersbefristung nach § 41 S. 3 SGB VI mit der (Befristungs-)RL 1999/70/EG sowie der (Gleichbehandlungs)RL 2000/78/EG vgl. Vorlagebeschluss des *LAG Bremen* 23.11.16 – 3 Sa 78/16, AuR 17, 216.
235 *BAG* 5.3.13 – 1 AZR 417/12, AuR 13, 186.
236 *BAG* 21.2.17 – 1 AZR 292/15, NJW 17, 1979.
237 Vgl. § 23, Rn. 378 m. w. N.; *Buschmann*, Altersdiskriminierung in der Namensliste, FS Wank, 2014, 63 ff. Der *EuGH* kam im Verfahren Balaban C-86/10 nur deshalb nicht zu dieser Feststellung, weil der AG den gekündigten AN unmittelbar nach der mündlichen Verhandlung wieder einstellte.
238 *BAG* 19.10.11– 7 AZR 253/07, AuR 11, 462; 12, 264, zur Unzulässigkeit einer Grenze von 60 Jahren für Stewardessen; vgl. auch *EuGH* C-190/16.
239 Ausführlich § 23 Rn. 367 ff.; Däubler/Beck-*Buschmann,* § 17 AGG, Rn. 10.

9. Integration ausländischer Arbeitnehmer und Bekämpfung von Rassismus und Fremdenfeindlichkeit (Nr. 7)

63 **2001** hat der Gesetzgeber die Aufgabenbestimmung sprachlich neu gefasst (»Integration« statt »Eingliederung«, so aber weiterhin die Formulierung in Nr. 4) und das Antragsrecht des BR in Bezug auf Maßnahmen zur Bekämpfung von Rassismus und Fremdenfeindlichkeit im Betrieb hervorgehoben. Völkerrechtliche Grundlagen dieser Förderungspflicht sind das UN-Übereinkommen zur Beseitigung jeder Form von Rassendiskriminierung, Art. 21 EU-Gr-Ch sowie die RL 2000/43 EG. Die betriebliche Integration ausländischer AN und die Bekämpfung fremdenfeindlicher Betätigung im Betrieb werden durch ein Bündel weiterer Vorschriften dieses Gesetzes unterstützt:

- Die Berichte des AG auf der Betriebsversammlung sowie des UN auf der Betriebsräteversammlung über das Personal- und Sozialwesen beziehen sich auch auf die Integration der im Betrieb beschäftigten ausländischen AN (§§ 43 Abs. 2 Satz 3, 53 Abs. 2 Nr. 2).
- Diese ist auch Thema der Betriebs- und Abteilungsversammlungen (§ 45 Satz 1).
- Die Förderung der Integration ausländischer Jugendlicher und Auszubildender im Betrieb gehört zu den allgemeinen Aufgaben der JAV (§ 70 Abs. 1 Nr. 4).
- Freiwillige BV können abgeschlossen werden über Maßnahmen zur Integration ausländischer AN sowie zur Bekämpfung von Rassismus und Fremdenfeindlichkeit im Betrieb (§ 88 Nr. 4).
- Die durch Tatsachen begründete Besorgnis, dass der Bewerber oder AN den Betriebsfrieden durch rassistische oder fremdenfeindliche Betätigung stören werde, berechtigt den BR zum Widerspruch gegen personelle Maßnahmen (§ 99 Abs. 2 Nr. 6).
- Hat ein AN den Betriebsfrieden durch rassistische oder fremdenfeindliche Betätigung wiederholt ernsthaft gestört, kann der BR die Entlassung oder Versetzung verlangen (§ 104 Satz 1).

64 Das Gesetz geht davon aus, dass die Integration ausländischer AN trotz rechtlicher Gleichstellung **unbefriedigend** ist. Zugleich drückt sich Besorgnis über **rechtsextremistische, fremdenfeindliche oder antisemitische Straftaten** aus.[240] Die Betriebsverfassung kann und soll ihren gesellschaftlichen Beitrag dazu leisten, die Integration ausländischer Mitbürger zu fördern und zugleich Sanktionen gegen Rassismus und Fremdenfeindlichkeit im Betrieb zu erleichtern.[241] Diese Zweckbestimmung entspricht der dem AGG zugrunde liegenden europäischen RL 2000/43/EG v. 29.6.00.[242] § 10 **Schwarzarbeitsbekämpfungsgesetz** enthält den besonderen Straftatbestand der Beschäftigung von Ausländern ohne Genehmigung und zu **ungünstigen Arbeitsbedingungen.**

65 Der BR hat die Aufgabe, sich aktiv für die **Integration** ausländischer AN im Betrieb einzusetzen.[243] Er hat darauf hinzuwirken, dass sie wie deutsche AN behandelt werden.[244] Damit hat er eine besondere Verpflichtung, für die Ziele des § 75 sowie des Art. 21 EU-GR-Ch (Nichtdiskriminierung) einzutreten.[245] Er soll auf ein besseres Verständnis zwischen deutschen und ausländischen AN und auf den Abbau ungerechtfertigter Vorurteile hinwirken.[246] Er hat sich darum zu bemühen, dass ausländische AN die Gelegenheit erhalten, die deutsche Sprache zu erlernen.[247] So kann er z. B. den AG dazu bringen, einen Deutschkurs während der Arbeitszeit durchzuführen. Nach § 11 AÜG ist der AG verpflichtet, dem AN eine Vertragsurkunde über den wesentlichen Inhalt seines Arbeitsverhältnisses in seiner Muttersprache auszuhändigen (vgl. auch § 81 Rn. 6, 7). Bspw. kann der BR dafür sorgen, dass zu Betriebsversammlungen sein

240 BT-Drucks., 14/5741, S. 25 Nr. 11.
241 BT-Drucks., a. a. O.
242 ABl. EG Nr. L 180/22v. 19.7.00.
243 Ausführlich *Blank,* AuR 94, 286 m. w. N.; *Kleveman,* AiB 93, 529; *Pakirnus,* PersR 95, 193; *Zimmermann,* AuR 17, 192; *Fitting,* Rn. 32.
244 Richardi-*Thüsing,* Rn. 45; *Fitting,* a. a. O.
245 Vgl. auch IAO-Übereinkommen 111v. 25.6.1958, Art. 1 Abs. 1a, *DKL* Nr. 217.
246 *Richardi,* a. a. O.; *Fitting,* a. a. O.
247 *Richardi,* a. a. O.

Tätigkeitsbericht übersetzt wird bzw. Dolmetscher hinzugezogen werden; dies gilt auch für BR-Sitzungen und Sprechstunden (vgl. **§ 40 Rn. 16**).

AG und BR haben die besondere Aufgabe, gegen betriebliche Erscheinungsformen von **Ausländerfeindlichkeit** vorzugehen. Im Vordergrund wird betriebliche Überzeugungsarbeit stehen. Bei Straftatbeständen wie §§ 130, 131, 185, 223, 240 StGB oder konkreter Störung des Betriebsfriedens durch fremdenfeindliches Verhalten kommt auch eine (außerordentliche) Kündigung in Frage.[248] Nach *BVerfG*[249] ist es einem Ausbildungsverein nicht zuzumuten, einen AN zu beschäftigen, der ausländerfeindliche Tendenzen offen zur Schau trägt. Der in Nr. 7 geforderte Einsatz für Integration und Verständnis beinhaltet die Verpflichtung, sich schützend vor Ausländer zu stellen, wenn sie zu Opfern betrieblicher Erscheinungsformen von Ausländerfeindlichkeit werden. Der BR sollte solche AN zur Rede stellen, die sich weigern, mit ausländischen AN zusammenzuarbeiten.[250] 66

Der **zweite Halbsatz** der Vorschrift verstärkt diese besondere Aufgabe des BR. Das Antragsrecht entspricht Abs. 1 Nr. 2. Es bezieht sich wie die anderen unter Rn. 63 aufgeführten Vorschriften über die Bekämpfung von Ausländerfeindlichkeit hinaus auf Maßnahmen zur Bekämpfung von **Rassismus und Fremdenfeindlichkeit** im Betrieb. Die durch Rechtsextremismus, Rassismus, Fremdenfeindlichkeit und Antisemitismus konkret gefährdeten Personen sollen unabhängig von ihrer Nationalität nicht befürchten müssen, im Arbeitsleben beleidigt, belästigt, in ihrer körperlichen Integrität beeinträchtigt oder Opfer von Mobbing zu werden. Über den Opferschutz hinaus verdeutlicht der Gesetzgeber, dass solche Tendenzen das gesellschaftliche Zusammenleben und den Betriebsfrieden gefährden und weder in der Öffentlichkeit noch im Betrieb toleriert werden können. Dies gilt auch, wenn eine AG an derartigen Erscheinungsformen keinen Anstoß nehmen sollte. Vielmehr trifft die Verpflichtung zur Bekämpfung von Rassismus und Fremdenfeindlichkeit AG ebenso wie BR. Dies gilt auch im Tendenzbetrieb. Tendenzen einer AG, die Elemente von Rassismus und Fremdenfeindlichkeit enthalten, können dafür keinen Tendenzschutz in Anspruch nehmen. 67

§ 7 i. V. m. § 1 AGG verbietet jede **Benachteiligung aus Gründen der Rasse oder wegen der ethnischen Herkunft** und lässt davon im Unterschied zu anderen Diskriminierungstatbeständen keine Ausnahmen zu. Damit werden Art. 1, 2 der RL 2000/43/EG umgesetzt. § 12 AGG gibt AG eine umfassende Organisationspflicht zum Schutz vor Benachteiligungen i. S. d. § 1 AGG. Diese Pflicht hat präventiven Charakter und geht über einen reinen Unterlassungsbefehl hinaus.[251] Sie besteht unabhängig vom Antrag des BR, wird durch ihn aber konkretisiert. Vor diesem Hintergrund macht das Gesetz das Antragsrecht des BR nicht von einem besonderen betrieblichen Anlass anhängig.[252] Nach § 17 Abs. 2 AGG hat er das Recht zur gerichtlichen Geltendmachung der Rechte aus § 23 BetrVG auch bei Verstoß des AG gegen Vorschriften des Abschnitts 2 des AGG.[253] Fremdenfeindlichkeit ist keine »Weltanschauung« i. S. d. § 1 AGG. 68

10. Förderung und Sicherung der Beschäftigung im Betrieb (Nr. 8)

Der BR soll sich dafür einsetzen, dass die AN nicht ihren Arbeitsplatz und damit ihre Lebensgrundlage verlieren.[254] Gefährdungen für die Beschäftigungssicherung sieht der Gesetzgeber etwa im Hinblick auf **Umstrukturierungen und Fusionen** sowie damit verbundenen Personalabbau. Die Vorschrift nennt Beschäftigungsförderung und -sicherung gleichrangig. In 69

---

248 *Korinth*, AuR 93, 105; *Lansnicker/Schwirtzek*, DB 01, 865; *BAG* 14. 2. 96 – 2 AZR 274/95, DB 96, 480 (Volksverhetzung); 1. 7. 99 – 2 AZR 676/98, AuR 00, 72 mit Anm. *Korinth* (Kündigung eines Auszubildenden); 5. 11. 92 – 2 AZR 287/92, AuR 93, 124 (Kündigung wegen eines sog. »Juden-Witzes« mit menschenverachtendem Charakter).

249 *BVerfG* 2. 2. 95 – 1 BvR 320/94, AuR 95, 152.

250 *Schaub*, Der Betriebsrat, § 38 S. 293.

251 Däubler/Beck-*Buschmann*, § 12 AGG, Rn. 6.

252 A. A. *Fitting*, Rn. 23; tendenziell enger auch Richardi-*Thüsing*, Rn. 26.

253 Däubler/Beck-*Buschmann*, § 17 AGG, Rn. 10 ff.; ausführlich zu Handlungsmöglichkeiten des BR gegen Fremdenfeindlichkeit im Betrieb *Wenckebach*, AiB 09, 274 m. w. N.

254 BT-Drucks. 14/5741, S. 46 zu Nr. 54a; zur wirtschaftlichen Krisenbewältigung *Nebe*, AuR 14, 51 ff., 54 f.

der Praxis wird es um den Schutz der bestehenden Belegschaft und der dort beschäftigten AN (einschließlich der befristet Beschäftigten), also Beschäftigungssicherung, gehen, während bei der Beschäftigungsförderung tarifliche Regelungen im Vordergrund stehen.[255]

70 Zur Erfüllung dieser Aufgabe werden an verschiedenen Stellen im BetrVG hierauf bezogene **Handlungsmöglichkeiten der BR** hervorgehoben:

- Vorschläge zur Beschäftigungssicherung (§ 92a);
- Ermittlung des Berufsbildungsbedarfs (§ 96 Abs. 1 Satz 2);
- begrenztes Initiativrecht bei der Einführung von Maßnahmen der betr. Berufsbildung (§ 97 Abs. 2);
- Beteiligungsrechte des BR bei Kündigungen /Betriebsänderungen (§§ 102 ff.; 111 ff.);
- Sollregelung zur Berücksichtigung der im SGB III vorgesehenen Förderungsmöglichkeiten zur Vermeidung von Arbeitslosigkeit bei der Gestaltung von Sozialplänen (§ 112 Abs. 5 Nr. 2a).

71 Diese Spezialvorschriften schließen darüber hinausgehende Aktivitäten des BR zur Beschäftigungssicherung nicht aus (vgl. § 92a Abs. 1 Satz 2 »insbesondere«). Welche Aktivitäten der BR für angemessen erachtet, steht in seinem Ermessen. Eine besondere Rolle kommt dem BR bei der **Umsetzung tariflicher Bestimmungen zur Arbeitszeitverkürzung und Beschäftigungssicherung** zu, die den BR häufig besonders einbeziehen. Der BR kann in Wahrnehmung seiner Mitbestimmung nach § 87 Abs. 1 Nrn. 2 und 3 **Überstunden begrenzen;** er kann Anträge auf **Arbeitszeitverkürzung** nach § 8 TzBfG unterstützen, um damit die arbeitsmarktpolitische Zielsetzung des Gesetzes betrieblich umzusetzen. Er kann die Ausübung sonstiger Mitbestimmungsrechte davon anhängig machen, dass beschäftigungspolitische Ziele gefördert werden, die für sich allein ggf. nicht durchsetzbar sind (sog. Koppelungsgeschäfte).[256] Typisches Arbeitsfeld ist die Übernahme befristet Beschäftigter (vgl. § 99 Abs. 2 Nr. 3) und Auszubildender nach Beendigung ihrer Ausbildung in ein unbefristetes Arbeitsverhältnis. Die in der Begründung[257] erwähnte Gefährdung durch Umstrukturierungen und Fusionen kann den BR veranlassen, **Aktivitäten gegen Outsourcing** zu unternehmen, die Beschäftigten über Gefährdungen aufzuklären,[258] Stilllegungsabsichten, die zum Verlust von Arbeitsplätzen führen, zu bekämpfen und dabei die Beteiligungsrechte nach §§ 102, 111 ff. auszuschöpfen. In Kündigungsschutzverfahren kann der BR die Beschäftigten beraten und auch mit Informationen unterstützen, die er in Wahrnehmung seiner kollektiven Befugnisse gewonnen hat. Aus der detaillierten Beschreibung der Befugnisse der SchwV in § 178 SGB IX ist kein Umkehrschluss zu ziehen, dass ein BR diese Befugnisse nicht hätte. Die Verfolgung dieser besonderen Aufgabenstellung schließt den Einwand der Störung des Betriebsfriedens bzw. des Rechtsmissbrauchs aus.

72 Durch die allgemeine Aufgabe der Beschäftigungsförderung und -sicherung werden die konkreten **Mitbestimmungsrechte des BR weder erweitert noch begrenzt.** Der rechtliche Rahmen der hierfür getroffenen Maßnahmen bestimmt sich nach den für den Betrieb geltenden TV sowie nach §§ 77 Abs. 3, 87 Abs. 1 (Eingangssatz) BetrVG, § 4 Abs. 3 TVG. Auch das Ziel der Beschäftigungsförderung und -sicherung gibt keine Handhabe für Eingriffe in TV bzw. tarifliche Leistungen durch Betriebsvereinbarung, Regelungsabrede oder sonstiges abgestimmtes Verhalten.

11. Förderung des Arbeitsschutzes und des betrieblichen Umweltschutzes (Nr. 9)

73 Mit dem BetrVerf-ReformG 2001 aufgenommen wurde die allg. Aufgabe des BR, Maßnahmen des Arbeitsschutzes und des betrieblichen Umweltschutzes zu fördern. **Arbeitsschutz** und Unterstützung der für den Arbeitsschutz zuständigen Behörden gehören allerdings schon seit dem Betriebsrätegesetz v. 4. 2. 1920 zu den zentralen Aufgaben des BR (§ 66 Nr. 8 BRG). Seine

255 *Konzen,* RdA 01, 91; *Franzmann,* AuR 22, 8.
256 Dazu *Schoof,* AuR 07, 289, m. w. N.
257 BT-Drucks., a. a. O.; vgl. auch *BVerfG* 25. 1. 11 – 1 BvR 1741/09, Gesetzlicher Arbeitgeberwechsel zwecks Privatisierung, AuR 11, 132.
258 Zur Zulässigkeit öffentlicher Boykottaufrufe gegen Tarifflucht aus altruistischer Sicht *LG Düsseldorf* 14. 6. 00 – 12 O 556/99, AuR 01, 194 mit Anm. *Binkert.*

Befugnisse werden durch § 89 und § 87 Abs. 1 Nr. 7 näher ausgestaltet. § 89 Abs. 1 Satz 1 verpflichtet den BR generell, sich dafür einzusetzen, dass die Vorschriften über Arbeitsschutz und Unfallverhütung im Betrieb durchgeführt werden. Die Förderungspflicht nach dieser Vorschrift geht über bloße Rechtskontrolle hinaus, die sich schon aus Nr. 1 ergibt. Nach § 87 Abs. 1 Nr. 7 hat der BR mitzubestimmen über Regelungen über die Verhütung von Arbeitsunfällen und Berufskrankheiten sowie über den Gesundheitsschutz im Rahmen der gesetzlichen Vorschriften oder der Unfallverhütungsvorschriften.

Mit der Hervorhebung des betrieblichen Umweltschutzes als allgemeine Betriebsratsaufgabe macht der Gesetzgeber deutlich, dass **betrieblicher Umweltschutz** auch **unabhängig vom Arbeitsschutz** ein **zentrales Element in der Betriebsverfassung** darstellt und dass der BR hierfür zuständig ist.[259] Dies gilt nicht nur für BR und deren Mitglieder, sondern auch für die Beschäftigten selbst und die innerbetriebliche Kommunikation.[260] 74

Umweltschutz wird **in zahlreichen Bestimmungen dieses Gesetzes** erwähnt: 75

- Nach dieser Vorschrift hat der BR die Aufgabe, *Maßnahmen des Arbeitsschutzes und des betrieblichen Umweltschutzes zu fördern.*
- Daran hindert ihn nicht das Verbot parteipolitischer Betätigung. Nach § 74 Abs. 2 Satz 3, Halbsatz 2 wird die *Behandlung von Angelegenheiten umweltpolitischer Art,* die den Betrieb oder seine AN unmittelbar betreffen, hierdurch nicht berührt.
- § 89 BetrVG wird neben dem Arbeitsschutz auf den *betrieblichen Umweltschutz* bezogen (Definition in Abs. 3).
- Zu den wirtschaftlichen Angelegenheiten des UN, über die der WA zu unterrichten ist, gehören nach § 106 Abs. 3 Nr. 5a auch *Fragen des betrieblichen Umweltschutzes.*
- Nach § 53 Abs. 2 Nr. 2 hat der UN in der Betriebsräteversammlung einen *Bericht u. a. über Fragen des Umweltschutzes im Unternehmen zu erstatten.*
- In § 88 Nr. 1a wird klargestellt, dass *Maßnahmen des betrieblichen Umweltschutzes* durch Betriebsvereinbarungen geregelt werden.
- Nach § 43 Abs. 2 Satz 3 hat der AG oder sein Vertreter auf der Betriebsversammlung *über den betrieblichen Umweltschutz zu berichten.*
- Entsprechend können Betriebs- oder Abteilungsversammlungen nach § 45 *Angelegenheiten umweltpolitischer Art behandeln,* die den Betrieb oder seine Arbeitnehmer unmittelbar betreffen.

Umweltschutz ist europa- (Art. 37 EU-GRC) wie verfassungsrechtlich (Art. 20a GG) als **besonderes Staatsziel** anerkannt.[261] Vor diesem Hintergrund hat der Gesetzgeber AG und BR eine **umweltbezogene Schutzpflicht** auferlegt. Es steht nicht im Belieben von AG und BR, ob sie sich mit diesem Thema befassen. Sie sind dazu gesetzlich ausdrücklich angehalten. Zugleich soll betriebliches Wissen der AN nutzbar gemacht werden, um Umweltbelastungen zu vermeiden.[262] Zum Anspruch des BR auf freien Zugang zu Informationen über die Umwelt vgl. Rn. 124. Ein gegen den Willen des AG durchsetzbares Mitbestimmungsrecht ist damit nicht verbunden. Jedoch ist Befassung mit Umweltschutz erforderlich i. S. d. §§ 37 Abs. 6, 40.[263] Zugleich stellt dieser gesetzliche Arbeitsauftrag klar, dass innerbetriebliche Aktivitäten des BR oder der AN für die Verstärkung des betrieblichen Umweltschutzes nicht als Störung des Betriebsfriedens, Verletzung von Treuepflichten, von Geboten zu politischer Mäßigung oder von 76

---

259 *Däubler,* AuR 01, 1; *Engels/Trebinger/Löhr-Steinhaus,* DB 01, 532; *Fitting,* Rn. 45.

260 Ausführlich *Buschmann,* Umweltschutz als Aufgabe des Betriebsrats, FS Heilmann, S. 87.

261 **Art. 37 EU-GRC Umweltschutz:** Ein hohes Umweltschutzniveau und die Verbesserung der Umweltqualität müssen in die Politiken der Union einbezogen und nach dem Grundsatz der nachhaltigen Entwicklung sichergestellt werden. / **Art. 20a GG:** Der Staat schützt auch in Verantwortung für die künftigen Generationen die natürlichen Lebensgrundlagen und die Tiere im Rahmen der verfassungsmäßigen Ordnung durch die Gesetzgebung und nach Maßgabe von Gesetz und Recht durch die vollziehende Gewalt und die Rspr.

262 BT-Drucks. 14/5741, S. 26 Nr. 9.

263 Ebenso Hako-*Kohte/Schulze-Doll,* § 89 Rn. 5; *Däubler,* Klimawandel, NZA 20; vgl. auch Gesetz zur Einführung eines Bundes-Klimaschutzgesetzes und zur Änderung weiterer Vorschriften v. 12.12.19, BGBl. I, 2513ff.; *HessLAG* 21.3.91 – 12 TaBV 191/90, AiB 91, 335, zum Bezug der »Arbeit und Ökologie-Briefe« für den BR.

ungeschriebenen Grundregeln des Arbeitsverhältnisses denunziert werden dürfen. Maßregelungen sind nach § 612a BGB unzulässig.[264]

12. Allgemeine Aufgaben aus anderen Gesetzen

77 Seit den 90er Jahren ist eine **Fortentwicklung des Betriebsverfassungsrechts außerhalb dieses Gesetzes** zu beobachten. Relevante Gesetzesauszüge sind deshalb in diesem Band im Anschluss an den Text des BetrVG abgedruckt. Hintergrund sind zumeist **europäische Vorgaben,** insbes. Richtlinien, die Annexregelungen über die Beteiligung der Arbeitnehmervertretungen enthalten und mit diesen in spezielle nationale Gesetze umgesetzt wurden. Besondere Schwerpunkte sind Bildung und Zuständigkeiten transnationaler Interessenvertretungen nach dem Europäische-Betriebsräte-Gesetz (EBRG), dem SE-Beteiligungsgesetz (SEBG), dem SCE-Beteiligungsgesetz (SCEBG), dem Umwandlungsgesetz (UmwG), dem Gesetz über die Mitbestimmung der AN bei einer grenzüberschreitenden Verschmelzung (MgVG), dem Wertpapier- und Übernahmegesetz. Eine Reihe von Vorschriften (Arbeitsschutzgesetz, Arbeitszeitgesetz, Arbeitssicherheitsgesetz, Arbeitsstättenverordnung, Gefahrstoffverordnung) begreifen den BR als **Mitgestalter des Arbeitsschutzes** im Betrieb.[265] Diverse Hartz-Gesetze gaben dem BR Beteiligungs- und Kontrollrechte im Rahmen **arbeitsmarktpolitischer Maßnahmen.** Die Privatisierung vormals öffentlicher UN führt zu erweiterten Zuständigkeiten des BR für dort beschäftigte **Beamte.**[266] Schwer in die Systematik dieses Gesetzes integrierbar sind die Tendenzen eines tarif- bzw. **betriebsvereinbarungsdispositiven Gesetzesrechts** (abweichende Regelung durch BV auf Grund eines TV), wie sie sich etwa in § 1 Abs. 1b AÜG, § 21a JArbSchG und § 7 ArbZG finden.[267] § 17 AGG spricht eine **soziale Verantwortung und auch Klagerechte der BR in Bezug auf die Verwirklichung der Ziele des AGG** aus. Diese Zuständigkeit überschreitet den Arbeitnehmerbegriff des BetrVG, indem sie Beschäftigte i. S. d. § 6 AGG, d. h. auch arbeitnehmerähnliche Personen, Heimarbeiter, Bewerber und ausgeschiedene AN sowie hinsichtlich der Bedingungen für den Zugang zur Erwerbstätigkeit und den beruflichen Aufstieg auch Selbstständige erfasst. Zum Entgelttransparenzgesetz Rn. 38; zu Informationsrechten aus anderen Gesetzen Rn. 111.

III. Informationspflichten des Arbeitgebers (Abs. 2 Satz 1)

1. Generalvorschrift und Auffangtatbestand

a) Verhältnis Satz 1 zu Satz 2

78 Voraussetzung für eine sachgerechte und wirksame Wahrnehmung der gesetzlichen Aufgaben ist, dass der BR über alle damit im Zusammenhang stehenden Vorgänge und Planungen des AG (UN) informiert ist. **Abs. 2** ist **Generalvorschrift und Auffangtatbestand** neben speziellen Informationspflichten des AG aus diesem (§§ 43, 53, 89, 90, 92, 96, 97, 99,[268] 100, 102, 106, 111, 115) und anderen Gesetzen (z. B. §§ 5, 12 Satz 2, 24 Satz 2, 29, 30, 36 EBRG; § 13 EntgTranspG; § 17 Abs. 2, 3 KSchG; § 14 Abs. 3 AÜG; §§ 8 Abs. 3 S. 3, 9 Abs. 2 ASiG; §§ 7 Abs. 4, 20 TzBfG; § 163 Abs. 2 S. 3 SGB IX; §§ 5 Abs. 3, 17 Abs. 1, 126 Abs. 3, 194 Abs. 2 UmwG; §§ 10, 14, 27, 35 WpÜG). Unterrichtungs- und Erörterungspflichten lassen sich auch tariflich begründen (vgl. § 5 TV Mindestlohn Bau). Die Verpflichtung des AG zur Unterrichtung des BR bezieht sich im Allgemeinen auf den Betrieb, kann aber auch darüber hinausgehen und das UN erfassen, wie etwa nach §§ 7 Abs. 4, 20 TzBfG. Nach einer plakativen Formulierung des *BAG* soll der BR nicht »ins Blaue hinein« eine Rechtsgrundlage für mögliche Entgeltklagen einzelner AN er-

264 Im Einzelnen *Buschmann,* FS Heilmann, S. 87.
265 Zum SGB IX vgl. Rn. 52 ff.
266 Umfassende Übersicht bei *Engels,* Fortentwicklung des Betriebsverfassungsrechts außerhalb des BetrVG, Teil I und II, AuR 08, 10 ff.; 65 ff. m. w. N.
267 *Buschmann,* FS Richardi, 2007, S. 93 ff.; *D. Ulber,* Tarifdispositives Arbeitsrecht, 2010.
268 *BAG* 27.10.10 – 7 ABR 36/09, ZTR 11, 322: **allgemeiner Auskunftsanspruch** des Abs. 2 Satz 1 Hs. 1 auch **bei Einstellungen nicht durch Unterrichtungsanspruch nach § 99 Abs. 1 gesperrt.**.

mitteln. Für die Wahrung der unternehmenseinheitlichen Lohngerechtigkeit im Rahmen von § 87 Abs. 1 Nr. 10 sei der GBR, nicht der örtliche BR zuständig. Danach wäre dessen Antrag auf Einblick bei begründetem Anlass (hierfür reichen Einzelfälle) gleichwohl begründet. (vgl. Rn. 132).[269]

Der allg. Unterrichtungsanspruch nach Abs. 2 **Satz 1** und der Anspruch auf zur Verfügung Stellung der erforderlichen Unterlagen nach Abs. 2 **Satz 2** stehen nebeneinander, d. h. nicht im Verhältnis der Spezialität zueinander; sie ergänzen sich, verdrängen sich nicht.[270] Aus dieser **Systematik** ergeben sich Rechtsfolgen: Der Auskunftsanspruch nach Abs. 2 Satz 1 wird umfassend anerkannt, um einen gleichen Informationsstand herzustellen. Demgegenüber hat die Rspr. bzgl. der Zur Verfügung Stellung von Unterlagen Einschränkungen getroffen (vorhandene oder herstellbare Unterlagen – keine Aushändigung von Bruttolohn- und Gehaltslisten, Rn. 133), worin sich schwer nachvollziehbare unterschiedliche Wertungen ausdrücken. Hier vollzog das *BAG*[271] eine *teleologische Reduktion* des allg. Auskunftsanspruchs, »wenn die geforderte schriftliche Auskunft im Bereich der Löhne und Gehälter inhaltlich einer Bruttolohn- und -gehaltsliste gleichkommt« (vgl. Rn. 134). Mit dieser Konstruktion gab das *BAG* Abs. 2 Satz 2 Halbs. 2 den überraschenden und wenig überzeugenden Sinn, dem BR nicht eine Informationsquelle zu sichern, sondern vorhandene Informationsmöglichkeiten nach Abs. 2 Satz 1 einzuschränken. Allerdings kann diese Einschränkung nur dann gelten, wenn die begehrte schriftliche Information inhaltlich einer Gehaltsliste gleichkommt. Dies scheidet aus, wenn sich die Auskunft nur auf einen kleinen Teil der Vergütungsstruktur wie Zulagen bezieht.[272] 79

Der Auskunftsanspruch nach Satz 1 richtet sich auf Abgabe einer Wissenserklärung durch den AG. Er setzt nicht notwendig voraus, dass der AG über die begehrten Informationen in übermittlungsfähiger Form bereits verfügt, sondern besteht auch dann, wenn der AG zur Vorhaltung der Informationen verpflichtet ist.[273] In diesem Fall hat der AG die benötigten Informationen zu beschaffen bzw. zu erstellen. 80

b) Supranationale Rechtsgrundlagen

Art. 27 der EU-Grundrechtecharta garantiert das Recht der AN und ihrer Vertreter auf **Unterrichtung und Anhörung im UN als europäisches Grundrecht.** Besondere Informationspflichten des AG gegenüber dem BR ergeben sich aus **europäischen Richtlinien,** in deren Lichte die nationalen Vorschriften auszulegen sind, etwa Art. 2 der Massenentlassungs-RL 98/59/EG, Art. 6 der Betriebsübergangs-RL 2001/23/EG, Art. 11 der Rahmen-RL Gesundheitsschutz 89/391/EWG, Art. 5e der Teilzeit-RL 97/81 EWG, § 7 Abs. 3 der RL 1999/70/EG über befristete Arbeitsverträge. Vgl. ferner Art. 21 der Rev. Europäischen Sozialcharta (RESC) sowie Art. 17, 18 der Gemeinschaftscharta der sozialen Grundrechte der AN.[274] 81

Eine umfassende europarechtliche Grundlage für die Beteiligung der AN-Vertreter unabhängig von o. g. speziellen RL ergibt sich aus der **RL 2002/14/EG 2** zur Festlegung eines allgemeinen Rahmens für die **Unterrichtung und Anhörung der AN** in der EG, abgedruckt im **Anhang C.**[275] Nach Art. 4 RL umfassen Unterrichtung und Anhörung 82

---

269 *BAG* 26.09.17 – 1 ABR 27/16, DB 18, 71; a. A. *LAG Schl.-Holstein* 9. 2. 16 – 1 TaBV 43/15, Vorinstanz.

270 *BAG* 10. 10. 06 – 1 ABR 68/05, RdA 08, 38 mit Anm. *Buschmann*; ebenso 30. 9. 08 – 1 ABR 54/07, AuR 09, 105.

271 *BAG* 23. 3. 21 – 1 ABR 7/20, AuR 21, 385 sowie AuR 22, 276 (Anm. *Zemlyankina*); 30. 9. 08 – 1 ABR 54/07, AuR 09, 105; *Arendt*, NZA 21, 1307.

272 *HessLAG* 4. 5. 15 – 16 TaBV 157/14, AuR 16, 256.

273 *BAG* 6. 5. 03 – 1 ABR 13/02, AuR 04, 70, mit Anm. *Krabbe-Rachut*; 10. 10. 06 – 1 ABR 68/05; ebenso 30. 9. 08 – 1 ABR 54/07 a. a. O.

274 *DKL*, Nr. 409 S. 932. Letztere hat zwar keine unmittelbar normative Wirkung, ist aber bei der Auslegung zu berücksichtigen; vgl. *EuGH* 13. 12. 89 – C-322/88, NZA 91, 283; *BAG* 12. 2. 92 – 7 AZR 100/91, AP Nr. 5 zu § 620 BGB Altersgrenze, wonach sogar eine (nach Art. 189 Abs. 5 EGV [jetzt Art. 288 AEUV) unverbindliche) Empfehlung zu berücksichtigen ist.

275 Dazu EnzEuR-*Greiner*, Bd. 7 § 21; PS-*Naber/Sittard*, § 10; EuArbR-*Weber*, RL 2002/14; *Bonin*, AuR 04, 321; *Karthaus*, AuR 07, 114; *Zwanziger*, AuR 2010, 459.

die Unterrichtung über die jüngste Entwicklung und die wahrscheinliche Weiterentwicklung der Tätigkeit und der wirtschaftlichen Situation des UN oder des Betriebs;
die Unterrichtung und Anhörung zu Beschäftigungssituation, Beschäftigungsstruktur und wahrscheinlicher Beschäftigungsentwicklung im UN oder Betrieb sowie zu ggf. geplanten antizipativen Maßnahmen, insbes. bei einer Bedrohung für die Beschäftigung;
die Unterrichtung und Anhörung zu Entscheidungen, die wesentliche Veränderungen der Arbeitsorganisation oder der Arbeitsverträge mit sich bringen können, einschließlich solcher, die Gegenstand der in Art. 9 Abs. 1 genannten Gemeinschaftsbestimmungen sind.
Die RL trifft Bestimmungen zu Zeitpunkt, Art und Weise der Unterrichtung und Anhörung (Art. 4, 5; dazu Rn. 105), vertraulichen Informationen, die auch an Sachverständige der AN-Vertretung gegeben werden können (Art. 6), Schutz der AN-Vertreter (Art. 7), Durchsetzung der Rechte (Art. 8). Sie ist bei der Auslegung dieser Vorschrift bindend zu berücksichtigen, was z. B. bedeutet, dass die Information der AN-Vertreter nicht nur auf den Betrieb, sondern auch **auf das UN zu beziehen** ist und grundsätzlich auch **wirtschaftliche Angelegenheiten** wie den Betriebsübergang erfasst. Sie stellt in Begründungserwägung 16 klar, dass Bestimmungen über eine direkte Mitwirkung der AN nur soweit unberührt bleiben, solange diese sich in jedem Fall dafür entscheiden können, das Recht auf Unterrichtung und Anhörung über ihre Vertreter wahrzunehmen. Zusätzlich zur Unterrichtung verlangt die RL (Art. 4 Abs. 4d) die **Anhörung der Arbeitnehmervertreter:** »mit dem AG zusammenzukommen und eine mit Gründen versehene Antwort auf ihre etwaige Stellungnahme zu erhalten«.[276] Art. 6 Abs. 3 RL sieht ein besonderes Rechtsbehelfsverfahren auf dem Verwaltungsweg oder vor Gericht vor, falls ein AG Vertraulichkeit verlangt oder die Informationen verweigert. Da der Gesetzgeber keine spezifischen Vorschriften zur Umsetzung der RL erlassen hat, sind die vorhandenen, damit auch diese Vorschrift europarechtskonform zu interpretieren, um die Ziele der RL zu verwirklichen. Das betrifft etwa die in der RL getroffene Verknüpfung von Information und Anhörung, was bedeutet, dass der BR das Recht haben muss, zu den gegebenen Informationen jeweils Stellung zu nehmen und mit dem AG darüber zu beraten, d. h. eine mit Gründen versehene Antwort auf ihre jeweilige Stellungnahme zu erhalten (Art. 4 Abs. 4d RL). Zweifelhaft ist, ob die Vorgaben der RL ausreichend umgesetzt sind. Die RL bezieht sich in Art. 2 d) allg. auf »Arbeitnehmer« i. S. d. nationalen Arbeitsrechts. Dies wird von eur. Gerichten[277] umfassend ausgelegt und erfasst z. B. auch Arbeitsbeschaffungsmaßnahmen und Leiharbeiter. Damit vertragen sich nicht die Einschränkungen nach §§ 5, 118, insbes. bei leitenden Angestellten.[278]

c) Information und Beteiligung des BR

83 Der AG hat **unaufgefordert** und von sich aus dem BR **jederzeit und umfassend** alle Informationen zukommen zu lassen, die dieser zur Wahrnehmung seiner Aufgaben benötigt.[279] Dieser Verpflichtung korrespondiert ein entspr. Anspruch des BR.[280] Dies gilt nicht erst dann und nur soweit Beteiligungsrechte des BR aktuell sind,[281] bzw. wenn feststeht, dass Aufgaben des BR betroffen sind, sondern bereits **zum Zwecke der Feststellung, ob sich möglicherweise Aufgaben ergeben können.**[282] Deshalb geht in Mitbestimmungstatbeständen die Informations-

276 Dazu *Zwanziger*, AuR 2010, 459.
277 *EuGH* 15. 1. 14, Rs. C-176/12, AMS, AuR 14, 81; *EuG* 13. 12. 16, T-713/14, IPSO/EZB, AuR 17,127.
278 Vgl. EnzEuR-*Greiner*, Bd. 7 § 21, Rn. 10 ff.; EuArbR-*Weber*, RL 2002/14, Art. 2 Rn. 16; PS-*Naber/Sittard*, § 10 Rn. 21.
279 Vgl. Richardi-*Thüsing*, Rn. 49 ff.; GK-*Weber*, Rn. 51 ff.
280 *BAG* 21. 10. 03 – 1 ABR 39/02, EzA BetrVG 2001 § 80 Nr. 3 m. w. N.
281 *BAG* 15. 12. 98 – 1 ABR 9/98, AuR 99, 242 zur Unterrichtung über freie Mitarbeiter; 8. 6. 99 – 1 ABR 28/97, AuR 00, 267, Mitarbeiterbefragung; 19. 10. 99 – 1 ABR 75/98, AuR 00, 268, zur Vorlage von Arbeitsverträgen jeweils mit Anm. *Buschmann*.
282 *BAG* 15. 12. 98; 8. 6. 99; 19. 10. 99; 21. 10. 03, a. a. O.; 24. 1. 06 – 1 ABR 60/04, EzA BetrVG 2001 § 80 Nr. 5; 10. 10. 06 – 1 ABR 68/05, RdA 08, 38 mit Anm. *Buschmann*; 23. 3. 10 – 1 ABR 81/08, BB 10, 1787; *LAG Niedersachsen* 1. 6. 16 – 13 TaBV 13/15, AiB 12/16, 416 mit Anm. *Pfanne*, zur Vorlage von Personalbedarfsunterlagen in einer psychiatrischen Klinik, aus prozessualen Gründen (unzulässige Beschwerde) aufgehoben durch *BAG* 24. 10. 17 – 1 ABR 45/16, BAGE 160, 386.

pflicht über die einzelnen mitbestimmungspflichtigen Regelungsfragen hinaus. Sie bezieht sich auf den **für AN relevanten Sozialzusammenhang** einschließlich der Fragen, die auf der Ebene von TV, Arbeitsvertrag oder UN-Entscheidung zu regeln sind. Das Zusammenarbeitsgebot des § 2 bedingt ein **hohes Maß an Offenheit.**[283] Die Grenzen des Auskunftsanspruchs liegen dort, wo ein Beteiligungsrecht offensichtlich nicht in Betracht kommt.[284] Vielmehr genügt »eine gewisse Wahrscheinlichkeit für das Bestehen von Aufgaben des BR«.[285] Bei der Beurteilung dieser Wahrscheinlichkeit geht das *BAG* vom jeweiligen Kenntnisstand des BR aus. Ein Auskunftsanspruch besteht nicht, soweit der BR bereits über zuverlässige Informationen verfügt.[286] Diese Grundsätze gelten auch für die Überlassung erforderlicher Unterlagen.[287] Wie das *BAG* betont, ist die Überwachungsaufgabe des BR gem. § 80 Abs. 1 Nr. 1 BetrVG vorrangig gegenwarts- und zukunftsbezogen, um den AG im Einzelfall zu künftiger Rechtsbefolgung anzuhalten. Nur wenn sich aus Auskünften über bestimmte Verhaltensweisen des AG in der Vergangenheit Rückschlüsse für sein derzeitiges und künftiges Verhalten ziehen lassen können, ist ein vergangenheitsgerichteter Anspruch begründet.[288] Danach vollzieht das *BAG* eine zweistufige Prüfung darauf hin, ob überhaupt eine Aufgabe des BR gegeben, sodann ob im Einzelfall die begehrte Information zur Aufgabenwahrnehmung erforderlich ist.[289] Das Informationsrecht des BR wird nicht durch etwaigen **Tendenzschutz**[290] eingeschränkt.

Einige Formulierungen des Senats haben in einer in Teilen ungewöhnlichen Diktion Anforderungen an Auskunftsbegehren von BR aufgebaut. Der BR habe darzulegen, dass überhaupt eine Aufgabe des BR gegeben, sodann dass im Einzelfall die begehrte Information zur Aufgabenwahrnehmung erforderlich sei.[291] Ein allgemein gehaltener Hinweis des BR auf seine gesetzlichen Aufgaben unter Wiederholung des Gesetzeswortlauts sei nicht ausreichend. Stütze er sich auf eine Überwachungsaufgabe nach § 80 Abs. 1 Nr. 1 BetrVG, müsse er die konkrete normative Vorgabe, deren Durchführung er überwachen will und die sein Auskunftsverlangen tragen soll, aufzeigen. Dies gelte insbes., wenn er sich auf ein normativ geltendes Regelwerk mit mehreren und unterschiedlichen (Schutz-)Bestimmungen zugunsten der AN beziehe. Das Gericht habe nicht von Amts wegen zu prüfen, welche Aufgaben den Auskunftsanspruch stützen und aus welchen Gründen die verlangte Information für die Durchführung dieser Aufgabe benötigt werden könnte.[292] Die Überwachungsaufgabe gem. § 80 Abs. 1 Nr. 1 BetrVG sei vorrangig gegenwarts- und zukunftsbezogen, um den AG im Einzelfall zu künftiger Rechtsbefolgung anzuhalten. Nur wenn sich aus Auskünften über bestimmte Verhaltensweisen des AG in der Vergangenheit Rückschlüsse für sein derzeitiges und künftiges Verhalten ziehen lassen können, sei ein vergangenheitsgerichteter Anspruch begründet.[293] Formale Darlegungslasten baute das *BAG* anlässlich des geltend gemachten Anspruchs auf Information über von einer ausländischen Konzernobergesellschaft gewährte stock options auf: Könne ein BR nicht darlegen, zur Durchführung welcher Aufgabe i. S. d. § 80 Abs. 2 S. 1 BetrVG eine von ihm begehrte Auskunft erforderlich ist, bestehe kein Auskunftsanspruch.[294] Der in einem Gemeinschafts- 83a

---

283 Vgl. auch Richardi-*Thüsing*, Rn. 53; *HWGNRH*, Rn. 49 ff.
284 *BAG* 23.3.10 – 1 ABR 81/08 a. a. O.
285 *BAG* 10.10.06 – 1 ABR 68/05, a. a. O.
286 Nachw. bei *BAG* 15.12.98; 8.6.99; 19.10.99; 21.10.03; 24.1.06 – 1 ABR 60/04, a. a. O.
287 *BAG* 19.10.99, a. a. O.
288 *BAG* 24.4.18 – 1 ABR 6/16, AuR 18, 535.
289 *BAG* 24.4.18 – 1 ABR 6/16, AuR 18, 535; 8.11.16 – 1 ABR 64/14, AuR 17, 176; 7.2.12 – 1 ABR 46/10, AuR 12, 141.
290 *BAG* 15.12.98, a. a. O.; 13.2.07 – 1 ABR 14/06, AuR 07, 326; *Fitting*, Rn. 60.
291 *BAG* 23.3.21 – 1 ABR 31/19, AuR 22, 224 (krit. Anm. *Weidmann*); 12.3.19 – 1 ABR 48/17, AuR 20, 81 (krit. Anm. *Schubert*); 24.4.18 – 1 ABR 6/16, AuR 18, 535; 8.11.16 – 1 ABR 64/14, AuR 17, 176; 7.2.12 – 1 ABR 46/10, AuR 12, 141.
292 *BAG* 23.3.21, 12.3.19 a. a. O.; dazu *Arendt*, NZA 21, 1305, m. w. N. zu Einschränkungen bei Fremdpersonal, entgeltlistenbezogenen Auskünften und Datenschutz.
293 *BAG* 24.4.18 – 1 ABR 6/16, AuR 18, 535.
294 *BAG* 20.3.18 – 1 ABR 15/17, AuR 18, 440. Zudem meinte der Senat, die direkte Gewährung von Aktienoptionen und Nachzugsaktien durch die Konzernobergesellschaft sei kein Verhalten der AG, das anhand der Maßstäbe des allg. Gleichbehandlungsgrundsatzes zu überprüfen wäre und wofür die verlangte Auskunft erforderlich sei. Mit gleicher Begründung verneinte er (12.6.19 – 1 ABR

betrieb mehrerer UN errichtete BR könne eine Auskunft über vertragsbezogene Daten der AN nur vom jeweiligen Vertragsarbeitgeber verlangen.[295] Stützt der BR ein Auskunftsbegehren nach § 80 Abs. 2 S. 1 BetrVG auf ein mögliches Mitbestimmungsrecht nach § 87 Abs. 1 Nr. 7 BetrVG i. V. m. § 3 Abs. 1 ArbSchG, verlangt das *BAG* die Darlegung festgestellter Gefährdungen. Erst diese begründeten eine Handlungspflicht des AG, die das Mitbestimmungsrecht auszulösen kann.[296]

84 Nach dem Gesetzeswortlaut erstreckt sich die Informationspflicht des AG (UN) nicht nur auf die Durchführung der dem BR gemäß Abs. 1 obliegenden **allgemeinen Aufgaben,** sondern auf alle ihm gesetzlich zugewiesenen Aufgaben sowie **Mitwirkungs- und Mitbestimmungsrechte.**[297] Dies gilt insbes., wenn dem BR deren sachgemäße Ausübung erst durch Unterrichtung ermöglicht wird.[298] Anders als bei der Berichterstattung in der Betriebsversammlung (§ 43 Abs. 2 Satz 3) oder BR-Versammlung (§ 53 Abs. 2 Nr. 2) sowie der Auskunftserteilung gegenüber dem WA (§ 106 Abs. 2) ist der AG nach dieser Vorschrift ggf. auch verpflichtet, dem BR **Betriebs- und Geschäftsgeheimnisse** mitzuteilen,[299] die er ggf. unter die Verschwiegenheitspflicht des § 79 stellen kann. Soweit der AG nach einzelnen Mitwirkungs- und Mitbestimmungsrechten dieses Gesetzes den BR zu informieren hat, gilt die Generalklausel des Abs. 2 als übergreifende Norm.[300] Der allgemeine Unterrichtungsanspruch nach Abs. 2 Satz 1 wird auch für den Bereich der Vergütung nicht verdrängt durch das in Abs. 2 Satz 2 (Halbsatz 2) sowie im EntgTranspG geregelte Recht auf Einsicht in die Bruttolohn- und Gehaltslisten.[301]

2. Beschäftigte Personen

85 Zur Durchführung der Aufgaben des BR nach diesem Gesetz, d. h. nicht nur bei personellen Einzelmaßnahmen nach § 99 Abs. 1, ist der AG verpflichtet, den BR über die im Betrieb Beschäftigten zu unterrichten. Der Beschäftigtenbegriff der Vorschrift ist im Lichte der Informations- und Konsultation-RL 2002/14/EG i. V. m. Art. 27 EU-Gr-Ch umfassend auszulegen. Er erfasst zunächst alle AN i. S. d. § 5, Vollzeit wie Teilzeit. Altersteilzeit ist – auch in der Freistellungsphase – nach dem ATG eine Form der Teilzeit. Auch wenn ihr aktives und passives Wahlrecht bestritten wird (Nachw. bei § 8 Rn. 22), sind sie AN i. S. d. allgemeinen Arbeitsrechts,[302] so dass die Unterrichtungspflicht des AG auch sie erfasst. Ebenso erfasst sind sog. AT-Angestellte.[303] Der AG hat dem BR mitzuteilen, welche Angestellte er als »Leitende« ansieht. Das *BAG* hatte bereits 1998[304] entschieden, dass sich diese Unterrichtungspflicht auch auf **freie Mitarbeiter** erstreckt, damit der BR beurteilen kann, ob und inwieweit Mitbestimmungsrechte in Frage kommen.[305] Seit der Reform 2001 stellt Satz 1 (2. Halbsatz) klar, dass sich die Unterrichtung auch auf die **Beschäftigung von Personen erstreckt, die nicht in einem Arbeitsverhältnis zum AG stehen.** Nach Auffassung des *BAG* dient diese Vorschrift allein der Klarstellung des Personenkreises, auf den sich die Unterrichtungsverpflichtung bezieht. Sie relativiere

---

57/17, AuR 21, 283) Mitbestimmung nach § 87 Abs. 1 Nr. 10; a. A. *LAG Nürnberg* 22. 2. 20 – 6 TaBV 1/21, ebd.; für einen diesbezgl. Auskunftsanspruch nach § 13 EntGTranspG *LAG Berlin-Brandenburg* 9. 3. 21 – 24 TaBV 481/20, AuR 21, 433.

295 *BAG* 23. 3. 21 – 1 ABR 7/20, AuR 21, 385 sowie AuR 22, 276 (Anm. *Zemlyankina*).

296 *BAG* 24. 4. 18 a. a. O.

297 Richardi-*Thüsing,* Rn. 52; *Fitting,* Rn. 48; *Boemke/Ankersen,* BB 00, 2255.

298 St. Rspr., *BAG* 15. 12. 98 – 1 ABR 9/98; 21. 10. 03, a. a. O.; *Fitting,* Rn. 48; *GL,* Rn. 26; *v. Hoyningen-Huene,* Anm. zu AP Nr. 19 zu § 80 BetrVG 1972.

299 *BAG* 15. 12. 98, a. a. O.; 13. 2. 07 – 1 ABR 14/06, AuR 07, 326, zu Tendenzträgern; Richardi-*Thüsing,* Rn. 66; *Fitting,* Rn. 60; *SWS,* Rn. 9c; *WW,* Rn. 15.

300 Vgl. *Mayer,* AuR 91, 14 [19]; Richardi-*Thüsing,* Rn. 52; *Fitting,* Rn. 51; a. A. GK-*Weber,* Rn. 54, der die besonderen Informationsvorschriften als abschließend und speziell versteht.

301 *BAG* 10. 10. 06 – 1 ABR 68/05, a. a. O.; ebenso 30. 9. 08 – 1 ABR 54/07, AuR 09, 105, *HessLAG* 10. 12. 18, 16 TaBV 130/18, NZA-RR 19, 196; NZB verworfen *BAG* 8. 4. 19 – 1 ABN 5/19; vgl. aber Rn. 126 ff.

302 *BAG* 31. 1. 08 – 8 AZR 27/07, AuR 08, 274.

303 *BAG* 24. 1. 06 – 1 ABR 60/04, EzA BetrVG 2001 § 80 Nr. 5.

304 *BAG* 15. 12. 98 – 1 ABR 9/98, AuR 99, 242 mit Anm. *Buschmann.*

305 Zu Zivildienstleistenden vgl. *BAG* 19. 6. 01 – 1 ABR 25/00, AuR 01, 271; Mustergesuch des BR auf Information in DKWF-*Buschmann,* § 80 Rn. 5 ff.

weder die Voraussetzungen für den allg. Auskunftsanspruch nach Abs. 2 S. 1 Hs. 1 noch erweitere sie die Zuständigkeit des BR auf das im Betrieb eingesetzte Fremdpersonal.[306] **Seit dem Gesetz zur Änderung des AÜG u. anderer Gesetze 2017** umfasst diese Unterrichtungspflicht *»insbesondere den zeitlichen Umfang des Einsatzes, den Einsatzort und die Arbeitsaufgaben dieser Personen.«* Nach Satz 2 wurde folgender Satz eingefügt: *»Zu den erforderlichen Unterlagen gehören auch die Verträge, die der Beschäftigung der in Satz 1 genannten Personen zugrunde liegen.«* Bereits zuvor waren diese Inhalte als Gegenstand der Unterrichtungspflicht des AG in der Rspr. anerkannt. Immerhin verhindert die Novellierung eine Rückentwicklung der Rspr. und sichert derart einen Mindeststandard an Information. Der Beschäftigtenbegriff dieser Vorschrift erfasst gleichermaßen AN anderer AG wie auch Selbstständige, die etwa auf Grundlage von Werk- oder Dienstverträgen im und/oder für den Betrieb tätig werden. Die Hervorhebung des zeitlichen Umfangs des Einsatzes, des Einsatzorts und der Arbeitsaufgaben belegt, dass hierüber selbstverständlich auch bei AN des Betriebsinhabers zu informieren ist.

Die Vorschrift soll dazu beitragen, Streitigkeiten der Betriebsparteien über eine Unterrichtungspflicht des AG und eventuelle Verfahren zu vermeiden.[307] Deshalb ist für die Unterrichtungspflicht des AG die Feststellung eines arbeitsrechtlichen Verhältnisses der betr. Personen zum AG bzw. deren Arbeitnehmerstatus nicht erforderlich. Voraussetzung ist allein, dass diese **»beschäftigt«** werden. Die Begründung 2001 nannte beispielhaft Leiharbeitnehmer oder AN, die auf Grund von Dienst- oder Werkverträgen des Betriebsinhabers mit Dritten als deren Erfüllungsgehilfen im Einsatzbetrieb tätig werden, schließlich freie Mitarbeiter im Rahmen eines Dienstvertrages mit dem Betriebsinhaber.[308] Nach früherer Auffassung sollte das nur dann nicht der Fall sein, wenn Personen kurzfristig im Betrieb eingesetzt werden, wie Elektriker, die eine defekte Stromleitung reparieren. Spätestens nach der Novellierung ist eine solche Ausnahme nicht mehr vorgesehen, so dass sich die Unterrichtungspflicht umfassend gestaltet. Es kommt auch nicht darauf an, wie häufig ein derartiger Einsatz erfolgt und wie lange er dauert oder ob Beschäftigte eines anderen Vertragsarbeitgebers außerhalb des Betriebsgeländes erbringen.[309] Dies darzustellen ist gerade Gegenstand der Unterrichtungspflicht. 86

Bereits der **Arbeitnehmerbegriff des § 5** Abs. 1 bezieht ABM-Beschäftigte,[310] Telearbeiter und Heimarbeiter ein, ohne dass es auf deren individualrechtlichen Arbeitnehmerstatus ankommt. Mit erfasst sind **zugewiesene Beamte** und sog DLÜ-Mitarbeiter[311] im privatrechtlich organisierten UN (vgl. Kommentierung zu § 5). Nach § 7 Satz 2 sind **Leiharbeitnehmer** wahlberechtigt, wenn sie länger als 3 Monate im Betrieb eingesetzt werden. Für die Unterrichtungspflicht kommt es auf diese zeitliche Grenze nicht an, weil § 80 Abs. 2 Satz 1 diese Begrenzung nicht wiederholt und auch für kürzer Beschäftigte Mitbestimmungsrechte bestehen können.[312] Der **Beschäftigtenbegriff des § 7 SGB IV** erfasst jede unselbstständige Arbeit, auch unabhängig von einem Arbeitsverhältnis. Nach Abs. 2 jener Vorschrift gilt auch der Erwerb beruflicher Kenntnisse, Fertigkeiten oder Erfahrungen im Rahmen betrieblicher Berufsbildung als Beschäftigung. Der Beschäftigtenbegriff des § 1 SGB VI umfasst u. a. Behinderte in anerkannten Werkstätten, Mitglieder geistlicher Genossenschaften und ähnlicher Gemeinschaften. Allerdings kommt es auf die sozialversicherungsrechtliche Qualifizierung nicht maßgeblich an. Beschäftigt i. S. d. § 177 Abs. 2 SGB IX (Wahlberechtigung zur SchwV) sind auch Rehabilitanden, die nicht AN i. S. d. BetrVG sind.[313] »Beschäftigt« i. S. d. Vorschrift können auch sog. **»Ich-AGs«** sein.[314] Die sozialversicherungsrechtliche Vermutung des § 7 Abs. 4 SGB IV steht dem nicht entgegen, da das Arbeitsrecht eigenen Grundsätzen folgt. Beschäftigt i. S. d. Vorschrift sind 87

306 *BAG* 12.3.19 – 1 ABR 48/17, AuR 20, 81 (krit. Anm. *Schubert*).
307 BT-Drucks. 14/5741, S. 59.
308 So schon *BAG* 15.12.98 – 1 ABR 9/98, AuR 99, 242; zu Informations- und Beteiligungsrechten im Zusammenhang mit sog. Crowdsourcing *Klebe/Neugebauer*, AuR 14, 4 ff.
309 *BAG* 13.12.16 – 1 ABR 59/14, AuR 2017, 221, zur Mitbestimmung nach § 99.
310 *BAG* 13.10.04 – 7 ABR 6/04, AuR 2005, 198.
311 AN des öD., die auf Grundlage eines Dienstleistungsüberlassungsvertrages in privaten Einsatzbetrieben tätig sind, *BAG* 5.12.12 – 7 ABR 17/11, AuR 13, 183.
312 Vgl. auch Hako-*Kohte/Schulze-Doll*, Rn. 16.
313 *BAG* 16.4.03 – 7 ABR 27/02, AuR 03, 358.
314 Vgl. *Greiner*, DB 03, 1058.

auch Personen, die auf Grund eines Werkvertrages, Sub-UN-Vertrages, Miet-/Pachtvertrages (»shop in shop«) oder eines Arbeitsvertrages mit einem Dritten auf Dauer im Betrieb tätig werden (wie Propagandisten oder sog. »Service-Kräfte«), schließlich auch Beschäftigte im Rahmen einer Arbeitsgelegenheit nach § 16 d) SGB II, d. h. Ein-€-Jobber.[315] § 5 EntgTranspG nennt neben AN, Beamten, Richtern, Soldaten (jeweils nebst weibl. Form) zu ihrer Berufsausbildung Beschäftigte, Heimarbeiter sowie Gleichgestellte. In Übereinstimmung mit der RL 2006/54/EG hat das *BAG* den Beschäftigtenbegriff unionsrechtskonform so ausgelegt, dass im Einzelfall auch arbeitnehmerähnliche Personen i. S. v. § 5 Abs. 2 Nr. 1 dieses Gesetzes darunterfallen.[316]

88 Soweit der BR die Unterrichtung über Personen verlangt, die i. S. vorstehend dargestellter und anderer Vorschriften **»beschäftigt«** werden, fingiert die Vorschrift, dass die **Unterrichtung zur Erfüllung der Aufgaben des BR notwendig** ist und ohne besondere Darlegung der Notwendigkeit und Aufforderung seitens des BR rechtzeitig und umfassend zu erfolgen hat.[317] Daneben stand schon vor der Novellierung 2017 der gestufte Informationsanspruch des BR an den AG bezüglich aller Personen, die im oder für den Betrieb tätig werden, um zu überprüfen, ob diesbezüglich Mitbestimmungsrechte bestehen.[318] Dieser Informationsanspruch geht über den Beschäftigtenbegriff hinaus, da er die Darlegung eines besonderen Rechtsverhältnisses zum AG nicht verlangt (dies zu überprüfen ist gerade Gegenstand des Informationsbegehrens). Nach *BAG* a. a. O. besteht dieser Anspruch i. S. eines umfassenden Globalantrags indes nur, wenn der AG bisher hierzu noch keine oder nur unzureichende Auskunft gegeben hat. Hat der AG dagegen bereits Auskunft i. S. einer Gesamtübersicht gegeben, so sei es dem BR danach zuzumuten, seinen Informationsanspruch bzgl. künftig beschäftigter (freier) Mitarbeiter zu präzisieren. Hat der AG den BR über die beschäftigten Personen zu unterrichten, muss er ihm auch die Möglichkeit geben, diese zu erreichen. Unter den Bedingungen moderner Medien folgt daraus der Anspruch des BR gegen den AG auf Zurverfügungstellung der dienstlichen Emailadressen der Beschäftigten.[319]

88a Der AG kann den Auskunftsanspruch des BR nicht pauschal unter Verweis auf **Persönlichkeits**- oder **Datenschutzrechte der AN** zurückweisen. Zum einen ist der AG nicht Sachwalter von Grundrechten der AN, die ihm selbst keine geschützte Rechtsposition vermitteln.[320] Zum anderen dient die Weitergabe personenbezogener Beschäftigtendaten an den BR einem datenschutzrechtlich zulässigen Zweck i. S. d. § 26 Abs. 3 BDSG n. F.[321] Mit dieser Regelung hat der Gesetzgeber in zulässiger Weise von der Öffnungsklausel in Art. 9 Abs. 2 Buchst. b DS-GVO Gebrauch gemacht. Steht dem BR ein Anspruch auf die streitbefangene Information zu, ist die von § 26 Abs. 3 Satz 1 BDSG verlangte Erforderlichkeit der Datenverarbeitung gegeben. Die gesetzlichen Überwachungsrechte und – pflichten bestehen unabhängig von dahingehenden individuellen Wünschen bzw. Zustimmungen.[322] Zu informieren ist auch bei **Schwangerschaft** von AN selbst dann, wenn sie den AG auffordern, diese Mitteilung nicht weiterzugeben.[323] Das *BAG* verlangt hierfür eine genaue Benennung der Überwachungsaufgabe des BR. Der generelle Verweis auf den beschäftigungsspezifischen Schutznormkomplex für schwangere Frauen reiche nicht. Bei sensitiven Daten im datenschutzrechtlichen Sinn ist danach ferner Anspruchsvoraussetzung, dass der BR zur Wahrung der Interessen der von der Datenverarbeitung betroffenen

---

315 zum Beschäftigtenbegriff des § 6 AGG [AN, Azubis, AN-ähnliche Personen, Bewerber und ausgeschiedene Personen, u. U. auch Selbstständige] vgl. § 93 Rn. 17; zum Beschäftigtenbegriff im Arbeitsschutz vgl. § 89 Rn, 3, 14; vgl. auch HaKo-*Kohte/Schulze-Doll*, Rn. 5, *BVerwG* 21. 3. 07 – 6 P 4/06 u. 6 P 8/06, AuR 07, 135.

316 *BAG* 25. 6. 20 – 8 AZR 145/19, AuR 20, 204 (Anm. *Zimmer*).

317 *Engels/Trebinger/Löhr-Steinhaus*, DB 01, 536.

318 Vgl. *BAG* 15. 12. 98 – 1 ABR 9/98, AuR 99, 242.

319 *LAG Köln* 12. 10. 21 – 4 TaBVGa 10/21, NZA-RR 22, 8.

320 *BAG* 14. 1. 14 – 1 ABR 54/12, EzA-SD 2014, Nr 11, 15.

321 *BAG* 9. 4. 19 – 1 ABR 51/17, AuR 19, 434; 7. 5. 19 – 1 ABR 53/17, BAGE 166, 309; *Fitting*, Rn. 61; *Lücke*, NZA 19, 658, 669; *LAG Sachsen-Anhalt* 18. 12. 18 – 4 TaBV 19/17.

322 *BAG* 7. 2. 12 – 1 ABR 46/10, AuR 12, 141, zum BEM.

323 *BAG* 9. 4. 19 – 1 ABR 51/17, AuR 19, 434; 7. 5. 19 – 1 ABR 53/17, BAGE 166, 309; *Fitting, Rn. 61;* GK-*Weber*, Rn. 78.; a. A., sofern die Schwangere widerspricht, Richardi-*Thüsing*, Rn. 67.

AN angemessene und spezifische Schutzmaßnahmen trifft. Aus Gründen des Persönlichkeitsschutzes ist der BR wie der AG zur vertraulichen Behandlung verpflichtet (vgl. Rn. 14 ff. sowie **§ 79 Rn. 40 ff.; § 79a**).

3. Gegenstand der Information

a) Arbeitsverträge

Mit der **Novellierung 2017** wurde in Satz 3 klargestellt, dass dem BR die Verträge, die der Beschäftigung der in Satz 1 genannten Personen zugrunde liegen, zur Verfügung zu stellen sind. Satz 1 erfasst AN ebenso wie Personen, die nicht in einem Arbeitsverhältnis zum AG stehen, aber im oder für den Betrieb tätig werden. Neben etwaigen Werkverträgen sind dies zunächst die Arbeitsverträge selbst, auch derjenigen, die unstr. AN sind. Im Grundsatz hatte dies die Rspr. bereits zuvor anerkannt. Der BR hat u. a. die Einhaltung des Nachweisgesetzes zu überwachen. Daraus ergibt sich grundsätzlich die Verpflichtung des AG, dem BR die ausgefüllten **Arbeitsverträge** bzw. die (in der Praxis seltenen) besonderen Niederschriften nach § 2 Abs. 1 Satz 1 NachwG vorzulegen.[324] Hat der BR hierzu gar keine Informationen, kann er die Vorlage der Verträge aller AN oder der betr. Gruppe fordern. Danach kann eine engere Bestimmung von ihm verlangt werden.[325] Der Nachweis nach diesem Gesetz muss vollständig[326] und wahrheitsgemäß erfolgen. Dazu gehören auch arbeitsvertragliche Überstundenverpflichtungen, unabhängig von ihrer rechtlichen Zulässigkeit.[327] Das Nachweisgesetz verlangt zwar nicht generell, dass die wesentlichen Arbeitsbedingungen schriftlich zu vereinbaren sind, wohl aber die vollständige und zutreffende Niederschrift über die getroffenen Vereinbarungen. Damit der BR die Vollständigkeit und Richtigkeit der nachgewiesenen Vertragsbedingungen überprüfen kann, ist er demgemäß auch über **mündlich vereinbarte wesentliche Vertragsbedingungen** zu informieren. Das Gleiche gilt für den Inhalt von Rahmenvereinbarungen, mit denen allein zwar noch kein Arbeitsverhältnis begründet werden soll, die jedoch bei kurzzeitigen Einsätzen oder bei sog. »absprachegebundener Arbeitszeit« jeweils zu Grunde gelegt werden. Ist der BR über Vertragsinhalte zu unterrichten, gilt dies auch für Vertragsänderungen und -aufhebungen. Für den ö. D. bestehen Vertragsmuster.[328] Satz 3 stellt klar, dass dazu auch Beschäftigungsverträge der Personen gehören, die nicht in einem Arbeitsverhältnis zum AG stehen. Ein besonderer Unterrichtungsanspruch über Aufhebungsverträge, insbes. auf Veranlassung des AG, kann sich aus § 111 ergeben.[329] 89

b) Wirtschaftliche Fragen

In einem UN, in dem **kein WA** nach §§ 106 f. gebildet werden kann kann sich der Anspruch des BR/GBR auf **Informationen zu wirtschaftlichen Fragen** unmittelbar nach Abs. 2 richten, soweit dies zur Durchführung konkreter Aufgaben erforderlich ist. Aus § 106 Abs. 2 ergibt sich insoweit keinerlei Beschränkung (vgl. § 106).[330] Die Informationsansprüche der §§ 106 90

324 *BAG* 19. 10. 99 – 1 ABR 75/98, AuR 00, 268 mit Anm. *Buschmann;* zur Unterrichtung über Einzelvereinbarungen in Arbeitsverträgen bereits *BAG* 18. 10. 88, AP Nr. 57 zu § 99 BetrVG 1972 unter B I 1d. Zu eur. Anforderungen aufgrund der Transparenz-RL (EU) 2019/1152 v. 20. 6. 19 vgl. *Buschmann*, AuR Festheft *Zwanziger* 9/22, 343, Cinderella.

325 *BAG* 19. 10. 99 – 1 ABR 75/98, a. a. O.

326 ErfK-*Preis,* § 2 NachwG Rn. 8.

327 *EuGH* 8. 2. 01, Rs. C-350/99, Lange, AuR 01, 108 mit Anm. *Buschmann*.

328 Vgl. Arbeits- und Ausbildungsvertragsmuster des Bundes, GMBl. 2015 366 ff.

329 Vgl. § 111, Rn. 77; für eine Verpflichtung zur unverzüglichen Unterrichtung, aber nicht zur generellen Anhörung der SchwV vor Aufhebungsverträgen mit schwb. Menschen *BAG* 14. 3. 12 – 7 ABR 67/10, EzA § 95 SGB IX Nr. 4; dazu krit. Anm. *von Roetteken*, jurisPR-ArbR 29/2012 Anm. 2.

330 *Bösche-Moderegger/Grimberg,* AuR 90, 298 ff. m. w. N.; *BAG* 5. 2. 91 – 1 ABR 24/90, DB 91, 1382; *LAG Berlin* 6. 8. 97 – 13 TaBV 3/97, AuR 99, 71; *Fitting,* Rn. 48; im Ergebnis auch *Oetker/Lunk*, DB 90, 2320 [2324], soweit nicht Betriebs- und Geschäftsgeheimnisse gefährdet sind; a. A. Richardi-*Thüsing,* Rn. 50; *HWGNRH*, Rn. 55.

Abs. 2 und 80 Abs. 2 stehen nebeneinander und nicht in einem Konkurrenzverhältnis.[331] Der Anspruch aus § 106 steht nur dem WA, nicht – selbst wenn kein WA gebildet oder zu bilden ist – dem BR/GBR zu. Der BR soll nach § 80 Abs. 2 hinsichtlich der in § 106 Abs. 3 genannten wirtschaftlichen Angelegenheiten nur bei einer konkreten Aufgabenstellung unterrichtet werden. Mit dieser Begründung wurde der Antrag des BR abgelehnt, ihm jeweils die Wirtschaftsprüfungsberichte zu den Jahresabschlüssen vorzulegen. Diese Rspr. wird unter Berücksichtigung der (Unterrichtungs-)RL 2002/14/EG[332] zu überprüfen sein.[333]

91 Hinsichtlich der Information über **Vergütung der AN** und ihre Bestandteile ist der BR nicht auf sein Einblicksrecht in die Bruttolohn- und Gehaltslisten zu verweisen. Er kann also spezifische schriftliche Auskunft anfordern,[334] z. B. um »den gebotenen Abgleich von geschuldetem und tatsächlich gezahltem Gehalt« vorzunehmen.[335] Der AG ist verpflichtet, den BR darüber zu unterrichten, nach welchen Gesichtspunkten allgemein geregelte **Zulagen,** insbes. Funktionszulagen[336] oder auch zusätzliche **Einmalzahlungen** (z. B. im Zusammenhang mit einem Arbeitskampf), gewährt werden, und anzugeben, aus welchen Motiven eine Zulage gewährt oder verweigert wurde,[337] damit er ggf. überprüfen kann, ob der Gleichbehandlungsgrundsatz (§ 75 Abs. 1) beachtet worden ist[338] oder seine Mitbestimmungsrechte nach § 87 Abs. 1 Nr. 10[339] berührt werden.[340] Bei **Zielvereinbarungen** hat der BR Anspruch auf Mitteilung, mit welchen AN und mit welchen Inhalten, insbes. »vorstellbaren Ertragszielen«, solche Vereinbarungen abgeschlossen wurden,[341] welche Umsatzziele bzw. Planumsätze sowie Tätigkeiten der AG mit jedem einzelnen AN individuell vereinbart hat, welchen Grad der Zielerfüllung diese erreicht hat, in welchem Umfang Ausfalltage auf die Zielerfüllung angerechnet worden sind,[342] wie individuelle PBC-Ziele zu bestimmten Zielarten zuzuordnen und priorisiert sind.[343] Datenschutzrechtliche Gründe stehen nicht entgegen.[344] Werden besondere Zahlungen für die Aufdeckung von Diebstählen (Fangprämien) oder für besonderen Einsatz bei krankheitsbedingten Ausfällen von Kollegen erbracht, kann der BR jeweils Auskunft über die Höhe und den Grund der Zahlungen verlangen.[345] Der BR ist zu informieren, welche Leistungen auf den **gesetzlichen oder tariflichen Mindestlohn angerechnet** werden, weiterhin ob eine zusätzliche Leistung mit **Widerrufsvorbehalt** oder **Rückzahlungsklausel** verbunden sein soll, zudem diese Frage der Mitbestimmung unterliegt. Wird an weibliche AN für gleiche Arbeit geringerer Lohn gezahlt als an männliche AN, hat der AG darzulegen und zu beweisen, dass die von den Männern geleistete Arbeit anders zu bewerten ist.[346] Die Differenzierungsgründe sind für jede einzelne Zulage offen zu legen; dies gilt auch für eine sog. Arbeitsmarktzulage.[347] Im Hinblick auf die

---

331 *BAG* 5. 2. 91 – 1 ABR 24/90; *Fitting* a. a. O.
332 RL 2002/14/EG zur Festlegung eines allgemeinen Rahmens für die Unterrichtung und Anhörung der AN in der EG, ABLEG L 080/30 v. 23. 3. 2002.
333 Dazu *Düwell*, FA 6/2002, 174.
334 *BAG* 10. 10. 06 – 1 ABR 68/05, RdA 08, 38 mit Anm. *Buschmann.*
335 *BAG* 30. 9. 08 – 1 ABR 54/07, AuR 09, 105.
336 *LAG München* 20. 10. 80 – 9 TaBV 8/79.
337 *LAG Frankfurt* 28. 2. 78 – 5 TaBV 86/77; 4. 5. 15 – 16 TaBV 175/14, NZB 1 ABN 35/15 zurückgewiesen, AuR 16, 256.
338 *BAG* 30. 9. 08 – 1 ABR 54/07, AuR 09, 105.
339 *BAG [GS]* 3. 12. 91, AuR 93, 28 mit Anm. *Weyand.*
340 *BAG* 30. 6. 81, 10. 2. 87, 26. 1. 88, AP Nrn. 15, 27, 31 zu § 80 BetrVG 1972; Mustergesuch des BR in DKWF-*Buschmann,* § 80 Rn. 9.
341 *LAG Berlin-Br.* 4. 5. 16 – 14 TaBV 2163/15, juris; *LAG Düsseldorf* 25. 8. 16 – 11 TaBV 36/15, DB 17, 675; *LAG Hamm* 9. 3. 12 – 13 TaBV 100/10, AiB 2012, 683.; NZB 1 ABN 53/12 zurückgenommen.
342 *BAG* 21. 10. 03 – 1 ABR 39/02, EzA BetrVG 2001 § 80 Nr. 3.
343 *HessLAG* 24. 11. 15 – 16 TaBV 106/15, DB 16, 599; dazu *Kohte/Schulze-Doll*, jurisPR-ArbR 14/2016 Anm. 1; *LAG Rh-Pf.* 19. 10. 15 – 3 TaBV 16/15; *LAG Köln* 18. 2. 16 – 8 TaBV 48/15, AE 16, 149.
344 *LAG Düsseldorf* 25. 8. 16 – 11 TaBV 36/15 a. a. O.
345 *HessLAG* 17. 10. 11 – 16 TaBV 133/11.
346 *BAG* 9. 9. 81, AP Nr. 117 zu Art. 3 GG; 25. 8. 82, AP Nr. 53 zu § 242 BGB Gleichbehandlung; vgl. auch *Jochmann-Döll,* AuR 92, 360; *EuGH* 3. 6. 21 – C-624/19, Tesco Stores; 28. 2. 13, Rs. C-427/11, Kenny, NZA 13, 315; 27. 10. 93 – C-127/92, AuR 93, 409, Enderby; *Lillemeier*, AuR 18, 119; zum Verfahren des EntgTranspG Rn. 38, 130a.
347 *BAG* 25. 8. 82, a. a. O.

Überprüfung der Einhaltung des AGG und des EntgTranspG kann der BR beantragen, dass der AG ihm die **Bruttoentgelte aufgeschlüsselt nach möglichen objektiven Benachteiligungsmerkmalen des § 1 AGG aufbereitet.**[348] Dies ist dem AG regelmäßig möglich hinsichtlich solcher Merkmale wie des Alters oder des Geschlechts, ggf. auch hinsichtlich der Religion oder Behinderung, soweit ihm diese Informationen (etwa aus Anzeigen des An oder der Steuerkarte) vorliegen. Dagegen verpflichten weder das AGG noch der Auskunftsanspruch des BR den AG zu Ermittlungen bzw. zur Klassifizierung der Beschäftigten nach Maßgabe der nach § 1 AGG verpönten weiteren Merkmale wie Rasse, ethnische Herkunft, Weltanschauung, sexuelle Identität. Ob ein Beschäftigter objektiv Träger eines bestimmten Merkmals ist, ist für den Diskriminierungsschutz des AGG nicht maßgeblich.[349]

c) Arbeitszeit

Eine besondere Informationspflicht besteht hinsichtlich der **Arbeitszeit der Beschäftigten.** Sie ergibt sich zum einen im Zusammenhang mit der sozialen Mitbestimmung nach § 87 Abs. 1 Nrn. 2 und 3, zum anderen der Überwachung der Einhaltung der Schutzbestimmungen des Arbeitszeitgesetzes, insbes. Höchstarbeitszeiten und Mindestruhezeiten, sowie der Einhaltung der tariflichen Arbeitszeitbestimmungen.[350] Darüber hinaus erfordert die Überprüfung der Einhaltung des gesetzlichen / tariflichen Mindestlohns die Dokumentation und Mitteilung der vereinbarten sowie der tatsächlichen Arbeitszeiten. Datenschutzgesichtspunkte stehen dem nicht entgegen; der BR ist berechtigt, die dadurch gewonnenen Daten – auch über das einzelne Arbeitsverhältnis – zu verwerten.[351] Da der AG zur Verwaltung dieser Informationen verpflichtet ist, muss er sie notfalls selbst erstellen bzw. beschaffen.[352] Für die Informationsverpflichtung ist unmaßgeblich, ob es sich um die Erfüllung von Haupt- oder Nebenleistungspflichten handelt oder ob bzw. wie die Arbeitszeit vergütet wird.[353] Darzulegen sind damit auch etwaige nicht oder anders vergütete Arbeitszeiten wie Bereitschafts-, Umkleide-, Wege-, Vor- und Nachbereitungszeiten. Die Unterrichtungspflicht des AG umfasst u. a. 92

- monatliche Auskunft über Beginn und Ende der täglichen Arbeitszeit, Über- und Unterschreitungen der regelmäßigen wöchentlichen Arbeitszeit i. S. d. § 3 Abs. 1 ArbZG, Vorlage der Aufzeichnungen nach § 16 Abs. 2 ArbZG sowie der **Mindestlohndokumentationen** nach §§ 19 AEntG und 17 MiLoG. Verfügt der AG über diese Information nicht, hat er sie zu beschaffen. Dies gilt gerade bei sog. **Vertrauensarbeitszeit,** auch wenn – unzulässig – versucht wird, die nach § 16 Abs. 2 ArbZG dem AG obliegende öffentlich-rechtliche Aufzeichnungspflicht arbeitsvertraglich auf AN zu übertragen;[354]
- Aufschlüsselung der Arbeitszeiten in sog. Vollarbeit, Arbeitsbereitschaft, Bereitschaftsdienst sowie Rufbereitschaft;
- Zur Verfügung Stellung der Zeiterfassungs-/ Stechkarten sämtlicher Arbeiter, als Erkenntnisquelle für den Umfang von Überstunden;[355]

---

348 *Hayer*, AiB 06, 730, 733; ErfK-*Kania*, Rn. 27 hinsichtlich des Geschlechts.

349 Däubler/Beck-*Däubler*, § 1 AGG Rn. 96.

350 Hier unterscheidet *BAG* 27.10.10 – 7 ABR 36/09, ZTR 11, 322, je nach Tarifgebundenheit, so dass ggf. differenzierte Hilfsanträge zu stellen sind.

351 *LAG Köln* 28.6.11 – 12 TaBV 1/11, RDV 12, 37 = AiB 13, 263 (zust. Anm. *Kiesche*).

352 *BAG* 6.5.03 – 1 ABR 13/02, a. a. O.; ausführlich *Kohte*, FS Wißmann, 331, 342; Musterbeschluss des BR in DKWF-*Buschmann*, § 80 Rn. 2; Gesuch auf Information a. a. O., Rn. 11; Antrag auf **Gefährdungsbeurteilung,** a. a. O., § 89 Rn. 4.

353 *BAG* 15.4.08 – 1 ABR 44/07, DB 09, 520; wie hier auch *Kleinebrink*, DB 15, 377.

354 *BAG* 6.5.03 – 1 ABR 13/02, AuR 04, 70, mit Anm. *Krabbe-Rachut*; dem folgend *LAG Niedersachsen* 8.11.04 – 5 TaBV 36/04, auch für Teilzeitbeschäftigte; *LAG München* 11.7.22 – 4 TaBV 9/22, AiB 23, Nr 1, 34, »Vertrauensarbeitszeit« von Außendienstlern, NZB zurückgewiesen, 1 ABN 68/22; zur Dokumentationspflicht in Bezug auf alle Arbeitszeiten *EuGH* v. 14.5.19 – C-55/18, ccoo; *(D) Ulber*, Vorgaben des EuGH zur Arbeitszeiterfassung, HSI-Schriftenreihe Bd. 32, hier S. 77; *Buschmann/Ulber*, Arbeitszeitrecht, 2019, § 3 ArbZG, Rn. 39 f.; § 16 Rn. 6 und passim.

355 *LAG Frankfurt* 18.3.80 – 4 TaBV Ga 85/79, AuR 81, 30; restriktiver *BVerwG* 19.3.14 – 6 P 1/13, AuR 14, 165: zunächst nur anonymisierte Arbeitszeitlisten.

- Informationen über angezeigte Arbeitszeitwünsche nach § 7 Abs. 2 TzBfG sowie über Teilzeitarbeit im Betrieb und UN, insbesondere über vorhandene und geplante Teilzeitarbeitsplätze und über die Umwandlung von Teilzeit- in Vollzeitarbeitsplätze oder umgekehrt. Der Arbeitnehmervertretung sind auf Verlangen die erforderlichen Unterlagen zur Verfügung zu stellen (§ 7 Abs. 4 TzBfG).
- Protokolle der Türöffnungs- und Schließanlage, da diese indizielle Bedeutung für die von den erfassten AN geleistete Arbeitszeit haben;[356]
- Einsicht in die mit Stempelaufdruck zu den Umkleidezeiten versehenen Arbeitsaufträge; denn Umkleidezeiten sind Arbeitszeit;[357]
- Rüstzeiten im Callcenter;[358]
- Erfüllung der Meldepflicht des AG gegenüber der Einzugsstelle nach § 28a Abs. 3 Satz 2 Nr. 4 SGB IV (bei Flexiblen Arbeitszeitregelungen i. S. d. SGB IV);
- Studien, die der AG über die Einführung der gleitenden Arbeitszeit durchgeführt hat, so dass der BR Klarheit darüber gewinnen kann, ob er diese nach § 87 Abs. 1 Nr. 2 verlangen soll;[359] angesichts des Initiativrechts des BR in Arbeitszeitfragen nach § 87 Abs. 1 Nr. 2 und der Konkretheit der vorliegenden Information kommt es nicht darauf an, ob der AG die Einführung der Gleitzeit plant oder nicht.[360]
- Verzeichnis der AN, die in eine Verlängerung der Arbeitszeit gem. § 7 Abs. 7 ArbZG (Überschreitung der 48-Std.-Woche bei Arbeitsbereitschaft oder Bereitschaftsdienst) eingewilligt haben, gem. § 16 Abs. 2 ArbZG sowie Vorlage der schriftlichen Einwilligungserklärungen der AN einschließlich Widerruf gem. § 7 Abs. 7 ArbZG;
- Freizeitausgleich für in Bereitschaftsdienst geleistete Mehrarbeit.[361]

d) Übersicht

93 Weiterhin muss der AG den BR z. B. unterrichten über **[Rechtsprechung]**
- Angebote (öffentliche) zum Erwerb von Wertpapieren nach dem Wertpapiererwerbs- und Übernahmegesetz;[362]
- Arbeitsunfälle, welche Beschäftigte eines anderen UN im Zusammenhang mit der Nutzung der betrieblichen Infrastruktur des AG erleiden. Das *BAG* begrenzt diesen Unterrichtungsanspruch auf sachbezogene Daten (Datum, Uhrzeit des Unfalls, Unfallstelle, Unfallhergang, erlittene Verletzungen), nicht jedoch personenbezogene Daten (Name des betr. AN und der Servicepartnerfirma, bei der er beschäftigt ist, deren Anschrift; Eintritt von Arbeitsunfähigkeit, Namen von Unfallzeugen;[363]
- Befragung der AN über das Verhalten ihrer Vorgesetzten: Ergebnis;[364]
- Beschäftigung sog. **Fremdfirmenmitarbeiter,** d. h. Personen, die nicht in einem Arbeitsverhältnis zum AG stehen, sondern Erfüllungsgehilfen Dritter sind, die für den AG auf Grund eines Werk- oder Dienstvertrages tätig werden. Auf eine Eingliederung der Fremdfirmenmitarbeiter in den Betrieb des oder die Ausübung eines Weisungsrechts durch den AG kommt es nicht an, wenn ihre Tätigkeit der Verfolgung des arbeitstechnischen Zwecks des Betriebs dient;[365] bei Werkverträgen ist dem BR Folgendes darzulegen: Begründung für den Fremdfirmeneinsatz anhand eines Personalkonzepts, Auswirkungen auf die Stammbelegschaft ebenso wie auf die Kernkompetenzen, Inhalt des Werkvertrages (Firma, Laufzeit,

---

356 *HessLAG* 5.2.18 – 16 TaBV 91/17, juris.
357 *LAG Berlin-Brandenburg* 29.10.15 – 10 TaBV 929/15, NZA-RR 2016, 262; dazu *Klocke*, jurisPR-ArbR 19/2016 Anm. 6.
358 *ArbG Magdeburg* 26.10.16 – 3 Ca 3220/15, AuR 17, 80.
359 *GL,* Rn. 26.
360 A. A. GK-*Kraft,* 7. Aufl., Rn. 67, wie hier GK-*Weber,* seit 8. Aufl., Rn. 72.
361 Vgl. *BVerwG* 17.11.16 – 2 C 21.15, AuR 17, 41.
362 Dazu *Seibt,* DB 02, 529.
363 *BAG* 12.3.19 – 1 ABR 48/17, AuR 20, 81 (krit. Anm. *Schubert*).
364 *LAG Frankfurt* 28.6.77, DB 77, 2053; *SWS,* Rn. 9.
365 *HessLAG* 5.7.07 – 9 TaBV 216/06, AuR 07, 446.

Einsatzdauer, -bereich, Aufgabe/Werk), Zahl der Beschäftigten, Inhalt ihrer Arbeitstätigkeiten, Durchführung vorbezeichneter Inhalte.[366] Die Novellierung 2017 schreibt dies fest.

- Beteiligungen an ausländischen UN, um die Voraussetzungen für die Bildung eines EBR prüfen zu können;[367]
- Betriebsbußen und **Abmahnungen mit kollektivem Bezug;** das *BAG* hat allerdings einen sog. Globalantrag eines BR auf Auskunft über alle erteilten Abmahnungen zurückgewiesen. Es seien keine betriebsverfassungsrechtlichen Aufgaben des BR aufgezeigt worden, die dies erforderlich machen.[368]
- **Betriebsübergang** oder vollständigen Gesellschafterwechsel,[369] um überprüfen zu können, ob ein Betriebsübergang nach § 613a BGB vorliegt bzw. Beteiligungsrechte nach §§ 111 ff. in Frage kommen. Diese Informationspflicht ist unter Berücksichtigung des Art. 6 der Betriebsübergangsrichtlinie (vgl. Rn. 81) sowie der RahmenRL Unterrichtung und Anhörung (Rn. 82)[370] weit auszulegen;[371] Erfüllung der Unterrichtungspflicht nach § 613a Abs. 5 BGB sowie eingelegter Widersprüche nach Abs. 6 bei Betriebsübergang;[372]
- Betriebsübernahme: bei einer geplanten – (durch ein 3. UN), ob und welche Personaldaten unter Vorgabe von sog. »due diligence« an Dritte weiter gegeben worden sind oder werden sollen (vgl. § 83 Rn. 11);
- **EDV-Systeme:** Einführung und Änderung von -[373]
- **Freie Mitarbeiter:** Gesamtübersicht über alle für den Betrieb eingesetzten – unter Angabe von Personalien, Aufgabengebiet, Arbeitsplatz, festgelegte Arbeitszeiten und Art der Entlohnung, z. B. Pauschalvergütung, bei Journalisten Zeilenhonorar, Stundensatz, Tariflohn/-gehalt;[374]
- Geschäftsverteilung und Kompetenzen nach innen und außen (Zuständigkeiten, Vollmachten, Vertretungsbefugnisse auf AG-Seite, um Klarheit über die rechtliche Bewertung von Willenserklärungen oder Gestaltungsakten zu erhalten);
- **Mitarbeiterbefragung:** Auswertungen einer vom AG durchgeführten –, wenn hinreichende Wahrscheinlichkeit besteht, dass die dabei gewonnenen Erkenntnisse Aufgaben des BR betreffen;[375]
- Nebentätigkeiten: angemeldete – der einzelnen AN incl. Namen, Umfang und Art;[376]
- Personenbezogene Daten, mit denen der BR überprüfen kann, ob der AG eine zugunsten der AN geltende BV richtig durchführt. Die Darlegung konkreter Anhaltspunkte für einen Regelverstoß ist dafür nicht erforderlich;[377]
- Veranstaltungen, die er bspw. für führende Mitarbeiter durchführt, auch wenn es sich dabei nicht um eine betriebliche Bildungsmaßnahme i. S. v. § 98 Abs. 1 oder 6 handelt;[378]

---

366 *Karthaus/Klebe*, Betriebsratsrechte bei Werkverträgen, NZA 12, 417 ff., 419; zu *Dohna-Jaeger,* AuR 13, 242; *Ulber*, AiB 1/14, 15 sowie 7–8/15, 18.

367 *EuGH* 29. 3. 01 – C-62/99, AuR 02, 28; *BAG* 30. 3. 04 – 1 ABR 61/01, AuR 04, 189.

368 *BAG* 17. 9. 13 – 1 ABR 26/12, AuR 14, 121, weiter gehend Vorinstanz *LAG Hamm* 17. 02. 12 – 10 TaBV 63/11, BB 12, 2124; differenzierend GK-*Weber* Rn. 66. Die Unterstellung einer Rechtmäßigkeit des Handelns des AG kann dessen Informationsverpflichtungen nicht begrenzen. Im Übrigen gilt die Abmahnung als Vorstufe zur verhaltensbedingten Kündigung, bei der der BR nach § 102 BetrVG über etwaige Abmahnungen und Gegendarstellungen zu informieren ist, *BAG* 31. 8. 89, DB 90, 1928. Eine frühere Information kann dazu beitragen, dieses Verfahren zu vermeiden.

369 *BAG* 22. 1. 91 – 1 ABR 38/89, AP Nr. 9 zu § 106 BetrVG 1972 zum WA; *LAG Berlin* 6. 8. 97 – 13 TaBV 3/97, AuR 99, 71 zur Vorlage von Veräußerungsverträgen an den BR.

370 Dazu *Karthaus,* AuR 07, 107.

371 Weit. Nachw. zur Rspr. bei *Müller-Knapp,* AiB 07, 162 ff.

372 Vgl. *Jaeger,* ZIP 04, 433.

373 Vgl. *BAG* 17. 3. 87, AP Nr. 29 zu § 80 BetrVG 1972; *Kort,* CR 88, 220 ff.; *Däubler,* Gläserne Belegschaften?, Rn. 633 ff.

374 *BAG* 15. 12. 98 – 1 ABR 9/98, AuR 99, 242 m. w. N.

375 *BAG* 8. 6. 99 – 1 ABR 28/97, AuR 00, 267 mit Anm. *Buschmann.*

376 *LAG Baden-Württemberg* 22. 11. 91 – 12 TaBV 8/91, AiB 93, 238 mit Anm. *Stather;* a. A. *LAG Köln* 11. 1. 95, NZA 95, 443.

377 *BAG* 19. 2. 08 – 1 ABR 84/06, AuR 08, 321.

378 *BAG* 17. 5. 83, AP Nr. 19 zu § 80 BetrVG 1972.

- Versorgungszusagen: individuelle – an AT-Angestellte, die über eine bestehende generelle Versorgungsordnung hinausgehen;[379]
- Verträge, die der Beschäftigung von AN aus **Fremdfirmen** zugrunde liegen.[380] Nach *BAG*[381] ist der AG nicht verpflichtet, von sich aus dem BR diese Unterlagen zu überlassen, was bedeutet, dass der BR ständig nachfragen muss.[382] Nach § 5 TV-Mindestlohn im Baugewerbe (allgemeinverbindlich) hat der AG den BR unaufgefordert und rechtzeitig über »Nachunternehmer«-Verträge und Einzelheiten zu unterrichten.[383]

e) AN, die besonderen Schutzgesetzen unterliegen

94 Der AG hat die Namen derjenigen AN, die **besonderen Schutzgesetzen** unterliegen (z. B. Schwangere, (schwer)behinderte Menschen, Kranke i. S. d. § 167 SGB IX, Jugendliche, ältere AN, Ausländer), und den Grund ihrer Schutzbedürftigkeit sowie deren Arbeitsplätze unaufgefordert und unverzüglich nach Kenntnis mitzuteilen.[384] Da der BR nach § 167 Abs. 2 Satz 7 SGB IX darüber zu wachen hat, dass der AG seinen Verpflichtungen zum **Betrieblichen Eingliederungsmanagement** (BEM). nachkommt, sind ihm u. a. sämtliche AN anzugeben, die für die Durchführung des BEM in Frage kommen. Anders als die Durchführung des BEM selbst ist die Wahrnehmung dieser Überwachungsaufgabe nicht von der Zustimmung der betr. AN abhängig.[385] Zu informieren ist auch bei **Schwangerschaft** von AN selbst dann, wenn sie den AG auffordern, diese Mitteilung nicht weiterzugeben.[386] Gemäß § 75 Abs. 2 ist der BR jedoch zur Verschwiegenheit verpflichtet (vgl. § 79 Rn. 40 ff.).

95 Nach § 7 Abs. 4 Satz 1 TzBfG hat der AG den BR über angezeigte Arbeitszeitwünsche nach Abs. 2 sowie über **Teilzeitarbeit** im Betrieb und UN zu informieren, insbes. über vorhandene oder geplante Arbeitsplätze und über die Umwandlung von Teilzeitarbeitsplätzen in Vollzeitarbeitsplätze oder umgekehrt. Damit wird § 5 Abs. 3e der Sozialpartnervereinbarung zur europäischen TeilzeitRL umgesetzt. Die Unterrichtungspflicht bezieht sich gleichermaßen auf Lage und Dauer der Arbeitszeit und ist nicht von einem besonderen Anlass abhängig.[387]

4. Zeitpunkt der Information

96 Wie sich auch aus Abs. 2 Satz 2 ergibt, kann der BR von sich aus **jederzeit ohne konkreten Anlass** oder unter Angabe des Grundes vom AG Informationen in dem Umfang verlangen, wie er

---

379 *BAG* 19. 3. 81, AP Nr. 14 zu § 80 BetrVG 1972; *SWS*, Rn. 9a.

380 *HessLAG* 5. 7. 07 – 9 TaBV 216/06, AuR 07, 446, AuR 07, 446: Aushändigung von Originalen oder Kopien von sog. Servicepartnerverträgen; *LAG Köln* 21. 7. 10 – 9 TaBV 6/10; *LAG Hamm* 22. 7. 87, DB 87, 2575; *BAG* 31. 1. 89 – 1 ABR 72/87, AP Nr. 33 zu § 80 BetrVG 1972; *BAG* 15. 12. 98 – 1 ABR 9/98, a. a. O.; *Kreuder*, AuR 93, 338; *Plander*, AiB 90, 19 [23]; zu *Dohna-Jaeger*, AuR 13, 242; *Gola*, RDV 13, 74; *Franzen*, RdA 15, 147.

381 *BAG* 9. 7. 91 – 1 ABR 45/90, NZA 92, 275.

382 Muster in DKWF-*Buschmann*, § 80 Rn. 8.

383 § 5 Unterrichtungsrecht des Betriebsrates(1) Der AG hat den BR rechtzeitig über den Abschluss von Nachunternehmer-Verträgen und den Beginn der Ausführung der Nachunternehmer-Leistungen zu unterrichten. Der BR ist über den Namen und die Anschrift des Nachunternehmers, den tatsächlichen Beginn und den Ort der Arbeitsleistungen sowie die auszuführenden Arbeiten zu unterrichten. (2) Der BR ist berechtigt, die AN eines Nachunternehmers über ihre Rechte aus dem Arbeitnehmer-Entsendegesetz und aus diesem TV sowie über die Möglichkeiten der Durchsetzung dieser Rechte zu unterrichten.

384 *LAG München* 28. 7. 16 – 3 TaBV 91/15: Kopie des Verzeichnisses i. S. d. § 80 Abs. 1 SGB IX, bezogen auf den Betrieb und sowie der Anzeige i. S. d. § 80 Abs. 2 Satz 1 SGB IX, bezogen auf das Gesamt-UN; *Kohte*, jurisPR-ArbR 7/2017 Anm. 5; *Etzel*, Rn. 450; *Fitting*, Rn. 61; *WW*, Rn. 13; vgl. auch GK-*Weber*, Rn. 64; *GL*, Rn. 27; a. A. *HWGNRH*, Rn. 56.

385 *BAG* 7. 2. 12 – 1 ABR 46/10, AuR 12, 141.

386 *BAG 9. 4. 19* – 1 ABR 51/17, AuR 19, 434; *Etzel, Fitting*, GK-*Weber*, a. a. O.; a. A., sofern die Schwangere widerspricht, Richardi-*Thüsing*, Rn. 67; *GL*, *WW*, a. a. O.

387 Im Einzelnen TZA-*Buschmann*, § 7 TzBfG, Rn. 33 ff.; Mustergesuch des BR in DKWF-*Buschmann*, § 80 Rn. 10.

Unterlagen anfordern kann,[388] sofern er sie für die Durchführung seiner Aufgaben benötigt.[389] In diesem Fall ist der AG verpflichtet, die verlangten Informationen unverzüglich zu geben.[390] Eine Schranke besteht lediglich insoweit, als das Verlangen des BR nicht **rechtsmissbräuchlich** sein darf (zum Rechtsmissbrauch vgl. Rn. 27).[391] Für die Annahme von Rechtsmissbrauch bedarf es konkreter Anhaltspunkte. Der Umstand etwa, dass sich hinsichtlich der Durchführung einer BV, auf die sich ein Informationsverlangen richtet, kein betroffener AN beschwert hat, besagt nichts. Er bedeutet nicht, dass ein Verstoß gegen die Regelungen der BV objektiv nicht vorliegt und eine Unterrichtung des BR Durchführungsmängel nicht zu Tage fördern könnte.[392]

Der AG hat den BR **unaufgefordert, rechtzeitig,** d.h. **so früh wie möglich,** und **umfassend,** 97
also vollständig, zu unterrichten.[393] Die Unterrichtung muss nicht nur den Umfang und die zu erwartenden Auswirkungen der Maßnahmen, sondern auch deren Gründe erkennen lassen. Sie muss **vor endgültigen Entscheidungen noch im Planungsstadium,** erfolgen, damit der BR ggf. durch Ausschöpfung seiner Mitwirkungs- und Mitbestimmungsrechte **Einwirkungsmöglichkeiten** hat, Vorschläge und Bedenken äußern, nach Abs. 2 Satz 3 Auskunftspersonen in Anspruch nehmen[394] und **Alternativvorschläge** einbringen kann, die noch zu einer Änderung von Entscheidungen oder Verhalten des AG führen können (vgl. §§ 90, 92, 106, 111).[395] Dies fordert auch Art. 4 Abs. 3 u. 4 RL 2002/14/EG. Soweit Planung dynamisch und kontinuierlich erfolgt, sind **laufende bzw. mehrmalige Unterrichtungen** erforderlich. Dies gilt entsprechend bei der Planung von Veränderungen, z.B. bestehender EDV-Systeme, auch, wenn zunächst nur sog. Probeläufe beabsichtigt sind. Ist die Unterrichtung von einem bestimmten Berichtszeitraum abhängig (z.B. § 110), hat sie der AG (UN) unverzüglich danach zu geben.

Nach älterer *BAG*-Rspr.[396] besteht eine Informationspflicht des AG (UN) im Unterschied zu den 98
all. Aufgaben des BR bei Beteiligungsrechten, die erst durch spezielles Tätigwerden des AG, wie bei §§ 90, 99, ausgelöst werden, erst dann, wenn der AG dazu übergeht, diese Maßnahmen einzuleiten, auch wenn diese Maßnahmen bereits im Revisionsbericht angeregt werden. Entsprechendes soll gelten beim theoretischen Durchspielen von Alternativen, bei der Erstellung von sog. **Schubladenentwürfen durch Planungsstäbe** im Vorfeld noch nicht getroffener unternehmerischer Entscheidungen sowie bei Zeitstudien, die die Willensbildung des AG über Entlohnungsgrundsätze und -methoden, Akkord- und Prämiensätze erst vorbereiten sollen.[397] Nach *LAG Schleswig-Holstein*[398] ist der BR bereits über Arbeitsblätter, die eine UN-Beratungsfirma für den AG erstellt hat, zu informieren.

Die Unterrichtung muss so vollständig sein, dass der BR die notwendigen Kenntnisse erlangt, 99
um seine gesetzlichen Aufgaben durchführen zu können.[399] In beteiligungspflichtigen Angelegenheiten ist dies erst bei **gleichem Informationsstand** mit dem AG der Fall. Grob unbillig wäre es, wollte man dem BR Informationen vorenthalten, die üblicherweise Hausbanken oder andere größere Kreditgeber erhalten[400] oder die bei einer geplanten Betriebsübernahme (durch

388 *WW*, Rn. 14.
389 Vgl. *BAG* seit 11.7.72, 26.1.88, AP Nrn. 1, 3, 7, 12, 15, 27, 31 zu § 80 BetrVG 1972; Richardi-*Thüsing*, Rn. 65; *Fitting*, Rn. 56; einschränkender GK-*Kraft*, 7. Aufl., Rn. 72, wie hier GK-*Weber*, Rn. 61.
390 *Fitting*, Rn. 54.
391 *BAG* 11.7.72, 10.6.74, AP Nrn. 1, 8 zu § 80 BetrVG 1972.
392 *BAG* 19.2.08 – 1 ABR 84/06, AuR 08, 321.
393 Vgl. *BAG* 17.5.83, AP Nr. 19 zu § 80 BetrVG 1972; Richardi-*Thüsing*, Rn. 62 f.; *Etzel*, Rn. 448; *Fitting*, Rn. 54; GK-*Weber*, Rn. 70; Art. 4 (3) der RL 2002/14/EG: Unterrichtung erfolgt zu einem Zeitpunkt, in einer Weise und inhaltlichen Ausgestaltung, die dem Zweck angemessen sind und es insbes. den Arbeitnehmervertretern ermöglichen, die Informationen angemessen zu prüfen und ggf. die Anhörung vorzubereiten.
394 *Zwanziger*, AuR 2010, 459.
395 *BAG* 15.12.98 – 1 ABR 9/98, AuR 99, 242 mit Anm. *Buschmann; HessLAG* 10.3.11 – 9 TaBV 173/10, NZB verworfen, juris; *HansOLG Hamburg* 4.6.85, Der Gewerkschafter 4/86, S. 39; *Etzel*, a.a.O; *Boemke/Ankersen*, BB 00, 2256.
396 *BAG* 27.6.89, AP Nr. 37 zu § 80 BetrVG 1972, 9.7.91 – 1 ABR 45/90, NZA 92, 275.
397 *BAG* 11.8.93 – 7 AZR 619/92, AuR 93, 374.
398 *LAG Schl.-Holstein* 14.12.93 – 1 TaBV 3/93, AuR 94, 202, NZB zurückgewiesen.
399 Richardi-*Thüsing*, Rn. 62.
400 Vgl. auch *Däubler*, Arbeitsrecht 1, S. 434.

ein drittes UN) unter Vorgabe von sog. »due diligence« an Dritte weitergegeben worden sind oder werden sollen (vgl. § 83 Rn. 8, 34).

100 **Verspätete Unterrichtung** widerspricht (wie sich auch aus § 121 sowie dem wiederholten Begriff »rechtzeitig« ergibt) dem Gesetz. Sie erschwert die zügige Einführung und Durchführung von Projekten und kann wegen verspäteter Beteiligung des BR zu Verzögerungen führen. Förmliche, an eine ordnungsgemäße Unterrichtung geknüpfte Fristen (etwa die Wochenfrist des § 99) werden nicht in Kraft gesetzt. Die Verpflichtung zur Unterrichtung des BR oder zur Vorlage von Unterlagen an den BR gewährt diesem den **Anspruch auf Erfüllung** dieser Verpflichtung. Die Durchsetzung dieses Anspruchs ist nicht wie in § 23 Abs. 3 auf den Fall beschränkt, dass Nichterfüllung einen groben Pflichtenverstoß des AG darstellt.[401] Zur Sicherung des Unterrichtungsanspruchs kann dem AG im Einzelfall die Durchführung informations- und beratungspflichtiger Maßnahmen untersagt werden, bis der AG seinen Beteiligungspflichten nachgekommen ist.[402]

5. Verpflichteter Arbeitgeber

101 Zur Information nach Abs. 2 Satz 1 **verpflichtet ist der AG,** mit dem die Arbeitsverträge bestehen **und der juristischer Inhaber des Betriebs** ist, für den der BR besteht.[403] Diese Funktionen können auseinander fallen. Bei einem **gemeinsamen Betrieb** i. S. d. § 1 Abs. 1 Satz 1 sind grundsätzlich alle beteiligten AG zur Information verpflichtet. Betrifft die Unterrichtung ein konkretes Arbeitsverhältnis, hat sie der jeweilige AG zu geben. Betrifft sie ein Arbeitsverhältnis zu einem dritten AG (vgl. Abs. 2 Satz 1, 2. Halbsatz), bleibt der Betriebsinhaber verpflichtet. Notfalls hat er sich die erforderlichen Informationen zu beschaffen. Das Gleiche gilt, wenn maßgebliche Entscheidungen nicht vom AG, sondern einem den AG beherrschenden (auch ausländischen) UN getroffen wurden bzw. wenn der AG als Tochtergesellschaft über die erforderlichen Informationen nicht verfügt, sondern eine Muttergesellschaft (Art. 2 Abs. 4 der Massenentlassungs-RL 98/59/EG).[404] Fehlende Information der Tochtergesellschaft seitens der Muttergesellschaft befreit diese nicht von ihrer Informationspflicht gegenüber dem BR.[405] Unter den Voraussetzungen der §§ 58, 59 kann sich der KBR direkt an die Konzernspitze wenden.

102 Dies gilt grds. auch in **transnationalen Gesellschaften.** Hat der AG seinen Sitz im Ausland, im Inland eine Niederlassung, ist die ausländische Unternehmensspitze unmittelbar zur Auskunftserteilung verpflichtet.[406] Ein Beschlussverfahren kann am Ort der Niederlassung eingeleitet und auch vollstreckt werden. In einem internationalen Konzern, in dem die Konzernspitze ihren Sitz im Ausland hat (anschaulich die von der Londoner Zentrale beschlossene Schließung der auf dem europäischen Festland betriebenen Filialen von Marks & Spencer),[407] ist bei Informationsbedarf nach dieser Vorschrift der AG/UN verpflichtet, sich diese Informationen notfalls bei seiner ausländischen Muttergesellschaft zu beschaffen.[408] Bleibt dies erfolglos, ist in gleicher Weise wie bei einem inländischen Konzern ein sog. »Informationsdurchgriff« möglich.[409] Für diese Auffassung spricht ferner die Rspr. des *EuGH* zum Auskunftsanspruch nach § 5 EBRG (vgl. Kommentierung dort).[410] Danach ist ein UN einer europäischen Unter-

---

401 *BAG* 17.5.83, AP Nr. 19 zu § 80 BetrVG 1972; *HWGNRH,* Rn. 51, 58; *SWS,* Rn. 10b.
402 *ArbG Frankfurt* 11.11.93, AuR 94, 201.
403 *BAG* 15.1.91 – 1 AZR 94/90, DB 91, 1472; vgl. auch GK-*Weber,* Rn. 56.
404 *LAG Nürnberg* 22.1.02 – 6 TaBV 19/01, AuR 02, 151, Rechtsbeschw. kurzfristig zurückgenommen, AuR 03, 266 zur Vergabe von Aktienoptionen/»stock-options«, dazu. auch Rn. 114.
405 *Fitting,* Rn. 59.
406 *Buchner,* Anm. zu *BAG* EzA § 106 BetrVG 1972, Nr. 1, S. 14; *Junker,* Internationales Arbeitsrecht im Konzern, S. 403; *Däubler,* Betriebsverfassung in globalisierter Wirtschaft, S. 69; Mustergesuch auf Info in engl. Sprache in DKWF-*Buschmann,* § 80 Rn. 12.
407 Dazu *Tribunal de Grande Instance de Paris* 9.4.01 – RG 01/54016, AuR 01, 222.
408 Ebenso *Fitting,* Rn. 57.
409 Nachw. bei *Däubler,* a.a.O., S. 70f.; a.A. *Diller/Powietzka,* DB 01, 1034, die eine Auskunftspflicht einer inländischen wie ausländischen Konzernobergesellschaft grundsätzlich verneinen und den BR stattdessen darauf verweisen, mitbestimmungspflichtige Maßnahmen nach §§ 87, 99 zu blockieren.
410 *EuGH* 29.3.01 – Rs. C-62/99, bofrost, AuR 02, 28 mit Anm. *Coen;* 13.1.04 – Rs. C-440/00, AuR 04, 63, 117; ebenso *BAG* 29.6.04 – 1 ABR 32/99, AuR 04, 307, Kühne & Nagel.

nehmensgruppe verpflichtet, die zur Aufnahme von Verhandlungen zur Einrichtung eines EBR unerlässlichen Daten, soweit es über sie verfügt oder sich beschaffen kann, der inländischen AN-Vertretung auf Antrag zur Verfügung zu stellen. Es kann sich dabei nicht auf Unmöglichkeit i. S. d. § 275 BGB berufen.[411] Liegt die Rechtsgrundlage der Informationsverpflichtung im Europarecht, müssen die Mitgliedstaaten das in ihrem Hoheitsgebiet ansässige Mutter-UN einer gemeinschaftsweit operierenden UN-Gruppe verpflichten, einem in einem anderen Mitgliedstaat ansässigen anderen UN derselben UN-Gruppe die Auskünfte zu erteilen, die dessen AN-Vertreter von ihm verlangt haben.[412] Ein inländisches UN kann sich seiner Informationspflicht nicht mit dem Vortrag entziehen, die Buchführung sei ins Ausland verlagert worden. § 146 Abs. 2 Satz 1 Abgabenordnung (AO) bestimmt: »Bücher und die sonst erforderlichen Aufzeichnungen sind im Geltungsbereich dieses Gesetzes zu führen und aufzubewahren [Ausnahmen]«.[413]

Anspruchsberechtigt ist der BR als Gremium.[414] Sind dem Betriebsausschuss nach § 27 oder 103
einem Ausschuss nach § 28 Aufgaben zur selbstständigen Erledigung übertragen worden, kann er die Information an sich selbstständig einfordern.[415]

Die Informationspflicht des AG über alle Formen der Verarbeitung personenbezogener Daten 104
der AN entfällt nicht dadurch, dass die Datenverarbeitung nicht im Betrieb selbst, sondern bei einem anderen UN, ggf. einer UN-Gruppe, erfolgt.[416] **Die Übertragung eigener Aufgaben des AG auf Dritte verändert grundsätzlich nicht die Beteiligungsrechte des BR.**[417]

6. Form der Information

Die Unterrichtungspflicht des AG ist nicht an eine Form gebunden. Um jedoch Missver- 105
ständnissen vorzubeugen, ist der AG insbes. bei umfangreichen, komplexen Informationen regelmäßig verpflichtet, dem BR die Auskunft **schriftlich** zu erteilen.[418] Sie kann als Bericht, Auskunft, Beantwortung einzelner Fragen des BR[419] oder Überreichung fotokopierter Unterlagen erfolgen. Die Informationen müssen aus sich selbst verständlich sein (vgl. § 146 Abs. 3 AO; anregend § 31 Abs. 1 Nr. 6 StVollzG: *Geheimschrift, unlesbar, unverständlich oder ohne zwingenden Grund in einer fremden Sprache*). Aufwendiges eigenes Zutun kann vom BR nicht verlangt werden.[420] Das *BAG* verweist auf die Umstände des Einzelfalls. Insbes. bei laufend fortgeschriebenen Dateien und Listen würde ein schriftlicher Ausdruck nur den Zustand zu einem (Bilanz)Stichtag wiedergeben und damit Fehleinschätzungen ermöglichen (vgl. nur das aus Steuergründen bekannte sog. Dividendenstripping). Von da aus erscheint es einfacher und sinnvoll, dem BR die Auskunft im Rahmen seiner Befugnisse derart zu gewähren, dass ihm der elektronische Zugang zu der jeweiligen Datei ermöglicht wird. Einen originären dahingehenden Anspruch des BR hat das *BAG* mit der schwachen Begründung verneint, dies nehme dem AG das »Wahlrecht«, den Unterrichtungsanspruch durch Ausdruck des vorlagepflichtigen Dateiinhalts, sprich: Ausübung eines Vorprüfungsrechts zu erfüllen.[421] Dies kann schon deshalb nicht überzeugen, weil dem AG hinsichtlich der vorlagepflichtigen Unterlagen kein »Wahlrecht«, sondern allenfalls ein Überprüfungsrecht zusteht, das seinerseits der gerichtlichen Überprüfung unterliegt. Über Einzelheiten können BV geschlossen werden, die aber die Substanz des Informationsrechts nicht beeinträchtigen dürfen. Art. 4 Abs. 3 der **Unterrichtungs- und Anhörungs-RL 2002/14/EG** verlangt für die Unterrichtung eine: »*Weise*

411 *BAG*, a. a. O.
412 *EuGH* 15.7.04 – Rs. C-349/01, AuR 05, 38, Anker, zur Errichtung des EBR.
413 Hierzu *Däubler*, AiB 03, 14 ff.; vgl. auch *EuGH* 17.10.02 – Rs. C-79/01, Payroll.
414 GK-*Weber*, Rn. 58.
415 GK-*Weber*, a. a. O.
416 *BAG* 17.3.87, AP Nr. 29 zu § 80 BetrVG 1972; vgl. auch *Etzel*, Rn. 459 zur Vergabe der Lohn- und Gehaltsabrechnungen an andere UN.
417 *v. Hoyningen-Huene*, RdA 92, 365.
418 *BAG* 10.10.06 – 1 ABR 68/05, a. a. O.; ebenso 30.9.08 – 1 ABR 54/07, AuR 09, 105.
419 *SWS*, Rn. 9.
420 *BAG* 21.10.03, a. a. O.
421 *BAG* 16.8.11 – 1 ABR 22/10, AuR 12, 45.

und inhaltliche Ausgestaltung, die dem Zweck angemessen sind und es insbesondere den Arbeitnehmervertretern ermöglichen, die Informationen angemessen zu prüfen und ggf. die Anhörung vorzubereiten«, was sich als allg. Grundsatz des Unterrichtungsrechts begreifen lässt. Hinsichtlich der betrieblichen Lohngestaltung i. S. d. § 87 I Nr. 10 bedeutet dies konkret, dass der AG verpflichtet ist, dem BR eine schriftliche Aufstellung (»Auskunft in Schriftform«) gewährter außertariflicher Leistungen (hier: Zulagen) und deren Veränderung vorzulegen und ggf. zu erstellen, deren Richtigkeit der BR mit Hilfe seines Einblicksrechts in die Bruttolohn- und Gehaltslisten überprüfen kann.[422]

106 Die Unterrichtung darf sich nicht darauf beschränken, den BR mit Material »zuzuschütten«, innerhalb dessen die für AN wichtigen Fragen schwer erkennbar oder verborgen bleiben.[423] Der AG muss den BR so unterrichten, dass dieser die Informationen verstehen kann. Diese Verpflichtung besteht auch, wenn Unterlagen durch EDV erstellt werden; ggf. sind Computerausdrucke zusätzlich zu erläutern.[424] Das bedeutet, dass nicht der BR das »Fachchinesisch« der EDV-Experten erlernen, sondern der AG dieses wie fremdsprachliche Texte[425] in **verständliches Deutsch** übersetzen muss.[426] Unterrichtung in einer **fremden Sprach**e setzt das Einverständnis aller BR-Mitglieder voraus.[427] Nach *Diller*[428] reicht die Unterrichtung des BR in einer Fremdsprache, wenn »im BR« ausreichende Fremdsprachenkenntnisse vorhanden sind. Die übrigen Mitglieder müssten sich dann auf betriebsratsinterne Übersetzungen einlassen. Diese Auffassung verkennt den Grundsatz des gleichen Mandats und stellt Anforderungen an die BR-Mitglieder, die im Gesetz keine Stütze finden. Ein AG, der diese Verpflichtungen nicht erfüllt, schadet sich selbst, da er ggf. zusätzliche Sachverständigenkosten übernehmen muss. Dabei ist auch aufzuzeigen, welche Auswirkungen die vorgesehene Maßnahme auf Beschäftigungslage, Arbeitsbedingungen, Arbeitsumstände u. Ä. haben wird oder haben kann. Der Gegenstand der dem BR zu gebenden Informationen lässt sich nicht abschließend bestimmen. Bei **EDV-Systemen** gehören jedenfalls dazu: Art der gespeicherten Daten, Zweck, den der AG damit verfolgt, Datenverarbeitungsprogramme, aus denen sich Auswertungsmöglichkeiten ergeben, Vernetzungen mit anderen Dateien, Datenflussplan, Pflichtenkatalog, Organisationsschema des Online-Systems u. a.[429]

107 Es kann sinnvoll sein, über die Form der Unterrichtung eine **BV abzuschließen,** u. a. mit Regelungen über Formulare, Schlichtungsstellen, Vertragsstrafen für den Fall unzureichender Information.[430]

7. Besonderheiten bei Arbeitnehmerüberlassung

108 Grundlegend ist die Leiharbeits-RL 2008/104/EG. Das 2017 geänderte AÜG setzt diese nur teilweise um.[431] Nach Art. 8 RL hat ein Entleiher-UN den Arbeitnehmervertretungen im Zuge der Unterrichtung über die Beschäftigungslage im UN unbeschadet strengerer und/oder spezifischerer einzelstaatlicher oder gemeinschaftlicher Vorschriften angemessene Informationen über den Einsatz von Leih-AN im UN vorzulegen. Soweit der **BR des Entleiherbetriebs** bei Leih-AN zu beteiligen ist,[432] hat dieser AG seinem BR gegenüber die Informationspflichten zu erfüllen. Dies betrifft zunächst die Gewähr, dass Leiharbeiter i. S. v. Art. 1 und 5 RL, § 1

---

422 *BAG* 10. 10. 06 – 1 ABR 68/05, a. a. O.
423 *Fitting*, Rn. 42.
424 *SWS*, Rn. 12a.
425 *HessLAG* 19. 8. 93 – 12 TaBV 9/93, AuR 94, 107 = NZA 96, 285.
426 Ausführlich *Gutmann*, Sprachlosigkeit als Rechtsproblem, AuR 08, 83; *Herbert/Oberrath*, NZA 12, 1260, jeweils m. w. N. zur Rspr.
427 *HessLAG*, a. a. O.
428 *Diller*, DB 00, 718.
429 Vgl. *Däubler*, Gläserne Belegschaften?, Rn. 339 f.
430 Beispiel einer nach arbeitsgerichtlichem Verfahren zustande gekommenen Vereinbarung in AiB 89, 203 mit Anm. *Trittin*.
431 Zur AÜG-Reform, auch zur mangelnden Vereinbarkeit mit der LA-RL 2008/104/EG *J. Ulber*, AuR 17, 238 ff.
432 Vgl. *Hamann*, NZA 03, 526; *ders.*, AuR 02, 322.

Abs. 1 Satz 3 AÜG nur »vorübergehend«, d. h. nicht länger als 18 aufeinander folgende Monate (Abweichungsmöglichkeiten in § 1 Abs. 1b AÜG) eingesetzt werden. Die im Lichte der europäischen Vorgabe auszulegende nationale Bestimmung enthält nicht lediglich einen unverbindlichen Programmsatz, sondern untersagt als Verbotsgesetz i. S. v. § 134 BGB jede nicht vorübergehende Arbeitnehmerüberlassung.[433] Arbeitsvertragliche, betriebliche oder tarifliche Regelungen beim Verleiher, die gegen das Verbot verstoßen, sind unwirksam.[434] Nach dem *EuGH*-Urteil Daimler[435] sind Überlassungen auf demselben Arbeitsplatz bei einem Entleiher für eine Dauer von 55 Monaten regelmäßig missbräuchlich, wenn dafür keine objektive Erklärung gegeben wird. § 19 Abs. 2 AÜG, nach dem Zeiten vor dem 1. 4. 2017 nicht berücksichtigt werden sollen, verstößt gegen die Leiharbeits-RL 2008/104/EG. Grds. sind auch TV an diese europäischen Vorgaben gebunden (ausführlich **Rn. 7**). Bei jeder Überlassung ist der BR zu informieren über Dauer und Lage der Arbeitszeit, Arbeits- und Umweltschutz sowie Einstellung und evtl. Versetzung im Einsatzbetrieb. Vorzulegen sind ihm insbes. die Erklärung bzw. Unterrichtung über Erteilung und/oder Wegfall der Erlaubnis nach § 1 AÜG, der schriftliche Vertrag zwischen Verleiher und Entleiher sowie die Mitteilungen nach § 12 AÜG (§ 14 Abs. 3 AÜG). Der Aufgabenbezug dazu ergibt sich schon aus den Rechten des BR aus § 99, 101 BetrVG. Dem BR muss eine Überprüfung einer etwaigen unzulässigen Arbeitnehmerüberlassung ermöglicht werden.[436] Die BR der Ver- und Entleiherbetriebe sind berechtigt, ihre personenbezogenen Informationen auszutauschen. Geheimhaltungs- und Datenschutzvorschriften stehen dem nicht entgegen.[437] Im Übrigen sind AG nicht als Vertreter von Datenschutzinteressen der Leiharbeiter legitimiert. Die Verpflichtung des Entleihers zur Mitteilung der bei ihm geltenden wesentlichen Arbeitsbedingungen an den Leiharbeiter nach § 13 AÜG entfällt nicht dadurch, dass der Arbeitsvertrag des Leiharbeiters auf einen TV mit abweichenden Arbeitsbedingungen verweist (§ 13 letzter Halbsatz AÜG). CGZP-TV sind ohnehin unwirksam, da CGZP keine tariffähige und tarifzuständige Gewerkschaft war und ist.[438] Für solche Leih-AN kommt der Grundsatz des equal treatment bzw. equal pay immer zur Anwendung.[439] Alle Leiharbeits-TV müssen nach Art. 5 Abs. 3 RL den Gesamtschutz wahren, d. h. Ungleichbehandlungen in Bezug auf wesentliche Arbeits- und Beschäftigungsbedingungen im Vergleich zu den Stammbeschäftigten der Entleiher-UN zum Nachteil von Leih-AN durch gleichwertige tarifliche Vorteile ausgleichen,[440] worüber BR zu unterrichten sind. Leiharbeiter können beim BR des Entleiherbetriebs nachfragen, ob die ihnen gem. § 13 AÜG gegebenen Informationen über die dort geltenden wesentlichen Arbeitsbedingungen zutreffen und ausreichen. Nach § 14 Abs. 3 AÜG sind dem Entleiher-BR die schriftliche Erklärung des Verleihers nach § 12 Abs. 1 Satz 2 sowie dessen Mitteilungen nach § 12 Abs. 2 AÜG unverzüglich bekanntzugeben. Hinzukommt die Unterrichtungspflicht nach § 99 bei der Übernahme von Leiharbeitern.[441] Wegen der Auswirkungen auf die AN des Entleiherbetriebs ist dessen BR auch über die Erfüllung der Hinweispflicht nach § 11 Abs. 5 Satz 4 AÜG (Arbeitsverbot bei einem durch einen Arbeitskampf betroffenen Entleiher) zu unterrichten.

Der Verleiher-AG hat seinen BR hinsichtlich Einstellung, Eingruppierung und Versetzung zu beteiligen und entsprechend zu informieren. Dazu gehört die Vorlage des Überlassungsvertrages.[442] Hinsichtlich der Beteiligung bei einer Eingruppierung auf Grund des Gleichbehandlungsgrundsatzes nach §§ 3 Abs. 1 Nr. 3, 9 Nr. 2, 10 Abs. 4 AÜG hat ihn der Verleiher über die 109

433 *Ulber*, a. a. O.; *BAG* 10. 7. 13 – 7 ABR 91/11, AuR 9/13, mit der Folge des Widerspruchsrecht nach § 99 Abs. 2 Nr. 1.
434 *Ulber* a. a. O.
435 *EuGH* 17. 3. 22 – C-232/20, Daimler, AuR 22, 187.
436 *LAG* Ba-Wü 12. 10. 22 – 4 TaBV 3/21, NZA 23, 120; dazu *Kiesche*, jurisFR-ArbR 15/2023 Anm. 3.
437 A. A. *Kort*, DB 10, 1291.
438 *BAG* 14. 12. 10 – 1 ABR 19/10, AuR 11, 40; 22. 5. 12 – 1 ABN 27/12; 23. 5. 12 – 1 AZB 58/12, 1 AZB 67/12, AuR 12, 270.
439 *BAG* 13. 3. 13 – 5 AZR 242/12 u. a., AuR 13, 187.
440 *EuGH* 15. 12. 22 – C-311/21, TimePartner, AP Nr 7 zu RL 2008/104/EG, dazu *Däubler*, NZA 23, 73; *Ulber*, ZESAR 23, 252.
441 Ausführlich *Ulber*, § 14 AÜG, Rn. 200 ff.
442 *Hamann*, a. a. O.

beim Entleiher geltenden Eingruppierungsgrundlagen (TV/BV), den konkreten Arbeitseinsatz des Leih-AN sowie vergleichbare AN im Entleiherbetrieb zu informieren und ihm ggf. nach Abs. 2 Satz 3 eine Auskunftsperson oder nach Abs. 3 einen Sachverständigen zur Verfügung zu stellen.[443] Mustergesuch des BR auf konkrete Information in DKWF-*Buschmann,* § 80 Rn. 9.

8. Arbeitskampf

110 Die Unterrichtungsansprüche des BR bestehen grundsätzlich auch während der Dauer von **Arbeitskampfmaßnahmen** im Betrieb.[444] So ist der AG verpflichtet, dem BR für den Zeitraum von Arbeitskampfmaßnahmen im Betrieb unter Namensnennung im Voraus mitzuteilen, welche Überstunden, Schichtverschiebungen, kurzfristigen Versetzungen, Einstellungen und Beschäftigung von Mitarbeitern von fremden Firmen beabsichtigt sind. Auch ev. Streikbrecher/arbeitswillige AN haben keinen Anspruch darauf, dass ihre Arbeitsbereitschaft dem BR unbekannt bleibt.[445]

9. Informationspflichten aus anderen Gesetzen

111 Spezielle Informationspflichten des AG gegenüber dem BR ergeben sich auch aus anderen Gesetzen, etwa §§ 5, 12 Satz 2; 24 Satz 2; 29, 30, 36 EBRG; § 17 Abs. 2, 3 KSchG; § 14 Abs. 3 AÜG, §§ 8 Abs. 3, 9 ASiG, §§ 5 Abs. 3, 17 Abs. 1, 126 Abs. 3, 194 Abs. 2 UmwG, §§ 7 Abs. 4, 20 TzBfG, §§ 10, 14, 27, 35 WpÜG.[446] Sie haben ihren Ausgangspunkt überwiegend in der Umsetzung europäischer RL, die regelmäßig eine besondere Unterrichtung der betrieblichen Arbeitnehmervertretung vorsehen, welche die Information nach dieser Vorschrift erweitert. Besondere Informationsrechte des BR ergeben sich aus dem **Entgelttransparenzgesetz** (EntgTranspG) 2017.[447] Zusammen mit dem individuellen Auskunftsanspruch einzelner Beschäftigter nach § 10 trifft § 13 EntgTranspG – unabhängig von der Betriebsgröße – Regelungen zum Einblicksrecht in die Bruttolohn- und -gehaltslisten (im Einzelnen Rn. 130a). Beschäftigte in Betrieben mit mehr als 200 Beschäftigten bei demselben AG (§ 12 EntgTranspG) wenden sich für ihr Auskunftsverlangen nach § 10 EntGTranspG an den BR, der den AG sodann in anonymisierter Form informiert (§ 14 EntgTranspG). Er kann verlangen, dass der AG die Auskunftsverpflichtung übernimmt, muss das aber nicht. Nach Abs. 2 kann der AG dies auch von sich aus übernehmen, wenn er den BR darüber, über eingehende Auskunftsverlangen sowie über seine Antwort informiert. Der BR kann dies zum Anlass nehmen, seinerseits einen Blick in die Bruttoentgeltlisten zu nehmen, um die Richtigkeit dieser Auskunft zu überprüfen. Andernfalls gibt der AG die verlangten Informationen an den BR, dieser gibt sie nach § 14 Abs. 3, 4 EntgTranspG innerhalb von 3 Monaten nach Zugang des Auskunftsverlangens an den/die Beschäftigte weiter. In Übereinstimmung mit der RL 2006/54/EG hat das *BAG* (8. Senat) den Beschäftigtenbegriff unionsrechtskonform so ausgelegt, dass im Einzelfall auch arbeitnehmerähnliche Personen i. S. v. § 5 Abs. 2 Nr. 1 dieses Gesetzes darunterfallen.[448] Nach § 13 Abs. 5 i. V. m. 5 Abs. 5 EntgTranspG erklärt der AG schriftlich oder in Textform, ob tarifliche Entgeltbestimmungen verbindlich und inhaltsgleich im Betrieb angewendet werden. Gerade letztere Information ist für BR wichtig, so dass dazu nachgefragt werden sollte. Da § 5 Abs. 5 EntgTranspG hier förmlich auf die verbindliche Übernahme durch »schriftliche Vereinbarung zwischen AG und Beschäftigten« abstellt, kann der BR deren Richtigkeit nach § 80 Abs. 1 BetrVG durch Anforderung der Vertragstexte überwachen (vgl. Rn. 89). Zu all. Aufgaben der BR nach anderen Gesetzen Rn. 77.

---

443 Vgl. *Hamann,* a. a. O.

444 *BAG* 26. 1. 88 – 1 ABR 34/86, DB 88, 1551; 10. 12. 02 – 1 ABR 7/02, AuR 03, 30; *LAG Rheinland-Pfalz* 21. 3. 13 – 10 TaBV 41/12, EzA-SD 13, 10, 15; *Fitting,* Rn. 50; *Klocke,* Das BetrVG und der Arbeitskampf im Betrieb, HSI-Schriftenreihe Bd. 29, 2019, S. 37, 39, 76 f.

445 *BAG* 10. 12. 02 – 1 ABR 7/02, AuR 03, 30, 318; 13. 12. 11 – 1 ABR 2/10, NZA 12, 571; *LAG Rheinland-Pfalz* 21. 3. 13 – 10 TaBV 41/12, a. a. O.

446 *Umfassende Übersicht bei Engels,* Fortentwicklung des Betriebsverfassungsrechts außerhalb des BetrVG, Teil I u. II, AuR 08, 10 ff.; 65 ff. m. w. N.

447 Ausführlich dazu *Kocher,* AuR 18, 8.

448 *BAG* 25. 6. 20 – 8 AZR 145/19, AuR 20, 204 (Anm. *Zimmer*).

IV. Vorlage von Unterlagen (Abs. 2 Satz 2)

Wie bei der Information aus Abs. 2 Satz 1 beschränkt sich auch dieses Recht aus Abs. 2 Satz 2 Halbs. 1 nicht auf die in Abs. 1 genannten Aufgaben. Der BR soll in die Lage versetzt werden, die Entscheidung des AG nachvollziehen zu können.[449] Auf die (Papier-)Form kommt es nicht an. »Unterlage« sind **sämtliche in stofflicher Form verkörperte oder abrufbare Informationsmaterialien gleich welcher Zusammensetzung** wie Schriftstücke, Listen, Urkunden, sonstige Aufzeichnungen, Gutachten, z. B. über die Gestaltung der Arbeitsplätze,[450] Texte von Vorschriften und Literatur, soweit diese nicht bereits nach § 40 Abs. 2 dem BR zur Verfügung zu stellen sind,[451] Daten in einem Daten- oder Tonträger, Fotos, ggf. Beweisstücke und Teile der Produktion (z. B. Ausschuss bei Prämienarbeit).[452] Dabei kann es sich auch um Unterlagen Dritter handeln, über die der AG verfügen darf[453] oder die er erstellen lässt (z. B. Gutachten, von Messgeräten produzierte Ergebnisse, Arbeitsblätter einer UN-Beratungsfirma).[454] 112

Nach der Rspr. des *BAG*[455] soll der BR vom AG lediglich die **Überlassung** schriftlich oder in einem Datenspeicher **vorhandener** (oder erstellbarer) **Unterlagen** (wie z. B. Aufstellungen, Listen, Abrechnungen, Auszüge aus Akten) verlangen können.[456] Zur Herstellung noch nicht vorhandener Unterlagen sei er nicht verpflichtet. Diese Rspr. überzeugt nicht, da die Vorschrift das anspruchsbegründende Merkmal **»vorhanden«** nicht kennt und allein auf die Erforderlichkeit abstellt. Für den Auskunftsanspruch des Abs. 2 Satz 1 lehnt selbst das *BAG* (vgl. Rn. 79, 105)[457] diese Einschränkung ausdrücklich ab, soweit eine Vorhaltepflicht des AG besteht. Ist es erforderlich, z. B. aus Gründen der Arbeitssicherheit oder Ergonomie bestimmte Messungen vorzunehmen, sind dem BR die Ergebnisse zuzuleiten. Außerdem wird der BR so gezwungen, die Arbeitsschutzbehörden einzuschalten, statt sich selbst ein vollständiges Bild zu machen und den Konflikt innerbetrieblich zu regeln.[458] Jedenfalls ist der AG verpflichtet, die vom BR geforderten erforderlichen Unterlagen zu erstellen und dem BR zur Verfügung zu stellen, wenn diese aus an verschiedenen Stellen des Betriebs (UN) vorhandenen Daten, Schriftstücken, Tabellen u. Ä. zu einer bestimmten Unterlage zusammengestellt werden können. Der BR kann ggf. verlangen, dass der AG ein EDV-Programm erarbeitet bzw. erwirbt, mit dessen Hilfe – ggf. durch Datenverknüpfung – die für die BR-Arbeit erforderlichen Unterlagen vorgelegt werden können.[459] Soweit sich dieser Anspruch nicht unmittelbar aus Abs. 2 ergibt, müsste jeweils im Einzelfall geprüft werden, ob die Erstellung von Unterlagen/Daten erforderlich i. S. d. § 40 ist. Abs. 2 Satz 2 enthält eine weitere Anspruchsgrundlage, nicht jedoch eine Obergrenze der dem BR zur Verfügung zu stellenden Informationen und Unterlagen. 113

Auf Verlangen des BR hat der AG bspw. vorzulegen (**Rechtsprechung**): 114

- Alle Verträge, die der Beschäftigung der in Satz 1 genannten Personen zugrunde liegen (Satz 3, eingefügt 2017); neben AN sind dies Personen, die nicht in einem Arbeitsverhältnis zum AG stehen, also Beschäftigte anderer AG oder Selbstständige. Werden Beschäftigte anderer Werkunternehmer im oder für den Betrieb eingesetzt, sind auch die zugrunde liegenden Werkverträge vorzulegen. Im Grundsatz hatte dies die Rspr. schon vor der Novellierung anerkannt (s. u., zu Arbeitsverträgen vgl. auch Rn. 19 ff., 89);
- BV/GBV sowie sonstige Vereinbarungen, die für den Betrieb abgeschlossen und in den BR-Akten ggf. nicht vollständig dokumentiert sind (vgl. auch § 810 BGB);

---

449 *Fitting*, Rn. 62; *BAG* 7. 8. 86, AP Nr. 25 zu § 80 BetrVG 1972; restriktiv *BAG* 8. 11. 16 – 1 ABR 64/14, zur Personalplanung.
450 *LK*, Rn. 27.
451 GK-*Weber*, Rn. 88.
452 *BAG*, a. a. O.; 17. 3. 83, AP Nr. 18 zu § 80 BetrVG 1972; 12. 3. 09 – 7 ABR 15/08, DB 09, 2439 *GL*, Rn. 30.
453 *Etzel*, Rn. 451.
454 *LAG Schl.-Holstein* 14. 12. 93 – 1 TaBV 3/93, AuR 94, 202.
455 *BAG* 30. 9. 08 – 1 ABR 54/07, AuR 09, 105.
456 Vgl. GK-*Weber*, Rn. 90.
457 *BAG* 10. 10. 06 – 1 ABR 68/05 RdA 08, 38 mit Anm. *Buschmann*; ebenso 30. 9. 08 – 1 ABR 54/07 a. a. O.
458 Kritisch auch *Däubler*, Arbeitsrecht 1, 418, 444; Hako-*Kohte/Schulze-Doll*, Rn. 53.
459 A. A. GK-*Weber*, Rn. 90 nur für ein vorhandenes Programm.

- Freie Mitarbeiter: Gesamtübersicht über alle für den Betrieb eingesetzten – unter Angabe von Personalien, Aufgabengebiet, Arbeitsplatz, festgelegten Arbeitszeiten, Art der Entlohnung (z. B. Pauschalvergütung, bei Journalisten Zeilenhonorar, Stundensatz, Tariflohn/-gehalt), was sich konkret nur durch Vorlage der entspr. Verträge bewerkstelligen lässt;[460] seit 2017 Mindestmerkmale in Satz 1;
- vom AG eingeholte Gutachten bzw. Stellungnahmen, z. B. über Gestaltung der Arbeitsplätze; Auswirkungen auf Arbeitsplätze und AN bei der Planung von Umbauten, technischen Anlagen, neuen Arbeitsverfahren und -abläufen;[461]
- Jahresbilanzen (Steuerbilanz, Gewinn- und Verlustrechnung, Wirtschaftsprüferbericht) an den BR eines Klein-UN (ohne WA) jedenfalls dann, wenn deren Kenntnis für die Erfüllung der BR-Aufgaben nicht nur nützlich, sondern notwendig ist;[462]
- Kontrolllisten, aus denen sich Einsatztage und Einsatzzeiten der einzelnen AN von Fremdfirmen ergeben, sowie die zu Grunde liegenden Verträge mit Fremdfirmen;[463]
- Listen aller im Betrieb beschäftigten AN incl. Lt. Angestellten mit folgenden Daten, soweit bekannt: Name, Vorname, Geburtsdatum, Eintrittsdatum, evtl. bestehende Schwerbehinderteneigenschaft, Familienstand, Unterhaltspflichten.[464] Dies gilt bei Sozialplanverhandlungen.
- Verfahren und Liste der Mitarbeiter (Ausnahme: Lt. Angestellte), denen Aktienoptionen (»stock-options«) zugeteilt wurden, auch wenn die Entscheidung von einer ausländischen Muttergesellschaft getroffen wird;[465] diesen Auskunftsanspruch verneint indes das *BAG* für den Fall, dass diese die stock-options direkt gewährt;[466]
- Listen mit Namen und Privatanschriften der beschäftigten AN während eines arbeitskampfbedingten Produktionsstillstandes, um den AN situationsbezogene Informationen zusenden zu können;[467]
- Listen über die tarifliche Eingruppierung der AN bzw. über im Betrieb beschäftigte AN, z. B. Zeitungszusteller;[468]
- Nachweise über Durchführung gesetzlicher Vorschriften, z. B. Nachweisgesetz, Gewährung von Stillzeit nach dem MuSchG, Urlaubslisten nach BUrlG, Zahl der beschäftigten Schwerbehinderten nach SGB IX; Mehrarbeitsaufstellung nach TV;
- Stellenbesetzungsplan (monatlich) mit personellen Zielvorstellungen des AG sowie Ist-Personalbestand;[469] Auflistung aller frei gewordenen für Schwerbehinderte geeigneten Arbeitsplätze;[470]
- Unterlagen über Formen und Inhalte der Verarbeitung personenbezogener Daten der AN, auch wenn Datenverarbeitung nicht im Betrieb selbst, sondern bei einem anderen UN erfolgt;[471]

---

460 *BAG* 15.12.98 – 1 ABR 9/98, AuR 99, 242 m. w. N.
461 Vgl. auch *LK*, Rn. 27.
462 Vgl. *BAG* 5.2.91 – 1 ABR 24/90, BB 91, 345, zur Vorlage des Wirtschaftsprüferberichts, wenn und soweit der BR diesen zur Wahrnehmung konkreter Aufgaben benötigt.
463 *BAG* 31.1.89 – 1 ABR 72/87, AP Nr. 33 zu § 80 BetrVG 1972.
464 *LAG Niedersachsen* 29.9.88 – 15 TaBV 74/88; *LAG BaWü* 20.5.22 – 12 TaBV 4/21, juris.
465 *LAG BaWü* 17.1.17 – 19 TaBV 3/16, AuR 17, 314, aufgehoben durch *BAG* 20.3.18 – 1 ABR 15/17, AuR 18, 440; *LAG Bremen* 27.7.16 – 3 TaBV 2/16, aus prozessualen Gründen aufgehoben durch *BAG* 20.3.18 – 1 ABR 50/16; *LAG BaWü* 9.4.14 – 19 TaBV 7/13, aus prozessualen Gründen zurückverwiesen durch *BAG* 7.6.16 – 1 ABR 26/14; *LAG Nürnberg* 22.1.02 – 6 TaBV 19/01, AuR 02, 151, Rechtsbeschw. kurzfristig zurückgenommen, AuR 03, 266; a. A. *LAG München* 11.8.17 – 9 TaBV 34/17.
466 *BAG* 20.3.18 – 1 ABR 15/17, AuR 18, 440; a. A. zu § 13 Abs. 2 S. 1 EntgTranspG *LAG Berlin-Brandenburg* 9.3.21 – 24 TaBV 481/20, AuR 21, 433.
467 *LAG Berlin* 28.6.84, DB 84, 1936; vgl. auch *Etzel*, Rn. 458.
468 *ArbG Mannheim 18.3.91 – 10 BV 36/90 H.*
469 *LAG Bremen* 18.3.92, AuR 93, 374.
470 *BAG* 10.11.92 – 1 ABR 21/92, NZA 93, 377.
471 Vgl. *BAG* 17.3.87, AP Nr. 29 zu § 80 BetrVG 1972.

- Unterlagen über die Kriterien über- bzw. außertariflicher Lohnzahlungen, Leistungszulagen bzw. Einmalzulagen, wie z. B. Streikbrecherprämien;[472] dies gilt auch bei AT-Angestellten,[473] damit der BR sein Mitbestimmungsrecht nach § 87 Abs. 1 Nr. 10 prüfen kann;
- Unterlagen über die von einem UN-Beratungsbüro durchgeführten Untersuchungen zur Gemeinkostensenkung, z. B. Arbeitsblätter über Rationalisierungspotential und Maßnahmenplan;[474]
- Unterlagen, woraus der BR entnehmen kann, an welchen Arbeitsplätzen welche AN wann und wie viele Überstunden geleistet haben;
- Versorgungszusage (individuelle an AT-Angestellte): Unterlagen (Auskünfte) über die bei Erteilung angewandten Grundsätze[475] sowie jeweils ein Exemplar der einem ausgeschiedenen AN erteilten Versorgungsauskunft;[476]
- Verträge mit Fremdfirmen, die Grundlage der Beschäftigung von AN im Betrieb sind (s. o.; auch Rn. 85 ff., 93).[477] Dieser Automatismus ergibt sich im Baugewerbe auch aus § 5 TV-Mindestlohn;[478]
- Verträge über Betriebsübergang bzw. Veräußerung von Betriebsteilen mit materiellen und immateriellen Werten an Dritte;[479]
- Zeiterfassungskarten (Stechkarten), Ausdrucke von elektronischen Zeiterfassungsgeräten;[480] monatliche Aufstellungen über erfasste Anwesenheits- und bezahlte Arbeitszeiten;[481] Aufzeichnungen nach § 16 Abs. 2 ArbZG sowie Mindestlohndokumentationen nach §§ 19 AEntG und 17 MiLoG.

Nach § 7 Abs. 4 Satz 2 TzBfG sind dem BR auf Verlangen die erforderlichen Unterlagen zur Verfügung zu stellen. Der Begriff »erforderlich« bezieht sich auf den Informationsgegenstand, d. h. **Teilzeitarbeit im Betrieb und UN.** Es kommt nicht darauf an, ob dem BR diesbezüglich besondere Befugnisse zustehen. Einen besonderen Bezug (»zur Durchführung seiner Aufgaben erforderlich«) wie in § 80 Abs. 2 Satz 2 enthält die Vorschrift nicht.[482] 115

Aus der Vorschrift ergibt sich kein genereller Anspruch des BR auf Überlassung der **Personalakten** (PA) einzelner AN (h. M.), es sei denn, der betr. AN ist damit einverstanden (vgl. § 83 Rn. 18).[483] Allerdings hat der Gesetzgeber des BetrVG 1972[484] einen Antrag der damaligen Opposition, Informationen aus der PA und deren Vorlage von der vorherigen schriftlichen Zustimmung des AN abhängig zu machen, ausdrücklich abgelehnt, »da nach ihrer (der Ausschussmehrheit) Ansicht eine wirksame Vertretung[485] der gesamten Belegschaft beeinträchtigt werden könnte«. Der BR kann damit stets aus den PA konkrete Informationen verlangen, sofern dies für seine Arbeit erforderlich ist,[486] etwa zwecks Überwachung der Durchführung der zugunsten der AN geltenden Vorschriften nach Abs. 1 Nr. 1. Beispielhaft zu nennen ist das AGG, das durch Aufnahme »verpönter« Merkmale wie Rasse, ethnische Herkunft, Weltanschauung, sexuelle Identität in die PA verletzt sein könnte; zum Einblicksrecht des einzelnen AN vgl. § 83 Rn. 12. Aus der Verneinung eines generellen Überlassungsanspruchs des BR bezogen auf die 116

472 Vgl. *BAG* 20.12.88, AP Nr. 5 zu § 92 ArbGG 1979; 26.1.88, AP Nr. 31 zu § 80 BetrVG 1972; vgl. auch *Etzel*, Rn. 454.
473 Vgl. *BAG* 22.12.81, AP Nr. 7 zu § 87 BetrVG 1972 Lohngestaltung.
474 *LAG Schl.-Holstein* 14.12.93 – 1 TaBV 3/93, AuR 94, 202, Ls.
475 *BAG* 19.3.81, AP Nr. 14 zu § 80 BetrVG 1972; *Etzel*, Rn. 457.
476 *LAG Baden-Württemberg* 23.1.91 – 12 TaBV 14/90, AiB 91, 271.
477 *BAG* 31.1.89 – 1 ABR 72/87, AP Nr. 33 zu § 80 BetrVG 1972; 9.7.91 – 1 ABR 45/90, NZA 92, 275; *Kreuder*, AuR 93, 316; *Ulber*, AiB 7–8/15, 19.
478 Vgl. *Koberski/Sahl/Hold*, § 1 Rn. 133 ff.
479 *LAG Berlin* 6.8.97 – 13 TaBV 3/97, AuR 99, 71 m. w. N.
480 *ArbG Detmold* 14.9.89 – 3 BV 21/89, Herausgabe durch elektronische Zeiterfassung erstellter Kontenblätter für jeden einzelnen AN an den BR.
481 *LAG Baden-Württemberg* 21.2.94 – 15 TaBV 11/93, LAGE § 80 BetrVG 1972 Nr. 13 = AuR 94, 311.
482 TZA-*Buschmann*, § 7 TzBfG, Rn. 33 ff.
483 A. A. GK-*Weber*, Rn. 91.
484 Vgl. Ausschussprotokoll BT-Drucks. VI/2729.
485 *Kort*, NZA 10, 1272.
486 *BAG* 20.12.88, AP Nr. 5 zu § 92 ArbGG 1979; *Brill*, AuR 76, 41; *Fitting*, Rn. 66; *Föhr*, DB 76; 1379; GK-*Weber*, a. a. O.; *GL*, Rn. 31.

PA ergibt sich kein Umkehrschluss, dass die Weitergabe personenbezogener Informationen bzw. Daten aus der PA an den BR stets unzulässig wäre.[487] Insofern gelten gleiche Grundsätze wie im Datenschutz, wo der BR nicht Dritter, sondern Teil der verantwortlichen Stelle ist. Somit wird der »Datenfluss« zwischen AG und BR durch Datenschutz nicht eingeschränkt.[488] Die im Rahmen der BR-Aufgaben angeforderte Information und deren Auswertung und Verarbeitung innerhalb des BR bedarf keiner Einwilligung der AN.[489] Hat der BR die Erteilung bestimmter Auskünfte **unter Vorlage von Unterlagen an den WA** verlangt, kann er bei Weigerung des AG nicht Vorlage an sich selbst verlangen, da die Spezialnorm des § 109 die Anrufung der ESt. vorsieht.[490]

117 Der BR hat die Verpflichtung, darüber zu wachen, dass die datenschutzrechtlichen Bestimmungen im Betrieb eingehalten werden.[491] Ihm sind deshalb die erforderlichen Unterlagen der Verarbeitungsprogramme bestehender Personaldatenbanken, auch soweit eine Verknüpfung der Personaldatenbank mit anderen Datenbanken möglich ist, einschließlich Projekt-, Programm- und Benutzerhandbuch des Software-Lieferanten vorzulegen und zu erläutern.[492] Er kann auch ohne tatsächliche Anhaltspunkte für eine Nichtanwendung bei der Überwachung der Personalinformationssystem-BV Stichproben machen und Ausdrucke und Abbildungen von Programmen und Datenläufen verlangen.[493]

118 Vorzulegen sind Unterlagen im **sachlich erforderlichen Umfang.** Die Erforderlichkeit kann ggf. verneint werden, wenn der AG (UN) dem WA bereits die Unterlagen zur Verfügung gestellt hat (vgl. auch § 108 Abs. 4). Nach *BAG*[494] ist der AG nicht verpflichtet, dem BR im Rahmen der Kündigungsanhörung nach § 102 Beweismaterial (Detektivbericht mit Fotomappe) zur Verfügung zu stellen. Dies könnte aber der AN nach Art. 15 DSGVO einfordern. Soweit ihre Kenntnis für die Erfüllung der BR-Aufgaben erforderlich ist, sind dem BR auch Unterlagen über Betriebs- und Geschäftsgeheimnisse vorzulegen, da § 80 Abs. 2 keine einschränkende Vorschrift wie § 106 Abs. 2 enthält (ebenso Art. 6 RL 2002/14/EG; Art. 3 Abs. 1c) RL (EU) 2016/943). Dies gilt z. B., wenn der BR geheimhaltungsbedürftige Unterlagen benötigt, um angemessene Vorschläge zur Aufstellung eines Sozialplans machen zu können (vgl. § 79 Rn. 1).[495]

119 Das »**Zur Verfügung stellen**« umfasst die Pflicht des AG, dem BR die Unterlagen jedenfalls in Kopie zu überlassen und diesem ohne Beisein des AG eine Auswertung zu ermöglichen.[496] Der BR ist berechtigt, sich selbst Auszüge oder **Abschriften bzw. Fotokopien** der Unterlagen, die ihm der AG zur Verfügung zu stellen hat, anzufertigen.[497] Dies gilt insbes. für auf Zeit überlassene Unterlagen.[498]

120 Die Unterlagen sind dem BR **unverzüglich nach Verlangen**[499] und jederzeit zur Verfügung zu stellen, **ohne** dass er hierfür einen **konkreten Anlass** angeben oder bestimmte **Verdachtsmomente** äußern muss.[500] Er kann ohne besonderen Anlass in regelmäßigen Abständen verlangen, dass ihm zur Durchführung seiner Aufgaben erforderliche Unterlagen zur Verfügung

---

487 So aber unzutreffend *LAG Niedersachsen* 22. 1. 07 – 11 Sa 614/06, AuR 07, 358, mit abl. Anm. *Buschmann.*

488 *BAG* 14. 1. 14 – 1 ABR 54/12, EzA-SD 2014, Nr 11, 15; 3. 6. 03 – 1 ABR 19/02, EzA BetrVG 2001 § 89 Nr. 1; *Kort*, NZA 10, 1272; vgl. § 1 Abs. 3 Satz 1 BDSG; ausführlich § 79 Rn. 44; zur PA § 83 Rn. 18).

489 *Kort*, NZA 10, 1272.

490 *LAG Frankfurt* 1. 9. 88, AuR 89, 106, Ls.

491 Vgl. § 79a; *Fitting*, Rn. 7, 67; *SWS*, Rn. 2a, 12a.

492 Vgl. *BAG* 17. 3. 87, AP Nr. 29 zu § 80 BetrVG 1972; *Fitting*, Rn. 67; *SWS*, Rn. 12a.

493 *HessLAG* 18. 3. 93 – 12 TaBV 106/93, LAGE § 80 BetrVG 1972 Nr. 9.

494 *BAG* 26. 1. 95, AuR 95, 196; a. A. *LAG Hamm* 6. 1. 94 – 16 Sa 1216/93, AiB 95, 66 als Vorinstanz.

495 *ArbG Bad Hersfeld* 27. 4. 81, ZIP 81, 775; *Etzel*, a. a. O.

496 *BAG* 20. 1. 15 – 1 ABR 25/13, DB 15, 1112.

497 So ausdrücklich *BAG* 20. 11. 84, AP Nr. 3 zu § 106 BetrVG 1972; Richardi-*Thüsing*, Rn. 78; *Jedzig*, DB 89, 978 [979]; *LK*, Rn. 29; einschränkend *GL*, Rn. 33, die es als unzulässig ansehen, dass sich der BR eine Dokumentation der betrieblichen Akten aufbaut.

498 Vgl. *BAG* 20. 11. 84, a. a. O., das zwischen BR und WA unterscheidet und nur Letzterem das Kopieren wegen der besonderen Vertraulichkeit untersagt.

499 *HWGNRH*, Rn. 62.

500 *BAG* 20. 9. 90 – 1 ABR 74/89, PersR 91, 182; *Fitting*, Rn. 68; *GL*, Rn. 34; Richardi-*Thüsing*, Rn. 63; kritisch GK-*Kraft*, 7. Aufl., Rn. 79; wie hier GK-*Weber*, Rn. 86.

gestellt werden wie Statistiken über Arbeitsunfälle, Mehr- und Nachtarbeit, Teilzeitbeschäftigte, ausländische AN, Schwangere, Schwerbehinderte, Jugendliche.[501] Dabei steht ihm ein Beurteilungsspielraum zu. Nur rechtsmissbräuchliches Verlangen schließt die Vorlagepflicht aus (zum Rechtsmissbrauch vgl. Rn. 27).[502]

Auch eine **Einigungsstelle** kann besondere Unterlagen des AG zur Aufklärung eines Sachverhalts benötigen. Sie verfügt allerdings nicht über eigene Zwangsmittel. Hat aber der ESt.-Vorsitzende dem AG aufgegeben, der ESt. entspr. Unterlagen auszuhändigen und Auskünfte zu geben, und kommt der AG dieser Aufforderung nicht nach, hat der BR Anspruch gegen den AG auf Unterrichtung und Herausgabe von Unterlagen an sich zwecks Weiterleitung an die ESt.[503] oder direkt an die ESt.[504] Im Übrigen kann er sich direkt an die AN wenden, um von ihnen ggf. weiterführende Informationen für die ESt. zu gewinnen und diese AN der ESt. als Auskunftspersonen (Zeugen) zu benennen. 121

V. Selbstständige Informationsgewinnung des Betriebsrats

Der BR ist für seinen Informationsstand nicht auf die Unterrichtung durch den AG beschränkt. Erforderlich ist vor allem interne Kommunikation mit den AN; darüber hinaus kann externe Kommunikation mit Dritten erforderlich sein.[505] BR können mit einzelnen für ihre Arbeit nützlichen Informationen nur sinnvoll umgehen, wenn diese in einen Zusammenhang gestellt werden. Dies gilt schon für die ggf. zu unterschiedlichen Zeiten und Anlässen erfolgten Verlautbarungen des AG z. B. zu technischen Anlagen, Bilanz, Personalplanung, personellen Einzelmaßnahmen, Mitteilungen auf BV und BR-Versammlungen und arbeitsgerichtlichen Vortrag. Es ist deshalb angebracht, sie zu ordnen, abzugleichen und wechselseitig zu überprüfen. Die Unterrichtungspflichten des AG hindern den BR nicht daran, sich selbst auf andere Weise zu informieren.[506] Er ist zwar nicht generell darauf verwiesen, sich notwendige Informationen selbst zu beschaffen. Insbesondere begründen § 80 Abs. 1 Nr. 1 und Nr. 9 sowie § 89 Abs. 1 Satz 1 und die Hinzuziehungsberechtigung nach § 89 Abs. 2 Satz 1 für ihn keine autarke und separierte Ermittlungsobliegenheit.[507] Er kann aber jede ihm **zugängliche Informationsquelle** nutzen, z. B. Gespräche mit AN am Arbeitsplatz,[508] Betriebsbegehungen,[509] Betriebs- und Abteilungsversammlungen sowie Fragebogenaktionen.[510] Im Beschluss v. 24. 1. 06[511] hat das *BAG* den BR sogar auf eigene Datenermittlung aus vorhandenen Unterlagen verwiesen, was nichts anderes bedeutet, als dass der BR die bei ihm aus verschiedenen Anlässen eingehenden Informationen sammeln, verknüpfen und auswerten soll. Der BR hat gegen den AG Anspruch auf Duldung der Selbstbeschaffung von Informationen, umgekehrt auf Unterlassung von Behinderungen, und zwar jederzeit.[512] 122

Weitere Informationsquellen können sein: Internetzugang, Berichte von BR aus anderen UN (z. B. bei Betriebsübergang oder Fremdfirmeneinsatz), aus gewerkschaftlichen Fachgruppen, Wirtschaftszeitungen, juristischer Fachliteratur. Die BR-Mitglieder können als natürliche Per- 123

501 *Fitting,* Rn. 63; ErfK-*Kania,* Rn. 24.
502 *BAG* 11. 7. 72, 18. 9. 73, 10. 6. 74, AP Nrn. 1, 3, 8 zu § 80 BetrVG 1972; Richardi-*Thüsing,* Rn. 56; GK-*Weber,* Rn. 87.
503 *Fitting,* § 76 Rn. 45.
504 So *ArbG Berlin* 2. 7. 99, AiB 00, 436.
505 *BAG* 14. 7. 10 – 7 ABR 80/08, m. w. N., AuR 10, 397; *Neufeld/Elking,* NZA 13, 1170.
506 *HessLAG* 26. 9. 11 – 16 TaBV 105/11, NZA-RR 12, 85; *LAG München* 23. 9. 05 – 9 TaBV 58/05, AuR 06, 213; *BAG* AP Nr. 36 zu § 80 BetrVG 1972; *Fitting,* Rn. 79.
507 *BAG* 12. 3. 19 – 1 ABR 48/17, AuR 20, 81 (krit. Anm. *Schubert*); 21. 10. 03 – 1 ABR 39/02; 10. 10. 06 – 1 ABR 68/05, 19. 2. 08 – 1 ABR 84/06, AuR 08, 321; 15. 4. 08 – 1 ABR 44/07, DB 09, 520.
508 *HessLAG* 26. 9. 11 – 16 TaBV 105/11, NZA-RR 12, 85.
509 *BAG* 17. 1. 89, AP Nr. 1 zu § 2 LPVG NW; 13. 6. 89, AP Nr. 36 zu § 80 BetrVG 1972; *Pröpper,* ZBVR online 2017 Nr. 2, 26.
510 *BAG* 8. 2. 77, AP Nr. 10 zu § 80 BetrVG 1972; *SächsLAG* 15. 7. 22 – 4 TaBVGa 1/22, BB 23, 51; vgl. auch *Däubler,* Gläserne Belegschaften?, Rn. 637; Richardi-*Thüsing,* Rn. 69; *Fitting,* Rn. 80; *GL,* Rn. 29 ff.; GK-*Weber,* Rn. 76 f.; *HWGNRH,* Rn. 60; *Neufeld/Elking,* NZA 13, 1169 f.; *SWS,* Rn. 9d.
511 *BAG* 24. 1. 06 – 1 ABR 60/04, DB 06, 1908.
512 *Neufeld/Elking,* NZA 13, 1172.

sonen Aktien erwerben und an der Hauptversammlung teilnehmen, dort eine Abschrift der Vorlagen über Jahresabschluss, Lagebericht, Bericht des Aufsichtsrats und Vorschlag des Vorstands für die Verwendung des Bilanzgewinns verlangen (§ 175 Abs. 2 AktG) sowie weitere Aktionärsrechte geltend machen. Nach Auffassung des *BAG*[513] ist die auf Dauer angelegte Mitgliedschaft in einem Mieterbund nicht das adäquate Mittel für einen BR, die für die sachgerechte Durchführung seiner gesetzlichen Aufgaben in Mietangelegenheiten erforderlichen Kenntnisse zu erlangen. Nach § 13 Unternehmensregister-VO ist die Einsichtnahme unter »www.unternehmensregister.de« (z. B. Handelsregistereintragungen, Jahresabschlüsse, gesellschaftsrechtliche Bekanntmachungen) möglich.[514] Das Gleiche gilt nach § 12 GBO bei Darlegung eines berechtigten Interesses für die Einsichtnahme in und Auszüge aus dem **Grundbuch.** Ein »rechtliches« Interesse ist nicht erforderlich. Es genügt »jedes verständige, durch die Sachlage gerechtfertigte Interesse«.[515] Ausreichend ist ein wirtschaftliches oder familiäres, u. U. sogar ein allgemeines öffentliches Interesse.[516] Es muss nicht bewiesen werden; es reicht aus, dass es dargelegt wird.[517] Möglich ist eine Negativabgrenzung, dass die Offenlegung des Grundbuchs nicht zur Befriedigung der Neugierde oder zu unlauteren, unbefugten Zwecken missbraucht werden darf.[518] Nach § 43 Abs. 2 GBVfg. entfällt die Darlegung des berechtigten Interesses bei Notaren und Rechtsanwälten im nachgewiesenen Auftrag eines Notars. Wird die Einsicht durch den Urkundsbeamten der Geschäftsstelle verweigert, kann dagegen richterliche Entscheidung beantragt und dagegen sodann Beschwerde an das LG eingelegt werden (§ 71 GBO).

124 Nach §§ 2–4 **Umweltinformationsgesetz** haben der BR (jeder) oder seine Mitglieder u. a. Anspruch auf freien Zugang zu Informationen, die bei einer Behörde oder natürlichen oder juristischen Personen des Privatrechts, die öffentlich-rechtliche Aufgaben im Bereich des Umweltschutzes wahrnehmen, über die Umwelt vorhanden sind. Dazu gehört u. a. die Einsichtnahme in Akten über die **staatliche finanzielle Förderung** eines umweltverbessernden Produktionsverfahrens.[519] Beantragt der Bürger ausdrücklich einen bestimmten Informationszugang (z. B. Kopien von Analyseergebnissen), darf dies nach §§ 8, 9 UIG nur abgelehnt werden, wenn hierfür gewichtige, von der Behörde darzulegende Gründe bestehen.[520] Nach § 2 Abs. 1 Nr. 2 des Gesetzes richtet sich der Informationsanspruch auch gegen Privatrechtssubjekte, die öffentlich-rechtliche Aufgaben im Bereich des Umweltschutzes wahrnehmen. Der Anspruch umfasst auch die Einsicht in der Behörde überlassene Datenbanken privater UN.[521] Ein Anspruch auf Zugang zu allen amtlichen Informationen ergibt sich aus den **Informationsfreiheitsgesetzen** des Bundes und der Länder.

125 Entsprechend dem technischen Stand des AG ist dem BR die Möglichkeit zu geben, die anfallenden Informationen auf EDV zu verarbeiten, etwa auf einem hierfür bereitgestellten PC. § 40 Abs. 2 stellt dies klar, wodurch die frühere restriktive Rspr. weitgehend gegenstandslos geworden ist.

VI. Einblick in Bruttolohn- und -gehaltslisten

126 Art. 7 ff. der RL (EU) 2023/970 (Entgelttransparenz und Durchsetzungsmechanismen) verpflichten AG zur Erteilung von Auskünften über individuelle und durchschnittliche Entgelthö-

---

513 27. 9. 74, EzA BetrVG 1972 § 80 Nr. 12.

514 Dazu *Liebscher/Scharff,* NJW 06, 3745; vgl. auch RL 2012/17/EU v. 13. 6. 12 zur Änderung der RL 89/666/EWG, 2005/56/EG u. 2009/101/EG in Bezug auf die Verknüpfung von Zentral-, Handels- und Gesellschaftsregistern; VO (EU) Nr. 389/2013 der Kommission v. 2. 5. 13 zur Festlegung eines Unionsregisters gem. der RL 2003/87/EG und den Entscheidungen Nr. 280/2004/EG u. Nr. 406/2009/EG des EP und des Rates sowie zur Aufhebung der VO (EU) Nr. 920/2010 und (EU) Nr. 1193/2011 der Kommission.

515 Bejaht bei einem Sachverständigen nach Abs. 3, *LG Tübingen* 28. 5. 84, NZA 85, 99.

516 Vgl. auch *Baur/Stürner,* § 15 V 4b, S. 139 m. w. N.

517 *BayObLG,* Rechtspfleger 83, 272.

518 *OLG Hamm* 14. 5. 88, NJW 88, 2482 m. w. N.

519 *BVerwG 25. 3. 99 – 7 C 21.98.*

520 *BVerwG* 6. 12. 96 – 7 C 64.95, AuR 97, 295; für eine teleologische Erweiterung auf alle Betriebe mit umweltrelevanten Tätigkeiten *Heilmann/Bieler,* Anm. zu *BVerwG* a. a. O.

521 *BVerwG* 21. 2. 08 – 4 C 13.07 zum Flughafenausbau Frankfurt.

hen an AN und AN-Vertreter. Nach Art. 12 Abs. 3 RL können die Mitgliedstaaten beschließen, dass in Fällen, in denen die Offenlegung von Informationen nach den Art. 7, 9 und 10 zur unmittelbaren oder mittelbaren Offenlegung des Entgelts eines bestimmbaren AN führen würde, nur die AN-Vertreter, die Arbeitsaufsichtsbehörde oder die Gleichbehandlungsstelle Zugang zu den betreffenden Informationen haben. Nach Art. 9 Abs. 6 haben die AN-Vertreter Zugang zu den vom AG angewandten Methoden. Das Einblicksrecht in die Listen über Bruttolöhne und -gehälter steht grundsätzlich dem **Betriebsausschuss** (§ 27) oder einem anderen nach § 28 gebildeten Ausschuss des BR und nicht dem gesamten BR zu (h. M.).[522] In **kleineren Betrieben,** die nicht über einen Betriebsausschuss nach § 27 BetrVG verfügen können, hat es gemäß § 27 Abs. 3 anstelle des Betriebsausschusses der die laufenden Geschäfte führende **BR-Vorsitzende** (im Verhinderungsfall sein Stellvertreter) **oder ein anderes beauftragtes BR-Mitglied,** dem nicht die Führung der laufenden Geschäfte übertragen sein muss.[523] Besteht keine Regelung nach § 27 Abs. 3, hat jedenfalls der BR-Vorsitzende das Einblicksrecht.[524] In Kleinstbetrieben, in denen nur ein BR-Mitglied zu wählen ist, hat dieser das Recht.[525] Die Anfechtung der BR-Wahl nach § 19 beeinträchtigt das Einblicksrecht nicht.[526] Musterantrag des BR in DKWF-*Buschmann,* § 80 Rn. 13f. Besondere Bedeutung gewinnt es, wenn eine **normative Tarifbindung endet,** etwa nach Betriebsübergang i. S. d. § 613a BGB oder nach Beendigung des TV i. S. d. § 3 Abs. 3 TVG, und nun der BR überprüfen muss, ob und wie die gezahlten Löhne und Gehälter sich verändern.

Das Einblicksrecht dient insbes. der Prüfung, ob die **kollektiven Entgeltregelungen in TV u. BV, AEntG** u. **MiLoG, AGG** u. **EntgTranspG,** arbeitnehmerschützende Normen wie § 4 TzBfG und die sich aus § 75 Abs. 1 ergebenden Grundsätze **von Recht u. Billigkeit** sowie der **Gleichbehandlungsgrundsatz** verwirklicht werden.[527] Es dient einerseits der **Lohngerechtigkeit,** andererseits der Prüfung, ob **Mitbestimmungsrechte nach § 87 Abs. 1 Nrn. 10 und 11** berührt werden.[528] Es ist auch gegeben, wenn unterschiedliche Entgelt-TV konkurrierender Gewerkschaften im Betrieb angewendet werden[529] bzw. wenn der AG nicht tarifgebunden ist. Auch in diesem Fall kommt eine Mitbestimmung des BR nach § 87 Abs. 1 Nrn. 10 u. 11 in Betracht.[530] 127

Das Einblicksrecht besteht nur hinsichtlich der **Brutto-** und nicht hinsichtlich der **Nettoentgelte.** Dadurch erhält der BR keinen Einblick in die persönlichen Verhältnisse der einzelnen AN (h. M.).[531] Jedoch sind die Namen und Entgelte der betr. AN deutlich zu identifizieren. Datenschutzgesichtspunkte bzw. das EntgTranspG stehen dem nicht entgegen (vgl. Rn. 137). § 26 Abs. 1 S. 1 BDSG n. F. erlaubt ausdrücklich die Datenverarbeitung zum Zwecke der Ausübung von Rechten der Interessenvertretung der Beschäftigten und stellt damit die Einsichtnahme nach dieser Vorschrift auf rechtssichere Grundlage. Durch das **Entgelttransparenzgesetz** wird das Einblicksrecht des BR nicht eingeschränkt, sondern erweitert. Nach Auffassung des *BAG*[532] begründet § 80 für sich nicht eine Verpflichtung des AG solche Listen zu erstellen. Danach könne der BR nur Einsicht in Unterlagen verlangen, die der AG zumindest in Form einer elek- 128

---

522 *BAG* 16.8.95 – 7 ABR 63/94, AP Nr. 53 zu § 80 BetrVG 1972.

523 *BAG* 14.1.14 – 1 ABR 54/12, EzA-SD 2014, Nr 11, 15, 16.8.95 a. a. O.; *LAG Niedersachsen* 17.8.01 – 16 TaBV 101/00, AuR 01, 516; Richardi-*Thüsing,* Rn. 80f.; *Fitting,* Rn. 71f.; *Schneider,* AiB 87, 209; GK-*Weber,* Rn. 103; a. A. *HWGNRH,* Rn. 74, die ein Einsichtsrecht in kleinen Betrieben verneinen; nach *von Friesen,* AuR 82, 245, ist der ganze BR legitimiert.

524 Richardi-*Thüsing,* Rn. 86; GK-*Weber,* Rn. 103; *GL,* Rn. 37; *Hanau,* Anm. zu AP Nr. 2 zu § 80 BetrVG 1972; *Richardi,* Anm. zu AP Nrn. 3, 4 zu § 80 BetrVG 1972.

525 GK-*Weber,* Rn. 104; *GL,* a. a. O.

526 *LAG Düsseldorf* 26.2.91 – 6 Ta BV 133/90; ebenso *LAG Baden-Württemberg* 28.10.99 – 21 TaBV 3/99, AiB Telegramm 2000, 19, für den Fall, dass die BR-Wahl zwar erfolgreich angefochten wurde, der BR aber NZB eingelegt hat.

527 *BAG* 12.2.80, AP Nr. 12 zu § 80 BetrVG 1972; *Fitting,* Rn. 70; kritisch GK-*Kraft,* 7. Aufl., Rn. 88; *ders.,* Anm. zu AP Nr. 27 zu § 80 BetrVG 1972; wie hier GK-*Weber,* Rn. 95.

528 *BAG* 30.6.81, 10.2.87, AP Nrn. 15, 27 zu § 80 BetrVG 1972; *Etzel,* Rn. 464; *Schneider,* AiB 87, 209.

529 *LAG Niedersachsen* 17.8.01, AuR 01, 517; vgl. § 4a TVG.

530 *BAG* 30.4.81, AP Nr. 13 zu § 80 BetrVG 1972; *Etzel,* Rn. 465.

531 Vgl. nur *BAG* 18.9.73, AP Nr. 3 zu § 80 BetrVG 1972; Richardi-*Thüsing,* Rn. 91; GK-*Weber,* Rn. 107.

532 *BAG* 14.1.14 – 1 ABR 54/12, EzA-SD 2014, Nr 11, 15.

tronischen Datei besitzt (vgl. Rn. 113). Nach § 13 Abs. 3 EntgTranspG hat der AG die Listen jedoch »aufzubereiten«, also herzustellen.[533] Eine **anonymisierte Liste** genügt weder diesem Gesetz noch dem EntgTranspG.[534]

129 Unter »Bruttolöhne und -gehälter« ist der **Effektivverdienst einschließlich übertariflicher Zulagen,**[535] **freiwilliger Prämien,**[536] Sonderzahlungen, Gratifikationen, »stock-options« und Prämien aus besonderem Anlass (Einmalzahlungen), die **individuell** ausgehandelt und gewährt werden, zu verstehen.[537] Dies gilt auch, wenn sich durch die übertariflichen Zulagen erkennen lässt, für welche AN welcher TV Anwendung findet und wer welcher Gewerkschaft beigetreten ist.[538] Damit der BR in der Lage ist, Vergleiche anzustellen, ist der AG verpflichtet, die Bruttoentgelte nach ihren einzelnen Bestandteilen, z. B. Überstunden, Schichtarbeit, Gratifikationen oder Prämien **aufzuschlüsseln,**[539] insbes. wenn die Lohn- und Gehaltslisten unter Benutzung von **Datenverarbeitungsanlagen** erstellt worden und aus sich heraus nicht verständlich sind.[540] Die Aufschlüsselung sämtlicher Entgeltbestandteile ist schon deshalb erforderlich, damit der BR überprüfen kann, welche auf den gesetzlichen oder tariflichen Mindestlohn angerechnet werden können.[541] Der Begriff »Liste« bezieht sich auch auf in EDV-Anlagen gespeicherte Lohn- und Gehaltsdaten.[542]

130 Das Einblicksrecht ist nicht davon abhängig, dass über- bzw. außertarifliche Lohnbestandteile **kollektiven oder kollektivähnlichen Bezug** haben.[543] Es soll dem BR gerade die Prüfung ermöglichen, ob solche Zusammenhänge bestehen, ob innerbetriebliche Lohngerechtigkeit erreicht ist oder durch eine andere betriebliche Lohngestaltung erreicht werden kann.[544] Da der BR seine Aufgaben im Rahmen seiner Zuständigkeit selbstständig erfüllt, braucht er nicht darzulegen, für welche Zwecke er seine Informationen benötigt.[545] Das Verlangen auf Einblick steht daher **jederzeit in Bezug zu seinen Aufgaben.** Das *BAG* sieht Grenzen des Einsichtsrechts allenfalls dort, wo ein Beteiligungsrecht oder eine sonstige Aufgabe des BR offensichtlich nicht in Betracht kommt.[546] Der Aufgabenbezug ergibt sich aber regelmäßig schon aus dem Zweck der Überprüfung der Einhaltung des gesetzlichen Mindestlohns.[547]

130a Seit 2017 ist das Einblicksrecht neben Abs. 2 Satz 2 zudem in § 13 Abs. 2, 3 **EntgTranspG** verankert (vgl. Rn. 38, 111). Dessen Abs. 2 verweist bzgl. der Aufgaben des BR auf Abs. 1, dieser bzgl. der Durchsetzung der Entgeltgleichheit auf § 80 Abs. 1 Nr. 2a und bzgl. des Begriffs der Bruttolohn- und Gehaltslisten auf Abs. 2 Satz 2. Die »**Förderung der Durchsetzung der Entgeltgleichheit**« gehörte bereits vor, d. h. unabhängig vom EntgTranspG zu den BR-Aufgaben, ebenso die Einblicknahme zu diesem Zweck. § 13 EntgTranspG enthält damit eine konkrete Regelung für einen im BetrVG, nämlich § 80 Abs. 2 S. 2 vorhandenen Informationsweg (vgl. § 13 Abs. 6). Gegenüber § 80 finden sich in § 13 EntgTranspG neue Formulierungen: § 13 Abs. 2 EntgTranspG bezieht die Einsichtnahme in die Bruttoentgeltlisten auf § 80 und verbindet sie

---

533 Däubler/Beck-*Hinrichs*, § 13 EntgTranspG Rn. 3; *Kania*, NZA 17, 820.
534 *BAG* 7. 5. 19 – 1 ABR 53/17, BAGE 166, 309–322 = AuR 21, 272 (Anm. *Zemlyankina*); so schon Vorinstanz *LAG Hamm* 19. 9. 17 – 7 TaBV 43/17, AuR 18, 196 (Anm. *Zemlyankina*).
535 *BAG* 18. 9. 73, 12. 2. 80, AP Nrn. 3, 12 zu § 80 BetrVG 1972.
536 *BAG* 17. 3. 83, AP Nr. 18 zu § 80 BetrVG 1972.
537 *BAG* 30. 6. 81, 10. 2. 87, AP Nrn. 15, 27 zu § 80 BetrVG 1972; *HessLAG* 10. 12. 18, 16 TaBV 130/18, NZA-RR 19, 196; NZB verworfen *BAG* 8. 4. 19 – 1 ABN 5/19; *LAG Baden-Württemberg* 28. 10. 99 – 21 TaBV 3/99, AiB-Telegramm 2000, 19; Richardi-*Thüsing*, Rn. 92; *Etzel*, Rn. 468; kritisch insbes. bzgl. individuell vereinbarter Zulagen GK-*Weber*, Rn. 95, 97.
538 *BAG* 14. 1. 14 – 1 ABR 54/12, EzA-SD 2014, Nr 11, 15.
539 *Blanke*, AiB 81, 162 [163]; *Fitting*, Rn. 73; *v. Friesen*, AuR 82, 252; *Vogt*, BB 73, 481.
540 *Fitting*, Rn. 72.
541 So auch *Kleinebrink*, DB 15, 377.
542 *BAG* 17. 3. 83, a. a. O.; *Fitting*, a. a. O.; GK-*Weber*, Rn. 108; *Kroll*, DB 79, 1182.
543 *BAG* 12. 2. 80, 30. 6. 81, 10. 2. 87, AP Nrn. 12, 15, 27 zu § 80 BetrVG 1972; *Fitting*, Rn. 73; vgl. auch *GL*, Rn. 36; a. A. GK-*Weber*, Rn. 95; *HWGNRH*, Rn. 76.
544 *St. Rspr., BAG 14. 1. 14 – 1 ABR 54/12*, EzA-SD 2014, Nr 11, 15 sowie vorst. Fn.; *Fitting*, a. a. O.
545 *BAG* 18. 9. 73, 28. 5. 74, 12. 2. 80, 10. 2. 87, AP Nrn. 4, 7, 12, 27 zu § 80 BetrVG 1972.
546 *BAG* 14. 1. 14 – 1 ABR 54/12, EzA-SD 2014, Nr 11, 15.
547 So auch *Kleinebrink*, DB 15, 376.

gleichzeitig mit dem Begriff der **Auswertung.** Abs. 3 konkretisiert die Pflichten des AG zur spezifischen Aufschlüsselung und Aufbereitung.

130b Der sich überschneidende Anwendungsbereich beider Vorschriften sowie die in § 13 EntgtranspG enthaltenen Verweise auf das BetrVG legen eine **Synchronisierung des doppelt geregelten Einsichtsverfahrens** nahe. Trotz ihrer Verortung im Abschnitt 2 des EntgTranspG (individuelle Verfahren) bezieht § 13 Abs. 2 dieses Recht nach seinem klaren Wortlaut nicht allein auf die Verfolgung individueller Auskunftsansprüche nach § 10 EntgTranspG, sondern ausdrücklich auf § 13 Abs. 1, dieser wiederum auf die Förderung der Durchsetzung der Entgeltgleichheit von Männern und Frauen im Rahmen des § 80 Abs. 1 Nr. 2a BetrVG. Dies ist war schon immer ein spezifischer Anlass für die Einsichtnahme nach Abs. 2 Satz 2. Für diese sind die Begrenzungen nach § 12 EntgTranspG nicht einschlägig. Das Entgeltgleichheitsgebot besteht in allen Betrieben, nicht nur solchen mit i. d. R. mehr als 200 Beschäftigten bei demselben AG. Auswertung ist ohnehin Sinn und Zweck des Einblicksrechts. Auch die Aufschlüsselungspflicht des AG nach § 13 Abs. 3 EntgTranspG setzt nach dessen Wortlaut kein individuelles Auskunftsverlangen i. S. d. § 10 EntgTranspG voraus. Während §§ 14, 15 EntgTranspG neben dem AG auch dem BR Pflichten bei der Durchsetzung des individuellen Auskunftsverlangens auferlegt, formuliert § 13 Abs. 2 eine spezifische Informationspflicht des Betriebsausschusses bzw. Ausschusses nach § 28 BetrVG.

130c Der 1. Senat des *BAG* hat eine **Synchronisation beider Vorschriften** abgelehnt. Eine Intention des Gesetzgebers, mit § 13 Abs. 3 EntgTranspG die inhaltliche Reichweite des Einsichtsrechts nach § 80 Abs. 2 Satz 2 Halbs. 2 BetrVG auszugestalten oder klarzustellen, sei nicht ersichtlich.[548] Damit hat er beide Vorschriften systematisch distanziert. Sodann bezog er das Einsichts- und Auswertungsrecht des § 13 Abs. 2 und 3 EntgTranspG allein auf die Zuständigkeit des BR für die Beantwortung **individueller Auskunftsverlangen** nach § 10 dieses Gesetzes.[549] Im nächsten Schritt verneinte er dieses Recht, wenn der AG die Erfüllung der Auskunftsverpflichtung berechtigterweise nach § 14 Abs. 2 Satz 1 bzw. § 15 Abs. 2 EntgTranspG selbst übernommen hat. Damit können AG mit der Erfüllung individueller Auskunftsansprüche nach § 10 EntgTranspG en passant die Kontrollfunktionen des BR nach diesem Gesetz ausschalten. Die Rspr. wird klären müssen, welchen Anwendungsbereich § 13 EntgTranspG dann noch hat.[550] Wären dann Beschäftigte allein auf die von seinem erkenntnisleitenden Interesse geprägten Auskünfte des AG angewiesen, käme es zu der paradoxen Situation, dass die Überprüfung, ob und inwieweit der AG das Entgeltgleichheitsgebot eingehalten habe, allein nach Maßgabe der von ihm selbst abgegebenen Erklärung erfolgen würde. Um nicht auf diese Weise den individuellen Anspruch leerlaufen zu lassen, sollten sich Beschäftigte deshalb nach Auskunftserteilung an den BR wenden, damit dieser nun nach § 80 Abs. 2 S. 2 Einsicht in die Bruttoentgeltliste nehmen kann.

131 § 118 Abs. 1 (Tendenzträgereigenschaft) steht dem Einblicksrecht (hier: in die Liste von Künstlergagen[551] bzw. Gehaltslisten von Redakteuren[552] nicht entgegen. Auch für den Einblick in die Bruttogehaltslisten der **AT-Angestellten** bedarf es keiner Darlegung eines besonderen Interesses.[553] Mehrfach hat das *BAG*[554] betont, dass dem BetrVG die Unterscheidung zwischen Tarif- und AT-AN unbekannt ist und dass dem BR hinsichtlich dieser AN-Gruppen keine unterschiedlichen Aufgaben zugewiesen worden sind.

132 Die Vorschrift kennt keine ausdrückliche Begrenzung auf den Betrieb. Eine solche ergibt sich allenfalls aus der Aufgabenstellung des BR. Der Gleichbehandlungsgrundsatz gilt aber nach

---

548 *BAG* 7.5.19 – 1 ABR 53/17, BAGE 166, 309, Rn. 25).

549 *BAG* 28.7.20 – 1 ABR 6/19, NJW 20, 3130; 23.3.21 – 1 ABR 7/20, AuR 21, 385 sowie AuR 22, 276 (Anm. *Zemlyankina*).

550 Hierzu *Zemlyankina*, AuR 21, 273.

551 *BAG* 13.2.07 – 1 ABR 14/06, AuR 07, 326.

552 *BAG* 30.6.81 – 1 ABR 26/79; 25.8.81 – 1 ABR 10/80, bestätigt durch *BVerfG* 20.8.82 – 1 BvR 1294/81, AuR 83, 155: kein Verstoß gegen Art. 5 GG.

553 *BAG* 19.3.81, 30.6.81, 3.12.81, 10.2.87, AP Nrn. 14, 15, 16, 27 zu § 80 BetrVG 1972; *Etzel*, Rn. 464; *Fitting*, Rn. 74; *Schneider*, AiB 87, 209; Richardi-*Thüsing*, Rn. 93; a. A. für individuell vereinbarte Entgeltbestandteile GK-*Kraft*, 7. Aufl., Rn. 88, 98; wie hier GK-*Weber*, a. a. O.

554 30.6.81, 3.12.81, AP Nrn. 15, 17 zu § 80 BetrVG 1972.

der Rspr. grds. unternehmensbezogen (vgl. auch Rn. 38). Eine Unterscheidung zwischen AN verschiedener Betriebe ist nur aus sachlichen Gründen zulässig, die vom AG darzulegen sind.[555] Zur Überprüfung, ob der AG den arbeitsrechtlichen Gleichbehandlungsgrundsatz im Rahmen der Vergütung einhält, kann sich deshalb das Einblicksrecht auf sämtliche AN des UN mit Ausnahme der lt. Angestellten beziehen. Dies gilt auch, wenn der AG mehrere Betriebe mit eigenständigen BR führt. Das *BAG* hält dafür unter Hinweis auf dessen Mitbestimmungskompetenz den GBR, nicht den örtlichen BR für zuständig. Dieser solle nicht »ins Blaue hinein« eine Rechtsgrundlage für mögliche Entgeltklagen einzelner AN ermitteln.[556] Danach wäre dessen Antrag auf Einblick bei begründetem Anlass (hierfür reichen Einzelfälle) gleichwohl begründet. Zudem erscheint zweifelhaft, ob diese Begrenzung unter der Geltung des **EntgTranspG** noch aufrechterhalten werden kann. Ein Einblicksrecht in die Bruttogehälter der **Lt. Angestellten** i. S. d. § 5 Abs. 3 besteht nicht (h. M.).[557]

133 Offen bleibt die Frage nach dem **Grad der Erkenntnis,** die der BR aus der Einsichtnahme nach dieser Vorschrift gewinnen darf. Vollständige Erkenntnis (für einen Stichtag) hätte er bei Überlassung eines Ausdruck bzw. Datensatzes. So gut wie keine Erkenntnis vermittelt ein flüchtiger Blick, verbunden mit der individuell unterschiedlich ausgeprägten Fähigkeit, sich Zahlen oder (eidetisch) Bilder zu merken und anschließend aus dem Gedächtnis zu notieren, soweit noch vorhanden. Das *BAG* hat bisher **Obergrenzen der Information** des BR gesetzt; offen bleibt die Definition eines **Mindesterkenntnisstandes.** Das *BAG* hatte dem BR vor dem EntgTranspG weder den Anspruch auf Überlassung einer **Fotokopie** der Listen zuerkannt, noch das Recht diese **vollständig abzuschreiben.**[558] Diese Negativaussage hat der 1. Senat (nur) bzgl. der dauerhaften Überlassung der Listen auf § 13 Abs. 2 EntgTranspG übertragen.[559] Ob die Vorschrift über »bloße Leseberechtigung« hinausgeht, hat er offengelassen, jedoch angezeigt, dass Auswertung i. S. v. § 13 Abs. 2 EntgTranspG eine »vorübergehende Überlassung« erfordert. Verneint wurde ein Recht auf monatliche Einsichtnahme.[560] Akzeptiert ist (zu § 80) bisher nur das Recht, sich – offenbar unvollständige – Notizen zu machen.[561] Begründet wurde dies mit dem Wortlaut »Einblick«, wobei Kopieren und Abschreiben dem »Zur-Verfügung-Stellen«, worauf der BR keinen Anspruch habe, gleichgesetzt und dem BR gleichermaßen verweigert wurden. Diese Begründung ist nicht schlüssig. Kopieren und Abschreiben steht vom Wortlaut her dem »Zur-Verfügung-Stellen« nicht näher als dem »Einblick«. Der AG bleibt sogar weiter Besitzer der Originallisten. Versteht man, wie auch das *BAG,* das Einblicksrecht als Unterfall des Abs. 2 Satz 2, 1. Halbsatz (in diesem Rahmen), so ist auch vorübergehende Aushändigung gerechtfertigt, wie sie bei Prozessakten nach § 299 ZPO erfolgt. Auswertung, wie in § 13 Abs. 2 **EntgTranspG** genannt, ist Sinn und Zweck jedes Einsichtsrechts. Nicht ersichtlich ist, dass für § 80 Abs. 2 Satz 2 BetrVG geringere Maßstäbe gelten sollten.[562] Den Aufgaben des BR nach diesem Gesetz kommt keine geringere Wertigkeit zu als nach dem EntgTranspG. Auch nach § 7 Abs. 4 des **Informationsfreiheitsgesetzes** des Bundes kann sich der Antragssteller »im Fall der Einsichtnahme Notizen machen oder Ablichtungen und Ausdrucke fertigen lassen.« Ähnlich versteht § 4 Umweltinformationsgesetz (vgl. Rn. 124) Akteneinsicht als Unterfall der »Zur-Verfügungs-Stellung«. Dies darf eine Behörde nur ablehnen,[563] wenn hierfür gewichtige, von ihr darzulegende Gründe sprechen. Solche Gründe sind bei dem Umgang von BR mit

555 *BAG* 3.12.08 – 5 AZR 74/08, BAGE 128, 342–350.
556 *BAG* 26.09.17 – 1 ABR 27/16, DB 18, 71; a. A. *LAG Schl.-Holstein* 09.2.16 – 1 TaBV 43/15, Vorinstanz.
557 *BAG* 10.6.74, AP Nr. 8 zu § 80 BetrVG 1972; nach *BAG* 14.1.14 – 1 ABR 54/12, EzA-SD 2014, Nr 11, 15, verfassungsrechtlich nicht zu beanstanden; GK-*Weber,* Rn. 89.
558 *BAG* 15.6.76, 3.12.81, AP Nrn. 9, 17 zu § 80 BetrVG 1972; im Ergebnis bestätigt 10.10.06 – 1 ABR 68/05, RdA 08, 38 mit Anm. *Buschmann*; ebenso 30.9.08 – 1 ABR 54/07, AuR 09, 105; *Fitting,* Rn. 76; GK-*Weber,* Rn. 110.
559 *BAG* 29.9.20 – 1 ABR 32/19, AuR 21, 93.
560 *BAG* 29.9.20 – 1 ABR 23/19, AuR 21, 93.
561 *BAG* 15.6.76, a. a. O.
562 Ausführlich *Kocher,* AuR 18, 8, 15; a. A. *BAG* 28.7.20 – 1 ABR 6/19, NJW 20, 3130; 29.9.20 – 1 ABR 32/19, AuR 21, 93.
563 *BVerwG* 6.12.96 – 7 C 64/95, AuR 97, 295 mit zust. Anm. *Heilmann/Bieber.*

Bruttolohn- und -gehaltslisten nicht ersichtlich. Kopierkosten, die zur Zeit der o. g. Entscheidungen des *BAG* noch erheblich waren (bei Gerichten bestanden Dienstanweisungen, zur Vermeidung von Kopierkosten Akten lieber abzuschreiben), sind dies nicht mehr in EDV-Zeiten, wenn es nur noch darum geht, dem BR einen aktuellen EDV-Ausdruck zuzuleiten bzw. ihm direkt Zugriff auf die entsprechende Datei zu ermöglichen. § 79a S. 1 setzt die Verarbeitung personenbezogener Daten durch den BR voraus. Dabei hat er den Datenschutz einzuhalten. Das **Misstrauen gegenüber BR** im Umgang mit den ihnen anvertrauten Daten ist weder vom Normzweck noch empirisch gerechtfertigt. Die Wissensgesellschaft betrachtet lückenhafte Erkenntnisse und mangelnde Transparenz eher als hinderlich.

Zwar verdrängt das Einblicksrecht nicht weitergehende Unterrichtungsansprüche des BR nach Abs. 2 Satz 1 in Bezug auf die Bruttovergütung.[564] Verdrängt wird nach Auffassung des *BAG* der Anspruch aus Abs. 2 Satz 2 (Halbs. 1) auf Aushändigung von Unterlagen, der ohne die spezielle Regelung auch diese Listen erfassen würde. Mit dieser Auslegung gab das *BAG* Abs. 2 Satz 2 Halbs. 2 den überraschenden Sinn, dem BR nicht eine Informationsquelle zu schaffen, sondern vorhandene Informationsmöglichkeiten einzuschränken. Für den BR folgt daraus die Notwendigkeit, die **Flüchtigkeit des Einblicks** durch die Anforderung schriftlicher Auskünfte über Löhne und Gehälter, gestützt auf Abs. 2 Satz 1, auszugleichen. Schließlich hält das *BAG* eine teleologische Reduktion dieses Anspruchs für geboten, »wenn die geforderte schriftliche Auskunft im Bereich der Löhne und Gehälter inhaltlich einer Bruttolohn- und -gehaltsliste gleichkommt.«[565] Dies überzeugt systematisch wenig und ist allein dem Dogma geschuldet, dem BR die Listen nicht auszuhändigen. In der Praxis bleibt offen, wann eine schriftliche Auskunft inhaltlich einer Bruttolohn- und -gehaltsliste gleichkommt. **134**

Jedenfalls sind dem Einblick nehmenden Mitglied oder Ausschuss des BR die Listen mit der Möglichkeit vorzulegen, sich **Auszüge/Abschriften oder Notizen** für den Gebrauch im BR zu machen.[566] Für eine Begrenzung auf Stichworte fehlt die rechtliche Grundlage. Es muss dem BR überlassen bleiben, wie er die nach dem Gesetzeswortlaut visuell zugängliche Information aufnimmt und speichert. **Ein Rechtssatz, dass die Information des BR über Bruttoentgeltlisten flüchtig und punktuell sei, existiert nicht.** Vielmehr gelten insofern die gleichen Grundsätze wie zu Abs. 2 Satz 1, Halbsatz 1.[567] Niemand wird intellektuell in der Lage sein, ein umfangreiches Zahlenwerk im Gedächtnis zu behalten. Die Qualität der BR-Information kann nicht vom unterschiedlichen Zahlengedächtnis einzelner Mitglieder abhängen. Wenn der Einblick die vom BR mit zu gewährleistende, innerbetriebliche Lohngerechtigkeit befördern soll,[568] sind Veränderungen des Gehaltsgefüges von Bedeutung. Um die in den Gehältern zum Ausdruck kommende Dynamik nach oben oder unten bzw. Verschiebung von Bewertungen zu erfassen, ist es unumgänglich, den Informationsstand zu einem Stichtag in Kopie oder Aufzeichnung festzuhalten, um ihn später mit neuen Informationen abzugleichen, ein Verfahren, das auch auf Seiten des AG selbstverständlich ist (intellektuelle Waffengleichheit). Weiterhin ist nur auf diese Weise der gleiche Informationsstand der einzelnen BR-Mitglieder gewährleistet. **135**

Werden die Listen nicht ausgehändigt, sondern in Räumen des AG ausgelegt, dürfen nur üblicherweise in dem Raum tätige AN während des Einblicks dort bleiben.[569] Der AG darf sie oder **136**

564 *BAG* 10.10.06 – 1 ABR 68/05, RdA 08, 38 mit Anm. *Buschmann*; ebenso 30.9.08 – 1 ABR 54/07, AuR 09, 105.

565 *BAG* 23.3.21 – 1 ABR 7/20, AuR 21, 385; sowie AuR 22, 276 (Anm. *Zenalyankina*); 30.9.08 – 1 ABR 54/07, AuR 09, 105.

566 *LAG Frankfurt/M* 19.10.89, DB 90, 2376; *LAG Hamburg* 7.8.96 – 4 TaBV 4/96, AuR 97, 39 zur Ergänzung vollständiger vorgefertigter EDV-Listen; *ArbG Frankfurt/M* 29.2.00 – 4 BV 574/99, AiB 00, 573, mit Anm. *Wedde*, das zwar eine vollständige Abschrift verneint, Notizen auf vorgefertigten Unterlagen aber zulässt, so dass sich der BR »auf diese Weise letztlich eine vollständige Liste verschaffen kann«; *LAG Hamm* 11.12.01 – 13 TaBV 85/01, AiB 03, 40, mit zust. Anm. *Teuber*, zur Ausfüllung einer vorbereiteten Liste mit Namen aller AN; ebenso *Müller*, AiB 05, 479; Muster in DKWF-*Buschmann* § 80 Rn. 14.

567 *LAG Hamburg*, a. a. O.

568 *LAG Frankfurt/M*, *LAG Hamburg*, a. a. O.

569 *BAG* 16.8.95 – 7 ABR 63/94, AuR 95, 367.

andere AN aber nicht damit beauftragen, den BR dabei offen oder versteckt zu überwachen, da dies die Einblicknahme behindern könnte.[570]

137 Das Einblicksrecht besteht unabhängig vom Willen **einzelner AN,** ggf. selbst **gegen deren Willen.** Abs. 2 Satz 2 enthält anders als §§ 81 Abs. 3 Satz 3, 82 Abs. 2 Satz 2, 83 Abs. 1 Satz 2 keinen (einschränkenden) Hinweis auf den evtl. entgegenstehenden Willen des Einzelnen. Andernfalls wäre der BR nicht in der Lage zu überprüfen, ob Mitbestimmungsrechte bestehen (§ 87 Abs. 1 Nr. 10), der Gleichbehandlungsgrundsatz verletzt ist oder Lohngerechtigkeit vorliegt.[571] In der Einblicknahme liegt **keine Verletzung** des **Datenschutzes,** da eine klare Rechtsgrundlage vorhanden ist und der BR nur Informationen erlangt, die in der Personalabteilung des AG ohnehin vorhanden sind. Das Recht des Einzelnen auf Schutz seiner Individualsphäre nach Art. 2 GG tritt gegenüber der dem BR obliegenden sozialen Schutzfunktion zugunsten der AN als vorrangigem Recht zurück.[572] Die DSGVO (EU) 2016/679 bzw. **nationales Datenschutzrecht** schränken das Recht auf Einblick nicht ein, selbst wenn ihm AN widersprochen haben.[573] § 26 BDSG n. F. erlaubt die Verarbeitung personenbezogener Daten von Beschäftigten zur Erfüllung der Rechte und Pflichten der Interessenvertretung der Beschäftigten. Zudem ist der AG nicht Sachwalter von Grundrechten der AN, die ihm selbst keine geschützte Rechtsposition vermitteln.[574] Datenverarbeitung außerhalb des Betriebs beseitigt nicht die Informationspflicht des AG.[575]

137a Schon vor dem Betriebsrätemodernisierungsgesetz waren BR gehalten, zur Wahrung der Interessen der von der Datenverarbeitung betroffenen AN **angemessene und spezifische Schutzmaßnahmen** zu treffen. Sind diese vorhanden, geht das *BAG* davon aus, dass schutzwürdige Interessen der Beschäftigten der Datenverarbeitung nicht entgegenstehen. Andernfalls sei die Verarbeitung sensitiver Daten unzulässig.[576] Seit 2021 verpflichtet **§ 79a** den BR, bei der Verarbeitung personenbezogener Daten die Vorschriften über den Datenschutz einzuhalten.

138 Das **konkrete Entgelt** einzelner AN unterliegt nach § 75 Abs. 2 der **Verschwiegenheitspflicht**[577] gegenüber den AN. Zulässig sollte die Bekanntgabe (z. B. in einer Betriebsversammlung, Aushang am »Schwarzen Brett«) einer vom BR nach Einblicknahme angefertigten Auswertung anonymisierter Lohn- und Gehaltsdaten sein.[578] Dies gilt insbes. bei Unterschreitung des tariflichen oder gesetzlichen Mindestlohns. Der BR ist berechtigt und unter den Bedingungen des § 15 EntgTranspG ggf. sogar verpflichtet, einzelne AN über seinen Kenntnisstand, insbes. ihre ungleiche Behandlung in der Vergütung, zu unterrichten.[579] Die wechselseitige Verständigung der AN über ihre Gehaltsdaten bleibt ohnehin unberührt.[580]

139 Die Einblick nehmenden BR-Mitglieder sind verpflichtet, die übrigen **BR-Mitglieder über die bekannt gewordenen Daten zu informieren,** da der BR die Mitbestimmungsrechte nach § 87 Abs. 1 Nr. 10 bzw. die Überwachungsrechte nach Abs. 1 dieser Vorschrift insgesamt wahrzunehmen hat.[581] Der BR oder einzelne BR-Mitglieder sind berechtigt, die Daten an den GBR und die in § 79 Abs. 1 genannten Gremien und Stellen weiterzugeben.[582] Hat der BR entgegen

---

570 Ebenso *BAG* 13. 2. 07 – 1 ABR 14/06 a. a. O.; Fitting, Rn. 76.
571 *BAG* 20. 12. 88, AP Nr. 5 zu § 92 ArbGG 1979; *Etzel,* Rn. 467; *Fitting,* Rn. 77; GK-*Weber,* Rn. 100.
572 Hierzu und zu Folgendem *BAG* 7. 5. 19 – 1 ABR 53/17, BAGE 166, 309; 9. 4. 19 – 1 ABR 51/17, AuR 19, 434; 14. 1. 14 – 1 ABR 54/12, EzA-SD 2014, Nr 11, 15; 15. 8. 81 – 1 ABR 10/80, bestätigt durch *BVerfG* 20. 8. 82 – 1 BvR 1294/81, AuR 83, 155: kein Verstoß gegen Art. 5 GG; GK-*Weber,* a. a. O.
573 *Zum BDSG: LAG Niedersachsen* 18. 4. 12 – 16 TaBV 39/11, RDV 12, 309 f.; bestätigt durch *BAG* 14. 1. 14 – 1 ABR 54/12, a. a. O.; GK-*Weber,* a. a. O.
574 *BAG* 14. 1. 14 – 1 ABR 54/12 a. a. O.; a. A. zum PR *BVerwG* 19. 3. 14 – 6 P 1/13, AuR 14, 165.
575 *BAG* 17. 3. 87, AP Nr. 29 zu § 80 BetrVG 1972.
576 *BAG* 9. 4. 19 – 1 ABR 51/17, AuR 19, 434.
577 GK-*Weber,* Rn. 111.
578 Ausführlich **§ 79 Rn. 13;** a. A. *BAG* 26. 2. 87, AP Nr. 2 zu § 79 BetrVG 1972 zu dem Ausnahmefall, dass die Lohnkosten auf Grund der Betriebsstruktur [Verlag] weitgehend mit Produktionskosten identisch und von daher wesentlicher Faktor der Gesamtkosten waren. Das *BAG* erkannte darin ein Betriebs- oder Geschäftsgeheimnis i. S. d. § 79, bedeutete aber zugleich, dass dies nicht der Fall sei, wenn die Bruttoentgeltsdaten für die Reaktion der Konkurrenten auf dem Markt unergiebig seien.
579 *BAG,* a. a. O.; vgl. auch *v. Hoyningen-Huene,* Anm. zu EzA § 79 BetrVG 1972 Nr. 1.
580 *BAG,* a. a. O.; *LAG MV* 21. 10. 09 – 2 Sa 183/09, AuR 10, 343; ausführlich **§ 79 Rn. 13.**
581 Ebenso Hako-*Kohte/Schulze-Doll,* Rn. 58.
582 *BAG,* a. a. O.

dem ausdrücklichen Hinweis des AG auf Geheimhaltungsbedürftigkeit Lohn- und Gehaltsdaten nach Einsichtnahme veröffentlicht und sich dann geweigert, eine Zusage zu geben, dies künftig zu unterlassen, steht nach Auffassung des *BAG* einem erneuten Einblicksverlangen des BR der Einwand der **unzulässigen Rechtsausübung** entgegen.[583] Dieser Einwand greift indes nur in besonders krassen Fällen durch.[584]

VII. Auskunftspersonen für den Betriebsrat (Abs. 2 Satz 4)

Nach Abs. 2 Satz 4 hat der AG dem BR zur ordnungsgemäßen Erfüllung seiner Aufgaben sachkundige AN als **Auskunftspersonen** zur Verfügung zu stellen. Das *BAG* hatte vor der Novellierung 2001 eine Obliegenheit des BR angenommen, vor Hinzuziehung externer Sachverständiger (SV) anlässlich der Einführung oder Änderung EDV-gestützter technischer Einrichtungen sachkundige Betriebs- oder Unternehmensangehörige in Anspruch zu nehmen.[585] Seit 2001 hat der BR einen förmlichen Anspruch auf deren Unterstützung.[586] Wie das *BAG* einräumt, hat der Gesetzgeber die Inanspruchnahme von innerbetrieblichem Sachverstand nicht als Möglichkeit des AG zur Begrenzung der von ihm zu tragenden Kosten für die Hinzuziehung eines SV ausgestaltet, sondern dem BR zusätzlich zu den in § 80 Abs. 2 Satz 2 BetrVG normierten Informationsrechten einen Anspruch auf Wissensvermittlung durch betriebsangehörige AN gewährt.[587] Musterantrag des BR in DKWF-*Buschmann*, § 80 Rn. 15. 140

Voraussetzung ist, dass die Hinzuziehung des sachkundigen AN zur ordnungsgemäßen Erfüllung der Aufgaben des BR erforderlich ist. **Erforderlichkeit** ist gegeben, wenn die benötigte Unterrichtung im Rahmen der Aufgaben des BR liegt. Deren Maßstab entspricht §§ 37 Abs. 2 und 6, 40, 80 Abs. 3.[588] Ein konkreter Anlass ist nicht gefordert.[589] 141

Sinn und Zweck der Vorschrift ist es, dass der BR die Möglichkeit erhält, vor dem Hintergrund des technischen und wirtschaftlichen Wandels den internen **Sachverstand der AN zu nutzen und bei der Suche nach Problemlösungen einzubeziehen**.[590] Zugleich soll **interne Kommunikation zwischen BR und AN** gefördert werden, damit der einzelne AN seine Vorstellungen stärker in die Arbeit des BR einbringen kann.[591] Die Begründung nennt die Hinzuziehung im Rahmen einer Einzelfalllösung oder im Rahmen von Arbeitskreisen sachkundiger AN zusammen mit BR-Mitgliedern. Typisches Beispiel sind betriebliche Umweltschutz-,[592] Immissionsschutz-, Störfall-, Abfall-, Gefahrgut-, Tierschutzbeauftragte.[593] Weitere Beauftragte sind Sicherheitsbeauftragte, Betriebsärzte und Fachkräfte für Arbeitssicherheit, Datenschutz- und Frauenbeauftragte.[594] 142

Die **Aufgabe des sachkundigen AN** besteht darin, dem BR als Auskunftsperson in Angelegenheiten, in denen er über besondere Kenntnisse oder Fähigkeiten verfügt, zur Verfügung zu stehen und dem BR diese Kenntnisse und Fähigkeiten zu vermitteln. Es ist nicht seine Aufgabe, dem BR in betriebsverfassungsrechtlichen Angelegenheiten die Position des AG mitzuteilen. Dies kann der AG selbst oder durch seine Vertreter ausüben.[595] 143

583 *BAG* 14.5.87, DB 88, 2569.
584 *BAG*, a. a. O.; *LAG Niedersachsen* 17.8.01 – 16 TaBV 101/00, AuR 01, 517.
585 *BAG* 26.2.92. 7 ABR 51/90, AuR 93, 95; bestätigt 16.11.05 – 7 ABR 12/05, EzA BetrVG 2001 § 80 Nr. 4 = AuR 2006, 172.
586 Vgl. *Natzel*, NZA 01, 872.
587 *BAG* 20.1.15 – 1 ABR 25/13, DB 15, 1112, Rn. 13; vgl. auch BT-Drucks. 14/5741.
588 *Fitting*, Rn. 86.
589 A. A. *Oetker*, NZA 03, 1236.
590 BT-Drucks. 14/5741, S. 59.
591 A. a. O. S. 30; *Oetker*, NZA 03, 1234.
592 *Konzen*, RdA 91, 89.
593 Vgl. *Pulte*, Betriebsbeauftragte in der gewerblichen Wirtschaft; zur Zusammenarbeit betrieblicher Beauftragter mit dem BR vgl. *Fischer*, AuR 96, 474.
594 Übersicht bei Deinert/Heuschmid/Zwanziger-*Litzig*, § 116.
595 Praxisfremd *BAG* 16.11.05 – 7 ABR 12/05, AuR 06, 172, wo dem BR zugemutet wird, sich über die Vereinbarkeit von Formularverträgen des AG mit dem Nachweisgesetz und den AGB-Bestimmungen der §§ 305 ff. BGB ausgerechnet bei vom AG angebotenen Mitarbeitern (Personal- oder

144 § 78 stellt klar, dass der sachkundige AN in der Ausübung seiner Tätigkeit nicht gestört oder behindert werden darf. Dieses Verbot richtet sich vor allem an den AG und gibt dem sachkundigen AN diesem und seinen Vorgesetzten gegenüber somit eine gewisse Unabhängigkeit. Nach Auffassung des *BAG* kann zwar der AG die Wahrnehmung der Aufgaben einer Auskunftsperson i. S. v. Abs. 2 Satz 3 einem AN gegenüber kraft Direktionsrechts (§ 106 S. 1 GewO) anordnen und dabei Gegenstand und Umfang der zu erteilenden Auskünfte bestimmen.[596] Nach Sinn und Zweck der Vorschrift ist der sachkundige AN aber verpflichtet, den BR nach bestem Wissen und Gewissen zu beraten, um diesen bei der Suche nach Problemlösungen zu unterstützen. Darin darf ihn auch der AG nicht behindern. Deshalb kann der BR verlangen, die ihm zur Verfügung gestellten sachkundigen AN in Abwesenheit des AG oder von ihm bestimmter Personen zu befragen. Andernfalls erhielte der AG eine ihm nicht zustehende Kenntnis, welches Wissen aus Sicht des BR erforderlich ist, um sachgerecht über eine mögliche Aufgabenwahrnehmung zu befinden. Zudem wäre der unbefangene Meinungsaustausch unter BR-Mitgliedern bei der Befragung der sachkundigen AN beeinträchtigt.[597] Über die Nutzung des betriebsinternen Sachverstands soll dem AG keine Überwachung der Arbeit des BR eröffnet werden.[598]

145 Als Auskunftspersonen in Frage kommen **alle AN** einschließlich sog. AT- und leitender Angestellter.[599] Es besteht keine Unvereinbarkeit zwischen den Funktionen als Auskunftsperson und als **gewerkschaftlicher Vertrauensmann.**[600] Die Vorschrift verlangt lediglich, dass es sich um AN des AG handelt, nicht jedoch, dass sie dem vom BR vertretenen Betrieb angehören.[601] Die betriebsbezogene Aufgabenstellung des BR schließt nicht aus, dass unternehmensangehörige AN seinen Informationsstand heben können.

146 Der BR ist nicht verpflichtet, Auskunftspersonen, erst recht nicht die vom AG freiwillig angebotenen Auskunftspersonen, in Anspruch zu nehmen. Es obliegt seinem **Ermessen, ob** er auf AN als Auskunftspersonen zurückgreifen will und **welche Personen** er für geeignet hält.[602] Das Gesetz statuiert entgegen h.Rspr. keine Obliegenheit, vor Hinzuziehung von Sachverständigen zunächst interne betriebliche Fachkräfte heranzuziehen (ausführlich **Rn. 159 ff.**).[603]

147 Die Auswahl erfolgt in der Weise, dass der BR sich AN aussucht, die ihm die vom AG geschuldeten Informationen geben sollen.[604] Das Merkmal **»sachkundig«** ergibt sich aus der Interessenlage des BR, stellt aber keine besondere gesetzliche Begrenzung im Vergleich zu dem in §§ 108 Abs. 2 Satz 2 und 111 Abs. 1 Satz 2 erwähnten Berater auf. Dieser Begriff ist nicht justitiabel. Demzufolge ist der AG nicht berechtigt, einen vom BR vorgeschlagenen Berater mangels Sachkunde abzulehnen.[605] Ihm steht hierzu kein Ermessen zu. Er kann den Vorschlag des BR nur ablehnen, wenn **betriebliche Notwendigkeiten** entgegenstehen. Die betriebliche Notwendigkeit als Ablehnungsgrund bezieht sich nur auf die Auswahl, etwa weil der AG den angeforderten AN bzw. dessen Arbeitszeit wegen eines besonderen termingebundenen Projekts nicht entbehren kann und nicht einmal die Zeit für eine Beratung des BR zur Verfügung steht.

Rechtsabteilung?) zu erkundigen. Wer erwartet dort Auskunft über die Rechtswidrigkeit derartiger Klauseln?.

596 *BAG* 20 1. 15 – 1 ABR 25/13, DB 15, 1112; GK-*Weber*, Rn. 124: Erfüllungsgehilfe; *Fitting*, Rn. 88, ohne Berücksichtigung des § 78.

597 Insofern zutreffend *BAG* 20. 1. 15 – 1 ABR 25/13 a. a. O.

598 *Fitting*, Rn. 88, unter Bezug auf *BAG* 20. 1. 15 a. a. O.

599 Ebenso *Klebe/Ratayczak/Heilmann/Spoo*, Rn. 21; Richardi-*Thüsing*, Rn. 99; zu leitenden Ang. a. A. *Hanau*, RdA 01, 72; *Oetker*, NZA 03, 1235; *Fitting*, Rn. 85, mit dem Hinweis, dass diese der Betriebsverfassung grundsätzlich nicht unterliegen und im Unterschied zu § 108 Abs. 2 in dieser Vorschrift nicht ausdrücklich erwähnt seien: Diese Einschränkung überzeugt nicht, da konkret nicht die leitenden Angestellten, sondern der AG verpflichtet wird. Auch leitende Angestellte sind AN, und nicht jede Nichterwähnung beinhaltet einen Ausschluss.

600 Misstrauisch Richardi-*Thüsing*, Rn. 98.

601 *Klebe/Ratayczak/Heilmann/Spoo*, Rn. 22; Richardi-*Thüsing*, Rn. 99; ErfK-*Kania*, Rn. 30a; a. A. *Oetker*, NZA 03, 1234 f. m. w.N.

602 *Engels/Trebinger/Löhr-Steinhaus*, DB 01, 538.

603 A. A. *BAG* 26. 2. 92 – 7 ABR 51/90, AuR 93, 95 mit abl. Anm. *Wagner*.

604 *Hanau*, RdA 01, 71 f.; *Fitting*, Rn. 83: Vorschlag; a. A. *Natzel*, NZA 01, 872 [873].

605 Ebenso *Fitting*, Rn. 83; a. A. *Oetker*, NZA 03, 1235.

Nicht von Belang sind der Wunsch oder das Interesse des AG, die Kommunikation zwischen einem bestimmten AN und dem BR oder den Gegenstand der Unterrichtung zu beschränken.

Im Unterschied zum Sachverständigen setzt die Hinzuziehung eines sachkundigen AN als Auskunftsperson **keine nähere Vereinbarung mit dem AG** voraus. Vielmehr ist der AG unmittelbar zur Zurverfügungstellung des AN verpflichtet, falls nicht betriebliche Notwendigkeiten entgegenstehen. Dieser Anspruch ist für den BR direkt einklagbar, bei Dringlichkeit über eine einstweilige Verfügung.[606] 148

Der Antrag des BR **begründet noch nicht unmittelbar die Verpflichtung** des sachkundigen AN, ihm als Auskunftsperson zur Verfügung zu stehen. Diese kann sich aus dem Arbeitsvertrag i. V. m. dem Weisungsrecht des AG nach § 106 GewO ergeben, was nach apodiktischer Aussage des BAG regelmäßig der Fall ist.[607] Unabhängig davon kann der AN dem BR **freiwillig als Auskunftsperson** zur Verfügung stehen. 149

Stehen keine betrieblichen Notwendigkeiten entgegen, erfolgt die Beratung **während der Arbeitszeit.** Sie ist sowohl für den BR als auch für den sachkundigen AN Arbeitszeit und ggf. als Mehrarbeit zu vergüten.[608] Der sachkundige AN ist hierfür freizustellen und von seinem sonstigen Arbeitspensum entsprechend zu entlasten. In diesem Rahmen kann der BR mit einer oder mehreren (die Vorschrift verwendet den Plural) Auskunftspersonen auch **Arbeitskreise** bilden.[609] 150

Wird die Auskunftsperson im Rahmen dieser Vorschrift tätig, hat sie dem BR die von ihm geforderten Auskünfte nach Abs. 2 dieser Vorschrift,[610] ggf. einschließlich sog. Betriebs- oder Geschäftsgeheimnisse zu geben. Es besteht **keine Schweigepflicht der Auskunftsperson über Betriebs- und Geschäftsgeheimnisse gegenüber dem BR,** da sie gerade die Aufgabe hat, dem BR ihr besonderes Wissen zur Verfügung zu stellen. 151

VIII. Hinzuziehung von Sachverständigen (Abs. 3)

Zur Sicherung der ordnungsgemäßen Erfüllung seiner Aufgaben kann der BR nach näherer Vereinbarung mit dem AG **Sachverständige** (SV) hinzuziehen. Bei Erforderlichkeit hat er einen Rechtsanspruch darauf.[611] Über **Modalitäten** – insbes. **Thema** (Untersuchungsgegenstand), **Person** des SV und (voraussichtliche) **Kosten** – hat zunächst der BR zu beschließen; sodann ist eine »nähere Vereinbarung« mit dem AG herbeizuführen, da ansonsten die Kostentragungspflicht des AG entfällt.[612] Der BR entscheidet wie bei der Auswahl von Rechtsanwälten, Schulungsmaßnahmen oder Literatur grds. selbst, welcher Person er als SV das nötige Vertrauen entgegenbringt.[613] Verliert der SV das Vertrauen des BR, kann er durch einen anderen ersetzt werden.[614] Der BR ist nicht vergaberechtlich verpflichtet, die Beratungsleistung auszuschreiben. Er ist – auch im ö.D. – kein öff. AG.[615] Musterantrag des BR in DKWF-*Buschmann,* § 80 Rn. 16. 152

Bei Betriebsänderungen in UN mit mehr als 300 AN besteht nach § 111 Satz 2 ein spezieller Anspruch des BR auf Hinzuziehung eines Beraters. Dort ist eine Vereinbarung mit dem AG 153

606 *LAG Hamm* 2.10.01 – 13 TaBV 106/01, AuR 02, 278.

607 *BAG* 20.1.15 – 1 ABR 25/13, DB 15, 1112; *Fitting,* Rn. 85; a. A. Hako-*Kohte/Schulze-Doll,* Rn. 60: außerhalb des Direktionsrechts.

608 *Fitting,* Rn. 89; *Löwisch,* BB 01, 1790; *Oetker,* NZA 03, 1238.

609 BT-Drucks. 14/5741 Nr. 54b) cc; *Oetker,* NZA 03, 1235; enger Richardi-*Thüsing,* Rn. 103.

610 *Fitting,* Rn. 88.

611 Zur Personalvertretung *Schierbaum,* PersR 03, 177.

612 *BAG* 19.4.89, AP Nr. 35 zu § 80 BetrVG 1972; 11.11.09 – 7 ABR 26/08, AuR 10, 177; *Fitting,* Rn. 90; GK-*Weber,* Rn. 134.

613 *BAG* 19.4.89, a. a. O; *LAG Baden-Württemberg* 22.11.85, AiB 86, 261; *Däubler,* Gläserne Belegschaften?, Rn. 647; *Jobs,* RDV 87, 125 [127 f.].

614 *LAG Baden-Württemberg,* a. a. O.; *Däubler,* a. a. O., Rn. 348.

615 *LAG Berlin-Brandenburg* 9.3.16 – 24 TaBV 1939/15, AiB 17, Nr 11, 44–45; zudem verhalten sich auch im ö.D. die Aufträge regelmäßig unterhalb der Schwellenwerte nach Art. 4 der Vergabe-RL 2014/24/EU.

nicht gefordert, was das *BAG*[616] als gesetzlichen Ausnahmetatbestand versteht. Für die Beratung des WV wendet das *BAG* a. a. O. Abs. 3 analog an.

154 Die nähere **Vereinbarung** erfolgt durch **BV** oder **Regelungsabrede.**[617] Ihr Zustandekommen kann nicht durch Anrufung der ESt. nach § 76 Abs. 5 erzwungen werden; die ESt. kann nur nach § 76 Abs. 6 tätig werden.[618] Kommt keine Einigung mit dem AG über die Zuziehung eines SV oder über einzelne Modalitäten zustande, kann der BR die Zustimmung des AG über das ArbG ersetzen lassen. In dem Beschluss werden Person, Gegenstand der Begutachtung sowie Honorar des SV festgelegt.[619]

155 Nach h. M. benötigt der BR die vorherige »Zustimmung« des AG.[620] »Durch das Erfordernis einer Vereinbarung wird dem AG insbes. die Möglichkeit eröffnet, im Hinblick auf die von ihm zu tragenden Kosten Einwendungen gegen die Beauftragung eines SV zu erheben, dem BR seinen Sachverstand oder eigene sachkundige Personen anzubieten und den Gegenstand der Beauftragung des SV zuverlässig zu begrenzen.« Nach *LAG Köln* kann sich die Berufung eines AG auf die fehlende vorherige Verständigung über die weitere Hinzuziehung eines SV im Einzelfall als Verstoß gegen den Grundsatz der vertrauensvollen Zusammenarbeit darstellen. Die Personalvertretung kann dann gleichwohl die Freistellung von den Sachverständigenkosten beanspruchen.[621] Nach zutr. Ansicht sollte das verweigerte Einverständnis auch **nachträglich gerichtlich** ersetzt werden können.[622] Die Präposition »nach« hat verknüpfende, nicht zeitliche Bedeutung.[623] Der AG hat keinen Ermessensspielraum. Die Kostenerstattung richtet sich als Rechtsvollzug nach der Erforderlichkeit unabhängig vom Zeitpunkt der Vereinbarung. Die Ersetzung der Zustimmung hat Rückwirkung auf den Zeitpunkt des Antragseingangs beim ArbG, weil sonst der AG entgegen dem Behinderungsverbot (§ 78) und dem Zusammenarbeitsgebot (§ 2 Abs. 1) den BR durch Verweigerung der erforderlichen Beiziehung des SV in seiner Handlungs- und Funktionsfähigkeit beeinträchtigen könnte. Der BR braucht i. d. R. sofortige **Unterstützung durch einen SV,** um eine annähernd gleichgewichtige Verhandlungsposition gegenüber dem AG zu erreichen. Bei Erforderlichkeit ist die Zustimmung des AG zu ersetzen und die Verfahrensverzögerung rechtswidrig. Wird Erforderlichkeit nicht festgestellt, geht das Kostenrisiko zu Lasten des BR. Dies ist aber riskant, da der *BGH*[624] u. U. eine Haftung der BR-Vertreter nach § 179 BGB (vollmachtloser Vertreter) anerkennt. Will der BR dieses Risiko vermeiden und ist er auf schnelle Entscheidung angewiesen, muss er vor dem Auftrag an den SV die Vereinbarung mit dem AG durch einstweilige Verfügung des ArbG ersetzen lassen.[625] Zudem kann er gegenüber dem Berater ausdrücklich auf die Risiken hinweisen und eine persönliche Haftung vertraglich ausschließen. Aus **Rechtssicherheitsgründen** ist die **vorherige Vereinbarung** mit dem AG vorzuziehen.

156 **Erforderlichkeit** ist gegeben, wenn der BR angesichts der Schwierigkeit der Materie eine in seine Zuständigkeit fallende Aufgabe ohne solchen fachlichen Rat nicht ordnungsgemäß

616 *BAG* 11. 11. 09 – 7 ABR 26/08, AuR 10, 177.
617 Richardi-*Thüsing,* Rn. 102; *Fitting,* Rn. 90; *Pflüger,* NZA 88, 45 [48].
618 *Fitting,* a. a. O.
619 *BAG* 11. 11. 09 – 7 ABR 26/08, a. a. O.; Muster in DKWF-*Buschmann,* § 80 Rn. 17.
620 So *BAG* 11. 11. 09 – 7 ABR 26/08, AuR 10, 177; 26. 2. 92 – 7 ABR 51/90, AuR 93, 93 mit abl. Anm. *Wagner*; Richardi-*Thüsing,* Rn. 102; *GL,* Rn. 40; *HWGNRH,* Rn. 100; GK-*Weber,* Rn. 135.
621 *LAG Köln* 9. 8. 19 – 9 TaBV 16/19, NZB 7 ABN 81/19 zurückgewiesen: AG (Fluggesellschaft) hatte den Eindruck erweckt, sie sei mit Hinzuziehung eines RA zu vereinbarten Konditionen einverstanden, zumal im Einzelfall eine BV, für die jur. Sachverstand benötigt wurde, noch nicht abgeschlossen war. Personalvertretung konnte nicht erkennen, dass die AG mit weiterer Hinzuziehung des RA als SV nicht einverstanden war. Es widerspricht dem Grundsatz der vertrauensvollen Zusammenarbeit, wenn die AG sich dann auf den formalen Standpunkt zurückzieht, es fehle an vorheriger Zustimmung zur Hinzuziehung des RA.
622 *LAG Frankfurt* 11. 11. 86, BB 87, 614; 31. 5. 90 – 12 TaBV 26/90, AuR 91, 93 zu einem »fachkundigen Berater«.
623 Vgl. *Klebe,* EWiR, § 80 BetrVG 1/87, S. 433 f.; *Knauber-Bergs,* AiB 87, 160; *Pflüger,* NZA 88, 45 [48]; *Trittin,* AiB 90, 36 f. *Matthiessen,* CR 88, 478; alle auch zum Folgenden.
624 *BGH* 25. 10. 12 – III ZR 266/11; dazu Einleitung, Rn. 150; *Dzida,* NJW 13, 433; *Schulze,* AiB 13, 7.
625 *Stumper/Lystander* S. 89; *Boewer,* RDV 85, 22 [26]; *Trittin,* a. a. O.; *LAG Hamm* 15. 3. 94 – 13 TaBV 16/94, LAGE § 80 BetrVG 1972 Nr. 12.

wahrnehmen kann.[626] Es handelt sich **um eine Rechtsfrage,** die der gerichtlichen Prüfung unterliegt.[627] Der BR hat einen Beurteilungsspielraum.[628] Da der Wissensstand der einzelnen BR-Mitglieder unterschiedlich ist, sollte auf die konkreten Bedürfnisse des jeweiligen »vernünftigen BR« abgestellt[629] und der Erforderlichkeitsbegriff angesichts der weitgehend identischen Formulierungen in § 37 Abs. 2 und § 80 Abs. 3 gleich ausgelegt werden.[630]

Nach Auffassung des *BAG* ist es erforderlich, dass der SV konkrete aktuelle Fragen beantwortet.[631] Seine Aufgabe bestehe nicht darin, fehlende Kenntnisse generell oder auf Vorrat zu vermitteln. Die Tätigkeit des SV ist nicht auf **Einzelfragen** beschränkt, sondern kann sich z. B. **bei Projekten,** wie der Einführung neuer Technologien, auf eine längerfristige Beratung beziehen.[632] Sie kommt nicht nur in Betracht, wenn ein Mitbestimmungsrecht des BR besteht, sondern auch zur Prüfung, ob es vorliegt.[633] **Beispiele:** 157

- Analyse des Geschäftsberichts und sonstige bilanztechnische Probleme;
- betrieblicher Umweltschutz;
- EDV-spezifische Fragen;[634] Fragen im Zusammenhang mit einer Organisations- und EDV-Umstellung;[635]
- Einführung oder Anwendung von Künstlicher Intelligenz (dazu sogleich);
- Einführung einer neuen Entlohnungsmethode, ohne dass der BR sein Tätigwerden mit einem konkreten Anlass oder mit konkreten Vorstellungen begründen muss;[636]
- Entwicklung alternativer Produktionsformen zu Sicherung von Arbeitsplätzen, z. B. durch Umstellung von Kriegs- auf Friedensprodukte (Rüstungskonversion);
- Fragen der Arbeitswissenschaft zur menschengerechten Gestaltung der Arbeit;
- versicherungsmathematische Fragen einer betrieblichen Altersversorgung;

Vorbereitung für einen Interessenausgleich und Sozialplan[637] sowie Verhandlungen über eine Betriebsänderung,[638] vgl. § 111 Satz 2. Dagegen soll der BR nicht verlangen können, dass ihm die Neubewertung des Anlagevermögens und die Aufnahme eines neuen Gesellschafters durch den AG im Hinblick auf mögliche Auswirkungen auf Produktions- und Personalplanung durch einen SV erläutert werden, solange sich daraus keine konkreten Aufgaben für den BR ableiten lassen.[639]

Abs. 3 Satz 2 und 3 wurden mit dem Betriebsrätemodernisierungsgesetz 2021 eingeführt. Damit wird der Tatsache Rechnung getragen, dass die Arbeitswelt in zunehmendem Maße durch den Einsatz von **Künstlicher Intelligenz (KI)** geprägt wird. Parallel dazu wurde KI mit dem gleichen Gesetz in § 90 Abs. 1 Nr. 3 als eigenständiger Gesichtspunkt in die Unterrichtung- und Beratungsrechte sowie in § 95 Abs. 2 in die Mitbestimmung bei Auswahlrichtlinien aufgenommen. Die neu in § 87 Abs. 1 aufgenommene Nr. 14 spricht von mobiler Arbeit mittels Informations- und Kommunikationstechnik, was sich mit KI überschneidet. Diese Regelungen waren bereits im Regierungsentwurf v. 22.4.21 (BT-Drucks. 19/28899) enthalten und wurden in der Ausschussberatung nicht verändert. 158

Der **Begriff der künstlichen Intelligenz** ist nicht legaldefiniert. Die Gesetzesbegründung erwähnt, dass KI-basierte Systeme rein softwarebasiert sein, in der virtuellen Welt agieren oder in Hardwaregeräte eingebettet sein können. Die Empfehlung des Rates für künstliche Intelligenz 158a

---

626 *BAG* 26.2.92 – 7 ABR 51/90, AuR 93, 93.
627 *BAG* 18.7.78, a.a.O.; Richardi-*Thüsing,* Rn. 100; GK-*Weber,* a.a.O.
628 *BAG, Richardi,* GK-*Weber, Pflüger,* a.a.O.; *Matthiessen,* CR 88, 478 [479].
629 *Matthiessen, WW,* a.a.O.; weiterhin *LAG Frankfurt* 26.2.85, AuR 86, 124; *LAG Hamburg* 20.6.85, AiB 86, 23.
630 *Matthiessen,* a.a.O.
631 *BAG* 11.11.09 – 7 ABR 26/08, AuR 10, 177.
632 *LAG Hamburg* 20.6.85, AiB 86, 23; *Däubler,* Gläserne Belegschaften?, Rn. 346; *Trittin,* AiB 85, 90; a.A. *LAG Frankfurt* 26.2.85, AuR 86, 124; *Etzel,* Rn. 473; *GL,* Rn. 44.
633 *Trittin,* AiB 85, 90 [92]; vgl. auch *BAG* 6.12.83, AP Nr. 7 zu § 87 BetrVG 1972 Überwachung.
634 *BAG* 6.12.83, DB 84, 775.
635 Vgl. *LAG Frankfurt* 31.5.90, AuR 91, 93.
636 *LAG Berlin* 2.3.89 – 14 TaBV 5/88.
637 *BAG* 5.11.81, AP Nr. 9 zu § 76 BetrVG 1972.
638 Vgl. *ArbG Stuttgart* 19.11.90 – 19 BVGa 15/90.
639 *BAG* 25.7.89, AP Nr. 38 zu § 80 BetrVG 1972.

der OECD definiert ein KI-System als »maschinengestütztes System, das in der Lage ist, für bestimmte, von Menschen definierte Ziele Vorhersagen, Empfehlungen oder Entscheidungen zu treffen, die reale oder virtuelle Umgebungen beeinflussen.«[640] Man kann KI als Oberbegriff für Informatikanwendungen verstehen, bei denen Maschinen bzw. Software menschenähnliches, intelligentes Verhalten abbilden. Der Schwerpunkt wird auf Algorithmen und anderen lernenden Systeme liegen, die bei der Personalauswahl, der Steuerung von Arbeitsabläufen und der Planung von Arbeitseinsätzen eingesetzt werden. KI bestimmt sich im Wesentlichen durch die technische Entwicklung und hat damit dynamischen Charakter. Angesichts der parallelen Novellierung an verschiedenen Stellen ist von einem einheitlichen Verständnis der KI in diesem Gesetz auszugehen. Statt Wiederholungen wird deshalb auf die eingehendere Beschreibung unter § 87 Rn. 156a verwiesen.

158b Voraussetzung für die erleichterte Hinzuziehung des SV ist die Einführung oder Anwendung von KI mit Auswirkungen im Betrieb. Die Vorschrift unterstellt, dass dadurch Aufgaben des BR tangiert sind, beispielhaft Mitbestimmungsrechte nach § 87 Abs. 1 Nr. 6, aber auch nach anderen Vorschriften, ebenso wie allg. Beteiligungsrechte nach §§ 80, 89, 90. 92, 92a, 93, 94, 96, 96–98, 99, 102, 111 ff. Dies erfordert eine Beurteilung dieser technisch anspruchsvollen Systeme durch den BR. Die Vorschrift unterscheidet bewusst zwischen Einführung und Anwendung von KI. Beides kann eine Beurteilung durch den BR und damit Hinzuziehung von SV erforderlich machen. Diese Voraussetzungen liegen nur dann nicht vor, wenn Beteiligungsrechte des BR unter keinem Gesichtspunkt infrage kommen. Die Initiative zu KI wird regelmäßig vom AG ausgehen, ein Initiativrecht des BR ist aber nicht ausgeschlossen.

158c Rechtsfolge ist die **Fiktion der Notwendigkeit** der Hinzuziehung eines SV. Damit entfällt die ansonsten anfallende Prüfung der Erforderlichkeit für die Hinzuziehung des SV insofern, als es um die Einführung und Anwendung von KI geht.[641] Die übrigen Voraussetzungen dieser Vorschrift bleiben unverändert.

158d Satz 3 spricht diese Fiktion auch für den Fall aus, dass sich AG und BR auf einen ständigen SV in Angelegenheiten nach Satz 2, d.h. KI, einigen. Die Gesetzesbegründung spricht aus, dass es den Betriebspartnern nunmehr offenstehe, eine derartige Vereinbarung zu treffen. Diese Möglichkeit bestand indes schon vorher – auch in anderen Angelegenheiten. Es handelt sich um eine freiwillige Einigung, nicht um ein Mitbestimmungsrecht zur Erzwingung eines ständigen SV. Damit soll dem BR in Angelegenheiten von KI stets das erforderliche Wissen zur Verfügung stehen, ohne dass die Erforderlichkeit der Hinzuziehung eines SV zu prüfen wäre. Zugleich hat der BR die Möglichkeit, beim Einsatz von KI schneller zu reagieren. Auch AG haben ein erhebliches Interesse daran, dass wichtige zeitnahe Entscheidungen gefördert werden (BT-Drucks 19/288899, S. 23).

159 Die umstr. **Rspr. des *BAG***[642] vor dem Betriebsrätemodernisierungsgesetz 2021 hatte die Zuziehung eines SV (zu Fragen der Datenverarbeitung) erst als erforderlich angesehen werden, wenn folgende Stufen durchlaufen sind:

- Rechtzeitige und umfassende Information des BR durch den AG über den zur Entscheidung stehenden Sachverhalt nach Abs. 2 Satz 1 dieser Vorschrift.
- Sind Informationen unvollständig oder unverständlich, müsse der BR beim AG weitere Einzelauskünfte verlangen. Er habe alle zur Verfügung stehenden betriebsinternen Infor-

---

640 Recommendation of the Council on OECD legal Instruments Artificial Intelligence, 2022: »An AI system is a machine-based system that can, for a given set of human-defined objectives, make predictions, recommendations, or decisions influencing real or virtual environments. AI systems are designed to operate with varying levels of autonomie.« Ausführlich *Waas*, Künstliche Intelligenz und Arbeitsrecht, HSI-Schriftenreihe Bd. 46, S. 18 ff.

641 *Waas*, Künstliche Intelligenz und Arbeitsrecht, 224.

642 *BAG* 25.6.14 – 7 ABR 70/12, AuR 15, 70; 16.11.05 – 7 ABR 12/05, AuR 06, 172; 26.2.92 – 7 ABR 51/90, AuR 93, 93; zur Kritik ausführlich 12. Aufl.; weiter HaKo-*Kohte/Schulze-Doll*, Rn. 65 f.; *Däubler*, Gläserne Belegschaften?, Rn. 344 ff.; *Linnenkohl*, AuR 88, 95 = Anm. zu *BAG* 17.3.87; *ders.*, BB 88, 766 – Anm. zu *BAG* 4.6.87; *Matthiessen*; *Pflüger a. a. O.*; *Trittin*, AuR 88, 290 = Anm. zu *BAG* 4.6.87; *Weckbach*, NZA 88, 305; *Wohlgemuth*, Rn. 672 f.; *Wagner*, AuR 93, 70; *Schneider*, AiB 00, 608; i. S. d. Rspr.: GK-*Weber*, Rn. 130.

mationsquellen auszuschöpfen, dürfe z. B. eine angebotene Unterrichtung durch Fachkräfte der betr. EDV-Abteilung nicht ablehnen.[643]

- Das Zusammenarbeitsgebot und der Grundsatz der Verhältnismäßigkeit sollten es gebieten, dass sich der BR den notwendigen Sachverstand selbst aneignet, bevor er einen externen SV hinzuzieht, was durch Schulungsmaßnahmen nach § 37 Abs. 6 oder 7, Selbststudium oder Hinzuziehung eines sachkundigen Gewerkschaftsvertreters geschehen kann. Dies hat das *BAG* inzwischen eingeschränkt. Danach ist der BR vor Abschluss der Vereinbarung nach Abs. 3 nicht grds. auf Schulungen nach § 37 Abs. 6 BetrVG zu verweisen. Zwar könne die Einholung eines SV-Gutachtens im Einzelfall entbehrlich sein, wenn BR-Mitglieder durch den in Schulungen erworbenen Sachverstand in der Lage sind, ihre Aufgaben in gebotener Weise wahrzunehmen. Daraus folgt aber nicht, dass der BR stets seine Mitglieder auf Schulungen schicken müsste, bevor er die Zuziehung eines SV verlangen kann.[644]

Dieser Hürdenlauf widerspricht Wortlaut und Normzweck. Die Vorschrift formuliert ebenso wie § 39 EBRG keine Subsidiarität von SV. Anders als BR-Mitglieder verfügt der AG regelmäßig über Fachleute oder Experten, z. B. der Lieferfirma oder externer Beratungsfirmen, so dass sich ungleiche Parteien gegenüberstehen. Abs. 2 und 3 haben **unterschiedlichen Inhalt.** Abs. 2 normiert Informationspflichten des AG, Abs. 3 die Hinzuziehung des SV bei der Durchführung der Aufgaben des BR. Die Übermittlung von Tatsachen, Informationen und Unterlagen ist zu trennen von ihrer Verarbeitung.[645] Der BR benötigt u. U. bereits zur Beschaffung von Informationen das Fachwissen eines SV.[646] Eine Subsidiarität der Hinzuziehung von SV verwandelt die Informationspflicht des AG aus Abs. 2 in eine Pflicht des BR, sich vollständige Informationen selbst zu beschaffen, d. h. die »Bringschuld« des AG in eine »Holschuld« des BR.[647] 160

Ein mit vertrauensvoller Zusammenarbeit und Verhältnismäßigkeit begründeter Vorrang innerbetrieblicher Fachkräfte führt weniger zur Kostenbegrenzung als zur **Zensur der personellen Auswahl.** Obwohl das *BAG*[648] anerkennt, dass einerseits SV dem BR ihre Sachkunde nicht neutral, sondern an den Interessen des BR ausgerichtet zur Verfügung stellen sollen,[649] während andererseits »sachkundige AN« diese Aufgabe an den Interessen und Bestimmungen des AG ausgerichtet, weisungsgebunden ausführen, soll der BR diese nicht mit der Begründung ablehnen dürfen, sie besäßen nicht sein Vertrauen. Ein solcher Vorrang zwingt BR Berater ihres Misstrauens auf. Er rechtfertigt sich auch aus Kostengründen nicht, da Fachkräfte des Betriebs oder Systemherstellers/-verkäufers[650] nicht kostenlos arbeiten und in ihrer normalen bezahlten Arbeitszeit entweder ausfallen oder ihre Kosten gesondert in Rechnung stellen.[651] 161

Spätestens die mit dem **Betriebsrätemodernisierungsgesetz** novellierte Fiktion der Erforderlichkeit eines SV bei KI gibt Veranlassung, die vorstehend geschilderte restriktive Rspr. zu überprüfen. Diese hatte die Ablehnung externer SV an dem Kriterium der **Erforderlichkeit** festgemacht, d. h. diese verneint, wenn sich der BR die fehlende Sachkunde kostengünstiger als durch Beauftragung des SV verschaffen kann.[652] »Erforderlichkeit« und Kostenbelastung waren auf diese Weise miteinander verknüpft worden. Der Gesetzgeber hat die Erforderlichkeit für den Fall der Einführung oder Anwendung von KI bejaht, so dass dieses Kriterium nicht mehr gesondert zu prüfen ist. Damit entfallen auch die vorstehend beschriebenen Vorstufen.[653] 162

---

643 A. A. *LAG Frankfurt* 31.5.90 – 12 TaBV 26/90, AuR 91, 93, das die Zuziehung des »Beraters« zur Klärung u. a. der Frage, welche Informationen der BR benötigt, um Möglichkeiten der Verhaltens- und Leistungskontrolle durch EDV-Umstellung abschätzen zu können, als erforderlich ansah.

644 *BAG* 25.6.14 – 7 ABR 70/12, AuR 15, 70.

645 *Linnenkohl,* BB 88, 766 [767]; *Trittin,* AuR 88, 290.

646 *Trittin, Linnenkohl,* a. a. O.; *Wolter,* BetrR 87, 649 [652].

647 *Linnenkohl, Trittin,* a. a. O.

648 *BAG* 20.1.15 – 1 ABR 25/13, BAGE 150, 281 = DB 15, 1112.

649 *BAG* 16.11.05 – 7 ABR 12/05, BAGE 116, 192 = AuR 06, 172.

650 Zu Zweifeln an deren Objektivität *Däubler,* Gläserne Belegschaften?, Rn. 345.

651 Krit. *Wagner,* AuR 93, 75; *HessLAG* 17.6.93 – 12 TaBV 197/92, LAGE § 80 BetrVG 1972 Nr. 10, das die Begründungen des *BAG* als »defizitär« und »Verwirrung« bezeichnet.

652 *BAG* 25.6.14 – 7 ABR 70/12, AuR 15, 70; 16.11.05 – 7 ABR 12/05, AuR 06, 172; 26.2.92 – 7 ABR 51/90, AuR 93, 93.

653 So auch Begründung, BT-Drucks 19/28899, S. 22: … ist es notwendig, dem BR einen vereinfachten Zugriff auf besonderen Sachverstand in diesbezüglichen Fragen zu verschaffen … entfällt deshalb

Diese können auch nicht in die Voraussetzung des Satz 2 (Beurteilung der Einführung oder Anwendung von KI durch den BR) vorverlagert werden. Diese Beurteilungsnotwendigkeit ergibt sich allein aus den Beteiligungsrechten und Pflichten des BR und hat mit Kostenentlastung nichts zu tun. Für die Praxis sind damit Abgrenzungen zwischen der Beteiligung des BR bei Einführung und Anwendung von KI einerseits, bei sonstigen Fragen der Datenverarbeitung andererseits zu erwarten. Tatsächlich wird die betriebliche Datenverarbeitung immer mehr durch KI geprägt werden, so dass sich die Bestellung von SV zunehmend nach S. 2 und 3 richten werden. Es wäre aber paradox, wäre die Praxis direkt unterhalb der Schwelle der KI den vorstehend beschriebenen erhöhten Hürden ausgesetzt, während der Gesetzgeber diese für KI ausdrücklich gesenkt hat.

163 SV sind Personen, die dem BR (oder WA, § 108 Abs. 2) ihm fehlende fachliche oder rechtliche Kenntnisse vermitteln oder aus einem feststehenden Sachverhalt Schlussfolgerungen ziehen, damit der BR konkrete betriebsverfassungsrechtliche Aufgaben sachgerecht erfüllen kann.[654] SV kann **jede Person** sein, die über hierfür erforderliche Kenntnisse verfügt, z. B. Informatiker, Arbeitswissenschaftler, Bilanzsachverständige,[655] Rechtsprofessoren und -dozenten, Anwälte,[656] Gewerkschaftsbeauftragte (so ausdrücklich § 39 Abs. 2 Satz 2 EBRG).[657] Nach der Rspr. kann der BR die Zuziehung eines RA als SV nicht in Fällen beanspruchen, in denen zwischen den Betriebsparteien konkreter Streit über Bestehen und Umfang von Mitbestimmungsrechten hinsichtlich eines bestimmten Regelungsgegenstands besteht. Vorgesehen ist hier die Beauftragung eines RA nach § 40, der im Rahmen seines Mandats zunächst Bestehen und Umfang des Mitbestimmungsrechts prüft.[658] Kein SV ist ein RA, der den BR in einem gerichtlichen Verfahren oder in einer E-Stelle vertritt[659] bzw. anlässlich einer Betriebsänderung konkrete Verhandlungen über Interessenausgleich und Sozialplan führt; demgegenüber SV bzw. Berater, wenn der RA zur Beratung über eine vom AG vorgeschlagene komplexe Betriebsvereinbarung oder zur Ausarbeitung des Entwurfs eines schwierigen Interessenausgleichs hinzugezogen wird;[660] kein SV, wenn in einer Betriebsversammlung zu einem Sachthema ein allg. Referat gehalten wird,[661] es sei denn, es handelt sich um ein spezielles Fachreferat über ein für die konkrete BR-Arbeit erforderliches Thema, und die Zuziehung als SV in der Betriebsversammlung ist mit dem AG vereinbart worden.[662]

164 Aus Abs. 2 Satz 4 ergibt sich lediglich eine Verpflichtung des AG, dem BR sachkundige AN als **Auskunftspersonen** zur Verfügung zu stellen. Es steht im Ermessen des BR, davon Gebrauch zu machen. Für den Zugang zu SV nach Abs. 3 ergibt sich daraus keine weitere Hürde. (vgl. Rn. 140).

165 **Keine SV** i. S. dieser Vorschrift sind Betriebsangehörige oder Auskunftspersonen, die im Rahmen ihrer normalen beruflichen Tätigkeit dem BR Auskünfte erteilen, z. B. örtliche gewerkschaftliche Betreuungssekretäre, Dolmetscher, Betriebsbeauftragte, Angehörige der Krankenkasse, Werksärzte, technische Aufsichtsbeamte der BG, Beamte der Gewerbeaufsicht, Mitglieder des AR, GBR, KBR und WA bzw. BR-Mitglieder desselben UN.

---

nach dem neuen Satz 2 in diesen Angelegenheiten die Prüfung der Erforderlichkeit für die Hinzuziehung eines SV; wie hier auch *Waas*, Künstliche Intelligenz und Arbeitsrecht, 224.

654 *BAG* 13.9.77, AP Nr. 1 zu § 42 BetrVG 1972; 25.4.78, 19.4.89, AP Nrn. 11, 35 zu § 80 BetrVG 1972; 18.7.78, AP Nr. 1 zu § 108 BetrVG 1972; Richardi-*Thüsing*, Rn. 98; *Fitting*, Rn. 87; GK-*Weber*, Rn. 138.

655 *Trittin*, AuR 88, 290, m. w. N.

656 *BAG* 16.11.05 – 7 ABR 12/05, AuR 06, 172; 11.11.09 – 7 ABR 26/08, AuR 10, 177; Richardi-*Thüsing*, Rn. 98; *Fitting*, Rn. 87; GK-*Weber*, Rn. 138.

657 *BAG* 18.7.78, a. a. O.; *LAG Berlin* 2.3.89 – 14 TaBV 5/88; Richardi-*Thüsing*, Rn. 98; *Fitting*, Rn. 87; a. A. *GL*, Rn. 43.

658 *BAG* 25.6.14 – 7 ABR 70/12, AuR 15, 70; dafür aber nach MBG SH *BVerwG* 25.10.16 – 5 P 8/15, ZTR 17, 118.

659 *BAG* 14.12.16 – 7 ABR 8/15, AuR 17, 220; GK-*Weber*, Rn. 138.

660 *BAG* 13.5.98 – 7 ABR 65/96.

661 Vgl. *BAG* 13.9.77, 19.4.89, a. a. O.

662 *BAG* 19.4.89, a. a. O.

Für die Zuziehung von SV durch **WV, GBR, KBR** und **WA** (zu letzterem Verweisung in § 108 Abs. 2) gelten gleiche Grundsätze wie für den BR.[663] Da nach § 107 Abs. 1 Satz 3 die Mitglieder des WA die zur Erfüllung ihrer Aufgaben erforderliche fachliche und persönliche Eignung besitzen sollen, geht die h. M. davon aus, dass eine Zuziehung von SV durch den WA nicht in Frage kommt, wenn der BR/GBR nicht genügend sachkundige Mitglieder in den WA entsandt hat, obwohl ihm das möglich gewesen wäre, sofern sich die Erforderlichkeit nicht aus besonderen Gründen im Einzelfall ergibt.[664] SV können auch durch die ESt. hinzugezogen werden. Ist dies zur ordnungsgemäßen Erfüllung ihrer Aufgaben erforderlich, kann die **ESt.** einen SV ohne vorherige Zustimmung des AG hinzuziehen.[665] Seine nach § 76a vom AG zu tragenden Kosten bemessen sich nach § 40, d. h., sie müssen erforderlich und verhältnismäßig sein.[666] So kann die ESt. SV hinzuziehen, um sich zur Beurteilung der Arbeitsbedingungen i. S. v. § 5 Abs. 1 ArbSchG oder der Schutzmaßnahmen sachkundig zu machen, die angesichts unstr. feststehender oder i. S. v. § 5 Abs. 1 ArbSchG ermittelter Gefährdungen, ihrer Schwere und des Risikos einer Schadensrealisierung infrage kommen.[667] Diese Rechte hat dann auch der BR. Zum Berater nach § 111 Satz 2 sowie zum SV des EBR bzw. besonderen Verhandlungsgremiums s. dort. 166

Zur ordnungsgemäßen Aufgabenerfüllung des BR kann es erforderlich sein, dem SV **Zutritt zu Produktionsräumen** des AG zu gewähren, um Arbeitsabläufe beobachtend untersuchen zu können.[668] Ggf. kann ein SV vom Grundbuchamt die Erteilung von **Grundbuchauszügen** bzgl. der Geschäftsgrundstücke verlangen.[669] SV unterliegen der **Verschwiegenheitspflicht** nach § 79, auf die sie der BR ggf. hinzuweisen hat. Die Teilnahme von SV oder Auskunftspersonen an BR-Sitzungen oder Betriebs- bzw. Abteilungsversammlungen verstößt nicht **gegen den Grundsatz der Nichtöffentlichkeit.**[670] Auch der BR ist berechtigt, ihnen die Betriebs- und Geschäftsgeheimnisse mitzuteilen, die sie zur Erfüllung ihrer Aufgaben benötigen. Konsequent sind dann Sachverständige auch gegenüber dem AG zur Verschwiegenheit verpflichtet über Informationen, die Rückschlüsse auf den Meinungsbildungsprozess des BR zulassen. § 79a Satz 4 stellt dies selbst für den Datenschutzbeauftragten, der den BR in Fragen des Datenschutzes unterstützt, klar. 167

Für die Tätigkeit als SV ist nicht erforderlich, ein **schriftliches Gutachten** zu erstatten; es genügt **mündliche Beratung,** sofern dem BR so fehlende Kenntnisse vermittelt werden können.[671] Wie der BR damit umgeht, liegt in seinem Ermessen. Inhalt der Beratung sowie Gutachten des SV müssen dem AG nicht eröffnet werden.[672] 168

Die **Kosten** für den SV trägt der AG. Auch unter Verhältnismäßigkeitsgesichtspunkten ist der BR nicht verpflichtet, bei der Auswahl die billigste Lösung zu wählen.[673] Auch ein von der Gewerkschaft gestellter SV (zu Betreuungssekretären vgl. Rn. 165) hat unter Berücksichtigung des Dualismus zwischen BR und Gewerkschaften Anspruch auf marktgerechtes Honorar.[674] Die Gewerkschaft ist auf Grund ihrer betriebsverfassungsrechtlichen Unterstützungsfunktion nicht verpflichtet, Sachverstand (Personal) für Beratungen i. S. d. Vorschrift vorzuhalten.[675] Ist 169

---

663 *BAG* 11. 11. 09 – 7 ABR 26/08, AuR 10, 177: entsprechende Anwendung

664 *BAG* 18. 7. 78, AP Nr. 1 zu § 108 BetrVG 1972 mit zust. Anm. *Boldt; GL*, § 108 Rn. 13; vgl. *Däubler*, Gläserne Belegschaften?, Rn. 345; GK-*Oetker*, § 108 Rn. 31; kritisch *WW*, Rn. 8, der zutreffend darauf hinweist, dass Wunschvorstellung des Gesetzgebers und Realität kaum jemals in Einklang zu bringen sein werden.

665 *BAG* 4. 7. 89, AiB 90, 75 mit Anm. *Schoof* = EzA § 87 BetrVG 1972 Betriebliche Lohngestaltung Nr. 24; 13. 11. 91, BB 92, 855; *LAG Niedersachsen* 4. 3. 88 – 15 TaBV 61/87; s. auch § 76, Rn. 109.

666 *BAG*, a. a. O.

667 *BAG* 7. 12. 21 – 1 ABR 25/20, Rn. 31; 19. 11. 19 – 1 ABR 22/18, Rn. 33, BAGE 168, 323.

668 *LAG Berlin* 2. 3. 89 – 14 TaBV 5/88.

669 *LG Tübingen* 28. 5. 84, NZA 85, 99.

670 *BAG* 13. 9. 77, AP Nr. 1 zu § 42 BetrVG 1972; *ArbG Frankfurt* 16. 9. 88, AiB 89, 14.

671 *BAG* 25. 4. 78, AP Nr. 11 zu § 80 BetrVG 1972; *Däubler*, Gläserne Belegschaften?, Rn. 346; *Pflüger*, NZA 88, 45 [46]; *Trittin*, AiB 85, 90 [91].

672 *BAG* 20. 1. 15 – 1 ABR 25/13, DB 15, 1112.

673 *LAG Baden-Württemberg* 22. 11. 85, AiB 86, 261; *Däubler*, Gläserne Belegschaften?, Rn. 347.

674 *Pflüger*, a. a. O.

675 *Pflüger*, a. a. O., vgl. aber *BAG* 4. 6. 87, AP Nr. 30 zu § 80 BetrVG 1972.

ein RA als SV des BR anlässlich einer Betriebsstilllegung tätig geworden, so beschränkt sich die Kostenerstattung nach *BAG*[676] auf die Beratung, so dass ihm wegen einer nachfolgenden Mitwirkung bei der Verhandlung und dem Abschluss eines Sozialplans keine Vergleichsgebühr i. S. d. § 23 BRAGO zustehen soll. Das *BAG a. a. O.* deutet an, dass diese Kosten zu tragen seien, wenn der AG bei einer einverständlichen Hinzuziehung des SV die Überschreitung des Sachverständigenamtes duldet bzw. sich auf Verhandlungen mit ihm einlässt. Der BR ist von den Kosten des SV freizustellen. Den Freistellungsanspruch kann er an einen Dritten, z. B. den SV, abtreten. Der Freistellungsanspruch wandelt sich dann in einen Zahlungsanspruch um.[677] Nimmt der AG die Tätigkeit eines SV für den BR widerspruchslos hin, kann er sich nicht darauf berufen, zur Kostenübernahme nicht verpflichtet zu sein, weil eine entsprechende Vereinbarung nicht zustande gekommen ist.[678] Der Freistellungsanspruch soll nach umstr. Rspr. des *BGH* nicht bestehen, wenn BR-Mitglieder nicht erforderliche Beratungsleistungen vereinbaren.[679] Diese Position verkennt, dass das BR-Amt ein Ehrenamt ist, woraus die Notwendigkeit einer Haftungsprivilegierung folgt (hierzu Rn. 155; weiter Einl. 77, 149; § 40 Rn. 54).

IX. Streitigkeiten

170 Streitigkeiten zwischen AG und BR über den Umfang der allgemeinen Aufgaben des BR, über die **Unterrichtung** des BR durch den AG, über die **Zurverfügungstellung von Unterlagen** und über das **Einblicksrecht** in Bruttolohn- und -gehaltslisten entscheidet das ArbG im **Beschlussverfahren** (§§ 2a, 80 ff. ArbGG).[680] Für die gerichtliche Durchsetzung des Anspruchs auf Unterrichtung und Vorlage von Unterlagen ist nicht erforderlich, dass der AG i. S. d. § 23 Abs. 3 grob gegen seine gesetzlichen Pflichten verstoßen hat.[681] Der Antrag muss so bestimmt sein, dass der in Anspruch Genommene erkennen kann, was von ihm verlangt wird.[682] Teilweise erstreckt das *BAG* die Rspr. zu sog. Globalanträgen (aus teilweiser Unbegründetheit folgt Unbegründetheit insg.) auch auf Unterrichtungsanträge des BR, was zu differenzierten Hilfsanträgen zwingt.[683] Ggf. kann Vorlage von Unterlagen durch **einstweilige Verfügung** durchgesetzt (vgl. Art. 8 RL 2002/14/EG: geeignete Verwaltungs- und Gerichtsverfahren … angemessene Sanktionen) werden. Die **Zwangsvollstreckung,** z. B. zur Einblicknahme in die Listen über Bruttoentgelte, kann nach § 888 ZPO betrieben werden.[684]

171 Im **Beschlussverfahren** (§§ 2a, 80 ff. ArbGG) ist zu entscheiden, wenn sich BR und AG nicht über die Zuziehung einer **Auskunftsperson**[685] bzw. eines **SV** einigen können. Dies gilt sowohl hinsichtlich der Erforderlichkeit als auch der Modalitäten.[686] Der SV kann im Wege einer einstweiligen Verfügung nach § 85 Abs. 2 ArbGG bestellt werden, wenn sonst der AG vollendete Tatsachen schaffen und Abs. 3 unterlaufen könnte.[687] Er ist nicht Beteiligter im Beschlussverfahren.[688]

---

676 *BAG* 13. 5. 98 – 7 ABR 65/96, BB 99, 426.
677 *BAG* 13. 5. 98, a. a. O.
678 *ArbG Köln* 5. 7. 88, AuR 89, 150.
679 *BGH* 25. 10. 12 – III ZR 266/11, NZA 12, 1382.
680 *BAG* 27. 6. 89, AP Nr. 37 zu § 80 BetrVG 1972.
681 *BAG* 17. 5. 83, AP Nr. 19 zu § 80 BetrVG 1972; *Etzel,* Rn. 460.
682 *BAG* 27. 6. 10 – 1 ABR 74/09, DB 10, 2624: Prozessuale Konsequenz: Hilfsanträge!.
683 *BAG* 27. 10. 10 – 7 ABR 37/09, ZTR 11, 322. Prozessuale Konsequenz: differenzierte Hilfsanträge, z. B. bzgl. der Anwendung von TV.
684 *LAG Hamm* 21. 8. 73, DB 73, 1951; *Fitting,* Rn. 92; *SWS,* Rn. 22.
685 *LAG Hamm* 2. 10. 01 – 13 TaBV 106/01, AuR 02, 278.
686 *BAG* 27. 9. 74, AP Nr. 8 zu § 40 BetrVG 1972; 18. 7. 78, AP Nr. 1 zu § 108 BetrVG 1972; 25. 4. 78, 17. 3. 87, 4. 6. 87, 19. 4. 89, AP Nrn. 11, 29, 30, 35 zu § 80 BetrVG 1972; *Fitting,* Rn. 93, m. w. N.
687 *Boewer,* RDV 85, 22 [26]; *Däubler,* Gläserne Belegschaften?, Rn. 651; *Knauber-Bergs,* AiB 87, 160; *Pflüger,* NZA 88, 45 [49]; *Trittin,* AiB 90, 36, m. w. N.; *LAG Baden-Württemberg* 22. 11. 85, AiB 86, 261 mit Anm. *Trittin; LAG Hamm* 2. 10. 01 – 13 TaBV 106/01, AuR 02, 278; 15. 3. 94 – 13 TaBV 16/94, LAGE § 80 BetrVG 1972 Nr. 12.
688 *BAG* 25. 4. 78, a. a. O.

Verstöße des AG gegen die Verpflichtung, den BR zu unterrichten, ihm Unterlagen zur Verfügung zu stellen oder Einblick in die Listen über Bruttolöhne und -gehälter zu gewähren, können zusätzlich nach § 23 Abs. 3 BetrVG geahndet werden. Wird durch Verhalten des AG die Tätigkeit des BR vorsätzlich behindert oder gestört, kommt eine Bestrafung nach § 119 Abs. 1 Nr. 2 in Betracht. Bei speziellen Aufklärungs- oder Auskunftspflichten, nicht also der allgemeinen nach Abs. 2, kommt eine Ahndung nach § 121 (Ordnungswidrigkeit) in Betracht. Erteilt ein örtlicher AG keine ausreichenden Auskünfte, etwa weil ihm die (ausländische) Konzernobergesellschaft die entsprechenden Informationen nicht zuleitet, kann der BR mitbestimmungspflichtige Maßnahmen (z. B. nach §§ 87, 99) blockieren, bis die Unterrichtung erfolgt.[689] § 85 SGB IX regelt für behinderte Menschen die Möglichkeit einer **Verbandsklage** von Behindertenverbänden an Stelle und mit Einverständnis des Behinderten. 172

Zweiter Abschnitt
Mitwirkungs- und Beschwerderecht des Arbeitnehmers

§ 81 Unterrichtungs- und Erörterungspflicht des Arbeitgebers

(1) Der Arbeitgeber hat den Arbeitnehmer über dessen Aufgabe und Verantwortung sowie über die Art seiner Tätigkeit und ihre Einordnung in den Arbeitsablauf des Betriebs zu unterrichten. Er hat den Arbeitnehmer vor Beginn der Beschäftigung über die Unfall- und Gesundheitsgefahren, denen dieser bei der Beschäftigung ausgesetzt ist, sowie über die Maßnahmen und Einrichtungen zur Abwendung dieser Gefahren und die nach § 10 Abs. 2 des Arbeitsschutzgesetzes getroffenen Maßnahmen zu belehren.
(2) Über Veränderungen in seinem Arbeitsbereich ist der Arbeitnehmer rechtzeitig zu unterrichten. Absatz 1 gilt entsprechend.
(3) In Betrieben, in denen kein Betriebsrat besteht, hat der Arbeitgeber die Arbeitnehmer zu allen Maßnahmen zu hören, die Auswirkungen auf Sicherheit und Gesundheit der Arbeitnehmer haben können.
(4) Der Arbeitgeber hat den Arbeitnehmer über die aufgrund einer Planung von technischen Anlagen, von Arbeitsverfahren und Arbeitsabläufen oder der Arbeitsplätze vorgesehenen Maßnahmen und ihre Auswirkungen auf seinen Arbeitsplatz, die Arbeitsumgebung sowie auf Inhalt und Art seiner Tätigkeit zu unterrichten. Sobald feststeht, dass sich die Tätigkeit des Arbeitnehmers ändern wird und seine beruflichen Kenntnisse und Fähigkeiten zur Erfüllung seiner Aufgaben nicht ausreichen, hat der Arbeitgeber mit dem Arbeitnehmer zu erörtern, wie dessen berufliche Kenntnisse und Fähigkeiten im Rahmen der betrieblichen Möglichkeiten den künftigen Anforderungen angepasst werden können. Der Arbeitnehmer kann bei der Erörterung ein Mitglied des Betriebsrats hinzuziehen.

Inhaltsübersicht

689 *Diller/Powietzka*, DB 01, 1038.

I. Vorbemerkungen

1 Die in §§ 81–86a festgelegten Einzelrechte der AN stehen im Zusammenhang mit dem Schutz des Persönlichkeitsbereichs, wie er in § 75 Abs. 2 angesprochen ist,[1] und enthalten Elemente einer individuellen Mitbestimmung am Arbeitsplatz. Sie ergeben sich bereits aus **Nebenpflichten** des AG aus dem Arbeitsverhältnis.[2] Deswegen bestehen sie auch in **betriebsratslosen**[3] und **nicht betriebsratsfähigen Betrieben.**[4] Das Gleiche gilt für die Rechte auf Unterweisung, Unterrichtung, Anhörung, Vorschläge und Beschwerden nach §§ 12, 14, 17 ArbSchG. Soweit Rechte oder Aufgaben des BR bzw. von BR-Mitgliedern angesprochen werden (vgl. § 81 Abs. 4 S. 3, § 82 Abs. 2 S. 2 und 3, § 83 Abs. 1 S. 2 und 3, § 84 Abs. 1 S. 2, § 85 Abs. 1), haben diese ihren Rechtsgrund nicht im Arbeitsvertrags-, sondern im Betriebsverfassungsrecht.[5] §§ 81, 82 Abs. 1, 84–86 gelten im Entleiherbetrieb auch in Bezug auf die dort tätigen Leiharbeitnehmer (§ 14 Abs. 2 Satz 3 AÜG). Die Wahrnehmung der in §§ 81–86a (hier Abs. 4 Satz 3) beschriebenen Kommunikationsrechte und Pflichten erfolgt während der Arbeitszeit (vgl. § 12 Abs. 1 Satz 1 ArbSchG) und wird auf diese angerechnet. Weder besteht eine Verpflichtung, die dadurch angefallene Zeit nachzuarbeiten, noch mindert sich das Arbeitsentgelt. Zur Inanspruchnahme des BR vgl. § 39 Abs. 3. Damit handelt es sich um **Arbeitszeit** i. S. d. § 2 Abs. 1 ArbZG, nicht dagegen um Ruhepausen, die durch freie Verfügung und den Erholungszweck gekennzeichnet sind.[6]

2 Art. 27 der EU-Grundrechtecharta garantiert das Recht der AN auf **Unterrichtung und Anhörung im UN als europäisches Grundrecht.** Nach Art. 3 der **Nachweisrichtlinie** 91/533/EWG (ab 1. 8. 2022 ersetzt durch die RL (EU) 2019/1152 über transparente und vorhersehbare Arbeitsbedingungen in der EU v. 20. 6. 2019, hier Art. 4 Abs. 2c) ist der AG verpflichtet, die AN schriftlich über die wesentlichen Punkte des Arbeitsvertrags bzw. Arbeitsverhältnisses in Kenntnis zu setzen. Verlangt wird vor allem die Bezeichnung der »Art der Kategorie« der Stelle oder die »kurze Charakterisierung oder Beschreibung der Arbeit« (Buchst. c). § 2 Abs. 1 Nr. 5 NachwG verlangt die Niederschrift der Bezeichnung oder allg. Beschreibung der vom AN zu leistenden Tätigkeit; noch konkreter sind die Nachweispflichten bei Leih-AN nach § 11 AÜG.[7] § 81 ist richtlinienkonform auszulegen.[8] Soweit sich § 81 und das NachwG überlappen, können AN eine schriftliche Information verlangen. Neben o. g. RL sehen weitere europäische Vorschriften Informationspflichten des AG an die AN vor, so Art. 7 Abs. 6 der Betriebsübergangs-RL 2001/23/EG, umgesetzt durch § 613a Abs. 5 BGB, sowie Art. 4 der (Unterrichtungs)-RL 2002/14/EG.[9]

3 Die §§ 81 ff. beeinträchtigen oder verdrängen nicht Rechte des BR, sollte es zu Überschneidungen kommen. So kann der AG Rechte des BR im Rahmen der Berufsbildung nach §§ 96 ff. nicht mit der Begründung abwehren, es handele sich um Unterrichtungen nach § 81 Abs. 1. Nach älterer Rspr. des *BAG*[10] setzt Unterrichtung voraus, dass der AN die für den Arbeitsplatz

---

1 *Fitting*, Rn. 1; GK-*Franzen*, vor § 81 Rn. 3; *GL*, Rn. 1; *Zimmermann*, Zur Bedeutung des arbeitsplatzbezogenen Unterrichtungs-, Anhörungs- und Erörterungsanspruchs des einzelnen AN gem. § 81 BetrVG, AuR 14, 262.

2 GK-*Franzen*, vor § 81 Rn. 12 ff., 18; vgl. Richardi-*Thüsing*, Rn. 1; *Fitting*, Rn. 2 f.

3 *Fitting*; GK-*Franzen*; *WW*; a. a. O.; *SWS*, Rn. 3.

4 Str., vgl. nur *WW*, a. a. O.; HaKo-*Lakies*, Rn. 16; *HWGNRH*, § 83 Rn. 1; Richardi-*Thüsing*, vor § 81 Rn. 5; a. A. GK-*Franzen*, vor § 81 Rn. 21 ff., der allerdings aus der »Treuepflicht des AG« auch für alle nicht unter das BetrVG fallenden AN zu entsprechenden Ansprüchen kommt.

5 *BAG* 16. 11. 04 – 1 ABR 53/03, AuR 05, 163.

6 *OVG Münster* 10. 5. 11 – 4a 1403/08, AuR 11, 311, zur Teilnahme an Betriebsversammlungen; *Buschmann/Ulber*, § 2 ArbZG Rn. 58 ff.; zur BR-Arbeit selbst *BAG* 18. 1. 17 – 7 AZR 224/15, AuR 17, 90; ebenso zur PR-Arbeit *BAG* 16. 9. 20 – 7 AZR 491/19, AuR 21, 94: Anwendung des ArbZG offengelassen, unabhängig davon ist Wertung des § 5 ArbZG zu berücksichtigen.

7 Muster in DKWF-*Buschmann*, § 81 Rn. 3; Musterunterrichtung a. a. O., Rn. 4.

8 *Lörcher*, AuR 94, 451.

9 Dazu *Düwell*, FA 02, 172. Übersicht über weitere Informationspflichten bei *Mitsch*, Gesetzliche Informationspflichten des AG als Konkretisierung seiner allgemeinen Fürsorgepflicht, 2008; Checkliste in DKWF, § 81 Rn. 2.

10 Zur Abgrenzung der §§ 81 ff. von §§ 96 ff. *BAG* 5. 11. 85, AP Nr. 2 zu § 98 BetrVG 1972; 23. 4. 91 – 1 ABR 49/90, BB 91, 1794.

erforderlichen Kenntnisse und Erfahrungen schon besitzt. Nicht überzeugend ist die Meinung des *BAG*,[11] Einweisung und Berufsbildungsmaßnahme schlössen sich gegenseitig aus, Einweisung beziehe sich auf eine konkrete Tätigkeit, während Berufsbildungsmaßnahmen nur gezielt Kenntnisse und Erfahrungen vermittelten, die zur Ausübung der Tätigkeiten erst befähigten.[12] Auch § 12 Abs. 2 AGG vollzieht diese Unterscheidung nicht und verbindet die dort geregelte Hinweispflicht mit beruflicher Aus- und Fortbildung, worunter allgemein entsprechende Schulungen verstanden werden (vgl. Rn. 22). Der BR ist **unabhängig** von der Unterrichtung der AN bei Veränderungen in ihrem Arbeitsbereich über die Planung von betrieblichen Bauten, technischen Anlagen, Arbeitsverfahren, Arbeitsabläufen und Arbeitsplätzen (§ 90) zu unterrichten. Andererseits gehören §§ 81 ff. zu den gesetzlichen Vorschriften, über deren Einhaltung der BR nach § 80 Abs. 1 Nr. 1 zu wachen hat.

Die Einzelrechte nach diesem Gesetz gelten auch für **Auszubildende**, nicht allerdings für **Lt. Angestellte**. Diese Beschränkung ergibt sich aus der Entstehungsgeschichte. Der Bundesrat hatte erfolglos eine entspr. Anwendung vorgeschlagen.[13] Auf **Leih-AN** nach dem AÜG finden sie im Verleiherbetrieb uneingeschränkt Anwendung, im **Entleiherbetrieb** gelten §§ 81, 82 Abs. 1 und 84–86 (§ 14 Abs. 2 Satz 3 AÜG; zur Informationsverpflichtung hinsichtlich der Arbeitsbedingungen im Entleiherbetrieb vgl. Rn. 6). Sie gelten weiterhin für alle Personen, die faktisch für eine bestimmte Zeit **in den Betrieb eingegliedert** sind und genauso arbeiten wie AN des Betriebes, ohne selbst AN zu sein, z. B. Ein-€-Jobber (vgl. zur Parallelsituation personeller Einzelmaßnahmen § 99). Auch das ArbSchG (§§ 2, 8) geht von einem Beschäftigtenbegriff aus, der weiter ist als AN und nicht verlangt, dass das Beschäftigungsverhältnis mit dem AG selbst besteht. 4

§§ 81–86a sind **zwingend.**[14] Die Einzelrechte des AN aus diesen Vorschriften sind für diesen **unverzichtbar,** weder durch TV/BV abdingbar[15] noch Ausschlussfristen unterworfen. Er hat daraus einen Erfüllungsanspruch. Verpflichtungen des AN ergeben sich daraus insoweit, als er die jeweilige Unterrichtung, Belehrung oder Erörterung entgegenzunehmen hat. 5

II. Unterrichtung im Rahmen der Arbeitsfunktion

Die Unterrichtung des AN hat ohne besondere Aufforderung[16] **vor** der Arbeitsaufnahme (auch bei Versetzungen) zu erfolgen. Das Gesetz sieht das ausdrücklich für den Bereich der **Unfall- und Gesundheitsgefahren** vor. Sinn und Zweck der sonstigen Unterrichtung erfordern aber, dass diese auch im Rahmen des Satzes 1 vor Arbeitsaufnahme vorgenommen wird. Der AN soll sich mit seiner Arbeit rechtzeitig vertraut machen und hierauf einstellen können.[17] Für AN sind Unterrichtung und Belehrung Arbeitszeit. Soweit durch Unterrichtung und Belehrung Kosten entstehen, sind diese vom AG zu tragen. Auch Rückzahlungsklauseln sind insoweit unzulässig.[18] Weitere Unterrichtungs- bzw. Nachweispflichten ergeben sich aus §§ 11–13a AÜG (nach § 82 Abs. 2 Satz 1 i. V. m. § 12 Abs. 1 Satz 4 AÜG hat der Leih-AN gegen den Verleiher[19] und nach § 13 AÜG gegen den Entleiher einen qualifizierten Auskunftsanspruch hinsichtlich der wesentlichen Arbeitsbedingungen im Betrieb des Entleihers einschließlich des Entgelts), § 2 NachwG, § 10 BBiG (Vertragsniederschrift), § 12 ArbSchG (Unterweisung über Sicherheit und Gesundheitsschutz), §§ 5 Abs. 4b und 29 JASchG (Unterweisung über Gefahren), § 14 GefStoffVO, § 7a HAG sowie aus TV. 6

---

11 *BAG* 26. 4. 16 – 1 ABR 21/14, AuR 16, 432; 28. 1. 92 – 1 ABR 41/91, AuR 92, 352.
12 Gegen diese Abgrenzung und die Vorstellung einer Dichotomie zwischen Einweisung und Berufsbildung *Hamm*, AuR 92, 326.
13 BT-Drucks. VI/1786, S. 64 und S. 2; vgl. im Übrigen § 26 SprAuG; zur entspr. Herleitung aus Nebenpflichten Rn. 1.
14 *Fitting*, Rn. 2.
15 GK-*Franzen*, vor § 81 Rn. 34; *Zimmermann*, AuR 14, 262.
16 GK-*Franzen*, Rn. 7; *Zimmermann*, AuR 14, 262.
17 Richardi-*Thüsing*, Rn. 1; *Fitting*, Rn. 7; für einen späteren Zeitpunkt *GL*, Rn. 3; *SWS*, Rn. 6.
18 *BAG* 16. 3. 94 – 5 AZR 339/92, NZA 94, 937, 940.
19 *Ulber*, § 13 AÜG, Rn. 3 m. w. N.

7 Das Gesetz sieht keine bestimmte Form der Unterrichtung vor. Schriftliche Unterrichtung ist nach der Nachweis-RL, dem NachweisG, Einzelgesetzen und TV geboten (vgl. auch Rn. 2). Sie soll die mündliche Unterrichtung ergänzen, aber nicht ersetzen. Die Unterrichtung muss **präzise** und **individuell** auf den einzelnen AN und seinen Arbeitsplatz abgestellt sein.[20] Pauschale und allgemeine Hinweise genügen ebenso wenig wie eine allgemeine Beschreibung im Rahmen eines Vorstellungsgesprächs. **Ausländische AN** sind erforderlichenfalls in ihrer Heimatsprache zu unterrichten.[21]

8 Der AG muss – was vor allem für größere Betriebe bedeutsam ist – die Unterrichtung nicht selbst vornehmen, sondern kann diese Aufgabe den nach der Organisation des Betriebs **zuständigen Personen** (z. B. Meister, Abteilungsleiter) übertragen. Er ist aber dafür verantwortlich, dass die Unterrichtung ordnungsgemäß erfolgt. Er hat dafür Sorge zu tragen, dass die Einweisung des AN durch eine Person (Vorgesetzter) erfolgt, die entsprechend sachkundig ist. Sind im Betrieb **Betriebsärzte** und **Fachkräfte für Arbeitssicherheit** bestellt, haben sie den AG zu unterstützen und auf die Durchführung der Belehrung nach Abs. 1 Satz 2 hinzuwirken (§ 3 Abs. 1 Nr. 4 und § 6 Nr. 4 ASiG).

9 **Abs. 1** bezieht die Unterrichtung auf die **Arbeitsaufgabe,** die sich daraus ergebende **Verantwortung** sowie die **Art der Tätigkeit** und deren **Einordnung** in den betrieblichen Arbeitsablauf. Dazu gehören Hinweise auf Gestaltung und Beschaffenheit des **Arbeitsplatzes,** der **Arbeitsgeräte** (z. B. Funktionsweise, Bedienung und Wartung von Maschinen und sonstigen technischen Anlagen), des Materials sowie den Zusammenhang zwischen der Arbeitstätigkeit des AN mit dem betrieblichen Endprodukt und die Einordnung der Arbeitsfunktion in die Arbeitsorganisation des betr. Bereichs (Arbeitsgruppe, Abteilung) und des Betriebs. Die Unterrichtung über die Einordnung in den Arbeitsablauf anerkennt das Persönlichkeitsrecht des AN. Sie geht über die von ihm zu verrichtenden Einzeltätigkeiten hinaus und soll Zusammenhänge vermitteln, die eine bewusste Auseinandersetzung mit der eigenen Aufgabe und den einzelnen Tätigkeiten zulassen.[22] Hinzukommen die erforderlichen allgemeinen Informationen z. B. über Kantine, BR-Büro, Waschräume, Toiletten, Personalabteilung, Betriebskrankenkasse, Arbeitskleidung, Sprechstunden des BR, Parkplatzregelungen u. Ä.[23]

10 Die Vorschrift bezieht sich nicht nur auf technische Vorgänge. Je nach Tätigkeit kann der AG verpflichtet sein, den AN detailliert über zu beachtende **gesetzliche Bestimmungen** zu belehren.[24] Bei kaufmännischen Tätigkeiten können sich bindende Vorgaben aus europarechtlichen,[25] bundesgesetzlichen (Kriegswaffenkontrollgesetz, Außenwirtschaftsgesetz, Außenwirtschaftsverordnung nebst Länder- und Warenlisten über genehmigungspflichtige Ausfuhr) oder untergesetzlichen Bestimmungen (der IHK, Zollbehörden oder des Bundesausfuhramtes) ergeben, über die Sachbearbeiter schon zur Vermeidung eigener straf- oder ordnungsrechtlicher Risiken informiert sein müssen.[26] Unterbleibt dies, kann der Angestellte seine Arbeitskraft nach § 273 BGB zurückhalten, z. B. indem er sich weigert, Ware zu versenden bzw. eine Ausfuhranmeldung zu unterschreiben.[27] Auch die Darlegung von Über- und Unterstellungsverhältnissen ist notwendig. Bei Leitungsaufgaben ist dem Betreffenden die Verantwortung gegenüber anderen AN darzulegen.[28]

---

20 H. M.; vgl. *Fitting*, Rn. 3; GK-*Franzen*, Rn. 5; *HWGNRH*, Rn. 1 und 4; *Zimmermann*, AuR 14, 262.

21 *LAG Baden-Württemberg* 1. 12. 89 – 5 Sa 55/89, AiB 90, 313 f.; *Gutmann*, AuR 08, 83; GK-*Franzen*, Rn. 10; *LK*, Rn. 1; vgl. auch Richardi-*Thüsing*, Rn. 16.

22 *Fitting*, Rn. 3.

23 Vgl. auch Richardi-*Thüsing*, Rn. 4; *SWS*, Rn. 5; *Zimmermann*, AuR 14, 262.

24 Ebenso GK-*Franzen*, Rn. 5.

25 Art. 215 AEUV; VO [EG] Nr. 2465/96v. 17. 12. 96 zum Irak-Embargo; vgl. auch *BGH* 27. 1. 94, NJW 94, 858.

26 Ausführlich *Deinert*, AuR 03, 56, 104, 135, 169, 205; vgl. auch *BGH* 20. 8. 92, NJW 92, 3114, wonach der Straftatbestand der ungenehmigten Ausfuhr auch von Angestellten begangen werden kann; *Buschmann* AiB 91, 44.

27 *Deinert*, a. a. O., 205.

28 Muster in DKWF-*Buschmann*, § 81 Rn. 5.

Bei Arbeiten mit ökologischem Bezug hat der AG den AN über dessen Verantwortung für den betrieblichen und allgemeinen **Umweltschutz** zu unterrichten.[29] Der Begriff des betrieblichen Umweltschutzes ist umfassend i. S. d. § 89 Abs. 3 zu verstehen[30] (vgl. § 80 Rn. 73 ff.; § 89 Rn. 59 ff.). Dies ist insbes. der Fall, wenn das UN am Öko-Audit-System teilnimmt oder über ein Umwelt-Management-System verfügt.[31] 11

III. Belehrung über Unfall- und Gesundheitsgefahren

Besonderen Wert legt das Gesetz darauf, dass der AN vor Beginn der Beschäftigung über **Unfall- und Gesundheitsgefahren** belehrt wird. Belehrung ist eine besonders **intensive Form** der Unterrichtung.[32] Dem AN ist im Einzelnen darzulegen, welche konkreten Unfall- und Gesundheitsgefahren bei seiner Beschäftigung bestehen. Umfang und Bedeutung von Schutzmaßnahmen sind im Einzelnen zu erläutern. Das gilt vor allem für Sicherheitseinrichtungen an Maschinen und Schutzausrüstungen (z. B. Helm, Brille, Handschuhe, Staub- oder Coronaschutzmaske), die der AN bei seiner Tätigkeit tragen muss. Erforderlichenfalls ist das Funktionieren der Sicherheitseinrichtungen und das sinnvolle Tragen der Schutzausrüstung zu demonstrieren. Warnsignale müssen erläutert, Informationen z. B. auch zu Unfallhilfsstellen, Notausgängen, Alkohol- und Rauchverboten gegeben werden. Eine besondere Belehrung ist erforderlich vor einem Einsatz in gesundheitsgefährdenden Arbeitszeitsystemen wie Nachtarbeit,[33] die für Jugendliche (§ 14 JASchG) verboten ist.[34] Ebenso problematisch sind Schichtarbeit, sog. Vertrauensarbeitszeit[35] und KAPOVAZ. Teilweise wird die Belehrungspflicht durch Arbeitsschutzvorschriften konkretisiert und ergänzt (z. B. § 12 ArbSchG: Unterweisung, § 29 JArbSchG: Unterweisung über Gefahren, § 7a HAG: Unterrichtungspflicht, § 14 GefStoffV: Unterrichtung und Unterweisung der Beschäftigten, § 11 Abs. 3 StörfallVO: Information über Sicherheitsmaßnahmen). Die Unterweisung nach § 12 ArbSchG umfasst Anweisungen und Erläuterungen, die eigens auf den Arbeitsplatz oder den Aufgabenbereich der Beschäftigten ausgerichtet sind. Bei Leiharbeit hat der Entleiher diese Unterweisung vorzunehmen (§ 12 Abs. 2 ArbSchG). Diese Pflicht wird in besonderen VO, so § 3 PSA-BV, § 4 LasthandhabV[36] konkretisiert. Die Belehrung ersetzt nicht die öffentlich- und vertragsrechtlichen Arbeits- und Umweltschutzpflichten des AG, z. B. aus §§ 618 BGB, 62 HGB.[37] 12

Mit Gesetz zur Umsetzung der EG-RahmenRL Arbeitsschutz und weiterer ArbeitsschutzRL (EASUG) v. 7. 8. 96[38] wurde in Art. 3 die Belehrungspflicht aus Abs. 1 Satz 2 auf die nach § 10 Abs. 2 ArbSchG getroffenen Maßnahmen erstreckt. Der Verweis ist missverständlich. Formal regelt § 10 Abs. 2 ArbSchG nur die »Benennung« von Beschäftigten, die Aufgaben übernehmen. Die »Maßnahmen«, die zur ersten Hilfe, Brandbekämpfung und Evakuierung erforderlich sind, Einrichtung der Verbindungen zu außerbetrieblichen Stellen, ergeben sich aus § 10 Abs. 1, auf den sich Abs. 2 inhaltlich bezieht. Sie sind den AN ebenso mitzuteilen wie die damit beauftragten Personen. Die Belehrungspflicht wird für Beschäftigte des ö. D. durch die Unterrichtungspflicht nach § 14 Abs. 1 ArbSchG ergänzt. Bevor Beschäftigte Arbeitsmittel erstmalig verwenden, hat der AG ihnen nach § 12 Abs. 2 BetriebssicherheitsVO (BetrSichV) grundsätzlich eine schriftliche Betriebsanweisung hierfür zur Verfügung zu stellen (Ausnahmen für einfache Arbeitsmittel). Die Betriebsanweisung oder Gebrauchsanleitung muss in einer für die Beschäftigten verständlichen Form und Sprache abgefasst sein und den Beschäftigten an geeigneter Stelle zur Verfügung stehen. Sie ist bei der regelmäßig wieder- 13

29 *Fitting*, Rn. 6; *Schmitt-Schönenberg*, AuR 94, 281.
30 *Buschmann*, FS Heilmann, S. 87 ff.; *Froschauer*, Arbeitsrecht und Umweltschutz.
31 *Fitting*, a. a. O.; *Kohte*, Umweltauditrecht, Rn. 178, 181.
32 Vgl. z. B. *HWGNRH*, Rn. 10; *SWS*, Rn. 7.
33 Vgl. *BVerfG* 28. 1. 92, AuR 92, 187 ff. [189] unter III 3.
34 Zur Schutzpflicht bei Nachtarbeit vgl. *Buschmann/Ulber*, Arbeitszeitrecht, § 6 Rn. 2.
35 Nach *EuGH* 14. 5. 19 – C-55/18, Comisiones Obreras, AuR 19, 418, ohne Arbeitszeiterfassung unzulässig; *Buschmann/Ulber*, a. a. O., § 3 Rn. 39 ff.; *Märkle/Petri*, AuR 00, 443.
36 Dazu *Kollmer*, NZA 97, 138; *Pieper*, AuR 97, 21; *Wlotzke*, NJW 97, 1469.
37 Vgl. *Stevens-Bartol*, AuR 92, 262.
38 BGBl. I S. 1246.

kehrenden Unterweisung nach § 12 ArbSchG in Bezug zu nehmen. Die Betriebsanweisungen müssen bei sicherheitsrelevanten Änderungen der Arbeitsbedingungen aktualisiert werden. An Hand der Betriebsanweisung erfolgt die Unterweisung nach § 12 Abs. 1 BetrSichV. Der AG hat den Beschäftigten ausreichende und angemessene Informationen anhand der Gefährdungsbeurteilung in einer für sie verständlichen Form und Sprache zur Verfügung zu stellen. Vor Aufnahme der Verwendung von Arbeitsmitteln hat er sie tätigkeitsbezogen anhand vorst. Informationen zu unterweisen. Danach hat er in regelmäßigen Abständen, mind. einmal jährlich, weitere Unterweisungen durchzuführen. Das Datum jeder Unterweisung und die Namen der Unterwiesenen hat er schriftlich festzuhalten.[39]

14 Nach dem ebenfalls mit dem EASUG eingefügten **Abs. 3** (ebenso für Betriebe des ö. D. § 14 Abs. 2 ArbSchG) hat der AG die AN in **Betrieben ohne BR** zu allen Maßnahmen zu hören, die Auswirkungen auf Sicherheit und Gesundheit der AN haben können. Damit wird Art. 11 Abs. 1 und 2 der RL 89/391/EWG umgesetzt. »Hören« beinhaltet das Recht der AN, Vorschläge zu unterbreiten (Art. 11 Abs. 1, 2. Spiegelstrich RL). Die Vorschrift unterstreicht den **individuellen Rechtscharakter der §§ 81–84,** die nicht die Existenz eines BR voraussetzen (vgl. Rn. 1). Daneben steht in Betrieben mit oder ohne BR das Vorschlagsrecht der Beschäftigten zu Fragen der Sicherheit und des Gesundheitsschutzes bei der Arbeit nach § 17 Abs. 1 ArbSchG. Die Anhörungspflicht besteht unabhängig davon, ob die in Aussicht genommene Maßnahme des AG einen konkreten Bezug zu bestimmten Arbeitsplätzen aufweist.[40]

15 Die Festlegung der Art der o. g. Belehrung unterliegt der Mitbestimmung des BR nach § 87 Abs. 1 Nr. 7. Dabei sind die Erkenntnisse einer Gefährdungsbeurteilung (§ 5 ArbSchG) zu berücksichtigen und die konkrete arbeitsplatz- oder aufgabenbezogene Unterweisung daran auszurichten. Auch die ESt. kann sich nicht darauf beschränken, allgemeine Bestimmungen über die Unterweisung zu Gefahren am Arbeitsplatz aufzustellen.[41]

IV. Unterrichtung bei Veränderungen im Arbeitsbereich

16 Der AN ist **während** seiner Tätigkeit im Betrieb zu unterrichten, wenn sich **Veränderungen** in seinem Arbeitsbereich ergeben (**Abs. 2;** ebenso § 12 Abs. 1 Satz 3 ArbSchG). Arbeitsbereich ist der Arbeitsplatz und seine Beziehung zur betrieblichen Umgebung in räumlicher, technischer und organisatorischer Hinsicht. Der Veränderungsbegriff ist weiter als die **Versetzung i. S. d. § 95 Abs. 3.** Veränderungen im Arbeitsbereich können auch dann gegeben sein, wenn sich ohne unmittelbare Veränderung des Arbeitsplatzes die **technischen Gegebenheiten** seiner näheren Umgebung verändern.[42] Änderungen ohne Auswirkungen auf den AN bleiben außer Betracht. Die Änderung braucht nicht »wesentlich« zu sein. Das Ausmaß der Veränderung bestimmt den Umfang der Unterrichtung.[43] Solche Veränderungen bei gleich bleibendem Arbeitsplatz können z. B. sein: Einführung neuer Maschinen, Arbeitsstoffe, -geräte und Programme, Veränderung der Arbeitsumgebung, der Arbeitsorganisation (z. B. Einführung von Gruppenarbeit, Neustrukturierung von Abteilungen, neue Vorgesetzte) oder des innerbetrieblichen Transportwesens. Bei kaufmännischen Tätigkeiten können geänderte Vorschriften andere Arbeitsabläufe erfordern (vgl. Rn. 10). Die Veränderung kann einen, mehrere oder alle AN des Betriebs betreffen. Die Unterrichtungspflicht betrifft auch die **vorübergehende** Zuweisung einer anderen Arbeit[44] und Veränderungen, die sich auf den Bestand des Arbeitsverhältnisses selbst beziehen, wie (Änderungs-)Kündigungen;[45] zum Betriebsübergang vgl. § 613a Abs. 5 BGB.

17 Die Unterrichtung hat **rechtzeitig** zu erfolgen. Der AN muss Gelegenheit haben, sich mit den Veränderungen vertraut zu machen; er muss sich rechtzeitig auf sie einstellen können.[46] Art

---

39 Zur BetrSichV ausführlich *Pieper*, Basiskommentar, 2015; *Wilrich*, DB 15, 981 ff.; § 89 Rn. 33.
40 *Fitting*, Rn. 21; *Zimmermann*, AuR 14, 262.
41 *BAG* 11.1.11 – 1 ABR 104/09, AuR 11, 81, 267.
42 *HWGNRH*, Rn. 14; *Zimmermann*, AuR 14, 262.
43 Zutreffend GK-*Franzen*, Rn. 8.
44 *Fitting*, Rn. 17.
45 *ArbG Gelsenkirchen* 21.10.82 – 3 Ca 1768/82; zur Anhörung vor Ausspruch einer Kündigung vgl. § 82, Rn. 5.
46 GK-*Franzen*, Rn. 7.

und Umfang der Unterrichtung ergeben sich im Einzelnen aus Abs. 1 (vgl. Rn. 6 ff.). Sie muss vollständig und wahrheitsgetreu sein.

V. Unterrichtung und Erörterung bei Planung von Maßnahmen und deren Auswirkungen auf Arbeitsplätze, Arbeitsumgebung und Tätigkeit

Die Unterrichtungs- und Erörterungspflicht nach **Abs. 4** wurde insbes. im Hinblick auf **neue Technologien** eingeführt,[47] geht aber inhaltlich darüber hinaus. Sie betrifft die Planung von technischen Anlagen, Arbeitsverfahren und Arbeitsabläufen sowie von Arbeitsplätzen (vgl. § 90). Dazu gehören auch Matrix-Strukturen, home oder mobile office. Der AN muss über die Planung und ihre sozialen, wirtschaftlichen und persönlichen Auswirkungen unterrichtet werden, sobald sich **konkrete Maßnahmen** abzeichnen, die ihn in den vom Gesetz genannten Bereichen betreffen.[48] Dabei müssen alle Gesichtspunkte erfasst werden, die für den einzelnen AN Bedeutung haben können.[49] 18

Sobald feststeht, dass sich die Tätigkeit des AN verändern wird und er zusätzliche berufliche Kenntnisse und Fähigkeiten benötigt, muss der AG mit ihm erörtern, welche **Qualifizierungsmaßnahmen** ergriffen werden können. In Betracht kommen z. B. Umschulungen und betriebliche oder außerbetriebliche Fortbildungsmaßnahmen. Die Erörterungspflicht ist **umfassend.** Dies ergibt sich bereits aus arbeitsvertraglichen Nebenpflichten.[50] Zudem konkretisiert die Vorschrift die besondere Verantwortung des AG für die Beschäftigung nach § 2 Abs. 2 SGB III.[51] 19

Besondere Informations- und Erörterungspflichten bzw. -rechte ergeben sich aus dem **Teilzeit- und Befristungsgesetz.**[52] Nach § 7 Abs. 2 TzBfG hat der AG den AN, der ihm den Wunsch nach einer Veränderung von Dauer und Lage seiner vertraglich vereinbarten Arbeitszeit angezeigt hat, über entspr. Arbeitsplätze zu informieren, die im Betrieb oder UN besetzt werden sollen. Eine entspr. Verpflichtung ergibt sich für AG – allerdings ohne besondere Anzeige – aus § 18 TzBfG gegenüber den befristet beschäftigten AN in Bezug auf entspr. unbefristete Arbeitsplätze, die besetzt werden sollen. Die Information kann durch allgemeine Bekanntgabe an geeigneter, den AN zugänglicher Stelle im Betrieb und UN erfolgen. Diese besonderen Informationspflichten beziehen sich wie andere Informationspflichten nach dem TzBfG (etwa § 7 Abs. 3, § 20)[53] nicht nur auf den Betrieb, sondern auch auf das UN. § 8 Abs. 3 TzBfG statuiert eine Erörterungspflicht des AG gegenüber dem AN, der ihm den Wunsch nach Arbeitszeitverringerung angezeigt hat, was u. a. eine Begründung beinhaltet, warum etwa der konkrete Wunsch des AN auf Arbeitszeitverringerung nicht realisiert werden kann bzw. in welcher Form dies doch erfolgen könnte.[54] Die Verpflichtung zur bevorzugten Berücksichtigung teilzeitbeschäftigter AN bei der Besetzung von Arbeitsplätzen mit längerer Arbeitszeit nach § 9 TzBfG schließt ebenfalls eine entspr. Information ein.[55] 20

Auch § 7 Abs. 2 TzBfG ist gesetzlicher Ausdruck von **Nebenpflichten des AG** aus dem Arbeitsverhältnis. So kann der AG auch unabhängig von den konkreten Voraussetzungen dieser Vorschrift zur Information verpflichtet sein, etwa wenn der AN seinen Veränderungswunsch nicht förmlich angezeigt hat, der AG ihn aber ohnehin kennt.[56] Wenn der AN sein Interesse für einen anderen Arbeitsplatz mit veränderter Arbeitszeitdauer oder -lage anzeigen kann und hierüber informiert werden muss, so gilt dies erst recht, wenn sich die Arbeitszeit gar nicht, sondern lediglich die Arbeitsinhalte ändern. 21

Nach § 12 Abs. 2 AGG soll der AG die Beschäftigten (erweiterter Beschäftigtenbegriff nach § 6 AGG) in geeigneter Weise, insbes. im Rahmen der beruflichen Aus- und Fortbildung, auf die 22

---

47 Vgl. BT-Drucks. 11/2503, S. 35.
48 BT-Drucks. 11/2503, S. 35; *SWS*, Rn. 10a; *Wlotzke*, DB 89, 115 [116].
49 *Fitting*, Rn. 24.
50 GK-*Franzen*, Rn. 21.
51 *Bepler*, AuR 99, 222.
52 BGBl. I S. 1966; ausführlich *Buschmann/Dieball/Stevens-Bartol*, TZA, § 1 TzBfG Rn. 1 ff.
53 Vgl. TZA, a. a. O.
54 Zu Einzelheiten TZA, § 8 TzBfG Rn. 39 ff.
55 Musteranzeige und Information in DKWF-*Buschmann*, § 81 Rn. 7 f.
56 *BAG* 13. 11. 84 – 3 AZR 255/84, AuR 85, 397; GK-TZA-*Mikosch*, § 3 BeschFG Rn. 29.

Unzulässigkeit von Benachteiligungen i. S. d. § 1 AGG hinweisen und darauf hinwirken, dass diese unterbleiben.[57]

VI. Beiziehung eines Beitriebsratsmitglieds

23 Ebenso wie nach § 82 Abs. 2 und § 83 Abs. 1 Satz 2 kann der AN ein **BR-Mitglied seines Vertrauens** zur Erörterung hinzuziehen (ausführlich § 82 Rn. 13 ff., auch zu der Konstellation, dass der AG oder der AN die Anwesenheit eines BR-Mitglieds bei Personalgesprächen nicht wünscht). Der AN hat ein Wahlrecht.[58] Das BR-Mitglied kann nicht nur an der Besprechung teilnehmen, sondern sich hieran auch aktiv beteiligen, Fragen stellen und die Probleme diskutieren.[59] Dies gilt auch, wenn der AG in einer Mitarbeiter- oder Arbeitsgruppenbesprechung Fragen des Abs. 3 Satz 2 anspricht (vgl. auch § 82). Erörtert der AG Maßnahmen mit einer Mehrzahl von AN oder einer Arbeitsgruppe, muss er ggf. die Teilnahme mehrerer BR-Mitglieder dulden, da den AN ein individuelles Recht auf Hinzuziehung zusteht und sie nicht verpflichtet sind, sich auf ein gemeinsames BR-Mitglied zu einigen.[60] Anders als in § 82 Abs. 2 Satz 3 und § 83 Abs. 1 Satz 3 ist **keine Schweigepflicht** vom Gesetzgeber für das BR-Mitglied angeordnet worden. Deshalb scheidet bei Offenbarung eines persönlichen Geheimnisses jedenfalls eine Bestrafung nach § 120 Abs. 2 aus. Es kann allerdings eine Verletzung des **Persönlichkeitsrechts** des AN mit entspr. zivilrechtlichen Konsequenzen vorliegen.[61]

VII. Streitigkeiten

24 Erfüllt der AG seine Pflichten nach dieser Vorschrift nicht oder nicht ordnungsgemäß, kann der AN ein **arbeitsgerichtliches Verfahren** auf Durchführung der Unterrichtung bzw. Erörterung einleiten. Zur Anwendung kommt das Urteilsverfahren.[62] **Einstweilige Verfügungen** sind zulässig.[63] Der AN kann ggf. **Schadensersatzansprüche** aus § 280 BGB, § 823 Abs. 2 BGB[64] sowie bei durch unterlassene Belehrung eingetretener Verletzung von Körper, Gesundheit oder Eigentum aus § 823 Abs. 1 BGB geltend machen. Für seine Erfüllungsgehilfen haftet der AG vertraglich nach § 278 BGB, für Verrichtungsgehilfen im Rahmen der unerlaubten Handlung nach § 831 BGB, wenn nicht sogar eigenes Organisationsverschulden vorliegt. Verursacht der AN infolge unterlassener Unterrichtung einen Schaden, der sonst nicht entstanden wäre, so haftet allein der AG. Der AN kann ggf. auch ein **Leistungsverweigerungsrecht** gemäß § 273 BGB ausüben.[65] Er behält bis zur Erfüllung der den AG treffenden Pflichten seinen Lohnanspruch (§§ 298, 615 BGB). Das Zurückbehaltungsrecht kann auch von mehreren AN gleichzeitig, ausgeübt werden.[66] Nach *BAG*[67] kommt ein Leistungsverweigerungsrecht der AN bei einer Verletzung betriebsverfassungsrechtlicher Vorschriften durch den AG wegen seiner individualrechtlichen Natur nur in Betracht, wenn dadurch das Einzelarbeitsverhältnis unmittelbar betroffen ist. Dies ist bei den Pflichten aus § 81 ff. der Fall.[68] Verletzt der AG seine Erörterungspflicht nach Abs. 4, ist dem AN ein längerer Zeitraum für die Qualifizierung einzuräumen und eine etwaige personenbedingte Kündigung insoweit unwirksam[69] (vgl. auch § 102 Abs. 3 Nr. 4).

---

57 Ausführlich Däubler/Beck-*Buschmann*, § 12 AGG, Rn. 18 ff.
58 GK-*Franzen*, Rn. 23.
59 GK-*Franzen*, Rn. 24.
60 Ebenso WPK-*Preis*, Rn. 19.
61 Vgl. GK-*Franzen*, Rn. 25; Kort, NZA 19, 504; Musteranzeige des BR in DKWF-*Buschmann*, § 81 Rn. 8.
62 Richardi-*Thüsing*, Rn. 26; *Fitting*, Rn. 28; GK-*Franzen*, vor § 81 Rn. 41.
63 *Fitting*, Rn. 28.
64 GK-*Franzen*, vor § 81 Rn. 37; *Deinert*, AuR 03, 208.
65 Vgl. *Fitting*, Rn. 28; GK-*Franzen*, vor § 81 Rn. 37.
66 Vgl. *LAG Hamm* 19. 5. 83 – 8 Sa 18/83.
67 *BAG* 14. 2. 78, AP Nr. 58 zu Art. 9 GG Arbeitskampf.
68 Zur Rspr. zum Zurückbehaltungsrecht der AN vgl. auch *Däubler*, Arbeitsrecht 1, Rn. 436 ff.; 923 ff.
69 Vgl. *Fitting*, Rn. 25; *Löwisch*, BB 88, 1953 [1954]; *Bepler*, AuR 99, 222; *Zimmermann*, AuR 14, 262.

Unabhängig von den rechtlichen Möglichkeiten des einzelnen AN kann der BR bei groben Verstößen des AG ein **Beschlussverfahren nach § 23 Abs. 3** einleiten Nach § 80 Abs. 1 Nr. 1 hat er die Erfüllung der Informations- und Erörterungspflichten des AG gegenüber dem AN zu überwachen.[70] Er kann allerdings nicht die Rechte des AN, wie z. B. den Informationsanspruch, gegen den AG geltend machen.[71] Das **Recht auf Hinzuziehung eines BR-Mitglieds** nach Abs. 4 Satz 3 hat kollektiven Bezug. Wird dies seitens des AG verweigert, kann es im Rahmen einer sich aus § 23 Abs. 3 Satz 1 ergebenden gesetzlichen Prozessstandschaft sowohl seitens des BR als auch der im Betrieb vertretenen Gewerkschaft durch Beschlussverfahren geltend gemacht werden.[72] Bei Streitigkeiten zwischen AG und AN über die Hinzuziehung des BR-Mitglieds findet das Urteilsverfahren Anwendung (im Einzelnen § 82 Rn. 18).[73] 25

§ 82 Anhörungs- und Erörterungsrecht des Arbeitnehmers

(1) Der Arbeitnehmer hat das Recht, in betrieblichen Angelegenheiten, die seine Person betreffen, von den nach Maßgabe des organisatorischen Aufbaus des Betriebs hierfür zuständigen Personen gehört zu werden. Er ist berechtigt, zu Maßnahmen des Arbeitgebers, die ihn betreffen, Stellung zu nehmen sowie Vorschläge für die Gestaltung des Arbeitsplatzes und des Arbeitsablaufs zu machen.

(2) Der Arbeitnehmer kann verlangen, dass ihm die Berechnung und Zusammensetzung seines Arbeitsentgelts erläutert und dass mit ihm die Beurteilung seiner Leistungen sowie die Möglichkeiten seiner beruflichen Entwicklung im Betrieb erörtert werden. Er kann ein Mitglied des Betriebsrats hinzuziehen. Das Mitglied des Betriebsrats hat über den Inhalt dieser Verhandlungen Stillschweigen zu bewahren, soweit es vom Arbeitnehmer im Einzelfall nicht von dieser Verpflichtung entbunden wird.

Inhaltsübersicht Rn.

I. Vorbemerkungen

1 Die Vorschrift ergänzt § 81 und gibt dem AN das Recht, selbst die Initiative zu ergreifen, um Auskünfte einzuholen oder eigene Positionen in betrieblichen Angelegenheiten zu artikulieren. Sie regelt wie § 81 arbeitsvertragliche Nebenpflichten des AG im Rahmen der zweiseitigen Rechtsbeziehung AG – AN, die – bis auf die Hinzuziehung eines BR-Mitglieds – auch in einem betriebsratslosen Betrieb gelten.[1] Abs. 1 gilt im Entleiherbetrieb auch in Bezug auf die dort tätigen Leiharbeitnehmer (§ 14 Abs. 2 Satz 3 AÜG). Individuelle Mitwirkung am Arbeitsplatz kann den betrieblichen Interaktionsprozess fördern, zu mehr Transparenz im Verhältnis AG-AN und damit zur Lösung von Konflikten beitragen. Die in der Hervorhebung eigener Rechte zum Ausdruck kommende Subjektstellung des AN i. V. m. der fakultativen Hinzuziehung eines BR-Mitglieds betont den Schutz seines Persönlichkeitsrechts.

1a Die Norm begründet **keine Pflicht des AN zur Teilnahme** an vom AG gewünschten **Personalgesprächen.** Diese kann sich, beschränkt auf »Inhalt, Ort und Zeit der Arbeitsleistung« sowie auf »Ordnung und Verhalten im Betrieb«, nur aus § 106 Satz 1, 2 GewO ergeben. Daraus schließt das *BAG* zwar grds. die Berechtigung des AG, den AN – außerhalb krankheits-

70 Richardi-*Thüsing*, Rn. 24; GK-*Franzen*, vor § 81 Rn. 31 m. w. N.
71 Vgl. *ArbG Aachen* 11. 8. 75, BB 76, 1511; GK-*Franzen*, Rn. 26.
72 *BAG* 16. 11. 04 – 1 ABR 53/03, AuR 05, 163; 20. 4. 10 – 1 ABR 85/08, AuR 10, 393, jeweils zur Hinzuziehung eines BR-Mitglieds.
73 A. A. GK-*Franzen*, Rn. 26.

1 *LAG Köln* 31. 5. 07 – 9 Ta 27/07, AuR 07, 405.

bedingter Arbeitsunfähigkeit – zur Teilnahme an Gesprächen zu verpflichten, in denen der AG Weisungen in einem der o. g. Bereiche vorbereiten, erteilen oder ihre Nichterfüllung beanstanden will.[2] Keine Verpflichtung besteht danach aber zur Teilnahme an Gesprächen, die der AG (auch) mit dem Ziel führt, das Arbeitsverhältnis zu beenden oder den Arbeitsvertrag zu ändern.[3] Zur Vertragsfreiheit gehört die freie Entscheidung, ob man Verhandlungen über eine Vertragsänderung führen will. Das Direktionsrecht nach § 106 GewO erfasst nur die Konkretisierung der Arbeitsleistung, nicht die Vertragsgestaltung selbst.[4] Deshalb hat der AG den AN vorab den Gesprächsgegenstand »Beendigung des Arbeitsverhältnisses« oder »Änderung des Arbeitsvertrages« mitzuteilen. Die Verletzung dieser Nebenpflicht aus dem Arbeitsverhältnis verstößt gegen das Gebot fairen Verhandelns.[5] Schließlich können Personalgespräche für die Betroffenen gesundheitsgefährdenden Charakter (in sozialversicherungsrechtlicher Terminologie: »von außen auf den Körper einwirkendes Ereignis«) einnehmen und stehen dann unter dem Schutz der gesetzlichen Unfallversicherung.[6] Vgl. auch **Rn. 15.**

II. Recht des Arbeitnehmers auf Anhörung und Stellungnahme

2 Der AN ist berechtigt, in bestimmten Angelegenheiten an die nach Maßgabe des organisatorischen Aufbaues des Betriebs **zust. Personen** heranzutreten und von ihnen gehört zu werden. Sachlich zuständige Personen sind etwa Meister, Abteilungs- oder Gruppen- und Betriebsleiter. Die betr. Personen haben die Pflicht, den AN anzuhören und auf seine Fragen, Stellungnahmen oder Vorschläge einzugehen, soweit sich diese auf Angelegenheiten beziehen, die in dieser Vorschrift genannt werden. Der AG ist verpflichtet, z. B. in Filialbetrieben oder im Außendienst, durch entspr. Organisation verantwortliche Adressaten zu benennen (vgl. auch Rn. 10). Obwohl die Vorschrift anders als etwa § 83 Abs. 3 kein ausdrückliches Diskriminierungsverbot ausspricht, darf der AN wegen der Ausübung seiner hier geregelten Rechte nicht benachteiligt werden (§ 612a BGB). Die Ausübung des Anhörungs- und Erörterungsrechts erfolgt **während bzw. ist Arbeitszeit.**[7] Das Arbeitsentgelt ist weiterzuzahlen,[8] was sich aus einer Rechtsanalogie zu §§ 20 Abs. 3 Satz 2, 39 Abs. 3, § 44 Abs. 1 Satz 2[9] oder dem Verständnis der Anhörung/Erörterung als Konkretisierung der arbeitsvertraglichen Rechtsstellung[10] ableiten lässt. Sollen Einzelheiten über Anhörung und Erörterung festgelegt werden, was vor allem in größeren Betrieben zweckmäßig sein kann, besteht ein Mitbestimmungsrecht des BR nach § 87 Abs. 1 Nr. 1.[11] Es können z. B. **Zeit** und **Ort** der Anhörung und Erörterung geregelt werden, ohne jedoch in das Individualrecht einzugreifen.

3 Wenn das Gesetz von betrieblichen Angelegenheiten spricht, die sich auf die Person des betreffenden AN (zum AN-Begriff vgl. § 81 Rn. 4) beziehen, setzt es nicht voraus, dass sie **allein** diesen AN berühren. Die Angelegenheiten können auch eine AN-Gruppe (z. B. Abteilung oder Mitglieder eines sog. Assessment Centers) betreffen, sofern sie auch Bezug zu dem AN haben, der im Rahmen des § 82 tätig wird. Dies bedeutet, dass mehrere AN auch ohne Einschaltung des BR bzw. der gewerkschaftlichen Gremien gemeinschaftlich an den AG herantreten kön-

---

2 *BAG* 2. 11. 16 – 10 AZR 596/15, AuR16, 525; 17, 126; *Britschgi,* AiB 17, 54.
3 *BAG* 23. 6. 09 – 2 AZR 606/08, AuR 09, 267; *Reinecke,* AuR 11, 234; *St. Müller,* FA 10, 294.
4 *BAG* 23. 6. 09 – 2 AZR 606/08, a. a. O.; ebenso Vorinstanz *LAG Niedersachsen* 3. 6. 08 – 3 Sa 1041/07, AuR 09, 53; *LAG Nürnberg* 1. 9. 15 – 7 Sa 592/14, AuR 16, 427 (zust. Anm. *Müller-Wenner*), Revisionsrücknahme 2 AZR 855/15; *Reinecke,* AuR 11, 234; *Schäfer/Staack,* AiB 7/8/14, 42 ff.
5 Zum Gebot fairen Verhandelns bei Aufhebungsverträgen *BAG* 7. 2. 19 – 6 AZR 75/18, NJW 19, 1966 ff.; *Reinecke* a. a. O.; *Zimmermann,* AuR 20, 13 ff.; *Britschgi,* AiB 17, 54.
6 *BSG* 6. 5. 21 – B 2 U 15/19 R, SozR 4-2700 § 8 Nr. 77: Herzstillstand während des Personalgesprächs.
7 GK-*Franzen,* Rn. 3; Richardi-*Thüsing,* Rn. 3; *Zimmermann* a. a. O.
8 OVG *Münster* 10. 5. 11 – 4a 1403/08, AuR 11, 311, zur Teilnahme an Betriebsversammlungen; *Buschmann/Ulber,* Arbeitszeitrecht, § 2 ArbZG Rn. 58; *Fitting,* Rn. 2; *HWGNRH,* Rn. 56; *WW,* Rn. 4; zur BR-Arbeit selbst *BAG* 18. 1. 17 – 7 AZR 224/15, AuR 17, 90; ebenso zur PR-Arbeit *BAG* 16. 9. 20 – 7 AZR 491/19, AuR 21, 94: Anwendung des ArbZG offengelassen, unabhängig davon ist Wertung des § 5 ArbZG zu berücksichtigen.
9 So GK-*Franzen,* Rn. 3.
10 HaKo-*Lakies,* Rn. 2; *GL,* Rn. 14.
11 *Fitting,* Rn. 2; GK-*Franzen,* Rn. 17.

nen, etwa im Wege einer Unterschriftenaktion zur Wiedereinführung der 35-Std.-Woche.[12] Das ergibt sich schon daraus, dass die in §§ 81 – 84 BetrVG eingeräumten Individualrechte das Bestehen eines BR nicht voraussetzen. Sie gelten auch in BR-losen Betrieben und können auch kollektiv ausgeübt werden. Gespräche der AN untereinander über eine solche Unterschriftenaktion stellen weder eine Vertragspflichtverletzung noch eine Störung des Betriebsfriedens dar. Aus welchen Gründen einzelne AN für oder gegen dieses Ziel sein mögen, ist irrelevant.[13] Die Rechte des BR, etwa aus § 80 Abs. 1 Nrn. 2 und 3, werden dadurch nicht beeinträchtigt (vgl. auch § 81 Rn. 3).

Das Anhörungsrecht erstreckt sich auf alle betrieblichen Angelegenheiten, die mit der **Stellung des AN** im Betrieb und seiner **Tätigkeit** (auch nur mittelbar) zusammenhängen.[14] »Betrieblich« steht im Gegensatz zu privaten Angelegenheiten, die keinen Bezug zum dienstlichen Bereich haben. »Betrieblich« bezweckt keine **räumliche Begrenzung.**[15] Miterfasst werden Angelegenheiten des betrieblichen Umweltschutzes,[16] z. B. wenn der AN in seinem Umfeld problematische Umwelt- oder Exportpraktiken (vgl. § 81 Rn. 11) wahrnimmt. Vom AN können auch solche Angelegenheiten vorgebracht werden, die sich aus einer Tätigkeit außerhalb des Betriebs ergeben, sofern sie mit der Stellung und Arbeitsfunktion des AN zusammenhängen.[17] Das Anhörungsrecht nach Satz 1 setzt nicht voraus, dass sich der AN beeinträchtigt fühlt.[18] Beschwerden kann der AN im Rahmen des § 84 (oder § 85) vorbringen. Die Anhörung kann in eine **Beschwerde** nach §§ 84 ff. übergehen.[19] 4

Betriebliche Angelegenheiten, die die Person des AN betreffen, sind auch vom AG vorgesehene personelle Maßnahmen wie Umsetzungen, Versetzungen oder Abmahnungen. Dann spricht viel dafür, hierzu auch die viel weiter gehende Maßnahme der **Kündigung** zu rechnen.[20] Noch ungeklärt ist, ob sich daraus eine Verpflichtung oder Obliegenheit des AG ergibt, den AN vor Ausspruch einer (auch ordentlichen) Kündigung hierzu anzuhören, sowie welche Rechtsfolgen bei fehlender Anhörung eintreten. Dies gilt insbes. in betriebsratslosen bzw. nicht dem BetrVG / KSchG unterliegenden Betrieben. Nach *ArbG Gelsenkirchen*[21] unter Bezug auf § 82 ist der **Ausspruch einer Kündigung ohne vorhergehende Anhörung des AN aus formellen Gründen unwirksam.** Dies entspricht Art. 7 des IAO-Übereinkommens Nr. 158.[22] Für Verdachtskündigungen gilt dies ohnehin. 5

Der AN ist berechtigt, zu AG-Maßnahmen, von denen er betroffen wird, **Stellung zu nehmen** und **Vorschläge** für die **Gestaltung des Arbeitsplatzes** und des Arbeitsablaufs zu machen. Die Vorschläge können sich auf alle Aspekte der Arbeitsplatzgestaltung und des Arbeitsablaufs beziehen, bspw. auf Fragen der Arbeitszeit, des Arbeits-, Gesundheits- und Umweltschutzes, Herbeiführung einer menschengerechten Arbeitsgestaltung und Verbesserung des Betriebsablaufs. Letzteres kann gleichzeitig auch das betriebliche Vorschlagswesen betreffen (§ 87 Abs. 1 Nr. 12). Nach § 17 Abs. 1 ArbSchG sind die Beschäftigten berechtigt, dem AG 6

---

12 *LAG Hamm* 3.9.14 – 4 Sa 235/14, LAGE § 84 BetrVG 2001 Nr. 1, NZB zurückgewiesen; *Mittag*, jurisPR-ArbR 4/15 Anm. 3.

13 *LAG Hamm* und *Mittag* a. a. O.

14 *Fitting*, Rn. 4.

15 GK-*Franzen*, Rn. 6.

16 *Froschauer*, Arbeitsrecht und Umweltschutz, 112 ff.; *Schmitt-Schönenberg*, AuR 94, 281 ff.; *Fitting*, Rn. 5; WPK-*Preis*, Rn. 7; *Buschmann*, FS Heilmann, S. 100.

17 GK-*Franzen*, Rn. 6.

18 GK-*Franzen*, Rn. 10; ErfK-*Kania*, Rn. 5.

19 Vgl. *GL*, Rn. 5.

20 Ausführlich dazu DDZ-*Däubler*, Einl. Rn. 110 ff.

21 *ArbG Gelsenkirchen* 17.3.10 – 2 Ca 319/10, AuR 10, 439, mit Anm. *Däubler*; so schon 26.6.98 – 3 Ca 3473/97, AuR 98, 460; ebenso *ArbG Dortmund* 30.10.08 – 2 Ca 2492/08; a. A. *BAG* 21.2.01 – 2 AZR 579/99, BAGE 97, 141–150; GK-*Franzen*, Rn. 9.

22 Art. 7 des Übereinkommens Nr. 158 über die Beendigung des Arbeitsverhältnisses durch den AG, 1982; von Deutschland noch nicht ratifiziert: »Das Arbeitsverhältnis eines AN darf nicht aus Gründen, die mit seinem Verhalten oder seinen Leistungen zusammenhängen, beendigt werden, wenn ihm nicht vorher Gelegenheit gegeben worden ist, sich gegen die vorgebrachten Behauptungen zur Wehr zu setzen, es sei denn, dass es für den AG unzumutbar wäre, eine solche Gelegenheit zu geben.«.

Vorschläge zu allen Fragen der Sicherheit und des Gesundheitsschutzes bei der Arbeit zu machen. Ein vernünftiger AG sollte die Vorschläge ernst nehmen und seine Management-Konzeption darauf abstellen, dass »nicht alle Weisheit von oben kommt«. Ferner hat der AN das Recht, unabhängig von diesen Anhörungs- und Erörterungsrechten beim BR Maßnahmen zur Gestaltung des Arbeitsplatzes und Arbeitsablaufs anzuregen bzw. diesem Beratungsthemen vorzuschlagen (§ 86a) sowie zu allen ihn betreffenden AG-Maßnahmen Stellung zu beziehen. Hierdurch kann die Arbeit des BR gestärkt werden. Gerade in größeren Betrieben sollte dieser deshalb darauf hinwirken, dass ihm möglichst viele AN ihre Kenntnisse und ihr Fachwissen zugänglich machen und sich an der Arbeit des BR beteiligen.[23]

III. Erläuterung des Arbeitsentgelts und der beruflichen Entwicklungsmöglichkeiten

7 Der AN kann eine **detaillierte Darstellung** der Berechnung und Zusammensetzung seines Arbeitsentgelts verlangen. Die Vorschrift ergänzt die Abrechnungsverpflichtung nach § 108 GewO. Der Begriff »Arbeitsentgelt« umfasst alle dem AN zustehenden Bezüge, bspw. Lohn, Gehalt, Zulagen, Prämien, Provisionen, Auslösungen, Gratifikationen, Betriebsrenten,[24] Gewinnbeteiligung, sog. »stock-options« usw. Der Erläuterungsanspruch erstreckt sich sowohl auf die **Zusammensetzung** des Arbeitsentgelts (z.B. Verhältnis des Grundgehalts zu Zulagen oder Prämien) als auch auf dessen **Höhe** (Brutto- und Nettobezüge einschließlich Aufgliederung etwaiger Abzüge). Nicht ausreichend ist z.B. eine Abrechnung eines Teilbetrags mit dem Pauschalbegriff »Pflücklohn« ohne Angaben zu den rechtlichen und tatsächlichen Berechungsparametern des Akkordlohns.[25] Die Erläuterung muss so gestaltet sein, dass der AN die Möglichkeit hat, die Angaben der Lohnabrechnung sowohl hinsichtlich der rechtlichen als auch der tatsächlichen Grundlagen zu verstehen. Damit kann u.a. die Einhaltung des (tariflichen) Mindestlohns überprüft werden. Der Anspruch kann jederzeit, also auch ohne konkreten Anlass, geltend gemacht werden[26] und ist unabhängig vom Zeitpunkt der Auszahlung des Arbeitsentgelts und der Aushändigung entsprechender Belege.[27] Hinzu kommt der individuelle Auskunftsanspruch zur Überprüfung der Einhaltung des Entgeltgleichheitsgebots nach § 10 EntgTranspG.

8 Der Anspruch des AN auf Erläuterung der Berechnung und Zusammensetzung seines Arbeitsentgelts erhält angesichts der Verwendung von **EDV** für die Entgeltberechnung immer größere Bedeutung. Es muss dem AN ermöglicht werden, die auf Lohn- oder Gehaltsstreifen gemachten Angaben zu entschlüsseln bzw. zu verstehen.[28]

9 Der Anspruch des AN auf Erörterung der Berechnung und Zusammensetzung seines Arbeitsentgelts lässt das Recht des BR, nach Maßgabe des § 80 Abs. 2 in die Listen der Bruttolöhne und -gehälter Einblick zu nehmen, **unberührt.**[29]

10 Der AN kann verlangen, dass seine Leistungen beurteilt und mit ihm die Möglichkeiten seiner **beruflichen Entwicklung** im Betrieb erörtert werden Zu Letzterer gehören auch die Möglichkeiten einer Arbeitszeitverringerung bzw. -verlängerung nach §§ 8, 9 TzBfG (vgl. § 81 Rn. 20 m.w.N.). Der AN hat Anspruch darauf, dass die Erörterung mit einer **kompetenten Person** des Betriebs erfolgt, die nach dem betrieblichen organisatorischen Aufbau hierfür zuständig ist. Der/die unmittelbare Vorgesetzte wird vielfach nicht in der Lage sein, mit dem AN umfassend die Möglichkeiten der beruflichen Entwicklung im Betrieb zu erörtern. Das gilt umso mehr, als es bei dem Gespräch nicht nur um die persönliche Qualifikation des AN zu gehen hat, sondern auch um die betriebliche Situation, zu erwartende Veränderungen und sich daraus ergebende Entwicklungschancen.[30]

23 Mustervorschlag in DKWF-*Buschmann*, § 82 Rn. 2.
24 Vgl. GK-*Franzen*, Rn. 12.
25 *LAG Köln* 10.11.20 – 1 Ta 158/20, juris.
26 GK-*Franzen*, Rn. 12.
27 *LAG Köln* 31.5.07 – 9 Ta 27/07, AuR 07, 405; Muster in DKWF-*Buschmann*, § 82 Rn. 3.
28 *Fitting*, Rn. 9; *GL*, Rn. 8.
29 Vgl. *BAG* 18.9.73, AP Nr. 3 zu § 80 BetrVG 1972; GK-*Franzen*, Rn. 14.
30 Vgl. auch *HWGNRH*, Rn. 9ff.

Im Rahmen der Erörterungen ist dem AN Kenntnis von seinen **Beurteilungen** zu geben.[31] Das gilt vor allem, wenn im Betrieb ein formelles Beurteilungssystem besteht. Dieses unterliegt der Mitbestimmung gem. **§ 94 Abs. 2.** Im Übrigen kann der AN schriftliche Beurteilungen nach § 83 einsehen, schriftlich dazu Stellung nehmen[32] und unter Berücksichtigung eines dem AG eingeräumten Beurteilungsspielraum gerichtlich überprüfen lassen (vgl. § 83 Rn. 25). Fühlt er sich durch seine Beurteilung beeinträchtigt, kann er nach §§ 84, 85 Beschwerde einlegen.[33] 11

In dem Gespräch sind dem AN die Beurteilung angemessen zu **erläutern und seine** Fragen zu beantworten. Ein genereller Anspruch auf Aushändigung einer schriftlichen Leistungsbeurteilung[34] bzw. auf **verbindliche Zusagen** hinsichtlich einer beruflichen Förderung ergibt sich daraus noch nicht. Werden Zusagen gemacht, so können sie **Rechtswirkungen** nach sich ziehen und etwa dem BR einen Zustimmungsverweigerungsgrund nach § 99 Abs. 2 Nr. 3 geben. 12

IV. Hinzuziehung eines Betriebsratsmitglieds

Bei der Behandlung der Angelegenheiten nach § 82 kann der AN verlangen, dass ein **BR-Mitglied** hinzugezogen wird.[35] Das sollte gleichermaßen gelten für Gespräche auf Initiative des AG wie des AN[36] und nach Sinn und Zweck der Norm sowohl für Erörterungen nach Abs. 1 als auch nach Abs. 2.[37] Der Wortlaut steht diesem Verständnis nicht entgegen, allenfalls die systematische Einordnung in Abs. 2. Daraus ergibt sich jedoch keine Negativregelung für andere Angelegenheiten. Abs. 2 Satz 2 ist lediglich Ausdruck des **allg. betriebsverfassungsrechtlichen Grundsatzes, wonach AN in Angelegenheiten ihres Arbeitsrechtsverhältnisses gegenüber dem AG sich den Beistand des BR zunutze machen können** (vgl. auch §§ 81 Abs. 4 Satz 1, 83 Abs. 1 Satz 2 BetrVG; § 167 Abs. 2 SGB IX; § 7 Abs. 2 Satz 3 TzBfG). Der BR kann dazu beitragen, eine intellektuelle Überlegenheit des AG auszugleichen, oder als Zeuge des AN fungieren.[38] Dies gilt auch und gerade in Gesprächen, die möglicherweise zu einer Arbeitszeitveränderung (Lage oder Dauer) oder sogar zum Abschluss eines Aufhebungsvertrages führen können. Eine generelle Beteiligung des BR vor jedem Aufhebungsvertrag kann nach zutreffender Auffassung auch in einem Interessenausgleich/Sozialplan vereinbart werden.[39] Bei Verstoß kann dann dem AG gerichtlich untersagt werden, Aufhebungsverträge ohne vorherige Beteiligung des BR zu schließen. Dagegen erklärte das *BAG* eine generelle Regelung in einer BV, nach der ein AG zu einem Personalgespräch mit einem AN vor Ergreifung arbeitsrechtlicher Maßnahmen gegen diesen gleichzeitig den BR zu laden hat, unter Berufung auf das allg. Persönlichkeitsrecht des AN gem. § 75 Abs. 2 BetrVG für unwirksam.[40] Die Entscheidung überzeugt nicht. Die Anwesenheit des BR gerade in dieser Situation verletzt nicht Persönlichkeitsrechte des AN, sondern schützt sie. Dadurch lassen sich z. B. überstürzte Aufhebungsverträge, wie sie in derartigen Drucksituationen typischerweise zustandekommen, vermeiden. Der AG ist zudem weder Vertreter noch Prozessstandschafter seiner Beschäftigten.[41] Dies hatte das *BAG* an anderer Stelle ausdrücklich bestätigt: »Der AG ist nicht befugt, sich gegenüber dem Anspruch des BR aus § 80 Abs. 2 Satz 2 Halbs. 2 BetrVG auf Grundrechte von AN zu berufen.«[42] Die Schwäche der Entscheidung zeigt sich auch an Hilfsbegründungen des Senats, nämlich Hinweisen auf das mangelnde Auswahlrecht des AN bzgl. des beizuziehenden BR-Mitglieds sowie mangelnde Verschwiegenheitsregelung in der angegriffenen BV. Wäre eine generelle Beiladung des BR un- 13

31 GK-*Franzen*, Rn. 16; vgl. auch *Jedzig*, DB 91, 859 [860].
32 GK-*Franzen*, Rn. 16; *Fitting*, Rn. 10.
33 Gesuch des AN auf Info in DKWF-*Buschmann*, § 82 Rn. 4.
34 GK-*Franzen*, Rn. 16; zum Zeugnisanspruch bei Beendigung der Beschäftigung vgl. §§ 109 GewO, 630 BGB; zum Zwischenzeugnis Deinert/Heuschmid/Zwanziger-*Appel/Callsen*, § 88 Rn. 7.
35 Muster in DKWF-*Buschmann*, § 82 Rn. 4.
36 *BAG* 24.4.79 – 6 AZR 69/77, AP § 82 BetrVG Nr. 1.
37 A. A. *Fitting*, Rn. 12; GK-*Franzen*, Rn. 20, *HWGNRH*, Rn. 33; nur Abs. 2.
38 *BAG* 23.2.84, EZA § 82 BetrVG 1972 Nr. 2; 16.11.04, AuR 05, 163.
39 *ArbG Darmstadt* 7.12.93, AuR 94, 202; zustimmend auch Richardi-*Thüsing*, Rn. 15.
40 *BAG* 11.12.18 – 1 ABR 12/17, AP Nr. 62 zu § 75 BetrVG 1972.
41 Zutreffend *BAG* 20.1.09 – 1 AZR 515/08, AuR 09, 281.
42 *BAG* 14.1.14 – 1 ABR 54/12, EzA-SD 2014, Nr. 11, 15.

zulässig, wären diese Ausführungen überflüssig. Haben sie dagegen tragende Bedeutung, wäre eine diesen Gesichtspunkten Rechnung tragende BV gleichwohl zulässig.

14 Das *BAG*[43] hat auch einen generellen Anspruch des AN, bei jedem mit dem AG geführten Gespräch ein BR-Mitglied hinzuziehen, verneint. Dieser bestehe nur in den besonderen Tatbeständen der §§ 81 Abs. 4 Satz 3, 82 Abs. 2 Satz 2, 83 Abs. 1 Satz 2 und 84 Abs. 1 Satz 2. Bei einer Betriebsstilllegung seien Gespräche über einen Aufhebungsvertrag denkbar, in denen nicht mehr sinnvoll über Leistungsbeurteilung oder berufliche Entwicklung gesprochen werden könne. Andererseits genüge es, wenn Gesprächsgegenstände zumindest teilweise identisch mit den in der Vorschrift genannten Themen sind. Sie brauchten sich nicht ausschließlich darauf zu beziehen. Es komme nicht darauf an, wer den Anlass zu dem Gespräch gegeben oder dieses verlangt habe. In der Praxis wird auch nach dieser Rspr. – von wenigen Ausnahmefällen abgesehen – regelmäßig ein BR-Mitglied hinzugezogen werden können.[44] Die Eingrenzung überzeugt gleichwohl systematisch nicht. Die genannten Vorschriften haben nicht die Funktion, die Unterstützung des einzelnen AN durch ein BR-Mitglied zu begrenzen, sondern für die individuellen Mitwirkungs- und Beschwerderechte der §§ 81 ff. festzuschreiben.

15 In arbeitsvertraglichen Gesprächen ist die Unterstützung durch ein BR-Mitglied noch notwendiger. Dies gilt gerade für den Fall des **Aufhebungsvertrags,** dessen Verhandlung das *BAG* nicht unter Abs. 2 subsumiert. In der Praxis kann sich der AN einer Ladung zu einem Personalgespräch über den Fortbestand des Arbeitsverhältnisses nur schwer entziehen.[45] Da aber kein AN zu einem derartigen Gespräch verpflichtet ist (dazu Rn. 1a), kann er es auch von der Teilnahme des von ihm bestimmten BR-Mitglieds abhängig machen. Häufig weiß der AN nicht im Voraus, welche Themen der AG im Personalgespräch anschneidet. Gerade in den Räumen der Personalabteilung ist auch nach Auffassung des *BAG* damit zu rechnen, dass der AG (oder ein Vorgesetzter) mit dem AN Fragen und Probleme seines Arbeitsverhältnisses bespricht und ggf. rechtsgeschäftlich regeln will.[46] Folgt man dieser Auffassung nicht, hätte es der AG in der Hand, den AN durch geschickte Themenstellung in eine hierarchische Gesprächssituation ohne betriebsverfassungsrechtlichen Schutz zu zwingen. Eine ad hoc-Beiziehung des BR-Mitglieds während des Gesprächs würde dann regelmäßig aus praktischen Gründen (Verfügbarkeit) ausscheiden. Diese in der Praxis nicht seltene Überrumpelung des AN ohne Beistand des BR wäre ein Verstoß gegen das vom *BAG* anerkannte »Gebot fairen Verhandelns«.[47] Aus diesem Grunde kann der AN die Anwesenheit eines Rechtsbeistands auf jeden Fall verlangen, wenn der AG eine betriebsfremde Person zu dem Personalgespräch hinzuzieht.[48] Im Übrigen gehört es entgegen *BAG* a. a. O. zu den »Möglichkeiten der beruflichen Entwicklung im Betrieb« i. S. d. Vorschrift, wenn der AN diese fortsetzen will, der AG nicht. Beschränkt man dagegen die Möglichkeit der Hinzuziehung eines BR-Mitglieds funktionswidrig, wäre der AN, der sich des Beistands des BR versichern möchte, gehalten, umgehend einen förmlichen Antrag nach Abs. 2 zu stellen oder Beschwerde einzulegen, was zwar die Beteiligung des BR-Mitglieds absichern, im Ergebnis aber zu weiteren Auseinandersetzungen führen und den AG mehr belasten würde. Das Beschwerdeverfahren kann sich aber durch frühzeitige Beteiligung eines BR-Mitglieds erledigen. Nach § 80 hat der BR die Einhaltung der sich aus dieser Vorschrift ergebenden Verpflichtungen des AG zu überwachen. Die Führung formalisierter Krankenrückkehrergespräche ist gem. § 87 Abs. 1 Nr. 1 mitbestimmungspflichtig.[49]

---

43 *BAG* 16.11.04 – 1 ABR 53/03, AuR 05, 163; 20.4.10 – 1 ABR 85/08, AuR 10, 393.

44 So auch *BAG* 20.4.10 – 1 ABR 85/08, a. a. O.; Vorinstanz *LAG Köln* 11.6.08 – 3 TaBV 16/08, AuR 09, 52 zu einem Gespräch über eine Tätigkeitsbeschreibung als Grundlage der Neueingruppierung in den TV ERA; zust. *Lerch*, AiB 09, 279; *HessLAG* 11.4.16 – 16 TaBV 162/15, zu einem Gespräch über die Zuordnung von Stellen im Außendienst vor einer paritätisch besetzten Stellenbesetzungskommission im Rahmen eines Interessenausgleichs; Übersicht bei *Zimmermann*, AuR 20, 13 ff.

45 *Schleusener,* NZA 02, 949, 951.

46 *BAG* 27.11.03 – 2 AZR 177/03, AuR 04, 25, 273; 26.3.15 – 2 AZR 483/14, AuR 15, 417.

47 *BAG* 27.11.03 – 2 AZR 177/03, a. a. O.; *Däubler*, AR Rn. 1233; *Lerch*, AiB 09, 279; *Reinecke*, AuR 11, 234; *Zimmermann*, AuR 20, 15.

48 *St. Müller*, FA 10, 294.

49 *BAG* 8.11.94 – 1 ABR 22/94, AuR 95, 279; vgl. auch § 87, Rn. 67.

Der AN kann ein von ihm **bestimmtes Mitglied** des BR zu seiner Unterstützung hinzuziehen. Der AG hat keinen Anspruch darauf, vom AN vor dem Personalgespräch davon in Kenntnis gesetzt zu werden, ob und ggf. welches konkretes BR-Mitglied dies sein soll.[50] Der AN hat nur Anspruch auf ein Tätigwerden dieses BR-Mitglieds, nicht dagegen auf ein bestimmtes Verhalten.[51] Bei den Erörterungen kann das betreffende BR-Mitglied selbst Fragen stellen und Vorschläge machen.[52] Über den Inhalt des Erörterungsgesprächs hat es **Stillschweigen** zu bewahren, soweit es vom AN nicht im Einzelfall von dieser Verpflichtung entbunden wird. Die mögliche Entbindung durch den AN macht deutlich, dass es sich um eine relative, d. h. nur gegenüber dem AN wirkende Verpflichtung handelt, die z. B. der AG nicht für sich einfordern kann. Schutzgut sind allein Persönlichkeitsrechte des AN. Eine Verletzung dieser Schweigepflicht kann u. U. die Bestrafung nach § 120 Abs. 2 nach sich ziehen, vor allem, wenn das BR-Mitglied unbefugt ein zum persönlichen Lebensbereich des AN gehörendes Geheimnis offenbart. Die Schweigepflicht gilt grundsätzlich auch gegenüber **anderen BR-Mitgliedern,** es sei denn, dass der AN das BR-Mitglied von der Schweigepflicht befreit.[53] 16

Wünschen AN die Hinzuziehung best. BR-Mitglieder zu sog. **Beratungs-** und **Förderungsgesprächen,** kann der AG deren Anwesenheit nicht deshalb ablehnen, weil in diesen Gesprächen noch weitere Gegenstände erörtert werden.[54] Es kommt nicht darauf an, auf wessen Initiative diese Gespräche stattfinden.[55] Der durch Hinzuziehung des BR-Mitglieds gegebene Schutz ist erst recht erforderlich, wenn die Initiative vom AG ausgeht, da der AN hier noch weniger in der Lage ist, sich auf das Gespräch vorzubereiten und darauf einzustellen.[56] Auch eine mehrheitliche Willensbildung oder gar Abstimmung gegen die Anwesenheit eines BR-Mitglieds ist unbeachtlich, da sie das individuelle hierauf gerichtete Recht nicht beseitigen kann. Unabhängig von der Vorschrift kann sich aus dem allgemeinen Persönlichkeitsrecht (Art. 2 Abs. 1 i. V. m. Art. 1 Abs. 1 GG) das Recht des AN auf Zulassung eines Rechtsbeistandes ergeben, wenn ein dienstliches Gespräch über seinen Gesundheitszustand geführt wird.[57] Die Einberufung sog. Mitarbeiterversammlungen kann eine unzulässige Form der Behinderung von Betriebsversammlungen darstellen (vgl. § 42 Rn. 50 ff.).[58] Ein individueller Anspruch eines einzelnen AN gegen den AG auf Nichtbeteiligung von BR-Mitgliedern bei Personalgesprächen ist auch außerhalb mitbestimmungspflichtiger Angelegenheiten regelmäßig nicht begründbar (str., vgl. Rn. 13).[59] 17

V. Streitigkeiten

Der AN kann ggf. die Erfüllung der ihm nach § 82 gegen den AG zustehenden Ansprüche, z. B. auf Erläuterung der Berechnung und Zusammensetzung seines Arbeitsentgelts, **im Urteilsverfahren** geltend machen.[60] Nach *BAG* ist es auch anzuwenden in einem Rechtsstreit zwischen AN und AG über die Hinzuziehung eines BR-Mitglieds.[61] Der BR bzw. die im Betrieb vertretene Gewerkschaft können dieses Recht im Rahmen einer sich aus § 23 Abs. 3 Satz 1 ergebenden gesetzlichen Prozessstandschaft durch Beschlussverfahren feststellen lassen.[62] Weigert sich ein 18

---

50 *HessLAG* 7. 12. 15 – 16 TaBV 140/15, NZB 7 ABN 14/16 zurückgewiesen; *OVG NRW* 25. 9. 18 – 3d A 177/17.BDG, IÖD 18, 275.
51 *Fitting,* Rn. 12.
52 Richardi-*Thüsing,* Rn. 15; GK-*Franzen,* Rn. 21; *SWS,* Rn. 5.
53 GK-*Franzen,* Rn. 23; *Kort,* NZA 19, 502, auch zum BEM-Gespräch nach § 167 Abs. 2 SGB IX.
54 *BAG* 24. 4. 79, AP Nr. 1 zu § 82 BetrVG 1972; vgl. auch *Fitting,* Rn. 13; GK-*Franzen,* Rn. 20; *SWS,* Rn. 6; *HWGNRH,* Rn. 34.
55 Vgl. ebd.
56 So zutreffend *ArbG Hamm* 10. 1. 79, BB 80, 42 f.
57 Vgl. *ArbG Münster* 6. 7. 88, BB 88, 1964.
58 *BAG* 27. 6. 89, DB 89, 2543.
59 Unklar *LAG Niedersachsen* 22. 1. 07 – 11 Sa 614/06, AuR 07, 358, mit krit. Anm. *Buschmann..*
60 H. M.; vgl. *Fitting,* Rn. 14; GK-*Franzen,* Rn. 24; Richardi-*Thüsing,* Rn. 20; *LAG Köln* 10. 11. 20 – 1 Ta 158/20, juris.
61 *BAG* 24. 4. 79, AP Nr. 1 zu § 82 BetrVG 1972; *Fitting,* Rn. 15; Richardi-*Thüsing,* Rn. 21; a. A. GK-*Franzen,* Rn. 25: Beschlussverfahren.
62 *BAG* 16. 11. 04 – 1 ABR 53/03, AuR 05, 163; 20. 4. 10 – 1 ABR 85/08, AuR 10, 393.

BR-Mitglied ohne Grund, an dem Gespräch teilzunehmen, kann dies eine grobe Pflichtverletzung i. S. v. § 23 Abs. 1 sein. Der AN hat allerdings keinen durchsetzbaren Anspruch auf Teilnahme gegen ein bestimmtes BR-Mitglied.[63] Nach älterer Rspr. des *BAG*[64] hat das einzelne BR-Mitglied keinen selbstständig geltend zu machenden Anspruch gegen den AG auf Teilnahme. Macht der AG die Durchführung eines Personalgesprächs bei einer seitens eines Beschäftigten gewünschten Teilnahme eines BR-Mitglieds davon abhängig, dass der BR oder der Beschäftigte diese Teilnahme vorher ankündigt, liegt darin eine unzulässige Behinderung der BR-Arbeit i. S. d. § 78.[65]

§ 83 Einsicht in die Personalakten

(1) Der Arbeitnehmer hat das Recht, in die über ihn geführten Personalakten Einsicht zu nehmen. Er kann hierzu ein Mitglied des Betriebsrats hinzuziehen. Das Mitglied des Betriebsrats hat über den Inhalt der Personalakte Stillschweigen zu bewahren, soweit es vom Arbeitnehmer im Einzelfall nicht von dieser Verpflichtung entbunden wird.
(2) Erklärungen des Arbeitnehmers zum Inhalt der Personalakte sind dieser auf sein Verlangen beizufügen.

Inhaltsübersicht Rn.

I. Vorbemerkungen

1 Ein privater AG ist nicht verpflichtet, Personalakten (PA) anzulegen,[1] wird sie aber regelmäßig im eigenen Interesse führen. Besondere Aufbewahrungspflichten können sich aus steuer-, sozialversicherungsrechtlichen oder tariflichen Bestimmungen ergeben.[2] Diese Vorschrift bestimmt nicht das Maß, in dem ein AG berechtigt ist, Daten und Aufzeichnungen mit persönlichen Angaben über die bei ihm beschäftigten AN zu sammeln. Diese Befugnis und ihre Begrenzung ergeben sich aus der Zweckbestimmung des Arbeitsverhältnisses unter Berücksichtigung des Grundrechts auf informationelle Selbstbestimmung[3] und des Datenschutzes. Ausdrücklich genannt werden Rechte des einzelnen AN auf Einsichtnahme, auf Beiziehung eines BR-Mitglieds, auf Beifügung von Erklärungen zur PA. Die Vorschrift enthält keine abschließende Regelung der AN-Rechte in Bezug auf die über ihn geführten Akten. Gleiche oder weiter gehende Rechte lassen sich tariflich vereinbaren.[4]

2 Wie die in §§ 81 und 82 geregelten AN-Rechte haben auch die Rechte auf Einsicht und Abgabe von Erklärungen zur PA ausschließlich individualrechtlichen Charakter. Sie gelten auch in betriebsratlosen[5] oder nicht einmal **betriebsratsfähigen** Betrieben.[6] Auf Personen, die nicht

63 *Fitting*, Rn. 15; *GL*, Rn. 15; a. A. GK-*Franzen*, Rn. 25.
64 *BAG* 23. 2. 84 – 6 ABR 22/81, EZA § 82 BetrVG 1972 Nr. 2.
65 *HessLAG* 7. 12. 15 – 16 TaBV 140/15, NZB 7 ABN 14/16 am 8. 6. 16 zurückgewiesen.

1 GK-*Franzen*, Rn. 13.
2 Aus Arbeitgebersicht *Haußmann/Karwatzki*, DB 18, 2697 ff.
3 *BVerfG* 15. 12. 83 – 1 BvR 209/83, NJW 84, 419 ff., Volkszählung.
4 Vgl. § 6 EKT [Ersatzkassen].
5 Vgl. Richardi-*Thüsing*, Rn. 2; *Fitting*, Rn. 1; *HWGNRH*, Rn. 2; *SWS*, Rn. 1.
6 Richardi-*Thüsing*, Rn. 2; *Fitting*, Rn. 1; *HWGNRH*, Rn. 2; *Linnenkohl/Töfflinger*, AuR 86, 199 [201]; *Kammerer*, Rn. 229; a. A. GK-*Franzen*, vor § 81 Rn. 21; *SWS*, Rn. 1.

unter das BetrVG fallen, finden sie keine direkte Anwendung.[7] Hier ergibt sich der Anspruch aus vertraglichen Nebenpflichten, so dass die Beschränkung der Vorschrift ohne größere Bedeutung ist.[8] Für leitende Angestellte vgl. § 26 Abs. 2 SprAuG.

II. Einsichtsrecht in die Personalakte

1. Personalakte

PA i. S. d. Vorschrift ist **jede Sammlung von** Urkunden und Vorgängen, die die persönlichen und dienstlichen Verhältnisse des Bediensteten betreffen und in einem inneren Zusammenhang mit dem Dienstverhältnis stehen. Auf eine äußere Zuordnung kommt es nicht an, **materieller Personalaktenbegriff**[9] (zur Legaldefinition vgl. auch §§ 106 BBG, 50 BeamtStG). Auch in **elektronischen Datenbanken** gespeicherte Personaldaten fallen unter diese Bestimmung.[10] **Sonder- und Nebenakten,** wie Aufzeichnungen des Werkschutzes oder von Vorgesetzten,[11] ebenso disziplinarische Vorermittlungsakten[12] sind Bestandteile der PA und unterliegen dem Einsichtsrecht, nicht jedoch Prozessakten des Prozessvertreters in einem Rechtsstreit zwischen AG und AN.[13] Bestehen Sonder- oder Nebenakten, hat der AN Anspruch darauf, dass in der Hauptpersonalakte ein entsprechender Hinweis angebracht wird.[14] Die Führung von **Geheimakten** ist unzulässig. Der materielle Personalaktenbegriff gilt auch im ö. D.[15] Unterlagen und Akten des BR mit personenbezogenen Informationen sind keine PA i. S. d. Vorschrift.[16] 3

PA dürfen nur Informationen enthalten, die der AG (unter Berücksichtigung des § 94) **rechtmäßig erworben hat und für die ein sachliches Interesse des AG besteht.**[17] Das *BAG* hatte diese Begrenzung aus der Fürsorgepflicht des AG bzw. aus dem Persönlichkeitsschutz des AN[18] abgeleitet. Aus dem Grundrecht auf informationelle Selbstbestimmung folgte schon vor Novellierung des BDSG, dass auch die nicht automatisierte Sammlung von Informationen über AN grundsätzlich einer Legitimation bedarf, die in der Zweckbestimmung des Arbeitsverhältnisses gesehen wurde.[19] § 32 Abs. 2 BDSG a. F. (2009) und § 26 Abs. 7 BDSG n. F. (ab 2018) stellen klar, dass auch die ausschließlich **manuelle Erhebung, Verarbeitung oder Nutzung von Beschäftigtendaten nur bei Erforderlichkeit** zulässig sind, auch ohne dass personenbezogene Daten in einem Datensystem gespeichert sind oder gespeichert werden sollen. Die PA darf nur Angaben enthalten, die eine unmittelbare Beziehung zur ausgeübten Tätigkeit haben und an denen der AG ein berechtigtes sachliches Interesse hat.[20] Sie darf keine Daten enthalten, deren Erfassung einen **Verstoß gegen § 1 AGG** darstellen könnte, wie Rasse, ethnische Herkunft, Religion, Weltanschauung, sexuelle Identität, ebensowenig wie gegen **Art. 21 EU-GRCH,** hier ergänzend: Hautfarbe, soziale Herkunft, genetische Merkmale, Sprache, politische oder sonstige Anschauung, Zugehörigkeit zu einer nationalen Minderheit, Vermögen, Geburt, sexuelle Ausrichtung. Nach dem **Gleichbehandlungsgrundsatz** dürfen nicht Beschäftigte ohne Sachgrund benachteiligt werden, etwa indem über sie deutlich umfangreichere Akten geführt 4

---

7 *BAG* 16.11.10 – 9 AZR 573/09, AuR 11, 222.
8 GK-*Franzen,* vor § 81 Rn. 22.
9 *BAG* 16.11.10 – 9 AZR 573/09, AuR 11, 222, *LAG Baden-Württemberg* (Mannheim) 2.8.00 – 12 Sa 7/00, AuR 01, 192 (Kosovo-Krieg); *Deiseroth,* AuR 01, 163; *Kammerer,* Rn. 188.
10 Richardi-*Thüsing,* Rn. 5.
11 *LAG Bremen* 4.3.77, BB 77, 648; Richardi-*Thüsing,* Rn. 10; *GL,* Rn. 6; *Fitting,* Rn. 5.
12 *HessVGH* 13.12.89, AuR 91, 60; *Dütz,* a. a. O., S. 31.
13 *BAG* 8.4.92 – 5 AZR 101/91, RDV 93, 171; *Fitting,* Rn. 6; ErfK-*Kania,* Rn. 2; GK-*Franzen,* Rn. 8.
14 Vgl. *LAG Bremen,* a. a. O.; *Fitting,* Rn. 5; a. A. GK-*Franzen,* Rn. 7; vgl. auch *BAG* 7.5.80, AuR 81, 124 ff.
15 *Kammerer* a. a. O.; dort Fn. 4 gegen *BAG* 21.5.92 – 2 AZR 551/91, BB 92, 2079.
16 GK-*Franzen,* Rn. 9.
17 *BAG* 13.4.88, EzA § 13 BAT Nr. 10; *Fitting,* Rn. 4.
18 *BAG* 15.7.87 – 5 AZR 215/86, AuR 88, 54, im Anschluss an *BVerwG* 28.8.86 – 2 C 51.84.
19 Vgl. *Kammerer,* AuR 07, 189 ff. m. w. N.
20 *LAG Niedersachsen* 10.7.80, AP Nr. 85 zu § 611 BGB Fürsorgepflicht.

werden als über andere Beschäftigte.[21] Sehr weit ging eine Entscheidung des *BAG*,[22] die den Schutz sensibler Informationen nicht durch Begrenzung der Datenerhebung und -sammlung, sondern durch besondere Aufbewahrungspflichten des AG vollzog (vgl. Rn. 7). Angesichts des Grundsatzes der Datensparsamkeit (-minimierung, Art. 5 Abs. 1c DSGVO) ist ein Vollständigkeitsanspruch nicht anzuerkennen,[23] sondern nur in der Form, dass die gesamten über den AN gesammelten bzw. vorhandenen Daten zur PA gehören. Schließlich betont das *BAG* die aus § 241 Abs. 2 BGB abgeleitete Verpflichtung des AG zur Rücksichtnahme auf die Interessen des AN. Dazu gehört, keine Unterlagen über den AN zu sammeln, die dessen Einblick entzogen sind und deren Richtigkeit der AN nicht überprüfen kann.[24]

5 Zum typischen Inhalt von PA zählen Angaben zur Person des AN wie Personenstand, berufliche Entwicklung, Fähigkeiten, Leistungen, Arbeitsunfälle, Abmahnungen, Darlehen, Pfändungen oder Lohn- und Gehaltsänderungen. Weiterhin gehören hierzu Bewerbungsunterlagen, Testergebnisse, Beurteilungen, Arbeitsvertrag, Zeugnisse, ausgefüllte Personalfragebögen sowie im Rahmen des Arbeitsverhältnisses zwischen AN und AG geführter Schriftverkehr,[25] auch Unterlagen, die der AG von Dritten erhalten hat.[26] Keine Rolle spielt, ob personenbezogene Daten vor oder während des Arbeitsverhältnisses gesammelt worden waren.[27] Zu den PA gehören nicht Unterlagen des Betriebsarztes, die als »Befundbogen« im Hinblick auf die ärztliche Schweigepflicht nach § 8 Abs. 1 Satz 3 ASiG und § 203 StGB dem AG nicht zugänglich sind.[28] Das Einsichtsrecht des AN in diese Unterlagen ergibt sich nicht aus § 83, sondern aus § 3 Abs. 2 ASiG sowie dem allgemeinen Persönlichkeitsrecht.[29] Unzulässig ist die Anfertigung oder Aufbewahrung graphologischer Gutachten, deren Anfertigung der AN nicht ausdrücklich zugestimmt hat. Auch die Einreichung eines handschriftlichen Lebenslaufes bei der Bewerbung enthält diese Zustimmung nicht.[30] Sind bestimmte ärztliche Unterlagen mit Einverständnis des AN Gegenstand einer beim AG geführten Sammlung geworden, gehören sie ebenfalls zur PA, auf die sich das Einsichtsrecht gemäß § 83 Abs. 1 bezieht,[31] dergleichen Beihilfeakten.[32] Nicht zur PA zählen statistische Zusammenstellungen von Personaldaten, die keine Rückwirkung auf die persönliche Rechtsstellung haben.

6 Auch Unterlagen, die außerhalb des Betriebs, etwa auf **Ebene des UN oder Konzerns,** über den AN geführt werden, sind PA, die nach Abs. 1 durch den AN eingesehen werden dürfen. Das gilt selbst dann, wenn die Unterlagen bei einem **Dritten,** wie z. B. einem außen stehenden Rechenzentrum, geführt werden.[33] Auch dann bleibt der AG für die Verarbeitung verantwortlich.[34]

7 Aufgrund des verfassungsrechtlich gewährleisteten Persönlichkeitsschutzes ist der AG verpflichtet, die PA des AN **sorgfältig** zu verwahren und für vertrauliche Behandlung durch die Sachbearbeiter Sorge zu tragen.[35] Von da aus empfehlen sich Schutzmaßnahmen wie die Anlage besonderer Akten, Aufbewahrung in gesicherten Schränken oder Begründung besonderer Behandlungspflichten, etwa in der Weise, dass Einsichtnahme jeweils zu vermerken ist.[36] Für zweckmäßig erachtet das *BAG*[37] die Aufnahme von Seitenzahlen (Paginierung) in die PA, verneint aber einen dahingehenden Anspruch des AN mangels Anspruchsgrundlage. Der AG

21 *Herfs-Röttgen*, NZA 13, 480; *Gola/Wronka*, Hdb. zum Arbeitnehmerdatenschutz, 5. Aufl. 2010, Rn. 131.
22 *BAG* 12.9.06 – 9 AZR 271/06, AuR 07, 213 mit krit. Anm. *Kammerer*..
23 GK-*Franzen*, Rn. 16; Richardi-*Thüsing*, Rn. 13.
24 *BAG* 16.10.07 – 9 AZR 110/07, AuR 08, 161.
25 Vgl. *Fitting*, Rn. 4; GK-*Franzen*, Rn. 12 ff.
26 *Dütz*, FS Wlotzke, S. 30.
27 Richardi-*Thüsing*, Rn. 7; GK-*Franzen*, Rn. 6.
28 *Kammerer*, Rn. 189.
29 Vgl. *BGH*, JZ 85, 286 ff. zum Einblick in ärztliche Krankenunterlagen; *Gola*, RDV 13, 73.
30 Vgl. *BAG* 16.9.82, AP Nr. 24 zu § 123 BGB.
31 *Fitting*, Rn. 4; GK-*Franzen*, Rn. 11 m. w. N.
32 *OVG NRW* 21.4.05 – 1 A 265/04, AuR 06, 252.
33 *Fitting*, Rn. 10, 38.
34 *BAG* 17.3.87, AP Nr. 29 zu § 80 BetrVG 1972; *Fitting*, Rn. 40.
35 *Löw*, AuR 09, 193.
36 *Kammerer*, Rn. 191.
37 *BAG* 16.10.07 – 9 AZR 110/07, AuR 08, 161.

muss den Kreis der mit PA befassten AN **möglichst eng** halten.[38] Besonderes Schutzbedürfnis besteht z. B. bei **sensiblen Gesundheitsdaten.** Deren ungeschützte Aufbewahrung in der PA verletzt das Persönlichkeitsrecht. Wie der AG deren Schutz gewährleistet, bleibt ihm grundsätzlich überlassen. Unterbleibt diese Bestimmung, geht sie auf den AN über (Rechtsgedanke aus §§ 316, 264 Abs. 2 Satz 2 BGB), der eine gesonderte Aufbewahrung in einem verschlossenen Umschlag in der PA nebst beschränktem Einsichtsrecht durch Personalleiter oder Stellvertreter bei berechtigtem Interesse verlangen kann.[39] Nach *BAG*[40] soll es nicht gegen das Persönlichkeitsrecht von AN einer Sparkasse verstoßen, wenn zur Verschwiegenheit verpflichtete Mitarbeiter der Sparkassenrevision im Einzelfall zur Überprüfung der Personalausgaben des AG Einsicht in PA nehmen.

Ohne Einverständnis des AN ist es unzulässig, PA an Betriebsfremde weiterzugeben, z. B. an einen AG, bei dem sich der AN bewerben will,[41] oder an potentielle Übernehmer des UN, etwa im Namen von sog. »due diligence«, vgl. Rn. 11. Die Zustimmung der betr. AN ist auch erforderlich, wenn Akten bei einer Muttergesellschaft oder einem außen stehenden Rechenzentrum geführt werden sollen.[42] Eine in der früheren DDR bekannte Praxis, dass sog. »Kaderakten« von AG zu AG weitergereicht werden, ist ausgeschlossen. 8

Im Falle einer **Gesamtrechtsnachfolge,** vor allem Spaltung/Verschmelzung nach dem Umwandlungsgesetz, geht die PA nebst Verwahrungspflichten in das Eigentum des Rechtsnachfolgers über. Dies gilt grundsätzlich auch im Falle der **Einzelrechtsnachfolge** (Betriebsübergang nach § 613a BGB, etwa bei Outsourcing) frühestens mit Wirksamwerden der Übereignung[43] und Ablauf der Widerspruchsfrist nach § 613a Abs. 6 BGB. Hier trifft das übertragende UN die arbeitsvertragliche Nebenpflicht, dem neuen AG mit der PA nicht Informationen aus der Vorbeschäftigungszeit des AN zu liefern, die sich für diesen bei dem früheren AG als Vertragserfüllung darstellten, bei dem neuen AG dagegen nachteilig auswirken können (etwa bei scharfer Konkurrenz).[44] Für AN empfiehlt sich deshalb gerade bei bevorstehendem Betriebsübergang rechtzeitige Akteneinsicht beim bisherigen, nach Betriebsübergang beim neuen AG. 9

Nach Beendigung des Arbeitsverhältnisses ist der AG verpflichtet, die Arbeitspapiere an den AN herauszugeben. Bewerberunterlagen dürfen bis zur Einstellungsentscheidung aufbewahrt werden. Im Hinblick auf die Klagefrist des § 15 Abs. 4 AGG rechtfertigt sich eine weitere Aufbewahrung für einen Zeitraum von 2 Monaten nach Ablehnung.[45] 10

Der Begriff der **elektronischen Personalakte**[46] hat keinen legal definierten Inhalt (weitere Begriffe: digitalisierte/virtuelle PA). Allg. versteht man darunter die Übernahme der in konventionellen Akten vorhandenen Daten in Datenbanken mit den Varianten, dass die entspr. Papiere anschließend vernichtet werden oder – partiell – erhalten bleiben. Der Begriff gibt keine Klarheit über »Aktenführung«, Zugriffsberechtigung und -protokollierung, Verbindung und Möglichkeiten des Abgleichs mit anderen personenbeziehbaren Daten in- und außerhalb des UN. Generell gelten alle Anforderungen aus dieser und anderen Vorschriften sowie dem Grundrecht auf informationelle Selbstbestimmung auch und erst recht für elektronische PA.[47] Bspw. kann sich ein AG den Rechten auf Akteneinsicht, Gegendarstellung und Abmahnungsbeseitigung, aber auch den Grundsätzen zur besonderen Vertraulichkeit im Umgang mit sen- 11

38 *BVerwG* 28.8.86 – 2 C 51.84, ZTR 87, 152; *BAG* 15.7.87, AP Nr. 14 zu § 611 BGB Persönlichkeitsrecht; *Fitting,* Rn. 9; *SWS,* Rn. 13; *Kammerer,* Rn. 191.

39 *BAG* 12.9.06 – 9 AZR 271/06, AuR 07, 213, mit Anm. *Kammerer.*

40 *BAG* 4.4.90 – 5 AZR 299/89, NZA 90, 933 = AuR 90, 294.

41 Vgl. *BAG* 18.12.84 – 3 AZR 384/83, AP Nr. 8 zu § 611 BGB Persönlichkeitsrecht; *Fitting,* Rn. 9; Richardi-*Thüsing,* Rn. 14.

42 *Kammerer,* AuR 07, 192 f.; *Hummel/Hilbrans,* AuR 06, 207 ff., zur Datenübermittlung im Konzern.

43 Für einen Herausgabeanspruch nach §§ 402, 412 BGB *OLG Thüringen* 2.5.12 – 7 U 971/11.

44 *Däubler,* Gläserne Belegschaften?, Rn. 489d, e, zur Übermittlung von AN-Daten; vgl. auch *LAG Rh-Pfalz* 5.7.22 – 6 Sa 54/22, FA 2022, 352: Anspruch des ausgeschiedenen AN gegen früheren AG auf Unterlassung von nachteiligen Äußerungen über ihn gegenüber neuem AG außerhalb von Leistung und Verhalten des AN während des Arbeitsverhältnisses.

45 *Löw,* AuR 09, 195.

46 Dazu *Kiesche/Wilke, Däubler, Böker, Meier,* in Computer und Arbeit, Schwerpunktheft 6/10, 5 ff.; *Greis,* RdV 08, 64.

47 *Löw,* AuR 09, 192.

siblen Daten nicht mit Hinweis auf die elektronische Form entziehen. Bei elektronischen PA besteht sogar ein **erhöhtes Gefährdungspotential** in Bezug auf die jederzeitige und sofortige Möglichkeit des Zugriffs, der Verarbeitung, Nutzung und Übermittlung der Daten, aber auch des Abgleichs mit anderen personenbeziehbaren Daten in- und außerhalb des UN. Regelmäßig ist die elektronische PA in ein betriebliches oder unternehmensweites **elektronisches Personalinformationssystem** eingebunden. Aus unternehmerischer Sicht wird schon aus Beweisgründen davor gewarnt, PA vollständig und ausschließlich zu digitalisieren (durch den Reißwolf zu jagen).[48] An die Grenzen des Rechts gehen Überlegungen zur Übermittlung vollständiger Personaldatensätze einschließlich solcher Daten wie Gewerkschaftsmitgliedschaft im Namen von »due diligence« (Durchleuchtung der Ressourcen eines ggf. zu erwerbenden Zielunternehmens) an Dritte, potentielle Erwerber und Interessenten. Dazu werden Konzepte, insbes. Bedrohungsszenarien gegenüber BR präsentiert, um rechtliche und tatsächliche Hindernisse zu überwinden, d. h. BR zur Unterzeichnung einer Erlaubnis-BV zu drängen.[49] Grundsätzlich gelten hierfür **zwei Schranken,** nämlich die betriebsverfassungsrechtliche und datenschutzrechtliche Zulässigkeit. Betriebsverfassungsrechtlich setzt die Einführung der elektronischen PA die **vorherige Zustimmung des BR** gem. § 87 Abs. 1 Nr. 6 voraus.[50] Die Gegenansicht[51] räumt zwar ein, dass die elektronische PA eine technische Einrichtung ist, meint aber, der Überwachungsvorgang erfolge nicht anders, als wenn die PA in Papierform geführt würde. Das trifft schon empirisch nicht zu und leugnet nur den besonderen Gefährdungscharakter, der die Mitbestimmung nach § 87 Abs. 1 Nr. 6 erforderlich macht. Der AG hat insofern keinen eigenen Regelungsspielraum. Daraus folgt zugleich, dass die **Zustimmung des BR nicht erzwingbar** ist und nur freiwillig gegeben werden kann.[52] Datenschutzrechtlich ist insbes. die auf freier Entscheidung beruhende, schriftliche Einwilligung der Betroffenen erforderlich (§ 26 BDSG n. F.). Aber auch dann ist der Zugriff auf anonymisierte oder pseudonymisierte Daten zu beschränken.

2. Einsicht durch Arbeitnehmer

12 Das Einsichtsrecht des AN besteht hinsichtlich aller Aufzeichnungen, die in der PA bzw. in Sonder- oder Nebenakten über ihn geführt werden. Es bezieht sich somit auch auf Aufzeichnungen, die »außerhalb von Akten« gemacht wurden, die vom AG als »vertraulich« gekennzeichnet sind,[53] schließlich auf betriebliche **Ermittlungsakten,** selbst wenn die Ermittlungen dadurch gefährdet werden.[54] Datenschutzrechtliche Verweigerungsgründe sind nicht anwendbar. Die Existenz eines Betriebs- oder Geschäftsgeheimnisses steht der Einsicht nicht entgegen; ggf. ist der AN insoweit zur Verschwiegenheit verpflichtet.[55] Das Einsichtsrecht ist auch nicht zur Sicherung berechtigter Interessen Dritter, insbes. anderer AN, beschränkt. Sichert der AG einem innerbetrieblichen Hinweisgeber (über betriebliches Fehlverhalten) Anonymität zu, darf er nicht Daten weitergeben, die dessen Person offenbaren oder Rückschlüsse auf ihn zulassen. Dann sind derartige Teile des Hinweises auch nicht zur materiellen PA zu nehmen bzw. durch Schwärzung oder sonstige technische Vorkehrung unkenntlich zu machen. Andernfalls kann der AG dem betr. AN nicht unter Hinweis auf unterlassene Anonymisierung die Einsicht in die materielle PA verweigern.[56] Das Einsichtsrecht beinhaltet das Recht zur Anfertigung von Notizen und Kopien auf eigene Kosten.[57] Elektronisch gespeicherte Daten sind auszudrucken.

48 *Lüthge/Springer,* BB 17, 1397.
49 *Braun/Wybitul,* BB 08, 782.
50 GK-*Franzen,* § 87 Rn. 541 ff.; *Däubler,* Gläserne Belegschaften a. a. O.; *Gola,* RDV 08, 142; *Trittin,* NZA 09, 343; *Kiesche/Wilke,* Computer und Arbeit 6/10, 5 ff., auch zu Inhalten; Auswertung zu Inhalten bei *Böker,* HBS 2010.
51 *Diller/Schuster,* DB 08, 928; *Göpfert/Meyer,* NZA 11, 486.
52 Vgl. *Hummel/Hilbrans,* AuR 05, 209.
53 GK-*Franzen,* Rn. 23; Richardi-*Thüsing,* Rn. 9.
54 *Dütz,* FS Wlotzke, S. 31; *Fitting,* Rn. 6; vgl. auch *HessVGH* 13. 12. 89, AuR 91, 60; a. A. *GL,* Rn. 14.
55 DKWW-*Däubler,* § 34 BDSG, Rn. 55.
56 *LAG Baden-Württemberg* 20. 12. 18 – 17 Sa 11/18, CR 2019, 304, Revision *BAG* 5 AZR 66/19, am 21. 8. 20 Erledigung nach § 91a ZPO.
57 Richardi-*Thüsing,* Rn. 17; *Fitting,* Rn. 11; GK-*Franzen,* Rn. 24; *HWGNRH,* Rn. 36.

Die datenschutzrechtliche Auskunft ist unentgeltlich.[58] Ein Einsichtsrecht in Akten des BR besteht nicht, da diese nicht zu den PA gehören.

Der Auskunftsanspruch über erhobene, gespeicherte oder veränderte Daten nach § 34 Abs. 4 BDSG / Art. 15 DSGVO 2016/679 besteht auch nach Beendigung des Arbeitsverhältnisses. Nach Auffassung des *BAG* zum BDSG a.F. ergab sich das Einsichtsrecht für in Papierform geführte PA nach Beendigung des Arbeitsverhältnisses weder aus § 83 noch aus § 34 BDSG, sondern aus der nachwirkenden arbeitgeberseitigen Schutz- und Rücksichtnahmepflicht gem. § 241 Abs. 2 BGB i.V.m. Art. 2 Abs. 1, Art. 1 Abs. 1 GG (Grundrecht auf informationelle Selbstbestimmung). Es setzt nicht voraus, dass der AN ein konkretes berechtigtes Interesse darlegt.[59] Für einen Anspruch auf Herausgabe der gesamten Akte (statt Einsicht) sah das *BAG* a.a.O. noch keine Anspruchsgrundlage. Arbeitspapiere sind aber mit Vertragsbeendigung auszuhändigen.[60] Nach Inkrafttreten der DSGVO bezieht sich der Auskunftsanspruch aus Art. 15 DSGVO auf die den AN betreffenden personenbezogenen Daten, die in der Vorschrift aufgeführten Informationen sowie die Identität von Empfängern. Die Ausübung dieses Auskunftsrechts muss es der betr. Person ermöglichen, zu überprüfen, ob sie betr. Daten richtig sind und ob sie in zulässiger Weise verarbeitet werden. Es muss es ihr ermöglichen, ggf. ihre Rechte auf Berichtigung, Löschung (»Recht auf Vergessenwerden«) und Einschränkung der Verarbeitung nach Art. 16, 17, 18 DSGVO, auf Widerspruch gegen die Verarbeitung ihrer personenbezogenen Daten nach Art. 21 DSGVO oder im Schadensfall auf Einlegung eines gerichtlichen Rechtsbehelfs nach Art. 79, 82 DSGVO auszuüben.[61]. Dafür reicht nach dem weiten Verarbeitungsbegriff des Art. 4 Nr. 2 DSGVO, dass sie mit oder ohne Hilfe automatisierter Verfahren gespeichert sind.[62] Nach Art. 15 Abs. 3 DSGVO stellt der Verantwortliche eine Kopie der personenbezogenen Daten, die Gegenstand der Verarbeitung sind, zur Verfügung. Dies bedeutet eine originalgetreue und verständliche Reproduktion aller dieser Daten, ferner Kopie von Auszügen aus Dokumenten oder von ganzen Dokumenten oder von Auszügen aus Datenbanken, die u.a. diese Daten enthalten, wenn die Zurverfügungstellung einer solchen Kopie unerlässlich ist, um der betr. Person die wirksame Ausübung der ihr durch die VO verliehenen Rechte zu ermöglichen, wobei insoweit die Rechte und Freiheiten anderer zu berücksichtigen sind.[63] Derartige Anträge können etwa parallel zu Prozessen um Überstunden und deren Vergütung, ebenso parallel zu Kündigungsschutzverfahren, etwa nach verhaltensbedingten oder außerordentlichen Kündigungen, sinnvoll sein. Überwiegende entgegenstehende Geheimhaltungsinteressen des AG bestehen regelmäßig nicht.[64] 13

Eine Benachteiligung wegen der Ausübung der hier geregelten AN-Rechte ist verboten (vgl. § 82 Rn. 2 sowie § 612a BGB, § 16 AGG). Die Einsichtnahme erfolgt während der **Arbeitszeit**[65] und ist damit Arbeitszeit i.S.d. ArbZG. Ein Entgeltausfall bzw. eine Kostenbelastung des AN darf dadurch **nicht eintreten.** Der AN hat Anspruch auf Ausdruck aller über ihn gespeicherten Daten in einer entschlüsselten und verständlichen Form. 14

Das Gesetz regelt keine Einzelheiten des Einsichtsrechts, wie Häufigkeit und Ort der Einsichtnahme. Diese Fragen unterliegen der **Mitbestimmung des BR** nach § 87 Abs. 1 Nr. 1 und können im Wege einer erzwingbaren BV geregelt werden, sofern der Rechtsanspruch des AN unangetastet bleibt.[66] Durch BV lässt sich festlegen, dass die einzelnen Seiten nummeriert werden, wo die Akten aufbewahrt werden, wer zu welchen Zwecken Zugang zu ihnen hat, wie bei 15

58 Vgl. *R. Franz*, PersR 11, 193, m.w.N. zur elektronischen PA, vor allem im ö.D.
59 *BAG* 16.11.10 – 9 AZR 573/09, AuR 11, 222.
60 *Herfs-Röttgen*, NZA 13, 480.
61 *EuGH* 12.1.23 – C-154/21, Öster. Post, NJW 23, 973; 4.5.23, C-487/21, Öster. Datenschutzbehörde, NJW 23, 2253.
62 Däubler/Wedde/Weichert/Sommer-*Däubler*, Art. 15 DSGVO, Rn. 5
63 EuGH 4.5.23, C-487/21, a.a.O.
64 *HessLAG* 10.6.21 – 9 Sa 1431/19 und 9 Sa 861/20, AuR 22, 280.
65 ErfK-*Kania*, Rn. 4; *Fitting*, Rn. 12; GK-*Franzen*, Rn. 22; *HWGNRH*, Rn. 43; Richardi-*Thüsing*, Rn. 22; a.A. *SWS*, Rn. 16.
66 *LAG Saarbrücken* 30.1.74 – 1 Sa 14/73, AuR 74, 217; *Fitting*, Rn. 13; GK-*Franzen*, Rn. 22; HaKo-*Lakies*, Rn. 43; *Kammerer*, AuR 07, 191f.; Richardi-*Thüsing*, Rn. 24; *Kiesche/Wilke*, Computer und Arbeit 6/10, 5ff., auch zu Inhalten; a.A. ErfK-*Kania*: nur freiwillig.

einer zentralen Verwahrung (etwa bei UN mit verschiedenen Filialen/Zweigstellen) Einsicht genommen wird (z. B. nach Aktenversendung oder Dienstreise zur Hauptverwaltung), mit welchen Löschungsfristen bestimmte Vorgänge wieder zu entfernen sind.[67] Besteht keine BV, kann das Einsichtsrecht grundsätzlich **jederzeit,**[68] auch ohne besonderen Anlass[69] und **besondere Begründung** ausgeübt werden. Rechtsmissbrauch liegt nicht vor, wenn mehrere AN gleichzeitig oder während betrieblicher oder tariflicher Auseinandersetzungen Einsicht nehmen. Die Darlegung eines besonderen Anlasses oder Interesses kann nicht verlangt werden.[70]

16 Die Einsicht ist grundsätzlich durch den AN persönlich auszuüben. Er kann auch einen **Bevollmächtigten,** z. B. BR-Mitglied, entsenden.[71] Abs. 1 Satz 2 steht dem nicht entgegen. Die Einsichtnahme ist für den AN auch dann **kostenlos,** wenn sie Kosten verursachen sollte.[72] Nach § 3 Abs. 5 TVöD, § 3 Abs. 6 TV-L kann das Einsichtsrecht durch einen schriftlich Bevollmächtigten ausgeübt werden. Bei der Einsichtnahme dürfen keine Personen anwesend sein, die den AN überwachen oder mit seiner Überwachung beauftragt sind[73] (vgl. § 80 Rn. 136 zur Einsicht des BR in Bruttolohn- und Gehaltslisten).

3. Hinzuziehung eines Betriebsratsmitglieds

17 Der AN kann ein **BR-Mitglied** seiner Wahl zur Einsichtnahme in die PA hinzuziehen (grundsätzlich zur BR-Unterstützung in Fragen des Arbeitsverhältnisses § 82 Rn. 13). Eines der Einsichtnahme vorausgehenden Beschlusses des BR bedarf es nicht. Das BR-Mitglied kann sich dieser Unterstützungsfunktion nur entziehen, wenn es wichtige Gründe geltend machen kann.[74]

18 Das BR-Mitglied hat das Recht, **Einsicht in demselben Umfang** zu nehmen, wie es dem betr. AN möglich ist.[75] Es ist berechtigt, nicht nur in die sog. Haupt-PA Einblick zu nehmen, sondern auch in alle Sonder- oder Nebenakten und Aufzeichnungen, die über den AN geführt werden. Mit Vollmacht des AN kann das BR-Mitglied für ihn auch allein Einsicht nehmen.[76] Im Übrigen hat der BR kein allgemeines Personalakteneinsichtsrecht. Das *LAG Berlin* hat sogar den mehrfachen (253 Fälle) unberechtigten Zugriff auf elektronische PA zum Anlass des Ausschlusses eines BR-Vorsitzenden nach § 23 genommen, den Antrag auf Zustimmung zur ao Kündigung aber zurückgewiesen.[77] Der BR hat die Einhaltung der sich aus dieser Vorschrift ergebenden Verpflichtungen des AG nach § 80 zu überwachen. In diesem Rahmen kann er, soweit im Einzelfall für seine Aufgabenerfüllung erforderlich, eine konkrete Information aus der PA anfordern.[78] Dies gilt auch, um zu prüfen, ob Inhalte der PA gegen Rechtsvorschriften wie das AGG verstoßen (vgl. Rn. 4). Gem. § 80 Abs. 2 hat er einen allgemeinen Auskunftsanspruch zur Prüfung seiner Mitbestimmungsrechte auch im Zusammenhang mit Abmahnungen. Das *BAG* hat allerdings einen sog. Globalantrag eines BR auf Auskunft über alle erteilten Abmahnungen

---

67 Muster in DKWF-*Buschmann,* § 3 Rn. 5. vgl. einvernehmliche Regelung nach einem ESt.-Verfahren bei Horten, Bremerhaven.
68 Richardi-*Thüsing,* Rn. 21; GK-*Franzen,* Rn. 36.
69 *Richardi,* a. a. O.
70 Mustergesuch des AN auf Einsicht in DKWF-*Buschmann,* § 83 Rn. 2 ff.
71 *Fitting,* Rn. 12; *GL,* Rn. 13; *Kammerer,* Rn. 235; a. A. *HWGNRH,* Rn. 45; Richardi-*Thüsing,* Rn. 27; GK-*Franzen,* Rn. 26: nur aus besonderen Gründen wie Krankheit; generell gegen eine Bevollmächtigung *LAG Schleswig-Holstein* 17. 4. 14 – 5 Sa 385/13, NZA 14, 1276; dem folgend *LAG Nürnberg* 10. 10. 14 – 8 Sa 138/14, das *BAG* 12. 7. 16 – 9 AZR 791/14, AuR 16, 384, hat die dagegen gerichtete Revision mit der Maßgabe abgewiesen, dass dem AN kein Recht auf Einsicht unter Hinzuziehung eines **Rechtsanwalts** zustehe. Dabei war maßgeblich, dass der AG im Einzelfall dem AN ausdrücklich erlaubt hatte, sich Kopien aus der PA zu fertigen. Damit sei dem notwendigen Transparenzschutz genügt.
72 Richardi-*Thüsing,* Rn. 32; *Fitting,* Rn. 12.
73 *Löw,* AuR 09, 194; Richardi-*Thüsing,* Rn. 23; aA. GK-Franzen, Rn. 23.
74 ErfK-*Kania,* Rn. 7.
75 *Fitting,* Rn. 41.
76 *ArbG Reutlingen* 8. 5. 81, BB 81, 1092; a. A. GK-*Franzen,* Rn. 28.
77 *LAG Berlin* 12. 11. 12 – 17 TaBV 1318/12, AuR 13, 56.
78 *BAG* 20. 12. 88, AP Nr. 5 zu § 99 ArbGG; ausführlich § 80 Rn. 116; zum Datenschutz § 79 Rn. 40, jeweils m. w. N.

zurückgewiesen.[79] Systematisch nicht überzeugen konnte eine Entscheidung des *LAG Niedersachsen,*[80] die einem AN einen individuellen Anspruch gegen den AG gab, es zu unterlassen, außerhalb mitbestimmungspflichtiger Vorgänge dem BR seine vollständige PA ohne seine Genehmigung zur Verfügung zu stellen. Soweit die gesetzlichen Informationsansprüche des BR gegen den AG reichen, greifen sie schon nicht in das Persönlichkeitsrecht ein. Gewährt der AG dem BR ohne rechtliche Verpflichtung darüber hinaus gehende Einsicht, ergibt sich daraus noch kein Umkehrschluss auf eine rechtswidrige Persönlichkeitsrechtsverletzung. Auch Datenschutzgesichtspunkte stehen einer derartigen Information des BR nicht entgegen. Der BR ist nicht Dritter, sondern Teil der verantwortlichen Stelle.[81]

Über den Inhalt der PA hat das BR-Mitglied **Stillschweigen zu bewahren,** auch vor anderen BR-Mitgliedern.[82] Diese Pflicht besteht nicht zu Gunsten des AG, sondern des betr. AN, gilt also nicht, wenn das BR-Mitglied vom AN von der Verschwiegenheitspflicht, ggf. teilweise, entbunden wird (zur Relativität der Schweigepflicht vgl. §§ 82 Rn. 16 und 79 Rn. 20). Das Einsichtsrecht selbst wird dadurch nicht eingeschränkt.[83] Bei einem groben Verstoß gegen die Schweigepflicht kommt ein Amtsenthebungsverfahren nach § 23 Abs. 1 in Betracht. Die Verletzung der Schweigepflicht ist unter den Voraussetzungen des § 120 Abs. 2 strafbar. Schwerbehinderte AN sind berechtigt, die Schwerbehindertenvertretung hinzuzuziehen (§ 178 Abs. 3 S. 1 SGB IX). Diese unterliegt ebenfalls der Schweigepflicht 19

III. Erklärungen und Abmahnungsbeseitigungsklage

Der AN hat nach Abs. 2 das Recht, **Erklärungen zum Inhalt der PA** abzugeben.[84] Das kann von Bedeutung sein, wenn in der PA Beurteilungen oder Rügen des AG (Verwarnungen, Abmahnungen usw.) enthalten sind. Die Gegendarstellung kann das sich daraus ergebende negative Bild korrigieren. Den schriftlichen Erklärungen des AN zur PA können auch die dazu erforderlichen Unterlagen beigelegt werden, wie z. B. Erklärungen anderer AN zu einem bestimmten Vorgang. Der AN kann auch sonstige **Unterlagen beifügen,** wie Bescheinigungen über während des Arbeitsverhältnisses erworbene Qualifikationen, um so den Inhalt der PA zu ergänzen.[85] Die Erklärungen des AN und die Unterlagen sind auch dann der PA beizufügen, wenn sie der AG für unzutreffend oder nicht in die PA gehörend ansieht.[86] Grenzen werden durch Rechtsmissbrauch und Unzumutbarkeit bestimmt. Auch nach Abweisung einer arbeitsgerichtlichen Abmahnungsbeseitigungsklage hat der AN die Möglichkeit, der PA eine **Gegendarstellung** unter Bezugnahme und Hinzufügung der abschließenden (im Ausgangsfall verfassungsgerichtlichen) Entscheidung beizufügen. Das *BVerfG* hatte hierzu eine VB zwar formal abgewiesen, in den Gründen aber verfassungsrechtliche Bedenken gegen die angegriffene arbeitsgerichtliche Entscheidung aufgezeigt.[87] Zwar hat eine Abmahnung keine Beweiskraft für die Berechtigung der in ihr enthaltenen Vorwürfe. In der Praxis stellt sie gleichwohl oft die Vorstufe zu einer nachfolgenden Kündigung dar. Deshalb kann eine Gegendarstellung sinnvoll sein (zurAbmahnungsbeseitigungsklage sogleich). Dadurch können Fakten richtiggestellt werden, was unter Umständen die Rechtsposition in einem Kündigungsschutzverfahren verbessern kann. 20

Letztlich aus dem Grundrecht auf informationelle Selbstbestimmung folgt die grundsätzliche Pflicht des AG, keine unrichtigen Daten über den AN aufzubewahren.[88] Unabhängig von der 21

79 *BAG* 17.9.13 – 1 ABR 26/12, AuR 14, 121; weit. Nachw. bei § 80, Rn. 93.
80 *LAG Niedersachsen* 22.01.07 – 11 Sa 614/06, AuR 07, 358, mit krit. Anm. *Buschmann*..
81 *BAG* 14.1.14 – 1 ABR 54/12, EzA-SD 2014, Nr 11, 15; 12.8.09 – 7 ABR 15/08, AuR 10, 14; *Fitting*, Rn. 23; seit 2021 § 79a.
82 Richardi-*Thüsing*, Rn. 34 f.; GK-*Franzen*, Rn. 46.
83 GK-*Franzen*, Rn. 29.
84 GK-*Franzen*, Rn. 31 ff.
85 Vgl. z. B. GK-*Franzen*, Rn. 33; *Kort*, RdA 92, 378.
86 *Kammerer*, Rn. 237; ErfK-*Kania*, Rn. 6; *Fitting*, Rn. 14; *Linnenkohl/Töfflinger*, AuR 86, 199 [205]; a. A. GK-*Franzen*, Rn. 34 für ein formelles Prüfungsrecht, wofür aber die gesetzliche Grundlage fehlt.
87 *BVerfG* 16.10.98, AuR 99, 36.
88 *BAG* 16.11.10 – 9 AZR 573/09, AuR 11, 222.

Einsichtnahme hat der AN entspr. §§ 242, 1004 BGB Anspruch auf Rücknahme und **Entfernung** einer zu Unrecht erteilten **Abmahnung** aus der PA. Der Anspruch besteht, wenn die Abmahnung inhaltlich unbestimmt ist, unrichtige Tatsachenbehauptungen enthält, auf einer unzutreffenden rechtlichen Bewertung des Verhaltens des AN beruht oder den Grundsatz der Verhältnismäßigkeit verletzt.[89] Das gleiche gilt (auch ohne Abmahnungscharakter oder -bezeichnung) für **unrichtige Angaben und missbilligende Äußerungen** in der PA, wenn diese **unzutreffende Tatsachenbehauptungen** enthalten, die den AN in seiner Rechtsstellung und in seinem beruflichen Fortkommen beeinträchtigen können;[90] ebenso zu **pauschalen Vorwürfen** statt eines konkret bezeichneten Fehlverhaltens.[91] Entsprechendes gilt bei **formellen Fehlern,** z. B. wenn der AN vor Aufnahme der Abmahnung in die PA nicht gehört worden ist;[92] bei unbegründetem Vorwurf der Verletzung arbeitsvertraglicher Pflichten;[93] bei unzutreffenden, rechtlichen Bewertungen;[94] bei einer auf der Grundlage von § 16 ArbSchG abgegebenen Gefährdungsanzeige, wobei es nicht auf das objektive Vorliegen einer Gefährdungslage ankommt, soweit der AN subjektiv berechtigterweise davon ausgehen konnte und durfte, es liege eine Gefährdungslage vor;[95] bei überschießenden strafrechtlichen Vorwürfen;[96] allgemein Unwerturteilen, die über das mit einem Tadel notwendig verbundene Maß hinausgehen[97] oder wenn (z. B. bei Verteilung politischer Flugblätter während der Mittagspause in der Kantine) die **Abmahnung unverhältnismäßig** ist.[98] Zudem dürfen Abmahnungen nicht gegen das **AGG** oder den **Gleichbehandlungsgrundsatz**[99] verstoßen.

21a Eine Abmahnung von BR-Mitgliedern kommt nur bei Vertragspflichtverletzungen, nicht bei Verletzung betriebsverfassungsrechtlicher Pflichten in Betracht.[100] Dies ergibt sich auch aus Art. 28 RESC sowie Art. 7 der RL 2002/14/EG (vgl. Rn. 4, 5). Nach *LAG Baden-Württemberg* ist es einer AG zwar gestattet, ihrer Ansicht nach betriebsverfassungsrechtlich unzulässige Verhaltensweisen einzelner BR-Mitglieder zu rügen und Konsequenzen anzukündigen. Indes hat eine Dokumentation dieses Vorgangs in der PA nichts zu suchen.[101]

22 Bei teilweise unzutreffenden Angaben ist die **vollständige Abmahnung,** nicht nur der unzutreffende Bestandteil, zu entfernen.[102] Unzulässig und entspr. § 1004 BGB zu entfernen und zu vernichten sind Rügen und Abmahnungen, die der AG im Zusammenhang mit einem rechtmäßigen **Streik** erteilt hat,[103] desgleichen Vorwürfe oder Feststellungen, die zwar inhaltlich zutreffen, an deren Aufbewahrung aber **kein rechtlich geschütztes Interesse** besteht, etwa bei einem Schreiben, mit dem der AG über eine Gehaltskürzung infolge einer Teilnahme an einem Warnstreik informiert,[104] schließlich Vorgänge, die in keinem Zusammenhang mit dem Arbeitsverhältnis stehen und deshalb nicht in die PA gehören.

---

89 *BAG* 20. 1. 15 – 9 AZR 860/13; 19. 7. 12 – 2 AZR 782/11, BAGE 142, 331.
90 St. Rspr., *BAG* 27. 11. 85, AP Nr. 93 zu § 611 BGB Fürsorgepflicht.
91 *BAG* 27. 11. 08 – 2 AZR 675/07, AuR 09, 224; zu »unklaren und unrichtigen« Tatsachenangaben in einer Abmahnung *LAG Köln* 19. 6. 06 – 9 (4) Sa 173/06, AuR 07, 142; zu **missbilligenden Erklärungen** außerhalb der PA *LAG Baden-Württemberg* 2. 8. 00 – 12 Sa 7/00, AuR 01, 192, (Meinungsfreiheit von Redakteuren); dazu *Deiseroth,* AuR 01, 163.
92 *BAG* 21. 5. 92 – 2 AZR 551/91, AuR 92, 349; 27. 11. 08, a. a. O.; *Kammerer,* Rn. 232.
93 St. Rspr., vgl. nur *Quecke,* Die Abmahnung, S. 38, m. w. N.; *BVerfG* 14. 11. 95 – 1 BvR 601/92, AuR 96, 151 mit Anm. *Heilmann,* zur **gewerkschaftlichen Betätigung im Betrieb;** *BAG* 5. 8. 92 – 5 AZR 531/91, AiB 93, 57.
94 *BAG* 27. 11. 08, a. a. O.
95 *LAG Niedersachsen* 12. 9. 18 – 14 Sa 140/18, LAGE § 16 ArbSchG Nr. 1.
96 *ArbG Berlin* 4. 11. 11 – 28 Ca 11553/11, LAGE § 611 BGB 2002 Abmahnung Nr. 8.
97 *LAG Köln* 12. 5. 95 – 13 Sa 137/95 – 13 Sa 137/95.
98 *BAG* 20. 1. 15 – 9 AZR 860/13; 12. 6. 86 – 2 AZR 675/07, NZA 87, 153; *Adam,* AuR 01, 42.
99 *Herfs-Röttgen,* NZA 13, 480; *Gola/Wronka,* Hdb. zum Arbeitnehmerdatenschutz, 5. Aufl. 2010, Rn. 131.
100 *BAG* 9. 9. 15 – 7 ABR 69/13, AuR 16, 38; 12. 5. 10 – 2 AZR 587/08, DB 11, 478.
101 *LAG Baden-Württemberg* 3. 7. 20 – 8 TaBV 3/19, FA 2020, 350.
102 *BAG* 13. 3. 91 – 5 AZR 133/90, NZA 91, 768; *LAG Hamm* 23. 4. 94 – 4 Sa 1811/91; *ArbG München* 16. 11. 04 – 21 Ca 22397/03, AuR 05, 195.
103 *LAG Rheinland-Pfalz* 20. 3. 81 – 6 Sa 815/80, LAGE § 611 BGB Fürsorgepflicht Nr 2: Streik in einer Ersatzkasse; *HWGNRH,* Rn. 56.
104 *BAG* 13. 4. 88 – 5 AZR 537/86, DB 88, 1702.

23 Aus dem materiellen Begriff der PA ergibt sich, dass dieser Beseitigungsanspruch auch dann besteht, wenn die missbilligenden Erklärungen des AG nicht in eine förmliche PA eingeheftet, sondern nur nach bestimmten Ordnungsprinzipien verwaltet und abgelegt werden.[105] Das gleiche gilt, wenn der AG Abmahnungen aus der PA ausschließlich zur Abwendung der Zwangsvollstreckung entfernt mit dem konkludent erklärten Vorbehalt, diese im Falle einer rkr. Abweisung des Entfernungsantrages erneut der PA des AN zuzuführen.[106]

24 Im Streit hat der AG die Richtigkeit der Gründe für die Abmahnung zu **beweisen.**[107] Die rechtswidrige Abmahnung hat regelmäßig keine Warnfunktion.[108] Das *BAG*[109] machte davon eine Ausnahme für den Fall der lediglich fehlerhaften Abmahnung nach § 13 BAT (Nichtanhörung des AN vor Ausspruch), da auch eine mündliche Abmahnung wirksam gewesen wäre. Dann beruht aber die Warnfunktion gerade nicht auf der formell zur PA genommenen Abmahnung. Auch nach Entfernung einer Abmahnung aus der PA besteht[110] ein Widerrufsanspruch, vorausgesetzt, dass die Rechtsbeeinträchtigungen andauern und durch den begehrten Widerruf auch beseitigt werden können. Das ist regelmäßig der Fall, wenn die Abmahnung allein aus formellen Gründen zu beseitigen ist.[111] Weigert sich ein AG, die aus den PA entfernte Abmahnung auch zurückzunehmen, ist zu vermuten, dass er sie rechtswidrig an anderer Stelle aufbewahrt.

25 Bei der Beurteilung von Eignung, Befähigung und fachlichen Leistungen der AN hat der AG einen nur eingeschränkt überprüfbaren **Beurteilungsspielraum.** Beurteilungen können darauf kontrolliert werden, ob der Beurteiler allgemeine Beurteilungsmaßstäbe beachtet, alle wesentlichen Umstände berücksichtigt und ein fehlerfreies Verfahren eingehalten hat.[112] Ein beachtlicher Verfahrensfehler, der sich auf das Beurteilungsergebnis auswirken konnte, führt zu einem Entfernungsanspruch des AN.[113] Im Übrigen richtet sich die gerichtliche Kontrolle danach, wie die Beurteilung begründet wird. Wird die Beurteilung auf allgemein gehaltene Tatsachenbehauptungen gestützt, hat der AG sie auf Verlangen des AN zu konkretisieren. Das Gericht hat uneingeschränkt zu überprüfen, ob der AG von einem zutreffenden Sachverhalt ausgegangen ist.[114] Im Rahmen der Erörterungen nach § 82 ist dem AN jede über ihn bestehende Beurteilung zur Kenntnis zu geben und angemessen zu erläutern. Nach §§ 84, 85 kann der AN förmlich Beschwerde einlegen, wenn er sich durch eine Beurteilung beeinträchtigt fühlt.

26 Den AN trifft **weder Pflicht noch Obliegenheit, gegen Abmahnungen oder Angaben in den PA klageweise vorzugehen.** Dies ist vielfach auch nicht sinnvoll. Mit Ausspruch der Abmahnung verzichtet der AG i. d. R. zugleich auf das Recht zur Kündigung aus den Gründen, wegen derer die Abmahnung erfolgt ist.[115] Im Übrigen liefert die PA Beweis, dass bestimmte Unterlagen existieren bzw. bestimmte Erklärungen eines Ausstellers abgegeben worden sind, nicht dass sie inhaltlich zutreffen. Der AN kann statt Klage auch **Beschwerde einlegen,**[116] eine **Gegendarstellung einreichen oder gar nichts veranlassen** und ggf. in einem späteren Verfahren die in dem Schreiben enthaltenen Tatsachen bestreiten. In dem Kündigungsrechtsstreit wird dann die Rechtfertigung der im Abmahnungsschreiben enthaltenen Vorwürfe überprüft.[117] Der Anspruch auf Entfernung einer Abmahnung unterfällt ebenso wie das Recht, eine Abmahnung

105 *LAG Baden-Württemberg* 2.8.00 – 12 Sa 7/00, a.a.O.; *HessLAG* 30.9.19, 16 TaBV 82/19: Unzulässigkeit einer »betriebsverfassungsrechtlichen Abmahnung« wegen des Vorwurfes des Verstoßes gegen betriebsverfassungsrechtliche Pflichten in einer Korrespondenzakte des AG.
106 *LAG Baden-Württemberg* 20.12.18 – 17 Sa 11/18, CR 2019, 304, Revision *BAG* 5 AZR 66/19, am 21.8.20 Erledigung nach § 91a ZPO.
107 *Fitting*, Rn. 15; *LAG Bremen* 6.3.92, BB 92, 998.
108 *Bahntje*, AuR 96, 250 m.w.N.
109 *BAG* 21.5.92 – 2 AZR 551/91, AuR 92, 349.
110 *BAG* 15.4.99 – 7 AZR 716/97, AuR 99, 352.
111 *LAG Sachsen-Anhalt* 19.12.01 – 3 Sa 479/01.
112 *BAG* 18.8.09 – 9 AZR 617/08, AuR 10, 83.
113 *BAG* 18.11.08 – 9 AZR 865/07, AuR 09, 105.
114 *BAG* 18.8.09 – 9 AZR 617/08, AuR 10, 83.
115 *BAG* 13.12.07 – 6 AZR 145/07, AuR 08, 53, 160.
116 Richardi-*Thüsing*, Rn. 44; zur ESt. § 85 Rn. 11.
117 St. Rspr., vgl. nur *BAG* 3.2.93 – 5 AZR 283/92, AuR 93, 184; *Kammerer*, Rn. 532 [Fn. 10]; *Pflaum*, § 10 Rn. 295 ff. [303 ff.] jeweils m.w.N.

auszusprechen und zur PA zu nehmen, keiner tariflichen Ausschlussfrist.[118] Regelmäßig besteht er jedoch nicht mehr nach Beendigung des Arbeitsverhältnisses, es sei denn, objektive Anhaltspunkte sprechen dafür, dass die Abmahnung dem AN noch schaden kann.[119] Für eine großzügigere Betrachtung spricht, dass § 6 AGG ausgeschiedene Beschäftigte in den Schutz des AGG einbezieht.[120]

27 Nach *BAG*[121] bestehen keine festen **Fristen,** innerhalb deren die ursprünglich berechtigte Abmahnung wirkungslos würde. Maßgeblich für den **Zeitablauf** seien die Umstände des Einzelfalls.[122] Der Beseitigungsanspruch besteht, wenn selbst bei einer zu Recht erteilten Abmahnung kein schutzwürdiges Interesse des AG mehr an deren Verbleib in der PA besteht.[123] Nach *BVerfG*[124] ist eine Abmahnung jedenfalls 6 Jahre nach dem beanstandeten Verhalten durch Zeitablauf wirkungslos geworden. An diesen Grundsätzen hat sich in der Rspr. auch nach der sog. Emmely-Entscheidung[125] des *BAG* zu Bagatellvorgängen nichts geändert. Inbes. hat die Abmahnung nicht die Funktion, einen sog. »Vertrauensvorrat« positiv oder negativ zu bestimmen. Eine europarechtlich determinierte Konturierung könnte sich aus Art. 17 DSGVO (Recht auf Löschung/ auf Vergessenwerden) ergeben, insbesondere wenn (Abs. 1a) die personenbezogenen Daten für die Zwecke, für die sie erhoben oder auf sonstige Weise verarbeitet wurden, nicht mehr notwendig sind.[126] Zur Abgrenzung zwischen individual-rechtlichen Abmahnungen und mitbestimmungspflichtigen Betriebsbußen vgl. § 87 Abs. 1 Nr. 1.[127]

28 **Schadensersatzansprüche** der AN kommen in Frage, wenn etwa ein AN auf Grund eines unrichtigen Personalaktenvermerks nicht befördert wurde; ferner, wenn der AG gegen das Gebot der Vertraulichkeit verstößt, indem er die PA einem dritten UN überlässt.[128] Einen Schmerzensgeldanspruch lehnte das *BAG* für den Fall ab, dass die Rechtsverletzung keine Nachteile verursacht hat und aus Sicht des AG auch den Interessen des AN dienen sollte.

IV. § 83 und Datenschutz

29 Datenschutz ist auf Menschen- und Grundrechtsebene mehrfach gesichert: Art. 17 UN-Zivilpakt, Art. 8 EMRK, Datenschutzkonvention 330 des Europarats v. 26.1.1981, Art. 16 AEUV, Art. 8 EU-Gr-Ch, Art. 1, 2 GG (Recht auf informationelle Selbstbestimmung). Das einfachgesetzliche Datenschutzrecht war bis 2018 geregelt im BDSG a. F. in Umsetzung der eur. Datenschutz-RL 95/46/EG (Kommentierung bis zur 15. Aufl., vgl. auch § 79a). Ab 2018 traten an deren Stelle die eur. Datenschutz-Grund-VO 2016/679 v. 27.4.2016 sowie das Datenschutz-Anpassungs- und -umsetzungsgesetz EU – DSAnpUG-EU, hier BDSG n. F. Die VO gilt nach Art. 288 AEUV unmittelbar in den Mitgliedstaaten, bedarf also grds. keiner zusätzlichen nationalen Umsetzung. Art. 88 der VO gibt den Mitgliedstaaten im Beschäftigungskontext einen begrenzten, eigenen Regelungsspielraum. Nationale »spezifischere Vorschriften« i. S. v. Abs. 1 müssen die Vorgaben von Abs. 2 dieses Artikels erfüllen. Andernfalls müssen sie unangewendet bleiben, es sei denn, sie stellen eine Rechtsgrundlage i. S. v. Art. 6 Abs. 3 DSGVO

---

118 *BAG* 14.12.94 – 5 AZR 137/94, AuR 95, 147, zu § 70 BAT unter ausdrücklicher Aufgabe der früheren gegenteiligen Rspr.; *Kammerer,* Rn. 258.
119 *BAG* 14.9.94 – 5 AZR 632/93, AuR 95, 29.
120 *Löw,* AuR 09, 195.
121 *BAG* 18.11.86, AP Nr. 17 zu § 1 KSchG 1969 Verhaltensbedingte Kündigung; 21.5.87 – 2 AZR 313/86; 27.1.88, ZTR 88, 309.
122 A. A. *LAG Hamm* 14.5.86 – 2 Sa 320/86, jedoch aufgehoben durch *BAG* 21.5.87, a. a. O.
123 *Adam,* AuR 01, 41; *Deiseroth,* AuR 01, 164 m. w. N.; *BAG* 20.1.15 – 9 AZR 860/13; 19.7.12 – 2 AZR 782/11, DB 12, 2939.
124 *BVerfG* 16.10.98, AuR 99, 36.
125 *BAG* 10.6.10 – 2 AZR 541/09, AuR 11, 69, zum Vorwurf der Ansichnahme von Pfandbons über 1,30 €.
126 *Möhle,* Datenschutzrechtliche Löschfristen für Abmahnungsdokumente in der Personalakte, NZA 23,137.
127 Muster einer Abmahnungsbeseitigungsklage in DKWF-*Buschmann,* § 83 Rn. 6.
128 *BAG* 18.12.84 – 3 AZR 384/82, AP Nr. 8 zu § 611 BGB Persönlichkeitsrecht: Verletzung des allgemeinen Persönlichkeitsrechts.

dar, die den Anforderungen dieser VO genügt.[129] Auf dieser Grundlage regelt § 26 BDSG n. F. (Vorgänger § 32 a. F.) die Datenverarbeitung für Zwecke des Beschäftigungsverhältnisses. Nachfolgend zitierte Rspr. und Lit. beziehen sich z. T. noch auf die bisherigen Vorschriften. Nach Art. 4 Nr. 2 der VO bezeichnet der Ausdruck »Verarbeitung jeden mit oder ohne Hilfe automatisierter Verfahren ausgeführten Vorgang oder jede solche Vorgangsreihe im Zusammenhang mit personenbezogenen Daten wie das Erheben, das Erfassen, die Organisation, das Ordnen, die Speicherung, die Anpassung oder Veränderung, das Auslesen, das Abfragen, die Verwendung, die Offenlegung durch Übermittlung, Verbreitung oder eine andere Form der Bereitstellung, den Abgleich oder die Verknüpfung, die Einschränkung, das Löschen oder die Vernichtung.« Auf **traditionelle PA** fand das BDSG nach früher h. M. keine Anwendung. Seit 2009 stellte § 32 Abs. 2 BDSG klar, dass auch die ausschließlich manuelle Erhebung, Verarbeitung oder Nutzung von Beschäftigtendaten nur unter den Voraussetzungen des § 32 Abs. 1 BDSG zulässig ist. Dies gilt dann auch für traditionelle PA.[130] Nach Auffassung des *BAG* bezog § 32 Abs. 2 BDSG a. F. nur Abs. 1 (zulässige Datenerhebung, -verarbeitung und -nutzung für Zwecke des Beschäftigungsverhältnisses) mit ein, nicht das Datenschutzrecht insgesamt.[131] Die Nachfolgevorschrift des § 26 Abs. 7 BSG n. F. (DSAnpUG-EG) verweist dagegen umfassender auf die Abs. 1–6 der Vorschrift. Art. 2 Abs. 1 der VO bezieht die nicht automatisierte Verarbeitung personenbezogener Daten, die in einem Dateisystem gespeichert sind oder gespeichert werden sollen, mit in den Anwendungsbereich der VO ein. Damit ist vorgenannte Rspr. überholt, so dass auch traditionelle PA regelmäßig dem Datenschutzrecht unterliegen.[132]

Art. 5 der VO 2016/679 bestimmt Grundsätze für die Verarbeitung personenbezogener Daten, Art. 6 die Rechtmäßigkeit der Verarbeitung, Art. 7 Bedingungen für die Einwilligung, Art. 9 Verarbeitung besonderer Kategorien personenbezogener Daten (sensitive Daten). 30

Für Gestaltung und Auswahl von Datenverarbeitungssystemen gilt der **Grundsatz der Datenvermeidung und Datensparsamkeit.** Nach Art. 5 der VO müssen personenbezogene Daten dem Zweck angemessen und erheblich sowie auf das für die Zwecke der Verarbeitung notwendige Maß beschränkt sein (»**Datenminimierung**«). Art. 6 der VO definiert die Bedingungen für die Rechtmäßigkeit der Verarbeitung. Nach § 26 Abs. 1 BDSG n. F. dürfen personenbezogene Daten von Beschäftigten für Zwecke des Beschäftigungsverhältnisses verarbeitet werden, wenn dies für die Entscheidung über die Begründung eines Beschäftigungsverhältnisses oder nach Begründung des Beschäftigungsverhältnisses für dessen Durchführung oder Beendigung oder zur Ausübung oder Erfüllung der sich aus einem Gesetz oder einem TV, einer BV oder DV (Kollektivvereinbarung) ergebenden Rechte und Pflichten der Interessenvertretung der Beschäftigten erforderlich ist. Die Voraussetzungen für Erhebung, Verarbeitung und Nutzung personenbezogener Daten sind im Hinblick auf das **Grundrecht auf informationelle Selbstbestimmung**[133] restriktiv zu interpretieren. 31

Verantwortlicher im Rahmen des Datenschutzrechts (Art. 4 Nr. 7 VO 2017/679) ist das UN, das die Daten verarbeitet. Somit ist ein Datenfluss von einem Konzern-UN zu einem anderen UN des Konzerns oder zur Konzernmutter eine *Datenübermittlung an Dritte.*[134] Verantwortlich für die Einhaltung des Datenschutzes bleibt der AG.[135] 32

Besondere Anforderungen gelten bei sog. **Sensitiven Daten** i. S. d. Art. 9 der VO 2016/679: rassische und ethnische Herkunft, politische Meinungen, religiöse oder weltanschauliche Überzeugungen, Gewerkschaftszugehörigkeit, genetische, biometrische, Gesundheitsdaten oder Daten zum Sexualleben oder der sexuellen Orientierung einer natürlichen Person. Derartige Informationen sind deshalb grundsätzlich nicht Gegenstand einer PA. 33

129 *EuGH* 30.3.23 – C-34/21, HPR der Lehrer/innen Hessen, ZIP 2023, 1039.

130 Däubler/Klebe/Wedde/Weichert-*Däubler*, § 32 BDSG, Rn. 5; GK-*Franzen*, Rn. 45; *Herfs-Röttgen*, NZA 13, 479; einschränkend Richardi-*Thüsing*, Rn. 5; WPK-Preis, Rn. 12.

131 *BAG* 16.11.10 – 9 AZR 573/09, AuR 11, 222; a. A: *Riesenhuber*, NZA 14, 753 ff., 755.

132 Wie hier *LAG Sachsen-Anhalt* 23.11.18 – 5 Sa 7/17, FA 19, 78 rkr.; DWWS-*Däubler*, § 26 BDSG, Rn. 15.

133 *BVerfG* 15.12.83 – 1 BvR 209/83, NJW 84, 419, Volkszählungsurteil; dazu *Däubler/Klebe/Wedde/Weichert*, Einl. Rn. 26 ff.; *Simitis*, Einl. Rn. 27 ff.

134 Zum BDSG ebenso *Fitting*, Rn. 24; *Simitis*, § 2 Rn. 142; *Trittin*, NZA 09, 343 m. w. N.

135 *Fitting*, Rn. 40.

34 Die Zulässigkeit der Übermittlung personenbezogener Daten (etwa an dritte AG/UN einschließlich Konzernmutter) konnte nach str. Auffassung des *BAG* zum BDSG a. F. durch BV/KBV als andere Rechtsvorschrift legitimiert werden.[136] § 26 Abs. 4 BDSG n. F. erklärt die Verarbeitung personenbezogener Daten, einschließlich besonderer Kategorien personenbezogener Daten von Beschäftigten für Zwecke des Beschäftigungsverhältnisses, auf der Grundlage von Kollektivvereinbarungen für zulässig. Dabei haben die Verhandlungspartner Art. 88 Abs. 2 der VO (EU) 2016/679 zu beachten. Zudem verlangt Art. 9 Abs. 2 b) der VO auch für den Fall einer Kollektivvereinbarung geeignete Garantien für die Grundrechte und die Interessen der betroffenen Person. Die Vereinbarung dahingehender BV wird aus unternehmerischer Sicht propagiert, um damit die datenschutzrechtlich notwendige Zustimmung der AN zu ersetzen[137] oder sogar eine Weitergabe der Daten an Dritte (potentielle Erwerber)[138] möglich zu machen. Da dies im Allgemeinen nicht im Interesse der AN liegt, sollen drohende Entlassungsszenarien aufgebaut werden. Da insofern ohne BV/KBV kein Regelungsspielraum des AG besteht, ist diese **BV gegen den Willen des BR nicht erzwingbar.**[139] Zwar sollte es nach umstr. älterer Rspr. des *BAG*[140] möglich sein, durch TV oder BV den Datenschutz der AN auch zu verschlechtern; jedoch räumte das *BAG* ein, dass datenschutzrechtliche Regelungen in TV oder BV keinen beliebigen Inhalt haben können, sondern sich im Rahmen ihrer Regelungsautonomie halten und die für diese Autonomie geltenden, sich aus grundgesetzlichen Wertungen, zwingendem Gesetzesrecht und allgemeinen Grundsätzen des Arbeitsrechts ergebenden Beschränkungen beachten müssen. Sie dürfen deshalb die gesetzlichen Schranken der Datenverarbeitung nicht bloß herabsetzen oder gar beseitigen, sondern müssen an eigenen sachlichen Gesichtspunkten (allgemeine Grundsätze des Datenschutzrechts, Grundsätze des Volkszählungsurteils) orientierte Zulässigkeitsvoraussetzungen aufstellen.[141] Die vom *BVerfG* entwickelten Grundsätze gelten zumindest gemäß § 75 Abs. 2 in der Betriebsverfassung, so dass das **Schutzniveau des Datenschutzrechts auch durch die Kollektivregelung nicht unterschritten** werden darf.[142] Unabhängig davon ist der Daten- oder Aktentransfer auch an eine ausländische Muttergesellschaft nur zulässig, wenn am Verwaltungssitz ein ähnliches Datenschutzniveau vorhanden ist wie in Deutschland.[143]

35 Schließlich kann die Verarbeitung und Nutzung von AN-Daten erfolgen, wenn der **Betroffene ausdrücklich einwilligt** (§ 26 Abs. 2 BDSG n. F.). Für die Beurteilung der **Freiwilligkeit der Einwilligung** sind insbes. die im Beschäftigungsverhältnis bestehende Abhängigkeit sowie die Umstände, unter denen die Einwilligung erteilt worden ist, zu berücksichtigen. Freiwilligkeit kann insbes. vorliegen, wenn für die beschäftigte Person ein rechtlicher oder wirtschaftlicher Vorteil erreicht wird oder AG und beschäftigte Person gleichgelagerte Interessen verfolgen. Die Einwilligung bedarf der Schriftform, soweit nicht wegen besonderer Umstände eine andere Form angemessen ist. Der AG hat die beschäftigte Person über den Zweck der Datenverarbeitung und über ihr Widerrufsrecht nach Art. 7 Abs. 3 der VO (EU) 2016/679 in Textform aufzuklären.

36 Art. 12 ff. der VO regeln **Rechte der betroffenen Person,** insbes. transparente Information, Kommunikation und Modalitäten für die Ausübung der Rechte der betr. Person (12), Informationspflicht bei Erhebung personenbezogener Daten bei der betr. Person (13), Informationspflicht, wenn die personenbezogenen Daten nicht bei der betr. Person erhoben wurden

---

136 *BAG* 20. 12. 95 – 7 ABR 8/95, DB 96, 48, 9. 7. 13 – 1 ABR 2/13 (A), DB 14, 724; 25. 9. 13 – 10 AZR 270/12, AuR 14, 80; offen gelassen in *BAG* 17. 11. 16 – 2 AZR730/15, AuR 17, 173; *Körner*, AuR 15, 392; a. A. *Trittin* a. a. O.

137 *Diller/Schuster*, DB 08, 928.

138 Dazu *Braun/Wybitul*, BB 08, 782.

139 *Hummel/Hilbrans*, AuR 05, 209.

140 *BAG* 27. 5. 86 – 1 ABR 48/84, AP Nr. 15 zu § 87 BetrVG 1972 Überwachung.

141 *Trittin* a. a. O.: Auslegung und Konkretisierung des BDSG.

142 Vgl. *Fitting*, Rn. 3 m. w. N.; *Däubler*, Gläserne Belegschaften?, Rn. 479 ff.; *Körner*, HSI-Schriftenreihe Bd. 28, 48; *Simitis*, RDV 89, 49 [59]; *Wohlgemuth*, Rn. 213 ff.

143 *EuGH* 16. 7. 20 – C-311/18, Privacy Shield, AuR 20, 435; 6. 10. 15, C-362/14, Safe Harbor, AuR 15, 421; *Löw*, AuR 09, 193; *Wedde*, AiB 07, 80 ff., auch zu den EU-Standardklauseln.

(14), Auskunftsrecht der betr. Person (15),[144] Recht auf Berichtigung (16), Recht auf Löschung (Vergessenwerden) (17), auf Einschränkung der Verarbeitung (18), Mitteilungspflicht im Zusammenhang mit der Berichtigung oder Löschung personenbezogener Daten oder der Einschränkung der Verarbeitung (19), Recht auf Datenübertragbarkeit (20), Widerspruchsrecht (21). Neue Relevanz hat auch das Recht aus Art. 17 Abs. 1 DSGVO (Löschung) gewonnen, das nach der Neufassung (Rn. 29) auch auf traditionelle PA anzuwenden ist. Dies entspricht Art. 4 Abs. 2 DSGVO, der bei der Verarbeitung jeden mit oder ohne Hilfe automatisierter Verfahren ausgeführten Vorgang einbezieht, sowie Erwägung 65 zur VO (EU) 2016/679, wonach eine betroffene Person ein Recht auf Berichtigung der sie betreffenden personenbezogenen Daten sowie ein »Recht auf Vergessenwerden« haben sollte, wenn die Speicherung ihrer Daten gegen diese VO verstößt. Insbes. sollten betroffene Personen Anspruch darauf haben, dass ihre personenbezogenen Daten gelöscht und nicht mehr verarbeitet werden, wenn die personenbezogenen Daten hinsichtlich der Zwecke, für die sie erhoben bzw. anderweitig verarbeitet wurden, nicht mehr benötigt werden. Das ist spätestens nach Beendigung des Arbeitsverhältnisses generell der Fall.[145] Während des Arbeitsverhältnisses bietet sich eine Wertungsparallele zur dreijährigen Verjährungsfrist an.

Besondere datenschutzrechtliche Probleme wirft der AG-Wechsel infolge von **Umstrukturierungen von UN** auf. Die Verfügung von Daten im Rahmen einer Gesamtrechtsnachfolge beinhaltet weder eine Übermittlung noch eine sonstige gesetzlich geregelte Form des Datenumgangs.[146] Dagegen lässt sich die Übermittlung von Daten bei einem **Betriebsübergang** nach § 613a BGB (etwa im Falle von Outsourcing) nur nach § 26 BDSG n. F. (Erforderlichkeit) rechtfertigen, was im Einzelfall geprüft werden muss und nicht notwendig die Übermittlung sämtlicher beim übertragenden AG vorhandener personenbezogener Daten zur Folge hat. In Fällen des Betriebsübergangs hat der AN die Auskunftsansprüche nach Artt. 12 ff. der VO 2016/679 gegen den alten wie den neuen AG.[147] 37

V. Streitigkeiten

Besteht zwischen AG und AN Streit über die Ausübung des Einsichtsrechts in die PA und die Befugnis des AN, eine Stellungnahme zu der PA abzugeben, ist das **arbeitsgerichtliche Urteilsverfahren** maßgebend.[148] Es findet auch statt, wenn es um Rechte des AN gegenüber dem AG aus dem Datenschutzrecht geht, z. B. um die Sperrung, Löschung oder Berichtigung von Daten, die in Personaldateien gespeichert sind.[149] Ebenso ist das Urteilsverfahren einschlägig, wenn ein AN nach allg. arbeitsrechtlichen Grundsätzen die Entfernung unrichtiger Angaben / Abmahnungen aus der PA verlangt.[150] Die Einsichtnahme der formell bezeichneten, äußerlich erkennbaren PA ist wie Einsichtnahme in Urkunden im Allgemeinen vollstreckbar (§ 810 BGB).[151] 38

Dagegen ist das **Beschlussverfahren** maßgebend, wenn zwischen BR und AG durch eine BV Einzelheiten über das Einsichtsrecht nach § 83 geregelt werden sollen und darüber Streit entsteht. Streiten AN und AG über die Teilnahme eines BR-Mitglieds, findet das Urteilsverfahren statt.[152] Weigert sich ein BR-Mitglied unberechtigt, dem Wunsch des AN auf Hinzuziehung bei der Akteneinsicht nachzukommen, kann darin eine grobe Pflichtverletzung i. S. v. § 23 Abs. 1 liegen.[153] Ein gerichtlich durchsetzbarer Anspruch auf Teilnahme gegen das BR-Mitglied besteht 39

144 Dazu auch unter Rn. 13; Auskunftsanspruch des Art. 15 DSGVO auch nach (angefochtenen) verhaltensbedingten oder außerordentlichen Kündigungen gegeben, *HessLAG* 10.6.21 – 9 Sa 1431/19 und 9 Sa 861/20, AuR 22, 280.

145 *LAG Sachsen-Anhalt* 23.11.18 – 5 Sa 7/17; vgl. auch *EuGH* 13.5.14 – C-131/12, Google Spain, AuR 14, 250.

146 *Simitis*, Kommentar, § 3 BDSG Rn. 150.

147 Vgl. auch *Simitis*, § 34 BDSG Rn. 80, *Kammerer*, AuR 07, 192.

148 Vgl. z. B. *SWS*, Rn. 25.

149 Vgl. *Fitting*, Rn. 42.

150 Vgl. GK-*Franzen*, Rn. 76; Muster in DKWF-*Buschmann*, § 83 Rn. 6.

151 *BAG* 16.11.10 – 9 AZR 573/09, AuR 11, 222.

152 *Fitting*, Rn. 42; *HWGNRH*, Rn. 70; a. A. GK-*Franzen*, Rn. 77

153 *Fitting*, Rn. 43; *GL*, Rn. 19.

aber nicht. Gegen den Ausspruch von Abmahnungen wegen angeblicher Verletzung von Amtspflichten sollte sowohl dem BR-Mitglied als auch dem Gremium (im Beschlussverfahren) ein Unterlassungsanspruch zustehen, da diese sowohl das Mitglied als auch den gesamten BR in seiner Tätigkeit behindern und/oder stören können.[154] Nach *BAG* kann der Antrag auf Entfernung einer Abmahnung aus der PA nur vom betr. Mitglied gestellt werden, nicht vom BR.[155] Angesichts dieser Bedenken sollte ein Unterlassungsantrag des BR die konkrete Störung bzw. Behinderung in den Vordergrund stellen, nicht die Abmahnung. Ist die kollektiv-rechtliche Rechtsposition des BR-Mitglieds betroffen wie bei einer sog. betriebsverfassungsrechtlichen Abmahnung (s. o.), ist auch das Beschlussverfahren zulässig.[156] Dafür muss das BR-Mitglied schlüssig darlegen, dass der Anspruch seine Rechtsgrundlage – auch – in einem betriebsverfassungsrechtlichen Rechtsverhältnis hat.[157] Soweit Inhalte der PA in grober Weise gegen das AGG verstoßen (vgl. Rn. 4), können der BR und/oder eine im Betrieb vertretene Gewerkschaft dagegen ein Verfahren nach § 17 Abs. 2 AGG anhängig machen.

§ 84 Beschwerderecht

(1) Jeder Arbeitnehmer hat das Recht, sich bei den zuständigen Stellen des Betriebs zu beschweren, wenn er sich vom Arbeitgeber oder von Arbeitnehmern des Betriebs benachteiligt oder ungerecht behandelt oder in sonstiger Weise beeinträchtigt fühlt. Er kann ein Mitglied des Betriebsrats zur Unterstützung oder Vermittlung hinzuziehen.
(2) Der Arbeitgeber hat den Arbeitnehmer über die Behandlung der Beschwerde zu bescheiden und, soweit er die Beschwerde für berechtigt erachtet, ihr abzuhelfen.
(3) Wegen der Erhebung einer Beschwerde dürfen dem Arbeitnehmer keine Nachteile entstehen.

Inhaltsübersicht Rn.

I. Vorbemerkungen

1. Konkretisierung individualrechtlicher Nebenpflichten

1 Das Recht des AN, sich zu beschweren, war schon in §§ 66 Nr. 7, 76, 78 Abs. 4 BRG, § 54 Abs. 1c BetrVG 1952 normiert. Unabhängig davon wurde es aus Nebenpflichten bzw. der »Treue/Fürsorgepflicht« des AG abgeleitet.[1] Weitere Rechtsgrundlagen neben den §§ 84–86a finden sich in **Einzelvorschriften** (z. B. § 13 AGG, §§ 127 f. SeeArbG; § 17 Abs. 2 ArbSchG i. V. m. Art. 11 Abs. 6 der RL 89/391/EWG); TV (z. B. § 11 Abs. 3 MTV Druckindustrie bei arbeitsbedingten

154 Wie hier *LAG Düsseldorf* 23. 2. 93 – 8 TaBV 245/92, AiB 93, 569; vgl. auch *HessLAG* 9. 7. 09 – 9/10 Ta 25/09, juris: Beschlussverfahren; weiter § 78, Rn. 39.
155 *BAG* 4. 12. 13 – 7 ABR 7/12, AuR 14, 205; 9. 9. 15 – 7 ABR 69/13, AuR 16, 38.
156 *LAG Baden-Württemberg* 3. 7. 20 a. a. O.
157 *LAG Düsseldorf* 8. 11. 19 – 4 Ta 412/19, AuR 20, 94.

1 GK-*Franzen*, Rn. 4, *ders.* vor § 81 Rn. 11 ff., 18; *Wiese.*, FS Otto, 621 ff.

Gesundheitsgefahren).[2] Nach Art. 77 DSGVO hat jede betroffene Person unbeschadet eines anderweitigen verwaltungsrechtlichen oder gerichtlichen Rechtsbehelfs das Recht auf Beschwerde bei einer Aufsichtsbehörde, insbes. in dem Mitgliedstaat ihres gewöhnlichen Aufenthaltsorts, ihres Arbeitsplatzes oder des Orts des mutmaßlichen Verstoßes, wenn die betr. Person der Ansicht ist, dass die Verarbeitung der sie betreffenden personenbezogenen Daten gegen diese VO verstößt. Nach Ziff. 4.1.3 des Dt. Corporate Governance Kodex soll »Beschäftigten auf geeignete Weise die Möglichkeit eingeräumt werden, geschützt Hinweise auf Rechtsverstöße im UN zu geben; auch Dritten sollte diese Möglichkeit eingeräumt werden.«

Das Beschwerderecht des AN ist rein **individualrechtlichen Charakters,** selbst wenn es von mehreren AN gleichzeitig wahrgenommen wird. Es gilt auch für betriebsratslose und nicht betriebsratsfähige Betriebe.[3] Einen betriebsverfassungsrechtlichen Bezug erhält es durch das gemäß §§ 85, 86 institutionalisierte Verfahren unter Beteiligung des BR.[4] Auch ein BR-Mitglied kann Beschwerdeführer (BF) sein. 2

Gesetzliche Fristen werden durch eine Beschwerde nicht gehemmt. Verlangt ein TV allerdings die bloße Geltendmachung eines Anspruchs, kann die Beschwerde ggf. **Ausschlussfristen** wahren.[5] Die Beschwerde hat aber nicht die Funktion eines außergerichtlichen Vorverfahrens; der BF muss nicht vor Klageerhebung vor dem ArbG das Beschwerdeverfahren nach dieser Vorschrift durchgeführt haben.[6] 3

2. Beschwerde nach »außen« – Whistleblowing

Zu beachten ist die RL (EU) 2019/1937 v. 23.10.2019 zum Schutz von Personen, die Verstöße gegen das Unionsrecht melden (Hinweisgeber/**Whistleblower**[7]). Sie legt gemeinsame Mindeststandards für den Schutz von Personen fest, die Verstöße gegen im Einzelnen aufgeführte Rechtsakte bzw. Bereiche des Unionsrechts melden. Nach Art. 3 Abs. 4 berührt die RL nicht die nationalen Vorschriften über die Wahrnehmung des Rechts von AN, ihre Vertreter oder Gewerkschaften zu konsultieren, und über den Schutz vor ungerechtfertigten nachteiligen Maßnahmen aufgrund einer solchen Konsultation sowie über die Autonomie der Sozialpartner und deren Recht, TV einzugehen. Dies gilt unbeschadet des durch diese RL garantierten Schutzniveaus. Art. 10 – 12, 15 RL stellen klar, dass es keinen Vorrang des innerbetrieblichen Verfahrens gibt und dass Hinweisgeber sich unmittelbar an externe Meldekanäle (zuständige Behörden) wenden können. Nach Art. 16 RL stellen die Mitgliedstaaten sicher, dass die Identität des Hinweisgebers ohne dessen ausdrückliche Zustimmung keinen anderen Personen gegenüber offengelegt wird als den befugten Mitarbeitern, die für die Entgegennahme von und/oder Folgemaßnahmen zu Meldungen zuständig sind. Nach Art. 19 RL ergreifen die Mitgliedstaaten die erforderlichen Maßnahmen, um jede Form von Repressalien, einschließlich der Androhung und des Versuchs von Repressalien, direkter oder indirekter Art zu untersagen; dies schließt insbesondere folgende Repressalien ein: 3a

a) Suspendierung, Entlassung oder vergleichbare Maßnahmen;
b) Herabstufung oder Versagung einer Beförderung;
c) Aufgabenverlagerung, Verlagerung des Arbeitsplatzes, Gehaltsminderung, Änderung der Arbeitszeiten;
d) Versagung der Teilnahme an Weiterbildungsmaßnahmen;
e) negative Leistungsbeurteilung oder Ausstellung eines schlechten Arbeitszeugnisses;
f) disziplinarischer Verweis, Rüge oder sonstige Sanktion (auch finanzieller Art);
g) Nötigung, Einschüchterung, Mobbing oder Ausgrenzung;

---

2 Zur verfassungsrechtlichen Fundierung vgl. Rn. 7; zu weiteren nationalen und internationalen Rechtsgrundlagen sowie zu Funktion und Anwendungsbereich des Beschwerdeverfahrens vgl. *Buschmann*, Die betriebsverfassungsrechtliche Beschwerde, FS Däubler, 1999, S. 31 ff.

3 Richardi-*Thüsing*, Rn. 2; *Ohm*, AiB 00, 659; a. A. *Worzalla*, NZA 94, 1019; zum Geltungsbereich vgl. § 81 Rn. 4.

4 Musterbeschwerden in DKWF-*Buschmann*, § 84, Rn. 2 ff.

5 Vgl. *Fitting*, Rn. 1; GK-*Franzen*, Rn. 19; *GL*, Rn. 8.

6 Richardi-*Thüsing*, Rn. 16.

7 Zur RL und zu den Folgen ihrer nicht fristgerechten Umsetzung *Gerdemann*, NJW 21, 3489.

h) Diskriminierung, Benachteiligung oder Ungleichbehandlung;
i) Nichtumwandlung eines Zeitarbeitsvertrags in einen unbefristeten Arbeitsvertrag in Fällen, in denen der/die Bedienstete zu Recht erwarten durfte, eine unbefristete Stelle angeboten zu bekommen;
j) Nichtverlängerung oder vorzeitige Beendigung eines Zeitarbeitsvertrags;
k) Schädigung (einschließlich Rufschädigung), insbesondere in den sozialen Medien, oder Herbeiführung finanzieller Verluste (einschließlich Auftrags- oder Einnahmenverluste);
l) Erfassung des Hinweisgebers auf einer schwarzen Liste auf Basis einer informellen oder formellen sektor- oder branchenspezifischen Vereinbarung mit der Folge, dass der Hinweisgeber sektor- oder branchenweit keine Beschäftigung mehr findet;
m) vorzeitige Kündigung oder Aufhebung eines Vertrags über Waren oder Dienstleistungen;
n) Entzug einer Lizenz oder einer Genehmigung;
o) psychiatrische oder ärztliche Überweisungen.

Auch wenn sich diese Aufzählung nur auf Hinweise zu Verstößen gegen das Unionsrecht bezieht, kennzeichnet sie aus europäischer Sicht generell unzulässige Reaktionen auf Beschwerden nach innen oder außen. Sie sind dann auch unzulässig, wenn die Beschwerde nicht einen der in Art. 2 RL genannten Rechtsakte und Bereiche zum Gegenstand hat.

3b Die nationale Umsetzung der Whistleblower-RL erfolgte – verspätet – durch das **Gesetz für einen besseren Schutz hinweisgebender Personen sowie zur Umsetzung der RL zum Schutz von Personen, die Verstöße gegen das Unionsrecht melden** v. 31.5.23.[8] Dieses Gesetz beschränkt sich anders als die RL nicht auf bestimmte Verstöße gegen Unionsrecht sondern erfasst (§ 2) die Meldung und Offenlegung von Informationen über Verstöße, die (Abs. 1, Nr. 1) strafbewehrt, (Nr. 2) bußgeldbewehrt sind, soweit die verletzte Vorschrift dem Schutz von Leben, Leib oder Gesundheit oder dem Schutz der Rechte von Beschäftigten oder ihrer Vertretungsorgane (das sind auch BR!) dient, Verstöße gegen (Nr. 3) Rechtsvorschriften des Bundes und der Länder sowie unmittelbar geltende Rechtsakte der EU und der Eur. Atomgemeinschaft, u.a. zu Umweltschutz (h), Lebensmittel- und Futtermittelsicherheit, ökologische Produktion und Kennzeichnung von ökologischen Erzeugnissen (k), Verbraucherrechte (n), Schutz der Privatsphäre in der Kommunikation und Datenschutz (o, p), Binnenmarktvorschriften i.S.d. Art. 26 Abs. 2 AEUV (Abs. 2). Nach § 7 besteht ein Wahlrecht zwischen interner und externer Meldung. Nach § 12 haben Beschäftigungsgeber die Pflicht zur Errichtung interner Meldestellen. Externe Meldestellen werden beim Bund und den Ländern errichtet (§§ 19ff.). § 33 verlangt einen besonderen Schutz hinweisgebender Personen, § 34 den Schutz derjenigen, die die hinweisgebende Person bei der internen oder externen Meldung oder Offenlegung im beruflichen Zusammenhang vertraulich[9] unterstützen, sofern die gemeldeten oder offengelegten Informationen zutreffend sind oder die unterstützende Person zum Zeitpunkt der Unterstützung hinreichenden Grund zu der Annahme hatte, dass die von der hinweisgebenden Person gemeldeten oder offengelegten Informationen der Wahrheit entsprachen, und Verstöße betreffen, die in den Anwendungsbereich dieses Gesetzes fallen, oder die unterstützende Person zum Zeitpunkt der Unterstützung hinreichenden Grund zu der Annahme hatte, dass dies der Fall sei. Das sind auch BR-Mitglieder.

4 Wie die Whistleblower-RL klarmacht, hat der AN die Wahl, ob er nach dieser Vorschrift oder nach **§ 85** vorgeht. Er kann sich je nach Einzelfall auch an **außerbetriebliche Stellen** wenden.[10] Dies sind in der Praxis vor allem Aufsichtsrat, Gewerkschaften, Anwälte, Aufsichtsämter, Staatsanwaltschaften, die Antidiskriminierungsstelle des Bundes (§ 27 AGG), ggf. Kirchen oder Journalisten; zur Datenschutzaufsicht Art. 77 DSGVO. In der Lit. wurde gefordert, dass zuvor die betrieblichen Beschwerdemöglichkeiten erschöpft worden sind,[11] was sich indes nicht pauschal beantworten lässt. Die undifferenzierte Gleichsetzung verschiedener Institutionen

---

8 BGBl. I, Nr. 140; dazu *Bayreuther*, Hinweisgeberschutz und Betriebsverfassung, NZA 23, 666.

9 Kritisch zu dieser Begrenzung auf »Vertraulichkeit« *Gerdemann*, ZRP 2021,37 (38); jedoch ist auch die öffentliche Unterstützung von Whistleblowern durch BR-Mitglieder nach § 78 S. 2 geschützt, *Bayreuther*, NZA 23, 669.

10 *Hinrichs*, JArbR, Bd. 18 [1980], S. 35 [45ff.]; zu externem Whistleblowing im Wandel der Zeiten *Krause*, SR 19, 138ff., m.w.N.; Erw. 54 der RL 2019/1937 nennt externe Anbieter von Meldeplattformen, externe Berater, Prüfer, Gewerkschafts- oder AN-Vertreter.

11 *Fitting*, Rn. 1; GK-*Franzen*, Rn. 9; *Wiese*, FS Otto, 621ff.; a.A. HaKo-*Lakies*, Rn. 4.

als »extern« verkennt deren unterschiedliche Stellung und Funktion. Aufsichtsrat, Arbeitskollegen, Gewerkschaften, gewerkschaftliche Rechtsschutzsekretäre und Anwälte sind keine Öffentlichkeit, sondern Teil des betrieblichen Kommunikationsprozesses bzw. arbeitsrechtlichen Korrekturverfahrens,[12] so dass die Kommunikation mit ihnen nicht eingeschränkt werden kann.[13] Wenden diese sich an die Öffentlichkeit, ist dies dem AN nur zuzurechnen, wenn dies ausdrücklich namens und in Vollmacht des AN geschieht. Die Einschaltung von Staatsanwaltschaften, Aufsichtsbehörden und der Antidiskriminierungsstelle ist gesetzlich vorgesehen und staatsbürgerliches Recht i. S. d. Art. 20 GG, u. U. sogar Pflicht. Religions- und Pressefreiheit werden durch Art. 4 und 5 GG gewährleistet. Dies erfordert eine differenzierte Beurteilung.[14] Dass die Kommunikation der AN untereinander in diesem Zusammenhang überhaupt diskutiert werden muss, folgt schon daraus, dass zahlreiche Formulararbeitsverträge weitgehende Klauseln enthalten, nach denen es den AN z. B. untersagt sein soll, mit anderen AN über ihr Effektivgehalt zu sprechen bzw. dieses zu offenbaren.[15] Eine derartige Klausel ist wegen Verstoßes gegen vorrangiges Recht, u. a. Art. 5 und Art. 9 III GG, Art. 7 (5) der Entgelttransparenz-RL (EU) 2023/970, § 9 Entgelttransparenzgesetz unwirksam.[16]

Eine gesetzliche Grundlage für einen **Vorrang des innerbetrieblichen Verfahrens** findet sich in §§ 17 ArbSchG. Sie legt aber keine Sanktionen gegen den AN fest, der dieses Verfahren nicht ausschöpft. Art. 11 Abs. 6 der RahmenRL 89/392/EWG, die dem ArbSchG zugrunde liegt, enthält diese Einschränkung nicht. Für eine europarechts- und verfassungskonforme Interpretation muss es genügen, wenn der AN dem AG die von ihm wahrgenommenen Gefahren anzeigt, wozu er ggf. nach § 16 ArbSchG auch verpflichtet ist. Dies kann auch der BR wahrnehmen. Damit hat der AG die Möglichkeit der Abhilfe. Wie lange der BF verpflichtet ist, die Reaktion des AG abzuwarten, richtet sich nach der Zumutbarkeit im Einzelfall. Nach *Söllner*[17] dürfen als Voraussetzung für das Anrufen externer Stellen nur zumutbare Anforderungen gestellt werden. Insbes. könne man eine Leistungsverweigerung (Zurückbehaltung der Arbeitsleistung) ebenso wenig verlangen wie die vorrangige Durchführung des Verfahrens nach §§ 84, 85. Eine vorherige Beschwerde beim AG ist insbes. nicht erforderlich, wenn dem AG bzw. seinen Vertretern die Nichteinhaltung von Schutzvorschriften bekannt war und er nichts dagegen unternommen hat,[18] bei vorsätzlichen Straftaten des AG bzw. seiner Vertreter zu Lasten der AN oder der Umwelt,[19] bei Gefahr im Verzuge.[20] 5

Abgesehen von diesen gesetzlichen Sonderbestimmungen unterliegen AN keinen weiteren kommunikationsbeschränkenden Pflichten. Dies gilt auch für die in diesem Zusammenhang herangezogene **»Treuepflicht«,** deren Rechtsgrundlage in § 2 Abs. 2 AOG [1934] 1945 entfallen und gesetzlich nur noch in §§ 1 Abs. 1 Satz 2, 7, 9 SoldatenG zu finden ist – für das Arbeitsrecht keine analogiefähigen Vorschriften.[21] §§ 84 ff. treffen keine Regelung zur Kommunikation zwischen AN und außerbetrieblichen Stellen. Sie ist deshalb prinzipiell offen, soweit nicht im 6

12 ErfK-*Dieterich*, Art 5 GG Rn. 37; zum Aufsichtsrat *LAG BaWü* 3. 8. 11 – 13 Sa 16/11, AuR 11, 503.

13 *Preis/Reinfeld*, AuR 89, 361 ff.; *HessLAG* 20. 3. 17 – 16 TaBV 12/17, AuR 17, 413 (Anm. *Buschmann*); § 79 Rn. 28.

14 Vgl. *Wiese*, FS Otto, 644, der aber selbst die Anrufung der Antidiskriminierungsstelle unter »Öffentlichkeit« subsumiert, damit unter den Vorbehalt von Rücksichtnahme- bzw. Treuepflichten stellt.

15 Vgl. *Preis*, Grundfragen, Schlussthesen, S. 581 ff.; *ders.*, AuR 94, 139.

16 So ausdrücklich *LAG Mecklenburg-Vorpommern* 21. 10. 09 – 2 Sa 183/09 – 2 Sa 237/09, AuR 10, 343; Art. 7 (5) der RL (EU) 2023/970 (Entgelttransparenz und Durchsetzungsmechanismen) v. 10. 5. 23, ABlEU L 132/21 v. 17. 5. 23: *AN dürfen nicht daran gehindert werden, ihr Entgelt offenzulegen, um den Grundsatz des gleichen Entgelts durchzusetzen. Insbesondere ergreifen die Mitgliedstaaten Maßnahmen, um Vertragsbedingungen zu verbieten, durch die AN davon abgehalten werden, Informationen über ihr Entgelt offenzulegen.*

17 *Söllner*, FS Herschel, S. 389, 404.

18 *LAG Baden-Württemberg* 3. 2. 87 – 7 (13) Sa 95/86, NZA 87, 756; a. A. noch 20. 10. 76 – 6 Sa 51/76, EzA § 1 KSchG Verhaltensbedingte Kündigung Nr. 8, mit abl. Anm. *Weiss*, = KJ 79, 323, mit abl. Anm *Janzen*, bekannt als »Schandurteil«, Hintergründe dazu bei *Petri*, in: Die Arbeitsgerichtsbarkeit Baden-Württemberg 1946–2016, S. 167; abl. auch *Wiese*, FS Otto, S. 640, dort Fn. 78.

19 §§ 324 ff. StGB.

20 Ausführlich *Kittner/Pieper*, Arbeitsschutzgesetz, § 17 Rn. 5 ff

21 Vgl. auch *Weiss*, a. a. O.

Einzelfall (etwa bei Betriebs- oder Geschäftsgeheimnissen) Vertraulichkeit geboten ist. Vor allem die Erstattung von Straf- oder Ordnungswidrigkeitenanzeigen gegen rechtswidrig handelnde AG oder die Übergabe belastender Unterlagen an die Staatsanwaltschaft dürfen nicht zu arbeitsrechtlichen Maßnahmen, insbes. Kündigungen, gegen den Anzeigeerstatter führen, soweit nicht wissentlich unwahre oder leichtfertig falsche Angaben gemacht werden. Eine arbeitsgerichtliche Entscheidung, die dies verkennt, verletzt den AN in seinem Grundrecht aus Art. 2 Abs. 1 GG i. V. m. dem Rechtsstaatsprinzip.[22] Dem folgte das *BAG*[23] nur scheinbar, indem es eine Strafanzeige einer Verhältnismäßigkeitsprüfung unterwarf und im Ergebnis das Regel-Ausnahme-Verhältnis umkehrte.[24] Nach der Rspr. des *EGMR*[25] ist diese Position nicht haltbar. Im Fall *Heinisch* hatte der *EGMR* der auf Art. 10 EMRK gestützten Beschwerde einer Berliner Altenpflegerin, die wegen Erstattung einer Strafanzeige bei der Staatsanwaltschaft gekündigt worden war, stattgegeben, da diese Kündigung einen Eingriff in ihr Recht auf Meinungsfreiheit darstellte, der »nicht in einer demokratischen Gesellschaft notwendig war.« Nach Feststellung des *EGMR* hatten die innerstaatlichen Gerichte keinen angemessenen Ausgleich vorgenommen zwischen der Notwendigkeit, den wirtschaftlichen Ruf und die Rechte des AG zu schützen, und der Notwendigkeit, das Recht der AN auf freie Meinungsäußerung zu schützen. Diese Rspr. steht im Einklang mit zahlreichen internationalen und europäischen Konventionen, zumeist im Zusammenhang mit Korruptions- und Bestechungsbekämpfung.

7 Verfassungsrechtlicher Maßstab ist **Art. 5 GG,** der die **Meinungs- und Meinungsäußerungsfreiheit** garantiert und (völkerrechtsfreundlich) im Lichte der Art. 10 (Freiheit der Meinungsäußerung) und Art. 13 (Recht auf wirksame Beschwerde) EMRK zu interpretieren ist. Eine Klarstellung wie in Art. 118 Satz 2 WRV v. 11. 8. 1919 (»An diesem Rechte darf ihn kein Arbeits- oder Anstellungsverhältnis hindern, und niemand darf ihn benachteiligen, wenn er von diesem Rechte Gebrauch macht«; ebenso zahlreiche Landesverfassungen, so Art. 110 Satz 2 Bayern v. 2. 12. 46; Art. 15 Abs. 1 Satz 2 Bremen v. 21. 10. 47; Art. 11 Satz 2 Hessen v. 1. 12. 46) ist zwar im GG nicht enthalten. Eine inhaltliche Einschränkung ist damit aber nicht verbunden.[26] Selbst das *BAG*[27] hat anerkannt, dass nicht anonyme AN-Anzeigen dem Schutzbereich des Art. 5 GG unterfallen.[28] Art. 5 GG steht nach Abs. 2 allerdings unter einem Gesetzesvorbehalt. Geschützt sind etwa das Betriebs- oder Geschäftsgeheimnis (§ 79, § 17 UWG) oder die persönliche Ehre (§§ 185, 186 StGB).

8 Nach **Art. 17 GG** hat jedermann das Recht, sich einzeln oder in Gemeinschaft mit anderen schriftlich mit Bitten oder Beschwerden an die zuständigen Stellen und an die Volksvertretung zu wenden. Die ausdrückliche Erwähnung der »zuständigen Stellen« neben der Volksvertretung zeigt, dass jedenfalls Behörden, ggf. sogar ausländische und internationale Stellen,[29] mit umfasst sind. Die verfassungsrechtlich hervorgehobenen »Bitten und Beschwerden« sind nicht nur in Bezug auf hoheitliches Handeln geschützt. Sie entfalten vielmehr eine Ausstrahlungswirkung auch auf das Privatrecht, damit Grundrechtsträger von der Wahrnehmung ihrer Grundrechte nicht aus Angst vor arbeitsrechtlichen Sanktionen abgehalten werden.[30]

---

22 *BVerfG* 2. 7. 01 – 1 BvR 2049/00, AuR 02, 187 mit Anm. *Deiseroth,* vgl. auch *Deinert,* AuR 03, 205 ff.; zustimmend auch *Wiese* a. a. O., 636.

23 *BAG* 3. 7. 03 – 2 AZR 235/02, AuR 04, 427, mit Anm. *Peter/Rohde-Liebenau.*

24 Ebenso *LAG Berlin* 28. 3. 06 – 7 Sa 1884/04, AuR 07, 51 mit kontroversen Stellungnahmen von *Deiseroth,* AuR 07, 34, 198 und *Binkert,* 195.

25 *EGMR* 21. 7. 11 – Nr. 28274/08, Heinisch, AuR 11, 355, m. w. N. zur Spruchpraxis internationaler Entscheidungsgremien und Gerichte; vgl. auch *EGMR* 19. 5. 22 – 51451/19, AuR 23, 114 ff. (Anm. *Lörcher*): Kündigung einer Tierärztin nach Beschwerde über Hygienebedingungen; Anerkennung der Verletzung von Art. 10 EMRK nebst Entschädigung seitens der Bundesregierung; dem *EGMR* ausdrücklich folgend *LAG BaWü* 3. 8. 11 – 13 Sa 16/11, AuR 11, 503; ausführlich zur internat. Regulierung des Whistleblowing – Anpassungsbedarf im dt. Recht: *Fischer-Lescano,* AuR 16, 4 ff., 48 ff. m. w. N. insbes. zu eur. und internat. Rechtsquellen.

26 BVerfGE 42, 139 f.; 86, 122.

27 *BAG* 3. 7. 03 – 2 AZR 235/02, a. a. O.

28 Ebenso *Wiese,* FS Otto, 622.

29 *Maunz/Dürig/Herzog/Scholz,* Art. 17 GG Rn. 55.

30 *Deiseroth,* AuR 02, 166; *Wiese,* FS Otto, S. 625, 634, jeweils m. w. N. auch zu a. A.; zur Rspr. *Wendeling-Schröder,* Arbeit-Umwelt, FS Heilmann, S. 10; offen gelassen durch *BAG* 3. 7. 03, a. a. O.

9 Als Reaktion auf Lebensmittelskandale (»Gammelfleisch«), die durch sog. **Whistleblower**[31] aufgedeckt wurden, hatte ein Gesetzentwurf v. 30.4.08 vorgesehen, den Informantenschutz für AN im Rahmen der Reform des Lebensmittel- und Futtermittelrechts in einem geänderten § 612a BGB gesetzlich zu verankern. Die Gesetzesvorlage ist nicht zur Verabschiedung gekommen.[32] Nach **§ 37 Abs. 2 Nr. 3 Beamtenstatusgesetz** gilt für Länderbeamte deren Verschwiegenheitspflicht nicht, »soweit gegenüber einer Strafverfolgungsbehörde oder einer durch Landesrecht bestimmten weiteren Behörde oder außerdienstlichen Stelle ein durch Tatsachen begründeter Verdacht einer Korruptionsstraftat nach den §§ 331–337 StGB angezeigt wird. Im Übrigen bleiben die gesetzlich begründeten Pflichten, geplante Straftaten anzuzeigen und für die Erhaltung der freiheitlich demokratischen Grundordnung einzutreten, von Abs. 1 [Verschwiegenheitspflicht] unberührt«. Damit sollte das von der Bundesrepublik unterzeichnete Zivilrechtsübereinkommen (174) über Korruption des Europarats v. 4.11.99 umgesetzt werden.[33] Art. 9 dieses Übereinkommens fordert, dass Beschäftigte, die den zust. Personen oder Behörden in redlicher Absicht einen begründeten Korruptionsverdacht mitteilen, angemessen vor ungerechtfertigten Nachteilen geschützt werden. Nach Art. 5c des IAO-Übereinkommens Nr. 158 über die Beendigung des Arbeitsverhältnisses durch den AG, 1982, sowie Anhang II 3c zu Art. 24 der Revidierten Europäischen Sozialcharta (RESC, 1996)[34] gilt die Tatsache, dass jemand wegen einer behaupteten Verletzung von Rechtsvorschriften eine Klage gegen den AG einreicht, an einem Verfahren gegen ihn beteiligt ist oder die zust. Verwaltungsbehörden anruft, nicht als triftiger Grund für eine Kündigung. Ratifiziert[35] wurde das Strafrechtsübereinkommen (173) über Korruption v. 27.1.99 nebst Zusatzprotokoll v. 15.5.2003. Nach Art. 22 des Übereinkommens trifft jede Vertragspartei die erforderlichen gesetzgeberischen und anderen Maßnahmen, um einen wirksamen und angemessenen Schutz folgender Personen zu gewährleisten: 8a Personen, die Angaben über aufgrund der Art. 2–14 umschriebene Straftaten machen oder in anderer Weise mit den für Ermittlung oder Strafverfolgung zuständigen Behörden zusammenarbeiten. In dieser Rechtssetzung drückt sich die Erkenntnis aus, dass die Anzeige von Missständen als Frühwarnsystem dient, das größeren Schaden vermeiden kann. Zu Recht verweist *Wiese*[36] auf das Fährunglück der »Herald of Free Enterprise«, die trotz geäußerter Bedenken von AN mit offenen Bugklappen fuhr und sank. Der noch in § 113 SeemG formulierte Vorrang der Anzeige beim Kapitän vor Einschaltung des Seemannsamtes ist in § 128 SeeArbG (2013) ausdrücklich nicht mehr enthalten. Vielmehr hat nach Abs. 4 »das Besatzungsmitglied das Recht, sich jederzeit unmittelbar … bei allen geeigneten externen Stellen zu beschweren.« Die Regelung setzt gleichlautende Vorgaben der Guideline B 5.1.5 g) des IAO-Seearbeitsübereinkommens 2006 und Norm A 5.1.5 (Beschwerdeverfahren an Bord) Abs. 2 Satz 2 der RL 2009/13/EG v. 16.2.2009 um.

10 Die vom *BAG* früher herangezogenen **»Grundregeln des Arbeitsverhältnisses«**[37] haben keine Gesetzesqualität, sondern beruhen auf freier richterlicher Rechtsschöpfung. Diese versteckt sich hinter einer angeblichen Normqualität und suggeriert die Anwendung von Regeln, die das Gericht zu diesem Zweck selbst aufgestellt hat und die über die besondere Funktion der Begrenzung der Meinungsfreiheit hinaus arbeitsrechtlich unbekannt sind.[38] *BGH* und *BVerfG* geben der Meinungsfreiheit größeres Gewicht als die ältere Rspr. des *BAG*. So ist ein Beschäftig-

31 Gegen die Tauglichkeit dieses Begriffs *Wiese* a.a.O., 634.
32 Dazu *Deiseroth/Derleder*, ZRP 08, 248; *Döse*, AuR 09, 189.
33 BT-Drucks. 16/5375, Nr. 174; Ratifizierung angekündigt im Bericht der BReg. zum Stand der Unterzeichnung und Ratifizierung eur. Abkommen und Konventionen durch die BRD, BT-Drucks. 20/427 v. 13.1.22. Auf das Übereinkommen berief sich der *EGMR* im Urteil Heinisch; vgl. auch Empfehlung CM/Rec(2014)7 des Ministerkomitees des Europarats über den Schutz von Whistleblowern, AuR 15, 16.
34 Die RESC wurde von Deutschland im Jahr 2021 zwar ratifiziert, allerdings ohne Art. 24; ILO-Ü 158 noch nicht ratifiziert.
35 Gesetz v. 14.12.16, BGBl. II, S. 1322; Bekanntmachung v. 22.5.17, BGBl. II, S. 696.
36 *Wiese*, a.a.O., 644.
37 *BAG* 28.9.72, AP Nr. 2 zu § 134 BGB, sog. »Maulkorburteil«.
38 Abl. auch *Wendeling-Schröder*, Autonomie im Arbeitsrecht, 160 ff. m.w.N.; ErfK-*Schmidt*, Art 5 GG Rn. 32 ff.

ter nicht gehindert, auch gewichtige innerbetriebliche Missstände zu veröffentlichen, durch die die Öffentlichkeit betroffen ist und denen durch betriebsinternes Vorstelligwerden nicht erfolgreich begegnet werden kann.[39] Auch ausländische Rechtsordnungen zeigen größere Sensibilität in Fragen des Arbeits- und Umweltschutzes.[40]

3. Beschwerde nach § 13 AGG

11 Neben der betriebsverfassungsrechtlichen Beschwerde steht nach § 13 AGG das Recht »der Beschäftigten« (vgl. § 6 AGG), sich bei den zust. Stellen des Betriebs, des UN oder der Dienststelle zu beschweren, wenn sie sich im Zusammenhang mit ihrem Beschäftigungsverhältnis vom AG, von Vorgesetzten, anderen Beschäftigten oder Dritten wegen eines in § 1 AGG genannten Grundes (Rasse, ethnische Herkunft, Geschlecht, Religion oder Weltanschauung, Alter oder sexuelle Identität) benachteiligt fühlen. Die Beschwerde ist zu prüfen und das Ergebnis der oder dem Beschäftigten mitzuteilen. Mit dieser Bestimmung wurde die frühere nur auf sexuelle Belästigung bezogene Vorschrift des § 3 Abs. 2 BeschSchG (vgl. 10. Aufl.) abgelöst und auf alle **Diskriminierungstatbestände des AGG** übertragen. Die Möglichkeiten der betriebsverfassungsrechtlichen Beschwerde und des BR, insbes. nach § 85, bleiben unberührt (§ 13 Abs. 2 AGG). Wer sich wegen eines in § 1 AGG genannten Grundes benachteiligt fühlt, kann sich auch an die Antidiskriminierungsstelle des Bundes wenden (§ 27 AGG).

12 Die Beschwerdemöglichkeiten nach beiden Gesetzen überschneiden und ergänzen sich, sind aber nicht deckungsgleich. Abgesehen von der Beschwerde gegen das Verhalten Dritter sind die Beschwerdegegenstände des AGG in den §§ 84, 85 enthalten. **Sexuelle Belästigung** war bereits früher typischer Beschwerdegegenstand nach §§ 84, 85 (vgl. 10. Aufl.). Die in § 13 i. V. m. § 1 AGG aufgeführten Diskriminierungstatbestände sind auch nach dem BetrVG beschwerdefähig, was sich aus § 84 Abs. 1 direkt ableiten lässt. Das BetrVG reicht teilweise weiter, etwa durch die Möglichkeit, nach § 84 Abs. 1 Satz 2 ein Mitglied des BR zur Unterstützung oder Vermittlung hinzuzuziehen oder sich nach § 85 direkt beim BR zu beschweren. Vor allem eröffnet die betriebsverfassungsrechtliche Beschwerde den Weg über die ESt. Dieser wird grundsätzlich auch durch Rechtsbehelfe des AGG nicht gehindert, wie § 13 Abs. 2 AGG zeigt.

13 Das AGG hebt unabhängig von der Beschwerde weitere Rechte der Beschäftigten hervor, etwa das Leistungsverweigerungsrecht bei (sex.) Belästigung am Arbeitsplatz nach § 14 AGG oder den Anspruch auf Entschädigung und Schadensersatz nach § 15 AGG in allen Fällen der Verletzung des Benachteiligungsverbotes, nicht nur bei (sex.) Belästigung. Art. 7 Abs. 1 der RL 2000/43/EG Rasse/Herkunft sowie Art 9 Abs. 1 der Gleichbehandlungsrahmen-RL 2000/78/EG verlangen die Möglichkeit der Geltendmachung der Verletzung des Gleichbehandlungsgrundsatzes in Schlichtungsverfahren, selbst wenn das Verhältnis, während dessen die Diskriminierung vorgekommen sein soll, bereits beendet ist. Das AGG reicht insofern weiter als das BetrVG, als es sich entspr. den vorrangigen Richtlinien auf einen erweiterten **Beschäftigtenbegriff** (§ 6) bezieht, der z. B. Leiharbeiter einschließt.[41] Schon der Arbeitnehmerbegriff des AGG ist weiter als der des BetrVG, da er die Einschränkungen des § 5 Abs. 3 BetrVG nicht kennt, somit auch »Leitende Angestellte« erfasst.[42] Namentlich hervorgehoben werden neben den AN die zu ihrer Berufsbildung Beschäftigten, arbeitnehmerähnliche Personen einschließlich Heimarbeiter und Gleichgestellte, Bewerber für ein Beschäftigungsverhältnis und ausgeschiedene Beschäftigte. § 6 Abs. 3 AGG erfasst hinsichtlich der Bedingungen für den Zugang zur Erwerbstätigkeit sowie den beruflichen Aufstieg auch Selbständige wie sog. Freie Mitarbeiter und Franchise-Nehmer und entspricht damit den RL 2000/43/EG und 2000/78/EG, die jeweils in Art. 3 Abs. 1a zwischen unselbständiger und selbständiger Erwerbstätigkeit nicht

---

39 *BGH* 20. 1. 81 – VI ZR 162/79, NJW 81, 1089; *BVerfG* 25. 1. 84 – 1 BvR 272/81, NJW 84, 1741, Fall Wallraff; kritisch zur Rspr. des *BAG* auch *ArbG Hamburg*, 11. 9. 95 – 21 BV 6/95, AuR 95, 468; bestätigt durch *LAG Hamburg* 4. 11. 96 – 4 TaBV 10/05, AuR 97, 301.

40 Vgl. nur *Deiseroth*, a. a. O.; *Rützel*, Umweltschutz durch Arbeitsrecht, 1996; *Großbach/Born*, AuR 89, 379 zur Whistleblower-Gesetzgebung in den USA.

41 *Brors*, AuR 19, 400.

42 *Oetker*, NZA 08, 264.

differenzieren. Nach *Oetker*[43] scheiden Bewerber, ausgeschiedene Personen, Selbständige und Organmitglieder aus dem Kreis der nach § 13 AGG beschwerdeberechtigten Personen aus, da für sie der in dieser Norm vorausgesetzte »Zusammenhang mit ihrem Beschäftigungsverhältnis« nicht erkennbar sei. Diese Reduktion überzeugt nicht, da der Begriff des »Beschäftigungsverhältnisses« eben i.S.d. § 6 AGG zu verstehen ist und die zu Grunde liegenden Richtlinien für das Beschwerdeverfahren den erweiterten Beschäftigtenbegriff zugrunde legen.[44] Beschäftigte, die nicht AN i.S.d. BetrVG sind, können demnach ggf. nach dem AGG, nicht nach dem BetrVG vorgehen.

4. Praktische Bedeutung

Lange Zeit waren förmliche Beschwerden und Einigungsstellen im Vergleich zu anderen Ländern[45] eher selten. Der Grund lag wesentlich in dem ausgebauten Rechtsschutz vor den Arbeitsgerichten, der Selbstständigkeit der Arbeitsgerichtsbarkeit und dem Ausschluss der verbindlichen Entscheidung der ESt. über Rechtsansprüche nach § 85 Abs. 2 Satz 3.[46] Seit Jahren ist aber eine Zunahme dieser besonderen Form einer Konfliktlösung festzustellen, woraus sich eine Entlastung der Arbeitsgerichtsbarkeit ergeben könnte. 14

II. Beschwerdegegenstand

Gegenstand einer Beschwerde können sein individuelle Benachteiligung, ungerechte Behandlung oder sonstige Beeinträchtigungen des einzelnen AN. Die gerügte Beeinträchtigung kann sich auf Zustände in der Vergangenheit, Gegenwart oder Zukunft beziehen.[47] Unerheblich ist, ob der Beschwerdegrund vom AG selbst oder von einem anderen AN des Betriebs ausgeht. Ziel ist die Abstellung negativ bewerteter Zustände, wozu auch das Ausbleiben von Vorteilen gehören kann.[48] 15

Der Kreis der beschwerdefähigen Angelegenheiten ist **umfassend,**[49] wie aus der Formulierung »oder in sonstiger Weise beeinträchtigt fühlt« deutlich wird. Es kann sich um **tatsächliche** wie **rechtliche Beeinträchtigungen** des AN handeln.[50] Das Beschwerderecht besteht auch bei der Nichterfüllung von Rechtsansprüchen, die der AN im Klageweg gerichtlich durchsetzen könnte,[51] unabhängig davon, ob sich die Beschwerde auf Haupt- oder Nebenleistungsansprüche bezieht.[52] So könnte das Verfahren eines Auskunftsanspruchs nach §§ 10ff. EntgTranspG in eine Beschwerde nach dieser Vorschrift wegen **Entgeltbenachteiligung** münden. Auch eine Maßnahme, die dem Beteiligungsrecht des BR unterliegt, kann Gegenstand einer Beschwerde des AN sein.[53] Umgekehrt muss das gerügte Verhalten nicht rechtswidrig (ungerecht) sein, da nach Abs. 1 Satz 1 auch sonstige Beeinträchtigungen ausreichen. Gegen rechtswidrige Beeinträchtigungen wird i.d.R. ein individualrechtlicher Abwehranspruch (Rechtsanspruch) bestehen, der nach § 85 Abs. 2 Satz 3 jedenfalls nicht über die ESt. durchgesetzt werden soll. Typischer Beschwerdegegenstand ist die an sich legale Ausübung von Befugnissen des AG, etwa bei der Beurteilung des AN, oder des **Direktionsrechts**, etwa bei Zuweisung von Arbeiten 16

43 *Oetker*, a.a.O., 265.
44 Ausführlich *Brors*, AuR 19, 400; Däubler/Beck-*Buschmann*, § 13 AGG Rn. 3, 13.
45 Vgl. *Ereisig*, 1996; *Buschmann*, FS Däubler, S. 315ff.; *Gamillscheg*, Kollektives Arbeitsrecht, 457, zu »grievance resolution systems« einschließlich einer privaten Streiterledigung [»arbitration«] auf tarifvertraglicher Grundlage in den USA.
46 Musterbeschwerde in DKWF-*Buschmann*, § 84, Rn. 4.
47 *BAG* 22.11.05 – 1 ABR 50/04, AP § 85 BetrVG 1972 Nr. 2= AuR 06, 253; zur Anrufung der ESt. vgl. aber § 85 Rn. 7.
48 ErfK-*Kania*, Rn. 5: nur, wenn auf diese ein Rechtsanspruch besteht.
49 Richardi-*Thüsing*, Rn. 6.
50 *BAG* 22.11.05 – 1 ABR 50/04 a.a.O.; Richardi-*Thüsing*, Rn. 6f.; GK-*Franzen*, Rn. 7; *Mache*, AiB 85, 60.
51 Richardi-*Thüsing*, Rn. 8; *Fitting*, Rn. 1; *Schaub*, Der Betriebsrat, S. 483.
52 *HessLAG* 3.3.09 – 4 TaBV 14/09, AuR 09, 181.
53 Vgl. *Fitting*, Rn. 5.

oder der Arbeitszeiteinteilung/-lage, z. B. dem Abruf nach § 12 TzBfG (vgl. auch § 85 Rn. 16),[54] ebenso, wenn der AG nach einer Arbeitszeitverringerung nach § 8 Abs. 5 Satz 4 TzBfG die Arbeitszeitverteilung wieder ändert.

17 Bei **Arbeitnehmerüberlassung** kann sich die Beschwerde des Leih-AN auch gegen die Entscheidung des Verleihers über die konkrete Überlassung an einen einzelnen Entleiher richten, wenn der AN sich durch die dort geltenden Arbeitsbedingungen, die nach § 8 Abs. 1 AÜG auch für ihn gelten, beeinträchtigt fühlt. Dies kommt insbes. dann in Frage, wenn dadurch eine Verschlechterung gegenüber den bisherigen Arbeitsbedingungen bei einem früheren Entleiher eintritt und der AG keinen sachlichen Grund für die getroffene Entscheidung darlegt.[55] Darüber hinaus ist die Beschwerde auch im Entleiherbetrieb zulässig (§ 14 Abs. 2 S. 3 AÜG).

18 Die Beschwerde kann sich sowohl auf die Überschreitung als auch auf die Ausschöpfung des Ermessensspielraums nach §§ 106 GewO, 315 BGB beziehen (zur ESt. vgl. § 85 Rn. 16 ff., 23). Beschwerdefähig sind auch einzelne Arbeitsbedingungen, die sich auf die Qualität der zu leistenden Arbeit auswirken können, wie z. B. Arbeitsüberlastung,[56] die (Nicht-)Bestellung von Fachliteratur oder einer wissenschaftlichen Fachzeitschrift, Entzug von Büropersonal, Nichtberücksichtigung besonderer Belastungen/Verpflichtungen wie BR-Tätigkeit bei der Umsetzung von Zielvereinbarungen, Verweigerung einer Dienstreisegenehmigung zu einer wissenschaftlichen Konferenz u. s. w. bei qualifizierten Referenten. Erforderlich ist ein betrieblicher Bezug, ein Zusammenhang mit dem Arbeitsverhältnis.[57]

19 Voraussetzung für das Beschwerderecht nach dieser Bestimmung ist, dass der BF eine Beeinträchtigung seiner persönlichen Position empfindet.[58] Es reicht nicht aus, wenn er meint, ein Arbeitskollege werde ungerecht behandelt. Zwar ist es ihm nicht untersagt, in diesen Fällen eine Beschwerde anzubringen. Eine **Popularbeschwerde,** auch über allgemeine Missstände, löst jedoch nicht das in den §§ 84–86 geregelte besondere Beschwerdeverfahren aus.[59] Mit allgemeinen Beschwerden kann sich der AN auch an den BR wenden (§ 80 Abs. 1 Nr. 3; § 86a).

20 Beschwerden über **allgemeine Missstände** im Betrieb fallen unter diese Bestimmung, wenn sich der BF durch sie betroffen fühlt, z. B. schlechtes Kantinenessen,[60] unhygienische Verhältnisse, unzureichender **betrieblicher Umweltschutz,** wenn ihm selbst umweltrechtswidrige oder problematische Tätigkeiten zugewiesen werden,[61] aber auch, wenn er derartige Praktiken in seinem betrieblichen Umfeld feststellt,[62] Schadstoffbelastung der Arbeitsräume, Rauchen am Arbeitsplatz,[63] unerträgliches Führungsverhalten oder Vetternwirtschaft. Das Gleiche gilt, wenn von den AN erwartet wird, an einer Produktion oder Arbeitsvorgängen mitzuwirken, deren Inhalt sie mit ihren Überzeugungen nicht vereinbaren können (z. B. Kriegswaffenherstellung und/oder -export, Unterstützung militärischer Einsätze oder Werbung, Beeinträchtigung der Umwelt, Versendung ausländerfeindlicher Postwurfsendungen usw.).[64] Es gibt keinen vernünftigen Grund, einem AN das Beschwerderecht deshalb zu versagen, weil außer ihm gleichzeitig auch andere Beschäftigte des Betriebs beeinträchtigt werden. Das **gleichzeitige Vortragen einer Beschwerde** durch mehrere beschwerte AN ist keine Popularbeschwerde, sondern eine Bündelung zulässiger Individualbeschwerden.[65] Deshalb können sich auch mehrere

---

54 *Buschmann,* FS Däubler, S. 325; TZA-*Buschmann,* § 12 TzBfG Rn. 92.

55 Muster in DKWF-*Buschmann,* § 84, Rn. 4.

56 Insbes. infolge von Personalknappheit *BAG* 22.11.05 – 1 ABR 50/04, a. a. O.; *LAG Düsseldorf* 21.12.93 – 8(5) TaBV 92/93, NZA 94, 767, zur Beschwerde eines DGB-Rechtssekretärs; *LAG Baden-Württemberg* 13.3.00 – 15 TaBV 4/99, AiB 00, 760 mit Anm. *Klar*..

57 Vgl. *LAG Frankfurt* 3.3.09 – 4 TaBV 14/09, a. a. O.; Richardi-*Thüsing,* Rn. 6; GK-*Franzen,* Rn. 12.

58 *BAG* 22.11.05 a. a. O.

59 Vgl. z. B. *LAG Schleswig-Holstein* 21.12.89, NZA 90, 703 f.; Richardi-*Thüsing,* Rn. 4; *Fitting,* Rn. 4; GK-*Franzen,* Rn. 11; *HWGNRH,* Rn. 16.

60 *Schaub,* Der Betriebsrat, S. 483.

61 Mit dieser Einschränkung GK-*Franzen,* Rn. 10.

62 *Fitting,* Rn. 6; *Schmitt-Schönenberg,* AuR 94, 281; *Froschauer,* Arbeitsrecht und Umweltschutz, S. 116.

63 Dazu *BAG* 8.5.96 – 5 AZR 971/94, AuR 96, 228; *Leßmann,* AuR 95, 241; *Heilmann,* AuR 97, 145, jeweils m. w. N.

64 Dazu *Deinert,* AuR 03, 205.

65 ErfK-*Kania,* Rn. 4; *Fitting,* Rn. 4; *Nebendahl/Lunk,* NZA 90, 676 [677].

BF zum selben Gegenstand beschweren.[66] Sie können z. B. mit einer **Unterschriftenaktion zur Wiedereinführung der 35-Std.-Woche** gemeinschaftlich an den AG herantreten. Gespräche der AN untereinander über eine solche Aktion stellen weder eine Vertragspflichtverletzung noch eine Störung des Betriebsfriedens dar.[67] Ebenso kann ein AN die Beschwerde eines oder mehrerer anderer BF dem AG gegenüber vorbringen, wenn er von diesen hierzu beauftragt ist. Sinnvoller ist aber der Weg über den BR (vgl. auch **§ 82 Rn. 3, 85 Rn. 2**).

Eine Beeinträchtigung kann immer nur von **konkreten Personen** ausgehen. AG i. S. d. Vorschrift sind Personen, zu denen entweder das Arbeitsverhältnis besteht oder die konkret die AG-Befugnisse ausüben, d. h. Vorgesetzte mit Direktionsbefugnis. Ihr Verhalten ist dem AG zuzurechnen. Zulässig ist auch die **Beschwerde über das Verhalten anderer AN** mit oder ohne Vorgesetztenfunktion (vgl. § 13 Abs. 1 AGG). Im Unterschied zu »normalen« kontradiktorischen Verfahren zwischen AG und AN thematisieren diese Beschwerden das Verhalten von Personen, die am Beschwerdeverfahren selbst nicht beteiligt, allenfalls anzuhören sind. Die Unterscheidung zwischen »AG und AN des Betriebs« ist auch im Rahmen des Abhilfeanspruchs nach Abs. 2 insofern von Belang, als der AG eigenes bzw. ein ihm zurechenbares Verhalten selbst unterlassen, während er auf das Verhalten anderer AN nur einwirken kann bzw. u. U. muss. 21

In einem Arbeitsverhältnis als gegenseitigem Leistungsverhältnis zwischen AN und AG[68] ist Letzterer für das **Verhalten anderer AN** nur ausnahmsweise, Ersterer gar nicht verantwortlich. Die Beschwerde über von AN des Betriebes ausgehende Beeinträchtigungen konkretisiert eine Verantwortung des AG in Angelegenheiten, die ihren Ausgangspunkt primär im Verhältnis zwischen einzelnen AN finden. Beschwerdefähig ist auch sog. **Mobbing.**[69] Wegen der Unbestimmtheit dieses Begriffs ist es allerdings angebracht darzulegen, welche Umstände der Arbeit und welche Handlungen oder Äußerungen von Vorgesetzten oder Arbeitskollegen als »Mobbing« betrachtet werden.[70] 22

Eine Beschwerde über die **Amtstätigkeit des BR** oder seine Mitglieder kommt nicht in Betracht. Dagegen spricht bereits der Wortlaut, der AG und AN nennt. Zudem hätte der AG insoweit keine Einwirkungs-, also auch keine Abhilfemöglichkeit.[71] Diese Überlegungen gelten gleichermaßen für die Beschwerde nach § 13 AGG.[72] Somit kommt nur ein Vorgehen nach § 23 Abs. 1 in Frage.[73] 23

III. Beschwerdeverfahren

1. Einlegung der Beschwerde

Der BF hat die Beschwerde den zuständigen Stellen des Betriebs gegenüber vorzubringen. Die **Zuständigkeit** ergibt sich aus dem organisatorischen Aufbau des Betriebs.[74] Der AG kann unter Berücksichtigung etwaiger TV/BV generell festlegen, wer für die Entgegennahme von Beschwerden zuständig ist, dabei allerdings nicht willkürlich eine Zuständigkeit begründen,[75] die die tatsächliche Ausübung des Beschwerderechts erschweren könnte. Er kann auch nicht 24

---

66 *BAG* 22. 11. 05 – 1 ABR 50/04, a. a. O.

67 *LAG Hamm* 3. 9. 14 – 4 Sa 235/14, NZA-RR 15, 131–137; *Mittag*, jurisPR-ArbR 4/15 Anm. 3.

68 Zur sog. »Relativität« vgl. auch *Kohte*, AuR 84, 128; krit. *Korinth*, AuR 93, 108.

69 *BAG* 15. 1. 97 – 7 ABR 14/96, EzA § 37 BetrVG 1972 Nr. 133 *HessLAG* 6. 9. 05 – 4 TaBV 107/05, AuR 06, 173; *LAG Hamm* 5. 10. 09 – 10 TaBV 63/09, AuR 10, 394; *LAG Thüringen* 10. 4. 01 – 5 Sa 403/00, AuR 01, 274 mit Anm. *Kerst-Würkner;* 15. 2. 01 – 5 Sa 102/2000, AuR 02, 226 mit Anm. *Etzel; LAG Rheinland-Pfalz* 16. 8. 01 – 6 Sa 415/01, AuR 02, 224, Mobbing in der Bank; *Ruberg*, AuR 02, 201; *ders.*, Schikanöse Weisungen, 2004; *EuG* 13. 7. 18, T-275/17, T-377/17, AuR 10/18.

70 *BAG* 23. 01. 07 – 9 AZR 557/06, AP Nr. 4 zu § 611 BGB Mobbing; *LAG Rheinland-Pfalz* 11. 8. 11 – 10 TaBV25/11, jurisPR-ArbR 47/2011.

71 *Ohm*, AiB 00, 660; *Oetker*, NZA 08, 266; *Uhl/Polloczek*, BB 08, 1733.

72 *Oetker* a. a. O.

73 Richardi-*Thüsing*, Rn. 10; *Fitting*, Rn. 12; *GL*, Rn. 3b; HaKo-*Lakies*, Rn. 12; *Nebendahl/Lunk*, NZA 90, 676 [679]; a. A. *SWS*, Rn. 4; GK-*Franzen*, Rn. 14.

74 Richardi-*Thüsing*, Rn. 11; *Fitting*, Rn. 13.

75 Richardi-*Thüsing*, Rn. 12.

einseitig den BR mit dieser Aufgabe betreuen, da dieser aus eigenem Recht tätig wird und keine AG-Funktionen wahrnimmt.[76] Nach § 12 Abs. 5 AGG hat der AG Informationen über die für die Behandlung von Beschwerden nach § 13 AGG zuständigen Stellen im Betrieb bekannt zu machen. Aus dieser Bekanntmachungsverpflichtung[77] ergibt sich weder die Notwendigkeit der Einrichtung einer besonderen unabhängigen Beschwerdestelle[78] noch ein eigenständiger Mitbestimmungstatbestand (zur Mitbestimmung hinsichtlich der personellen Besetzung der Beschwerdestelle sowie der Festlegung eines besonderen Beschwerdeverfahrens vgl. Rn. 27). Es ist nicht unzulässig, eine Beschwerdestelle nach diesem Gesetz mit einer solchen nach dem AGG zusammen zu legen.[79] Die an falscher Stelle eingelegte Beschwerde ist nicht unwirksam, sondern an die zuständige Stelle weiterzuleiten.[80]

25 Die Beschwerde ist an keine besondere **Form** oder **Frist** gebunden.[81] Der/die BF kann damit einen Auskunftsantrag über die Verarbeitung sie betreffender personenbezogener Daten nach **Art. 15 der DSGVO** sowie einen konkreten Antrag auf **Abhilfemaßnahmen** verbinden (zur Spruchfähigkeit der ESt. vgl. aber § 85 Rn. 23).[82] Ihre Einlegung erfolgt wie die Wahrnehmung der weiteren Kommunikationsrechte nach §§ 81 ff. **während der Arbeitszeit** und ist damit Arbeitszeit i. S. d. ArbZG (vgl. § 81 Rn. 1; § 82 Rn. 2; § 83 Rn. 14).[83] Der AG ist – abgesehen von § 86 – nicht berechtigt, ihre weitere Behandlung von besonderen Formvorschriften, Fristen oder weiteren Voraussetzungen abhängig zu machen. Sie hat keine aufschiebende Wirkung. Auch der Fristablauf wird nicht gehemmt. Im Einzelfall kann aber wegen einer konkreten nicht verhältnismäßig geringfügigen Beeinträchtigung ein Zurückbehaltungs-/Leistungsverweigerungsrecht aus § 273 BGB[84] oder aus § 14 AGG bestehen.[85] Bei Arbeit in schadstoffbelasteten Räumen leitete das *BAG* das Zurückbehaltungsrecht zunächst aus § 21 Abs. 6 Satz 2 GefStoffV,[86] später aus §§ 273, 618 BGB[87] ab.

2. Beteiligung des Betriebsrats

26 Im Rahmen der Einbringung der Beschwerde nach diesem Gesetz wie nach § 13 AGG,[88] aber auch des anschließenden, die Prüfung und weitere Behandlung der Beschwerde betreffenden Verfahrens kann der BF ein Mitglied des BR **zur Unterstützung oder Vermittlung** hinzuziehen. Es liegt allein bei dem BF, welches Mitglied des BR er hinzuzieht. Der BR kann nicht von sich aus durch Beschluss festlegen, welches seiner Mitglieder diese Aufgabe übernehmen soll.[89] Eine besondere Schweigepflicht für das bet. BR-Mitglied sieht das Gesetz in diesem Fall (anders als etwa in § 82 Abs. 2 oder § 83 Abs. 1) nicht ausdrücklich vor. Gleichwohl darf das BR-Mitglied, ebenso wie der AG, das allgemeine Persönlichkeitsrecht des BF nicht verletzen und ihm bekannt werdende, den persönlichen Lebensbereich des AN berührende Fakten, die nicht allgemein bekannt sind, nicht an andere, insbes. den AG, weitergeben.[90] Die besondere Hervorhebung des BR-Mitglieds in dieser Vorschrift schließt eine Vertretung durch Gewerkschaft, Antidiskriminierungsverbände oder Anwälte nicht aus.[91]

27 Nach § 86 können die Einzelheiten des Beschwerdeverfahrens durch TV / BV festgelegt sowie eine betriebliche Beschwerdestelle anstelle der ESt. eingerichtet werden. Jene Vorschrift regelt

---

76 *Zimmermann*, AuR 16, 227; Schiek-*Kocher*, § 13 AGG, Rn. 13.
77 Dazu *Gach/Julis*, BB 07, 773.
78 *Oetker*, NZA 08, 266.
79 So auch *Fitting*, Rn. 19; WPK-*Preis*, Rn. 2.
80 GK-*Franzen*, Rn. 17.
81 GK-*Franzen*, Rn. 21; Richardi-*Thüsing*, Rn. 13.
82 *BAG* 22.11.05 – 1 ABR 50/04, AP § 85 BetrVG 1972 Nr. 2 = AuR 06, 253.
83 GK-*Franzen*, Rn. 20; Richardi-*Thüsing*, Rn. 19.
84 *BAG* 9.5.96 – 2 AZR 387/95, AuR 97, 36.
85 Vgl. auch *Fitting*, Rn. 15; GK-*Franzen*, Rn. 18.
86 *BAG* 2.2.94 – 5 AZR 273/93, BAGE 75, 332; vgl. auch *Möx*, AuR 92, 235.
87 *BAG* 8.5.96 – 5 AZR 315/95, AuR 96, 506; 19.2.97 – 5 AZR 982/94, AuR 97, 120.
88 Ähnlich *Oetker*, NZA 08, 267: Analogie.
89 Richardi-*Thüsing*, Rn. 14; *Ohm*, AiB 00, 660.
90 *Fitting*, Rn. 14; GK-*Franzen*, Rn. 23; Richardi-*Thüsing*, Rn. 15.
91 *Zimmermann*, AuR 16, 227; Däubler/Beck-*Buschmann*, § 13 AGG Rn. 23.

nur rudimentär den Regelungsspielraum, nicht die Mitbestimmung, für die § 87 maßgeblich ist. Regelungen über ein besonderes Ermittlungsverfahren in der betrieblichen Bearbeitung eingelegter Beschwerden einschließlich Befragung und Verhör von BF durch dafür eingesetzte Ermittler unterliegen der **Mitbestimmung** des BR nach § 87 Abs. 1 Nr. 1. Dies gilt auch bei der Umsetzung des Befragungsersuchens US-amerikanischer sog. EEO-investigators/Ermittler, die im Rahmen eines dort gesetzlich geregelten Beschwerdeverfahrens gegen Diskriminierungen tätig werden, in der Dienststelle bzw. im Betrieb.[92] Mitbestimmungspflichtig sind Einführung und Ausgestaltung bestimmter Melde- und Beschwerdeverfahren[93] sowie des Verfahrens einer Beschwerdestelle. Das Mitbestimmungsrecht umfasst ein entsprechendes Initiativrecht.[94] Nach *BAG*[95] hat der BR kein Mitbestimmungsrecht bei der Frage, wo der AG die Beschwerdestelle errichtet und wie er diese personell besetzt. Ob der BR unter diesen Umständen nach § 17 Abs. 2 AGG die Einrichtung einer besonderen Beschwerdestelle i. S. d. § 13 AGG beantragt, steht in seinem Ermessen. Schließlich ist auch die mitbestimmte Regelung insoweit begrenzt, als dadurch das individualrechtliche Beschwerderecht nicht beeinträchtigt werden darf. Auch die Zuständigkeit der ESt. darf nicht eingeschränkt werden. Regelungen in BV, nach denen an die Stelle der ESt eine paritätisch besetzte Kommission tritt, sind unwirksam.[96]

IV. Überprüfung der Beschwerde

Der AG hat zu prüfen, ob die Beschwerde berechtigt ist. Er muss dem BF das Ergebnis seiner Prüfung **mitteilen.** Der AN hat einen **rechtlichen Anspruch** auf einen solchen Bescheid, mit dem ihm zur Kenntnis gegeben wird, ob der AG die Beschwerde für berechtigt hält oder nicht. Bedarf es hierzu einer längeren Untersuchung, so muss der AG innerhalb einer angemessenen Frist einen Zwischenbescheid erteilen.[97] 28

Für den Bescheid über die Behandlung der Beschwerde schreibt das Gesetz **keine besondere Form** vor. Die Mitteilung kann also schriftlich oder mündlich erfolgen. Sie muss jedoch eindeutig sein, da sie u. U. zu Rechtsfolgen führt. Wird die Beschwerde abgelehnt, bedarf es einer Begründung;[98] für eine generelle Begründungspflicht GK-*Franzen.*[99] 29

V. Abhilfeverpflichtung

Erachtet der AG die Beschwerde für berechtigt, hat er ihr abzuhelfen. Maßgeblich ist nicht die innere Einstellung des AG, sondern die Erklärung, mit der er die Beschwerde bescheidet. Dies kann die förmliche Anerkennung eines Rechtsanspruchs sein. Notwendig ist dies aber nicht, insbes. bei Beschwerden gegen »sonstige Beeinträchtigungen« für deren Einlegung ein **nachvollziehbares, individuelles Interesse** ausreicht. Die Anerkennung führt zu einer vertraglichen Selbstbindung des AG,[100] aus der sich i. V. m. Abs. 2 ein eigenständiger Rechtsgrund für einen individuellen Abhilfeanspruch des BF ergibt. Wurde eine Beeinträchtigung in sonstiger Weise gerügt, wird mit der Anerkennung der Abhilfeanspruch konstitutiv begründet.[101] Wurde mit der Beschwerde ein Rechtsanspruch des AN geltend gemacht, beinhaltet ihre Anerkennung ein Schuldanerkenntnis. Die maßgebliche Rechtsgrundlage des Abhilfeanspruchs ergibt sich aber auch in diesem Fall aus Abs. 2, was z. B. bedeutet, dass Verjährungsfristen neu in Gang gesetzt werden. 30

---

92 *BAG* 27.9.05 – 1 ABR 32/04, AuR 06, 173.
93 *BAG* 22.7.08 – 1 ABR 40/07, AuR 08, 310, 406, sog. Ethik-Richtlinie.
94 *BAG* 21.7.09 – 1 ABR 42/08, AuR 09, 310; *Nollert-Borasio*, AuR 08, 335
95 *BAG* a. a. O.
96 *HessLAG* 15.11.12 – 5 TaBVGa 257/12, juris.
97 Richardi-*Thüsing*, Rn. 21; GK-*Franzen*, Rn. 27; *HWGNRH*, Rn. 41; Muster in DKWF-*Buschmann*, § 84, Rn. 9.
98 Richardi-*Thüsing*, Rn. 21; *Fitting*, Rn. 16; *SWS*, §§ 84–86, Rn. 16.
99 GK-*Franzen*, Rn. 27.
100 Richardi-*Thüsing*, Rn. 23; *Fitting*, Rn. 18, ähnlich GK-*Franzen*, Rn. 26.
101 Richardi-*Thüsing*, Rn. 24 f. m. w. N.

31 Die konkrete Abhilfemaßnahme richtet sich nach der Anerkennungserklärung durch den AG. Wird die Beschwerde allgemein als berechtigt anerkannt, ergibt sie sich aus dem in der Beschwerde bezeichneten Gegenstand. Dies kann ein Unterlassen oder positives Handeln sein. Bei Letzterem steht dem AG unter verschiedenen möglichen Abhilfeformen ein **Ermessensspielraum** zu, falls sich dieser nicht **auf Null reduziert,** weil die Anerkenntniserklärung bzw. der Einzelfall nur eine konkrete Abhilfemaßnahme zulässt.

32 Abhilfemaßnahmen auf Beschwerden gegen das Verhalten anderer AN des Betriebs richten sich typischerweise gegen diese. Abs. 2 begründet keine direkten Ansprüche des AN gegen die Störer (diese sind ggf. nach §§ 823, 1004 BGB analog durchsetzbar), sondern verweist ihn an den AG. Zwar erweitert die Beschwerde nicht den rechtlichen Rahmen für Maßnahmen des AG gegen Dritte, z. B. Gebote, Verbote, Abmahnungen oder Kündigungen, sondern setzt ihn (ähnlich wie § 104) voraus. Allerdings konkretisieren sich durch die anerkannte Beschwerde individualvertragliche Gestaltungsrechte des AG zu Gestaltungspflichten gegenüber dem BF, was insbes. bei sexueller Belästigung von Bedeutung ist.

33 **§ 12 Abs. 1 AGG** verpflichtet den AG, die erforderlichen Maßnahmen zum Schutze vor Benachteiligungen wegen eines in § 1 AGG genannten Grundes zu treffen. Dieser Schutz umfasst auch vorbeugende Maßnahmen. § 12 Abs. 3 AGG verpflichtet den AG bei Verstößen von Beschäftigten gegen das Benachteiligungsverbot zu geeigneten, erforderlichen und angemessenen Maßnahmen und nennt dabei ausdrücklich Abmahnung, Umsetzung, Versetzung oder Kündigung. § 7 Abs. 3 AGG stellt klar, dass eine Benachteiligung i. S. d. Gesetzes eine Verletzung von Vertragspflichten ist. Damit ist der AG nicht frei zu entscheiden, ob er diese Verstöße zum Anlass für juristische Maßnahmen nimmt oder nicht. Sein Ermessen wird insofern eingeschränkt. Spielraum besteht nur noch bei der Auswahl zwischen mehreren gleichermaßen geeigneten Gegenmaßnahmen. Ob die vorgesehene Maßnahme des AG rechtlich zulässig und individuell durchsetzbar ist, richtet sich nach allgemeinem Arbeits- bzw. Vertragsrecht. Die Voraussetzungen für den Ausspruch der in diesem Absatz bezeichneten Maßnahmen werden hierdurch nicht erweitert. So hatte das *BAG*[102] schon zum BeschSchG festgestellt, dass die vom AG zu treffenden Schutzmaßnahmen gegen sexuelle Belästigung am Arbeitsplatz ihn nicht berechtigen, einen der sexuellen Belästigung beschuldigten AN zu entlassen, wenn diesem die Tat nicht nachgewiesen werden kann. Die Beweislastregelung des § 22 AGG ist im Verhältnis zwischen AG und einem der Benachteiligung beschuldigten Beschäftigten nicht einschlägig. Somit hat der AG die rechtlichen Voraussetzungen der von ihm gegen einzelne Beschäftigte veranlassten vertragsrechtlichen Maßnahmen, insbes. Kündigungen, nach allgemeinen Grundsätzen darzulegen und ggf. nachzuweisen. Schließlich ist nach allgemeinen Maßstäben des Kündigungsrechts im Rahmen der Verhältnismäßigkeit zu prüfen, ob nicht eine Versetzung als milderes Mittel in Frage kommt. § 12 Abs. 3 AGG schränkt das Auswahlermessen insoweit ein, als der AG die Benachteiligung zu »unterbinden« hat. Geeignet i. S. d. Verhältnismäßigkeit sind nur solche Maßnahmen, von denen der AG annehmen darf, dass sie die Benachteiligung für die Zukunft abstellen, d. h. eine Wiederholung ausschließen.[103] Dass der Gesetzgeber die Kündigungsmöglichkeiten des AG nicht erweitert hat, ergibt sich (ungeachtet der Europarechtswidrigkeit der Norm) auch aus § 2 Abs. 4 AGG, nach dem für Kündigungen ausschließlich die Bestimmungen zum allgemeinen und besonderen Kündigungsschutz gelten sollen.

VI. Benachteiligungsverbot

34 Dass einem BF durch Erhebung einer Beschwerde **keine Nachteile** entstehen dürfen, entspricht allgemeinen arbeitsrechtlichen Grundsätzen (§§ 226, 612a BGB, § 16 AGG) und ist auch europarechtlich geboten, etwa durch Art. 19 der Whistleblower-RL (vgl. Rn. 3a), 9 der GleichbehandlungsRL Rasse/Herkunft 2000/43/EG, Art. 11 der GleichbehandlungsRahmenRL 2000/78/EG oder Art. 7 der RL 2002/73/EG Gleichbehandlung Männer und Frauen i. V. m. Art. 27 EU-GrCh. Einen besonderen Maßregelungsschutz verlangt auch der europäische Ausschuss für soziale Rechte in Bezug auf Art. 4 Nr. 3 ESC und sieht diesen in st. Rspr. in

102 *BAG* 8. 6. 00 – 2 ABR 1/00, AuR 2001, 271, mit Anm. *Linde*.
103 *BAG* 20. 11. 14 – 2 AZR 651/13, AuR 15, 111.

Deutschland durch die Möglichkeit einer gerichtlichen Auflösung des Arbeitsverhältnisses mit gedeckelter Abfindung nach §§ 9, 10 KSchG als nicht ausreichend gewährleistet an.[104] Die Hervorhebung in Abs. 3 hat nur klarstellende Funktion. § 16 AGG konkretisiert das Maßregelungsverbot u.a. auf die Beschwerde nach § 13 AGG und bezieht damit ausdrücklich Beschäftigte i.S.d. § 6 AGG sowie Personen, die den BF unterstützen, in den Schutz mit ein. Das Benachteiligungsverbot gilt für die Beschwerde beim AG ebenso wie für die Beschwerde beim BR nach § 85 (vgl. § 85 Rn. 28). Maßnahmen des AG, die dagegen verstoßen, etwa Versetzungen, sind **unwirksam**[105] und können **Schadensersatzansprüche** auslösen Abs. 3 ist Schutzgesetz i.S.d. § 823 Abs. 2 BGB.[106] **Kündigungen,** die wegen einer Beschwerde ausgesprochen werden, sind auch dann unwirksam, wenn der AN noch keinen Kündigungsschutz hat,[107] ebenso Abmahnungen, selbst wenn sich die Beschwerde als unbegründet herausstellt.[108] Ausnahmen sind nur im Hinblick auf Begleitumstände und Inhalt der Beschwerde denkbar, z.B. völlig haltlose schwere Anschuldigungen in beleidigendem Ton.[109]

Nachteil ist auch die Kürzung des Lohns/Gehalts für den für die Einlegung der Beschwerde aufgewandten Zeitraum. Der AG darf BF nicht auf Pausen bzw. Zeiten außerhalb der individuellen Arbeitszeit verweisen.[110] 35

Das **Benachteiligungsverbot** gilt auch dann, wenn sich herausstellen sollte, dass die objektiven Voraussetzungen für eine Beschwerde nach dieser Vorschrift entgegen der Annahme des BF tatsächlich nicht vorlagen oder die Beschwerde sich als unbegründet erweist.[111] 36

Werden im Zusammenhang mit der Behandlung einer Beschwerde Unregelmäßigkeiten oder Vertragsverletzungen des BF bekannt und werden deswegen vom AG Maßnahmen ergriffen, so steht diese Bestimmung dem nicht entgegen. Der **AG** hat jedoch die **Beweislast** dafür, dass in diesem Fall nicht die Erhebung der Beschwerde, sondern ein anderer Grund Ursache der Maßnahme ist.[112] 37

Das Benachteiligungsverbot wirkt nicht nur gegenüber dem AG, sondern auch gegenüber Dritten,[113] z.B. gegenüber anderen AN, über die Beschwerde geführt wird.[114] Werden vom BF Anschuldigungen gegen den AG oder einen anderen AN erhoben, ist regelmäßig ist von einer Wahrnehmung berechtigter Interessen auszugehen, vgl. auch § 193 StGB.[115] Nach der Rspr. fehlt einer Klage auf Unterlassung oder Beseitigung von Äußerungen, die der Rechtsverfolgung oder Rechtsverteidigung in einem zivilgerichtlichen Verfahren dienen, regelmäßig das Rechtsschutzbedürfnis. Eingaben an öffentliche Stellen (Art. 17 GG) erfahren wegen des öffentlichen Interesses an der Aufdeckung etwaiger Missstände den gleichen Schutz wie Äußerungen im Rahmen eines zivilgerichtlichen Verfahrens.[116] 38

Es besteht dann regelmäßig weder Anspruch gegen den BF auf Widerruf bzw. **Unterlassung der Behauptungen,** die Gegenstand des Beschwerdeverfahrens sind,[117] noch auf **Schmerzensgeld.**[118] Das *HessLAG* macht davon eine Ausnahme, wenn die Behauptungen bewusst unwahr

104 European Committee of Social Rights, Conclusions XVIII-2 (2007), Germany, wiederholt in Conclusions XIX-3 (2010), Germany, AuR 2011, 107ff, 110.
105 *Schaub,* Der Betriebsrat, S. 484.
106 *Fitting,* Rn. 21; GK-*Franzen,* Rn. 35.
107 Vgl. GK-*Franzen,* Rn. 35; *Mache,* AiB 85, 60f.
108 *LAG Hamm* 11.2.04 – 18 Sa 1847/03, AuR 05, 36; *LAG Niedersachsen* 12.9.18 – 14 Sa 140/18, LAGE § 16 ArbSchG Nr. 1; zust. *Lück,* AiB 19, Nr. 3, 39.
109 Ebenso *LAG Köln* 20.1.99 – 8 (10) Sa 1215/98, LAGE § 626 BGB Nr. 128; *HessLAG* 12.5.11 – 5 Sa 1863/10, AA 12, 5: hasserfüllte, feindselige oder bösartige Motive.
110 Vgl. *Buschmann,* AiB 87, 52; im Ergebnis ebenso, jedoch ohne Bezug auf das Benachteiligungsverbot GK-*Franzen,* Rn. 20; vgl. auch Rn. 25.
111 *LAG Köln,* a.a.O.
112 Vgl. GK-*Franzen,* Rn. 34 m.w.N.
113 GK-*Franzen,* Rn. 33; *GL,* Rn. 9.
114 *LK,* Rn. 6.
115 Vgl. *HessLAG* 9.5.12 – 18 Sa 1596/11, juris; *Palandt,* § 823 BGB, Rn. 37.
116 *BGH* 27.2.18 – VI ZR 86/16, Rn. 16, 26 m.w.N. NJW 18, 2439.
117 *HessLAG* 28.6.00 – 8 Sa 195/99, AuR 01, 272 mit Anm. *Linde.*
118 *HessLAG* 18.12.13 – 18 Sa 769/13, NZB verworfen, juris.

oder leichtfertig aufgestellt wurden.[119] Wird nach Beendigung eines erfolglosen Beschwerdeverfahrens ein entsprechendes Unterlassungsbegehren gegen den BF auf eine Verletzung des Persönlichkeitsrechts des anderen AN gestützt, so indiziert dessen Beeinträchtigung nicht die Rechtswidrigkeit des Beschwerdevorbringens.[120] Hinsichtlich der Darlegungs- und Beweislast wird weiter vorgeschlagen, bei einer Beschwerde (hier nach § 13 AGG) Unterlassungs- und Widerrufsklagen gleichzubehandeln, indem (im Verhältnis zum BF) der Beschuldigte die Beweislast trägt.[121] Für Maßnahmen des AG (einschließlich Auflösungsanträgen nach § 9 Abs. 1 Satz 2 KSchG) gegen diesen Beschuldigten gilt dies allerdings nicht. Sichert der AG einem BF (über Fehlverhalten eines anderen AN) Anonymität zu, darf er nicht Daten weitergeben, die seine Person offenbaren oder Rückschlüsse auf ihn zulassen (so auch Art. 16 der **Whistleblower**-RL 2019, vgl. Rn. 3a). Dann sind derartige Teile der Beschwerde auch nicht zur materiellen PA des anderen AN zu nehmen bzw. durch Schwärzung oder sonstige technische Vorkehrung unkenntlich zu machen. Andernfalls kann der AG dem betr. AN nicht unter Hinweis auf unterlassene Anonymisierung die Einsicht in die materielle PA verweigern.[122]

VII. Streitigkeiten

39 Die Entgegennahme und Entscheidung einer Beschwerde kann vom BF dem AG gegenüber im **Urteilsverfahren** durchgesetzt werden. Eine bestimmte konkrete gerichtliche Entscheidung über den Beschwerdegegenstand selbst kann der AN jedoch nur beantragen, wenn dieser einen **Rechtsanspruch** betrifft. Um einen solchen handelt es sich auch dann, wenn der AG die Berechtigung der Beschwerde zwar anerkannt, dieser anschließend aber **nicht abgeholfen** hat. Richtet sich die Beschwerde gegen ein fortdauerndes oder künftiges dem AG zuzurechnendes Verhalten, ist ihm aufzugeben, dieses zu unterlassen (Vollstreckung nach § 890 ZPO). Wird positives Handeln, etwa eine Einwirkung auf Dritte, verlangt und stehen dem AG tatsächlich oder rechtlich mehrere, auch durch die Beschwerde oder die Anerkenntniserklärung nicht konkretisierte Abhilfemöglichkeiten zur Verfügung, muss es zulässig sein, die Abhilfeverpflichtung allgemein zu tenorieren und die fraglichen Alternativen in den Gründen zu nennen. Eine Überprüfung erfolgt dann im Rahmen des Vollstreckungsverfahrens nach § 888 ZPO durch das ArbG. Das Urteilsverfahren kommt auch dann zur Anwendung, wenn der BF Ansprüche wegen Verletzung des Benachteiligungsverbots nach Abs. 3 gegen den AG geltend macht (zum Rechtsweg bei Streitigkeiten wegen der Hinzuziehung des BR-Mitglieds vgl. Erl. zu §§ 81, 82).

§ 85 Behandlung von Beschwerden durch den Betriebsrat

(1) Der Betriebsrat hat Beschwerden von Arbeitnehmern entgegenzunehmen und, falls er sie für berechtigt erachtet, beim Arbeitgeber auf Abhilfe hinzuwirken.
(2) Bestehen zwischen Betriebsrat und Arbeitgeber Meinungsverschiedenheiten über die Berechtigung der Beschwerde, so kann der Betriebsrat die Einigungsstelle anrufen. Der Spruch der Einigungsstelle ersetzt die Einigung zwischen Arbeitgeber und Betriebsrat. Dies gilt nicht, soweit Gegenstand der Beschwerde ein Rechtsanspruch ist.
(3) Der Arbeitgeber hat den Betriebsrat über die Behandlung der Beschwerde zu unterrichten. § 84 Abs. 2 bleibt unberührt.

Inhaltsübersicht

119 Kritisch dazu *Linde*, a. a. O.
120 Vgl. auch *BAG* 4.6.98 – 8 AZR 786/96, EzA § 823 BGB Nr. 9 zu einem Entlassungsverlangen nach § 104.
121 *Jenning*, NZA 22, 675.
122 *LAG Baden-Württemberg* 20.12.18 – 17 Sa 11/18, CR 2019, 304, Revision *BAG* 5 AZR 66/19, am 21.8.20 Erledigung nach § 91a ZPO.

I. Vorbemerkungen

Der BR bestimmt mit bei der Behandlung von Beschwerden der AN (Beschwerdeführer, BF). 1
Voraussetzung ist, dass der BF den BR wegen seiner Beschwerde einschaltet. Dies kann er unabhängig von der nach § 84 Abs. 1 gegebenen Möglichkeit, eine Beschwerde dem AG gegenüber direkt vorzubringen. Es liegt beim AN, ob er seine Beschwerde beim BR sofort oder erst nach einem erfolglosen Beschwerdeverfahren gemäß § 84 Abs. 1 einlegen will. Der BF kann auch gleichzeitig beide Wege beschreiten.[1] Auch ein BR-Mitglied kann BF sein.

II. Beschwerdegegenstand

Anders als § 84 Abs. 1 erwähnt § 85 Abs. 1 nicht ausdrücklich, was im Einzelnen Gegenstand 2
einer Beschwerde i. S. d. Vorschrift sein kann. Es gibt insoweit jedoch **keinerlei Einschränkungen.** Der Beschwerdegegenstand ist in beiden Normen identisch.[2] Voraussetzung ist, dass der BF sich in seiner individuellen Position durch ein Handeln oder Unterlassen des AG oder anderer AN des Betriebs beeinträchtigt fühlt. Gegenstand einer Beschwerde können also auch Rechtsansprüche, ggf. auf Erfüllung von Hauptleistungspflichten aus dem Arbeitsverhältnis sein.[3] Abs. 2 Satz 3 steht dem nicht entgegen.[4] Eine gesetzlich besonders hervorgehobene Beschwerde ist der Kündigungseinspruch nach § 3 KSchG,[5] der ebenfalls durch die Möglichkeit der arbeitsgerichtlichen Überprüfung (Kündigungsschutzklage) nicht ausgeschlossen wird. Beschwerden, die vom AG nach § 84 bereits abschlägig beschieden worden sind, können über den BR weiterverfolgt werden. Es können sich auch **mehrere AN gleichzeitig** beschweren. Ebenso kann ein AN die Beschwerde eines oder mehrerer anderer BF dem BR gegenüber vorbringen, wenn er von diesen hierzu beauftragt ist (vgl. **§ 84 Rn. 20**).

Beschwerdegegenstand kann auch eine Angelegenheit sein, in der dem BR ein Beteiligungsrecht 3
nach anderen Vorschriften zusteht (vgl. § 84 Rn. 16 m. w. N.).[6] Nach einer in ihrer Tragweite unklaren und umstr. Formel sollten **Mitbestimmungsrechte des BR** über das Beschwerdeverfahren nicht erweitert werden.[7] Die Formel hilft nicht weiter, da sich die Beschwerdemöglichkeiten und die ESt. allein aus dieser Vorschrift und weder positiv noch negativ aus anderen Mitbestimmungstatbeständen definieren (dazu Rn. 14, 15).

III. Beschwerdeverfahren

Die Einbringung der Beschwerde beim BR erfolgt wie nach § 84 während der Arbeitszeit (vgl. 4
§ 84 Rn. 25 m. w. N.). Für sie ist keine besondere **Form** vorgesehen. Nach dem Gesetzeswortlaut **hat** der BR Beschwerden von AN entgegenzunehmen, ist hierzu also **verpflichtet.**[8] Aller-

1 Vgl. *BAG* 11.3.82 – 2 AZR 798/79; GK-*Franzen*, Rn. 1; § 84 Rn. 4.
2 *BAG* 22.11.05 – 1 ABR 50/04, AP § 85 BetrVG 1972 Nr. 2; Richardi-*Thüsing*, Rn. 3; GK-*Franzen*, Rn. 4; *GL*, Rn. 1; *HWGNRH*, Rn. 4.
3 *HessLAG* 3.3.09 – 4 TaBV 14/09, AuR 09, 181.
4 Vgl. Richardi-*Thüsing*, Rn. 5.
5 *v. Hoyningen-Huene*, Betriebsverfassungsrecht, S. 298.
6 Richardi-*Thüsing*, Rn. 6.
7 *LAG Schleswig-Holstein* 21.2.89, NZA 90, 703 [704]; Richardi-*Thüsing* Rn. 6; Fitting, Rn. 12; GK-*Franzen*, Rn. 18 ff.; *GL*, Rn. 10.
8 S. auch *GL*, Rn. 3.

dings kann der BF nicht gerichtlich erzwingen, dass der BR sich mit der Beschwerde befasst. Geschieht dies nicht, liegt ggf. eine grobe Amtspflichtverletzung nach § 23 Abs. 1 vor.[9] Verfolgt der BR eine Beschwerde nicht weiter, weil er sie für unberechtigt hält, hat er den BF mit Begründung entsprechend zu unterrichten. Das Beschwerdeverfahren ist damit erledigt. War Gegenstand der Beschwerde ein Rechtsanspruch, kann der BF das ArbG anrufen. Der AG hat zunächst keinen Anspruch, den Namen des BF zu erfahren.

5 Der BR hat sich mit der Beschwerde als **Organ** zu befassen. Unter den Voraussetzungen des § 28 kann er die Behandlung der Beschwerde einem Ausschuss übertragen.[10] Nach Auffassung des *LAG Nürnberg*[11] ist ein BR-Mitglied, der selbst Beschwerde eingelegt hat, bei der Beschlussfassung des BR sowohl hinsichtlich der Berechtigung der Beschwerde als auch hinsichtlich der Anrufung einer Einigungsstelle) gemäß § 25 Abs. 1 Satz 2 ausgeschlossen. Dies kann richtigerweise nur für die von ihm selbst erhobene individuelle Beschwerde gelten, nicht aber bei einer gleichlautenden Gruppenbeschwerde mehrerer AN. Über das Ergebnis der Beschwerde ist ein **Beschluss** zu fassen. Hält der BR die Beschwerde für berechtigt (Begriff wie in § 84 Rn. 30), hat er beim AG auf Abhilfe hinzuwirken.[12] Die Beachtung einer besonderen **Form** oder **Frist** sieht das Gesetz nicht vor. BR und AG haben über die Erledigung zu verhandeln. Dabei kann es zweckmäßig sein, den BF, ggf. auch andere Beschäftigte oder Dritte, über die Beschwerde geführt wird (vgl. § 13 AGG), **persönlich** zu hören. Der BR hat aber, vor allem, wenn er den BF schützen will bzw. dieser darum bittet, auch die Möglichkeit, den Beschwerdegegenstand als objektiven Missstand zu begreifen und dann aus eigenem Recht nach der allgemeinen Aufgabenzuweisung des § 80 oder nach speziellen Mitbestimmungstatbeständen vorzugehen, so dass der BF nicht genannt werden muss. Der AG kann dies dann auch nicht verlangen.[13] In letzterem Fall kommt es nicht zur ESt. nach *dieser* Vorschrift.

6 Der AG ist verpflichtet, sich mit der ihm vom BR vorgelegten Beschwerde zu befassen. Erkennt er sie für berechtigt, muss er ihr **abhelfen.**[14] Diese Verpflichtung ergibt sich aus § 84 Abs. 2, der entsprechend im Rahmen des kollektivrechtlichen Beschwerdeverfahrens Anwendung findet, da der Versuch des BR, beim AG auf Abhilfe hinzuwirken, diesen über die Beschwerde ebenso in Kenntnis setzt wie der Weg über § 84. Gründe für eine schwächere Ausgestaltung des einen oder anderen Verfahrens sind nicht ersichtlich. Im Übrigen wird der Abhilfeanspruch durch Abs. 3 Satz 2 auch in diesem Verfahren ausdrücklich anerkannt. Erachtet der AG die Beschwerde für nicht berechtigt, hat er dies dem BR und dem BF zu begründen.[15]

IV. Anrufung der Einigungsstelle

7 Bei Meinungsverschiedenheiten über die Berechtigung der ESt. kann der BR (nicht der AG) nach pflichtgemäßem Ermessen die **ESt. anrufen.** Hierfür bedarf es nicht der Zustimmung des BF. Dieser kann seine Beschwerde jedoch jederzeit zurücknehmen und damit dem Verfahren die Grundlage entziehen. Der BF kann die ESt. nicht anrufen.[16]

8 Nach *BAG*[17] setzt die Anrufung der ESt. einen **vorhandenen betrieblichen Regelungskonflikt** voraus, um auf diese Weise den AG für die Zukunft zu konkreten Abhilfemaßnahmen, d. h. zu einer Änderung tatsächlicher, betrieblicher Umstände, zu verpflichten. Dies wird – ungeachtet ihrer individualrechtlichen Zulässigkeit – verneint bei einer ausschließlich vergangenheits-

9 Richardi-*Thüsing*, Rn. 13; *GL*, Rn. 5; *HWGNRH*, Rn. 18.
10 Vgl. *Fitting*, Rn. 3; *HWGNRH*, Rn. 11.
11 *LAG Nürnberg* 16.10.12 – 7 TaBV 28/12, NZA-RR 13, 23; krit. Anm. *Wolmerath*, jurisPR-ArbR 11/2013, Anm. 3.
12 Richardi-*Thüsing*, Rn. 9; GK-*Franzen*, Rn. 7; *Hallmen*, S. 88; Musterbeschluss in DKWF-*Buschmann*, § 84, Rn. 6.
13 Siebert/Becker-*Stevens-Bartol*, Rn. 5; Zimmermann, AuR 16, 227.
14 Richardi-*Thüsing*, Rn. 11.
15 *Fitting*, Rn. 3; GK-*Franzen*, Rn. 28; a. A. hinsichtlich des AN Richardi-*Thüsing*, Rn. 36; *GL*, Rn. 4: nur, wenn dieser gleichzeitig das Verfahren nach § 84 betreibt.
16 *BAG* 28.6.84, AP Nr. 1 zu § 85 BetrVG 1972; Richardi-*Thüsing*, Rn. 15; *Fitting*, Rn. 4; GK-*Franzen*, Rn. 9; Muster in DKWF-*Buschmann*, § 84 Rn. 11.
17 *BAG* 22.11.05 – 1 ABR 50/04, AP § 85 BetrVG 1972 Nr. 2.

bezogenen Beschwerde.[18] Mit dieser Konzeption erkennt das *BAG* die Funktion dieser ESt. an, den AG auch gegen dessen Willen zu Abhilfemaßnahmen zu veranlassen, die sich über individualrechtliche Klagen von AN oder die Ausübung von Mitbestimmungsrechten des BR nicht durchsetzen ließen. Zu weit geht die Aussage des Gerichts, über die ESt. könne keine nachträgliche Kompensation zum Ausgleich für vergangene Beeinträchtigungen begründet werden. Ausgleichsmaßnahmen können durchaus (einvernehmliches) Ergebnis der ESt. sein. Insofern bedarf es keiner teleologischen Reduktion schon des Bestellungsverfahrens. Allerdings könnte das Rechtsschutzbedürfnis hierfür entfallen, etwa wenn nach beidseitiger Auffassung der Regelungskonflikt erledigt ist, eine zwischenzeitlich getroffene Abhilfemaßnahme als ausreichend bewertet und nur noch über frühere Rechtspositionen gestritten wird. Dagegen bleibt das Verfahren auch nach Auffassung des *BAG* zulässig, wenn sich BF und BR gegen eine befürchtete Wiederholung oder gar Regelhaftigkeit des kritisierten Zustands wehren.[19]

Das gerichtliche **Bestellungsverfahren** nach § 100 (bis 2014 § 98) ArbGG kann nur durch den BR, nicht durch BF oder AG, eingeleitet werden. Dies ist möglich, wenn der BR aufgrund des bisherigen Verhaltens des AG weitere Verhandlungen für aussichtslos hält, erst recht, wenn der AG sich von vornherein verhandlungsunwillig zeigt und die Verhandlungsbemühungen des BR boykottiert.[20] Die ESt. ist auch zu bestellen, wenn dem AN zum gleichen Gegenstand möglicherweise **Rechtsansprüche** zustehen (vgl. aber Rn. 16 ff.). Nach der Auffassung, wonach ein Rechtsanspruch nur die verbindliche Entscheidung der ESt., nicht aber deren generelle Zuständigkeit ausschließt, ergibt sich dies von selbst. Auch nach der gegenteiligen Auffassung könnte eine Zuständigkeit eröffnet sein, wenn im Einzelfall ein Rechtsanspruch des AN nicht besteht. Dieser wird nämlich im Regelfall vom AG verneint werden, da ansonsten die Beschwerde sinnlos wäre. Offensichtliche Unzuständigkeit i. S. d. § 100 ArbGG liegt vor, wenn der AG den Rechtsanspruch zwar anerkennt, aber nicht erfüllt. Hierfür ist das Klageverfahren vorrangig. 9

Die ESt. kann nur bestellt werden, wenn die tatsächlichen Gründe, die sie veranlassenden Vorgänge oder Verhältnisse, d. h. ihr Gegenstand, in einem Mindestmaß konkret angegeben sind.[21] Zulässig wird eine Beschlussfassung sein: *»Es wird eine Einigungsstelle errichtet über die Berechtigung der Beschwerde von Frau/ Herr X mit Schreiben vom … Ausgenommen sind die Gegenstände des Schreibens v…«*[22] Eine derartige Konkretisierung der Antragstellung entspricht der Rspr. des *BAG,*[23] nach der auch der Spruch der ESt. die konkreten Umstände benennen muss, die sie als zu vermeidende Beeinträchtigung des AN ansieht. So ist es etwa wegen der Unbestimmtheit des Begriffs »Mobbing« angebracht darzulegen, welche Umstände und welche Handlungen oder Äußerungen von Vorgesetzten oder Arbeitskollegen als »Mobbing« betrachtet werden.[24] Dagegen wird im Bestellungsverfahren nicht geprüft, ob sie wirklich vorliegen bzw. ob der AG ihnen abgeholfen hat.[25] Ebensowenig wird der ESt. im Bestellungsverfahren ein konkretes Ergebnis vorgegeben.[26] 10

18 *BAG* a. a. O.: teleologische Reduktion.
19 *BAG* 22.11.05 – 1 ABR 50/04 a. a. O.
20 *LAG Berlin-Br.* 9.4.14 – 4 TaBV 638/14, BB 14, 2035; zust. *Bertzbach*, FR-ArbR 41/2014 Anm. 5.
21 *LAG Frankfurt* 15.9.92 – 4 TaBV 52/92, 8.12.92 – 4 TaBV 103/92, LAGE § 98 ArbGG 1979 Nrn. 26, 25.
22 *LAG Rheinland-Pfalz* 12.9.22 – 2 TaBV 8/22, zu einem von der BF als datenschutzrechtswidrig beanstandeten Umgang mit ihrem dienstlichen E-Mail-Account und einer damit im Zusammenhang gesehenen Isolierung ihrer Person in Bezug auf Personalaufgaben.
23 *BAG* 22.11.05 – 1 ABR 50/04a. a. O.
24 *LAG Rheinland-Pfalz* 11.8.11 – 10 TaBV 25/11, jurisPR-ArbR 47/2011, unter Bezug auf *BAG* 23.1.07 – 9 AZR 557/06, AP Nr. 4 zu § 611 BGB Mobbing.
25 *LAG Düsseldorf* 21.12.93 – 8 (5) TaBV 92/93, NZA 94, 767; unzutreffend *HessLAG* 17.12.19 – 4 TaBV 136/19, FA 20, 80, wonach der AG der ESt. allein durch Behauptung von Abhilfe den Boden entziehen könne. Gerade dies muss die ESt. klären.
26 *LAG Hamm* 3.5.16 – 7 TaBV 29/16, juris.

V. Verfahren der Einigungsstelle

1. Keine Entscheidung anstelle des Arbeitsgerichts

11 Das Beschwerdeverfahren nach dieser Vorschrift legitimiert grundsätzlich die ESt. zu einem auch str. Spruch, ohne dass zusätzlich die Voraussetzungen einer erzwingbaren Mitbestimmung nach einer anderen Vorschrift vorliegen müssen. Die ESt. entscheidet nur dann nicht verbindlich über die Berechtigung einer Beschwerde, wenn diese einen **Rechtsanspruch**[27] zum Gegenstand hat. Umfasst sie einen Lebenssachverhalt, bei dem nur ein **Teilaspekt** einen Rechtsanspruch betrifft, so betrifft die Einschränkung nur diesen Bereich.[28] Ein Rechtsanspruch ist z. B. Beschwerdegegenstand, wenn der AN sich beschwert, weil der AG den geschuldeten Lohn nicht zahlt, die Kündigung erklärt oder tariflichen Urlaub nicht gewährt. Das Gleiche gilt für Ansprüche von BR-Mitgliedern auf Arbeitsbefreiung zur Durchführung ihrer Aufgaben und auf betriebsübliche Vergütung i. S. v. § 37 Abs. 2–4 dieses Gesetzes.[29] Über die Berechtigung solcher individueller Rechtsansprüche entscheidet allein das ArbG. Der Abhilfeanspruch nach § 84 Abs. 2 schließt dagegen die Zuständigkeit ebenso wenig aus wie die Billigkeitsüberprüfung nach § 106 GewO, § 315 BGB. Er ist die gesetzlich angeordnete Rechtsfolge des zulässigen Spruchs der ESt., beseitigt also nicht seine Voraussetzungen. Abs. 2 Satz 3 schließt den verbindlichen Spruch nur aus, wenn ohne diesen Spruch bereits ein rechtlich konkretisierter Leistungsanspruch zum selben Gegenstand besteht. **Der gesetzliche Abhilfeanspruch stellt nicht den »Rechtsanspruch« i. S. d. Vorschrift dar.**[30]

12 Nach h. M. schließt Abs. 2 Satz 3 von vornherein das ESt.-Verfahren aus.[31] Bei einer Beschwerde, die einen Rechtsanspruch gleich welcher Art betreffe, komme nur das freiwillige ESt.-Verfahren nach § 76 Abs. 6 in Betracht. Diese Auffassung übersieht, dass der Gesetzgeber hier andere Regelungen über das ESt.-Verfahren getroffen hat als in § 76 Abs. 6. Dies wäre nicht notwendig gewesen, wäre nach seiner Vorstellung lediglich die allgemeine Bestimmung des § 76 anzuwenden. Die Ausnahme des Abs. 2 Satz 3 bezieht sich dem Wortlaut nach **ausschließlich** auf den vorangehenden Satz 2, die Ersetzung der Einigung zwischen AG und BR, nicht dagegen auch auf Abs. 2 Satz 1, die Anrufung der ESt. durch den BR. Hieraus folgt, dass trotz des möglicherweise unverbindlichen Spruchs der ESt. deren **Tätigwerden** vom BR **auf jeden Fall** beantragt werden kann.[32] Die Rechtssituation ist ähnlich wie bei Verhandlungen über einen Interessenausgleich im Rahmen des § 112 oder über Maßnahmen der Berufsbildung im Rahmen des § 96 Abs. 1a; auch dort ist das Tätigwerden der ESt. vorgeschrieben, obwohl sie keinen verbindlichen Spruch trifft.[33] Die ESt. kann jedenfalls über einen Rechtsanspruch keine str. verbindliche Entscheidung treffen. Ihre Begründung kann gleichwohl auf das weitere Verhalten des AG und die Behandlung der Beschwerde durch diesen Einfluss haben.[34] Diese Auslegung entspricht der Entstehungsgeschichte der Vorschrift.[35] Durch Satz 3 sollte klargestellt werden, dass Rechtsstreitigkeiten zwischen AN und AG von Gerichten zu entscheiden sind und in diesen Fällen »das in § 76 Abs. 5 geregelte Verfahren vor der Einigungsstelle nicht Platz greift«.[36] Begründung und Beratungen zeigen, dass bei einem Rechtsanspruch (die Entwurfs-

---

27 Vgl. hierzu *Buschmann,* FS Däubler, S. 320 ff.; GK-*Franzen,* Rn. 10 ff.; *Fitting,* Rn. 6, jeweils m. w. N.; zu weitgehend *LAG Schleswig-Holstein* 21. 12. 89, NZA 90, 703 f.

28 Vgl. *ArbG Hannover* 29. 3. 89, AiB 89, 313 f. mit Anm. *Knauß-Klug; Dedert,* BB 86, 320 [321].

29 *HessLAG* 3. 4. 07 – 4 TaBV 39/07, AuR 08, 77.

30 Ebenso Richardi-*Thüsing,* Rn. 21; *Uhl/Polloczek,* BB 08, 1733; vgl. auch Rn. 18; unzutreffend (Zirkelschluss) *LAG Düsseldorf* 12. 12. 93, NZA 94, 767.

31 *BAG* 28. 6. 84, AP Nr. 1 zu § 85 BetrVG 1972; Richardi-*Thüsing,* Rn. 19; *Fitting,* Rn. 7; GK-*Franzen,* Rn. 10 ff.; *GL,* Rn. 8; ErfK-*Kania,* Rn. 4; vgl. auch *ArbG Marburg* 30. 10. 98 – 2 BV 9/98, AuR 99, 365, das die Bestellung der ESt. nach § 98 ArbGG abgelehnt und in seinen Gründen einen Rechtsbruch zu Lasten des BF festgestellt hat.

32 Wie hier zum Wortlaut und zu Sinn und Zweck des Verfahrens Siebert/Becker-*Stevens-Bartol,* Rn. 10 ff.

33 Ebenso *Ohm,* AiB 00, 661.

34 Ebenso *Linde,* AuR 95, 398; vgl. auch *Rose,* BetrR 87, 228 [229] und *ArbG Hamburg* 23. 6. 83, AiB 83, 189 f.

35 A. A. *LAG Düsseldorf* 6. 2. 91 – 12 TaBV 138/90.

36 Vgl. BT-Drucks. VI/1786, S. 48 und BT-Drucks. VI/2729, S. 29.

fassung hatte noch gelautet »Rechtsansprüche des AN geltend gemacht werden«) BF und AG nicht der Rechtsweg abgeschnitten werden sollte.[37] Letztendlich entscheidet die ESt. nicht anstelle des ArbG; § 76 Abs. 5 findet also keine Anwendung.

2. Beschwerde anlässlich einer Abmahnung

Nach st. Rspr. kann der AN gegen **unberechtigte Abmahnungen** im Wege der individuellen Abmahnungsbeseitigungsklage vorgehen (vgl. § 83 Rn. 20). Daneben kann er unabhängig von dem Beseitigungsanspruch auch Beschwerde einlegen.[38] Nach h. M.[39] ist eine Zuständigkeit der ESt. von vornherein ausgeschlossen, wenn die Entfernung einer ausgesprochenen Abmahnung selbst Ziel der Beschwerde ist. In jedem Fall ersetzt der Spruch der ESt. nicht die Einigung über die Wirksamkeit der Abmahnung selbst. Im Ergebnis kommt es darauf an, wie die Beschwerde formuliert ist bzw. wie sich der BR ihrer annimmt,[40] wenn er die ESt. anruft. Auch nach der Auffassung, die eine ESt. über die Abmahnung selbst nicht zulässt, wird es zulässig sein, sich etwa über Umstände wie das **Verhalten des AG oder dessen Verhaltenserwartungen an den AN**, die der Abmahnung zu Grunde liegen, zu beschweren.[41] In diesem Fall bestehen nach beiden Ausgangspositionen keine prinzipiellen Einwendungen gegen die Zuständigkeit der ESt. Zwar wird die ESt. im Spruch nicht die Rücknahme und Beseitigung der Abmahnung verfügen können. Eine solche Rechtsfolge kann sich jedoch als Abhilfeanspruch auf Grundlage eines durchgeführten ESt-Verfahrens unter Zugrundelegung der von der ESt. getroffenen tatsächlichen Feststellungen und Wertungen ergeben. 13

3. Beschwerdeverfahren und Mitbestimmungstatbestände

Soweit Gegenstand der Beschwerde eine kollektive Angelegenheit ist, die dem Beteiligungsrecht des BR unterliegt, sollen dessen Mitwirkungs- oder Mitbestimmungsrechte nach einer älteren Formel nicht erweitert werden (vgl. Rn. 3). Was diese verkürzte Aussage bedeutet, blieb unklar.[42] Eine Erweiterung von Mitbestimmungsrechten ist weder Inhalt noch Ziel dieser ESt, die ihren Ausgangspunkt in einer individuellen Beeinträchtigung hat. Wäre sie auf Regelungsinhalte beschränkt, die der BR aus anderen kollektiven Mitbestimmungstatbeständen durchsetzen könnte, wäre sie funktionslos. Nach *HessLAG*[43] bezieht sich diese ESt. gerade nicht auf kollektive Mitbestimmungstatbestände. Nachdem auch das *BAG* in seiner jüngeren Rspr.[44] auf diesen Gesichtspunkt nicht mehr eingegangen ist, ist davon auszugehen, dass sich der Anwendungsbereich dieses Verfahrens allein aus seiner gesetzlichen Grundlage und weder positiv noch negativ aus anderen Mitbestimmungstatbeständen bestimmt.[45] 14

Nicht jedes Tätigwerden der ESt. in einem Bereich, für den kein Mitbestimmungsrecht besteht, bedeutet eine **Ausweitung der Mitbestimmungsrechte.** Das Beschwerdeverfahren hat eine andere Funktion und Wirkungsweise als die Ausübung der Mitbestimmungsrechte. Es soll den BF unterstützen und ist von diesem abhängig: Der BF muss sich mit einer Beschwerde an den BR wenden und diese aufrechterhalten. Nur dann kann die ESt. tätig werden. Eine Entscheidung der ESt. lässt dem AG eine Reihe von Reaktionsmöglichkeiten, während die kollektive Mit- 15

37 Nachw. bei *Buschmann*, FS Däubler, S. 318 ff.; GK-*Franzen*, Rn. 10 ff., mit anderer Schlussfolgerung; *GL*, Rn. 7.

38 GK-*Franzen*, § 84 Rn. 8; Richardi-*Thüsing*, § 83 Rn. 44.

39 Vgl. nur *LAG Rheinland-Pfalz* 17.1.85, NZA 85, 190; *LAG Berlin* 19.8.88, BB 88, 2040; *Dedert*, BB 86, 320 f.; *LAG Berlin-Brandenburg* 15.8.17 – 7 TaBV 860/17, LAGE § 85 BetrVG 2001 Nr. 3; a. A. *LAG Köln* 16.11.84 – 7 TaBV 40/84, BB 85, 524; *LAG Hamburg* 10.7.85 – 8 TaBV 11/85, BB 85, 1729.

40 *Knauß-Klug*, AiB 89, 315 m. w. N.; *LAG Hamburg*, a. a. O.

41 *HessLAG* 12.3.02 – 4 TaBV 75/01, AuR 03, 437; ebenso 3.11.09 – 4 TaBV 185/09, NZA 10, 359: Vorgehen von Vorgesetzten im Zusammenhang mit der Tatsachenfeststellung im Vorfeld der Abmahnungen.

42 Vgl. nur *LAG Hamburg* 18.7.06 – 3 TaBV 7/06, AuR 07, 219, mit ausführlicher Anm. *Beth*..

43 *HessLAG* 8.4.08 – 4 TaBV 15/08, AuR 08, 406.

44 *BAG* 22.11.05 – 1 ABR 50/04a. a. O.

45 Vgl. *LAG Hamburg* und *Beth* a. a. O.; ähnlich Richardi-*Thüsing*, Rn. 6.

bestimmung regelmäßig zu betrieblichen Vorgaben führt. Die ESt. kann somit auch **Einzelfälle** entscheiden, in denen kein allgemeines Mitbestimmungsrecht besteht.[46]

4. Abgrenzung Regelungsentscheidung – Rechtsanspruch

16 Das Verhältnis zwischen AG und AN ist rechtlich durchstrukturiert. Bei rechtswidrigen Beeinträchtigungen stehen dem AN Abwehransprüche zu, über die kein str. verbindlicher Spruch getroffen werden kann. Lehnte man die Zuständigkeit der ESt. gleichermaßen in den Fällen ab, in denen kein Rechtsanspruch besteht, sondern als Abhilfeanspruch durch die ESt. erst geschaffen wird, nähme man dem gesetzlich vorgesehenen Verfahren jeglichen Anwendungsbereich.[47] Dies widerspräche dem Normzweck. Die Entscheidung über die »Berechtigung« der Beschwerde ist danach kein Rechtsvollzug, sondern eine Regelung im individuellen Verhältnis zwischen AG und BF.[48] Sie enthält die tatsächliche Überprüfung und ggf. Ersetzung von **Regelungsentscheidungen des AG gegenüber dem BF im Rahmen seines Direktionsrechts** (§ 106 GewO).[49] Die ESt. ist insofern nicht auf die Überprüfung der Billigkeit bzw. von Ermessensfehlern i. S. d. §§ 106 GewO, 315 Abs. 3 BGB beschränkt. Typische Anwendungsfälle sind etwa die Zuweisung von Aufgaben, die Gestaltung des einzelnen Arbeitsplatzes,[50] die Ausübung eines vertraglich vorbehaltenen einseitigen Versetzungsrechts, die Konkretisierung von im Arbeitsvertrag nur pauschal beschriebenen Arbeitsverpflichtungen des einzelnen AN, etwa die Zuweisung schmutziger oder unangenehmer Arbeiten, die subjektiv empfundene Unwürdigkeit von Arbeiten, Arbeitsüberlastung[51] oder personelle Unterbesetzung.[52] Mittelbar kann ein BF eine Veränderung der Lage seiner persönlichen Arbeitszeit oder seines Urlaubs[53] erreichen, soweit kollektive Vereinbarungen nicht entgegenstehen, desgleichen die Bewilligung unbezahlten Urlaubs, den der AG anderen Beschäftigten einräumt.[54] Mit einer einigungsstellenfähigen Beschwerde kann ein BF auch reagieren, wenn der AG nach einer Arbeitszeitverringerung nach § 8 TzBfG gestützt auf Abs. 5 Satz 4 dieser Vorschrift die Arbeitszeitverteilung wieder ändert.[55] Soweit diese Fragen im Arbeitsvertrag geregelt sind, ist ein verbindlicher Spruch der ESt. hierüber ausgeschlossen. Eine Vertragsänderung kann durch Spruch nicht erreicht werden.

17 Bei **Arbeitnehmerüberlassung** kann die ESt. über die Beschwerde eines Leih-AN gegen die Entscheidung des Verleiher-AG über die konkrete Überlassung an einen einzelnen Entleiher entscheiden (vgl. § 84 Rn. 17). Ausgangspunkt ist die dem AG durch § 8 Abs. 1 AÜG eingeräumte Rechtsmacht, durch Zuweisung des BF an unterschiedliche Entleiher-AG einseitig die wechselnde Höhe der Vergütung und die sonstigen wesentlichen Arbeitsbedingungen und damit die Hauptbedingungen des arbeitsvertraglichen Austauschverhältnisses zu bestimmen. Eine Beeinträchtigung könnte etwa darin liegen, dass ein Verleiher-AG dem AN ohne sachlichen Grund durch Zuweisung an einen anderen Entleiher die Vergütung reduziert oder in sonstiger Weise Arbeitsbedingungen mindert.

---

46 Vgl. auch GK-*Franzen*, Rn. 18; *Knauß-Klug*, AiB 89, 314; ebenso wohl auch *Fitting*, Rn. 7.
47 *HessLAG* 3.3.09 – 4 TaBV 14/09, AuR 09, 181 = AiB 09, 341, mit Anm. *Bachner*.
48 *Uhl/Polloczek*, BB 08, 1733.
49 *LAG Frankfurt* 8.12.92 – 4 TaBV 103/92, LAGE § 98 ArbGG 1979 Nr. 25; ebenso 6.9.05 – 4 TaBV 107/05, AuR 06, 173; 3.3.09 – 4 TaBV 14/09, a. a. O.; 16.5.17 – 4 TaBV 75/17; ZTR 2017, 691; zu restriktiv *LAG Hamm* 6.1.15 – 7 TaBV 61/14, EzA-SD 2015, Nr. 8, 13: Rechtsanspruch, wenn BV dem AG bei »freiwilligen« Leistungen ein nach § 315 BGB überprüfbares einseitiges Bestimmungsrecht i. S. d. einräumt. Mit dieser Begründung bleibt wenig Spielraum übrig. Noch enger (jede in Ausübung des Direktionsrechts erteilte Weisung ist justitiabel und schließt die ESt. aus.) *LAG Köln* 6.8.21 – 9 TaBV 26/21, Rn. 33, juris; dann entfällt jeder Anwendungsbereich der Norm.
50 *LAG Hamburg* 18.3.85 – 7 TaBV 1/85.
51 ErfK-*Kania*, Rn. 5; zur Arbeitsüberlastung *BAG* 22.11.05 – 1 ABR 50/04 a. a. O.; *LAG Baden-Württemberg* 13.3.00 – 15 TaBV 4/99, AiB 00, 760 mit Anm. *Klar*.
52 HaKo-*Lakies*, Rn. 9; *LAG Hamm* 21.8.01 – 13 TaBV 78/01, NZA-RR 02, 139.
53 Ebenso Richardi-*Thüsing*, Rn. 24.
54 *LAG Hamburg* und *Beth*, Rn. 12.
55 Im einzelnen TZA-*Buschmann*, § 8 TzBfG Rn. 42.

18 Nach *LAG Frankfurt*[56] kann die ESt. entscheiden über **aus Fürsorgepflichten sowie den Grundsätzen von Recht und Billigkeit oder der Gleichberechtigung ableitbare Nebenansprüche, die nicht klar gegeben, nicht allgemein anerkannt und nicht oder nur schwer konkretisierbar sind.**[57] Hintergrund ist die Überlegung, dass über die Generalklausel der Fürsorgepflicht, verstanden als Rechtsanspruch, § 85 praktisch leerlaufen könnte. Nach *Denck*[58] stellt die Vorschrift selbst eine Konkretisierung der Fürsorgepflicht dar, steht also dem Beschwerdeverfahren nicht entgegen. Die Kontroverse zeigt die Begründungsschwäche der überholten Auffassung, die in einem rechtlich durchstrukturierten Vertragsverhältnis jeden anzuwendenden Rechtssatz zum negativen Tatbestandsmerkmal der Einigungsstelle erhob und damit einer Gesetzesnorm zwangsläufig den Anwendungsbereich entzog.

19 Jedenfalls im **Einigungsstellenbestellungsverfahren** nach § 100 ArbGG geht die Möglichkeit von Fürsorgepflichten nicht zu Lasten des BF. Die ESt. ist nur offensichtlich unzuständig i. S. d. § 100 ArbGG, wenn ihre Zuständigkeit unter keinem rechtlichen Gesichtspunkt als möglich erscheint.[59] Soweit etwa Rspr. umstr. ist, kann von offensichtlicher Unzuständigkeit i. S. d. § 100 ArbGG nicht ausgegangen werden.[60] Dies ist insbes. der Fall, wenn zu einer für die Zuständigkeit relevanten Rechtsfrage von unterschiedlichen *LAG* unterschiedliche Auffassungen vertreten werden.[61] Bei Fürsorgepflichten wie bei der Anwendung des Gleichheitsgrundsatzes ist in Bezug auf Begründung und Reichweite von Ansprüchen so gut wie alles str. Das Verfahren nach § 100 ArbGG ist nicht geeignet, hier eine endgültige Klärung herbeizuführen. Zutreffend *LAG Hamm*[62] zu einer Beschwerde wegen Mobbings: »Im Übrigen ist eine Einigungsstelle nach § 98 Abs. 1 ArbGG jedenfalls dann zu bilden, wenn zweifelhaft ist, ob der vom AN vorgetragene Beschwerdegrund rechtlicher oder tatsächlicher Art ist.[63] Das Einigungsstellenverfahren kommt auch dann in Betracht, wenn zwar ein individueller Rechtsanspruch des AN als möglich erscheint, der AG jedoch über einen Handlungsspielraum verfügt, der nicht lediglich im Verzicht auf seine Rechtsposition besteht.«[64]

20 Die Entscheidung der ESt ist nicht durch die **Möglichkeit von Entschädigungs- und/oder Schadensersatzansprüchen** nach § 81 Abs. 2 Nr. 2 SGB IX oder §§ 12, 15 AGG[65] ausgeschlossen. Jene Vorschriften regeln nur in einem begrenzten Bereich bestimmte einzelne Rechtsfolgen einer unzulässigen Diskriminierung, während die Beschwerde und die ESt die Diskriminierung selbst zum Gegenstand haben.

21 Der verbindliche Einigungsstellenspruch ist somit **nicht schon ausgeschlossen, wenn nur Rechtsfragen im Raume stehen, sondern erst, wenn als Beschwerdegegenstand ein Rechtsanspruch geltend gemacht wird.**[66] »Anspruch« definiert sich als Recht, von einem anderen ein Tun oder Unterlassen zu verlangen (§§ 194, 218 BGB), was mit einer Leistungsklage gerichtlich geltend zu machen ist. Ein bloßes Rechtsverhältnis, selbst, wenn es ein Feststellungsinteresse für ein Feststellungsurteil begründet, steht der Einigungsstelle also nicht entgegen.[67] Gelangt die ESt. nach Überprüfung zu dem Ergebnis, dass dem AN zum Beschwerdegegenstand ein Rechtsanspruch in diesem Sinne zusteht, stellt sie fest, dass die Voraussetzungen des Abs. 2 Satz 3 vorliegen, sie mithin keinen die Einigung zwischen AG und AN ersetzenden Spruch

56 *LAG Frankfurt* 15.9.92 – 4 TaBV 52/92, LAGE § 98 ArbGG 1979 Nr. 26, ebenso Nr. 25, a. a. O.; ebenso 12.3.02 – 4 TaBV 75/01, AuR 03, 437; 3.3.09 – 4 TaBV 14/09, AuR 09, 181.

57 Vgl. auch *Fitting*, Rn. 6; *Hinrichs* [1981], S. 48 f.; ErfK-*Kania*, Rn. 5; a. A. *Nebendahl/Lunck*, NZA 90, 678, die darauf hinweisen, dass der AN auch aus Fürsorgepflicht resultierende Ansprüche im Urteilsverfahren durchsetzen kann.

58 *Denk* DB 80, 2132 ff.

59 *Düwell/Lipke*, Arbeitsgerichtsgesetz, § 100 Rn. 25 m. w. N.

60 *Düwell/Lipke*, Arbeitsgerichtsgesetz, § 100 Rn. 26.

61 *LAG Nürnberg*, NZA 93, 281; *HessLAG* 3.11.09 – 4 TaBV 185/09, NZA 10, 359.

62 *LAG Hamm* 5.10.09 – 10 TaBV 63/09, AuR 10, 394.

63 Verweis auf *HessLAG* 15.9.92 – 4 TaBV 52/92: *LAG Baden-Württemberg* 13.3.00 – 15 TaBV 4/99; *LAG Rheinland-Pfalz* 16.1.08 – 7 TaBV 60/07; m. w. N. zur Lit., u. a. auf diese Rn.

64 *LAG Sachsen* 6.2.04 – 3 TaBV 33/03.

65 Däubler/Beck-*Buschmann*, § 13 AGG Rn. 47 ff.

66 Ähnlich Richardi-*Thüsing*, Rn. 23.

67 Im Einzelnen *Buschmann*, FS Däubler, S. 324.

i. S. d. Abs. 2 Satz 2 treffen kann. Diese Entscheidung ist, auch wenn sie einvernehmlich erfolgt, zu begründen.[68] Allerdings kann dieses Ergebnis einem Anerkenntnis gleichkommen.

5. Entscheidungsspielraum der Einigungsstelle

22 Der Entscheidungsspielraum der ESt. ist insofern begrenzt, als er einen Regelungsspielraum des AG voraussetzt, damit dieser der Beschwerde abhelfen kann. Nach *LAG Köln*[69] ist das nicht der Fall, wenn dadurch gegen eine bestehende BV (hier: über Arbeitszeit) verstoßen oder diese geändert würde. Für die Änderung der mitbestimmten Arbeitszeit sei nicht die nach § 85 gebildete ESt., sondern eine möglicherweise anders besetzte nach § 87 Abs. 2 gebildete ESt. zuständig.[70] Nicht zu folgen ist dem LAG insofern, als es mit dieser Begründung bereits die Zuständigkeit der ESt. ablehnt. Die ESt. hat ihren Regelungsspielraum selbst zu prüfen. Dass Abhilfemaßnahmen des AG ihrerseits Beteiligungsrechte des BR aufwerfen können bzw. das bestehende betriebliche Normengefüge berücksichtigen müssen, entspricht dem System der Betriebsverfassung und beseitigt nicht die Voraussetzungen der ESt.

23 Der Entscheidungsspielraum der ESt. ist insofern begrenzt, als sie ihre Ermessensentscheidung nur über die »Berechtigung« der Beschwerde, nicht aber über die Einzelabhilfemaßnahme ausübt. Sie kann damit Entscheidungen des AG negativ belegen bzw. einen nicht hinzunehmenden Zustand feststellen, nicht jedoch bestimmte Abhilfemaßnahmen anordnen.[71] Da die Entscheidung u. U. individuelle Rechtsfolgen im Rahmen des Abhilfeverfahrens begründet, muss sie deutlich aussprechen, worin genau die Berechtigung der Beschwerde gesehen wird. Die einfache Feststellung, die Beschwerde sei berechtigt, ist nur ausreichend, wenn diese wiederum so eindeutig formuliert ist, dass damit eine Grundlage für ein individualrechtliches Abhilfeverfahren gegeben ist. Die ESt. muss den **anerkannten Beschwerdegegenstand** deshalb so **präzisieren,** dass hieraus auch der AG ableiten kann, welche tatsächlichen Umstände die ESt. als zu vermeidende Beeinträchtigung der AN angesehen hat bzw. mit welchen legitimen Mitteln er auf das von der ESt. missbilligte Verhalten oder den missbilligten Zustand reagieren kann.[72] Umgekehrt kann der AG der ESt. nicht durch einfache Erklärung den Boden entziehen, er erkenne die Beschwerde als berechtigt an.[73] Da das ESt-Verfahren eröffnet ist, hat die ESt. in diesem Fall konkret festzustellen, worin die Berechtigung der Beschwerde liegt.[74]

24 In dem ESt-Verfahren selbst ist der BF nicht Beteiligter. Er kann aber die Beschwerde bis zum Spruch zurücknehmen und damit dem Verfahren die Grundlage entziehen. Kurzfristige Rücksprachen zwischen den vom BR benannten Mitgliedern der ESt. und dem BF sind jederzeit möglich. Die ESt. hat den Sachverhalt zu ermitteln und dazu den BF zu hören.[75] Sie kann in diesem Rahmen auch andere Beschäftigte oder Dritte, über die Beschwerde geführt wird (vgl. § 13 AGG) befragen. Im Übrigen richtet sich auch dieses Verfahren grundsätzlich nach § 76.

VI. Abhilfeverfahren

25 Die Beschwerde erledigt sich erst mit ihrer Abhilfe, nicht bereits mit der Anerkennung ihrer Berechtigung.[76] Bejaht die ESt. die Berechtigung der Beschwerde, **muss** der AG ihr nach § 84

68 Vgl. auch *ArbG Marburg* 30.10.98 – 2 BV 9/98, AuR 99, 365, das entgegen der hier vertretenen Auffassung, allerdings mit einer ausführlichen Begründung unter Feststellung von Rechtsansprüchen einen Bestellungsantrag nach § 98 ArbGG (a. F.) zurückweist.
69 *LAG Köln* 17.9.07 – 2 TaBV 42/07 – 2 TaBV 42/07, AuR 6/08.
70 Ähnlich *HessLAG* 8.4.08 – 4 TaBV 15/08, AuR 08, 406.
71 *BAG* 22.11.05 – 1 TaBV 50/04, a. a. O.
72 So auch *BAG* 22.11.05 – 1 ABR 50/04, AuR 05, 451.
73 *LAG Hamm* 5.10.88 – 12 TaBV 46/88.
74 Muster in DKWF-*Buschmann,* §§ 84–86 Rn. 12.
75 *BAG* 28.6.84 – 6 ABR 5/83, AP § 85 BetrVG Nr. 1; Richardi-*Thüsing,* Rn. 33.
76 *Fitting,* Rn. 9; *HWGNRH,* Rn. 26.

Abs. 2 abhelfen.[77] Es kommt dann nicht mehr darauf an, dass e sie für nicht berechtigt gehalten hatte.[78] Der Abhilfeanspruch ist **Rechtsfolge** und somit kein Rechtsanspruch, der die verbindliche Entscheidung der ESt. ausschließt.

26 Die Abhilfe der Beschwerde kann, nachdem die ESt. sie durch Spruch als berechtigt anerkannt hat, durch den BF wie im Falle der Anerkennung nach § 84 **im Klageweg** durchgesetzt werden;[79] daneben kann der BR im arbeitsgerichtlichen Beschlussverfahren die Durchführung des ESt-Spruchs[80] erzwingen, sofern dieser eine Leistungs- oder Unterlassungsverpflichtung ausspricht. Nach GK-*Franzen*[81] ist eine Verpflichtung des AG gegenüber dem BR zur Abhilfe nicht anzuerkennen, da der Spruch der ESt. nicht weitergehen könne als eine gütliche Einigung [zwischen AG und BF]. Dagegen steht die Formulierung des Abs. 2 Satz 2, wonach der Spruch die Einigung zwischen AG und BR ersetzt.

27 Für das Abhilfeverfahren sind die **Feststellungen der ESt.** wie in anderen Regelungsverfahren **verbindlich** zugrunde zu legen. Das ArbG kann deshalb das Abhilfebegehren nicht mit dem Argument zurückweisen, die Beschwerde sei nicht berechtigt. Da der (mehrheitliche) Spruch der ESt. die Einigung zwischen AG und BR ersetzt, kann eine Ermessensüberschreitung durch AG und BR gemäß § 76 Abs. 5 Satz 4 angefochten werden. Der AG kann auch außerhalb der Zweiwochenfrist die Unwirksamkeit des Spruchs durch Beschlussverfahren geltend machen, wenn die ESt. über einen Rechtsanspruch entschieden hat. Der BR kann sie geltend machen, wenn sie ihre Zuständigkeit verkannt und/oder unzulässig über die Berechtigung der Beschwerde nicht entschieden hat.

VII. Benachteiligungsverbot

28 Auch wenn das **Benachteiligungsverbot** in dieser Vorschrift nicht besonders hervorgehoben wird, gilt es für die Beschwerde beim BR gleichermaßen wie für die Beschwerde beim AG. § 84 Abs. 3 hat insofern nur klarstellende Bedeutung.[82]

29 Für den BR, der eine Beschwerde aufgreift und an den AG heranträgt, gilt das **Benachteiligungsverbot** des § 78 gegenüber dem AG und gegenüber dritten Personen. Dies gilt auch im Falle einer Beschwerde über das Verhalten anderer AN des Betriebs. Diese können deshalb nicht im Wege einer Unterlassungs- oder Schadensersatzklage gegen den BR oder seine Mitglieder vorgehen. Insbes. obliegt dem BR ihnen gegenüber nicht die Beweislast für die Richtigkeit der Tatsachen.[83] Das Benachteiligungsverbot der AN-Vertreter im Zusammenhang mit Beschwerden ist auch europarechtlich geboten (Art. 7 der Gleichbehandlungs-RL 2002/73/EG Männer und Frauen; § 16 AGG).[84] Maßregelungsverbote finden sich auch in § 16 AGG und § 9 EntgTranspG.

§ 86 Ergänzende Vereinbarungen

Durch Tarifvertrag oder Betriebsvereinbarung können die Einzelheiten des Beschwerdeverfahrens geregelt werden. Hierbei kann bestimmt werden, dass in den Fällen des § 85 Abs. 2 an die Stelle der Einigungsstelle eine betriebliche Beschwerdestelle tritt.

1 Soweit nach dieser Bestimmung nähere Einzelheiten des **Beschwerdeverfahrens** durch TV und BV geregelt werden können, gilt dies sowohl für die individualrechtliche Beschwerde (§ 84; § 13

77 *LAG München* 27.11.90 – 2 Sa 542/90, NZA 91, 521, Ls.
78 Richardi-*Thüsing,* Rn. 37; GK-*Franzen,* Rn. 27.
79 Richardi-*Thüsing,* Rn. 13, 42; ErfK-*Kania,* Rn. 6; *Fitting,* Rn. 9.
80 A. A. *Fitting,* Rn. 14.
81 GK-*Franzen,* Rn. 24.
82 GK-*Franzen,* Rn. 30; *Fitting,* Rn. 11; Richardi-*Thüsing,* Rn. 38
83 Anschaulich zum Vorwurf ausländerfeindlichen Verhaltens *ArbG Offenbach* 23.10.01 – 5 Ca 138/01, AuR 02, 272 mit Anm. *Buschmann:* Wahrnehmung berechtigter Interessen des BR; vgl. auch *BAG* 4.6.98 – 8 AZR 786/96, EzA § 823 BGB Nr. 9 zu einem Entlassungsverlangen nach § 104.
84 Zum Maßregelungsverbot bei Beschwerden nach dem AGG vgl. Däubler/Beck-*Buschmann,* § 13 AGG Rn. 34ff.

AGG) als auch für das in § 85 vorgesehene kollektivrechtliche Beschwerdeverfahren.[1] Derartige Regelungen können bspw. besondere Formen oder Fristen für die Behandlung vorschreiben, die zust. Stelle bestimmen, der gegenüber eine Beschwerde nach § 84 Abs. 1 vorzubringen ist, oder auch einen betrieblichen Instanzenzug für die Behandlung von Beschwerden festlegen.[2]. Sie dürfen nicht zu einer materiellen Beschränkung der Beschwerderechte nach diesem Gesetz oder dem AGG führen.[3] Insbes. dürfen sie nicht den AN ausschließlich oder vorrangig auf einen der in §§ 84, 85 vorgesehen Wege verweisen[4] und erst recht keine Beschwerdeobliegenheit vor Anrufung des ArbG einführen.[5] Mit dem Hinweis auf die Regelungsinstrumente des TV bzw. der BV macht die Vorschrift deutlich, dass Regelungen, sofern sie über die bloße Mitteilung einer Empfangszuständigkeit auf Seiten des AG für die Entgegennahme von Beschwerden hinausgehen, nicht einseitig vom AG getroffen werden dürfen. Im Übrigen beschreibt sie nur rudimentär den Regelungsspielraum, nicht die Mitbestimmung, für die im wesentlichen § 87 Abs. 1 Nr. 1 maßgeblich ist (vgl. § 84 Rn. 27).[6]

2 Die Disposition der Kollektivparteien erstreckt sich nicht auf die Beschwerde des Einzelnen bei **außerbetrieblichen Stellen.** Sie kann deshalb durch TV/BV nicht beschränkt werden. Eine Erweiterung bzw. Absicherung ist dagegen zulässig.[7]

3 Der TV nach dieser Vorschrift ist eine Betriebsnorm i. S. d. § 3 Abs. 2 TVG, so dass er bei Tarifbindung des AG zur Anwendung kommt. Ein **bestehender TV hat stets Vorrang vor einer BV.** Bloße Tarifüblichkeit schließt die BV dagegen nicht aus.[8] Eine BV kann deshalb auch dann abgeschlossen werden, wenn der TV lediglich nachwirkt. Eine BV nach dieser Bestimmung unterliegt nicht dem erzwingbaren Initiativrecht des AG oder BR; sie kann nur im Rahmen einer **freiwilligen Einigung** zwischen AG und BR zustande kommen.[9]

4 Zur Behandlung von Beschwerden kann durch TV / BV eine **betriebliche Beschwerdestelle** errichtet werden, die die Aufgaben der gesetzlich vorgeschriebenen ESt. (§ 85 Abs. 2) übernimmt. Dabei können gleichzeitig Regelungen für das Verfahren getroffen werden.[10] Unabhängig davon kann ein TV auch eine **tarifliche Schlichtungsstelle** (§ 76 Abs. 8) für die Verhandlung von Beschwerden als zuständig erklären.[11] Satz 2 schafft nur eine zusätzliche (dritte) Möglichkeit für die Entscheidung über die Beschwerde.[12] Die Zuständigkeit gemäß § 85 Abs. 2 kann nach h. M. durch eine Regelung nach § 86 nicht verändert werden.[13] Auch durch TV oder BV nach Satz 2 dürfen für die betriebliche Beschwerdestelle keine zusätzlichen Voraussetzungen aufgestellt werden, die die ESt. nach diesem Gesetz nicht kennt. Schließlich sind Regelungen in BV unwirksam, nach denen an die Stelle der ESt eine paritätisch besetzte Kommission tritt.[14]

5 Die Mitglieder einer betrieblichen Beschwerdestelle genießen ebenso wie die Mitglieder der ESt. oder einer tariflichen Schlichtungsstelle nach § 76 Abs. 8 hinsichtlich ihrer Tätigkeit **den Schutz nach § 78.** Die Behinderung oder Störung der Tätigkeit ist ebenso wie eine Benachteiligung wegen der Tätigkeit Straftatbestand i. S. d. § 119. Nach § 79 unterliegen die Mitglieder der betrieblichen Beschwerdestelle der dort geregelten **Verschwiegenheitspflicht.**[15]

---

1 *Fitting,* Rn. 1.
2 *Fitting,* Rn. 3.
3 GK-*Franzen,* Rn. 6.
4 WPK-*Preis,* Rn. 1.
5 *Fitting,* Rn. 2; Richardi-*Thüsing,* Rn. 4.
6 Muster in DKWF-*Buschmann,* § 84 Rn. 13.
7 Vgl. MTV Druckindustrie § 2a bei arbeitsbedingten Gesundheitsgefahren; vgl. hierzu *Pickshaus,* AiB 92, 672.
8 Richardi-*Thüsing,* Rn. 5 f.; *Fitting,* Rn. 2.
9 GK-*Franzen,* Rn. 1; *Ohm,* AiB 00, 662.
10 Vgl. GK-*Franzen,* Rn. 7 f.
11 *Fitting,* Rn. 5; *GL,* Rn. 5; **a. A.** Richardi-*Thüsing,* Rn. 10; GK- *Franzen,* Rn. 7; *HWGNRH,* Rn. 8.
12 *GL,* Rn. 5.
13 Vgl. *Fitting,* Rn. 5; *GL,* Rn. 3.
14 *HessLAG* 15. 11. 12 – 5 TaBVGa 257/12, juris.
15 *Fitting,* Rn. 6.

§ 86a Vorschlagsrecht der Arbeitnehmer

Jeder Arbeitnehmer hat das Recht, dem Betriebsrat Themen zur Beratung vorzuschlagen. Wird ein Vorschlag von mindestens 5 vom Hundert der Arbeitnehmer des Betriebs unterstützt, hat der Betriebsrat diesen innerhalb von zwei Monaten auf die Tagesordnung einer Betriebsratssitzung zu setzen.

Inhaltsübersicht

I. Vorbemerkungen

1 Die Vorschrift wurde durch Art. 1 Nr. 55 BetrVerf-ReformG v. 23.7.01[1] in das BetrVG aufgenommen. Sie entspricht § 80 Abs. 1 Nr. 3, wonach der BR Anregungen von AN entgegenzunehmen hat (zur Aufnahme in die Tagesordnung vgl. Rn. 14). Zum Vorschlagsrecht der Beschäftigten zu allen Fragen der Sicherheit und des Gesundheitsschutzes bei der Arbeit nach § 17 ArbSchG vgl. auch § 80, Rn. 47.

2 Ziel der Vorschrift ist es, den einzelnen AN stärker in die Betriebsverfassung einzubeziehen und sein demokratisches Engagement zu stärken. Vom Fachwissen jedes Einzelnen soll der BR stärker profitieren; Ideen, Vorschläge und Bedürfnisse des einzelnen AN sollen in die Arbeit des BR einfließen,[2] ohne dass dadurch die Funktion des BR als einheitliche Interessenvertretung aller AN beeinträchtigt wird.[3] Das Vorschlagsrecht des einzelnen AN dient im Unterschied etwa zur Beschwerde primär nicht der Durchsetzung individueller Interessen (auch wenn dies im Einzelfall nicht ausgeschlossen ist), sondern der Stärkung der betriebsverfassungsrechtlichen Struktur. Die Vorschrift bringt zum Ausdruck, dass intensive wechselseitige **Kommunikation zwischen** BR und Belegschaft unverzichtbares Element einer demokratischen Betriebsverfassung[4] ist. Sie beinhaltet eine gesetzliche Aufforderung an die AN, sich aktiv in den betriebsverfassungsrechtlichen Prozess einzuschalten.

3 Angesichts ihrer grundsätzlichen Zielrichtung ist die Vorschrift systematisch im Rahmen der Mitwirkungs- und Beschwerderechte des AN angesiedelt. Inhaltlich enthält sie ein **Vorschlagsrecht** an den BR zu dessen Beratungsthemen und mittelbar zur Anberaumung von BR-Sitzungen. Insofern ergänzt sie § 29 Abs. 3. Sie regelt in Form eines Arbeitnehmerrechts und einer daran anknüpfenden Betriebsratspflicht nebst Duldungspflicht des AG nur einen Ausschnitt der Kommunikation zwischen Belegschaft und BR und hat damit weder personell noch inhaltlich abschließenden Charakter.

II. Vorschlagsrecht von Beratungsthemen (Satz 1)

4 Nach **Satz 1** hat jeder AN das Recht, dem BR Themen zur Beratung vorzuschlagen. **AN i. S. d. Vorschrift** sind zunächst alle betriebsangehörigen Arbeiter und Angestellten einschließlich der zu ihrer Berufsausbildung Beschäftigten (§ 5 Abs. 1) unabhängig davon, welchem VertragsAG sie zugeordnet sind,[5] d. h. auch **Leiharbeiter.** Nicht erfasst sind Nicht-AN i. S. d. § 5 Abs. 2 sowie leitende Angestellte nach § 5 Abs. 3. Dies bedeutet allerdings nicht, dass es unzulässig wäre, wenn diese Personen entsprechende Vorschläge an den BR richteten. Selbst der AG ist hierzu befugt (§ 29 Abs. 3). § 5 Abs. 1 Satz 2 bestimmt, dass auch Heimarbeiter, die in der Hauptsache für den Betrieb arbeiten, als AN gelten. Voraussetzung für das Vorschlagsrecht nach dieser Vorschrift ist, dass der AN dem Betrieb, für den der BR zuständig ist, angehört. Bei **gemeinsamen Betrieben** (vgl. § 1 Abs. 1 Satz 2, Abs. 2) sind alle AN vorschlagsberechtigt, die

---

1 BGBl. I S. 1852.
2 BT-Drucks. 14/5741, S. 26 Nr. 7.
3 BT-Drucks. 14/5741, S. 29 Nr. 6.
4 Vgl. BT-Drucks. 14/5741, S. 47 zu Nr. 55.
5 *Fitting*, Rn. 4.

unabhängig von ihrer Unternehmenszugehörigkeit dem gemeinsamen Betrieb angehören. Es kommt nicht darauf an, ob sie an der letzten BR-Wahl teilgenommen haben.

5 Unabhängig von Satz 1 sind auch **Beschäftigte** i. S. d. § 2 Abs. 2 ArbSchG bzw. des § 6 AGG berechtigt, dem BR Vorschläge zur Beratung zu unterbreiten. So können die Beschäftigten etwa die dem AG zu machenden Vorschläge zu allen Fragen der Sicherheit und des Gesundheitsschutzes bei der Arbeit nach § 17 ArbSchG auch an den BR richten. Für Beschäftigte i. S. d. AGG ergibt sich das entsprechende Vorschlagsrecht aus der Sozialen Verantwortung des BR nach § 17 Abs. 1 und 2 AGG. Der ebenfalls in § 17 Abs. 1 AGG genannte AG darf diese Kommunikation nicht unterbinden. Satz 2 knüpft allerdings an den Arbeitnehmerbegriff an.

6 Die Hervorhebung des Vorschlagsrechts in Satz 1 hat in erster Linie klarstellende Funktion. Seit jeher haben AN das Recht, die Einberufung von BR-Sitzungen anzuregen (vgl. §§ 29, 80 Abs. 1 Nr. 3).

7 Der Antrag ist an den BR-Vorsitzenden zu richten, bei Verhinderung an seinen Stellvertreter.[6] Eine **besondere Form oder Frist** ist nicht vorgeschrieben;[7] daher reicht mündliches Vorbringen, ggf. telefonisch.[8] Schriftform ist aber sinnvoll, vor allem wegen der Rechtsfolgen des Satzes 2. Der Antrag muss angeben, über welche Fragen verhandelt werden soll. Der AN kann dem BR einen förmlichen Beschlussvorschlag vorlegen. Erforderlich ist dies aber ebenso wenig wie eine förmliche Begründung.[9]

8 Die Wahrnehmung des Vorschlagsrechts erfolgt während der **Arbeitszeit;**[10] angesichts des Normzwecks zu Unrecht einschränkend GK-*Franzen:*[11] Verweisung auf Pausen nach § 242 BGB. Pausen dienen nach § 4 ArbZG der Erholung des AN. Dieser ist weder auf seine Pausen zu verweisen, noch ist er gehalten, die ausgefallene Zeit nachzuarbeiten. Der einzelne AN soll die gewünschte Initiative nach der Gesetzesbegründung[12] auch außerhalb von Betriebsversammlungen und Sprechstunden ergreifen können. Der AG kann somit das Gespräch zwischen AN und Mitgliedern des BR nicht auf dessen Sprechstunden beschränken bzw. außerhalb von Sprechstunden verbieten.[13] Wie Satz 2 deutlich macht, können auch mehrere AN zeitgleich den BR aufsuchen, um dort identische oder ggf. modifizierte Vorschläge zu unterbreiten. Für den AN handelt es sich wie bei den anderen Formen der Wahrnehmung individueller Mitwirkungsrechte um Arbeitszeit i. S. d. § 2 ArbZG.[14]

9 Der AG hat keinen Anspruch zu erfahren, welcher AN welches Thema zur Beratung vorgeschlagen hat. Aus der Aufgabenstellung des BR kann sich eine besondere **Schweigepflicht des BR** gegenüber dem AG ergeben (vgl. § 79 Rn. 43). Das ist insbes. der Fall, wenn der AN den BR ausdrücklich darum bittet.[15] Ähnlich wie bei der Erhebung einer Beschwerde (vgl. § 84 Abs. 3) dürfen dem AN auch wegen seines Vorschlags an den BR keine Nachteile entstehen (§ 612a BGB).[16]

10 Das Vorschlagsrecht ist nicht auf bestimmte Themen begrenzt. Einzige Voraussetzung ist, dass der Gegenstand des Themas in die Zuständigkeit des BR fällt.[17] Ein konkretes Mitbestimmungs- oder Mitwirkungsrecht ist nicht erforderlich. Es reicht aus, wenn der Gegenstand in den **allgemeinen Aufgabenbereich** der §§ 75, 80 oder nach anderen Vorschriften wie § 17 AGG fällt, in dem der BR entweder ohnehin tätig werden muss oder aus eigenem Ermessen tätig werden kann. Typischer Gegenstand für Arbeitnehmervorschläge seit der Betriebsverfassungsreform 2001 ist der **betriebliche Umweltschutz.**

---

6 *Wiese,* BB 01, 2267.
7 GK-*Franzen,* Rn. 11.
8 *BAG* 9.6.99, AP Nr. 66 zu § 40 BetrVG 1972; 8.3.00, AuR 00, 142.
9 Muster in DKWF-*Buschmann,* § 86a Rn. 2.
10 Ebenso *Annuß,* NZA 01, 367; *Fitting,* Rn. 5; vgl. § 81 Rn. 1.
11 GK-*Franzen* Rn. 8.
12 BT-Drucks. 14/5741, S. 47 Nr. 55.
13 *LAG Berlin* 3.11.80, EzA § 39 BetrVG 1972 Nr. 1; ebenso *BAG* 9.6.99, 8.3.00, a. a. O.
14 Vgl. auch *Buschmann/Ulber,* Arbeitszeitgesetz, § 2 Rn. 12.
15 GK-*Franzen,* Rn. 19.
16 Ebenso *Fitting,* Rn. 10; GK-*Franzen,* a. a. O.
17 BT-Drucks. 14/5741, S. 47 zu Nr. 55.

Im Unterschied zum Beschwerderecht kommt es auf individuelle Beschwer[18] oder **persönliche Betroffenheit der AN nicht an.** Der AN kann auch Gegenstände vorbringen, die allgemeiner Natur sind oder nur einen Betriebsteil betreffen, in dem er nicht arbeitet.[19] Andererseits schließt ein besonderes eigenes Interesse des AN das Vorschlagsrecht auch nicht aus. 11

Der BR (-Vorsitzende oder im Verhinderungsfall Stellvertreter) hat den Vorschlag des AN entgegenzunehmen. Hierüber ist der BR als Gremium zu unterrichten. Schon aus § 80 Abs. 1 Nr. 3 ergibt sich, dass der BR sich mit den ihm vorgetragenen Anregungen befassen und ggf. darüber beschließen muss. Diese Verpflichtung wollte der Gesetzgeber nicht beschränken, sondern verstärken. Form und Zeitpunkt der Beratung stehen dem BR allerdings frei. Der BR-Vorsitzende hat nach pflichtgemäßem Ermessen zu entscheiden, ob und in welcher Form der beantragte Gegenstand auf die Tagesordnung von BR-Sitzungen gesetzt oder in anderer Form weiter behandelt wird. Sinnvoll kann es sein, den **AN zu seinem Vorschlag im Einzelnen zu hören,** um dadurch zusätzliche Informationen für den BR zu gewinnen. Verpflichtet ist der BR dazu allerdings nicht.[20] Im Übrigen richtet sich die Einberufung der nächsten BR-Sitzungen grundsätzlich nach § 29 Abs. 2–4. Eine generelle Verpflichtung zur Aufnahme des konkret vorgeschlagenen Beratungsgegenstands als Tagesordnungspunkt besteht nicht, sondern nur unter den Voraussetzungen des Satzes 2. Kommt der BR-Vorsitzende dem Vorschlag des AN nicht nach, sollte er ihn darüber in Kenntnis setzen.[21] 12

Wenn dem BR die Anregung des AN berechtigt erscheint, ist es seine Aufgabe (§ 80 Abs. 1 Nr. 3), durch Verhandlungen mit dem AG **auf eine Erledigung hinzuwirken.** Er hat dabei den AN über den Stand und das Ergebnis der Verhandlungen zu unterrichten (im Einzelnen vgl. § 80 Rn. 50). 13

III. Verpflichtung zur Aufnahme in die Tagesordnung (Satz 2)

Satz 2 begründet eine Verpflichtung des BR, den Gegenstand des Vorschlags binnen zwei Monaten auf die Tagesordnung einer BR-Sitzung zu setzen. Voraussetzung ist, dass der Vorschlag von 5 % der AN unterstützt wird. Dem steht gleich, wenn der Vorschlag von 5 % der AN eingebracht wird. Für die Unterstützung eines Vorschlags nach Satz 2 gelten ebenso wie für den Vorschlag nach Satz 1 selbst (vgl. Rn. 7) **keine besonderen Formvorschriften.** Wegen der Rechtsfolge, der zwingenden Behandlung auf einer BR-Sitzung, kann Schriftform sinnvoll sein, etwa in Form einer Unterschriftenliste unter einen vorgedruckten Text. 14

Die Verpflichtung nach Satz 2 steht neben entsprechenden **Verpflichtungen aus anderen Rechtsgründen.** Nach § 29 Abs. 3 hat der Vorsitzende auf Antrag von einem Viertel der Mitglieder des BR oder des AG eine Sitzung einzuberufen und den beantragten Gegenstand auf die Tagesordnung zu setzen. Nach § 45 Satz 2 können auch Betriebs- und Abteilungsversammlungen dem BR Anträge unterbreiten. Dieser ist indes daran nicht gebunden (vgl. § 45). Die JAV hat ein besonderes Antragsrecht in Angelegenheiten der Jugendlichen und Auszubildenden nach § 67 Abs. 3, die Schwerbehindertenvertretung in Angelegenheiten, die einzelne Schwerbehinderte oder die Schwerbehinderten als Gruppe besonders betreffen, nach § 95 Abs. 4 SGB IX. Für die AN besteht ein Wahlrecht, auf welchem Wege sie versuchen, den BR zur Befassung mit einer von ihnen als wesentlich betrachteten Problematik zu veranlassen. 15

Die Verpflichtung nach Satz 2 beinhaltet, dass innerhalb der nächsten zwei Monate eine **BR-Sitzung** stattfinden muss; d. h., die Befassung mit dem vorgeschlagenen Thema kann nicht mit der Begründung zurückgewiesen werden, es finde keine BR-Sitzung statt. Der Vorschlag ist in unveränderter Form auf die Tagesordnung zu setzen. Allerdings ist der BR-Vorsitzende berechtigt, weitere Punkte auf die Tagesordnung zu nehmen (vgl. § 29). Der Grundsatz der **Nichtöffentlichkeit** von BR-Sitzungen nach § 30 S. 4 wird auch für diesen Tagesordnungspunkt nicht durchbrochen, so dass die Vorschrift dem Antragssteller kein Teilnahmerecht verleiht.[22] 16

18 *Fitting*, Rn. 6.
19 Zur Vermeidung von Außenwirtschaftsverstößen vgl. *Deinert*, AuR 03, 205.
20 *Fitting*, Rn. 9.
21 Muster in DKWF-*Buschmann*, § 86a Rn. 3.
22 *Fitting*, Rn. 9.

17 An die inhaltliche **Zulässigkeit** der Tagesordnungspunkte sollten keine überhöhten Anforderungen gestellt werden (vgl. Rn. 10, § 29, Rn. 25). Fällt ein Vorschlag nicht in die Zuständigkeit des BR, mag er ihn deshalb ablehnen. Eine Verlagerung mitbestimmungsrechtlicher Fragen bereits in die Zulässigkeitsprüfung von Tagesordnungspunkten[23] widerspricht aber der Gesetzessystematik. In seiner inhaltlichen Befassung mit dem vorgeschlagenen Beratungsgegenstand ist der BR frei.[24] Er ist seiner rechtlichen Verpflichtung nach Satz 2 auch nachgekommen, wenn der vorgeschlagene Beratungsgegenstand auf der BR-Sitzung behandelt, dort aber abgelehnt worden ist. Rechtsmittel dagegen stehen den Antragstellern nicht zu. Allerdings ist der BR gut beraten, derartige Anregungen ernst zu nehmen, da insgesamt der BR und das demokratische Engagement der AN hiervon nur profitieren können.

18 Kommt der BR-Vorsitzende seiner Verpflichtung nach Satz 2 nicht nach, handelt er pflichtwidrig. Allerdings eröffnet die Vorschrift kein besonderes Verfahren, um ihn dazu anzuhalten. Der BR kann den Pflichtverstoß zum Anlass nehmen, den BR-Vorsitzenden abzuwählen. Weiterhin könnten die in § 23 Abs. 1 bezeichneten Antragsteller den Ausschluss des BR-Vorsitzenden aus dem BR betreiben (vgl. § 29). Ob dieses Verfahren Erfolg hat, richtet sich nach den Umständen des Einzelfalles.

Dritter Abschnitt
Soziale Angelegenheiten

§ 87 Mitbestimmungsrechte

(1) Der Betriebsrat hat, soweit eine gesetzliche oder tarifliche Regelung nicht besteht, in folgenden Angelegenheiten mitzubestimmen:

1. **Fragen der Ordnung des Betriebs und des Verhaltens der Arbeitnehmer im Betrieb;**
2. **Beginn und Ende der täglichen Arbeitszeit einschließlich der Pausen sowie Verteilung der Arbeitszeit auf die einzelnen Wochentage;**
3. **vorübergehende Verkürzung oder Verlängerung der betriebsüblichen Arbeitszeit;**
4. **Zeit, Ort und Art der Auszahlung der Arbeitsentgelte;**
5. **Aufstellung allgemeiner Urlaubsgrundsätze und des Urlaubsplans sowie die Festsetzung der zeitlichen Lage des Urlaubs für einzelne Arbeitnehmer, wenn zwischen dem Arbeitgeber und den beteiligten Arbeitnehmern kein Einverständnis erzielt wird;**
6. **Einführung und Anwendung von technischen Einrichtungen, die dazu bestimmt sind, das Verhalten oder die Leistung der Arbeitnehmer zu überwachen;**
7. **Regelungen über die Verhütung von Arbeitsunfällen und Berufskrankheiten sowie über den Gesundheitsschutz im Rahmen der gesetzlichen Vorschriften oder der Unfallverhütungsvorschriften;**
8. **Form, Ausgestaltung und Verwaltung von Sozialeinrichtungen, deren Wirkungsbereich auf den Betrieb, das Unternehmen oder den Konzern beschränkt ist;**
9. **Zuweisung und Kündigung von Wohnräumen, die den Arbeitnehmern mit Rücksicht auf das Bestehen eines Arbeitsverhältnisses vermietet werden, sowie die allgemeine Festlegung der Nutzungsbedingungen;**
10. **Fragen der betrieblichen Lohngestaltung, insbesondere die Aufstellung von Entlohnungsgrundsätzen und die Einführung und Anwendung von neuen Entlohnungsmethoden sowie deren Änderung;**
11. **Festsetzung der Akkord- und Prämiensätze und vergleichbarer leistungsbezogener Entgelte, einschließlich der Geldfaktoren;**
12. **Grundsätze über das betriebliche Vorschlagswesen;**
13. **Grundsätze über die Durchführung von Gruppenarbeit; Gruppenarbeit im Sinne dieser Vorschrift liegt vor, wenn im Rahmen des betrieblichen Arbeitsablaufs eine Gruppe**

23 So aber Richardi-*Thüsing*, Rn. 5, 8.
24 Richardi-*Thüsing*, Rn. 9.

von Arbeitnehmern eine ihr übertragene Gesamtaufgabe im Wesentlichen eigenverantwortlich erledigt;

14. Ausgestaltung von mobiler Arbeit, die mittels Informations- und Kommunikationstechnik erbracht wird.

(2) Kommt eine Einigung über eine Angelegenheit nach Absatz 1 nicht zustande, so entscheidet die Einigungsstelle. Der Spruch der Einigungsstelle ersetzt die Einigung zwischen Arbeitgeber und Betriebsrat.

Inhaltsübersicht

I. Vorbemerkungen

§ 87 Abs. 1 regelt die **Mitbestimmungsrechte** des BR in sozialen Angelegenheiten und ist damit eine Kernvorschrift der Betriebsverfassung. Die Vorschrift gilt für **alle Betriebe,** in denen ein BR besteht, und zwar unabhängig von der Zahl der BR-Mitglieder. Deshalb stehen diese Rechte in einem **Kleinbetrieb** auch dem nur aus einer Person bestehenden BR zu. Hat der BR nach § 27 Abs. 1 einen Betriebsausschuss zu bilden, kann er diesem Mitbestimmungsrechte zur selbstständigen Erledigung übertragen, soweit es nicht mit dem Abschluss von BV verbunden ist (vgl. § 27 Abs. 2). Entsprechendes gilt für Ausschüsse (§ 28 Abs. 1 Satz 2, 3). Zudem besteht für den BR die Möglichkeit, nach Abschluss einer Rahmen-BV mit dem AG bestimmte Aufgaben auf **Arbeitsgruppen von AN** zu übertragen (vgl. § 28a). Der **DGB-Entwurf** für ein modernes Betriebsverfassungsgesetz regelt in §§ 74 und 74a[1] die Grundsätze für die Zusammenarbeit v. AG und BR sowie das Verfahren bei Mitbestimmungsrechten. Er stellt z. B. klar, dass nicht nur ein Unterlassungs- und Beseitigungsanspruch des BR bei mitbestimmungswidrigem Verhalten des AG besteht, sondern auch ein Folgenbeseitigungsanspruch und ein Verwertungsverbot für 1

1 AuR Sonderausgabe April 2022, S. 38 f.; hierzu z. B. *Annuß*, NZA 22, 694 ff.; *Deinert*, RdA 23, 81 ff.; *Kleinebrink*, DB 22, 1897 ff.; *Klapp/Klebe*, NZA 22, 683 ff.; *Klebe*, AuR Sonderausgabe April 2022, S. 2 ff.

so erlangte Kenntnisse. Bei allen Mitbestimmungsrechten soll ein Initiativrecht bestehen, es sei denn, es ist ausdrücklich ausgeschlossen. Mitbestimmungsrechte sollen auch Vollzugs- und Kontrollregelungen sowie Rahmenvereinbarungen umfassen. Die Mitbestimmungsrechte in sozialen Angelegenheiten werden in § 87 teilweise klargestellt, teilweise erweitert.[2] Klargestellt wird z. B., dass Nr. 3 auch die Rückkehr zur betriebsüblichen Arbeitszeit umfasst und in Nr. 6, dass die technische Einrichtung, wie auch v. *BAG* angenommen, geeignet sein muss, Verhalten oder Leistung der AN zu überwachen. Neue Mitbestimmungsrechte sind z. B. beim betrieblichen Datenschutz (Nr. 6 b), beim Schutz der Würde und der Persönlichkeitsrechte Einzelner (Nr. 6 a), bei Maßnahmen zur Herstellung v. Entgeltgerechtigkeit (Nr. 10 a) und beim Umwelt- und Klimaschutz (Nr. 15) vorgesehen. Die sonstigen Erweiterungen der Mitbestimmung sind bei den entsprechenden Vorschriften, wie z. B. §§ 92 Abs. 1 und 3, 92a und 112, angesprochen.

2 Ist die **Zuständigkeit** des GBR gegeben (§ 50), übt dieser die Mitbestimmung aus. Gleiches gilt für den KBR (§ 58). Von der zwingenden gesetzlichen Zuständigkeitsverteilung kann im Rahmen der Vorschrift weder durch BV noch TV abgewichen werden.[3] Mitbestimmungsrechte können nicht von der JAV (§§ 60 ff.) oder der Schwerbehindertenvertretung (§ 177 SGB IX) wahrgenommen werden, da das Gesetz ihnen eine derartige Kompetenz nicht eingeräumt hat. Die entsprechende **Übertragung von Mitbestimmungsrechten** durch den BR ist unzulässig. Das gilt auch für GJAV (§§ 72 f.), KJAV (§§ 73a f.) und Gesamt-/Konzernschwerbehindertenvertretung (§ 180 SGB IX).

3 Die **Aufzählung der Mitbestimmungsrechte** in § 87 ist **abschließend.**[4] Der BR kann allerdings die Angelegenheiten mitregeln, die mit dem Mitbestimmungsrecht unmittelbar zusammenhängen und ohne die es nicht sinnvoll ausgeübt werden kann, **»Annex-Kompetenz«.**[5] So erstreckt sich z. B. das Mitbestimmungsrecht in Zusammenhang mit der Einführung der bargeldlosen Entgeltzahlung auch auf zwangsläufig anfallende Kontoführungsgebühren (Rn. 139), bei der Einführung von Kurzarbeit auch auf die Milderung der finanziellen Folgen für die AN (Rn. 129; **str.**) und bei technischen Kontrolleinrichtungen auf eine vom BAG so bezeichnete **»Vollzugs- und Kontrollordnung«** (Rn. 192 f.; **str.**). Weitere Beispiele sind **Informations- und Kontrollrechte, Ankündigungsfristen** und andere prozedurale Regelungen, die insbes. bei **Rahmenregelungen** (z. B. Rufbereitschaft, Überstunden, Rn. 127) vereinbart werden können.[6]

4 Die Mitbestimmungsrechte bleiben auch während eines **Arbeitskampfes** grundsätzlich erhalten und werden nicht suspendiert (vgl. zu den Einzelheiten § 74 Rn. 30 ff., sowie § 87 Rn. 116 ff.).

II. Umfang der Mitbestimmungsrechte

1. Mitbestimmung als Wirksamkeitsvoraussetzung

5 Will der AG eine mitbestimmungspflichtige Maßnahme durchführen, bedarf es dazu der Einigung mit dem BR oder einer Entscheidung der ESt. Deshalb ist eine Maßnahme des AG, die der Mitbestimmung des BR unterliegt, rechtswidrig und somit unwirksam, wenn er sie einseitig durchführt. Die Zustimmung des BR ist also **Wirksamkeitsvoraussetzung** für alle mitbestimmungspflichtigen Maßnahmen.[7] Unwirksamkeit liegt auch dann vor, wenn der AG

---

2 Ebenda, S. 49 f.

3 *BAG* 9.12.03 – 1 ABR 49/02, NZA 05, 234 (236 f.).

4 Vgl. z. B. Richardi-*Richardi/Maschmann,* Rn. 10; Schaub-*Ahrendt,* § 235 Rn. 2.

5 Vgl. z. B. *BAG* 8.3.77 – 1 ABR 33/75, AP Nr. 1 zu § 87 BetrVG 1972 Auszahlung; 13.2.07 – 1 ABR 18/06, NZA 07, 640 (642); *Fitting,* Rn. 26, 61; *Hanau/Reitze,* FS Wiese, S. 149 ff.; a. A. GK-*Wiese,* Rn. 41 f.; WPK-*Bender,* Rn. 12.

6 Vgl. z. B. *BAG* 3.6.03 – 1 AZR 349/02, NZA 03, 1155 (1156, 1159) m. w. N.

7 Ständige Rspr.: vgl. z. B. *BAG* 22.12.80, AP Nr. 70 zu Art. 9 GG Arbeitskampf; *BAG* (GS) 3.12.91 – GS 2/90, DB 92, 1579 (1588); 15.4.08 – 1 AZR 65/07, NZA 08, 888 (892); 25.2.15 – 1 AZR 642/13, *NZA 15, 442 (445);* 5.5.15 – 1 AZR 435/13, NZA 15, 1207 (1208 f. Tz. 13); *Fitting,* Rn. 618 ff.; GK-*Wiese,* Rn. 102 ff.; a. A. HWGNRH-*Worzalla,* Rn. 106 ff.; Richardi-*Richardi/Maschmann,* Rn. 104 ff.; abzulehnen ist daher die Auffassung des *BAG* (2.12.99 – 2 AZR 724/98, BB 00, 1092, 1093 f.), dass der AG bei wahrheitswidriger Beantwortung individualrechtlich zulässiger Fragen zur Anfechtung des

den Betrieb so organisiert, dass er immer damit rechnen muss, dass mitbestimmungspflichtige Tatbestände, wie z. B. Überstunden, anfallen, gleich ob er im konkreten Fall hiervon erfährt oder nicht.[8] Diese Duldung ist einer entsprechenden Anordnung ebenso gleichzustellen[9] wie eine »Empfehlung« des AG, die von den AN als Anordnung aufzufassen ist.[10] Der AG muss also die Übereinstimmung der betrieblichen Abläufe mit den Vorgaben der von ihm geschlossenen BV überprüfen und ggf. korrigierend so eingreifen, dass die Inhalte der BV eingehalten werden. Daher kommt es auch nicht auf eine Kenntnis des AG im Einzelfall an.[11] Auch Überschreitungen z. B. der betriebsüblichen Arbeitszeit, die der AG trotz entsprechender Möglichkeit nicht zur Kenntnis nimmt, werden so erfasst.[12] Dies gilt selbstverständlich auch für die Duldung von Freizeitarbeit (Schreiben von E-Mails, Telefonate o. Ä.) mit Hilfe mobiler Arbeitsmittel, wie z. B. Smartphones (vgl. auch die Checkliste zur Begrenzung des Einsatzes von mobilen Datengeräten am Abend und am Wochenende bei DKWF-*Klebe/Heilmann*, § 87 Rn. 20a).[13] Er kann sich keinesfalls der **Verantwortung für die Führung des Betriebs** entziehen.[14] Deshalb muss er ggf. auch zur Einhaltung z. B. einer BV zur Arbeitszeit den Betrieb umorganisieren oder zusätzliche AN einstellen.[15] Die AN sind nicht verpflichtet, **Anweisungen des AG** zu befolgen, die dieser **unter Missachtung** des Mitbestimmungsrechts des BR erteilt. Wird z. B. Mehrarbeit angeordnet, obwohl weder eine Übereinstimmung mit dem BR noch ein Spruch der ESt. herbeigeführt worden ist, sind die AN **nicht** zur Leistung der verlangten Mehrarbeit verpflichtet.[16] Andererseits bleibt der AG jedoch **zur Lohnzahlung verpflichtet,** wenn AN Mehrarbeit leisten, obwohl diese Mehrarbeit rechtswidrig (ohne Mitbestimmung des BR) angeordnet wurde. Dem AG ist es dann verwehrt, sich auf die Rechtswidrigkeit seiner eigenen Maßnahmen zu berufen.[17] Der AN behält auch seinen bisherigen Lohnzahlungsanspruch (insbes. Zuschläge), wenn ihn der AG unter Verletzung des Mitbestimmungsrechts von der Wechsel- in die Normalschicht abordnet.[18] Allein **aus der Verletzung des Mitbestimmungsrechts** kann sich aber nach Auffassung des *BAG*[19] **kein individualrechtlicher Anspruch** er-

---

Arbeitsvertrages auch dann berechtigt ist, wenn das Mitbestimmungsrecht gem. § 94 Abs. 1 verletzt ist (im Einzelnen § 94 Rn. 25 m. w. N.); vgl. auch Wolter, RdA 06, 137 ff.).

8 *BAG* 28.7.20 – 1 ABR 18/19, NZA 21, 1509 (1511 Tz. 18)= AP Nr. 148 zu § 87 BetrVG 1972 Arbeitszeit nennt betrieblich-organisatorische Gründe, die Mehrarbeit zur Folge haben.

9 *BAG* 27.11.90 – 1 ABR 77/89, BB 91, 548 f.; 24.4.07 – 1 ABR 47/06, DB 07, 1475 (1476); 7.2.12 – 1 ABR 77/10, NZA-RR 12, 359 (360) = AiB 13, 128 ff. mit Anm. v. *Baumgarten*; *Fitting*, Rn. 122.

10 *ArbG Frankfurt* 30.8.90, AiB 91, 109.

11 *LAG München* 21.3.19 – 4 TaBV 57/18, juris Tz. 96 f., allerdings aufgehoben v. *BAG* 28.7.20 – 1 ABR 18/19, NZA 21, 1509 (1511 Tz. 19)= AP Nr. 148 zu § 87 BetrVG 1972 Arbeitszeit, wonach Überschreitungen der betriebsüblichen Arbeitszeit wegen besonderer einmaliger Umstände allein nicht dafür sprechen, dass der AG sie duldet.

12 *BAG* 28.7.20 – 1 ABR 18/19, NZA 21, 1509 (1511 Tz. 19)= AP Nr. 148 zu § 87 BetrVG 1972 Arbeitszeit; *LAG Thüringen* 23.2.22 – 4 TaBV 17/19, juris Tz. 74 f.; *HessLAG* 6.3.23 – 16 TaBV 85/22, NZA-RR 23, 417 (419 Tz. 24).

13 Vgl. *ArbG Berlin* 22.3.12 – 54 BV 7072/11; *Fitting*, Rn. 118 ff.; *Baunack*, AiB 12, 500 ff.; vgl. auch *Buschmann*, AiB 13, 514 ff. zu den Grenzen der vom AN geschuldeten Erreichbarkeit; *Buschmann/Ulber*, ArbZG, § 2 Rn. 23 ff.; Arbeitszeitrecht-*Buschmann*, § 2 Rn. 35 ff.; Seebacher, AiB 11/14, S. 19 ff. mit Regelungsbeispielen; DHZ-*Heuschmid*, § 28 Rn. 48.

14 *BAG*, 29.4.04 – 1 ABR 30/02, NZA 04, 670 (678); *LAG Köln* 8.2.10 – 5 TaBV 28/09, NZA 10, 303 (304 f.); *LAG Berlin-Brandenburg* 28.6.17 – 15 Sa 66/17, juris (Tz. 32: »Der Arbeitgeber ist …»Herr im eigenen Betrieb« = AuR 18, 44 (Ls.) = AiB 2/18, S. 48 f. mit Anm. v. *Beckmann*.

15 *HessLAG* 30.11.15 – 16 TaBV 96/15, LAGE § 77 BetrVG 2001 Nr. 17 = juris (Tz. 21 f.).

16 *LAG Berlin* 30.6.82, BetrR 82, 418 ff.; *Fitting*, Rn. 624; GK-*Wiese*, Rn. 126; *GL*, Rn. 19; *Däubler*, Das Arbeitsrecht 1, Rn. 901; *v. Hoyningen-Huene*, RdA 92, 355 (359); *WEH*, H Rn. 35.

17 *BAG* 5.7.76, AP Nr. 10 zu § 12 AZO; 22.6.10 – 1 AZR 853/08, DB 10, 2807 (2808 f.); *Fitting*, Rn. 623; GK-*Wiese*, Rn. 129; *v. Hoyningen-Huene*, a. a. O.; *WEH*, H Rn. 36; vgl. aber auch *Gutzeit*, NZA 08, 255 (258 f.), der dies damit begründet, dass die Vergütungsfrage dem Mitbestimmungsrecht nicht unterliege.

18 *BAG* 18.9.02 – 1 AZR 668/01, BB 03, 740 (741 f.); *LAG Baden-Württemberg* 27.10.94 – 4 Sa 55/94, AiB 95, 291 ff.; *LAG Niedersachsen* 29.4.05 – 16 Sa 1330/04, NZA-RR 05, 589 (590).

19 Vgl. z. B. 20.8.91 – 1 AZR 326/90, DB 92, 687; 2.3.04 – 1 AZR 271/03, NZA 04, 852 (856); 25.2.15 – 1 AZR 642/13, NZA 15, 442 (445); 15.5.15 – 1 AZR 435/12, NZA 15, 1207 (1211); vgl. auch *Fitting*, Rn. 620; GK-*Wiese*, Rn. 132.

geben, der zuvor noch nicht bestanden hat. Hat der AG z. B. Vergütungsgrundsätze mehrfach mitbestimmungswidrig geändert, kann ein AN – so das *BAG* – nicht verlangen, nach einer für ihn günstigen zwischenzeitlichen, aber mitbestimmungswidrigen Regelung vergütet zu werden[20] bzw. der BR nicht, dass der AG es unterlässt, v. dieser Regelung abzuweichen. Hier hat *Stoffels*[21] die Wertungsfrage aufgeworfen, ob es eine richtige Entscheidung ist, dass ein AG, der fortlaufend gegen Mitbestimmungsrechte verstößt, im Ergebnis besser gestellt wird als ein AG, der sich immerhin teilweise ans Gesetz hält und es nur bei der letzten Veränderung verletzt. Zudem könne ein individualrechtlicher Anspruch des AN bestehen, der auch nach der Theorie der Wirksamkeitsvoraussetzung als begünstigende Maßnahme des AG wirksam bleibe. Als Handlungsmöglichkeit des BR sollte zudem eine Zustimmung per Beschluss zur günstigen zwischenzeitlichen Regelung direkt nach ihrer mitbestimmungswidrigen Einführung mit Wirkung für die Zukunft möglich sein.[22] Der BR hätte dann bei der weiteren mitbestimmungswidrigen Änderung den Unterlassungsanspruch.

6 **Mitbestimmungswidrig** vom AG erlangte Informationen unterliegen einem **Beweisverwertungsverbot.** Etwas anderes gilt nur, wenn die betroffenen AN sie zu ihrer Entlastung nützen.[23] Deshalb ist die Auffassung des ***BAG***[24] abzulehnen, eine unter Verletzung des Mitbestimmungsrechts erlangte Videoaufnahme könne in einem Kündigungsschutzprozess verwertet werden, wenn der BR der Kündigung in Kenntnis des durch die Überwachung gewonnenen Beweismittels zugestimmt habe. Da auch die Datenverwendung mitbestimmungspflichtig ist (vgl. Rn. 190), müsste auch hierzu ein Beschluss des BR vorgelegen haben, der jedenfalls nicht erkennbar war und auch vom Gericht nicht geprüft worden ist. Mitbestimmungswidrige Maßnahmen können zudem nicht nachträglich genehmigt werden (vgl. Rn. 20).[25] Das *BAG*, das letztlich die Frage des Verwertungsverbots mitbestimmungswidrig erlangter Beweismittel in dieser Entscheidung offenlässt, später aber wegen des Schutzzwecks des § 87 Abs. 1 Nr. 6 in ständ. Rspr. verneint,[26] meint trotzdem die Verletzung des Mitbestimmungsrechts übergehen zu können, wenn diese (hier nach § 87 Abs. 1 Nr. 6) keinen **eigenen individualrechtlichen** (hier auf das Persönlichkeitsrecht bezogenen) **Unrechtsgehalt** hat.[27] Mitbestimmungswidrige Maßnahmen sind allerdings, dies verkennt das *BAG* erneut, auch dann **unwirksam** und sollen **keine Wirkungen** entfalten, wenn sie individualrechtlich zulässig sind.[28] In diesem Sinne hat

---

20 *BAG* 5.5.15 – 1 AZR 435/13, NZA 15, 1207 (1211 Tz. 32); 25.4.17 – 1 AZR 427/15, NZA 17, 1346 (1347 Tz. 16); ErfK-*Kania*, Rn. 116, 139; GK-*Wiese*, Rn. 132; HWGNRH-*Worzalla*, Rn. 116; HWK-*Clemenz*, Rn. 56; Schaub-*Ahrendt*, § 235 Rn. 116; kritisch *Stoffels*, NZA 17, 1217 (1223).

21 NZA 17, 1217 (1223).

22 Vgl. *Vormbaum-Heinemann/S.Schmid*, FS Klebe, S. 415 (417 ff.).

23 *LAG Bremen* 28.7.05 – 3 Sa 98/05, RDV 06, 24; *LAG Hamm* 25.1.08 – 10 Sa 169/07, RDV 08, 211 f.; *Däubler*, Gläserne Belegschaften, Rn. 838 d ff.; *Fischer;* BB 99, 154 ff.; HaKo-BetrVG/*Kohte*, Rn. 33; DHZ-*Callsen*, § 13 Rn. 256; demgegenüber differenzierend *Rhotert*, BB 99, 1378 f.; **a. A.** *LAG Niedersachsen* 20.3.09 – 10 TaBV 71/08, LAGE § 626 BGB 2002 Verdacht strafbarer Handlung Nr. 6, S. 7; GK-*Wiese*, Rn. 139 ff.; HWGNRH-*Worzalla*, Rn. 117; *Lunk*, NZA 09, 457 (463 f.); *Alter*, NJW 15, 2375 (2376); *Eufinger*, DB 17, 1266 (1269 f.); *Gola*, BB 17, 1462 (1471); auch § 94 Rn. 22, 25.

24 27.3.03 – 2 AZR 51/02, DB 03, 2230 (2232); 22.9.16 – 2 AZR 848/15, NZA 17, 112 (116 Tz. 44).

25 So allerdings auch *BAG* 27.3.03, a.a.O.

26 *BAG* 22.9.16 – 2 AZR 848/15, NZA 17, 112 (116 Tz. 44); 20.10.16 – 2 AZR 395/15, NZA 17, 443 (447 Tz. 36).

27 So auch *BAG* 13.12.07 – 2 AZR 537/06, NJW 08, 2732 (2735) mit zustimmender Anm. v. *Grobys*: Verwertungsverbot **allenfalls** dann, wenn durch die Maßnahme selbst z. B. Persönlichkeitsrechte erheblich verletzt würden; 28.3.19 – 8 AZR 421/17, NZA 19, 1212 (1214 Tz. 27 ff.) und hierzu Anm. *Brink*, jurisPR-ArbR 38/19 Nr. 1; vgl. auch 27.7.17 – 2 AZR 681/16, NZA 17, 1327 (1328 ff. Tz. 16 ff.: keine Verwertung nach Überwachung mit Keylogger; *HessLAG* 21.9.18 – 10 Sa 601/18, RDV 19, 255 (Ls.): Verwertungsverbot bei Verstoß gegen § 32 BDSG a. F.; *LAG Sachsen* 21.3.22 – 1 Sa 374/20, juris (Tz. 72 f.) = jurisPR-ArbR 21/22 Nr. 6 mit Anm. v. *Dahl*, hierzu auch *Heuer/Spillner*, DB 22, 209; GK-*Wiese*, Rn. 139 ff.; *Dzida/Grau*, NZA 10, 1201 (1204 f.); *Künzl*, BB 21, 500 (501 f.); *Koch*, ZFA 18, 109 ff.; zur Rspr. des **EGMR** bei Kontrollmaßnahmen im Betrieb und Beweisverwertungsverboten *Kramer*, NZA 18, 637 ff. und *Chandna-Hoppe*, NZA 18, 614 ff.

28 Vgl. *BAG* 30.6.15 – 1 ABR 71/13, juris (Tz. 25); *Bayreuther*, NZA 05, 1038 (1042 f.), *Wolter*; RdA 06, 137 (142 f.); *Wedde*, AiB 04, 761 (765 f.); Richardi-*Maschmann*, Rn. 546 und *Lerch/Weinbrenner*, AuR 08, 400 (401), Anm. zu *BAG* 13.12.07, a.a.O.

das *BAG* in einer früheren Entscheidung[29] dem AG die Verwertung von AN-Daten untersagt, wenn die entsprechende Verwendung dem Mitbestimmungsrecht unterliegt und der BR nicht zugestimmt hat. Daher ist auch die Entscheidung des *BAG* v. 13. 12. 07,[30] die ein Verwertungsverbot allein wegen der Verletzung eines Mitbestimmungsrechts oder der Nichteinhaltung einer BV verneint, und die folgende entsprechende Rspr. abzulehnen.[31] Die Rspr. des *BAG* ist geradezu eine Einladung für AG, mitbestimmungswidrig Daten zu erheben und dann zu verwerten. Schließlich ist eine Maßnahme des AG, die darauf beruht, dass Beschäftigtendaten entgegen einer BV verwendet werden, jedenfalls dann unwirksam, wenn diese Rechtsfolge in der BV hierfür angeordnet wird.[32]

Gelingt es dem AG nicht, mit dem BR über eine mitbestimmungspflichtige Maßnahme Übereinstimmung zu erzielen, ist es ihm auch **versagt, die Maßnahme mittels Änderung der einzelnen Arbeitsverträge,** gleichgültig ob durch Änderungskündigung oder auf andere Weise, **durchzusetzen.**[33] Ebensowenig kann der Entleiher das Mitbestimmungsrecht des BR im Einsatzbetrieb nach Nr. 2 dadurch beseitigen, dass er mit dem Verleiher bestimmte Arbeitszeiten für die Leiharbeitnehmer vereinbart.[34] Beides würde eine Umgehung des Mitbestimmungsrechts darstellen und ist deshalb rechtswidrig. Die gewählte Form ist dabei gleichgültig; entscheidend ist der generelle Charakter solcher Maßnahmen.[35] So kann der AG beispielsweise die bargeldlose Lohnzahlung nicht dadurch einführen, dass er sich von den AN entsprechende Erklärungen unterzeichnen lässt, weil es ihm nicht gelang, mit dem BR eine Einigung darüber herbeizuführen.[36] Ebenso ist es ihm verwehrt, durch entspr. Klauseln in **Formulararbeitsverträgen** Regelungen in mitbestimmungspflichtigen Angelegenheiten ohne den BR zu treffen.[37] 7

Abzulehnen ist die Entscheidung des *BAG*,[38] die den Ausspruch von **Änderungskündigungen** bereits vor Durchführung eines für die entsprechende Modifizierung der Arbeitsbedingungen ebenfalls erforderlichen Mitbestimmungsverfahrens unter dem Vorbehalt einer späteren mitbestimmten Regelung für wirksam hält. Diese Ansicht verstößt gegen die Grundsätze der Wirksamkeitsvoraussetzung, da es hiermit dem AG umfassend verwehrt werden soll, im Bereich der Vorschrift individualrechtlich (auch vorläufige) Fakten zu schaffen.[39] 8

Die Mitbestimmung kann sich auch auf **Leih-AN** erstrecken; eine **Mustervereinbarung** für Leih- und Fremdfirmenarbeit findet sich bei DKWF-*Klebe/Heilmann*, § 87 Rn. 3.[40] Für Leih- 9

29 12. 1. 88 – 1 AZR 352/86, DB 88, 1552 (1553).

30 *BAG* 13. 12. 07 – 2 AZR 537/06, NJW 08, 2732 (2734).

31 Vgl. wie die vorhergehenden Fn.

32 *LAG Berlin-Brandenburg* 9. 12. 09 – 15 Sa 1463/09, NZA-RR 10, 347 (349 f.); *LAG Nds.* 6. 7. 22 – 8 Sa 1148/20, juris (Tz. 56 f.), hierzu *Zwanziger*, AuR 23, 165 ff.; Richardi-*Maschmann*, Rn. 546; *Klocke*, jurisPR-ArbR 45/20 Nr. 3; *Däubler*, NZA 23/20, S. III; *ders.*, Gläserne Belegschaften, Rn. 388j; offengelassen v. *BAG* 31. 1. 19 – 2 AZR 426/18, NZA 19, 893 (900 Tz. 68); a. A. *BAG* 29. 6. 23 – 2 AZR 296/22, juris Tz. 53, das die Entscheidung des LAG Nds. v. 6. 7. 22 aufhebt; *LAG Köln* 19. 7. 19 – 9 TaBV 125/18, juris Tz. 67 = AuR 20, 44 f. (Ls.), aufgehoben v. *BAG* 23. 3. 21 – 1 ABR 31/19, NZA 21, 959 ff. (allerdings ohne auf diese Frage einzugehen), ablehnend *Klocke*, jurisPR-ArbR 25/20 Nr. 3; *LAG Baden-Württemberg 6. 6. 18* – 21 Sa 48/17, juris, Tz. 148 (Vorinstanz zu der gerade genannten Entscheidung des BAG) = CuA3/20, S. 38 f. mit Anm. v. *Stähler*; *Fitting*, Rn. 625; *Fuhlrott/Oltmanns*, NZA 18, 413 (415 ff.); *Akkilic*, NZA 20, 523 (627); vgl. auch zu Beweisverwertungsverboten in BV *Rohs*, AiB 6/16, S. 46 ff. und *Lorenz*, AiB 3/18, S. 40 f.

33 Vgl. z. B. *BAG* 31. 1. 84, AP Nr. 15 zu § 87 BetrVG 1972 Lohngestaltung; 29. 1. 08 – 3 AZR 42/06, NZA-RR (303); 08, 469 (471); 15. 4. 08, NZA 08, 888 (892); *LAG Nürnberg* 21. 2. 17 – 7 Sa 441/16, NZA-RR 17, 302 *WW*, Rn. 4.

34 *HessLAG* 1. 9. 11 – 5 TaBV 44/11, juris=AuR 12, 225 (Ls.).

35 *Fitting*, Rn. 18, 595; GK-*Wiese*, Rn. 123 ff.

36 So schon zum früheren Recht zuletzt *BAG* 31. 1. 69, AP Nr. 5 zu § 56 BetrVG 1952 Entlohnung.

37 Vgl. im Einzelnen *Bachner*, NZA 07, 536 ff.

38 17. 6. 98 – 2 AZR 336/97, DB 98, 2170 (2172).

39 Vgl. *Fitting*, Rn. 618; DHZ-*Callsen*, § 13 Rn. 256; *DDZ*, § 2 KSchG Rn. 254 f.; Schaub-*Ahrendt*, § 235 Rn. 23; *Wolter*, RdA 06, 137 (140 ff.); kritisch auch *H. Hanau*, Anm. zu AP Nr. 49 zu § 2 KSchG 1969, der allerdings diesen Gesichtspunkt ebenfalls nicht ausreichend berücksichtigt; dem *BAG* zustimmend GK-*Wiese*, Rn. 125.

40 Vgl. auch *Zumbeck*, S. 18 ff. und *Hamm*, Leiharbeit, S. 16 ff., jeweils mit diversen Regelungsbeispielen in BV.

AN, die länger als 3 Monate im Betrieb eingesetzt werden, wird dies durch § 7 Satz 2 klargestellt, der mit der Zubilligung des aktiven Wahlrechts ihre Zugehörigkeit zum Einsatzbetrieb anerkennt.[41] Da die Vorschrift nur das Wahlrecht, nicht aber den Umfang der Mitbestimmungsrechte regelt, ist das Mitbestimmungsrecht darüber hinaus, unabhängig von der Einsatzdauer, immer dann gegeben, wenn der Normzweck und das dem Entleiher zustehende Direktionsrecht eine betriebsverfassungsrechtliche Zuordnung der Leih-AN auch zum Entleiherbetrieb erforderlich machen, weil sonst die Schutzfunktion des BetrVG außer Kraft gesetzt würde.[42] Hiermit wird gleichzeitig der Umfang der Mitbestimmungsrechte bei allen Formen von Leiharbeit definiert. Daher bestehen **Mitbestimmungsrechte nach Abs. 1 Nrn. 1, 2,**[43] 6, 7 (vgl. auch § 11 Abs. 6 Satz 1 AÜG),[44] 12 und nach Nr. 13, ggfs. bei der Nutzung von Sozialeinrichtungen nach Nr. 8 (vgl. auch § 13b AÜG) und auch nach Nr. 9.[45] Bei **Nr. 3** ist der BR des Verleiherbetriebs zuständig, falls der dortige AG AN in Betriebe entsendet, in denen die Arbeitszeit länger als in seinem Betrieb ist. In diesen Fällen ordnet er selbst bereits mit Abschluss des AN-Überlassungsvertrages die Leistung von Überstunden an. Werden Überstunden demgegenüber erst auf Grund einer späteren Entscheidung des Entleihers geleistet, so übt dessen BR das Mitbestimmungsrecht aus.[46] Eine solche Gleichstellung von Stammbeschäftigten und Leih-AN hat das **BAG** auch in anderen Bereichen wie für §§ 9 und 38, § 23 Abs. 1 Satz 3 KSchG und § 9 MitbestG[47] vollzogen und jetzt auch der **Gesetzgeber** hinsichtlich gesetzlicher Schwellenwerte in § 14 Abs. 2 Satz 4 AÜG. Auf der anderen Seite stehen z. B. alle Mitbestimmungsrechte im **Zusammenhang mit der Entlohnung** ausschließlich dem BR des Verleiherbetriebs zu (vgl. § 5 Rn. 81 ff. m. w. N.)[48] Allerdings können auch in diesem Bereich BV im Entleiherbetrieb und damit die Mitbestimmungsrechte des dortigen BR Auswirkungen für die Leih-AN haben. Diese sind gem. §§ 3 Abs. 1 Nr. 3, 9 Nr. 2 AÜG z. B. beim **Entgelt** mit der Stammbelegschaft gleichzustellen, sofern nicht ein **TV** bei »Achtung des Gesamtschutzes« **abweichende Regelungen**

---

41 BT-Drucks. 14/5741, S. 36.

42 So *BAG* 15. 12. 92 – 1 ABR 38/92, DB 93, 888 (889) m. w. N.; 19. 6. 01 – 1 ABR 43/00, BB 01, 2582 (2583); 15. 10. 14 – 7 ABR 74/12, NZA 15, 560 (563); *HessLAG* 1. 9. 11 – 5 TaBV 44/11, juris = AuR 12, 225 (Ls.); *LAG München* 5. 12. 00, AiB 02, 432 f.; ErfK-*Kania*, Rn. 5; *Fitting*, Rn. 11 und § 5 Rn. 267 f.; GK-*Gutzeit*, Rn. 305; Richardi-*Richardi/Maschmann*, Rn. 15; *Bayreuther*, BB 14, 1973 (1975); *Hamann*, NZA 03, 526 (530) und oben § 5 Rn. 72 ff.; *Däubler*, FS Buchner, S. 163 (170 ff.) spricht von einem partiellen Arbeitsverhältnis; vgl. auch *LAG Köln* 21. 10. 94 – 1310 TaBV 45/94, BB 95, 368, Ls.; für die Anwendung von Mitbestimmungsrechten des Entleiher-BR auf Leih-AN spricht auch deren gesetzliche **Gleichstellung mit der Stammbelegschaft** bei den wesentlichen Arbeitsbedingungen vgl. §§ 3 Abs. 1 Nr. 3, 9 Nr. 2 AÜG; vgl. auch *BAG* 4. 11. 15 – 7 ABR 42/13 zu § 9 MitbestG.

43 Hierzu *BAG* 15. 12. 92 a. a. O.; 18. 7. 17 – 1 ABR 15/16, NZA 17, 1542 (1543 Tz. 23 bei Personalgestellung); 22. 10. 19 – 1 ABR 17/18, NZA 20, 123 (125 Tz. 21); 28. 7. 20 – 1 ABR 45/18, NZA 20, 1491 (1493 Tz. 22); *LAG Berlin-Brandenburg* 9. 8. 12 – 5 TaBV 770/12, juris (**BV gelten auch für LeihAN, sofern sie nicht ausdrücklich v. Geltungsbereich ausgenommen sind);** *LAG Hamm* 26. 8. 05 – 13 TaBV 147/04; vgl. auch *BAG* 18. 7. 17 – 1 ABR 15/16, juris (Tz. 21 ff.).

44 *BAG* 7. 6. 16 – 1 ABR 25/14, NZA 16 1420 (1421) = AP Nr. 23 zu § 87 BetrVG 1972 Gesundheitsschutz mit Anm. v. *J. Ulber*.

45 Vgl. **vor allem** *BAG* 13. 3. 13 – 7 ABR 69/11, NZA 13, 789 (792), das beispielhaft auf Nr. 1, 2, 6, 7 und 13 verweist; 15. 10. 14 – 7 ABR 74/12, NZA 15, 560 (563); 24. 8. 16 – 7 ABR 2/15, NZA 17, 269 (270 f. Tz. 20 f.); *Fitting*, § 5 Rn. 268; § 87 Rn. 291a; HaKo-BetrVG/*Kohte*, Rn. 5; *Linsenmaier/Kiel*, RdA 14, 135 (149 ff.), leider mit kompletter Ignorierung des betriebsverfassungsrechtlichen Schrifttums; *Bayreuther*, BB 14, 1973 (1975) mit vergleichbarer Ausblendung; *Rost*, NZA 99, 113 (118 f.); Ulber-*Fütterer*, § 14 AÜG Rn. 148 ff.; *Körner*, NZA 06, 573 (577 zu Nrn. 1, 6, 7); HWGNRH-*Worzalla*, Rn. 10; 122 (Nr. 1); 242 (Nr. 3), Rn. 342 (Nr. 6), Rn. 394 (Nr. 7), 708 (Nr. 13); *LAG Hamburg* 7. 6. 12 – 2 TaBV 4/12, AiB 13, 137 f. mit Anm. v. *Schuster* (zu Nr. 8 im Verfahren gem. § 100 ArbGG) und 9. 4. 14 – 5 TaBV 15/13 (zu Nr. 7); *Rieble/Gistel*, DB 05, 1382 (1383 (Nr. 12); *Julius*, S. 144 f. zu Nr. 6 und ErfK-*Kania*, Rn. 20 zu Nr. 1 und Rn. 50 zu Nr. 6; allgemein zur Abgrenzung auch *LAG Niedersachsen* 23. 10. 09 – 12 TaBV 123/08, NZA-RR 10, 144 (145); vgl. auch *BAG* 24. 8. 11, DB 12, 1158 (1159): Die Erörterung z. B. von Fragen der Nrn. 1, 2, 3, 6, und 7 sei für die Leiharbeitnehmer von Bedeutung, daher ihre Berechtigung nach § 14 Abs. 2 AÜG an Betriebsversammlungen teilzunehmen.

46 *BAG* 19. 6. 01 – 1 ABR 43/00, BB 01, 2582 (2584); *LAG Baden-Württemberg* 5. 8. 05 – 5 TaBV 5/05, AiB *06, 381 ff. mit Anm. v. Klar;* Ulber-*Fütterer*, § 14 AÜG Rn. 156 ff.; *Hamann*, AuR 02, 322 (326 ff.).

47 Vgl. z. B. 4. 11. 15 – 7 ABR 42/13, NZA 16, 559 (563 f. Tz. 31 ff.); 2. 8. 17 – 7 ABR 51/15, NZA 17, 1343 (1344 Tz. 19 ff.); vgl. auch *BGH* 25. 6. 19 – II ZB 21/18, NZA 19, 1232 (1233 Tz.17 ff.).

48 *BAG*, a. a. O.; *Hamann*, NZA 03, 526 (530).

zulässt.[49] Ist dies nicht der Fall, können also auch Entlohnungsvorschriften, wie z. B. zu übertariflichen Zulagen oder Gewinnbeteiligungen, **mittelbar** für Leih-AN gelten.[50]

Bei **sonstigem Fremdfirmeneinsatz** (vgl. hierzu auch § 5 Rn. 61 ff.; § 99 Rn. 81 ff.), wie z. B. im Rahmen von **Werkverträgen**[51], können die gleichen allgemeinen Grundsätze gelten, wenn das Direktionsrecht trotz formaler Zuordnung zum vertraglichen AG (teilweise) tatsächlich vom AG des Beschäftigungsbetriebs ausgeübt wird. Man kommt hier auch zu dem gleichen Ergebnis, nämlich der Annahme von Mitbestimmungsrechten des BR des Einsatzbetriebs, wenn ein **Umgehungstatbestand** vorliegt.[52] Eine **Umgehung des Mitbestimmungsrechts** liegt z. B. vor, wenn der AG nach Ablehnung von Überstunden die betreffenden AN, die daraufhin von einer Drittfirma befristet als Teilzeitbeschäftigte unter Vertrag genommen werden, im Rahmen eines Werkvertrages beschäftigen will. Besonders deutlich wird die Umgehung, wenn es sich bei dem Werkunternehmer um einen **Strohmann** handelt, der nicht nur die entsprechenden Arbeiten auf den Maschinen des AG mit dessen AN durchführt, sondern auch selbst keinen eigenen Betrieb hat.[53] Wegen der sonst entstehenden Schutzlücke bestehen die Mitbestimmungsrechte des Verleiher-BR auch im Entleiherbetrieb, wenn dieser AN- oder BR-los ist.[54] 10

Das Mitbestimmungsrecht für **Fremdfirmenbeschäftigte**[55] kann allerdings auch unabhängig von einer Umgehung des Gesetzes oder der Ausübung des Direktionsrechts durch den AG des Einsatzbetriebes bestehen.[56] Dies ist einmal der Fall, wenn die Fremdfirmenbeschäftigten so in den Betrieb eingegliedert sind, dass sich hieraus **Auswirkungen** für die Belegschaft des Beschäftigungs-/Stammbetriebs bzw. ein **Koordinierungsbedarf** ergeben.[57] Anerkannt ist dies z. B. für die Zuweisung einer **Werkmietwohnung** aus einem einheitlichen im Übrigen für alle AN offenen Bestand an einen Dritten (vgl. die Nachweise in Rn. 289; zur ähnlichen Situation bei Berufsbildungsmaßnahmen: § 98 Rn. 31) oder für das Mitbestimmungsrecht gemäß Nr. 8, das sich bei entsprechender Öffnung der **Sozialeinrichtung** auch auf Externe erstreckt (Rn. 265). Vergleichbar ist zudem der Fall, dass die Arbeitszeit der Fremdfirmenbeschäftigten Einfluss auf die der Stammbelegschaft hat und hier eine Abstimmung erforderlich ist.[58] Auch Regelungen gemäß Nrn. 1, 6 und 7 lassen sich kaum isoliert für die Stammbelegschaft treffen: Arbeiten z. B. der Stammbeschäftigte und der Fremdfirmen-AN nebeneinander, kommt nur ein **einheitlicher Arbeits- und Gesundheitsschutz** in Frage, wie im Übrigen auch § 2 Abs. 2 11

---

49 Vgl. hierzu *EuGH* 15.12.22 – C-311/21, NZA 23, 31 ff. und *Däubler*, NZA 23, 73 ff.; *Hamann*, jurisPR-ArbR 10/23 Nr. 1; *Buschmann*, AuR 23, 150 f.; *Donath*, AuR 23, 168 ff.; *Schüren*, NZA 23, 529 ff.

50 Vgl. auch *Däubler*, DB 08, 1914 (1917); *Ulber*, NZA 09, 232 (235).

51 Hierzu ausführlich *Karthaus/Klebe*, NZA 12, 417 ff.; *dies.*, FS Kempen, S. 299 ff.; *Klebe*, FS Kezuka, S. 147 (157); vgl. auch *Hertwig/Kirsch/Wirth*, AuR 16, 141 ff. zu empirischen Fragen.

52 *LAG Frankfurt* 19.4.88, DB 89, 128 f.; 20.2.90 – 5 TaBV 70/89, DB 91, 396, Ls.; *LAG Baden-Württemberg* 11.5.88, AiB 88, 314; *LAG Düsseldorf*, 5.11.01 – 5 TaBV 43/01, NZA-RR 02, 361 (362); *ArbG Offenbach* 24.7.89 – 3 BVGa 40/89; *ArbG Wiesbaden* 23.7.93, NZA-RR 98, 165 (168); *Däubler*, Das Arbeitsrecht 1, Rn. 968, 970; *Leisten*, BB 92, 266 (269 f.); a. A. *ArbG Passau* 8.5.90, BB 90, 2335; vgl. auch *LAG Düsseldorf* 17.3.88 – 5 (2) TaBV 1/88.

53 *BAG* 22.10.91 – 1 ABR 28/91, DB 92, 686 f.; *LAG Köln* 30.3.11 – 3 TaBV 84/10, AiB 12, 472 f. mit Anm. v. *Vormbaum-Heinemann*; GK-*Gutzeit*, Rn. 306; *Halberstadt*, Rn. 5; *Müller-Wenner*, Anm. zu LAG Hamm 14.10.16 – 13 TaBV8/16, AuR 17, 213 (214 ff.); Richardi-*Richardi/Maschmann*, Rn. 342; vgl. auch *BAG* 25.2.97 – 1 ABR 69/96, NZA 97, 955 (956).

54 A. A. *Fitting*, § 5 Rn. 268; *Stückmann*, DB 99, 1902 (1904 ff.); offengelassen von *BAG* 15.10.14 – 7 ABR 74/12, NZA 15, 560 (563).

55 Vgl. DKWF-*Klebe/Heilmann*, § 87 Rn. 3: Mustervereinbarung für Leih- und Fremdfirmenarbeit.

56 Vgl. auch *Kittner*, AuR 98, 98 (102 ff.), *Karthaus/Klebe*, NZA 12, 417 (423 ff.); *Deinert*, RdA 14, 65 (74) und *Däubler*, FS Buchner, S. 163 (173 f.), der von einem partiellen Arbeitsverhältnis spricht und ein Mitbestimmungsrecht jedenfalls für Nr. 1 und 8 anerkennt; a. A. *Fitting*, Rn. 10; ErfK-*Kania*, Rn. 5; vgl. zu Matrixstrukturen im Konzern *Kort*, NZA 13, 1318 (1325).

57 Vgl. ausführlich *Karthaus/Klebe*, NZA 12, 417 (424); *Plander*, AiB 90, 19 ff. (27 ff.); *Becker*, AuR 82, 369 (380); GK-*Gutzeit*, Rn. 306; Ulber-*J.Ulber*, Einleitung C Rn. 163 f.; *zu Dohna-Jaeger*, AuR 13, 238 (242); *Däubler/Schiek*, Anm. zu AP Nrn. 7 u. 8 zu § 87 BetrVG 1972 Werkmietwohnungen, Bl. 1239 R; *Eichhorn*, AiB 96, 647 (649 ff.) mit dem Entwurf einer BV.

58 *LAG Frankfurt* 24.10.89, DB 90, 2126 (2127); GK-Gutzeit, Rn. 301.; vgl. auch *Plander*, DB 99, 330 (333) für arbeitnehmerähnliche Personen.

Nr. 3, § 8 ArbSchG anerkennen (hierzu Rn. 231).[59] Diese Überlegung gilt ebenso für Nr. 1 (z. B. bei betrieblichem Rauchverbot) und Nr. 6 (z. B. bei technischen Kontrollsystemen, die personenbeziehbare Daten der Passierenden erfassen),[60] zumal **§ 75** AG und BR zum Schutz aller im Betrieb tätigen Personen verpflichtet (hierzu § 75 Rn. 9 ff.).[61] Somit kann sich das Mitbestimmungsrecht wegen eines entsprechenden **Koordinierungsbedarfs** und/oder aus der Überlegung, dass andernfalls die **Interessen der Stammbelegschaft nicht wirksam wahrgenommen werden können,** auch auf Fremdfirmenbeschäftigte erstrecken (zur Frage, ob es sich in den hier geschilderten Fällen betriebsverfassungsrechtlich bei den Fremdfirmenbeschäftigten um externe AN handelt, vgl. § 5 Rn. 81 ff.).

12 Darüber hinaus kann sich die vom *BAG* für Leih-AN angesprochene **Schutzlücke** ergeben, und zwar unabhängig davon, ob der AG des Stammbetriebs das Direktionsrecht gegenüber den externen AN ausübt. Denn das Mitbestimmungsrecht gem. § 87 geht **über eine Begrenzung des Direktionsrechts hinaus,**[62] wie insbes. Nrn. 1, 6 und 7, ebenso wie die Möglichkeit des BR, ein Initiativrecht auszuüben, verdeutlichen. Die Norm will vielmehr den AN über den BR eine Teilhabe an den sie betreffenden Fragen im Arbeitsprozess, eine Beteiligung an der Gestaltung der wichtigsten Arbeitsbedingungen ermöglichen.[63] Vor allem bei Sachverhalten, die den genannten Nrn. unterliegen, ist es denkbar, dass der BR des Entsendungsbetriebs seine Mitbestimmungsrechte nicht ausüben und daher z. B. das Persönlichkeitsrecht dieser AN nicht schützen kann. Um die **Schutzfunktion des BetrVG** nicht außer Kraft zu setzen, kann daher auch hier der BR des Tätigkeitsbetriebes das Mitbestimmungsrecht für die Fremdfirmenbeschäftigten ausüben.[64] Diese Auffassung lässt sich zudem durch § 75 stützen (vgl. oben). Das *BAG*[65] geht demgegenüber davon aus, dass **nur der BR des Entsendebetriebs** Mitbestimmungsrechte ausüben kann. Der BR des Einsatzbetriebs habe **kein Mandat** für die Fremdfirmenbeschäftigten und könne mit deren AG nicht verhandeln. Darüber hinaus hätten die Fremdfirmenbeschäftigten auch keine Möglichkeit, im Einsatzbetrieb die **Errichtung eines bisher fehlenden BR** herbeizuführen. Der Vertrags-AG müsse daher in den Verhandlungen mit dem Kunden eine Vertragsgestaltung durchsetzen, die den Vereinbarungen mit »seinem« BR entspreche (vgl. auch Rn. 21). Ob dies allerdings immer realistisch ist, erscheint fraglich. Anders als in den Fällen, in denen er die Erledigung des der Mitbestimmung unterliegenden Geschäfts einem Dritten überlässt und von vorneherein die Ausübung der Mitbestimmungsrechte in den entsprechenden Verträgen sicherstellen kann (z. B. Personaldatenverarbeitung bei einem selbstständigen Dienstleister), wird der AG hier je nach **Marktmacht** auf Grenzen stoßen. Teilweise werden Sonderlösungen, wie z. B. beim Arbeits- und Gesundheitsschutz gem. Nr. 7, nicht praktikabel sein. Insofern kann dann auch in diesen Fällen eine Schutzlücke entstehen. Für ein **Mitbestimmungsrecht des BR des Einsatzbetriebs** kann zudem, wie oben ausgeführt, sprechen, dass ein Koordinierungsbedarf zwischen Stammbelegschaft und Fremdfirmenbeschäftigten besteht und ohne entsprechende Anwendung des Mitbestimmungsrechts die Interessen der Stammbelegschaft nicht wirksam

---

59 *EuGH* 12. 12. 96, NZA 97, 307 ff., der Art. 4 und 5 der europäischen Bildschirmrichtlinie vom 29. 5. 90 (AmtsBlEG 1990, Nr. L 156/14) auf alle Arbeitsplätze anwendet, es also offenbar für unerheblich hält, wer an ihnen beschäftigt wird; *Hamann/Rudnik*, NZA 16, 1368 (1372 f.); vgl. hierzu auch *LAG Niedersachsen* 11. 1. 17 – 13 TaBV 109/15, juris (Tz. 88) und auch *Fitting*, Rn. 302, sowie HWGNRH-*Worzalla*, Rn. 352 zu § 87 Abs. 1 Nr. 6; a. A. *Wiebauer*, ZfA 14, 29 (79 f.); zum faktisch ohne Mitbestimmung des BR des Einsatzbetriebs deutlich reduzierten Schutzniveau für Werkvertrags-AN vgl. *Becker/Engel*, WSI-Mitt. 15, 178 ff.

60 *Hamann/Rudnik*, **NZA 16, 1368 (1372)**; **a. A.** *BAG* 27. 1. 04 – 1 ABR 7/03, NZA 04, 556 (558); 26. 1. 16 – 1 ABR 68/13, NZA 16, 498 (501 Tz. 30 f.); vgl. im Einzelnen Rn. 12.

61 Vgl. insoweit auch *Walle*, NZA 99, 518 (520).

62 Vgl. auch GK-*Wiese*, vor § 87, Rn. 5 ff.

63 Vgl. auch *Fitting*, Rn. 3; *GK-Wiese*, Rn. 97 und vor § 87 Rn. 5 ff.; *Schlewing*, NZA 04, 1071 (1074) zu Nr. 6.

64 Vgl. auch *Becker*, AuR 82, 369 (380); *Hamann/Rudnik*, NZA 16, 1368 (1372 f.); *Karthaus/Klebe*, NZA 12, 417 (424); *Deinert*, RdA 14, 65 (74) und *Kittner*, AuR 98, 98 (102 ff.), der an Rechtsfiguren aus dem allgemeinen Zivilrecht wie Drittschadensliquidation und Vertrag mit Schutzwirkung zugunsten Dritter anknüpft.

65 27. 1. 04 – 1 ABR 7/03, NZA 04, 556 (558); 26. 1. 16 – 1 ABR 68/13, NZA 16, 498 (501 Tz. 30 f.); zustimmend Richardi-*Maschmann*, Rn. 542.

wahrgenommen werden können. Insofern dient die Erstreckung des Mitbestimmungsrechts auf die Fremdfirmenbeschäftigten dem BR des Einsatzbetriebs auch dazu, die **Schutzfunktion für die Stammbelegschaft** wirksam wahrzunehmen. Zusammengefasst lässt sich also feststellen, dass Mitbestimmungsrechte des BR des Einsatzbetriebs nach § 87 Abs. 1 Nrn. 1, 6, 7, 8 und 9 auch im Hinblick auf Werkvertragsarbeitnehmer bestehen. Demzufolge kann sich jedenfalls im Prinzip eine Doppelzuständigkeit ergeben, wenn in beiden Betrieben ein BR gewählt worden ist. Die vom BR des Einsatzbetriebs getroffene Vereinbarung könnte dann vom BR des Entsendebetriebs für dessen Beschäftigte modifiziert werden (vgl. auch Rn. 267). Dies wird aber wohl nur eine theoretische Möglichkeit sein, da die im Einsatzbetrieb getroffene Regelung für das Mitbestimmungsverfahren des Entsendebetriebs zu berücksichtigende betriebliche Belange (»einheitliche Regelung«) darstellt und AG und BR des Entsendebetriebs nicht die erforderliche Durchsetzungsfähigkeit haben (»Schutzlücke«). Besteht demgegenüber nur in einem der Betriebe ein BR, ist die mit ihm getroffene Regelung anzuwenden. Diese Grundsätze zur Fremdfirmenarbeit lassen sich auch auf im **Crowdsourcing**[66] Beschäftigte anwenden, sofern sie nicht, wie dies je nach Fallgestaltung möglich ist, schon AN des Betriebes sind.[67] Dabei stellen Auftraggeber bestimmte Aufgaben auf eine Internetplattform, um sie von einer mehr oder weniger unbestimmten Menge von Menschen, der Crowd, bearbeiten zu lassen.[68] Darüber hinaus stellt sich die Frage, ob Crowdworker, wenn sie Selbstständige sind, nicht als Heimarbeiter anzusehen sind. Ist dies der Fall und arbeiten sie in der Hauptsache für den Betrieb, sind sie gem. § 5 Abs. 1 dessen Arbeitnehmer und Arbeitnehmerinnen und die Mitbestimmungsrechte des BR finden insgesamt auf sie Anwendung.[69]

Sog. **»Ein-Euro-Jobs«** begründen kein Arbeitsverhältnis (§ 16d Abs. 7 SGB II),[70] sondern 13
beruhen auf einem **öffentlich-rechtlichen Vertrag** zwischen dem Leistungsempfänger/Beschäftigten und dem Dritten, bei dem der Einsatz stattfindet.[71] Der Gesetzgeber hat allerdings angeordnet, dass das **BUrlG** entsprechend anzuwenden ist. Die dort vorgesehene Freistellung ist beim Dritten zu beantragen und von diesem zu gewähren.[72] Damit kann das Mitbestimmungsrecht gem. Nr. 5 ebenso eingreifen wie beim **Arbeitsschutz,** der ebenfalls entsprechend anwendbar ist gem. Nr. 7.[73] Darüber hinaus lassen sich die vorstehenden Überlegungen zu Fremdfirmenbeschäftigten (Rn. 11 f.), mit denen ebenfalls kein Arbeitsverhältnis vorliegt, **insb.** im Hinblick auf **Nrn. 1 und 6** übertragen.[74] Es ist nicht ersichtlich, dass der öffentlich-rechtliche Vertrag als Basis des Arbeitseinsatzes eine Unterscheidung rechtfertigen würde. Ein-Euro-Jobber werden wie AN eingesetzt (vgl. auch § 94 Rn. 32, § 95 Rn. 32).[75] Die vorstehenden

---

66 Vgl. *Klebe/Neugebauer,* AuR 14, 4; § 111 Rn. 111a; *Däubler/Klebe,* NZA 15, 1032 ff.; Benner-*Klebe,* S. 277 (281 f.); *Klebe,* AuR 16, 277 (279 f.); Ales-*Klebe/Heuschmid,* S. 185 (196 ff.).

67 Vgl. *BAG* 1.12.20 – 9 AZR 102/20, NZA 21, 552 (558 ff. Tz. 45 ff.); hierzu *Thüsing/Hütter-Brungs,* NZA-RR 21, 231 ff.

68 Hierzu Benner-*Leimeister/Zogaj/Blohm,* S. 9 ff. und Benner-*Strube,* S. 75 ff., sowie auch weitere Beiträge bei Benner; *Waas* u. a., S. 13 ff., 256 ff.

69 *Däubler/Klebe,* NZA 15, 1032 (1036, 1041); *Klebe,* AuR 16, 277 (280); Waas u. a.-*Waas,* S. 146 ff., 163 ff.; Lutz/Risak-*Schneller,* S. 204 (209 ff) und -*Risak,* S. 44 (54 ff.), sowie *Warter,* S. 153 ff., 203 ff. zur vergleichbaren Situation in Österreich; zu Fragen der Plattformökonomie vgl. auch *Hlava,* FS Klebe, S. 151 ff. (Versicherungsschutz); *Waas,* FS Klebe, S. 420 ff. (Anwendung von ILO-Standards); *Eichenhofer,* FS Preis, S. 191 ff.; Risak, FS Klebe, S. 320 ff. (Plattformarbeitsgesetz); *Prassl,* FS Klebe, S. 308 ff. und zu Fragen kollektiver Selbsthilfe und Tarifautonomie von Soloselbstständigen *Bayreuther,* S. 66 ff.; *Krause,* NZA 22, 521 (532 f.): *C. Schubert,* FS Klebe, S. 351 ff.; *Bourazeri,* NZA 19, 741 (745 f.); *Bücker,* FS Klebe, S. 65 ff.

70 *BAG* 26.9.07 – 5 AZR 857/06, NZA 07, 1422 (1423); 19.3.08 – 5 AZR 435/07, NZA 08, 760 f.; vgl. zur **Zuständigkeit der Sozialgerichte** für Rechtsstreitigkeiten *BAG* 8.11.06 – 5 AZR 3606, NZA 07, 53 (54).

71 *Zwanziger,* AuR 05, 8 (10).

72 *Zwanziger,* a. a. O., 11.

73 Vgl. auch §§ 1 Abs. 1, 2 Abs. 2 ArbSchG; *BVerwG* 21.3.07 – 6 P 4.06, NZA-RR 07, 499 (500).

74 Vgl. auch Richardi-*Richardi/Maschmann,* Rn. 14; *Fitting,* Rn. 13; NK-GA/*Schwarze,* Rn. 8; zum Anspruch der Leistungsempfänger auf Nutzung betrieblicher Einrichtungen, wie z. B. einer Kantine, vgl. *Zwanziger,* a. a. O., S. 12.

75 So die Formulierung von *Engels,* NZA 07, 8 ff., der zu Recht auch die **Nrn. 2, 3 und 13** für anwendbar hält; vgl. auch *Däubler,* FS Buchner, S. 163 f., 174 f., der von einem partiellen Arbeitsverhältnis spricht

Grundsätze lassen sich auch auf im **Bundesfreiwilligendienst** Tätige, auf deren Einsatz nach § 13 BFDG die Arbeits- und Jugendarbeitsschutzbestimmungen, sowie das BUrlG Anwendung findet,[76] übertragen.[77] Nach §§ 16e und i SGB II geförderte Beschäftigte sind demgegenüber AN i. S. d. BetrVG und werden v. den Mitbestimmungsrechten erfasst.[78]

14 Der BR kann die **Unterlassung von Maßnahmen** des AG, die seine Mitbestimmungsrechte verletzen, gerichtlich – bei entsprechender Eilbedürftigkeit auch im Wege der **einstweiligen Verfügung** – durchsetzen. Entfaltet die mitbestimmungswidrige Maßnahme des AG fortdauernde Wirkungen, kann der BR verlangen, dass sie rückgängig gemacht wird (vgl. Rn. 392 und § 23 Rn. 109 ff., 194 ff.).

15 Solange **kein BR gewählt** ist, kann der AG der Mitbestimmung unterliegende **Maßnahmen einseitig** treffen, sofern dies der Arbeitsvertrag zulässt[79] und **keine** Zuständigkeit des GBR gemäß § 50 Abs. 1 vorliegt. Eine so getroffene Regelung bleibt zunächst bis zur anderweitigen Einigung zwischen dem später gewählten BR und dem AG oder dem sie ersetzenden Spruch der ESt. in Kraft.[80] Der AG muss allerdings nach der Wahl des BR unverzüglich die Initiative ergreifen, um dessen Zustimmung zu erhalten (vgl. auch § 94 Rn. 6).[81] Zudem darf die Weitergeltung eine Übergangsfrist,[82] die maximal ein Jahr beträgt,[83] nicht überschreiten.[84] Eine einseitige Maßnahme scheidet allerdings dann aus, wenn sie im unmittelbaren Vorfeld einer BR-Wahl bzw. Konstituierung des BR erfolgt, obwohl sie aufschiebbar wäre, weil dies dem Grundsatz der vertrauensvollen Zusammenarbeit widerspricht.[85]

2. Ausübung der Mitbestimmungsrechte – Gestaltungsformen

16 Die Ausübung der Mitbestimmungsrechte des BR erfolgt regelmäßig durch den Abschluss von **BV.** Darüber hinaus sind jedoch auch **formlose Absprachen** (Betriebsabsprachen oder Regelungsabreden) zulässig[86] (vgl. auch § 77 Rn. 161 ff.). Entscheidend ist allein, dass die **Mitbestimmung** des BR **tatsächlich verwirklicht** und ein mitbestimmungspflichtiger Tatbestand nicht ohne vorherige Zustimmung des BR durch den AG geregelt wird.[87] Eine formlose Absprache kann allerdings nur die betriebsverfassungsrechtliche Beschränkung der Arbeitgeberrechte aufheben, anders als eine BV jedoch **nicht die Arbeitsverträge** z. B. hinsichtlich Arbeitszeit und Lohnzahlungspflicht **abändern.** Trotz der Regelungsabrede über Kurzarbeit kann demzufolge der volle Lohnanspruch erhalten bleiben.[88] Die Ausübung der Mitbestimmungsrechte und deren Sicherung stehen **nicht unter dem Vorbehalt der Erforderlichkeit.**[89] Der BR ist,

---

und ein Mitbestimmungsrecht jedenfalls für Nr. 5 und 7 anerkennt; *Fitting*, Rn. 13 (nur die entgeltbezogenen Mitbestimmungsrechte aus Nrn. 4, 10 und 11, sowie aus faktischen Gründen Nrn. 9 und 13 sollen keine Anwendung finden); GK-*Wiese*, vor § 87 Rn. 27 (entsprechende Anwendung des § 87); WPK-*Bender*, Rn. 8 (Anwendung des § 87 außer auf die auf Entgelt bezogenen Mitbestimmungsrechte gemäß Nrn. 4, 10, 11) und den BV-Entwurf bei *Stähle*, AiB 06, 727ff; *BAG* 2. 10. 07 – 1 ABR 60/06, NZA 08, 244 (245 f.) sowie § 99 Rn. 13 zur Anwendung von § 99 Abs. 1 bei der Einstellung.

76 Vgl. z. B. *Fitting*, Rn. 13; *Klenter*, AiB 11, 656 (659 ff.).

77 Vgl. auch Richardi-*Richardi/Maschmann*, Rn. 15.

78 *LAG Hamm* 3. 12. 19 – 7 TaBV 57/19, juris Tz. 40 ff.; zustimmend *Kohte*, jurisPR-ArbR 39/20 Nr. 3.

79 *BAG* 25. 11. 81, AP Nr. 2 zu § 9 TVAL II; vgl. auch *BAG* 23. 8. 84, AP Nr. 36 zu § 102 BetrVG 1972.

80 Vgl. *LAG Berlin* 9. 1. 84, DB 84, 2098; GK-*Wiese*, Rn. 89; offen gelassen von *BAG* 25. 11. 81, AP Nr. 2 zu § 9 TVAL II.

81 Anders wahrscheinlich *BAG* 22. 10. 86, AP Nr. 2 zu § 23 BDSG, das wohl auch hier eine Initiative des BR verlangen wird; ebenso GK-*Wiese*, Rn. 89 m. w. N.; HWK-*Clemenz*, Rn. 40; offen gelassen v. *LAG Berlin-Brandenburg* 5. 7. 18 – 26 TaBV 1146/17, juris (Tz. 52).

82 Vgl. *BAG* 22. 10. 86, a. a. O.

83 Vgl. *LAG Frankfurt* 6. 3. 90 – 5 Sa 1202/89, DB 91, 1027; *Däubler*, Anm. *BAG* 22. 10. 86, a. a. O.

84 A. A. HWK-*Clemenz*, Rn. 40.

85 *LAG Berlin-Brandenburg* 5. 7. 18 – 26 TaBV 1146/17, juris (Tz. 53); *LAG Rheinland-Pfalz* 19. 2. 09 – 11 TaBV 29/08, juris (Tz. 57).

86 Z. B. *BAG (GS)* 3. 12. 91 – GS 2/90, DB 92, 1579 (1582 f.); 11. 12. 07 – 1 ABR 953/06, DB 08, 1215 (1216); 18. 8. 09 – 9 AZR 517/08, NZA 09, 1207 (1211).

87 GK-*Wiese*, Rn. 90 m. w. N.

88 *BAG* 14. 2. 91 – 2 AZR 415/90, NZA 91, 607.

89 Vgl. *BAG* 24. 4. 96 – 7 ABR 40/95, DB 96, 1991 (1992).

so zu Recht das *BAG*,[90] bei der Ausübung seiner Rechte in der Wahl seiner Mittel – in den Grenzen der allgemeinen Bestimmungen – frei. Er unterliegt als Repräsentant der Belegschaft im Übrigen auch keinem imperativen Mandat der AN.[91] Die Zustimmungsverweigerung des BR ist zudem im Rahmen von § 87 **nicht an bestimmte Gründe oder überhaupt an eine Begründung gebunden.**[92] Es gibt daher auch kein Verbot sog. **»Koppelungsgeschäfte«**, bei denen der BR seine Zustimmung zu einer Maßnahme von Zusagen des AG abhängig macht, die mit dem Inhalt des Mitbestimmungsrechts nichts zu tun haben. Die Zustimmung des BR gilt in diesen Fällen ebenso wenig wegen **Rechtsmissbrauchs** als erteilt, wie dies umgekehrt bei einer entsprechenden Ablehnung seiner Vorschläge durch den AG der Fall wäre. Eine Zustimmungsverweigerung ist daher auch dann nicht unbeachtlich, wenn der BR z. B. seine Einwilligung zu Überstunden von zusätzlichen Leistungen an die betroffenen AN, wie der Zahlung einer Lärmzulage, abhängig macht[93] oder nach unbegründeter Ablehnung eines vom Arbeitgeber vorgeschlagenen Vorsitzenden für die ESt. selbst zwei als nicht neutral anzusehende hauptamtliche Gewerkschaftssekretäre für das Amt benennt.[94]

Dem **Abschluss von BV** ist grundsätzlich der **Vorzug** zu geben. Das gilt insbes. dann, wenn **Dauerregelungen** angestrebt werden, z. B. bei der Aufstellung allgemeiner Urlaubsgrundsätze, allgemeiner Regelungen über die Verhütung von Arbeitsunfällen und Berufskrankheiten, von Grundsätzen für die Verwaltung von Sozialeinrichtungen sowie für das betriebliche Vorschlagswesen.[95] Da die BV der Schriftform bedarf (§ 77 Abs. 2), dient sie auch der Rechtssicherheit und der Vermeidung von unnötigen Streitigkeiten. Nur sie hat zudem normative Wirkungen, d. h., sie gilt unmittelbar und zwingend zugunsten der Arbeitsverhältnisse (zur rechtlichen Wirkung einer BV vgl. § 77 Rn. 88 ff.). **17**

Der zulässigen **formlosen Absprache** zwischen BR und AG kann dann Bedeutung zukommen, wenn z. B. ein mitbestimmungspflichtiger Tatbestand im **Einzelfall** zu regeln ist. Auch bei der **Regelung von Eilfällen** kann eine formlose Absprache angebracht sein. **18**

Bei der formlosen Absprache muss ebenfalls ein **ordnungsgemäßer Beschluss des BR** herbeigeführt werden. Ist ein **Betriebsausschuss** gebildet und sind diesem Mitbestimmungsrechte zur selbstständigen Erledigung übertragen worden (vgl. § 27 Rn. 35 ff.), genügt die **Beschlussfassung dieses Ausschusses,** soweit es sich nicht um den Abschluss von BV handelt. Gleiches gilt bei Zuständigkeit eines Ausschusses nach § 28. Der BR muss sich **eindeutig erklären.** Ein »stillschweigendes« Einverständnis ist ebenso wenig ausreichend[96] wie eine »widerspruchslose **19**

---

90 28. 7. 20 – 1 ABR 4/19, NZA 20, 1548 (1550 Tz. 21).

91 *BAG* 28. 7. 20 – 1 ABR 4/19, NZA 20, 1548 (1550 Tz. 27.

92 Vgl. demgegenüber z. B. §§ 99 Abs. 2, 102 Abs. 3; so auch *BAG* 9. 7. 13 – 1 ABR 19/12, NZA 14, 99 (102); 8. 12. 15 – 1 ABR 2/14, juris; *LAG Düsseldorf* 12. 12. 07 – 12 TaBVGa 8/07, AuR 08, 270 mit Anm. v. *Schoof.*

93 *LAG Nürnberg* 6. 11. 90 – 4 TaBV 13/90, DB 91, 707, Ls.; *LAG Hamm* 9. 2. 07 – 10 TaBV 54/06 AuR 07, 316 (318); *LAG Düsseldorf* 12. 12. 07 – 12 TaBVGa 8/07, AuR 08, 270 f. mit Anm. v. *Schoof; ArbG Hamburg* 6. 4. 93, AiB 94, 120 f.; *ArbG Berlin* 21. 11. 08 – 28 BVGa 18414/08, dbr 5/09, S. 40; *Fitting,* Rn. 27; MünchArbR-*Matthes,* § 243 Rn. 42 ff.; NK-GA/*Schwarze,* Rn. 14; Richardi-*Richardi/Maschmann,* Rn. 39; DHZ-*Heuschmid,* § 29 Rn. 155; *Däubler,* Das Arbeitsrecht 2, Rn. 217; *Fischer,* FS Bauer, S. 315 (320 ff.); *Schoof,* AiB 08, 322 (323 f.); *ders.,* AuR 07, 289 ff. *Bachner* AiB 08, 210 (212) mit Hinweis auf *BAG* 18. 9. 07 – 3 AZR 639/06, NZA 08, 56 ff. (Höhere betriebliche Altersversorgungszusage des AG gegen höhere Flexibilität des Arbeitseinsatzes der AN); ähnlich *HessLAG* 13. 10. 05 – 59 TaBV 51/05, AuR 07, 315 f. (Zustimmung zu Überstunden kann BR von der Verlängerung befristeter Arbeitsverträge abhängig machen); vgl. auch *Kohlschitter,* FS Klebe, S. 227 ff.; a. A. GK-*Gutzeit,* Rn. 366; HWGNRH-*Worzalla,* Rn. 45; HWK-*Clemenz,* Rn. 37; LKK-*Dahm,* Rn. 22; *Hanau/Reitze,* FS Wiese, S. 149 (154 ff.); *Sieweke,* NZA 12, 426 ff.; vgl. auch *BAG* 26. 5. 98 – 1 AZR 704/97, DB 98, 2119 (2120) und Rn. 315.

94 *LAG Niedersachsen* 26. 2. 91 – 6 TaBV 70/90.

95 Vgl. dazu GK-*Wiese,* Rn. 91; Richardi-*Richardi/Maschmann,* Rn. 75 ff.

96 Vgl. dazu *BAG* 21. 1. 03 – 3 AZR 30/02, NZA 04, 331 (333); 29. 1. 08 – 3 AZR 42/06, NZA-RR 08, 469 (472); 24. 3. 21 – 7 ABR 6/20, NZA 21, 1044 (1046 Tz. 21): keine stillschweigende Beschlussfassung möglich; *LAG Baden-Württemberg* 5. 8. 05 – 5 TaBV 5/05, AiB 06, 381 ff.; *LAG Köln* 9. 10. 13 – 5 Sa 202/13, juris; GK-*Wiese,* Rn. 95; Richardi-*Richardi/Maschmann,* Rn. 80; *Adam,* AuR 08, 169 (172).

Hinnahme« (vgl. auch § 33 Rn. 14, § 77 Rn. 165).[97] Die ordnungsgemäße Beschlussfassung ist unverzichtbar. Deshalb ist auch eine Anscheinsvollmacht des/der Vorsitzenden abzulehnen. Gem. § 26 Abs. 2 Satz 1 vertritt er/sie »im Rahmen der von ihm gefassten Beschlüsse« den BR (vgl. § 26 Rn. 22).[98]

20 Führt der AG eine mitbestimmungspflichtige Maßnahme durch, ohne mit dem BR eine BV abgeschlossen oder eine formlose Absprache getroffen zu haben, ist die Maßnahme **unwirksam** (vgl. Rn. 5). Eine nachträgliche Zustimmung des BR kann diesen Mangel nicht heilen. Mitbestimmung bedeutet **Mitentscheidung des BR.** Diesem Grundsatz würde eine **Genehmigung** vom AG bereits getroffener Entscheidungen nicht gerecht; das Mitbestimmungsrecht würde ausgehöhlt und käme einem bloßen Kontrollrecht gleich.[99] Insofern ist auch die abweichende Rspr. des ***BAG***[100] abzulehnen, die eine rückwirkende Genehmigung v. Erklärungen des/der BR-Vorsitzenden auch bei der Ausübung v. Mitbestimmungsrechten, wie z. B. bei der Unterzeichnung einer BV ohne BR-Beschluss, auf den Zeitpunkt der Erklärung/Unterzeichnung zulässt, Richtigerweise kann die Genehmigung nur als Beschluss für die Zukunft wirken.

3. Faktische Schranken der Mitbestimmung?

21 Das Mitbestimmungsrecht des BR wird nicht dadurch eingeschränkt oder ausgeschlossen, dass der AG die Erledigung des der Mitbestimmung unterliegenden Geschäfts vertraglich einem **Dritten überlässt,**[101] also beispielsweise Personaldaten in einem rechtlich selbstständigen Rechenzentrum verarbeitet **(Auftragsdatenverarbeitung)** oder dadurch, dass er die Beschäftigten bei einem Kunden in dessen Betrieb tätig werden lässt und dabei mitbestimmungspflichtige Tatbestände entstehen (hier kommt auch ein **Mitbestimmungsrecht des Betriebsrats des Einsatzbetriebs** in Betracht, vgl. Rn. 11 f.). Der AG hat vielmehr in den entsprechenden **Verträgen sicherzustellen,** dass die Rechte des BR, insbes. das Mitbestimmungsrecht, gewährleistet bleiben.[102] Dies gilt auch, wenn der AG eine IT-Anwendung fremdbezieht, wie z. B. als **»Software as a Service«** (SaaS), wo Software und IT-Infrastruktur v. einem externen Dienstleister gestellt werden.[103] Dann kann er sich nicht zu Recht darauf berufen, dass bestimmte Informationen, wie z. B. zum Aufbau und den Trainingsdaten eines Algorithmus, Betriebsgeheimnisse des Dritten seien.[104] Diese Grundsätze gelten ebenso bei einer **Aufgabenerledigung im Ausland** (hierzu ausführlich Rn. 328 zu Aktienoptionen und auch Rn. 167, 196). Die Mitbestimmungsrechte sind auch einzuhalten, falls ausländische Vorschriften z. B. für börsennotierte UN, die

---

97 *BAG* 10.11.92 – 1 AZR 183/92, DB 93, 439 (441); 21.1.03 – 3 AZR 30/02, a. a. O.; 23.10.18 – 1 ABR 26/17, NZA 19, 483 (486 Tz. 29); *LAG Köln* 11.9.20 – 9 TaBV 24/20, juris Tz. 40; GK-*Wiese*, Rn. 95 und GK-*Kreutz*, § 77 Rn. 11 m. w. N.

98 *BAG* 8.2.22 – 1 AZR 233/21, NZA 22, 984 (986 ff. Tz. 24 ff.) = AuR 23, 209 ff. mit Anm. v. *Wedde*; *LAG Düsseldorf* 27.4.18 – 10 TaBV 64/17, juris (TZ. 50 ff.); *Suttarp/Ober*, DB 23, 1218 ff.; a. A. als Vorinstanz zum BAG *LAG Düsseldorf* 15.4.21 – 11 Sa 490/20, NZA-RR 21, 480 (484, Tz. 78 ff.).

99 Vgl. z. B. *BAG* 20.1.98 – 9 AZR 698/96, NZA 98,1237 (1239); 6.12.08 – 9 AZR 893/07, NZA 09, 565 (569 Tz. 53); *Fitting*, Rn. 622.

100 9.12.14 – 1 ABR 19/13, NZA 15, 368 (369 Tz. 15); 8.2.22 – 1 AZR 233/21, NZA 22, 984 (988 Tz. 33) = AuR 23, 209 ff. mit Anm. v. *Wedde*; hierzu auch *Corzelius* NZA 22, 1582 ff.; *Suttarp/Ober*, DB 23, 1218 ff.

101 *BAG* 22.4.86, AP Nr. 13 zu § 87 BetrVG 1972 Altersversorgung; 18.4.00 – 1 ABR 22/99, DB 00, 2227; 27.1.04 – 1 ABR 7/03, NZA 04, 556 (558); *LAG Sachsen* 10.1.23 – 2 TaBV 1/21, juris Tz. 98 = jurisPR-ArbR mit Anm. v. *Wolmerath*; ErfK-*Kania*, Rn. 59; *Fitting*, Rn. 256; HWGNRH-*Worzalla*, Rn. 352; *Däubler*, Gläserne Belegschaften, Rn. 771; zum Unterrichtungsrecht *BAG* 17.3.87, AP Nr. 29 zu § 80 BetrVG 1972; vgl. auch *Wiese*, NZA 03, 1113 ff.: Pflicht des AG zu einer Vertragsgestaltung, die die Wahrnehmung der Mitbestimmungsrechte gewährleistet, wenn er betriebsverfassungsrechtlich verantwortlich bleibt.

102 Vgl. z. B. *BAG* 30.9.14 – 1 ABR 106/12, NZA 15, 314 (315) m. w. N.; GK-*Wiese*, Rn. 5.

103 So auch *Fleischmann*, AiB 12/21, S. 20 f.; *Baunack*, CuA 11/22, S. 22 ff.; vgl. auch Rn. 196, 201, § 94 Rn. 3.

104 Zudem hätte der AG ohne diese Information und bei entsprechender Intransparenz im Streitfall darzulegen und zu beweisen, dass keine diskriminierenden Kriterien verwandt wurden; so zu Recht *Däubler*, Gläserne Belegschaften, Rn. 250c unter Verweis auf *EuGH* 17.10.89 – C-109/88, NZA 90, 772 ff. für ein völlig intransparentes Lohnsystem.

Einführung von **Ethik-Richtlinien** vorsehen[105] oder der nationale AG keinen eigenen Entscheidungsspielraum hat, weil die maßgeblichen Entscheidungen bei einer **Konzernzentrale im Ausland** fallen, wie z. B. bei der Durchführung einer weltweiten, den ganzen Konzern erfassenden Fragebogenaktion oder eines entsprechenden Aktienoptionsprogramms (hierzu insb. Rn. 328). Auch in diesen Fällen liegen die Voraussetzungen des Eingangssatzes nicht vor. Der Umstand, dass das deutsche UN Teil eines internationalen Konzerns ist bzw. ausländische Vorschriften, wie z. B. die Regeln der SEC, zu berücksichtigen hat, ist dann von der ESt bei ihrer Ermessensentscheidung als betriebliche Belange mit zu prüfen.[106] Praktische Probleme können auch dadurch entstehen, dass der AG vertragliche Verpflichtungen, wie z. B. entsprechend den AGB eines Einkaufscenters für bestimmte Öffnungszeiten, eingehen muss, anderenfalls er keinen Ladenvertrag erhält, dieser von der Centerleitung gekündigt wird oder er eine ggf. vorgesehene Vertragsstrafe zahlen muss. Faktisch wird eine von dieser Regelung abweichende Ausübung des Mitbestimmungsrechts für den BR sehr schwierig sein. Andererseits entsteht für den AG möglicherweise eine Zwangslage. Diese kann eine unangemessene Benachteiligung des AG gem. § 307 Abs. 1 BGB darstellen, sodass die Vertragsklausel unwirksam ist.[107] Der Gesetzentwurf des DGB greift diese Problemlage auf: »Der AG hat bei Vertragsbeziehungen zu Dritten sicher zu stellen, dass die Mitbestimmungsrechte ausgeübt werden können. Verträge, die dem entgegenstehen, sind unwirksam.«[108]

4. Kollektive Regelung und Einzelfall

In der arbeitsrechtlichen Literatur wird im Anschluss an die Rspr. des BAG zum BetrVG 1952 teilweise noch die Ansicht vertreten, dass das Mitbestimmungsrecht des BR in sozialen Angelegenheiten sich lediglich auf sog. **kollektive Maßnahmen** erstrecke. Danach soll das Mitbestimmungsrecht nur dann bestehen, wenn von der beabsichtigten Regelung die gesamte oder doch jedenfalls **abgrenzbare Teile der Belegschaft** (Betriebsabteilung, Akkord-, Zeitlohn- oder Schichtarbeiter, Frauen, Jugendliche usw.) erfasst werden.[109] Entfallen soll das Mitbestimmungsrecht nach dieser Meinung, wenn durch die Regelung nur einzelne AN, die kein Kollektiv bilden, betroffen sind. 22

Die Auffassung, dass das Mitbestimmungsrecht des BR nur für den Bereich der **so** verstandenen kollektiven Maßnahmen gelte und sich nicht auf Einzelfälle beziehe, lässt sich nach der Neufassung der Mitbestimmungstatbestände in § 87 nicht mehr aufrechterhalten. Dem Wortlaut ist bereits zu entnehmen, dass nach Nrn. 5 und 9 die Mitbestimmung auch im Einzelfall eingreift. Nach Nr. 5 bestimmt der BR mit, wenn bei der Festsetzung der zeitlichen Lage des Urlaubs für **einzelne** AN zwischen dem AG und den einzelnen AN keine Übereinstimmung erzielt wird. In Nr. 9 ist festgelegt, dass das Mitbestimmungsrecht des BR sich auch auf die Zuweisung und Kündigung von Wohnräumen (Werkwohnungen) bezieht. Davon sind jeweils **einzelne** AN erfasst. Das Gesetz bringt also selbst zum Ausdruck, dass auch Einzelmaßnahmen dem Mitbestimmungsrecht unterliegen können. Das bedeutet: Das Mitbestimmungsrecht des 23

105 *BAG* 22.7.08 – 1 ABR 40/07, NZA 08, 1248 (1254): Ausländische Bestimmungen sind jedenfalls dann keine gesetzlichen Regelungen i. S. d. Eingangssatzes dieser Vorschrift, wenn es an einer wirksamen **völkerrechtlichen Transformation** in das deutsche Arbeitsrecht fehlt. Es gilt das **Territorialprinzip;** zustimmend *Kort*, NJW 09, 129 und FS Buchner, S. 477 (478); GK-*Wiese*, Rn. 58; Richardi-*Richardi/Maschmann*, Rn. 147; so auch *Klebe/Wroblewski*, GS Zachert, S. 314 (322).

106 *BAG* 9.2.93 – 1 ABR 33/92, NZA 93, 906 (909); 11.12.07 – 1 ABR 67/06, NZA-RR 08, 333 (335): Beide für Mitbestimmungsrechte der Personalvertretung bei von einer Dienststelle in den USA für Dienststellen in Deutschland getroffenen Entscheidungen; *HessLAG* 5.7.01 – 5 TaBV 153/00, DB 01, 2254 f.; *LAG Nürnberg* 22.1.02 – 6 TaBV 19/01, NZA-RR 02, 247 (248); *LAG Düsseldorf* 14.11.05 – 10 TaBV 46/05, NZA-RR 06, 81 (83); ErfK-*Kania*, Rn. 11; *Fitting*, Rn. 33, 71 *Fischer*, BB 00, 562 (563 f.); *ders.*, AuR 02, 7 (11 f.); vgl. auch *BAG* 1.10.74, DB 75, 453; *Schumacher*, NZA 15, 587 ff. und Einleitung Rn. 234 ff., Rn. 239 f.; Rn. 328 und § 94 Rn. 2, jeweils m. w. N.

107 Vgl. DDW-*Däubler*, Anhang zu § 307 BGB Rn. 10b; *ders.*, Digitalisierung, § 14 Rn. 84; vgl. auch *BGH* 23.3.06 – III ZR 102/05, NZA 06, 551 (552).

108 AuR Sonderausgabe April 2022, S. 38 (§ 74 Abs. 3).

109 Vgl. dazu GK-*Wiese* Rn. 15 ff. und Richardi-*Richardi/Maschmann*, Rn. 15 ff., jeweils m. w. N. zu Literatur und Rspr.

BR besteht unabhängig davon, ob die Maßnahme alle AN des Betriebs, eine Gruppe, einzelne oder nur einen einzelnen AN betrifft. Die Maßnahme braucht auch nicht auf Dauer angelegt zu sein. Es kann sich um **einmalige Tatbestände** handeln, um Regelungen, die sich auf mehrere oder auch nur einen bestimmten Arbeitsplatz beziehen.[110] **Grenzen des Mitbestimmungsrechts** sind Maßnahmen, die im Hinblick auf Regelungsanlass und -inhalt nur durch die **individuellen** Umstände des einzelnen AN/Arbeitsverhältnisses veranlasst worden sind, keine allgemeinen Interessen der AN berühren und in diesem Sinne keinen kollektiven Bezug haben.[111] So unterliegt z. B. eine Regelung nicht der Mitbestimmung, mit der die Arbeitszeit eines einzelnen AN seinen berechtigten persönlichen Bedürfnissen angepasst wird (Zugverbindung, Abholen eines Kindes vom Kindergarten o. Ä.). Als Kontrolle bietet sich die Frage an, ob sich etwas am Regelungsbedürfnis und -inhalt ändert, wenn man die Person des betroffenen AN austauschen würde. Ist dies nicht der Fall, besteht das Mitbestimmungsrecht.[112] Vor diesem Hintergrund ist eine Entscheidung des *BAG*[113] zur Vorlage von ärztlichen Arbeitsunfähigkeitsbescheinigungen (zu Nr. 1, Rn. 67) nicht überzeugend. Das Gericht lehnt einen kollektiven Bezug ab, weil die Attestauflage zwar alle AN erhalten konnten, aber die Vorlage nur v. 17 AN in fast 3 Jahren bei mehr als 1000 Beschäftigten und dies immer in Abstimmung zwischen Personalleiter und Fachvorgesetzten verlangt worden war. Die Zahl der Betroffenen ist allein nicht ausschlaggebend. Sie mag ein Indiz sein, wird aber durch das regelhafte Vorgehen des Personalbereichs korrigiert und erhält so einen kollektiven Bezug.

5. Formelle und materielle Arbeitsbedingungen

24 Die schon immer zweifelhafte Unterscheidung zwischen formellen und materiellen Arbeitsbedingungen[114] ist mit der **Neufassung des § 87 BetrVG** im Jahre 1972 endgültig hinfällig geworden.[115] Die Reichweite der Mitbestimmungsrechte ist für jedes gesondert zu klären; eine **übergeordnete Auslegungsregelung** ist nicht erkennbar.[116] Es gibt also weder eine Begrenzung des Mitbestimmungsrechts auf die Regelung formeller Arbeitsbedingungen noch, wie teilweise vertreten, einen generellen Grundsatz für das BetrVG, nach dem nicht in **unternehmerische Entscheidungen** eingegriffen werden dürfte.[117]

6. Initiativrecht des Betriebsrats

25 Die **Mitbestimmung** erfordert es schon begrifflich, dass **beiden Teilen gleiche Rechte** eingeräumt werden.[118] Aus diesem Grunde steht auch dem BR ein sog. Initiativrecht zu, d. h., der BR kann an den AG herantreten und von ihm verlangen, dass dieser eine Maßnahme, die nach dem Katalog des § 87 der Mitbestimmung unterliegt, durchführt. Wird eine Übereinstimmung nicht erzielt, kann die ESt. eine **verbindliche Entscheidung** treffen.[119]

---

110 Vgl. z. B. *Fitting*, Rn. 16; *GL*, Rn. 7.

111 Vgl. *BAG (GS)* 3. 12. 91 – GS 2/90, DB 92, 1579 (1585 f.); 16. 3. 04 – 9 AZR 323/03, NZA 04, 1047 (1052); 24. 4. 07 – 1 ABR 47/06, DB 07, 1475 (1476); 15. 11. 22 – 1 ABR 5/22, NZA 23, 369 (371 Tz. 24); *LAG Hamm* 22. 6. 12 – 13 TaBV 16/12, juris; *Fitting*, Rn. 15; Richardi-*Richardi/Maschmann*, Rn. 25; *WW*, Rn. 4; vgl. auch HWGNRH-*Worzalla*, Rn. 19 ff.: Gesonderte Feststellung für jeden Tatbestand, ob kollektive und Individualfragen vom Mitbestimmungsrecht erfasst werden.

112 So noch *Raab*, NZA 93, 193 (196), später *ders.*, ZfA 01, 31 ff. allerdings krit. zur h. M.; vgl. auch Richardi-*Richardi/Maschmann*, Rn. 29.

113 15. 11. 22 – 1 ABR 5/22, NZA, 23, 369 (372 Tz. 28 ff.).

114 Dazu vor allem *Herschel*, AuR 68, 129 ff.

115 Vgl. z. B. *Fitting*, Rn. 19; *GL*, Rn. 2; HWGNRHHWGNRH-*Worzalla*, Rn. 14.

116 Vgl. *BAG* 13. 3. 73, AP Nr. 1 zu § 87 BetrVG 1972 Werkmietwohnungen; 29. 3. 77, AP Nr. 1 zu § 87 BetrVG 1972 Provision; *Fitting*, Rn. 19 f. m. w. N.

117 So aber HWGNRH-*Worzalla*, Rn. 81 ff.; *SWS*, Rn. 14a, 20 ff.; vgl. demgegenüber z. B. *BAG* 31. 8. 82, AP Nr. 8 zu § 87 BetrVG 1972 Arbeitszeit; 16. 7. 91 – 1 ABR 66/90, DB 91, 2677 und Rn. 20 m. w. N.

118 *BAG* 14. 11. 74, AP Nr. 1 zu § 87 BetrVG 1972.

119 Vgl. auch *BAG* 28. 4. 81, AP Nr. 1 zu § 87 BetrVG 1972 Vorschlagswesen; 4. 3. 86, AP Nr. 3 zu § 87 BetrVG 1972 Kurzarbeit; 8. 8. 89, DB 90, 281 (282); Richardi-*Richardi/Maschmann*, Rn. 68.

Das **Initiativrecht** ist dem BR **in allen mitbestimmungspflichtigen Angelegenheiten** eingeräumt. Die im damaligen CDU/CSU-Entwurf[120] in §§ 29 und 30 vorgesehene Unterscheidung zwischen Rechten des BR mit und Rechten ohne Initiativrecht wurde im Gesetzgebungsverfahren abgelehnt.[121] Zudem zeigen auch die Unterscheidung im BPersVG (§ 70 Abs. 1 mit Initiativrecht im Gegensatz zu Abs. 2) und die in anderen Vorschriften normierten bloßen Zustimmungsverweigerungsrechte (vgl. §§ 94 Abs. 1 und 2, 95 Abs. 1), dass im Rahmen von § 87 ein **uneingeschränktes Initiativrecht** für alle Mitbestimmungsrechte entsprechend deren Inhalt, Sinn und Zweck besteht.[122] So kann der BR z. B. die Einführung der gleitenden Arbeitszeit oder der bargeldlosen Lohnzahlung, die **Reduzierung von Schichtarbeit,** die Einführung eines neuen **Entlohnungssystems** oder eine Regelung über die **Vergabe von Werkwohnungen** ebenso fordern wie, dass eine betriebliche Praxis in einer mitbestimmungspflichtigen Angelegenheit zum Inhalt einer BV wird.[123] In einigen Fällen wird das Initiativrecht des BR selten praktisch werden. So dürfte ein BR nicht häufig verlangen, dass die AN des Betriebs mit Hilfe technischer Kontrolleinrichtungen überwacht werden (vgl. hierzu ausführlich Rn. 166). 26

Die überholte Unterscheidung zwischen formellen und materiellen Arbeitsbedingungen (vgl. Rn. 24) ist ohne Einfluss auf das Initiativrecht des BR.[124] Ebenso wenig wird das Mitbestimmungsrecht dadurch beschränkt, dass nicht in den **unternehmerisch-wirtschaftlichen Bereich** eingegriffen werden dürfte.[125] Die Mitbestimmungstatbestände sind vielmehr hinsichtlich ihres Umfanges aus sich selbst heraus zu interpretieren und **keinem besonderen Schrankenvorbehalt unterworfen.** Im Gegenteil: Es ist gerade das Ziel der Mitbestimmungsrechte, die unternehmerische Freiheit zu beschränken und den **Sozialstaatsgrundsatz** zur Geltung zu bringen.[126] 27

7. Eilfälle, Notfälle, probeweise Maßnahmen

a) Eilfälle

Das Mitbestimmungsrecht des BR besteht auch in **Eilfällen.**[127] Darunter sind die Fälle zu verstehen, in denen eine baldige Regelung erfolgen muss, der BR aber seine Zustimmung noch nicht erteilt hat oder eine alsbaldige Übereinstimmung nicht zu erzielen ist.[128] Könnte der Arbeitgeber die fehlende Übereinstimmung mit dem BR in solchen Fällen durch seine alleinige Entscheidung ersetzen, wäre die Mitbestimmung weitgehend ausschaltbar. **Eilfälle** sind nämlich regelmäßig **das Ergebnis einer mangelnden betrieblichen Organisation** des Arbeit- 28

120 BT-Drucks. VI/1806, S. 6f.

121 Vgl. BT-Drucks. zu VI/2729, S. 4.

122 *BAG* 4.3.86, AP Nr. 3 zu § 87 BetrVG 1972 Kurzarbeit; 30.1.90 – 1 ABR 2/89, DB 90, 1090; 26.10.04 – 1 ABR 31/03A, NZA 05, 538 (541); *GL,* Rn. 27.

123 *BAG* 8.8.89, DB 90, 281 (282).

124 Vgl. *Fitting,* Rn. 606; Richardi-*Richardi/Maschmann,* Rn. 69, jeweils m. w. N.

125 Für eine Beschränkung vor allem *Rüthers,* ZfA 73, 411 ff., der die Wertentscheidungen des BetrVG meint, so interpretieren zu können, dass Mitbestimmungsrechte keinen Einfluss auf den Umfang der Produktion, der Lagerhaltung oder die Verkaufspolitik haben könnten; vgl. auch GK-*Wiese,* Rn. 148 ff.; HWGNRH-*Worzalla,* Rn. 81 ff.; *SWS,* Rn. 20 ff.; vgl. auch *Wank,* FS 100 Jahre Betriebsverfassungsrecht, S. 777 (779).

126 Vgl. *BAG* 31.8.82, AP Nr. 8 zu § 87 BetrVG 1972 Arbeitszeit; *BVerfG* 18.12.85, AP Nr. 15 zu § 87 BetrVG 1972 Arbeitszeit (Bestätigung der Entscheidung des *BAG* 31.8.82, a. a. O.); *BAG* 4.3.86, AP Nr. 3 zu § 87 BetrVG 1972 Kurzarbeit; 16.7.91 – 1 ABR 66/90, DB 91, 2677; 20.2.19 – 7 ABR 40/17, NZA 19, 1147 (1151 Tz. 48 ff.); *Fitting,* Rn. 607; HWK-*Clemenz,* Rn. 34; Richardi-*Richardi/Maschmann,* Rn. 71; *Blanke,* AiB 00, 491 (493 ff.); vgl. auch ausführlich und m. w. N. insbes. zur Rechtsprechung des BVerfG *Däubler,* Unternehmerische Entscheidungsfreiheit und Betriebsverfassung, in: *Blank* (Hrsg.), Reform der Betriebsverfassung und Unternehmerfreiheit, Schriftenreihe der Otto Brenner Stiftung Nr. 78, 2001, S. 11 (13 ff., 27 ff.): Es gibt keine spezifische verfassungsrechtliche Garantie der unternehmerischen Freiheit. Diese wird nur im Rahmen von Art. 12 Abs. 1 GG gewährleistet.

127 Vgl. *BAG* 19.2.91 – 1 ABR 31/90, NZA 91, 609 (611); 17.11.98 – 1 ABR 12/98, NZA 99, 662 (663); *BAG* 9.7.13 – 1 ABR 19/12, NZA 14, 99 (101 f.); 22.10.19 – 1 ABR 17/18, NZA 20, 123 (126 Tz. 33); *Fitting,* Rn. 22 (einschränkend aber bei Nr. 7; vgl. Rn. 290 m. w. N.; zu Recht a. A. GK-*Gutzeit,* Rn. 679); GK-*Wiese,* Rn. 162 ff.

128 Ähnlich *GL,* Rn. 22.

gebers, der es unterlässt, die gesetzlichen Mitbestimmungsregelungen bei seinen Dispositionen von vornherein angemessen zu berücksichtigen.[129]

29 Der AG hat es in der Hand, für etwaige Eilfälle Vorsorge zu treffen und dabei die Mitbestimmung des BR zu berücksichtigen. Insbesondere in größeren Betrieben kann z. B. für Eilfälle eine **ständige ESt.** eingerichtet werden, BR und Arbeitgeber können auch die Initiative ergreifen, um vorsorgliche Regelungen zu treffen.[130] Zudem spricht vor allen Dingen ein systematisches Argument gegen ein einseitiges Regelungsrecht des Arbeitgebers. Diese Möglichkeit wird ihm vom Gesetz lediglich in §§ 100 und 115 Abs. 7 Nr. 4 eingeräumt, also in ausdrücklich aufgeführten Ausnahmefällen. Aus diesen Regelungen folgt weiter, dass auch **vorläufige Anordnungen** des Arbeitgebers unzulässig sind.[131] Das ArbG ist nicht befugt, im Wege der **einstweiligen Verfügung** eine vorläufige Regelung zu treffen. **Regelungsstreitigkeiten** fallen in die ausschließliche Kompetenz der ESt.[132]

b) Notfälle

30 Im Gegensatz zu den Eilfällen wird das Mitbestimmungsrecht des BR bei sog. **Notfällen** häufig verneint.[133] Ein Notfall soll dann vorliegen, wenn eine plötzliche, nicht vorhersehbare Situation eintritt, die zur Verhinderung nicht wieder gutzumachender Schäden zu unaufschiebbaren Maßnahmen zwingt, wie z. B. bei einem Feuer.[134] Die Verzögerung durch die Mitbestimmung des BR muss zu einer Schädigung »überragender Gemeinschaftsgüter oder -interessen« führen.[135] Jedenfalls dann, wenn der sog. Notfall im Betrieb der Regelfall ist, liegen diese Voraussetzungen offensichtlich nicht vor.[136] Bei Maßnahmen zur Bekämpfung einer Pandemie, wie z. B. die Überwachung des Abstands zwischen den Beschäftigten während der **Corona-Pandemie** (hierzu auch Rn. 67, 133, 256), ist dies i. d. R. ebenfalls nicht der Fall.[137] Als Beispiele eines Notfalls werden häufig angeführt: Ausbruch eines Brandes oder Auftreten von Überschwemmungen, Explosionsgefahr und Auslieferung verderblicher Ware kurz vor Arbeitsschluss.[138] Dabei dürfte die Auslieferung verderblicher Ware als Notfall regelmäßig ausscheiden, da dieser mit betriebs-organisatorischen Mitteln begegnet werden kann; sie rechnet ggf. zu den Eilfällen. Auch in den anderen Beispielen ergibt sich eine **einseitige Anordnungsbefugnis** des AG nicht bereits aus dem »Wesen des Mitbestimmungsrechts«.[139] Die Möglichkeit, einseitige Regelungen zu treffen, ist jeweils ausdrücklich im Gesetz für den AG vorgesehen. Für eine darüber hinaus gehende **generelle** Einschränkung des Mitbestimmungsrechts besteht zudem praktisch kein

129 *Fitting*, Rn. 24; *Simitis/Weiss*, DB 73, 1243; vgl. auch *SWS*, Rn. 8.

130 *BAG* 2. 3. 82, AP Nr. 6 zu § 87 BetrVG 1972 Arbeitszeit; 28. 5. 02 – 1 ABR 40/01, DB 02, 2385 (2386); 22. 10. 19 – 1 ABR 17/18, NZA 20, 123 (127 Tz. 33; vgl. auch eine Checkliste bei *Hentschel/Asgarzoei*, AiB 5/17, S. 35 (37).

131 *Fitting*, Rn. 24; GK-*Wiese*, Rn. 164, 166; *GL*, Rn. 23; *WW*, Rn. 7; MünchArbR-*Matthes*, § 242 Rn. 28; a. A. *SWS*, Rn. 9; zu Unzumutbarkeit und Rechtsmissbrauch vgl. *Worzalla*, S. 46 ff., 114 ff. und HWGNRH-*Worzalla*, Rn. 39 ff.

132 *ArbG Siegburg* 3. 3. 75, DB 75, 555; *ArbG Stuttgart* 15. 6. 01 – 24 BVGa 9/01; ArbGV-*Krönig*, § 85 Rn. 24; *Fitting*, Rn. 24; GK-*Wiese*, Rn. 168; HWGNRH-*Worzalla*, Rn. 48; LKK-*Dahm*, Rn. 20; *v. Hoyningen-Huene*, S. 266; **a. A.** Richardi-*Richardi/Maschmann*, Rn. 61; *Henssler*, FS Hanau, S. 413 (429 ff.); *Worzalla*, S. 62 ff.; zu vorläufigen Regelungen der ESt. vgl. § 76 Rn. 118 f.

133 Vgl. u. a. *LAG Hamm* 23. 4. 75, DB 75, 1515; ErfK-*Kania*, Rn. 8; GK-*Wiese*, Rn. 169 f.; HWGNRH-*Worzalla*, Rn. 39 ff.; LKK-*Dahm*, Rn. 21; Richardi-*Richardi/Maschmann*, Rn. 62; *Henssler*, FS Hanau, S. 413 (422 f.); *Raab*, ZfA 97, 183 (218 f.); offen gelassen vom *BAG*, vgl. z. B. 17. 11. 98 – 1 ABR 12/98, NZA 99, 662 (663); 19. 1. 10 – 1 ABR 55/08, DB 11, 120 (121).

134 *BAG* 3. 5. 94 – 1 ABR 24/93, DB 94, 2450 (2451 f.); *LAG Niedersachsen* 3. 7. 17 – 8 TaBV 42/16, NZA-RR 17, 536 (538 Tz. 43).

135 So *Fitting*, Rn. 24.

136 *LAG Niedersachsen* 3. 7. 17 – 8 TaBV 42/16, NZA-RR 17, 536 (538 Tz. 44); *Fitting*, Rn. 24.

137 *ArbG Wesel* 24. 4. 20 – 2 BVGa 4/20, juris (Tz. 57); *ArbG Neumünster* 28. 4. 20 – 4 BVGa 3 A/20, juris; *ArbG Berlin* 27. 4. 20 – 46 AR 50030/20, juris; *Fitting*, Rn. 22; Richardi-*Richardi/Maschmann*, Rn. 62.

138 *BAG*, a. a. O.; *HessLAG* 1. 9. 11 – 5 TaBV 44/11, juris.

139 GK-*Wiese*, Rn. 170; *LAG Niedersachsen* 26. 2. 91 – 6 TaBV 70/90; *ArbG Siegburg* 3. 3. 75, DB 75, 555; *Fitting*, Rn. 24 (Verweis auf § 2 Abs. 1); *Gnade*, FS Kehrmann, S. 227 (238); wohl auch *Halberstadt*, Rn. 13.

Anlass. Auch in Notfällen wird sich teilweise eine vorausgreifende Regelung finden lassen. Eine vorübergehende Beschränkung in der Ausübung der Mitbestimmungsrechte und damit für den AG das Recht, eine vorläufige einseitige Regelung zu treffen, kann sich aber aus allgemeinen Grundsätzen ergeben, wie z. B. aus dem Gesichtspunkt der **Unzumutbarkeit** oder des **Rechtsmissbrauchs,** also aus dem Grundgedanken der §§ 242 BGB und 2 Abs. 1.[140] Dies setzt jedoch eine Prüfung im Einzelfall voraus.

c) Probemaßnahmen

Das Mitbestimmungsrecht des BR besteht auch dann, wenn der AG mitbestimmungspflichtige Maßnahmen **probeweise** oder **vorläufig durchführen** (Pilot-, Testbetrieb) will.[141] Für das Mitbestimmungsrecht ist es gleichgültig, ob die Maßnahme kurzfristig oder auf Dauer angelegt ist. Im Übrigen wäre es ansonsten auch von der Definition durch den AG abhängig (vgl. auch DKWF-*Klebe/Heilmann,* § 87 Rn. 2 mit der Mustervereinbarung für einen Testbetrieb). 31

8. Gesetzes- und Tarifvorrang

a) Vorrang von Gesetzen

Das Mitbestimmungsrecht entfällt, wenn eine **zwingende gesetzliche Regelung** vorliegt. In diesem Falle unterstellt der Gesetzgeber, dass ein **ausreichender Schutz der AN** gegenüber individualrechtlichen Maßnahmen des AG bereits besteht.[142] So kann der BR z. B. keine Arbeitszeitregelung mit dem AG vereinbaren, die gegen die zwingenden Vorschriften des **ArbZG** bzw. zuvor der AZO verstößt.[143] Gleiches gilt für das **BDSG/DSGVO**[144] oder die GewO.[145] Eine zwingende Gesetzesvorschrift, die sich auch aus **internationalem Recht,** wie dem Europarecht, ergeben kann, wenn es zwischen AG und AN anzuwenden ist,[146] ist dann anzunehmen, wenn sie eine **abgeschlossene,** aus sich heraus handhabbare, materielle **Regelung** beinhaltet.[147] Dies ist im Hinblick auf die Einführung eines Systems, mit dem Beginn und Ende der täglichen Arbeitszeit einschließlich der Überstunden erfasst werden, der Fall, weil sich eine entsprechende Pflicht des AG bei unionsrechtskonformer Auslegung bereits aus § 3 Abs. 2 Nr. 1 ArbSchG ergibt.[148] Bei **nachgiebigem Recht**[149] oder, falls die Regelung **mehrere Entscheidungen** des AG zulässt, um dem Gesetz zu entsprechen,[150] bleibt das Mitbestimmungsrecht bestehen. Dies ist 32

140 Ausführlich *Worzalla,* S. 46 ff., 114 ff.; GK-*Wiese,* Rn. 169 f.; *Fitting,* Rn. 24; *Gnade,* a. a. O.; vgl. auch *BAG* 19. 2. 91 – 1 ABR 31/90, NZA 91, 609 (611).

141 *BAG* 9. 7. 13 – 1 ABR 19/12, NZA 14, 99 (102); *LAG Baden-Württemberg* 25. 2. 21 – 17 Sa 37/20, juris = RDV 21, 165 f. (LS.); *LAG Berlin* 12. 8. 86, CR 87, 26 ff.; *LAG Rheinland-Pfalz* 19. 8. 11 – 9 TaBVGa 1/11, brwo; ErfK-*Kania,* Rn. 58; *Fitting,* Rn. 254; HWGNRH-*Worzalla,* Rn. 353.

142 Vgl. z. B. *BAG* 24. 2. 87, AP Nr. 21 zu § 77 BetrVG 1972; 10. 3. 09 – 1 ABR 87/07, NZA 10, 180 (182); GK-*Wiese,* Rn. 56; Richardi-*Richardi/Maschmann,* Rn. 146, jeweils m. w. N.

143 *BAG* 28. 7. 81, AP Nr. 4 zu § 87 BetrVG 1972 Arbeitszeit; umfassend *Buschmann,* FS Wißmann, S. 251 (259 ff.).

144 A. A. allerdings zum BDSG a. F. *BAG* 27. 5. 86, AP Nr. 15 zu § 87 BetrVG 1972 Überwachung: Abweichung auch zuungunsten der AN möglich; vgl. Rn. 195 f.

145 Vgl. z. B. *BAG* 23. 4. 85, AP Nr. 12 zu § 87 BetrVG 1972 Überwachung; *LAG Frankfurt* 2. 6. 92 – 5 TaBV 142/91, NZA 93, 279 ff.

146 *BAG* 22. 7. 08 – 1 ABR 40/07, NZA 08, 1248 (1254); *Buschmann,* FS Wißmann, S. 251 (256 f.).

147 *BAG* 17. 12. 85, AP Nr. 5 zu § 87 BetrVG 1972 Tarifvorrang; 26. 5. 88, AP Nr. 14 zu § 87 BetrVG 1972 Ordnung des Betriebes.

148 *BAG* 13. 9. 22 – 1 ABR 22/21, NZA 23, 42 ff.; hierzu *Höpfner/Schneck,* NZA 23, 1 ff.; *Bayreuther,* NZA 23, 193 ff.; *Fink,* BB 23, 249 ff.; *Salamon,* NJW 23, 335 ff.; *Schreiner/Stephan,* DB 23, 197 ff.; *H.Hanau,* RdA 23, 115 ff.; teilweise sehr kritisch gegenüber dem Beschluss; dem *BAG* zustimmend z. B. *Brors,* AuR 23, 188 ff.; *Pschorr,* AuR 23, 193 ff.; *Schuch,* AuR 23, 202 ff.; vgl. auch *LAG München* 22. 5. 23 – 4 TaBV 24/23, juris Tz. 37 im Verfahren nach § 100 ArbGG.

149 *BAG* 13. 3. 73, AP Nr. 1 zu § 87 BetrVG 1972 Werkmietwohnungen; 29. 3. 77, AP Nr. 1 zu § 87 BetrVG 1972 Provision; *Fitting,* Rn. 33.

150 *BAG* 23. 4. 85, AP Nr. 12 zu § 87 BetrVG 1972 Überwachung; 12. 1. 88, AP Nr. 23 zu § 75 BPersVG; 26. 5. 88, a. a. O.

z. B. der Fall, falls die Sondervorschriften über **Sonntagsarbeit**[151] eingreifen (vgl. Rn. 85), oder bei **§ 5 Abs. 1 Satz 3 EFZG:** Der AG hat das Recht, nicht aber die Verpflichtung, die frühere Vorlage der ärztlichen Bescheinigung zu verlangen. Zudem werden auch die entsprechenden Modalitäten nicht vorgegeben. Daher hat der BR ein Mitbestimmungsrecht beim »Ob und Wie« der Regelung.[152] **§§ 8,**[153] 9 und 9a **TzBfG; § 3 Abs. 4 PflegeZG** und **§ 15 BEEG** enthalten für ihre Regelungsbereiche ebensowenig abschließende gesetzliche Regelungen,[154] wie die Vorschriften des **FPfZG,**[155] § 3 Abs. 2 ArbZG[156] oder das **BDSG**[157] **und die DSGVO** zum Umgang mit AN-Daten. Nach richtiger Auffassung kann allerdings mit einer BV nicht zuungunsten der Beschäftigten von seinen Regelungen abgewichen werden (a. A. aber früher und spätestens jetzt überholt das *BAG*; vgl. zu dieser Rspr. und den Gegenargumenten Rn. 195 f.). Demgegenüber sind die **§§ 1, 3, 7** und **12 AGG** für ihren Anwendungsbereich zwingend und können weder abgemildert noch relativiert werden. Ein Mitbestimmungsrecht scheidet insoweit aus.[158] Eine zwingende Regelung liegt nach Auffassung des *BAG*[159] auch vor, wenn von einer gesetzlichen Vorschrift nur nicht zuungunsten der AN abgewichen werden kann, wie dies **§ 8 AWbG NW** vorsieht. Dies erscheint wenig überzeugend, da hiermit eine abschließende Regelung nur in eine Richtung vorliegt, der Eingangssatz also nicht erfüllt ist: Der AG behält Handlungsspielraum.

33 Das sog. gesetzesvertretende **Richterrecht** ist **nicht** einer zwingenden **gesetzlichen Regelung** i. S. d. § 87 **gleichzusetzen.**[160] Der Richter ist grundsätzlich nicht befugt, das von ihm geschaffene Recht über das förmliche Gesetz zu stellen oder es auch nur mit gleichem Rang auszustatten.[161] Ein **Ausschluss des Mitbestimmungsrechts** ist zudem deshalb nicht gerechtfertigt, weil die Rspr. nicht in gleicher Weise durch ein förmliches Verfahren gegen Veränderungen abgesichert ist (Rechtssicherheit).

34 **Verordnungen** erfüllen als Gesetz im materiellen Sinne die Voraussetzungen des Eingangssatzes und schließen das Mitbestimmungsrecht aus.[162] Dies gilt nicht für **autonomes Satzungsrecht** öffentlich-rechtlicher Körperschaften, wie z. B. Universitäten, Gemeinden oder Sozialversicherungsträger. I. d. R. wird es keine Überschneidungen geben, da öffentlich-rechtliche Körperschaften, von Ausnahmefällen abgesehen (s. u.), keine Kompetenz haben, die Arbeitsbedingungen der bei ihnen Beschäftigten zu regeln. Tritt eine Kollision auf,[163] hat die **Betriebsverfassung Vorrang.** Ansonsten könnte der AG über die Geltung des BetrVG verfügen.[164] Wird

---

151 Vgl. auch *ArbG Offenbach* 1. 8. 13 – 2 BVGa 12/13, AiB 2/14, S. 72 f. mit Anm. v. *Zabel*.

152 *BAG* 25. 1. 00 – 1 ABR 3/99, DB 00, 1128 (1129 f.); *LAG Berlin-Brandenburg* 19. 6. 12 – 3 TaBV 2149/11, RDV 12, 254 (256); *LAG Bremen* 29. 11. 12 – 3 TaBV 11/12, AiB 2/14, S. 70 f. (auch während eines Arbeitskampfes) mit Anm. v. *Hayen*; *Fitting*, Rn. 72; *Kunz/Wedde*, § 5 EFZG Rn. 37; a. A. HWGNRH-*Worzalla*, Rn. 65; *Worzalla*, Anm. in AP Nr. 34 zu § 87 BetrVG 1972, Ordnung des Betriebes; vgl. Rn. 67).

153 *BAG* 18. 2. 03 – 9 AZR 164/02, AuR 04, 66 ff. mit Anm. v. *Buschmann*; 16. 3. 04 – 9 AZR 323/03, NZA 04, 1047 (1051); 18. 8. 09 – 9 AZR 517/08, NZA 09, 1208 (1210); *Buschmann*, FS Wißmann, S. 251 (269 ff.); *Engels*, AuR 09, 65 (68).

154 Vgl. GK-*Gutzeit*, Rn. 330 f.; HaKo-BetrVG-*Kohte*, Rn. 10.

155 GK-*Gutzeit*, Rn. 331; hierzu *Sasse*, DB 11, 2660 ff.; *Klenter*, AiB 12, 31 ff. und zu den weiteren Änderungen des PflegeZG, verkündet am 28. 12. 15, *Müller*, BB 16, 1338 ff.

156 *BAG* 26. 9. 17 – 1 ABR 57/15, NZA 18, 194 (195 Tz. 17).

157 *BAG* 22. 7. 08 – 1 ABR 40/07, NZA 08, 1248 (1256).

158 *BAG* 22. 7. 08 – 1 ABR 40/07, NZA 08, 1248 (1256).

159 28. 5. 02 – 1 ABR 37/01, NZA 03, 171 (175); 22. 7. 14 – 1 ABR 96/12, NZA 14, 1151 (1152).

160 So auch ErfK-*Kania*, Rn. 11; *Fitting*, Rn. 34; WPK-*Bender*, Rn. 20; Schaub-*Ahrendt*, § 235 Rn. 10; *Buschmann*, FS Wißmann, S. 251 (255); **a. A.** GK-*Wiese*, Rn. 58; HWK-*Clemenz*, Rn. 8; HWGNRH-*Worzalla*, Rn. 61; NK-GA/*Schwarze*, Rn. 47; Richardi-*Richardi/Maschmann*, Rn. 145.

161 *Wolter*, AuR 79, 333 (336); *Bobke*, BlStSozArbR 80, 129 (132).

162 Vgl. *BAG* 25. 5. 82, AP Nr. 53 zu § 611 BGB Dienstordnungsangestellte; 22. 7. 14 – 1 ABR 96/12, NZA 14, 1151 (1152); HWGNRH-*Worzalla*, Rn. 61; Richardi-*Richardi/Maschmann*, Rn. 145; *Gnade*, FS Kehrmann, S. 227 (229).

163 Vgl. das Beispiel von *Löwisch/Rieble*, § 1 Rn. 546 Anordnung einer Zutrittskontrolle für alle Universitätsangehörigen.

164 Bei dem vergleichbaren Problem im Tarifrecht für einen Vorrang des TV: *Däubler*, Tarifvertragsrecht, Rn. 391; *Löwisch/Rieble*, § 1 Rn. 546.

demgegenüber durch Gesetz der öffentlich-rechtlichen Körperschaft das Recht eingeräumt, die Beschäftigungsbedingungen ihrer AN durch Dienstordnung abschließend zu regeln (vgl. insoweit § 144 SGB VII für die Berufsgenossenschaften und auch § 52 Abs. 2 ALG), so ist in der Dienstordnung eine Vorschrift i. S. d. Eingangssatzes zu sehen.[165]

VA und auf Grund gesetzlicher Vorschriften oder Ermächtigungen ergangene **Anordnungen** stehen in ihrer Wirkung einer gesetzlichen Regelung letztlich zwar gleich, sie sind **entgegen der Auffassung des BAG**[166] aber **keine gesetzliche Regelung,** d. h. eine »die sachliche Substanz selbst regelnde … Norm«.[167] Mit dem VA wird inhaltlich und zeitlich eine gesetzliche Regelung erst konkretisiert. Die Gesetzesnorm selbst beinhaltet also noch keine abgeschlossene, zwingende Regelung, gewährleistet also noch nicht den durch § 87 angestrebten Schutz der AN. Dass dieser in dem behördlichen Verfahren, das zum Erlass des VA führt, in gleicher Weise wie bei der Entstehung eines Gesetzes oder TV Berücksichtigung findet, lässt sich nicht unterstellen. Deshalb kann ein VA wegen des Wortlauts und auch des Sinns des Eingangssatzes einem Gesetz nicht gleichgestellt werden (vgl. aber Rn. 42 ff.). 35

b) Vorrang von Tarifverträgen

Ein Mitbestimmungsrecht des BR besteht auch dann nicht, wenn ein an sich mitbestimmungspflichtiger Tatbestand eine **tarifliche Regelung** erfahren hat. Gemäß § 19 Abs. 3 HAG steht ihr eine bindende Festsetzung des Heimarbeitsausschusses gleich.[168] Im tarifpluralen Betrieb wird das Mitbestimmungsrecht durch jede geltende[169] zwingende Regelung für alle AN ausgeschlossen. Es ist also nicht erforderlich, dass alle TV eine solche Regelung beinhalten.[170] Ebenso wie bei einer gesetzlichen Regelung unterstellt der Gesetzgeber, dass mit dem TV ein **ausreichender Schutz der AN** bereits besteht. Beim Vorliegen einer tariflichen Regelung kommt ein Ausschluss der Mitbestimmung nur dann in Betracht, wenn der TV eine **abschließende und zwingende Regelung** enthält, die für eine Ergänzung keinen Raum mehr lässt. Sie muss zudem dem Schutzzweck des sonst gegebenen Mitbestimmungsrechts Genüge tun.[171] Der TV selbst muss also eine **ausreichende materielle Regelung** enthalten. Das Mitbestimmungsrecht entfällt deshalb nicht, falls er nur ein einseitiges Bestimmungsrecht des AG vorsieht.[172] Dies gilt grundsätzlich auch für Eilfälle.[173] Ein einseitiges Anordnungsrecht des AG kann daher nur in Ausnahmefällen als **Teil des Mitbestimmungsverfahrens** für **außergewöhnliche eng umgrenzte Fallgestaltungen** im TV vorgesehen werden, wenn es erkennbar eine mitbestimmte Entscheidung nicht ersetzen, sondern nur mit Rücksicht auf besondere Umstände eine **vorläufige** und kurzfristige Übergangslösung schaffen soll, die die **abschließende Klärung** aber so 36

165 *BAG* 25. 5. 82, AP Nr. 53 zu § 611 BGB Dienstordnungsangestellte; *Fitting*, Rn. 33; DHZ-*Deinert*, § 12 Rn. 80.

166 11. 12. 12, NZA 13, 913 (914 f.).

167 Vgl. *LAG Baden-Württemberg* 24. 11. 86, NZA 87, 251; *Beck/Trümner*, AuR 89, 77 (78); *Beck/Wendeling-Schröder*, WSI-Mitt. 85, 754 (762); *Buschmann*, FS Wißmann, S. 251 (255); *Däubler*, AiB 86, 173 f. und AiB 89, 16; MünchArbR-*Matthes*, § 242 Rn. 14; *Dörner/Wildschütz*, AiB 95, 257 (281 f.); **a. A.** *Fitting*, Rn. 35; GK-*Wiese*, Rn. 61; HWGNRH-*Worzalla*, Rn. 63; *Ziegler*, NZA 87, 224 ff.; offen gelassen vom *BAG* 26. 5. 88, AP Nr. 14 zu § 87 BetrVG 1972 Ordnung des Betriebes.

168 Vgl. *BAG* 13. 9. 83, DB 84, 2047 (2048).

169 Vgl. auch DHZ-*Deinert*, § 12 Rn. 159 m. w. N.

170 *BAG* 25. 1. 23 – 4 ABR 4/22, NZA 23, 979 (987 Tz. 65 ff.), auch zur entsprechenden Sperrwirkung in § 77 Abs. 3 in Tz. 55 ff., die nur entfällt, wenn alle TV eine Öffnungsklausel enthalten, hierzu auch § 77 Rn. 144 f.

171 Vgl. *BAG (GS)* 3. 12. 91 – GS 2/90, DB 92, 1579 (1583); 9. 12. 03 – 1 ABR 44/02, NZA 04, 746 (749); 9. 11. 10 – 1 ABR 75/09, NZA-RR 11, 354 (356); 18. 10. 11 – 1 ABR 25/10, NZA 12, 392 (394); 20. 2. 18 – 1 ABR 53/16, NZA 18,55 ff. 954 (956 Tz. 20); *Fitting*, Rn. 50; GK-*Wiese*, Rn. 58, 80 f.; Richardi-*Richardi/Maschmann*, Rn. 151, 164; vgl. auch *ArbG Elmshorn* 11. 1. 10 – 4 BV 67c/09, AuR 11, 263 mit Anm. v. *Zabel*.

172 Vgl. *BAG* 18. 3. 76, AP Nr. 4 zu § 87 BetrVG 1972 Altersversorgung; 18. 4. 89, AP Nr. 18 zu § 87 BetrVG 1972 Tarifvorrang; GK-*Wiese*, Rn. 83 m. w. N.; Richardi-*Richardi/Maschmann*, Rn. 167; vgl. auch unten Rn. 48.

173 GK-*Wiese*, Rn. 85.

weit als möglich offen hält.[174] So muss sich z. B. für Überstunden die Notwendigkeit zwingend, unerwartet und kurzfristig ergeben und eine mitbestimmte Regelung aus Zeitgründen nicht erreichbar sein. Es darf sich jedenfalls nicht um Überstunden handeln, die vorhersehbar waren oder mit gewisser Regelmäßigkeit auftreten.

37 Das Mitbestimmungsrecht wird durch TV nur ausgeschlossen, wenn dieser für den Betrieb gilt. Er muss zunächst räumlich und sachlich anwendbar sein. Darüber hinaus muss der TV gemäß **§ 5 TVG** allgemeinverbindlich oder der **AG tarifgebunden** sein.[175] Die den TV abschließende Gewerkschaft muss für alle im Betrieb beschäftigten AN tarifzuständig sein.[176] Ist der AG tarifgebunden, greift die Sperrwirkung eines TV über betriebliche und betriebsverfassungsrechtliche Fragen bereits gemäß **§ 3 Abs. 2** TVG ein. Aber auch TV über Inhalts-, Abschluss- und Beendigungsnormen schließen die Mitbestimmungsrechte aus, da sich, so die frühere Begründung des ***BAG,***[177] jeder AN durch den Beitritt zur tarifvertragschließenden Gewerkschaft den unabdingbaren Schutz der tariflichen Regelung verschaffen könne, die insoweit für nicht tarifgebundene AN bestehende **Schutzlücke** also hinnehmbar sei. Hiervon ist das Gericht inzwischen abgerückt. Es schließt diese Schutzlücke im Bereich der betrieblichen Lohngestaltung dadurch, dass das tarifliche Entlohnungssystem auch bei Nichtorganisierten angewendet wird, soweit dessen Gegenstände der erzwingbaren Mitbestimmung unterliegen, also bei den Entlohnungsgrundsätzen, aber nicht bei der Entgelthöhe (vgl. insoweit auch Rn. 311 und 329).[178] Damit werde dem Zweck des Eingangssatzes entsprochen. Dem hat *Deinert*[179] mit überzeugenden Argumenten widersprochen. Die Schutzlücke folge nicht daraus, dass die nicht Tarifgebundenen nicht den Schutz der Betriebsverfassung hätten. Diesen hätten auch die Gewerkschaftsmitglieder nicht. Die Benachteiligung folge vielmehr aus der Nichtanwendung des TV, sei also logische Folge der negativen Koalitionsfreiheit. Daher ist der früheren Rspr. des BAG zu folgen. Die Anwendung des Eingangssatzes erfordert allerdings eine Einschränkung: Die tarifvertragschließende Gewerkschaft muss eine **Mindestrepräsentativität** für den Betrieb haben, der AG kann nicht **willkürlich** eine Gewerkschaft als Partner für einen **Haus-TV** wählen, um so die Mitbestimmungsrechte zu verdrängen.[180] Dies wäre z. B. der Fall, wenn der AG den TV mit einer Gewerkschaft abschließt, die kein einziges Mitglied im Betrieb hat, während eine andere 10 % oder mehr der Beschäftigten organisiert.[181]

38 Sofern **TV,** von denen auch nur einer betriebsverfassungsrechtliche Normen beinhaltet, sich zeitlich, räumlich, fachlich und personell überschneiden, eine sachliche Überschneidung ist erstaunlicherweise nicht erforderlich[182], regelt **§ 4a Abs. 2 Satz 2 TVG,** welcher Vorrang hat und

---

174 So *BAG* 17.11.98 – 1 ABR 12/98, NZA 99, 662 (664); zustimmend *Veit,* RdA 99, 346 ff.; vgl. auch *BAG* 3.5.06 – 1 ABR 14/05, DB 07, 60 (61 f.); *Fitting,* Rn. 50; HWK-*Clemenz*, Rn. 13; Richardi-*Richardi/Maschmann*, Rn. 167.

175 *BAG* 24.2.87, AP Nr. 21 zu § 77 BetrVG 1972; 29.10.02 – 1 AZR 603/01, DB 03, 2014 (2016); 18.10.11 – 1 ABR 25/10, NZA 12, 392 (394 f.); 26.9.17 – 1 ABR 57/15, NZA 18, 194 (195 Tz. 17); 25.1.23 – 4 ABR 4/22, NZA 23, 979 (987 Tz. 64); *Fitting,* Rn. 45; Richardi-*Richardi/Maschmann,* Rn. 154 ff.; DHZ-*Deinert,* § 12 Rn. 158; *SWS,* Rn. 33; *GL,* Rn. 56 fordern darüber hinaus, dass mindestens ein AN tarifgebunden sein muss, GK-*Wiese,* Rn. 67 f. fordert dies für alle Beschäftigten.

176 *BAG* 14.1.14 – 1 ABR 66/12, NZA 14, 910 (914).

177 24.2.87, a. a. O.

178 *BAG* 18.10.11 – 1 ABR 25/10, NZA 12, 392 (395 f.); 23.8.16 – 1 ABR15/14, NZA 17, 74 (75 Tz. 18); 28.3.17 – 1 ABR 1/16, NZA 17, 1137 (1139 Tz. 25); 25.1.23 – 4 ABR 4/22, NZA 23, 979 (987 f. Tz. 66); 14.2.23 – 1 ABR 9/22, NZA 23, 651 (653 Tz. 29, 32); hierzu *Sura,* NZA-RR 23, 448; zustimmend HaKo-BetrVG/*Kohte*, Rn. 13; Kempen/Zachert-*Wendeling-Schröder,* Grundlagen Rn. 471 f.; Richardi-*Richardi/Maschmann*, Rn. 790, 156; *Roloff,* RdA 14, 228 (230) und ErfK-*Kania*, Rn. 15, 100; kritisch hierzu *Salamon*, NZA 12, 899 ff.

179 DHZ-*Deinert*, § 12 Rn. 158.

180 Vgl. auch Richardi-*Richardi/Maschmann,* Rn. 157; Kempen/Zachert-*Wendeling-Schröder,* Grundlagen Rn. 466 ff. (insbes.469); *Gamillscheg*, Kollektives Arbeitsrecht, Bd. II, S. 871; HaKo-BetrVG/*Kohte,* Rn. 14; *Fischer*, NZA 15, 662 (664); a. A. NK-GA/*Schwarze*, Rn. 53.

181 Vgl. auch *BAG* 27.6.06 – 3 AZR 255/05, NZA 06, 1285 (1286), das bei einem arbeitsvertraglichen Verweis auf Tarifverträge nur den auf solche für rechtlich unbedenklich hält, die geeignet sind, für die Belegschaft eine repräsentative Regelung herbeizuführen; *Reinecke,* BB 06, 2637 (2642 ff.).

182 Vgl. DHZ-*Deinert*, § 11 Rn. 296 ff., aber auch die Einschränkungen bei der Verdrängungswirkung durch das *BVerfG* 11.7.17 – 1 BvR 1571/15 u. a., NZA 17, 915 (923 Tz. 186, andererseits aber auch

ggf. die Mitbestimmungsrechte des BR ausschließt,[183] sofern die Geltung nicht durch eine Vereinbarung aller v. der Tarifkollision erfassten Tarifvertragsparteien abbedungen wird.[184] Dies ist der TV, der mit der Gewerkschaft abgeschlossen worden ist, die die **meisten Mitglieder im Betrieb** hat und damit das betriebliche Geschehen stärker beeinflusst.[185] Dies gilt allerdings nicht für TV, die bereits am 10.7.15 galten. Sie haben gem. § 13 Abs. 3 TVG Bestandsschutz. Zudem verdrängt der Mehrheits-TV entsprechend der Auflagen des BVerfG nach § 4a Satz 2 2. Halbsatz TVG nur, wenn bei seinem Zustandekommen die Interessen von Arbeitnehmergruppen, die von dem verdrängten TV erfasst werden, »ernsthaft und wirksam berücksichtigt« sind. Die Gewerkschaft, die den verdrängten TV abgeschlossen hat, kann darüberhinaus nach § 4a Abs. 4 TVG eine Nachzeichnung des Mehrheits-TV verlangen. Schließlich werden nach § 4a Abs. 3 TVG Minderheitstarifverträge zu § 3 Abs. 1 und § 117 Abs. 2 nur verdrängt, wenn auch der Mehrheitstarifvertrag das Thema regelt. Von diesen Ausnahmen abgesehen: Enthält nur der Minderheits-TV eine Mitbestimmungsrechte sperrende Regelung ist dies also ohne Bedeutung. Der Minderheits-TV ist, wie § 4a Abs. 1 Satz 2 TVG zeigt, nicht unwirksam, er ist lediglich nicht anwendbar, er wird verdrängt. Endet der Mehrheits-TV kommt in dessen Nachwirkung daher der Minderheits-TV zur Anwendung.[186] Soweit man der Auffassung folgt, dass die Tarifvertragsparteien eine Tarifkollision einvernehmlich praktizieren können,[187] sind die bisher geltenden Grundsätze anzuwenden, also ebenfalls das Mehrheitsprinzip.

Ein abschließender und zwingender TV schließt nicht nur die Mitbestimmungsrechte, sondern auch **günstigere freiwillige BV** in diesem Bereich aus. Nach h.M. soll dies allerdings nicht generell der Fall sein. Dies wird vor allem von *Wiese*[188] ausführlich begründet, der sich auf den Wortlaut des Abs. 1 (im Gegensatz zum § 77 Abs. 3), die systematische Stellung des Eingangssatzes als Bestandteil der Mitbestimmungsregelung, die umfassende funktionelle Zuständigkeit des BR in sozialen Angelegenheiten sowie schließlich auf das Wesen von Tarifnormen beruft, nur einen Mindestschutz zu gewährleisten.[189] Für diese freiwillige BV soll allerdings § 77 Abs. 3 gelten.[190] Richtig ist zunächst, dass § 87 Abs. 1 Eingangssatz das Mitbestimmungsrecht, nicht aber freiwillige Vereinbarungen im Bereich der Norm ausschließt. Für diese muss dann allerdings § 77 Abs. 3 eingreifen, wie die h.M. zu Recht vertritt.[191] Denn die Beschränkung des Tarifvorbehaltes in § 87 Abs. 1 auf im Betrieb geltende abschließende und zwingende Regelungen soll vermeiden, dass eine **Schutzlücke für die Arbeitnehmer** entsteht.[192] Darüber hinaus soll der Vorrang nicht außer Kraft gesetzt werden.[193] Damit scheiden auch freiwillige BV aus, wenn der TV Arbeitsentgelte oder sonstige Arbeitsbedingungen regelt, es sei denn, er enthält die Zuweisung einer entsprechenden Regelungskompetenz an die Betriebsparteien. Der Begriff der **Arbeitsbedingungen** ist jedoch nicht auf materielle Regelungen beschränkt. Er greift vielmehr auch bei solchen TV ein, die die Art und Weise der Arbeitsleistung regeln 39

---

923 Tz. 181 und 925 Tz. 192ff.), die der Gesetzgeber mit der Novellierung des TVG v. 18.12.18 umzusetzen versuchte; vgl. hierzu z.B. *Klein*, DB 19, 545ff.; GK-*Wiese*, Rn. 70ff. Unter diesen Voraussetzungen ist die Vorschrift danach mit Art. 9 Abs. 3 vereinbar; nachvollziehbar sehr kritisch *Preis*, NJW-aktuell 30/17, S. 3; zur verfassungsrechtlichen Debatte über das Tarifeinheitsgesetz § 2 Rn. 73b; vgl. auch EMRK (III. Sektion) 5.7.22 – 815/18 u.a., NZA 22, 1058ff. und das Editorial v. *D. Ulber* in NZA, Heft 15/2022.

183 Hierzu auch *Fitting*, Rn. 46 und ausführlich Däubler-*Zwanziger/Däubler*, TVG, § 4a Rn. 44 ff; vgl. *auch Buschmann*, FS Düwell, S. 793ff. zu Fragen der Tarifpluralität im tarifdispositiven Recht; *Berg*, FS Preis, S. 85ff. mit einer Zwischenbilanz; ebenfalls hierzu *Gooren*, NZA 22, 444ff.

184 Vgl. *BAG* 25.1.23 – 4 AZR 4/22, juris Tz. 50ff.

185 Vgl. für die Zeit vor dieser Ergänzung des TVG so bei sachlicher Überschneidung Kittner/Zwanziger/Deinert, Arbeitsrecht, 8. Aufl. (2015) – *Deinert*, § 8 Rn. 285m.w.N; *Krebber*, RdA 11, 23 (26f.).

186 *BVerfG*, NZA 17, 915 (924 Tz. 189); vgl. hierzu auch DHZ-*Deinert*, § 11 Rn. 302.

187 Vgl. hierzu BVerfG, a.a.O. (Fn. 153), NZA 17, 915 (922f. Tz. 178f.); TVG-AKR-*Berg*, § 4a Rn. 38.

188 GK, Rn. 65f. m.w.N. zum Meinungsstand.

189 Vgl. z.B. auch *Fitting*, Rn. 43; MünchArbR-*Matthes*, § 242 Rn. 21ff.; Richardi-*Richardi/Maschmann*, Rn. 172.

190 *Fitting*, a.a.O.; GK-*Wiese*, Rn. 66; *GL*, Rn. 44; KassArbR-*Etzel*, 9.1, Rn. 485; MünchArbR-*Matthes*, § 242 Rn. 22; Richardi-*Richardi/Maschmann*, Rn. 171.

191 Vgl. auch *LAG Baden-Württemberg* 13.1.99, AuR 99, 156 (157).

192 Vgl. *BAG (GS)* 3.12.91 – GS 2/90, DB 92, 1579 (1582f.); vgl. auch Rn. 32.

193 Vgl. *Däubler*, Tarifvertragsrecht, Rn. 239.

(§ 77 Rn. 129 m. w. N.).[194] Hierfür spricht neben dem Wortlaut vor allem der Zweck der Norm, die ausgeübte Tarifautonomie und die **Funktionsfähigkeit der Koalition** zu schützen (§ 77 Rn. 129 m. w. N.). Bei diesem Wirkungsbereich des § 77 Abs. 3 ist nicht erkennbar, welche Freiräume für freiwillige Vereinbarungen im Rahmen von § 87 noch bestehen könnten, wenn eine abschließende und zwingende tarifvertragliche Regelung vorliegt. Die umfassende funktionelle Zuständigkeit des BR in sozialen Angelegenheiten besteht eben nur im Rahmen des Betriebsverfassungsrechts.[195]

40 Machen die TV-Parteien von ihrer Regelungsbefugnis keinen Gebrauch oder weisen sie, wie dies in jüngeren TV häufiger der Fall ist, **Regelungszuständigkeiten den Betriebsparteien** zu, so bestehen selbstverständlich die Mitbestimmungsrechte. Besteht der Tarifvorrang, können die TV-Parteien diesen auch nachträglich durch eine Öffnungsklausel i. S. v. § 77 Abs. 3 Satz 2 beseitigen.[196] Machen die TV-Parteien BV v. ihrer Zustimmung abhängig, kann diese auch rückwirkend bei einer wegen dieser tariflichen Regelungssperre genehmigungsbedürftigen Änderung erfolgen.[197] Auch ein lediglich **nachwirkender TV** schließt Mitbestimmungsrechte nicht aus.[198] Gemäß **§ 4 Abs. 5 TVG** hat er **keine zwingende Wirkung** und kann durch andere Abmachungen ersetzt werden. Demzufolge kann er den AN nicht einen vergleichbaren Schutz wie Mitbestimmungsrechte geben. Verweist ein TV auf Bestimmungen eines anderen lediglich nachwirkenden TV, scheiden Mitbestimmungsrechte auch hinsichtlich der in Bezug genommenen Regelungen aus, da diese unmittelbar und zwingend als tarifliches Recht gelten.[199]

41 Die **Tarifüblichkeit** schließt – anders als bei § 77 Abs. 3 – BV im Rahmen der Mitbestimmung nach § 87 nicht aus.[200] Eine tarifliche Regelung, die lediglich üblich ist, für den Betrieb jedoch keine Bindung erzeugt, kann den ansonsten durch Mitbestimmungsrechte gewährleisteten **Schutz für die AN** nicht garantieren.[201] Die Mitbestimmungsrechte würden insbes. im Bereich materieller Arbeitsbedingungen weitgehend leer laufen, ohne dass der Zweck des § 77 Abs. 3, die **Funktionsfähigkeit der Tarifautonomie** zu gewährleisten, im Bereich des § 87 Abs. 1 damit erreicht würde.[202] Der Vorschlag des Bundesrats, in § 87 nach Abs. 1 die Anwendung von § 77 Abs. 3 vorzusehen,[203] ist zudem im Gesetzgebungsverfahren abgelehnt worden.[204] Neben Normzweck und Entstehungsgeschichte sprechen auch Wortlaut und Stellung im Gesetz, wie das *BAG* zu Recht festgestellt hat,[205] gegen einen Ausschluss der Mitbestimmungsrechte bei Tarifüblichkeit. Es ist vielmehr davon auszugehen, dass **§ 87 Abs. 1 Eingangssatz als speziellere Norm** – ebenso wie § 112 Abs. 1 Satz 4 – § 77 Abs. 3 vorgeht.[206]

42 Nach Auffassung des *BAG*[207] soll das Mitbestimmungsrecht auch dann ausscheiden, wenn der AG **auf Grund verbindlicher Vorgaben keinen Regelungsspielraum** mehr hat. Zwar sollen **faktische Zwänge,** wie z. B. die Auflage eines Zuwendungsgebers an den Zuwendungsempfän-

---

194 vgl. z. B. *BAG* 9.4.91 – 1 AZR 406/90, DB 91, 1629; 3.12.91 – GS 2/90, BB 92, 1418 (1422); *Fitting,* § 77 Rn. 71; GK-*Kreutz,* § 77 Rn. 100 ff.; *WW,* § 77 Rn. 30; *Däubler,* Tarifvertragsrecht, Rn. 230; a. A. *GL,* § 77 Rn. 75; Richardi-*Richardi/Maschmann,* Rn. 174 und § 77 Rn. 270 f.

195 Vgl. auch DHZ-*Deinert,* § 12 Rn. 171.

196 *BAG* 13.8.19 – 1 AZR 213/18, NZA 20, 49 (54 f. Tz. 41 m. w. N.).

197 *BAG*15.12.20 – 1 AZR 499/18, NZA 21, 512 (517 Tz. 53).

198 *BAG* 13.7.77, AP Nr. 2 zu § 87 BetrVG 1972 Kurzarbeit; 27.11.02 – 4 AZR 660/01, AP Nr. 34 zu § 87 BetrVG 1972 Tarifvorrang; *Fitting,* Rn. 48; GK-*Wiese,* Rn. 64; HWGNRH-*Worzalla,* Rn. 67; Richardi-*Richardi/Maschmann,* Rn. 152.

199 *BAG* 30.1.90 – 1 ABR 98/88, DB 90, 2023.

200 *BAG* 24.2.87, AP Nr. 21 zu § 77 BetrVG 1972; BAG(GS) 3.12.91 – GS 2/90, DB 92, 1579 (1582 f.); 26.4.05 – 1 ABR 1/04, NZA 05, 884 (886); 13.8.19 – 1 AZR 213/18, NZA 20, 49 (54 Tz. 41); *v. Hoyningen-Huene,* S. 257 f.; *Kempen,* RdA 94, 140 (151); *Reuter,* RdA 94, 152 (166).

201 Vgl. auch *BAG (GS)* 3.12.91, a. a. O.

202 *BAG (GS)* 3.12.91, a. a. O.

203 BT-Drucks. VI/1786, S. 64.

204 Vgl. BT-Drucks. zu VI/1786, S. 2, Nr. 6.

205 Vgl. insbes. 24.2.87, AP Nr. 21 zu § 77 BetrVG 1972.

206 Vgl. insbesondere *BAG,* a. a. O.; 13.3.12 – 1 AZR 659/10, NZA 12, 990 (991); Kempen/Zachert-*Wendeling-Schröder,* Grundlagen Rn. 464 f. und zur Gegenmeinung GK-*Wiese,* Rn. 48 ff.; HWGNRH-*Worzalla,* Rn. 78 f. jeweils m. w. N. und auch § 77 Rn. 132.

207 26.5.88, AP Nr. 14 zu § 87 BetrVG 1972 Ordnung des Betriebes; 9.7.91 – 1 ABR 57/90, DB 92, 143 (bestätigt durch *BVerfG* 22.8.94, NZA 95, 129); 30.9.14 – 1 ABR 106/12, NZA 15, 314 (316); so auch

ger (AG), keine höhere Vergütung zu zahlen als im öffentlichen Dienst, das Mitbestimmungsrecht nicht beschränken können.[208] Bei dem bestandskräftig gewordenen, gegenüber dem AG ergangenen **Verwaltungsakt**[209] soll allerdings das Mitbestimmungsrecht wegen des fehlenden Regelungsspielraums entfallen.

Diese Rspr. ist nicht überzeugend. So bleibt beispielsweise unklar, da ja rein faktische Zwänge nicht ausreichen, welche rechtliche Qualität das *BAG* bei der »**Vorgabe**« als Einschränkung der Mitbestimmungsrechte ausreichen lassen will. Zudem ist auch zu berücksichtigen, dass der Gesetzgeber mit dem Eingangssatz eine Regelung getroffen hat. Danach soll das Mitbestimmungsrecht eben nur bei Vorliegen einer abschließenden und zwingenden tarifvertraglichen oder gesetzlichen Regelung ausscheiden. Alle anderen Beschränkungen des AG-Handelns sind unbeachtlich. So könnte sich nach der Rspr. des *BAG* (vgl. oben Rn. 21) der AG auch nicht auf rechtliche Bindungen durch einen Vertrag berufen, wenn er der Mitbestimmung unterliegende Maßnahmen durch einen Dritten ausführen ließe. Selbstverständlich kann es nicht darum gehen, die bei **riskanten Technologien** erforderlichen Sicherungsmaßnahmen allein der Regelung durch die Betriebsparteien zu überlassen. Werden sie durch gesetzliche Vorschriften getroffen, entspricht dies dem Eingangssatz von § 87. VA können jedoch nach Wortlaut und Sinn des Eingangssatzes von Abs. 1 nicht gleichgestellt werden (Rn. 35). Das Mitbestimmungsrecht wird nicht ausgeschlossen. Zur Lösung denkbarer Widersprüche zwischen den Vorgaben des VA und der Ausübung des Mitbestimmungsrechts hält *Däubler*[210] die Aufsichtsbehörde für verpflichtet, die durch das BetrVG »geteilte Handlungskompetenz« zu berücksichtigen. Der AG könne nicht allein handeln. Ignoriere die Behörde diese Tatsache, so verlange sie von ihm Unmögliches und handele mangelhaft. Sie müsse demzufolge entweder zunächst die betriebliche Einigung abwarten oder aber, wie *Däubler*[211] vorgeschlagen hat, eine **gleichartige Verfügung gegenüber dem BR** erlassen, gegen die der BR Widerspruch einlegen bzw. Anfechtungsklage erheben könne.[212] 43

Nach anderer Auffassung soll eine Lösung des Konflikts im BetrVG selbst zu suchen sein: Die Vorgaben der Aufsichtsbehörde müssten, so *Beck/Trümner*,[213] bei der zunächst betrieblichen Lösung als zu berücksichtigende **betriebliche Belange** i. S. d. § 76 Abs. 5 Satz 3 Eingang finden.[214] Zudem sei der AG gemäß § 2 Abs. 1 verpflichtet, Widerspruch und Anfechtungsklage gegen den Verwaltungsakt jedenfalls dann zu erheben, wenn es Anhaltspunkte für seine Rechtswidrigkeit gebe.[215] Ein Ausschluss des Mitbestimmungsrechts durch untergesetzliche »Vorgaben« ist also abzulehnen.[216] Schließlich würde eine solche Betrachtungsweise auch dem Umstand nicht gerecht, dass die **Betriebsverfassung grundrechtlich fundiert** ist.[217] Behördliche Anordnungen kommen häufig auch so zustande, dass der AG um Vorschläge gebeten wird. In solchen Fällen muss der BR vom AG an der Ausfüllung der betrieblichen Spielräume in Ausübung seines Mitbestimmungsrechts gleichberechtigt beteiligt werden.[218] 44

Fitting, Rn. 36; HWGNRH-*Worzalla*, Rn. 63; GK-*Wiese*, Rn. 61 m. w. N.; Richardi-*Richardi/Maschmann*, Rn. 149.

208 *BAG* 24.11.87, AP Nr. 6 zu § 87 BetrVG 1972 Auszahlung; 8.8.89, DB 90, 281; *LAG München*, 11.10.07 – 3 TaBV 37/07, LAGE § 87 BetrVG 2001 Betriebliche Lohngestaltung Nr. 2; *Fitting*, Rn. 38; vgl. auch GK-*Wiese*, Rn. 61; HWGNRH-*Worzalla*, Rn. 64.

209 Vgl. auch *BAG* 11.12.12, NZA 13, 913 (914 f. m. w.N.).

210 AiB 89, 16 und SR 12, 61; in diesem Aufsatz stellt *Däubler* auch weitergehend die deutlichen Einschränkungen des Arbeitsrechts durch öffentlich-rechtliche Vorgaben insbes. bei gefährlichen Technologien, für sicherheitsrelevante Bereiche und die Vorgaben für Finanzdienstleistungen in Reaktion auf die Finanzkrise (vgl. z. B. **§ 34d WpHG** und die in der WpHGMaAnzV [BGBl. I Nr. 72 v. 30.12.11, S. 3116 ff.] festgelegten persönlichen Voraussetzungen z. B. für Mitarbeiter in der Anlageberatung oder Vertriebsbeauftragte) dar; zum WpHG und den verbleibenden durch Mitbestimmungsrechte regelbaren Spielräumen, *Tannheiser*, CuA 3/12, S. 20 ff.

211 A. a. O.

212 A. A. *Dörner/Wildschütz*, AiB 95, 257 (265ffr. m w. N.).

213 AuR 89, 77 (83 f.).

214 Vgl. auch *Dörner/Wildschütz*, a. a. O., 284 m. w. N.

215 Dörner/Wildschütz, a. a. O., 285.

216 *Däubler*, AiB 89, 16; *ders.*, SR 12, 12; *Beck/Trümner*, a. a. O.

217 Vgl. z. B. *Kempen*, AuR 86, 129 (134 ff.) und AuR 88, 271 (278); *Blanke*, AiB 00, 491 (494 ff.).

218 *Däubler*, AiB 89, 16 f.

9. Erweiterung und Einschränkung der Mitbestimmungsrechte durch Tarifvertrag oder Betriebsvereinbarung

45 Der in dieser Vorschrift enthaltene Katalog mitbestimmungspflichtiger Angelegenheiten kann sowohl durch **BV** als auch durch **TV** erweitert werden (Einl. Rn. 87 ff., 94 ff. m. w. N. auch zur Rspr.),[219] nicht aber einzelvertraglich.[220] Eine solche Erweiterung der Mitbestimmungsrechte, die im Konfliktfall auch zu einem **verbindlichen Spruch der Est.** führen kann, ist von gesetzlichen Regelungen, wie z. B. § 7 ArbZG, zu unterscheiden, die eine Abweichung von ihren Inhalten durch TV bzw. BV zulassen, aber damit die Mitbestimmung nicht erweitern. Bei der Dauer der Arbeitszeit kann der so geschaffene Spielraum daher nach h. M. (vgl. Rn. 88 ff.) nur durch **freiwillige BV** ausgeschöpft werden.[221] Dies gilt auch für die mitbestimmungspflichtige Lage der Arbeitszeit, da der AG wegen des gesetzlichen Arbeitsschutzes vor Abschluss einer abweichenden BV nicht den erforderlichen Regelungsspielraum hat.[222]

46 Die Möglichkeit der **Erweiterung der Mitbestimmung** des BR **durch BV** und **Regelungsabrede** ergibt sich u. a. aus der Tatsache, dass die **funktionelle Zuständigkeit des BR** in sozialen Angelegenheiten unbeschränkt ist (vgl. Einl. Rn. 94 ff.).[223] Dem Abschluss von freiwilligen BV steht § 88 nicht entgegen, da dort nur beispielhaft aufgeführt ist, welche Regelungen (»insbesondere«) durch den Abschluss einer freiwilligen BV getroffen werden können.[224]

47 Die Mitbestimmung in sozialen Angelegenheiten kann auch durch einen **TV** erweitert werden (vgl. hierzu vor allem Einl. Rn. 87 ff.). Die in den §§ 1 Abs. 1 und 3 Abs. 2 TVG anerkannte Rechtsetzungsbefugnis der Tarifparteien für betriebsverfassungsrechtliche Fragen wird insoweit durch das BetrVG nicht eingeschränkt.[225] Der **TV** kann ggf. mit einem **Streik erzwungen** werden.[226] In ihm kann auch festgelegt werden, dass Maßnahmen, wie z. B. die Anordnung von Samstagsarbeit, nur mit Zustimmung des BR getroffen werden dürfen, ohne dass die Möglichkeit besteht, die Zustimmung durch die ESt. zu ersetzen.[227] Die TV-Parteien könnten nämlich (z. B.) die Samstagsarbeit auch gänzlich ausschließen.

48 **Unzulässig** ist es, das **Mitbestimmungsrecht** des BR durch TV oder BV prinzipiell **aufzuheben oder einzuschränken.**[228] Enthält der TV in einer mitbestimmungspflichtigen Angelegenheit eine eigenständige und abschließende Regelung, entfällt die Mitbestimmung also nicht, falls lediglich das einseitige Bestimmungsrecht des AG wiederhergestellt wird.[229] **Zulässig** ist

---

219 Vgl. *Fitting*, Rn. 6; GK-*Wiese*, Rn. 9 ff.; HWK-*Clemenz*, Rn. 26 f.; *Lerch/Weinbrenner*, NZA 11, 664 (665 ff.); **a. A.** HWGNRH-*Worzalla*, Rn. 51, 53; Richardi-*Richardi/Maschmann*, Vorbem. vor § 87 Rn. 12 f.

220 *BAG* 23. 4. 09 – 6 AZR 263/08, NZA 09, 915 (916) zu § 102 Abs. 6; *Lerch/Weinbrenner*, NZA 11, 664 (667).

221 Vgl. die ausführliche Begründung bei Arbeitszeitrecht-*Buschmann*, § 7 Rn. 26 m. w. N.; vgl. auch *LAG Hamburg* 17. 12. 08 – 5 TaBV 8/08, AuR 10, 339 zu den schwerwiegenden Bedenken gegen eine tariflich begründete Abweichung v. gesetzlichen AN-Schutzvorschriften auch für unorganisierte oder anders organisierte AN.

222 Vgl. *LAG Hamburg* 17. 12. 08 – 5 TaBV 8/08, AuR 10, 339; Arbeitszeitrecht- *Buschmann*, § 7 Rn. 27 m. w. N.; ErfK-*Wank* § 7 ArbZG Rn. 20.

223 So u. a. auch GK-*Wiese*, Rn. 9 und *Fitting*, Rn. 6; vgl. auch *BAG* 10. 12. 13 – 1 ABR 39/12, NZA 14, 1040 (1043).

224 *BAG* 18. 8. 87, AP Nr. 23 zu § 77 BetrVG 1972; 18. 8. 09 – 1 ABR 49/08, BB 10, 124 (126); zu **Regelungsabreden** vgl. *BAG* 14. 8. 01 – 1 AZR 744/00, NZA 02, 342 (344).

225 Vgl. *BAG* 18. 8. 87, AP Nr. 23 zu § 77 BetrVG 1972; 10. 2. 88, AP Nr. 53 zu § 99 BetrVG 1972; 9. 5. 95 – 1 ABR 56/94, DB 95, 2610; *Krause*, S. 87 f.

226 *Bunge*, S. 344 ff.; *Lerch/Weinbrenner*, NZA 11, 664 (665); a. A. *Säcker*, ZfA 72 (Sonderheft), S. 41 (47 ff.).

227 Vgl. auch GK-*Wiese*, Rn. 59 m. w. N.; a. A. LKK-*Dahm*, Rn. 35.

228 **H. M.;** vgl. *Fitting*, Rn. 5; GK-*Wiese*, Rn. 5, 80 f.; HWGNRH-*Worzalla*, Rn. 50; Richardi-*Richardi/Maschmann*, Vorbem. vor § 87 Rn. 12 f.; vgl. auch Einl. Rn. 75.

229 *BAG* 18. 4. 89, AP Nr. 18 zu § 87 BetrVG 1972 Tarifvorrang; 17. 11. 98 – 1 ABR 12/98, NZA 99, 662 (664); 3. 6. 03 – 1 AZR 349/02, NZA 03, 1155 (1158); 25. 2. 15 – 1 AZR 64213, NZA 15, 442 (444); HWGNRH-*Worzalla*, Rn. 74; KassArbR-*Etzel*, 9.1, Rn. 484; vgl. auch Rn. 36; zu weitgehend *Säcker/Oetker*, RdA, 92, 16 ff., die eine Ermächtigung des AG zu einseitigen Maßnahmen schon für zulässig halten, wenn es nur um die Ausgestaltung einer tariflich vorstrukturierten Ordnung gehe.

es, durch TV oder BV den Inhalt der **Mitbestimmung** näher **zu konkretisieren.** Aber auch hier darf die Mitbestimmung nicht in ihrer Substanz beeinträchtigt werden.

Der BR kann auch nicht auf die ihm gesetzlich eingeräumten, pflichtgebundenen[230] Mitbestimmungsrechte, die ihm nicht um seiner selbst, sondern für die AN zugewiesen werden, **verzichten,** z. B. durch Abrede mit dem AG oder Untätigbleiben[231] oder sie verwirken.[232] Nach der zu weitgehenden Auffassung des *BAG*[233] sollen allerdings **BV** oder der **Spruch der ESt.** dem AG eine Freiheit (z. B. bei zukünftigen Überstunden in Eilfällen) einräumen können, die einem mitbestimmungsfreien Zustand nahekommt. Später hat das *BAG* diese Auffassung allerdings richtigerweise wieder modifiziert, wenn es feststellt, das **Mitbestimmungsrecht** könne durch eine BV **nicht aufgehoben** oder **eingeschränkt** werden.[234] Eine Übertragung von Befugnissen auf den AG oder eine paritätische Kommission dürfe das Mitbestimmungsrecht nicht in seiner **Substanz** beeinträchtigen.[235] Auch der Verweis in einer BV auf den jeweils geltenden TV (dynamische Blankettverweisung) sei i. d. R. ein unzulässiger Verzicht auf Mitbestimmungsrechte und daher unwirksam.[236] Insbes. bei **Dauerregelungen** taucht die Frage auf, inwieweit durch BV oder Spruch der ESt. dem AG einseitige Gestaltungsbefugnisse übertragen werden können.[237] Vor allem für Eil- und Notfälle, aber auch aus Gründen der Arbeitserleichterung können die Betriebsparteien hieran ein Interesse haben (vgl. z. B. Rn. 29 f., 127). Dabei darf allerdings das Mitbestimmungsrecht **nicht in seiner Substanz beeinträchtigt** werden. Der BR muss seine Befugnisse eigenverantwortlich wahrnehmen. Auch ein **Teilverzicht auf pflichtgebundene Rechte,** d. h. Rechte, die dem BR nicht um seiner selbst zugewiesen sind, kommt nicht in Betracht.[238] Deshalb ist z. B. in einer Dauerregelung für Überstunden oder Kurzarbeit abschließend zu klären, in welchen Fällen eine Verlängerung/Verkürzung der betriebsüblichen Arbeitszeit in Betracht kommt, bis zu welcher Höchstgrenze in welchem Zeitraum die Arbeitszeit verändert werden kann, welche Bereiche des Betriebs betroffen sein und in welcher Reihenfolge bis zu welcher Höchstgrenze die AN in Anspruch genommen werden können. Schließlich müssen auch Ankündigungsfristen (die allerdings in Not- und Eilfällen auf null reduziert werden können) und prozedurale Regelungen festgelegt sein, die dem BR eine Kontrolle anhand der erforderlichen Informationen ermöglichen und ggf. auch ein Vorgehen gegen betriebsvereinbarungswidrige Einzelmaßnahmen des AG,[239] da die Schutzfunktion des Mitbestimmungsrechts sowohl bei der Festlegung allgemeiner Voraussetzungen wie auch bei deren Vollzug eingreift. Der Zeitpunkt der Überstunden/Kurzarbeit, die genaue Dauer innerhalb der Höchstgrenzen und die konkrete Anordnung der Arbeitszeitverkürzung, also der **Vollzug** der 49

230 *Wiese,* RdA 68, 455 (457).

231 *BAG* 29.11.83, AP Nr. 10 zu § 113 BetrVG 1972; 21.10.03 – 1 ABR 39/02, NZA 04, 936 (939); 29.1.08 – 3 AZR 42/06, NZA-RR 08, 469 (472); 12.3.19 – 1 ABR 42/17, NZA 19, 843 (848 Tz. 57); GK-*Wiese,* Rn. 5, 86; HWK-*Clemenz,* Rn. 28; *Trümner,* FS Arbeitsgerichtsbarkeit Rheinland-Pfalz, S. 395 (402 ff.); vgl. auch *Joussen,* RdA 05, 31 ff.

232 *BAG* 28.8.07, a. a. O.; *LAG Schleswig-Holstein* 4.3.08 – 2 TaBV 42/07, NZA-RR 08, 414 (415); *Adam,* AuR 08, 169 (172 f.); *Fitting,* Rn. 599; GK-*Wiese,* Rn. 5.

233 12.1.88, AP Nr. 8 zu § 81 ArbGG 1979 m. w. N.

234 Vgl. *LAG Niedersachsen* 20.2.12 – 9 TaBV 66/11, juris und auch *HessLAG* 3.11.11 – 5 TaBV 70/11, juris, das zu Recht annimmt, dass eine BV, die vorsieht, dass die Rechte nach § 99 bei der Einstellung von Leiharbeitnehmern erst dann eingreifen, wenn mehr als 30 % Leiharbeitnehmer gegenüber der Stammbelegschaft beschäftigt werden, das Mitbestimmungsrecht nicht entsprechend einschränken kann.

235 *BAG* 26.7.88, AP Nr. 6 zu § 87 BetrVG 1972 Provision; vgl. auch *BAG* 8.8.89, DB 90, 1191 (1192); 8.6.04 – 1 ABR 4/03, NZA 05, 227 (231 f.); 15.5.15 – 1 AZR 435/13, NZA 15, 1207 (1209 Tz. 19).

236 *BAG* 23.6.92 – 1 ABR 9/92, DB 93, 441 ff.

237 Vgl. *BAG* 2.3.82, 18.4.89, AP Nrn. 6, 34 zu § 87 BetrVG 1972 Arbeitszeit; 17.11.98 – 1 ABR 12/98, NZA 99, 662 (664); 3.6.03 – 1 AZR 349/02, a. a. O. sowie die weiteren Nachweise bei *Säcker/Oetker,* RdA 92, 16 (20 f.) und *Henssler,* FS Hanau, S. 413 (432 ff.).

238 *HessLAG* 18.6.20 – 5 TaBVGa 74/20, NZA 21, 291 Tz. 6; *Weyand,* AuR 93, 1 (9 m. w. N.).

239 Vgl. auch *BAG* 3.6.03 – 1 AZR 349/02, a. a. O.; 1.7.03 – 1 ABR 22/02, EzA § 87 BetrVG 2001 Arbeitszeit Nr. 2 und *Säcker/Oetker,* RdA 92, 16 (24, 26).

zuvor abschließend getroffenen Regelung, können demgegenüber zulässigerweise dem AG allein übertragen werden.[240]

50 Sinngemäß müssen diese Grundsätze auch gelten, wenn bei **Gruppenarbeit** (vgl. hierzu Rn. 374 ff.; zur Übertragung von Aufgaben auf Arbeitsgruppen s. § 28a) Fragen, die der **Mitbestimmung** unterliegen (wie z. B. Pausen, Qualifikations- und Urlaubsplanung), von der Gruppe **selbstständig entschieden** werden sollen. Zwar überträgt eine entsprechende Regelung (BV/TV) die Rechte nicht auf den AG, sondern auf AN. Trotzdem gilt auch hier der Grundsatz, dass das Mitbestimmungsrecht in seiner Substanz nicht beeinträchtigt werden darf und der BR seine Befugnisse **eigenverantwortlich** wahrnehmen muss.[241] Auch hier muss der BR sein Mitbestimmungsrecht so ausüben, dass lediglich der **Vollzug** der von ihm abgeschlossenen Vereinbarung aussteht und den AN der Gruppe überlassen bleibt. Unbedenklich ist jedenfalls eine solche Vereinbarung, wenn der BR auch über diesen Vollzug vorab zu informieren ist und er erst im Konfliktfall sein Mitbestimmungsrecht ausübt.[242] Die so vorgenommene Abgrenzung zwischen zulässiger Ausübung der Mitbestimmungsrechte und unzulässigem Verzicht gilt für Betriebe bis zu 100 AN. Nur für größere Betriebe wird in § 28a durch die entsprechende Delegationsmöglichkeit eine Sonderregelung getroffen (vgl. dort insbes. Rn. 21 ff.).

10. Mitbestimmung und außertarifliche Angestellte

51 Das Mitbestimmungsrecht des BR erstreckt sich auf **alle AN,** die unter den Geltungsbereich des BetrVG fallen (§§ 5 Abs. 1, 7; vgl. auch Rn. 8 ff.). Dazu gehören auch die außertariflichen (AT-) Angestellten.[243] Eine Einschränkung der Mitbestimmungsrechte hinsichtlich dieser AN findet im Gesetz keine Stütze.[244] Nur die **leitenden Angestellten** (§ 5 Abs. 3) werden nicht erfasst.[245]

III. Die mitbestimmungspflichtigen Angelegenheiten

1. Fragen der Ordnung des Betriebs und des Verhaltens der Arbeitnehmer im Betrieb (Nr. 1)

a) Vorbemerkungen

52 Mit der Vorschrift hat der Gesetzgeber § 56 Abs. 1 Buchstabe f wörtlich aus dem BetrVG 1952 übernommen. Wegen ihrer von ihm so eingeschätzten **grundlegenden Bedeutung** wurde die Norm an die Spitze des Katalogs des § 87 gestellt.[246]

b) Voraussetzungen des Mitbestimmungsrechts

53 Die ständige Rspr. des BAG[247] lässt sich wie folgt zusammenfassen: Das Mitbestimmungsrecht betreffe einerseits die **Gestaltung der Ordnung des Betriebs** durch die Schaffung allgemeingültiger, **verbindlicher Verhaltensregeln** und andererseits alle (auch nicht verbindliche) **Maßnahmen,** durch die das Verhalten der AN in Bezug auf die betriebliche Ordnung **beeinflusst** werden solle, die darauf gerichtet seien, die vorgegebene Ordnung des Betriebs zu gewähr-

---

240 *BAG* 3.6.03 – 1 AZR 349/02, a. a. O.; 1.7.03 – 1 ABR 22/02 a. a. O.; vgl. auch *Säcker/Oetker,* RdA 92, 16 (20 ff.) und ihnen folgend *LAG Berlin* 29.10.98 – 10 Sa 95/98, die allerdings den Rahmen weiter spannen; ebenfalls zu weitgehend *Henssler,* FS Hanau, S. 413 (435 ff.); zu Nr. 10 vgl. auch *BAG (GS)* 3.12.91 – GS 2/90, DB 92, 1579 (1586).

241 Vgl. auch *Trümner,* FS Arbeitsgerichtsbarkeit Rheinland-Pfalz, S. 395 (402).

242 Vgl. *Kreßel,* RdA 94, 23 (30) und auch *Herlitzius,* S. 66.

243 Zum Begriff des AT-Angestellten ausführlich *von Friesen,* DB-Beilage Nr. 1/80.

244 Vgl. *BAG* 11.2.92 – 1 ABR 51/91, DB 92, 1730 ff.; 24.1.06 – 1 ABR 60/04, NZA 06, 1050 (1051); *Fitting,* Rn. 48; Blanke-*Wohlgemuth,* Rn. 774 f.; *Müller,* AiB 09, 292 ff. und *Breisig,* AT-Angestellte (zu Regelungsinhalten von BV).

245 *BAG* 10.6.86, AP Nr. 18 zu § 87 BetrVG 1972 Arbeitszeit.

246 BT-Drucks. VI/1786, S. 48.

247 Vgl. z. B. 24.3.81, AP Nr. 2 zu § 87 BetrVG 1972 Arbeitssicherheit; 8.8.89, DB 90, 893 f.; 13.5.97 – 1 ABR 2/97, NZA 97, 1062 (1063); 23.2.16 – 1 ABR 18/14, NZA 16, 838 (839 Tz. 20), 22.8.17 – 1 ABR 52/14, NZA 18, 50 (52 Tz. 24): 28.7.20 – 1 ABR 41/18, NZA 20, 1413 (1414 f. Tz. 16).

leisten oder aufrechtzuerhalten. Mit der Ordnung des Betriebs sei die Sicherung eines **ungestörten Arbeitsablaufs** und des **reibungslosen Zusammenlebens/Zusammenwirkens** der AN im Betrieb gemeint. Sieht man einmal davon ab, dass das *BAG* bei der zweiten Alternative (Verhalten der AN im Betrieb) auch Maßnahmen subsumiert, die nichtverbindliche Anordnungen des AG enthalten,[248] verschmelzen die Alternativen praktisch zu einem Tatbestand.[249] Dieser liegt vor, wenn, so das *BAG* weiter, Maßnahmen des AG auf das **Ordnungsverhalten der AN** zielen. Maßnahmen, die das **Arbeitsverhalten** betreffen, sollen dem Mitbestimmungsrecht demgegenüber nicht unterliegen.[250]

Nach dieser Rspr. ist es **nicht mitbestimmungspflichtig,** wenn der AG in Ausübung seiner Organisations- und Leitungsmacht bestimmt, welche Arbeiten in welcher Art und Weise zu verrichten sind. Mitbestimmungsfrei sind Maßnahmen, mit denen lediglich die **Arbeitspflicht unmittelbar konkretisiert** wird.[251] Alle anderen Anordnungen unterliegen der **Mitbestimmung.** In die gleiche Richtung weisen Beschlüsse des *BAG*,[252] die vom Mitbestimmungstatbestand nur noch das **»reine« Arbeitsverhalten** ausnehmen. Dieses betreffe alle Regelungen und Weisungen, die bei der **unmittelbaren** Erbringung der Arbeitsleistung selbst zu beachten sind. Wirkt sich eine Maßnahme sowohl auf das Ordnungs- als auch das Arbeitsverhalten aus, soll es nach Auffassung des *BAG*[253] allerdings darauf ankommen, welcher Regelungszweck überwiegt: Dies ist nicht überzeugend. Wenn das Ordnungsverhalten betroffen ist, besteht das Mitbestimmungsrecht[254] (vgl. hierzu auch Rn. 55 a. E.). 54

Auch wenn man in den Beschlüssen, wie z. B. v. 8. 11. 94,[255] eine richtige Klarstellung und Weiterentwicklung der Rspr. sehen kann,[256] verengt das *BAG* den Mitbestimmungstatbestand selbst im Vergleich zu seiner früheren Rspr. zu § 56 Abs. 1 Buchstabe f BetrVG 1952 noch immer. Zum damaligen Tatbestand hatte das Gericht die Mitbestimmung des BR nur für den Fall ausgeschlossen, dass es sich um eine sog. **arbeitsnotwendige Maßnahme** handelte, die nur dann vorliegen sollte, wenn ohne Beachtung der entsprechenden Anordnung des AG der einzelne AN seine Arbeitspflicht nicht ordnungsgemäß erbringen konnte.[257] Die jetzige Rspr. des *BAG* ist auch keineswegs in sich widerspruchsfrei und überzeugend.[258] So ist es z. B. kaum verständlich, wieso ein Sicherheitswettbewerb[259] oder die Anordnung einer Meldepflicht bei Verspätung[260] das »**Ordnungsverhalten**« betreffen sollen, während demgegenüber arbeitsbegleitende Papiere, die mehr Transparenz in Arbeitsabläufe bringen und dem »reibungslosen Zusammenwirken« 55

248 Vgl. z. B. 11. 6. 02 – 1 ABR 46/01, NZA 02, 1299 m. w. N.; 22. 7. 08 – 1 ABR 40/07, NZA 08, 1248 (1254); 21. 7. 09 – 1 ABR 42/08, DB 09, 1993 (1995); 23. 2. 16 – 1 ABR 18/14, NZA 838 (839 Tz. 20); 22. 8. 17 – 1 ABR 52/14, NZA 18, 50 (53 Tz. 25); so auch GK-*Wiese*, Rn. 187; HWGNRH-*Worzalla*, Rn. 125 f.; Richardi-*Richardi/Maschmann*, Rn. 179; a. A. *SWS*, Rn. 44.

249 So auch GK-*Wiese*, Rn. 180; HWGNRH-*Worzalla*, Rn. 124; KassArbR-*Etzel*, 9.1, Rn. 499.

250 Vgl. auch ErfK-*Kania*, Rn. 18; HWGNRH-*Worzalla*, Rn. 132 f. *v. Hoyningen-Huene*, S. 270; teilweise wird danach abgegrenzt, ob die Maßnahme ausschließlich und unmittelbar die Arbeitsleistung betrifft oder ihr nur mittelbar dient: GK-*Wiese*, Rn. 209; *GL*, Rn. 61.; *Brose/Greiner/Preis*, NZA 11, 369 (372) schließen Maßnahmen/Regelungen von der Mitbestimmung aus, die den Inhalt der Arbeitsleistung betreffen, der sich aus der arbeitsvertraglich geschuldeten Leistung (Arbeitsvertrag/Tätigkeitsbeschreibung) und dem entsprechenden Direktionsrecht ergibt.

251 Vgl. z. B. *BAG* 27. 1. 04 – 1 ABR 7/03, NZA 04, 556 (557) m. w. N.; 10. 3. 09 – 1 ABR 87/07, NZA 10, 180 (182); 17. 3. 15 – 1 ABR 48/13, NZA 15, 885 (887); anders aber *BAG* 1. 12. 92 – 1 AZR 260/92, DB 93, 990, wonach die Festlegung des AG mitbestimmungspflichtig ist, welche Arbeiten in welcher Weise zu verrichten sind.

252 8. 11. 94 – 1 ABR 22/94, BB 95, 1188; 23. 7. 96 – 1 ABR 17/96, DB 97, 380 13. 5. 97, a. a. O.

253 11. 6. 02 – 1 ABR 46/01, NZA 02, 1299 f.; 13. 2. 07 – 1 ABR 18/06, NZA 07, 640 (641); 23. 2. 16 – 1 ABR 18/14, NZA 16, 838 (839 Tz.20); zustimmend HWGNRH-*Worzalla*, Rn. 135.

254 *Waas*, Ordnung des Betriebs, S. S. 95; Richardi-*Richardi/Maschmann*, Rn. 182.

255 BB 95, 1188.

256 Vgl. auch *Fitting*, Rn. 67; HaKo-BetrVG/*Kohte*, Rn. 31.

257 *BAG* 27. 5. 60, 15. 12. 61, AP Nrn. 1, 3 zu § 56 BetrVG Ordnung des Betriebes; hieran erinnert auch die Lösung einiger Fallalternativen bei *Brose/Greiner/Preis*, NZA 11, 369 (373 f.).

258 Vgl. *WW*, Rn. 19; *Däubler*, Das Arbeitsrecht 1, Rn. 957 f.; *Rosendahl*, BetrR 93, 1 (5); *Heese*, Anm. zu *BAG* 11. 6. 02, AuR 03, 234 und die grundsätzliche Kritik bei *Waas*, Ordnung des Betriebs, S. 42 ff.; *ders.*; AuR 21, 52 ff.

259 *BAG* 24. 3. 81, AP Nr. 2 zu § 87 BetrVG 1972 Arbeitssicherheit.

260 *BAG* 18. 7. 78, AuR 78, 278 f.

der AN dienen,[261] dem »**Arbeitsverhalten**« zugerechnet werden. Letztlich ist jedenfalls in der Langzeitbetrachtung eine klare Linie in der Rspr. des *BAG* nicht erkennbar, obgleich die durchgehende Verwendung der Abgrenzungskriterien »Ordnungs-« und »Arbeitsverhalten« dies suggeriert. Wenn man dem *BAG* mit seiner jüngeren Rspr. folgte, bliebe also festzuhalten, dass dann eine Reihe der **früheren Entscheidungen korrekturbedürftig** sind, wie z. B. die zu arbeitsbegleitenden Papieren, Überstundennachweisen oder der Dienstreiseordnung. Darüber hinaus ist das Mitbestimmungsrecht auch bei Maßnahmen, die **Arbeits- und Ordnungsverhalten** betreffen, zu bejahen, ohne dass es, wie das *BAG*[262] in einer ersten Entscheidung 2002 und dann wieder später annimmt, auf den überwiegenden Regelungszweck ankommt. In diesem Fall wird eben nicht **allein** die Arbeitspflicht konkretisiert.[263] Hierfür lassen sich im Übrigen auch spätere Entscheidungen des Gerichts anführen, wenn dort u. a. formuliert wird, dass Anordnungen mitbestimmungsfrei sind, die **lediglich** die Arbeitspflicht konkretisieren.[264] Das BAG sollte in diesem Sinne seine Rspr. bereits an dieser Stelle klarstellen und harmonisieren.

56 Gegen die Rspr. des *BAG* lässt sich ansonsten bei grundsätzlicher Betrachtung bereits der **Wortlaut** anführen: Das »Verhalten der AN im Betrieb« steht selbstständig neben »Fragen der Ordnung des Betriebs«.[265] Gerade diese Gegenüberstellung spricht gegen eine Gleichsetzung bzw. Beziehung des Verhaltens lediglich auf die Ordnung des Betriebes. Zudem legt der Begriff »Verhalten« ebenso wenig wie »im Betrieb« eine Beschränkung auf die betriebliche Organisation und Ordnung nahe. Verhalten kann genauso gut als »Verhalten bei der Arbeit« im Gegensatz zu privatem Verhalten interpretiert werden.[266] Gegen die einengende Interpretation des *BAG* spricht im Übrigen auch, dass § 87 unter **»soziale Angelegenheiten«** steht. Dies sind Arbeitsbedingungen im weitesten Sinne.[267] Insofern ist es gleichgültig, ob die Arbeitsbedingungen in erster Linie den Inhalt des Arbeitsverhältnisses oder aber die Ordnung des Betriebs betreffen. Hiergegen hat das *BAG*[268] zunächst vor allem **historisch** argumentiert und angeführt, dass der Tatbestand gegenüber dem BetrVG 1952 unverändert geblieben und die frühere Rspr. zur »arbeitsnotwendigen Maßnahme« dem Gesetzgeber bekannt gewesen sei. Diese Begründung überzeugt jedoch nicht. Die Interpretation einer Gesetzesvorschrift kann nicht Jahrzehnte, wenn nicht ein Jahrhundert[269] zurückliegende Motive zum entscheidenden Kriterium machen; sie hat vielmehr auch aus der Gegenwart heraus zu erfolgen.[270] Mit der Schaffung des BetrVG 1972 war eine erhebliche Veränderung beabsichtigt. Die jetzige **Nr. 1** sollte dabei in ihrer **grundlegenden Bedeutung** besonders gewürdigt werden, indem sie an die Spitze des zentralen Mitbestimmungskatalogs des § 87 gestellt wurde (vgl. Rn. 52). Hiermit ist die stark einengende Ausdeutung durch das *BAG* nicht vereinbar.[271]

57 Auch **systematische Gründe** und der **Zweck des Mitbestimmungsrechts**[272] lassen sich hierfür nicht anführen. § 87 soll u. a. das Direktionsrecht des AG beschränken und den AN im Hinblick

261 *BAG* 24. 11. 81, AP Nr. 3 zu § 87 BetrVG 1972 Ordnung des Betriebes; vgl. auch v. 13. 5. 97 – 1 ABR 2/97, NZA 97, 1062 (1064).

262 11. 6. 02 – 1 ABR 46/01, NZA 02, 1299 f.; 17. 1. 12 – 1 ABR 45/10, brwo = NZA 12, 687 (689); 17. 3. 15 – 1 ABR 48/13, NZA 15, 885 (887); 23. 2. 16 – 1 ABR 18/14, NZA 16, 838 (839 Tz. 20); ebenso *Linck/Koch*, FS Bepler, S. 357 (360).

263 Vgl. auch *Waas*, Ordnung des Betriebs, S. 62 f.; *ders.*, AuR 21, 52 (55); *Fitting*, Rn. 67; Richardi-*Richardi/Maschmann*, Rn. 182.

264 *BAG* 10. 3. 09 – 1 ABR 87/07, NZA 10, 180 (182).

265 A. A. GK-*Wiese*, Rn. 180.

266 So vor allem *Pfarr*, Anm. zu AP Nr. 2 zu § 87 BetrVG 1972 Ordnung des Betriebes; vgl. auch *Wolter*, S. 110; HWGNRH-*Worzalla*, Rn. 123 weisen darauf hin, dass der Tatbestand auf den ersten Blick sehr weit formuliert sei; vgl. vor allem auch *BAG* 11. 6. 02 – 1 ABR 46/01, NZA 02, 1299: »Seinem Wortlaut nach … jedes Verhalten der Arbeitnehmer im Betrieb …«; 10. 3. 09 – 1 ABR 87/07, NZA 10, 180 (182); 7. 2. 12 – 1 ABR 63/10, juris = NZA 12, 685 (686); *Linck/Koch*, FS Bepler, S. 357 (359) und auch WPK-*Bender*, Rn. 34.

267 Vgl. *Pfarr*, a. a. O.

268 23. 10. 84, AP Nr. 8 zu § 87 BetrVG 1972 Ordnung des Betriebes.

269 Vgl. *Weiss*, Anm. zu EzA § 87 BetrVG 1972 Betriebliche Ordnung Nr. 7.

270 Vgl. auch *BAG* 14. 9. 84, AP Nr. 9 zu § 87 BetrVG 1972 Überwachung; *Raab*, NZA 93, 193 (199).

271 Vgl. auch *Däubler*, Das Arbeitsrecht 1, Rn. 959.

272 Vgl. z. B. *BAG* 11. 6. 02 – 1 ABR 46/01, NZA 02, 1299, das eine teleologische Reduktion vornimmt, und auch 10. 3. 09 – 1 ABR 87/07, NZA 10, 180 (182).

auf die gestörte Vertragsparität schützen.[273] Wo sonst der AG jedenfalls faktisch allein entscheidet, sollen durch die Mitbestimmung die AN-Interessen besser gewahrt werden. *Pfarr*[274] hat zu Recht darauf hingewiesen, dass es bei dieser Zielrichtung wenig plausibel ist, das Mitbestimmungsrecht nicht im Verhältnis zum AG, sondern erst dann eingreifen zu lassen, wenn Maßnahmen die AN untereinander betreffen.[275] Berücksichtigt man weiter, dass sich der **Schutz des Persönlichkeitsrechts der AN** wie ein roter Faden durch die gesamte Betriebsverfassung zieht,[276] so wird gerade die vom *BAG* vorgenommene Ausgrenzung von Kontrollmaßnahmen, die nicht technischer Art sind, fragwürdig. Das Gericht hat hiergegen argumentiert,[277] die Nr. 6 der Vorschrift werde überflüssig, wenn jede Kontrolle bereits durch Nr. 1 erfasst werde. Auch weitere Tatbestände, die das AN-Verhalten beträfen, seien dann ohne Berechtigung. Hiergegen lässt sich allerdings anführen, dass in der Tat Nr. 1 das Merkmal der Überwachung im Gegensatz zu Nr. 6 nicht im Tatbestand hat, dieser insofern also weitergehend ist. **Nr. 6** lässt sich somit als **Spezialvorschrift zu Nr. 1** verstehen, die bei technischer Überwachung jeden Einzelfall erfasst, ohne dass eine Reglementierung des Verhaltens erforderlich wäre.[278] Schließlich betreffen auch eine Reihe von Tatbeständen des § 87 weder das Arbeits- noch das Ordnungsverhalten der AN, wie z. B. Nr. 4, 8 oder 9.[279]

Zusammenfassend lässt sich also feststellen, dass **alle Anordnungen** des AG hinsichtlich der Arbeitsleistung **mitbestimmungspflichtig** sind, wenn mittelbar oder direkt eine **Reglementierung des AN-Verhaltens** bzw. **ein einheitliches Verhalten der AN** erreicht werden soll.[280] Hierunter fällt auch jede abstrakt-generelle Regelung, die die Kontrolle der AN beinhaltet und damit auf ihr Verhalten einwirkt.[281] 58

Das Mitbestimmungsrecht des BR besteht unabhängig von der Frage, wie viele AN betroffen sind.[282] Ebenso ist es ohne Einfluss, wie der AG seine Maßnahme trifft, ob er z. B. eine **förmliche Betriebsordnung** anstrebt, eine **einheitliche Anweisung** erteilt oder einen **Zusatz zum Arbeitsvertrag** wünscht.[283] Eine Einschränkung des Mitbestimmungsrechts folgt auch nicht daraus, dass der AG Maßnahmen zum Schutz seines Eigentums trifft.[284] **Nicht der Mitbestimmung** unterliegen die auf die arbeitsvertragliche Tätigkeit des AN bezogenen **Einzelanweisungen** des AG, durch die der AN z. B. aufgefordert wird, seine sich aus dem Arbeitsvertrag ergebenden individualrechtlichen Pflichten zu erfüllen, die sein Erfüllungsinteresse betreffen.[285] Auch das **außerbetriebliche Verhalten** der AN, ihre **private Lebensführung,** wird vom Mitbestimmungsrecht nicht erfasst. Dabei ist der Begriff des Betriebs funktional, nicht räumlich i. S. d. Betriebsstätte, zu verstehen. Das betriebliche Verhalten ist also auch dann betroffen, wenn AN, wie z. B. Außendienstmitarbeiter oder Kraftfahrer ihre arbeitsvertragliche Tätigkeit außerhalb »ihres« Betriebs verrichten.[286] Will der AG Anordnungen treffen, die z. B. wegen **Verletzung des Persönlichkeitsrechts** der AN unzulässig sind, so sind diese zu Recht 59

273 Vgl. z. B. *BAG* 24. 2. 87, AP Nr. 21 zu § 77 BetrVG 1972.
274 A. a. O.
275 A. A. *Raab,* NZA 93, 193 (200).
276 Vgl. *Däubler,* Das Arbeitsrecht 1, Rn. 959. *Weiss,* Anm. zu EzA; § 87 BetrVG 1972 Betriebliche Ordnung Nr. 7; *WW,* Rn. 19; *Heese,* Anm. zu *BAG* 11. 6. 02, AuR 03, 234.
277 23. 10. 84, AP Nr. 8 zu § 87 BetrVG 1972 Ordnung des Betriebes; vgl. vor allem auch *Raab,* NZA 93, 193 (199 f.).
278 Vgl. *Pfarr,* Anm. zu AP Nr. 2 zu § 87 BetrVG 1972 Betriebliche Ordnung; *Weiss,* a. a. O.; *Wohlgemuth,* AuR 82, 40; *Kreuder,* BetrR 93, 75 (76); *Fitting,* Rn. 70; vgl. auch *Heese,* Anm. zu *BAG* 11. 6. 02, AuR 03, 234; a. A. *Raab,* NZA 93, 193 (199).
279 Vgl. auch *Wolter,* S. 103.
280 Vgl. *Pfarr,* a. a. O.
281 *Pfarr,* a. a. O.; *Weiss,* Anm. zu EzA § 87 BetrVG 1972 Betriebliche Ordnung Nr. 7.
282 Vgl. z. B. *Däubler,* Arbeitsrecht 1, Rn. 962.
283 Vgl. auch *Fitting,* Rn. 69.
284 *GL,* Rn. 59a; Richardi-*Richardi/Maschmann,* Rn. 204; a. A. GK-*Wiese,* Rn. 194 f.; HWGNRH-*Worzalla,* Rn. 130.
285 Vgl. *Fitting,* Rn. 68; GK-*Wiese,* Rn. 208; *Waas,* Ordnung des Betriebs, S. 84; *ders.,* AuR 21, 52 (55); *Däubler,* Das Arbeitsrecht 1, Rn. 959a.
286 *BAG* 27. 1. 04 – 1 ABR 7/03, NZA 04, 556 (557 f.)); 22. 7. 08 – 1 ABR 40/07, NZA 08, 1248 (1254); 26. 1. 16 – 1 ABR 68/13, NZA 16, 498 (501 Tz. 30); 22. 8. 17 – 1 ABR 52/14, NZA 18, 50 (53 Tz. 25); GK-*Wiese,* Rn. 178 f.; *Klebe/Wroblewski,* GS Zachert, S. 314 (323).

nach Auffassung des *BAG*[287] nicht mitbestimmungsfrei. Die Unzulässigkeit einer konkret vom AG geplanten Regelung schließt die Mitbestimmung des BR am Regelungsgegenstand nicht aus, auch, um ggf. den **tatsächlichen Eingriff** zu verhindern.

c) Inhalt des Mitbestimmungsrechts

60 Der BR hat ein **Initiativrecht,** mit dem er unabhängig von den Vorstellungen des AG Regelungen anstreben kann.[288] Diese können sich z. B. auch auf Maßnahmen der **Suchtprävention** und eine adäquate Behandlung Suchtkranker im Betrieb beziehen.[289] Besteht eine gesetzliche Regelung, kann das Mitbestimmungsrecht bei der Ausgestaltung/Durchführung der Maßnahme des AG in Betracht kommen.

61 AG und BR haben bei Vereinbarungen das **Persönlichkeitsrecht der AN** zu beachten.[290] Deshalb können z. B. den AN lediglich dann Vorschriften für ihr Äußeres gemacht werden, wenn spezifische betriebliche Belange dies zwingend erfordern.[291]

d) Einzelfälle

62 Unter Berücksichtigung der oben geschilderten Voraussetzungen des Mitbestimmungsrechts ergeben sich folgende Konsequenzen:
Das Mitbestimmungsrecht besteht

- bei Regelungen zur **Abfallvermeidung,**[292]
- bei der Festlegung und Überwachung von **Alkohol**- (vgl. hierzu DKWF-*Klebe/Heilmann*, § 87 Rn. 6: Mustervereinbarung Alkohol- und Drogenverbot)[293] und auch von **Rauchverboten** (Rn. 253 sowie § 75 Rn. 130 ff.)[294], einschließlich von Regelungen zu **elektrischen Zigaretten,** da § 5 ArbStättV keine abschließende Regelung enthält,[295] beim Verbot, am Arbeitsplatz zu essen,[296]
- bei **Anwesenheitskontrollen** und An- und Abmeldeverfahren,[297]

---

287 22.7.08 – 1 ABR 40/07, NZA 08, 1248 (1255); so auch *Brose/Greiner/Preis*, NZA 11, 369 (371); a. A. ErfK-*Kania*, Rn. 21a; *Kort*, FS Buchner, S. 477 (480, 486).

288 *BAG* 18.7.78 – 1 ABR 80/75; 21.7.09 – 1 ABR 42/08, DB 09, 1993 (1995); *LAG Nürnberg* 10.9.02 – 6 (5) TaBV 41/01, NZA-RR 03, 197 (199); GK-*Wiese*, Rn. 245; Richardi-*Richardi/Maschmann*, Rn. 203; vgl. auch Rn. 18 ff.

289 Vgl. *RRWZ* mit BV-Entwurf (S. 227 ff.); *Hoch/Ohm*, AiB 98, 436 ff.; Handlungsempfehlungen und Regelungsvorschläge bei *Braun/Eggerdinger*.

290 Vgl. z. B. *BAG* 11.7.00 – 1 AZR 551/99, BB 01, 471 (472); *Fitting*, Rn. 64; HaKo-BetrVG/*Kohte*, Rn. 38; HWGNRH-*Worzalla*, Rn. 147.

291 Enger *Fitting*, Rn. 62.

292 *Fitting*, Rn. 72.

293 *BAG* 23.9.86, AP Nr. 20 zu § 75 BPersVG; 10.11.87, DB 88, 611; 13.2.90 – 1 ABR 11/89 = AiB 91, 272 f. mit Anm. *Hinrichs*; *LAG Schleswig – Holstein* 20.11.07 – 5 TaBV 23/07, NZA-RR 08, 184 (185); *Fitting*, Rn. 72; GK-*Wiese*, Rn. 228; *Waas*, Ordnung des Betriebs, S. 85 f.

294 *BAG* 19.1.99 – 1 AZR 499/98, DB 99, 958 ff. (auch zum Umfang der Regelungskompetenz der Betriebsparteien; hierzu auch *Künzl*, BB 99, 2187 ff.); *Waas*, Ordnung des Betriebs, S. 85 f.; GK-*Wiese*, Rn. 226 f.; Richardi-*Richardi/Maschmann*, Rn. 192; *Kock*, NJW 17, 198 (201); zum individualrechtlichen Nichtraucherschutz am Arbeitsplatz: *BAG* 19.5.09 – 9 AZR 241/08, NZA 09, 775 ff.; 10.5.16 – 9 AZR 347/15, NZA 16, 1134 ff.; *Däubler*, Das Arbeitsrecht 2, Rn. 376 ff. m. w. N.; *Schulze/Sticher*, AiB 12, 381 ff.; abzulehnen ist die Entscheidung des *LAG Mecklenburg-Vorpommern* 29.3.22 – 5 TaBV 12/21, juris (Tz. 36) = NZA-RR 22, 246 (248 Tz. 23), wonach die Anordnung des AG, Rauchen nur in den Pausen zu gestatten, nicht unter die Vorschrift fallen soll. Es handelt sich auch hier um ein Rauchverbot, eben für die übrige Zeit.

295 A. A. *Uhl/Polloczek*, BB 08, 1114 (1115).

296 *LAG Berlin-Brandenburg* 12.7.16 – 7 TaBV 520/16, juris (Tz. 22 f.) = AiB 7–8/17, S. 62 f. mit Anm. v. Rudolph; GK-*Wiese*, Rn. 239; *Waas*, Ordnung des Betriebs, S. 87.

297 *BAG* 18.7.78, AuR 78, 278 f.; *LAG Nürnberg* 26.1.90 – 6 TaBV 17/89; 20.12.18 – 5 TaBV 61/17, BB 19, 1534 (1535 f.); GK-*Wiese*, Rn. 222; HWGNRH-*Worzalla*, Rn. 137; Schaub-*Ahrendt*, § 235 Rn. 32.

- bei der Durchführung eines **Wissensmanagements** (vgl. auch Rn. 202 und § 94 Rn. 10),[298] wie z. B. dem Aufbau einer sog. **Debriefing-Datenbank,** die auf Anordnung des AG durch von den AN formularmäßig erfasste Erfahrungen und Ereignisse (»Lessons Learned«) gespeist wird,
- entgegen der BAG-Rspr. beim Einsatz sog. **arbeitsbegleitender Papiere** (»Tätigkeitsberichte«, »Tagesnotizen«, »Arbeitsberichte«, handschriftliche Erfassung von Bewegungsdaten/Aufenthaltsorten o. Ä.; vgl. auch Rn. 197 a. E., 202), sofern dieser überhaupt im Hinblick auf das Persönlichkeitsrecht zulässig ist,[299]
- bei Fragen der **Arbeitskleidung** (optische Gestaltung, Farben, Umkleidemöglichkeiten o. Ä.)[300] genauso wie bei Regelungen des Arbeitgebers, soweit überhaupt zulässig (vgl. § 75 Rn. 48), zur Untersagung religiös motivierter Kopfbedeckungen, wie z. B. eines Kopftuches[301] oder der Anordnung, Kunden immer mit den gleichen **Sprachwendungen,** z. B. im Einzelhandel an der Kasse, anzusprechen. In allen Fällen geht es um ein einheitliches Erscheinungsbild des UN nach außen und nicht um das reine Arbeitsverhalten der Beschäftigten, nicht um die unmittelbare Erbringung der Arbeitsleistung, die auch ohne einheitliche Kleidung oder Verwendung solcher Sprachformeln erbracht werden könnte,[302]
- bei der Anordnung, **Namensschilder** an der Dienstkleidung zu tragen (vgl. auch DKWF-*Klebe/Heilmann,* § 87 Rn. 5: Mustervereinbarung Dienstkleidung/Namensschilder),[303]
- bei Regeln über die **Ordnung am Arbeitsplatz,** für die Ausgabe und Verwendung vom AG ausgegebenen **Werkzeugs**[304] und – **entgegen *BAG***[305] – bei Verwendung von **Laufzetteln,** auf denen der Erhalt von Arbeitsmitteln und Zutrittsberechtigungen einschließlich erfor-

---

298 Hierzu *Gerber/Trojan,* AuA 02, 340 ff.; *Höfers,* AiB 03, 721 ff.; *Brandl,* CF 7–8/04, FaS. 44 ff.; *Däubler,* Das Arbeitsrecht 1, Rn. 960c; *Hinrichs/Schierbaum,* CF 7–8/04 S. 38 ff.

299 Ebenso *ArbG Wiesbaden* 23.11.04 – 8 BV 6/04 (Formular für einen einheitlichen Nachweis der Arbeitsleistung); *LAG Schleswig-Holstein* 18.5.11 – 6 TaBV 11/11, brwo (standardisierte Laufzettel zur Erfassung empfangener Arbeitsmittel und Berechtigungen), aufgehoben von *BAG* 25.9.12 – 1 ABR 50/11, NZA 13, 467 f.; *Pfarr,* Anm. zu AP Nr. 2 zu § 87 BetrVG 1972 Ordnung des Betriebes; Schaub-*Koch,* § 235, Rn. 31; *Weiss,* Anm. zu EzA § 87 BetrVG 1972 Betriebliche Ordnung Nr. 7; *Fitting,* Rn. 73; *ArbG Frankfurt* 4.7.79, BB 79, 1758; **a. A.** *BAG* 23.1.79, DB 81, 1144; 24.11.81, AP Nr. 3 zu § 87 BetrVG 1972 Ordnung des Betriebes; 4.8.81, AP Nr. 1 zu § 87 BetrVG 1972 Tarifvorrang; *Waas,* Ordnung des Betriebs, S. 85; *ArbG Ulm* 8.2.07 – 1 BV 7/06 = EzA Schnelldienst Nr. 14/2007, S. 14, Ls.; GK-*Wiese,* Rn. 215; LKK-*Dahm,* Rn. 52; Schaub-*Ahrendt,* § 235 Rn. 33.

300 *BAG* 8.8.89, DB 90, 893 f.; 1.12.93 – 7 AZR 428/93, DB 93, 990 f.; 13.2.07 – 1 ABR 18/06, NZA 07, 640 (641 f.: Sofern nicht die Kleidung zur ordnungsgemäßen Erfüllung der Arbeitspflicht erforderlich ist); 17.1.12 – 1 ABR 45/10, brwo = NZA 12, 687 (689); 30.9.14 – 1 AZR 1083/12, NZA 15,121 (122) = AP Nr. 46 zu § 87 BetrVG 1972 Ordnung des Betriebes mit Anm. v. *Otto,* auch zum Gleichbehandlungsgrundsatz; *LAG Baden-Württemberg* 21.10.15 – 4 TaBV 2/15, NZA-RR 16, 141 (143); *Brose/Greiner/Preis,* NZA 11, 369 (371 ff.), insbes. auch ausführlich zu verfassungsrechtlichen Fragen (374 ff.); *LAG Köln* 18.8.10 – 3 TaBV 15/10, NZA-RR 11, 85 (87 ff. [allerdings zu restriktiv] zum Persönlichkeitsrecht der AN; zu Recht kritisch hierzu *Fitting,* Rn. 71; *Brose/Greiner/Preis,* NZA 11, 369 [378 f.]); a. A. *Kaiser,* FS Kreutz, S. 183 (186 ff.), die ein Mitbestimmungsrecht beim »ob«, also der Anordnung/Einführung, der Kleidung ausschließt und es nur eingeschränkt beim »wie«, also ihrer konkreten Gestaltung, zulassen will; dagegen zu Recht *Brose/Greiner/Preis,* NZA 11, 369 (373). Das Mitbestimmungsrecht beinhaltet auch die Festlegung, wer die Kleidung zu beschaffen hat (*BAG* 13.2.07 – 1 ABR 18/06, a. a. O., 642), allerdings keine Kompetenz zur Kostenbeteiligung der AN; *BAG* 19.5.98 – 9 AZR 307/96, BB 98, 2527; 13.2.07 – 1 ABR 18/06, a. a. O., 642; vgl. auch *BAG* 17.2.09 – 9 AZR 676/07, DB 09, 1542 (1543) zu einer entsprechenden arbeitsvertraglichen Vereinbarung, die gegen § 394 BGB verstößt; *Fitting,* Rn. 71; GK-*Wiese,* Rn. 220 ff; *Linsenmaier,* RdA 08, 1 (10); *Fischer,* NZA-RR 15, 169 ff.

301 *Sendelbeck,* AiB 1/18, S. 38.

302 *Däubler,* AiB 09, 350 (352 f.).

303 *BAG* 11.6.02 – 1 ABR 46/01, NZA 02, 1299 (1300): Jedenfalls, wenn dies für die geschuldete Arbeitsleistung nur untergeordnete Bedeutung hat; *Fitting,* Rn. 72; GK-*Wiese,* Rn. 220; HWGNRH-*Worzalla,* Rn. 140; vgl. auch *SWS,* Rn. 44b; a. A. *Kaiser,* FS Kreutz, S. 183 (189).

304 *LAG Schleswig-Holstein* 18.5.11 – 6 TaBV 11/11, brwo=juris (aufgehoben v. *BAG* 25.9.12 – 1 ABR 50/11, NZA 13, 467 f., allerdings nicht im Hinblick auf diese Aussage); Richardi-*Richardi/Maschmann,* Rn. 189; a. A. GK-*Wiese,* Rn. 212; HWGNRH-*Worzalla,* Rn. 141.

305 *BAG* 25.9.12 – 1 ABR 50/11, NZA 13, 467 (468); zustimmend *Fitting,* Rn. 73; HWK-*Clemenz,* Rn. 64; LKK-*Dahm,* Rn. 51.

derlicher Belehrungen vermerkt/quittiert wird.[306] Die Mitteilung/Quittierung der Zutrittsberechtigungen und Belehrungen wird man auf der Basis der BAG-Rspr. eher dem Arbeitsverhalten zurechnen können. Die Quittierung der erhaltenen Arbeitsmittel konkretisiert demgegenüber aber nicht unmittelbar die Ausführung der sich erst anschließenden Arbeit, legt nicht fest, welche Arbeit auf welche Art und Weise auszuführen ist. Der AG regelt hiermit vielmehr die Organisation des Betriebes. Er verlangt den Nachweis/die Quittierung einheitlich in einer bestimmten Form von allen AN unabhängig von ihrer konkreten Arbeitspflicht.[307] Mit dieser Regel stellt er sicher, dass der Verbleib der Arbeitsmittel jederzeit für ihn transparent bleibt bis zur Rückgabe beim jeweiligen Beschäftigungsende,

- bei Anordnungen des AG zur Verwendung der Arbeitsmittel und der allgemeinen Organisation bei **Desk Sharing,**[308]
- bei allgemeinen Regeln für die Zusammenarbeit bei **agilem Arbeiten,** wie z. B. für Gruppengespräche oder den erforderlichen Informationsfluss (vgl. zu Nr. 13 Rn. 379 und auch Rn. 156a, 201),[309]
- bei Regeln für die Benutzung von **Wasch-** und **Umkleideräumen,**[310]
- bei Anweisungen, dass sich die Beschäftigten sowohl bei An- als auch bei Abwesenheit von Kunden stehend im Geschäftslokal aufhalten sollen,[311]
- bei der Mitnahme von **Arbeitsunterlagen nach Hause** (vgl. auch Rn. 109),[312]
- bei **Arbeitsordnungen,** wobei diese i. d. R. sowohl mitbestimmungspflichtige als auch mitbestimmungsfreie Tatbestände enthalten (vgl. auch die Mustervereinbarung bei DKWF-*Klebe/Heilmann,* § 87 Rn. 4).[313]
- Dies gilt auch für **Formulararbeitsverträge**[314] und
- bei sog. **»Compliance-Regeln«** oder **»Ethik-Richtlinien«,**[315] die ebenfalls neben mitbestimmungsfreien Vorschriften mitbestimmungspflichtige Anforderungen an das Geschäftsverhalten und die Integrität der Beschäftigten formulieren, wie z. B. das Verbot, Geschenke anzunehmen (vgl. auch Rn. 68) und zu machen, **Insidergeschäfte** zu tätigen oder eine Mitteilung der AN an den Vorgesetzten verlangen von allen Verstößen gegen die Richtlinie und falls ein Familienangehöriger eine Tätigkeit aufnimmt, die in Konkurrenz zum UN stehen könnte.[316] Das *BAG*[317] hat ebenfalls diese differenzierende Sicht. Danach sind in solchen Ethik-Richtlinien Regelungen mitbestimmungsfrei, die lediglich die **»UN-Philosophie«**, allgemeine Programmsätze und Selbstverpflichtungen des UN wiedergeben, Ge-

306 So auch die Vorinstanz *LAG Schleswig-Holstein* 18.5.11 – 6 TaBV 11/11-, brwo= juris; *Waas,* Ordnung des Betriebs, S. 92, aber keine Mitbestimmung bei Regelungen zum Aufräumen des Arbeitsplatzes (hier a. A. Schaub-*Ahrendt,* § 235 Rn. 32); *Matthes,* jurisPR-ArbR 41/2011 Nr. 6.

307 So auch *BAG* 25.9.12 – 1 ABR 50/11, NZA 13, 467 (468), das allerdings dann zu Unrecht andere Schlussfolgerungen zieht.

308 So auch denkbar für ErfK-*Kania,* Rn. 21a bei besonderen Vorgaben zum Umgang mit Arbeitsmitteln; offengelassen v. *LAG Düsseldorf* 9.1.18 – 3 TaBV Ga 6/17, NZA-RR 18, 368 (372 f. Tz. 58 ff.); eher das Mitbestimmungsrecht verneinend *Oltmanns/Fuhlrott,* NZA 18, 1225 (1228 auch m. w. N. zur Rspr. in Fn. 54); das Mitbestimmungsrecht ablehnend *Waas,* Ordnung des Betriebs, S. 93; LKK-*Dahm,* Rn. 45; *Schönhöft/Einfeldt,* NZA 22, 92.

309 Vgl. auch *Krause,* Agile Arbeit, S. 78 ff.; *Wedde,* CuA 5/19, S. 18 (20); wohl a. A. ErfK-*Kania,* Rn. 21a.

310 *Fitting,* Rn. 72; *Waas,* Ordnung des Betriebs, S. 91.

311 *ArbG Köln* 13.7.89, AiB 90, 73; GK-*Wiese,* Rn. 239; HWGNRH-*Worzalla,* Rn. 140.

312 *ArbG Hamburg* 24.8.76, MitbGespr 77, 66; *Fitting,* Rn. 72; GK-*Wiese,* Rn. 239, a. A. HWGNRH-*Worzalla,* Rn. 142; MünchArbR-*Matthes,* § 243 Rn. 14.

313 Vgl. *Rosendahl,* BetrR 93, 1 ff.

314 Hierzu *Bachner,* NZA 07, 536 ff.

315 Vgl. *Deinert,* AuR 08, 90; *Waas,* Ordnung des Betriebs, S. 90; *Kempter/Steinat,* NZA 17, 1505 (1508 f.).

316 Offengelassen von *BAG* 28.5.02 – 1 ABR 32/01, NZA 03, 166 ff.; wie hier *LAG Düsseldorf* 14.11.05 – 10 TaBV 46/05, NZA-RR 06, 81 ff.; *Däubler,* Das Arbeitsrecht 1, Rn. 960c; HaKo-BetrVG/*Kohte,* Rn. 32, 35 f.; *Klebe/Wroblewski,* GS Zachert, S. 314 (324 f.); *Schuster/Darsow,* NZA 05, 273 (274); *Bachner/Lerch,* AiB 05, 229 (232); *Kolle/Deinert,* AuR 06, 177 ff.; Pütz/Maschke-*Priebe,* S. 56 ff.; *Junker,* BB 05, 602 (604): Die Mitbestimmung für die beiden letztgenannten Beispiele bejahend; *Wisskirchen/Jordan/Bissels,* DB 05, 2190 ff.; a. A. HWGNRH-*Worzalla,* Rn. 141 (aber andererseits Rn. 140); vgl. auch *Schlachter,* FS Richardi, S. 1067 ff. und *Waitschieß/Wolters,* AiB 08, 644 ff.

317 22.7.08 – 1 ABR 40/07, NZA 08, 1248 ff.

setze wiederholen oder konkrete Regeln enthalten, die ausschließlich das Arbeitsverhalten betreffen.[318] Bei Bestimmungen zum allgemeinen Ordnungsverhalten, wie z. B. bei der Verpflichtung der AN, »**ungebührliche Vorgesetztenverhältnisse**« zu vermeiden, d. h., eine direkte/indirekte Über-/Unterordnung bei Personen, mit denen familiäre oder enge persönliche Verbindungen bestehen, oder bei **Regeln gegen sexuelle Belästigung,** wie z. B. bei dem Verbot des »Zeigens oder Verbreitens von Bildern, Karikaturen oder Witzen sexueller Natur«, besteht das Mitbestimmungsrecht;[319] das **AGG** regelt letzteren Sachverhalt nicht abschließend. Hotlines für sog. **Whistleblower,**[320] Telefonleitungen, auf denen Beschäftigte Verstöße von Kollegen gegen Gesetze oder interne Richtlinien **persönlich oder anonym** melden können/sollen/müssen, sind, **soweit zulässig,**[321] ebenfalls mitbestimmungspflichtig.[322] Sofern das **Hinweisgeberschutzgesetz** (HinSchG) Anwendung findet, bleiben für den AG Gestaltungsspielräume, die mitbestimmt auszufüllen sind.[323] Dies betrifft z. B. die nähere Ausgestaltung des Meldeverfahrens und der Meldestelle (Zugriffsrechte, Anreize für interne Meldung, technische Gestaltung, Ausnahmen v. den Löschfristen der Dokumentation, anonymer Kanal? Beauftragung Dritter?). Häufig werden digitale Meldekanäle, spezielle Whistleblower-Softwareanwendungen, benutzt werden. Dann kann ein Mitbestimmungsrecht auch nach Nr. 6 bestehen (Rn. 203). Teilweise wird vertreten, dass Meldepflichten, wenn sie sich auf den gesamten Verhaltenskodex beziehen, diesen durch ihre verknüpfende Wirkung insgesamt mitbestimmungspflichtig machen.[324] Die Meldepflichten könnten nicht losgelöst von dem, was gemeldet werden soll, betrachtet werden. Dies ist nicht zwingend. Eine Trennung in Verhaltenspflichten und die Meldepflicht bei Verstößen ist durchaus möglich, es besteht **kein unauflösbarer Gesamtzusammenhang.**[325] Das Mitbestimmungsrecht bei der Meldepflicht begründet kein Mitbestimmungsrecht bei den zu meldenden Tatbeständen. Auch eine **Annexkompetenz** kommt nicht in Betracht, weil die Verhaltenspflichten nicht notwendig und zwingend mit der Meldepflicht zusammenhängen, das Mitbestimmungsrecht bei Meldepflichten nicht notwendigerweise alle Verhaltenspflichten

---

318 *BAG*, a. a. O., 1253; *Fitting*, Rn. 72.

319 *BAG*, a. a. O., 1254 (1256).

320 Zum Schutz von Whistleblowern durch Art. 10 EMRK (Freiheit der Meinungsäußerung) vgl. *EGMR* 14. 2. 23 – 21884/18, NZA 23, 555 ff.; 21. 7. 11 – 2827408, AuR 11, 355 ff = NJW 11, 1269 ff.; hierzu *D. Ulber*, NZA 11, 962 ff.; vgl. auch *Reinhardt-Kasperek/Kaindl*, BB 18, 1332 ff. zur Richtlinie (EU) 2016/943 v. 8. 6. 16, die inzwischen durch das Geschäftsgeheimnisgesetz in deutsches Recht umgesetzt worden ist; zur europäischen Richtlinie zum Schutz v. Whistleblowern (EU 2019/1937 v. 23. 10. 19, AblEU 26. 11. 19, Nr. L 305/17COM(2018/)0218 final – 2018/0106(COD)), die am 16. 12. 19 in Kraft getreten war, ausführlich *Colneric/Gerdemann*, S. 32 ff.; *Gerdemann* SR 21, 2 ff., 89 ff.; *Dzida/Granetzny*, NZA 20, 1201 ff.; vgl. z. B. auch *Krause*, SR 19, 138 (149 ff.); *Garden/Hieramente*, BB 19, 963 ff; *Weidmann*, DB 19, 2393 ff.; zur (verspäteten) Umsetzung in Deutschland durch das Hinweisgeberschutzgesetz vgl. *Bayreuther*, NZA-Beilage 1/2022, 20 ff.; *ders.*, DB 23, 1537 ff.; *Wedde*, CuA 3/23, S. 14 ff.; *Weichert*, CuA 3/23, S. 11 ff.; *Lüneborg*, ZIP 23, 941 ff,; *Dzida/Seibt*, NZA 23, 657 ff.

321 Ausführlich zum sehr begrenzten Zulässigkeitsumfang solcher Regelungen *Klebe/Wroblewski*, GS Zachert, S. 314 (318 ff. m. w. N.); *LAG Mecklenburg-Vorpommern* 8. 7. 15 – 2 Sa 190/15, juris (Tz. 95 m. w. N.) = NZA-RR 16, 638 (Ls.: I. d. R. keine Verpflichtung, Fehlverhalten von Kollegen dem AG anzuzeigen); HK-ArbR/*Kreuder/Matthiessen-Kreuder*, §§ 611, 611a BGB Rn. 495 ff.; *Deinert*, AuR 08, 90 (91) und *Deinert/Brummer*, Anm. zu *BAG* 22. 7. 08, AiB 08, 669 (672); vgl. auch *Kort*, FS Kreutz, S. 247 ff. und *ArbG Siegen* 17. 2. 22 – 1 BV 5/21, AiB 10/22, S. 47 ff. mit Anm. v. *Clasvorbeck*.

322 Vgl. *BAG* 22. 7. 08, a. a. O., 1253, 1255; *LAG Düsseldorf* 14. 11. 05 – 10 TaBV 46/05, NZA-RR 06, 81 (87 ff.); *LAG Baden-Württemberg* 3. 6. 19 – 11 TaBV 9/18, juris Tz. 89 ff.; vgl. hierzu auch *Fischer*, juris PR-ArbR 11/20 Nr. 3; *Fitting*, Rn. 72; Richardi-*Richardi/Maschmann*, Rn. 198; *Deinert*, AuR 08, 90 (91); *Klebe/Wroblewski*, GS Zachert, S. 314 (324); *Scheicht/Loy* DB 15, 803 (806); *Lewek* in Anm. zu *HessLAG* 18. 1. 07, AiB 07, 663 (667); *Lassmann*, AiB 10, 447 ff. auch zu Regelungsfragen; *Waas*, Ordnung des Betriebs, S. 90.

323 Vgl. *Bayreuther*, NZA 23, 666 (667); *Engelhoven/Gatz*, DB 23, 1397 (1402); *Bruns*, NJW 23, 1609 (1617); *Lugowski*, CuA 8–9/23, S. 24 ff. und auch *Zimmer/Müllfahrt*, BB 23, 1269 ff., allerdings oft nicht nachvollziehbar.

324 *HessLAG* 18. 1. 07 – 5 TaBV 31/06, AuR 07, 394 (395); *Deinert*, a. a. O.; *Lewek*, a. a. O.; vgl. hierzu auch *Mahnhold*, NZA 08, 737 ff.; *Kramer/Gliss/Hermann*, AiB 06, 24 ff.; *Wisskirchen/Körber/Bissels*, BB 06, 1567 ff.

325 Vgl. auch *Fitting*, Rn. 72.

mitregeln muss und ansonsten nicht sinnvoll ausgeübt werden könnte.[326] Bei »Compliance-Richtlinien« ist der **Schutz der Privatsphäre** und der **Persönlichkeitsrechte der Beschäftigten** besonders wichtig. Zudem darf bei entsprechenden Regeln der Grundsatz nicht missachtet werden, dass die Strafvermeidung, -aufklärung und -verfolgung Aufgabe des Staates ist. Der AG ist kein Hilfsorgan der Polizei oder Staatsanwaltschaft. Diese Grenze darf nicht verwischt werden. Dies gilt auch bei der Einschaltung eines **externen, privaten Ermittlers/Investigators** und der AG-Anweisung an die Beschäftigten, sich dessen Befragung zur Aufklärung von Pflichtverletzungen/strafbaren Handlungen zu unterziehen. Einschaltung und Vorgehensweise unterliegen ebenso wie bei interner Ermittlung durch Mitarbeiterbefragungen der Mitbestimmung.[327] Im Übrigen gilt auch hier, dass die allgemeinen Schutzrechte, wie z. B. das Zeugnisverweigerungsrecht, nicht durch arbeitsvertragliche Regelungen außer Kraft gesetzt werden können und dürfen. Bei den Pflichten sollte in einer Richtlinie auch die **Einhaltung von BV und TV** ausdrücklich genannt werden. Bei elektronischer Auswertung kommt auch ein Mitbestimmungsrecht nach Nr. 6 in Betracht (Rn. 201 und auch § 94 Rn. 3 ff., 10).

63 Das Mitbestimmungsrecht besteht zudem

- bei der Umstellung des dienstlichen Umgangs der AN untereinander vom AG auf die **Anrede** mit Vornamen und »Du«,[328] sofern man nicht bereits einen Verstoß gegen § 75 Abs. 2 annimmt;[329]
- bei generellen Regelungen (z. B. Erlaubnis- oder Dokumentationspflichten) für **Nebentätigkeiten,** also auch für die Fälle, in denen die Interessen des AG nicht beeinträchtigt sind.[330]
- Bei der bloßen Benennung und Bekanntgabe (§ 12 Abs. 5 AGG) des Ortes und der personellen Besetzung der **Beschwerdestelle nach § 13 AGG** soll der BR kein Mitbestimmungsrecht haben, da es sich um mitbestimmungsfreie organisatorische Entscheidungen[331] bzw. lediglich um einen Gesetzesvollzug handele.[332] Der AG sei eben gesetzlich zur Errichtung der Beschwerdestelle und deren Bekanntmachung verpflichtet. Wenn er diese Pflicht erfülle, sei kein Raum für ein Mitbestimmungsrecht des BR. Dies erscheint nicht richtig, weil der AG Gestaltungsspielraum hat und eine **Auswahlentscheidung** trifft, die die Effektivität des Verfahrens maßgeblich beeinflussen kann.[333] Ihm ist nämlich keineswegs vom Gesetz vorgegeben, ob die Beschwerdestelle im Betrieb oder/und auf UN-Ebene errichtet wird (vgl. § 13 Abs. 1), welche Stelle dies konkret ist (zusätzliche Aufgabe für vorhandene Stelle oder Schaffung einer neuen) und welche Person sie besetzt. Deshalb erscheint z. B. die **Parallele zum ASiG** naheliegend, wo der BR bei der Auswahl unter den drei Gestaltungsformen für die Bestellung von Betriebsärzten und Fachkräften für Arbeitssicherheit mitbestimmt (vgl. Rn. 232). Dies ist ebenfalls eine organisatorische Entscheidung, wie es im Übrigen bei den Mitbestimmungsfällen der Nr. 1 häufiger der Fall ist. Dem ***BAG*** kann daher inso-

---

326 Vgl. im Einzelnen *Klebe/Wroblewski*, GS Zachert, S. 314 (324 f.) und zur Annexkompetenz auch Rn. 3.

327 Vgl. hierzu auch *BAGE*, 116, 36 (41 ff.) = AuR 06, 173 (Ls.); § 84 Rn. 14a; *Wybitul/Böhm*, RdA 11, 362 (364 f.), falls nicht nur Auskünfte über den Stand der eigenen Arbeit und Ereignisse, die damit in direktem Zusammenhang stehen, verlangt werden; *Mengel*, NZA 17, 1494 ff.; *Aszmons/Herse*, DB 20, 56 ff. a. A. *Grimm/Freh*, KSzW 12, 88 (95), die allerdings ein Mitbestimmungsrecht nach § 94 bejahen; ebenso *Röß*, NZA 21, 675 (680 f.).

328 Vgl. *LAG Hamm* 29.7.98 – 14 Sa 1145/98, NZA-RR 98, 481 (482); HWGNRH-*Worzalla*, Rn. 140.

329 So GK-*Wiese*, Rn. 244.

330 Vgl. auch *Kort*, FS Buchner, S. 477 (490).

331 *BAG* 21.7.09 – 1 ABR 42/08, DB 09, 1993 (1994); *Nollert-Borasio*, § 13 Rn. 3.

332 Vgl. *LAG Rheinland-Pfalz* 17.4.08 – 9 TaBV 9/08, DB 08, 1636 (Ls.) = LAGE § 13 AGG Nr. 2; Däubler/Beck-*Buschmann*, § 13 Rn. 34; *Ehrich/Frieters*, DB 07, 1026; *Oetker*, NZA 08, 264 (270, allerdings wegen des verbleibenden Gestaltungsspielraums des AG diese Argumentation ablehnend; die Entscheidungsautonomie des AG bei der Betriebsorganisation soll aber das Mitbestimmungsrecht ausschließen); *Bissels/Lützeler*, BB 08, 666 (670 f.).

333 Vgl. insoweit *BAG* 21.7.09 – 1 ABR 42/08, DB 09, 1993 (1994) und auch *LAG Hamburg* 17.4.07 – 3 TaBV 6/07, DB 07, 1417 f.; *HessLAG* 8.5.07 – 4 TaBV 70/07, NZA-RR 07, 637 f.; *LAG Saarbrücken* 6.6.07 – 2 TaBV 2/07, AiB 07, 660 (661 f.) m. w. N. zur Rspr., alle im Verfahren nach § 100 ArbGG; *Schneider*, AiB 07, 626 ff. mit Vorschlägen für eine BV; *Hjort*, AiB 07, 548 (549 f.) in Anm. zu LAG Hamburg, a. a. O.

weit **nicht gefolgt werden.** Ein Mitbestimmungsrecht besteht jedenfalls dann, wenn **Verfahrensregeln,** wie i. d. R. erforderlich,[334] für die Behandlung der Beschwerden aufgestellt werden.[335] Hierfür hat der BR auch ein Initiativrecht.[336] Auch die **personelle Besetzung** der Beschwerdestelle ist mitbestimmungspflichtig.[337] Ein Mitbestimmungsrecht besteht auch im Hinblick auf das Beschwerdeverfahren nach §§ 8 f. **LkSG,** soweit der AG Gestaltungsspielräume hat (vgl. auch zu Nr. 6 Rn. 203).

Der Mitbestimmung unterliegen weiterhin: 64

- die Einführung, Ausgestaltung und Nutzung von **Betriebsausweisen und Passierscheinen,**[338]
- die Einrichtung von **Sperrzonen** aus Sicherheitsgründen,[339]
- **entgegen *BAG*** der **Detektiveinsatz** z. B. zur Überprüfung der Einhaltung betrieblicher Verbote,[340]
- die Einführung einer **Fahrtenoptimierung** (z. B. »Map and Guide«; vgl. auch Rn. 203) und, **entgegen** *BAG*, einer **Dienstreiseordnung,**[341] nicht allerdings von **pauschalen Spesensätzen** im Rahmen des Aufwendungsersatzes,[342]
- Regelungen, mit denen das **Eigentum des AN** gesichert werden soll,[343]
- **Führungsrichtlinien**[344] (vgl. auch § 94 Rn. 44),
- die Einrichtung von **Gebetsräumen**[345]
- die Abgabe inhaltlich standardisierter **Verschwiegenheitserklärungen.** Das *BAG*[346] **differenziert** hier: Das Mitbestimmungsrecht soll nur bestehen, wenn sich die **Erklärung auf das Ordnungsverhalten** bezieht und sich die betreffende Schweigepflicht nicht aus Gesetz oder TV ergibt. Dies erscheint zu eng, da nicht nur die bloße Anordnung/Bestätigung der Schweigepflicht, sondern auch die Anordnung, eine entsprechende Erklärung nach vorgegebenem Muster abzugeben, zu bewerten ist. Diese **formularmäßig** eingeholte Verschwiegenheitserklärung selbst betrifft jedoch das Ordnungsverhalten und ist als solche und in bestimmter Form i. d. R. auch nicht in Gesetz und TV vorgeschrieben. Mit der Anordnung erreicht der AG, dass sich die AN entsprechend gleich verhalten, nämlich die Erklärung in der standardisierten Form (nachweisbar) zur Kenntnis nehmen und unterschreiben.[347]

---

334 Vgl. zu Regelungspunkten *Biere*, AiB 10, 84 ff.

335 **H. M.;** *BAG* 21.7.09 – 1 ABR 42/08, a. a. O., 1995; *Fitting*, Rn. 74; GK-*Wiese*, Rn. 239; HaKo-BetrVG/*Kohte*, Rn. 34; LKK-*Dahm*, Rn. 42 und auch die Zitatstellen, die ein Mitbestimmungsrecht bei der bloßen Benennung ablehnen; differenzierend *Oetker*, NZA 08, 264 (269); a. A. *Westhäuser/Sediq*, NZA 08, 78 ff., die insgesamt eine Mitbestimmung ablehnen.

336 *BAG* 21.7.09, a. a. O., 1995; *Fitting*, Rn. 74; GK-*Wiese*, Rn. 239; a. A. *LAG Rheinland-Pfalz* 17.4.08 – 9 TaBV 9/08, LAGE § 13 AGG Nr. 2.

337 Str.; vgl. *Ehrich/Frieters*, DB 07, 1026 (1027 m. w. N. auch zur Gegenmeinung) mit dem Entwurf einer BV; *Hjort*, a. a. O.; **a. A.** z. B. GK-*Wiese*, Rn. 239 m. w. N.; *Nollert-Borasio*, § 13 Rn. 3.

338 *BAG* 16.12.86, AP Nr. 13 zu § 87 BetrVG 1972 Ordnung des Betriebes; *Fitting*, Rn. 72; GK-*Wiese*, Rn. 225.

339 KassArbR-*Etzel*, 9.1, Rn. 502.

340 Ebenso *Däubler*, Das Arbeitsrecht 1, Rn. 960b und auch AiB 09, 350 (353 f.) zum Persönlichkeitsschutz des beobachteten AN; *Waas*, Ordnung des Betriebs, S. 88; **a. A.** allerdings *BAG* 26.3.91 – 1 ABR 26/90, DB 91, 1834 f. (mit dem Hinweis, dass aber ein Verstoß gegen § 75 Abs. 2 in Betracht kommt) und 18.11.99 – 2 AZR 743/98, DB 00, 726 (728) zu »Ehrlichkeitskontrollen« durch Mitarbeiter des AG; dem *BAG* zustimmend ErfK-*Kania*, Rn. 21; GK-*Wiese*, Rn. 203; KassArbR-*Etzel*, 9.1, Rn. 504; *Göpfert/Papst*, DB 16, 1015 (1016); offen gelassen von *BAG* 10.11.87, AP Nr. 24 zu § 77 BetrVG 1972.

341 **A. A.** *BAG* 8.12.81, AP Nr. 6 zu § 87 BetrVG 1972 Lohngestaltung; *Fitting*, Rn. 73; GK-*Wiese*, Rn. 216; Richardi-*Richardi/Maschmann*, Rn. 198.

342 *BAG* 27.10.98 – 1 ABR 3/98, NZA 99, 381 (383); vgl. auch Rn. 331.

343 *BAG* 1.7.65, AP Nr. 75 zu § 611 BGB Fürsorgepflicht; HWGNRH-*Worzalla*, Rn. 140.

344 **A. A.** *BAG* 23.10.84, AP Nr. 8 zu § 87 BetrVG 1972 Ordnung des Betriebes, GK-*Wiese*, Rn. 211; HWGNRH-*Worzalla*, Rn. 141; wie hier *Bieding*, AiB 83, 12 (14).

345 Enger GK-*Wiese*, Rn. 239: mitbestimmungspflichtig nur Vorschriften zum Aufsuchen der Räume.

346 10.3.09 – 1 ABR 87/07, NZA 10, 180 (182 f.); ebenso *Fitting*, Rn. 73; GK-*Wiese*, Rn. 239; ErfK-*Kania*, Rn. 21a.

347 Vgl. auch *BAG* 28.5.02 – 1 ABR 40/07 – 1 ABR 32/01, NZA 03, 166 ff. und 21.1.97 – 1 ABR 53/96, NZA 97, 785 ff.

Daher unterliegt die Anordnung ebenso der Mitbestimmung[348] wie eine **Unterschriftenaktion,** bei der die AN die Einhaltung einer **Geheimhaltungspflicht** versichern sollen;[349]

65 Die Mitbestimmung gilt auch

- für das **betriebliche Eingliederungsmanagement (BEM)** gem. **§ 167 Abs. 2 SGB IX,**[350] das sich nach richtiger Auffassung auf **alle Beschäftigten,** nicht nur auf schwerbehinderte Menschen, erstreckt, die innerhalb eines Jahres länger als 6 Wochen arbeitsunfähig sind,[351] hinsichtlich der erforderlichen **organisatorischen Gestaltung.**[352] Dies gilt für Standards bei der Einleitung des Verfahrens, für die Bestimmung von **Ansprechpartnern,** für **Verfahrensrechte** der Betroffenen oder die Rolle von **Werk- oder Betriebsärzten** (vgl. den Vereinbarungsentwurf bei DKWF-*Klebe/Heilmann*, § 87 Rn. 40a).[353] Will der AG keine organisatorischen Festlegungen ausdrücklich treffen, werden sich diese de facto aus seiner Praxis ergeben. Zudem kann der BR von seinem **Initiativrecht** Gebrauch machen. Eine abschließende Regelung beinhaltet § 167 Abs. 2 SGB IX schon deshalb nicht, weil es bei der Klärung mit dem BR um die von Maßnahmen, Leistungen und Hilfen im Einzelfall geht,[354] nicht aber um die weiteren oben angeführten organisatorischen Konkretisierungen (vgl. auch Rn. 198, 259 und § 94 Rn. 10 zu Gesprächsleitfäden).

66 Nicht der Mitbestimmung unterliegen nach Auffassung des *BAG*

- Anweisungen des AG an Sachbearbeiter, auch ihren **Vornamen** in **Geschäftsbriefen** anzugeben[355]
- **anonym durchgeführte Tests** zur Überprüfung der Beratungsqualität z. B. in einer Bank, wenn es hierbei nur um eine Bestandsaufnahme geht, die **nicht** einzelnen oder Gruppen von AN zugeordnet werden kann.[356] Dem ist zuzustimmen;[357]
- Regelungen, dass der AN die dem AG durch **Entgeltpfändung entstehenden Kosten** zu tragen hat. Diese betreffen das außerbetriebliche Verhalten, die private Lebensführung des AN, und können auch nicht durch freiwillige BV angeordnet werden[358] (vgl. auch Rn. 70).
- Ebenso wenig besteht ein Mitbestimmungsrecht, wenn der AG Regelungen treffen will, die das v. Art. 9 Abs. 3 GG geschützte Recht v. betrieblichen Gewerkschaftsmitgliedern betreffen, sich an der koalitionsmäßigen Betätigung ihrer Gewerkschaft zu beteiligen, wie

---

348 **A. A.** *BAG* 10.3.09 – 1 ABR 87/07, NZA 10, 180 (182 f.); ErfK-*Kania*, Rn. 21; HWGNRH-*Worzalla*, Rn. 141; Schaub-*Ahrendt*, § 235 Rn. 33.

349 *LAG Hamm* 17.12.80, DB 81, 1336 ff.; *GL*, Rn. 63; HWGNRH-*Worzalla*, Rn. 140, anders aber in Rn. 134.

350 Vgl. hierzu auch *Oppolzer*, AiB 07, 37 ff.; *Kohte*, WSI-Mitt. 10, 374 ff.; *Nickel*, AiB 09, 423 ff.; zum **Überwachungsrecht des BR** vgl. *BAG* 7.2.12 – 1 ABR 46/10, NZA 12, 744 ff. und hierzu *Kort*, DB 12, 688 f.

351 *BAG* 12.7.07 – 2 AZR 716/06, NZA 08, 173 (175); 24.3.11 – 2 AZR 170/10, DB 11, 1343; 7.2.12 – 1 ABR 46/10, NZA 12, 744; *Gundermann/Oberberg*, AuR 07, 19 m. w. N.; dies., RDV 07, 103 (104); *Kohte*, ZSR-Sonderheft 2005, 7 (16 m. w. N.); *Nassibi*, NZA 12, 720 (721); a. A. *Namendorf/Natzel*, DB 05, 1794 f. m. w. N. zur Gegenmeinung in Fn. 11.

352 *BAG* 13.3.12 – 1 ABR 78/10, NZA 12, 748 (749) = AP Nr. 18 zu § 87 BetrVG 1972 mit zustimmender Anm. v. *Giesen*; 22.3.16 – 1 ABR 14/14, juris Tz. 9; 19.11.19 – 1 ABR 36/18, NZA 20, 389 (391 Tz. 19); *LAG Nürnberg* 16.1.13 – 2 TaBV 6/12; ErfK-*Kania*, Rn. 21a; HaKo-BetrVG/*Kohte*, Rn. 92 Fn. 510; *Gundermann/Oberberg*, AuR 07, 19 (24 f.); dies., RDV 07, 103 (109 f.) mit Regelungsvorschlägen; *Müller*, AuR 09, 29 (30); *Deinert*, NZA 10, 969 (972); *Nassibi*, NZA 12, 720 (722); *Ettlinger*, BB 21, 820 (822); *BAG* 8.11.94, BB 95, 1188 f. zu formalisierten Krankheits-/Rückkehrgesprächen (auch Rn. 67); ähnlich GK-*Wiese*, Rn. 239; HWGNRH-*Worzalla*, Rn. 140 f. (Mitbestimmungsrecht bei Verfahrensfragen); a. A. *Fitting*, Rn. 73; WPK-*Bender*, Rn. 42 (Mitbestimmungsrecht nur nach Nr. 7).

353 Vgl. im Einzelnen *Gagel*, NZA 04, 1359 (1360); *Deinert*, NZA 10, 969 (972); *Düwell*, FS Buschmann, S. 29 (32); zu Regelungsinhalten vgl. auch *Romahn*, S. 18 ff. und *Habib*, S. 16 ff., auch mit vielen praktischen Hinweisen.

354 A. A. *Namendorf/Natzel*, DB 05, 1794 (1795).

355 8.6.99 – 1 ABR 67/98, DB 99, 2218; zustimmend ErfK-*Kania*, Rn. 21; *Fitting*, Rn. 73.

356 18.4.00 – 1 ABR 22/99, DB 00, 2227.

357 So auch ErfK-*Kania*, Rn. 21; *Fitting*, Rn. 73.

358 *BAG* 18.7.06 – 1 AZR 578/05, DB 07, 227 (228); *Fitting*, Rn. 71; *Linsenmaier*, RdA 08, 1 (9f).

z. B. durch Verteilung v. Werbematerial, weil dies nicht in die Regelungsmacht der Betriebsparteien fällt.[359]

Der BR hat Mitbestimmungsrechte 67

- bei einer Regelung der **Kantinenbenutzung**[360] (vgl. auch Rn. 272 f. 281),
- bei **Kundenbefragungen,** die Aufschluss über das AN-Verhalten geben sollen[361] (vgl. auch § 94, Rn. 5),
- bei der **privaten Nutzung firmeneigener Kfz,** sofern diese grundsätzlich vom AG erlaubt ist[362] (vgl. auch Rn. 331 m. w. N), und auch bei der rein dienstlichen, wenn der AG Verhaltensregeln für die Nutzung aufstellt (z. B. zur Mitnahme von Personen),[363]
- bei genereller Versendung von **Abmahnungsschreiben wegen Krankheit,**[364]
- bei der Festlegung von **Krankenkontrollen**[365] und **Regeln für Krankheits-/Rückkehrgespräche und Krankheitsnachforschungen**[366] (vgl. auch § 94 Rn. 9),
- bei der Verwendung von **Formularen zum Arztbesuch**,[367] der formularmäßigen Anforderung ärztlicher Bescheinigungen darüber, ob eine **Fortsetzungserkrankung** vorliegt,[368] der Regelung der **Anzeige-** und **Nachweispflicht für Erkrankungen**[369] wie auch der **Verkürzung des Vorlagezeitraums für ärztliche Bescheinigungen** gemäß § 5 Abs. 1 Satz 3 EFZG[370] (vgl. auch Rn. 32) und bei der Anordnung genereller **ärztlicher Eignungsunter-**

---

359 *BAG* 28.7.20 – 1 ABR 41/18, NZA 20, 1413 (1415 Tz. 17 ff.); *Fitting*, Rn. 63, 73; a. A. Richadi-*Richardi/Maschmann*, Rn. 187.

360 *BAG* 11.7.00 – 1 AZR 551/99, DB 01, 471; dabei können allerdings AN, die das Essen nicht in Anspruch nehmen, nicht zur Kostentragung verpflichtet werden; zustimmend *Fitting*, Rn. 71.

361 Vgl. *Däubler*, AiB 01, 208 (220, 223: Zur Einführung des Konzepts »**Balanced Scorecard**«); *GL*, Rn. 59b; **a. A.** GK-*Wiese*, Rn. 239; *BAG* 28.1.92 – 1 ABR 41/91, DB 92, 1634 (1635) prüft diese Vorschrift nicht, hält aber ein Mitbestimmungsrecht nach Nr. 6 für möglich; differenzierend *Waas*, Ordnung des Betriebs, S. 88 ff.: Mitbestimmung, wenn es um Leistungsoptimierung geht, keine Mitbestimmung, wenn nur die Sicherung ordnungsgemäßer Aufgabenerfüllung das Ziel ist.

362 *ArbG Hamburg* 7.7.94, AiB 94, 760 f. mit Anm. *Grimberg*; *LAG Köln* 13.1 20 – 9 TaBV 66/19, LAGE Arbeitsgerichtsgesetz 1979 § 100 Nr. 14 Tz. 27 (im Verfahren zur Bestellung einer ESt.); Richardi-*Richardi/Maschmann*, Rn. 188; *Preis/Schwarz*, S. 90 f.; *Grobys/v. Steinau-Steinrück*, NJW-Spezial 09, 514 f.; *Yakhloufi/Klingenberg*, BB 13, 2102 (2106); *Sura*, ArbRAktuell, 22, 225 (226); einschränkend GK-*Wiese*, Rn. 199, 239: Mitbestimmung bei der Festlegung von Ordnungsvorschriften; ebenso *Moll/Roebers*, DB 10, 2672; vgl. zu vertraglichen Gestaltungsfragen *Kelich*, AuA 09, 264 ff.; a. A. Schaub-*Ahrendt*, § 235 Rn. 33.

363 *Yakhloufi/Klingenberg*, BB 13, 2102 (2103).

364 *ArbG Köln* 1.9.77 – 13 BV 55/77.

365 *Kohte*, AiB 83, 19 (22).

366 Vgl. *BAG* 8.11.94 – 1 ABR 22/94, BB 95, 1188 f. (jedenfalls wegen der Regelung des Verhaltens der AN bei den Gesprächen); *LAG Hamburg* 10.7.91 – 8 TaBV 3/91, LAGE § 87 BetrVG 1972 Betriebliche Ordnung Nr. 8; *LAG Hamm* 3.6.97 – 13 TaBV 51/97; *LAG München* 13.2.14 – 3 TaBV 84/13, LAGE § 87 BetrVG 2001 Betriebliche Ordnung Nr. 12; *Fitting*, Rn. 72; *Däubler*, Das Arbeitsrecht 1, Rn. 959; *Kreuder*, AiB 95, 654 ff.; vgl. auch *Fischer/Kiesche*, AiB 97, 639 ff. mit einem BV-Entwurf; **a. A.** *LAG Baden-Württemberg* 5.3.91 – 14 TaBV 15/90, NZA 92, 184 f.; *LAG Frankfurt* 24.3.92 – 4 TaBV 137/91, NZA 93, 237; GK-*Wiese*, Rn. 237; *Raab*, NZA 93, 193 ff.; Richardi-*Richardi/Maschmann*, Rn. 194.

367 *BAG* 21.1.97 – 1 ABR 53/96; NZA 97, 785 ff. = EzA § 87 BetrVG 1972 Betriebliche Ordnung Nr. 22 mit Anm. Kittner; Richardi-*Richardi/Maschmann*, Rn. 195; GK-*Wiese*, Rn. 236; a. A. HWGNRH-*Worzalla*, Rn. 141.

368 *HessLAG* 6.9.01 – 5 TaBV 5/01, LAGE § 87 BetrVG 1972 Betriebliche Ordnung Nr. 13.

369 *BAG* 27.6.90 – 5 AZR 314/89, EzA § 3 LFZG Nr. 12; 5.5.92 – 1 ABR 69/91, EzA § 87 BetrVG 1972 Betriebliche Ordnung Nr. 19; vgl. auch *LAG Frankfurt* 30.10.90 – 4 TaBV 125/90, DB 91, 920; *LAG Hamm* 19.9.95 – 13 TaBV 101/95, NZA 95, 335.

370 *BAG* 25.1.00 – 1 ABR 3/99, DB 00, 1128; 23.8.16 – 1 ABR 43/14, NZA 16, 1483 (1484 Tz. 15 ff.); *LAG Berlin-Brandenburg* 19.6.12 – 3 TaBV 2149/11, RDV 12, 254 (255 f.) *LAG Bremen* 29.11.12 – 3 TaBV 11/12, AiB 2/14, S. 70 ff. (auch während eines Arbeitskampfes) mit Anm. v. *Hayen*; ErfK-*Kania*, Rn. 21a; *Kunz/Wedde*, § 5 EFZG Rn. 37; a. A. HWGNRH-*Worzalla*, Rn. 141.

suchungen[371] (vgl. auch Rn. 236, § 94 Rn. 11, 45; § 95 Rn. 10) bzw. der Untersuchung durch den **Vertrauensarzt,**[372]

- bei Regelungen zur **Pandemievorsorge** und **-bekämpfung** (z. B. Hygienevorschriften,[373] Torkontrollen[374] oder auch für die AN nicht verbindliche Anwendung einer Corona Warn-App;[375] vgl. auch Rn. 256 und den Vereinbarungsentwurf bei DKWF-*Klebe/Heilmann*, § 87 Rn. 40b),[376]
- bei der **Veröffentlichung** von individuellen krankheitsbedingten **Fehlzeiten** im Betrieb, sofern sie überhaupt zulässig sein kann,[377]
- bei der Verwendung eines **Formblatts,** mit dem Redakteure einer Wirtschaftszeitung ihren **Aktienbesitz offen legen müssen,**[378]
- bei der Einführung und zum Ablauf von formularisierten **Mitarbeitergesprächen mit Zielvereinbarung**[379], aber auch ohne[380] (vgl. auch Rn. 203, 337, 351; § 94 Rn. 9 und 44 sowie DKWF-*Klebe/Heilmann,* § 87 Rn. 10: Mustervereinbarung zu Zielvereinbarungen),
- bei Regelungen gegen **Mobbing/Stalking/Gewalt im Betrieb**[381] (DKWF-*Klebe/Heilmann,* § 87 Rn. 7: Mustervereinbarung Mobbing),

---

371 *ArbG München* 3. 12. 80, AuR 81, 284; *ArbG Offenbach* 20. 6. 90, DB 91, 554: Mitbestimmung bei formalisierter Aufforderung an kranke AN, sich zur Klärung zukünftiger Einsatzmöglichkeiten durch einen von drei vom AG vorgeschlagenen Ärzten untersuchen zu lassen.

372 *ArbG Frankfurt* 28. 6. 88, AiB 89, 17 f.

373 *LAG Berlin-Brandenburg* 23. 1. 20 – 5 TaBV 2182/19, juris Tz. 22 f. = AuR 20, 486 (Ls.) im Verfahren zur Bestellung einer ESt. für einen Hygieneplan nach § 36 Infektionsschutzgesetz; Schaub-*Ahrendt*, § 235 Rn. 32.

374 *Fitting*, Rn. 72; Richardi-*Richardi/Maschmann*, Rn. 186c (Zugangskontrolle); *ArbG Berlin* 30. 7. 20 – 4 BVGa 9401/20, LAGE § 87 BetrVG 2001 Betriebliche Ordnung Nr. 17 = AuR 21, 94 (Ls.) lehnt ein Mitbestimmungsrecht nach dieser Vorschrift ab, wenn Beschäftigte als sog. »Greeter« eingesetzt werden, die für die Einhaltung der Corona-Schutzmaßnahmen, wie z. B. die Maximalzahl v. Kunden im Geschäft oder das Tragen v. Masken, zuständig sind. Das Gericht hält aber ein Mitbestimmungsrecht nach Nr. 7 für möglich; zustimmend *Kappes/Oechslen*, DB 21, 572 und Richardi-*Richardi/Maschmann*, Rn. 196.

375 *BAG* 24. 3. 81, AP Nr. 2 zu § 87 BetrVG 1972 Arbeitssicherheit; zur App *Köllmann*, NZA 20, 831 ff. und *Bienert*, AiB 10/20, S. 25 (26).

376 *Schmidt/Novara*, DB 09, 1817 (1821) mit weiteren Beispielen; *Kiesche/Rudolph*, AiB 10, 26 ff.; *Maschke*, AiB 10, 34 ff. und *Schrader*, AiB 10, 37 ff., beide zu Inhalten einer BV.

377 *ArbG Würzburg* 14. 11. 95, AiB 96, 560.

378 *BAG* 28. 5. 02 – 1 ABR 32/01, NZA 03, 166 (170 f.) ErfK-*Kania*, Rn. 19; a. A. HWGNRH-*Worzalla*, Rn. 141; vgl. auch Rn. 62 zu sog. »Ethik-Richtlinien«.

379 *VG Karlsruhe* 7. 3. 98, RDV 98, 31; *VGH Mannheim* 9. 5. 2000, RDV 00, 225; ErfK-*Kania*, Rn. 21a; LKK-*Dahm*, Rn. 42; HWGNRH-*Worzalla*, Rn. 140; *Annuß*, NZA 07, 290 (295 f.); s. auch *BAG* 8. 11. 94, BB 95, 1188 f. zu formalisierten Krankengesprächen; *Siegel/Hochgesand*, Zielvereinbarungen (IG Metall, 2000): insbes. im Rahmen von TV; *Bauer/Diller/Göpfert*, BB 02, 882 (886); *Däubler*, NZA 05, 793 (794); *ders.*, ZIP 04, 2209 ff. zu Zielvereinbarungen und AGB-Kontrolle; hierzu auch *Horcher*, BB 07, 2065 ff.; *Linck/Koch*, FS Bepler, S. 357 (360: Regelungen zum »wer, wann, wie, mit wem«, aber nicht zum Gesprächsinhalt); *Trittin/Fischer*, AuR 06, 261 (262); *Breisig*, Zielvereinbarungen, S. 82, 95 ff. (Eckpunkte und Regelungsbeispiele); *ders.*, Zielvereinbarungen im Fokus, S. 114, 129 ff., 164 ff., 190 ff.; zum Einsichtsrecht des BR in alle Zielvereinbarungen *HessLAG* 24. 11. 15 – 16 TaBV 106/15, juris (Tz. 215 ff.) = zusammenfassende Kommentierung in DB 16, 599 f.; *ArbG München* 10. 11. 10 – 38 BV 257/10, AuR 11, 79 (Ls.).

380 *HessLAG* 6. 2. 12 – 16 Sa 1134/11, juris.

381 *LAG Düsseldorf* 22. 7. 04 – 5 TaBV 38/04, AiB 05, 122 f.; *ArbG Köln* 21. 10. 00, AiB 02, 374 f. m. Anm. *Wolmerath; Däubler*, Das Arbeitsrecht 1, Rn. 960c, HaKo-BetrVG/*Kohte*, Rn. 34; *Esser/Wolmerath*, AiB 00, 388 ff.; *Schrader*, AiB 13, 44 ff.; *LAG Hamburg* 15. 7. 98 – 5 TaBV 4/98, NZA 98, 1245 sieht zu Unrecht in §§ 82 ff. eine abschließende gesetzliche Regelung. Die Einzelheiten des Beschwerdeverfahrens bzw. von Konfliktlösungen werden gerade nicht geregelt, wie auch § 86 zeigt (vgl. *Wolmerath*, AiB 99, 102; *Benecke*, NZA-RR 03, 225, 232); zum Anspruch auf **Schmerzensgeld** vgl. z. B. *BAG* 16. 5. 07 – 8 AZR 709/06, NZA 07, 1154 ff.; 25. 10. 07 – 8 AZR 593/06, NZA 08, 223 ff. sowie § 253 Abs. 2 BGB; vgl. auch *Reim*, AiB 06, 16 ff. zu individuellen Handlungsmöglichkeiten bei Stalking und *Göpfert/Siegrist*, NZA 07, 473 ff. zu Pflichten des AG; zu Gewalt im Betrieb vgl. *Britschgi/Windirsch*, AiB 4/21, S. 10 ff. und 14 ff. mit Eckpunkten für eine BV.

- bei der Verwaltung und Sicherung von betrieblichen **Park- und Abstellmöglichkeiten,**[382] nicht aber für die Einrichtung neuer Parkplätze,[383]
- beim Verbot, im Betrieb bestimmte **Plaketten** zu tragen, unabhängig von seiner sonstigen Zulässigkeit,[384]
- bei der Festlegung der Modalitäten für die **Einsichtnahme in die Personalakte**[385] (vgl. auch § 83 Rn. 15 m. w. N.),
- bei Regelungen des AG im Rahmen eines Polizeieinsatzes im Betrieb,[386]
- bei Regelungen zum **Mitbringen von Haustieren** an den Arbeitsplatz,[387] bei der Anweisung, die Zahl der persönlichen Gegenstände im Büro zu reduzieren (nicht mehr als 10 % der Schreibtischfläche) und mitgebrachte Pflanzen regelmäßig zu pflegen und zu gießen,[388]
- bei Regelungen zum **Radiohören** im Betrieb,[389]
- bei einem **generellen Verbot, TV-, Video- und DVD-Geräte** im Betrieb einschließlich der Sozialräume zu nutzen,[390]
- bei der Einführung von **Stechuhren,**[391]
- bei der Einführung eines Umweltschutz-[392] oder **Sicherheitswettbewerbs,**[393]
- bei einem **Singverbot** im Betrieb,[394]
- bei der Anordnung von **Sicherheitsüberprüfungen,** sofern keine abschließende Regelung i. S. v. verbindlichen Vorgaben ohne Regelungsspielraum vorliegt[395] (vgl. aber auch Rn. 42 ff.; § 94 Rn. 10; § 95 Rn. 9) und der Anweisung des AG an bestimmte AN, sich für Sicherheitsüberprüfungen Fingerabdrücke nehmen zu lassen,[396]
- bei Regelungen zur **Nutzung der Telefonanlage/betrieblicher Mobiltelefone/Smartphones,**[397] wie auch beim Verbot der Nutzung privater Mobiltelefone zu Privatgesprächen

---

382 *BAG* 5.3.59, AP Nr. 26 zu § 611 BGB Fürsorgepflicht; 7.2.12 – 1 ABR 63/10, juris = NZA 12, 685 (686); *LAG Hamm* 11.6.86, NZA 87, 35; ErfK-*Kania,* Rn. 19; *Waas,* Ordnung des Betriebs, S. 91; *Fitting,* Rn. 72; GK-*Wiese,* Rn. 231 ff.; HWGNRH-*Worzalla,* Rn. 140; vgl. auch *LAG Köln* 12.5.10 – 8 TaBV 4/10, NZA-RR 11, 26 (28), wonach die individuelle Zuweisung von Parkplätzen an Beschäftigte aus einem zuvor abstrakt als berechtigt festgelegtem Personenkreis der Mitbestimmung unterliegt.

383 *LAG Baden-Württemberg* 4.11.86, NZA 87, 428; *LAG Köln* 12.5.10 – 8 TaBV 4/10, NZA-RR 11, 26 (27); *Fitting,* Rn. 72; zur Frage des Abschleppens ordnungswidrig abgestellter Fahrzeuge vgl. *LAG Frankfurt* 15.1.79, DB 79, 1851; *LAG Düsseldorf* 25.1.89, DB 89, 1878 f.; GK-*Wiese,* Rn. 235.

384 *LAG Berlin* 21.12.87 – 5 Sa 119/87; *Buschmann/Grimberg,* AuR 89, 65 (77); HWGNRH-*Worzalla,* Rn. 140.

385 *LAG Saarland* 30.1.74 – 1 SaBV 14/73, AuR 74, 217 (Ls.); GK-*Wiese,* Rn. 239; *SWS,* Rn. 44b. und auch § 83 Rn. 7 m. w. N.

386 Vgl. auch *BAG* 17.8.82, AP Nr. 5 zu § 87 BetrVG 1972 Ordnung des Betriebes; HWGNRH-*Worzalla,* Rn. 140.

387 Vgl. auch *Berger,* AiB 7–8/23, S. 31 ff. und *LAG Rheinland-Pfalz* 8.9.22 – 2 Sa 490/21, NZA-RR 23, 389 mit Anm. v. *Ledwon/Sura* zum Weisungsrecht des AG in diesem Fall.

388 *LAG Nürnberg* 14.12.16 – 4 TaBV 38/16, juris; als Vorinstanz *ArbG Würzburg* 8.6.16 – 12 BV 25/15, AuR 16, 475 (Ls.) = AiB 12/16, S. 58 f. in einer Anm. von *Krämer*; GK-*Wiese,* Rn. 239; Schaub-*Ahrendt,* § 235 Rn. 32; *Schönhöft/Einfeldt,* NZA 22, 92 (93).

389 *BAG* 14.1.86, AP Nr. 10 zu § 87 BetrVG 1972 Ordnung des Betriebes; GK-*Wiese,* Rn. 230; Richardi-*Richardi/Maschmann,* Rn. 191; *Waas,* Ordnung des Betriebs, S. 87; a. A. HWGNRH-*Worzalla,* Rn. 141.

390 *LAG Köln* 12.4.06 – 7 TaBV 68/05, NZA-RR 07, 80 f.; 18.8.10 – 3 TaBV 15/10, NZA-RR 11, 85 (87 zu MP 3-Playern); *Fitting,* Rn. 72; a. A. HWGNRH-*Worzalla,* Rn. 141.

391 Richardi-*Richardi/Maschmann,* Rn. 186.

392 *Däubler,* Klimaschutz, S. 59.

393 *BAG,* 24.3.81, AP Nr. 2 zu § 87 BetrVG 1972 Arbeitssicherheit; *GL,* Rn 59b; HWGNRH-*Worzalla,* Rn. 125.

394 *Däubler,* Das Arbeitsrecht 1, Rn. 960a; *GL,* Rn. 59a; *Waas,* Ordnung des Betriebs, S. 87; HWGNRH-*Worzalla,* Rn. 140.

395 Vgl. *BAG* 9.7.91 – 1 ABR 57/90, DB 92, 143.

396 *LAG Rheinland-Pfalz* 8.3.91 – 6 TaBV 48/90, PersR 91, 383 f.; HWGNRH-*Worzalla,* Rn. 140.

397 Vgl. *Waas,* Ordnung des Betriebs, S. 82 f.; *Fischer,* FS Bartenbach, S. 543 (554 f.): Mitbestimmung bei Regelungen und auch generellen Verboten; *Göpfert/Wilke,* NZA 12, 765 (770); *Isenhardt,* DB 16, 1499 (1501); Schaub-*Ahrendt,* § 235 Rn. 32; *ArbG Kaiserslautern* 11.10.07 – 8 BV 52/07 – (im Verfahren gemäß § 100 ArbGG); a. A. *LAG Rheinland-Pfalz* – 6 TaBV 33/09, RDV, 10, 235 (Handyverbot im

während der Arbeitszeit,[398] weil auch dies, wie beim Radiohören, nicht immer die Erbringung der Arbeitsleistung ausschließt und andere AN stören kann. Nach Auffassung des *BAG* soll kein Mitbestimmungsrecht bestehen, wenn der AG bei der **Ausgabe von mobilen Arbeitsmittel** gegenüber den AN klarstellt, dass hiermit nicht die Erwartung verbunden ist, diese in der Freizeit für dienstliche Zwecke zu nutzen.[399] Dem ist zu folgen, da sich auch ein entsprechendes Verbot unmittelbar und ausschließlich auf das Arbeitsverhalten richten würde.

- bei Regelungen zur Nutzung von **PC mit Internetzugang** und von Cloud Computing – Anwendungen (z. B. zur Passwort-Verwendung)[400] bzw. allgemein zur Nutzung der **elektronischen Kommunikationsmittel** für grundsätzlich vom AG gestattete private Zwecke,[401] wie auch bei Richtlinien, soweit individualrechtlich zulässig, für den Umgang mit den **sozialen Medien** (Facebook, Myspace, Twitter u. a.), auch **firmeninternen sozialen Netzwerken,** die teilweise auch, nicht nur, als Arbeitsmittel eingesetzt werden,[402] **Internet-Foren** und **Blogs** (vgl. auch Rn. 201),[403]
- bei Richtlinien für die dienstliche Nutzung privater Geräte wie Smartphones, Tablet-PCs oder Notebooks (**»Bring your own device«, BYOD,** hierzu die Checkliste bei DKWF-*Klebe/Heilmann*, § 87 Rn. 39),[404]
- bei **IT-Sicherheitsrichtlinien,** da diese i. d. R., wie z. B. bei der Verpflichtung, das **Passwort geheimzuhalten,** nicht unmittelbar die Arbeitspflicht konkretisieren,
- bei Anweisungen an die Beschäftigten, einen bestimmten Meldeweg bei Verletzung des **Datenschutzes** nach der DSGVO einzuhalten und während der Feststellung und Behebung der Verletzung kurzfristig erreichbar zu sein,[405]
- beim Einsatz von sog. **Testkäufern,** die im Betrieb anonym Käufe tätigen, um dann dem AG Bericht über das Verhalten des Verkaufspersonals zu erstatten,[406]

Altenpflegeheim); *ArbG Celle* 11.12.02 – 2 BV 4/02, LAGE § 87 BetrVG 2001 Nr. 1; HWGNRH-*Worzalla*, Rn. 142.

398 *ArbG München*18.11.15 – 9 BVGa 52/15, juris (Tz. 35 ff.) = AuR 16, 39 (Ls.); a. A. *LAG Nds.* 13.10.22 – 3 TaBV 24/22, juris Tz. 30 ff; = NZA-RR 23, 166 mit Anm. v. *Fuhlrott*; *HessLAG* 16.7.20- 5 TaBV 178/19, juris Tz. 23 ff.; ErfK-*Kania*, Rn. 19.

399 22.8.17 – 1 ABR 52/14, NZA 18, 50 (53 Tz. 25); zustimmend Kort, NZA 18, 1097 (1102 f.).

400 Hilber-*Hexel*, Teil 5 Rn. 84; vgl. auch *Stroheker*, CuA 10/19, S. 25 ff.

401 *LAG Hamm* 7.4.06 – 10 TaBV 1/06, NZA-RR 07, 20 (210) (nicht aber bei der Untersagung privater Nutzung); ebenso *HessLAG* 16.7.20 – 5 TaBV 178/19, BB 21, 121 (122) = jurisPR-ArbR 2/21 Nr. 5 Anm. v. *Pohl* = CuA 5/21, S. 34 f. mit kritischer Anm. v. *Wedde*; *Waas*, Ordnung des Betriebs, S. 82 f.; *Däubler*, Das Arbeitsrecht 1, Rn. 960c; ErfK-*Kania*, Rn. 19; HWK-*Clemenz*, Rn. 63; *Buschbaum/Rosak*, DB 14, 2530 (2533); GK-*Wiese*, Rn. 198 f. (mit Einschränkungen: Mitbestimmung bei der Festlegung von Ordnungsvorschriften); Richardi-*Richardi/Maschmann*, Rn. 188; *Isenhardt*, DB 16, 1499 (1501); vgl. auch *LAG Nürnberg* 29.1.87, NZA 87, 572 und *Wedde*, CR 95, 41 ff.

402 *Däubler*, Gläserne Belegschaften, Rn. 836b; *Wedde*, CuA 4/15, S. 4 (7); *Waas*, Ordnung des Betriebs, S. 83; Richardi-*Richardi/Maschmann*, Rn. 198; *Tödtmann/Kaufmann*, DB 23, 258 (261 Fn. 49) beim Thema Corporate Influencer; zu eng *Gutzeit*; NZA 21, 301 (302 f.).

403 *Fitting*, Rn. 72; GK-*Wiese*, Rn. 239; ErfK-*Kania*, Rn. 19; *Däubler*, Digitalisierung, § 4 Rn. 19 f.; *Hinrichs/Schiebaum*, CuA 10/12, S. 5 ff. (insbes. S. 10); *Beauregard/Gleich*, DB 12, 2044 (2047); *Ruhland*, CuA 1/12, S. 12 ff.; *Borsutsky*, NZA 13, 647 (649 f.); *Leist/Koschker*, BB 13, 2229 ff.

404 *Waas*, Ordnung des Betriebs, S. 92; *Däubler*, Digitalisierung, § 3 Rn. 10; *Fitting*, Rn. 72; GK-*Wiese*, Rn. 239; NK-GA/*Schwarze*, Rn. 72; Schaub-*Ahrendt*, § 235 Rn. 32; *Franck*, RDV 13, 185 (188); *Arning/Moos*, DB 13, 2607 ff.; *Pollert*, NZA-Beilage 4/14, 152 (154); *Thannheiser*, AiB 7–8/18, S. 47 (49); zu anderen rechtlichen Fragen wie Datenschutz und Haftung insbes. *Däubler*, Digitalisierung, § 3 Rn. 12 ff.; *Thannheiser*, AiB 3/14, S. 19 ff.; *Giese*, AiB 3/14, S. 30 ff.; *Söbbing*, RDV13, 77 ff.; *Kascherus/Pröpper*, BB 21, 756 ff.; vgl. auch **Rn. 201** und **§ 90 Rn. 9.**.

405 *LAG Schleswig-Holstein* 6.8.19 – 2 TaBV 9/19, NZA-RR 19, 647 (649 f. Tz. 42 ff.) mit Anm. v. *Böhm/Brams*; ErfK-*Kania*, Rn. 21; Hako-BetrVG-*Kohte*, Rn. 32; Richardi-*Richardi/Maschmann*, Rn. 198.

406 *Waas*, Ordnung des Betriebs, S. 88 f., wenn eine Leistungsoptimierung angestrebt wird; a. A. GK-*Wiese*, Rn. 239; *Deckers/Deckers*, NZA 04, 139 ff.; ebenso. *BAG* 13.3.01 – 1 ABR 34/00, EzA § 99 BetrVG 1972 Einstellung Nr. 8, allerdings zu **§ 99;** *LAG Nürnberg* 10.10.06 – 6 TaBV 16/06, NZA-RR 07, 136 (140).

- bei der Einführung von **Tor-/Taschenkontrollen**[407] (DKWF-*Klebe/Heilmann*, § 87 Rn. 8: Mustervereinbarung Tor-, Taschen- und Schrankkontrollen, sowie auch Rn. 9 »Zeiterfassung und Zugangskontrolle«),
- beim Anbringen einer Kameraattrappe,[408] jedenfalls wenn für die Beschäftigten die Einrichtung nicht als Attrappe erkennbar ist, weil sie auch dann vergleichbar einer nicht erkennbar ausgeschalteten Kamera das Verhalten steuern kann und soll
- und bei **Regelungen über das Betreten und Verlassen des Betriebs.**[409] Das *BAG*[410] lehnt zu Unrecht das Mitbestimmungsrecht für den Sonderfall eines **Zugangssicherungssystems** mit codierten Ausweiskarten nach dem »Schlüsselprinzip« ab, obwohl auch hier das Verhalten der AN im Betrieb geregelt wird. Es wird z. B. geregelt, dass sie die Karte ständig bei sich zu tragen und sorgfältig aufzubewahren haben.[411]

Mitbestimmungspflichtig ist auch 68

- die Anordnung, **Privatgeld,** private Taschen und Privatportemonnaies nicht mit an den Arbeitsplatz zu nehmen und **Trinkgelder** separat aufzubewahren,[412]
- die arbeitgeberseitige Einführung eines **Überstundennachweises für die AN,** und zwar unabhängig davon, ob die AN ausdrücklich verpflichtet werden, das Formular zu benutzen;[413] für das Mitbestimmungsrecht muss es gleichgültig sein, ob, wie in den Sachverhalten, die den Entscheidungen des *BAG* zugrunde lagen, die Anwendung des Formulars faktisch oder auch rechtlich verbindlich ist;[414]
- die Festlegung der **Umgangssprache** auf Deutsch oder Englisch im Betrieb.[415]
- Das *LAG Nürnberg*[416] geht in diesem Zusammenhang davon aus, dass der BR keinen Anspruch darauf hat, dass AG-Vertreter mit ihm deutsch reden, wenn eine Übersetzung gewährleistet ist. Je nach Sachverhalt stellt sich dann aber die Frage, ob dies wirklich eine

---

407 *BAG* 26.5.88, AP Nr. 14 zu § 87 BetrVG 1972 Ordnung des Betriebes; 12.8.99 – 2 AZR 923/98, DB 00, 48 (49); 27.1.04 – 1 ABR 7/03, NZA 04, 556 (557 f. für ein **biometrisches Zugangskontrollsystem**); 13.12.07 – 2 AZR 537/06, NJW 08, 2732 (2733); *BAG* 9.7.13 – 1 ABR 2/13(A), NZA 13, 1433 (1435 f.) und *BAG* 15.4.14 – 1 ABR 2/13, NZA 14, 551 (555 ff.), die beiden letzteren insbes. zur Einhaltung der Persönlichkeitsrechte gem. § 75 Abs. 2; *HessLAG* 10.8.11 – 8 Sa 1945/10, juris; GK-*Wiese*, Rn. 222; zu Regelungen und Zulässigkeitsgrenzen *Seefried*, AiB 99, 428 ff.; vgl. auch *Bussen*, NZA 10, 254 ff. zur Vereinbarkeit von vorbeugenden Torkontrollen mit dem BDSG a. F. und Richardi-*Richardi/Maschmann*, Rn. 186a f.

408 A. A. zu Unrecht *LAG Mecklenburg-Vorpommern* 12.11.14 – 3 TaBV 5/14, NZA-RR 15, 196 (197), das keine konkreten Mitgestaltungsmöglichkeiten für den BR sieht und auch deshalb annimmt, dass das Mitbestimmungsrecht sofort erkennbar ausscheidet. Diese Annahme ist schon deshalb unrichtig, weil sich der BR gegen die Anbringung aussprechen könnte; dem *LAG* zustimmend *Lang/Lachenmann*, NZA 15, 591 (592, 594); **wie hier** NK-GA/*Schwarze*, Rn. 69; *Kort*, ZD 16, 3 (5); *Ahmed/Volck*, AuR 19, 407 (409 Fn. 33 zu § 87 Abs. 1 Nr. 6); Richardi-*Maschmann*, Rn. 514; vgl. mit ähnlicher Richtung auch *LAG Thüringen* 14.6.12 – 3 TaBV 2/12, AuR 12, 414 (Ls.) im Verfahren nach § 100 ArbGG.

409 *BAG* 27.1.04 – 1 ABR 7/03, NZA 04, 556 (557); *Waas*, Ordnung des Betriebs, S. 91; *HessLAG* 8.2.21 – 16 TaBV 185/20, juris Tz. 33 lehnt zu Unrecht ein Mitbestimmungsrecht ab, wenn AG den Zugang zum Betrieb und seinen Zeitpunkt regelt = jurisPR-ArbR 16/21 Nr. 3 mit ablehnender Anm. v. *Fischer*.

410 10.4.84, AP Nr. 7 zu § 87 BetrVG 1972 Ordnung des Betriebes; zustimmend *Fitting*, Rn. 72 und GK-*Wiese*, Rn. 183.

411 *GL*, Rn. 65a; LKK-*Dahm*, Rn. 43; *Schneider*, AiB 84, 142 (143); vgl. auch *LAG Baden-Württemberg* 16.10.91 – 12 TaBV 10/91, NZA 92, 186 (187 f.), das in einem vergleichbaren Fall keine offensichtliche Unzuständigkeit der ESt. annimmt.

412 *HessLAG* 15.1.04, NZA-RR 04, 411 f.; LKK-*Dahm*, Rn. 41; Richardi-*Richardi/Maschmann*, Rn. 187.

413 *Pfarr*, Anm. zu AP Nr. 2 zu § 87 BetrVG 1972 Ordnung des Betriebes; *Wohlgemuth*, AuR 82, 40; **a. A.** *BAG* 9.12.80, AP Nr. 2 zu § 87 BetrVG 1972 Ordnung des Betriebes; 4.8.81, AP Nr. 1 zu § 87 BetrVG 1972 Tarifvorrang; *Fitting*, Rn. 73.

414 Vgl. im Übrigen auch *BAG* 24.3.81, AP Nr. 2 zu § 87 BetrVG 1972 Arbeitssicherheit.

415 *LAG Köln*, 9.3.09 – 5 TaBV 114/08 (im Verfahren gem. § 100 ArbGG); *LAG Frankfurt* 22.10.91 – 4 TaBV 92/91 und die Vorinstanz *ArbG Marburg* 3.6.91, AiB 92, 48; ErfK-*Kania*, Rn. 198; *Diller/Powietzka*, DB 00, 718 (721); *Gutmann*, AuR 08, 81 ff. (unter 4.5); LKK-*Dahm*, Rn. 50; a. A. Schaub-*Ahrendt*, § 235 Rn. 33.

416 18.6.20 – 1 TaBV 33/19, NZA-RR 20, 528 (530 f. Tz. 43 ff.) mit Anm. *v. Herbert*.

gleichwertige Kommunikation darstellt, ob nicht § 78 verletzt ist.[417] Da es in dem Verfahren keine allgemeine Anweisung zur Benutzung einer Sprache war, scheidet das Mitbestimmungsrecht aus. Allerdings könnte der BR mit seinem Initiativrecht eine für ihn sinnvolle Regelung erreichen.

Das Mitbestimmungsrecht besteht weiter für

- die **Regelung des Warenhandels im Betrieb,**[418]
- die Herausgabe von **Werbegeschenken,**[419]
- die Gründung wie auch Tätigkeit des **Werkschutzes,** wenn dieser, wie üblich, auch das Verhalten der AN/die Ordnung des Betriebes kontrolliert,[420]
- die Einführung von **Zeitstemplern** i. V. m. Arbeitskarten, um die Abweichung von Vorgabezeiten festzustellen,[421]
- die Eintragung von Vorgabezeiten in Zeitlohnkarten,[422]
- jede Regelung über den **Aufenthalt im Betrieb** außerhalb der Arbeitszeit,[423]
- der **Aushang eines sog. »Personalplaners«,** aus dem für eine Gruppe von AN für ein Jahr festgestellt werden kann, wer wann anwesend, beurlaubt, krank oder in Freischicht ist.[424]

e) Betriebsbußen

69 Obwohl Betriebsbußen **nicht ausdrücklich gesetzlich geregelt** sind, werden sie unter bestimmten Voraussetzungen als zulässig angesehen.[425] Hiergegen bestehen jedoch erhebliche Bedenken, da eine **ausreichende Rechtsgrundlage nicht ersichtlich** ist.[426]

70 Als Bußen können, hält man sie für zulässig, **Verwarnungen, Verweise** oder **Missbilligungen** in Betracht kommen. Auch der **Entzug von Vergünstigungen** (z. B. ermäßigte Flugscheine) kann eine Betriebsbuße sein, wenn es sich um eine Reaktion auf Verstöße gegen die betriebliche Ordnung oder gegen nach Nr. 1 begründete Verhaltenspflichten handelt.[427] Eine **Bearbeitungsgebühr** für **Entgeltpfändungen** stellt keine Betriebsbuße, sondern eine Kostenerstattung dar[428] (vgl. auch Rn. 66). Die **Entlassung** eines AN ist **keine zulässige Betriebsbuße.** Auch **Rückgruppierung** oder **Versetzung** scheiden wegen des zwingenden Kündigungsschutzrechts aus.[429] Soweit **Geldbußen** als zulässig angesehen werden, dürfen diese einen **Tagesverdienst** nicht überschreiten.[430] Den Geldbetrag kann nicht der AG für sich beanspruchen. Er muss entweder

---

417 Vgl. auch *Gutmann*, AuR 08, 81 ff. (unter 4.4).

418 *Fitting*, Rn. 72; GK-*Wiese*, Rn. 239.

419 *LAG Köln* 20.6.84, DB 84, 2202, *LAG Düsseldorf* 14.11.05 – 10 TaBV 46/05, NZA-RR 06, 81 (85 f.); HWK-*Clemenz*, Rn. 63; *Kort*, FS Buchner, S. 477 (488); a. A. GK-*Wiese*, Rn. 239; HWGNRH-*Worzalla*, Rn. 141.

420 *Fitting*, Rn. 73; MünchArbR-*Matthes*, § 243 Rn. 8 m. w. N.; a. A. GK-*Wiese*, Rn. 200 (vgl. aber auch Rn. 202: Mitbestimmungsrecht hinsichtlich Duldungs- und Mitwirkungspflichten); HWGNRH-*Worzalla*, Rn. 142.

421 *LAG Düsseldorf* 21.11.78, DB 79, 459.

422 *LAG Düsseldorf* 21.8.80 – 25/19 TaBV 6/79, AuR 81, 322, Ls.

423 GK-*Wiese*, Rn. 239.

424 *ArbG Wetzlar* 4.3.88 – 1 BV 12/87.

425 *BAG* 12.9.67, AP Nr. 1 zu § 56 BetrVG Betriebsbuße; 30.1.79, AP Nr. 2 zu § 87 BetrVG 1972 Betriebsbuße; 17.10.89, DB 90, 483 (484); *Fitting*, Rn. 78 ff. m. w. N.; *Rescher*, Das Personalbüro, Betriebskriminalität, Gruppe 22, S. 45 ff. mit einem Überblick zur Art der Verstöße und der Betriebsbußen.

426 Vgl. *LAG Niedersachsen* 13.3.81, DB 81, 1985 f.; HaKo-BetrVG/*Kohte*, Rn. 39; Richardi-*Richardi/Maschmann*, Rn. 217 ff.; WPK-*Bender*, Rn. 45; *Michaelis/Oberhofer/Rose*, JbArbR Bd. 19 (1981), S. 19 ff.; *Preis*, DB 90, 685 (686); krit. zur h. M. auch *Walker*, FS Kissel, S. 1205 ff., der jedenfalls eine einzelvertragliche Unterwerfung der AN **und,** falls ein BR existiert, eine entsprechende BV als Voraussetzung fordert; zweifelnd auch *BAG* 22.10.85, AP Nr. 18 zu § 87 BetrVG 1972 Lohngestaltung; 5.2.86, DB 86, 1979.

427 *BAG* 22.10.85, AP Nr. 18 zu § 87 BetrVG 1972 Lohngestaltung; *Fitting*, Rn. 84; a. A. GK-*Wiese*, Rn. 270; HWGNRH-*Worzalla*, Rn. 159.

428 *BAG* 18.7.06 – 1 AZR 578/05, DB 07, 227 (228).

429 *BAG* 28.4.82, AP Nr. 3 zu § 87 BetrVG 1972 Betriebsbuße; *Fitting*, Rn. 85; GK-*Wiese*, Rn. 268 ff.; Richardi-*Richardi/Maschmann*, Rn. 249 ff.

430 *Fitting*, Rn. 84.

einer betrieblichen Sozialeinrichtung zukommen oder sonstigen sozialen Zwecken zugeführt werden.[431] Eine **Anprangerung** des AN – gleich welcher Art die Buße auch sein mag – z. B. durch Namensnennung am »**schwarzen Brett**« oder auf sonstige Weise ist unzulässig.[432]

Betriebsbußen dürfen nur verhängt werden, wenn durch eine Vereinbarung zwischen AG und BR zuvor eine **Betriebs-Bußordnung** im Rahmen einer BV geschaffen worden ist.[433] Die Betriebs-Bußordnung muss den formellen Voraussetzungen des § 77 Abs. 2 entsprechen und im Betrieb bekannt gemacht worden sein. Es genügt der Aushang am »schwarzen Brett«. **71**

In der Betriebs-Bußordnung müssen im Einzelnen die **Tatbestände eindeutig** aufgeführt sein, die zur Verhängung einer Buße berechtigen. Darüber hinaus müssen die zulässigen **Bußen** selbst **bestimmt** sein.[434] Sind auch Geldbußen vorgesehen, ist die Höhe zu bestimmen sowie der Verwendungszweck. **72**

Das zur Verhängung einer Betriebsbuße führende **Verfahren** muss **rechtsstaatlichen Grundsätzen** entsprechen und in der Betriebs-Bußordnung selbst geregelt sein. Aus Zweckmäßigkeit dürfte es angebracht sein, das Verfahren vor einem **Ausschuss** durchzuführen, der **paritätisch** aus Vertretern des AG und des BR zusammengesetzt ist.[435] Es sollte auch von vornherein bestimmt werden, dass die Entscheidung schriftlich abzufassen ist,[436] um eine evtl. Nachprüfung durch das ArbG nicht unnötig zu erschweren. **73**

Im durchzuführenden Bußverfahren muss dem betroffenen AN **rechtliches Gehör** gewährt werden. Weiterhin ist eine **Vertretung** zuzulassen. Wer als Vertreter in Frage kommt, ist dem AN zu überlassen. Er kann dazu einen AN des Betriebs, ein BR-Mitglied, aber auch einen Gewerkschaftsvertreter oder einen Rechtsanwalt bestimmen.[437] **74**

Es muss sichergestellt sein, dass der BR bei der Verhängung einer **jeden einzelnen Buße** mitbestimmt.[438] **75**

Die ArbG sind befugt, alle mit der Verhängung einer Betriebsbuße zusammenhängenden Fragen in vollem Umfang nachzuprüfen.[439] Das **Nachprüfungsrecht** bezieht sich insbesondere auch auf das **durchgeführte Verfahren** und darauf, ob die im Einzelfall verhängte **Buße angemessen** ist.[440] **76**

Fehlt es an einer Betriebs-Bußordnung, ist es dem **AG nicht gestattet, einseitig Betriebsbußen zu verhängen.** Das gilt selbst dann, wenn ein BR besteht und dieser der Buße zustimmt. Voraussetzung ist in jedem Fall das Bestehen einer Bußordnung und der Ablauf des darin vorgesehenen rechtsstaatlichen Verfahrens.[441] **77**

Die Betriebsbuße ist eine Sanktion bei **Verstößen** des AN gegen die **kollektive betriebliche Ordnung.** Sie soll aber auch dann verhängt werden können, wenn der Verstoß gegen die betriebliche Ordnung gleichzeitig einen strafrechtlichen Tatbestand erfüllt. Die Betriebsbuße schließe die staatliche Strafe nicht aus, da es sich hier um unterschiedliche Ebenen handele.[442] **78**

Nicht als Betriebsbußen sind die vom AG einseitig ausgesprochenen **Verweise, Ermahnungen** oder **Abmahnungen** anzusehen, die allein deshalb erfolgen, weil der AN gegen seine **arbeitsvertraglichen Verpflichtungen** verstoßen hat, ohne dass Auswirkungen auf die kollektive betriebliche Ordnung ersichtlich sind.[443] Eine Betriebsbuße (Verwarnung/Verweis) setzt nach der **79**

---

431 GK-*Wiese*, Rn. 273; a. A. Richardi-*Richardi/Maschmann*, Rn. 242 m. w. N

432 Vgl. GK-*Wiese*, Rn. 272; Richardi-*Richardi/Maschmann*, Rn. 255.

433 H. M., vgl. z. B. *Fitting*, Rn. 78 m. w. N.; *LAG Mecklenburg-Vorpommern* 21.9.21 – 2 TaBV 1/21, juris (Tz. 31 f.).

434 Geldbuße, Verweis u. Ä.; vgl. z. B. *BAG* 17.10.89, DB 90, 483 (484).

435 *Fitting*, Rn. 87.

436 Vgl. *Fitting*, Rn. 87.

437 Vgl. auch *Däubler*, Das Arbeitsrecht 2, Rn. 706.

438 *BAG* 5.12.75, AP Nr. 1 zu § 87 BetrVG 1972 Betriebsbuße; 17.10.89, DB 90, 483 f.; *Fitting*, Rn. 80; *GL*, Rn. 229; **a. A.** HWGNRH-*Worzalla*, Rn. 174; vgl. zum Verfahren insgesamt *BAG* 12.9.67, AP Nr. 1 zu § 56 BetrVG Betriebsbuße; GK-*Wiese*, Rn. 266 ff. m. w. N.; Richardi-*Richardi/Maschmann*, Rn. 225 ff., 243 f.

439 Vgl. GK-*Wiese*, Rn. 278; Richardi-*Richardi/Maschmann*, Rn. 248.

440 *BAG* 12.9.67, AP Nr. 1 zu § 56 BetrVG Betriebsbuße.

441 Vgl. *BAG* 17.10.89, DB 90, 483 f.

442 *Fitting*, Rn. 83; zu Recht zweifelnd *WW*, Rn. 24.

443 *BAG* 5.12.75, AP Nr. 1 zu § 87 BetrVG 1972 Betriebsbuße; 17.3.88, NZA 89, 261 (264); vgl. dazu auch *Walker*, NZA 95, 601 ff.; *Schaub*, NZA 97, 1185 ff.

Rspr. des *BAG*[444] einen **Verstoß gegen die betriebliche Ordnung (kollektiver Bezug)** und das Verfolgen eines über die Warnung (vor der Kündigung) hinausgehenden **Sanktionszwecks** voraus. Dieser ist jedenfalls gegeben, wenn eine Rüge faktisch zu **einer Beförderungssperre** führt.[445] In der Praxis treten immer wieder Schwierigkeiten auf, weil im Einzelfall häufig nicht eindeutig festgestellt werden kann, ob es sich um eine mitbestimmungspflichtige Betriebsbuße handelt oder um eine mitbestimmungsfreie Abmahnung. Ist in dem zu tadelnden Verhalten des AN sowohl eine Verletzung seiner arbeitsvertraglichen Pflichten als auch ein Verstoß gegen die betriebliche Ordnung zu sehen, ist die beabsichtigte Maßnahme des AG **entgegen** *BAG* und h. M. stets mitbestimmungspflichtig.[446] Der AG kann sich dann nicht darauf berufen, lediglich die Verletzung arbeitsvertraglicher Pflichten des AN rügen zu wollen. Seine Erklärung ist vielmehr auszulegen. Dabei ist nicht die gewählte Bezeichnung,[447] sondern der **objektive Erklärungswert** entscheidend. Dieser muss anhand der **Gesamtumstände** ermittelt werden. Hierzu zählt auch der konkrete Anlass der Rüge. Erhält also z. B. ein AN eine Rüge wegen »Versäumung der Arbeitszeit«, so kann der AG den durch die Ursache hierfür (z. B. Radiohören) gegebenen kollektiven Bezug nicht dadurch beseitigen, dass er sich auf die Verletzung des Arbeitsvertrages beschränkt.[448] Er spricht vielmehr, sofern dies überhaupt zulässig (vgl. Rn. 67) ist, eine Verwarnung (Betriebsbuße) aus.

80 Verletzt ein **BR-Mitglied** lediglich seine **betriebsverfassungsrechtlichen Pflichten,** so ist das der Verletzung **arbeitsvertraglicher Pflichten** nicht gleichzusetzen. Dem AG ist es deshalb verwehrt, dem BR-Mitglied einen Verweis zu erteilen oder eine Betriebsbuße auszusprechen. Er kann nur nach **§ 23 Abs. 1** vorgehen.[449] Ist das Verhalten des BR-Mitglieds auch als ein Verstoß gegen die kollektive Ordnung des Betriebs zu werten, soll ein Verweis erteilt werden können, wenn eine Betriebs-Bußordnung vorliegt und der BR der Erteilung ausdrücklich zustimmt.[450] Dabei sieht das *BAG*[451] z. B. die Teilnahme an einer nicht erforderlichen Schulung gemäß § 37 Abs. 6 oder die fehlende Abmeldung zur BR-Tätigkeit auch als arbeitsvertragliche Pflichtverletzung an. Es definiert damit den Begriff der **ausschließlichen Amtspflichtverletzung** zu eng. In diesem Sinne wird jede Amtspflichtverletzung auch eine Verletzung des Arbeitsvertrags sein, was umgekehrt aber nicht der Fall ist. Das *BAG* verkennt, dass sich beide Vorwürfe auf Pflichtverletzungen beziehen, die nur ein BR-Mitglied begehen kann.[452] Darüber hinaus wird es der Situation von BR-Mitgliedern nicht gerecht, die in besonderer Weise exponiert sind.[453] Hiermit ist es nicht vereinbar, dass so gut wie jede Amtshandlung als Verletzung des Arbeitsvertrags abmahnungsfähig/verweisfähig ist und das BR-Mitglied mit dem Risiko der Fehleinschätzung belastet wird. Eine solche Benachteiligung wegen der BR-Tätigkeit verstößt gegen **§ 78 Satz 2.**[454] Zudem bietet § 23 Abs. 1 dem AG ausreichenden Schutz. Folgt man der hier vertretenen Auffassung nicht, so wird man § 23 Abs. 1 als ausschließliche Reaktion sehen müssen, wenn der Vorwurf **auch** eine Amtspflichtverletzung betrifft, zumindest aber, wenn diese gegenüber der Arbeitsvertragsverletzung im Vordergrund steht (vgl. auch § 23 Rn. 80 ff.; 86 ff.).

---

444 30. 1. 79, 7. 11. 79, 19. 7. 83, AP Nrn. 2, 3, 5 zu § 87 BetrVG 1972 Betriebsbuße.

445 *BAG* 17. 10. 89, DB 90, 483 ff.

446 *WW*, Rn. 25; **a. A.** *BAG* 30. 1. 79, 7. 11. 79, 19. 7. 83, AP Nrn. 2, 3, 5 zu § 87 BetrVG 1972 Betriebsbuße; 15. 7. 92 – 7 AZR 466/91, DB 93, 438: Der AG hat ein Wahlrecht, ob er eine Abmahnung oder Betriebsbuße aussprechen will; vgl. auch *Raab*, NZA 93, 193 (202) einerseits, aber a. a. O., 203 andererseits.

447 *Fitting*, Rn. 80; GK-*Wiese*, Rn. 259.

448 Vgl. *Fischer/Klebe*, BlStSozArbR 78, 212, (215); *Däubler*, Das Arbeitsrecht 2, Rn. 710 ff.; vgl. auch *LAG Hamm* 17. 2. 12 – 10 TaBV 63/11, BB 12, 2124 mit Anm. v. *Weller*; **a. A.** *BAG* 6. 8. 81, AP Nrn. 39, 40 zu § 37 BetrVG 1972; 15. 7. 92 – 7 AZR 466/91, DB 93, 438; GK-*Wiese*, Rn. 261.

449 *BAG* 15. 7. 92 – 7 AZR 466/91, DB 93, 438 f.; 31. 8. 94 – 7 AZR 893/93, NZA 95, 225 (227); 9. 9. 15 – 7 ABR 69/13, NZA 16, 57 (60 Tz. 41); *Fitting*, Rn. 81; HWGNRH-*Worzalla*, Rn. 155 und *Schleusener*, NZA 01, 640 ff. zu betriebsverfassungsrechtlichen »Abmahnungen«; hierzu auch *LAG Nürnberg* 11. 3. 21 – 1 TaBV 24/20, juris=DB 21, 2833 mit Anm. v. *Frahm*.

450 *BAG* 5. 12. 75, AP Nr. 1 zu § 87 BetrVG 1972 Betriebsbuße; vgl. auch *BAG* 6. 8. 81, BB 82, 675.

451 A. a. O.

452 Vgl. *Kittner*, Anm. zu *BAG* 15. 7. 92, EzA § 611 BGB Abmahnung Nr. 26, S. 8; so für die Abmeldung zur BR-Arbeit ohne Begründung *LAG Bremen* 6. 1. 95 – 4 Sa 180/94, NZA 95, 964 ff.

453 Vgl. auch *Grimberg*, AiB 94, 503.

454 *Däubler*, Anm. zu *BAG* 31. 8. 94 – 7 AZR 893/93, AiB 95, 294 f.; *Kittner*, a. a. O.

2. Beginn und Ende der täglichen Arbeitszeit, Verteilung der Arbeitszeit auf die Wochentage, Pausen (Nr. 2)

a) Voraussetzungen des Mitbestimmungsrechts

aa) Arbeitszeit und gesetzliche/tarifliche Regelungen

Gem. § 2 Abs. 1 ArbZG ist **Arbeitszeit** die Zeit vom Beginn bis zum Ende der Arbeit ohne die Ruhepausen. Dies ist nicht nur die Zeit, die von der Arbeitsleistung ausgefüllt wird, sondern vielmehr diejenige, in der der AN dem AG seine Arbeitskraft zur Verfügung stellt.[455] Sie beinhaltet auch Zeiten der **Arbeitsbereitschaft** und **Bereitschaftsdienste.**[456] Der Begriff der Arbeitszeit i. S. v. Nr. 2 und 3 umfasst diese Definition, geht aber bei der Rufbereitschaft (vgl. auch Rn. 103),[457] die arbeitszeitrechtlich keine Arbeitszeit ist, wegen des **Zwecks des Mitbestimmungsrechts** weiter.[458] Dieser besteht darin, die Interessen der AN vor allem an der Lage ihrer Arbeitszeit und damit zugleich der Freizeit für die **Gestaltung ihres Privatlebens** zur Geltung zu bringen.[459] Hinzu kommt der Schutz vor psychischen und physischen Belastungen bei besonders beanspruchender Lage der Arbeitszeit (z. B. Schicht- und Nachtarbeit).[460] Dagegen erfasst das Mitbestimmungsrecht nicht die Zuweisung der innerhalb der maßgeblichen Arbeitszeit von den AN **zu erbringenden Arbeiten.**[461] 81

Wegezeiten für die Fahrt von der Betriebsstätte zu einer außerhalb gelegenen Arbeitsstätte, z. B. Fahrten eines Service-Technikers oder Vertriebsbeauftragten zum Kunden, und zurück oder **zwischen** den **externen Arbeitsstätten** werden als vergütungspflichtige Arbeitszeiten und auch als Arbeitszeit i. S. d. Arbeitsschutzes gesehen und unterliegen bereits aus diesem Grunde der Vorschrift.[462] Dies galt nach der früheren Rspr. des *BAG* auch bei Fahrten vom Wohnort direkt zum Kunden für die Zeit, die über die Fahrtzeit von der Wohnung zur Arbeitsstätte hinausgeht.[463] Eine solche Anrechnung und damit Kürzung der Arbeitszeit ist allerdings abzulehnen.[464] Eine entsprechende Kürzung kann nur den Vergütungsanspruch betreffen und ist ohne entsprechende Vereinbarung ebenfalls abzulehnen.[465] Wegezeiten zwischen **Wohnort und Arbeitsstätte** sind demgegenüber auch mitbestimmungsrechtlich keine Arbeitszeit.[466] 82

Dienstreisezeiten werden ebenfalls von Nr. 2 erfasst.[467] Sie wurden nach früherer Auffassung des *BAG* zwar vor allem arbeitsschutzrechtlich nur dann als Arbeitszeit behandelt, wenn der 83

---

455 Vgl. auch Schaub-*Linck,* § 45 Rn. 31; DHZ-*Heuschmid,* § 28 Rn. 27 ff.; *Buschmann/Ulber,* ArbZG, § 2 Rn. 5 f.; Arbeitszeitrecht-*Buschmann,* § 2 Rn. 7 ff.; *Ricken,* DB 15, 1255 ff.; zum Begriff der Arbeitszeit m. w. N. *BAG* 29. 4. 82, AP Nr. 4 zu § 15 BAT und insbes. auch *Buschmann,* FS Hanau, S. 197 ff.

456 Vgl. § 7 Abs. 1 Nr. 1a ArbZG; *EuGH* 3. 10. 2000, AuR 00, 465 (466) mit Anm. *Ohnesorg;* 1. 12. 05 – C 14/04, NZA 06, 89 (90 f.): Jedenfalls bei Anwesenheitspflicht im Betrieb; *BAG* 16. 3. 04 – 9 AZR 93/03, DB 04, 1733; 23. 6. 10 – 10 AZR 543/09, DB 10, 2109; vgl. auch *Buschmann,* AuR 03, 1 ff.; zur Definition *BAG* 29. 6. 00 – 6 AZR 900/98, NZA 01, 165 (166); *Buschmann/Ulber,* ArbZG, § 2 Rn. 16 f.

457 *BAG* 29. 2. 00, DB 00, 1971 (aus seiner damaligen Sicht auch bei Bereitschaftsdienst); *Buschmann/Ulber,* ArbZG, § 2 Rn. 20.

458 *BAG* 23. 7. 96 – 1 ABR 17/96, DB 97, 380 (381).

459 *BAG* 23. 7. 96 – 1 ABR 17/96, DB 97, 380 (381); 14. 11. 06 – 1 ABR 5/06, NZA 07, 458 (460); 18. 7. 17 – 1 ABR 15/16, NZA 17, 1542 (1544 Tz. 23); 26. 9. 17 – 1 ABR 57/15, NZA 18, 194 (195 Tz. 19); 12. 3. 19 – 1 ABR 42/17, NZA 19, 843 (846 f. Tz. 39); *Fitting,* Rn. 89.

460 Vgl. auch *Fitting,* Rn. 89; *Eylert,* AuR 17, 4 und NZA- Beilage 3/17, S. 95 (97); *Boemke,* FS Preis, S. 109 (114).

461 *BAG* 29. 9. 04 – 1 ABR 29/03, NZA 05, 313 (315).

462 Vgl. *BAG* 23. 7. 96 – 1 ABR 17/96, DB 97, 380 m. w. N.; 22. 10. 19 – 1 ABR 11/18, NZA 20, 325 (328 Tz. 29); *Buschmann/Ulber,* ArbZG, § 2 Rn. 28; vgl. auch *EuGH* 10. 9. 15 – C 266/14, NZA 15, 1177 (1178 ff.): Fahrzeit zu allen Kunden als Arbeitszeit i. S. d. RL 2003/88/EG, wenn kein fester oder gewöhnlicher Arbeitsort.

463 Vgl. hierzu Schaub-*Linck,* § 45 Rn. 54; Buschmann/Ulber, ArbZG, § 2 Rn. 28.

464 Vgl. *BAG* 18. 3. 20 – 5 AZR 36/19, NZA 20, 868 (870 Tz.16).

465 *BAG* 18. 3. 20 – 5 AZR 36/19, NZA 20, 868 (869 f. Tz. 15 ff.); gegen eine Anrechnung der ersparten Zeit v. der Wohnung zur Arbeitsstätte ohne entsprechende Vereinbarung auch *Boemke,* RdA 20, 65 (68 f.).

466 Vgl. *BAG* 22. 10. 19 – 1 ABR 11/18, NZA 20, 325 (328 Tz. 27); Schaub-*Linck,* § 45 Rn. 54.

467 Ebenso *Preis/Schwarz,* S. 86 f.; *Bartl/Harker,* NZA 20, 1669 (1676 f.); vgl. generell auch *Lunk,* NZA 22, 881 ff.

AN während der Fahrt eine **Arbeitsaufgabe** zu erfüllen hatte (Besprechung, Aktenstudium) oder jedenfalls zu einer **belastenden Tätigkeit** (z. B. Fahren des PKW) verpflichtet war.[468] Für die **betriebsverfassungsrechtliche Einordnung** konnte dies jedoch richtigerweise keine Bedeutung haben, da Begriffe aus dem jeweiligen Sachzusammenhang und insbes. auch unter Berücksichtigung des Zwecks der Norm auszulegen sind.[469] Deshalb konnte auch dem *BAG*[470] nicht gefolgt werden, wenn es einen, jedenfalls gemessen am betriebsverfassungsrechtlichen Sachzusammenhang, zu sehr **verengten Begriff der Arbeitszeit** verwendete. Arbeitszeit sei betriebsverfassungsrechtlich nur die Zeit, in welcher der AN verpflichtet bzw. berechtigt sei, seine **vertraglich geschuldete Arbeit** zu leisten. Durch das bloße Reisen erbringe er jedoch keine Arbeitsleistung, weil Reisen regelmäßig nicht zu den vertraglichen Hauptleistungspflichten gehöre,[471] hiermit keine Tätigkeiten verbunden seien, die im Interesse des AG ausgeübt würden. Diese Argumentation überzeugt nicht. Auch bei der Dienstreise innerhalb der festgelegten täglichen Arbeitszeit leistet der AN geschuldete Arbeit. Er tut das, was der AG von ihm verlangt. Insofern erbringt er die vom AG gewünschte Leistung, handelt im von diesem so definierten Interesse. Dass er keine Hauptleistungspflicht erfüllt ist, demgegenüber ohne Bedeutung.[472] Ähnlich ist die Definition in ILO-Übereinkommen: »…die Zeit, während der ein AN dem AG zur Verfügung steht.«[473] Das ***BAG***[474] hat seine Auffassung, auch arbeitsschutzrechtlich,[475] mittlerweile korrigiert. Ob es sich um eine Hauptleistungspflicht oder eine sonstige vom AG verlangte Leistung handele, sei solange ohne Bedeutung wie die sonstige Leistung in der Erbringung von »Arbeit« bestehe. »Arbeit« sei als Tätigkeit zu verstehen, die als solche der Befriedigung eines fremden Bedürfnisses diene. Es mag dahingestellt bleiben, ob dies eine geglückte Definition ist, im Ergebnis entspricht sie der hier vertretenen Auffassung. Darüber hinaus spricht der **Schutzzweck** der Norm dafür, dass Reisezeit (innerhalb und außerhalb der üblichen Arbeitszeit) auch ohne besondere Belastung Arbeitszeit ist: Das Interesse an planbarer Freizeit ist in gleicher Weise betroffen, auch wenn der AN keine Hauptpflicht erfüllt. Reisezeit für den AG hat eben mit Freizeit und Gestaltung des Privatlebens nichts zu tun (zu Dienstreisezeiten als Überstunden Rn. 123f).[476] Hierfür spricht zudem, dass Reisezeiten während der üblichen Arbeitszeit i. d. R. **vergütet** werden.[477] In diesem Zusammenhang ist auch die Rspr. des ***EuGH*** von Bedeutung, der u. a. ausführt, dass es für das Merkmal der Arbeitszeit nicht auf die Intensität einer geleisteten Arbeit oder die Leistung des AN ankommt.[478]

84 Zur Arbeitszeit zählt auch die **freiwillige** Teilnahme von AN an Veranstaltungen des AG, in denen sie außerhalb des Betriebs (z. B. in einer Gaststätte) in ein neues Projekt eingewiesen

---

468 *BAG* 23.7.96, a. a. O.; 11.7.06 – 9 AZR 519/05, NZA 07, 155 (158); Schaub-*Linck*, § 45 Rn. 55.

469 vgl. z. B. auch *BAG* 23.7.96 – 1 ABR 17/96, DB 97, 380 (381); *Klebe*, DB 86, 380 f. und *Fitting*, Rn. 222, beide zum Verhaltensbegriff in § 87 Nr. 6.

470 14.11.06 – 1 ABR 5/06, NZA 07, 458 (460).

471 Unklar *Fitting*, Rn. 93.

472 Vgl. auch insbes. *Preis/Schwarz*, S. 86 f.; *Buschmann/Ulber*, ArbZG, § 2 Rn. 5 f. m. w. N.; Arbeitszeitrecht-*Buschmann*, § 2 Rn. 44 ff.; NK-GA/*Schwarze*, Rn. 86; Schaub-*Linck*, § 45 Rn. 55; *Wulff*, AiB 07, 402 (403 f.); Rn. 68; *Staack/Sparchholz*, AiB 13, 99 (101) und auch *BAG* 10.11.09, DB 10, 454 f. (Rn. 95) und 6.9.17 – 5 AZR 382/16, NZA 18, 180 (181 Tz. 13) zur Umkleidezeit als vergütungspflichtige Arbeitszeit; vgl. hierzu auch *BAG* 13.10.21 – 5 AZR 292/20, NZA 22, 720 (722 Tz. 25).

473 Vgl. z. B. Art. 2 des Übereinkommens Nr. 30 (1930) über die Arbeitszeit in Handel und Büros und Art. 4.1 des Übereinkommens Nr. 172 (1991) über die Arbeitsbedingungen in Hotels, Gaststätten und ähnlichen Betrieben, beide in Arbeitszeitrecht, Anhang A Rn. 16.

474 15.4.08 – 1 ABR 44/07, NZA-RR 09, 98 (101); 22.10.19 – 1 ABR 11/18, NZA 20, 325 (327 Tz. 22).

475 *BAG* 12.12.12 – 5 AZR 355/12, NZA 13, 1158 (1159) m. w. N.; 19.3.14 – 5 AZR 554/12, DB 14, 1687 (Ls.); 17.10.18 – 5 AZR 553/17, NZA 19, 159 (160 Tz. 13 ff. m. w. N.) zur Vergütungspflicht; Schaub-*Linck*, § 45 Rn. 55; vgl. auch *EuGH* 10.9.15 – C-266/14, juris (Tz. 25, 35, 42 und *LAG Düsseldorf* 14.12.18 – 10 Sa 96/18, NZA-RR 19, 202 (203 ff. Tz. 24 ff.) zur Regelung der Vergütung in einer BV.

476 Vgl. auch *BAG* 23.7.96, a. a. O., S. 381; *Buschmann*, FS Hanau, S. 197 (208 f.); *Däubler*, Das Arbeitsrecht 1, Rn. 965; *Karthaus*, FS Klebe, S. 200 ff.; vgl. auch *Loritz*, NZA 97, 1188 (1192 ff.); *Boemke*, FS Preis, S. 109 (115).

477 *Buschmann/Ulber*, § 2 Rn. 30 m. w. N.

478 21.2.18 – C-518/15, NZA 18, 293 (Tz. 56) = AuR 18, 301 ff. mit Anm. v. *Buschmann*; zu der Entscheidung auch *Bayreuther*, NZA 18, 348 ff.

werden[479] oder die sich mit arbeitsorganisatorischen Fragen beschäftigen, weil die individualrechtliche Zulässigkeit für das Mitbestimmungsrecht ohne Bedeutung ist.[480] Dies gilt auch für **Dienstbesprechungen,** die fachliche Kenntnisse aktualisieren **(Qualifizierungsmaßnahmen),** auch wenn sie in einem »lockeren Beisammensein« ausklingen,[481] wenn die AN hierzu vom AG kraft des Direktionsrechts verpflichtet werden könnten oder eine anderweitige Verpflichtung der AN, wie z. B. eine Selbstverpflichtung gegenüber dem AG, besteht.[482] Besteht im Hinblick auf vom AG angeordnete Schulungs- und Fortbildungsmaßnahmen die als Arbeitszeit dem Mitbestimmungsrecht unterliegen,[483] ein Mitbestimmungsrecht gem. § 98, sind beide Vorschriften nebeneinander anwendbar (§ 98 Rn. 5).[484] Arbeitszeit ist auch die freiwillige Teilnahme an einem vom AG für bestimmte AN veranlassten **Mediationsverfahren**[485] oder an einem **Betriebsausflug** während der regelmäßigen Arbeitszeit, den der AG ohne Einschränkung gestattet[486] (vgl. auch Rn. 328). Das *BAG*[487] schließt das Mitbestimmungsrecht allerdings zu Recht hinsichtlich der Vor- und Nacharbeit eines AN aus, mit der er nach individueller Entscheidung einen etwaigen Arbeitsausfall (z. B. der AG gibt für den Betriebsausflug nur eine Zeitgutschrift von einem halben Tag) ausgleicht.

Das Mitbestimmungsrecht, das natürlich auch ein **Initiativrecht** des BR umfasst,[488] besteht **85**
nur **im Rahmen der zwingenden Vorschriften des Arbeitszeitrechts**[489] wie insbesondere des ArbZG.[490] Hierin wird die regelmäßige werktägliche Arbeitszeit auf 8 Stunden festgelegt (§ 3 Satz 1). Es werden die mindestens zu gewährenden Ruhepausen und Ruhezeiten (§§ 4, 5) behandelt sowie die **Ausnahmen** von der **werktäglichen Höchstarbeitszeit.** So kann z. B. die Arbeitszeit auf 10 Stunden ausgedehnt werden, wenn innerhalb von sechs Kalendermonaten oder innerhalb von 24 Wochen im Durchschnitt 8 Stunden werktäglich nicht überschritten werden.[491] Weitere Verlängerungen über die in § 3 ArbZG vorgesehene Flexibilisierung hinaus erlauben z. B. § 7 Abs. 1, 2a,[492] § 14 und § 15 ArbZG (Bewilligung durch Aufsichtsbehörde).

---

479 *ArbG Gießen* 9. 10. 92, AiB 93, 50 f.

480 BAG 30. 6. 15 – 1 ABR 71/13, juris (Tz. 25).

481 Vgl. *ArbG Nürnberg* 31. 10. 95, AiB 97, 176 f. mit Anm. *Manske*; ebenso zu Recht *ArbG Münster* 17. 12. 96, AiB 98, 168 f. für die freiwillige Teilnahme von AN an einer UN-internen Fernsehsendung **(Kommunikationsfernsehen/Business-TV).**

482 *BAG* 13. 3. 01 – 1 ABR 33/00, NZA 01, 976.

483 *BAG* 15. 4. 08 – 1 ABR 44/07, NZA-RR 09, 98 (101); LKK-*Dahm*, Rn. 65; vgl. auch *EuGH* 28. 10. 21 – C-909/19, NZA 21, 1623 (1624 Tz. 40 ff.).

484 *LAG Hamburg*, 10. 1. 07 – 4 TaBV 3/05, AuR 08, 155 (156 f.).

485 *BAG* 30. 6. 15 – 1 ABR 71/13, juris (Tz. 3, 24); *Fitting*, Rn. 130; GK-*Gutzeit*, Rn. 302; a. A. zu Unrecht *LAG Nürnberg* 27. 8. 13 – 5 TaBV 22/12, juris = BB 13, 2739 (Ls.).

486 *LAG München* 20. 3. 97 – 4 TaBV 12/96, LAGE § 87 BetrVG 1972 Arbeitszeit Nr. 25.

487 27. 1. 98 – 1 ABR 35/97, BB 98, 1419.

488 Vgl. z. B. *BAG* 26. 10. 04 – 1 ABR 31/03A NZA 05, 538 (541) und Rn. 25 ff.

489 Vgl. auch zu den diversen die Arbeitszeit und ihre Grenzen regelnden ILO-Normen Arbeitszeitrecht, Anhang A Rn. 6 ff., die über die Begründungserwägung 6 der Arbeitszeitrichtlinie auch nicht ratifiziert Bedeutung haben: Danach ist »hinsichtlich der Arbeitszeitgestaltung den Grundsätzen der ILO Rechnung zu tragen« (Arbeitszeitrecht, Anhang A Rn. 14). In diesem Zusammenhang ist auch der Report des ILO-Sachverständigenausschusses v. 2018 »General Survey concerning working time instruments« für die internationale Arbeitskonferenz (107. Sitzung) informativ; vgl. hierzu Arbeitszeitrecht, Anhang A Rn. 11 ff. und *Buschmann*, AuR 19, 498 ff.

490 Vgl. z. B. *LAG Frankfurt* 2. 6. 92 – 5 TaBV 142/91, NZA 93, 279 ff.

491 § 3 ArbZG; vgl. hierzu allerdings *Buschmann/Ulber*, ArbZG, § 3 Rn. 16 f., 12; *Buschmann*, FS Wißmann, S. 251 (257); *Ende*, AuR 97, 137 ff.; *Ohnesorg*, AuR 00, 467: Die Vorschrift verstößt gegen Art. 16b) der EG-Arbeitszeitrichtlinie Nr. 93/104 EWG vom 23. 11. 93 ABlEG 1993, Nr. L 307/18) und ist daher **gemeinschaftswidrig** (vgl. auch den entsprechenden Bericht der Europäischen Kommission über die Umsetzung der Arbeitszeitrichtlinie AuR 11, 105 ff.). Dies ist jedenfalls bei Entscheidungen der ESt. zu berücksichtigen (*Kohte*, FS Wißmann, S. 331, 336); vgl. auch zur Europarechtswidrigkeit anderer Vorschriften des ArbZG wie z. B. §§ 7 und 25 *D. Ulber*, ZTR 05, 70 ff.; *Matthiesen/Shea*, DB 05, 106 ff.

492 Durch TV oder auf Grund eines TV durch **(freiwillige)** BV, vgl. *LAG Hamburg* 17. 12. 08 – 5 TaBV 8/08, AuR 10, 339 mit Anm. v. *Buschmann*; *ders.*, FS Wißmann, S. 251 (266 f.).

Greifen die Ausnahmeregeln z. B. für **Sonntagsarbeit**[493] ein, bedeutet dies allerdings nicht, dass nun das Mitbestimmungsrecht wegen der Einführung entfiele und sich nur noch auf die Durchführung erstreckte.[494] Das Vorliegen der Sondertatbestände zwingt den AG nicht zur Durchführung z. B. der Sonntagsarbeit; es liegt insofern **keine abschließende gesetzliche Regelung** i. S. d. Eingangssatzes vor, wie dies beim Verbot der Sonntagsarbeit der Fall ist.[495] Die angeführten Ausnahmen zeigen, dass das gesetzliche Arbeitszeitrecht nicht einmal im Hinblick auf die **wöchentliche Höchstarbeitszeit** von 48 Stunden einen zwingenden Schutz des AN vor zeitlicher Überforderung und eine entsprechende Argumentationshilfe für den BR bietet.[496] Daneben finden sich weitere gesetzliche Regelungen zur Arbeitszeit z. B. in §§ 5 Abs. 3, 8 Abs. 1, 11 JArbSchG und § 8 MuSchG und Aushang- bzw. Bekanntmachungspflichten des AG in § 16 ArbZG und § 48 JArbSchG (zur **Erfassung der Arbeitszeit** vgl. Rn. 100).

86 Regelmäßig enthalten die **TV** Vorschriften zur **wöchentlichen Arbeitszeit,** teilweise auch zur Zulässigkeit von Überstunden oder Regelungen zur Teilzeitarbeit. Bei **zwingender Regelung** scheidet das Mitbestimmungsrecht aus. Darüber hinaus sind keine Beschränkungen, wie z. B. die unternehmerische Entscheidungsfreiheit, anzuerkennen (vgl. Rn. 27).

bb) Dauer der Arbeitszeit

87 Die **Dauer der täglichen Arbeitszeit** bestimmt sich zwangsläufig durch deren Beginn und Ende. Dauer sowie Beginn und Ende lassen sich nicht trennen. Mit der Mitbestimmung über Beginn und Ende der Arbeitszeit erhält daher der BR auch ein Mitbestimmungsrecht über ihre tägliche Dauer.[497]

88 Nach ganz h. M. soll demgegenüber die **Dauer der wöchentlichen Arbeitszeit** nicht dem Mitbestimmungsrecht unterliegen.[498]

89 Für ein **Mitbestimmungsrecht des BR** auch hinsichtlich der Dauer der wöchentlichen Arbeitszeit lassen sich gute Gründe anführen, im Ergebnis ist aber der h. M. zu folgen.

90 Aus Wortlaut, Entstehungsgeschichte und systematischem Zusammenhang ergeben sich keine zwingenden Argumente in der einen oder anderen Richtung.[499] Der **Schutzzweck** der Nr. 3 ist nach Ansicht des *BAG*[500], die AN bei einer Verkürzung der Arbeitszeit vor der entsprechenden Entgeltminderung, bei einer Verlängerung vor den **physischen und psychischen Belastungen** schützen. Dieses Schutzbedürfnis gilt bei einer dauerhaften Veränderung der betrieblichen

---

493 § 10 ArbZG und hierzu *Buschmann/Ulber,* ArbZG § 10 Rn. 5 ff.; Arbeitszeitrecht-*Buschmann,* § 10 Rn. 7 ff.; *BVerwG* 19.9.00, AuR 00, 468 ff. mit Anm. *J. Ulber; Strohbach,* AiB 00, 275 ff.; vgl. auch *Richardi,* AuR 06, 379 ff.; zur **Klagebefugnis einer Gewerkschaft** gegen die Gestattung der Ladenöffnung am Sonntag *BVerwG* 26.11.13 – 6 CN 1.13, juris, 11.11.15 – 8 CN 2.14, AuR16, 85 =juris und *BayVGH* 6.12.13 – 22 N 13.788, AuR 14, 250, sowie zur **(UN)Zulässigkeit von Sonntagsarbeit allgemein** *BVerfG* 1.12.09 – 1 BvR 2857/07; 1 BvR 2858/07, AuR 10, 167 ff.; *BVerwG* 26.11.14 – 6 CN 1.13, AiB 10/15, 63 (64) mit Anm. v. *Reim;* 11.11.15 – 8 CN 2.14, AuR 16, 85 = juris; 17.5.17 – 8 CN 1.16, AuR 17, 273; *VGH NRW* 26.4.19 – 4 B4 80/19.NE, AuR 19, 285 (Zusammenfassung); *VGH Baden-Württemberg* 20.3.19 – 6 S 357/17, AuR 19, 285 (Zusammenfassung); *Rozek,* AuR 10, 148 ff.; *Kühn,* AuR 10, 299 ff.

494 *BAG* 25.2.97 – 1 ABR 69/96, NZA 97, 955 (957); *ArbG Offenbach* 1.8.13 – 2 BVGa 12/13, AiB 2/14, S. 72 f. mit Anm. v. *Zabel; Fitting,* Rn. 110; HWGNRH-*Worzalla,* Rn. 217; a. A. zu Unrecht *Kappus,* DB 90, 478 (479 f.).

495 Zur AZO und zum Ladenschlussgesetz *BAG* 31.8.82, AP Nr. 8 zu § 87 BetrVG 1972 Arbeitszeit.

496 Vgl. auch *Bobke,* S. 176 f.

497 Vgl. *BAG* 13.10.87, 28.9.88, AP Nrn. 24, 29 zu § 87 BetrVG 1972 Arbeitszeit; *GL,* Rn. 85; *Plander,* AuR 87, 281 (287).

498 Ständige Rspr. des *BAG:* vgl. z. B. 21.11.78, AP Nr. 2 zu § 87 BetrVG 1972 Arbeitszeit; 22.7.03 – 1 ABR 28/02, NZA 04, 507 (508); 15.5.07 – 1 ABR 32/06, NZA 07, 1240 (1243); 22.10.19 – 1 ABR 11/18, NZA 20, 325 (327 Tz. 23); 17.8.21 – 1 AZR 175/20, NZA 21, 1794 (1796 Tz. 22); *Fitting,* Rn. 104 f.; GK-*Gutzeit,* Rn. 294 ff.; DHZ-*Heuschmid,* § 27 Rn. 38, § 29 Rn. 12 f.; i-*Richardi/Maschmann,* Rn. 262 ff.; **a. A.** *WW,* Rn. 28 f.; *Farthmann,* RdA 74, 66 f.; *Gnade,* FS Kehrmann, S. 227 (231); *Kleveman,* AiB 84, 90 (91); *Plander,* AuR 87, 281 (288); *Compensis,* NJW 07, 3089 (3092 f.).

499 Vgl. hierzu die ausführliche Darstellung in der 12. Aufl. bei § 87 Rn. 73.

500 21.11.78, AP Nr. 2 zu § 87 BetrVG 1972 Arbeitszeit.

Arbeitszeit erst recht.[501] Zwar ist es richtig, dass die Dauer der Arbeitszeit **üblicherweise in TV** geregelt wird. Für diesen Fall scheidet das Mitbestimmungsrecht nach dem Eingangssatz der Vorschrift aus. Greift jedoch keine tarifvertragliche Regelung ein, so ist jedenfalls unter dem Gesichtspunkt des **Art. 3 Abs. 1 GG** kein Sachgrund erkennbar, den anderen kollektiven Schutz durch den BR und eine BV, der i. d. R. wirkungsvoller als einzelvertragliche Absprachen sein wird, zu versagen[502]. Zumindest könnte man eine klare Formulierung des Gesetzgebers erwarten, aus der sich der Ausschluss des Mitbestimmungsrechts ergibt.[503]

Gegen eine solche Lösung sind allerdings systematische Einwände denkbar. Die **Dauer der Arbeitszeit** gehört nämlich ebenso wie die Höhe des Entgelts zum tarifpolitischen **Kerngeschäft einer Gewerkschaft,** in dem sie ihre **Schutz- und Gestaltungsfunktion** für die Beschäftigten ausübt. Für die Entgelthöhe lässt sich dies auch ausdrücklich durch § 77 Abs. 3 (»Arbeitsentgelte«) stützen. Die Dauer der Arbeitszeit hängt hiermit eng zusammen und ist der zweite Kernbereich der Arbeitsbedingungen. Ohne ihn würde § 77 Abs. 3, der den Schutz der Gewerkschaften und der Tarifautonomie bezweckt, deutlich Substanz genommen. Deshalb müssen beide Bereiche den Gewerkschaften vorbehalten bleiben. Ob man zu dem Ergebnis durch diese systematische Argumentation kommt oder schlicht der h. M. folgt, ist für die betriebliche Praxis dann gleich. 91

Auch wenn man der h. M. folgt, ist die Dauer der wöchentlichen Arbeitszeit mitbestimmungspflichtig, wenn, wie dies teilweise in TV der Fall ist, eine bestimmte **Wochenarbeitszeit** nur **im Durchschnitt** eines längeren Zeitraums (z. B. ein Jahr) eingehalten werden muss. Der vom AN geschuldete Arbeitszeitumfang wird dann nicht mehr durch die Wochenarbeitszeit festgelegt, diese wird vielmehr zur bloßen Rechengröße.[504] Die Verteilung der Arbeitszeit ist jedoch mitbestimmungspflichtig. Dies gilt auch für die Wahl und Änderung des **Ausgleichszeitraums nach § 3 ArbZG.**[505] 92

cc) Lage der täglichen Arbeitszeit

Das Mitbestimmungsrecht des BR (vgl. auch die **Checkliste** zur Arbeitszeit bei DKWF-*Klebe/Heilmann*, § 87 Rn. 12) besteht nicht nur bei Dauerregelungen, sondern auch dann, wenn lediglich **vorübergehend** die Lage der Arbeitszeit geändert wird.[506] Auch wenn **lediglich ein Tag** betroffen ist, weil z. B. wegen eines Feiertages, Volksfestes o. Ä. die am vorhergehenden oder folgenden Tag ausfallende Arbeitszeit/Schicht auf andere Arbeitstage verteilt werden soll, greift das Mitbestimmungsrecht ein.[507] Es besteht somit ebenfalls, wenn gem. § 11 Abs. 3 ArbZG der **Ersatzruhetag für Sonntagsarbeit** festgelegt wird.[508] 93

Beginn und Ende der täglichen Arbeitszeit sowie die Pausen müssen nicht für alle AN des Betriebs in gleicher Weise festgesetzt werden. Es ist vielmehr üblich, dass **verschiedene Regelungen** für einzelne Betriebsabteilungen oder **bestimmte AN-Gruppen** (Produktionsarbeiter, Ingenieure, Jugendliche) erfolgen.[509] Die jeweilige Änderung unterliegt dem Mitbestimmungsrecht.[510] 94

501 Vgl. auch *Kleveman,* AiB 84, 90 (91).
502 Vgl. *Plander,* AuR 87, 281 (288).
503 A. A. *Fitting,* Rn. 105.
504 Vgl. GK-*Gutzeit,* Rn. 310; Richardi-*Richardi/Maschmann,* Rn. 271, 283; vgl. auch zu **Arbeitszeitkonten** *Lehndorff,* BR-Info 96, 166 ff.; *Reichold,* NZA 98, 393 ff. und Rn. 99.
505 *Vgl. Buschmann/Ulber,* ArbZG, § 3 Rn. 15; Arbeitszeitrecht-*Buschmann,* § 3 Rn. 18 ff.; *Wirges,* DB 97, 2488 (2490); *Zmarzlik,* DB 94, 1082 (1083).
506 HWGNRH-*Worzalla,* Rn. 193Richardi-*Richardi/Maschmann,* Rn. 316.
507 *BAG* 13.7.77, AP Nr. 2 zu § 87 BetrVG 1972 Kurzarbeit; 25.2.97 – 1 ABR 69/96, NZA 97, 955 (957); 26.10.04 – 1 ABR 31/03A, NZA 05, 538 (541); *Fitting,* Rn. 124; GK-*Gutzeit,* Rn. 300 f. m. w. N.
508 *LAG Köln* 24.9.98 – 10 TaBV 57/97, AiB 99, 467 f. mit Anm. *Abel; Fitting,* Rn. 110; *Buschmann/Ulber,* ArbZG, § 11 Rn. 6; Arbeitszeitrecht-*Buschmann,* § 11 Rn. 27.
509 GK-*Gutzeit,* Rn. 324.
510 Zur Arbeitszeit bei Außendienststätigkeit vgl. *Bösche/Grimberg,* FS Gnade, S. 377 (383 ff., 388) und *Hunold,* NZA 93, 10 ff.

95 Der BR hat auch -entgegen der Auffassung des *BAG*[511] ein Mitbestimmungsrecht und damit **Initiativrecht** bei der Frage, ob die **Arbeitszeit bereits am Werkstor** oder erst am Arbeitsplatz beginnt bzw. ob **Waschen** und **Umkleiden** (vgl. auch DKWF-*Klebe/Heilmann*, § 87 Rn. 15a: Checkliste zu Umkleidezeiten) zur Arbeitszeit zählen.[512] Nach neueren Entscheidungen des *BAG*[513] gehört die Umkleidezeit jedenfalls dann zur Arbeitszeit, wenn das Tragen der vorgeschriebenen Dienstkleidung **lediglich im Interesse des AG** liegt, also fremdnützig ist. Gleichzustellen sind dann Zeiten für das Abholen von Arbeitsmitteln und der Kleidung bzw. für den Weg von der Umkleide- zur Arbeitsstelle und zurück,[514] sowie z. B. bei einer auffälligen Uniform auch für das häusliche Umkleiden, wenn im Betrieb oder beim Einsatz vor Ort keine zumutbare Möglichkeit besteht.[515] Das Mitbestimmungsrecht besteht ebenso, wenn auch ohne ausdrückliche Anweisung des AG (vgl. Rn. 5) erwartet wird, dass die AN bereits vor Arbeitsbeginn am Arbeitsplatz sind, z. B., um den Kassencomputer hochzufahren.

dd) Verteilung der wöchentlichen Arbeitszeit

96 Dem Mitbestimmungsrecht unterliegt die Verteilung der Arbeitszeit auf die einzelnen Wochentage. Damit besteht z. B. ein Mitbestimmungsrecht beim **Wechsel von der 6- zur 5-Tage-Woche** oder der 5- zur 4-Tage-Woche und umgekehrt.[516] Das Mitbestimmungsrecht besteht auch dann, wenn der AG eine Neuverteilung wegen einer **tariflichen Verkürzung** der Wochenarbeitszeit vornehmen will. Dies gilt nach Auffassung des *BAG*[517] jedenfalls, solange die bisherige Verteilung der Arbeitszeit nach dem neuen TV beibehalten werden kann. Der BR kann nach dieser Vorschrift selbstverständlich auch beeinflussen, an welchen Tagen länger und an welchen kürzer gearbeitet wird.[518]

ee) Pausen

97 Die Mitbestimmung umfasst innerhalb der gesetzlichen Vorschriften auch die Lage und Dauer der Pausen. Dies sind im Voraus festgelegte Unterbrechungen der Arbeitszeit, in denen der AN weder Arbeit zu leisten noch sich dafür bereitzuhalten hat, sondern frei darüber entscheiden kann, wo und wie er diese Zeit verbringen will.[519] Nach h. M. sollten bisher hierunter in Nr. 2

---

511 22.10.19 – 1 ABR 11/18, NZA 20 325 (327 Tz. 23).

512 Vgl. *BAG* 17.3.88 – 2 AZR 576/87; *LAG Baden-Württemberg* 12.2.87, AiB 87, 246 ff. mit Anm. *Degen; ArbG Frankfurt* 27.7.04 – 8 BV 754/03, AuR 04, 478, Ls. = AiB 05, 313 ff. mit Anm. *Niechoj; Däubler,* Das Arbeitsrecht 1, Rn. 965; vgl. auch *LAG Nürnberg* 21.5.90 – 7 TaBV 59/89, LAGE § 87 BetrVG 1972 Arbeitszeit Nr. 20 und *LAG Hamm* 24.9.07 – 10 TaBV 83/07, AuR 08, 121 Ls., beide im Verfahren nach § 100 ArbGG; GK-*Gutzeit,* Rn. 315 (Mitbestimmungspflicht bei der Frage, wie der Zeitpunkt des Beginns/Endes der Arbeitszeit zu bestimmen ist, ggf. bei der Festlegung des maßgeblichen Ortes); KassArbR-*Etzel,* 9.1, Rn. 514; **a. A.** LKK-*Dahm*, Rn. 66 f.; MünchArbR-*Matthes,* § 244 Rn. 18; Richardi-*Richardi/Maschmann,* Rn. 277; **zur Vergütungspflicht** vgl. z. B. *BAG* 22.3.95 – 5 AZR 934/93, AP Nr. 8 zu § 611 BGB Arbeitszeit; 19.9.12 – 5 AZR 678/11, NZA-RR 13, 63 ff.; 6.9.17 – 5 AZR 382/16, NZA 18, 180 (181 Tz. 13); 25.4.18 – 5 AZR 245/17, NZA 18, 1077 (1079 Tz. 23 f.); DHZ-*Heuschmid,* § 28 Rn. 50.

513 10.11.09 – 1 ABR 54/08, DB 10, 454 f.; *BAG* 12.11.13 – 1 ABR 59/12, NZA 14, 557 (559); 17.11.15 – 1 ABR 76/13, NZA 16, 247 (249 Tz. 25 f.); zustimmend ErfK-*Kania*, Rn. 25; Richardi-*Richardi/Maschmann*, Rn. 259; *Buschmann/Ulber*, ArbZG, Einleitung Rn. 38; hierzu auch *Franzen*, NZA 16, 136 ff. (auch zur Vergütungspflicht); *Springer/Wrieske*, AuR 10, 303 ff. und *Thannheiser*, AiB 11, 7 ff.

514 *BAG* 19.3.14 – 5 AZR 954/12, NZA 14, 787 (789 Tz. 25, 27 f.); 17.11.15 – 1 ABR 76/13, NZA 16, 247 (249 Tz. 25 f.); zustimmend Richardi-*Richardi/Maschmann*, Rn. 259; vgl. auch GK-*Gutzeit*, Rn. 316.

515 *LAG Berlin-Brandenburg* 12.11.19 – 7 Sa 1794/18, juris Tz. 89 ff.

516 Richardi-*Richardi/Maschmann,* Rn. 283.

517 19.2.91 – 1 ABR 31/90, NZA 91, 609 ff.

518 Zum Mitbestimmungsrecht bei der Arbeitszeit von Redakteuren im Hinblick auf den Tendenzschutz vgl. *BAG* 30.1.90 – 1 ABR 101/88, NZA 90, 693 ff.; 11.2.92 – 1 ABR 49/91, BB 92, 993 ff.; *Weller*, FS Gnade, S. 235 ff.; *Weiss/Weyand*, AuR 90, 33 ff.

519 Ständige Rspr.; vgl. z. B. *BAG* 23.9.92 – 4 AZR 562/91, DB 93, 1194; 29.10.02 – 1 AZR 603/01, DB 03, 2014 beide m. w. N.; 25.2.15 – 1 AZR 642/13, NZA 15, 442 (443); *Fitting*, Rn. 121; vgl. auch § 4 ArbZG und hierzu *Dobberahn,* Rn. 50 ff.

allerdings lediglich **unbezahlte Pausen** zu verstehen sein.[520] Nicht gemeint sein sollten jedwede **bezahlte Unterbrechungen,** wie z. B. aus **produktionstechnischen Gründen**[521] oder aus Gründen des **AN-Schutzes.**[522] So unterliegen nach der Rspr. des *BAG* weder **Lärmpausen**[523] noch **Arbeitsunterbrechungen bei der Bildschirmarbeit**[524] dem Mitbestimmungsrecht. Dies folgt aber nicht aus dem Wortlaut der Vorschrift und dem Umstand der Bezahlung – auch vergütete Unterbrechungen ohne Arbeitspflicht sind Pausen –,[525] sondern vielmehr aus der Freistellung von jeder Arbeitsverpflichtung, auch der, sich zur Arbeit bereitzuhalten. Sieht man mit der h. M. die Dauer der Arbeitszeit als nicht gem. Nr. 2 mitbestimmungspflichtig an, ist es folgerichtig, die Mitbestimmung bei **vergütungspflichtigen Pausen** ebenfalls auf die Festlegung der zeitlichen Lage zu beschränken und die Dauer hiervon auszunehmen.[526] Diese kann nur bei **unbezahlten Pausen** mitbestimmt werden. Bei bezahlten Unterbrechungen, die dem **Gesundheitsschutz** der AN dienen, kommt ein Mitbestimmungsrecht nach § 87 Abs. 1 Nr. 7 (vgl. Rn. 243, 246) und § 91 (vgl. Rn. 12) in Betracht.

b) Anwendungsfälle

Neben der Dauer wird in **TV** auch häufig die **Verteilung der Arbeitszeit** geregelt. Diese Normen definieren i. d. R. allerdings nur einen Rahmen oder eine Auffangregelung für den Fall, dass keine BV geschlossen wird. Soweit keine abschließende Regelung getroffen ist, kann also der BR sein Mitbestimmungsrecht ausüben.[527] **98**

aa) Gleitende Arbeitszeit/Arbeitszeitkonten

Die Einführung von **gleitender Arbeitszeit/Arbeitszeitkonten** (Mustervereinbarungen bei DKWF-*Klebe/Heilmann,* § 87 Rn. 13 und 14),[528] ihre Ausgestaltung und Änderung sind mitbestimmungspflichtig.[529] Hierzu zählt z. B. die Festlegung des Zeitraums, auf den die jeweilige Wochenarbeitszeit zu verteilen und einzuhalten ist, sowie die zulässige Schwankungsbreite bei Unter- und Überschreitungen.[530] Der BR wird in einer entsprechenden BV darauf zu achten haben, dass die **Interessen der AN** an verlässlichen Arbeitszeiten, an der Planbarkeit der Freizeit und besseren Anpassung an die individuellen Bedürfnisse beachtet werden. In einer BV müssen daher die **tägliche Höchstarbeitszeit,** die **Kernzeit** (das ist die Zeit, in der alle AN im **99**

---

520 *BAG* 28.7.81, AP Nr. 3 zu § 87 BetrVG 1972 Arbeitssicherheit; *Fitting,* Rn. 121 allerdings widersprüchlich.

521 *GL,* Rn. 90a; Richardi-*Richardi/Maschmann,* Rn. 279 a.

522 *GL,* Rn. 90a m. w. N.; Richardi-*Richardi/Maschmann,* Rn. 279 a.

523 28.7.81, AP Nr. 3 zu § 87 BetrVG 1972 Arbeitssicherheit.

524 6.12.83, AP Nr. 7 zu § 87 BetrVG 1972 Überwachung.

525 So jetzt auch *BAG* 1.7.03 – 1 ABR 20/02, NZA 04, 620 (622); vgl. auch GK-*Gutzeit,* Rn. 365; Richardi-*Richardi/Maschmann,* Rn. 280; *Kohte,* FS Wißmann, S. 331 (339 f.).

526 *BAG* 1.7.03, a. a. O.; *Kohte,* a. a. O.

527 Vgl. die Auswertung von BV zu flexibler Arbeitszeit bei *Klein-Schneider,* S. 13 ff.

528 Vgl. zu Regelungsinhalten und Gestaltungshinweisen auch *Hamm,* Flexible Arbeitszeiten, S. 12 ff., 136 ff.; *Meine/Wagner,* AiB11/14, S. 10 (13 f.); SW-Arbeitszeit-*Wagner/Nick,* Kapitel 5.1 ff. mit vielen praktischen, auch tariflichen Beispielen zu Konten, zur Zeiterfassung und insbes. 5.3 zur Gleitzeit; hinsichtlich des **Mindestlohns** bei Arbeitszeitkonten vgl. § 2 Abs. 2 MiLoG und hierzu *Fitting,* Rn. 185; DHZ-*Heuschmid,* § 29 Rn. 40 f.

529 Vgl. *BAG* 18.4.89, AP Nr. 33 zu § 87 BetrVG 1972 Arbeitszeit; 22.7.03 – 1 ABR 28/02, NZA 04, 507 (510); *LAG Hamm* 10.9.07 – 10 TaBV 85/07; BB 08, 340 und *LAG Hamm* 22.5.13 – 4 Sa 1232/12, LAGE § 87 BetrVG 2001 Arbeitszeit Nr. 7; *ArbG Kiel* 21.6.07 – 1 BV 41b/07, AuR 07, 406, Ls.; *Fitting,* Rn. 130; GK-*Gutzeit,* Rn. 352; HWGNRH-*Worzalla,* Rn. 208; Richardi-*Richardi/Maschmann,* Rn. 297; *Fay/Wagner/Wick,* AiB 2/20, S. 32 ff, *Böker,* Langzeitkonten, S. 15 ff. und *Gellrich/Förg* AiB 07, 212 ff. zu **Regelungspunkten** bei Arbeitszeitkonten; vgl. auch *BAG* 13.12.00 – 5 AZR 334/99, BB 01, 1584 (1585), das bei der Ermöglichung negativer Zeitguthaben Nr. 3 anwenden will; zur Mitnahme angesparter Arbeitszeitkonten bei einem AG-Wechsel des AN vgl. *Wellisch/Moog,* BB 05, 1790 ff.; ein Überblick zu den Rahmenbedingungen bei *Höfer/Greiwe,* BB 06, 2242 ff. und *Klemm,* NZA 06, 946 ff.; *ders.,* AuA 06, 256 ff.

530 *BAG* 26.9.17 – 1 ABR 57/15, NZA 18, 194 (195 f. Tz. 20).

Betrieb anwesend sein müssen) und die Zeitspanne vor und nach der Kernzeit, in der die AN selbst Beginn und Ende ihrer Arbeitszeit bestimmen können **(Gleitzeit)**, geregelt werden. Es muss gewährleistet sein, dass die AN außerhalb der Kernarbeitszeit Beginn und Ende ihrer Arbeitszeit tatsächlich ohne Einschränkungen selbst bestimmen können. Für die **Gleitzeitguthaben** bzw. die **Gleitzeitsalden** muss verbindlich eine Höchstgrenze festgelegt werden und auch, wie der Ausgleich zu erfolgen hat. Gleitzeitguthaben dürfen nicht verfallen[531] und sollten auch nicht im Nachhinein ausgezahlt werden. Die Frage der **Überstunden** (hierzu auch Rn. 112)[532] muss im Verhältnis zur Gleitzeit klar geregelt werden. Gleitzeitregelungen dürfen nicht die Bestimmungen über zustimmungs- und zuschlagspflichtige Überstunden außer Kraft setzen. Schließlich sollte der BR je nach betrieblicher Situation entscheiden, ob eine **automatisierte Zeiterfassung** erforderlich ist. Dies kann durchaus der Fall sein, um die Einhaltung der BV und der tariflichen/gesetzlichen Arbeitszeitvorschriften zu kontrollieren und sicherzustellen.[533] In der BV kann auch bestimmt werden, dass Zeiten der **Teilnahme an einem Arbeitskampf** nicht zur Kürzung des Entgelts, sondern zur Belastung des Gleitzeitkontos führen. Eine solche Regelung verletzt nicht die Chancengleichheit im Arbeitskampf.[534] Werden Regelungen vereinbart, die maximal übertragbare Gleitzeitguthaben definieren oder festlegen, dass am Ende eines Ausgleichszeitraums bestimmte Höchstwerte nicht überschritten werden dürfen, so begründet dies entsprechende **Durchführungspflichten des AG,** die der BR, ggf. auch die Gewerkschaft gem. § 23 Abs. 3, mit dem Unterlassungsanspruch durchsetzen kann.[535]

bb) Vertrauensarbeitszeit

100 Besondere Probleme wirft die sog. »**Vertrauensarbeitszeit**« (vgl. auch die Arbeitshilfe bei DKWF-*Klebe/Heilmann*, § 87 Rn. 20) auf. Hierbei gibt der AG einen Zeitrahmen vor, in dem bestimmte Arbeitsziele zu erreichen sind, eine Anwesenheitspflicht im Betrieb oder Arbeitspflicht für definierte Zeiten bzw. Kernarbeitszeit existieren nicht. Die tatsächlich vom AN gebrauchte Arbeitszeit ist für den AG unwichtig, es zählt nur das Ergebnis. Der AN selbst hat damit die Verantwortung für die Erreichung der Ziele, faktisch gleich, wie und mit welchem Zeitaufwand. Bei der Vertrauensarbeitszeit, die Elemente der Abrufarbeit und von Außendienstarbeit hat, handelt es sich also i. d. R. um eine schlichte **Verlagerung des Betriebsrisikos vom AG auf den AN.**[536] Der BR wird entsprechenden Plänen daher sehr kritisch gegenüberstehen müssen. Sollte sich die Einführung von Vertrauensarbeitszeit nicht vermeiden lassen,

---

531 Da die Arbeitsleistung vergütungspflichtig erbracht worden ist dürfte ein Verfall auch schon im Hinblick auf **Art. 14 GG** nicht zulässig sein; vgl. GK-*Gutzeit*, Rn. 354, 429; DHZ-*Heuschmid*, § 29 Rn. 47; *BAG* 29.4.04 – 1 ABR 30/02, NZA 04, 670 (677) lässt die Frage offen; a. A. *LAG München* 27.3.12 – 6 TaBV 101/11, AiB 13, 460 ff. mit Anm. v. *Heinlein*; vgl. aber *BAG* 10.12.13 – 1 ABR 40/12, NZA 14, 675 (676 f.), das in der Rechtsbeschwerde diese Frage nicht zu entscheiden brauchte, da in der fraglichen BV nur die Arbeitszeit, aber nicht die Vergütung geregelt werde und zudem ein Verfall nach dem einschlägigen TV unzulässig war); zustimmend *Fitting*, Rn. 115 und hierzu *Karthaus*, AuR 15, 346 ff.; zustimmend ErfK-*Kania*, Rn. 29; vgl. auch HWGNRH-*Worzalla*, Rn. 209.

532 Vgl. auch *HessLAG* 9.10.97 – 5 TaBV 8/97, NZA-RR 99, 88 (Ls.) zur Auslegung einer BV mit entsprechenden Höchstgrenzen für Über- und Unterschreitung der Sollzeit.

533 Vgl. insgesamt DHZ-*Heuschmid*, § 29 Rn. 75 ff.; *Schüren*, AuR 96, 381 ff.; zur **Überwachung** der Gleitzeitkonten durch den BR *LAG Baden-Württemberg* 21.2.94 – 15 TaBV 11/93, BB 94, 1352 f. und auch *LAG Köln* 28.6.11 – 12 TaBV 1/11, RDV 12, 37 (38 f.); zur **Insolvenzsicherung** von Arbeitszeitkonten *Hamm*, AiB 05, 92 ff.; *BAG* 24.9.03 – 10 AZR 640/02, DB 04, 191 f.; zur ab 1.1.09 geänderten Rechtslage durch das Gesetz zur Verbesserung der Rahmenbedingungen für die Absicherung flexibler Arbeitszeitregelungen und zur Änderung anderer Gesetze (BT-Drucks. 16/10289 und BR-Drucks. 892/08) *Wellisch/Lenz*, DB 08, 2762 ff.; *Haßlöcher*, BB 09, 440 ff. und *Ulbrich/Rihn*, DB 09, 1466 ff.

534 *BAG* 30.8.94 – 1 ABR 3/94, NZA 95, 183 (184 f.).

535 *BAG* 29.4.04 – 1 ABR 30/02, NZA 04, 670 (677 f.); *LAG Köln* 7.5.08 – 3 TaBV 85/07, AuR 08, 456(Ls.); DHZ-*Heuschmid*, § 29 Rn. 158; vgl. auch *Herbst*, AuA 01, 555 ff.

536 Ausführlich hierzu *Hamm*, AiB 00, 152 ff.; *Thannheiser*, CF 4/00, S. 18 ff.; DHZ-*Heuschmid*, § 29 Rn. 123 ff.; SW-Arbeitszeit-*Wagner/Wick*, Kapitel 5.6; vgl. auch *Compensis*, NJW 07, 3089 ff.; vgl. auch zu agiler Arbeit und Vertrauensarbeitszeit *Bachner*, 100 Jahre Betriebsverfassungsrecht, S. 17 (26); *Krause*, Agile Arbeit, S. 83 ff.

muss er seinen Mitbestimmungsrechten nach Nr. 2 und 3[537] (vgl. auch Rn. 323) adäquate Regelungen zum Schutz der AN anstreben, ein Verzicht auf seine Rechte, ihre Nichtausübung, wäre auch hier unzulässig (Rn. 39);[538] eine entsprechende Anordnung durch Entscheidung der ESt. ist im Übrigen nicht möglich. Regelungen in einer **(freiwilligen) BV** müssen daher z. B. die Einhaltung der gesetzlichen und tariflichen Vorschriften beachten und die Beschäftigten in die Lage versetzen, wirklich **mehr Autonomie** zu erlangen und sich, ggfs. mit einem spezifischen Reklamationsverfahren unter Einschaltung des BR, wirksam gegen Überlastung zu wehren. Sie müssen gewährleisten, dass die **gesamte** tatsächliche Arbeitszeit betrieblich erfasst wird. Dies gibt die Rspr. des *EuGH*[539] zwingend vor (vgl. auch den Entwurf einer BV zur Erfassung der Arbeitszeit bei DKWF-*Klebe/Heilmann*, § 87 Rn. 9a). Über die bisher schon in § 16 Abs. 2 ArbZG geregelte **Dokumentationspflicht** bei einer werktäglichen Arbeitszeit, die 8 Stunden überschreitet,[540] hinaus entnimmt das *BAG* diese Verpflichtung des AG zur Zeiterfassung zu Recht einer europarechtskonformen Auslegung des § 3 Abs. 2 Nr. 1 ArbSchG.[541] Dies hat eine erstaunliche Debatte und Kritik, insbes. auch v. Praktikern, ausgelöst.[542] Erstaunlich auch deshalb, weil die Einhaltung der Arbeitszeitvorgaben Gesundheitsschutz ist, mit geringem auch finanziellem Aufwand über Apps erfasst werden kann und die Arbeitszeiterfassung bereits vor dem Beschluss des *BAG* sehr weitgehend erfolgte. 2021 geschah dies für 79 % der Beschäftigten, in der Industrie z. B. für 85 %, im Handwerk für 82 %.[543] Erfolgt die Zeiterfassung, die auch die Pausen betreffen muss,[544] durch die Beschäftigten, muss der AG deren Aufzeichnungen, so die unionsrechtlichen Vorgaben, wirksam auf Richtigkeit überprüfen,[545] er bleibt der Verantwortliche. Wichtig ist vor allem, dass realistische/erreichbare Ziele in einem nachvollziehbaren (vom BR mitbestimmten) Verfahren mit individuellen **Beschwerde und Eskalationsrechten** der AN definiert werden. Zudem muss sichergestellt werden, dass Zeitguthaben durch Freizeit ausgeglichen werden können, die Arbeit, z. B. in **Projekten, unterbrechbar** wird. Der BR hat auch hier nach § 80 Abs. 2 Satz 1 einen **Auskunftsanspruch** hinsichtlich der tatsächlich geleisteten Arbeitszeiten, z. B. um die Einhaltung von Ruhezeit und Ruhepausen zu überprüfen. Der

---

537 *LAG Niedersachsen* 22. 10. 13 – 1 TaBV 53/13, LAGE § 98 ArbGG 1979 Nr. 68 = juris; Richardi/*Richardi*, Rn. 297.

538 Vgl. auch Rn. 49.

539 14. 5. 19 – C-55/18, NZA 19, 683 (686 Tz. 52 ff.); hierzu *Heuschmid*, NJW 19, 1853 f.; *D.Ulber*, NZA 19, 677 ff.; *ders.*, S. 71 ff.; *Bayreuther*, EuZW 19, 446 ff.; *Buschmann*, AuR 19, 143 f. und 292; *Schrader*, NZA 19, 1035 ff.; *Brors*, NZA 19, 1176 ff. *Reinhard*, NZA 19, 1313 ff.; *Lörcher*, AuR 19, 418 ff.; *Temming*, NZA 21, 1433 ff.

540 Vgl. auch *LAG Niedersachsen* 22. 10. 13 – 1 TaBV 53/13, LAGE § 98 ArbGG 1979 Nr. 68 = juris; Richardi-*Richardi/Maschmann*, Rn. 299.

541 *BAG* 13. 9. 22 – 1 ABR 22/21, NZA 22, 1616 (1620 ff. Tz. 42 ff.);; vgl. auch zur lebhaften Debatte vor dem Beschluss: *Brors*, NZA 20, 1685 ff.; *ArbG Emden* 20. 2. 20 – 2 Ca 94/19, juris (Tz. 26 ff., rechtskräftig) und 24. 9. 20 – 2 Ca 144/20, NZA-RR 21, 13 f. (mit Anm. v. *Fuhlrott*) folgerte dies bereits aus der unmittelbaren Anwendung von Art. 31 Abs. 2 EUGr-Ch ohne Umsetzung durch den Gesetzgeber oder richtlinienkonforme Auslegung; a. A. *Boemke*, jurisPR-ArbR 24/20 Nr. 4; *Thüsing*, DB 20, 1343 ff.; Richardi-*Richardi/Maschmann*, Rn. 299; mit § 6 des Gesetzes zur Sicherung v. AN-Rechten in der Fleischwirtschaft v. 22. 12. 20 ist eine manipulationssichere elektronische Zeiterfassung angeordnet worden (hierzu *Däubler*, NZA 21, 86 (88).

542 Zur rechtswissenschaftlichen Debatte vgl. z. B. häufig sehr kritisch *Bayreuther*, NZA 23, 193 ff.; *Fink*, BB23, 249 ff.; *Höpfner/Schneck*, NZA 23, 1 ff.; *Salamon*, NJW 23, 335 ff.; *Schreiner/Stephan*, DB 23, 197 ff.; *H.Hanau*, RdA 23, 115 ff.; dem BAG zustimmend *Brors*, AuR 23, 188 ff., die die Pflicht zur Zeiterfassung aus einer unmittelbaren Anwendung v. Art. 31 Abs. 2 EUGr-Ch ableitet; *Pschorr*, AuR 23, 193 ff.; *Schuch*, AuR 23, 202 ff..

543 Sicherheit und Gesundheit bei der Arbeit – Berichtsjahr2021, Unfallverhütungsbericht des Bundesministeriums für Arbeit und Soziales (12/22), S. 60 ff.

544 Vgl. zum österreichischen Recht *Brameshuber*, AuR 23, 5 (10), wo nach § 26 AZG zur Aufzeichnungspflicht auch die Lage der Arbeitszeit zählt, da sonst die Einhaltung v. Ruhepausen und Ruhezeit nicht erkennbar sei.

545 Vgl. z. B. *Brors*, NZA 20, 1685 (1687); *dieselbe*, AuR 23, 188 (192); *Heuschmid*, NJW 19, 1853; *Buschmann*, AuR 19, 143; *D. Ulber*, S. 98 ff.: Information des AG über Beginn und Ende der täglichen Arbeitszeit; vgl. auch *Bayreuther*, NZA 20 1 (7), der schon stichprobenartige Kontrollen des AG für ausreichend halten will.

AG muss gewährleisten, dass der BR diese Kontrollaufgaben wahrnehmen kann.[546] Bei dem Thema der Vertrauensarbeitszeit ist es, wie die betriebliche Erfahrung zeigt, besonders wichtig, Lösungen zusammen mit den Beschäftigten zu entwickeln.[547]

cc) Jobsharing und KAPOVAZ

101 Die Mitbestimmung besteht hinsichtlich der Einführung und Ausgestaltung der kapazitätsorientierten variablen Arbeitszeit/**KAPOVAZ** (DKWF-*Klebe/Heilmann,* Mustervereinbarung Kapovaz, § 87 Rn. 15).[548] und des **Jobsharing-Systems.**[549] Bei BV sollte der BR die allgemein für Teilzeitarbeit geltenden Regelungspunkte beachten (vgl. Rn. 108) und vor allem auch, dass die Einrichtung dieser Arbeitsplätze nur auf Wunsch der AN erfolgt. Bei Jobsharing sollte er darüber hinaus vereinbaren, dass die AN den Arbeitsplan selbstständig aufstellen, Vertretungen des Partners freiwillig und auf vorhersehbare Fälle beschränkt sind und bei dessen etwaigem Ausfall auf Dauer ein Anspruch auf Vollzeitbeschäftigung besteht.[550]

dd) Ladenöffnungszeiten

102 Der BR hat auch insoweit ein Mitbestimmungsrecht, als durch die zeitliche Lage der Arbeitszeit die **Ladenöffnungszeiten** in Geschäften mitgeregelt werden. Die Lage der Arbeitszeit muss nicht den gesetzlich zugelassenen Ladenöffnungszeiten entsprechen. Das Mitbestimmungsrecht unterliegt nicht dem Vorbehalt, in den **unternehmerisch-wirtschaftlichen Bereich** nicht eingreifen zu dürfen[551] (vgl. oben Rn. 27). **Veränderungen des gesetzlichen Ladenschlusses** haben dementsprechend keinen unmittelbaren Einfluss auf Arbeitszeitregelungen z. B. in BV, sie stellen auch keinen Grund für deren außerordentliche Kündigung dar.[552] Dies gilt auch nach Übergang der Gesetzgebungskompetenz vom Bund auf die Länder,[553] wenn deren Ladenschluss-/Ladenöffnungsgesetze längere Öffnungszeiten möglich machen.[554]

ee) Rufbereitschaft

103 Der BR hat auch ein Mitbestimmungsrecht bei der Einführung und Festlegung der Modalitäten (z. B. auch mit der Festlegung v. Höchstgrenzen[555]) von **Rufbereitschaft** (vgl. den Regelungs-

---

546 Vgl. *BAG* 6. 5. 03 – 1 ABR 13/02, DB 03, 2445 ff.; *LAG Niedersachsen* 8. 11. 04 – 5 TaBV 36/04, NZA-RR 05, 424 ff. und *LAG Köln* 6. 9. 10 – 5 TaBV 14/10, AuR 11, 266 (Ls.); Richardi-*Richardi/Maschmann,* Rn. 299.

547 Vgl. auch Däubler-*Heuschmid/Klug,* TVG, § 1 Rn. 684 ff.; *Fitting,* Rn. 116; *Hamm,* AiB 00, 152 (158 ff.); *Schoof,* AiB 03, 199 (205); *Reichold,* FS Wiese, S. 407 ff. (insbes. S. 422 ff.); *Klein-Schneider,* Vertrauensarbeitszeit, S. 14 ff.

548 Vgl. § 12 TzBfG, der eine Festlegung der täglichen und wöchentlichen Arbeitszeit im Arbeitsvertrag verlangt; hierzu auch *Däubler,* ZIP 01, 217 (222).

549 Vgl. § 13 TzBfG; *BAG* 13. 10. 87, 28. 9. 88 AP Nrn. 24, 29 zu § 87 BetrVG 1972 Arbeitszeit; ErfK-*Kania,* Rn. 29 (zu Kapovaz); *Fitting,* Rn. 128 f.; *Buschmann/Dieball/Stevens-Bartol,* Rn. 13; *Gnade,* FS Kehrmann, S. 227 (234 f.); MünchArbR-*Matthes,* § 244 Rn. 34 ff., 56; vgl. zu Jobsharing weiter *Franke,* DB 85, 1635 ff.; einschränkend HWGNRH-*Worzalla,* Rn. 211; zu KAPOVAZ: HWGNRH-*Worzalla,* Rn. 207; *Kleveman,* AiB 86, 103 ff. (156 ff.); *Plander,* AuR 87, 281 ff.; insgesamt enger GK-*Gutzeit,* Rn. 334 ff.

550 Vgl. auch die **Regelungspunkte** bei *Bobke,* S. 190 zu KAPOVAZ und S. 191 zu Jobsharing.

551 *BAG* 31. 8. 82, AP Nr. 8 zu § 87 BetrVG 1972 Arbeitszeit; bestätigt durch *BVerfG* 18. 12. 85, AP Nr. 15 zu § 87 BetrVG 1972 Arbeitszeit; *BAG* 26. 10. 04 – 1 ABR 31/03A, NZA 05, 538 (541); *Fitting,* Rn. 117; a. A. HWGNRH-*Worzalla,* Rn. 221; Richardi-*Richardi/Maschmann,* Rn. 325; *Wank,* FS 100 Jahre Betriebsverfassungsrecht, S. 777 (791).

552 Vgl. *Buschmann/Ulber,* ArbZG, Anhang E, § 3 Rn. 9 m. w. N., *Buschmann* AiB 07, 197 (203).

553 Hierzu *Buschmann/Ulber,* ArbZG, Anhang E, Einführung Rn. 11 und DHZ-*Heuschmid,* § 28 Rn. 410 ff.

554 *Buschmann/Ulber,* ArbZG, Anhang E, § 3 Rn. 9.

555 Vgl. auch *Däubler,* Digitalisierung, § 5 Rn. 12.

vorschlag bei DKWF-*Klebe/Heilmann*, § 87 Rn. 16 und zu Überstunden Rn. 125).[556] Rufbereitschaft ist zwar die Zeit, in der der AN verpflichtet ist, sich an einem selbst bestimmten Arbeitsort, den er dem AG angeben muss, oder per Funktelefon[557] auf Abruf bereitzuhalten, es ist also keine Arbeitszeit. Auf der anderen Seite soll das Mitbestimmungsrecht sicherstellen, dass die **private Lebensgestaltung** des AN nicht allein dem Weisungsrecht des AG überlassen bleibt.[558] Dies rechtfertigt eine Gleichstellung der Rufbereitschaft. **Bereitschaftsdienst** (vgl. die Mustervereinbarung bei DKWF-*Klebe/Heilmann*, § 87 Rn. 17) ist ebenso wie **Arbeitsbereitschaft**[559] als Arbeitszeit auch arbeitszeitrechtlich anzusehen,[560] sodass Einführung und zeitliche Lage mitbestimmungspflichtig sind.[561]

ff) Schicht- und Nachtarbeit

104 Der Mitbestimmung unterliegen die **Einführung,** der **Abbau** sowie die konkreten **Modalitäten** von **Schichtarbeit** (vgl. die **Vereinbarungsentwürfe zu Schicht- und Nachtarbeit**[562] bei DKWF-*Klebe/Heilmann*, § 87 Rn. 18 und 21),[563] wie z. B. die Zahl und zeitliche Lage der einzelnen Schichten, die Abgrenzung des Personenkreises, der Schichtarbeit zu leisten hat, und der **Schichtplan,** dessen Ausgestaltung auch die Zuordnung der AN zu den Schichten umfasst[564] sowie die Änderung bereits festgelegter Pläne.[565] Das Mitbestimmungsrecht besteht bereits dann, wenn nur **eine Schicht** ausfallen oder verlegt werden soll,[566] und zwar hinsichtlich der Absage und beim Nachholen.[567] Es erfasst die **Umstellung von drei auf zwei Schichten,** den Wegfall der **Nachtschicht,** die Ausgestaltung eines gem. § 6 Abs. 5 ArbZG zu gewährenden **Freizeitausgleichs für Nachtarbeit,**[568] die Regelung über **Sonn-, Feiertags**-, Nacht- und **Wechselschichten** sowie die Frage, welche AN in welcher Schicht eingesetzt werden sollen. Auch der **Schichtwechsel einzelner AN** unterliegt dem Mitbestimmungsrecht, wenn der AG in einer Vielzahl von Situationen, die sich mit betriebsbedingter Notwendigkeit immer wieder ergeben, veranlasst ist, für einen oder mehrere AN einen Wechsel durchzuführen.[569] Die **erstmalige Zuordnung** eines **neu eingestellten Beschäftigten,** hier eines LeihAN, ist demgegenüber nach Auffassung des *LAG Nürnberg* wegen fehlenden kollektiven Bezugs vom Mitbestimmungsrecht

---

556 *BAG* 21.12.82, AP Nr. 9 zu § 87 BetrVG 1972 Arbeitszeit; 23.7.96 – 1 ABR 17/96, DB 97, 380 (381); 23.1.01 – 1 ABR 36/00, DB 01, 1371 (1372); ErfK-*Kania,* Rn. 29; *Fitting,* Rn. 130; enger GK-*Gutzeit,* Rn. 360 f. und Richardi-*Richardi/Maschmann,* Rn. 313: Mitbestimmung nach Nr. 2 nur bei der Lage, nicht hinsichtlich Einführung und Umfang, insoweit aber ggf. nach Nr. 3; a. A. HWGNRH-*Worzalla,* Rn. 212; *SWS,* Rn. 64; zu **Regelungsbereichen einer BV** vgl. *Bösche/Grimberg,* AiB 94, 199 ff.

557 *BAG* 29.6.00 – 6 ABR 900/98, NZA 01, 165 (166 f.).

558 Vgl. z. B. *BAG* 21.12.82, AP Nr. 9 zu § 87 BetrVG 1972 Arbeitszeit; 15.12.92 – 1 ABR 389/2, DB 93, 888.

559 Zu den Begriffen vgl. auch *BAG* 29.10.02 – 1 AZR 603/01, DB 03, 2014 (2015).

560 Vgl. § 7 Abs. 1 Nr. 1a ArbZG, Rn. 68 und *EuGH* 3.10.00, AuR 00, 465 (466); 9.9.03 – Rs C 151/02, DB 03, 2066 (2067 f.); 5.10.04 – Rs C 397/01 bis C 403/01, BB 04, 2353 (2357) zur Arbeitsbereitschaft; 1.12.05 – C 14/04, NZA 06, 89 (90 f.); *BAG* 16.3.04 – 9 AZR 93/03, DB 04, 1732; 28.1.04 – 5 AZR 530/02, BB 04, 1796 zur Vergütung; DHZ-*Heuschmid,* § 28 Rn. 33 f.

561 *BAG* 22.7.03 – 1 ABR 28/02, NZA 04, 507 (510).

562 Zur Nachtarbeit vgl. auch das ILO-Übereinkommen Nr. 171 v. 1990, Arbeitszeitrecht, Anhang A Rn. 16.

563 *Fergen/Schweflinghaus,* AiB 06, 672 ff.

564 *BAG* 26.3.91 – 1 ABR 43/90, DB 91, 1734; 1.7.03 – 1 ABR 22/02, NZA 03, 1209 (1211); 19.6.12 – 1 ABR 19/11, NZA 12, 1237 (1238); 9.7.13 – 1 ABR 275/12, NZA 13, 1438 (1440); vgl. auch *LAG Thüringen* 23.2.22 – 4 TaBV 17/19, juris Tz. 62; *Fitting,* Rn. 123 ff.; MünchArbR-*Matthes,* § 244 Rn. 55 f.; Richardi-*Richardi/Maschmann,* Rn. 288 f.; enger HWGNRH-*Worzalla,* Rn. 202 f.

565 *BAG* 9.7.13 – 1 ABR 19/12, NZA 14, 99 (100); *Wall,* AuR 20, 109 (111).

566 *BAG* 13.7.77, AP Nr. 2 zu § 87 BetrVG 1972 Kurzarbeit.

567 *ArbG Aachen* 7.6.89, AiB 89, 289 f.

568 *BAG* 26.4.05 – 1 ABR 1/04, NZA 05, 884 (887).

569 *BAG* 27.6.89, AP Nr. 35 zu § 87 BetrVG 1972 Arbeitszeit; 18.9.02 – 1 AZR 668/01, BB 03, 740 (741); 3.5.06 – 1 ABR 14/05, DB 07, 60 (61); GK-*Gutzeit,* Rn. 345; Richardi-*Richardi/Maschmann,* Rn. 293.

nicht erfasst.[570] Sie soll nur unter § 99 fallen. Dem kann nicht gefolgt werden.[571] Die erstmalige Zuordnung unterscheidet sich nicht prinzipiell von einem Schichtwechsel einzelner AN. Auch hier kommt eine Auswahlentscheidung bei der konkreten Zuordnung in Betracht und kann die Maßnahme Auswirkungen auf die anderen in Schichtarbeit Beschäftigten haben. Mit dem bei Verletzung des Mitbestimmungsrechts gegebenen Unterlassungsanspruch hat der BR dann ein **deutlich wirksameres Instrument** gegen den Arbeitseinsatz als nach §§ 99 ff. Das Mitbestimmungsrecht greift ein, wenn die wöchentliche Arbeitszeit von **38,5 Stunden auf sechs Arbeitstage** in der Woche verteilt werden muss. Es besteht dann bei den Fragen, ob in einem sog. Rolliersystem oder einem Schichtdienst anderer Art gearbeitet werden soll, ob freie Tage jeweils auf den gleichen Wochentag fallen sollen, wie viele rollierende Gruppen gebildet und welche AN diesen zugeordnet werden sollen, schließlich auch bei der Frage, ob freie Tage auf einen Feiertag fallen können.[572] Das Mitbestimmungsrecht erfasst dagegen nicht die Zuweisung der innerhalb der maßgeblichen Schicht von den AN zu **erbringenden Arbeit.**[573]

105 Die Folgen der Schicht-, insbes. der Nachtarbeit für die betroffenen AN sind oft gravierend. Familienleben und Teilnahme am kulturellen und politischen Leben werden stark reduziert; die Gesundheitsrisiken nehmen zu.[574] Deshalb sollte der BR soweit möglich die **Einführung von Schicht- und Nachtarbeit verhindern** bzw. diese reduzieren. In BV ist bei den Modalitäten der Schicht- und Nachtarbeit zudem an die **Einführung von Freischichten** (als zusätzliches Kontingent an Nichtarbeit; vgl. auch § 6 Abs. 5 ArbZG) zum Ausgleich für die besonderen Belastungen, an eine über das Gesetz (vgl. § 6 Abs. 3 ArbZG) hinausgehende besondere **arbeitsmedizinische Betreuung,** bezahlte Essenspausen, den Ausschluss von Akkord- und Wochenendarbeit, eine **Mindestbesetzung** für Maschinen, Vorschriften zum erleichterten Rechtsanspruch auf Wechsel in normale Tagesarbeitszeit (vgl. auch § 6 Abs. 4 ArbZG), besondere Qualifizierungs- und Weiterbildungsmaßnahmen, **Freiwilligkeit** der Schicht- und der Nachtarbeit u. Ä. zu denken.[575]

106 Der BR kann das Mitbestimmungsrecht auch durch eine **Rahmenvereinbarung** ausüben,[576] die sich auf die Grundsätze der Schichtplanerstellung beschränkt und es dem AG gestattet, auf dieser Basis die Einzelschichtpläne festzulegen. Dabei sind jeweils abstrakte und verbindliche Bestimmungen für die Regelung der einzelnen Schichten und die Zuordnung der AN zu vereinbaren.[577] Darüber hinaus können sich die Betriebsparteien nach *BAG*[578] auch auf die Vereinbarung von Verfahrensregelungen beschränken, die für die Vorlage des Schichtplans gelten,

---

570 21.12.11 – 4 TaBV 19/11, LAGE § 87 BetrVG 2001 Arbeitszeit Nr. 5 (Ls.); die Nichtzulassungsbeschwerde wurde vom *BAG* 22.5.12 – 1 ABN 16/12 zurückgewiesen; *LAG München* 8.2.18 – 4 TaBVGa 16/17, juris; zustimmend HWGNRH-*Worzalla*, Rn. 228; dieser Auffassung ist auch *Bayreuther*, NZA 16, 921 f., der das Ergebnis zusätzlich mit einem Vorrang der §§ 99 ff. und damit Ausschluss des § 87 systematisch begründet; allerdings sind auch in anderen Fällen mehrere Vorschriften mit unterschiedlichem Regelungsziel, wie z.B. bei Zielvereinbarungen (Rn. 67) oder betrieblichen Bildungsveranstaltungen (Rn. 84), zugleich auf Sachverhalte anwendbar, ohne dass ein Vorrang ermittelt werden müsste (so auch *BAG* 22.8.17 – 1 ABR 4/16, NZA 18, 191 (193 Tz. 23).

571 So auch *BAG* 22.8.17 – 1 ABR 4/16, NZA 18, 191 (192 f. Tz. 19 ff.), hierzu die zustimmende Anm. v. *Schubert/Bartl*, AuR 18, 530 f.; 22.10.19 – 1 ABR 17/18, NZA 20, 123 (125 Tz. 21); 28.7.20 – 1 ABR 45/18, NZA 20, 1491 (1493 f. Tz. 22 ff.); *LAG Berlin-Brandenburg* 26.11.19 – 11 TaBV 837/19, juris (Tz. 44) für die Abweichung v. Dienstplänen; *Fitting*, Rn. 95; Schaub-*Ahrendt*, § 235 Rn. 42; a. A. *Wank*, FS 100 Jahre Betriebsverfassungsrecht, S. 777 (792).

572 *BAG* 31.1.89, AP Nr. 31 zu § 87 BetrVG 1972 Arbeitszeit; 31.1.89, AP Nr. 15 zu § 87 BetrVG 1972 Tarifvorrang; 25.7.89, NZA 89, 979 ff.; GK-*Gutzeit*, Rn. 347 f.

573 *BAG* 29.9.04 – 1 ABR 29/03, NZA 05, 313 (315).

574 Vgl. hierzu auch *Fortunato/Trippel*, AiB 12/22, S. 39 ff.

575 Vgl. *Colneric*, NZA 92, 393 ff.; *Elsner*, AiB 90, 53 ff.; *Schoof*, AiB 92, 265 ff.; SW-Arbeitszeit-*Fergen/Schulte-Meine/Vetter*, Kapitel 6; *Engelhardt*, AiB 08, 316 ff. mit Regelungspunkten für eine BV; vgl. auch *Grzech-Sukalo/Hänicke*, S. 21 ff. zu diskontinuierlichen Schichtsystemen und zu kontinuierlichen Schichtsystemen *Hänecke/Grzech-Sukalo*, S. 18 ff.

576 *BAG* 28.5.02 – 1 ABR 40/01, DB 02, 2385 (2386); *Fitting*, Rn. 125.

577 *BAG* 9.7.13 – 1 ABR 19/12, NZA 14, 99 (100); vgl. auch *LAG Baden-Württemberg* 7.11.13 – 21 TaBV 3/13, NZA-RR 14, 133 (136).

578 *BAG* 9.7.13 – 1 ABR 19/12, NZA 14, 99 (100); *Fitting*, Rn. 126; vgl. auch *LAG Baden-Württemberg* 7.11.13 – 21 TaBV 3/13, NZA-RR 14, 133 (136).

dem der BR zustimmen muss. Bei all diesen Vereinbarungen muss jeweils im Einzelfall geprüft werden, ob es sich nicht um einen unzulässigen **Verzicht** des BR auf Mitbestimmungsrechte handelt (vgl. Rn. 49, 127).

gg) Teilzeitarbeit

107 Der BR kann bei **Teilzeitarbeit** nach h. M. (vgl. Rn. 87 ff.) über die Dauer der wöchentlichen Arbeitszeit nicht mitbestimmen.[579] Der BR bestimmt mit über die **Einführung** (er hat auch hier ein Initiativrecht),[580] eine **tägliche Mindestarbeitszeit,** eine **Höchstzahl von Arbeitstagen** pro Woche und einen **zeitlichen Rahmen,** innerhalb dessen Teilzeit-AN an den einzelnen Tagen zu beschäftigen sind. Dies gilt auch für Regelungen, die die **Lage der Pausen** und deren Dauer betreffen und somit die tägliche Schichtzeit der Teilzeit-AN berühren.[581] Die Teilzeitregelungen im **TzBfG,** BEEG, FPfZG und PflegeZG haben an dieser Rechtslage nichts geändert. Nach § 8 Abs. 4 TzBfG (zeitlich nicht begrenzte Verringerung der Arbeitszeit)[582] und § 9a TzBfG (zeitlich begrenzte Verringerung der Arbeitszeit) hat ein AN Anspruch auf Verringerung seiner Arbeitszeit und eine seinen Wünschen entsprechende Verteilung, soweit keine betrieblichen Gründe entgegenstehen.[583] Die Lage der Arbeitszeit wird dabei durch eine Vereinbarung mit dem AG (§§ 8 Abs. 3, 9a Abs. 3), Fiktion (§§ 8 Abs. 5, 9a Abs. 3) oder eine die Zustimmung des AG ersetzende Gerichtsentscheidung geändert, also nicht durch eine zwingende gesetzliche Regelung i. S. d. Eingangssatzes.[584] Darüber hinaus hat die Festlegung in aller Regel Einfluss auf die Arbeit und die **Arbeitszeiten anderer AN** (z. B. **Arbeitsverdichtung,** Mehrarbeit, ungünstigere Arbeitszeiten) und damit **kollektiven Bezug.**[585] Sie kann daher ebenso wie eine spätere vom AG betriebene Änderung (Abs. 5 Satz 4) nur unter Beachtung des Mitbestimmungsrechts erfolgen.[586] Dabei sind die durch Mitbestimmungsrecht und Teilzeit-BV geschaffenen Rahmenbedingungen **betriebliche Gründe i. S. d. §§ 8, 9a TzBfG;**[587] der Anspruch auf Verteilung der Arbeitszeit muss sich also in diesem Rahmen halten.[588]

108 In einer BV kann sich der AG zudem verpflichten, Teilzeit-AN nur zu den im Arbeitsvertrag festgelegten festen Arbeitszeiten zu beschäftigen und Arbeitsverträge nur mit festen Arbeitszeiten unter Verzicht auf Abrufmöglichkeiten entsprechend dem Arbeitsanfall zu vereinbaren.[589] Das Mitbestimmungsrecht umfasst auch eine Regelung, nach der im Arbeitsvertrag Art und Umfang der Tätigkeit, Einsatzort, die Dauer der Arbeitszeit und die Arbeitszeitregelung pro

579 Vgl. aber auch *Buschmann/Dieball/Stevens-Bartol*, § 87 Rn. 9, die zu Recht hinsichtlich der wöchentlichen Mindestarbeitszeit ein Mitbestimmungsrecht annehmen.

580 vgl. *Gnade*, FS Kehrmann, S. 227 (233 m. w. N.).

581 Vgl. *BAG* 13.10.87, AP Nr. 24 zu § 87 BetrVG 1972 Arbeitszeit; *LAG Köln* 18.4.12 – 3 TaBV 92/11; Richardi-*Richardi/Maschmann*, Rn. 301 f.; *Buschmann/Ulber*, S. 148 ff.; enger *SWS*, Rn. 70 ff.

582 Vgl. auch § 3 Abs. 4 PflegeZG und hierzu *Nielebock*, AiB 08, 363 (367); *Preis/Nehring*, NZA 08, 729 ff.; *Freihube/Sasse*, DB 08, 1320 [1322]).

583 Hierzu *BAG* 18.2.02 – 9 AZR 356/02, DB 03, 1682 f.; *Buschmann/Dieball/Stevens-Bartol*, § 8 TzBfG Rn. 30 ff.

584 *BAG* 18.2.03 – 9 AZR 164/02, DB 03, 2442 (2444); 18.8.09 – 9 AZR 517/08, NZA 09, 1207 (1210); *Fitting*, Rn. 106; Richardi-*Richardi/Maschmann*, Rn. 306; *Engels*, AuR 09, 65 (68).

585 Vgl. z. B. *BAG* 16.12.08 – 9 AZR 893/07, NZA 09, 565 (568 f.).

586 BT-Drucks. 14/4625, S. 24; *Buschmann/Dieball/Stevens-Bartol*, § 8 TzBfG Rn. 36, 42; *Fitting*, Rn. 106; GK-*Gutzeit*, Rn. 330; Engels, AuR 09, 65 (68); a. A. *Gaul/Wisskirchen*, BB 00, 2466 (2468) für § 15 BErzGG, der allerdings keinen Anspruch auf eine bestimmte Ausgestaltung der verkürzten Arbeitszeit gibt.

587 *BAG* 18.2.03, a. a. O.; 24.6.08 – 9 AZR 313/07, NZA 08, 1309 (1312) 18.8.09 – 9 AZR 517/08, a. a. O.; *Fitting*, Rn. 128; HWK-*Clemenz*, Rn. 72; LKK-*Dahm*, Rn. 62; Richardi-*Richardi/Maschmann*, Rn. 306; WPK-*Bender*, Rn. 60.

588 Vgl. auch *LAG Schleswig-Holstein* 4.10.07 – 4 Sa 242/07, NZA-RR 08, 301 (303 ff.), das eine entgegenstehende BV als betrieblichen Ablehnungsgrund anerkennt, bei einer vom BR verweigerten Zustimmung diese allerdings im Lichte von § 8 Abs. 4 Satz 2 TzBfG überprüfen will. Dies ist widersprüchlich. BV und Zustimmungsverweigerung sind gleich zu behandeln und beide als betriebliche Gründe anzusehen.

589 *BAG* 13.10.87, AP Nr. 2 zu § 77 BetrVG 1972 Auslegung; vgl. auch *BAG* 28.9.88, AP Nr. 29 zu § 87 BetrVG 1972 Arbeitszeit; MünchArbR-*Matthes*, § 244 Rn. 55.

Tag und Woche niederzulegen sind.[590] Darüber hinaus können ggf. freiwillig in einer Teilzeit-BV zudem eine wöchentliche **Mindestarbeitsdauer,** konkrete **Gleichbehandlungsvorschriften** mit Vollzeitbeschäftigten (z. B. für die Weiterbildung, vgl. §§ 4, 10 TzBfG), die Zahlung eines Überstundenzuschlages bereits bei Überschreitung der festgelegten Teilzeitdauer festgelegt werden[591] und ebenso schon bei entsprechender persönlicher Eignung der **Vorrang der Teilzeitbeschäftigten** bei der Besetzung von Vollzeitarbeitsplätzen (vgl. auch § 9 TzBfG), also auch über das TzBfG hinausgehende erleichterte Voraussetzungen für den Wechsel von Vollzeit in Teilzeitarbeit und umgekehrt (zu Regelungspunkten einer BV DKWF-*Klebe/Heilmann,* § 87 Rn. 19).[592] Bei der Frage, ob **Altersteilzeit** im Blockmodell, Teilzeitmodell oder wahlweise in beiden Modellen durchgeführt werden soll, besteht ebenfalls ein Mitbestimmungsrecht, falls keine abschließende tarifliche Regelung vorliegt. **§ 2 Abs. 2 ATG** ist **nicht abschließend.**[593]

hh) Überstunden und Kurzarbeit

109 Bei der Festlegung von **Überstunden** und **Kurzarbeit** geht es auch um die Frage, wie die Arbeitszeit verteilt werden soll, wie also Beginn und Ende festgelegt werden. Demzufolge besteht ein Mitbestimmungsrecht nach Nr. 2 neben dem nach Nr. 3.[594] Schließlich greift die Vorschrift und ggf. auch Nr. 3 ein, wenn Beschäftigte **Arbeit mit nach Hause nehmen** (Rn. 62 zum Mitbestimmungsrecht nach Nr. 1).[595]

3. Vorübergehende Verkürzung/Verlängerung der Arbeitszeit (Nr. 3)

a) Voraussetzungen des Mitbestimmungsrechts

aa) Verkürzung/Verlängerung der Arbeitszeit

110 **Schutzzweck** der Nr. 3 ist, die AN bei einer Verkürzung der Arbeitszeit vor einer entsprechenden **Entgeltminderung,** bei einer Verlängerung vor den physischen und psychischen **Belastungen** zu schützen[596] und ihnen eine sinnvolle **Arbeits- und Freizeiteinteilung** sowie Freizeitgestaltung zu ermöglichen.[597] Dabei soll nach Klärung der Frage, ob die Arbeitszeit überhaupt zu verändern ist, auch eine **gerechte Verteilung** der hiermit verbundenen Belastungen und Vorteile erreicht werden.[598] Das Mitbestimmungsrecht des BR besteht, wenn die **betriebliche Arbeitszeit** verkürzt oder verlängert werden soll. Unter der betriebsüblichen Arbeitszeit ist die regelmäßige betriebliche Arbeitszeit zu verstehen.[599] Dies sind alle Arbeitszeiten, die die AN, ein Teil von ihnen oder auch ein einzelner jeweils individualrechtlich dem AG schulden. Die

---

590 *HessLAG* 4.12.03 – 5 TaBV 105/03, AuR 04, 232.

591 Zur individualrechtlichen Seite *Däubler,* Das Arbeitsrecht 2, Rn. 1933 ff. m. w. N.

592 Vgl. auch *Buschmann/Ulber,* S. 137 ff.; *Büntgen,* S. 17 ff.

593 Vgl. *LAG Köln* 16.12.05 – 11 TaBV 48/05, AuR 06, 214(Ls.) und 12.12.05 – 12 TaBV 49/05 –, beide im Verfahren zur Bestellung einer ESt., *Fitting,* Rn. 129; ErfK-*Rolfs,* ATG, § 8 Rn. 23; GK-*Gutzeit,* Rn. 331; DHZ-*Bantle,* § 112 Rn. 163 m. w. N.; Richardi-*Richardi/Maschmann,* Rn. 305; zur **Insolvenzsicherung** vgl. DKWF-*Klebe/Heilmann,* Rn. 22; *Hanau,* NZA 09, 225 ff.

594 *BAG* 3.5.06 – 1 ABR 14/05, DB 07, 60 (61); GK-*Gutzeit,* Rn. 314; Richardi-*Richardi/Maschmann,* Rn. 314 f.

595 *ArbG Hamburg* 24.8.76, MitbGespr 77, 66; GK-*Gutzeit,* Rn. 351.

596 *BAG* 21.11.78, AP Nr. 2 zu § 87 BetrVG 1972 Arbeitszeit.

597 So jetzt auch *BAG* 13.3.01 – 1 ABR 33/00, NZA 01, 976 in Erweiterung seines bisherigen Ansatzes (vgl. hierzu Rn. 98a); ähnlich *BAG* 19.6.01 – 1 ABR 43/00, BB 01, 2582 (2584); *Fitting,* Rn. 134 f.; Richardi-*Richardi/Maschmann,* Rn. 345; WPK-*Bender,* Rn. 67; *Hamann,* AuR 02, 322 (324).

598 So *BAG* 23.7.96 – 1 ABR 17/96, DB 97, 380 (381); 25.2.97 – 1 ABR 69/96, NZA 97, 955 (956); 19.6.01 – 1 ABR 43/00, BB 01, 2582 (2584) und 25.9.12 – 1 ABR 49/11, NZA 13, 159 (160) zu Überstunden; 3.5.06, DB 07, 60 (61) zu vorübergehender Verkürzung der Arbeitszeit; *Boemke,* FS Preis, S. 109 (114 f.; 118).

599 *BAG* 21.11.78, AP Nr. 2 zu § 87 BetrVG 1972 Arbeitszeit; 3.6.03, NZA 03, 1155 (1157); *BAG* 9.7.13 – 1 ABR 19/12, NZA 14, 99 (101); 30.6.15 – 1 ABR 71/13, juris (Tz. 19); Richardi-*Richardi/Maschmann,* Rn. 347.

betriebsübliche Arbeitszeit kann daher für bestimmte Arbeitsplätze oder für einzelne Abteilungen durchaus unterschiedlich sein.[600]

Es muss sich um eine **vorübergehende Verkürzung oder Verlängerung** handeln. Eine vorübergehende Veränderung der Arbeitszeit liegt vor, wenn diese lediglich einen überschaubaren Zeitraum betrifft und **nicht auf Dauer** erfolgen soll.[601] Der Endzeitpunkt muss nicht feststehen, es reicht die Absicht, nach Fortfall des Anlasses der Verkürzung oder Verlängerung der betrieblichen Arbeitszeit (z.B. Auftragsmangel oder Reparaturen) zur bisherigen Arbeitszeit zurückzukehren.[602] Eine vorübergehende Verlängerung der Arbeitszeit soll nach einer früheren Entscheidung des BAG auch vorliegen, wenn eine BV dem AG die begrenzte **Möglichkeit** gibt, über einen längeren Zeitraum **zusätzliche Schichten** zur tariflich vereinbarten regelmäßigen Arbeitszeit abzurufen, wie dies, so das *BAG*[603], bei 3 Sonderschichten und bis zu 10 Sonntagsschichten pro AN im Jahr noch der Fall sein soll.[604] Dies war schon im Hinblick auf den damaligen Sachverhalt, die BV war zeitlich und auch vom Zweck her unbefristet und auf mindestens 5 Jahre, voraussichtlich aber 9 oder mehr angelegt, nicht nachvollziehbar.[605] Die Grenze zu einer **dauerhaften Verlängerung** der Arbeitszeit ist bei einer solchen Regelung überschritten und § 77 Abs. 3 zu beachten. Zudem kommt die Regelung einem unzulässigen Verzicht auf Mitbestimmungsrechte zumindest sehr nahe (zum Verzicht bei Dauerregelungen Rn. 48f.). Das *BAG*[606] hat zu Recht in einer jüngeren Entscheidung seine Auffassung geändert. In einer ebenfalls unbefristeten BV sollten die Beschäftigten verpflichtet werden, »bei entsprechendem Arbeitsanfall durchschnittlich fünf Stunden pro Woche Mehrarbeit zu leisten«. Dies sei, so das BAG, keine vorübergehende Regelung.[607] Vorübergehend sei nur eine Verlängerung, wenn für einen überschaubaren Zeitraum[608] vom üblichen Arbeitszeitvolumen abgewichen werde, um anschließend zum bisherigen zurückzukehren. Maßgeblich sei die zum Zeitpunkt der Änderung bestehende AG-Planung. Danach wird der vorübergehende Charakter der Arbeitszeitverlängerung insbes. dadurch deutlich, dass die Maßnahme zeitlich oder durch die Erreichung eines bestimmten Zwecks befristet wird. Durch das Mitbestimmungsrecht wird **jede Form vorübergehender** Verkürzung/Verlängerung erfasst, also beispielsweise auch, unabhängig davon, ob z.B. die Verkürzung **Auswirkungen auf die Vergütung** hat,[609] die Einlegung/Absage einer einzigen Sonder- oder Feierschicht,[610] die vorübergehende unbezahlte Freistellung von AN durch einen Konkursverwalter[611] und die Verkürzung der Arbeitszeit während der **Elternzeit** (§ 15 BErzGG). Die entsprechende Vereinbarung, auf die nur ein Anspruch besteht, sofern keine dringenden betrieblichen Gründe entgegenstehen, stellt ebenso wenig wie die gerichtliche Ersetzung der Zustimmung eine **abschließende gesetzliche Regelung** i.S.d. Eingangssatzes 111

600 Vgl. z.B. *BAG* 16.7.91, DB 91, 2492f. mit Anm. *Trümner;* 3.6.03 – 1 AZR 349/02, a.a.O. m.w.N.; 24.4.07 – 1 ABR 47/06, DB 07, 1475 (1476), hierzu *Clemenz,* RdA 08, 112 (113f.); 30.6.15 – 1 ABR 71/13, juris (Tz. 19); GK-*Gutzeit,* Rn. 407.

601 *BAG* 21.11.78, AP Nr. 2 zu § 87 BetrVG 1972 Arbeitszeit; 3.6.03 – 1 AZR 343/02, NZA 03, 1155 (1157); 15.5.07 – 1 ABR 32/06, NZA 07, 1240 (1243) GK-*Gutzeit,* Rn. 412f.

602 *BAG* 9.7.13 – 1 ABR 19/12, NZA 14, 99 (101); GK-*Gutzeit,* Rn. 412f.

603 3.6.03 – 1 AZR 349/02, NZA 03, 1155 (1157f.).

604 Zustimmend ErfK-*Kania,* Rn. 33; GK-*Gutzeit,* Rn. 412f.

605 Vgl. auch *Buschmann/Ulber,* ArbZG, Einleitung Rn. 41; Arbeitszeitrecht-*Buschmann,* Einleitung Rn. 67f.; *Hamm,* AiB 05, 48 (53).

606 17.5.11 – 1 AZR 473/09, NZA 11, 1169 (1170).

607 Vgl. auch *BAG* 9.7.13 – 1 ABR 19/12, NZA 14, 99 (101) und *LAG Berlin-Brandenburg* – 15 Sa 1415/17, juris Tz. 40 (nicht vorübergehend, wenn deutlich länger als 12 Monate).

608 Vgl. auch *LAG Berlin-Brandenburg* 9.8.19 – 9 Sa 1874/18, NZA-RR 19, 653 (655 Tz.33ff.): Keine vorübergehende Verkürzung, wenn für 30 Monate die Arbeitszeit um 2.5 Stunden wöchentlich reduziert wird.

609 *BAG* 1.7.03 – 1 ABR 22/02, a.a.O.; 3.5.06 – 1 ABR 14/05, DB 07, 60 (61).

610 *BAG* 13.7.77, AP Nr. 2 zu § 87 BetrVG 1972 Arbeitszeit; 14.2.91 – 2 AZR 415/90, NZA 91, 607; *Fitting,* Rn. 136, 151; Richardi-*Richardi/Maschmann,* Rn. 364; vgl. zum Mitbestimmungsrecht bei einer Anordnung des AG, entgegen einer betrieblichen Übung am Rosenmontag/Fastnachtsdienstag durchzuarbeiten, HessLAG 20.7.93 – 5 TaBV 5/93, BB 94, 430; für den Fall eines wirksamen Widerrufs der betrieblichen Übung verneint *BAG* 12.1.94 – 5 AZR 41/93, DB 94, 2034 ein Mitbestimmungsrecht.

611 *ArbG Berlin* 9.5.96 – 6 BVGa 14940/96.

dar (vgl. auch Rn. 32, 107).[612] Wenn die Maßnahme, was i. d. R. der Fall sein wird, kollektiven Bezug hat (vgl. die entsprechende Argumentation zu §§ 8, 9a TzBfG in Rn. 107), kann sie nur unter Beachtung des Mitbestimmungsrechts erfolgen. Werden in einer BV generelle Grundsätze aufgestellt, sind diese Teil der **dringenden betrieblichen Gründe.**[613]

112 Bei **Gleitzeitregelungen** besteht das Mitbestimmungsrecht, wenn die Höchstgrenzen für eine Über- und Unterschreitung der Sollzeit nicht eingehalten werden. Dies würde auch dann gelten, wenn die die Höchstgrenzen überschreitenden Arbeitszeiten verfallen (vgl. hierzu aber Rn. 99), soweit sie nicht als Überstunden genehmigt sind. Der AG hat, wie auch ansonsten, dann entweder die Zustimmung des BR einzuholen oder den Anfall der Überstunden zu verhindern.[614] Bei **Arbeitszeitkonten** werden von der Vorschrift auch Regelungen erfasst, wonach Plusstunden, die am Ausgleichsstichtag bestehen als **vergütungspflichtige Überstunden** gewertet werden und unverschuldete **Minusstunden verfallen.**[615] Das Mitbestimmungsrecht greift ebenso ein, wenn von der in den **Mantel-TV der Metallindustrie** von 1990 eingeräumten Möglichkeit Gebrauch gemacht wird, die Arbeitszeit für höchstens 13 bzw. 18 % der Beschäftigten des Betriebs übertariflich bis auf 40 Wochenstunden zu verlängern. Angesichts des Rückkehrrechts der einzelnen AN zur tariflichen Normalarbeitszeit wird man eine vorübergehende Verlängerung annehmen müssen.[616] Auch bei der Einführung der früheren **Struktur-Kurzarbeit** gem. § 175 SGB III[617] bzw. jetzt der **Transfer-Kurzarbeit** (§§ 111, 104 ff. SGB III; §§ 112, 112a, Rn. 251 ff.) ist letztlich von einer **vorübergehenden** Veränderung der Arbeitszeit auszugehen,[618] wenngleich der Wortlaut der Vorschriften, der von »Fällen eines nicht nur vorübergehenden Arbeitsausfalls« spricht bzw. davon, dass »die Beschäftigungsmöglichkeiten für die AN nicht nur vorübergehend entfallen«, dem entgegenzustehen scheint. Auch in diesen Fällen kann durchaus eine wesentliche Veränderung der wirtschaftlichen Verhältnisse eintreten und damit eine dauerhafte Rückkehr zur bisherigen Arbeitszeit möglich sein, obwohl zunächst das Ende der Kurzarbeit nicht absehbar ist. Darüber hinaus kann für die AN gem. § 111 Abs. 7 SGB III die Verpflichtung bestehen, an Qualifizierungsmaßnahmen (ggf. auch bei einem anderen AG) während der Arbeitszeit teilzunehmen, also in diesem Sinne zu arbeiten (vgl. auch Rn. 132). Durch Nr. 3 wird die **Verlängerung der regelmäßigen Arbeitszeit** nicht erfasst (s. o. Rn. 111).[619]

bb) Initiativrecht

113 Der BR kann sowohl zur **vorübergehenden Einführung von Überstunden** als auch **Kurzarbeit** die Initiative ergreifen.[620] Selbst in dem Gesetzentwurf der CDU/CSU, der nur für einen Teil der Mitbestimmungsrechte ein Initiativrecht beabsichtigte, war dieses für die »Festsetzung von Kurz-, Mehr- und Schichtarbeit« in § 29 Abs. 1c vorgesehen.[621] Darüber hinaus ist diese Differenzierung dann von der Bundestagsmehrheit abgelehnt worden, woraus sich folgern

---

612 GK-*Gutzeit,* Rn. 410; a. A. *Gaul/Wisskirchen,* BB 00, 2466 (2468); HWGNRH-*Worzalla,* Rn. 234; LKK-*Dahm,* Rn. 86.

613 Vgl. *Preis/Gotthardt,* DB 01, 145 (149); Richardi-*Richardi/Maschmann,* Rn. 306 und *Straub,* NZA 01, 919 (924) zu § 8 TzBfG.

614 HessLAG 9. 10. 97 – 5 TaBV 8/97, NZA-RR 99, 88 (Ls.); *Schoof,* AiB 03, 199 (208); *Karthaus,* AuR 15, 346 (348).

615 *BAG* 22. 7. 03 – 1 ABR 28/02, NZA 04, 507 (510).

616 Vgl. GK-*Gutzeit,* Rn. 412; *Däubler,* Tarifvertragsrecht, Rn. 709; *ders.* Das Arbeitsrecht 1, Rn. 970.

617 Vgl. hierzu *J. Ulber/Unterhinninghofen,* JbArbR Bd. 35 (1998), S. 71 ff. (81 ff.).

618 Ebenso HaKo-BetrVG/*Kohte,* Rn. 51; *Schoof,* AiB 03, 199 (211); LMS-*J. Ulber,* vor § 169 Rn. 5; *ders.,* AiB 07, 5 (10 f.); a. A. *Fitting,* Rn. 154; GK-*Gutzeit,* Rn. 421; LKK-*Dahm,* Rn. 101; *Bachner/Schindele,* NZA 99, 130 (133); *Schütte,* FS Bauer, S. 989 (995); zur Transfer-Kurzarbeit nach Inkrafttreten des Beschäftigungschancengesetzes vom 27. 10. 10 vgl. *Homburg,* AiB 11, 11 f. und *Böhnke/Kreuziger,* AuA 11, 14 f.

619 *BAG* 12. 2. 86, DB 87, 995 f.

620 *Fitting,* Rn. 161; HaKo-BetrVG/*Kohte,* Rn. 55; zur Kurzarbeit *BAG* 4. 3. 86, AP Nr. 3 zu § 87 BetrVG 1972 Kurzarbeit; *Denck,* ZfA 85, 249 (263); *Gäbert,* NZA 86, 412 ff.; differenzierend Richardi-*Richardi/Maschmann,* Rn. 376 ff.; a. A. GK-*Gutzeit,* Rn. 393 ff.; *Bischof,* NZA 95, 1021 (1024 f.).

621 BT-Drucks. VI/1806, S. 6.

lässt, dass **für alle Mitbestimmungsrechte ein Initiativrecht** besteht (vgl. Rn. 19). Aus Wortlaut und Systematik lässt sich ebenfalls keine Beschränkung entnehmen.[622] Insbesondere stehen Mitbestimmungsrechte nicht unter dem Vorbehalt, nicht in die unternehmerische Entscheidungsfreiheit eingreifen zu dürfen (vgl. Rn. 27). Das Initiativrecht kann auch zur **Beendigung** der Überstunden und der Kurzarbeit geltend gemacht werden.[623]

cc) Rückkehr zur Normalarbeitszeit

Nach Auffassung des *BAG* unterliegt es weder der Mitbestimmung, wenn der Betrieb nach über längere Zeit geleisteten Überstunden wieder **auf die betriebsübliche Arbeitszeit zurückgehen** will, noch, wenn die mit dem BR vereinbarte Kurzarbeit wegen einer veränderten Auftragslage früher als zunächst vorgesehen aufgehoben wird.[624] Zum einen handele es sich um eine dauerhafte und keine vorübergehende Verkürzung oder Verlängerung der Arbeitszeit, zum anderen werde die **betriebsübliche Arbeitszeit** nicht verändert, sondern **wiederhergestellt.** Schließlich sei auch der Schutzzweck der Nr. 3, nämlich die Entgeltansprüche der AN bei Kurzarbeit abzusichern bzw. bei Verlängerung der Arbeitszeit Schutz vor außerordentlichen Belastungen zu geben, nicht betroffen. 114

Diese Rspr. zu Nr. 3 ist selbst bei **vollständiger Rückkehr zur früheren Arbeitszeit** nicht überzeugend. Ist die Einführung von Überstunden und Kurzarbeit mitbestimmungspflichtig, so ist dies auch deren Beendigung.[625] Zudem kann und sollte die jeweilige Beendigung der Arbeitszeitveränderung bereits bei deren Einführung festgelegt werden, so dass der AG nicht durch einseitige Erklärung hiervon abweichen kann.[626] Ist diese Regelung durch das Mitbestimmungsrecht abgedeckt, so ist nicht nachvollziehbar, warum für die Beendigung einer durch einen Anlass befristeten, zeitlich unbefristeten Arbeitszeitveränderung etwas anderes gelten soll.[627] Darüber hinaus ändert sich beim Abbau von Überstunden bzw. Kurzarbeit **Beginn und Ende der täglichen Arbeitszeit,** so dass das Mitbestimmungsrecht nach **Nr. 2** eingreift.[628] Erfolgt nur ein **teilweiser Abbau** der Überstunden/Kurzarbeit, so ist das Mitbestimmungsrecht des BR unabhängig von den vorstehenden Überlegungen auch nach Nr. 3 zu bejahen.[629] In diesem Fall liegt eine weitere, sich allerdings vom Umfang her unterscheidende Änderung der betriebsüblichen Arbeitszeit vor. Der BR übt hier seine **Schutzfunktion** (vgl. Rn. 110) z. B. aus, wenn neu festzulegen ist, welche AN in welchem Umfang von den Veränderungen der Arbeitszeit betroffen sind, wie die verbleibenden Überstunden bzw. die Kurzarbeit möglichst gerecht zu verteilen sind.[630] 115

---

622 *BAG* 4.3.86, AP Nr. 3 zu § 87 BetrVG 1972 Kurzarbeit.

623 GK-*Gutzeit*, Rn. 398, WPK-*Bender*, Rn. 75, 81.

624 25.10.77, 21.11.78, AP Nrn. 1, 2 zu § 87 BetrVG 1972 Arbeitszeit; 11.7.90 – 5 AZR 557/89, NZA 91, 67 f.; vgl. auch 18.9.02 – 1 AZR 668/01, BB 03, 740 (741); LKK-*Dahm*, Rn. 97, 101; Richardi-*Richardi/Maschmann*, Rn. 358 f.; Schaub-*Ahrendt*, § 235 Rn. 47.

625 WPK-*Bender*, Rn. 75, 81; NK-GA/*Schwarze*, Rn. 114.

626 Vgl. auch *LAG Nürnberg* 7.4.92 – 6 TaBV 10/91; *ArbG Hamm* 4.5.20 – 2 BVGa 2/20, juris Tz. 13; *ArbG Neumünster* 28.4.20 – 4 BVGa 3 A/20, juris; *ArbG Berlin* 27.4.20 – 46 AR 50030/20, juris; GK-*Gutzeit*, Rn. 416 f.; LMS-*J. Ulber*, vor § 169 Rn. 6; *Schütte*, FS Bauer, S. 989 (990) und *Otto*, NZA 92, 97 (100); a. A. HWGNRH-*Worzalla*, Rn. 239.

627 So vor allem auch GK-*Gutzeit*, Rn. 416 f. und WPK-*Bender*, Rn. 75, 81; *Buschmann/Ulber*, S. 209 f., 219; HaKo-BetrVG/*Kohte*, Rn. 55; *Schoof*, AiB 03, 199 (206, 210); *WW*, Rn. 36; vgl. auch ErfK-*Kania*, Rn. 35: Mitbestimmung bei der Beendigung der Kurzarbeit; ebenso DHZ-*Heuschmid*, § 29 Rn. 206; vgl. auch *Fitting*, Rn. 150, 153: Kein Mitbestimmungsrecht beim Abbau von Überstunden, Mitbestimmungsrecht allerdings bei vorzeitiger Beendigung vereinbarter Sonderschichten und von Kurzarbeit.

628 *BAG* 21.11.78, AP Nr. 2 zu § 87 BetrVG 1972 Arbeitszeit.

629 Vgl. *LAG Nürnberg*, a. a. O.; *ArbG Hamm* 4.5.20 – 2 BVGa 2/20, juris mit zustimmender Anm. v. *Kohte* in jurisPR-ArbR 48/20 Nr. 2; LKK-*Dahm*, Rn. 97; *Gnade*, FS Kehrmann, S. 227 (237).

630 Vgl. auch Spruch einer ESt. 7.4.92, NZA 92, 1021 f. und *BAG* 25.2.97 – 1 AZR 642/96, S. 11, das in diesem Fall ein Mitbestimmungsrecht in Erwägung zieht.

dd) Veränderung der Arbeitszeit und Arbeitskampf

116 Nach der Auffassung des *BAG* soll das Mitbestimmungsrecht des BR entfallen, wenn **während eines Streiks** im Betrieb des AG dieser die betriebsübliche Arbeitszeit der arbeitswilligen AN aus streikbedingten Gründen vorübergehend verlängern will.[631] Im Hinblick auf eine angebliche **»Überforderung« des BR** und **Paritätsüberlegungen** soll ebenso wie die Anordnung von Überstunden auch die von Kurzarbeit in unmittelbar bestreikten Betrieben mitbestimmungsfrei sein.[632] Hiergegen spricht bereits, dass der Gesetzgeber den vom *BAG* in den Vordergrund gestellten Konflikt zwischen Arbeitskampf und Mitbestimmung kannte. Trotzdem hat er lediglich für bestimmte eilbedürftige Maßnahmen (§§ 100, 115; vgl. Rn. 29) Sonderregelungen getroffen (vgl. § 74 Rn. 31 f.).[633] Das Überforderungsargument war zudem schon immer eine nicht weiter belegte Mutmaßung. An Stelle einer abstrakten Paritätsprüfung ist richtigerweise zwischen der Arbeitskampffreiheit des AG (Art. 9 Abs. 3 GG) und den aus Art. 20 GG (Demokratie- und Sozialstaatsprinzip) folgenden durch den BR wahrgenommenen Teilhaberechten der AN eine praktische Konkordanz herzustellen. Hierfür ist, wie *Klocke* zu Recht entwickelt hat, eine Verhältnismäßigkeitsprüfung erforderlich: Es muss positiv begründet werden, dass die Durchführung der AG-Maßnahme die Bedeutung der Beteiligung des BR überwiegt.[634] Für lediglich die Folgen nach Ende eines Streiks kompensierende Maßnahmen sind Einschränkungen des Mitbestimmungsrechts erst Recht abzulehnen.[635] Bei den Streikfolgen vorbeugenden Anordnungen bzw. solchen, die noch während einer Arbeitsniederlegung bereits eingetretene Folgen abwehren sollen, muss auch nach der Rspr. des *BAG*[636] jedenfalls für die AN erkennbar sein, dass es sich um eine Arbeitskampfmaßnahme handelt, damit sichergestellt ist, dass nicht AN betroffen sind, die dem konkreten gewerkschaftlichen Kampfaufruf Folge leisten. Ansonsten besteht ein Mitbestimmungsrecht.

117 Darüber hinaus vertritt das *BAG*[637] die Auffassung, dass das Mitbestimmungsrecht des BR bei Kurzarbeit, die auf **arbeitskampfbedingte Fernwirkungen** (Beeinträchtigung von Zulieferung und Absatz) zurückzuführen ist, zum Teil eingeschränkt sei. Dies sei der Fall, wenn die Fernwirkungen auf Drittbetriebe das **Kräfteverhältnis der Parteien**, die im Arbeitskampf stehen, beeinflussten. Hiervon sei auszugehen, wenn Betriebe derselben Branche, für die dieselben Verbände zuständig seien, bzw. Betriebe, die sich untereinander in enger wirtschaftlicher Verflechtung befinden, betroffen seien. Bei arbeitskampfbedingter Kurzarbeit sei dann die Frage, ob diese überhaupt einzuführen sei, mitbestimmungsfrei, der BR könne nur bei den Modalitäten, also beim **»Wie«**, nicht beim **»Ob« der Kurzarbeit,** mitbestimmen, sofern hierbei noch etwas zu regeln sei (Einführung der Kurzarbeit ab wann? Für welche AN? usw.).

118 Diese Rspr. des *BAG*, die das Gericht offenbar später selbst in Zweifel gezogen hat,[638] ist abzulehnen.[639] Es ist kein Grund ersichtlich, das sonst vom AG zu tragende Betriebs- und Wirtschaftsrisiko den AN aufzubürden. Dem Gesetz lässt sich **keine Beschränkung des Mitbestimmungsrechts** entnehmen. Darüber hinaus sind die Paritätsüberlegungen bereits vor, erst recht

---

631 24.4.79, AP Nr. 63 zu Art. 9 GG Arbeitskampf; vgl. auch *BAG* 30.8.94 – 1 ABR 3/94, NZA 95, 183 (184); 10.12.02 – 1 ABR 7/02, BB 03, 1900 (1901 f.); 20.3.18 – 1 ABR 70/16, NZA 18, 1081 (1084 f. Tz.35 ff.); *Fitting*, Rn. 169, 171; GK-*Gutzeit*, Rn. 435.

632 *BAG* 22.12.80, AP Nr. 70, 71 zu Art. 9 GG Arbeitskampf; zur Kritik dieser Begründung überzeugend *Klocke*, S. 50 ff., 53 ff.; *ders.*, AuR 20, 444 (446 f.).

633 Vgl. *Colneric* in Däubler, Arbeitskampfrecht, 2. Aufl., Rn. 664 ff. m. w. N.; *Dette* in Däubler, Arbeitskampfrecht, 3. Aufl., § 19 Rn. 132 ff.; *Jahn*, S. 66 ff.; *Wolter*, AuR 79, 333 ff.; *WW*, Rn. 34; *BKPSS*, AKR Rn. 350 ff.; zur Kritik an der Rechtsprechung auch *Berg*, FS Klebe, S. 46 ff.

634 S. 53 ff., 67 ff.; *ders.*, AuR 20, 444 (447 f.); vgl. auch *zu Dohna*, FS Kittner, S. 132 ff.

635 *BAG* 20.3.18 – 1 ABR 70/16, NZA 18, 1081 (1085 Tz. 39 f.); *HessLAG* 21.4.16 – 5 TaBV 196/15, juris (Tz. 30 f.); *LAG Hamburg*, NZA-RR 18, 551 (553 ff. Tz. 61 ff. mit Anm. v. *Sura*; *Fitting*, Rn. 167.

636 20.3.18 – 1 ABR 70/16, NZA 18, 1081 (1085 f. Tz. 42 ff.); hierzu auch *Kleinmann/Fündling*, NZA 18, 1386 (1388 f.).

637 22.12.80, a. a. O.; vgl. auch *BSG* 5.6.91, NZA 91, 982 (985) und die umfassende Darstellung von GK-*Gutzeit*, Rn. 437 ff. m. w. N.

638 Vgl. *Kissel*, NZA 89, 81 (82 f.).

639 Vgl. auch insbes. *Klocke*, S. 86 ff.; *ders.*, AuR 20, 444 (448 f.); und die Nachweise in den folgenden Fn.

aber seit der **Änderung des** früheren **§ 116 AFG, jetzt § 160 SGB III,**[640] zu Lasten der AN nicht überzeugend,[641] zumal bei der zunehmenden insbes. technologisch vermittelten Verflechtung innerhalb der Wirtschaft **Drittwirkungen nicht vermeidbar** sind.[642] Eine Untersuchung der IG Metall nach Abschluss des Arbeitskampfes 1984 hat im Übrigen gezeigt, dass die AG weit überwiegend die Arbeit **nicht** nach **technisch-wirtschaftlichen Zwangsläufigkeiten** einstellten, sondern um Druck auszuüben. In ca. 75 v. H. aller Fälle wurde die beabsichtigte kalte Aussperrung auf Betreiben der BR (trotz eingeschränkten Mitbestimmungsrechts) ganz verhindert, in der Dauer beschränkt oder auf weniger AN erstreckt.[643] Dies zeigt, dass nicht BR mit der Ausübung der Mitbestimmungsrechte überfordert sind oder diese paritätsverletzend einsetzen, sondern vielmehr die AG die Möglichkeit nutzen, um im Arbeitskampf den internen Druck der Mitglieder auf ihre Gewerkschaft zu steigern. Zudem werden die Paritätsüberlegungen des *BAG* auch in keiner Weise der mit der Änderung des § 160 (vorher 146) SGB III und zunehmendem **Technologieeinsatz** wachsenden Überlegenheit der AG (Ausweichen auf andere Lieferanten/Verlagerung von Produktion) gerecht.[644] Die Unterscheidung zwischen dem »Ob« der Einführung von Kurzarbeit und dem »Wie« ist **praktisch kaum durchführbar.**[645] Schließlich verkennt die Rspr. des *BAG* auch, dass den BR eine gesetzliche Neutralitätspflicht nach § 74 Abs. 2 trifft, er also, selbst wenn man den Drittbetrieb mit in den Arbeitskampf gedanklich einbezöge, nicht »Kampfgegner« des AG wäre. Er ist auch nicht der »verlängerte Arm«[646] der Gewerkschaft.[647] Die BR-Mitglieder müssen nicht einmal Gewerkschaftsmitglieder sein.[648] Auch nach der *BAG*-Rspr. besteht jedenfalls ein uneingeschränktes Mitbestimmungsrecht bei Kurzarbeit infolge **ausländischer Streiks**[649] oder Arbeitskämpfen in anderen Branchen.

Nach der abzulehnenden Auffassung des *BAG* kann der AG allein befinden, ob Kurzarbeit eingeführt werden soll. Er hat allerdings dem BR im Einzelnen **darzulegen,** aus welchen Gründen die AN während der betriebsüblichen Arbeitszeit nicht mehr weiterbeschäftigt werden können, warum also die **Einführung von Kurzarbeit unvermeidlich** ist. Dabei sind dem BR auch die entsprechenden **Unterlagen** vorzulegen (vgl. insbes. § 100 Abs. 2 SGB III). Von der Unvermeidbarkeit des Arbeitsausfalls kann nur dann die Rede sein, wenn AG und BR vergeblich versucht haben, die Kurzarbeit abzuwenden oder jedenfalls einzuschränken. So ist es dem AG vor Einführung regelmäßig zuzumuten, u.a. die Arbeit zu strecken, die **Lagerbestände aufzufüllen,** die für Kurzarbeit vorgesehenen AN in andere Betriebsabteilungen umzusetzen bzw. **Aufräumungs-, Instandsetzungs-** oder **vergleichbare Arbeiten** ausführen bzw. vorziehen zu lassen. Sowohl für den Fall, dass die Kurzarbeit nicht Folge eines Arbeitskampfes ist, als auch bei Nichtbeteiligung bei der Regelung der Modalitäten kann der BR durch **einstweilige Verfügung** die Kurzarbeit untersagen lassen.[650] Wird hinsichtlich der Frage, ob Kurzarbeit eingeführt werden soll, keine Übereinstimmung zwischen AG und BR erzielt, müssen beide Seiten 119

---

640 Zur Verfassungswidrigkeit von § 160 Abs. 3 SGB III bei Erzwingungsstreiks in der Metall- und Elektroindustrie vgl. *Kocher* u. a., 84 ff.; jetzt a. A. *Kocher*, FS Kittner, S. 218 ff.: Die Vorschrift sei unter Berücksichtigung der anderen gewerkschaftlichen Arbeitskampfmittel »immer noch verfassungsgemäß«.

641 *Kocher u. a.*, S. 81 ff.; *DE*, Rn. 89 ff.; *Kittner*, FS Gnade, S. 415 ff.; LMS-*J. Ulber*, vor § 169 Rn. 6; *BKPSS*, AKR Rn. 370 ff.; vgl. auch *BVerfG* 4.7.95, DB 95, 1464 (1465 f.) und hierzu *Heilmann/Menke*, AuR 96, 11 ff.; *Rüfner*, RdA 97, 130 ff.

642 *Kocher* u. a., S. 33 ff.

643 *Kittner/Unterhinninghofen*, AuR 86, 1 (6).

644 Vgl. vor allem *Kocher* u. a., S. 33 ff.; *Klebe/Roth*, S. 7 ff.; *dies.*, HB 13.1.86 und 17.3.86.

645 *LAG Bremen* 9.2.89, AiB 89, 316 f.; *Fitting*, Rn. 179; *Trittin*, DB 90, 322 (323).

646 Ebenso noch in der 26. Aufl. *Fitting*, Rn. 175.

647 *Jahn*, S. 131 ff.

648 Vgl. im Einzelnen *LAG Bremen* 9.2.89, a. a. O.; *Fitting*, Rn. 177 ff.; *BKPSS*, AKR Rn. 354 ff., 379 ff.; *Colneric* in Däubler, Arbeitskampfrecht, 2. Aufl., Rn. 717 ff. m. w. N.; *Dette* in Däubler, Arbeitskampfrecht, 3. Aufl., § 19 Rn. 143 ff.; *Jahn*, S. 145 ff.; *Linnenkohl/Rauschenberg*, AuR 90, 137 ff.; *Mayer*, BB 90, 2482 ff.; *Schwitzer/Unterhinninghofen*, AiB 90, 5 ff.; *Trittin*, DB 90, 322 ff.; *Weiss*, AuR 82, 265 ff.; vgl. zur a. A. HWGNRH-*Worzalla*, Rn. 268 ff., 285 ff. m. w. N.

649 Vgl. *Unterhinninghofen*, AuR 96, 21 ff. *Dette*, a. a. O. § 19 Rn. 144.

650 *BAG* 22.12.80, AP Nr. 70 zu Art. 9 GG Arbeitskampf; *LAG Bremen* 15.6.84, DB 84, 1935 f.; *LAG Frankfurt* 29.5.84 – 5 TaGaBV 50/84; *ArbG München* 24.5.84 – 28b GaBV 9/84 W; *Fitting*, Rn. 178; *Dette* in Däubler, Arbeitskampfrecht, 3. Aufl., § 19 Rn. 145.

dennoch darüber verhandeln, wie die beabsichtigte Verkürzung der Arbeitszeit durchzuführen ist. Ggf. muss die ESt. angerufen werden, die dann z. B. über die Festlegung von **Beginn und Ende der Kurzarbeit, Lage und Verteilung** der neu zu vereinbarenden Arbeitszeit, Festlegung der einzelnen Tage, an denen die Arbeit ganz ausfallen soll, sowie über die **personelle Auswahl** der von der Kurzarbeit betroffenen AN entscheiden muss (vgl. auch Rn. 128 ff.). Vor der Entscheidung der ESt. kann der AG **keine einseitigen Anordnungen** treffen. Von den hier diskutierten Fragen ist die nach der Zahlung von Kurzarbeitergeld durch die Agentur für Arbeit zu trennen.[651]

120 **Tarifvertragliche Ankündigungsfristen** für Kurzarbeit gelten auch bei arbeitskampfbedingten Drittwirkungen.[652]

b) Überstunden

121 Das Mitbestimmungsrecht hinsichtlich der Anordnung der Überstunden und ihrer Modalitäten[653] besteht immer dann, wenn ein **kollektiver Tatbestand** gegeben ist, d. h., wenn die Überstunden aus betrieblichen Gründen erforderlich werden und Regelungsfragen auftreten, die die **kollektiven Interessen der AN** betreffen (zum Günstigkeitsprinzip vgl. § 77 Rn. 36 ff.). Das Mitbestimmungsrecht scheidet nur aus, wenn es lediglich um **individuelle Besonderheiten** und **Wünsche einzelner AN** geht. Insofern ist es auch gleichgültig, ob alle Beschäftigten des Betriebs, einige Abteilungen oder lediglich ein einzelner AN Überstunden leisten. Selbst wenn nur ein einzelner AN betroffen ist, können sich kollektive Fragen stellen bzw. kollektive Interessen der AN berührt sein.[654] So kann zu klären sein, wie viele Überstunden zu leisten sind, ob nicht **Neueinstellungen** möglich, wann und von wem die Überstunden zu leisten sind (vgl. allgemein oben Rn. 22 f.).[655]

122 Ebenso ist es ohne Bedeutung, ob die Überstunden von den betroffenen AN **freiwillig** geleistet werden[656] und ob der AG sie **anordnet** oder lediglich **duldet,**[657] wie z. B., wenn mit seiner Kenntnis AN außerhalb ihrer Arbeitszeit mit **mobilen Arbeitsmitteln** (Smartphones, Tablet-PCs o. Ä.), auch nur sehr kurz,[658] tätig werden (vgl. auch Rn. 156a, 201, 244, 256 und vor allem 387a ff., sowie DKWF-*Klebe/Heilmann*, § 87 Rn. 20a: Checkliste zur Begrenzung des Einsatzes von mobilen Arbeitsmitteln).[659] Hat der AN auf berufliche Mails oder Telefonanrufe **direkt zu**

651 Vgl. hierzu *BSG* 5. 6. 91, NZA 91, 982 ff.; *Fitting*, Rn. 164; *Bieback*, AuR 86, 161 ff.; *Schwitzer/Unterhinninghofen*, AiB 90, 5 ff.

652 *LAG Baden-Württemberg* 8. 2. 80 – 7 TaBV 4/79; *ArbG Nienburg* 25. 6. 85 – 2 Ca 624/84; *BPSU*, Teil 2, Rn. 197; *Colneric* in Däubler, Arbeitskampfrecht, 2. Aufl., Rn. 646 ff.; *Kittner*, AuR 81, 289 (302); *Schwitzer/Unterhinninghofen*, AiB 90, 5 (8); a. A. *LAG Niedersachsen* 14. 8. 87, NZA 88, 408 ff.; *Säcker/Oetker*, ZfA 91, 131 (149 ff.) m. w. N.

653 Vgl. hierzu auch *BAG* 25. 2. 97 – 1 ABR 69/96, NZA 97, 955 (956); 17. 11. 98 – 1 ABR 12/98, NZA 99, 662 (664).

654 Vgl. z. B. *BAG* 28. 7. 20 – 1 ABR 18/19, NZA 21, 1509 (1511 Tz. 16)= AP Nr. 148 zu § 87 BetrVG 1972 Arbeitszeit.

655 Vgl. die ständige Rspr. des *BAG* 18. 11. 80, 8. 6. 82, AP Nrn. 3, 7 zu § 87 BetrVG 1972 Arbeitszeit; 16. 7. 91 – 1 ABR 69/90, DB 91, 2492 (2493); *Fitting*, Rn. 137; Richardi-*Richardi/Maschmann*, Rn. 350.

656 *BAG* 21. 12. 82, 11. 11. 86, AP Nrn. 9, 21 zu § 87 BetrVG 1972 Arbeitszeit; vgl. **Rn. 84** zur Mitbestimmung bei **freiwilliger Teilnahme an Dienstbesprechungen,** die fachliche Kenntnisse aktualisieren (**Qualifizierungsmaßnahmen**) und in einem »lockeren Beisammensein« ausklingen, und an **Business-TV**- Sendungen des AG; s. auch *BAG* 13. 3. 01 – 1 ABR 33/00, NZA 01, 976; *ArbG Oldenburg* 17. 3. 04 – 2 BV 12/03, AiB 05, 315 ff. mit Anm. *Nacken; Fitting*, Rn. 133; GK-*Gutzeit*, Rn. 428.

657 Vgl. Rn. 5 und *BAG* 27. 11. 90 – 1 ABR 77/89, BB 91, 548; 28. 7. 20 – 1 ABR 18/19, NZA 21, 1509 (1511 Tz. 18)= AP Nr. 148 zu § 87 BetrVG 1972 Arbeitszeit; *LAG Thüringen* 23. 2. 22 – 4 TaBV 17/19, juris Tz. 74 f.; *Fitting*, Rn. 146; GK-*Gutzeit*, Rn. 430.

658 *Buschmann/Ulber*, ArbZG, § 2 Rn. 23; Arbeitszeitrecht-*Buschmann*, § 2 Rn. 41.

659 *LAG Mecklenburg-Vorpommern* 25. 2. 20 – 5 TaBV 1/20, NZA-RR 20, 257 (259 Tz. 36) im Verfahren nach § 100 ArbGG; *ArbG Berlin* 22. 3. 12 – 54 BV 7072/11 und *Baunack*, AiB 12, 500 ff.; ders., CuA 2/14, S. 8 ff.; *Buschmann/Ulber*, ArbZG, § 2 Rn. 23 f. mit dem Hinweis auf die Entscheidung des Französischen Kassationsgerichtshofs (Cour de Cassation) v. 2. 10. 01, der ein »Recht auf Abschaltung« annimmt; zur ab 2017 bestehenden gesetzlichen Regelung in Frankreich vgl. *Durlach/Renaud*, AuR 17, S. 196 ff.; *Däubler*, SR 14, 45 (64); *Thannheiser*, CuA 2/14, S. 4 ff.; *Seebacher*, AiB 11/14, S. 19 ff.; *Wedde*, CuA 11/16, S. 8 ff. mit einem BV-Entwurf zu mobiler Arbeit; *Ruf*, CuA 11/16, S. 16 ff.

reagieren, handelt es sich um **Bereitschaftsdienst,** weil der für die Rufbereitschaft typische Zeitkorridor, um die Arbeit aufzunehmen, nicht besteht.[660] Der Mitbestimmung unterliegen auch **freiwillige Dienstbesprechungen** außerhalb von Arbeitszeit und Betrieb (z. B. in einer Gaststätte),[661] erst recht, wenn die AN vom AG zur Teilnahme verpflichtet werden könnten oder eine anderweitige Verpflichtung, wie z. B. eine Selbstverpflichtung gegenüber dem AG besteht[662] (vgl. Rn. 84). Dies gilt ebenso für ein vom AG für bestimmte AN veranlasstes **Mediationsverfahren** (vgl. Rn. 84). Besteht dabei im Hinblick auf vom AG angeordnete Schulungs- und Fortbildungsmaßnahmen ein Mitbestimmungsrecht gem. § 98, sind beide Vorschriften nebeneinander anwendbar[663] (vgl. auch § 98 Rn. 5). Fallen regelmäßig Überstunden wegen der entsprechenden Betriebsorganisation an, so besteht das Mitbestimmungsrecht selbst dann, wenn dem AG im Einzelfall die Arbeitszeitverlängerung verborgen bleibt.[664]. Auch die Anordnung von **zusätzlicher Arbeit für Teilzeitbeschäftigte,** die die betriebsübliche Arbeitszeit für Vollzeitbeschäftigte nicht überschreitet, unterliegt der Mitbestimmung.[665] Dies ist ebenso bei Übergangsregelungen, die anlässlich der Einführung oder des Endes der **Sommerzeit** erforderlich werden, der Fall.[666] Das Mitbestimmungsrecht kann auch nicht vom AG durch die Zwischenschaltung eines Strohmanns,[667] den Einsatz von Leih-AN oder den Abschluss von Werkverträgen umgangen werden.[668] Bei einer **Gleitzeitvereinbarung** fallen Überstunden an, wenn das maximal zulässige Zeitguthaben überschritten wird (vgl. auch Rn. 99, 112).[669] Kein Mitbestimmungsrecht nach dieser Vorschrift besteht, wenn der AG Überstunden nicht mit Freizeit ausgleicht, sondern abgilt.[670] In Frage kommt allerdings Nr. 10, weil es sich um eine Entgeltregelung handeln kann (vgl. Rn. 328).

123 Werden **Wegezeiten** für die Fahrt von der Betriebsstätte zu einer außerhalb gelegenen Arbeitsstätte und **Dienstreisezeiten,**[671] jedenfalls wenn der AN eine Arbeitsaufgabe zu erfüllen hat oder zu einer belastenden Tätigkeit verpflichtet ist (vgl. die Definitionen in Rn. 82f), außerhalb der normalen Arbeitszeit zurückgelegt, handelte es sich schon nach der früheren Rechtsprechung des *BAG*[672] auch **arbeitsschutzrechtlich** um Arbeitszeit, also um Überstunden.[673] In nur gelegentlich angeordneten Dienstreisezeiten ohne zusätzliche Arbeitsleistungen des AN

---

660 Vgl. auch *EuGH* 9. 3. 21 – C-580/19, NZA 21, 489 (491 ff. Tz. 34 ff.); 9. 3. 21 – C-344/19, NZA 21, 485 ((487 ff. Tz. 35 ff.); 21. 2. 18 – C-51/81, NZA 18, 293 (296 Tz. 57, 65) = AuR 18, 301 ff. mit Anm. v. *Buschmann*; zu dieser Entscheidung auch *Bayreuther*, NZA 18, 348 ff. und *Kocher*, RdA 22, 50 ff.; *EuGH* 9. 9. 21 – C-107/19, NZA 21. 1395 ff.; 11. 11. 21 – C-214/20, NZA 21, 1699 ff.; zur EuGH-Rspr. insgesamt auch Richardi-*Richardi/Maschmann*, Rn. 311a; *Eylert/Meyer*, NZA 22, 225 ff. und *Buschmann*, AuR 22, 266 ff.; *Buschmann/Ulber*, ArbZG, § 2 Rn. 26; *Däubler*, Digitalisierung, § 5 Rn. 8 ff.; DHZ-*Heuschmid*, § 28 Rn. 42a; a. A. *Wisskirchen/Schiller*, DB 15, 1163 (1167).

661 BAG 30. 6. 15 – 1 ABR 71/13, juris (Tz.25).

662 BAG 13. 3. 01 – 1 ABR 33/00, NZA 01,976.

663 *LAG Hamburg* 10. 1. 07 – 4 TaBV 3/05, AuR 08, 155 (156 f.); *BAG* 15. 4. 08 – 1 ABR 44/07, NZA-RR 09, 98 ff. bejaht das Mitbestimmungsrecht nach Nr. 3 ohne auf § 98 einzugehen.

664 *LAG Frankfurt* 1. 12. 87 – 5 TaBV 98/87; vgl. auch Rn. 5.

665 *BAG* 16. 7. 91 – 1 ABR 69/90, DB 91, 2492 f.; 23. 7. 96 – 1 ABR 13/96, DB 97, 378; 24. 4. 07 – 1 ABR 47/06, DB 07, 1475 f., hierzu *Clemenz*, RdA 08, 112 ff.; *Fitting*, Rn. 145 GK-*Gutzeit*, Rn. 410, 424; HWGNRH-*Worzalla*, Rn. 239.

666 *BAG* 11. 9. 85, AP Nr. 38 zu § 611 BGB; HWGNRH-*Worzalla*, Rn. 237.

667 *BAG* 22. 10. 91 – 1 ABR 28/91, DB 92, 686 f.

668 Str., vgl. Rn. 6 mit den entsprechenden Fallschilderungen und m. w. N. sowie auch *Leisten*, BB 92, 266 (269 f.) und kritisch hierzu *Dauner-Lieb*, NZA 92, 817 (825).

669 *HessLAG* 9. 10. 97 – 5 TaBV 8/97, NZA-RR 99, 88, Ls.

670 *BAG* 22. 8. 17 – 1 ABR 24/16, NZA 18, 115 (117 Tz. 25).

671 Zur **Bezahlung** *BAG* 18. 3. 20 – 5 AZR 36/19, NZA 20, 868 (869 f. Tz. 15 ff); 17. 10. 18 – 5 AZR 553/17, NZA 19, 153 ff.; zur Regelung der Vergütung in einer BV *LAG Düsseldorf* 14. 12. 18 – 10 Sa 96/18, NZA-RR 19, 202 ff. (aufgehoben durch *BAG* 18. 3. 20 – 5 AZR 36/19, NZA 20, 868 ff.) und die LAG-Entscheidung zu Recht ablehnend *Preis/Schwarz*, S. 107 ff.

672 Schaub-*Linck*, § 45 Rn. 55 m. w. N.; vgl. aber jetzt *BAG* 12. 12. 12 – 5 AZR 355/12, NZA 13, 1158 (1159).

673 Vgl. auch *Buschmann/Ulber*, ArbZG, § 2 Rn. 29 ff.; *Buschmann*, FS Hanau, S. 197 (208 f.) und für Wegezeiten auch *ArbG Berlin* 22. 10. 96, AuR 97, 212, Ls.; GK-*Gutzeit*, Rn. 428 und HWGNRH-*Worzalla*, Rn. 241.

sieht das *BAG*[674] demgegenüber keine Verlängerung der Arbeitszeit gemäß Nr. 3.[675] Zwar werde durch die Dienstreise die Freizeitgestaltung des AN eingeschränkt, damit sei der Schutzzweck (vgl. hierzu Rn. 110) aber nicht betroffen: Weder seien Dienstreisen mit Arbeitsspitzen vergleichbar, noch ginge es um die Frage, Belastungen und Vorteile des vorübergehenden zusätzlichen Arbeitsbedarfs gerecht zu verteilen. Diese Argumentation überzeugt weder arbeitsschutz- noch betriebsverfassungsrechtlich.[676] Die Dienstreise erfolgt im Interesse und auf Anordnung des AG[677] und bedeutet eine **Belastung** für den betroffenen AN und eine **Beschränkung seines Privatlebens**[678] Sie betrifft darüber hinaus Fragen der **Verteilungsgerechtigkeit,** wenn entschieden wird, wer von mehreren in Frage kommenden AN die mit der Dienstreise verbundenen Belastungen zu tragen hat. Es geht aber auch nicht nur um die Verteilung der bei Überstunden anfallenden **Belastungen und Vorteile.** Ansonsten könnte ein Spezialist, der im Betrieb für seine Arbeit keinen Vertreter hat, keine Überstunden leisten, obwohl eine vorübergehende Verlängerung der Arbeitszeit für ihn sicherlich kollektiven Bezug hätte (Rn. 23). Es geht vielmehr auch um die Frage, wie **Arbeitsspitzen** aufgefangen werden: Überstunden sind dabei nur eine Möglichkeit. Genauso gut könnte die Anreise innerhalb der normalen Arbeitszeit stattfinden.

124 Das weitere Argument des *BAG,* bei Einordnung von Reisezeit als Überstunden müsse Gleiches auch z. B. für **Übernachtungen am auswärtigen Dienstort** gelten, überzeugt ebenfalls nicht. Auch die Rufbereitschaft wird durch Schlafen beim Warten auf Einsätze nicht unterbrochen, da der AN sich jederzeit auf die Arbeitserfordernisse einzustellen hat und über die Zeit der Rufbereitschaft nur in diesem Rahmen privat verfügen kann. Ähnlich verhält es sich bei der Dienstreise selbst und den damit verbundenen **Einschränkungen,** während die Übernachtung an einem auswärtigen Ort über die reine Abwesenheit hinaus keine vergleichbare Belastung mit sich bringt. Schließlich ist die Übernachtung deshalb nicht als Überstunde anzusehen, weil der AN auch zu Hause schlafen würde, ohne dass dies Arbeitszeit wäre.

125 Die Entscheidung über die Einführung und nähere Ausgestaltung von **Arbeitsbereitschaft, Bereitschaftsdienst** und **Rufbereitschaft**[679] außerhalb der regelmäßigen Arbeitszeit wird ebenfalls von der Vorschrift erfasst. Arbeitsbereitschaft und Bereitschaftsdienst sind schon **arbeitszeitrechtlich** als Arbeitszeit anzusehen (Rn. 81).[680] Für Rufbereitschaft gilt dies jedenfalls bei Erbringung der Arbeitsleistung. Ansonsten ist die Vereinbarung von Rufbereitschaft als vorsorgliche Regelung der Leistung von Überstunden anzusehen (Rn. 127, 81, 103).[681]

126 Von den Überstunden, der Arbeitszeit, die über die regelmäßige betriebsübliche Arbeitszeit hinaus anfällt, ist **Mehrarbeit** zu unterscheiden, die dann vorliegt, wenn die gesetzlich vorgeschriebene Höchstarbeitszeit z. B. nach **§ 7 ArbZG überschritten** wird. Die Mitbestimmung des BR erstreckt sich allerdings schlechthin auf die Leistung von Überstunden, ohne Rücksicht darauf, ob es sich gleichzeitig um Mehrarbeit handelt. Andererseits ist durch die arbeitszeitrechtliche Zulässigkeit von Mehrarbeit die Mitbestimmung des BR nicht ausgeschlossen. Auch bei **pauschaler Vergütung** bleibt das Mitbestimmungsrecht selbstverständlich erhalten, da es

---

674 23.7.96 – 1 ABR 17/96, DB 97, 380 (381); zustimmend *Fitting,* Rn. 93, 143; HWGNRH-*Worzalla,* Rn. 241; MünchArbR-*Matthes,* § 245 Rn. 11; *WEH,* H Rn. 82.

675 In der Entscheidung v. 14.11.06 – 1 ABR 5/06, NZA 07, 458 (460) argumentiert das *BAG* nur begrifflich; vgl. hierzu Rn. 68a.

676 Vgl. auch insbes. *Preis/Schwarz,* S. 86 f.; *Bartl/Harker,* NZA 20, 1669 (1677); *Boemke,* FS Preis, S. 109 (115 ff.); *Buschmann/Ulber,* ArbZG, § 2 Rn. 29 ff.; *Lunk,* FS Schmidt, S. 335 (343 ff.); *Mostert,* BetrR 97, 68 f.; DHZ-*Heuschmid,* § 28 Rn. 56; *Schoof.,* AiB 03, 199 (208)); Schaub-*Ahrendt,* § 235 Rn. 51; *Staack/Sparchholz,* AiB 13, 99 (101).

677 Vgl. *BAG* 12.12.12 – 5 AZR 355/12, NZA 13, 1158 (1159); 19.3.14 – 5 AZR 954/12, DB 14, 1687 (Ls.) zur Abholung von Dienstkleidung; 10.11.09, DB 10, 454 f. (Rn. 95), 6.9.17 – 5 AZR 382/16, NZA 18, 180 (181 Tz. 13) und 15.7.21 – 6 AZR 207/20, NZA 21, 2020 (1723 f. Tz. 29 ff.) zur Umkleidezeit als vergütungspflichtige Arbeitszeit.

678 so zum Schutzzweck auch *BAG* 13.3.01 – 1 ABR 33/00, NZA 01, 976.

679 Vgl. zu den Begriffen auch *BAG* 29.10.02 – 1 AZR 603/01, DB 03, 2014 (2015).

680 Vgl. auch *BAG* 22.7.03 – 1 ABR 28/02, NZA 04, 507 (510).

681 Vgl. *BAG* 29.2.00 – 1 ABR 15/99, DB 00, 1971; 23.1.01 – 1 ABR 36/00, DB 01, 1371 (1372).

sich bei der Arbeitszeit unverändert um Überstunden handelt. Die Frage der Vergütung ist für die Vorschrift unbeachtlich.[682]

Der BR kann auch Höchstgrenzen[683] und **vorausgreifende Rahmenvereinbarungen** für Überstunden auf Grund seines Mitbestimmungsrechts erzwingen[684] (vgl. auch Rn. 49). Der BR hat sowohl im Hinblick auf die **Belastung des einzelnen AN** durch Überstunden als auch wegen der ansonsten möglichen **Neueinstellung von Arbeitslosen** die Notwendigkeit von Überstunden sehr sorgfältig zu prüfen.[685] Sind die Überstunden nach Auffassung des BR nicht vermeidbar, sollte er in einer entsprechenden BV eine Begrenzung bei gleichzeitiger Durchführung von Neueinstellungen anstreben (oben Rn. 121 m. w. N.).[686] Auch ist es denkbar, dass ein Ausgleich der Überstunden durch Freizeit wegen der **Annex-Kompetenz** des BR durchgesetzt[687] oder die Zustimmung von einer bestimmten Entgeltregelung abhängig gemacht wird (Rn. 16, 129).[688] Bei der Anordnung der Überstunden muss sichergestellt werden, dass die Auswahl der AN nach vernünftigen Kriterien erfolgt, z. B. dem der **Freiwilligkeit,** und auch ein entsprechender zeitlicher Vorlauf da ist, der den AN eine vorausschauende **Freizeitplanung** ermöglicht (vgl. zu Regelungspunkten einer BV DKWF-*Klebe/Heilmann,* § 87 Rn. 24). Schließlich sind die durch das ArbZG gezogenen Grenzen zu beachten (vgl. Rn. 32 und 85 m. w. N.). 127

c) Kurzarbeit

Von Kurzarbeit i. S. d. Vorschrift ist auszugehen, wenn die betriebsübliche Arbeitszeit herabgesetzt wird, gleichgültig, ob es sich hierbei um den Ausfall von Stunden, bestimmten Wochentagen oder ganzen Wochen handelt (vgl. Rn. 111). Das Mitbestimmungsrecht erstreckt sich sowohl auf die Frage, **ob** überhaupt und **in welchem Rahmen Kurzarbeit** eingeführt wird, als auch darauf, wie die **Verteilung der geänderten Arbeitszeit** auf die einzelnen Wochentage zu erfolgen hat.[689] Die Vorschrift greift auch bei **Insolvenz** ein.[690] 128

Weiter erfasst das Mitbestimmungsrecht auch die **finanzielle Milderung** der Folgen der Kurzarbeit, wie z. B. die Aufstockung des Kurzarbeitergeldes durch den AG.[691] Das ***BAG***[692] hat das Mitbestimmungsrecht ohne weitere Begründung und Auseinandersetzung mit der Gegenmeinung **abgelehnt.** Es hat allerdings den Schutzzweck der Vorschrift andererseits weit gefasst, wenn es ausführt, Ziff. 3 erfasse die Verkürzung der betriebsüblichen Arbeitszeit »insbesondere mit ihrer Entgeltminderung«.[693] Wortlaut und Entstehungsgeschichte erscheinen nicht eindeutig. Jedenfalls wird das Mitbestimmungsrecht hinsichtlich der finanziellen Folgen von Kurzarbeit nicht ausgeschlossen. Deshalb wird hiergegen vor allem die **Gesetzessystematik** 129

682 Vgl. auch *BAG* 23.7.96 – 1 ABR 13/96, NZA 97, 274 (275); 3.5.06 – 1 ABR 14/05, DB 07, 60 (61).
683 Vgl. *BAG* 13.6.89, AP Nr. 36 zu § 87 BetrVG 1972 Arbeitszeit
684 Vgl. z. B. *BAG* 29.2.00 – 1 ABR 15/99, DB 00, 1971 (1972); 17.11.98 – 1 ABR 12/98, NZA 99, 662 (663 m. w. N.); 10.3.92 – 1 ABR 31/91, DB 92, 1734 und auch 2.3.82, AP Nr. 6 zu § 87 BetrVG 1972 Arbeitszeit (für vorausgreifende Regelungen im Rahmen einer Rufbereitschaft); *Fitting,* Rn. 149; GK-*Gutzeit,* Rn. 428; LKK-*Dahm,* Rn. 94; *Klebe/Roth,* DB 89, 1518 (1519 f.).
685 Vgl. im Einzelnen auch *Bobke,* S. 181 und *Adams,* AiB 94, 518.
686 Vgl. auch *BAG* 16.7.91 – 1 ABR 69/90, DB 91, 2492 (2593); *Fitting,* Rn. 149.
687 A. A. *LAG Hamm* 22.1.86, DB 86, 806 f.; *Brossette,* ZfA 92, 379 (425 ff.).
688 *LAG Nürnberg* 6.11.90 – 4 TaBV 13/90, DB 91, 707; *ArbG Hamburg* 6.4.93, AiB 94, 120 f. und **Rn. 16, 129f;** a. A. GK-*Gutzeit,* Rn. 381 f.; HWGNRH-*Worzalla,* Rn. 242 m. w. N.
689 Vgl. *Blanke,* S. 15 ff.; *Buschmann/Ulber,* S. 211 ff.; *Bichlmeier,* AiB 93, 713 ff.; *Fitting,* Rn. 152; *J. Ulber,* AiB 07, 5 ff.; a. A. GK-*Gutzeit,* Rn. 449 m. w. N.; *GL,* Rn. 86a; zum **Günstigkeitsprinzip** vgl. in diesem Zusammenhang § 77 Rn. 36 ff.; zur Sozialversicherung bei Kurzarbeit *Winkel,* AiB 09, 411 ff.
690 *ArbG Berlin* 9.5.96 – 6 BVGa 14940/96; offen gelassen von *LAG Hamm* 27.9.00 – 2 Sa 1178/00, LAGE § 55 InsO Nr. 3; vgl. auch *LAG Hamm,* 20.9.02 – 10 TaBV 95/02 NZA-RR 03, 422 (423).
691 Str.; wie hier MünchArbR-*Matthes,* § 245 Rn. 36; DHZ-*Heuschmid,* § 29 Rn. 207; *Gnade,* FS Kehrmann, S. 227 (239); *GL,* Rn. 111a; *Henkel/Hagemeier,* BB 76, 1420 (1423); *Schoof,* AiB 08, 322 (326 f.); *ders.,* Kurzarbeit Rn. 47n; *Schütte,* FS Bauer, S. 989 (992 ff.); *Trittin,* AiB 91, 94 f.; **a. A.** *Säcker/Oetker,* ZfA 91, 131 (170 ff. m. w. N.); *LAG Nürnberg* 22.7.76 – 1 TaBV 7/76; *LAG Köln* 14.6.89, NZA 89, 939 f.; ErfK-*Kania,* Rn. 37; *Fitting,* Rn. 155, 162; GK-*Gutzeit,* Rn. 381 f., 423; HWGNRH-*Worzalla,* Rn. 251; LKK-*Dahm,* Rn. 83; Schaub-*Ahrendt,* § 235 Rn. 48; WPK-*Bender,* Rn. 74.
692 21.1.03 – 1 ABR 9/02, NZA 03, 1097 (1100).
693 21.11.78, AP Nr. 2 zu § 87 BetrVG 1972 Arbeitszeit.

angeführt. Die Mitbestimmung beim Arbeitsentgelt sei in den **Nrn. 10 und 11** geregelt.[694] Auch diese Überlegung erscheint jedoch nicht zwingend. Beim finanziellen Ausgleich der Folgen von Kurzarbeit geht es nicht isoliert um Entgeltfragen, sondern vielmehr nur um solche, die ausschließliche **Folge der Arbeitszeitverkürzung** sind. Der Entgeltverlust durch die Kurzarbeit stellt die Obergrenze für Ausgleichsforderungen dar. Insofern erscheint eher die Parallele zur Nr. 4 mit der Annex-Kompetenz des Betriebsrats zur Regelung auch der Übernahme von Kontoführungsgebühren angebracht (vgl. Rn. 139). Man wird entscheidend auf den **Normzweck** abstellen müssen. Durch die Vorschrift soll neben drohenden Entlassungen[695] verhindert werden, dass der AG einseitig Arbeitszeit und damit auch Entgelt reduziert. Dabei konzentriert sich das Interesse der AN in allererster Linie auf die finanziellen Folgen, wie auch das *BAG*[696] anerkennt.[697] Der Schutzzweck der Vorschrift ist also gerade die **Entgeltsicherung.** Wollte man sie nun ausklammern, bestünde die Gefahr, dass das Mitbestimmungsrecht zu einem Instrument des AG wird und seinen Schutzcharakter zugunsten der AN verliert. Denn ohne das Mitbestimmungsrecht müsste der AG den steinigen Weg von individuellen Vertragsänderungen gehen, um Arbeitszeit und Entlohnung herabzusetzen.[698] Wird ihm dies nun durch Nr. 3 erleichtert, kann die Entgeltseite nicht ausgeklammert werden. Auch das *LAG Köln*[699] erkennt die (notwendige) **Verbindung zwischen Arbeitszeitverkürzung und Entgelt** an, wenn es dem BR das Recht zubilligt, eine BV über Kurzarbeit immer dann abzulehnen, wenn er der Meinung ist, die mit der Arbeitszeitverkürzung verbundene Entgeltkürzung stelle für die AN ein unangemessenes Sonderopfer dar. Ist ein Zuschuss zum Kurzarbeitergeld bereits **tariflich** festgelegt, scheidet das Mitbestimmungsrecht aus.

130 Neben der **Aufstockung** des Kurzarbeitergeldes kann der BR in der BV auch durchsetzen, dass der AG den AN einen **Vorschuss** in Höhe und in Anrechnung auf das Kurzarbeitergeld zahlt. Hierbei handelt es sich letztlich um eine **Regelung gemäß Nr. 4** über den Zahlungszeitpunkt, da der AN entweder den Lohnersatz vom Arbeitsamt oder eine Vergütung des AG in Höhe des Kurzarbeitergeldes erhält.[700] Das Kurzarbeitergeld stellt lediglich eine Hilfe zur Verringerung des wirtschaftlichen Risikos für den AG dar. Wird es nicht gezahlt (z. B. auch, weil weniger AN, vgl. Rn. 133, als in § 96 Abs. 1 Nr. 4 SGB III vorausgesetzt, betroffen sind) oder widerrufen, bleibt das **wirtschaftliche Risiko des AG** erhalten. Insofern sollte mindestens in der BV klargestellt werden, dass der AG das Entgelt jedenfalls in Höhe des Kurzarbeitergeldes zahlt, falls das Arbeitsamt hierfür nicht eintritt. Zudem müssen die Voraussetzungen für die Zahlung von Kurzarbeitergeld gemäß **§§ 95 ff. SGB III** beim Abschluss von BV berücksichtigt werden (vgl. auch Rn. 133).

131 Das Mitbestimmungsrecht wird nicht dadurch ausgeschlossen, dass der AG bei einer beabsichtigten **Massenentlassung** durch die BA nach **§ 19 KSchG** ermächtigt wird, Kurzarbeit einzuführen.[701] Mit der Zulassung durch die BA liegt noch keine Regelung vor, sondern lediglich ein Gestaltungsrecht des AG. Dieses lässt jedoch das Mitbestimmungsrecht unberührt, insbesondere wird hiermit nicht im Einzelnen bereits die erforderliche Regelung getroffen.[702] Wird die Arbeitszeit vorübergehend wegen **Smog** verkürzt, besteht auch insofern ein Mitbestimmungsrecht des BR, da jedenfalls ein Regelungsspielraum für den AG im Hinblick auf die einzelnen Abteilungen und die betroffenen AN bestehen wird. Können die AN wegen eines Fahrverbots den Arbeitsplatz nicht erreichen, so entfällt nach der Rspr. des *BAG*[703] der Lohn-

---

694 Vgl. *Säcker/Oetker*, a. a. O., S. 171 m. w. N. und *Brossette*, ZfA 92, 379 (423 f.).
695 *BAG* 4. 3. 86, AP Nr. 3 zu § 87 BetrVG 1972 Kurzarbeit.
696 A. a. O.
697 Vgl. auch *Jahn*, S. 94 f. und *Schütte*, FS Bauer, S. 989 (995).
698 Vgl. hierzu *LAG Rheinland-Pfalz* 7. 10. 96 – 9 Sa 703/96, BB 97, 419 f., Ls. und *LAG Berlin-Brandenburg* 7. 10. 10 – 2 Sa 1230/10, NZA-RR 11, 65 (66 f.) zur Inhaltskontrolle von arbeitsvertraglichen Kurzarbeitsklauseln.
699 14. 6. 89, NZA 89, 939 (940).
700 *BAG* 11. 7. 90 – 5 AZR 557/89, DB 91, 392.
701 *Fitting*, Rn. 157; GK-*Gutzeit*, Rn. 422; *GL*, Rn. 114; Richardi-*Richardi/Maschmann*, Rn. 387; a. A. HWGNRH-*Worzalla*, Rn. 250.
702 GK-*Gutzeit*, Rn. 422.
703 8. 9. 82, DB 83, 397; 8. 12. 82, DB 83, 395.

anspruch. Dieser bleibt erhalten, wenn sie den Arbeitsplatz erreichen, aber die Arbeit nicht aufnehmen können, da der AG das **Betriebsrisiko** trägt.[704] Wird das Mitbestimmungsrecht bei Kurzarbeit durch eine **Regelungsabrede** ausgeübt, bleibt gemäß § 615 BGB der **volle Lohnanspruch** erhalten. Eine entsprechende Änderung der Arbeitsverträge kann kollektivrechtlich, wenn überhaupt, nur durch eine BV erfolgen.[705]

Will der AG Kurzarbeit einführen, muss der BR sorgfältig etwaige Alternativen, wie z.B. den **Abbau von Überstunden,** die Abwicklung von **Resturlaub** (vgl. Rn. 141 ff.), **Arbeit auf Lager** oder **Aufräumungs-** und **Instandsetzungsarbeiten** prüfen. Erscheint ihm die Einführung von Kurzarbeit unvermeidlich, so hat er in einer BV Beginn und Dauer der Kurzarbeit, die Lage und Verteilung der Arbeitszeit, die Auswahl der von der Kurzarbeit betroffenen AN (keine Einbeziehung von Auszubildenden und Ausbildern) oder Abteilungen sowie auch die einzelnen Tage, an denen die Arbeit ganz ausfallen soll, festzulegen. **Tarifliche Ankündigungs-/Ansagefristen** sind einzuhalten. Anderenfalls ist eine BV insoweit unwirksam.[706] Darüber hinaus sollte daran gedacht werden, ein prinzipielles **Verbot von Überstunden** (ggf. mit eng definierten Ausnahmen), ein Verbot von betriebsbedingten Kündigungen im Zusammenhang mit der Kurzarbeit, **Qualifizierungsmaßnahmen**[707] und **finanzielle Ausgleichszahlungen des AG** (z.B. Aufstockung des Kurzarbeitergeldes, vgl. Rn. 129), die teilweise auch in TV vorgesehen sind, zu vereinbaren (zu Inhalten einer BV DKWF-*Klebe/Heilmann,* § 87 Rn. 23).[708] Der Arbeitsausfall sollte gleichmäßig, zeitlich wie auch im Hinblick auf die betroffenen AN, verteilt werden. Der BR muss sich dabei am Gleichbehandlungsgrundsatz orientieren und die Lasten möglichst gleich verteilen. Dabei entspricht es durchaus **§§ 75, 76 Abs. 5,** wenn AN, deren regelmäßige tarifliche Arbeitszeit länger als der Durchschnitt ist, verstärkt in die Kurzarbeit einbezogen werden und ihre Arbeitszeit z.B. auf den Durchschnitt reduziert wird. In diesem Falle erhalten sie wegen des Kurzarbeitergeldes trotzdem weiter ein höheres Entgelt. Durch die BV sollten auch sonstige finanzielle Nachteile ausgeschlossen sein, wie eine Kürzung der Feiertagsbezahlung oder des **Urlaubsentgelts.** Weiter sollte zur Klarstellung anfallende **BR-Arbeit** ausdrücklich von der Kurzarbeit ausgenommen sein (vgl. auch § 37 Rn. 53). Die Praxis von **multinationalen UN,** in anderen Ländern voll zu arbeiten und nur in der Bundesrepublik Kurzarbeit einzuführen, weil sie hier deutlich besser bezuschusst wird, ist von der ESt. bei ihrer Entscheidung zugunsten des BR und der AN zu berücksichtigen. 132

Zudem müssen die Voraussetzungen für die Zahlung von Kurzarbeitergeld gemäß **§§ 95 ff. SGB III** berücksichtigt werden.[709] Diese waren vor dem Hintergrund der **Finanz- und Wirtschaftskrise** teilweise befristet ergänzt und modifiziert worden.[710] Diese Änderungen sind natürlich inzwischen schon länger ausgelaufen. Dies gilt auch im Hinblick auf die Sonderregelungen während der Corona-Pandemie.[711] Aktuell gelten wieder die Regelungen der Nicht- 133

704 *BAG* 9.3.83, DB 83, 1496; allgemein zum Arbeitsausfall bei Smog *Ehmann,* NJW 87, 401 ff.; *Richardi,* NJW 87, 1231 ff.; *Rosendahl,* BetrR 87, 98 ff.

705 *BAG* 14.2.91 – 2 AZR4 15/90, NZA 91, 607; *Fitting,* Rn. 160; kritisch zur entsprechenden Entscheidung der Vorinstanz (*LAG Köln* 6.6.90) *Gamillscheg* LAGE § 87 BetrVG 1972 Kurzarbeit Nr. 2; vgl. auch *ArbG Siegburg* 11.11.20 – 4 Ca 1240/20, juris = AiB 3/21, S. 47 f. mit Anm. v. *Hagedorn*; zu einer fristlosen Kündigung zur Einführung v. Kurzarbeit *ArbG Stuttgart* 22.10.20 – 11 Ca 2950/20, BB 21, 508 ff. mit Anm. v. *Gimmy/Pototsky.*

706 *BAG* 12.10.94 – 7 AZR 398/93, DB 95, 734; *Fitting,* Rn. 157.

707 Vgl. auch § 216b Abs. 6 SGB III und hierzu Rn. 112; §§ 112, 112a, Rn. 251 ff. sowie LMS-*J. Ulber,* § 175 Rn. 2 ff.; *Hammer/Weiland,* BB 97, 2582 (2586).

708 Vgl. auch *BAG* 18.11.15 – 5 AZR 491/14, NZA 16, 565 (566 Tz. 15); *LAG Hamm* 1.8.12 – 5 Sa 27/12, NZA-RR 13, 244 (246); 19.11.14 – 4 Sa 1108/14, NZA-RR 15, 194 (195) und *BAG* 18.11.15 – 5 AZR 491/14, NZA 16, 565 (566 Tz. 15) und 30.11.21 – 9 AZR 234/21, juris Tz. 48 zu den **inhaltlichen Anforderungen (Bestimmtheitsgrundsatz) an eine BV,** die Arbeits- und Vergütungspflicht suspendiert: Beginn und Dauer der Kurzarbeit, Lage und Verteilung der Arbeitszeit und Auswahl der betroffenen AN.

709 Vgl. Z.B. *Köhler,* DB 13, 232 ff.; zum Transferkurzarbeitergeld nach Inkrafttreten des **Beschäftigungschancengesetz** v. 27.10.10 vgl. *Homburg,* AiB 11, 11 f. und *Böhnke/Kreuziger,* AuA 11, 14 f.; vgl. auch *Bieback,* DB, 21, 732 ff. zum Anspruch auf Kurzarbeitergeld v. sozialversichert Beschäftigten in deutschen Niederlassungen ausländischer UN.

710 Hierzu die 13. Auflage § 87 Rn. 133.

711 Hierzu die 18. Auflage § 87 Rn. 133 und ebenda in der digitalen Folgeauflage.

krisenzeiten; Es muss u. a. ein **erheblicher Arbeitsausfall** mit Entgeltverlust vorliegen (§ 95). Dieser Ausfall muss **vorübergehend** sein und auf **wirtschaftlichen Gründen** oder einem **unabwendbaren Ereignis** beruhen (§ 96 Abs. 1 Nr. 1 und 2). Im jeweiligen Kalendermonat muss mindestens **ein Drittel** der im Betrieb Beschäftigten einen Ausfall von jeweils mehr als 10 % des monatlichen Bruttoentgelts haben (§ 96 Abs. 1 Nr. 4). Zudem darf der Arbeitsausfall nicht vermeidbar sein (§ 96 Abs. 1 Nr. 4), d. h., die im Betrieb zulässigen Arbeitszeitschwankungen wie **Gleitzeitsalden** oder Urlaub müssen zuvor genutzt worden sein. Die vorherige Anwendung der **Beschäftigungssicherungs-TV** z. B. in der Metall- und Elektroindustrie ist allerdings nicht erforderlich.[712] Ebensowenig ist es nach der Geschäftsanweisung der BA[713] erforderlich, dass in dem betroffenen Betrieb zunächst die Leiharbeit beendet wird bzw. befristete Arbeitsverhältnisse auslaufen. Die Bezugsdauer beträgt nach § 104 Abs. 1 SGB III **12 Monate.** Nach 3 Monaten voller Arbeit oder Urlaub, jedenfalls 3 Monate nach dem letzten Monat, für den Kurzarbeitergeld gezahlt worden ist, beginnt gemäß § 104 Abs. 3 SGB III eine neue Bezugsdauer. Ist in einer BV eine Erhöhung des gesetzlichen Anspruchs durch den AG vorgesehen, ist im Einzelfall durch Auslegung zu entscheiden, ob die AG-Zahlung dann auf eine erhöhte gesetzliche Zahlung, wie z. B. während der Corona-Pandemie, oben draufkommt.[714] Gegebenenfalls ist die BV wegen der veränderten Lage durch Verhandlung anzupassen.

134 Das **Initiativrecht** hat für den BR insbesondere bei anstehenden Kündigungen oder gar einer Standortschließung große Bedeutung, um Zeit zu gewinnen und damit nach seiner Einschätzung vorübergehende Engpässe zu überwinden.[715] Beantragt der BR so die Einsetzung einer ESt. zur Durchführung von Kurzarbeit, hat er nach richtiger Auffassung einen ggf. auch mit **e. V.** durchsetzbaren **Unterlassungsanspruch** gegen den AG: Dieser darf danach keine Kündigungen aussprechen bis die Einsetzung der ESt. entweder rechtskräftig abgelehnt worden ist oder die ESt. abschließend über den Antrag des BR entschieden hat.[716] Wichtig ist darüber hinaus auch das Zusammenspiel des Mitbestimmungsrechts mit **§§ 111 ff. und § 102 Abs. 3.** Ist der Arbeitsmangel wahrscheinlich vorübergehend, wird die ESt. den Einwand des AG, Kurzarbeit sei zu teuer, nicht berücksichtigen können, abgesehen davon, dass dies in aller Regel auch ohne die aktuellen zusätzlichen Zuschüsse wegen der bei Personalabbau und Schließung entstehenden Kosten ganzheitlich betrachtet für das UN nicht stimmen wird.

4. Auszahlung des Arbeitsentgelts (Nr. 4)

a) Arbeitsentgelt

135 Das Mitbestimmungsrecht erstreckt sich auf alle mit der **Auszahlung** des Arbeitsentgelts im Zusammenhang stehenden Fragen. Unter **Arbeitsentgelt** sind die vom AG zu erbringenden Vergütungsleistungen zu verstehen; auf die genaue Bezeichnung kommt es nicht an. Zum Arbeitsentgelt zählen daher neben **Lohn** oder **Gehalt** im engeren Sinne auch **Zulagen** aller Art, **Gratifikationen, Provisionen,** Gewinnbeteiligungen, zusätzliches **Urlaubsentgelt,**[717] **Weihnachtsgeld,**[718] **vermögenswirksame Leistungen**[719] sowie **Auslösungen, Sachleistungen** (Unterkunft, Kost o. Ä.), **Reisekosten, Wegegelder** und **Spesen.**[720] Nicht dem Mitbestimmungs-

---

712 *J. Ulber/Unterhinninghofen*, JbArbR 98, 71 (77 ff.); LMS-*J. Ulber*, § 170 Rn. 10; *ders.*, AiB 07, 5 ff.

713 Geschäftsanweisung Kurzarbeitergeld, Stand April 2012, § 96 SGB III, 2.7 Abs. 2.

714 Vgl. hierzu auch *Lunk/Hackethal*, NZA 20, 837 ff.

715 Vgl. auch *J. Ulber*, AiB 07, 5 (13); skeptisch demgegenüber *Bichlmeier*, AiB 93, 713 (728); zu Kurzarbeit bei Outsourcing *Kreuder*, BB 97, 94 ff.

716 *ArbG Bremerhaven* 25. 11. 09 – 12 BVGa 1204/09; *Schoof*, AiB 09, 610 (613); *ders.*, Kurzarbeit Rn. 47j, k; ebenso *LAG Hamburg* 24. 6. 97 – 3 TaBV 4/97 zur vergleichbaren Situation der Absenkung der Arbeitszeit nach dem BeschäftigungssicherungsTV in der Metall- und Elektroindustrie zur Vermeidung von Kündigungen.

717 Vgl. *BAG* 25. 4. 89, AP Nr. 3 zu § 98 ArbGG 1979 und auch die Vorinstanz *LAG Baden-Württemberg* 10. 11. 87, NZA 88, 325 ff.

718 *LAG Sachsen* 27. 7. 16 – 8 TaBV 1/16, AuR 16, 523 (Ls.).

719 vgl. auch § 11 Abs. 4 des 5. VermBG; HWGNRH-*Worzalla*, Rn. 297.

720 Vgl. *Fitting*, Rn. 183; GK-*Gutzeit*, Rn. 455; Richardi-*Richardi/Maschmann*, Rn. 425; a. A. HWGNRH-*Worzalla*, Rn. 297; die Voraussetzungen, unter denen der Entgeltanspruch untergeht unterliegen

recht nach dieser Vorschrift unterliegen die Höhe der jeweils zu zahlenden Vergütung und die Voraussetzungen, unter denen ein Entgeltanspruch untergeht.[721] Ansonsten werden sämtliche generellen Regelungen wie auch Sonderfälle, z. B. die Verschiebung der Zahlung wegen eines Feiertages, erfasst.

b) Zeit der Auszahlung

Unter **Zeit der Auszahlung** des Arbeitsentgelts ist die Festlegung der **Entgeltzahlungszeiträume** zu verstehen (z. B. monatliche, halbmonatliche oder wöchentliche Lohnzahlung). Auch die Bestimmung des Tages oder der Stunde, an dem der Lohn jeweils auszuzahlen ist, gehört dazu.[722] Wenn nach § 614 BGB Lohn nachträglich zu zahlen ist, so ist jedoch davon auszugehen, dass es sich um eine abdingbare Vorschrift handelt und somit auch eine andere Vereinbarung durch BR und AG getroffen werden kann. Insbes. können auch **Abschlagszahlungen** vereinbart werden.[723] Schließlich unterfällt jede **Änderung des Lohnzahlungszeitraumes** oder der Auszahlung des Arbeitsentgelts – selbst wenn es sich z. B. wegen der besonderen Lage eines Feiertags um einen einmaligen Fall handelt[724] – der Mitbestimmung. So betrifft auch die Festlegung, dass ein über die regelmäßige tarifliche Wochenarbeitszeit hinausgehendes Zeitguthaben erst am Ende eines einjährigen **Verteilungszeitraums** vergütet wird, also in ein **Arbeitszeitkonto** eingeht, die Zeit der Auszahlung.[725] Nach § 11 Abs. 4 des 5. VermBG vom 19. 1. 1989 hat der BR bei der Festlegung des Termins mitzubestimmen, zu dem die AN des Betriebs während eines Kalenderjahres Teile ihres Arbeitslohns vermögenswirksam anlegen können. Wird die Auszahlung von **Provisionen** vom Zeitpunkt der Vermittlung des Auftrags auf den der Ausführung umgestellt, besteht ein Mitbestimmungsrecht sowohl nach dieser Vorschrift[726] als auch nach § 87 Abs. 1 Nr. 10 oder 11.[727] Bei der **Umwandlung von Entgelt in Versorgungszusagen** gem. § 1a BetrAVG wird ebenfalls die Zeit der Auszahlung verändert. Daher besteht auch nach dieser Vorschrift ein Mitbestimmungsrecht (vgl. auch Rn 281, 326 f. und DKWF-*Klebe/Heilmann*, Rn. 60 mit BV-Entwurf).[728] Eine ESt. kann im Übrigen die Fälligkeit einer Sonderzahlung auch auf zwei jährliche Zeitpunkte festlegen, wenn dies dazu führt, dass der Mindestlohnanspruch, anders als bei einer ratierlichen Zwölftelauszahlung, nicht durchgehend erfüllt wird und deshalb Differenzlohnansprüche anstehen.[729] 136

c) Ort der Auszahlung

Der **Ort der Auszahlung** des Arbeitsentgelts ist regelmäßig der **Betrieb des AG;** etwas anderes kann jedoch gelten, wenn AN an einem auswärtigen Ort beschäftigt sind. Dann kann die **Arbeitsstätte** Ort der Lohnzahlung sein.[730] AG und BR können aber auch eine anderweitige Regelung treffen und beispielsweise die Auszahlung in einer näher bestimmten Zahlstelle au- 137

---

nicht dem Mitbestimmungsrecht (vgl. hierzu *BAG* 12.4.11 – 1 AZR 698/09 = EzA-Schnelldienst 17/2011, S. 12f [Ls.]).

721 *BAG* 7.6.11 – 1 AZR 807/09, NZA 11, 1234 (1237).

722 Vgl. *BAG* 22.7.14 – 1 ABR 96/12, NZA 14, 1151 (1152); 23.10.18 – 1 ABR 10/17, NZA 19,186 (188 Tz. 22 f.); *LAG Baden-Württemberg* 10.11.87, NZA 88, 325 f.; *Fitting*, Rn. 185; GK-*Gutzeit*, Rn. 457.

723 Vgl. auch *Fitting*, Rn. 184; GK-*Gutzeit*, Rn. 457; *Däubler*, Das Arbeitsrecht 1, Rn. 973; a. A. Richardi-*Richardi/Maschmann*, Rn. 427.

724 Vgl. z. B. HWGNRH-*Worzalla*, Rn. 299.

725 *BAG* 15.1.02 – 1 AZR 165/01, NZA 02, 1112, Ls. = EZA § 614 BGB Nr. 1; HaKo-BetrVG/*Kohte*, Rn. 59; vgl. aber auch *BAG* 13.12.00 – 5 AZR 334/99, BB 01, 1584 (1585), das bei der Ermöglichung negativer Zeitguthaben § 87 Abs. 1 Nr. 3 anwenden will.

726 *LAG München* 27.11.73, AuR 74, 217, Ls.; *SWS*, Rn. 88.

727 Nur Letzteres bejahen GK-*Gutzeit*, Rn. 458; Richardi-*Richardi/Maschmann*, Rn. 426.

728 *Fitting*, Rn. 482; a. A. GK-*Gutzeit*, Rn. 456, 852; HWGNRH-*Worzalla*, Rn. 297; Richardi-*Richardi/Maschmann*, Rn. 427, 436.

729 *LAG Berlin-Brandenburg* 29.3.22 – 7 TaBV 970/21, juris Tz. 42 ff.; *LAG Mecklenburg-Vorpommern* 20.6.17 – 5 TaBV 17/16, juris Tz. 55; *LAG Sachsen* 27.7.16 – 8 TaBV 1/16, juris Tz. 52 = AuR 16, 523 (Ls.); a. A. *Fitting*, Rn. 185.

730 GK-*Gutzeit*, Rn. 459; Richardi-*Richardi/Maschmann*, Rn. 429

ßerhalb des Betriebs oder der auswärtigen Arbeitsstätte vereinbaren. Dabei ist allerdings § 35 Abs. 2 SeemG zu beachten, der bestimmt, dass Auszahlungen des Entgelts nicht in Gast- oder Schankwirtschaften vorgenommen werden dürfen. Es sind auch Vereinbarungen zulässig, aus denen sich ergibt, auf welchem Wege dem AN die **Vergütung im Krankheitsfall** zukommen soll.[731] Bei **Deputaten** kann geregelt werden, ob der AG sie anzuliefern hat oder die AN sie an einen bestimmten Ort abzuholen haben.[732]

d) Art der Auszahlung

138 Unter der **Art der Auszahlung** des Arbeitsentgelts ist sowohl die Barzahlung als auch die Zahlung per Scheck und die **bargeldlose Überweisung** auf ein Bankkonto zu verstehen. Der Übergang von der Barzahlung zur bargeldlosen Lohnzahlung unterliegt dem Mitbestimmungsrecht des BR.[733] Die Mitbestimmung darf auch hier nicht dadurch umgangen werden, dass der AG mit einzelnen AN individualrechtliche Abreden über die Einführung der bargeldlosen Lohnzahlung trifft.[734]

139 Im Zusammenhang mit der Einführung der bargeldlosen Lohnzahlung erstreckt sich das Mitbestimmungsrecht auch auf die anfallenden **Kontogebühren,** soweit diese zwangsläufig mit der bargeldlosen Auszahlung des Arbeitsentgelts entstehen.[735] Zwischen der Frage der Art der Auszahlung des Arbeitsentgelts und den dann ggf. anfallenden Gebühren besteht ein notwendiger Zusammenhang. Beide Fragen lassen sich nicht voneinander trennen, so dass aus diesem Grunde das Mitbestimmungsrecht auch hinsichtlich der Kontogebühren zu bejahen ist (**»Annex-Kompetenz«**). Der BR braucht deshalb einer Regelung über die bargeldlose Lohnzahlung nicht zuzustimmen, ohne dass gleichzeitig die Frage der Kontogebühren geklärt wird. Die Mitbestimmung erstreckt sich auf die Gebühren, die durch die Überweisung des Entgelts zwangsläufig und für den AN unvermeidlich anfallen. Dabei ist mindestens von einer Gebühr für die Errichtung und Unterhaltung des Kontos, einer für die Überweisung des Arbeitsentgelts und einer weiteren für die Abhebung auszugehen. Alle weiteren Buchungsvorgänge stehen regelmäßig nicht mehr im Zusammenhang mit der bargeldlosen Lohnzahlung und beziehen sich auf die private Lebensführung des AN. Im Ergebnis muss jedenfalls sichergestellt sein, dass der AN auch bei der bargeldlosen Lohnzahlung sein **Arbeitsentgelt ungeschmälert** erhält.[736] Das Mitbestimmungsrecht umfasst daher auch die **Freistellung** für den notwendigen **Bankbesuch**[737] und zusätzliche **Wegekosten,**[738] wenn ein notwendiger Zusammenhang mit der bargeldlosen Entgeltzahlung besteht (Regelungspunkte einer BV bei DKWF-*Klebe/Heilmann*, § 87 Rn. 25).[739]

140 Für den Fall, dass durch TV die Einführung der bargeldlosen Lohnzahlung geregelt, nicht aber ausdrücklich bestimmt ist, wer die Kontogebühren zu tragen hat, sollen die AN selbst verpflichtet sein.[740] Das Mitbestimmungsrecht des BR soll – nach dieser abzulehnenden Rspr. – dann nicht mehr bestehen. Die Kontogebühren können auch in Form einer **Pauschale** (z. B. in Höhe

731 GK-*Gutzeit*, Rn. 459.
732 GK-*Gutzeit*, Rn. 459.
733 Vgl. z. B. *BAG* 8. 3. 77, AP Nr. 1 zu § 87 BetrVG 1972 Auszahlung und 5. 3. 91 – 1 ABR 41/90, NZA 91, 611 (612).
734 *BAG* 31. 1. 69, AP Nr. 5 zu § 56 BetrVG Entlohnung.
735 *BAG* 8. 3. 77, AP Nr. 1 zu § 87 BetrVG 1972 Auszahlung; 15. 1. 02 – 1 ABR 10/01, DB 02, 1564; *Fitting*, Rn. 189; *GL*, Rn. 123; Richardi-*Richardi/Maschmann*, Rn. 439; vgl. auch *BVerfG* 18. 10. 87, DB 87, 2361, das die *BAG*-Rspr. für verfassungskonform erklärt hat; a. A. GK-*Gutzeit*, Rn. 465 f.; HWGNRH-*Worzalla*, Rn. 307.
736 *BAG* 8. 3. 77, a. a. O.; Richardi-*Richardi/Maschmann*, Rn. 433.
737 *BAG* 20. 12. 88, DB 89, 1340; 15. 1. 02, DB 02, 1564; *Fitting*, Rn. 189; KassArbR-*Etzel*, 9.1, Rn. 543; *Klebe/Schlockermann*, BetrR 81, 7 (35 f.); MünchArbR-*Matthes*, § 246 Rn. 8; wohl auch *GL*, Rn. 123; a. A. HWGNRH-*Worzalla*, Rn. 308; Richardi-*Richardi/Maschmann*, Rn. 442.
738 *LAG Düsseldorf* 20. 8. 73, BB 74, 556; *Fitting*, Rn. 189; *GL*, Rn. 123; *Halberstadt*, Rn. 61; MünchArbR-*Matthes*, § 336 Rn. 8; *Klebe/Schlockermann*, a. a. O.; a. A. HWGNRH-*Worzalla*, Rn. 308.; Richardi-*Richardi/Maschmann*, Rn. 442.
739 Vgl. auch *Bösche/Grimberg*, AiB 91, 2 f.
740 *BAG* 31. 8. 82, AP Nr. 2 zu § 87 BetrVG 1972 Auszahlung.

des monatlich als Auslagenersatz bis zur Steuerreform 1990 steuerfreien Betrags von 2,50 DM (ab 2002: 1,37 Euro) bzw. nach der Steuerreform und wegen der inzwischen erhöhten Kontoführungskosten in Höhe von 2 bis 3 Euro, ohne Wegezeitvergütung und Wegekosten) erstattet werden.[741] Dabei ist es bedeutungslos, ob die Bank im Einzelfall überhaupt Kontogebühren erhebt und wie hoch diese sind. Eine Erstattung scheidet allerdings aus, falls der AG durch Vereinbarung mit den Banken sicherstellt, dass keine Gebühren anfallen.[742]

5. Urlaub (Nr. 5)

a) Begriff des Urlaubs

Die Mitbestimmung bezieht sich nicht nur auf den jährlichen Erholungsurlaub, sondern ganz allgemein auf **jede Form des Urlaubs.** Dazu gehört der **Bildungs-**[743] und **Sonderurlaub** (DKWF-*Klebe/Heilmann*, § 87 Rn. 28),[744] der **Zusatzurlaub für schwerbehinderte Menschen** (§ 208 SGB IX).[745] sowie jede andere Form bezahlter oder unbezahlter **Freistellung,** bei der gegensätzliche individuelle oder betriebliche Interessen auszugleichen sind,[746] wie z. B. auch sog. **Sabbaticals** und **Familienpausen** (DKWF-*Klebe/Heilmann*, § 87 Rn. 28),[747] nicht aber sog. **Insichbeurlaubungen** als Voraussetzung des Statuswechsels von Beamten ins Angestelltenverhältnis;.[748] Das Mitbestimmungsrecht begründet zwar keinen Anspruch, z. B. auf unbezahlte Freistellung von einer bestimmten Dauer.[749] Werden jedoch Freistellungen gewährt, kann der BR mit Hilfe seines Initiativrechts eine generelle Regelung zu den Anspruchsvoraussetzungen und der zeitlichen Lage der Freistellung erzwingen.[750] Das Mitbestimmungsrecht scheidet i. d. R. aus, falls alle AN des Betriebes wegen dessen **Stilllegung** für die Dauer der Kündigungsfrist unwiderruflich von der Arbeitsleistung unter Anrechnung des Urlaubs freigestellt werden,[751] weil in diesen Fällen Interessenkonflikte zwischen den AN nicht entstehen. Interessenkonflikte zwischen dem AG und AN sind allerdings nicht völlig ausgeschlossen, da Konstellationen denkbar sind, in denen der AN sich gegen eine solche Festlegung zu Recht wehrt.[752] In diesen Fällen besteht das Mitbestimmungsrecht.[753] 141

Die von *Worzalla*[754] vertretene Auffassung, unter Urlaub i. S. d. Vorschrift seien allein Erholungsurlaub und Zusatzurlaub für Schwerbehinderte zu verstehen, ist abzulehnen. Falls kein Rechtsanspruch besteht, kann zwar die vom Gesetz vorausgesetzte Interessenabwägung zwischen dem einzelnen AN und dem AG nicht stattfinden; es verbleibt jedoch bei dem weiteren Grund für das Mitbestimmungsrecht: Hiermit soll der BR in die Lage versetzt werden, die **Interessen innerhalb der Belegschaft,** also zwischen den einzelnen AN, die betroffen sind, auszugleichen.[755] So kann z. B. Streit bestehen, welcher von zwei AN, die beide unbezahlte Frei- 142

---

741 *BAG* 8. 3. 77, AP Nr. 1 zu § 87 BetrVG Auszahlung; 5. 3. 91 – 1 ABR 41/90, NZA 91, 611 (612); *Fitting*, Rn. 190.
742 *BAG* 21. 12. 82, DB 83, 996 f.
743 *BAG* 28. 5. 02 – 1 ABR 37/01, NZA 03, 171 (173 f.); *ArbG Frankfurt* 28. 4. 88, AiB 88, 288; *Fitting*, Rn. 195; GK-*Gutzeit*, Rn. 468; Richardi-*Richardi/Maschmann*, Rn. 453 a. A. HWGNRH-*Worzalla*, Rn. 322 m. w. N.
744 *BAG* 18. 6. 74, AP Nr. 1 zu § 87 BetrVG 1972 Urlaub; 17. 11. 77, AP Nr. 8 zu § 9 BUrlG.
745 *LAG Frankfurt* 16. 2. 87, BB 87, 1461; *SWS*, Rn. 98c.
746 *BAG* 10. 12. 02 – 1 ABR 27/02, EZA § 99 BetrVG 2001 Umgruppierung Nr. 1 m. w. N.; GK-*Gutzeit*, Rn. 474; *Baunack/Middel*, AiB 5/16, S. 18 ff.
747 Vgl. hierzu auch den Entwurf einer BV bei *Schirge*, AiB 94, 2 ff.
748 *BAG* 10. 12. 02, a. a. O.
749 Vgl. *Fitting*, Rn. 195; GK-*Gutzeit*, Rn. 477.
750 *LAG Baden-Württemberg* 8. 7. 83 – 5 Ta BV 3/83.
751 *LAG Köln* 16. 3. 00 – 1011 Sa 1280/99, AiB 00, 761 mit Anm. *Furier*; *LAG Hamm* 20. 9. 02, NZA-RR 03, 422 (423); GK-*Gutzeit*, Rn. 474.
752 Vgl. *BAG* 10. 1. 74, EzA § 7 BUrlG Nr. 16; ErfK-*Dörner/Gallner*, BUrlG, § 7 Rn. 15; KassArbR-*Schütz*, 2.4, Rn. 547 m. w. N.
753 Vgl. auch GK-*Gutzeit*, Rn. 474.
754 HWGNRH-*Worzalla*, Rn. 317 ff.
755 Vgl. hierzu *BAG* 18. 6. 74, AP Nr. 1 zu § 87 BetrVG 1972 Urlaub; 10. 12. 02, a. a. O.

stellung wünschen, diese in Anspruch nehmen kann, wenn einer im Betrieb verbleiben muss.[756] Darüber hinaus kann ein Anspruch des einzelnen AN durch die betriebliche Praxis, z. B. auf Grund des **Gleichbehandlungsgrundsatzes,** entstehen.

b) Aufstellung allgemeiner Grundsätze

143 Zunächst besteht das Mitbestimmungsrecht bei der **Aufstellung und späteren Änderung »allgemeiner Urlaubsgrundsätze«** (vgl. den Entwurf einer Vereinbarung bei DKWF-*Klebe/Heilmann,* § 87 Rn. 26). Darunter sind betriebliche Richtlinien zu verstehen, nach denen dem einzelnen AN vom AG im Einzelfall Urlaub zu gewähren ist oder aber nicht gewährt werden darf oder soll.[757] Insbes. geht es dabei um die Frage, ob die AN befugt sind, den Erholungsurlaub während des ganzen laufenden Urlaubsjahres zu nehmen, oder ob der Urlaub im Rahmen sog. **Betriebsferien** zu nehmen ist (vgl. auch die Vereinbarung zu Betriebsurlaub bei DKWF-*Klebe/Heilmann,* § 87 Rn. 27).[758] Während der Betriebsferien wird der Betrieb geschlossen. Eine entsprechende Vereinbarung über die Einführung von Betriebsferien kann, obwohl der Urlaub an das Urlaubsjahr gebunden ist und durch eine BV nicht im Vorgriff gewährt werden kann,[759] nicht nur für ein Jahr, sondern auch für **mehrere aufeinander folgende Urlaubsjahre** getroffen werden.[760] Für den Normalfall, dass AN einen längeren Jahresurlaub beanspruchen können, als die Betriebsferien zeitlich ausmachen, ist eine Regelung erforderlich, wie der Mehrurlaub über die Betriebsferien hinaus zu gewähren ist. Haben AN zum Zeitpunkt der Betriebsferien noch keinen Urlaubsanspruch erworben und können diese während der Betriebsferien nicht im Betrieb beschäftigt werden, bleibt ihr **voller Lohnanspruch** dennoch erhalten.[761]

144 Werden keine Betriebsferien vereinbart, kann im Rahmen der **»allgemeinen Urlaubsgrundsätze«** bestimmt werden, wie der Urlaub innerhalb des Kalenderjahres zu verteilen ist. Weiter kann festgelegt werden, ob alle AN des Betriebs bzw. die AN bestimmter Abteilungen oder Gruppen den Urlaub zusammenhängend (§ 7 Abs. 2; 13 Abs. 1 Satz 3 BUrlG) zu nehmen haben oder wie dieser aufzuteilen ist.[762] Darüber hinaus können Regelungen zum **Bewilligungsverfahren** vereinbart werden, wie z. B., dass Auslegung der **Urlaubsliste** und Eintragung bis zu einem bestimmten Zeitpunkt erfolgen. Das Mitbestimmungsrecht erfasst zudem, welche Vertretungsgrundsätze gelten,[763] inwieweit die persönlichen Umstände der einzelnen AN bei der Urlaubsgewährung Berücksichtigung zu finden haben und nach welchen Gesichtspunkten bei gleich gelagerten Urlaubswünschen mehrerer AN zu verfahren ist (Prioritätskriterien; § 7 Abs. 1 BUrlG). So wird **AN mit schulpflichtigen Kindern** der Urlaub üblicherweise während der Schulferien zu gewähren sein. Auch das **Lebensalter** oder der **Familienstand** können bei der Urlaubsgewährung eine Rolle spielen, so dass entsprechende Regelungen getroffen werden können.[764] Zu den Urlaubsgrundsätzen gehört auch die Festlegung einer **Urlaubsquote** für die maximale Zahl v. Beschäftigten, die gleichzeitig Urlaub nehmen können,[765] und die Einführung einer sog. **Urlaubssperre** wegen erhöhten Arbeitsanfalls, z. B. wegen einer Inventur.[766] Hinzu kommt wegen der Rspr. des *EuGH,*[767] dass der AG klar, in völliger Transparenz und rechtzeitig

---

756 Vgl. auch *GL,* Rn. 128.
757 *BAG* 18.6.74, AP Nr. 1 zu § 87 BetrVG 1972 Urlaub.
758 Vgl. dazu *BAG* 28.7.81, AP Nr. 2 zu § 87 BetrVG 1972 Urlaub; 9.5.84, AP Nr. 58 zu § 1 LohnFG; 31.5.88, AP Nr. 57 zu § 1 FeiertagslohnzahlungsG; *LAG Nürnberg* 21.2.14 – 6 Sa 588/13, juris; GK-*Gutzeit,* Rn. 479; vgl. auch *BVerwG* 9.8.22 – 5 P 14.21, NZA-RR 23, 317 ff.
759 *BAG* 17.1.74, AP Nr. 3 zu § 1 BurlG.
760 *BAG* 28.7.81, AP Nr. 2 zu § 87 BetrVG 1972 Urlaub; *Fitting,* Rn. 197.
761 *BAG* 2.10.74, 30.6.76, AP Nrn. 2, 3 zu § 7 BUrlG Betriebsferien; HWGNRH-*Worzalla,* Rn. 336 m. w. N.
762 Vgl. auch *Fitting,* Rn. 200; *Däubler,* Das Arbeitsrecht 2, Rn. 299 f.; Schaub-*Linck,* § 104 Rn. 82.
763 *Fitting,* Rn. 200; GK-*Gutzeit,* Rn. 491 m. w. N.; Richardi-*Richardi/Maschmann,* Rn. 457; a. A. HWGNRH-*Worzalla,* Rn. 325.
764 Vgl. u. a. *Fitting,* Rn. 200; GK-*Gutzeit,* Rn. 483 und die BV in AiB 91, 219.
765 *LAG Niedersachsen* 30.11.17 – 6 TaBV 44/17, AiB 3/18, S. 47 f. mit Anm. v. *Scholand.*
766 Vgl. insgesamt *BAG* 28.5.02 – 1 ABR 37/01, NZA 03, 171 (175); GK-*Gutzeit,* Rn. 483 f.
767 *EuGH* 6.11.18 – C-684/16, NZA 18, 1474 ff.; C-569/16 und C-570/16, NZA 18, 1467 ff.; 22.9.22 – C-120/21, NZA 22, 1326 ff. und ihm folgend *BAG* 22.10.19 – 9 AZR 98/19, NZA 20, 307 ff. (hierzu auch *Sagan,* NZA 20, 350 ff.); 20.12.22 – 9 AZR 266/20, NZA 23, 683 ff.

die AN, ggf. förmlich, aufzufordern hat, den Urlaub zu nehmen, weil dieser ansonsten am Ende des Bezugs- bzw. Übertragungszeitraum verfällt. Unterlässt er dies, bleibt der Urlaubsanspruch erhalten bzw. es besteht ein Abgeltungsanspruch, der vererbt werden kann. Demgegenüber erfasst z. B. das Mitbestimmungsrecht beim Bildungsurlaub NRW – unabhängig von den gesetzlichen Vorschriften (vgl. Rn. 32 a. E.) – **nicht** jedoch Regelungen zu den Voraussetzungen, dem Umfang und den Berechtigten des Anspruchs. Auch die Verpflichtung zur Erörterung und Dokumentation der in Zusammenhang mit dem Bildungsanspruch stehenden Fragen soll nicht unter die Vorschrift fallen.[768] Aufgestellt sind Urlaubsgrundsätze bereits, wenn Richtlinien entwickelt wurden und deren Einhaltung vorgegeben wurde. Die Richtlinien müssen noch nicht allen AN mitgeteilt worden sein. Es ist ausreichend, wenn z. B. personalverantwortliche Bereichsleiter informiert sind.[769]

Das Mitbestimmungsrecht hinsichtlich der **Betriebsferien** beinhaltet für den BR ein entsprechendes **Initiativrecht** im Hinblick auf die Schließung des Betriebs und die Dauer. Es bestehen hier keine Besonderheiten gegenüber den allgemeinen Grundsätzen (vgl. Rn. 25 ff.).[770] **145**

c) Aufstellung des Urlaubsplans

Über die »allgemeinen Urlaubsgrundsätze« hinaus besteht das Mitbestimmungsrecht auch bei der **Aufstellung des eigentlichen Urlaubsplans.** Unter dem Begriff des Urlaubsplans ist die genaue **Festlegung des Urlaubs** der einzelnen AN im Urlaubsjahr und die Regelung der **Urlaubsvertretung** zu verstehen,[771] nicht lediglich ein vorläufiges Urlaubsprogramm, das vom AG durch Festlegung des Urlaubs für den einzelnen AN konkretisiert wird.[772] Ist der Urlaubsplan vereinbart, steht somit fest, zu welchem Zeitpunkt der einzelne AN seinen Urlaub antreten kann. Einer besonderen Urlaubsgewährung durch den AG bedarf es dann nicht mehr; der AN braucht sich lediglich noch abzumelden.[773] Ist im Plan neben der Festlegung auch der Hinweis auf einen möglichen Verfall des Urlaubs klar und transparent für die jeden einzelnen AN angesprochen, sollte dies den Anforderungen des *EuGH* (oben Rn. 144) genügen.[774] **146**

Von dem Urlaubsplan zu unterscheiden ist die sog. **Urlaubsliste.** Diese wird üblicherweise vor Beginn des Urlaubsjahres im Betrieb ausgelegt, damit jeder AN seine Wünsche hinsichtlich der zeitlichen Lage des Urlaubs eintragen kann. Sie ist somit regelmäßig die Grundlage des Urlaubsplans. Stimmt der AG den in der Urlaubsliste geäußerten Wünschen der AN in vollem Umfang zu, wird die **Urlaubsliste zum Urlaubsplan.** Die endgültige Festlegung der einzelnen Urlaube, nämlich dieser Urlaubsplan, unterliegt der Vereinbarung zwischen BR und AG. Der Urlaub ist dann entsprechend zu gewähren.[775] Wird kein Urlaubsplan aufgestellt, kann durch die Eintragung in die Urlaubsliste der Urlaub als festgelegt angesehen werden, wenn der BR zustimmt und der AG nicht innerhalb einer angemessenen Frist widerspricht.[776] **147**

Soll ein bereits beschlossener Urlaubsplan **abgeändert** werden, bedarf auch dies der Mitbestimmung des BR,[777] der hier zudem ebenfalls ein Initiativrecht hat.[778] Ist eine BV über den **148**

---

768 *BAG* 28. 5. 02, a. a. O.; zu Annexregelungen vgl. Rn. 3, 139, 192 f.
769 *LAG Rheinland-Pfalz* 19. 2. 09 – 11 TaBV 29/08.
770 So auch *ArbG Hamm* 22. 7. 80, AiB 6/80, S. 15; *ArbG Osnabrück* 1. 2. 84 – 2 BV 14/83; *LAG Niedersachsen* 26. 2. 85, AuR 99, 319, Ls. (vorrangig zur Dauer der Betriebsferien); ErfK-*Kania,* Rn. 44; *Fitting,* Rn. 199; HaKo-BetrVG/*Kohte,* Rn. 63; KassArbR-*Etzel,* 9.1, Rn 545; MünchArbR-*Matthes,* § 247 Rn. 16; Schaub-*Ahrendt,* § 235 Rn. 58; *Baunack/Middel,* AiB 5/16, S. 18 (19); a. A. GK-*Gutzeit,* Rn. 487 m. w. N.; LKK-*Dahm,* Rn. 121; *Gamillscheg,* Kollektives Arbeitsrecht Bd. II, S. 904; HWK-*Clemenz,* Rn. 112; Richardi-*Richardi/Maschmann,* Rn. 466; WPK-*Bender,* Rn. 95.
771 GK-*Gutzeit,* Rn. 490 f.; KassArbR-*Etzel,* 9.1, Rn. 547; a. A. MünchArbR-*Matthes,* § 247 Rn. 4.
772 So aber *GL,* Rn. 131; HWGNRH-*Worzalla,* Rn. 329; *WW,* Rn. 41.
773 *Fitting,* Rn. 202; GK-*Gutzeit,* Rn. 494 ff. m. w. N.
774 Vgl. hierzu auch *Lunk,* FS100 Jahre Betriebsverfassungsrecht, S. 451 (457 ff.).
775 *Fitting,* Rn. 203.
776 *LAG Düsseldorf* 8. 5. 70, DB 70, 1136.
777 H. M.; vgl. *LAG München* 14. 1. 09 – 11 TaBV 58/08; *Fitting,* Rn. 204; GK-*Gutzeit,* Rn. 498; HWGNRH-*Worzalla,* Rn. 330; für den Widerruf erteilten Urlaubs ebenso *LAG München* 23. 3. 88, BB 88, 2175, Ls.; *SWS,* Rn. 103.
778 Vgl. z. B. GK-*Gutzeit,* Rn. 498.

Urlaubsplan abgeschlossen, kann der BR die **Veröffentlichung** ggf. auch mit einer einstweiligen Verfügung erzwingen (vgl. § 77 Abs. 2).[779]

d) Festsetzung der Lage für einzelne Arbeitnehmer

149 Ist der einzelne AN mit der **zeitlichen Festlegung** seines Urlaubs nicht einverstanden – das gilt ohne Rücksicht darauf, ob ein Urlaubsplan besteht oder nicht –, hat der BR auch im **Einzelfall ein Mitbestimmungsrecht,** wenn eine Übereinstimmung zwischen dem einzelnen AN und dem AG nicht erzielt wird[780] und auch, falls nur zwischen AN Streit besteht, ohne dass der AG beteiligt wäre.[781] In einem solchen Fall haben AG und BR unter Berücksichtigung der Grundsätze des § 7 Abs. 1 BUrlG den Urlaub festzulegen. Es müssen also die Urlaubswünsche des AN gegenüber den berechtigten Interessen anderer AN bzw. des Betriebs nach **billigem Ermessen** abgewogen werden.[782] Kommt eine Einigung zwischen BR und AG nicht zustande, entscheidet die ESt. **Tarifliche Regelungen** können das Bestimmungsrecht einschränken und gehen vor.

150 Der AN ist nicht verpflichtet, sich mit der zwischen AG und BR erzielten Einigung oder dem Spruch der ESt. zufrieden zu geben.[783] Er hat nämlich – unabhängig von der Einschaltung des BR – die Möglichkeit, **Klage beim ArbG** zu erheben (§ 76 Abs. 7), um auf diesem Wege die zeitliche Festsetzung des Urlaubs zu erwirken. Wenn der AN sich auch üblicherweise auf ein Verfahren beschränken wird (entweder das **Mitbestimmungsverfahren** unter Einschaltung des BR oder das gerichtliche Urteilsverfahren), so ist doch nicht ausgeschlossen, dass beide Verfahren gleichzeitig betrieben werden.[784] Greifen AG oder BR nach § 76 Abs. 5 Satz 4 den Spruch der ESt. an, ist es möglich, dass das ArbG über die gleiche Streitsache einmal im Beschlussverfahren (Überprüfung des Spruchs der ESt.) und zum anderen im Urteilsverfahren (Festsetzung des Urlaubs auf Antrag des AN) entscheidet. Das Gesetz schließt diese Konstellation jedenfalls nicht aus.

e) Urlaubsdauer und Bezahlung

151 Das Mitbestimmungsrecht bezieht sich nicht auf die Urlaubsdauer.[785] Hierfür können die Vorschriften des BUrlG (§ 3), des JArbSchG (§ 19) oder SGB IX (§ 208) maßgebend sein. Regelmäßig ist die Dauer des Urlaubs zudem in den entsprechenden TV geregelt, so dass auch aus diesem Grunde das Mitbestimmungsrecht des BR nicht eingreift (vgl. Rn. 36). Allerdings ist es den **Arbeitsvertragsparteien** unbenommen, **günstigere Vereinbarungen** zu treffen.

152 Das **Urlaubsentgelt,** das während des Urlaubs fortzuzahlen ist, berechnet sich nach dem durchschnittlichen Arbeitsverdienst, das der AN in den letzten 13 Wochen vor Beginn des Urlaubs erhalten hat, mit Ausnahme des zusätzlich für Überstunden gezahlten Arbeitsverdienstes (§ 11 BUrlG). Im Allgemeinen ist aber davon auszugehen, dass auch die Höhe des Urlaubsentgelts tariflich geregelt ist.

153 Vom Urlaubsentgelt zu unterscheiden ist das **zusätzliche Urlaubsgeld,** das den AN aus Anlass des Urlaubs gewährt wird. Eine gesetzliche Regelung besteht insoweit nicht. Der Anspruch resultiert regelmäßig aus einem TV oder aus einzelvertraglichen Abreden.

---

779 *ArbG Lingen (Ems)* 21.11.87 – 2 BVGa 8/87.
780 Vgl. *LAG Berlin-Brandenburg* 24.6.21 – 26 TaBV 785/21, juris (Tz. 17 im Verfahren zur Bildung einer ESt.); *Fitting,* Rn. 207; HWGNRH-*Worzalla,* Rn. 338; HWK-*Clemenz,* Rn. 109; Richardi-*Richardi/Maschmann,* Rn. 479; *WW,* Rn. 42; *Zimmermann,* AuR 12, 243 (244); a. A. GK-*Gutzeit,* Rn. 503; MünchArbR-*Matthes,* § 247 Rn. 14, WPK-*Bender,* Rn. 101, die mindestens zwei betroffene AN verlangen.
781 *ArbG Frankfurt* 28.4.88, AiB 88, 288, Ls.
782 *BAG* 4.12.70, AP Nr. 5 zu § 7 BurlG; vgl. auch *Zimmermann,* AuR 12, 243 (244).
783 Kritisch *Gamillscheg,* Kollektives Arbeitsrecht Bd. II, S. 905.
784 Vgl. GK-*Gutzeit,* Rn. 507; Richardi-*Richardi/Maschmann,* Rn. 485.
785 *LAG Hamm* 12.12.11 – 10 TaBV 87/11, juris; Richardi-*Richardi/Maschmann,* Rn. 468.

6. Technische Überwachungseinrichtungen (Nr. 6)

a) Handlungsprobleme des Betriebsrats bei neuen Technologien

aa) Vorbemerkungen

154 Im BetrVG ist **kein umfassendes Mitbestimmungsrecht** für neue Technologien oder auch einzelne konkrete Anwendungsfälle, wie Personalinformations- oder Betriebsdatenerfassungssysteme, vorgesehen. Es gibt allerdings Normen, die sich direkt auf Technik und deren Einsatz beziehen, wie z. B. § 87 Abs. 1 Nr. 6, § 90 Abs. 1 Nr. 2 oder auch § 111 Nr. 4. Diese und eine Reihe weiterer allgemein formulierter Rechte können vom BR bei technologischen Veränderungen im Betrieb eingesetzt werden. So kann der BR z. B. seine **Informations- und Beratungsrechte** neben § 90 auch je nach Sachlage auf §§ 92, 106, 111 oder auf §§ 80 Abs. 2, 3, 111 Satz 2 stützen, wenn er sachkundige AN oder einen Sachverständigen einschalten will. **Mitbestimmungsrechte** können sich nicht nur aus § 87 Abs. 1 Nr. 6 oder § 112 ergeben, sondern ebenso aus § 87 Abs. 1 Nrn. 1, 7 und Nr. 13, §§ 91, 94, 95 oder aber auch aus § 87 Abs. 1 Nrn. 2, 3 oder Nrn. 10 bis 12. Es ist für den BR von großer Bedeutung, diese Vorschriften nicht isoliert zu sehen, sondern je nach Sachlage zu kombinieren, um den AN im Betrieb den erforderlichen Schutz zu geben und die **Arbeitsbedingungen sozial** zu **gestalten.** Eine solche Sichtweise ist vor dem Hintergrund der gravierenden strukturellen Veränderungen in Betrieb und Unternehmen, die vor allem auf der Basis der Computertechnologien durchgeführt wurden und werden, unverzichtbar.

bb) Strukturelle Veränderungen in Betrieb und Unternehmen

155 Die neuen Technologien greifen massiv in die bestehenden Betriebs-, Wirtschafts- und Gesellschaftsstrukturen ein und verändern sie. Dabei ist die **Computertechnologie** die entscheidende Voraussetzung für die Durchsetzung betrieblicher, zwischenbetrieblicher oder auch globaler **UN-Strategien.** Mit der breiten Anwendung und Durchsetzung der Computertechnologien ist ein grundlegend neuer **Rationalisierungstyp** entstanden. Nicht mehr die Steigerung der Leistungsfähigkeit einzelner begrenzter Teilprozesse, sondern die **Optimierung der Gesamtabläufe** im Betrieb bis hin zur Einbeziehung außerbetrieblicher Produktions-, Liefer- und Verteilungsbereiche kennzeichnen diesen Rationalisierungstyp. Zeitlich versetzt erfolgte Maßnahmen wachsen zusammen, bisher getrennte Arbeitsaufgaben und Arbeitsprozesse werden miteinander verknüpft. Das Zusammenspiel der bisherigen Teillösungen, die **Optimierung des »betrieblichen Systems«** (Systemische Rationalisierung) und der unternehmensübergreifenden Kooperation, wird angestrebt.[786]

156 Die Wirkungen dieses Typs von Rationalisierung sind sachlich, personell und räumlich übergreifend. Viele Beschäftigungsgruppen werden gleichzeitig erfasst, wenngleich die Betroffenheit sehr unterschiedlich ist. Die Wirkungen gehen über Betriebs- und UN-Grenzen hinweg. Deutlich wird dies u. a. bei der engen **datentechnischen Vernetzung** von vor- und nachgelagerten Bereichen, von Zulieferfirmen und Händlern mit den Herstellerfirmen z. B. in der Automobilindustrie.[787] **Just-in-time-Anlieferung**, Logistiksysteme, **Datenfernübertragung,** Eingriffe direkt in die Fertigungsplanung sind hier die Stichwörter. Damit verändern sich die Formen zwischenbetrieblicher Arbeitsteilung und die Struktur der Beziehung zwischen Betrieben und UN.[788] Mit der Entwicklung und Anwendung von Computertechnologien werden zudem weltweit operierende UN flexibler in der Wahl und in der Umsetzung ihrer Strategien, z. B. bei der Standortwahl.[789] Heute sind computergestützte Arbeitssysteme häufig auf der Basis einer **Intranet**- oder **Client/Server**-Architektur organisiert.[790] Jeder Client-Platz ist ein eigenständiger Rechner, der Dienstleistungen von den Servern in Anspruch nehmen kann. Die Server können

---

786 Vgl. *Altmann/Düll*, WSI-Mitt. 87, 261.
787 Vgl. *Klebe/Roth*, CR 90, 677 ff.
788 Vgl. hierzu die Beiträge in *Mendius/Wendeling-Schröder, Wellenhofer-Klein*, DB 97, 978 ff. und *Müller*, AiB 97, 191 ff.
789 Ausführlich *Klebe/Roth*, S. 7 ff.
790 Vgl. *Schmitz*, Computernetze, S. 66 ff., 73 ff.; *HSA*, S. 128; *Müller*, AiB 97, 191 ff.

ebenfalls Arbeitsplatzrechner sein, die Teile des lokalen Netzes sind. Ebenso gut können sie aber auch UN-weit zur Verfügung stehen oder z. B. mit **Internet**-Zugang weltweit. Regelmäßig ist dies mit einem Verlust von örtlicher Autonomie verbunden. IT-Konzepte werden global vorgegeben. Als technische Einrichtung (vgl. Rn. 169, 191) lässt sich dann nur noch das gesamte Netzwerk begreifen, also der UN-interne Verbund von Rechnern und Programmen einschließlich des Zugangs/der Verbindung zu externen Netzen.[791]

156a Diese Entwicklung erhält aktuell einen weiteren enormen Schub, der mit den Stichwörtern Industrie und Dienstleistung 4.0 und Plattformökonomie beschrieben werden kann. ITK- und Produktionstechnologien werden durch cyberphysische Systeme verbunden. So digital vernetzte Maschinen sollen direkt miteinander und mit Werkstücken »kommunizieren«, sich über die Dateninfrastrukturen »Anweisungen« geben, »Entscheidungen treffen« und sich eigenständig steuern. Der Mensch soll nur noch an Schnittstellen in die Prozesse eingreifen. Dabei soll mit der Verarbeitung riesiger Datenmengen (»Big Data«),[792] die häufig auf Beschäftigte zurückzuführen sind, und deren »lernender« Aufbereitung präventives Handeln, zum Beispiel bei der Wartung und Instandhaltung der Maschinen, aber auch die zeitnahe Anpassung an Auftragslage und Kundenwünsche ermöglicht werden. Im Unternehmen selbst wird ein durchgängiger Datenfluss von der Produktentwicklung bis hin zu Vertrieb und Service angestrebt (»vertikale Vernetzung«), zudem der Datenfluss über die UN-Grenzen hinaus in der gesamten Wertschöpfungskette (»horizontale Vernetzung«). Digitalisierung und Globalisierung beschleunigen sich dabei wechselseitig. In den Dienstleistungsbereichen lassen sich ähnliche Entwicklungen feststellen. Die Digitalisierung kann dabei zu einer mehrfach entgrenzten Arbeitswelt führen: Räumlich stellt sich vor dem Hintergrund mobilen Arbeitens die Frage nach dem Betrieb und seinen Grenzen, zeitlich verwischen sich die Grenzen zwischen Arbeit und Privatleben, funktional werden die Übergänge zwischen Produktion und Dienstleistung fließend. Auch hier werden neue Bereiche erschlossen bzw. optimiert: Elektronische Übersetzungen und Vertragsentwürfe sowie die Kategorisierung von Emails, ihre computerisierte Bearbeitung mit Antwortvorschlägen und »lernende« Einarbeitung von Sachbearbeiteranmerkungen (Robotic Process Automation) werden Realität (vgl. auch Rn. 201). Immer häufiger wird sowohl in Produktion wie auch Büro dabei auf Elemente Künstlicher Intelligenz (KI) zurückgegriffen,[793] wie auch Beispiele wie **Metaverse** oder **ChatGPT** (vgl. auch Rn. 201, § 90 Rn. 13) zeigen.[794] Das hat den Gesetzgeber zu ersten Regelungen bzw. Erwähnungen in §§ 80 Abs. 3, 90 Abs. 1 Nr. 3 und 95 Abs. 2a veranlasst. Allerdings fehlt weiter eine, zugegeben schwierige, Legaldefinition. Insofern wird man auf Definitionen zurückgreifen müssen, die in der Informatik benutzt werden bzw. diese in eine betriebliche Sprache übersetzen.[795] Danach kann man KI als Oberbegriff für Informatikanwendungen verstehen, bei denen Maschinen bzw. deren Software menschenähnliches intelligentes Verhalten abbilden. Teilweise handelt es sich um wissensbasierte Systeme, wie z. B. Experten- oder Navigationssysteme, Zeichen- und einfache Spracherkennungssysteme, die das Problemlösungswissen der Menschen in computergerechte Modelle und Regeln übersetzen (schwache KI). Weitergehend sind **selbstlernende Systeme** (starke KI), die in gewisser Anlehnung an das Gehirn des Menschen konzipiert sind (neuronale Netze), in einem Trainingsprozess auf das Erkennen v. Mustern und Korrelationen ausgerichtet werden, um z. B. aus vorhandenen Datenbeständen neue Ergebnisse zu entwickeln, In gewisser Weise handelt es sich dann um »logisches Denken«, wenn selbständig Probleme erfasst, bearbeitet und Entschei-

---

791 Vgl. *Schmitz*, a. a. O., S. 33.

792 Hierzu und zu Datenschutzfragen *Holthausen*, RdA 21, 19 ff.

793 Vgl. auch zu KI *Waas*, RdA 22, 125 ff.; *ders.* Künstliche Intelligenz, S. 23 ff., 27 ff.; *Witteler/Moll*, NZA 23, 327 ff.; *Meyer*, NJW 23, 1841 ff. und zu individualrechtlichen Fragen *Frank/Heine*, NZA 23, 935 ff.

794 Z. B. zu ChatGPT *Höller*, CuA 4/23, S. 8 ff.; *Wedde*, CuA 4/23, 14 ff.; *Ruchhöft*, AiB 6/23, S. 28 ff.; *Schwartmann*, RDV 23, 48 ff.; *ders.*, RDV 23, 106 ff.; *Mohn*, NZA 23, 538 ff.; *Hansen/Keber/Rixen/Schwartmann*, RDV 23, 160 ff. und zu Metaverse *Engelhardt u.a.* (bakertilly), Metaverse – ein neuer Rechtsraum, 12/2022; *Elmasry u. a.* (Mc Kinsey & Company, Value creation in the metaverse, June 2022.

795 Vgl. auch Art. 3 Abs. 1 i. V. m. Annex 1 des Entwurfs einer VO zur Regulierung v. KI durch die EU-Kommission v. 21.4.21 COM (2021) 206 final – 2021/0106 (COD); *Klebe*, SR 19, 128 (129); *Frank/Heine*, NZA 21, 1448 (1450 ff.).

dungen getroffen werden. Die Schritte zu solchen Ergebnissen und auch die Ergebnisse selbst sind nicht exakt nachvollzieh- und vorhersehbar. Beispiel sind hierfür maschinelles Lernen und »Deep Learning«. In diesem Zusammenhang sprechen *Bornhard/Merkle* als Alternative eine negative Abgrenzung an: KI-Systeme als Software, die **nicht (ausschließlich) regelbasiert** funktioniert.[796] Auch die Arbeit wird zunehmend neu organisiert: **Agiles Arbeiten** und **Scrum**[797] sind Stichwörter, die bei Betriebsräten teilweise Probleme auslösen, wenngleich auch hier, je nach Gestaltung, ebenso wie schon vor der Schaffung des Mitbestimmungsrechts nach Nr. 14 bei **mobiler Arbeit** (vgl. auch Rn. 122, 201, 244, 256 und 387a ff.),[798] die üblichen Rechte eingreifen, wie §§ 99 und 95 bei der Zuweisung der Tätigkeit, §§ 111 Nr. 4 und 5, 112 und § 87 in seiner ganzen Bandbreite (vgl. z. B. Rn. 62, 201 und 379).[799] Schließlich führt die Digitalisierung insbesondere mit der Plattformökonomie zu neuen disruptiven Geschäftsmodellen. Internetplattformen bieten Leistungen vom Transport über Haushaltsarbeiten, juristische und medizinische Beratung hin bis zu Crowdworkarbeiten an. Das Geschäftsmodell basiert dabei im Wesentlichen darauf, dass alle über die Plattform Beschäftigten angeblich Selbstständige sind. Die Plattformen vermeiden damit als »AG« z. B. sämtliche AN-Schutzrechte, Sozialversicherungen und Haftungsrisiken. Zudem sind Bezahlung und Beschäftigungsbedingungen oft grob unfair. Die Kategorisierung als Selbstständige lässt sich mit guten Gründen in Zweifel ziehen.[800] Teilweise ist dies auch schon Anlass für gerichtliche Auseinandersetzungen. Sehr substantiell stellen sich bei diesen Entwicklungen Fragen wie die, wer wie das Beschäftigungsverhältnis der Zukunft definiert.[801]

Ursache und Wirkung fallen in der Regel zeitlich auseinander. BR sehen zwar, wie **neue Systeme der Organisation von Arbeit** entstehen, sie sehen, dass fast alle AN betroffen sind, können jedoch Auswirkungen, zunächst jedenfalls, nur in begrenzten Bereichen feststellen. Die Anwendungsmöglichkeiten des hochflexiblen EDV-Einsatzes lassen sich zudem nicht abschließend benennen: Sie sind prinzipiell »offen«. Mit diesen Veränderungen werden erhebliche **Produktivitätseffekte** erreicht. Es liegt auf der Hand, dass dies auch zu **Beschäftigungsrisiken** führt. 157

796 RDi 21, 276 (277).

797 Hierzu auch *Bachner*, FS 100 Jahre Betriebsverfassungsrecht, S. 17 ff.; *Reinhard*, FS 100 Jahre Betriebsverfassungsrecht, S. 613 ff.; *Wedde*, CuA 5/19, S. 18 ff.; *Schwarzbach*, CuA 5/19, S. 8 ff., 13 ff.; *Spengler/Ettlinger*, AiB 4/19, S. 10 ff. mit einer Checkliste; *Günther/Böglmüller*, NZA 19, 273 ff., 417 ff.; *Hoffmann-Remy*, DB 18, 2757 ff.; zu Datenschutzfragen *Kühn/Weaver*, BB 19, 2485 ff.; zu agiler BR-Arbeit *Krug*, AiB 4/19, S. 17 ff.; *Wiznerowicz*, CuA 4/22, S. 22; *Lemke/Thomsen*, CuA 8–9/23, 27 ff.

798 Vgl. schon vor der Schaffung der Nr. 14 z. B. *LAG Mecklenburg-Vorpommern* 25. 2. 20 – 5 TaBV 1/20, NZA-RR 20, 257 (259 Tz. 36 f.), das im Verfahren nach § 100 ArbGG beispielhaft § 87 Abs. 1 Nr. 2, 6 und 7 nennt; vgl. auch *Ottmann/Schwartzer*, AiB 7/8/20, S. 10 ff., 15 ff. und 23 ff.; unverständlich *HessLAG* 18. 6. 20 – 5 TaBVGa 74/20, NZA 21, 291 (292 Tz. 20), das ausführt, Mitbestimmungsrechte könnten zwar nach § 87 Abs. 1 Nr. 6 und 7 »relevant« werden, es gebe aber keine ausreichenden Anhaltspunkte dafür, dass sie der Durchführung mobiler Arbeit »entgegenstehen«. Dies ist selbst als Bemerkung zum entschiedenen Einzelfall nicht einmal »irgendwie« nachzuvollziehen; zu Recht ablehnend auch *Fischer*, jurisPR-ArbR 14/21 Nr. 8.

799 Vgl. z. B. *Krause*, Agile Arbeit, S. 55 ff., 77 ff.; *Lemke/Thomsen*, CuA 8–9/23, S. 27 ff.

800 So z. B. *BAG* 1. 12. 20 – 9 AZR 102/20, NZA 21, 552 (558 ff. Tz. 45 ff.).

801 Vgl. zu Vorstehendem z. B. sehr ausführlich *Krause*, Digitalisierung der Arbeitswelt – Herausforderungen und Regelungsbedarf, Gutachten B zum 71. DJT 2016 und NZA 16, 1004 ff.; *Klebe*, NZA-Beilage 3/17, 77 ff.; *Däubler/Klebe*, NZA 15, 1032 ff.; *Konrad-Klein/Steinberger*, RDV 15, 243 ff., jeweils mit w. N.; *Brandt*, AiB 7–8/16, S. 16 ff.; *Balkenhol*, AiB 7–8/16, S. 10 ff.; *Uffmann*, NZA 16, 977 ff.: *Groß/Gressel*, NZA 16, 990 ff.; *Däubler*, SR – Sonderheft (Juli 2016) und AuR 16, 325 ff.; *Kocher/Hensel*, NZA 16, 984 ff.; *Martini/Botta*, NZA 18, 625 ff. zu Exoskeletten, insbes. auch zu Datenschutzfragen (627 ff.); *Preis/Wieg*, AuR 16, 313 ff., *Thüsing*, SR 16, 87 ff.; *Wiebauer*, NZA 17, 1430 ff.; *Schrey/Thalhofer*, NJW 17, 1431 zur Technologie Blockchain und die Beiträge in FS Klebe v. *Waas*, S. 420 ff.; *Scholz*, S. 346 ff.; *Weiss*, S. 437 ff.; *du Toit*, S. 381 ff.; *Prassl*, S. 308 ff. und *Risak*, S. 320 ff. mit der Skizze eines Plattformarbeitsgesetzes.

cc) Die neue Beweglichkeit der Unternehmer

158 Die bis heute aufgebauten und zukünftig zu erwartenden **DV-Netzwerke** verändern massiv das zwischen UN und BR bestehende Kräfteverhältnis. Überall dort, wo es um eine Verarbeitung von Informationen, die entsprechende Steuerung von Betriebsabläufen und deren Kontrolle geht, erlangen die UN eine **neue Beweglichkeit.** Standort- wie auch Entscheidungen über eine kurzfristige oder dauerhafte **Verlagerung von UN-Funktionen** können flexibel getroffen werden. Auch die Möglichkeiten arbeitsteiligen Vorgehens nehmen zu. **Internationale virtuelle UN** entstehen, projektbezogene, zeitlich begrenzte Kooperationen rechtlich unabhängiger UN oder UN-Bereiche, um bestimmte Produkte und Dienstleistungen zu erstellen. Reale Ressourcen werden so problembezogen in flexiblen UN-Netzwerken verknüpft. Nach Aufgabenerfüllung wird die Zusammenarbeit beendet und ggf. ein Netzwerk mit anderen Partnern aufgebaut. Ein UN mit festem Standort, genau definierten rechtlichen Grenzen, festen Organisationsstrukturen und einer eher dauerhaften Ressourcenzuordnung, um langfristig bestimmte Produkte und Dienstleistungen zu erstellen, also die vom BetrVG vorausgesetzte **stabile Organisationsgrundlage** für BR-Arbeit, ist dann nicht mehr erkennbar.[802]

159 Die UN erschließen sich erhebliche Rationalisierungspotenziale. Nicht nur die Kosten der Informationsverarbeitung werden geringer. Diese selbst ermöglicht **weltweite Produktivitäts- und Kostenvergleiche** und damit ggf. – je nach Bedarf und strategischer Entscheidung – den **Wegfall von Doppelarbeiten** und der hierdurch entstehenden Kosten. Die UN erlangen hierdurch ein erhebliches **Druckpotenzial** gegenüber AN, BR und Gewerkschaften. Dies wird noch dadurch gesteigert, dass enorm verdichtete, zeitnahe Informationen zu einer beschleunigten Umsetzungsgeschwindigkeit von Managemententscheidungen führen.[803]

160 DV-Netzwerke mit ihren Informations-, Steuerungs- und Kontrollmöglichkeiten geben den UN auch **neue organisatorische Möglichkeiten,** die traditionelle Interessenvertretung nach der Betriebsverfassung zu unterlaufen. So lassen sich beispielsweise Funktionen ohne weiteres auf **formal selbstständige UN** übertragen, die tatsächlich jedoch wie bisher als Betriebsabteilungen in das UN integriert bleiben. Genauso gut können, wie es insbesondere das Verhältnis der Zulieferer und Händler zu den Herstellerunternehmen in der Automobilindustrie zeigt, DV-Netzwerke neue **Formen der Beherrschung** ermöglichen. Diese basieren zwar wie bisher auf ökonomischer Macht, werden jedoch nicht durch Vertrag oder Mehrheitsbeteiligung gestützt und abgesichert, sondern durch Informationen und direkten Zugriff auf sensibelste Daten der Dritt-UN. Die Dritt-UN geraten dadurch in extreme Abhängigkeit; die dortigen BR sind kaum in der Lage, ihre Rechte zu nutzen.[804] Das bisherige **»Normalunternehmen«** wird zunehmend aufgelöst.[805]

dd) Gefahren und Chancen für die Arbeitnehmer

161 Die hier beschriebenen Entwicklungen führen nicht nur zu einer erheblichen Machtverschiebung zugunsten der UN und zur Schwächung der BR sowie erheblichen **Beschäftigungsrisiken** für die AN, mit ihnen sind weitere Probleme verbunden. So kann der Einsatz neuer Technologien zu Gefährdungen des **Persönlichkeitsrechts**[806] (vgl. auch Rn. 195f. und § 94 Rn. 30) führen. Ebenso können für den Beschäftigten **Gesundheitsgefahren** auftreten, wie dies für Bildschirmarbeitsplätze exemplarisch diskutiert wurde. Der Einsatz neuer Technologien kann auch zu einer Entgrenzung der Arbeit (»permanente Verfügbarkeit«), einer Entwertung der

---

802 Vgl. z.B. *Lange,* BB 98, 1165ff.; *Klebe/Wedde,* DB 99, 1954 und *Wolmerath,* FS Däubler, S. 717ff. jeweils m.w.N.

803 Vgl. *Klebe,* FS Gnade, S. 661ff.

804 Vgl. auch *Wellenhofer-Klein,* DB 97, 978f.; zur Mitbestimmung bei internationalen Konzernvorgaben *Fischer,* BB 00, 562ff.; Rn. 21.

805 Vgl. *Däubler* in Staehle/Sydow, S. 4ff.; *Nagel/Riess/Theis,* S. 321ff. und *Wendeling-Schröder,* S. 332, beide in Mendius/Wendeling-Schröder; *Klebe/Roth* in Apitzsch/Klebe/Schumann, BetrVG '90, S. 177ff.

806 Zu grenzüberschreitender Personaldatenverarbeitung in Drittländer vgl. DWWS-*Däubler,* DSGVO Art. 44 Rn. 3ff.

bei den AN vorhandenen **Qualifikationen** und einer zunehmenden **Taylorisierung** der Arbeitsorganisation führen. Diese Entwicklungen sind jedoch keineswegs zwangsläufig, sondern **sozial gestaltbar.** Ebenso ist es nämlich denkbar, dass physische und psychische Belastungen, z. B. durch verstellbare Montageeinrichtungen und individuelle kontextbasierte Anweisungen, reduziert und individuelle, an den Interessen der Beschäftigten orientierte, Arbeitszeitmodelle ermöglicht werden. Denkbar ist weiter, dass BR eine vorausschauende Personal- und Qualifikationsplanung im Interesse der Beschäftigten durchsetzen (vgl. **§§ 92, 92a, 97**) und humanere Formen der Arbeitsorganisation, die den Beschäftigten mehr Kommunikation, interessantere Tätigkeiten, mehr Selbstständigkeit und Gelegenheiten verschaffen, entsprechend ihrer Qualifikation zu arbeiten (vgl. insbes. Nr. 13 [Rn. 374 ff.]).[807] Auch neue Berufsbilder werden hierbei erforderlich werden.

ee) Der Betriebsrat: neue Anforderungen – neue Denkweisen

Bereits diese kurze Aufzählung von Problembereichen und Schilderung der betrieblichen Veränderungen zeigen, welche enormen Anforderungen an BR-Handeln gestellt werden. Technik lässt sich nur dann wirksam im Interesse der Beschäftigten beeinflussen, wenn bereits im **Planungsstadium** Beteiligung möglich wird. Eine Einflussnahme auf die grundsätzliche Gestaltung von Arbeitssystemen und Arbeitsbedingungen ist erforderlich, da die Folgewirkungen des Einsatzes von Computersystemen durch die totale Veränderung des **Mensch-Maschine-Systems,** vor allem aber wegen ihrer abteilungs- und sogar unternehmensübergreifenden Wirkungen sich im Nachhinein nur schwer korrigieren lassen. Reaktive Schutzstrategien, d. h. der Versuch, die Folgen nachträglich zu regeln oder abzumildern, sind hier erst recht unzulänglich. Dies verlangt vom BR, dass er systematisch und koordiniert vorgeht, d. h. einen **Arbeitsplan** und ein **inhaltliches Zielkonzept** entwickelt sowie eine **aktive Informationspolitik** betreibt.[808] Es reicht nicht aus, Informationen lediglich beim AG abzufragen, vielmehr müssen auch eigene Möglichkeiten (Vertrauensleute, sachkundige AN, informelle Quellen im Management usw.) genutzt werden. Nur wenn der BR bereits die Pläne der UN-Leitung gut kennt, kann er Alternativen im Interesse der Beschäftigten entwickeln. Daher gewinnen Informations- und Beratungsrechte bei neuen Technologien erheblich an Gewicht. Trotz aller Mitbestimmungsdefizite (vgl. auch Rn. 165) ist für den Betriebsrat eine aktive Wahrnehmung seiner Rechte unverzichtbar, wenn er die Entwicklung sozial gestalten will. Eine aktive Wahrnehmung seiner Informations- und Beratungsrechte nach §§ 90, 92, 92a, 80, 106 und 111 BetrVG ist ebenso unverzichtbar wie die seiner Mitwirkungs- und Mitbestimmungsrechte nach §§ 111, 112, 96 ff., 87 Abs. 1 Nr. 6, 7, 2 und 3 BetrVG. Zudem wird eine aktive Einbeziehung der Beschäftigten, ihre **Beteiligung** in konkreten Projekten, gerade auch vor dem Hintergrund neuerer Entwicklungen (vgl. Rn. 156 a) oft unverzichtbar sein. Dies bedeutet auch, dass der Betriebsrat immer wieder neu seine politische Verantwortung für die Gestaltung der Arbeitsbedingungen mit den Wünschen und der Selbstbestimmung der AN austarieren muss. 162

Weiter ist es für den BR von großer Bedeutung, gerade den **abteilungs-, betriebs- und sogar unternehmensübergreifenden Charakter** des DV-Einsatzes zu erkennen, bevor bislang isoliert erscheinende Maßnahmen zur vernetzten Gesamtlösung zusammengeführt werden. Zumeist werden die gravierenden Auswirkungen auf Beschäftigte erst sichtbar, wenn eine wirksame Einflussnahme von Seiten des BR kaum mehr möglich ist. Häufig sehen die einzelnen BR-Mitglieder nur die Auswirkungen in ihrem eigenen Bereich, der BR als Gremium jedoch nicht die des Gesamtsystems. Diesen Defiziten muss der BR systematisch entgegenwirken. Die Abschätzung der übergreifenden langfristigen Wirkung des DV-Einsatzes ist nämlich sowohl im Hinblick auf Betrieb und UN als auch unternehmensübergreifend (z. B. Maßnahmen beim Hersteller-UN haben Wirkungen beim Zulieferer) von großer Bedeutung. Daneben müssen 163

807 Vgl. die Auswertung von BV bei *Kamp,* S. 11 ff. und die Praxisberichte zur **Gruppenarbeit** bei *Bahnmüller/Salm* und *Roth/Kohl.*

808 Vgl. auch zu dem erforderlichen kulturellen Wandel in BR und bei der BR-Arbeit *Klebe,* NZA Beilage3/2017, 77 (84).

vorhandene Rechte und bestehende gewerkschaftliche Strukturen genutzt werden, um **unternehmensübergreifende Handlungsperspektiven** zu entwickeln.[809]

164 Schließlich ist es wichtig, dass sich BR auf die sprunghaft gestiegenen qualitativen und quantitativen Anforderungen im Betrieb einstellen. Gerade bei neuen Technologien ergibt sich eine Fülle von **regelungsbedürftigen Fragen.** Will die Interessenvertretung ihre Schutz- und Gestaltungsfunktionen wahrnehmen, muss sie zu den unternehmerischen Konzepten, die von Zehntausenden von Fachleuten und in steigendem Maße auch externen Beratungsfirmen (nach den jeweiligen Angaben des Bundesverbandes Deutscher UN-Beratungen [BDU] auf seiner Homepage »bdu.de« [zuletzt Presseerklärung 29. 3. 2023] stieg der Umsatz der Branche von umgerechnet 9,6 Mrd. Euro im Jahre 1998 auf 18,2 Mrd. Euro in 2008. In 2019 waren es 35,7 Mrd. Euro, selbst im Corona-Krisenjahr 2020 34,6 Mrd. Euro und 2022 bei einem Wachstum v. 15 % beeindruckende 43,7 Mrd.) erarbeitet werden, Alternativen aufzeigen. Letztlich wird dies nur möglich sein, wenn gezielt der **Sachverstand der Beschäftigten** in die BR-Arbeit einfließt, wie dies durch § 80 Abs. 2 für die Einschaltung sachkundiger AN erleichtert wird.

ff) Recht mit Grenzen?

165 Es ist eine Binsenweisheit, wenn man an dieser Stelle darauf hinweist, welche Bedeutung juristische Vorschriften und ihre Interpretation durch die Rspr. für den BR haben. Eine **Novellierung der Betriebsverfassung** war insofern seit langem überfällig.[810] Die **2001** durchgeführte Modernisierung wurde diesen Anforderungen nur teilweise mit der Verbesserung der Arbeitsbedingungen der BR (vgl. §§ 28a, 38, 40 Abs. 2, 80 Abs. 2, 111 Satz 2), flexibleren BR-Strukturen (§ 3), dem Mitbestimmungsrecht bei der Durchführung von Gruppenarbeit (§ 87 Abs. 1 Nr. 13) und dem Initiativrecht in der betrieblichen Berufsbildung (§ 97 Abs. 2) gerecht. Auch die Veränderungen durch das Betriebsrätemodernisierungsgesetz 2021 z. B. mit dem Mitbestimmungsrecht bei der Ausgestaltung mobiler Arbeit, verbesserten Wahlvorschriften und einem ersten Schutz für Wahlinitiatoren im Vorfeld der Wahl waren nur ein kleiner Schritt in richtige Richtung. Die Novellierung steht damit weiter auf der Tagesordnung und bedarf eines zweiten Reformschritts.[811] Der **DGB** hat am 7. 4. 2022 dazu einen umfassenden **Gesetzentwurf** vorgelegt.[812] Dabei geht es zum einen unverändert um die Schaffung neuer Mitbestimmungsrechte (z. B. bei der Personalplanung, der Arbeitsorganisation, dem Umweltschutz, der Gleichstellung der Geschlechter und der Beschäftigungssicherung),[813] zum anderen um die Aktualisierung bestehender (wie z. B. bei der betrieblichen Weiterbildung, dem Datenschutz oder dem Schutz der Persönlichkeitsrechte der Beschäftigten) und um eine Verbesserung der Organisationsvorschriften in der Betriebsverfassung. Durch den weiteren Fortgang technischer Entwicklung werden auch vorhandene **Rechte,** die zudem ein überholtes Technikverständnis widerspiegeln, **zunehmend entwertet:** Mit einer Gesetzesvorschrift, die unter »technischen Einrichtungen« ursprünglich nur Produktographen und Multimomentkameras verstand und mit der der Gesetzgeber 1972 auf die **damals** erkennbaren Gefahren für die Persönlichkeitssphäre des AN reagieren wollte,[814] kann den umfassenden Herausforderungen des technischen Wandels heute immer weniger wirksam begegnet werden. Trotzdem ist eine gewissenhafte und phantasievolle Nutzung der vorhandenen Möglichkeiten für die BR unverzichtbar. Hierbei spielt auch die Rspr. eine wichtige Rolle, wenn sie die tatsächlichen Sachverhalte in den Be-

809 Vgl. *Klebe/Roth,* S. 7 (36 ff.); *dies.,* in Apitzsch/Klebe/Schumann, S. 177 ff. (187 ff.).
810 Vgl. hierzu z. B. den DGB-Gesetzesvorschlag zur Änderung des Betriebsverfassungsrechts (hrsg. vom DGB-Bundesvorstand, 1998).
811 Vgl. zu den weiter gehenden Modernisierungsnotwendigkeiten z. B. schon *Benz-Overhage/Klebe,* AiB 00, 24 ff.; *Däubler,* AuR 01, 1 ff. und aktueller *Klebe,* AuR 20, 196 ff. und generell zur Diskussion über eine Weiterentwicklung der Betriebsverfassung *Reichold,* FS Preis, S. 1003 ff.; aus AG-Sicht *Schiefer,* FS Schmidt, S. 485 ff.
812 AuR Sonderausgabe April 2022 mit einer Synopse und Übersicht von *Klebe*; S. 2 ff.; zum Gesetzentwurf auch *Annuß,* NZA 22, 694 ff.; *Deinert,* RdA 23, 81 ff.; *Kleinebrink,* DB 22, 1897 ff.; *Klapp/Klebe,* NZA 22, 689 ff.
813 Vgl. im Einzelnen *Klebe,* AuR 20, 196.
814 BT-Drucks. VI/1786, S. 49.

trieben berücksichtigt. Dies hat das *BAG*[815] anerkannt, wenn es auch technische Einrichtungen dem Mitbestimmungsrecht des § 87 Abs. 1 Nr. 6 unterstellt hat, an die der Gesetzgeber bei Erlass des Gesetzes mutmaßlich nicht einmal gedacht hat. Neben diesem gibt es eine Reihe weiterer Beispiele, die verdeutlichen, wie wichtig es ist, dass die Rspr. die Gesetzmäßigkeiten neuer Technologien zur Kenntnis nimmt. Wenn neue Technologien sich nur dann gestalten lassen, wenn sie im Planungsstadium beeinflusst werden, so ist es von größter Bedeutung, dass der BR bereits zu diesem Zeitpunkt seine **Informations- und Beratungsrechte** wahrnehmen und ggf. auch gegen den gesetzwidrig handelnden AG wirksam durchsetzen kann. **Einstweilige Verfügung** und **Unterlassungsanspruch** bei Verletzung von Informations- und Beratungsrechten sind hier als geeignete Mittel zu nennen, die die Rspr. allerdings noch nicht im erforderlichen Umfang anerkannt hat (vgl. z. B. § 23 Rn. 203 f. und § 90 Rn. 38). Braucht der BR zur Einschätzung neuer Technologien einen **Sachverständigen,** so kann ihm dieser nicht mehr nach Ablauf eines entsprechenden Beschlussverfahrens von ca. 3 Jahren helfen; der BR benötigt ihn sofort. Dies muss, § 111 S. 2 berücksichtigt es bereits, Einfluss auf die Interpretation von § 80 Abs. 3 haben (vgl. z. B. § 80 Rn. 155).[816] Schließlich müssen die durch neue Technologien geförderten **UN-Teilungen** wie auch **faktischen Angliederungen** berücksichtigt werden. § 1 und § 54 sind hier neben § 111 als die Vorschriften zu nennen, die eine technikadäquate Interpretation benötigen.

b) Das Mitbestimmungsrecht

aa) Vorbemerkungen

Das Mitbestimmungsrecht wurde geschaffen, da technische Kontrolleinrichtungen stark in den persönlichen Bereich der AN eingreifen (vgl. BT-Drucks. VI/1786, S. 49). Es dient dem **Persönlichkeitsschutz** der AN[817] und konkretisiert den in § 75 Abs. 2 enthaltenen Grundsatz.[818] Der BR soll mit Hilfe des Mitbestimmungsrechts zugunsten der potentiell in ihrer Persönlichkeitssphäre betroffenen AN eine **präventive Schutzfunktion** wahrnehmen.[819] Unter Berücksichtigung dieses Zwecks sind die Voraussetzungen und der Umfang des Mitbestimmungsrechts zu interpretieren, d. h., im Zweifel ist diejenige Auslegung zu wählen, die den Persönlichkeitsschutz am ehesten realisiert.[820] Nach Meinung des *BAG* folgt aus dem Sinn des Mitbestimmungsrechts weiter, dass der BR nicht zur Einführung von Überwachungstechnik **initiativ** werden kann und dass auch deren Abschaffung nicht seiner Zustimmung bedarf.[821] Die Auffassung des *BAG* ist **abzulehnen.** Schon der Wortlaut spricht gegen eine Begrenzung. Einen Ausschluss des Initiativrechts hat der Gesetzgeber an anderen Stellen, wie z. B. §§ 94 Abs. 1, 95 Abs. 1, dadurch zum Ausdruck gebracht, dass er das Mitbestimmungsrecht als Zustimmungs- bzw. Zustimmungsverweigerungsrecht formuliert oder den Anwendungsbereich sachlich begrenzt hat, wie z. B. bei Nrn. 8, 13 oder 14. Auch die Entstehungsgeschichte spricht klar gegen einen Ausschluss des Initiativrechts. Während der gesamten Debatte standen sich der Regierungsentwurf mit der **166**

---

815 14. 9. 84, AP Nr. 9 zu § 87 BetrVG 1972 Überwachung; vgl. auch *BAG* 16. 3. 16 – 4 AZR 502/14, NZA 17, 131 (134 Tz. 29) zur Auslegung von Tarifnormen vor dem Hintergrund neuer technischer Entwicklungen.

816 Die Regelung in § 80 Abs. 3 Satz 2 und 3 löst das Problem nicht, da sie sich nur auf die Erforderlichkeit des/der Sachverständigen, und dies auch nur bei Künstlicher Intelligenz, bezieht. Eine Vereinbarung über die Person und das Honorar sind also nach h. M. weiter Voraussetzung für die Einschaltung und damit ein potentielles Verzögerungsmittel.

817 Hierzu auch *Wiese,* ZfA 06, 631 ff.

818 Vgl. z. B. *BAG* 14. 5. 74, 9. 9. 75, AP Nrn. 1, 2 zu § 87 BetrVG 1972 Überwachung; 15. 12. 92 – 1 ABR 24/92, CR 94, 111 (114); 29. 6. 04 – 1 ABR 21/03, NZA 04, 1278 (1281); 22. 7. 08 – 1 ABR 40/07, NZA 08, 1248 (1256); Richardi-*Maschmann,* Rn. 492.

819 *Fitting,* Rn. 216; GK-*Gutzeit,* Rn. 516; WPK-*Bender,* Rn. 108; *Däubler,* Gläserne Belegschaften, Rn. 689; *Krause,* 100 Jahre Betriebsverfassung, S. 353 (362).

820 Richardi-*Richard/Maschmanni,* Rn. 493; *Däubler,* Das Arbeitsrecht 1, Rn. 977 und Gläserne Belegschaften, Rn. 696; *Franz,* S. 89; *Wohlgemuth,* AuR 84, 257 (260); a. A. offenbar GK-*Gutzeit,* Rn. 517.

821 *BAG* 28. 11. 89, DB 90, 743 f.; vgl. auch *Fitting,* Rn. 257 f.; GK-*Gutzeit,* Rn. 599 f.; LKK-*Dahm,* Rn. 130, 141; Richardi-*Maschmann,* Rn. 530; *Bayreuther,* NZA 20, 1 (4); ebenso BVerwG 29. 9. 04 – 6 P 4.04, RDV 05, 26 (27).

jetzigen Regelung und ein Entwurf der CDU/CSU-Opposition, der das Initiativrecht ausdrücklich ausschloss, gegenüber. Der BT stimmte bewusst für den Regierungsentwurf. Da auch der systematische Zusammenhang in § 87 (s. o.) für ein uneingeschränktes Mitbestimmungsrecht spricht, lässt sich eine Begrenzung nur teleologisch begründen. Insofern ist dem *BAG* Recht zu geben, dass die Vorschrift dem BR nicht gestattet, für bloße Eingriffe in das Persönlichkeitsrecht der Beschäftigten, die nicht in ihrem Interesse liegen, initiativ zu werden. Die Einführung oder Beibehaltung technischer Einrichtungen kann aber durchaus im Interesse der AN liegen und auch vom Schutzzweck umfasst werden, wie bei der zum Nachweis der eigenen Arbeitsleistung erforderlichen **Zeiterfassung** (vgl. auch Rn. 100), bei einer Videoüberwachung des Firmenparkplatzes oder in den von *Däubler*[822] angeführten Beispielen für **Gesundheitsschutz** und ärztliche Untersuchungen.[823] Die Initiative des BR kann auch dazu dienen, mit der Einführung eine Verringerung eines bereits bestehenden Eingriffs in Persönlichkeitsrechte zu erreichen. Damit besteht ein **Initiativrecht** des BR zur Einführung, wenn es, wie geschildert, im Interesse der Beschäftigten ausgeübt wird.[824] Der BR sollte auch nicht bevormundet werden.[825] In jedem Fall umfasst das Initiativrecht die Änderung und Abschaffung der technischen Einrichtung.[826] Bei einem Verstoß gegen das Mitbestimmungsrecht haben die von der unzulässigen Überwachung betroffenen AN ein **Zurückbehaltungsrecht,** gleich ob es sich um die Einführung oder die Anwendung der technischen Einrichtung handelt.[827]

167 Im Blickpunkt standen bei dieser Vorschrift zunächst Geräte wie Multimomentkameras, Produktographen, Fahrtenschreiber oder Filmkameras, also gewissermaßen die **erste Generation von Kontrolleinrichtungen.** Diese hatte der Gesetzgeber auch ursprünglich im Auge. Inzwischen stehen jedoch in erster Linie **DV-gestützte Anwendungen** im Mittelpunkt. Dabei geht es vor allem um **Personaldatenverarbeitung** jeder Art, gleich wie das System benannt ist (Betriebsdatenerfassung, Personalinformationssystem, Telefondatenerfassung, biometrische Zugangskontrolle usw.), und die damit zusammenhängenden besonderen Probleme. Dabei wird das Mitbestimmungsrecht nicht dadurch eingeschränkt oder ausgeschlossen, dass der AG die Erledigung des der Mitbestimmung unterliegenden Geschäfts einem Dritten überlässt, also z. B. Personaldaten in einem **rechtlich selbstständigen Rechenzentrum** verarbeiten lässt. Der AG muss vielmehr in den entsprechenden Verträgen die Ausübung des Mitbestimmungsrechts sicherstellen (vgl. im Einzelnen Rn. 21).

---

822 Gläserne Belegschaften, Rn. 815.

823 *LAG Hamm* 27.7.21 – 7 TaBV, NZA-RR 21, 602 (603 f. Tz. 42 ff.), aufgehoben v. *BAG* 13.9.22 – 1 ABR 22/21, NZA 22, 1616 (1617 ff. Tz. 16 ff.), weil die Verpflichtung des AG zur Zeiterfassung sich bereits europarechtskonform aus § 3 Abs. 2 Nr. 1 ArbSchG ergäbe und daher der Eingangssatz von § 87 hier ein Mitbestimmungsrecht beim »Ob« der Regelung ausschlösse; *LAG Berlin-Brandenburg* 22.1.15 – 10 TaBV 1812/14, juris (im Verfahren nach § 100 ArbGG) = AiB 10/15, S. 59 f. mit Anm. v. *D. Schumann*; *LAG Hamm* 4.6.19 – 7 TaBV 93/18, juris (im Verfahren nach § 100 ArbGG) Anm. hierzu v. *Löbig*, jurisPR-ArbR 36/19 Nr. 7; *LAG Hamm* 15.12.20 – 7 TaBV 85/20, AiB 4/21, S. 47 f. (im Verfahren nach § 100 ArbGG) mit Anm. v. *Wall*; *ArbG Berlin* 20.3.13 – 28 BV 2178/13, juris; HaKo-BetrVG/*Kohte*, Rn. 20, 72; NK-GA/*Schwarze*, Rn. 160; *Däubler*, Digitalisierung, § 5 Rn. 47; *Krause*, FS 100 Jahre Betriebsverfassungsrecht, S. 353 (367); *Bachner*, ebd., S. 17 (27); *Klebe/Schmidt/Klengel*, ebd., S. 303 (309); *Greiner/Kalle*, RdA 21, 76 (82); DHZ-*Heuschmid*, § 29 Rn. 43; Kramer-*Raif*, C Rn. 48; *Schlömp-Röder*, CR 90, 477 ff.; Schaub-*Ahrendt*, § 235 Rn. 64; *Schoof*, Überwachung der Arbeitnehmer Rn. 26; *D.Ulber*, NZA 19, 677 (679); *Byers*, RdA 14, 37 ff.; vgl. auch *LAG Nds.* 22.10.13 – 1 TaBV 5313, LAGE § 98 ArbGG 1979 Nr. 68, juris, das zwar dem BAG folgend ebenfalls ein Initiativrecht ablehnt, aber als Annexkompetenz ein Initiativrecht des BR bei der Art der Zeiterfassung als Kontrolle der BV zur Vertrauensarbeitszeit bejaht. Eine Zuständigkeit der ESt. bei Ausübung des Initiativrechts des BR zur Zeiterfassung bejahen auch *LAG Düsseldorf* 24.8.21 – 3 TaBV 29/21, juris Tz. 46 ff.) = NZA-RR 22, 112 mit Anm. v. *Sura*; *LAG München* 10.8.21 – 3 TaBV 31/21, juris (Tz. 28).

824 Vgl. ausführlich und m. w. N. *Klebe*, AuR 23, 275 ff.; *Waas*, Künstliche Intelligenz, S. 219 f.

825 Vgl. auch *ArbG Berlin* 20.3.13 – 28 BV 2178/13, juris; HaKo-BetrVG/*Kohte*, Rn. 20.

826 Vgl. z. B. GK-*Gutzeit*, Rn. 602; Richardi-*Maschmann*, Rn. 531 und auch BVerwG 29.9.04 – 6 P 4.04, RDV 05, 26 (27).

827 Vgl. *Däubler*, Gläserne Belegschaften, Rn. 822; *Fitting*, Rn. 266; GK-*Gutzeit*, Rn. 608.

bb) Voraussetzungen des Mitbestimmungsrechts

(1) Technische Einrichtung

168 Die Überwachung muss durch eine **technische Einrichtung** erfolgen, d.h., die Überwachung nur durch einen Menschen ist nicht erfasst. Es unterliegt daher nicht der Mitbestimmung nach dieser Vorschrift, wenn ein Vorgesetzter oder der Werkschutz Kontrollen durchführt.[828] Darüber hinaus wird bereits bei der Definition der technischen Einrichtung gefordert, dass diese in ihrem Kern selbst eine Überwachung bewirken, eine **eigenständige Kontrollwirkung** haben müsste.[829] Demzufolge sollen z. B. Uhr, Lupe, Brille, Fernglas, Taschenrechner oder Schreibgeräte[830] keine technischen Einrichtungen sein.[831] Richtiger erscheint es, den Begriff der technischen Einrichtung weit zu fassen und hierunter alle **optischen, akustischen, mechanischen** und auch **elektronischen** Geräte zu verstehen.[832] Eine Begrenzung kann sachgerecht eher über das Merkmal »zur Überwachung bestimmt« erfolgen.[833]

169 Bei **DV-Anlagen** hat das *BAG*[834] ohne weitere Untersuchung das Vorliegen einer technischen Einrichtung in den Entscheidungen zum Technikerberichtssystem, dem rechnergesteuerten Textsystem und dem Personalinformationssystem PAISY bejaht.[835] Es hat dabei allerdings keine Aussage zum Umfang der technischen Einrichtung bei Computersystemen gemacht. Nach richtiger Auffassung ist die **Einheit von Rechner und Programm** die technische Einrichtung (vgl. Rn. 189 und 191),[836] d. h. ggf. auch das gesamte Netzwerk von Rechnern (vgl. Rn. 156).

(2) Einführung und Anwendung der Einrichtung

170 **Einführung** der technischen Einrichtung ist die Entscheidung, **ob,** für welchen **Zeitraum,** an welchem Ort, mit welcher Zweckbestimmung und **Wirkungsweise** sie, ggf. auch zunächst nur **probeweise** (vgl. Rn. 31),[837] betrieben werden soll.[838] Gemeint ist also die **Gesamtheit aller Maßnahmen** zur Vorbereitung der Anwendung. Hierzu zählt z.B. auch die Änderung der Arbeitsorganisation.[839]

171 Die Einführung beginnt mit der **Entscheidung des AG**(»ob«), eine bestimmte technische Einrichtung anzuwenden.[840] Das Mitbestimmungsrecht bezieht sich bereits auf ihre **Auswahl,**[841] wie im Übrigen auch auf alle späteren **Änderungen** (vgl. Rn. 188), also bei Computersystemen auf die Frage, welche Software auf welchem Rechner gefahren wird (Rn. 169). Bereits hieraus oder wegen der geplanten Änderung (Rn. 188) ergibt ein Mitbestimmungsrecht bei der Einführung von Cloud-Computing-Anwendungen, der Nutzung von IT-Leistungen über Datennetze anstatt auf lokalen Rechnern (vgl. auch Rn. 201). Es greift selbstverständlich auch ein, wenn der Auswahlentscheidung folgend **konkrete Vorbereitungsmaßnahmen** zur Anwendung der technischen Einrichtung ergriffen werden,[842] wenn die Entscheidung umgesetzt wird. Der AG

---

828 Vgl. z. B. *BAG* 23. 10. 84, AP Nr. 8 zu § 87 BetrVG 1972; 26. 3. 91 – 1 ABR 26/90, AP Nr. 21 zu § 87 BetrVG 1972 Überwachung; *Fitting,* Rn. 225; GK-*Gutzeit,* Rn. 535.
829 *BAG* 9. 9. 75, AP Nr. 2 zu § 87 BetrVG 1972 Überwachung; *Fitting,* Rn. 228 m. w. N.
830 Hierzu *BAG* 24. 11. 81, AP Nr. 3 zu § 87 BetrVG 1972 Ordnung des Betriebes.
831 *Fitting,* Rn. 228 m. w. N.
832 *Klebe/Schumann,* AuR 83, 40 (44); *Wiese,* Anm. zu AP Nr. 1 zu § 87 BetrVG 1972 Überwachung.
833 So auch *BAG* 8. 11. 94 – 1 ABR 20/94, DB 95, 783; *Däubler,* Gläserne Belegschaften, Rn. 711.
834 Zur Entwicklung der Rspr. des BAG vgl. *Klebe/Wenckebach,* FS Schmidt, S. 223 ff.
835 14. 9. 84, 23. 4. 85, 11. 3. 86, AP Nrn. 9, 12, 14 zu § 87 BetrVG 1972 Überwachung; vgl. auch für ein sog. Arbeitswirtschaftsinformationssystem (ARWIS) *BAG* 26. 7. 94, NZA 95, 185 (186).
836 Vgl. z. B. *BAG* 26. 7. 94, NZA 95, 185 (186); *Apitzsch/Schmitz,* DB 84, 983 und AiB 85, 165 (170); *Klebe/Schumann,* AuR 83, 40 (44); Roßnagel-*Wedde,* 6.3 Rn. 44; *Schwarz* S. 90.
837 Vgl. auch *LAG Rheinland-Pfalz* 19. 8. 11 – 9 TaBVGa 1/11, brwo; *LAG Baden-Württemberg* 25. 2. 21 – 17 Sa 37/20, juris = RDV 21, 165 f. (LS.); *Fitting,* Rn. 254; HWGNRH-*Worzalla,* Rn. 353; Roßnagel-*Wedde,* 6.3 Rn. 45.
838 So vor allem GK-*Gutzeit,* Rn. 596; HWGNRH-*Worzalla,* Rn. 353.
839 Vgl. z. B. *Fitting,* Rn. 254; *Wohlgemuth,* Rn. 704.
840 Vgl. z. B. *Däubler,* Gläserne Belegschaften, Rn. 768 m. w. N.
841 Vgl. *Bachner,* DB 06, 2518 f.; a. A. *Beckschulze,* DB 07, 1526 (1534).
842 Vgl. *ArbG Hamburg* 19. 9. 95, CR 96, 742 (743); *Fitting,* Rn. 254.

hat also das Mitbestimmungsrecht zu beachten, wenn die AN, die an den neuen Maschinen arbeiten sollen, eingewiesen werden,[843] wenn ihnen z. B. erklärt wird, wann sie welche Tasten an einem Produktographen zu bedienen haben. Das Mitbestimmungsrecht greift auch ein, wenn eine Kamera installiert wird, und nicht erst dann, wenn die entsprechende Software eingelegt oder abgespielt wird.[844] Auf Computer bezogen bedeutet dies, dass die Erprobung **von Programmen mit fiktiven Daten,** die entweder Teil der Auswahlentscheidung ist oder ihr folgt, der Mitbestimmung unterliegt.[845]

172 Auch die **manuelle Erfassung von AN-Daten** unterliegt der Mitbestimmung, falls diese in den Computer eingespeichert werden sollen und eine Verarbeitung zulassen, die eine Kontrolle von Verhalten und Leistung ermöglicht.[846] Neben dem Wortlaut spricht insbesondere der Schutzzweck der Vorschrift dafür, bereits in diesem Zeitpunkt von einer Einführung der technischen Einrichtung zu sprechen. Nur so kann der BR der ihm zugewiesenen **»präventiven Schutzfunktion«** (vgl. oben Rn. 166)[847] entsprechen. Datenverarbeitung vollzieht sich für den BR anders als beispielsweise die Durchführung von Überstunden nicht sichtbar, so dass er letztlich nur schwer in der Lage sein wird festzustellen, ob bereits »Kontrollläufe« stattfinden. Zudem ergibt sich aus der Installation der technischen Einrichtung ein ökonomischer Zwang zur Anwendung, der das Mitbestimmungsrecht leerlaufen lassen könnte. Teilweise wird zur Einführung auch eine **wesentliche Änderung** der technischen Einrichtung gerechnet.[848] Die Übergänge sind hier fließend.[849] Letztlich ist es jedoch unerheblich, ob Änderungen dem Bereich der Einführung oder der Anwendung der technischen Einrichtung zugeordnet werden.

173 Unter **Anwendung der technischen Einrichtung** ist ihre allgemeine Handhabung einschließlich der Art und Weise, wie sie tatsächlich zur Kontrolle verwendet wird, zu verstehen.[850] Auch technische Einrichtungen, die ohne Mitbestimmung des BR eingeführt worden sind, gleich ob dieser seine Rechte nicht ausgeübt hat oder noch nicht existierte, unterliegen in ihrer weiteren Anwendung der Mitbestimmung[851] (vgl. auch Rn. 15 und § 94 Rn. 6). Auf Computer bezogen bedeutet »Anwendung«: **Welche Daten** werden wie verarbeitet, wer hat **Zugriff** auf diese Daten, wie werden sie geschützt, wann erfolgt eine **Löschung**[852] u. Ä. (Rn. 188 ff., 194). Änderungen der bisherigen Datenverarbeitung (Rn. 188 f.), sei es, dass bereits **vorhandene Programme** betroffen sind oder **Rechner untereinander** zusätzlich **betrieblich/überbetrieblich** oder auch **UN-/konzernübergreifend vernetzt** werden, sind entweder vom Begriff der Einführung oder dem der Anwendung erfasst.[853]

(3) Überwachung

174 Unter Überwachung hat das *BAG* zunächst einen Vorgang verstanden, durch **den Informationen über das Verhalten oder die Leistung** der AN **erhoben** und in aller Regel irgendwie **aufgezeichnet** werden, damit diese auch der menschlichen Wahrnehmung zugänglich gemacht werden.[854]

---

843 Vgl. z. B. *Däubler,* a. a. O., Rn. 768.
844 Vgl. auch *LAG Thüringen* 14.6.12 – 3 TaBV 1/12, AuR 12, 414 (Ls.) im Verfahren zu Errichtung einer ESt. (§ 100 ArbGG).
845 *ArbG Hamburg,* a. a. O.; *Däubler,* a. a. O., Rn. 768; *Halberstadt,* Rn. 76.
846 *ArbG Offenbach* 29.1.85 – 3 BVGa 1/85.
847 Vgl. auch *Klebe/Schumann,* AuR 83, 40 (46 f.).
848 *GL,* Rn. 148.
849 *Schwarz,* S. 125.
850 Vgl. *BAG* 22.7.08 – 1 ABR 40/07, NZA 08, 1248 (1257); *GL,* Rn. 148; HWGNRH-*Worzalla,* Rn. 354Richardi-*Maschmann,* Rn. 526.
851 Z. B. *BAG* 18.2.86, AP Nr. 13 zu § 87 BetrVG 1972 Überwachung.
852 Vgl. hierzu *Wiznerowicz,* CuA 7/23, S. 26 ff.
853 Vgl. *ArbG Berlin* 22.3.89 – 35 BVGa 1/89 = CR 90, 482, Ls.; *Apitzsch/Schmitz,* AiB 85, 165 (170); *Däubler,* Gläserne Belegschaften, Rn. 830 f.; *Wohlgemuth,* Rn. 704; *Fitting,* Rn. 255; vgl. zur überbetrieblichen Vernetzung *Klebe/Roth, S. 7 ff.*
854 So *BAG* 6.12.83, AP Nr. 7 zu § 87 BetrVG 1972 Überwachung; vgl. auch *BAG* 27.1.04 – 1 ABR 7/03, NZA 04, 556 (558): Dieser Beschluss ist etwas irritierend, weil er die technische **Auswertung** nicht als Form der Überwachung erwähnt (s. hierzu die im Folgenden aufgeführte Rspr. des BAG). Dies mag

Diese Definition hat einhellige Zustimmung gefunden.[855] In seinen späteren Entscheidungen[856] hat das Gericht unter dem Begriff der Überwachung nicht nur die technische Sammlung und Speicherung von Daten verstanden, sondern auch die **»bloße« technische Auswertung** von manuell, also nicht durch die technische Einrichtung selbst erhobenen Informationen. Diese Interpretation des Überwachungsbegriffes ist überzeugend und hat trotz einiger kritischer Stimmen in der Literatur in der gerichtlichen wie auch betrieblichen Praxis Anerkennung gefunden.[857]

Zunächst lässt sich für die Interpretation des *BAG* die sprachliche Bedeutung des Wortes »überwachen« anführen. Überwachen ist sowohl das **Sammeln von Informationen** als auch das **Auswerten.** Auch derjenige, der die Basisinformationen von anderen ermittelt bekommt, überwacht, wenn er sie im Hinblick z. B. auf bestimmte Anforderungen auswertet. Neben dem Element der Wahrnehmung (Sammeln von Informationen) und dem der Auswertung (Weiterverarbeitung der beobachteten Vorgänge) lässt sich zudem das der Speicherung (Erinnerbarkeit vorausgegangener Ereignisse) dem Begriff zuordnen.[858] Auch die Verwendung des Begriffs in anderen gesetzlichen Vorschriften unterstützt die Auffassung des *BAG*. *Apitzsch/Schmitz*[859] haben dies mit überzeugenden Beispielen anhand des **§ 93 Bundesnotarordnung, § 111 AktG** sowie des **§ 453b StPO** belegt. Wenn der **Aufsichtsrat** nach § 111 Abs. 1 AktG die Geschäftsführung zu überwachen hat, so bedeutet dies keineswegs, dass er die hierfür erforderlichen Informationen selbst erheben müsste, um seiner Verpflichtung zu genügen. Im Gegenteil: Das Gesetz sieht eine Fülle von Verpflichtungen des Vorstands selbst vor, den Aufsichtsrat mit den nötigen Informationen zu versehen. Überwachung bedeutet hier also nur, dass anhand verschiedener Informationen der Aufsichtsrat prüft, ob der Vorstand seinen Verpflichtungen nachgekommen ist. Ebenso verhält es sich bei den anderen genannten Vorschriften. Der **Notarprüfer** z. B. ist bei den Amtsgeschäften des Notars nicht zugegen, er wertet vielmehr Bücher und Urkunden aus und beurteilt auf dieser Grundlage die Amtsführung.[860] Für die Auslegung des *BAG* lässt sich auch das **BDSG** anführen, bei dem der Gesetzgeber den Regelungsschwerpunkt zunächst auf die Speicherung, Übermittlung und Veränderung personenbeziehbarer Daten gelegt hatte, während die Erhebung (allerdings zu Unrecht) vernachlässigt wurde.[861] **175**

Vor allem spricht auch der **Schutzzweck** der Vorschrift für eine Einbeziehung technischer Verarbeitung von Daten. In seiner Entscheidung vom 14.9.84[862] hat das *BAG* im Anschluss an das Volkszählungsurteil des *BVerfG*[863] sehr anschaulich und realitätsnah die mit modernen Informationstechnologien **verbundenen Gefahren für das Persönlichkeitsrecht** der AN beschrieben. Es hat dabei entscheidend auf die notwendige **Selektion der Daten,** den damit verbundenen **Kontextverlust** (Erhebungs- und Verwendungszusammenhang fallen auseinander) sowie die nahezu unbegrenzten **Verarbeitungsmöglichkeiten** abgehoben. Diese erfassen auch **176**

---

damit zusammenhängen, dass es im entschiedenen Fall (biometrische Zugangskontrolle) nur um die Erhebung von Daten ging.

855 Vgl. zum Meinungsstand *Däubler*, Gläserne Belegschaften, Rn. 715 ff. und GK-*Gutzeit*, Rn. 552 ff.

856 14.9.84, 23.4.85, 11.3.86, AP Nrn. 9, 12, 14 zu § 87 BetrVG 1972 Überwachung; 26.7.94, NZA 95, 185 (186); 14.11.06 – 1 ABR 4/06, NZA 07, 399 (402); 22.7.08 – 1 ABR 40/07, NZA 08, 1248 (1256 f.); 25.9.12 – 1 ABR 45/11, NZA 13, 275 (276 f.); 13.12.16 – 1 ABR 7/15, NZA 17, 657 (659 Tz. 22); 11.12.18 – 1 ABR 13/17, NZA 19, 1009 (1011 f. Tz. 24, 27); vgl. auch *LAG Hamm* 10.4.18 – 7 TaBV 113/16, juris Tz. 115; *LAG Hamburg* 13.9.18 – 2 TaBV 5/18, NZA-RR 18, 655 (658 Tz. 53); vgl. dazu auch *Treber*, FS Klebe, S. 388 (391).

857 Vgl. statt vieler ErfK-*Kania*, Rn. 51; *Fitting*, Rn. 237 ff. m. w. N.; GK-*Gutzeit*, Rn. 558 ff.; Richardi-*Maschmann*, Rn. 503; *Däubler*, a. a. O., Rn. 715 ff.; *Simitis*, RDV 89, 49 ff.; *Klebe*, DB 86, 380, Fn. 2; *Ahmed/Volck*, AuR 19, 407; a. A. HWGNRH-*Worzalla*, Rn. 376 f. m. w. N.; *Kraft*, ZfA 85, 141 ff.; kritisch aus jüngerer Zeit *Clemenz*, 100 Jahre Betriebsverfassung, S. 101 ff.; *Wisskirchen/Heinen/Schweizer/Schwindling*, FS Schmidt, S. 661 ff.; *Reinhard*, FS Preis, S. 1013 ff.

858 Vgl. insbes. *Schwarz*, BB 83, 203; *ders.*, 17 ff., 73 ff.; *Klebe*, NZA 85, 44 (45); *Matthes*, RDV 85, 16 (19).

859 AiB 85, 165 (166).

860 Vgl. auch *Däubler*, Gläserne Belegschaften, Rn. 718.

861 *Fitting*, Rn. 237a; *Däubler*, a. a. O., Rn. 721; *Schwarz*, S. 227; vgl. §§ 4 Abs. 1, 32 Abs. 1 Satz 1 BDSG a. F.

862 AP Nr. 9 zu § 87 BetrVG 1972 Überwachung.

863 15.12.83, DB 84, 36 ff.; vgl. auch später *BVerfG* 27.2.08 – 1 BvR 370/07, 1 BvR 595/07, NZA 08, 822 ff. (Grundrecht auf Gewährleistung der Vertraulichkeit und Integrität informationstechnischer Systeme) und 11.3.08 – 1 BvR 2/07 405, NZA 08, 1505 ff.

Informationen, die weit zurückliegen, die eigentlich vergessen wären; sie ermöglichen Erkenntnisse über Leistung und Verhalten, die nicht auf einer persönlichen Beurteilung beruhen. Dies ist überzeugend. Inhalt und Tragweite der Verwendung von AN-Daten werden durch die automatisierte Verarbeitung von Grund auf modifiziert. Die moderne Informationstechnologie stellt Überwachungsmöglichkeiten einer neuen Quantität und vor allem neuen Qualität zur Verfügung, mit der Tendenz, den AN in eine **Objektstellung** zu drängen, ihn damit in der freien Entfaltung seiner Persönlichkeit zu beeinträchtigen.[864] Gerade hiervor soll die Vorschrift schützen. Wenn teilweise noch heute der Einwand vorgebracht wird, die Verarbeitung in einem Rechner unterscheide sich nicht prinzipiell von manueller Verarbeitung,[865] die Speicherung im Computer sei der in Zettelkästen vergleichbar, so werden hiermit Grundeigenschaften von Computersystemen ignoriert. Kennzeichnend für diese ist eben gerade die Fähigkeit, **riesige Datenmengen** zu verarbeiten, ohne spürbaren Zeitverlust (**»Realzeitverarbeitung«**) und lückenlos bei beliebiger **Verknüpfbarkeit der Daten.** Hinzu kommt eine **hohe Flexibilität** der Rechner und schließlich auch ihre Fähigkeit, Raumgrenzen aufzuheben. Mit anderen Worten: Der Einsatz von Computern stellt eine andere Qualität der Verarbeitung von Informationen über AN dar. Insofern wäre es auch ein nicht zu erklärender **Wertungswiderspruch,** wollte man nur die erste Generation technischer Kontrolleinrichtungen, wie vergleichsweise harmlose Produktographen oder Fahrtenschreiber, als Überwachungseinrichtung ansehen, nicht jedoch die Systeme, die in der Lage sind, durch nahezu unbegrenzte Verknüpfungsmöglichkeiten auch neue Daten zu ermitteln und auf diese Weise Eigenarten, Fähigkeiten und Verhaltensweisen von Menschen zu beschreiben und zu vergleichen.[866]

177 Nicht erforderlich ist, dass die Überwachung über einen längeren Zeitraum erfolgt.[867] Unbeachtlich ist für den Begriff der Überwachung auch, ob der AN die **technische Einrichtung ausschalten** kann. Dies würde ebenfalls eine Information über das AN-Verhalten ergeben.[868] Schließlich kommt es auch nicht auf eine Geringfügigkeits- oder Erheblichkeitsschwelle an, die überschritten sein müsste, damit das Mitbestimmungsrecht eingreift.[869]

(4) Verhalten oder Leistung der Arbeitnehmer

178 Gegenstand der Überwachung muss **Verhalten** oder **Leistung** der AN sein. Demzufolge wird eine technische Einrichtung, die ausschließlich Daten über den Lauf oder die Nutzung von Maschinen sammelt, nicht erfasst.[870] Solche technischen Einrichtungen, die keine Informationen über AN geben bzw. keine Rückschlüsse auf deren Leistung oder Verhalten erlauben, sind z. B. Warnlampen oder Druckmesser. Ausreichend ist allerdings, wenn die von der technischen Einrichtung erfassten oder verarbeiteten Daten mit Hilfe von **zusätzlichen Informationen** auf AN bezogen werden können.[871] Ist z. B. an einer Maschine ein Produktograph angebracht, so sind die von diesem erfassten Daten zunächst welche über den Maschinenlauf. Nimmt man allerdings die Aufteilung der Arbeitsgebiete, Schicht- und Urlaubspläne hinzu, so weiß man sehr genau, welcher AN z. B. für die Maschine verantwortlich war, als diese einen längeren Still-

864 Vgl. z. B. auch *Däubler,* Gläserne Belegschaften, Rn. 718 ff.; *Klebe,* NZA 85, 44 (45); *HSA,* S. 12 ff.
865 So allen Ernstes *Diller,* BB 09, 438 (439), wenn er den Abgleich von über 170 000 Kontonummern von AN der Deutschen Bahn mit Kontonummern von Lieferanten und Dienstleistern für nicht mitbestimmungspflichtig und mit dem BDSG a. F. vereinbar hält. Damit verkennt er nicht nur die Reichweite der Mitbestimmung gemäß Nr. 6 (personenbezogene Daten werden hier explizit zur Verhaltenskontrolle durch eine technische Einrichtung ausgewertet), sondern auch die des BDSG schon vor der Novellierung zum 1. 9. 2009; vgl. hierzu *Ehleben/Schirge/Seipel,* AiB 09, 196 (194) und auch *Steinkühler,* BB 09, 1294 f.
866 Vgl. *Klebe,* NZA 85, 44 (45).
867 *BAG* 10. 7. 79, AP Nr. 4 zu § 87 BetrVG 1972 Überwachung; GK-*Gutzeit,* Rn. 533; HWGNRH-*Worzalla,* Rn. 354.
868 *BAG* 14. 5. 74, AP Nr. 1 zu § 87 BetrVG 1972 Überwachung; *Fitting,* Rn. 219; GK-*Gutzeit,* Rn. 545.
869 *BAG* 23. 10. 18 – 1 ABN 36/18, AP Nr. 50 zu § 87 BetrVG 1972 Überwachung, Tz. 5; *Fitting,* Rn. 217; Richardi-*Maschmann,* Rn. 514, 522a; *Berg,* FS Schmidt, S. 85 (88).
870 GK-*Gutzeit,* Rn. 576, 581.
871 Vgl. *BAG* 9. 9. 75, 18. 2. 86, AP Nrn. 2, 13 zu § 87 BetrVG 1972 Überwachung; 15. 12. 92, CR 94, 111 (114); vgl. auch *BAG* 18. 4. 00, DB 00, 2227 (2228); *Fitting,* Rn. 219; HWGNRH-*Worzalla,* Rn. 370.

stand hatte. Je nach Organisation werden auch die entsprechenden Ursachen dann feststellbar sein. Von daher handelt es sich bei den vom Produktographen erfassten Daten um AN-beziehbare. Ähnlich verhält es sich, wenn in einem Büro die Beschäftigten zwar mit dem gleichen **Passwort** Zugang zum Rechner finden, über die unterschiedlichen Arbeitsgebiete allerdings ein **individueller Personenbezug** herstellbar ist. In diesen Fällen liegen AN-Daten vor. Sind diese auf einzelne Beschäftigte individualisierbar, ist das Mitbestimmungsrecht insoweit unbestritten.[872]

Das Mitbestimmungsrecht scheidet nicht bereits deshalb aus, weil lediglich auf eine **Gruppe von AN** bezogene Daten erhoben oder verarbeitet werden, also keine auf den einzelnen Beschäftigten rückführbare Informationen. Das *BAG* hat das Mitbestimmungsrecht dann bejaht, wenn die AN in einer **überschaubaren Gruppe** (z. B. 6 bis 8 Mitglieder) im **Gruppenakkord** arbeiten, weil der von der technischen Einrichtung ausgehende **Überwachungsdruck** auf die Gruppe auf den einzelnen AN durchschlägt.[873] Dies sei auch bei **leistungsunabhängigem Entgelt** der Fall, wenn die Gruppe in ihrer Gesamtheit für ihr Arbeitsergebnis verantwortlich gemacht wird und schlechte Leistungen Einzelner für die übrigen Gruppenmitglieder bestimmbar bleiben.[874] Im Ergebnis ist der Rspr. des *BAG* zuzustimmen. Die in ihr geschilderten Gefahren für das Persönlichkeitsrecht sind allerdings nicht auf kleine Gruppen beschränkt.[875] Bei ihnen spricht eine **Vermutung** für auf den einzelnen AN **durchschlagenden Überwachungsdruck.**[876] Überwachungsdruck kann jedoch je nach Arbeitsorganisation auch in größeren Gruppen entstehen, die für ein abgrenzbares, z. B. mit anderen Gruppen vergleichbares Ergebnis verantwortlich sind und bei denen der Beitrag des Einzelnen für die anderen Gruppenmitglieder erkennbar bleibt. Neben diesen den Schutzzweck der Vorschrift betonenden Überlegungen spricht hierfür auch der Wortlaut: Der Gesetzestext verwendet die Pluralform »der Arbeitnehmer«.[877] Darüber hinaus handelt es sich in dem oben genannten Beispiel eines **gruppenbezogenen Passworts** um eine **Regelungsfrage** für eine spätere BV. Die einseitige Praxis oder eine entsprechende Zusage des AG, nur einen Gruppencode zu verwenden, kann insofern nicht das Regelungsbedürfnis beseitigen.[878] 179

Das Verhalten oder die Leistung der AN muss **Gegenstand der Überwachung** sein. Unter **Leistung** versteht das *BAG*[879] die vom AN in Erfüllung seiner vertraglichen Pflicht geleistete Arbeit, **nicht »im naturwissenschaftlich-technischen Sinne«** die Arbeit pro Zeiteinheit. Danach ist bereits die Anzahl der gefertigten Stücke eine Information über die Leistung des AN, ohne dass ein Bezug zur verbrauchten Zeit hergestellt werden müsste.[880] Die Leistung kann auch in einem Unterlassen bestehen. Demzufolge sind Daten über Krankheitszeiten der AN ebenfalls Leistungsdaten.[881] 180

---

872 Vgl. z. B. *BAG* 6.12.83, 14.9.84, AP Nrn. 7, 9 zu § 87 BetrVG 1972 Überwachung; GK-*Gutzeit*, Rn. 577.

873 18.2.86, AP Nr. 13 zu § 87 BetrVG Überwachung; 13.12.16 – 1 ABR 7/15, NZA 17, 657 (659 Tz.27).

874 *BAG* 26.7.94, NZA 95, 185 (187 f.); *ArbG Bielefeld* 23.3.95, AiB 95, 600 mit Anm. *Wagner; Fitting*, Rn. 220; GK-*Gutzeit*, Rn. 580 m. w. N. zum Meinungsstreit; Richardi-*Maschmann*, Rn. 512; *Elert*, S. 219 ff.; MünchArbR-*Matthes*, § 248 Rn. 25; *Krause*, FS 100 Jahre Betriebsverfassungsrecht, S. 353 (364); *Wedde*, Rn. 963, sowie die im Folgenden über die *BAG*-Rspr. hinausgehenden Autoren; a. A. ErfK-*Kania*, Rn. 54 m. w. N.; HWGNRH-*Worzalla*, Rn. 369 m. w. N.

875 Vgl. auch *Däubler*, Gläserne Belegschaften, Rn. 751; *Hinrichs*, AuR 86, 285 (286); *Simitis*, RDV 89, 49 (56); vgl. auch *Gola*, AuR 88, 105 (111), der ebenfalls auf die Umstände des Einzelfalles abstellt; offen gelassen von *BAG* 26.7.94, NZA 95, 185 (188).

876 Vgl. auch *ArbG Berlin* 22.3.89, CR 90, 482, Ls. und die Anm. *Redeker*, CR 90, 482.

877 *Hinrichs*, a. a. O.; *Jobs*, DB 83, 2307 (2310); *Wagner*, S. 102 f.

878 *LAG Düsseldorf* 3.8.83 – 6 Ta BV 44/83; *ArbG Stuttgart* 25.1.83 – 13 BV 1/82; *ArbG Hamburg* 3.5.82 – 7 BV 13/81; HaKo-BetrVG/*Kohte*, Rn. 69; *Klebe/Roth*, AiB 84, 70 (75).

879 23.4.85, 18.2.86, AP Nrn. 12, 13 zu § 87 BetrVG 1972 Überwachung; 15.12.92 – 1 ABR 24/92, CR 94, 111 (114); 26.7.94, NZA 95, 185 (186).

880 So auch *Fitting*, Rn. 221; GK-*Gutzeit*, Rn. 569; HWGNRH-*Worzalla*, Rn. 367; *Gola*, RDV 86, 131 (133); *Klebe*, DB 86, 380; a. A. *Ehmann*, ZfA 86, 357 (368); *Müllner*, DB 84, 1677 (1679 f.).

881 So zu Recht *Hinrichs*, AuR 86, 285 (287).

181 Unter **Verhalten** wird ein individuell steuerbares Tun verstanden.[882] Darüber hinaus wird teilweise verlangt, das Handeln müsse sich auf die **Erbringung der Arbeitsleistung** beziehen, es müsse im Arbeitsverhältnis und bei der Arbeit erfolgen, **außerbetriebliches Tun** sei nicht gemeint.[883] Für diese Einschränkung gibt es jedoch keine überzeugende Begründung. Hiergegen spricht bereits der Wortlaut, der im Gegensatz zu Nr. 1 nicht das Verhalten der AN im Betrieb anspricht. Gegen eine Begrenzung lässt sich auch die vom *BAG* so vorgenommene Auslegung des Begriffs »Leistung« anführen, da hierdurch bereits die Erfüllung der Arbeitspflicht erfasst wird. Die Begrenzung auf arbeitsbezogenes Verhalten wird zudem mit der **Parallele zum KSchG** begründet. Unter Verhalten i. S. d. Vorschrift sollen die Tatbestände zu verstehen sein, die Anlass für eine verhaltensbedingte Kündigung sein könnten. Diese Parallele ist bereits wegen des **anderen Normzwecks** der Vorschrift (Persönlichkeitsschutz des AN) gegenüber dem KSchG (Bestandsschutz des Arbeitsverhältnisses) abzulehnen. Darüber hinaus werden außerbetriebliche Ereignisse dadurch, dass der AG sie als Daten erfasst und verarbeitet, zu betrieblich relevanten. Schließlich lässt auch der **Schutzzweck** keine Begrenzung des Verhaltensbegriffs zu.[884]

182 Umstritten ist ebenso, ob sog. **Statusdaten** wie Vor- und Zuname, Anschrift, Ausbildung, beruflicher Werdegang oder Familienstand die Voraussetzungen der Vorschrift erfüllen. Dies wird teilweise verneint, weil sie nicht auf willentliches Tun zurückzuführen seien.[885] Es gibt jedoch keinen Anlass, Statusdaten allgemein von der Geltung der Norm auszunehmen. Statusdaten enthalten **Informationen über Verhalten.** Teilweise sind sie das zusammengefasste Ergebnis eines bestimmten gesteuerten Handelns, wie z. B. die Angaben über den beruflichen Werdegang, den akademischen Titel oder die Abschlüsse. Dann kann es keinen Unterschied machen, ob die Information das Verhalten zusammengefasst darstellt oder in den einzelnen Schritten, also im Ablauf oder als Ergebnis. Auch die anderen Statusdaten beinhalten Informationen über das Verhalten, da sie immer in Verbindung mit den sonstigen Informationen, als **Informationseinheit,** zu sehen sind (vgl. Rn. 183). Nimmt man z. B. den Geburtstag, den beruflichen Werdegang oder den akademischen Titel und vergleicht diese mit der aktuellen Funktion im Unternehmen, der Gehaltsgruppe oder ähnlichen Angaben, dann lassen sich durchaus weitere Aussagen über das Verhalten des AN gewinnen, nämlich z. B., ob die Funktion der Ausbildung entspricht oder wie die berufliche Entwicklung im Hinblick auf die Ausbildung verlaufen ist. Ebenso lässt sich aus reinen Statusdaten, wie Familienstand und Kinder, vermögenswirksame Leistungen, Pfändungen, Sparverträge oder Darlehen, feststellen, wie der AN mit Geld umgeht, wie zuverlässig und geeignet er beispielsweise für eine im Umgang mit Geld verantwortungsvolle Stelle ist.[886] Auch der *EuGH* hat deutlich herausgearbeitet, dass sich aus Statusdaten (sensible) Informationen über das menschliche Verhalten ergeben können.[887] Die Informationen über **krankheitsbedingte Fehlzeiten** schließlich hat das *BAG*[888] zu Recht als Aussage über das Verhalten des AN verstanden.[889]

183 Letztlich erscheint die Unterscheidung zwischen Leistungs-/Verhaltensdaten und anderen Daten für EDV-Systeme revisionsbedürftig. Diese kennen keine entsprechenden Daten, sondern können lediglich **Aussagen über Leistung und Verhalten** produzieren. Die Aussagen entstehen erst durch **Verknüpfung einzelner Daten,** wie z. B. Verknüpfung einer Verhaltensart (krank),

---

882 Vgl. *BAG* 11. 3. 86, AP Nr. 14 zu § 87 BetrVG 1972 Überwachung; *Müllner,* DB 84, 1677; *Matthes,* RDV 85, 16 (21).

883 Vgl. z. B. *Müllner,* a. a. O.

884 Vgl. ErfK-*Kania,* Rn. 51; *Fitting,* Rn. 221 f.; GK-*Gutzeit,* Rn. 568, 565; HWGNRH-*Worzalla,* Rn. 365; *Klebe,* DB 86, 380 f.; *Simitis,* RDV 89, 49 (54).

885 Vgl. z. B. HWGNRH-*Worzalla,* Rn. 362 f.; Richardi-*Maschmann,* Rn. 507; *Diller/Schuster,* DB 08, 928 f. sowie die Nachweise bei *Fitting,* Rn. 222, 235 und GK-*Gutzeit,* Rn. 568.

886 Vgl. *Klebe,* DB 86, 380 (382); *Fitting,* Rn. 235; *WW,* Rn. 49) (vgl. auch *Däubler,* Gläserne Belegschaften, Rn. 740 und GK-*Gutzeit,* Rn. 574; *Klebe/Klengel,* NZA 21, 1144 (1146 ff.) mit Hinweisen auf die Rspr. v. EuGH und BVerfG.

887 1. 8. 22 – C-184/20, juris; hierzu *Matejek/Kremer,* CR 23, 218 ff.

888 11. 3. 86, AP Nr. 14 zu § 87 BetrVG 1972 Überwachung; 13. 3. 12 – 1 ABR 78/10, NZA 12, 748 (749); ebenso *Fitting,* Rn. 223; HWGNRH-*Worzalla,* Rn. 363; Richardi-*Maschmann,* Rn. 526; *Ehmann,* ZfA 86, 357 (370); *Klebe,* DB 86, 380 (382); a. A. z. B. *Färber,* FS Gaul, S. 57 (72).

889 Vgl. auch *Däubler,* Gläserne Belegschaften, Rn. 739 und GK-*Gutzeit,* Rn. 574.

einer Quantitätsangabe (5 Tage) und einer Personenzuordnung (Name oder Personalnummer). Um die **Überwachungseignung eines EDV-Systems** zu beurteilen, genügt daher nicht das Betrachten einzelner Datenelemente, vielmehr muss die **Verknüpfbarkeit** dieser Elemente untereinander zu möglichen Aussagen über Leistung und Verhalten von AN beurteilt werden. Dies deckt sich auch mit den Ausführungen des **BVerfG** in der Volkszählungsentscheidung,[890] in der das Gericht darauf hingewiesen hat, dass es unter den Bedingungen moderner Datenverarbeitung **keine harmlosen Daten** mehr gibt.[891] Jedes Datum kann in seinem **konkreten Verwendungszusammenhang** das Persönlichkeitsrecht beeinträchtigen. Hiermit erkennt das Gericht an, dass eine Aufspaltung der einzelnen Daten, in solche, die Aussagen über das Verhalten erlauben, und andere, die es nicht tun, dem Stand der Technik nicht mehr gerecht wird. **Datenbanken** stellen zudem die Informationen über AN generell zur Verfügung, eine Abspeicherung erfolgt nur einmalig und nicht für den jeweiligen Verwendungszusammenhang. Darüber hinaus ermöglichen Programme, wie **Abfragesprachen** (zur Unzulässigkeit von Abfragesprachen bei der Verarbeitung personenbezogener Daten vgl. Rn. 197), ohne zusätzliche Arbeiten eine beliebige Verknüpfung der vorhandenen Daten.[892] Die mit der Abfragesprache erreichbaren Datenfelder bilden also bereits eine Informationseinheit; eine isolierte Betrachtung verbietet sich dementsprechend.[893] Demnach kommt es für das Mitbestimmungsrecht nur darauf an, dass überhaupt personenbezogene Daten im Rechner verarbeitet werden, wenn diese zumindest in der Zusammenschau zu Aussagen über das Verhalten und die Leistung der AN tauglich sind.[894]

Das Mitbestimmungsrecht scheidet nicht deshalb aus, weil der AG die entsprechenden Informationen über AN nicht auf Grund des **Arbeitsvertrages** erlangt. Auch AN-Informationen, die die AOK über bei ihr Beschäftigte auf Grund des **Versicherungsverhältnisses** erhält, unterliegen der Mitbestimmung.[895] 184

(5) Bestimmung zur Überwachung

Die technische Einrichtung **selbst** muss die Überwachung bewirken.[896] Dies ist z. B. bei einer Stoppuhr, mit der die für bestimmte Arbeitsvorgänge verbrauchten Zeiten erfasst werden, nicht der Fall.[897] Es ist nicht erforderlich, dass die technische Einrichtung ausschließlich oder auch nur in erster Linie die Überwachung der AN zum Ziel hat. Insbes. ist es gleichgültig, ob der AG eine Beurteilung von Verhalten oder Leistung überhaupt **beabsichtigt** und entsprechend vornimmt.[898] 185

Eine technische Einrichtung ist dann zur **Überwachung bestimmt**, wenn sie **objektiv geeignet** ist, Verhalten und Leistung der AN zu überwachen.[899] Bis zur Bildschirmentscheidung 186

---

890 15. 12. 83, DB 84, 36 (37).

891 Vgl. auch *BAG* 25. 9. 13 – 10 AZR 270/12, NZA 14, 41 (44).

892 Vgl. auch **BVerfG** 10. 11. 20 – 1 BvR 3214/15, juris Tz. 109–111 zur besonderen und gesteigerten Gefährdung des Rechts auf informationelle Selbstbestimmung bei einer automatisierten Verknüpfung und Analyse v. und mit verschiedenen Datenbanken (**»Data-mining«**).

893 Vgl. vor allem *Apitzsch/Schmitz*, AiB 85, 165 (166, 169); *Gola*, RDV 86, 131 (134).

894 **Umstritten;** vgl. z. B. die Nachweise bei HWGNRH-*Worzalla*, Rn. 361 ff., 364 und *Fitting*, Rn. 235, 242; wie hier: HaKo-BetrVG/*Kohte*, Rn. 59; *WW*, Rn. 49; *Apitzsch/Schmitz*, AiB 85, 165 (170); *Gola*, NJW 85, 1196 (1200); *Klebe*, DB 86, 380 (381); *Schapper/Waniorek*, AuR 85, 246 (249); *Simitis*, NJW 85, 401 (406) und RDV 89, 49 (54); *Wohlgemuth*, Rn. 703; *Däubler*, Gläserne Belegschaften, Rn. 743 f. m. w. N.; vgl. auch *ArbG Hanau* 15. 12. 88; AuR 89, 150.

895 *HessVGH* 9. 11. 88, AiB 89, 126 f.

896 Vgl. z. B. *BAG* 8. 11. 94 – 1 ABR 20/94, DB 95, 783 m. w. N.

897 *BAG*, a. a. O.; *Fitting*, Rn. 228.

898 *BAG* 9. 9. 75, 14. 9. 84, AP Nrn. 2, 9 zu § 87 BetrVG 1972 Überwachung; 27. 1. 04 1 ABR 7/03, NZA 04, 556 (558); 13. 12. 16 – 1 ABR 7/15, NZA 17, 657 (659 Tz. 22); HWGNRH-*Worzalla*, Rn. 356 m. w. N.

899 *BAG* 14. 5. 74, 9. 9. 75, 10. 7. 79, 6. 12. 83, AP Nrn. 1, 2, 3, 7 zu BetrVG 1972 Überwachung; 27. 1. 04 – 1 ABR 7/03, NZA 04, 556 (558); vgl. auch *Fitting*, Rn. 227 m. w. N.; kritisch z. B. *Clemenz*, FS 100 Jahre Betriebsverfassungsrecht, S. 101(106 ff.); *Giesen*, NZA 20, 73 (75), der unverdrossen die nie empirisch belegte Blockade v. BR anführt (vgl. auch *Krause*, FS 100 Jahre Betriebsverfassungsrecht, S. 353 (366) – ein doch sehr veraltetes, wahrscheinlich nie relevantes, Bild v. BR, die sich selbst schaden wollen; ähnlich *Wolf*, 100 Jahre Betriebsverfassungsrecht, S. 829 (835 f.).

v. 6.12.83[900] verlangte das *BAG* zudem, dass die technische Einrichtung **unmittelbar** »schon selbst die Überwachung bewerkstelligte«.[901] Später taucht dieses Kriterium lange in der Rspr. nicht mehr auf,[902] ehe es in den Entscheidungen zum Routenplaner[903] und zu »Facebook«[904] (unbeabsichtigt?)[905] »wiederbelebt« wird, ohne dass dies besondere Bedeutung hätte. Die objektive Eignung zur Überwachung der AN wird dann bejaht, wenn auf Grund des **verwendeten Programms** Verhaltens- und Leistungsdaten **erfasst und aufgezeichnet** werden,[906] wenn auf Grund des verwendeten Programms Verhaltens- und Leistungsdaten **ausgewertet** werden[907] oder durch **Verarbeitung** gleich welcher Daten Aussagen über Verhalten und Leistung der AN gewonnen werden.[908]

187 Wie bereits oben (Rn. 183) dargelegt, wird die Realität moderner Datenverarbeitung vom *BAG* insbes. im Hinblick auf Datenbanken und Abfragesprachen nicht ausreichend gewürdigt. Ein Rechner ist bereits dann zur Überwachung bestimmt mit der Folge, dass das Mitbestimmungsrecht eingreift, wenn **personenbezogene Daten verarbeitet** werden und diese zu Aussagen über das Verhalten oder die Leistung der AN zumindest in entsprechender Verknüpfung geeignet sind. Nach richtiger Auffassung setzt schließlich die Überwachung von Leistung und Verhalten nicht voraus, dass eine **vernünftige/sachgerechte Beurteilung** möglich ist.[909]

cc) Umfang des Mitbestimmungsrechts

(1) Veränderungen der technischen Einrichtung

188 **Jede Änderung** der technischen Einrichtung ist **mitbestimmungspflichtig.**[910] Es kommt nicht darauf an, ob durch die Veränderung eine Eignung zu mehr Überwachung entsteht.[911] Nach dem Gesetzestext unterliegt die Anwendung der technischen Einrichtung der Mitbestimmung. Auch bei anderen Mitbestimmungstatbeständen werden keine zusätzlichen Anforderungen an die **Intensität** der AG-Maßnahme gestellt. So ist es z. B. mitbestimmungspflichtig, wenn nunmehr vier andere AN als zuvor in einer Abteilung Überstunden leisten. Nicht dem Mitbestimmungsrecht soll nach Auffassung des *BAG,* die in dieser Allgemeinheit abzulehnen ist, die **Abschaffung von Überwachungstechnik** unterliegen (vgl. auch Rn. 166).[912]

189 Mitbestimmungspflichtig sind daher Änderungen, die die **verarbeiteten Daten,** die **Programmläufe,** den **Zugriffsschutz** oder die **Zugriffsberechtigung** betreffen. Dies gilt auch für die Installation von **Bug-Fixings,** die der Fehlerbehebung dienen, insbes., wenn damit neue Schnittstellen und Funktionalitäten entstehen. Auch die **Einführung von Abfragesprachen** (zu Zulässigkeitsgrenzen vgl. Rn. 197) ist mitbestimmungspflichtig. Dies gilt ebenso, wenn

---

900 AP Nr. 7 zu § 87 BetrVG 1972 Überwachung.

901 Z. B. *BAG* 9.9.75, AP Nr. 2 zu § 87 BetrVG 1972 Überwachung; vgl. auch Richardi-*Maschmann,* Rn. 515.

902 Vgl. *Däubler,* Gläserne Belegschaften, Rn. 757 f.; *Klebe,* NZA 85, 44 (45); *Fitting* (30. Aufl.), Rn. 226; ErfK-*Kania,* Rn. 56; GK-*Gutzeit,* Rn. 542.

903 *BAG* 10.12.13 – 1 ABR 43/12, NZA 14, 439 (440 Tz. 20).

904 *BAG* 13.12.16 – 1 ABR 7/15, NZA 17, 657 (659 Tz. 22) = AuR 17, 307 (308) mit Anm. v. Klebe; insofern unverständlich *Greiner/Kalle,* RdA 21, 76 (79).

905 Vgl. hierzu *Treber,* FS Klebe, S. 388 (391).

906 *BAG* 6.12.83, AP Nr. 7 zu § 87 BetrVG 1972 Überwachung.

907 14.9.84, AP Nr. 9 zu § 87 BetrVG 1972 Überwachung; 15.12.92 – 1 ABR 24/92, CR 94, 111 (115); 26.7.94, NZA 95, 185 (186); 13.12.16 – 1 ABR 7/15, NZA 17, 657 (659 Tz.22).

908 *BAG* 11.3.86; AP Nr. 14 zu § 87 BetrVG 1972 Überwachung; zu dieser Entscheidung setzt sich der *5. Senat* des *BAG* 22.10.86, AP Nr. 2 zu § 23 BDSG – wohl ohne es zu erkennen – in Widerspruch; vgl. auch *BAG* 13.12.16 – 1 ABR 7/15, NZA 17, 657 (659 Tz. 22).

909 Vgl. z. B. *BAG* 6.12.83, 14.9.84, 11.3.86, AP Nrn. 7, 9, 14 zu § 87 BetrVG 1972 Überwachung; *Fitting,* Rn. 234 m. w. N.; GK-*Gutzeit,* Rn. 550 m. w. N.

910 Vgl. auch HaKo-BetrVG/*Kohte,* Rn. 72; *Halberstadt,* Rn. 78; *Hexel,* S. 149; *Schwarz,* S. 125.

911 GK-*Gutzeit,* Rn. 598; a. A. *Däubler,* Gläserne Belegschaften, Rn. 772; ErfK-*Kania,* Rn. 59; HWK-*Clemenz,* Rn. 125.

912 *BAG* 28.11.89, DB 90, 743 f.

Rechner miteinander vernetzt werden.[913] Da zur technischen Einrichtung auch der Rechner selbst, also die Hardware, gehört (vgl. Rn. 169 m. w. N.), ist unabhängig von den Eigenschaften des neuen Computers der Austausch des Rechners mitbestimmungspflichtig.[914]

(2) Datenerhebung und -verwendung

Das Mitbestimmungsrecht erfasst zunächst, **welche Daten** überhaupt im Rechner gespeichert werden. Dies ist im Hinblick auf den Schutz der Persönlichkeitsrechte der AN eine wichtige Mitentscheidungskompetenz des BR. Darüber hinaus bestimmt der BR mit, wie die Daten **verwendet** werden. Er kann also mitentscheiden, welche Daten wie verknüpft und wie im Einzelnen ausgewertet werden.[915] Entscheidend für das Persönlichkeitsrecht ist letztlich immer die **konkrete Verwendung einer Information,** ganz abgesehen davon, dass durch Verknüpfung vorhandener auch neue entstehen. Von daher ist es zwingend, den BR über die Datenverarbeitung mitbestimmen zu lassen, zumal dies dem Wortlaut der Norm entspricht.[916] Nach § 28 Abs. 1 Satz 2 BDSG a. F., der durch § 32 a. F. nicht ausgeschlossen wurde,[917] waren bei der Datenerhebung die vom AG verfolgten Zwecke »konkret festzulegen«. Es reichte also nicht, auf das Arbeitsverhältnis zu verweisen. Art. 5 Abs. 1b DSGVO sieht nun eine vergleichbare Regelung vor.[918] Hieraus folgt auch, dass z. B. Daten der Zugangskontrolle nicht für eine Pünktlichkeitskontrolle verwendet werden dürfen.[919] 190

(3) Mitbestimmung hinsichtlich des EDV-Systems

Die teilweise vertretene Auffassung,[920] das Mitbestimmungsrecht könne bei einer technischen Einrichtung nur hinsichtlich der verhaltens- und leistungsbezogenen Anwendungskomponenten eingreifen und scheide im Übrigen aus, ist abzulehnen.[921] In der Regel werden die einzelnen **Programmfunktionen nicht aufteilbar** sein, sondern eine Gesamtheit bilden. Darüber hinaus betrifft das Mitbestimmungsrecht die **Anwendung der technischen Einrichtung** (vgl. hierzu auch Rn. 156, 169) **insgesamt** und nicht lediglich bestimmter Programme oder Programmfunktionen. Wäre dies vom Gesetzgeber beabsichtigt gewesen, hätte es nahe gelegen, den Tatbestand anders zu fassen.[922] 191

913 Vgl. *ArbG Berlin* 22. 3. 89, CR 90, 482, Ls.; *Fitting*, Rn. 255; *Däubler*, Gläserne Belegschaften, Rn. 830 ff. m. w. N.; KassArbR-*Lorenz*, 2.10, Rn. 638; *Wohlgemuth*, Rn. 704.

914 Ein Mitbestimmungsrecht bei der Hardware lehnen z. B. HWGNRH-*Worzalla*, Rn. 378, *Färber/Theilenberg*, S. 19 m. w. N. ab.

915 *BAG* 12. 1. 88, DB 88, 1552 (1553); *Fitting*, Rn. 255 m. w. N.; GK-*Gutzeit*, Rn. 566; *Däubler*, Gläserne Belegschaften, Rn. 770; *Schwarz*, S. 127 und DB 83, 226 (228); *Wohlgemuth*, Rn. 707; *Klebe/Schumann*, AuR 83, 40 (47); a. A. *Ehmann*, NZA-Beilage 1/85, S. 9; *WW*, Rn. 50.

916 *Klebe/Schumann*, AuR 83, 40 (47); vgl. auch die **besondere Betonung des Verwendungszwecks** schon in §§ 4 Abs. 3 Nr. 2, 4a Abs. 1, 4c Abs. 1 Satz 2, 28 Abs. 1 Satz 2 **BDSG a. F.;** jetzt z. B. § 26 Abs. 5 i. V. mit Art. 5 Abs. 1b, c, 6 Abs. 1a DSGVO [hierzu DWWS-*Weichert*, DSGVO Art. 5 Rn. 28 ff., 45 ff.; DWWS-*Däubler*, BDSG § 26 Rn. 258].

917 Vgl. *Thüsing*, NZA 09, 865 (869); *Weichert*, AuR 10, 100 (101); a. A. Taeger/Gabel-*Zöll*, § 32 Rn. 10; Wolff/Brink-*Riesenhuber*, § 32 Rn. 29; *Schmidt*, RDV 09, 193 (195).

918 Hierzu DWWS-*Weichert*, Art. 5 Rn. 27 ff; *Däubler*, Gläserne Belegschaften, Rn. 395.

919 vgl. *Däubler*, NZA 01, 874 (876).

920 Vgl. GK-*Gutzeit*, Rn. 562; HWGNRH-*Worzalla*, Rn. 378 m. w. N.; *Kilian*, BB 85, 403 (404).

921 Vgl. auch *BAG* 14. 9. 84, AP Nr. 9 zu § 87 BetrVG 1972 Überwachung, das nur auf der Regelungsebene differenziert; *Apitzsch/Schmitz*, DB 84, 983; *Däubler*, Gläserne Belegschaften, Rn. 765 m. w. N. auch zur Rspr.; *Küpferle/Wohlgemuth*, Rn. 228; *Simitis*, NJW 85, 401 (406); *Schapper/Waniorek*, AuR 85, 246 (249); *Schmitz*, Computernetze, S. 31 f.; *Fitting*, Rn. 259 (für eine Mitbestimmungspflichtigkeit des Gesamtsystems, falls eine Auftrennung nicht möglich ist).

922 Z. B. wie folgt: »… von technischen Einrichtungen, **soweit** sie dazu bestimmt sind …«, vgl. *Wohlgemuth*, Rn. 705.

(4) Vollzugs- und Kontrollordnung

192 Es ist zweifelhaft, ob mit Hilfe des Mitbestimmungsrechts auch **Durchführungsvorschriften,** die gesonderte Informations-[923] und Kontrollrechte des BR festhalten, erzwungen werden können. Das **BAG** hat in seiner **Bildschirmentscheidung**[924] die von ihm so bezeichnete **»Vollzugs- und Kontrollordnung«** nur auf freiwilliger Basis für möglich gehalten. In der **PAISY-Entscheidung**[925] geht das Gericht dann allerdings davon aus, dass Verfahrensregelungen dieser Art dem Mitbestimmungsrecht unterliegen. Die vom GBR angegriffene und vom *BAG* im Hinblick auf Mitbestimmungsrechte überprüfte Regelung IV 3.2.1. bis 3.4. des Spruchs der ESt. enthält Vorschriften über Gespräche mit den AN, Stellungnahmen der Vorgesetzten, einsetzbare Rechner, eine Protokollierungspflicht sowie ein Einsichtsrecht des BR/GBR in die Protokolle der Datenläufe. Ähnlich entscheidet das *BAG* später bei der Überprüfung eines ESt.-Spruchs **»Telefonanlage«**[926]: Regelungen über die Information des BR bei Änderungen, bei Mitarbeitergesprächen und über Kontrollrechte des BR hinsichtlich der Nutzung des Systems sieht das Gericht »in so engem Zusammenhang« mit der Anwendung der Telefonanlage, dass sie (wohl als Annex) vom Mitbestimmungsrecht gedeckt sind. In anderen Entscheidungen[927] bestätigt das *BAG* demgegenüber lapidar die Bildschirmentscheidung, ohne allerdings die zwischenzeitlich ergangene Rspr. zu erwähnen.

193 Das *BAG* sollte seine Rspr. harmonisieren und anerkennen, dass Informations- und Kontrollrechte, Verfahrensrechte, die mit der technischen Einrichtung im notwendigen Zusammenhang stehen, mit Hilfe des Mitbestimmungsrechts durchgesetzt werden können.[928] Insbesondere die Einführung und Anwendung von Computern ist i. S. d. Persönlichkeitsschutzes der AN nur vernünftig regelbar, wenn auch technische Vorschriften für die Durchführung einer BV vereinbart werden. So ist z. B. die **Protokollierung der einzelnen Rechneraktivitäten,** die das *BAG* in der PAISY-Entscheidung zu Recht als mitbestimmungspflichtig ansieht, unverzichtbare Voraussetzung, um überhaupt halbwegs verlässlich festzustellen, ob eine abgeschlossene BV eingehalten wird. Die Protokollierung der konkreten Form der Datenverarbeitung ist daher zumindest als **notwendiger Annex des Mitbestimmungsrechts** anzusehen.[929] Bei ihr handelt es sich jedoch um nichts anderes als um eine Ausgestaltung des Informationsrechts, um eine Erleichterung der Informationserlangung und Kontrolle der BV bzw. des Spruchs der ESt. für den BR. Datenverarbeitung vollzieht sich nämlich für den BR, anders als z. B. anhand der jeweiligen Personen sichtbare Überstunden, zunächst **nicht sichtbar.** Ebenso wie durch den Abschluss einer BV wird daher das Mitbestimmungsrecht durch deren Durchführung/Einhaltung realisiert. Dort, wo eine wirksame Kontrolle ohne **Konkretisierung der BR-Rechte** nicht möglich ist, muss diese als Annex vom Mitbestimmungsrecht miterfasst werden: Das Gesetz sieht Mitbestimmungsrechte nicht nur formal vor, sondern will sie auch faktisch zur Geltung bringen.[930]

923 Hierfür *Hanau/Reitze*, FS Wiese, S. 149 (150).
924 6. 12. 83, AP Nr. 7 zu § 87 BetrVG 1972 Überwachung; ebenso GK-*Gutzeit*, Rn. 598; Richardi-*Richardi/Maschmann*, Rn. 38; *Färber*, FS Gaul, S. 57 (80).
925 11. 3. 86, AP Nr. 14 zu § 87 BetrVG 1972 Überwachung.
926 30. 8. 95 – 1 ABR 4/95, NZA 96, 218 (220).
927 20. 12. 88, DB 89, 1032 f.; 2. 4. 96 – 1 ABR 47/95, DB 96, 1725 (1729).
928 Vgl. auch *Klebe/Wenckebach*, FS Schmidt, S. 223 (228 f.).
929 Vgl. zu dieser Konstruktion *BAG* 8. 3. 77, AP Nr. 1 zu § 87 BetrVG 1972 Auszahlung und weitere Beispiele zu anderen Mitbestimmungsrechten in Rn. 3.
930 Vgl. *Klebe/Roth*, DB 89, 1518 (1520).

dd) Inhalt von Betriebsvereinbarungen

(1) Grundsätze für Personaldatenverarbeitung

Der BR[931] sollte mit der Ausübung seines Mitbestimmungsrechts eine **abschließende positive Regelung der Personaldatenverarbeitung** anstreben, d. h. eine Regelung,[932] die abschließend festlegt, welche Daten[933] wie zu welchen Zwecken[934] vom AG verarbeitet werden dürfen.[935] Bei BV, die bestimmte Verbote für den AG enthalten, ist nämlich davon auszugehen, dass alle nicht untersagten Anwendungen mitbestimmungsrechtlich (vgl. auch Rn. 195) zulässig sind.[936] Bereits abgeschlossene BV sind an den Regelungen der DSGVO, insbes. auch Art 88 Abs. 2, zu überprüfen und ggf. anzupassen.[937] Für jede BV (Nachweise für einzelne **Regelungsbereiche** in Rn. 198 ff.), die Personaldatenverarbeitung betrifft, sollten folgende Punkte geregelt werden (vgl. auch Rn. 195): Geltungsbereich, Ziele und Zwecke des EDV-Systems, **Datenverarbeitung und -verwendung**[938], ein Verbot automatisierter Entscheidungen (Art. 22 DSGVO i. V. m. § 37 BDSG), eine **Datenminimierung** (Art. 5 Abs. 1c DSGVO), eine **kurze Speicherdauer** und Aggregierung bzw. Anonymisierung[939] personenbeziehbarer Daten, ggf. Verbindungsmöglichkeiten über die UN-Grenzen hinweg,[940] der Vorrang dezentraler **Client/Server**- oder Intranet-Architekturen mit Datenspeicherung vor Ort (**»lokale Verkapselung«**) und Kommunikation dieses verkapselten Systems mit der Außenwelt nur über definierte Interfaces,[941] **Zugriffsberechtigung und -sicherung, Beweiserhebungs-**[942] **und Beweisverwertungsverbote,**[943] **Protokollierung** der Bearbeitung und **Kontrollrechte für den BR,**[944] Beteiligung und Rechte der einzelnen AN, Verfahren für Änderungen der BV (ggf. auch nach vereinfachten Grundsätzen) und Regelungen für Streitigkeiten.[945] Besonders wichtig sind **technische Lösungen,** 194

931 Zur Abgrenzung der Zuständigkeit zu GBR und KBR vgl. *BAG* 20.12.95 – 7 ABR 8/95, NZA 96, 945 ff.; 14.11.06 – 1 ABR 4/06, NZA 07, 399 ff.; 22.7.08 – 1 ABR 40/07, NZA 08, 1248 (1257); 25.9.12 – 1 ABR 45/11, NZA 13, 275 (277); *LAG Berlin-Brandenburg* 31.7.13 – 17 TaBV 222/13, juris; *Trittin/Fischer*, NZA, 09, 343 (345 f.: Auch bei einheitlicher konzernweiter Datenverarbeitung keine Zuständigkeit des KBR, sondern der/des GBR/BR); vgl. auch § 50 Rn. 86 ff. (keine pauschale Zuordnung); § 58 Rn. 24 ff.

932 Zu Regelungspunkten vgl. im Einzelnen auch *Klebe/Schmidt/Klengel*, 100 Jahre Betriebsverfassungsrecht, S. 303 (306 ff.); zum Inhalt einer BV extrem und nicht nachvollziehbar restriktiv *Ludwig*, NZA, 23, 321 ff.

933 Vgl. hierzu Art. 5 Abs. 1c, e, 11 Abs. 1, 25 DSGVO: Möglichst weitgehende **Datenvermeidung, Anonymisierung** und **Pseudonymisierung** (hierzu *Hammerschmidt*, CuA 1/08, S. 15 ff.; *Härting*, NJW 13, 2065 ff.; *Hansen/Walczak*, RDV 19, 53 ff.) insbes. bei sensitiven Daten (Art. 9 DSGVO); vgl. zu allem DWWS-*Weichert*, DSGVO Art. 5 Rn. 45 ff., 59 ff; DWWS-*Wedde*, DSGVO Art. 9 Rn. 8 ff.; Art. 11 Rn. 10 und Art 25 Rn. 1 ff.

934 Vgl. auch Art. 5 Abs. 1c DSGVO.

935 Umfassend zum Datenschutz und zu Regelungen, auch technischen, in BV *Maas/Schmitz/Wedde*, insbes. 114 ff.

936 Kritisch zu diesem Ansatz *Stein*, CF 11/95, S. 13 ff.

937 Hierzu umfassend *Körner*, HSI-Schriftenreihe Band 28 und auch NZA 19, 1389 ff.; vgl. auch § 26 Abs. 5 BDSG, Art. 88 DSGVO [hierzu DWWS-*Däubler*, DSGVO Art. 88 Rn. 13 ff. und *ders.*, Gläserne Belegschaften, Rn. 822b; *Stumper*, CuA 3/17, S. 17 ff.

938 Geräte, Erfassung (**Direkterhebung** beim Betroffenen; vgl. auch *Weichert*, AuR 10, 100 ff.; *Gola*, NZA 19, 654 ff.) und Eingabe von Daten, Verarbeitung und Auswertung.

939 Hierzu *Schwartmann*, RDV 23, 40 ff.

940 Z. B. der Zugang zum **Internet;** zu BV-Inhalten vgl. auch *Böker/Kamp*, Betriebliche Nutzung von Internet, Intranet und E-Mail (2003).

941 Vgl. *Schmitz*, Computernetze, S. 75 ff., 230 ff.; *HSA*, S. 130 f.

942 Vgl. hierzu *LAG Köln* 19.7.19 – 9 TaBV 125/18, juris Tz. 67, aufgehoben v. *BAG* 23.3.21 – 1 ABR 31/19, NZA 21, 959 ff. (allerdings ohne auf dieses Thema einzugehen).

943 Vgl. auch Rn. 6 und *Klebe/Schmidt/Klengel*, FS 100 Jahre Betriebsverfassungsrecht, S. 303 (313) zur Zulässigkeit auch auf der Basis der DSGVO.

944 Vgl. hierzu insbes. *Barthel u. a.*, WSI-Mitt. 91, 240 ff. und *Schmitz*, Computernetze, S. 184 ff. zum sog. Bibliotheks- und zum Poolmodell.

945 Vgl. im Einzelnen *Bergmeier/Hoppe*, S. 13 ff.; Kramer-*Raif*, C Rn. 151 ff.; *Klebe/Roth*, Personalinformationssysteme, S. 55; *Richenhagen*, AiB 93, 204 ff.; *Gebhardt/Umnuß*, NZA 95, 103 ff. (insbes. zum Versuch der Anonymisierung von AN-Daten); *Schmitz*, Datenschutztechniken (zu Möglichkeiten

die schon mit der Programmierung und den Voreinstellungen, also im IT-System selbst von vorne herein Datenschutz gewährleisten.[946] Je nach System kommen **weitere Regelungsnotwendigkeiten** wie z. B. die Sicherung der Qualifikation der AN und ihrer Arbeitsplätze, die Gestaltung der Arbeitsorganisation[947] und der Schutz der Gesundheit[948] in Betracht. Dabei ist eine Ermächtigung des AG zu einseitigen Maßnahmen weder durch BV noch durch Spruch der ESt. zulässig (vgl. Rn. 49). In der Regel werden sich im Hinblick auf die Vielzahl der in den Betrieben eingeführten DV-Systeme **Rahmen-BV** anbieten (vgl. z. B. DKWF-*Klebe/Heilmann*, § 87 Rn. 29).[949] Mit ihrer Hilfe können allgemeine für den DV-Einsatz geltende Grundregeln vereinbart werden, die dann nicht bei jeder BV für das einzelne System wiederholt werden müssen.[950]

(2) Grenzen für Personaldatenverarbeitung

195 BV haben das **Persönlichkeitsrecht der AN**[951] und **zwingende gesetzliche Vorschriften** zu beachten.[952] Eingriffe in das Persönlichkeitsrecht können nur gerechtfertigt sein, wenn sie geeignet, erforderlich und bei Berücksichtigung der garantierten Freiheitsrechte angemessen sind, um den verfolgten legitimen Zweck zu erreichen. Dies führt im dritten Prüfungsschritt

---

technischer wie organisatorischer Art, Daten zu schützen); zum Datenschutz bei Arbeitsplatzcomputern vgl. *Klotz*, CR 93, 180 ff. und bei Zeiterfassungssystemen *Zilkens*, RDV 05, 50 ff.

946 Z. B. mit Löschroutinen/Verfalldaten (hierzu *Wiznerowicz*, CuA 7/23, S. 26 ff.; die automatisch die **Datenlöschung** nach bestimmten Fristen durchführen, oder Zugriffsregelungen bei sensiblen Daten nach dem **Zweischlüsselprinzip** (Zugriff nur gemeinsam durch AG und BR). Die 2018 in Kraft getretene DSGVO beinhaltet z. B. Regelungen zu »Privacy by Design« (Datenschutz schon bei der Entwicklung des IT-Systems, Art. 25 Abs. 1) und »Privacy by Default« (datenschutzfreundliche Voreinstellungen, Art 25 Abs. 2); hierzu DWWS-*Wedde*, DSGVO Art. 25 Rn. 18 ff.; *Bieker/Hansen*, RDV 17, 165 ff.; *Däubler*, CuA 9/18, S. 25 ff.; vgl. auch *Brandt*, CuA 6/16, S. 8 ff.; *Wedde*, CuA 7–8/16, S. 31 ff.; *Kallendorf*, CuA 6/16, S. 14 ff.; *MSW*, S. 116 f.; *Krings/Mammen*, RDV 15, 231 ff.; zur **Videoüberwachung** mit sehr nachvollziehbaren technischen Lösungen vgl. *Wiznerowicz*, CuA 5/23, 12 ff.

947 Vgl. auch *Schmitz*, Computernetze, S. 124 ff.

948 Z. B. zur Software-Ergonomie: *Schmitz*, Computernetze, S. 87 ff.

949 Ebenso jetzt *Fitting*, Rn. 259; zum Inhalt auch *Ebinger*, AiB 13, 113 ff. und *Böker/Demuth*, S. 16 ff., 129 ff.; *Klebe/Schmidt/Klengel*, 100 Jahre Betriebsverfassungsrecht, S. 303 (308); *Holzapfel*, CuA 6/20, S. 15 ff.; *Bargmann*, CuA 12/21, S. 22 ff.

950 Bei Rahmen-BV besteht kein Mitbestimmungsrecht: *LAG Düsseldorf* 4. 11. 88, NZA 89, 146 ff.; *Däubler*, Gläserne Belegschaften, Rn. 817; *Fitting*, Rn. 259 und *Färber*, FS Gaul, S. 57 (80).

951 Vgl. z. B. *BAG* 26. 8. 08 – 1 ABR 16/07, NZA 08, 1187 (1189); 14. 11. 12 – 10 AZR 793/11, DB 13, 700 (701); 20. 6. 13 – 2 AZR 546/12, NZA 14, 143 (145 ff.); 25. 9. 13 – 10 AZR 270/12, NZA 14, 41 (44 f.); 21. 11. 13 – 2 AZR 797/11, NZA 14, 243 (247 ff.); 15. 4. 14 – 1 ABR 2/13, NZA 14, 551 (555 ff.); zum Persönlichkeitsrecht vor allem auch *BVerfG* 27. 2. 08 – 1 BvR 370/07, 1 BvR 595/07, NZA 08, 822 ff. (Grundrecht auf Gewährleistung der Vertraulichkeit und Integrität informationstechnischer Systeme; hierzu *Wedde*, AuR 09, 373 ff.) und 11. 3. 08 – 1 BvR 2074/05, 1 BvR 1254/07, NZA 08, 1505 ff.

952 Vgl. *BAG* 11. 3. 86, AP Nr. 14 zu § 87 BetrVG 1972 Überwachung und z. B. auch *Wohlgemuth*, BB 90, 340 (341) m. w. N. für das BDSG a. F.; vgl. demgegenüber *BAG* 27. 5. 86, AP Nr. 15 zu § 87 BetrVG 1972 Überwachung; zum Persönlichkeitsrecht vgl. *BAG* 7. 10. 87, AP Nr. 15 zu § 611 BGB Persönlichkeitsrecht; 29. 6. 04 – 1 ABR 21/03, NZA 04, 556 ff. (hierzu *Richardi/Kortstock*, RdA 05, 381 ff.); 14. 12. 04 – 1 ABR 34/03, NZA 05, 839, Ls. = RDV 05, 216, 218 ff.; 26. 8. 08 – 1 ABR 16/07, NZA 08, 1187 (1189 ff.), *LAG Hamm* 3. 9. 21 – 13 TaBV 16/21, juris Tz. 68 ff., die letztgenannten Entscheidungen zu **ESt.-Sprüchen bei Videoüberwachung** (Überwachung muss als Eingriff in das allgemeine Persönlichkeitsrecht der überwachten AN verhältnismäßig, d. h., geeignet, erforderlich und unter Berücksichtigung der gewährleisteten Freiheitsrechte der AN angemessen sein; dies ist z. B. bei einer **dauerhaften verdachtsunabhängigen Kontrolle** nicht der Fall; vgl. § 26 Abs. 1 Satz 2 BDSG und auch *Fitting*, Rn. 259 f.; *Kiesche/Wilke*, CuA 12/07, S. 7 ff.; *Brandt*, CuA 12/07, S. 13 ff.; *Wedde*, CuA 5/23, S. 8 ff.); *BVerfG* 19. 12. 91, DB 92, 786 f.; 31. 7. 01 – 1 BvR 304/01, NZA 02, 284 (heimliche Tonbandaufnahmen); *BAG* 30. 8. 95 – 1 ABR 4/95, DB 96, 334; 29. 10. 97 – 5 AZR 508/96, AuR 98, 130 ff. mit Anm. *Linnenkohl*; 23. 4. 09, DB 09, 1936 f. (alle zum Mithören von Telefonaten; vgl. hierzu auch *Linnenkohl*, RDV 92, 205 ff.); zum **EDV-Einsatz** im **BR-Büro** vgl. § 40 Rn. 97 ff. und § 94 Rn. 39 ff.

zu einer Interessenabwägung: Die Schwere des Eingriffs in das Persönlichkeitsrecht darf nicht bei einer Gesamtabwägung außer Verhältnis zu dem Gewicht der ihn rechtfertigenden Gründe stehen (Verhältnismäßigkeit im engeren Sinne).[953] Rechtlich unzulässige Maßnahmen werden auch mit Zustimmung des BR nicht rechtmäßig.[954] Durch eine BV konnte schon bisher **entgegen** der Entscheidung des ***BAG*** vom 27.5.86 **nicht zuungunsten der Beschäftigten vom BDSG a. F. abgewichen** werden,[955] Es kam nur eine Konkretisierung der Vorschriften in Frage. Eine BV war zwar eine Erlaubnisnorm i. S. d. § 4 Abs. 1 BDSG a. F.,[956] hatte aber als untergesetzliche Norm dessen Vorschriften als **Mindeststandard** zu beachten.[957] Ab 25.5.2018 sind auf der Basis von **Art. 88 DSGVO, § 26 Abs. 4 BDSG**[958] Kollektivvereinbarungen, also auch BV, zulässig. Unstreitig kann das in DSGVO und BDSG festgelegte Niveau nicht unterschritten werden.[959] Es kann allerdings mit »spezifischeren Vorschriften« die in Art. 88 Abs. 2 genannten Werte verstärken.[960]

Seit dem 25.5.2018 sind **das BDSG und die DSGVO**[961] in Kraft. Maßgeblich sind deren §§ und **196**
Art. z. B. zur Videoüberwachung (§ 4),[962] zur **Einwilligung** (§ 26 Abs. 2, Art. 4 Nr. 11, Art. 7), der Anonymisierung (Art. 5 Abs. 1e, 11 Abs. 1, 25),[963] der Verarbeitung besonders sensibler Daten (Art. 9, §§ 22, 26 Abs. 3),[964] zur eindeutigen Zweckfestlegung und **Datenminimierung** (Art. 5 Abs. 1b und c),[965] zum Recht auf **Löschung** (»Recht auf Vergessenwerden«, Art. 17, § 35), zur Begrenzung automatisierter Entscheidungen bzw. von Profiling (Art. 22, § 37), zum Datenschutz durch Technikgestaltung und datenschutzfreundliche Voreinstellungen (Art. 25),[966] zur Datenübermittlung an Drittländer (Art. 44 ff., z. B. »angemessenes Datenschutzniveau«, d. h.

---

953 *BAG* 25.4.17 – 1 ABR 46/15, NZA 17, 1205 (1209, Tz. 21), zum rechtswidrigen Spruch einer ESt; zustimmend *Däubler*, Digitalisierung, § 9 Rn. 16; *Klebe/Schmidt/Klengel*, FS 100 Jahre Betriebsverfassungsrecht, S. 303 (307); Richardi-*Maschmann*, Rn. 511; hierzu auch *Kort*, RdA 18, 242 ff.; *BAG* 11.12.18 – 1 ABR 12/17, NZA 19, 480 (482 Tz. 19 f.).

954 Vgl. z. B. *BAG* 15.5.91 – 5 AZR 115/90, CR 93, 230 (232) mit Anm. *Wedde; Däubler*, Gläserne Belegschaften, Rn. 781 ff.; *Fitting*, Rn. 260; GK-*Gutzeit*, Rn. 519 ff.; HWGNRH-*Worzalla*, Rn. 386; zum **EDV-Einsatz** im **BR-Büro** vgl. § 40 Rn. 158 ff. und § 79a Rn. 13 ff.

955 **A. A.** *BAG* 27.5.86, AP Nr. 15 zu § 87 BetrVG Überwachung; ErfK-*Kania*, Rn. 61 (18. Aufl.); MünchArbR-*Matthes*, § 248 Rn. 42; *Erfurth*, DB 11, 1275 (1276 f.) m. w. N.; unklar *BAG* 15.4.14 – 1 ABR 2/13, NZA 14, 551 (555 ff.).

956 Vgl. z. B. *BAG* 20.12.95 – 7 ABR 8/95, NZA 96, 945 (947 m. w. N.), *DKWW*, § 4 Rn. 2.

957 *BAG* 26.8.08 – 1 ABR 16/07, NZA 08, 1187 (1191 ff. Rn. 35, 40, 53, 54); *Kühling*, Verfassungsrechtliche Zulässigkeit der Unterschreitung des datenschutzrechtlichen Standards im Rahmen von Einwilligung und Betriebsvereinbarung, Hans-Böckler-Stiftung, November 2011, S. 12 ff.; *Gola/Wronka*, Rn. 1882 ff.; *Trittin/Fischer*, NZA 09, 343 (344 f.); *Kiesche/Wilke*, CuA 4/11, S. 14 (17); vgl. auch *Kock/Francke*, NZA 09, 646 (647), die es für kaum denkbar halten, dass eine nach dem BDSG unzulässige Datenverarbeitung durch BV trotz § 75 Abs. 2 ermöglicht wird; hierzu auch *Wybitul*, NZA 14, 225 ff.

958 Vgl. zu § 26 BDSG ausführlich *Kort*, NZA 18, 1097 ff.; zum Beschäftigtendatenschutz auf der Basis von DSGVO und BDSG neu auch *Middel*, AuR 18, 411 ff.

959 DWWS-*Däubler*, DSGVO Art. 88 Rn. 14; Gola-*Pötters*, DS-GVO, Rn 20 f.; *Däubler*, Gläserne Belegschaften, Rn. 783b; *Körner*, S. 87 und FS Klebe, S. 231 (235); ErfK-*Kania*, Rn. 61.

960 Vgl. *Däubler*, Gläserne Belegschaften, Rn. 783b m. w. N., 816b und c; *Kort*, NZA 18, 1097 (1102); *Middel*, AuR 18, 411 (415 f.).

961 Hierzu z. B. *Düwell/Brink*, NZA 17, 1081 ff.; *Wedde*, CuA 11/17, S. 30 ff.; *Klösel/Mahnhold*, NZA 17, 1428 ff.; *Wybitul*, NZA 17, 1488 ff.; *Byers*, NZA 17, 1086 ff.; *Steen/Fleischmann/Lorenz*, AiB 10/17, S. 31 ff.; *Kiesche/Wilke/Berger*, AiB 3/18, S. 15 ff.; *Berger/Kiesche/Wilke*, AiB 3/18, S. 10 ff.; *Wedde*, SR 19, 175 (180 ff.); *Klebe/Schmidt/Klengel*, 100 Jahre Betriebsverfassungsrecht, S. 303 (310 ff.); zur EMRK und der Rspr. des EGMR vgl. *Lörcher*, FS Klebe, S. 271 ff.

962 Zur Videoüberwachung vgl. *BAG* 26.8.08 – 1 ABR 16/07 NZA 08, 1187 (1191, 1193); *OVG Niedersachsen* 29.9.14 – 11 LC 114/13, CR 15, 39 ff.; *Bayreuther*, NZA 05, 1038 ff.; *Wedde*, CuA 5/23, S. 8 ff.; *Wiznerowicz*, CuA 5/23, S. 12 ff.; vgl. auch *EuGH* 11.12.14 – C-212/13, juris und *EGMR* 17.10.19 – 1874/13 und 8567/13, NZA 19, 1697 ff., hierzu *Körner*, NZA 20, 25 ff.

963 Hierzu *Schwartmann*, RDV 23, 40 ff.

964 Vgl. hierzu auch *BAG* 9.4.19 -1 ABR 51/17, NZA 19, 1055 ff.

965 Hierzu z. B. *Wedde*, SR 19, 175 (181).

966 Vgl. auch *Däubler*, CuA 9/18, S. 25 ff.

gleichwertiges,[967])[968] und zur Datenschutz-Folgenabschätzung (Art. 35). Dabei sind von der VO abweichend »spezifischere« Vorschriften beim Beschäftigtendatenschutz, z. B. in BV, entsprechend der Öffnungsklausel in **Art. 88** zulässig, wenn sie »angemessene und besondere Maßnahmen zur Wahrung der menschlichen Würde, der berechtigten Interessen und Grundrechte der betroffenen Person, insbesondere im Hinblick auf die Transparenz der Verarbeitung, die Übermittlung personenbezogener Daten innerhalb einer UN-Gruppe und die Überwachungssysteme am Arbeitsplatz« vorsehen.[969] Dies liest sich wie ein Handlungsauftrag an die Betriebsparteien.

197 Weder das BDSG a. F., n. F., noch die DSGVO oder die **EG-AntiterrorVO**[970], bieten eine Rechtsgrundlage, Mitarbeiterdaten flächendeckend und systematisch mit Listen verdächtiger Perso-

---

967 Vgl. hierzu *Däubler*, Gläserne Belegschaften, Rn. 501 ff. und auch *Simitis*, CR 00, 472 ff. und DWWS-*Däubler*, DSGVO Art. 45 Rn. 5 ff.: Für Andorra, Argentinien, Australien (bei Fluggastdaten), die Faröer Inseln, Israel, Japan, Kanada, Neuseeland, die Schweiz, Uruguay, Jersey, Guernsey und die Isle of Man hat die EU-Kommission ein angemessenes Schutzniveau bestätigt. Für Großbritannien ist dies am 28. 6. 2021 ebenfalls erfolgt (C [2021] 4800 final). Ob diese Entscheidungen nach der Safe-Harbor-Entscheidung des *EuGH* 6. 10. 15 – C-362/14, NZA 15, 1373 ff. und der zum Abkommen EU-US Privacy Shield 16. 7. 20 – C-311/18, juris (s. auch die folgende Fn.) noch aufrechterhalten werden können, ist nicht in allen Fällen ausgemacht (so zu Recht DWWS-*Däubler*, DSGVO Art. 45 Rn. 23). Die Länder und internationalen Organisationen, für die die Kommission ein angemessenes Schutzniveau festgestellt hat, werden auf ihrer Webseite bzw. im Amtsblatt veröffentlicht (Art. 45 Abs. 8 DSGVO).

968 Zur Möglichkeit durch BV und die weiteren der Datenverarbeitung zugrunde liegenden Verträge ein angemessenes Schutzniveau zu gewährleisten *Däubler*, AiB 97, 258 ff. mit einem Vertragsbeispiel; *ders.*, Gläserne Belegschaften, Rn. 490 ff.; *Hoeren*, RDV 12, 271 ff.; der Beschluss der Europäischen Kommission zu der sog. **»Safe-Harbor«-Lösung** (*Greer*, RDV 11, 267 ff. und zum Datenschutz in den USA *Determann/Sprague*, RDV 11, 274 [276 ff.]; *Lejeune*, CR 13, 755 ff. und *Weichert*, RDV 12, 113 ff.), diese Regelung als mit den europäischen Vorschriften vergleichbaren Schutz anzuerkennen, und damit faktisch auch die **Standardvertragsklauseln** (*DKW*, Anhang 6 und hierzu *Wedde*, AiB 07, 80 ff.) sind nach der Entscheidung des *EuGH* 6. 10. 15 – C-362/14, NZA 15, 1373 ff. (hierzu z. B. DWWS-*Däubler*, DSGVO Art. 46 Rn. 12 ff.; *Borges*, NJW 15, 3617 ff.; *Ambrock*, NZA 15, 1493 ff.) unwirksam. Diese Regelungen schützen nicht gegen beliebige staatliche Zugriffe auf die in die USA übermittelten Daten. Es fehlten, wie nach Art. 7 und 8 der EU-Grundrechtecharta erforderlich, klare und präzise Regelungen für den Zugriff, die den Betroffenen in die Lage versetzten, sich gegen Missbräuche zur Wehr zu setzen. Daraufhin ist eine neue Rechtsgrundlage für die Datenübermittlung in die USA durch das Abkommen **EU-US Privacy Shield** geschaffen worden, die allerdings ebenfalls sofort erheblichen Bedenken ausgesetzt war (hierzu *Wulf*, DB 16, 1684 f.; *Börding*, CR 16, 431 ff.; *Weiß*, RDV 16, 135 ff.; *Grau/Granetzny*, NZA 16, 405 ff.; *Weichert*, AiB 18, S. 22 (24); *HSA*, S. 134.) und v. *EuGH* **16. 7. 20 – C-311/18,** juris (Tz. 168 ff., 176 ff., 186 ff.) = NJW 20, 2613 ff. zu Recht für nichtig erklärt worden ist. **BV,** die die vom EuGH aufgestellten Grundsätze nicht beachten, sind damit wohl ebenfalls unwirksam und müssen angepasst werden. Die Bewertung des EuGH basiert z. B. auf den Vorschriften des **CLOUD Acts,** der seit 2018 u. a. Anbieter v. elektronischen Kommunikationsdiensten sowie Anbieter v. »remote computing services« (§ 2713) verpflichtet, Kommunikationsdaten an US-amerikanische Behörden zur Strafverfolgung auch dann herauszugeben, wenn sich die Daten außerhalb der USA gespeichert werden. Das gilt selbst dann, wenn dies im Land der Speicherung verboten ist. Auch hier fehlt es zudem an wirksamen Regelungen für einen Rechtsschutz; vgl. hierzu ausführlich schon *Ruhland*, CuA 2/19, S. 31 ff.; vgl. auch *Wedde*, CuA 2/21, S. 8 ff.; *Ruchhöft*, CuA 2/21, S. 13 ff.; die EU-Kommission hat am 4. 6. 21 neue Standardvertragsklauseln beschlossen, die nach ihrer Auffassung ein »angemessenes Datenschutzniveau« sicherstellen sollen (Durchführungsbeschluss [EU] 2021/914 der Kommission v. 4. 6. 21, ABlEU v. 7. 6. 21 L 199/31; hierzu *Hamann/Wegmann*, BB 21, 1803 ff. Schließlich wird jetzt der Versuch unternommen, mit einem neuen Abkommen (Trans-Atlantic Data Privacy Framework), einer Executive Order des amerikanischen Präsidenten Biden v. 7. 10. 22 und einem Angemessenheitsbeschluss der EU-Kommission v. 10. 7. 23 eine rechtmäßige Basis für den Datenfluss in die USA zu schaffen; hierzu *Lejeune*, CR 22, 775 ff. und *Weichert*, CuA 12/22, 33 f., der das Gelingen zu Recht bezweifelt; *Hanßen*, DB 23, 1777 ff. ist deutlich optimistischer.

969 Hierzu *Körner*, S. 50 ff., 84 ff., *dies.*, NZA 16, 1383 ff. und vor allem *EuGH* 30. 3. 23 – C-34/21, NZA 23, 487 ff. mit Anm. v. *Meinecke* = EuZW 23, 461 ff. mit Anm. v. *Brandt* = AiB 7–8/23, S. 47 ff. mit Anm. v. *Stach*; vgl. auch *BAG* 22. 9. 22 – 8 AZR 209/21, NZA 23, 363 (366 Tz. 24 f.); *Glocker/Hoffmann*, BB 23, 1333 ff.

970 Verordnung (EG) Nr. 2580/2001 des Rates v. 27. 12. 2001 (ABlEG 2001 Nr. L 344, S. 70) und Nr. 881/2002 des Rates v. 27. 5. 02 (ABlEG 2002 Nr. L 139, S. 9), zuletzt geändert durch Verordnung (EG) Nr. 639/2007 der Kommission v. 8. 6. 2007 (ABlEG 2007 Nr. L 148, S. 5).

nen nach den VO, z. B. zur Bewilligung des **AEO-Zertifikats** (Authorized Economic Operator= zugelassener Wirtschaftsbeteiligter; das Zertifikat bietet Firmen einige zollrechtliche Vereinfachungen), abzugleichen.[971] Auch weniger einschneidende, das Persönlichkeitsrecht weniger beeinträchtigende Maßnahmen, können »angemessene Sicherheitsstandards« gewährleisten.[972] Der *BFH*[973] sah demgegenüber in § 32 Abs. 1 Satz 1 BDSG a. F. eine Vorschrift, die heute in der Fassung v. § 26 Abs. 1 Satz 1 BDSG nach der Entscheidung des *EuGH*[974] zur identischen hessischen Vorschrift nicht mehr anwendbar ist, eine Rechtsgrundlage und bejahte dessen Voraussetzungen generell. Auch wenn man ihm gefolgt wäre, wäre jedenfalls ein **Mitbestimmungsrecht** des BR **z. B.** hinsichtlich der abzugleichenden Daten, der Festlegung sicherheitsrelevanter Bereiche im Betrieb und, dass nur die dort Beschäftigten in eine Überprüfung einbezogen werden, im Hinblick auf Fristen für die Löschung der Daten und auch die Überprüfungsfrequenz gegeben.[975] Das **BAG** ist hier allerdings **anderer Auffassung.** Es lehnt ein Mitbestimmungsrecht ab, weil die mit dem Datenabgleich generierten Daten weder ein konkretes Verhalten noch eine konkrete Leistung v. AN abbildeten.[976] Dem ist, wie *Däubler-Gmelin* überzeugend entwickelt hat,[977] nicht zu folgen. Ergänzend: Der Abgleich gibt auch Auskunft über ein Verhalten, das auf die Liste führt oder eben nicht. Zudem entsteht insbes. bei Fehlern eine besondere Gefahrenlage für das Persönlichkeitsrecht eines dann als Terrorist Verdächtigten.[978] Bei **privater Nutzung von Telefon und Internet** im Betrieb findet **Telekommunikationsrecht,** wie früher z. B. §§ 88 ff. TKG und §§ 11 ff. TMG, jetzt § 3 **TTDSG,**[979] Anwendung.[980] Diese Regelungen

---

971 Vgl. z. B. auch *Fischer*, CuA 7/23, S. 29 ff.

972 Vgl. auch *Däubler-Gmelin*, DuD 11, 455 (458); dbr 10/11, S. 28 ff.; CuA 4/14, S. 13 ff. und CuA 2/15, S. 14 ff.; *Ruppert*, CuA 7–8/12, S. 42 ff.; *Schulze/Sticher*, AiB 12, 574 ff.; Taeger/Gabel-*Zöll*, § 32 Rn. 35; *Wedde*, AiB 4/16, S. 19 ff.; *Gundelach*, NZA 18, 1606 f.

973 19. 6. 12 – VIIR 43/11, RDV 12, 303ff; **zu Recht kritisch hierzu** *Homburg*, AuR 13, 137 f. m. w.N. zur Rspr. des EuGH; *Däubler*, Gläserne Belegschaften, 937; *Roeder/Buhr*, BB 11, 1333 (1336) und BB 12, 193 (195 ff.) und *Gleick*, DB 13, 1967 (1969 f.) sehen eine Rechtsgrundlage in § 28 Abs. 1 Nr. 2 BDSG a. F.; ebenso *FG Düsseldorf* 1. 6. 11 – 4 K 3063/10z, RDV 12, 92 (93 f.); vgl. auch *Otto/Lampe*, NZA 11, 1134 (1137) und *Gola/Wronka*, Rn. 1211 ff., sowie *Behling*, NZA 15, 1359 ff. und *Byers/Fetsch*, NZA 15, 1364 ff.

974 30. 3. 23 – C-34/21, NZA 23, 487 ff.

975 Vgl. auch *Däubler-Gmelin*, DuD 11, 455 (458 ff.), dbr 10/11, S. 28 (30 ff.) und CuA 4/14, S. 13 (15 f.), jeweils mit Eckpunkten für eine BV; *Däubler*, SR 12, 75; *Homburg*, AuR 13, 137 (138); *Schulze/Sticher*, AiB 12, 574 (576); *Wedde*, AiB 16, S. 19 (21 f.); zu Unrecht a. A. HWGNRH-*Worzalla*, Rn. 363; *Roeder/Buhr*, BB 11, 1333 (1338) und *Fitting*, Rn. 223; differenzierend *Otto/Lampe*, NZA 11, 1134 (1138), die ein Mitbestimmungsrecht verneinen, wenn nur Statusdaten verarbeitet werden. Das ist schon deshalb abzulehnen, weil auch die Verarbeitung von Statusdaten, und gerade bei dieser Überprüfung, Informationen über das Verhalten gibt und ja auch geben soll (auch Rn. 182); vgl. auch die durchaus datenschutzrechtlich problematische Regelung in **§ 25c Abs. 2 KWG** (hierzu auch *Löw*, BB 11, 2227), wonach Kreditinstitute DV-Systeme betreiben müssen, mit denen sie die Strafbarkeit bestimmter Transaktionen prüfen können. Hierfür wird die Erhebung, Verarbeitung und Nutzung personenbezogener Daten soweit erforderlich ausdrücklich gestattet. Bei den einzelnen Regelungen hat der BR natürlich gleichwohl ein Mitbestimmungsrecht.

976 19. 12. 17 – 1 ABR 32/16, NZA 18, 673 (675); zustimmend *Fitting*, Rn. 223; *Kort*, NZA 18, 1097 (1103); GK-*Gutzeit*, Rn. 572; zu Recht ablehnend *Däubler*, Gläserne Belegschaften, Rn. 937 m. w. N.; Richardi-*Maschmann*, Rn. 517; vgl. auch *Klebe/Klengel*, NZA 21, 1144 (1147 f.).

977 CuA 10/18, S. 8 ff.

978 *LAG Niedersachsen* 12. 3. 18 – 15 Sa 319/17, juris = AuR 18, 533 (Ls.), zu einer fristlosen Kündigung bei entsprechendem Verdacht; hierzu auch *Plum*, NZA 19, 497 ff.

979 Hierzu *Weichert*, CuA 7–8/22, S. 8 ff.; *Wünschelbaum*, NJW 22, 1561 ff., der die Regelung durch die DSGVO verdrängt sieht.

980 *Däubler*, Gläserne Belegschaften, Rn. 336 ff. m. w. N.; *ders.*, CuA 11/14, S. 4 (10 f.); *Behling*, BB 10, 892 (893); *Kiesche/Wilke*, CuR 4/11, S. 14 (15); *dies.*, AiB 12, 92 ff.; *Schierbaum*, CuA 3/12, S. 5 ff.); *Wedde*, CuA 3/07, S. 9 (14); demgegenüber wegen des damaligen § 3 Nr. 10 TKG zu Unrecht a. A. *LAG Niedersachsen* 31. 5. 10 – 12 Sa 875/09, NZA-RR 10, 406 (408); *LAG Berlin-Brandenburg* 16. 2. 11 – 4 Sa 2132/10, NZA-RR 11, 342 (343); 14. 1. 16 – 5 Sa 657/15, juris (Tz. 116); *VG Karlsruhe* 27. 5. 13 – 2 K 3249/12, NVwZ-RR 13, 797 (801), bestätigt v. *VGH Baden-Württemberg* 30. 7. 14 – 1 S 1352/13, juris mit Anm. v. Glaser, DB 14, 2415 f.; *Buschbaum/Rosak*, DB 14, 2530 f.; *Wybitul*, NJW 14, 3605 (3607 ff. m. w. N.); *Fokken*, NZA 20, 629 (632 f.).

sind zwingend. Sie enthalten keine Öffnungsklauseln für die Betriebsparteien.[981] Fraglich ist, was daraus für den Zugriff des AG auf dienstliche Mails der Beschäftigten folgt. Hier lassen sich technische Regelungen treffen[982], die mit dem **Fernmeldegeheimnis** des § 3 TTDSG vereinbar sind. Nach der Rspr. des BVerfG endet der Schutz des Fernmeldegeheimnisses nämlich in dem Moment, in dem die Nachricht beim Empfänger angekommen und der Übertragungsvorgang beendet ist. Der Empfänger könne jetzt eigene Schutzvorkehrungen gegen den ungewollten Datenzugriff treffen.[983] Auch die freie Verarbeitung personenbezogener Echtdaten mit **Abfragesprachen** ist unzulässig. Sie ist mit dem Recht auf informationelle Selbstbestimmung nicht vereinbar, da sie die Zweckbindung der AN-Daten und die Datentransparenz für die Beschäftigten aufhebt.[984] Dies gilt auch für den Einsatz eines **Keyloggers,** mit dem verdeckt alle Tastatureingaben v. AN am dienstlichen Computer erfasst werden, wenn nicht die Voraussetzungen des § 26 Abs. 1 Satz 1 BDSG vorliegen,[985] der inzwischen nach der Rspr. des *EuGH*[986] zu identischen hessischen Vorschriften nicht anwendbar ist, weil er die Voraussetzungen v. Art. 88 Abs. 1 und 2 DSGVO nicht erfüllt.[987] Dasselbe Ergebnis wird man nach den Vorschriften der DSGVO wie Art. 6 Abs. 1 gewinnen. **Biometrische Identifikationsverfahren,** die nicht nur die Identität überprüfen, sondern zudem Aussagen z. B. zum Gemüts- und Gesundheitszustand oder zum Charakter erlauben, sind ebenfalls unzulässig, da sie den Einzelnen zum bloßen Objekt eines Verfahrens machen und ihm seine Intimsphäre nehmen (vgl. auch Rn. 201, § 94 Rn. 39, 48 m. w. N.).[988] **Ortungssysteme,** die personenbeziehbare Bewegungsdaten z. B. über **GPS-gestützte Navigationssysteme, RFID-Technik** oder Mobiltelefone erfassen, sind im Hinblick auf das Persönlichkeitsrecht nur ausnahmsweise zulässig (z. B. für Personen, die Gefahrenbereiche betreten und verlassen, nie aber z. B. im privaten Bereich). Dies gilt auch für Social Graph-Systeme (vgl. auch Rn. 201). Hier müssen die gleichen Grundsätze wie bei einer Videoüberwachung gelten.[989] Dabei sind lückenlose Bewegungsprofile ebenso wie bei dem Einsatz v. **Exoskeletten** unzulässig.[990] Auch die Verarbeitung von **Gesundheitsdaten** der AN (Krankheiten, ihre Ursachen, körperliche und geistige Verfassung o. ä.), wie sie z. B. auch

---

981 Vgl. hierzu *Däubler,* Digitalisierung, § 8 Rn. 32 ff. m. w. N.; *Beckschulze/Henkel,* DB 01, 1491 (1495 f.); *Mengel,* BB 04, 1445 (1452 f.); *Wedde,* CuA 3/07, S. 9 ff. mit Regelungsvorschlägen.

982 *Wedde,* CuA 3/07, S. 9 (13); *ders.,* CuA 7–8/22, S. 12 ff. mit dem Entwurf einer Vereinbarung.

983 *BVerfG* 2. 3. 06 – 2 BvR 2099/04, NJW 06, 976 (978 f.).

984 Vgl. auch *BVerfG* 10. 11. 20 – 1 BvR 3214/15, juris Tz. 109–111 zur besonderen und gesteigerten Gefährdung des Rechts auf informationelle Selbstbestimmung bei der automatisierten Verknüpfung und Analyse v. und mit verschiedenen Datenbanken (»Data-mining«); *Klebe/Klengel,* NZA 21, 1144 (1146).

985 *BAG* 27. 7. 17 – 2 AZR 681/16, NZA 17, 1327 (1329 f. Tz. 21 ff.; hierzu *Fuhlrott,* NZA 17, 1308 ff.; zu den Grenzen der Überwachung des elektronischen Schriftverkehrs am Arbeitsplatz vgl. auch *EGMR* 5. 9. 17 – 6149608, NZA 17, 1443 ff.

986 30. 3. 23 – C-34/21, NZA 23, 487 (491 f. Tz. 74 ff.) mit Anm. v. *Meinecke* = EuZW 23, 461 mit Anm. v. *Brandt*; dazu auch *Wünschelbaum,* NZA 23, 542 ff.; *Wedde,* CuA 5/23, S. 31 f.; *Glocker/Hoffmann,* BB 23, 1333 ff.; vgl. auch *BAG* 22. 9. 22 – 8 AZR 209/21(A), NZA 23, 363 (366 Tz. 24 f.); demgegenüber ging *BAG* 7. 5. 19 – 2 ABR 53/17, NZA 19, 1218 (1223 Tz. 47 f.) noch v. einer »offenkundigen« Vereinbarkeit mit Art. 88 DSGVO aus.

987 993 Der *EuGH* nennt beim nationalen Rechtsrahmen auch § 26 Abs. 1 BDSG (juris, Tz. 11).

988 Vgl. auch *BAG* 27. 1. 04 – 1 ABR 7/03, NZA 04, 556 ff.; *Hornung/Steidle,* AuR 05, 201 (205 ff.) und *OHG* 20. 12. 06, AuR 07, 398 ff. mit Anm. v. *Hornung*; siehe auch den Entwurf einer VO zur Regulierung v. KI durch die EU-Kommission v. 21. 4. 21 COM (2021) 206 final – 2021/0106 (COD); zu Erhebung und Verarbeitung biometrischer Daten vgl. auch Art. 9, 4 Nr. 14 DSGVO und *Byers/Winkler/Stelter,* NZA 23, 457 ff.

989 *Däubler,* CF 7–8/05, S. 42 ff. (»Aufenthaltsgeheimnis«); *ders.,* Gläserne Belegschaften, Rn. 324a ff., 324d; 317b; *ders.,* NZA 17, 1481 (1485 f.); *Gola,* CuA 6/07, S. 23 (25 f.); *ders.,* NZA 07, 1139 ff.; vgl. die Informationspflichten gem. Art. 12 f. DSGVO [hierzu DWWS-*Däubler,* DSGVO Art 12 und 13] und Rn. 50, 166.

990 Vgl. auch *Kort,* RdA 18, 24 (27); Martini/Botta, NZA 18, 625 (632); die Entscheidung des *VG Hannover* 9. 2. 23 – 10 A 6199/20, juris (n. rkr.), die eine Totalüberwachung der Beschäftigten in einem Logistikzentrum für zulässig hält, ist nicht nur im Ergebnis nicht nachvollziehbar und daher abzulehnen, selbst wenn es eine entsprechende BV gegeben hätte; so auch zu Recht *Wedde,* CuA 6/23, S. 32 f.

durch **Fitness-Tracker** oder **Fitness- oder Stress-Apps** auf Smartphones oder Smartwatches[991] erfolgt, ist unzulässig.[992] Sie ist zur Durchführung des Arbeitsverhältnisses nicht erforderlich. Die erforderlichen Informationen, z. B. zur Eignung für einen Arbeitsplatz, kann der AG unter Beachtung der ärztlichen Schweigepflicht vom Betriebsarzt erhalten.

ee) Einzelfälle

Mitbestimmungspflichtig sind 198

- **betriebsärztliche Informationssysteme** (vgl. auch § 94 Rn. 11),[993] die Verarbeitung und Nutzung von Gesundheitsdaten im Rahmen des **betrieblichen Eingliederungsmanagements** (**BEM,** vgl. auch Rn. 65, 259 und § 94 Rn. 10 zu Gesprächsleitfäden),[994]
- Systeme zur **Fehlzeitenüberwachung,**[995]
- Systeme zur Personaleinsatzplanung,[996]
- Die Einrichtung eines Gruppenkalenders in Outlook,[997]
- zur **Betriebsdatenerfassung**[998] und Produktionsplanung und -steuerung (PPS), auch als Teil einer CIM-Gesamtkonzeption.[999]
- Findet eine betriebsübergreifende **Vernetzung von Rechnern** statt, so unterliegt dies ebenfalls der Vorschrift (vgl. Rn. 189). Hiermit entstehen auch neue Kontrollmöglichkeiten durch Fernüberwachung und -wartung.

Weiterhin greift das Mitbestimmungsrecht ein bei 199

- **Bildschirmarbeitsplätzen,**[1000]
- **Bürokommunikations-**[1001] bzw. elektronischen Postsystemen mit Mailbox (vgl. DKWF-*Klebe/Heilmann,* § 87 Rn. 30 [Checkliste] und 31 [Vereinbarungsentwurf]),[1002] die häufig auch mit sonstigen Telekommunikationsleistungen, integriert sind
- bei **CAD/CAM-Systemen** (DKWF-*Klebe/Heilmann,* § 87 Rn. 33 Vereinbarungsentwurf).[1003] Bei diesen Systemen sind nicht nur Kontrollfragen zu regeln, sondern auch Probleme der Qualifikation, Arbeitsplatzsicherheit und vor allem Arbeitsorganisation.[1004]

---

991 Vgl. z. B. *Weichert,* NZA 17, 565 ff.; *ders.*, CuA 10/16, S. 8 ff.; *Neudert/Höller,* CuA 10/16, S. 19 ff.

992 Vgl. *Kort,* RdA 18, 24 (27 f.).

993 A. A. GK-*Gutzeit,* Rn. 530.

994 *BAG* 13. 3. 12 – 1 ABR 78/10, NZA 12, 748 (749); 22. 3. 16 – 1 ABR 14/14, juris Tz.9; 19. 11. 19 – 1 ABR 36/18, NZA 20, 389 (391 Tz. 19);.; *Düwell,* FS Buschmann, S. 29 (32); *Nassibi,* NZA 12, 720 (723); *Kempter/Steinat,* NZA 15, 840 (845); *Ettlinger,* BB 21, 820 (822); zu Regelungsinhalten und mit vielen praktischen Hinweisen *Habib,* S. 16 ff.

995 *LAG Nürnberg* 3. 5. 02 – 8 TaBV 38/01, NZA-RR 03, 21.

996 PEP; vgl. *Böker,* CuA 6/07, S. 31 ff. und CuA 10/07, S. 31 ff. mit Regelungspunkten für eine BV.

997 *LAG Nürnberg* 21. 2. 17 – 7 Sa 441/16, NZA-RR 17, 302 (303); ErfK-*Kania,* Rn. 57, 62; GK-*Gutzeit,* Rn. 582; LKK-*Dahm,* Rn. 140; Schaub-*Ahrendt,* § 235 Rn. 71.

998 BDE, wie z. B. Triton, Piuss, SAP- oder CRM-Systeme (vgl. *ArbG Hamburg* 19. 9. 95, CR 96, 742, 743 und die BV bei *Däubler,* AiB 97, 258 ff. zu SAP R/3, sowie *Brandt/Siebert,* CF 6/96, S. 8 ff.); *Blume,* Projektkompass SAP (1997).

999 Vgl. *BAG* 14. 9. 84, AP Nr. 9 zu § 87 BetrVG 1972 Überwachung; *ArbG Bielefeld,* 23. 3. 95, AiB 95, 600; *Däubler,* BetrR 87, 458 (467 ff.); *Fitting,* Rn. 235; zu **Öko-Audit** und PPS *Ott,* CF 1/97, S. 22 f.

1000 *BAG* 6. 12. 83, AP Nr. 7 zu § 87 BetrVG 1972 Überwachung; *Fitting,* Rn 245; GK-*Gutzeit,* Rn. 584; vgl. auch Anhang 6.5 Abs. 5 der ArbStättV (keine Kontrolle der Arbeit an Bildschirmen ohne Wissen der Benutzer) und im Hinblick auf § 111 *BAG* 26. 10. 82, AP Nr. 10 zu § 111 BetrVG 1972.

1001 Wie z. B. Lotus Notes (vgl. hierzu *Sinn/Sinn,* CF 6/99, 12 ff.), Lotus Sametime (hierzu *Michalke,* CF11/06, S. 12 ff.), Linkworks, MS-Outlook Express, Groupwise oder Notes; *Fitting,* Rn. 246; zur **Textverarbeitung** vgl. *ArbG Berlin* 22.3 89 – 35 BVGa 1/89 = CR 90, 482, Ls. mit Anm. *Redeker;* GK-*Gutzeit,* Rn. 582.

1002 Wie z. B. MS-Mail, cc-mail; vgl. *ArbG Mainz* 19. 10. 95 – 8 BVGa 2776/95; *Fitting,* Rn. 246; HWGNRH-*Worzalla,* Rn. 371; *Däubler,* Digitalisierung, § 8 Rn. 98; *Müller,* RDV 98, 205 ff. (insbes. zum Datenschutz); *Barton,* CR 03, 839 ff. (zu strafrechtlichen Folgen); *Schierbaum,* dbr 2/05, S. 14 ff. (mit Eckpunkten für eine BV); zur Archivierung von E-Mails vgl. Michalke, CuA 12/10, S. 14 ff.

1003 *LAG Hamburg* 3. 3. 86 – 2 TaBV 3/85; *LAG Baden-Württemberg* 23. 10. 84 – 4 TaBV 1/84 (zu § 111); *Latendorf,* CR 88, 662 ff., 851 ff.; *Wellenhofer-Klein,* DB 97, 978 f.; *Fitting,* Rn. 246; vgl. z. B. Bentley Microstation, Autocad, Unigraph oder MEDUSA.

1004 Vgl. *Klebe/Roth,* AiB 84, 70 ff.

200 **Das Mitbestimmungsrecht besteht auch bei**

- **Offshoring**-Konzepten, die auf IT-Systemen aufsetzen:[1005] Beim Offshoring,[1006] der Verlagerung von Produktion, aber auch von Verwaltungsprozessen mit Personaldatenverarbeitung/Auftragsdatenverarbeitung, wie z. B. Gehaltsabrechnung, Buchhaltung oder Reisekostenabrechnung, ins weiter entfernte Ausland (z. B. Indien und China; **Nearshoring** meint denselben Vorgang, nur in nähere Standorte in Osteuropa, was aber für die BR-Rechte keinen Unterschied macht), werden die Arbeitsabläufe häufig über die Grenzen hinweg zwischen den Standorten verknüpft, wird wechselseitig auf Personaldaten zugegriffen. Der BR kann daher über sein Mitbestimmungsrecht die für eine Datenverarbeitung außerhalb der EU erforderlichen Schutzstandards durchsetzen[1007] (vgl. Rn. 196). Darüber hinaus sind die abgeschlossenen BV zur Personaldatenverarbeitung auch im Ausland zu beachten und umzusetzen. Dies ist eine den AG treffende Verpflichtung. Der AG hat sicherzustellen, dass die **Einhaltung** für den BR kontrollierbar und sein **Mitbestimmungsrecht** gewährleistet bleibt.[1008] Daneben kommt das Mitbestimmungsrecht nach Nr. 7 z. B. im Hinblick auf die Softwareergonomie der vernetzten Arbeitsplätze im Inland in Betracht (vgl. auch Rn. 21; § 90 Rn. 13 und § 111 Rn. 92).[1009]

201 **Das Mitbestimmungsrecht besteht auch**

- bei der Einführung und Anwendung von **CNC-Maschinen** ein,[1010]
- bei **Fahrtenschreibern,** sofern keine abschließende gesetzliche Regelung vorliegt,[1011]
- Bei **Fernseh-, Film-** und **Videoanlagen** (DKWF-*Klebe/Heilmann,* § 87 Rn. 32 Entwurf einer Vereinbarung),[1012]
- bei der Einführung und Anwendung von **Firewall**- Systemen und Sicherheitssoftware,[1013]
- bei der Einführung von Software zur Überwachung der individuellen DV-Nutzung bzw. des **E-Mail-Verkehrs,**[1014] sofern diese überhaupt zulässig ist[1015] (vgl. Rn. 195 ff.), bei der E-Mail-Archivierung[1016] und beim Einsatz v. **Robotic Process Automation (RPA),** Software, die zum Teil in Kombination mit Künstlicher Intelligenz (hierzu Rn. 156a) gesprochene und geschriebene Geschäftskorrespondenz (idealtypisch) selbständig öffnet, analysiert, Berechnungen durchführt, Informationen aus mehreren IT-Systemen und Dokumenten zusam-

---

1005 Vgl. auch Boes/Schwemmle-*Wedde,* S. 118 ff.

1006 Vgl. hierzu auch *Müller,* CuA 2/07, S. 26 ff.; *Eisbach/Rothkegel*, AiB 12, 746 ff.

1007 Boes/Schwemmle-*Wedde,* S. 129 f.

1008 Vgl. auch *Wedde,* AiB 08, 13 (16).

1009 Boes/Schwemmle-*Wedde,* S. 130 f.; *Schwarzbach,* CF 6/06, 26 (28).

1010 *Fitting,* Rn. 246.

1011 *BAG* 10. 7. 79, AP Nr. 3 zu § 87 BetrVG 1972 Überwachung.

1012 Vgl. *BAG* 10. 7. 79, AP Nr. 4 zu § 87 BetrVG 1972 Überwachung (Filmkamera); 11. 12. 12, NZA 13, 913 (914); 26. 1. 16 – 1 ABR 68/13, NZA 16, 498 (500 Tz. 21 f.); 20. 10. 16 – 2 AZR 395/15, NZA 17, 443 (447 Tz. 35); *HessLAG* 5. 8. 19 – 16 TaBV 50/19, juris (Tz. 28) und hierzu *Busch*, jurisPR-ArbR 21/20 Nr. 6 und *Thon*, AuR 19, 527 f.; zu Videokameras; *BVerwG* 31. 8. 88, NJW 89, 848 ff. und PersR 88, 271 (Fernsehanlage); GK-*Gutzeit,* Rn. 582; HWGNRH-*Worzalla,* Rn. 371; *Böker*, CuR 10, 13 ff.; zum **Persönlichkeitsrecht der AN** und der **Verwertung heimlicher Videoaufnahmen** *BAG* 16. 12. 10 – 2 AZR 485/08, NZA 11, 571 (573 ff.); 21. 6. 12 – 2 AZR 153/11, NZA 12, 1025 (1028); 19. 2. 15 – 8 AZR 1007/13, CR 16, 155 f.; *Däubler*, CuR 11/12. S. 28 (29 f.); *Venetis/Oberwetter*, NJW 16, 1051 ff.; *Wedde*, CuA 5/23, S. 8 ff.; vgl. auch zu den datenschutzrechtlichen Grenzen der Videoüberwachung in öffentlich zugänglichen Räumen, wie z. B. Schalterhallen und Verkaufsräumen, § 6b BDSG a. F. (hierzu *BAG* 26. 8. 08 – 1 ABR 16/07, NZA 08, 1187, 1191, 1193; 21. 6. 12 – 2 AZR 153/11, a. a. O., 1028 f.; 23. 8. 18 – 2 AZR 133/18, NZA 18, 1329 ff.; *ArbG Frankfurt/M.,* RDV 06, 214, 215: Rechtswidrige Aufzeichnungen sind nicht verwertbar; *Bayreuther,* NZA 05, 1038 ff.; *Bergwitz*, NZA 12, 353 ff.; *Alter*, NJW 15, 2375 ff.;) und § 4 BDSG, sowie zu **Schmerzensgeldansprüchen** bei unzulässigem Kameraeinsatz: *HessLAG* 25. 10. 10 – 7 Sa 1586/09, RDV 11, 99 ff. = AiB 11, 337 ff. mit Anm. v. *Rudolph*.

1013 Vgl. *Schuler,* CF 4/99, 16 ff. mit Checkliste; hierzu *Däubler,* Digitalisierung, § 8 Rn. 2; *Bargmann,* CuA 4/22; S. 8 ff.; *Ruchhöft*, CuA 4/22, S. 13 ff. zu Zscaler, Microsoft Defender oder Splunk.

1014 *Fitting,* Rn. 246; *Däubler,* Digitalisierung, § 8 Rn. 98; GK-*Gutzeit,* Rn. 582; *ArbG Köln* 26. 6. 18 – 16 BV 327/17, S. 7.

1015 Vgl. auch *Jaeger,* AuA 01, 402 f.; *Däubler*, Digitalisierung, § 8 Rn. 89.

1016 Hierzu *HSA*, S. 53.

menführt und Antworten entwirft. Korrekturen durch die bearbeitenden AN sollen dann integriert und bei vergleichbaren Fällen gelernt und berücksichtigt sein.[1017]

- bei der Einführung und Anwendung v. **Zugangs-** (wie z. B. MS Edge, Google Chrome, Firefox oder Netscape Communicator) und **Zugangskontrollprogrammen zum Internet,** wie z. B. Investigator oder Spyglass (DKWF-*Klebe/Heilmann,* § 87 mit Checkliste [Rn. 30] und Vereinbarungsentwurf [Rn. 31]) oder der Spam-/Contentfilter-Software[1018] einschließlich der Festlegung der Absender und Seiten, die nicht zugelassen sind, jedenfalls dann, wenn hierzu personenbeziehbare Aufzeichnungen erstellt werden, v. **DLP-Systemen,** mit denen die unerwünschte Weitergabe von Informationen aus dem UN verhindert werden soll,[1019] v. **Phishing-Aktionen** der AG, die mit solchen Scheinangriffen, falls man sie überhaupt für zulässig halten will, AN sensibilisieren wollen,[1020] sowie bei **Cloud-Computing**-Anwendungen, der Nutzung von IT-Leistungen über Datennetze anstatt auf lokalen Rechnern (auch Rn. 171)[1021] und beim **Crowdsourcing**[1022] sowohl hinsichtlich der internen Teilnehmer, als auch der externen bei Anwendung der Grundsätze zur Fremdfirmenarbeit (Rn. 11 f.; vgl. auch § 90 Rn. 13, § 95 Rn. 32, § 111 Rn. 111a),
- bei der Einführung und Anwendung von technischen Plattformen, die die Zusammenarbeit der Beschäftigten unterstützen, wie z. B. **Sharepoint** oder **Connections,**[1023] bzw. weitere Funktionen wie **Videokonferenz** und **Telefonieren** über das Internet zur Verfügung stellen (z. B. Microsofts »**Skype for Business**«, das frühere Lync),[1024]
- bei Richtlinien und deren Kontrolle, soweit individualrechtlich zulässig, für den Umgang mit den **sozialen Medien** (Facebook, Myspace, Twitter u. a.), auch firmeninternen sozialen Netzwerken, die als Arbeitsmittel eingesetzt werden,[1025] Blogs und Internet-Foren im Betrieb (vgl. auch Rn. 67),[1026]
- bei einem **Reputationsmanagement,** bei dem der AG **soziale Netzwerke** auf für sein UN abträgliche Äußerungen mit Hilfe von Werkzeugen/Tools, die die beauftragten AN aus dem Internet herunterladen, durchsuchen lässt, da hierbei auch Daten der Beschäftigten und ihr Verhalten erfasst werden können; dabei sind die Tools als technische Einrichtung anzusehen, die der AG einsetzt, und ist es unschädlich, dass Datenentstehung und Verwaltung in externen Datenbanken erfolgen (vgl. auch Rn. 21 und § 94 Rn. 3),

---

1017 Vgl. z. B. *Stroheker,* CuA 1/20, S. 20 ff.; *Thomsen,* CuA 11/20, 20 ff.; vgl. auch Rn. 156a und ausführlich *Waas,* Künstliche Intelligenz, z. B. S. 200 ff.

1018 *HSA,* S. 54 f.; 56 ff.; *MSW,* S. 32 ff.; 85 ff.

1019 Hierzu *Wedde,* CuA 7–8/13, S. 4 (7); *Däubler,* Gläserne Belegschaften, Rn. 317a; *HSA,* S. 82 f.; *Höller,* CuA 7–8/13, 9 ff.

1020 *Stepan,* CuA 2/21, S. 20 (22).

1021 GK-*Gutzeit,* Rn. 582; HaKo-BetrVG/*Kohte,* Rn. 67; HWGNRH-*Worzalla,* Rn. 371; Richardi-*Maschmann,* Rn. 499; *Wedde,* CuR 7–8/14, S. 14 (18); hierzu *Däubler,* Digitalisierung, § 7 Rn. 86 ff.; zu BV-Inhalten vgl. auch *Böker/Kamp,* Betriebliche Nutzung von Internet, Intranet und E-Mail (2003); *Schierbaum,* dbr 2/05, S. 14 ff. und den **BV-Entwurf** zu dienstlicher und privater Nutzung von Internet und E-Mail bei *Kiesche/Wilke,* CuR 4/11, S. 14 (19 ff.); zu **Cloud Computing** vgl. *Gaul/Koehler,* BB 11, 2229 (2235); Hilber-Hexel, Teil 5 Rn. 78 ff.; *MSW,* S. 25 ff., 85 ff.; *Stroheker,* CuA 10/19, S. 25 ff. und *Wedde,* CuA 10/19, S. 8 ff. (beide zu Updates, insbes. auch v. externen Dienstleistern, und Regelungsmöglichkeiten); *ders.,* 100 Jahre Betriebsverfassungsrecht, S. 793 (795 f.) und *Klebe/Schmidt/Klengel,* ebd., S. 303 (306 f.) zu »Software as a Service«; *Baunack,* CuA 11/22, S. 22 ff.; *Pötters,* NZA 13, 1055 ff. und auch Rn. 21, 196, § 94 Rn. 3.

1022 *Klebe/Neugebauer,* AuR 14, 4 (7); Benner-*Klebe,* S. 277 (279 ff.); *Däubler/Klebe,* NZA 15, 1032 (1040 f.); vgl. auch *Benner,* CuA 4/14, S. 17ff; vgl. zur AN-Eigenschaft v. Crowdworkern *BAG* 1.12.20 – 9 AZR 102/20, NZA 21, 552 (558 ff. Tz. 45 ff.); *Waltermann,* NJW 22, 1129 ff.; *Krause,* NZA 22, 521 ff.

1023 Hierzu *HSA,* S. 68 f.; *MSW,* S. 36 f.; 85 ff.; *Ruchhöft,* CuA 12/14, S. 16 ff. *Brandt,* CuA 12/15, S. 4 ff., 8 ff.

1024 Vgl. hierzu *Greve,* CuA 10/15, S. 9 ff.; *HSA,* S. 99 ff.; *Wedde,* CuA 5/23, S. 8 f.

1025 *Däubler,* Gläserne Belegschaften, Rn. 835b; *Wedde,* CuA 4/15, S. 4 (6).

1026 Vgl. auch *Fitting,* Rn. 224; GK-*Gutzeit,* Rn. 582; *Frings/Wahlers,* BB 11, 3126 ff.; *Hinrichs/Schierbaum,* CuR 5/12, S. 5 (10); *HSA,* S. 60 ff.; *MSW,* S. 37 ff.; 85 ff.; *Beauregard/Gleich,* DB 12, 2044 (2048); *Borsutzky,* NZA 13, 647 (649 f.).

- bei **Social Graph-Systemen,** wie z. B. dem Analysetool Delve als Teil von Microsoft Office365[1027] oder Social Dashboard von IBM, mit denen die gesamten Interaktionsstrukturen im UN, die Reputation und das Engagement der Beschäftigten abgebildet werden können und die im Hinblick auf das Grundrecht auf informationelle Selbstbestimmung und datenschutzrechtliche Grundsätze nur sehr begrenzt zulässig sind und vom BR, soweit es keine gesetzlichen und sachlichen Grundlagen gibt, verhindert werden sollten,[1028]
- allgemein bei Systemen, die personenbeziehbare Daten auf der Basis v. **Künstlicher Intelligenz (KI)** verarbeiten, wie z. B. auch beim »**Predictive policing**«, beim dem KI prognostiziert, wo und durch wen Straftaten oder Pflichtverletzungen im Betrieb begangen werden[1029] oder generativer KI wie **ChatGPT**[1030] oder **Metaverse.**[1031] (zu beidem auch § 90 Rn. 13). Bei solchen KI – Anwendungen entstehen besondere Probleme beim dringend erforderlichen Schutz der **Persönlichkeitsrechte.**[1032] Die Regelung in § 80 Abs. 3 Satz 2 und 3 sieht jetzt vor, dass für den BR bei der Beurteilung der Einführung und Anwendung v. KI die Zuziehung eines/einer Sachverständigen als erforderlich gilt, d. h., dass allerdings unverändert eine Vereinbarung des BR mit dem AG über die Person und das Honorar erforderlich ist (vgl. auch Rn. 165 a. E. und die Kommentierung bei § 80).[1033]

Weiter besteht das Mitbestimmungsrecht

- bei Eröffnung einer **Seite auf Facebook,** wo Nutzer/Kunden an einer virtuellen Pinnwand Kommentare zu Leistung und Verhalten der Beschäftigten abgeben können und die von mehreren (zehn) Administratoren gepflegt wird. Das LAG Düsseldorf[1034] berücksichtigte als Vorinstanz nicht ausreichend, dass die Kommentare in der technischen Einrichtung Facebook elektronisch erfasst, technisch erhoben werden und Facebook standardisierte Auswertungen integriert hat, die eine Suche nach Stationen/Betrieben und Namen ermöglichen

---

1027 Zu Microsoft 365 z. B. *BAG* 8. 3. 22 – 1 ABR 20/21, NZA 22, 1134 ff. und die Vorinstanz *LAG Köln* 21. 5. 21 – 9 TaBV 28/20, BB 21, 2808; *Haverkamp*, CuA 6/22, S. 33 ff.; *Ruchhöft*, AiB 4/21, S. 20 ff.; *ders.*, CuA 7/23, S. 13 ff.; *Pohlmann/Pröpper*, CuA 5/21, S. 8 ff. mit einem BV-Entwurf; *Wall*, CuA 9/22, S. 16 ff.; *Lugowski*, CuA 7/23, S. 8 ff.; *Weichert*, CuA 7/23, S. 20 f.; *Wedde*, CuA 10/19, S. 8 ff.; vgl. auch »Dynamische Prozessvereinbarung für Cloud-Software wie Microsoft Office 365 (2022)«, Betriebs- und Dienstvereinbarungen Nr. 17 (März 2022), Hans-Böckler-Stiftung.

1028 Hierzu ausführlich *Höller*, CuA 5/16, S. 8 ff.; *Wedde*, CuA 5/16, S. 14 ff. und insbes. *Höller/Wedde*, Die Vermessung der Belegschaft, Mitbestimmungspraxis Nr. 10, Januar 2018.

1029 So auch ErfK-*Kania*, Rn. 52; *Fitting*, Rn. 223; Richardi-*Maschmann*, Rn. 524b; *Waas*, Künstliche Intelligenz, S. 200 ff.; vgl. auch *Rudkowski*, NZA 19, 72 ff. und 77; zum **KI-Einsatz im Personalbereich** vgl. *Huff/Götz*, NZA Beilage 2/19, 73 ff.; *Baumert/Just*, CuA 20, S. 14 ff.; *Freyler*, NZA 20, 284 ff.; *Barth/Zehlike*, AiB 11/21, 35 ff.; *Waas*, RdA 22, 125 (129); *Hoffmann*, NZA 22, 19 ff.; *Meyer*, NJW 23, 1841 ff., alle auch zu Grenzen und Diskriminierungsfragen; vgl. auch *Holthausen*, RdA 21, 19 ff. und den Entwurf einer VO zur Regulierung der KI durch die EU-Kommission v. 21. 4. 21 COM (2021) 206 final – 2021/0106 (COD), u. a. mit einer **Definition** in Art. 3 Abs. 1 i. V. m. Annex 1; hierzu *Bornhard/Merkle*, RDi 21, 276 ff.; eine Definition auch bei *Klebe*, SR 19, 128 (129) und in Rn. 156a; zu dem Spruch der ESt. zu einem auf KI-Basis arbeitenden IT-Sicherungssystem *LAG München* 23. 7. 20 – 2 TaBV 126/19, juris = jurisPR-ArbR 17/21 Nr. 6 mit zu Recht ablehnender Anm. v. *Wedde*.

1030 Hierzu *Höller*, CuA 4/23, S. 8 ff.; *Wedde*, CuA 4/23, S. 14 ff.; *Ruchhöft*, AiB 6/23, S. 28 ff.; *Schwartmann*, RDV 23, 48 ff.; *ders.*; RDV 23, 106 ff.; *Hansen/Keber/Rixen/Schwartmann*, RDV 23, 160 ff.; *Mohn*, NZA 23, 538 (541); dies gilt natürlich auch für v. anderen UN entwickelte Systeme wie Bard v. Google oder GFP-GAN v. Tencent.

1031 Hierzu *Engelhardt u. a.* (bakertilly), Metaverse – einer neuer Rechtsraum, 12/22; *Elmasry u. a.* (Mc Kinsey & Company), Value creation in the metaverse, June 2022.

1032 Vgl. *Waas*, Künstliche Intelligenz, S. 115 ff., 137 ff. 206 ff.; *Eder*, FS Klebe, S. 112 ff.; *Klebe*, SR 19, 128 (133) und CuA 1/20, S. 8 ff.; *Brandt*, CuA 9/19, S. 24 ff. und CuA 1/20, S. 11 ff.; *Sommer*, CuA 9/19, S. 16 ff.; vgl. auch zu ethischen Fragen *Klier*, CuA 6/19, S. 22 ff.; *Klebe*, SR 19, S. 128 (135 ff.); *Schubert/Hütt*, European Labour Law Journal 2019, Vol. 10 (I), S. 3 ff.; zu europäischen und nationalen Ansätzen zur Regulierung vgl. *Waas*, Künstliche Intelligenz, 60 ff; *Hacker*, NJW 20, 2142 ff. und *Strecker*, RDi 21, 124 ff.; zur Debatte in den USA z. B. »Blueprint for an AI Bill of Rights« (10/2022) der amerikanischen Regierung.

1033 Zu spezifischen Problemen bei der Informationsbeschaffung, wie z. B. zum Aufbau und den Trainingsdaten eines Algorithmus, bei Fremdbezug v. IT-Anwendungen vgl. Rn. 21.

1034 12. 1. 15 – 9 TaBV 51/14, NZA-RR 15, 355 (359 ff.); zustimmend HWGNRH-*Worzalla*, Rn. 360; *Nebeling/Klumpp*, DB 15, 746 f. und 14, 2352 f.; zu Recht ablehnend *Brink*, jurisPR-ArbR 14/15 Nr. 3.

und ist zu Recht vom *BAG*[1035] aufgehoben worden, das ein Mitbestimmungsrecht hinsichtlich der Funktion »Besucher-Beiträge« bejaht. Zudem kann ein Personenbezug hier ebenso wie bei den Administratoren mit Zusatzwissen, wie z. B. den Dienstplänen oder bei letzteren mit Hilfe von Logfiles und Internet-Zugriffsprotokollen hergestellt werden.[1036] Diese Möglichkeiten der Auswertung reichen aus. Es ist darüberhinaus unschädlich, dass Datenentstehung und ihre Verwaltung in einer externen Datenbank stattfinden. Unverständlich, auch im Hinblick auf die bisherige Rspr., und **abzulehnen** ist in diesem Zusammenhang eine andere Entscheidung des *BAG.*[1037] Bei einer Befragung auf einer technischen Plattform zum Führungsverhalten, deren Ergebnisse/Bewertungen teilweise auf die einzelnen Vorgesetzten zurückgeführt werden können, soll eine Änderung der Fragen nicht erneut das Mitbestimmungsrecht auslösen. Das ist schon deshalb unrichtig, weil neue Fragen neue/andere Bewertungen mit sich bringen, also, in der Sprache des Gesetzes, eine andere Überwachung von Leistung und Verhalten der Vorgesetzten;[1038]
- bei Betreibung eines **Twitter-Accounts** durch den AG,[1039]
- bei vernetzten Multifunktions- (Kombination von Fax, Scanner und Drucker) und Fotokopiergeräten mit persönlicher Kode-Nr. für die Benutzer,[1040]
- bei **Computerheimarbeit/Telearbeitsplätzen** (vgl. DKWF-*Klebe/Heilmann,* § 87 Rn. 38)[1041] und der Einführung **agiler Arbeitsformen,** die regelmäßig auf digitaler Basis erfolgen (vgl. auch Rn. 62, 156a, 379),[1042]
- bei **EDV-gestützter Kantinenabrechnung,** z. B. auch als Teil von Personalinformationssystemen (DKWF-*Klebe/Heilmann,* § 87 Rn. 44), und **Scannerkassen**[1043]
- bei Multimomentkameras,[1044]
- beim Einsatz von **Personal-Computern** (DKWF-*Klebe/Heilmann,* § 87 Rn. 34),[1045]

1035 13.12.16 – 1 ABR 7/15, NZA 17, 657 (661 Tz. 36 ff.); zustimmend *Fitting*, Rn. 224; GK-*Gutzeit*, Rn. 582; ErfK-*Kania*, Rn. 62; Hako-BetrVG/*Kohte*, Rn. 67; LKK-*Dahm* Rn. 140; *Däubler*, Digitalisierung, § 7 Rn. 83 f.; *ders.*, Gläserne Belegschaften, Rn. 710, 756; Schaub-*Ahrendt*, § 235 Rn. 20, 71; *zu Dohna-Jäger*, FS Klebe, S. 101 (102 f.); *Künzl*, BB 21, 436 (440 f.); dazu auch *Treber*, FS Klebe, S. 388 ff.; ebenso *VG Berlin* 29. 5. 20 – 72 K 7.19 PVB, juris Tz. 23 ff. zu § 75 Abs. 3 Nr. 19 BPersVG = jurisPR-ArbR 16/21 Nr. 8 mit Anm. v. *E. Ehmann*; a. A. *Jacobs/Frieling*, JZ 17, 961 ff.; *Greiner/Kalle*, RdA 21, 76 (79 ff.); *Salamon/Maaß*, NZA 21, 1161 ff.; auch die *BAG*-Entscheidung ist **nicht in allen Teilen überzeugend** (vgl. *Klebe*, AuR 17, 309 ff.); abzulehnen ist die Entscheidung *ArbG Heilbronn* 8. 6. 17 – 8 BV 6/16, NZA-RR 17, 476, 478 (Tz. 38 f.), die das Mitbestimmungsrecht zu Unrecht bei einer Smartphone-App ablehnt, obwohl diese den Kunden ein Feedback zu Mitarbeiterverhalten und -leistung ermöglicht.

1036 Vgl. hierzu vor allem *Brink*, jurisPR-ArbR 14/15 Nr. 3; *Klebe*, AuR 17, 309 (310); vgl. auch *Kort*, ZD 16, 3 (4 f.): Mitbestimmung nach Nr. 1.

1037 11. 12. 18 – 1 ABR 13/17, NZA 19, 1009 (1012 Tz. 28).

1038 Vgl. auch *LAG Baden-Württemberg* 25. 2. 21 – 17 Sa 37/20, juris = RDV 21, 165 f. (LS.); *Klebe/Klengel*, NZA 21, 1144(1148).

1039 *LAG Hamburg* 13. 9. 18 – 2 TaBV 5/18, NZA-RR 18, 655 (657 Tz. 44 ff.): jedenfalls wegen der Funktionalität »Antwort«; *VG Berlin* 29. 5. 20 – 72 K 7.19 PVB, juris Tz. 23 ff. zu § 75 Abs. 3 Nr. 19 BPersVG = jurisPR-ArbR 16/21 Nr. 8 mit Anm. v. *E. Ehmann*; *Däubler*, Gläserne Belegschaften, Rn. 756; ErfK-*Kania*, Rn. 62; LKK-*Dahm*, Rn. 140.

1040 *Fitting*, Rn. 242.

1041 Vgl. im Einzelnen *Wedde*, Rn. 959 ff.; *ders.*, NJW 99, 527 ff. und BSWW-*Wedde*, S. 255 ff.; *Fitting*, Rn. 246; *Kamp*, Telearbeit, S. 13 ff.; *Kiesche/Wilke*, CuA 5/09, S. 9 ff.; *Wiese*, RdA 09, 344 (351 ff.); *Vogl/Nies*, S. 74 ff.

1042 Vgl. z. B. *Krause*, Agile Arbeit, S. 100 ff.; *Kuchhöft*, CuA 10/21, S. 13 ff.; *Lemke/Thomsen*, CuA 8–9/23, S. 27 (30).

1043 *ArbG Berlin* 27. 10. 83, DB 84, 410 f.; *Fitting*, Rn. 246; für Scannerkassen: (*AG Baden-Württemberg* 25. 2. 11 – 18 TaBV 2/10, LAGE § 77 BetrVG 2001 Nr. 11.

1044 *BAG* 14. 5. 74, AP Nr. 1 zu § 87 BetrVG 1972 Überwachung.

1045 Vgl. *ArbG Berlin* 22. 3. 89 – 35 BVGa 1/89 = CR 90, 482, Ls.; *BVerwG* 12. 10. 89, CR 90, 132, Ls.; *VGH Kassel* 8. 8. 90, CR 91, 482 (483); zur Mitbestimmung nach dieser Vorschrift bei **mobiler Arbeit** *LAG Mecklenburg-Vorpommern* 25. 2. 20 – 5 TaBV 1/20, NZA-RR 257 (259 Tz. 37) im Verfahren nach § 100 ArbGG; hierzu auch Rn. 122, 156a, 244, 256 und 387a ff.; *Däubler*, Gläserne Belegschaften, Rn. 824 ff.; zu einer PC-Rahmen-BV vgl. *Fricke*, CF 6–7/98, 17 ff.; zu einer BV über **Laptops** im Außendienst vgl. *Ganz*, AiB 92, 189 ff.; vgl. insbes. zum Datenschutz *Klotz*, CR 93, 180 ff.

- beim Einsatz von mobilen Kommunikationsgeräten/**Smartphones** wie **BlackBerry,** MDA oder anderen **Wearables** (mit Sensoren ausgestatteten Mini-Computern, wie **Smartwatches** oder **Smartglasses**),[1046] auch wenn private Geräte dienstlich genutzt werden (»**Bring your own device«, BYOD;** hierzu die Checkliste bei DKWF-*Klebe/Heilmann,* § 87 Rn. 39),[1047] wie auch bei Verwendung von **MDM-Software** (»Mobile-Device-Management«) zur technischen Verwaltung der Geräte,[1048]
- beim Einsatz von **elektronischen Personalakten** (vgl. **auch** den Entwurf einer BV bei DKWF-*Klebe/Heilmann,* § 87 Rn. 37a)[1049] (vgl. auch § 83 Rn. 11) schon im Hinblick darauf, dass Statusdaten Verhaltensdaten sind und zudem auch sonstige Informationen über AN-Verhalten gespeichert werden wie Krankheitszeiten, Arbeitsunfälle, Abmahnungen, Beurteilungen, Zeugnisse und Testergebnisse, die sich im Übrigen auch in der Zusammenschau zu zusätzlichen Erkenntnissen auswerten lassen,[1050]
- beim Einsatz von **Personalinformations- und -managementsystemen**[1051] wie z. B. PAISY, Workday,[1052] Sucessfactors von SAP[1053] oder Peoplesoft (DKWF-*Klebe/Heilmann,* § 87 Rn. 37),[1054]
- bei Verwendung v. Microsoft Excel zur Auflistung v. Anwesenheitszeiten der Beschäftigten,[1055]
- bei personenbeziehbaren **Mitarbeiterbefragungen,** wenn die Daten elektronisch erhoben oder ausgewertet werden (hierzu auch Rn. 62, § 94 Rn. 3 ff., 10),[1056]
- bei **UN-Datenverarbeitungssystemen** (wie mySAP/ERP) mit Datenbank,[1057] **Data-Warehouse-Anwendungen,**[1058] und operativen Systemen, z. B. zur Personalwirtschaft wie SAP-HR,[1059]

1046 *ArbG Darmstadt* 11. 4. 07 – 5 BV Ga 4/07; *Fitting*, Rn. 243, 251; GK-*Gutzeit*, Rn. 582; HaKo-BetrVG/*Kohte*, Rn. 67; *Strunk*, CuA 11/08, S. 25 ff.; *Hammann*, CuA 5/09, S. 19 ff.; zu **Wearables** *Däubler*, Digitalisierung, § 10, Rn. 30; GK-*Gutzeit*, Rn. 582; *Weichert*, NZA 17, 565 ff.; *ders.*, CuA 10/16, S. 8 (14); *Wurzberger*, AiB 11/17, S. 40 ff. mit Eckpunkten für eine BV; zu Smartglasses *Kirchhoff/Terhoeven*, CuA 10/16, S. 15 ff.; *Achmatow*, CuA 7/21, S. 26 ff.

1047 *Däubler*, Digitalisierung, § 3 Rn. 9; *Göpfert/Wilke*, NZA 12, 765 (769 f.); *Fitting*, Rn. 243; GK-*Gutzeit*, Rn. 582; HWGNRH-*Worzalla*, Rn. 371; *Franck*, RDV, 13, 185/188; *HSA*, S. 104 f.; *Thannheiser*, AiB 3/14, S. 19 ff.; *Arning/Moos*, DB 13, 2607 ff.; *Pollert*, NZA-Beilage 4/14, 152 (154); *Wisskirchen/Schiller*, DB 15, 1163 (1166); *Thannheiser*, AiB 7–8/18, S. 47 (49); vgl. auch **Rn. 67** und **§ 90 Rn. 9.**.

1048 Hierzu *Thannheiser*, AiB 6/15, S. 22 ff.; *Höller/Thannheiser*, CuA 11/15, S. 4 ff.

1049 Hierzu *Burgsmüller*, AiB 12/17, S. 32 ff.; *Müller*, CuA 7–8/18, S. 30 ff.; *Burgsmüller/Herget*, AiB 7–8/19, S. 24 ff.

1050 Vgl. auch *Widmann*, AuA 09, 332 f.; *Löw*, AuR 09, 192 f.; *Brachmann/Diepold*, AuA 12, 202 (204); *Kiesche/Wilke*, CuA 6/10, S. 5 ff.; *Böker*, CuA 6/10, S. 14 ff., auch mit Regelungsinhalten, a. A. zu Unrecht *Diller/Schuster*, DB 08, 928 f., die nicht nur die Rspr. unvollständig wiedergeben, sondern auch die elektronischen Überwachungsmöglichkeiten bagatellisieren, indem sie sie mit denen einer Personalakte in Papierform gleichsetzen.

1051 Eingehend zu den individualrechtlichen Fragen *Zippel*, People Analytics – Künstliche Intelligenz und digitale Hilfestellungen im Personalmanagement, 2023; *Meyer*, NJW 23, 1841 ff., (dem allerdings nicht in allem gefolgt werden kann) und auch *HessLAG* 25. 2. 21 – 17 Sa 1435/19, juris, das eine personenbedingte Kündigung, die allein auf dem Ergebnis eines IT-gestützten Test basiert, für unwirksam erklärt, wenn die Funktionsweise des Algorithmus, die angewandte Methode nicht dargelegt wird; hierzu *Däubler*, jurisPR-ArbR 2/23 Nr. 2; die Entscheidung hätte auch auf Art. 22 Abs. 1 DSGVO gestützt werden können..

1052 Hierzu z. B. *LAG Baden-Württemberg* 25. 2. 21 – 17 Sa 37/20, juris = RDV 21, 165 f. (LS.); *Sommer*, CuA 2/17, S. 8 ff.; *Burgsmüller*, CuA 2/17, S. 14 ff.; *Hirche*, CuA 2/17, S. 18 ff.; *Ruchhöft*, AiB extra, August 2018, S. 41 ff.; *ders.*, CuA 9/22, S. 34 ff.

1053 *Sommer*, CuA 6/14, S. 4 ff. (7); *Ruchhöft*, CuA 9/22, S. 34 ff.

1054 *BAG* 11. 3. 86, AP Nr. 14 zu § 87 BetrVG 1972 Überwachung; *Fitting*, Rn. 242; GK-*Gutzeit*, Rn. 558, 582; *Fricke*, CF 6–7/98, 12 ff. mit einer Rahmen-BV zur Personaldatenverarbeitung; a. A. z. B. *GL*, Rn. 142a; zu Bewerbungsmanagementsystemen vgl. *Berg*, FS Schmidt, S. 85 ff.; *Fitting*, Rn. 242.

1055 *LAG Hamm* 10. 4. 18 – 7 TaBV 113/16, juris Tz. 112; *BAG* 23. 10. 18 – 1 ABN 36/18, Tz. 5.

1056 Vgl. auch *Fitting*, Rn. 227.

1057 *BAG* 25. 9. 12 – 1 ABR 45/11, NZA 13, 275 (277 Tz. 22); 23. 10. 18 – 1 ABN 36/18, Tz. 5.

1058 Hierzu *Hammerschmidt*, CuA 12/07, S. 17 ff. und *HSA*, S. 38 ff.

1059 Hierzu *Krügel*, CF 1/06, 8 ff.; *Bieler*, CuA 8–9/07, S. 33 ff.; zu **SAP-HCM** vgl. *HSA*, S. 30 f. und *Konrad-Klein*, CuA 6/14, S. 9 ff.; zu SAP-SuccessFactors als Teil von SAP-HCM *Sommer*, CuA 6/14,

- bei der Anwendung von **Produktographen,**[1060]
- beim Einsatz v. **Exoskeletten,** bei dem eine Fülle personenbeziehbarer Daten anfallen kann und deshalb eine Anonymisierung[1061] und Aggregation der Daten neben dem Gesundheitsschutz (vgl. Rn. 249) besonders wichtig ist,[1062]
- bei **Torkontrollen** bzw. entsprechenden **Sicherungs- und Zeiterfassungssystemen,** wie z. B. DATAMOD, CSS1, JPEV, INTARAP/N, VARIDAT oder SIPASS (vgl. DKWF-*Klebe/Heilmann,* § 87 Rn. 39 Vereinbarungsentwurf und auch Rn. 67),[1063]
- bei **biometrischen Identifikationsverfahren,** sofern diese überhaupt zulässig sind (vgl. Rn. 197; § 94 Rn. 39, 48 m. w. N), wie z. B. Zugangskontrollsystemen mit **Iris-** oder **Fingerprint-Scanner,**[1064]
- bei der Einführung und Verwendung von **digitalen Betriebsausweisen**[1065] und **Firmenkreditkarten.**[1066] Bei **Firmenkreditkarten** erfolgt die Überwachung zwar in seinem Interesse durch einen Dritten (die Kreditkartenfirma) und der AG wird selbst keinen Zugriff auf die erfassten Daten nehmen können. Die Überwachung erfolgt aber auf **Anweisung des AG.** Dieser trifft die Entscheidung, Informationen über das Verhalten seiner Beschäftigten erfassen zu lassen. Dies ist ausreichend, um das Mitbestimmungsrecht zu bejahen[1067] (vgl. auch Rn. 331).
- **Einwegscheiben** sind ebenfalls technische Einrichtungen i. S. d. Vorschrift.[1068] Sie sind allerdings im Hinblick auf Art. 1 Abs. 1, 2 Abs. 2 GG, § 75 Abs. 2 unzulässig (vgl. § 75 Rn. 56).[1069]

Der Betriebsrat hat weiterhin ein Mitbestimmungsrecht 202

- bei der Einführung und Anwendung von **Stempel-/Stechuhren** und **Zeitstemplern,**[1070]
- bei **Expertensystemen,**[1071]
- bei der Durchführung eines **Wissensmanagements,**[1072] wie z. B. mit der Einführung einer **Expertendatenbank** (»Yellow-Pages«) mit Mitarbeiterprofilen im Intranet,[1073]
- bei **E-Learning-Systemen,**[1074]
- bei Systemen des **Dokumentenmanagements,**[1075]

S. 4 ff.; *Ruchhöft,* AiB extra, August 2018, S. 41 ff.; **Finanzwirtschaft (SAP-FI)** und hierzu *Schmitz/Stockhofe,* CF 4/05, S. 33 ff.; *Konrad-Klein,* CuA 4/07, S. 16 ff., jeweils auch mit Regelungsvorschlägen; *Rupp,* CuA 4/07, S. 8 ff.; vgl. auch **Rn. 183, 191.**

1060 *BAG* 9. 9. 75, AP Nr. 2 zu § 87 BetrVG 1972 Überwachung.

1061 Hierzu *Schwartmann,* RDV 23, 40 ff.

1062 *Martini/Botta,* NZA 18, 625 (630, 634).

1063 Hierzu *Brandt,* AiB 13, 75 ff. und *Böker,* CF 6–7/98, 19 ff.; *ders.,* S. 14 ff , jeweils mit Regelungsbeispielen; GK-*Gutzeit,* Rn. 582; vgl. aber *BAG* 10. 4. 84, AP Nr. 7 zu § 87 BetrVG 1972 Überwachung.

1064 *BAG* 27. 1. 04 – 1 ABR 7/03, NZA 04, 556 (558 f.); *Fitting,* Rn. 242; GK-*Gutzeit,* Rn. 582; Richardi-*Maschmann,* Rn. 519; *HSA,* S. 122 f.; *Michler,* CF 5/06, S. 22 ff.; *Böker/Kübeck,* CF 6/04, S. 8 ff. und *Albrecht,* CuA 1/07, 11 ff., beide mit Eckpunkten für eine BV; vgl. auch *ArbG Berlin* 16. 10. 19 – 29 Ca 5451/19, BB 20, 574 (575) = juris Tz. 27 und die zweite Instanz *LAG Berlin-Brandenburg* 4. 6. 20 – 10 Sa 2130/19, NZA-RR 20, 457 (458 ff. Tz. 56 ff., 62 ff., 75 ff.) zu datenschutzrechtlichen Grenzen (Art. 9 DSGVO) beim Einsatz eines Fingerprint-Scanners zur Zeiterfassung; vgl. auch *Byers/Winkler/Stelter,* NZA 23, 457 ff. zu den Art. 9, 4 Nr. 14 DSGVO.

1065 *Wilke,* CF 12/06, S. 10 ff. mit Checkliste.

1066 *Bachner,* AiB 06, 595 (596); a. A. *Lunk/Hinrichs,* DB 07, 2144 (2149).

1067 *BAG* 27. 1. 04 – 1 ABR 7/03, NZA 04, 556 (559).

1068 GK-*Gutzeit,* Rn. 543; *Schwarz,* S. 141; a. A. *BVerwG* 31. 8. 88, PersR 88, 271; HWGNRH-*Worzalla,* Rn. 349.

1069 *Fitting,* § 75 Rn. 149.

1070 Vgl. *LAG Düsseldorf* 21. 11. 78, DB 78, 459; *LAG Berlin* 9. 1. 84, DB 84, 2098; HWGNRH-*Worzalla,* Rn. 371.

1071 *Fitting,* Rn. 246; GK-*Gutzeit,* Rn. 582; *Richenhagen,* AiB 92, 305 ff.

1072 Hierzu *Gerber/Trojan,* AuA 02, 340 ff.; *Höfers,* AiB 03, 721 (724); *Brandl,* CF 7–8/04, S. 44 ff.; *Hinrichs/Schierbaum,* CF 7–8/04, S. 38 (42); vgl. auch Rn. 62 und § 94 Rn. 10.

1073 Vgl. auch zu **Skill-Datenbanken** *Hess,* CF 7–8/03, S. 24 ff.; *Schmitz,* CF 7–8/03, S. 20 ff.

1074 *Kölbach/Heidemann,* CuA 2/09, S. 10 ff.; *Sendelbeck,* CuA 12/14, S. 4 (5 f.) und *Stieler/Domnik,* AiB 11, 316 ff., jeweils mit Eckpunkten für eine BV; *Ruchhöft,* CuR 1/13, S. 17 ff.; Brandt, CuA 12/14, S. 9 ff.

1075 **ECM-Systeme,** vgl. *Bieler,* CF 3/06, S. 11 ff.

- bei **Technikerberichtssystemen,**[1076]
- bei Ortungssystemen, soweit sie überhaupt zulässig sind (vgl. Rn. 197 a. E.), die personenbeziehbare Bewegungsdaten z. B. über **GPS**-gestützte Navigationssysteme,[1077] Mobiltelefone oder **RFID-Anwendungen**[1078] erfassen[1079]
- bei Systemen der **Telefondatenerfassung** (DKWF-*Klebe/Heilmann,* § 87 Rn. 35 Vereinbarungsentwurf),[1080] die häufig mit »klassischer« Bürotechnik und sonstigen Formen der Telekommunikation integriert sind. Selbstverständlich unterliegt auch das verdeckte Mithören und/oder Aufzeichnen von Kundentelefonaten (sog. **Silent Monitoring/Voice Recording**) z. B. in Call-Centern, soweit es überhaupt zulässig ist (vgl. Rn. 195 ff.),[1081] der Mitbestimmung.[1082] Bei der **Telefondatenerfassung** hat der BR einige gegenüber sonstiger Personaldatenverarbeitung spezifische Regelungspunkte zu beachten. So sollte er beispielsweise verhindern, dass die Telefonnummern externer Gesprächspartner erfasst werden.[1083] Darüber hinaus ist darauf hinzuweisen, dass eine Erfassung der **Gespräche des BR** wegen § 78 BetrVG unzulässig ist.[1084] Erfolgt eine Vermittlung über die Zentrale, so darf die Telefonnummer des Gesprächspartners auch nicht manuell erfasst werden.[1085] Bei **VoIP, Telefonieren über das Internet**[1086] und entsprechender die Qualität dieser Telefongespräche kontrollierender Software[1087] besteht selbstverständlich ebenfalls das Mitbestimmungsrecht. Bei VoIP entsteht zudem zusätzliches Kontrollpotential, da die örtlichen Administratoren direkten, allerdings unzulässigen, Zugriff auf die Telefondaten bekommen.

203 **Weiterhin unterliegen der Mitbestimmung:**

- Erfassungs- und Auswertungssysteme für **Zeitaufnahmen** (z. B. Unidat M 16/Ipas),[1088]
- Systeme zur **Vertriebssteuerung,**[1089]

1076 *BAG* 14. 9. 84, AP Nr. 9 zu § 87 BetrVG 1972 Überwachung.

1077 *LAG Köln* 13. 1. 20 – 9 TaBV 66/19, LAGE § 100 ArbGG1979 Nr. 14 Tz. 28 (im Verfahren nach § 100 ArbGG); *ArbG Kaiserslautern* 27. 8. 08 – 1 BVGa 5/08, dbr 8/09, S. 37; *Fitting*, Rn. 253; GK-*Gutzeit*, Rn. 582; HaKo-BetrVG/*Kohte*, Rn. 67; HWGNRH-*Worzalla*, Rn. 371; LKK-*Dahm*, Rn. 140.

1078 *Fitting*, Rn. 253; zum Datenschutz vgl. *Kesten*, RDV 08, 97 ff.

1079 Ebenso *Däubler,* Das Arbeitsrecht 1, Rn. 986; *HSA*, S. 102 ff., 112 ff.; vgl. auch *Brandt,* CF 2/06, S. 4 ff. mit Checkliste; *Sinn,* CuA 6/07, S. 9 ff.; *Weiß,* CuA 6/07, S. 19 ff.; *Gola,* CuA 6/07, S. 23 ff.

1080 Wie z. B. Siemens-HICOM; vgl. *BAG* 27. 5. 86, AP Nr. 15 zu § 87 BetrVG 1972 Überwachung; 30. 8. 95 – 1 ABR 4/95, NZA 96, 218 (219); *LAG Hamm* 25. 1. 08 – 10 Sa 169/07, RDV 08, 211; *Fitting,* Rn. 242 f.; Richardi-*Maschmann,* Rn. 523; vgl. auch *BAG* 11. 11. 98 – 7 ABR 47/97, BB 99, 1327 zu einer HICOM-Anlage und *Schierbaum,* RDV 98, 154 ff. zu automatischen Anrufverteilsystemen **(ACD)** in **Call-Centern** mit Eckpunkten für eine BV; hierzu auch *HSA*, S. 93 ff.; *Menzler-Trott/Hasenmaile,* S. 251 ff., *Wilke,* CF 6/06, S. 4 ff. (zu Datenschutzfragen); allgemein zu Eckpunkten von BV zu Telekommunikationsanlagen *Jentgens/Höller,* Telekommunikationsanlagen (2003) und *HSA*, S. 90 ff.

1081 Vgl. *Fitting*, Rn. 253.

1082 GK-*Gutzeit*, Rn. 582; *Jordan/Bissels/Löw*, BB 08, 2626 (2630).

1083 Zum Fernsprechgeheimnis des AN vgl. *Däubler,* AiB 95, 149 ff.; zu **ISDN** vgl. *Fitting,* Rn. 243 m. w. N.; GK-*Gutzeit,* Rn. 590; *Linnenkohl,* FS Gnade, S. 195 (203 ff.); zu Regelungspunkten einer HICOM-BV CF 3/92, 17 ff. und CF 10/96, 16; zu **Mobiltelefonen/Smartphones** DKWF-*Klebe/Heilmann,* § 87 Rn. 36 (Mustervereinbarung); *Fitting,* Rn. 243; ErfK-*Kania,* Rn. 62.zu **VoIP** vgl. *HSA*, S. 99 ff.; *Konrad-Klein,* CF 10/06, S. 20 ff. mit Checkliste und *Heine/Pröpper,* CuA 2/10, 22 ff. mit einem BV-Entwurf.

1084 Vgl. auch *Latendorf,* CR 87, 242 (245); *Wohlgemuth/Mostert,* AuR 86, 138 (146); eine Erfassung der Telefonnummer des Gesprächspartners lehnen ab *LAG Baden-Württemberg* 13. 8. 81 – 11 TaBV 8/81; *BayVGH* 2. 2. 83, CR 89, 424, Ls.; *Matthes,* CR 87, 108 (113); wohl auch *BAG* 27. 5. 86, AP Nr. 15 zu § 87 BetrVG 1972 Überwachung; differenzierend für Fern- und Ortsgespräche *BAG* 1. 8. 90 – 7 ABR 99/88, DB 91, 47 f.; vgl. hierzu die berechtigte Kritik von *Wohlgemuth,* AuR 91, 190 ff. und *Däubler,* AiB 95, 149 (156 f.).

1085 Ähnlich *LAG Frankfurt* 26. 11. 85 – 5 TaBV 26/85, das lediglich die Erfassung der Vorwahlnummer zulässt.

1086 Zu **VoIP** vgl. *Fitting*, Rn. 244; GK-*Gutzeit*, Rn. 582; *HSA*, S. 99 ff.; *Konrad-Klein,* CF 10/06, S. 20 ff. mit Checkliste und *Heine/Pröpper*, CuA 2/10, S. 22 ff. mit einem BV-Entwurf; HWGNRH-*Worzalla*, Rn. 371.

1087 Hierzu *Däubler*, CuA 5/15, S. 10 ff.

1088 *BAG* 15. 12. 92 – 1 ABR 24/92, CR 94, 111 ff.

1089 *Sinn/Sinn,* CF 12/98, S. 4 ff.

- Systeme zur **Fahrtenoptimierung** (wie z. B. »MAP and Guide«; vgl. auch Rn. 64) und auch generell zur Erfassung individualisierbarer, auf AN beziehbarer Fahrzeugdaten (**»Connected Car-Konzepte«**),[1090] nicht aber der Einsatz von **Google Maps** zur Berechnung der kürzesten Wegstrecke in Reisekostenabrechnungen oder die von dem entsprechenden Bearbeiter individuell veranlasste, nicht automatische, Überprüfung der Entfernung bei Zweifeln im Einzelfall,[1091]
- **Whistleblower-Systeme** nach dem HinSchG bzw. auch unabhängig hiervon, wenn digitale Mittel eingesetzt werden, z. B. als Meldekanäle,[1092] entsprechend ausgestaltete technische Beschwerdeverfahren nach §§ 8 f. **LkSG,** bei nicht anonymen Meldungen,
- **Workflow-Systeme** in der Verwaltung (z. B. die SAP-Funktion Business-Workflow);[1093]
- und auch **Zielvereinbarungen,** wenn die entsprechenden Leistungsdaten elektronisch gespeichert bzw. verarbeitet werden.[1094]

7. Arbeits- und Gesundheitsschutz (Nr. 7)

a) Vorbemerkungen

Der **Gesetzgeber** hat dem Arbeits- und Gesundheitsschutz mit der Schaffung der Norm eine größere Bedeutung geben wollen. Berücksichtigt man, dass im Jahre 2021 in der Bundesrepublik trotz der bekannt hohen Dunkelziffer[1095] noch immer 1 270 854 Arbeitsunfälle, Berufskrankheiten und Wegeunfälle angezeigt worden sind,[1096] so kann diese Intention nur nachhaltig unterstrichen werden. Dabei nehmen die **psychischen Erkrankungen** stark zu.[1097] **Normzweck** ist die Effektivierung des gesetzlichen Arbeitsschutzes, die Behebung seines Vollzugsdefizits durch betriebliche Konkretisierung[1098] und damit auch die Realisierung des Grundrechts aus Art. 2 Abs. 2 GG.[1099] Der betriebliche Arbeitsschutz (auch durch Fachkräfte für Arbeitssicherheit und Sicherheitsbeauftragte) tritt als **dritte Säule** neben die staatliche Gesetzgebung und die Normsetzung der Berufsgenossenschaften.[1100] Der BR wird damit zum **Sachwalter der einzelnen Beschäftigten,** die den Gesundheitsschutz nicht allein z. B. durch Ausübung des Zurückbehaltungsrechts durchsetzen können.[1101] AG und BR sind dabei verpflichtet, selbst tätig zu werden, und dürfen nicht auf Aufsichtsmaßnahmen warten. Die historisch durch polizei- und obrigkeitsstaatliches Denken zu erklärende ausschließliche Aufsichtsorientierung,[1102] die nicht ausreichend in der Lage ist, den gesetzlichen Gesundheitsschutz durchzusetzen, wird also durch das Prinzip betrieblicher **Selbstregulierung** ergänzt. Wichtig ist zudem, dass die kollektive Mitwirkung nicht länger nur auf die Verhaltensbeeinflussung der AN konzentriert ist, sondern alle Umstände organisatorischer, technischer, räumlicher und zeitlicher Art um- 204

1090 Vgl. *Jaspers/Franck*, RDV 15, 69 (71); *Schwartmann/Ohr*, RDV 15, 59 (65).

1091 *BAG* 10.12.13 – 1 ABR 43/12, NZA 14, 439 (440 f.); ErfK-*Kania*, Rn. 57; GK-*Gutzeit*, Rn. 583; HWK-*Clemenz*, Rn. 116.

1092 Hierzu *Wedde*, CuA 3/23, S. 14 ff.; *Weichert*, CuA 3/23, S. 11 ff.; *Ruchhöft*, CuA 3/23, S. 18 f.; *Engelhoven/Gatz*, DB 23, 1397 (1402); *Lugowski*, CuA 8–9/23, S. 24 ff.; a. A. *Bayreuther*, NZA 23, 666 (668).

1093 Vgl. *Klöcker*, CF 4/06, S. 4 ff. mit Eckpunkten für eine Regelung.

1094 *Däubler*, NZA 05, 793 (794); GK-*Gutzeit*, Rn. 582; *Rieble/Gistel*, BB 04, 2462 (2463); *Annuß*, NZA 07, 290 (296); vgl. auch Rn. 67, 337, 351; § 94 Rn. 9 und 44.

1095 Vgl. auch *Däubler*, Das Arbeitsrecht 2, Rn. 386.

1096 Vgl. Sicherheit und Gesundheit bei der Arbeit – Berichtsjahr 2021, Bericht der Bundesregierung über den Stand v. Sicherheit und Gesundheit bei der Arbeit und über das Unfall- und Berufskrankheitengeschehen in der Bundesrepublik Deutschland im Jahr 2021, S. 131, 134 und 136.

1097 Vgl. *Lohmann-Haislah*, Stressreport Deutschland 2012 (Bundesanstalt für Arbeitsschutz und Arbeitsmedizin 2012); *Bundesverband der BKK*, Gesundheitsreport 2012; auch Welt am Sonntag 27. 1. 13, S. 35; *IG Metall*, Anti-Stress-Verordnung (Juni 2012).

1098 Vgl. *BAG* 8. 6. 04 – 1 ABR 13/03, NZA 04, 1175 (1177); 12. 8. 08 – 9 AZR 1117/06, DB 08, 2030 (2031); 18. 8. 09 – 1 ABR 43/08, NZA 09, 1434 (1435); *Kohte*, AuR 84, 263 (272) und in FS Gnade, S. 675 (684), jeweils m. w. N.

1099 *Pieper*, Teil IV Betriebsverfassungsgesetz Rn. 15.

1100 Vgl. *Denck*, RdA 82, 279 (288); *Kohte*, FS Kissel, S. 547 (561 f.).

1101 *Denck*, RdA 82, 279 (288); *Kohte*, AuR 84, 263 (272).

1102 *Bücker/Feldhoff/Kohte*, Rn. 1 ff.

fasst, unter denen AN ihre Arbeit verrichten, sie also neben der Gefahrenabwehr auch eine gestaltende, umfassend **präventive Zielsetzung** bekommt (vgl. auch § 4 ArbSchG).[1103] Diese veränderte Herangehensweise wird durch die **europäischen Richtlinien** und ihre Umsetzung in nationales Recht gefördert, die den AG als entscheidenden Normadressaten ansprechen und die »**Verbetrieblichung des Gesundheitsschutzes**«[1104] verstärken. Gleichzeitig werden die Wechselwirkungen zwischen Umweltschutz und Arbeitssicherheit und das Erfordernis einer besonders intensiven Koordination deutlich.[1105]

205 Der Mitbestimmungstatbestand setzt voraus, dass eine Arbeitsschutzvorschrift besteht, die durch Regelungen ausgefüllt werden soll, die also nicht bereits aus sich selbst heraus abschließend und unmittelbar Schutzstandards festlegt. Damit wird gleichzeitig eine **Obergrenze** festgelegt.[1106] Das Mitbestimmungsrecht erfasst nur das gesetzlich geforderte Niveau. **Zusätzliche Maßnahmen** zur Verhütung von Arbeitsunfällen und Gesundheitsschädigungen können gemäß § 88 Nr. 1 nur durch **freiwillige BV** geregelt werden (vgl. § 88 Rn. 18 f.).[1107] Weitere Informations- und Mitwirkungsmöglichkeiten auf dem Gebiet des Arbeitsschutzes sind in § 80 Abs. 1 Nr. 1, 9, Abs. 2 und § 89 vorgesehen.

b) Voraussetzungen des Mitbestimmungsrechts

aa) Maßnahmen des Arbeits- und Gesundheitsschutzes

206 Mitbestimmungspflichtig sind alle Regelungen (vgl. Rn. 226) über die Verhütung von Arbeitsunfällen und Berufskrankheiten sowie über den Gesundheitsschutz.[1108]

207 Ein **Arbeitsunfall**[1109] ist nach dem Wortlaut des § 8 Abs. 1 SGB VII ein Unfall, den ein Versicherter (i. S. d. SGB VII) bei einer in den §§ 2, 3, und 6 genannten Tätigkeiten erleidet. Hierzu zählt auch der sog. **Wegeunfall,** den der Versicherte auf dem Weg nach und von dem Ort seiner Tätigkeit erleidet (§ 8 Abs. 2 SGB VII).[1110] Im Übrigen muss der Unfall mit der versicherten Tätigkeit in einem ursächlichen Zusammenhang stehen.[1111]

208 **Berufskrankheiten** sind zunächst die Krankheiten, welche die Bundesregierung mit Zustimmung des Bundesrates durch Rechtsverordnung (**BerufskrankheitenVO**) als solche bezeichnet und die ein Versicherter bei einer der genannten Arbeiten erleidet (§ 9 Abs. 1 SGB VII). Zu den bekanntesten Berufskrankheiten zählen durch berufliche Tätigkeit erlittene Infektionen, Lärmschwerhörigkeit, Quarzstaublungenerkrankungen (Silikose), Asbeststauberkrankungen (Asbestose), arbeitsbedingte Krebserkrankungen (z. B. durch Asbeststaub, Benzol, Teerdämpfe), Blei- und Quecksilbererkrankungen und bandscheibenbedingte Erkrankungen der Wirbelsäule.[1112] Die **Unfallversicherungsträger** gemäß § 9 Abs. 2 SGB VII haben darüber hinaus im Einzelfall eine Krankheit, auch wenn sie nicht in der Rechtsverordnung bezeichnet ist oder die dort bestimmten Voraussetzungen nicht vorliegen, wie eine Berufskrankheit zu behandeln, sofern sie nach neuen Erkenntnissen durch besondere Einwirkungen verursacht ist, denen bestimmte Personengruppen durch ihre Arbeit in erheblich höherem Grade als die übrige Bevölkerung ausgesetzt sind.[1113]

1103 *Kohte,* Arbeitnehmerhaftung, S. 164 ff.
1104 *Kohte,* FS Gnade, S. 675 (685).
1105 *Höhn,* S. 38 ff. und z. B. § 10 ASiG.
1106 Vgl. *Bücker/Feldhoff/Kohte,* Rn. 110.
1107 Vgl. auch GK-*Gutzeit,* Rn. 623.
1108 Zu Vereinbarungen zum betrieblichen Gesundheitsmanagement vgl. *Kiesche,* S. 18 ff.; vgl. auch *Ahrendt,* RdA 23, 135 ff. mit einer Übersicht zur Rspr. des BAG.
1109 Vgl. den Überblick vor allem zur Rspr. bei Schaub-*Koch,* § 61 Rn. 11 ff.
1110 Hierzu z. B. *BAG* 14.12.00 – 8 AZR 92/00, NZA 01, 549 f.
1111 Vgl. Schaub-*Koch,* § 61 Rn. 35 ff. und *Udke,* AiB 99, 456 ff.; *ders.,* AuA 01, 412 ff. jeweils m. w. N. vor allem zur Rspr.
1112 Hierzu *Elsner,* AiB 96, 711 ff. und *Fritsche/Müller-Knöss,* AiB 13, 496 ff. mit Kritik am System und Reformvorschlägen; vgl. insgesamt die Anlage zur **BerufskrankheitenVO** vom 31.10.1997 (BGBl. I S. 2623 ff.) i. d. F. vom 10.7.2017 (BGBl. I Nr. 45 v. 12.7.2017, S. 2299 ff.); hierin werden z. Z. in 80 Ziff. Krankheiten aufgeführt, teilweise in einzelnen Ziff. mehrere.
1113 Vgl. *Becker,* AiB 05, 542 ff.

Der Begriff des **Gesundheitsschutzes** ist umfassend (zum Gesundheitsbegriff vgl. Rn. 220 f.). Er erfasst – neben der Verhütung von Arbeitsunfällen und Berufskrankheiten – alle Maßnahmen, die der Erhaltung der **physischen und psychischen Integrität** der AN gegenüber Schädigungen durch medizinisch feststellbare arbeitsbedingte Verletzungen, Erkrankungen oder sonstige gesundheitliche Beeinträchtigungen dienen.[1114] Dies umschließt auch **vorbeugende Maßnahmen,**[1115] die **Gesundheitsgefährdungen,** nämlich die Möglichkeit einer gesundheitlichen Beeinträchtigung ohne bestimmte Anforderungen an deren Ausmaß und Eintrittswahrscheinlichkeit[1116] vermeiden, und Maßnahmen der **menschengerechten Gestaltung der Arbeit** (§ 2 Abs. 1 ArbSchG), um gesundheitliche Belastungen auszuschalten oder zu verringern.[1117] 209

bb) Rahmenvorschriften, insbesondere Generalklauseln

Das Mitbestimmungsrecht erstreckt sich auf alle Maßnahmen, die im **Rahmen der Vorschriften des Arbeits- und Gesundheitsschutzes** im Betrieb zu treffen sind. Dabei kann es sich um **gesetzliche Regelungen** und **UVV** handeln, nicht jedoch um TV.[1118] **UVV** werden von den Berufsgenossenschaften auf Grund der §§ 15 ff. SGB VII erlassen. Sie enthalten u. a. verbindliche Bestimmungen über **Einrichtungen, Anordnungen** und **Maßnahmen,** die die UN zur Verhütung von Arbeitsunfällen zu treffen haben. Weiterhin kann darin festgelegt werden, was die AN zur **Verhütung von Arbeitsunfällen** beachten müssen. Ferner können **ärztliche Untersuchungen** vorgeschrieben werden, die vor, während und nach der Verrichtung von Arbeiten durchzuführen sind, die mit arbeitsbedingten Gefahren für Leben und Gesundheit verbunden sind. In den UVV sind nach § 15 Abs. 1 Nr. 7 SGB VII auch Regelungen über die **Zahl der Sicherheitsbeauftragten,** die nach § 22 SGB VII unter Berücksichtigung der in den UN bestehenden Unfall- und Gesundheitsgefahren und der Zahl der Beschäftigten zu bestellen sind, zu treffen. Die Bundesregierung ist verpflichtet, ihren jeweiligen Unfallverhütungsberichten eine Zusammenstellung der geltenden Unfall- und Gesundheitsvorschriften beizufügen. Soweit die von den Berufsgenossenschaften erlassenen UVV dem AG noch einen Handlungsspielraum gewähren, greift die Mitbestimmung des BR ein.[1119] Im Übrigen handelt es sich bei den UVV der Berufsgenossenschaften um **Mindestregelungen.** Es ist somit dem AG und BR überlassen, auch Maßnahmen zu treffen, die über die Regelungen der UVV hinausgehen. 210

Zu den gesetzlichen Vorschriften gehören nicht nur Gesetze, sondern auch **Rechts-VO.**[1120] Wichtig sind insbesondere das **ASiG**, die **ArbStättV,**[1121] das Gesetz über technische Arbeitsmittel (»Gerätesicherheitsgesetz«), die **GefStoffV** und das **ArbSchG** mit den auf Grund seines § 19 ergangenen Verordnungen wie z. B. der BetrSichV oder der PSA-BV. 211

Seit dem In-Kraft-Treten der **Einheitlichen Europäischen Akte** (BGBl. II S. 1102) bekommt das europäische Arbeitsschutzrecht eine immer größere Bedeutung (vgl. auch § 89 Rn. 8 ff.). Durch die Umsetzung der Richtlinien wird das deutsche Recht dynamisiert und effektiviert: 212

- Das Schutzniveau wird stärker vereinheitlicht. **Öffentlicher Dienst und Privatwirtschaft** werden gleichermaßen erfasst (s. § 1 Abs. 1 ArbSchG). Ausnahmen werden nur für wenige Sonderbereiche zugelassen. Der Vorbehalt zugunsten der »Natur des Betriebs, der Dienstleistung« (vgl. z. B. §§ 120a GewO, 618 BGB) entfällt. Als allgemeinen Grundsatz der Gefahrverhütung hat der AG statt der »allgemein anerkannten Regeln der Technik«[1122] den

---

1114 So vor allem *BAG* 18. 8. 09 – 1 ABR 43/08, NZA 09, 1434 (1435) im Anschluss an *Wlotzke,* FS Wißmann, S. 426 (429) und MünchArb-*Wlotzke,* § 206 Rn. 35, jeweils m. w. N.; vgl. auch *Fitting,* Rn. 272.

1115 *BAG* 18. 8. 09, a. a. O.

1116 So *Wlotzke,* FS Wißmann, S. 426 (430); vgl. auch § 4 Nr. 1 ArbSchG.

1117 *Wlotzke,* FS Däubler, S. 654 (658 f.); *ders.,* FS Wißmann, S. 426 (437); *Fitting,* Rn. 272.

1118 *BAG* 11. 12. 12 – 1 ABR 81/11, juris = NZA 13, 752 (Ls.); GK-*Gutzeit,* Rn. 620; HWGNRH-*Worzalla,* Rn. 409.

1119 Vgl. z. B. *Fitting,* Rn. 275; GK-*Gutzeit,* Rn. 660.

1120 Richardi-*Richardi-Maschmann,* Rn. 557.

1121 Hierzu *Pieper,* Arbeitsstättenverordnung; *Wiebauer,* NZA 17, 220 ff.

1122 Vgl. *Fitting,* Rn. 291.

»Stand der Technik«[1123] zu beachten. Die Verpflichtung zur Berücksichtigung der technischen Entwicklung setzt also bereits früher ein.
- Die präventive organisationsbezogene **betriebliche Umsetzung** wird verstärkt. Die Pflichten richten sich in erster Linie an den AG (z. B. eigenständige Gefahrenermittlungs-, -bewertungs- und -minderungspflichten; vgl. z. B. § 5 ArbSchG, § 3 ArbStättV, § 2 Abs. 2 LasthandhabV), sind häufig als Rahmenvorschriften formuliert und bedürfen somit der betrieblichen Konkretisierung.
- Die **präventive Gefahrenvermeidung** wird betont und verstärkt (vgl. z. B. § 4 Nr. 1, 2 ArbSchG, § 2 Abs. 1 LasthandhabV),[1124] d. h., der Gesundheitsschutz ist schon beim Einkauf neuer Arbeitsmittel zu berücksichtigen.[1125]
- Gleichzeitig wird in den Richtlinien **Gesundheitsschutz als dynamischer Prozess,** als »ständiger Verbesserungsprozess«, verstanden.[1126]
- Der **Gesundheitsbegriff** beschränkt sich nicht nur auf die klassischen technischen und medizinischen Aspekte, sondern bezieht ausdrücklich körperliche **Probleme** und mentale und psychische **Belastungen** (vgl. auch §§ 4 Nr. 1, 5 Abs. 3 Nr. 6 ArbSchG, § 3 Abs. 1 Satz 3 ArbStättV) ein.[1127]

213 Darüber hinaus haben die Richtlinien aber auch schon **vor** ihrer Umsetzung in deutsches Recht Bedeutung (vgl. auch Einleitung Rn. 249):
- Klare und unbedingte Vorschriften gelten nach Ablauf der Umsetzungsfrist im **öffentlichen Dienst.** Der Staat kann sich auf die fehlende Umsetzung nicht berufen. Zum öffentlichen Dienst zählen auch **privatrechtliche UN** (z. B. AG, GmbH), die unter staatlicher Aufsicht eine **Dienstleistung im öffentlichen Interesse** erbringen und hierzu mit Rechten ausgestattet sind, die über das hinausgehen, was für die Beziehung unter Privaten gilt.[1128] Zudem gelten diese Richtlinien auch im Verhältnis **Bürger-Staat.** Eine Berufsgenossenschaft kann sich daher z. B. nicht auf richtlinienwidrige UVV berufen.
- Gegenüber sonstigen privaten AG gelten Richtlinien nicht unmittelbar, sondern erst nach ihrer Umsetzung. Das nationale Recht, unabhängig davon, ob es vor oder nach der Richtlinie, um die es geht, erlassen wurde, ist jedoch mit Ablauf der Umsetzungsfrist uneingeschränkt, nach Erlass und bereits vor Ablauf eingeschränkt **richtlinienkonform auszulegen.**[1129] Mit **Ablauf** gilt: Ist für eine nationale Vorschrift eine Auslegung möglich, die sie in möglichst große Übereinstimmung mit der Richtlinie bringt, ist sie von den Gerichten vorzunehmen. **Mit Erlass und vor Ablauf** müssen Gerichte das Recht bereits richtlinienkonform auslegen, wenn die Gefahr besteht, dass die Richtlinienziele anderenfalls nach Ablauf der Umsetzungsfrist ernstlich gefährdet würden.[1130]

1123 Vgl. z. B. § 4 Nr. 3 ArbSchG und Art. 6 Abs. 2e) der europäischen Rahmenrichtlinie für die Verbesserung der Sicherheit und des Gesundheitsschutzes vom 12. 6. 1989 (ABlEG 1989 Nr. L 183/1); *Fitting,* Rn. 292.

1124 Vgl. *Wlotzke,* FS Däubler, S. 654 (661 f.).

1125 Vgl. *Feldhoff/Kohte,* AiB 92, 389 (390); vgl. auch zu den Beschaffenheitsanforderungen für Geräte, Maschinen und Anlagen das entsprechende Normungsverfahren GK-*Gutzeit,* § 89 Rn. 16 f. m. w. N.

1126 Vgl. auch § 3 Abs. 1 ArbSchG; *Kittner,* FS Däubler, S. 690 (691).

1127 Vgl. zudem z. B. § 2 Abs. 1 ArbSchG, der auch die menschengerechte Gestaltung der Arbeit als Arbeitsschutzmaßnahme nennt; vgl. zudem die Richtlinie über Mindestvorschriften für Sicherheits- und Gesundheitsschutz in Arbeitsstätten vom 30. 11. 1989 (ABlEG 1989, Nr. L 183/1), Anhang I Nr. 15.1 und insgesamt zum Einfluss des europäischen Arbeitsschutzrechts auf nationales Recht *Feldhoff/Kohte,* AiB 92, 389 ff. m. w. N.; *Kohte,* FS Gnade, S. 675 (685 f.); *Wlotzke* NZA 90, 417 (420) und RdA 92, 85 ff., sowie die Zusammenstellung von *Wank/Börgmann.*

1128 *EuGH* 26. 2. 86, NJW 86, 2178 (2180 f.); 4. 10. 01 – Rs C 438/99, NZA 01, 1243 (1245); *BAG* 2. 4. 96 – 1 ABR 47/95, DB 96, 1725; 18. 9. 03 – 2 AZR 79/02, NZA 04, 375 (381); *Zuleeg,* RdA 92, 133 (138 f.).

1129 *EuGH* 13. 5. 86, NJW 86, 3020 f.; 5. 10. 04 – C 397/01 bis C 403/01, NZA 04, 1145 (1151); 4. 7. 06 – C 212/04, NZA 06, 909 (911 f.); 14. 10. 20 – C-681/18, NZA 20, 1463 (1466 Tz. 65); 18. 1. 22 – C-261/20, juris; *BAG* 23. 9. 92 – 4 AZR 30/92, DB 93, 737 ff.; 5. 6. 03 – 6 AZR 114/02, NZA 04, 164 (168); 25. 6. 20 – 8 AZR 145/19, NZA 20, 1613 (1620 Tz. 49); *Fitting,* Rn. 277; *Zuleeg,* RdA 92, 133 (138) m. w. N.; *Thüsing,* ZIP 04, 2301 ff. zu den Grenzen richtlinienkonformer Auslegung *BVerfG* 26. 9. 11 – 2 BvR 2216/06, NJW 12, 669 ff.; zu Empfehlungen von Kommission und Rat als Auslegungsmittel vgl. *EuGH* 13. 12. 89, NZA 91, 283 (284 f.); *Däubler,* NZA 92, 577 (584).

1130 *EuGH* 4. 7. 06, a. a. O.; vgl. auch *Hofmann,* ZIP 06, 2113 (2114 ff.).

- Zudem können **Schadensersatzansprüche** gegen den Staat geltend gemacht werden, wenn eine Richtlinie nicht rechtzeitig oder nicht ordnungsgemäß[1131] umgesetzt wird und Schaden dadurch entsteht, dass AN aus ihr folgende Ansprüche nicht vor nationalen Gerichten geltend machen konnten.[1132]

Auch nach ihrer Umsetzung sind die europäischen Richtlinien weiter für die **Auslegung der deutschen Gesetze und VO** von großer Bedeutung. Diese ist so weit wie möglich an Wortlaut und Zweck der Richtlinien auszurichten, allerdings nicht contra Legem.[1133] Dabei definiert der EuGH die Contra-Legem-Grenze so, dass der klare und unmissverständliche Wortlaut einer nationalen Vorschrift mit dem Wortlaut einer Richtlinie unvereinbar ist. Dann ist die Grenze für die Auslegung erreicht, nicht aber, wenn es lediglich darum geht, eine ständ. Rspr. nationaler Gerichte aufzugeben, um ein richtlinienkonformes Ergebnis zu erreichen.[1134] **214**

Unfallverhütungsvorschriften, VO und Gesetze geben nur insoweit dem BR ein Mitbestimmungsrecht, als sie einen **Regelungsspielraum** für den AG enthalten. Dort, wo dieser lediglich zwingende Anordnungen umzusetzen hat, scheidet das Mitbestimmungsrecht aus.[1135] »Im Rahmen« gesetzlicher Vorschriften oder der Unfallverhütungsvorschriften können sich nur Regelungen bewegen, die unter mehreren möglichen Lösungen eine festlegen. Das Mitbestimmungsrecht besteht daher z. B., wenn die gesetzliche Vorschrift bereits selbst eine Ausweitung für möglich erklärt (vgl. Rn. 236, 241) oder der AG zwischen zwei Mitteln wählen kann (z. B. Mischarbeit oder/und Arbeitsunterbrechungen bei Bildschirmarbeit; vgl. Anhang 6.1 Abs. 2 der ArbStättV). Dies ist auch der Fall, wenn der AG eine **Ausnahmegenehmigung** erhält bzw. beantragen kann, da er dann zwischen der angeordneten Maßnahme und der gestatteten Abweichung entscheiden kann.[1136] Das Mitbestimmungsrecht besteht zudem immer dann, wenn der AG einen **Beurteilungs- oder Ermessensspielraum** hat (vgl. Rn. 222 ff.), wie dies z. B. bei der Beurteilung von Gefahren (Festlegung des Verfahrens zur Ermittlung), von technischen Abhilfemöglichkeiten und bei der Festlegung geeigneter Unterweisung/Betriebsanweisungen (Arbeitsplatz- und Gefahrenanalyse, Größe der Gruppe, Zeitfrequenz, verständliche Sprache usw.) der Fall ist. **215**

Bis zur Kontroverse um die Mitbestimmungspflichtigkeit von **Bildschirmarbeitsplätzen** war es einhellige Meinung, dass auch die sog. **Generalklauseln** wie der inzwischen aufgehobene **§ 120a GewO, § 618 BGB, § 62 HGB,** oder § 2 Abs. 1 VBG 1 »Allgemeine Vorschriften« (dann BGV Nr. A 1, später **DGUV** Vorschrift 1, jetzt seit August 2022 DGUV Empfehlungen für arbeitsmedizinische Beratungen und Untersuchungen[1137]) als ausfüllungsfähige Rahmenvorschriften in Betracht kommen (vgl. die Nachweise in der 5. Aufl.). Das *BAG* hat diese Frage für § 120a GewO[1138] und § 2 Abs. 1 VBG 1[1139] bejaht. **216**

Nach richtiger Auffassung sind die so genannten Generalklauseln, die auch nach In-Kraft-Treten des ArbSchG schon wegen dessen §§ 1 Abs. 3, 2 Abs. 4 weitergelten, ausfüllungsbedürftige Rahmenvorschriften i. S. d. Norm. Generalklauseln sind gesetzliche Vorschriften, die dem Ar- **217**

1131 Vgl. hierzu *EuGH* 25. 1. 07 – C 278/05, NZA 07, 499 ff. und auch *Knops*, NJW 23, 2225 ff.

1132 *EuGH* 19. 11. 91, ZIP 91, 1610 ff.; 15. 6. 99, NJW 99, 3181 ff.; 4. 7. 06 – C 212/04, NZA 06, 909 (912); *Däubler,* NZA 92, 577 (583 f.).

1133 Vgl. z. B. *EuGH* 12. 12. 96, NZA 97, 307 f.; 14. 10. 20 – C-681/18, NZA 20, 1463 (1466 Tz. 66); 18. 1. 22 – C-261/20; *BAG* 2. 4. 96 – 1 ABR 47/95, DB 96, 1725 (1726 f.); 25. 6. 20 – 8 AZR 145/19, NZA 20, 1613 (1620 Tz. 49); zu den Grenzen richtlinienkonformer Auslegung *BVerfG* 26. 9. 11 – 2 BvR 2216/06, NJW 12, 669 ff.

1134 *EuGH* 19. 4. 16 – C-441/14, juris; vgl. auch die Anm. v. *Heuschmid*, HSI-Newsletter 2/2016, Anm. unter II; *EuGH* 17. 4. 18 – C-414/16, NJW 18, 1869 (1872 Rn. 72); der *EuGH* führt in dieser Entscheidung weiter aus, dass ein nationales Gericht verpflichtet ist, entgegenstehende nationale Vorschriften nicht anzuwenden, wenn anderenfalls für den Einzelnen die volle Wirksamkeit z. B. der Art. 21 und 47 der EuGR-Ch nicht gewährleistet ist (S. 1873 Rn. 79).

1135 *BAG* 28. 7. 81, AP Nr. 3 zu § 87 BetrVG 1972 Arbeitssicherheit; 6. 12. 83, AP Nr. 7 zu § 87 BetrVG 1972 Überwachung; 18. 8. 09 – 1 ABR 43/08, NZA 09, 1434 (1435); 17. 1. 12 – 1 ABR 62/10, NZA 12, 513; *Fitting,* Rn. 279; GK-*Gutzeit,* Rn. 625; Richardi-*Richardi-Maschmann*, Rn. 566.

1136 Vgl. GK-*Gutzeit,* Rn. 642 m. w. N.

1137 Vgl. 1. Aufl., Stuttgart (2022).

1138 2. 4. 96 – 1 ABR 47/95, DB 96, 1725 ff.

1139 16. 6. 98 – 1 ABR 68/97, DB 99, 438.

beitgeber einen **Handlungsspielraum** belassen. Sie beinhalten nicht lediglich unverbindliche Appelle, sondern sind **verbindliche Anordnungen.**[1140] Der Wortlaut spricht daher eindeutig für eine Anwendung der Vorschrift auf Generalklauseln. Hierfür spricht weiter, dass der Gesetzgeber die Normen kannte und sie trotzdem nicht von der Geltung ausgenommen hat.[1141]

218 Gegen eine Einordnung der Generalklauseln als Rahmenvorschriften wird vor allem vorgebracht, der Arbeitsschutz sei in erster Linie **Sache des Gesetz-/Verordnungsgebers** und der **Berufsgenossenschaften.** Betrachte man die Generalklauseln als Rahmenvorschriften, so handelten BR und AG an deren Stelle; dies sei vom Gesetzgeber nicht beabsichtigt.[1142] Diese Argumentation verkennt den Schutzzweck der Norm (Rn. 204). Sie verkennt weiter, dass es ja gerade der Gesetzgeber ist, der Generalklauseln geschaffen hat bzw. weitergelten lässt und damit auch die **historische Entwicklung des Arbeitsschutzrechts** (vgl. Rn. 204). Der Gesetzgeber hätte jederzeit die Möglichkeit, die Generalklauseln zu konkretisieren, und könnte damit AG und BR den Handlungsspielraum nehmen.[1143] Zudem gelten die getroffenen **Regelungen nur im Betrieb,** so dass die behauptete Konkurrenz nicht besteht.[1144] Gesetzgeber bzw. Berufsgenossenschaften wären erheblich überfordert, wenn sie entsprechende Konkretisierungen für jeden einzelnen Betrieb vornehmen wollten (vgl. Rn. 204).[1145]

219 Auch das Argument, der Arbeitsschutz werde durch einen derart weitgehenden Handlungsspielraum für AG und BR **unübersichtlich** und die **Abgrenzung zu § 88** hinfällig,[1146] überzeugt nicht.[1147] Die jeweilige Regelung hat **nur Geltung für den Betrieb;** daher ist nicht auszumachen, worin eine Unübersichtlichkeit bestehen sollte. Die Grenze der Vorschrift besteht gegenüber § 88 darin, dass der Rahmen der Generalklausel einzuhalten ist (vgl. Rn. 221). Darüber hinaus bedeutet auch das Mitbestimmungsrecht keineswegs, dass der BR nunmehr alle Regelungen durchsetzen könnte. Das Mitbestimmungsrecht beinhaltet vielmehr eine **Verfahrens-, keine Ergebnisgarantie.**[1148] Schließlich ist dort, wo lediglich Generalklauseln existieren, ein **besonderes Schutzbedürfnis der AN** auszumachen. Gerade hier bedarf es einer gleichberechtigten Mitbestimmung des BR. Wollte man diese verneinen, käme man im Übrigen zu dem eigenartigen Ergebnis, dass die Vorschrift in dem einen Bereich nicht eingreift, weil konkrete Regelungen existieren, und in dem anderen, weil dies nicht der Fall ist und die Regelungen zu allgemein sind. Dies erscheint wenig schlüssig.

220 Teilweise verpflichten die **Generalklauseln** den AG allgemein, Arbeitsräume, Betriebsvorrichtungen u. Ä. so einzurichten und zu unterhalten, dass die AN gegen **Gefahren für Leben und Gesundheit** so weit wie möglich geschützt sind (zum Begriff des Gesundheitsschutzes vgl. Rn. 209). Gesundheitsgefahren sollen dann anzunehmen sein, wenn nach dem Stand der Medizin objektiv feststellbar die ärztliche Besorgnis besteht, dass körperliche oder geistige Schäden, die medizinisch allgemein anerkannt sind, eintreten, zu dauerhaften Beschwerden führen. Hiervon sollen **bloße Beeinträchtigungen,** also bloße **Belastungen** der AN, zu unterscheiden sein.[1149] Diese Abgrenzung, zunächst **nur für die Generalklauseln** entwickelt, soll, wie teilweise vertreten wird,[1150] ganz allgemein für Rahmenvorschriften gelten. Danach wäre für die Anwendung der Nr. 7 eine konkrete, eine **unmittelbare objektive Gesundheitsgefahr** jeweils Voraussetzung.

1140 Vgl. *BAG* 16. 3. 04 – 9 AZR 93/03, NZA 04, 927 (928 f. zu § 618 BGB); *LAG Nürnberg* 4. 2. 03 – 62 TaBV 39/01, NZA-RR 03, 588 (589); *Fitting,* Rn. 283; *Gamillscheg,* Kollektives Arbeitsrecht Bd. 2, S. 916; GK-*Gutzeit,* Rn. 629 f.; HaKo-BetrVG/*Kohte,* Rn. 78; LKK-*Dahm,* Rn. 153.

1141 *BAG* 2. 4. 96 – 1 ABR 47/95, DB 96, 1725 (1726).

1142 *LAG Düsseldorf* 27. 5. 80, DB 81, 1780 f.; HWGNRH-*Worzalla,* Rn. 415; *Hess,* DB 82, 2241.

1143 Vgl. z. B. *Klinkhammer,* AuR 83, 321 (325); *Wagner,* S. 189; *Wiebauer,* RdA 19, 41 (46).

1144 Vgl. *Heilmann,* AuR 82, 326 (327).

1145 Vgl. auch GL, Rn. 156a; *Engel,* AuR 82, 79 (81).

1146 Vgl. *Hess,* DB 82, 2241 m. w. N.

1147 Vgl. *BAG* 2. 4. 96 – 1 ABR 47/95, DB 96, 1725 (1726); 16. 6. 98 – 1 ABR 68/97, DB 99, 438; *Wiebauer,* RdA 19, 41 (46); *Fieseler/Berger,* NZA 18, 1520 (1521 f.).

1148 *Heilmann,* AuR 82, 327.

1149 So und ähnlich GK-*Gutzeit,* Rn. 633; *Ehmann,* S. 75 f.; *Klinkhammer,* AuR 83, 321 (325 f.) m. w. N.; Richardi-*Richardi-Maschmann,* Rn. 571.

1150 HWGNRH-*Worzalla,* Rn. 408; *Merten/Klein,* DVB 98, 673 m. w. N.

Eine solche Interpretation findet allerdings im **Wortlaut** keine Stütze.[1151] Bei den weit gefassten **Generalklauseln** – für die sonstigen Rahmenvorschriften, die auf einen konkreten Gegenstand begrenzt sind, gilt dies von vorneherein nicht – wird daher ein **systematisches Argument** angeführt: Das Mitbestimmungsrecht könne nicht so umfassend sein, dass für andere den Gesundheitsschutz regelnde Vorschriften wie z. B. §§ 88, 91 kein **»nennenswerter Anwendungsbereich«** mehr bleibe[1152] (vgl. auch Rn. 219). Dies überzeugt jedoch nicht.[1153] Maßgeblich für den Inhalt der Vorschrift ist vielmehr der sich aus dem System des Arbeitsschutzes ergebende **Begriff des Gesundheitsschutzes** (Rn. 209). Dieser umfasst aber nicht nur konkrete Gefahren, sondern auch eine Vielzahl von **vorbeugenden Maßnahmen,**[1154] die der Gefahren- und Gefährdungsvermeidung dienen, sowie auch Maßnahmen der **menschengerechten Gestaltung der Arbeit** (§ 2 Abs. 1 ArbSchG), um Gesundheitsbelastungen auszuschalten oder zu verringern.[1155] Dieses Verständnis findet gerade auch in Generalklauseln wie z. B. § 4 Nr. 1 ArbSchG oder § 3 ArbSchG i. V. m. § 2 Abs. 1 Ausdruck. Darüber hinaus werden z. B. bei der Bildschirmarbeit bereits **»körperliche Probleme«** und ebenso wie bei §§ 4 Nr. 1, 5 Abs. 3 Nr. 6 ArbSchG **»psychische Belastungen«** erfasst.[1156] Richtig ist, dass der Anwendungsbereich des § 91 wegen der Einbeziehung der menschengerechten Gestaltung der Arbeit in den gesetzlichen Arbeitsschutz an Bedeutung verliert.[1157] Danach kommen für § 91 nur noch solche Belastungen und Maßnahmen menschengerechter Gestaltung der Arbeit in Betracht, die nicht in ausfüllungsbedürftigen Rahmenvorschriften geregelt sind.[1158] Darüber hinaus ist aber die Vorschrift bei allen Maßnahmen anwendbar, die über die Vermeidung und Verringerung von Gesundheitsbeeinträchtigungen hinausgehen,[1159] wie z. B., die Arbeit mit dem Ziel der Entfaltung und Förderung der AN-Persönlichkeit zu gestalten oder sie besser an den Menschen, seine physischen und psychischen Eigenschaften und Bedürfnisse, anzupassen[1160] (vgl. auch § 91 Rn. 9). Dies gilt insbes. auch für § 88,[1161] der die in § 91 geforderten Tatbestandsvoraussetzungen nicht verlangt.[1162] Letztlich kommt der Kontroverse dann keine größere Bedeutung zu, wenn, wie dies die Regel sein sollte, der Ausübung des Mitbestimmungsrechts eine Gefährdungsbeurteilung vorausgeht. In diesem Sinne hat das *BAG*[1163] auch seine Rspr. korrigiert. Bei Generalklauseln, wie § 3 Abs. 1 Satz 1 ArbSchG, bejaht das Gericht die Mitbestimmung bei feststehenden konkreten **Gefährdungen,** also der Möglichkeit eines Gesundheitsschadens[1164] oder einer gesund- 221

1151 *BAG* 8.6.04 – 1 ABR 13/03, NZA 04, 1175 (1177); 8.6.04 – 1 ABR 4/03, NZA 05, 227 (230).

1152 *BAG* 8.6.04, a.a.O. m.w.N.; vgl. auch 11.12.12 – 1 ABR 81/11, juris; *LAG Berlin-Brandenburg* 25.2.15 – 23 TaBV 1448/14, juris = AuR 16, 32ff. mit krit. Anm. v. *Pieper* verlangt für das Mitbestimmungsrecht bei Generalklauseln ebenfalls eine unmittelbare Gesundheitsgefahr oder einen sich aus einer Gefährdungsbeurteilung ergebenden Handlungsbedarf; *Bauer/Günther/Böglmüller*, NZA 17, 1361 (1364); NK-GA/*Schwarze*, Rn. 168; vgl. in diese Richtung auch *LAG Nürnberg* 9.12.15 – 4 TaBV 13/14, zusammengefasst in DB16, 1823f. und Anm. v. *Weller* in DB 16, 1942.

1153 Vgl. auch *Oberberg*, RdA 15, 180 (184ff.); *Oberberg/Schoof*, AiB 12, 522 (526); *Velikova/Hummel/Kummert*, FS Kohte, S. 453 (456m.w.N.).

1154 *BAG* 18.3.14 – 1 ABR 73/12, NZA 14, 855 (857).

1155 *Wlotzke*, FS Wißmann, S. 426 (437).

1156 § 3 Abs. 1 ArbStättV; im Anhang Nr. 1.2 Abs. 1 zur ArbStättV wird bei der Raumbeschaffenheit das **»Wohlbefinden«** der Beschäftigten als Ziel benannt.

1157 *Fitting*, § 90 Rn. 4; *Pieper*, Teil IV Betriebsverfassungsrecht Rn. 22.

1158 *Wlotzke*, FS Wißmann, S. 426 (438).

1159 *Pieper*, Teil IV Betriebsverfassungsrecht Rn. 22.

1160 Vgl. *Fitting*, § 90 Rn. 38af.

1161 *Wlotzke*, FS Wißmann, S. 426 (438).

1162 Für einen weiten Gesundheitsbegriff, der auch die durch Arbeitsbedingungen beeinflussbaren psychischen Befindlichkeiten, das psychische Wohlbefinden erfasst *BVerwG* 31.1.97, NZA 97, 482 (483); *LAG Hamburg* 27.10.97 – 4 TaBV 6/97, S. 14 (insoweit nicht in BB 98, 1796 abgedruckt); *Pieper/Vorath*, S. 43ff., 179.

1163 *BAG* 2.8.17 – 1 ABR 25/15, juris (Tz. 20ff.); 25.4.17 – 1 ABR 46/15, NZA 17, S. 1132, 1135 (Tz. 16); 18.7.17 – 1 ABR 59/15, NZA 17, 1615 (1616 Tz.16); 21.11.17 – 1 ABR 47/16, NZA 18, 383 Tz. 29); 24.4.18 – 1 ABR 6/16, NZA 18, 1565 (1573f. Tz. 37; Hako-BetrVG/*Kohte*, Rn. 81.; vgl. auch *LAG Düsseldorf* – 3 TaBVGa 6/17, NZA-RR 18, 368 (370 Tz. 38ff. bei Desk Sharing).

1164 Vgl. auch *Oberberg/Hien*, NZA 18, 18 (21); *Faber*, AiB 2/18, S. 24ff.; *Kieseler/Berger*, NZA 18, 1520 und 1524f.

heitlichen Beeinträchtigung,[1165] bzw. solchen, die im Rahmen einer Gefährdungsbeurteilung festzustellen sind. Eine konkrete Gesundheitsgefahrwird nicht mehr verlangt.

cc) Mitregelungs- und Mitbeurteilungsrecht des Betriebsrats

222 Das Mitbestimmungsrecht des BR besteht, soweit die Rahmenvorschriften dem AG einen **Entscheidungsspielraum** lassen. Aus dieser Voraussetzung wird teilweise gefolgert, dass die Vorschrift nur dann eingreifen könne, wenn dem AG auf der Rechtsfolgenseite **(Ermessensspielraum)** die Wahl zwischen mehreren Möglichkeiten offen bleibe. Habe er demgegenüber einen **unbestimmten Rechtsbegriff** auszulegen, um festzustellen, ob die Voraussetzungen einer Vorschrift gegeben sind, so bestehe ebenso wenig ein Mitbestimmungsrecht wie bei dem Verfahren zur Feststellung der Voraussetzungen. Bei einem unbestimmten Rechtsbegriff komme jeweils nur eine richtige Entscheidung in Betracht; daher habe der BR kein Mitbestimmungsrecht.[1166]

223 Diese Auffassung ist **abzulehnen.**[1167] Weder ist eine Einschränkung der Norm vom Wortlaut geboten, weil der Arbeitgeber keinen Entscheidungsspielraum hätte, noch verstößt es gegen die Systematik des BetrVG, wenn der **BR** ein **Mitbeurteilungsrecht** hat, inwieweit die **Voraussetzungen einer Vorschrift** erfüllt sind. Schließlich verstieße die Einschränkung gegen den Normzweck (Rn. 204). Im Verwaltungsrecht, aus dem diese Anleihe stammt, wird den Behörden nur für eng begrenzte Fallgruppen, nicht generell,[1168] bei der Auslegung unbestimmter Rechtsbegriffe ein Beurteilungsspielraum eingeräumt. Wählt die Behörde eine Auslegungsmöglichkeit innerhalb dieses Spielraums, so ist ihre Entscheidung insoweit gerichtlicher Kontrolle entzogen. Überträgt man dieses Beispiel auf den Gesundheitsschutz, so zeigt sich, dass gerade in den Fällen, in denen ein Beurteilungsspielraum besteht, der AG die **Wahl unter mehreren Möglichkeiten** hat. Ein Ausschluss des Mitbestimmungsrechts ist daher abzulehnen.

224 Zudem besteht häufig eine Verschränkung/Wechselwirkung zwischen Tatbestand und Rechtsfolge: Erst wenn die Gesundheitsgefahr bewertet worden ist, kann zwischen möglichen Maßnahmen gewählt werden.[1169] Die Beurteilung des Tatbestands kann also nicht dem AG allein überlassen werden. Auch sonst, insofern überzeugt der systematische Einwand nicht, gibt das BetrVG dem BR an vielen Stellen die Möglichkeit, **Rechtsfragen mitzubeurteilen.** So sind beispielsweise bestimmte Fragen an AN unzulässig (§ 94 Abs. 1), Personaldatenverarbeitung darf nicht gegen das Persönlichkeitsrecht verstoßen (§ 87 Abs. 1 Nr. 6), und der einzelne AN hat einen Rechtsanspruch auf korrekte Eingruppierung.[1170] Trotz dieses Rechtsanspruchs hat der BR bei § 99 ein Mitbeurteilungsrecht. Dieses dient einer **»Richtigkeitskontrolle«**.[1171] Wie bei den genannten Vorschriften, so ist auch hier das Mitbeurteilungsrecht nicht nur vom Wortlaut erfasst, sondern auch sachgerecht: Der Schutz durch die Mitbestimmung des BR greift ein, weil eine unbestimmte Rechtsvorschrift **situationsbezogen konkretisiert** wird, weil eine präventive Richtigkeitskontrolle individualrechtliche Durchsetzungsdefizite relativiert und eine innerbetriebliche und vorgerichtliche Rechtsdurchsetzung erleichtert werden soll.[1172] Auch das BAG[1173] hat das Mitbestimmungsrecht bei der Ausfüllung unbestimmter Rechtsbegriffe bejaht. So hat der AG z. B. gem. § 2 Abs. 1 PSA-BV oder § 4 Abs. 1 VBG 1 **geeignete** persönliche

---

1165 *LAG Köln* 20.8.18 – 9 TaBV 32/18, juris Tz. 18 (im Verfahren zur Bildung einer ESt. gem. § 100 ArbGG).

1166 *LAG Baden-Württemberg* 8.12.87, NZA 88, 515; HWGNRH-*Worzalla,* Rn. 420; *Ehmann,* FS Arbeitsgerichtsbarkeit Rheinland-Pfalz, S. 19 (35); *Glaubitz,* BB 77, 1403 (1405).

1167 Vgl. *Fitting,* Rn. 282, 284 m. w. N.; *Däubler,* Das Arbeitsrecht 2, Rn. 372; *Pieper,* Teil IV Betriebsverfassungsrecht Rn. 25; *Fabricius,* BB 97, 1254 (1255); *Kohte,* AuR 84, 263 (269 ff.); Richardi-*Richardi/Maschmann,* Rn. 566; Schaub-*Ahrendt,* § 235 Rn. 76; a. A. GK-*Gutzeit,* Rn. 626; *Wlotzke,* FS Wißmann, S. 426 (436 m. w. N.).

1168 Vgl. *Kohte,* AuR 84, 263 (271 m. w. N.).

1169 *Kohte,* AuR 84, 263 (273 m. w. N.).

1170 Weitere Beispiele bei *Kohte,* AuR 84, 263 (269 f.).

1171 Vgl. z. B. *BAG* 22.3.83, AP Nr. 6 zu § 101 BetrVG 1972; 27.6.00 – 1 ABR 36/99, BB 01, 1094 (1095 m. w. N.); 28.6.06 – 10 ABR 42/05, BB 06, 1913 (1914).

1172 Vgl. vor allem *Kohte,* AuR 84, 263 (270) und zum Normzweck Rn. 204.

1173 Vgl. z. B. 16.6.98 – 1 ABR 68/97, DB 99, 438 f.

Schutzausrüstungen zur Verfügung zu stellen. Dies lässt ihm ebenso ein **Wahlrecht** wie bei § 3 ArbSchG (vgl. z. B. »erforderliche« Maßnahmen, »geeignete« Organisation, »erforderliche« Mittel) oder § 12 Abs. 3 VBG 37 bei der Beurteilung der Frage, ob das Verwenden von Auffangschutz »zweckmäßig« ist. Die Vorschriften enthalten unbestimmte Rechtsbegriffe teilweise auf der Seite der Voraussetzungen, teilweise bei den Rechtsfolgen, teilweise auf beiden Seiten.

Die Grenze für das Mitbestimmungsrecht besteht allerdings dort, wo gesetzliche Vorschriften für den AG zwingende Vorgaben enthalten. Dies war aber beim früheren **§ 4 Abs. 1 MuSchG entgegen dem *BAG***[1174] nicht der Fall, da die in der Vorschrift vorausgesetzte Gefahrenlage durch eine Reihe unterschiedlicher Regelungen beseitigt werden kann.[1175] Auch **§ 6 Abs. 5 ArbZG** enthält hinsichtlich des Umfangs des Zeitausgleichs bzw. Entgeltzuschlags **entgegen der Auffassung des *BAG***[1176] **keine abschließende Regelung** i. S. d. Abs. 1 Eingangssatz. Auch hier hat der AG bei der Frage der Angemessenheit verschiedene Handlungsalternativen. Das Gesetz lässt mehrere »richtige« Entscheidungen für ihn zu, um der Norm zu entsprechen (vgl. Rn. 32).[1177] Der Umstand, dass über die Angemessenheit letztlich als Rechtsfrage durch ein Gericht entschieden werden kann, steht dem Mitbestimmungsrecht, wie oben ausgeführt, auch ansonsten im BetrVG nicht entgegen. Daher ist der bestehende Spielraum, den auch das *BAG* sieht, im Mitbestimmungsverfahren auszufüllen, d. h., vom BR mitzubeurteilen. 225

c) Ausübung des Mitbestimmungsrechts

aa) Regelungen

Der Begriff der Regelung (vgl. den Vereinbarungsentwurf zum Gesundheitsschutz bei DKWF-*Klebe/Heilmann,* § 87 Rn. 40.) umfasst nicht nur kollektive **Verhaltensvorschriften,** wie z. B. Rauchverbote oder die Verpflichtung, eine Schutzausrüstung zu tragen,[1178] sondern auch **technische Maßnahmen** des AG, wie die Anlage/Änderung technischer Einrichtungen oder organisatorische und personelle Maßnahmen, wie die betriebliche Sicherheitsorganisation oder eine **Beschäftigtenbefragung** als Mittel der Gefährdungsanalyse.[1179] Die Auffassung von *Löwisch/Neumann,*[1180] es würden nur **Sachvorschriften** des Gesundheitsschutzes, Maßnahmen, die die Arbeit selbst gestalten, erfasst, nicht aber organisatorische, wie z. B. die Konkretisierung der Gefährdungsanalyse gemäß § 5 ArbSchG oder § 3 ArbStättV, ist abzulehnen. Die Norm erfasst den »**Arbeitsschutz schlechthin**«,[1181] will ihn umfassend gewährleisten.[1182] Es kommt nicht darauf an, ob eine Rahmenvorschrift dem Gesundheitsschutz **unmittelbar oder nur mittelbar** dient.[1183] Ein Aussparen personeller, technischer oder organisatorischer Maßnahmen widerspräche neben dem Normzweck auch dem Wortlaut. Daher wird z. B. die betriebliche Sicherheitsorganisation ebenso erfasst wie die Veränderung der betriebsärztlichen Aufgaben und Prioritäten, eine Beschäftigtenbefragung zum Gesundheitsschutz gem. § Abs. 1 226

1174 6. 12. 83, AP Nr. 7 zu § 87 BetrVG 1972 Überwachung.

1175 Vgl. *Kohte,* AuR 84, 263 (273); a. A. GK-*Gutzeit,* Rn. 674; *Rottmann,* BB 89, 1115 (1117 f.) und jetzt § 8.

1176 26. 8. 97 – 1 ABR 16/97, NZA 98, 441 (444 f.)); 26. 4. 05 – 1 ABR 1/04, NZA 05, 884 (887).

1177 Kritisch zur *BAG*-Entscheidung auch *Kittner,* FS Däubler, S. 690 (697 f.); *J. Ulber,* AuR 98, 339 (340); *Hess-Grunewald,* AiB 99, 164 f.; allgemein zu § 6 Abs. 5 ArbZG vgl. *BAG* 5. 9. 02 – 9 AZR 202/01, NZA 03, 563 ff.; 1. 2. 06 – 5 AZR 422/04, NZA 06, 494 ff.

1178 So aber HWGNRH-*Worzalla,* Rn. 403; *SWS,* Rn. 126; *Glaubitz,* BB 77, 1403 (1405).

1179 *BAG* 21. 11. 17 – 1 ABR 47/16, NZA 18, 380 (383 Tz. 27).

1180 Anm. zu *BAG* 2. 4. 96 – 1 ABR 47/95, SAE 97, 77 (87); vgl. auch HWGNRH-*Worzalla,* Rn. 405; *Ehmann,* FS Arbeitsgerichtsbarkeit Rheinland-Pfalz, S. 19 (29 ff.)

1181 *GL,* Rn. 160).

1182 H. M.; *LAG Hamburg* 21. 9. 00 – 7 TaBV 3/98, NZA-RR 01, 190 (192); *ArbG Hamburg* 2. 7. 98, AuR 99, 115; vgl. *Fitting,* Rn. 288 m. w. N.; GK-*Gutzeit,* Rn. 616; *Wlotzke,* FS Wißmann, S. 426 (430 f.); Richardi-*Richardi/Maschmann,* Rn. 561; *Pieper,* Teil IV Betriebsverfassungsrecht Rn. 23; *Kittner,* FS Däubler, S. 690 (695 f.).

1183 Vgl. *BAG* 26. 8. 97 – 1 ABR 16/97, NZA 98, 441 (444); 8. 6. 04 – 1 ABR 4/03, NZA 05, 227 (229); 17. 1. 12 – 1 ABR 62/10, NZA 12, 513; 18. 7. 17 – 1 ABR 59/15, NZA 17, 1615 (1616 Tz. 13) und auch *J. Ulber,* Anm. zu *BAG* 26. 8. 97 – 1 ABR 16/97, AuR 98, 339 (340); Richardi-*Richardi/Maschmann,* Rn. 561.

ArbSchG[1184] oder die Festlegung der Auswahlkriterien für Sicherheitsbeauftragte (vgl. Rn. 235). Bei der **Regelung** muss es sich um einen **kollektiven Tatbestand** und nicht um eine Einzelmaßnahme handeln.[1185] Dann ist es gleichgültig, ob lediglich ein **einzelner Arbeitsplatz** betroffen ist[1186] oder ob es sich um einen **einmaligen Vorgang** handelt.[1187] Der Begriff der **Regelung** verdeutlicht weiter, dass der BR bei generell-abstrakten Festlegungen mitbestimmt, nicht aber bei der Ausführung bzw. dem Vollzug im Einzelfall.[1188] Eine solche Auslegung wäre auch nicht mit dem den Sicherheitsfachkräften zustehenden eigenen Spielraum vereinbar.

227 Das Mitbestimmungsrecht umfasst ein **Initiativrecht** des BR,[1189] das z. B. auch zur Dokumentation der Arbeitszeit ausgeübt werden kann[1190] und dem im Grunde eine **Initiativpflicht** des AG zum Vollzug der Normen vorausgeht. Das *BAG* entnimmt eine Verpflichtung des AG zur Dokumentation der Arbeitszeit in europarechtskonformer Auslegung bereits dem § 3 Abs. 2 Nr. 1 ArbSchG.[1191] Dementsprechend betrifft die Initiative des BR dann das »Wie« der Erfassung,[1192] vergleichbar den Rechten bei der Gefährdungsbeurteilung. Die Regelung muss den von der ausfüllungsbedürftigen Vorschrift gegebenen **Rahmen konkretisieren;** eine eigenständige Rahmenvorschrift erfüllt diese Voraussetzung nicht. Daher wird die Forderung, die Ausgestaltung der Arbeitsplätze müsste so beschaffen sein, dass für die dort Beschäftigten eine möglichst geringe arbeitsphysiologische Belastung entstehe, nicht vom Mitbestimmungsrecht erfasst.[1193]

bb) Kostentragung

228 Die durch die arbeitsschutzrechtlichen Vorschriften entstehenden **Kosten** hat der AG zu tragen (vgl. § 3 Abs. 3 ArbSchG).[1194] Hiervon wird z. B. auch, entgegen dem *BAG*,[1195] das den Begriff »Kosten auferlegen«, wenn überhaupt, nur am Wortlaut, nicht aber am Sinn und Zweck der Regelung orientiert auslegt, die Bezahlung von Umkleidezeiten, die auf arbeitsschutzrechtlicher Anordnung beruhen, erfasst.[1196] Entstehen für den AN private Gebrauchsvorteile, so soll eine teilweise Kostenabwälzung je nach Einzelfall zulässig sein.[1197] Eine **kollektive Regelung** dieser

1184 *LAG Hamburg* 14. 6. 16 – 2 TaBV 2/16, juris (Tz. 109 ff.).
1185 *BAG* 18. 8. 09 – 1 ABR 43/08, NZA 09, 1434 (14355 f.); Rn. 22 f.
1186 *LAG Niedersachsen* 25. 1. 88, AiB 88, 110; GK-*Gutzeit*, Rn. 643.
1187 *BAG* 10. 4. 79, AP Nr. 1 zu § 87 BetrVG 1972 Arbeitssicherheit; *Fitting*, Rn. 296, 15 f.
1188 *Kohte*, AuR 84, 263 (272).
1189 Vgl. z. B. *BAG* 22. 3. 16 – 1 ABR 14/14, NZA 16, 1283 (1285 Tz.12); *LAG Berlin-Brandenburg* 16. 1. 20 – 26 TaBV 865/19, LAGE § 87 BetrVG 2001 Gesundheitsschutz Nr. 11, S. 9 Tz. 30; *LAG Niedersachsen* 25. 1. 88, AiB 88, 110; *LAG Nürnberg* 16. 1. 13 – 2TaBV 6/12; *LAG Schleswig-Holstein* 1. 10. 13 – 1 TaBV 33/13, juris und hierzu *Kohte/Faber*, jurisPR-ArbR 19/14 Nr. 5; *Fitting*, Rn. 297; GK-*Gutzeit*, Rn. 677; *Däubler*, Digitalisierung, § 6 Rn. 31; *Kohte*, FS Gnade, S. 675 (683); Richardi-*Richardi/Maschmann*, Rn. 578; *Oberberg/Schoof*, AiB 12, 522 (524); *Wiebauer*, RdA 19, 41 (47); kritisch *Bauer/Günther/Böglmüller*, NZA 17, 1361 (136.
1190 Vgl. *EuGH* 14. 5. 19 – C-55/18, NZA 19, 683 (686 Tz. 52 ff.); *BAG* 13. 9. 22 – 1 ABR 22/21, NZA 22, 1617 (1622 Tz. 67); zur Dokumentationspflicht und zum Initiativrecht *Brors*, NZA 19, 1176 (1180); *dieselbe*, AuR 23, 188 (193); *D. Ulber*, S. 82.
1191 *BAG* 13. 9. 22 – 1 ABR 22/21, NZA 22, 1616 (1620 f. Tz. 42 ff.); hierzu häufig sehr kritisch *Bayreuther*, NZA 23, 193 ff.; *Fink*, BB 23, 249 ff.; *Höpfner/Schneck*, NZA 23, 1 ff.; *Salamon*, NJW 23, 335 ff.; *Schreiner/Stephan*, DB 23, 197 ff.; *H. Hanau*, RdA 23, 115 ff.; zustimmend *Brors*, AuR 23, 188 ff.; *Pschorr*, AuR 23, 193 ff.; *Schuch*, AuR 23, 202 ff.
1192 Vgl. auch *LAG München* 22. 5. 23 – 4 TaBV 24/23, juris Tz. 37 ff. im Verfahren nach § 100 ArbGG.
1193 *BAG* 6. 12. 83, AP Nr. 7 zu § 87 BetrVG 1972 Überwachung; *Fitting*, Rn. 297; Richardi-*Richardi/Maschmann*, Rn. 574; vgl. auch *LAG Schleswig-Holstein* 16. 1. 18 – 1 TaBV 14/17, juris Tz. 107 ff.: Die ESt. muss die Angelegenheit selbst mit konkretem Bezug zu den betrieblichen Verhältnissen regeln.
1194 Vgl. auch *BAG* 19. 5. 98 – 9 AZR 307/96, BB 98, 2527 (2528) m. w. N.; GK-*Gutzeit*, Rn. 662; Schaub-*Ahrendt*, § 235 Rn. 80.
1195 13. 12. 16 – 9 AZR 574/15, NZA 17, 459 (461 Tz. 30).
1196 Vgl. insbes. *LAG Hamburg* 6. 7. 15 – 8 Sa 53/14, NZA-RR 16, 66 ff.; *Kohte*, AuR 16, 404 ff. m. w. N.; a. A. *Gaul/Hofelich*, NZA, 16, 149 (150 ff.).
1197 Vgl. z. B. *Fitting*, Rn. 301; HWGNRH-*Worzalla*, Rn. 429 m. w. N.; **»Bildschirmarbeitsbrillen«** hat der AG gem. Teil 4 Abs. 2 Nr. 1 Satz 4 Anhang ArbMedVV, früher § 6 Abs. 2 BildscharbV, zur Verfügung zu stellen bzw. gemäß § 3 Abs. 3 ArbSchG zu bezahlen (*BVerwG* 4. 7. 19 – 2 C 38/17, NZA-

Frage unterliegt nicht dem Mitbestimmungsrecht; sie kann nur nach § 88 getroffen werden.[1198] Dabei kann allerdings die individualrechtliche Situation nicht zu Lasten der AN verschlechtert werden.[1199]

d) Beispiele

aa) Arbeitsschutzgesetz

229 Mit dem ArbSchG ist die EG-Rahmenrichtlinie Arbeitsschutz in deutsches Recht umgesetzt worden.[1200] Wichtig hierbei ist zum einen, dass das Gesetz **bestehende Arbeitsschutzvorschriften,** wie z. B. die GefStoffV, das ASiG oder die Generalklauseln (vgl. oben Rn. 216) unberührt lässt (§ 1 Abs. 3 ArbSchG):[1201] Sicherheit und Gesundheitsschutz der Beschäftigten sollen gesichert und **verbessert** werden. Zum anderen formuliert das Gesetz nur selten detaillierte Verhaltensvorgaben. Es sollen vielmehr weitgehend lediglich Schutzziele und **allgemein gehaltene Anforderungen** benannt und so bewusst **erhebliche Spielräume** für die betriebliche Umsetzung eröffnet werden.[1202] Damit ergeben sich eine Reihe von ausfüllungsfähigen Rahmenvorschriften (vgl. den Entwurf einer **Vereinbarung** bei DKWF-*Klebe/Heilmann,* Rn. 40).

230 **§ 3 Abs. 1 Satz 1 und 2 ArbSchG,** ausfüllungsbedürftige Rahmenvorschriften, legen **Grundpflichten des AG** fest: Ausgehend von der Gefährdungsbeurteilung gem. § 5 ArbSchG,[1203] einer **Daueraufgabe,**[1204] muss der AG die notwendigen Arbeitsschutzmaßnahmen treffen und später ihre Wirksamkeit überprüfen bzw. sie ggf. anpassen. Wichtig ist die Systematik und zeitliche Abfolge: Die Mitbestimmung nach § 3 Abs. 1 Satz 1 kann erst eingreifen, wenn eine konkrete Gefährdung feststeht oder diese sich aus der Gefährdungsbeurteilung ergeben hat. Erst dann lässt sich feststellen, welche Maßnahmen erforderlich sein können. Insofern kann eine ESt. zur Gefährdungsbeurteilung nicht gleichzeitig diese ausgestalten und die in § 3 genannten Angelegenheiten regeln. Sie kann also noch nicht konkrete Schutzmaßnahmen festlegen oder gar deren Wirksamkeit überprüfen und ggf. anpassen.[1205] Erst wenn feststeht, dass eine Gefährdung besteht und verschiedene Schutzmaßnahmen möglich sind, greift diese Rahmenvorschrift und das Mitbestimmungsrecht ein. Dabei muss die ESt. einen klaren Regelungsauftrag haben und kann für dessen Realisierung auch Sachverständige hinzuziehen.[1206] Die zeitliche Abfolge der Maßnahmen bzw. die **Aktionsschwerpunkte** können dann ebenso gemäß § 87 Abs. 1 Nr. 7 festgelegt werden wie die **Auswahl der Mittel** für die Wirksamkeitskontrolle und die in **Abs. 2** genannten organisatorischen Maßnahmen.[1207] Auch bei den allgemeinen Grundsätzen des **§ 4**

RR 19, 614 ff. mit zustimmender Anm. v. *Kohte* in Gute Arbeit 12/20, S. 31; vgl. insbes. auch *EuGH* 22. 12. 22 – C-392/21, NZA 23, 95 ff. mit Anm. v. *Kohte,* jurisPR-ArbR 6/23 Nr. 2 dies bestätigend zu Art. 9 Abs. 3 und 4 der Bildschirmarbeitsplatzrichtlinie).

1198 Vgl. *BAG* 2. 4. 96 – 1 ABR 47/95, DB 96, 1725 (1729); *Fitting,* Rn. 301; GK-*Gutzeit,* Rn. 663; HWGNRH-*Worzalla,* Rn. 429; Richardi-*Richardi/Maschmann,* Rn. 579; a. A. *GL,* Rn. 159; *Denck,* ZfA 76, 447 (458).

1199 Vgl. auch *BAG* 1. 12. 92, DB 93, 990 (991 f.).

1200 Zur Umsetzung der Partizipationsrechte der Beschäftigten aus Art. 11 der Richtlinie in den Mitgliedstaaten *Kohte,* Partizipation, S. 15 ff.

1201 Hierzu *Pieper,* Teil II ArbSchG § 1 Rn. 22; *Kollmer/Vogl,* Rn. 29 ff.

1202 Vgl. BT-Drucks. 13/3540, S. 12; *Fabricius,* BB 97, 1254 (1256); *Kittner/Pieper,* AiB 97, 324 (327) und auch *Wlotzke,* NJW 97, 1469 (1471).

1203 Vgl. hierzu ausführlich *Pieper/Vorath,* S. 285 ff.; *Esser,* AiB 00, 594 ff. zur Beurteilung psychischer Belastungen; hierzu auch *Uhl/Polloczek,* BB 07, 2401 mit einem allerdings zu restriktiven Ansatz.

1204 *BAG* 13. 8. 19 – 1 ABR 6/18, NZA 19, 1717 (1724 Tz. 63); ErfK-*Kania,* Rn. 64 a.

1205 *BAG* 19. 11. 19 – 1 ABR 22/18, NZA 20, 266 (269 Tz. 29); 13. 8. 19 – 1 ABR 6/18, NZA 19, 1717 (1722 Tz. 39); 7. 12. 21 – 1 ABR 25/20, NZA 22, 504 (507 Tz. 27); ErfK-*Kania,* Rn. 64a; *Fitting,* Rn. 303, 306; GK-*Gutzeit,* Rn. 635; Richardi-*Richardi/Maschmann,* Rn. 585b ff.; *Ahrendt,* RdA 23, 135 (139).

1206 *BAG* 7. 12. 21 – 1 ABR 25/20, NZA 22, 504 (506 Tz. 20, 508 Tz. 31).

1207 *BAG* 18. 3. 14 – 1 ABR 73/12, NZA 14, 855 (857; zu § 3 Abs. 2 ArbSchG); *HessLAG* 29. 8. 02 – 5 TaBV 6a 91/02, RDV 04, 130 (131: Abs. 1); *LAG Nürnberg* 4. 2. 03 – 62 TaBV 39/01, NZA-RR 03, 588 (589); *ArbG Hamburg* 23. 12. 14 – 27 BVGa 4/14, juris (zu § 3 Abs. 1 Satz 2 für eine Mitarbeiterbefragung zum Gesundheitsschutz); *LAG Berlin-Brandenburg* 25. 3. 15, 23 TaBV 1448/14, juris; *LAG Hamburg* 17. 8. 07 – 6 TaBV 9/07, AiB 08, 101 (103) mit Anm. v. *Goergens* (§ 100 ArbGG-Verfahren); 2. 7. 98, AuR 99, 115 (116); *Fitting,* Rn. 310; ErfK-*Kania,* Rn. 66 (für Abs. 1); GK-*Gutzeit,* Rn. 631 (für Abs. 1

ArbSchG besteht das Mitbestimmungsrecht, da die unbestimmten Rechtsbegriffe auszufüllen und so z. B. in Nr. 4 zu präzisieren sind, wann eine **sachgerechte Verknüpfung** vorliegt.[1208] Da für die Durchführung der **Gefährdungsbeurteilung** gem. **§ 5 ArbSchG** unterschiedliche Methoden und Vorgehensweisen in Betracht kommen, sind die erforderlichen generellen Entscheidungen mitbestimmungspflichtig, wie die Auswahl und der Einsatz der Analyseinstrumente und die Rangfolge bzw. Schwerpunktbildung bei den Untersuchungen,[1209] auch wenn die Durchführung einem **Drittunternehmen** nach § 13 Abs. 2 übertragen worden ist.[1210] Grund und Ausmaß der Gefährdungen können nicht in der ESt. selbst geklärt werden, sondern erst in der Anwendung der Analyse.[1211]

231 Weitere ausfüllungsfähige Rahmenvorschriften ergeben sich z. B. aus § 6 ArbSchG zur **Art der Dokumentation,**[1212] **§§ 8,**[1213] **9, 10** und auch aus **§ 11** im Hinblick auf die betriebliche Konkretisierung der **ärztlichen Untersuchungen**[1214] und **§ 12** zur Unterweisung, auch durch Drittunternehmen nach § 13 Abs. 2,[1215] der AN.[1216] Dabei geht es um **konkrete Anweisungen** und Erläuterungen, die **auf der Basis der Gefährdungsanalyse** auf den Arbeitsplatz/Aufgabenbereich zugeschnitten sind.[1217] Allgemeine Bestimmungen sind nicht ausreichend. **§ 13 Abs. 2**

Satz 1); HaKo-BetrVG/*Kohte*, Rn. 80; KFF-*Nitsche*, § 87 Rn. 30 ff., 35 ff.; WPK-*Bender*, Rn. 144 (§ 3 Abs. 1 Satz 1); Richardi-*Richardi/Maschmann*, Rn. 569; KassArbR-*Etzel*, 9.1, Rn. 564; LKK-*Dahm*, Rn. 152; DHZ-*Bantle*, § 94 Rn. 183; *Engels*, AuR 09, 65 (71); *Fabricius*, BB 97, 1254 (1257); *Isenhardt*, DB 16, 1499 (1501); *Kohte/Bücker*, FS Reich, S. 459 (470); Kollmer-*Kohte*, § 3 Rn. 80; Schaub-*Vogelsang*, § 154 Rn. 34 (für § 3 Abs. 2 Nr. 1); a. A. GK-*Gutzeit*, Rn. 631 f. (für Abs. 1 Satz 2 und 3); HWGNRH-*Worzalla*, Rn. 425; offen gelassen von *BAG* 16. 6. 98 – 1 ABR 68/97, DB 99, 438; 1. 7. 03 – 1 ABR 20/02, NZA 04, 620 (622).

1208 Vgl. Richardi-*Richardi/Maschmann*, Rn. 569; DHZ-*Bantle*, § 94 Rn. 183; *Engels*, AuR 09, 65 (71); *Pieper*, Teil IV Betriebsverfassungsgesetz Rn. 29; *Isenhardt*, DB 16, 1499 (1501); a. A. *Fitting*, Rn. 309; GK-*Gutzeit*, Rn. 632; WPK-*Bender*, Rn. 145; *Merten/Klein*, DB 98, 673 (675).

1209 Vgl. *BAG* 8. 6. 04 – 1 ABR 13/03, NZA 04, 1175 (1177 f.); 8. 6. 04 – 1 ABR 4/03, NZA 05, 227 (229 f.); 11. 2. 14 – 1 ABR 72/12, DB 14, 1498 (1499); 13. 8. 19 – 1 ABR 6/18, NZA 19, 1717 (1721 f. Tz. 30, 45); 19. 11. 19 – 1 ABR 22/18, NZA 20, 266 (269 Tz. 28); *Fitting*, Rn. 306 f.; GK-*Gutzeit*, Rn. 645; *Engels*, AuR 09, 65 (71); *Pieper*, a. a. O.; *Kohte*, CR 96, 609 (611); a. A. HWGNRH-*Worzalla*, Rn. 425; LKK-*Dahm*, Rn. 160; *Löwisch/Neumann*, Anm. zu *BAG* 2. 4. 96 – 1 ABR 47/95, SAE 97, 77 (87); vgl. hierzu auch Rn. 226; zur Feststellung von psychischen Belastungen bei der Gefährdungsanalyse (§ 5 Abs. 3 Nr. 6 und § 4 Nr. 1 ArbSchG); *Gutjahr/Hampe*, DB 12, 1208 ff.; *Eberhardt*, AiB 13, 503 ff. und vor allem auch *Morlet*, S. 7 ff., 50 ff.; zur Durchführung auch *Blume*, FS Kohte, S. 383 ff. und *Romahn*, Gefährdungsbeurteilungen, S. 13 ff.

1210 *BAG* 30. 9. 14 – 1 ABR 106/12, NZA 15, 314 (315 f.); *Fitting*, Rn. 309.

1211 *BAG* 19. 11. 19 – 1 ABR 22/18, NZA 20, 266 (270 Tz. 33); 13. 8. 19 – 1 ABR 6/18, NZA 19, 1717 (1723 Tz. 52); *Fitting*, Rn. 304.

1212 *BAG* 13. 8. 19 – 1 ABR 6/18, NZA 19, 1717 (1721 Tz. 31); *Fitting*, Rn. 308; KFF-*Nitsche*, § 87 Rn. 42; *Schierbaum/Franz*, AuR 99, 82 (86); vgl. auch *Pieper*, Teil IV Betriebsverfassungsgesetz Rn. 29; *Ahrendt*, RdA 23, 135 (140); a. A. GK-*Gutzeit*, Rn. 646; HWGNRH-*Worzalla*, Rn. 425; Kollmer-*Hecht*, Syst B, Rn. 38; WPK-*Bender*, Rn. 145; *Wiebauer*, RdA 19, 41 (43); zur unzureichenden Umsetzung der europäischen Richtlinie durch diese Vorschrift *EuGH* 7. 2. 02 – Rs C 5/00, NZA 02, 321 (322 f.).

1213 *Fitting*, Rn. 310 (zu Abs. 2); KFF-*Nitsche*, § 87 Rn. 46 ff.; *Leube*, BB 00, 302 (303).

1214 *LAG Hamburg*, 21. 9. 00 – 7 TabV 3/98, NZA-RR 01, 190 (196); KFF-*Nitsche*, § 87 Rn. 49, 50 und 51; *Fabricius*, BB 97, 1254 (1257); *Kohte*, CR 96, 609 (610); *Leube*, BB 00, 302 (304 für § 9 Abs. 2).

1215 *BAG* 30. 9. 14 – 1 ABR 106/12, NZA 15, 314 (315 f.).

1216 Zu **§ 12:** *BAG* 8. 6. 04 – 1 ABR 13/03, NZA 04, 1175 (1178); 8. 6. 04 – 1 ABR 4/03, NZA 05, 227 (230); 30. 9. 14 – 1 ABR 106/12, NZA 15, 314 (315); *Ahrendt*, RdA 23, 135 (140); *ArbG Braunschweig* 15. 10. 97, a. a. O. nennt als weitere Rahmenvorschriften **§§ 9–12;** *Fitting*, Rn. 310 nennt **§§ 9–12;** GK-*Gutzeit*, Rn. 647 ff. hält **§§ 9–12** für Rahmenvorschriften; ErfK-*Kania*, Rn. 66 (§ 12); HaKo-BetrVG/*Kohte*, Rn. 82 (**§§ 8, 10 und 12**); HWGNRH-*Worzalla*, 425 (**§§ 9, 10, 12**); Richardi-*Richardi/Maschmann*, Rn. 569 (§§ 8, 10–12, 13 Abs. 2); WPK-*Bender*, Rn. 144 (**§§ 8–12**); DHZ-*Bantle*, § 94 Rn. 183 nennt §§ 9, 12; *Pieper*, Teil IV Betriebsverfassungsgesetz Rn. 29 nennt **§§ 8, 9, 11, 12** und Kollmer-*Hecht*, Syst B, Rn. 40 ff. jeweils differenzierend die **§§ 8–12;** *SWS*, Rn. 121 f. nennen **§§ 8 Abs. 1, 9, 11 und 12.**

1217 *BAG* 11. 1. 11 – 1 ABR 104/09, NZA 11, 651 (652); 8. 11. 11 – 1 ABR 42/10, DB 12, 1213 f.; zustimmend *Fitting*, Rn. 310; GK-*Gutzeit*, Rn. 649; *Lützeler*, BB 12, 2756 ff.; vgl. auch *LAG München* 12. 10. 10 – 9 TaBV 39/10; *LAG Saarland* 8. 12. 10 – 1 TaBV 3/10, juris.

kann ebenfalls Regelungsspielräume eröffnen.[1218] Dies gilt allerdings nur dann, wenn eine abstrakt-generelle betriebliche Regelung getroffen werden soll, wie z. B. die, welche Qualifikation/Kenntnisse eine »zuverlässige und fachkundige« Person haben muss, die die Gefährdungsbeurteilung oder die Unterweisungen im Auftrag des AG durchführt. Die konkrete Übertragung ist demgegenüber eine Einzelmaßnahme.[1219] Eine solche Aufgabenübertragung lässt die Mitbestimmungsrechte gegenüber dem AG unberührt.[1220]

bb) Arbeitssicherheitsgesetz

Nach Maßgabe dieses Gesetzes hat der AG **Betriebsärzte** und **Fachkräfte für Arbeitssicherheit** zu bestellen.[1221] Ist der AG zur **Bestellung** verpflichtet, können diese sowohl als AN eingestellt oder als freiberufliche Kräfte verpflichtet werden. Es besteht aber auch die Möglichkeit, einen überbetrieblichen Dienst zu verpflichten (§ 2 Abs. 3, § 5 Abs. 3, § 19 ASiG). Von welcher Möglichkeit Gebrauch gemacht wird, unterliegt dem **Mitbestimmungsrecht.**[1222] 232

Soll ein Betriebsarzt oder eine Fachkraft für Arbeitssicherheit[1223] in den Betrieb **eingestellt** werden, ist dazu die **Zustimmung des BR** erforderlich (**§ 9 Abs. 3** ASiG).[1224] Gleiches dürfte für **Strahlenschutzbeauftragte** gelten, die nach den Vorschriften der Strahlenschutz-VO i. d. F. vom 22. 5. 1981[1225] tätig werden.[1226] Dabei ist es bedeutungslos, ob es sich um einen leitenden Angestellten i. S. d. § 5 Abs. 3 handelt oder nicht, da das ASiG nicht zwischen leitenden Angestellten und sonstigen AN unterscheidet.[1227] Für die **Abberufung** eines Betriebsarztes, einer Fachkraft für Arbeitssicherheit und eines Strahlenschutzbeauftragten gilt das Gleiche. Der AG ist auch hier verpflichtet, die **Zustimmung des BR** einzuholen. 233

Die Beteiligungsrechte des BR nach **§ 99 bzw. § 102** werden durch die Vorschrift des § 9 Abs. 3 ASiG nicht berührt.[1228] Umgekehrt ist allerdings die ohne Zustimmung des BR zur Abberufung ausgesprochene **Kündigung unwirksam.**[1229] Dies gilt nicht nur dann, wenn sie auf Gründe gestützt wird, die sachlich mit der Tätigkeit als Betriebsarzt in untrennbarem Zusammenhang 234

1218 Vgl. *LAG Hamburg,* a. a. O., 196 (ablehnend allerdings zu §§ 15–17, S. 195, die ausschließlich Rechte und Pflichten der Beschäftigten regeln); *Engels,* AuR 09, 65 (71); *Fabricius,* BB 97, 1254 (1257 f.); *Pieper,* Teil IV Betriebsverfassungsgesetz Rn. 29 und ArbSchG § 13 Rn. 15; für §§ 15–17 ebenfalls ein Mitbestimmungsrecht im Einzelfall bejahend GK-*Gutzeit,* Rn. 651.

1219 Vgl. auch *BAG* 18. 8. 09 – 1 ABR 43/08, NZA 09, 1434 (1436), das offenlässt, ob § 13 Abs. 2 eine Rahmenvorschrift ist (dafür *Däubler,* FS Kohte, S. 435 (442); dagegen wohl ErfK-*Kania,* Rn. 66) und generelle Regelungen, wie z. B. zur Qualifikation der mit der Durchführung der Gefährdungsbeurteilungen befassten Personen, jedenfalls über die jeweilige die Maßnahme selbst regelnde Vorschrift, wie bei der Gefährdungsbeurteilung § 5 ArbSchG, erfasst; so auch *Fitting,* Rn. 310; vgl. auch *BAG* 18. 3. 14 – 1 ABR 731/12, NZA 14, 855 (856 f.), wonach in der Übertragung einzelner Aufgaben auf Dritte typischerweise eine nicht der Mitbestimmung nach Nr. 7 unterliegende Einzelmaßnahme zu sehen sei.

1220 *LAG Schleswig-Holstein* 8. 2. 12 – 6 TaBV 47/11, juris im Verfahren nach § 100 ArbGG.

1221 Vgl. zur Zusammenarbeit zwischen ihnen und dem BR *Freimuth,* AiB 94, 130 ff.; *Engelhardt-Schagen,* AiB 95, 52 ff.

1222 *BAG* 10. 4. 79, AP Nr. 1 zu § 87 BetrVG 1972 Arbeitssicherheit; *ArbG Hamburg* 2. 7. 14 – 28 BV 1/14, NZA-RR 14,592 (594); so auch *Fitting,* Rn. 331; GK-*Gutzeit,* Rn. 689 ff.; Richardi-*Richardi/Maschmann,* Rn. 590; vgl. die praktischen Hinweise von *Bösche/Grimberg,* AiB 91, 134 ff.; a. A. HWGNRH-*Worzalla,* Rn. 457.

1223 Zur hierarchischen Einordnung in die betriebliche Organisation vgl. *ArbG Osnabrück* 15. 6. 93, AuR 96, 29, Ls.

1224 Zur **erforderlichen Fachkunde** vgl. die ab 1. 1. 2011 geltenden §§ 3 und 4 DGUV-Vorschrift 2 und hierzu *Hummel/Callsen,* AiB 11, 83 ff.; die Vorschrift ist seit August 2022 durch die DGUV Empfehlungen für arbeitsmedizinische Beratungen und Untersuchungen (1.3.1) abgelöst worden.

1225 BGBl. I S. 445.

1226 A. A. GK-*Gutzeit,* Rn. 692.

1227 Vgl. z. B. *Fitting,* Rn. 337 m. w. N.; HWGNRH-*Worzalla,* Rn. 445.

1228 *BAG* 24. 3. 88, NZA 89, 60; *LAG Bremen* 9. 1. 98 – 4 Sa 11/97, NZA-RR 98, 250 (253) m. w. N.

1229 *Bertzbach,* FS Däubler, S. 158 (169); Däubler, Das Arbeitsrecht 2, Rn. 410; a. A. *LAG Niedersachsen* 29. 10. 15 – 4 Sa 951/14, NZA-RR 16, 186 (188) m. w. N.

stehen,[1230] da der BR gem. § 9 Abs. 3 ASiG ein umfassendes Mitbestimmungsrecht hat.[1231] Regelmäßig ist davon auszugehen dass die Zustimmung des **BR** zur **Bestellung** auch gleichzeitig als **Zustimmung zur Einstellung** des Betriebsarztes oder der Fachkraft für Arbeitssicherheit anzusehen ist.[1232] Das muss aber nicht für die **Abberufung** gelten, da diese nicht unbedingt mit einer Kündigung verbunden ist. Der abberufene Betriebsarzt oder die Fachkraft für Arbeitssicherheit kann auch anderweitig im Betrieb weiter tätig sein. Allerdings ist eine Kündigung stets als Abberufung anzusehen.[1233]

235 Bei der **Bestellung** der **Sicherheitsbeauftragten** besteht ein Mitbestimmungsrecht hinsichtlich der **generellen Auswahlentscheidungen** (vgl. auch § 89 Rn. 43 m. w. N.). Gemäß **§ 22 Abs. 1 SGB VII** hat der UN die Bestellung unter Berücksichtigung der im UN bestehenden Unfall- und Gesundheitsgefahren und der Zahl der Beschäftigten vorzunehmen. Die erforderliche Zahl der Sicherheitsbeauftragten ist nicht konkret festgelegt. Der UN hat also einen Entscheidungs- und Regelungsspielraum, der z. B. die **Zahl** der Sicherheitsbeauftragten, deren **Aufgabenbereiche** (z. B. den Abteilungen zugeordnet) und das **Auswahlverfahren** (Berücksichtigung der verschiedenen Beschäftigtengruppen) umfasst. Bei diesen **generellen Entscheidungen,** die der einzelnen Bestellung vorgeschaltet sind, bestimmt der BR mit.[1234]

236 Will der AG die Aufgaben des Betriebsarztes oder der Fachkraft für Arbeitssicherheit **erweitern** oder **einschränken,** bedarf es ebenfalls der Zustimmung des BR (**§ 9 Abs. 3**).[1235] Daran ändert auch nichts, dass der BR bereits bei der Einstellung über den Umfang der zu übertragenden Aufgaben mitzubestimmen hat.[1236] Die Aufgaben sind im Gesetz, wie die Formulierung »insbesondere« in **§§ 3, 6** ASiG verdeutlicht, nicht abschließend geregelt,[1237] so dass der BR bei der näheren Präzisierung der Vorschriften wie z. B. bei der konkreten Festlegung, der Rangordnung der einzelnen Aufgaben und der Durchführung zusätzlicher Maßnahmen mitbestimmt.[1238] Er hatte unter Berücksichtigung des § 2 **DGUV**-Vorschrift 2[1239] i. V. m. den entsprechenden Anhängen, in denen keine abschließenden Regelungen getroffen wurden,[1240] und nun seit August 2022 den die Vorschrift ablösenden **DGUV-Empfehlungen** für arbeitsmedizinische Beratungen und Untersuchungen,[1241] so die Möglichkeit, auf eine Konkretisierung der Arbeitsweise, der Aufgaben und eine Schwerpunktbildung zu einem **betrieblichen Arbeitsschutzprogramm** hinzuwirken.[1242] In einem solchen Arbeitsschutzprogramm kann z. B. auch festgelegt werden, welche Vorsorgeuntersuchungen[1243] (vgl. auch § 94 Rn. 11, 45; § 95 Rn. 10) und wie häufig und mit welchem Arbeitszeitanteil im Jahresmittel Arbeitsplatzbesichtigungen durchzuführen sind. Weiter können z. B. sachliche (bestimmte Erkrankungen) und räumliche (Lackiererei, Presswerk) Prioritäten definiert werden oder welcher Anteil an der Arbeitszeit für präventive Maßnahmen aufgewendet werden soll.[1244] Auch Regelungen über

---

1230 So aber *BAG* 24. 3. 88, a. a. O.; *Fitting,* Rn. 339; GK-*Gutzeit,* Rn. 694.
1231 *Bertzbach,* a. a. O.
1232 So auch *Fitting,* Rn. 337.
1233 Vgl. GK-*Gutzeit,* Rn. 694; *GL,* Rn. 167; Richardi-*Richardi/Maschmann,* Rn. 596.
1234 Vgl. HaKo-BetrVG/*Kohte,* Rn. 90; *ders.,* FS *Wlotzke,* S. 563 (586 f.); *ders.,* Anm. zu *BAG* 8. 12. 15 – 1 ABR 83/13, AP Nr. 2 zu § 11 ASiG, Blatt 1903; KFF-*Nitsche,* § 87 Rn. 76; *Pieper,* Teil IV Sozialgesetzbuch VII Rn. 34; a. A. *Fitting,* § 89 Rn. 34; GK-*Gutzeit,* § 89 Rn. 76, jeweils m. w. N.; zu den Rechten des BR bei der Abberufung der Sicherheitsbeauftragten vgl. GK-*Gutzeit,* § 89 Rn. 78 m. w. N.
1235 Vgl. z. B. *ArbG Hamburg* 21. 12. 90, AiB 91, 92 f.; *Fitting,* Rn. 334; Richardi-*Richardi/Maschmann,* Rn. 607; *Pieper,* Teil IV Arbeitssicherheitsgesetz Rn. 126; a. A. HWGNRH-*Worzalla,* Rn. 418.
1236 GK-*Gutzeit,* Rn. 701 m. w. N.
1237 *Pieper,* Teil IV Arbeitssicherheitsgesetz Rn. 77.
1238 *LAG Berlin-Brandenburg* 7. 7. 16 – 21 TaBV 195/16, NZA-RR 16, 644 (647 f. Tz. 52 ff.).
1239 Vgl. *Hummel/Callsen,* AiB 11, 83 (84 ff.); *Heegner,* AiB 11, 582 ff.; *Rey,* DB 14, 1617 (1618).
1240 *LAG Schleswig-Holstein* 21. 1. 14 – 1 TaBV 47/13, LAGE § 98 Arbeitsgerichtsgesetz 1979 Nr. 70, S. 8.
1241 Hierzu *Hedtmann/Nethen-Samimy/Struwe,* Gute Arbeit 8/22, S. 13 f.; *Müller-Knöss,* Gute Arbeit 8/22, S. 15 ff.
1242 *LAG Berlin-Brandenburg* 7. 7. 16 – 21 TaBV 195/16, NZA-RR 16, 644 (648 Tz. 59); *Kohte,* Anm. zu *BAG* 8. 12. 15 – 1 ABR 83/13, AP Nr. 2 zu § 11 ASiG, Blatt 1905 f.
1243 Vgl. *Schierbaum,* PersR 93, 145 ff.
1244 Vgl. *Fitting,* Rn. 340, 345; *Lißner,* AiB 93, 133 ff. und eine BV in AiB 00, 536 ff.

Krankengespräche sind hierbei gemäß §§ 3, 9 Abs. 3 ASiG mitbestimmungspflichtig[1245] (vgl. auch Rn. 67 und § 94 Rn. 11, § 95 Rn. 10).

Wird die **Zustimmung** des BR vor Durchführung der Maßnahme nicht erteilt, ist diese unwirksam, es sei denn, dass vorher eine Entscheidung der ESt. herbeigeführt worden ist. Das ergibt sich aus § 9 Abs. 3 ASiG, wo ausdrücklich auf § 76 (ESt.-Verfahren) hingewiesen wird.[1246] 237

Werden **freiberuflich tätige Betriebsärzte** oder Fachkräfte für Arbeitssicherheit bzw. ein überbetrieblicher Dienst verpflichtet oder entpflichtet, so hat der AG den BR vorher nur zu hören (§ 9 Abs. 3 Satz 3 ASiG).[1247] 238

Die **Betriebsärzte** und die **Fachkräfte für Arbeitssicherheit** haben bei der Erfüllung ihrer Aufgaben **mit dem BR zusammenzuarbeiten**. So muss der BR über wichtige Angelegenheiten des Arbeitsschutzes und der Unfallverhütung unterrichtet werden. Der BR ist auf sein Verlangen auch entsprechend zu beraten (§ 9 Abs. 1 und 2 ASiG). Werden vom Betriebsarzt oder der Fachkraft für Arbeitssicherheit dem AG direkt **Vorschläge** unterbreitet, hat der BR Anspruch auf eine **Abschrift.** Lehnt der AG den Vorschlag ab, so muss das unter Angabe von Gründen schriftlich erfolgen. Auch davon ist dem BR eine Abschrift zu erteilen (§ 8 Abs. 3 ASiG).[1248] In den **Arbeitsschutzausschuss (§ 11 ASiG),**[1249] der im Betrieb und nicht auf UN-Ebene einzurichten ist,[1250] hat der BR zwei seiner Mitglieder zu entsenden. Die **Zahl** und **Auswahl** der zu beteiligenden **Betriebsärzte, Fachkräfte für Arbeitssicherheit und Sicherheitsbeauftragten** ist nicht festgelegt und unterliegt daher der Mitbestimmung des BR[1251] ebenso wie Regelungen über die **Geschäftsführung.**[1252] Der BR hat allerdings kein Initiativrecht zur Errichtung des Ausschusses. Kommt der AG als Normadressat seiner Verpflichtung nicht nach, kann sich der BR nur gem. § 89 Abs. 1 Satz 2 an die Arbeitsschutzbehörde wenden, die nach § 12 ASiG die Errichtung anzuordnen hat. Auch die hier kommentierte Nr. 7 bietet keine Anspruchsgrundlage, da die gesetzliche Regelung dem AG hinsichtlich der Errichtung keinen Spielraum lässt (§ 87 Abs. 1 Eingangssatz).[1253] Dies gilt wegen § 11 ASiG auch im Hinblick auf die Teilnahme des Betriebsarztes und der Fachkraft für Arbeitssicherheit an den in Satz 4 festgelegten Mindestsitzungen.[1254] 239

Darüber hinaus hat der BR weitere **Einwirkungsmöglichkeiten,** da es sich bei dem ASiG um ein **Rahmengesetz** handelt und die Verpflichtungen des AG regelmäßig noch einer weiteren Präzisierung bedürfen. Insoweit verbleiben erhebliche **Beurteilungsspielräume** und damit auch weitere Mitbestimmungsrechte des BR, solange die notwendige Präzisierung weder durch Rechtsverordnungen (§ 14 ASiG) noch durch UVV (§ 15 Abs. 1 Nr. 6 SGB VII) erfolgt ist.[1255] Ein Mitbestimmungsrecht besteht z. B., wenn Regelungen zur Umsetzung des Gebots der Zu- 240

1245 *ArbG Hamburg* 17.12.90, AiB 91, 92 ff.; *Kreuder,* AiB 95, 654 (657); a. A. die Beschwerdeinstanz *LAG Hamburg* 10.7.91 – 8 TaBV 3/91, LAGE § 87 BetrVG 1972 Betriebliche Ordnung Nr. 8; *LAG Baden-Württemberg* 5.3.91 – 14 TaBV 15/90, NZA 92, 184 f.; *LAG Frankfurt* 24.3.92 – 4 TaBV 137/91, NZA 93, 237; GK-*Gutzeit,* Rn. 676; *Raab,* NZA 93, 193 (197 f.); offen gelassen *HessLAG* 7.12.93 – 5 TaBV 99/93, AiB 94, 684 (688).

1246 Vgl. *BAG* 24.3.88, AP Nr. 1 zu § 9 ASiG m. w. N.

1247 *Fitting,* Rn. 335; *Pieper,* Teil IV Arbeitssicherheitsgesetz Rn. 121; Richardi-*Richardi/Maschmann,* Rn. 603; vgl. auch Rn. 232 zur Grundsatzentscheidung.

1248 *Fitting,* Rn. 341.

1249 Vgl. zur Praxis *Geray,* AiB 92, 670 ff.; zur behördlichen Anordnung der Bildung des Ausschusses *VG Hannover* 6.10.95, AuA 96, 399 mit Anm. *Kohte.*

1250 Vgl. HessLAG 1.2.96 – 12 TaBV 32/95, NZA 97, 114.

1251 So auch *LAG Nds* 22.10.13 – 11 TaBV 49/13, juris; *Fitting,* Rn. 343; GK-*Gutzeit,* Rn. 709; Richardi-*Richardi/Maschmann,* Rn. 615; *Kohte,* FS Wlotzke, S. 563 (593) und Anm. zu *BAG* 8.12.15 – 1 ABR 83/13, AP Nr. 2 zu§ 11 ASiG, Blatt 1902 R.

1252 Vgl. z. B. GK-*Gutzeit,* Rn. 711; Richardi-*Richardi/Maschmann,* Rn. 616 m. w. N.; *Kohte,* Anm. zu *BAG* 8.12.15 – 1 ABR 83/13, AP Nr. 2 zu § 11 ASiG, Blatt 1902 R.

1253 *BAG* 15.4.14 – 1 ABR 82/12, NZA 14, 1094 f.; *Fitting,* Rn. 342; GK-*Gutzeit,* Rn. 707.

1254 *BAG* 8.12.15 – 1 ABR 83/13, NZA 16, 504 (506 Tz. 22 ff.); zustimmend *Kohte,* Anm. zu AP Nr. 2 zu § 11 ASiG, Bl. 1902 R f, der zu Recht auf die Teilnahmepflicht der ASiG-Experten aus DGUV Vorschrift 2 Anlage 2 Nr. 8.6 hinweist; seit August 2022 haben die DGUV Empfehlungen für arbeitsmedizinische Beratungen und Untersuchungen die DGUV Vorschriften abgelöst.

1255 Ähnlich *Fitting,* Rn. 344 f.

sammenarbeit in **§ 10** getroffen werden[1256] oder bei der Konkretisierung von **§ 8 Abs. 2,** wie bei der praktischen Organisierung der Unterstellung (wie oft sollen z. B. Berichte gegeben werden), der konkreten hierarchischen Einordnung[1257] oder der Festlegung des zuständigen Betriebsleiters, wenn es mehrere gibt. Ein Mitbestimmungsrecht besteht auch in Rahmen von **Absatz 3** bei der organisatorischen Ausgestaltung des Eskalationsverfahrens oder der Festlegung des zuständigen Vorstandsmitglieds, wenn diese Entscheidung nicht in die Zuständigkeit eines Aufsichtsrats fällt.

241 Dem Gesetzeswortlaut ist nicht eindeutig zu entnehmen, ob dem BR aus § 9 Abs. 3 ASiG ein umfassendes **Initiativrecht** zusteht. Allgemein wird davon ausgegangen, dass ein Initiativrecht jedenfalls hinsichtlich der **Abberufung** eines angestellten Betriebsarztes oder einer angestellten Fachkraft für Arbeitssicherheit und auch für die **Erweiterung oder Einschränkung** des Aufgabenbereiches einzuräumen ist.[1258] Hinsichtlich der **Bestellung** soll der BR dagegen nicht initiativ werden können. Diese Ansicht ist jedoch abzulehnen. Wenn nach dem Zweck des § 9 Abs. 3 ASiG davon ausgegangen werden muss, dass ein Initiativrecht bei der Abberufung und bei der Veränderung des Aufgabenbereichs des **angestellten Betriebsarztes** oder der **Fachkraft** für Arbeitssicherheit besteht, dann muss Gleiches auch für die Bestellung gelten.[1259] Allerdings ist hier zu berücksichtigen, dass hinsichtlich des bei einer Bestellung ebenfalls notwendigen Verfahrens nach § 99 ein Initiativrecht des BR nicht besteht. Setzt der BR die Bestellung durch, ist damit nicht zwangsläufig die Einstellung in den Betrieb verbunden.[1260]

cc) Gefahrstoffverordnung

242 Die **GefStoffV,** ein Beispiel für den Zusammenhang von Arbeitssicherheit und Umweltschutz,[1261] enthält eine Reihe von Vorschriften, die dem AG einen ausfüllungsbedürftigen Handlungsspielraum lassen. Hierbei sind z. B. § 6 mit der **Gefährdungsanalyse** und der **Dokumentationspflicht** (Abs. 8), die **Schutzpflichten** in §§ 7, 8 und 9 ff. und auch die **Unterrichtung/Unterweisung der AN** in § 14 zu nennen. Ebenso wie bei den vergleichbaren Vorschriften z. B. des ArbSchG greift daher das Mitbestimmungsrecht ein.[1262]

dd) Lärmschutzrecht

243 Lärmschwerhörigkeit war bis zur Corona-Epidemie, also bis 2019, die **häufigste anerkannte Berufskrankheit.** Das hat sich seit 2020 geändert. Vor allem Infektions-, aber auch Hauterkrankungen sind häufiger angezeigt, Infektionserkrankungen (102 322) vor Lärmschwerhörigkeit am häufigsten anerkannt worden. Von insgesamt 232 206 Anzeigen auf Verdacht einer Berufskrankheit in 2021 betrafen gleichwohl 14 135 die Lärmschwerhörigkeit, von 126 213

1256 *Pieper,* Teil IV Arbeitssicherheitsgesetz Rn. 127.

1257 Vgl. hierzu auch *BAG* 15. 12. 09 – 9 AZR 769/08, NZA 10, 506 (508 f.); *LAG Köln* 3. 4. 03 – 10 (1) Sa 1231/02, NZA-RR 04, 319; *Kohte/Faber,* Praxisreport Arbeitsrecht 24/03, S. 12 f.

1258 Vgl. u. a. Ausschussbericht, BT-Drucks. 7/1085 zu § 9 Abs. 3; *LAG Baden-Württemberg* 5. 3. 91 – 14 TaBV 15/90, NZA 92, 184 (185); GK-*Gutzeit,* Rn. 713; *Fitting,* Rn. 336; Richardi-*Richardi/Maschmann,* Rn. 599; a. A. *LAG Berlin-Brandenburg* 5. 11. 19 – 7 TaBV 1728/19, NZA-RR 20, 77 (78 f. Tz. 21 ff.); HWGNRH-*Worzalla,* Rn. 447; *SWS,* Rn. 130d).

1259 *Fitting,* Rn. 336; *Pieper,* Teil IV Arbeitssicherheitsgesetz Rn. 125; *WW,* Rn. 53; *Kohte,* FS Kissel, S. 547 (560 ff.); a. A. GK-*Gutzeit,* Rn. 713; *Däubler,* Das Arbeitsrecht 2, Rn. 409; KassArbR-*Etzel,* 9.1, Rn. 573; Richardi-*Richardi/Maschmann,* Rn. 600; offen gelassen von *BAG* 6. 12. 83, AP Nr. 7 § 87 BetrVG 1972 Überwachung.

1260 Vgl. auch *Däubler,* Das Arbeitsrecht 2, Rn. 409.

1261 Z. B. §§ 1 Abs. 1, 4 Nr. 15, 8 Abs. 6; vgl. hierzu *Fitting,* § 89 Rn. 4; KassArbR-*Lorenz,* 2.6, Rn. 289 ff.

1262 Zur GefStoffV vgl. *Fitting,* Rn. 315; KFF-*Nitsche,* § 87 Rn. 60; *Pieper,* Teil III GefStoffV vor § 1 Rn. 32; *ders.,* Gefahrstoffverordnung, Einl. Rn. 32; *Grüneberg,* AiB 11, 588 (592); für die insoweit vergleichbaren Vorschriften der bis zum 30. 11. 10 geltenden GefStoffV vgl. *Engels,* AuR 09, 65 (71: §§ 7, 8, 9, 10, 12 f.); *Wlotzke,* FS Wißmann, S. 426 (435) z. B. für § 8 Abs. 1 Nr. 7 GefStoffV; *Heilmann,* Teil II 1, Rn. 11 ff., 15; *Heilmann/Hierz,* AiB 05, 520 (523 f.); *Pieper,* AiB 05, 299 (303).

anerkannten Berufskrankheiten war dies bei 7077 der Fall.[1263] Die **LärmVibrationsArbSchV** enthält eine Reihe von Rahmenvorschriften, die die Mitbestimmung des BR auslösen.[1264] Zu nennen sind hier z. B. die **Gefährdungsbeurteilung** (§ 3) und deren **Dokumentation** (§ 3 Abs. 4), die Festlegung der **Messverfahren** in § 4 und im Anhang Vibrationen,[1265] die Festlegung und Durchführung der **Schutzmaßnahmen** bei Lärm (§§ 7, 8) und Vibrationen (§ 10), sowie auch die **Unterweisung der Beschäftigten** (§ 11). Lärmschutz kommt schließlich nach **Anhang 3.7 der ArbStättV** und **ASR A3.7** mit ihren ausfüllungsbedürftigen Beurteilungsverfahren und Abhilfemaßnahmen in Betracht. Hiernach können z. B. **Lärmpausen,** d. h. die Einführung lärmarmer Arbeiten über einen längeren Zeitraum, durchgesetzt werden.[1266]

ee) Bildschirm-Arbeitsplätze

244 Neben den Mitbestimmungsrechten nach § 87 Abs. 1 Nr. 6, § 91 und § 112 kommt auch die hier behandelte Vorschrift in Betracht, selbstverständlich auch bei mobilen Geräten.[1267] Die **ArbStättV** und ihr **Anhang 6**[1268] enthalten eine Reihe von ausfüllungsfähigen Rahmenvorschriften, da sie nur einen flexiblen Rahmen ohne detaillierte Vorgaben bilden und so der betrieblichen Umsetzung erheblichen Spielraum lassen.[1269] Ein Mitbestimmungsrecht besteht daher z. B. im Rahmen von **§ 3 ArbStättV** für die **Gefährdungsanalyse,**[1270] da die Vorschrift weder Methode noch Durchführung definiert.[1271] Im Rahmen der Vorschrift können auch **Prioritäten für die Untersuchung** und Schwerpunkte festgelegt werden.[1272]

245 Ein Mitbestimmungsrecht besteht im Rahmen von Anhang 6 der ArbStättV bei einer Vielzahl **ergonomischer Maßnahmen.**[1273] Der Anhang nennt lediglich Ziele, es wird nicht vorgeschrieben, wie diese zu realisieren sind.[1274] Bei Auslegung und Konkretisierung der Verordnung können auch in Zukunft die **Sicherheitsregeln** für Bildschirm-Arbeitsplätze im Bürobereich (ZH

1263 Sicherheit und Gesundheit bei der Arbeit – Berichtsjahr 2021, Bericht der Bundesregierung über den Stand der Sicherheit und Gesundheit bei der Arbeit und über das Unfall- und Berufskrankheitengeschehen in der Bundesrepublik Deutschland, S. 136 f.

1264 Vgl. *Fitting*, Rn. 314 für §§ 3 Abs. 2, 7 Abs. 1 und 8; KFF-*Nitsche*, § 87 Rn. 58; *Pieper*, Teil III LärmVibrationsArbSchV vor § 1 Rn. 11 für §§ 3–5, 7, 8, 10, 11.

1265 Mitbeurteilungsrecht des BR; vgl. zum früheren Recht *Kohte*, FS Gnade, S. 675 (684).

1266 Vgl. zum vorhergehenden § 15 ArbStättV *Kohte*, AiB 83, 51 (52); *ders.*, FS Gnade, S. 675 (679); zu eng *BAG* 28. 7. 81, AP Nr. 3 zu § 87 BetrVG 1972 Arbeitssicherheit.

1267 *LAG Mecklenburg-Vorpommern* 25. 2. 20 – 5 TaBV 1/20, NZA-RR 20, 257 (259 Tz. 36) bejaht im Verfahren nach § 100 ArbGG die Möglichkeit der Mitbestimmung nach Nr. 7 bei mobiler Arbeit; hierzu auch Rn. 122, 156a, 201, 256 und 387a ff.

1268 Zum Begriff des Bildschirmarbeitsplatzes *EuGH* 6. 7. 2000, AuR 00, 683 ff. mit Anm. *Lörcher;* zu dieser Entscheidung ebenfalls zustimmend *Kohte*, BB 00, 2579 f.; zum Anhang 6 *Pieper*, Teil III ArbStättV Anhang 6 Rn. 12; *ders.*, Arbeitsstättenverordnung, S. 168 f.; *FPW*, S. 180 ff.; zur früheren Rechtslage und zur europäischen Bildschirmrichtlinie vgl. die 5. Aufl. Rn. 200 ff.

1269 Vgl. z. B. *LAG Niedersachsen* 11. 1. 17 – 13 TaBV 109/15, AuR 19, 426 (427) mit Anm. v. *Pieper;* Kollmer-*Hecht*, Syst B, Rn. 103, 105 ff. für §§ 3–6 der BildschArbV; *Nahrmann/Schierbaum*, RDV 97, 156 (163); *Opfermann/Rückert*, AuA 97, 69 (70).

1270 *Pieper/Vorath*, S. 285 ff.; *Resch/Blume*, CF 3/04, S. 8 ff.; zu Gesundheitsgefahren bei Bildschirmarbeit vgl. die 5. Aufl., Rn. 201.

1271 Vgl. *BAG* 8. 6. 04 – 1 ABR 13/03, NZA 04, 1175 (1177 f.); 8. 6. 04 – 1 ABR 4/03, NZA 05, 227 (229 f.); 11. 2. 14 – 1 ABR 72/12, NZA 14, 989; *Fitting*, Rn. 312; GK-*Gutzeit*, Rn. 666; *Kohte*, CR 96, 609 (611); a. A. *Löwisch/Neumann*, Anm. zu *BAG* 2. 4. 96 – 1 ABR 47/95, SAE 97, 77 (87); *Merten/Klein*, DB 98, 673 (677); vgl. hierzu Rn. 226; zur **Dokumentation der Gefahren** § 6 ArbSchG (Rn. 231).

1272 *Kohte*, a. a. O.; zu § 5 ArbSchG Rn. 188a.

1273 *LAG Hamburg* 21. 9. 00 – 7 TaBV 3/98, NZA-RR 01, 190 (195), aus formellen Gründen **aufgehoben** und **zurückverwiesen** durch *BAG* 15. 1. 02 – 1 ABR 13/01, NZA 02, 995 ff.; *LAG Niedersachsen* 11. 1. 17 – 13 TaBV 109/15, juris (Tz. 74), AuR 17, 267 (Ls.) = LAGE § 5 Arbeitsschutzgesetz Nr. 4, S. 10 zu § 4 BildscharbV und hierzu *Pieper*, Gute Arbeit 7–8/17, S. 37 (38 ff.); GK-*Gutzeit*, Rn. 668; HWK-*Clemenz*, Rn. 136; *Fabricius*, BB 97, 1254 (1256); vgl. hierzu auch die 5. Aufl. Rn. 203; DIN-Norm 66234 sowie ISO-Norm 9241 (Teil 10); zur Software-Ergonomie *Kiesche/Schierbaum*, AiB 97, 624 (626 ff.); *Prümper/v. Harten*, CuA 8–9/07, S. 17 ff.

1274 Vgl. *Pieper*, Teil III ArbStättV Anhang 6 Rn. 12; *Riese*, CR 97, 27 (31).

1/618) des Hauptverbands der gewerblichen Berufsgenossenschaften herangezogen werden.[1275] Zudem besteht ein Mitbestimmungsrecht bei der Festlegung der **Ausnahmeregelungen** in Abs. 3.[1276]

246 Anhang 6.1 Abs. 2 verpflichtet den AG, die Tätigkeit an Bildschirmen so zu organisieren, dass regelmäßig **Belastungsunterbrechungen** stattfinden. Dies kann durch andere Tätigkeiten (**Mischarbeit**) oder Pausen erfolgen. Bei der Festlegung der Maßnahmen besteht für den AG also ein Regelungsspielraum, der gemäß Nr. 7 auszufüllen ist.[1277] Dabei ist festzulegen, wie die Belastungsunterbrechung durchgeführt werden soll, welche anderen Tätigkeiten hierfür in Frage kommen und ggf. auch, wie viele Pausen erforderlich sind.[1278]

247 Auch bei der **Augenuntersuchung** besteht ein Mitbestimmungsrecht.[1279] Anhang Teil 4 Abs. 2 Nr. 1 ArbMedVV (vgl. auch § 3 Abs. 1 Satz 3) ermöglicht dies. **Bildschirm-BV** sollten die folgenden Punkte regeln: Zielsetzung/Gegenstand, Geltungsbereich, Begriffe, Rechte des BR und der AN, Gesundheitsschutz (z. B. ärztliche Untersuchungen), ergonomische Anforderungen, Gefährdungsanalyse, Arbeitsorganisation, Qualifizierung, Ausschluss von Kontrollen, Streitigkeiten und formelle Vorschriften, wie z. B. Kündigungsfristen und Nachwirkung (vgl. im Einzelnen DKWF-*Klebe/Heilmann*, § 87 Rn. 41 und 42).

ff) Weitere Einzelfälle

248 Als Rahmenvorschriften kommen z. B. weiter in Betracht:
- §§ 22, 23, 28–30 **JArbSchG,**[1280]
- §§ 12 Abs. 1, 16 Abs. 1 **HAG,**
- §§ 2 Abs. 1, 4 Abs. 1 **VBG 1/BGV Nr. A 1,** § 12 Abs. 3 **VBG 37,**[1281]
- §§ 3 (hierzu ASR V3) – 6 **ArbStättV** und z. B. Nrn. 1.2, 1.4, 1.5, 1.8, 2.1, 3.2 und 3.4 bis 3.7 des Anhangs,[1282]
- §§ 2 Abs. 1, 4 des früheren **MuSchG**[1283] und die §§ 9, 10 (Gefährdungsbeurteilung),[1284] 11–13, 14 (Dokumentation und Information) des jetzigen,[1285]
- §§ 3–6, 10 **StörfallVO**[1286] und § 55 Abs. 3 **BImSchG**[1287].

1275 *Riese,* a. a. O., 31.

1276 *LAG Hamburg* a. a. O., 195 f.; *Löwisch,* Anm. zu *BAG* 2.4.96 – 1 ABR 47/95, SAE 97, 77 (87); vgl. auch *Riese,* a. a. O.

1277 Vgl. auch *LAG Hamburg* 21.9.00 – 7 TaBV 3/98, NZA-RR 01, 190 (195), aus formellen Gründen **aufgehoben** und **zurückverwiesen** durch *BAG* 15.2.02 – 1 ABR 13/01, NZA 02, 995 ff.; ErfK-*Kania,* Rn. 66; GK-*Gutzeit,* Rn. 669; LKK-*Dahm,* Rn. 152; *Pieper,* Teil III ArbStättV Anhang 6.1 Rn. 58; *ders.,* Arbeitsstättenverordnung, S. 172 f.; a. A. HWGNRH-*Worzalla,* Rn. 424.

1278 Vgl. *Opfermann/Rückert,* AuA 97, 69 (71) und auch ISO-Norm 9241 (Teil 2).

1279 Vgl. *LAG Hamburg* 21.9.00 – 7 TaBV 3/98, NZA-RR 01, 190 (196), aus formellen Gründen **aufgehoben** und **zurückverwiesen** durch *BAG* 15.1.02 – 1 ABR 13/01, NZA 02, 995 ff.; GK-*Gutzeit,* Rn. 673; HWGNRH-*Worzalla,* Rn. 423; *Däubler,* Das Arbeitsrecht 2, Rn. 375; *Fabricius,* BB 97, 1254 (1257); *RPW,* S. 212 und zu dem entsprechenden Art. 9 der europäischen Bildschirmrichtlinie (vom 29.5.90, ABlEG 1990, Nr. L 156/14) *EuGH,* NZA 97, 307 (309).

1280 KFF-*Nitsche,* § 87 Rn. 65; *Pieper,* Teil IV Betriebsverfassungsrecht Rn. 33 zu § 28.

1281 *BAG* 16.6.98 – 1 ABR 68/97, DB 99, 438 f.

1282 Vgl. *BAG* 18.7.17 – 1 ABR 59/15, NZA 17, 1615 (1616 Tz.16 zu § 3a Abs. 1 Satz 1); *Fitting,* Rn. 316; *Engels,* AuR 09, 65 (71: §§ 3–6); *Pieper,* Teil III ArbStättV vor § 1 Rn. 8 ff. (insb. Rn. 12), HaKo-BetrVG/*Kohte,* Rn. 83; *Kohte/Faber,* DB 05, 224 ff.; *Grimm,* DB 04, 1666 (1667 f. für § 3 und Nr. 3.6 des Anhangs); Kollmer-*Hecht,* Syst B, Rn. 61; *Pieper/Vorath,* S. 186; *Fortunato/Wurzberger,* AiB 3/17, S. 50 f. zu § 6; vgl. auch zu den Mindestflächen am Arbeitsplatz die Arbeitsstättenregelungen im Anhang 1.2, sowie ASR A1.2 und hierzu Kiper CuA 1/14, S. 14 ff.

1283 *Pieper* (6.Aufl.), S. 1154 zu § 2 Abs. 1.

1284 *Fitting,* Rn. 307; *Pieper,* Teil IV Betriebsverfassungsgesetz Rn. 33; vgl. auch hierzu *Nebe/Schneider,* AuR 21, 301 ff.

1285 KFF-*Nitsche,* § 87 Rn. 64.

1286 Vgl. *Pieper,* Teil IV Betriebsverfassungsgesetz Rn. 33; *Kohte,* BB 81, 1277 (1282); *Bücker/Feldhoff/Kohte,* Rn. 503 ff., 546 f.

1287 Vgl. *Kohte,* FS Däubler, S. 639 (643); *Höhn,* S. 58 und S. 52 ff. zur Zusammenarbeit zwischen BR und Betriebsbeauftragten im Umweltrecht.

Auch die nach **§ 19 ArbSchG** ergangenen PSA-BV, LasthandhabV[1288] und BetrSichV[1289] enthalten eine Reihe ausfüllungsbedürftiger Rahmenvorschriften. So muss beispielsweise nach § 2 **PSA-BV** festgelegt werden, welche allgemeinen und besonderen Maßnahmen der AG zur sicheren und gesundheitsgerechten Bereitstellung und Benutzung von persönlichen Schutzausrüstungen trifft und nach § 3 Abs. 1, wann eine **Schulung** in der Benutzung erforderlich ist.[1290] Auch die §§ 2, 3, 4 **LasthandhabV** sind ausfüllungsbedürftig In § 2 sind z. B. die Maßnahmen zur Vermeidung der manuellen Handhabung von Lasten (Abs. 1) und zur Minimierung von Gefährdungen (Abs. 2) zu konkretisieren, eine Vorschrift nach der auch der Einsatz v. **Exoskeletten** (vgl. auch Rn. 201) geregelt werden kann,[1291] in § 3 ist das Verfahren zu definieren, in § 4 die Art und der Inhalt der Unterweisung, die ggf. auch z. B. in einem Training der richtigen Handhabung von Lasten bestehen kann.[1292] In der **BetrSichV** ergeben sich z. B. Mitbestimmungsrechte i. V. m. §§ 3–6, 9–13 und 17 u. a. hinsichtlich der Gefährdungsbeurteilung, der Unterweisung der Beschäftigten und der Auswahl/Bereitstellung der Arbeitsmittel.[1293] In der **EMFV** sind ausfüllungsbedürftige Rahmenvorschriften z. B in den §§ 3 (Gefährdungsbeurteilung), 4, 6 ff. und 19 (Unterweisung der Beschäftigten). 249

In der **BioStoffV** i. d. F. v. 15. 7. 13 sind ausfüllungsbedürftige Rahmenvorschriften z. B. die §§ 4, 7–11 und 14,[1294] in der **BaustellV** z. B. § 5.[1295] 250

In der **ArbMedVV** sind z. B. §§ 3–5 und Anhang Teil 4 Abs. 2 Nr. 1 ausfüllungsbedürftige Rahmenvorschriften, die ein Mitbestimmungsrecht des BR auslösen.[1296] 251

Für Regelungen zur **Nachtarbeit** kommt neben Nr. 2 (vgl. Rn. 104 f.) auch diese Vorschrift i. V. m. den in Rn. 216 genannten Generalklauseln und § 6 Abs. 5 ArbZG[1297] in Frage. Hier ist z. B. an bezahlte Erholzeiten während der Nachtschicht und regelmäßige ärztliche Untersuchungen zu denken (**Mustervereinbarung** bei DKWF-*Klebe/Heilmann,* § 87 Rn. 57).[1298] 252

Auch ein **Nichtraucherschutz** lässt sich über Nr. 7 i. V. m. **§ 5 ArbStättV**[1299] realisieren, da dieser keine abschließende Regelung darstellt und auch die Frage der Erforderlichkeit eines 253

1288 Vgl. zu diesen Verordnungen *Pieper,* Teil III BetrSichV, LasthandhabV, PSA-BV; *Opfermann/Rückert,* AuA 97, 187 ff.; *Wlotzke,* NJW 97, 1469 ff.

1289 Ebenso die vorhergehende AMBV: vgl. hierzu *Kohte/Bücker,* FS Reich, S. 459 (467 ff.).

1290 *BAG* 16. 6. 98 – 1 ABR 68/97, DB 99, 438 (439) für § 2 Abs. 1 Nr. 3; 7. 6. 16 – 1 ABR 25/14, NZA 16, 1420 (1421) zu § 2 Abs. 1 und 2 i. V. m. § 3 Abs. 1 ArbSchG; *Fitting,* Rn. 313 (§§ 2 und 3); DHZ-*Bantle,* § 94 Rn. 189; *Pieper,* Teil III PSA-BV vor § 1 Rn. 8; *Kollmer,* NZA 97, 138 (140); Kollmer-*Hecht,* Syst B, Rn. 150.

1291 *Martini/Botta,* NZA 18, 625 (634, 635 f.).

1292 *LAG Berlin-Brandenburg* 25. 3. 15, 23 TaBV 1448/14, juris (für § 2 Abs. 1); *Pieper,* Teil III PSA-BV vor § 1 Rn. 8; *Fitting,* Rn. 313; DHZ-*Bantle,* § 94 Rn. 189; Kollmer-*Hecht,* Syst B, Rn. 139 ff.; ErfK-*Kania,* Rn. 66 (für § 2); *Fabricius,* BB 97, 1254 (1256).

1293 vgl. vor allem *Kohte,* FS Klebe, S. 237 (240 f.), der auch zu Recht auf die betrieblich sehr hilfreiche Konkretisierung v. Gefährdung und Gestaltungsgrundsätzen für §§ 3 und 4 in den Regeln des Ausschusses für Betriebssicherheit TRBS 1151 hinweist; DHZ-*Bantle,* § 94 Rn. 189; Kollmer-*Hecht,* Syst B, Rn. 91 ff., 97 für §§ 3, 4, 9; *Pieper,* Teil III BetrSichV vor § 1 Rn. 22; zu Unrecht a.A. *LAG Berlin-Brandenburg* 25. 3. 15, 23 TaBV 1448/14, juris (für §§ 3 Abs. 1, 4).

1294 Vgl. KFF-*Nitsche,* § 87 Rn. 60; zur VO i. d. F. v. 18. 12. 08 *Pieper/Vorath* S. 175; *Pieper,* AiB 01, 435 (437); Kollmer-*Hecht,* Syst B, Rn. 118, 124, 126 ff., 131 für §§ 5, 8, 13, 14

1295 *Pieper,* Teil III BauStellV § 5 Rn. 6; *Fitting,* Rn. 318; KFF-*Nitsche,* § 87 Rn. 62; Kollmer-*Hecht,* Syst B, Rn. 86 ff.

1296 *Pieper,* Teil III ArbMedVV vor § 1 Rn. 14.

1297 *BAG* 26. 4. 05 – 1 ABR 1/04, NZA 05, 884 (886); 26. 8. 97 – 1 ABR 16/97, NZA 98, 441 (444), das allerdings zu Unrecht trotz des Gesetzeszwecks, Gesundheitsschutz zu gewährleisten (§ 1 Nr. 1 ArbZG), davon ausgeht, dass Zeitausgleich und Entgeltzuschlag gleichwertig neben einander stehen; 17. 1. 12 – 1 ABR 62/10, NZA 12, 513, das eine tarifliche Ausgleichsregelung sowohl bei unmittelbarer Geltung eines TV wie auch bei dessen einzelvertraglicher Inbezugnahme annimmt; zustimmend ErfK-*Kania,* Rn. 65. Darüber hinaus spricht auch die EG-Arbeitszeitrichtlinie Nr. 93/104 EWG vom 23. 11. 93 (ABlEG 1993, Nr. L 307/18) und das *BVerfG* 28. 1. 92, AuR 92, 187 mit Anm. *Blanke/Diederich* für einen Vorrang des Zeitausgleichs; so mit ausführlicher Begründung auch *J. Ulber,* AuR 98, 339 (340).

1298 *Colneric,* NZA 92, 393 (398); *Schoof,* AiB 92, 261 (273); vgl. auch *BAG* 1. 2. 06 – 5 AZR 422/04, NZA 06, 494 (495 f.) zur Höhe von Zeitausgleich und Entgeltzuschlag.

1299 Vgl. *Düwell,* AiB 02, 400 ff. (403); *Lorenz,* DB 03, 721 ff. (723); *Kock,* NJW 17, 198 (201).

Rauchverbots der Mitbestimmung unterliegt[1300] Die Generalklauseln bzw. §§ 3, 4 ArbSchG treten insoweit zurück.[1301]

254 Die Anbringung von **Spiegeln** an Kassen im Einzelhandel, um den AN ein ständiges Aufstehen zur Kontrolle zu ersparen, kann der BR über die Vorschrift i. V. m. §§ 3 Abs. 1, 4 Nr. 1 ArbSchG erreichen.[1302] Für den Regelungsgegenstand »Ausgleich von **Belastungen durch stehende Tätigkeiten**« in einem Bekleidungsgeschäft ist eine ESt. im Hinblick auf §§ 3 ff. ArbSchG jedenfalls nicht offensichtlich unzuständig.[1303]

255 **Maßnahmen gegen hohe Temperaturen** am Arbeitsplatz, bei denen eine Gesundheitsgefährdung nicht auszuschließen ist (Hitzeschutz), lassen sich ebenfalls über Nr. 7 in Ausfüllung von § 3a Abs. 1 Satz 1 ArbStättV i. V. m. dem Anhang 3.5 und ASR A3.5 begründen.[1304]

256 Dies gilt auch für Maßnahmen der **Pandemievorsorge** und **-bekämpfung** (Vereinbarungsentwurf bei DKWF-*Klebe/Heilmann*, § 87 Rn. 40b).[1305] Ein aktuelles Beispiel war die Corona-Pandemie (hierzu auch Rn. 30, 67, 133) und ihre Bekämpfung.[1306]. Nach dem Auslaufen der SARS-CoV-2-ArbeitsschutzVO (Corona-ArbSchV) mit dem 7. 4. 23 gilt aktuell nur noch die allgemeine Verpflichtung des ArbSchG, auf Grund der Gefährdungsbeurteilung die erforderlichen Maßnahmen zu ermitteln und durchzuführen. Selbstverständlich sind dabei die Mitbestimmungsrechte zu beachten. Die spezifischen Corona-Vorschriften sind außer Kraft getreten. Die Verwendung der **Corona Warn-App** auf freiwilliger Basis fällt ebenfalls unter die Vorschrift (vgl. auch Rn. 67).[1307] Dies gilt auch für die Entwicklung eines Besuchskonzepts im Krankenhaus.[1308]

257 Für die Verteilung der Arbeitsplätze in einem **Großraumbüro** kann nicht nur ein Mitbestimmungsrecht nach § 91, sondern auch nach der hier behandelten Vorschrift bestehen. Die entgegenstehende Auffassung des *LAG München*[1309] lässt unzutreffenderweise die Generalklauseln als Rahmenvorschriften unberücksichtigt (vgl. Rn. 216 ff.).

258 Auch im Zusammenhang mit **Mobbing**, hier i. V. m. §§ 3, 5 ArbSchG, kann die Vorschrift eingreifen.[1310] Dies gilt nach umstrittener Auffassung auch für die Festlegung einer **Mindestbesetzung mit Pflegepersonal** bei Vorliegen einer konkreten Gesundheitsgefährdung.[1311]

1300 Vgl. Rn. 223 f.; a. A. *Uhl/Polloczek*, BB 08, 1114 (1115); zum individualrechtlichen Schutz am Arbeitsplatz *BAG* 19. 5. 09, NZA 09, 775 ff. 10. 5. 16 – 9 AZR 347/15, NZA 16, 1134 ff. und Rn. 62.

1301 Vgl. zum Individualrecht weiter z. B. *BAG* 8. 5. 96 – 5 AZR 971/94, DB 96, 1782 f.; 17. 2. 98 – 9 AZR 84/97, AuR 99, 114 mit Anm. *Dübbers;* hierbei sind allerdings jetzt §§ 3, 4 ArbSchG maßgeblich, die nicht mehr auf die Natur des Betriebs/der Dienstleistung wie §§ 120a GewO und 618 Abs. 1 BGB abstellen (vgl. aber auch für Arbeitsstätten mit Publikumsverkehr § 5 Abs. 2 ArbStättV), sondern u. a. auf den Stand der Technik (vgl. Rn. 229 ff.); s. auch *BAG* 19. 1. 99 – 1 AZR 499/98, DB 99, 958 (zu Nr. 1); *Cosack*, DB 99, 1450 ff. und § 75 Rn. 130 ff.

1302 *Däubler*, AiB 09, 350 (352).

1303 *LAG Niedersachsen* 21. 1. 11 – 1 TaBV 68/10, NZA-RR, 11, 247 f.

1304 *BAG* 18. 7. 17 – 1 ABR 59/15, NZA 17, 1615 (1616 Tz. 15); *Däubler*, Das Arbeitsrecht 2, Rn. 379 f.; vgl. **3.5 des Anhangs zur ArbStättV** (Abs. 1 und 2: »gesundheitlich zuträgliche Raumtemperatur.« und Abs. 3 zur Abschirmung der Arbeitsstätte gegen übermäßige Sonneneinstrahlung) und die **Technische Regel für Arbeitsstätten ASR A3.5 »Raumtemperatur«** (»Lufttemperatur soll +26 Grad nicht überschreiten«); *Rahmfeld*, AiB 6/21, S. 34 ff. mit Eckpunkten für eine BV; *Ratzesberger*, AiB 5/16, S. 24 und Vorschläge für eine BV auch bei *Gäbert*, AiB 13, 409 ff.; *ders.*, AiB 5/16, S. 27 ff.); vgl. auch *VG Freiburg* (Breisgau) 17. 12. 19 – 4 K 4800/19, juris = jurisPR-ArbR 4/21 Nr. 5 mit Anm. v. *Kohte* zu einem VA wegen zu niedriger Raumtemperatur.

1305 Vgl. im Einzelnen *Schmidt/Novara*, DB 09, 1817 (1821) und *Kiesche/Rudolph*, AiB 10, 26 ff., jeweils auch zu weiteren Mitbestimmungsrechten; *Schrader*, AiB 10, 37 ff. zu einer entsprechenden BV; *Sagan*, NZA- Beilage 1/21, 21 ff. und Rn. 67.

1306 Hierzu ausführlich die 18. Aufl. im Print und die folgende digitale Version (2023).

1307 Vgl. *Bienert*, AiB 10/20, S. 20 (21); zum Daten- und Grundrechtsschutz bei Verwendung v. Corona-Apps vgl. z. B. *Kühling/Schildbach*, NJW 20, 1545 ff. und *Köllmann*, NZA 20, 831 ff.

1308 *LAG Köln* 22. 1. 21 – 9 TaBV 58/20, juris = AuR 21, 140 (im Verfahren zur Bildung einer ESt.) mit § 5 Abs. 1 CoronaschutzVO NRW als Rahmenvorschrift; GK-*Gutzeit*, Rn. 639.

1309 16. 4. 87, DB 88, 186 f.

1310 Vgl. *Wolmerath/Esser*, AiB 00, 388 (391); *dies.*, S. 110 ff. mit Eckpunkten einer BV; *Benecke*, NZA-RR 03, 225 (232) und Rn. 67.

1311 So *LAG Hamburg* 16. 7. 20 – 8 TaBV 8/19, juris; *ArbG Kiel* 26. 7. 17 – 7 BV 67c/16, NZA-RR 17, 539 (540), zustimmend ErfK-*Kania*, Rn. 67; Hako-BetrVG/*Kohte*, Rn. 81; *ders.*, RdA 19, 347 ff.; auf-

259 Das **betriebliche Eingliederungsmanagement** (**BEM**) gem. § 167 Abs. 2 SGB IX[1312] unterliegt im Hinblick auf die erforderliche organisatorische Gestaltung (vgl. auch Rn. 65 und 198, sowie § 94 Rn. 10 zu Gesprächsleitfäden)[1313] und die »Klärung von Möglichkeiten«, die Arbeitsfähigkeit zu überwinden, ihrem erneuten Eintritt vorzubeugen und eine möglichst dauerhafte Erhaltung des Arbeitsplatzes zu fördern, ebenfalls der Mitbestimmung (vgl. den Vereinbarungsentwurf bei DKWF-*Klebe/Heilmann*, § 87 Rn. 40a).[1314] Die Vorschrift trifft keine abschließenden Festlegungen. Zudem erfasst Nr. 7 organisatorische Regelungen wie § 167 SGB IX, die nur mittelbar dem Gesundheitsschutz dienen (vgl. Rn. 226). § 167 ist auch keine abschließende Regelung in dem Sinne, dass der AG mit dem BR nur Möglichkeiten zu klären, dieser aber kein Mitbestimmungsrecht hätte. Abgesehen davon, dass auch der untechnische Begriff der »Klärung« ein Element von »Einverständnis suchen« hat, geht es bei der Klärung um die von Maßnahmen, Leistungen und Hilfen im Einzelfall,[1315] nicht aber um die weiteren organisatorischen Konkretisierungen, wie z.B. die Rolle der Werks- oder Betriebsärzte, die Aufklärung der Betroffenen oder die Einleitung des Verfahrens. Will der AG keine organisatorischen Festlegungen ausdrücklich treffen, werden sich diese de facto aus seiner Praxis ergeben. Zudem kann der BR von seinem Initiativrecht (Rn. 227) Gebrauch machen.[1316] Nicht vom Mitbestimmungsrecht erfasst ist die sich der Klärung anschließende Umsetzung von konkreten Maßnahmen.[1317] Eine ESt. kann für die Klärung der Maßnahmen auch nicht einen gemeinsamen Ausschuss nach § 28 Abs. 2 vorsehen. Dieser kann nur zwischen den Betriebsparteien einverständlich gebildet werden.[1318] Der BR kann allerdings diese Aufgabe ggf. nach § 28 Abs. 1 einem seiner Ausschüsse übertragen. Bei Gesprächen im Klärungsprozess zwischen AG und dem Betroffenen soll nach Auffassung des *BAG*[1319] der BR nur hinzuzuziehen sein, wenn der AN zustimmt. Der AG hat allerdings betroffene AN auf die Möglichkeit hinzuweisen, dass mit ihrem Einverständnis der BR und ggf. die Schwerbehindertenvertretung beteiligt wird (»Initiativlast des AG«). Eine v. der

---

gehoben v. *LAG Schleswig-Holstein* 25.4.18 – 6 TaBV 21/17, juris, Tz. 156 b) bb) (2) (b) = NZA-RR 18, 543 ff., hierzu auch *Dahl*, BB 18, 1972 ff. und *Zeppenfeld*, NZA 19, 1539 ff.; das *BAG* 19.11.19 – 1 ABR 22/18, NZA 20, 266 (267 Tz. 18) hat die Entscheidung des *LAG Schleswig-Holstein* bestätigt, allerdings ohne über die Frage von Mindestbesetzungen zu entscheiden; a.A. Richardi-*Richardi/Maschmann*, Rn. 585l; ein Überblick und eine Bewertung v. Rspr. und Literatur bei *Menke/Weller*, DB 21, 620 ff.; *Dahl/Oppolzer*, BB 22, 884 ff.

1312 Vgl. hierzu auch *Beck*, NZA 17, 81 ff. und *LAG Sachsen* 6.11.19 – 9 Sa 142/19, juris Tz. 26 ff.) = jurisPR-ArbR 11/20 Nr. 7 mit Anm. v. *Busch* zu den Anforderungen an ein ordnungsgemäßes betriebliches Eingliederungsmanagement.

1313 Vgl. *Gagel*, NZA 04, 1359 (1360); *Romahn*, S. 18ff; *Deinert*, NZA 10, 969 (972); *Kempter/Steinat*, NZA 15, 840 (845).

1314 *BAG* 13.3.12 – 1 ABR 78/10, NZA 12, 748 (749); 22.3.16 – 1 ABR 14/14, NZA 16, 1283 (1285 Tz. 11); 19.11.19 – 1 ABR 36/18, NZA 20, 389 (391 Tz. 19); ErfK-*Kania*, Rn. 21a, 66; *Fitting*, Rn. 323 f.; HaKo-BetrVG/*Kohte*, Rn. 92; Richardi-*Richardi/Maschmann*, Rn. 560, 617 ff.; WPK-*Bender*, Rn. 143; Schaub-*Linck*, § 131 Rn. 10; *Düwell*, FS Buschmann, S. 29 (32, 35); *Deinert*, NZA 10, 969 (972); *Giesen*, Anm. zu *BAG* 13.3.12, AP Nr. 18 zu § 87 BetrVG 1972; *Faber*, gute Arbeit 4/10, S. 36 (39) mit Regelungspunkten; *Gundermann/Oberberg*, AuR 07, 19 (25); *dies.*, RDV 07, 103 (110) ebenfalls mit Regelungsvorschlägen; *Kohte*, DB 08, 582 (586); *Habib*, S. 16 ff. mit vielen praktischen Hinweisen; *Bode/Dornieden/Gerson*, FS Kohte, S. 401 ff.; *Ettlinger*, BB 21, 820 (822); vgl. auch *LAG Hamburg* 20.2.14 – 1 TaBV 4/13, NZA-RR 14, 295 (296 ff.); **a.A.** *LAG Hamburg* 21.5.08 – H3 TaBV 1/08, LAGE § 87 BetrVG 2001 Gesundheitsschutz Nr. 3, S. 6 ff.; GK-*Gutzeit*, Rn. 623; LKK-*Dahm*, Rn. 161; *Müller*, AuR 09, 29 (31); zum **Überwachungsrecht des BR** vgl. *BAG* 7.2.12 – 1 ABR 46/10, NZA 12, 744 ff. und hierzu *Kort*, DB 12, 688 f.

1315 A.A. *Namendorf/Natzel*, DB 05, 1794 (1795); *Leuchten*, DB 07, 2482 (2485).

1316 *BAG* 22.3.16 – 1 ABR 14/14, NZA 16, 1283 (1285 Tz. 12).

1317 *BAG* 22.3.16 – 1 ABR 14/14, NZA 16, 1283 (1285 Tz. 11); zustimmend *Hoffmann-Remy*, NZA 16, 1261 (1263); ErfK-*Kania*, Rn. 21a; Richardi-*Richardi/Maschmann*, Rn. 620; kritisch *Beck*, NZA 17, 81 (84).

1318 *BAG* 22.3.16 – 1 ABR 14/14, NZA 16, 1283 (1285 Tz. 17 ff.); zustimmend *Hoffmann-Remy*, NZA 16, 1261 (1262); *Fitting*, Rn. 325; ErfK-*Kania*, Rn. 21a, 66; *Schiefer*, RdA 16, 196 (201); HWGNRH-*Worzalla*, Rn. 428; Richardi-*Richardi/Maschmann*, Rn. 620; kritisch *Beck*, NZA 17, 81 (84).

1319 22.3.16 – 1 ABR 14/14, NZA 16, 1283 (1285 f. Tz. 11, 29 f.); 19.11.19 – 1 ABR 36/18, NZA 20, 389 (392 Tz. 30 ff.); *Fitting*, Rn. 325; Richardi-*Richardi/Maschmann*, Rn. 619; kritisch *Beck*, NZA 17, 81 (84).

ESt beschlossene BV, die diese Verfahrensregel nicht berücksichtigt, ist daher unwirksam.[1320] Auch die **Inklusionsvereinbarung** gem. § 166 SGB IX dient dem Arbeits- und Gesundheitsschutz und ist daher nach dieser Vorschrift mitbestimmungspflichtig.[1321] Im Hinblick auf die in Abs. 2 genannten Regelungsbereiche kommen weitere Mitbestimmungsrechte nach Nr. 2, 3, 13 und § 95 (vgl. dort Rn. 18) in Frage mit den entsprechenden Initiativrechten des BR.[1322]

e) Individualrechte

260 Neben **Informations- und Erörterungsrechten** (vgl. z. B. § 81 f.) können für den einzelnen AN auch **Beschwerde-** (§ 84) und **Leistungsverweigerungsrechte** entstehen. Bei nicht nur geringfügigen und kurzfristigen arbeitsschutzrechtlichen **Pflichtverletzungen** des AG kommt ein **Leistungsverweigerungsrecht** des AN nach § 273 BGB in Betracht.[1323] Eine unmittelbare Gesundheitsgefahr ist hierfür nicht erforderlich.[1324] Bei **»unmittelbarer erheblicher Gefahr«** kann sich ein **Entfernungsrecht** aus § 9 Abs. 3 ArbSchG ergeben, das keine Pflichtverletzung des AG voraussetzt.[1325] Die AN haben gemäß §§ 618 Abs. 1 BGB, 5 Abs. 1 ArbSchG einen privatrechtlichen Anspruch auf eine Beurteilung der mit ihrer Beschäftigung verbundenen Gefährdung. § 5 Abs. 1 ArbSchG wird durch § 618 Abs. 1 BGB in das Arbeitsvertragsrecht transformiert, da die Vorschrift gerade auch den Schutz der einzelnen AN zum Ziel hat.[1326] Da § 5 Abs. 1 ArbSchG dem AG einen Handlungs- und damit auch Beurteilungsspielraum gibt und bei dessen Ausfüllung der BR mitzubestimmen hat, kann der AN nicht verlangen, dass die Gefährdungsbeurteilung nach bestimmten von ihm vorgegebenen Kriterien durchgeführt wird. Er hat aber einen Anspruch darauf, dass der AG den Beurteilungsspielraum ordnungsgemäß ausfüllt bzw. sein Initiativrecht geltend macht, um mit dem BR die erforderliche Einigung zu erzielen.[1327] Es ist umstritten, ob sich aus § 241 Abs. 2 BGB i. V. m. § 167 Abs. 2 SGB IX als Konkretisierung der allgemeinen Fürsorgepflicht des AG ein Anspruch v. AN ergibt, ein betriebliches Eingliederungsmanagement durchzuführen, wenn die Voraussetzungen vorliegen. Dieser wird v. *BAG* abgelehnt[1328]

8. Sozialeinrichtungen (Nr. 8)

a) Vorbemerkungen

261 Der Begriff der **Sozialeinrichtungen** in Nr. 8 entspricht dem der Wohlfahrtseinrichtungen des § 56 Abs. 1 Buchstabe e BetrVG 1952. Dieser sprachlichen Abänderung sollte keine rechtliche Bedeutung zukommen; es wurde lediglich eine **zeitgemäßere Bezeichnung** für den alten Begriff gewählt.[1329]

1320 BAG 19.11.19 – 1 ABR 36/18, NZA 20, 389 (392 f. Tz. 34 ff.).
1321 FKS-*Feldes*, § 166 Rn. 61; *Beck*, NZA 17, 81 (84).
1322 KSW-*Kohte*, § 83 Rn. 24; FKS-*Feldes*, § 166 Rn. 61.
1323 *BAG* 8.5.96 – 5 AZR 315/95, DB 96, 2446 f.; 19.2.97 – 5 AZR 982/94, BB 97, 1364 ff.; GK-*Gutzeit*, Rn. 679; HWGNRH-*Worzalla*, Rn. 441; *Bücker/Feldhoff/Kohte*, Rn. 32 f., 610.
1324 *Bücker/Feldhoff/Kohte*, a. a. O.
1325 Vgl. auch zu Selbsthilfemaßnahmen des AN § 9 Abs. 2 ArbSchG und zu Beschwerderechten bei AG und zuständiger Behörde § 17 Abs. 2 ArbSchG (hierzu *Bieler/Heilmann*, BR-Info 96, 166; *Kollmer/Vogel*, Rn. 238 ff. und *Wlotzke*, NZA 96, 1017, 1021 f.).
1326 *BAG* 12.8.08 – 9 AZR 1117/06, DB 08, 2030; Kollmer-*Kohte* § 3 ArbSchG Rn. 84.
1327 *BAG* 12.8.08 – 9 AZR 1117/06, DB 08, 2030 (2031 f.); *Gäbert*, AiB 08, 640 ff.
1328 7.9.21 – 9 AZR 571/20, NZA 22, 257 (259 Tz. 14 ff., 260 Tz. 27 f.); a. A. *LAG Hamm* 13.11.14 – 15 Sa 979/14, juris Tz. 34.
1329 *BAG* 12.6.75, AP Nr. 2 zu § 87 BetrVG 1972 Altersversorgung; Richardi-*Richardi/Maschmann*, Rn. 621; GK-*Gutzeit*, Rn. 714.

b) Voraussetzungen des Mitbestimmungsrechts

aa) Begriff der Sozialeinrichtung

Von einer »**Einrichtung**« kann nur gesprochen werden, wenn ein Teil sachlicher oder finanzieller Mittel vom restlichen Betriebsvermögen für soziale Zwecke auf Dauer und mit eigener Organisation (»**zweckgebundenes Sondervermögen**«) abgegrenzt wird.[1330] Dies entspricht der ganz h. M. Das *BAG* hat die von ihm vorübergehend vertretene Auffassung, auf die beschriebene Institutionalisierung als Voraussetzung für die Vorschrift zu verzichten,[1331] aufgegeben. Demzufolge ist es z. B. bei einer betrieblichen Altersversorgung nicht ausreichend, wenn der AG lediglich Rückstellungen bildet oder Rückdeckungsversicherungen abschließt.[1332] Liegt keine Sozialeinrichtung vor, kommt ein **Mitbestimmungsrecht nach Nr. 10** in Betracht. Nr. 8 ist das speziellere Mitbestimmungsrecht gegenüber Nr. 10.[1333] 262

Von einer **Sozial**einrichtung kann bereits dann gesprochen werden, wenn durch sie den AN oder ihren Familienangehörigen **zusätzliche Vorteile** jenseits des Arbeitsentgelts gewährt werden.[1334] Es ist ohne Bedeutung, ob den AG **uneigennützige Motive** leiten und die Leistungen **unentgeltlich** erbracht werden.[1335] Wenn die AN z. B. für das Kantinenessen Geld entrichten, ändert dies nichts an der Tatsache, dass es sich bei der Werkskantine um eine Sozialeinrichtung handelt, solange sie nur den AN insgesamt noch Vorteile bringt. Eine Sozialeinrichtung kann sogar dann vorliegen, wenn der AG auf Dauer kostendeckende Einnahmen erzielen will.[1336] 263

Führt ein **Dritter** den AN die Vorteile durch eine von ihm errichtete **Stiftung** zu, soll das Mitbestimmungsrecht ausscheiden, weil die Einrichtung nicht vom AG veranlasst worden ist. Eine Ausnahme soll nur dann zu machen sein, wenn der AG **bei wirtschaftlicher Betrachtungsweise** selbst als Stifter anzusehen ist.[1337] Darüber hinausgehend erscheint es jedoch richtig, unabhängig von der wirtschaftlichen Bewertung, ein Mitbestimmungsrecht im gleichen Umfange zu bejahen, wie dem AG Rechte (z. B. bei der Ausgestaltung) zustehen.[1338] 264

bb) Wirkungsbereich

Der **Wirkungsbereich** der Sozialeinrichtung muss auf den **Betrieb**, das **UN** oder den **Konzern** beschränkt sein. Sie darf also **nicht einem unbestimmten Personenkreis** zugänglich sein, wie es z. B. der Fall ist, wenn sie für einen Gewerbezweig begründet oder als Kantine publikumsoffen betrieben wird.[1339] Ob das Merkmal erfüllt ist, richtet sich nach dem **Zweck der Sozialeinrichtung,** der in der **Satzung** niedergelegt ist. Die vom Gesetz geforderte Begrenzung liegt auch vor, wenn frühere Beschäftigte, Familienangehörige oder sonstige Außenstehende nur als Gäste zur Nutzung der Sozialeinrichtung zugelassen sind.[1340] Hierum handelt es sich z. B., wenn die selbstständige Versorgungskasse eines Konzerns unmittelbar allein den Angestell- 265

1330 *BAG* 12. 6. 75, 18. 3. 76, AP Nrn. 1–4 zu § 87 BetrVG 1972 Altersversorgung; 10. 2. 09 – 1 ABR 94/07, NZA 09, 562 (564); 8. 11. 11 – 1 ABR 37/10, NZA 12, 462 (463) = AP Nr. 22 zu § 87 BetrVG 1972 Sozialeinrichtung mit Anm. v. *Schiefer/Borchard*; *Fitting*, Rn. 354; GK-Gutzeit, Rn. 717 f.; a. A. *WW*, Rn. 57.

1331 13. 2. 79, 24. 1. 80, AP Nrn. 2, 3 zu § 87 BetrVG 1972 Sozialeinrichtung.

1332 Vgl. z. B. GK-Gutzeit, Rn. 719, 724 f.; *GL*, Rn. 172.

1333 Vgl. z. B. *BAG* 11. 7. 00 – 2 AZR 551/99, ZIP 01, 262 (263), insoweit nicht in BB 01, 471 abgedruckt; 10. 2. 09 – 1 ABR 94/07, NZA 09, 562 (564).

1334 GK-*Gutzeit*, Rn. 726; *GL*, Rn. 173; *Estelmann*, S. 44 ff.; vgl. auch *BAG* 16. 6. 98 – 1 ABR 67/97, NZA 98, 1185 (1187).

1335 Vgl. *BAG* 11. 7. 00 – 1 AZR 551/99, BB 01, 471; 10. 2. 09 – 1 ABR 94/07, NZA 09, 562 (564); ErfK-*Kania*, Rn. 69; GK-*Gutzeit*, Rn. 727 ff.; HWGNRH-*Worzalla*, Rn. 468.

1336 *BAG* 10. 2. 09, a. a. O.; *Fitting*, Rn. 353; GK-*Gutzeit*, Rn. 727.

1337 So auch die 5. Aufl.; vgl. zudem HWGNRH-*Worzalla*, Rn. 470; Richardi-*Richardi/Maschmann*, Rn. 638.

1338 GK-*Gutzeit*, Rn. 741; *GL*, Rn. 181; WPK-*Bender*, Rn. 157; vgl. auch Rn. 21, 285.

1339 Vgl. *BAG* 21. 6. 79, AP Nr. 1 zu § 87 BetrVG 1972 Sozialeinrichtung; 21. 10. 80, AP Nr. 8 zu § 111 BetrVG 1972; *Fitting*, Rn. 356.

1340 *BAG* 11. 7. 00 – 1 AZR 551/99, ZIP 01, 262 (263), insoweit nicht abgedruckt in BB 01, 471; 10. 2. 09 – 1 ABR 94/07, NZA 09, 562 (564); *Schoden*, Teil 1, Rn. 154.

ten des Konzerns offen steht, während »befreundete Gesellschaften« oder deren Angestellte nur im Einverständnis mit der Konzernmutter durch besonderen Beschluss des Kassenvorstandes zu einer Mitgliedschaft mit minderem Bestandsschutz zugelassen werden können.[1341] Die Sozialeinrichtung kann auch von mehreren UN gemeinsam errichtet werden, wie z. B. bei einer Unterstützungskasse (vgl. Rn. 280 a. E.) oder einer Kantine, die der Caterer in einem Industriepark für mehrere angesiedelte Firmen betreibt, die die Preise für ihre Beschäftigten subventionieren.

266 Das Mitbestimmungsrecht soll ausscheiden, wenn es sich um einen **Gleichordnungskonzern** handelt,[1342] obwohl anders als in § 8 Abs. 1 und § 54 Abs. 1 der Hinweis auf § 18 Abs. 1 AktG fehlt. Der Grund soll darin zu sehen sein, dass das entsprechende Mitbestimmungsorgan, der KBR, nicht gebildet werden kann. Die Frage ist jedoch von keiner größeren praktischen Bedeutung, da jedenfalls, wenn man dieser Meinung folgt, das **Mitbestimmungsrecht nach Nr. 10** eingreift.

267 Ist die Sozialeinrichtung ein **selbstständiger Betrieb** mit einem **eigenen BR,** so stehen diesem hinsichtlich der AN, die in der Sozialeinrichtung beschäftigt sind, alle Rechte aus der Betriebsverfassung zu. Das Mitbestimmungsrecht des **BR des Stammbetriebs** im Hinblick auf Ausgestaltung und Verwaltung der Sozialeinrichtung wird hierdurch nicht beeinträchtigt.[1343] Eine Überschneidung der Kompetenzen der beiden BR ist allerdings denkbar. Soll z. B. die **Öffnungszeit der Sozialeinrichtung** geändert werden, so unterliegt diese Maßnahme der Ausgestaltung dem Mitbestimmungsrecht des BR des Stammbetriebs nach dieser Vorschrift, gleichzeitig aber auch dem des BR der Sozialeinrichtung nach Nr. 2. Der AG kann nur gemeinsam mit dem BR des Stammbetriebs handeln. Erst wenn hier ein **einheitlicher Wille,** gegebenenfalls über die ESt., gebildet worden ist, greift das Mitbestimmungsrecht des BR der Sozialeinrichtung. Insofern ist es also möglich, dass die im Einigungsverfahren zwischen AG und BR des Stammbetriebs gefundene Lösung im Mitbestimmungsverfahren der Sozialeinrichtung eine Modifizierung erfährt. Die Betriebsparteien der Sozialeinrichtung sind an die Einigung im Stammbetrieb nicht gebunden, haben sie aber als betriebliche Belange bei der Ausgestaltung der Arbeitszeiten zu berücksichtigen.[1344]

c) Inhalt des Mitbestimmungsrechts

aa) Errichtung, Dotierung, Zweckbestimmung

268 Nach dem Willen des Gesetzgebers[1345] unterliegt nicht der Mitbestimmung die **Errichtung** der Sozialeinrichtung. Wie auch § 88 Nr. 2 verdeutlicht, besteht insoweit lediglich die Möglichkeit, eine freiwillige BV abzuschließen.[1346] Der AG ist nach Auffassung des *BAG* auch hinsichtlich der **Zweckbestimmung** frei, d. h., er kann allein darüber entscheiden, ob er beispielsweise eine Kantine oder ein Erholungsheim errichten will. Dabei kann er nach dieser Auffassung unter Beachtung von § 75 Abs. 1 auch den **begünstigten Personenkreis abstrakt abgrenzen.**[1347] Nicht um eine Frage der Zweckbestimmung handelt es sich allerdings, wenn der AG lediglich aus Kostensparungsgründen wegen einer schlechten wirtschaftlichen Situation eine neue Gruppenbildung vornehmen will und sich dabei schematisch am Umfang der auf-

1341 So *BAG* 21. 6. 79, AP Nr. 1 zu § 87 BetrVG 1972 Sozialeinrichtung; *Fitting,* Rn. 357 f. ff.; eingehend zu dieser Frage auch *Estelmann,* S. 30 ff.

1342 Vgl. z. B. ErfK-*Kania,* Rn. 70; HWGNRH-*Worzalla,* Rn. 473; Richardi-*Richardi/Maschmann,* Rn. 635; a. A. *Fitting,* Rn. 359.

1343 *Fitting,* Rn. 379; GK-*Gutzeit,* Rn. 796; *GL,* Rn. 198; HWGNRH-*Worzalla,* Rn. 508; Richardi-*Richardi/Maschmann,* Rn. 691.

1344 *BAG* 10. 2. 09 – 1 ABR 94/07, NZA 09, 562 (563); vgl. auch GK-*Gutzeit,* Rn. 797 f.; Richardi-*Richardi/Maschmann,* Rn. 691 f.; *Däubler,* Das Arbeitsrecht 1, Rn. 991b; WPK-*Bender,* Rn. 176; a. A. *Fitting,* Rn. 379: Vorrang des Mitbestimmungsrechts im Stammbetrieb.

1345 Vgl. BT-Drucks. VI/1786, S. 49.

1346 Vgl. z. B. *BAG* 15. 9. 87, AP Nr. 9 zu § 87 BetrVG 1972 Sozialeinrichtung; 26. 4. 88, AP Nr. 16 zu § 87 BetrVG 1972 Altersversorgung; GK-*Gutzeit,* Rn. 744; Richardi-*Richardi/Maschmann,* Rn. 648.

1347 Vgl. *BAG,* a. a. O.; 10. 2. 09 – 1 ABR 94/07, NZA 09, 562 (565); Richardi-*Richardi/Maschmann,* Rn. 651; GK-*Gutzeit,* Rn. 747 f.; *Schnitker/Sittard,* NZA 11, 331; *Schoden,* Teil 1, Rn. 157 u. a.

rechterhaltenen Mittel orientiert.[1348] Die konkreten Anspruchsvoraussetzungen unterliegen als Ausgestaltung der Sozialeinrichtung dem Mitbestimmungsrecht (vgl. Rn. 271). Auch die **Auflösung** der Sozialeinrichtung kann mitbestimmungsfrei erfolgen.[1349] Hierbei ist allerdings zu berücksichtigen, dass die AN bereits **Rechtsansprüche auf Leistungen** erworben haben können. Dann wird es nach arbeitsvertraglichen Grundsätzen kaum möglich sein, dass der AG die Sozialeinrichtung ersatzlos schließt.[1350] Ist die Errichtung in einer BV vereinbart, so ist selbstverständlich deren Laufzeit einzuhalten.

Mitbestimmungsfrei ist nach Ansicht des *BAG* auch die sog. **Dotierung** der Sozialeinrichtung, so dass der AG allein darüber entscheiden kann, welche finanziellen Mittel er der Einrichtung zur Verfügung stellen will.[1351] Führt der AG eine **Kürzung der Mittel** durch, besteht bei der Neuverteilung ein Mitbestimmungsrecht.[1352] Darüber hinaus können sich Schranken für die Freiheit der Dotierung insbesondere aus **§ 75 Abs. 1** ergeben. Erhalten z. B. lediglich Männer eine Betriebsrente, Frauen dagegen nicht, so ist der Gleichbehandlungsgrundsatz verletzt. Dessen Einhaltung, d. h. die Erweiterung des anspruchsberechtigten Personenkreises auf Frauen, unterliegt der erzwingbaren Mitbestimmung bei der Ausgestaltung der Sozialeinrichtung.[1353] Die Ausweitung des Personenkreises führt zu einer entsprechenden Ausweitung der zur Verfügung zu stellenden Mittel. Der Umstand, dass der AG die Sozialeinrichtung freiwillig errichtet hat, steht dem erzwingbaren Mitbestimmungsrecht nicht entgegen, da er die entsprechenden Zahlungen trotz Freiwilligkeit auch dann zu erbringen hätte, wenn alle ungleich behandelten, schlechter gestellten Frauen im Urteilsverfahren auf Gleichbehandlung geklagt und obsiegt hätten.[1354] 269

bb) Form

Das Mitbestimmungsrecht bezieht sich auf die Festlegung, in welcher **Form** die Sozialeinrichtung errichtet werden soll. Hiermit ist die **juristische Gestaltung** gemeint, also beispielsweise, ob sie als selbstständige juristische Person, z. B. als GmbH oder eingetragener Verein[1355] oder rechtlich unselbstständig als Einrichtung des Betriebs oder UN geführt werden soll. Soll die einmal gewählte Rechtsform geändert werden, unterliegt auch dies der Mitbestimmung.[1356] 270

cc) Ausgestaltung

Mitbestimmungspflichtig ist die **Ausgestaltung** der Sozialeinrichtung. Dabei handelt es sich um Maßnahmen, die nach ihrer Bedeutung und ihrer zeitlichen Reihenfolge nach der grundsätzlichen Entscheidung über die Errichtung zwischen der Bestimmung der Form und der laufenden Verwaltung der Sozialeinrichtung liegen.[1357] Zur Ausgestaltung gehört also die nähere 271

1348 *BAG* 26. 4. 88, a. a. O.

1349 *BAG* 13. 3. 73, AP Nr. 1 zu § 87 BetrVG 1972 Werkmietwohnungen; 15. 9. 87, a. a. O.; 26. 4. 88, a. a. O.; 9. 12. 08 – 3 AZR 384/07; *Fitting,* Rn. 367 m. w. N.; MünchArbR-*Matthes,* § 249 Rn. 18.

1350 Vgl. zur **Kündigung einer BV** über betriebliche Altersversorgung und ihren Auswirkungen *BAG* 11. 5. 99 – 3 AZR 20/98, AuR 00, 386 ff. mit krit. Anm. *Herbst/Matthes;* 17. 8. 99 – 3 ABR 55/98, DB 00, 774 ff.: Keine Nachwirkung, falls kein Raum für eine Neuverteilung bleibt, aber Weitergeltung der wirksam gekündigten BV (Beschränkung der Kündigungswirkungen) als solcher für nicht antastbare Besitzstände der AN; *Fitting,* Rn. 367; Richardi-*Richardi/Maschmann,* Rn. 694 f.; *Schoden,* Teil 1, Rn. 157.

1351 *BAG* 12. 6. 75, 13. 7. 78, 26. 4. 88 AP Nrn. 1–3, 5, 16 zu § 87 BetrVG 1972 Altersversorgung; 11. 12. 01 – 3 ABR 512/00, DB 03, 293 (294); GK-*Gutzeit,* Rn. 749 m. w. N.

1352 *BAG* 26. 4. 88, a. a. O., m. w. N.; 10. 3. 92 – 3 AZR 221/91, DB 92, 1885 (1886); 11. 12. 01, a. a. O.; zur Zulässigkeit ablösender BV vgl. § 77 Rn. 12 und *Heither,* BB 92, 145 ff.

1353 **Str.;** wie hier *Birk,* AuR 84, 28 (31 m. w. N.).

1354 *Birk,* a. a. O.; *Däubler,* Das Arbeitsrecht 1, Rn. 991a.

1355 Zu zulässigen Rechtsformen vgl. *Estelmann,* S. 112 ff.

1356 *ArbG Köln* 25. 3. 98, AiB 99, 346 mit Anm. *Vormbaum-Heinemann; Fitting,* Rn. 372; GK-*Gutzeit,* Rn. 761; HWGNRH-*Worzalla,* Rn. 476; *Schnitker/Sittard,* NZA 11, 331; zu **Kantinen** *Bösche/Grimberg,* AiB 95, 395 (397).

1357 So *BAG* 13. 3. 73, AP Nr. 1 zu § 87 BetrVG 1972 Werkmietwohnungen; GK-*Gutzeit,* Rn. 765; Richardi-*Richardi/Maschmann,* Rn. 659.

Konkretisierung der bei der Errichtung festgelegten Zweckbestimmung der Sozialeinrichtung. Damit wird die Erstellung einer **Satzung,** die Bildung von **Verwaltungsgremien,** die Aufstellung einer **Geschäftsordnung,** vor allem aber auch eine **Nutzungsordnung** und ein **Leistungsplan** mit den entsprechenden Voraussetzungen (z. B. Aufnahmealter, Wartezeit, Verteilung der Mittel, ggf. auch nach Kürzung, Regelung vertraglicher Nebenpflichten, wie z. B. Mitteilungs- und Benachrichtigungspflichten der AN) und deren Änderung erfasst.[1358] So gehört zur Ausgestaltung der Sozialeinrichtung bei einer **Kantine** u. a., welche Waren dort angeboten werden, dass kein **Einweg-Plastikgeschirr**[1359] verwendet wird, zu welchen Zeiten die Kantine geöffnet ist, durch wen und wie sie benutzt werden darf,[1360] wie die erwirtschafteten bzw. zur Verfügung gestellten Mittel verwendet[1361] und wie die Preise im Rahmen der vom AG zur Verfügung gestellten Mittel festgesetzt werden.[1362] Hierzu ist auch die **Umgestaltung** der Sozialeinrichtung zu rechnen. Die frühere Auffassung des *BAG,*[1363] nach der die Umstellung der betrieblichen Verkaufsstellen auf Automatenbetrieb nicht der Mitbestimmung des BR unterliegen sollte, ist als überholt anzusehen.[1364]

dd) Verwaltung

272 Mit **Verwaltung** der Sozialeinrichtung ist nicht nur die Aufstellung von allgemeinen **Verwaltungsrichtlinien,** die gesamte innerbetriebliche Organisation bis hin zur **Geschäftsführung** gemeint,[1365] sondern auch die Entscheidung bei der einzelnen **Verwaltungsmaßnahme.**[1366] Oft wird die **Preisfestsetzung** der Sozialeinrichtung im Rahmen der AG-Zuschüsse dazu gerechnet.[1367] Bei Pensions- und Unterstützungskassen gehört z. B. die **Vermögensanlage** zur Verwaltung.[1368] Die **Grenze zwischen Ausgestaltung und Verwaltung** ist **oft fließend.**[1369] Regelungen über Öffnungszeiten und Preise wie auch den Abschluss, den Inhalt und die Kündigung von Pachtverträgen über Sozialeinrichtungen werden ebenso wie die Grundfrage, ob die Einrichtung »in eigener Regie« oder durch Dritte geführt werden soll, teilweise der Verwaltung,[1370] teilweise der Ausgestaltung[1371] zugerechnet. Letztlich ist die Zuordnung ohne Bedeutung, da in jedem Falle ein Mitbestimmungsrecht besteht.

273 Wie die Mitbestimmung bei der Verwaltung letztlich geregelt wird, obliegt allein dem BR und dem AG. Es muss nur sichergestellt sein, dass der **gleichberechtigte Einfluss des BR** stets gewährleistet ist.[1372] Das kann – bei juristisch unselbstständigen Einrichtungen – beispielsweise durch die Bildung eines **gemeinsamen Ausschusses nach § 28 Abs. 2** oder durch die Bildung

1358 Vgl. *BAG* 13.7.78, AP Nr. 5 zu § 87 BetrVG 1972 Altersversorgung; 26.4.88, AP Nr. 16 zu § 87 BetrVG 1972 Altersversorgung m. w. N.; 18.11.08 – 3 AZR 417/07, DB 09, 1079 (1080); *Fitting,* Rn. 373; GK-*Gutzeit,* Rn. 766 ff.

1359 *Däubler,* Klimaschutz, S. 61.

1360 Vgl. *BAG* 15.9.87, AP Nr. 9 zu § 87 BetrVG 1972 Sozialeinrichtung; 11.7.00 – 1 AZR 551/99, ZIP 01, 262 (263), insoweit nicht in BB 01, 471 abgedruckt: Dabei können allerdings AN, die das Essen nicht in Anspruch nehmen, nicht zur Kostentragung verpflichtet werden (vgl. auch Rn. 67); 10.2.09 – 1 ABR 94/07, NZA 09, 562 (563); *LAG Düsseldorf* 12.12.18 – 12 TaBV 37/18, NZA-RR 19, 148 (150 Tz. 34).

1361 *ArbG Köln* 25.3.98, AiB 99, 346 mit Anm. *Vormbaum-Heinemann.*

1362 *Fitting,* Rn. 375; Richardi-*Richardi/Maschmann,* Rn. 662.

1363 26.10.65, AP Nr. 8 zu § 56 BetrVG Wohlfahrtseinrichtungen.

1364 Vgl. *Fitting,* Rn. 373; GK-*Gutzeit,* Rn. 770; Richardi-*Richardi/Maschmann,* Rn. 657 (Form als Mitbestimmungsgrund).

1365 *GL,* Rn. 185.

1366 *Fitting,* Rn. 377; GK-*Gutzeit,* Rn. 773; Richardi-*Richardi/Maschmann,* Rn. 665 m. w. N. zur früheren Rspr. des *BAG* zu § 56 Abs. 1e BetrVG 1952; a. A. HWGNRH-*Worzalla,* Rn. 483.

1367 Vgl. z. B. *Fitting* bei Verpachtung durch den AG (Rn. 367), ansonsten »Ausgestaltung« (Rn. 364); GK-*Gutzeit,* Rn. 750 m. w. N.

1368 Vgl. *Fitting,* Rn. 377; *Schaub,* AuR 92, 193 (196 f.).

1369 Zustimmend *Eylert/Meyer,* AuR 21, 57 (60).

1370 *Fitting,* Rn. 378.

1371 So z. B. *ArbG Köln* 25.3.98, AiB 99, 346 mit Anm. *Vormbaum-Heinemann.*

1372 GK-*Gutzeit,* Rn. 781.

einer **paritätisch zusammengesetzten Kommission** geschehen.[1373] Entsteht eine Pattsituation, fällt die Entscheidung an BR und AG zurück. Ggf. muss die ESt. entscheiden.

d) Ausübung der Mitbestimmung

Wird die Sozialeinrichtung als **juristisch selbstständige Einrichtung** – z. B. in der Form eines eingetragenen Vereins – betrieben, kann das Mitbestimmungsrecht entweder im Wege der sog. **organschaftlichen Lösung** oder der **zweistufigen Lösung** verwirklicht werden.[1374] **274**

Haben BR und AG nichts Anderes vereinbart, ist nach der **zweistufigen Lösung** zu verfahren. Dabei müssen die mitbestimmungsrechtlichen Fragen zwischen BR und AG zunächst so beraten und ausgehandelt werden, als ob die Sozialeinrichtung nicht selbstständig wäre. Anschließend ist es Aufgabe des AG, dafür zu sorgen, dass die mit dem BR getroffenen Regelungen von der Sozialeinrichtung auch tatsächlich befolgt werden. Dazu hat der AG seine rechtlichen und tatsächlichen Möglichkeiten einzusetzen, z. B. durch Einflussnahme oder in der Form von **Weisungen** an die von ihm ernannten oder in die Vereinsorgane entsandten Vertreter.[1375] **275**

Bei der **organschaftlichen Lösung** entsendet der BR in die satzungsgemäßen Organe der rechtlich selbstständigen Einrichtung **paritätisch** Vertreter. Er bestimmt also in den entscheidenden Gremien paritätisch mit. Einigen sich BR und AG hierauf, müssen sie sich das Handeln der von ihnen entsandten Vertreter zurechnen lassen. Mitbestimmungspflichtige Fragen sind dann nur noch innerhalb der **Entscheidungsgremien der Sozialeinrichtung** zu erörtern und zu entscheiden.[1376] **276**

Zulässig ist es auch, die Verwaltung der Sozialeinrichtung in vollem Umfang oder teilweise **dem BR** zu übertragen.[1377] Hierauf besteht kein Rechtsanspruch, so dass die Übertragung lediglich durch eine freiwillige BV nach § 88 möglich ist.[1378] Der BR kann allerdings schon mangels Rechtsfähigkeit nicht **Träger der Einrichtung** sein.[1379] **277**

Andererseits ist es unzulässig, dem AG allein die **Verwaltung** der Sozialeinrichtung zu übertragen, da der BR nicht auf das Mitbestimmungsrecht verzichten kann.[1380] **278**

Wird die Sozialeinrichtung **verpachtet,** muss der gleichberechtigte Einfluss des BR und des AG gegenüber dem Pächter gewahrt sein.[1381] **279**

Maßnahmen, die unter **Verstoß gegen das Mitbestimmungsrecht** zustande kommen, sind **individualrechtlich unwirksam.** Dies gilt auch, wenn die Sozialeinrichtung rechtlich selbstständig ist.[1382] Widerruft der AG z. B. eine Zusage für Altersversorgung, so muss er, wie das *BAG* zu Recht ausgeführt hat, auch dafür einstehen, dass Änderungen mit der im BetrVG vor- **280**

1373 Vgl. z. B. *BAG* 13. 3. 73, AP Nr. 1 zu § 87 BetrVG 1972 Werkmietwohnungen; *Fitting,* Rn. 381; GK-*Gutzeit,* Rn. 782.

1374 *BAG* 8. 12. 81, AP Nr. 1 zu § 1 BetrAVG Unterstützungskassen; 10. 3. 92 – 3 AZR 221/91, DB 92, 1885 (1887); 11. 12. 01 – 3 AZR 512/00, DB 03, 293; *Fitting,* Rn. 382 ff.; GK-*Gutzeit,* Rn. 786 ff.; *Eylert/Meyer,* AuR 21, 57 (59).

1375 *BAG* 13. 7. 78, AP Nr. 5 zu § 87 BetrVG 1972 Altersversorgung; 10. 9. 02 – 3 AZR 635/01, DB 03, 1525; *GL,* Rn. 197; *Fitting,* Rn. 382; *Schoden,* Teil 1, Rn. 155.

1376 *BAG* 13. 7. 78, AP Nr. 5 zu § 87 BetrVG 1972 Altersversorgung; 8. 12. 81, AP Nr. 1 zu § 1 BetrAVG Unterstützungskassen; Richardi-*Richardi/Maschmann,* Rn. 680; vgl. aber auch die gewichtige Kritik von *Estelmann,* S. 59 ff., der auf den **zwingenden Charakter** der Organisationsvorschriften der §§ 27, 28 hinweist und eine **gesetzeskonforme Lösung** dadurch anstrebt, dass er die BR-Mitglieder im gesellschaftsrechtlichen Organ zugleich als Ausschussmitglieder gemäß § 28 handelnd ansieht (S. 86 ff.); HaKo-BetrVG/*Kohte,* Rn. 100; vgl. auch *Bachmann,* NZA 02, 1130 (1136) mit dem Hinweis auf Lösungen gemäß § 3 Abs. 1 Nr. 5.

1377 *BAG* 24. 4. 86, AP Nr. 7 zu § 87 BetrVG 1972 Sozialeinrichtung (auch zu Haftungsfragen); *Fitting,* Rn. 386; GK-*Gutzeit,* Rn. 783; *Eylert/Meyer,* AuR 21, 57 (62).

1378 *Fitting,* Rn. 386; *GL,* Rn. 193.

1379 *BAG* 24. 4. 86, a. a. O.

1380 *BAG* 14. 2. 67, AP Nr. 9 zu § 56 BetrVG Wohlfahrtseinrichtungen; vgl. auch *Fitting,* Rn. 386; *Halberstadt,* Rn. 101.

1381 ErfK-*Kania,* Rn. 79; Richardi-*Richardi/Maschmann,* Rn. 685.

1382 Vgl. *BAG* 26. 4. 88, AP Nr. 16 zu § 87 BetrVG 1972 Altersversorgung unter Änderung der früheren Rspr. vom 13. 7. 78, AP Nr. 5 zu § 87 BetrVG 1972 Altersversorgung mit ablehnender Anm. von *Hanau;* vgl. auch *BAG* 9. 5. 89, AP Nr. 18 zu § 87 BetrVG 1972 Altersversorgung; 10. 3. 92 – 3 AZR

gesehenen Beteiligung des BR zustande kommen. Die Übertragung von arbeitsvertraglichen Pflichten auf eine selbstständige Einrichtung kann nicht dazu führen, dass Rechte und Pflichten eingeschränkt werden. Es gelten also auch hier die allgemeinen Grundsätze bei Verletzung von Mitbestimmungsrechten (vgl. Rn. 5). Sind an einer Unterstützungskasse allerdings **mehrere UN beteiligt,** setzen Ansprüche einzelner AN (Ausfallhaftung des AG) wegen Verletzung der Mitbestimmungsrechte voraus, dass die Verletzung bei der Willensbildung in der Gruppenunterstützungskasse für die nachteilige Änderung der Leistungsrichtlinien kausal werden konnte.[1383] **Rechtsgeschäfte mit Dritten,** die die selbstständige Einrichtung abschließt, sind demgegenüber auch bei Verletzung des Mitbestimmungsrechts wirksam.[1384]

e) Einzelfälle

281 Als Sozialeinrichtungen werden z. B. **Bibliotheken, Erholungseinrichtungen,**[1385] **Fortbildungseinrichtungen,**[1386] **Beschäftigungs- und Qualifizierungsgesellschaften** eines AG, die mit den früheren Beschäftigten Arbeitsverhältnisse eingehen, um ihnen den Bezug von Kurzarbeitergeld zu ermöglichen,[1387] **Kantinen/Werksküchen** (Entwurf einer BV bei DKWF-*Klebe/Heilmann,* § 87 Rn. 43 und 44 [elektronische Kantinenabrechnung]),[1388] **Sportanlagen, Betriebspolikliniken, Firmenkrankenhäuser**[1389] und **Firmenkindergärten** (vgl. DKWF-*Klebe/Heilmann,* § 87 Rn. 45 Vereinbarungsentwurf)[1390] angesehen. **Unterstützungs-** und **Pensionskassen** sind ebenfalls Sozialeinrichtungen.[1391] Dies gilt auch, wenn sie zur Durchführung des AN-Anspruchs auf **Umwandlung von Entgelt** in Versorgungszusagen dienen (sog. »Riester-Rente«; vgl. auch Rn. 136, 326 f. und DKWF-*Klebe/Heilmann,* § 87 Rn. 60 Vereinbarungsentwurf).[1392] Bei der Ausübung des Mitbestimmungsrechts stehen i. d. R. die Gestaltung des Leistungsplans (im vorgegebenen Rahmen: Rn. 268 f., 325) und Verwaltungsmaßnahmen im Vordergrund. Zur Ausgestaltung des Leistungsplans gehört auch die Einhaltung der Grundsätze des § 75 BetrVG.[1393] **Direktzusagen** an die Beschäftigten, **Gruppenlebens- oder Rückdeckungsversicherungen** unterliegen demgegenüber der Vorschrift nicht, weil es ihnen an der erforderlichen eigenständigen Organisation fehlt.[1394] Bei eigenständiger Organisation kann auch ein **Werkbusverkehr**[1395] als Sozialeinrichtung anzusehen sein. Andernfalls kommt ebenso wie bei einer Altersversorgung, die auf Direktzusagen basiert, ein Mitbestimmungsrecht nach Nr. 10 in Betracht. Bei eigenständiger Organisation können **Werkmietwohnungen** die Voraussetzung der Vorschrift erfüllen,[1396] ansonsten kommt das Mitbestimmungsrecht nach Nr. 9 in

---

221/91, DB 92, 1885 (1887); *Fitting,* Rn. 388; *GL,* Rn. 192; a. A. Richardi-*Richardi/Maschmann,* Rn. 706.

1383 *BAG* 9.5.89, a. a. O.; vgl. auch *Fitting,* Rn. 388; GK-*Gutzeit,* Rn. 789, 897.

1384 *Fitting,* Rn. 389; Richardi-*Richardi/Maschmann,* Rn. 705.

1385 *BAG* 3.6.75, AP Nr. 3 zu § 87 BetrVG 1972 Werkmietwohnungen.

1386 Richardi-*Richardi/Maschmann,* Rn. 641.

1387 *BAG* 23.8.01 – 5 AZB 11/01, NZA 02, 230 (231); ErfK-*Kania,* Rn. 71.

1388 *BAG* 26.10.65, AP Nr. 8 zu § 56 BetrVG Wohlfahrtseinrichtungen; 15.9.87, AP Nr. 9 zu § 87 BetrVG 1972 Sozialeinrichtungen; 11.7.00 – 1 AZR 551/99, BB 01, 471; *LAG Düsseldorf* 12.12.18 – 12 TaBV 37/18, NZA-RR 19, 148 (150 Tz. 33); *Herbst/Scholl,* AiB 90, 119 ff.; *Bösche/Grimberg,* AiB 95, 395ff; *Martini,* AiB 13, 29 (30 ff.); hierzu ausführlich *Eylert/Meyer,* AuR 21, 57 ff.

1389 GK-*Gutzeit,* Rn. 731; Richardi-*Richardi/Maschmann,* Rn. 641; MünchArbR-*Matthes,* § 249 Rn. 7.

1390 *BAG* 22.10.81, AP Nr. 10 zu § 76 BetrVG 1972; 10.2.09 – 1 ABR 94/07, NZA 09, 562 (564).

1391 Vgl. z. B. *BAG* 18.11.08 – 3 AZR 417/07, DB 09, 1079 (1080); hierzu auch *Reinecke,* AuR 04, 328 ff.; *Furier,* AiB 99, 197 ff., sowie *Schoden,* Teil 1, Rn. 166 ff. zu Fragen des Leistungsplans.

1392 *Schoden,* Teil 2, § 1a BetrAVG, Rn. 4 ff.

1393 Vgl. *Birk,* AuR 84, 28 (31) und ausführlicher *ders.,* S. 108, 189 ff.

1394 Vgl. z. B. *BAG* 12.6.75, 18.3.76, AP Nrn. 1–4 zu § 87 BetrVG 1972 Altersversorgung; 5.6.84, AP Nr. 3 zu § 1 BetrAVG Unterstützungskassen; 26.4.88, AP Nr. 16 zu § 87 BetrVG 1972 Altersversorgung; Richardi-*Richardi/Maschmann,* Rn. 625 ff. m. w. N.

1395 *BAG* 9.7.85, AP Nr. 16 zu § 75 BPersVG; *LAG Schleswig-Holstein* 17.3.83, BB 84, 140; GK-*Gutzeit,* Rn. 731; *SWS,* Rn. 139.

1396 Vgl. z. B. Richardi-*Richardi/Maschmann,* Rn. 643; GK-*Gutzeit,* Rn. 732 m. w. N. zur *BAG*-Rspr.

Frage. Auch betriebliche Sozialfonds und Hilfskassen für Notfälle,[1397] **Verkaufsautomaten,**[1398] Einrichtungen zum verbilligten Warenbezug (**Verkaufsmagazine**) und **Selbstbedienungsläden,** die in vom AG einem Drittunternehmen zur Verfügung gestellten Räumen betrieben werden, sind als Sozialeinrichtungen anzusehen.[1399] Wird demgegenüber lediglich ein verbilligter Einkauf von Unternehmensprodukten ohne eigenständige Organisation ermöglicht, liegt keine Sozialeinrichtung vor.[1400] **Werkszeitungen** sind nach h. M. keine Sozialeinrichtung. Sie gewährten den AN keine zusätzlichen Vorteile, sondern dienten nur der Unterrichtung der Belegschaft, also betrieblichen Interessen.[1401] Diese Argumentation überzeugt nicht. Werkszeitungen werden unentgeltlich verteilt, obwohl sie Informationen (Service/Unterhaltung; z. B. innerbetrieblicher Gebrauchtwagenmarkt, Mitfahrgelegenheiten) für die Belegschaft enthalten können und dann für sie auch einen materiellen Wert haben. Damit bieten sie für die AN »zusätzliche Vorteile«.[1402]

Keine Sozialeinrichtungen sind **Betriebskrankenkassen,** die auf öffentlich-rechtlicher Grundlage organisiert sind, **Betriebsfeiern, Betriebsausflüge,**[1403] **AG-Darlehen, Outplacement**-Betreuungen, sofern mit ihnen nicht zusätzliche soziale Vorteile gewährt werden und sie institutionalisiert sind (vgl. auch Rn. 328)[1404] oder **Werkdienstwohnungen.**[1405] Der **Verkauf von Werkmietwohnungen,** die eine Sozialeinrichtung darstellen, kann dem Mitbestimmungsrecht unterliegen, wenn lediglich der Rechtsträger wechselt, aber der soziale Zweck und die Trägerschaft durch den AG jedenfalls wirtschaftlich betrachtet)[1406] bestehen bleiben, also keine Schließung vorliegt. **Indizien** hierfür sind z. B., dass der AG sich ein Belegungsrecht vorbehält oder langjährigen Bestandsschutz für die aktuellen Mieter vereinbart.[1407] Findet der Wechsel statt, bestehen anschließend Mitbestimmungsrechte im gleichen Umfang (unabhängig von der wirtschaftlichen Bewertung) wie dem AG Rechte zustehen (vgl. auch Rn. 264 m. w. N., Rn. 285).[1408] 282

9. Wohnraum (Nr. 9)

a) Vorbemerkungen

Bei der Vorschrift handelt es sich systematisch gegenüber Nr. 8 um einen **Sonderfall**[1409]. Die Vorschrift ist allerdings eigenständig, so dass nicht zusätzlich die Voraussetzungen der Nr. 8 vorliegen müssen. Sie greift also auch ein, falls für die **Werkmietwohnungen** eine kostendeckende, dem allgemeinen Wohnungsmarkt entsprechende Miete erhoben wird und sie daher keine Sozialeinrichtung darstellen.[1410] Mit dem Mitbestimmungsrecht wird der einzelne AN geschützt, der zwar einerseits durch Überlassung der Wohnung privilegiert, andererseits aber doppelt abhängig vom AG ist.[1411] 283

1397 Vgl. hierzu auch den BV-Entwurf von *Bösche/Grimberg,* AiB 92, 397 ff.
1398 *BAG* 26. 10. 65, AP Nr. 8 zu § 56 BetrVG Wohlfahrtseinrichtungen; HWGNRH-*Worzalla,* Rn. 469; MünchArbR-*Matthes,* § 249 Rn. 7.
1399 *LAG Hamm* 2. 3. 83 – 12 TaBV 68/82; vgl. auch GK-*Gutzeit,* Rn. 731; *GL,* Rn. 178.
1400 *BAG* 18. 5. 65, AP Nr. 26 zu § 56 BetrVG; *ArbG Hamm* 14. 7. 82, DB 82, 2632; HWGNRH-*Worzalla,* Rn. 469.
1401 *Fitting,* Rn. 361; GK-*Gutzeit,* Rn. 733; Richardi-*Richardi/Maschmann,* Rn. 644 m. w. N.
1402 Vgl. auch GK-*Gutzeit,* Rn. 733; *GL,* Rn. 174 und die dort jeweils aufgeführten »Sonderfälle«; *Simitis/Kreuder,* NZA 92, 1009 (1010); zur Pressefreiheit bei Werkszeitungen *BVerfG,* 8. 10. 96, BB 97, 205 f.
1403 *BAG* 27. 1. 98 – 1 ABR 35/97, BB 98, 1419 = AiB 98, 710 f. mit kritischer Anm. *Grimberg;* ErfK-*Kania,* Rn. 72; *Fitting,* Rn. 361; Richardi-*Richardi/Maschmann,* Rn. 645.
1404 Vgl. auch *Kibler,* RdA 96, 366 (372).
1405 Vgl. GK-*Gutzeit,* Rn. 732; *GL,* Rn. 172 ff; Richardi-*Richardi/Maschmann,* Rn. 643.
1406 Vgl. auch Richardi-*Richardi/Maschmann,* Rn. 638.
1407 *Trümner,* BetrR 89, 33 f.
1408 Vgl. *Bachmann,* NZA 02, 1130 (1134 f.).
1409 Das *BAG* 13. 3. 73, AP Nr. 1 zu § 87 BetrVG 1972 Werkmietwohnungen spricht von einem »Unterfall«.
1410 Vgl. *Fitting,* Rn. 390; GK-*Gutzeit,* Rn. 801; Richardi-*Richardi/Maschmann,* Rn. 710.
1411 *Däubler,* Das Arbeitsrecht 1, Rn. 992; vgl. auch den Rspr.-Überblick von *Hebing,* AiB 95, 351 ff.

b) Voraussetzungen des Mitbestimmungsrechts

aa) Wohnraum

284 Der Begriff der Wohnräume umfasst **Räume jeder Art,** soweit sie zum Wohnen geeignet und bestimmt sind. Es kommt also nicht darauf an, ob es sich um eine übliche Wohnung oder um Einzelzimmer handelt, ob die Räume von einzelnen oder von mehreren Personen belegt sind.[1412] Somit kommen auch **Behelfsheime, transportable Baracken, Wohnwagen** oder andere **Schlafstätten** in Betracht.[1413] Bedeutungslos ist auch, ob die Überlassung lang- oder kurzfristig,[1414] ob sie entgeltlich oder kostenlos erfolgt und ob sie dem AG möglicherweise finanzielle Vorteile bringt.[1415] Würde man die unentgeltliche Überlassung vom Geltungsbereich ausnehmen, widerspräche dies dem Schutzzweck.[1416]

285 Die Vorschrift erfasst nicht nur Wohnraum, der im **Eigentum** des AG steht. Tritt dieser nicht lediglich als **Vermittler** auf, sondern hat er ein **Belegungs**- oder **Vorschlagsrecht,** so ist insoweit das Mitbestimmungsrecht zu beachten.[1417] Bei der Gründung eines eigenen, selbstständigen Wohnungsunternehmens muss sich der AG den maßgeblichen Einfluss sichern oder den BR paritätisch in den Organen beteiligen (vgl. Rn. 274 ff.).[1418]

bb) Zusammenhang mit dem Arbeitsverhältnis

286 Voraussetzung für das Mitbestimmungsrecht ist weiter, dass der Wohnraum vom AG oder einem Dritten nur mit **Rücksicht auf das Arbeitsverhältnis** vermietet worden ist **(Werkmietwohnung,** §§ 576 f. BGB; Checkliste bei DKWF-*Klebe/Heilmann,* § 87 Rn. 47.).[1419] Deshalb scheidet das Mitbestimmungsrecht bei sog. **Werkdienstwohnungen,** also Wohnräumen, die dem AN im Rahmen seines Arbeitsverhältnisses aus dienstlichen Gründen überlassen werden, aus.[1420] Hierbei wird **kein Mietvertrag** abgeschlossen; die Überlassung ist vielmehr unmittelbarer Bestandteil des Arbeitsverhältnisses und Teil der Vergütung.[1421] Werkdienstwohnungen werden z. B. an Pförtner, Hausmeister oder Kraftfahrer vergeben. Da diese Wohnungen **unmittelbarer Bestandteil des Arbeitsverhältnisses** sind, endet das Benutzungsrecht regelmäßig mit der Beendigung des Arbeitsverhältnisses.[1422] Eine Kündigung ist i. d. R. isoliert unzulässig. Sie erfolgt durch die Kündigung des Arbeitsverhältnisses. Hat der AN den Wohnraum allerdings ganz oder überwiegend möbliert oder/und führt er mit seiner Familie in dem Wohnraum einen eigenen Hausstand, bedarf es auch bei Werkdienstwohnungen einer besonderen dem Mieterschutz (**§ 576b BGB**) und der Mitbestimmung unterliegenden Kündigung.[1423] In jedem Fall kommt das Mitbestimmungsrecht nach Nr. 10 in Betracht.[1424] Auch bei Werkdienstwohnungen ist jeweils sorgfältig zu untersuchen, ob es sich um eine richtige Bezeichnung handelt, ob also der Bezug der Wohnung im Interesse des Betriebs erfolgen muss. Ansonsten liegt eine **Umgehung des Mitbestimmungsrechts** vor.[1425]

1412 *BAG* 3.6.75, AP Nr. 3 zu § 87 BetrVG 1972 Werkmietwohnungen.
1413 Vgl. z. B. *Fitting,* Rn. 392; GK-*Gutzeit,* Rn. 811 f.; Richardi-*Richardi/Maschmann,* Rn. 713.
1414 *BAG,* a. a. O.; *GL,* Rn. 205, HWGNRH-*Worzalla,* Rn. 513.
1415 Vgl. z. B. *Fitting,* Rn. 393; *GL,* Rn. 204 m. w. N.; a. A. GK-*Gutzeit,* Rn. 805.
1416 *GL,* Rn. 204; Richardi-*Richardi/Maschmann,* Rn. 715.
1417 *BAG* 18.7.78, AP Nr. 4 zu § 87 BetrVG 1972 Werkmietwohnungen; *Fitting,* Rn. 394; GK-*Gutzeit,* Rn. 813; Richardi-*Richardi/Maschmann,* Rn. 716; *Bobke,* S. 215.
1418 *Fitting,* Rn. 394.
1419 Vgl. BT-Drucks. VI/1786, S. 49; GK-*Gutzeit,* Rn. 804.
1420 Vgl. z. B. *BAG* 28.7.92 – 1 ABR 22/92, NZA 93, 272 (273); GK-*Gutzeit,* Rn. 806; *GL,* Rn. 202.
1421 *BAG* 3.6.75, AP Nr. 3 zu § 87 BetrVG 1972 Werkmietwohnungen; 23.8.89, DB 90, 740; 24.1.90 – 5 AZR 749/87, DB 91, 1839.
1422 *Fitting,* Rn. 396.
1423 Vgl. auch *Fitting,* Rn. 396.
1424 GK-*Gutzeit,* Rn. 862.
1425 *Fitting,* Rn. 396; HWGNRH-*Worzalla,* Rn. 514; *Däubler/Schiek,* Anm. zu AP Nrn. 7 und 8 zu § 87 BetrVG 1972 Werkmietwohnungen, Bl. 1238 R.

c) Inhalt des Mitbestimmungsrechts

aa) Beschaffung von Wohnraum, Dotierung, Zweckbestimmung

Ob der AG überhaupt **Wohnräume zur Verfügung** stellt, unterliegt ebenso wenig dem Mitbestimmungsrecht wie die spätere (Teil-)**Entwidmung.**[1426] Diese kann allerdings willkürlich oder missbräuchlich und daher unwirksam sein.[1427] Auch hinsichtlich der finanziellen Mittel, die er zur Verfügung stellt **(Dotierungsrahmen)**, ist der AG frei.[1428] Dies soll nach allerdings abzulehnender Auffassung zudem für die abstrakte Festlegung des **begünstigten Personenkreises** gelten.[1429] Da jede **einzelne** Zuweisung und Kündigung von Werkmietwohnungen mitbestimmungspflichtig ist, muss dies erst recht für entsprechende **allgemeine** Richtlinien gelten. Hierum handelt es sich jedoch, falls die Wohnungen auf bestimmte Personenkreise beschränkt werden oder z. B. eine vorrangige Berechtigung einzelner Gruppen vorgesehen wird.[1430] Für das Mitbestimmungsrecht lassen sich im Übrigen in diesem Fall historische Gründe anführen.[1431] Jedenfalls bildet auch hier § 75 Abs. 1 eine Einschränkung, die im Ergebnis häufig dazu führt, dass eine Differenzierung nach Beschäftigtengruppen als unzulässig anzusehen ist. 287

bb) Zuweisung und Kündigung

Dem Mitbestimmungsrecht unterliegt die **Zuweisung** von Wohnräumen (Vereinbarungsentwurf bei DKWF-*Klebe/Heilmann*, § 87 Rn. 48). Hierunter ist die Benennung des Begünstigten in jedem **Einzelfall** zu verstehen.[1432] 288

Leitende Angestellte gehören zwar nicht zu den vom BR vertretenen AN; das Mitbestimmungsrecht bei der Zuweisung von Wohnräumen greift jedoch dennoch ein, wenn aus einem **einheitlichen Bestand von Werkmietwohnungen,** die im Übrigen allen AN offen stehen, einem leitenden Angestellten eine Wohnung zugewiesen werden soll.[1433] Das Mitbestimmungsrecht besteht auch ansonsten, wenn Wohnungen **auch** an dritte Personen, die nicht vom BR repräsentiert werden, vergeben werden. Es macht keinen Unterschied, ob zwischen dem Dritten und dem AG ein Vertragsverhältnis (wie beim leitenden Angestellten) besteht oder nicht.[1434] 289

Hat der AG den BR nicht beteiligt und dennoch einem AN Wohnräume zugewiesen bzw. mit ihm einen Mietvertrag abgeschlossen, sind diese Maßnahmen **unwirksam.**[1435] Andernfalls würde das Mitbestimmungsrecht ausgehöhlt werden. Eine vorläufige Zuweisung kommt nicht in Betracht (vgl. Rn. 28 f.). Bei Missachtung des Mitbestimmungsrechts kann der BR vom AG verlangen, dass dieser alles unternimmt, damit der vermietete Wohnraum **wieder geräumt** wird. Dem betroffenen AN, der die bereits bezogene Wohnung wieder räumen muss, weil der AG das Mitbestimmungsrecht missachtet hat, steht die Möglichkeit offen, gegen den AG **Schadensersatzansprüche** geltend zu machen. 290

1426 *BAG* 13.3.73, AP Nr. 1 zu § 87 BetrVG 1972 Werkmietwohnungen; 23.3 93 – 1 ABR 65/92, NZA 93, 766 (767); GK-*Gutzeit,* Rn. 815, 817; Richardi-*Richardi/Maschmann,* Rn. 720 ff.; vgl. zum Verkauf von Werkswohnungen *Trümner,* BetrR 89, 33; *Kohte,* BetrR 93, 81 (84 f.).

1427 *BAG* 23.3.93 – 1 ABR 65/92, NZA 93, 766 (768); *Däubler/Schiek,* Anm. zu AP Nrn. 7 und 8 zu § 87 BetrVG 1972 Werkmietwohnungen, Bl. 1241 R f., auch zum individuellen Vertrauensschutz der AN.

1428 GK-*Gutzeit,* Rn. 815, Richardi-*Richardi/Maschmann,* Rn. 721 f.

1429 So ErfK-*Kania,* Rn. 86; *Fitting,* Rn. 400; GK-*Gutzeit,* Rn. 816; MünchArbR-*Matthes,* § 250 Rn. 9; Richardi-*Richardi/Maschmann,* Rn. 725; **a. A. zu Recht** *GL,* Rn. 210 und *Kohte,* BetrR 93, 81 (82 f.) mit Hinweis auf *BAG* 14.2.67, AP Nr. 9 zu § 56 BetrVG Wohlfahrtseinrichtungen; offen gelassen vom *BAG* 23.3.93, a. a. O.

1430 *Däubler/Schiek,* a. a. O., Bl. 1242 f.

1431 *Kohte,* a. a. O.

1432 Vgl. GK-*Gutzeit,* Rn. 818; Richardi-*Richardi/Maschmann,* Rn 723 f.

1433 *BAG* 30.4.74, AP Nr. 2 zu § 87 BetrVG 1972 Werkmietwohnungen; 23.3.93 – 1 ABR 65/92, NZA 93, 766 (767); HWGNRH-*Worzalla,* Rn. 516.

1434 *BAG* 28.7.92 – 1 ABR 22/92, NZA 93, 272 (274); 23.3.93, a. a. O.; *Fitting,* Rn. 403.

1435 *Fitting,* Rn. 404; *GL,* Rn. 209a; *WW,* Rn. 66; *Däubler,* Das Arbeitsrecht 1 Rn. 992b; a. A. ErfK-*Kania,* Rn. 89; GK-*Gutzeit,* Rn. 820; Richardi-*Richardi/Maschmann,* Rn. 746; WPK-*Bender,* Rn. 186, jeweils m. w. N.; *Junker,* FS Kreutz, S. 171 (174).

291 So wie bei der Zuweisung besteht das Mitbestimmungsrecht auch bei der **Kündigung** von Wohnräumen. Handelt es sich um einen einheitlichen Bestand ohne feste Zuordnung, erstreckt sich das Mitbestimmungsrecht nicht nur auf die Kündigung von Wohnungen der AN (§ 5 Abs. 1), sondern ebenfalls auf alle (vgl. Rn. 289).[1436] Es ist gleichgültig, ob es sich um eine ordentliche (fristgemäße) oder um eine außerordentliche (fristlose) Kündigung handelt.[1437] Bei Aufhebungsverträgen greift die Vorschrift nicht ein.[1438] Das Mitbestimmungsrecht, das primär objekt- und nicht personenbezogen ist, bleibt auch dann bestehen, wenn das **Arbeitsverhältnis bereits beendet** worden ist.[1439] Das Gleiche gilt nach einer **Entwidmung** der Wohnung.[1440] Eine **ordentliche Kündigung** des Mietverhältnisses wird i. d. R. nur möglich sein, wenn auch das Arbeitsverhältnis beendet wird. Eine automatische Koppelung scheidet aber wegen § 576 BGB aus. Eine **außerordentliche Kündigung** ist auch während des Arbeitsverhältnisses aus den gesetzlichen Gründen möglich und unterliegt der Mitbestimmung.[1441]

292 Stimmen BR und AG überein, dass das Mietverhältnis gekündigt werden soll, kann der AG die Kündigung aussprechen. Ist nicht der AG Vermieter, sondern ein Dritter, ist dieser zur Kündigung verpflichtet, wenn die entsprechende Einwirkungsmöglichkeit des AG besteht. Eine ohne Beachtung des Mitbestimmungsrechts ausgesprochene Kündigung ist **unwirksam.**[1442] Hat der BR der Kündigung zugestimmt oder liegt eine die Zustimmung des BR ersetzende Entscheidung der ESt. vor, so bleibt es dem von der Kündigung betroffenen AN dennoch unbenommen, die Unwirksamkeit der Kündigung nach den **mieterschutzrechtlichen Bestimmungen**[1443] in einem **Verfahren vor dem zuständigen AG** geltend zu machen (vgl. auch Rn. 294).[1444] Der BR hat selbstverständlich wie auch der AG die Möglichkeit, eine etwaige Entscheidung der ESt. im arbeitsgerichtlichen Beschlussverfahren überprüfen zu lassen.

cc) Festlegung der Nutzungsbedingungen

293 Das Mitbestimmungsrecht erstreckt sich schließlich auch auf die allgemeine **Festlegung der Nutzungsbedingungen.** Dieser Begriff ist nach der Rspr. des *BAG* »ganz allgemein zu verstehen«.[1445] Hierzu zählen u. a. der **Mietvertrag,** die **Hausordnung,** Regelungen über die Durchführung von **Schönheitsreparaturen** und gegebenenfalls auch die Reihenfolge der **Treppenhausreinigung.** Von entscheidender Bedeutung für die AN ist aber, dass zu den Nutzungsbedingungen auch die Festlegung des **Mietzinses,** unabhängig von einer etwaigen Pflicht zur Versteuerung, gehört.[1446] Die Mitbestimmung bewegt sich hierbei jedoch nur im Rahmen der vom AG eingeräumten finanziellen Grundausstattung (Dotierung), da der AG nicht gezwungen werden kann, diese zu erhöhen. Insofern kann der BR z. B. darüber mitbestimmen, »welcher Quadratmeterpreis im Regelfall für eine Wohnung bestimmter Lage und Ausstattung, u. U. unter Berücksichtigung sozialer Gesichtspunkte, bezahlt werden soll«.[1447] Gleiches gilt auch für

1436 *BAG* 28.7.92 – 1 ABR 22/92, NZA 93, 272 (274).
1437 *Fitting,* Rn. 405.
1438 *GL,* Rn. 209c; HWGNRH-*Worzalla,* Rn. 521; *Junker,* FS Kreutz, S. 171 (174).
1439 *BAG* 28.7.92 – 1 ABR 22/92, NZA 93, 272 (274); *Kohte,* BetrR 93, 81 (83 f.); *Fitting,* Rn. 397; MünchArbR-*Matthes,* § 250 Rn. 21; *Däubler,* Das Arbeitsrecht 1, Rn. 992b; ein Mitbestimmungsrecht bejahen nur, solange die Beendigung des Arbeitsverhältnisses nicht feststeht, also beispielsweise während eines Kündigungsschutzprozesses: *OLG Frankfurt* 14.8.92, DB 92, 2146, Ls.; HWGNRH-*Worzalla,* Rn. 519; Richardi-*Richardi/Maschmann,* Rn. 727.
1440 GK-*Gutzeit,* Rn. 817; *Däubler/Schiek,* Anm. zu AP Nrn. 7 und 8 zu § 87 BetrVG Werkmietwohnungen, Bl. 1242 R.
1441 *Fitting,* Rn. 405.
1442 Vgl. z. B. GK-*Gutzeit,* Rn. 826; *GL,* Rn. 209a; Richardi-*Richardi/Maschmann,* Rn. 747.
1443 Vgl. hierzu *Fitting,* Rn. 405 f.; GK-*Gutzeit,* Rn. 825; *Däubler/Schiek,* Anm. zu AP Nrn. 7 und 8 zu § 87 BetrVG 1972 Werkmietwohnungen, Bl. 1236 ff.; *Kohte,* BetrR 93, 81 (83); *Hebing,* AiB 95, 351 ff.
1444 *BAG* 24.1.90 – 5 AZR 749/87, DB 91, 1839; 2.11.99 – 5 AZB 18/99, DB 00, 628.
1445 *BAG* 13.3.73, AP Nr. 1 zu § 87 BetrVG 1972 Werkmietwohnungen.
1446 *BAG* 13.3.73, a. a. O.; 28.7.92 – 1 ABR 22/92, NZA 93, 272 (274); *Fitting,* Rn. 410 m. w. N.
1447 *BAG* 13.3.73 und 28.7.92, a. a. O.

die Festlegung und Staffelung der **Übernachtungsgebühren** für AN mit und ohne Auslösung in einem möblierten betrieblichen Wohnheim mit Zweibettzimmern und Nebenräumen.[1448]

294 Auch die **Erhöhung der Grundmieten** und die Umlage von Betriebs- und Nebenkosten auf die Mieter kann nur unter Beachtung der Mitbestimmung erfolgen. Dabei sind selbstverständlich die zum Schutze der Mieter erlassenen sonstigen Gesetze zu beachten. Dagegen gehört die **Lieferung von Heizgas** jedenfalls dann nicht zu den Nutzungsbedingungen, wenn der AG nur die Wohnräume einschließlich einer Heizgelegenheit zur Verfügung stellt.[1449] Für **Streitigkeiten,** z.B. über die Miethöhe, ist bei Werkmietwohnungen das AG zuständig,[1450] bei Werkdienstwohnungen das ArbG.[1451] Das Mitbestimmungsrecht bei der Festlegung der Nutzungsbedingungen besteht nur, soweit die Wohnungen an AN des Betriebs einschließlich der dort zu ihrer Berufsausbildung Beschäftigten (z.B. auch in die Betriebsorganisation eingegliederte Auszubildende anderer Betriebe) vermietet werden.[1452]

295 Tritt der BR auf Grund seiner vielfältigen Aufgaben im Bereich dieses Mitbestimmungsrechts einem **Mieterbund** bei, ist der AG nach Auffassung des *BAG* nicht verpflichtet, die daraus entstehenden Kosten zu tragen Der BR soll vielmehr verpflichtet sein, sich kostenlosen Rat zu holen bzw. u.U. nach § 80 Abs. 3 einen Sachverständigen einzuschalten.[1453]

10. Betriebliche Lohngestaltung (Nr. 10)

a) Vorbemerkungen

296 Mit der Vorschrift[1454] wollte der Gesetzgeber das Mitbestimmungsrecht des BR »über das geltende Recht hinaus auf alle Fragen der betrieblichen Lohngestaltung, soweit es sich um die Festlegung allgemeiner Regelungen in diesem Bereich handelt«, ausweiten. Mit einer Generalklausel sollte ein **»umfassendes Mitbestimmungsrecht«** sichergestellt werden.[1455] Mit Hilfe des Mitbestimmungsrechts sollen die AN, sofern kein **Tarifvertrag** eingreift (vgl. Rn. 36ff.), vor einseitig am Interesse des UN orientierten oder willkürlichen Lohngestaltungen geschützt werden. Dabei geht es um die Angemessenheit und Durchsichtigkeit des innerbetrieblichen Lohngefüges, also um **innerbetriebliche Lohngerechtigkeit.**[1456] Dem dient auch das EntgTranspG, das bisher aber offenbar keine größere Wirkung erzielt.[1457] Die betriebliche Lohngestaltung muss dabei den §§ 3, 4 und 7 entsprechen bzw. ggf. angepasst werden. Aus dem Prüfverfahren kann sich ein Mitbestimmungsrecht ergeben, wenn die dortigen Kriterien Grundsätze für eine zukünftige diskriminierungsfreie Entgeltgestaltung sind.[1458]

1448 *BAG* 3.6.75, AP Nr. 3 zu § 87 BetrVG 1972 Werkmietwohnungen.
1449 *BAG* 22.10.85, AP Nr. 5 zu § 87 BetrVG 1972 Werkmietwohnungen.
1450 *BAG* 24.1.90 – 5 AZR 749/87, DB 91, 1839; 2.11.99 – 5 AZB 18/99, DB 00, 628.
1451 *BAG* 2.11.99 – 5 AZB 18/99, DB 00, 628
1452 *BAG* 28.7.92 – 1 ABR 22/92, NZA 93, 272 (275ff.).
1453 *BAG* 27.9.74, AP Nr. 8 zu § 40 BetrVG 1972.
1454 Vgl. auch die umfassende Darstellung der Rspr. des BAG bei *Koch*, SR 16, 131ff. und SR 17, 19ff.
1455 BT-Drucks. VI/1786, S. 49; *BAG* 12.6.75, AP Nr. 1 zu § 87 BetrVG 1972 Altersversorgung; Richardi-*Richardi/Maschmann*, Rn. 750.
1456 Vgl. *BAG* 29.3.77, AP Nr. 1 zu § 87 BetrVG 1972 Provision; 17.12.85, AP Nr. 5 zu § 87 BetrVG 1972 Tarifvorrang; 15.4.08 – 1 AZR 65/07, NZA 08, 888 (890); 4.5.11 – 7 ABR 10/10, NZA 11, 1239 (1242); 30.10.12 – 1 ABR 61/11, NZA 13, 522 (523), juris; *Fitting*, Rn. 41414; GK-*Gutzeit*, Rn. 844; HWGNRH-*Worzalla*, Rn. 542; Richardi-*Richardi/Maschmann*, Rn. 730f.; vgl. auch ausführlich *Dorndorf*, FS Däubler, S. 327ff.; a.A. *Joost*, ZfA 93, 257 (260ff.); *Helm/Becker/Huber/Müller/Müller*, AuR 18, 18ff. mit Kriterien für eine diskriminierungsfreie Entgeltordnung; zum gesetzlichen **Mindestlohn** vgl. *Fitting*, Rn. 427; *Helm/Becker/Huber/Müller/Müller*, AuR 18, 18ff. mit Kriterien für eine diskriminierungsfreie Entgeltordnung.
1457 *Baumann/Klenner/Schmidt*, WSI-Report Nr. 45, Januar 2019; *Wenckebach*, AuR 19, 345; *Klapp*, JbArbR, Bd. 59 (2022), S. 65ff.
1458 Zum **EntgTranspG** mit den entsprechenden Auskunftsansprüchen zur Verhinderung von Entgeltbenachteiligung wegen des Geschlechts vgl. § 75 Rn. 99a und § 80 Rn. 38, 111; *BAG* 25.6.20 – 8 AZR 145/19, NZA 20, 1613ff.; 21.1.21 – 8 AZR 488/19, NZA 21, 1011ff.; 16.2.23 – 8 AZR 450/21, NZA 23, 958ff.; hierzu auch *Zimmer*, AuR 21, 202ff.; *Oberthür*, NJW 17, 2228ff.; *Kocher*, AuR 18, 8ff.; *Wank*, RdA 18, 34ff.; *Göpfert/Giese*, NZA 18, 207ff.; *Klebe/Wenckebach*, FS Preis, S. 627ff.; *Krieger/Plambeck*, NZA 23, 1001ff.; *Kania*, NZA 17, 819 (821f.) und ErfK-*ders.*, Rn. 101 mit dem Hinweis

297 Betriebliche Lohnpolitik ist auf Grund der Entscheidung der UN noch immer Realität. In den einzelnen Branchen ist der übertarifliche Anteil und die Bezahlung als AT-Beschäftigte allerdings sehr unterschiedlich. Durch das **FMStFG** und die hierzu ergangene DurchführungsVO wird die Wirksamkeit von BV zu betrieblichen Vergütungssystemen nicht betroffen. Die Umsetzung etwaiger Auflagen (vgl. § 5 Abs. 2 Nr. 3 der DurchführungsVO) bedarf der vorherigen Kündigung.[1459] Nach § 85 Abs. 1 SAG kann die Abwicklungsbehörde zur Beherrschung der Krise bzw. Revitalisierung der Kreditinstitute variable Vergütungen streichen/kürzen, sofern es nicht tarifliche Regelungen sind. Sind es keine, wird in diesem Fall das Mitbestimmungsrecht beschränkt.[1460] Aktuellere Vergütungsregelungen zum Finanzsektor finden sich im Wertpapierinstitutsgesetz.[1461]

b) Voraussetzungen des Mitbestimmungsrechts

aa) Betriebliche Lohngestaltung

298 Mit der betrieblichen Lohngestaltung ist die **Festlegung kollektiver abstrakter Regelungen** für die Entlohnung gemeint, wie z. B. die Schaffung von Lohn- und Gehaltsgruppen oder auch von Vorschriften über die Gewährung und Anrechnung übertariflicher Zulagen. Es geht um die **Strukturformen des Entgelts** und die **Grundlagen der Lohnfindung,** um die Ausformung des jeweiligen Entlohnungssystems und damit Festlegung derjenigen Elemente, die dieses System im Einzelnen ausgestalten und zu einem in sich geschlossenen machen.[1462] Mit der betrieblichen Lohngestaltung ist nach h. M. nicht unmittelbar die Ermittlung der **Lohnhöhe** gemeint (unten Rn. 311). Nach dem Willen des Gesetzgebers ist die Festsetzung der **Vergütung im Einzelfall** nicht erfasst.[1463] Insoweit greift allerdings bei der jeweiligen Eingruppierung § 99 ein.[1464] Das Mitbestimmungsrecht besteht also nur bei **kollektiven Tatbeständen** (vgl. Rn. 23), beim Aufstellen allgemeiner Entlohnungsgrundsätze, nicht bei der individuellen Lohngestaltung, also bei Regelungen mit Rücksicht auf besondere Umstände des einzelnen AN, bei denen ein innerer Zusammenhang zu ähnlichen Regelungen für andere AN nicht vorhanden ist.[1465] Dabei schließt die Zahlung »aufgrund einzelvertraglicher Zusagen« die Mitbestimmung nicht aus.[1466]

299 Um kollektive Tatbestände handelt es sich z. B. bei **übertariflichen Zulagen** immer, wenn die Verteilungsgrundsätze geändert werden.[1467] Die **Zahl** der betroffenen AN kann ein **Indiz** für

---

auf möglicherweise entstehende Mitbestimmungsrechte; vgl. auch den Entwurf für eine Regelung zur Entgelttransparenz und zur Beseitigung von möglichen Entgeltdiskriminierungen bei DKWF-*Klebe/Heilmann*, § 87 Rn. 52a).

1459 Vgl. *Baeck/Diller*, DB 08, 2423 (2425); *Deeg*, BB 11, 437 (439 f.); vgl. auch §§ 1 Abs. 3, 6 der Versicherungs-Vergütungs-VO, §§ 1 Abs. 3, 14 der **Instituts-Vergütungs-VO** v. 16. 12. 13 und hierzu *Zürn/Böhm*, BB 14, 1269 (1273 f.); *Annuß*, NZA-Beilage 4/14, S. 121 ff.; *Heitmann*, AiB 6/16, S. 40 ff.; *Löw/Glück*, NZA 15, 137 ff.; zur Regelung i. d. F. v. 6. 10. 10 *Fitting*, Rn. 445; *Däubler*, AuR 12, 380 (382); *Annuß/Sammet*, BB 11, 115 ff.; *Simon/Koschker*, BB 11, 120 ff.; *Bartel/Bilobrk/Zopf*, BB 11, 1269 ff.; zur Regelung i. d. F. v. 4. 8. 17 *Annuß*, BB 17, 2612 ff.; *Freihube/Christoffer*, DB 18, 827 ff.; *Thum*, NZA 17, 1577 ff.; *Hinrichs/Hansen*, NZA 18, 1031 ff. (zur betrieblichen Altersversorgung); *Hinrichs/Kock/Langhans*, DB 18, 1921 ff.

1460 Hierzu auch *Fitting*, Rn. 450 und *Schelz*, 100 Jahre Betriebsverfassungsrecht, S. 641 (646 ff.) zu BR-Rechten im Geltungsbereich der Instituts-Vergütungs-VO.

1461 Hierzu *Heimann/Csizmadia*, DB 21, 2351 ff.

1462 Vgl. z. B. *BAG* 22. 1. 80, 31. 1. 84, AP Nrn. 3, 15 zu § 87 BetrVG 1972 Lohngestaltung; 16. 7. 91 – 1 ABR 66/90, DB 91, 2677; 17. 5. 11 – 1 AZR 797/09, NZA-RR 11, 644 (645); 5. 5. 15 – 1 AZR 435/13, NZA 15, 1207 (1209 Tz. 15); GK-*Gutzeit*, Rn. 852 ff.; Richardi-*Richardi/Maschmann*, Rn. 770.

1463 BT-Drucks. VI/1786, S. 49; *BAG* 20. 8. 91 – 1 AZR 326/90, DB 92, 687; Richardi-*Richardi/Maschmann*, Rn. 876.

1464 Vgl. *BAG* 27. 1. 87, AP Nr. 42 zu § 99 BetrVG 1972; *LAG Berlin* 16. 2. 89, BB 89, 984, Ls.

1465 *BAG (GS)* 3. 12. 91 – GS 2/90, DB 92, 1579 (1585); 20. 1. 98 – 9 AZR 698/96, NZA 98, 1237 (1238); 10. 10. 06 – 1 ABR 68/05, NZA 07, 99 (102); 18. 10. 11 – 1 ABR 25/10, NZA 12, 392 (395); vgl. auch *Wank*, FS Wiese, S. 617 ff.

1466 *BAG* 30. 1. 90 – 1 ABR 2/89, DB 90, 1090; 10. 10. 06, a. a. O.; *LAG Hamburg* 10. 9. 92 – 7 TaBV 5/92, AiB 93, 662 f. mit Anm. *Mache*.

1467 Vgl. z. B. *BAG* (GS) 3. 12. 91 – GS 2/90, DB 92, 1579 (1585 f.); vgl. auch *Jahna*, S. 257 ff.

einen **kollektiven Bezug** sein.[1468] Ein kollektiver Tatbestand liegt auch vor, wenn die Zulagen für einzelne AN **wegen besonderer Leistungen** gewährt[1469] oder wegen unzureichender Arbeitsleistung,[1470] der Kürze der Betriebszugehörigkeit, der absehbaren Beendigung des Arbeitsverhältnisses, wegen einer zuvor stattgefundenen Gehaltserhöhung, wegen Mutterschutz und Erziehungsurlaub,[1471] wegen der Erhöhung des Tarifgehaltes auf Grund von Alterssprüngen, Höhergruppierungen oder der Steigerung tariflicher Leistungszulagen[1472] oder wegen krankheitsbedingter Fehlzeiten[1473] gekürzt werden sollen, nicht jedoch, falls eine Tariflohnerhöhung gegenüber einem einzelnen AN mit Rücksicht darauf angerechnet wird, dass dieser trotz Umsetzung auf einen niedriger bewerteten Arbeitsplatz seine bisherige Vergütung behalten hat[1474] oder er dies zur **Vermeidung steuerlicher Nachteile** wünscht.[1475] Um einen kollektiven Tatbestand handelt es sich auch, wenn die Anrechnung gegenüber allen AN erfolgt, deren Tätigkeit nicht mehr ihrer durch eine tarifliche Alterssicherung geschützten Eingruppierung entspricht.[1476]

Unter »Lohn« ist schlechthin das Arbeitsentgelt zu verstehen, und zwar im weitesten Sinne **300**
(vgl. auch Rn. 262 ff.). Es fallen darunter **alle Leistungen** des AG **mit Entgeltcharakter,** also alle Geld- oder geldwerten Leistungen/Vorteile, die mit Rücksicht auf das Arbeitsverhältnis gewährt werden.[1477] Hierzu zählen beispielsweise außer- und übertarifliche **Zulagen,** wie Auslandszulagen, die Gewährung von bezahltem **Zusatzurlaub,**[1478] von bezahlten freien Tagen, der **Ausgleich für Nachtarbeit**[1479] sowie auch die Bezahlung von **Erholungspausen** und Betriebsausflügen. Nach Auffassung des ***BAG***[1480] soll allerdings die **Gewährung bezahlter Freizeit** der Vorschrift nicht generell, sondern offenbar nur dann unterliegen, wenn sie, wie z. B. eine Freistellung/Zeitgutschrift für einen Betriebsausflug wegen eines UN-Erfolges, besonderen Vergütungscharakter hat. Dies erscheint zu eng.[1481] Die bezahlte Freistellung von der Arbeit ist in jedem Falle ein geldwerter Vorteil, hat also Entgeltcharakter. Die geleistete Arbeit wird damit höher vergütet.[1482] Das Motiv (Erfolgsprämie, Unterstützung, Firmenbindung usw.) ist demgegenüber ebenso unbeachtlich wie die Tatsache, dass ggf. weitere Vorschriften, wie z. B. Nr. 2, 3 oder 5 bei Arbeitszeitfragen Anwendung finden.[1483] Dies ist je nach Sachverhalt auch ansonsten der Fall.[1484]

1468 *BAG* 18.10.94 – 1 ABR 17/94, DB 95, 832 (833); 29.2.00 – 1 ABR 4/99, NZA 00, 1066 (1067) = AP Nr. 105 zu § 87 BetrVG 1972 Lohngestaltung mit Anm. *Raab;* 10.10.06, a. a. O.; a. A. *Enderlein,* a. a. O., 313 (372 f.).

1469 *BAG* 29.2.00, a. a. O.

1470 *BAG* 22.9.92 – 1 AZR 459/90, DB 93, 385; 27.10.92 – 1 ABR 17/92, DB 93, 1143 (1144).

1471 Vgl. zu diesen Beispielen *BAG* 27.10.92 – 1 ABR 17/92, DB 93, 1143 (1144 f.).

1472 *BAG* 22.4.97, DB 97, 2081 (2082); 3.6.03 – 1 AZR 314/02, Betrieb und Wirtschaft 04, 260 (261).

1473 *BAG* 22.9.92 – 1 AZR 460/90, DB 93, 382 (383 f.); 27.10.92 – 1 ABR 17/92, DB 93, 1143 (1145).

1474 So aber *BAG* 22.9.92 – 1 AZR 461/90, DB 93, 384 (385); zu Recht krit. *Fitting,* Rn. 498, da es sich auch hierbei um eine generelle Regelung handeln kann.

1475 *BAG* 27.10.92 – 1 ABR 17/92, DB 93, 1143 (1145).

1476 *BAG* 23.3.93 – 1 AZR 582/92, BB 93, 1873 (1874); vgl. auch *Fitting,* Rn. 497; GK-*Gutzeit,* Rn. 938 f.; kritisch zur *BAG*-Rspr. *Reichold,* RdA 95, 147 ff.

1477 *BAG* 31.5.05 – 1 ABR 22/04, DB 05, 2585 (2586); 29.1.08 – 3 AZR 42/06, NZA-RR 08, 469 (472); 30.10.12 – 1 ABR 61/11, NZA 13, 522 (523), juris.

1478 **A. A.** *BAG* 27.6.85, DB 86, 596 (597); GK-*Gutzeit,* Rn. 867; HWGNRH-*Worzalla,* Rn. 547; das Urteil des *BAG* dürfte allerdings im Hinblick auf seine im Folgenden genannten neueren Entscheidungen überholt sein, da kein Unterschied zwischen Zusatzurlaub und sonstigen bezahlten Freistellungen besteht.

1479 *BAG* 26.8.97 – 1 ABR 16/97, NZA 98, 441 (444); 26.4.05 – 1 ABR 1/04, NZA 05, 884 (886); zu § 6 Abs. 5 ArbZG vgl. auch *BAG* 5.9.02 – 9 AZR 202/01, NZA 03, 563 ff.; 1.2.06 – 5 AZR 422/04, NZA 06, 494 ff.

1480 27.1.98 – 1 ABR 35/97, BB 98, 1419 (1420); vgl. auch *LAG München* 3.12.98 – 4 TaBV 42/98, NZA-RR 99, 525.

1481 Offengelassen v. *BAG* 18.3.14 – 1 ABR 75/12, NZA 14, 984 (986).

1482 So auch *BAG* 27.1.98, a. a. O.; 26.8.97, a. a. O.; *Fitting,* Rn. 423; vgl. auch *BAG* 22.8.18 – 5 AZR 551/17, NZA 19, 51 (53 Tz. 15).

1483 So offenbar auch *BAG* 26.8.97 – 1 ABR 16/97, a. a. O.); *J. Ulber,* AuR 98, 339 (340); **a. A.** *BAG* 27.1.98, a. a. O.; MünchArbR-*Matthes,* § 251 Rn. 13.

1484 Vgl. z. B. *BAG* 26.8.97, a. a. O.: Nr. 10 und Nr. 7.

301 Die Vorschrift findet Anwendung auf zusätzliche dreizehnte oder vierzehnte Monatsgehälter, **Prämien** für Außendienstmitarbeiter, zinsgünstige **Darlehen,** Leistungsprämien, **Zuschüsse** zu Essensmarken[1485] oder Familienheimfahrten, **Ergebnisbeteiligungen,**[1486] vermögenswirksame Leistungen, **Investivlohn,**[1487] **Gratifikationen, ermäßigte Elternbeiträge** zu Kindergärten, die Gestaltung der **Privatnutzung von Dienstwagen**[1488] und auch auf **Mietzuschüsse.**[1489] Es kommt nicht darauf an, ob es sich um **Geld**- oder **Sachleistungen** handelt.[1490] Ebenso wenig kommt es darauf an, wie lange die Zahlungen erbracht werden. Auch **Einmalzahlungen,** wie z. B. eine Corona-Sonderzahlung,[1491] können dem Mitbestimmungsrecht unterliegen.[1492] Wird eine Leistung vom AG **freiwillig** gezahlt, so schließt dies das Mitbestimmungsrecht nicht aus.[1493]

302 Nicht erfasst sind alle Zahlungen, die **keinen Vergütungscharakter** haben, die das AN-Vermögen somit weder vergrößern noch diesem sonst nötige eigene Aufwendungen ersparen[1494], also z. B. **reiner Aufwendungsersatz**[1495] wie die Erstattung von Übernachtungs- und Umzugskosten, Kontoführungsgebühren (vgl. aber Rn. 139) oder eine Autopauschale (vgl. aber auch Rn. 301, 331) für die dienstliche Nutzung von Privat-PKWs.[1496] Auch die **Zuweisung eines eigenen Büros** und eines gesonderten Mitarbeiters haben keinen Entgeltcharakter. Es handelt sich vielmehr um Arbeitsgrundlagen, die möglicherweise eine effektivere Aufgabenerfüllung ermöglichen.[1497] **Spesen** sind nach Auffassung des ***BAG***[1498] auch dann als Aufwendungsersatz anzusehen, wenn sie die **Pauschalbeträge** übersteigen, die lohnsteuerfrei bleiben, es sei denn, sie übersteigen von vornherein die Aufwendungen, die der AG für erforderlich halten kann. Dann handelt es sich bei diesen Spesen im Zweifel um Entgelt.[1499] Andererseits soll der steuerpflichtige Teil der **Nahauflösung** Entgelt sein.[1500] Die Anknüpfung an die **steuerrechtliche Behandlung** erscheint im Grundsatz richtig.[1501] Zu versteuernde Spesen/Auslösung sind allerdings in dem Umfang als Aufwendungsersatz anzusehen, in dem der AG belegt, dass die tatsächlichen Aufwendungen des AN höher als der Steuerfreibetrag sind. Das MBR ist nicht

---

1485 *BAG* 11.12.07 – 1 AZR 953/06, DB 08, 1215 (1216).
1486 *Fitting,* Rn. 423; GK-*Gutzeit,* Rn. 964.
1487 *Fitting,* Rn. 422; *Däubler,* Tarifvertragsrecht, Rn. 658 ff. und 667; *Loritz,* FS Kissel, S. 687 ff. (704 f.), der das Mitbestimmungsrecht allerdings mit der Begründung ablehnt, bei Einräumung der Mitarbeiterbeteiligung rücke der AN auf die Anteilseignerseite und dort könne das Mitbestimmungsrecht generell nicht eingreifen. Dies erscheint bereits deshalb nicht überzeugend, weil die AN erst nach der Entscheidung über die Beteiligung und die Verteilungsgrundsätze (auch) Anteilseigner werden, hierbei jedoch das Mitbestimmungsrecht eingreift, sie im Übrigen aber (auch) AN bleiben.
1488 *LAG Hamm* 7.2.14 – 13 TaBV 86/13, NZA-RR 14, 425 (426); vgl. auch *BAG* 11.10.00 – 5 AZR 240/99, NZA 01, 445 (447): Private Nutzung ist geldwerter Vorteil und Sachbezug; hierzu auch *Sura,* ArbRAktuell 22, 225 (227).
1489 Vgl. z. B. *BAG* 12.6.75, AP Nr. 1 zu § 87 BetrVG 1972 Altersversorgung; 13.2.79, AP Nr. 2 zu § 87 BetrVG 1972 Sozialeinrichtungen; 10.6.86, AP Nr. 22 zu § 87 BetrVG 1972 Lohngestaltung; 15.1.87, AP Nr. 21 zu § 75 BPersVG; 30.1.90 – 1 ABR 2/89, DB 90, 1090; GK-*Gutzeit,* Rn. 868 ff.
1490 *BAG* 31.5.05 – 1 ABR 22/04, DB 05, 2585 (2586); GK-*Gutzeit,* Rn. 862.
1491 *LAG Nürnberg* 21.6.21 – 1 TaBV 11/21, NZA-RR 21, 551 (555 Tz. 50).
1492 Vgl. z. B. *BAG* 29.2.00 – 1 ABR 4/99, NZA 00, 1066 (1067); 29.1.08 – 3 AZR 42/06, NZA-RR 08, 469 (472).
1493 Vgl. z. B. *BAG* 17.12.85, AP Nr. 5 zu § 87 BetrVG 1972 Tarifvorrang; 9.2.89, AP Nr. 40 zu § 77 BetrVG 1972; 29.1.08, a. a. O.: HWGNRH-*Worzalla,* Rn. 545; Richardi-*Richardi/Maschmann,* Rn. 767.
1494 *BAG* 31.5.05 – 1 ABR 22/04, DB 05, 2585 (2586).
1495 vgl. z. B. *BAG* 17.6.98 – 2 AZR 336/97, DB 98, 2170 (2173) m. w. N.
1496 *BAG* 8.12.81, 10.6.86, AP Nrn. 6, 22 zu § 87 BetrVG 1972 Lohngestaltung; 30.1.90 – 1 ABR 2/89, DB 90, 1090; *Fitting,* Rn. 425; GK-*Gutzeit,* Rn. 867 m. w. N.
1497 *BAG* 31.5.05, a. O.; ErfK-*Kania,* Rn. 98; WPK-*Bender,* Rn. 204.
1498 27.10.98 – 1 ABR 3/98, NZA 99, 381 (383); *Fitting,* Rn. 425; *SWS,* Rn. 170.
1499 Weitergehend *HessLAG* 4.9.97 – 5 TaBV 68/97, AiB 99, 103 (104 f.): Spesen sind Entgelt, wenn sie die Steuerfreibeträge überschreiten.
1500 Vgl. z. B. *BAG* 17.6.98 – 2 AZR 336/97, DB 98, 2170 (2173 m. w. N.).
1501 So auch HaKo-BetrVG/*Kohte,* Rn. 114.

betroffen, wenn betrieblich festgelegt werden soll,[1502] welche AN nach § 37 Ab. 4 eine **Vergleichsgruppe für BR-Mitglieder** bilden. Dies ist kein v. den Betriebsparteien beeinflussbarer Entlohnungsgrundsatz, nach dem BR-Mitglieder anschließend eingruppiert werden, sondern Gesetzesvollzug.[1503]

bb) Entlohnungsgrundsätze

Entlohnungsgrundsätze und Entlohnungsmethoden sind lediglich **Unterfälle** der umfassenden betrieblichen Lohngestaltung, also nur beispielhaft angeführt.[1504] 303

Bei den Entlohnungsgrundsätzen[1505] handelt es sich um **Systeme,** allgemeine Vorgaben, nach denen das **Arbeitsentgelt bemessen** werden soll, und um ihre **Ausformung.**[1506] Dabei spielt es keine Rolle, ob der Geltungsbereich eines bestimmten Systems sich auf den gesamten Betrieb, einzelne Abteilungen oder auf AN-Gruppen erstreckt; das Mitbestimmungsrecht greift stets ein[1507] und umfasst auch die Frage, **welche AN-Gruppen** bzw. Arbeitsplätze **welchem Entlohnungsgrundsatz generell zugeordnet** werden.[1508] Es kommt auch nicht auf die rechtliche Grundlage an. Es ist also unerheblich, ob es sich also um die Anwendung bindender TVe, einer BV, von Einzelverträgen oder einer vom AG einseitig zur Geltung gebrachten Vergütungsordnung handelt.[1509] 304

Zu den Entlohnungsgrundsätzen gehört u. a. die Entscheidung über die Frage, ob und in welchem Umfang im Betrieb im **Zeitlohn** (z. B. Stunden-, Schicht-, Wochen- oder Monatslohn) oder im **Leistungslohn** (z. B. Akkord- oder Prämienlohn) gearbeitet werden soll.[1510] Auch Prämien- und andere Systeme einer **erfolgsabhängigen Vergütung** (z. B. Provisionen) sowie **Gewinn-** und **Ergebnisbeteiligungssysteme** zählen zu den Entlohnungsgrundsätzen.[1511] 305

Der Mitbestimmung im Bereich der Entlohnungsgrundsätze unterliegt nicht nur die Grundentscheidung über ein bestimmtes Entgeltsystem, wie z. B. das **Entgeltsystem nach Hay,** das in den Vergütungsgruppen erhebliche Spannbreiten vorsieht und die jährlichen Erhöhungen von Beurteilungen und/oder Zielvereinbarungen abhängig macht, sondern auch die nähere **Ausgestaltung.**[1512] Bei der Ausgestaltung von **Gruppenarbeit** (vgl. auch Rn. 308 und Rn. 384 zu weiteren Regelungspunkten in einer BV) sollte z. B. kein »Kollektivlohn« vereinbart werden, damit der interne Druck auf einzelne Gruppenmitglieder nicht zu groß wird. Vorzuziehen ist ein rollierendes System, in dem jeder Beschäftigte jede Tätigkeit ausübt und das im Ergebnis dazu führt, dass alle Gruppenmitglieder nach der hochwertigsten Tätigkeit bezahlt werden.[1513] Das Mitbestimmungsrecht erfasst auch eine **Änderung der Entlohnungsgrundsätze**[1514] wie 306

1502 Vgl. zur Zulässigkeit einer betrieblichen Vereinbarung, die konkretisierende Regelungen im Rahmen v. §§ 37 Abs. 4, 78 Satz 2 trifft *BAG* 18. 1. 17 – 7 AZR 205/15, NZA 17, 935 (937 Tz. 22).

1503 Vgl. auch § 99 Rn. 67a und *LAG Düsseldorf* 19. 3. 19 – 8 TaBV 70/18, juris; a. A. *Kania/Schulte-Wissermann,* NZA 19, 78 (79).

1504 *BAG* 22. 1. 80, AP Nr. 3 zu § 87 BetrVG 1972 Lohngestaltung.

1505 Ausführlich *Pornschlegel/Birkwald,* Bd. 1, S. 228 ff.

1506 *BAG* 29. 3. 77, AP Nr. 1 zu § 87 BetrVG 1972 Provision; 22. 1. 80, 6. 12. 88, AP Nrn. 3, 37 zu § 87 BetrVG 1972 Lohngestaltung; 22. 6. 10 – 1 AZR 853/08, DB 10, 2807.

1507 Vgl. auch *ArbG Stuttgart* 21. 2. 95 – 11 BV 192/93.

1508 Vgl. GK-*Gutzeit,* Rn. 941 f., 944; *Otto,* FS Stahlhacke, S. 395 (408).

1509 *BAG* 22. 6. 10 – 1 AZR 853/08, DB 10, 2807; 14. 1. 14 – 1 ABR 57/12; NZA 14, 922 (923); 18. 3. 14 – 1 ABR 75/12, NZA 14, 984 (985).

1510 Vgl. *BAG* 20. 11. 90 – 1 AZR 643/89, BB 91, 835 (836); 24. 8. 04 – 1 AZR 419/03, NZA 05, 51 (53); 23. 6. 09 – 1 AZR 214/08, NZA 09, 1159.

1511 Vgl. z. B. *Fitting,* Rn. 423; *GK,* Rn. 919; Richardi-*Richardi/Maschmann,* Rn. 775 f.; vgl. auch Rn. 323, 328.

1512 Vgl. z. B. *BAG* 29. 3. 77, 28. 7. 81, AP Nrn. 1, 2 zu § 87 BetrVG 1972 Provision; 18. 10. 11 – 1 ABR 25/10, NZA 12, 392 (394); *Fitting,* Rn. 435 f.

1513 *Däubler* in Roth/Kohl, S. 327 (334); *Breisig,* S. 88 ff. (mit Eckpunkten für eine BV).

1514 Vgl. z. B. *BAG* 28. 2. 06 – 1 ABR 4/05, BB 06, 2419 (2420) m. w. N.; 4. 5. 11 – 7 ABR 10/10, NZA 11, 1239 (1242); 17. 5. 11 – 1 AZR 797/09, NZA-RR 11, 644 (645); 18. 10. 11 – 1 ABR 25/10, NZA 12, 392 (394).

z. B. den Wechsel von Akkord- zu Zeitlohn und umgekehrt[1515] oder die Änderung der Bezugsgröße für eine Provision.[1516] Beim Übergang vom Leistungs- zum Zeitlohn hat der BR das Recht, über Regelungen zur **Besitzstandswahrung** mitzubestimmen. Dies gilt jedenfalls innerhalb des vom AG zur Verfügung gestellten Dotierungsrahmens.[1517] Eine Änderung des Entgeltsystems soll nach Auffassung des *BAG*[1518] nicht vorliegen, wenn bei **unveränderter Monatsvergütung** teilweise die **Wochenarbeitszeit erhöht** wird.[1519] Hierdurch verringert sich allerdings das Entgelt pro Zeiteinheit und i. d. R. auch die Relation zwischen und in den Vergütungsgruppen. Dies rechtfertigt eine Anwendung der Vorschrift.[1520] Bei der Ausgestaltung des Entgeltsystems kann zudem ein **Mitbestimmungsrecht gemäß § 94 Abs. 2** in Betracht kommen (vgl. § 94 Rn. 46).

cc) Entlohnungsmethoden

307 Neben den Entlohnungsgrundsätzen werden als Unterfall der betrieblichen Lohngestaltung beispielhaft auch **Entlohnungsmethoden** erwähnt[1521]. Nach ständiger Rspr.[1522] wird darunter die Art und Weise der **Durchführung des gewählten Entlohnungssystems** verstanden. Die Grenze zwischen Entlohnungsgrundsätzen und Entlohnungsmethoden ist dabei nicht in jedem Falle eindeutig zu ziehen. Sie kann fließend sein. Dies ist jedoch ohne Bedeutung, da in jedem Falle das Mitbestimmungsrecht gegeben ist.

308 Ist eine Entscheidung darüber herbeigeführt worden, dass z. B. im Akkordlohn gearbeitet wird, muss im Rahmen der Entlohnungsmethode festgelegt werden, ob die Akkordarbeit nach einem arbeitswissenschaftlichen System (**Refa, Bedaux, MTM**)[1523] oder nach einer frei ausgehandelten Methode erbracht werden soll.[1524] Haben sich die Beteiligten für ein arbeitswissenschaftliches System entschieden, besteht dennoch die Möglichkeit, dieses System nach eigenem Ermessen zu modifizieren und dann entsprechend zu verfahren.[1525] Zu den Entlohnungsmethoden zählt weiter, ob im **Gruppen-**[1526] oder **Einzelakkord** oder mit **Gruppen-** oder **Einzelprämie** gearbeitet wird.[1527] Hinsichtlich des Prämienlohns wird erfasst, wie die **Normalleistung/Bezugsgröße** zu definieren ist und wie die Prämienkurve verlaufen soll.[1528] Weitere Beispiele sind die Art und Weise, wie eine Gewinnbeteiligung ermittelt wird[1529] und die Einführung eines sog. **Cafeteria-Systems** für betriebliche Sozialleistungen, bei dem der AN Auswahl und Zusammenstellung bei vom AG vorgegebenem Gesamtvolumen selbst vornehmen kann.[1530]

309 Liegt hinsichtlich der Entlohnungsmethode ein Verfahren nicht fest, hat der BR bei der **Ausgestaltung** mitzubestimmen. Dies ist z. B. der Fall, wenn Regeln für die Verteilung einer Weihnachtsgratifikation aufzustellen sind oder darüber befunden werden muss, nach welchem

---

1515 Vgl. *BAG* 24. 8. 01 – 1 AZR 419/03, NZA 05, 51 (53 m. w. N.); 29. 1. 08 – 3 AZR 42/06, NZA-RR 08, 469 (472); 15. 4. 08 – 1 AZR 65/07, NZA 08, 888 (890, 891); *LAG Baden-Württemberg* 20. 12. 91 – 5 TaBV 11/91, AiB 93, 406 f.; Richardi-*Richardi/Maschmann*, Rn. 775.

1516 *LAG Düsseldorf* 4. 10. 95 – 4 Sa 911/95, BB 96, 1008 f.; Ls.

1517 *BAG* 29. 1. 02 – 1 ABR 18/01, AP Nr. 19 zu § 76 BetrVG 1972 Einigungsstelle; 16. 4. 02 – 1 AZR 363/01, NZA 03, 224 (225), das offenlässt, ob nach Nrn. 10 und 11 auch die **Höhe der Besitzstandszahlung** mitbestimmt ist.

1518 30. 10. 01 – 1 ABR 8/01, DB 02, 798 (799).

1519 Zustimmend *Walker/Gaumann*, Anm. AP Nr. 26 zu § 99 BetrVG 1972 Eingruppierung; LKK-*Dahm*, Rn. 227; ablehnend *Grimberg*, AiB 02, 575.

1520 Vgl. auch *BAG* 26. 8. 97, NZA 98, 441 (444); 27. 1. 98, BB 98, 1419 (1420); *Thannheiser*, AiB 03, 494 (496), Anm. zu *BAG* 30. 10. 01, a. a. O.

1521 Ausführlich *Pornschlegel/Birkwald*, Bd. 1, S. 228 ff.

1522 Vgl. z. B. *BAG* 29. 3. 77, AP Nr. 1 zu § 87 BetrVG 1972 Provision; 6. 12. 88, AP Nr. 37 zu § 87 BetrVG 1972 Lohngestaltung; 16. 7. 91 – 1 ABR 66/90, DB 91, 2677 (2678); vgl. auch *Fitting*, Rn. 428 m. w. N.

1523 Vgl. hierzu *Meine*, S. 342 ff., 410 ff.; *Pornschlegel/Birkwald*, Bd. 2, S. 84 f., 296 ff., 351 ff.

1524 *BAG* 16. 4. 02 – 1 ABR 34/01, DB 03, 212 (213).

1525 Vgl. z. B. *Neudel*, AuR 75, 143.

1526 Vgl. auch *Meine*, S. 290 ff.

1527 Vgl. auch *Elert*, 225 ff.

1528 Vgl. z. B. *BAG* 16. 12. 86, AP Nr. 8 zu § 87 BetrVG 1972 Prämie; *GL*, Rn. 221.

1529 *LAG Bremen* 27. 10. 78, AP Nr. 1 zu § 87 BetrVG 1972 Lohngestaltung.

1530 Vgl. hierzu *Popp*, BB 94, 1141 ff.; *Mölders*, DB 96, 213 ff.; *Felix/Mache*, AiB 01, 338 ff.

Verfahren der Anteil des Naturallohns am Gesamtentgelt zu berechnen ist.[1531] Nicht zur Entlohnungsmethode gehört die Art und Weise, wie die Arbeitsentgelte erbracht werden (vgl. insoweit § 87 Abs. 1 Nr. 4), oder die Festlegung der **Bandgeschwindigkeit.** Diese betrifft den Arbeitsablauf, nicht die Entlohnung.[1532]

Das Mitbestimmungsrecht erstreckt sich auf die **Aufstellung, Einführung, Anwendung** und **Änderung** von Entlohnungsgrundsätzen bzw. Entlohnungsmethoden im Rahmen der betrieblichen Lohngestaltung. Die Entlohnungsgrundsätze sind also zunächst aufzustellen, d. h., es ist festzulegen, nach welchem System das Arbeitsentgelt im Betrieb gezahlt werden soll. Das vereinbarte System wird dann durch Entlohnungsmethoden ergänzt und eingeführt. Hierunter ist die **Gesamtheit aller Maßnahmen** zu verstehen, die im Hinblick auf die geplante Anwendung neuer Entlohnungsmethoden getroffen werden. Anwendung ist die **tatsächliche Praktizierung** der vereinbarten Regelungen.[1533] 310

c) Inhalt des Mitbestimmungsrechts

aa) Höhe des Arbeitsentgelts

Nach insbesondere in der Rspr. **h. M.**[1534] soll sich das Mitbestimmungsrecht zwar auf die Ausgestaltung der Entgeltformen im Einzelnen beziehen, **nicht** aber unmittelbar auf die **Höhe.** Diese soll nur mittelbar beeinflussbar sein, z. B. dadurch, dass bei einer steil ansteigenden Prämienkurve eine größere Zahl höherer Prämien als bei einer flachen Kurve auftritt.[1535] Da aber der **Ausgangslohn frei** bleibt, wird auch dann die absolute Entgelthöhe nicht bestimmt. Dieses Beispiel lässt sich auf die Ermittlung von Punktwerten in Euro oder Provisionshöhen übertragen. Die **h. M.** kann mit guten Gründen abgelehnt werden[1536], sie hat sich aber insbes. in der Rspr. ohne aktuellen Widerspruch durchgesetzt. Deshalb ist sie für die Praxis zugrundezulegen (vgl. auch zum vergleichbaren Problem bei der Dauer der Arbeitszeit Rn. 90 f.). 311

Auch wenn man der **h. M.** folgt, ergibt sich daraus nicht, dass die Ausübung der Mitbestimmung **»kostenneutral«** sein müsste.[1537] Sie kann **mittelbare Auswirkungen auf die Entgelthöhe** haben.[1538] Ebenso können Verletzungen des Mitbestimmungsrechts oder des § 75 den Dotierungsrahmen erweitern (vgl. auch Rn. 319 m. w. N.). 312

Das Mitbestimmungsrecht umfasst nach h. M. weder die **generelle Bestimmung der Entgelthöhe,** noch die **Bestimmung im Einzelfall,** auch wenn keine abschließende tarifvertragliche Regelung vorliegt (Rn. 36), wie dies häufig der Fall ist. 313

bb) Freiwillige Leistungen des Arbeitgebers

Bei **freiwilligen Leistungen** des AG soll dieser mitbestimmungsfrei entscheiden können, **ob** er eine **Leistung** erbringt, welche **finanziellen Mittel** er zur Verfügung stellt, welchen **Zweck** er mit der Leistung verfolgt und ursprünglich auch, wie der begünstigte **Personenkreis** abs- 314

1531 Vgl. GK-*Gutzeit,* Rn. 973; Richardi-*Richardi/Maschmann,* Rn. 784.

1532 *Fitting,* Rn. 446; GK-*Gutzeit,* Rn. 975 f.; *GL,* Rn. 222.

1533 GK-*Gutzeit,* Rn. 978.

1534 Vgl. zur **h. M.** z. B. *BAG* 10.7.79, AP Nr. 2 zu § 87 BetrVG 1972 Lohngestaltung; 24.1.96 – 1 AZR 597/95, BB 96, 1717 (1718); 8.12.09 – 1 ABR 66/08, NZA 10, 404 (406); 17.5.11 – 1 AZR 797/09, NZA-RR 11, 644 (645); 18.10.11 – 1 ABR 25/10, NZA 12, 392 (396); 21.2.17 – 1 ABR 12/15, NZA 17, 801 (802 f. Tz. 23); *Fitting,* Rn. 429; GK-*Wiese,* Rn. 808 f.; *Magula-Lösche,* S. 43 ff.; Richardi-*Richardi/Maschmann,* Rn. 791 f.; *Schang,* S. 32 ff.; *Annuß,* RdA 14, 193 f.; 199 ff.; DHZ-*Trümner,* § 36 Rn. 12; *Benecke,* AuR 15, 306 (307).

1535 Vgl. *Matthes,* NZA 87, 289 (291).

1536 Vgl. *Birk,* Anm. zu EzA § 87 BetrVG 1972 Initiativrecht Nr. 2; Däubler, Das Arbeitsrecht 1, Rn. 994; *Föhr,* AuR 75, 353 (361 f.); *Gester/Isenhardt,* RdA 74, 82 (84); *Klinkhammer,* AuR 77, 363 (365 f.); *Leinemann,* DB 85, 1394 (1397); *Strieder,* BB 80, 420 (422); *Schirge/Trittin,* AiB 90, 227 (235 f.); *Schirge,* DB 91, 441 (444) und im Einzelnen die **12. Aufl. Rn 253 ff.**

1537 Vgl. z. B. *BAG* 14.6.94 – 1 ABR 63/93, NZA 95, 543 (544); *LAG Niedersachsen* 30.4.13 – 1 TaBV 142/12, AuR (Ls.), juris; GK-*Gutzeit,* Rn. 850; *Schang,* S. 35 f.

1538 Vgl. z. B. auch *LAG Berlin-Brandenburg* 20.7.17 – 26 Sa 1932/16, NZA-RR 17, 647 (650 Tz. 42).

trakt einzugrenzen ist.[1539] Ein Mitbestimmungsrecht soll allerdings bei der Frage bestehen, ob die **Zahlung,** zu der sich der AG zuvor entschlossen hat, **überhaupt eingeführt** wird,[1540] jetzt auch wie der begünstigte Personenkreis ausgestaltet wird[1541] und wie die zur Verfügung gestellten Mittel **unter den AN zu verteilen** sind.[1542] Hier bleibt abzuwarten, ob und ggfs. wie das BAG zwischen einer Eingrenzung und einer Ausgestaltung des begünstigten Personenkreises unterscheiden wird, denn diese Differenzierung leuchtet wenig ein und sollte im Sinne des Mitbestimmungsrechts geklärt werden. Dies ist schon deshalb sinnvoll, weil der AG über den Zweck der Leistung eine Begrenzung/Definition des Personenkreises vornehmen kann und bei der konkreten Umsetzung der BR bereits wegen § 75 entsprechend zu beteiligen ist. Für BV über Vergütungssysteme, die bei nicht tarifgebundenen AG nach h. M. mitbestimmungsrechtlich »freiwillig« sind,[1543] bedeutet dies, dass sie teilmitbestimmt sind. Im Falle einer Kündigung durch den AG scheidet damit eine Nachwirkung aus, wenn er seine finanziellen Leistungen vollständig und ersatzlos einstellen will. Will er demgegenüber mit der Kündigung nur eine Verringerung seiner Aufwendungen und eine Veränderung des Verteilungsplans erreichen, wirkt die BV insgesamt nach.[1544] Da die Nachwirkung ausschließlich vom Willen des AG abhängt verlangt das *BAG* zu Recht, dass dieser sich gegenüber dem BR oder den AN festlegt, wenn er die Leistungen einstellen will. Bis zum Zugang einer solchen Erklärung wirkt die BV nach.[1545] Will der AG schließlich das Finanzvolumen verringern, ohne den Verteilungsplan zu ändern, wirkt die BV im Hinblick auf den Verteilungsplan nach.[1546] Das ***BAG*** hat folgerichtig im Hinblick auf das Mitbestimmungsrecht bei der Verteilung der Mittel angenommen, dass auch bei einer **individualrechtlich zulässigen** (vgl. Rn. 321) **Kürzung** von freiwilligen Leistungen, z. B. von übertariflichen Zulagen, hinsichtlich der **Neuverteilung** ein Mitbestimmungsrecht des BR eingreift.[1547] Das Mitbestimmungsrecht besteht bei Anrechnung einer Tariflohnerhöhung ebenso wie bei Anrechnung einer Lohnerhöhung wegen Tarifgruppenwechsels[1548] oder wegen **Neugestaltung einer Gehaltsgruppenordnung,**[1549] es sei denn, die Änderung der Verteilungsgrundsätze beruht allein auf dem Vollzug einer bereits mitbestimmten Regelung.[1550] Demgegenüber sollte kein Mitbestimmungsrecht bestehen, wenn eine jederzeit widerrufliche und auf Tariflohnerhöhungen anrechenbare übertarifliche Zulage **»automatisch«** auf eine Tariflohnerhöhung angerechnet wird, die zum Ausgleich einer **Arbeitszeitverkürzung** gewährt wird.[1551] Ebenso sollte das Mitbestimmungsrecht ausscheiden, wenn der Dotierungsrahmen dadurch gekürzt wird, dass Zuschüsse zu Essenmarken generell gekürzt werden.[1552]

1539 Vgl. *BAG* 10.7.79, AP Nr. 2 zu § 87 BetrVG 1972 Lohngestaltung; *BAG* (GS) 3.12.91 – GS 2/90, DB 92, 1579 (1586, 1588); 18.11.03 – 1 AZR 604/02, NZA 04, 803 (806); 13.12.11 – 1 AZR 508/10, NZA 12, 867 (877); 9.11.21 – 1 AZR 206/20, NZA 22, 286 (288 Tz. 21); GK-*Gutzeit,* Rn. 877 ff.; Richardi-*Richardi/Maschmann,* Rn. 794; *Jahna,* S. 104 f.; *Magula-Lösche,* S. 67 ff.

1540 *BAG* 30.3.82, DB 82, 1519; 17.12.85, DB 86, 914; GK-*Gutzeit,* Rn. 878; *ders.,* RdA 12, 332 (334); *Kreft,* FS Bepler, S. 317 (319); MünchArbR-*Matthes,* § 251 Rn. 19; vgl. auch *LAG Frankfurt* 3.10.89, DB 90, 126 f. für den Fall, dass der AG die freiwillige Leistung nur in einer bestimmten Ausgestaltung einführen will; a. A. *Thüsing,* DB 97, 1130 (1134 m. w. N.).

1541 *BAG* 18.3.14 – 1 ABR 75/12, NZA 14, 984 (986).

1542 Vgl. z. B. *BAG* 10.11.09 – 1 AZR 511/08, NZA 11, 475 (476); 5.10.10 – 1 ABR 20/09, NZA 11, 598 (599).

1543 *BAG* 26.8.08 – 1 AZR 354/07, DB 08, 2709 (2710); 5.10.10 – 1 ABR 20/09, NZA 11, 598 (599).

1544 Vgl. z. B. *BAG* 10.11.09 – 1 AZR 511/08, NZA 11, 475 (476); 5.10.10 – 1 ABR 20/09, NZA 11, 598 (599).

1545 *BAG* 5.10.10 – 1 ABR 20/09, NZA 11, 598 (600); *Fitting,* Rn. 466.

1546 *BAG* 26.8.08, a. a. O.

1547 *BAG* 17.12.80, 13.1.87, AP Nrn. 4, 26 zu § 87 BetrVG 1972 Lohngestaltung; *BAG (GS)* 3.12.91 – GS 2/90, DB 92, 1579 (1584 ff.).

1548 *BAG* 22.9.92 – 1 AZR 235/90, BB 93, 137.

1549 *BAG* 9.7.96 – 1 AZR 690/95, DB 97, 332.

1550 *BAG* 22.9.92 – 1 AZR 405/90, BB 93, 135 f.

1551 *BAG* 3.6.87, DB 87, 1943; vgl. hierzu und zur **individualrechtlichen Unzulässigkeit** allerdings auch *BAG* 7.2.96 – 1 AZR 657/95, DB 96, 1630; 3.6.98 – 5 AZR 616/97, NZA 99, 208 (209); 15.3.00 – 5 AZR 557/98, DB 00, 1665 und Rn. 321.

1552 *BAG* 20.3.86 – 2 AZR 294/85; 15.1.87, AP Nr. 21 zu § 75 BPersVG.

Der *Große Senat des* BAG[1553] hat auf Grund von zwei Vorlagebeschlüssen des *1. Senats*[1554] die Rspr. zur **Anrechnung von Tariflohnerhöhungen auf übertarifliche Zulagen (Checkliste und Vereinbarungsentwurf** bei DKWF-*Klebe/Heilmann*, § 87 Rn. 51 und 52) überprüft: 315

- Danach kommt es für das Mitbestimmungsrecht des BR zunächst nicht darauf an, ob **Anrechnung** bzw. **Widerruf** konstitutive Entscheidung des AG oder Folge einer **Automatik** sind.[1555]
- Anrechnung bzw. Widerruf lösen ein Mitbestimmungsrecht aus, wenn die **Verteilungsgrundsätze** für die Zulagen (rechnerisches/prozentuales Verhältnis der einzelnen Zulagen zueinander) sich ändern und dem AG Spielraum für eine anderweitige Verteilung bleibt.[1556] Die Verteilungsgrundsätze ändern sich z. B. bei einer **unterschiedlichen Anrechnung** auf die einzelnen Zulagen.[1557] Diese liegt auch dann vor, wenn bei den gewerblichen Arbeitnehmern eine vollständige Anrechnung, bei den Angestellten keine erfolgt, selbst wenn die Zulagen aus unterschiedlichen Gründen gezahlt werden[1558] (vgl. aber Rn. 317 falls **mehrere betriebliche Entgeltsysteme** bestehen).
- Auch eine prozentual **gleichmäßige Verrechnung** kann zu einer Änderung führen. Rechnet der AG einen bestimmten **Prozentsatz der Tariflohnerhöhung** auf alle Zulagen an, so besteht das Mitbestimmungsrecht nur dann nicht, wenn die Zulagen in einem einheitlichen und gleichen Verhältnis zum jeweiligen Tariflohn stehen und die Tariflöhne um den gleichen Prozentsatz erhöht werden.[1559] Nur in diesem Fall bliebe das Verhältnis der Zulagen zueinander unverändert. In allen anderen Fällen (Zahlung unterschiedlich hoher Zulagen, unterschiedliche Erhöhung der Tarifentgelte, Unterschreitung eines vereinbarten Sockelbetrags durch Verrechnung) verändern sich die Verteilungsgrundsätze.[1560]
- Kürzt der AG alle übertariflichen Zulagen um den **gleichen Prozentsatz,** besteht das Mitbestimmungsrecht nur dann, wenn ein vereinbarter Sockelbetrag unterschritten würde,[1561] denn insoweit werden die Verteilungsgrundsätze geändert.
- Beachtet der AG die **bisherigen Verteilungsgrundsätze,** soll nach Auffassung des *BAG*[1562] das **Mitbestimmungsrecht ausscheiden,** da nicht die Kürzung der übertariflichen Zulagen, sondern allein die Änderung der Verteilungsgrundsätze der Mitbestimmung unterliege.[1563]
- Das Mitbestimmungsrecht soll weiter ausscheiden, wenn die Anrechnung bzw. der Widerruf zum **vollständigen Wegfall** aller Zulagen führt oder der Änderung der Verteilungsgrundsätze **rechtliche Hindernisse** entgegenstehen.[1564] Dies sei bei einer **vollständigen und gleichmäßigen Verrechnung** der Tariflohnerhöhung auf alle Zulagen der Fall,[1565] denn der AG könne nicht mehr als die Tariflohnerhöhung anrechnen, ihm fehle also jede weitere Gestaltungsmöglichkeit. Entsprechend sollen auch »anrechnungsfeste« Zulagen nicht zu be-

1553 3.12.91 – GS 2/90, DB 92, 1579 ff.; vgl. hierzu z. B. *Fitting,* Rn. 486 ff.; GK-*Gutzeit,* Rn. 919 ff.; *Weyand,* AuR 93, 1 ff. und *Jahna* u. a. mit einer Vielzahl von Anrechnungsbeispielen, S. 151 ff.

1554 13.2.90, DB 90, 1238 ff. und 1241; vgl. hierzu z. B. *Trittin,* AuR 91, 329 ff; *Wiese,* NZA 90, 793 ff.

1555 *GS* 3.12.91, DB 92, 1579 (1586); vgl. auch *BAG* 22.9.92 – 1 AZR 405/90, BB 93, 135; 27.10.92 – 1 ABR 17/92, DB 93, 1143 (1144); *Fitting,* Rn. 483; GK-*Gutzeit,* Rn. 921 m. w. N.; a. A. Richardi-*Richardi/Maschmann,* Rn. 824.

1556 *BAG* 10.3.09 – 1 AZR 55/08, NZA 09, 684 (685); 22.5.12 – 1 AZR 94/11, NZA 12, 1234 (1235); vgl. auch *Mache,* AiB 93, 373 ff. mit Beispielen.

1557 Vgl. z. B. *BAG* 21.1.03 – 1 AZR 125/02, AP Nr. 118 zu § 87 BetrVG 1972 Lohngestaltung.

1558 *LAG Hamm* 18.1.94 – 13 TaBV 109/93, NZA 95, 93 f. und die Vorinstanz *ArbG Paderborn* 16.6.93, AiB 94, 249 f. mit Anm. *Mache;* GK-*Gutzeit,* Rn. 929; *ArbG Stuttgart* 21.2.95 – 11 BV 192/93.

1559 *BAG (GS),* a. a. O., 1586; 23.3.93 – 1 AZR 520/92, NZA 93, 806 (808); GK-*Gutzeit,* Rn. 923.

1560 Vgl. auch GK-*Gutzeit,* Rn. 924 f.

1561 *BAG (GS),* a. a. O., 1587.

1562 *GS,* a. a. O., 1586; 1.11.05 – 1 AZR 355/04, NZA 07, 1303 (1306); 22.5.12 – 1 AZR 94/11, NZA 12, 1234 (1235).

1563 A. A. noch *BAG* 13.2.90 – 1 ABR 35/87, DB 90, 1238 (1239).

1564 *BAG (GS),* a. a. O., 1587; 1.11.05 – 1 AZR 355/04, NZA 07, 1303 (1306); 22.5.12 – 1 AZR 94/11, NZA 12, 1234 (1235); 24.10.17 – 1 AZR 346/16, NZA 18, 957 (958 Tz. 18).

1565 Vgl. auch *BAG* 10.3.09 – 1 AZR 55/08, NZA 09, 684 (685 ff.), das eine nur **teilweise Verrechnung** annimmt, wenn der AG bei zeitlich versetzten mehrstufigen Tariferhöhungen auf Grund seiner Gesamtkonzeption nur eine Stufe vollständig verrechnet.

rücksichtigen sein.[1566] Dies gilt nach Auffassung des ***BAG***[1567] auch, wenn der AG beschließt, die Tariferhöhung vollständig anzurechnen, die **Anrechnung aber bei einigen AN versehentlich** unterbleibt. Für den Irrtum ist der AG darlegungs- und beweispflichtig. Dabei wird er die fehlerhafte Umsetzung seiner Entscheidung umso schwerer beweisen können, je größer die Zahl der AN ist, bei denen die Anrechnung unterblieben ist, und je länger er zuwartet. Er wird sich zudem nur dann auf ein Versehen berufen können, wenn er es **unverzüglich** nach der Entdeckung korrigiert.[1568] Muss der AG aus Anlass einer Tariflohnerhöhung auch eine mit dem AN vereinbarte Zulage anheben, bilden diese Verpflichtungen eine Einheit. Hieraus folgt, dass die Anrechnung lediglich des auf diese Zulage entfallenden Steigerungsbetrags auf eine weitere Zulage nur eine teilweise, keine vollständige Anrechnung der Tariferhöhung darstellt.[1569] Auch eine **vollständige Anrechnung** ist bereits wegen **Umgehung** und daher wegen Verletzung des Mitbestimmungsrechts unwirksam, wenn sie der AG nur deshalb beabsichtigt, weil er für die zunächst geplante teilweise Anrechnung andere Verteilungsgrundsätze als der BR vorsieht und hierüber **keine Verhandlungen** zulassen will.[1570] Demgegenüber kommt es entgegen der Auffassung des *BAG*[1571] nicht darauf an, warum sich der BR der Anrechnung widersetzt, ob er also z. B. nicht nur eine andere Verteilung, sondern, weiter gehend (nach h. M.) als sein Mitbestimmungsrecht, eine geringere Anrechnung anstrebt (vgl. im Einzelnen Rn. 16). Der für die Ausübung des Mitbestimmungsrechts erforderliche **Regelungsspielraum** bleibt allerdings auch nach der ***BAG***-Rspr. für den AG erhalten, wenn er bei einer Tariflohnerhöhung auch die in unterschiedlicher Höhe gezahlten übertariflichen Zulagen **ohne Rechtspflicht** entsprechend anhebt und diese gleichzeitig voll auf eine neu geschaffene tarifliche Zulage anrechnet.[1572] Diese Grundsätze gelten ebenfalls, wenn die Anrechnung bzw. der Widerruf der übertariflichen Zulage nicht bei einer Tariflohnerhöhung, sondern im Zusammenhang mit der Erhöhung betrieblicher Prämiensätze erfolgt.[1573]

- Der AG kann das Zulagenvolumen/die einzelnen Zulagen bei mitbestimmungspflichtigen Anrechnungen **bis zur Einigung** mit dem BR nur kürzen, wenn er die bisherigen **Verteilungsgrundsätze beibehält.** Ansonsten sind Anrechnung/Widerruf insgesamt unwirksam.[1574]
- Dem *BAG* ist insoweit zu folgen, als ein Mitbestimmungsrecht dann ausscheidet, wenn die **bisherigen Verteilungsgrundsätze beibehalten** werden und grundsätzlich auch dann, wenn die Zulagen mit der Anrechnung **vollständig wegfallen** (vgl. aber auch Rn. 316). Will der BR im ersten Fall eine Veränderung herbeiführen, muss er sein **Initiativrecht** ausüben.[1575] Dem *BAG* kann jedoch nicht gefolgt werden, wenn es das Mitbestimmungsrecht bei **vollständiger und gleichmäßiger Anrechnung** ausschließt, obwohl sich die **Verteilungsgrundsätze ändern.**[1576] Hier ist die innerbetriebliche Lohngerechtigkeit ebenfalls betroffen. Dem AG stehen durchaus **Möglichkeiten zur anderweitigen Verteilung** zur Verfügung. Er kann z. B. einen Widerrufsvorbehalt (teilweise) ausüben, eine Änderungs-

---

1566 Vgl. *BAG* 22. 9. 92 – 1 AZR 405/90, BB 93, 135; 3. 3. 93 – 10 AZR 42/92, DB 93, 1930 (1931) zu einer betrieblichen Treueprämie; 21. 9. 99 – 1 ABR 59/98, NZA 00, 898 f.; 25. 6. 02 – 3 AZR 167/01, DB 02, 2494 (2495) für pauschale Erhöhung des Tarifentgelts; *Fitting,* Rn. 491; GK-*Gutzeit,* Rn. 928 f.

1567 31. 10. 95 – 1 AZR 276/95, BB 96, 646 (647); zustimmend GK-*Gutzeit,* Rn. 931; *WEH,* H Rn. 148; *Hoß,* NZA 97, 1129, (1134 f.).

1568 *BAG* 31. 10. 95, a. a. O.

1569 *BAG* 24. 4. 01 – 1 AZR 583/00.

1570 *BAG* 26. 5. 98 – 1 AZR 704/97, DB 98, 2119 (2120), das zudem eine Verletzung des § 2 Abs. 1 annimmt; vgl. auch § 2 Rn. 6 und *LAG Düsseldorf* – 8 TaBV 15/07, AiB 07, 428 ff. mit Anm. v. *Trittin* zu dieser Thematik bei einseitiger Streichung freiwilliger Leistungen.

1571 26. 5. 98, a. a. O.

1572 *BAG* 14. 2. 95 – 1 AZR 565/94, DB 95, 1917 f.

1573 *BAG* 10. 11. 92 – 1 AZR 183/92, DB 93, 439 (440).

1574 *BAG (GS),* a. a. O., S. 1588; 19. 9. 95 – 1 AZR 208/95, BB 96, 326 (327); a. A. GK-*Gutzeit,* Rn. 932; zu ausnahmsweise **rückwirkenden BV** vgl. *BAG* 19. 9. 95, a. a. O.; § 77 Rn. 87.

1575 Vgl. auch *BAG (GS)* 3. 12. 91 – GS 2/90, DB 92, 1579 (1587).

1576 A. A. auch *BAG* 13. 2. 90 – 1 ABR 35/87, DB 90, 1238 (1239); *Silberberger,* AiB 01, 55 und *Boemke/Seifert* für eine Anrechnung bei freiem, nicht an die Tariferhöhung geknüpftem Widerrufsvorbehalt.

kündigung aussprechen oder die Zulagen einvernehmlich kürzen.[1577] Will er diesen Weg nicht gehen, muss er die Tariflohnerhöhung anders verrechnen oder eine Änderung der BV anstreben und bei der nächsten Tariflohnerhöhung die gewollte Kürzung nachholen.[1578] Eine rechtliche Unmöglichkeit liegt für den AG nicht vor. Wie in sonstigen Fällen (vgl. z. B. § 99 und § 87 Abs. 1 Nr. 3)[1579] muss der AG **individuelle Verpflichtungen und Betriebsverfassungsrecht** nebeneinander beachten und ggf. mit den zur Verfügung stehenden Mitteln für sich harmonisieren.[1580] Ist z. B. eine **Zulage** für einige AN **tarifbeständig** oder sind **Sockelbeträge** vereinbart, tauchen die gleichen Fragen auf. Der AG muss entweder den Verteilungsgrundsatz in der BV ändern oder die vertraglichen Regelungen.[1581]

Auch ansonsten kann dem *BAG* und der h. M. nicht uneingeschränkt im Hinblick auf den 316
Wegfall zusätzlicher AG-Leistungen gefolgt werden. **Wortlaut** und **Entstehungsgeschichte** sprechen nicht für eine Einschränkung des Mitbestimmungsrechts.[1582] Letztlich wird diese mit der Parallele zur Nr. 8 begründet. Der BR soll nicht die Möglichkeit haben, zusätzliche Leistungen des AG zu erzwingen. Berücksichtigt und akzeptiert man diesen Ausgangspunkt, so ist nicht einzusehen, warum auch die **Abschaffung** einer zusätzlichen AG-Leistung generell mitbestimmungsfrei erfolgen soll. Im Unterschied zur Einführung[1583] kann der AG mit der Gewährung der Zahlung für die AN einen **Vertrauenstatbestand** geschaffen haben.[1584] Diese haben sich dann darauf eingestellt. Es werden also nicht wie bei der Einführung Mehrleistungen beansprucht, sondern Leistungen, zu denen sich der AG bereits freiwillig entschieden hat, wenngleich möglicherweise nur für einen bestimmten Zeitraum.

Zudem ist auch zu berücksichtigen, dass mit der **vollständigen Streichung** ohne Mitbestimmungsrecht durchaus das Mitbestimmungsrecht bei der **Neuverteilung** nach Kürzung umgangen werden kann, wenn der AG nach einer gewissen »Schamfrist« erneut eine nun anders benannte Zulage gewährt.[1585] Dem *BAG* ist daher Recht zu geben, wenn es zumindest dann, wenn beide Vorgänge auf einer **einheitlichen Konzeption des AG** beruhen, das Mitbestimmungsrecht bereits für den Wegfall der Zulage bejaht.[1586] Ein konzeptioneller Zusammenhang[1587] besteht jedenfalls, wenn der AG schon bei der Anrechnung die Absicht hat, die eingesparten Mittel für eine neue übertarifliche Leistung zu verwenden. Ohne Bedeutung ist dabei, dass er erst Monate später festlegen will, wem und in welcher Höhe die Leistung gewährt werden soll, ob das Volumen der neuen Leistung den Umfang der zunächst vorgenommenen Einsparung erreicht und ob das System der Zahlungen (monatliche oder Einmalzahlungen) beibehalten wird. Auch eine Absicht, das Mitbestimmungsrecht zu umgehen, wird vom *BAG* zu Recht nicht verlangt. Für eine einheitliche Konzeption sprechen z. B. ein **geringer zeitlicher Abstand der Maßnahmen** und i. d. R. auch eine nicht erheblich veränderte wirtschaftliche Situation des UN.[1588] Sie wird ebenfalls dann vorliegen, wenn ein TV eine **Entgelterhöhung in zwei Stufen** vorsieht und der AG die Erste zahlt und nur die zweite vollständig anrechnet.[1589]

1577 Vgl. hierzu auch *Roloff*, RdA 14, 228 (232); *Fitting*, Rn. 493 und andererseits Rn. 485; a. A. WPK-*Bender*, Rn. 231.

1578 Vgl. auch *Hinrichs/Trittin*, AiB 92, 575 (578); a. A. *Richardi*, NZA 92, 961 (964).

1579 *Kohte*, AuA 91, 168 (170).

1580 Vgl. auch HaKo-BetrVG/*Kohte*, Rn. 129; *Roloff*, RdA 14, 228 (232); a. A. *Jahna*, S. 266.

1581 A. A. *Richardi*, NZA 92, 961 (963); Richardi-*Richardi/Maschmann*, Rn. 824.

1582 Vgl. z. B. *Herbst*, AiB 86, 186 (188) und DB 87, 738 (741); *Schirge/Trittin*, AiB 90, 227 (235).

1583 Insoweit auch kritisch *Leinemann*, DB 85, 1394 (1397).

1584 *Schirge/Trittin*, a. a. O., S. 241; vgl. auch *LAG Hamm* 7. 12. 88, DB 89, 2131, das bei vollständiger Anrechnung einer übertariflichen Zulage eine Zuständigkeit der ESt. annimmt.

1585 Vgl. *ArbG Mannheim* 3. 9. 86, AiB 88, 88; *ArbG Frankfurt* 16. 3. 94, AiB 94, 695 mit Anm. *Schirge*.

1586 3. 5. 94 – 1 ABR 24/93, DB 94, 2450 (2453); 17. 1. 95 – 1 ABR 19/94, DB 95, 1410; 8. 6. 04 – 1 AZR 308/03, DB 05, 168; vgl. auch *Fitting*, Rn. 494 f.; Richardi-*Richardi/Maschmann*, Rn. 829; *Säcker*, FS Kreutz, S. 399 (402); a. A. GK-*Gutzeit*, Rn. 933 ff.

1587 Vgl. hierzu bei Verrechnung von Tariferhöhungen auch *BAG* 10. 3. 09 – 1 AZR 55/08, NZA 09, 684 (686); 24. 1. 17 – 1 ABR 6/15, NZA 17, 661 (662 Tz. 16).

1588 Zu diesen Grundsätzen insbes. *BAG* 17. 1. 95, DB 95, 1411; vgl. auch *Säcker*, FS Kreutz, S. 399 (402).

1589 *BAG* 14. 2. 95, DB 95, 1411 mit krit. Anm. *Sowka*; 8. 6. 04, a. a. O.; *Fitting*, Rn. 494; Richardi-*Richardi/Maschmann*, Rn. 829.

317 Bestehen für Teile der Belegschaft **verschiedenartige Entgeltsysteme** (z. B. für Tarifangestellte und AT-Angestellte), ist nach Auffassung des *BAG* die Mitbestimmungspflicht bei einer Zulagenverrechnung getrennt für das jeweilige System zu beurteilen.[1590] So ist eine **unterschiedliche Verrechnung** in den Systemen bei jeweils gleich bleibenden internen Verteilungsgrundsätzen ohne BR möglich. Das Mitbestimmungsrecht erstreckt sich danach nicht auf das **Verhältnis der einzelnen Entgeltsysteme zueinander.** Damit der AG die Tragweite des Mitbestimmungsrechts nicht dadurch einschränkt, dass er die Belegschaft in beliebig viele Gruppen mit jeweils eigenen Entgeltsystemen aufspaltet, müssen **Strukturunterschiede** die Differenzierung rechtfertigen (z. B. Angestellte in herausgehobenen Leitungsfunktionen, Entgelt ohne Anknüpfung an das Tarifgehalt **gegenüber** Angestellten mit Tarifgehalt und übertariflicher Zulage). Der BR wird mit seinem Mitbestimmungsrecht auch unter Berücksichtigung von § 75 zu einer sachgerechten Differenzierung und Ausgestaltung der jeweiligen Gehaltsgruppensysteme beitragen können.

318 Auch wenn man mit der h. M.[1591] die Festlegung des **Zwecks** der Zulage und die abstrakte **Eingrenzung des Personenkreises** nicht für mitbestimmungspflichtig hält, kann bei freiwilligen Leistungen des AG z. B. die nähere **Ausgestaltung** einer **Rückzahlungsklausel oder von Anrechnungsmodalitäten** als Verteilungsgrundsatz der Vorschrift unterliegen.[1592] Unabhängig von seinem gesetzlichen Umfang können AG und BR ein **Mitbestimmungsrecht gemäß § 88** vereinbaren. So kann z. B. festgelegt werden, dass für jede Anrechnung von übertariflichen Zulagen auf Tariflohnerhöhungen **die Zustimmung des BR** erforderlich ist,[1593] dass sich die Zulage um denselben Prozentsatz erhöht, wie das Tarifentgelt oder in der BV bzw. durch Regelungsabrede eine Anrechnung ausgeschlossen werden.[1594] Wird eine teilmitbestimmte (hinsichtlich der Verteilung) BV über freiwillige Leistungen vom AG gekündigt, wirkt sie jedenfalls gemäß § 77 Abs. 6 insgesamt nach, wenn der AG das Volumen kürzen und den Verteilerschlüssel ändern, die Leistung also nicht vollständig streichen will.[1595]

319 Der **Dotierungsrahmen** kann durch die Verletzung des Mitbestimmungsrechts ausgeweitet werden.[1596] Die Anrechnung einer Tariflohnerhöhung auf übertarifliche Zulagen ist dann nämlich unwirksam und der Zahlungsanspruch besteht für die AN gegen den Willen des AG fort.[1597] Gleiches gilt für den Fall, dass ein AN **von einer betrieblichen Übung ausgenommen** wird.[1598] Auch hierbei handelt es sich um eine für den AN belastende Maßnahme und nicht um die Begründung eines vorher nicht vorhandenen Anspruchs lediglich wegen der Verletzung des Mitbestimmungsrechts.[1599] Eine Beschränkung des Mitbestimmungsrechts auf den vorgegebenen Dotierungsrahmen kommt zudem dann nicht in Betracht, wenn ein **Verstoß gegen**

1590 19. 9. 95 – 1 ABR 20/95, DB 96, 736 (737); 9. 7. 96 – 1 AZR 690/95, DB 97, 332; 18. 11. 03 – 1 AZR 604/02, NZA 04, 803 (806); GK-*Gutzeit,* Rn. 930.

1591 A. A. *Herbst,* DB 87, 738 (740); *Schirge/Trittin,* AiB 90, 227 (237 f.).

1592 **Str.;** vgl. *BAG* 22. 10. 85 – 1 ABR 38/83, AP Nr. 18 zu § 87 BetrVG 1972 Lohngestaltung für **allgemeine Regeln beim Entzug von Leistungen** und auch eine Beteiligung des BR im **Einzelfall** vor Ausspruch des Entzugs; a. A. Richardi-*Richardi/Maschmann,* Rn. 764, 798 und hinsichtlich eines Anrechnungsverbots auch *BAG* 9. 12. 97 – 1 AZR 319/97, NZA 98, 661 (666); demgegenüber **für ein Mitbestimmungsrecht** bei der vergleichbaren Festlegung von Rückzahlungs- und Bindungsklauseln bei Gewährung eines KFZ-Verkaufsrabatts für Werksangehörige *BAG* 26. 5. 93 – 5 AZR 219/92, ZIP 93, 1251 (1253) = EzA § 9 AGB-Gesetz Nr. 1 mit zustimmender Anm. *Streckel; LAG Niedersachsen* 14. 2. 92 (Vorinstanz), AuR 93, 156 (157) mit zustimmender Anm. *Kohte* und bei Rückzahlungsvorbehalten für Gratifikationen *BAG* 25. 1. 84, DB 84, 2251 (2253); vgl. auch Rn. 330, 338.

1593 *ArbG Frankfurt* 17. 7. 91 – 7 BV 10/91.

1594 *BAG* 9. 12. 97 – 1 AZR 319/97, NZA 98, 661 (665 f.); 14. 8. 01, NZA 02, 342 (344); 30. 5. 06 – 1 AZR 111/05, NZA 06, 1170 (1172); *LAG Düsseldorf* 1. 2. 05 – 8 Sa 1427/04, BB 05, 1576, Ls.

1595 *BAG* 26. 10. 93 – 1 AZR 46/93, DB 94, 987 f.; zu Recht weitergehend § 77 Rn. 119 m. w. N.

1596 Vgl. z. B. *BAG* 14. 6. 94 – 1 ABR 63/93, NZA 95, 543 (544); *LAG Niedersachsen* 30. 4. 13 – 1 TaBV 142/12, AuR 13, 273 (Ls.), juris; *LAG Nürnberg* 21. 6. 21 – 1 TaBV 11/21, NZA-RR 21, 551 (555 Tz. 51); *LAG München* 23. 11. 21 – 9 TaBV 64/21, jurisPR-ArbR 3/22 Nr. 1 mit Anm. v. *Dahl.*

1597 *BAG (GS)* 16. 9. 86, AP Nr. 17 zu § 77 BetrVG 1972; 26. 4. 88, AP Nr. 16 zu § 87 BetrVG 1972 Altersversorgung; 20. 8. 91 – 1 AZR 326/90, DB 92, 687; Rn. 5.

1598 *Kohte,* Anm. zu *BAG* 20. 8. 91, EzA § 87 BetrVG 1972 Betriebliche Lohngestaltung Nr. 29.

1599 Vgl. hierzu *BAG* 20. 8. 91 – 1 AZR 326/90, DB 92, 687.

§ 75 vorliegt (vgl. Rn. 269).[1600] Ein benachteiligter AN braucht nicht deshalb eine Schmälerung seines Anspruchs hinzunehmen, weil hierdurch der Leistungsumfang erweitert würde.[1601] Spätestens bei Geltendmachung seines Anspruchs muss ihm zudem der Grund für die **Ungleichbehandlung** offen gelegt werden.[1602] Dieses individualrechtliche Verbot, sachliche Gründe nachzuschieben, bedarf, wie *Kohte*[1603] überzeugend mit der **Verschränkung von Gleichbehandlungsgrundsatz und Mitbestimmungsrecht** begründet hat, einer kollektivrechtlichen Ergänzung: Ein sachlicher Grund kann auch nicht nachgeschoben werden, wenn der BR unter Verstoß gegen das Mitbestimmungsrecht nicht beteiligt wurde. Zudem kann der finanzielle Rahmen vom BR jedenfalls dann erweitert werden, wenn der AG **ohne Beachtung der Mitbestimmungsrechte Leistungen** gewährt hat und die Ansprüche der begünstigten AN wirksam sind,[1604] d. h., der AG die Gelder nicht zurückfordern kann.[1605] Aber auch falls Rückforderungen möglich sind, ist der BR in diesen Fällen **nicht auf den vorgegebenen Dotierungsrahmen beschränkt.** Die Ausübung des Mitbestimmungsrechts wäre ansonsten erheblich erschwert, der Gesetzesverstoß faktisch gebilligt, wenn der BR durch die Nichtakzeptanz der vom AG einseitig aufgestellten Verteilungsgrundsätze automatisch teilweise Rückforderungen auslöste.[1606] Auch nach der **Rspr. des *BAG***[1607] ist davon auszugehen, dass sich der ursprüngliche Dotierungsrahmen für den AG bei einer Neuverteilung der freiwilligen Leistung – jetzt unter Beachtung des Mitbestimmungsrechts – erhöhen kann. Die Mehrzahlung ergibt sich dann aus der Verletzung des Mitbestimmungsrechts, nicht auf Grund seiner Wahrnehmung.[1608]

Hinsichtlich der Verletzung des Mitbestimmungsrechts gilt **individualrechtlich** Folgendes: **320**

- Maßnahmen des AG, die AN-Ansprüche vereiteln oder schmälern, sind unwirksam. Die Ansprüche bestehen uneingeschränkt fort.
- Ansprüche, die unter Verletzung des Mitbestimmungsrechts begründet werden, sind wirksam.
- Ein Anspruch, der bisher nicht bestanden hat, kann nicht allein aus der Verletzung des Mitbestimmungsrechts entstehen.[1609]

Unabhängig vom Mitbestimmungsrecht des BR bei der Verrechnung übertariflicher Zulagen ist **321** jeweils auch die **individualrechtliche Zulässigkeit** zu prüfen,[1610] denn ist diese nicht gegeben, stellt sich die Frage der Mitbestimmung nicht.[1611] Ist im Arbeitsvertrag eine entsprechende Vereinbarung getroffen worden, kann der AG anrechnen.[1612] Dabei erfasst ein **Anrechnungsvorbehalt,** der sich generell auf Tariflohnerhöhungen bezieht, im Zweifel nicht den Lohnausgleich

---

1600 Vgl. auch HaKo-BetrVG/*Kohte,* Rn. 122; Däubler/Beck-*Dette/Gottbehüt,* § 7 Rn. 127, 151. zum AGG.

1601 *BAG* 20.8.91 – 1 AZR 326/90, DB 92, 687.

1602 Vgl. *BAG* 5.3.80, 9.9.81, EzA § 242 BGB Gleichbehandlung Nrn. 21, 26; 12.11.91 – 3 AZR 489/90, DB 92, 1432 und *Kohte,* Anm. zu *BAG* 20.8.91, a. a. O., m. w. N.; offen gelassen v. *BAG* 8.3.95, DB 96, 1575 f.; 12.10.05 – 10 AZR 640/04, NZA 05, 1418 (1420 m. w. N.).

1603 Anm. zu *BAG* 20.8.91, a. a. O.

1604 *BAG (GS)* 16.9.86, AP Nr. 17 zu § 77 BetrVG 1972; 20.8.91 – 1 AZR 326/90, DB 92, 687; 14.6.94 – 1 ABR 63/93, DB 95, 680 (681) m. w. N.; *Fitting,* Rn. 460; KassArbR-*Lipke,* 2.3, Rn. 328.

1605 *BAG* 14.6.94 – 1 ABR 63/93, DB 95, 680 (681) m. w. N.; *Fitting,* Rn. 460; KassArbR-*Lipke,* 2.3, Rn. 328.

1606 *ArbG Frankfurt* 14.7.88, AiB 89, 291 f., aufgehoben durch *LAG Frankfurt* 5.9.89, NZA 90, 501 f.; a. A. auch *LAG Frankfurt* 12.9.91 – 4 TaBV 93/91, NZA 92, 565 f.; vgl. zu **Zahlungsansprüchen des einzelnen AN,** die ebenfalls zu einer Ausweitung führen können, *LAG Düsseldorf* 31.3.89, DB 89, 1830 f.; *LAG Hamm* 8.4.91 – 17 Sa 1565/90, BB 91, 1340, Ls.; *ArbG Darmstadt* 2.3.89, DB 89, 2131; *Mache,* DB 89, 2170 f.; *Schirge/Trittin,* AiB 90, 227 (242 ff.); a. A. *ArbG Düsseldorf* 3.11.88, DB 89, 1295 (Ls.).

1607 30.3.82, AP Nr. 10 zu § 87 BetrVG 1972 Lohngestaltung; 26.1.88, AP Nr. 31 zu § 80 BetrVG 1972; 14.6.94 – 1 ABR 63/93, DB 95, 680 (681).

1608 Vgl. auch *Schirge/Trittin,* a. a. O., S. 237 und *ArbG Darmstadt* 7.11.91, AiB 92, 353 f. mit Anm. *Trittin.*

1609 *BAG* 20.8.91 – 1 AZR 326/90, DB 92, 687; 15.11.94, DB 95, 580; 15.4.08 – 1 AZR 65/07, 888 (892).

1610 Vgl. hierzu DHZ-*Trümner,* § 34 Rn. 21 ff., 30 ff.; *Mache,* AiB 89, 113 (119 ff.); *Schirge,* AiB 93, 377 ff. m. w. N.; zum Widerruf eines Personalrabatts *BAG* 14.6.95 – 5 AZR 126/94, BB 95, 2171 f.

1611 *BAG* 7.2.96 – 1 AZR 657/95, DB 96, 1630.

1612 Vgl. z. B. *BAG* 9.12.97 – 1 AZR 319/97, NZA 98, 661 (664); 17.9.03 – 4 AZR 533/02, DB 04, 876 (877).

für eine tarifliche Arbeitszeitverkürzung.[1613] **Pauschalierte,** auf die einzelnen Abrechnungszeiträume bezogene **Erhöhungen** des Tarifentgelts können demgegenüber verrechnet werden.[1614] Ist keine Vereinbarung getroffen worden, muss der Vertrag ausgelegt werden. Steht die Zulage mit einem bestimmten Zweck in Verbindung (Leistungs-, Tätigkeits-, Arbeitserschwernis-, Arbeitsmarktzulage), kann sie **nicht einseitig gekürzt** oder beseitigt werden.[1615] Indiz für eine Tarifbeständigkeit kann sein, dass die Zulage als **selbständiger Lohnbestandteil** ausgewiesen ist.[1616] Ist **kein besonderer Zweck** zu ermitteln, soll die Zulage nach Auffassung des *BAG*[1617] selbst bei **jahrelanger vorbehaltloser Zahlung** jederzeit auf Tariflohnerhöhungen anrechenbar sein. Dies ist schon zum früheren Recht wegen Verstoßes gegen das **Gebot transparenter Vertragsgestaltung** kritisiert worden.[1618] Mit der Einbeziehung von **Formulararbeitsverträgen** bzw. allgemeinen Arbeitsbedingungen in die **AGB-Kontrolle** (vgl. §§ 310 Abs. 4, 305 ff., insb. auch 307 und 308 Nr. 4 BGB) ist diese Rspr. nicht mehr aufrecht zu erhalten. Eine Anrechnung setzt vielmehr einen **ausdrücklichen, auf nachvollziehbaren, angemessenen und zumutbaren Kriterien beruhenden Vorbehalt** voraus.[1619] Diesen Anforderungen genügt auch die bloße Bezeichnung als »übertarifliche« Zulage nicht.[1620] Jede Verrechnung ist zudem im Hinblick auf § 315 BGB,[1621] den Gleichbehandlungsgrundsatz und das Verbot der Umgehung des Kündigungsschutzes zu überprüfen.[1622]

cc) Initiativrecht

322 Das Mitbestimmungsrecht des BR schließt grundsätzlich auch ein **Initiativrecht** ein.[1623] Eine **Einschränkung** kann sich aber auch hier aus dem Inhalt und Zweck des Mitbestimmungsrechts ergeben.[1624] Demzufolge kann der BR z. B. nicht freiwillige Leistungen des AG oder eine bestimmte Dotierung erzwingen.

d) Einzelfälle

323 Der BR hat ein Mitbestimmungsrecht (vgl. auch Rn. 300 ff.)

- bei der Einführung und Ausgestaltung von leistungsbezogenen Entgelten unabhängig von Nr. 11,
- bei der **Umstellung von Akkord- auf Zeitlohn,**[1625] bei der Frage, ob **Erholzeiten zu Kurzpausen** zusammengefasst werden sollen,[1626] hinsichtlich des **Verlaufs der Prämienkurve** und der **Zuordnung von Geldbeträgen** zu bestimmten Leistungsgraden,[1627] sowie bei der

---

1613 *BAG* 7. 2. 96, a. a. O.; 3. 6. 98 – 5 AZR 616/97, NZA 99, 208 (209); 9. 8. 00 – 4 AZR 466/99, BB 01, 1044 (1045 f.).
1614 *BAG* 25. 6. 02 – 3 AZR 167/01, DB 02, 2494 f.
1615 Vgl. z. B. *BAG* 23. 3. 93 – 1 AZR 520/92, NZA 93, 806 (807 f.); 31. 10. 95 – 1 AZR 276/95, BB 96, 646 (647).
1616 *BAG* 22. 9. 92 – 1 AZR 405/90, DB 93, 380; 21. 1. 03 – 1 AZR 125/02, AP Nr. 118 zu § 87 BetrVG 1972 Lohngestaltung = DB 03, 1584, Ls.; 23. 9. 09 – 5 AZR 973/08, DB 09, 2787.
1617 Vgl. z. B. 8. 12. 82, DB 83, 997; 9. 12. 97, a. a. O.; 23. 9. 09, a. a. O.
1618 Vgl. *Preis,* FS Kissel, S. 879 ff. und auch *Trittin/Schirge,* AiB 90, 227 (249 f.).
1619 Vgl. *BAG* 12. 1. 05 – 5 AZR 364/04, DB 05, 696 (670); 1. 3. 06 – 5 AZR 363/05, NZA 06, 746 (748 f.); 25. 4. 07 – 5 AZR 627/06, NZA 07, 853 ff.; 20. 4. 11 – 5 AZR 191/10, NZA 11, 796; *Hanau/Hromadka,* NZA 05, 73 ff.; *Bergwitz,* AuR 05, 210 ff.; *Reinecke,* BB 08, 554 f.
1620 ErfK-*Preis,* BGB §§ 305–310, Rn. 65; *Franke,* NZA 09, 245 ff.; a. A: **BAG** 27. 8. 08, NZA 09, 49 (52).
1621 Hierzu auch *BAG* 12. 1. 05 – 5 AZR 364/04, DB 05, 669 (671).
1622 Vgl. *Schirge/Trittin,* AiB 90, 227 (250 ff. m. w. N.).
1623 *BAG* 14. 11. 74, AP Nr. 1 zu § 87 BetrVG 1972; 30. 1. 90 – 1 ABR 2/89, DB 90, 1090; 23. 9. 03 – 1 ABR 35/02, NZA 04, 800 (803); *LAG Düsseldorf* 10. 8. 16 – 4 TaBV 135/15, juris (Tz. 46); GK-*Gutzeit,* Rn. 997 ff.; vgl. Rn. 25 ff.; *Benecke,* AuR 15, 306 (308).
1624 Vgl. *Matthes,* NZA 87, 289 (291 m. w. N.).
1625 *BAG* 17. 12. 68, AP Nr. 27 zu § 56 BetrVG; 24. 8. 04 – 1 AZR 419/03, NZA 05, 51 (53); *LAG Baden-Württemberg* 20. 12. 91 – 5 TaBV 11/91, AiB 93, 406 f.
1626 *BAG* 24. 11. 87, AP Nr. 6 zu § 87 BetrVG 1972 Akkord.
1627 *BAG* 16. 12. 86, AP Nr. 8 zu § 87 BetrVG 1972 Prämie.

Einführung von **Vertrauensarbeitszeit**[1628] (Entlohnungsgrundsatz: Entlohnung nach Aufgabenerfüllung; vgl. auch Rn. 100),
- bei der Gewährung von Prämien an Tourenleiter bei Sollüberschreitung,[1629]
- bei der Entscheidung, ob Beschäftigte in Systemen des **Pensumentgelts, Programmentgelts** oder **Gainsharings** (Erfolgsbeteiligung nach Wertschöpfung des UN bzw. Kennzahlen der Produktivität oder auch Kostenersparnis)[1630] arbeiten, die ebenso wie die weitere Ausgestaltung als Entlohnungsgrundsatz und -methode mitbestimmungspflichtig ist.[1631]

Gewährt der AG eine betriebliche Altersversorgung, besteht bereits ein Mitbestimmungsrecht nach Nr. 8, wenn es sich um eine **Sozialeinrichtung** (vgl. Rn. 262 ff) handelt. Besteht keine Sozialeinrichtung und der AG richtet die Altersversorgung in Form von **Direktzusagen, Versicherungen** oder auch **Gruppenversicherungsverträgen** ein, so besteht ein Mitbestimmungsrecht nach Nr. 10.[1632] Es wäre nicht einzusehen, wenn ein Mitbestimmungsrecht nur nach der Errichtung einer Sozialeinrichtung bestünde, nicht aber, falls die Zuwendung direkt erfolgt. 324

Entschließt sich der AG, eine **betriebliche Altersversorgung** zu erbringen, und besteht ein Mitbestimmungsrecht des BR nach Nr. 10, ist der AG nach der **Rspr. des *BAG*** dennoch frei, **welche finanziellen Mittel** er zur Verfügung stellt, welche **Versorgungsform** (Direktzusagen, Versorgungszusagen durch Versicherungen u. Ä.) er wählt und welchen **Personenkreis** er versorgen will.[1633] Auch eine **spätere Beendigung der Leistungen**[1634] und die **Auswahl und der Wechsel von Versicherungs-UN** sind mitbestimmungsfrei, es sei denn, hiermit ist eine Änderung des Leistungsplans verbunden.[1635] In dem noch offenen Rahmen, insbes. bei den Regeln, mit denen die zur Verfügung stehenden Mittel auf die Begünstigten, auch bei einer Rentenanpassung,[1636] **verteilt** werden,[1637] hat der BR mitzubestimmen. Die Mitbestimmung erstreckt sich insbes. auf die Einführung selbst und die **Gestaltung des Leistungsplans,**[1638] soweit nicht der Dotierungsrahmen, die Grundform der Versorgung und die Abgrenzung des begünstigten Personenkreises berührt werden. Will der BR eine Änderung des Leistungsplans erreichen, muss er nach Auffassung des *BAG* darlegen, wie dabei der vom AG vorgegebene Dotierungsrahmen gewahrt werden kann. Darüber hinaus hat der BR jederzeit das Recht, die Versorgungsordnung auf ihre **Vereinbarkeit mit § 75** zu überprüfen.[1639] Ihm steht auch insoweit ein Initiativrecht zu, mit Hilfe dessen er durchsetzen kann, dass die unwirksame Regelung entfällt bzw. von der ESt. durch eine wirksame neue ersetzt wird.[1640] Eine sofortige Abänderung der rechtswidrigen Praxis lässt sich (rückwirkend) mit Leistungsklagen der Betroffenen erreichen. 325

Mitbestimmungsrechte, bei Unterstützungs- und Pensionskassen dann gem. Nr. 8 (vgl. Rn. 281), bestehen auch, wenn die betriebliche Altersversorgung durch Entgelt des AN finanziert wird, das z. B. entsprechend § 1a BetrAVG **in Versorgungszusagen umgewandelt** worden ist (sog. 326

1628 Richardi-*Richardi/Maschmann*, Rn. 778.
1629 *LAG Hamm* 18.12.75, AuR 76, 122, Ls.
1630 vgl. *Schang*, S. 219 ff.
1631 Vgl. *Schang*, S. 202 ff., 212 ff., 222 f. und auch Rn. 350.
1632 *BAG* 12.6.75, 18.3.76, 26.4.88, AP Nrn. 1–4, 16 zu § 87 BetrVG 1972 Altersversorgung; 24.1.06 – 3 AZR 484/04, DB 07, 471 (472); vgl. auch *LAG Niedersachsen* 30.9.88, NZA 89, 149 f., das die Zuständigkeit der ESt. bejaht, wenn in der Gewinn- und Verlustrechnung Rückstellungen für die Altersversorgung vorgesehen sind; *Fitting*, Rn. 468; GK-*Gutzeit*, Rn. 885 ff.
1633 *BAG* 12.6.75, 18.3.76, AP Nrn. 1–4 zu § 87 BetrVG 1972 Altersversorgung; 11.12.01 – 3 AZR 512/00, DB 03, 293 (294); 29.7.03 – 3 ABR 34/02, NZA 04, 1344 (1345); *Reinecke*, AuR 04, 328 ff.; *Schoden*, Rn. 162 f.
1634 Vgl. zur **Kündigung** einer BV über betriebliche Altersversorgung und ihren Auswirkungen *BAG* 11.5.99 – 3 AZR 20/98, AuR 00, 386 ff. mit krit. Anm. *Herbst/Matthes;* 17.8.99 – 3 ABR 55/98, DB 00, 774 ff.: Keine Nachwirkung, falls kein Raum für eine Neuverteilung bleibt, aber Weitergeltung der wirksam gekündigten BV (**Beschränkung der Kündigungswirkungen**) als solcher für nicht antastbare Besitzstände der AN; vgl. auch *BAG* 21.8.01 – 3 ABR 44/00, NZA 02, 575 (578); *Fitting*, Rn. 476 ff.
1635 Wie vor und *BAG* 16.2.93 – 3 ABR 29/92, DB 93, 1240; 29.7.03, a. a. O.; *Schoden*, Rn. 156.
1636 *ArbG Köln* 7.9.16 – 7 Ca 2664/16, juris (Tz. 39).
1637 *BAG*, 21.1.03 – 3 AZR 30/02, NZA 04, 331 (333), 24.1.06 – 3 AZR 484/04, DB 07, 471 (472).
1638 GK-*Gutzeit*, Rn. 894; vgl. zur Zulässigkeit ablösender BV § 77 Rn. 23 ff.
1639 *BAG*, a. a. O.
1640 Zur Kritik an der *BAG*-Rspr. vgl. Rn. 314 ff.

»Riester-Rente«).[1641] Der individuelle Umwandlungsanspruch ist zwar in § 1a Abs. 1 BetrAVG (ergänzt um den AG-Zuschuss in Abs. 1a in Höhe v. 15 % des umgewandelten Entgelts, soweit durch die Umwandlung Sozialversicherungsbeiträge eingespart werden[1642]) zwingend geregelt, ansonsten hat der AG allerdings in einer Reihe von Fragen **Regelungsspielräume** (Vereinbarungsentwurf bei DKWF-*Klebe/Heilmann,* § 87 Rn. 60), bei denen das Mitbestimmungsrecht eingreift.[1643] Dies ist z. B. der Fall bei

- der Bestimmung des **Durchführungswegs** (§ 1a Abs. 1 Satz 2 BetrAVG: »… durch Vereinbarung geregelt.«),[1644]
- der Festlegung der **Versorgungsleistungen** und **-voraussetzungen** (Leistungsordnung, -plan) sowie
- der Entscheidung, ob der AG gem. § 1a Abs. 1 Satz 5 BetrAVG verlangt, dass während eines laufenden Kalenderjahrs **gleich bleibende monatliche Beträge** verwendet werden.[1645]

327 Die früheren *BAG*-Entscheidungen[1646] gegen ein Mitbestimmungsrecht bei der Wahl des Durchführungswegs und für seine Einschränkung beim Leistungsplan sind hier nicht einschlägig, da sie mit der **Dotierungsfreiheit des AG** begründet werden, die bei der Entgeltumwandlung keine Rolle spielt.[1647] Die Mitbestimmungsrechte – **Nr. 4** kommt ebenfalls in Betracht (vgl. Rn. 136) – bestehen auch hier nur insoweit, als **keine abschließende tarifliche Regelung** vorliegt. TV müssen selbstverständlich ebenso den allgemeinen Grundsätzen entsprechen und dürfen die Mitbestimmungsrechte z. B. nicht dadurch »regeln«, dass das einseitige Bestimmungsrecht des AG wiederhergestellt wird (vgl. Rn. 48 f.).[1648]

328 Der Mitbestimmung des BR unterliegen

- **Aufstockungsleistungen bei der Altersteilzeit,** wenn sich der AG, falls kein individueller Anspruch besteht, zu deren Einführung entschlossen hat und dazu, für die Aufstockung finanzielle Mittel zur Verfügung zu stellen,[1649]
- die Gewährung von günstigen **Firmendarlehen** (DKWF-*Klebe/Heilmann,* § 87 Rn. 53 **(Vereinbarungsentwurf**),[1650]
- verbilligte/kostenlose **Outplacement**-Beratungen/Betreuungen,
- die abstrakte Festlegung von Tatbeständen (Arbeitsplätzen), nach denen sich die Zahlung eines tariflichen **Erschwerniszuschlags** richten soll,[1651]
- die Festlegung der Zeitspanne für einen tariflichen Nachtarbeitszuschlag,[1652]
- **Mietzuschüsse,**
- die **Kostenübernahme** für Familienheimfahrten,[1653]

1641 Vgl. hierzu *Höfer,* DB 01, 1145 ff.; *Kerschbaumer/Perreng,* AiB 01, 569 ff.; *Reinecke,* NJW 01, 3511 (3513 ff.) und *Schoden,* Teil 2, § 1a BetrAVG, Rn. 4 ff.

1642 Hierzu *Koch*, DB 21, 1401 ff.

1643 **A. A.** die **h. M.,** vgl. ErfK-*Kania,* Rn. 99; *Fitting,* Rn. 481 f. (allerdings ein Mitbestimmungsrecht nach Nr. 4 bejahend); GK-*Gutzeit,* Rn. 863; HWGNRH-*Worzalla,* Rn. 547; HWK-*Clemenz*, Rn. 191; Richardi-*Richardi/Maschmann,* Rn. 765, 855; WPK-*Bender,* Rn. 235; *Kemper,* FS Förster, S. 207 (212 ff.); *Schnitker/Grau,* BB 03, 1061 ff. (Mitbestimmungsrechte allenfalls bei der Ausgestaltung der Versorgungsbedingungen); im Beschluss des *BAG,* 29. 7. 03 – 3 ABR 34/02, NZA 04, 1344 (1346) war die Frage nicht entscheidungserheblich; vgl. auch *BAG* 19. 7. 05 – 3 AZR 502/04A, DB 05, 2252 zum Recht des AG, den Versicherungsträger auszuwählen.

1644 a. A. HaKo-BetrVG/*Kohte,* Rn. 131.

1645 Vgl. auch HaKo-BetrVG/*Kohte,* Rn. 131 ff. (die Mitbestimmung bejahend eingeschränkt bei der Auswahl des Versicherungsträgers und bei der Leistungsordnung); NK-GA/*Schwarze*, Rn. 244 (Mitbestimmung bei der technischen Durchführung); *Klemm,* NZA 02, 1123 (1129 f.).

1646 Vgl. z. B. 12. 6. 75, AP Nrn. 1–3 zu § 87 BetrVG 1972 Altersversorgung.

1647 Vgl. insbes. *Blomeyer,* DB 01, 1413 (1418), der das Mitbestimmungsrecht im Ergebnis allerdings wegen des zwingenden Umwandlungsanspruchs nicht durchgreifen lässt.

1648 Zum Betriebsrentenstärkungsgesetz 2017 vgl. Hako-BetrVG/*Kohte*, Rn. 133.

1649 BAG 10. 12. 13 – 1 ABR 39/12, NZA 14, 1040 (1043); *Fitting*, Rn. 423.

1650 *BAG* 9. 12. 80, AP Nr. 5 zu § 87 BetrVG 1972 Lohngestaltung; GK-*Gutzeit,* Rn. 871.

1651 *BAG* 4. 7. 89, DB 90, 127.

1652 *BAG* 21. 9. 93 – 1 ABR 16/93, DB 94, 1193.

1653 *BAG* 10. 6. 86, AP Nr. 23 zu § 87 BetrVG 1972 Lohngestaltung.

- Regelungen des **Mankogeldes** (DKWF-*Klebe/Heilmann*, § 87 Rn. 55 (Checkliste) und Rn. 56 (Vereinbarungsentwurf),[1654]
- die Änderung der **Abrechnung von Dienstbereitschaftszeiten,** die nicht mehr pauschal, sondern nur nach tatsächlich geleisteten Stunden berechnet werden,[1655]
- eine pauschale Abgeltung geleisteter Überstunden mit dem Jahresgehalt,[1656]
- eine **Pauschalierung der Überstundenvergütung,**[1657] ebenso wie eine Entscheidung des AG, kollektiv **Überstunden zu vergüten** und nicht mit Freizeit auszugleichen. Die Zahlung ist Entgelt. Der AG legt mit seiner Entscheidung einen Entlohnungsgrundsatz fest (vgl. auch Rn. 122);[1658]
- **Ergebnisbeteiligungen,**[1659]
- **Belegschaftsaktien** und **Aktienoptionen,**[1660] auch wenn die entsprechenden Entscheidungen (wie z. B. begünstigter Personenkreis, Verteilungskriterien) letztlich bei einer **Muttergesellschaft im Ausland** fallen,[1661] da auch dann die Voraussetzungen des Eingangssatzes nicht vorliegen (vgl. auch Rn. 21, 42 ff.; § 94 Rn. 2). Haben die Arbeitsvertragsparteien die Leistung vereinbart, ist es Aufgabe des AG, die Erfüllung sicher zu stellen. Ist die Vereinbarung über die Gewährung von Aktienoptionen nicht mit dem AG, sondern mit der ausländischen Muttergesellschaft getroffen bzw. entscheidet diese allein, besteht das Mitbestimmungsrecht ebenfalls. Das *BAG* lehnt dies ab.[1662] Es betreibt für seine Auffassung allerdings nur sehr geringen Argumentationsaufwand, setzt sich nicht mit der Gegenmeinung auseinander und ist letztlich nicht überzeugend. Fehle es an einer eigenen Entscheidung des AG oder zumindest an dessen Mitwirkung an einer des Dritten, gebe es keine Handlung des AG, an die der BR anknüpfen könne. Deshalb scheide ein Mitbestimmungsrecht aus. Mit dieser Begründung setzt sich das BAG m. E. zunächst in Widerspruch zu früheren Entscheidungen, in denen es zu Recht ein Mitbestimmungsrecht bejaht hatte, obwohl der

---

1654 *ArbG Karlsruhe* 5. 11. 93 – 7 BV 2/93 (rechtskräftig); *Hjort*, AiB 94, 279 f.; *LAG Baden-Württemberg* 14. 9. 93 – 13 TaBV 2/93 (wegen Errichtung einer ESt.); zu Regelungsgrenzen vgl. *BAG* 17. 9. 98 – 8 AZR 175/97, BB 99, 264 ff.; zur Mankohaftung des AN *Schwab*, NZA-RR 17, 7 ff.

1655 *LAG Frankfurt* 26. 2. 85, DB 85, 1799, Ls.; KassArbR-*Etzel*, 9.1, Rn. 596; *SWS*, Rn. 169.

1656 *HessLAG* 15. 1. 09 – 5 TaBV 140/08, juris; aufgehoben durch *BAG* 14. 9. 10 – 1 ABR 32/09, NZA 11, 364 (365 f. Tz. 14 ff.) mit der wenig überzeugenden Begründung, der Antrag sei nicht bestimmt genug.

1657 Vgl. zur Überprüfung der **Angemessenheit von Pauschalabreden** gem. § 307 BGB *BAG* 31. 8. 05 – 5 AZR 545/04, NZA 06, 324 (328 f.) und auch 28. 9. 05 – 5 AZR 52/05, NZA 06, 149 (150 f.); 7. 12. 05 – 5 AZR 535/04, NZA 06, 423 (426 ff.), bestätigt vom *BVerfG* 23. 11. 06 – 1 BvR 1909/06, NZA 07, 85 (86 f.).

1658 Vgl. *Bachner*, NZA 06, 536 (539); ErfK-*Kania*, Rn. 97; das *BAG* 22. 8. 17 – 1 ABR 24/16, NZA 18, 115 ff. prüft nur die Nrn. 2 und 3.

1659 *BAG* 28. 11. 89, NZA 90, 559 (560); *LAG Bremen* 27. 10. 78, AP Nr. 1 zu § 87 BetrVG 1972 Lohngestaltung; *GL*, Rn. 219; zur Gestaltung vgl. *Hase*, AiB 06, 618 ff. und *Bredies*, AiB 6/21, S. 21 ff.; *Sendel-Müller/Weckes*, S. 19 ff.

1660 *BAG* 28. 11. 89, NZA 90, 559 (560); ErfK-*Kania*, Rn. 97; *Fitting*, Rn. 424; GK-*Gutzeit*, Rn. 863; *Deinert*, Betriebsverfassung, S. 55; *Röder/Göpfert*, BB 01, 2202 ff.; zur steuerrechtlichen Behandlung *BFH* 24. 1. 01, NZA-RR 01, 376 ff. m. w. N.

1661 *LAG Nürnberg* 23. 2. 21 – 6 TaBV 1/21, NZA-RR 21, 254 (255 f. Tz. 31 ff.) im Verfahren nach § 100 ArbGG, hierzu *Baur*, DB 21, 1409; *Fischer*, BB 00, 562 (563 f.); *ders.*, AuR 02, 7 (11 f.); **a. A.** *BAG* 12. 6. 19 – 1 ABR 57/17, juris (Tz. 20); 12. 2. 03 – 10 AZR 299/02, juris (Tz. 53 ff.); 16. 1. 08 – 7 AZR 887/06, juris (Tz. 17); *LAG München* 11. 8. 17 – 9 TaBV 34/17, juris (Tz. 6 ff.); *Fitting*, Rn. 424 (ablehnend wegen des Territorialitätsprinzips, eine nicht nachvollziehbare Begründung); HWK-*Clemenz*, Rn. 172; *Lingemann/Diller/Mengel*, NZA 00, 1191 (2000); *Zaumseil*, NZA 19, 1331(1333); *Reiter/Sura*, ZIP 20, 252 (256 ff.); *Häferer/Burger*, NZA 20, 143 (149); *LAG Baden-Württemberg* 9. 4. 14 – 19 TaBV 7/13, juris lässt diese Frage letztlich offen, bejaht aber BR-Rechte aus § 75 und bereits aus diesem Grunde entsprechende Unterrichtungsansprüche nach § 80 Abs. 2; ebenso, allerdings unter Ablehnung des Mitbestimmungsrechts, da die Zuteilung durch die amerikanische Muttergesellschaft erfolge, *LAG Baden-Württemberg* 17. 1. 17 – 19 TaBV 3/16, RDV17, 144 (145 ff.) und *LAG Bremen* 27. 7. 16 – 3 TaBV 2/16, juris (36, 40 ff.).

1662 12. 6. 19 – 1 ABR 57/17, juris (Tz. 20); a. A. *LAG Nürnberg* 23. 2. 21 – 6 TaBV 1/21, NZA-RR 21, 254 (255 f. Tz. 31 ff.), 21. 6. 21 – 1 TaBV 11/21, NZA-RR 21, 551 (556 Tz. 59 f.), beide im Verfahren nach § 100 ArbGG.

AG keinen eigenen Entscheidungsspielraum hatte, ja nicht einmal irgendeinen Einfluss auf die von einem Dritten getroffene Entscheidung.[1663] Richtigerweise kommt es darauf an, ob die Maßnahme direkte Auswirkungen auf das Arbeitsverhältnis hat. Dies ist hier selbstverständlich der Fall, da die Leistung von der Konzernmutter stellvertretend für ihre Tochtergesellschaft ausschließlich wegen des Arbeitsverhältnisses erfolgt und Arbeitsentgelt ist.[1664] Hiermit wird kollektiv oder/und individuell die Arbeit der Beschäftigten honoriert bzw. wird eine besondere Motivierung für die Arbeit angestrebt. Der AG macht sich diese Zusage zu Eigen und hat damit auch hier die Einhaltung der Mitbestimmungsrechte sicherzustellen.[1665] Dies wird durch eine steuerrechtliche Betrachtung bestätigt. Leistungen einer ausländischen Muttergesellschaft an AN der inländischen Tochter sind Einkünfte aus nichtselbständiger Arbeit. Verantwortlich für den Lohnsteuereinbehalt ist der inländische AG, der sich ggfs. die erforderlichen Informationen bei der Muttergesellschaft beschaffen muss (§ 38 Abs. 1 Satz 3 EStG: »…der im Rahmen des Dienstverhältnisses von einem Dritten gewährte Arbeitslohn…«).[1666] Diese Verpflichtung ist im Übrigen eine Umsetzung/Folge der Gewährung der Leistung durch die Konzernmutter, so dass auch aus diesem Grund ein Mitbestimmungsrecht des BR, hier nach Nr. 10, besteht.[1667] Der Umstand, dass Entscheidungen im Ausland fallen, ist ggf. bei der Ermessensentscheidung der ESt. zu berücksichtigen. Anderenfalls ließe sich das Mitbestimmungsrecht in Zeiten der Globalisierung allzu leicht umgehen.[1668] Der Mitbestimmung unterliegen auch

- **Umsatzprämien,**[1669]
- **Bleibe- bzw. Treueprämien** (für ein zu einem bestimmten Zeitpunkt ungekündigtes Arbeitsverhältnis),
- **Jahressonderzahlungen,**[1670]
- **Flüge,** mit denen die Übernahme von **Führungsverantwortung** honoriert werden soll,[1671]
- **Sonderboni** oder sonstige Sonderzahlungen, auch wenn sie nur einmalig und erst nachträglich im Hinblick auf erbrachte Leistungen gezahlt werden,[1672]

1663 Vgl. Rn. 21 m. w. N.

1664 Vgl. insoweit auch *Bachner*, NZA 19, 134 (140).

1665 Zu entsprechenden Indizien *Deinert*, Betriebsverfassung, S. 61 f.; vgl. auch *LAG Nürnberg* 23. 2. 21 – 6 TaBV 1/21, NZA-RR 21, 254 (257 Tz. 35 f.) im Verfahren nach § 100 ArbGG).

1666 A. A. *BAG* 12. 6. 19 – 1 ABR 57/17, juris (Tz. 20); GK-*Gutzeit*, Rn. 863.

1667 Vgl. auch *Deinert*, Betriebsverfassung, S. 58 ff., der eine Lösung über den KBR, der auch bei ausländischer Konzernspitze gebildet werden könne, sucht.

1668 A. A. *BAG* 12. 6. 19 – 1 ABR 57/17, juris (Tz. 20); 20. 3. 18 – 1 ABR 15/17, NZA 18, 1017 (1018 Tz. 21 ff.), das schon einen Informationsanspruch des Betriebsrats zu Unrecht verneint; der Informationsanspruch kann sich nicht nur aus § 80 ergeben, sondern vor allem auch aus § 13 EntgTranspG. Das Gesetz geht von einem weiten Entgeltbegriff aus (vgl. z. B. *Oerder/Wenckebach*, § 5 Rn. 8 f., 4). Danach werden auch Leistungen erfasst, die nur mittelbar ihre Begründung im Arbeitsverhältnis haben, wie z. B. auch Leistungen eines Dritten im Hinblick auf das Arbeitsverhältnis, vgl. auch *Trevino-Eberhard*, DB 18, 2059; einen Informationsanspruch bejaht zu Recht auch *Fitting*, Rn. 9:.

1669 *BAG* 25. 4. 95 – 9 AZR 690/93, DB 96, 278.

1670 *BAG* 11. 2. 92 – 1 ABR 51/91, DB 92, 1730 (1731); zur Verrechnung einer betrieblichen Treueprämie mit tariflicher Jahressonderzahlung vgl. *BAG* 3. 3. 93 – 10 AZR 42/92, DB 93, 1930 (1931); zu fehlzeitenorientierten Sonderzahlungen *Gaul*, DB 94, 1137 ff.; das Mitbestimmungsrecht umfasst hierbei nach richtiger Auffassung auch die Festlegung und nähere Ausgestaltung, soweit diese überhaupt zulässig sind (vgl. z. B. *Däubler*, Das Arbeitsrecht 2, Rn. 787 ff. m. w. N.), von **Rückzahlungs-/Bindungsklauseln** (str.; in diesem Sinne *BAG* 25. 1. 84, DB 84, 2251 (2253); vgl. auch die Rückzahlungsklauseln bei Gewährung eines KFZ-Verkaufsrabatts für Werksangehörige *BAG* 26. 5. 93 – 5 AZR 219/92, ZIP 93, 1251 (1253) = EzA § 9 AGB Nr. 1 mit zustimmender Anm. *Streckel* und die Vorinstanz *LAG Niedersachsen* 14. 2. 92, AuR 93, 156 (157) mit zustimmender Anm. *Kohte;* a. A. Richardi-*Richardi/Maschmann*, Rn. 764). Dies folgt bereits daraus, dass die Zweckbestimmung bei freiwilligen Leistungen des AG dem Mitbestimmungsrecht unterliegt (Rn. 318). Folgt man dieser Auffassung nicht, ist die Zweckbestimmung (z. B. die Honorierung der Betriebstreue) frei, während die Festlegung der Voraussetzungen im Einzelnen als **Ausgestaltung** bzw. **Verteilungsgrundsatz** mitbestimmungspflichtig ist (Rn. 318, 338).

1671 *LAG Köln* 13. 7. 05 – 7 TaBV 74/04, NZA-RR 06, 415.

1672 *BAG* 14. 6. 94 – 1 ABR 63/93, DB 95, 680 ff.; 29. 2. 00 – 1 ABR 4/99, NZA 00, 1066 (1067); *Fitting*, Rn. 422; vgl. auch *Lindemann/Simon*, BB 02, 807 (813).

- **Streikbruchprämien,** sofern sie überhaupt zulässig sind,[1673] jedenfalls dann, wenn die (in diesem Falle hinsichtlich der Streikenden gegen das **Maßregelungsverbot des § 612a BGB** verstoßende) Zahlung erst nach Beendigung des Streiks zugesagt wird,[1674]
- **Jubiläumszuwendungen** (vgl. auch DKWF-*Klebe/Heilmann,* § 87 Rn. 54),[1675]
- **Urlaubsentgelt**[1676]
- und die Gewährung von bezahlten Freistellungen, wie z. B. **Zusatzurlaub**[1677] oder freien Tagen als Ausgleich für **Nachtarbeit**[1678] und für die Durchführung und Bezahlung von **Betriebsausflügen** und entsprechenden Veranstaltungen.[1679]

Die Mitbestimmung besteht für **329**

- ermäßigte Beiträge in **betrieblichen Kindergärten,**[1680]
- **Kinderzuschläge,**
- **Wohngeldzahlungen,**
- **Zahlungen für die dienstliche Nutzung der Wohnung,**[1681]
- **Ausbildungsbeihilfen,**
- **Witwenrenten,**[1682]
- **Prämien für Unfallfreiheit,**[1683]
- die Gestattung der privaten Nutzung dienstlich erlangter Bonusmeilen,[1684]
- zusätzlichen **Nichtraucherurlaub,**
- die Zahlung **zusätzlichen Urlaubsgeldes,**[1685]
- die **Einführung** und **Änderung** einer betrieblichen **Lohn- oder Gehaltsgruppenordnung,** d. h., für die inhaltliche Ausgestaltung der Entgeltgruppen mit der Festlegung der Gruppenmerkmale, auch innerhalb der Gruppe für die Gestaltung der Gehaltsbänder,[1686] für die Regelung eines Stufenaufstiegs[1687] und auch für die abstrakte Festsetzung der Wertunterschiede nach Prozenten oder anderen Bezugsgrößen.[1688] Beruht die Änderung allerdings darauf, dass der AG eine Entgeltgruppe wegen des gesetzlichen Mindestlohns anpassen muss, besteht insoweit kein Mitbestimmungsrecht, weil es sich um Gesetzesvollzug handelt.[1689] Der BR kann aber die BV kündigen und mit seinem Initiativrecht eine Anpassung anstre-

---

1673 Vgl. hierzu *BAG* 11.8.92 – 1 AZR 103/92, DB 93, 234 (235 f.); 13.7.93 – 1 AZR 676/92, DB 94, 148 ff.; 14.8.18 – 1 AZR 287/17, NZA 19, 100 (103 ff. Tz. 29 ff.); *LAG Berlin-Brandenburg* 29.7.16 – 2 Sa 787/16, NZA-RR 17, 29 (30); ErfK-*Linsenmaier,* GG, Art. 9 Rn. 215 f. m. w. N.; *Walenta,* NZA 21, 1762 ff.; zur Höhe und deren Verhältnismäßigkeit *BAG* 14.8.18 – 1 AZR 287/17, a. a. O.; zu Recht **ablehnend** *Callsen,* AuR 20, 4 ff. und *Zimmer,* SR 20, S. 85 (94 f.).

1674 *LAG Hamm* 16.9.97 – 13 TaBV 33/97, AiB 98, 588 (589 mit Anm. *Kettner*); ErfK-*Linsenmaier,* GG, Art. 9 Rn. 216; *Berg,* FS Klebe, S. 46 (50).

1675 *Bösche/Grimberg,* AiB 92, 58 f. mit einem BV-Entwurf.

1676 *BAG* 3.12.02 – 9 AZR 535/01, NZA 03, 1219 (1221).

1677 A. A. *BAG* 27.6.85, DB 86, 596 (597); GK-*Gutzeit,* Rn. 867; HWGNRH-*Worzalla,* Rn. 547.

1678 *BAG* 26.8.97 – 1 ABR 16/97, NZA 98, 441 (444); *Fitting,* Rn. 446; *SWS,* Rn. 172d; zu § 6 Abs. 5 ArbZG vgl. auch *BAG* 5.9.02 – 9 AZR 202/02, NZA 03, 563 ff.

1679 *Das BAG* (27.1.98 – 1 ABR 35/97, BB 98, 1419, 1420; vgl. auch *LAG München* 3.12.98 – 4 TaBV 42/98, NZA-RR 99, 525) will zu Unrecht die Vorschrift nur anwenden, wenn eine bezahlte Freistellung bzw. Zeitgutschrift **besonderen** Vergütungscharakter hat, also z. B. eine Erfolgsprämie darstellt (hierzu Rn. 300); vgl. auch Rn. 84.

1680 *BAG* 22.10.81, AP Nr. 10 zu § 76 BetrVG 1972.

1681 *Bösche/Grimberg,* FS Gnade, S. 377 (388).

1682 *BAG* 9.12.80, AP Nr. 5 zu § 87 BetrVG 1972 Lohngestaltung.

1683 *LAG Schleswig-Holstein* 11.3.80, BetrR 81, 428.

1684 »**Miles and More**«; diese stehen dem AG zu (*BAG* 11.4.06 – 9 AZR 500/05, DB 06, 2068 ff.).

1685 *BAG* 31.1.84, 10.2.88, AP Nrn. 15, 33 zu § 87 BetrVG 1972 Lohngestaltung.

1686 *LAG Düsseldorf* 10.8.16 – 4 TaBV 135/15, juris (Tz. 47 f.).

1687 *LAG Berlin-Brandenburg* 20.7.17 – 26 Sa 1932/16, NZA-RR 17, 647 (650 Tz. 42).

1688 *BAG* 11.6.02 – 1 AZR 390/01, DB 02, 2725 (2726 f.; **Konsequenz:** Weitere Anwendung einer Vergütungsordnung ohne die einseitigen, das Mitbestimmungsrecht verletzenden Änderungen des AG); 2.3.04 – 1 AZR 271/03, NZA 04, 852 (855); 18.10.11 – 1 ABR 25/10, NZA 12, 392 (394); 30.10.12 – 1 ABR 61/11, NZA 13, 522 (523 f.), juris; *LAG Düsseldorf* 31.7.12 – 17 TaBV 38/11, juris; *Fitting,* Rn. 436; vgl. hierzu auch *Schürer,* RdA 96, 14 (18 ff.).

1689 *BAG* 27.4.21 – 1 ABR 21/20, NZA 21, 967 (970 Tz. 24 f.); GK-*Gutzeit,* Rn. 948; *Sura,* DB 21, 2297.

ben.[1690] Die Mitbestimmungsgrundsätze kommen auch nach Wegfall des ursprünglichen Geltungsgrundes, wie z. B. nach Wegfall eines TV, zur Anwendung. Der AG hat das bisher als tarifliches geltende Entgeltschema fortzuführen und kann es nicht einseitig ändern.[1691] Macht er dies trotzdem, können die AN weiter eine Vergütung auf der Grundlage der zuletzt angewendeten (tariflichen) Entlohnungsgrundsätze verlangen.[1692] Dies gilt selbstverständlich auch in einem tarifpluralen Betrieb. In diesem ist der AG dann an zwei Vergütungsordnungen gebunden.[1693] Es werden hier auch die Fälle erfasst, dass der AG z. B. durch individualrechtliche Vereinbarungen mit den AN (auch durch Vereinbarung eines schlechteren TV) von einem lediglich nachwirkenden TV abweichen will. Das Mitbestimmungsrecht besteht ebenfalls, wenn der AG untertarifliche Entgeltgruppen einführt, von denen er behauptet, dass sie vom TV nicht erfasst werden. Ist die tarifliche Regelung abschließend, ist die Maßnahme zudem als Verstoß gegen den TV unwirksam und die Gewerkschaft kann einen Unterlassungsanspruch geltend machen (vgl. auch Einl. Rn. 207). Findet ein tarifliches Entgeltsystem und damit der Tarifvorrang des Eingangssatzes Anwendung, wendet das *BAG* zu Unrecht die Regelungen des TV auch auf nicht tarifgebundene AN an, soweit sie der erzwingbaren Mitbestimmung unterliegen, damit keine Schutzlücke entsteht (vgl. zur Kritik Rn. 37).[1694] Besteht **keine Tarifbindung** ist die Vergütung insgesamt mit allen ihren (nach *BAG* »normativ freiwilligen«) Bestandteilen der Ausgangspunkt, die Referenz.[1695] Wird diese **Gesamtvergütung**, z. B. durch Streichung eines für alle Beschäftigten gleichen Bausteins oder dadurch, dass AN eines Geschäftsbereichs von einer Gehaltsanpassung ausgenommen werden, verändert, ändert der AG die Entlohnungsgrundsätze, und greift, da er, jedenfalls in aller Regel, Gestaltungsspielraum hat, das Mitbestimmungsrecht ein[1696] Die Entlohnungsgrundsätze werden also dann schon geändert, wenn auch nur ein Bestandteil geändert wird. Dabei ist es gleichgültig, ob dieser Vergütungsbestandteil auf einer BV oder einer arbeitsvertraglichen Regelung beruht. Arbeitsvertragliche Abreden sind bei der **Ausübung des Mitbestimmungsrechts** zu berücksichtigen, ggfs. in der ESt. als Belange des Betriebs.[1697] Es ist allerdings auch möglich, dass eine zusätzliche freiwillige (ohne gesetzliche oder vertragliche Verpflichtung) Leistung ohne Pendant im bisherigen Entlohnungssystem vom AG aufgrund einer isolierten, die Zahlung umfassend und abschließend regelnden BV erbracht wird. Eine solche BV, die die geltenden betrieblichen Entlohnungsgrundsätze nach dem Willen der Betriebsparteien unberührt lassen soll, kann vom AG, der die Leistung ein-

1690 *LAG Berlin-Brandenburg* 18. 2. 20 – 8 TaBV 1919/19, juris Tz. 39 ff.; *Fitting*, Rn. 427.

1691 *BAG* 4. 5. 11 – 7 ABR 10/10, NZA 11, 1239 (1242); NK-GA/*Schwarze*, Rn. 231, 261; a. A. GK-*Gutzeit*, Rn. 980 ff.; Richardi-*Richardi/Maschmann*, Rn. 790.

1692 Vgl. z. B. *BAG* 17. 5. 11 – 1 AZR 797/09, NZA-RR 11, 644 (646 m. w. N.); 5. 5. 15 – 1 AZR 435/13, NZA 15, 1207 (1208 f.).

1693 *BAG* 23. 8. 16 – 1 ABR 15/14, NZA 17, 74 (75 Tz. 19 ff.); 27. 9. 17 – 7 ABR 8/16, NZA 18, 533 (536 Rn. 35); ErfK-*Kania*, Rn. 100; Schaub-*Ahrendt*, § 235 Rn. 105.

1694 18. 10. 11 – 1 ABR 25/10, NZA 12, 392 (395); 23. 8. 16 – 1 ABR 15/14, NZA 17, 74 (75 Tz. 18); 14. 2. 23 – 1 ABR 9/22, NZA 23, 651 (653 Tz. 29, 32); zustimmend HaKo-BetrVG/*Kohte*, Rn. 14; Kempen/Zachert-*Wendeling-Schröder*, Grundlagen Rn. 471 f.; ErfK-*Kania*, Rn. 15, 100 und Richardi-*Richardi/Maschmann*, Rn. 790; a. A. *Wiese*, RdA 12, 332 (337); HWGNRH-*Worzalla*, Rn. 564 f.

1695 *BAG* 15. 4. 08 – 1 AZR 65/07, NZA 08, 888 (891); 26. 8. 08 – 1 AZR 354/07, NZA 08, 1426 (1429); 24. 1. 17 – 1 AZR 772/14, NZA 17, 931 (934 Tz. 38); *Fitting*, Rn. 464; *Kreft*, FS Bepler, S. 317 (321 m. w. N.); HWK-*Clemenz*, Rn. 183; a. A. GK-*Gutzeit*, Rn. 902; *ders.*, RdA 12, 332 (333) jeweils m. w. N.; *Raab*, SR 18, 144 (147 ff.).

1696 *BAG* 26. 8. 08 – 1 AZR 354/07, NZA 08, 1426 (1429); 10. 12. 13 – 1 ABR 39/12, NZA 14, 1040 (1042); 21. 2. 17 – 1 ABR 12/15, NZA 17, 801 (803 Tz. 24); *Fitting*, Rn. 465; Richardi-*Richardi/Maschmann*, Rn. 789; DHZ-*Trümner*, § 36 Rn. 26; *Kreft*, FS Bepler, S. 317 (321 f.); *Benecke*, AuR 15, 306 (308 f.); a. A. GK-*Gutzeit*, Rn. 902, die für eine Aufteilung in inhaltlich eigenständige Vergütungsbestandteile und jeweils entsprechend isolierte Betrachtung plädieren, auch bei Regelung in einer einheitlichen BV; HWGNRH-*Worzalla*, Rn. 564 f.

1697 *BAG* 28. 6. 05 – 1 AZR 213/04, AP Nr. 25 zu § 77 BetrVG 1972 Betriebsvereinbarung; 26. 8. 08 – 1 AZR 245/07, NZA 08, 1426 (1429); 18. 3. 14 – 1 ABR 75/12, NZA 14, 984 (985); 24. 1. 17 – 1 AZR 772/14, NZA 17, 931 (934 Tz. 38; *Fitting*, Rn. 464; *Kreft*, FS Bepler, S. 317 (320 f. m. w.N.).

stellen will, einseitig beendet werden.[1698] Diese Möglichkeit entsteht allerdings nicht bereits bei bloßer Aufspaltung der Gesamtvergütung in mehrere BV.[1699]

Das Mitbestimmungsrecht erfasst weiter 330

- **übertarifliche Zulagen**[1700] und deren Verrechnung mit Tariflohnerhöhungen, gleich ob die Zulage neben dem Tariflohn gesondert ausgewiesen wird oder ein Gesamtbetrag gezahlt wird, aus dem sich die Zulage herausrechnen lässt,[1701]
- die Weitergabe einer Tariferhöhung an Nichtorganisierte im Wege einer Gesamtzusage, da hierbei mehrere Verteilungsentscheidungen möglich sind,[1702]
- die Entscheidung des AG, den AN ein Wahlrecht zwischen zwei TV einzuräumen, weil er damit für Nichtorganisierte eine freiwillige Leistung erbringt und je nach TV-Inhalt eine übertarifliche bei einem Wechsel der Gewerkschaftsmitglieder zu dem an sich für sie nicht geltenden TV,[1703]
- die Vergabe von sog. **Werkdienstwohnungen** (vgl. Rn. 286). Die Überlassung ist unmittelbarer Bestandteil des Arbeitsverhältnisses und Teil der Vergütung des AN; sie unterfällt schon deshalb der betrieblichen Lohngestaltung. Werden derartige Wohnungen mit einem »**Personalrabatt**« an bestimmte AN des Betriebs vergeben, kann eine solche Ermäßigung im Rahmen der betrieblichen Lohngestaltung nur unter Berücksichtigung des Mitbestimmungsrechts erfolgen.
- Stellt der AG unentgeltlich oder verbilligt **Parkraum** z. B. auf dem Firmengelände für die AN zur Verfügung, so unterliegt dies ebenfalls der Norm.[1704]

Das Mitbestimmungsrecht besteht auch bei 331

- der Gestattung einer günstigen, d. h. ohne vollständige Weitergabe der mit der Überlassung für den AG verbundenen Kosten, privaten Nutzung von **Firmenwagen**[1705] und Dienstfahrrädern.[1706] Es besteht auch hinsichtlich der Frage, ob der AG die von ihm beschlossene Privatnutzung einführen kann (Rn. 314) und wenn alle betroffenen Mitarbeiter unterschiedslos die gleiche Art von Dienstwagen erhalten. Auch dies ist ein Verteilungsgrundsatz (Rn. 314). Bei einer generellen Herabstufung von Klasse/Typ der Dienstwagen kann das Mitbestimmungsrecht ebenfalls eingreifen, wenn sich der geldwerte Vorteil zwar für alle Nutzer reduziert, dies aber die Verteilungsgrundsätze verändert (Checkliste [Rn. 58] und Vereinbarung [Rn. 59] bei DKWF-*Klebe/Heilmann*, § 87),[1707]

1698 *BAG* 10. 12. 13 – 1 ABR 39/12, NZA 14, 1040 (1042 f.); HWK-*Clemenz*, Rn. 182; NK-GA-*Schwarze*, Rn. 236; Richardi-*Richardi/Maschmann*, Rn. 810.

1699 *BAG* 5. 10. 10 – 1 ABR 20/09, NZA 11, 598 (600); 25. 4. 17 – 1 AZR 427/15, NZA 17, 1346 (1347 Tz. 21); *Fitting*, Rn. 466.

1700 Auch wenn sie linear im Vorgriff auf einen zu erwartenden Tarifabschluss gezahlt werden: *LAG Hamburg* 9. 12. 92 – 4 TaBV 6/92.

1701 *BAG* 22. 9. 92 – 1 AZR 405/90, BB 93, 135 und umfassend *Schirge/Trittin*, AiB 90, 227 ff.; vgl. oben Rn. 257 ff. und zu **Regelungsproblemen einer BV** *Mache*, AiB 91, 349 f.; *Bösche/Grimberg*, AiB 91, 350 f.; *Schirge*, AiB 89, 122 ff.

1702 *LAG Hamm* 26. 4. 13 – 13 TaBV 21/13, juris.

1703 A. A. *LAG Düsseldorf* 17. 10. 13 – 5 TaBV 41/13, juris.

1704 Vgl. *Richter*, AiB 94, 736 (749).

1705 *LAG Hamm* 7. 2. 14 – 13 TaBV 86/13, LAGE § 87 BetrVG 2001 Betriebliche Lohngestaltung Nr. 5 Tz. 24; *LAG Köln* 13. 1. 20 – 9 TaBV 66/19, LAGE § 100 ArbGG 1979 Nr. 14 Tz. 23 ff. (im Verfahren nach § 100 ArbGG); *LAG Nürnberg* 6. 9. 22 – 1 TaBV 4/22, juris Tz.31 = NZA-RR 23, 223 mit Anm. v. *Sura*;; *ArbG Hamburg* 7. 7. 94, AiB 94, 760 f. (mit Anm. *Grimberg*), das auch Nrn. 1 (hierzu vgl. Rn. 67) und 7 anspricht; HWGNRH-*Worzalla*, Rn. 543; LKK-*Dahm*, Rn. 221; *Yakhloufi/Klingenberg*, BB 13, 2102 (2105 f.); *Wedde* AiB 91, 448 ff. und *Bösche/Grimberg*, FS Gnade, S. 377 (390 f.); vgl. auch *Grobys/v. Steinau-Steinbrück*, NJW-Spezial 09, 514 f. allerdings mit zu weitgehenden Einschränkungen.

1706 *Müller*, AiB 10/20, S. 37 ff.

1707 Das *BAG* (27. 3. 83 – 1 ABR 48/81) hat in der Sache noch nicht entschieden und den damaligen Antrag als unzulässig abgewiesen; vgl. auch *BAG* 11. 10. 00 – 5 AZR 240/99, NZA 01, 445 (447): **Private Nutzung** ist **geldwerter Vorteil** und Sachbezug; ebenso *BAG* 5. 2. 04 – 8 AZR 91/03, DB 04, 1266 (1267); 23. 6. 04 – 7 AZR 514/03, NZA 04, 1287 (1288); zur Vertragsgestaltung vgl. *Keilich*, AuA 09, 264 ff.

- bei **Firmenkreditkarten** (Rn. 201),[1708]
- betrieblichen **Telefonanlagen/Mobiltelefonen/PC mit Internetzugang,**[1709]
- verbilligten Mahlzeiten, die der AG zur Verfügung stellt,[1710]
- **Zuschüssen** z. B. zu Essenmarken oder Fahrgeld.[1711]
- einer kostenlosen Beförderung[1712] bzw. der Erhöhung des AN-Beitrags im **Werksverkehr,**[1713]
- Nachlässen auf vom AG bezogene Waren, wie z. B. **Jahreswagen**[1714] und einem Personaleinkauf von Kantinenwaren zum Selbstkostenpreis,[1715]
- dem steuerpflichtigen Teil der **Nahauslösung**[1716] und bei **Spesen,** jedenfalls wenn die Pauschbeträge von vornherein nicht nur die Lohnsteuerfreibeträge, sondern auch die Aufwendungen, die der AG für erforderlich halten kann, übersteigen.[1717]

332 Die allgemeine Abänderung einer auf einer vertraglichen Einheitsregelung beruhenden **Auslösung** bedarf ebenfalls der Mitbestimmung des BR.[1718]

333 Sie bezieht sich auch auf die **Verkaufs- und Lieferbedingungen** der AG-Produkte (vgl. auch Rn. 330 f.).[1719] Diese sind wie die ebenso üblicherweise vorformulierten Leistungsbedingungen bei AG-Darlehen auch an Hand der Bestimmungen der **§§ 305 ff. BGB,** wie z. B. im Hinblick auf überraschende und mehrdeutige Klauseln (§ 305c BGB) vom BR einer Inhaltskontrolle zu unterziehen.[1720]

334 Das Mitbestimmungsrecht greift auch ein, wenn der AG Wettbewerbe mit Preisen für die Gewinner durchführt,[1721] und bei der Verteilung des Weihnachtsgeldes.[1722]

335 **Provisionszahlungen** sind jedenfalls nach Nr. 10 mitbestimmungspflichtig, wenn nicht Nr. 11 eingreift (vgl. Rn. 282). So besteht ein Mitbestimmungsrecht z. B. in der Frage, welcher Artikel welcher Provisionsgruppe zugeordnet wird und wie das Verhältnis der festen zu den variablen Einkommensteilen zu definieren ist.[1723] Nicht der Mitbestimmung unterliegt die Festlegung der **Aufgabengebiete für Außendienstmitarbeiter.**[1724]

336 Leistungen aus einem sog. **Liquidationspool,** der aus den Honorareinnahmen von Chefärzten gespeist wird, fallen dann unter die Vorschrift, wenn hiermit der AG den nachgeordneten Ärzten eine zusätzliche Vergütung verschaffen will, mit der Zahlung also nicht lediglich standesrechtliche Obliegenheiten der Chefärzte erfüllt werden.[1725]

1708 *Lunk/Hinrichs,* DB 07, 2144 (2149).

1709 HWGNRH-*Worzalla,* Rn. 543; *LAG Hamm* 7. 4. 06 – 10 TaBV 1/06, NZA-RR 07, 20 (22): Nicht bei der Untersagung der privaten Nutzung.

1710 *Bösche/Grimberg,* AiB 95, 395 ff.

1711 *BAG* 22. 10. 85, AP Nr. 18 zu § 87 BetrVG 1972; 22. 10. 85, AP Nr. 5 zu § 87 BetrVG 1972 Werkmietwohnungen; 15. 1. 87, AP Nr. 21 zu § 75 BPersVG; GK-*Gutzeit,* Rn. 870.

1712 *BAG* 9. 7. 85, AP Nr. 16 zu § 75 BPersVG.

1713 *LAG Nürnberg* 26. 9. 89, AiB 90, 74 f. mit Anm. *Schoof* = NZA 90, 503 f.; *Fitting,* Rn. 423.

1714 *BAG* 26. 5. 93 – 5 AZR 219/92, ZIP 93, 1251 (1252); GK-*Gutzeit,* Rn. 870; vgl. auch *BAG* 14. 6. 95 – 5 AZR 126/94, BB 95, 2171 f. und 11. 12. 96 – 5 AZR 336/95, DB 97, 780 f. zur individualrechtlichen Zulässigkeit des Widerrufs eines Personalrabatts.

1715 *BAG* 8. 11. 11 – 1 ABR 37/10, NZA 12, 462 (463 f.); *Fitting,* Rn. 423.

1716 *BAG* 17. 6. 98 – 2 AZR 336/97, DB 98, 2170 (2173 m. w. N.).

1717 *BAG* 27. 10. 98 – 1 ABR 3/98, NZA 99, 381 (383); zu Recht weitergehend die Vorinstanz HessLAG 4. 9. 97 – 5 TaBV 68/97, AiB 99, 103 (104 f.): Spesen sind Entgelt, wenn sie die Steuerfreibeträge überschreiten; vgl. insgesamt Rn. 302.

1718 *BAG* 23. 11. 00 – 2 AZR 690/99, FA 01, 243.

1719 Vgl. *BAG* 26. 5. 93, a. a. O.; *Kohte,* AuR 93, 158 ff.

1720 HaKo-BetrVG/*Kohte,* Rn. 135; vgl. allgemein *BAG* 25. 5. 05 – 5 AZR 572/04, NZA 05, 1111 ff.; 11. 4. 06 – 9 AZR 557/05, NZA 06, 1149 ff. jeweils m. w. N. und zum früheren **AGBG:** *BAG* 26. 5. 93, a. a. O. (krit. *Hebestreit,* BB 94, 281 ff.); *LAG Saarbrücken* 29. 4. 87, AR-Blattei, (D) Darlehen, Entscheidungen 2 mit Anm. *Kohte.*

1721 *BAG* 10. 7. 79, 30. 3. 82, AP Nrn. 2, 10 zu § 87 BetrVG 1972 Lohngestaltung; hierbei kann zudem **§ 94 Abs. 2** einschlägig sein.

1722 *ArbG Hanau* 27. 2. 91 – 3 BV 1/91.

1723 *BAG* 13. 3. 84, 26. 7. 88, AP Nrn. 4, 6 zu § 87 BetrVG 1972 Provision; 6. 12. 88, AP Nr. 37 zu § 87 BetrVG 1972 Lohngestaltung.

1724 *BAG* 16. 7. 91 – 1 ABR 66/90, DB 91, 2677 f.

1725 *BAG* 16. 6. 98 – 1 ABR 67/97, NZA 98, 1185 (1186 f.); vgl. auch *LAG Hamm* 26. 10. 01 – 10 ABV 44/01, NZA-RR 02, 302 (303); *Fitting,* Rn. 423; krit. *Löwisch,* ArztRecht 3/99, 64 ff.

337 Die Mitbestimmung erfasst zudem die Festlegung von Regeln für **Zielvereinbarungen** bei der Entgeltfindung (vgl. auch Rn. 67, 203, 351 und § 94 Rn. 9, 44).[1726]

338 Die Mitbestimmung des BR erstreckt sich auch auf den Kreis der **AT-Angestellten.** § 87 Abs. 1 Eingangssatz und § 77 Abs. 3 stehen dem Abschluss von BV nicht entgegen.[1727] Der BR[1728] kann sein Initiativrecht zur **Bildung von Gehaltsgruppen** und Festlegung von Wertunterschieden[1729] zwischen diesen ausüben. Er kann weiter erreichen, dass für die einzelnen Gruppen Bandbreiten in Prozentsätzen oder Verhältniszahlen festgelegt werden,[1730] und mitbestimmen, ob die AT-Gehälter linear oder unterschiedlich nach abstrakten Kriterien erhöht werden sollen.[1731] Nach richtiger Auffassung unterliegt dem Mitbestimmungsrecht entgegen ***BAG*** die Festlegung der **Abstände zur höchsten Tarifgruppe**[1732] und ebenso die Ausgestaltung einer **Jahressonderzahlung.**[1733] Diese betrifft auch die Festlegung und nähere Ausgestaltung, soweit diese überhaupt jeweils zulässig sind,[1734] von etwaigen **Rückzahlungs-/Bindungsklauseln (str.;** vgl. auch Rn. 318, 328)[1735]. Mitbestimmungsfrei, sofern nach hier vertretener Auffassung der Mindestabstand gewahrt ist, kann der AG entscheiden, ob er die AT-Gehälter erhöhen will. Er kann sich hierzu allerdings in einer freiwilligen BV nach § 88 verpflichten.[1736] Der BR sollte mit einer **BV** die **Bildung von Gehaltsgruppen** mit Mindest- und Höchstwerten, eine Festlegung der Bewertungsverfahren, Regelungen zum Abstand der Gruppen und zur Abgeltung von **Mehrarbeit,** den **Abstand zum Tarifgehalt** und **Verfahren für Höher- und Abgruppierung** festlegen (Checkliste und Vereinbarungsentwurf bei DKWF-*Klebe/Heilmann,* § 87 Rn. 49 und 50).[1737]

11. Leistungsbezogene Entgelte (Nr. 11)

a) Vorbemerkungen

339 Die Vorschrift steht in einem engen Zusammenhang mit Nr. 10. Die Mitbestimmung des BR erstreckt sich nicht nur auf die Festsetzung der Akkord- und Prämiensätze, sondern auch auf vergleichbare leistungsbezogene Entgelte. Hierbei erfasst das Mitbestimmungsrecht die **Fest-**

1726 *LAG Saarland* 18.1.17 – 1 TaBV 1/16, juris (Tz. 130: »Der gesamte Prozess«) = AuR 17, 315 (Ls.) = AiB 9/17, S. 62 f.; *Fitting,* Rn. 423; *Däubler,* NZA 05, 793 (795); *ders.,* ZIP 04, 2209 ff. zur AGB-Kontrolle von Zielvereinbarungen; *Trittin/Fischer;* AuR 06, 261 (262 f.); *Linck/Koch,* FS Bepler, S. 357 (361 f.); *Annuß,* NZA 07, 290 (296); *Breisig,* Zielvereinbarungen, S. 82 f., 95 ff. (Eckpunkte und Regelungsbeispiele); *ders.,* Zielvereinbarungen im Fokus, S. 115 129 ff., 164 ff., 190 ff.; *Berwanger,* BB 03, 1499 (1502); *Kort,* NZA 15, 520; *Rieble/Gistel,* BB 04, 2462 (2463); zum Auskunftsanspruch des BR, um die Einhaltung einer entsprechenden GBV zu überprüfen *LAG Düsseldorf* 25.8.16 – 11 TaBV 36/15, juris (Tz. 384 ff.).

1727 Vgl. *Fitting,* Rn. 501; Blanke-*Wohlgemuth,* Rn. 775; *Wohlgemuth,* BB 93, 286 (287 f.); hierzu auch *Ballerstaedt/Voigt,* AiB 6/21, S. 14 ff.; *Bromberg/Soltmann,* AiB 6/21, S. 18 ff.

1728 Zur Zuständigkeit vgl. *BAG* 23.3.10 – 1 ABR 82/08, DB 10, 1765 ff.; 18.5.10 – 1 ABR 96/08, NZA 11, 171 (172 ff.).

1729 Vgl. auch *BAG* 18.10.11 – 1 ABR 25/10, NZA 12, 392 (394); *LAG Niedersachsen* 31.8.20 – 1 TaBV 102/19, NZA-RR 21, 18 (19 Tz. 22).

1730 Vgl. *BAG* 22.1.80, 22.12.81, AP Nrn. 3, 7 zu § 87 BetrVG 1972 Lohngestaltung; 27.10.92 – 1 ABR 17/92, DB 93, 1143 (1145); 26.10.04 – 1 ABR 37/03, DB 05, 561 (563); GK-*Gutzeit,* Rn. 990 f.; HWK-*Clemenz,* Rn. 199.

1731 *BAG* 21.8.90 – 1 AZR 72/89, NZA 91, 434 (436); 27.10.92 – 1 ABR 17/92, DB 93, 1143 (1145); Blanke-*Wohlgemuth,* Rn. 780, 784.

1732 *Fitting,* Rn. 503 und Koch, SR 16, 131 (138), beide mit dem Zusatz »jedenfalls bei tätigkeitsbezogenen Vergütungsgruppen«; *Klocke,* NZA-RR 23, 281 ff.; *v. Friesen,* AuR 80, 367 ff.; *Wohlgemuth,* BB 93, 286 (288); *Thannheiser,* AiB 7–8/14, S. 49 (51); **a. A.** *BAG* 22.1.80, AP Nr. 3 zu § 87 BetrVG 1972 Lohngestaltung; 28.9.94 – 1 AZR 870/93, DB 95, 678; 21.1.03 – 1 ABR 5/02, NZA 03, 810 (811); ErfK-*Kania,* Rn. 106; GK-*Gutzeit,* Rn. 989; Richardi-*Richardi/Maschmann,* Rn. 806; zu einer tariflichen Regelung des Mindestabstandes vgl. *BAG* 18.11.20 – 5 AZR 21/20, NZA 21, 581 ff.

1733 *BAG* 11.2.92 – 1 ABR 51/91, DB 92, 1730 (1731); vgl. auch *Hinrichs,* AiB 01, 590 ff.

1734 Vgl. z. B. *Däubler,* Das Arbeitsrecht 2, Rn. 790 ff. m. w. N.

1735 A. A. Richardi-*Richardi/Maschmann,* Rn. 764.

1736 *BAG* 18.10.11 – 1 AZR 376/10, DB 12, 356 (Ls.), juris.

1737 Vgl. auch die bei der Ford AG abgeschlossene BV in AiB 88, 250 ff. sowie die Hinweise von *Rose,* BetrR 86, 431 ff. und *Wohlgemuth,* BB 93, 286 (288).

legung aller Bezugsgrößen, die für die Ermittlung/Berechnung von Bedeutung sind, also beim Akkord sowohl den **Zeit**- als auch den **Geldfaktor** (Rn. 355).[1738]

340 Das Mitbestimmungsrecht dient ebenfalls der **Lohngerechtigkeit** und vor allem auch dem **Schutz vor den besonderen Belastungen,** vor Überforderungen, die bei leistungsbezogenen Entgelten entstehen.[1739] Häufig sind leistungsbezogene Entgelte in **TV** geregelt.[1740]

b) Voraussetzungen des Mitbestimmungsrechts

aa) Akkord- und Prämiensätze

341 Der **Akkordlohn** (Vereinbarungsentwurf bei DKWF-*Klebe/Heilmann,* § 87 Rn. 61), der immer weiter zurückgeht,[1741] zeichnet sich dadurch aus, dass die Höhe des Entgelts allein nach der vom AN in einer bestimmten Zeit erbrachten Arbeitsleistung bemessen wird.[1742] Dabei wird zwischen dem **Geld- und Zeitakkord** unterschieden. Alle anderen verschiedentlich erwähnten Akkordarten (z B. Stück-, Gewichts- oder Maßakkorde)[1743] sind **Unterfälle** des Geld- oder Zeitakkords.

342 Beim **Geldakkord** wird die Lohnhöhe dadurch ermittelt, dass dem AN pro Leistungseinheit (z. B. einem zu bearbeitenden Stück) ein bestimmter Geldbetrag »vorgegeben« wird. Sein Verdienst richtet sich dann nach der **Anzahl der erbrachten Leistungseinheiten** (z. B. Anzahl der bearbeiteten Stücke) und dem pro Leistungseinheit »vorgegebenen« Geldbetrag.

343 Beim **Zeitakkord** ist eine näher zu bestimmende Zeiteinheit die maßgebliche Berechnungsgrundlage. Dabei wird dem AN pro Leistungseinheit (z. B. einem Stück) ein bestimmter – meist in Minuten ausgedrückter – **Zeitwert** »vorgegeben«. Jeder »Akkordminute« wird dann ein bestimmter Geldbetrag zugerechnet. Die pro Leistungseinheit vorgegebene Minutenzahl (Zeitfaktor) ergibt i. V. m. dem vorgegebenen Geldbetrag (Geldfaktor) und den erbrachten Leistungseinheiten den erzielten Verdienst (Berechnungsbeispiele s. Rn. 347 f.).

344 Ein grundsätzlicher **Unterschied** zwischen dem **Geld**- und dem **Zeitakkord** besteht nicht; sie unterscheiden sich letztlich nur in der Berechnungsart. Jeder Zeitakkord lässt sich rechnerisch ebenso in einen Geldakkord umwandeln wie andererseits der Geldakkord in einen Zeitakkord.[1744] Der Zeitakkord hat sich durchgesetzt und wird überwiegend in den Betrieben dem Geldakkord vorgezogen. Bei Lohnerhöhungen ist er im Übrigen durch die Änderung des Geldfaktors einfacher zu korrigieren als der Geldakkord, der regelmäßig neu festgesetzt werden muss.[1745]

345 Die **Höhe des Akkordlohnes** richtet sich nach der jeweiligen **Akkordvorgabe.** Diese wird entweder frei ausgehandelt oder nach einem arbeitswissenschaftlichen System ermittelt.[1746] Beim Geldakkord ist die Akkordvorgabe der pro Leistungseinheit (Stück) festgesetzte Geldwert. Beim Zeitakkord ist es die Zeit, die pro Leistungseinheit »vorgegeben« wird.

346 Die **Akkordvorgabe** erfolgt grundsätzlich unter Berücksichtigung des **Akkordrichtsatzes.** Dieser setzt sich häufig aus dem tariflichen »Ecklohn« und einem Zuschlag von 15 v. H. zusammen. Den Akkordrichtsatz muss der Akkordarbeiter in einer Stunde verdienen, wenn er die **Normalleistung** (keine Durchschnittsleistung) erbringt. Für den Begriff der Normalleistung gibt es keine annähernd exakte Definition, da es keinerlei Messeinheit für die menschliche Arbeitsleistung gibt.[1747] Allgemein wird darunter die Leistung verstanden, die ein **hinreichend**

1738 So BT-Drucks. VI/1786, S. 49; vgl. auch *BAG* 16. 4. 02 – 1 ABR 34/01, DB 03, 212 (213).

1739 *BAG* 29. 3. 77, 28. 7. 81, AP Nrn. 1, 2 zu § 87 BetrVG 1972 Provision; 21. 10. 03 – 1 ABR 39/00, NZA 04, 936 (938); 23. 6. 09 – 1 AZR 214/08; *Fitting,* Rn. 511 f.; GK-*Gutzeit,* Rn. 1010; vgl. auch den Überblick von *Tondorf/Mache,* AiB 94, 88 ff. mit einer Auswertung von BV.

1740 Vgl. hierzu und zu praktischen Fragen *Meine,* S. 256 ff. und *Ehlscheid/Unterhinninghofen,* AiB 02, 295 ff.; insbes. zu individualrechtlichen Fragen des Leistungsentgelts *Schwab,* NZA-RR 09, 1 ff., 57 ff.

1741 *Meine,* S. 261.

1742 Vgl. statt vieler *GL,* Rn. 236.

1743 Vgl. dazu auch Richardi-*Richardi/Maschmann,* Rn. 832 ff.

1744 Zur Unterscheidung zwischen Geld- und Zeitakkord vgl. insbes. *Meyenschein-Juen,* S. 19 ff.

1745 Meyenschein-Juen, S. 22 f.

1746 Vgl. dazu *Meine,* S. 342 ff.; *Pornschlegel/Birkwald,* Bd. 2, S. 151 ff.; Rn. 250.

1747 Vgl. dazu *Pornschlegel,* BB 65, 206 f.

geeigneter und geübter AN auf **Dauer** in **zumutbarer Weise** erbringen kann.[1748] Aber auch diese Umschreibung kann nur eine Hilfskonstruktion sein, da die tarifliche und betriebliche Festlegung der Normalleistung letztlich lediglich die Verhandlungsmacht beider Seiten zum Ausdruck bringt, es also eine objektiv festliegende Normalleistung ebenso wenig gibt[1749] wie den »gerechten Lohn«. Jedenfalls muss die Akkordvorgabe so erfolgen, dass der AN, der eine höhere als die vereinbarte »Normalleistung« erbringt, auch einen entsprechend höheren und den Akkordrichtsatz übersteigenden Verdienst pro Stunde erzielt.

Berechnungsbeispiele für den Akkordverdienst: Ist beim **Geldakkord** der Akkordrichtsatz beispielsweise auf 30 Euro festgesetzt, muss die Vergütung (Vorgabe) für eine Leistungseinheit (z. B. für ein zu bearbeitendes Stück) so festgesetzt werden, dass der AN pro Stunde bei einer normalen Arbeitsleistung den **Akkordrichtsatz** erreicht. Beträgt die Vergütung für eine Leistungseinheit 5,00 Euro, muss der AN bei normaler Leistung in der Stunde wenigstens 6 Leistungseinheiten erbringen. Dann macht die Vergütung pro Std. 30 Euro (Akkordrichtsatz) aus (5,00 Euro × 6 Leistungseinheiten = 30 Euro). Werden aber durch Mehrleistung des AN in einer Stunde z. B. 7 Leistungseinheiten erbracht, beträgt die Vergütung dann 35,00 Euro (5,00 Euro × 7 Leistungseinheiten = 35,00 Euro). 347

Beträgt beim **Zeitakkord** der Akkordrichtsatz 30 Euro, muss die je Leistungseinheit vorgegebene Minutenzahl (sog. **Zeitfaktor**) so festgesetzt (vorgegeben) werden, dass in Verbindung mit einem festzusetzenden Geldbetrag (sog. **Geldfaktor;** dieser beträgt 1/60 des Akkordrichtsatzes; 1/60 von 30 Euro = 0,50 Euro) der AN bei normaler Arbeitsleistung in einer Stunde den Akkordrichtsatz erreicht. Ist die Minutenzahl für eine Leistungseinheit (z. B. ein Stück) mit 10 festgesetzt, muss der AN in einer Stunde 6 Leistungseinheiten erbringen, wenn der Akkordrichtsatz erreicht werden soll. Die Berechnung ist wie folgt vorzunehmen: 6 Leistungseinheiten × 10 Minuten (Zeitfaktor) × 0,50 Euro (Geldfaktor) = 30 Euro. Erbringt der AN durch Mehrleistung in der Stunde 7 Leistungseinheiten, ergibt sich folgende Berechnung: 7 × 10 × 0,50 Euro = 35,00 Euro. An den aufgeführten **Berechnungsbeispielen** ist zu erkennen, dass der **Unterschied** zwischen dem Geld- und dem Zeitakkord im Grunde nur **in der Berechnungsart** besteht.[1750] 348

Der **Prämienlohn** (Vereinbarungsentwurf bei DKWF-*Klebe/Heilmann*, § 87 Rn. 62) ist – wie der Akkordlohn – eine **Art des Leistungslohnes.** Auch hier handelt es sich um eine Vergütung, die für eine besondere Leistung gewährt wird. Voraussetzung ist, dass das Arbeitsergebnis durch den AN beeinflusst, gemessen und mit einer Bezugsleistung verglichen werden kann.[1751] **Bezugsgrößen** können z. B. die Arbeitsmenge, die Güte der Arbeitsausführung, die wirtschaftliche Nutzung von Material, Energie, Maschinen oder Werkzeugen sein.[1752] Es lassen sich unterschiedliche Prämienlohnsysteme vereinbaren, wie z. B. feste oder variable **Standardprämien,** gestaffelte, progressive, degressive, unterproportionale Prämien oder auch sog. **Vario-Prämien** (z B. Sollleistung 135 %, Schwankungsbreite ± 5 %).[1753] Bei der **festen Standardprämie** wird eine Sollzeit/Sollleistung vorgegeben, für deren Einhaltung ein Standardlohn, der über dem Tariflohn liegt (z. B. 140 %), gezahlt wird. Eine Unterschreitung der Zeit/Übererfüllung wird nicht mit Mehrverdienst anerkannt, bei Nichterreichung erfolgt keine Verdienstminderung. Allerdings prüfen in diesem Fall BR und Geschäftsleitung die Ursachen und beraten Maßnahmen, die die Erreichung der Standardleistung in Zukunft sicherstellen.[1754] Bei der **variablen Standardprämie** kann die Unterschreitung der Standardleistung (z. B. um 20 %) zu einer Verringerung des Standardlohnes führen.[1755] In beiden Fällen greift Nr. 11 ein, da eine entsprechende beeinflussbare Leistung der AN Voraussetzung für die Zahlung ist. Auch bei der festen Standardprämie hat die Nichterreichung der Sollleistung mit der durch BR und 349

1748 So auch *BAG* 16. 4. 02 – 1 ABR 34/01, DB 03, 212 (213); *Fitting*, Rn. 521.
1749 Vgl. auch *BAG* 16. 4. 02, a. a. O.
1750 Vgl. auch Beispiele bei GK-*Gutzeit*, Rn. 1030 f.; *Meine*, S. 262 ff.; *Meyenschein-Juen*, S. 19 f.
1751 *BAG* 10. 12. 65, AP Nr. 1 zu § 4 TVG Tariflohn und Leistungsprämie; *Fitting*, Rn. 534; GK-*Gutzeit*, Rn. 1034.
1752 *BAG* 16. 12. 86, AP Nr. 8 zu § 87 BetrVG 1972 Prämie; HWGNRH-*Worzalla*, Rn. 595.
1753 Vgl. ausführlich *Meine*, S. 268 ff.
1754 *Meine*, S. 271.
1755 Z. B. um 10 %; *Meine*, S. 272 ff.

Geschäftsleitung erfolgenden Überprüfung und ggf. Anpassung der Leistungsvoraussetzungen unmittelbare Konsequenzen. Für die Mitbestimmung des BR ist entscheidend, dass die **Höhe der Prämienentlohnung** von der **persönlichen Leistung** des AN abhängig ist. Deshalb entfällt die Mitbestimmung nach Nr. 11 bei Prämien, die unabhängig von der Leistung des AN gewährt werden, wie z. B. Treue- oder Anwesenheitsprämien.[1756] Sie kann sich aber aus Nr. 10 ergeben (Rn. 300 f.).

bb) Vergleichbare leistungsbezogene Entgelte

350 Die Mitbestimmung bezieht sich auch auf **andere leistungsbezogene Entgelte,** wenn sie mit Akkord- und Prämienlöhnen vergleichbar sind. Der AN muss also in der Lage sein, das Arbeitsergebnis mit seiner Leistung zu beeinflussen.[1757] Darüber hinaus muss, da nicht alle leistungsbezogenen Entgelte erfasst werden,[1758] eine **Vergleichbarkeit mit Akkord und Prämie** gegeben sein. Diese liegt vor, wenn eine Leistung gemessen und mit einer **Bezugs-/Normalleistung** verglichen wird.[1759] Hierzu zählen der sog. **Programmlohn**[1760] und auch **Leistungszulagen,** wenn der AG sie gewährt, weil er von dem AN eine besondere Leistung erwartet, z. B. hinsichtlich des Arbeitsergebnisses oder der Arbeitsausführung, und diese in einem bestimmten Prozentsatz zusätzlich zum Zeitlohn der jeweiligen Entgeltgruppe gewährt werden,[1761] nicht jedoch ein **Pensumentgelt** oder ein **Gainsharing-System.**[1762]

351 **Zielvereinbarungen** (vgl. hierzu auch Rn. 67, 203, 337 und § 94 Rn. 9 und 44), bei denen sich die vereinbarte Leistung und damit individuell beeinflussbare Vergütung an einer Bezugsleistung ausrichtet, fallen ebenfalls unter die Vorschrift. Auch bei **nicht rein quantitativen Messgrößen,** wie z. B. der Steigerung der Kundenzufriedenheit, in denen eine Bewertung erforderlich ist, gehen AN und AG i. d. R. davon aus, dass nur eine Entscheidung richtig ist. In diesem Falle besteht der unmittelbare Zusammenhang zwischen Leistung und Entgelt.[1763] Gleichwohl empfiehlt sich auch hier eine weitere Beschreibung der Kriterien, die erfüllt sein müssen bzw. Quantifizierung, auch um dem **Transparenzgebot** zu entsprechen.[1764] Für die Frage, ob ein vergleichbares leistungsbezogenes Entgelt vorliegt, kommt es nach richtiger Auffassung **entgegen** *BAG* nicht darauf an, wie **aktuell** die Leistungsbeurteilung erfolgt.[1765]

352 Nach Auffassung des *BAG* besteht weder bei **Anteils- und Leitungsprovisionen** noch bei **Abschluss-** und **Vermittlungsprovisionen** ein Mitbestimmungsrecht nach dieser Vorschrift.[1766] Damit schließt das Gericht für weite Bereiche faktisch die Entlohnung von Angestellten vom Geltungsbereich aus. Dem kann in dieser Allgemeinheit nicht gefolgt werden *LK*. Vielmehr ist

1756 *Fitting,* Rn. 537.vgl. auch Rn. 353 a. E.

1757 Richardi-*Richardi/Maschmann,* Rn. 905; *GL,* Rn. 248 m. w. N.

1758 *BAG* 13. 3. 84, AP Nr. 4 zu § 87 BetrVG 1972 Provision.

1759 Vgl. z. B. *BAG* 22. 10. 85, AP Nr. 3 zu § 87 BetrVG 1972 Leistungslohn; 21. 10. 03 – 1 ABR 39/02, NZA 04, 936 (938); 23. 6. 09 – 1 AZR 214/08; *Fitting,* Rn. 538; GK-*Gutzeit,* Rn. 1013 f.; HWGNRH-*Worzalla,* Rn. 671; vgl. auch *Pornschlegel,* AuR 83, 193.

1760 Vgl. *Däubler,* Das Arbeitsrecht 2, Rn. 779; ErfK-*Kania,* Rn. 127; *Schang,* S. 306 ff.; vgl. auch Rn. 323.

1761 *Fitting,* Rn. 538; *Hanau,* RdA 73, 281 (286); a. M. GK-*Gutzeit,* Rn. 1015.

1762 *Schang,* S. 304 ff., 314 ff.; *Meine,* S. 301 ff.; vgl. auch Rn. 323.

1763 *Fitting,* Rn. 510; HaKo-BetrVG/*Kohte,* Rn. 146; *Däubler,* NZA 05, 793 (796); DHZ-*Trümner,* § 36 Rn. 23; *Riesenhuber/v.Steinau-Steinrück,* NZA 05, 785 (788); *Trittin/Fischer,* AuR 06, 261 (263); *Bachner,* FS Klebe, S. 30 ff. (im Hinblick auf an UN-Zielen orientierte Regelungen); a. A. *Linck/Koch,* FS Bepler, S. 357 (362 f.: Kein Mitbestimmungsrecht bei Leistungen, die qualitativ durch einen Vorgesetzten zu bewerten sind); Richardi-*Richardi/Maschmann,* Rn. 916; *Rieble/Gistel,* ZIP 04, 2462 (2463).

1764 Vgl. *Däubler,* ZIP 04, 2209 (2212 f.).

1765 **A. A.** *BAG* 22. 10. 85, AP Nr. 3 zu § 87 BetrVG 1972 Leistungslohn, das den Bezug Leistung/Entgelt verneint, wenn die Beurteilung aus dem vergangenen Jahr stammt (ebenso GK-*Gutzeit,* Rn. 1015) oder sich jährlich lediglich aus der Arbeit der ersten drei Monate ergibt (*BAG* 15. 5. 01 – 1 ABR 39/00, BB 01, 2320); ebenso Richardi-*Richardi/Maschmann,* Rn. 916; WPK-*Bender,* Rn. 264; *Reichold,* Anm. in RdA 02, 242 f.

1766 *BAG* 28. 7. 81, 13. 3. 84, 26. 7. 88, AP Nrn. 2, 4, 6 zu § 87 BetrVG 1972 Provision; *Fitting,* Rn. 542; GK-*Gutzeit,* Rn. 1021 ff.; *GL,* Rn. 251; HWGNRH-*Worzalla,* Rn. 674; LKK-*Dahm,* Rn. 257; **a. A.** *BAG* 29. 3. 77, AP Nr. 1 zu § 87 BetrVG 1972 Provision (bei Abschlussprovisionen).

jeweils sehr sorgfältig zu prüfen, welche Form von Provision, unabhängig von der jeweiligen Bezeichnung, vorliegt und welcher Zusammenhang zwischen persönlicher Leistung, Normalleistung und Zahlung besteht.[1767] So hängt zwar bei **Abschluss-** und **Vermittlungsprovisionen** die Zahlung letztlich davon ab, dass das Geschäft zustande gebracht wird, trotzdem besteht ein direkter Zusammenhang mit der **persönlichen Leistung** und zur ausdrücklich im Gesetz genannten Prämienentlohnung kein Unterschied:[1768] Wird ein bestimmter Betrag/Punktwert mit einer hundertprozentigen Leistung veranschlagt, so wird man dies als Festlegung der »Normalleistung« ansehen können, so dass die Vorschrift nach richtiger Auffassung jedenfalls bei Abschluss- und Vermittlungsprovisionen anwendbar ist. Dies gilt aber auch ohne ausdrückliche Festlegung, denn wie bei Prämiensätzen wird man davon ausgehen müssen, dass den Provisionssätzen eine bestimmte Vorstellung von »Normalleistung« zugrunde liegt. Der Gesetzgeber hat im Übrigen als Beispiel für leistungsbezogene Entgelte in der Begründung des Gesetzentwurfs ausdrücklich Provisionen erwähnt.[1769] In jedem Falle besteht hier das **Mitbestimmungsrecht** nach Nr. 10.

Nicht dem Mitbestimmungsrecht nach Nr. 11 unterliegen **arbeitsplatzbezogene Zulagen,** die wegen der besonderen Gegebenheiten gezahlt werden.[1770] Vergleichbare leistungsbezogene Entgelte liegen auch nicht bei Zahlungen vor, die, wenngleich in Erwartung einer bestimmten Leistung, gleich bleibend gewährt werden, wie **Gratifikationen, Ergebnisbeteiligungen, Treue-** oder **Jahresabschlussprämien.**[1771] Auch **Pünktlichkeits-** und **Anwesenheitsprämien** werden vom Mitbestimmungsrecht nicht erfasst. Alle diese Leistungen fallen aber unter Nr. 10. 353

c) Inhalt des Mitbestimmungsrechts

Mit der **Festsetzung der Akkordsätze** ist jede Bestimmung und Änderung gemeint, die sich abstrakt auf bestimmte Arbeitsvorhaben bezieht, nicht aber die individuelle Lohnberechnung für den einzelnen Akkordarbeiter.[1772] Die Festsetzung erstreckt sich auf **alle Bezugsgrößen,** die für die Berechnung des Akkordlohnes von Bedeutung sind, wie die Festsetzung des **Geldwerts** beim Geldakkord für die jeweilige Leistungseinheit, die Bestimmung des **Zeit-** und **Geldfaktors** beim Zeitakkord sowie die Festlegung der **Erholungs-, Verteil-**, Rüst- und **ähnlichen Zeiten.**[1773] Nur so kann der Schutzzweck der Vorschrift erfüllt werden. Es gibt keine von vornherein allein richtige Akkordzeit. Alle Beurteilungssysteme basieren letztlich auf einer Vorstellung von Normalleistung und beinhalten **erheblichen Beurteilungsspielraum.**[1774] Hinsichtlich des Zeitfaktors kann dabei nicht eingewandt werden, das Mitbestimmungsrecht scheide aus, weil die Vorgabe nach anerkannten arbeitswissenschaftlichen Erkenntnissen ermittelt worden sei.[1775] Auch nach Verständigung der Betriebsparteien auf die Anwendung eines wissenschaftlichen Systems bleibt das Mitbestimmungsrecht für die endgültige Festlegung der Vorgabezeiten, auch im Hinblick auf die eingehenden Rüst-, Verteil- und Erholungszeiten, bestehen.[1776] 354

Durch die Mitbestimmung hinsichtlich des Zeit- und Geldfaktors kann der BR direkten Einfluss auf die **Lohnhöhe** nehmen.[1777] Der Wortlaut spricht für die hier vertretene Auffassung, da 355

1767 Vgl. auch HaKo-BetrVG/*Kohte*, Rn. 144.
1768 DHZ-*Trümner*, § 36 Rn. 29; *Säcker*, FS Kreutz, S. 399 (404).
1769 BT-Drucks. VI/1786, S. 49; vgl. auch Richardi-*Richardi/Maschmann*, Rn. 914.
1770 *LAG Niedersachsen* 25.2.80, DB 80, 1849.
1771 *LAG Bremen* 27.10.78, AP Nr. 1 zu § 87 BetrVG 1972 Lohngestaltung; *Fitting*, Rn. 540; *GL*, Rn. 249; HWGNRH-*Worzalla*, Rn. 677.
1772 BT-Drucks. zu VI/2729, S. 29; *Fitting*, Rn. 527.
1773 Vgl. *BAG* 29.3.77, AP Nr. 1 zu § 87 BetrVG 1972 Provision; 24.11.87, 14.2.89, AP Nrn. 6, 8 zu § 87 BetrVG 1972 Akkord; 16.4.02 – 1 ABR 34/01, DB 03, 212 (213); GK-*Gutzeit*, Rn. 1045 ff., 1050; vgl. zu Erholzeiten auch Rn. 105 und 323.
1774 Vgl. *LAG Düsseldorf* 24.8.81, EzA § 87 BetrVG Leistungslohn Nr. 5; *LAG Nürnberg* 15.11.89 – 3 Sa 263/89; *Fitting*, Rn. 522; *GL*, Rn. 238.
1775 Vgl. *LAG Berlin* 7.11.88, LAGE § 87 BetrVG 1972 Leistungslohn Nr. 5; *LAG Nürnberg* 15.11.89, a.a.O.; *Fitting*, Rn. 522; GK-*Gutzeit*, Rn. 1045.
1776 *BAG* 16.4.02, a.a.O.
1777 *BAG* 29.3.77, AP Nr. 1 zu § 87 BetrVG 1972 Provision; 20.11.90 – 1 AZR 643/89, BB 91, 835 (836); 9.5.95 – 1 ABR 56/94, DB 95, 2610 (2611); 23.6.09 – 1 AZR 214/08, NZA 09, 1159; *Fitting*, Rn. 526;

der Geldfaktor ausdrücklich erwähnt wird. Zudem hat der Gesetzgeber deutlich gemacht, dass hiermit klargestellt werden sollte, dass sich das Mitbestimmungsrecht auf die **Festlegung aller Bezugsgrößen** erstreckt. Ausdrücklich wird für den Akkordlohn das Mitbestimmungsrecht hinsichtlich der Festlegung des Zeitfaktors wie auch des Geldfaktors erwähnt.[1778] Die spätere Änderung des Textes hatte andere Gründe. Die Streichung des Geldfaktors, die von der CDU/CSU-Fraktion vorgeschlagen wurde, wurde ausdrücklich abgelehnt.[1779] Schließlich spricht auch der **Schutzzweck** der Vorschrift für die hier vertretene Auffassung. Die Beeinflussung der Entgelthöhe wird auch bei **freiwilligen leistungsbezogenen Entgelten** vom Mitbestimmungsrecht erfasst.

356 Das Mitbestimmungsrecht umfasst auch **Studien,** die der AG zur Meinungsbildung **vor Festlegung des Zeitfaktors** durchführen lässt.[1780] Nach solchen Studien ist der BR zwar nicht gebunden; es entsteht allerdings ein faktischer Zwang zur Anwendung. Der BR kommt in die Situation, dass er andere Vorstellungen nur durchsetzen kann, wenn er die durchgeführten Studien anzweifelt. Damit würde das Mitbestimmungsrecht ausgehöhlt. Offen gelassen hat das *BAG*,[1781] ob beim **Übergang von Leistungs- zum Zeitlohn** vereinbarte **Besitzstandsregelungen** auch hinsichtlich der Höhe vom BR erzwingbar sind (vgl. auch Rn. 306).

357 Der Mitbestimmung unterliegt die Festsetzung der **Prämiensätze.** Insoweit gilt das zur Festsetzung der Akkordsätze Gesagte sinngemäß. Basiert die Prämienentlohnung auf einem arbeitswissenschaftlichen Verfahren, erstreckt sich die Mitbestimmung auf die gesamte Ausgestaltung. Dazu gehören insbesondere die **Prämienart,** die **Bezugsgrößen** und die **sonstigen Anknüpfungspunkte.**[1782] Wie beim Akkordlohn der Geldfaktor, unterliegt beim Prämienlohn die Geldseite der Mitbestimmung. Damit ist vor allem die **Festsetzung des Prämiengrundlohnes,** der **einzelnen Leistungsstufen,** des **Prämienhöchstlohnes** und der **einzelnen Prämien** gemeint.[1783]

358 Bei anderen **vergleichbaren leistungsbezogenen Entgelten** gilt das zur Festsetzung von Akkord- bzw. Prämiensätzen Gesagte sinngemäß.

d) Durchführung der Mitbestimmung

359 Die Mitbestimmungsrechte werden unmittelbar durch den **BR** ausgeübt. Bei der Vielzahl der insbesondere in größeren Betrieben anfallenden Akkord- und Prämienregelungen kann die praktische Durchführung der Mitbestimmung allerdings mit erheblichen Problemen verbunden sein. In solchen Fällen sollte dann nach § 28 ein **besonderer Ausschuss** gebildet werden. Diesem können, falls ein Betriebsausschuss gebildet ist, auch bestimmte dem BR obliegende Aufgaben zur selbstständigen Erledigung übertragen werden. Dies gilt allerdings nicht, soweit die Mitbestimmung durch den Abschluss von BV praktiziert wird (§§ 28 Abs. 1, 27 Abs. 2). Der **Abschluss einer BV** ist allein dem BR vorbehalten.

GK-*Gutzeit,* Rn. 1039 ff.; *WW,* Rn. 78 f.; MünchArbR-*Matthes,* § 251 Rn. 70; **a. A.** HWGNRH-*Worzalla,* Rn. 640 f. m. w. N.; *Joost,* ZfA 93, 257 (271 ff.).

1778 BT-Drucks. VI/1786, S. 49.

1779 BT-Drucks. VI/2729, S. 4, 29.

1780 *LAG Berlin* 7. 11. 88, LAGE § 87 BetrVG 1972 Leistungslohn Nr. 5; *LAG Nürnberg* 15. 11. 89 – 3 Sa 263/89; *Fitting,* Rn. 522; GK-*Gutzeit,* Rn. 1048; Richardi-*Richardi/Maschmann,* Rn. 924; WPK-*Bender,* Rn. 259; *WW,* Rn. 79; **a. A.** *BAG* 10. 7. 79, AP Nr. 4 zu § 87 BetrVG 1972 Überwachung; 24. 11. 81, AP Nr. 3 zu § 87 BetrVG 1972 Ordnung des Betriebes; 11. 8. 93 – 7 AZR 619/92, AuR 93, 374, Ls.; ErfK-*Kania,* Rn. 124; HWGNRH-*Worzalla,* Rn. 658.

1781 16. 4. 02 – 1 AZR 363/01, NZA 03, 224 (225).

1782 Vgl. z. B. *BAG* 25. 5. 82, 16. 12. 86, AP Nrn. 2, 8 zu § 87 BetrVG 1972 Prämie.

1783 *BAG* 25. 5. 82, 13. 9. 83, AP Nrn. 2, 3 zu § 87 BetrVG 1972 Prämie; *Fitting,* Rn. 536; GK-*Gutzeit,* Rn. 1052; zu praktischen Problemen mit dem Entwurf einer BV *Meine,* S. 268 ff., 298 ff.

12. Vorschlagswesen (Nr. 12)

a) Vorbemerkungen

Die Mitbestimmung im Bereich des **betrieblichen Vorschlagswesens**[1784] soll insbes. dem Schutz und der freien Entfaltung der Persönlichkeit des AN im Betrieb (§ 75 Abs. 2) dienen[1785] und zur Humanisierung der Arbeitswelt beitragen.[1786] Es hat im Laufe der Jahre immer mehr an Bedeutung gewonnen.[1787] Neben dem traditionellen Vorschlagswesen greifen UN teilweise auf neue Formen, wie z. B. interne Plattformen, zurück, auf denen Ideen im Wege internen **Crowdsourcing** entwickelt werden. Selbstverständlich bestehen die Mitbestimmungsrechte auch hier.[1788] 360

b) Voraussetzungen des Mitbestimmungsrechts

Die Vorschrift erfasst alle systematischen Bestrebungen zur Anregung, Sammlung und Bewertung von **Verbesserungsvorschlägen.** Das sind von AN allein, im Arbeitsbereich oder in Arbeitskreisen (z. B. in **Qualitätszirkeln**) entwickelte Vorschläge, die die Vereinfachung oder Verbesserung betrieblicher Einrichtungen und Verfahren bezwecken.[1789] Dazu sollen nach h. M.[1790] jedenfalls **nicht die AN-Erfindungen** zählen. Diese seien durch das Gesetz über AN-Erfindungen (ArbnErfG) abschließend geregelt.[1791] In Betracht kommt allerdings auch hier eine BV nach § 88. Demgegenüber sind **technische Verbesserungsvorschläge** durch das ArbnErfG **nicht abschließend geregelt.** Nach § 3 ArbnErfG handelt es sich dabei um Vorschläge für »technische Neuerungen, die nicht patent- oder gebrauchsmusterfähig sind«. Dafür hat der AG eine **angemessene Vergütung** zu zahlen, wenn sie ihm eine ähnliche **Vorzugsstellung** wie ein gewerbliches Schutzrecht gewähren (§ 20 Abs. 1 i. V. m. §§ 9, 12 ArbnErfG).[1792] Neben der Vergütungsfrage bleibt daher Raum für das Mitbestimmungsrecht (vgl. Rn. 362). Hinsichtlich der einfachen technischen Verbesserungsvorschläge, das sind solche, die dem AG **keine** ähnliche **Vorzugsstellung** wie ein gewerbliches Schutzrecht gewähren,[1793] verweist das ArbnErfG (§ 20 Abs. 2) darauf, dass deren Behandlung einer Regelung durch TV oder BV überlassen bleibt, das **Mitbestimmungsrecht** besteht also **uneingeschränkt.**[1794] 361

Die Vorschriften des ArbnErfG, die sich mit (qualifizierten) **technischen Verbesserungsvorschlägen** befassen, beziehen sich in der Hauptsache auf den **Vergütungsanspruch** der AN. Es handelt sich also nicht um abschließende Regelungen, durch die die Mitbestimmung in vollem Umfang ausgeschlossen würde.[1795] Alle über den Vergütungsanspruch hinausgehenden regelungsbedürftigen Fragen, die für die Behandlung technischer Verbesserungsvorschläge von Bedeutung sein können, unterliegen damit uneingeschränkt der Mitbestimmung.[1796] 362

1784 Vgl. den Überblick bei *Schwab,* AiB 07, 520 ff.; *ders.,* NZR-RR 14, 281 ff. und 15, 225 ff.; *Jansen,* AiB 9/20, S. 10 ff; *Däubler,* AiB 9/21, S. 14 ff.; *Goddar,* AiB 9/21, S. ff.; zur Zuständigkeit der BR-Gremien vgl. auch § 50 Rn. 96 und *Wollscheid,* NZA 12, 889 (891 f.).

1785 *BAG* 28. 4. 81, 16. 3. 83, AP Nrn. 1, 2 zu § 87 BetrVG 1972 Vorschlagswesen.

1786 Vgl. *Fitting,* Rn. 543; *Schoden,* AuR 80, 73.

1787 Vgl. auch *Däubler,* BB 04, 2521 ff. zur Rolle des Arbeitsrechts bei Innovationen und BDW-*Wedde,* S. 204 f. zur beschäftigungssichernden Wirkung der Vorschrift.

1788 Vgl. z. B. Benner-*Öhrler/Spies,* S. 43 ff. zu »Business Innovation« bei der Daimler AG; *Heberling/Sziedat,* CuA 11/17, S. 18 ff.

1789 Ähnlich *Fitting,* Rn. 546; Richardi-*Richardi/Maschmann,* Rn. 951.

1790 ErfK-*Kania,* Rn. 129; *Fitting,* Rn. 549; GK-*Gutzeit,* Rn. 1059; *Schwab,* AiB 99, 445 f.; Richardi-*Richardi/Maschmann,* Rn. 953; **a. A.** unter Hinweis auf § 22 ArbnErfG *Däubler,* Tarifvertragsrecht, Rn. 920; *ders.,* Das Arbeitsrecht 1, Rn. 997b.

1791 Vgl. hierzu *Gaul,* BB 92, 1710 ff.; *Schwab,* AiB 98, 513 ff.; KassArbR-*Bartenbach/Volz,* 2.7, Rn. 12 ff.

1792 Hierzu *Schoden,* Arbeitnehmererfindungen, Rn. 49 ff., 92 ff.

1793 Zur Unterscheidung gegenüber den qualifizierten Vorschlägen vgl. auch *Krauss,* S. 30; *Schoden,* a. a. O., Rn. 102.

1794 ErfK-*Kania,* Rn. 129; *Fitting,* Rn. 552; *Herlitzius,* S. 64.

1795 GK-*Gutzeit,* Rn. 1064; Richardi-*Richardi/Maschmann,* Rn. 955 MünchArbR-*Matthes,* § 252 Rn. 3.

1796 GK-*Gutzeit,* Rn. 1064.

363 Über die technischen Verbesserungsvorschläge hinaus unterliegen auch alle **sonstigen Verbesserungsvorschläge** der Mitbestimmung des BR. Dazu gehören u. a. Vorschläge, die sich auf den organisatorischen oder kaufmännischen Bereich beziehen, aber auch Vorschläge, die die Unfallverhütung oder den Gesundheitsschutz betreffen.[1797] Die Vorschläge können auch in einer Weiterentwicklung von **Software** bestehen.[1798] Da §§ 43, 69b UrhG[1799] nur eine sehr fragmentarische Regelung enthalten, unterliegen auch urheberrechtsfähige Werke der Mitbestimmung.[1800]

364 Das **betriebliche Vorschlagswesen** und damit die Mitbestimmung erfasst nur die sog. **freien Verbesserungsvorschläge.** Dabei muss es sich um eine **zusätzliche Leistung** handeln, zu der keine Verpflichtung des AN auf Grund des Arbeitsverhältnisses besteht.[1801] Ist der AN bereits kraft seines Arbeitsvertrags gehalten, durch das Einbringen von Verbesserungsvorschlägen zur Rationalisierung oder sonstigen Verbesserung des Arbeitsablaufs im Betrieb beizutragen, entfällt die Mitbestimmung, da diese »dienstlichen Verbesserungsvorschläge« dem betrieblichen Vorschlagswesen i. S. d. BetrVG nicht mehr zugeordnet werden können. Das Mitbestimmungsrecht besteht daher bei der Einführung von **KVP,**[1802] **TQM**-Prozessen[1803] und von **Qualitätszirkeln** (Lernstattgruppen, Werkstattzirkel u. Ä.), da in diesen auch freie Verbesserungsvorschläge erarbeitet werden sollen.[1804] Daneben kommt § 98 in Betracht (vgl. dort Rn. 14). In einer **BV** sollte der BR z. B. Größe, Zusammensetzung und **Organisation** (z. B. Moderatorenauswahl, Konzepte, Methoden) der Qualitätszirkel, die **Art der Themen** und ihre konkrete Festlegung durch die Gruppe, **Qualifikationsmaßnahmen** für die Durchführung, die betroffenen Betriebsbereiche, die Durchführung der Qualitätszirkel während der Arbeitszeit, die Freiwilligkeit der Teilnahme, ein Teilnahmerecht von BR-Mitgliedern sowie eine **Honorierung** (Vergütungs- und Verteilungsgrundsätze) der Gruppenvorschläge (vgl. Rn. 373) festlegen.

c) Inhalt des Mitbestimmungsrechts

365 Durch die Mitbestimmung ist bereits die **Einführung** von Grundsätzen über das betriebliche Vorschlagswesen erfasst. Der AG kann also nicht einseitig handeln. Dabei spielt es keine Rolle, ob er gleichzeitig beabsichtigt, entsprechende finanzielle Mittel zur Verfügung zu stellen, die in ihrem Gesamtumfang nicht dem Mitbestimmungsrecht unterliegen. Entscheidend ist allein, dass überhaupt Grundsätze, die das betriebliche Vorschlagswesen betreffen, eingeführt werden sollen. In diesem Rahmen kann auch der BR **initiativ werden** und vom AG die Einführung derartiger Grundsätze verlangen.[1805] Der AG kann dem nicht entgegenhalten, dass er an Verbesserungsvorschlägen nicht interessiert sei. Durch die Einführung der Grundsätze wird der AG **nicht zur Aufbringung finanzieller Leistungen verpflichtet,** da ein betriebliches Vorschlagswesen auch dann durchaus sinnvoll sein kann, wenn damit keine finanziellen Verpflichtungen

---

1797 So auch ErfK-*Kania,* Rn. 129; GK-*Gutzeit,* Rn. 1063 m. w. N.; *Däubler,* Das Arbeitsrecht 1, Rn. 997a.

1798 Vgl. z. B. die Wissensakquisition bei **Expertensystemen,** hierzu *Richenhagen,* AiB 92, 305 (306 f.); die Mitbestimmung ablehnend GK-*Gutzeit,* Rn. 1062; vgl. auch *Schwab,* AuR 93, 129 ff.; *Hoppmann,* RDV 92, 53 ff.; *Däubler,* AuR 85, 169 ff.; *ders.,* Internet, Rn. 585 ff., 616 ff. (zu Urheber- und Patentrechten).

1799 Hierzu *Schwab,* NZA-RR 15, 5 ff.

1800 *Däubler,* Das Arbeitsrecht 1, Rn. 997b; a. A. *Leuze,* PersV 09, 364 (366).

1801 *BAG,* 20. 1. 04 – 9 AZR 393/03, NZA 04, 994 (997, 999); *ArbG Heilbronn* 15. 5. 86, DB 87, 541; *Fitting,* Rn. 548; GK-*Gutzeit,* Rn. 1061; *Rieble/Gistel,* DB 05, 1382; *Schwab,* AiB 99, 445 f.

1802 *Däubler,* Das Arbeitsrecht 1, Rn. 997d; *DE,* Rn. 692; *Fischer,* AiB 01, 263 (271); *Schwab,* AiB 99, 445 (450 f.); *ders.,* AiB 07, 520 (524); vgl. zur Einsetzung einer ESt. *ArbG Elmshorn* 24. 4. 95, AiB 95, 675 f. mit Anm. *Zabel; Cox/Peter,* AiB 97, 371 (379).

1803 Vgl. hierzu *Cox/Offermann,* AiB 96, 705 ff. mit einem BV-Entwurf; *DE,* Rn. 693.

1804 Vgl. auch Rn. 361; *Fitting,* Rn. 554 f.; *Däubler,* Das Arbeitsrecht 1, Rn. 997d; *Schüttkemper,* BB 83, 1163; *Schwab,* a. a. O., 450; *ders.,* AiB 07, 520 (524); *ders.,* NZA-RR 15, 225 (227); *Heilmann/Taeger,* BB 90, 1969 (1973); *v. Hoyningen-Huene,* S. 295; *Fischer,* a. a. O., 271; a. A. GK-*Gutzeit,* Rn. 1062; HWGNRH-*Worzalla,* Rn. 697.

1805 *BAG* 28. 4. 81, AP Nr. 4 zu § 87 BetrVG 1972 Vorschlagswesen; *Fitting,* Rn. 551; Richardi-*Richardi/Maschmann,* Rn. 967; *Schoden,* Arbeitnehmererfindungen, Rn. 161; *Schoof,* Betriebliches Vorschlagswesen Rn. 17.

verbunden sind. Maßgebend ist allein, ob der BR zum Schutz der AN eine Regelung überhaupt für sinnvoll hält. Darüber entscheidet der **BR nach eigenem Ermessen.**[1806]

Das für die Einführung von Grundsätzen über das betriebliche Vorschlagswesen Dargestellte gilt sinngemäß auch für deren **Aufhebung.**[1807] 366

Besteht zwischen AG und BR Übereinstimmung, dass Grundsätze über ein betriebliches Vorschlagssystem eingeführt werden sollen, erstreckt sich das weitere Mitbestimmungsrecht auf die gesamte **Ausgestaltung.** 367

Damit sind insbes. **Fragen der Organisation** und des **durchzuführenden Verfahrens** gemeint. 368
Dabei ist im Einzelnen festzulegen, wie die **Einreichung der Vorschläge** zu erfolgen hat, wie die **Prüfung** vorzunehmen ist, welche **Bewertungsmethoden** Anwendung finden sollen und wie bei **Streitigkeiten** zu verfahren ist.[1808] Darüber hinaus sollte bestimmt werden, **welche Organe** einzusetzen sind, etwa ein **Beauftragter für das betriebliche Vorschlagswesen** oder ein **Prüfungsausschuss.**[1809] Wird ein **Prüfungsausschuss** eingesetzt, muss dieser vom BR und vom AG **paritätisch besetzt** werden, da andernfalls die gleichberechtigte Mitbestimmung des BR in einem wesentlichen Punkt nicht gewährleistet ist.[1810] Ein solcher Ausschuss kann zu **verbindlichen Tatsachenfeststellungen bei eingereichten Verbesserungsvorschlägen** und deren Bewertung gem. den Grundsätzen der §§ 317 ff. BGB gebildet werden.[1811] Mit Mehrheit getroffene tatsächliche Feststellungen und Bewertungen sind dann **nur beschränkt entsprechend §§ 317, 319 BGB gerichtlich überprüfbar.**[1812] Inhaltlich ist überprüfbar, ob das Ergebnis **offenbar unrichtig** ist. Beim Verfahren ist zu überprüfen, ob die Feststellungen **grob unbillig** zustande gekommen sind und ob Verstöße gegen die zu Grunde liegende BV das Ergebnis beeinflusst haben können.[1813] Über das Bestehen des Anspruchs kann er wegen § 101 ArbGG nicht entscheiden.[1814]

Haben sich AG und BR darauf geeinigt, dass ein **Beauftragter für das betriebliche Vorschlagswesen** einzusetzen ist, so soll nach der **Rspr. des *BAG*** der AG **allein bestimmen** dürfen, welche Person diese Funktion ausübt.[1815] Der Schutzzweck erfordere kein Mitbestimmungsrecht des BR. Diese Auffassung ist abzulehnen,[1816] da der Beauftragte wesentlichen Einfluss im Rahmen des Vorschlagswesens ausübt und deshalb auch das Vertrauen des BR besitzen muss. Im Übrigen ist darauf hinzuweisen, dass – da das Gesetz selbst die Bestellung eines Beauftragten für das betriebliche Vorschlagswesen an keiner Stelle vorschreibt und diese gemeinsam von AG **und** BR beschlossen werden muss – der BR seine Zustimmung hierzu nicht zu erteilen verpflichtet ist und sie deshalb auch von Auflagen oder Bedingungen abhängig machen kann, etwa davon, dass die als Beauftragter zu bestellende Person bestimmte Voraussetzungen erfüllen oder er als BR sogar in jedem Einzelfall vor einer Bestellung befragt oder sein Einverständnis eingeholt werden muss. Zudem kann eine Beteiligung des BR nach **§ 99** in Betracht kommen.[1817] Das ***BAG***[1818] geht zudem davon aus, dass der AG allein darüber zu entscheiden habe, ob ein 369

1806 Wie hier insbes. *BAG*, a. a. O.; GK-*Gutzeit*, Rn. 1072; *GL*, Rn. 265; HWGNRH-*Worzalla*, Rn. 704.

1807 Vgl. GK-*Gutzeit*, Rn. 1075; *GL*, Rn. 267; HWGNRH-*Worzalla*, Rn. 705.

1808 Vgl. z. B. *LAG Saarland* 11. 10. 95 – 1 Sa 63/95, BB 96, 487, Ls., zur Beschränkung der Prozessführungsbefugnis auf ein bevollmächtigtes Gruppenmitglied bei Gruppenvorschlägen; ebenso GK-*Gutzeit*, Rn. 1083; a. A. LKK-*Dahm*, Rn. 264.

1809 Vgl. *BAG* 28. 4. 81, 16. 3. 82, AP Nrn. 1, 2 zu § 87 BetrVG 1972 Vorschlagswesen und im Einzelnen GK-*Gutzeit*, Rn. 1076 ff.; *Rieble/Gistel*, DB 05, 1382 (1383 f.); *Schoden*, Arbeitnehmererfindungen, Rn. 162 ff.; *Schwab*, AiB 07, 520 (526).

1810 So wohl auch *BAG* 20. 1. 04 – 9 AZR 393/03, NZA 04, 994 (997); vgl. weiter *Beck*, BetrR 90, 153 (155); **a. A.** *BAG* 28. 4. 81, a. a. O.; GK-*Gutzeit*, Rn. 1079; *GL*, Rn. 275.

1811 *BAG* 19. 5. 15 – 9 AZR 863/13, NZA 15, 1468 (1469 Tz. 19); *Fitting*, Rn. 551.

1812 Vgl. im Einzelnen *BAG* 20. 1. 04, a. a. O.; 16. 12. 14 – 9 AZR 431/13, AuR 16, 204 (Ls.) mit Anm. v. Jessolat; *Fitting*, Rn. 551.

1813 *BAG* 20. 1. 04, a. a. O.; *Schwab*, Ideenmanagement 1/05, S. 22 ff.

1814 *BAG* 20. 1. 04, a. a. O.; *Fitting*, Rn. 552.

1815 *BAG* 16. 3. 82, a. a. O.; GK-*Gutzeit*, Rn. 1080; Richardi-*Richardi/Maschmann*, Rn. 959.

1816 So auch *Beck*, BetrR 90, 153 (155); *Däubler*, Das Arbeitsrecht 1, Rn. 997c.

1817 Vgl. auch *Fitting*, Rn. 556–560.

1818 16. 3. 82, a. a. O.; vgl. auch *Fitting*, Rn. 550; GK-*Gutzeit*, Rn. 1071; Richardi-*Richardi/Maschmann*, Rn. 963.

Verbesserungsvorschlag angenommen oder verwertet werde, und zwar auch dann, wenn ein Prüfungsausschuss bestehe.

370 Das Mitbestimmungsrecht besteht **entgegen *BAG*** grundsätzlich auch hinsichtlich der **Höhe** der zu zahlenden Prämie, wenn die Nutzung eines Verbesserungsvorschlags **dem Arbeitgeber Vorteile bringt.**[1819] Dann ist er auch ohne besondere Vereinbarung entsprechend § 612 BGB und nach Treu und Glauben verpflichtet, **die zusätzliche Leistung** des AN **zusätzlich zu vergüten.**[1820] Will der BR die Prämien in bestimmten **Prozentsätzen** vom wirtschaftlichen Nutzen, den die Verbesserung dem AG bringt, definieren, so unterliegt dies dem Mitbestimmungsrecht. Der AG wird nicht zu zusätzlichen Leistungen verpflichtet, da die Prämie durch den Nutzen begrenzt wird, der AG zu einer Zahlung arbeitsrechtlich ohnehin verpflichtet und im Übrigen nach h. M. frei ist, ob er den Verbesserungsvorschlag anwenden will. Das ***BAG***[1821] ist gleichwohl **anderer Auffassung** und lehnt das Mitbestimmungsrecht im Wesentlichen mit dem Wortlaut der Vorschrift, die von Grundsätzen spricht, und in Parallele zu Nr. 10 ab. Auch diese Argumente überzeugen jedoch nicht. Die allgemeine Festlegung, in welchem Verhältnis Vergütung und Nutzen zueinander stehen sollen, lässt sich durchaus als Grundsatz verstehen, und auch die Parallele zu Nr. 10 spricht wegen der vorstehenden Überlegungen eher für ein Mitbestimmungsrecht.[1822] Dieses erfasst allerdings, hier ist dem *BAG* Recht zu geben, nicht Regelungen, mit denen der AG gegen seinen Willen zu **zusätzlichen finanziellen Aufwendungen** für Verbesserungsvorschläge veranlasst werden soll, die er nicht nutzen will oder die ihm keinen Vorteil bringen.

371 Der BR hat darüber hinaus jedenfalls mitzubestimmen, nach welchen **Grundsätzen und Methoden** die Prämie bemessen werden soll und wie der Nutzen eines Verbesserungsvorschlags zu ermitteln ist. Er hat weiter mitzubestimmen über die **Art der Prämie,** über ihre **Verteilung** bei Gruppenvorschlägen sowie darüber, wie eine Prämie für einen Verbesserungsvorschlag bestimmt werden soll, dessen Nutzen nicht zu ermitteln ist.[1823] Darüber hinaus kommt das Mitbestimmungsrecht gemäß **Nr. 10** in Betracht; auch muss **§ 75 Abs. 1** jeweils beachtet werden.[1824]

372 Unabhängig von der Mitbestimmung des BR bei der Höhe der Prämie besteht ein **Rechtsanspruch** des einzelnen AN auf Zahlung einer Vergütung, wenn der AG den **eingereichten Verbesserungsvorschlag verwertet.** Das ergibt sich hinsichtlich der qualifizierten technischen Verbesserungsvorschläge aus § 20 ArbnErfG, ansonsten, wie dargestellt (Rn. 370), aus der Rspr. des *BAG.*[1825]

373 Eine **BV** sollte jedenfalls **Regelungen** über den Geltungsbereich, die begriffliche Umschreibung des Verbesserungsvorschlags, die zuständigen Organe, die Einreichungsmodalitäten, die Behandlung und Durchführung der angenommenen Vorschläge sowie deren Bewertung, Nachbewertung und Prämierung enthalten (Checkliste bei DKWF-*Klebe/Heilmann,* § 87 Rn. 64).[1826]

1819 *Beck,* BetrR 90, 153 (156); *Schoden,* AuR 80, 73 (76 f.); *Lichtenstein,* BetrR 73, 79; **a. A.** *BAG* 28. 4. 81, 16. 3. 82, AP Nrn. 1, 2 zu § 87 BetrVG 1972 Vorschlagswesen; GK-*Gutzeit,* Rn. 1084; HWGNRH-*Worzalla,* Rn. 708; Richardi-*Richardi/Maschmann,* Rn. 965.

1820 Vgl. *BAG* 30. 4. 65, AP Nr. 1 zu § 20 ArbNErfG; 28. 4. 81, AP Nr. 1 zu § 87 BetrVG Vorschlagswesen; 20. 1. 04 – 9 AZR 393/03, NZA 04, 994 (997, 999); GK-*Gutzeit,* Rn. 1069; *Schoden,* Arbeitnehmererfindungen, Rn. 173; *Schwab,* AiB 99, 445 (446 f.).

1821 28. 4. 81, a. a. O.; vgl. auch GK-*Gutzeit,* Rn. 1084; *GL,* Rn. 273; Richardi-*Richardi/Maschmann,* Rn. 965; *Wollwert,* NZA 12, 889 (892).

1822 So auch *Fitting,* Rn. 554; HaKo-BetrVG/*Kohte,* Rn. 151; vgl. zudem *Däubler,* Das Arbeitsrecht 1, Rn. 997e; *Schwab,* NZA-RR 15, 225 (227).

1823 *BAG* 28. 4. 81, 16. 3. 82, jeweils a. a. O.; vgl. auch GK-*Gutzeit,* Rn. 1083 und *Wollwert,* NZA 12, 889 (8892).

1824 *BAG* 28. 4. 81, a. a. O.

1825 30. 4. 65, AP Nr. 1 zu § 20 ArbNErfG; 28. 4. 81, AP Nr. 1 zu § 87 BetrVG 1972 Vorschlagswesen; 20. 1. 04 – 9 AZR 393/03, NZA 04, 994 (997, 999); GK-*Gutzeit,* Rn. 1069; *Wollwert,* NZA 12, 889 (890).

1826 *Beck,* BetrR 90, 153 ff.; *Schwab,* BVW 87, 150 (154); *ders.,* AiB 07, 520 (526); vgl. auch Regelungsinhalte bei *Jentgens/Kamp,* S. 11 ff. und *Bechmann,* S. 17 ff. und den Entwurf einer BV bei *Heilmann/Taeger,* BB 90, 1969 (1974 f.); *Schoden,* Arbeitnehmererfindungen, Rn. 176 ff.

13. Gruppenarbeit (Nr. 13)

a) Vorbemerkungen

Das Mitbestimmungsrecht ist bei der **Novellierung 2001** eingeführt worden und soll **Grundsätze** über die **Durchführung teilautonomer Gruppenarbeit** erfassen.[1827] Hiermit soll der Gefahr entgegengewirkt werden, dass der interne Druck innerhalb der Gruppe zu einer Selbstausbeutung ihrer Mitglieder und zu einer Ausgrenzung leistungsschwächerer AN führt.[1828] 374

Schon **bisher bestehende Rechte** des Betriebsrats bei Gruppenarbeit, wie z. B. Informations- und Beratungsrechte nach §§ 90 (Rn. 13), 92 (Rn. 13), 106 (Rn. 78) und auch Mitbestimmungsrechte z. B. gemäß § 87 Abs. 1 Nr. 6 (Rn. 179), Nr. 10 (Rn. 306), Nr. 12 (Rn. 364), § 95 (Rn. 10) oder § 111 (Rn. 105, 113), werden durch die Vorschrift nicht berührt.[1829] Mit der Novellierung ist gleichzeitig die Delegation von BR-Aufgaben an **Arbeitsgruppen** für Betriebe mit mehr als 100 AN in **§ 28a** geregelt worden. Der dortige Gruppenbegriff ist allerdings erheblich weiter gefasst (vgl. § 28a Rn. 14 ff.).[1830] Zudem ist der Regelungsgegenstand ein anderer: Nr. 13 gibt dem BR das Recht, Grundsätze für die Durchführung der Gruppenarbeit zu erzwingen, § 28a regelt demgegenüber die für BR und AG freiwillige Möglichkeit, mit einer Rahmen-BV BR-Aufgaben auf Arbeitsgruppen zu übertragen. Diese Delegation kann allerdings durchaus ein Element der Durchführung sein (vgl. auch Rn. 384). 375

b) Voraussetzungen des Mitbestimmungsrechts

Der **Begriff der Gruppenarbeit** wird im 2. Halbsatz der Vorschrift definiert. Das Mitbestimmungsrecht greift daher nur ein, wenn 376

- eine Gruppe von Arbeitnehmern
- eine ihr übertragene Gesamtaufgabe
- im Wesentlichen eigenverantwortlich erledigt
- und dies im Rahmen des betrieblichen Arbeitsablaufes.

Der Gesetzgeber hat ausweislich der Begründung dabei an **teilautonome Gruppen** gedacht (Rn. 374). Es ist also für das Mitbestimmungsrecht nicht ausreichend, dass Beschäftigte lediglich organisatorisch in einer Gruppe[1831] zusammengefasst werden und dort in Koordination ihre Einzelaufgaben erledigen. Die Gruppe muss vielmehr eine **Gesamtaufgabe** übertragen bekommen. Durch eine Ergänzung der Einzeltätigkeiten um **vor- und nachgelagerte Aufgaben,** wie z. B. qualitätssichernde Arbeiten, sowie dispositive, nicht disziplinarische, Vorgesetztenkompetenzen[1832] wie innerbetriebliche Koordination, Anwesenheitskontrolle, Planung und Festlegung von Qualifizierungszeiten, Urlaub und Erholungspausen Terminkontrolle oder Arbeitszuweisung, kann so eine Gesamtaufgabe definiert werden, die die einzelnen Arbeitsaufgaben zusammenfasst und nach deren Ausführung ein **abgegrenztes, abgeschlossenes Gesamtergebnis der Gruppe** vorliegt, wie ein komplettes Produkt/Dienstleistung oder ein Produktteil.[1833] Dabei schuldet das einzelne Gruppenmitglied nicht nur die Erfüllung seiner isolierten Aufgabe, sondern auch die Mitarbeit in der Gruppe.[1834] 377

Darüber hinaus muss die Gruppe ihre Arbeit **im Wesentlichen eigenverantwortlich** erledigen. Die Gruppe muss also eigenständig die einzelnen Arbeitsschritte organisieren, d. h. planen, steuern und verteilen[1835] und das Ergebnis kontrollieren.[1836] Dies wird z. B. regelmäßig bei For- 378

1827 Vgl. BT-Drucks. 14/5741, S. 47; zur Verbreitung der Gruppenarbeit in Europa, den Motiven ihrer Einführung und der Ausgestaltung *Benders/Huijgen/Pekruhl*, WSI-Mitt. 00, 365 ff.

1828 BT-Drucks., a. a. O.; vgl. auch *Breisig*, S. 52 ff.; *Nill*, S. 53.

1829 Vgl. auch *Fitting*, Rn. 565; Richardi-*Richardi/Maschmann*, Rn. 977; GK-*Gutzeit*, Rn. 1099 f. sieht in diesen Normen Spezialvorschriften gegenüber Nr. 13; ebenso *Nill*, S. 61.

1830 Vgl. auch *Engels*, FS Wißmann, S. 302 (303 f.).

1831 Zur Größe vgl. *Nill*, S. 54 m. w. N.: zwischen 3 und 25 Personen.

1832 Vgl. auch BT-Drucks. 14/5741, S. 48.

1833 Vgl. auch *Breisig*, S. 34 f.; *Elert*, S. 31 ff.

1834 Vgl. auch *Preis/Elert*, NZA 01, 371 (372).

1835 Vgl. *Preis/Elert*, NZA 01, 371 (372).

1836 BT-Drucks. 14/5741, S. 48; vgl. auch *Fitting*, Rn. 571; HWGNRH-*Worzalla*, Rn. 716.

men **agiler Arbeit** (vgl. auch Rn. 379) der Fall sein.[1837] Ohne diese Entscheidungskompetenz für die konkrete Arbeitsorganisation liegt, wie z. B. bei einer Akkordkolonne,[1838] keine Gruppenarbeit i. S. v. Nr. 13 vor. Die Arbeit muss nicht vollständig eigenverantwortlich erledigt werden. Selbstverständlich gibt es betriebliche, möglicherweise auch wechselnde Zielvorgaben, die z. B. Produkt, Menge, Qualität und Zeitrahmen betreffen. In diesem Rahmen soll die Gruppe allerdings eine **kollektive Eigenständigkeit** insbesondere im Hinblick auf die täglichen Abläufe haben.[1839] Diese Voraussetzung ist z. B. gegeben, wenn der Arbeitgeber die allgemeinen Vorgaben macht und ihn anschließend, im Grunde wie in einem Blackbox-Verfahren, nur noch das Ergebnis interessiert. Eine lediglich überwiegend eigenverantwortliche Erledigung der Gesamtaufgabe würde demgegenüber nicht ausreichen.

379 Die Gesamtaufgabe muss der Arbeitsgruppe schließlich **im Rahmen des betrieblichen Arbeitsablaufes** übertragen worden sein. Nach der Gesetzesbegründung sollen deshalb Arbeitsgruppen nicht erfasst werden, die parallel zur üblichen Arbeitsorganisation bestehen, wie z. B. **Projekt- und Steuerungsgruppen.** Hier bestünden auch die die Mitbestimmung rechtfertigenden Gefahren der Selbstausbeutung und Ausgrenzung nicht.[1840] Dem ist in dieser Allgemeinheit nicht zu folgen. Projektarbeit (vgl. auch DKWF-*Klebe/Heilmann,* § 87 Rn. 11: Vereinbarungsentwurf Projektarbeit) kann durchaus im Betrieb oder in einzelnen Abteilungen eine übliche Arbeitsorganisation sein, wie z. B. in den Entwicklungsbereichen der Industrie (z. B. **agiles Arbeiten,** vgl. auch Rn. 62, 156a und 201)[1841] oder im Dienstleistungsgeschäft der IT-Branche. In diesen Fällen bestehen auch die geschilderten Risiken für die Beschäftigten.[1842] Entscheidend ist daher nicht auf die Begriffe, sondern auf die Arbeitsweise abzustellen. Hiernach sind Gruppen nicht erfasst, die nur für eine **kurzzeitige Aufgabenerledigung** gebildet worden und daher nicht **Teil der üblichen Arbeitsorganisation** sind.[1843]

c) Inhalt des Mitbestimmungsrechts

380 Das Mitbestimmungsrecht betrifft **Grundsätze** über die **Durchführung** der Gruppenarbeit. Die Entscheidung über ihre **Einführung** und **Beendigung** soll dem AG allein überlassen bleiben.[1844] Sobald er allerdings die Entscheidung getroffen hat, ist der BR einzuschalten. Erst nach der entsprechenden Einigung kann mit der Gruppenarbeit begonnen werden. Ohne Beachtung der Mitbestimmungsrechte ist eine Einführung unwirksam (vgl. Rn. 5).[1845] Darüber hinaus muss sie auch durch die individuellen Arbeitsverträge zugelassen sein (vgl. Rn. 385).

381 Nach der Gesetzesbegründung[1846] soll der AG auch allein festlegen können, in **welchen Bereichen, in welchem Umfang** und **wie lange** er die Tätigkeiten in Gruppenarbeit organisiert. Diese Schlussfolgerung ergibt sich für Umfang und Bereiche keineswegs zwingend aus dem Wortlaut. Denn durch die Festlegung von Durchführungsregeln können im Ergebnis durchaus auch Bereich und Umfang der Gruppenarbeit beeinflusst werden. Wird z. B. eine bestimmte Gruppengröße und personelle Zusammensetzung etwa nach Alter, Geschlecht und Qualifika-

---

1837 Vgl. auch *ArbG Bonn* 6. 10. 22 – 3 BV 116/21, juris Tz. 343 f., 356 = jurisPR-ArbR 21/23 Nr. 2 mit Anm. v. *Heilmann*; *Lemke/Thomsen*, CuA 8–9/23, S. 27 (30).

1838 Vgl. *Preis/Elert,* NZA 01, 371 (372 f.).

1839 Vgl. auch *Fitting,* Rn. 571; *Preis/Elert,* NZA 01, 371 (372).

1840 BT-Drucks. 14/5741, S. 48; *Fitting,* Rn. 573; HWGNRH-*Worzalla,* Rn. 717; *Preis/Elert,* NZA 01, 371 (373).

1841 Vgl. *Krause,* Agile Arbeit, S. 86 ff.; *Bachner*, FS 100 Jahre Betriebsverfassungsrecht, S. 17 (34 ff.); *Reinhard,* 100 Jahre Betriebsverfassungsrecht, S. 613 (619); *Fitting,* Rn. 568; Richardi-*Richardi/Maschmann,* Rn. 979a; *Wedde,* CuA 5/19, S. 18 (20); *Schwarzbach,* CuA 5/19, S. 8 ff., 13 ff.; *Spengler/Ettlinger,* AiB 4/19, S. 10 ff. mit einer Checkliste; *Lemke/Thomsen,* CuA 8–9/23, S. 27 (30); *Günther/Böglmüller,* NZA 19, 417 (422); *Eufinger/Burbach,* DB 19, 1147 (1151); *ArbG Bonn* 6. 10. 22 – 3 BV 116/21, juris Tz. 343 f., 356 = jurisPR-ArbR 21/23 Nr. 2 mit Anm. v. *Heilmann*; vgl. auch zu § 28a *Engels/Trebinger,* FS Klebe, S. 118 ff.; *Hexel,* AuR 19, 255 ff.

1842 Vgl. auch HaKo-BetrVG/*Kohte,* Rn. 153; LKK-*Dahm,* Rn. 276.

1843 *Fitting,* Rn. 572; Richardi-*Richardi/Maschmann,* Rn. 979; *Nill,* S. 57.

1844 Vgl. nur GK-*Gutzeit,* Rn. 1097; Richardi-*Richardi/Maschmann,* Rn. 980.

1845 GK-*Gutzeit,* Rn. 1118; *Löwisch,* BB 01, 1790 (1791).

1846 BT-Drucks. 14/5741, S. 47.

tion vereinbart, kann als Folge Gruppenarbeit für bestimmte Bereiche des Betriebs ausscheiden oder auch nur in geringerem Umfange in Frage kommen. Der AG kann also nur im Rahmen der getroffenen Vereinbarungen entscheiden. Umgekehrt hat der BR **kein Initiativrecht** zur Einführung von Gruppenarbeit. Die Einführung selbst kann in einem insoweit freiwilligen Teil der BV festgelegt werden.

Unter Grundsätzen sind allgemeine Regeln zu verstehen. Diese können vor allem die interne Arbeitsorganisation betreffen, da nach der Definition Gruppenarbeit mit einem erheblichen Maß von Eigenverantwortung verbunden ist. Die Grundsätze können so z. B. festlegen, dass und wie in der Gruppe ein **Aufgabenwechsel** durchgeführt wird,[1847] welche Regeln bei Vertretungen gelten,[1848] wie **Qualifizierung** der Gruppenmitglieder[1849] und die **interne Kommunikation** (z. B. wöchentliche Gruppengespräche) stattfinden, wie die internen Entscheidungsstrukturen (z. B. Wahl von **Gruppensprechern,** deren Stellung und Aufgaben) und die innerbetriebliche Koordination mit anderen Gruppen organisiert werden sollen, welche Regeln für die **Gruppenzusammensetzung** und ihre **Größe** gelten,[1850] wie **Konfliktlösungen** in der Gruppe erfolgen und wie die **Arbeitszuweisung** allgemein durchgeführt werden soll.[1851] 382

d) Ausübung des Mitbestimmungsrechts

Wird im Betrieb schon Gruppenarbeit praktiziert, können, gleich ob dies auf Grund einer BV oder einseitiger Praxis des AG geschieht, aus Anlass des BetrVerf-ReformG Übergangsprobleme entstehen (vgl. hierzu Rn. 387). 383

Der Betriebsrat wird sein Mitbestimmungsrecht mit dem Ziel ausüben, eine **Betriebsvereinbarung** abzuschließen (DKWF-*Klebe/Heilmann,* § 87 Rn. 65, **Checkliste**).[1852] In einer BV sollten z. B. der Geltungsbereich (Pilotprojekte?), Zielsetzung und Definition der Gruppenarbeit, ihr **Einführungsprozess, Mitbestimmungs-/Beteiligungsrechte des BR** und der betroffenen **AN,** Konfliktlösungsmodelle, **Größe,** Bildung und **Zusammensetzung** der Gruppen, ihre Aufgaben und Kompetenzen (hier ist z. B. auch an eine Delegation von BR-Aufgaben im Rahmen des § 28a zu denken, die den Gruppenmitgliedern eigene Entscheidungsrechte einräumt (vgl. auch § 28a Rn. 30 f.)), die Frage der **Gruppensprecher,** die Personalbemessung, die Arbeitspensen/Solldaten, die Zusammenarbeit zwischen den Gruppen, **Haftungsvorschriften** (Beschränkung auf grobe Fahrlässigkeit und Vorsatz; Ausschluss des § 830 Abs. 1 Satz 2 BGB), Fragen der **Arbeitsorganisation** (z. B. ganzheitliche Bearbeitung von Aufgaben durch die Gruppe; rollierender Tätigkeitswechsel), Zeitkontingente für die Selbstorganisation der Gruppe, ein Qualifizierungskonzept und Entgeltfragen (vgl. Rn. 306) ebenso geregelt werden wie die freiwillige Teilnahme an Gruppenarbeit, auch wenn diese Inhalte teilweise nicht der Mitbestimmung unterliegen.[1853] Bei Abschluss einer BV bleiben die sonstigen Mitbestimmungsrechte des BR, wie z. B. nach § 97 Abs. 2, § 87 Abs. 1 Nr. 5 oder § 99 selbstverständlich auch im Hinblick auf die AN der Gruppen erhalten. 384

Die Einführung und Zuweisung von Gruppenarbeit setzt **individualrechtlich** voraus, dass der Arbeitsvertrag dies zulässt. Anderenfalls ist eine einvernehmliche Vertragsänderung oder eine 385

1847 HaKo-BetrVG/*Kohte,* Rn. 154; wohl auch GK-*Gutzeit,* Rn. 1113 und *ders.,* BB 02, 198 (202); a. A. *Preis/Elert,* NZA 01, 371 (374); LKK-*Dahm,* Rn. 278.

1848 GK-*Gutzeit,* Rn. 1113.

1849 GK-*Gutzeit,* Rn. 1113; *ders.,* BB 02, 198 (202).

1850 *Fitting,* Rn. 577 f.; a. A. hinsichtlich der beiden letztgenannten Punkte ErfK-*Kania,* Rn. 134; GK-*Gutzeit,* Rn. 1103; HWGNRH-*Worzalla,* Rn. 718; LKK-*Dahm,* Rn. 271; WPK-*Bender,* Rn. 281; *Nill,* S. 59, 62 f.

1851 Vgl. auch BT-Drucks. 14/5741, S. 47; GK-*Gutzeit,* Rn. 1107 ff., 1113; *Wiese,* BB 02, 198 (200); HWGNRH-*Worzalla,* Rn. 719 f.; LKK-*Dahm,* Rn. 277; *Löwisch,* BB 01 1790 (1792); Richardi-*Richardi/Maschmann,* Rn. 981.

1852 Vgl. die Auswertung von BV bei *Kamp,* S. 11 ff. und die Praxisberichte bei *Bahnmüller/Salm* und *Roth/Kohl* und bei Letzteren (S. 361 ff.) wie auch bei *Breisig,* S. 88 ff.; *Kamp/Breisig,* S. 21 ff., 27 ff.; *Cox/Peter,* AiB 97, 402 ff. Eckpunkte für eine BV.

1853 Vgl. im Einzelnen auch *Däubler* in Roth/Kohl, S. 327 (333 ff.); *Kamp,* Mitb. 94, 32 ff. (mit einer Checkliste); *Trümner,* FS Däubler, S. 295 ff.; *Meine,* S. 118 ff., 176 ff. und die sog. Sozialpartnervereinbarung »Gruppenarbeit in der chemischen Industrie« bei *Schack,* NZA 96, 923 ff.

hierzu führende Änderungskündigung erforderlich.[1854] Darüber hinaus sind die BR-Rechte nach **§ 99** zu beachten, da es sich i. d. R. um eine Versetzung handelt (§ 99 Rn. 115).[1855]

386 Die AN **haften für das Arbeitsergebnis** anteilig, wobei die Rspr. allerdings bisher eine an der Gruppenverantwortung orientierte **Beweislastverteilung** zulässt: Der AG muss den Nachweis erbringen, dass ihm der Schaden durch eine vertragswidrige Schlechtleistung der Arbeitsgruppe entstanden ist. Gelingt dies, müssen sich die einzelnen Gruppenmitglieder dadurch entlasten, dass sie nachweisen, selbst eine ordnungsgemäße Leistung erbracht zu haben. Eine solche Beweislastverteilung ist allerdings nur bei den Arbeiten überhaupt vertretbar, die der Gruppe tatsächlich zur autonomen Erledigung übertragen waren.[1856] Doch selbst dann überzeugt diese Rspr. nicht.[1857]

e) Übergangsprobleme

387 Bestand bei In-Kraft-Treten des Gesetzes bereits eine **BV,** die durch schon zuvor **bestehende Mitbestimmungsrechte** abgedeckt war, kann diese nach den allgemeinen Regeln gekündigt werden und hat Nachwirkung. Ist eine BV abgeschlossen worden, die bisher freiwillig war und jetzt erzwingbar geworden ist, so kann diese Regelung jederzeit durch eine neue, nunmehr mitbestimmte BV abgelöst werden. Das Mitbestimmungsrecht ist unverbraucht, vergleichbar dem Fall einer einseitig vom AG eingeführten Regelung.[1858]

14. Mobile Arbeit (Nr. 14)

a) Vorbemerkungen

387a Die Vorschrift ist durch das sog. Betriebsrätemodernisierungsgesetz 2021 eingeführt worden. Nach dem Willen des Gesetzgebers sollen mit ihr die betroffenen AN einen einheitlichen Rechtsrahmen erhalten, um so die Vor- und Nachteile mobiler Arbeit unter Berücksichtigung der betrieblichen Belange in ein ausgewogenes Verhältnis zu bringen.[1859] Unter **mobiler Arbeit** ist ein ortsungebundenes Arbeiten unter Verwendung v. Informations- und Kommunikationstechnik zu verstehen (vgl. näher Rn. 387 c). Als Gefahr, die mit mobiler Arbeit verbunden ist, wird in der Gesetzesbegründung beispielhaft die **Entgrenzung** v. Arbeits- und Privatleben genannt.[1860] Die Möglichkeit, ortsflexibel zu arbeiten, wird darüber hinaus als wichtiges arbeits-, familien- und gleichstellungspolitisches Anliegen bezeichnet.[1861]

387b Ein individueller **Anspruch auf mobiles Arbeiten** besteht nicht generell, er kann sich aber aus TV, BV, betrieblicher Übung, dem Arbeitsvertrag, der Rücksichtnahmepflicht des AG aus § 241 Abs. 2 BGB oder Gleichbehandlung ergeben.[1862] Umgekehrt kann das Direktionsrecht nach § 106 Satz 1 GewO nicht so ausgeübt werden, dass AN, die nach dem Arbeitsvertag ihre Leistung in der Betriebsstätte zu erbringen haben, nun im Homeoffice tätig werden müssen.[1863] Dies scheidet schon deshalb aus, weil die Wohnung der AN durch Art. 13 GG grundrechtlich geschützt ist.[1864]

1854 Kittner/Zwanziger-*Deinert,* § 5 Rn. 16.

1855 Vgl. auch DHZ-*Deinert,* § 5 Rn. 25.

1856 Vgl. im Einzelnen DHZ-*Deinert,* § 5 Rn. 21 m. w. N.

1857 DHZ-*Deinert,* § 5 Rn. 21 mit Verweis auf **§ 619a BGB,** wonach der AG ein Verschulden des AN nachweisen muss.

1858 So auch *Däubler,* DB 01, 1669 (1671); a. A. GK-*Gutzeit,* Rn. 1118: Fortbestand der bisherigen Regelung bis zur Änderung durch Vereinbarung oder ESt.

1859 BT-Drucks. 19/28899 v. 21. 4. 21, S. 11.

1860 BT-Drucks. 19/28899 v. 21. 4. 21, S. 15.

1861 BT-Drucks. 19/28899 v. 21. 4. 21, S. 2.

1862 Vgl. z. B. DHZ-*Becker,* § 118 Rn. 56 f.; *Fitting,* Rn. 581; *Eylert,* AuR 22, 292 (293); *Dohrmann,* NZA 21, 691 (692); *Augsten,* S. 64 f.; *Barrein,* NZA 22, 1088 ff.; *Kollmer,* NJW 23, 473 (475); vgl. auch *Däubler,* Digitalisierung, § 15 Rn. 6 f. m. w. N. zu möglichen Ansprüchen.

1863 DHZ-*Becker,* § 118 Rn. 55 m. w. N.; *Augsten,* S. 59 ff.; *Däubler,* Digitalisierung, § 15 Rn. 5; *Eylert,* AuR 22, 292 (293, 296); Richardi-*Richardi/Maschmann,* Rn. 201 b.

1864 DHZ-*Becker,* § 118 Rn. 55; *Dohrmann,* NZA 21, 691 (692); *Kollmer,* NJW 23, 473 (475).

Die Corona-Pandemie hat die **Bedeutung mobiler Arbeit** sprunghaft gesteigert. Vor der Krise arbeiteten z. B. 4 % der Erwerbstätigen ausschließlich und 13 % gelegentlich v. zu Hause. Im Januar 2021 waren dies 24 %, die ausschließlich, und 14 %, die gelegentlich so beschäftigt waren.[1865] Auch nach der Pandemie ist die Zahl der regelmäßig im Homeoffice Arbeitenden mit 25 % der Beschäftigten hoch geblieben.[1866] Insbes. auf der Basis einer BV und Freiwilligkeit beurteilten die mobil Arbeitenden ihre Situation als befriedigend und positiv.[1867] Allerdings sprechen in der Befragung des WSI 60 % v. verschwimmenden Grenzen zwischen Arbeit und Freizeit und 43 % geben an, im Homeoffice länger als im Büro zu arbeiten und länger für den AG erreichbar zu sein (56 %).[1868] Dies alles unterstreicht die Bedeutung des Mitbestimmungsrechts und die Notwendigkeit v. die mobile Arbeit regelnden BV. 387c

b) Voraussetzungen des Mitbestimmungsrechts

Das Mitbestimmungsrecht betrifft die **Ausgestaltung** mobiler Arbeit, nicht ihre Einführung. 387d
Diese Entscheidung trifft der AG. Mobile Arbeit i. S. d. Gesetzes liegt, wie oben bereits erwähnt, vor, wenn die geschuldete Arbeitsleistung unter Verwendung v. Informations- und Kommunikationstechnik außerhalb der Betriebsstätte v. einem Ort oder v. Orten, die die AN selbst gewählt oder mit dem AG vereinbart haben, erbracht wird, wie die Gesetzesbegründung formuliert.[1869] Als **Arbeitsorte** kommen z. B. die Wohnung der AN, Co-Working-Spaces, Lokale, Cafés, Hotels, öffentliche Verkehrsmittel oder auch Parks und Strände in Betracht, also im Grunde die ganze Weite dieser Welt.[1870] Es wird nicht vorausgesetzt, dass die Arbeitsleistung an wechselnden Orten erbracht wird, es kann sich auch um Arbeit nur v. zu Hause, aus dem Homeoffice, handeln. In diesen Fällen kann auch ein (alternierender) Telearbeitsplatz mit den entsprechenden Verpflichtungen für den AG vorliegen, wie ihn § 2 Abs. 7 Satz 1 ArbStättV definiert, wenn es sich um einen fest eingerichteten Bildschirmarbeitsplatz im Privatbereich der AN handelt.[1871] Die Vorschrift erfasst regelmäßige und anlassbezogene mobile Arbeit.[1872] **Mit Informations- und Kommunikationstechnik** sind alle technischen Medien gemeint, die für die Beschaffung/Weitergabe v. Informationen und zur Unterstützung der Kommunikation eingesetzt werden, wie z. B. Tablets, Smartphones, PCs, oder auch Navigationsgeräte. Das Mitbestimmungsrecht ist ein Auffangtatbestand, bereits bestehende Mitbestimmungsrechte werden nicht berührt.[1873] Die gilt z. B. für §§ 87 Abs. 1 Nr. 1, 2, 3, 6, 7. 91 99,[1874] 111 Satz 3 Nr. 4 und 5 (vgl. auch Rn. 122, 156a, 201, 244, 256 und § 111 Rn. 105, 113).[1875] Auch die Betriebszugehörigkeit mobil arbeitender Beschäftigter wird nicht tangiert (vgl. § 5 Rn. 41 ff.).[1876]

Das Mitbestimmungsrecht soll nach der Begründung des Gesetzentwurfs nicht eingreifen, 387e
wenn die Arbeit auf Grund ihrer Eigenart ortsgebunden ist, die AN die geschuldete Arbeitsleistung also ortsgebunden erbringen müssen. Dies ist eigentlich selbstverständlich. Jemand,

1865 *Ahlers/Mierich/Zucco*, WSI-Report Nr. 65, April 2021, S. 3 f.

1866 HB 13. 2. 23, S. 26; vgl. auch Sicherheit und Gesundheit bei der Arbeit – Berichtsjahr 2021, Unfallverhütungsbericht des Bundesministeriums für Arbeit und Soziales (12/22), S. 65 ff.

1867 *Ahlers/Mierich/Zucco*, WSI-Report Nr. 65, April 2021, S. 15; im April 2022 arbeiteten nach einer Umfrage des Ifo-Instituts 24.9 % der Beschäftigten zumindest teilweise im Homeoffice, FAZ 3. 6. 22, S. 21.

1868 *Ahlers/Mierich/Zucco*, WSI-Report Nr. 65. April 2021, S. 17; vgl auch *Augsten*, S. 44 ff.; *Kollmer*, NJW 23, 473; GK-*Gutzeit*, Rn. 1120.

1869 BT-Drucks. 19/28899 v. 21. 4. 21, S. 22.

1870 Vgl. auch GK-*Gutzeit*, Rn. 1123.

1871 *Fitting*, Rn. 584; *Eylert*, AuR 22, 292 (294); nach der SARS-CoV-2-Arbeitsschutzregel Kapitel 2.2 Abs. 1 wurden Telearbeitsplätze ausdrücklich nicht zur mobilen Arbeit i. S. d. Vorschrift gezählt.

1872 Vgl. BT-Drucks. 19/28899 v. 21. 4. 21, S. 14, 22.

1873 BT-Drucks. 19/28899 v. 21. 4. 21, S. 22; ErfK-*Kania*, Rn. 136; *Fitting*, Rn. 580; Hako-*Kohte*, Rn. 156; *Donath/Engelmann*, WSI-Mitt. 23, 27 (32 ff.); *Grunicke/Brauckhoff*, BB 22, 2423.

1874 Vgl. auch *BAG* 20. 10. 21 – 7 ABR 34/20, NZA 22, 494 (496 f. Tz. 18 ff.) zur Beendigung alternierender Telearbeit als Versetzung.

1875 Vgl. auch *LAG Köln* 23. 4. 21 – 9 TaBV 9/21, juris Tz. 41 (im Verfahren nach § 100 ArbGG); *Möllenkamp*, DB 21, 1198 (1201); *Augsten*, S. 35; *Giesen*, ZfA 21, 177(194 f); *Bayreuther*, NZA 21, 839 (840); *Schiefer/Worzalla*, NZA 21, 817 (823); *Grambow*, NJW 21, 2074 (2076).

1876 Vgl. auch *Giesen*, ZfA 21, 177 (194).

der oder die z. B. an einer Montagelinie arbeitet, kann das eben nicht v. zu Hause. Da die mobile Arbeit auf der Basis v. Informations- und Kommunikationstechnik erbracht werden muss, sollen bestimmte Tätigkeiten nicht erfasst werden, wie z. B. die als **Fahrer oder Bote**[1877] – eine eher überraschende Feststellung, da auch Fahrer:innen und Bot:innen, ebenso wie z. B. auch **Lieferdienste,** entgegen der Gesetzesbegründung oft technische Geräte verwenden, wie Smartphones, Tablets oder Navigationsgeräte.[1878] Sie stehen nicht selten in einer permanenten Verbindung zum Betrieb, werden v. diesem gesteuert und geben sowohl an diesen wie auch an Kunden Informationen digital weiter.[1879] Wenn ihre Arbeit so organisiert ist, findet das Gesetz Anwendung, denn die in der Begründung geäußerte Auffassung des Gesetzgebers hat im Gesetzestext selbst keinen Ausdruck gefunden.[1880] Dies gilt ebenso für die an gleicher Stelle in der Begründung getroffene Feststellung, dass das Mitbestimmungsrecht keine Anwendung finden soll, wenn sich die Mobilität bereits aus der Eigenart der zu erbringenden Arbeitsleistung ergebe, wie bei **Monteuren** oder **Handelsvertretern.** Auch hier ist die Annahme keineswegs zwingend.[1881] Diese Beschäftigtengruppen können durchaus aus dem Homeoffice, zumindest teilweise, ihre Arbeitsleistung erbringen. So können Monteur:innen auch per Ferndiagnose ihre Kunden beraten und ihnen z. B. mitteilen, welches Teil wie v. ihnen ausgewechselt werden muss. Auch Handelsvertreter:innen können im Homeoffice arbeiten und so im digitalen Kontakt mit dem Betrieb (Berichte, Aufträge, sonstige Arbeitsschritte) und Kunden stehen. Da die Beispiele im Gesetzestext keinen Ausdruck gefunden haben, sind sie ebenfalls unbeachtlich, wenn die Arbeitsweise dem Gesetzestext entspricht.[1882]

c) Inhalt und Ausübung des Mitbestimmungsrechts

387f Das Mitbestimmungsrecht sollte durch eine BV[1883] ausgeübt werden. Dabei ist an die folgenden **Regelungspunkte** zu denken (vgl. auch DKWF-Klebe/Heilmann, § 87 Rn. 65a)[1884]:

- Ort der Arbeit,[1885]
- **Freiwilligkeit** für die AN, Festlegung des betroffenen Personenkreises, wenn sich der AG zur Einführung mobiler Arbeit entschlossen hat,[1886]
- Geräte, die der AG zu stellen hat, wie z. B. Schreibtisch, Stuhl, PC oder Laptop, Drucker, Papier und ggf. Internetanschluss,[1887]
- Durchführung der **Gefährdungsbeurteilung** und Festlegung der Arbeitsschutzmaßnahmen nach §§ 3 ff. ArbSchG, da das ArbSchG Anwendung findet[1888]
- auch private Nutzung der Geräte durch die AN,

1877 BT-Drucks. 19/28899 v. 21. 4. 21, S. 22.
1878 Vgl. z. B. auch *Dohrmann*, NZA 21, 691 (693).
1879 Vgl. z. B. *Schmierl/Schneider/Struck/Ganesch*, Digitale Logistik, Study der Hans-Böckler-Stiftung Nr. 477, 19/22; *Schmierl, Schneider, Struck*, WSI-Mitt. 21, 472 ff.
1880 Vgl. auch Hako-*Kohte*, Rn. 155; *Eylert*, AuR 22, 292 (295).
1881 Vgl. auch GK-*Gutzeit*, Rn. 1125; a. A. *Bayreuther*, NZA 21, 839; ErfK-*Kania*, Rn. 138.
1882 Vgl. auch *Eylert*, AuR 22, 292 (295).
1883 Ein Entwurf in CuA 10/21, S. 18 ff.; Positionspapier »Mobiles Arbeiten« des Vorstands der IG Metall v. 6. 9. 2021; vgl. auch *Bayreuther*, NZA 21, 1593 ff (insbes. zu Regelungen v. Wohnraumarbeit).
1884 Vgl. auch *Eylert*, AuR 22, 292 (297 f.).
1885 Schaub-*Ahrendt*, § 235 Rn. 131; *Wandscher*, AuR 21, 446 (449); a.A. *Grambow*, NJW 21, 2074 (2076 f.) und DB 22, 2921 (2923).
1886 Vgl. auch *Eylert*, AuR 22, 292 (296); *Vogelsang/Wensing*, NZA 23, 385 (389); a. A. *Grambow*, DB 22, 2921 (2922).
1887 Zur entsprechenden Verpflichtung des AG, die notwendigen Arbeitsmittel zur Verfügung zu stellen, auch *BAG* 10. 11. 21 – 5 AZR 334/21, NZA 22, 401 (403 Tz. 16 ff.) und hierzu *Frank/Heine*, NZA 22, 543 ff.; *Eylert*, AuR 22, 292 (293, 298); Richardi-*Richardi/Maschmann*, Rn. 201 f.; *Vogelsang/Wensing*, NZA 23, 385 (389); *Fitting*, Rn. 591 (kein Mitbestimmungsrecht).
1888 Hako-BetrVG-*Kohte*, Rn. 160; *Eylert*, AuR 22, 292 (297); *Eder*, AiB extra, 8/22, S. 40 ff.; zum Erfordernis einer **Gefährdungsbeurteilung** auch *Wulff*, AiB 7–8/22, S. 10 ff und *Satzer*, AiB 7–8/22, S. 16 ff.; *Kollmer*, NJW 23, 473 (476).

- Übernahme der Internet-**Kosten** durch den AG, Entgelt des AG für die Nutzung des privaten Wohnraums (§ 670 BGB),[1889]
- vorbereitende **Qualifizierung** der AN und ihrer Vorgesetzten,
- weitere Betreuung im Homeoffice auch durch Vorgesetzte,
- Lage der Arbeitszeit, Ruhezeiten und **Erreichbarkeit,**[1890]
- Erfassung der Arbeitszeit, aber keine Überwachung v. Verhalten und Leistung, entsprechendes Verwertungsverbot,
- **zeitlicher Umfang** der mobilen Arbeit – persönliche Anwesenheit im Betrieb (z. B. im Verhältnis 3 : 2, also 3 Tage im Betrieb),[1891] Voraussetzungen für eine betriebliche Anwesenheitspflicht an einem Hausarbeitstag,
- Umgang mit Arbeitsmitteln, Haftungsausschluss bzw. Regelung für Schäden nach den Grundsätzen der AN-Haftung (Haftung bei grober Fahrlässigkeit, bei mittlerer nach Billigkeitsgrundsätzen, bei leichter keine Haftung, so auch für Familienangehörige),[1892] Versicherung bei Unfällen (siehe jetzt in § 8 Abs. 1 SGB VII),[1893] ggf. Abschluss einer privaten Versicherung,
- Datenschutz für AN: Keine Leistungs- und Verhaltenskontrollen, kurzfristiges Löschen personenbeziehbarer Daten, Datenschutz für das UN,[1894]
- **Rückkehrrecht** für AN generell, insbes., wenn sich persönliche Umstände ändern, ggf. Recht auf Arbeitsplatz in Co-Working-Space, kein betriebsbedingter Kündigungsgrund,
- Ankündigungsfrist zur Ausübung des Rückkehrrechts,[1895]
- Recht auf Teilnahme an Betriebs-, Abteilungs-, Schwerbehindertenversammlungen und Zugang zur BR-Sprechstunde,[1896]
- weitere Teilnahme an betrieblichen Maßnahmen, wie z. B. Qualifizierungen,[1897]
- **digitales Zugangsrecht** zu den mobil Beschäftigten für den BR,[1898]
- **Inhalte einer ergänzenden schuldrechtlichen Vereinbarung des AG mit dem AN zu den Bedingungen für ein physisches Zutrittsrecht zur häuslichen Arbeitsstätte (wann, unter welchen Voraussetzungen, welcher Personenkreis?).**[1899]

d) Übergangsprobleme

Hier gelten die gleichen Grundsätze wie in Rn. 387. 387g

1889 Vgl. auch *Augsten*, S. 73 ff.; *Däubler*, PersR 1/20, S. 32 ff., der u. a. von einer BV mit einer monatlichen Aufwandsentschädigung v. 200 € berichtet; *ders.*, Digitalisierung, § 15 Rn. 8a ff.; Richardi-*Richardi/Maschmann*, Rn. 201 f.; *Kollmer*, NJW 23, 473 (487 ff.); *Vogelsang/Wensing*, NZA 23, 385 (389).

1890 Das ArbZG findet natürlich Anwendung; vgl. auch *Däubler*, Digitalisierung, § 15 Rn. 15, 23; *Fitting*, Rn. 595; GK-*Gutzeit*, Rn. 1130; Richardi-*Maschmann*, Rn. 989g; *Eylert*, AuR 22, 292 (298); *Vogelsang/Wensing*, NZA 23, 385 (390 f.); *Grote*, AuR 23, 55 (56).

1891 Schaub-*Ahrendt*, § 235 Rn. 131; GK-*Gutzeit*, Rn. 1130; Hako-BetrVG-*Kohte*, Rn. 159; *Eylert*, AuR 22, 292 (298); Richardi-*Maschmann*, Rn. 989g; vgl. auch zum Stand der Arbeitswissenschaft mit der Empfehlung v. 2 – 4 Tagen im Betrieb *Kollmer*, NJW 23, 473 f.

1892 *Däubler*, Digitalisierung, § 15 Rn. 19; *Vogelsang/Wensing*, NZA 23, 385 (391).

1893 Hierzu *Augsten*, S. 78 f.; *Fitting*, Rn. 598; *Wandscher*, AuR 21, 446 (450).

1894 Vgl. auch *Däubler*, Gläserne Belegschaften, Rn. 388o; *ders.*, Digitalisierung, § 15 Rn. 20; Hako-BetrVG-*Kohte*, Rn. 159; *Vogelsang/Wensing*, NZA 23, 385 (391 f.); *Ruchhöft*, CuA 10/22, S. 8 ff.

1895 Vgl. auch GK-*Gutzeit*, Rn. 1130.

1896 Vgl. auch *Däubler*, Digitalisierung, § 15 Rn. 20 a.

1897 Vgl. auch *Däubler*, Digitalisierung, § 15 Rn. 27 ff.; *Fitting*, Rn. 595.

1898 Vgl. auch *Augsten*, S. 221 ff. und zum gewerkschaftlichen Zugangsrecht, das nicht der Regelungskompetenz der Betriebsparteien unterliegt, § 2 Rn. 98 mit dem Hinweis auf *BAG* 28. 7. 20 – 1 ABR 41/18, NZA 20, 1413 (1415 Tz. 17 ff.); hierüber könnte zwischen Gewerkschaft und AG ein HausTV geschlossen werden.

1899 *Vogelsang/Wensing*, NZA 23, 385 (390).

IV. Streitigkeiten

388 Kann in den mitbestimmungspflichtigen Angelegenheiten eine Übereinstimmung zwischen AG und BR nicht erzielt werden, trifft die **ESt.** eine **verbindliche Entscheidung.** Von dieser Art der Konfliktlösung können die **Betriebsparteien** nicht dadurch abweichen, dass sie die ESt. durch eine betriebliche Schlichtungsstelle/paritätisch besetzte Kommission ersetzen[1900] oder entgegen § 87 Abs. 2 eine Zustimmung des BR fingieren, wenn er nicht innerhalb einer Woche qualifiziert widerspricht.[1901] Auch eine einseitige vorläufige Regelungsbefugnis des AG ist mit dem Gesetz nicht vereinbar.[1902] Die ESt. kann grundsätzlich sowohl vom AG als auch vom BR angerufen werden. Haben die TV-Parteien die Bildung einer tariflichen Schlichtungsstelle bestimmt (§ 76 Abs. 8), übernimmt diese im Rahmen der getroffenen Vereinbarung die Funktion der ESt. Streitigkeiten über die Bildung der ESt. sind in **§ 100 ArbGG und § 76 Abs. 2 Satz 2 und 3** geregelt. Für das Verfahren gelten besondere Grundsätze (vgl. Einl. Rn. 219, § 76 Rn. 53 ff.). Die Anträge können nur zurückgewiesen werden, wenn die **ESt. offensichtlich unzuständig** ist, wenn also auf den ersten Blick erkennbar ist, dass ein Mitbestimmungsrecht des BR in der entsprechenden Angelegenheit unter keinem denkbaren rechtlichen Aspekt in Frage kommt. Im Hinblick auf diese eingeschränkte Prüfung der Mitbestimmungsrechte und wegen der beschleunigenden Verfahrensvorschriften (Einl. Rn. 219) lässt sich die Bildung der ESt., also eine Verhandlungsebene mit dem das Mitbestimmungsrecht bestreitenden AG, sehr viel schneller erreichen, als eine Bestätigung des Mitbestimmungsrechts im Beschlussverfahren.

389 Die **Zuständigkeit** der ESt. entspricht dem **Umfang des Mitbestimmungsrechts** des BR. Auf die Art der Streitigkeit kommt es dabei nicht an. Die ESt. entscheidet beispielsweise sowohl über kollektive als auch individuelle Streitigkeiten, über formelle und materielle Arbeitsbedingungen und über die Ausübung des Mitbeurteilungsrechts im Einzelfall.[1903] Darüber hinaus hat die ESt. nicht nur sog. **Regelungsstreitigkeiten** beizulegen; sie entscheidet vielmehr im Rahmen ihrer Kompetenz auch über **Rechtsfragen** (§ 76 Rn. 14).[1904] Ob die **Zuständigkeit der ESt.** im konkreten Fall besteht, entscheidet diese selbst als **Vorfrage** (vgl. dazu § 76 Rn. 112).[1905]

390 Der Spruch der ESt. ersetzt die **nicht zustande gekommene Einigung** zwischen AG und BR. Dabei stellt der Spruch eine **BV** dar, wenn es zur Durchführung einer mitbestimmungspflichtigen Maßnahme einer BV bedarf. Ansonsten hat der Spruch die Wirkung, die auch eine Einigung zwischen AG und BR gehabt hätte (vgl. § 76 Rn. 141). Zum **Verfahren vor der ESt.** vgl. im Übrigen die Erläuterungen zu § 76. Die ESt. kann nicht durch eine in einer BV vorgesehene paritätische Kommission ersetzt werden.[1906]

391 Das **ArbG entscheidet** im Streitfall darüber, **ob die ESt. wirksam angerufen** worden ist,[1907] und zwar im Beschlussverfahren. Antragsberechtigt sind sowohl der AG als auch der BR. Die Möglichkeit, die wirksame Anrufung der ESt. durch das ArbG feststellen zu lassen, ändert aber nichts daran, dass die bereits angerufene ESt. selbstständig – und unabhängig von dem arbeitsgerichtlichen Verfahren – ihre Zuständigkeit zu prüfen hat (§ 76 Rn. 112). Bejaht sie diese, hat sie auch das ESt.-Verfahren durchzuführen.

392 Geht es nicht um die Schaffung einer Regelung, sondern um die Frage, ob und in welchem Umfang ein Mitbestimmungsrecht besteht oder eine BV auszulegen ist, entscheidet das ArbG im **Beschlussverfahren** (§ 2a ArbGG). AG und BR können allerdings vereinbaren, dass bei Streit über die Auslegung einer BV ein innerbetriebliches Schlichtungsverfahren durchzuführen ist und erst danach bei dessen Scheitern ein Beschlussverfahren eingeleitet werden kann. Ohne

1900 *HessLAG* 15.11.12 – 5 TaBVGa 257/12, juris.
1901 *BAG* 9.7.13 – 1 ABR 19/12, NZA 14, 99 (101 f.).
1902 *BAG* 9.7.13 – 1 ABR 19/12, NZA 14, 99 (102).
1903 Vgl. u.a. *Fitting*, Rn. 610; GK-*Gutzeit*, Rn. 1133.
1904 Vgl. z.B. *BAG* 18.3.75, AP Nr. 1 zu § 111 BetrVG 1972; 8.3.83, AP Nr. 14 zu § 87 BetrVG 1972 Lohngestaltung.
1905 *Fitting*, § 76 Rn. 113; Richardi-*Maschmann*, Rn. 1001; zum **Streitwert** *Streitwertkommission der Arbeitsgerichtsbarkeit*, NZA 18, 498 (501).
1906 *HessLAG* 15.11.12 – 5 TaBVGa 257/12, juris mit Anm. v. *Dahl*, jurisPR-ArbR 43/13 Nr. 5.
1907 *BAG* 22.1.80, AP Nr. 7 zu § 111 BetrVG 1972; 8.3.83, AP Nr. 14 zu § 87 BetrVG 1972 Lohngestaltung.

Einhaltung des Schlichtungsverfahrens ist ein Beschlussverfahren dann unzulässig.[1908] Verstößt der AG gegen Mitbestimmungsrechte nach § 87 Abs. 1, kann der BR auch außerhalb von § 23 Abs. 3 (vgl. dort Rn. 194ff.) einen **allgemeinen Unterlassungsanspruch** geltend machen.[1909] Das *BAG*[1910] hat seine frühere Rspr.[1911] zu Recht aufgegeben. Sie war in sich widersprüchlich und ging zu Unrecht davon aus, dass § 23 Abs. 3 eine abschließende Regelung mit Ausschlusswirkung ist. Der allgemeine Unterlassungsanspruch folgt für das *BAG* aus der besonderen Rechtsbeziehung zwischen BR und AG, die einem gesetzlichen Dauerschuldverhältnis ähnlich ist. Dieses wird durch die in den einzelnen Mitwirkungstatbeständen normierten Rechte und Pflichten sowie die aus § 2 folgenden wechselseitigen Rücksichtspflichten bestimmt.[1912] Die besondere Rechtsbeziehung gibt dem BR einen **selbstständigen Nebenleistungsanspruch** gegen den AG, nach § 87 mitbestimmungswidrige Maßnahmen bis zum ordnungsgemäßen Abschluss des Mitbestimmungsverfahrens zu unterlassen (**Antragsschrift** bei DKWF-*Klebe/Heilmann*, § 87 Rn. 66) bzw. die Auswirkungen bereits durchgeführter mitbestimmungswidriger Maßnahmen zu beseitigen (**Beseitigungsanspruch;** Antragsschrift bei DKWF-*Klebe/Heilmann*, § 87 Rn. 67).[1913] Eine andere hinreichende Sicherung des Mitbestimmungsrechts ist, wie das *BAG* überzeugend nachweist, weder mit der Anrufung der ESt. noch dadurch möglich, dass nach h.M. (Theorie der Wirksamkeitsvoraussetzung) mitbestimmungswidrig durchgeführte Maßnahmen gegenüber den AN unwirksam sind (vgl. Rn. 5).[1914] Eine solche Sicherung ist aber erforderlich, weil sich aus § 87 ergibt, dass mitbestimmungspflichtige Maßnahmen auch nicht vorläufig ohne Zustimmung des BR durchgeführt werden sollen.[1915] Ist das Mitbestimmungsrecht bereits verletzt worden, besteht der Unterlassungsanspruch bei **Wiederholungsgefahr.** Für diese spricht eine tatsächliche Vermutung, es sei denn, besondere Umstände machen eine erneute Verletzung unwahrscheinlich.[1916] Die Indizwirkung für eine Wiederholungsgefahr beschränkt sich nicht auf vollständig gleiche Verletzungshandlungen, die Handlungen müssen allerdings im Kern gleichartig sein.[1917] Der Unterlassungsanspruch zielt darauf ab, künftiges betriebsverfassungswidriges Verhalten zu untersagen, der Beseitigungsanspruch darauf, den fortdauernden betriebsverfassungswidrigen Zustand zu beseitigen. Nach Auffassung des *BAG* soll es dabei allerdings nicht um die Beseitigung der sich aus der Verletzung des Mitbestimmungsrechts ergebenden Folgen gehen. Diese könnten nur im Wege eines auf Naturalrestitution gerichteten Schadensersatzanspruch gem. § 823 Abs. 1 BGB ausgeglichen werden, wobei die Abgrenzung eine Frage des Einzelfalls sei.[1918] Störung und Schaden sind

---

1908 *BAG* 11.2.14 – 1 ABR 76/12, NZA 15, 26 (27); *Fitting*, Rn. 626.

1909 *BAG* 3.5.94 – 1 ABR 24/93, DB 94, 2450ff. m.w.N. zur Rspr. und Literatur; 23.7.96 – 1 ABR 13/96, DB 97, 378 (379f. m.w.N.); 26.10.04 – 1 ABR 31/03A, NZA 05, 538 (540); 23.6.09 – 1 ABR 23/08, NZA 09, 1430 (1432); 18.7.17 – 1 ABR 1516, NZA 17, 1542 (1544 Tz. 19); 23.3.21 – 1 ABR 31/19, juris (Tz. 84); **nochmals sehr grundsätzlich** *BAG* 22.8.17 – 1 ABR 4/16, NZA 18, 191 (193f. Tz. 28ff.); jedenfalls im Ergebnis zustimmend *Fitting*, Rn. 615, 628; GK-*Gutzeit*, Rn. 1136 und GK-*Oetker*, § 23 Rn. 148ff. m.w.N.; LKK-*Dahm*, Rn. 26; *Däubler*, Das Arbeitsrecht 1, Rn. 921; *Hanau*, NZA 96, 841 (844); *Kohte*, FS Richardi, S. 601ff.; *Raab*, ZfA 97, 183ff., 209ff.; Richardi-*Richardi*, Rn. 134ff.; **§ 23 Rn. 194ff.; a.A.** z.B. HWGNRH-*Worzalla*, Rn. 745f. m.w.N.; *Heinze*, Anm. zu *BAG* 23.7.96 – 1 ABR 13/96, AP Nr. 68 zu § 87 BetrVG 1972 Arbeitszeit; *Zöllner/Loritz*, S. 545; zum **Streitwert** vgl. *Streitwertkommission der Arbeitsgerichtsbarkeit*, NZA 18, 498 (502).

1910 3.5.94 – 1 ABR 24/93, DB 94, 2450ff.

1911 Vgl. 22.2.83, AP Nr. 2 zu § 23 BetrVG 1972.

1912 *BAG* 3.5.94 – 1 ABR 24/93, DB 94, 2450 (2451); 6.12.94 – 1 ABR 30/94, NZA 95, 488.

1913 Vgl. *BAG* 16.6.98 – 1 ABR 68/97, DB 99, 438 (439); 9.12.03 – 1 ABR 44/02, NZA 04, 746 (749); 23.3.21 – 1ABR 31/19, juris (Tz. 85); *LAG Berlin-Brandenburg* 19.6.12 – 3 TaBV 2149/11, RDV 12, 254 (257); *Fitting*, Rn. 616; KassArbR-*Etzel*, 9.1, Rn. 497.

1914 Das *LAG Köln* 27.10.10 – 2 TaBV 11/10, LAGE § 87 BetrVG 2001 Arbeitszeit Nr. 4 (n. rkr) verneint deshalb den Unterlassungsanspruch zu Unrecht, wenn ein Individualanspruch der AN besteht.

1915 *BAG* 3.5.94 – 1 ABR 24/93, DB 94, 2450ff.

1916 *BAG* 29.2.00, NZA 00, 1066 (1068) = AP Nr. 105 zu § 87 BetrVG 1972 Lohngestaltung mit Anm. *Raab*; 26.7.05 – 1 ABR 29/04, DB 05, 2530 (2532).

1917 *BAG* 8.3.22 – 1 ABR 19/21, NZA 22, 1068 (1072 Tz. 36).

1918 *BAG* 23.3.21 – 1 ABR 31/19, NZA 21, 959 (967 Tz. 86); 17.5.11 – 1 AZR 473/09, NZA 11, 1169 (1173 Tz. 41f.); *Fitting*, Rn. 616; *Oehlschläger*, DB 21, 2361f.; Schiefer, ZFA 22, 284 (291f.); HWK-*Clemenz*, Rn. 56.

allerdings, auch wenn man dieser Rspr. folgt, oft nur sehr schwer auseinander zu halten.[1919] Dies gilt auch für den v. *BAG* entschiedenen Fall. Entgegen der Entscheidung besteht die Störung solange fort, wie sich der AG nicht an die BV bzw. an das BetrVG hält. Das war der Fall, da die rechtwidrig erhobenen und übermittelten AN-Daten unverändert bei einem Dritten gespeichert waren.[1920] Verletzungen des Mitbestimmungsrechts sollen im Übrigen nach der Theorie der Wirksamkeitsvoraussetzung keinerlei Auswirkungen haben. Der Rspr. ist allerdings auch aus dogmatischen Gründen nicht zu folgen.[1921] Zunächst lässt sich die Frage stellen und auch bejahen, ob es sich bei dem so definierten Beseitigungsanspruch nicht eigentlich um einen Teil des Unterlassungsanspruchs handelt,[1922] gerichtet darauf, die weitere Verletzung des Mitbestimmungsrechts zu unterlassen. Der Beseitigungsanspruch soll auch in der Definition des *BAG* verhindern, dass ein betriebsverfassungswidriger Zustand fortbesteht. Dies ist aber, wie oben gezeigt, hier gerade nicht das Ergebnis. Der gesetzwidrige Zustand besteht fort. Wenn das *BAG* dann weiter auf eine Korrektur durch ein individuelles Vorgehen der Beschäftigten verweist, denn dem BR wird kein Schaden entstanden sein, ist das ein Rückfall auf die inzwischen längst aufgegebene Entscheidung v. 1983. Die späteren Entscheidungen und insbes. auch die Theorie der Wirksamkeitsvoraussetzung setzen gerade nicht auf individuelle Durchsetzungsmöglichkeiten, sondern erfordern, dass durch den kollektiven Anspruch alle Wirkungen, alle Folgen einer mitbestimmungswidrigen Handlung beseitigt werden. Und schließlich: Die v. Senat gewählte Parallele zu § 1004 BGB, die Basis für seine Entscheidung, ist ein Bruch mit der bisherigen Rspr., der nicht überzeugt.[1923] Wie in der Entscheidung v. 1994 umfassend begründet, leitet sich der Unterlassungs- und damit auch ein Beseitigungsanspruch nicht hieraus ab, sondern gründet sich auf einer sachgerechten Auslegung des § 87 im Lichte des § 2. Es geht also um einen Anspruch des BR, der aus der besonderen Rechtsbeziehung zwischen AG und BR folgt, die einem gesetzlichen Dauerschuldverhältnis ähnlich ist, wie das BAG schon 1994 formuliert hat. Das BAG sollte die Entscheidung v. 23. 3. 21 also korrigieren und in die gut begründete Kontinuität der vorhergehenden Rspr. zurückkehren. Denn die Konsequenz dieser Entscheidung ist ja, dass der die Mitbestimmung missachtende AG die »Erträge« seiner Handlung i. d. R. behalten wird, der Gesetzesverstoß sich also »lohnt«. Das kann mit einem wirksamen Schutz der Mitbestimmungsrechte, mit der Theorie der Wirksamkeitsvoraussetzung, nicht vereinbar sein. Ein auf Unterlassung gerichteter Antrag muss so bestimmt sein, dass der Schuldner erkennen kann, welche Maßnahmen er zu unterlassen hat (Einl. Rn. 206).[1924] Wird der Antrag mit dem auf Festsetzung von Ordnungsgeld für jede Zuwiderhandlung verbunden, ist auch hier die Höchstgrenze des § 23 Abs. 3 Satz 5 einzuhalten.[1925] Eine Androhung und Verhängung von Ordnungshaft kommt zur Durchsetzung einer Unterlassungsverpflichtung des AG nicht in Betracht.[1926] Der Unterlassungsanspruch kann ebenso wie der Beseitigungsanspruch wegen des i. d. R. gegebenen Verfügungsgrundes (vgl. Einl. Rn. 225 ff., 228) auch mit **einstweiliger Verfügung** geltend gemacht werden.[1927] Dem allgemeinen Unterlassungsanspruch kann ebenso wie dem gem. § 23 Abs. 3 nach der Rspr.

1919 Vgl. auch *Weidmann*, AuR 22, 224 (226).

1920 Vgl. auch Richardi-*Richardi/Maschmann*, Rn. 141; *Weidmann*, AuR 22, 224 (226).

1921 *Kittner/Klebe*, AuR 22, 364 (368 f.); vgl. auch *Klocke*, jurisPR-ArbR36/2021, Nr. 5; *ders.*, SR 23, 127 ff.; Hako-BetrVG-*Kohte*, Rn. 163 Fn. 776; *Kort*, Anm. zur Entscheidung des *BAG* in AP Nr. 52 zu § 87 BetrVG 1972 Überwachung Bl. 1941 ff.

1922 So zu Recht *Kort*, Anm. zu AP Nr. 52 zu § 87 BetrVG 1972 Überwachung, Bl. 1941.

1923 Vgl. auch *Klocke*, SR 23, 127 ff.

1924 Vgl. *BAG* 25. 8. 04 – 1 AZB 41/03, AP Nr. 41 zu § 23 BetrVG 1972; 29. 9. 04 – 1 ABR 29/03, NZA 05, 313 (314); 14. 9. 10 – 1 ABR 32/09, NZA 11, 364 (365).

1925 *BAG* 24. 4. 07 – 1 ABR 47/06, NZA 07, 818 (821 m. w. N.), insoweit nicht in DB 07, 1475 f. abgedruckt; 22. 8. 17 – 1 ABR 4/16, NZA 18, 191 (194 Tz. 32).

1926 *BAG* 5. 10. 10 – 1 ABR 71/09, NZA 11, 174.

1927 Vgl. auch *LAG Düsseldorf* 12. 12. 07 – 12 TaBVGa 8/07, AuR 08, 270 (271); *LAG Berlin-Brandenburg* 12. 7. 16 – 7 TaBVGa 520/16, juris (Tz. 33 ff.) = AiB 7–8/17, S. 62 f. mit Anm. v. Rudolph; *Fitting*, Rn. 629; GK-*Gutzeit*, Rn. 1136; Richardi-*Richardi-Maschmann*; Rn. 142; zum **Streitwert** *Streitwertkommission der Arbeitsgerichtsbarkeit*, NZA 18, 498 (501).

des *BAG*[1928] »unter besonderen Umständen« »ausnahmsweise« der Einwand der unzulässigen Rechtsausübung nach § 2 Abs. 1 entgegenstehen. Dieser »einzelfallbezogene« Einwand wird dem AG nicht deshalb genommen, weil er auch gem. § 23 Abs. 1 die gerichtliche Auflösung des BR wegen grober Verletzung von dessen gesetzlichen Pflichten beantragen könnte. Voraussetzung ist, dass sich eine Betriebspartei, hier der BR, auf eine formale Rechtsposition beruft, die sie durch ein in erheblichem Maße eigenes betriebsverfassungswidriges Verhalten, hier ein grober Verstoß gegen die aus §§ 74 Abs. 1, 2 Abs. 1 sich ergebenden Pflichten, erlangt hat. Wegen der strukturell gegensätzlichen Interessen von AG und BR, so das *BAG* weiter, kann dies nur in besonders schwerwiegenden, eng begrenzten Ausnahmefällen der Fall sein. Das *BAG*[1929] betont in seiner Entscheidung zu Recht den Interessenantagonismus, den Einzelfall und Ausnahmecharakter seines Beschlusses. Der Einwand kann nur in Betracht kommen, wenn ein besonders grober Verstoß einer Betriebspartei, wahrscheinlich über einen längeren Zeitraum, vorliegt. Dies kann nicht bereits der Fall sein, wenn konsequent die jeweiligen Interessen wahrgenommen werden. So ist z. B. eine Zustimmungsverweigerung des BR im Rahmen v. § 87 nicht an überhaupt eine Begründung gebunden (vgl. Rn. 16) und besteht auch keine aktive Mitwirkungspflicht v. BR und AG bei der Bildung einer ESt. (vgl. auch § 23 Rn. 159 ff.).

§ 88 Freiwillige Betriebsvereinbarungen

Durch Betriebsvereinbarung können insbesondere geregelt werden
1. zusätzliche Maßnahmen zur Verhütung von Arbeitsunfällen und Gesundheitsschädigungen;
1a. Maßnahmen des betrieblichen Umweltschutzes;
2. die Errichtung von Sozialeinrichtungen, deren Wirkungsbereich auf den Betrieb, das Unternehmen oder den Konzern beschränkt ist;
3. Maßnahmen zur Förderung der Vermögensbildung;
4. Maßnahmen zur Integration ausländischer Arbeitnehmer sowie zur Bekämpfung von Rassismus und Fremdenfeindlichkeit im Betrieb;
5. Maßnahmen zur Eingliederung schwerbehinderter Menschen.

Inhaltsübersicht Rn.

1928 12. 3. 19 – 1 ABR 42/17, NZA 19, 843 (847 Tz. 41 ff.); zustimmend *LAG Thüringen* 23. 2. 22 – 4 TaBV 17/19, juris Tz. 82; *Oetker*, Anm. zu AP Nr. 51 zu § 23 BetrVG 1972, Bl. 1238 R; ErfK-*Kania*, Rn. 141; *Fitting*, Rn. 629; LKK-*Dahm*, Rn. 26; *Bayreuther*. 100 Jahre Betriebsverfassungsrecht, S. 59 (65 f.); *Benecke*, FS Schmidt, S. 55 (64 ff.); *Preis*, FS Schmidt, S. 413 (422); ablehnend *Heuschmid/Kummert*, NZA 19, 1258 ff.; kritisch auch *Gast*, AuR 20, 127 (129 ff.); vgl. auch *BAG* 8. 3. 23 – 7 ABR 10/22, NZA 23, 1051 (1054 Tz. 36) zu den »strukturell gegensätzlichen Interessen« der Betriebsparteien, weshalb ein Verstoß gegen § 2 nur in eng begrenzten, schwerwiegenden Ausnahmefällen in Betracht kommen könne.

1929 12. 3. 19 – 1 ABR 42/17, NZA 19, 843 (847 Tz. 45).

I. Vorbemerkungen

1 Im Unterschied zu **§ 87,** der die Fälle der **erzwingbaren** Mitbestimmung in sozialen Angelegenheiten betrifft und **abschließend** aufführt, begründet **§ 88** eine **umfassende funktionelle Zuständigkeit**[1] des BR zur Regelung sozialer Angelegenheiten durch BV mit dem AG.[2] Die Betriebsparteien verfügen grundsätzlich über eine **umfassende Kompetenz,** durch **freiwillige BV** insbesondere den Abschluss, den Inhalt und die Beendigung von Arbeitsverhältnissen zu regeln.[3] Auch der Vorschrift des § 77 Abs. 3 Satz 1 und Satz 2 lässt sich indirekt die gesetzgeberische Konzeption entnehmen, dass die Betriebsparteien über eine umfassende Regelungskompetenz verfügen, wenn die Tarifvertragsparteien von ihrer Vorrangkompetenz keinen Gebrauch machen.[4]

2 Die Vorschrift gibt nur Beispiele für denkbare freiwillige BV, enthält also **keinen abschließenden Katalog der Regelungsgegenstände,** wie sich aus der Formulierung »insbesondere« ergibt.[5] Somit können durch BV nach dieser Vorschrift **alle Fragen** geregelt werden, **die** ebenso gut **Gegenstand des normativen Teils eines TV** sein könnten.[6] **Rechte der AG** können durch freiwillige BV im Rahmen der umfassenden Regelungskompetenz der Betriebsparteien nicht berührt werden, da das Zustandekommen derartiger BV in der **freien Entscheidung des AG** liegt.[7]

2a Durch Art. 18 Abs. 1 Nr. 2 des Bundesteilhabegesetzes v. 23.12.16 wurde der nicht abschließende Katalog der Regelungsgegenstände in dieser Vorschrift unter Nr. 5 um den Gegenstand »Maßnahmen zur Eingliederung schwerbehinderter Menschen« ergänzt (vgl. dazu Rn. 30a).

3 Die umfassende Regelungskompetenz der Betriebsparteien ist jedoch insoweit eingeschränkt, als der **Tarifvorrang nach § 77 Abs. 3** zu beachten ist[8] (zu den Einzelheiten vgl. § 77 Rn. 126 ff.).

4 Demgegenüber ist das **Prinzip des Gesetzesvorranges** zwar grundsätzlich **unbeachtlich,** da dieses sich ausdrücklich nur auf die in § 87 erwähnten Gegenstände der erzwingbaren Mitbestimmung erstreckt. Andererseits gilt der **Gesetzesvorrang** gegenüber BV nach § 88 jedenfalls dann, wenn es sich um eine zweiseitig zwingende Gesetzesnorm handelt. Dies folgt daraus, dass die Regelungsbefugnis der Betriebsparteien auch im Rahmen des § 88 höherrangiges Recht nicht verletzen darf, so dass insbes. das zwingende Recht (z. B. KSchG), aber auch die **Grundsätze des § 75 Abs. 1 und 2** (Schutz der Persönlichkeit, Gleichbehandlung u. Ä.) nicht verletzt werden dürfen.[9]

5 Auch für **freiwillige BV** nach § 88 gelten die allgemeinen Vorschriften hinsichtlich der Abschlussform (§ 77 Abs. 2), der Wirkungsweise (§ 77 Abs. 4) und der **Kündbarkeit** (§ 77 Abs. 5) von BV.[10]

---

1 *Kissel,* NZA 95, 1, 3.

2 *BAG* 5.3.13, NZA 13, 916 – 7 AZR 147/11; 12.12.06, NZA 07, 453; 11.7.00 – 1 AZR 551/99, DB 01, 545; 7.11.89, NZA 90, 816; so auch schon zum alten Recht *BAG (GS)* 16.3.56, AP Nr. 1 zu § 57 BetrVG.

3 *BAG* 11.12.18 – 1 ABR 17/17, NZA 19, 714;5. 3. 13 – 1 AZR 417/12 und 1 AZR 880/11, a. a. O.; 14.3.12, a. a. O.

4 *BAG* 5.3.13 – 1 AZR 417/12 und 1 AZR 880/11 a. a. O.; 14.3.12, a. a. O.

5 *BAG* 23.8.16 – 1 ABR 22/14, NZA 17, 194; 5.3.13 – 1 AZR 417/12 und 1 AZR 880/11 a. a. O.; 14.3.12, a. a. O.; 14.8.01 – 1 AZR 744/00, NZA 02, 342; 18.8.87, 7.11.89, AP Nrn. 23, 46 zu § 77 BetrVG 1972; 19.5.78, AP Nr. 1 zu § 88 BetrVG 1972; ErfK-*Kania,* Rn. 1; *Fitting,* Rn. 1; *GL,* Rn. 1; GK-*Gutzeit,* Rn. 7; MünchArbR-*Matthes,* § 238 Rn. 30; Richardi-*Richardi,* Rn. 6.

6 Vgl. *Fitting,* § 77, Rn. 45; *GL,* Rn. 2; *Löwisch,* AuR 78, 97 [99].

7 MünchArbR-*Matthes,* a. a. O.

8 *BAG* 13.10.15 – 1 AZR 853/13; NZA 16, 54; *LAG Baden-Württemberg* 13.1.99, AuR 99, 156; *Fitting,* Rn. 9.

9 *BAG 13.10.15, a. a. O.;* 5.3.13 – 1 AZR 417/12 – 1 AZR 880/11, a. a. O.; 7.6.11 – 1 AZR 807/09, NZA 11, 1243; 12.4.11 – 1 AZR 412/09, BB 11, 2811; 12.12.06 – 1 AZR 96/06, NZA 07, 453; 7.11.89, NZA 90, 816, 818; *LAG Hamm* 11.12.14 – 15 Sa 1267/14, juris; *HessLAG* 12.9.14 – 7 Sa 518/13, juris; *Fitting,* Rn. 8.

10 *Fitting,* Rn. 6, 12, 13.

Allerdings **wirken** freiwillige BV im Falle ihres Ablaufs **nicht** automatisch gemäß § 77 Abs. 6 **nach** (vgl. dazu § 77 Rn. 118 ff.). Die **Nachwirkung** kann jedoch von den Betriebsparteien vereinbart werden (vgl. § 77 Rn. 123).[11] 6

Ebenso trifft den AG die allgemeine **Durchführungspflicht** nach § 77 Abs. 1 für die Dauer der Laufzeit einer freiwilligen BV, so dass er sie nicht einseitig außer Kraft setzen, sondern nur kündigen kann[12] (vgl. ansonsten auch § 77 Rn. 6 ff.). 7

Aus der systematischen Stellung der Vorschrift im Abschnitt über die sozialen Angelegenheiten wird von der wohl noch h. M. in der Literatur geschlussfolgert, freiwillige BV dürften ausschließlich **bezüglich der sozialen Angelegenheiten** abgeschlossen werden.[13] 8

Allerdings anerkennt auch diese Auffassung, dass schon wegen der Ausdehnung der Mitbestimmung auf **allgemeine** personelle Angelegenheiten und die Berufsbildung die Grenze zwischen sozialen und personellen Angelegenheiten fließend sei,[14] so dass jedenfalls die Regelung der allgemeinen Voraussetzungen, unter denen personelle Maßnahmen i. S. d. §§ 92 ff. und §§ 99 ff. durchgeführt werden können, z. B. Festlegung von Kündigungsfristen und -formen, zu den sozialen Angelegenheiten gehört und Gegenstand einer BV nach § 88 sein kann[15] (vgl. ergänzend auch Einl. Rn. 84 ff. und § 87 Rn. 45 ff.). 9

Im sachlichen Anwendungsbereich der Vorschrift können weder BR noch AG durch einseitigen Antrag einen **Spruch der ESt.** herbeiführen und so eine **BV erzwingen** (vgl. Rn. 30). Zulässig ist es aber, dass die Betriebsparteien die Durchführung eines sog. **freiwilligen ESt.-Verfahrens** vereinbaren[16] oder z. B. in einer BV über Gegenstände des § 88 zu vereinbaren, dass bei Meinungsverschiedenheiten die ESt. verbindlich entscheidet. Eine derartige Abrede enthält die Unterwerfung beider Seiten unter den Spruch der ESt. i. S. d. § 76 Abs. 6 Satz 2 sowie das Einverständnis mit ihrem Tätigwerden i. S. d. § 76 Abs. 6 Satz 1[17] (vgl. § 76 Rn. 10, 13). 10

II. Freiwillige Betriebsvereinbarungen

Zu den **regelbaren Fragen** i. S. d. Vorschrift gehören z. B. erfolgsabhängige Vergütungsbestandteile,[18] **Gratifikationszahlungen;**[19] **Treueprämien;**[20] **Beihilfen** zu Familienereignissen; **Bildung einer betrieblichen Schiedsstelle** zwecks Überprüfung der Arbeitsplatzbewertung gemäß TV über analytische Arbeitsplatzbewertung;[21] der **Abschluss freiwilliger Sozialpläne;**[22] Begründung eines **Wiedereinstellungsanspruchs** gegen den Betriebsveräußerer im Zusammenhang mit einem **Teilbetriebsübergang** für den Fall, dass beim Betriebserwerber die Weiterbeschäftigung aus betriebsbedingten Gründen nicht mehr möglich ist,[23] Vereinbarung einer zeitlichen befristeten Standort- und Arbeitsplatzgarantie,[24] Begründung der Verpflichtung des 11

---

11 *Fitting,* Rn. 14 vgl. *BAG* 23. 10. 18 – 1 ABR 10/17, NZA 19, 186; 28. 4. 98 – 1 ABR 43/97, DB 98, 2423; *LAG Düsseldorf* 23. 2. 88, NZA 88, 813.

12 Zur Durchführungspflicht bei freiwilligen BV vgl. *BAG* 25. 2. 20 – 1 ABR 38/18, Rn. 19, juris; 13. 10. 87, AP Nr. 2 zu § 77 BetrVG 1972 Auslegung; *LAG München* 12. 12. 90 – 5 TaBV 61/89, AiB 91, 269 mit Anm. *Schindele; ArbG Köln* 10. 12. 91, AiB 92, 650; *ArbG Frankfurt* 17. 7. 91 – 7 BV 10/91; *Fitting,* Rn. 11.

13 Vgl. *GL,* Rn. 3, 5 f.; GK-*Wiese/Gutzeit,* Rn. 10; HWGNRH-*Worzalla,* Rn. 3; Richardi-*Richardi,* Rn. 3.

14 Richardi-*Richardi,* Rn. 4.

15 Die umfassende funktionelle Regelungszuständigkeit auch in personellen Angelegenheiten klarstellend auch *BAG* 26. 8. 97 – 1 ABR 12/97, DB 98, 265; *(GS)* 7. 11 89, AP Nr. 46 zu § 77 BetrVG 1972; *Fitting,* Rn. 4; *GL,* Rn. 3; GK-*Gutzeit,* Rn. 11; HWGNRH-*Worzalla,* Rn. 4; Richardi-*Richardi,* a. a. O.

16 *BAG* 11. 12. 18 – 1 ABR 17/17, NZA 19, 714.

17 Vgl. *Fitting,* Rn. 7; Richardi-*Richardi,* Rn. 2, 27.

18 *BAG* 7. 6. 11, a. a. O.; 12. 4. 11, a. a. O.

19 *BAG* 13. 7. 62, AP Nr. 3 zu § 57 BetrVG.

20 *BAG* 30. 8. 63, AP Nr. 4 zu § 57 BetrVG.

21 *BAG* 19. 5. 78, AP Nr. 1 zu § 88 BetrVG 1972.

22 *BAG* 26. 8. 97 – 1 ABR 12/97, DB 98, 265.

23 *BAG* 14. 3. 12 – 7 AZR 147/11, AuR 12 Ls. = juris.

24 Vgl. dazu den Sachverhalt bei *LAG Köln* 11. 5. 17 – 8 TaBV 32/17, juris = AiB 1/18, 64 mit Anm. *Brackelmann.*

AG, unter bestimmten Voraussetzungen den im Betrieb eingesetzten **Leih-AN** den **Abschluss eines unbefristeten Arbeitsverhältnisses** anzubieten.[25]

12 Die grundsätzliche Befugnis der Betriebsparteien, eine **Altersgrenze durch freiwillige BV** zu vereinbaren entspricht ständiger höchstrichterlicher Rspr.[26] (vgl. dazu unter Berücksichtigung der Rechtslage nach In-Kraft-Treten des AGG § 75 Rn. 75 ff.).

13 Durch BV kann der Katalog der **Mitbestimmungsrechte nach § 87** und auch sonstige **Beteiligungsrechte des BR** (z. B. gem. § 99) **erweitert** werden (s. auch § 87 Rn. 45 f.); dabei ist eine weite Auslegung geboten.[27]

14 Durch freiwillige BV dürfen jedoch nicht die **materiellen Arbeitsbedingungen der AN verschlechtert** werden.[28] Dies widerspräche der sozialen Schutzfunktion der Betriebsverfassung und der Aufgabenstellung des BR, der die Interessen der AN zu vertreten hat.[29]

15 Aus der umfassenden Zuständigkeit der Betriebsparteien zur Regelung sozialer Angelegenheiten durch BV (vgl. Rn. 2) ergibt sich, dass – soweit § 77 Abs. 3 nicht entgegensteht – nach wohl h. M. auch die **Dauer der wöchentlichen Arbeitszeit**[30] (vgl. dazu ausführlich § 87 Rn. 87 ff.), **die Urlaubsdauer**[31] (vielfach wird dem die Tarifüblichkeit entgegenstehen, so dass allenfalls Abreden über Zusatzurlaub aus besonderen tariflich nicht erfassten und unüblichen Gründen in Betracht kommen) und **das Arbeitsentgelt**[32] (nach Art und Höhe) durch BV nach § 88 geregelt werden können.

16 Somit sind die **Entgeltbedingungen von nicht Leitenden AT-Angestellten** jedenfalls als freiwillige BV auch der Höhe nach regelbar[33], wenn man – entgegen der hier vertretenen Auffassung, vgl. § 87 Rn. 338 – dem *BAG*[34] folgt und sowohl die Festsetzung der Gehaltshöhe (Höhe der Gruppengehälter) als solche als auch die Festlegung der Wertunterschiede zwischen der höchsten Tarifgruppe und der ersten AT-Gruppe sowie hieran angeknüpft zwischen den weiteren AT-Gruppen nicht als Fall des § 87 Abs. 1 Nr. 10 ansieht.[35]

17 Insoweit scheitern betriebliche Regelungen über Arbeitsentgelte und sonstige Arbeitsbedingungen nicht an § 77 Abs. 3, zumal die Tarifparteien gerade die AT-Angestellten (begriffsnotwendig) aus dem Geltungsbereich eines TV herausgenommen und damit auf eine tarifliche Regelung verzichtet haben. Der Regelungsverzicht entfaltet aber gerade keine Sperrwirkung für entsprechende BV, weil die Tarifautonomie, deren Schutz § 77 Abs. 3 bezweckt, dann nicht berührt wird, wenn die TV-Parteien einen bestimmten Fragenbereich überhaupt ungeregelt lassen.[36]

III. Die ausdrücklich genannten Angelegenheiten

1. Verhütung von Unfällen und Gesundheitsschädigungen

18 Diese Bestimmung sieht die Regelung zusätzlicher Maßnahmen zur Verhütung von Arbeitsunfällen und Gesundheitsschädigungen durch BV vor. Sie ergänzt die sich aus § 87 Abs. 1 Nr. 7 und § 89 ergebenden Mitwirkungs- und Mitbestimmungsrechte (vgl. im Übrigen § 87 Rn. 204 ff. und § 89 Rn. 12 ff.).

19 Gemeint sind **Maßnahmen, die über die öffentlich-rechtlichen Vorschriften hinausgehen,** z. B.: Verbesserung der Arbeitshygiene; Einrichtung einer Unfallstation; Einführung von frei-

25 *ArbG Paderborn* 5. 2. 15 – 5 Ca 1390/14, juris.
26 *BAG* 5. 3. 13 – 1 AZR 417/12 – 1 AZR 880/11, a. a. O.; grundlegend *BAG GS* 7. 11. 89, NZA 90, 816.
27 Vgl. auch *BAG* 13. 7. 62, a. a. O.; GK-*Gutzeit*, § 87 Rn. 8 f.
28 *BAG* 12. 8. 82, AP Nr. 4 zu § 77 BetrVG 1972.
29 *BAG* 12. 8. 82, a. a. O.
30 Vgl. *BAG* 18. 8. 87, AP Nr. 23 zu § 77 BetrVG 1972; 13. 10. 87, AP Nr. 24 zu § 87 BetrVG 1972 Arbeitszeit.
31 Vgl. GK-*Gutzeit*, Rn. 12.
32 *BAG* 27. 4. 16 – 5 AZR 316/15, juris; vgl. auch GK-*Gutzeit*, Rn. 12.
33 *BAG* 18. 10. 11 – 1 AZR 376/10, DB 12, 356 Ls., juris; 21. 1. 03 – 1 ABR 5/02, NZA 03, 810.
34 *BAG* 22. 1. 80, AP Nr. 3 zu § 87 BetrVG 1972 Lohngestaltung.
35 Kritisch dazu *Friesen*, AuR 80, 367, 370 f. m. w. N.; zur Rechtsstellung der nicht leitenden AT-Angestellten in der Betriebsverfassung eingehend *Friesen*, DB-Beilage 1/80.
36 So *BAG* 22. 1. 80, a. a. O., unter B II 2b der Gründe.

willigen Reihenuntersuchungen;[37] Vorsorge- und Rehabilitationsmaßnahmen; Regelungen zur Verbesserung der Licht- und Luftverhältnisse, des Raumklimas, des Lärms; Verbesserung der Schutzvorrichtungen an Maschinen; Verbesserung der Feuerschutzeinrichtungen und Alarmvorrichtungen; kostenlose Zurverfügungstellung von Schutzkleidung und anderen Arbeitsschutzausrüstungen, ggf. über bestehende Unfallvorschriften hinaus; Vereinbarung einer höheren als in den UVV vorgesehenen Zahl von Betriebsärzten und Sicherheitsfachkräften bzw. von höheren Einsatzzeiten für sie.[38]

2. Betrieblicher Umweltschutz

BV zu Maßnahmen des betrieblichen Umweltschutzes waren auch bisher als freiwillige BV schon zulässig und wurden **in der betrieblichen Praxis** auch abgeschlossen.[39] Mit der besonderen Erwähnung des betrieblichen Umweltschutzes als Thema freiwilliger BV hat der Gesetzgeber deutlich gemacht, dass auch unabhängig vom Arbeitsschutz eine Zuständigkeit des BR für diesen Regelungsgegenstand besteht. 20

Zu den Themen und denkbaren Regelungsgegenständen entsprechender BV und zum Umfang der Zuständigkeit des BR für den betrieblichen Umweltschutz vgl. Erl. zu § 89. 21

3. Errichtung von Sozialeinrichtungen

Während der BR nach § 87 Abs. 1 Nr. 8 ein Mitbestimmungsrecht bei der Form, Ausgestaltung und Verwaltung von Sozialeinrichtungen hat (vgl. § 87 Rn. 261 ff.), besteht nach dieser Vorschrift die Möglichkeit, durch freiwillige BV Sozialeinrichtungen zu **errichten.** Der Wirkungsbereich der Sozialeinrichtung kann sich, wie bei § 87 Abs. 1 Nr. 8, auf den Betrieb, das UN oder den Konzern erstrecken, wobei ggf. die Zuständigkeit des GBR oder KBR gegeben ist.[40] 22

Da der Katalog der Vorschrift nicht abschließend ist (vgl. Rn. 1), können durch freiwillige BV Sozialeinrichtungen auch für **miteinander verbundene UN,** ohne dass diese einen Konzern i. S. d. § 18 Abs. 1 AktG bilden, errichtet und deren Form, Ausgestaltung und Verwaltung geregelt werden. 23

Unter den Begriff »Errichtung« fallen auch die **Bestimmung des Ziels und Zwecks** der Einrichtung und die Zurverfügungstellung der sächlichen Mittel (Dotierungsrahmen) sowie deren Änderung und Schließung.[41] Beide Regelungsbereiche – der nach § 87 Abs. 1 Nr. 8 erzwingbare und der freiwillige Teil – können auch in einer BV geregelt werden[42] (zum Problem der Kündigung und Nachwirkung solcher Misch-BV vgl. § 77 Rn. 126 ff.). 24

4. Förderung der Vermögensbildung

Das Gesetz erwähnt weiterhin als Gegenstand einer BV Maßnahmen zur Förderung der Vermögensbildung.[43] Damit sind nicht nur Regelungen nach dem 5. VermBG,[44] sondern auch **andere Formen der Vermögensbildung** gemeint, z. B. Gewährung von AN-Darlehen, soweit die Regelung nicht unter das Mitbestimmungsrecht des BR nach § 87 Abs. 1 Nr. 10 fällt (vgl. § 87 Rn. 300 f., 328 ff.); Beteiligung der AN im UN in Form der stillen Gesellschaft; Ausgabe von Beteiligungspapieren wie Belegschaftsaktien.[45] 25

Soweit BV über vermögenswirksame Leistungen nach dem 5. VermBG abgeschlossen werden, müssen diese sich auch auf den Personenkreis der **leitenden Angestellten** i. S. d. § 5 Abs. 3 erstrecken, weil § 1 Abs. 2 des 5. VermBG alle Angestellten ohne Differenzierung in den per- 26

37 Dazu *Löwisch,* DB 87, 938.
38 *Fitting,* Rn. 16 f.; GK-*Gutzeit,* Rn. 17; Richardi-*Richardi,* Rn. 12.
39 Vgl. *Fitting,* Rn. 18; *Salje,* BB 88, 73, 74 f.; *Trümner,* AiB 91, 522 ff.
40 *Fitting,* Rn. 21; HWGNRH-*Worzalla,* Rn. 10; Richardi-*Richardi,* Rn. 25.
41 *Fitting,* Rn. 21; HWGNRH-*Worzalla,* Rn. 9; Richardi-*Richardi,* Rn. 22 ff.
42 *Fitting,* a. a. O.
43 Zur Vermögensbildung allgemein *Kittner/Basten.*
44 Dazu *Schoen,* BB 87, 894.
45 *Fitting,* Rn. 24.

sönlichen Geltungsbereich des Gesetzes einbezieht[46] und § 10 Abs. 1 des 5. VermBG ausdrücklich den Abschluss von BV erwähnt. Sieht ein TV Vermögensbildungsmaßnahmen vor, ist trotz der Sperrvorschriften des § 77 Abs. 3 der Abschluss einer BV zulässig.[47]

5. Integration ausländischer Arbeitnehmer; Bekämpfung von Rassismus und Fremdenfeindlichkeit

27 Die besondere Erwähnung dieses Regelungsgegenstandes freiwilliger BV steht im Zusammenhang mit zahlreichen weiteren neuen Vorschriften des Gesetzes, die der Förderung der Integration ausländischer AN und der Bekämpfung fremdenfeindlicher Betätigung im Betrieb dienen sollen (z. B. §§ 43 Abs. 2 Satz 3, 45 Abs. 1, 80 Abs. 1 Nr. 7, 99 Abs. 2 Nr. 6, 104 Satz 1).

28 Die Betriebsparteien sind aufgefordert, z. B. durch entsprechende Integrationsvereinbarungen, einen eigenständigen Beitrag zur Bekämpfung von Rassismus und Fremdenfeindlichkeit zu leisten.

29 Zur Zuständigkeit des BR, seinen Förderungs- und Überwachungsaufgaben und den möglichen Inhalten entsprechender BV vgl. § 75 Rn. 24 ff., § 80.

6. Maßnahmen zur Eingliederung schwerbehinderter Menschen

29a Die im Jahr 2016 durch den Gesetzgeber vorgenommene Ergänzung des Regelungsgegenstandes »Maßnahmen zur Eingliederung schwerbehinderter Menschen« (s. Rn. 2a) hat zunächst lediglich klarstellenden Charakter (s. Rn. 2), da der in dieser Vorschrift genannte Katalog der Regelungsgegenstände nicht abschließend ist, so dass auch bereits bisher derartige Maßnahmen Gegenstand freiwilliger BV sein konnten. Gleichzeitig soll durch die ausdrückliche Aufnahme dieses Regelungsgegenstandes die Bedeutung der Integration schwerbehinderter Menschen im Betrieb hervorgehoben und die Notwendigkeit deren Förderung durch die Betriebsparteien unterstrichen werden. Damit knüpft die neue Regelung an der in § 80 Abs. Nr. 4 ausdrücklich genannten Aufgabe des BR an, die Eingliederung Schwerbehinderter und sonstiger schutzbedürftiger Personen im Betrieb zu fördern (vgl. dazu § 80 Rn. 52 ff.). Diese Aufgabenstellung des BR ist zusätzlich in § 93 SGB IX normiert und soll u. a. auch mit dem Instrument verbindlicher Inklusionsvereinbarungen gem. § 83 SGB IX verwirklicht werden (vgl. dazu im Einzelnen § 80 Rn. 55).

IV. Streitigkeiten

30 Der Abschluss einer BV nach dieser Vorschrift kann **nicht über die ESt. erzwungen** werden. Es besteht allerdings die Möglichkeit, auf freiwilliger Basis die ESt. nach § 76 Abs. 6 einzuschalten (vgl. § 76 Rn. 10 ff.).

31 Streitigkeiten über **Bestehen, Durchführung** und **Inhalt von BV** entscheidet das ArbG nach §§ 2a, 80 ff. ArbGG im **Beschlussverfahren** (vgl. dazu insgesamt auch § 77 Rn. 167 ff.), wobei aus rechtskräftigen Beschlüssen nach § 85 Abs. 1 ArbGG die Zwangsvollstreckung möglich ist. Ebenfalls im Beschlussverfahren ist darüber zu entscheiden, ob eine Angelegenheit durch BV geregelt werden kann.[48] Dasselbe gilt für die Frage, ob eine BV erzwingbar ist oder nur freiwillig abgeschlossen werden kann.[49]

32 **Ansprüche einzelner AN** aus einer freiwilligen BV gegen den AG sind im **Urteilsverfahren** geltend zu machen (§ 2 Abs. 1 Nr. 3 ArbGG, vgl. auch § 77 Rn. 177).

46 *Säcker,* AR-Blattei, Betriebsvereinbarung, I C II 1.
47 *Fitting,* Rn. 25; *GL,* § 77 Rn. 76a; *Schimana/Frauenkron,* DB 80, 445 [448]; *Kittner/Basten,* S. 96 f.; *Löwisch,* AuR 78, 97, 107; Richardi-*Richardi,* Rn. 29; a. A. ErfK-*Kania,* Rn. 6; GK-*Gutzeit,* Rn. 33; HWGNRH-*Worzalla,* Rn. 12; *SWS,* Rn. 11; *Weiss,* Rn. 4.
48 Richardi-*Richardi,* Rn. 35.
49 Richardi-*Richardi,* a. a. O.

§ 89 Arbeits- und betrieblicher Umweltschutz

(1) Der Betriebsrat hat sich dafür einzusetzen, dass die Vorschriften über den Arbeitsschutz und die Unfallverhütung im Betrieb sowie über den betrieblichen Umweltschutz durchgeführt werden. Er hat bei der Bekämpfung von Unfall- und Gesundheitsgefahren die für den Arbeitsschutz zuständigen Behörden, die Träger der gesetzlichen Unfallversicherung und die sonstigen in Betracht kommenden Stellen durch Anregung, Beratung und Auskunft zu unterstützen.

(2) Der Arbeitgeber und die in Absatz 1 Satz 2 genannten Stellen sind verpflichtet, den Betriebsrat oder die von ihm bestimmten Mitglieder des Betriebsrats bei allen im Zusammenhang mit dem Arbeitsschutz oder der Unfallverhütung stehenden Besichtigungen und Fragen und bei Unfalluntersuchungen hinzuzuziehen. Der Arbeitgeber hat den Betriebsrat auch bei allen im Zusammenhang mit dem betrieblichen Umweltschutz stehenden Besichtigungen und Fragen hinzuzuziehen und ihm unverzüglich die den Arbeitsschutz, die Unfallverhütung und den betrieblichen Umweltschutz betreffenden Auflagen und Anordnungen der zuständigen Stellen mitzuteilen.

(3) Als betrieblicher Umweltschutz im Sinne dieses Gesetzes sind alle personellen und organisatorischen Maßnahmen sowie alle die betrieblichen Bauten, Räume, technischen Anlagen, Arbeitsverfahren, Arbeitsabläufe und Arbeitsplätze betreffenden Maßnahmen zu verstehen, die dem Umweltschutz dienen.

(4) An Besprechungen des Arbeitgebers mit den Sicherheitsbeauftragten im Rahmen des § 22 Abs. 2 des Siebten Buches Sozialgesetzbuch nehmen vom Betriebsrat beauftragte Betriebsratsmitglieder teil.

(5) Der Betriebsrat erhält vom Arbeitgeber die Niederschriften über Untersuchungen, Besichtigungen und Besprechungen, zu denen er nach den Absätzen 2 und 4 hinzuzuziehen ist.

(6) Der Arbeitgeber hat dem Betriebsrat eine Durchschrift der nach § 193 Abs. 5 des Siebten Buches Sozialgesetzbuch vom Betriebsrat zu unterschreibenden Unfallanzeige auszuhändigen.

Inhaltsübersicht Rn.

I. Vorbemerkungen

1 Die Vorschrift ergänzt die betriebsverfassungsrechtlichen Regelungen des **Arbeitsschutzes** in: §§ 80, 81, 87 Abs. 1 Nr. 7, 88 Nr. 1, 90, 91 und 115 Abs. 1 Nr. 7. Sie überträgt dem BR spezifische Mitwirkungsrechte und -pflichten bei seiner tatsächlichen Verwirklichung.[1] Nach dem Willen des Gesetzgebers sollen im Interesse der AN die besondere **Sachnähe und Sachkunde der BR-Mitglieder** für den Arbeitsschutz und die Unfallverhütung nutzbar gemacht werden. Zugleich soll den BR-Mitgliedern die notwendige Informationsbasis verschafft werden.[2]

2 Seit 2001 ist **Umweltschutz** in der Betriebsverfassung stärker verankert. Das Wissen, das an jedem Arbeitsplatz im Betrieb vorhanden ist, soll durch den BR zum Abbau von Umweltbelastungen und zum Ausbau umweltschonender Produktionstechniken und -verfahren zugunsten des Betriebs eingebracht werden können (Begründung A II 9). Die Einbeziehung der AN und ihrer Vertreter beim Umweltschutz entspricht der 1992 in Rio de Janeiro beschlossenen und von Deutschland unterschriebenen Deklaration für Umwelt und Entwicklung (Agenda 21), die u. a. »Anregungen und Maßnahmen zur Stärkung der Rolle der AN und ihrer Gewerkschaften« vorsieht.[3] Damit hat der BR eine eigenständige Zuständigkeit für den betrieblichen Umweltschutz – unabhängig vom Arbeitsschutz. Ähnlich wie beim Arbeitsschutz hat der BR dazu Informations- sowie Beteiligungsrechte und Pflichten. Abs. 3 enthält eine Definition des auch in anderen Vorschriften verwendeten Begriffs des »betrieblichen Umweltschutzes«.

II. Arbeitsschutz in der Betriebsverfassung

3 Der Begriff des **Arbeitsschutzes** ist weit zu verstehen.[4] Auszugehen ist von der verfassungsrechtlichen Schutzpflicht des Gesetzgebers zur Sicherung des Grundrechts auf Leben und körperliche Unversehrtheit aus Art. 2 Abs. 2 Satz 1 GG, wie vom *BVerfG* u. a. in der Nachtarbeitsentscheidung festgestellt.[5] Arbeitsschutz ist als Teil des Arbeitsrechts verfassungsrechtlich Gegenstand der konkurrierenden Gesetzgebung des Bundes (Art. 74 Nr. 12 GG). Die Länder haben die Befugnis zur Gesetzgebung, solange und soweit der Bund von seiner Gesetzgebungszuständigkeit nicht durch Gesetz Gebrauch gemacht hat (Art. 72 Abs. 1 GG). Das EU-Arbeitsschutzrecht (vgl. Rn. 8 ff.) verlangt einen präventionsorientierten Arbeits- und Gesundheitsschutz. Gemeint ist nicht nur Unfallverhütung im engeren Sinne, sondern **alle der Erhaltung der Gesundheit der AN dienenden Vorschriften,** wie Mutterschutz, Jugendarbeitsschutz, Arbeitszeitschutz. Das Begriffspaar »Arbeitsschutz und Unfallverhütung« trägt dem historisch gewachsenen Dualismus auf dem Gebiet des Arbeitsschutzes Rechnung, bei dem **Staat** und **Selbstverwaltung** in der Vorschriftengebung und deren Überwachung tätig werden.[6] Der öffentliche Arbeitsschutz knüpft nicht an das einzelne Arbeitsverhältnis, sondern an Betrieb bzw. Arbeitsstätte an. Miterfasst sind Tätigkeiten im »Home« oder »Mobile Office«, d. h. Arbeitsleistungen unter Nutzung von Notebook oder Smartphone an jedem beliebigen Ort.[7] Das Gleiche gilt für die nach dieser Vorschrift begründeten Rechte und Pflichten des BR, dessen Tätigkeit somit auch **Beschäftigten fremder AG, Leih-AN und Selbstständigen** zugutekommt, die im Betrieb Arbeiten oder sonstige Tätigkeiten ausführen[8] (vgl. §§ 2 Abs. 2, 8, 12 Abs. 2 ArbSchG). »Arbeitsschutz« i. S. d. Vorschrift sind **technischer** wie **sozialer Arbeitsschutz,** einschließlich anderer der Gesundheit im weiteren Sinne dienender Maßnahmen wie

---

1 *WW,* Rn. 2.
2 *GL,* Rn. 1.
3 Vgl. auch *Kiper,* AiB 01, 438.
4 Vgl. auch § 2 Abs. 1 ArbSchG; *Pieper,* Arbeitsschutzgesetz, Einl. Rn. 1 ff.
5 *BVerfG* 28. 1. 92 – 1 BvR 1025/82, AuR 92, 187 mit Anm. *Blanke/Diederich*; ausführlich MünchArbR-*Kohte,* § 172 Rn. 9 ff.
6 *Wlotzke,* BABl. 2/89, S. 5.
7 Zur Arbeitssicherheit im Mobile Office vgl. *Oberthür,* NZA 13, 246 ff.; *Kollmer,* Das Recht der Tele- und Mobilen Arbeit im Lichte des Arbeitsschutzes 4.0, NJW 23, 473; *Kohte,* Mobile Arbeit und Arbeitsschutz, AuR 23, 366.
8 Ebenso ErfK-*Kania,* Rn. 1; ausführlich *Julius,* Arbeitsschutz und Fremdfirmenbeschäftigung, 2004, S. 135 ff., 170 ff.; *BAG* 31. 1. 89, BB 89, 1693, zum Informationsrecht des BR zu Verträgen mit Fremdfirmen.

Erholungs- bzw. sanitäre Einrichtungen und Beköstigung (z. B. Diätkost) im Betrieb.[9] Der BR hat nicht nur das **Recht,** sondern die **Pflicht** zur Mitwirkung bei der Bekämpfung der Unfall- und Gesundheitsgefahren. In seinen nach dieser Vorschrift begründeten Zuständigkeitsbereich fallen neben staatlichen Arbeitsschutzvorschriften und **UVV/BGV der Berufsgenossenschaften** (BG, dazu § 15 SGB VII) auch die einschlägigen Bestimmungen in **TV/BV,**[10] da es grundsätzlich nicht darauf ankommt, auf welcher Rechtsquelle der arbeitsschutzrechtliche Normenbestand beruht.[11]

Die Vorschrift schreibt eine **eingehende Zusammenarbeit zwischen BR und AG** sowie mit den zuständigen Stellen bei der Durchführung des Arbeitsschutzes und der Bekämpfung der Unfall- und Gesundheitsgefahren vor. Die mit Fragen des Arbeits- und Unfallschutzes befassten Stellen sind verpflichtet, den BR zu beteiligen.[12] 4

Gemäß § 25 SGB VII hat die Bundesregierung jährlich einen **statistischen Bericht** über den Stand von Sicherheit und Gesundheit bei der Arbeit und über das Unfall- und Berufskrankheitengeschehen sowie alle 4 Jahre einen umfassenden Überblick über die Entwicklung der Arbeitsunfälle und Berufskrankheiten, ihre Kosten und die Maßnahmen zur Sicherheit und Gesundheit bei der Arbeit zu erstatten (www.bmas.bund.de). 5

Mit dem Gesetz zur Umsetzung der EG-Rahmenrichtlinie Arbeitsschutz und weiteren Arbeitsschutz-Richtlinien – EASUG –, insbes. dessen Art. 1 – **Arbeitsschutzgesetz** – v. 7. 8. 96[13] wurden § 120a GewO abgelöst, der öffentlich-rechtliche Arbeitsschutz neu geregelt und eur. Richtlinien sowie der Regelungsauftrag nach Art. 30 Einigungsvertrag umgesetzt. Mit dem zeitgleich verabschiedeten Unfallversicherungs-EingliederungsG wurde das Unfallversicherungsrecht aus der RVO in das SGB VII überführt und (Art. 17) Abs. 3 und 5 dieser Vorschrift geändert. Auf Grundlage des § 19 ArbSchG sind eine Reihe von Rechtsverordnungen zur Umsetzung europäischer und internationaler Normen ergangen.[14] 6

Aus §§ 3 ff. ArbSchG ergibt sich eine umfassende **Organisationspflicht des AG** für den betrieblichen Arbeitsschutz, die auch straf- bzw. bußgeldbewehrt ist (vgl. auch § 130 OWiG, § 25 f. ArbSchG, § 209 SGB VII). Insbes. die aus § 3 Abs. 2 ArbSchG folgende Pflicht des AG, für eine geeignete Organisation zu sorgen und Vorkehrungen dafür zu treffen, dass die Maßnahmen des Arbeitsschutzes bei allen Tätigkeiten und eingebunden in die betrieblichen Führungsstrukturen beachtet werden, setzt einen Rahmen für die Entwicklung einer an den betrieblichen Gegebenheiten ausgerichteten Organisation. Hierbei bestimmt der BR nach § 87 Abs. 1 Nr. 7 mit.[15] Das staatliche Arbeitsschutzrecht und die UVV wirken neben der öffentlich-rechtlichen Verpflichtung auch auf das Arbeitsverhältnis ein, ohne dass es einer besonderen Umsetzung in das Privatrecht bedarf. D. h. sie verpflichten auch den AG gegenüber dem AN und umgekehrt, was wiederum vom BR zu überwachen ist.[16] 7

III. Europäischer Arbeitsschutz

Nach Art. 31 Abs. 1 EU-GRC hat jede/r AN das Recht auf gesunde, sichere und würdige Arbeitsbedingungen. Die Weiterentwicklung des Arbeitsschutzes wird maßgeblich durch die **Rechtssetzung der Europäischen Union** bestimmt.[17] Rechtsgrundlage sind die Verträge über die Europäische Union (EU) bzw. zuvor Gemeinschaft (EG), weiterentwickelt über die Ver- 8

9 *GL,* Rn. 2.
10 GK-*Gutzeit,* Rn. 9.
11 *WW,* Rn. 2.
12 Musterrüge des BR in DKWF-*Buschmann,* § 89 Rn. 2.
13 BGBl. I S. 1246, geändert 5. 2. 2009, BGBl. I S. 160; dazu *Pieper,* Arbeitsschutzrecht.
14 Vgl. Übersicht bei *Pieper,* § 19 ArbSchG Rn. 5.
15 *BAG* 18. 3. 14 – 1 ABR 73/12, AuR 14, 162; *Kohte,* FS Wißmann, 346, zum Arbeitszeitrecht.
16 GK-*Gutzeit,* Rn. 12, 22 m. w. N.; grundlegend dazu MünchArbR/*Kohte,* § 175 Rn. 10.
17 Dokumentiert unter Rn. 15 ff.; weiterhin bei osha, Eur. Agentur für Sicherheit und Gesundheitsschutz am Arbeitsplatz; *Oetker/Preis,* EAS; vgl. weiter HK-ArbSchR-*Lörcher,* S. 27 ff.; MünchArbR-*Kohte,* § 173, insb. Rn. 27; *Pieper,* ArbSchR, Tabelle zu § 19 ArbSchG; *Deinert/Treber,* Europäische Arbeits- und Sozialordnung, 2021.

träge von **Maastricht** v. 7. 2. 92[18] i. V. m. **Protokoll und Abkommen über die Sozialpolitik,** von **Amsterdam** v. 2. 10. 97, **Nizza** v. 26. 2. 01, **Lissabon** v. 13. 12. 07.[19]

9 Untersuchungen u. a. der Eur. Stiftung zur Verbesserung der Lebens- und Arbeitsbedingungen[20] bestätigen europaweit eine Zunahme arbeitsbedingter gesundheitlicher Probleme, eine Steigerung der Arbeitsintensität, einen Zusammenhang zwischen Arbeitszeitformen (Flexibilisierung) und Arbeitsbelastung. Die Eur. Kommission legt regelmäßige Aktionsprogramme für Sicherheit und Gesundheitsschutz am Arbeitsplatz vor. Zur Unterstützung der Mitgliedstaaten bei der praktischen Umsetzung von Gemeinschaftsvorschriften besteht die Eur. Agentur für Sicherheit und Gesundheitsschutz am Arbeitsplatz, osha.eu.int. Die Normierung auf eur. Ebene erfolgt vor allem durch Richtlinien (RL), teilweise auch durch Verordnungen (VO).

10 Die Vorschriften des primären Unionsrechts, insbes. des AEUV, sind in den Mitgliedstaaten unmittelbar anwendbar, die Grundrechte-Charta ausschließlich bei der Durchführung des Rechts der Union (Art. 51 I 1 Gr-Ch). Dies ist allgemein der Fall, wenn eine nationale Regelung einen von einer RL oder VO, für die die Umsetzungsfrist abgelaufen ist, geregelten Bereich erfasst oder berührt.[21] Nach Art. 288 Abs. 2 AEUV hat eine **Verordnung** allgemeine Geltung. Sie ist in allen ihren Teilen verbindlich und gilt unmittelbar in jedem Mitgliedstaat. Nach Abs. 3 ist eine **Richtlinie** für jeden Mitgliedstaat, an den sie gerichtet wird, hinsichtlich des zu erreichenden Ziels verbindlich, überlässt jedoch den innerstaatlichen Stellen die Wahl der Form und der Mittel. Dies bedeutet nicht, dass RL für den einzelnen Bürger so lange unverbindlich seien, bis sie durch den einzelnen Mitgliedstaat umgesetzt wären. Der *EuGH* gesteht dem Gesetzgeber der Union (Ministerrat, Parlament) das Recht zu, durch detaillierte RL den Spielraum des nationalen Gesetzgebers derart schrumpfen zu lassen, dass dieser bis in alle Einzelheiten gebunden ist.[22] Der einzelne Bürger kann in diesem Fall hieraus dem Staat gegenüber unmittelbar Rechte ableiten, wenn dieser die RL nicht fristgemäß oder unzutreffend in nationales Recht umsetzt.[23] Diese Verpflichtung trifft indes nur den öffentlichen, nicht den privaten AG.[24] Deren AN können sich gleichwohl auf für sie günstige RL berufen, allerdings in Form eines **Schadensersatzanspruchs** gegenüber dem säumigen Mitgliedstaat, der eine RL nicht umgesetzt hat.[25] Dieser Schadensersatzanspruch steht unter der Voraussetzung, dass die Verleihung von Rechten an Bürger Ziel der RL ist, dass der Inhalt dieser Rechte auf der Grundlage dieser RL bestimmt werden kann, dass schließlich ein Kausalzusammenhang zwischen dem Verstoß gegen die dem Staat auferlegte Verpflichtung und dem entstandenen Schaden besteht.[26] Verschulden ist nicht erforderlich.[27] Insofern reicht ein hinreichend qualifizierter Verstoß gegen Unionsrecht. Der Anspruch ist unabhängig davon, dass zuvor ein Antrag auf Einhaltung dieser Bestimmung bei dem AG gestellt wurde. Der Schadensersatz muss dem erlittenen Schaden angemessen sein.[28] Diese Haftung können die Mitgliedstaaten nicht durch nationale Rechtsvorschriften ausschließen.[29] Auch zwischen Privatpersonen sind europarechtswidrige, verfahrensfehlerhaft zustande gekommene nationale technische Vorschriften nicht anzuwenden.[30] **Nationales Recht ist unionsrechtskonform,** d. h. so weit wie möglich im Lichte

18 Bestätigt durch *BVerfG* 19. 10. 93, AuR 93, 370.
19 Vertrag über die EU (EUV), ABlEU Nr. C-191 S. 1, Vertrag über die Arbeitsweise der EU (AEUV) ABlEU Nr. C 306 S. 1, ber. 2009, Nr. C S. 1, Charta der Grundrechte der EU; bestätigt durch *BVerfG* 30. 6. 09 – 2 BvE 2/08 u. a.
20 Vgl. Bericht »Working anytime, anywhere: the effects on the world of work«, 2017; *Merllié/Paoli,* AuR 01, 510; *Horst,* BABl. 00, 12 ff.
21 *EuGH* 26. 2. 13, Rs. C-617/10, Rn. 21, Fransson; Schlussantrag GA *Bot* 5. 4. 11, Rs. C-108/10, Scattolon, Rn. 110–121; enger *BVerfG* 24. 4. 13 – 1 BvR 1215/07, Antiterrordatei, BVerfGE 133, 277–377.
22 *EuGH* 23. 11. 77, Slg. 77, 2203.
23 St. Rspr. seit *EuGH* 4. 12. 74, Slg. 74, 359.
24 *BAG* 18. 2. 03 – 1 ABR 2/02, AuR 03, 298 mit Anm. *Linnenkohl.*
25 *EuGH* 19. 11. 91, EuZW 91, 758, Francovich u. Bonifaci; 24. 1. 12 – C-281/10, Dominguez, AuR 12, 86.
26 *EuGH* 14. 7. 94, AuR 94, 308 m. w. N.; 5. 3. 96, NJW 96, 1267, Brasserie du Pêcheur.
27 *EuGH* 5. 3. 96, a. a. O. Rn. 79; 8. 10. 96, NJW 96, 28 m. w. N. Dillenkofer *u. a.*
28 *EuGH* 25. 11. 10, Rs. C-429/09, AuR 11, 36, Fuß II, zur Arbeitszeit-RL 2003/88/EG.
29 *EuGH* 13. 6. 06, Rs. C-173/03, TDM ./. Italien, JZ 06, 1173.
30 *EuGH* 26. 9. 00, EuZW 01, 153; dazu *Gundel,* a. a. O., 143.

des Wortlauts und des Zwecks der RL **auszulegen,** um zu einem Ergebnis zu gelangen, das mit dem von der RL verfolgten Ziel vereinbar ist.[31] Im Rahmen des Ermessens einer ESt. i. S. d. § 76 Abs. 5 Satz 3 der Betriebsparteien bilden auch unvollständig bzw. fehlerhaft umgesetzte RL eine verbindliche Ermessensgrenze.[32]

Die EU besitzt keine Allzuständigkeit für jede Form von Gesetzgebung, auch nicht auf dem Gebiet des Arbeitsrechts. Nach dem **»Prinzip der begrenzten Einzelermächtigung«** (vgl. Art. 5 Abs. 2 EUV) bedarf jeder Rechtssetzungsakt einer (EU-)vertraglichen Ermächtigungsgrundlage. Hervorzuheben sind Art. 45 AEUV (Freizügigkeit), 114–118 AEUV (Binnenmarkt), 151–161 AEUV (Sozialpolitik). Sekundäres Unionsrecht (VO, RL, Beschlüsse, Empfehlungen und Stellungnahmen, Art. 288 AEUV) zum Arbeitsschutz bedarf wie jede EG-Rechtssetzung einer **speziellen Zuständigkeitsnorm,** hier vor allem Art. 114, 153 AEUV. Daneben anerkennt der *EuGH* eine **Unionszuständigkeit kraft Sachzusammenhangs** (implied powers).[33] Abgerundet werden diese Zuständigkeiten durch die **Ergänzungsklausel** des Art. 352 AEUV. Die meisten RL zum Arbeitsschutz stützen sich auf die früheren Art. 100a und 118 EGV bzw. Art. 95, 137 EG (Amsterdam), jetzt Art. 114 und Art 153 AEUV (Lissabon). In Art. 5 EUV i. V. m. Protokoll über die Anwendung der Grundsätze der Subsidiarität und der Verhältnismäßigkeit v. 13. 12. 07 wurden diese als allgemeiner Rechtsgrundsatz für die Ausübung der Unionskompetenzen festgelegt. **11**

Im Bereich der Verbesserung insbes. der Arbeitsumwelt zum Schutze der Gesundheit und der Sicherheit der AN, der Arbeitsbedingungen, Unterrichtung und Anhörung der AN, Chancengleichheit von Männern und Frauen auf dem Arbeitsmarkt und Gleichbehandlung am Arbeitsplatz, berufliche Eingliederung der aus dem Arbeitsmarkt ausgegrenzten Personen können durch RL mit qualifizierter Mehrheit (Art. 294 AEUV) Mindestvorschriften verabschiedet werden (Art. 153 Abs. 2 AEUV). Im Bereich soziale Sicherheit und sozialer Schutz der AN, Schutz der AN bei Beendigung des Arbeitsvertrags, Vertretung und kollektive Wahrnehmung der AN- und AG-Interessen, einschließlich Mitbestimmung, Beschäftigungsbedingungen der Staatsangehörigen dritter Länder, die sich rechtmäßig im Gebiet der Union aufhalten, finanzielle Beiträge zur Förderung der Beschäftigung und zur Schaffung von Arbeitsplätzen, unbeschadet der Bestimmungen über den Sozialfonds, sind im Grundsatz nur einstimmige Beschlüsse möglich. Keine **Unionskompetenz** besteht für Arbeitsentgelt, Koalitionsrecht, Streik- und Aussperrungsrecht (Art. 153 Abs. 5 AEUV). **12**

Die auf Grundlage des Art. 153 AEUV bzw. seiner Vorgängervorschriften erlassenen RL setzen **Mindestbedingungen,** d. h., die einzelnen Mitgliedstaaten können strengere Schutzmaßnahmen treffen oder beibehalten (Abs. 4). Dagegen haben die auf Basis der Art. 94, 95 EG bzw. Art. 114 f. AEUV erlassenen **produktbezogenen Vorschriften** keine sozialpolitische, sondern eine binnenmarktbezogene Ausrichtung und regeln nicht die Rechte und Interessen der AN (Art. 114 Abs. 2 AEUV). Ziel ist es, sog. non-tarifäre Handelshemmnisse abzubauen und für eine wettbewerbsneutrale Ausgestaltung der Arbeitsrechtsordnungen der Mitgliedstaaten zu sorgen.[34] Demzufolge sind diese RL grundsätzlich **zwingend.** Strengere nationale Vorschriften sind nach einem in Art. 114 AEUV geregelten komplizierten Verfahren zulässig, wenn ein Staat sich auf wichtige Erfordernisse i. S. d. Art. 36 oder in Bezug auf den Schutz der Arbeitsumwelt oder den Umweltschutz oder auf neue wissenschaftliche Erkenntnisse beruft und die Kommission die betreffenden Bestimmungen nicht ablehnt Nach Art. 114 Abs. 3 AEUV hat die Kommission in ihren Vorschlägen zu Gesundheit, Sicherheit, Umweltschutz und Verbraucherschutz von einem hohen Schutzniveau auszugehen. Allerdings gilt diese Ermächtigungsgrundlage nicht für Bestimmungen über die Rechte und Interessen der AN (§ 114 Abs. 2 AEUV). Außerdem sind die einschlägigen europäischen technischen Normen, die von den europäischen Normenorganisationen CEN und CENELEC aufgestellt werden, allerdings keinen rechtlich zwingenden Charakter haben, zu beachten. **13**

31 *EuGH* 5. 10. 04, Rs. C – 397/01; *Pfeiffer,* AuR 04, 428.
32 *Ende,* AuR 97, 139 zu § 3 AZG.
33 Vgl. *EuGH,* Slg. 55/56, 297.
34 *Birk,* RdA 92, 69.

14 EG/EU-RL zum Arbeitsschutz wurden in großer Zahl verabschiedet. Die nationale Umsetzung der sog. Rahmenrichtlinie 89/391 EWG und wichtiger Einzel-RL erfolgte – verspätet – durch das EG-Arbeitsschutz-UmsetzungsG, EASUG, insbes. dessen Art. 1, ArbSchG, v. 7. 8. 96,[35] sowie durch VO auf Grundlage der §§ 18, 19 ArbSchG.[36] Art. 3 der RL 89/391/EWG definiert als **AN** jede Person, die von einem AG beschäftigt wird, einschließlich Praktikanten und Lehrlingen, jedoch mit Ausnahme von Hausangestellten;[37] als **AG** jede natürliche oder juristische Person, die als Vertragspartei den Beschäftigungsverhältnisses mit dem AN die Verantwortung für das UN bzw. den Betrieb trägt, wodurch auch bestimmte nicht-arbeitsrechtliche Vertragsbeziehungen abgedeckt werden. Mangels Bereichsausnahme gelten die RL sowie die dazu ergangenen Einzel-RL auch für den **öffentlichen** (incl. Beamte) und den **kirchlichen Bereich.**[38] Art. 11 RL verpflichtet die AG zur weitreichenden Anhörung und Beteiligung der AN bzw. deren Vertreter in Fragen der Sicherheit und des Gesundheitsschutzes der AN und bestätigt diesen das Recht zur direkten Kommunikation mit den zuständigen Behörden. Für den Arbeitsschutz sind u. a. folgende europäische Regelungen von Bedeutung (Übersicht nicht vollständig):[39]

1. Grundsätze/Grundrechte

15
- **Gemeinschaftscharta der sozialen Grundrechte der AN** v. 9. 12. 89[40]
  Nr. 19. Jeder AN muss in seiner Arbeitsumwelt zufriedenstellende Bedingungen für Gesundheitsschutz und Sicherheit vorfinden. Es sind geeignete Maßnahmen zu ergreifen, um die Harmonisierung der auf diesem Gebiet bestehenden Bedingungen auf dem Wege des Fortschritts weiterzuführen.
  Bei den Maßnahmen wird namentlich die Notwendigkeit einer Ausbildung, Unterrichtung, Anhörung und ausgewogenen Mitwirkung der AN hinsichtlich der Risiken, denen sie unterliegen, und der Maßnahmen, die zur Beseitigung der Verringerung dieser Risiken getroffen werden, berücksichtigt.
  Die Vorschriften über die Verwirklichung des Binnenmarktes haben zu diesem Schutz beizutragen.
- **Charta der Grundrechte der EU** v. 12. 12. 07[41]
  Art. 31 Gerechte und angemessene Arbeitsbedingungen
  Jede/r AN hat das Recht auf gesunde, sichere und würdige Arbeitsbedingungen.
  Jede/r AN hat das Recht auf eine Begrenzung der Höchstarbeitszeit, auf tägliche und wöchentliche Ruhezeiten sowie auf bezahlten Jahresurlaub.
  Art. 37 Umweltschutz
  Ein hohes Umweltschutzniveau und die Verbesserung der Umweltqualität müssen in die Politiken der Union einbezogen und nach dem Grundsatz der nachhaltigen Entwicklung sichergestellt werden.
- Auch **Arbeitnehmerbeteiligung** hat den Rang eines europäischen Grundrechts:
  Art. 27 Recht auf Unterrichtung und Anhörung der Arbeitnehmerinnen und Arbeitnehmer im Unternehmen
  Für die Arbeitnehmerinnen und Arbeitnehmer oder ihre Vertreter muss auf den geeigneten Ebenen eine rechtzeitige Unterrichtung und Anhörung in den Fällen und unter den Voraussetzungen gewährleistet sein, die nach dem Gemeinschaftsrecht und den einzelstaatlichen Rechtsvorschriften und Gepflogenheiten vorgesehen sind.
- **Europäische Säule Sozialer Rechte** (2017/C 428/09)[42]

35 BGBl. I S. 1246; dazu *Pieper,* AuR 96, 465.
36 Dazu *Wlotzke,* NJW 97, 1469; *Pieper,* AuR 97, 21; 99, 88.
37 Zum Arbeitnehmerbegriff im europäischen Recht *Borelli,* AuR 11, 472 ff.
38 Ausführlich *Georgi,* Die Beteiligungsrechte der Mitarbeitervertretungen im Arbeitsschutz, 2008.
39 Erläuterung auch bei MünchArbR-*Kohte,* § 173 IV; aktuell über *https://osha.europa.eu/legislation/directives/all*; bzw. *https://osha.europa.eu/de/safety-and-health-legislation*.
40 *DKL* Nr. 409: Titel I, Nr. 19 Gesundheitsschutz und Sicherheit in der Arbeitsumwelt.
41 ABlEU 2007 Nr. C 303/01.
42 ABlEU C 428/10 v. 13. 12 17; dazu *Lörcher,* AuR 17, 387.

2. Programmatik und institutionelle Regelungen, Berufskrankheiten

- Entscheidung des Ministerrates betr. das Mandat und die Geschäftsordnung des Ständigen Ausschusses für die Betriebssicherheit im Steinkohlenbergbau v. 9.7.57;[43] 16
- Beschluss des Rates über die Erstreckung der Zuständigkeit des Ständigen Ausschusses für die Betriebssicherheit im Steinkohlenbergbau auf alle mineralgewinnenden Betriebe v. 27.6.74;[44]
- Beschluss des Rates zur Einsetzung eines Ausschusses für Sicherheit, Arbeitshygiene und Gesundheitsschutz am Arbeitsplatz v. 27.6.74;[45]
- Empfehlung 2003/670/EG der Kommission über die Eur. Liste der Berufskrankheiten v. 19.9.03;[46]

3. Verhaltensbezogener Arbeitsschutz, Arbeitsstätten, Arbeitsmittel

- **RL 89/391/EWG über die Durchführung von Maßnahmen zur Verbesserung der Sicherheit und des Gesundheitsschutzes der AN bei der Arbeit v. 12.6.89, Arbeitsschutz-Rahmenrichtlinie**[47] umgesetzt durch EASUG v. 7.8.96;[48] 17
- RL 89/654/EWG über Mindestvorschriften für Sicherheit und Gesundheitsschutz in Arbeitsstätten (1. Einzel-RL i.S.d. Art. 16 I RL 89/391/EWG) v. 30.11.89,[49] umgesetzt durch Art. 4 der VO zur Umsetzung von EG-RL zur EG- 17,
- RL 89/655/EWG über Mindestvorschriften für Sicherheit und Gesundheitsschutz bei Benutzung von Arbeitsmitteln durch AN bei der Arbeit (2. Einzel-RL i.S.d. Art. 16 I RL 89/391/EWG) v. 30.11.89,[50] geändert durch RL 95/63/EG v. 5.12.95,[51] durch RL 2001/45/EG v. 25.6.01[52] sowie durch RL 2009/104/EG v. 16.9.09;[53] umgesetzt durch BetrSichV;
- RL 89/656/EWG über Mindestvorschriften für Sicherheit und Gesundheitsschutz bei Benutzung persönlicher Schutzausrüstungen durch AN bei der Arbeit (3. Einzel-RL i.S.d. Art. 16 I RL 89/391/EWG) v. 30.11.89,[54] umgesetzt durch Art. 1 der VO v. 4.12.96, PSA-BV;[55]
- RL 90/269/EWG über die Mindestvorschriften bezüglich der Sicherheit und des Gesundheitsschutzes bei der manuellen Handhabung von Lasten, die für die AN insbesondere eine Gefährdung der Lendenwirbelsäule mit sich bringt (4. Einzel-RL i.S.d. Art. 16 I der RL 89/391/EWG) v. 29.5.1990,[56] umgesetzt durch Art. 2 LasthandhabVO;
- RL 90/270/EWG über die Mindestvorschriften bezüglich der Sicherheit und des Gesundheitsschutzes bei der Arbeit an Bildschirmgeräten (5. Einzel-RL i.S.d. Art. 16 I der RL 89/391/EWG) v. 29.5.90,[57] umgesetzt durch BildscharbVO; seit 2015 Anhang ArbstättV;
- RL 92/57/EWG über die auf zeitlich begrenzten oder örtlichen Baustellen anzuwendenden Mindestvorschriften für die Sicherheit und den Gesundheitsschutz (8. Einzel-RL i.S.d. Art. 16 I der RL 89/391/EWG) v. 24.6.92,[58] umgesetzt durch VO über Sicherheit und Gesundheitsschutz auf Baustellen, BaustellV;

---

43 ABl-Ministerrat 1957 Nr. 487 S. 57.
44 ABlEG 1974 Nr. L 185 S. 18.
45 ABlEG 1974 Nr. L 185 S. 15.
46 ABlEG 2003 Nr. L 238 S. 28.
47 ABlEG 1989 Nr. L 183/1.
48 BGBl. I S. 1246; zur Bedeutung und Umsetzung in den Mitgliedstaaten vgl *Kohte u. a.*, ZIAS 99, 85 ff.
49 ABlEG 1989 Nr. L 393/1; vgl. *Faber*, Die arbeitsschutzrechtlichen Grundpflichten des § 3 ArbSchG, 2004.
50 ABlEG 1989 Nr. L 393/13.
51 ABlEG Nr. L 335 S. 28.
52 ABlEG Nr. L 195 S. 46.
53 ABlEU 2009 Nr. L 260/5.
54 ABlEG 1990 Nr. L 393/18.
55 BGBl. I S. 1841.
56 ABlEG 1990 Nr. L 156/9.
57 ABlEG 1990 Nr. 156/14.
58 ABlEG 1992 Nr. L 245/6.

- RL 92/58/EWG über Mindestvorschriften für die Sicherheit und/oder die Gesundheitsschutzkennzeichnung am Arbeitsplatz (9. Einzel-RL i. S. d. Art. 16 I der RL 89/391/EWG) v. 24. 6. 92,[59] umgesetzt durch 2. Novelle zur GefStoffV v. 19. 9. 94,[60] Allg. BundesbergbauVO v. 23. 10. 95,[61] UVV »Sicherheits- und Gesundheitsschutzkennzeichnung am Arbeitsplatz« (VBG 125);
- RL 92/91/EWG über Mindestvorschriften zur Verbesserung der Sicherheit und des Gesundheitsschutzes in den Betrieben, in denen durch Bohrungen Mineralien gewonnen werden (11. Einzel-RL i. S. d. Art. 16 I der RL 89/391/EWG) v. 3. 11. 92,[62] umgesetzt durch ABBergVO v. 23. 10. 95;[63]
- RL 92/104/EWG über Mindestvorschriften zur Verbesserung der Sicherheit und des Gesundheitsschutzes der AN in mineralgewinnenden Betrieben (12. Einzel-RL i. S. d. Art. 16 I der RL 89/391/EWG) v. 3. 12. 92,[64] umgesetzt wie o.;
- RL 92/29/EWG über Mindestvorschriften für die Sicherheit und den Gesundheitsschutz zum Zweck einer besseren medizinischen Versorgung auf Schiffen v. 31. 3. 92,[65] umgesetzt durch KrankenfürsorgeV;[66]
- RL 2000/14/EG v. 8. 5. 2000 zur Angleichung der Rechtsvorschriften der Mitgliedstaaten über umweltbelastende Geräuschemissionen von zur Verwendung im Freien vorgesehenen Geräten und Maschinen;
- RL 2002/44/EG über Mindestvorschriften zum Schutz von Sicherheit und Gesundheit der AN vor der Gefährdung durch physikalische Einwirkungen (Vibrationen) (16. Einzel-RL i. S. d. RL 89/391/EWG) v. 25. 6. 02,[67] umgesetzt durch LärmVibrationsArbSchV;
- RL 2003/10/EG über Mindestvorschriften zum Schutz von Sicherheit und Gesundheit der AN vor der Gefährdung durch physikalische Einwirkungen (Lärm) (17. Einzel-RL i. S. d. Art. 16 I der RL 89/391/EWG) v. 6. 2. 03,[68] umgesetzt durch LärmVibrationsArbSchV;
- RL 2004/40/EG über Mindestvorschriften zum Schutz von Sicherheit und Gesundheit der AN vor der Gefährdung durch physikalische Einwirkungen (elektromagnetische Felder) (18. Einzel-RL i. S. d. Art. 16 I der RL 89/391/EWG) v. 29. 4. 04;[69] geändert durch Art. 1 der RL 2008/46/EG,[70] abgelöst durch RL 2013/35/EU;
- RL 2007/30 zur Änderung der RL 89/391/EWG und ihrer Einzel-RLn sowie der RL 83/477/EWG, 91/383/EWG, 92/29/EWG und 94/33/EG im Hinblick auf die Vereinfachung und Rationalisierung der Berichte über die praktische Durchführung;
- RL 2009/104/EG über Mindestvorschriften für Sicherheit und Gesundheitsschutz bei Benutzung von Arbeitsmitteln durch AN bei der Arbeit (2. Einzel-RL i. S. d. Art. 16 Abs. 1 der RL 89/391/EWG) v. 16. 9. 09;
- RL 2009/105/EG v. 16. 9. 2009 über einfache Druckbehälter;
- RL 2009/161/EU der Kommission zur Festlegung einer 3. Liste von Arbeitsplatz-Richtgrenzwerten in Durchführung der RL 98/24/EG und zur Änderung der RL 2000/39/EG v. 17. 12. 09;
- geändert durch RL (EU) 2017/164 der Kommission zur Festlegung einer 4. Liste von Arbeitsplatz-Richtgrenzwerten in Durchführung der RL 98/24/EG und zur Änderung der RL 91/322/EWG, 2000/39/EG und 2009/161/EU v. 31. 1. 17;VO (EG) Nr. 1221/2009 v. 25. 11. 09 über die freiwillige Teilnahme von Organisationen an einem Gemeinschaftssystem für Umweltmanagement und Umweltbetriebsprüfung und zur Aufhebung der VO

---

59 ABlEG 1992 Nr. L 245/23.
60 BGBl. I S. 2557.
61 BGBl. I S. 1466.
62 ABlEG 1992 Nr. L 348/9.
63 BGBl. I S. 1466.
64 ABlEG 1992 Nr. L 404/10.
65 ABlEG 1992 Nr. L 113/19.
66 BGBl. I S. 631.
67 ABlEG 2002 Nr. L 177/13.
68 ABlEG 2003 Nr. L 42/38.
69 ABlEU Nr. L 184 S. 1.
70 ABlEU 2008 Nr. L 114/88.

(EG) Nr. 761/2001 – sowie der Beschlüsse der Kommission 2001/681/EG und 2006/193/EG,[71] umgesetzt durch Umwelt-Auditgesetz v. 7. 12. 95, geändert 27. 6. 17;
- geändert durch RL (EU) 2019/1831 der Kommission zur Festlegung einer 5. Liste von Arbeitsplatz-Richtgrenzwerten in Durchführung der RL 98/24/EG und zur Änderung der RL 2000/39/EG v. 24. 10. 19;
- RL 2010/32/EU zur Durchführung der von HOSPEEM und EGÖD geschlossenen Rahmenvereinbarung zur Vermeidung von Verletzungen durch scharfe/spitze Instrumente im Krankenhaus- und Gesundheitssektor (Nadelstich) v. 10. 5. 10;
- RL 2010/35/EU v. 16. 6. 2010 über ortsbewegliche Druckgeräte und zur Aufhebung der RL 76/767/EWG, 84/525/EWG, 84/526/EWG, 84/527/EWG und 1999/36/EG:
- RL 2013/35/EU über Mindestvorschriften zum Schutz von Sicherheit und Gesundheit der AN vor der Gefährdung durch physikalische Einwirkungen (elektromagnetische Felder) (20. Einzel-RL i. S. d. Art. 16 Abs. 1 der RL 89/391/EWG) und zur Aufhebung der RL 2004/40/EG v. 26. 6. 13;
- RL 2014/34/EU zur Harmonisierung der Rechtsvorschriften der Mitgliedstaaten für Geräte und Schutzsysteme zur bestimmungsgemäßen Verwendung in explosionsgefährdeten Bereichen v. 26. 2. 14;
- RL 2014/29/EU zur Harmonisierung der Rechtsvorschriften der Mitgliedstaaten über die Bereitstellung einfacher Druckbehälter auf dem Markt v. 26. 2. 2014
- RL 2014/68/EU zur Harmonisierung der Rechtsvorschriften der Mitgliedstaaten über die Bereitstellung von Druckgeräten auf dem Markt v. 15. 5. 2014.

4. Schutz vor gefährlichen Arbeitsstoffen am Arbeitsplatz

- RL 78/610/EWG zur Angleichung der Rechts- und Verwaltungsvorschriften der Mitgliedstaaten über den Schutz der Gesundheit von AN, die Vinylchloridmonomer ausgesetzt sind, v. 29. 6. 78,[72] geändert durch RL 99/38/EG v. 29. 4. 99,[73] umgesetzt durch GefStoffV; 18
- RL 80/1107/EWG zum Schutz der AN vor der Gefährdung durch chemische, physikalische und biologische Arbeitsstoffe bei der Arbeit v. 27. 11. 80,[74] geändert durch
- RL 88/642/EWG zur Änderung der RL 80/1107/EWG zum Schutz der AN vor der Gefährdung durch chemische, physikalische und biologische Arbeitsstoffe bei der Arbeit v. 16. 12. 88;[75]
- RL 91/322/EWG der Kommission zur Festsetzung von Richtgrenzwerten zur Durchführung der RL 80/1107/EWG über den Schutz der AN vor der Gefährdung durch chemische, physikalische und biologische Arbeitsstoffe bei der Arbeit v. 29. 5. 91,[76] ergänzt durch RL 2000/39/EG v. 8. 6. 00,[77] geändert durch RL 2006/15/EG der Kommission v. 2. 2. 06,[78] umgesetzt durch GefStoffV;
- RL 96/94/EG der Kommission zur Festlegung einer 2. Liste von Richtgrenzwerten zur Durchführung der RL 80/1107/EWG;[79]
- RL 82/605/EWG über den Schutz der AN gegen Gefährdung durch metallisches Blei und seine Ionenverbindungen am Arbeitsplatz (1. Einzel-RL i. S. d. Art. 8 RL 80/1107/EWG) v. 28. 7. 82,[80] geändert durch RL 98/24/EG v. 7. 4. 98 (s. o.), umgesetzt durch GefStoffV;
- RL 83/477/EWG über den Schutz der AN gegen Gefährdung durch Asbest am Arbeitsplatz (2. Einzel-RL i. S. d. Art. 8 RL 80/1107/EWG) v. 19. 9. 83,[81] geändert durch

71 ABlEU L 342/1.
72 ABlEG 1978 Nr. L 197/12.
73 ABlEG 1999 Nr. L S. 66.
74 ABlEG 80 Nr. L 327/8.
75 ABlEG 1988 Nr. L 356/74.
76 ABlEG 1991 Nr. L 177/22.
77 ABlEG 2000 Nr. L 142/47.
78 ABlEG 2006 Nr. L 38/36.
79 ABlEG 1996 Nr. L 338/86.
80 ABlEG 1982 Nr. L 247/12.
81 ABlEG 1983 Nr. L 263/25.

- RL 91/382/EWG zur Änderung der RL 83/477/EWG über den Schutz der AN gegen Gefährdungen durch Asbest am Arbeitsplatz v. 25. 6. 91,[82] umgesetzt durch GefStoffV, geändert durch RL 2003/18/EG v. 27. 3. 2003;[83]
- abgelöst durch RL 2009/148/EG über den Schutz der AN gegen Gefährdung durch Asbest am Arbeitsplatz v. 30. 11. 09;
- RL 86/188/EWG über den Schutz der AN gegen Gefährdung durch Lärm am Arbeitsplatz (3. Einzel-RL i. S. d. Art. 8 RL 80/1107/EWG) v. 12. 5. 86,[84] geändert durch RL 98/24/EG (s. o.) umgesetzt durch 3. VO zum GerätesicherheitsG (3. GSGV) v. 18. 1. 91[85] und UVV »Lärm« (VBG 121) sowie »Arbeitsmedizinische Vorsorge« (VBG 100); aufgehoben durch Art. 15 der RL 2003/10/EG;
- RL 88/364/EWG zum Schutz der AN durch ein Verbot bestimmter Arbeitsstoffe und/oder Arbeitsverfahren (4. Einzel-RL i. S. d. Art. 8 RL 80/1107/EWG) v. 9. 6. 88,[86] geändert durch RL 98/24/EG v. 7. 4. 1998 (s. o.), umgesetzt durch GefStoffV;
- RL 90/394/EWG über den Schutz der AN gegen Gefährdungen durch Karzinogene bei der Arbeit (6. Einzel-RL i. S. d. Art. 16 I der RL 89/391/EWG) v. 28. 6. 90,[87] geändert durch RL 97/42/EG v. 27. 6. 97,[88] kodifiziert durch RL 2004/37/EG v. 29. 4. 04,[89] umgesetzt durch GefStoffV;
- RL 90/679/EWG über den Schutz der AN gegen Gefährdungen durch biologische Arbeitsstoffe bei der Arbeit (7. Einzel-RL i. S. d. Art. 16 I der RL 89/391/EWG) v. 26. 11. 90,[90] geändert durch
- RL 93/88/EWG zur Änderung der RL 90/679/EWG über den Schutz der AN gegen Gefährdung durch biologische Arbeitsstoffe bei der Arbeit v. 1. 10. 93,[91] angepasst durch
- RL 95/30/EG der Kommission v. 30. 6. 1995,[92] angepasst durch
- RL 97/65/EG der Kommission v. 26. 11. 97,[93] umgesetzt durch BioStoffVO v. 27. 1. 99[94] sowie TRBA 130 Arbeitsschutzmaßnahmen in akuten biologischen Gefahrenlagen v. 18. 6. 12 – IIIb 3-34504-7;[95]
- Kodifizierung durch RL 2000/54/EG über den Schutz der AN gegen Gefährdung durch biologische Arbeitsstoffe bei der Arbeit v. 18. 9. 00;[96]
- RL 98/24/EG zum Schutz von Gesundheit und Sicherheit der AN vor der Gefährdung durch chemische Arbeitsstoffe bei der Arbeit (14. Einzel-RL i. S. d. Art. 16 I der RL 89/391/EWG) v. 7. 4. 98;[97] umgesetzt durch GefStoffV;
- RL 1999/30/EG über Grenzwerte für Schwefeldioxid, Stickstoffdioxid und Stickstoffoxide, Partikel und Blei in der Luft (FeinstaubRL) v. 22. 4. 99;[98]
- RL 99/92/EG über Mindestvorschriften zur Verbesserung des Gesundheitsschutzes und der Sicherheit der AN, die durch explosionsfähige Atmosphären gefährdet werden (15. Einzel-RL i. S. d. Art. 16 Abs. 1 der RL 89/391/EWG) v. 16. 12. 99;[99] umgesetzt durch BetrSichV und GefStoffV;

---

82 ABlEG 1991 Nr. L 206/16.
83 ABlEG 2003 Nr. L 97/48.
84 ABlEG 1986 Nr. L 137/28.
85 BGBl. I S. 146.
86 ABlEG 1988 Nr. L 179/44.
87 ABlEG 1990 Nr. L 196/1.
88 ABlEG 1997 Nr. L 179/4.
89 ABlEU Nr. L 158/50 u. L 229 S. 23.
90 ABlEG 1990 Nr. L 314/1.
91 ABlEG 1993 Nr. L 268/71, ber. ABlEG Nr. 217/18v. 23. 8. 1994.
92 ABlEG 1995 Nr. L 155/41.
93 ABlEG 1997 Nr. L 335/17.
94 BGBl. I S. 50.
95 Gemeinsames Ministerialblatt 2012, 459.
96 ABlEG Nr. 2262/21.
97 ABlEG 1998 Nr. L 131/11.
98 ABlEG Nr. L 163/41.
99 ABlEG Nr. L 23/53v. 28. 1. 00.

- RL 2006/25/EG über Mindestvorschriften zum Schutz von Sicherheit und Gesundheit der AN vor der Gefährdung durch physikalische Einwirkungen (künstliche optische Strahlung) (19. Einzel-RL i. S. d. Art. 16 I der RL 89/391/EWG) v. 5. 4. 06;[100] umgesetzt durch ArbeitsschutzV zu künstlicher optischer Strahlung, OStrV;
- RL 2008/68/EG v. 24. 9. 2008 über die Beförderung gefährlicher Güter im Binnenland.

5. Schutz vor Risikotechnologien

- RL 82/501/EWG über die Gefahren schwerer Unfälle bei bestimmten Industrietätigkeiten v. 24. 6. 1982,[101] geändert durch RL 87/216/EWG zur Änderung der RL 82/501/EWG über die Gefahren schwerer Unfälle bei bestimmten Industrietätigkeiten v. 19. 3. 87[102] sowie durch 19
- RL 88/610/EWG zur Änderung der RL 82/501/EWG über die Gefahren schwerer Unfälle bei bestimmten Industrietätigkeiten v. 24. 11. 88[103] mit der Verpflichtung des UN, eine Störfallanalyse aufzustellen, danach Maßnahmen zur Minderung etwaiger Schadensfälle zu ergreifen und Schadensfälle der zuständigen Behörde anzuzeigen, umgesetzt durch StörfallV, abgelöst durch
- RL 96/82/EG zur Beherrschung der Gefahren schwerer Unfälle mit gefährlichen Stoffen v. 9. 12. 1996,[104] geändert durch RL 2003/105/EG v. 16. 12. 2003,[105] umgesetzt durch StörfallV; aufgehoben durch
- RL 2012/18/EU zur Beherrschung der Gefahren schwerer Unfälle mit gefährlichen Stoffen, zur Änderung und anschließenden Aufhebung der RL 96/82/EG v. 4. 7. 12;[106]
- RL 96/29/Euratom zur Änderung der RL, mit denen die Grundnormen für den Gesundheitsschutz der Bevölkerung und der Arbeitskräfte gegen die Gefahren ionisierender Strahlungen festgelegt wurden v. 13. 5. 96;[107]
- RL 90/219/EWG über die Anwendung genetisch veränderter Mikroorganismen v. 23. 4. 90;[108]
- RL 90/220/EWG über die absichtliche Freisetzung genetisch veränderter Organismen v. 23. 4. 90;[109]
- RL 2009/71/EURATOM v. 25. 6. 2009 über einen Gemeinschaftsrahmen für die nukleare Sicherheit kerntechnischer Anlagen
- RL 2013/59/EURATOM zur Festlegung grundlegender Sicherheitsnormen für den Schutz vor den Gefahren einer Exposition gegenüber ionisierender Strahlung und zur Aufhebung der RL 89/618/Euratom, 90/641/Euratom, 96/29/Euratom, 97/43/Euratom und 2003/122/Euratom v. 5. 12. 13.

6. Produktbezogener Arbeitsschutz, Gerätesicherheit

- RL 89/392/EWG zur Angleichung der Rechtsvorschriften der Mitgliedstaaten von Maschinen v. 14. 6. 89,[110] geändert durch 20
- RL 91/368/EWG zur Änderung der RL 89/392/EWG über die Angleichung der Rechtsvorschriften der Mitgliedstaaten für Maschinen v. 20. 6. 91;[111]
- RL 93/44/EWG zur Änderung der RL 89/392/EWG zur Angleichung der Rechtsvorschriften der Mitgliedstaaten für Maschinen v. 14. 6. 93;[112]

---

100 ABlEU 06 Nr. L 114/38.
101 ABlEG 82 Nr. L 230/1.
102 ABlEG 1987 Nr. L 85/36.
103 ABlEG 1988 Nr. L 336/14.
104 ABlEG 1997 Nr. L 10/13.
105 ABIEU Nr. L 345/97.
106 ABlEU 2012 Nr. L/197.
107 ABIEG Nr. L S. 1.v. 29. 6. 96.
108 ABlEG 1990 Nr. L 117/1.
109 ABlEG 1990 Nr. L 117/5.
110 ABlEG 1989 Nr. L 183/9.
111 ABlEG 1991 Nr. L 198/16.
112 ABlEG 1993 Nr. L 175/2.

- RL 89/686/EWG zur Angleichung der Rechtsvorschriften der Mitgliedstaaten für persönliche Schutzausrüstungen v. 21. 12. 89,[113] geändert durch
- RL 93/68/EWG (CE-Kennzeichnungs-RL) zur Änderung u. a. der RL 89/392/EWG (Maschinen), 89/686/EWG (persönliche Schutzausrüstungen) v. 22. 7. 93;[114]
- RL 93/95/EWG zur Änderung der RL 89/686/EWG zur Angleichung der Rechtsvorschriften der Mitgliedstaaten für persönliche Schutzausrüstungen v. 29. 10. 93;[115]
- RL 96/58/EG der EP und des Rates zur Änderung der RL 89/686/EWG zur Angleichung der Rechtsvorschriften der Mitgliedstaaten für persönliche Schutzausrüstungen v. 3. 9. 96,[116] umgesetzt durch 8. VO zum GerätesicherheitsG;
- RL 92/59/EWG über die allgemeine Produktsicherheit v. 29. 6. 92,[117] geändert durch RL 2001/95/EG v. 3. 12. 01,[118] umgesetzt durch ProdSG.
- RL 98/37/EG zur Angleichung der Rechts- und Verwaltungsvorschriften der Mitgliedstaaten für Maschinen v. 22. 6. 98;[119]
- RL 2006/42/EG v. 17. 5. 2006 über Maschinen und zur Änderung der RL 95/16/EG,[120] umgesetzt durch Geräte- und Produktsicherheitsgesetz und AufzugsVO; ersetzt durch
- RL 2014/33/EU v. 26. 2. 2014 zur Angleichung der Rechtsvorschriften der Mitgliedstaaten über Aufzüge und Sicherheitsbauteile für Aufzüge;
- VO (EU) Nr. 305/2011 v. 9. 3. 2011 zur Festlegung harmonisierter Bedingungen für die Vermarktung von Bauprodukten und zur Aufhebung der RL 89/106/EWG;[121]
- VO (EU) 2016/425 v. 9. 3. 2016 über persönliche Schutzausrüstungen und zur Aufhebung der RL 89/686/EWG;
- VO (EU) 2016/426 v. 9. 3. 2016 über Geräte zur Verbrennung gasförmiger Brennstoffe und zur Aufhebung der RL 2009/142/EG.

7. Sozialer Arbeitsschutz, Arbeitszeitschutz

21
- RL 91/383/EWG zur Ergänzung der Maßnahmen zur Verbesserung der Sicherheit und des Gesundheitsschutzes von Arbeitnehmern mit befristetem Arbeitsverhältnis oder Leiharbeitsverhältnis v. 25. 6. 91,[122] umgesetzt durch EASUG v. 7. 8. 96;[123]
- RL 92/85/EWG über die Durchführung von Maßnahmen zur Verbesserung der Sicherheit und des Gesundheitsschutzes von schwangeren Arbeitnehmerinnen, Wöchnerinnen und stillenden Arbeitnehmerinnen am Arbeitsplatz (10. Einzel-RL i. S. d. Art. 16 I der RL 89/391/EG) v. 19. 10. 92,[124] geändert durch RL 2007/30/EG v. 20. 6. 07,[125] umgesetzt durch MuSchG, MuSchArbV (2017 ins MuSchG integriert);
- RL 94/33/EG über den Jugendarbeitsschutz v. 22. 6. 94,[126] geändert 20. 6. 19,[127] umgesetzt durch 2. Gesetz zur Änderung des JArbSchG v. 24. 2. 97;[128]
- RL 96/71/EG v. 16. 12. 1996 über die Entsendung von AN im Rahmen der Erbringung von Dienstleistungen (Entsende-RL), geändert durch
- RL (EU) 2018/957 v. 28. 6. 2018 zur Änderung der RL 96/71/EG;

113 ABlEG 1989 Nr. L 399/18.
114 ABlEG 1993 Nr. L 220/1.
115 ABlEG 1993 Nr. L 276/11.
116 ABlEG 1996 Nr. L 236/44.
117 ABlEG 1992 Nr. L 228/ 24.
118 ABlEG 2002 Nr. L 11/4.
119 ABlEG. L 207/1.
120 ABlEU 2006 Nr. L 157/24.
121 ABlEU 2011 Nr. L 88/5.
122 ABlEG 1991 Nr. L 206/19.
123 BGBl. I S. 1246.
124 ABlEG 92 Nr. L 348/1; dazu *Lörcher,* AuR 93, 54.
125 ABlEU 2007 Nr. L 165/21; ausführlich zu deren Leitbild *Nebe*, Betrieblicher Mutterschutz ohne Diskriminierungen, 2006, S. 120 ff.
126 ABlEG 94 Nr. L 216/12; dazu *Lörcher,* AuR 94, 360.
127 ABlEU 2019 Nr. L 198/241.
128 BGBl. I S. 311; dazu *Düwell,* AuR 98, 232.

- RL 97/81/EG über Teilzeitarbeit v. 15. 12. 97,[129] umgesetzt durch TzBFG;
- RL 99/70/EG über befristete Arbeitsverträge v. 28. 6. 99,[130] umgesetzt durch TzBFG.
- RL 2008/104/EG über Leiharbeit v. 19. 11. 08;[131] teilweise umgesetzt durch AÜG;
- RL 2010/18/EU v. 8. 3. 10 über den Elternurlaub und zur Aufhebung der RL 96/34/EG;[132] abgelöst durch RL (EU) 2019/1158 v. 20. 6. 19 zur Vereinbarkeit von Beruf und Privatleben für Eltern und pflegende Angehörige und zur Aufhebung der RL 2010/18/EU (Vereinbarkeitsrichtlinie);
- RL 93/103/EG über Mindestvorschriften für Sicherheit und Gesundheitsschutz bei der Arbeit an Bord von Fischereifahrzeugen (13. Einzel-RL i. S. d. Art. 16 I der RL 89/391/EWG) v. 23. 11. 93[133] umgesetzt durch UVV See (VGB 108); vgl. auch Abschnitt 6 SeeArbG;
- RL (EU) 2017/159 zur Durchführung der Vereinbarung über die Durchführung des Übereinkommens über die Arbeit im Fischereisektor v. 2007 der IAO, die am 21. 5. 2012 zwischen dem Allg. Verband der landwirtschaftlichen Genossenschaften der EU (COGECA), der Eur. Transportarbeiter-Föderation (ETF) und der Vereinigung der nationalen Verbände von Fischereiunternehmen in der EU (Europêche) geschlossen wurde, v. 19. 12. 16;
- RL 93/104/EWG über bestimmte Aspekte der Arbeitszeitgestaltung v. 23. 11. 93,[134] umgesetzt durch ArbZRG v. 6. 6. 94;[135] geändert durch
- RL 2000/34/EG hinsichtlich der Sektoren und Tätigkeitsbereiche, die von jener RL ausgeschlossen sind, v. 22. 6. 00,[136] geändert durch
- RL 2003/88/EG über bestimmte Aspekte der Arbeitszeitgestaltung v. 4. 11. 03;[137]
- RL 99/63/EG über die Arbeitszeit von Seeleuten v. 21. 6. 99,[138] geändert durch
- RL 99/95/EG zur Durchsetzung der Arbeitszeitregelung an Bord von Schiffen, die Gemeinschaftshäfen anlaufen, v. 13. 12. 99;[139]
- RL 2009/13/EG über das IAO-Seearbeitsübereinkommen 2006 v. 16. 2. 09;
- RL (EU) 2015/1794 zur Änderung der RL 2008/94/EG, 2009/38/EG, 2002/14/EG, 98/59/EG, 2001/23/EG in Bezug auf Seeleute v. 6. 10. 15;[140]
- RL 2014/112/EU v. 19. 12. 14 zur Umsetzung der Sozialpartnervereinbarung über die Arbeitszeiten in der Binnenschifffahrt v. 15. 12. 12;
- RL 2000/79/EG über die Arbeitszeitorganisation für das fliegende Personal der Zivilluftfahrt v. 27. 11. 00;[141]
- VO 561/2006 über die Harmonisierung bestimmter Sozialvorschriften im Straßenverkehr v. 15. 3. 06;[142]
- VO 3821/85 über das Kontrollgerät im Straßenverkehr v. 20. 12. 85 [143]
- RL 2002/15/EG zur Regelung der Arbeitszeiten von Personen, die Fahrtätigkeiten im Bereich des Straßenverkehrs ausüben;[144]
- RL 2006/22/EG über Mindestbedingungen für die Durchführung der VO (EWG) Nr. 3820/85 und (EWG) Nr. 3821/85 über Sozialvorschriften für Tätigkeiten im Kraftverkehr sowie zur Aufhebung der RL 88/599/EWG v. 15. 3. 06;

---

129 ABlEG 98 Nr. L 14/9; dazu *Buschmann/Dieball/Stevens-Bartol*, TZA, 2. Aufl. 2001, S. 193 ff.
130 ABlEG 99 Nr. L 175/43.
131 ABlEU Nr. L 327/9; dazu *Ulber*, AuR 10, 10.
132 ABlEU Nr. L 68/13.
133 ABlEG 1993 Nr. L 307/1.
134 ABlEG 1993 Nr. L 307/18; dazu *Lörcher*, AuR 94, 49.
135 BGBl. I S. 1176.
136 ABlEG 00 Nr. L 195/41.
137 ABlEG 2003 Nr. L 299/9; dokumentiert bei *Buschmann/Ulber*, Arbeitszeitrecht, 1. Aufl. 2019.
138 ABlEG 99 Nr. L 167/33.
139 ABlEG 00 Nr. L 14/29.
140 ABlEU 15 Nr. L 263 /1; AuR 2016, 130.
141 ABlEG 00 Nr. L 302/57.
142 LenkzeitenVO, ABlEU Nr. L 102/1v. 11. 4. 06; auszugsweise dokumentiert bei *Buschmann/Ulber*, Arbeitszeitrecht a. a. O.
143 ABlEG Nr. L 370/8.
144 ABlEG 02 Nr. L 80/35; ferner *Buschmann/Ulber*, a. a. O.

- RL 2009/5/EG der Kommission zur Änderung von Anh. III der RL 2006/22/EG über Mindestbedingungen für die Durchführung der VO (EWG) Nr. 3820/85 u. (EWG) Nr. 3821/85 über Sozialvorschriften für Tätigkeiten im Kraftverkehr v. 30. 1. 2009;
- RL 2005/47/EG betr. die Vereinbarung zwischen der Gemeinschaft der Eur. Bahnen (CER) und der Eur. Transportarbeiter-Föderation (ETF) über best. Aspekte der Einsatzbedingungen des fahrenden Personals im interoperablen grenzüberschreitenden Verkehr im Eisenbahnsektor v. 18. 7. 2005;[145]
- RL 2007/59/EG v. 23. 10. 2007 über die Zertifizierung von Triebfahrzeugführern, die Lokomotiven und Züge im Eisenbahnsystem in der Gemeinschaft führen.[146]

8. Autonome Sozialpartnervereinbarungen

21a Zusätzlich zu den hier aufgeführten RL hat die Kommission zu Einzelfragen RL bzw. VO erlassen.[147] Schließlich haben die eur. Sozialpartner sog. **Autonome Sozialpartnervereinbarungen** gem. Art. 155 II AEUV getroffen, die Bestimmungen zum betrieblichen Gesundheitsschutz enthalten und, auch soweit sie nicht in supranationales Recht implementiert wurden, auf die nationale Rechtsentwicklung einwirken:[148]

- Rahmenvereinbarung über Telearbeit, 2002
- Belästigung und Gewalt am Arbeitsplatz, 2007
- Förderung der Chancengleichheit von Männern und Frauen, 2005
- Stress am Arbeitsplatz, 2004
- Lebenslange Entwicklung von Kompetenzen und Qualifikationen, 2002
- Rahmenvereinbarung über integrative Arbeitsmärkte, 2010.

9. Europäische Sozialcharta (Revidiert)

21b Die Rev. Eur. Sozialcharta v. 3. 5. 96 (Europarats-Abkommen Nr. 163) wurde von Deutschland am 29. 6. 07 unterzeichnet, ratifiziert erst durch Gesetz v. 12. 11. 20,[149] dem Europarat zugestellt am 29. 3. 21, in Kraft seit 1. 5. 21. Mit der Ratifikation wurden Vorbehaltserklärungen (= Nicht-Ratifikation) abgegeben zu Art. 4 Abs. 4, Art. 7 Abs. 1, Art. 10 Abs. 5, Art. 21, 22, 24, 30 u. 31 sowie Auslegungserklärungen zu Art. 2 Abs. 2, Art. 3 Abs. 2 u. 3, Art. 4 Abs. 1 u. 3, Art. 6 Abs. 4, Art. 7 Abs. 5, Art. 12 Abs. 2 u. Art. 19 Abs. 11. In Art. 3 RESC (Recht auf sichere und gesunde Arbeitsbedingungen) verpflichten sich die Vertragsparteien, in Beratung mit Arbeitgeber- und Arbeitnehmerorganisationen:

1. eine kohärente nationale Politik auf dem Gebiet der Sicherheit und des Gesundheitsschutzes der AN sowie der Arbeitsumwelt festzulegen, umzusetzen und in regelmäßigen Abständen zu überprüfen. Vorrangiges Ziel dieser Politik ist es, die Sicherheit und Gesundheit bei der Arbeit zu verbessern sowie Unfälle und Beeinträchtigungen der Gesundheit, die sich aus der Arbeit ergeben, mit der Arbeit verbunden sind oder im Verlauf der Arbeit auftreten, insbes. dadurch zu verhüten, dass die Ursachen der Gefahren in der Arbeitsumwelt soweit wie möglich verringert werden;
2. Sicherheits- und Gesundheitsvorschriften zu erlassen;
3. für Kontrollmaßnahmen zur Einhaltung dieser Vorschriften zu sorgen;
4. für alle AN die schrittweise Einrichtung betriebsärztlicher Dienste mit im Wesentlichen vorbeugenden und beratenden Aufgaben zu fördern.

---

145 ABlEG Nr. L 195 v. 27. 07. 05, 15 ff.
146 ABl. L 315 v. 3. 12. 07, 51.
147 Vgl. sozialpolitische Agenda, Bericht der Eur. Kommission = 9. 2. 05, KOM (2005) 33 endg.
148 Deutlich am Beispiel der RV-Stress die Gesetzesinitiativen in Deutschland BR-Drs. 315/13 zum Erlass einer neuen RV und die Änderung des ArbSchG, dazu Anhörung *Kohte*, BT-Drs. Ausschussdrs. 17(11)1152, S. 53.
149 BGBl. II 900 v. 24. 11. 20; Zum Ratifikationsverfahren *Lörcher*, AuR 20, 303; zur Auslegung EUArbR/*Schubert*, (50) ESC; *Bruun/Lörcher/Schömann/Clauwaert* (Hrsg.), The European Social Charter and the Employment Relation, 2017.

In Art. 11 (Recht auf Schutz der Gesundheit) verpflichten sich die Vertragsparteien, entweder unmittelbar oder in Zusammenarbeit mit öffentlichen oder privaten Organisationen geeignete Maßnahmen zu ergreifen, die u. a. darauf abzielen:

1. soweit wie möglich die Ursachen von Gesundheitsschäden zu beseitigen;
2. Beratungs- und Schulungsmöglichkeiten zu schaffen zur Verbesserung der Gesundheit und zur Entwicklung des persönlichen Verantwortungsbewusstseins in Fragen der Gesundheit;
3. soweit wie möglich epidemischen, endemischen und anderen Krankheiten sowie Unfällen vorzubeugen.

10. IAO-Übereinkommen

Weitere internationale Arbeitsschutzstandards ergeben sich aus **Übereinkommen der IAO** wie: 22

- IAO-Ü Nr. 62 v. 26. 3. 37 über Unfallverhütungsvorschriften bei Hochbauarbeiten;
- Nr. 73 v.6.6.46 über ärztliche Untersuchungen der Schiffsleute;
- Nr. 81 v. 11. 7. 47 über die Arbeitsaufsicht im Gewerbe und Handel;
- Nr. 115 v. 22. 6. 60 über den Schutz der AN vor ionisierenden Strahlen;
- Nr. 120 v. 8. 7. 64 über den Gesundheitsschutz im Handel und in Büros;
- Nr. 121 v. 8. 7. 64 über Leistungen bei Arbeitsunfällen und Berufskrankheiten;
- Nr. 129 v. 25. 6. 69 über die Arbeitssaufsicht in der Landwirtschaft;
- Nr. 132, Neufassung v. 24. 6. 70 über bezahlten Jahresurlaub;
- Nr. 134 v. 30. 10. 70 über den Schutz der Seeleute gegen Arbeitsunfälle;
- Nr. 136 v. 23. 6. 71 über den Schutz vor den durch Benzol verursachten Vergiftungsgefahren;
- Nr. 138 v. 26. 6. 73 über das Mindestalter für die Zulassung zur Beschäftigung;
- Nr. 139 v. 24. 6. 74 über die Verhütung und Bekämpfung der durch krebserzeugende Stoffe und Einwirkungen verursachten Berufsgefahren;
- Nr. 148 v. 20. 6. 77 über den Schutz vor Luftverunreinigung, Lärm und Vibrationen;
- Nr. 152 v. 25. 6. 79 über den Arbeitsschutz bei Hafenarbeit;
- Nr. 155 v. 22. 6. 81 über Arbeitsschutz und Arbeitsumwelt (von D nicht ratifiziert);
- Nr. 161 v. 16. 6. 85 über die betriebsärztlichen Dienste;
- Nr. 164 v. 8. 10. 87 über den Gesundheitsschutz und die medizinische Betreuung der Seeleute;
- Nr. 167 v. 20. 6. 88 über den Arbeitsschutz im Bauwesen;
- Nr. 172 v. 14. 11. 06 über die Arbeitsbedingungen in Hotels und Restaurants;
- Nr. 174 v. 22. 6. 93 über die Verhinderung gefährlicher Störfälle in der Industrie;[150]
- Nr. 176 v. 22. 6. 95 über den Arbeitsschutz in Bergwerken;
- Nr. 178 über die Aufsicht über die Arbeits- und Lebensbedingungen der Seeleute, 1996;[151]
- MLC v. 23. 2. 06, Seearbeitsübereinkommen 2006;[152]
- Nr. 187 Nr. 187 v. 15. 6. 06 über den Förderungsrahmen für den Arbeitsschutz;
- Nr. 189 über menschenwürdige Arbeit für Hausangestellte 2011;[153]
- Nr. 190 zur Beendigung von Gewalt und Belästigung in der Arbeitswelt 2019.

IV. Überwachungs- und Unterstützungspflicht des Betriebsrats auf dem Gebiet des Arbeitsschutzes

1. Einsatz für Arbeitsschutz, Unfallverhütung und betrieblichen Umweltschutz

Abs. 1 Satz 1 betont die allgemeine Verpflichtung des BR, sich dafür einzusetzen, dass die Vorschriften über den Arbeitsschutz und die Unfallverhütung im Betrieb durchgeführt werden, 23

150 Vgl. auch *DKL*, B II S. 177 ff.; *Pieper*, § 19 ArbSchG, Rn. 8.

151 Vgl. zur Arbeitszeit Übersicht bei *Buschmann/Ulber* Arbeitszeitrecht, 1. Aufl. 2019, B: Globalisierung des Arbeitszeitrechts.

152 Dazu Gesetz zur Umsetzung des Seearbeitsübereinkommens 2006 der IAO v. 20. 4. 13, BGBl. I, 868.

153 Übersicht bei *Schubert*, Arbeitsvölkerrecht, 2017.

Satz 2 die Verpflichtung zur Unterstützung der für den Arbeitsschutz in weitem Sinne zuständigen Behörden und Stellen. Der BR kann seine Unterstützungsfunktion in jeder dazu geeigneten Weise erfüllen. Obwohl nicht ausdrücklich in der Vorschrift genannt, besteht die Unterstützungsfunktion auch in Bezug auf die zuständigen Umweltschutzbehörden, was sich aus dem sachlichen Zusammenhang zwischen Arbeits- und Umweltschutz ergibt.[154]

2. Unterstützung der Aufsichtsbehörden

24 Der BR kann **Betriebskontrollen** durch die Gewerbeaufsichtsämter und sonstige in Betracht kommende Stellen anregen. Das gilt insbesondere, wenn der AG gegen Vorschriften des Arbeitsschutzes verstößt und eine Einigung im Betrieb (§ 2 Abs. 1, § 74 Abs. 1) nicht gelingt.[155] Abwegig ist die als »Schandurteil« in die Geschichte eingegangene Entscheidung des *LAG Baden-Württemberg*,[156] welche die Befugnis verneinte, sich als AN bei Verstößen des AG an die zuständigen betriebsexternen Stellen zu wenden.[157] Die Vorschrift ist speziell zu § 17 Abs. 2 ArbSchG, vgl. § 1 Abs. 3 ArbSchG. Da dem BR ausdrücklich zur Pflicht gemacht ist, den beteiligten Stellen Auskunft zu geben, besteht insoweit keine Schweigepflicht.[158]

25 Nach früherer Rspr. des *BAG*[159] ergibt sich aus der Vorschrift nicht in jedem Fall die Befugnis des BR zur Weitergabe der ihm zugänglichen Arbeitnehmerdaten, hier der elektronisch erfassten individuellen Arbeitszeiten, an das Amt für Arbeitsschutz und Sicherheitstechnik. Aus **Datenschutz**gründen komme es darauf an, ob die Übermittlung zur Wahrung der berechtigten Interessen des BR oder der Aufsichtsbehörde erforderlich sei, wobei die schutzwürdigen Interessen der einzelnen AN zu beachten seien. Je nach Umständen des Einzelfalles könne eine Datenübermittlung ohne Zustimmung der AN zulässig sein. Damit begrenzte das *BAG* die **Informationsweitergabe an öffentliche Stellen** aus Datenschutzrechten der AN, nicht des AG. Der AG ist aber weder Vertreter noch Prozessstandschafter seiner Beschäftigten, kann sich demzufolge gegenüber dem BR nicht auf deren Rechte berufen.[160] Schließlich verwies das *BAG* selbst im Beschluss v. 3.6.03 auf Art. 11 Abs. 6 der Eur. Arbeitsschutz-RL 89/391/EWG, nach der »die AN bzw. ihre Vertreter das Recht haben, sich gemäß den nationalen Rechtsvorschriften bzw. Praktiken an die für die Sicherheit und den Gesundheitsschutz am Arbeitsplatz zuständige Behörde zu wenden, wenn sie der Auffassung sind, dass die vom AG getroffenen Maßnahmen und bereitgestellten Mittel nicht ausreichen, um die Sicherheit und den Gesundheitsschutz am Arbeitsplatz sicherzustellen. Die Vertreter der AN müssen die Möglichkeit haben, bei Besuchen und Kontrollen der zuständigen Behörde ihre Bemerkungen vorzubringen.« Die zit. datenschutzrechtlich begründete Rspr. des *BAG* ist europarechtlich überholt. Inzwischen hat der *EuGH*[161] unter Berufung auf die staatlichen Überwachungsbefugnisse nach der Arbeitszeitrichtlinie 2003/88/EG festgestellt, dass Beginn und Ende der Arbeitszeiten sowie der Pausen zwar personenbezogene Daten darstellen, dass aber Art. 6 und 7 der Datenschutz-RL 95/46 einer nationalen Regelung nicht entgegenstehen, nach der AG verpflichtet sind, der für die Überwachung der Arbeitsbedingungen zuständigen nationalen Behörde die Aufzeichnungen

---

154 *Fitting*, Rn. 16; a. A. Richardi-*Annuß*, Rn. 15.

155 *BAG* 6.12.83, AP Nr. 7 zu § 87 BetrVG 1972 Überwachung unter C III 3b der Gründe; 7.8.86, AP Nr. 25 zu § 80 BetrVG 1972 unter IV 3c bb der Gründe.

156 *LAG Baden-Württemberg* 20.10.76, KJ 79, 323; Hintergründe dazu bei *Petri*, in: Die Arbeitsgerichtsbarkeit Baden-Württemberg 1946–2016, S. 167.

157 Wie hier *Fitting*, Rn. 18; GK-*Gutzeit*, Rn. 58, der allerdings aus §§ 2 Abs. 1, 74 Abs. 1 Satz 2 ableitet, dass der BR »i. d. R.« zunächst eine Beseitigung der Mängel durch den AG versuchen muss; grundsätzlich *Plander*, AuR 93, 161 ff.; vgl. auch *Hinrichs*, AiB 81, 37; *Le Friant*, S. 62 ff.; *Wendeling-Schröder*, FS Heilmann, S. 9; ausführlich zur internationalen Regulierung bei Whistleblowing *Fischer-Lescano*, AuR 16, 4 ff., 48 ff.; zur geschichtlichen Entwicklung *Krause*, SR 19, 138 ff., m. w. N.

158 H. M.; vgl. *BAG* 3.6.03 – 1 ABR 19/02, AuR 03, 265; § 79 Rn. 37; § 80 Rn. 4; 84 Rn. 4 ff., *Fitting*, a. a. O.; GK-*Gutzeit*, Rn. 60 m. w. N.; ErfK-*Kania*, Rn. 2.

159 *BAG* 3.6.03 a. a. O.

160 So zutreffend jetzt *BAG* 20.1.09 – 1 AZR 515/08, AuR 09, 46, 281; 14.1.14 – 1 ABR 54/12, EzA-SD 2014, Nr. 11, unklar früher *BAG* 3.6.03 a. a. O.

161 *EuGH* 30.5.13 – C-342/12, Worten, AuR 13, 370; bestätigt durch *EuGH* 19.6.14 – C-683/13, Pharmacontinente; 14.5.19 – C- 55/18, ccoo, Rn. 57, NJW 19, 1861.

über die Arbeitszeiten so zur Verfügung zu stellen, dass sie unverzüglich eingesehen werden können, damit die Behörde ihre Überwachungsaufgaben hinsichtlich der Anwendung der Regelungen über die Arbeitsbedingungen, insbes. in Bezug auf die Arbeitszeit, wahrnehmen kann. Gleiches gilt nach Art. 6 Abs. 1 c) u. e) der Datenschutz Grund-VO 2016/679. Der BR ist nicht nach dem Gebot der vertrauensvollen Zusammenarbeit verpflichtet, den AG über die beabsichtigte Intervention des Aufsichtsamtes vorab zu informieren.[162] Im Übrigen lässt sich aus Abs. 1 nicht entnehmen, der BR sei bei der Bekämpfung von Unfall- und Gesundheitsgefahren nur berechtigt, Auskunft an Aufsichtsbehörden zu geben. Der Gehalt der Vorschrift liegt vielmehr darin, den BR hierzu nicht nur zu **ermächtigen,** sondern auch zu **verpflichten,**[163] was bei »normalen« AN, anders als bei »verantwortlichen Personen« i. S. d. §§ 13, 22 ArbSchG nicht der Fall ist.

Der gesetzliche Auftrag, Behörden und die sonstigen in Betracht kommenden Stellen durch Anregung, Beratung und Auskunft zu unterstützen, gibt dem BR die **Möglichkeit,** seine Vorstellungen über die Lösung von betrieblichen Arbeitsschutzproblemen gegenüber den genannten Stellen darzulegen und dadurch möglicherweise **Entscheidungen zu beeinflussen.**[164] Die Hinweise des BR gegenüber dem AG oder Behörden bzw. sonstigen Stellen können sich auf Maschinen, Arbeitsstoffe, Arbeitsschutzmittel, betriebliche Räume, Wege und Verkehrsmittel, aber auch auf das Verhalten der AN und deren Vorgesetzten sowie auf Arbeitsorganisation und Organisation des betrieblichen Arbeitsschutzes beziehen.[165] Bei Anträgen auf abweichende längere Arbeitszeiten nach § 15 ArbZG kann er sich unmittelbar mit dem Gewerbeaufsichtsamt in Verbindung setzen.[166] Jederzeit kann er sich auch an die zust. Gewerkschaft wenden, die bei unzulässigen Ausnahmegenehmigungen oder Sonntagsöffnungen ggf. auch vor Verwaltungsgerichten Klage erheben kann.[167] Die Initiative des BR kann zu Einzelmaßnahmen, aber auch zu einer BV nach § 87 Abs. 1 Nr. 7 bzw. § 88 Nr. 1 führen.[168] 26

Unter den Arbeitsschutz fällt auch Unfallverhütung. Es handelt sich dabei um **rechtstechnische Begriffe** (zur Definition Arbeitsunfall und Berufskrankheit §§ 8, 9 SGB VII). Für Fragen des **Arbeitsschutzes** ist der Staat zuständig (§ 21 Abs. 1 Satz 1 ArbSchG). Zuständige **Behörden** sind vor allem die Arbeitsschutzbehörden der Bundesländer (Art. 83, 84 GG), d. h. Gewerbeaufsichtsämter, Ämter für Arbeitssicherheit und Sicherheitstechnik, Gesundheitsbehörden, Gewerbeärzte, Immissionsschutzbehörden, Baubehörden und Stellen für vorbeugenden Brandschutz, Bergaufsichtsbehörden und Seemannsämter. Die wesentlichen darauf bezogenen Regelungen der GewO sind in das ArbSchG übernommen worden. **Träger der gesetzlichen Unfallversicherung** sind im Wesentlichen die gewerblichen und sonstigen Berufsgenossenschaften (Anl. 1 und 2 zu § 114 SGB VII; dazu BGV A1 »Grundsätze der Prävention«). Im Hinblick auf die gesundheitsgerechte Arbeitsplatzgestaltung behinderter Beschäftigter gem. § 164 Abs. 4 SGB IX kommt die Kooperation mit den Arbeitsagenturen und den Integrationsämtern in Betracht).[169] **Sonstige in Betracht kommende Stellen** sind z. B. Schwerbehindertenvertretungen (vgl. § 178 SGB IX),[170] Technische Überwachungsvereine mit den in ihnen zusammengeschlossenen Sachverständigen; die auf Grund bestimmter VO ermächtigten Ärzte; Sicherheitsbeauftragte bzw. Sicherheitsausschuss (vgl. Rn. 42 ff.); Betriebsärzte und Fachkräfte für Arbeitssicherheit (vgl. §§ 2 ff. ASiG); Strahlenschutzverantwortliche und Strahlenschutzbeauftragte; sonst. Beauftragte (Übersicht bei § 78 Rn. 9); Landesenergieministerien als atomrechtliche Aufsicht; vom Ministerium beauftragte Gutachter; der Arbeitsschutzausschuss sowie der AG[171] 27

---

162 *Fitting,* Rn. 23.
163 *Plander,* AuR 93, 168; Hako-BetrVG/*Kohte,* Rn. 25.
164 *Mertens,* Arbeitsschutz 1/77, S. 3.
165 Vgl. auch GK-*Gutzeit,* Rn. 59.
166 *Fitting,* Rn. 23.
167 Nachw. bei *Buschmann/Ulber,* Arbeitszeitrecht 2019, § 13 ArbZG, Rn. 60 ff.; E Ladenschluss, § 14 LSchlG, Rn. 12 ff.
168 GK-*Gutzeit,* a. a. O.
169 Vgl. Hako-BetrVG/*Kohte,* Rn. 27.
170 Zu deren Beteiligung *Düwell,* in LPK-SGB IX § 95 Rn 12; *Müller-Wenner,* in Wedde (Hrsg.), Arbeitsrecht Kompaktkommentar, 6. Aufl., SGB IX, § 178 Rn. 6 ff.
171 GK-*Gutzeit,* Rn. 61; vgl. auch *Kloepfer/Veit,* NZA 90, 121 [125 ff.].

3. Überwachungsrecht und -pflicht

28 Durch Abs. 1 Satz 1 wird die bereits nach § 80 Abs. 1 Nr. 1 bestehende **allgemeine Überwachungspflicht** (vgl. § 80 Rn. 73 ff.) für den Bereich des Arbeitsschutzes und der Unfallverhütung im Betrieb konkretisiert und dadurch verstärkt, dass dem BR ausdrücklich auferlegt wird, sich für die Durchführung der jeweiligen Vorschriften einzusetzen.[172] Diese Verpflichtung gilt sowohl gegenüber dem AG als auch gegenüber den AN.[173] Der BR hat ein **selbstständiges Überwachungsrecht** und eine **Überwachungspflicht** bei der Bekämpfung von Gefahren für Leben und Gesundheit der AN im Betrieb;[174] aus diesen besonderen Aufgaben folgt ein besonderes Informationsbedürfnis des BR, das sich bei der Auswahl von Hilfsmitteln gem. § 40 sowie für die Erforderlichkeit von Schulungen nach § 37 Abs. 6 BetrVG niederschlägt.[175] Unter den Voraussetzungen des § 87 Abs. 1 Nr. 7 steht ihm ein Mitbestimmungsrecht zu,[176] jedoch keine Befugnis, Maßnahmen des Arbeitsschutzes selbst durchzuführen. Er ist auch nicht Verantwortlicher i. S. d. § 13 ArbSchG bzw. des BDSG. Somit bleibt trotz Mitwirkung des BR die alleinige Verantwortung für die Durchführung des Arbeitsschutzes beim AG.

29 Auf Grund seiner Befugnisse und Verpflichtungen hat sich der BR, ggf. ein Ausschuss nach § 28, aber auch jedes einzelne Mitglied, vom Stand des Arbeitsschutzes im Betrieb zu überzeugen, **Gefahrenquellen und Missstände aufzuzeigen** und jeder **Beschwerde und Anregung** aus Kreisen der AN **nachzugehen** (vgl. auch § 80 Abs. 1 Nr. 3, § 86a). Der BR hat den AG auf Gefahren im Betrieb und auf **Vernachlässigungen von Schutzeinrichtungen** aufmerksam zu machen. Er kann und soll Vorschläge für die Beseitigung von Missständen machen und soll seine betrieblichen Kenntnisse und Erfahrungen für eine Beratung bei der Bekämpfung von Unfall- und Gesundheitsgefahren zur Verfügung stellen (zur Mitbestimmung in Fragen des gesetzlichen Arbeitsschutzes vgl. § 87).

30 Die Überwachungsbefugnis und -verpflichtung des BR im Bereich des Arbeitsschutzes und der Unfallverhütung geben ihm das Recht, **alle zur Erfüllung dieser Aufgaben erforderlichen Maßnahmen zu ergreifen.**[177] Da die Beteiligung des BR im Rahmen des Arbeitsschutzes den Sinn hat, ihn vorsorglich tätig werden zu lassen, bedarf es keines konkreten Anlasses.[178] Der BR kann allgemeine **Betriebsbegehungen** vornehmen oder unangekündigte **Stichproben** durchführen, um zu überprüfen, ob die maßgebenden Arbeitsschutz- und Unfallverhütungsvorschriften eingehalten werden.[179] Zu diesem Zweck können Mitglieder des BR Anlagen betreten, die nach den einschlägigen Arbeitsschutz- und UVV mit dem Verbotsschild »Unbefugten ist der Zutritt verboten« versehen sind[180] (vgl. § 80 Rn. 23 m. w. N. auch zur Rspr.). Dem AG steht kein Prüfungsrecht zu, ob das Betreten der Räume durch BR-Mitglieder im Einzelfall notwendig ist.[181] Dieselben Grundsätze sind anzuwenden, wenn aus datenschutzrechtlichen Gründen bestimmte Betriebsbereiche nur auf Grund besonderer Befugnisse betreten werden dürfen.

31 Der BR muss **auf die AN einwirken,** damit alle in Betracht kommenden Vorschriften durchgeführt und eingehalten werden. So sollte er auf die Einhaltung der Vorschriften des Arbeitsschutzes und der Unfallverhütung, etwa in einer **Betriebsversammlung,** durch **Anschläge am »Schwarzen Brett«,** im Intranet, in Gesprächen mit AN ggf. in Zusammenarbeit mit der JAV nach § 70 Abs. 1 Nr. 2, hinweisen. Auch die Beteiligung in Arbeitsschutzausschüssen nach § 11 ASiG ist ein geeignetes Mittel zur Förderung dieser Aufgaben des BR. Der BR kann sich dafür einsetzen, dass im Rahmen des **betrieblichen Vorschlagswesens** Vorschläge, die den Arbeits- bzw. Umweltschutz und die Unfallverhütung betreffen, besonders honoriert werden.

---

172 *Fitting,* Rn. 11; *WW,* Rn. 2.
173 Richardi-*Annuß,* Rn. 11.
174 *Fitting,* a. a. O.; *Mertens,* Arbeitsschutz 1/77, S. 3.
175 Weit Nachw. zur Rspr. auch bei Hako-BetrVG/*Kohte,* Rn. 5.
176 Vgl. *BAG* 16.6.98 – 1 ABR 68/97, AuR 98, 284, 492; 18.3.14 – 1 ABR 73/12, AuR 14, 346; *ArbG Hamburg* 2.7.98, AuR 99, 115.
177 *Fitting,* Rn. 12.
178 *Fitting,* a. a. O.; GK-*Gutzeit,* Rn. 10.
179 *Fitting,* a. a. O.; Rundnagel, Gute Arbeit 16, Nr. 3, 33, m. w. N.
180 Richardi-*Annuß,* Rn. 12; *Fitting,* a. a. O.; GK-*Gutzeit,* Rn. 11; *HWGNRH,* Rn. 21.
181 GK-*Gutzeit,* a. a. O.

Der BR ist zur Durchführung seiner Aufgaben **rechtzeitig und umfassend vom AG zu unterrichten,** wobei ihm **auf Verlangen die erforderlichen Unterlagen zur Verfügung zu stellen** sind.[182] Dazu gehören insbes. Gefährdungsbeurteilung und -dokumentation nach §§ 5, 6 ArbSchG. Der AG hat dem BR unverzüglich die den Arbeitsschutz und die Unfallverhütung betreffenden **Auflagen und Anordnungen** mitzuteilen (vgl. Rn. 40). Texte der einschlägigen Bestimmungen des Arbeits- und Gesundheitsschutzes sowie ggf. Kommentierungen hierzu sind dem BR gemäß §§ 40 Abs. 2 und 80 Abs. 2 Satz 2 zur Verfügung zu stellen. Dazu gehören die in Rn. 8 ff. zitierten europarechtlichen Vorschriften. Nach *BAG*[183] sind Schulungsveranstaltungen über Arbeitsschutz und Unfallverhütung grds. i. S. d. § 37 Abs. 6 erforderlich; zu Schulungen zur Arbeitssicherheit verlangte es eine einzelfallbezogene Prüfung, jedenfalls wenn der BR aus 7 Mitgliedern besteht, von denen 3 an dem betr. Lehrgang schon teilgenommen hatten.[184] 32

4. Vorschriften über Arbeitsschutz und Unfallverhütung

Zu den Vorschriften über Arbeitsschutz und Unfallverhütung gehören die staatlichen **Arbeitsschutzvorschriften,** die **UVV** nach § 15 SGB VII, **TV** und **BV,** die Maßnahmen zur Verhütung von Arbeitsunfällen und Gesundheitsschädigungen regeln,[185] des Weiteren alle rechtsverbindlichen Regeln, die der Verhütung von Arbeitsunfällen oder arbeitsbedingten Erkrankungen, insbesondere Berufskrankheiten (§ 9 SGB VII), dienen und auf die in staatlichen Arbeitsschutzgesetzen oder UVV verwiesen wird (z. B. DIN, VDE, VDI, ISO, IEC, CEN, CENELEC) oder die die Arbeitskraft vor Überanstrengung und Verschleiß schützen. [186] Hervorzuheben sind: ArbSchG, ArbZG, MuSchG einschließlich MuSchArbV, JArbSchG, SGB V, VII und IX, ASiG, GewO, § 618 BGB, § 62 HGB, Chemikalien-, Produktsicherheitsgesetz (geändert durch Art. 2 des Gesetzes v. 27. 7. 2021, BGBl. I S. 3146) nebst VO nach § 8 ProdSG; dazu die auf Grund von EG-RL erlassenen VO (vgl. Rn. 17 ff.), ArbMedVV, BaustellV, BiostoffV, GefStoffV, LärmvibrationArbSchV, PSA-BV, StörfallVO, StrahlenschutzG sowie -VO schließlich die nach dem ArbSchG ergangenen VO. Die Arbeitsstätten-VO wurde 2004[187] i. S. d. Deregulierung erheblich reduziert, mit VO v. 30. 11. 16 aber samt Integration der BildScharbV neu gefasst.[188] Auf deren Grundlage erlässt die Bundesanstalt für Arbeitsschutz und Arbeitsmedizin technische Regeln, ASR. Mit der BetriebssicherheitsVO (Neufassung 3. 2. 15) wurden die über zahlreiche VO verstreuten Arbeitsschutzanforderungen für die Bereitstellung und Benutzung von Arbeitsmitteln und -anlagen, einschließlich des Betriebs überwachungsbedürftiger Anlagen, zusammengefasst und an den aktuellen Stand des EU-Rechts angepasst. Sie gilt als »Grundgesetz für den technischen Arbeitsschutz«[189] mit Bestimmungen u. a. über Gefährdungsbeurteilung und -dokumentation, Anforderungen an Arbeitsmittel, Anleitung und Qualifikation der Beschäftigten, Schutzmaßnahmen. Nach § 21 BetriebssicherheitsVO ermittelt der Ausschuss für Betriebssicherheit beim BMAS technische Regeln, die im Gemeinsamen Ministerialblatt ebenso bekannt gemacht werden[190] wie die gem. § 20 Abs. 4 GefStoffV vom Ausschuss für Gefahrstoffe (AGS) beschlossenen techn. Regeln für Gefahrstoffe.[191] 33

Am 27. 4. 2020 veröffentlichte das Bundesministerium für Arbeit und Soziales (BMAS) im Gem. Ministerialblatt der Bundesregierung im Zusammenhang mit der **COVID 19-Pandemie** 33a

182 Richardi-*Annuß,* Rn. 20.
183 *BAG* 15. 5. 86, DB 86, 2496.
184 *BAG* 29. 4. 92 – 7 ABR 61/91, NZA 93, 375.
185 Richardi-*Annuß,* Rn. 5; GK-*Gutzeit,* Rn. 12 ff.
186 Richardi-*Annuß,* Rn. 7.
187 BGBl. I 2179, geändert 19. 7. 10, BGBl. I S. 960.
188 BGBl. I 2681; dazu *Pieper,* AuR 17, 188.
189 *Wilrich,* DB 15, 981 ff., m. w. N.
190 Z. B. »Befähigte Personen«, »Gefährliche explosionsfähige Atmosphäre«, »Rückwärts fahrende Baumaschinen«, GMBl 2012, 385 ff.
191 Z. B. TRGS 555 Betriebsanweisung und Information der Beschäftigten, GMBl 2013, 321; TRGS 900, GMBl. 2013, 363; TRGS 905 Verzeichnis krebserzeugender, erbgutverändernder oder fortpflanzungsgefährdender Stoffe, GMBl. 2014, 510.

einen Arbeitsschutzstandard.[192] Rechtlich handelt es sich um eine **Empfehlung.** Im Kern besteht der Standard aus einem betrieblichen Maßnahmenkonzept, orientiert an den klassischen Strukturen des **§ 4 ArbSchG und de**s Unionsrechts. An erster Stelle steht präventiver Schutz durch besondere technische Maßnahmen, sodann **organisatorische Maßnahmen und persönliche Schutzmaßnahmen.** Die Anforderung zur Umsetzung entsprechender Maßnahmen ist auf die Dauer der vom BT erklärten epidemischen Lage von Nationaler Tragweite nach § 5 Infektionsschutzgesetz (IfSG) begrenzt. Hinzukommt die Bekanntmachung von Technischen Regeln – **SARS-Co-2-Arbeitsschutzregel** des BMAS v. 10. 8. 20.[193] Sie konkretisiert für den gem. § 5 IfSG festgestellten Zeitraum der epidemischen Lage von nationaler Tragweite die Anforderungen an den Arbeitsschutz in Hinblick auf SARS-CoV-2. Die SARS-CoV-2-Arbeitsschutzregel wird von den beratenden Arbeitsschutzausschüssen beim BMAS gemeinsam mit der BAuA ermittelt bzw. angepasst und vom BMAS im Gem. Ministerialblatt bekannt gegeben. Die SARS-CoV-2-Arbeitsschutzregel enthält Konkretisierungen der Anforderungen der VO nach dem ArbSchG. Bei Einhaltung dieser Konkretisierungen soll ein AG davon ausgehen können, dass die Anforderungen aus den VO erfüllt sind. Wählt der AG eine andere Lösung, muss er damit mind. die gleiche Sicherheit und den gleichen Gesundheitsschutz für die Beschäftigten erreichen. Andere Lösungen sind bei abweichenden Rechtsvorschriften der Länder zum Schutz der Beschäftigten vorrangig an den Anforderungen dieser staatlichen Regel zu orientieren. Darüber hinaus beschreibt die Regel den Stand von Technik, Arbeitsmedizin und Hygiene sowie sonstige gesicherte arbeitswissen. Erkenntnisse, die der AG bei den Maßnahmen des Arbeitsschutzes gem. § 4 Nr. 3 ArbSchG während der Epidemie berücksichtigen muss. Die Ärztin oder der Arzt i. S. d. § 7 der VO zur ArbMedVV hat die SARS-CoV-2-Arbeitsschutzregel als dem Stand der Arbeitsmedizin entsprechende Regel zu berücksichtigen (§ 6 Abs. 1 Satz 1 ArbMedVV). Mehrere Berufsgenossenschaften haben branchenbezogene Regelungen zum Hochfahren z. B. der Friseurbetriebe, der Gastronomie und ähnlicher Betriebe veröffentlicht.

34 Nach § 6 Abs. 4 Gentechnikgesetz hat der Betreiber einer gentechnischen Anlage **Beauftragte** oder **Ausschüsse für biologische Sicherheit** zu bestellen. Die Bestellung kann gem. § 16 Abs. 1 Gentechnik-Sicherheitsverordnung, GenTSV, erst nach vorheriger **Anhörung des BR** erfolgen. Zudem bestehen spezielle **Unterrichtspflichten** des **Betreibers gegenüber Beschäftigten und BR.**

35 Trifft der AG zusätzliche Maßnahmen zur Verhütung von Arbeitsunfällen und Gesundheitsschäden, ohne darüber eine BV nach § 88 Nr. 1 abzuschließen, oder erstellt der Arbeitsschutzausschuss nach § 11 ASiG ein Sicherheitsprogramm, hat der **BR** auch deren **Durchführung zu überwachen.** Wegen der Zusammenarbeit des BR mit den Fachkräften für Arbeitssicherheit und den Betriebsärzten nach dem ASiG vgl. § 87 Rn. 204 ff.

V. Beteiligung des Betriebsrats bei Fragen des Arbeitsschutzes und der Unfallverhütung

36 **Abs. 2** verpflichtet den AG und die in Abs. 1 Satz 2 genannten Stellen (vgl. Rn. 27), den BR oder die von ihm bestimmten Mitglieder bei allen im Zusammenhang mit dem Arbeitsschutz oder der Unfallverhütung stehenden **Unfalluntersuchungen** sowie bei allen **Erörterungen,** die diesen Bereich betreffen, hinzuzuziehen. Das schließt die rechtzeitige und umfassende Unterrichtung des BR und die Vorlage der erforderlichen Unterlagen gemäß § 80 Abs. 2 ein. Hierdurch soll der BR in die Lage versetzt werden, die für die Ausübung seiner Rechte notwendigen Kenntnisse zu erhalten. Die Beteiligung des BR ist für den gesamten Bereich des Arbeitsschutzes nach Wortlaut und Zweck der Bestimmung umfassend. Wie der BR seine **Beteiligung am zweckmäßigsten organisiert,** entscheidet er nach pflichtmäßigem Ermessen unter Berücksichtigung der Größe des BR.[194] Er kann einzelne BR-Mitglieder beauftragen, ei-

192 GMBl-Online 2020 Nr. 16, S. 303 ff.; ARP 2020, 14; dazu *Kohte*, jurisPR-ArbR 18/2020 Anm. 1.
193 IIIb3-34503-14/1, Gem. Ministerialblatt Nr. 24 v. 20. 8. 20; geändert: GMBl 2021 Nr. 27/2021 v. 7. 5. 2021, S. 622–628.
194 GK-*Gutzeit*, Rn. 6.

nen besonderen Ausschuss nach § 28 bilden oder als Gremium die Aufgaben wahrnehmen.[195] Unter den Voraussetzungen des § 87 Abs. 1 Nr. 7 steht ihm ein Mitbestimmungsrecht zu.[196]

Zu beachten sind die nach § 20 Abs. 3 SGB VII vom BMWA erlassenen Allgemeinen Verwaltungsvorschriften, **AVV, über das Zusammenwirken** 37

- der Unfallversicherungsträger mit den Betriebs- oder Personalräten,
- der Unfallversicherungsträger einschließlich der gemeinsamen landesbezogenen Stellen nach Abs. 2 mit den für Arbeitsschutz zuständigen Landesbehörden,
- der Unfallversicherungsträger mit den für die Bergaufsicht zuständigen Behörden.

Die nach der RVO erlassene AVV über das Zusammenwirken der technischen Aufsichtsbeamten der Träger der Unfallversicherung mit den Betriebsvertretungen v. 21. 6. 68,[197] geändert durch AVV v. 28. 11. 77[198] muss noch an die Begriffe und Regelungen des ArbSchG und SGB VII angepasst werden.[199] Danach müssen die technischen Aufsichtsbeamten auf dem Gebiete der Unfallverhütung und der Ersten Hilfe mit den Betriebsvertretungen eng zusammenwirken (§ 2). Sie sollen bei jeder sich bietenden Gelegenheit ihre Erfahrungen mit den BR/PR austauschen (§ 3). Letztere sind bei Betriebsbesichtigungen oder Unfalluntersuchungen hinzuzuziehen und deshalb bei angekündigten Besichtigungen vorab zu benachrichtigen. Sie erhalten eine Abschrift von Besichtigungsberichten oder sonstigen Schreiben an den UN (§ 4). Vom AG erstellte, von den Betriebsvertretungen aber nicht unterzeichnete Unfallanzeigen sind ihnen zu übersenden (§ 5). Aufsichtspersonen haben die BR/PR zu beraten und ihnen Gelegenheit geben, sie über Mängel zu unterrichten oder Vorschläge zu unterbreiten (§ 6). Hinsichtlich der Zusammenarbeit von Gewerbeaufsichtsbeamten und BR bestehen auf Grund von Dienstanweisungen und Erlassen der Bundesländer ähnliche Regelungen.[200] Zur Beteiligung des BR durch Betriebsärzte und Fachkräfte für Arbeitssicherheit vgl. § 9 Abs. 1 und 2 ASiG.

Der Gesetzeswortlaut hebt die Beteiligung des BR bei Besichtigungen und Unfalluntersuchungen als besonders wichtige Angelegenheit hervor. Bei Unfalluntersuchungen ist die Hinzuziehung auch dann erforderlich, wenn kein AN zu Schaden gekommen ist.[201] Es kommt nicht darauf an, ob sich der Unfall innerhalb der Betriebsräume oder bei Außenarbeiten ereignet hat.[202] Der BR ist bei der gesamten Untersuchung zu beteiligen: Das gilt auch für Zeugenvernehmungen, Besichtigungen des Unfallorts und bei Anhörung von Sachverständigen.[203] Dem BR ist Einsicht in die Unterlagen und in die abschließenden Berichte über Unfälle zu gewähren.[204] Dies gilt auch für die vom AG gemäß §§ 5, 6 ArbSchG zu erstellende Gefährdungsbeurteilung und -dokumentation. Dazu gehören auch Arbeitsunfälle, welche Beschäftigte eines anderen UN im Zusammenhang mit der Nutzung der betrieblichen Infrastruktur des AG erleiden. Das BAG begrenzt den Unterrichtungsanspruch aus §§ 80, 89 auf sachbezogene Daten (Datum, Uhrzeit des Unfalls, Unfallstelle, Unfallhergang, erlittene Verletzungen), nicht jedoch personenbezogene Daten (Name des betr. AN und der Servicepartnerfirma, bei der er beschäftigt ist, deren Anschrift; Eintritt von Arbeitsunfähigkeit, Namen von Unfallzeugen.[205] 38

Der BR ist bei der **Einführung und Prüfung von Arbeitsschutzeinrichtungen** so rechtzeitig und umfassend zu beteiligen, dass er noch auf die Entscheidung des AG einwirken kann.[206] Dies gilt auch bei Vorprüfungen, insbesondere bei Besichtigungen und bei der Überlegung, welche 39

---

195 Richardi-*Annuß*, Rn. 26; *Fitting*, Rn. 25.

196 Vgl. *BAG* 16. 6. 98 – 1 ABR 68/97, AuR 98, 284, 492; 18. 3. 14 – 1 ABR 73/12; *ArbG Hamburg* 2. 7. 98, AuR 99, 115.

197 BAnz Nr. 116.

198 BAnz Nr. 225.

199 Aufgehoben und in das SGB VII integriert wurde dagegen die AVV über das Zusammenwirken der Träger der Unfallversicherung und der Gewerbeaufsichtsbehörden.

200 *Fitting*, Rn. 21; GK-*Gutzeit*, Rn. 68.

201 GK-*Gutzeit*, Rn. 70.

202 *BVerwG* 8. 12. 61, AP Nr. 2 zu § 68 PersVG; *Fitting*, Rn. 30 m. w. N.

203 *Fitting*, Rn. 32; GK-*Gutzeit*, Rn. 70; *HWGNRH*, Rn. 25.

204 *Fitting*, *HWGNRH*, a. a. O.

205 *BAG* 12. 3. 19 – 1 ABR 48/17, AuR 20, 81 (krit. Anm. *Schubert*).

206 *Fitting*, Rn. 29; GK-*Gutzeit*, Rn. 69.

Einrichtungen in Betracht gezogen werden sollen.[207] In Betracht kommen z. B. **Schutzvorrichtungen** an Maschinen; Einrichtungen, die zum Beleuchten, Beheizen, Kühlen sowie zum Be- und Entlüften bestimmt sind; Einrichtungen zum Entstauben und Entgasen von Arbeitsräumen; **Körperschutzmittel** wie Schutzhelme, Sicherheitsbrillen, Sicherheitsschuhe.[208] Der BR kann sich von den Betriebsärzten und Fachkräften für Arbeitssicherheit beraten lassen.[209] Die Kosten für persönliche Schutzkleidung, die durch UVV/BGV vorgeschrieben ist, trägt der AG.[210] Dies gilt auch für die Reinigung der Arbeitskleidung, selbst wenn der AG sie dem AN übereignet hat.[211] Abweichungen hiervon durch Arbeitsvertrag oder BV sind unzulässig.[212] Eine etwaige Kostenregelung wegen des Gebrauchsvorteils bei Gestattung der Privatnutzung unterliegt nicht der erzwingbaren Mitbestimmung gem. § 87 Abs. 1 Nr. 7 (str.; vgl. § 87 Rn. 228), sondern ist allenfalls als freiwillige BV gemäß § 88 möglich.

40 Der AG hat dem BR unverzüglich die den Arbeitsschutz und die Unfallverhütung betreffenden Auflagen und Anordnungen der zust. Stellen mitzuteilen, gleichgültig, ob es sich dabei um allgemeine auf den Betrieb bezogene oder nur für einzelne Anlagen geltende Regelungen handelt.[213] Die Verpflichtung besteht auch, wenn der BR im Einzelfall nicht zugezogen wurde oder nicht zugezogen werden wollte.[214] Nach Auffassung des *BAG*[215] bezieht sich diese Verpflichtung nur auf erstattete Unfallanzeigen; sie sei nicht auf Durchsetzung der – ausschließlich unfallversicherungsrechtlich festgelegten – Pflicht zur Anzeigenerstattung gerichtet. Mit dieser Begründung wurde der Antrag des BR auf Vorlage von Kopien der Unfallanzeigen i. S. v. § 193 SGB VII zu 2 konkreten Unfällen von Beschäftigten einer bestimmten auf dem Betriebsgelände tätigen Fremdfirma abgewiesen. Auch die mit der Untersuchung befassten Stellen können den BR unmittelbar über derartige Auflagen und Anordnungen unterrichten.[216] **Anordnungen** sind alle Verfügungen, die sich an den AG richten und Maßnahmen des Arbeitsschutzes und der Unfallverhütung im Einzelfall betreffen (beispielsweise auf Grund von §§ 22 Abs. 3 ArbSchG, § 17 SGB VII). **Auflagen** sind mit der Verfügung verbundene Forderungen, durch die von den Betroffenen ein bestimmtes Tun, Dulden oder Unterlassen verlangt wird.[217] Vor Anordnungen der Aufsichtsbehörde nach dem ASiG hat diese den BR zu hören; die Behörde hat den BR über eine dem AG gegenüber getroffene Anordnung unmittelbar und schriftlich in Kenntnis zu setzen (vgl. § 12 Abs. 2 und 4 ASiG).

41 Nach § 3 der Arbeitsmedizinischen Vorsorge-VO (ArbMedVV) hat der AG auf der Grundlage der Gefährdungsbeurteilung für eine angemessene **arbeitsmedizinische Vorsorge** zu sorgen. Nach § 8 hat er bei Kenntnis gesundheitlicher Bedenken bei einem Beschäftigten gegen die Ausübung einer Tätigkeit und Anhaltspunkten für unzureichende Schutzmaßnahmen i. S. d. § 6 Abs. 4 Satz 2 ArbMedVV die Gefährdungsbeurteilung zu überprüfen und unverzüglich die erforderlichen zusätzlichen Schutzmaßnahmen zu treffen. Bleiben die gesundheitlichen Bedenken bestehen, so hat der AG nach Maßgabe der dienst- und arbeitsrechtlichen Regelungen dem oder der Beschäftigten eine andere Tätigkeit zuzuweisen, bei der diese Bedenken nicht bestehen. Dem BR und der zuständigen Behörde sind die getroffenen Maßnahmen mitzuteilen (§ 8 Abs. 2 ArbMedVV).

---

207 Richardi-*Annuß,* Rn. 21; zu den Kosten rechnet *BAG* 13. 12. 16 – 9 AZR 547/15, AuR 17, 175, nicht die entstehenden Umkleidezeiten, mit der Folge, dass TV deren Vergütung ausschließen können; a. A. *Kohte,* AuR 16, 404.
208 *Fitting,* GK-*Gutzeit,* a. a. O.; *HWGNRH,* Rn. 26.
209 *Fitting,* Rn. 29; zu Auskunftspersonen vgl. § 80 Rn. 140 ff.
210 *BAG* 10. 3. 76, 18. 8. 82, AP Nrn. 17, 18 zu § 618 BGB.
211 *LAG Düsseldorf* 26. 4. 01 – 13 Sa 1804/00, AuR 01, 278.
212 *BAG* 18. 8. 82, a. a. O.
213 *GL,* Rn. 12.
214 Richardi-*Annuß,* Rn. 27; *Fitting,* Rn. 24, 27.
215 *BAG* 12. 3. 19 – 1 ABR 48/17, AuR 20, 81 (krit. Anm. *Schubert*).
216 A. A. GK-*Gutzeit,* Rn. 73.
217 GK-*Gutzeit,* Rn. 74; *Mertens,* Arbeitsschutz 1/77, S. 8.

VI. Mitwirkung bei der Bestellung und Tätigkeit der Sicherheitsbeauftragten

Nach § 22 Abs. 1 SGB VII hat der AG in UN mit mehr als 20 Beschäftigten einen oder mehrere **Sicherheitsbeauftragte** zu bestellen. Für Betriebe mit geringer Unfallgefahr können die Berufsgenossenschaften die verlangte Zahl von 20 Beschäftigten in ihrer Satzung erhöhen (§ 22 Abs. 1 Satz 3 SGB VII), für UN mit besonderen Gefahren für Leben und Gesundheit die Bestellung von Sicherheitsbeauftragten auch unterhalb der Mindestbeschäftigtenzahl anordnen (§ 22 Abs. 1 Satz 2 SGB VII).[218] **42**

Bei der **Bestellung der Sicherheitsbeauftragten** hat der BR nach str. Auffassung des *LAG Düsseldorf* hinsichtlich der Auswahl und ggf. der Zahl der Sicherheitsbeauftragten ein Mitbestimmungsrecht[219] (vgl. auch § 87 Rn. 234 ff.). § 22 Abs. 1 Satz 1 SGB VII spricht unpräzise von »Beteiligung des BR«, was zwischen Mitbestimmung und Anhörung Spielraum lässt. Der AG hat jedenfalls die beabsichtigte Bestellung von Sicherheitsbeauftragten rechtzeitig und eingehend mit dem BR zu erörtern. Die Beteiligung des BR bezieht sich auch auf die Zahl der Sicherheitsbeauftragten sowie auf deren Zuteilung zu den Betriebsbereichen.[220] Eine Verpflichtung zur Amtsübernahme besteht nicht.[221] Nach a. A. kann sie sich zwar nicht aus Nebenpflichten bzw. dem Direktionsrecht, wohl aber aus einer BV ergeben.[222] Die Beteiligung des BR erstreckt sich auch auf die Abberufung. **43**

Die **Sicherheitsbeauftragten** haben den UN (AG) bei der Durchführung der Maßnahmen zur Verhütung von Arbeitsunfällen und Berufskrankheiten zu unterstützen (§ 22 Abs. 2 SGB VII). Sie haben sich insbes. von dem Vorhandensein und der ordnungsgemäßen Benutzung der vorgeschriebenen Schutzvorrichtungen laufend zu überzeugen. Der Sicherheitsbeauftragte hat den AG von sich aus zu beraten, ihm Hinweise und Empfehlungen zu geben, Beobachtungen zu melden sowie die AN auf Unfallgefahren aufmerksam zu machen, zu beraten und aufzuklären.[223] Eine Weisungsbefugnis gegenüber den AN besteht jedoch ebenso wenig, wie der AG rechtlich verpflichtet ist, den Vorschlägen und Anregungen der Sicherheitsbeauftragten nachzukommen.[224] Die Ämter von Sicherheitsbeauftragten und Sicherheitsfachkraft sind unvereinbar.[225] **44**

Die Sicherheitsbeauftragten dürfen wegen der Erfüllung der ihnen übertragenen Aufgaben nicht **benachteiligt** werden (§ 22 Abs. 3 SGB VII). Die Ausbildung der Sicherheitsbeauftragten ist Aufgabe der BG, die auch die Kosten tragen, während der AG zur Weiterzahlung des Arbeitsentgelts verpflichtet ist (§ 23 SGB VII). Zur Fortbildung von Betriebsärzten und Fachkräften für Arbeitssicherheit vgl. § 2 Abs. 3 und § 5 Abs. 3 ASiG. **45**

§ 22 Abs. 2 SGB VII sagt zwar anders als die Vorgängervorschrift (§ 719 Abs. 4 RV) über Zusammentreffen des AG mit den Sicherheitsbeauftragten oder dem Sicherheitsausschuss unter Beteiligung des BR **zum Zwecke des Erfahrungsaustausches** nichts aus. Solche Treffen sind aber notwendig und finden statt. Die Sicherheitsbeauftragten (Plural) können einen Sicherheitsausschuss bilden. Die Vorschrift konkretisiert, dass vom BR beauftragte BR-Mitglieder nicht nur ein Recht, sondern eine Pflicht zur Teilnahme haben.[226] Die Teilnahme an den Sitzungen sichert dem BR die Möglichkeit der Unterrichtung und Beratung und soll ihm eine umfassende Information in allen Angelegenheiten des Arbeitsschutzes vermitteln. **46**

---

218 Musterantrag des BR in DKWF-*Buschmann*, § 89 Rn. 7.

219 *LAG Düsseldorf* 25.3.77, DB 77, 915 [916] zu § 719 RVO; *BVerwG*, AP Nr. 1 zu § 719 RVO; *OVG NRW* 15.12.99, PersR 2000, 375; differenzierend *Kohte*, FS Wlotzke, S. 586, HaKo-BetrVG/*Kohte*, Rn. 32: Mitbestimmung bei vorgelagerten strukturellen Entscheidungen über Tätigkeitsbereich und Verfahren, Beratung hinsichtlich der individuellen Bestellung, a. A. Richardi-*Annuß*, Rn. 34; *Fitting*, Rn. 34; GK-*Gutzeit*, Rn. 76; *HWGNRH*, Rn. 33: keine Mitbestimmung, aber starke Mitwirkung – Beratung mit dem Ziel der Verständigung.

220 *Fitting*, a. a. O.

221 *Kohte*, FS Wlotzke, S. 576; GK-*Gutzeit*, a. a. O.

222 *BSG* 28.5.74 – 2 RU 79/72, BSGE 37, 262, 266; Staudinger-*Oetker*, § 618 BGB Rn. 223.

223 *Fitting*, Rn. 35; HaKo-BetrVG/*Kohte*, Rn. 31.

224 *Fitting*, a. a. O.; GK-*Gutzeit*, Rn. 81; *HWGNRH*, Rn. 35.

225 *Kohte*, FS Wlotzke, S. 577; Staudinger-*Oetker*, § 618 BGB Rn. 224.

226 GK-*Gutzeit*, Rn. 82; *HWGNRH*, Rn. 43.

47 Der **Arbeitsschutzausschuss** nach § 11 ASiG (in Betrieben mit mehr als 20 Beschäftigten) tritt mindestens einmal vierteljährlich zusammen. Er setzt sich aus dem AG oder seinem Beauftragten, 2 BR-Mitgliedern, Betriebsärzten, Fachkräften für Arbeitssicherheit und Sicherheitsbeauftragten zusammen (§ 11 ASiG). Teilzeitbeschäftigte werden bei der Feststellung der Beschäftigtenzahl nur anteilig gezählt, so dass der Arbeitsschutzausschuss ggf. auch bei mehr als 20 Beschäftigten entfallen kann. Damit sollte die Beschäftigung gefördert werden. Hat der AG entgegen § 11 ASiG keinen Arbeitsschutzausschuss gebildet, kann dies die zuständige Arbeitsschutzbehörde anordnen.[227] Der BR kann darauf drängen und eine entspr. Anordnung der Arbeitsschutzbehörde beantragen. Einen arbeitsrechtlichen Anspruch des BR auf Einrichtung des Ausschusses hat das *BAG* unter Hinweis auf die abschließende Regelung im ASiG nach § 87 Abs. 1 Eingangssatz verneint.[228] Im Bereich der öff. Verwaltung findet das ASiG keine unmittelbare Anwendung. Gem. § 16 ASiG ist dort aber ein den Grundsätzen dieses Gesetzes gleichwertiger Arbeitsschutz zu gewährleisten. Der Schutzstandard darf nicht geringer als in der Privatwirtschaft sein.[229]

VII. Niederschriften und Unfallanzeigen (Abs. 5, 6)

48 Nach **Abs. 5** sind dem BR **Niederschriften über Untersuchungen, Besichtigungen und Besprechungen,** zu denen er nach Abs. 2 und 4 hinzuzuziehen ist, auszuhändigen; ob er nach Abs. 2 und 4 tatsächlich daran teilgenommen hat, ist ebenso gleichgültig wie der Grund seiner evtl. Nichtteilnahme.[230] Die Verpflichtung, dem BR die Niederschrift zu überlassen, trifft den AG. Eine Verpflichtung anderer Stellen gegenüber dem BR wird hierdurch nicht begründet. Haben Behörden oder sonstige für den Arbeits-/Umweltschutz zuständige Stellen die Niederschrift gefertigt, hat der AG dem BR eine vollständige Ausfertigung, ggf. Kopie zu überlassen. Diese Stellen sind aber nicht gehindert, den BR direkt zu informieren.

49 Die Bestimmung begründet **keine Verpflichtung** zur Anfertigung von Niederschriften. Sie sind daher dem BR nur auszuhändigen, falls sie auf Grund gesetzlicher Vorschriften oder freiwillig angefertigt wurden.[231]

50 Nach § 193 Abs. 1, 3 SGB VII hat der AG **jeden Unfall** binnen 3 Tagen nach Kenntniserlangung der zust. BG und ggf. dem Gewerbeaufsichtsamt bzw. der zust. Behörde anzuzeigen, wenn durch den Unfall ein im Betrieb Beschäftigter getötet oder so schwer verletzt worden ist, dass er stirbt oder für mehr als 3 Tage völlig oder teilweise arbeitsunfähig wird. Die Unfallanzeige ist gemäß § 193 Abs. 5 Satz 1 SGB VII vom BR mit zu unterzeichnen, ohne dass er Mitverantwortung für ihren Inhalt trägt.[232] Der BR kann eine abweichende Darstellung geben.[233] Für die Berufskrankheitsanzeige gilt nach § 193 Abs. 2 SGB VII dasselbe.

51 Nach **Abs. 6** ist dem BR eine Durchschrift (Kopie) der Unfallanzeige auszuhändigen. Dadurch erhält der BR ggf. Anregungen, um nach Abs. 1 tätig zu werden. Ist dem Unfallversicherungsträger eine vom BR nicht mitunterzeichnete Unfallanzeige erstattet worden, hat der zust. technische Aufsichtsbeamte dem BR eine Abschrift der Unfallanzeige zu übersenden oder mitzutei-

---

227 *VG Hannover* 6.10.95 – 7 A 4246/95, AuA 96, 399 mit Anm. *Kohte;* zur Mitbestimmung § 87 Rn. 194.

228 *BAG* 15.4.14 – 1 ABR 82/12, AuR 14, 209; a.A. *HessLAG* 1.2.96 – 12 TaBV 32/95, NZA 97, 114. Das *BAG* 8.12.15 – 1 ABR 83/13, AuR 16, 214, verneint wegen der abschließenden Regelung in § 11 ASiG auch Mitbestimmung hinsichtlich der Teilnahme des Betriebsarztes und der Fachkraft für Arbeitssicherheit an den gesetzlich vorgesehenen Mindestsitzungen des Arbeitsschutzausschusses. Nach *LAG Berlin-Brandenburg* 7.7.16 – 21 TaBV 195/16, dazu *Kohte*, jurisPR-ArbR 35/2018 Anm. 3, unterliegt die Bestimmung der Aufgaben der betriebsärztlichen Fachkraft und der Fachkraft für Arbeitssicherheit und deren Aufteilung der Mitbestimmung des BR nach § 87 Abs. 1 Nr. 7 BetrVG oder § 9 Abs. 3 Satz 2 ASiG. Das gilt auch für die Konkretisierung der nach der DGUV Vorschrift 2 im Rahmen der betriebsärztlichen und sicherheitstechnischen Grundbetreuung wahrzunehmenden Aufgaben und deren Aufteilung.

229 *BAG* 15.12.09 – 9 AZR 769/08, AuR 10, 222, auch zur notwendigen unmittelbaren Unterstellung der Fachkraft für Arbeitssicherheit unter den Leiter des Betriebs bzw. der Dienststelle/Behörde.

230 Richardi-*Annuß,* Rn. 27; GK-*Gutzeit,* Rn. 71; *WW,* Rn. 10.

231 GK-*Gutzeit,* Rn. 72.

232 Richardi-*Annuß,* Rn. 28; *Fitting,* Rn. 31; GK-*Gutzeit,* Rn. 85; *GL,* Rn. 14.

233 *Fitting,* a.a.O.; GK-*Gutzeit,* a.a.O.; *GL,* a.a.O.; *HWGNRH,* Rn. 40.

len, dass die Unfallanzeige eingegangen ist (vgl. § 5 der AVV über das Zusammenwirken der technischen Aufsichtsbeamten der Träger der Unfallversicherung mit Betriebsvertretungen). Dadurch ist die Unterrichtung des BR über Unfälle gewährleistet und der BR in die Lage versetzt, Einwendungen gegen die Schilderung des Unfalls zu geben. Will der technische Aufsichtsbeamte eine Betriebsbesichtigung aus Anlass eines Unfalls durchführen, hat er den BR hinzuzuziehen und ihn vorher davon zu unterrichten (§ 4 der AVV, a.a.O.).[234]

VIII. Umweltschutz im Arbeitsleben

Bereits vor dem BetrVerf-ReformG 2001 bestand Übereinstimmung über den **Zusammenhang zwischen Arbeitsschutz und Umweltschutz**[235] (vgl. 7. Aufl., Rn. 5ff.). Umweltgefährdende Stoffe, Immissionen, Strahlen oder Risikotechnologien wie Atomenergie gefährden zugleich die in umweltbelastenden Anlagen beschäftigten AN. Umgekehrt können AN an ihrem Arbeitsplatz allgemeinen, nicht vom Arbeitsplatz ausgehenden Umweltbelastungen ausgesetzt sein, z.B. Immissionen von benachbarten Anlagen, Strahlenbelastung in der Umgebung von Atomkraftwerken. Übersteigt die Strahlung eines AKW die auf der Grundlage von § 94 StrahlenschutzG festgelegten Dosis- oder Kontaminationswerte, so besteht »Gesundheitsgefahr« i.S.d. Abs. 1 für die Beschäftigten der Anlage selbst, die Beschäftigten umliegender Betriebe wie auch die angrenzende Bevölkerung; vgl. auch § 4 Nr. 4 ArbSchG: »Einfluss der Umwelt auf den Arbeitsplatz«. Zahlreiche Umweltschutzgesetze enthalten arbeitsschutzrechtliche Regelungen (z.B. §§ 1, 19 ChemikalienG; 1 GefStoffV).[236] AN anderer Betriebe und Betriebsteile sind Nachbarn i.S.d. Verwaltungsrechts, denen drittschützende Beteiligungs- und Klagerechte zustehen.[237] Arbeitsschutzvorschriften dienen häufig nicht nur der Sicherheit der im Betrieb Beschäftigten, sondern dem »Schutz der Umwelt« (§ 1 GefStoffV). Das *BAG* sah bereits vor In-Kraft-Treten des BetrVerf-ReformG 2001 eine »Wechselwirkung von AN-Schutz und Umweltschutz, die der Gesetzgeber in zahlreichen Fällen anerkannt hat«.[238] 52

Adressat umweltrechtlicher Gebots- oder Verbotsnormen ist grundsätzlich der AG/UN. Jeder Betreiber einer Anlage hat sich darüber Klarheit zu verschaffen, ob von der Anlage schädliche Umwelteinwirkungen verursacht werden, denen er mittels technischer oder logistischer Maßnahmen zu begegnen hat.[239] Aus § 5 BImSchG wird eine Grundpflicht zur Organisation des betrieblichen Umweltschutzes abgeleitet.[240] Polizeirechtliche, straf- oder ordnungswidrigkeitenrechtliche Normen richten sich primär an UN. **Adressaten von Umweltschutznormen** sind auch AN. Soweit sich daraus öffentlich-rechtliche Handlungs- oder Unterlassungspflichten ergeben, gelten diese auch für AN am Arbeitsplatz bzw. in Erfüllung ihrer Arbeitstätigkeit. Im Einzelfall kann die Einhaltung von Umweltschutznormen als arbeitsvertragliche Nebenpflicht ausgestaltet werden, so dass AN bei einer – wegen Verstoßes gegen Umweltschutzbestimmungen – rechtswidrigen Weisung eines Vorgesetzten zur Arbeitsverweigerung nicht nur berechtigt, sondern sogar verpflichtet sein können.[241] Nicht ausgeschlossen ist, dass AN bei der Erfüllung ihrer Arbeitspflichten gegen einen Straftatbestand des in §§ 324ff. StGB normierten **Umweltstrafrechts** verstoßen, etwa durch Verunreinigung eines Gewässers oder umweltgefährdende Abfallbeseitigung.[242] Hier kann der AN in eine Konfliktsituation geraten 53

---

234 Musterrüge des BR in DKWF-*Buschmann*, § 89 Rn. 3.

235 *Fitting*, Rn. 4ff.; MünchArbR-*Kohte*, § 173, Rn. 30; § 174, Rn. 21; *Schmitt-Schönenberg*, AuR 94, 281; *Fischer*, AuR 96, 474; *Froschauer*, S. 2ff., 60ff.; *Bücker/Feldhoff/Kohte*, 1994; *Kohte*, FS Däubler, S. 639ff.

236 Zum »Störfallrecht zwischen Umwelt- und Arbeitsrecht« *Kohte*, in Jahrbuch des Umwelt- und Technikrechts, 1995, S. 37ff.; *ders.*, Betrieblicher Umweltschutz am Beispiel des Störfallrechts, in: Arbeit und Umwelt, FS Heilmann, 2001.

237 *BVerwG* 22.10.82, NJW 83, 1508.

238 *BAG* 11.10.95 – 7 ABR 42/94, EzA § 37 BetrVG 1972 Nr. 131 zur Anerkennung einer Bildungsveranstaltung zum betrieblichen Umweltschutz als geeignet i.S.d. § 37 Abs. VII; zustimmend *Kohte*, IR 97, 132.

239 *BVerwG* 27.5.83, NVwZ 84, 724.

240 *Feldhaus*, NVwZ 91, 927.

241 *LAG Köln* 29.4.99 – 10(8) Sa 1265/98, AuR 00, 433 mit Anm. *Kohte*.

242 Vgl. auch *Himmel*, Strafrechtliche Haftung für Umweltschäden, AiB 91, 535.

zwischen dem strafrechtlichen Normbefehl und einer dagegen verstoßenden Anweisung seines Vorgesetzten.[243] Im Umweltstrafrecht kann zwar vielfach von AN nicht verlangt werden, die Rechtmäßigkeit von Anordnungen ihrer Vorgesetzten im Einzelnen zu überprüfen. Andererseits gelten strafrechtlich sanktionierte individuelle Verhaltenspflichten prinzipiell auch für berufliches Verhalten von AN. Die Anweisung von Vorgesetzten ist kein genereller Rechtfertigungs-, Schuld- oder Strafausschließungsgrund. Umso notwendiger ist verantwortungsbewusstes Handeln der betrieblichen Verantwortungsträger,[244] das AN nicht in die Gefahr des Verstoßes gegen Umweltrecht bringt.

IX. Umweltschutz in der Betriebsverfassung

54 Die besondere Funktion des BR ist in vielen umweltbezogenen Vorschriften anerkannt. So ist er zu beteiligen bei der Bestellung oder Statusänderung von Immissionsschutzbeauftragten (**§ 55 Abs. 1a BImSchG,** Unterrichtung), Störfallbeauftragten (**§ 58c BImSchG**), Abfallbeauftragten (**§ 60 Abs. 3 KrW-/AbfG**), Gewässerschutzbeaufragten (**§ 66 WasserhaushaltsG,** jeweils Verweisung auf **§ 55 BImSchG**), Beauftragten für biologische Sicherheit (**§ 16 Abs. 1 GenTSV,** Anhörung). Strahlenschutzbeauftragte (**§ 74 Abs. 3 StrSchV**) und Beauftragte für biologische Sicherheit (**§ 18 Abs. 1 Nr. 2 GenTSV**) sind zur Zusammenarbeit mit dem BR verpflichtet. Hier gibt es auch spezifische Unterrichtungspflichten gegenüber dem BR (**§ 12a Abs. 1 GenTSV**). Langjährig geltende Unterrichtungspflichten des AG gegenüber dem BR in besonderen Fällen, insb. Störfällen aus § 21 GefStoffV, § 11 Abs. 4 StörfallVO hat der Gesetzgeber 2005 ohne Begründung gestrichen.

55 **Abs. 1** gibt dem BR eine generelle Verpflichtung, sich dafür einzusetzen, dass die Vorschriften über betrieblichen Umweltschutz durchgeführt werden. Die Vorschrift steht im Zusammenhang mit zahlreichen anderen Vorschriften dieses Gesetzes, in denen dem BR ein ausdrückliches **Mandat für den betrieblichen Umweltschutz** und eine dahin gehende Förderungspflicht zugesprochen worden sind (Übersicht in § 80 Rn. 75). Abs. 1 und 2 verstärken den normativen Umweltschutz, indem sie den BR in die Kontrolle der Befolgung einschlägiger Umweltschutzbestimmungen und Anordnungen einbeziehen.[245] Es steht nicht im Belieben des BR, ob er sich mit diesem Thema befasst. Er ist dazu gesetzlich ausdrücklich angehalten. Zugleich stellt dieser gesetzliche Arbeitsauftrag klar, dass innerbetriebliche Aktivitäten des BR oder der AN für die Verstärkung des betrieblichen Umweltschutzes nicht als Störung des Betriebsfriedens, Verletzung von Treuepflichten, von Geboten zu politischer Mäßigung oder von ungeschriebenen Grundregeln des Arbeitsverhältnisses denunziert werden dürfen. Maßregelungen sind nach § 612a BGB unzulässig.

56 Die besonderen gesetzlich festgelegten Aufgaben von AG und BR sind vor dem Hintergrund des **verfassungsrechtlichen Schutzes der natürlichen Lebensgrundlagen nach Art. 20a GG** zu sehen. Der Schutz der natürlichen Lebensgrundlagen beinhaltet eine verfassungsrechtliche Zielsetzung, gleichrangig mit anderen verfassungsrechtlich geschützten Rechtsgütern.[246] Die verfassungsrechtliche Wertentscheidung ist bei der Auslegung einfachen Gesetzesrechts und auch anderer Grundrechte zu beachten, was bedeutet, dass der Schutzbereich auf Seiten der die Umwelt Belastenden enger ausgelegt wird.[247] Nach § 11 AEUV (vgl. auch Titel XX, Art. 191–193 AEUV) müssen die Erfordernisse des Umweltschutzes bei der Festlegung und Durchführung der Unionspolitiken und -maßnahmen insbes. zur Förderung einer nachhaltigen Entwicklung einbezogen werden. Das *BVerfG* hat diese Grundsätze in seinem Klimaschutz-Urteil konkretisiert. Danach schließt der Schutz des Lebens und der körperlichen Unversehrtheit nach Art. 2 Abs. 2 Satz 1 GG den Schutz vor Beeinträchtigungen grundrechtlicher Schutzgüter

---

243 Vgl. *Deinert,* AuR 03, 105, 135, 171; *LG Kleve* 17.4.80, NStZ 81, 266; dazu *Schmidt-Salzer,* NJW 88, 1937; *Schmitt-Schönenberg,* AuR 94, 282.

244 Vgl. *Schmidt-Salzer,* a. a. O.

245 *Konzen,* RdA 01, 89, *Fitting,* Rn. 18; *Däubler,* Klimawandel – ein Thema für den BR?, NZA 20, 1155; *ders.,* AiB 5/20, 221ff.; Nr. 1/22, 30ff.; *ders.,* Klimaschutz und Arbeitsrecht; HSI-Schriftenreihe Bd. 49, Frankfurt, 2023.

246 *Epiney,* in: v. Mangoldt/Klein/Starck, GG, Art. 21a Rn. 47.

247 *Epiney,* a. a. O., Rn. 90.

durch Umweltbelastungen ein, gleich von wem und durch welche Umstände sie drohen. Die aus Art. 2 Abs. 2 Satz 1 GG folgende Schutzpflicht des Staates kann eine objektivrechtliche Schutzverpflichtung auch in Bezug auf künftige Generationen begründen. Art. 20a GG ist eine justiziable Rechtsnorm, die den politischen Prozess zugunsten ökologischer Belange auch mit Blick auf künftige Generationen binden soll.[248]

Die Verfassungsvorschrift ist zwar **unmittelbar geltendes Recht,**[249] bedarf aber wegen ihrer Unbestimmtheit der Konkretisierung durch den Gesetzgeber.[250] Das Umweltschutzprinzip legitimiert Eingriffe des Gesetzgebers in andere Grundrechtspositionen wie Eigentum, Berufsfreiheit, allg. Handlungsfreiheit.[251] In Konkretisierung dieses Verfassungsziels hat der Gesetzgeber AG und auch BR eine besondere umweltbezogene Schutzpflicht auferlegt. 57

Die Gesetzesbegründung betont die Wechselwirkung von Arbeitsschutz und Umweltschutz.[252] Der Wortlaut dieser und der anderen umweltschutzbezogenen Vorschriften dieses Gesetzes enthält **keine Einschränkung derart, dass Umweltschutz nur im Zusammenhang mit Arbeitsschutz** zu sehen ist. Bezogen auf den normativen Umweltschutz nach Abs. 1 bedeutet dies, dass der BR sich auch für den Vollzug derjenigen Normen einzusetzen hat, die **ausschließlich Interessen des betrieblichen Umweltschutzes** verfolgen und keinen Arbeitsschutzbezug haben.[253] Das besondere Mandat des BR legitimiert sich daraus, dass er Interessen der AN wahrnimmt, die in Erfüllung ihrer Arbeitspflicht an umweltschützenden oder umweltschädlichen Arbeitstätigkeiten beteiligt sind. AN sind zwar abhängig Beschäftigte, zugleich aber Handlungssubjekte im Arbeitsprozess »mit der Fähigkeit zu eigenverantwortlicher Lebensgestaltung«.[254] Dementsprechend sah der *BGH* die »Personenwürde« schon in älteren Entscheidungen darin, dass der Mensch darauf angelegt sei, »in Freiheit und Selbstbewusstsein sich selbst zu bestimmen und *in der Umwelt auszuwirken*«.[255] Wer im Arbeitsprozess auf die Ausführung fremder Entscheidungen reduziert wird, »gestaltet nicht frei seine Umwelt und verwirklicht nicht sich selbst in seinem Schaffen«.[256] Letztlich ergibt sich aus der **Menschenwürde des Art. 1 GG,** dass AN wie der AG sich in ihrer Arbeit nicht nur auf den finanziellen Ertrag beziehen, sondern auch auf ihre Arbeitsprodukte. Dies kann im Einzelfall dazu führen, dass AN nach § 297 BGB außerstande sind, eine geschuldete Leistung zu erbringen.[257] Das vom Gesetzgeber anerkannte besondere Interesse der AN an ihren Arbeitsprodukten und an der Umweltrelevanz ihrer Arbeit kann einen positiven Beitrag nicht nur für den Vollzug der öffentlich-rechtlichen Umweltschutzvorschriften, sondern für die Verbesserung des gesellschaftlichen Umweltschutzes insgesamt leisten. 58

X. Definition des betrieblichen Umweltschutzes (Abs. 3)

Abs. 3 gibt eine Definition des Begriffs des betrieblichen Umweltschutzes i. S. dieses Gesetzes, d. h. nicht nur dieser, sondern auch der anderen Vorschriften dieses Gesetzes mit Umweltschutzbezug.[258] Die Begründung meint, die Begriffsbestimmung sei zweckorientiert auf die betriebsverfassungsrechtliche Zuständigkeit und Beteiligung des BR, etwa aus anderen Vorschriften, zugeschnitten. Ein generelles umweltpolitisches Mandat zugunsten Dritter oder der Allgemeinheit stehe dem BR als innerbetrieblichem Interessenvertretungsorgan der AN nicht 59

---

248 *BVerfG* 24.3.21 – 1 BvR 2656/18, BVerfGE 157, 30.
249 BT-Drucks. 12/6000, 47; *Dreier-Schulze-Fielitz,* Art. 20a, Rn. 21.
250 *Jarras/Pieroth,* Art. 20a GG Rn. 1.
251 *Jarras/Pieroth,* a. a. O., Rn. 6.
252 BT-Drucks. 14/5741, S. 48 zu Nr. 58.
253 *Buschmann,* FS Heilmann, S. 87; *Reichel/Meyer,* RdA 03, 104; Richardi-*Annuß,* Rn. 31; a. A. *Wiese,* BB 02, 677: Auswirkungen auf AN im Rahmen des Arbeitsverhältnisses; reduktionistisch allein auf den Schutz der AN *LK,* Rn. 12.
254 BVerfGE 5, 85, 204.
255 BGHZ 35, 1 [8]; bestätigt in BGHZ 52, 2.
256 Vgl. auch *Däubler,* Grundrecht, § 5 III.
257 *BAG* 24.5.89, BAGE 62, 59.
258 Ebenso *Wiese,* BB 02, 677.

zu.[259] Davon trifft lediglich zu, dass dem BR kein generelles Umweltschutzmandat zukommt, sondern – wie bei seinen übrigen Befugnissen – ein Betriebsbezug erforderlich ist.[260] Der Gesetzeswortlaut trägt diese Einschränkung nicht. Forderungen nach einer restriktiven Fassung des betrieblichen Umweltschutzes in Abgrenzung zur Unfallverhütung und Arbeitssicherheit ist das Gesetz ausdrücklich nicht nachgekommen.[261] Vielmehr erfasst es die **vom Betrieb ausgehenden Einwirkungen auf die Umwelt,**[262] denen im Umweltrecht eine Pflicht zur Schaffung einer umweltsichernden Betriebsorganisation[263] korrespondiert. Umweltschutz als Schutz der natürlichen Lebensgrundlagen erfolgt nicht nur in Einzelfällen, sondern typischerweise auch zugunsten der Allgemeinheit bzw. Dritter. Dieser Schutzgedanke weist notwendig über den Schutz der AN des Betriebs hinaus.[264] Ein Bezug zum Arbeitsverhältnis kann dabei bestehen, ist aber keine zwingende Voraussetzung.[265]

60 Der Begriff des **Umweltschutzes** wird in dieser Vorschrift nicht definiert, sondern vorausgesetzt:[266] Er bezeichnet die *Gesamtheit menschlicher Tätigkeiten des Schützens, Sicherns, Gewährleistens, Ordnens, Bewahrens, Erhaltens, Pflegens, Förderns, Gestaltens, Entwickelns, Verbesserns, Wiederherstellens oder Erneuerns der natürlichen Lebensgrundlagen des Menschen oder der Umwelt, d. h. von Boden, Wasser und Luft, Tierwelt und Pflanzenwelt sowie der Beziehungen dieser Umweltteile untereinander und mit dem Menschen.*[267] Der sog. Professorenentwurf eines Umweltgesetzbuches – AT -[268] erfasste unter diesem Oberbegriff die Handlungsebenen der Umweltvorsorge, der Umweltsanierung und der Umweltpflege. »Umweltschutz« ist demgemäß weit auszulegen.[269] Die Anläufe zur Schaffung eines einheitlichen Umweltgesetzbuches sind immer wieder – zuletzt 2009 – gescheitert.

61 Das **Merkmal »betrieblich«** suggeriert eine betriebliche Veranlassung, Umsetzung bzw. Auswirkung von Umweltschutzmaßnahmen, mithin eine erhebliche Begrenzung. Nach der Legaldefinition des Abs. 3 ist dies aber nicht der Fall. Der Gesetzestext enthält den Begriff »betrieblich« nur in der zweiten Variante bezüglich der *Bauten, Räume usw.* Dagegen ist »betrieblich« kein Merkmal der *personellen und organisatorischen Maßnahmen ..., die dem Umweltschutz dienen.* Derartige Maßnahmen werden vom AG/UN getroffen. Ob diese Maßnahmen einen Betriebsbezug haben, ist relevant für die Abgrenzung der Zuständigkeiten der Einzel-BR oder des GBR. Für die Definition des betrieblichen Umweltschutzes als Anknüpfungstatbestand für diese und weitere betriebsverfassungsrechtliche Normen kommt es hierauf nicht an. Dementsprechend weist die Begründung[270] in wörtlicher Wiederholung des *BAG*[271] darauf hin, dass sich *Maßnahmen des betrieblichen Umweltschutzes regelmäßig außerhalb des Betriebes mittelbar oder unmittelbar auswirken werden.* Entscheidend ist nicht, dass diese Maßnahmen in einem räumlichen oder sonstigen Bezug zum Betrieb veranlasst oder durchgeführt werden, sondern dass sie vom AG/UN getroffen werden oder zu treffen sind und dem Umweltschutz auch außerhalb des UN dienen.[272] Für eine teleologische Reduktion der Vorschrift ist kein Raum.[273] Kein Mandat hat der BR in *(generellen)* Umweltschutzangelegenheiten, in denen das UN selbst nicht beteiligt ist und keine Maßnahmen veranlasst. Die Auseinandersetzung mit umweltgefährdenden Immissionen eines Nachbarbetriebs ist so lange kein betrieblicher Umweltschutz i. S. d. Vor-

---

259 BT-Drucks. 14/5741, S. 48 zu Nr. 58d; *Engels/Trebinger/Löhr-Steinhaus,* DB 01, 532 [541].
260 Ebenso *Reichel/Meyer,* RdA 03, 104.
261 *Konzen,* RdA 01, 89.
262 So zutreffend *Hanau,* RdA 01, 89; *Fitting,* Rn. 8; *Däubler,* Klimawandel, NZA 20.
263 Hako-BetrVG/*Kohte,* Rn. 21.
264 *Buschmann,* FS Heilmann, S. 87; Richardi-*Annuß,* Rn. 31.
265 *Reichel/Meyer,* a. a. O.; a. A. offenbar *Wiese,* BB 02, 677.
266 *Fitting,* Rn. 9.
267 *Storm* in Kimminich/v. Lessner/Storm [Hrsg.], Handwörterbuch des Umweltrechts, HDUR, Bd. II, 2. Aufl. 1994, S. 2407.
268 Dazu *Kohte,* FS Däubler, S. 639 ff.
269 *Fitting,* Rn. 9.
270 BT-Drucks. 14/5741, S. 48 zu Nr. 58.
271 *BAG* v. 11. 10. 95 – 7 ABR 42/94, AP Nr. 115 zu § 37 BetrVG 72.
272 Ebenso *Fitting,* Rn. 8; *Däubler,* Klimawandel, NZA 20.
273 So aber *Fitting,* Rn. 10.

schrift, als es nicht um eigene Maßnahmen des UN zur Begrenzung der umweltschädlichen Auswirkungen geht.

Dagegen handelt es sich um **betriebliche Umweltschutzmaßnahmen**, wenn etwa AG und BR im Interesse der Umwelt vereinbaren, dass die Beschäftigten vom UN ein Job-Ticket erhalten oder der AG hierzu einen Zuschuss gibt, um die Beschäftigten zu motivieren, vom Pkw auf öffentliche Verkehrsmittel umzusteigen, um den Straßenverkehr zu entlasten, Autoabgase und Energieverbrauch zu reduzieren.[274] Das Gleiche gilt bei Vereinbarungen über die Verwendung umweltfreundlicher Betriebsmittel oder bei einem Umstieg des UN auf »saubere« Energie, wenn sich AG und BR darauf einigen, dass der Betrieb keinen Atomstrom bezieht.[275] **62**

Das Gesetz knüpft nicht an bestehende oder befürchtete Umweltgefährdungen an, denen es zu begegnen gilt, sondern an die **Maßnahmen, die dem Umweltschutz dienen.** Soweit der Normvollzug im Vordergrund steht, ergibt sich aus den jeweiligen Vorschriften, ob und inwieweit diese auch umweltschützenden Charakter haben. Häufig wird zwischen AG und BR umstritten sein, welche Maßnahmen dem Umweltschutz dienen. Gehen AG und BR gemeinsam oder geht allein der AG von einer dem Umweltschutz dienenden Maßnahme aus, kann diese Definition zugrunde gelegt werden. Die Rechtsfolge, nämlich die umweltbezogene Partizipation des BR und der Beschäftigten, entspricht Sinn und Zweck der Vorschrift. **63**

Schwieriger ist die Situation zu beurteilen, wenn nur der BR, nicht aber der AG eine Maßnahme als »umweltschutzdienlich« ansieht. Würde man die Definition des AG zugrunde legen oder abwarten, dass der AG entsprechende Maßnahmen trifft, wäre die umweltschutzbezogene Beteiligung des BR wertlos. Diese Vorstellung vertrüge sich nicht mit dem Initiativrecht des BR, das auch in seiner *eigenständigen Förderungspflicht* nach § 80 Abs. 1 Nr. 9 in Bezug auf Maßnahmen des betrieblichen Umweltschutzes zum Ausdruck kommt, ebenso wenig mit dem in § 45 Satz 1 und in § 74 Abs. 2 Satz 3 anerkannten Recht auf Behandlung umweltpolitischer Angelegenheiten, die den Betrieb oder seine AN unmittelbar betreffen. Auch die verbindliche Festlegung, welche Maßnahmen dem Umweltschutz dienen, durch die Arbeitsgerichte scheidet aus. Der Begriff des Umweltschutzes ist dem politischen Meinungskampf unterworfen und nur beschränkt justitiabel. Im politischen Raum wird der Begriff des Umweltschutzes unabhängig von parteipolitischen Präferenzen weit gefasst. Die Koalitionsvereinbarung v. 20. 10. 98[276] nannte z. B. im Abschnitt IV Ökologische Modernisierung u. a. Regelungen wie Kontrolle von Freilandversuchen, Schutz vor gentechnischer Diskriminierung in der Kranken- und Lebensversicherung, Ausstieg aus der Atomenergie, umweltgerechte und effiziente Verkehrspolitik. »Dienen« i. S. d. Abs. 3 ist demnach sinnvoll als Zweckbestimmung zu verstehen, die derjenige gibt, der eine Maßnahme des Umweltschutzes fordert.[277] Dies kann der AG oder der BR sein. Beiden kommt ein Beurteilungsspielraum zu, wobei nur solche Maßnahmen ausscheiden, die keinerlei Bezug zu den unter Rn. 59 genannten Merkmalen aufweisen.[278] **64**

Die Beteiligungsverpflichtungen nach Abs. 2 und Abs. 5 in Bezug auf den betrieblichen Umweltschutz entsprechen denen zum Arbeitsschutz (vgl. Rn. 36 ff.). **65**

In dem Maße, in dem der arbeitsrechtliche Umweltschutz an Bedeutung gewinnt, **erhalten BR neue Aufgaben und Arbeitsfelder.** Dies gilt insbes. für die nach der europäischen VO über die freiwillige Teilnahme von Organisationen an einem Gemeinschaftssystem für Umweltmanagement und Umweltbetriebsprüfung (EMAS)[279] bzw. dem **Umweltauditgesetz** (UAG) angebotene freiwillige Beteiligung gewerblicher Unternehmen an einem Gemeinschaftssystem **66**

274 So der Sachverhalt in *BAG* 11. 8. 98 – 9 AZR 39/97, DB 99, 695.

275 Praktische betriebliche Regelungsansätze in *Leitretter*, Betrieblicher Umweltschutz, Analyse und Handlungsempfehlungen, 1999, Edition der Hans-Böckler-Stiftung, Nr. 7.

276 Teilweise dokumentiert in AuR 98, 476 ff.

277 A. A. Richardi-*Annuß*, Rn. 32.

278 Vgl. auch *Buschmann*, FS Heilmann, S. 87.

279 VO (EG) Nr. 1221/2009 des EP und des Rates v. 25. 11. 09 über die freiwillige Teilnahme von Organisationen an einem Gemeinschaftssystem für Umweltmanagement und Umweltbetriebsprüfung und zur Aufhebung der VO (EG) Nr. 761/2001, sowie der Beschlüsse der Kommission 2001/681/EG und 2006/193/EG, ABlEU L 342/1 v. 22. 12. 09.

für das Umweltmanagement und die Umweltbetriebsprüfung.[280] Schon nach § 80 Abs. 1 Nr. 2 kann der BR die Teilnahme an EMAS anregen. Nach § 89 Abs. 5 sind ihm eine Niederschrift der Umweltprüfung und der für die Öffentlichkeit bestimmten Umwelterklärung zu überlassen. In diesem Zusammenhang können sich der BR oder seine Mitglieder auch auf das **Umweltinformationsgesetz** berufen. Nach § 3 des Gesetzes haben sie u. a. Anspruch auf freien Zugang zu Informationen über die Umwelt, die bei einer Behörde oder einer juristischen Person vorhanden sind. In Erfüllung dieses Anspruchs kann die Behörde Auskunft oder Akteneinsicht gewähren oder Informationsträger in sonstiger Weise zur Verfügung stellen.[281] Um diese vielfältigen Aufgaben zu erfüllen, bietet sich die Möglichkeit der förmlichen Errichtung eines Umweltausschusses des BR auf Grundlage von § 28.

XI. Verstöße, Streitigkeiten

67 Behindert der AG den BR bei der Wahrnehmung seiner Aufgaben, etwa indem er ihn nicht zur Mitberatung heranzieht oder vorgeschriebene Informationen verweigert, kann dieser Verstoß nach **§ 23 Abs. 3** geahndet werden. Bei Verstößen gegen UVV kann eine Geldbuße verhängt werden (§ 209 SGB VII). Die einzelnen Umweltschutzvorschriften enthalten eigene Ordnungswidrigkeiten- bzw. Strafvorschriften. Erleidet ein AN einen Gesundheitsschaden, kommt auch eine Bestrafung des Verursachers **wegen Körperverletzung** in Betracht. Zivilrechtliche Ersatzansprüche eines geschädigten AN gegen den AG sind i. d. R. nach § 104 SGB VII ausgeschlossen; insoweit tritt die Unfallversicherung ein.[282]

68 Verstoßen der BR oder einzelne seiner Mitglieder gegen die ihnen obliegenden Pflichten, können auf Antrag nach § 23 Abs. 1 vom ArbG die betr. BR-Mitglieder ausgeschlossen oder der BR aufgelöst werden.[283] Eine Haftung der betr. BR-Mitglieder gegenüber AN, die einen Gesundheitsschaden erlitten haben, ist regelmäßig durch § 106 SGB VII ausgeschlossen.

69 Streitigkeiten zwischen AG und BR hinsichtlich der Mitwirkung bei der Durchführung des Arbeitsschutzes/Umweltschutzes entscheidet das ArbG im Beschlussverfahren gemäß §§ 2a, 80 ff. ArbGG. Dasselbe gilt bei Streitigkeiten zwischen BR und den für den Arbeitsschutz zuständigen außerbetrieblichen Stellen aus der Anwendung des § 89.[284]

Vierter Abschnitt
Gestaltung von Arbeitsplatz, Arbeitsablauf und Arbeitsumgebung

§ 90 Unterrichtungs- und Beratungsrechte

(1) Der Arbeitgeber hat den Betriebsrat über die Planung
1. von Neu-, Um- und Erweiterungsbauten von Fabrikations-, Verwaltungs- und sonstigen betrieblichen Räumen,
2. von technischen Anlagen,
3. von Arbeitsverfahren und Arbeitsabläufen einschließlich des Einsatzes von Künstlicher Intelligenz oder
4. der Arbeitsplätze
rechtzeitig unter Vorlage der erforderlichen Unterlagen zu unterrichten.
(2) Der Arbeitgeber hat mit dem Betriebsrat die vorgesehenen Maßnahmen und ihre Auswirkungen auf die Arbeitnehmer, insbesondere auf die Art ihrer Arbeit sowie die sich daraus ergebenden Anforderungen an die Arbeitnehmer so rechtzeitig zu beraten, dass

280 Vgl. *Fitting*, Rn. 6 f.; zur Zusammenarbeit mit betrieblichen Umweltschutzbeauftragten *Fischer*, AuR 96, 474.
281 Zu Inhalt und Form der Information *BVerwG* 6. 12. 96, AuR 96, 295 mit Anm. *Heilmann/Bieler*..
282 *BAG* 30. 10. 03 – 8 AZR 548/02, AuR 2004, 162.
283 Richardi-*Annuß*, Rn. 42; *Fitting*, Rn. 39; GK-*Gutzeit*, Rn. 87; *HWGNRH*, Rn. 30.
284 GK-*Gutzeit*, Rn. 88 m. w. N.; a. A. *LAG Düsseldorf* 22. 7. 71, AuR 72, 190; wie hier *HWGNRH*, Rn. 43.

Vorschläge und Bedenken des Betriebsrats bei der Planung berücksichtigt werden können. Arbeitgeber und Betriebsrat sollen dabei auch die gesicherten arbeitswissenschaftlichen Erkenntnisse über die menschengerechte Gestaltung der Arbeit berücksichtigen.

Inhaltsübersicht Rn.

I. Vorbemerkungen

Mit der Schaffung der §§ 90 und 91, die ausdrücklich auf die menschengerechte Arbeitsgestaltung (vgl. auch § 2 Abs. 1 ArbSchG) hinweisen, hat der Gesetzgeber dem BR den konkreten Auftrag gegeben, im betrieblichen Bereich darauf Einfluss zu nehmen, dass **Grundrechte,** wie insbes. der **Schutz der Menschenwürde,** die **freie Entfaltung der Persönlichkeit** und das **Recht auf körperliche Unversehrtheit,** beachtet werden.[1] Schon im **Planungsstadium** (vgl. Rn. 19ff.) sollen die berechtigten Belange der AN hinsichtlich der Art der Arbeit und ihrer Anforderungen berücksichtigt werden.[2] Diese Leitziele der §§ 90 und 91 stehen in engem Zusammenhang mit anderen Regelungen des Gesetzes, wie vor allem der Bestimmung des § 75.[3] Bei der Gestaltung des Arbeitsplatzes, der Arbeitsorganisation und der Arbeitsumgebung hat der BR daher nicht nur auf ergonomische Aspekte und Gesichtspunkte des Arbeits- und Gesundheitsschutzes zu achten, sondern auch Einfluss darauf zu nehmen, dass Möglichkeiten der **Selbstbestimmung** gefördert, die **Entfremdung** von der Arbeit abgebaut sowie individuelle **Aufstiegs-** und **Entfaltungschancen** verbessert werden und kein Verlust oder Absinken vorhandener, sondern eine Erhöhung der beruflichen **Qualifikation** eintritt.[4] Mit dem am 18.6.2021 in Kraft getretenen Betriebsrätemodernisierungsgesetz wurde der **Einsatz von Künstlicher Intelligenz** als eine Ausprägung von Arbeitsverfahren und Arbeitsabläufen (Abs. 1 Nr. 3) eingefügt. Dabei handelt es sich nicht um eine Erweiterung des materiellen Anwendungsbereichs, sondern um eine Klarstellung mit vor allem psychologischer Wirkung[5] (vgl. im Einzelnen Rn. 15a). Im Gesetzentwurf des DGB wird die Vorschrift gestrichen, weil die Regelungen in anderen Vorschriften bzw. Mitbestimmungsrechten aufgegangen sind.[6] 1

Die Vorschrift gibt dem BR das Recht auf **Unterrichtung und Beratung** bei Planungsmaßnahmen der angeführten Angelegenheiten. Informations- und Beratungsrechte haben gerade beim Einsatz neuer Technologien besondere Bedeutung. Nur ihre aktive Nutzung versetzt den BR in die Lage, sozial gestaltend Einfluss zu nehmen. Eine **Checkliste** und eine **Mustervereinbarung** finden sich bei DKWF-*Klebe/Heilmann,* § 90 Rn. 2f. 2

Trotzdem ist die notwendige und vom Gesetzgeber gewollte Einflussnahme des BR nur unzureichend abgesichert. Es besteht in § 90 lediglich ein **Unterrichtungs-** und **Beratungsrecht;** auch § 91 bringt keine umfassende Mitbestimmung, sondern ein von schwer zu erfüllenden 3

1 ErfK-*Kania,* Rn. 1; *Fitting,* Rn. 2.
2 BT-Drucks. VI/1786, S. 49.
3 Vgl. auch *GL,* vor § 90 Rn. 1.
4 Zustimmend ErfK-*Kania,* Rn. 1.
5 *Steiner,* CuA 21, 16 (18); *Däubler,* BRmodG Extra, S. 13.
6 AuR Sonderausgabe April 2022, S. 51.

Voraussetzungen abhängiges »korrigierendes« Mitbestimmungsrecht. Andererseits darf nicht übersehen werden, dass diese Bestimmungen in enger Beziehung zu einer Reihe anderer Mitwirkungs- und Mitbestimmungsrechte stehen, wie z. B. § 87 Abs. 1 Nrn. 1, 6, 7, §§ 111 ff. oder § 80 Abs. 2, 3, § 92 und §§ 106 ff. Die letztgenannten Informations- und Beratungsrechte stehen je nach Informationsgegenstand neben § 90 und schließen seine Anwendung nicht aus.

4 Teilweise wird die Auffassung vertreten, die Unterrichtungspflicht sei auch bei § 90 analog § 106 Abs. 2 begrenzt, wenn dadurch **Betriebs-** und **Geschäftsgeheimnisse** des UN gefährdet werden.[7] § 79 sei insofern nicht ausreichend. Diese Auffassung ist abzulehnen, da sie im Widerspruch zum Gesetzeswortlaut steht.[8]

5 Die Rechte des BR nach § 90 können durch **TV** und **BV** nicht eingeschränkt werden.[9] Hierin kann allerdings eine **Erweiterung oder Konkretisierung** (z. B. der Informationspflichten oder des Zeitpunkts) erfolgen[10] (vgl. auch Einl. Rn. 85, 87 ff., 94 f.). Eine Konkretisierung empfiehlt sich insbesondere in Großbetrieben mit einer Vielzahl parallel verlaufender Planungsprozesse. Solche Regelungen werden häufiger zur beiderseitigen Arbeitserleichterung entweder gesondert oder in **Technikrahmen-BV** getroffen.

6 Der BR verliert seine Rechte nicht dadurch, dass der AG ohne die erforderliche Information bereits die Veränderung vorgenommen hat oder der BR in Kenntnis der Vorgänge seine Rechte unzureichend wahrnimmt.[11] Der **Informations- und Beratungsanspruch** des BR entsteht ständig neu; ein **Verzicht** auf Mitwirkungs- und Mitbestimmungsrechte ist zudem **unwirksam**[12] (vgl. § 87 Rn. 49). Eine Verwirkung kommt ebenfalls nicht in Betracht.[13] Auch die versuchsweise Einführung der in Abs. 1 genannten Maßnahmen löst die BR-Rechte aus.

II. Die einzelnen Unterrichtungsgegenstände

1. Neu-, Um- und Erweiterungsbauten

7 Nach der Regelung der Nr. 1 hat sich die Unterrichtung und Beratung auf Neu-, Um- und Erweiterungsbauten von Fabrikations-, Verwaltungs- und sonstigen betrieblichen Räumen zu erstrecken. Hierzu zählen **Werkhallen, Verwaltungsgebäude, Labors, Ausbildungsstätten und Lagerhallen** ebenso wie **Fabrikhöfe.**[14] Es ist grundsätzlich unerheblich, in welchem Umfang die bauliche Substanz verändert wird. Allerdings werden bloße Reparatur- oder Renovierungsmaßnahmen[15] im Allgemeinen ebenso wenig wie reine Abbrucharbeiten[16] unter die Vorschrift fallen. Der Einbau neuer **Türen** kann Auswirkungen auf die Arbeitsbedingungen haben und wird daher in der Regel von der Vorschrift erfasst.[17] Weiter erstreckt sich das Beteiligungsrecht auch auf sog. Sozialräume, wie Kantinen, Aufenthaltsräume, Waschräume, Toiletten u. ä.[18]

---

7 HWGNRH-*Rose*, Rn. 6.

8 GK-*Weber*, Rn. 28; LKK-*Dahm*, Rn. 17; MünchArbR-*Oberthür*, § 332 Rn. 8; Richardi-*Annuß*, Rn. 20 und für § 80 *BAG* 5. 2. 91 – 1 ABR 32/90, AP Nr. 89 zu § 613a BGB; vgl. auch *Fitting*, § 80 Rn. 64, m. w. N.

9 So auch ErfK-*Kania*, Rn. 1; GK-*Weber*, vor § 90 Rn. 10; NK-GA/*Eylert/Waskow*, Rn. 1.

10 GK-*Weber*, vor § 90 Rn. 10.

11 A. A. GK-*Weber*, Rn. 7.

12 Vgl. z. B. *BAG* 28. 8. 07 – 1 ABR 70/06, NZA 08, 188 (189); 29. 1. 08 – 3 AZR 42/06, NZA-RR 08, 469 (472).

13 *LAG Schleswig-Holstein* 4. 3. 08 – 2 TABV 42/07, NZA-RR 08, 414 (415); *Adam*, AuR 08, 169 (172 f.).

14 Vgl. NK-GA/*Eylert/Waskow*, Rn. 3; *Schmid/Willems*, AuA 15, 88; für eine Überdachung *ArbG Düsseldorf* 5. 8. 87 – 10 BV 64/87.

15 GK-*Weber*, Rn. 10; Richardi-*Annuß*, Rn. 8.

16 GK-*Weber*, Rn. 10; HWGNRH-*Rose*, Rn. 29.

17 GK-*Weber*, Rn. 10; *GL*, Rn. 1; *ArbG Düsseldorf*, a. a. O.; Richardi-*Annuß*, Rn. 8; a. A. ErfK-*Kania*, Rn. 2; *Fitting*, Rn. 18a; HWGNRH-*Rose*, Rn. 27.

18 *Fitting*, Rn. 18a; GK-*Weber*, Rn. 9.

2. Technische Anlagen

8 Der Begriff »**technische Anlagen**« in *Nr.* 2 bezieht sich auf Maschinen und sonstige technische Geräte und Einrichtungen, die dem Betriebszweck und damit dem Arbeitsablauf dienen, wie z. B. **Montagebänder, CNC-Maschinen, Roboter, Datenbrillen** wie Google-Glass und **CAD-Terminals.**[19] Ausreichend ist, dass dies nur mittelbar geschieht, wie z. B. bei Raumbeleuchtung, Schallschluckdecken, Fahrstühlen und Klimaanlagen.[20]

9 Von der Vorschrift wird nicht nur der technische (gewerbliche) Bereich des Betriebs erfasst, sondern auch der kaufmännische (Verwaltung), sofern dort technische Anlagen zum Einsatz kommen, wie das etwa bei Büromaschinen, **Bildschirmen** oder dem EDV-Einsatz[21] der Fall ist. So unterliegen die Einführung einer neuen **EDV-Anlage**,[22] die Umstellung der Lohn- und Gehaltsabrechnung von Off-line- auf On-line-Betrieb,[23] der Anschluss an **Intranet/Internet,**[24] die Umstellung auf **Cloud Computing**[25] oder die Gestattung einer freiwilligen dienstlichen Nutzung privater technischer Geräte (z. B. Smartphones oder Tablet-PCs; **»Bring your own device«, BYOD**)[26] ebenfalls dieser Vorschrift.

10 Die **Ersatzbeschaffung** schon vorhandener technischer Anlagen fällt dann unter die Bestimmung, wenn sich die gegebenen **Bedingungen ändern,** insbesondere die Auswirkungen auf die AN und die Art der Anforderungen an diese.[27] Eine »bloße« Ersatzbeschaffung ohne Beteiligung des BR wird im Übrigen aber auch deshalb kaum noch vorkommen, weil die technische Entwicklung zu berücksichtigen ist (vgl. § 87 Rn. 212).

11 Zu der Problematik von **DV-Technologien** und **Künstlicher Intelligenz** vgl. Rn. 15 und 15a sowie eingehend § 87 Rn. 154 ff., insbesondere Rn. 156a.

3. Arbeitsverfahren, Arbeitsabläufe

12 Während das Arbeitsverfahren die technische Art und Weise ist, mit der auf den Arbeitsgegenstand eingewirkt wird, erfasst der Arbeitsablauf alles, was zur **Veränderung des Arbeitsgegenstandes** i. S. d. Arbeitsaufgabe beiträgt (Nr. 3). Es geht somit um die Konzipierung der Art und Weise der Arbeit im Zusammenwirken mit den technischen Betriebsmitteln.[28]

13 Unter Arbeitsverfahren und Arbeitsablauf ist sowohl die organisatorische als auch die räumliche und zeitliche Gestaltung der Arbeit zu verstehen,[29] wie z. B. Entscheidungen

- zum Einsatz von **Fremdfirmenbeschäftigten**[30] (vgl. § 80 Abs. 2 Satz 1, 2. Halbsatz), auch mit **Crowdsourcing**[31] (vgl. auch § 87 Rn. 201, § 95 Rn. 32, § 111 Rn. 111a),
- zur Umstellung auf **Cloud Computing,**[32]
- über **Gruppen- oder Einzelarbeit,**[33]
- monotone oder abwechslungsreiche Tätigkeiten,

19 Vgl. *Klebe/Roth*, AiB 84, 70 ff.; *Wellenhofer-Klein*, DB 97, 978.
20 Vgl. *OLG Düsseldorf* 8. 4. 84, BB 82, 1113; *Fitting*, Rn. 20a; GK-*Weber*, Rn. 12 f.
21 Vgl. für Bildschirmeinsatz *BAG* 6. 12. 83, AP Nr. 7 zu § 87 BetrVG 1972 Überwachung; zur Telearbeit *Wedde*, Rn. 835 f.
22 *OLG Stuttgart* 22. 11. 84, AuR 85, 293.
23 *LAG Hamburg* 20. 6. 85 – 7 TaBV 10/84, BB 85, 2110; die hierzu ergangene Rechtsbeschwerdeentscheidung des *BAG* 17. 3. 87 – 1 ABR 59/85, AP Nr. 29 zu § 80 BetrVG 1972, stützt den Anspruch auf § 80 Abs. 2 Satz 1; vgl. auch HWGNRH-*Rose*, Rn. 36.
24 Vgl. *Däubler*,, § 2 Rn. 41; *Fitting*, Rn. 21; GK-*Weber*, Rn. 14, 18 m. w. N.
25 NK-GA/*Eylert/Waskow*, Rn. 4; Hilber-*Hexel*, Teil 5 Rn. 87 ff.
26 *Däubler*, Digitalisierung, § 3 Rn. 10; vgl. auch § 87 Rn. 67 und 201.
27 GK-*Weber*, Rn. 15; MünchArbR-*Oberthür*, § 332 Rn. 4; wohl auch Schaub-*Ahrendt*, § 237 Rn. 4.
28 Vgl. zur Abgrenzung *Fitting*, Rn. 23 f.
29 Richardi-*Annuß*, Rn. 13.
30 HaKo-BetrVG/*Kohte/Schulze-Doll*, Rn. 12; *Greiner*, RdA 14, 262 (263 f.).
31 *Klebe/Neugebauer*, AuR 14, 4 (6 f.); Benner-*Klebe*, S. 277 (279 ff.); *Däubler/Klebe*, NZA 15, 1032 (1040); GK-*Weber*, Rn. 19 (internes Crowdsourcing).
32 Hilber-*Hexel*, Teil 5 Rn. 87 ff.; zu datenschutzrechtlichen Aspekten bei Cloud Computing als Form der Auftragsverarbeitung vgl. Roßnagel-*Hofmann*, § 5 Rn. 75 ff.
33 *SWS*, Rn. 8; *Elert*, S. 103 f.; *Hunold*, S. 12; *Kreßel*, RdA 94, 23 f.

- **agile Arbeitsformen,**[34] die Nutzung v. **Metaverse**-Anwendungen (vgl. § 87 Rn. 156a, 201)[35] oder **ChatGPT** (vgl. § 87 Rn. 156a, 201),[36]
- **Schichtarbeit,**
- **aktenlose Sachbearbeitung, Desksharing,**[37]
- Arbeit in der Halle, im **Freien,** in einer Kabine,
- Umstellung der **Lagerhaltung, Montage** oder **Materialprüfung,**
- über eine **automatische Fertigungssteuerung,**
- zur Anwendung des **Scrum**-Verfahrens, vor allem bei der Softwareentwicklung,[38]
- über die Einführung des **Öko-Audit**-Systems bzw. die Teilnahme an dem Gemeinschaftssystem für das Umweltmanagement und die Umweltbetriebsprüfung (**EMAS**) v. 19.3.01,[39]
- über die Einführung oder Änderung von Managementkonzepten wie **Balanced Scorecard,**[40]
- zur **Telearbeit,**
- über **TQM,** Kaizen, KVP oder Lean Six Sigma,[41]
- zu **Outsourcing,**[42]
- zu **Offshoring/Nearshoring,** (vgl. auch § 87 Rn. 200; § 111 Rn. 92),
- zum Anschluss an **Intranet oder Internet**[43] u. Ä.

14 Vor allem sind hier Rationalisierungsmaßnahmen zu erwähnen.[44] Zum Arbeitsverfahren bzw. Arbeitsablauf gehört auch die Arbeitsmethode, mit der festgelegt wird, auf welche Art und Weise der AN das gewünschte Arbeitsergebnis erreichen soll.

15 Ein illustratives Beispiel der Rationalisierung von Arbeitsabläufen im Zusammenhang mit der Bestimmung des § 90 (sowie des § 91) ist die Einführung/Anwendung von **DV-Systemen mit Bildschirmarbeit.** Diese Arbeitsplätze können je nach Gestaltung erhebliche Auswirkungen auf die Art der Arbeit haben. Das gilt insbes. im Hinblick auf **gesundheitliche Belastung, Arbeitsbeanspruchung, Leistungsverdichtung,** Leistungskontrolle, Kommunikationsverluste, **Qualifikationsanforderungen, betriebliche Lohn- und Gehaltsstruktur** und Arbeitsplatzverlust. Die Einführung/Nutzung von Bildschirmgeräten und DV-Systemen kann neben der Regelung des § 90 auch andere Bestimmungen des BetrVG, wie § 91 (vgl. dort Rn. 12, 20) § 87 Abs. 1 (vgl. dort Rn. 154ff., 198ff., 244ff.) und § 111 (vgl. dort Rn. 107, 113) berühren.

15a Mit Benennung des Einsatzes von **Künstlicher Intelligenz (KI)** als einem spezifischen Anwendungsfall von Arbeitsverfahren und Arbeitsabläufen im Sinne der Nr. 3 hat das Betriebsrätemodernisierungsgesetz dem wachsenden Einsatz von Algorithmen in sämtlichen Arbeitsbereichen[45] Rechnung getragen – allerdings ohne den materiellen Anwendungsbereich der Vorschrift auszudehnen. Der Einsatz von DV-Systemen und demzufolge auch von Algorithmen aller Art war schon bisher von Nr. 3 erfasst (**vgl. Rn. 13).** Die explizite Erwähnung des Einsatzes von KI beendet nunmehr jeden Zweifel am Bestehen einer entsprechenden Unter-

---

34 GK-*Weber*, Rn. 19; HWK-*Sittard*, Rn. 2.

35 Hierzu *Engelhardt* u. a. (bakertilly), Metaverse – ein neuer Rechtsraum, 12/2022; *Elmasry* u. a. (Mc Kinsey & Company), Value creation in the metaverse, June 2022.

36 Vgl. hierzu *Schwartmann*, RDV 23, 48ff.; *ders.*; RDV 23, 106ff.; *Höller*, CuA 4/23, S. 8ff.; *Wedde*, CuA 4/23, S. 14ff.; *Ruchhöft*, AiB 6/23, S. 28ff.; *Mohn*, NZA 23, 538 (541); *Hansen/Keber/Rixen/Schwartmann*, RDV 23, 160ff.

37 GK-*Weber*, Rn. 19; vgl. auch *LAG Sachsen* 10.1.23 – 2 TaBV 1/21, juris Tz. 87 = NZA-RR 23, 355 (359 Tz. 57) = jurisPR-ArbR 21/23 Nr. 5 mit Anm. v. *Wolmerath*.

38 Hierzu *Krause*, Agile Arbeit, S. 45ff., 142; Richardi-*Annuß*, Rn. 14; vgl. auch *Heise/Friedl*, NZA 15, 129ff.

39 HWGNRH-*Rose*, Rn. 42; wohl auch *Fitting*, Rn. 29.

40 *Däubler*, DB 00, 2270 (2275f.); *ders.*, AiB 01, 208 (217f.); GK-*Weber*, Rn. 19; *Müller*, CF 2/02, S. 4ff.

41 *Fitting*, Rn. 27.

42 *Fitting*, Rn. 13 für Auslagerung der Datenverarbeitung; WPK-*Bender*, Rn. 10.

43 GK-*Weber*, Rn. 19 m. w. N.; NK-GA/*Eylert/Waskow*, Rn. 5; *Däubler*, Digitalisierung, § 2 Rn. 41; vgl. auch *Fitting*, Rn. 26 für Umstellung Bürobetrieb; Rn. 21 für Umstellung auf Online-Betrieb als Fall der Nr. 2.

44 *Fitting*, Rn. 27.

45 Vgl. auch *Fitting*, Rn. 29a.

richtungspflicht seitens des AG.[46] Durch die Formulierung der Ergänzung wird deutlich, dass der Einsatz von KI beide Alternativen des Tatbestands berührt.[47] Denn bei KI handelt es sich einerseits um ein bestimmtes technisches Verfahren durch den Einsatz von Algorithmen, andererseits um eine veränderte Konzipierung des Arbeitsablaufs durch das Ersetzen von bzw. das Zusammenwirken mit menschlicher Arbeitskraft. Zwar fehlt bisher eine Legaldefinition von KI, jedoch kann man unter Zugrundelegung von Begrifflichkeiten der Informatik »KI als Oberbegriff für Informatikanwendungen verstehen, bei denen Maschinen bzw. deren Software menschenähnliches intelligentes Verhalten abbilden« (dazu sowie zu den verschiedenen Ausprägungen § 87 Rn. 156a m. w. N.). Entscheidend ist, dass diese Systeme selbständig Aufgaben erledigen und dafür menschliche Fähigkeiten nachahmen oder ergänzen können sollen.[48] Obwohl die mit dem Einsatz von KI verbundenen weitreichenden Möglichkeiten von Auswahl, Steuerung, Überwachung und Leistungskontrolle der AN die Aufnahme eines umfassenden Mitbestimmungsrechts in den Katalog des § 87 Abs. 1 nahelegen, hat sich der Gesetzgeber auf die Einfügung in den §§ 80, 90 und 95 beschränkt. Umso wichtiger ist es, dass BR, GBR bzw. KBR – je nach der von der KI-Anwendung betroffenen Ebene – das Unterrichtungsrecht des § 90 Abs. 1 Nr. 3 in allen Fällen des geplanten Einsatzes von KI, insbesondere unter Inanspruchnahme von entsprechendem Sachverstand (vgl. die entsprechende Ergänzung in § 80 Abs. 3 sowie dort Rn. 158 ff.), umfassend und so früh wie möglich (dazu Rn. 19 ff.) einfordern.

4. Arbeitsplätze

Der **Arbeitsplatz** (Nr. 4) ist der räumlich-funktionale Bereich, in dem der AN im Rahmen seiner Arbeitsaufgabe mit Arbeitsmitteln und Arbeitsgegenständen in einem bestimmten Arbeitssystem tätig wird[49] (vgl. auch § 99 Rn. 100). Der Arbeitsplatz ist nicht isoliert zu sehen, sondern steht in Beziehung zu den in den Nrn. 1 bis 3 genannten Angelegenheiten. Daher stellt die Nr. 4 eine Art »**Generalklausel**« dar.[50] Sie begründet nicht nur ein Unterrichtungs- und Beratungsrecht des BR bei der Ausgestaltung der einzelnen Arbeitsplätze. Darüber hinaus soll erreicht werden, dass **schädigende Einflüsse** auch aus der Arbeitsumgebung auf den Arbeitsplatz **ausgeschaltet** oder zumindest **zurückgedrängt** werden. 16

An Beispielen sind etwa zu nennen: 17

- Räumliche Anordnung und Gestaltung der **Maschinen** und sonstiger Betriebsmittel,
- **Raumbedarf** der AN entsprechend der Arbeitssituation,
- Ablösungssysteme bei Tätigkeiten mit hohen körperlichen und nervlichen Beanspruchungen,
- Arbeitseinsatzbeschränkungen für Jugendliche, schwerbehinderte Menschen und sonstige schutzbedürftige Personengruppen,
- **Ausschaltung schädigender Einflüsse** wie Staub, Gase, Lärm,
- Verminderung zu schneller **Arbeitstakte** (Fließbandarbeit),
- Übergang von **Einzel-** zu **Gruppenarbeit,**[51]
- Probleme der Schaffung von **Großraumbüros** (z. B. der Verteilung der Arbeitsplätze),[52] auch wenn AN auf bestehende Arbeitsplätze umgesetzt oder erstmals zugeteilt werden,[53]
- **Umzug** von Abteilungen[54]
- oder auch – ein altes Beispiel – die Installation eines **Computers** zur Abwicklung des gesamten Angebots- und Kundenbetreuungswesens.[55]

Häufig wird der Tatbestand von **mehreren Nrn. des Abs. 1** erfüllt sein. 18

---

46 *Steiner*, CuA 21, 16 (18); *Waas*, Künstliche Intelligenz, S. 220 f.
47 Vgl. auch HaKo-BetrVG/*Kohte/Schulze-Doll*, Rn. 15.
48 So die zusammenfassende Definition von *Ruchhöft*, CuA 21, 20.
49 HWGNRH-*Rose*, Rn. 48; *Fitting*, Rn. 31, 33.
50 Richardi-*Annuß*, Rn. 16.
51 Vgl. z. B. *SWS*, Rn. 8; *Kreßel*, RdA 94, 23.
52 *LAG München* 16. 4. 87, NZA 88, 69, Ls.; *Schmid/Willems*, AuA 15, 88 f.
53 *LAG Sachsen* 10. 1. 23 – 2 TaBV 1/21, juris Tz. 86 ff. = NZA-RR 23, 355 (359 Tz. 56 ff.) = jurisPR-ArbR 21/23 Nr. 5 mit Anm. v. *Wolmerath*.
54 *ArbG Düsseldorf* 5. 8. 87 – 10 BV 64/87.
55 *AG Nürtingen* 15. 2. 84, AuR 85, 293, bestätigt durch *OLG Stuttgart* 22. 11. 84 – 4 Ss (25) 342/84.

III. Unterrichtung des Betriebsrats

1. Zeitpunkt der Unterrichtung

19 Bei den genannten Maßnahmen hat eine **rechtzeitige Unterrichtung** des BR[56] zu erfolgen, und zwar schon im **Planungsstadium.** Die Information muss so frühzeitig wie möglich gegeben werden,[57] spätestens zu einem Zeitpunkt, in dem der AG noch Alternativen überlegt, also noch Einfluss auf die Entscheidung genommen werden kann.[58] Diese bereits von der Rspr. entwickelte Konkretisierung hat der Gesetzgeber 1989 sinngemäß in Abs. 2 für den Beratungszeitpunkt aufgenommen; für die Information muss sie selbstverständlich erst recht gelten. In diesem Zusammenhang ist auch die **Richtlinie** 2002/14/EG vom 11. 3. 02 zur **Festlegung eines allgemeinen Rahmens für die Unterrichtung und Anhörung** der Arbeitnehmer in der Europäischen Gemeinschaft (**Anlage 3**) zu beachten, die sich teilweise mit § 90 deckt, da sie z. B. auch wesentliche Veränderungen der Arbeitsorganisation erfasst (Art. 4 Abs. 1; der Anwendungsbereich betrifft gemäß Art. 3 je nach Entscheidung des Mitgliedsstaats UN ab 50 AN oder Betriebe ab 20 AN). Die rechtzeitige Unterrichtung spielt vor dem Hintergrund der gewünschten **»antizipativen«** und **»präventiven« Maßnahmen** (vgl. z. B. Erwägungsgründe 9, 10 und 13) eine Schlüsselrolle. Die Unterrichtung muss daher gemäß Art. 4 Abs. 3 zu einem Zeitpunkt erfolgen, der dem Zweck angemessen ist und »es insbesondere den Arbeitnehmervertretern ermöglichen, die Informationen angemessen zu prüfen und gegebenenfalls die Anhörung«, die als **Meinungsaustausch/Dialog** mit dem AG verstanden wird (Art. 2 g), vorzubereiten. Gemäß Art. 4 Abs. 4e soll das Ziel einer **Vereinbarung** über die genannten Entscheidungen sein. Damit wird deutlich, dass die Richtlinie von einem Prozess ausgeht, der nicht durch AG-Entscheidungen präjudiziert ist. Diese Überlegungen sind im Wege richtlinienkonformer Interpretation zu berücksichtigen (vgl. auch Einl. Rn. 251 ff. (255); § 87 Rn. 213 f.).

20 Trotz der vorstehenden Kriterien besteht in den Betrieben häufig Streit darüber, wann Informationen zu geben sind. Daher ist es wichtig, sich die gesetzgeberische Absicht vor Augen zu führen. Der BR soll in der Lage sein, eigene Vorschläge und Bedenken zu entwickeln und diese Vorstellungen in den **Entscheidungsprozess des AG** so einzubringen, dass sie »bei der Planung« (nicht erst bei deren Ergebnis, dem Plan) berücksichtigt werden können.[59] Dieser Verpflichtung kann der BR jedoch nur dann nachkommen, wenn die Unterrichtung über die Planung so frühzeitig wie möglich erfolgt,[60] also wenn der AG **erste Überlegungen zur Lösung** eines Problems anstellt.[61] Der BR ist somit zu informieren, wenn feststeht, dass Maßnahmen getroffen werden sollen bzw. diese ernsthaft erwogen werden.[62]

21 Dies ist z. B. der Fall, wenn sich der AG entschließt, eine allgemeine Zielsetzung (**Kostenersparnis im Gemeinkostenbereich** in der Datenverarbeitung oder in der Konstruktion durch neue **CAD-Geräte**) durch systematische Aufnahme des Ist-Zustands und der Erarbeitung von **Lösungsalternativen** zu konkretisieren.[63] Würde der BR nicht bereits bei der erforderlichen **Datenermittlung** einbezogen, könnte oft, insbesondere bei DV-Systemen, die Planung des AG nicht mehr beeinflusst werden. Der BR hätte vielmehr von den Untersuchungsergebnissen und den darauf aufbauenden unternehmerischen Überlegungen auch für sich auszugehen, obwohl er möglicherweise den der Datenermittlung zugrundeliegenden Ansatz für verfehlt hält.[64] An

---

56 *Fitting,* Rn. 9; auch falls die Planungen durch die UN- oder Konzernspitze durchgeführt werden, vgl. *Fitting,* Rn. 15.

57 *BAG* 18. 7. 72, AP Nr. 10 zu § 72 BetrVG; vgl. auch zu § 92 *BAG* 8. 11. 16 – 1 ABR 64/14, NZA 17, 942 (943 Tz. 13).

58 *Hans. OLG Hamburg* 4. 6. 85, DB 85, 1846 f.; *LAG Hamburg* 20. 6. 85, DB 85, 2308; *LAG Frankfurt* 3. 11. 92 – 5 TaBV 27/92, AuR 93, 306; ErfK-*Kania,* Rn. 6; WPK-*Bender,* Rn. 14; *Bernhardt,* AiB 10, 408 (409) in Anm. zu *ArbG Rostock* 28. 4. 09 – 1 BVGa 3/09, AiB 10, 407.

59 Vgl. auch *BAG* 11. 12. 91 – 7 ABR 16/91, DB 92, 1732.

60 *BAG* 18. 7. 72, AP Nr. 10 zu § 72 BetrVG.

61 *Fitting,* Rn. 9; Richardi-*Annuß,* Rn. 18, 21; *Linnenkohl,* CR 91, 100 (101).

62 GK-*Weber,* Rn. 6; vgl. *Engels/Natter,* BB-Beilage 8/89, S. 24 f.; vgl. auch NK-GA/*Eylert/Waskow,* Rn. 9.

63 Vgl. auch *ArbG Essen* 22. 9. 77 – 3 BVGa 8/77; *Fitting,* Rn. 9; ähnlich zu § 92 *ArbG Frankfurt* 2. 6. 86 – 1 BVGa 5/86.

64 Vgl. auch *Osterloh,* AuR 86, 332 (334 f.).

einer alternativen Untersuchung wird der AG schon aus Zeit- und Kostengründen selten Interesse haben. Deshalb sind auch die teilweise anzutreffenden Auffassungen, der Unterrichtungsanspruch bestehe erst, wenn die **unternehmerischen Vorüberlegungen** abgeschlossen, durchführbare Lösungsalternativen entwickelt worden seien[65] oder diese gar den Status eines Entwurfs angenommen hätten,[66] abzulehnen. Sie werden den gesetzgeberischen Absichten nicht gerecht; die letztere verstößt zudem gegen den Wortlaut.

Die Rechte des BR setzen bei der Planung an. Sie werden allerdings nicht dadurch beseitigt, dass der AG eine **unvorhergesehene Maßnahme** trifft bzw. keine systematische Vorbereitung erfolgt.[67] Da die Planung ein dynamischer Prozess ist, hat der AG die **Informationen ständig zu aktualisieren** und jeweils die erforderlichen Beratungen vorzunehmen.[68] 22

2. Art der Unterrichtung

Die Unterrichtung hat unter Vorlage der erforderlichen Unterlagen und **umfassend,** § 80 Abs. 2 Satz 1 gilt auch hier als übergreifende Norm,[69] zu erfolgen. Der AG[70] muss also **unaufgefordert** alle Unterlagen vorlegen, die notwendig sind, damit sich der BR ein möglichst genaues Bild von Umfang und Auswirkungen der geplanten Maßnahmen machen kann.[71] Der BR muss alle **wesentlichen Tatsachen, Einschätzungen** und **Bewertungen auf Deutsch**[72] in verständlicher Sprache und in überschaubarer Form aufbereitet erhalten.[73] Auch auf **ökologische** Gesichtspunkte ist z. B. einzugehen (vgl. auch §§ 80 Abs. 1 Nr. 9, 88 Nr. 1a, 89, 106 Abs. 3 Nr. 5a). Wird die Einführung eines **DV-Systems** geplant, so hat der AG mindestens seine Problemanalyse, die Systembeschreibung mit den zu verarbeitenden Daten, der Zwecksetzung, der Beschreibung der vorhandenen Dateien und Programme, den Datenflussplan, die Zugriffsberechtigungen und Maßnahmen der Datensicherung sowie alle Auswirkungen auf die AN dem BR mitzuteilen.[74] Seit In-Kraft-Treten der DSGVO sind weitere Punkte mitzuteilen wie die Umsetzung der Dokumentationspflicht, die Notwendigkeit und Planung einer Datenschutz-Folgenabschätzung, die Entwicklung von Verhaltensregeln und etwaige angedachte Zertifizierungen.[75] 23

Wichtig ist für den BR jedoch auch, dass er nicht nur auf die Unterrichtung durch den AG wartet, sondern selbst eine **aktive Informationspolitik** betreibt. Hierzu gehört, dass er sich zunächst darüber klar wird, welche Informationen für ihn wichtig sind und welche er sich ggf. auch durch **Befragung von Beschäftigten** zusätzlich verschaffen muss.[76] Zudem wird es häufig für den BR erforderlich sein, auf **gewerkschaftliche Unterstützung** und die betriebsinterner Fachleute (**Auskunftspersonen;** § 80 Abs. 2 Satz 3) zurückzugreifen bzw. im Rahmen von §§ 80 Abs. 3, 111 Satz 2 **Sachverständige** heranzuziehen. Beim Einsatz von **Künstlicher Intelligenz** gilt die Hinzuziehung eines Sachverständigen generell als erforderlich (vgl. § 80 Abs. 3 Satz 2 und dort Rn. 158 ff.). 24

65 *GL*, Rn. 6; Schaub-*Ahrendt,* § 237 Rn. 7; Richardi-*Annuß*, Rn. 18.
66 HWGNRH-*Rose*, Rn. 8, 51; *SWS*, Rn. 14.
67 *OLG Hamm* 7.12.77, DB 78, 748.
68 Vgl. auch *BAG* 11.12.91 – 7 ABR 16/91, DB 92, 1732; *LAG Sachsen* 10.1.23 – 2 TaBV 1/21, juris Tz. 84 = NZA-RR 23, 355 (359 Tz. 54) = jurisPR-ArbR 21/23 Nr. 5 mit Anm. v. *Wolmerath*; *Fitting*, Rn. 35; GK-*Weber*, Rn. 26; HWGNRH-*Rose*, Rn. 15; MünchArbR-*Oberthür*, § 332 Rn. 7; Richardi-*Annuß*, Rn. 21.
69 *Fitting*, Rn. 11.
70 Vgl. zur Vertretung des AG *BAG* 11.12.91 – 7 ABR 16/91, DB 92, 1732.
71 So BT-Drucks. 11/2503, S. 35; vgl. auch GK-*Weber,* Rn. 26.
72 Vgl. *HessLAG* 19.8.93 – 12 TaBV 9/93, NZA 95, 285 f.; *Fitting*, Rn. 11; GK-*Weber*, Rn. 27; Richardi-*Annuß*, Rn. 20, 22; NK-GA/*Eylert/Waskow*, Rn. 10; zu Unrecht a. A. *Diller/Powietzka*, DB 00, 718 (719 f.); vgl. auch *LG München*, 3.5.01, EB 01, 1648 (1649) zum Recht von Aktionären, Informationen in deutscher Sprache zu erhalten.
73 Vgl. auch *BAG* 17.3.87, AP Nr. 29 zu § 80 BetrVG 1972.
74 *Däubler*, Gläserne Belegschaften, Rn. 634; vgl. auch *BAG* 4.6.87, AP Nr. 30 zu § 80 BetrVG 1972; 26.2.92 – 7 ABR 51/90, DB 92, 2245 (2246).
75 *Däubler*, Gläserne Belegschaften, Rn. 634a; zur Datenschutz-Folgenabschätzung Rn. 586 ff.
76 Vgl. *Klebe/Roth*, S. 42 ff. mit einem Beispiel für eine Frageliste des BR.

25 Der AG hat dem BR die erforderlichen Unterlagen »**vorzulegen**«. Dieser Begriff wird in anderen Vorschriften, wie z. B. in § 106 Abs. 2, als Einsichtnahme und auch Überlassung aber nur auf Zeit, nicht auf Dauer, interpretiert.[77] Damit wäre gegenüber der Rechtslage vor dem 1. 1. 89 eine Verschlechterung eingetreten.[78] Nach h. M. waren die erforderlichen Unterlagen gemäß § 80 Abs. 2 zur Verfügung zu stellen, obwohl § 90 keine ausdrückliche Regelung enthielt.[79] Mit der Novellierung des § 90 sollte das bestehende Unterrichtungs- und Beratungsrecht jedoch verbessert und konkretisiert, nicht verschlechtert werden.[80] Dieser Widerspruch lässt sich vermeiden, wenn man **§ 80 Abs. 2** weiter als **übergreifende Vorschrift** versteht.[81]

26 Der BR hat demnach bei Vorliegen der jeweiligen Voraussetzungen nebeneinander die Informationsansprüche nach § 80 Abs. 2 und § 90 Abs. 1.[82] Der AG hat ihm **unaufgefordert** die erforderlichen Unterlagen vorzulegen (§ 90 Abs. 1). **Falls erforderlich,** kann der BR auch eine **Überlassung auf Dauer**[83] (§ 80 Abs. 2) verlangen. Diese Auslegung steht nicht im Widerspruch zur Entscheidung des *BAG* zum Informationsrecht des WA,[84] da dieser den Anspruch nach § 80 Abs. 2 nicht geltend machen kann. Für eine Überlassung auf Dauer, falls erforderlich, spricht schließlich auch, dass diese Interpretation der **Richtlinie 2002/14/EG** vom 13. 3. 02 (**Anlage 3**) am nächsten kommt (vgl. auch Rn. 19 und Einl. Rn. 251 ff. (255); § 87 Rn. 213 f.). Die Unterrichtung hat gemäß Art. 4 Abs. 3 so zu erfolgen, dass es den AN-Vertretern möglich ist, die Informationen **angemessen zu prüfen** und gegebenenfalls die Anhörung vorzubereiten. Zudem soll das Ziel der Anhörung eine **Vereinbarung** (Art. 4 Abs. 4e) sein. Dies spricht für eine einzelfallbezogene Auslegung, wie sie hier vorgenommen wird. Im Ergebnis wird die Unterscheidung allerdings oft keine große Bedeutung haben, da es sich insbesondere bei der **Einsatzplanung neuer Technologien** um schwierige Sachverhalte handelt, die eine Überlassung der Unterlagen bis zur Realisierung des Plans erfordern.[85]

IV. Beratung

1. Zeitpunkt und genereller Inhalt

27 Der BR ist über die genannten Maßnahmen nicht nur zu unterrichten, es sind auch **Beratungen** mit ihm zu führen. Ihr Gegenstand und Zeitpunkt sind in Abs. 2 festgelegt. Von der Informationsphase sind sie zu trennen.[86] Erst wenn ausreichende Informationen gegeben worden sind, kann der BR sinnvoll mit dem AG beraten. Die Beratungen müssen ebenfalls so rechtzeitig erfolgen, dass die Vorstellungen des BR bei der Planung noch berücksichtigt werden können. Hierbei geht es um die **Beeinflussung der betrieblichen Vorhaben** i. S. einer sozialen Gestaltung. Der BR kann Änderungen vorschlagen, z. B. beim EDV-Einsatz alternative Lösungen und Systemauslegungen fordern und Einfluss auf die Auswahlkriterien nehmen. Der AG ist verpflichtet, diese Vorschläge und Forderungen mit dem BR mit dem **ernsten Willen zur Verständigung** zu beraten. Er hat ihm auch ausreichend Zeit zu lassen, eigene Vorstellungen zu erarbeiten.

28 Bei der Beratung können sämtliche Gesichtspunkte erörtert werden. Die Formulierung »**insbesondere**« im Hinblick auf die **Art der Arbeit** und die sich **daraus ergebenden Anforderungen an die AN** kann nicht als Einschränkung des Beteiligungsrechts des BR angesehen werden,

77 *BAG* 20. 11. 84, AP Nr. 3 zu § 106 BetrVG 1972; 3. 12. 85, AP Nr. 29 zu § 99 BetrVG 1972.
78 *Wlotzke,* DB 89, 111 (118).
79 GK-*Wiese,* 3. Bearbeitung, Rn. 12; *HSWG,* 3. Aufl., Rn. 11; *ArbG Bochum* 19. 2. 86 – 2 BV 15/85; a. A. *LAG München* 6. 8. 86, DB 87, 281.
80 BT-Drucks. 11/2503, S. 25, 35, BT-Drucks. 11/3618, S. 3, 9 (Ausschussbericht).
81 *Fitting,* Rn. 11; *Halberstadt,* Rn. 8; *WW,* Rn. 5.
82 Vgl. auch *Egger,* BB 92, 629 (635 in Fn. 126); für eine **Spezialität** des § 90 *Engels/Natter,* BB-Beilage 8/89, S. 24; *Wlotzke,* a. a. O., 111 (116).
83 *Fitting,* Rn. 12: jedenfalls bis zum Abschluss der Planung; a. A. ErfK-*Kania,* Rn. 7; GK-*Weber,* Rn. 27; NK-GA/*Eylert*/*Waskow,* Rn. 11; Richardi-*Annuß,* Rn. 22.
84 *BAG* 20. 11. 84, AP Nr. 3 zu § 106 BetrVG 1972.
85 Vgl. auch *Engels/Natter,* a. a. O., S. 24.
86 Zustimmend ErfK-*Kania,* Rn. 8.

sondern soll vielmehr für einen besonders wichtigen Bereich den Beratungsgegenstand konkretisieren.[87]

2. Auswirkungen der Maßnahmen

Es sind die Auswirkungen auf die **Art der Arbeit** und die **Anforderungen** an die AN zu beraten. 29
Auswirkungen auf die Art der Arbeit sind z. B.: **Grad der Arbeitsteilung;** Umfang von Mechanisierung oder Automatisierung; von den AN verlangtes Arbeitstempo **Einzel- oder Gruppenarbeit**[88] (vgl. zu Regelungspunkten § 87 Rn. 306, 381 f., 384); Mehrstellenarbeit; Möglichkeiten der beruflichen Entfaltung und Entwicklung; Selbstständigkeit bei der Arbeitsausführung; Betroffenheit und Schutz v. Persönlichkeitsrechten der Beschäftigten; **Umfang der Arbeitsinhalte;** Erwartungen, die im Zuge **agiler Arbeitsformen** an die AN gestellt werden.[89]

An Beispielen, die sich auf die Anforderungen an die AN beziehen, sind zu nennen: Kenntnisse, 30
wie **Ausbildung und Erfahrung;** Geschicklichkeit, etwa **Handfertigkeit und Körpergewandtheit; Verantwortung** auch für die Arbeit und die Sicherheit anderer AN; Arbeitssicherheit und Gesundheitsschutz; geistige Belastung, wie Aufmerksamkeit; muskelmäßige Belastung, etwa dynamische oder einseitige Muskelarbeit; **Umgebungseinflüsse,** etwa Nässe, Schmutz, Staub, Gase, Lärm, Erschütterung oder Lichtmangel. Teilweise werden beide Aspekte betroffen sein.

3. Menschengerechte Arbeitsgestaltung

AG und BR haben bei ihren Beratungen »auch« die **gesicherten arbeitswissenschaftlichen** 31
Erkenntnisse über die menschengerechte Arbeitsgestaltung (vgl. § 91 Rn. 8 ff.) zu berücksichtigen. Die zum 1. 1. 1989 erfolgte Ergänzung des Gesetzestextes um das Wort »auch« stellt i. S. d. allerdings schon vorher h. M. klar, dass nicht nur gesicherte arbeitswissenschaftliche Erkenntnisse, sondern auch sonstige **Gesichtspunkte personeller, wirtschaftlicher und sozialer Art** ebenso wie der Stand der Technik (vgl. § 87 Rn. 212) berücksichtigt werden sollen.[90] Von der ausdrücklichen Verpflichtung kann lediglich bei Vorliegen besonderer Gründe abgewichen werden.[91] Vor dem Hintergrund der Zielvorstellungen, die mit den §§ 90 und 91 verfolgt wurden (vgl. Rn. 1), ist es offensichtlich der Wille des Gesetzgebers, dass die **Rentabilität** nicht der allein ausschlaggebende Gesichtspunkt sein darf.[92] Mit der menschengerechten Arbeitsgestaltung führt das Gesetz vielmehr ein weiteres, mindestens gleichrangiges Ziel an. BR und AG sind daher verpflichtet, bei den Beratungen zu versuchen, den Zielkonflikt zwischen der menschengerechten Arbeitsgestaltung einerseits und der Rentabilität zu lösen.[93] Dies sollte zunehmend leichter fallen, da **AN-Beteiligung** und **Humanisierung** insbes. in hochtechnisierten Betrieben die **Produktivität** häufig steigern.

Obwohl die Bestimmung lediglich ein Beratungsrecht beinhaltet, wird es auch im Interesse 32
des AG liegen, die im Rahmen der Erörterungen mit dem BR festgestellten Erkenntnisse über die menschengerechte Arbeitsgestaltung zu berücksichtigen, soweit ihm solche Erkenntnisse nicht ohnehin bekannt waren. Kommt der AG dem Gesetzeswillen nach **menschengerechter Arbeitsgestaltung** nicht nach, kann er sich bei einer Änderung der Arbeitsplätze, des Arbeitsablaufs oder der Arbeitsumgebung und der dann nach § 91 einsetzenden »korrigierenden« Mitbestimmung des BR **nicht** darauf berufen, dass die zu treffenden Maßnahmen unangemessen sind. Auch die ESt. wird im Fall ihrer Anrufung bei der angemessenen Berücksichtigung

---

87 Vgl. z. B. *Fitting,* Rn. 37; GK-*Wiese,* 3. Bearbeitung, Rn. 13 (so schon zur früheren Gesetzeslage) und GK-*Weber,* Rn. 30.
88 Vgl. auch *Arnold,* NZA 93, 723 ff.
89 *Krause,* Agile Arbeit, S. 48, 140 f.; vgl. auch GK-*Weber,* Rn. 19.
90 Vgl. GK-*Weber,* Rn. 30; *Wlotzke,* DB 89, 116; ebenso schon vor der Änderung *GL,* Rn. 12; GK-*Wiese,* 3. Bearbeitung, Rn. 15a.
91 GK-*Weber,* Rn. 34; vgl. auch *BAG* 13. 11. 91 – 7 ABR 8/91, NZA 92, 944; 8. 4. 92 – 7 ABR 71/91, NZA 93, 270 zur Interpretation von **Soll-Vorschriften.**
92 Zustimmend ErfK-*Kania,* Rn. 10.
93 So grundsätzlich auch *Zöllner,* RdA 73, 216.

der Belange des Betriebs (§ 76 Abs. 5) ihren Spruch darauf abzustellen haben, dass der AG die möglicherweise höheren Kosten durch die **nachträgliche Anpassung** der Arbeitsplätze, des Arbeitsablaufs oder die Arbeitsumgebung zu tragen haben wird, da die Kostenbelastung letztlich auf sein Verhalten zurückzuführen ist. Im Übrigen wird es auch deshalb im Interesse des AG liegen, entsprechende Beratungsergebnisse zu berücksichtigen, weil die §§ 90 und 91 in enger Verbindung zu anderen Mitbestimmungsrechten des BR stehen (vgl. z. B. Rn. 15).

33 Das Ziel der Beratungen zwischen BR und AG und damit der Berücksichtigung einer menschengerechten Arbeitsgestaltung ist, solche Maßnahmen zu treffen, durch die das »System Mensch und Arbeit«, gemessen am **Maßstab Mensch und seinen Eigengesetzen,** beeinflusst werden kann. Die Arbeit hat den Bedingungen, Bedürfnissen und Interessen des arbeitenden Menschen gerecht zu werden. Körperliche Beeinträchtigungen und Überforderungen sollen bereits im Vorfeld vermieden werden.[94] Bei der Arbeitsgestaltung ist daher Folgendes zu beachten: Die Arbeit muss **auf Dauer ausführbar** sein, Höchstbelastungen dürfen nur kurzfristig dauern und nicht zu Gesundheitsschädigungen führen; die auftretenden Beanspruchungen müssen **erträglich** sein, und zwar nicht etwa nur für die Dauer einer Arbeitsschicht, sondern während des ganzen Arbeitslebens,[95] die Arbeit muss **zumutbar** sein, etwa hinsichtlich der Arbeitsverdichtung oder der Dauer der täglichen Arbeitszeit und der Länge der Pausen; die Arbeit muss möglichst zu einem **Wohlbefinden** und zur **Zufriedenheit** des arbeitenden Menschen führen, etwa durch die Beeinflussbarkeit der Tätigkeit, Förderung seiner Kreativität und die Anerkennung seiner Arbeitsleistung.[96] **Abbau von Fließbandarbeit** und sonstiger monotoner Tätigkeiten (vgl. auch Art. 6 Abs. 2d der europäischen »Arbeitsschutz-Rahmenrichtlinie«[97]), weitergehende **Autonomie des Einzelnen** (z. B. in Gruppenarbeit; vgl. auch Rn. 29), erhöhte **Eigenverantwortung** der Beschäftigten durch Delegation von Aufgaben und Anreicherung der Arbeitsaufgaben sind deshalb z. B. als weitere Ziele zu nennen.[98]

34 Die Arbeitswissenschaft soll die entsprechenden Grundlagen und Erkenntnisse für eine solche menschengerechte Arbeitsgestaltung liefern. Arbeitswissenschaft ist die Wissenschaft von **der menschlichen Arbeit,** den Voraussetzungen und Bedingungen, unter denen die Arbeit sich vollzieht, den Wechselwirkungen und Folgen, die sie auf die Menschen, ihr Verhalten und damit auch auf ihre Leistungsfähigkeit hat, sowie den Faktoren, durch die die Arbeit, ihre Bedingungen und Wirkungen menschengerecht beeinflusst werden können.[99] Der Begriff umfasst eine Reihe von Bereichen der Wissenschaft, wie etwa die **Arbeitsmedizin, die Arbeitsphysiologie** und die **Arbeitspsychologie**[100] und stellt somit eine querschnittartige Zusammenfassung verschiedener Fachdisziplinen dar.[101]

35 Diese und andere Wissenschaftsbereiche können wichtige Erkenntnisse über die Anpassung der Arbeit an den Menschen liefern, wie beispielsweise die Anpassung von Maschinen und Büromöbeln an die Körpermaße des Menschen, die **optimale Gestaltung der Arbeitsumgebung** und der äußeren Umwelteinflüsse, wie Licht-, Lärm-, Temperaturverhältnisse und Ähnliches mehr. In den Gesamtkomplex der menschengerechten Arbeitsgestaltung gehören neben diesen **ergonomischen Fragen** auch **Arbeitsablaufprobleme** (z. B. Rationalisierungsmaßnahmen, Mehrstellenarbeit) und Probleme der **sozialen Angemessenheit** der Arbeit (z. B. Abbau autoritärer Führungsstrukturen, Verbesserung der innerbetrieblichen Kommunikationsmöglichkeiten; vgl. im Übrigen auch Rn. 1). In diesem Zusammenhang sind auch wissenschaftliche Erkenntnisse über die physischen und psychischen Auswirkungen des Einsatzes von Algorithmen bzw. **Künstlicher Intelligenz** im Arbeitsalltag zu berücksichtigen.

36 Als mögliche **Quellen** für die vom Gesetz geforderten **wissenschaftlichen Erkenntnisse** sind beispielsweise zu nennen: überwiegende Meinungen innerhalb der Fachkreise, wie sie in der Fachliteratur ihren Ausdruck finden können; Gesetze und VO, wie vor allem die ArbStättV,

---

94 *Bücker/Feldhoff/Kohte*, Rn. 48.
95 Vgl. auch Richardi-*Annuß*, Rn. 31.
96 Vgl. *Schaefer,* MitbGespr 74, 90 f.; ErfK-*Kania,* Rn. 11.
97 Vom 12. 6. 1989, ABlEG 1989, Nr. L 183/1.
98 Vgl. auch *Fitting,* Rn. 39 f.; *GL,* Rn. 10 m. w. N.
99 *Schaefer,* MitbGespr. 74, 91.
100 Vgl. hierzu *Fitting,* Rn. 41 f.; GK-*Weber,* Rn. 36.
101 Vgl. *Bücker/Feldhoff/Kohte*, Rn. 12.

die **Arbeitsschutzgesetze** und **UVV;** TV, wie z.B. für seine Zeit der **Lohnrahmen-TV II** für die Metallindustrie von Nord-Württemberg/Nord-Baden vom 1.11.1973; DIN-Normen, VDI-Richtlinien und ähnliche technische Regelwerke.[102] Darüber hinaus ist auch hier darauf hinzuweisen, dass sich der BR nach § 80 Abs. 3 eines **Sachverständigen** hinsichtlich der Frage bedienen kann, ob und inwieweit arbeitswissenschaftliche Erkenntnisse vorliegen bzw. ob eine nicht menschengerechte Gestaltung der Arbeit gegeben ist (vgl. Erl. zu § 80; vgl. auch Rn. 24 und § 91 Rn. 8ff.). Beim Einsatz von **Künstlicher Intelligenz** gilt die Hinzuziehung eines Sachverständigen generell als erforderlich (vgl. § 80 Abs. 3 Satz 2 sowie dort Rn. 158ff.).

V. Streitigkeiten

Erfüllt der AG die ihm nach dieser Bestimmung obliegenden Pflichten **nicht, nicht rechtzeitig,** 37
unvollständig oder **wahrheitswidrig,** handelt er ordnungswidrig i.S.d. § 121. Es kann gegen ihn eine Geldbuße bis zur Höhe von 10000 Euro verhängt werden.[103] Bei Verstößen gegen öffentlich-rechtliche Verpflichtungen finden die entsprechenden Maßnahmen des Verwaltungszwangs Anwendung; solche Verstöße werden zudem strafrechtlich oder als Ordnungswidrigkeiten verfolgt.[104]

Ist die Frage streitig, ob die Voraussetzungen des § 90 vorliegen bzw. der AG seinen Verpflich- 38
tungen ordnungsgemäß nachgekommen ist, entscheidet hierüber das ArbG im **Beschlussverfahren.** In diesem Verfahren kann der BR auch seinen Anspruch auf Unterrichtung und Beratung – ggf. auch **auf § 23 Abs. 3** gestützt[105] (zur einstweiligen Verfügung i.R.v. § 23 Abs. 3 vgl. § 23 Rn. 247f.) – verfolgen. Darüber hinaus kann der BR seine Rechte mit einer **einstweiligen Verfügung** durchsetzen, wenn die erforderliche **Eilbedürftigkeit** gegeben ist.[106] Weiter kann er das **Beratungsrecht** dadurch **sichern,** dass die vom AG **beabsichtigten Maßnahmen** durch einstweilige Verfügung **gestoppt** werden[107] (vgl. auch § 23 Rn. 248). Dabei kommt es neben dem erforderlichen Verfügungsgrund nur darauf an, ob ein **Beteiligungsrecht des BR** besteht und nicht, wie teilweise vertreten, ob er einen Unterlassungsanspruch[108] hat (vgl. Einl. Rn. 223f. und zur gleichen Problematik §§ 112, 112a Rn. 52ff.). Für die hier vertretene Auffassung lässt sich auch anführen, dass sie am ehesten der **Richtlinie 2002/14/EG vom 11.3.02** entspricht[109] (Anlage 3 und Rn. 19, 26; Einl. Rn. 251ff. (255); § 87 Rn. 213f.). Diese sieht in ihrem Art. 8 vor, dass die Mitgliedstaaten für geeignete Verfahren sorgen, mit denen die sich aus der Richtlinie ergebenden Verpflichtungen durchgesetzt werden können und auch für angemessene Sanktionen (»wirksam, angemessen, abschreckend«) bei Verstößen. U.a. folgt dabei aus Art. 4 Abs. 4e die Verpflichtung, die Anhörung mit dem Ziel einer Vereinbarung durchzuführen, eine

---

102 Vgl. GK-*Weber,* Rn. 41ff.

103 Vgl. auch die empirische Untersuchung von *Growe,* S. 45ff., 246f.

104 *Fitting,* Rn. 47.

105 Vgl. *LAG Frankfurt* 3.11.92 – 5 TaBV 27/92, AuR 93, 306; *ArbG Frankfurt* 11.11.93, AuR 94, 201; *LAG Sachsen* 10.1.23 – 2 TaBV 1/21, juris Tz. 91ff. = NZA-RR 23, 355 (360 Tz. 61ff.) = jurisPR-ArbR 21/23 Nr. 5 mit Anm. v. *Wolmerath.*

106 Vgl. z.B. *LAG Hamburg* 2.12.76 – 1 TaBV 5/75; Richardi-*Annuß,* Rn. 42; GK-*Weber,* Rn. 48; *Fitting,* Rn. 48; HWGNRH-*Rose,* Rn. 92; zu den **Streitwerten** vgl. II Nr. 7 Streitwertkatalog für die Arbeitsgerichtsbarkeit, NZA 18, 498 (501).

107 Str.; wie hier *LAG Frankfurt* 21.9.82, DB 83, 613 und 30.8.84, DB 85, 178ff.; *LAG Hamburg* 8.6.83, DB 83, 2369ff.; *ArbG Berlin* 4.11.82 – 25 BVGa 3/82; HaKo-BetrVG/*Kohte/Schulze-Doll,* Rn. 32; *Däubler,* Das Arbeitsrecht 1, Rn. 1003; *Köstler,* BB 82, 861; *Trittin,* DB 83, 230; **differenzierend** (Untersagung nur, falls die Voraussetzungen des § 91 vorliegen): ErfK-*Kania,* Rn. 13; *Fitting,* Rn. 49; GK-*Weber,* Rn. 48; NK-GA/*Eylert/Waskow,* Rn. 19; WPK-*Bender,* Rn. 29 und Richardi-*Annuß,* Rn. 42; KassArbR-*Etzel,* 9.1, Rn. 643 (bei grobem Verstoß i.S.d. § 23); **a.A.** z.B. HWGNRH-*Rose,* Rn. 93; *WW,* Rn. 8; MünchArbR-*Oberthür,* § 332, Rn. 16; *Raab,* ZfA 97, 183 (222); *LAG Nürnberg,* 4.2.03 – 62 TaBV 39/01, NZA-RR 03, 588 (590); *LAG Düsseldorf* 12.1.15 – 9 TaBV 51/14, juris; *LAG Sachsen* 10.1.23 – 2 TaBV 1/21, juris Tz. 76 = NZA-RR 23, 355 (358 Tz. 47) = jurisPR-ArbR 21/23 Nr. 5 mit Anm. v. *Wolmerath.*

108 Vgl. hierzu *BAG* 3.5.94 – 1 ABR 24/93, DB 94, 2450ff.; 6.12.94 – 1 ABR 30/94, NZA 95, 488; vgl. *GMP,* § 85 Rn. 33f. m.w.N.

109 Vgl. auch HaKo-BetrVG/*Kohte/Schulze-Doll,* Rn. 33.

Zielsetzung, die sich nur mit einem **wirksamen Schutz vor einseitigen Maßnahmen** des AG erreichen lässt (vgl. auch Einl. 251 f.).

§ 91 Mitbestimmungsrecht

Werden die Arbeitnehmer durch Änderungen der Arbeitsplätze, des Arbeitsablaufs oder der Arbeitsumgebung, die den gesicherten arbeitswissenschaftlichen Erkenntnissen über die menschengerechte Gestaltung der Arbeit offensichtlich widersprechen, in besonderer Weise belastet, so kann der Betriebsrat angemessene Maßnahmen zur Abwendung, Milderung oder zum Ausgleich der Belastung verlangen. Kommt eine Einigung nicht zustande, so entscheidet die Einigungsstelle. Der Spruch der Einigungsstelle ersetzt die Einigung zwischen Arbeitgeber und Betriebsrat.

Inhaltsübersicht

I. Vorbemerkungen

1 Die Bestimmung, die zum gesetzlichen Arbeitsschutz nach § 87 Abs. 1 Nr. 7 mit eigenständiger Bedeutung hinzutritt, gibt dem BR ein **erzwingbares** MBR, wenn der AG bei Änderungen der Arbeitsplätze, des Arbeitsablaufs oder der Arbeitsumgebung die Grundsätze einer menschengerechten Gestaltung der Arbeit nicht ausreichend berücksichtigt. Sie bringt zum Ausdruck, dass die Rentabilität **nicht** der allein ausschlaggebende Gesichtspunkt sein darf. Ein jedenfalls **gleichrangiges Ziel** ist die menschengerechte Arbeitsgestaltung, mit der die Arbeit den Bedürfnissen und Interessen des arbeitenden Menschen anzupassen ist.[1] Die Arbeit muss für ihn zumindest **ausführbar, erträglich, zumutbar** und möglichst **subjektiv zufrieden stellend** sein. Sie darf seine Gesundheit nicht beeinträchtigen. Negative Belastungen sollen bereits im Vorfeld vermieden werden.[2] Es ist eine Arbeitsgestaltung anzustreben, die den Leitvorstellungen einer freiheitlichen Gesellschaft auch im Arbeitsleben gerecht wird.[3] Die Arbeitswissenschaft soll hierzu die entsprechenden Grundlagen und Erkenntnisse liefern. In der **betrieblichen** Praxis hat die Vorschrift wegen ihrer vielfältigen Anwendungsvoraussetzungen und damit für den BR verbundenen Schwierigkeiten allerdings keine sehr große Bedeutung erlangt.[4] Eine **Checkliste** ist bei DKWF-*Klebe/Heilmann*, § 91 Rn. 2 zu finden. Im Gesetzentwurf des DGB für ein modernes Betriebsverfassungsgesetz werden die Voraussetzungen der Vorschrift deutlich handhabbarer gemacht. Danach ist die Vermutung, dass Arbeitnehmer:innen durch die entsprechenden Änderungen belastet werden, für die Initiative des BR ausreichend.[5]

2 Trotz des engen Zusammenhangs zwischen den §§ 90 und 91 ist zu beachten, dass die Unterrichtungs- und Beratungsrechte nach **§ 90 keine bloße Vorstufe** zum Mitbestimmungsrecht nach § 91 darstellen, sondern das Mitbestimmungsrecht nach dieser Vorschrift **unabhängig** davon gilt. Deshalb hat der BR ein Mitbestimmungsrecht auch, wenn der AG seinen Unterrichtungs- und Beratungspflichten nach § 90 bei den dort genannten Planungen nicht nachgekommen ist.[6] Andererseits führen Unterrichtung und Beratung im Rahmen des § 90 zu keiner Beeinträchtigung des Rechts nach § 91. Das gilt sogar dann, wenn der BR bei Beratungen nach

1 Vgl. auch *Fitting*, § 90 Rn. 38a; *Gamillscheg*, Kollektives Arbeitsrecht, Bd. 2, S. 914.
2 *Bücker/Feldhoff/Kohte*, Rn. 48 m. w. N.
3 Vgl. auch *Fitting*, § 90 Rn. 39.
4 Vgl. zur Anwendung im Zusammenhang mit **agilen Arbeitsformen:** *Krause*, Agile Arbeit, S. 49.
5 AuR Sonderausgabe April 2022, S. 52.
6 Vgl. GK-*Weber*, Rn. 7; ErfK-*Kania*, Rn. 1.

§ 90 bestimmten Planungsmaßnahmen **ausdrücklich zugestimmt** hat,[7] jedenfalls aber dann, wenn sich erst bei oder nach der Verwirklichung herausstellt, dass den AN eine Belastung i. S. d. § 91 droht oder bereits bei ihnen eingetreten ist.[8] Der Vorschrift lässt sich **keine Beschränkung des Mitbestimmungsrechts** entnehmen. Häufig werden zudem die konkreten Auswirkungen während der Planung gar nicht absehbar sein.

II. Änderung der Arbeitsplätze, des Arbeitsablaufs oder der Arbeitsumgebung

Der Anwendungsbereich ist gegenüber dem des § 90 **nicht enger.**[9] Beide Bestimmungen verwenden die Begriffe »Arbeitsplätze« (vgl. hierzu § 90 Rn. 16) und »Arbeitsablauf« (§ 90 Rn. 12). Soweit § 91 gegenüber § 90 bauliche Veränderungen und den Begriff »technische Anlagen« nicht anführt, liegt darin keine Einschränkung, da der Begriff »Arbeitsumgebung« umfassend ist. Es fallen darunter **alle Umwelteinflüsse** auf den Arbeitsplatz und seine Gestaltung,[10] somit auch solche Einflüsse, die von einer baulichen Maßnahme oder einer technischen Anlage ausgehen. 3

Der Gesetzeswortlaut verlangt eine **»Änderung«.** Bestehende Anlagen bzw. gleich bleibende Verhältnisse, die die Voraussetzungen der Vorschrift erfüllen, werden demnach nicht erfasst.[11] Hierbei handelt es sich allerdings um einen wegen der **Verbesserungspflicht des AG** (vgl. § 3 Abs. 1 ArbSchG) zunehmend seltener auftretenden Fall. 4

Die Gegenauffassung[12] wird zwar der sozialpolitischen Zielsetzung der Vorschrift besser gerecht, ist allerdings mit Wortlaut, Entstehungsgeschichte und dem systematischen Zusammenhang mit § 90 kaum vereinbar.[13] Das Mitbestimmungsrecht knüpft also jeweils an eine Änderung an; im Gesetz wird allerdings nicht festgelegt, in welchem **Zeitrahmen** der Betriebsrat auf die Veränderung reagieren kann. Ihm muss jedenfalls so lange Zeit bleiben, bis er die **Auswirkungen umfassend einschätzen** kann. Somit kann das Mitbestimmungsrecht ggf. noch Jahre nach Durchführung der Änderung vom Betriebsrat ausgeübt werden.[14] 5

Ein weiterer Aspekt spricht gegen eine enge zeitliche Begrenzung für die Ausübung des Mitbestimmungsrechts: Folgt man der Auffassung des *BAG*,[15] dass das Mitbestimmungsrecht dann entfällt, wenn der AG von sich aus den Anforderungen, die gesicherte arbeitswissenschaftliche Erkenntnisse an einen Arbeitsplatz stellen, Rechnung trägt, so ist es denkbar, dass der AG geraume Zeit nach Durchführung der Änderung seine **freiwillige Praxis** einstellt. Für diesen Fall kann das Mitbestimmungsrecht unabhängig von der inzwischen vergangenen Zeit nicht entfallen. 6

Der BR kann bereits dann, wenn im **Planungsstadium** erkennbar ist, dass die Voraussetzungen der Vorschrift gegeben sind, **Abhilfemaßnahmen** verlangen. Er muss nicht erst den Verstoß gegen arbeitswissenschaftliche Erkenntnisse abwarten.[16] 7

III. Gesicherte arbeitswissenschaftliche Erkenntnisse

Arbeitswissenschaft ist die Wissenschaft von der menschlichen Arbeit, den Voraussetzungen und Bedingungen, unter denen die Arbeit sich vollzieht, den Wechselwirkungen und Folgen, 8

---

7 *LAG Baden-Württemberg* 18.2.81, DB 81, 1781; GK-*Weber*, Rn. 9; Richardi-*Annuß*, Rn. 32.

8 *Fitting*, Rn. 15; HWGNRH-*Rose*, Rn. 7f. (auch bei Abweichung des AG von den Beratungsergebnissen); noch enger zu Unrecht *LAG Niedersachsen* 25.3.82, DB 82, 1612; *SWS*, Rn. 6.

9 *Fitting*, Rn. 11; NK-GA/*Eylert/Waskow*, Rn. 2; Richardi-*Annuß*, Rn. 4; a.A. HWGNRH-*Rose*, Rn. 14.

10 Richardi-*Annuß*, Rn. 4f.; GK-*Weber*, Rn. 5; *WW*, Rn. 2.

11 Vgl. *BAG* 1.7.03 – 1 ABR 20/02, NZA 04, 620 (621); *LAG Düsseldorf* 3.7.81, DB 81, 1676; GK-*Weber*, Rn. 6; *GL*, Rn. 2; MünchArbR-*Oberthür*, § 332 Rn. 20; das *BAG*, 28.7.81, AP Nr. 3 zu § 87 BetrVG 1972 Arbeitssicherheit lehnt das Mitbestimmungsrecht ab, da nach Inkrafttreten des BetrVG 1972 keine Änderungen vom AG vorgenommen worden seien.

12 *ArbG Hamm* 13.12.72 – 2 BV 30/72.

13 Vgl. auch *Däubler*, Das Arbeitsrecht 1, Rn. 1005.

14 Vgl. *Wagner*, S. 135; auch das *BAG* 28.7.81, a.a.O., lässt sich in diesem Sinne verstehen.

15 *BAG* 6.12.83, AP Nr. 7 zu § 87 BetrVG 1972 Überwachung.

16 *BAG* 6.12.83, AP Nr. 7 zu § 87 BetrVG 1972 Überwachung; ErfK-*Kania*, Rn. 2; *Fitting*, Rn. 15; LKK-*Dahm*, Rn. 4; GK-*Weber*, Rn. 8 auch m.w.N. zum Meinungsstreit.

die sie auf Menschen, ihr Verhalten und damit auch auf ihre Leistungsfähigkeit hat, sowie von den Faktoren, durch die die Arbeit, ihre Bedingungen und Wirkungen menschengerecht beeinflusst werden können. Sie umfasst damit eine Reihe von Bereichen der Wissenschaft, wie etwa die **Arbeitsmedizin,** die **Arbeitsphysiologie,** die **Arbeitssoziologie,** die **Arbeitspädagogik** und die **Arbeitspsychologie**[17] (vgl. auch § 90 Rn. 31 ff.).

9 Diese Wissenschaftsbereiche können wichtige Erkenntnisse über die Anpassung der Arbeit an den Menschen liefern, wie z. B. die Anpassung von Maschinen und Büromöbeln an die Körpermaße des Menschen, die optimale Gestaltung der Arbeitsumgebung und der äußeren Umwelteinflüsse, wie Licht-, Lärm-, Temperaturverhältnisse u. Ä. mehr.[18] Die arbeitswissenschaftlichen Erkenntnisse müssen sich auf die **menschengerechte Gestaltung der Arbeit** beziehen (vgl. § 90 Rn. 31 ff.). Deshalb wird nicht nur der Gesundheitsschutz, sondern auch die Herstellung menschenwürdiger, die Persönlichkeitsentfaltung fördernder Arbeitsbedingungen erfasst (Rn. 1).[19] Ansonsten hätte die Vorschrift kaum eine selbstständige Funktion gegenüber § 87 Abs. 1 Nr. 7. In den Gesamtkomplex der menschengerechten Arbeitsgestaltung gehören neben den ergonomischen Fragen auch Probleme der **Arbeitsorganisation** (z. B. Rationalisierungsmaßnahmen, Mehrstellenbedienung) und der **sozialen Angemessenheit** der Arbeit (z. B. Abbau autoritärer Führungsstrukturen, Verbesserung der innerbetrieblichen Kommunikationsmöglichkeiten). In diesem Zusammenhang sind auch wissenschaftliche Erkenntnisse über die physischen und psychischen Auswirkungen des Einsatzes von Algorithmen bzw. **Künstlicher Intelligenz** im Arbeitsalltag zu berücksichtigen (vgl. dazu § 90 Rn. 15a, 35 sowie § 87 Rn. 156a).

10 Als **mögliche Quellen** für die vom Gesetz geforderten wissenschaftlichen Erkenntnisse sind beispielsweise zu nennen: **überwiegende Meinungen** innerhalb der Fachkreise, wie sie in der Fachliteratur ihren Ausdruck finden können, **Gesetze** und **VO,** wie vor allem die **ArbStättV,** in die die Regeln für Bildschirmarbeit (vgl. hierzu § 87 Rn. 244 ff.) integriert sind, die Arbeitsschutzgesetze und UVV, **europäische Richtlinien**[20] (vgl. auch Rn. 12), **TV,** wie z. B. für ihre Zeit der **Lohnrahmen-TV II für die Metallindustrie** von Nord-Württemberg/Nord-Baden vom 1. 11. 1973[21] oder der TV über die Einführung und Anwendung rechnergesteuerter Textsysteme vom 20. 3. 1978,[22] **DIN-Normen, ISO-Normen,**[23] **VDI-Richtlinien** u. ä. technische Regelwerke.[24] Auch die im Zuge der **Covid-19-Pandemie** seit August 2020 vorliegende **SARS-CoV-2-Arbeitsschutzregel**[25] sowie die **SARS-CoV-Arbeitsschutzverordnung (Corona-ArbSchV)** kamen und kommen als Quellen in Betracht.

11 Das Gesetz spricht von »**gesicherten**« arbeitswissenschaftlichen Erkenntnissen. Rein theoretische Überlegungen, die noch keinen Anklang in der Fachwelt gefunden haben, scheiden damit ebenso aus wie noch erheblich umstrittene praktische Versuche. Eine Erkenntnis ist dann gesichert, wenn sie nach **anerkannten Methoden** zu plausiblen, **wahrscheinlichen Ergebnissen** geführt hat, nicht widerlegt ist und unter den Arbeitswissenschaftlern der internationalen Fachwelt breite Anerkennung gefunden hat, also h. M. geworden ist.[26] Die **breite Anerkennung in Fachkreisen** kann sich auch durch die Aufnahme in **technische Regelwerke, TV und BV** ergeben. Bei **neuen Technologien** oder Werkstoffen sind die Risiken für die Beschäftigten nicht immer sofort erkennbar. Hier liegen gesicherte arbeitswissenschaftliche Erkenntnisse nach

---

17 Vgl. BT-Drucks. zu VI/2729, S. 5; *Fitting,* § 90 Rn. 41 f.; *Bücker/Feldhoff/Kohte,* Rn. 11; *Fuchs,* S. 30 ff.
18 Vgl. *LAG München* 16. 4. 87, DB 88, 186 f. zur Verteilung von Arbeitsplätzen in Großraumbüros.
19 Vgl. *Fitting,* § 90 Rn. 39; *Wagner,* S. 132 f.; *Däubler,* Das Arbeitsrecht 1, Rn. 1009.
20 Vgl. *ArbG München* 30. 11. 94, AiB 95, 298 ff. mit Anm. *Faber; Bücker/Feldhoff/Kohte,* Rn. 11 (Fn. 17).
21 RdA 74, 177 ff.
22 Druck- und Verlagsbereich (RdA 78, 116).
23 Vgl. z. B. zur ISO-Norm 9241 *Rickert,* CF 1/94, 27 ff.
24 Vgl. auch GK-*Weber,* § 90 Rn. 40 ff.
25 Arbeitsschutzausschüsse beim BMAS, GMBl 20, 484 ff, (Nr. 24/2020 v. 20. 8. 20), zuletzt geändert durch Nr. B Bek. d. BMAS v. 29. 1. 21.
26 Ähnlich *Engel,* AuR 82, 79 (83); *Fitting,* § 90 Rn. 43 ff.; GK-*Weber,* § 90 Rn. 36; KassArbR-*Etzel,* 9.1, Rn. 641; *Klebe/Roth,* AiB 84, 70 (76); *Wagner,* S. 137 ff.; *WW,* Rn. 6 und § 90, Rn. 7; *Bücker/Feldhoff/Kohte,* Rn. 11; enger *Pulte,* AuR 83, 174 (179) und vor allem *GL,* Rn. 4; das *BAG* 6. 12. 83, AP Nr. 7 zu § 87 BetrVG 1972 Überwachung, grenzt den Begriff lediglich negativ ab.

richtiger Auffassung bereits dann vor, wenn **anerkannte Grundsätze methodisch einwandfrei weiterentwickelt** werden.[27] Darüber hinaus ist darauf hinzuweisen, dass sich der BR im Rahmen des § 80 Abs. 3 eines **Sachverständigen** bedienen kann, um festzustellen, ob und inwieweit arbeitswissenschaftliche Erkenntnisse vorliegen bzw. eine nicht menschengerechte Gestaltung der Arbeit gegeben ist. Dies gilt selbstverständlich nicht nur für die Hardware, sondern auch für die Software-Gestaltung.[28] Beim Einsatz von **Künstlicher Intelligenz** gilt die Hinzuziehung eines Sachverständigen nach dem Inkrafttreten des Betriebsrätemodernisierungsgesetzes generell als erforderlich (vgl. § 80 Abs. 3 Satz 2 sowie dort Rn. 158 ff.). Die in Bezug auf den Umgang mit der **Covid-19-Pandemie** ermittelte SARS-CoV-2-Arbeitsschutzregel wird seit ihrer Veröffentlichung im Ministerialblatt am 20. 8. 2020 (vgl. Fn. 25) als im Sinne des § 91 »gesichert« gelten können. Die Corona-ArbschV verweist hinsichtlich der Beurteilung der Erforderlichkeit von zusätzlichen Maßnahmen im Rahmen einer Gefährdungsbeurteilung auf diese.

Die Frage, ob gesicherte arbeitswissenschaftliche Erkenntnisse über die menschengerechte Gestaltung der Arbeit vorliegen, war lange Zeit insbesondere für **Bildschirmarbeitsplätze** bzw. den Einsatz neuer Technologien heftig umstritten. Sie ist durch die BildscharbV nun für eine Reihe von Regelungsbereichen positiv entschieden. Mit § 4 i. V. m. dem Anhang liegen gesicherte arbeitswissenschaftliche Erkenntnisse für die **ergonomischen Anforderungen** vor. Dabei können zur Auslegung und Konkretisierung der BildscharbV auch in Zukunft z. B. die Sicherheitsregeln der Verwaltungs-Berufsgenossenschaft (ZH 1/618) herangezogen werden.[29] Zur Frage der **Organisation der Arbeit** (Mischarbeit/Arbeitsunterbrechungen) enthält § 5 BildscharbV gesicherte arbeitswissenschaftliche Erkenntnisse, zu **Augenuntersuchungen** § 6 BildscharbV i. V. m. Anhang Teil 4 (2) 1 ArbMedVV (vgl. in diesem Zusammenhang § 11 ArbSchG, der allgemeine arbeitsmedizinische Untersuchungen vorsieht, und § 87 Rn. 244 ff.). Auch die **ISO-Norm 9241**[30] beinhaltet gesicherte arbeitswissenschaftliche Erkenntnisse zur Bildschirmarbeit im Büro. 12

Die Literatur zu denkbaren **Auswirkungen der Bildschirmarbeit** ist kaum übersehbar.[31] 13

IV. Offensichtlicher Widerspruch

Ein **offensichtlicher Widerspruch** zur menschengerechten Gestaltung der Arbeit liegt vor, wenn dieser für den **Fachmann,** der mit dem konkreten Lebenssachverhalt und der arbeitswissenschaftlichen Fragestellung vertraut ist, **ohne weiteres erkennbar** ist.[32] Es wird dem **Schutzbereich der Vorschrift** nicht gerecht, wenn teilweise auf den »nur einigermaßen Fachkundigen«[33] oder den »sachkundigen Betriebspraktiker«[34] abgestellt wird, also auf Unwissenheit oder Halbwissen. Es kann nicht vom »gesunden Menschenverstand« oder dem Wissensdrang eines Betriebspraktikers abhängen, ob der BR in der Lage ist, (objektiv bestehende) Widersprüche zu den gesicherten arbeitswissenschaftlichen Erkenntnissen über die menschengerechte Gestaltung der Arbeit zu beseitigen. 14

Das *BAG*[35] fordert vom BR, dass er sein Mitbestimmungsrecht nach dieser Vorschrift **konkret auf den einzelnen Arbeitsplatz** bezogen geltend macht. Danach muss der BR für jeden einzelnen Arbeitsplatz den offensichtlichen Widerspruch zu gesicherten arbeitswissenschaftlichen 15

---

27 So auch *LAG Berlin* 31. 3. 81, DB 81, 1519 (1520 f.); *Wagner,* S. 139; a. A. *GL,* Rn. 4.

28 Vgl. *Becker-Töpfer,* AiB 88, 147 ff.; *Kiesche/Schierbaum,* AiB 97, 624 ff.; *Prümper/v. Hartzen,* CuA 8–9/07, S. 17 ff. und z. B. auch BildscharbV Anhang Nr. 21.

29 Vgl. hierzu *BAG* 6. 12. 83, AP Nr. 7 zu § 87 BetrVG 1972 Überwachung.

30 Vgl. *Rickert,* CF 1/94, 27 ff.

31 Vgl. statt vieler *Boikat,* AiB 84, 13 f., 39 f.; *Bücker/Feldhoff/Kohte,* Rn 289; *Wagner,* S. 38 ff., alle m. w. N.; *Landerer/Ganz,* AiB 90, 57 ff.

32 Vgl. auch ErfK-*Kania,* Rn. 2; *Fitting,* Rn. 12; GK-*Weber,* Rn. 13; HaKo-BetrVG/*Kohte/Schulze-Doll,* Rn. 8; HWK-*Sittard,* Rn. 5; LKK-*Dahm,* Rn. 7; NK-GA/*Eylert/Waskow,* Rn. 3; Richardi-*Annuß,* Rn. 9; WPK-*Bender,* Rn. 10; *Wagner,* S. 155.

33 So *LAG Niedersachsen* 25. 3. 82, DB 82, 2039; *SWS,* Rn. 4.

34 So *LAG Baden-Württemberg* 18. 2. 81, DB 81, 1781; wie hier HWGNRH-*Rose,* Rn. 21.

35 *BAG* 6. 12. 83, AP Nr. 7 zu § 87 BetrVG 1972 Überwachung.

Erkenntnissen benennen.[36] Dies bringt für den BR je nach Betriebsgröße erheblichen Arbeitsaufwand. Andererseits ist jedoch auch zu sehen, dass er so eine **genaue Bestandsaufnahme** erhält und die Einhaltung einer entsprechenden BV damit kontrollierbarer und wahrscheinlicher wird (vgl. auch Rn. 22 zu Abhilfemaßnahmen).

V. Besondere Belastung der Arbeitnehmer

16 Für das Mitbestimmungsrecht ist **allein** entscheidend, dass die Änderung den wissenschaftlichen Erkenntnissen über die menschengerechte Gestaltung der Arbeit **offensichtlich widerspricht.** Ist dies der Fall, bedarf es keiner zusätzlichen Feststellung mehr, ob eine **besondere Belastung** vorhanden ist. Eine Arbeitsgestaltung, die in einem offensichtlichen Widerspruch zu gesicherten arbeitswissenschaftlichen Erkenntnissen steht, bringt diese **immer** für den AN mit sich. Die besondere Belastung ist daher keine zusätzliche Voraussetzung, sondern lediglich eine Verdeutlichung dessen, was der Gesetzgeber **sozialpolitisch** anstrebt: den Wegfall bzw. die Milderung dieser Belastung.[37]

17 Eine **besondere Belastung** wird von den Autoren, die dieses Merkmal selbstständig prüfen, angenommen, wenn das **normale Maß der Belastung nicht unwesentlich überschritten** wird,[38] wenn es sich nicht mehr um zumutbare Belastungen/Beanspruchungen handelt.[39] Der Eintritt von **Schäden** muss allerdings nicht nahe liegend sein, eine **unmittelbare Gefahr** für die Gesundheit ist **keinesfalls erforderlich.**[40] Die Belastungen können sporadisch oder kontinuierlich auftreten, ggf. auch nur während der **Einarbeitungszeit.**[41]

18 Im Text ist zwar von einer Mehrzahl der AN die Rede, es reicht jedoch anerkanntermaßen aus, dass **einzelne AN** in besonderer Weise belastet werden.[42] § 91 greift nach richtiger Auffassung auch dann ein, wenn der einzelne AN wegen nur bei ihm vorliegender **persönlicher Verhältnisse** besonders belastet wird.[43] Ob die Arbeit menschengerecht gestaltet ist, hängt nicht zuletzt von der Person des einzelnen AN ab.

VI. Angemessene Abhilfemaßnahmen

19 Belastungen i. S. d. § 91 müssen nicht allein durch die ergonomisch falsche Gestaltung von Maschinen und anderen technischen Anlagen oder durch Umgebungseinflüsse wie Klima, Nässe, Schmutz, Staub, Gase, Lärm, Erschütterung, Lichtmangel oder Infektionsgefahr gegeben sein. Eine Belastung kann auch auf **andere** Weise eintreten, z. B. durch erhöhtes Arbeitstempo, Leistungsdruck, arbeitsorganisatorische Mängel (Aufbau/Ablauf), Vorgaben zur Verminderung von Infektionsrisiken wie z. B. das Tragen einer Mund-Nase-Bedeckung wegen der Covid-19-Pandemie, oder durch autoritäre Führungsstrukturen. Liegt eine Belastung der AN vor, kann der BR **angemessene Maßnahmen** zur Abwendung, Milderung oder zum Ausgleich verlangen. Maßnahmen sind angemessen, wenn sie technisch möglich, wirtschaftlich vertretbar (dies kann nur in engen Ausnahmen nicht der Fall sein, z. B. wenn die Kosten völlig außer Verhältnis zu dem belastungsbeseitigenden Erfolg stehen), geeignet und erforderlich sind.[44] Aus der gesetzlichen Reihenfolge ergibt sich, dass der BR zunächst das Ergreifen von Maßnahmen zur **Abwendung**

---

36 Vgl. auch *Fitting,* Rn. 2; GK-*Weber,* Rn. 20.

37 Vgl. auch *Engel,* AuR 82, 79 (84); *WW,* Rn. 9; a. A. GK-*Weber,* Rn. 14; *GL,* Rn. 11; Richardi-*Annuß,* Rn. 10; wohl auch *BAG* 6. 12. 83, AP Nr. 7 zu § 87 BetrVG 1972 Überwachung; einige Autoren gehen von einer durch den AG **widerlegbaren Vermutung** aus: *Hofe* S. 91, 92; *Wagner,* S. 156; vgl. auch *DE,* Rn. 25.

38 GK-*Weber,* Rn. 17.

39 *Fitting,* Rn. 5.

40 *BAG* 2. 4. 96 – 1 ABR 47/95, DB 96, 1725 (1726).

41 GK-*Weber,* Rn. 17; Richardi-*Annuß,* Rn. 12; HaKo-BetrVG/*Kohte/Schulze-Doll,* Rn. 10; a. A. *Fitting,* Rn. 5; HWGNRH-*Rose,* Rn. 28; LKK-*Dahm,* Rn. 8, der eine dauerhafte Belastung fordert.

42 *GK-Weber, Rn. 19;* HWGNRH-*Rose,* Rn. 29; Richardi-*Annuß,* Rn. 14; *Fitting,* Rn. 4.

43 HaKo-BetrVG/*Kohte/Schulze-Doll,* Rn. 9; a. A. *Fitting,* Rn. 6; GK-*Weber,* Rn. 19; Richardi-*Annuß,* Rn. 14; WPK-*Bender,* Rn. 8.

44 Vgl. Richardi-*Annuß,* Rn. 16; BT-Drucks. VI/1786, S. 50.

der Belastung verlangen kann.[45] Es muss also zuerst versucht werden, die Quelle der Belastung selbst zu beseitigen. Das bedeutet beispielsweise das **Rückgängigmachen** der Änderung, den Ersatz gesundheitsschädlicher Werkstoffe durch solche unschädlicher Art, die Beseitigung von Staub, Lärm u. Ä. an der Entstehungsquelle, die ergonomische Gestaltung des Arbeitsplatzes, die Beseitigung einer Überforderung durch **Weiterbildungsmaßnahmen**[46] oder den Abbau von Nachtschichten.[47] Zur Abwendung von Infektionsrisiken in der **Covid-19-Pandemie** und vergleichbaren Pandemie-Situationen kommen die räumliche Entzerrung der Arbeitsabläufe, versetzte Arbeits- und Pausenzeiten sowie das Stellen von Schutzausrüstung in Betracht.[48]

Sofern die Abwendung technisch/organisatorisch nicht möglich oder wirtschaftlich überhaupt nicht vertretbar ist, sind Maßnahmen zur **Milderung** anzuwenden. Das kann etwa durch Schutzeinrichtungen aller Art (z. B. Schutzkleidung bei staubigen Arbeiten, schallisolierende Maßnahmen bei großem Lärm) geschehen. Auch die **Herabsetzung der Arbeitsgeschwindigkeit** oder die **Einführung von Mischarbeit** und **zusätzlichen Pausen** kann eine Milderung in bestimmten Fällen herbeiführen.[49] Als ein weiteres Beispiel sind Vorsorgeuntersuchungen zu nennen.[50] 20

Lassen sich auch Maßnahmen der Milderung nicht durchführen, kann der BR für die betroffenen AN einen **Ausgleich** verlangen. Zu denken ist insbes. an eine **Herabsetzung der Arbeitszeit,** zusätzliche **bezahlte Arbeitsunterbrechungen** oder Sonderurlaub. Mit dem sozialpolitischen Zweck dieser Bestimmung ist nicht vereinbar, für Belastungen geldliche Zulagen zu vereinbaren, da es nicht um einen finanziellen Ausgleich geht, sondern um einen Ausgleich der Belastung. Erschwerniszulagen sind daher prinzipiell verfehlt.[51] 21

Nach Auffassung des *BAG*[52] soll der BR keine generellen **Abhilfemaßnahmen** fordern können, sondern nur konkrete, auf den jeweiligen Arbeitsplatz bezogene. Hiermit würde eine ohnehin nur schwer für den BR instrumentalisierbare Vorschrift zusätzlich kompliziert. Diese Komplizierung ergibt sich weder aus der Entstehungsgeschichte noch aus dem Wortlaut, denn unter **»Maßnahmen«** können auch generelle verstanden werden.[53] Zudem werden die Maßnahmen, insbes. wenn die Arbeitsorganisation betroffen ist, häufig nur generell getroffen werden können. 22

Ist der betreffende Gegenstand in einem **Gesetz** oder **TV** vollständig und abschließend geregelt, scheidet das Mitbestimmungsrecht nach dieser Vorschrift aus. **§ 87 Abs. 1 Eingangssatz** findet analoge Anwendung, weil dem Schutzbedürfnis der AN bereits entsprochen ist.[54] Zumindest besteht für AG und BR in diesen Fällen kein Regelungsspielraum. 23

Die Vorschrift ist für den BR wegen ihrer komplizierten Voraussetzungen nicht immer leicht anzuwenden. Häufig kommen jedoch zusätzliche Mitbestimmungsrechte wie **§ 87 Abs. 1 Nrn. 1, 6, 7** oder **§ 112** in Betracht. Angesichts steigender gesundheitlicher Belastungen, aber auch unter dem Eindruck der Covid-19-Pandemie sollten die Rechte des BR in Fragen des Arbeits- und Gesundheitsschutzes ausgebaut werden, was vor allem über eine Stärkung der über § 87 Abs. 1 Nr. 7 ausfüllbaren Rahmenvorschriften wie z. B. der ArbStättVO erreicht werden kann.[55] 24

45 *Fitting*, Rn. 18; GK-*Weber*, Rn. 27; Richardi-*Annuß*, Rn. 17.

46 *Däubler*, BB 00, 1190 (1191 m. w. N. in Fn. 16).

47 Vgl. auch *Fitting*, Rn. 19.

48 Helm/Bundschuh/Wulff-*Wulff*, § 17 Rn. 6; vgl. auch Ziffer 4.2 der SARS-Cov2-Arbeitsschutzregel, GMBl. 20, 484 ff, (Nr. 24/2020 v. 20. 8. 20), zuletzt geändert durch Nr. B Bek. d. BMAS v. 29. 1. 21.

49 *Fitting*, Rn. 20; GK-*Weber*, Rn. 31; Richardi-*Annuß*, Rn. 20; vgl. auch BTDrucks. VI/1786, S. 50: »Häufigere Pausen bei zu schnellem Arbeitstakt.«.

50 Vgl. z. B. *BAG* 6. 12. 83, AP Nr. 7 zu § 87 BetrVG 1972 Überwachung: **Augenuntersuchungen** bei Bildschirmarbeit; siehe auch Ziffer 6- Anhang ArbStättV i. V. m. Anhang Teil 4 (2) 1 ArbMedVV.

51 So auch HaKo-BetrVG/*Kohte/Schulze-Doll*, Rn. 16; HWGNRH-*Rose*, Rn. 40; Richardi-*Annuß*, Rn. 23; weitergehend *Fitting*, Rn. 21; GK-*Weber*, Rn. 32; *GL*, Rn. 19, die allerdings darauf hinweisen, dass Erschwerniszulagen nur dann anzuwenden sind, wenn keine andere Ausgleichsmöglichkeit besteht.

52 *BAG* 6. 12. 83, AP Nr. 7 zu § 87 BetrVG 1972 Überwachung; ebenso *Fitting*, Rn. 2.

53 *Wagner*, S. 159 f.

54 GK-*Weber*, Rn. 25; *GL*, Rn. 15b; *Däubler*, Tarifvertragsrecht, Rn. 228; HaKo-BetrVG-*Kohte/Schulze-Doll*, Rn. 17; *Hofe*, S. 111; *Wagner*, S. 156 f.; a. A. *Fitting*, Rn. 22; WPK-*Bender*, Rn. 16.

55 So zutreffend *Klebe*, AuR 20, 196 (199).

VII. Streitigkeiten

25 Kommt zwischen BR und AG eine Einigung über die zu ergreifenden Maßnahmen nicht zustande, entscheidet die ESt. (§ 76) **verbindlich.** Der Spruch kann sich auf die Voraussetzungen der Vorschrift[56] (Zuständigkeit der ESt.) und darauf erstrecken, welche Maßnahmen zur Abwendung, Milderung oder zum Ausgleich der sich für die AN ergebenden Belastungen angemessen sind und durchgeführt werden müssen.[57] Nach § 77 Abs. 1 trifft den AG eine **Durchführungspflicht,** die der BR ggf. auch mit einer einstweiligen Verfügung durchsetzen kann.[58] Ein **Unterlassungsanspruch,** der für jeden Mitbestimmungstatbestand gesondert geprüft werden muss,[59] kommt daneben nicht in Betracht.[60] Die Durchführung der Maßnahme, die die Voraussetzungen der Vorschrift erfüllt, ist kein Verstoß des AG gegen das »korrigierende« Mitbestimmungsrecht[61] und daher nicht unwirksam. Der BR wird auf die ESt. verwiesen.[62]

26 Begründet der Spruch der ESt. Ansprüche für die einzelnen AN – was regelmäßig der Fall sein wird –, sind diese im Urteilsverfahren vor dem ArbG durchzusetzen.[63] Daneben kommt bei nicht nur geringfügigen und kurzfristigen arbeitsschutzrechtlichen Pflichtverletzungen des AG ein **Leistungsverweigerungsrecht** des AN nach § 273 BGB in Betracht.[64] Eine unmittelbare Gesundheitsgefahr ist hierfür nicht erforderlich.[65] Bei »unmittelbarer erheblicher Gefahr« kann sich für den AN ein **Entfernungsrecht** aus § 9 Abs. 3 ArbSchG ergeben, das keine Pflichtverletzung des AG voraussetzt (vgl. zu weiteren AN-Rechten § 87 Rn. 260).

Fünfter Abschnitt
Personelle Angelegenheiten

Erster Unterabschnitt
Allgemeine personelle Angelegenheiten

§ 92 Personalplanung

(1) Der Arbeitgeber hat den Betriebsrat über die Personalplanung, insbesondere über den gegenwärtigen und künftigen Personalbedarf sowie über die sich daraus ergebenden personellen Maßnahmen einschließlich der geplanten Beschäftigung von Personen, die nicht in einem Arbeitsverhältnis zum Arbeitgeber stehen, und Maßnahmen der Berufsbildung anhand von Unterlagen rechtzeitig und umfassend zu unterrichten. Er hat mit dem Betriebsrat über Art und Umfang der erforderlichen Maßnahmen und über die Vermeidung von Härten zu beraten.

(2) Der Betriebsrat kann dem Arbeitgeber Vorschläge für die Einführung einer Personalplanung und ihre Durchführung machen.

(3) Die Absätze 1 und 2 gelten entsprechend für Maßnahmen im Sinne des § 80 Abs. 1 Nr. 2a und 2b, insbesondere für die Aufstellung und Durchführung von Maßnahmen zur Förderung der Gleichstellung von Frauen und Männern. Gleiches gilt für die Eingliederung schwerbehinderter Menschen nach § 80 Absatz 1 Nummer 4.

---

56 Vgl. GK-*Weber,* Rn. 34; *GL,* Rn. 20.
57 Richardi-*Annuß,* Rn. 28 f.
58 Vgl. *LAG Berlin* 6.12.84, BB 85, 1199 und *LAG Baden-Württemberg* 16.12.83 – 12 TaBV 5/83.
59 Vgl. *BAG* 3.5.94 – 1 ABR 24/93, DB 94, 2450 (2451).
60 A. A. HaKo-BetrVG/*Kohte/Schulze-Doll,* Rn. 18.
61 Vgl. *Fitting,* Rn. 1; *Raab,* ZfA 97, 183 (222).
62 Vgl. zum **Streitwert** bei der Einsetzung der ESt. II Nr. 4 Streitwertkatalog für die Arbeitsgerichtsbarkeit, NZA 18, 498 (501).
63 *Fitting,* Rn. 23; GK-*Weber,* Rn. 36.
64 *BAG* 8.5.96 – 5 AZR 315/95, DB 96, 2446 f.; 19.2.97 – 5 AZR 982/94, BB 97, 1364 ff.; GK-*Weber,* Rn. 36; *Bücker/Feldhoff/Kohte,* Rn. 32 f., 610.
65 *Bücker/Feldhoff/Kohte,* a. a. O.

Inhaltsübersicht

I. Vorbemerkungen

1 Personalplanung wird vielfach als methodische Planung zu einer möglichst weitgehenden **Übereinstimmung** zwischen den künftigen **Arbeitsanforderungen in qualitativer und quantitativer Hinsicht** und dem dann **einsetzbaren Personal nach Qualifikation und Anzahl** verstanden, wobei die **unternehmerischen Ziele** und die **Interessen der AN** soweit wie möglich in **Einklang** zu bringen sind.[1] Es wäre jedoch verfehlt, der Personalplanung i. S. d. § 92 lediglich die betriebswirtschaftliche Funktion zuzuweisen und den künftigen Personalbedarf gemäß den Gegebenheiten des Betriebs und der Planziele des UN zu ermitteln, damit die benötigten Arbeitskräfte in der erforderlichen Anzahl, zum richtigen Zeitpunkt, am richtigen Ort und mit der für die Arbeit besten Qualifikation bereitstehen. Die grundgesetzlich garantierte menschliche Würde des AN verbietet es, ihn zum Mittel für bestimmte Zwecke zu degradieren.[2] Deshalb tritt das Ziel, die **Arbeit menschengerecht zu gestalten,** auch und gerade im Rahmen der Personalplanung **gleichgewichtig** neben die **sachlichen Ziele des UN.**[3] Nach einer von der Bundesvereinigung Deutscher Arbeitgeber-Verbände und dem DGB gemeinsam getragenen Empfehlung der Sozialpolitischen Gesprächsrunde beim BMA (heute BMWA) soll die betriebliche Personalplanung im Spannungsfeld der unternehmerischen Aufgaben und der Leistungsanforderungen einerseits und den Interessen und Bedürfnissen der AN andererseits eine **optimale Entfaltung und Motivation der AN** ermöglichen.[4] Personalplanung nach § 92 soll wesentlich erreichen, dass AG und BR gemeinsam zur Lösung betrieblicher und sozialer Probleme beitragen[5]. Vor diesem Hintergrund steht Personalplanung in einem engen Zusammenhang mit den **beschäftigungssichernden Maßnahmen** nach **§ 92a** und den wirtschaftlichen Angelegenheiten nach den §§ 106 und 111. Insoweit muss aus der Personalplanung auch erwachsen, dass BR und UN Maßnahmen verabreden können, um den gewonnenen Erkenntnissen Rechung tragen zu können. Diese sind im Zweifel auch über § 87 Abs. 1 und 3 BetrVG in Rahmen der erzwingbaren Mitbestimmung durchsetzbar[6]. Ebenfalls kann sich die Durchsetzbarkeit auf Grund von anderen Gesetzen oder Verordnungen ergeben, die eine zwingende Personalpalnung verlangen. Auch hier muss der Arbeitgeber seine Personalplanung rechtzeitig vor der Umsetzung offenlegen.[7] Ansonsten wäre die Personalplanung auch ein mehr akademischer Austausch zwischen den Betriebsparteien. Dies gilt insbesondere auch für die Frage, ob wirtschaftliche Entscheidungen durch die Personalplanung verändert werden können. D. h. insbesondere auch die **Personalbemessung** ist Teil der Personalplanung.[8]

2 Damit fallen dem BR als der betrieblichen Interessenvertretung der AN bei der Personalplanung **umfassende Aufgaben** zu (vgl. Rn. 6 ff.). Der BR soll durch die Beteiligung an der Personalplanung aber auch in die Lage versetzt werden, auf personelle Maßnahmen des AG, wie Einstellungen, Versetzungen und Kündigungen, nicht nur reagieren zu müssen. Es geht

1 vgl. *RKW*-Handbuch, 3. Aufl., S. 18.
2 *RKW*-Handbuch, 3. Aufl., S. 6.
3 *RKW*-Handbuch, a. a. O.
4 Sozialpolitische Informationen 19. 7. 72, II 1, hrsg. vom BMA.
5 Vgl. *Däubler,* § 92a, Rn. 2.
6 a. A. *LAG Schleswig-Holstein* 25. 4. 18 – 6 TaBV 21/17; Das *LAG* hält eine Mindestbesetzung in einer Schicht als Ergebnis der Personalplanung nicht über § 87 BetrVG für durchsetzbar.
7 *LAG Niedersachsen* 15. 11. 18 –7 TaBV 20/18; Das *LAG* hat die Vorlage der Planung nach der Psychatrie-Personalverordnung für mitbestimmungspflichtig erachtet.
8 *LAG Hamburg* 16. 7. 20 – 8 TaBV 8/19: Die Festlegung des für die Erfüllung von Aufgaben erforderlichen Personals obliegt nicht allein dem Arbeitgeber und ist daher nicht jeglicher über § 92 BetrVG hinausgehenden Beteiligung durch den Betriebsrat entzogen.

um eine **Beeinflussung der Daten und Voraussetzungen,** die zu den Einzelentscheidungen führen. Darüber hinaus soll für die AN eine **stärkere Objektivierung und bessere Durchschaubarkeit** personeller Entscheidungen erreicht werden.

3 Gegenstand der Personalplanung ist die **gesamte Personalpolitik** des UN.[9] Damit ist die Personalplanung kein isoliertes Instrumentarium, sondern **integrierter Bestandteil** der Planung des UN. Auf der einen Seite reicht die Personalplanung somit in die **UN-Planung** hinein; auf der anderen Seite erstreckt sie sich in ihrer Realisation in den **betrieblichen Bereich** und ist mit dem Arbeitsverhältnisrecht verknüpft. So enthält das Arbeitsverhältnisrecht eine Reihe von Rechtsnormen, deren Ausstrahlung auf die Personalplanung zu beachten ist, wie etwa bestimmte Beschäftigungsverbote. Einen starken Bezug zur Personalplanung haben auch zahlreiche tarifliche Bestimmungen, wenn sie das Zustandekommen, den Inhalt oder die Beendigung des Arbeitsverhältnisses regeln. Die Personalplanung steht außerdem in einer umfassenden Wechselwirkung zu einer Reihe **betriebsverfassungsrechtlicher Bestimmungen** (vgl. Rn. 12 ff.).

4 Personalplanung hat darüber hinaus auch **sozial- und arbeitsmarktpolitische Aufgaben und Bezüge.** Sie soll dazu beitragen, regionale Strukturveränderungen in ihren personellen Folgen rechtzeitig zu erkennen, die Beschäftigungsaussichten in den einzelnen Regionen und Branchen transparent zu machen, die Auswirkungen von Konjunkturschwankungen möglichst aufzufangen sowie die Mobilität und Flexibilität der AN durch planvolle Maßnahmen der Berufsbildung zu erhalten und zu fördern.[10] Personalplanung hat somit auch **gesamtwirtschaftlichen und gesellschaftlichen Interessen** zu dienen.[11] Die einseitig am einzelnen Betrieb orientierten Entscheidungen müssen somit – ggf. durch gesetzliche Vorgaben, Bestimmungen der Arbeitsverwaltung und TV – korrigiert und durch betriebsübergreifende und arbeitnehmerorientierte Gesichtspunkte ergänzt werden. Nach wie vor sind von besonderer Bedeutung das **Erste** und **Zweite Gesetz für moderne Dienstleistungen am Arbeitsmarkt** vom 23. 12. 2002.[12] Zusammen mit weiteren Teilen der **sog. Hartz-Vorschläge** sollen durch wesentliche Neuerungen im Arbeits-, Steuer- und Sozialversicherungsrecht die Arbeitsmarktchancen der Arbeitslosen verbessert werden und eine Wiedereingliederung in den Arbeitsmarkt erfolgen. Die Wiedereingliederung von Langzeitarbeitslosen und anderen Problemgruppen der von Arbeitslosigkeit betroffenen Menschen in den Arbeitsprozess dient einem gesellschaftspolitischen Anliegen im Rahmen der Personalplanung nach § 92.

4a In den letzten Jahrzehnten vollzogen sich in den meisten Industrien, von der Stahl- über die Chemie bis zur Automobilindustrie, fundamentale Umbrüche in den industriellen Prozess- und Produktionsstrukturen. Ebenso werden die Umbrüche auf Grund der veränderten Prozessabläufe durch EDV-Unterstützung in der Industrie und Verwaltung unter dem Schlagwort **»Industrie 4.0«** zu einem erheblichen Gesprächsbedarf zwischen den Betriebsparteien führen. Zusätzlich zur **Digitalisierung** kommen in der Automobilindustrie noch die Veränderungen der **Transformation,** die einen weiteren Druck auf die Personalplanung ausüben.[13] Eine Bewältigung dieser Ausgaben erscheint nur als **gesamtgesellschaftliche Ausgabe** denkbar. Insoweit wäre endlich eine flächendeckende bessere Zusammenarbeit von Arbeitgeber und BR auf diesem Handlungsfeld von Nöten. Zum Beispiel um zu klären, welche Tätigkeiten und Qualifikationen in Zukunft noch im jeweiligen Unternehmen abgefragt werden. Hinter vielen personellen Maßnahmen der Arbeitgeberseite ist die Zielstellung zu erkennen, die Stammbelegschaften um bis zu einem Drittel zu reduzieren, um so vermeintlich **»agiler«** Arbeiten zu können. Das geschieht durch neue Techniken, aber auch durch **Leiharbeit** und zunehmend durch Ausgliederung von Aufgaben und Fremdvergabe in Form von **Werkverträgen.** Deshalb unterfallen auch Werkverträge der Mitbestimmung des Betriebsrates und sind Teil der Personalplanung.[14] Ein weiteres Einschreiten der Politik wäre wünschenswert und ist auch in

---

9 vgl. Richardi-*Thüsing,* Rn. 3 ff., *Fitting,* Rn. 9.
10 *RKW*-Handbuch, 3. Aufl., S. 49.
11 vgl. *Fitting,* Rn. 6; *Kador/Kempe/Pornschlegel,* S. 103; zu den Interessenschwerpunkten gesellschaftlicher Gruppen an der Personalplanung vgl. *RKW*-Handbuch, 3. Aufl., S. 4.
12 BGBl. I, S. 4607 und 4621.
13 Vgl. zum Instrumentarium des BetrVG in Krisenzeiten, *Franzmann,* AuR 22, 8–11.
14 *LAG München* 16. 12. 19 – 3 TaBV 90/19.

Teilen umgesetzt. Die Umsetzung scheint jedoch – so kann man wohl schon jetzt sagen – zu kurz zu greifen. So kommt mit der Reform des AÜG nicht zu einer einschneiden Änderung der Praxis[15]. Im Gegenteil die Zahl der LeihAN wächst weiter. Denn die Anstrengungen der Gewerkschaften und Betriebsräte sind in ihren Erfolgen stark von ihrer fehlenden Durchsetzungsfähigkeit in dieser Frage geprägt. So gibt es leider inzwischen ganze Branchen, die kaum noch eigene Beschäftigte aufweisen und fast gänzlich von Lehrarbeit und Werkverträgen geprägt sind[16]. Personalplanung kann hier kein Allheilmittel sein. Es schafft jedoch die Möglichkeit, sich in diese wichtigen Bereiche als Betriebsrat rechtzeitig einzuklinken.

Zuletzt sei darauf hingewiesen, dass die Belegschaften in vielen Betrieben im Durchschnitt immer älter werden, weil zu wenig gezielt ausgebildet wird und es zu wenige Neueinstellungen gibt. Auch hier kann eine gezielte Personalplanung helfen, Probleme der näheren und ferneren Zukunft bereits jetzt anzugehen.

Mit dem **Betriebsrätemodernsierungsgesetz** wird die Personalauswahl mittels **Künstlicher Intelligenz** mitbestimmungspflichtig.[17] Mit Unterstützung von KI kann auch die Einsatzplanung deutlich verbessert werden. So setzt die **Deutsche Bahn** inzwischen KI ein, um ihre Züge pünktlicher werden zu lassen.[18] Das Zusammenspiel von Produktionssystemen und den eingesetzten AN wird dazu führen, dass auch die **Personalplanung** von den Vorgaben der **KI** abhängen wird. Insoweit müssen Betriebsräte schon früh vom neuen Recht auf Beratung in Fragen der KI Gebrauch machen, um in Zukunft überhaupt noch »dabei« sein zu können. Durch den stärker werdenden Mangel an qualifiziertem Personal in vielen Betrieben, wären die Arbeitgeber gut beraten, mit ihren Betriebsräten die Planung gemeinsam aus dem vielfach anzutreffenden »Dornröschenschlaf« zu holen und insgesamt nach vorn zu bringen. 4b

II. Zielsetzungen der Personalplanung, Verzahnung mit der Unternehmensplanung

Die **Ziele des AG** im Rahmen der Personalplanung werden insbes. darauf gerichtet sein, durch geeignete Maßnahmen die Arbeitskräfte, die für die Erreichung des Betriebszwecks benötigt werden, zum Bedarfszeitpunkt zu beschaffen, möglichst geringe Kosten für die Beschaffung aufzuwenden, die AN mit den benötigten Qualifikationen direkt anzuwerben und Aus- und Fortbildungsmaßnahmen nur dann zu planen, wenn die geforderten Qualifikationen weder am Arbeitsmarkt noch im Betrieb vorhanden sind. Entscheidend ist eine weitsichtige Planung, um gleichzeitig einen (Fach)Kräftemangel zu verhindern. 5

Ziel des BR muss dagegen sein, zu erreichen, dass Personalplanung **nicht** lediglich als **Folgeplanung der allgemeinen UN-Planung** betrieben wird. Es hat vielmehr darum zu gehen, die Personalplanung **gleichberechtigt** in die UN-Planung einzubauen und zu erreichen, dass die Interessen der AN bei der Personalplanung umfassend berücksichtigt werden. Die Interessen der AN im Rahmen der Personalplanung lassen sich im Wesentlichen wie folgt zusammenfassen:[19] 6

- Sicherung der Arbeitsplätze;
- Verbesserung der Arbeitsbedingungen durch menschengerechte Gestaltung von Arbeit und Technik;
- Abbau und Verzögerung von Risiken, die durch Rationalisierungsmaßnahmen und technischen Wandel entstehen;
- Einkommenssicherung;
- Schaffung von beruflichen Aufstiegschancen und entsprechende Qualifizierung der AN durch Maßnahmen der Berufsbildung;
- Gewährung von Chancen zur Entfaltung der Persönlichkeit durch die Arbeitsgestaltung;

---

15 Vgl. insoweit *Ulber,* Kommentar zum AÜG.
16 Z.B. in der Fleischindustrie; Mindestlohn in der Fleischbranche; Dumpinglöhne durch den Wolf gedreht, Quelle: *www.taz.de.*
17 www.bmas.de/DE/Service/Gesetze-und-Gesetzesvorhaben/betriebsraetemodernisierungsgesetz.html, S. 14.
18 www.deutschebahn.com/de/Digitalisierung/technologie/kuenstlicheintelligenz-3242310.
19 Vgl. *RKW*-Handbuch, 3. Aufl., S. 623, vgl. auch *Homburg,* Mitbestimmung und Mitwirkung beim Arbeitsverhältnis, 126 ff.

- Erweiterung der Entscheidungsspielräume und der Kreativität der einzelnen AN;
- Einsatz und Förderung der AN entsprechend ihren Neigungen und Fähigkeiten;
- Maßnahmen zur Gleichberechtigung der Geschlechter;
- Berücksichtigung der Probleme älterer Arbeitnehmer und gemindert Leistungsfähiger sowie sonstiger Schutzbedürftiger
- Transparenz und damit größere Akzeptanz der getroffenen Entscheidungen.

7 Der BR wird im Rahmen der Personalplanung darauf hinzuwirken haben, dass **Vertrags- und Arbeitszeitformen,** die dem Gedanken des **Vertrags- und Arbeitsschutzes widersprechen,** unterbleiben. So hat das BeschFG zu einem sprunghaften Anstieg von Leiharbeit und Zeitverträgen geführt. Leiharbeit ist zu einem Bestandteil betrieblicher Personalpolitik geworden, die auf die Einsparung noch vorhandener Personalreserven abzielt. Leiharbeit und Zeitverträge als ungeschützte und statusgeminderte Arbeitsverhältnisse breiten sich aus.[20]

8 Darüber hinaus sind zunehmend fragwürdige Beschäftigungsverhältnisse in der Form der **Scheinselbstständigkeit, Schein-Werkverträgen** oder sog. **freier Mitarbeiter** entstanden. Es handelt sich dabei in Wirklichkeit häufig um AN, auch im Sinne des § 5 Abs. 1, weil sie regelmäßig und im Wesentlichen nur für einen Auftraggeber tätig sind und für einen AN typische Arbeitsleistungen erbringen. Sie unterliegen bei ihrer Tätigkeit den Weisungen des Auftraggebers und sind überdies vielfach in die betriebliche Arbeitsorganisation eingegliedert (zur Scheinselbstständigkeit und zum betriebsverfassungsrechtlichen AN-Begriff vgl. die Erl. zu § 5). In letzter Zeit treten hier neben Leiharbeit verstärkt Beschäftigungsverhältnisse zum Lohndumping in Erscheinung, die auf den ersten Blick als Werkverträge getarnt sind. Dabei ist zu differenzieren. Fremdvergabe kann sinnvoll sein: Nicht immer kann alles im eigenen Betrieb geleistet werden. Allerdings nicht mehr hinnehmbar ist Fremdvergabe,

- wenn es sich um Scheinwerkverträge oder Scheinselbstständigkeit handelt,
- wenn mit ihr Dumping bei den Arbeitsbedingungen betrieben wird,
- wenn sie in die Kernkompetenzen eingreift.

Gerade bei Entwicklungsaufträgen oder der Fremdvergabe wesentlicher Produktteile bzw. Produktionsschritte kann das Mehr an Flexibilität und das Weniger an Kosten unverhältnismäßig teuer werden. Entwicklungs-Know-How der eigenen Mitarbeiter geht verloren, Wettbewerbsvorteile werden zerstört und auf mittlere Sicht die Produktqualität gefährdet.

Als Faustformel bietet sich für die Betriebsräte an, dass man Werkverträge am folgenden Schema einer ersten Prüfung unterzieht, um Scheinwerkverträge heraus zu filtern:

- Die AN bekommen Anweisungen vom Betrieb, in dem sie eingesetzt sind (Auftraggeber).
- Sie müssen vor ihrem Einsatz eingearbeitet werden oder eine Qualifikationsprüfung ablegen.
- Der Auftragnehmer, zum Beispiel ein Entwicklungsdienstleister, hat kein eigenes Leitungspersonal im Betrieb eingesetzt.
- Der Auftraggeber nimmt Einfluss auf Anzahl, Arbeitszeit oder Urlaubsplanung der Beschäftigten der Fremdfirma
- Der Einsatzbetrieb (Auftraggeber) erfasst die Arbeitszeit.
- Die AN arbeiten mit Beschäftigten des Auftraggebers zusammen, z. B. in Gruppen.
- Sie sind in die Arbeitsabläufe oder den Produktionsprozess des Auftraggebers eingebunden.
- Sie vertreten Beschäftigte des Auftraggebers.
- Sie haben eine eigene Infrastruktur in den Arbeitsräumen des Auftraggebers (Telefon, E-Mail-Adresse etc.)
- Der Auftraggeber stellt Maschinen, Werkzeug oder Material.

Bei Übereinstimmung mehrerer dieser Prüfungspunkte mit dem Werkvertrag, sollte der BR den Status der einzelnen AN überprüfen.

9 Aufgrund der in wesentlichen Punkten gegebenen **unterschiedlichen Interessenlagen** können bei der Verfolgung der Ziele der Personalplanung, wie im Fall von Leiharbeit oder Scheinwerkverträgen erhebliche **Konflikte** zwischen AG und BR auftreten. Konflikte können sich beispielsweise auch ergeben, wenn arbeitgeberseitig Personalplanung lediglich als Folgeplanung wirtschaftlicher und technischer Entscheidungen betrieben wird, Maßnahmen der Arbeits-

20 Zur arbeitsmarktpolitischen Problematik solcher Verträge vgl. *Adamy*, SozSich. 87, 163 ff.

gestaltung unabhängig von der Personalplanung erfolgen, Kostengesichtspunkte den alleinigen Vorrang gegenüber den Interessen der AN an sicheren und qualifikationsgerechten Arbeitsplätzen haben oder der AG externe Beschaffungsmöglichkeiten auch dann internen vorzieht, wenn im Betrieb entsprechend qualifizierte Arbeitskräfte für die Besetzung der offenen Positionen vorhanden sind. Ziel der Beratung zwischen BR und AG ist es, einen **Ausgleich** zu finden, wenn derartige gegensätzliche Interessen auftreten.[21] Solche gegensätzlichen Interessen zeigen sich insbesondere im Zusammenhang mit Betriebsänderungen, Rationalisierungsmaßnahmen und dem damit oft verbundenen Personalabbau.

Das Gesetz definiert den **Begriff** »Personalplanung« nicht, sondern setzt ihn vielmehr **voraus.** 10
Der Begriff wird wesentlich durch das Wort »Planung« geprägt. Es geht um das **gedankliche Erarbeiten** verschiedener Wahlmöglichkeiten bei der Festlegung von personalpolitischen Zielen und den zu treffenden Maßnahmen. Der Planungsbegriff umschließt damit den **Vorgang** des **Überlegens** als eines systematischen Denkprozesses und die daraus resultierende **Entscheidung** als dessen Ergebnis.[22] Die Personalplanung ist somit Grundlage der **Personalpolitik,** die ihrerseits den gesamten Denk- und Handlungsvorgang von den Grundvorstellungen über die Ziel- und Maßnahmenplanung bis zur Durchführung und Kontrolle personeller Maßnahmen darstellt.[23] Der Personalplanungsbegriff ist in § 92 Abs. 1 und 2 **deckungsgleich.** Lediglich der § 106 Abs. 2 setzt bei dem dort angeführten Begriff Personalplanung einen anderen Akzent, als es (»nur«) um die Auswirkungen wirtschaftlicher Angelegenheiten des UN auf die Personalplanung geht.[24]

Als wichtiger Teilbereich der gesamten UN-Planung steht die Personalplanung insbesondere 11
in **Wechselwirkung** mit der **Investitions-, Produktions-** und **Absatzplanung.**[25] So ergeben sich z. B. aus geplanten Investitionen Rückwirkungen auf die Personalplanung, wie andererseits diese Einfluss auf die Absatzmöglichkeiten haben kann. U. U. kann das Ergebnis der Personalplanung sogar zeigen, dass Korrekturen in anderen UN-Planbereichen notwendig sind.[26] Eine Verzahnung der Personalplanung ist aber nicht nur mit den anderen Teilplanungen des UN gegeben. Sie wird auch von **außerbetrieblichen Faktoren** beeinflusst, wie von Gesetzen, VO und TV. Sie muss sich auf die **technische** und **wirtschaftliche** Entwicklung ebenso einstellen wie auf **arbeitsmarkt-, bildungs-**, wirtschafts- und **sozialpolitische** Maßnahmen (vgl. Rn. 4).

Während bei der Personalplanung selbst ein Unterrichtungs- und Beratungsrecht des BR be- 12
steht (vgl. Rn. 31 ff.), sind bei **Einzelbereichen** der Personalplanung und **personalplanerischen Instrumenten** (zu den Einzelbereichen der Personalplanung vgl. Rn. 14 ff.) **weitere Rechte** des BR gegeben. So spielen die Rechte des BR bei der **innerbetrieblichen Stellenausschreibung** (§ 93), den **Personalfragebogen** und **Beurteilungsgrundsätzen** (§ 94) sowie den **Auswahlrichtlinien** (§ 95) ebenso eine Rolle, wie die Beteiligung bei der **technischen** und **organisatorischen Planung** (§ 90).

Veränderungen bei den Produktionsverfahren und damit bei der **Betriebs- und Arbeits-** 13
organisation haben in aller Regel erhebliche Auswirkungen auf die Personalplanung und ihre Einzelbereiche. Aktuell sind die in den letzten Jahren unter dem schlagwortartigen Begriff **»Lean production«** aufgetretenen Veränderungen, wie die Einführung von Gruppenarbeit, flache Hierarchien (Lean management), Vergabe von betrieblichen Hilfsfunktionen (z. B. Objektbewachung, Reinigungsarbeiten, Verpflegung) oder die Auslagerung von betrieblichen Primärfunktionen (Outsourcing) auszuführen (vgl. dazu umfassend *Pornschlegel,* AiB 96, 98 ff.). Solche Vorgänge führen nicht nur zu Beteiligungsrechten des BR bei der Planung und Änderung von Arbeitsverfahren und Arbeitsabläufen sowie bei Betriebsänderungen. Der BR wird auch und nicht zuletzt die **Auswirkungen auf die Personalplanung** zu beachten haben,

---

21 Vgl. auch Betriebliche Personalplanung in Sozialpolitische Informationen IV/20, 1972, hrsg. vom BMA; danach dient die Personalplanung dem Ausgleich der Interessen zwischen AG und AN, der Integration in die UN-Planung, der Verknüpfung von betrieblicher Personal- und Bildungsplanung und der Gestaltung menschengerechter Arbeitsplätze.

22 *Hetzel,* S. 19, m. w. N.

23 *Hetzel,* a. a. O.

24 Wie hier grundsätzlich *Hunold,* DB 89, 1334; GK-*Raab,* Rn. 12.

25 *Fitting,* Rn. 18; *Linnenkohl/Töpfer,* BB 86, 1301.

26 *Dedering,* S. 50.

wie vor allem auf die Personaleinsatzplanung, die Personalentwicklungsplanung und die Personalabbauplanung.[27]

14 Wesentliche Daten für die Personalabbauplanung können sich bei **Betriebsänderungen** (§§ 111 ff.) ergeben. Die Ermittlung des Bildungsbedarfs und die Planung von Maßnahmen zur Deckung des Bildungsbedarfs werden von den Rechten des BR bei der **betrieblichen Berufsbildung** (§§ 96 bis 98) beeinflusst. Eine Einflussnahme auf die Gestaltung menschengerechter Arbeitsplätze als ein Ziel der Personalplanung i. S. v. § 92 ergibt sich aus den Beteiligungsrechten des BR bei **Änderungen der Arbeitsbedingungen** (§§ 90, 91) und dem **Unfall- und Gesundheitsschutz** (§ 87 Abs. 1 Nr. 7 und § 89). Einzelprobleme der Personalplanung können bis in den Bereich des § 87 Abs. 1 hineingehen. So sind für die Personalplanung z. B. die **Arbeitspausenregelung,** die Einführung oder der Abbau von **Schichtarbeit** und die Einführung **gleitender Arbeitszeit** als Fragen der Arbeitszeitregelung (§ 87 Abs. 1 Nr. 2) von Bedeutung. Auch das Mitbestimmungsrecht des BR bei **Kurz**- oder **Mehrarbeit** (§ 87 Abs. 1 Nr. 3) kann nicht von personalplanerischen Überlegungen losgelöst betrachtet werden. Beispielsweise kann der BR seine Entscheidung über die Einführung von Kurzarbeit auch davon abhängig machen, ob sie ein Ergebnis fehlender oder mangelhafter Personalplanung ist. Seine Zustimmung zu Überstunden kann er von einer Überprüfung der Stellenpläne abhängig machen und ggf. eine Einstellung zusätzlicher Arbeitskräfte fordern, insbesondere dann, wenn die Mehrarbeit über längere Zeit andauert.[28]

III. Einzelbereiche der Personalplanung

15 Personalplanung kann **kurz-, mittel**- und **langfristig** vorgenommen werden. Bei der anzustellenden **Personalprognose** wird zunächst von der zu einem bestimmten Zeitpunkt vorhandenen Belegschaft (Ist-Zustand) ausgegangen. Es werden kurz-, mittel- oder langfristig die **Einflussgrößen** berücksichtigt, die sowohl aus der UN- als auch der AN-Sphäre diesen Ist-Zustand im Laufe der Zeit verändern können. Solche Einflüsse aus der UN-Sphäre können z. B. sein: Investitionsvorhaben, Rationalisierungsmaßnahmen, Umstellung der Produktion sowie sonstige Angelegenheiten, wie sie insbesondere in § 106 Abs. 3 und § 111 genannt werden. Einflüsse aus der AN-Sphäre können sich z. B. ergeben aus: Fluktuation, Erreichen der Altersgrenze, Einberufung zum Wehrdienst, Schwangerschaftsurlaub und Herabsetzung der Arbeitszeit. Diese Einflüsse können dazu führen, dass sich ein **zukünftiger Personalbedarf,** das Erfordernis einer **weiteren beruflichen Qualifizierung** der AN oder aber auch die Notwendigkeit eines **Personalabbaues** ergibt. Der personalplanerische Entscheidungsprozess erstreckt sich somit vor allem auf folgende Bereiche: die **Personalbedarfs-**, die **Personalbeschaffungs-**, die **Personaleinsatz-**, die **Personalqualifizierungs**- und die **Personalabbauplanung.** Diese Bereiche werden teilweise noch differenzierter aufgefächert, wie etwa hinsichtlich der Personalentwicklung und der Personalkosten.[29] Der BR ist bei jeder Planungsmaßnahme zu beteiligen, die in den Bereich der Personalplanung fällt, unabhängig davon, ob Personalplanung als ständige Einrichtung besteht oder lediglich ein Instrument darstellt, das von Fall zu Fall eingesetzt wird.[30]

16 Der Ausgangspunkt der **Personalbedarfsplanung,** die die Grundlage für alle anderen Phasen der Personalplanung bildet, ist die Überlegung, wie viele AN zu welchem Zeitpunkt und mit welcher Qualifikation erforderlich sind. Dabei kann der Personalbedarf insbesondere durch technologische, wirtschaftliche und soziale Gegebenheiten erforderlich werden. Die Ermittlung des Personalbedarfs hat somit **nicht** nur unter **quantitativen Aspekten,** d. h. nach der Anzahl der benötigten AN zu erfolgen, sondern auch unter **qualitativen Aspekten.** Es gilt, die erforderliche Ausbildung und berufliche Erfahrung bzw. die Eignung der Arbeitskräfte zu be-

27 *Vgl. auch Fitting, Rn. 9 ff.*
28 *Mohr,* S. 114.
29 Vgl. *Fitting,* Rn. 20; GK-*Raab,* Rn. 14; vgl. auch *BAG* 6. 11. 90 – 1 ABR 60/89, BB 91, 689.
30 Richardi-*Thüsing,* Rn. 18.

stimmen.[31] Damit hängt die Personalbedarfsplanung eng mit der Personalqualifizierung und somit auch mit den Aufgaben und Rechten des BR nach den §§ 96–98 zusammen[32].

17 Bereits zur Personalbedarfsplanung, nicht erst zur Personaleinsatzplanung, gehört auch die Feststellung, in welchem Umfang Fremdfirmenarbeitnehmer einschließlich Leiharbeitnehmer eingesetzt werden und in welchen Betriebsbereichen und an welchen Arbeitsplätzen. Zu dieser Feststellung gehört, dass sich der Betriebsrat einen Überblick verschafft, in welchem Umfang und in welchen Bereichen der Einsatz von Fremdfirmenpersonal im Betrieb erfolgt. Der AG hat ihn darüber umfassend zu unterrichten.[33]

18 Zur Ermittlung des Personalbedarfs ist nicht nur erforderlich, die Einflüsse festzustellen bzw. abzuschätzen, die aus der UN- oder AN-Sphäre kommen können (vgl. Rn. 14). Für eine systematische Feststellung des Personalbedarfs sind darüber hinaus weitere Hilfsmittel notwendig, die sich insbesondere aus **Organisationsplänen, Stellenplänen, Stellenbeschreibungen** und **Stellenbesetzungsplänen** zusammensetzen. Während die Organisationspläne die Gliederung des Betriebs in Abteilungen und Bereiche (funktionale Gliederung) sowie in Verantwortungs- und Anordnungsebenen (hierarchische Gliederung) aufzeigen, geben die Stellenpläne die weitere Untergliederung bis in die einzelnen Stellen an. Die Stellen sind die kleinsten organisatorischen Einheiten im Betrieb. Die Gesamtheit der Stellen weist aus, wieviel Personal nötig wird, so dass der BR im Rahmen seines Unterrichtungsanspruchs auch über solche Daten zu unterrichten ist.[34]

19 Die Stellenbesetzungspläne zeigen auf, **welche AN an welchen Stellen** (Arbeitsplätze, Arbeitsbereiche) tätig sind, und treffen damit bestimmte Aussagen im Hinblick auf die Besetzung, Nichtbesetzung, Überbesetzung oder qualitative Fehlbesetzung. Eine Stellenbeschreibung sollte **organisatorische Merkmale** (wie ihre genaue Bezeichnung und die Abgrenzung von anderen Stellen), eine **Tätigkeitsbeschreibung** (Darstellung der Arbeitsfunktionen, die in dieser Stelle erfüllt werden müssen) und die **Anforderungen** (wie Fähigkeiten, Kenntnisse, Ausbildung, Verantwortung, Belastung) enthalten. Der Stellenbesetzungsplan ist somit die notwendige Ergänzung des **Stellenplanes.** Die Kombination beider Pläne wiederum ist das wichtigste Instrument für eine erfolgreiche Personaleinsatzplanung.[35]

20 Mit der Differenz zwischen dem **Soll-Bestand** und dem **Ist-Bestand** ergibt sich die Anzahl der AN, die benötigt wird, um die Betriebsaufgaben zu erfüllen. Beim Personalbedarf wird im Übrigen unterschieden zwischen dem **Ersatzbedarf** zur Erhaltung des Personalbestandes, dem **Neubedarf** zur Erweiterung des Personalbestandes und dem **Personalminderbedarf** bzw. Personalüberhang etwa wegen Stilllegung von Betriebsteilen oder Rationalisierungsmaßnahmen.[36] Es sollte beachtet werden, dass durch die Einplanung von Überstunden seitens der AG-Seite eine **personelle Unterdeckung** auftreten kann.

21 Eine Normalbelastung der AN ist regelmäßig nur dann gewährleistet, wenn die technisch notwendige Belegschaft um eine **personalplanerische Zuschlagsquote** aufgestockt wird. Eine solche Zuschlagsquote ist bereits zur Berücksichtigung von Ausfallzeiten, wie sie etwa durch Urlaub, Krankheit oder Fluktuation entstehen, erforderlich.[37]

22 Auch bei der Arbeitszeitverkürzung wird ohne Berücksichtigung einer personalplanerischen Zuschlagsquote eine **Leistungsverdichtung** eintreten. Wird die tatsächliche Normalbesetzung bei einer fälligen Arbeitszeitverkürzung außerhalb des täglichen Arbeitszeitrahmens (also z. B. bei Mehrurlaub, zusätzlichen Erholzeiten) nicht durch Springereinsatz bzw. Neueinstellun-

---

31 Vgl. auch *Mohr*, S. 21 f.

32 So hat das *LAG Niedersachen* 10.11.14 – 8 TaBV 120/13 – entschieden, dass auch sogenannte Stichtagserhebungen dann mitbestimmungspflichtig sind, wenn mehr als nur Zahlen ermittelt werden.

33 *BAG* 31.1.89 – 1 ABR 72/87, DB 89, 982, ebenso *LAG Niedersachsen* 9.8 06 – 15 TaBV 53/05, jedoch mit der Annahme, dass der Verstoß gegen § 92 Abs. 1 nicht zu einem Zustimmungsverweigerungsrecht nach § 99 Abs. 2 führe.

34 *BAG* 31.1.84, AP Nr. 3 zu § 95 BetrVG 1972.

35 *Kador/Kempe/Pornschlegel*, S. 54.

36 Vgl. dazu umfassend *Mohr*, S. 25 ff.

37 Vgl. *Kohl*, S. 85, der darauf hinweist, dass in bestimmten Bereichen personalplanerische Reservequoten in der Höhe von ca. 25 v. H. vorzufinden sind.

gen angepasst, so ist eine Leistungsverdichtung der vorhandenen Belegschaft die verbreitete Folge.[38]

23 In der betrieblichen Realität kommen personalplanerische Zuschlagsquoten vielfach nicht oder nur in ungenügendem Maße zur Anwendung. Ausfallzeiten werden oft durch eine ständige hohe Mehrarbeitsquote überbrückt, die deutlich macht, dass eine **personelle Unterdeckung** vorliegt. Die Differenz zwischen der Ausfallzeiten- und Mehrarbeitsquote gibt grundsätzlich das Ausmaß der personellen Unterdeckung an. Einem solchen Ausmaß von Überstunden ist durch **betriebsspezifische Reservequoten** zu begegnen.[39] Ergibt sich ein **Personalbedarf,** ist zwischen BR und AG im Rahmen der Beratungen nach dieser Vorschrift zu überlegen, **auf welche Weise** der Bedarf gedeckt werden soll. Die **Personalbeschaffung** kann über den internen Arbeitsmarkt erfolgen, z. B. über die Auflösung von Personalreserven und Versetzungen, oder den externen Arbeitsmarkt, also durch den Abschluss neuer Arbeitsverträge. Beide Beschaffungsvarianten haben Vor- und Nachteile. So hat die **innerbetriebliche Personalbeschaffung** beispielsweise den Vorteil, dass sie eine positive Ausgangslage für die Nachwuchsplanung mit sich bringt. Sie ist auch deswegen vorteilhaft, weil sie Aufstiegschancen für beschäftigte AN bietet und die AN bereits mit den innerbetrieblichen Verhältnissen vertraut sind, während eine **externe Personalbeschaffung** möglicherweise zu größeren Auswahlmöglichkeiten führt. Nachteile bei der externen Personalbeschaffung können dagegen die Einarbeitungszeit im Betrieb und die höheren Beschaffungskosten sein.[40] Der Beschäftigung bestimmter AN-Gruppen, die aus dem außerbetrieblichen Arbeitsmarkt kommen, wie etwa Leih-AN oder Fremdfirmen-AN, können soziale Gründe, aber auch das Interesse der Sicherung einer qualifizierten Belegschaft entgegenstehen.[41]

24 Im Rahmen des Personalbedarfs wird der **Ersatzbedarf** eine wesentliche Rolle spielen. Er ergibt sich aus den im Planungszeitraum voraussichtlich frei werdenden Stellen. **Anhaltspunkte** dafür, welche Stellen frei werden, sind etwa folgende Feststellungen: Ausscheiden wegen Altersgrenze, Altersteilzeit, Erwerbsunfähigkeit usw. Ein vorübergehender Ersatzbedarf kann sich auch aus Einberufung zur Bundeswehr, Ableistung von Zivildienst oder durch die Inanspruchnahme von Erziehungsurlaub ergeben. Vielfach wird sich der Ersatzbedarf nur auf Grund von **Erfahrungswerten** statistisch ermitteln lassen. In dieser Beziehung kommt dem fluktuationsbedingten Bedarf eine große Bedeutung zu. Auf der Basis einer gut geführten **Fluktuationsstatistik** lassen sich in dieser Hinsicht Planungen vornehmen.[42]

25 Bei der **Personalbedarfs-** und der daraus resultierenden **Personaleinsatzplanung** können sich bestimmte Probleme ergeben, auf die der BR unter dem Gesichtspunkt der Wahrnehmung der Interessen der AN des Betriebs besonders zu achten hat. So wird der Rückgriff auf eine »Einsatzreserve« von **Leih-AN** in der Regel problematisch sein, besonders dann, wenn die Zahl der Leih-AN im Verhältnis zur Stammarbeitnehmerschaft groß ist. Durch den Einsatz von Leih-AN, insbes. durch die dadurch bewirkte Fluktuation in der betrieblichen Arbeitnehmerschaft, wird die Tätigkeit des BR erheblich erschwert.[43] Darüber hinaus führt die gewerbsmäßige AN-Überlassung und die damit verknüpfte Auswechselbarkeit der AN zumindest **längerfristig zu großen Nachteilen** für die Arbeitnehmerschaft des Betriebs, etwa durch die Senkung des Qualifikationsniveaus einzelner AN, und zu sozialen Beeinträchtigungen der AN.[44] Auch für den Betrieb selbst kann der Einsatz von Leih-AN durch die damit verbundenen technischen Behinderungen und dem Know-how-Verlust der Stammbelegschaft, die in dem ständigen Personalwechsel liegen und sich nachteilig auf die Produktion auswirken, negativ sein. Der Wechsel der Leih-AN führt zu einer jeweils erneuten Anpassung an die Arbeitsverfahren und die Betriebsorganisation, aber auch an das soziale Umfeld.

---

38 *Kohl,* S. 85.
39 *Kohl,* S. 87.
40 Zum Für und Wider der inner- und außerbetrieblichen Personalbeschaffung vgl. *Kador/Kempe/Pornschlegel,* S. 68 ff. und Tabelle 13.
41 *Fitting,* Rn. 14; *Plander,* AiB 90, 21.
42 Vgl. *Kador/Kempe/Pornschlegel,* S. 61.
43 *Möller-Lücking,* JArbR, Bd. 11 [1974], S. 55, 65.
44 *Möller-Lücking,* a. a. O., S. 63.

In den Betrieben spielt die **kapazitätsorientierte Arbeitszeit** (§ 12 TzBfG) bei der Personalbedarfs- bzw. Personaleinsatzplanung eine immer größere Rolle. Sie wird vor allem im Bereich des Handels angewandt und beruht im Wesentlichen darauf, dass die Zahl der Vollzeitarbeitskräfte drastisch gesenkt und diese durch Teilzeitarbeitskräfte ersetzt werden, die Arbeitsverträge für eine bestimmte Anzahl variabler Arbeitsstunden pro Monat gegen ein festes Monatsgehalt erhalten. Durch die Personaleinsatzplanung wird dann festgelegt, an welchen Tagen und zu welchen Stunden die Teilzeitkräfte tätig werden (zur Mitbestimmung des BR vgl. § 87 Rn. 85). Dabei kann jede dem voraussichtlichen Geschäftsablauf entsprechende Einteilung vorgenommen werden.[45] Auf diese Weise kommt es zu einer in vielen Fällen kaum noch zu vertretenden **Leistungsverdichtung** der AN. 26

Bei der **Personaleinsatzplanung** geht es um die Planung der Einführung und Einarbeitung der AN im Hinblick auf die Arbeitsbedingungen am neuen Arbeitsplatz. AG und BR haben daher innerhalb ihrer Gespräche nach § 92 auch darüber zu beraten, in welcher Form die Einarbeitung erfolgen soll, etwa durch Richtlinien und systematische Anlernmethoden.[46] 27

Es geht bei der Personaleinsatzplanung keineswegs allein um die bestmögliche Eingliederung der AN in den betrieblichen Leistungsprozess. Der BR wird bei diesem Bereich der Personalplanung in besonderer Weise darauf zu achten haben, dass der **Schutzgedanke** und das Prinzip der **Gleichberechtigung** für bestimmte Beschäftigtengruppen ausreichend zum Tragen kommen. Das gilt für schwerbehinderte Beschäftigte ebenso wie für ältere AN und die Gleichstellung von Frau und Mann. Was die Einsatzplanung für **Schwerbehinderte** betrifft, ist auf die Integrationsvereinbarung nach § 83 SGB IX hinzuweisen. Gerade bei der Personaleinsatzplanung als dem Vorfeld des konkreten Personaleinsatzes ist es wichtig, entsprechende Regelungen zwischen AG, BR und Schwerbehindertenvertretung zu vereinbaren, mit denen dem besonderen Schutzbedürfnis schwerbehinderter Beschäftigter Rechnung getragen wird. 28
Als eine weitere Arbeitnehmergruppe sind die älteren AN zu erwähnen. Sie werden in § 80 Abs. 1 Nr. 6 BetrVG als eine Gruppe angeführt, deren Beschäftigung besonders zu fördern ist. Noch werden in den Betrieben viel zu wenig ältere AN beschäftigt. Ihr Anteil an den Beschäftigten ist den letzten Jahren überdurchschnittlich zurückgegangen. Insbesondere die Personalbedarfsdeckung, die Personalbeschaffungsplanung und die Personaleinsatzplanung bieten wesentliche Ansätze dafür, einen entsprechenden Paradigmenwechsel einzuleiten. Als letztes Beispiel sollen die **Frauenförderpläne** erwähnt werden. Sie werden, sofern überhaupt vorhanden, noch zu wenig mit konkreten Informations- und Unterrichtungspflichten im Rahmen der Personalplanung verbunden.[47] In diesem Zusammenhang ist anzumerken, dass bereits das BetrVerf-RefomG 2001 mit der ausdrücklichen Erwähnung der Förderung der Gleichstellung von Mann und Frau in § 92 Abs. 3 den AG als verpflichtet ansieht, bei der Personalplanung die Frauenförderung zu berücksichtigen und mit dem BR im Rahmen der Personalplanung zur beraten. In der Gesetzesbegründung wird hervorgehoben, dass dann, wenn der AG insoweit nicht tätig wird, der BR das Vorschlagsrecht hat, eine solche Beratung in die Erörterungen nach § 92 BetrVG einzuführen.[48] Bei diesem Bestreben nach einem Gleichstellungsprozess ist allerdings nicht nur der Bereich des Personaleinsatzes zu erwähnen, sondern auch und insbesondere der berufliche Aufstieg und die Förderung von Frauen bei betrieblichen Berufsbildungsmaßnahmen (vgl. Rn. 44a).

Durch das Gesetz für die gleichberechtigte Teilhabe von Frauen und Männern an Führungspositionen in der Privatwirtschaft und im öffentlichen Dienst, besser bekannt als Frauenquote in Aufsichtsräten, vom 3.6.2015 wird es noch wichtiger mit entsprechenden Frauenförderplänen für weiblichen Nachwuchs in Führungspositionen zu sorgen. Der BR sollte daher darauf drängen, dass zu den TOP-Positionen auch der entsprechende Unterbau geschaffen wird. 29
Mit der Personalbedarfsdeckungs-, Personalbeschaffungs- und der Personaleinsatzplanung hängt die **Personalentwicklungsplanung** eng zusammen. Ihr Ausgangspunkt ist der **gegen-**

---

45 Zu den Einzelaspekten der Personaleinsatzplanung vgl. *Buschmann/Ohl* in Handbuch Personalplanung, S. 177 ff.
46 *Hetzel*, S. 92.
47 HaKo-BetrVG/*Kohte*, § 92 Rn. 6 m. w. N.
48 BT-Drucks. 14/5741 S. 30, 48.

wärtige und künftige betriebliche Bildungsbedarf (Qualifikationsanforderungen), der bereits bei der Personalbedarfsplanung auf Grund der Stellenbeschreibungen ermittelt werden kann (zur Stellenbeschreibung vgl. Rn. 17). Die Erstellung von **Anforderungsprofilen** ist ein Bindeglied zwischen der Personalbedarfsplanung und der Personalentwicklungsplanung. Sie ist zugleich Ausgangspunkt der Planung von Maßnahmen, die der Deckung des so ausgewiesenen Personalbedarfs dienen sollen. Auch über die Einführung von Anforderungsprofilen sowie deren Bedeutung und Verwertung ist daher der BR zu unterrichten.[49] Im Rahmen der Personalentwicklungsplanung wird der BR darauf zu achten haben, dass die Interessen der AN hinsichtlich der Entwicklung ihrer Fähigkeiten und Kenntnisse soweit als möglich berücksichtigt werden. Selbstverständlich kann der BR nach § 92, insbes. auf Grund seines **Initiativrechts nach Abs. 2,** unabhängig von notwendigen betrieblichen Qualifikationen, die zu einem bestimmten Zeitpunkt gefordert werden, anregen und verlangen, dass Personalbildungsmaßnahmen durchgeführt werden, um die fachlichen Kenntnisse und Fähigkeiten der AN zu verbessern und weiterzuentwickeln (vgl. auch die §§ 96–98). Es geht bei der betrieblichen Personalentwicklung somit um eine möglichst umfassende Abstimmung zwischen den Fähigkeiten der AN und ihren individuellen Vorstellungen einerseits und den Anforderungen des UN andererseits.

30 Die Personalentwicklungsplanung, vielfach auch als Planung der Personalförderung oder als Planung der betrieblichen Bildung bezeichnet, gewinnt wegen der sich ständig ändernden Arbeitssituationen durch den **technischen und organisatorischen Wandel,** denen das externe Ausbildungssystem vielfach nicht oder nicht ausreichend gerecht werden kann, und die Zunahme der Notwendigkeit betriebsspezifischer Qualifikationen und Erfahrungen zunehmend an Bedeutung.[50] Immer mehr zeigt sich, wie notwendig es ist, betrieblich ein breites Qualifikationsspektrum zu schaffen, das fachlich und fachübergreifend angelegt ist, mit jeweils passenden speziellen Kenntnissen und einer methodischen, problemlösenden und sozialen Kompetenz.[51] Bei der Bildungsplanung werden auch Anforderungen zu berücksichtigen sein, die sich etwa aus Investitionsvorhaben, Rationalisierungsmaßnahmen, Änderungen der Arbeitsverfahren, Umorganisationen, Einsatz neuer Werkstoffe oder Veränderung der Produkte ergeben.[52] Dabei sind nicht nur produkt-, betriebs- und anlagenspezifische Kenntnisse erforderlich, sondern auch Qualifikationen, die zur Planung und Arbeitsvorbereitung von Arbeitsaufgaben befähigen. Dazu gehören unabdingbar soziale und kommunikative Fähigkeiten.

31 Die Personalentwicklungsplanung umfasst ihrerseits insbes. die **Ausbildungsplanung** (Maßnahmen, die eine Anfangs- oder Grundqualifikation vermitteln), die **Fort- oder Weiterbildungsplanung** (Maßnahmen, die der Erhaltung, Verbesserung und Erhöhung der beruflichen Qualifikation und der Entfaltung der AN dienen) und die **Nachwuchsplanung** (Maßnahmen, die Förderung von AN als Nachwuchs für bestimmte Personengruppen oder Stellen zum Ziel haben). Ebenso gehören **Frauenförderpläne** zum Bereich der Qualifizierung und damit zur Personalentwicklungsplanung[53] (vgl. auch Rn. 44a). Aufgabe der Personalentwicklungsplanung ist es somit, **Bildungsmaßnahmen** für die AN zu planen und durchzuführen, damit diese das erforderliche Wissen und Können erwerben, um bestimmte betriebliche Arbeitsaufgaben zu übernehmen, ihre Qualifikation den sich wandelnden Anforderungen anpassen und ihre Fähigkeiten so weiterentwickeln können, dass ihnen betriebliche Aufstiegschancen ermöglicht werden. Es geht außerdem darum, Wissen auf neuen Arbeitsgebieten zu erwerben, wenn die bisherigen Arbeitsaufgaben entfallen.[54] Auch Weiterbildungsmaßnahmen, mit denen die Qualifikation als **leitender Angestellter** erreicht werden soll, unterliegen der Beteiligung des BR.[55] Vor dem Hintergrund dieser Zielsetzung spielt das durch das **BetrVerf-ReformG 2001** in § 97 Abs. 2 eingeführte MBR eine erhebliche Rolle. Danach hat der BR bei geplanten oder durch-

49 *BAG* 31.5.83, AP Nr. 2 zu § 95 BetrVG 1972.
50 *Mohr,* S. 41.
51 *Pornschlegel,* AiB 96, 98 [100].
52 *Rehhahn,* MitbGespr 72, 179.
53 Vgl. *Compensis,* BB 91, 2153.
54 *Kador/Kempe/Pornschlegel,* S. 99.
55 *Fitting,* Rn. 16 m. w. N.

geführten Maßnahmen des AG mitzubestimmen, wenn diese zu einer Änderung der Tätigkeit der betroffenen AN führen und ihre beruflichen Kenntnisse und Fähigkeiten zur Erfüllung der Arbeitsaufgaben nicht mehr ausreichen.

Ergibt sich die zwingende Notwendigkeit eines Personalabbaues, etwa durch die erhebliche und andauernde Verschlechterung der Absatzlage, notwendige Rationalisierungsmaßnahmen oder wegen einer Stilllegung von Betriebsteilen, werden bei der **Personalabbauplanung** alle geeigneten Maßnahmen erörtert werden müssen, die vor einem Verlust der Arbeitsplätze schützen. Sofern nicht in einem bestimmten Umfang eine Personalüberdeckung in Kauf genommen werden kann, sollten folgende Maßnahmen in Erwägung gezogen werden: Abbau von Überstunden, Rücknahme von Lohnaufträgen, Einstellungsstopp und Ausnutzen der Fluktuation, vorzeitige Pensionierungen und evtl. Einführung von Kurzarbeit. Aufgabe der Personalabbauplanung ist es, sowohl die **Gegebenheiten für den Betrieb** zu berücksichtigen als auch **die sozialen Folgen für die AN** möglichst **gering** zu halten. Daher ist bei der Abbauplanung eine rechtzeitige Abstimmung mit den übrigen Bereichen der Personalplanung, aber auch den anderen UN-Planbereichen, wie Absatz-, Produktions-, Investitionsplanung und Rationalisierungsvorhaben, erforderlich.[56] Dazu kann die Aufnahme zusätzlicher (alternativer) Produktion ebenso gehören wie Umschulungsmaßnahmen zur Qualifikation der AN für neue Produktionsverfahren oder die Planung und Schaffung von Mischarbeitsplätzen. 32

Die Beteiligung des BR umfasst auch materielle Fragen der Personalplanung und damit die **Personalkostenplanung.** Die Personalkostenplanung bezieht sich auf die Kosten, die bei der Erfüllung der anderen Personalplanbereiche entstehen können, wie beispielsweise Kosten der Personalbeschaffung und des Personaleinsatzes (etwa Kosten bei der Einarbeitung neu in den Betrieb kommender AN), der Personalqualifizierungsplanung (z. B. Kosten für Bildungsmaßnahmen) und der Personalabbauplanung (beispielsweise Kosten eines Sozialplans).[57] 33

IV. Unterrichtungs-, Beratungs- und Initiativrechte des Betriebsrats bei der Personalplanung

Der AG hat den BR über die gesamte Personalplanung **rechtzeitig und umfassend** zu unterrichten[58] (vgl. auch Rn. 10, 36). Das Unterrichtungsrecht des BR besteht auch in Tendenzbetrieben nach § 118.[59] Das Gesetz hebt bestimmte Planungsbereiche hervor, nämlich den **gegenwärtigen und künftigen Personalbedarf** sowie die sich daraus ergebenden **personellen Maßnahmen und Berufsbildungsmaßnahmen.**[60] Diese Hervorhebung ist nur beispielhaft. Die unter »insbesondere« aufgeführten Bereiche bringen **keine erschöpfende Aufzählung.**[61] Die Unterrichtung, wie sie Abs. 1 vorsieht, ist nicht davon abhängig, dass sie der BR ausdrücklich verlangt. Vielmehr muss der AG von sich aus den BR über die Personalplanung und ihre Einzelbereiche unterrichten.[62] 34

Die Unterrichtung hat insbes. einzuschließen: Angaben über den jeweiligen Personalbestand, die durch den Abgang von AN zu erwartenden Veränderungen, den gegenwärtigen und künftigen Personalbedarf, die daraus notwendig werdenden personellen Maßnahmen, wie Einstellungen, Versetzungen oder Kündigungen, und die notwendigen Maßnahmen der Berufsbildung. Soweit es die Angaben über den jeweiligen **Personalbestand** angeht, haben sich diese auch auf die Struktur der Belegschaft, z. B. die altersmäßige Zusammensetzung, Gliederung nach Beschäftigungsarten, Zahl der weiblichen, männlichen und jugendlichen AN, der Schwerbehinderten oder den Anteil der ausländischen AN, zu erstrecken. Hinsichtlich der **Fluktuation** innerhalb der Belegschaft sind auch die Gründe für die zu erwartenden Ver- 35

---

56 *Fitting*, Rn. 18.

57 Zur Personalkostenplanung in dieser Hinsicht vgl. umfassend RKW-Handbuch, 3. Aufl., S. 487 ff.; *Kador/Kempe/Pornschlegel*, S. 112 ff.

58 *BAG* 19.6.84, AP Nr. 2 zu § 92 BetrVG 1972 mit dem Hinweis, dass die Unterrichtung des BR dann zu erfolgen hat, wenn Überlegungen des AG das Stadium der Planung erreichen.

59 *BAG* 6.11.90 – 1 ABR 60/89.

60 Vgl. *LAG Hamm* 8.2.08 – 10 TaBV 89/07.

61 *Fitting*, Rn. 23; *Kador/Kempe/Pornschlegel*, S. 116.

62 *Fitting*, a. a. O.

änderungen aufzuzeigen, etwa der durchschnittliche Abgang auf Grund eigener Kündigungen der AN, Ausscheiden aus Altersgründen, Antreten zum Bundesfreiwilligendienst u. Ä. m. (zur Unterrichtungspflicht anhand von Unterlagen vgl. Rn. 39 ff.).

36 Für das Unterrichtungsrecht – und damit auch das Beratungsrecht – ist bedeutsam, dass Personalplanung i. S. d. § 92 nicht nur eine umfassende und methodisch abgesicherte Personalplanung sein muss. Es fallen auch **einzelne personelle Planungsüberlegungen und -entscheidungen** ebenso darunter wie Überlegungen und Entscheidungen, die nur **von Fall zu Fall** angestellt werden.[63] Daher besteht die Unterrichtungspflicht bereits dann, wenn der AG **Ermittlungen** über den gegenwärtigen Personalbedarf und Überlegungen über den künftigen Personalbedarf anstellt, damit Vorschläge und Bedenken des BR berücksichtigt werden können,[64] wobei es für die Unterrichtungspflicht unerheblich ist, dass der AG die entsprechenden Ermittlungen nicht selbst durchführt, sondern eine **UN-Beratungsgesellschaft** damit beauftragt. Nach *BAG*[65] ist die Feststellung des Personalbedarfs für ein geplantes Projekt auch schon vor der Zustimmung des einzigen Zuwendungsgebers, einer karitativen Organisation, Personalplanung i. S. d. § 92 und der BR ist entsprechend zu unterrichten.

37 Personalplanung, die eine Unterrichtung des BR und die Beratung mit ihm erforderlich macht, geschieht – auch ohne systematisch durchgeführte Erhebungen, Überlegungen und Analysen – schon dann, wenn eine **besondere wirtschaftliche bzw. betriebliche Situation** zu Maßnahmen auf dem Personalsektor des UN Veranlassung gibt und hierzu Überlegungen angestellt und Entschlüsse gefasst werden sollen.[66] Daher ist der BR im Rahmen des § 92 auch eingehend zu unterrichten, wenn Arbeiten, die bisher durch betriebliche AN verrichtet worden sind, nach außen vergeben oder durch **Leih-AN oder AN von Fremdfirmen** oder über Werkverträge[67] erledigt werden sollen.[68] Dementsprechend ist der BR beim Einsatz von Fremdfirmen-AN im Betrieb über den Umfang und die Modalitäten dieses Einsatzes zu unterrichten. Das *BAG*[69] sieht den BR, wenn auch auf der Grundlage des § 80 Abs. 2, als berechtigt an, zu verlangen, dass ihm die Listen zur Verfügung gestellt werden, aus denen sich Einsatztage und Einsatzzeiten der AN von Fremdfirmen ergeben. Der Unterrichtungsanspruch des BR ergibt sich bereits dadurch, dass durch eine solche Veränderung Beschäftigungs- und Aufstiegsmöglichkeiten der AN des Betriebs beeinträchtigt und Neueinstellungen verhindert werden können.[70] Ebenso ist der BR über die Planung von Teilzeitarbeitsplätzen zu informieren,[71] wobei in diesem Zusammenhang darauf hinzuweisen ist, dass der BR bei seinem Verlangen nach Stellenausschreibungen im Rahmen des § 7 TzBfG zugleich anregen kann, dass auszuschreibende Arbeitsplätze auch als Teilzeitarbeitsplätze ausgeschrieben werden. Der AG ist verpflichtet einen Arbeitsplatz auch als Teilzeitarbeitsplatz auszuschreiben, wenn sich der Arbeitsplatz hierfür eignet (§ 7 Abs. 1 TzBfG).

38 Die Unterrichtung hat sich auch auf die **Methoden der Personalplanung** und eingesetzte **organisatorische und technische Hilfsmittel** zu erstrecken. Das ist von besonderer Bedeutung, wenn der AG zur Ermittlung von Personalplanungsdaten **automatisierte Personalinformationssysteme** einsetzt (zur Problematik der automatisierten Personaldatenverarbeitung vgl. § 87 Rn. 135 ff.). Automatisierte Personalinformationssysteme sind bereits wegen der von ihnen erfassten Daten, wie z. B. über Personalstand, Fluktuation, Aufbau der Belegschaft, Ausbildung und Qualifikation der AN, aber auch wegen der Möglichkeit der Verknüpfung ihrer Daten mit anderen Datensystemen (z. B. Arbeitsplatzdatenbank), ein wesentliches Instrument zur

---

63 *Hetzel*, S. 131 unter Hinweis auf § 92 Abs. 2; *Rumpff*, MitbGespr 72, 160.
64 Richardi-*Thüsing*, Rn. 25.
65 *BAG* 6.11.90 – 1 ABR 60/89, AP Nr. 4 zu § 92 BetrVG 1972.
66 *OLG Hamm* 7.12.77, DB 78, 748; unzutreffend *LAG Berlin* 13.6.88, DB 88, 1860, das der Personalplanung vorgelagerte wirtschaftliche unternehmerische Planungen und Entscheidungen nicht zum Anwendungsbereich des § 92 rechnen will.
67 *LAG München* 16.12.19 – 3 TaBV 90/19.
68 Vgl. *BAG* 15.12.98 – 1 ABR 9/98, AuR 99, 242.
69 *BAG* 31.1.89, AP Nr. 33 zu § 80 BetrVG 1972.
70 Vgl. *BAG*, a. a. O.; vgl. auch *Plander*, AiB 90, 19 ff.
71 *Fitting*, Rn. 12; vgl. auch *Klevemann*, AiB 86, 156.

Durchführung einer Personalplanung.[72] Diese Systeme ermöglichen sogar eine bis zur konkreten personellen Einzelmaßnahme durchgehende Personalplanung.[73] Die Unterrichtungspflicht des AG erstreckt sich auch auf **administrative Systeme**[74] (auch Verwaltungssysteme genannt), da sie ebenfalls mit ihren Informationen (z. B. über Altersaufbau, Betriebszugehörigkeit, Einkommensstruktur, Fehlzeiten) wesentliche Daten für eine Personalplanung liefern.[75] Sie bezieht sich auch auf die **Programmierung bzw. Software** dieser Systeme, da sie je nach der Perfektion der Programmierung mehr oder weniger selbst Personalplanung durchführen.[76] Die Unterrichtungspflicht entfällt nicht dadurch, dass die Datenverarbeitung nicht im Betrieb selbst, sondern bei einem anderen UN einer UN-Gruppe erfolgt.[77]

Die Unterrichtung hat »rechtzeitig« zu erfolgen. Nach der Rspr. des *BAG*[78] beschreibt das Wort »Planung« im BetrVG eine Phase des Entscheidungsvorgangs, in welcher sich der Wille des AG über die Durchführung einer beabsichtigten Maßnahme noch **nicht abschließend** gebildet hat.[79] Die **Beeinflussungsmöglichkeit** des BR darf sich nicht erst auf den **abgeschlossenen Planungsvorgang,** also den Plan, erstrecken, sondern muss bereits den **Planungsvorgang** selbst, d. h. den entsprechenden Denkprozess erfassen (vgl. auch Rn. 10). Die Auffassung des *BAG,*[80] dass der BR zwar über die Personalplanung umfassend zu unterrichten ist, aber erst, wenn Überlegungen des AG das Stadium der Planung erreichen, wird dem Anspruch des BR auf möglichst frühzeitige Beteiligung nicht vollauf gerecht. 39

Dem BR muss diejenige Zeitspanne bleiben, die er benötigt, um auf Grund der Unterrichtung die Mitberatung **vorzubereiten und durchzuführen** sowie etwaige Personalplanungsvorschläge zur Berücksichtigung durch den AG auszuarbeiten und vorzulegen.[81] Eine allgemein gültige Berechnung der Vorbereitungs- und Durchführungszeit für die Beratung und die Initiativen des BR ist allerdings nicht möglich. Sie hängt von **verschiedenen Umständen** ab, wie etwa dem Umfang der Planung, dem betroffenen Planungsbereich und davon, ob es sich um kurz-, mittel- oder langfristige Planung handelt.[82] Andererseits umfasst der Begriff »Planung« auch **langfristige Planungen,** die inhaltlich und zeitlich noch nicht präzisierbar sind und die bei der späteren Durchführung einzelne zeitlich und räumlich auseinandergezogene Schritte beinhalten können, die ihrerseits in einem **inneren Zusammenhang** stehen. 40

Da Planung ein **dynamischer Prozess** ist, ergibt sich die Erforderlichkeit einer **laufenden Unterrichtung.** Die Unterrichtungspflicht erstreckt sich daher von der Entscheidungsvorbereitung über die einzelnen Schritte der Planung bis hin zu dem abgeschlossenen Planungsvorgang. Die Verpflichtung des AG zur Unterrichtung erfasst auch **Überprüfungen und Kontrollen** innerhalb der einzelnen Planungsschritte, die im Hinblick auf die sich entwickelnde tatsächliche Situation vorgenommen werden. Es kann sich als erforderlich erweisen, aufgestellte Pläne zu einzelnen Bereichen der Personalplanung zu überprüfen und zu korrigieren. Auch eine solche Überprüfung bzw. Kontrolle ist Teil der Personalplanung.[83] 41

---

72 *Däubler,* Gläserne Belegschaften?, Rn. 369; *Fitting,* Rn. 24 f.; *Gola,* DSWR 74, 283; *GL,* Rn. 13; *Küpferle/Wohlgemuth,* Personaldaten verarbeitende Systeme, Rn. 247; *Wohlgemuth,* Datenschutz, Rn. 662; *Kilian,* RdA 78, 206; *Klebe/Schumann,* AuR 83, 41; a. A. GK-Raab, Rn. 20 *Schmidt-Dorrenbach/Goos,* DB-Beilage 11/83, S. 3.

73 *Fitting,* Rn. 24; *Kilian,* DSWR 75, 322; *Linnenkohl,* AuR 84, 129; zu den rechtlichen Schranken für betriebsärztliche Informationssysteme vgl. *Kilian,* BB 80, 893 u. BB 81, 935.

74 *LAG Schleswig-Holstein* 26. 2. 19 – 2 TaBV 14/18. Das *LAG* sieht keine Unterrichtungspflicht im Rahmen der Personalplanung über Umsatz-Statistiken, die lediglich dem Controlling dienen. Dies ist jedoch kaum zu kontrollieren, ob sie später nicht doch zur Personalplanung herangezogen werden.

75 *Hümmerich,* DB 78, 1934; *Klebe/Schumann,* a. a. O.

76 *Fitting,* Rn. 25; *Gola,* a. a. O.; *Hümmerich,* a. a. O.; *Wohlgemuth,* WSI-Mitt. 79, 438; a. A. GK-*Raab,* Rn. 26

77 *BAG* 17. 3. 87, DB 87, 1491.

78 *BAG* 17. 9. 74, AP Nr. 1 zu § 113 BetrVG 1972.

79 Richardi-*Thüsing,* Rn. 24 f.

80 *BAG* 19. 6. 84, AP Nr. 2 zu § 92 BetrVG 1972.

81 *Hetzel,* S. 117.

82 *Rehhahn,* AuR 74, 67 f.

83 *Fitting* Rn. 30; kritisch *Hunold,* DB 76, 100.

42 Die Unterrichtung ist »anhand von Unterlagen« vorzunehmen. Das schließt die **Vorlage der Unterlagen** über die Personalplanung an den BR mit ein. Die Vorlage von Unterlagen ist umso notwendiger, als bei der Unterrichtung über die Personalplanung regelmäßig umfangreiches statistisches Material benötigt wird. Ein bloßes Vorlesen oder Zitieren aus den Unterlagen wird regelmäßig nicht dazu führen, dass die vom Gesetz gewollte umfassende Unterrichtung des BR erfolgt.

43 Die Regelung »anhand von Unterlagen« steht daher nicht in grundsätzlicher Unterscheidung zu der Vorschrift des § 106 Abs. 2, nach der der WA »unter Vorlage« der Unterlagen zu unterrichten ist. Es handelt sich lediglich um einen **formalen, nicht** aber einen **sachlichen Unterschied.** Sowohl aus dem Sinn und Zweck des § 92 Abs. 1 als auch nach der übergreifenden Norm des § 80 Abs. 2 Satz 2 erster Halbsatz sind dem BR die Unterlagen vorzulegen und zur Verfügung zu stellen, also zeitweilig zu überlassen.[84] Es ist grundsätzlich die Rspr. anzuwenden, die das *BAG*[85] zu der Unterrichtungspflicht des WA nach § 106 Abs. 2 entwickelt hat, wenn es erklärt, dass dem WA für die Dauer der Vorbereitungszeit auf eine Sitzung mit dem UN die erforderlichen Unterlagen zur Verfügung zu stellen sind, weil nur so eine sinnvolle Vorbereitung und Zusammenarbeit möglich sei. Die Vorlagepflicht wird zutreffenderweise auch damit begründet, dass die Personalplanung in detaillierte Stellenbeschreibungen und Stellenpläne sowie in hierauf aufbauende Einzelpläne für Teilbereiche der Bedarfsdeckung und des Einsatzes mündet, die insgesamt regelmäßig schriftlich festgehalten werden.[86]

44 Die Unterlagen, anhand derer der AG über die Personalplanung und ihre Einzelbereiche zu unterrichten hat, werden regelmäßig **umfassend** sein. Sie erstrecken sich z. B. auf: Personalbedarfs-, Personalbeschaffungs-, Personalentwicklungs-, Personaleinsatz-, Personalabbau- und Personalkostenplanung; Stellenbeschreibungen, Stellenpläne, Stellenbesetzungspläne[87] und Anforderungsprofile; Arbeitszeitvolumen und Einsatzzeiten der AN; Rationalisierungsmaßnahmen, wie etwa Änderung der Arbeitsorganisation, Inbetriebnahme neuer Maschinen und anderer Betriebsanlagen; Einrichtung zusätzlicher Arbeitsschichten und Absetzung von Schichten; Absatzprognosen; Produktionsprognosen; Personalprognosen, wie Pensionierungen aus Altersgründen, Erziehungsurlaub, Ableistung des Wehrdienstes oder geschätzte Fluktuationsbewegungen; sonstige Personalstatistiken, beispielsweise Krankheits- und Unfallstatistiken, Fluktuationsstatistiken, Qualifikationsübersichten und Statistiken, die Aufschluss über die Struktur der Belegschaft geben, wie etwa die altersmäßige Zusammensetzung, Gliederung nach Beschäftigungsarten, Zahl der weiblichen, männlichen und jugendlichen AN, der Schwerbehinderten oder der ausländischen AN. Auch soweit **andere Planungsbereiche,** wie etwa die Produktion oder bestimmte unternehmerische Vorhaben, wie beispielsweise geplante Investitionen und Rationalisierungsmaßnahmen, für die Personalplanung relevante Daten liefern, ist der BR zu unterrichten. Solche relevanten Daten werden häufig gegeben sein, da zwischen allen Planungen ein innerer Zusammenhang besteht.[88] Unterlagen, die eine Unternehmensberatung für den AG als Ergebnis innerbetrieblicher Planungsüberlegungen erstellt hat, sind ebenfalls vorzulegen.[89] Insbesondere hat der Arbeitgeber dem Betriesbrat aber **die Unterlagen** vorzulegen, die er selbst zur Planung nutzt[90]. Nur einen Teil der Unterlagen oder gar Unterlagen nur zum Zweck der Vorlage beim Betriebsrat sind nicht zulässig.

45 Auch die Personalplanung, die sich auf **leitende Angestellte** bezieht, hat Gegenstand der Unterrichtung des BR zu sein. Eine abgerundete Information über den Personalbedarf und andere Teilbereiche der Personalplanung ist bei einer Ausklammerung der leitenden Angestellten

---

84 Vgl. *Fitting,* Rn. 31; *Hunold,* DB 89, 1336; *Schaub,* Arbeitsrechts-Handbuch, S. 1374; nur für Einblick in die Unterlagen *LAG München* 6. 8. 86, DB 87, 281; GK-Raab, Rn. 25; a. A. *HWGNRH*-Rose, Rn. 85 f. und Richardi-*Thüsing,* Rn. 31.

85 *BAG* 20. 11. 84, AP Nr. 3 zu § 106 BetrVG 1972.

86 *Hetzel,* S. 123.

87 vgl. *LAG Bremen* 18. 3. 92 – 2 TaBV 25/91, AiB 93, 185: monatliche Vorlage des Stellen- und Stellenbesetzungsplanes gegenüber dem BR.

88 Vgl. auch *BAG* 19. 6. 84, AP Nr. 2 zu § 92 BetrVG 1972; *Fitting,* Rn. 31; *Linnenkohl/Töpfer,* BB 86, 1301; a. A. GK-*Raab,* Rn. 9.

89 Vgl. *LAG Schleswig-Holstein* 14. 12. 93 – 1 TaBV 3/93, AuR 94, 202.

90 *BAG* 8. 11. 16 – 1 ABR 64/14.

nicht möglich, weil in der Praxis ständige Wechselwirkungen zwischen den beiden Personalbereichen der leitenden AN und der sonstigen AN bestehen.[91]

46 Die Beteiligung des BR an der Personalplanung und ihren Einzelbereichen erschöpft sich nicht in einer Unterrichtung. Vielmehr hat sich an die Unterrichtung eine **Beratung** zwischen AG und BR über **Art und Umfang der erforderlichen Maßnahmen** und über die Vermeidung von Härten für die AN anzuschließen. Diese Beratung hat der AG von sich aus zu veranlassen. Das Beratungsrecht erstreckt sich auf die **Personalplanung und alle ihre Einzelbereiche,** hinsichtlich derer der BR auch ein Unterrichtungsrecht hat.[92] Der BR hat das Recht, zu der Personalplanung und ihren Einzelaspekten dem AG – ggf. nach Durchsicht und Prüfung der entsprechenden Unterlagen – Vorschläge zu unterbreiten. Dieser hat die Vorschläge gewissenhaft zu prüfen.

47 **Abs. 2** gibt darüber hinaus dem BR das Recht, dem AG **Vorschläge** für die **Einführung** einer Personalplanung und ihre **Durchführung** zu machen, wobei sich das Vorschlagsrecht auch auf Einzelmaßnahmen der Personalplanung beschränken kann. Dieses Recht besteht **unabhängig** von den Rechten des BR nach Abs. 1, vom AG über alle Aspekte der Personalplanung unterrichtet zu werden und mit ihm Beratungen zu führen; andererseits ergänzt das Vorschlagsrecht das Beratungsrecht nach Abs. 1 dahingehend, dass der BR Vorschläge machen kann, die in die Beratung einbezogen werden. So kann der BR z. B. vorschlagen, dass die gegenwärtig von AN von Fremdfirmen geleisteten Arbeiten durch AN des Betriebs, ggf. auch durch neu einzustellende AN, verrichtet werden.[93] Dem BR sind daher erforderliche Unterlagen nach § 80 Abs. 2 Satz 2 bereits dann zur Verfügung zu stellen, wenn erst die Prüfung ergeben kann, ob er initiativ werden soll oder nicht.[94] Das Initiativrecht hat wesentliche Bedeutung, wenn arbeitgeberseitig keine oder nur eine unvollständige Personalplanung durchgeführt wird. Der AG muss solche Vorschläge zwar nicht übernehmen; er ist aber verpflichtet, sich i. S. einer **gewissenhaften Prüfung** mit ihnen auseinanderzusetzen.[95]

48 Die Regelungen des **Abs. 3** verpflichten den BR, auch im Rahmen der Personalplanung Vorschläge zur **Durchsetzung der tatsächlichen Gleichberechtigung** zu erarbeiten und dem AG zum Zwecke der Beratung vorzulegen. Es geht dabei um die Verwirklichung der Gleichstellung von Frauen und Männern insbes. bei der Einstellung, Beschäftigung, Aus-, Fort- und Weiterbildung sowie beim beruflichen Aufstieg. Bei den entsprechenden personalplanerischen Maßnahmen sind diese Grundsätze zu beachten. Eine große Rolle spielen **Frauenförderpläne,** die nicht nur konkrete Zielvorgaben hinsichtlich der Verwirklichung der Gleichberechtigung, sondern auch eine stufenmäßige Anpassung der Anteile von Frauen und Männern bei Bewerbungen, Einstellungen, beruflichem Aufstieg und Fortbildung in den einzelnen Betrieben ermöglichen sollten.[96] Die Verknüpfung des Abs. 3 mit den Abs. 1 und 2 macht überdies deutlich, dass der AG auch von sich aus verpflichtet ist, bei der Personalplanung die Frauenförderung zu berücksichtigen und seine entsprechenden Vorstellungen in die Beratungen mit dem BR einzuführen. Es ist dabei auch zu beraten, wie die Vereinbarkeit von Familie und Erwerbstätigkeit gefördert werden kann (vgl. § 80 Abs. 1 Nr. 2a und 2b). Das AGG hat diese Grundsätze noch verstärkt. Arbeitgeber und Betriebsrat sind verpflichtet, auch und gerade im Bereich der Personalentwicklung einer Realisierung der Chancengleichheit von Frau und Mann beim beruflichen Aufstieg Rechnung in dem vorgenannten Sinne Rechnung zu tragen, nicht zuletzt beim Zugang zu Führungspositionen und anderen männerdominierten Bereichen.[97] Zu

91 So zutreffend *Rumpff,* MitbGespr 72, 164; gegen eine Beteiligung des BR bei einer Personalplanung für leitende Angestellte wohl die h. M., vgl. etwa GK-*Raab,* Rn. 5.
92 *Fitting,* Rn. 35, die zutreffend darauf hinweisen, dass eine Einschränkung des Beratungsrechts gegenüber einem weitergehenden Unterrichtungsrecht sinnwidrig wäre; *Kador/Kempe/Pornschlegel;* a. A. GK-*Raab,* Rn. 28; *HSWGN,* Rn. 27.
93 *BAG* 15. 12. 98 – 1 ABR 9/98, AuR 99, 242.
94 Vgl. *BAG* 19. 6. 84, AP Nr. 2 zu § 92 BetrVG 1972, allerdings im Hinblick auf die Vorlage von Unterlagen allgemein zur Personalplanung, nicht speziell für Abs. 2; vgl. auch *BAG* 15. 12. 98, a. a. O.; *Fitting,* Rn. 31.
95 Richardi-*Thüsing,* Rn. 43; *Fitting,* Rn. 37; GK-*Raab,* Rn. 30; *Hetzel,* S. 131; *Mohr,* S. 117.
96 Vgl. *Fisahn,* WSI-Mitt. 95, 22; *Schiek,* AiB 94, 450; *v. Friesen,* AuR 94, 405.
97 HaKo-BetrVG/Kohte, § 92 Rn. 21 ff. m. w. N.

beachten ist allerdings, dass das AGG das Benachteiligungsverbot nach § 7 Abs. 1, 2 nicht nur auf das Merkmal Geschlecht erstreckt, sondern auf alle in § 1 angeführten Merkmale und damit auf die Beschäftigten, die Merkmalsträger im Sinne des AGG sind.

V. Zuständigkeit des Gesamtbetriebsrats/Konzernbetriebsrats

49 Die Zuständigkeit der **einzelnen BR** beschränkt sich auf die Personalplanung ihrer Betriebe. Dagegen ist der **GBR zuständig,** wenn die Personalplanung auf **UN-Ebene** betrieben wird **und** die sonstigen Voraussetzungen des § 50 Abs. 1 Satz 1 vorliegen.[98] Im UN wird häufig die **Rahmenplanung** erstellt, die für die Betriebe bei der Ausgestaltung in Detailpläne mehr oder weniger verbindliche Daten enthält.[99]

50 Ungeachtet einer solchen Zuständigkeit des GBR bleibt der BR grundsätzlich Träger der Beteiligungsrechte nach § 92 (h. M.). Der GBR kann allerdings auch die Aufgaben eines **betriebsverfassungsrechtlichen Koordinierungsorgans** auf UN-Ebene übernehmen. So kann der GBR nach § 50 Abs. 2 von einzelnen BR aufgefordert werden, bestimmte Aspekte der Personalplanung für sie auf UN-Ebene zu behandeln. Der GBR kann auch Verhandlungsergebnisse der einzelnen BR miteinander vergleichen und versuchen, sie zu koordinieren, um eine gemeinsame Konzeption zu erstellen. Im Übrigen ist darauf hinzuweisen, dass auch im Bereich der Personalplanung Regelungskompetenzen **sowohl des GBR als auch der einzelnen BR** gegeben sein können. Die Zuständigkeiten der einzelnen BR und des GBR schließen sich **nicht** gegenseitig aus (vgl. § 50 Rn. 16 ff.).

51 Wird Personalplanung auf **Konzernebene** durchgeführt, ist der **KBR** zuständig, sofern in dem Konzern eine solche betriebsverfassungsrechtliche Einrichtung besteht und die Zuständigkeit nach § 58 Abs. 1 Satz 1 gegeben ist.

VI. Streitigkeiten

52 Verstößt der AG in **grober Weise** gegen seine Unterrichtungs- und Beratungspflichten nach dieser Bestimmung, kann er auf der Grundlage eines **Verfahrens** nach **§ 23 Abs. 3** durch das ArbG angehalten werden, seinen Verpflichtungen nachzukommen. Daneben kann, wenn der AG seinen Verpflichtungen nach § 92 nicht, wahrheitswidrig, unvollständig oder verspätet nachkommt, ein **Ordnungswidrigkeitsverfahren** eingeleitet werden (§ 121). Unabhängig von diesem Verfahren kann der BR ein Beschlussverfahren einleiten, wenn der Umfang seiner Rechte nach § 92 strittig wird.[100]

§ 92a Beschäftigungssicherung

(1) Der Betriebsrat kann dem Arbeitgeber Vorschläge zur Sicherung und Förderung der Beschäftigung machen. Diese können insbesondere eine flexible Gestaltung der Arbeitszeit, die Förderung von Teilzeitarbeit und Altersteilzeit, neue Formen der Arbeitsorganisation, Änderungen der Arbeitsverfahren und Arbeitsabläufe, die Qualifizierung der Arbeitnehmer, Alternativen zur Ausgliederung von Arbeit oder ihrer Vergabe an andere Unternehmen sowie zum Produktions- und Investitionsprogramm zum Gegenstand haben.

(2) Der Arbeitgeber hat die Vorschläge mit dem Betriebsrat zu beraten. Hält der Arbeitgeber die Vorschläge des Betriebsrats für ungeeignet, hat er dies zu begründen; in Betrieben mit mehr als 100 Arbeitnehmern erfolgt die Begründung schriftlich. Zu den Beratungen kann der Arbeitgeber oder der Betriebsrat einen Vertreter der Bundesagentur für Arbeit hinzuziehen.

98 *Fitting*, Rn. 38; GK-*Raab*, Rn. 24.
99 *Mohr*, S. 119.
100 *Fitting*, Rn. 45.

Inhaltsübersicht Rn.

I. Vorbemerkungen

1 Die durch das BetrVerf-ReformG 2001 geschaffene Vorschrift gewährt ein **Vorschlags- und Beratungsrecht,** räumt dem BR jedoch **keine Mitbestimmungsbefugnisse** ein. Die ausdrückliche gesetzliche Verankerung gibt den Initiativen des BR auf diesem Gebiet einen höheren Stellenwert. Auch muss der BR anders als einzelne Beschäftigte nicht den »Dienstweg« einhalten.[1] Die Pflicht des AG, die Ablehnung von Vorschlägen zu begründen, macht deutlich, dass auch **unternehmerische Entscheidungen der Rechtfertigung bedürfen.**

2 Während die »Beschäftigungssicherung« zum traditionellen Aufgabenbereich der betrieblichen Interessenvertretung gehört, geht die **Beschäftigungsförderung** darüber hinaus. Dass der BR Initiativen auch zugunsten von Arbeitsuchenden entfalten und damit ein **»Gemeinwohlinteresse«** wahrnehmen kann, ist nicht zu beanstanden.[2] Wie nicht zuletzt die Sozialbindung des Eigentums nach Art. 14 Abs. 2 GG deutlich macht, ist auch der UN von Rechts wegen verpflichtet, sich nicht nur von den eigenen Gewinninteressen leiten zu lassen. Der Gesetzgeber hat durch § 92a den BR ansatzweise in die Lage versetzt, ein gemeinwohlkonformes Verhalten des AG einzufordern. Darin liegt **kein »Systembruch«,**[3] sondern ein »Nachziehen« der Betriebsverfassung, das im Übrigen schon in § 49 BetrVG 1952 angelegt war.

3 Das Vorschlagsrecht des BR lässt die **nach anderen Vorschriften bestehenden** Informations-, Beratungs- und Mitbestimmungsrechte **unberührt.**[4] Schlägt beispielsweise der BR als beschäftigungssichernde Maßnahme den Abbau von Überstunden vor, so kann er dieses Ziel ggf. auf Grund seines Mitbestimmungsrechts nach § 87 Abs. 1 Nr. 3 erreichen. In anderen Sektoren kann er auf die bloße Beratung nach § 92a beschränkt sein. Soweit der AG eine **Betriebsänderung** im Sinne des § 111 **plant,** werden die in § 92a erwähnten Vorschläge in die Verhandlungen über den Interessenausgleich eingehen.[5] Eine wie auch immer geartete inhaltliche Beschränkung tritt nicht ein.

4 Bei standortübergreifenden Vorschlägen muss der **GBR** oder der KBR eingeschaltet werden.[6]

4a Die praktische Wirksamkeit des § 92a ist dort am größten, wo eine aufgeschlossene Geschäftsleitung auch den BR als mögliche Innovationsquelle begreift.[7] Dies ist – so wird berichtet[8] – insbesondere in größeren UN der IT-Branche der Fall. In allen anderen Sektoren sind erfolgreiche Initiativen eher die Ausnahmen, zumindest nicht unmittelbar auf § 92a rückführbar.[9]

1 BDW-*Wedde*, S. 182 f.
2 A. A. *Bauer,* NZA 01, 378; *Reichold,* NZA 01, 863; *Rieble,* ZIP 01, 140.
3 So aber *Bauer,* NZA 01, 378; anders Richardi-*Thüsing,* Rn. 3.
4 *U. Fischer,* DB 02, 323; *Fitting,* Rn. 9; *Heither,* AR-Blattei SD 530, 14.3 Rn. 68; a. A. GK-*Raab,* Rn. 39 (»Auffangtatbestand«).
5 Insoweit zustimmend *LAG Hamm* 20. 3. 09, juris.
6 *Fitting,* Rn. 4.
7 Zustimmend *Spengler/Pritzel,* AiB 10/17 S. 23.
8 *Haipeter u. a.*, S. 160 ff.
9 *Haipeter u. a.*, S. 163 ff.

4b Das Verfahren nach § 92a steht neben den Gesprächen zwischen WA und Unternehmer und neben den ggf. stattfindenden Verfahren nach § 17 KSchG und nach § 111 BetrVG. Eine Verknüpfung ist möglich[10] und führt bei Massenentlassungen und Umstrukturierungen zu einer Beschleunigung des Verfahrens. Es hängt von der Einschätzung des BR ab, ob er dies für erstrebenswert hält.

II. Beschäftigungssicherung und Beschäftigungsförderung

1. Gegenstände

5 »**Beschäftigungssicherung**« meint die Erhaltung der im Betrieb vorhandenen Arbeitsplätze, »**Beschäftigungsförderung**« die Erhöhung der Zahl der AN[11] Die Vorschläge des BR müssen sich an einem dieser beiden Ziele orientieren; **weitere Voraussetzungen** werden **nicht** verlangt.[12] Auch Vorschläge, die sich nur auf die Erhaltung eines einzigen Arbeitsplatzes beziehen, sind erfasst.[13] Ob sie zur »Zielerreichung« geeignet sind, ist im Rahmen der Beratungen zu ermitteln; der AG kann jedenfalls Gespräche nicht mit der Begründung ablehnen, es handle sich um »abwegige« oder durch keinerlei Sachkunde getragene Vorstellungen.[14]

6 Abs. 1 Satz 2 nennt eine Reihe denkbarer Vorschläge, doch hat die **Aufzählung keinen abschließenden Charakter.**[15] Dass es auch um Fragen geht, die die **Unternehmensführung betreffen,**[16] ist rechtlich unerheblich, da das BetrVG die unternehmerische Freiheit generell beschränkt und dies in anderem Zusammenhang sehr viel nachhaltiger als durch das bloße Beratungsrecht des § 92a tut.[17]

7 Die als Beispiel genannte »**flexible Gestaltung der Arbeitszeit**« hat allenfalls dann beschäftigungssichernde oder gar beschäftigungsfördernde Wirkung, wenn auf diese Weise den Kundenbedürfnissen besser entsprochen und so der Marktanteil ausgedehnt werden kann.[18] Die »**Förderung der Teilzeitarbeit**« ist ein bereits durch § 6 TzBfG fixiertes Ziel,[19] dessen Erreichung durch Ausübung des Mitbestimmungsrechts nach § 87 Abs. 1 Nr. 2 erleichtert werden kann (s. § 87 Rn. 81 ff.). Die Förderung der **Altersteilzeit**[20] kann vom BR nur vorgeschlagen, in der Regel aber nicht durch ein Mitbestimmungsrecht erzwungen werden. Befindet sich das Unternehmen in der Krise, kommt auch eine generelle oder eine auf bestimmte Abteilungen bezogene **Verkürzung der Arbeitszeit** ohne (vollen) Lohnausgleich in Betracht. Entsprechende Abmachungen, bei denen § 77 Abs. 3 zu beachten ist, sind häufig mit einem befristeten Verzicht des AG auf betriebsbedingte Kündigungen verbunden.[21] Auch die **Verlängerung der Arbeitszeit** bei gleich bleibendem Entgelt kommt vor.[22] Weniger einschneidend ist der Vorschlag, **auf** die **Beschäftigung von Leiharbeitnehmern** oder selbstständigen Dienstleistern zu **verzichten.**

8 »**Neue Formen der Arbeitsorganisation**« können z. B. in der Einführung von Gruppenarbeit[23] oder in der Einführung von Unternehmenszielen liegen, die bis auf die einzelne Abteilung oder Arbeitsgruppe »heruntergebrochen« werden **(Balanced Scorecard).**[24] Beides wird der

---

10 Näher *Göpfert/Griese,* NZA 16, 465.
11 *Hanau,* RdA 01, 90.
12 *U. Fischer,* DB 02, 322; *Wendeling-Schröder/Welkoborsky,* NZA 02, 1371.
13 Anders HWK-*Ricken,* Rn. 2.
14 Eine Checkliste mit möglichen Vorschlägen findet sich im DKWF-*Däubler,* § 92a Rn. 2 ff.
15 Ebenso *Göpfert/Giese,* NZA 16, 464.
16 *Engels* u. a., DB 01, 539.
17 Näher *Däubler* in: Reform der Betriebsverfassung und Unternehmerfreiheit, Schriftenreihe der Otto-Brenner-Stiftung Nr. 78, S. 11 [29 ff.]. Praktische Beispiele für beschäftigungssichernde Vereinbarungen finden sich bei *DGB* (Hrsg.), Betriebsrat und Beschäftigungssicherung, 2000 und bei BDW-*Brandl,* S. 34 ff.
18 *Spengler/Pritzel,* AiB 10/17 S. 21.
19 Dazu *Thannheiser,* AiB 03, 242.
20 Überblick bei *Däubler,* Arbeitsrecht 2, Rn. 1290 ff.; *Hanau,* NZA 09, 225 ff.
21 *Seifert,* WSI-Mitt. 00, 437, 440; *Zachert,* DB 01, 1198.
22 Weitere Einzelheiten bei *Hamm,* AiB 11, 745 ff.
23 *Engels u. a.,* DB 01, 539.
24 Dazu *Däubler,* AiB 01, 208.

BR allerdings nur dann vorschlagen, wenn die Verbesserung der Beschäftigungssituation mit hinreichender Sicherheit zu erwarten ist. Dasselbe gilt für die weiter im Gesetz genannten »**Änderungen der Arbeitsverfahren und Arbeitsabläufe**«, die sich beispielsweise am Ziel einer besseren Dienstleistungsqualität und so einer Verstärkung der Kundenbindung orientieren können. Weiter darf der BR auch über § 97 hinaus **Qualifizierungsmaßnahmen** vorschlagen, was sich u. a. dann anbietet, wenn Arbeitsplätze mit eher geringeren Anforderungen mittel- bis langfristig gefährdet sind, während die innerbetriebliche Nachfrage nach qualifizierten Arbeitskräften in absehbarer Weise steigen wird.[25] Auch bei geplantem **Einsatz von künstlicher Intelligenz** (KI) besteht ein hoher Qualifizierungsbedarf, den der BR dem AG vor Augen führen und mit konkreten Vorschlägen unterlegen sollte.[26] In der Krise bietet sich die Möglichkeit, während einer **Kurzarbeitsperiode Weiterbildungsangebote** wahrzunehmen; die Bereitschaft des AG zur Mitwirkung soll dadurch gefördert werden, dass er in solchen Fällen auch in den ersten sechs Monaten der Kurzarbeit die vollen Sozialversicherungsbeiträge zurückerstattet erhält (Einzelheiten § 87 Rn. 104).[27] Gleichwohl scheitern entsprechende Initiativen von BR nicht selten am fehlenden Angebot oder an mangelnder Unterstützung durch die Geschäftsleitung. Sinnvoll (und nur mit guten Sachargumenten widerlegbar) sind auch Vorschläge zur Verbesserung des Innovationsklimas.[28]

Der BR kann **Alternativen zum Outsourcing** vorschlagen, das im Gesetz mit »Ausgliederung 9
von Arbeit oder ihrer Vergabe an andere Unternehmen« umschrieben wird.[29] Die Belassung im UN kann beispielsweise auch dadurch gefördert werden, dass die **Auslagerung von** bestimmten **inhaltlichen Voraussetzungen abhängig** gemacht wird (Kosteneinsparung um mindestens 30 %) und dass die betroffene Abteilung das Recht erhält, durch Änderung in den Arbeitsabläufen oder bei sonstigen Bedingungen die dem Unternehmen entstehenden Kosten zu verringern.[30] Dabei kann man darauf verweisen, dass nach schwedischem Recht vor jeder Maßnahme dieser Art mit der zuständigen Gewerkschaft verhandelt werden muss (§§ 11 Abs. 1, 38 Abs. 1 MitbG),[31] und dass nach der Rspr. des Supreme Court in den USA in Betrieben mit Gewerkschaft gleichfalls entsprechende Verhandlungen vorausgehen müssen.[32]

Die vom Gesetz weiter genannten **Alternativen zum Produktions- und Investitionspro-** 10
gramm haben umfassenden Charakter und verlangen vom vorschlagenden BR ein hohes Maß an Sachkunde. § 92a ergänzt insoweit den § 111, der den BR bei einer bloßen Erweiterung des Betriebes oder der Gründung neuer Betriebe auch dann nicht einschaltet, wenn es sich um eine überhastete, die Rahmenbedingungen nicht bedenkende Entscheidung handelt, die langfristig die bestehenden Arbeitsplätze gefährden kann.[33]

2. Erarbeitung von Vorschlägen

Sicherung und Förderung von Beschäftigung gehört zu den kompliziertesten Teilen der Unter- 11
nehmensführung. Den BR-Mitgliedern sind daher nach § 80 Abs. 2 alle erforderlichen **Informationen** zu geben, wobei insbes. die Bilanz und andere Kennzahlen über die wirtschaftliche Situation von entscheidender Bedeutung sein werden.[34] Den AG trifft mit Rücksicht auf die EG-Richtlinie (Anhang C) eine »**Bringschuld**«; er muss von sich aus aktiv werden.[35] Weiter ist den BR-Mitgliedern die Möglichkeit zu eröffnen, sich im Rahmen von **Schulungs- und Bildungsveranstaltungen** nach § 37 Abs. 6 jedenfalls die nötigen Grundkenntnisse zu ver-

25 S. weiter BDW-*Wedde*, S. 184 ff.
26 *Klebe*, SR 19, 128, 131.
27 Vgl. auch *Adamy*, AiB 09, 407.
28 BDW; konkreter *Däubler*, BB 04, 2521.
29 S. die beiden Beispielsfälle bei *Beutler u. a.*, AiB 07, 173 ff.
30 Zu einer entsprechenden Abmachung bei der Frankfurter Flughafen AG s. *Däubler/Erhardt*, AiB 99, 677 ff.
31 Wiedergegeben bei *Folke Schmidt*, S. 246 ff.
32 Nachweise bei *Wiedemann*, RdA 86, 231, 234 f.
33 Vgl. *Zöllner/Loritz*, 5. Aufl., § 49 II 1d.
34 *U. Fischer*, DB 02, 323.
35 *Wendeling-Schröder/Welkoborsky*, NZA 02, 1372.

schaffen.[36] Der Besuch entsprechender Seminare gehört nicht anders als bei Fragen z. B. des Betriebsverfassungsrechts und des Arbeitsschutzes zum »Grundbedarf« jedes BR-Mitglieds (s. § 37 Rn. 112), da sich Fragen der Sicherung und ggf. der Erweiterung von Arbeitsplätzen in praktisch allen Betrieben stellen können.

12 Der BR kann sich bei der Erarbeitung von Vorschlägen nach näherer Maßgabe des § 80 Abs. 2 Satz 3 (s. dort Rn. 140 ff.) an innerbetriebliche **Auskunftspersonen** wenden, beispielsweise einen Betriebswirt oder einen Controller um Unterstützung bitten.[37] Daneben kommt die **Einschaltung eines Sachverständigen** nach § 80 Abs. 3 in Betracht.[38] Aktuell von Bedeutung ist dies beispielsweise beim geplanten Einsatz von künstlicher Intelligenz (KI).[39] Die Unterstützung durch sachkundige Personen ist immer dann »erforderlich«, wenn z. B. der Abbau von Arbeitsplätzen innerhalb von zwei bis drei Jahren nicht ausgeschlossen werden kann.[40] Ist er bereits geplant, liegt häufig eine Betriebsänderung vor, die in UN mit mehr als 300 Arbeitnehmern auch ohne vorherige Zustimmung des AG nach § 111 Satz 2 zur Beiziehung eines **Beraters** berechtigt.

3. Zeitpunkt der Vorschläge

13 Nach § 92a kann der BR **jederzeit** Vorschläge machen; diese sind auch nicht an eine bestimmte Form gebunden.[41] In der Praxis wird er von dieser Möglichkeit nur dann Gebrauch machen, wenn infolge von Aussagen der Geschäftsleitung oder infolge der wirtschaftlichen Entwicklung des UN ein Abbau von Arbeitsplätzen nicht ausgeschlossen werden kann oder wenn die **Wochenarbeitszeiten** sich über eine längere Periode hinweg so weit **ausdehnen,** dass sich die Einstellung neuer Arbeitskräfte aufdrängt. Führt etwa die Vertrauensarbeitszeit dazu, dass in einer bestimmten Abteilung regelmäßig 50 oder 60 Stunden pro Woche gearbeitet wird, wäre eine solche Voraussetzung gegeben.

III. Beratungen mit dem AG

1. Die Beratung als solche

14 Nach Abs. 2 Satz 1 hat der AG die Vorschläge mit dem BR »zu beraten«. Dies bedeutet, dass er sie nicht nur zur Kenntnis nimmt, sondern sich mit ihnen auch im Einzelnen **inhaltlich auseinander setzt.** Nur dann kann von »Beratung« die Rede sein.[42] Außerdem ergibt sich eine entsprechende Verhaltenspflicht des AG auch aus dem Gebot zur vertrauensvollen Zusammenarbeit nach § 2 Abs. 1, die beispielsweise bei widersprüchlichem Verhalten, bei Sagen der Unwahrheit oder bei Aufbau von unangemessenem Zeitdruck verletzt ist.[43] Die Beratungspflicht besteht nicht, wenn der BR nach erfolgter Ablehnung denselben Vorschlag noch einmal macht, ohne dass sich die Umstände irgendwie geändert hätten.[44]

15 Die Beratung kann nur dann ihren Sinn erfüllen, wenn auf AG-Seite sachkundige **Verhandlungspartner** stehen. Auch muss eine Person **mit eigener Entscheidungskompetenz** anwesend sein. Würde sich der AG ausschließlich durch einen Mitarbeiter einer nachgeordneten Leitungsebene vertreten lassen, würde dies einen schweren Verstoß gegen die Pflichten aus Abs. 2 Satz 1 darstellen.

---

36 *LAG Hamm,* 31. 5. 06 – 10 TaBV 202/05 AuR 07, 105; ebenso *Göpfert/Giese,* NZA 16, 464.
37 Ebenso *U. Fischer,* DB 02, 323; auch *Göpfert/Giese,* NZA 16, 464.
38 *ArbG Essen,* 16. 12. 03 AiB 04, 436 mit zustimmender Anm. *Welkoborsky.*
39 *Klebe,* SR 19, 128, 131.
40 Musterschreiben in DKWF-*Däubler,* § 92a Rn. 6.
41 *U. Fischer,* DB 02, 322.
42 *Niemeyer,* AiB 02, 616.
43 Weitere Beispiele für unfaires Verhalten bei Richardi-*Thüsing,* Rn. 10.
44 Richardi-*Thüsing,* Rn. 13, HWK-*Ricken,* Rn. 3; BDW-*Wedde,* S. 188.

2. Zuziehung eines Vertreters der Arbeitsverwaltung

Nach Abs. 2 Satz 3 kann sowohl der AG wie auch der BR einen **Vertreter der Bundesagentur für Arbeit** zu den Beratungen hinzuziehen. Er soll seine spezifischen Kenntnisse und Erfahrungen z. B. bei Fortbildungs- und Umschulungsmaßnahmen und deren Finanzierung einbringen.[45] Ggf. kann er auch Kompromissvorschläge unterbreiten, wenn erhebliche Meinungsunterschiede zwischen BR und AG bestehen.[46] Er ist entsprechend seiner dienstlichen Stellung zur Geheimhaltung verpflichtet. § 79 kann wegen der hinter ihm stehenden Strafdrohung des § 120 nicht entsprechend angewandt werden.[47] Als neutrale Instanz macht er die Zuziehung eines Sachverständigen durch den BR nicht überflüssig.[48] 16

IV. Ergebnisse der Beratungen

1. Einigung

Denkbar ist, dass sich AG und BR über den Vorschlag des BR oder eine andere Maßnahme einig werden. Für einen solchen Fall ist **keine bestimmte Form** vorgesehen. Denkbar ist, dass sich der BR mit einer **Absichtserklärung** des AG begnügt, die keinerlei rechtliche Verpflichtungen schafft. Möglich ist aber auch eine Absichtserklärung, von der sich der Arbeitgeber **nur unter bestimmten Voraussetzungen** (wie z. B. unerwartete Verschlechterung der wirtschaftlichen Lage des UN) **wieder lösen** kann und durch die er eine Selbstbindung bewirkt.[49] Im Geschäftsverkehr spricht man insoweit von einem ›Letter of Intent‹. Zulässig ist weiter eine **bindende Zusage** gegenüber dem BR, wonach bestimmte Maßnahmen unterbleiben müssen[50] oder nur unter bestimmten Voraussetzungen vorgenommen werden dürfen. Insoweit läge eine **Betriebsabsprache** vor (dazu § 77 Rn. 161 ff.). Schließlich lässt sich unter Wahrung des § 77 Abs. 3 BetrVG eine **Betriebsvereinbarung** abschließen,[51] die beispielsweise eine Senkung der Lohnkosten (etwa durch Verkürzung der Arbeitszeit) gegen einen Ausschluss der betriebsbedingten Kündigung vorsieht.[52] Derartige betriebliche **»Bündnisse für Arbeit«**[53] sind i. d. R. nur dann zulässig, wenn der einschlägige Tarifvertrag eine entsprechende Öffnungsklausel enthält[54] oder wenn die Gewerkschaft eine Abweichung vom Tarifvertrag im Rahmen ihrer Beteiligung an den Verhandlungen oder nachträglich genehmigt.[55] Näher zum Verhältnis Tarifvertrag – Betriebsvereinbarung § 77 Rn. 127 ff. Größere Gestaltungsspielräume entfaltet insoweit das Mittel der Betriebsabsprache.[56] Wie das im Gesetz als Beratungsgegenstand genannte Produktions- und Investitionsprogramm deutlich macht, sind auch Vereinbarungen über unternehmerische Entscheidungen möglich.[57] 17

---

45 *Engels u. a.*, DB 01, 539; über Zuschussmöglichkeiten berichtet *Karasch*, AiB 04, 267.
46 HWK-*Ricken*, Rn. 4.
47 Dies übersehen Richardi-*Thüsing*, Rn. 17
48 *ArbG Essen*, 16. 12. 03 AiB 04, 436.
49 *BAG* 18. 10. 06, DB 07, 811.
50 Beispiel: Am Standort X muss eine bestimmte Zahl von Arbeitsplätzen erhalten bleiben. Zur Durchsetzung eines entsprechenden TV s. *LAG Niedersachsen*, Urt. v. 18. 5. 11, AiB 11, 481. Weitere Beispiele bei *Däubler*, Tarifverträge zur Unternehmenspolitik? Rechtliche Zulässigkeit und faktische Bedeutung, HSI-Schriftenreihe Nr. 16 (2016), abrufbar unter *https://www.hugo-sinzheimer-institut.de/faust-detail.htm?sync_id=HBS-006720* (9. 6. 23).
51 *Fitting*, Rn. 9; HWK-*Ricken*, Rn. 5.
52 Für Beschränkung auf soziale Angelegenheiten zu Unrecht *Löwisch*, BB 01, 1794.
53 Dazu *Kania*, BB 01, 1091.
54 *Zachert*, DB 01, 1198.
55 *BAG* 20. 4. 99, DB 99, 1660.
56 *Hänlein*, DB 01, 2098.
57 GK-*Raab*, Rn. 28. Ein wichtiges Beispiel bei *Herrmann*, AiB 1/14, 60 (»Papierpark Zanders«). Zwei der Praxis entnommene »Beschäftigungssicherungsverträge« finden sich in DKWF-*Däubler*, § 92a Rn. 7 ff. S. auch o. Fn 40.

2. Ablehnung des Vorschlags

18 Der AG kann den Vorschlag des BR ablehnen, wenn er ihn für **»ungeeignet«** hält. Gemeint ist damit, dass er ihm **aus inhaltlichen Gründen** nicht folgen will.[58] Diese können z. B. darin liegen, dass die vorgeschlagene Maßnahme für das UN zu teuer ist oder dass sie negative Auswirkungen auf den Geschäftserfolg hätte. Denkbar ist auch, dass nach Ansicht des AG die erhoffte Beschäftigungssicherung oder Beschäftigungsförderung nicht eintreten oder dass sie sich auch ohne die Maßnahme einstellen würde. Das Gesetz enthält bezüglich der **Ablehnungsgründe genauso wenig inhaltliche Vorgaben** wie in Bezug auf die Vorschläge. Allerdings wäre der Grundsatz der vertrauensvollen Zusammenarbeit verletzt, würde der Arbeitgeber aus sachwidrigen Gründen (»dieser BR soll sich nicht profilieren können«; »von diesem BR kommt nur Müll«) oder ohne jeden sachlichen Grund, d. h. objektiv willkürlich ablehnen. Letzteres wäre dann der Fall, wenn die Begründung etwa darin bestehen würde, man lasse sich nicht in die Unternehmensführung hineinreden oder Beschäftigungssicherung sei sowieso nur unwirksamer »Sozialklimbim«.

19 Die Beratungspflicht nach § 92a wäre verletzt, wenn der AG bereits in einem Augenblick ablehnt, in dem **noch nicht alle Argumente ausgetauscht** sind und deshalb von Seiten des BR noch weiterer Erörterungsbedarf besteht.[59] Maßstäbe ergeben sich insoweit aus den Verhandlungen über einen Interessenausgleich (§§ 112, 112a Rn. 13 ff.),[60] doch ist die Einschaltung einer ESt. nur dann geboten, wenn sich beide Seiten vorher darüber verständigt haben.

20 In Betrieben mit mehr als 100 AN muss die **Ablehnung** nach Abs. 2 Satz 2 **schriftlich begründet** werden.[61] Die dagegen gerichtete Kritik[62] ist nicht recht verständlich, da es in den Fällen des § 92a um gravierende Tatbestände für die Beschäftigten geht. Ihre Behandlung setzt an sich auch in kleineren Einheiten eine nachvollziehbare und in sich schlüssige Begründung voraus, deren schriftliche Abfassung auch dem Inhaber eines 7-Personen-Betriebes keine Schwierigkeiten machen dürfte. Von der Form her genügt auch ein Fax, nicht jedoch die bloße Textform nach § 126b BGB, insbes. nicht eine E-Mail.[63] Dem steht schon der Wortsinn von »schriftlich« entgegen.

21 Ähnlich wie bei § 111 Satz 2 und bei § 95 Abs. 2 wird im Gesetzestext nicht ausdrücklich auf die **»in der Regel« vorhandene Beschäftigtenzahl** abgestellt. Genau wie in den beiden anderen Fällen kommt dem jedoch keine Bedeutung zu; auf einen Stichtag abzustellen, z. B. auf den Tag der Übermittlung des Vorschlags, wäre eine systemfremde Lösung, für die das Gesetz keine Anhaltspunkte bietet.[64]

V. Berücksichtigung im Kündigungsschutzrecht

22 Im Laufe des Gesetzgebungsverfahrens ist eine Klarstellung in der Richtung verlangt worden, dass § 92a nicht auf das Kündigungsschutzrecht durchschlage.[65] Dem hat der Gesetzgeber nicht Rechnung getragen. Dies erklärt sich unschwer damit, dass die Vorschrift als solche in der Tat **keine unmittelbare Kündigungsschranke** errichtet: Eine betriebsbedingte Kündigung wird nicht deshalb unzulässig, weil der AG die Beratung verweigert oder einen Vorschlag des BR aus sachwidrigen Gründen zurückgewiesen hat.[66] Darin liegt ein wesentlicher Unterschied zum Verfahren nach § 17 KSchG, was nicht unbedingt einzuleuchten vermag. Vom BR aufgezeigte Alternativen können allerdings im Kündigungsschutzprozess von Nutzen sein.[67]

23 Auf der anderen Seite gilt im Kündigungsschutzrecht der Grundsatz, dass eine Kündigung nur als Ultima Ratio in Betracht kommt, dass das weniger belastende Mittel auf technischem,

58 Kritisch zur Gesetzesformulierung mit Recht *Annuß*, NZA 01, 368.
59 Zustimmend *Niemeyer*, AiB 02, 617.
60 Grundsätzlich zustimmend *Fitting*, Rn. 10; Richardi-*Thüsing*, Rn. 11.
61 Für Abstellen auf das UN *U. Fischer*, DB 02, 322.
62 *Bauer*, NZA 01, 379: »Papierlawinen«; *Abeln*, AuA 01, 172: Schriftform der vertrauensvollen Zusammenarbeit abträglich.
63 A. A. GK-*Raab*, Rn. 35, gegen die 8. Auflage; *Fitting*, Rn. 12.
64 Zustimmend GK-*Raab*, Rn. 34; anders *Fitting*, Rn. 12.
65 *Schiefer/Korte*, NZA 01, 85.
66 Insofern zutreffend *Bauer*, NZA 01, 379; ebenso *BAG* 18. 10. 06, DB 07, 810.
67 *Spengler/Pritzel*, AiB 10/17 S. 20.

organisatorischem oder wirtschaftlichem Gebiet den Vorrang hat.[68] Dies führt beispielsweise dazu, dass die Kündigung unwirksam ist, wenn der Rückgang des Arbeitsanfalls auch durch **Abbau von Überstunden** oder von Leiharbeit bewältigt werden könnte.[69] Ob und unter welchen Voraussetzungen auch die Möglichkeit von **Kurzarbeit Vorrang** hat, ist in der Rspr. nicht abschließend geklärt.[70] Einigen sich AG und BR über die Einführung von Kurzarbeit oder ergeht ein entsprechender Spruch der ESt., so spricht dies entscheidend gegen das Vorliegen dringender betrieblicher Erfordernisse;[71] diese können nur noch mit neu eintretenden Umständen begründet werden.

Das Verfahren nach § 92a kann nun im Einzelfall dazu führen, dass betriebsbezogene **Vorstellungen** entwickelt werden, die ähnlich wie Kurzarbeit für die AN **weniger belastend** sind als betriebsbedingte Kündigungen, die gleichwohl jedoch keine unzumutbare Alternative für das UN darstellen.[72] Anders als in einem einzelnen Kündigungsschutzverfahren kann im Rahmen der Mitbestimmung nach § 87 Abs. 1 Nr. 3 bzw. im Rahmen des § 92a die **Gesamtsituation des Unternehmens** und seiner Beschäftigten analysiert und zur Grundlage einer Entscheidung gemacht werden. Als Beispiel kann etwa die von allen Betroffenen akzeptierte Arbeitszeitverkürzung auf Zeit ohne vollen Lohnausgleich genannt werden.[73] **§ 92a unterstützt** so von der verfahrensrechtlichen Seite her **die Vorgabe des § 2 Abs. 2 Satz 1 Nr. 2 SGB III,** wonach die Inanspruchnahme von Leistungen der Arbeitsverwaltung sowie insbesondere Entlassungen vorrangig durch betriebliche Maßnahmen zu vermeiden sind. Eine vorschnelle Ablehnung von BR-Vorschlägen durch den AG kann deshalb auch die Kooperationsbereitschaft der Arbeitsverwaltung im »Ernstfall« beeinträchtigten.[74] 24

VI. Streitigkeiten

Weigert sich der AG, mit dem BR über dessen Vorschläge zu beraten, so kann er im Wege des **Beschlussverfahrens** dazu angehalten werden. Dies gilt auch dann, wenn zunächst aufgenommene **Verhandlungen nicht fortgeführt** werden, obwohl noch zahlreiche Punkte ungeklärt sind. Insoweit gelten dieselben Grundsätze wie bei den Verhandlungen über einen Interessenausgleich (§§ 112, 112a Rn. 6ff.). Der **Antrag** richtet sich in diesem Fall auf Fortsetzung der Verhandlungen. Wird der Vorschlag ohne Begründung (aber nach umfassender Erörterung) abgelehnt, kann die Begründung im Beschlussverfahren erzwungen werden.[75] 25

Beabsichtigt der AG Maßnahmen, die die noch nicht erschöpfend diskutierten Vorschläge des **BR** gegenstandslos machen würden, so kann dieser **Unterlassung** verlangen. Andernfalls hätte der Beratungsanspruch keine Rechtsqualität, da er jederzeit durch einseitige Handlungen des AG hinfällig gemacht werden könnte.[76] Der Unterlassungsanspruch kann Grundlage für eine einstweilige Verfügung sein, mit der dem AG die Vornahme der Maßnahme verboten bzw. ihre vorübergehende Rückgängigmachung auferlegt wird. Insoweit gelten dieselben Grundsätze wie im Rahmen der **Verhandlungen** über einen **Interessenausgleich** (vgl. §§ 112, 112a Rn. 52ff.). Der AG ist allerdings insofern in einer besseren Lage, als er sich nur mit den vorgebrachten Argumenten vollständig auseinandersetzen, nicht jedoch die ESt. anrufen muss.[77] 26

---

68 APS-*Kiel,* § 1 KSchG Rn. 527ff.; *DDZ-Deinert,* § 1 KSchG Rn. 295ff., jeweils m.w.N.; hierauf verweisen auch *Wendeling-Schröder/Welkoborsky,* NZA 02, 1375.

69 APS-*Kiel,* § 1 KSchG Rn. 531; HaKo-*Denecke,* § 1 KSchG Rn. 477ff.; HK-*Weller/Dorndorf,* § 1 KSchG Rn. 940.

70 Übersicht bei *DDZ-Deinert* § 1 KSchG Rn. 295; *Däubler,* FS I. Schmidt, S. 709ff.

71 *Däubler,* Arbeitsrecht 2, Rn 1087.

72 Ebenso *BAG* 18.10.06, DB 07, 810, 811; für Vorrang abgesprochener Weiterbildungs- und sonstiger Auffangmaßnahmen *Löwisch,* BB 01, 1794; s. weiter *Thannheiser,* AiB 02, 27; GK-*Raab,* Rn. 41; BDW-*Wedde,* S. 196; HWK-*Ricken,* Rn. 8.

73 Näher zu solchen Fällen *Schüren,* DB 96, 625.

74 *Wendeling-Schröder/Welkoborsky,* NZA 02, 1375.

75 *Annuß,* NZA 01, 368; GK-*Raab,* Rn. 42; *Löwisch,* BB 01, 1794.

76 Zustimmend *Nebe,* AuR 14, 51, 57; *Niemeyer,* AiB 02, 616; a.A. *LAG Hamm* 20.3.09, juris; GK-*Raab,* Rn. 43; HWK-*Ricken,* Rn. 9; *Göpfert/Giese,* NZA 16, 465.

77 Ähnlich Richardi-*Thüsing,* Rn. 20.

27 Bleibt der BR inaktiv, obwohl mit einem Beschäftigungsabbau zu rechnen ist, kann dies eine **grobe Pflichtverletzung** nach § 23 Abs. 1 darstellen. Weigert sich der AG, in Beratungen einzutreten und diese zu Ende zu führen, so kommen die Sanktionen nach § 23 Abs. 3 in Betracht.[78]

§ 93 Ausschreibung von Arbeitsplätzen

Der Betriebsrat kann verlangen, dass Arbeitsplätze, die besetzt werden sollen, allgemein oder für bestimmte Arten von Tätigkeiten vor ihrer Besetzung innerhalb des Betriebs ausgeschrieben werden.

Inhaltsübersicht

I. Vorbemerkungen

1 Die innerbetriebliche Stellenausschreibung soll innerbetrieblichen Bewerbern Kenntnis von einer freien Stelle vermitteln und ihnen die Möglichkeit geben, ihr Interesse an dieser Stelle kundzutun und sich um sie zu bewerben.[1] Sie kann auf diese Weise dazu beitragen, **betriebliche Möglichkeiten der Personalbedarfsdeckung**[2] zu nutzen. Die AN erhalten Gelegenheit, sich für **Aufstiegsmöglichkeiten** oder aus anderen Gründen zu bewerben. Es geht dabei weniger um Interessen außen stehender Bewerber als der vom BR vertretenen AN.[3] Die innerbetriebliche Stellenausschreibung kann zu mehr **Chancengleichheit** auf dem innerbetrieblichen Arbeitsmarkt führen.[4] In vielen Fällen ist es sinnvoller, auf AN des Betriebs bei der Besetzung innerbetrieblicher Arbeitsplätze zurückzugreifen als Außenstehende anzuwerben oder gar Leiharbeitsverträge abzuschließen. Dadurch können Verärgerungen eigener Mitarbeiter vermieden werden.[5] Mit einer detaillierten Stellenausschreibung erleichtert sich der AG auch die Erfüllung der Nachweispflicht nach § 2 Abs. 2 Nr. 5 Nachweisgesetz: »kurze Charakterisierung oder Beschreibung der vom AN zu leistenden Tätigkeit«.[6]

2 § 7 Abs. 1 TzBfG enthält die Verpflichtung, den Arbeitsplatz *auch* als Teilzeitarbeitsplatz auszuschreiben, wenn er sich hierfür eignet.[7] Eine generelle Ausschreibungsverpflichtung ergibt sich aber weder aus dieser Vorschrift noch aus dem TzBfG oder dem AGG.[8]

3 Eine **individualrechtliche Unterrichtungs- und seit 2019 auch Erörterungspflicht** des AG über zu besetzende Arbeitsplätze ergibt sich aus § 7 Abs. 2 TzBfG. Auch diese Vorschrift dient der Schaffung von Transparenz.[9] Voraussetzung ist, dass der AN dem AG gegenüber den Wunsch nach einer Veränderung von Dauer und Lage der vertraglich vereinbarten Arbeitszeit angezeigt hat[10] (zur Ausschreibung als Teilzeitarbeitsplatz vgl. Rn. 32 ff.). Mit § 7 Abs. 2 TzBfG

78 *Löwisch,* BB 01, 1794; HWK-*Ricken,* Rn. 9; *Wendeling-Schröder/Welkoborsky,* NZA 02, 1373.

1 *BAG* 23.2.88, AP Nr. 2 zu § 93 BetrVG 1972; 27.10.92, AuR 93, 186.
2 Vgl. auch Handbuch Personalplanung, S. 59–333.
3 *BAG* 27.7.93 – 1 ABR 7/93, AP Nr. 3 zu § 93 BetrVG 1972.
4 Vgl. Begründung zum RegE, BT-Drucks. VI/1786, S. 50.
5 *BAG* 27.7.93, a. a. O.; GK-*Raab,* Rn. 3.
6 *BAG* 8.6.05 – 4 AZR 406/04, AuR 05, 384.
7 Zu den aufgehobenen Sätzen 2 und 3 des § 93 vgl. 7. Aufl., Rn. 15–17.
8 *BAG* 14.12.04 – 1 ABR 54/03, EzA BetrVG 2001 § 99 Nr. 1 Einstellung.
9 *Däubler,* ZIP 00, 1962.
10 Ausführlich hierzu TZA-*Buschmann,* § 7 TzBfG Rn. 25 ff.

wird § 5 Abs. 3c der TeilzeitRL 97/81/EWG umgesetzt, wonach AG bemüht sein sollten, soweit dies möglich ist, zur Erleichterung des Wechsels von einem Vollzeit- in ein Teilzeitarbeitsverhältnis und umgekehrt rechtzeitig Informationen über Teilzeit- oder Vollzeitarbeitsplätze, die im Betrieb zur Verfügung stehen, bereitzustellen (vgl. auch § 81 Rn. 20). Obgleich die Regelung anders als der frühere § 3 BeschFG nicht ausdrücklich ausspricht, dass die Unterrichtung auch durch Aushang erfolgen kann, reicht dieser aus, wenn der AG damit inhaltlich seine Informationspflicht erfüllt.[11]

Nach § 18 TzBfG hat der AG die befristet beschäftigten AN auch ohne entsprechende Anzeige über entsprechende **unbefristete Arbeitsplätze** zu informieren, die besetzt werden sollen. Nach Satz 2 kann dies auch durch allgemeine Bekanntgabe erfolgen. Diese Informationsverpflichtung, mit der § 6 Abs. 1 der eur. RL 1999/70/EG über befristete Arbeitsverträge umgesetzt wird, kommt inhaltlich einer Ausschreibung der unbefristeten Arbeitsplätze gegenüber den befristet Beschäftigten gleich. Erfolgt sie, wird man diese Information den unbefristet Beschäftigten nur schwer vorenthalten können, damit auch sie die Möglichkeit haben, sich auf die zu besetzenden Arbeitsplätze zu bewerben. **4**

Sowohl die Information nach § 7 Abs. 2 TzBfG als auch die nach § 18 TzBfG reichen insofern weiter als die Ausschreibung nach § 93, als sie sich nicht nur auf den Betrieb beschränken, sondern die **Arbeitsplätze des AG, also im UN** zum Gegenstand haben. Dies entspricht den Vorgaben aus der europäischen Teilzeit-RL bzw. der Befristungs-RL. **5**

Für den **öffentlichen Dienst** wird unterstellt, dass die Dienststelle alle bei ihr zu besetzenden Dienstposten verwaltungsintern ausschreibt,[12] so dass der PR nicht besonders tätig werden muss, damit eine Ausschreibung erfolgt. § 8 Abs. 1 BundesbeamtenG schreibt dies ausdrücklich vor. Hier sollen Ausschreibung und Bewerbungsfrist als Hilfsmittel der Personalgewinnung das Stellenbesetzungsverfahren strukturieren und dazu beitragen, »dass der öff. AG unter Beachtung der Beteiligungsrechte der Arbeitnehmervertretung und in Wahrung des Prinzips der sog. Bestenauslese nach Art. 33 Abs. 2 GG seine Auswahl treffen kann«.[13] Nach § 75 Abs. 3 Nr. 14 BPersVG hat der PR mitzubestimmen, wenn von einer Ausschreibung von Dienstposten, die besetzt werden sollen, abgesehen werden soll, so dass die Dienststelle die Zustimmung des PR hierzu herbeiführen muss. Die Verpflichtung hierzu wird, abgesehen von Art. 33 Abs. 2 GG und § 8 Abs. 1 BBG, durch das Personalvertretungsrecht selbst begründet.[14] Das Mitwirkungsrecht des PR erstreckt sich auch auf die Entscheidung des Dienststellenleiters, ob Stellen dienststellenintern auszuschreiben sind.[15] Im Übrigen ist der öff. AG auf Grund des durch Art. 33 GG gewährleisteten Rechts auf Zugang zu einem öff. Amt zwingend gehalten, vor Besetzung jeder Stelle ein Anforderungsprofil ausschließlich nach obj. Kriterien schriftlich niederzulegen. Ein bloßer Hinweis auf die vorgesehene Vergütungsgruppe ist unzureichend, wenn sich die konkreten Anforderungen der zu besetzenden Stelle aus ihr nicht feststellen lassen. Das Anforderungsprofil muss zur Gewährleistung eines hinreichenden Rechtsschutzes des unterlegenen Bewerbers nach Art. 19 Abs. 4 GG so dokumentiert sein, dass die Auswahlentscheidung nach den Kriterien des Art. 33 Abs. 2 GG überprüft werden kann.[16] Deshalb wäre es unzulässig, einen für die Art der auszuübenden Tätigkeit nicht erforderlichen Ausbildungsabschluss zu verlangen.[17] Nach **§ 6 BGleiG** darf die Dienststelle (Bundesverwaltung, -gerichte) Arbeitsplätze weder öffentlich noch intern nur für Männer oder Frauen ausschreiben. Die Ausschreibung muss **geschlechtsneutral** erfolgen (§ 6 Abs. 1 S. 1 BGleiG), was grundsätzlich auch ein drittes Geschlecht nicht ausschließen darf. Der Text darf nach Satz 2 **insbesondere nicht nur auf ein Geschlecht zugeschnitten** sein. Die Arbeitsplätze sind auch bei Vorgesetzten- und Leitungsaufgaben auch in Teilzeit auszuschreiben, soweit zwingende dienstliche Belange nicht entgegenstehen. Sind Frauen in einzelnen Bereichen unterrepräsentiert, sollen freie Arbeits- **6**

---

11 Musterinfo des AG in DKWF-*Buschmann*, § 93 Rn. 3.
12 *Dietz/Richardi*, BPersVG, § 75 Rn. 464.
13 *BAG* 18.11.08 – 9 AZR 865/07, AuR 09, 105.
14 *BVerwG* 8.3.88, PersR 88, 183; *Altvater u. a.*, BPersVG, § 75 Rn. 68.
15 *BVerwG* 9.1.07 – 6 P 6/06, PersR 07, 213.
16 *BAG* 21.1.03 – 9 AZR 72/02, AuR 03, 317; 19.2.08 – 9 AZR 70/07, AuR 08, 320.
17 *BAG* 12.9.06 – 9 AZR 807/05, PersR 07, 198.

plätze, ggf. öffentlich, ausgeschrieben werden, um die Zahl von Bewerberinnen zu erhöhen. Ausschreibungen müssen mit den Arbeitsplatzanforderungen übereinstimmen und das Anforderungs- und Qualifikationsprofil enthalten. § 8 Satz 1 BGleiG verpflichtet die Dienststelle zur **bevorzugten Berücksichtigung von Frauen bei gleicher Qualifikation,** sofern Frauen in einzelnen Bereichen unterrepräsentiert sind und nicht in der Person des Mitbewerbers liegende Gründe überwiegen. Sind Männer strukturell benachteiligt und in dem jeweiligen Bereich unterrepräsentiert, gelten die Sätze 1 – 4 entsprechend. Weitere Rechtsgrundlagen finden sich in Gleichstellungs- bzw. Frauenfördergesetzen des Bundes und der Länder, die auch allgemeine, nicht geschlechtsspezifische Anforderungen aufstellen.

II. Initiativrecht auf Ausschreibung

7 Die Bestimmung findet nicht nur Anwendung bei vorhandenen und frei werdenden Arbeitsplätzen, sondern auch bei der **erstmaligen Besetzung** neuer Arbeitsplätze. Zum Begriff »Arbeitsplatz« vgl. Definition in § 99 Rn. 158. Dazu gehören befristete wie unbefristete, Vollzeit- wie Teilzeitarbeitsplätze oder bestimmte während eines Teils der Arbeitszeit auszuführende Tätigkeiten. Der Arbeitsplatz wird besetzt durch jede vorgesehene Einstellung oder Versetzung i. S. d. § 99 Abs. 1 einschl. der Übertragung einer Führungsfunktion in einer Matrixstruktur,[18] der Umstrukturierung eines Arbeitsplatzes, so dass der Stelleninhaber ohne längerfristige erfolgreiche Fortbildung außerhalb der üblichen Entwicklung des Berufsbildes die Tätigkeit nicht mehr ausüben darf,[19] der Weiterbeschäftigung über eine tarifliche Altersgrenze hinaus,[20] der mehr als unerheblichen Aufstockung der Arbeitszeit schon beschäftigter AN sowie der Umwandlung eines befristeten in einen unbefristeten Arbeitsplatz.[21] Mit der Ausschreibung bringt der AG zum Ausdruck, dass das im Betrieb benötigte zusätzliche Arbeitszeitvolumen den zeitlichen Anforderungen an einen Arbeitsplatz genügt.[22] Auf die Art und den Inhalt des Rechtsverhältnisses, das dieser Beschäftigung zu Grunde liegt, kommt es nicht an.

7a Um die Besetzung eines Arbeitsplatzes handelt es sich auch bei der Beschäftigung von **Leiharbeitern**[23] **oder freien Mitarbeitern,**[24] wenn diese in den Betrieb eingegliedert werden, um zusammen mit anderen AN den arbeitstechnischen Zweck des Betriebs durch weisungsgebundene Tätigkeit zu verwirklichen. Danach kann der BR die Ausschreibung auch von Arbeitsplätzen verlangen, die vom AG vorübergehend oder dauerhaft für die Besetzung mit Leiharbeitern vorgesehen sind. Das ist auch der Fall, wenn der einzelne Einsatz des Leiharbeiters nur befristet vorgesehen ist oder wenn dieser verlängert werden soll.[25] Zutreffend weist das *BAG* darauf hin, dass so ein Arbeitsplatz auch von Stamm-AN, z. B. von Schwerbehinderten oder bisher Teilzeitbeschäftigten (§ 9 TzBfG) besetzt werden könnte.[26] Ob eine langfristige Besetzung des Arbeitsplatzes mit Leiharbeitern geplant ist, ist nach dem Normzweck ebenso wenig entscheidend wie bei sonstigen Einstellungen. Jeder auch kurzfristige Einsatz von Leiharbeitern besetzt damit einen (ausschreibungspflichtigen) Arbeitsplatz.[27] Nach § 1 Abs. 1 Satz 4, Abs. 1b) S. 1 AÜG ist **Arbeitnehmerüberlassung** nur wirksam, wenn sie **vorübergehend** erfolgt. Die Bestimmung enthält nicht lediglich einen unverbindlichen Programmsatz, sondern untersagt die nicht nur vorübergehende Arbeitnehmerüberlassung.[28] Eine solche ist anzunehmen, wenn ein Entleiher

---

18 *BAG* 12.6.19 – 1 ABR 5/18, BAGE 167, 43 = AuR 19, 485.
19 *LAG Niedersachsen* 15.3.23 – 2 TaBV 23/22, NZA 23, 718.
20 *BAG* 22.9.21 – 7 ABR 22/20, AuR 22, 189.
21 *LAG Hamm* 31.10.00 – 13 TaBV 47/00, LAGE § 93 BetrVG Nr. 3; HaKo-*Kreuder*, Rn. 5; WPK-*Preis*, Rn. 5; a. A. ErfK-*Kania*, Rn. 6.
22 *BAG* 25.1.05 – 1 ABR 59/03, AuR 05, 345.
23 *BAG* 1.2.11 – 1 ABR 79/09, AuR 11, 313; a. A. GK-*Raab*, Rn. 7 ff.
24 *BAG* 27.7.93 – 1 ABR 7/93, AP Nr. 3 zu § 93 BetrVG 1972; *Fitting*, Rn. 5; *Löwisch/Kaiser*, Rn. 3; *Mertens/Lipinski*, BB 04, 2414; WPK-*Preis*, Rn. 2.
25 *BAG* 1.6.11 – 7 ABR 18/10, AP Nr. 136 zu § 99 BetrVG 1972.
26 *BAG* 1.2.11 – 1 ABR 79/09, AuR 11, 313.
27 *BAG* 7.6.16 – 1 ABR 33/14, NZA 16, 1226; 15.10.13 – 1 ABR 25/12, AuR 14, 121: 4 Wochen; enger *Fitting*, Rn. 5; a. A. GK-*Raab*, Rn. 7 ff.
28 *BAG* 10.7.13 – 7 ABR 91/11, AuR 9/13; 30.9.14 – 1 ABR 79/12, DB 15, 383, mit der Folge eines Widerspruchsrecht des BR nach § 99 Abs. 2 Nr. 1.

Stellenausschreibungen für unbefristete Arbeitsverhältnisse schaltet, auch wenn er erwähnt, dass die Einstellung durch die verleihenden Personaldienstleister erfolgen soll; ebenso, wenn durch Leiharbeit ein Dauerbeschäftigungsbedarf abgedeckt wird. Nach überwiegender Rspr. vor 2017 war das Merkmal »vorübergehend« in Übereinstimmung mit Art. 5 Abs. 5 der Leiharbeits-RL 2008/104/EG nicht personen-, sondern arbeitsplatzbezogen auszulegen.[29] § 1 Abs. 1b) S. 1 AÜG n. F. (2017) definiert dies indes als nicht länger als 18 aufeinander folgende Monate, bezogen auf denselben AN.[30] Nach 5 Abs. 5 der RL 2008/104/EG müssen die Mitgliedstaaten die erforderlichen Maßnahmen ergreifen, um … aufeinanderfolgende Überlassungen, mit denen die Bestimmungen der RL umgangen werden sollen, zu verhindern. Dazu hat der *EuGH* entschieden, der in der RL 2008/104/EG verwendete Begriff »vorübergehend« sei personenbezogen zu verstehen; Überlassungen auf demselben Arbeitsplatz von 55 Monaten ohne objektive Erklärung seien regelmäßig missbräuchlich, was nationale Gerichte zu überprüfen hätten; § 19 Abs. 2 AÜG, wonach bei der Berechnung der Überlassungshöchstdauer Zeiten vor dem 1. 4. 17 nicht berücksichtigt werden, verstoße gegen die RL. An diese Grundsätze seien auch die Sozialpartner gebunden.[31] Mangels horizontaler Drittwirkung könne der durch die Unvereinbarkeit des nationalen Rechts mit dem Unionsrecht geschädigten Partei ein Staatshaftungsanspruch zustehen. Deshalb sollten Arbeitsplätze, die bisher mit Leiharbeitern besetzt worden waren, nachfolgend nicht mehr für Leiharbeiter ausgeschrieben werden. Bei Überschreitung der Höchstüberlassungsdauer entsteht nach § 9 Abs. 1 Nr. 1b i. V. § 10 Abs. 1 AÜG ein Arbeitsverhältnis zum bisherigen Entleiher.[32] Ebenso von der Ausschreibungsverpflichtung erfasst sind die Arbeitsplätze sog. »AT-Angestellter«, nicht aber leitender Angestellter i. S. d. § 5 Abs. 3, für die »der BR funktional nach § 99 nicht zuständig ist«.[33]

Das Gesetz gibt dem BR ein als **Mitbestimmungsrecht gestaltetes Initiativrecht.**[34] Eine allgemeine selbstständige Pflicht zur Ausschreibung aller Arbeitsplätze besteht nicht. Sie wird durch das **Verlangen des BR** begründet. Hierfür bestehen keine besonderen Formvorschriften, so dass der BR die Ausschreibung grundsätzlich auch mündlich verlangen kann. Schriftform ist aber sinnvoll.[35] Das Verlangen kann auch in der Einleitung eines arbeitsgerichtlichen Beschlussverfahrens liegen mit dem Antrag, dem AG aufzugeben, Einstellungen nicht ohne Ausschreibung der Arbeitsplätze und nicht ohne vorherige Unterrichtung des BR durchzuführen.[36] **8**

Der BR kann die Ausschreibung **allgemein** für alle Arbeitsplätze des Betriebs, für **bestimmte Arten und Tätigkeiten** oder für einen **konkreten Einzelfall** verlangen. Es wird zwar bestritten, dass die Vorschrift für den konkreten Einzelfall gilt.[37] Aus dem Wortlaut[38] ist diese Einschränkung nicht abzuleiten, da auch ein einzelner Arbeitsplatz durch Zusammenfassung »bestimmter Arten von Tätigkeiten« gekennzeichnet ist. Sie ist auch nicht funktional. Könnte der BR die Ausschreibung nicht im Einzelfall verlangen, müsste er zu Lasten des AG die Ausschreibung sämtlicher frei werdender Stellen fordern. Der Nachweis eines besonderen rechtlichen Interesses ist nicht erforderlich. § 93 findet ferner Anwendung, wenn ein Arbeitsplatz nur vorübergehend mit einer Aushilfskraft oder auf eine andere Weise zeitlich befristet besetzt werden soll. **9**

---

29 *LAG Hamburg* 23. 9. 14 – 2 TaBV 6/14, EzA-SD 2015, Nr 2, 15, m. w. N.; *ebenso* 29. 8. 13 – 1 TaBV 3/13; *LAG Nieders.* 19. 9. 12 – 17 TaBV 124/11; *LAG Berlin-Br.* 19. 12. 12 – 4 TaBV 1163/12; 9. 1. 13 – 15 Sa 1635/12; *LAG Ba-Wü* 31. 7. 13 – 4 Sa 18/13; *LAG S-H* 8. 1. 14 – 3 TaBV 43/13.

30 Kritisch zu diesem funktionswidrigen Einsatz *Ulber,* AuR 17, 238, m. w. N.

31 *EuGH* 17. 3. 22 – C-232/20, Daimler, AuR 22, 187: »*Diese Möglichkeit [Übertragung auf die Sozialpartner] befreit die Mitgliedstaaten jedoch nicht von der Verpflichtung, durch geeignete Rechts- und Verwaltungsvorschriften sicherzustellen, dass die AN in vollem Umfang den Schutz in Anspruch nehmen können, den ihnen die RL 2008/104 gewährt.*«

32 *Ulber,* a. a. O.; a. A. zur a. F. (vor 2017) *BAG* 10. 12. 13 – 9 AZR 51/13, BAGE 146, 384.

33 *BAG* 27. 7. 93, a. a. O.; GK-*Raab,* Rn. 15.

34 Richardi-*Thüsing,* Rn. 4.

35 Musterantrag des BR im DKWF-*Buschmann,* § 93 Rn. 2.

36 *HessLAG* 2. 11. 99, ARSt 00, 219 = AuR 00, 316, Ls.

37 *LAG Köln* 1. 4. 93, LAGE § 93 BetrVG 1972 Nr. 2; GK-*Raab,* Rn. 23; *Fitting,* Rn. 5; Richardi-*Thüsing,* Rn. 9; wie hier *Kuhn/Wedde,* AiB 92, 548, *Müller/Becker,* NZA 19, 513.

38 So aber *Raab,* a. a. O.

10 Zum Initiativrecht des BR gehört das Verlangen, **auf welche Weise** die Stellenausschreibung durchgeführt werden soll, z. B. durch Aushang am »Schwarzen Brett«, Rundschreiben, Veröffentlichung in der Werkszeitschrift oder auf elektronischem Weg.[39] Nach str. Auffassung des *BAG*[40] unterliegt die konkrete Ausgestaltung einer Ausschreibung (Inhalt, Form, Frist, Bekanntmachung) nicht der Mitbestimmung. Dies erscheint zweifelhaft. Danach wäre die Ausgestaltung eines gesetzlichen Rechts des BR in die Verfügung des AG gestellt und könnte so unterlaufen werden.[41] Erst durch die Art und Weise der Ausschreibung wird aber die praktische Anwendung der Vorschrift ermöglicht. Entspr. dem allgemeinen Sprachgebrauch (aus*schreiben*) ist jedenfalls *schriftliche* Bekanntgabe erforderlich.[42] Die zwischen AG und BR zu vereinbarenden **Ausschreibungsgrundsätze** erstrecken sich auf **weitere Einzelheiten** wie bestimmte Voraussetzungen für eine Bewerbung und die Ausschreibungsdauer. Nach Auffassung des *BAG*[43] bedeutet eine BV für den Aushang innerbetrieblicher Stellenausschreibungen, die einen Fristrahmen festsetzt und vorschreibt, dass der letzte Tag der Aushangfrist in der Stellenausschreibung anzugeben ist, noch keine Beschränkung der Auswahl des AG auf den Kreis derjenigen Betriebsangehörigen, die sich innerhalb der Aushangfrist beworben haben.[44]

11 Verlangt der BR die Ausschreibung, muss der AG dieser Forderung entsprechen.[45] Diese Ausschreibungspflicht des AG besteht unabhängig davon, ob mit der Bewerbung anderer Mitarbeiter zu rechnen ist.[46] Verlangt der BR sie nicht, kann er sich nach Einleitung der personellen Maßnahme nicht auf den Zustimmungsverweigerungsgrund des § 99 Abs. 2 Nr. 5 berufen.[47] Voraussetzung für den wirksamen Widerspruch ist nach der Rspr. des *BAG*,[48] dass die Ausschreibung zwischen den Betriebsparteien vereinbart ist oder der BR die Ausschreibung **vor dem Antrag des AG** auf Zustimmung zur Einstellung eines AN auf einen bestimmten Arbeitsplatz verlangt hat. Ein späteres Ausschreibungsverlangen genügt danach nicht.

12 Der AG hat die – vom BR verlangte – innerbetriebliche Ausschreibung von Arbeitsplätzen vorzunehmen, bevor er eine Entscheidung über deren Besetzung trifft und den BR zu der beabsichtigten personellen Maßnahme um Zustimmung ersucht.[49] Kommt der AG dem Verlangen des BR auf Stellenausschreibung nicht nach, kann dieser nach § 99 Abs. 2 Nr. 5 seine **Zustimmung** zur Einstellung eines externen Bewerbers oder zur Versetzung eines betriebsangehörigen AN auf einen offenen Arbeitsplatz verweigern (ausführlich unter § 99, Rn. 229 ff.). In diesem Fall kann das ArbG die fehlende Zustimmung des BR nicht ersetzen.[50] Die Ausschreibung kann grds. nicht während des gerichtlichen Zustimmungsersetzungsverfahrens nachgeholt werden.[51] Auch kann sich der AG grds. nicht darauf berufen, die Zustimmungsverweigerung sei rechtsmissbräuchlich und unbeachtlich, weil für den zu besetzenden Arbeitsplatz kein Mitarbeiter des Betriebs geeignet sei oder an diesem Arbeitsplatz Interesse habe oder haben könne,[52] weil nicht mit internen Bewerbern zu rechnen sei,[53] weil nur ein externer Bewerber die erforderliche Objektivität, Neutralität, Distanz und Unabhängigkeit zu und von

---

39 *Kuhn/Wedde,* AiB 92, 549 f.; *Heither,* AR-Blattei, Betriebsverfassung XIV C, Rn. 65; *Fitting,* Rn. 6.
40 *BAG* 7. 6. 16 – 1 ABR 33/14, NZA 16, 1226; 6. 10. 10 – 7 ABR 18/09, DB 11, 658.
41 Ebenso *Fitting,* Rn. 6, bis zur 25. Aufl., seitdem wie *BAG*; a. A. auch GK-*Raab,* Rn. 31.
42 GK-*Raab,* Rn. 32.
43 *BAG* 18. 11. 80, AP Nr. 1 zu § 93 BetrVG 1972.
44 MusterBV in DKWF-*Buschmann,* § 93 Rn. 4.
45 GK-*Raab,* Rn. 21; Richardi-*Thüsing,* Rn. 28.
46 *LAG Köln* 14. 9. 12 – 5 TaBV 18/12, juris, m. w. N.; ebenso *LAG Düsseldorf* 12. 4. 19 – 10 TaBV 46/18, ZTR 19, 470; Rechtsbeschw. *BAG* 12. 8. 19 – 1 ABR 22/19: Einstellung; Ausnahme nach *BAG* 15. 10. 13 – 1 ABR 25/12, AuR 14, 121, wenn mit innerbetrieblichen Bewerbungen offenkundig nicht zu rechnen ist; *LAG Berlin* 5. 9. 13 – 21 TaBV 843/13: »mit Sicherheit«.
47 *BAG* 1. 6. 11 – 7 ABR 18/10, AP Nr. 136 zu § 99 BetrVG 1972; *Fitting,* Rn. 5.
48 *BAG* 14. 12. 04 – 1 ABR 54/03, EzA BetrVG 2001 § 99 Nr. 1 Einstellung; *BAG* 1. 6. 11 a. a. O.
49 *BAG* 11. 10. 22 – 1 ABR 16/21, NJW 23, 864; *Hinrichs,* AuR 23, 257.
50 *BAG, Hinrichs* a. a. O.; Richardi-*Thüsing,* Rn. 32; *Müller/Becker,* NZA 19, 514.
51 *BAG, Hinrichs* a. a. O.
52 *HessLAG* 2. 11. 99 – 4 TaBV 31/99, AuR 00, 316.
53 *LAG Köln* 14. 9. 12 – 5 TaBV 18/12; *LAG Düsseldorf* 12. 4. 19 – 10 TaBV 46/18, a. a. O.; vgl. § 99, Rn. 229 ff.

den betroffenen AN gewährleiste.[54] Die auf diese »Begründungen« gestützten Zustimmungsersetzungsanträge wurden jeweils zurückgewiesen. Ein Widerspruchsrecht besteht auch, wenn der AG die innerbetriebliche Stellenausschreibung **nicht in einer dem Gesetz oder dem Sinn dieser Vorschrift gerecht werdenden Weise** vornimmt.[55] Das wäre etwa der Fall, wenn er es im Gegensatz zur Ausschreibung nach außen unterlassen würde, die für die Bewerbung notwendigen Einzelheiten, z. B. hinsichtlich der Anforderungen, die der Arbeitsplatz stellt, mitzuteilen. Der AG genügt auch nicht der vom BR geforderten innerbetrieblichen Stellenausschreibung, wenn er eine bestimmte Stelle im Betrieb zwar ausschreibt, in einer Stellenanzeige in der Tagespresse aber **geringere Anforderungen** für eine Bewerbung um diese Stelle nennt. Der BR kann daher die Zustimmung zur Einstellung eines Bewerbers verweigern, der sich auf diese Stellenanzeige mit den geringeren Anforderungen beworben hat.[56] Missbräuchlich wäre es auch, würde der AG vor dem geplanten Einsatz eines **Leiharbeiters** die Stelle derart ausschreiben, dass sich Bewerber bei der Leiharbeitsfirma bewerben sollen. Diese würde natürlich nur Leiharbeiter einstellen. Damit wäre eine interne Besetzung faktisch ausgeschlossen und die Ausschreibung eine Farce.[57] Nach *BAG*[58] berechtigt eine unrichtige Angabe der Höhe des Arbeitsentgelts den BR nur dann zum Widerspruch, wenn die in Aussicht gestellte Vergütung eindeutig bzw. offensichtlich im Widerspruch zu einer den AG bindenden tariflichen oder betrieblichen Vorgabe steht. Dies muss erst recht gelten, wenn die in Aussicht genommene Vergütung sittenwidrig (§ 138 BGB) oder lohnwucherisch (§ 291 StGB) niedrig liegt. Unabhängig von dem Zustimmungsverweigerungsrecht bleibt dem BR die Möglichkeit, die Durchführung der Ausschreibung im Wege eines gegen den AG gerichteten Beschlussverfahrens durchzusetzen (vgl. Rn. 38). oder gegen ihn nach **§ 23 Abs. 3** oder **§ 17 Abs. 2 AGG** vorzugehen.[59]

III. Inhalt und Umfang von Stellenausschreibungen

1. Mindestanforderungen

Die **Ausschreibung** (Def.) ist die allgemeine Aufforderung an alle oder eine bestimmte Grup- 13
pe von AN, sich für bestimmte Arbeitsplätze im Betrieb zu bewerben.[60] Dies erfordert die Bekanntgabe bestimmter stellen- wie aufgabenbezogener **Mindestinformationen,** die sich aus ihrem Zweck ergeben. Dieser geht dahin, die zu besetzende Stelle den in Betracht kommenden AN zur Kenntnis zu bringen und ihnen die Möglichkeit zu geben, ihr Interesse an der Stelle kundzutun und sich darum zu bewerben. Aus der Ausschreibung muss hervorgehen, um welchen Arbeitsplatz es sich handelt und welche Anforderungen ein Bewerber erfüllen muss.[61] Die Bekanntmachung muss so erfolgen, dass alle als Bewerber in Betracht kommenden AN die Möglichkeit haben, von der Ausschreibung Kenntnis zu nehmen. Eine bestimmte Form der Bekanntmachung ist nicht vorgeschrieben. Regelmäßig erforderlich, aber auch ausreichend ist es, wenn die Ausschreibung in der Weise bekannt gemacht wird, in der üblicherweise die Information der AN erfolgt.[62] Nach *BAG*[63] erfordert dies eine zumindest schlagwortartige Bezeichnung der Arbeitsaufgaben und Mitteilung der von den Bewerbern erwarteten Qualifikationen«. Sie sollte **möglichst ausführlich und genau** sein, damit nicht im Nachhinein

54 *LAG Düsseldorf* a. a. O.
55 GK-*Raab,* Rn. 33.
56 *BAG* 23. 2. 88, AP Nr. 2 zu § 93 BetrVG 1972.
57 So im Falle von *BAG* 7. 6. 16 – 1 ABR 33/14, NZA 16, 1226. In dieser Konstellation wies aber das *BAG* einen Verpflichtungsantrag des BR, die Ausschreibung so durchzuführen, dass Bewerbungen auch direkt an den AG gerichtet werden können, mangels Mitbestimmungsrechts zurück. Die Beraterpraxis greift diesen Tipp gerne auf, vgl. *Müller/Becker,* NZA 19, 517. Dies zu Grunde gelegt, sind Widerspruchsverfahren vorprogrammiert.
58 *BAG* 10. 03. 09 – 1 ABR 93/07, AuR 09, 226.
59 *BAG* 18. 8. 09 – 1 ABR 47/08, AuR 09, 310; *HessLAG* 6. 3. 08 – 9 TaBV 251/07, AuR 08, 315.
60 *BAG* 23. 2. 88, a. a. O.
61 *BAG* 7. 6. 16 – 1 ABR 33/14, NZA 16, 1226; *LAG Schleswig-Holstein* 6. 7. 17 – 4 TaBV 6/17: Nennung der beabsichtigten Entgeltgruppe nicht notwendig.
62 *BAG* 17. 6. 08 – 1 ABR 20/07, AuR 08, 407.
63 *BAG* 10. 3. 09 – 1 ABR 93/07, AuR 09, 226.

weitere unbenannte Qualifikationsmerkmale eingeführt werden und bei personellen Einzelmaßnahmen den Ausschlag geben, wodurch der Sinn der Ausschreibung unterlaufen würde.[64] Erscheint eine bestimmte **Anforderung nicht in der Stellenausschreibung** und wird sie auch nicht im Bewerbungsverfahren gefordert, so kann sich der AG später darauf zur Begründung der Bevorzugung eines Bewerbers des anderen Geschlechts **nur berufen, wenn besondere Umstände vorliegen**, die erkennen lassen, dass dieser Grund nicht nur vorgeschoben ist. Dies muss besonders kritisch gewürdigt werden, wenn die Anforderung von Frauen typischerweise nicht erfüllt wird, wie etwa langjährige Berufserfahrung in einem Männerberuf.[65]

14 Die Ausschreibung sollte enthalten:[66]
- Betriebsbereich (z. B. Abteilung), in dem die Stelle zu besetzen ist;
- genaue Beschreibung des Arbeitsplatzes sowie der Arbeitsbedingungen;
- fachliche Anforderungen;
- Angabe der Tarifgruppe sowie sämtlicher Zulagen, auch außertariflicher Art;
- Arbeitszeitfragen (z. B. Wechselschicht, Vollzeit/Teilzeit)
- befristet/unbefristet[67]
- Aufstiegs- und Weiterbildungsmöglichkeiten;
- einzureichende Bewerbungsunterlagen;
- Besetzungstermin;
- Form der Bewerbung;
- Bezeichnung der die Bewerbungen entgegennehmenden Stelle.

Nach *BAG*[68] zählt die Höhe des Arbeitsentgelts nicht zum notwendigen Inhalt einer Ausschreibung. Dies erscheint zweifelhaft, da das Arbeitsverhältnis als Austauschverhältnis durch gegenseitige Leistungspflichten gekennzeichnet ist, also nicht nur die vom AN geforderten Leistungen. Auch die **Funktion** der **innerbetrieblichen Markttransparenz** und der **Aufstiegsförderung** spricht für diese Information.

15 Das Verlangen des BR wird nur erfüllt durch eine rechtmäßige, den Erfordernissen des § 75 Abs. 1, sonstiger gesetzlicher oder tariflicher Vorschriften sowie oben Rn. 13 genügende Ausschreibung. Andernfalls würde die Ausschreibung eine personelle Einzelmaßnahme vorbereiten, die wegen Verstoßes gegen § 99 Abs. 2 Nr. 1 gar nicht erfolgen dürfte. Insofern wird die vom BR anzustellende **Überprüfung nach § 99 in das Ausschreibungsverfahren vorverlagert.** Dies dient auch dem Interesse des AG, der so frühzeitig vor Rechtsfehlern bewahrt werden kann. Andererseits bestimmen sich die ratio der Norm sowie ihr Anwendungsbereich eigenständig und nicht abgeleitet aus § 99. Das bedeutet, dass in der Ausschreibung nicht etwa nur die Merkmale des Arbeitsplatzes anzugeben sind, die im Einzelfall für einen Widerspruch nach 99 Abs. 2 erheblich sind.

2. Diskriminierungsfreie Ausschreibung

16 Gesetzliche Anforderungen an den Inhalt von Ausschreibungen ergeben sich aus § 11 i. V. m. § 7 AGG, welcher auf § 1 AGG verweist. Danach darf ein Arbeitsplatz nicht unter Verstoß gegen das **Verbot der Diskriminierung wegen** der **Rasse,** der **ethnischen Herkunft,** des **Geschlechts,** der **Religion oder Weltanschauung,** einer **Behinderung,** des **Alters oder** der **sexuellen Identität** ausgeschrieben werden. Das Benachteiligungsverbot dient der Umsetzung der RL 2000/43/EG zur Anwendung des Gleichbehandlungsgrundsatzes ohne Unterschied der Rasse oder der ethnischen Herkunft, der RL 2000/78/EG zur Festlegung einen allgemeinen Rahmens für die Verwirklichung der Gleichbehandlung in Beschäftigung und Beruf, der RL 2002/73/EG zur Verwirklichung des Grundsatzes der Gleichbehandlung von Männern und Frauen hinsichtlich des Zugangs zur Beschäftigung, zur Berufsbildung und zum beruflichen Aufstieg sowie

64 Vgl. auch *Degen*, AiB 91, 108; *Schiek*, § 93 Rn. 3, im Hinblick auf die Gefahr der Frauendiskriminierung.
65 *BVerfG* 16.11.93 – 1 BvR 258/86, AuR 94, 110; ferner *BVerfG* 21.9.06 – 1 BvR 308/03, NJW 07, 137.
66 Vgl. auch *RKW*-Handbuch, S. 154 ff.; *Kock*, Handbuch Personalplanung, 139, 160.
67 Nach *LAG Schleswig-Holstein* 6.3.12 – 2 TaBV 37/11, juris, nicht zwingend erforderlich.
68 *BAG* 10.3.09 – 1 ABR 93/07, AuR 09, 226.

in Bezug auf die Arbeitsbedingungen, Neufassung durch RL 2006/54/EG v. 5.7.06; der RL 2004/113/EG zur Verwirklichung des Grundsatzes der Gleichbehandlung von Männern und Frauen beim Zugang zu und bei der Versorgung mit Gütern und Dienstleistungen. Nach Art. 5 Abs. 3 der RL (EU) 2023/970 (Entgelttransparenz und Durchsetzungsmechanismen) stellen AG sicher, dass Stellenausschreibungen und Berufsbezeichnungen geschlechtsneutral sind und Einstellungsverfahren auf nichtdiskriminierende Weise geführt werden. Der *EuGH*[69] versteht den Grundsatz der Gleichbehandlung in Beschäftigung und Beruf als allgemeinen Grundsatz des (primären) Gemeinschaftsrechts, der unabhängig von seiner nationalen Umsetzung unmittelbar anzuwenden ist. Art. 21 Gr-Charta verbietet zudem Diskriminierungen wegen Hautfarbe, sozialer Herkunft, genetischer Merkmale, Sprache, politischer oder sonstiger Anschauung, Zugehörigkeit zu einer nationalen Minderheit, Vermögen, Geburt, sexuelle Ausrichtung. Das AGG verpflichtet nicht von sich aus zu einer Ausschreibung, wenn AG und BR dies nicht wollen.[70] Entscheidet sich aber der AG dazu oder verlangt sie der BR, muss sie den durch das Art. 21 GRC, AGG und § 7 TzBfG gesetzten zwingenden Rahmen beachten.

Art. 1 Abs. 1 **ILO-Übereinkommen** 111 (von Deutschland ratifiziert) über Diskriminierung in Beschäftigung und Beruf verbietet **16a**

a) jede Unterscheidung, Ausschließung oder Bevorzugung, die auf Grund der Rasse, der Hautfarbe, des Geschlechts, des Glaubensbekenntnisses, der politischen Meinung, der nationalen Abstammung oder der sozialen Herkunft vorgenommen wird und die dazu führt, die Gleichheit der Gelegenheiten oder der Behandlung in Beschäftigung oder Beruf aufzuheben oder zu beeinträchtigen;
b) jede andere Unterscheidung, Ausschließung oder Bevorzugung, die dazu führt, die Gleichheit der Gelegenheiten oder der Behandlung in Beschäftigung oder Beruf aufzuheben oder zu beeinträchtigen, und die von dem betreffenden Mitglied nach Anhörung der maßgebenden Arbeitgeber- und Arbeitnehmerverbände, soweit solche bestehen, und anderer geeigneter Stellen bestimmt wird.

Art. 1 Abs. 3 des Übereinkommens umfasst die Zulassung zur Berufsausbildung, zur Beschäftigung und zu den einzelnen Berufen, damit auch Ausschreibungen iSd Vorschrift.[71]

Der **Ausschreibungsbegriff des AGG** entspricht angesichts seiner europarechtlichen Vorgaben dem der §§ 611b BGB und 7 TzBfG. Stellenanzeigen sind – wie typische Willenserklärungen bzw. AGB – nach ihrem obj. Inhalt und typischen Sinn einheitlich so auszulegen, wie sie von verständigen und redlichen potentiellen Bewerbern unter Abwägung der Interessen der normalerweise beteiligten Verkehrskreise verstanden werden, wobei die Verständnismöglichkeiten des durchschnittlichen Bewerbers zugrunde zu legen sind.[72] Jede – öff. oder innerbetriebliche – Ausschreibung ist diskriminierungsfrei zu gestalten.[73] Dies gilt auch, wenn sich der AG dabei eines Dritten, z. B. der Bundesagentur für Arbeit, bedient. Deren Verhalten ist dem AG i. d. R. zuzurechnen.[74] Nach *EuGH*[75] ist es zumindest für den Anschein einer Diskriminierung bei der Einstellung nicht erforderlich, dass die dafür verantwortliche Person rechtlich befugt ist, den AG zu binden oder bei Einstellungen rechtlich zu vertreten. Für Stellenausschreibungen in Online-Bewerbungsportalen gilt nichts anderes als für Printmedien.[76] Sind Ausschreibungen mit einem auszufüllenden Einstellungsfragebogen verbunden, ist dieser Bestandteil der Ausschreibung und nach dieser Vorschrift zu behandeln. Eine wesentliche Ergänzung gegenüber dieser Vorschrift ist die Erstreckung des Diskriminierungsverbots auf alle **Beschäftigten i. S. d.** **17**

---

69 *EuGH* 22.11.05 – RS. C-144/04, AuR 06, 167, mit Anm. *Schiek*, sowie 19.1.10 – Rs. C-555/07, AuR 10, 264, dem folgend *BAG* 26.4.06 – 7 AZR 500/04, AuR 06, 167, 330; 25.2.10 – 6 AZR 911/08, AuR 10, 267.
70 Vgl. Däubler/Beck-*Buschmann*, § 11 AGG, Rn. 5, m. w. N.; *EuGH* 21.5.85, Rs. C-248/83, Kommission ./. Deutschland, zur RL 76/207.
71 *Schubert*, Arbeitsvölkerrecht, S. 119 ff.
72 *BAG* 23.11.17 – 8 AZR 372/16, AP Nr. 15 zu § 22 AGG.
73 BT-Drucks. 14/4538, S. 34 zu § 11.
74 *BAG* 5.2.04 – 8 AZR 112/03, AuR 04, 107, 237.
75 *EuGH* 25.4.13, Rs. C-81/12, Asociatia ACCEPT, AuR 13, 231; bestätigt durch *EuGH* 23.4.20, C-507/18, Associazione Avvocatura per i diritti LGBTI, AuR 20, 282.
76 *BAG* 15.12.16 – 8 AZR 418/15, GWR 17, 205.

§ 6 AGG, nicht nur auf AN. Namentlich hervorgehoben werden neben den AN die zu ihrer Berufsbildung Beschäftigten, arbeitnehmerähnliche Personen einschließlich Heimarbeiter und Gleichgestellte, Bewerber für ein Beschäftigungsverhältnis und ausgeschiedene Beschäftigte. Schließlich erfasst § 6 Abs. 3 AGG hinsichtlich der Bedingungen für den Zugang zur Erwerbstätigkeit sowie den beruflichen Aufstieg auch Selbständige wie sog. Freie Mitarbeiter und Franchise-Nehmer und entspricht damit den RL 2000/43/EG und 2000/78/EG, die jeweils in Art. 3 Abs. 1a nicht zwischen unselbständiger und selbständiger Erwerbstätigkeit differenzieren. Dementsprechend ist der Begriff des Arbeitsplatzes i. S. d. § 11 AGG weiter zu fassen als nach § 93 BetrVG. Für Nicht-AN hat der BR zwar kein Mitbestimmungsrecht. Er kann aber dem AG dessen gesetzlichen Verpflichtungen vorhalten und seine Mitbestimmungsmöglichkeiten so gestalten, dass nicht für die Beschäftigung in nicht-arbeitsrechtlichen Verhältnissen andere Anti-Diskriminierungsmaßstäbe gelten als für AN. Insoweit ist das besondere Verfahren nach § 17 Abs. 2 AGG auch in Bezug auf diesen Personenkreis eröffnet.

18 Aus dem erweiterten Beschäftigtenbegriff des § 6 AGG bestimmt sich die **Bezugsgruppe für die Anwendung des Prüfungsmaßstabs der mittelbaren Diskriminierung** nach § 3 Abs. 2 AGG. Diese liegt z. B. vor, wenn der AG AN und Nicht-AN unterschiedlich behandelt, indem er z. B. für besondere Führungspositionen überwiegend Nicht-AN einsetzt, wodurch jedoch Personen eines Geschlechts in besonderer Weise benachteiligt werden. Hier ist nach § 3 Abs. 2 im Einzelfall zu prüfen, ob die Differenzierung durch ein rechtmäßiges Ziel sachlich gerechtfertigt ist und die Mittel zur Erreichung dieses Ziels angemessen und erforderlich sind. Der unterschiedliche Beschäftigtenstatus reicht hierfür nicht aus. Unzulässig wäre auch eine – nur an AN, nicht aber an ständig beschäftigte »Freie« Mitarbeiter oder umgekehrt – gerichtete Ausschreibung, die dazu führt, dass eine der im AGG geschützten Personengruppen besonders belastet wird.

19 Das Benachteiligungsverbot bei der Ausschreibung erstreckt sich auf alle Tatbestände des § 1 AGG. Die dort genannten **»verpönten« Gesichtspunkte** dürfen – abgesehen von den Ausnahmetatbeständen der §§ 8–10, 20 AGG – weder positiv noch negativ Inhalt einer Ausschreibung sein.[77] Ein **Verstoß gegen das Neutralitätserfordernis** kann sich aus der Unternehmensdarstellung, aus Tätigkeitsbezeichnungen und persönlichen Anforderungen oder der Art der beizufügenden Bewerbungsunterlagen ergeben.[78] Erhöhte Aufmerksamkeit muss **umschreibenden Begriffen** gewidmet werden, die im Einzelfall zu einer mittelbaren **Diskriminierung** i. S. d. § 3 Abs. 2 führen können.[79] Zwar kann der AG über den der Stelle zugeordneten Aufgabenbereich frei entscheiden. Dagegen kann er nicht dadurch, dass er nach der Verkehrsanschauung nicht erforderliche Anforderungen für die Stellenbesetzung formuliert, die Vergleichbarkeit der Situation selbst gestalten und so den Schutz des AGG beseitigen.[80] Abgesehen von den Voraussetzungen des § 9 AGG dürfen Anzeigen oder Ausschreibungen nicht an Religion oder Weltanschauung anknüpfen. Unzulässig wäre z. B. ein Hinweis auf einen »streng katholisch geführten Betrieb«.[81] Die **Beweislastregelung** des § 22 AGG gibt dem AG bei Glaubhaftmachung einer Benachteiligung nach § 1 AGG auf, deren sachliche Rechtfertigung darzulegen und zu beweisen. Insofern ist der AG auch gegenüber dem BR darlegungs- und beweispflichtig.

20 Bei § 11 AGG handelt sich wie schon bei § 611b BGB um eine sog. Muss-Vorschrift, dh sie ist zwingend und weder verzicht- noch abdingbar. Ihre Verletzung kann auch dann Rechtsfolgen – allerdings aus anderen Vorschriften – begründen, wenn eine nachfolgende personelle Maßnahme selbst nicht gegen das Benachteiligungsverbot verstößt oder gar nicht stattfindet.[82] Bei Verstoß wird nach § 22 AGG eine kaum zu widerlegende Benachteiligung vermutet (zum individuellen Schadensersatzanspruch Rn. 23).[83] Die sog. »verpönten« Gesichtspunkte dürfen grds. weder positiv noch negativ Inhalt einer Ausschreibung sein, auch nicht zugunsten gesell-

77 Zu Einzelfragen *Kania/Merten,* ZIP 07, 8 ff.; zur Rspr. *Nollert-Borasio,* AuR 08, 333 f.
78 Vgl. Wendeling-Schröder/Stein-*Stein,* § 11 AGG, Rn. 15 ff.
79 Ebenso MünchArbR-*Oetker,* § 17, Rn 8 ff.
80 *BAG* 19. 8. 10 – 8 AZR 466/09, AuR 2010, 399; 23. 8. 12 – 8 AZR 285/11, AuR 2012, 374.
81 Schleusener/Suckow/Voigt-*Suckow,* § 11 Rn. 43; jurisPK-BGB-*Overkamp,* § 11, Rn. 18.
82 *BAG* 23. 8. 12 – 8 AZR 285/11, BB 2012, 2239.
83 Vgl. *BVerfG* 16. 11. 93 – 1 BvR 258/86, AuR 94, 110; ebenso 21. 9. 06 – 1 BvR 308/03, NJW 07, 137, das aus Art 3 Abs. 2 GG eine Auslegung des § 611a BGB ableitet, dass Arbeitsuchende bei Begründung

schaftlich oder sektoral typischerweise benachteiligter Bewerber. Die Ausschreibung ist vielmehr »**merkmalsneutral**« zu gestalten.[84] Eine Ausnahme wird nur gelten, wenn ausdrücklich für Behinderte ein Vorrang statuiert wird, Nichtbehinderung wird nicht besonders geschützt.[85] Das **Neutralitätsgebot** ist bereits verletzt, wenn nur einer von mehreren Bestandteilen eines Anforderungsprofils mittelbar oder unmittelbar an ein Merkmal des § 1 AGG anknüpft.[86] Auf Verschulden oder eine »verpönte« Intention des/der Ausschreibenden kommt es nicht an. Diversity Management in Form einer ausdrücklichen Berücksichtigung bestimmter »Identitäten« in Ausschreibungen wäre damit als Benachteiligung anderer »Identitäten« nur ausnahmsweise nach §§ 5, 8–10 AGG zulässig.[87] Unzulässig ist z. B. die unmittelbare (§ 3 Abs. 1 AGG) wie mittelbare (§ 3 Abs. 2 AGG) **Aufnahme eines Geschlechts als positives oder negatives Einstellungs- oder Beförderungsmerkmal in die Ausschreibung,**[88] desgleichen die Aufnahme von damit im Zusammenhang stehenden Merkmalen. Die im ö. D. geläufige Formulierung »Bewerbungen von Frauen sind erwünscht« ist zulässig, wenn Frauen in einer bestimmten Führungsposition unterdurchschnittlich repräsentiert sind. Ein absoluter Frauenvorrang scheidet dagegen aus. Zulässig ist nach *BAG*[89] die Ausschreibung einer Betreuungsstelle für Frauen in einem Mädcheninternat, wenn dort Nachtdienst geleistet werden soll; ferner[90] für die Stelle einer kommunalen Gleichstellungsbeauftragten mit Schwerpunkt Integrationsarbeit mit zugewanderten Frauen. Unzulässig wäre ein Abstellen auf Merkmale, die überwiegend von einem Geschlecht erfüllt werden, von anderen weniger, etwa auf die **Erfüllung der Wehrpflicht bzw des Kriegsdienstes.** Wird auf (freiwilligen) Militärdienst abgestellt, liegt regelmäßig eine mittelbare Benachteiligung nach § 3 Abs. 2 AGG vor, darüber hinaus eine unmittelbare Benachteiligung wegen der Weltanschauung[91] sowie eine Verletzung von Art. 4 Abs. 3 GG, sollte eine Ausschreibung Zivildienst gegenüber Militärdienst diskriminieren. Nach § 8 AGG ist eine unterschiedliche Behandlung nur wegen wesentlicher und entscheidender unterschiedlicher beruflicher Anforderungen erlaubt. Die Begründung[92] nennt etwa den Beruf eines Mannequins. Wegen des Gleichberechtigungsgrundsatzes des Art. 3 GG ist diese Ausnahme eng zu fassen. Fast alle Berufe, die in der Vergangenheit zwingend einem Geschlecht zugeschrieben wurden, werden es heute nicht mehr. In Anlehnung an die Rspr. des *BVerfG* zur **Intersexualität** im Personenstandsrecht[93] lässt sich die Vorschrift nicht mehr allein auf Männer und Frauen beziehen. Das *BVerfG* hielt das Personenstandsgesetz für verfassungswidrig, wenn es kein anderes Geschlecht zuließ als männlich oder weiblich. Daraufhin wurden u. a. §§ 22 und 45b PStG durch Gesetz v. 18. 12. 2018 (BGBl. I, 2635) derart geändert, dass auf die Geschlechtsangabe verzichtet oder »divers« eingetragen werden kann. Demnach dürfen Ausschreibungen ein drittes Geschlecht auch nicht durch ausschließlichen Bezug auf 2 Geschlechter ausschließen.

§ 10 Satz 1 und 2 AGG verlangt eine Einzelfallprüfung, ob die **unterschiedliche Behandlung wegen des Alters** objektiv und angemessen und durch ein legitimes Ziel gerechtfertigt ist.[94] 21
Nach § 10 Nr. 3 AGG lässt sich die Festsetzung eines Höchstalters für die Einstellung nur rechtfertigen durch spezifische Ausbildungsanforderungen eines bestimmten Arbeitsplatzes oder durch die Notwendigkeit einer angemessenen Beschäftigungszeit vor dem Eintritt in den Ruhestand, was wörtlich Art. 6 Abs. 1c der RL 2000/78/EG entspricht. Dass ein bestimmtes Alter eine sinnvolle Ausbildung ausschließt, wird angesichts des gesellschaftlich und auch vom *BVerfG* als

---

des Arbeitsverhältnisses wirksam vor Benachteiligungen wegen des Geschlechts geschützt werden müssen.

84 *Huke/Schütt*, JbArbR 2007, III 2a; vgl. auch Laws, MDR 2013, 625; Beispiele für unzulässige Formulierungen bei Däubler/Beck-*Buschmann*, § 11 AGG, Rn. 22 ff.

85 Ebenso Rust/Falke-*Falke*, AGG § 11 Rn. 20.

86 Rust/Falke-*Falke*, a. a. O. Rn. 15.

87 Vgl. auch *Wendeling-Schröder*, AuR 15, 49 ff.

88 Vgl. *LAG Hamm* 24. 4. 08 – 11Sa 95/08, rkr., AuR 08, 360: »Hotelfachfrau«.

89 *BAG* 28. 5. 09, AuR 09, 266, 369.

90 *BAG* 18. 3. 10 – 8 AZR 77/09, DB 2010, 1534.

91 Pazifismus, so ausdrücklich Europ. Menschenrechtskommission 16. 5. 1977, Nr. 7050/75 Arrowsmith; ebenso Schiek/Kocher-*Schiek*, § 1 AGG, Rn. 23.

92 BT-Drucks. 15/4538, S. 32.

93 *BVerfG* 10. 10. 17 – 1 BvR 2019/16, NJW 17, 3643.

94 Ausführlich zur Altersdiskriminierung in Stellenausschreibungen *N. Pieper*, RdA 18, 337 ff.

Gemeinwohlbelang anerkannten Prinzips des lebenslangen Lernens[95] nur in besonderen Ausnahmefällen anzunehmen sein,[96] die im Einzelfall besonders begründet werden müssen. Die Notwendigkeit einer angemessenen Beschäftigung vor dem Ruhestand wird nur ausnahmsweise[97] gegeben sein. Dieses Merkmal betrifft vornehmlich Beamtenverhältnisse mit entspr. Beamtenversorgung, kommt jedoch für die private Wirtschaft regelmäßig nicht zum Tragen. Schon deshalb sind generelle **Höchstaltersgrenzen für die Einstellung in Ausschreibungen** regelmäßig unzulässig, da sie nicht an die vorstehend aufgeführten Einzelfallbedingungen anknüpfen.[98] Das Gleiche gilt, wenn die Ausschreibung eine Selbstdarstellung des AG (»Wir sind ein junges, dynamisches Team«) enthält, die ältere Bewerber faktisch ausschließt.[99] Unzulässig wäre es, Stellen für »junge« Bewerber,[100] »Berufsanfänger«[101] oder (als mittelbare Diskriminierung älterer Bewerber) mit dem Anforderungskriterium eines Hochschulabschlusses, der nicht länger als 1 Jahr zurückliegt oder innerhalb der nächsten Monate erfolgt[102] oder im 1. Berufsjahr auszuschreiben.[103] Einen Ausreißer stellt eine Aussage des *BAG* dar,[104] die geringfügig abweichende Formulierung »junges dynamisches *Unternehmen*« enthalte anders als »Team« keine altersbezogenen Besetzungskriterien oder -wünsche. Dass »jung« in diesem Zusammenhang nicht die Belegschaft oder die erwünschten Bewerber, sondern die Dauer der Tätigkeit des UN am Markt widerspiegeln soll, ist aus der maßgeblichen Sicht eines durchschnittlichen Bewerbers in der Verknüpfung mit »dynamisch« nicht nachvollziehbar. Ein UN kann nicht dynamisch sein, sondern allein seine Mitarbeiter, so dass die Verwendung beider Adjektive in Kombination keinen anderen Schluss zulässt als die gewünschte Struktur der Belegschaft.[105]

22 Verstößt der AG bei der Ausschreibung gegen § 75 bzw. §§ 1, 7 AGG, kann der Betriebsrat seine **Zustimmung** zur personellen Einzelmaßnahme in gleicher Weise **verweigern** wie bei völlig unterbliebener Ausschreibung.[106] Die diskriminierende und die unterbliebene Ausschreibung stehen insoweit gleich. Zudem kann der BR den AG nach **§ 17 Abs. 2 AGG auf Unterlassung** in Anspruch nehmen[107] sowie eine erneute – diskriminierungsfreie – Ausschreibung verlangen.

23 Der Verstoß gegen das Diskriminierungsverbot bei der Einstellung, insbes. infolge einer diskriminierenden Ausschreibung, kann zu einem **individualrechtlichen Entschädigungsanspruch** aus § 15 Abs. 1 AGG führen. Die Entschädigung ergibt sich noch nicht aus der Ausschreibung als solcher, sondern aus einer individuellen Benachteiligung, etwa Nichteinstellung.[108] Enthält eine Ausschreibung diskriminierende Kriterien, wird nach § 22 AGG regelmäßig vermutet, dass die Benachteiligung darauf beruht.[109] Bedient sich der AG zur Stellenausschreibung eines

---

95 *BVerfG* 15.12.87, AuR 88, 186 = DB 88, 709.
96 *Weber,* AuR 02, 404.
97 Zur RL *Linsenmaier,* RdA 5/03, Beil. 22, 28.
98 *BAG* 8.12.10 – 7 ABR 98/09, AuR 2011, 267; 21.6.12 – 8 AZR 188/11, NJW 2013, 555.
99 *BAG* 19.5.16 – 8 AZR 470/14; 11.8.16 – 8 AZR 406/14; *Huke/Schütt,* Die Bedeutung des AGG für die Unternehmen, JbArbR 2007, III 2a; KDZ-*Zwanziger,* 7. Aufl. 2008, § 11 AGG, Rn 5.
100 *BAG* 19.8.10 – 8 AZR 530/09, AuR 2011, 35 = AP Nr. 5 zu § 15 AGG: »suchen wir für unsere Rechtsabteilung eine(n) junge(n), engagierte(n) Volljuristin/Volljuristen.«.
101 *BAG* 24.1.13 – 8 AZR 429/11, AuR 13, 103; unhaltbar und selbst diskriminierend *Wichert/Zange,* DB 07, 970, die als »sachliche« Rechtfertigung das Bild des »unverbildeten und lernfähigen Mitarbeiters einer Anwaltskanzlei« zeichnen und dies mit deren niedrigerem Anfangsgehalt begründen; ähnlich *HessLAG* 16.1.12 – 7 Sa 615/11, NZA-RR 2012, 464, zum Anforderungskriterium eines höchstens ein Jahr zurückliegenden Studienabschlusses für ein Trainee-Programm für Berufseinsteiger (Juristen) durch eine Versicherungsgesellschaft, mit Argumenten wie: »noch nicht von einschlägigen Berufserfahrungen vorgeprägt und beeinflusst …«.
102 *HessLAG* 18.6.18 – 7 Sa 851/17, FA 2018, 407, NZB 8 AZN 507/18 am 12.12.18 zurückgewiesen; Beschreibung dieses Verfahrens bei *Helm,* AuR 20, 64 ff.
103 *BAG* 19.5.16 – 8 AZR 470/14 sowie 583/14, AuR 16, 521; 18.8.09 – 1 ABR 47/08, AuR 09, 310; 10, 223; *HessLAG* 6.3.08 – 9 TaBV 251/07, AuR 08, 315.
104 *BAG* 23.11.17 – 8 AZR 604/16, NJW 18, 1497.
105 jurisPK-BGB-*Overkamp,* 9. Aufl., § 11 AGG, Rn. 15.
106 *Fitting,* Rn. 8.
107 *BAG* 18.8.09 – 1 ABR 47/08, *HessLAG* 6.3.08 a.a.O.
108 *BAG* 5.2.04 – 8 AZR 112/03, AuR 04, 107, 237; *BVerfG* 16.11.93 – 1 BvR 258/86, AuR 94, 110.
109 *BAG* 19.8.10 – 8 AZR 530/09, AP Nr. 5 zu § 15 AGG.

Dritten, z. B. eines Stellenvermittlers, wie der Bundesagentur für Arbeit und verletzt ein so eingeschalteter Dritter die Pflicht zur neutralen Stellenausschreibung, so ist diese Handlung dem AG zuzurechnen. Den AG trifft im Falle der Fremdausschreibung die Sorgfaltspflicht, die Ordnungsmäßigkeit der Ausschreibung zu überwachen.[110] § 15 Abs. 2 AGG trifft eine differenzierte Regelung, die die Entschädigung bei Nichteinstellung auf 3 Monatsgehälter begrenzt, wenn der/die Beschäftigte auch bei benachteiligungsfreier Auswahl nicht eingestellt worden wäre. Beruht der Inhalt der Ausschreibung auf einer BV, haftet der AG nach § 15 Abs. 2 AGG nur bei Vorsatz oder grober Fahrlässigkeit, was das Interesse von AG, hierüber BV zu schließen, steigern mag, aber angesichts der verfassungsrechtlichen Schutzpflicht aus Art. 3 GG[111] zweifelhaft ist. Allerdings ist die diskriminierende Bestimmung selbst nach § 7 Abs. 2 AGG unwirksam, verpflichtet den AG also nicht zur Umsetzung.

3. Reichweite der Mitbestimmung

24 Werden mit einer Stellenausschreibung fachliche und persönliche Voraussetzungen festgelegt, nach denen sich AN um den Arbeitsplatz bewerben können, handelt es sich zugleich um **Auswahlrichtlinien,** über die der BR nach § 95 mitzubestimmen hat.[112] Nach früherer Rspr. des *BAG*[113] bestimmt der AG bei einer innerbetrieblichen Stellenausschreibung allein, welche Anforderungen ein Bewerber um die ausgeschriebene Stelle erfüllen muss. Bei sog. Anforderungsprofilen soll nach str. Auffassung des *BAG*[114] keine Mitbestimmung bestehen.

25 Über die innerbetriebliche Ausschreibung von Arbeitsplätzen werden häufig BV abgeschlossen.[115] Das ist vor allem zu empfehlen, wenn die Ausschreibung umfassendere Angaben enthalten soll. In BV lässt sich eine **generelle Ausschreibungsverpflichtung** vereinbaren. Wird dagegen verstoßen, kann der BR einer personellen Einzelmaßnahme nach § 99 Abs. 2 Nr. 5 widersprechen[116] sowie den AG auf Einhaltung der BV in Anspruch nehmen. Nach *BAG*[117] ist nur eine freiwillige BV möglich. Dagegen soll **kein erzwingbares Mitbestimmungsrecht** bestehen (zur Kritik vgl. Rn. 10). Dem Verlangen des BR nach Stellenausschreibung muss der AG auch ohne BV nachkommen.[118] Kündigt er eine solche BV, entfällt das Einvernehmen der Betriebsparteien über die nähere Ausgestaltung der Ausschreibungen. Dadurch kann der AG aber nicht das zugleich im Abschluss der BV liegende Verlangen des BR beseitigen, freie Stellen auszuschreiben.[119] Die Verpflichtungen des AG zur diskriminierungsfreien Ausschreibung nach § 11 AGG bzw. zur Ausschreibung in Teilzeit nach § 7 TzBfG sind nicht verhandelbar. Sie sind nicht Gegenstand der Mitbestimmung, sondern der Überwachung des BR nach § 80. Dafür sind dem BR die erforderlichen Unterlagen zur Verfügung zu stellen.[120]

IV. Einzelfragen von Stellenausschreibungen

26 Dem AG ist es nicht verwehrt, gleichzeitig mit der internen auch eine **außerbetriebliche Stellenausschreibung,** etwa durch eine Zeitungsanzeige, vorzunehmen (h. M.). Dabei dürfen keine geringeren Anforderungen gestellt werden als im Rahmen der innerbetrieblichen Ausschreibung[121] (vgl. Rn. 13). Die in der Ausschreibung zulässig gestellten Anforderungen dürfen während des weiteren Einstellungsverfahrens nicht verschärft werden. Verlangt etwa eine kath.

---

110 *BAG* 5.2.04 a. a. O.; *BVerfG* 21.9.06 – 1 BvR 308/06, NJW 07, 137.
111 *BVerfG,* a. a. O.
112 Richardi-*Thüsing,* Rn. 27; *Fitting,* Rn. 9; *Hanau,* BB 72, 453.
113 *BAG* 23.2.88, AP Nr. 2 zu § 93 BetrVG 1972.
114 *BAG* 7.11.96, AP Nr. 6 zu § 93 BetrVG 1972; dagegen § 95 Rn. 5 f.
115 Vgl. auch Muster in *RKW*-Handbuch, S. 154 ff.
116 *BAG* 14.12.04 – 1 ABR 54/03, a. a. O.
117 *BAG* 10.3.09 – 1 ABR 93/07, AuR 09, 226.6. 10. 10 – 7 ABR 18/09, DB 11, 658.
118 Vgl. *BAG* 7.11.77, AP Nr. 1 zu § 100 BetrVG 1972; 27.7.93, AP Nr. 3 zu § 93 BetrVG 1972; Richardi-*Thüsing,* Rn. 26.
119 *BAG* 11.10.22 – 1 ABR 16/21, Rn. 35, NJW 23, 864.
120 Ebenso Richardi-*Thüsing,* Rn. 6.
121 Vgl. *BAG* 23.2.88, AP Nr. 2 zu § 93 BetrVG 1972.

AG in der Ausschreibung für eine weder dem pastoralen noch dem erzieherischen Bereich zuzuordnende Stelle einer Personalsachbearbeiterin, lediglich eine positive Einstellung zu den Grundlagen/Zielen eines kath. Trägers, so kann sie von diesem Anforderungsprofil für die Dauer des Bewerbungsverfahrens nicht mehr abweichen.[122]

27 Der AG darf nach Sinn und Zweck der Regelung des § 93 die freie Stelle nicht bereits einem **außen stehenden Bewerber** verbindlich zusagen, bevor die innerbetriebliche Ausschreibung endgültig durchgeführt worden ist und ihm die hierzu eingegangenen Bewerbungen aus dem Betrieb vorgelegen haben.[123] Zwar ist der AG nicht in jedem Fall gehalten, bei der Besetzung von offenen Arbeitsplätzen bereits im Betrieb Beschäftigten den Vorzug vor Außenstehenden zu geben.[124] Internen Bewerbern hat er eine **reelle Chance auf Bewerbung** einzuräumen.[125] Ein ausdrücklicher Vorrang folgt aus § 99 Abs. 2 Nr. 3 (2. Hs,) bzgl. der befristet Beschäftigten sowie aus § 9 TzBfG, wenn teilzeitbeschäftigte AN den Wunsch nach einer Verlängerung der Arbeitszeit angezeigt haben. Sie kann im TV[126] bzw. in **Auswahlrichtlinien** nach § 95 Abs. 1 oder 2 festgelegt werden.[127] Unabhängig von Auswahlrichtlinien nach § 95 Abs. 1 oder 2 ist es möglich, im Rahmen des § 93 in einer **BV** festzulegen, dass innerbetrieblichen Bewerbern der Vorzug gegeben wird.[128]

28 Die Vorschrift spricht von einer »innerbetrieblichen« Stellenausschreibung. Innerhalb des UN kann der **GBR** (vgl. § 51 Abs. 6), innerhalb des Konzerns der **KBR** Stellenausschreibungen (vgl. § 59 Abs. 1 i. V. m. § 51 Abs. 6) verlangen.[129] Da § 93 zur Zuständigkeit von GBR/KBR keine besonderen Regelungen trifft, gelten insoweit §§ 50, 58. Regelmäßig zuständig bleibt danach der örtliche BR. Dies gilt auch, wenn die Personalplanung in Bezug auf Nachwuchskräfte in einem Konzern zentral vorgenommen wird und die auszuschreibenden Arbeitsplätze in mehreren Konzern-UN bzw. in mehreren Betrieben einzelner Konzern-UN vorhanden sind. Für eine Regelung, nach der eine Ausschreibung von Arbeitsplätzen, die für Nachwuchskräfte vorgesehen sind, in bestimmten Fällen stets unterbleibt, fehlt dem GBR bzw. dem KBR die nach § 50 Abs. 1, § 58 Abs. 1 BetrVG erforderliche Kompetenz. Vielmehr besteht die Ausschreibungspflicht des AG bei einem umfassenden Antragsverlangen des BR auch für Arbeitsplätze, deren Besetzung mit Nachwuchskräften beabsichtigt ist.[130] Die Informationsansprüche nach §§ 7 Abs. 2, 12 TzBfG beziehen sich unabhängig davon auf das UN (vgl. Rn. 5).

29 In **Tendenzbetrieben** kann der BR die innerbetriebliche Stellenausschreibung auch für solche Arbeitsplätze verlangen, die mit Tendenzträgern besetzt werden sollen.[131] Die Stellenausschreibung kann die Verfolgung einer geistig-ideellen Zielsetzung weder verhindern noch ernsthaft beeinträchtigen.[132]

30 Die **Dauer** der Ausschreibung muss so bemessen sein, dass interessierte AN unter normalen Verhältnissen die Ausschreibung zur Kenntnis nehmen und eine Bewerbung einreichen können. Das *BAG*[133] hält eine Ausschreibungsdauer von 2 Wochen i. d. R. für nicht unangemessen kurz (str.). Das Gesetz geht davon aus, dass alsbald nach der Ausschreibung die personelle Maßnahme erfolgt. Mit Phantom- oder Vorratsausschreibungen erfüllt der AG seine Verpflichtungen aus der Vorschrift nicht. Andererseits macht eine geringfügige Verzögerung keine erneute Ausschreibung erforderlich, wenn sich aus Sicht der Belegschaft die Stelle der

122 *LAG Niedersachsen* 14.12.16 – 17 Sa 288/16, AuR 17, 312, rkr., mit der Folge des § 15 AGG.
123 *Kuhn/Wedde,* AiB 92, 548.
124 *BAG* 7.11.77, AP Nr. 1 zu § 100 BetrVG 1972; *BAG* 18.11.80, AP Nr. 1 zu § 93 BetrVG 1972.
125 Richardi-*Thüsing,* Rn. 29 m. w. N.
126 *BAG* 25.10.94 – 1 ABR 7/93, AuR 01, 146 mit Anm. *Buschmann.*
127 Vgl. *BAG* 7.11.77, a. a. O.; *BAG* 18.11.80, a. a. O.; *Fitting,* Rn. 16.
128 Richardi-*Thüsing,* Rn. 29; *Däubler,* Das Arbeitsrecht 1, S. 519; a. A. *Hanau,* BB 72, 453; *Hanau/Adomeit,* F II 3.
129 Vgl. *Fitting,* Rn. 10; Richardi-*Thüsing,* Rn. 18 ff.; GK-*Raab,* Rn. 30; für eine Beschränkung der Anwendung des § 93 auf den einzelnen Betrieb *GL,* Rn. 8; *HWGNRH,* Rn. 28 ff.
130 *BAG* 29.9.20 – 1 ABR 17/19, AP Nr. 13 zu § 93 BetrVG 1972 = AuR 21, 45.
131 *BAG* 1.2.11 – 1 ABR 79/09, AuR 11, 313; *Heither,* AR-Blattei, Betriebsverfassung XIV C, Rn. 70; Richardi-*Thüsing,* Rn. 20, 33; *Fitting,* Rn. 11; GK-*Raab,* Rn. 17; zum Begriff des Tendenzträgers vgl. § 118 Rn. 56 ff.
132 Richardi-*Thüsing,* a. a. O.
133 *BAG* 6.10.10 – 7 ABR 18/09, DB 11, 658.

Ausschreibung zuordnen lässt. Ist in einer vom BR verlangten Ausschreibung ein Datum für eine Stellenbesetzung angegeben, ist nach *BAG* regelmäßig keine erneute Ausschreibung erforderlich, wenn zwischen diesem Datum und dem tatsächlichen Besetzungszeitpunkt nicht mehr als 6 Monate vergangen sind.[134] Spätestens nach 6 Monaten wird dieser Zusammenhang nicht mehr erkennbar sein. Über das Ergebnis des Ausschreibungsverfahrens, insbes. die eingegangenen Bewerbungen, ist der BR nach § 80 Abs. 2, unabhängig von personellen Einzelmaßnahmen nach § 99, zu unterrichten.

In der **Praxis** wird von diesem Mittel unterschiedlich Gebrauch gemacht.[135] UN, die die Möglichkeiten eines internen transparenten Arbeitsmarkts zu nutzen verstehen, bestätigen eine verbesserte Nutzung des vorhandenen Entwicklungspotenzials. Dagegen ziehen hierarchisch strukturierte Organisationen gerade bei Aufstiegs- und Führungspositionen die Einstellung externer Bewerber vor, denen größere Autorität und Durchsetzungsvermögen zugetraut wird als Beschäftigten, die ihren künftigen Untergebenen möglicherweise kollegial oder freundschaftlich verbunden sind. Bekannt ist auch die Praxis, die Stelle erst auszuschreiben, wenn der/die Bewerber/-in schon feststeht, um die Anforderungen auf die gewünschte Person zuzuschneiden. Begünstigt wird dies durch die Rspr. des *BAG* (vgl. Rn. 10), die dem BR eine Mitbestimmung hierüber versagt. 31

V. Ausschreibung als Teilzeitarbeitsplätze (§ 7 TzBfG)

§ 7 Abs. 1 TzBfG[136] gibt dem AG die generelle Verpflichtung, im Falle einer von ihm vorgesehenen Ausschreibung den Arbeitsplatz auch als Teilzeitarbeitsplatz auszuschreiben, es sei denn, der Arbeitsplatz eignet sich hierfür nicht. Auf eine besondere Besetzungsbereitschaft des AG kommt es nicht an. Dies gilt auch, wenn der AG aus personalpolitischen oder anderen Gründen zu einer Besetzung in Teilzeit nicht bereit ist oder wenn er eine Besetzung in Vollzeit für geeigneter hält. Die Vorschrift beinhaltet nur die Verpflichtung zur Ausschreibung (auch) in Teilzeit. Ein **Anspruch auf Ausschreibung in Vollzeit** lässt sich weder daraus noch aus der Teilzeit-RL 97/81/EG ableiten.[137] Allerdings ist auch bei Ausschreibung in Teilzeit ein AN nicht gehindert, einen individuellen Anspruch auf Verlängerung der Arbeitszeit nach § 9 TzBfG i. V. m. § 5 Abs. 3b RL 97/81/EG geltend zu machen, wenn sich dadurch das insgesamt angebotene Stundenvolumen nicht erhöht, sondern nur anders organisiert wird. Das Organisationsermessen des AG über das Zeitkontingent des Arbeitsplatzes wird durch arbeitsplatzbezogene Merkmale begrenzt.[138] 32

Nach dem Gesetzentwurf der Bundesregierung zum TzBfG v. 27. 9. 2000 sollte die Ausschreibungspflicht entfallen, wenn *dringende betriebliche Gründe* einer Teilzeitarbeit an diesem Arbeitsplatz entgegenstehen. Als **dringende betriebliche Gründe** i. S. d. Vorschrift nannte die Begründung, dass die Besetzung des Arbeitsplatzes für den Betrieb unzumutbar erschwert wird, weil die konkrete Tätigkeit einen Umfang an Spezialkenntnissen erfordert, über den nur eine begrenzte Zahl der für den Arbeitsplatz fachlich und räumlich in Betracht kommenden vollzeitbeschäftigten AN verfügt. Mit dieser Begründung lässt sich die Ausschreibung in Teilzeit nicht verneinen. Die Gesetzesfassung verlangt **objektive Eignung.** Diese ist nur ausgeschlossen, wenn die am Arbeitsplatz anfallenden Arbeitstätigkeiten und Aufgaben den Umfang einer Vollzeitbeschäftigung ausmachen und nicht auf mehrere Personen aufgeteilt werden können. Dagegen kommt es nicht darauf an, ob sich geeignete Bewerber für eine Teilzeitbeschäftigung finden lassen, da dies die Eignung grundsätzlich nicht in Frage stellt und typischerweise erst nach einer Ausschreibung feststehen wird. Es handelt sich um einen der Auslegung zugänglichen Rechtsbegriff, der gerichtlich voll überprüfbar ist und dem AG keinen Beurteilungs- 33

---

134 *BAG* 30. 4. 14 – 7 ABR 51/12, AuR 14, 390.
135 *Falke u. a.*, II 4.2.
136 Hierzu ausführlich *Fischer*, AuR 01, 325; *Herbert/Hix*, DB 02, 2377; TZA-*Buschmann*, § 7 TzBfG Rn. 2 ff.
137 *BAG* 18. 2. 03 – 9 AZR 272/01, AuR 03, 316; vgl. auch TZA-*Dieball*, S. 205, m. w. N. auch zur Rspr. im Beamtenrecht.
138 *BAG* 15. 8. 06 – 9 AZR 8/06, BAGE 119, 194; TZA-*Buschmann*, § 9 TzBfG, Rn. 2; *Fischer*, AuR 05, 255.

spielraum lässt. Er kann sich der Ausschreibungspflicht auch nicht unter Hinweis auf eine sog. unternehmerische Entscheidung entziehen, alle oder einzelne Arbeitsplätze nur in Vollzeit zu besetzen.[139] Arbeitsvertragliche Regelungen über Vollzeit / Teilzeit stellen sich verfassungsrechtlich für AG wie für AN als Berufsausübung dar. Art. 12 GG gebietet nicht, Berufsausübungsregelungen so zu gestalten und auszulegen, dass sie die unternehmerische Entscheidungsfreiheit unberührt lassen, sondern lässt Raum dafür eine praktische Konkordanz der Berufsfreiheit beider Seiten herbeizuführen.[140] Eine Wertungsparallele zur Auslegung der entgegenstehenden »betrieblichen Gründe« i. S. d. § 8 Abs. 4 Satz 1 TzBfG ist angesichts der unterschiedlichen Formulierung und Funktion nicht zu ziehen.[141]

34 § 7 TzBfG enthält keine Regelung für den Fall, dass der AG **zu Unrecht** den Arbeitsplatz für ungeeignet hält und demzufolge eine **Ausschreibung in Teilzeit nicht vornimmt.** Da die Ausschreibung als Teilzeitarbeitsplatz zumindest auch im Interesse der im Betrieb beschäftigten AN erfolgt, wird neben dem BR auch jeder einzelne AN sie jedenfalls in dem Fall verlangen können, in dem der AG überhaupt eine Ausschreibung vornimmt.[142] Weiterhin kann der BR einer Einstellung oder Versetzung nach § 99 Abs. 2 Nr. 5 widersprechen, wenn der Arbeitsplatz entgegen der gesetzlichen Verpflichtung nicht in Teilzeit ausgeschrieben wurde.[143] Die gesetzwidrige Ausschreibung steht insofern einer unterbliebenen Ausschreibung gleich (vgl. auch Rn. 12). Häufig wird ein derartiger Widerspruch zugleich auf § 99 Abs. 2 Nr. 1 i. V. m. § 9 TzBfG gestützt werden können, wenn ein Teilzeitbeschäftigter, der seine Arbeitszeit verlängern möchte, nicht bevorzugt berücksichtigt wurde.[144]

35 Zwar ist der AG frei, den Arbeitsplatz nach gesetzeskonformer Ausschreibung, für die sich Teilzeitbewerber gefunden haben, mit einer Vollzeitarbeitskraft zu besetzen.[145] In der Praxis wird aber sein Recht, beliebig Vollzeit zu präferieren, eingeschränkt,[146] da er zumindest gegenüber dem BR einer **Begründungspflicht** unterliegt. Um das Ausschreibungsverfahren nicht zur Farce werden zu lassen, hat deshalb der AG das Ausschreibungs- und Bewerbungsverfahren abzuwarten und erst danach eine Entscheidung über die Besetzung zu treffen.

36 Seit Inkrafttreten des AGG lässt sich das Gebot der Ausschreibung in Teilzeit auch auf § 3 Abs. 2 i. V. m. § 1 AGG stützen, da regelmäßig eine Ausschreibung nur in Vollzeit eine **mittelbare Frauendiskriminierung** darstellt, wenn sie nicht durch ein rechtmäßiges Ziel i. S. d. Vorschrift sachlich gerechtfertigt ist und die Mittel zur Erreichung dieses Ziels angemessen und erforderlich sind. Eine inhaltliche Verschiebung gegenüber § 7 TzBfG ist damit nicht verbunden. Der Bezug auf das AGG eröffnet aber dem BR und der im Betrieb vertretenen Gewerkschaft die Möglichkeit des Verfahrens nach § 17 Abs. 2 AGG (dazu § 23 Rn. 206 ff.).

VI. Streitigkeiten

37 Kommt der AG dem Verlangen des BR nach der innerbetrieblichen Stellenausschreibung nicht nach, kann der BR bei einer vom AG angestrebten Besetzung des nicht ausgeschriebenen Arbeitsplatzes seine **Zustimmung nach § 99 Abs. 2 Nr. 5 verweigern.** Kommt es zwischen AG und BR zum Streit über Umfang, Art und Weise der innerbetrieblichen Stellenausschreibung, entscheidet das ArbG im **Beschlussverfahren** (§§ 2a, 80 ff. ArbGG).

38 Der BR kann gegen den AG ein Beschlussverfahren auf **Durchführung seiner Ausschreibungspflicht** anstrengen. Nach *Fitting*[147] kommt ein Feststellungsverfahren in Betracht. Dieses dürfte jedoch bei ausbleibender Ausschreibung i. d. R. ins Leere gehen, zumal die Vorschrift

---

139 Ebenso *Fischer,* AuR 01, 326 sowie 05, 255 m. w. N. auch zur a. A.
140 *BVerfG* 18. 12. 85 – 1 BvR 143/83, AP Nr. 15 zu § 87 BetrVG 1972 Arbeitszeit.
141 So aber *Herbert/Hix,* DB 02, 2377 m. w. N.
142 Ablehnend zu individuellen Schadensersatzansprüchen *Herbert/Hix,* a. a. O.
143 *Däubler,* ZIP 01, 218; *Rolfs,* RdA 01, 141; *Fischer,* AuR 01, 327; *Fitting,* Rn. 16; *Herbert/Hix,* a. a. O., auch zum Widerspruch nach § 99 Abs. 1 Nr. 2.
144 Vgl. auch *BAG* 25. 10. 94 – 3 AZR 987/93, AuR 01, 146 mit Anm. *Buschmann.*
145 Richardi-*Annuß,* BB 00, 2202; *Preis/Gotthardt,* DB 00, 2066; *Schiefer,* DB 00, 2119; *Fischer,* AuR 01, 326.
146 *Däubler,* ZIP 00, 1962.
147 *Fitting,* Rn. 19.

selbst schon die Ausschreibungspflicht feststellt. Das unmittelbar aus § 93 begründete Erfüllungsverfahren ist insoweit vorrangig.[148] Das gleiche Antragsverfahren ergibt sich auch aus § 23 Abs. 3.[149] Die Nichterfüllung dieser gesetzlichen Pflicht ist immer grob i.S.d. § 23 Abs. 3. »Einfache« Nichterfüllung der im Wortlaut eindeutigen gesetzlichen Verpflichtung ist nicht denkbar. Das Verfahren nach § 23 Abs. 3 ist nicht zuletzt für den aus einer Person bestehenden BR, also für eine Betriebsvertretung in Betrieben mit 20 und weniger wahlberechtigten AN bedeutsam, da ein solcher BR wegen der ausdrücklichen Regelung in § 99 Abs. 1 nicht das Zustimmungsverweigerungsrecht nach § 99 Abs. 2 Nr. 5 mit den damit verbundenen Rechtsfolgen nach § 99 Abs. 4 bzw. § 101 hat. Enthält eine Ausschreibung einen groben Verstoß gegen das Diskriminierungsverbot der §§ 1, 7 AGG, kann der BR dagegen ein Unterlassungsverfahren nach § 17 Abs. 2 AGG einleiten.[150]

§ 94 Personalfragebogen, Beurteilungsgrundsätze

(1) Personalfragebogen bedürfen der Zustimmung des Betriebsrats. Kommt eine Einigung über ihren Inhalt nicht zustande, so entscheidet die Einigungsstelle. Der Spruch der Einigungsstelle ersetzt die Einigung zwischen Arbeitgeber und Betriebsrat.
(2) Absatz 1 gilt entsprechend für persönliche Angaben in schriftlichen Arbeitsverträgen, die allgemein für den Betrieb verwendet werden sollen, sowie für die Aufstellung allgemeiner Beurteilungsgrundsätze.

Inhaltsübersicht Rn.

I. Vorbemerkungen

Die Mitbestimmung des BR bei Personalfragebogen soll sicherstellen, dass die Fragen des AG auf die Gegenstände und den Umfang beschränkt bleiben, für die ein **berechtigtes Auskunftsbedürfnis** besteht.[1] Das Mitbestimmungsrecht bei allgemeinen Beurteilungsgrundsätzen hat dieselbe Zielrichtung und soll zu einer **Objektivierung und Versachlichung** der betrieblichen Personalführung beitragen.[2] Es dient damit dem Schutz der Menschenwürde und des Persönlichkeitsrechts des AN[3] sowie dem Schutz seines **informationellen Selbstbestimmungsrechts.**[4] Ein **Musterpersonalfragebogen** findet sich bei DKWF-*Klebe/Heilmann,* § 94 Rn. 1. § 94 kommt bei einer Mitarbeiterbefragung des BR nicht zur Anwendung. Die Vorschrift be- 1

148 Wie hier Siebert/Becker-*Helm*, Rn. 5; *Müller/Becker*, NZA 19, 515.
149 Dafür auch *Fitting* a. a. O.
150 *BAG* 18.8.09 – 1 ABR 47/08, AuR 09, 310; *HessLAG* 6.3.08 – 9 TaBV 25./07, AuR 08, 315.

1 BT-Drucks. VI/1786, S. 50.
2 BT-Drucks. VI/1786, a. a. O., und BT-Drucks. zu VI/2729, S. 5; vgl. auch *BAG* 17.3.15 – 1 ABR 48/13, NZA 15, 885 (887).
3 Vgl. auch *BAG* 9.7.91, DB 92, 143 (144); 21.9.93, DB 94, 480; *Fitting,* Rn. 2; *GL,* Rn. 1.
4 *BAG* 6.6.84, AP Nr. 7 zu § 611 BGB Persönlichkeitsrecht; *Däubler,* Anm. zu BAG, AP Nr. 2 zu § 23 BDSG.

trifft nur eine Befragung durch den AG und schränkt den BR nicht ein, der neben Betriebsversammlung und Sprechstunde auch auf diesem Weg mit der Belegschaft kommunizieren kann.[5]

2 Die Rechte des BR sind als **Zustimmungserfordernis** ausgestaltet; der BR hat also **kein Initiativrecht.**[6] Wird der betreffende Gegenstand bereits in einem **Gesetz** oder **TV** vollständig und abschließend geregelt, ist dem Schutzbedürfnis der AN entsprochen. Das Mitbestimmungsrecht scheidet dann in **analoger Anwendung des § 87 Abs. 1 Eingangssatz** aus[7] (vgl. auch § 91 Rn. 23 m. w. N.). Zumindest besteht für AG und BR kein Regelungsspielraum. Ist dem AG zur Auflage gemacht, nur Personen einzustellen und weiterzubeschäftigen, die anhand eines Personalfragebogens **von der Aufsichtsbehörde sicherheitsüberprüft** worden sind, soll das Mitbestimmungsrecht nach Meinung des *BAG* nicht in Betracht kommen.[8] Der AG verwende den Fragebogen nicht, da die Angaben von der Aufsichtsbehörde erhoben würden. Diese Auffassung überzeugt nicht. Die Ausführung von mitbestimmungspflichtigen Maßnahmen durch Dritte schließt das Mitbestimmungsrecht nicht aus (§ 87 Rn. 21, 280). Der AG hat vielmehr vertraglich sicherzustellen, dass es auch dann ausgeübt werden kann. Das Mitbestimmungsrecht kann allerdings bei einer verbindlichen Vorgabe, die dem AG keinen Regelungsspielraum mehr lässt, ausscheiden. Dies ist allerdings nicht schon dann der Fall, wenn die Durchführung einer weltweiten, den ganzen Konzern erfassenden **Fragebogenaktion** von der **Konzernzentrale im Ausland** festgelegt wird und dem nationalen AG kein eigener Entscheidungsspielraum mehr verbleibt. Auch hier besteht das Mitbestimmungsrecht; den Umstand, dass das deutsche UN Teil eines internationalen Konzerns ist, hat die ESt bei ihrer Ermessensentscheidung zu berücksichtigen[9] (vgl. auch Einleitung Rn. 234 ff., 239 f., § 87 Rn. 21 und ausführlich am Beispiel von Aktienoptionen Rn. 328 m. w. N.).

II. Personalfragebogen

1. Begriff

3 Als **Fragebogen** werden formularmäßig gefasste Zusammenstellungen von auszufüllenden oder zu beantwortenden Fragen verstanden, die Aufschluss über die Person sowie Kenntnisse und Fähigkeiten des Befragten geben sollen.[10] Anonyme Befragungen werden deshalb nicht erfasst, insbesondere wenn die Teilnahme freiwillig ist.[11] Das Mitbestimmungsrecht bezieht sich nicht nur auf Fragebogen im engeren Sinne, also auf schriftlich niedergelegte Fragen, die ein Beschäftigter oder Bewerber schriftlich beantwortet.[12] Die Vorschrift findet vielmehr auf **alle formalisierten,** standardisierten **Informationserhebungen** des AG im Hinblick auf AN-Daten Anwendung.[13] Demnach ist es gleichgültig, ob der Antwortende oder der Fragende den

---

5 *LAG Sachsen* 15. 7. 22 – 4 TaBVGa 1/22, NZA-RR 23, 250 (251 f. Tz. 26, 31).

6 Vgl. *BAG* 17. 3. 15 – 1 ABR 48/13, NZA 15, 885 (887); *LAG Düsseldorf* 24. 7. 84, DB 85, 134 f.; *LAG Frankfurt* 8. 1. 91 – 5 TaBV 162/90, DB 92, 534, Ls.; *LAG Düsseldorf* 6. 3. 09 – 9 TaBV 347/08, LAGE § 94 BetrVG 2001, Nr. 1, S. 6; *Fitting*, Rn. 11; GK-*Raab*, Rn. 5.

7 HaKo-BetrVG/*Kreuder/Mattiessen-Kreuder*, Rn. 3.

8 *BAG* 9. 7. 91 – 1 ABR 57/90, DB 92, 143 (144); *Fitting*, Rn. 7; GK-*Raab*, Rn. 16; *WEHO*, I Rn. 41.

9 *HessLAG* 5. 7. 01 – 5 TaBV 153/00, DB 01, 2254 f.; vgl. auch *BAG* 9. 2. 93 – 1 ABR 33/92, NZA 93, 906 (909); 11. 12. 07 – 1 ABR 67/06, NZA-RR 08, 333 (335); ErfK-*Kania*, Rn. 2; *Gola*, Rn. 2023; *Fischer*, BB 00, 562 (563 f.); *ders.*, AuR 02, 7 (11 f.); vgl. auch *BAG* 22. 7. 08 – 1 ABR 40/07, NZA 08, 1248 (1254) für den Fall, dass ausländische Vorschriften für börsennotierte UN die Einführung von **Ethik-Richtlinien** vorsehen.

10 *BAG* 9. 7. 91 – 1 ABR 57/90, DB 92, 143 (144); 2. 12. 99 – 2 AZR 724/98, BB 00, 1092 (1093); *Fitting*, Rn. 6; *Wohlgemuth*, Rn. 681; ähnlich Richardi-*Thüsing*, Rn. 6.

11 *BAG* 21. 11. 17 – 1 ABR 47/16, NZA 18, 380 (384); *LAG Hamburg* 14. 6. 16 – 2 TaBV 2/16, juris (Tz.146 f.).

12 *BAG* 21. 9. 93 – 1 ABR 28/93, DB 94, 480.

13 ErfK-*Kania*, Rn. 2; *Fitting*, Rn. 8; NK-GA/*Eylert/Waskow*, Rn. 3; *Moll/Roebers*, DB 11, 862 (1864); *Pfrang/Degan*, BB 23, 244; zum Mitbestimmungsrecht nach §§ 87 Abs. 1 Nr. 6 und 94 sowie zum Datenschutz bei **Cloud Computing** vgl. *Gaul/Koehler*, BB 11, 2229 ff., 2235 f.; Roßnagel-*Hofmann*, § 5 Rn. 75 ff.; *Frank/Heine*, NZA 23, 407 ff. und § 87 Rn. 67, 196, 201.

Bogen, falls ein Bogen verwendet wird, ausfüllt.[14] Ebenso ist es gleichgültig, ob die Fragen von einem Beschäftigten, also beispielsweise einem **Vertreter der Personalabteilung,** gestellt werden oder aber von einem **Dritten,**[15] wie beispielsweise bei einer **Organisationsuntersuchung** durch eine beauftragte Fremdfirma (das Mitbestimmungsrecht besteht auch, wenn den Beschäftigten die **Beantwortung freigestellt** wird),[16] oder wie die Antworten erfasst werden. Das Mitbestimmungsrecht besteht also auch dann, wenn sie **über PC eingegeben** oder auf andere Weise technisch festgehalten werden,[17] wie z. B. bei einer Mitarbeiterbefragung per **E-Mail** und **Intranet.**[18] Auch eine Datenermittlung durch Internetrecherche ist mitbestimmungspflichtig, wie z. B. bei einem **Reputationsmanagement,** bei dem der AG soziale Netzwerke auf für sein UN abträgliche Äußerungen durchsuchen lässt, da hierbei auch Daten der Beschäftigten und ihr Verhalten erfasst werden können. (vgl. auch § 87 Rn. 201).[19] Inzwischen kommen verstärkt digitalisierte Bewerbungsmanagementsysteme zum Einsatz, bei denen Algorithmen in Gestalt von **Künstlicher Intelligenz** die Auswertung auf der Basis der beantworteten Fragen übernehmen und u. U. kein Mensch, d. h. weder der AG noch ein Dritter, in den Auswahlprozess eingreift. Auch der Einsatz solcher Systeme ist von der Vorschrift erfasst. Sie müssen dann so gestaltet werden, dass sie nicht diskriminieren und am Ende ein Mensch Entscheidungen trifft.[20]

Ebenso ist es für das Mitbestimmungsrecht unerheblich, wie die Fragen gestellt werden. Ein 4
Personalfragebogen ist auch dann anzunehmen, wenn die AN-Daten durch einen **Testkäufer** nach einem bestimmten Beobachtungsraster,[21] durch einen **Test,** ein **Interview** oder ein ansonsten standardisiertes Einstellungsgespräch (»**Checkliste**«; vgl. auch Rn. 9 zu Krankengesprächen) erhoben werden.[22] Die Anwendung der Vorschrift auf **jede formalisierte Informationserhebung von AN-Daten** ist bereits deshalb geboten, weil ansonsten das Mitbestimmungsrecht ohne weiteres umgangen werden könnte. Darüber hinaus sind die geschilderten Konstellationen durchweg mit der Situation vergleichbar, die den Gesetzgeber zur Schaffung des Mitbestimmungsrechts veranlasst hat. Sein Anliegen, dem einzelnen AN einen kollektiven Schutz davor zu geben, persönliche Informationen dem UN mitteilen zu müssen, die mit dem Arbeitsverhältnis nichts zu tun haben und für die der AG kein berechtigtes Auskunftsbedürfnis haben kann, kommt unabhängig davon zum Tragen, in welcher Form die Daten aufgenommen und gespeichert werden. Dies ist auch für die **individualrechtlichen Schranken** des Fragerechts unbestritten.[23] Eine andere Interpretation würde insbesondere im Hinblick auf die **technische Entwicklung** die Vorschrift weitgehend gegenstandslos machen.

2. Umfang des Mitbestimmungsrechts

Die Mitbestimmung erfasst sowohl Fragebogen für bereits **im Betrieb tätige AN**[24] als auch 5
solche, die noch nicht beschäftigten AN vor der **Einstellung** oder im Zusammenhang mit ihr

14 Vgl. *Fitting,* Rn. 8; *GL,* Rn. 4; Richardi-*Thüsing,* Rn. 8.
15 *ArbG Bonn,* RDV 04, 133, LS. (Erhebung der Daten durch Drittfirma und Weiterleitung an den AG in anonymisierter Form); GK-*Raab,* Rn. 16.
16 *LAG Köln,* 21.4.97 – 3 TaBV7 9/96, NZA-RR 97, 481; *ArbG Offenbach* 21.10.81 – 1 BV 32/81.
17 *Fitting,* Rn. 8; GK-*Raab,* Rn. 17; Richardi-*Thüsing,* Rn. 8; *Zöllner,* S. 83.
18 Vgl. *HessLAG* 5.7.2001, DB 01, 2254 f.; *Fitting,* Rn. 36; HaKo-BetrVG/*Kreuder/Matthiessen-Kreuder,* Rn. 9; *Däubler,* Das Arbeitsrecht 1, Rn. 1026; *SWS,* Rn. 5e.
19 HaKo-BetrVG/*Kreuder/Mattiessen-Kreuder,* Rn. 9; *Gola,* CuA 3/10, S. 32; vgl. auch *Däubler,* Das Arbeitsrecht 2, Rn. 82a und zu datenschutzrechtlichen Fragen *Weichert,* AuR 10, 100 (104 f.); *Forst,* NZA 10, 427 ff.
20 Vg. auch *Berg,* FS Schmidt, S. 85 (91 f.); *Meyer,* NJW 23, 1841 (1844 ff. Tz. 22 ff.).
21 *Däubler,* AiB 09, 350 (354).
22 Vgl. *ArbG Köln* 3.3.89 – 12 BV 37/88; ErfK-*Kania,* Rn. 2; *Fitting,* Rn. 8; GK-*Raab,* Rn. 17, 20; HWGNRH-*Rose,* Rn. 6; LKK-*Dahm,* Rn. 3; Richardi-*Thüsing,* Rn. 8; *Gola,* Rn. 2022; *Küpferle/Wohlgemuth,* Rn. 208 ff.; *Simitis,* RDV 89, 49 (58); enger insbesondere für Bewerbungsgespräche: *GL,* Rn. 4.
23 Vgl. im Einzelnen *Klebe/Schumann,* AuR. 83, 40 (42) und auch Rn. 12.
24 Siehe auch *BAG* 7.9.95 – 8 AZR 828/93, DB 96, 634 f.

vorgelegt werden.[25] Das Mitbestimmungsrecht besteht nicht nur, wenn der AG die gewünschten Informationen direkt vom Beschäftigten/Bewerber erfragt, sondern auch dann, wenn die Auskünfte ein Dritter erteilt. Demzufolge bedarf es unabhängig von den **individualrechtlichen Zulässigkeitsvoraussetzungen**[26] der Zustimmung des BR, wenn der AG Auskünfte bei einem **früheren AG,** über eine **Detektei** oder sonstige **Auskunftsstellen** einholt.[27] Auch **Fragebogen,** die **Gäste in Hotels** oder **Patienten** in Krankenhäusern über die Beschäftigten ausfüllen, unterliegen der Mitbestimmung, da hier der Schutzzweck der Vorschrift im gleichen Umfange wie bei einem vom Beschäftigten/Bewerber selbst ausgefüllten Fragebogen tangiert wird.[28] Will der Entleiher von **Leih-AN** entsprechend Informationen abfragen, muss der BR des Verleiherbetriebs zuvor zustimmen.[29]

6 Das Mitbestimmungsrecht bezieht sich auf die **Einführung** und **jede Änderung** von Fragebogen.[30] Es erfasst nicht nur den Punkt, ob überhaupt ein Fragebogen eingeführt werden soll, sondern ebenso den **konkreten Inhalt der Fragen.**[31] Auch Fragebogen, die bereits vor **In-Kraft-Treten des Gesetzes** bestanden und unverändert weiter verwendet werden, unterliegen dem Mitbestimmungsrecht.[32] Der **AG** muss unverzüglich die entsprechenden Initiativen einleiten, um die Zustimmung des BR zu erhalten bzw. eine BV abzuschließen.[33] Die Weiterverwendung darf nur für eine **Übergangsfrist**[34] erfolgen, die **ein Jahr** nicht überschreitet.[35] Die gegenteilige Auffassung des *BAG,*[36] wonach der BR im Hinblick auf **§ 2 Abs. 1** die Initiative ergreifen müsste, überzeugt bereits deshalb nicht, weil es der AG und nicht der BR ist, der den Fragebogen anwenden will, und Letzterer im Übrigen auch im Rahmen der Vorschrift kein Initiativrecht hat.[37] Sofern allerdings wegen **Freiwilligkeit** der Teilnahme **kein Mitbestimmungsrecht** bei der Einführung besteht, löst auch eine spätere Änderung des Fragebogens kein solches aus.[38]

7 Das Mitbestimmungsrecht erstreckt sich nicht nur auf die Einführung eines Fragebogens und seinen konkreten Inhalt, sondern auch auf die Festlegung, in welchem Zusammenhang die aus dem Fragebogen gewonnenen **Informationen verwendet werden** dürfen.[39] Andernfalls ließe

---

25 Einhellige Meinung; vgl. z. B. *Fitting,* Rn. 6; Richardi-*Thüsing,* Rn. 6.

26 Näher hierzu *Däubler,* Gläserne Belegschaften, Rn. 241 ff.; *ders.,* CR 94, 101 (105 ff.) auch zum **Vorrang der Direkterhebung** der Daten beim Beschäftigten/Bewerber nach § 4 Abs. 2 BDSG a. F., der in der DSGVO nicht mehr zu finden ist. Als weitergehender Eingriff in die Persönlichkeitssphäre ist die Datenerhebung bei Dritten allerdings auch unter Geltung der DSGVO nur erforderlich, wenn die Direkterhebung unmöglich ist oder nicht zum Ziel führt (vgl. *Däubler,* Gläserne Belegschaften, Rn. 203; DWWS-*Däubler,* DSGVO Art. 13, Rn. 2 m. w. N.); vgl. auch *Wedde,* CR 92, 679 (682 f.), der zu Recht verfassungs- und arbeitsrechtliche Bedenken dagegen geltend macht, dass private AG nach §§ 20 ff. StUG selbst Auskünfte einholen können, wenn Mitarbeiter für das MfS tätig waren.

27 Vgl. auch HaKo-BetrVG/*Kreuder/Mattiessen-Kreuder,* Rn. 9; *Schierbaum,* AiB 95, 586 (588); *Schmidt/Stracke,* AiB 99, 191; **a. A.** ErfK-*Kania,* Rn. 3; GK-*Raab,* Rn. 24; MünchArbR-*Oberthür,* § 335 Rn. 6, unter unzutreffender Bezugnahme auf vorliegende Kommentierung.

28 So auch *Gola,* Rn. 2031 m. w. N.; *Schierbaum,* AiB 01, 512 (521); *Wohlgemuth,* BB 80, 1530 (1533) m. w. N.; *ders.,* Rn. 162 f.; **a. A.** *GL,* Rn. 4; HWK-*Ricken,* Rn. 4; NK-GA/*Eylert/Waskow,* Rn. 6.

29 GK-*Raab,* Rn. 9; a. A. HWGNRH-*Rose,* Rn. 10.

30 *LAG Frankfurt* 17.2.83 – 4 TaBV 107/82; Richardi-*Thüsing,* Rn. 34 f.; *Pfrang/Degan,* BB 23, 244.

31 *Fitting,* Rn. 9; *GL,* Rn. 9; differenzierend Richardi-*Thüsing,* Rn. 38.

32 *BAG* 22.10.86, AP Nr. 2 zu § 23 BDSG; *LAG Frankfurt* 6.3.90 – 5 Sa 1202/89, DB 91, 1027 (für Beurteilungsgrundsätze); GK-*Raab,* Rn. 6.

33 Vgl. auch *LAG Frankfurt* 6.3.90, a. a. O.; *Fitting,* Rn. 3, 34; *Linnenkohl/Schütz,* RDV 87, 132 (133 f.).

34 *BAG* 22.10.86, a. a. O.

35 *LAG Frankfurt* 6.3.90, a. a. O.; *Däubler,* Gläserne Belegschaften, Rn. 774, und *ders.,* Anm. zu *BAG* 22.10.86, a. a. O.; HaKo-BetrVG/*Kreuder/Matthiessen-Kreuder,* Rn. 7; vgl. auch GK-*Raab,* Rn. 6: Keine Anwendung vor Einigung, es sei denn Verpflichtung des BR gem. § 2 Abs. 1, der vorübergehenden Weiterverwendung zuzustimmen.

36 *BAG* 22.10.86, a. a. O.

37 So zu Recht *Linnenkohl/Schütz,* a. a. O.

38 Vgl. *BAG* 21.11.17 – 1 ABR 47/16, NZA 18, 380; 11.12.18 – 1 ABR 13/17, NZA 19, 1009; *Pfrang/Degan,* BB 23, 244 (245).

39 Strittig; wie hier: *Fitting,* Rn. 9 f.; HaKo-BetrVG/*Kreuder/Matthiessen-Kreuder,* Rn. 12; DHZ-*Bantle,* § 95 Rn. 104; SHS-*Seifert,* Art. 88 Rn. 238; NK-GA/*Eylert/Waskow,* Rn. 12; *Däubler,* Gläserne Belegschaften, Rn. 678; *WEHO,* I Rn. 42; *Klebe/Schumann,* AuR 83, 40 (42); *Schierbaum,* AiB 95, 586 (589); *Schmidt/Stracke,* AiB 99, 191 (193); *Schwarz,* S. 126 f.; *Simitis,* RDV 89, 49 (57); *Wohlgemuth,* Rn. 686,

sich der **Schutz der Persönlichkeitssphäre der AN** durch den BR nicht realisieren. Die Frage, ob eine bestimmte Information zugelassen werden kann oder nicht, beantwortet sich häufig erst dann, wenn feststeht, in welchem Zusammenhang sie verwendet werden soll. **Krankheitsdaten** gewinnen z. B. einen ganz besonderen Stellenwert, wenn sie nicht nur der Betriebskrankenkasse, sondern der Personalabteilung, die Kündigungen vorbereitet, bekannt sind. Durch Verknüpfung verschiedener Daten können im Übrigen **neue,** ursprünglich gar nicht absehbare Informationen für den AG gewonnen werden, bei denen grundsätzlich die gleiche Schutzbedürftigkeit wie bei der Erhebung der Grunddaten gegeben ist. Der Eingriff in das Persönlichkeitsrecht des AN wird nicht dadurch weniger gravierend, dass der AG durch **Verknüpfung von Daten,** deren Ermittlung der BR zugestimmt hat, Informationen erhält, an denen im Hinblick auf die Tätigkeit und den Arbeitsplatz kein berechtigtes schutzwürdiges Interesse besteht, als wenn diese Daten direkt erfragt werden. Diese **Bedeutung des Verwendungszwecks** für Informationen hat insbesondere das *BVerfG*[40] in seiner **Volkszählungsentscheidung** zu Recht klar herausgearbeitet. Dem entspricht auch die besondere Betonung des Verwendungszwecks im **Datenschutzrecht,** wie etwa in Art. 5 Abs. 1b[41] i. V. m. 6 Abs. 1 DSGVO und den §§ 22 ff. BDSG). Nach **Art. 5 Abs. 1b DSGVO** sind bei der Datenerhebung die verfolgten Zwecke konkret / eindeutig festzulegen. Dies gilt auch für die Datenverarbeitung durch den AG für Zwecke des Beschäftigungsverhältnisses. Dies war ursprünglich in **§ 26 Abs. 1 Satz 1 BDSG** geregelt. Die Vorschrift ist nach der Entscheidung des *EuGH*[42] zu identischen hessischen Vorschriften allerdings nicht anwendbar, da sie die Voraussetzungen v. Art. 88 Abs. 1 und 2 DSGVO nicht erfüllt, Unabhängig hiervon reicht es also nicht, generell auf das Arbeitsverhältnis zu verweisen; vielmehr bedarf es einer konkreten Benennung des Zwecks, so dass der AG eine Zweckänderung nicht mit berechtigten Interessen nach Art. 6 Abs. 1f DSGVO begründen könnte.[43] Das bedeutet, dass weiterhin z. B. Daten der Zugangskontrolle nicht für eine Pünktlichkeitskontrolle verwendet werden dürfen.[44] Der BR kann also mitbestimmen, wie die Daten verwendet werden dürfen. Das Mitbestimmungsrecht erstreckt sich dabei auch auf die Verwaltung der Informationen und damit auf die Organisation einer Personaldatenbank, wie z. B. die Festlegung von **Speicherdauer** und **Zugriffsmöglichkeiten.**[45] Die Datenverarbeitung zu Beschäftigungszwecken im **Konzern** ist nicht privilegiert, sondern grundsätzlich Auftragsverarbeitung nach Art. 28 DSGVO, und bedarf im Regelfall einer Einwilligung des AN.[46] die Zulässigkeit kann sich aber auch aus einer KBV ergeben.[47]

3. Beispiele

Der BR hat nach den geschilderten Grundsätzen also nicht nur ein Mitbestimmungsrecht bei »klassischen« Fragebogen, sondern auch, wenn standardisierte Fragen in **Interviews** bzw. **psychologischen** oder **graphologischen Testverfahren,** die nur unter besonders strengen Voraussetzungen überhaupt zulässig sein können (vgl. Rn. 47),[48] beantwortet werden. 8

Das Mitbestimmungsrecht kann auch bei Organisationsanalysen,[49] **Mitarbeitergesprächen** mit **Zielvereinbarung**[50] (vgl. auch Rn. 44 und § 87 Rn. 67, 203, 337, 351), arbeitsbegleitenden 9

---

alle m. w. N.; a. A. ErfK-*Kania,* Rn. 3; GK-*Raab,* Rn. 27; HWGNRH-*Rose,* Rn. 24; LKK-*Dahm,* Rn. 5; Richardi-*Thüsing,* Rn. 39; *WW,* Rn. 37; MünchArbR-*Oberthür,* § 335 Rn. 7; *Zöllner,* S. 89.

40 *BVerfG* 15. 12. 83, DB 84, 36 (37).

41 Vgl. dazu ausführlich DWWS-*Weichert,* DSGVO Art. 5 Rn. 27 ff.

42 30. 3. 23 – C 34/21, NZA 23, 487 (491 f. Tz. 74 ff.) mit Anm. v. *Meinecke*; hierzu auch *Wünschelbaum,* NZA 23 542 ff.; *Wedde,* CuA 5/23, S. 31 f.

43 DWWS-*Wedde,* BDSG § 26, Rn. 171 f. und 168 f.

44 Vgl. zur früheren Rechtslage *Däubler,* NZA 01, 874 (876).

45 Vgl. *Klebe/Schumann,* AuR 83, 40 (43) m. w. N.

46 Ausführlich DWWS-*Wedde,* BDSG § 26 Rn. 182 ff. und DSGVO Art. 28 Rn. 21.

47 DWWS-*Wedde,* DSGVO Art. 28 Rn. 22.

48 *Fitting,* § 75 Rn. 153; NK-GA/*Eylert/Waskow,* Rn. 4; *Franzen,* NZA 13, 1 (3); *Wohlgemuth,* Rn. 151 ff. m. w. N.; vgl. zu Psycho-Tests auch *Albrecht,* AiB 10, 576 ff.

49 Vgl. z. B. *ArbG Nürnberg,* NZA-RR 13, 363 (365).

50 *Breisig,* Zielvereinbarungen, S. 83 f., 95 ff. (Eckpunkte und Regelungsbeispiele); *ders.,* Zielvereinbarungen im Fokus, S. 116 f., 129 ff., 164 ff.; 190 ff.; *Däubler,* NZA 05, 793 (794 f.); *ders.,* ZIP 04, 2209 ff.

Papieren (vgl. § 87 Rn. 62, 198), Verfahren zur **Gemeinkostenwertanalyse**[51] oder Arbeitsplatzbeschreibungen (vgl. auch Rn. 38, 42) bestehen, wenn von den Beschäftigten nicht nur eine Tätigkeitsbeschreibung, sondern auch persönliche Angaben verlangt werden, wie z. B. darüber, welche Berufs- und Verwaltungserfahrungen nach Auffassung des befragten Stelleninhabers zur anforderungsgerechten Erfüllung der auf dem Arbeitsplatz zu erledigenden Aufgaben erforderlich sind,[52] welche persönlichen Verlust- und Erholungszeiten bestehen,[53] ob sich der AN eher als unter- oder überfordert ansieht und eine Hilfestellung benötigt[54] oder, bei einer Organisationsuntersuchung, welche Vorstellungen der Beschäftigte zur Bürokommunikation hat.[55] Erfasst sind auch Fragen nach Vorstellungen der AN zur Einführung von mobiler Arbeit, Nutzung von Homeoffice oder bestimmten **Büroarbeitsmodellen** wie z. B. Desk-Sharing. Ausschließlich arbeitsplatzbezogene und von AN erstellte **Funktionsbeschreibungen** sind keine Fragebogen.[56] Ein Fragebogen liegt aber vor, wenn aus der Beantwortung ein Leistungsprofil des AN abgelesen werden kann, das einer Eignungsbeurteilung zugrunde gelegt werden könnte.[57] Erhebungen von Personaldaten im strukturierten **Onboarding-Verfahren** können der Mitbestimmung unterliegen.[58] Verlangt der AG bei Einstellungen von AN Bescheinigungen der AOK über die krankheitsbedingten Fehlzeiten der letzten beiden Jahre, so ist dies unabhängig davon, ob überhaupt ein derartiges Fragerecht besteht, ein Personalfragebogen.[59] Auch Regeln für **Krankengespräche und -nachforschungen** unterliegen der Mitbestimmung.[60]

10 Fragt der AG Bewerber, ob sie ggf. bereit sind, die Ermächtigung zum Umgang mit Verschlusssachen (»sog. **VS-Ermächtigung**« nach Sicherheitsprüfung) zu beantragen, so unterliegt dies ebenso der Mitbestimmung nach Abs. 1[61] wie ergänzende Fragebögen zur **betriebsinternen Sicherheitsüberprüfung**[62] (§ 87 Rn. 42; vgl. zudem § 87 Rn. 67; § 95 Rn. 9) und solche **Mitarbeiterbefragungen** z. B. zur **Diebstahlsaufklärung** bzw. generell im Rahmen **interner Ermittlungen** (vgl. auch § 87 Rn. 62, 201).[63] In **Assessment-Centern** (vgl. auch Rn. 40; § 95 Rn. 10 und § 98 Rn. 14), mit denen AG Verhaltensleistungen und -defizite der AN systematisch identifizieren wollen, werden die Informationen auf der Basis von Tests und Arbeitsproben ermittelt. Damit sind ebenfalls die Voraussetzungen für einen Fragebogen gegeben[64]. Das Mitbestimmungsrecht erfasst auch **Gesprächsleitfäden** beim **betrieblichen Eingliederungsmanagement** (BEM) gem. § 167 Abs. 2 SGB IX (vgl. auch § 87 Rn. 65, 198, 259), sog. **Potentialanalysen** von AN[65] (vgl. auch Rn. 44) und die Durchführung eines **Wissensmanagements,**[66]

(zur AGB-Kontrolle von Zielvereinbarungen); *Annuß*, NZA 07, 290 (296); *Bauer/Diller/Göpfert*, BB 02, 882 (886); *Riesenhuber/v. Steinau-Steinbrück*, NZA 05, 785 (788); *Kort*, NZA 15, 520 (521); **a. A.** *VG Karlsruhe* 7.3.97, RDV 98, 31; zum Informationsanspruch des BR gem. § 80 vgl. auch *HessLAG* 24.11.15 – 16 TaBV 106/15, juris (Tz. 212 ff.) = zusammenfassende Kommentierung in DB 16, 599 f.

51 *Fitting*, Rn. 7.

52 *BVerwG* 15.2.80 – 6 P 80/78.

53 *Hess. VGH* 13.6.84, RDV 86, 270 ff.; vgl. auch *LAG Frankfurt* 26.1.89, DB 90, 2030 f.

54 *LAG Köln* 21.4.97 – 3TaBV 79/96, NZA-RR 97, 481 für **standardisierte Jahresgespräche** der AN mit ihren Vorgesetzten; ebenso HWGNRH-*Rose*, Rn. 7; Richardi-*Thüsing*, Rn. 6.

55 *VGH Baden-Württemberg* 2.3.93, PersR 93, 360 ff.; vgl. auch *Fitting*, Rn. 7.

56 Vgl. *ArbG Düsseldorf* 1.6.83, BB 84, 210; GK-*Raab*, Rn. 60, 64.

57 *ArbG Stuttgart* 19.10.81 – 7 Ga 2/81.

58 Vgl. allgemein zum Onboarding *Sommer/Biere*, CuA 9/20, 11.

59 *ArbG Berlin* 20.10.82 – 28 BV 6/82.

60 *Fitting*, Rn. 8 und § 87 Rn. 71; NK-GA/*Eylert/Waskow*, Rn. 4; *Hummel*, Krankheit und Kündigung, S. 145; *Fischer/Kiesche*, AiB 97, 639 ff. mit BV-Entwurf und § 87 Rn. 52; zum Schutz von Gesundheitsdaten der Beschäftigten *Wedde*, AiB 12, 509 ff.

61 *ArbG Köln* 3.3.89 – 12 BV 37/88; vgl. aber auch *Buchner*, NZA 91, 577 (593).

62 *BAG* 9.7.91 – 1 ABR 57/90, DB 92, 143 (144); *Fitting*, Rn. 7.

63 *ArbG Offenbach* 21.6.95, AiB 95, 671 ff., m. Anm. *Thon*; *Grimm/Freh*, KSzW 12, 88 (95); *Röß*, NZA 21, 675, 681.

64 Vgl. *Fitting*, Rn. 26; NK-GA/*Eylert/Waskow*, Rn. 4; *Schönfeld/Gennen*, NZA 89, 544; a. A. HWGNRH-*Rose*, Rn. 16; zu den rechtlichen Grenzen im Hinblick auf § 32 Abs. 1 BDSG a. F. und AGG vgl. *Carpenter*, NZA 15, 466.

65 *Fitting*, Rn. 26; *Jedzig*, DB 96, 1337 (1340); einschränkend HWGNRH-*Rose*, Rn. 17.

66 Vgl. hierzu NK-GA/*Eylert/Waskow*, Rn. 4; *Gerber/Trojan*, AuA 02, 340 (344 f.); *Höfers*, AiB 03, 721 (724); *Brandl*, CF 7–8/04, S. 44 ff.; *Hinrichs/Schierbaum*, CF 04, S. 38 (42).

wie z. B. mit der Erhebung von Mitarbeiterprofilen zur Einführung einer **Expertendatenbank**[67] (vgl. auch § 87 Rn. 62, 202). **Digitalisierte Bewerbungsmanagementsysteme,** die auf der Basis von Algorithmen und fast ausschließlich mit Künstlicher Intelligenz arbeiten, finden zunehmend Verbreitung und sind vom Mitbestimmungsrecht erfasst.[68]

Ärztliche Untersuchungen[69] (vgl. § 87 Rn. 67, 197, 236; Rn. 45; § 95 Rn. 10) werden häufig von der Geltung des Abs. 1 ausgenommen, da die Fragen des Arztes unabhängig vom Weisungsrecht des AG seien und die Antworten der **Schweigepflicht** unterlägen.[70] Diese Argumentation überzeugt nicht. Zunächst kann es keinen Unterschied machen, ob der AG Informationen erhält, die ein Dritter oder er selbst erhoben hat. Erfolgt eine Entbindung von der Schweigepflicht, erhält er zudem alle Informationen.[71] Die **Entbindung von der Schweigepflicht** ist nach richtiger Auffassung selbst mitbestimmungspflichtig.[72] Aber auch ohne Entbindung von der Schweigepflicht ist das Mitbestimmungsrecht nach Abs. 1 zu bejahen. Die Untersuchung erfolgt regelmäßig nach klaren Fragestellungen des AG, insbesondere unter dem Blickwinkel, ob eine Eignung für bestimmte Arbeitsplätze vorhanden ist. Beispielsweise kann auch durchaus die Frage so spezifiziert werden, dass eine Eignung des zu Untersuchenden nur bei einer gesunden Wirbelsäule bejaht wird. Gibt der Arzt dann anschließend die Information weiter, der AN sei geeignet oder nicht geeignet, so erhält der AG eine Information, die sich von der aus einem »klassischen« Fragebogen nur dadurch unterscheidet, dass sie **von einem Dritten erhoben** worden ist. Dies ist jedoch unbeachtlich.[73] 11

4. Zulässiger Inhalt des Personalfragebogens

Da es Sinn und Zweck der Vorschrift gebieten, vor allem darauf zu achten, dass keine Fragen gestellt werden, die unzulässigerweise in den Persönlichkeitsbereich des einzelnen AN eingreifen, ist die **Abgrenzung** der zulässigen Fragen von den unzulässigen von besonderer Bedeutung.[74] Abgeschlossene BV sollten rechtzeitig an den Grundsätzen der DSGVO, insbes. auch Art. 88 Abs. 2,[75] überprüft und ggf. angepasst werden. Fragen, die vor der **Einstellung** unzulässig waren, können danach zulässig werden, wie z. B. die nach Schwangerschaft oder Schwerbehinderteneigenschaft (Rn. 13, 14, auch Rn. 19 f.).[76] Welche Fragen zulässig sind, sollte sich ursprünglich aus § 26 Abs. 1 Satz 1 BDSG ergeben, der allerdings inzwischen nach der Rspr. des *EuGH*[77] zu identischen hessischen Vorschriften nicht anwendbar ist, weil er die Voraussetzungen v. Art. 88 Abs. 1 und 2 DSGVO nicht erfüllt,[78] und jetzt aus den **allgemeinen arbeitsrechtlichen Grundsätzen,** die aus dem allgemeinen Persönlichkeitsrecht folgen und dem im BDSG verwendeten Begriff der »Erforderlichkeit« entsprechen.,[79] sowie der DSGVO. Sie gelten 12

67 Vgl. zu **Skill-Datenbanken** *Hess,* CF 7–8/03, 24 ff.; *Schmitz,* CF 03, 20 ff.
68 *Berg,* FS Schmidt, S. 85 (91 f.).
69 Vgl. *Schierbaum,* PersR 93, 145 ff.; zum Schutz von Gesundheitsdaten der Beschäftigten *Wedde,* AiB 12, 509 ff.
70 Vgl. ErfK-*Kania,* Rn. 3; GK-*Raab,* Rn. 23; *GL,* Rn. 5; HWGNRH-*Rose,* Rn. 19.
71 Für diesen Fall bejahen auch *Boewer,* RDV 88, 13 (15) und GK-*Raab,* Rn. 23 das Mitbestimmungsrecht.
72 *Däubler,* Das Arbeitsrecht 1, Rn. 1029a; *v Seggern,* AiB 88, 56 (61); a. A. GK-*Raab,* Rn. 23.
73 So auch *Däubler,* Das Arbeitsrecht 1, Rn. 1029a; *Heilmann/Thelen,* BB 77 1559; *Roos,* S. 86 ff.; *Schierbaum,* AiB 95, 586 (589).
74 Vgl. allgemein zur Abgrenzung Däubler/Beck-*Däubler,* § 7 Rn. 35 f.; *Moritz,* NZA 87, 327 ff.; *Bellgardt,* AiB 84, 61 ff.
75 Vgl. hierzu auch *Stumper,* CuA 17, S. 17 ff. und § 26 Abs. 5 BDSG.
76 Vgl. *Fitting,* Rn. 14.
77 30.3.23 – C-34/21, NZA 23, 487 (491 f. Tz. 74 ff.) mit Anm. v. *Meinecke* = EuZW 23, 461 mit Anm. v. Brandt; hierzu auch *Wünschelbaum,* NZA 23, 542 ff.; *Wedde,* CuA 5/23, S. 31 f.; *Glocker/Hoffmann,* BB 23, 1333 ff.
78 Der *EuGH* nennt beim nationalen Rechtsrahmen auch § 26 Abs. 1 BDSG (juris Tz. 11).
79 Vgl. *BAG* 20.3.14 – 2 AZR 1071/12, NZA 14, 1331 (1334) und hierzu *Walker/Schmitt-Kästner,* RdA 15, 120 ff.; *Däubler,* Gläserne Belegschaften, Rn. 209 ff.; DWWS-*Däubler,* BDSG § 26, Rn. 22; GK-*Raab,* Rn. 28; a. A. *Riesenhuber,* NZA 12, 771 (774 f.).

auch bei Beschaffung von Informationen in **sozialen Netzwerken**[80] oder über **Dritte.**[81] Nach persönlichen Verhältnissen eines AN darf vor dem Hintergrund des Rechts auf informationelle Selbstbestimmung des AN als Teil des durch Art. 2 Abs. 1 i. V. m. Art. 1 Abs. 1 GG geschützten allgemeinen Persönlichkeitsrechts[82] nur insoweit gefragt werden, als der AG im Hinblick auf die Tätigkeit und den Arbeitsplatz ein **berechtigtes, billigenswertes und schutzwürdiges Interesse** an der Beantwortung hat.[83] Bei Fragen, deren Beantwortung zu einer durch §§ 75 Abs. 1 BetrVG, 1 AGG verbotenen **Benachteiligung/Diskriminierung** führen könnten, kann dieses Interesse z. B. nicht vorliegen, sie sind unzulässig.[84] Darüber hinaus ergeben sich gesetzliche Schranken ggfs. auch aus dem **BDSG und der** am 25. 5. 2018 in Kraft getretenen **DSGVO** (s. auch § 87 Rn. 196), wie etwa im Hinblick auf **sensitive (= besondere Kategorien personenbezogener) Daten** Art. 9 Abs. 1 DSGVO), wie z. B. ethnische Herkunft, **politische Meinungen,** religiöse Überzeugung, Gewerkschaftszugehörigkeit oder **Gesundheit.**[85] Diese unterliegen besonderen Anforderungen z. B. hinsichtlich der Zulässigkeit von Erhebung, Verarbeitung und Nutzung (Art. 9 Abs. 2 DSGVO und § 26 Abs. 3 BDSG) oder der Einwilligung des Betroffenen (§ 26 Abs. 3 Satz 2, Satz 3 i. V. m. § 22 Abs. 2 BDSG).[86] Seit 25. 5. 2018 sind maßgeblich z. B. die §§ und Art. zur **Videoüberwachung** (§ 4), zur **Einwilligung** (Art. 4 Nr. 11, Art. 7, § 26 Abs. 2), zur Anonymisierung (Art. 5 Abs. 1e, 11 Abs. 1, 25), zur Verarbeitung **besonderer Kategorien** von (bisher: besonders **sensibler)** Daten (Art. 9, § 22, 26 Abs. 3), zur eindeutigen **Zweckfestlegung** und **Datenminimierung** (Art. 5 Abs. 1b und c), zum Recht auf **Löschung** (»Recht auf Vergessenwerden«, Art. 17, § 35), zur Begrenzung automatisierter Entscheidungen bzw. von Profiling (Art. 22, § 37), zum Datenschutz durch Technikgestaltung und datenschutzfreundliche Voreinstellungen (Art. 25), zur Datenübermittlung an **Drittländer** (»angemessenes Schutzniveau«, Art. 44 ff.) und zur **Datenschutz**-Folgenabschätzung (Art. 35).[87]

13 Entsprechend diesen Grundsätzen sind Fragen nach dem allgemeinen **Gesundheitszustand** (hierzu auch § 26 Abs. 3 BDSG, Art. 9 Abs. 1 DSGVO) zulässig, sofern die Beantwortung für das konkrete Arbeitsverhältnis **erforderlich** ist.[88] Dies wird wie bisher anzunehmen sein, wenn die Beantwortung für die zu leistende Arbeit **von wesentlicher Bedeutung** ist.[89]
Entsprechendes wird für die Frage nach einer **Behinderung** gelten. Nach der früheren (abzulehnenden) Rspr. des *BAG*[90], die nicht mehr aktuell ist (s. u.), sollte die Frage nach der **Schwerbehinderteneigenschaft** bzw. **Gleichstellung** demgegenüber **uneingeschränkt zulässig** sein, also auch dann, wenn die Behinderung, auf der die Anerkennung beruht, **tätigkeitsneutral** ist.[91] Das *BAG* begründete dies mit den **besonderen gesetzlichen Verpflichtungen,** die für den AG durch die Beschäftigung des Schwerbehinderten entstehen. Diese Differenzierung überzeugt nicht. Über den Umweg der Frage nach der Schwerbehinderteneigenschaft wird letztlich

---

80 Hierzu insbes. und sehr ausführlich *Däubler*, Digitalisierung, § 4.

81 *Däubler*, Gläserne Belegschaften, Rn. 241 ff. m. w. N.; *Wohlgemuth*, FS Hanau, S. 329 (337); vgl. auch *Kania/Merten*, ZIP 07, 8 (12) und *Hohenstatt/Stamer/Hinrichs*, NZA 06, 1065 ff. zum Verlangen des AG, entsprechende **Bewerbungsunterlagen** als Beleg für die Antworten vorzulegen.

82 Vgl. z. B. *BAG* 15. 11. 12 – 6 AZR 339/11, NZA 13, 429 (431); 20. 3. 14 – 2 AZR 1071/12, NZA 14, 1331 (1333 f.); *Wendeling-Schröder*, FS Kempen, S. 145 (147 f.).

83 Vgl. z. B. *BAG* 5. 12. 57, AP Nr. 2, zu § 123 BGB; 7. 9. 95 – 8 AZR 828/93, DB 96, 634 (zur Auskunftspflicht im bestehenden Arbeitsverhältnis); 6. 7. 00 – 2 AZR 543/99, NZA 01, 317 (319); 20. 3. 14 – 2 AZR 1071/12, NZA 14, 1331 (1334); *Fitting*, Rn. 14; *Däubler*, Das Arbeitsrecht 2, Rn. 50; vgl. auch *Raab*, RdA 95, 36 ff.; *Asgari*, DB 17, 1325 ff.; grundsätzlich zur dogmatischen Einordnung des AG-Fragerechts *Klocke*, SR 15, 99 (112 ff.).

84 Däubler/Beck-*Däubler*, § 7 Rn. 35; *Wisskirchen/Bissels*, NZA, 07, 169 (170); vgl. zur mittelbaren Diskriminierung/**Benachteiligung** § 3 Absatz 2 AGG und hierzu Däubler/Beck-*Schrader/Schubert*, § 3 Rn. 51 ff.; *Fitting*, § 75 Rn. 61; vgl. auch *Dix*, S. 148 ff. zum angloamerikanischen Rechtskreis.

85 Vgl. hierzu DWWS-*Wedde*, DSGVO Art. 9 Rn. 16 ff.

86 Hierzu ausführlich DWWS-*Wedde*, BDSG § 26, Rn. 235 ff.

87 Hierzu *Kiesche*, CuR 17, S. 31 ff. sowie grundlegend die jeweiligen Kommentierungen in DWWS.

88 DWWS-*Wedde*, DSGVO Art. 9 Rn. 46 m. w. N.

89 *BAG* 7. 6. 84, DB 84, 2706; GK-*Raab*, Rn. 32; vgl. auch *Wohlgemuth*, AuR 92, 46 (48); *Weichert*, RDV 07, 189 ff.; *ArbG Siegburg* 22. 3. 94, NZA 95, 943 (944 f.).

90 *BAG* 5. 10. 95 – 2 AZR 923/94, DB 96, 580 f.; 3. 12. 98 – 2 AZR 234/98, DB 99, 852; 18. 10. 00 – 2 AZR 389/99, BB 01, 627 (628).

91 So auch *Schaub*, NZA 03, 299 (300); offengelassen von *BAG* 7. 7. 11 – 2 AZR 396/10, NZA 12, 34 (35).

auch die Frage nach der Behinderung beantwortet, selbst wenn sie ohne Bedeutung für die zu leistende Tätigkeit ist. Die gesetzlichen Verpflichtungen können kein berechtigtes Interesse des AG an einem solchen Eingriff begründen und den Schwerbehinderten mit dem Risiko der Nichteinstellung belasten. Das Interesse des AG an der Beantwortung der Frage wurde schon bisher durch den in Art. 3 Abs. 3 GG und auch in der trotz Zahlung der Ausgleichsabgabe fortbestehenden Einstellungsverpflichtung (§ 11 Abs. 1 Satz 2 SchwbG/ § 154 Abs. 1 Satz 1 SGB IX) zum Ausdruck kommenden besonderen Schutz des Schwerbehinderten neutralisiert.[92] Jetzt stehen dieser Rspr. zudem und vor allem **§§ 1 AGG, 164 Abs. 2 SGB IX**[93] entgegen.[94] Berücksichtigt man hierbei die Rspr. des EuGH zum vergleichbaren Diskriminierungsverbot wegen des Geschlechts (Rn. 14), so ergibt sich, dass die **Frage nach der Schwerbehinderteneigenschaft** bzw. **Gleichstellung stets unzulässig** ist.[95] Die **Frage nach der Behinderung** ist nur im Rahmen des früheren § 164 Abs. 2 Nr. 1 Satz 2 SGB IX zulässig: Das Fehlen der Behinderung muss **unerlässliche** Voraussetzung,[96] die **»wesentliche und entscheidende«** berufliche Anforderung für die Ausübung der Tätigkeit sein.[97] In diesem Fall liegt keine Diskriminierung vor, da es sich nicht um eine Schlechterstellung wegen der Behinderung handelt.[98] Dies sieht offenbar auch das *BAG*[99] inzwischen so. Soweit die Zulässigkeit der Frage für den Fall bejaht wird, dass der AG eine »positive Maßnahme« i. S. v. § 5 AGG anstrebt, kann die Falschbeantwortung jedenfalls nicht zu einem Anfechtungsrecht führen.[100] Im bestehenden Arbeitsverhältnis ist die Frage nach der Schwerbehinderteneigenschaft, der Gleichstellung bzw. einem i. d. S. gestellten Antrag nach 6 Monaten, also nach Erwerb des Kündigungsschutzes für behinderte Menschen (§§ 168, 173 Abs. 1 Nr. 1 SGB IX), insbes. zur Vorbereitung von beabsichtigten Kündigungen zulässig.[101]

Über den schulischen und **beruflichen Werdegang** kann sich der AG bei unmittelbarem Bezug zur vorgesehenen Tätigkeit erkundigen. Ein Bewerber um eine Hilfstätigkeit auf dem Bau muss deshalb seine Ausbildung als Architekt nicht angeben.[102]

Die **Frage nach einer bestehenden Schwangerschaft** ist vor der Einstellung (anders danach) wegen Verstoßes jetzt gegen §§ 1, 3 Abs. 1 Satz 2 grundsätzlich **unzulässig.**[103] Sachlich gerechtfertigt soll sie bisher nach der **BAG-Rspr.** ausnahmsweise dann sein, wenn es um die Besetzung eines Arbeitsplatzes geht, auf dem nach den entsprechenden **Mutterschutzvorschriften** (z. B. §§ 4, 8 MuSchG) oder der GefStoffV Schwangere nicht beschäftigt werden dürfen, wenn die 14

---

92 Ablehnend zur *BAG*-Rspr. *Däubler,* Das Arbeitsrecht 2, Rn. 56; *ders.,* Gläserne Belegschaften, Rn. 219; *Schmidt,* AiB 96, 743 und vor allem auch *Pahlen,* RdA 01, 143 (145 ff.).

93 Zum Begriff der Behinderung in § 1 AGG, der entsprechend § 2 Abs. 1 SGB IX (seit 1. 1. 18 noch weiter gefasst), also über eine Schwerbehinderung hinausgehend, zu definieren ist, vgl. *EuGH* 11. 7. 06 – C-13/05, RDV 07, 20 (Ls.) und *BAG* 3. 4. 07 – 9 AZR 823/06, BB 07, 2014 (Ls.), sowie *Düwell,* BB 06, 1741; Däubler/Beck-*Däubler,* § 1 Rn. 80 ff. m. w. N.; ErfK-*Schlachter,* § 1 AGG Rn. 9.

94 *Düwell,* BB 06, 1741.

95 Vgl. auch *HessLAG* 24. 3. 10 – 67 Sa 1373/09, RDV 10, 287, Ls.; *LAG Hamburg* 30. 11. 17 – 7 Sa 90/17; ErfK-*Preis,* § 611a BGB Rn. 274a m. w. N.; Däubler/Beck-*Däubler,* § 7 Rn. 50; DWWS-*Däubler,* BDSG § 26 Rn. 37; GK-*Raab,* Rn. 39; *v. Koppenfels-Spies,* AuR 04, 43 (46); *Bayreuther,* NZA 10, 679 f.; *Kania/Sansone,* NZA 12, 360 (362); wohl auch Richardi-*Thüsing,* Rn. 15; a. A. *Schaub,* NZA 03, 299 (300 f.); offengelassen von *BAG* 7. 7. 11 – 2 AZR 396/10, NZA 12, 34 (35).

96 *Schaub,* NZA 03, 299 (300).

97 Vgl. *Fitting,* Rn. 23; Richardi-*Thüsing,* Rn. 16; *Düwell,* BB 06, 1741 (1742); *Joussen,* NZA 07, 174 (176 f.).

98 Vgl. Däubler/Beck-*Brors,* § 8 Rn. 32 f., 35, auch zur Zulässigkeit einer unterschiedlichen Behandlung wegen der Behinderung gemäß § 8 AGG.

99 18. 9. 14 – 8 AZR 759/13, EzA § 22 AGG Nr. 13; 26. 6. 14 – 8 AZR 547/13, EzA § 22 AGG Nr. 12; umfassend auch zu dieser Fragestellung *Klocke,* SR 15, 99 (107 ff.).

100 Vgl. *Fitting,* Rn. 23 (für den Fall, dass der AG seine Beschäftigungspflicht erfüllen will); *Düwell,* BB 06, 1741(1743); a. A. *Joussen,* NZA 07, 174 (178).

101 *BAG* 16. 2. 12 – 6 AZR 553/10, NZA 12, 555 (556 ff.); zustimmend *Fitting,* Rn. 23; *Giesen,* RdA 13, 47 ff.

102 *LAG Berlin* 16. 12. 88, RDV 89, 181; *Däubler,* Das Arbeitsrecht 2, Rn. 61; *Wohlgemuth,* AuR 92, 46 (47).

103 Vgl. für die Zeit vor Inkrafttreten des AGG *BAG* 15. 10. 92 – 2 AZR 227/92, DB 93, 435 f., unter Aufgabe seiner früheren Rspr.; 1. 7. 93 – 2 AZR 25/93, DB 93, 1978 mit Anm. *Ehrich; Buschbeck-Bülow,* BB 93, 2087; *EuGH* 8. 11. 90, BB 91, 692 f. mit Anm. *Maurer;* 5. 5. 94, NZA 94, 609 f.

Tätigkeit aus sonstigen Gründen überhaupt nicht aufgenommen werden kann oder darf oder falls die Frage objektiv dem gesundheitlichen Schutz der Bewerberin und des ungeborenen Kindes dient.[104] Sind diese Beschäftigungshindernisse allerdings wie bei einer unbefristeten Einstellung vorübergehender Natur, bleibt die Frage eine unzulässige Diskriminierung.[105] Damit will das Gericht der Rspr. des *EuGH* folgen.[106] Der ***EuGH*** hält die Frage jedoch auch bei **befristeten Einstellungen** und wenn feststand, dass die AN auf Grund ihrer Schwangerschaft während eines **wesentlichen Teils ihrer Vertragszeit** nicht würde arbeiten können, für unzulässig. Dabei stehe die Dauer auch eines befristeten Arbeitsverhältnisses nicht von vornherein fest, da es erneuert oder verlängert werden könne.[107] Vor diesem Hintergrund ist davon auszugehen, dass die Frage **ohne Ausnahme unzulässig** ist.[108] Unzulässig ist die Frage, ob eine Schwangerschaft demnächst zu erwarten sei[109] oder ob intimer Verkehr besteht.[110] Es besteht keine Offenbarungspflicht über eine transsexuelle Prägung, es sei denn, das Geschlecht ist als wesentliche Eigenschaft gem. § 119 Abs. 2 BGB anzusehen.[111] Dies dürfte jetzt dem Maßstab der §§ 1, 8 Abs. 1 AGG entsprechen.[112]

15 Fragen nach **Krankheiten,** sind nur insoweit zulässig, als sie mit der vorgesehenen Tätigkeit unmittelbar zu tun haben[113] (vgl. Rn. 13). Daher sind allgemein gehaltene Fragen, etwa dahin gehend, wegen welcher Krankheiten der AN in der Vergangenheit behandelt worden ist, unstatthaft.[114] Dies gilt selbstverständlich auch für die Frage nach **Erkrankungen in der Familie.**[115] Ansteckende Krankheiten sind demgegenüber mitzuteilen.[116] Nach richtiger Auffassung besteht kein Recht, nach einer HIV-Infektion zu fragen[117]. Ein Fragerecht besteht nur hinsichtlich des Ausbruchs der Aids-Erkrankung.[118] **Medizinische Daten** genießen, auch nach zulässiger Erhebung, **besonderen Schutz.**[119]

15a Die vorstehenden Regeln gelten grundsätzlich auch für die generelle Frage nach dem Impfstatus,[120] einer Infektion mit dem **SARS-CoV-2-Virus (Corona-Virus)** bzw. nach dem Ausbruch der Covid-19-Erkrankung, es sei denn, der AG braucht die Informationen für konkrete Schutzmaßnahmen für Betroffene oder andere Beschäftigte, z. B. um Verpflichtungen nach dem Infektionsschutzgesetz (IfSG) zu erfüllen.[121] Auch die Frage nach Vorliegen eines positiven Covid-19-Tests oder nach Bestehen einer behördlich angeordneten Quarantäne ist dann zulässig, denn in diesem Fall treffen den AG behördliche Verpflichtungen zur Einhaltung von Schutzmaßnahmen sowie zur Befolgung eines etwaigen Beschäftigungsverbots aufgrund der

---

104 Vgl. *BAG* 15. 10. 92 – 2 AZR 227/92, DB 93, 435 (436); 1. 7. 93 – 2 AZR 25/93, DB 93, 1978.
105 *BAG* 6. 2. 03, NZA 03, 848 (849).
106 *EuGH* 5. 5. 94, NZA 94, 609 f.; 3. 2. 00, DB 00, 380 f.; *LAG Hamm* 1. 3. 99 – 19 Sa 2596/98, DB 99, 2114 f.; *Gola,* RDV 00, 202 (205); *Stürmer,* NZA 01, 526 (529 f.).
107 *EuGH* 4. 10. 01 – C-109/00, BB 01, 2478 (2479); 4. 10. 01 – Rs C-438/99, NZA 01, 1243 (1246); vgl. auch 27. 2. 03 – Rs C-320/01, NZA 03, 373 ff.
108 Vgl. ErfK-*Preis,* § 611a BGB Rn. 274; GK-*Raab,* Rn. 36; HWGNRH-*Rose,* Rn. 40; Richardi-*Thüsing,* Rn. 14; vgl. auch *LAG Köln* 11. 10. 12 – 6 Sa 641/12, NZA-RR 13, 232; *Wendeling-Schröder,* FS Kempen, S. 145 (150 f.); a. A. *Pallasch,* NZA 07, 306 (308, 310); *ders.* in Anm. zu LAG Köln 11. 10. 12, NZA-RR 13, 232 (233 f.); zur Mitteilungspflicht der AN von einer Schwangerschaft **nach der Einstellung** gemäß § 5 Abs. 1 MuSchG vgl. Schaub-*Linck,* § 166 Rn. 1 f.
109 GK-*Raab,* Rn. 47; HWGNRH-*Rose,* Rn. 41.
110 *LAG Bremen* 24. 2. 60, BB 60, 743; GK-*Raab,* Rn. 47.
111 *BAG* 21. 2. 92, DB 92, 1934 f.; *Wohlgemuth,* AuR 92, 46 (48); kritisch zur Anfechtungsmöglichkeit *Däubler,* Das Arbeitsrecht 2, Rn. 53c m. w. N.
112 Vgl. Däubler/Beck-*Däubler,* § 7 Rn. 46, 253.
113 *Fitting,* Rn. 24; GK-*Raab,* Rn. 30; *Weichert,* RDV 07, 189 ff.; DWWS-*Wedde,* DSGVO Art. 9 Rn. 64.
114 *Kehrmann,* MitbGspr. 73, 48.
115 Vgl. *Bayreuther,* NZA 10, 679 (681 f.).
116 *BAG* 7. 6. 84, DB 84, 2706.
117 Insbes. zur Problematik von **HIV-Infektionen** bzw. Aids vgl. *Fitting,* Rn. 25 m. w. N.; HWGNRH-*Rose,* Rn. 36; *Hinrichs,* AiB 88, 8 ff.; *Weichert,* RDV 07, 189 (193).
118 *Fitting,* Rn. 25; *Wisskirchen/Bissels,* NZA 07, 169 (171 f.).
119 *BAG* 15. 7. 87, DB 87, 2571 f.; *Wohlgemuth,* AiB 87, 243 ff.
120 Vgl. auch *Fitting,* Rn. 25a.
121 *Fitting,* Rn. 25a.

Quarantäne.[122] Eine aktuelle Erkrankung ist in jedem Fall mitzuteilen d.h. auch insoweit besteht ein Fragerecht.

16 Das Fragerecht des AG bei **Vorstrafen** ist ebenfalls von der Art des zu besetzenden Arbeitsplatzes abhängig. Es kann nur zweckorientiert und funktional ausgeübt werden.[123] Es darf somit nur nach Vorstrafen gefragt werden, die in einem **sachlichen Zusammenhang mit den Erfordernissen des zu besetzenden Arbeitsplatzes** stehen, also **arbeitsplatzbezogen** sind, und damit als »einschlägig« angesehen werden können. So weist das *BAG*[124] darauf hin, dass bei einem Bankkassierer nach Vorstrafen auf vermögensrechtlichem Gebiet und bei einem Kraftfahrer nach verkehrsrechtlichen Vorstrafen gefragt werden könne. Es kommt dabei nicht auf die subjektive Einstellung des AG an, welche Vorstrafen er als einschlägig ansieht. Entscheidend ist vielmehr ein **objektiver Maßstab.**[125] Die Frage nach **laufenden Strafverfahren** bzw. **Ermittlungsverfahren** soll nach den gleichen Grundsätzen zu behandeln sein.[126]

17 Nach § 53 Abs. 1 BZRG darf sich ein Verurteilter als unbestraft bezeichnen, wenn die Verurteilung **nicht in das Führungszeugnis** aufzunehmen oder zu tilgen ist.[127] Das Fragerecht des AG und die Auskunftspflicht des Bewerbers umfassen somit nicht schlechthin alle »einschlägigen« Vorstrafen. Auch soweit es sich um solche handelt, dürfen sie verschwiegen werden, sofern die Voraussetzungen des § 53 Abs. 1 BZRG gegeben sind.[128] Dies gilt erst Recht für gem. § 153ff. StPO **eingestellte Ermittlungsverfahren.**[129] Zu beachten ist, dass im BZRG zu tilgende Eintragungen erst ein Jahr nach Eintritt der Tilgungsreife aus dem Register entfernt werden (§ 45 Abs. 2 Satz 1 BZRG). Entscheidend ist jedoch die **Tilgungsreife.** Daraus ergibt sich, dass einschlägige Verurteilungen, die zwar noch nicht getilgt sind, aber die Tilgungsreife haben, verschwiegen werden dürfen.[130] Eintragungen im **Verkehrszentralregister des Kraftfahrtbundesamtes** fallen von vornherein nicht unter den Begriff der Vorstrafe, da die »Flensburger Verkehrssünderkartei« nur behördlichen Zwecken dient.[131] Es besteht somit **keine Offenbarungspflicht.** Eine **generelle** Verpflichtung, von sich aus und ungefragt eine bereits **rechtskräftige und demnächst zu verbüßende Freiheitsstrafe** dem AG zu offenbaren, besteht nicht.[132] Allerdings gibt das *BAG,*[133] falls die entsprechende Frage zulässig ist, dem AG das Recht, den AN bei einem längeren Bewerbungsverfahren zu verpflichten, später bis zum Vertragsabschluss noch anhängig werdende Ermittlungsverfahren von sich aus mitzuteilen. Die Beschränkung des Fragerechts darf nicht dadurch umgangen werden, dass der AG einen

---

122 Ähnlich *Köllmann*, NZA 20, 831 (834); vgl. auch Richardi-*Thüsing*, Rn. 28a.

123 Vgl. *BAG* 15.1.70, AP Nr. 7 zu § 1 KSchG Verhaltensbedingte Kündigung; 20.5.99 – 2 AZR 320/98, DB 99, 1859; 27.7.05 – 7 AZR 508/04, NZA 05, 1243 (1246); 6.9.12 – 2 AZR 270/11, juris, NJW 13, 1115 (1116); *Fitting*, Rn. 19 m.w.N.

124 *BAG*, 20.5.99 – 2 AZR 320/98, DB 99, 1859; 27.7.05 – 7 AZR 508/04, NZA 05, 1243 (1245); vgl. auch *Joussen*, NZA 12, 776 (777).

125 *BAG*, 20.5.99 – 2 AZR 320/98, DB 99, 1859; 27.7.05 – 7 AZR 508/04, NZA 05, 1243 (1245).

126 Vgl. *BAG* 20.5.99, a.a.O.; 27.7.05, a.a.O., wenn auch ein **Ermittlungsverfahren** Zweifel an der persönlichen Eignung des AN begründen kann; 6.9.12 – 2 AZR 270/11, NJW 13, 1115 (1116); 15.11.12 – 6 AZR 339/11, NZA 13, 429 (433); *Raab*, RdA 95, 36ff. m.w.N. in Fn. 61; *Fitting*, Rn. 19; GK-*Raab*, Rn. 43; Richardi-*Thüsing*, Rn. 25/26; *Joussen*, NZA 12, 776 (777); **a.A.** z.B. *ArbG Münster* 20.11.92, RDV 94, 32; *Wohlgemuth*, FS Hanau, S. 329 (335); *WEHO*, I Rn. 45, die wegen der **Unschuldsvermutung** generell das Fragerecht verneinen; vgl. auch DWWS-*Däubler*, BDSG § 26 Rn. 44.

127 Vgl. *BAG* 20.3.14 – 2 AZR 1071/12, NZA 14, 1331 (1333f.); der BAG-Entscheidung zustimmend *Kort* in Anm. zu AP Nr. 73 zu § 123 BGB.

128 *BAG* 20.3.14 – 2 AZR 1071/12, NZA 14, 1331 (1333f.); *Kort*, Anm. zur BAG-Entscheidung in AP Nr. 73 zu § 123 BGB; *Linnenkohl*, S. 26; *ders.*, AuR 83, 129ff.; *Fitting*, Rn. 19; Richardi-*Thüsing*, Rn. 25/26.

129 *BAG* 15.11.12 – 6 AZR 339/11, NZA 13, 429 (432f.); 20.3.14 – 2 AZR 1071/12, NZA 14, 1331 (1335); *Kort*, Anm. zu AP Nr. 73 zu § 123 BGB; vgl. auch *Walker/Schmitt-Kästner*, RdA 15, 120 (122f.).

130 *Linnenkohl*, S. 52.

131 *Linnenkohl*, S. 56; *ders.*, AuR 83, 129 (143); *Wohlgemuth*, Rn. 135.

132 Vgl. *BAG* 18.9.87, AP Nr. 32 zu § 123 BGB; *Däubler*, Das Arbeitsrecht 2, Rn. 60d; *Moritz*, NZA 87, 329 (334f.).

133 *BAG* 20.5.98, DB 99, 1859.

lückenlosen Beschäftigungsnachweis oder ein **polizeiliches Führungszeugnis** verlangt.[134] Befand sich der AN in Freiheitsentzug wegen einer Vorstrafe, die dem AG nicht angegeben werden musste, kann der AN eine normale Beschäftigung in den Nachweis setzen.[135] Das Verlangen, ein Führungszeugnis vorzulegen, ist nach den gleichen Grundsätzen wie das Fragerecht zu beurteilen, sofern es keine gesetzliche Anordnung gibt.[136]

18 Die Frage nach einer haupt- oder nebenamtlichen **Mitarbeit beim MfS** der ehemaligen DDR ist nur für AN zulässig, die an hervorgehobener Stelle[137] für den AG tätig werden oder in Tendenzbetrieben mit dessen Außendarstellung betraut sind. Einer **politischen Partei** oder einer **Gewerkschaft** wurde das Recht zugebilligt, keine ehemaligen MfS-Mitarbeiter als Referenten oder politische Sekretäre einzustellen.[138] Unter Zugrundelegung des Prüfungsmaßstabs des *BVerfG*[139] dürfte allerdings heute wegen des erheblichen Zeitablaufs seit 1989 jede Frage nach einer Mitarbeit beim MfS unzulässig sein.

19 Fragen nach den **Vermögensverhältnissen** sind allenfalls dann zulässig, wenn es sich um besondere Vertrauensstellungen handelt, bei denen der AN größere finanzielle Verfügungsbefugnisse hat oder die Gefahr der Bestechung oder des Geheimnisverrats besteht.[140] Da **Lohn- und Gehaltspfändungen** mit der Erfüllung der arbeitsvertraglichen Pflichten grundsätzlich nichts zu tun haben, wird eine entsprechende Frage allenfalls nach der Einstellung statthaft sein, wenn es um die Entgeltberechnung durch das Lohnbüro geht, nicht aber zuvor.[141]

20 Auch Angaben zum **Familienstand** und der **Kinderzahl** sind erst nach der Einstellung zu machen.[142]

21 Fragen nach einer **Konkurrenzklausel** sind demgegenüber zulässig.[143]

22 Fragen nach der Zugehörigkeit zu **Parteien, Gewerkschaften**[144] oder **Religionsgemeinschaften** sind grundsätzlich unzulässig; etwas anderes kann in **Tendenzbetrieben** gelten (vgl. § 118 Abs. 1), soweit diese zu Recht ein positives Eintreten der AN für ihre Ziele erwarten können[145] (vgl. auch Art. 9 Abs. 2 lit. d DSGVO bzw. § 26 Abs. 3 BDSG; § 75 Abs. 1 BetrVG; § 1 AGG). Allerdings wird hier in Zukunft die Rechtsprechung des ***EuGH*** zu beachten sein, der die Anforderung einer bestimmten Religionszugehörigkeit (bzw. Weltanschauung) nunmehr der gerichtlichen Kontrolle daraufhin unterwirft, ob es sich um eine notwendige und angesichts des Ethos der betroffenen Kirche (bzw. Organisation) aufgrund Art oder Umstände der Tätigkeit objektiv gebotene Anforderung handelt.[146] Fällt diese Prüfung im Einzelfall negativ aus, wäre eine entsprechende Frage des AG daher unzulässig. Außerdem kommt es stets auf das Ethos der jeweiligen Kirche bzw. Organisation an. So ist die Frage eines kirchlichen AG nach der Konfession, nicht aber nach der Gewerkschaftszugehörigkeit zulässig, während ein gewerkschaftlicher AG sich zwar nach der Mitgliedschaft in einer Gewerkschaft, nicht aber nach der Konfession erkundigen darf.[147] An dieser Rechtslage hat sich auch durch die Rspr. des BAG zur Tarifpluralität

---

134 *Wedde,* CR 92, 679 (681 f.); *Wohlgemuth,* FS Hanau, S. 329 (335); vgl. auch *Husemann,* AuR 12, 471 ff.
135 So auch *Fitting,* Rn. 19.
136 Vgl. *Joussen,* NZA 12, 776 (777 ff.) auch zum erweiterten Führungszeugnis nach § 30a BZRG.
137 Vgl. *ArbG Leipzig* 20. 9. 94, AuA 95, 173 f.
138 Vgl. im Einzelnen *Wedde,* CR 92, 679 ff.; *Fitting,* Rn. 18; *Wohlgemuth,* AuR 92, 46 (48 f.); vgl. auch z. B. *BAG* 7. 9. 95 – 8 AZR 828/93, DB 96, 634 f.; 6. 7. 00 – 2 AZR 543/99, NZA 01, 317 ff.; 13. 6. 02 – 2 AZR 234/01, DB 03, 396 f.; *BVerfG* 19. 3. 98, NZA 98, 588 ff.; 4. 8. 98, NZA 98, 1329 ff.
139 19. 3. 98 und 4. 8. 98, jeweils a. a. O.
140 *Fitting,* Rn. 21; Richardi-*Thüsing,* Rn. 28; *Wohlgemuth,* FS Hanau, S. 329 (335); *ArbG Berlin* 16. 7. 86, BB 86, 1853; kritisch *Weichert,* AuR 10, 100 (103).
141 *Fitting,* Rn. 21; GK-*Raab,* Anm. 42; *GL,* Rn. 12; *Wohlgemuth,* Rn. 132 a. A. Richardi-*Thüsing,* Rn. 28; HWGNRH-*Rose,* Rn. 53.
142 *Fitting,* Rn. 20; GK-*Raab,* Rn. 46.
143 GK-*Raab,* Rn. 44 m. w. N.
144 *BAG* 19. 3. 03 – 4 ABR 271/02, BB 03, 2355 (2356); 4. 5. 11 – 7 ABR 10/10, NZA-RR 11, 1239 (1242).
145 *Fitting,* Rn. 15; *Michel/Möller/Peter,* AuR 08, 36 ff.; *Trümner,* BetrR 89, 145 (150); *Wisskirchen/Bissels,* NZA 07, 169 (172 f.); *Wohlgemuth,* AuR 92, 46 (47).
146 *EuGH* 17. 4. 18 – C-414/16, NZA 18, 569 (571) mit Anm. *Fuhlrott* sowie *EuGH* 11. 9. 18 – C-68/17, NZA 18, 1187 (1189).
147 *Däubler,* Gläserne Belegschaften, Rn. 212 f.

bei Inhaltsnormen eines TV nichts geändert.[148] Wie schon bisher muss derjenige, der einen Anspruch aus einem TV geltend macht, diesen darlegen, also ggfs. seine Gewerkschaftsmitgliedschaft dafür offenlegen. Hierüber entscheidet allein er. Dies ist im Übrigen z. B. auch bei der Offenlegung der Schwerbehinderteneigenschaft nicht anders, wenn hieran anknüpfende Rechte geltend gemacht werden.[149]

Fragen nach **Freizeitbeschäftigungen** und **Aktivitäten in der Öffentlichkeit** sind unzulässig.[150] 23

Dies gilt auch für solche nach dem **Wehr-**[151] oder **Zivildienst,** die mit der Aussetzung der Dienste 2011 allerdings keine Bedeutung mehr haben dürften.[152]. Sie betrafen ausschließlich Männer und waren damit als geschlechtsspezifische Ungleichbehandlung **diskriminierend**[153] (vgl. auch Rn. 14). 24

Werden **zulässige Fragen** falsch beantwortet, kann der AG das Recht haben, den **Arbeitsvertrag** gem. § 123 BGB wegen arglistiger Täuschung **anzufechten,** wenn dessen sonstige Voraussetzungen vorliegen, wie z. B. die Erregung eines Irrtums durch die Täuschungshandlung und die Kausalität der Antwort für die Einstellung.[154] **Unzulässige Fragen** kann der AN ohne Sanktionen **wahrheitswidrig beantworten.**[155] 25

Auch wenn eine Frage an sich nach allgemeinen arbeitsrechtlichen Grundsätzen zulässig ist, kann der BR ihrer Aufnahme in einen Personalfragebogen **widersprechen.** Stimmt der BR dagegen einem Personalfragebogen mit unzulässigen Fragen zu, so erhält der AG dadurch im Falle einer wahrheitswidrigen Beantwortung durch den AN **nicht** das Recht zur Anfechtung des Arbeitsvertrages.[156] Unzulässig erhobene Daten dürfen **nicht gespeichert** werden;[157] erfolglos gebliebene **Bewerber** haben Anspruch auf **Vernichtung des Fragebogens,** wenn er Angaben über die Privatsphäre enthält und der AG kein berechtigtes Interesse an der Aufbewahrung hat.[158] **Mitbestimmungswidrig erhobene Daten** können auch **nicht prozessual** verwertet werden. Sie unterliegen einem Beweisverwertungsgebot. Etwas anderes gilt nur, wenn die betroffenen AN die Information zu ihrer Entlastung nutzen[159] (vgl. hierzu auch § 87 Rn. 6). 26

---

148 So überzeugend *Wendeling-Schröder*, FS Kempen, S. 145 ff. m. w. N. zur gegenteiligen Auffassung in Fn. 2; a. A. zu Unrecht *HessLAG* 7. 11. 12 – 12 Sa 654/11, AuR 13, 407 (408; ebd. abl. Anm. *Wendeling-Schröder*); GK-*Raab*, Rn. 49; *Sprenger*, NZA 15, 719 (721 ff.); offengelassen von *BAG* 18. 11. 14 – 1 AZR 257/13, NZA 15, 306 (310), hierzu auch *Gola*, RDV 15, 183 f.; vgl. auch § 4a TVG.

149 *Wendeling-Schröder*, FS Kempen, S. 245 (154 f.).

150 *Däubler*, Gläserne Belegschaften, Rn. 211; *Wedde*, CR 92, 679 (681); weitere Beispiele bei *Wohlgemuth*, Rn. 124 ff.; zur Frage der Mitgliedschaft bei **Scientology,** die überwiegend, weil es sich hierbei nicht um eine Religion oder Weltanschauung handelt (*BAG* 22. 3. 95 – 5 AZB 21/94, NZA 95, 823, 827 ff.), für zulässig gehalten wird, vgl. *Ehrich*, DB 00, 421 (426) und *Bauer/Baeck/Merten*, DB 97, 2534 ff.; einschränkend *ArbG München* 24. 10. 00, NZA-RR 01, 296; *Fitting*, Rn. 16 m. w. N. und auch Däubler/Beck-*Däubler*, § 7 Rn. 48: Berechtigtes Informationsinteresse nur bei Vertrauensstellung.

151 *LAG Baden-Württemberg* 11. 7. 85, DB 85, 2567 f.

152 Vgl. auch *Fitting*, Rn. 23 in der 27. Aufl.

153 Däubler/Beck-*Däubler*, § 7 Rn. 45; für begrenzte Zulässigkeit bei Befristungen *Fitting*, Rn. 23 in der 27. Aufl.; HWGNRH-*Rose*, Rn. 32.

154 Vgl. z. B. *BAG* 6. 7. 00 – 2 AZR 543/99, NZA 01, 317 (319 f.); 18. 10. 00 – 2 AZR 389/99, BB 01, 627 (628); 6. 9. 12 – 2 AZR 270/11, NJW 13, 1115 (1116); 20. 3. 14 – 2 AZR 1071/12, NZA 14, 1331 (1333); HWGNRH-*Rose*, Rn. 55 f.

155 Vgl. z. B. *BAG* 7. 6. 84, AP Nr. 26 zu § 123 BGB; 11. 11. 93 – 2 AZR 467/93, DB 94, 939; 20. 5. 99 – 2 AZR 320/98, DB 99, 1859; *Fitting*, Rn. 2; GK-*Raab*, Rn. 30; *Moritz*, NZA 87, 329 (336) m. w. N.

156 NK-GA/*Eylert/Waskow*, Rn. 15; Richardi-*Thüsing*, Rn. 49; *Wohlgemuth*, AuR 92, 46 (47) m. w. N.

157 *BAG* 22. 10. 86, AP Nr. 2 zu § 23 BDSG [a. F.].

158 *BAG* 6. 6. 84, AP Nr. 7 zu § 611 BGB Persönlichkeitsrecht; zu den Auswirkungen des AGG *Moos/Bandehzadeh/Bodenstedt*, DB 07, 1194 ff.; vgl. zu den Rechten des einzelnen AN *Wohlgemuth*, Rn. 536 ff. und *Däubler*, CR 91, 475 ff. und Art 12 ff. DSGVO, §§ 32 ff. BDSG.

159 *LAG Bremen*, RDV 06, 24; *LAG Hamm* 25. 1. 08 – 10 Sa 169/07, RDV 08, 211 f.; *Fischer*, BB 99, 154 ff.; *Bayreuther*, NZA 05, 1038 (1042 f.); demgegenüber differenzierend *Rhotert*, BB 99, 1378 f.; a. A. *BAG* 13. 12. 07 – 2 AZR 537/06, NJW 08, 2732 (2734); *Schlewing*, NZA 04, 1071 ff.; **vgl. auch** *BAG* 12. 1. 88 – 1 AZR 352/86, DB 88, 1552 (1553); GWBG-*Benecke*, § 58 Rn. 6; *LAG Baden-Württemberg* 6. 5. 99 – 12 Sa 115/97, BB 99, 1439 (Ls. 2) = RDV 00, 27 ff.; *LAG Sachsen-Anhalt* 23. 11. 99 – 8 TaBV 6/99, NZA-RR 00, 476 (478); abzulehnen ist *BAG* 27. 3. 03 – 2 AZR 51/02, DB 03, 2230 (2232).

5. Ausübung des Mitbestimmungsrechts

27 I. d. R. ist der BR zuständig. Die Mitbestimmung des GBR ist nur dann gegeben, wenn die Voraussetzungen des § 50 Abs. 1 vorliegen und für mehrere Betriebe eines UN oder für das gesamte UN ein einheitlicher Personalfragebogen erstellt werden soll. Dies wird nur in **Ausnahmen** der Fall sein. Entsprechendes gilt für persönliche Angaben in allgemein für das UN verwendeten schriftlichen Arbeitsverträgen (vgl. Abs. 2). Im Übrigen können, wenn die Voraussetzungen des § 50 Abs. 1 nicht vorliegen, einzelne BR den **GBR beauftragen,** durch Verhandlungen mit dem AG für sie einen Personalfragebogen zu erstellen. Die vorstehenden Grundsätze gelten entsprechend für den **KBR** im Verhältnis zu den einzelnen GBR (vgl. § 58 Abs. 1 und 2) bzw. zu den örtlichen BR.[160]

28 Der BR kann seine Zustimmung zur Verwendung von Personalfragebogen oder deren inhaltlicher Ausgestaltung durch eine **BV** oder eine **Regelungsabrede**[161] ausüben, die von beiden Seiten **gekündigt** werden können.[162] Sie haben dann keine **Nachwirkung** gem. bzw. analog § 77 Abs. 6.[163] Von diesem Grundsatz ist allerdings dann eine Ausnahme zu machen, wenn die Vereinbarung zum Zwecke der Änderung gekündigt wird[164] (vgl. die entsprechende Argumentation bei § 95 Rn. 14).

29 Verwendet der AG einen Personalfragebogen **ohne Zustimmung des BR,** soll er trotzdem zur **Anfechtung** des Arbeitsvertrages berechtigt sein, wenn der AN eine wahrheitswidrige Antwort auf individualrechtlich zulässige Fragen gibt.[165] Der BR habe im Wesentlichen lediglich ein Mitbeurteilungsrecht, damit keine unzulässigen Fragen in einen Fragebogen aufgenommen würden, zulässige Fragen könne er demgegenüber nicht verhindern. Daher müsse die Verletzung des Mitbestimmungsrechts ohne Auswirkung auf das Anfechtungsrecht des AG bleiben. Diese Auffassung ist abzulehnen.[166] **Einseitige Maßnahmen** des AG, die dieser unter Verstoß gegen das Mitbestimmungsrecht trifft, sind **rechtswidrig und unwirksam** (§ 87 Rn. 4). Die rein individualrechtliche Betrachtung ist mit diesen Grundsätzen nicht vereinbar und macht den beabsichtigten Schutz des AN illusorisch.[167] Darüber hinaus kann der BR auch der Aufnahme **zulässiger Fragen widersprechen** (Rn. 26). Über eine etwaige Meinungsverschiedenheit muss dann die ESt. entscheiden, die nach billigem Ermessen eine Gesamtabwägung vornimmt (§ 76 Abs. 5), also auch nicht der Aufnahme jeder zulässigen Frage in den Fragebogen zustimmen muss.[168] Insofern unterscheidet sich die Situation nicht von sonstigen Fällen, in denen individualrechtlich zulässige Maßnahmen des AG (z. B. Leistung im Arbeitsvertrag vereinbarter Überstunden) der Mitbestimmung unterliegen. Der einzelne AN kann die Ausfüllung des Bogens verweigern, wenn das Mitbestimmungsrecht verletzt ist,[169] eine allerdings wenig realistische Option.

30 Werden AN-Daten computermäßig erfasst, gespeichert und verwendet, bestehen neben dem Auskunftsanspruch des einzelnen AN nach § 83 Abs. 1[170] verschiedene **Beteiligungsrechte** des BR. Neben den Regelungen nach § 94 Abs. 1 und 2 sowie dem Überwachungsrecht nach § 80 Abs. 1 Nr. 1 ist auf die Bestimmungen des § 87 Abs. 1 Nr. 1 und Nr. 6 und den dort genannten Regelungsbedarf hinzuweisen (zu **konzernweiter,** ggf. **grenzüberschreitender Datenverarbei-**

160 Vgl. *BAG* 21.11.17 – 1 ABR 47/16, NZA 18, 380 (383).
161 *LAG Frankfurt* 8.1.91 – 5 TaBV 162/90, DB 92, 534, Ls.; GK-*Wiese*, Rn. 11 f.
162 *GL*, Rn. 18; Richardi-*Thüsing*, Rn. 46; *WW*, Rn. 4.
163 Vgl. insbes. GK-*Raab*, Rn. 15; *Fitting*, Rn. 13; HWGNRH-*Rose*, Rn. 63; *LK*, Rn. 2; MünchArbR-*Oberthür*, § 335 Rn. 8; differenzierend Richardi-*Thüsing*, Rn. 47: Nachwirkung bei Kündigung des AG.
164 A. A. GK-*Raab*, Rn. 15.
165 *BAG* 2.12.99 – 2 AZR 724/98, BB 00, 1092 (1093 f.); ErfK-*Kania*, Rn. 3; GK-*Raab*, Rn. 52; HWGNRH-*Rose*, Rn. 101; *LK*, Rn. 23; NK-GA/*Eylert/Waskow*, Rn. 15; Richardi-*Thüsing*, Rn. 54; MünchArbR-*Oberthür*, § 335, Rn. 12 (anders noch die Vorauflage); *Raab*, ZfA 97, 183 (227); zweifelnd *Fitting*, Rn. 35.
166 So auch *GL*, Rn. 17; HaKo-BetrVG/*Kreuder/Matthiessen-Kreuder*, Rn. 31; *Wolter*, RdA 06, 137 (143 f.).
167 *GL*, Rn. 17; *WW*, Rn. 4; vgl. auch *BAG* 22.10.86, AP Nr. 2 zu § 23 BDSG, wonach unzulässig erhobene Daten nicht gespeichert werden dürfen; *Däubler*, CR 94, 101 (102).
168 *Fitting*, Rn. 12.
169 Vgl. *LAG Frankfurt* 26.1.89, DB 89, 2030 f.; *Fitting*, Rn. 35.
170 Vgl. *ArbG Berlin* 24.9.87, CR 88, 408 ff.

tung vgl. Art. 44 ff., 88 Abs. 2 und Erwägungsgrund 48 DSGVO, der aber ebenfalls nicht zu einem Konzernprivileg führt,[171] sowie § 87 Rn. 196). Häufig wird die Einschaltung eines **Sachverständigen** erforderlich sein (§§ 80 Abs. 3, 111 Satz 2).

III. Persönliche Angaben in Arbeitsverträgen

Damit die Mitbestimmung bei der Einführung, Gestaltung und Verwendung von Personalfragebogen nicht unterlaufen werden kann,[172] ist in Abs. 2 ein **Zustimmungsverweigerungsrecht** des BR auch hinsichtlich persönlicher Angaben in schriftlichen Arbeitsverträgen, die allgemein für den Betrieb verwendet werden sollen, festgelegt (vgl. hierzu auch §§ 2, 3 Nachweisgesetz). Dem AG wäre es andernfalls möglich, bestimmte Angaben nicht durch Personalfragebogen, sondern durch sog. Formularverträge ohne Beteiligung des BR vom AN direkt zu erhalten. Auch entsprechende allgemeine schriftliche Ergänzungen, wie z. B. das **Einverständnis mit der Verarbeitung** der personenbezogenen Daten gemäß Art. 6 Abs. 1 Nr. 1 lit. a, 7 DSGVO bedürfen der Zustimmung des BR.[173] Zu beachten ist, dass das Mitbestimmungsrecht des BR sich auf die persönlichen Angaben in Formulararbeitsverträgen beschränkt. Die Aufnahme **allgemeiner Arbeitsbedingungen** in derartige Formularmuster unterliegt dagegen nicht seiner Beteiligung.[174] 31

IV. Beurteilungsgrundsätze

1. Begriff

Unter allgemeinen Beurteilungsgrundsätzen sind Richtlinien zu verstehen, nach denen **Leistung und Verhalten des AN** bewertet werden (vgl. DKWF-*Klebe/Heilmann,* § 94 Rn. 2: **Vereinbarungsentwurf** für ein Beurteilungssystem). Auch Aussagen zur **Eignung** des AN für andere Aufgaben werden erfasst.[175] Die vom AG angewandten Kriterien/allgemeinen Grundsätze müssen **nicht schriftlich** niedergelegt sein.[176] Es reicht z. B. aus, wenn der AG auf der Grundlage von formularmäßig ermittelten Leistungsdaten regelmäßig gegenüber AN **Rügen** oder **Belobigungen** ausspricht.[177] Mit entsprechenden Kriterien kann ein einheitliches Vorgehen bei der Beurteilung und ein Bewerten nach einheitlichen Maßstäben ermöglicht und so erreicht werden, dass die Beurteilungsergebnisse miteinander vergleichbar sind.[178] Auch hier soll das Mitbestimmungsrecht der **Objektivierung** im Interesse der AN dienen.[179] Die AN sollen unter Vermeidung von Eingriffen in die **Persönlichkeitssphäre** und den in § 75 Abs. 1 genannten Benachteiligungen nach sachgerechten Kriterien beurteilt werden.[180] Es soll sichergestellt werden, dass Beschäftigte nur nach ihrer Arbeitsleistung, nach der persönlichen Eignung für eine berufliche Weiterentwicklung im Betrieb, beurteilt werden. Daher besteht das Mitbestimmungsrecht auch dann, wenn die Teilnahme an einem Beurteilungsgespräch 32

---

171 Vgl. DWWS-*Wedde,* DSGVO Art. 28 Rn. 19 ff. sowie BDSG § 26 Rn. 182 ff.; *Däubler,* Gläserne Belegschaften, Rn. 451 ff.

172 Vgl. BT-Drucks. zu VI/2729, S. 30.

173 DWWS-*Däubler,* BDSG § 26 Rn. 272: Beteiligungsrechte werden »nicht eingeschränkt, aber auch nicht erweitert«; *Fitting,* Rn. 12; *Schierbaum,* AiB 01, 512 (521); *Wohlgemuth,* BB 91, 340 (341); **a. A.** GK-*Raab,* Rn. 22.

174 *LAG Nürnberg* 21.12.10 – 6 TaBVGa 12/10, NZA-RR 11, 130 (131); ErfK-*Kania,* Rn. 2; *Fitting,* Rn. 27; Richardi-*Thüsing,* Rn. 56.

175 Vgl. *Jedzig,* DB 96, 1337 (1338); *Schmidt/Stracke,* AiB 99, 191 (194).

176 Vgl. auch *BAG* 17.3.15 – 1 ABR 48/13, NZA 15, 885 (887).

177 *LAG Niedersachsen* 6.3.07 – 11 TaBV 101/06, AuR 08, 77, Ls.; GK-*Raab,* Rn. 57.; NK-GA/*Eylert/Waskow,* Rn. 9; Richardi-*Thüsing,* Rn. 73.

178 *BAG* 23.10.84, AP Nr. 8 zu § 87 BetrVG 1972 Ordnung des Betriebes; 14.1.86, AP Nr. 21 zu § 87 BetrVG 1972 Lohngestaltung; 18.4.00 – 1 ABR 22/99, DB 00, 2227 (2228); 14.1.14 – 1 ABR 49/12, NZA 14, 356; 17.3.15 – 1 ABR 48/13, NZA 15, 885 (887); *LAG Frankfurt* 6.3.90 – 5 Sa 1202/89, DB 91, 1027; *LAG Niedersachsen* 6.3.07 – 11 TaBV 13/04, AuR 07, 446, Ls.; *Fitting,* Rn. 29.

179 BT-Drucks. VI/1786, S. 50.

180 *BAG* 28.3.79, AP Nr. 3 zu § 75 BPersVG.

freiwillig ist und der Leitfaden hierfür lediglich Orientierungshilfen geben soll.[181] Ein Beurteilungssystem, das auch Grundsätze einbezieht, die mit dem Arbeitsverhältnis in keiner unmittelbaren Beziehung stehen, ist unzulässig.[182] Der einzelne Beschäftigte kann verlangen, dass Beurteilungen, die unter Verletzung des Mitbestimmungsrechts erfolgt sind, aus seiner Personalakte entfernt werden.[183] Das Mitbestimmungsrecht erfasst auch **Ein-Euro-Jobber**[184] (vgl. § 87 Rn. 13; 95 Rn. 32) und **Leih-AN,** wenn durch den Entleiher eine Leistungsbeurteilung nach allgemeinen Grundsätzen, die entweder spezifisch für Leih-An aufgestellt worden sind oder aber auch für die Stammbelegschaft gelten, erfolgt (vgl. auch § 87 Rn. 9).[185]

2. Inhalt des Mitbestimmungsrechts

33 Das Mitbestimmungsrecht (zu seiner Ausübung vgl. Rn. 27 ff.) umfasst die Einführung und Festlegung der **materiellen Beurteilungsmerkmale** wie auch der **Verfahren,** die für deren Feststellung maßgebend sein sollen, also auch die Anwendung dieser Kriterien.[186] Weiter erstreckt es sich auf den Verwendungszweck der ermittelten Angaben[187] (vgl. auch Rn. 7). Die Zustimmung des BR ist bei der **Aufstellung der allgemeinen Grundsätze** erforderlich, nicht bei der Durchführung der **Beurteilung im Einzelfall.**[188] Verfahrensregelungen liegen z. B. vor, wenn der Kreis der Beurteiler und der zu Beurteilenden, der Zeitraum, die Kontrolle und Auswertung der Beurteilungen festgelegt werden. Dabei ist selbstverständlich auch eine der Beurteilung vorausgehende Anfertigung von Aufgabenbeschreibungen (vgl. Rn. 35) erfasst.[189] Schließlich sollte vorher klar sein, was beurteilt werden soll. Hierzu zählen auch Regelungen, nach denen die Beurteilten Einspruchsmöglichkeiten haben, wie z. B. in Form eines Überprüfungsgesprächs oder Beschwerdeverfahrens.[190]

34 Die Aufstellung von Beurteilungsgrundsätzen soll Entscheidungen über den **Personaleinsatz** erleichtern und insbesondere **Personalentwicklungs-, Personalförderungs-** und **Bildungsmaßnahmen** objektivieren.

35 Eine sachgemäße Beurteilung wird regelmäßig nur möglich sein, wenn für die Arbeitsplätze **Arbeitsbeschreibungen** (Stellenbeschreibungen) vorhanden sind.[191] Es ist also entscheidend, dass die Qualifikation des zu Beurteilenden i. V. m. dem gegebenen Arbeitsplatz und den dort geforderten Aufgaben gesehen wird. Es muss objektiv festgestellt werden, **welche Anforderungen** an den betreffenden Arbeitsplatz gestellt werden (Anforderungsprofil) und inwieweit der AN mit seinen Kenntnissen und Fertigkeiten die **notwendige Eignung** für diese Arbeit besitzt (Fähigkeitsprofil). Abzulehnen ist allerdings, wenn anstelle einer menschlichen und durch den BR beeinflussbaren Beurteilung eine automatisierte Entscheidungsfindung durchgeführt wird (sog. **automatisierter Profilabgleich**). Im Übrigen ist zu beachten, dass nur beschrieben werden kann, was **beobachtbar, nachprüfbar** und **differenzierbar** ist. Die Beschreibungen müssen so formuliert sein, dass Fähigkeit und Aufgabenerfüllung objektiv festgestellt werden können.

36 Es sind nur Kriterien zu beurteilen, für die von der ausgeübten Arbeitsaufgabe her ein **begründetes Bedürfnis** besteht.[192] Solche **Beurteilungsmerkmale** können beispielsweise sein: Auffassungsgabe, Entschlussfähigkeit, Verantwortungsbereitschaft, mündlicher und schriftlicher

---

181 *BAG* 17. 3. 15 – 1 ABR 48/13, NZA 15, 885 (888).
182 Vgl. auch HaKo-BetrVG/*Kreuder/Matthiessen-Kreuder,* Rn. 25; *Küpferle/Wohlgemuth,* Rn. 251.
183 *LAG Frankfurt* 6. 3. 90, a. a. O.
184 Vgl. *Engels,* NZA 07, 8 (12).
185 Vgl. Ulber-*zu Dohna-Jaeger,* § 14 Rn. 122; zu eng GK-*Raab,* Rn. 10.
186 Vgl. *BAG* 14. 1. 14 – 1 ABR 49/12, NZA 14, 356 (357); 17. 3. 15 – 1 ABR 48/13, NZA 15, 885 (888), Anm. v. *Kleinebrink* in AP Nr. 11 zu § 94 BetrVG 1972; *LAG Niedersachsen* 6. 3. 07 – 11 TaBV 13/04, AuR 07, 446, Ls.; *Fitting,* Rn. 28, 30; ErfK-*Kania,* Rn. 4; Richardi-*Thüsing,* Rn. 68.
187 Vgl. *Jedzig,* DB 96, 1337 (1340).
188 Vgl. GK-*Raab,* Rn. 58; Richardi-*Thüsing,* Rn. 73.
189 *BAG* 14. 1. 14 – 1 ABR 49/12, NZA 14, 356 (357); NK-GA/*Eylert/Waskow,* Rn. 9.
190 *WW,* Rn. 13.
191 *Fitting,* Rn. 31; vgl. auch *BAG* 14. 1. 14 – 1 ABR 49/12, NZA 14, 356 (357).
192 *Jedzig,* DB 91, 753 (757).

Ausdruck, Fachkenntnisse, Zuverlässigkeit, Befähigung als Vorgesetzter. Die Aufstellung der Kriterien und der sonstigen Grundsätze zur Beurteilung dürfen den beruflichen Werdegang des AN nicht in unzulässiger Weise behindern.[193]

Hinsichtlich Kündigung und Nachwirkung gelten die bereits dargestellten Grundsätze (Rn. 28) auch bei Abs. 2. 37

3. Beispiele

Werden in einem **Personalinformationssystem** Fähigkeits- und Eignungsprofile erstellt (vgl. Art. 22 DSGVO zur Einschränkung automatisierter Einzelentscheidungen, die für den Betroffenen eine rechtliche Folge/Wirkung nach sich ziehen oder ihn [in ähnlicher Weise] erheblich beeinträchtigen), so setzt dies die Festlegung der Merkmale, also die Aufstellung von Beurteilungsgrundsätzen voraus. Daher besteht ein Mitbestimmungsrecht nach Abs. 2.[194] 38

Neben **Beurteilungsformularen**[195] unterliegen der Mitbestimmung aus diesem Grunde auch 39

- **biometrische Identifikationsverfahren,** wenn sie nicht nur die Identität überprüfen, sondern auch Aussagen z. B. zum Gesundheits- und Gemütszustand oder zum Charakter erlauben, sofern sie überhaupt zulässig sind (vgl. zudem § 87 Rn. 197, 201; Rn. 48),
- **psychologische Tests,**
- **Alkohol-/Drogentests, Blutuntersuchungen**[196] (vgl. auch § 95 Rn. 10),
- **graphologische Gutachten**[197] (zur Mitbestimmung nach Abs. 1 vgl. Rn. 4, 8), **sofern** sie überhaupt **zulässig** sind (vgl. hierzu unten Rn. 47)
- und Systeme zur **Auswertung von Bewerbungsunterlagen.**[198] Dies betrifft insbesondere auch digitalisierte Bewerbungsmanagementsysteme, die auf der Basis von Algorithmen bzw. mit dem Einsaz von **Künstlicher Intelligenz** arbeiten.[199]

In der Zusammenstellung sog. **Assessment-Center** werden Regelungen verwendet, die die Bewertung des Verhaltens oder der Leistung objektivieren und nach einheitlichen Kriterien ausrichten sollen. Demzufolge findet auch Abs. 2 bei ihnen Anwendung[200] (vgl. auch Rn. 10 und § 95 Rn. 10). 40

Als allgemeine Beurteilungsgrundsätze kommen nicht nur stark ausdifferenzierte, die Gesamtheit von Führung und Leistung umfassende Systeme in Betracht; auch **weniger differenzierte Beurteilungssysteme,** die nur Teilaspekte der Tätigkeit im Auge haben und deren Beurteilungsdichte eingeschränkt ist, unterliegen Abs. 2, solange die Beurteilung angesichts der (wenn auch wenigen) Kriterien noch generellen Charakter hat.[201] Das betrifft auch Beurteilungsgrundsätze im Zusammenhang mit **mobiler Arbeit** oder Homeoffice.[202] Das Mitbestimmungsrecht nach Abs. 2 soll laut *BAG* allerdings nicht greifen, wenn eine unternehmensweite anonymisierte Erhebung u. a. mit Fragen zur subjektiven Bewertung des direkten Vorgesetzten kein **abstrakt-generelles Beurteilungsschema** für **Führungsverhalten** erkennen lasse.[203] Diese Bewertung vermag angesichts der wachsenden Auswertungsmöglichkeiten über Algorithmen jedenfalls in dieser Allgemeinheit nicht zu überzeugen. 41

---

193 *BAG* 28. 3. 79, AP Nr. 3 zu § 75 BPersVG.
194 Vgl. *Fitting,* Rn. 30; GK-*Raab,* Rn. 58; Richardi-*Thüsing,* Rn. 52; *Klebe/Schumann,* AuR 83, 40 (43).
195 *Fitting,* Rn. 29.
196 Zu Datenschutz- und Strafrecht vgl. *Forst,* RDV 10, 8 ff.; *Albrecht,* AiB 10, 158 ff.
197 *SWS,* Rn. 28c.
198 Richardi-*Thüsing,* Rn. 58; *SWS,* Rn. 28c.
199 Vgl. auch *Berg,* FS Schmidt, S. 85 (91 f.). hierzu auch *Meyer,* NJW 23, 1841 ff.
200 *Fitting,* Rn. 26; Richardi-*Thüsing,* Rn. 68; *Jedzig,* DB 96, 1337 (1339 m. w. N.); LKK-*Dahm,* Rn. 22; Schaub-*Ahrendt,* § 238 Rn. 2724; *Schönfeld/Gennen,* NZA 89, 543 (544); WPK-*Preis,* Rn. 8; vgl. auch HWGNRH-*Rose,* Rn. 75: Mitbestimmungsrecht bei genereller Verwendung; zu den rechtlichen Grenzen im Hinblick auf Datenschutz und AGG vgl. *Carpenter,* NZA 15, 466 ff.
201 *LAG Berlin* 22. 4. 87, AuR 88, 122; *SWS,* Rn. 28c; *Jedzig,* DB 96, 1337 (1338); MünchArbR-*Oberthür,* § 336 Rn. 3.
202 *LAG Köln* 23. 4. 21 – 9 TaBV 9/21, juris (Rn. 41).
203 *BAG* 11. 12. 18 – 1 ABR 13/17 NZA 19, 1009.

42 **Nicht** dem Mitbestimmungsrecht nach Abs. 2 unterliegen ausschließlich arbeitsplatzbezogene **Stellen-/Funktionsbeschreibungen** oder analytische Arbeitsplatzbewertungen.[204] Sie stellen dann lediglich eine Vorstufe von Beurteilungsgrundsätzen dar. In Betracht kommt allerdings ein Mitbestimmungsrecht nach § 95 (vgl. dort Rn. 7 f.).

43 **Arbeitsbegleitende Papiere** können je nach Inhalt dem Mitbestimmungsrecht nach Abs. 2 unterliegen. Sind in ihnen Beurteilungsgrundsätze so vorausgesetzt, dass sich z. B. eine bestimmte Leistungsbewertung durch das Ausfüllen ergibt, greift das Mitbestimmungsrecht ein.[205]

44 Mitbestimmungspflichtig sind weiter

- eine durch Beurteilungsbögen und entsprechende Textbausteine standardisierte **Zeugniserstellung,**[206]
- Regelungen für Mitarbeitergespräche mit **Zielvereinbarung**[207] (vgl. auch Rn. 9 und § 87 Rn. 67, 203, 337, 351),
- sog. **Potentialanalysen** von AN[208] (vgl. auch Rn. 10)
- und auch die Aufstellung von **Führungsrichtlinien,** in denen Beurteilungskriterien festgelegt werden.[209] Die Auffassung des *BAG* kann gerade in dem von ihm entschiedenen Fall nicht geteilt werden. Die Führungskräfte sollten dort nämlich die Feststellung treffen, ob bestimmte Handlungen des Mitarbeiters oder das von ihm erarbeitete Ergebnis vorgegebenen Normen oder Zielsetzungen entsprachen. Dies setzt entsprechende Kriterien voraus, gleichgültig, wie differenziert letztlich die Beurteilung des Vorgesetzten ausfällt.

45 **Ärztliche Untersuchungen** können neben Abs. 1 (vgl. Rn. 11) auch Abs. 2 unterliegen, z. B., wenn der AG bestimmte Vorgaben für die Eignung für einen Arbeitsplatz macht.[210] Zudem kommen die Rechte nach § 87 Abs. 1 Nrn. 1, 7 (vgl. dort Rn. 67, 236) und § 95 (vgl. dort Rn. 10) in Betracht.

46 Sind Beurteilungsgrundsätze gleichzeitig für die Bewertung der Leistung im Rahmen eines **Entgeltzahlungssystems** maßgebend, so stehen die Mitbestimmungsrechte nach **Abs. 2 und § 87 Abs. 1 Nr. 10 nebeneinander,**[211] es sei denn, es gilt ein **TV** (vgl. Rn. 2).

4. Persönlichkeitsschutz und Tests

47 Grundsätzliche Bedenken bestehen gegen die Anwendung von **Persönlichkeitstests** (psychologische Eignungsuntersuchungen). Persönlichkeitstests lassen sich kaum auf solche Vorgänge aus der Persönlichkeitssphäre beschränken, die nur mit dem betreffenden Arbeitsgebiet in unmittelbarer sachlicher Beziehung stehen. Deshalb und wegen der mit Persönlichkeitstests verbundenen tiefen Eingriffe in den seelischen Bereich der Testperson und damit in ihre rechtlich geschützte Persönlichkeitssphäre sind solche Tests **grundsätzlich als unzulässig** anzusehen.[212] Jedenfalls bedürfen psychologische Testverfahren und **graphologische Gutachten** neben der

---

204 *BAG* 14. 1. 86, AP Nr. 21 zu § 87 BetrVG 1972 Lohngestaltung; 18. 4. 00 – 1 ABR 22/99, DB 00, 2227 (2228); GK-*Raab*, Rn. 64; Richardi-*Thüsing*, Rn. 59.

205 Vgl. auch *LAG Niedersachsen* 6. 3. 07 – 11 TaBV 101/06, AuR 08, 77, Ls. und § 87 Rn. 50; **a. A.** *BAG* 24. 11. 81, AP Nr. 3 zu § 87 BetrVG 1972 Ordnung des Betriebes.

206 Vgl. hierzu *Werster*, AiB 92, 328 (339) mit einem BV-Entwurf.

207 Vgl. *BAG* 17. 3. 15 – 1 ABR 48/13, NZA 15, 885 (887 f.); *Breisig*, Zielvereinbarungen, S. 84 f., 95 ff. (Eckpunkte und Regelungsbeispiele); *ders.*, Zielvereinbarungen im Fokus, S. 117 ff., 129 ff., 164 ff.; 190 ff.; *Annuß*, NZA 07, 290 (296); *Bauer/Diller/Göpfert*, BB 02, 882 (886); *Berwanger*, BB 03, 1499 (1502); *Däubler*, NZA 05, 793 (795); *Kort*, NZA 15, 520 (521); **a. A.** *VG Karlsruhe* 7. 3. 97, RDV 98, 31; ErfK-*Kania*, Rn. 4.

208 Vgl. HaKo-BetrVG/*Kreuder/Matthiessen-Kreuder*, Rn. 24; *Jedzig*, DB 96, 1337 (1338 f.).

209 *Fitting*, Rn. 29; *Boewer*, RDV 88, 13 (17); vgl. auch GK-*Raab*, Rn. 62; HWGNRH-*Rose*, Rn. 76; **a. A.** *BAG* 23. 10. 84, AP Nr. 8 zu § 87 BetrVG 1972 Ordnung des Betriebes.

210 A. A. *Jedzig*, DB 96, 1337 (1338 Fn. 31).

211 Für einen Vorrang von Abs. 2 *GL*, Rn. 26; für einen Vorrang von § 87 Abs. 1 Nr. 10: GK-*Raab*, Rn. 63; NK-GA/*Eylert/Waskow*, Rn. 10; Richardi-*Thüsing*, Rn. 61; *SWS*, Rn. 30; *Jedzig*, DB 91, 753 (757).

212 *Fitting*, Rn. 26 (»in aller Regel«); § 75 Rn. 153 ff.; *Däubler*, CR 94, 101 (104); vgl. auch zu Psycho-Tests *Albrecht*, AiB 10, 576 ff.; weniger restriktiv *Dzida*, NZA 17, 541 (542 ff.) zu Big-Data-Analysen durch Computerprogramme (»People Analytics«); vgl. auch *Meyer*, NJW 23, 1841 ff., dem allerdings nicht in allem gefolgt werden kann.

Zustimmung des BR der **ausdrücklichen Einwilligung** des betreffenden AN bei der konkreten Anwendung.[213] Sie dürfen nur in **eng begrenzten Ausnahmefällen** erfolgen, wenn dies mit Rücksicht auf die zu erfüllenden Arbeitsaufgaben ggf. auch im Interesse Dritter unerlässlich erscheint.[214] Hierbei sind bestimmte Regeln zu beachten; so darf der Test beispielsweise nur von einem Fachpsychologen nach vorheriger umfassender Aufklärung durchgeführt werden.[215] **Intelligenztests,** die den Intelligenzquotienten ermitteln, und Persönlichkeitstests zur Bestimmung bzw. **Erfassung der Gesamtpersönlichkeit** sind in jedem Fall unzulässig.[216]

Das Gleiche gilt für **Alkohol-** und **Drogentests,**[217] **Stressinterviews** und **Genanalysen.**[218] Mit 48
Genomanalysen werden die Erbanlagen von Bewerbern und Beschäftigten analysiert, um z. B. eine besondere Anfälligkeit/Resistenz gegenüber Umwelteinflüssen zu ermitteln.[219] Mit ihnen wird der Einzelne zum bloßen Objekt eines Verfahrens gemacht und ihm seine Intimsphäre genommen.[220] Deshalb verbietet **§ 19 GenDG,** das im Wesentlichen am 1. 2. 2010 in Kraft getreten ist,[221] vor oder nach Begründung des Beschäftigungsverhältnisses vom Beschäftigten die Vornahme genetischer Untersuchungen oder Analysen oder die Mitteilung von Ergebnissen bereits vorgenommener entsprechender Maßnahmen zu verlangen, solche Ergebnisse entgegenzunehmen oder zu verwenden. Nach § 20 Abs. 1 GenDG gelten diese Grundsätze auch für **arbeitsmedizinische Vorsorgeuntersuchungen.** § 20 Abs. 2 lässt als Ausnahme nur diagnostische genetische Untersuchungen zu, soweit sie zur Feststellung genetischer Eigenschaften erforderlich sind, die für **schwerwiegende Erkrankungen** oder schwerwiegende gesundheitliche Störungen, die bei einer Beschäftigung an einem bestimmten Arbeitsplatz oder mit einer bestimmten Tätigkeit entstehen können, ursächlich oder mitursächlich sind. Ist eine genetische Untersuchung ausnahmsweise zulässig, finden gem. § 20 Abs. 4 GenDG die in §§ 7 bis 16 GenDG aufgeführten **Schutzmaßnahmen** Anwendung (z. B. Arztvorbehalt (§ 7), Aufklärung mit angemessener Bedenkzeit und ausdrückliche schriftliche Einwilligung des Betroffenen (§§ 8, 9), Mitteilung des Ergebnisses nur an den Betroffenen, sofern er nicht die Weitergabe an sich oder Dritte ausgeschlossen hat (§ 8 Abs. 1) oder ausdrücklich und schriftlich der Weitergabe an Dritte zugestimmt hat (§ 11 Abs. 3)). **Biometrische Identifikationsverfahren** (Identifikation z. B. anhand von Stimme, Gesicht, Iris oder Spuren der Erbsubstanz **(DNA-Profiling)**)[222] sind schon nach Art. 9 DSGVO an strenge Voraussetzungen geknüpft und im Übrigen gleichzubehandeln, wenn sie nicht nur Aussagen zur Identität, sondern z. B. auch zum Gemüts- und Gesundheitszustand oder zum Charakter erlauben[223] (vgl. auch § 87 Rn. 197, 201; Rn. 39).

Die Durchführung eines **Corona-Tests** (entweder als sog. PCR- oder als Antigen-Schnelltest) zur Abwehr einer entsprechenden Infektionsgefahr im Rahmen einer arbeitsmedizinischen Vorsorgeuntersuchung ist mit ausdrücklicher Einwilligung der betreffenden AN bzw. Bewerber und unter Beachtung der Mitbestimmungsrechte nach § 87 Abs. 1 Nr. 1, 6 und 7 (eingehend § 87 Rn. 256) zulässig. Aus der Ablehnung eines Tests darf aber kein Nachteil für die

213 *Fitting,* a. a. O.
214 Vgl. z. B. *BAG* 13. 2. 64, AP Nr. 1 zu Art. 1 GG: Fahren eines Omnibusses.
215 *Wohlgemuth,* Rn. 151 ff.; *Grunewald,* NZA 96, 15.
216 *Däubler,* CR 94, 101 (104 f.); *Wohlgemuth,* Rn. 152; *Fitting,* Rn. 26 (»in aller Regel«); *Dzida,* NZA 17, 541 (545).
217 Vgl. HaKo-BetrVG-*Kreuder/Matthiessen-Kreuder,* Rn. 21; *Heilmann/Wienemann/Thelen,* AiB 01, 465; *Rehwald,* AiB 00, 125 ff.; *Asgari,* DB 17, 1325 (1327); vgl. auch *BAG* 12. 8. 99 – 2 AZR 55/99, DB 99, 2369 (2370); 16. 9. 99 – 8 AZR 718/98, DB 00, 93 (94); a. A. *Bengelsdorf,* NZA-RR 04, 113 ff., insbes. 118 f.
218 *VGH Baden-Württemberg* 28. 11. 00 – PL 15 S 2838/99, AuR 01, 469 ff. mit Anm. *Roos;* ausführlich *Roos,* S. 31 ff., 51 ff.; vgl. auch *Fitting,* Rn. 26; *ders.,* § 75 Rn. 153; *Däubler,* Gläserne Belegschaften, Rn. 229 ff., 232 ff., 285 f.
219 *Roos,* AuR 01, 121.
220 Vgl. *Fitting,* Rn. 26 m. w. N.; *Däubler,* Das Arbeitsrecht 2, Rn. 75 ff.; *Roos,* S. 56 ff.; vgl. auch *Bücker/Feldhoff/Kohte,* Rn. 632 f.; *Kohte,* FS Kissel, S. 547 (558).
221 Zum Gesetz auch HaKo-BetrVG/*Kreuder/Matthiessen-Kreuder,* Rn. 21; *Däubler,* Gläserne Belegschaften, Rn. 233 ff.; *Wiese,* BB 09, 2198 ff.; *Fischinger,* NZA 10, 65 ff.
222 Hierzu *Kiper,* CF 8–9/99, S. 46 ff.; *Haedicke,* CF 12/99, S. 31 ff.; *Klische,* RDV 01, 60 ff.
223 *Däubler,* Gläserne Belegschaften, Rn. 291; vgl. zudem Roßnagel-*Gundermann/Probst,* 9.6 Rn. 35 ff.; *Hornung/Steidle,* AuR 05, 201 (205 ff.); vgl. auch *OGH* 20. 12. 06 – 9 ObA 109/06d, AuR 07, 398 ff. mit Anm. v. *Hornung;* vgl. auch *Byers/Winkler/Stelter,* NZA 23, 457 ff. zu Art. 9, 4 Nr. 14 DSGVO.

Betroffenen erwachsen. Im Übrigen gilt, dass der AG wegen des damit verbundenen Eingriffs in Persönlichkeitsrechte die Durchführung von Corona-Tests nicht einseitig anordnen kann. Eine Testverpflichtung für bestimmte Beschäftigtengruppen, wie z. B. bei erhöhtem Kundenkontakt, kann sich aus öffentlich-rechtlichen Vorschriften wie z. B. auf der Basis von § 18 Abs. 2 ArbSchG erlassenen bundes- oder landesrechtlichen Verordnungen ergeben. Da bei der Zuordnung der Beschäftigten in aller Regel ein Entscheidungsspielraum des AG verbleibt, ist auch hier § 87 zu beachten.

VI. Streitigkeiten

49 Besteht Streit darüber, ob z. B. ein Formular die Kriterien des Fragebogens erfüllt oder Beurteilungsgrundsätze angewendet werden, so kann das ArbG im Beschlussverfahren angerufen werden. Darüber hinaus kann der BR gegen eine einseitige Anwendung nach **§ 23 Abs. 3**[224] oder mit dem **allgemeinen Unterlassungs-** bzw. **Beseitigungs-** und **Folgenbeseitigungsanspruch** vorgehen. Dieser ist aus den zu § 87 entwickelten Gründen, die auch hier gelten,[225] anzuerkennen[226] (vgl. z. B. § 87 Rn. 14, 392). Ebenso kann der BR die **ESt.** anrufen, wenn er der Auffassung ist, dass ein Personalfragebogen oder allgemeine Beurteilungsgrundsätze ohne seine Zustimmung angewendet werden, damit der Spruch der ESt. die fehlende Einigung zwischen ihm und dem AG ersetzt.

50 Einigen sich AG und BR über die Verwendung von Personalfragebogen und deren inhaltliche Gestaltung nicht, so trifft die **ESt.** eine **verbindliche** Entscheidung. Die ESt. entscheidet dabei nicht über die rechtliche Zulässigkeit der in den Formularmustern enthaltenen Fragen, sondern nur darüber, **ob** eine Frage gestellt werden soll. Sie kann also auch bestimmen, dass eine nach allgemeinen arbeitsrechtlichen Grundsätzen an sich zulässige Frage nicht in den Personalfragebogen aufgenommen wird[227] Entscheidet sie dagegen, dass eine Frage, die bereits nach **allgemeinen Rechtsgrundsätzen** unzulässig ist, in den Fragebogen aufgenommen werden soll, so ist der Spruch insoweit **rechtsunwirksam.**

§ 95 Auswahlrichtlinien

(1) Richtlinien über die personelle Auswahl bei Einstellungen, Versetzungen, Umgruppierungen und Kündigungen bedürfen der Zustimmung des Betriebsrats. Kommt eine Einigung über die Richtlinien oder ihren Inhalt nicht zustande, so entscheidet auf Antrag des Arbeitgebers die Einigungsstelle. Der Spruch der Einigungsstelle ersetzt die Einigung zwischen Arbeitgeber und Betriebsrat.

(2) In Betrieben mit mehr als 500 Arbeitnehmern kann der Betriebsrat die Aufstellung von Richtlinien über die bei Maßnahmen des Absatzes 1 Satz 1 zu beachtenden fachlichen und persönlichen Voraussetzungen und sozialen Gesichtspunkte verlangen. Kommt eine Einigung über die Richtlinien oder ihren Inhalt nicht zustande, so entscheidet die Einigungsstelle. Der Spruch der Einigungsstelle ersetzt die Einigung zwischen Arbeitgeber und Betriebsrat.

(2a) Die Absätze 1 und 2 finden auch dann Anwendung, wenn bei der Aufstellung der Richtlinien nach diesen Absätzen Künstliche Intelligenz zum Einsatz kommt.

---

224 *HessLAG* 5. 7. 01 – 5 TaBV 153/00, DB 01, 2254 f. ErfK-*Kania,* Rn. 5; *Fitting,* Rn. 36; GK-*Raab,* Rn. 70; HWK-*Ricken,* Rn. 12; zum **Streitwert** vgl. II Nr. 17 Streitwertkatalog für die Arbeitsgerichtsbarkeit, NZA 18, 498 (502).

225 Vgl. auch *BAG* 17. 3. 15 – 1 ABR 48/13, NZA 15 885 (889); NK-GA/*Eylert*/*Waskow*, Rn. 15.

226 *BAG* 3. 5. 94 – 1 ABR 24/93, DB 94, 2450 (2451 f.); 16. 6. 98 – 1 ABR 68/97, DB 99, 438 (439); 27. 1. 04 – 1 ABR 7/03, NZA 04, 556 (557) und auch *LAG Berlin* 22. 4. 87, LAGE § 23 BetrVG 1972 Nr. 8; *LAG Niedersachsen* 6. 3. 07 – 11 TaBV 101/06, AuR 08, 77, Ls.; für die einseitige Festlegung persönlicher Angaben in Arbeitsverträgen durch den AG offengelassen v. *LAG Nürnberg* 21. 12. 10 – 6 TaBVGa 12/19, NZA-RR 11, 130 (131); ErfK-*Kania,* Rn. 5; GK-*Raab,* Rn. 69; LKK-*Dahm,* Rn. 25; *Raab,* ZfA 97, 183 (228 f.) MünchArbR-*Oberthür,* § 336; Rn. 7; **a. A.** HWK-*Ricken,* Rn. 12.

227 Vgl. z. B. auch *Fitting,* Rn. 12.

(3) Versetzung im Sinne dieses Gesetzes ist die Zuweisung eines anderen Arbeitsbereichs, die voraussichtlich die Dauer von einem Monat überschreitet, oder die mit einer erheblichen Änderung der Umstände verbunden ist, unter denen die Arbeit zu leisten ist. Werden Arbeitnehmer nach der Eigenart ihres Arbeitsverhältnisses üblicherweise nicht ständig an einem bestimmten Arbeitsplatz beschäftigt, so gilt die Bestimmung des jeweiligen Arbeitsplatzes nicht als Versetzung.

Inhaltsübersicht Rn.

I. Vorbemerkungen

1 Durch die Mitbestimmung des BR bei der Aufstellung von Auswahlrichtlinien soll eine weitgehende **Transparenz** der bei personellen Maßnahmen angewandten Grundsätze erreicht werden.[1] Für den einzelnen AN soll erkennbar und absehbar werden, warum er von einer bestimmten Personalentscheidung betroffen ist.[2] Darüber hinaus sollen die **Grundlagen für personelle Einzelmaßnahmen** versachlicht und objektiviert werden.[3] Auswahlrichtlinien sollen also vor allem auch ansonsten unausgesprochene und schwer nachvollziehbare Wertungen und Grundsätze bei Personalentscheidungen offenkundig machen, denn diese existieren natürlich in aller Regel, insbes. auf der Basis DV-gestützter Personalarbeit in den Betrieben. Gleichzeitig bieten sie die Chance, sozialen Gesichtspunkten stärkere Geltung zu verschaffen. Durch Auswahlrichtlinien wird zudem eine **Selbstbindung des AG** herbeigeführt, in vergleichbaren Fällen sachlich nachvollziehbar gleich zu verfahren und damit auch ein prozedurales Schutzrecht für den Einzelnen geschaffen. Die Versachlichung personeller Einzelmaßnahmen hat selbstverständlich den **zwingenden Gesetzesrahmen** zu beachten (vgl. auch Rn. 22) und bietet so, u. a. auch im Zusammenhang mit **§§ 75, 80,** und **§§ 1, 7 AGG** die Möglichkeit, Diskriminierungen/Benachteiligungen entgegenzutreten bzw. diese zu beseitigen und dient daher auch dem Schutz des Persönlichkeitsrechts. Dies ist insbes. bei **mittelbaren Benachteiligungen** von großer praktischer Bedeutung[4] (vgl. hierzu z. B. die Definition in § 3 Abs. 2 AGG). Die Vorschrift ist im Hinblick auf den Schutzzweck und auch wegen der inhaltlichen Verknüpfung

1 BT-Drucks. VI/1786, S. 50.

2 Vgl. auch *BAG* 27.10.92 – 1 ABR 4/92, DB 93, 885 (886); 10.12.02 – 1 ABR 27/01, EzA § 99 BetrVG 2001 Umgruppierung Nr. 1; 26.7.05 – 1 AER 29/04, DB 05, 2530 (2531); *BAG* 14.4.15 – 1 ABR 58/13, NZA 15, 1081 (1083).

3 BT-Drucks. VI/1786, S. 50, und schriftlicher Bericht des Ausschusses für Arbeit und Sozialordnung zu BT-Drucks. VI/2729, S. 5.

4 Zu mittelbarer Diskriminierung in Test- und Auswahlverfahren im angloamerikanischen Recht vgl. *Dix,* S. 148 ff.; *Wisskirchen,* S. 184 ff.; *Pfarr/Kocher,* S. 175 ff., 201 ff. insbes. auch zu Verfahrensfragen.

(z. B. bei der Verwendung von Fragebögen für die Auswahl von Bewerbern bei Einstellungen) in engem **Zusammenhang mit § 94** zu sehen. Ein **Vereinbarungsentwurf** ist bei DKWF-*Klebe/Heilmann*, § 95 Rn. 2 zu finden.[5] Im Gesetzentwurf des DGB wird das Initiativrecht (Absatz 2) bereits bei mehr als 200 Arbeitnehmer:innen im UN vorgeschlagen.[6]

2 Insbesondere gegen Abs. 2 sind verschiedentlich **verfassungsrechtliche Bedenken** geltend gemacht worden,[7] da die Vorschrift die unternehmerische Handlungsfreiheit einschränkt und auch Rückwirkungen auf die Berufsausübung der AN/Bewerber um Arbeitsplätze haben kann. Diese Bedenken sind überzeugend widerlegt worden.[8] Das *BAG* hat für § 87, der die **unternehmerische Entscheidungsfreiheit** mindestens im gleichen Umfange wie § 95 einschränkt, zutreffend entschieden, dass Mitbestimmungsrechte nicht unter dem Vorbehalt stehen, die unternehmerischen Entscheidungen unberührt zu lassen.[9] Im Gegenteil: Es ist der **Sinn von Mitbestimmungsrechten,** die unternehmerische Entscheidungsfreiheit im Interesse der Beschäftigten sozial zu begrenzen.

3 Auswahlrichtlinien wirken nicht unmittelbar auf das Arbeitsverhältnis ein. Ihre Bedeutung für den einzelnen AN liegt vielmehr in den **erweiterten Handlungsmöglichkeiten des BR** gemäß § 99 Abs. 2 Nr. 2, § 102 Abs. 3 Nr. 2. Verstößt die personelle Maßnahme gegen die Richtlinien, ist sie zwar nicht schon deshalb nichtig,[10] der BR kann allerdings mit dieser Begründung seine **Zustimmung verweigern** bzw. der Kündigung widersprechen. Insbesondere der **Widerspruch bei einer Kündigung** ist von großer Bedeutung für den betroffenen AN, da er den Weiterbeschäftigungsanspruch gemäß § 102 Abs. 5 auslösen und einen absoluten Grund für die Sozialwidrigkeit der Kündigung schaffen kann.[11] Daneben können Auswahlrichtlinien betriebsverfassungsrechtliche (schuldrechtliche) **Rechte und Pflichten für AG und BR** begründen. Die Einhaltung der Auswahlrichtlinie kann z. B. vom BR gemäß § 77 und gemäß § 23 Abs. 3 durchgesetzt werden (zum Rechtscharakter von Auswahlrichtlinien vgl. Rn. 12 sowie zu Streitigkeiten Rn. 41).

II. Begriff, Beispiele und Rechtsnatur von Auswahlrichtlinien

1. Begriff

4 Das Gesetz enthält keine Definition des Begriffs »Auswahlrichtlinien«. Hierunter sind die Regeln zu verstehen, die bei der personellen Einzelmaßnahme zugrunde gelegt werden. Auswahlrichtlinien sind üblicherweise abstrakt und generell formuliert und legen fest, welche **Voraussetzungen bei personellen Einzelmaßnahmen** vorliegen müssen oder nicht vorliegen dürfen.[12] Sie können sich auch auf nur einen konkreten betrieblichen Anlass (z. B. eine bestimmte Betriebsänderung) beziehen.[13] Je nach Vollständigkeit werden personelle Einzelmaßnahmen mehr oder weniger vorherbestimmt[14] (vgl. hierzu aber Rn. 27). Auch die Vereinbarung eines bloßen **Negativkatalogs,** in dem festgelegt wird, welche Voraussetzungen bei der Durchführung der Maßnahme nicht vorliegen dürfen oder außer Betracht zu bleiben haben, stellt

5 Vgl. auch die Regelungspunkte aus BV bei *Hinrichs*, S. 14 ff.
6 AuR Sonderausgabe April 2022, S. 53.
7 Vgl. z. B. *HWGNRH* 3. Aufl., Rn. 2 m. w. N.; aufgegeben in der 4. Aufl.
8 Vgl. z. B. *GL*, Rn. 2.
9 *BAG* 31. 8. 82, AP Nr. 8 zu § 87 BetrVG 1972 Arbeitszeit (bestätigt durch *BVerfG* 18. 12. 85, AP Nr. 15 zu § 87 BetrVG 1972 Arbeitszeit); 4. 3. 86, AP Nr. 3 zu § 87 BetrVG 1972 Kurzarbeit; 24. 11. 87, AP Nr. 6 zu § 87 BetrVG 1972 Akkord.
10 Vgl. auch *BAG* 9. 11. 06 – 2 AZR 812/05, DB 07, 1087 (1089 m. w. N.); *Hidalgo/Häberle-Haug/Stubbe,* DB 07, 914 (915 ff.).
11 *BAG* 13. 9. 1973, AP Nr. 2 zu § 1 KSchG 1969.
12 So und ähnlich *BAG* 31. 1. 84, AP Nr. 3 zu § 95 BetrVG 1972; 27. 10. 92 – 1 ABR 4/92, DB 93, 885; *Fitting*, Rn. 7.
13 *BAG* 26. 7. 05 – 1 ABR 29/04, DB 05, 2530 (2531 f.); 6. 7. 06 – 2 AZR 443/05, NZA 07, 197 (199); 24. 10. 13 – 6 AZR 854/11, NZA 14, 46 (48); LKK-*Dahm*, Rn. 2; a. A. GK-*Raab*, Rn. 18.
14 *Zöllner,* FS G. Müller, S. 665, 668 ff., meint, dass durch die Formulierung »Richtlinien« nur Grundsatzregelungen abgedeckt sind.

eine Auswahlrichtlinie dar.[15] Das *BAG*[16] definiert Auswahlrichtlinien im Anschluss an ***Kraft***[17] als Grundsätze, die zu berücksichtigen seien, wenn bei beabsichtigten personellen Einzelmaßnahmen, für die mehrere AN oder Bewerber in Frage kommen, zu entscheiden ist, welchem gegenüber sie vorgenommen werden sollen. Mit dieser **Zuspitzung auf Auswahlentscheidungen** engt es den Anwendungsbereich der Norm zu sehr ein[18] (unten Rn. 29 f.). Dies ist auch der Fall, wenn das *BAG*[19] offenbar Auswahlrichtlinien verneint, wenn ein AG sich entscheidet, alle neu zu besetzenden Stellen nur noch mit Leih-AN zu besetzen. Hierbei handelt es sich um eine Präferenzregelung bzw. einen Negativkatalog mit der Folge, dass die Vorschrift anwendbar ist. Der BR wird, insbesondere wenn er kein Initiativrecht hat, sorgfältig zu prüfen haben, ob auch ohne **schriftliche Fixierung** (vgl. Rn. 13) Auswahlrichtlinien angewendet werden. Dies kann ausdrücklich und erklärtermaßen durch den AG geschehen, aber auch konkludent durch »bloße Praxis«.

2. Beispiele

a) Anforderungsprofile

Nach Auffassung des *BAG* sollen sog. **Anforderungsprofile** keine Auswahlrichtlinien darstellen.[20] Mit diesen legt der AG fest, welchen **Anforderungen fachlicher, persönlicher oder sonstiger Art** ein potentieller Stelleninhaber genügen muss, um die Aufgaben erfüllen zu können, die dem Arbeitsplatz durch die Stellenbeschreibung zugewiesen worden sind. Das *BAG* hält es sogar für »gleichgültig, ob die Beachtung dieser Vorstellungen ausnahmslos vorgeschrieben oder lediglich empfohlen ist oder nur rein faktisch sich von selbst ergibt«.[21] Die Festlegung von Anforderungsprofilen bedeute nicht, dass die Vorstellungen des AG verbindlich seien; in Auswahlrichtlinien könne vielmehr hiervon abgewichen werden. Da in dem entschiedenen Fall die Definition von Auswahlrichtlinien erfüllt war, ist für diese Rspr. entscheidend, dass der AG nicht notwendig nach den selbst gefundenen Grundsätzen bei der Besetzung von Stellen vorgehen muss. 5

Die Auffassung des *BAG* überzeugt nicht.[22] Mit der **Festlegung der Arbeitsplatzanforderungen** dokumentiert der AG hinreichend seinen Willen, nunmehr seine Personalentscheidungen entsprechend zu fällen. Wie anders sollten beispielsweise Vorgesetzte die entsprechende Mitteilung einer zentralen Personalabteilung verstehen? Selbstverständlich werden sie nur noch Bewerber in Betracht ziehen, die die Voraussetzungen der Anforderungsprofile erfüllen. Das ist eine Vorauswahl, die dem Mitbestimmungsrecht des BR gegen den Willen des Gesetzgebers entzogen wird. Jede andere Interpretation heißt, die **betriebliche Praxis** zu verkennen. Die Möglichkeit des AG, von seinen Festlegungen wieder abzuweichen, kann kein Gegenargument darstellen. Diese Möglichkeit hängt damit zusammen, dass der AG einseitig ohne Beachtung der BR-Rechte vorgegangen ist und deshalb eine verbindliche Vereinbarung fehlt. Darüber hinaus hat das *BAG* an anderer Stelle Maßnahmen des AG, die ohne verbindliche Anweisungen auf eine indirekte Beeinflussung des AN-Verhaltens abzielten, zu Recht für mitbestimmungspflichtig gehalten.[23] Schließlich führt die Auffassung des *BAG* dazu, dass überall dort, wo der 6

15 *Fitting*, Rn. 12; HaKo-BetrVG/*Kreuder/Matthiessen-Kreuder*, Rn. 6; *Däubler*, Das Arbeitsrecht 1, Rn. 1032; *WEHO*, I Rn. 70.

16 *BAG* 10.12.02 – 1 ABR 27/01, EzA § 99 BetrVG 2001 Umgruppierung Nr. 1; 26.7.05 – 1 ABR 29/04, DB 05, 2530 f.; 28.3.06 – 1 ABR 59/04, NZA 06, 1367 (1369).

17 GK-*Kraft*, jetzt GK-*Raab*, Rn. 6.

18 Vgl. auch *BAG* 31.5.83, AP Nr. 2 zu § 95 BetrVG 1972, das die Vorschrift auch bei bloßen Einzelentscheidungen anwendet.

19 10.7.13 – 7 ABR 91/11, NZA 13, 1296 (1298).

20 *BAG* 31.5.83, 31.1.84, AP Nrn. 2, 3 zu § 95 BetrVG 1972; *ArbG Hannover*, DB 05, 896; so z. B. auch GK-*Raab*, Rn. 44; *Richardi*, FS Stahlhacke, S. 447 (451 f.).

21 *BAG* 31.5.83, a. a. O.

22 Ebenso HaKo-BetrVG/*Kreuder/Matthiessen-Kreuder*, Rn. 6; *Löwisch*, Anm. zu AP Nr. 2 zu § 95 BetrVG 1972; *Zachert*, Anm. zu dieser Entscheidung, AuR 85, 101; *Däubler*, Gläserne Belegschaften, Rn. 682; vgl. auch Richardi-*Thüsing*, Rn. 20 f. und WPK-*Preis*, Rn. 4.

23 *BAG* 24.3.81, AP Nr. 2 zu § 87 BetrVG 1972 Arbeitssicherheit.

BR nicht mit Hilfe seines Initiativrechts nach Abs. 2 Auswahlrichtlinien erzwingen kann, breiter Raum für die **Umgehung des Abs. 1** geschaffen wird. Selbst in Betrieben mit mehr als 500 AN und einem Initiativrecht des BR könnte der AG mit Hilfe von Anforderungsprofilen quasi eine **»zweite Realität« der Personalplanung** schaffen und bestehende Auswahlrichtlinien aushöhlen.[24] Berücksichtigt man weiter, dass sowohl Anforderungsprofile als auch Auswahlrichtlinien Elemente der **qualitativen Personalplanung** mit fließenden Grenzen sind,[25] so erscheint die vom *BAG* vorgenommene Differenzierung gekünstelt und auch mit dem gesetzgeberischen Zweck, Transparenz und Objektivität in die bei personellen Maßnahmen angewandten Grundsätze zu bringen, nicht vereinbar.

b) Stellen- und Funktionsbeschreibungen

7 Das *BAG* lehnt die Anwendung des § 95 ebenso bei **Stellen- und Funktionsbeschreibungen** ab.[26] Sinn der Stellenbeschreibungen ist es im Wesentlichen, für jeden Arbeitsplatz dessen **Funktion und Aufgaben** festzulegen und diejenigen **Tätigkeiten** zu definieren, die zur Erledigung der Aufgaben erforderlich sind.[27] In Funktionsbeschreibungen werden demgegenüber üblicherweise nicht die einzelnen Arbeitsplätze beschrieben, sondern für eine Gruppe von Stelleninhabern mit vergleichbaren Tätigkeiten deren Aufgaben allgemein nach Tätigkeitsschwerpunkten festgelegt.[28] Das *BAG* leitet seine Auffassung im Wesentlichen aus der Entscheidung zu den Anforderungsprofilen ab. Mit Stellen- und Funktionsbeschreibungen werde lediglich eine **Bestandsaufnahme** durchgeführt, die **Teil der Organisation des betrieblichen Arbeitsablaufes** sei.[29] Auswahlrichtlinien sollen erst vorliegen, wenn bestimmt würde, inwieweit die jeweiligen Anforderungen bei der Entscheidung über eine personelle Einzelmaßnahme zu berücksichtigen seien.[30]

8 Jedenfalls diese Argumentation des *BAG* überzeugt nicht. Stellen- und Funktionsbeschreibungen müssen sich durchaus nicht in einer bloßen **Bestandsaufnahme** erschöpfen, sie können vielmehr auch neue **personalplanerische Zielsetzungen** beinhalten. Eine Gewichtung der einzelnen Merkmale ist zudem auch dann anzunehmen, wenn keine Rangfolge aufgestellt wird: Die Merkmale sind dann gleichgewichtig zu berücksichtigen. Entscheidend muss daher im Hinblick auf die Überlegungen zu Anforderungsprofilen sein, inwieweit mit der Festlegung der fachlichen und persönlichen Voraussetzungen des Arbeitsplatzes die Kriterien festgelegt werden, die die **personelle Einzelmaßnahme präjudizieren.** Findet eine Präjudizierung statt, ist der BR nach dem Sinn und Zweck der Vorschriften eben nicht nur nach § 92 zu informieren, sondern auch sein Mitbestimmungsrecht nach § 95 zu beachten.[31]

c) Verfassungsschutzanfragen/Sicherheitsüberprüfungen

9 Werden bei Einstellungen vom UN **Regelanfragen beim Landesamt für Verfassungsschutz** durchgeführt, so ist dies eine Auswahlrichtlinie.[32] Eine Auswahlrichtlinie ist sowohl in dem Grundsatz zu sehen, dass bei bestehenden Sicherheitsbedenken von einer Einstellung abge-

---

24 Vgl. auch *Löwisch,* Anm. zu AP Nr. 2 zu § 95 BetrVG 1972.

25 *Zachert,* a. a. O., S. 103.

26 *BAG* 31. 1. 84, AP Nr. 3 zu § 95 BetrVG 1972; 14. 1. 86, AP Nr. 21 zu § 87 BetrVG 1972 Lohngestaltung; 14. 1. 14 – 1 ABR 49/12, NZA 14, 356 (357); zustimmend z. B. HWGNRH-*Rose,* Rn. 22; MünchArbR-*Oberthür,* § 337 Rn. 9; Richardi-*Thüsing,* Rn. 19.

27 *BAG* 31. 1. 84, a. a. O.

28 *BAG* 14. 1. 86, a. a. O.

29 *BAG* 31. 1. 84 und 14. 1. 86, a. a. O.

30 *BAG* 31. 1. 1984, AP Nr. 3 zu § 95 BetrVG 1972.

31 HaKo-BetrVG/*Kreuder/Matthiessen-Kreuder,* Rn. 6; *Däubler,* Das Arbeitsrecht 1, Rn. 1033; a. A. GK-*Raab,* Rn. 38; HWGNRH-*Rose,* Rn. 22.

32 *ArbG München* Beschl. 22. 12. 87, RDV 88, 204 ff.; *Däubler,* Das Arbeitsrecht 1, Rn. 1035; *Fitting,* Rn. 10; HaKo-BetrVG/*Kreuder/Matthiessen-Kreuder,* Rn. 6; offen gelassen von *BAG* 9. 7. 91 – 1 ABR 57/90, DB 92, 143 (144); **a. A.** GK-*Raab,* Rn. 45; HWGNRH-*Rose,* Rn. 24; *Buchner,* NZA 91, 577 (592 f.). Eine Zulässigkeit ist nur in engen Grenzen anzunehmen: vgl. *Bösche/Grimberg,* AiB 88, 214 f.; *Däubler,* Gläserne Belegschaften, Rn. 245 f., 929; *Wohlgemuth,* Rn. 424, 448, 451, jeweils m. w. N.

sehen wird, als auch in der Vorgehensweise, die Tatsachenfeststellung und -bewertung dem Landesamt für Verfassungsschutz zu überlassen. Nach **Meinung des *BAG***[33] soll das Mitbestimmungsrecht allerdings ausscheiden, wenn die **Sicherheitsüberprüfung** nicht vom AG, sondern von der **Aufsichtsbehörde** festgelegt wird.[34] Diese Auffassung überzeugt jedoch nicht. Die Auswahlrichtlinie wird auch in diesem Fall vom AG angewendet. Fraglich kann nur sein, ob das Mitbestimmungsrecht ausscheidet, weil der AG wegen der verbindlichen Vorgabe keinen Regelungsspielraum mehr hat (§ 87 Rn. 42 f.; vgl. auch § 87 Rn. 67; § 94 Rn. 10). **§ 87 Abs. 1 Eingangssatz** findet auch im Rahmen von § 95 entsprechende Anwendung (zur Begründung vgl. § 91 Rn. 23 und § 94 Rn. 2) bzw., wenn man keine Regelungslücke sieht, scheidet das Mitbestimmungsrecht wegen fehlenden Regelungsspielraums für AG und BR aus. Werden Bewerber, die es ablehnen, die Ermächtigung zum Umgang mit Verschlusssachen (sog. **VS-Ermächtigung** nach Sicherheitsüberprüfung) zu beantragen, deshalb nicht eingestellt, bringt der AG hiermit ebenfalls eine Auswahlrichtlinie zur Anwendung.[35]

d) Personalinformationssysteme und weitere Beispiele

Ein Mitbestimmungsrecht besteht auch bei 10

- **Personalinformationssystemen,** die durch entsprechende Verknüpfung von Daten eine personelle Entscheidung vorbereiten, da hierbei vorausgesetzt ist, dass die für die Auswahl maßgebenden Kriterien und Anhaltspunkte im Einzelnen festgelegt worden sind.[36] Neben § 95 kommen bei Personalinformationssystemen vor allem Mitbestimmungsrechte des BR nach § 87 Abs. 1 Nr. 6 (Rn. 201) und § 94 (Rn. 38) in Betracht;
- **Alkohol**- und **Drogentests**[37] (vgl. auch § 94 Rn. 39, 48),
- **ärztlichen Blut- und Tauglichkeitsuntersuchungen,** z. B. vor der Einstellung, da hierin die Kriterien für die Eignung festgelegt werden[38] (hierzu auch § 87 Rn. 67, 236; § 94 Rn. 11, 39, 45),
- bei der Anwendung von **Assessment-Centern**[39] (vgl. auch § 94 Rn. 10, 40),
- beim Einsatz von **digitalisierten Bewerbungsmanagementsystemen** (vgl. auch § 94 Rn. 3, 10, 39),[40]
- für sog. **Potenzialanalysen,**[41] die jedenfalls Teil der Auswahlentscheidung sind,
- und für die Festlegung von Regeln für die Gruppenzusammensetzung bei **Gruppenarbeit** (vgl. hierzu auch § 87 Rn. 161, 382, 384 m. w. N.) sowie für die Versetzung in **agile Teams.**[42]

Bedingungen für sog. **Insichbeurlaubungen** (als Voraussetzung für den Statuswechsel von Beamten ins Angestelltenverhältnis) sind ebenfalls Auswahlrichtlinien.[43] 11

---

33 *BAG* 9.7.91 – 1 ABR 57/90, DB 92, 143 (144); GK-*Raab*, Rn. 45.

34 Vgl. hierzu auch *Däubler*, Gläserne Belegschaften, Rn. 899 ff.

35 *ArbG Köln* 3.3.89 – 12 BV 37/88; *Halberstadt*, Rn. 3.

36 *Fitting*, Rn. 11; *GL*, Rn. 4a; GK-*Raab*, Rn. 10; *Däubler*, Gläserne Belegschaften, Rn. 673, 683; *Klebe/Schumann*, AuR 83, 40 (43); *Berg*, FS Schmidt, S. 85 (92); *Wohlgemuth*, Rn. 719 ff.; deutlich zu eng HWGNRH-*Rose*, Rn. 25.

37 *LAG Baden-Württemberg* 13.12.02 – 16 TaBV 4/02, NZA-RR 03, 417 (418); *ArbG Wuppertal*, 15.6.05, NZA-RR 05, 476 (479).

38 Vgl. *Fitting*, Rn. 22; *GL*, Rn. 11; HWGNRH-*Rose*, Rn. 34; *Bücker/Feldhoff/Kohte*, Rn. 77; zu strafrechtlichen Grenzen von Blutuntersuchungen *Albrecht*, AiB 10, 158 ff.

39 Vgl. *Schönfeld/Gennen*, NZA 89, 543 (545); *v. Hoyningen-Huene*, S. 318; *Hunold*, S. 31; Richardi-*Thüsing*, Rn. 27; *Fitting*, Rn. 21; **a. A.** HWGNRH-*Rose*, Rn. 23; *SWS*, Rn. 8; zu den rechtlichen Grenzen im Hinblick auf § 32 Abs. 1 BDSG a. F. und AGG vgl. *Carpenter*, NZA 15, 466 ff.

40 *Berg*, FS Schmidt, S. 85 (92).

41 *Fitting*, Rn. 22; *Jedzig*, DB 96, 1337 (1341).

42 *Krause*, Agile Arbeit, S. 75.

43 Für Umgruppierungen vgl. *BAG* 10.12.02 – 1 ABR 27/01, EzA § 99 BetrVG 2001 Umgruppierung Nr. 1.

e) Abs. 2a: Einsatz von Künstlicher Intelligenz

11a Der mit Wirkung ab 18.6.2021 durch das Betriebsrätemodernisierungsgesetz[44] eingefügte Abs. 2a stellt klar, dass der Mitbestimmungstatbestand des Abs. 1 einschließlich der in Abs. 2 geregelten Anrufung der ESt. in Betrieben mit mehr als 500 AN auch bei solchen Auswahlrichtlinien greift, die unter Einsatz von **Künstlicher Intelligenz** (KI) aufgestellt wurden.[45] Inhaltlich ergibt sich dadurch weder eine Veränderung noch eine Erweiterung der Vorschrift, denn Abs. 2a bezieht sich ausdrücklich auf die Aufstellung von Auswahlrichtlinien »nach diesen Absätzen« (gemeint sind Abs. 1 und 2). Deshalb ist auch nicht zu erwarten, dass das *BAG* künftig ohne weiteres § 95 auf Anforderungsprofile oder Stellen- bzw. Funktionsbeschreibungen anwenden wird, wenn diese mittels KI erstellt worden sind (vgl. hierzu Rn. 5 ff.). Die gesetzliche Einfügung macht allerdings deutlich, dass es zur Auslösung des Mitbestimmungsrechts keiner Handlung bzw. Entscheidung des AG bedarf. Der Mitbestimmung unterliegen auch solche Auswahlrichtlinien, die durch eine KI-Anwendung **eigenständig oder innerhalb eines von einem Dritten vorgegebenen Rahmens** aufgestellt wurden.[46] Selbst wenn der AG aufgrund der Vorgaben der KI-Anwendung quasi gebunden ist und letztlich keinen Entscheidungsspielraum mehr hat (vgl. aber auch Art. 22 DSGVO), liegt in der Entscheidung für eine so erstellte Auswahlrichtlinie die der Mitbestimmung zugängliche Anwendung. Insofern besteht jedenfalls ein Unterschied zu Fallkonstellationen, in denen behördliche Vorgaben die Auswahlentscheidung des AG verbindlich festlegen (vgl. dazu eingehend Rn. 9). Es bleibt abzuwarten, ob das *BAG* anlässlich der Gesetzesänderung klarstellt, in welchen Fällen eine Richtlinie nach § 95 BetrVG auch dann vorliegt, wenn der AG keinen Entscheidungsspielraum hat (vgl. hierzu Rn. 28).

3. Rechtsnatur und anwendbare Vorschriften

a) Betriebsvereinbarung/Abrede besonderer Art

12 Die **Rechtsnatur von Auswahlrichtlinien** wurde bisher unterschiedlich beurteilt, ohne dass dies eine Rolle für die Rechtsfolgen gespielt hätte. Der Gesetzgeber hat den Meinungsstreit (vgl. hierzu die 5. Aufl.) in § 1 Abs. 4 KSchG i. S. d. **BV** entschieden, wenn die Regelung schriftlich getroffen wird oder auf einem Spruch der ESt. beruht. Da allerdings Schriftform nicht erforderlich ist (Rn. 13), können Auswahlrichtlinien auch in einer formlosen **Regelungsabrede** vereinbart werden.[47]

b) Schriftform

13 Das Gesetz verlangt **keine Schriftform.** Deshalb kann eine Vereinbarung über Personalauswahlrichtlinien auch **mündlich** erfolgen.[48] Selbst wenn man der Auffassung ist, dass Schriftform erforderlich ist, kann hieraus keineswegs, wie dies teilweise geschieht,[49] gefolgert werden, ohne schriftliche Fixierung lägen keine Personalauswahlrichtlinien des AG vor. Ebensowenig wie bei § 87 kann bei § 95 das Mitbestimmungsrecht durch Nichteinhaltung der Form umgangen werden.[50] Auch wenn keine Schriftform erforderlich ist, so kann doch die Zustimmung des BR zur Anwendung von Personalauswahlrichtlinien nicht lediglich stillschweigend durch

---

44 BGBl. I Nr. 32 S. 1762 ff.
45 Vgl. hierzu auch *Fitting*, Rn. 11a f.
46 *Däubler*, BRModG Extra, S. 13; *Waas*, Künstliche Intelligenz, S. 221 f.; *Witteler/Moll*, NZA 23, 327 (331).
47 ErfK-*Kania*, Rn. 5; *Hidalgo/Häberle-Haug/Stubbe*, DB 07, 914 (917 f.); offengelassen v. *BAG* 17.11.10 – 7 ABR 120/09, NZA-RR 11, 415 (417).
48 Vgl. *LAG Hamm* 31.7.09 – 10 TaBV 9/09; *ArbG München* 22.12.87, RDV 88, 204 (207 f.); ErfK-*Kania*, Rn. 5; *Fitting*, Rn. 6; *Matthes*, FS Kreutz, S. 301; Richardi-*Thüsing*, Rn. 56; **a. A.** GK-*Raab*, Rn. 8 ff.; *GL*, Rn. 18; offengelassen v. *BAG* 17.11.10 – 7 ABR 120/09, DB 11, 884 (Ls.).
49 *SWS*, Rn. 8.
50 *ArbG München* 22.12.87, a. a. O.; *ArbG Köln* 3.3.89 – 12 BV 37/88; *Fitting*, Rn. 9; *GL*, Rn. 4a; *Roos*, S. 83.

Duldung oder **Hinnahme der Richtlinie** und ihrer Anwendung erfolgen. Es ist vielmehr ein **förmlicher Beschluss des BR** erforderlich[51] (§ 33 Rn. 9 ff., § 37 Rn. 19).

c) Kündigung/Nachwirkung

§ 77 Abs. 5 ist auf alle Auswahlrichtlinien anzuwenden. Auch bei solchen nach Abs. 1 können beide Seiten eine **Kündigung** aussprechen.[52] Mit gesetzlichen Änderungen, wie z. B. der Verschlechterung des Kündigungsschutzes durch das **ArbBeschFG** oder durch das **Gesetz zu Reformen am Arbeitsmarkt** (vgl. § 1 Abs. 3, 4 Satz 1 KSchG), entfällt nicht die **Geschäftsgrundlage** für Auswahlrichtlinien, die die AN gegenüber der neuen Rechtslage besser stellen.[53] Weder handelt es sich bei einer solchen Gesetzesnovellierung um eine wesentliche Veränderung der Umstände, noch ist das Festhalten an den Richtlinien für den AG unzumutbar. Derartige Gesetzesänderungen können als »allgemeines Lebensrisiko« nicht zu einer entsprechenden Anpassung von BV führen, es sei denn, es handelt sich um zwingendes Gesetzrecht (Rn. 22). § 77 Abs. 6 ist zumindest bei Auswahlrichtlinien nach Abs. 2 anwendbar.[54] Bei Auswahlrichtlinien nach Abs. 1 soll demgegenüber eine **Nachwirkung** nach überwiegender Meinung generell ausscheiden,[55] weil der BR kein Initiativrecht habe. Dies ist jedoch nicht für alle Fälle eine ausreichende Begründung. Ist eine Vereinbarung nach Abs. 1 zustande gekommen und wird sie zum Zwecke der **Änderung** gekündigt, so ist nicht einzusehen, weshalb ihre weitere Anwendung ausscheiden soll. Diese beruht dann auf dem (eingeschränkten) Mitbestimmungsrecht des BR.[56] Die Nachwirkung entfällt dann nur, wenn die Kündigung vom AG oder BR mit der Absicht ausgesprochen wird, zukünftig **überhaupt keine Personalauswahlrichtlinien** mehr anzuwenden.[57] Bei generellem Ausschluss der Nachwirkung im Rahmen von Abs. 1 wäre ansonsten der AG verpflichtet, die Anwendung mit Ablauf der Kündigungsfrist einzustellen. Andernfalls verhielte er sich gesetzwidrig und sähe sich dem **Unterlassungsanspruch** des BR ausgesetzt. 14

III. Mitbestimmungsinhalt

1. Initiativrecht/Zustimmungsverweigerungsrecht

Nach Abs. 2 hat der BR ein **Initiativrecht** für die Aufstellung von Auswahlrichtlinien, wenn im Betrieb **mehr als 500 AN** beschäftigt werden. Hierbei ist die Zahl der AN, die in der Regel (vgl. zu diesem Begriff § 9 Rn. 6 ff.) im Betrieb arbeiten, entscheidend.[58] Maßgeblich ist dabei der **Zeitpunkt der Initiative** des BR.[59] Dabei sind alle Leih-AN, die Vorschrift verlangt keine Wahlberechtigung, mitzurechnen. Dies ist durch § 14 Abs. 2 Satz 4 AÜG jetzt klargestellt. Die frühere Kontroverse[60] hat sich damit erledigt.[61] Die Einbeziehung entspricht auch dem Sinn und Zweck der Norm, wie es allerdings nur im Koalitionsvertrag und in der Gesetzesbegründung[62] angesprochen wird (vgl. auch Rn. 1, 32).[63] 15

---

51 *LAG Frankfurt* 16. 10. 84, DB 85, 1534; *LAG Hamm* 31. 7. 09, a. a. O.
52 *Fitting*, Rn. 6; GK-*Raab*, Rn. 11; Richardi-*Thüsing*, Rn. 59.
53 Vgl. auch *Nielebock*, AiB 97, 88 (91); **a. A.** *v. Hoyningen-Huene/Linck*, DB 97, 41 (45).
54 *GL*, Rn. 25; Richardi-*Thüsing*, Rn. 60.
55 ErfK-*Kania*, Rn. 5; *Fitting*, Rn. 6; GK-*Raab*, Rn. 12; *Matthes*, FS Kreutz, S. 301 (303).
56 Vgl. insbes. *BAG* 26. 8. 08 – 1 AZR 354/07, DB 08, 2709 (2710 f.), 10. 11. 09 – 1 AZR 511/08, NZA 11, 475 (476); 5. 10. 10 – 1 ABR 20/09, NZA 11, 598 (599) und auch 26. 10. 93 – 1 AZR 46/93, DB 94, 987 (989); *LAG Köln*, AiB 96, 250 mit Anm. *Petri* zur Nachwirkung teilmitbestimmter BV.
57 Vgl. auch *Halberstadt*, Rn. 8; *Nielebock*, AiB 97, 88 (89).
58 *Fitting*, Rn. 15; GK-*Raab*, Rn. 28; Richardi-*Thüsing*, Rn. 52.
59 *GL*, Rn. 23; Richardi-*Thüsing*, Rn. 53; *WW*, Rn. 2.
60 Vgl. hierzu *BAG* 13. 3. 13 – 7 ABR 69/11, NZA 13, 789 (791 f.) zu § 9 und Richardi-*Thüsing*, Rn. 52, aber widersprüchlich zu Rn. 53; gegen eine Einbeziehung GK-*Raab*, Rn. 29; offengelassen von *Linsenmaier/Kiel*, RdA 14, 135 (147).
61 *Fitting*, Rn. 16; wohl auch ErfK-*Kania*, Rn. 2, unter Hinweis auf die Kontroverse.
62 BT-Drucks. 18/9232, S. 15.
63 Vgl. hierzu auch *Deinert*, RdA 17, 65 (81), der anders als *Wank*, RdA 17 100 (115) wegen des klaren Gesetzestextes zu Recht davon ausgeht, dass eine Prüfung des Normzwecks entfällt.

16 In Betrieben bis zu 500 AN hat der BR kein Initiativ-, sondern nur ein **Zustimmungs- bzw. Zustimmungsverweigerungsrecht.** Er kann sein Mitbestimmungsrecht also nur ausüben, wenn sich der AG entschlossen hat, Richtlinien aufzustellen. Diese Unterscheidung hat allerdings betrieblich nicht durchweg Bedeutung, da eine systematische Analyse der Personalentscheidungen häufig ergeben wird, dass der AG auch ohne schriftliche Fixierung Richtlinien vorgibt und beachtet.

17 Die **ESt.** soll im Rahmen von Abs. 1 nur der AG **anrufen** dürfen,[64] da der BR kein Initiativrecht habe. Diese Schlussfolgerung sollte für den Fall modifiziert werden, dass der AG bereits einseitig Auswahlrichtlinien anwendet. Hier wird man es dem BR überlassen können, ob er eine schriftliche Fixierung bzw. Abänderung der vorhandenen Richtlinien über die ESt. in erster Linie anstrebt oder die Untersagung der gesetzwidrigen Praxis.[65] Stellt der AG allerdings die Anwendung der Richtlinien ein, entzieht er damit der Anrufung der ESt. durch den BR die Grundlage.

2. Regelungsbereich von Abs. 1 und 2, Verfahrensgrundsätze

18 Der **Inhalt** von Abs. 1 ist umfassender als der des Abs. 2.[66] Der Wortlaut ist insoweit eindeutig. Nach Abs. 2 werden Richtlinien auf die zu beachtenden fachlichen und persönlichen Voraussetzungen und sozialen Gesichtspunkte konkretisiert. Unter Abs. 1 fällt demgegenüber jede Art personeller Auswahlrichtlinie, also auch eine Vereinbarung über die Zusammensetzung der Belegschaft nach Alter und Ausbildung oder eine **leistungsabhängige, flexible**[67] **Quotenregelung,**[68] z. B. im Hinblick auf **weibliche und männliche Beschäftigte,**[69] **ältere/jüngere** Menschen[70] und **behinderte Beschäftigte.**[71] Insofern können auch Teile einer **Inklusionsvereinbarung** nach § 166 SGB IX nicht nur unter § 87 Abs. 1 Nr. 7 (vgl. § 87 Rn. 259), sondern auch unter diese Vorschrift fallen.[72] Solche Regelungen sind an **§ 5 AGG** zu messen. Die Maßnahme muss also zum Ziel haben, wegen der in § 1 AGG genannten Merkmale bestehende Nachteile zu verhindern oder auszugleichen und verhältnismäßig sein (sog. »**Positivmaßnahmen**«).[73]

19 Die Frage des **Regelungsbereichs** spielt bei der Diskussion eine Rolle, ob auch **Verfahrensgrundsätze** in Auswahlrichtlinien nach Abs. 2 festgelegt werden können. Dies ist zu bejahen. Das Mitbestimmungsrecht bezieht sich nicht nur auf die inhaltliche Frage, welche fachlichen und persönlichen Voraussetzungen und sozialen Gesichtspunkte zu beachten sind, sondern auch auf formelle Fragen. Hierzu zählen z. B. die Festlegung, welche **Unterlagen** vom AG bei Einstellungen berücksichtigt werden dürfen (Zeugnisse, Bescheinigungen über Lehrgänge, Angaben aus Bewerbungsbogen u. Ä.), **Informationspflichten** des AG gegenüber dem BR, die Teilnahme des BR an **Vorstellungsgesprächen, Anhörungspflichten** des AG gegenüber AN, z. B. zur Sozialauswahl vor betriebsbedingten Kündigungen, die Festlegung, dass Bewerber aus besonderen Problemgruppen (z. B. Langzeitarbeitslose, Hauptschulabsolventen) bei beabsichtigter Einstellung zu Vorstellungsgesprächen einzuladen sind,

---

64 *BAG* 10.12.02 – 1 ABR 27/01, EzA § 99 BetrVG 2001 Umgruppierung Nr. 1; *Fitting*, Rn. 15; HWGNRH-*Rose*, Rn. 78.

65 A. A. GK-*Raab*, Rn. 26.

66 Vgl. GK-*Raab*, Rn. 25; *Weller*, RdA 86, 222 (226); *Zöllner*, S. 665, 679 f.; a. A. Richardi-*Thüsing*, Rn. 13; *WW*, Rn. 5; *Heinze*, Rn. 67; *Richardi*, FS Stahlhacke, S. 447 (450 f.); das *BAG* (31.5.83, AP Nr. 2 zu § 95 BetrVG 1972) hat die Frage offengelassen und nur festgestellt, dass Abs. 1 jedenfalls Abs. 2 mit umfasst.

67 Vgl. Däubler/Beck-*Zimmer*, § 5 Rn. 31 f.

68 *Fitting*, Rn. 22; GK-*Raab*, Rn. 47; HaKo-BetrVG/*Kreuder/Matthiessen-Kreuder*, Rn. 10; *Däubler*, Das Arbeitsrecht 1, Rn. 1034 f.; MünchArbR-*Oberthür*, § 337 Rn. 3; *Kuhn/Wedde*, AiB 92, 546 (547).

69 Vgl. *BAG* 5.3.96 – 1 AZR 590/92 A, DB 96, 2627 ff. und auch *BVerfG* 22.1.92, DB 92, 377; 16.11.93, DB 94, 1292; *BAG* 22.6.93 – 1 AZR 590/92, DB 93, 429; *EuGH* 17.10.95, DB 95, 2172; 28.3.00, NZA 00, 473 ff.; 6.7.00, NZA 00, 935 ff.; *Goergens*, AiB 98, 124 ff.; *SWS*, Rn. 14; vgl. auch § 92 Abs. 3 und die Quotenregelungen für die Besetzung von BR (§ 15 Abs. 2) und AR (vgl. z. B. § 7 Abs. 3 MitbestG und § 5a MontanMitbG).

70 Däubler/Beck-*Zimmer*, § 5 Rn. 32, 62 ff.

71 Vgl. *LAG Köln* 3.5.05 – 9 TaBV 76/04, NZA-RR 06, 580 (581) im Verfahren zur Bestellung einer ESt.

72 FKS-*Feldes*, § 166 Rn. 61;.

73 Vgl. hierzu *Zimmer*, a. a. O., Rn. 18 ff.; FKS-*Faber/Rabe-Rosendahl*, § 164 Rn. 2a, 98.

u. Ä.[74] Die Grenze zwischen inhaltlichen und formellen Regelungen kann in der Regel nur schwer gezogen werden; formelle Verfahrensvorschriften sind letztlich Ausprägung und Gewichtung inhaltlicher Kriterien. Der Unterschied zwischen beiden Absätzen besteht nur darin, dass Abs. 2 sich auf die Aufstellung von Verfahrensrichtlinien beschränkt, die sich auf die **fachlichen und persönlichen Voraussetzungen** sowie die **sozialen Gesichtspunkte** beziehen.[75]

3. Zuständigkeit

Sollen Auswahlrichtlinien für mehrere/alle Betriebe eines UN aufgestellt werden, ist der **GBR** zuständig, sofern die sonstigen Voraussetzungen des § 50 Abs. 1 erfüllt sind; Entsprechendes gilt für den KBR bei Vorliegen des § 58 Abs. 1. Erforderlich ist eine **zwingende sachliche Notwendigkeit** für eine einheitliche Regelung auf UN- oder Konzern-Ebene, um die primäre Zuständigkeit des BR auszuschließen.[76] Diese Voraussetzung wird dann gegeben sein, wenn unternehmens- oder konzernweit eine integrierte quantitative und qualitative Personalplanung stattfindet.[77] Auch bei einer Zuständigkeit des GBR waren nach früher h. M. **ergänzende Vereinbarungen auf BR-Ebene** nicht ausgeschlossen, soweit sie sich damit nicht in einen Gegensatz zum Inhalt der Gesamt-BV setzten oder den gleichen Gegenstand regelten. Zusätzliche Regelungen waren so z. B. zur näheren Ausgestaltung einer Gesamt-BV unter Berücksichtigung evtl. Besonderheiten des einzelnen Betriebs denkbar.[78] Das *BAG*[79] geht jetzt davon aus, dass nur **ein Gremium** für **alle Fragen** zuständig sein kann. Darüber hinaus kann der GBR seine Regelungskompetenz auch nicht an die örtlichen BR delegieren. Es gibt **keine § 50 Abs. 2 entsprechende Vorschrift.** Offengelassen hat das BAG allerdings die Frage, ob es möglich ist, dass AG und GBR eine mitbestimmte Angelegenheit zwar regeln aber zugleich im Wege einer **Öffnungsklausel** eine **freiwillige Ergänzung** durch AG und örtliche BR jedenfalls in dem Umfang ermöglichen, in dem auch eine einseitige Konkretisierung durch den AG möglich wäre. Dies ist zu bejahen. Darüberhinaus sollte es auch zulässig sein, dass **AG und GBR gemeinsam** festlegen, dass bestimmte Detaillierungen einer GBV vor Ort durch den AG und die BR erfolgen. Hierdurch wird weder der vom *BAG* zur Begründung herangezogene Gedanke der Rechtssicherheit und Klarheit in Frage gestellt, noch verzichtet der GBR wirklich auf Rechte (vgl. auch § 50 Rn. 67 f. und § 111 Rn. 146). Strebt der GBR eine Einbeziehung der örtlichen BR beim Abschluss einer Regelung an, kann er jedenfalls die entsprechenden detaillierten Regelungen so vereinbaren, wie es ihm der jeweilige örtliche BR vorschlägt. 20

Soweit es bei einer Zuständigkeit des GBR (KBR) auf die in Abs. 2 genannten **AN-Zahlen** ankommt, wird bisher von der h. M. wegen des Gesetzeswortlauts auf den einzelnen Betrieb abgestellt.[80] Der GBR/KBR könne Auswahlrichtlinien nur für Betriebe mit mehr als 500 AN erzwingen. Weitergehend wird teilweise vertreten, dass es für das Initiativrecht des GBR (KBR) unschädlich sei, wenn nicht in sämtlichen Betrieben des UN (Konzerns) die Zahl von in der Regel mehr als 500 AN überschritten wird. Auch in diesen Fällen sei der GBR (KBR) wegen des **Gleichbehandlungsgrundsatzes** berechtigt, die Aufstellung von Auswahlrichtlinien für den gesamten UN- (Konzern-)Bereich zu verlangen und ggf. über die ESt. durchzusetzen.[81] 21

74 Vgl. auch *Lassmann*, AiB 08, 594 (596).

75 Vgl. insbes. *Weller*, RdA 86, 222 (227); ebenso *ArbG München* 22. 12. 87, RDV 88, 204 (206); *Fitting*, Rn. 21; HaKo-BetrVG/*Kreuder/Matthiessen-Kreuder*, Rn. 10; NK-GA/*Eylert/Waskow*, Rn. 7; Richardi-*Thüsing*, Rn. 14, 27; WPK-*Preis*, Rn. 9; **a. A.** *GL*, Rn. 11, 26; GK-*Raab*, Rn. 21 f.; HWGNRH-*Rose*, Rn. 15.

76 Vgl. *Schumann*, AiB 81, 184 ff.; *Dirx/Klebe*, S. 11.

77 Vgl. *Zachert*, AuR 85, 103, und die Rspr. des *BAG*, die aus einer unternehmenseinheitlichen Personalplanung die Zuständigkeit des GBR ableitet: *BAG* 31. 5. 83, 31. 1. 84, 3. 5. 84, AP Nrn. 2, 3, 5 zu § 95 BetrVG 1972.

78 Vgl. *BAG* 3. 5. 84, AP Nr. 5 zu § 95 BetrVG 1972 m. w. N.; GK-*Raab*, Rn. 32; Richardi-*Thüsing*, Rn. 64.

79 *BAG* 14. 11. 06 – 1 ABR 4/06, NZA 07, 399 (402 f.); 10. 2. 09 – 1 ABR 94/07, NZA 09, 562 (563); 17. 3. 15 – 1 ABR 48/13, NZA 15, 885 ff.

80 Vgl. Richardi-*Thüsing*, Rn. 54, 63; WPK-*Preis*, Rn. 7; *Fitting*, Rn. 17 m. w. N.

81 *Dirx/Klebe*, S. 11; *Kuhn/Wedde*, AiB 92, 546 (548); vgl. auch *LAG Baden-Württemberg* 25. 2. 80, DB 80, 1076; *LAG Bremen* 31. 10. 86, BB 87, 195; a. A. ErfK-*Kania*, Rn. 8; *Fitting*, Rn. 17; *GL*, Rn. 24; GK-*Raab*, Rn. 32; Richardi-*Thüsing*, Rn. 63.

Für diese Auffassung spricht nun auch die **Neufassung der §§ 50 Abs. 1, 58 Abs. 1.** Hiernach erstreckt sich die Zuständigkeit des GBR/KBR eben aus Gründen der Gleichbehandlung[82] jetzt ausdrücklich auch auf BR-/GBR-lose Betriebe/UN. Das **Initiativrecht** ist allerdings nicht nur auf **das gesamte UN** zu erstrecken, wenn ein Betrieb mehr als 500 AN hat, sondern bei Zuständigkeit des GBR bereits dann, wenn im UN insgesamt mehr als 500 AN beschäftigt sind.[83] Dies folgt aus einer **verfassungskonformen Auslegung** der Norm, der Betriebsbegriff ist auslegungsfähig, orientiert am **Gleichheitssatz des Art. 3 Abs. 1 GG.**[84] Es gibt keinen sachlichen Grund, AN, die durch ein und dieselbe Maßnahme des AG betroffen werden, unterschiedlich zu behandeln.[85] Diese Überlegungen lassen sich durchaus auch auf den **Konzern** übertragen[86] (vgl. auch § 111 Rn. 34). Der Umstand, dass bei der Novellierung zwar in §§ 99 und 111, nicht aber in § 95 der Bezugspunkt vom Betrieb auf das UN abgeändert wurde, steht dieser Interpretation nicht entgegen. Da nicht ersichtlich ist, dass diese Frage für § 95 überhaupt im Gesetzgebungsverfahren erörtert wurde, kann aus der Beibehaltung des Betriebs kein negativer Wille des Gesetzgebers gefolgert werden. Die Bedeutung dieses Meinungsstreits wird allerdings häufig eher gering sein, da die nach Abs. 2 festgelegten Auswahlrichtlinien i. d. R. Anwendung jedenfalls im gesamten UN finden werden, eine »doppelte Personalplanung« häufig kaum praktikabel sein wird.

4. Grenzen der Regelungsbefugnis

22 Auswahlrichtlinien dürfen nicht gegen **zwingendes Gesetzesrecht** verstoßen.[87] Sie haben daher z. B. **§ 75** ebenso zu beachten wie das **AGG** und die zwingenden Vorschriften von **BetrVG**[88] und **KSchG.**[89] Das KSchG, das **zugunsten des AN** zwingende Wirkung hat, kann weder ausgeschlossen noch eingeschränkt werden.[90] Daher kann von den Grundsätzen der Sozialauswahl nicht beispielsweise dadurch abgewichen werden, dass ausschließlich auf die Betriebszugehörigkeit und nicht auch auf Alter, Schwerbehinderung und Familienstand abgestellt wird.[91] Ebensowenig kann der Kreis der Beschäftigten, die in die Sozialauswahl einzubeziehen sind, gegenüber dem Gesetz verengt werden.[92] Zudem mussten nach der **früheren Rspr.** (vor dem arbeitsrechtlichen Beschäftigungsförderungsgesetz bis zum 31. 12. 96 und nach der Korrektur des § 1 KSchG vom 1. 1. 99 bis 31. 12. 03) Auswahlrichtlinien insbes. auch für Kündigungen Raum für eine abschließende Berücksichtigung der **individuellen Besonderheiten** des Einzelfalles lassen.[93] Nur im Rahmen dieses bisherigen gesetzlichen Kündigungsschutzes konnte z. B. ein sog. **Punktekatalog** festgelegt und Auswahlrichtlinien ein gewisser Beurteilungsspielraum zugebilligt werden.[94] Im Hinblick auf § 1 Abs. 4 KSchG besteht jetzt Streit, ob **Richtlinien zu**

---

82 BT-Drucks. 14/5741, S. 42, 43.

83 HaKo-BetrVG/*Kreuder/Matthiessen-Kreuder,* Rn. 4; a. A. HWGNRH-*Rose,* Rn. 87 m. w. N.

84 Vgl. auch *BAG* 8. 6. 99 – 1 AZR 831/98, BB 99, 2244 (2246); 29. 9. 04 – 1 ABR 39/03, NZA 05, 420 (422 ff.).

85 Vgl. auch *BAG* 8. 6. 99 – 1 AZR 831/98, BB 99, 2244 (2245 f.) und z. B. *BGH* 25. 9. 02 – VIII ZR 253/99, NJW 03, 290 (291) zu einer durch Sinn und Zweck der Vorschrift gerechtfertigten, vom Wortlaut abweichenden Anwendung eines Gesetzes.

86 Vgl. auch HaKo-BetrVG/*Kreuder/Matthiessen-Kreuder,* Rn. 4.

87 *BAG* 11. 3. 76, AP Nr. 1 zu § 95 BetrVG 1972; Richardi-*Thüsing,* Rn. 17.

88 *BAG* 20. 9. 20 – 1 ABR 17/19, NZA 21, 68: Ausschreibung gemäß § 93 ist zu beachten.

89 Vgl. *Fitting,* Rn. 18; GK-*Raab,* Rn. 39; Richardi-*Thüsing,* Rn. 40, sowie *GL,* Rn. 27 mit weiteren Beispielen.

90 *BAG* 11. 3. 76, a. a. O.; vgl. auch *BAG* 15. 6. 89, DB 90, 380; 18. 1. 90 – 2 AZR 357/89, DB 90, 1335 f.; 23. 4. 09 – 6 AZR 263/08, NZA 09, 915 (916), *Lassmann,* AiB 08, 594 (596).

91 *BAG* 11. 3. 76, a. a. O.; *Dirx/Klebe,* S. 12.

92 *BAG* 15. 6. 89, DB 90, 380; 5. 6. 08 – 2 AZR 907/06, NZA 08, 1120 (1122); *Däubler,* Das Arbeitsrecht 1, Rn. 1041 a.

93 *BAG* 15. 6. 89, a. a. O.; 27. 10. 92 – 1 ABR 4/92, DB 93, 885 (886); 5. 12. 02 – 2 AZR 549/01, NZA 03, 791 (793).

94 Vgl. *BAG* 24. 3. 83, AP Nr. 12 zu § 1 KSchG 1969 Betriebsbedingte Kündigung; 18. 1. 90, a. a. O.; *LAG Niedersachsen* 16. 8. 02 – 10 Sa 409/02, DB 03, 452 (Ls.); vgl. auch *Fitting,* 21. Aufl., Rn. 25, 27, 29; *Neyses,* DB 83, 2414; Vogt, DB 84, 1467 und *Gaul/Lunk,* NZA 04, 184 ff. mit einer Reihe von Beispielen zu Punktekatalogen.

betriebsbedingten Kündigungen möglich sind, die **keine abschließende Einzelfallprüfung** vorsehen.[95] Dies ist mit dem *BAG* der Fall, weil die nach § 1 Abs. 3 KSchG erforderliche Gesamtabwägung des AG[96] nun durch die Auswahlrichtlinien (vgl. zur Wirksamkeit Rn. 27 a. E., Rn. 40) definiert wird, die aber **hinreichend differenziert** verstanden und angewendet werden müssen.[97] So umfasst das **Lebensalter** im Prinzip auch den **Gesundheitszustand,** während die **Dauer der Betriebszugehörigkeit** besonders stark zu gewichten ist, wenn in diese Zeit eine **arbeitsbedingte Erkrankung** fällt[98] (vgl. auch Anhang zu §§ 111–113, § 126 InsO Rn. 14 ff.). Da das KSchG entsprechend geändert worden ist, liegt in der fehlenden Einzelfallabwägung dann auch keine Verschlechterung des Kündigungsschutzes durch die Richtlinie.

Das **AGG** ist nach richtiger Auffassung[99] trotz seines § 2 Abs. 4 auch auf Kündigungen anzuwenden. Teilweise wird dies unter Ablehnung einer richtlinienkonformen Auslegung des § 2 Abs. 4 AGG mit einem Verstoß gegen die europäischen Richtlinien, die mit ihren Diskriminierungsverboten **primäres Gemeinschaftsrecht** konkretisieren, begründet. Dieses hat Vorrang, § 2 Abs. 4 AGG findet daher keine Anwendung.[100] Nach a. A.[101] ist eine richtlinienkonforme Auslegung möglich[102], die das *BAG* in der Form umsetzt, dass es § 2 Abs. 4 AGG auf vom KSchG nicht erfasste ordentliche Kündigungen direkt anwendet[103] und die materiellen Diskriminierungsverbote des AGG bei der Auslegung der unbestimmten Rechtsbegriffe des KSchG als Konkretisierungen des Begriffs der Sozialwidrigkeit sowie bei der Beurteilung einer außerordentlichen Kündigung nach § 626 BGB heranzieht.[104] Somit müssen die für die Sozialauswahl definierten Merkmale wie z. B. Alter oder Betriebszugehörigkeit, die eine Benachteiligung jüngerer Beschäftigter sein können, konkret **sachlich gerechtfertigt** (§ 3 Abs. 2 AGG) bzw. eine unterschiedliche Behandlung wegen des Alters objektiv und angemessen und durch ein **legitimes Ziel** gerechtfertigt sein (§ 10 Abs. 1 Satz 1 AGG). In Art. 6 Abs. 1 der Richtlinie 2000/78/EG v. 27. 11. 00[105] werden als legitime Ziele insbes. solche aus den Bereichen Beschäftigungspolitik, Arbeitsmarkt und berufliche Bildung genannt. Es darf hierbei also **keine Automatik** festgelegt werden, ältere AN dürfen **nicht schematisch** als schutzbedürftig angesehen werden.[106] Die sachliche Rechtfertigung der Besserstellung kann sich beim Alter wegen schlechteren **Chancen auf dem Arbeitsmarkt** ergeben.[107] Aber auch hier ist differenziert zu betrachten, wo das Alter wirklich einen Nachteil ausmacht. So wird z. B. ein 26-Jähriger nicht 23

---

95 Hierfür *BAG* 9. 11. 06 – 2 AZR 812/05, DB 07, 1087 (1088 f.); 24. 10. 13 – 6 AZR 854/11, NZA 14, 46 (49); *LAG Düsseldorf* 16. 4. 08 – 2 Sa 1/08, ZIP 09, 190 (194); GK-*Raab*, Rn. 55; *Däubler*, BetrR 97, 1 (2); *Gaul/Lunk*, NZA 04, 184 (187 f.); *Kittner*, AuR 97, 182 (187); *Preis*, NJW 96, 3369 (3372); **a. A.** Richardi-*Thüsing*, Rn. 41 f.; *Bader*, NZA 96, 1125 (1130); **offengelassen** von *BAG* 26. 7. 05 – 1 ABR 29/04, DB 05, 2530 (2531).

96 Vgl. auch *Wlotzke*, BB 97, 414 (417).

97 *Kittner*, a. a. O.; *DDZ*, § 1 Rn. 576.

98 *Kittner*, a. a. O.; *Däubler*, NZA 04, 177 (181); vgl. auch HaKo-BetrVG/*Kreuder/Matthiessen-Kreuder*, Rn. 9.

99 Vgl. *BAG* 6. 11. 08 – 2 AZR 523/07, NZA 09, 361 (364); Däubler/Beck-*Däubler*, § 2 Rn. 292 ff. m. w. N.; **a. A.** z. B. *Hamacher/Ulrich*, NZA 07, 657 ff.

100 Vgl. hierzu z. B. *EuGH* 22. 11. 05 – C-144/04, NZA 05, 1345 (1348); Däubler/Beck-*Däubler*, § 2 Rn. 292 ff., 296 m. w. N.; *Däubler*, AiB 06, 738 (740); *Buschmann*, FS Wank, S. 63 (68); *Wenckebach*, Anm. zu *ArbG Bielefeld* 25. 4. 07, AuR 08, 70 (71); *Berghahn u. a.*, Evaluation des AGG, S. 45 schlagen Streichung vor.

101 *Wendeling-Schröder*, NZA 07, 1399 (1403); ErfK-*Schlachter*, AGG § 2 Rn. 17.

102 Vgl. auch *BAG* 26. 4. 06 – 7 AZR 500/04, BB 06, 1858 (1859 f., 1863 m. w. N.).

103 *BAG* 19. 12. 13 – 6 AZR 190/12, NZA 14, 372; 23. 7. 15 – 6 AZR 457/14, NZA 15, 1380.

104 *BAG* 6. 11. 08 – 2 AZR 523/07, NZA 09, 361 (364); 5. 11. 09 – 2 AZR 676/08, NZA 10, 457 (459); ErfK-*Schlachter*, AGG § 2 Rn. 18; vgl. auch *Benecke*, AuR 09, 326 (329 ff.).

105 ABlEG, Nr. L 303/16.

106 Däubler/Beck-*Brors*, § 10 Rn. 51 ff.; *Brors*, AuR 08, 288 (290); *DDZ*, § 1 KSchG Rn. 536 ff.; *Annuß*, BB 06, 1629 (1633); *Lingemann/Gotham*, NZA 07, 663 (665); *Bertelsmann*, AuR 07, 369 (371); **a. A.** offenbar *BAG* 5. 11. 09 – 2 AZR 676/08, NZA 10, 457 (459).

107 Vgl. z. B. *BAG*, 6. 11. 08, a. a. O., 365; 26. 5. 09 – 1 AZR 198/08, NZA 09, 849 (854); 18. 3. 10 – 2 AZR 468/08, NZA 10, 1059 (1061); 15. 12. 11 – 2 AZR 42/10, NZA 12, 1044 (1049 f.); Däubler/Beck-*Brors*, § 10, Rn. 52; **a. A.** *Kaiser/Dahm*, NZA 10, 473 ff., die ein höheres Arbeitslosigkeitsrisiko Älterer anhand von Arbeitsmarktdaten bestreiten; vgl. demgegenüber *BAG* 12. 4. 11 – 7 AZR 743/09, NZA 11, 985 (987) ebenfalls mit Arbeitsmarktzahlen und 15. 12. 11 – 2 AZR 42/10, NZA 12, 1044 (1050).

bereits deshalb einen Vorteil gegenüber einem 28-Jährigen haben, weil er jünger ist. Eine **lineare Berücksichtigung des Lebensalters** als Auswahlkriterium kommt daher nach der hier vertretenen Auffassung **entgegen der Meinung des *BAG***[108] nicht in Betracht. Ebenso ist durchaus zweifelhaft, ob ein **Arbeitsplatzwechsel** »erfahrungsgemäß« älteren AN mehr Schwierigkeiten macht als jüngeren.[109]

24 Bei der **Beschäftigungsdauer** ist ebenfalls, auch unabhängig vom Alter, an die Frage der Arbeitsmarktchancen zu denken. Die längere Betriebszugehörigkeit führt zu einer Spezialisierung auf das UN, zu einer **verengten Qualifikation,**[110] die zusätzlich die Chancen mindert, und auch zu einer besonderen »strategischen Unterlegenheit« des AN gegenüber dem AG die zu einer erhöhten Kündigungsgefahr führt.[111] Diese Bewertungen können sich auch ändern oder branchenspezifisch unterschiedlich ausfallen, sie müssen also einen realen Hintergrund haben.[112] Bei der Bewertung ist den Betriebsparteien ein **Einschätzungsspielraum** zuzubilligen, der auch eine sachgerechte **Typisierung,**[113] z. B. der Arbeitsmarktchancen der jeweiligen Altersgruppe, ermöglicht[114] (§ 75 Rn. 72; § 112, 112a Rn. 99).

25 Umstritten ist die Frage, ob die **Bildung von Altersgruppen** bei der Sozialauswahl eine Altersdiskriminierung gem. § 7 Abs. 1 AGG darstellt, und wann, wenn dies der Fall ist, die Benachteiligung dadurch gem. §§ 5, 8, 10 AGG gerechtfertigt sein kann, dass der AG ein berechtigtes Interesse an einer ausgewogenen Altersstruktur hat.[115] Das *BAG*[116] hält die Bildung von Altersgruppen für mit dem AGG vereinbar, da sie der Überalterung des Betriebs entgegenwirke und die Bevorzugung älterer AN relativiere. Die Erhaltung einer gemischten Altersstruktur sei ein legitimes Ziel, das Mittel zur Erreichung angemessen und erforderlich i. S. d. § 10 Satz 1 und 2 AGG. Die erforderlichen Voraussetzungen/Sachgründe, die gerichtlich uneingeschränkt überprüfbar sind, muss danach der AG allerdings schlüssig darlegen, sofern es sich nicht um eine Massenentlassung handelt. Er muss dabei nicht nur vortragen, dass sich die Altersstruktur nachteilig verändern würde, sondern vor allem auch, welche konkreten Nachteile sich dadurch z. B. für die Verwirklichung des Betriebszwecks ergeben.[117]

26 Die zwingende Wirkung des KSchG gilt generell nur zugunsten des AN.[118] Deswegen ist es zulässig, in Auswahlrichtlinien die **Kündigungsvoraussetzungen** für den AG zu erschweren.[119] Ein zwingender Schutz des AG durch das KSchG in dem Sinne, dass er immer kündigen kann, wenn seine Erklärung gemäß § 1 KSchG sozial gerechtfertigt ist oder kein Verstoß gegen die §§ 134, 138, 242 BGB vorliegt, existiert nicht. Auch das *BAG* erwähnt in seiner Entscheidung

---

108 *BAG* 5.11.09 – 2 AZR 676/08, NZA 10, 457 (459); 18.3.10 – 2 AZR 468/08, NZA 10, 1059 (1061); kritisch auch Däubler/Beck-*Däubler*, § 7 Rn. 291.

109 So *BAG* 5.11.09 – 2 AZR 676/08, NZA 10, 457 (459); a. A. *BAG* 13.10.09 – 9 AZR 722/08, DB 10, 397 (398).

110 Vgl. auch *BAG* 26.5.09 – 1 AZR 198/08, a. a. O., 851.

111 Däubler/Beck-*Brors*, § 10 Rn. 52 und -*Däubler*, § 7 Rn. 292; *DDZ*, § 1 Rn. 533 f.

112 Vgl. Däubler/Beck-*Brors*, § 10 Rn. 53.

113 Vgl. auch *BAG* 6.11.08 – 2 AZR 523/07, NZA 09, 361 (365); 5.11.09 – 2 AZR 676/08, NZA 10, 457 (459); 18.3.10 – 2 AZR 468/08, NZA 10, 1059 (1061).

114 Vgl. *DDZ*, § 1 KSchG Rn. 540.

115 Vgl. einerseits für eine Vereinbarkeit mit dem AGG *Wendeling-Schröder*, AuR 07, 389 (390 f.); *dies.*, NZA 07, 1399 (1401 ff.); *Löwisch/Röder/Krieger*, BB 08, 610 (611 f.); *Gaul/Bonanni*, BB 08, 218 (220 ff.), jeweils m. w. N. und zur Rechtslage vor Inkrafttreten des AGG *BAG* 19.6.07 – 2 AZR 304/06, NZA 08, 103 (107) und 6.9.07 – 2 AZR 387/06, NZA 08, 405 (406 f.); demgegenüber ablehnend *Bertelsmann*, AuR 07, 369 (371 ff.) m. w. N.; *Wenckebach*, AuR 08, 70 (71 ff.); offengelassen von *LAG Berlin-Brandenburg* 19.9.07 – 15 SA 1144/07, LAGE § 10 AGG Nr. 2.

116 *BAG* 6.11.08 – 2 AZR 523/07, NZA 09, 361 (366 f.); 12.3.09 – 2 AZR 418/07, DB 09, 1932 (1934); 15.12.11 – 2 AZR 42/10, NZA 12, 1044 (1051); ebenso *Gaul/Niklas*, NZA-RR 09, 457 ff.; *Benecke*, AuR 09, 326 (331); kritisch *Buschmann*, FS Wank, S. 63 (70) und Däubler/Beck-*Brors*, § 10 Rn. 57 ff.

117 *BAG* 18.3.10 – 2 AZR 468/08, NZA 10, 1059 (1061 f.); 19.7.12 – 2 AZR 352/11, NZA 13, 86 (89); 26.3.15 – 2 AZR 478/13, NZA 15, 1122 (1123), hierzu auch *Lingemann/Otte*, NZA 16, 65 ff.

118 Vgl. *BAG* 23.4.09 – 6 AZR 263/08, NZA 09, 915 (916).

119 *SächsLAG* 10.10.01 – 2 Sa 744/00, NZA 02, 905 (907); HaKo-BetrVG/*Kreuder/Matthiessen-Kreuder*, Rn. 9; *Bösche*, S. 117; *Däubler*, Das Arbeitsrecht 1, Rn. 1041a; *Klebe/Schumann*, S. 142 f., sowie die Beispiele bei *Fitting*, Rn. 24; **str.,** a. A. z. B. LKK-*Dahm*, Rn. 9; Richardi-*Thüsing*, Rn. 38, sowie die Autoren, die verbindliche Vorgaben für den AG überhaupt ablehnen.

vom 11.3.76 in Kenntnis der schon damals bestehenden Diskussion nur den zwingenden Charakter des KSchG **zugunsten des einzelnen AN.**[120] Die Arbeitsvertragsparteien können den **Ausschluss der ordentlichen Kündigung** überhaupt vereinbaren[121] oder die Verkürzung der sechsmonatigen Wartezeit bzw. die Geltung des KSchG ab Einstellung.[122] Wenn sich *GL*[123] demgegenüber darauf berufen, dass die für den einen AN günstige Regelung automatisch für einen anderen nachteiliger als das KSchG sein müsse, so könnte dies allenfalls für die Sozialauswahl zutreffen. Aber auch hier handelt es sich um kein durchgreifendes Argument, wenn die Richtlinien als eine Art **»zweites Netz«** begriffen werden, d.h. nur der gekündigt werden kann, der sowohl nach § 1 Abs. 3 KSchG als auch nach der Auswahlrichtlinie hierfür in Frage kommt.[124] In diesem Sinne kann durch Auswahlrichtlinien z.B. festgelegt werden, dass über die jetzt abschließend in § 1 Abs. 3 KSchG genannten Kriterien Dauer der Betriebszugehörigkeit, Lebensalter, Unterhaltspflichten und Schwerbehinderung hinaus **zusätzliche soziale Gesichtspunkte** zu berücksichtigen sind[125] oder der Kreis der in die Sozialauswahl einzubeziehenden AN erweitert wird. Die schlichte Einbeziehung der durch § 1 Abs. 3 Satz 2 KSchG ausgenommenen AN wäre allerdings für diese eine unzulässige Verschlechterung des Kündigungsschutzes. Deshalb müsste sie in den Auswahlrichtlinien als **zusätzliche Voraussetzung** definiert und die betriebsbedingte Kündigung z.B. nur dann zugelassen werden, wenn der betroffene AN weniger schutzbedürftig als der von der Sozialauswahl ausgenommene ist.[126] Das *BAG*[127] hat eine Verdrängung der gesetzlichen Anforderungen an die Vergleichbarkeit der AN bei der Sozialauswahl oder an die entgegenstehenden betrieblichen Bedürfnisse i.S.v. § 1 Abs. 3 Satz 2 KSchG abgelehnt, aber nicht geprüft, ob eine Besserstellung der AN gegenüber dem gesetzlichen Kündigungsschutz möglich ist.

Gegen eine Erschwerung der Kündigungsvoraussetzungen wie auch überhaupt dagegen, dass 27
personelle Maßnahmen an so enge Voraussetzungen gebunden werden können, dass für den UN **kein Ermessensspielraum** bei der Durchführung mehr verbleibt, wird zu Unrecht teilweise der Wortlaut der Vorschrift angeführt. Aus der Formulierung »Richtlinie« wird gefolgert, dass lediglich Grundsatz-, aber keine Detailregelungen festgelegt werden könnten. So sollen beispielsweise auch nicht **Voraussetzungen für personelle Maßnahmen** verbindlich festlegbar sein.[128] Diese Auslegung **widerspricht** jedoch dem Wortlaut. Der Begriff »Richtlinie« meint nach allgemeinem Sprachgebrauch (für dessen Klärung die Rechtsprechung[129] auf allgemeine Bedeutungswörterbücher zurückgreift) »Anweisung für jemandes Verhalten in einem bestimmten Einzelfall«,[130] »meist verbindliche Vorschrift, Anweisung, nach der sich jemand … im Einzelfall zu richten hat«,[131] »Grundsatz, Vorschrift«.[132] Er zielt also auf verbindliche Vorgaben. Ein anderes Verständnis würde zudem die Vorschrift und vor allem den vom Gesetzgeber verfolgten Zweck, bei personellen Maßnahmen weitgehende Transparenz und Versachlichung zu erreichen, weitgehend entwerten. Könnte der AG letztlich doch wieder frei entscheiden, so bestünde die Möglichkeit, nicht erkennbare oder unsachliche Gründe gewissermaßen »durch die

---

120 AP Nr. 1 zu § 95 BetrVG 1972.
121 *BAG* 12.10.54, AP Nr. 1 zu § 52 RegelungsG; 5.6.08 – 2 AZR 907/06, NZA 08, 1120 (1124); *Halberstadt,* Rn. 5; Schaub-*Linck,* § 128 Rn. 4.
122 *BAG* 18.2.67, AP Nr. 81 zu § 1 KSchG; *BAG* 8.6.72, AP Nr. 1 zu § 1 KSchG 1969.
123 Rn. 13.
124 Vgl. auch *Däubler,* Das Arbeitsrecht 1, Rn. 1041a.
125 Vgl. Richardi-*Thüsing,* Rn. 42; *Richardi,* DB 04, 486 (487 m.w.N.).
126 Vgl. *Däubler,* BetrR 97, 1 (2); *Kittner,* AuR 97, 182 (187); *Nielebock,* AiB 97, 88 (90).
127 *BAG* 5.6.08 – 2 AZR 907/06, NZA 08, 1120 (1122).
128 GK-*Raab,* Rn. 6, 19, 23; HWGNRH-*Rose,* Rn. 14; *Zöllner,* S. 665 (668 ff.) sowie die bereits zu Kündigungserschwernissen angeführten Fundstellen.
129 Vgl. etwa *BAG* 21.3.17 – 3 AZR 86/16, NZA 16, 939 (941).
130 Vgl. *Duden-online,* Deutsches Universalwörterbuch, Die Richtlinie, *http://www.duden.de/rechtschreibung/Richtlinie* (abgerufen 23.3.2023).
131 *Brockhaus/Wahrig,* Deutsches Wörterbuch, Bd. 5 (1983), S. 388.
132 *Wahrig,* Synonymwörterbuch online, Richtlinie, *http://www.wissen.de/search/lexicon?keyword=+Richtlinie+Synonym* (abgerufen 23.3.2023).

Hintertür« wieder einzuführen.[133] Es ist somit davon auszugehen, dass in Auswahlrichtlinien je nach Grad der Detaillierung bei Beachtung des zwingenden Gesetzesrechts die Voraussetzungen für personelle Einzelmaßnahmen **verbindlich festgelegt** und auch **Kündigungsvoraussetzungen erschwert** werden können.[134] Das *BAG*[135] hält eine abschließende Einzelfallprüfung bei **betriebsbedingten Kündigungen** nicht für erforderlich. Damit kann sich das Ergebnis der Auswahl unmittelbar aus der Anwendung der Richtlinie ergeben.

28 Für andere Auswahlrichtlinien ist die frühere Rspr. als Ausgangspunkt weiter zu berücksichtigen. Danach ist das *BAG*[136] der Auffassung, dass eine Richtlinie nicht mehr vorliegt, wenn dem AG kein Entscheidungsspielraum verbleibt. Gleichzeitig soll trotzdem eine Richtlinie vorliegen, wenn sich im **Einzelfall** die **Entscheidung unmittelbar aus der Regelung** ergibt. In diesem Fall soll keine Beseitigung, sondern nur eine Beschränkung des Entscheidungsspielraums des AG vorliegen.[137] Dies erscheint widersprüchlich. Die reine Wortlautinterpretation überzeugt zudem nicht und widerspricht dem Zweck der Vorschrift (s. o.). Auch § 1 Abs. 4 KSchG (vgl. oben Rn. 22) spricht dafür, dass Richtlinien **nicht nur Grundsatz-,** sondern **auch Detailregelungen** treffen und die Voraussetzungen für personelle Einzelmaßnahmen **verbindlich festlegen können.**[138] Erfolgt die Beseitigung des Entscheidungsspielraums durch die ESt., kann allerdings ein Ermessensfehler vorliegen.[139]

29 Auswahlrichtlinien können **sämtliche personellen Einzelmaßnahmen** regeln. Sie sind nicht auf betriebsbedingte Maßnahmen beschränkt. Für Einstellungen, Versetzungen und Umgruppierungen wird dies auch von niemandem vertreten. Aber auch **für Kündigungen** kann **keine Beschränkung** auf betriebsbedingte stattfinden.[140] Für eine Beschränkung auf betriebsbedingte Kündigungen wird vor allen Dingen die Formulierung **Auswahl**richtlinien angeführt. Eine Auswahl werde nur bei betriebsbedingten Kündigungen durchgeführt. Hiergegen lässt sich anführen, dass alle **Personalmaßnahmen ohne Einschränkung** angesprochen sind. Darüber hinaus taucht die Formulierung »Auswahlrichtlinien« auch lediglich in der Überschrift und in Abs. 1 als »personelle Auswahl« auf. In Abs. 2 ist ebenso wie in den §§ 102 Abs. 3 Nr. 2 BetrVG, 1 KSchG und den Materialien[141] demgegenüber von bloßen Richtlinien die Rede. Da bei der **sozialen Auswahl** ausschließlich soziale Gesichtspunkte zu berücksichtigen sind,[142] ist auch nicht ersichtlich, worauf sich die zusätzlich zu beachtenden **»fachlichen und persönlichen Voraussetzungen«** des Abs. 2 beziehen sollten.[143]

---

133 Vgl. vor allem *Weller,* RdA 86, 222 (225), der auch zu Recht darauf hinweist, dass eine derartige Auslegung zu einer Schlechterstellung gegenüber der Rechtslage vor In-Kraft-Treten des BetrVG 1972 führen würde, die vom Gesetzgeber nicht beabsichtigt war; hierzu *BAG* 13.9.73, AP Nr. 2 zu § 1 KSchG 1969.

134 Vgl. *BAG* 31.5.83, AP Nr. 2 zu § 95 BetrVG 1972, wenn dort ausgeführt wird, dass in Auswahlrichtlinien »Höchstanforderungen« festgelegt werden könnten.

135 *BAG* 9.11.06 – 2 AZR 812/05, NZA 07, 549 (552); 24.10.13 – 6 AZR 854/11, NZA 14, 46 (49); ebenso *LAG Düsseldorf* 16.4.08 – 2 Sa 1/08, ZIP 09, 190 (194); *Fitting,* Rn. 28; **a. A.** HWGNRH-*Rose,* Rn. 68 unter Bezug auf Rn. 11 ff.

136 *BAG* 10.12.02 – 1 ABR 27/02, EZA § 99 BetrVG 2001 Umgruppierung Nr. 1; 31.5.05 – 1 ABR 22/04, NZA 06, 56 (59).; zustimmend *Fitting,* Rn. 19; *Richardi,* FS Stahlhacke, S. 447 (450) und Richardi-*Thüsing,* Rn. 34, 41.

137 *BAG* 27.10.92 – 1 ABR 4/92, NZA 93, 607 (610).

138 S. auch *Bauer/Krieger,* FS Richardi, S. 177 (187); *Däubler,* Das Arbeitsrecht 1, Rn. 1032; MünchArbR-*Oberthür,* § 337 Rn. 6 f.

139 Vgl. *BAG* 27.10.92 – 1 ABR 4/92, NZA 93, 607 (610).

140 So auch *Fitting,* Rn. 24; *DDZ,* § 1 KSchG Rn. 386; HaKo-BetrVG/*Kreuder/Matthiessen-Kreuder,* Rn. 16; *Bösche,* S. 117; *Däubler,* Das Arbeitsrecht 1, Rn. 1041a; *Gester/Zachert,* JArbR, Bd. 12 (1975), S. 98; *Klebe/Schumann,* S. 97 ff.; *Klebe,* BB 80, 840; *Wolff,* S. 87 ff.; **a. A.** GK-*Raab,* Rn. 49 f.; HWGNRH-*Rose,* Rn. 54 ff.; MünchArbR-*Oberthür,* § 337 Rn. 17; *Richardi,* FS Stahlhacke, S. 447 (452); Richardi-*Thüsing,* Rn. 38; *Weller,* RdA 86, 222 (225); wohl auch *BAG* 18.4.00 – 1 ABR 28/99, DB 00, 2433 (2435), wenngleich im Ergebnis offengelassen; in der Entscheidung vom 26.7.05 – 1 ABR 29/04, DB 05, 2530 (2531) stellt des *BAG* demgegenüber fest, Auswahlrichtlinien kämen **»in erster Linie«** bei betriebsbedingten Kündigungen in Betracht; hiernach könnten sie also auch verhaltens- und personenbedingte Kündigungen regeln.

141 BT-Drucks. VI/1786, S. 50.

142 Vgl. *BAG* 24.3.83, 20.10.83, AP Nrn. 12, 13 zu § 1 KSchG 1969 Betriebsbedingte Kündigung.

143 Insoweit auch ablehnend Richardi-*Thüsing,* Rn. 16.

Zudem hat das *BAG*[144] zutreffend darauf hingewiesen, dass die gesetzgeberischen Absichten, eine **Versachlichung und Durchschaubarkeit** personeller Einzelmaßnahmen herbeizuführen, auch dort greifen können, wo es nicht um eine »echte Auswahl unter mehreren in Frage kommenden AN, sondern um eine bloße Einzelentscheidung geht«. Ähnlich ist die Entscheidung des *BAG* v. 11.3.76[145] zu verstehen, wenn dort die Rede davon ist, dass »Richtlinien über die personelle Auswahl bei Kündigungen … u.a. die sozialen Gesichtspunkte« festlegen können. Auswahlrichtlinien können also auch Aspekte regeln, die mit der Sozialauswahl selbst nichts zu tun haben. Gegen eine Beschränkung auf betriebsbedingte Kündigung spricht auch **§ 102 Abs. 3.** Die Auswahl ist dort bereits in **Nr. 1** geregelt. Welche selbstständige Bedeutung die Nr. 2 dann noch haben soll, ist nicht einsichtig. Weiter ist auch zu berücksichtigen, dass das *BAG* zu Recht den **Widerspruch nach § 102 Abs. 3 für alle Kündigungen** zulässt[146] (vgl. auch § 102 Rn. 206) und, vor allem, dass der Gesetzgeber in Kenntnis der Kontroverse in **§ 1 Abs. 2 KSchG** angeordnet hat, dass **alle Kündigungen,** die gegen eine Richtlinie nach § 95 BetrVG verstoßen, sozial ungerechtfertigt sind. **Außerordentliche Kündigungen** fallen allerdings nach der Systematik des Gesetzes grundsätzlich nicht unter die Vorschrift. 30

IV. Regelungsbeispiele

In Auswahlrichtlinien können **Verfahrensregelungen** (Rn. 19) für alle personellen Einzelmaßnahmen getroffen werden. So kann beispielsweise festgelegt werden, in welcher Art und Weise und durch wen Tatsachenfeststellungen zu treffen sind, welche Unterlagen bei den Entscheidungen berücksichtigt werden dürfen (Zeugnisse, Bescheinigungen über Lehrgänge, Inhalt der Personalakten u.Ä.) oder auch, dass der BR bei Einstellungen an einem Vorstellungsgespräch teilnimmt.[147] Inhaltlich bieten Auswahlrichtlinien einen wichtigen Ansatz, **(mittelbaren) Diskriminierungen** aktiv gestalterisch entgegenzuwirken (vgl. auch Rn. 1, 22). 31

Vor allem bei **Einstellungen und Versetzungen,** weniger bei Umgruppierungen, können Richtlinien den **Entscheidungsspielraum des AG einengen** (Rn. 27f.). Zu den **fachlichen Voraussetzungen** gehören insbes. die für den Arbeitsplatz oder eine bestimmte Tätigkeit notwendigen Kenntnisse und Fähigkeiten. Hierbei kann es auf die Schulbildung, abgelegte Prüfungen, beruflichen Werdegang, Grund- und Spezialkenntnisse o.Ä. ankommen. **Persönliche Voraussetzungen** können beispielsweise die physische und psychische Belastbarkeit, die konkrete Bevorzugung von Frauen, behinderten Beschäftigten[148] oder älteren/jüngeren Menschen im Einzelfall, auch bis zur Erfüllung einer **festgelegten Quote** (vgl. § 5 AGG),[149] das Alter oder die Betriebszugehörigkeit als Entscheidungskriterium bei gleicher fachlicher Eignung eines externen Bewerbers sein (vgl. zu den Anforderungen des AGG Rn. 22ff.). Richtlinien zum Einsatz von **Ein-Euro-Jobbern**[150] (vgl. § 87 Rn. 13, § 94 Rn. 32), zur **Integration von Flüchtlingen**[151] und zur **Fremdfirmenarbeit (Leiharbeit/Werkverträge),**[152] z.B. zu deren An- 32

---

144 *BAG* 31.5.83, AP Nr. 2 zu § 95 BetrVG 1972.

145 AP Nr. 1 zu § 95 BetrVG 1972.

146 *BAG* 22.7.82, AP Nr. 2 zu § 1 KSchG 1969 Verhaltensbedingte Kündigung.

147 Vgl. z.B. *Roos,* S. 82f. m.w.N.; *Fitting,* Rn. 21, sowie die Regelungsvorschläge bei *Dirx/Klebe,* S. 15ff.; **a.A.** z.B. HWGNRH-*Rose,* Rn. 15m.w.N.

148 Vgl. auch *LAG Köln* 3.5.05 – 9 TaBV 76/04, NZA-RR 06, 580 (581) im Verfahren zur Bestellung einer ESt.

149 Däubler/Beck-*Zimmers,* § 5 Rn. 32, 52, 57 ff (»Positivmaßnahmen«); *Fitting,* Rn. 22; *Däubler,* Das Arbeitsrecht 1, Rn. 1034f., HaKo-BetrVG/*Kreuder/Matthiessen-Kreuder,* Rn. 10; *WEHO,* I Rn. 75; zu den Grenzen *BAG* 5.3.96 – 1 AZR 590/92 A, DB 96, 2627ff. m.w.N.; *EuGH* 11.11.97, DB 97, 2383f.; 6.7.00, NZA 00, 935ff. und **Rn. 18;** vgl. auch *EuGH* 19.3.02 Rs C-476/99, DB 02, 1450ff. mit Anm. *Thüsing.*

150 *Engels* NZA 07, 8 (11).

151 Zur Flüchtlingsproblematik und Arbeitsrecht vgl. *Schubert,* AuR 15, 430ff.

152 *Ulber/zu Dohna-Jaeger,* AiB 07, 705 (706f.); vgl. auch *BAG* 13.10.12 – 5 AZR 289/11, NZA-RR 13, 68ff.; **a.A.** *Fitting,* Rn. 22 a.E.; GK-*Raab,* Rn. 46; *BAG* 10.7.13 – 7 ABR 91/11, NZA 13, 1296 (1298) legt einen zu engen Begriff von Auswahlrichtlinien zu Grunde, wenn diese verneint werden, obwohl der AG alle neu zu besetzenden Stellen nur noch mit Leih-AN besetzen will, da es sich hierbei um eine Präferenzregel bzw. einen Negativkatalog handelt (vgl. auch Rn. 4).

teil an der Beschäftigung, wie auch an Projekten beim **Crowdsourcing** (vgl. auch § 87 Rn. 201, § 90 Rn. 13, § 111 Rn. 111a),[153] oder den Einsatzbereichen, unterliegen als Einstellungsregeln ebenfalls der Vorschrift.

33 Als **soziale Gesichtspunkte** kommen etwa in Betracht: das Alter, der Gesundheitszustand, der Familienstand oder die Dauer der Betriebszugehörigkeit[154] (vgl. Rn. 22). Das *BAG*[155] hält die Berücksichtigung von Grundqualifikation, Dauer der Berufserfahrung, aktueller Leistungsbeurteilung und Potenzialanalyse der Bewerber in einem Punktsystem für sachgerecht, verlangt allerdings einen hinreichenden Spielraum für den AG, wenn keine nähere Differenzierung nach Art der Versetzung und Arbeitsbereiche erfolge und auf den künftigen Einsatz bezogene Kriterien nur eine beschränkte Berücksichtigung fänden. Der **Entscheidungsspielraum des AG** müsse **umso größer** sein, **je undifferenzierter** das System in der Verwendung der Auswahlkriterien und der unterschiedslosen Erstreckung auf alle anfallenden Arbeitsbereiche sei, um Ergebnisse, die unter Berücksichtigung der billigenswerten Interessen des AG und der AN nicht sachgerecht seien, korrigieren zu können.[156] Anderenfalls sei eine Entscheidung der ESt. ermessensfehlerhaft. Diese Überlegungen sind grundsätzlich richtig, wenngleich im entschiedenen Einzelfall nicht überzeugend angewendet, da dem AG, von extremen Beispielen abgesehen, durchaus ein Spielraum verblieb.[157] Bei einer geringen Detaillierung und Differenzierung der Merkmale muss wie bei Kündigungen (vgl. Rn. 22, 27) ein entsprechender Entscheidungsspielraum für den AG verbleiben. Die Richtlinie kann aber auch so präzise Regelungen treffen, dass sich, wie oben aufgeführt, die personelle Maßnahme direkt aus ihr ohne weitere Meinungsbildung des AG ergibt. Die teilweise Wiederholung zeigt, dass es durchaus denkbar ist, dass **dasselbe Kriterium sowohl den fachlichen als auch den persönlichen Voraussetzungen** und den **sozialen Gesichtspunkten** zuzuordnen ist.

34 Bei **Umgruppierungen** haben Auswahlrichtlinien hinsichtlich der Rechtsanwendung geringere Bedeutung, da es sich regelmäßig um die Einstufung in eine tarifliche oder betriebliche Lohn- oder Gehaltsgruppe handelt und der BR deshalb auf eine Richtigkeitskontrolle beschränkt sein wird.[158] In erster Linie haben hier **Verfahrensvorschriften** Bedeutung und **Regeln, die beinhalten, unter welchen Voraussetzungen Umgruppierungen stattfinden.**[159] Es kommt aber auch ein Schutz gegen Abgruppierung in Betracht, sofern keine abschließende tarifvertragliche Regelung vorliegt.[160]

35 Bei **Kündigungen** (vgl. auch Rn. 27) kann in der Richtlinie die **Wertigkeit** der einzelnen bei der Sozialauswahl gem. § 1 Abs. 3 KSchG zu berücksichtigenden Merkmale Dauer der Betriebszugehörigkeit, Alter, Unterhaltsverpflichtungen und Schwerbehinderung vereinbart werden (zu ihrer Erweiterung vgl. Rn. 26). Hier ist allerdings aus der Sicht des BR durchaus Vorsicht angebracht, damit sich nicht aus der Auswahlrichtlinie eine mehr oder weniger große Kündigungsautomatik ergibt. Weiter können Kündigungen bei **arbeitsplatzbedingter Erkrankung** ebenso wie bei lang andauernder Erkrankung z. B. »jedenfalls vor Ablauf eines Jahres« ausgeschlossen werden.[161] Bei **verhaltensbedingten Kündigungen** kann vereinbart und auch über die ESt. erzwungen werden, dass diese nicht ausgesprochen werden dürfen, wenn nicht z. B. in den letzten zwei Jahren mindestens einmal/mehrmals wegen eines vergleichbaren Vorwurfs abgemahnt worden ist.[162] Ebenso ist es möglich, **Verdachtskündigungen,** sofern man sie überhaupt

153 *Klebe/Neugebauer*, AuR 14, 4 (7); *Däubler/Klebe*, NZA 15, 1032 (1040 f.).
154 *Kuhn/Wedde*, AiB 92, 546 (551).
155 *BAG* 27.10.92 – 1 ABR 4/92, DB 93, 885 (886).
156 Ebenso *Fitting*, Rn. 19; *SWS*, Rn. 17a).
157 Vgl. auch *Wedde*, AiB 93, 460 f.
158 Richardi-*Thüsing*, Rn. 9, 36.
159 Vgl. z. B. *BAG* 10.12.03 – 1 ABR 27/01, EzA § 99 BetrVG 2001 Umgruppierung Nr. 1: Kriterien dafür, welchen Beschäftigten unter welchen Bedingungen eine anders bewertete Tätigkeit übertragen wird, ohne dass die Grenze zur Versetzung überschritten wird.
160 *WW*, Rn. 8.
161 Vgl. auch *Däubler*, Das Arbeitsrecht 1, Rn. 1041a.
162 Vgl. *Fitting*, Rn. 24; *Däubler*, a. a. O.; *DDZ*, § 1 KSchG Rn. 386; *Kuhn/Wedde*, AiB 92, 546 (522); **a. A.** HWGNRH-*Rose*, Rn. 56; Richardi-*Thüsing*, Rn. 38.

für zulässig halten will (vgl. hiergegen die überzeugende Argumentation in § 23 Rn. 113ff.),[163] auszuschließen. Aus dem Schutzzweck des § 95, eine Versachlichung und Durchschaubarkeit personeller Einzelmaßnahmen herbeizuführen, folgt, dass auch dann nach dieser Vorschrift (vgl. auch § 111 Rn. 77f.) ein Mitbestimmungsrecht besteht, wenn der AG ein **freiwilliges** Ausscheidensprogramm gegen Abfindung auflegt und sich mehr AN als geplant melden.

Bei der Aufstellung der Auswahlrichtlinien hat der BR darauf zu achten, dass die verwendeten Kriterien nicht nur hinsichtlich der Art der personellen Maßnahmen, sondern auch in Bezug auf die verschiedenen AN-Gruppen unterschiedlich zu gestalten sind. Dies gilt beispielsweise im Hinblick auf **Auszubildende** oder **AN mit Weisungsbefugnissen.**[164] 36

Bestand bereits **vor Änderung des Gesetzes** in Betrieben mit 501 bis 1000 AN eine (bisher vom BR nicht erzwingbare) BV, ist die Situation trotz des schon zuvor bestehenden Zustimmungsverweigerungsrechts mit der einer freiwilligen BV vergleichbar. Auch hier ist die Verhandlungssituation für den BR nun grundlegend verändert. Der Verzicht des AG auf Richtlinien und damit der Wegfall des Zustimmungsverweigerungsrechts können keine Rolle mehr spielen. Deshalb kann auch hier die bestehende BV jederzeit durch eine neue, nunmehr mitbestimmte BV abgelöst werden[165] (vgl. § 87 Rn. 387). 37

V. Versetzungsbegriff

Das Gesetz definiert in Abs. 3 die **Versetzung.** Da sich das Beteiligungsrecht des BR bei einer Versetzung aus § 99 ergibt, wird der Begriff dort erläutert (vgl. § 99 Rn. 96ff.). 38

VI. Streitigkeiten

Streitigkeiten über Inhalt und Umfang des Mitbestimmungsrechts sowie die Auslegung einer Auswahlrichtlinie sind im **Beschlussverfahren** gemäß §§ 2a Abs. 1 Nr. 1, 80 ArbGG durchzuführen. Inzidenter können die Auswahlrichtlinien betreffenden Fragen auch Gegenstand des Kündigungsschutzverfahrens oder der Verfahren auf Zustimmungsersetzung nach § 99 und Entbindung von der Weiterbeschäftigungspflicht nach § 102 sein. Gemäß **§ 1 Abs. 4 KSchG** kann die nach einer BV, also nicht einer Regelungsabrede,[166] vorgenommene Sozialauswahl von den Gerichten nur auf **grobe Fehlerhaftigkeit** überprüft werden. 39

Diese ist dann anzunehmen, wenn **von der (wirksamen) Richtlinie abgewichen wird** oder die Auswahl zwar der Richtlinie entspricht, diese selbst aber grob fehlerhaft ist. Die Richtlinie ist grob fehlerhaft, wenn sie **jede Ausgewogenheit vermissen lässt,**[167] z.B. weil einzelnen der vier Kriterien Dauer der Betriebszugehörigkeit, Lebensalter, Schwerbehinderung und Unterhaltspflichten eine gänzlich überhöhte oder unzureichende Bedeutung zugeordnet wird.[168] Sie ist zudem grob fehlerhaft und auch unwirksam, wenn **einzelne Gesichtspunkte gar nicht berücksichtigt** werden können, da sie dem zwingenden Gesetzesrecht, wie § 1 Abs. 3 KSchG, entsprechen muss.[169] Dies ist als Rechtsfrage uneingeschränkt zu überprüfen. Dabei kommt es 40

163 Vgl. auch *Deinert*, AiBplus 6/09, S. 9; *Trittin*, dbr 3/10, S. 25f.

164 Vgl. auch *Fitting*, Rn. 20; *WEHO*, I Rn. 84.

165 *Däubler*, DB 01, 1669 (1671).

166 *Fitting*, Rn. 30; *LAG Düsseldorf* 17.3.00 – 96 Sa 84/00, NZA-RR 00, 421 (423); *LAG Berlin* 20.8.04 – 6 Sa 656/94, NZA-RR 05, 370 (371); ein Redaktionsversehen dürfte schon im Hinblick auf die Neuregelungen des KSchG 1998 und 2003 ausscheiden, die in § 1 Abs. 4 **unverändert** eine BV verlangen; vgl. aber auch GK-*Raab*, Rn. 51.

167 Vgl. *BAG* 21.1.99 – 2 AZR 624/98, BB 99, 1556 (1557) m.w.N.; vgl. auch 28.8.03 – 2 AZR 368/02, NZA 04, 432 (434); 12.3.09 – 2 AZR 418/07, DB 09, 1932 (1934); 18.3.10 – 2 AZR 468/08, NZA 10, 1059(1060); *Fitting*, Rn. 27; *DDZ*, § 1 KSchG Rn. 575.

168 Vgl. auch *BAG* 5.12.02 – 2 AZR 549/01, NZA 03, 791 (794); 20.9.06 – 6 AZR 249/05, NZA 07, 387 (390); 9.11.06 – 2 AZR 812/05, DB 07, 1087 (1088) wonach gesetzlich keine Priorität eines der Kriterien gegenüber den anderen besteht; 24.10.13 – 6 AZR 854/11, NZA 14, 46 (49); *Matthes*, FS Kreutz, S. 301 (304).

169 Vgl. auch BT-Drucks. 14/45, S. 53, *BAG* 18.10.06 – 2 AZR 473/05, NZA 07, 504 (507); 5.6.08 – 2 AZR 907/06, NZA 08, 1120 (1122); *DDZ*, § 1 KSchG Rn. 575; *Däubler*, NJW 99, 601 (603); GK-*Raab*, Rn. 54.

entgegen der Auffassung des *BAG*[170] nicht darauf an, ob die nicht berücksichtigten Kriterien im Einzelfall relevant sind. Die Richtlinie als solche ist zu beurteilen und muss dem Gesetz entsprechen. Lässt sie z. B. das Merkmal Schwerbehinderung völlig außer Betracht ist sie auch dann grob fehlerhaft/unwirksam und die Sozialauswahl nach § 1 Abs. 3 KSchG zu überprüfen, wenn die betroffenen AN nicht schwerbehindert sind (vgl. auch § 7 Abs. 2 AGG). Die Richtlinie muss also eine ausreichende, selbstverständlich den gesetzlichen Regelungen, wie z. B. dem AGG, entsprechende Berücksichtigung der vier Grunddaten gewährleisten. **Eine abschließende Einzelfallprüfung** ist entbehrlich (vgl. Rn. 27 a. E.). Mit den vier Grunddaten werden auch die jeweils typischen Begleitumstände erfasst (vgl. Rn. 22 a. E.). Durch eine abschließende Aufzählung der zu berücksichtigenden Sozialdaten werden die Möglichkeiten der Betriebsparteien einerseits begrenzt (vgl. aber auch Rn. 26 zur Erweiterung der Kriterien). Ihr **Regelungsspielraum** bleibt allerdings andererseits wegen der erforderlichen Intensität eines Verstoßes ausgeweitet.[171]

41 Führt der AG unter Verstoß gegen das Mitbestimmungsrecht Auswahlrichtlinien ein, sind diese entsprechend den allgemeinen Regeln (vgl. § 87 Rn. 5) unwirksam[172] und der BR kann die Anwendung gemäß § 23 Abs. 3[173] oder auf Grund des **allgemeinen Unterlassungs-** bzw. **Beseitigungsanspruchs,** ggf. auch durch **einstweilige Verfügung,** untersagen lassen. Dieser ist hier aus den gleichen Gründen wie im Rahmen von § 87 anzuerkennen[174] (vgl. auch § 87 Rn. 14, 392). Er kann allerdings auch die **ESt. anrufen,** die dann darüber entscheidet, ob überhaupt und mit welchem Inhalt Auswahlrichtlinien aufgestellt werden sollen.[175] Darüber hinaus soll sich der AG bei einer inhaltlich nicht rechtswidrigen Praxis trotz Unwirksamkeit an seinen eigenen Richtlinien festhalten lassen müssen mit der Folge, dass der BR die Rechte gemäß §§ 99, 102 ausüben kann[176] (vgl. auch § 99 Rn. 204). Auch die unwirksame, aber korrekt angewendete Auswahlrichtlinie löst nach allerdings umstrittener Auffassung ein Zustimmungsverweigerungsrecht nach § 99 Abs. 2 Nr. 2 aus.[177]

Zweiter Unterabschnitt
Berufsbildung

§ 96 Förderung der Berufsbildung

(1) Arbeitgeber und Betriebsrat haben im Rahmen der betrieblichen Personalplanung und in Zusammenarbeit mit den für die Berufsbildung und den für die Förderung der Berufsbildung zuständigen Stellen die Berufsbildung der Arbeitnehmer zu fördern. Der Arbeitgeber hat auf Verlangen des Betriebsrats den Berufsbildungsbedarf zu ermitteln und mit ihm Fragen der Berufsbildung der Arbeitnehmer des Betriebs zu beraten. Hierzu kann der Betriebsrat Vorschläge machen.

---

170 *BAG* 18. 10. 06 – 2 AZR 473/05, NZA 07, 504 (506); 10. 6. 10 – 2 AZR 420/09, NZA 10, 1352 (1353 f.); vgl. auch *BAG* 15. 12. 11 – 2 AZR 42/10, NZA 12, 1044 (1047 f.); 24. 10. – 136 AZR 854/11, NZA 14, 46 (48); 26. 3. 15 – 2 AZR 478/13, NZA 15, 1122 (1124); ebenso HWGNRH-*Rose*, Rn. 69 und NK-GA/*Eylert/Waskow*, Rn. 1.

171 Vgl. *v. Hoyningen-Huene/Linck*, DB 97, 41 (44); *Preis*, NJW 96, 3369 (3371 f.).

172 Zu Unrecht offenbar a. A. *BAG* 9. 11. 06 – 2 AZR 812/05, DB 07, 1087 (1089).

173 *Fitting*, Rn. 31, Richardi-*Thüsing*, Rn. 75.

174 *BAG* 26. 7. 05 – 1 ABR 29/04, DB 05, 2530 (2532); 9. 11. 06 – 2 AZR 812/05, DB 07, 1087 (1089); *LAG Berlin*, LAGE § 23 BetrVG 1972 Nr. 8; *Fitting*, Rn. 31; GK-*Raab*, Rn. 31; GK-*Oetker*, § 23 Rn. 193; NK-GA/*Eylert/Waskow*, Rn. 13; a. A. *Bengelsdof*, ZfA 07, 277 (290 ff.); zu den **Streitwerten** vgl. II Nr. 7 und 17 Streitwertkatalog für die Arbeitsgerichtsbarkeit, NZA 18,498 (501 f.).

175 *LAG Frankfurt 16. 10. 84*, DB 85, 1534.

176 So *Däubler*, Das Arbeitsrecht 1, Rn. 1044.

177 *LAG Hamm* 21. 11. 08 – 13 TaBV 84/08, juris (Tz. 73); Richardi-*Thüsing*, § 95 Rn. 75; a. A. *LAG Köln* 19. 11. 21 – 9 TaBV 15/21, juris (Tz. 44 ff.); ErfK-*Kania*, § 99 Rn. 27.

(1a) Kommt im Rahmen der Beratung nach Absatz 1 eine Einigung über Maßnahmen der Berufsbildung nicht zustande, können der Arbeitgeber oder der Betriebsrat die Einigungsstelle um Vermittlung anrufen. Die Einigungsstelle hat eine Einigung der Parteien zu versuchen.
(2) Arbeitgeber und Betriebsrat haben darauf zu achten, dass unter Berücksichtigung der betrieblichen Notwendigkeiten den Arbeitnehmern die Teilnahme an betrieblichen oder außerbetrieblichen Maßnahmen der Berufsbildung ermöglicht wird. Sie haben dabei auch die Belange älterer Arbeitnehmer, Teilzeitbeschäftigter und von Arbeitnehmern mit Familienpflichten zu berücksichtigen.

Inhaltsübersicht

I. Vorbemerkungen

1 **Betriebliche Berufsbildung** hat wesentliche Bedeutung für den **beruflichen und sozialen Werdegang der AN.** Die Teilnahme an Maßnahmen der betrieblichen Berufsbildung kann mit darüber entscheiden, ob AN ihren Arbeitsplatz behalten und/oder an einem beruflichen Aufstieg teilnehmen können.[1] § 5 Abs. 3 Nr. 5 ArbSchG stellt klar, dass eine unzureichende Qualifikation und Unterweisung der Beschäftigten Ursache von Gefährdungen sein kann.[2] Wegen ihrer besonderen Bedeutung hat der Gesetzgeber BR und AG die Aufgabe zugewiesen, die AN des Betriebs durch **betriebliche oder außerbetriebliche Berufsbildungsmaßnahmen zu fördern.** Berufliche Qualifizierung nimmt innerhalb der Personalplanung erheblichen Stellenwert ein. Sie dient mit der Erweiterung der beruflichen Mobilität und beruflicher Fähigkeiten auch betriebs- und volkswirtschaftlichen Interessen. Sie soll Dequalifizierung verhindern und Chancenungleichheit abbauen. Die geforderte besondere Berücksichtigung älterer AN, Teilzeitbeschäftigter und von AN mit Familienpflichten entspricht dem allgemeinen Aufgabenzuschnitt des BR nach § 80 Abs. 1 Nrn. 2b, 4, 6.

2 Qualifikation wird zunehmend als **Produktivitätsfaktor,** als menschliche Ressource im Wettbewerb,[3] erkannt. »[Sie] ist gerade vor dem Hintergrund der Digitalisierung sowie des ökologischen und demographischen Wandels von besonderer Bedeutung, da sie dafür sorgt, dass Kompetenzen aufgebaut, erhalten und weiterentwickelt werden. Damit leistet die Qualifizierung auch einen Beitrag zur Fachkräftesicherung.«[4] Lernen und Weiterqualifikation finden mit der ersten Berufsausbildung keinen Abschluss, sondern werden als lebenslanger Prozess[5] begriffen. Ein **lebenslanger, umfassender Lern- und Qualifizierungsprozess,** der über die Fähigkeit zur Erfüllung einzelner Arbeitsschritte hinaus Zusammenhänge erfasst, kann der Entfremdung im Arbeitsprozess entgegenwirken und entspricht damit dem Anspruch des Art. 1 GG auf **Selbstbestimmung in allen Lebensbereichen.** Diesen Zweck, Persönlichkeit und Würde der AN zu wahren, verfolgt auch die Beteiligung des BR an Bildungsmaßnahmen.[6] Angesichts der schnellen Veränderung von Berufsbildern und der Entstehung neuer

---

1 Vgl. *BAG* 5.11.85, AP Nr. 2 zu § 98 BetrVG 1972.
2 Hierzu auch *Markowski*, NZA 22, 746.
3 WSI-Mitt, Schwerpunktheft 5/12 Berufliche Bildung in Unternehmen: Strukturen und neue Entwicklungen; *Moraal/Schönfeld*, ebd., 329 ff., m. w. N; *Klinkhammer*, FS Gnade, S. 298; *Krause*, NZA 22, 737 ff.
4 Begründung des Regierungsentwurfs für das Betriebsrätemodernisierungsgesetz v. 22.4.21, BT-Drucks 19/28899, S. 1.
5 *BVerfG* 15.12.87, AuR 88, 387.
6 *Fitting*, Rn. 5.

komplexer Arbeitsstrukturen sind berufliche und allgemeine Weiterbildung eng miteinander verknüpft und nur schwer zu unterscheiden. Gesamtwirtschaftliche, betriebswirtschaftliche und AN-Interessen stimmen teilweise überein, können aber auch differieren, z. B. bei nicht unmittelbar betrieblich nutzbaren Weiterbildungsmaßnahmen, bei Finanzierung, Lerninhalten, -bedingungen und -zielen, Auswahl der Teilnehmer, Lehrkörper usw.

3 Berufliche Bildung liegt im **Interesse der UN.**[7] Diese haben einen Anteil an der beruflichen Fort- und Weiterbildung erworben, der über dem der Volkshochschulen (4 %), Kammern (4 %) und Hochschulen (6 %) liegt. Von den Gesamtkosten der beruflichen Weiterbildung werden ca. 38 % von den Individuen, 30 % von den UN, 21 % vom Staat und 38 % von der BA getragen. Im internationalen Vergleich liegt der individuelle Anteil hoch, der der UN niedrig.[8] Nach dem Bericht der Enquete-Kommission Berufliche Bildung in der digitalen Arbeitswelt 2021[9] führen durchschnittlich 77,3 % der Betriebe innerbetriebliche Weiterbildungsmaßnahmen durch, darunter nahezu alle Unternehmen mit mehr als 250 Beschäftigten. Der mit diesem Gewicht verbundene **Gestaltungsbedarf** drückt sich in Beteiligungsrechten des BR, in einem weiten Verständnis der betrieblichen Berufsbildung in der Betriebsverfassung,[10] im BBiG, in Weiterbildungsgesetzen der Länder, zunehmend auch tariflich aus.[11] Nach empirischen Befunden zeigen Betriebe mit BR intensivere Bildungsaktivitäten als BR-lose Betriebe.[12]

4 Der Abschnitt **Berufsbildung** fasst in diesem Gesetz §§ 96 – 98 zusammen. Sie anerkennen eine positive Funktion der BR-Beteiligung dafür, dass es zu betrieblichen Berufsbildungsmaßnahmen kommt, dass diese Maßnahmen hochwertig und den Bedürfnissen der AN angepasst werden, dass die zur Verfügung stehenden Bildungsressourcen transparent und gerecht auf die Beschäftigten verteilt werden.[13] **§ 96 Abs. 1 Satz 1** enthält die allg. Pflicht für AG und BR, im Rahmen der betrieblichen Personalplanung die Berufsbildung der AN zu fördern (**Förderungspflicht**). Spezielle Pflichten zur Durchführung von Qualifikationsmaßnahmen ergeben sich aus TV oder aus dem Arbeitsförderungsrecht (etwa nach §§ 111 Abs. 7, 111a SGB III bei Transfer-Kurzarbeit). Unter Berücksichtigung betrieblicher Notwendigkeiten ist darauf zu achten, dass den AN die Teilnahme an betrieblichen oder außerbetrieblichen Berufsbildungsmaßnahmen ermöglicht wird. In Angelegenheiten der betrieblichen Berufsbildung hat der BR ein allg. **Beratungs- und Vorschlagsrecht** (Abs. 1 Satz 3). Dazu hat der AG auf Verlangen des BR den Berufsbildungsbedarf zu ermitteln (**Ermittlungs- und Beratungspflicht**) Hinzu kommt eine sich schon aus § 80 ergebende, also nicht vom Verlangen des BR abhängige Informationspflicht des AG in allen Fragen der Berufsbildung, etwa über Etatansätze der einzelnen Kostenstellenverantwortlichen hinsichtlich der Kosten für berufliche Weiterbildung im Geschäftsjahr.[14] Kommt eine Einigung über Berufsbildungsmaßnahmen nicht zustande, können AG oder BR seit dem Betriebsrätemodernisierungsgesetz 2021[15] nach **§ 96 Abs. 1a** die Einigungsstelle um Vermittlung anrufen. § 96 wird ergänzt und konkretisiert durch ein begrenztes Mitbestimmungs(initiativ-)recht bei der Einführung **(§ 97 Abs. 2)**, ein generelles **Mitbestimmungsrecht** bei der Durchführung von betrieblichen Berufsbildungsmaßnahmen **(§ 98 Abs. 1 und 4)**, ein Auswahlrecht von Teilnehmern an betrieblichen und außerbetrieblichen Berufsbildungsmaßnahmen **(§ 98 Abs. 3 u. 4)** und ein Widerspruchsrecht bei der Bestellung von Personen, die mit der Durchführung der betrieblichen Berufsbildung beauftragt werden

7 *Fitting,* Rn. 1; *Krause,* NZA 22, 738.

8 Zahlen bei *Moraal/Schönfeld,* WSI-Mitt 12, 329 ff., 322; *Beicht/Berger/Moraal,* Sozialer Fortschritt 05, 256 ff.: »Unterinvestition«.

9 BT-Drucks. 19/30950, S. 249, unter Berufung auf Statistisches Bundesamt (2021): Weiterbildung 2020, S. 10.

10 Vgl. *Alexander,* NZA 92, 1057; Richardi-*Thüsing,* Rn. 8.

11 Vgl. *Berger/Moraal,* WSI-Mitt. 12, 382; WSI-Forschungsbericht 15v. 3. 5. 02; zum TV zur Qualifizierung in der Metall- und Elektroindustrie Baden-Württembergs v. 19. 6. 01 *Allespach,* AiB 02, 698; *Klinkhammer,* FS Gnade, S. 299. Detaillierte Einzelregelungen im Qualifizierungs-TV 5000x5000 bei VW, AuR 01, 464, dazu *Schwitzer,* AuR 01, 441.

12 *Berger,* WSI-Mitt. 12, 364.

13 *Krause,* NZA 22, 738.

14 *LAG Hamm* 23. 9. 97 – 13 TaBV 32/97, AuR 98, 125.

15 Gesetz v. 14. 6. 21, BGBl. I 1762.

sollen. Entsprechendes gilt für die Abberufung bereits in der betrieblichen Berufsbildung tätiger Personen **(§ 98 Abs. 2 und 5).** Die Einigungsstelle (ESt.) ist also sowohl in § 96 als auch in § 97 und § 98 vorgesehen. Die Vorschrift gilt auch in Tendenzbetrieben.[16]

Durch das **Berufsbildungsmodernisierungsgesetz** v. 12.12.2019, BGBl. I, 2522, sollten Wettbewerbsfähigkeit und Attraktivität der Berufsausbildung gegenüber hochschulischen Angeboten gestärkt werden, um dem zunehmenden Fachkräftemangel zu begegnen. Für Auszubildende wurden dazu wichtige Vorschriften aufgenommen: u.a. § 7a BBiG (Teilzeitberufsausbildung), § 17 BBiG (Mindestvergütung), § 15 BBiG (Freistellung, Anrechnung von Berufsschulzeiten, dazu auch § 9 Abs. 2 JArbSchG). Weitere Regelungen beinhalten die Stärkung der höher qualifizierten Berufsbildung mit 3 beruflichen Fortbildungsstufen (geprüfte Berufsspezialisten, Bachelor- und Master-Professionals), Durchlässigkeit bei gestufter Ausbildung, Neuregelungen bei Prüfungen, Modernisierung und Vereinfachung des Verfahrens. Das **Gesetz zur Stärkung der Aus- und Weiterbildungsförderung** v. 17.6.23[17] beinhaltet die Reform der Weiterbildungsförderung Beschäftigter nach § 82 SGB III, Einführung eines Qualifizierungsgeldes sowie einer Ausbildungsgarantie, Verlängerung der Erstattungen bei beruflicher Weiterbildung während Kurzarbeit. 4a

II. Begriff und Umfang der Berufsbildung

Der Begriff der betrieblichen Berufsbildung ist funktional zu verstehen. Berufsbildung ist der umfassende **Oberbegriff** für Berufsausbildungsvorbereitung, Berufsausbildung, berufliche Fortbildung und berufliche Umschulung. § 1 BBiG enthält entspr. Ziele und Begriffsbestimmungen. Danach soll **Berufsausbildungsvorbereitung** durch Vermittlung von Grundlagen für den Erwerb beruflicher Handlungsfähigkeit an eine Berufsausbildung in einem anerkannten Ausbildungsberuf heranführen. **Berufsausbildung** hat die für die Ausübung einer qualifizierten beruflichen Tätigkeit in einer sich wandelnden Arbeitswelt notwendigen beruflichen Fertigkeiten, Kenntnisse und Fähigkeiten (berufliche Handlungsfähigkeit) in einem geordneten Ausbildungsgang zu vermitteln. Sie hat ferner den Erwerb der erforderlichen Berufserfahrungen zu ermöglichen (§ 1 Abs. 3 BBiG). Nach der Rspr. des *BAG* sind Auszubildende AN i.S.v. § 5 Abs. 1 Satz 1 BetrVG, wenn sie auf Grund eines auf Ausbildung gerichteten privatrechtlichen Vertrages in einen Betrieb des Ausbildenden eingegliedert sind. Es kommt nicht darauf an, ob der »zu seiner Berufsausbildung Beschäftigte« eine Geldleistung erhält.[18] **Berufliche Fortbildung** soll ermöglichen, die berufliche Handlungsfähigkeit durch eine Anpassungsfortbildung zu erhalten und anzupassen oder die berufliche Handlungsfähigkeit durch eine Fortbildung der höherqualifizierenden Berufsbildung zu erweitern und beruflich aufzusteigen (§ 1 Abs. 4 BBiG). Auch das SGB III enthält Bestimmungen zur beruflichen Aus- und Weiterbildung (vgl. §§ 48ff., 81ff.; [82: Förderung beschäftigter Arbeitnehmerinnen und Arbeitnehmer!] 130ff. SGB III). Zur **beruflichen Umschulung** im Einzelnen Rn. 18. 5

Berufsbildung i.S.d. §§ 96ff. umfasst alle **Maßnahmen, die AN in systematisch, lehrplanartiger Weise Kenntnisse und Erfahrungen vermitteln,** die diese zu ihrer beruflichen Tätigkeit im Allgemeinen befähigen.[19] Dazu gehört die betriebliche, überbetriebliche und außerbetriebliche **Aus-, Weiter- und Fortbildung** sowie **Umschulung** für jugendliche und erwachsene AN einschließlich **sonstiger Bildungsmaßnahmen,** die vom Betrieb oder in seinem Auftrag durchgeführt werden oder die in Zusammenarbeit mit einem Dritten erfolgen und auf die der AG bezogen auf Inhalt und Organisation rechtlich oder tatsächlich beherrschenden Einfluss hat.[20] 2020 boten 63% der UN die klassische Form der Weiterbildung mit Lehrveranstaltungen in Form von Lehrgängen, Kursen und Seminaren an. 73% der UN setzten auch andere Formen der betrieblichen Weiterbildung ein wie Informationsveranstaltungen, Job-Rotation und 6

16 HaKo-*Kreuder*, Rn. 4.
17 BGBL. I Nr. 191 v. 20.7.23.
18 *BAG* 06.11.13 – 7 ABR 76/11, DB 14, 903.
19 *BAG* 26.4.16 – 1 ABR 21/14, AuR 16, 432; 5.3.13 – 1 ABR 11/12, BB 13, 1843; 24.8.04 – 1 ABR 28/03, AuR 05, 270; ausführlich *Zwanziger*, AuR 2010, 459ff.; kritisch *Krause*, NZA 22, 739: zu eng.
20 *BAG* 4.12.90 – 1 ABR 10/90, DB 91, 971; *Rennpferd*, SR 4/21, 149.

selbstgesteuertes Lernen bspw. durch E-Learning.[21] Der betriebsverfassungsrechtliche Berufsbildungsbegriff reicht **weiter** als der des BBiG.[22] Bildungscharakter haben nach der Rspr.[23] alle Maßnahmen, die systematisch (methodisch) Kenntnisse und Fähigkeiten vermitteln.

7 Der **umfassende Begriff der Berufsbildung**[24] im BetrVG ergibt sich schon daraus, dass die Betriebe die für unterschiedliche Arbeitsfunktionen erforderlichen Kenntnisse auf ihre Weise und auf die betrieblichen Bedürfnisse zugeschnitten vermitteln. Deshalb sind bei betrieblichen Bildungsmaßnahmen i. S. d. §§ 96 ff. alle **denkbaren Typen** vertreten, angefangen von allg. Vorträgen bis zu umfassenden Seminaren[25] und Kursen auf Spezialgebieten. Ein »gewisser Stellenwert« des vermittelten Wissens ist gesetzlich nicht gefordert.[26] **Kurzfristige Bildungsmaßnahmen** für Anlernlinge oder Praktikanten,[27] Bildungsprogramme, Besuch von Ausstellungen, Messen und Kongressen sowie Vorbereitungsseminare für eine Auslandstätigkeit gehören ebenso dazu wie Anleitungen zur Bedienung neuer Maschinen.[28] Der Beteiligung des BR nach §§ 96 ff. unterliegen deshalb alle Maßnahmen, die den AN Kenntnisse und Erfahrungen verschaffen sollen, die der Ausfüllung ihres Arbeitsplatzes und ihrer Tätigkeit dienen,[29] bzw. die einen Bezug zur beruflichen Tätigkeit des AN und Bildungscharakter haben.

8 Nach *Hammer*[30] definiert sich der betriebsverfassungsrechtliche Berufsbildungsbegriff teleologisch von seinem Zweck her, den BR bei allen Bildungsveranstaltungen, die Bedeutung für die berufliche Position einschließlich Arbeitsplatzsicherheit, soziales Schicksal oder beruflichen Werdegang der AN haben, zu beteiligen.[31] Je nach Ausgestaltung können Förderungsmaßnahmen zur beruflichen Eingliederung Behinderter nach §§ 90 ff., 112 ff. SGB III,[32] **Trainee-Programme**[33] sowie Assessment-Center[34] (vgl. § 98 Rn. 14) Berufsbildungscharakter haben. Ein umfassendes Beteiligungsrecht besteht bei **Arbeitsförderungs-, Beschäftigungs- und Qualifizierungsgesellschaften,** die zur kurzfristigen Vermeidung von Personalabbaumaßnahmen bzw. zur langfristigen Sicherung von Arbeitsplätzen eingerichtet werden.[35] Bei von betrieblichen Bildungsmaßnahmen betroffenen AN entsteht immer ein Zuwachs an Fertigkeiten, Kenntnissen und Wissen.

9 Zu betrieblichen Bildungsmaßnahmen gehören Einrichtungen, die dazu dienen, den AN weitere Kenntnisse über Produkte oder Dienstleistungen und Arbeitsabläufe zu verschaffen, sofern sie berufsbildende Elemente enthalten. In sog. **Qualitätszirkeln** oder ähnlichen Einrichtungen ist das der Fall.[36] Es werden AN zusammengefasst, die sich über die vertraglich geschuldete Arbeitsleistung hinaus informieren und fortbilden sollen. Das geschieht auch dadurch, dass sie ihre Erfahrungen und Beobachtungen einbringen.[37] Eine Einflussnahme des BR bei solchen Einrichtungen ist umso erforderlicher, als sie regelmäßig betriebswirtschaftliche Zielen wie

---

21 Destatis PM v. 17. 8. 2022 zu Weiterbildungsangeboten in UN.
22 Richardi-*Thüsing*, Rn. 8; *Fitting*, Rn. 10; GK-*Raab*, Rn. 11; ähnlich *BAG* 5. 11. 85, AP Nr. 2 zu § 98 BetrVG 1972, 23. 4. 91, AuR 91, 318 zur beruflichen Fortbildung in Seminaren; 30. 10. 91, AuR 92, 185 zu Hochschulpraktikanten.
23 Seit *BAG* 5. 11. 85, AP Nr. 1 zu § 96 BetrVG 1972.
24 *Gilberg*, 1998, § 3 Rn. 143 ff.; *Hammer*, ZTR 96, 245 ff.; *ders.*, ZRP 98, 23; *Heither*, AR-Blattei, Betriebsverfassung XIV C, Rn. 149 ff.; Bericht der Enquete-Kommission Berufliche Bildung in der digitalen Arbeitswelt, 2021, BT-Drucks. 19/30950, S. 68, Nr. 3.5.1.4.2.
25 *BAG* 23. 4. 91 – 1 ABR 49/90, BB 91, 1794 = AuR 91, 318.
26 A. A. *Kraft*, NZA 90, 459.
27 *BAG* 30. 10. 91 – 7 ABR 11/91, AuR 92, 185.
28 *Fitting*, Rn. 10.
29 Vgl. *BAG* 23. 4. 91 – 1 ABR 49/90, BB 91, 1794; 18. 4. 00 – 1 ABR 28/99, DB 00, 2433.
30 *Hammer*, Berufsbildung und Betriebsverfassung, 91; *ders.*, ZTR 96, 245 ff.
31 Vgl. auch *Alexander*, NZA 92, 1057.
32 Zur AN-Eigenschaft von Rehabilitanden in einem Berufsbildungswerk *BAG* 13. 5. 92 – 7 ABR 71/91, AuR 93, 340 mit Anm. *Keßler;* ablehnend 26. 1. 94, AuR 94, 311 unter ausdrücklicher Aufgabe der früheren Rspr.
33 *BAG* 12. 5. 05 – 2 AZR 149/04, EzA BetrVG 2001 § 102 Nr. 13; *Heither*, AR-Blattei, a. a. O., Rn. 171; *Fitting*, Rn. 23.
34 Vgl. *BAG* 20. 4. 93 – 1 ABR 59/92, EzA § 99 BetrVG 1972 Nr. 114.
35 *Pauli*, 1999, S. 88 ff.
36 Ebenso *Fitting*, Rn. 24; *Heither*, AR-Blattei, a. a. O., Rn. 173; a. A. GK-*Raab*, Rn. 21.
37 *Fitting*, a. a. O.

Kostenreduzierung, Erhöhung der Qualität und Produktivität verfolgen. Teilnehmer an Qualitätszirkeln, die sich derart einbringen, könnten Gefahr laufen, dass im Ergebnis ihr eigener Arbeitsplatz »wegrationalisiert« wird. Andererseits können richtig gestaltete Qualitätszirkel der Verbesserung der Qualität der eigenen Arbeit, der Erhöhung der Arbeitszufriedenheit und Motivation, der Erweiterung und Nutzung der Kenntnisse und Fähigkeiten sowie der Verbesserung der Arbeitsbedingungen und des Arbeitsschutzes dienen. Der BR kann ein eigenes Konzept entwickeln zu Zielen, Schwerpunkten, Methoden und zur organisatorischen Einbindung von Qualitätszirkeln in den betrieblichen Zusammenhang. Dazu gehört auch die konkrete personelle Zusammensetzung.

10 Vor 2001 wurden **berufsbildende Maßnahmen i. S. d. §§ 96 ff.** der **Unterrichtung der AN nach § 81 Abs. 1 Satz 1** gegenübergestellt.[38] Argumentiert wurde, dass Maßnahmen, die nicht »personen-«, sondern »funktionsbezogen« seien, allein § 81 Abs. 1 Satz 1 unterliegen und aus der Beteiligung des BR bei betrieblichen Berufsbildungsmaßnahmen herausfielen. Dabei wird verkannt, dass der Begriff der betrieblichen Berufsbildung nach §§ 96 ff. umfassend ist, während es bei § 81 Abs. 1 Satz 1 **ausschließlich** um individuelle Einweisung in eine bestimmte Arbeitsaufgabe an einem bestimmten Arbeitsplatz geht. Beide Normenbereiche haben **unterschiedliche Zielsetzungen.**[39] Die Rechte des BR nach §§ 96 ff. wollen kollektivrechtlich eine Berücksichtigung der Interessen der AN bei Maßnahmen der betrieblichen Berufsbildung sicherstellen. Demgegenüber regelt § 81 Abs. 1 Satz 1 ein einzelvertragliches Recht.[40] Somit schließen sich Berufsbildungsmaßnahmen und Einweisung i. S. d. § 81 nicht aus, sondern können sich in ihren Anwendungsbereichen überschneiden.[41] Berufsbildung definiert sich ausschließlich aus §§ 96–98 und nicht negativ aus § 81. Seit 2001 ergibt sich dies aus dem Zusammenspiel der §§ 81 Abs. 4 Satz 2 und 97 Abs. 2, die an die gleichen Voraussetzungen unterschiedliche Rechtsfolgen anknüpfen, nämlich zum einen Anpassung der Kenntnisse und Fähigkeiten, zum anderen Mitbestimmung über betriebliche Berufsbildung, d. h. sowohl als auch, nicht entweder – oder.[42] Jedenfalls darf der Begriff der Einweisung nicht zu Lasten der Mitbestimmung ausgedehnt werden.[43]

11 Alle Maßnahmen, die der Information der **Tätigkeit und der Funktion** des AN im Betrieb zugute kommen sollen, sind Berufsbildungsmaßnahmen i. S. d. § 96.[44] Dies sind bspw. die Vermittlung der für den Betrieb eines Atomkraftwerkes erforderlichen Fachkunde an das verantwortliche Schichtpersonal;[45] eine die Ausbildung abschließende Fachkundeprüfung als Teil der Bildungsmaßnahme, soweit dem AG nach den behördlichen Regelungen ein Gestaltungsspielraum verbleibt[46] (vgl. auch § 98 Rn. 3); ein Lehrgang über Sicherheits- und Notfallmaßregeln, dessen erfolgreicher Abschluss Voraussetzung dafür ist, dass ein AN als Flugbegleiter eingesetzt werden darf.[47] Soweit nach der BetriebssicherheitsVO bestimmte Fachkenntnisse erforderlich sind, verlangt § 2 Abs. 5 BetrSichV: »Die Fachkenntnisse sind durch Teilnahme an Schulungen auf aktuellem Stand zu halten.«

12 Die Beratungen zwischen AG und BR nach Abs. 1 ersetzen die Einweisungspflicht des AG nach § 81 Abs. 1 und die Erörterung der Leistungen und der möglichen beruflichen Entwicklung des einzelnen AN nach § 82 Abs. 2 ebenso wenig wie umgekehrt. Kommt es zu **Überschneidungen der Normenbereiche,** werden dadurch Rechte des BR weder beeinträchtigt noch verdrängt.

13 Der **Ort** der Schulung ist **ohne Bedeutung,** da sich sonst der AG durch Verlagerung der Bildungsmaßnahmen aus dem Betrieb heraus der Beteiligung des BR entziehen könnte.[48] Die

38 Vgl. *BAG* 23. 4. 91 – 1 ABR 49/90, BB 91, 1794; 28. 1. 92 – 1 ABR 41/91, AuR 92, 352 mit Anm. *Hamm; Fitting,* Rn. 20 f.
39 *Hammer,* Berufsbildung und Betriebsverfassung, S. 70 ff.; Richardi-*Thüsing,* Rn. 16.
40 *Hamm,* AuR 92, 326: »keine künstliche Dichotomie«; zust. auch GK-*Raab,* Rn. 14; *Gilberg,* 157.
41 Ebenso GK-*Raab,* a. a. O.; *Heither,* AR-Blattei, a. a. O., Rn. 169 *Krause,* NZA 22, 739.
42 Richardi-*Thüsing,* Rn. 16; *Alexander,* NZA 92, 1057.
43 *Zwanziger,* AuR 2010, 459, m. w. N.; *Fitting,* Rn. 21; *LAG Rh.-Pf.* 23. 3. 17 – 6 TaBV 21/16, juris.
44 *Fitting,* Rn. 21; *Hammer,* a. a. O., S. 463; *HessLAG* 8. 11. 05 – 4 TaBV 159/05, AuR 06, 173.
45 *BAG* 5. 11. 85, AP Nr. 2 zu § 98 BetrVG 1972.
46 *BAG* 5. 11. 85, a. a. O.
47 *BAG* 10. 2. 88, AP Nr. 5 zu § 98 BetrVG 1972.
48 *Kraft,* NZA 90, 458.

Rspr. versteht den Begriff »betrieblich« nicht räumlich, sondern funktional.[49] Der BR ist bei allen Bildungsmaßnahmen zu beteiligen, die vom AG **veranstaltet oder getragen** werden, die er selbst gestaltet oder für deren Durchführung er im weitesten Sinne verantwortlich ist, gleichgültig, ob sie im Betrieb oder außerhalb veranstaltet werden.[50] Der AG ist auch Träger der Berufsbildungsmaßnahme, wenn er sie von einem anderen UN durchführen lässt, aber auf Inhalt und Gestaltung beherrschenden Einfluss hat.[51] Dies gilt auch, wenn mehrere UN zusammen Berufsbildungseinrichtungen betreiben, soweit hierdurch nicht die Zuständigkeit des GBR/KBR gegeben ist. Andernfalls könnte sich das UN durch Zusammenarbeit mit anderen Rechtspersonen der Mitbestimmung entziehen. Insofern gilt hier nichts anderes als bei anderen Mitbestimmungstatbeständen wie betrieblicher Altersversorgung oder Überwachungstechnologien mit UN-übergreifendem Charakter.[52] Das *BAG* verneint die für die Mitbestimmung nach § 98 BetrVG erforderliche funktionelle Betriebsbezogenheit bei ausschließlich externe AN betreffenden Schulungen und Fortbildungen (vgl. **§ 98 Rn. 6**).[53]

III. Einzelbereiche der Berufsbildung

14 **Berufsausbildung** ist Teil der Berufsbildung i. S. d. § 96. Sie soll berufliche Grundbildung und die für eine qualifizierte Tätigkeit notwendigen fachlichen Fertigkeiten und Kenntnisse vermitteln. Die Ausbildung darf für anerkannte Ausbildungsberufe nur nach einer **Ausbildungsordnung** erfolgen, die der zust. Fachminister im Einvernehmen mit dem Bundesminister für Bildung und Wissenschaft erlässt[54] (§ 5 BBiG; § 25 HandwO). Für die einzelnen anerkannten Berufe bestehen entspr. Rechts-VO, die insbes. den Gegenstand der Ausbildung, den zeitlichen Ausbildungsrahmenplan und die Prüfungsanforderungen festlegen. Die Berufsausbildung vermittelt berufliche Grundbildung und die für die Ausübung einer qualifizierten beruflichen Tätigkeit notwendigen fachlichen Fertigkeiten und Kenntnisse in einem **geordneten Ausbildungsgang.**[55] Auch Berufsausbildungsmaßnahmen, die nicht im Rahmen eines solchen Berufsausbildungsverhältnisses, sondern in anderen Vertragsverhältnissen nach § 26 BBiG erfolgen, in dem berufliche Kenntnisse, Fertigkeiten oder Erfahrungen erworben werden sollen, gehören zur Berufsbildung i. S. d. §§ 96 ff.[56]

15 Bei der Formulierung der Ausbildungsziele sollten AG und BR darauf achten, dass sich die Ausbildung nicht auf Vermittlung berufstypischer Kenntnisse und Fertigkeiten beschränkt, sondern der **Persönlichkeitsentwicklung** dient (vgl. § 14 Abs. 1 Nr. 5 BBiG) und die zwingenden Mindestnormen des JArbSchG beachtet.

16 **Berufliche Fortbildung** soll es ermöglichen, berufliche Kenntnisse und Fertigkeiten zu erhalten und zu erweitern (insbes. durch Maßnahmen der Stabilisierung und Spezialisierung), der technischen Entwicklung anzupassen (Anpassungsfortbildung) oder beruflich aufzusteigen (Aufstiegsfortbildung; vgl. § 1 Abs. 4 Nr. 2 BBiG).[57] Ihr unterfallen alle Maßnahmen, die – ohne eine abgeschlossene Berufsausbildung und angemessene Berufserfahrung in jedem Falle zwingend vorauszusetzen – der Feststellung, Erhaltung, Erweiterung und dem Nachweis beruflicher Kenntnisse, Fertigkeiten oder Erfahrungen, ihrer Anpassung an technische, wirtschaftliche und gesellschaftliche Erfordernisse und deren Entwicklung dienen oder beruflichen Aufstieg ermöglichen. Hierzu zählen **qualifikationserhaltende Maßnahmen,** also Maßnahmen, die der

---

49 *BAG* 18.4.00 – 1 ABR 28/99, DB 00, 2433.
50 H. M.; vgl. etwa *Kraft,* a. a. O.
51 *BAG* 12.11.91 – 1 ABR 21/91, AuR 92, 352; 18.4.00 – 1 ABR 28/99, a. a. O.; *LAG Hamm* 16.12.14 – 7 TaBV 73/14; *Bertzbach,* jurisPR-ArbR 30/2015 Anm. 4; *Hamm,* AuR 92, 327.
52 *BAG* 18.4.00, a. a. O.
53 *BAG* 26.4.16 – 1 ABR 21/14, AuR 16, 432.
54 Zur Ausbildung nach dem Krankenpflegegesetz *BAG* 18.4.00, a. a. O.
55 Vgl. *BAG* 3.6.87, AP Nr. 85 zu § 1 TVG Tarifverträge: Bau.
56 *Fitting,* Rn. 14; *BAG* 10.2.81, AP Nr. 25 zu § 5 BetrVG 1972, das kurzfristige Bildungsmaßnahmen in Betrieben für Umschüler und für Teilnehmer an berufsvorbereitenden Ausbildungsmaßnahmen der betrieblichen Berufsbildung zurechnet; 24.9.81, AP Nr. 26 zu § 5 BetrVG 1972.
57 *Wohlgemuth,* BBiG, S. 46 Rn. 9 ff.

Sicherung des innegehabten Arbeitsplatzes oder dem Schutz vor Arbeitslosigkeit und der Vermeidung personen- bzw. qualifikations- oder betriebsbedingter Kündigung dienen.

17 Der beruflichen Fortbildung kommt umso mehr Bedeutung zu, als es in der arbeitsteiligen und dynamischen Industriegesellschaft nicht möglich ist, dass alle beruflichen Erfordernisse sofort ihren Niederschlag in staatlich geregelten Ausbildungsgängen finden. Durch Umbauten, Erweiterungen, Investitionen, Rationalisierungsmaßnahmen und Verfahrensänderungen, Aufnahme neuer oder Verbesserung vorhandener Produkte, neue Maschinen und Veränderungen der Arbeitsorganisation findet in den Betrieben eine ständige Entwicklung statt. Wechselnde Aufgabenstellungen verlangen neue Kenntnisse, neues Wissen und neue Erfahrungen (vgl. § 97 Abs. 2).

18 **Berufliche Umschulung** soll zu einer anderen beruflichen Tätigkeit befähigen (§§ 58 ff. BBiG). Regelmäßig handelt sich dabei um Bildungsmaßnahmen für Erwachsene, sowohl Gruppenmaßnahmen wie Lehrgänge oder Seminare als auch Einzelmaßnahmen der Umschulung. Berufliche Umschulung erhöht ebenso wie berufliche Fortbildung die berufliche Mobilität der AN. Während berufliche Fortbildung schwerpunktmäßig »vertikale Mobilität« fördern will, geht es bei beruflicher Umschulung schwerpunktmäßig um »horizontale Mobilität«. Im Übrigen gelten die Hinweise zur Fortbildung für berufliche Umschulung entsprechend.

19 Der BR hat, wie auch der AG, im Rahmen der Förderung berufsbildender Maßnahmen mit den **zuständigen Stellen** zusammenzuarbeiten. Dazu gehören die Bundesagentur für Arbeit mit ihren Maßnahmen zur Berufsberatung, Förderung der beruflichen Bildung und Gewährung von berufsfördernden Leistungen zur Rehabilitation und bei Kurzarbeit sowie die Berufsbildungsausschüsse und die Prüfungsausschüsse, die bei den zust. IHK bzw. Handwerkskammern eingerichtet sind.[58]

20 Im Rahmen der Beratungsgespräche nach dieser Vorschrift geht es – in enger Verbindung mit der Personalplanung nach § 92 – darum, bei den AN **fachliche Kenntnisse, Fähigkeiten und Fertigkeiten** zu schaffen und vorhandene zu verbessern. Dies setzt Kenntnis über die Qualifikationen der AN, ihre Fähigkeiten, Kenntnisse, Erfahrungen und die Einschätzung ihrer Entwicklungsfähigkeit voraus. Der BR kann von sich aus die Initiative ergreifen und Vorschläge zur Durchführung berufsbildender Maßnahmen der AN machen. Der AG hat diese Vorschläge, wie auch die allgemeine Beratung über Berufsbildung, mit dem Ziel einer Einigung mit dem BR zu besprechen.[59]

21 Nach § 12 Abs. 2 Satz 1 AGG soll der AG in geeigneter Weise, *insbesondere im Rahmen der beruflichen Aus- und Fortbildung* auf die **Unzulässigkeit von Benachteiligungen i. S. d. § 1 AGG** hinweisen und darauf hinwirken, dass diese unterbleiben. Dies bedeutet nicht, dass jeder Hinweis des AG nach § 12 AGG zugleich eine Berufsbildungsmaßnahme darstellt, wohl aber dass der Gesetzgeber dem AG im Rahmen einer Soll-Vorschrift aufgibt, seiner Schutzpflicht nach § 12 AGG[60] entweder durch besondere Maßnahmen der beruflichen Aus- und Fortbildung, auf die die §§ 96–98, insbes. § 98 Abs. 5 Anwendung finden, nachzukommen oder aber diese Schulungsinhalte in die von ihm veranstalteten oder getragenen Bildungsmaßnahmen (»im Rahmen«) zu integrieren. Nach § 17 Abs. 1 AGG sind auch BR aufgefordert, an der Verwirklichung der Ziele des AGG, insbesondere des Diskriminierungsverbots nach § 1 AGG mitzuwirken (zur Mitbestimmung § 98 Rn. 15).

IV. Ermittlung des Berufsbildungsbedarfs

22 Abs. 1 Satz 2 formuliert die Verpflichtung des AG, auf Verlangen des BR den Berufsbildungsbedarf zu ermitteln. Die Vorschrift steht im Zusammenhang mit der Beratung mit dem BR über Fragen der Berufsbildung sowie mit den in § 97 Abs. 2 und § 98 geregelten Mitbestimmungsrechten des BR, schließlich mit der Personalentwicklungsplanung nach § 92.[61]

---

58 Zur Förderung der Berufsausbildung, der beruflichen Weiterbildung und der Teilhabe behinderter Menschen am Arbeitsleben *Steinmeyer,* info also 2/09, 51 ff.

59 Vgl. *Fitting,* Rn. 41.

60 Dazu Däubler/Beck-*Buschmann,* § 12 AGG Rn. 8 ff.

61 *Fitting,* Rn. 36.

23 Es ist von zentraler Bedeutung festzustellen, welche AN in welcher Weise Qualifizierungsbedarf haben.[62] Der BR kann verlangen, dass der AG den Berufsbildungsbedarf ermittelt, diesen gegenüber dem BR darlegt, begründet und mit ihm berät. Insbes. die Investitionsvorhaben des Betriebs wirken sich unmittelbar auf diesen Bedarf aus.[63] Dabei kann der BR eigene Vorstellungen entwickeln. Der zu ermittelnde Bedarf bezieht sich auf Berufsbildungsmaßnahmen insgesamt, nicht nur auf den Fall des § 97 Abs. 2.[64] Dem Wortlaut ist für diese Einschränkung kein Anhalt zu entnehmen. Sie wäre auch funktionswidrig. Wie der Bericht der Enquete-Kommission Berufliche Bildung in der digitalen Arbeitswelt 2021[65] anerkennt, kann für AN eine Fokussierung der Weiterbildung auf ausgeübte Tätigkeiten eine unzureichende Förderung ihrer Beschäftigungsfähigkeit bedeuten. Eine Bedarfsanalyse ist ebenso Voraussetzung für Bildungsmaßnahmen, die der AG aus eigener Veranlassung durchführt, bei deren Durchführung der BR nach § 98 zu beteiligen ist. **Mitbestimmung** i. S. eines durchsetzbaren Initiativrechts des BR besteht allerdings nur nach §§ 97 Abs. 2, 98.

24 Der Berufsbildungsbedarf ergibt sich aus der Durchführung einer Ist-Analyse, der Erstellung eines Soll-Konzepts und der Ermittlung der betrieblichen Berufsbildungsinteressen der AN.[66] Dazu gehört die Darlegung des vorhandenen Qualifikationsniveaus im Betrieb, der bereits durchgeführten und geplanten Bildungsmaßnahmen und des Qualifikationsbedarfs, jeweils bezogen auf einzelne AN einschließlich der Azubis. Zur Feststellung des Ist-Zustands bedarf es einer Bestandsaufnahme des aktuellen Personals und dessen Qualifikationen nebst Angaben zu absehbaren Ab- und Zugängen. Das Soll-Konzept muss Angaben dazu enthalten, wie viele AN mit welchen Qualifikationen zukünftig unter Berücksichtigung der unternehmerischen Planungen gebraucht werden. Ferner bedarf es der Ermittlung des Berufsbildungsinteresses der im Betrieb beschäftigten AN.[67] Im Hinblick auf § 97 Abs. 2 ist der BR zu unterrichten, ob eine Änderung der Arbeitsabläufe und der Arbeitsinhalte, die Einführung neuer technischer Einrichtungen oder anderer Investitionen geplant sind, die Auswirkungen auf den Berufsbildungsbedarf der beschäftigten AN, wiederum einschließlich der Azubis haben.[68] Indem das Gesetz von »ermitteln« spricht, verpflichtet es den AG nicht nur zur Vorlage vorhandener Ergebnisse, sondern zur **Beschaffung der Informationen,**[69] schließlich zu einer **Analyse** unter Berücksichtigung vorgenannter Faktoren. Dies ist mit moderner Informationstechnologie auch nicht nur mit unverhältnismäßigem Aufwand zu bewältigen.[70] Legt der AG diese Analyse nicht vor, kann der BR verlangen, ihm diese im Einzelnen zu erläutern oder – falls tatsächlich noch nicht geschehen – eine entspr. Analyse vorzunehmen. Zur Bestandsaufnahme des Qualifikationsbedarfs für die vorhandenen Arbeitsplätze gehört die Angabe des aktuellen Personalbestands und Qualifikationsniveaus der betr. AN. Dem BR muss daraus erkennbar sein, wie der AG den Ist-Zustand ermittelt haben will und bei welcher Gelegenheit AN Wünsche bezüglich ihres Berufsbildungsbedarfs geäußert haben.[71] Datenschutzrechtliche Bedenken stehen dieser Information nicht entgegen. Der BR ist Teil der verantwortlichen Stelle (§ 79a) und kein Dritter. Die Information erfolgt im Rahmen seiner gesetzlichen Amtspflichten i. S. v. § 26 BDSG und verstößt nicht gegen Gebote der Datensparsamkeit/-minimierung.[72]

25 Der Berufsbildungsbedarf ist keine objektive Größe. Sowohl bzgl. des Volumens als auch der Bildungsinhalte bestehen häufig zwischen AG und BR unterschiedliche Vorstellungen. Zu-

62 BT-Drucks. 14/5741, S. 49 zu Nr. 62; zur digitalen Transformation 19/30950, S. 70, Bericht der Enquete-Kommission Berufliche Bildung in der digitalen Arbeitswelt 2021.
63 *Fitting,* Rn. 35.
64 So aber *Konzen,* RdA 01, 91; wie hier *Fitting,* Rn. 36; Richardi-*Thüsing* Rn. 23; *Krause,* NZA 22, 741.
65 BT-Drucks. 19/30950, S. 249 f.
66 BT-Drucks. 14/5741, a. a. O.
67 *Rennpferd,* SR 4/21, 151.
68 So ausdrücklich tenoriert durch *LAG Hamburg* 31.10.12 – 5 TaBV 6/12, juris; dazu *Kleinebrink,* DB 18, 254.
69 *LAG Hamburg* 18.1.12 – 5 TaBV 10/11, aus prozessualen Gründen aufgehoben durch *BAG* 9.7.13 – 1 ABR 17/12, AuR 13, 460; GK-*Raab,* Rn. 29; Richardi-*Thüsing* Rn. 23.
70 Ausführlich *LAG Hamburg* 18.1.12 a. a. O.
71 *ArbG Frankfurt/M* 13.8.08 – 7 BV 207/08, AuR 09, 281. Musterantrag des BR in DKWF-*Buschmann,* §§ 96–98 Rn. 3.
72 Teilweise datenschutzrechtlich einschränkend *Brink,* jurisPR-ArbR 32/2012 Anm. 5.

nächst geht es darum, die Vorstellungen des AG in einem transparenten Verfahren zu ermitteln, dem BR darzulegen und zu begründen sowie mit dem BR zu erörtern, so dass auch dessen Vorschläge (Abs. 1 Satz 3) aufgenommen werden können. Hintergrund der Vorschrift ist die tatsächliche Erfahrung, dass die in §§ 96 – 98 geregelten Beteiligungsrechte leer laufen können, solange der AG die Möglichkeit hat, einseitig und variabel den Berufsbildungsbedarf zu bestimmen. Durchaus typisch ist etwa die Konstellation, dass ein BR nach § 98 Mitbestimmung bei der Durchführung der Berufsbildungsmaßnahmen, bzgl. der Ausbilder oder Teilnehmer, geltend macht, worauf der AG die Berufsbildungsmaßnahmen abbricht oder reduziert. Verzichtet aber der AG auf die Bildungsmaßnahme, sobald der BR sein Vorschlagsrecht ausübt, um die Mitbestimmung zu umgehen, verstößt er gegen allgemeine betriebsverfassungsrechtliche Grundsätze. Ein derartiges Verhalten ist unbeachtlich und begründet eine Verpflichtung, die Maßnahme nach einem Einigungsstellenverfahren trotzdem durchzuführen.[73] Ebenso bekannt und nicht anders zu bewerten ist die Situation, dass ein AG die Durchführung betrieblicher Berufsbildungsmaßnahmen unter den Vorbehalt stellt, dass sie in der von ihm vorgesehenen Form verlaufen, andernfalls sie nicht stattfinden. Die **Effektivierung dieser Mitbestimmung** setzt damit eine verbindliche Bestimmung des Berufsbildungsbedarfs voraus.

Hat der AG nach dieser Vorschrift den Berufsbildungsbedarf ermittelt und dem BR mitgeteilt, tritt insofern eine **Bindung** ein, dass für die Dauer des Mitbestimmungsverfahrens nach § 98 von dem auf diese Weise ermittelten Berufsbildungsbedarf auszugehen ist.[74] Dies gilt auch für das Verfahren der Einigungsstelle nach Abs. 1a, § 97 Abs. 2, § 98 Abs. 4. **26**

V. Einigungsstelle über Maßnahmen der Berufsbildung

Die Regelung über das Verfahren der **Einigungsstelle** (ESt.) in **Abs. 1a** wurde mit dem Betriebsrätemodernisierungsgesetz 2021[75] eingeführt. Der Koalitionsvertrag zwischen CDU/CSU/SPD für die 19. Legislaturperiode hatte für den Fall, dass sich AG und BR über Maßnahmen der Berufsbildung nicht verständigen, einen »Moderator« vorgesehen mit dem Ziel, eine Einigung zu erreichen. Was dies bedeuten sollte, blieb im Unklaren und bedarf keiner weiteren Klärung. Die jetzige Gesetzesfassung ergab sich aus dem Regierungsentwurf und wurde in der Ausschussberatung nicht weiter verändert. **26a**

Die holprige **Systematik** der § 96–98 erklärt sich durch die etappenweise Gesetzgebung in unterschiedlichen Mehrheitskonstellationen: Die Fassung von 1972 kannte nur Mitbestimmung nach § 98 bei der Durchführung von Maßnahmen der betrieblichen Berufsbildung. Nach 98 Abs. 4 entscheidet dort die ESt. verbindlich, nicht aber über die durchzuführenden Bildungsmaßnahmen selbst. Das BetrVerfReformG 2001 öffnete die Mitbestimmung nach § 97 Abs. 2 incl. Initiativrecht des BR unter den dort bestimmten begrenzten Voraussetzungen, wiederum mit dem verbindlichen Spruch der ESt. als Konfliktlösung. Das Betriebsrätemodernisierungsgesetz 2021 öffnete in § 96 Abs. 1a die allgemeine Zuständigkeit der ESt. auch außerhalb der Voraussetzung des § 97 Abs. 2 über Berufsbildungsmaßnahmen, sodass das ESt-Verfahren in allen 3 Vorschriften angeführt wird. Diese sind im Zusammenhang zu verstehen, der einer systematischen Abstimmung bedarf. **26b**

Gegenstand des Verfahrens nach Abs. 1a sind »Maßnahmen der Berufsbildung«. Der Hinweis auf Abs. 1 verweist nur auf vorgelagerte Beratungen, enthält aber damit keine Einschränkung, da deren Bezugsobjekt »Fragen der Berufsbildung« sogar noch weiter ist. Der Begriff der Berufsbildungsmaßnahme i. S. dieses Verfahrens ist umfassend zu verstehen, wie in Rn. 5 ff. beschrieben. Er umfasst sowohl das **»ob« als auch das »wie« von Berufsbildungsmaßnahmen,** deren Lernziele, Inhalte, Teilnehmer, ebenso wie die Art und Weise ihrer Durchführung. Mit umfasst sind die (bis 2021 einzigen berufsbildungsbezogenen) spezifischen ESt-Verfahren nach § 97 Abs. 2 und § 98. Nicht erfasst ist das spezifische Verfahren nach § 98 Abs. 2 und 5, die in Bezug auf die Bestellung von Ausbildern ein besonderes, gerichtliches Verfahren vorsehen, in dem keine Regelungs-, sondern Rechtsentscheidungen getroffen werden. **26c**

---

73 *Zwanziger*, AuR 2010, 459; vgl. auch *BAG* 26. 5. 98 – 1 AZR 704/97, DB 98, 2119.
74 Ebenso *Fitting*, Rn. 38.
75 Gesetz v. 14. 6. 21, BGBl. I 1762.

26d Verschiedene **Konstellationen** sind denkbar: AG und BR haben grundsätzlichen Konsens über eine Berufsbildungsmaßnahme, nicht aber über Einzelfragen; AG und BR präferieren unterschiedliche Berufsbildungsmaßnahmen; allein der BR wünscht bestimmte Berufsbildungsmaßnahmen, der AG nicht oder umgekehrt. Beide Seiten haben also ein Initiativrecht unabhängig von § 97 Abs. 2. In all diesen Fällen kann die ESt. von jeder Seite angerufen werden. Hierzu besteht aber weder eine Verpflichtung noch eine Obliegenheit.

26e Hat eine Seite die ESt. angerufen, hat die andere sich auf dieses Verfahren einzulassen, wie aus Satz 2 hervorgeht. Für die Bestellung der ESt. gelten keine Besonderheiten gegenüber § 76 (vgl. dort Rn. 47 ff.). Kann eine Einigung über die/den Vorsitzenden und die Zahl der Beisitzer nicht erzielt werden, entscheidet das ArbG nach § 100 ArbGG über die Besetzung der ESt. Wegen fehlender Zuständigkeit können die Anträge nur bei offensichtlicher Unzuständigkeit der ESt. zurückgewiesen werden. Hierbei sind Mitbestimmungsfragen nicht mehr zu prüfen, da die ESt. auch außerhalb von Mitbestimmungsrechten tätig werden soll. Voraussetzung ist, dass im Rahmen der Beratung nach Abs. 1 eine Einigung über eine Bildungsmaßnahme nicht zustande gekommen ist. Es muss also ein innerbetriebliches Vorverfahren stattgefunden haben. Auch insofern gilt die allgemeine Regel nach § 76, wonach die gerichtliche Bestellung der ESt. den erfolglosen Versuch der Betriebsparteien zu einer gütlichen Einigung voraussetzt (vgl. § 76 Rn. 68 ff).

26f Das Einigungsstellenverfahren nach dieser Vorschrift ist damit auf unterschiedliche Regelungsgegenstände bezogen, die teils mitbestimmungspflichtig, teils mitbestimmungslos sind. In mitbestimmungspflichtigen Angelegenheiten entscheidet die ESt. verbindlich, in allen Verfahren hat sie eine Vermittlung zu versuchen. Insofern hat der BR einen Verhandlungsanspruch. Regelmäßig wird die ESt. im Rahmen ihrer Zuständigkeit zunächst prüfen, ob Berufsbildungsmaßnahmen im Streit stehen, sodann ob hierzu Mitbestimmungsrechte aus §§ 97 Abs. 2, 98 oder aus anderen Vorschriften bestehen, so dass ihr – u. U. mit Mehrheit getroffener – Spruch die Einigung zwischen AG und BR ersetzen kann. Beinhaltet dieser Spruch oder eine einvernehmliche BV eine arbeitgeberseitige Verpflichtung zum Angebot von Fortbildungen, so bestimmt seit dem 1.8.22[76] § 111 GewO (ebenso § 32a Seearbeitsgesetz) in Umsetzung von Art. 13 der europäischen Transparenzrichtlinie (EU) 2019/1152, dass dem AN die **Kosten** hierfür nicht auferlegt werden dürfen. Fortbildungen nach Abs. 1 sollen während der regelmäßigen **Arbeitszeit** durchgeführt werden. Soweit Fortbildungen nach Abs. 1 außerhalb der regelmäßigen Arbeitszeit durchgeführt werden müssen, gelten sie als Arbeitszeit. Die hier angesprochene Verpflichtung zum Angebot von Fortbildungsmaßnahmen kann in ESt. nach §§ 96–98 begründet werden. Unabhängig davon hat *EuGH* 28.10.21, C-909/19, auf Basis von Art. 2 Nr. 1 der (Arbeitszeit-)RL 2003/88/EG v. 4.11.03 festgestellt, dass die Zeit, in der ein AN eine von seinem AG vorgeschriebene berufliche Fortbildung absolviert, die außerhalb seines gewöhnlichen Arbeitsorts in den Räumlichkeiten des Fortbildungsdienstleisters stattfindet und während der er nicht seinen gewöhnlichen Aufgaben nachgeht, »Arbeitszeit« i. S. d. Vorschrift darstellt.

26g Außerhalb von Mitbestimmungsrechten hat die ESt. ähnlichen Charakter wie das **Verfahren nach § 112 über einen Interessenausgleich.** Plant etwa der AG bestimmte Berufsbildungsmaßnahmen und ruft deshalb der BR die ESt. nach dieser Vorschrift an, behält dieses Verfahren nur dann seinen Sinn, wenn der AG nicht von sich aus vollendete Tatsachen schaffen kann, indem er einseitig die geplanten Maßnahmen vornimmt. Daraus folgt ein Anspruch des BR auf vorläufige Unterlassung von Berufsbildungsmaßnahmen, die – unabhängig von ihrer sich aus Mitbestimmungstatbeständen ergebenden Spruchfähigkeit – Gegenstand eines anhängigen oder beantragten ESt-Verfahrens sind. Insofern kann auf die Rspr. zu § 112 dieses Gesetzes verwiesen werden (vgl. dort Rn. 52 ff.). Somit besteht auch auf Arbeitgeberseite ein erhebliches Interesse an der Durchführung von Einigungsstellenverfahren nach dieser Vorschrift. Der Spielraum der ESt. für einvernehmliche Regelungen erfasst alle Aspekte betrieb-

---

76 *Gesetz zur Umsetzung* der RL (EU) 2019/1152 des EP und des Rates v. 20.6.2019 über transparente und vorhersehbare Arbeitsbedingungen in der EU im Bereich des Zivilrechts und zur Übertragung von Aufgaben an die Sozialversicherung für Landwirtschaft, Forsten und Gartenbau v. 20.7.2022, BGBl. I, 1174.

licher Berufsbildungsmaßnahmen, sofern diese nicht abschließend gesetzlich geregelt sind oder in individuelle Rechte eingegriffen wird. Lehnt der AG vom BR vorgeschlagene Berufsbildungsmaßnahmen gänzlich oder teilweise ab, hat die ESt. ernsthafte Verhandlungen mit dem Willen zur Einigung der Parteien zu führen. Dabei ist wiederum der Berufsbildungsbedarf zu ermitteln, um daraus in einem zweiten Schritt angemessene Berufsbildungsmaßnahmen zu beschließen oder abzulehnen oder verbleibenden Dissenz festzustellen. Dies erfordert eine sorgfältige Prüfung in der ESt. Der AG kann diesen Beratungen nicht durch eine frühzeitige Erklärung über das Scheitern der Verhandlungen den Boden entziehen. Auch insofern gilt das gleiche wie zu § 112 dieses Gesetzes.

VI. Teilnahme von Arbeitnehmern an betrieblichen und außerbetrieblichen Maßnahmen der Berufsbildung

27 Im Rahmen der **Förderung der Berufsbildung** der AN haben AG und BR nach **Abs. 2 Satz 1** darauf zu achten, dass unter Berücksichtigung der betrieblichen Notwendigkeiten den AN die Teilnahme an betrieblichen oder außerbetrieblichen Maßnahmen der Berufsbildung ermöglicht wird. AG und BR haben **Zugangshemmnisse** auf Seiten der AN zu Berufsbildungsmaßnahmen zu **beseitigen.** Gemeint sind nicht nur die Auswahl der Teilnehmer, sondern auch die Organisation der Maßnahmen, die es den AN ermöglicht, Weiterbildungsangebote wahrzunehmen, ohne in eine Kollision etwa mit Familienpflichten zu geraten oder finanzielle Belastungen zu übernehmen, die die individuelle Motivation des einzelnen AN zur Teilnahme an der Maßnahme herabzusetzen. Dies betrifft Ort und Zeit ebenso wie Teilnahmebedingungen. Eine finanzielle Beteiligung der AN an Schulungskosten, etwa in Form von Eintrittsgebühren oder Rückzahlungsklauseln, könnte AN dazu veranlassen, von ihrer Teilnahme Abstand zu nehmen, und damit den Erfolg der Maßnahme vereiteln (s. auch § 111 GewO). Veranstaltungen am Nachmittag oder Abend könnten AN mit Familienpflichten abhalten.

28 Ein individueller erzwingbarer **Fortbildungsanspruch** ergibt sich aus dieser Vorschrift nicht.[77] Im Einzelfall können AN gegen den AG einen solchen Anspruch aus TV, BV, Arbeitsvertrag, § 81, § 2 Abs. 2 SGB III, dem arbeitsrechtlichen Gleichbehandlungsgrundsatz i. V. m. § 75 oder Fürsorgepflicht[78] haben, ggf. auch eine **Verpflichtung zur kontinuierlichen Weiterbildung** auf Grund ausdrücklicher Vereinbarung oder aus vertraglichen Nebenpflichten i. V. m. § 2 Abs. 4 und 5 SGB III.[79] Voraussetzung ist, dass die Schulungen bzw. Fortbildungsmaßnahmen der Ausübung der vertraglich geschuldeten Tätigkeit förderlich und die vermittelten Kenntnisse und Fähigkeiten typischerweise im vereinbarten Tätigkeitsbereich einzusetzen sind.[80] Eine derartige Weiterbildungsverpflichtung kann auch gesetzlich begründet werden.[81] So kann es zum Berufsbild gehören, jederzeit mit dem neuesten Stand von Wissenschaft und Technik vertraut zu sein (z. B. Juristen, Ärzte usw.). Dazu kann die Teilnahme an Weiterbildungsseminaren gehören, allerdings nicht mit Kostenbeteiligung des AN. Hier können BR darauf drängen, dass die AN nicht auf Literaturstudium außerhalb der Arbeitszeit verwiesen werden, sondern dass entspr. Seminare angeboten und ebenso wie Literaturstudium in der Arbeitszeitplanung sowie in Arbeitsplatzbeschreibungen, Aufgabenzuweisungen und Pensenschlüsseln berücksichtigt werden. Sofern jedoch ein Rechtsgrund für eine Teilnahmepflicht des AN nicht gegeben ist, kann dieser auch nicht durch Mitbestimmung hergestellt werden.[82]

29 Die Bestimmung will sicherstellen, dass unter Anwendung der Maßstäbe des § 75 Abs. 1 alle AN des Betriebs gleiche Chancen zur Teilnahme an Berufsbildungsmaßnahmen haben. Aus verschiedenen Gesetzen ergeben sich dazu unterschiedliche **Berücksichtigungsgebote** und **Diskriminierungsverbote,** die teilweise europäisches Recht umsetzen und einzelne Gruppen

77 H. M., s. auch *Rennpferd*, SR 4/21, 150; Richardi-*Thüsing*, Rn. 28; WPK-*Preis*, Rn. 11.
78 Ausführlich *Däubler*, SozR Sonderausgabe 7/16, 1 ff., 30; *Kurt*, RdA 17, 230; *BAG* 20.6.95 – 8 AZR 688/94, Rn. 27; 689/94, Rn. 31 (allg. Hinweis auf Fürsorgepflicht), juris; *ArbG Bonn* 4.7.90 – 4 Ca 751/90, NJW 91, 2168; GL, § 97 Rn. 22; a. A. GK-*Raab*, Rn. 34.
79 So auch *Däubler*, ArbG *Bonn* a. a. O.; GK-*Raab*, § 98 Rn. 15.
80 *LAG Rheinland-Pfalz* 23.1.13 – 8 Sa 355/12, NZB zurückgenommen, juris.
81 Vgl. nur *BAG* 18.3.09 – 5 AZR 192/08, AuR 09, 225, zum RettungsG NRW.
82 *Zwanziger*, AuR 2010, 459.

mehrfach hervorheben, was der Systematik allerdings nicht dient. So verlangt Abs. 2 Satz 2 die Berücksichtigung der Belange **älterer AN, Teilzeitbeschäftigter und von AN mit Familienpflichten.** § 80 Abs. 1 Nr. 2 a) konkretisiert der Gebot der Förderung der tatsächlichen Geschlechtergleichstellung auf Auf-, Fort- und Weiterbildung. Nach § 10 bzw. § 19 TzBfG hat der AG dafür Sorge zu tragen, dass **teilzeitbeschäftigte** bzw. **befristet beschäftigte AN** an Aus- und Weiterbildungsmaßnahmen zur Förderung der beruflichen Entwicklung und Mobilität teilnehmen können. **Schwerbehinderte Menschen** haben gegenüber ihren AG Anspruch auf bevorzugte Berücksichtigung bei innerbetrieblichen Maßnahmen der beruflichen Bildung zur Förderung ihres beruflichen Fortkommens (§ 164 Abs. 4 Nr. 2 SGB IX) sowie auf Erleichterungen im zumutbaren Umfang zur Teilnahme an außerbetrieblichen Maßnahmen der beruflichen Bildung (Nr. 3). Schließlich bezieht § 2 Abs. 1 Nr. 3 AGG das Verbot der Diskriminierung wegen der **Rasse,** der **ethnischen Herkunft,** des **Geschlechts,** der **Religion** oder **Weltanschauung,** einer **Behinderung,** des **Alters** oder der **sexuellen Identität** ausdrücklich auch auf »den Zugang zu allen Formen und Ebenen der Berufsbildung einschließlich der Berufsausbildung, der beruflichen Weiterbildung und der Umschulung sowie der praktischen Berufserfahrung«. Für die Betriebsparteien ergibt sich daraus zwingend eine Einschränkung ihres Ermessensspielraums bei der Gestaltung der Maßnahmen und der Auswahl der Teilnehmer. Am weitesten geht der Vorrang für Schwerbehinderte (bevorzugte Berücksichtigung), sodann das positive Berücksichtigungsgebot nach Abs. 2 Satz 2 dieser Vorschrift, schließlich die Diskriminierungsverbote nach dem TzBfG und dem AGG.

30 **Schwerbehinderte Menschen** haben nach § 164 Abs. 4 Nrn. 2 und 3 SGB IX gegenüber ihrem AG Anspruch auf bevorzugte Berücksichtigung bei innerbetrieblichen Maßnahmen der beruflichen Bildung zur Förderung ihres beruflichen Fortkommens sowie auf Erleichterungen im zumutbaren Umfang zur Teilnahme an außerbetrieblichen Maßnahmen der beruflichen Bildung. Weitere Qualifizierungsansprüche ergeben sich aus § 164 SGB IX sowie aus der nach § 166 SGB IX abzuschließenden Inklusionsvereinbarung. Damit im Zusammenhang stehende Ansprüche richten sich gegen unterschiedliche Rehabilitationsträger.

31 **Ältere AN** werden durch diese Vorschrift und durch das AGG geschützt. Abs. 2 Satz 2 kennt insofern keine Einschränkung. Auch § 80 Abs. 1 Nr. 6 nimmt sie als förderungswürdig in den Blick.[83] Zwar erlaubt § 10 Nr. 1 AGG für den Zugang zur beruflichen Bildung die Festlegung besonderer Bedingungen, um deren berufliche Eingliederung zu fördern oder ihren Schutz sicherzustellen. Damit stellen jedoch das Alter oder eine baldige Verrentung kein Kriterium dar, um ältere AN von einer Berufsbildungsmaßnahme auszuschließen. Dass ein bestimmtes Alter einer sinnvollen Weiterbildung entgegensteht, wird angesichts des gesellschaftlich und auch vom *BVerfG* als Gemeinwohlbelang anerkannten Prinzip des lebenslangen Lernens[84] nur in besonderen Ausnahmefällen anzunehmen sein,[85] die im Einzelfall besonders begründet werden müssen. Gleichwohl ist bzgl. älterer AN das Ziel gleichberechtigter Teilhabe an der Berufsbildung noch nicht erreicht.[86]

32 **Als Familienaufgaben** definiert § 3 Nr. 6 BGleiG »die tatsächliche Betreuung von mindestens einem Kind unter 18 Jahren durch Beschäftigte; dies schließt auch die Inanspruchnahme einer Elternzeit nach dem Bundeselterngeld- und Elternzeitgesetz ein …«. Diese Begrenzung ist auf die Betriebsverfassung nicht übertragbar, so dass Familienpflichten umfassend i. S. d. § 80 Abs. 1 Nr. 2b zu verstehen sind (vgl. § 80 Rn. 43 ff.). Im Übrigen geht es nicht um Frauenförderung. In Betracht kommen alle Geschlechter, Vollzeit oder Teilzeit.[87]

33 Die **Berücksichtigung der Teilzeitbeschäftigten** bei Aus- und Weiterbildungsmaßnahmen ergibt sich auch aus § 10 TzBfG.[88] Mit dieser Bestimmung wird § 5 Abs. 3d (2. Alt.) der **europäischen Teilzeit-RL** 97/81/EG umgesetzt. Sie verpflichtet den AG, bei Aus- und Weiterbildungsmaßnahmen zur Förderung der beruflichen Entwicklung und Mobilität auch Teilzeit-

---

83 *Franzmann*, AuR 2022, 8 ff.
84 *BVerfG* 15. 12. 87, AuR 88, 186 = DB 88, 709.
85 *Weber,* AuR 02, 404.
86 ErfK-*Kania*, Rn. 12.
87 Siebert/Becker-*Helm*, Rn. 19.
88 Vgl. hierzu TZA-*Buschmann,* § 10 TzBfG, Rn. 1–11.

beschäftigte zu berücksichtigen, sofern nicht dringende betriebliche Gründe oder Aus- und Weiterbildungswünsche anderer AN entgegenstehen. Die Richtlinie kennt diesen Vorbehalt nicht, verpflichtet allerdings den AG nur, Maßnahmen, die den Zugang von Teilzeitbeschäftigten zur beruflichen Bildung erleichtern, in Erwägung zu ziehen.

Die Teilnahme der Teilzeitbeschäftigten an Aus- und Weiterbildungsmaßnahmen entfällt nur bei objektiv vorliegenden **dringenden betrieblichen Gründen.** Die dringenden betrieblichen Gründe sind als auslegungsfähiger und gerichtlich überprüfbarer Rechtsbegriff wie dringende betriebliche Erfordernisse i. S. d. § 1 KSchG zu verstehen. 34

Der Hinweis auf **Aus- und Weiterbildungswünsche anderer teilzeit- oder vollzeitbeschäftigter AN** in § 10 TzBfG ist missverständlich formuliert. Derartige Wünsche können ggf. im Einzelfall dem Anspruch eines einzelnen Teilzeitbeschäftigten auf Teilnahme an einer Aus- oder Weiterbildungsmaßnahme entgegenstehen, keinesfalls aber Teilzeitbeschäftigte generell bzw. die dahin gehende Sorgfaltspflicht des AG ausschließen. Die Pflicht zur generellen Berücksichtigung der Teilzeitbeschäftigten bei Bildungsmaßnahmen besteht in jedem Fall. Äußern verschiedene AN mit unterschiedlichen Arbeitszeiten gleichrangige Bildungswünsche, hat der AG unter Berücksichtigung der Mitbestimmung eine entspr. pflichtgemäße Auswahlentscheidung zu treffen. Dabei sind die Aus- und Weiterbildungswünsche der voll- und teilzeitbeschäftigten AN grundsätzlich gleichrangig.[89] 35

Eine entspr. Verpflichtung zur Teilnahme **befristet beschäftigter AN** an angemessenen Aus- und Weiterbildungsmaßnahmen zur Förderung der beruflichen Entwicklung und Mobilität ergibt sich aus **§ 19 TzBfG.** In der Praxis werden häufig befristet Beschäftigte von Bildungsmaßnahmen ausgenommen. Dadurch wird ihre berufliche Weiterentwicklung, insbes. der Übergang in ein unbefristetes Arbeitsverhältnis, erschwert. Dieser Übergang ist aber gesetzlich gewünscht, was u. a. in § 99 Abs. 1 Nr. 3 (Verweigerung der Zustimmung des BR zu einer Einstellung wegen Nichtberücksichtigung eines gleichgeeigneten befristet Beschäftigten) und in § 18 TzBfG (Information über unbefristete Arbeitsplätze) zum Ausdruck kommt. 36

§§ 1, 7 AGG beinhalten ein allgemeines **Diskriminierungsverbot** auch beim Zugang zur beruflichen Bildung für die dort genannten Gruppen. Es bezieht sich auf alle **Beschäftigten i. S. d. § 6 AGG,** nicht nur auf AN des Betriebs. Dieser erweiterte Beschäftigtenbegriff erfasst ähnlich wie § 75 Abs. 1 Satz 1 und § 80 Abs. 2 Satz 2 (2. Hs.) alle im und für den Betrieb beschäftigten Personen, unabhängig von ihrem Rechtsstatus (vgl. auch § 93, Rn. 17 ff.). 37

Nach § 98 Abs. 3 unterliegt die Auswahl der Teilnehmer an Berufsbildungsmaßnahmen der **Mitbestimmung des BR.** In diesem Rahmen hat der BR die Möglichkeit, die Gleichbehandlung der vorstehend gesetzlich besonders erwähnten Personengruppen durchzusetzen. Für Nicht-AN (Beschäftigte i. S. d. AGG) hat der BR zwar kein Mitbestimmungsrecht. Er kann aber dem AG dessen gesetzliche Verpflichtungen vorhalten, dass nicht für die Beschäftigung in nichtarbeitsrechtlichen Verhältnissen andere Gleichbehandlungsmaßstäbe gelten als für AN. 38

VI. Streitigkeiten

Bei Streitigkeiten über die Informations-, Beratungs- und Vorschlagsrechte oder deren Umfang entscheidet das ArbG im **Beschlussverfahren** (§§ 2a, 80 ff. ArbGG). Die Weigerung des AG, seinen Verpflichtungen nach dieser Vorschrift nachzukommen, kann die Voraussetzungen zur Einleitung eines **Verfahrens nach § 23 Abs. 3 Satz 1** erfüllen.[90] Soweit der BR seine Beratungspflichten verletzt, kann dies ein **Verfahren nach § 23 Abs. 1** nach sich ziehen.[91] Nach § 17 Abs. 2 AGG hat der BR das Recht zur gerichtlichen Geltendmachung der Rechte nach § 23 Abs. 3 Satz 1 auch bei einem Verstoß des AG gegen Vorschriften des Abschnitts 2 des AGG[92] (ausführlich § 23 Rn. 367 ff.). 39

89 TZA-*Buschmann*, a. a. O.
90 *Fitting*, Rn. 42; *HWGNRH*, Rn. 40.
91 *Fitting*, a. a. O.; *Krause*, NZA 22, 740.
92 Däubler/Beck-*Buschmann*, § 17 AGG Rn. 11 ff.

§ 97 Einrichtungen und Maßnahmen der Berufsbildung

(1) Der Arbeitgeber hat mit dem Betriebsrat über die Errichtung und Ausstattung betrieblicher Einrichtungen zur Berufsbildung, die Einführung betrieblicher Berufsbildungsmaßnahmen und die Teilnahme an außerbetrieblichen Berufsbildungsmaßnahmen zu beraten.

(2) Hat der Arbeitgeber Maßnahmen geplant oder durchgeführt, die dazu führen, dass sich die Tätigkeit der betroffenen Arbeitnehmer ändert und ihre beruflichen Kenntnisse und Fähigkeiten zur Erfüllung ihrer Aufgaben nicht mehr ausreichen, so hat der Betriebsrat bei der Einführung von Maßnahmen der betrieblichen Berufsbildung mitzubestimmen. Kommt eine Einigung nicht zustande, so entscheidet die Einigungsstelle. Der Spruch der Einigungsstelle ersetzt die Einigung zwischen Arbeitgeber und Betriebsrat.

Inhaltsübersicht

I. Vorbemerkungen

1 Die Vorschrift steht in einem engen Zusammenhang mit der Förderung der Berufsbildung nach § 96 und der Mitbestimmung bei der Durchführung betrieblicher Berufsbildungsmaßnahmen nach § 98. In allen Regelungen kommt die Vorstellung des Gesetzgebers zum Ausdruck, dass der Ausbau der betrieblichen Berufsbildung wesentlich dazu beitragen kann, den **Bestand der Arbeitsverhältnisse zu sichern,** da zuerst unzureichend qualifizierte AN von Rationalisierung mittels moderner Technik und damit von Arbeitsplatzabbau bedroht sind.[1]

2 Nach **Abs. 2** hat der BR unter gesetzlich definierten Voraussetzungen ein **Mitbestimmungsrecht** nicht nur bei der Durchführung, sondern auch bei der Einführung betrieblicher Weiterbildungsmaßnahmen. Im Konfliktfall entscheidet die Einigungsstelle. Dies bedeutet, dass der BR unter den Voraussetzungen der Vorschrift – ggf. über die ESt. – die Durchführung betrieblicher Bildungsmaßnahmen u. U. auch gegen den Willen des AG durchsetzen kann. Obwohl eine Bestimmung wie § 87 Abs. 1 Eingangssatz fehlt, steht sie wie die dort geregelte soziale Mitbestimmung unter dem Vorbehalt anzuwendender gesetzlicher oder tariflicher Regelungen.[2]

II. Allgemeines Beratungsrecht

3 **Abs. 1** steht im engen Zusammenhang mit den Beratungen über **Personalplanung** nach § 92 und ergänzt die **allgemeinen Beratungen** nach § 96 Abs. 1 über die Förderung der Berufsbildung der AN. So ist die Errichtung und Ausstattung betrieblicher Einrichtungen zur Berufsbildung, wie z. B. einer Lehrwerkstatt, Umschulungswerkstatt, eines betrieblichen Bildungszentrums oder einer **Beschäftigungs- und Qualifizierungsgesellschaft,**[3] mit dem BR **rechtzeitig und eingehend** zu beraten. Dies gilt auch für Qualifikationsmaßnahmen, die aus Gründen der Arbeitsförderung (etwa nach § 111 Abs. 7 SGB III bei Transfer-Kurzarbeit) geboten sind. Der AG hat diese Beratungen von sich aus vorzunehmen, auch ohne dass sie der BR ausdrücklich verlangt.[4] Plant der AG die Errichtung und Ausstattung betrieblicher Einrichtungen zur Berufsbildung oder die Einführung betrieblicher Berufsbildungsmaßnahmen bzw. will er AN an außerbetrieblichen Berufsbildungsmaßnahmen teilnehmen lassen, muss er von sich aus die

---

1 BT-Drucks. 14/5741, S. 15.
2 *Zu § 98 BAG 24.8.04 – 1 ABR 28/03*, AuR 05, 270, mit Anm. *Buschmann*; zu § 97 auch GK-*Raab*, Rn. 14; *Kleinebrink*, DB 18, 256.
3 Zu Letzterer a. A. GK-*Raab*, Rn. 7.
4 *Fitting*, Rn. 4; GK-*Raab*, Rn. 2.

Initiative ergreifen und an den BR herantreten. Das gilt auch für die Änderung bestehender Einrichtungen[5] sowie für deren Schließung bzw. Beseitigung.[6]

Ausstattung bedeutet Sachausstattung, Anschaffung technischer Anlagen, Maschinen, Werkzeuge und Lehrmaterial. Auch die finanzielle Ausstattung unterliegt der Beratung. Über den Umfang der zur Verfügung gestellten Mittel befindet der AG nach Beratung mit dem BR allein. Innerhalb des Dotierungsrahmens entscheidet der BR nach § 98 Abs. 1 mit darüber, wie die **sachliche Ausstattung** im Hinblick auf die Durchführung betrieblicher Berufsbildungsmaßnahmen erfolgen soll. Die **personelle Ausstattung** betrieblicher Einrichtungen zur Berufsbildung unterliegt der Mitbestimmung nach § 98 Abs. 2.[7] Das gilt auch, wenn in der Bildungseinrichtung z. B. einem betrieblichen Bildungszentrum, selbst ein BR besteht, der Rechte bei personellen Maßnahmen nach § 99 wahrnimmt. 4

Eine rechtzeitige und eingehende Beratungspflicht des AG gegenüber dem BR besteht auch, wenn **betriebliche Berufsbildungsmaßnahmen** eingeführt werden sollen. Beispiele für betriebliche Berufsbildungsmaßnahmen sind: Fortbildungskurse, Meister- und Technikerkurse oder Maßnahmen zur Einführung in neue technische Verfahren; Trainee-Programme, betrieblicher Zusatzunterricht für Auszubildende;[8] zusätzliche Prüfungen und Kurse.[9] Die Beratung erstreckt sich auf Umfang und Art von Kursen sowie auf den Zeitpunkt.[10] Nach § 87 Abs. 1 Nrn. 2 und 3 hat der BR mitzubestimmen über die zeitliche Lage aller Schulungs- und Informationsveranstaltungen mit Ausnahme derjenigen, die »kein dienstliches Bedürfnis berühren, sondern ausschließlich der Befriedigung eines außerdienstlichen Bildungsinteresses (Malkurs) dienen«.[11] Auch die Auswahl der Teilnehmer unterliegt der Beratung, da der BR darüber ohnehin nach § 98 Abs. 3 mitbestimmt.[12] 5

III. Teilnahme an außerbetrieblichen Berufsbildungsmaßnahmen

Der BR ist zu unterrichten, wenn AN **an außerbetrieblichen Berufsbildungsmaßnahmen** teilnehmen sollen, die z. B. von Kammern, Arbeitsämtern oder privaten Institutionen veranstaltet werden.[13] Die anschließende Beratung erstreckt sich insbes. auf Themen, Kurse, Träger, Zeitpunkt, Dauer und Auswahl der Teilnehmer.[14] Unabhängig von dieser Beratung hat der BR **mitzubestimmen,** wenn der AG für außerbetriebliche Berufsbildungsmaßnahmen **AN freistellt** oder die durch die Teilnahme von AN an solchen Maßnahmen entstehenden Kosten **ganz oder teilweise trägt** (vgl. § 98 Rn. 27). Zum umfassenden Begriff der Berufsbildung vgl. § 96 Rn. 5 ff. 6

Die Beratungspflicht des AG erstreckt sich nicht auf **leitende Angestellte nach § 5 Abs. 3,** sofern es allein um deren Teilnahme an außerbetrieblichen Berufsbildungsmaßnahmen geht. Sollen dagegen betriebliche Einrichtungen zur Berufsbildung geschaffen werden, die von lt. Angestellten nach § 5 Abs. 3 mitbenutzt werden, findet die Vorschrift Anwendung. Entsprechendes gilt, wenn betriebliche Berufsbildungsmaßnahmen durchgeführt werden sollen, an denen neben der Teilnahme anderer AN auch die lt. Angestellten nach § 5 Abs. 3 vorgesehen ist. 7

---

5 *Zwanziger,* AuR 2010, 459; Richardi-*Thüsing,* Rn. 6; *Fitting,* a. a. O.; GK-*Raab,* Rn. 6.
6 ErfK-*Kania,* Rn. 3; *GL,* Rn. 17; WPK-*Preis,* Rn. 3; *Hamm,* AuR 92, 326, 328; a. A. *Fitting;* GK-*Raab,* a. a. O.; *Rennpferd,* SR 4/21, 152.
7 *Fitting,* Rn. 4.
8 Vgl. *Fitting,* Rn. 5.
9 *GK-Raab,* Rn. 9.
10 Richardi-*Thüsing,* Rn. 9; *Becker,* in: Glaubrecht u. a., Gruppe 5 S. 99.
11 So *BAG* 18. 4. 89, AiB 89, 356 mit zust. Anm. *Buschmann.*
12 *Becker,* a. a. O.
13 GK-*Raab,* Rn. 10.
14 *Becker,* in: Glaubrecht u. a., Gruppe 5, S. 99; Richardi-*Thüsing,* Rn. 10; GK-*Raab,* a. a. O.

IV. Mitbestimmung bei der Einführung betrieblicher Berufsbildungsmaßnahmen (Abs. 2)

8 **Abs. 2** verstärkt die Beteiligungsrechte des BR im Zusammenhang mit Einrichtungen und Maßnahmen der betrieblichen Berufsbildung.[15] Der BR soll nicht erst im Nachhinein, sondern bereits **frühzeitig** und dadurch **präventiv** betriebliche Berufsbildungsmaßnahmen zugunsten der betroffenen AN durchsetzen können, um deren Beschäftigung zu sichern.[16] Dies soll so rechtzeitig erfolgen, dass spätestens im Zeitpunkt des Wirksamwerdens der Maßnahmen das Qualifikationsdefizit der AN behoben ist. Die Vorschrift begründet in erster Linie ein durchsetzbares Initiativrecht des BR.[17] Damit kann der BR einen Beitrag zur Beschäftigungssicherung leisten. Die gesetzlich gewollte Förderung der beruflichen Leistungsfähigkeit entspricht der besonderen Verantwortung von AG und AN für die Beschäftigung nach § 2 SGB III.

9 Das Mitbestimmungsrecht bezieht sich anders als das nach § 98 nicht auf die Durchführung betrieblicher Berufsbildungsmaßnahmen, sondern auch auf deren Einführung.[18] **Voraussetzung** ist, dass der AG Maßnahmen geplant oder durchgeführt hat, worauf sich die Tätigkeit der AN ändert und deren berufliche Kenntnisse und Fähigkeiten nicht mehr ausreichen. **Rechtsfolge** ist die Mitbestimmung des BR über das »Ob« der Berufsbildungsmaßnahme. Sie greift ein unabhängig davon, ob die Initiative vom AG oder vom BR ausgeht.

10 Der Begriff der geplanten oder durchgeführten **Maßnahmen des AG** ist **umfassend** zu verstehen.[19] Die Mitbestimmung des § 97 Abs. 2 BetrVG ist nicht eng auf enumerativ genannte Sachverhalte beschränkt, sondern soll umfassend gewährleistet werden, wenn durch ein gestaltendes Tätigwerden des AG eine Diskrepanz zwischen seinen Anforderungen und dem Ausbildungsstand der AN entsteht oder zu entstehen droht.[20] Anknüpfungspunkt kann jede Maßnahme des AG sein, die die Tätigkeit der betr. AN ändert. Auch bloße Marktanpassungen fallen darunter.[21] Der Gesetzentwurf der Bundesregierung hatte die Mitbestimmung noch auf den Fall begrenzen wollen, dass der AG technische Anlagen, Arbeitsverfahren und Arbeitsabläufe oder Arbeitsplätze (vgl. § 90 Abs. 1 Nrn. 2–4) plant, die zu Tätigkeitsveränderungen der betroffenen AN führen. Diese Voraussetzung war dem Gesetzgeber[22] »zu eng«, da sie dem BR Mitbestimmung nur »in diesen speziellen Sachverhalten« gewährt. Es kommt somit nicht darauf an, welcher Natur die vom AG geplanten oder durchgeführten Maßnahmen sind. Allerdings sind die im Regierungsentwurf vorgesehenen Sachverhalte in jedem Fall davon erfasst.

11 Auf Grund der umfassenden Formulierung des Gesetzes sind nicht lediglich Maßnahmen des AG erfasst, die den Tatbestand einer **Betriebsänderung** i. S. d. § 111 begründen.[23] Ebenso wenig kommt es darauf an, ob hierdurch wesentliche Nachteile für die AN entstehen oder wesentliche Betriebsteile betroffen sind. Nicht von Bedeutung ist, ob im Einzelfall die Voraussetzungen einer Unterrichtungspflicht nach § 90 vorliegen. Ein **kollektiver Tatbestand** ist überhaupt nicht erforderlich.[24]

12 **Maßnahmen** i. S. d. Vorschrift sind zunächst die im Regierungsentwurf genannten Änderungen. Dies sind z. B. neue technische Anforderungen, neue Produktionsanlagen, Produktionsformen, Maschinen, Programme, Software, Arbeit im Internet, Einsatz künstlicher Intelligenz,[25] alle Formen der Rationalisierung,[26] auch wenn sie nur organisatorischer Art und nicht mit technischen Innovationen verbunden sind.

---

15 BT-Drucks. 14/5741, S. 66.
16 BT-Drucks. 14/5741, a. a. O.; ebenso *Engels/Trebinger/Löhr-Steinhaus,* DB 01, 532 [538].
17 *Raab*, NZA 08, 272.
18 Vgl. auch *Franzen,* NZA 01, 865.
19 *Rennpferd*, SR 4/21, 153.
20 *LAG Hamm* 9. 2. 09 – 10 TaBV 191/08, AuR 09, 278; *Lakies*, ZBVR online 2014, Nr 6, 32.
21 *Zwanziger*, AuR 2010, 459; *LAG Hamm* 8. 11. 02 – 10(13) TaBV 59/02, AuR 04, 118; bestätigt 9. 2. 09 – 10 TaBV 191/08, AuR 09, 278: »Weg von der Bestandsbank hin zur Vertriebsbank«.
22 BT-Drucks. 14/6352 zu Art. 1 Nr. 63b.
23 Missverständlich *Konzen,* RdA 01, 91 zum Regierungsentwurf.
24 *Fitting,* Rn. 16; *HWGNRH*, Rn. 14; *Krause*, NZA 22, 743; a. A. *Franzen*, NZA 01, 865; *Rieble*, NZA Sonderheft 01, 48.
25 *Waas*, Künstliche Intelligenz und Arbeitsrecht, HSI-Schriftenreihe Bd. 46, S. 222.
26 *Neef,* NZA 01, 363; vgl. auch *Lakies*, ZBVR online 2014, Nr 6, 32.

Maßnahmen i. S. d. Vorschrift sind auch **personelle Maßnahmen,** etwa Versetzungen oder die Zuweisung anderer oder neuer Aufgaben am gleichen Arbeitsplatz, für die ein Qualifikationsbedarf besteht. Anschaulich der Fall des *LAG Hamm*[27] zur Umstellung der Arbeitsvorgaben für die Beschäftigten »Weg von der Bestandsbank hin zur Vertriebsbank«, nach der nicht mehr Kundenberatung, sondern Absatz der Produkte im Vordergrund zu stehen habe. Auch Bankkunden dürfen für so viel Offenheit danken. 13

Nicht von Bedeutung ist der **Anlass der Maßnahmen.** Ihnen können Modernisierungsmaßnahmen ebenso zugrunde liegen wie Reaktionen auf veränderte Marktbedingungen, veränderte Anforderungen von Auftraggebern, Vorschläge oder Anregungen von AN oder des BR[28] oder veränderte gesetzliche Bestimmungen, etwa bei Sachbearbeitern in der kaufmännischen Vertragsabwicklung oder im ö. D. Eine Maßnahme des AG i. S. dieser Vorschrift liegt auch vor, wenn dieser den AN aufgibt, geänderte gesetzliche Bestimmungen anzuwenden, was im Einzelfall Schulungsbedarf erforderlich machen kann. 14

Der Regierungsentwurf hatte die Mitbestimmung des BR noch an eine maßnahmenbezogene **Planung** des AG geknüpft, was für BR Nachweisprobleme gebracht hätte. Darauf kommt es nach dem im Gesetzgebungsverfahren veränderten Gesetzeswortlaut nicht mehr allein an. Es reicht aus, wenn der AG Maßnahmen im o. g. umfassenden Sinne durchführt, so dass eine dahin gehende Planung nicht mehr nachgewiesen werden muss. 15

Der Vorschrift liegt ein **prozesshaftes Verständnis der Maßnahmen** zugrunde. Diese können in der Vergangenheit liegen, gegenwärtig stattfinden oder auf Grund einer Planung bevorstehen. In der Praxis werden die meisten Maßnahmen, die zu einer Tätigkeitsveränderung der AN führen, nicht in einem Akt unmittelbar wirksam werden, sondern in einem längeren Umsetzungsprozess, innerhalb dessen schon die »Korrektur der Korrektur« stattfindet. Die Gesetzesfassung, die im Gegensatz zum Regierungsentwurf ausdrücklich auch bereits durchgeführte Maßnahmen mit einbezieht, trägt diesem Umstand Rechnung. 16

Die meisten Betriebe befinden sich in einem ständigen Innovationsprozess, der durch eine Fülle paralleler, sich ablösender, ineinander greifender, bisweilen auch gegenläufiger Maßnahmen gekennzeichnet ist. Demzufolge stellt die Vorschrift auf geplante oder durchgeführte **Maßnahmen (Plural)** ab, was im Einzelfall nicht ausschließt, dass die Veränderung auf eine einzige Maßnahme zurückgeht. 17

Weitere Voraussetzung der Mitbestimmung nach dieser Vorschrift ist eine aktuelle oder künftige[29] **Tätigkeitsveränderung** der betroffenen AN. Betroffene AN können alle Beschäftigten sein, d. h. auch die in § 96 Abs. 2 besonders erwähnten älteren AN, Teilzeitbeschäftigte, AN mit Familienpflichten, befristet Beschäftigte (vgl. § 19 TzBfG). 18

Die Tätigkeitsveränderung ist **arbeitsplatz-,** nicht personenbezogen, zu verstehen. Sie liegt zunächst vor, wenn von einem konkret betroffenen AN neue oder veränderte Arbeitstätigkeiten verlangt werden. Dies ist aber auch der Fall, wenn sich die Tätigkeit für eine Gruppe betroffener AN (Plural) ändert, auch wenn ein einzelner AN davon ausgenommen wird. Führen etwa neue Anlagen, für die neue technische Qualifikationen erforderlich sind, zu veränderten Arbeitsformen bzw. Tätigkeitsfeldern, will die Vorschrift gewährleisten, dass die AN nach entspr. betrieblichen Weiterbildungsmaßnahmen an diesen modernisierten Arbeitsplätzen weiterbeschäftigt werden können. Sie will verhindern, dass alle oder einzelne der mit diesen Arbeiten bisher befassten AN trotz der Modernisierungsmaßnahmen weiterhin mit unveränderten Arbeitstätigkeiten betraut werden, für die künftig der wirtschaftliche Bedarf entfallen könnte, so dass betriebsbedingte Kündigungen oder andere personelle Maßnahmen zum Nachteil der AN drohen.[30] 19

Weiteres Merkmal ist, dass die beruflichen Kenntnisse und Fähigkeiten der betr. AN infolge der Maßnahmen nicht mehr zur Erfüllung ihrer Aufgaben ausreichen. Dies muss nicht so weit gehen, dass der AN unmittelbar von einer personen- oder betriebsbedingten Kündigung be- 20

27 *LAG Hamm* 9. 2. 09 – 10 TaBV 191/08, AuR 09, 278.
28 *Fitting,* Rn. 11.
29 *Fitting,* Rn. 19; GK-*Raab,* Rn. 16.
30 Ebenso GK-*Raab,* Rn. 19: funktionale Betrachtung; zweifelnd *Annuß,* NZA 01, 368.

droht ist.[31] Weiterbildungsmaßnahmen können auch geboten sein, wenn AN, etwa als BR-Mitglieder, Schwangere oder als Schwerbehinderte besonderen Kündigungsschutz genießen. Die **Vermeidung von Kündigungen** ist nur allgemeines gesetzgeberisches Ziel, jedoch kein Tatbestandsmerkmal der Vorschrift. Typisch ist die Situation, dass ein AN sich auf Grund von Maßnahmen des AG neuen Anforderungen ausgesetzt sieht, denen er nur mit Mühe und notdürftiger Improvisation[32] nachkommen kann. Typischerweise verändert etwa der Einsatz von KI-Systemen die betroffenen Arbeitsplätze und damit die Tätigkeit der Beschäftigten in einem Maße, dass eine bloße Einweisung regelmäßig nicht mehr ausreicht.[33] Das ist auch der Fall, wenn AN auf Grund zwischenzeitlicher Krankheit, Freistellung oder Elternzeit ihre Qualifikation nicht weiter anpassen konnten (vgl. auch das Diskriminierungsverbot nach Art. 11 der Vereinbarkeits-RL (EU) 2019/1158 v. 20. 6. 2019).[34] Der Gesetzeswortlaut (»nicht mehr ausreichen«) verlangt nicht, dass der AN zur Erfüllung der geänderten Aufgaben gänzlich ungeeignet ist, sondern lediglich, dass ein **Qualifikationsdefizit** vorhanden ist, das durch die betriebliche Weiterbildungsmaßnahme beseitigt werden soll. Ein solches Defizit ist auch vorhanden, wenn AN lediglich im Großen und Ganzen ihren Aufgaben nachkommen können. Schließlich soll nach § 111 Abs. 7 SGB III (Transferkurzarbeitergeld) bei Qualifikationsdefiziten der AG geeignete Maßnahmen zur Verbesserung der Eingliederungsaussichten anbieten. Oft ist die Durchführung von Qualifikationsmaßnahmen mit Kurzarbeit verbunden und sollte bereits bei Erteilung der Zustimmung des BR zur Kurzarbeit nach § 87 Abs. 1 Nr. 3 bzw. im Sozialplan gesichert sein.

21 Ob die Kenntnisse und Fähigkeiten der betroffenen AN im Einzelfall ausreichen, kann zwischen AG und BR umstritten sein. Sowohl dem AG als auch dem BR wird man einen **Beurteilungsspielraum** zubilligen müssen.[35] Es entspricht nicht der Zielrichtung der Vorschrift, die die Beteiligungsrechte des BR und die Qualifizierung der AN verstärken will, könnte der AG durch schlichtes Leugnen des Qualifikationsdefizits das Mitbestimmungsrecht beseitigen. Maßgebliche Bedeutung wird hier auch der Selbsteinschätzung der betr. AN zukommen, die hierzu zu hören sind. Ob dann im Ergebnis Bildungsmaßnahmen zur Behebung des Qualifikationsdefizits erforderlich sind, ist keine Frage der Voraussetzungen des Mitbestimmungsrechts, sondern seiner Wahrnehmung.

22 Für den Fall der Nichteinigung verweist Satz 2 auf die Entscheidung der **Einigungsstelle** (vgl. auch § 76). Das Bestellungsverfahren nach § 100 BetrVG ist seit dem BetriebsrätemodernisierungsG 2021 einfacher geworden, da § 96 Abs. 1a das Verfahren der ESt. auch außerhalb der erzwingbaren Mitbestimmung vorsieht, sodass die besonderen Mitbestimmungsrechte nach §§ 97, 98 hierfür nicht mehr konstitutiv sind. Die ESt. hat wie andere Est. die in Frage kommenden Mitbestimmungstatbestände zu prüfen, wobei ihr wie den Betriebsparteien ein entspr. Beurteilungsspielraum zukommt.[36] Diese Prüfung betrifft dann nicht mehr ihre Zuständigkeit (hierfür reicht § 96 Abs. 1a), sondern ihren Regelungsspielraum.[37] Die Entscheidung über konkret zu treffende Weiterbildungsmaßnahmen hat sie sodann nach billigem Ermessen (§ 76 Abs. 5 Satz 3) zu treffen.[38] Sie kann ggf. mit normativer Wirkung[39] Weiterbildungsansprüche einzelner AN festzulegen. Vorschlägen de lege ferenda die Mitbestimmung um ein besonderes Kriterium der Zumutbarkeit bzw. eine besondere Bindung des AN an den AG durch gesetzliche Rückzahlungsklauseln zu ergänzen,[40] ist der Gesetzgeber bewusst nicht gefolgt.

23 Stellt die ESt. ein Qualifikationsdefizit fest, das durch betriebliche Weiterbildungsmaßnahmen behoben werden kann, so hat sie im Rahmen ihres Beurteilungsermessens zu beschließen, ob

31 Richardi-*Thüsing*, Rn. 11; *Markowski*, NZA 22, 745; *Krause*, NZA 22, 743; *Rennpferd*, SR 4/21, 153.
32 *Däubler*, AuR 01, 7; *ders.*, AiB 01, 379.
33 *Waas*, Künstliche Intelligenz und Arbeitsrecht, HSI-Schriftenreihe Bd. 46, S. 222.
34 Enger offenbar *Fitting*, Rn. 12: »Folge persönlicher Entscheidungen«; Richardi-*Thüsing*, Rn. 12.
35 Ebenso *LAG Hamm* 9. 2. 09 – 10 TaBV 191/08, AuR 09, 278; *Markowski*, NZA 22, 746.
36 Ebenso *Fitting*, Rn. 25.
37 Ebenso *Krause*, NZA 22, 743.
38 Vgl. auch *Konzen*, RdA 01, 91.
39 ErfK-*Kania*, Rn. 8.
40 *Hanau*, RdA 01, 72.

und welche Maßnahmen der betrieblichen Berufsbildung der AG durchzuführen hat.[41] Die Verpflichtung hierzu ergibt sich auch aus **§ 2 Abs. 2 Nr. 1 SGB III** sowie aus **vertraglichen Nebenpflichten** des AG, der nicht berechtigt ist, im laufenden Arbeitsverhältnis vom AN die Ableistung neuer Arbeitstätigkeiten zu fordern, für die dieser nicht ausreichend qualifiziert ist, obwohl er die erforderliche Qualifikation durch betriebliche Weiterbildungsmaßnahmen erlangen könnte.[42] Schließlich stellt § 5 Abs. 3 Nr. 5 ArbSchG klar, dass eine unzureichende Qualifikation und Unterweisung der Beschäftigten Ursache von Gefährdungen sein kann.[43] Dem entspricht regelmäßig eine Verpflichtung der AN, an den durch die ESt. beschlossenen Bildungsmaßnahmen teilzunehmen (vgl. § 96 Rn. 28). Andererseits sind die Möglichkeiten der ESt. nicht von Rechts wegen auf die Kompensation der durch die Maßnahmen des AG konkret entstandenen Qualifikationsdefizite beschränkt. Aus Gründen einer vorausschauenden Planung und eines besseren Verständnisses des persönlichen Arbeitsfeldes kann es sinnvoll und zulässig sein, dass die erworbene Qualifikation auch darüber hinausgehen kann. Erforderlich ist lediglich ein genereller funktioneller Zusammenhang zwischen bestehendem Qualifikationsdefizit und Gegenstand der Schulung.[44]

Der **Regelungsspielraum der ESt.** umfasst die Art und Weise der Weiterbildung, die konkreten Maßnahmen, die Teilnehmer sowie alle Fragen der Durchführung nach § 98. Dagegen sind die **Kosten** einer Bildungsmaßnahme, zu der ein AG durch TV/BV/DV oder durch Spruch der ESt. (nach Abs. 2 letzter Satz ersetzt der Spruch der ESt. die Einigung zwischen AG und BR) verpflichtet ist, einschließlich der Entgeltfortzahlung nach § 111 GewO generell vom AG zu tragen und können auch nicht im Wege der Mitbestimmung auf die AN überwälzt werden.[45] Auch unabhängig davon können AN nicht gleichzeitig zur Teilnahme an Bildungsmaßnahmen und zur Kostenbeteiligung verpflichtet werden. Nachdem der Gesetzgeber die Forderung gesetzlicher Rückzahlungsklauseln ausdrücklich nicht in die Vorschrift aufgenommen hat (vgl. Rn. 22), ist davon auszugehen, dass diese bei Weiterbildungsmaßnahmen nach dieser Vorschrift, die funktional auf Maßnahmen des AG, also nicht auf Karrierewünsche einzelner AN zurückgehen, unzulässig sind. Im Übrigen unterliegen sie der Mitbestimmung (str.; ausführlich § 98 Rn. 8). 24

Plant der AG Maßnahmen nach dieser Vorschrift oder führt er sie durch, so hat er die Initiative des BR nicht erst abzuwarten, sondern muss von sich aus das Mitbestimmungsverfahren einleiten. Nach Maßgabe der §§ 80 Abs. 2 Satz 1, 106 Abs. 2 und 3.[46] bzw. nach § 90 hat er den BR bereits während der Planungsphase[47] zu **unterrichten,** so dass der BR die Bildungsmaßnahmen so rechtzeitig durchsetzen kann, dass spätestens im Zeitpunkt des Einsatzes z. B. der geänderten oder neuen Techniken das Qualifikationsdefizit der AN behoben ist.[48] 25

Wörtlich knüpft die Mitbestimmung nach dieser Vorschrift an die gleichen Voraussetzungen an wie die individualrechtliche Unterrichtungspflicht des AG aus § 81 Abs. 4 Satz 2,[49] was belegt, dass sich entgegen der früheren Rspr. betriebliche Berufsbildung und individuelle Unterrichtung nicht ausschließen, sondern überschneiden können (ausführlich § 96 Rn. 10). 26

Aus der getroffenen Vereinbarung über die Einführung der Bildungsmaßnahme steht dem BR ein dahin gehender **Durchführungsanspruch,** gegen einseitig vom AG, d. h. ohne Mitbestimmung des BR, geplante Bildungsmaßnahmen ein entsprechender **Unterlassungsanspruch** zu.[50] 27

Eine betriebs- oder personenbedingte **Kündigung** eines AN, für den die nach dieser Vorschrift möglichen Qualifizierungsmöglichkeiten nicht genutzt wurden, ist wegen Verstoßes gegen das ultima-ratio-Prinzip i. V. m. § 1 Abs. 2 S. 3 KSchG unwirksam und berechtigt den BR zum 28

41 *Fitting,* Rn. 33.
42 *Däubler,* Arbeitsrecht 2, Nr. 5.11.1.; *ders.,* SozR Sonderheft 7/16, 30 f.
43 Hierzu auch *Markowski,* NZA 22, 746.
44 Musterentscheidung einer ESt. in DKWF-*Buschmann,* §§ 96–98, Rn. 8.
45 So schon *BAG* 1.12.92, DB 93, 990; *Fitting,* Rn. 30, 33; GK-*Raab,* Rn. 24; *Krause,* NZA 22, 743; a. A. offenbar Richardi-*Thüsing,* Rn. 17.
46 *Konzen,* RdA 01, 91.
47 *Engels/Trebinger/Löhr-Steinhaus,* DB 01, 532 [538].
48 BT-Drucks. 14/5741, S. 67.
49 *Hanau,* RdA 01, 72.
50 *Fitting,* Rn. 35; vgl. auch *BAG* 26.7.05 – 1 ABR 29/04, AP Nr. 43 zu § 95 BetrVG 1972.

Widerspruch nach § 102 Abs. 3 Nr. 4.[51] Letzteres gilt auch, wenn der BR die nach dieser Vorschrift durchsetzbare Bildungsmaßnahme im Einzelfall nicht ausdrücklich verlangt hat.[52] Im Übrigen kann der BR nach allgemeinen Grundsätzen des **Unterlassungsanspruchs** vom AG verlangen, den Ausspruch von Kündigungen bis zur Beendigung des Mitbestimmungsverfahrens zu unterlassen.[53]

V. Streitigkeiten

29 Bei Streitigkeiten über den Umfang der Beratungsrechte nach dieser Vorschrift entscheidet das ArbG im **Beschlussverfahren** (§§ 2a, 80 ff. ArbGG). Darüber hinaus kommt, falls der AG seiner Unterrichtungs- und Beratungspflicht nicht oder nicht ordnungsgemäß nachkommt, ein **Verfahren nach § 23 Abs. 3** in Betracht.[54] Die nach Abs. 2 mögliche Durchsetzung betrieblicher Bildungsmaßnahmen erfolgt über die **Einigungsstelle**, die Bestellung der Einigungsstelle im besonderen Beschlussverfahren nach § 100 ArbGG.

§ 98 Durchführung betrieblicher Bildungsmaßnahmen

(1) Der Betriebsrat hat bei der Durchführung von Maßnahmen der betrieblichen Berufsbildung mitzubestimmen.
(2) Der Betriebsrat kann der Bestellung einer mit der Durchführung der betrieblichen Berufsbildung beauftragten Person widersprechen oder ihre Abberufung verlangen, wenn diese die persönliche oder fachliche, insbesondere die berufs- und arbeitspädagogische Eignung im Sinne des Berufsbildungsgesetzes nicht besitzt oder ihre Aufgaben vernachlässigt.
(3) Führt der Arbeitgeber betriebliche Maßnahmen der Berufsbildung durch oder stellt er für außerbetriebliche Maßnahmen der Berufsbildung Arbeitnehmer frei oder trägt er die durch die Teilnahme von Arbeitnehmern an solchen Maßnahmen entstehenden Kosten ganz oder teilweise, so kann der Betriebsrat Vorschläge für die Teilnahme von Arbeitnehmern oder Gruppen von Arbeitnehmern des Betriebs an diesen Maßnahmen der beruflichen Bildung machen.
(4) Kommt im Fall des Absatzes 1 oder über die nach Absatz 3 vom Betriebsrat vorgeschlagenen Teilnehmer eine Einigung nicht zustande, so entscheidet die Einigungsstelle. Der Spruch der Einigungsstelle ersetzt die Einigung zwischen Arbeitgeber und Betriebsrat.
(5) Kommt im Fall des Absatzes 2 eine Einigung nicht zustande, so kann der Betriebsrat beim Arbeitsgericht beantragen, dem Arbeitgeber aufzugeben, die Bestellung zu unterlassen oder die Abberufung durchzuführen. Führt der Arbeitgeber die Bestellung einer rechtskräftigen gerichtlichen Entscheidung zuwider durch, so ist er auf Antrag des Betriebsrats vom Arbeitsgericht wegen der Bestellung nach vorheriger Androhung zu einem Ordnungsgeld zu verurteilen; das Höchstmaß des Ordnungsgeldes beträgt 10 000 Euro. Führt der Arbeitgeber die Abberufung einer rechtskräftigen gerichtlichen Entscheidung zuwider nicht durch, so ist auf Antrag des Betriebsrats vom Arbeitsgericht zu erkennen, dass der Arbeitgeber zur Abberufung durch Zwangsgeld anzuhalten sei; das Höchstmaß des Zwangsgeldes beträgt für jeden Tag der Zuwiderhandlung 250 Euro. Die Vorschriften des Berufsbildungsgesetzes über die Ordnung der Berufsbildung bleiben unberührt.
(6) Die Absätze 1 bis 5 gelten entsprechend, wenn der Arbeitgeber sonstige Bildungsmaßnahmen im Betrieb durchführt.

---

51 BT-Drucks. 14/5741, S. 67; ebenso HaKo-*Kreuder/Matthiessen*, Rn. 15; *Engels/Trebinger/Löhr-Steinhaus*, DB 01, 532 [538]; wohl auch *Annuß*, NZA 01, 368; differenzierend *Fitting*, Rn. 37: Beachtung des Mitbestimmungsrechts kein Wirksamkeitserfordernis der Kündigung, nur Widerspruchsrecht des BR; zum Individualrecht *Kurt*, RdA 17, 230 ff.

52 *Fitting*, Rn. 34; *Kurt*, RdA 17, 230; a. A. GK-*Raab*, Rn. 29.

53 Vgl. § 98, Rn. 36 m. w. N.; *Fitting*, Rn. 36; *Franzen*, NZA 01, 865; HaKo-*Kreuder/Matthiessen*, Rn. 15; a. A. GK-*Raab*, Rn. 31; Richardi-*Thüsing*, Rn. 19; wohl auch WPK-*Preis*, Rn. 15.

54 *Fitting*, Rn. 38; GK-*Raab*, Rn. 24.

Inhaltsübersicht

I. Vorbemerkungen

Die erzwingbare **Mitbestimmung** nach dieser Vorschrift bezieht sich auf die **Durchführung von Maßnahmen der betrieblichen Berufsbildung,** einschließlich Bestellung der Ausbilder und Auswahl der Teilnehmer. Mitbestimmung über das »ob« der Bildungsmaßnahmen besteht im Rahmen und in der Begrenzung des § 97 Abs. 2. Ein indirekter Zwang zur Durchführung von Umschulungsmaßnahmen kann sich aus § 102 Abs. 3 Nr. 4, § 1 Abs. 2 S. 3 KSchG sowie § 2 SGB III[1] zur Vermeidung von Kündigungen ergeben.[2] Allerdings können AN kraft TV,[3] Arbeitsvertrag, Zusage, Gleichbehandlungsgrundsatz oder aufgrund von § 81 Abs. 1 Satz 1 (zum Verhältnis zwischen Einweisung und Unterrichtung vgl. § 96 Rn. 10) hierauf einen Anspruch haben, dessen Erfüllung sofort die Mitbestimmung aufleben lässt (z. B. bei Einweisung in die Arbeit am PC).[4] Dem BR steht auch hinsichtlich der erforderlichen Mittel ein Beratungs- und Vorschlagsrecht zu.[5] Der Begriff der Durchführung ist weit auszulegen. Er erfasst im Grundsatz das »wie«, d. h. alle Folgeentscheidungen nach der Entscheidung über die Einführung.[6] In diesem Rahmen kann der BR initiativ werden und seine Vorstellungen ggf. über die ESt. durchsetzen. Dies gilt auch für den BR einer sog. Arbeitsförderungs-, Beschäftigungs- oder Qualifizierungsgesellschaft.[7] Erfolgen Berufsbildungsmaßnahmen auf UN-Ebene, ist unter den Voraussetzungen des § 50 Abs. 1 der **GBR** zuständig.[8] 1

Zur Durchführung von Maßnahmen der betrieblichen Berufsbildung gehören systematisch auch die in Abs. 2 und 5 geregelte **Bestellung und Abberufung der Ausbilder,** dazu Rn. 16 ff., sowie die in Abs. 3 und 4 geregelte **Auswahl der Teilnehmer,** dazu Rn. 26 ff.,[9] worin sich das umfassende Verständnis der »Durchführung« ausdrückt. Inhalt und Umfang dieser Beteiligungsrechte sind aber in Abs. 2–5 abschließend und eigenständig geregelt, so dass hinsichtlich der dort bestimmten Mitbestimmungsinhalte und -verfahren eine weitergehende Mitbestimmung aus Abs. 1 ausscheidet.[10] Soweit gesetzliche Vorschriften die Durchführung von Maßnahmen der betrieblichen Berufsbildung bzw. die Bestellung bzw. Abberufung der Ausbilder regeln, entfällt die Mitbestimmung insoweit. Der BR überwacht nach § 80 Abs. 1 Nr. 1, ob die gesetzlichen Vorschriften eingehalten werden. Mitbestimmung besteht in dem Umfang, in dem dem AG ein Gestaltungsspielraum verbleibt. 2

---

1 Vgl. *Bieback,* AuR 99, 209; *Bepler,* AuR 99, 219 m. w. N.

2 Vgl. *Fitting,* Rn. 2; kritisch zur h. M. *Klebe/Roth,* DB 89, 1519 i. S. eines vom Mitbestimmungsrecht abgedeckten Initiativrechts.

3 Vgl. TV zur Qualifizierung in der Metall- und Elektroindustrie Baden-Württembergs v. 19. 6. 01; dazu *Allespach,* AiB 02, 698.

4 Vgl. auch *Hamm,* AuR 92, 326.

5 *Fitting,* a. a. O.

6 *BAG* 24. 8. 04 – 1 ABR 28/03, AuR 05, 270, mit Anm. *Buschmann; Fitting,* Rn. 2; *Pauli,* S. 97 f.; a. A. *Oetker,* S. 99.

7 Dazu *Pauli,* S. 98.

8 Muster-BV in DKWF-*Buschmann,* § 96 Rn. 11; auch bei *Schulze/Wannisch,* AiB 10/19, 13.

9 *BAG* 8. 12. 87 – 1 ABR 32/86, AP § 98 BetrVG 1972 Nr. 4; 5. 3. 13 – 1 ABR 11/12, BB 13, 1843.

10 *BAG* a. a. O.

II. Durchführung betrieblicher Bildungsmaßnahmen (Abs. 1)

1. Betriebliche Bildungsmaßnahmen

3 Der Begriff der betrieblichen Berufsbildung ist funktional zu verstehen. Die Mitbestimmung des BR umfasst die Durchführung **aller Maßnahmen** der betrieblichen Berufsausbildung, Fortbildung und Umschulung sowie alle sonstigen betrieblichen Berufsbildungsmaßnahmen, durch die den AN ein Zuwachs an Fertigkeiten, Kenntnissen und Wissen entsteht (ausführlich § 96 Rn. 5 ff.). Obwohl eine Bestimmung wie § 87 Abs. 1 Eingangssatz fehlt, steht sie wie die dort geregelte soziale Mitbestimmung unter dem Vorbehalt anzuwendender gesetzlicher oder tariflicher Regelungen.[11] Berufsausbildung ist die berufliche Grundbildung, mit der die für die Ausübung einer qualifizierten beruflichen Tätigkeit in einer sich wandelnden Arbeitswelt notwendigen beruflichen Fertigkeiten, Kenntnisse und Fähigkeiten (berufliche Handlungsfähigkeit) in einem geordneten Ausbildungsgang vermittelt werden sollen. Sie hat ferner den Erwerb der erforderlichen Berufserfahrungen zu ermöglichen (§ 1 Abs. 3 BBiG). Sie wird durch das BBiG und die dazu erlassenen Ausbildungsordnungen (vgl. § 5 BBiG; § 25 HandwO) weitgehend gesetzlich geregelt, so dass insoweit lediglich eine Ausfüllung und Anpassung der Vorschriften an **betriebliche Verhältnisse** in Betracht kommt. Soweit gesetzliche Regelungen dem AG einen **Gestaltungsspielraum** belassen (insbes. bei der gesetzlich kaum geregelten Weiterbildung), greift die Mitbestimmung. Das ist etwa bei Regelungen über einen Versetzungsplan für das Durchlaufen einzelner Abteilungen, Führung und Überwachung von Berichtsheften und Abhaltung betrieblicher Zwischenprüfungen der Fall.[12]

4 Der BR kann die Einführung von Richtlinien fordern, nach denen die Auszubildenden in regelmäßigen Abständen zu beurteilen sind und ihr Ausbildungsstand kontrolliert wird.[13] Er ist trotz gesetzlicher Regelung zur Führung und Überwachung von Berichtsheften/Ausbildungsnachweisen (vgl. §§ 13 Satz 2 Nr. 7, 14 Abs. 2 BBiG) nicht daran gehindert, durch Sichtvermerke auf dem Ausbildungsnachweis zu bestätigen, vom Ablauf der Berufsausbildung – etwa hinsichtlich der richtigen, sachlichen und zeitlichen Gliederung – Kenntnis genommen zu haben. Hierfür spricht auch die Abgrenzung zwischen »ob« und »wie« der Maßnahme in der Rspr. des *BAG*.[14] Mitbestimmungspflichtig sind auch Einzelheiten der Bildungsmaßnahme, etwa die Anordnung von Dienstreisen innerhalb oder außerhalb der normalen Arbeitszeit, wenn es sich bei der auswärtigen Maßnahme um eine solche der betrieblichen Berufsbildung handelt, selbst wenn die Voraussetzungen des § 87 Abs. 1 Nrn. 2, 3 nicht gegeben sind.[15] Dagegen verneint die h. M. eine Mitbestimmung bei konkreten Einzelmaßnahmen gegenüber bestimmten Auszubildenden.[16]

5 Unabhängig von der Mitbestimmung nach § 98 unterliegt die Einstellung von Auszubildenden der **personellen Mitbestimmungs nach § 99,** da diese AN i. S. d. Gesetzes sind. Die Beteiligungsrechte nach §§ 98 und 99 stehen nebeneinander und schließen sich nicht aus.[17] Ergänzend kommt hinsichtlich der **zeitlichen Lage und Dauer** von Bildungsmaßnahmen auch Mitbestimmung nach § 87 Abs. 1 Nrn. 2 und 3 in Betracht, insbes. wenn AG versuchen, Bildungsmaßnahmen außerhalb der persönlichen Arbeitszeit zu legen bzw. mit Jahresarbeitszeitkonten zu verrechnen (so IW-Untersuchung 2002). Nach *LAG Hamburg*[18] deckt die Mitbestimmung nach dieser Vorschrift die auf Arbeitszeit bezogene Mitbestimmung nach § 87 Abs. 1 Nrn. 2 und 3 nicht ab, während das *BAG*[19] offengelassen hat, ob sich Arbeitszeitmitbestimmung aus

---

11 *BAG* 24.8.04 – 1 ABR 28/03, AuR 05, 270, mit Anm. *Buschmann*; zu § 97 auch *Kleinebrink*, DB 18, 256.

12 *Fitting*, a. a. O.

13 *LAG Köln* 12.4.83 – 6 TaBV 6/83, EzA § 98 BetrVG 1972 Nr. 1.

14 *BAG* 24.8.04, a. a. O.

15 *BAG* 23.7.96 – 1 ABR 17/96, DB 97, 380; zur Mitbestimmung bei Auslandsausbildung vgl. *Sarge*, AiB 07, 107 ff.

16 *BAG* 24.8.04 – 1 ABR 28/03, a. a. O.; GK-*Raab*, Rn. 13; Richardi-*Thüsing*, Rn. 14; *Fitting*, Rn. 7.

17 *LAG Hamburg* 10.1.07 – 4 TaBV 3/05, AuR 08, 155, unter Bezug auf *LAG Niedersachsen* 21.5.03 – 15 TaBV 2/03. offen gelassen von *BAG* 15.4.08 – 1 ABR 44/07, NZA-RR 09, 98 ff.

18 *LAG Hamburg*, a. a. O.

19 *BAG* a. a. O.

§ 87 oder § 98 ergibt. Konsequenzen könnte dies für die Zuständigkeitsverteilung nach § 50 haben. Immerhin stellt das *BAG* klar, dass die Teilnahme an vom AG angeordneten Schulungs- und Fortbildungsmaßnahmen **Arbeitszeit** i. S. d. § 87 Abs. 1 Nr. 2 und 3 ist.

6 Mitbestimmungspflichtig sind auch **Berufsbildungsmaßnahmen, die der AG zusammen mit Dritten durchführt,** wenn er auf Inhalt und Durchführung rechtlich oder tatsächlich beherrschenden Einfluss hat und die Maßnahme für die AN des Betriebs veranstaltet wird.[20] Dies gilt im Grundsatz auch, wenn mehrere AG die Maßnahme gemeinschaftlich durchführen und Entscheidungen in mitbestimmungspflichtigen Angelegenheiten »vergemeinschaften«, der einzelne AG als einer unter vielen im Ergebnis aber keinen beherrschenden Einfluss hat (vgl. § 96 Rn. 13). Ist auf diese Weise effektive Mitbestimmung bei der Durchführung einzelner Bildungsmaßnahmen nicht möglich, bezieht sie sich auf den Abschluss des vom AG geschlossenen Vertrages über die Zusammenarbeit der AG[21] (vgl. auch § 96 Rn. 13). Als Möglichkeiten zur Wahrnehmung der Beteiligungsrechte des BR nennt das *BAG* a. a. O. bspw. die Vertretung der BR in den zur Leitung der Berufsausbildung vorgesehenen Organen oder ein von den BR gemeinsam gebildetes Gremium, das die Mitbestimmung gegenüber solchen Lenkungsorganen ausüben könnte. Eine für AN des AG durchgeführte Maßnahme verliert nicht dadurch den Charakter einer betriebl. Berufsbildungsmaßnahme, dass im Einzelfall auch betriebsfremde AN daran teilnehmen.[22] Zu eng jedoch das *BAG*, das die funktionelle Betriebsbezogenheit der Maßnahme verneint hat, wenn im Betrieb ausschließlich Schulungen und Fortbildungen für entsandte AN aus Tochter-UN stattfinden.[23] Angesichts der Einfachheit und Beliebigkeit der Gründung von Tochterunternehmen schließt dieser einfache handelsregisterrechtliche Vorgang die Betriebsbezogenheit nicht aus, wenn die Ausbildung tatsächlich im Betrieb stattfindet.

2. Durchführung

7 Das Gesetz[24] unterscheidet zwischen **Ein- und Durchführung der Maßnahme.** Gegenüberzustellen sind das *»ob«* der Maßnahme, d. h. deren Einführung, und das *»wie«*, d. h. die Art und Weise, in der die Entscheidung über die Einführung betrieblich umgesetzt werden soll. Mitbestimmungspflichtig sind auf jeden Fall die Entscheidung über den konkreten Inhalt der zu vermittelnden Kenntnisse, die Methoden der Wissensvermittlung, die Zahl der Teilnehmer sowie die Dauer und zeitliche Lage der Bildungsmaßnahme.[25] Auch die Kostenrelevanz einer Regelung schließt danach Mitbestimmung nach dieser Vorschrift nicht aus. Demzufolge hat der BR mitzubestimmen, wenn der AG eine nach § 8 BBiG verkürzte Ausbildung vorsehen will bzw. ob weniger Teilnehmer länger oder mehr Teilnehmer kürzer und weniger intensiv ausgebildet werden.[26] Das gleiche gilt für Teilzeitberufsausbildung nach Maßgabe des mit dem Berufsbildungsmodernisierungsgesetz zum 1. 1. 20 neu aufgenommenen § 7a BBiG.

8 Zwar besteht kein eigenständiges Mitbestimmungsrecht bei der inhaltlichen Gestaltung der Aus- und Fortbildungsverträge. Soweit jedoch der AG in Arbeitsverträgen Regelungen über die Durchführung von Maßnahmen der betrieblichen Berufsbildung trifft, unterliegen diese der Mitbestimmung nach Abs. 1. Wegen § 77 Abs. 3 besteht keine Mitbestimmung bei der Festlegung der Ausbildungsvergütungen.[27] Mitbestimmungspflichtig ist aber nach zutr. Auffassung die Vereinbarung von sog. **Rückzahlungsklauseln,** nach denen der AN Fortbildungs-/ Lehrgangskosten ganz oder anteilig zurückzahlen muss, wenn er innerhalb bestimmter Fristen

20 *BAG* 24. 8. 04 – 1 ABR 28/03; 5. 3. 13 – 1 ABR 11/12, a. a. O; *LAG Hamm* 16. 12. 14 – 7 TaBV 73/14, juris.
21 *BAG* 18. 4. 00 – 1 ABR 28/99, DB 00, 2433; zustimmend *Heilmann*, AiB 01, 232; a. A. *Raab*, NZA 08, 275.
22 *BAG* 4. 12. 90 – 1 ABR 10/90, NZA 1991, 388; dem grds. folgend *LAG Saarland* 26. 3. 14 – 1 TaBV 9/12, juris, mit der Einschränkung: keine Mitbestimmung, wenn ausschließlich AN eines ausl. Konzernunternehmens im inl. Betrieb ausgebildet oder fortgebildet werden.
23 *BAG* 26. 4. 16 – 1 ABR 21/14, AuR 16; Rechtsbeschw. nach LAG Saarland a. a. O.
24 Vgl. *BAG* 24. 8. 04 – 1 ABR 28/03, a. a. O.
25 *BAG* 24. 8. 04 – 1 ABR 28/03, a. a. O.; *Rennpferd*, SR 4/21, 154.
26 *BAG* a. a. O.; *Zwanziger*, AuR 2010, 459; kritisch dazu *Raab*, NZA 08, 273.
27 Vgl. auch *Fitting*, Rn. 8.

nach Durchführung der Maßnahme das UN verlässt (str.).[28] Von Mitbestimmung geht auch § 5 Abs. 5 TVöD und TVöD-S aus. Allerdings stellen Rückzahlungsklauseln wirtschaftlich eine Kostenbeteiligung der Teilnehmer dar, die individualrechtlich nur in engen Grenzen zulässig ist, die auch nicht durch BV erweitert werden können.

9 Bei Berufsausbildungsmaßnahmen sind Rückzahlungskosten nach §§ 12, 25 BBiG nichtig. Der AG hat alle Ausbildungskosten einschließlich der Aufwendungen für außerbetriebliche Maßnahmen zu tragen. Dazu gehören auch Übernachtungs- und Verpflegungskosten auswärtiger Unterbringung[29] sowie Kosten einer vom AG veranlassten privaten Ausbildungsstätte.[30] Seit 2022[31] stellt § 111 GewO (ebenso § 32a Seearbeitsgesetz) in Umsetzung von Art. 13 der europäischen Transparenzrichtlinie (EU) 2019/1152 klar, dass wenn der AG durch Gesetz oder aufgrund eines Gesetzes, durch TV oder BV oder DV verpflichtet ist, dem AN eine für die Erbringung der Arbeitsleistung erforderliche Fortbildung anzubieten, dem AN die Kosten hierfür nicht auferlegt werden dürfen. Die hier angesprochene Verpflichtung zum Angebot von Fortbildungsmaßnahmen kann in ESt. nach §§ 96–98 begründet werden.

9a Rückzahlungsklauseln kommen also nur in Betracht, wo eine solche Verpflichtung des AG nicht besteht. Wegen der Bedeutung des **Grundrechts auf freie Wahl des Arbeitsplatzes** sind aber auch solche Klauseln nur in engen Grenzen, im Bereich des § 97 Abs. 2 gar nicht (vgl. § 97, Rn. 24) zulässig.[32] Das *BVerfG*[33] hat eine Verfassungsbeschwerde gegen eine Entscheidung, mit der die Rückzahlungsklage einer Fluggesellschaft abgewiesen wurde, abgewiesen. Vielmehr ist die **Beschränkung von Rückzahlungsklauseln** nach Art. 12 GG verfassungsrechtlich geboten. Der Bericht der Enquete-Kommission Berufliche Bildung in der digitalen Arbeitswelt 2021[34] sieht hier natürliche Interessenkonflikte zwischen AN und AN, indem es für AG nachteilig sein kann, dass Beschäftigte mit zunehmender Qualifikation auch für andere UN attraktiv werden, während für AN eine Fokussierung der Weiterbildung auf ausgeübte Tätigkeiten eine unzureichende Förderung ihrer Beschäftigungsfähigkeit bedeuten kann. Nach Maßgabe des § 307 BGB anerkennt die Rspr. Rückzahlungsklauseln nur, wenn Aus- und Fortbildungsmaßnahmen für den AN von geldwertem Vorteil sind und Dauer und Kosten der Ausbildung und Dauer der Bindung in einem angemessenen Verhältnis zueinander stehen. So kann bei einer Lehrgangsdauer von bis zu einem Monat höchstens eine Bindung bis zu 6 Monaten,[35] bis zu 2 Monaten höchstens eine einjährige, bis zu 12 Monaten eine dreijährige und bis zu 2 Jahren eine fünfjährige Bindung vereinbart werden.[36] Eine Erstattungsklausel genügt dem Transparenzgebot in § 307 Abs. 1 Satz 2 BGB nur dann, wenn die entstehenden Kosten dem Grunde und der Höhe nach im Rahmen des Möglichen und Zumutbaren angegeben sind. Dafür müssen zumindest Art und Berechnungsgrundlagen der Fortbildungskosten benannt werden. Dem AG dürfen keine ungerechtfertigten Beurteilungs- bzw. Gestaltungsspielräume eingeräumt werden. Die Rückzahlungsverpflichtung ist zwingend zeitanteilig für jedes Jahr der Betriebszugehörigkeit zu kürzen. Bei Eigenkündigungen ist eine unangemessene Benachteiligung des AN nicht nur in Fällen anzunehmen, in denen es der AN nicht in der Hand hat, durch eigene Betriebstreue der Rückzahlungsverpflichtung zu entgehen, weil er durch Gründe in der Sphäre des AG –

---

28 Str.; wie hier *Hamm,* AiB 93, 99; *Birgit Reinecke,* in: Küttner [Hrsg.], Personalhandbuch, Betriebliche Berufsbildung Rn. 10 sowie Rückzahlungsklausel Rn. 2; *Kallenberg,* ZBVR 03, 41; *Heilmann/Cartarius/Cox,* Weiterbildung im Betrieb, 2003, S. 40; HaKo-*Kreuder/Matthiessen,* Rn. 11; vgl. auch *BAG* 5.6.07 – 9 AZR 604/06, zum LPersVG Rheinland-Pfalz.

29 *LAG Brandenburg* 15.9.94 – 3 Sa 362/94, AuR 95, 30.

30 *BAG* 25.7.02 – 6 AZR 381/00, AuR 03, 74 zum Bildungszentrum des Einzelhandels. Musterbeschluss des BR in DKWF-*Buschmann,* §§ 96–98, Rn. 9.

31 Gesetz zur Umsetzung der RL (EU) 2019/1152 des EP und des Rates v. 20.6.2019 über transparente und vorhersehbare Arbeitsbedingungen in der EU im Bereich des Zivilrechts und zur Übertragung von Aufgaben an die Sozialversicherung für Landwirtschaft, Forsten und Gartenbau v. 20.7.2022, BGBl. I, 1174.

32 ErfK-*Preis,* § 611a BGB, Rn. 436 ff.; s. auch Deinert/Wenckebach/Zwanziger (Hrsg.), Arbeitsrecht.

33 *BVerfG* 9.2.94 – 1 BvR 169/92, AuR 94, 308, zu *LAG Köln* 6.12.91 – 12 Sa 766/91, LAGE § 611 BGB Ausbildungsbeihilfe Nr 6.

34 BT-Drucks. 19/30950, S. 249 f.

35 *BAG* 5.12.02 – 6 AZR 539/01, AuR 03, 197.

36 *BAG* 19.2.04 – 6 AZR 552/02, BAGE 109, 345; 21.7.05 – 6 AZR 452/04, AuR 06, 72.

z. B. vertragswidriges Verhalten – zu einer Kündigung veranlasst oder mitveranlasst wird. Eine Rückzahlungsklausel ist auch unangemessen benachteiligend i. S. v. § 307 Abs 1 S 1 BGB, wenn dem AN bei einer typisierenden, die Interessen beider Vertragspartner berücksichtigenden Betrachtung die für den Fall der Eigenkündigung vor Ablauf der Bindungsdauer vorgesehene Erstattungspflicht aus anderen Gründen nach Treu und Glauben nicht zumutbar ist.[37] Somit ist es unzulässig, die Rückzahlungspflicht schlechthin an das Ausscheiden aufgrund Eigenkündigung des AN innerhalb einer Bindungsfrist zu knüpfen. Vielmehr muss nach dem Grund des vorzeitigen Ausscheidens differenziert werden.[38] Ist eine Vertragsklausel über die Rückzahlung von Fortbildungskosten wegen Verstoßes gegen AGB- oder sonstiges Recht unwirksam, bleibt die Fortbildungsvereinbarung im Übrigen wirksam. Der Verwender der Klausel hat regelmäßig keinen Anspruch auf Erstattung der Fortbildungskosten nach § 812 BGB.[39] Eine Rückzahlungspflicht scheidet auch aus, wenn der AN von sich aus das Arbeitsverhältnis berechtigt fristlos kündigt[40] oder wenn der AG das Arbeitsverhältnis vorzeitig beendet, weil der AN nicht seinen Vorstellungen entspricht.[41] Geht eine vorformulierte Rückzahlungsklausel zu weit, etwa weil sie nicht Kündigungen ausnimmt, die der Sphäre des AG zuzurechnen sind, ist sie – ohne geltungserhaltende Reduktion – insgesamt unwirksam.[42]

Ebenso wie **Mitbestimmung allein keine Rechtsgrundlage für eine ansonsten nicht vorhandene Rückzahlungsverpflichtung** schaffen kann, kann der individualrechtliche Rahmen durch Mitbestimmung nicht erweitert werden.[43] Er kann insoweit beschränkt werden, als z. B. Fristen verkürzt, Rückzahlungsbeträge begrenzt, zusätzliche (Zumutbarkeits-)Bedingungen aufgestellt oder Klauseln gänzlich aufgehoben werden.[44] Bloße Kostenrelevanz schließt Mitbestimmung nicht aus.[45] Die wirtschaftliche Funktion liegt nicht in einer Kostenersparnis bei Ausscheiden des AN, sondern in Verhaltenslenkung, Beschränkung der Freizügigkeit der AN und Teilnehmerauswahl. Der dahinter stehende Gedanke, es sei dem AG nicht zuzumuten, dem AN in Form einer Weiterbildung einen wirtschaftlichen Vorteil zuzuwenden, den dieser eigenwirtschaftlich verwerten könne, gehört zu den zu berücksichtigenden Belangen des Betriebs i. S. d. § 76 Abs. 5 Satz 3, schließt aber Mitbestimmung nicht aus. Seine Tragweite hängt von den Umständen der Bildungsmaßnahme ab. Insofern gelten gleiche Überlegungen wie zu Rückzahlungsklauseln bei Sonderleistungen.[46] Allerdings können Rückzahlungsklauseln nicht allein auf die kollektive Regelung gestützt werden, sofern die notwendige individuelle Abrede fehlt. 10

3. Weitere Beteiligungsrechte

Soweit eine **gesetzliche Regelung** die konkrete Ausbildungsmaßnahme **abschließend regelt,** hat neben dem BR **auch die JAV** (bei sonstigen Berufsbildungseinrichtungen die besondere Interessenvertretung nach § 51 BBiG) darüber zu wachen, dass die gesetzlichen Bestimmungen zur Berufsausbildung eingehalten werden (vgl. § 80 Abs. 1 Nr. 1, § 70 Abs. 1 Nr. 2). Sind diese 11

37 *BAG* 11. 12. 18 – 9 AZR 383/18, ZTR 2019, 338.
38 *BAG* 1. 3. 22 – 9 AZR 260/21, juris.
39 *BAG* 21. 8. 12 – 3 AZR 698/10, NJW 13, 410; 6. 8. 13 – 9 AZR 442/12, AuR 13, 506.
40 *LAG Bremen* 25. 2. 94 – 4 Sa 13/93, AuR 94, 199.
41 *BAG* 24. 6. 04 – 6 AZR 320/03, AuR 04, 272, 395.
42 *BAG* 11. 4. 06 – 9 AZR 610/05, AuR 06, 166, 371; 25. 4. 07 – 10 AZR 634/06 NZA 07, 875; 13. 12. 11 – 3 AZR 791/09, AuR 12, 224; 28. 5. 13 – 3 AZR 103/12, BB 13, 2036; *Koll*, AiB 6/17, 17. *Zwanziger*, AuR 2010, 459 m. w. N.
43 Zu Grenzen freiwilliger BV: *Zwanziger*, AuR 2010, 459; vgl. auch *BAG* 11. 07. 00 – 1 AZR 551/99, AuR 01, 117.
44 A. A. Richardi-*Thüsing*, Rn. 16 mit der Begründung, dies sei Mitbestimmung im konkreten Einzelfall, was nicht zutrifft [vgl. § 87 Rn. 22 f.]; a. A. auch ErfK-*Kania*, Rn. 6 (wie hier aber *ders.* bis zur 11. Aufl., § 97 Rn. 7) GK-*Raab*, Rn. 13; *Gilberg*, 243; *Becker-Schaffner*, DB 91, 1116, 1120 mit dem wesentlichen Argument, dass der AG allein über Kosten entscheide.
45 *BAG* 24. 8. 04 a. a. O.; ebenso *Birgit Reinecke*, a. a. O., die »Mitbestimmung bei der betrieblichen Berufsbildung zur Regelung von Kostenfragen« ausdrücklich einschließt; *Hamm*, a. a. O.
46 *LAG Niedersachsen* 14. 2. 92 – 6 Sa 524/91, AuR 93, 156 mit zust. Anm. *Kohte*.

nicht abschließend, besteht bei Ausfüllung und Anpassung der gesetzlichen Regelungen an die betrieblichen Verhältnisse ein **Stimmrecht** der JAV nach § 67 Abs. 2.

12 Neben Maßnahmen der Berufsausbildung steht die Mitbestimmung bei **beruflicher Fortbildung und Umschulung.** Während es berufliche Fortbildung ermöglichen soll, die berufliche Handlungsfähigkeit durch eine Anpassungsfortbildung zu erhalten und anzupassen oder die berufliche Handlungsfähigkeit durch eine Fortbildung der höherqualifizierenden Berufsbildung zu erweitern und beruflich aufzusteigen (§ 1 Abs. 4 BBiG), soll berufliche Umschulung zu einer anderen beruflichen Tätigkeit befähigen (§ 1 Abs. 5 BBiG). Die Mitbestimmung erstreckt sich insbes. auf Inhalt und Umfang der zu vermittelnden Kenntnisse oder Fähigkeiten, Methoden der Wissensvermittlung sowie zeitliche Dauer und Lage der betr. Maßnahme.[47] Teil einer Berufsbildungsmaßnahme ist auch eine **betriebliche Prüfung.** Deshalb unterliegt ihre Ausgestaltung der Mitbestimmung des BR.[48]

4. Einzelfragen

13 Da Betriebliche Berufsbildung nicht nur Berufsausbildung, berufliche Fortbildung und Umschulung (vgl. § 96 Rn. 5 ff.) umfasst, sondern wesentlich weiter geht, hat der BR mitzubestimmen bei der Durchführung auch solcher Maßnahmen, mit denen **die berufliche Verwendungsbreite der AN erhöht** und ihnen neue Kenntnisse, Fähigkeiten und Fertigkeiten vermittelt werden, die für das berufliche Fortkommen von Bedeutung sind.[49] Bspw. liegt eine Maßnahme der betrieblichen Berufsbildung vor, wenn AN zur Vorbereitung auf ihren Einsatz eine generelle Schulung zur Bedienung von PC erhalten.[50] Auch die Vermittlung der für den Betrieb eines **Atomkraftwerkes erforderlichen Fachkunde** an das verantwortliche Schichtpersonal ist eine derartige Maßnahme. Die Mitbestimmung entfällt nicht, wenn AN des Landbetriebs einer Fluggesellschaft zu einem Lehrgang (im Ausland) nur deswegen entsandt werden, um als Streikbrecher im Flugdienst eingesetzt zu werden.[51]

14 Sog. **Assessment-Center** (auch Auswahl-, Beurteilungs-, Personalentwicklungs- oder Qualifikationsseminar genannt) sind Maßnahmen der betrieblichen Berufsbildung, sofern sie sich nicht nur auf Test und Beurteilung beschränken, sondern auch Kenntnisse oder Fähigkeiten vermitteln.[52] Es handelt es sich um gruppenorientierte Verfahren der systematischen Personalbeurteilung, -auswahl, -förderung und -entwicklung. In sich häufig über mehrere Tage erstreckenden Gruppenveranstaltungen werden externe oder interne Bewerber simulierten Arbeits- oder anderen Problemlösungssituationen gegenübergestellt. Sind darin Prüfungselemente i. S. einer Ermittlung eines persönlichen Weiterbildungsbedarfs enthalten, so gehören sie zur Weiterbildung. Insbes. Teamtrainings mit gruppendynamischer Ausrichtung, die dem AG bzw. seinen Beauftragten psychologische, ggf. dem Teilnehmer unbewusste, Erkenntnisse über diesen vermitteln oder sogar psychologische Veränderungen bewirken können, stellen einen durch das Direktionsrecht nicht legitimierten Eingriff in das Persönlichkeitsrecht dar.[53] Sie begründen auch bei Freiwilligkeit ein besonderes Schutzbedürfnis der Teilnehmer, vor allem, wenn die Teilnahme in der betrieblichen Praxis wesentliche Voraussetzung für eine berufliche Weiterentwicklung, insbes. Beförderung, ist. Sofern sie berufsbildende Elemente enthalten, unterliegen auch sog. **Qualitätszirkel** der Mitbestimmung.[54]

---

47 *Fitting,* Rn. 10.
48 Vgl. *BAG* 5. 11. 85, AP Nr. 2 zu § 98 BetrVG 1972; *Fitting,* a. a. O.
49 Vgl. *Kraft,* NZA 90, 459.k.
50 *Kraft,* a. a. O.
51 *BAG* 5. 11. 85, AP Nr. 2 zu § 98 BetrVG 1972; dem folgend *BAG* 10. 2. 88 – 1 ABR 39/86, BAGE 57, 295: Lehrgang für Flugbegleiter als Streikbrecher.
52 *BAG* 20. 4. 93 – 1 ABR 59/92, EzA § 99 BetrVG 1972 Nr. 114; *BVerwG* 29. 1. 03 – 6 P 16/01, ZfPR 03, 135.
53 *Stoffels,* AuR 99, 457 m. w. N.; *Stubbe,* S. 168 ff.
54 *Hammer,* ZRP 98, 26; *Fitting,* § 96 Rn. 24; *Heither,* AR-Blattei, Betriebsverfassung C XIV, Rn. 173: *Gilberg,* S. 203, nur soweit der Lerneffekt im Vordergrund steht; vgl. § 96 Rn. 9; a. A. GK-*Raab,* § 96 Rn. 21.

15 Nach § 12 Abs. 2 Satz 1 AGG soll der AG in geeigneter Weise, *insbesondere im Rahmen der beruflichen Aus- und Fortbildung* auf die **Unzulässigkeit von Benachteiligungen i. S. d. § 1 AGG** hinweisen und darauf hinwirken, dass diese unterbleiben (vgl. § 96 Rn. 21). Kommt der AG seiner Schutzpflicht nach § 12 AGG[55] entweder durch besondere Aus- und Fortbildungsmaßnahmen nach oder integriert er diese Schulungsinhalte in die von ihm veranstalteten oder getragenen Berufsbildungsmaßnahmen (»im Rahmen«), so unterliegen sie der Mitbestimmung nach dieser Vorschrift bzw. nach Abs. 5.[56] Im Übrigen ist das AGG auch bei Durchführung nicht spezifischer betrieblicher Bildungsmaßnahmen zu beachten, etwa bei der Festlegung der Inhalte, Auswahl der Teilnehmer oder Ausbilder.

III. Bestellung und Abberufung von Ausbildern (Abs. 2, 5)

16 Führt der AG die betriebliche Berufsbildung nicht selbst sondern durch einen **Dritten** durch, z. B. Ausbildungsleiter, Meister oder sonstigen Ausbilder des Betriebs, hat der BR das Recht, der **Bestellung zu widersprechen** oder die **Abberufung** der mit der Durchführung der betrieblichen Berufsbildung beauftragten Personen **zu verlangen.** Das Widerspruchsrecht bzw. die Möglichkeit, die Abberufung zu verlangen, erstreckt sich auch auf Personen, die **nicht AN** i. S. d. BetrVG bzw. des Betriebs sind.[57]

17 Widerspruch und Abberufungsverlangen setzen voraus, dass die mit der Durchführung der betrieblichen Berufsbildung beauftragte Person bestimmte **Eignungen nicht besitzt** oder diese zwar hat, **ihre Aufgaben aber vernachlässigt.** Abs. 2 bezieht sich ausdrücklich auf das BBiG, in dem festgelegt ist, dass der Ausbilder die für die Ausbildung erforderliche **persönliche und fachliche Eignung** besitzen muss (§§ 28 ff. BBiG; §§ 22 – 22c HandwO). Rechtsverordnungen regeln, welche berufs- und arbeitspädagogischen Kenntnisse die Ausbilder in einer besonderen Ausbildung nachzuweisen haben.[58]

18 Die **persönliche oder fachliche** Eignung fehlt, wenn die betr. Person Kinder und Jugendliche nicht beschäftigen darf, wiederholt oder schwer gegen das BBiG oder die auf Grund dieses Gesetzes erlassenen Vorschriften und Bestimmungen verstoßen hat (§ 29 BBiG), erforderliche fachliche Fähigkeiten und Kenntnisse oder die erforderliche berufs- und arbeitspädagogische Kenntnisse nicht besitzt (§ 30 BBiG). Eine **Vernachlässigung der Aufgaben** liegt vor, wenn der Ausbilder die Ausbildung nicht mit der erforderlichen Gründlichkeit und Gewissenhaftigkeit ausführt, so dass befürchtet werden muss, dass Auszubildende das Ausbildungsziel nicht erreichen. Beispiele: Der Ausbilder weicht ohne sachlich vertretbaren Grund von einem vorhandenen betrieblichen Ausbildungsplan wesentlich ab oder legt seiner Tätigkeit keinen vollständigen, nachvollziehbaren Ausbildungsplan zugrunde legt. Allein der Umstand, dass in einem Betrieb bisher alle Auszubildenden die Prüfung überhaupt bestanden haben, schließt eine Vernachlässigung der Pflichten des Ausbilders nicht aus. Eine planlose Ausbildung riskiert in hohem Maße das Entstehen von Lücken, die schon deshalb, weil der bisherige Gang der Ausbildung nicht nachvollzogen kann, später nicht mehr zuverlässig geschlossen werden können. Darin liegt eine strukturelle Gefährdung des Ausbildungsziels. Auf Verschulden kommt es hier nicht an.[59] Der **Ausbildende** wird durch die Bestellung des Ausbilders nicht von der **Verantwortung** für die **Erfüllung der Ausbildungspflichten** nach § 14 BBiG befreit. Kommt es zu einer schuldhaften Verletzung der Ausbildungspflichten, macht er sich schadensersatzpflichtig[60] In einem solchen Falle kann bspw. Verdienstminderung bis zum Bestehen einer Wiederholungsprüfung geltend gemacht werden.[61]

19 Nicht selten ist der Fall, dass Personen mit betrieblicher Berufsbildung beauftragt werden, die **keine Ausbilder i. S. d. BBiG sind.** Auch bei ihnen bestimmt der BR nach Abs. 2 und 5 mit.

---

55 Dazu Däubler/Beck-*Buschmann,* § 12 AGG Rn. 12 ff.

56 Ebenso *Däubler/Beck* a. a. O., Rn. 29; *Hayen,* AuR 07, 8; *Nollert-Borasio/Perreng,* § 12 AGG, Rn. 17.

57 *BAG* 5. 3. 13 – 1 ABR 11/12, BB 13, 1843; Musterwiderspruch des BR in DKWF-*Buschmann,* § 96 Rn. 10.

58 Ausbilder-EignungsVO v. 21. 1. 09, BGBl. I Nr. 5 S. 88 ff.

59 *LAG Ba-Wü* 20. 10. 17 – 15 TaBV 2/17, AuR 18, 149.

60 *Fitting,* a. a. O.

61 Vgl. *BAG* 10. 6. 76, AP Nr. 2 zu § 6 BBiG.

Das Gesetz beschränkt die Mitbestimmung nicht auf Ausbilder i. S. d. BBiG.[62] Deshalb braucht es der BR nicht hinzunehmen, wenn derartige mit der Durchführung von Maßnahmen der betrieblichen Berufsbildung beauftragte Personen nach **allgemeinen Maßstäben** ungeeignet sind.[63]

20 Die Rechte des BR nach Abs. 2 und 5 bestehen auch, wenn der Ausbilder **leitender Angestellter** ist.[64] Nimmt der AG allerdings selbst die Ausbildung vor, kann der BR nur nach dem BBiG tätig werden.

21 Die **Überwachung** der Berufsbildung durch die **zust. Stellen** nach BBiG und HandwO lässt die Mitbestimmung **unberührt.** Beide Verfahren stehen nebeneinander. Die Mitbestimmung kann sogar weiter gehen als die Einflussmöglichkeiten der nach dem BBiG zuständigen Stellen, da bspw. der Tatbestand der Vernachlässigung der Aufgaben des Ausbilders nicht notwendig identisch ist mit der fehlenden Eignung nach §§ 28 ff. BBiG.[65] Ungeachtet dessen hat der BR nach § 80 Abs. 1 Nr. 1 darüber zu wachen, dass die Bestimmungen des BBiG und sonstige Vorschriften, die sich mit den Berufsbildung befassen, beachtet werden. Dazu gehören die einschlägigen Ausbilder-EignungsVO. Ein entsprechendes Überwachungsrecht steht überdies der JAV nach § 70 Abs. 1 Nr. 2 zu, soweit es um die in § 60 Abs. 1 genannten AN geht.

22 Abs. 2 legt fest, unter **welchen Voraussetzungen** der BR der Bestellung einer mit der Durchführung der betrieblichen Berufsbildung beauftragten Person widersprechen bzw. ihre Abberufung verlangen kann. Einzelheiten der **gerichtlichen Durchsetzung** legt Abs. 5 fest. Bestellung muss keine Einstellung und Abberufung keine Kündigung darstellen. **Bestellung** bedeutet Übertragung bestimmter Aufgaben, Kompetenzen und Verantwortung; **Abberufung** deren Entzug. Das Verfahren nach § 98 Abs. 2 und 5 ist ein **Sondertatbestand** zu § 99. Im Hinblick auf diese Sonderregelung kommt eine Zustimmungsverweigerung des BR nach § 99 Abs. 2 Nr. 1 grundsätzlich nicht in Betracht, wenn es bei der Bestellung des Ausbilders um persönliche und fachliche Eignung i. S. d. § 98 geht.[66] Auch die Abberufung und das damit verbundene Verfahren nach Abs. 5 sind gegenüber § 102 ein Sondertatbestand. Die gerichtliche Entscheidung auf Abberufung ersetzt **nicht** eine erforderliche (Änderungs-)Kündigung des Arbeitsverhältnisses des Ausbilders.[67] Bei der **(Änderungs-)Kündigung** ist der BR nach § 102 zu beteiligen, wobei sich sein Widerspruchsrecht, wenn die gerichtliche Entscheidung auf Abberufung vorliegt, auf die Gründe des § 102 Abs. 3 Nrn. 3 und 5 beschränken wird.[68]

23 Hat der BR i. S. d. Abs. 2 widersprochen, hat der AG die Bestellung des Ausbilders zu unterlassen Bestellt er ihn trotz Widerspruchs, ist die Maßnahme unwirksam.[69] Nach *Raab*[70] ergibt sich aus Abs. 5 eine Obliegenheit des BR zur Anrufung des ArbG. Bis zur gerichtlichen Entscheidung sei die einseitige Bestellung des Ausbilders betriebsverfassungsrechtlich zulässig. In Frage käme allenfalls – insofern inkonsequent, aber im Ergebnis zutreffend – eine einstweilige Verfügung zugunsten des BR. Diese Auffassung überzeugt nicht, da sie den begründeten, vom BR aber nicht gerichtlich weiterverfolgten Widerspruch bzw. den Widerspruch selbst im Falle eines Verfahrens nach Abs. 5 vor Rechtskraft der arbeitsgerichtlichen Entscheidung rechtswirkungslos stellen würde. Eine derartige Rechtsfolge ist Abs. 5, der dem BR ein prozessuales Antragsrecht einräumt, nicht zu entnehmen. Sie stünde im Widerspruch zum Normzweck, nämlich zu verhindern, dass Ausbilder eingesetzt werden, die die vorausgesetzte Eignung nicht besitzen, bzw. positiv, eine Berufsbildung durch geeignete Ausbilder zu gewährleisten. Es ist nicht nachzuvollziehen, dass dieser Zweck geringeren Schutz genießen soll als in anderen Mitbestimmungstatbeständen des BetrVG, bei denen materiell-rechtliche Beschränkungen unternehmerischer Entscheidungsfreiheit nicht erst durch rkr. gerichtliche Entscheidung, sondern

62 *Fitting,* Rn. 18.
63 GK-*Raab,* Rn. 22; ErfK-*Kania,* Rn. 11; a. A. *HWGNRH,* Rn. 29.
64 Richardi-*Thüsing,* Rn. 24; *Fitting,* Rn. 13; *HWGNRH,* Rn. 30.
65 *LAG Ba-Wü* 20.10.2017 – 15 TaBV 2/17, AuR 18, 149; *Fitting,* Rn. 17.
66 Vgl. *Fitting,* Rn. 23; *GK-Raab,* Rn. 41 f.
67 *Fitting,* a. a. O.; GK-*Raab,* Rn. 44; *HWGNRH,* Rn. 58.
68 Vgl. *Fitting,* a. a. O.
69 Ebenso *Fitting,* Rn. 21; *Heinze,* Personalplanung, Rn. 124; a. A. Richardi-*Thüsing,* Rn. 37; GK-*Raab,* Rn. 36 f. m. w.N.
70 *Raab*, a. a. O.

durch Widerspruch/Zustimmungsverweigerung des BR eintreten. Nach der hier vertretenen Auffassung ergibt sich, dass auch der AG eine gerichtliche Klärung zur Feststellung herbeiführen kann, ob der Widerspruch des BR berechtigt war.[71]

Bei der Frage, ob dem AG aufzugeben ist, eine Bestellung zu unterlassen oder eine Abberufung durchzuführen, kommt es **nicht** auf **subjektives Verschulden** des Ausbilders an. Maßgebend sind **objektive Kriterien** im Konditionalsatz des Abs. 2.[72] 24

Bildet der **AG selbst** aus, kann der BR nach § 33 BBiG erreichen, dass ihm das Ausbilden **untersagt** wird, falls der AG die persönliche und fachliche Eignung nicht oder noch nicht besitzt.[73] Das Verfahren nach Abs. 5 ist abschließend. Die ESt. ist anders als nach Abs. 4 nicht zuständig. Die fehlende Zustimmung des BR kann nicht wie in § 99 Abs. 4 arbeitsgerichtlich ersetzt werden. 25

IV. Teilnahme von Arbeitnehmern an betrieblichen und außerbetrieblichen Bildungsmaßnahmen (Abs. 3, 4)

Der BR bestimmt mit bei der Auswahl der Teilnehmer an Berufsbildungsmaßnahmen. Die Mitbestimmung soll sicherstellen, dass alle AN die **gleiche Chance** haben, wenn es um Qualifizierung beim beruflichen Fortkommen oder um Bemühungen zur Arbeitsplatzerhaltung geht.[74] Der BR hat deshalb auch ein Initiativrecht. Nach *BAG*[75] setzt das Beteiligungsrecht nach Abs. 3 und 4 eigene Vorschläge des BR für die Person der Teilnehmer an betrieblichen Berufsbildungsmaßnahmen sogar voraus. Er könne sich nicht darauf beschränken, der vom AG getroffenen Auswahl zu widersprechen. Für die Auswahl gelten detaillierte Berücksichtigungsgebote und Diskriminierungsverbote (im Einzelnen § 96 Rn. 29 ff.). Eine individuelle Teilnahmeverpflichtung der ausgesuchten Teilnehmer kann sich u. U. aus Gesetz oder Vertrag ergeben (vgl. § 96 Rn. 28). Mitbestimmung allein stellt noch keine Rechtsgrundlage hierfür dar.[76] 26

Voraussetzung der Mitbestimmung ist, dass es sich um **betriebliche Berufsbildungsmaßnahmen handelt,** ohne dass diese im Betrieb durchgeführt werden müssen, oder um **außerbetriebliche Berufsbildungsmaßnahmen,** für die der AG die AN von der Arbeit mit oder ohne Entgeltfortzahlung freistellt. Eine Differenzierung zwischen betrieblichen und außerbetrieblichen Berufsbildungsmaßnahmen ist unerheblich, wenn der AG entstehende Kosten ganz oder teilweise trägt. Für das Einsetzen der Mitbestimmung ist es **unbeachtlich,** ob der AG (nur) die **Teilnehmergebühren** ganz oder teilweise trägt oder **andere Kosten,** wie Reisekosten und Aufenthaltskosten, übernimmt. Werden außerbetriebliche Berufsbildungsmaßnahmen **außerhalb der Arbeitszeit** durchgeführt, so dass die betreffenden AN keiner Freistellung bedürfen, bestimmt der BR bei der Auswahl der Teilnehmer gleichwohl mit, wenn der AG die Kosten ganz oder teilweise trägt.[77] Die ganze oder teilweise Übernahme der Kosten genügt für das Einsetzen der Mitbestimmung auch, wenn die **Arbeitszeit** für die betr. AN **anders verteilt** wird, damit sie Gelegenheit haben, an der berufsbildenden Maßnahme teilzunehmen 27

Für die Mitbestimmung ist es nicht wesentlich, **welche Stellen** außerbetriebliche Berufsbildungsmaßnahmen durchführen. Auch ist **nicht Voraussetzung,** dass diese Maßnahmen **innerhalb des Betriebs** durchgeführt werden müssen. Der Ort der Teilnahme ist nicht entscheidend; maßgeblich ist die Betriebsbezogenheit.[78] Der AG ist auch Träger der Berufsbildungsmaßnahme, wenn er sie von einem anderen UN durchführen lässt, aber auf Inhalt und Gestaltung beherrschenden Einfluss hat.[79] Die Mitbestimmung besteht auch, wenn zu einem auf Ebene 28

---

71 Ebenso *Fitting*, Richardi-*Thüsing*, *Heinze*, a. a. O.; *LAG Berlin* 6. 1. 00 – 10 TaBV 2213/99, NZA-RR 00, 370 = AuR 00, 316.

72 *Fitting*, Rn. 17; *HWGNRH*, Rn. 34.

73 Vgl. *Fitting*, Rn. 17, 19.

74 *Fitting*, Rn. 28; *HWGNRH*, Rn. 60.

75 *BAG* 20. 4. 10 – 1 ABR 78/08, AuR 10, 228.

76 *Zwanziger*, AuR 2010, 459.

77 *Becker*, in: Glaubrecht u. a., Gruppe 5, S. 105; *Fitting*, Rn. 30.

78 *Hammer*, S. 155; vgl. auch *Becker*, in: Glaubrecht u. a., Gruppe 5, S. 105; *Fitting*, Rn. 30.

79 *BAG* 12. 11. 91 – 1 ABR 21/91, AuR 92, 352; zust. *Hamm*, AuR 92, 327; *LAG Hamm* 16. 12. 14 – 7 TaBV 73/14; *Bertzbach*, jurisPR-ArbR 30/2015 Anm. 4.

des UN errichteten **Schulungszentrum** aus einzelnen Betrieben Teilnehmer entsandt werden sollen. Auch überbetriebliche Berufsbildungsmaßnahmen, die von mehreren Betrieben oder UN gemeinsam in besonderen Einrichtungen oder innerhalb eines bestimmten Betriebs durchgeführt werden, sind Berufsbildungsmaßnahmen i. S. d. BetrVG.[80] Ein Lehrgang **über Sicherheits- und Notfallmaßregeln,** dessen erfolgreicher Abschluss Voraussetzung dafür ist, dass ein AN als Flugbegleiter eingesetzt werden darf, ist selbst dann eine Berufsbildungsmaßnahme, wenn AN des Landbetriebs der Fluggesellschaft nur deswegen zu einem solchen Lehrgang entsandt werden, damit sie bei einem **Streik** der Flugbegleiter aushilfsweise im Flugdienst eingesetzt werden können.[81] Für die Mitbestimmung nach Abs. 2 kommt es nicht darauf an, ob die Ausbilder dem Geltungsbereich des BetrVG unterfallen.[82]

29 Über die **Zahl der Teilnehmer** an berufsbildenden Maßnahmen i. S. d. Abs. 3 sind zwischen AG und BR Beratungen zu führen. Das *BAG* hatte früher[83] ohne weitere Begründung angenommen, dass der AG die Zahl der Teilnehmer an einer Maßnahme i. S. v. § 98 Abs. 3 BetrVG bestimmt. Im Beschluss v. 24. 8. 04[84] hat es die Mitbestimmung nach § 98 Abs. 1 auch bzgl. der Frage anerkannt, ob weniger Teilnehmer länger und intensiver oder mehr Teilnehmer kürzer und weniger intensiv ausgebildet werden. Systematisch bedeutet dies, dass die im Rahmen der Mitbestimmung nach Abs. 1 festgelegte Teilnehmerzahl die Grundlage bildet für die Ausübung der Mitbestimmung nach Abs. 3 und 4. Schlagen AG und BR für die Teilnahme an Maßnahmen der Berufsbildung mehr AN vor, als Teilnehmerplätze zur Verfügung stehen, müssen AG und BR alle **vorgeschlagenen Bewerber** in die Auswahl einbeziehen. Das gilt auch für die ESt., die verbindlich zu entscheiden hat, wenn sich AG und BR über die Teilnehmer, die auf Grund der begrenzten Teilnehmerplätze entsandt werden sollen, nicht einigen können.[85] Die ESt. hat eine Auswahl zwischen den vom AG und BR vorgeschlagenen Teilnehmern selbst dann zu treffen, wenn nur **ein Teilnehmer** entsandt werden kann.[86] Etwas anderes gilt nur, wenn der BR von sich aus keine Vorschläge für die Teilnahme gemacht und damit die Auswahl dem AG überlassen hat.[87] Das Mitbestimmungsrecht des BR ist somit an »Vorschläge« gebunden.[88] Hat der BR keine Teilnehmer vorgeschlagen, bleibt es bei der Mitbestimmung nach Abs. 1 und 2. Der AG verstößt aber grob gegen seine Verpflichtungen aus Abs. 4, wenn er – ohne sich mit dem BR geeinigt zu haben und ohne Ersetzung der Einigung durch die ESt. – einen AN für eine Maßnahme der betr. Berufsbildung freistellt. Auch die einmalige Verletzung der Pflichten aus dem BetrVG kann grob i. S. d. § 23 Abs. 3 sein, wenn sie nur schwerwiegend genug ist. Das gilt auch für einen einmaligen Verstoß des AG gegen Abs. 4.[89]

30 AG und BR können, um Streitigkeiten über die Auswahl der Teilnehmer von vornherein vermeiden, objektive **Auswahlgesichtspunkte** wie Alter und fachliche Qualifikation vereinbaren. Es handelt sich dabei nicht um Auswahlrichtlinien i. S. d. § 95, sondern um **Vorentscheidungen** im Zusammenhang mit der Mitbestimmung nach § 98 Abs. 3.[90]

31 Werden Berufsbildungsmaßnahmen **ausschließlich für leitende Angestellte nach § 5 Abs. 3** durchgeführt, bestimmt der BR bei deren Auswahl nicht mit. Nehmen sowohl AN i. S. d. **§ 5 Abs. 1** als **auch lt. Angestellte nach** § 5 Abs. 3 an berufsfortbildenden Maßnahmen teil, bestimmt er dabei mit.[91] Das ergibt sich aus der sog. **Reflexwirkung,** d. h., die Teilnahme lt. An-

---

80 *Hammer,* a. a. O.
81 *BAG* 10. 2. 88, AP Nr. 5 zu § 98 BetrVG 1972.
82 *BAG* 5. 3. 13 – 1 ABR 11/12, BB 13, 1843.
83 *BAG* 8. 12. 87 – 1 ABR 32/86, AP § 98 BetrVG 1972 Nr. 4.
84 *BAG* 24. 8. 04 – 1 ABR 28/03, AuR 05, 270, mit Anm. *Buschmann.*
85 *BAG* 8. 12. 87 – 1 ABR 32/86, a. a. O.
86 *BAG* 8. 12. 87, a. a. O.; *Fitting,* Rn. 33.
87 *BAG* 8. 12. 87, a. a. O.; 30. 5. 06 – 1 ABR 17/05, EzA § 98 BetrVG 2001 Nr. 2; 20. 4. 10 – 1 ABR 78/08, BAGE 134, 62–71.
88 *Fitting,* Rn. 33.
89 *BAG* 18. 3. 14 – 1 ABR 77/12, AuR 14, 485.
90 Richardi-*Thüsing,* Rn. 62; *Fitting,* Rn. 35; *HWGNRH,* Rn. 68; ablehnend zur Auslegung einer BV auch *BAG* 11. 10. 16 – 1 ABR 49/14, AuR 17, 38.
91 Richardi-*Thüsing,* Rn. 6.

gestellter führt regelmäßig dazu, dass die Teilnehmerzahl bei anderen AN entsprechend sinkt.[92] Werden Lehrgänge für AN durchgeführt, die sie befähigen sollen, Positionen einzunehmen, die üblicherweise von lt. Angestellten nach § 5 Abs. 3 besetzt sind, ist die Mitbestimmung bei der Auswahl ohne weiteres gegeben, sofern die Voraussetzungen nach Abs. 3 vorliegen.[93] Bei sog. **Tendenzträgern** scheidet nach Auffassung des *BAG*[94] ein erzwingbares Mitbestimmungsrecht nach § 98 Abs. 4 wegen § 118 Abs. 1 Satz 1 Nr. 2 i. d. R. aus.

Die Mitbestimmung nach Abs. 3 greift nicht, soweit **Bildungsurlaubsgesetze der Länder** den AG verpflichten, AN für die Teilnahme an beruflichen Bildungsmaßnahmen freizustellen. Es geht dabei um einen individuellen Anspruch der betreffenden AN, nicht um eine Beeinflussung der Auswahl durch den AG, die der BR im Interesse der Gleichbehandlung der AN vornehmen müsste.[95] Soweit bei der zeitlichen Lage des Bildungsurlaubs ein Regelungsspielraum besteht, etwa wenn aus dringenden betrieblichen Erfordernissen (vgl. § 5 Hess. BildungsurlaubsG, ähnlich andere Bundesländer) zum gleichen Zeitpunkt nur ein AN Bildungsurlaub nehmen kann, ergibt sich die Mitbestimmung aus § 87 Abs. 1 Nr. 5 (vgl. dort). 32

V. Sonstige betriebliche Bildungsmaßnahmen (Abs. 6)

Der Mitbestimmung des BR unterliegen **sonstige Bildungsmaßnahmen,** die im Betrieb durchgeführt werden und geeignet sind, Lernprozesse durch theoretische Einsichten zu vermitteln und zu vollziehen. Es geht um Bildungsmaßnahmen, die sich **nicht** auf die aktuelle oder zukünftige berufliche Tätigkeit von AN beziehen.[96] Beispielhaft lassen sich Sprachkurse, Lehrgänge über Menschenführung im Betrieb, Schulungen nach § 12 Abs. 2 Satz 2 AGG, Kurzschriftkurse, Lehrgänge über Arbeitssicherheit, erste Hilfe, Arbeits- und Sozialrecht anführen, sofern es sich nicht um die Vermittlung von Kenntnissen handelt, die eine **irgendwie geartete berufliche Fortbildung** mit sich bringen. So kann bspw. ein Lehrgang über Arbeits- und Sozialrecht für Mitarbeiter der Personalabteilung eine betriebliche Berufsbildungsmaßnahme sein, die unter die Mitbestimmung nach Abs. 1–5 fällt.[97] 33

Keine sonstigen betrieblichen Bildungsmaßnahmen i. S. d. Abs. 6 sind Veranstaltungen, die lediglich der **Unterhaltung** oder der **Freizeitbeschäftigung** dienen. Beispielhaft sind anzuführen: Malkurs,[98] betrieblicher Sportverein, Schachclub, Werksorchester oder Vergnügungsveranstaltungen im betrieblichen Bereich.[99] Handelt es sich um die Ausgestaltung und Verwaltung von **Sozialeinrichtungen,** die der Bildung der AN dienen – wie etwa eine Werksbücherei –, ist die Mitbestimmung nach § 87 Abs. 1 Nr. 8 zu beachten. 34

Auch bei sonstigen Bildungsmaßnahmen ist für die Mitbestimmung des BR **nicht Voraussetzung,** dass sie im Betrieb durchgeführt werden. Gemeint sind Maßnahmen des AG, die er für AN des Betriebs durchführt, auch wenn sie nicht im Betrieb selbst erfolgen.[100] Die Mitbestimmung bei sonstigen betrieblichen Bildungsmaßnahmen besteht in dem **gleichen Umfang** wie bei betrieblichen Berufsbildungsmaßnahmen nach Abs. 1–3. Mitbestimmungsrechte bestehen somit bei Durchführung der Maßnahme, Bestellung und Abberufung der mit der Durchführung beauftragten Personen sowie Auswahl der teilnehmenden AN. 35

---

92 Zur Reflexwirkung von Maßnahmen bei leitenden Angestellten im Hinblick auf andere AN vgl. *BAG* 30. 4. 74, AP Nr. 2 zu § 87 BetrVG 1972 Werkmietwohnungen.

93 Vgl. *Fitting,* Rn. 10; GK-*Raab,* Rn. 51; a. A. *Eich,* DB 74, 2159; *HWGNRH,* Rn. 3.

94 *BAG* 30. 5. 06 – 1 ABR 17/05, EzA § 98 BetrVG 2001 Nr. 2: Zeitungsredakteur; ebenso 20. 4. 10 – 1 ABR 78/08, AuR 10, 228: Anzeigenredakteur.

95 *BAG* 28. 5. 02 – 1 ABR 37/01, AuR 02, 268; *Fitting,* Rn. 36; *HWGNRH,* Rn. 69. Nach Art. 6 des von Deutschland ratifizierten IAO-Übereinkommens Nr. 140 über den bezahlten Bildungsurlaub, 1974, sind Behörden, Arbeitgeber- und Arbeitnehmerverbände und die mit Bildung und Berufsbildung befassten Institutionen oder Stellen in einer den innerstaatlichen Verhältnissen und Gepflogenheiten entsprechenden Weise bei der Festlegung und Durchführung der Politik zur Förderung des bezahlten Bildungsurlaubs heranzuziehen; vgl. *Zimmer,* ZESAR 15, 69, 102.

96 *Kraft,* NZA 90, 460.

97 *Kraft,* a. a. O.

98 *BAG* 18. 4. 89, AiB 89, 356 mit Anm. *Buschmann..*

99 Vgl. Richardi-*Thüsing,* Rn. 71; *Fitting,* Rn. 38; GK-*Raab,* Rn. 45; *HWGNRH,* Rn. 74.

100 *Fitting,* Rn. 40; GK-*Raab,* Rn. 45; *HWGNRH,* Rn. 61; Richardi-*Thüsing,* Rn. 72.

VI. Streitigkeiten

36 Das ArbG entscheidet im Wege des **Beschlussverfahrens** (§§ 2a, 80 ff. ArbGG), ob eine Maßnahme der Mitbestimmung unterliegt. Die ESt. entscheidet verbindlich in Regelungsstreitigkeiten über die Durchführung einer berufsbildenden Maßnahme (zu Einzelheiten vgl. Rn. 3 ff.) oder über die Auswahl von Teilnehmern an solchen Maßnahmen (zu Einzelheiten vgl. Rn. 26 ff.).[101] Bei einem groben Verstoß des AG gegen Mitbestimmungsrechte des BR stehen diesem sowie der im Betrieb vertretenen Gewerkschaft die in § 23 Abs. 3 bezeichneten Rechte zu. Ein grober Verstoß des AG gegen seine Verpflichtungen aus Abs. 4 liegt vor, wenn er – ohne sich mit dem BR geeinigt zu haben und ohne Ersetzung der Einigung durch die ESt. – einen AN für eine Maßnahme der betr. Berufsbildung freistellt. Auch die einmalige Verletzung der Pflichten aus dem BetrVG kann grob i. S. d. § 23 Abs. 3 sein, wenn sie schwerwiegend genug ist. Das gilt auch für einen einmaligen Verstoß des AG gegen Abs. 4.[102]
Nach § 17 Abs. 2 AGG können BR und/oder Gewerkschaft diese Rechte auch bei einem Verstoß des AG gegen Vorschriften des Abschnitts 2 des AGG geltend machen[103] (ausführlich § 23 Rn. 207 ff.). Ob sich der BR gegen Verstöße des AG gegen seine Mitbestimmungsrechte aus dieser Vorschrift unabhängig von den in § 23 Abs. 3 BetrVG vorgesehenen Anforderungen an die Schwere des Verstoßes im Wege eines allgemeinen Unterlassungsanspruchs wehren kann, hat das *BAG*[104] ausdrücklich offen gelassen.

37 Das ArbG entscheidet im **Beschlussverfahren** über der Frage, ob dem AG aufzugeben ist, eine Bestellung zu unterlassen oder eine Abberufung durchzuführen. Gibt das Gericht dem Unterlassungsantrag des BR statt und führt der AG die Bestellung einer mit der Berufsbildung beauftragten Person entgegen einer rechtskräftigen Entscheidung durch, ist er auf Antrag des BR zu einem **Ordnungsgeld** zu verurteilen. Der Verurteilung hat eine **Strafandrohung** durch das Gericht vorauszugehen. Ein entsprechender Antrag des BR, im Falle der Zuwiderhandlung den AG zu einem Ordnungsgeld zu verurteilen, kann mit dem Antrag auf Bestellungsverbot verbunden werden.[105] Eine bestimmte Summe braucht in diesem Antrag nicht angegeben zu werden. Es genügt der Hinweis auf den gesetzlichen Rahmen. Die Verurteilung setzt als repressive Maßnahme Verschulden voraus, das aber regelmäßig gegeben sein wird. Der BR kann seinen Antrag auf Festsetzung eines Ordnungsgeldes bis zur Rechtskraft des Beschlusses zurücknehmen.[106]

38 Führt der AG die **Abberufung** einer mit der Berufsbildung beauftragten Person entgegen einer rkr. gerichtlichen Entscheidung nicht durch, wird er auf Antrag des BR durch das Gericht durch **Zwangsgeld** dazu angehalten. Es handelt sich um eine Beugemaßnahme i. S. d. § 888 ZPO.[107] Das Zwangsgeld, das in einer Höhe bis zu 250 € täglich verhängt werden kann, setzt eine vorherige Strafandrohung und Verschulden nicht voraus. Es kann jedoch nicht mehr verhängt oder vollstreckt werden, wenn der AG der Anordnung des Gerichts nachgekommen ist.[108] Die eingezogenen Beträge verfallen der Staatskasse. Dies gilt auch, wenn der AG nach Vollstreckung die Abberufung durchführt.

---

101 Zum Gegenstandswert *LAG Hamburg* 19. 5. 16 – 7 Ta 8/16.
102 *BAG* 18. 3. 14 – 1 ABR 77/12, AuR 14, 485.
103 Däubler/Beck-*Buschmann*, § 17 AGG, Rn. 16 ff.
104 *BAG* 20. 4. 10 – 1 ABR 78/08. AuR 10, 228; ablehnend *HessLAG* 21. 6. 12 – 9 TaBV 75/12, juris, aufgehoben durch *BAG* 18. 3. 14 – 1 ABR 77/12, AuR 14, 485.
105 *Fitting*, Rn. 24.
106 *Fitting*, a. a. O.
107 Richardi-*Thüsing*, Rn. 47 *Fitting*, Rn. 26.
108 Richardi-*Thüsing*, Rn. 47; *Fitting*, a. a. O.; GK-*Raab*, Rn. 39; *HWGNRH*, Rn. 49.

Dritter Unterabschnitt
Personelle Einzelmaßnahmen

§ 99 Mitbestimmung bei personellen Einzelmaßnahmen

(1) In Unternehmen mit in der Regel mehr als zwanzig wahlberechtigten Arbeitnehmern hat der Arbeitgeber den Betriebsrat vor jeder Einstellung, Eingruppierung, Umgruppierung und Versetzung zu unterrichten, ihm die erforderlichen Bewerbungsunterlagen vorzulegen und Auskunft über die Person der Beteiligten zu geben; er hat dem Betriebsrat unter Vorlage der erforderlichen Unterlagen Auskunft über die Auswirkungen der geplanten Maßnahme zu geben und die Zustimmung des Betriebsrats zu der geplanten Maßnahme einzuholen. Bei Einstellungen und Versetzungen hat der Arbeitgeber insbesondere den in Aussicht genommenen Arbeitsplatz und die vorgesehene Eingruppierung mitzuteilen. Die Mitglieder des Betriebsrats sind verpflichtet, über die ihnen im Rahmen der personellen Maßnahmen nach den Sätzen 1 und 2 bekannt gewordenen persönlichen Verhältnisse und Angelegenheiten der Arbeitnehmer, die ihrer Bedeutung oder ihrem Inhalt nach einer vertraulichen Behandlung bedürfen, Stillschweigen zu bewahren; § 79 Abs. 1 Satz 2 bis 4 gilt entsprechend.

(2) Der Betriebsrat kann die Zustimmung verweigern, wenn

1. die personelle Maßnahme gegen ein Gesetz, eine Verordnung, eine Unfallverhütungsvorschrift oder gegen eine Bestimmung in einem Tarifvertrag oder in einer Betriebsvereinbarung oder gegen eine gerichtliche Entscheidung oder eine behördliche Anordnung verstoßen würde,

2. die personelle Maßnahme gegen eine Richtlinie nach § 95 verstoßen würde,

3. die durch Tatsachen begründete Besorgnis besteht, dass infolge der personellen Maßnahme im Betrieb beschäftigte Arbeitnehmer gekündigt werden oder sonstige Nachteile erleiden, ohne dass dies aus betrieblichen oder persönlichen Gründen gerechtfertigt ist; als Nachteil gilt bei unbefristeter Einstellung auch die Nichtberücksichtigung eines gleich geeigneten befristet Beschäftigten,

4. der betroffene Arbeitnehmer durch die personelle Maßnahme benachteiligt wird, ohne dass dies aus betrieblichen oder in der Person des Arbeitnehmers liegenden Gründen gerechtfertigt ist,

5. eine nach § 93 erforderliche Ausschreibung im Betrieb unterblieben ist oder

6. die durch Tatsachen begründete Besorgnis besteht, dass der für die personelle Maßnahme in Aussicht genommene Bewerber oder Arbeitnehmer den Betriebsfrieden durch gesetzwidriges Verhalten oder durch grobe Verletzung der in § 75 Abs. 1 enthaltenen Grundsätze, insbesondere durch rassistische oder fremdenfeindliche Betätigung, stören werde.

(3) Verweigert der Betriebsrat seine Zustimmung, so hat er dies unter Angabe von Gründen innerhalb einer Woche nach Unterrichtung durch den Arbeitgeber diesem schriftlich mitzuteilen. Teilt der Betriebsrat dem Arbeitgeber die Verweigerung seiner Zustimmung nicht innerhalb der Frist schriftlich mit, so gilt die Zustimmung als erteilt.

(4) Verweigert der Betriebsrat seine Zustimmung, so kann der Arbeitgeber beim Arbeitsgericht beantragen, die Zustimmung zu ersetzen.

Inhaltsübersicht Rn.

I. Vorbemerkungen

1 Die §§ 99 bis 105 regeln die **Beteiligungsrechte des BR** bei personellen Einzelmaßnahmen. Im Sprachgebrauch des Gesetzes ist § 99 mit »Mitbestimmung« überschrieben. Die damit gemeinte Beteiligungsart unterscheidet sich von derjenigen, z. B. des § 87, dadurch, dass der BR seine Zustimmung zu der personellen Einzelmaßnahme nur beim Vorliegen bestimmter, abschließend im Gesetz genannter Gründe verweigern darf. Es handelt sich mithin um eine **gebundene Mitbestimmung.** Ihre Eigenart liegt darin, dass im Streitfall nicht die ESt. nach »billigem Ermessen« (§ 76 Abs. 5) entscheidet, sondern das ArbG die Berechtigung der Zustimmungsverweigerung überprüft (§ 99 Abs. 4). Auch das Initiativrecht des BR fehlt.[1] Außerdem hat der AG die Möglichkeit der vorläufigen einseitigen Regelung durch § 100. Die Beteiligung des BR kann aber durch TV oder BV zu einer ungebundenen »Voll-Mitbestimmung« ausgebaut werden (Rn. 33 ff.). Um eine effektive Gewährleistung der Mitbestimmung bei personellen Einzelmaßnahmen zu sichern, bedürfte es einer umfassenden **Reform** der §§ 99 ff. und der ausdrücklichen Regelung von Unterlassungs- und Folgenbeseitigungsansprüchen. Die massive Bedeutung von Fremdpersonaleinsätzen in der heutigen Arbeitswelt ist in §§ 99 ff. nicht ausreichend abgebildet. Der DGB hat hierfür einen Vorschlag unterbreitet.[2] Wenn seitens einer großen Anwaltskanzlei für Arbeitgeber festgestellt wird: »Das Zusammenspiel der §§ 99, 100 und 101 BetrVG erlaubt mannigfaltiges Taktieren, das die Mitbestimmungsrechte eines Betriebsrats bei nicht dauerhaft geplanten Einzelmaßnahmen praktisch aushebelt«[3] so belegt das den gesetzgeberischen Handlungsbedarf. Ob es in der Praxis bei der Empfehlung an AG, die

---

1 *Däubler*, Arbeitsrecht 1, Rn. 1045.
2 *Allgaier et al.*, AuR Sonderbeilage, April 2022.
3 *Braun*, ArbRB 23, 107.

Möglichkeiten zur Umgehung der Mitbestimmung nur »im »Notfall‹ zu nutzen«[4] bleibt, ist äußerst zweifelhaft.

Üblicherweise wird festgestellt, dass die **Mitbestimmungs- und Beteiligungsrechte** bei personellen Einzelmaßnahmen in §§ 99–102 **erschöpfend aufgezählt** worden seien.[5] Das ist bei enger begrifflicher Abgrenzung zwar zutreffend, verstellt aber den Blick auf die **umfassende Schutzfunktion des BR** bei den einzelne AN betreffenden Vorgängen. Das gilt bereits im Vorfeld »harter« personeller Entscheidungen, die zur Beteiligung des BR gemäß § 99 führen, für seine Einschaltung bei der Wahrnehmung der **Individualrechte der AN** gemäß §§ 81–85. Die frühzeitige Ausschöpfung der dort enthaltenen Möglichkeiten der Information, Erörterung und ggf. Beschwerde können unliebsamen Überraschungen, Missverständnissen und unnötigen Streitigkeiten in einem späteren Stadium entgegenwirken. Das gilt insbes. für Auswahlrichtlinien nach § 95, der über Abs. 2 Nr. 2 (vgl. Rn. 204) direkt mit § 99 verknüpft wird. Daneben ist auf die wichtige Rolle des BR bei personellen Einzelentscheidungen im Bereich **betrieblicher Bildungsmaßnahmen** gemäß § 98 hinzuweisen. Diese ausdrücklichen Beteiligungsrechte werden ergänzt durch die **Generalklauseln der §§ 75 und 80,** die den BR berechtigen und verpflichten, sich der Belegschaftsinteressen gerade insofern anzunehmen, als diese sich auf die Belange der AN als Einzelpersonen beziehen. Daraus resultieren z. B. Einwirkungsmöglichkeiten des BR bei personellen Einzelmaßnahmen in Betrieben mit nicht mehr als 20 AN (vgl. Rn. 10). Operativ unterstützt werden all die auf einzelne AN bezogenen Betätigungsmöglichkeiten des BR durch die Einrichtung seiner Sprechstunde (§ 39), das Recht, einzelne AN an ihrem Arbeitsplatz aufzusuchen (vgl. § 80 Rn. 23ff), und die Einblicksmöglichkeit in Lohn- und Gehaltslisten (vgl. § 80 Rn. 126 ff.). 2

Die Beteiligungsrechte des BR bei personellen Einzelmaßnahmen sind vor allem eingebettet in das **Geflecht der kollektiven Regelungen.** Abs. 2 bezieht sich mit einem deutlichen Schwerpunkt auf Regelungen der Betriebsparteien selbst, deren Einhaltung der BR mit dieser Vorschrift wirksam sichern kann: »Betriebsvereinbarung« (Nr. 1); »Auswahlrichtlinien« (Nr. 2); »Ausschreibung« (Nr. 5). Mit anderen Worten: Die Reichweite und Wirksamkeit der Beteiligung gemäß § 99 sind in einem hohen Maße von der eigenen kollektiven Vorarbeit des BR (mit) abhängig. Umgekehrt kann die effektive Beteiligung bei personellen Einzelentscheidungen eine wichtige Rolle als **Frühindikator für Betriebsänderungen** i. S. v. § 111 spielen (vgl. § 111 Rn. 58; zur Qualität einer verspäteten Information gemäß § 111 und einem unterlassenen Interessenausgleich als Widerspruchsgrund gemäß Abs. 2 Nr. 1 vgl. Rn. 197). 3

Die **Entscheidungsmaßstäbe des BR** sind vielfältig: Er hat zum einen auf die Rechte der einzelnen AN zu achten und zum anderen die kollektiven Interessen der Belegschaft zu wahren.[6] Das Wort »kollektiv« bedeutet dabei nicht zuletzt Verteilungsgerechtigkeit zwischen den AN (»betriebliche Lohngerechtigkeit«)[7] und damit ein am Gleichheitssatz orientiertes Interesse aller, d. h. jeder und jedes einzelnen AN. Darüber hinaus hat der BR auch **Belange von AN außerhalb des Betriebs** wahrzunehmen, wie dies z. B. der Widerspruchsgrund des Abs. 2 Nr. 4 zeigt (vgl. Rn. 223) bzw. aus seinem Recht ersichtlich wird, einen Verstoß gegen § 611a BGB oder § 164 SGB IX gemäß Abs. 2 Nr. 1 zu reklamieren (Rn. 197). Dies sind anspruchsvolle Anforderungen, die in der Praxis zunehmen.[8] Der insoweit abverlangte »Altruismus« kann durchaus in Konflikte mit der eigenen Belegschaft führen. In dieser Hinsicht hat das **Zusammenwirken mit den Gewerkschaften** gemäß § 2 entscheidende Bedeutung (§ 2 Rn. 48 ff.). Außerdem wird die Bedeutung einer funktionierenden **Zusammenarbeit mit der Agentur für Arbeit** hinsichtlich des externen Arbeitsmarktes deutlich. Der BR hat bei der Ausübung seines Beteiligungsrechts und damit der Abwägung der verschiedenen, einander möglicherweise widerstreitenden Interessen ein **freies, nicht justitiables Ermessen.** Grenzfälle des Ermessensmissbrauchs können nur über § 23 sanktioniert werden oder zur Unbeachtlichkeit einer Zustimmungsverweigerung (Rn. 186) führen. 4

4 *Braun,* ArbRB 23, 107.
5 *Fitting,* Rn. 2.
6 *Fitting,* Rn. 3; vgl. *v. Hoyningen-Huene,* § 14 Abs. 3 Satz 1.
7 *BAG* 28.1.86, EzA § 99 BetrVG 1972 Nr. 47.
8 *Demir* et al., Trendreport Betriebsratswahlen 2018, 2020.

5 Die Beteiligung bei personellen Einzelmaßnahmen bedeutet kollektive Einflussnahme auf individualrechtliche Akte, jeweils bezogen auf ein **konkretes Arbeitsverhältnis.** Auch wenn in der Praxis bestimmte Entscheidungen typischerweise zeitlich zusammenfallen (Einstellung/erste Eingruppierung; Änderungskündigung/Versetzung; Änderungskündigung/Umgruppierung), sind sie gemäß §§ 99 und 102 rechtlich getrennt nach ihren einzelnen Voraussetzungen und Folgen zu behandeln. Die Zustimmung des BR ist für **jede Maßnahme selbstständig** erforderlich.[9] So sind etwa auch eine zunächst nur kommissarische und später die endgültige Besetzung einer Stelle mit demselben AN jeweils für sich mitbestimmungspflichtige Maßnahmen.[10] Daraus folgt als Auslegungsgrundsatz, dass die Information des BR im Zweifel nur dann ausreichend ist, wenn sie ausdrücklich mit ihren betriebsverfassungsrechtlich relevanten Einzelbestandteilen benannt wurde (Rn. 140). Hinzu kommt: Auch wenn eine **Vielzahl von AN** betroffen ist, muss der BR in eindeutig individuell zurechenbarer Weise informiert werden[11] (vgl. Rn. 140).

II. Voraussetzungen der Mitbestimmung

1. Unternehmensgröße, Arbeitnehmerzahl

6 Voraussetzung für die Mitbestimmung bei personellen Einzelmaßnahmen ist eine **Mindestgröße des UN.** Mit dem **BetrVerf-ReformG 2001** ist diese bis dahin auf den Betrieb bezogene Grenze auf das UN bezogen worden (zum Unternehmensbegriff vgl. Einl. Rn. 103 ff.). Bei UN mit mehreren Betrieben kommt es deshalb nicht mehr auf die Größe der einzelnen Betriebe an, sondern auf die Anzahl der AN im gesamten Unternehmen.

7 Voraussetzung für die Mitbestimmung gemäß § 99 ist die **regelmäßige Beschäftigung von mehr als 20 AN** im UN (zum Kreis der wahlberechtigten AN vgl. § 7; zum Kriterium der »in der Regel« beschäftigten AN vgl. § 9 Rn. 6 ff.). Entscheidend ist, welche (regelmäßige) Beschäftigtenzahl auf Dauer zu erwarten ist (§ 9 Rn. 6 ff.), d.h. die Zahl der Arbeitsplätze, auf die das UN ausgerichtet ist.[12] In einem **gemeinsamen Betrieb mehrerer UN** ist der Schwellenwert nicht nur dann erfüllt, wenn alle am Gemeinschaftsbetrieb beteiligten UN jeweils mehr als 20 AN beschäftigen, sondern auch, wenn nur eines der beteiligten Unternehmen diesen Schwellenwert erreicht, da eine gespaltene Rechtsposition des Betriebsrats mit der Struktur des Mitbestimmungsrechts nicht vereinbar ist.[13] Beschäftigt keines der am Gemeinschaftsbetrieb beteiligten UN mehr als 20 AN, kommt der Gemeinschaftsbetrieb insgesamt aber auf diese Beschäftigtenzahl, so findet § 99 analoge Anwendung.[14]

8 Im Gegensatz zu § 1 ist nicht erforderlich, dass es sich um »ständig« beschäftigte AN (vgl. § 1 Rn. 164) handelt. Auch nur **vorübergehend Beschäftigte,** also auch Leih-AN[15] werden mitgezählt. Dies folgt unmittelbar aus § 14 Abs. 2 S. 4 AÜG.

9 Soweit das Mitbestimmungsrecht bei personellen Einzelmaßnahmen vom **Über- oder Unterschreiten der 20-AN-Grenze** abhängt, ist für den **Zeitpunkt** seines Einsetzens bzw. Verlustes zu unterscheiden: Sobald man davon sprechen kann, dass regelmäßig mehr als 20 AN beschäftigt werden, werden alle zu diesem Zeitpunkt noch nicht abgeschlossenen, mithin noch der Mitbestimmung zugänglichen Maßnahmen mitbestimmungspflichtig. Sinkt die regelmäßige AN-Zahl unter die Grenze, so werden die noch mitbestimmt begonnenen Verfahren (ab dem Zeitpunkt der Informationsverpflichtung des AG) gemäß §§ 99, 100 zu Ende geführt;[16] später eingeleitete personelle Einzelmaßnahmen unterliegen dann nicht mehr der Mitbestimmung.

---

9 *BAG* 10.2.76, EzA § 99 BetrVG 1972 Nr. 9; HWGNRH-*Huke,* Rn. 1.
10 *HessLAG* 22.3.94 – 4 TaBV 120/93, ZTR 94, 479.
11 HWGNRH-*Huke,* Rn. 97.
12 GK-*Raab,* Rn. 6; ähnlich für § 17 KSchG *BAG* 31.7.86, NZA 87, 587; zu pauschal daher *WEH,* Teil I Rn. 122.
13 *BAG* 29.9.04, AP Nr. 40 zu § 99 BetrVG 1972 Versetzung; GK-*Raab,* § 99 Rn. 9.
14 *BAG* 29.9.04, AP Nr. 40 zu § 99 BetrVG 1972 Versetzung; GK-*Raab,* § 99 Rn. 10.
15 Vgl. hierzu auch die auf § 99 Abs. 1 übertragbare Rspr. des BAG (*BAG* Urt. v. 18.10.11 – 1 AZR 335/10, NZA 12, 221 Tz. 19).
16 Vgl. Richardi-*Thüsing,* Rn. 16; a. A. GK-*Raab,* Rn. 12.

10 In UN mit in der Regel **nicht mehr als 20 AN** gibt es **keine Beteiligungsrechte des BR** gemäß § 99. Dennoch ist der AG zur Einhaltung aller in § 99 Abs. 2 Nr. 1 genannten Vorschriften gehalten, auch wenn es keinen Zustimmungsvorbehalt des BR gibt. Außerdem gilt für den AG § 75, für den BR § 80 und § 85 und für das Zusammenwirken von AG und BR § 2 Abs. 1 und § 74 Abs. 1. Daraus folgt z. B., dass der AG den BR **rechtzeitig** über geplante personelle Einzelmaßnahmen **unterrichten** und sie mit ihm erörtern muss. Ggf. steht dem BR auch der Weg über § 23 offen (vgl. § 23 Rn. 153 ff.). Die Geltung der §§ 90–101 kann durch TV oder BV vereinbart werden.[17]

2. Bestehen eines Betriebsrats

11 Voraussetzung der Wahrnehmung von Mitbestimmungs- und Beteiligungsrechten ist das **Vorhandensein eines BR.**[18] Im Falle der **erstmaligen Bildung eines BR** soll § 99 erst gelten, wenn der BR konstituiert ist.[19] Das ist zutreffend, weil nur gegenüber einem handlungsfähigen BR die Wochenfrist des Abs. 3 mit den entsprechenden Rechtswirkungen in Gang gesetzt werden kann. Andererseits steht das Verhalten des AG insofern unter Missbrauchsvorbehalt, als er nicht objektiv erst später anstehende Maßnahmen vorziehen darf, um sie der Mitbestimmung des BR zu entziehen. Für den Normalfall des **auslaufenden BR-Amtes** sichert § 22 die Möglichkeit der Fortführung der angefangenen und noch weiter anfallenden Mitbestimmungsfälle. Übt der Betriebsrat ein **Übergangsmandat** nach § 21a aus, so findet § 99 in vollem Umfang Anwendung; das Übergangsmandat ist ein Vollmandat (vgl. § 21a Rn. 10, 61).

12 Die **Zuständigkeit** für Beteiligungsrechte bei personellen Einzelentscheidungen liegt im Regelfall beim **Einzel-BR** und nicht beim GBR (zu Ausnahmen vgl. Rn. 16). Der BR kann die Wahrnehmung seiner Beteiligungsrechte nach § 99 auf den **Betriebsausschuss** (§ 27) oder einen besonderen **Personalausschuss** übertragen; Letzteres ist gemäß § 28 Abs. 1 nur möglich, wenn ein Betriebsausschuss errichtet ist[20] (vgl. § 28 Rn. 3). Die Übertragung kann sich auf bestimmte Maßnahmen beschränken oder die Entscheidung des Vorgangs dem BR selbst vorbehalten.

3. Betroffene Beschäftigte

13 Das Beteiligungsrecht bezieht sich **nicht nur** auf AN, die in einem **Arbeitsverhältnis** zum AG stehen. Der BR hat vielmehr auch dann mitzubestimmen, wenn Personen in den Betrieb eingegliedert werden, um zusammen mit den im Betrieb schon beschäftigten AN **den arbeitstechnischen Zweck des Betriebs durch weisungsgebundene Tätigkeit zu verwirklichen.** Auf das Rechtsverhältnis, in dem diese Personen zum AG stehen, kommt es nicht an. Die Mitbestimmung greift dem *BAG* zufolge dann ein, »wenn Personen mit ihrem Einverständnis faktisch für eine bestimmte Zeit **in den Betrieb eingegliedert** werden und dort genau so arbeiten wie jeder AN dieses Betriebs«.[21] Es kann sich um **Leih-AN** (§§ 1 Abs. 1 Satz 2, 14 Abs. 3 AÜG), zu ihrer **Ausbildung** Beschäftigte auch ohne Ausbildungsvertrag gemäß § 3 BBiG[22] oder sogar um **selbstständige UN**[23] handeln.[24] Auch die Ausgabe von **Heimarbeit** kann als Einstellung anzusehen sein (Rn. 54). Ebenfalls nach § 99 beteiligungspflichtig ist die Eingliederung von Beschäftigten als sog. **Ein-Euro-Jobber,** weil auch bzgl. dieser Personen das Weisungsrecht durch die Arbeitgeber des Beschäftigungsbetriebes ausgeübt wird. (vgl. Rn. 40).

14 Für **leitende Angestellte** gilt § 99 nicht. Es ist ausschließlich gemäß § 105 zu informieren (s. dort). Da § 99 auch hinsichtlich Einstellungen von **Nicht-AN** gilt, wenn sie in den Betrieb »eingegliedert« werden (Rn. 39), liegt es nahe, **§ 5 Abs. 3 analog** anzuwenden, wenn sie in

17 *Fitting*, Rn. 13.
18 HWGNRH-*Huke*, Rn. 6.
19 *Fitting*, Rn. 15; Richardi-*Thüsing*, Rn. 21; HWGNRH-*Huke*, Rn. 6.
20 *BAG* 1. 6. 76, AP Nr. 1 zu § 28 BetrVG 1972.
21 Ständige Rspr., vgl. *BAG* 14. 5. 74, DB 74, 1580; 1. 8. 89, DB 90, 483; 3. 10. 89, DB 90, 1140.
22 *BAG* 3. 10. 89, DB 90, 1140.
23 *BAG* 15. 4. 86, DB 86, 2497.
24 *Plander*, Normalarbeitsverhältnis, Rn. 358, hält auch die Entscheidung des AG zur erstmaligen Mitarbeit im Betrieb für mitbestimmungspflichtig.

der Funktion eines leitenden Angestellten tätig werden.[25] Das *BAG* schließt die »Beförderung« von Angestellten und die damit verbundene **Versetzung in den Status eines leitenden Angestellten** von der Mitbestimmung des § 99 aus und verweist auf § 105.[26] Jedoch kann dies allenfalls für Widerspruchsgründe gelten, die sich auf den Bereich der künftigen leitenden Tätigkeit beziehen, nicht auf solche, die sich auf das »Woher« stützen. Die **Herabstufung vom leitenden Angestellten zum nichtleitenden AN** ist aus Sicht der durch das BetrVG geschützten Belegschaft eine Einstellung, weil der ehemals leitende Angestellte mit dem Verlust seines Status zugleich wahlberechtigt i. S. von § 7 wird[27] (vgl. a. Rn. 40).

4. Betriebsübergreifende Maßnahmen im Unternehmen und Konzern

15 Die Wahrnehmung der Mitbestimmungsrechte bei personellen Einzelmaßnahmen ist auf den Betrieb und den dort gebildeten Einzel-BR bezogen. Das damit implizierte Modell einer geschlossenen personalwirtschaftlichen Einheit, eines sog. **internen Arbeitsmarktes,** ist in der Wirklichkeit jedenfalls der größeren UN mit mehreren Betrieben bzw. der konzernverbundenen UN eher die Ausnahme als die Regel. Personalwirtschaft wird vielfach **unternehmensweit,** nicht selten **konzernweit** organisiert. Das ist tendenziell stärker der Fall bei Grundsätzen und längerfristigen Planungsvorgaben und mit steigender Qualifikation und hierarchischer Stellung der betroffenen AN. Jedoch sind auch Maßnahmen, z. B. Versetzungen von einem Betrieb zum anderen, fluktuierende Einsätze o. Ä. bei AN mit einfachen Tätigkeiten üblich.[28] Das Gleiche ist innerhalb von UN eines Konzerns zu beobachten (Rn. 17; zum Arbeitseinsatz außerhalb des Konzerns bei ansonsten kooperierenden UN vgl. Rn. 19). In vielen Fällen korrespondieren damit unternehmensweite (seltener: konzernweite) Regelungen mit dem GBR (bzw. KBR), z. B. über Auswahlrichtlinien (vgl. § 95 Rn. 20) oder Stellenausschreibungen (vgl. § 93 Rn. 11). Bloße Zweckmäßigkeitserwägungen führen im Grundsatz aber nicht zu einer Verlagerung von Zuständigkeiten auf den GBR. Die Beschränkung der Handlungsspielräume des AG durch möglicherweise **divergierende Entscheidungen der Einzel-BR** wird durch das BetrVG in Kauf genommen.[29] Es geht von der **»organisatorischen und beteiligungsmäßigen Einheit des einzelnen Betriebs«** aus.[30] Das bedeutet, dass ein möglicherweise individualarbeitsrechtlich in sich geschlossener Vorgang **betriebsverfassungsrechtlich** in die Komponenten **zerlegt** wird, in denen er sich den jeweils betroffenen und zuständigen Einzel-BR darbietet: Eine »Abordnung« von einem zu einem anderen Betrieb als »Versetzung« im abgebenden, als »Einstellung« im aufnehmenden Betrieb.[31] Diese Betonung der Einzel-BR-Zuständigkeit darf jedoch den Blick nicht verstellen für **betriebsübergreifende Interessen der gesamten Belegschaft des ganzen UN,** denen auf einzelbetrieblicher Ebene nicht adäquat Rechnung getragen werden kann.[32] Mit anderen Worten: »Mitbestimmungslücken« auf Grund mangelnder »Reichweite« der Einzel-BR-Mitbestimmung müssen möglicherweise durch den GBR (ggf. KBR) geschlossen werden (vgl. Rn. 16).

16 Im Wesentlichen ergeben sich folgende **Fallgruppen unternehmensbezogener Maßnahmen:**

- **Abordnung:** Es steht von vornherein fest, dass AN nach Beendigung ihres externen Einsatzes an ihren bisherigen Arbeitsplatz zurückkehren. Die Abordnung vom und Rückkehr in den Stammbetrieb ist eine einheitliche Maßnahme, die sich nicht in Ausscheiden aus dem Betrieb und Wiedereingliedern in den Betrieb trennen lässt; der Gesamtvorgang wird aus Sicht des »abgebenden« BR als eine »Versetzung« behandelt[33] (hierzu näher Rn. 107). Die Rückkehr nach Ende des befristeten Einsatzes ist dann keine »Einstellung und deshalb nicht

---

25 So *ArbG Marburg* 10. 12. 92 – 2 BV 21/92 für einen Unternehmensberater als Personalleiter.
26 *BAG* 8. 2. 77, DB 77, 146; 29. 1. 80, DB 80, 1946.
27 *v. Hoyningen-Huene/Boemke*, S. 210 f.
28 Vgl. die Fallgestaltung bei *BAG* 18. 10. 88, DB 88, 732.
29 *Windbichler*, S. 392 m. w. N.
30 *BAG* 30. 4. 81, AuR 81, 354 mit Anm. *Bobke*.
31 Ständige Rspr.; etwa *BAG* 18. 2. 86, DB 86, 1523; 1. 8. 89, DB 90, 382 m. w. N.
32 Vgl. auch *Fitting*, Rn. 21.
33 Ständige Rspr.; zuletzt *BAG* 18. 10. 88, DB 89, 732.

mehr mitbestimmungspflichtig.[34] Ob es sich um eine mitbestimmungspflichtige Versetzung handelt, wird anhand der üblichen Kriterien »anderer Arbeitsbereich«, »Dauer« und »erhebliche Änderung der Umstände« i. S. d. § 95 Abs. 3 geklärt (Einzelfälle Rn. 96 ff.). Für den neuen Einsatzbetrieb handelt es sich um eine »Einstellung«[35] (zu Einzelfällen vgl. Rn. 107). Das *BAG* hat ein Mitbestimmungsrecht auch bei Abordnung in den Betrieb eines anderen UN angenommen, wenn die Arbeitsleistung im Interesse des abgebenden AG liegt,[36] auch bei einem Betrieb im Ausland.[37]

- **Versetzung auf Dauer gegen den Willen von AN mit Änderungskündigung:** Beim abgebenden Betrieb setzt die Mitbestimmung bei § 99 an. Außerdem greift § 102 ein (im Fall eines BR-Mitglieds kommt § 103 zum Tragen);[38] im aufnehmenden Betrieb handelt es sich um eine Einstellung.[39] Demgegenüber soll bei einem **dauerhaften Wechsel eines AN von einem Mitbestimmungssystem in ein anderes** kein Beteiligungsrecht des BR des abgebenden BR bestehen. So habe z. B. die Personalvertretung für das Bordpersonal der LTU Lufttransportunternehmen GmbH & Co KG kein Mitbestimmungsrecht, wenn ein Flugkapitän nach Feststellung dauernder Fluguntauglichkeit auf eine beim Bodenpersonal angesiedelte Stelle wechseln soll. Das Mitbestimmungsrecht übt in diesem Fall allein der Betriebsrat für das Bodenpersonal aus.[40]
- **Endgültige Versetzung mit dem Einverständnis der oder des AN:** Da AN in diesem Fall endgültig und einverständlich (was im Einzelfall angesichts der strukturellen Ungleichheit im Arbeitsverhältnis größeren Zweifeln ausgesetzt sein kann) aus dem Betrieb ausscheiden, kommt dem *BAG* zufolge eine Beteiligung des BR des abgebenden Betriebs nicht in Betracht; beim aufnehmenden Betrieb handele es sich dagegen um eine Einstellung[41] (hierzu aber näher Rn. 107). Vorstehendes gilt entsprechend für die **endgültige Versetzung gegen den Willen von AN,** wenn von einer im Arbeitsvertrag vereinbarten (rechtmäßigen) **Versetzungsklausel** Gebrauch gemacht wird (zur Kritik an dieser Rspr. vgl. Rn. 17).
- **Freistellung von AN für freiwillige, vorübergehende Arbeitsaufnahme:** im abgebenden Betrieb keine Versetzung, wenn die Tätigkeit kurzfristig (zwei Tage) ist und sich die Art der Tätigkeit nicht wesentlich ändert.[42]
- Beabsichtigt der AG eine **betriebsbedingte Kündigung und** behaupten AN, es gäbe eine **Versetzungsmöglichkeit** in einen anderen Betrieb als milderes Mittel gegenüber der Kündigung, so stellt sich die Frage, wie zu verfahren ist, wenn der BR des aufnehmenden Betriebes die Zustimmung zur Einstellung der für die Kündigung vorgesehenen AN verweigert hat. Nach der hier vertretenen Auffassung können AN im Kündigungsschutzprozess klären lassen, ob die möglichen Gründe für die Zustimmungsverweigerung des BR im aufnehmenden Betrieb bestehen oder nicht. Verneint das Gericht deren Berechtigung und mithin die Berechtigung der Kündigung, ist es Sache des AG, diese Position gegenüber dem BR im aufnehmenden Betrieb im Verfahren nach §§ 99, 100 durchzusetzen. Keinesfalls kann er sich lediglich unter Hinweis auf die (mögliche) Zustimmungsverweigerung des BR im aufnehmenden Betrieb »zurücklehnen« und eine Versetzungsmöglichkeit nur deshalb ablehnen.[43] Wenn der AG von der Kündigungsabsicht abrückt und entsprechend den AN- bzw. BR-Hinweisen eine Versetzung ausspricht, ist der BR erneut über diese zu informieren. Sein Beteiligungsrecht wurde nicht durch das vorangegangene Kündigungsverfahren »konsumiert« (vgl. Rn. 140).

Die Rspr. des *BAG,* wonach die Mitbestimmung im abgebenden Betrieb entfallen könne, wenn der mit seinem Einverständnis versetzte AN auf Dauer aus dem abgebenden Betrieb **17**

34 *LAG Düsseldorf* 1.9.88, AuR 89, 186.
35 *BAG* 18.2.86, AP Nr. 33 zu § 99 BetrVG 1972 mit Anm. *Misera.*
36 *BAG* 19.2.91 – 1 ABR 36/90, DB 91, 1627.
37 *BAG* 18.2.86, a. a. O.
38 Vgl. *BAG* 26.1.93 – 1 AZR 303/92, 21.9.89, EzA § 99 BetrVG 1972 Nr. 109, 76.
39 *BAG* 30.4.81, AuR 81, 354.
40 *LAG Düsseldorf* 22.7.04 – 11 TaBV 11/04.
41 *BAG* 20.9.90 – 1 ABR 37/90, BB 91, 550.
42 *BAG* 19.2.91 – 1 ABR 36/90, DB 91, 1627.
43 *BAG* 3.12.02 – 9 AZR 104/02.

ausscheidet,[44] führt zu argumentatorischen **Inkonsequenzen** und zu unvertretbaren **»Mitbestimmungslücken«.** Das *BAG* stellt in seiner früheren Rspr. selbst fest: »Andere AN, die eine solche Versetzung gewünscht haben, müssen u. U. zurückstehen. Die Versetzung kann unabhängig davon gegen gesetzliche oder andere Vorschriften oder gegen eine Richtlinie nach § 95 verstoßen. Alle diese von einer Versetzung berührten Interessen der AN des Betriebs hat der BR – wenn auch nur im Rahmen des § 99 Abs. 2 – zu wahren. Seine Beteiligung kann daher nicht deswegen ausgeschlossen sein, weil der von der Versetzung betroffene AN mit dieser einverstanden ist.«.[45] Diese Feststellungen machen ersichtlich keinen Unterschied, ob eine Versetzung auf Dauer erfolgt oder nur zeitweise. Daraus ist sodann der Schluss zu ziehen, dass entweder **beide BR** beteiligt werden und man ihnen zubilligt, auch die Interessen von AN in dritten Betrieben einzubringen, **oder** eine **originäre Zuständigkeit des GBR** gemäß § 50 Abs. 1 angenommen wird. Es spricht viel dafür wie folgt zu unterscheiden: Die Zuständigkeit liegt bei beiden **Einzel-BR,** wenn es sich lediglich um **»bilaterale« Vorgänge** zwischen beiden Betrieben handelt, jedoch beim **GBR,** wenn eine **zentrale Steuerung** durch die UN-Leitung vorliegt[46]. Das dürfte stets dann der Fall sein, wenn aktive Fördermaßnahmen im Rahmen der unternehmensweiten Personalentwicklung ergriffen werden, z. B. auf Grund unternehmensweiter, mit dem GBR vereinbarter Auswahlrichtlinien gemäß § 95 (s. § 95 Rn. 20). Indiz können etwa Stellen- und Karrierebeschreibungen in Zeitungsannoncen, Aufträge an die Agentur für Arbeit oder an Personalberater sein. In jedem Falle können die beteiligten Einzel-BR den GBR bei derartigen Vorgängen gemäß § 50 Abs. 2 beauftragen. Es ist auch eine Gesamt-BV denkbar, die eine Zuständigkeit des GBR für bestimmte Fälle vorsieht (ggf. nur vorgeschaltete Informationsrechte).[47] Eine sog. **Personalrunde,** bei der der AG einmal im Jahr eine Mehrzahl von bilateralen Versetzungen bündelt, führt nicht zur Zuständigkeit des GBR.[48]

17a Nicht in die Zuständigkeit des GBR fällt eine Einstellung, die zugleich **in zwei Betrieben eines Unternehmens** erfolgt. Da es sich dabei um zwei zustimmungspflichtige Maßnahmen handelt, ist jeweils ein BR zur Wahrnehmung des Zustimmungsrechts befugt, der GBR jedoch nicht in seiner betriebsverfassungsrechtlichen Stellung berührt.[49] Dass es somit zu unterschiedlichen Entscheidungen der BR und Komplikationen für den AG kommen kann, hat das Gesetz in Kauf genommen.[50]

18 **Konzernbezogene Personalmaßnahmen** weisen auf den ersten Blick die gleichen Strukturprobleme auf wie unternehmensbezogene[51] (vgl. Rn. 15). Auf einem zentralen personalwirtschaftlich-ökonomischen Willen beruhende Entscheidungen werden mehraktig durch verschiedene Handlungsträger umgesetzt. Für den Konzern (zum Konzerntatbestand Vor § 54 Rn. 4 – ff.) gilt dabei im Grundsatz das Gleiche wie innerhalb eines UN: Die ökonomische Subjektqualität des Konzerns und daraus fließende Harmonisierungsbestrebungen ändern nichts an der betriebsorientierten Organisations- und Beteiligungsstruktur der Betriebsverfassung (für ein UN mit mehreren Betrieben vgl. Rn. 15). Daraus resultierende Unbequemlichkeiten muss die Obergesellschaft hinnehmen. Insbes. ändert z. B. eine (zulässige) **Konzern-Weisung** an eine abhängige Gesellschaft nichts an deren Pflicht, sich dem ungeschmälerten Mitbestimmungsrecht ihres BR zu stellen; ggf. kann die Weisung nicht umgesetzt werden.[52] Der entscheidende **Unterschied zwischen Konzern und UN** liegt darin, dass AN im Konzern zwischen **rechtlich selbstständigen UN** wechseln. Dass es dabei überhaupt so etwas wie einen **»Konzern-Arbeitseinsatz«** gibt, wird rechtlich ausschließlich dadurch begründet, dass die beteiligten AN und die diversen Konzern-UN sich hierzu vertraglich verpflichten bzw. aus

44 *BAG* 1. 8. 89, DB 90, 382; 20. 9. 90 – 1 ABR 37/90, BB 91, 550.
45 *BAG* 18. 2. 86, DB 86, 1523.
46 So bereits *Richardi*, DB 74, 1288; *Stege*, DB 75, 1509; Richardi-*Thüsing*, Rn. 142.
47 Vgl. den Fall einer Stelle in der Hauptverwaltung, deren Inhaber für sämtliche Betriebe zuständig sein soll, *LAG Berlin* 25. 4. 83, DB 83, 2633.
48 *BAG* 26. 1. 93 – 1 AZR 303/92, EzA § 99 BetrVG 1792 Nr. 109.
49 *BAG* 12. 6. 19 – 1 ABR 5/18; 22. 10. 19 – 1 ABR 13/18, juris.
50 *Fitting*, Rn. 20.
51 Zu praktischen Fallgestaltungen *Windbichler*, S. 386 ff.
52 *Windbichler*, S. 392.

ihrem Verhalten entsprechende Pflichten durch Auslegung ermittelt werden müssen.[53] Anders als innerhalb eines UN bilden diese **Vertragsbeziehungen** die Aufgreiftatbestände für Mitbestimmung bei konzerninternen, unternehmensübergreifenden personellen Maßnahmen.[54] Der **Konzerntatbestand** seinerseits konstituiert das Band zwischen UN. In ihm liegt z. B. als Voraussetzung für den Versetzungstatbestand das »Interesse des AG an der Arbeitsleistung im anderen Unternehmen«[55] charakterisiert. Das geltende Recht stellt derartige Arbeitseinsätze innerhalb eines Konzerns von den Voraussetzungen für **gewerbliche AN-Überlassung** frei (§ 1 Abs. 3 Nr. 2 AÜG).

Der gängigste Fall für konzernbezogene personelle Maßnahmen ist die **Abordnung:** Sie kann 19
erfolgen in Form von AN-Überlassung im Konzern i. S. v. § 1 Abs. 3 Nr. 2 AÜG (= Überlassung von AG-Befugnissen von Konzernspitze an abhängiges UN und umgekehrt), der Begründung eines zweiten Arbeitsverhältnisses beim abhängigen UN oder dessen Vertragsbeitritt, wenn das Arbeitsverhältnis mit dem Stamm-UN (häufig Konzernspitze) nicht aufgelöst wird. Dieses Arbeitsverhältnis kann ruhen. Üblicherweise wird eine **Rückkehrklausel** vereinbart. In allen derartigen Fällen liegt beim abgebenden UN eine Versetzung vor, wenn die Rückkehr schon im Voraus fest terminiert ist. Wird sie erst bei Bedarf durch eine selbstständige Rückkehrverfügung des UN ausgelöst, ist dieser Akt erneut als Einstellung zu bewerten. Für das aufnehmende UN / Betrieb handelt es sich um eine Einstellung. Auch bei einem **Wechsel zwischen Konzern-UN** liegt beim abgebenden UN eine Versetzung vor,[56] beim aufnehmenden eine Einstellung. **Verbleiben** zunächst nur abgeordnete AN **beim Beschäftigungs-UN,** ist dies erneut als Einstellung zu behandeln (wie bei der Verlängerung eines befristeten Arbeitsverhältnisses; vgl. Rn. 47). Es ist aber auch der Fall denkbar, dass AN zur Beschäftigung in einem bestimmten Betrieb eines Konzern-UN angestellt werden, die Arbeitsverträge jedoch mit den herrschenden UN abgeschlossen werden. Es liegt **Konzern-AN-Überlassung** vor; die Mitbestimmung wird am Beschäftigungsort vom dortigen BR wahrgenommen (also »Einstellung« beim Abschluss des Arbeitsvertrags bzw. bei Arbeitsaufnahme).

Eine **originäre Zuständigkeit des KBR** dürfte nach dem für einen GBR Gesagten (vgl. Rn. 17) 20
nur in den allerseltensten Fällen begründbar sein (z. B. bei einer Kombination von konzernweiten Auswahlrichtlinien gemäß § 95 mit unternehmensübergreifenden Versetzungsrechten bzw. -pflichten). Bloße Harmonisierungsbestrebungen reichen allein nicht. Andererseits ist nicht zu verkennen, dass in einer Reihe von Konzernen eine handfeste Personalplanung bis zur Personalentwicklung konzernweit jedenfalls für Führungskräfte schon unterhalb der Ebene der leitenden Angestellten erfolgt.[57] Dann kann sich zumindest die **informatorische Einschaltung** des KBR empfehlen, ggf. der Abschluss von **Konzern-BV** über Auswahlrichtlinien, Bildungsmaßnahmen und Stellenausschreibungen (vgl. § 58 Rn. 37). Allerdings wird auch dadurch, dass aufgrund einer KBV die Funktionsbewertung von außertariflichen Mitarbeitern von einer paritätischen Kommission vorgenommen wird, das Beteiligungsrecht des örtlichen BR bei der konkreten Eingruppierung dieser Mitarbeiter weder ausgeschlossen noch eingeschränkt.[58]

Die gleichen Probleme wie im Konzern gibt es im Verhältnis zwischen UN und einer von 21
ihnen gebildeten »**Arbeitsgemeinschaft**«[59] oder im Falle der Tätigkeit eines AN in einer sog. **Beschäftigungsgesellschaft.** Enge Vertragsbeziehungen im Rahmen von **Just-in-time-Lieferbeziehungen** können zur Eingliederung in den Betrieb des dominanten Betriebs führen[60] (vgl. Rn. 61). Bei einer **Aufspaltung der AG-Funktion** (= mehrere AG) richtet sich die betriebsverfassungsrechtliche Zuständigkeit danach, wo die jeweilige AG-Funktion, um deren Mitbestimmungspflichtigkeit es geht, angesiedelt ist[61] (vgl. auch Rn. 124).

---

53 *Windbichler*, S. 81 ff. mit Beispielen.
54 Zur Ausschaltung von Umgehungskonstruktionen vgl. *Windbichler*, S. 395.
55 *BAG* 19. 2. 91 – 1 ABR 36/90, DB 91, 1627.
56 *BAG* 19. 2. 91 – 1 ABR 36/90, EzA § 95 BetrVG 1972 Nr. 24.
57 Vgl. den Fall *LAG Düsseldorf* 25. 1. 90 – 13 Sa 510/89, LAGE § 99 BetrVG 1972 Nr. 33: Versetzung auf Grund zentralen Konzern-Sozialplans mit zentraler Personalplanungskommission.
58 *LAG Hamm* 13. 5. 05 – 10 TaBV 15/04.
59 Vgl. *BAG* 11. 3. 75, DB 75, 1753; *LAG Berlin* 28. 2. 83, DB 84, 683.
60 Zur Möglichkeit des Konzerntatbestands in diesen Fällen *Nagel*, DB 89, 1505; *Däubler*, CR 88, 841.
61 *BAG* 2. 11. 93 – 1 ABR 36/93, DB 94, 985: Versetzung im Gesamthafenbetrieb.

5. Auslandsbeziehungen

22 Die Anwendung des BetrVG für **im Ausland beschäftigte AN** regelt sich nach den Grundsätzen des Territorialitätsprinzips und der »Ausstrahlung« (vgl. Einl. Rn. 201 ff.; § 1 Rn. 23 ff.). Für die BR-Beteiligung bei personellen Einzelmaßnahmen bedeutet das: In allen Fällen **vorübergehender Entsendung** bzw. dem Recht des **jederzeitigen Rückrufs** (jeweils als Indiz für Inlandsbezug)[62] bleiben die Beteiligungsrechte des deutschen BR bestehen (hierzu auch Rn. 19). Eine **zeitliche Obergrenze,** ab der die Zuständigkeit des deutschen BR endet, gibt es nicht. Der BR ist in solchen Fällen nicht nur bei der Entsendung zu beteiligen, sondern auch bei **personellen Einzelmaßnahmen im Ausland** (zur Reisemöglichkeit von BR-Mitgliedern, um in solchen Fällen die Beteiligungsrechte wirksam wahrnehmen zu können, § 37 Rn. 17).[63] Zu Unrecht schließt das *BAG*[64] die Beteiligung des BR aus, wenn AN für einen **einmaligen Auslandseinsatz** in einem rechtlich unselbständigen Betrieb (nicht bei einem rechtlich selbständigen Tochter-UN) im Ausland befristet eingestellt werden. Denn in jedem Fall ist über § 99 Abs. 2 Nr. 2 und 3 zu prüfen, ob hierdurch nicht im Betrieb beschäftigte AN benachteiligt werden.[65]

23 Für **inländische deutsche Betriebe mit Auslandsbeziehung** gilt wegen des Territorialitätsprinzips grundsätzlich das BetrVG (vgl. § 1 Rn. 23 ff.).

6. Arbeitskampf

24 Während eines **Arbeitskampfes** stellt sich auch hinsichtlich der Mitbestimmung bei personellen Einzelmaßnahmen die Frage ihrer möglichen Einschränkung (hierzu grundlegend § 74 Rn. 30 ff.). Dabei ist nach der *BAG*-Rspr. wie folgt zu unterscheiden: Personelle Maßnahmen, die zwar **während** des **Arbeitskampfes** getroffen wurden, aber mit diesem in **keinem Zusammenhang** stehen, unterliegen dem normalen Mitbestimmungsrecht und -verfahren.[66] Auch während eines Arbeitskampfs bleibt der BR mit allen Rechten und Pflichten im Amt und hat dieses neutral wahrzunehmen. Hinsichtlich unmittelbar **arbeitskampfbezogener personeller Maßnahmen** ist allerdings zu prüfen, ob bei »arbeitskampfkonformer« Auslegung eine Einschränkung der Beteiligungsrechte des BR wegen möglicher Beeinträchtigung der Waffengleichheit in Betracht kommt.[67] Die Mitbestimmung des BR müsste unmittelbar und zwangsläufig zur Folge haben, dass die Freiheit des AG, Arbeitskampfmaßnahmen zu ergreifen oder Folgen des Arbeitskampfes zu begegnen, in ihrem **Kernbereich** beeinträchtigt würde.[68] Deshalb ist die Rspr. des *BAG*, nach der der BR des abgebenden Betriebs bei einer arbeitskampfbedingten Versetzung arbeitswilliger AN in einen bestreikten Betrieb des AG nicht nach § 99 Abs. 1 mitzubestimmen hat, ausgesprochen zweifelhaft. Dies soll unabhängig davon gelten, ob der abgebende Betrieb in den Arbeitskampf einbezogen ist oder nicht,[69] was erst Recht zweifelhaft ist.[70] Voraussetzung für eine Einschränkung des Mitbestimmungsrechts ist indes grundsätzlich, dass der AG sich **selbst im Arbeitskampf** befindet.[71] In jedem Fall bestehen alle **Informationspflichten.**[72] Der AG ist daher verpflichtet, dem BR unter Namensnennung jeweils vor Umsetzung der Maßnahme mitzuteilen, welche kurzfristigen Versetzungen, Einstellungen

---

62 Vgl. *BAG* 7.12.89, DB 90, 992.
63 *Bobke*, AiB 89, 230.
64 *BAG* 21.10.80, AP Nr. 17 zu Internat. Privatrecht Arbeitsrecht.
65 A. A. HWGNRH-*Huke*, Rn. 8.
66 H. M.; *BAG* 6.3.79, DB 79, 1464.
67 Ständ. Rspr. *BAG* 10.12.02 – 1 ABR 7/02, BB 03, 1900; 13.12.11 – 1 ABR 2/10; 13.12.11 – 1 ABR 2/10; 20.3.18 – 1 ABR 70/16 juris.
68 *BAG* 19.2.91 – 1 ABR 36/90, DB 91, 1627; vgl. auch *BAG* 10.2.88, DB 88, 1273; *LAG Köln* 13.8.09 – 7 TaBV 116/08, juris.
69 *BAG* 13.12.11 – 1 ABR 2/10 juris; *LAG Düsseldorf* 25.4.18 – 2 TaBV 1/18, juris.
70 *Klocke*, BetrVG und Arbeitskampf im Betrieb.
71 *BAG* 19.2.91, a.a.O.; deshalb volle Mitbestimmung bei »Abgabe« von AN eines nicht bestreikten Betriebs zur »Aushilfe« im bestreikten Betrieb.
72 *BAG* 10.12.02 – 1 ABR 7/02, BB 03, 1900.

sowie Beschäftigung von Mitarbeitern von fremden Firmen beabsichtigt sind.[73] Will der AG beispielsweise Streikbrecher einstellen oder Arbeitsplätze umbesetzen, so kann er im Falle eines BR-Widerspruchs die vorläufige Einstellung gemäß § 100 beschließen und das *ArbG* anrufen. Damit ist seinem Bedürfnis der schnellen Reaktion Genüge getan, und die Berechtigung des BR-Widerspruchs wird anschließend geprüft.[74] Wirklich arbeitskampfrelevant wird dabei nur die Frage, welche Widerspruchsgründe im Rahmen des § 99 Abs. 2 anerkannt werden können. Zum Beispiel könnte ein Einstellungsverweigerungsgrund in der unbefristeten Einstellung von Streikbrechern bzw. »Ersatzpersonal« liegen.

Entgegen der h. M. in der Literatur[75] kann nach der Rspr. des *BAG* die BR-Beteiligung auch beim **rechtswidrigen Arbeitskampf** entfallen[76] (vgl. näher § 74 Rn. 31). 25

Für während des Arbeitskampfes mitbestimmungsfreie Maßnahmen ist das Beteiligungsverfahren **nach Abschluss des Arbeitskampfes** nachzuholen, falls eine Maßnahme länger Bestand haben soll.[77] Die Berechtigung möglicher Widerspruchsgründe ergibt sich bezogen auf die Zeit nach Arbeitskampfende. 26

In **mittelbar kampfbetroffenen** Betrieben gelten die gleichen Grundsätze. Wegen der größeren »Arbeitskampfferne« wird eine Beschränkung der Rechte bei Einzelmaßnahmen allerdings kaum begründbar.[78] Das Mitbestimmungsrecht aus § 99 entfällt nicht, wenn der AG während eines Streiks in einem Tochter-UN mit einem anderen fachlichen Geltungsbereich AN in das Tochter-UN abordnet.[79] Vor diesem Hintergrund bestehen erhebliche Zweifel an der Rspr. des *BAG*, nach der die Einschränkung des Zustimmungserfordernisses bei arbeitskampfbezogenen Versetzungen nicht nur dann besteht, wenn der abgebende Betrieb, aus dem heraus die Versetzungen erfolgen, im Kampfgebiet liegt und die dort Beschäftigten in den Geltungsbereich des umkämpften Tarifabschlusses fallen, sondern auch dann, wenn der Arbeitskampf in einem anderen Betrieb des Unternehmens geführt wird (vgl. a. Rn. 24).[80] Jedenfalls reicht eine nur mittelbare Betroffenheit von einem Arbeitskampf bei einem anderen Konzernunternehmen und/oder Branchenunternehmen dahingehend, dass auch der AG bei den nächsten bei ihm anstehenden Tarifverhandlungen sich erhöhten Forderungen ausgesetzt sehen könnte, für eine Einschränkung der Beteiligungsrechte des BR nach § 99 nicht aus[81]. 27

7. Tendenzbetriebe

Nach überwiegender Ansicht soll **§ 99** bei **Tendenzträgern nur eingeschränkt** gelten: Information: ja, Zustimmungsverweigerungsrecht: nein, lautet die gängige Formel (vgl. eingehend m. w. N. § 118 Rn. 78 ff.; 102 ff.). 28

Auch wenn eine tendenzbezogene Maßnahme nicht zustimmungspflichtig ist (Rn. 28), muss der AG noch **vor ihrer Durchführung den BR nach allgemeinen Kriterien** (vgl. Rn. 129 ff.) **informieren** und ihm Gelegenheit zur Stellungnahme geben.[82] Bei Verletzung dieser Informationspflicht kann der BR die Aufhebung der personellen Einzelmaßnahme gemäß § 101 verlangen (vgl. § 101 Rn. 4). 29

---

73 *LAG Rheinland-Pfalz* 21. 3. 13 – 10 TaBV 41/12, juris.

74 So auch *Brox/Rüthers*, Rn. 449; *Colneric* in Däubler [Hrsg.], Arbeitskampfrecht, Rn. 692 ff.; *Reuter*, AuR 73, 6 f.; *Heinze*, Rn. 435; *ArbG Frankfurt* 13. 11. 85, AuR 86, 156; *ArbG Frankfurt* 8. 10. 90, AuR 91, 219; *ArbG Regensburg* 31. 7. 86, AuR 87, 178; a. A. *LAG Köln* 22. 6. 92 – 14 TaBV 17/92, DB 93, 838; *ArbG Lübeck* 13. 6. 89, BB 89, 2041; *Fitting*, Rn. 25; *v. Hoyningen-Huene/Boemke*, S. 25 f.; *Busch*, DB 97, 1974.

75 Vgl. *Däubler*, Arbeitsrecht 1, S. 288; *Colneric* in Däubler [Hrsg.], Arbeitskampfrecht, Rn. 667 m. w. N.; *Klocke*, BetrVG und Arbeitskampf, 96.

76 Wie hier HWGNRH-*Huke*, Rn. 20.

77 *Fitting*, Rn. 28; Richardi-*Thüsing*, Rn. 25; *v. Hoyningen-Huene/Boemke*, S. 226; a. A. GK-*Raab*, Rn. 21; *Klocke*, BetrVG und Arbeitskampf, 75.

78 Vgl. *Brox/Rüthers*, Rn. 450; *Klocke*, BetrVG und Arbeitskampf, 86 ff.

79 *BAG* 19. 2. 91 – 1 ABR 36/90, DB 91, 1627; HWGNRH-*Huke*, Rn. 19.

80 *BAG* 13. 12. 11 – 1 ABR 2/10, juris.

81 *LAG Hamburg* 25. 4. 18 – 2 TaBV 1/18, juris.

82 *BAG* 8. 5. 90 – 1 ABR 33/89, DB 90, 2227.

30 Der AG eines Tendenzbetriebs ist hinsichtlich der Vornahme einer **vorläufigen tendenzbezogenen Maßnahme** in vollem Umfang an die verfahrensmäßigen Voraussetzungen gemäß § 100 gebunden.[83]

8. Erweiterung der Beteiligungsrechte und Verzicht auf Mitbestimmung

31 Die **Beteiligungsrechte** des BR bei personellen Einzelmaßnahmen können durch **TV erweitert werden.**[84] Dabei ist es z. B. möglich, das Mitbestimmungsrecht auf solche Personen zu erstrecken, für die es auf Grund des gesetzlichen **Tendenzschutzes**[85] oder wegen zu **geringer AN-Zahl** nicht gilt.[86] Das Beteiligungsrecht kann auch auf Nicht-AN erweitert werden. Das *BAG* weist zu Recht darauf hin, dass es sich bei den Beteiligungsrechten des BR um AN-Schutzbestimmungen handele, die in aller Regel einseitig zwingender Natur seien. Daher könnten die Beteiligungsrechte durch TV verstärkt werden (vgl. auch Einl. Rn. 77 ff.). Das *BAG* scheint allerdings geneigt, eine Ausdehnung der Mitbestimmung zwar auf die Entscheidung, welcher AN, **nicht** dagegen, **ob überhaupt ein AN eingestellt** wird, zuzulassen. Derartige Regelungen sind aber jedenfalls in dem Umfang zulässig, wie sog. qualifizierte Besetzungsregeln tarifrechtlich möglich sind.[87] Mit anderen Worten: In dem Umfang, in dem die Beschränkung der Vertragsfreiheit des AG ohne Einschaltung des BR zulässig ist, ist dessen Beteiligung in jedem Falle möglich. Jedenfalls für eine Erweiterung der BR-Rechte durch TV spricht nichts dagegen, dem BR auch ein nicht durch die ESt. aufhebbares, freies Zustimmungsrecht **(Vetorecht)** einzuräumen. Erst recht spricht nichts dagegen, dem BR in entsprechender Anwendung von § 102 Abs. 6 ein nur durch die Einigungsstelle aufhebbares Zustimmungsverweigerungsrecht einzuräumen. Denkbar ist auch, das Verfahren mit Durchführung des Einigungsstellenverfahrens enden zu lassen und damit kein weiteres gerichtliches Verfahren vorzusehen. Ungeachtet des juristischen Meinungsstreits ist in der Praxis eine ganze Reihe vergleichbarer TV abgeschlossen worden.[88]

32 Die Beteiligungsrechte können auch **durch BV und auch durch Regelungsabrede erweitert** werden,[89] sofern sie sich hierbei im Rahmen der durch das BetrVG vorgegebenen Zuständigkeit halten. Den Betriebsparteien fehlt jedoch die Befugnis zu Eingriffen in das arbeitsgerichtliche Verfahren. Allein der Gesetzgeber ist befugt, den gerichtlichen Verfahrensablauf oder den Prüfungsgegenstand eines Beschlussverfahrens zu bestimmen. Nach Auffassung des *BAG* ist es deshalb nicht zulässig zu vereinbaren, dass der AG ein gerichtliches Zustimmungsersetzungsverfahren einleiten muss, wenn der BR die Zustimmung zu der personellen Einzelmaßnahme ohne Angabe von Zustimmungsverweigerungsgründen verweigert.[90] Ebenso wenig ist wegen der »Gefahr des Abkaufs betriebsverfassungsrechtlicher Rechte« eine Vereinbarung zwischen AG und BR wirksam, wonach der Arbeitgeber bei der Verletzung von Mitbestimmungsrechten an einen Dritten eine Vertragsstrafe zu zahlen hat, wenn der BR das Zustimmungsersetzungsverfahren nicht einleitet[91] Auch eine Erweiterung z. B. der Zustimmungsverweigerungsgründe ist deshalb jedenfalls vor dem Hintergrund dieser Rspr. des *BAG* fragwürdig. Das *BAG* lehnt auch die Schaffung eines gesetzlich nicht vorgesehenen Mitbestimmungsrechts durch **ESt.-Spruch** ab.[92] Die Mitbestimmungsrechte der §§ 99, 100 können auch durch **Prozessvergleich**

83 *BAG* 8. 5. 90 – 1 ABR 33/89, DB 90, 2227.
84 *BAG* 10. 2. 88, AP Nr. 53 zu § 99 BetrVG 1972 mit Anm. *Lund*.
85 *BAG* 31. 1. 95 – 1 ABR 35/94, NZA 95, 1059 = AiB 95, 793 mit Anm. *Müller-Knapp*.
86 Zu einem TV-Beispiel AuR 97, 320.
87 Vgl. *BAG* 26. 4. 90 – 1 ABR 84/87, EzA § 4 TVG Druckindustrie Nr. 20 mit Anm. *Kittner*.
88 Beispiele bei *Hagemeier u. a.*, § 1 Rn. 169, 170; zu TV über Eingruppierungsfragen s. *Lang/Meine/Ohl*, S. 174, 206.
89 *BAG* 18. 8. 09 – 1 ABR 49/08, juris; 23. 8. 16 – 1 ABR 22/14 juris; *HessLAG* 22. 3. 94 – 4 TaBV 134/93, Mitbest. 1/95, 60.
90 *BAG* 18. 8. 09 – 1 ABR 49/08, juris; 23. 8. 16 – 1 ABR 22/14 juris.
91 *BAG* 19. 1. 10 – 1 ABR 62/08 juris.
92 *BAG* 30. 8. 95, BB 96, 643.

erweitert werden, z. B. Zustimmung des BR im laufenden Verfahren und dafür volle Zustimmungspflichtigkeit für künftige Maßnahmen.[93]

Unbestritten zulässig ist die **Konkretisierung der gesetzlichen Bestimmungen** auch durch **BV.**[94] Selbst diejenigen, die eine Erweiterung der BR-Rechte ablehnen, halten etwa die Regelung folgender Fragen für möglich: Definition der Begriffe »Einstellung«, »Versetzung« oder Umfang des Auskunftsbegehrens.[95] Dabei können auch **Verfahrensregelungen** zur besseren Berücksichtigung typischer Betriebsabläufe erfolgen. Der BR darf zwar nicht auf seine Beteiligungsrechte verzichten, er kann jedoch für eng umgrenzte und genau beschriebene Ausnahmefälle (z. B. Vertretungsfälle, kurzfristige Aushilfen) eine **Verfahrensvereinfachung** folgenden Inhalts vereinbaren: Bei mindestens zeitgleicher Information des BR von der Maßnahme (Einstellung, Versetzung) gilt sie als genehmigt. Der BR kann sich auch die Genehmigung im Einzelfall vorbehalten. Je nach Vereinbarung muss dann der AG zur Aufrechterhaltung der Maßnahme ein Verfahren nach § 100 Abs. 2 Satz 3 einleiten. 33

9. Arbeitsvertragliche Situation

Das Mitbestimmungsrecht des BR besteht **unabhängig von der arbeitsvertraglichen Situation** hinsichtlich der fraglichen Maßnahme. Auch die **subjektive Haltung** (Einverständnis / Ablehnung) des AN gegenüber der Maßnahme ist für das Bestehen des Mitbestimmungsrechts grundsätzlich unerheblich.[96] Das *BAG* hält lediglich bei der Versetzung in einen anderen Betrieb (Rn. 107) und dem Zustimmungsverweigerungsgrund des Abs. 2 Nr. 4 (Rn. 225) das Einverständnis des AN für rechtserheblich (zur Auswirkung der kollektivrechtlichen auf die individualrechtliche Situation s. Rn. 214 ff.). Für das Vorliegen einer Versetzung ist es deshalb auch unerheblich, dass sie auf die **Initiative des AN** zurückgeht, wenn sie nur letztendlich »ein vom Arbeitgeber ausgehendes, zielgerichtetes Handeln hin auf einen anderen Arbeitsbereich«[97] darstellt. 34

10. Kein Ausschluss der Beteiligung nach Interessenausgleich

Die Beteiligung des BR nach § 111 »verbraucht« die zeitlich nachversetzte Beteiligung des BR nach § 99 nicht. Führt der AG also eine Betriebsänderung durch und geht diese mit personellen Einzelmaßnahmen einher, so hat der AG den BR bei allen durch die Betriebsänderung veranlassten personellen Einzelmaßnahmen (wie insb. Versetzungen oder Umgruppierungen) unter Einhaltung des Verfahrens in § 99 zu beteiligen.[98] 35

III. Gegenstand der Mitbestimmung: Die personellen Einzelmaßnahmen

Die mitbestimmungspflichtigen personellen Einzelmaßnahmen sind in § 99 **abschließend** genannt.[99] 36

Eine **Erweiterung der beteiligungspflichtigen Maßnahmen** oder aber deren Konkretisierung ist in begrenztem Umfang sowohl durch TV wie auch durch BV möglich (vgl. Rn. 31, 32). 37

1. Einstellung

Unter **Einstellung** wird nach überwiegender Meinung sowohl die **Begründung eines Arbeitsverhältnisses** (= Abschluss des Arbeitsvertrags) als auch die zeitlich damit zusammenfallende, vorhergehende oder auch nachfolgende **tatsächliche Arbeitsaufnahme** in einem bestimm- 38

93 Vgl. *ArbG Köln* – 1 BV 83/89 – Mitbestimmung bei Abmahnungen.
94 HWGNRH-*Huke,* Rn. 17 f.; GK-*Raab* Rn. 4.
95 Vgl. HWGNRH-*Huke,* Rn. 18.
96 *BAG* 22. 4. 97 – 1 ABR 84/96, DB 98, 208, 209.
97 *BAG* 19. 2. 91 – 1 ABR 36/90, AP BetrVG 1972 § 95 Nr. 26.
98 Vgl. a. § 111 Rn. 136.
99 *Fitting,* Rn. 29; vgl. *LAG Köln* 10. 11. 94 – 54 TaBV 51/94, Mitbest. 9/95, 59.

ten Betrieb verstanden.[100] Wenn beide Zeitpunkte auseinanderfallen, löst die **jeweils erste Maßnahme** das Mitbestimmungsrecht aus[101] (zur daran geknüpften Informationspflicht vgl. Rn. 138 und 142). Dieses umfassende Verständnis der »Einstellung« führt zur Anwendbarkeit von § 99 sowohl bei der Verlängerung beendeter Arbeitsverhältnisse (Rn. 47), bei nichtigen Arbeitsverträgen (Rn. 42) als auch bei Beschäftigung ohne Arbeitsvertrag (Rn. 39, vgl. auch die Checkliste in DKWF-*Wenckebach/Bachner,* § 99 Rn. 2). Die Rechtsprechung musste den Begriff der Einstellung in den letzten Jahrzehnten an immer neuen Formen der Personalpolitik anpassen, um Mitbestimmungsrechte zu sichern.[102]

39 Wegen des Anknüpfens an die tatsächliche Arbeitsaufnahme kommt § 99 immer dann zur Anwendung, wenn **Personen in den Betrieb eingegliedert** werden, um zusammen mit den im Betrieb beschäftigten AN den arbeitstechnischen Zweck des Betriebs durch weisungsgebundene Tätigkeit zu verwirklichen.[103] Hierfür kommt es weder darauf an, dass die Personen ihre Arbeiten auf dem Betriebsgelände oder innerhalb der Betriebsräume verrichten, noch gibt es qualitative oder quantitative Anforderungen an die Tätigkeiten, die eine Eingliederung begründen.[104] Außerdem steht es einer Eingliederung in einen Betrieb nicht entgegen, dass dieselben AN **zugleich auch in einen anderen Betrieb** eingegliedert werden.[105] Das *BAG* weist zurecht darauf hin, dass § 99 nicht zu entnehmen sei, eine Einstellung sei nur in einem einzigen Betrieb möglich. All dies ist vor allem für Einstellungen in Matrixstrukturen von Bedeutung (s. u. und Rn. 152). Auch auf das **Rechtsverhältnis,** in dem diese Personen zum AG stehen, **kommt es nicht an.**[106] So kann z. B. bei Eingliederung eines **externen Datenschutzbeauftragten** eine Einstellung vorliegen.[107] Soweit es um die Feststellung **weisungsgebundener Tätigkeit** geht, ist nicht entscheidend, ob die Weisungen tatsächlich erteilt werden, sondern ob sie durch die Organisation des AG vorgegeben sind.[108] Es kommt darauf an, dass die Arbeitsaufgabe der einzustellenden Person vom AG organisiert wird.[109] Deshalb gilt auch die Beschäftigung **»freier Mitarbeiter«** als Einstellung, wenn diese den arbeitstechnischen Zweck gemeinsam mit anderen AN verwirklichen sollen.[110] Bei **Matrixstrukturen** (vgl. auch Rn. 152) – unabhängig davon, ob unternehmensübergreifend oder nur betriebsübergreifend – kann die organisatorische Maßnahme der **Übertragung der Vorgesetztenfunktion auf eine Führungskraft,** deren Arbeitsplatz in einem anderen Betrieb angesiedelt ist als die Arbeitsplätze der von ihr geführten Mitarbeiter:innen, zur Eingliederung dieser Führungskraft in den Betrieb der ihm untergebenen Mitarbeiter führen.[111] Dies gilt jedenfalls dann, wenn dem Vorgesetzten eine Arbeitsaufgabe zugewiesen ist, die zumindest teilweise dem arbeitstechnischen Zweck dient, der in diesem Betrieb verfolgt wird.[112] Hinzukommen muss, dass der externe Vorgesetzte (jedenfalls teilweise) auch disziplinarische Weisungsrechte wahrnimmt; nur dann handelt es sich um eine betriebsverfassungsrechtlich relevante Arbeitgeberstellung. Hierzu können z. B. die Beurteilung von AN, die Durchführung von Mitarbeitergesprächen, die Regelung von Urlaubs- und Arbeitszeitfragen, die Veranlassung von Qualifizierungsmaßnahmen, Fragen der Arbeits- und Teamorganisation sowie der Abschluss von Zielvereinbarungen und die Durchführung von Gehaltsüberprüfungen gehören. Selbstverständlich muss die Unterstellung unter eine betriebsfremde Führungskraft eine gewisse zeitliche Intensität und Dauerhaftigkeit aufweisen. In Anwendung von § 95 Abs. 3 ist diese Voraussetzung als erfüllt anzusehen, wenn die (Teil-)Einbindung in die

---

100 *BAG* 14.5.74, EzA § 99 BetrVG 1972 Nr. 6; vgl. auch *Fitting,* Rn. 30.
101 H. M.; *BAG* 28.4.92 – 1 ABR 73/91, NZA 92 1141; *Düwell* Rn. 15; *Fitting,* Rn. 32.
102 *Engels,* AuR 21, 63 ff.
103 *BAG* 13.12.16 – 1 ABR 59/14; 12.6.19 – 1 ABR 5/18, juris.
104 *BAG* 13.12.16 – 1 ABR 59/14; 12.6.19 – 1 ABR 5/18, juris.
105 *BAG* 12.6.19 – 1 ABR 5/18; 22.10.19 – 1 ABR 13/18, BB 20, 1278.
106 *BAG* 27.7.93 – 1 ABR 11/93, EzA § 99 BetrVG 1972 Nr. 75; 5.3.91 – 1 ABR 39/90, DB 91, 1334; 22.4.97 – 1 ABR 74/96; 12.11.02 – 1 ABR 60/01: **Rote-Kreuz-Mitglieder;** 13.12.16 – 1 ABR 59/14, AuR 17, 221.
107 *LAG Frankfurt* 28.9.89, CR 90, 342; vgl. Rn. 175a; § 94 Rn. 38; vgl. *Ehrich,* DB 92, 1981.
108 Vgl. *BAG* 1.8.89, EzA § 99 BetrVG 1972 Nr. 75.
109 Richardi-*Thüsing,* Rn. 33.
110 *BAG* 27.7.93 – 1 ABR 11/93, BB 93, 2233.
111 *BAG* 12.6.19 – 1 ABR 5/18, juris; 26.5.21 – 7 ABR 17/20, juris.
112 *LAG Schleswig-Holstein,* 18.1.22 – 2 TaBV 25/21, juris.

fremde Weisungsorganisation mindestens einen Monat dauert. Da die theoretische Trennung von fachlicher und disziplinarischer Führung in der betrieblichen Praxis häufig nicht durchgehalten werden kann, wird der BR des Betriebes, in dem die untergebenen Mitarbeiter:innen beschäftigt sind, damit regelmäßig nach § 99 (Einstellung) zu beteiligen sein.[113]

Die **Art des Beschäftigungsverhältnisses** ist für die Anwendung des § 99 **unerheblich.**[114] 40
Neben dem sog. Normalarbeitsverhältnis kann es sich um ein befristetes, ein Teilzeit-, ein Aushilfs- oder ein Probearbeitsverhältnis handeln.[115] Ebenso fällt darunter das Berufsausbildungsverhältnis gemäß § 3 BBiG (zu Sonderformen der Beschäftigung zur beruflichen Qualifikation siehe Rn. 46), die Einstellung von Teilnehmenden an berufsvorbereitenden Maßnahmen für jugendliche Arbeitslose.[116] Als Einstellung zu bewerten ist auch die Eingliederung von Personen auf Basis einer Eingliederungsvereinbarung nach §§ 15 ff. SGB II als sog. **Ein-Euro-Jobber.**[117] Es kommt allein darauf an, dass eine Eingliederung in den Betrieb erfolgen soll und der AG die arbeitgebertypische Auswahlentscheidung trifft (»Ob und ggf. Wen«); damit ist es unerheblich, dass die Zuweisung selbst durch Verwaltungsakt erfolgt.[118] Ebenfalls als Einstellung anzusehen ist die **»Herabstufung« eines bisher leitenden Angestellten** i. S. von § 5 Abs. 3 in die Ebene der nichtleitenden Angestellten, wie dies häufig Folge von grundlegenden Umstrukturierungsprozessen wie z. B. der Zusammenführung verschiedener Unternehmen oder Konzerne ist (vgl. Rn. 14). Entscheidend ist hier allein, dass beabsichtigt ist, den ehemals leitenden Angestellten in die vom Betriebsrat vertretene Belegschaft einzugliedern und damit Schutzpositionen der vorhandenen Belegschaft, die durch § 99 Abs. 2 Nr. 3 gesichert werden sollen, berührt sein können. Zur Zuweisung von Beamten vgl. Rn. 55.

§ 99 ist auch auf sog. **mittelbare Arbeitsverhältnisse** anzuwenden.[119] Wenn z. B. ein leitender 41
Mitarbeiter kraft des eigenen Dienstvertrags befugt ist, Mitarbeiter im eigenen Namen anzustellen, damit diese dann in einem Betrieb des AG arbeiten, ist der BR nach § 99 zu beteiligen. Das *BAG*[120] stellt zutreffend fest, dass der AG durch **Übertragung von AG-Befugnissen auf Dritte** nicht die BR-Rechte aushebeln darf. Der BR kann in einem solchen Fall seine Beteiligungsrechte direkt gegenüber dem AG geltend machen. Der »Zwischen«-AG ist bei einem etwaigen Beschlussverfahren Beteiligter.

Das Mitbestimmungsrecht besteht auch, wenn der **Arbeitsvertrag nichtig** ist (z. B. wegen Ver- 42
stoß gegen ein gesetzliches Verbot, § 134 BGB) und nur ein **faktisches Arbeitsverhältnis** zustande gekommen ist.[121] Der zugrunde liegende Verstoß kann dann gemäß Abs. 2 Nr. 1 geltend gemacht werden (Rn. 197; zum Zeitpunkt der Informationsverpflichtung des AG in einem solchen Fall vgl. Rn. 135).

Eine Einstellung liegt (aus Sicht des Einstellungsbetriebes) auch vor, wenn der AN **bereits in** 43
einem Arbeitsverhältnis zum AG steht, jedoch von einem **zu einem anderen Betrieb versetzt** und in diesen eingegliedert wird[122] (Rn. 106). Die **Rückkehr** des versetzten AN **in den ursprünglichen Betrieb** ist in diesem mitbestimmungsfrei, wenn sie bereits beim Wechsel Gegenstand des Mitbestimmungsverfahrens (in Form einer als ein Akt betrachteten Versetzung) war[123] (vgl. näher Rn. 16).

---

113 *LAG Baden-Württemberg* 28.5.14 – 4 TaBV 7/13, juris; *LAG Berlin-Brandenburg* 17.6.15, 17 TaBV 277/15, juris; *LAG Düsseldorf* 10.2.16 – 7 TaBV 63/15, juris; 20.12.17 – 12 TaBV 66/17, juris; *BAG* 12.6.19 – 1 ABR 5/18, juris; siehe auch *BAG* 14.5.18 – 2 AZR 54/18 juris zu der insoweit vergleichbaren Frage, wann AN im Falle einer Auslandsbeschäftigung dem persönlichen Geltungsbereich des BetrVG unterfallen; ausführlich zur Matrixorganisation in der Betriebsverfassung *Bachner*, NZA 19, 134; *Engels*, AuR 21, 63.

114 *Richardi*, Rn. 44.

115 *BAG* 15.12.92 – 1 ABR 38/92, AuR 93, 186: studentische Aushilfe.

116 *ArbG Passau* 19.11.84 – 1 BV 5/84 E.

117 *BAG* 2.10.07 – 1 ABR 60/06, AuR 07, 685; Richardi-*Thüsing*, Rn. 64.

118 *Schulze* NZA 05, 1332 ff.; *Engels* NZA 2007, 8 ff.; für den Bereich des Personalvertretungsrechts ausdrücklich jetzt auch BVerwG 21.3.07 – 6 P 4/06 u. 8/06.

119 *Fitting*, Rn. 50.

120 *BAG* 18.4.89, AP Nr. 65 zu § 99 BetrVG 1972 mit Anm. *Kraft*.

121 *Fitting*, Rn. 32; GK-*Raab*, Rn. 35.

122 *BAG* 18.2.86, DB 86, 1522; 30.4.81, DB 81, 1833.

123 Vgl. *BAG* 18.10.88, DB 89, 732.

44 Die **Erhöhung des vertraglich vereinbarten Arbeitszeitvolumens** – und damit auch die **Umwandlung eines Teilzeit- in ein Vollzeitarbeitsverhältnis** – ist nach der Rspr. des *BAG* als Einstellung zu bewerten, wenn sie mindestens 1 Monat andauert und nach Umfang und Zeitdauer nicht unerheblich ist.[124] Um eine nicht unerhebliche Erhöhung des Arbeitszeitvolumens handelt es sich nach der Rspr. des *BAG* dann, wenn sich die wöchentliche Arbeitszeit von teilzeitbeschäftigten AN um mindestens 10 Wochenstunden erhöht. Dies folge aus einer Analogie zu § 12 Abs. 1 Satz 3 TzBFG a. F.[125] Das *LAG Niedersachsen*[126] hat die Erhöhung der Wochenarbeitszeit von 35 auf 40 Wochenstunden als nicht erheblich angesehen. Demgegenüber hat das *Hess. LAG*[127] die Verdoppelung der Arbeitszeit einer bisher 8 Stunden wöchentlich eingesetzten Servicemitarbeiterin als mitbestimmungspflichtige Einstellung bewertet. Das *LAG Schleswig-Holstein* betrachtet eine Erhöhung von bisher 20 Wochenstunden um mehr als 10 Stunden als erheblich.[128] Ob eine wesentliche oder unwesentliche Erhöhung der Arbeitszeit vorliegt, lässt sich nach der hier vertretenen, vom *BAG* abweichenden Auffassung nicht einheitlich beantworten. Entscheidend ist, dass die Interessen der vorhandenen Belegschaft bei Arbeitszeiterhöhungen ebenso berührt sein können wie bei Neueinstellungen. Deshalb handelt es sich um eine Einstellung, wenn sich die regelmäßige Arbeitszeit von in Teilzeit beschäftigten AN nach der Arbeitszeiterhöhung mit der Arbeitszeit von im Betrieb bereits beschäftigten und vergleichbaren AN deckt. Denn dann hätten auch entsprechend vergleichbare AN, deren regelmäßige Arbeitszeit dem Umfang der beabsichtigten Arbeitszeiterhöhung des bereits beschäftigten AN entspricht, neueingestellt werden können. Ebenso muss es als Neueinstellung bewertet werden, wenn mehrere AN ihre Arbeitszeit nur geringfügig erhöhen, diese Arbeitszeiterhöhungen in der Addition jedoch dazu geeignet sind, eine oder mehrere Vollzeitkräfte zu ersetzen.[129] Immer als Neueinstellung zu bewerten ist die Erhöhung der Arbeitszeit über die **regelmäßige tarifliche Arbeitszeit** hinaus. Ebenso handelt es sich immer um eine Einstellung, wenn der AG den besetzten Arbeitsplatz entweder tatsächlich ausgeschrieben hatte oder ihn wegen des berechtigten Antrags des BR hätte ausschreiben müssen. Das Gleiche gilt dann, wenn der AG den Arbeitsplatz durch eine Anfrage bei der Agentur für Arbeit zu besetzen versucht hat.[130] Demgegenüber nimmt das *BAG* an, dass es auf die Ausschreibungspflicht nicht ankomme, weil die bei einer Einstellung schützenswerten Interessen der Belegschaft unabhängig von der Ausschreibung bestünden.[131]

45 Ob der Tatbestand der **Eingliederung** vorliegt, hängt nicht von einer **Mindestzeitdauer** des jeweiligen Arbeitseinsatzes ab.[132] Er kommt auch für sog. **Abrufkräfte** in Betracht, die von Fall zu Fall angesprochen werden, ob sie bereit sind, stundenweise zu arbeiten (auch ohne die Pflicht zu erscheinen und ohne Rufbereitschaft).[133] Insoweit gilt das Gleiche wie für die Einstellung von Aushilfskräften (wo möglicherweise gerade der Kurzeinsatz von nicht eingearbeiteten AN für die vorhandenen AN besonders belastend ist). Wird ein sog. **Rahmenvertrag** abgeschlossen, der Zeitpunkt und Dauer der tatsächlichen Beschäftigung im Betrieb noch offen lässt, ist der BR bereits vor Abschluss dieses Vertrages zu beteiligen[134] Voraussetzung ist jedoch, dass eine grundsätzliche Pflicht der AN zur Aufnahme der Arbeit vereinbart wird. Fehlt es daran, z. B. bei einer bloßen Eintragung in eine **Interessentenliste** für studentische Aushilfskräfte, liegt keine Einstellung vor.[135] Dann ist erst der konkrete Arbeitseinsatz als separate Einstellung zu werten.

---

124 *BAG* 25. 1. 05, AP BetrVG 1972 § 87 Arbeitszeit Nr. 114; *LAG Rheinland-Pfalz* 6. 8. 15 – 5 TaBV 11/15, juris.
125 *BAG* 19. 12. 08 – 1 ABR 74/07.
126 *LAG Niedersachsen* 14. 1. 06 – 16 TaV 21/05 juris.
127 *Hess. LAG* 13. 12. 05 – 4 TaBV 120/05, AuR 06, 214.
128 *LAG Schleswig-Holstein* 18. 7. 07 – 6 TaBV 31/06.
129 So *LAG München* 7. 3. 07 – 9 TaBV 127/06.
130 *LAG Schleswig-Holstein*, 18. 7. 07 – 6 TaBV 31/06, a. a. O.
131 *BAG* 15. 5. 07 – 1 ABR 32/06, AP BetrVG 1972 § 1 Gemeinsamer Betrieb Nr. 30.
132 *BAG* 16. 12. 86, DB 87, 747.
133 Vgl. *ArbG Düsseldorf* 28. 7. 87 – 1 BV 88/87.
134 *BAG* 28. 4. 92 – 1 ABR 73/91, NZA 92, 1141.
135 *LAG Köln* 10. 11. 92 – 4 Sa 238/92, Mitb 2/93, 67.

Eine **Beschäftigung zur Ausbildung** (vgl. § 5 Rn. 130 ff.) unterliegt § 99 unabhängig davon, in welchem Rechtsverhältnis die dafür aufgenommenen Personen zum AG stehen. Es können dies z. B. sein Anlernlinge, Praktikanten, Volontäre, Umschüler:innen, Krankenpflegeschüler:innen oder Teilnehmende an firmeninternen Ausbildungsmaßnahmen.[136] Voraussetzung ist, dass die Bewerber:innen in den Betrieb eingegliedert werden und für die in Aussicht genommene Beschäftigung eine Ausbildung erhalten, ohne die die Beschäftigung nicht möglich wäre. Es ist dabei unerheblich, dass das der Ausbildung zugrunde liegende Rechtsverhältnis für beide Seiten insofern unverbindlich ist, als weder Bewerber zur Beendigung der Ausbildung noch der AG zur Beschäftigung bei erfolgreicher Ausbildung verpflichtet ist. Unerheblich ist auch, dass die Ausbildung **unentgeltlich** erfolgt und für die Teilnahme an der Ausbildung kein Entgelt bezahlt werden soll.[137] Diese Voraussetzungen sind nicht erfüllt bei **Schülerpraktikanten,** die in erster Linie zur persönlichen Information, zur Erleichterung der Ausbildungs- und Berufswahl eingesetzt werden.[138] Soweit in **Ausbildungs- und Prüfungseinrichtungen**[139] nicht nur Tests durchgeführt werden, um die Eignung von Mitarbeitenden und Bewerber:innen festzustellen, sondern gleichzeitig Verhaltenstraining für die künftige berufliche Tätigkeit erfolgt, unterliegt die Aufnahme in ein solches Assessment-Center auch für externe Bewerbungen der Mitbestimmung des BR gemäß § 99.[140] Dabei macht es keinen Unterschied, ob später eine Beschäftigung in einem Arbeitsverhältnis oder in freier Mitarbeit möglich ist.[141] In jedem Fall gelten externe Bewerbungen für einen Platz in einem Assessment-Center als Bewerbungen, deren Unterlagen gemäß § 99 Abs. 1 Satz 1 vorzulegen sind, wenn niemand eingestellt wird, der nicht eine solche Einrichtung besucht hat (zur Einschaltung von **Personalberatenden** vgl. Rn. 144). 46

Die **Verlängerung eines beendeten Arbeitsverhältnisses** ist eine erneute Einstellung, die das Mitbestimmungsrecht des § 99 auslöst.[142] Das gilt auch für die **erneute Eingehung eines Arbeitsverhältnisses nach dessen Beendigung** und für die sog. **Entfristung** eines befristeten Arbeitsverhältnisses (allerdings nicht, wenn bei befristetem Probearbeitsverhältnis schon bei der Ersteinstellung die Übernahme bei Bewährung zugesagt wurde).[143] Sieht ein TV eine sog. **Nichtverlängerungsanzeige** vor, ohne die ein Zeitvertrag in ein unbefristetes Arbeitsverhältnis übergeht, so liegt im Unterlassen einer fristgerechten Nichtverlängerungsanzeige eine Einstellung.[144] Die Beteiligung des BR ist dann unverzüglich »nachzuholen«, andernfalls kann der BR das Verfahren nach § 101 einleiten. Eine Einstellung liegt auch in der **Übernahme von Auszubildenden** sowie in der **Weiterbeschäftigung gem. § 24 BBiG**[145] im Anschluss an die Ausbildung,[146] auch wenn die Übernahme während der Ausbildungszeit in einem anderen als dem Ausbildungsbetrieb zum Zwecke der praktischen Ausbildung erfolgt[147] sowie die Beschäftigung über die einzelvertragliche oder tarifliche **Altersgrenze** hinaus,[148] auch wenn dies auf einer Hinausschiebensvereinbarung nach § 41 Satz 3 SGB VI beruht.[149] 47

Die »**Rücknahme**« **einer Kündigung** ist keine Neueinstellung, wenn es sich um einen wirksamen Widerruf handelt, der gemäß § 130 Abs. 1 Satz 2 BGB spätestens gleichzeitig mit der Kündigung zugegangen sein muss. Ansonsten ist die Rücknahme einer Kündigung als einseitige Gestaltungserklärung nicht möglich. Das Arbeitsverhältnis kann nur durch Vereinbarung zwischen AG und AN fortgesetzt werden.[150] Diese Erneuerung des Arbeitsverhältnisses unterliegt als Einstellung der Mitbestimmung des § 99. Das gilt auch im Fall der Anerkennung 48

---

136 *BAG* 10.2.81, DB 81, 1935; 24.9.81, DB 82, 606; 3.10.89, DB 90, 1140.
137 *BAG* 3.10.89, DB 90, 1140 – »Methode-Auswahlverfahren« für Sprachlehrer einer Sprachschule.
138 *BAG* 8.5.90 – 1 ABR 7/89, NZA 90, 896 – Schülerpraktikum Sekundarstufe II NRW.
139 Zu sog. **Assessment-Centern** vgl. eingehend *Schönfeld/Genner*, NZA 89, 543.
140 *BAG* 20.4.93 – 1 ABR 59/92, NZA 93, 1096.
141 *BAG*, a. a. O.
142 *BAG* 28.10.86, NZA 87, 531.
143 *BAG* 7.8.90 – 1 ABR 68/89, AiB 91, 120.
144 *BAG* 28.10.86, DB 87, 847.
145 *Fitting*, Rn. 52; Richardi-*Thüsing*, Rn. 46; *LAG Hamm* 14.7.82, DB 82, 2303.
146 *BAG* 16.7.85, DB 86, 124; 28.10.86, DB 87, 847; *Altrock*, DB 87, 785; GK-*Raab*, Rn. 35.
147 *BAG* 30.9.08 – 1 ABR 81/07, DB 2009, 350.
148 H. M.; *BAG* 18.7.78, EzA § 99 BetrVG 1972 Nr. 21; 12.7.88, DB 89, 633 = AiB 89, 21.
149 *BAG* 22.9.21 – 7 ABR 22/20, juris.
150 KR-*Friedrich*, § 4 KSchG Rn. 63 f.

des Klageanspruchs durch den AG im **Kündigungsschutzprozess** bzw. eines entsprechenden Vergleichs,[151] wenn es sich um eine wirksame Kündigung handelt. Wird die Rechtsunwirksamkeit der Kündigung gerichtlich festgestellt, liegt keine Wiedereinstellung vor.

49 **Die Wiederaufnahme eines ruhenden Arbeitsverhältnisses** ist im Regelfall keine Einstellung.[152] Das gilt etwa für die Wiederaufnahme nach dem Mutterschutz, einem Arbeitskampf oder einer arbeitsvertraglichen Suspendierung (zu deren möglichem Charakter als Versetzung vgl. Rn. 107). Auch die Rückkehr zur bisherigen Arbeitszeit nach der **Elternzeit** gem. § 15 Abs. 5 BEEG ist nicht mitbestimmungspflichtig.[153] Dasselbe dürfte auch für die Rückkehr zur bisherigen Arbeitszeit nach Inanspruchnahme einer stets zeitlich befristeten **Brückenteilzeit gem. § 9a TzBfG** gelten. Es kommen aber bei der Rückkehr aus der Elternzeit Versetzungen oder Umgruppierungen infrage, die diskriminierungsanfällig sind.[154], Eine mitbestimmungspflichtige Einstellung liegt dann vor, wenn mit AN **während ihrer Elternzeit** eine befristete Teilzeitbeschäftigung auf dem bisherigen Arbeitsplatz vereinbart wird[155] Als mitbestimmungspflichtig ist nach denselben Grundsätzen auch eine **vorzeitige Beendigung der Eltern(teil) zeit** gem. § 16 Abs. 3 S. 1 BEEG zu bewerten. Denn auch die nachträgliche Änderung kann insbesondere die Interessen derjenigen AN berühren, denen das vorübergehend frei gewordene Arbeitsvolumen übertragen wurde. Zudem sind die betroffenen Eltern in einer schutzbedürftigen Position. Dasselbe gilt auch für die zwischen AG und AN einvernehmlich vereinbarte Rückkehr von AN aus der Freistellungsphase im Blockmodell der **Altersteilzeit.**

50 Hält man die **Wiedereingliederung** arbeitsunfähiger AN wegen der fehlenden Qualität dieses Verhältnisses als Arbeitsverhältnis nicht für eine Versetzung,[156] liegt zwangsläufig eine Einstellung vor. Die Widerspruchsmöglichkeit des BR ist in einem solchen Falle sowohl wegen der Schutzbedürftigkeit des AN als auch möglicher Belastungen seiner Kollegen in gesteigertem Maße nötig.

51 Keine Einstellung liegt in der Eingehung bzw. Übertragung eines **Arbeitsverhältnisses kraft Gesetzes,** z. B. gemäß **§ 78a** (§ 78a Rn. 29; zur damit verbundenen Umgruppierung vgl. Rn. 93), der **vorläufigen Weiterbeschäftigung** nach allgemeinen Gesichtspunkten oder gemäß § 102 Abs. 5[157] (zur Versetzung vgl. Rn. 127) oder **§ 613a BGB.**[158] Eine Vertragsbegründung gemäß **§ 24 BBiG** ist dagegen eine Einstellung[159] (vgl. Rn. 47).

51a Kommt kraft Gesetzes ein Arbeitsverhältnis zwischen **Leih-AN** und Entleiher zustande – wegen fehlender Erlaubnis des Verleihers, wegen Verstoßes gegen die Offenlegungspflichten oder wegen Überschreitung der Überlassungshöchstdauer – so schließt dies im Unterschied zu den in Rn. 51 genannten Fallgestaltungen das MBR des BR bei der Einstellung von Leih-AN wegen Gesetzesverstoßes nicht aus. Das MBR ist erforderlich, um die mit dem in 2017 in Kraft getretenen neuen AÜG verfolgte Zielstellung der Verhinderung des Missbrauchs der Arbeitnehmerüberlassung auch betrieblich durchzusetzen.[160]

52 Es ist unzutreffend, wenn die **gerichtliche Feststellung,** dass ein **freies Mitarbeiterverhältnis** tatsächlich ein Arbeitsverhältnis ist,[161] als Fall der gesetzlichen Begründung eines Arbeitsverhältnisses angesehen wird.[162] Diese Feststellung kommt nämlich nicht zustande ohne die vorherige vertragliche Bindung des AG an den (falsch deklarierten) »freien« Mitarbeiter und dessen vom AG veranlassten Arbeitseinsatz. Die rechtskräftige Gerichtsentscheidung ist deshalb für § 99 wie der Abschluss eines Arbeitsvertrags bzw. die Eingliederung zu bewerten, wozu

---

151 KR-*Friedrich*, § 4 KSchG Rn. 64.
152 *BAG* 5.4.01 – 2 AZR 580/99, juris; *Fitting*, Rn. 44.
153 *BAG* 27.4.04 – 9 AZR 21/04; *Fitting*, Rn. 45.
154 *Dickerhof-Borello/Nollert-Borasio/Wenckebach*, AGG, § 3 Rn. 25.
155 *BAG* 28.4.98 – 1 ABR 63/97, AiB 99, 229 mit Anm. *Gosch; Fitting*, Rn. 221.
156 So *v. Hoyningen-Huene*, NZA 92, 49.
157 *Bengelsdorf*, DB 89, 2023.
158 *BAG* 7.11.75, DB 76, 152; das gilt auch, wenn anschließend neue Arbeitsverträge abgeschlossen werden; hierzu kommt eine Beteiligung wegen Versetzung in Frage; vgl. *Fitting*, Rn. 47.
159 *Fitting*, Rn. 51.
160 *Fitting*, § 99 Rn. 60.
161 *BAG* 3.10.75, DB 76, 39.
162 Vgl. HWGNRH-*Huke*, Rn. 38.

der BR das Zustimmungsverweigerungsrecht hat. Der BR muss in einem solchen Fall allerdings nicht warten. Sein Mitbestimmungsrecht gemäß § 99 setzt vielmehr ab dem Zeitpunkt ein, ab dem durch »Zuwachsen« arbeitsvertraglicher Komponenten das freie Mitarbeiterverhältnis die Qualität eines Arbeitsvertrags erlangt. Der BR kann verlangen, dass als »freier Mitarbeiter« bezeichnete AN im Betrieb nicht (weiter) beschäftigt werden, solange das Verfahren gemäß §§ 99, 100 nicht durchgeführt ist.[163]

53 In Fällen tariflicher **Besetzungsregeln**[164] oder bei der Aktualisierung einer **Wiedereinstellungszusage** kommt § 99 in dem Umfang zum Zuge, wie der AG Entscheidungsfreiheit hat.

54 Die **Ausgabe von Heimarbeit** kann als Einstellung gelten. Die hierzu allgemein gemachte Einschränkung, dass von vornherein feststehen müsse, dass die Voraussetzungen des § 6 Abs. 1 Satz 2 vorliegen (in der Hauptsache Arbeit für den Betrieb), darf nicht zur Umgehung des Mitbestimmungsrechts führen: In jedem Fall ist der BR gemäß § 99 auch bei einem darunter liegenden Auftragsvolumen zu informieren (Rn. 129 ff.), damit er die Berechtigung eines etwaigen Mitbestimmungsverlangens überprüfen kann. Das gilt bei jeder weiteren Auftragsvergabe, bis möglicherweise die Schwelle des § 6 erreicht wird und das Mitbestimmungsrecht einsetzt (zu sonstigen Fällen allmählichen »Hineinwachsens« in ein Arbeitsverhältnis vgl. Rn. 52).

55 Teilweise wird die Auffassung vertreten, die Beschäftigung von **Strafgefangenen** im Rahmen eines mit der Strafanstalt geschlossenen Vertrags sei keine Einstellung.[165] Die hierfür gegebene Begründung, es handele sich bei diesen Personen gemäß § 5 Abs. 2 Nr. 4 nicht um AN i. S. d. Gesetzes und sie seien zur Arbeit nicht auf Grund eines Arbeitsvertrags mit dem AG, sondern der Weisungen der Strafanstaltsverwaltung verpflichtet, ist nicht haltbar. Die neuere Rspr. des *BAG* verlangt gerade **kein Arbeitsverhältnis** mehr, sondern die faktische Eingliederung in den Arbeitsprozess (Rn. 13). Dabei wird – z. B. für freie Mitarbeiter noch nicht einmal die Beschäftigung als AN vorausgesetzt (vgl. Rn. 39). Die Strafgefangenen werden nicht hoheitlich zugewiesen, sondern auf Grund freien Einvernehmens mit dem AG beschäftigt. Im Übrigen liegt hier ein besonders intensiver Gefährdungstatbestand für die im Betrieb ständig Beschäftigten auf Grund der Gefahr von Lohndumping vor. Die Überlegung des *BAG* in der Dialysezentrum-Entscheidung[166] muss auch hier gelten, wonach der AG einem Dritten nicht mehr an Rechten übertragen kann, als er selbst hat.[167]

56 Ähnliche Probleme gab es früher bei der Beschäftigung von **Zivildienstleistenden.** Da die spätere hoheitliche Zuweisung nur kraft freien Einverständnisses des AG möglich war, vor der Beschäftigung also die arbeitgebertypische Auswahlentscheidung getroffen werden mussten, wurde dessen Antrag an das Bundesamt so behandelt wie die Abgabe eines verbindlichen Angebots an einen Stellenbewerber, das nur noch angenommen werden musste. Die entsprechende Antragstellung bedurfte deshalb der Zustimmung des BR.[168] Eine vergleichbare Problematik ergibt sich im **Bundesfreiwilligendienst** nach dem BFDG für den sog. **BuFDi.** Da die Einsatzstelle und der Freiwillige vorab, vorbehaltlich der Zustimmung des Bundes, Einvernehmen über den Einsatz erzielen müssen (vgl. § 8 Abs. 1 BDFG), wird die spätere hoheitliche Zuweisung durch den Bund nur kraft vorherigen freien Einverständnisses des »AG« möglich. Der gemeinsame Antrag an das Bundesamt ist daher so zu behandeln wie die Abgabe eines verbindlichen Angebots an einen Stellenbewerber, welches nur noch der »arbeitnehmerseitigen« Annahme bedarf. Die entsprechende Antragstellung durch die Einsatzstelle und die Dienstleistenden darf deshalb nicht ohne Zustimmung des BR erfolgen, wenn der Freiwillige Tätigkeiten ausüben soll, die üblicherweise von AN verrichtet werden, es sei denn es handelt sich um bloße Hilfstätigkeiten.[169]

---

163 *BAG* 2.7.80, AP Nr. 5 zu § 101 BetrVG 1972 mit Anm. *Misera*; hierzu ausführlich *Rosenfelder*, S. 249 ff.
164 Vgl. *BAG* 26.4.90 – 1 ABR 84/87, EzA § 4 TVG Druckindustrie Nr. 20 mit Anm. *Kittner*.
165 *BAG* 3.10.78, DB 79, 1186; HWGNRH-*Huke*, Rn. 40, 42 m. w. N.
166 *BAG* 18.4.89, NZA 89, 804.
167 Ebenso *Fitting*, Rn. 76; Richardi-*Thüsing*, Rn. 63; a. A. GK-*Raab*, Rn. 53.
168 *BAG* 19.6.01 – 1 ABR 25/00, DB 02, 1278; Kittner/Zwanziger-*Bachner*, § 126 R. 48.
169 Vgl. *ArbG Ulm* 18.07.12, 7 BV 10/11; *LAG BW* 7.3.16 – 4 BV 10/15, juris; Fitting, Rn. 77.

57 Die **Abordnung von Beamt:innen in private Betriebe** gilt dort als Einstellung.[170] Dies gilt auch für die Zuweisung von Beamten auf der Grundlage von § 123a Abs. 2 BRRG[171] oder nach entsprechenden spezialgesetzlichen Bestimmungen, wie z. B. dem Postpersonalrechtsgesetz. Daran ändert es nichts, dass die Zuweisung als Verwaltungsakt erfolgt, weil in jedem Fall – unabhängig davon, ob nur ein oder aber mehrere Arbeitsplätze für den Beamten in Betracht kommen – eine Eingliederung in die betriebliche Organisation der aufnehmenden Organisationseinheit erfolgt. Darüber hinaus ist regelmäßig das Einvernehmen der aufnehmenden Organisation erforderlich. Ebenso liegt bei einer Beschäftigung von **Ordensangehörigen-Pflegekräften** auf Grund von Gestellungsverträgen dann eine Einstellung vor, wenn der AG die typischen Weisungsbefugnisse hinsichtlich des Arbeitseinsatzes hat.[172]

58 Ein gesetzlich geregelter Fall der Erstreckung von § 99 auf Nicht-AN betrifft **Leih-AN auf Grund des AÜG.** § 14 Abs. 3 AÜG legt die Beteiligung des BR ausdrücklich fest. Bereits vor dieser gesetzlichen Klarstellung hatte die h. M. die Anwendung des § 99 auf eine solche Beschäftigungsform bejaht.[173] Deshalb sind Fälle des AN-Verleihs innerhalb eines Konzerns unabhängig davon zu beurteilen, ob für sie gemäß § 1 Abs. 3 Nr. 2 AÜG das AÜG nicht gilt[174] (zu derartigen Fällen vgl. Rn. 19). Ebenfalls der Beteiligungspflicht nach § 99 unterliegt die **Verlängerung des Einsatzes eines Leih-AN**[175] sowie die Eingliederung des Leih-AN in einen anderen Betrieb des Entleihers.[176] § 14 Abs. 3 AÜG stellt keine Rechtsfolgen-, sondern eine sog. Rechtsgrundverweisung dar. Damit besteht ein Beteiligungsrecht des BR des Entleiherbetriebes nur, wenn in dem aufnehmenden Unternehmen in der Regel mehr als 20 AN beschäftigt werden. Es ist kein Grund ersichtlich, weshalb der Grenzwert für die Beteiligung des BR in Entleiherunternehmen niedriger sein sollte als bei anderen Unternehmen, z. B. bei der Übernahme von Stammarbeitnehmern[177] Das Beteiligungsrecht des BR bezieht sich sowohl darauf, ob Leih-AN eingestellt werden, als auch auf deren Auswahl.[178] Keine Einstellung ist demgegenüber die der konkreten Auswahlentscheidung noch vorgelagerte Vereinbarung zwischen Verleiher und Entleiher, welche AN zur Entsendung in den Entleiherbetrieb zur Verfügung stehen sollen, weil dadurch die Belegschaft des Entleiherbetriebes noch nicht betroffen ist.[179] Andererseits stellt der **Wechsel eines Verleihers** bei ansonsten unverändert fortgesetztem Einsatz eines Leiharbeitnehmers beim Entleiher eine mitbestimmungspflichtige Einstellung dar,[180] da bei einem Wechsel des Verleihers eine neue Einstellungsentscheidung des Leiharbeitnehmers getroffen wird und der BR die Möglichkeit haben muss, das Vorliegen einer Überlassungserlaubnis zu überprüfen. Arbeitnehmerüberlassung liegt auch vor, wenn eine **DRK-Schwester,** die als Mitglied einer DRK-Schwesternschaft angehört, von dieser in einem von einem Dritten betriebenen Krankenhaus eingesetzt wird, um dort nach dessen Weisung gegen Entgelt tätig zu sein.[181]

59 Auch die rechtsgeschäftliche »**Übernahme**« von Leih-AN in ein Arbeitsverhältnis zum Entleiher bedarf – wie eine sog. Entfristung (Rn. 47) – der erneuten BR-Beteiligung. Kommt kraft Gesetzes ein Arbeitsvertrag mit dem Entleiher zustande (vgl. § 10 und § 10a AÜG), so handelt es sich demgegenüber nicht um eine Einstellung. Aus der Sicht des **Verleiherbetriebs** bedeutet die jeweilige Rückkehr des AN nach einem Verleiheinsatz ebenfalls keine Einstellung. Zu den besonderen Informationsansprüchen des BR bei Einsatz von Leih-AN vgl. Rn. 147.

60 Für die Entscheidung, ob AN-Überlassung (und damit eine Einstellung) oder ein selbstständiger **Dienst- bzw. Werkvertrag** vorliegt, sind sowohl die ausdrücklichen Vereinbarungen der Vertragsparteien als auch die praktische Durchführung des Vertrages maßgebend. Widerspre-

---

170 *Fitting*, Rn. 78; *Plander,* Normalarbeitsverhältnis, Rn. 351.
171 Vgl. *LAG Berlin-Brandenburg* 20. 2. 08, 15 TaBV 2434/07, juris.
172 *BAG* 22. 4. 97 – 1 ABR 74/96, NZA 97, 1297.
173 Vgl. *BAG* 14. 5. 74, DB 74, 1580.
174 *LAG Frankfurt* 24. 6. 86, DB 87, 1200; *ArbG Offenbach* 25. 4. 94 – 3 BV 4/94.
175 Vgl. *BAG* 1. 6. 11 – 7 ABR 18/10, juris.
176 Vgl. *LAG Düsseldorf* 2. 10. 12 – 17 TaBV 38/12, juris.
177 *LAG Niedersachsen*, 26. 11. 07 – 6 TaBV 33/07 juris, Kittner/Zwanziger-Bachner, § 112 Rn. 167.
178 *Fitting*, Rn. 59.
179 *BAG* 23. 1. 08 – 1 ABR 74/06, DB 08, 822.
180 A. A. *LAG Düsseldorf* 30. 10. 08 – 15 TaBV 12/08 – BeckRS 2009, 53374.
181 *EuGH* 17. 11. 16 – C-216/15 juris; *BAG* 21. 2. 17 – 1 ABR 62/12 juris.

chen sich beide, ist die **tatsächliche Durchführung des Vertrages maßgebend.** Das gilt nach § 611a BGB auch für Scheinwerkverträge.

Das *BAG* hat in seiner grundlegenden Entscheidung vom 5. 3. 91[182] die Voraussetzungen für die Annahme einer Einstellung im Sinne einer »verdeckten AN-Überlassung im Falle eines **Dienst/Werkvertrages restriktiv** formuliert.[183] Insbes. verlangt es, »dass diese Personen selbst in die Arbeitsorganisation des AG eingegliedert werden, so dass dieser – wenigstens teilweise – auch die für ein Arbeitsverhältnis typischen Entscheidungen über deren Arbeitseinsatz auch nach Zeit und Ort zu treffen hat, er die Personalhoheit über diese Personen hat«.[184] »Die Eingliederung setzt voraus, dass der AG des Betriebs auch gegenüber dem Fremdpersonal wenigstens einen Teil der AG-Stellung übernimmt«.[185] Auch nach der Neufassung von § 611a BGB und der dort enthaltenen Definition des Arbeitnehmerbegriffs ergeben sich insoweit keine Unterschiede; die gesetzliche Neuregelung hat die bisher geltende höchstrichterliche Rspr. ausdrücklich aufgegriffen. **61**

Das *BAG* hält es z. B., für unschädlich, dass die von der **Fremdfirma** zu erbringende Leistung hinsichtlich aller Einzelheiten bezüglich Ausführung, Umfang, Güte, Zeit und Ort der Erbringung bzw. Erstellung so detailliert und bestimmt vereinbart wird, dass der Fremdfirma hinsichtlich der Erbringung der Dienstleistung oder der Erstellung des Werks **kein eigener Entscheidungsspielraum** mehr bleibt. Das gelte auch, wenn die Fremdfirma im Betrieb des AG tätig wird und in den betrieblichen Arbeitsprozess eingeplant ist.[186] Es sei auch unerheblich, dass die Fremdfirma auf dem Betriebsgelände **kein Hausrecht** genieße, solange sie in den von ihr zu verantwortenden Arbeitsabläufen nicht unzumutbar beeinträchtigt werde.[187] Ebenso wenig sei es von Bedeutung, wenn der AG nicht nur das Weisungsrecht des Bestellers gemäß § 645 Abs. 1 BGB ausübt, sondern die Fremdfirma dem AG gestattet, die notwendigen **Einzelanweisungen** unmittelbar an ihre AN zu erteilen; es handele sich um keine Weisungen aus der Eingliederung in den Arbeits- und Produktionsprozess des AG, solche Weisungen seien vielmehr aus dem Rechtsverhältnis der Fremdfirma zu ihren AN abgeleitet.[188] Als unschädlich wird auch angesehen, dass es sich um eine **Daueraufgabe** handelt und die AN einer Fremdfirma Arbeiten verrichten, die zu anderen Zeiten von AN des Betriebes selbst durchgeführt werden,[189] dass sie auf dem Betriebsgelände mit AN des Betriebes zusammenarbeiten müssen[190] und dabei Koordinatoren des AG eingesetzt werden.[191] Der Fremdfirma muss jedenfalls eine eigene unternehmerische Tätigkeit möglich sein, die **über die bloße Zurverfügungstellung von AN hinausgeht.**[192] Sie muss nennenswerte Entscheidungsspielräume bei der Organisation der Arbeitsleistung haben. Sie muss daher – soll es sich nicht um eine Einstellung handeln – die **für das Arbeitsverhältnis typischen Entscheidungen** selbst treffen: Entscheidungen über Zahl, Qualifikation und Personen der von ihr eingesetzten Mitarbeiter, deren Schulung und Ausbildung; Bestimmung über die Arbeitszeit, insbes. die Anordnung von Überstunden; Gewährung von Urlaub und Freizeit; Entscheidung über Ob und Wie einer Anwesenheitskontrolle; Überwachung der Arbeitsabläufe; Haftung für Schäden des Personals gegenüber dem **62**

---

182 *BAG* 5.3.91, NZA 91, 686 = DB 91, 1334 = AuR 92, 61 mit ablehnender Anm. *Wagner;* vgl. zur früheren und weniger restriktiven Rspr. *BAG* 1.8.89, EZA § 99 BetrVG 1972 Nr. 75.

183 Weniger restriktiv jetzt *LAG Schleswig-Holstein* 5.6.13 – 3 TaBV 6/12.

184 *BAG* 5.3.91, a. a. O.; bestätigt durch *BAG* 9.7.91 – 1 ABR 45/90, NZA 275 = AiB 92, 356 mit Anm. *Mayer;* 5.12.91, EzA § 99 BetrVG 1972 Nr. 107; 5.5.92 – 1 ABR 78/91, NZA 92, 1044.

185 *BAG* 18.10.94, NZA 95, 281; bestätigt durch *BAG* 13.3.01 – 1 ABR 34/00, NZA 01, 1262: Testkäufer; so auch *BAG* 13.12.05 – 1 ABR 51/04, NZA 2006, 1369.

186 *BAG* 5.3.91, a. a. O.

187 *BAG* 9.7.91, a. a. O.

188 *BAG* 5.3.91, a. a. O.

189 *BAG* 18.10.94 – 1 ABR 17/94; 5.12.91, a. a. O.

190 *BAG* 9.7.91, a. a. O. *BAG* 5.5.92, a. a. O.; *ArbG Mainz* 7.11.03, NZA-RR 04, 201, welches jedoch zu weitgehend selbst dann, wenn das gesamte Leitungspersonal von dem Auftraggeber gestellt wird, eine Eingliederung in die betriebliche Organisation des Auftraggebers nicht annehmen will.

191 *BAG* 18.10.94, a. a. O.

192 *BAG* 18.10.94 – 1 ABR 17/94, NZA 95, 281; vgl. auch *BAG* 1.12.92 – 1 ABR 30/92, EzA § 99 BetrVG 1972 Nr. 110.

AG.[193] Als Anhaltspunkt zur gerichtlichen Aufklärung der UN-Strukturen der Fremdfirma kann im Einzelfall die Tatsache dienen, dass ihre Leistung nicht nach Menge, sondern nach **Stundensätzen** berechnet wird.[194] Gegen eine eigene unternehmerische Tätigkeit kann auch sprechen, dass die Fremdfirma **keine weiteren Kunden** hat, insbes. wenn sie nur zum Zwecke der Fremdvergabe gegründet wurde.[195]

62a So hat z. B. das *LAG Köln* im Falle einer Poststelle, in der die eingehende und die ausgehende Post sowohl von eigenen AN als auch von Mitarbeitern eines anderen Unternehmens aufgrund eines Dienstleistungsvertrages gemeinsamen bearbeitet wurden, eine Einstellung bejaht, wenn auch der Einsatz der AN des anderen Unternehmens von der bei der AG angestellten Leiterin der Poststelle gesteuert wird und bei der Verhinderung von eigenen AN eine Vertretung durch (zusätzliche) Mitarbeiter des Dienstleistungsunternehmens erfolgt.[196] Das *Sozialgericht Heilbronn* geht bei einer auf Intensivpflege spezialisierte Krankenschwester ebenfalls von einer Einstellung in dem Krankenhaus aus, in dem die Krankenschwester ihre Arbeitsleistung erbringt. Sie ist auch dann abhängig beschäftigt (einschließlich Sozialversicherungspflicht), wenn sie einen »Dienstleistungsvertrag« unterschrieben hat. Das gilt auch dann, wenn die Krankenschwester für mehrere unterschiedliche Krankenhäuser tätig wird. Maßgeblich für diese Sicht der Dinge sind allein die Weisungsbindung und die Eingliederung in die betriebliche Organisation.[197] Auch das *BAG* geht im Falle eines forensischen Krankenhausbetriebes vom Vorliegen einer Einstellung aus, wenn die Mitarbeiter des AG dem jeweils eingesetzten AN eines externen Überwachungsunternehmens während einer »Zwei-zu-eins-Bewachung« von Patienten (d. h. eine interne und eine externe Bewachungspersonen / ein Patient) Anweisungen erteilen; es handelt es sich dann bei diesen tätigkeits- und ablaufbezogenen Weisungen um arbeitsvertragliche Weisungen und nicht um Weisungen nach § 645 BGB.[198] Ebenfalls um eine Einstellung handelt es sich nach der Rspr. des *BAG*, wenn der AG Transportleistungen mit Lastkraftwagen erbringt, mit einem Teil dieser Tätigkeiten seinerseits ein Fremdunternehmen beauftragt hat und in seinen Dienstplänen nicht nur über den Einsatz der eigenen Fahrzeuge und seines Fahrpersonals entscheidet, sondern auch über den vom Fremdunternehmen eingesetzten Fuhrpark unter namentlicher Benennung des Fahrpersonals des Fremdunternehmens, weil der AG hierdurch jedenfalls teilweise das Direktionsrecht in Bezug auf Inhalt, Ort und Zeit der Arbeitsleistung verbindlich gegenüber den betroffenen AN ausübt.[199] Auch dann, wenn ein Museum als öffentlich-rechtliche Stiftung einen Dienstleistungsvertrag mit einem Dritten über die Betreuung der Museumsbesucher abschließt und sodann die AN dieses Dritten nach den Weisungen des Museums eingesetzt werden, so z. B. dort auch an Schulungen teilnehmen müssen, handelt es sich um Arbeitnehmerüberlassung.[200]

62b Einen in kritischer Auseinandersetzung mit dem *BAG* entwickelten Ansatz verfolgen *Klebe/Karthaus*.[201] Zurecht weisen sie zunächst darauf hin, dass der Rückschluss aus der tatsächlichen Durchführung des Vertrages auf den Willen der Parteien dazu führte, dass der tatsächliche Vorgang erst nach der Durchführung, ex post, zu beurteilen ist. Der **BR** sei jedoch nach § 99 Abs. 1 S. 1 BetrVG **vor jeder Einstellung zu beteiligen.** Ob eine Einstellung vorliegt, könne dann nicht ex post aus der Praxis der Vertragsdurchführung geschlossen werden. Deshalb müsse die Frage nach dem **Vorliegen einer Einstellung nach »arbeitsplatzbezogenen«** und nicht nach »vertragsbezogenen« **Kriterien** erfolgen. Voraussetzung für eine Einstellung sei damit die **Entscheidungsbefugnis über Ort und Zeit der Arbeitsleistung, die Art der Tätigkeit** und

193 *BAG* 5. 5. 92, a. a. O.
194 *BAG* 18. 10. 94, a. a. O.
195 Zur »Strohmann«-Situation vgl. *BAG* 22. 10. 91 – 1 ABR 28/91, EzA § 87 BetrVG 1972 Arbeitszeit Nr. 49; *BAG* 5. 5. 92, a. a. O.; *ArbG Mainz* 7. 11. 03; NZA-RR 04, 201, welches jedoch zu weitgehend selbst dann, wenn das **gesamte Leitungspersonal von dem Auftraggeber** gestellt wird, eine Eingliederung in die betriebliche Organisation des Auftraggebers nicht annehmen will.
196 *BAG* 21. 7. 10 – 9 TaBV 6/10, juris.
197 *SG Heilbronn* 1. 2. 17, S 10 R 3237/15.
198 *BAG* 13. 12. 16 – 1 ABR 59/14 juris.
199 *BAG* 13. 05. 14 – 1 ABR 50/12, juris.
200 *BAG* 20. 9. 16 – 9 AZR 735/15, juris.
201 *Klebe/Karthaus*, NZA 2012, 417 ff.

deren Einordnung in den Arbeitsablauf des Betriebes sowie die **Integration der Tätigkeit in die betriebliche Organisation.** Der **DGB Reformentwurf**[202] schlägt als Lösung all dieser Abgrenzungsschwierigkeiten vor, § 99 explizit auch auf den Einsatz von Fremdpersonal auszudehnen.

Vor diesem Hintergrund ergeben sich für die Beteiligung des BR im Zusammenhang mit **Dienst-/Werkverträgen** die folgenden zwei Möglichkeiten: 63

- Handelt es sich in Wirklichkeit um AN-Überlassung, gilt § 14 Abs. 3 AÜG (Rn. 58). Damit ist auch § 99 anwendbar. Das gilt auch dann, wenn sich die tatsächliche Ausübung des Rechtsverhältnisses im Verlaufe der Rechtsbeziehung von einem Werkvertrag hin zur Arbeitnehmerüberlassung wandelt.
- Liegt ein »echter« Dienst- oder Werkvertrag vor, besteht kein Beteiligungsrecht des BR gemäß § 99[203] (zum Recht auf Information über den Dienst- bzw. Werkvertrag mit der Fremdfirma s. Rn. 134).

In den vorstehenden Fällen ist jeweils zu prüfen, welche Beteiligungsrechte beim BR der »Fremdfirma« und welche beim BR der »Einsatzfirma« liegen. Trotz Verneinung eines unmittelbaren Beteiligungsrechts nach § 99 kommt ein **»Mitbestimmungsdurchgriff«** in Betracht, wenn der selbstständige Werkvertrag in die Arbeitsorganisation des Einsatzbetriebs eingreift.[204]

Das **ArbSchG** bezieht sich nicht nur auf »Arbeitnehmer«, sondern auf »Beschäftigte« und dabei gemäß § 2 Abs. 2 Nr. 3 auch **auf arbeitnehmerähnliche Personen** i. S. d. § 5 Abs. 1 ArbGG mit Ausnahme von in der Heimarbeit Beschäftigten.[205] Alle Rechte und Pflichten des Gesetzes bestehen ihnen gegenüber in gleicher Weise wie gegenüber den anderen AN. Insbes. macht das ArbSchG an verschiedenen Stellen eine spezifische Unterweisung und Qualifizierung der Beschäftigten zur Tätigkeitsvoraussetzung: 64

- Befähigung zur Einhaltung der Arbeitsschutzbestimmungen (§ 7 ArbSchG),
- Unterrichtung bei Zusammenarbeit mehrerer AG (§ 8 ArbSchG),
- Anweisungen und Unterrichtung bei besonderen Gefahren (§ 9 Abs. 1 und 2 ArbSchG),
- Ausbildung zur Ersten Hilfe usw. (§ 10 Abs. 2 ArbSchG) und
- allgemeine Unterweisung (§ 12 ArbSchG).

All diese Vorschriften bestehen naturgemäß nicht nur im Interesse der jeweiligen Beschäftigten, sondern vor allem der übrigen Belegschaft.[206] Die erste betriebsverfassungsrechtliche Konsequenz liegt darin, dass der BR die Einhaltung des ArbSchG auch gegenüber solchen Beschäftigten zu überwachen hat (näher § 80 Rn. 4 ff.). Indem das Gesetz die Vorschriften des ArbSchG vollständig auch auf arbeitnehmerähnliche Personen erstreckt, bringt es die Relevanz ihres Zusammenwirkens mit der übrigen AN-Belegschaft zum Ausdruck. Darin liegt die gesetzliche Anerkennung einer **Eingliederung in den Betrieb** jedenfalls **aus dem Blickwinkel des Arbeitsschutzes** mit der Folge, dass § 99 jedenfalls unter folgenden Aspekten zur Anwendung kommt: 65

- Der BR ist über die »Einstellung« einer arbeitnehmerähnlichen Person nicht nur unter allgemeinen Gesichtspunkten (Rn. 150) zu unterrichten, sondern insbes. im Hinblick darauf, ob die genannten Vorschriften des ArbSchG erfüllt sind.
- Der BR kann der Einstellung gemäß Abs. 2 Nr. 1 widersprechen, wenn die Voraussetzungen des ArbSchG für eine Aufnahme der Tätigkeit nicht erfüllt sind.

Das ArbSchG gibt aber auch bezüglich **AN anderer AG,** die im Betrieb tätig werden (echten Fremdfirmenbeschäftigten i. S. d. *BAG*-Rspr., vgl. Rn. 61 f.), Anhaltspunkte für deren mindestens partielle Eingliederung. Es besteht eine Pflicht beider AG zur Zusammenarbeit, zur Unterrichtung der Beschäftigten gemäß § 8 Abs. 1 ArbSchG und gemäß Abs. 2 eine Pflicht zur

202 *Allgaier et al.*, AuR Sonderbeilage April 2022.

203 *BAG* 8.11.16 – 1 ABR 57/14 juris; Zur praktischen Handhabung vgl. *Welle*, NZA 99, 518; *Hamann*, WiB 96, 369 und 405; *Feuerborn*, WiB 96, 198.

204 Eingehend *Kittner*, AuR 98, 98 ff.

205 Vgl. *Kittner/Pieper*, § 2 Rn. 22.

206 Der DGB Reformentwurf zum BetrVG sieht vor, dies explizit klarzustellen, s. *Allgaier et al.*, AuR Sonderbeilage April 2022.

Vergewisserung, dass Fremdfirmen-Beschäftigte die angemessenen Unterweisungen erhalten haben. Auch hier muss der aufnehmende BR in der Lage sein, die Beschäftigung von AN zu unterbinden, hinsichtlich deren die arbeitsschutzrechtlichen Anforderungen an die Zusammenarbeit der beteiligten AG nicht erfüllt sind. Hier kommen insbes. die §§ 99, 101 in Frage.

2. Eingruppierung und Umgruppierung

a) Grundlagen

66 Die Ein- bzw. Umgruppierung von AN ist die Einordnung einer Tätigkeit in ein **kollektives Entgeltschema.**[207] Bei diesem Vorgang ist zu klären, welchen Merkmalen der im Betrieb geltenden Vergütungsordnung die jeweilige Tätigkeit entspricht. Ein- und Umgruppierung sind keine konstitutiven Maßnahmen, sondern ein Akt der **Rechtsanwendung.** Die Beteiligung des BR ist daher kein Mitgestaltungs-, sondern nur ein Mitbeurteilungsrecht i. S. einer Richtigkeitskontrolle.[208] Sie dient der einheitlichen und gleichmäßigen Anwendung der Vergütungsordnung in gleichen und vergleichbaren Fällen und damit der innerbetrieblichen **Lohngerechtigkeit** sowie der **Transparenz** der betrieblichen Vergütungspraxis.[209] Insofern ist das Beteiligungsrecht des BR nach § 99 eine spezifische (verfahrensmäßige) Ausformung des Gleichbehandlungsgrundsatzes. Das Beteiligungsrecht des BR bezieht sich sowohl auf die **zutreffende Einordnung** in das anzuwendende Schema als auch auf die grundlegende Frage, ob das **richtige Schema** (z. B. der einschlägige TV) angewandt wird.[210] Im **Gemeinschaftsbetrieb** kommt es darauf an, ob die Vergütungsordnung für den jeweiligen AG, zu dem die AN in einem Arbeitsverhältnis stehen, Anwendung findet.[211] Beinhaltet eine Ein- oder Umgruppierungsentscheidung mehrere Fragestellungen, kann das Mitbestimmungsverfahren durch den AG **nicht auf einzelne Teile beschränkt** werden. Eine »Teileingruppierung« steht laut *BAG* einer unrichtigen, unzutreffenden Eingruppierung gleich. Dementsprechend umfasst das Mitbestimmungsrecht nach st. Rechtsprechung alle Faktoren, die im Zusammenhang mit einer Eingruppierung zu einem unterschiedlichen Entgelt führen können.[212]

67 Ein **kollektives Entgeltschema** ist dadurch charakterisiert, dass es die einzelnen Tätigkeiten in verschiedene (mindestens zwei) Kategorien einteilt und dabei eine Bewertung vornimmt, die sich in der Höhe des Arbeitsentgelts äußert[213] (zu Zwischengruppen und Zulagen s. Rn. 71, 89). Der AG kann die im Betrieb geltende Vergütungsordnung auch nach Wegfall des ursprünglichen Geltungsgrundes nicht einseitig – also ohne Einhaltung des Mitbestimmungsrechts des BR nach § 87 Abs. 1 Nr. 10 – ändern. Die Vergütungsordnung gilt daher solange weiter, bis sie unter Beachtung des Mitbestimmungsrechts des BR geändert oder beendet wurde.[214] Vor diesem Hintergrund ist daher eine die Eingruppierung der AN erfordernde betriebliche Vergütungsordnung in folgenden Fallgestaltungen zu beachten:

- Bei **Tarifbindung.** Im Betrieb eines tarifgebundenen AG stellt die im einschlägigen Tarifvertrag enthaltene Vergütungsordnung zugleich das im Betrieb geltende Eingruppierungssystem dar. Das gilt auch für TV in **Nachbindung** gem. § 3 Abs. 3 TVG.[215]
- Bei **nachwirkendem TV,** weil die Nachwirkung lediglich die zwingende, nicht jedoch die normative Wirkung des TV entfallen lässt, und die Änderung des Vergütungsschemas in Hinblick auf einzelne AN trotz Wegfalls der zwingenden Wirkung des TV der Einhaltung des Mitbestimmungsrechts des BR nach § 87 Abs. 1 Nr. 10 bedarf[216] (vgl. a. Rn. 197).

---

207 *BAG* 10. 1. 76, EzA § 99 BetrVG 1972 Nr. 9.
208 *BAG* 30. 10. 03 – 8 ABR 47/02; 26. 9. 18 – 7 ABR 18/16, juris; Überblick bei *Thannheiser,* AiB 00, 529.
209 *BAG* 2. 4. 96 – 1 ABR 50/95, NZA 96, 1105.
210 Vgl. *BAG* 27. 6. 00 – 1 ABR 27/98, BB 01, 1094; 1. 3. 95 – 1 ABR 43/94, ZTR 95, 427.
211 *LAG Niedersachsen* 17. 6. 05 – 3 TaBV 19/05.
212 *BAG* 20. 1. 21 – 4 ABR 1/20; 29. 1. 20 – 4 ABR 26/19; 19. 10. 11 – 4 ABR 119/09 – juris.
213 *BAG* 2. 4. 96, a. a. O.
214 *BAG* 8. 12. 09 – 1 ABR 66/08, juris; *BAG* 4. 5. 11 – 7 ABR 10/10, juris; 21. 3. 18 – 7 ABR 38/16, juris.
215 *BAG* 14. 2. 23 – 1 ABR 9/22, juris.
216 *BAG* 23. 8. 16 – 1 ABR 15/14, juris; *LAG Rheinland-Pfalz* 8. 8. 18 – 4 TaBV 27/17, juris.

- Soweit die Lohn- oder Gehaltsgruppeneinteilung auf normativ anwendbarem TV beruht, gilt sie zur Herstellung kollektiver Lohngerechtigkeit bzw. zur Vermeidung einer andernfalls entstehenden Schutzlücke nach der Rspr. des *BAG* auch für **tarifungebundene** AN. Im Bereich der betrieblichen Lohngestaltung führt dies zur Verpflichtung des AG, das tarifliche Entlohnungssystem auch gegenüber nicht tarifgebundenen AN anzuwenden, wenn und soweit dessen Gegenstände der erzwingbaren Mitbestimmung des § 87 Abs. 1 Nr. 10 unterliegen.[217] Ein Anspruch nicht tarifgebundener AN auf tarifliche Entlohnung entsteht nach der Rspr. des *BAG* aus der Verpflichtung zur Anwendung der Vergütungsordnung nicht,[218]
- wenn der **AG aus dem bislang maßgeblichen TV herausgewachsen** ist und das bisher maßgebliche tarifliche Eingruppierungsschema nicht unter mitbestimmungskonformer Beteiligung des BR nach § 87 Abs. 1 Nr. 10 beendet wurde,[219]
- wenn die Vergütungsordnung auf einer **Betriebsvereinbarung** beruht, und zwar auch dann, wenn die BV lediglich nachwirkt (vgl. o. Spiegelstrich 2),
- wenn die Vergütungsordnung als Folge eines **Betriebs- oder Betriebsteilübergangs** beim Betriebserwerber zur Anwendung kommt,[220] das gilt auch dann, wenn der TV oder die BV vor dem Zeitpunkt des Betriebsübergangs bereits gekündigt war und deshalb lediglich nachwirkt (vgl. o. Spiegelstrich 2),
- bei praktizierter, **arbeitgeberseitiger Selbstbindung,** bei der der AG den (Vergütungs-)TV im Rahmen seines persönlichen Geltungsbereichs unterschiedslos sowohl auf tarifgebundene als auch auf nicht tarifgebundene AN anwendet,[221] z. B. als Folge von arbeitsvertraglichen Verweisungsklauseln;
- wenn die Vergütungsordnung auf Grund **einzelvertraglicher** Vereinbarung im Betrieb allgemein zur Anwendung kommt oder vom AG **einseitig** geschaffen wurde.[222]

Fehlt es gänzlich an einer betrieblichen Lohn- oder Gehaltsgruppenordnung, verneint das *BAG*[223] eine »Eingruppierung« auch dann, wenn der AG das Arbeitsentgelt nach unterschiedlichen Kriterien bemisst. Das wird allerdings nur bei völlig regelloser Einzelfallentscheidung angenommen werden können. Keine Eingruppierung liegt in der zu Abrechnungszwecken erstellten Bewertung von Beamten-Arbeitsplätzen bei der Deutschen Bahn AG.[224]

In der Rechtsprechung nicht einheitlich bewertet wird die Frage, ob die **Bestimmung des Vergleichsentgelts für ein BR-Mitglied nach § 37 Abs. 4** eine Eingruppierungsentscheidung ist. 67a
Diese Frage ist zwar zweifelsohne vergütungsrelevant. Das *LAG Baden-Württemberg* verneint aber das Vorliegen einer mitbestimmungspflichtigen Ein- und Umgruppierung bei der Ermittlung des Vergleichsentgelts.[225] Der Zweck des § 99, eine gleichmäßige Anwendung der kollektiven Vergütungsordnung zu gewährleisten, sei bereits durch die Eingruppierung der Vergleichspersonen erfolgt. Es ginge bei dieser Frage nicht um die Zuordnung zu einem Entgeltschema, sondern ausschließlich um die Frage, mit welchen AN das BR-Mitglied vergleichbar ist.[226] Das *Sächsische LAG* bejaht die Mitbestimmungspflicht mit der überzeugenderen Begründung, dass innerhalb der Prüfung des § 37 Abs. 4 in einem zweiten Schritt – nach Feststellung der Vergleichsperson – auch das Entgelt für die dem BR jedenfalls fiktiv zugewiesene Tätigkeit festgestellt werde. Die weit auseinanderliegenden Bewertungen der Vorgänge der Vergütung von BR unterstreichen den Reformbedarf bei der Betriebsrätevergütung.

---

217 *BAG* 18.10.11 – 1 ABR 25/10, juris unter ausdrücklicher Aufgabe seiner früheren Rspr.
218 *BAG* 4.5.11 – 7 ABR 10/10, juris; 21.3.18 – 7 ABR 38/16, juris.
219 *LAG Schleswig-Holstein* 4.7.06 – 2 TaBV 37/05, juris.
220 *BAG* 8.12.09 – 1 ABR 66/08 juris.
221 *BAG* 11.11.08 – 1 ABR 68/07, juris.
222 *BAG* 23.11.93, NZA 94, 461; 8.12.09 – 1 ABR 66/08 juris, ständ. Rspr.
223 *BAG* 20.12.88, EzA § 99 BetrVG 1972 Nr. 70.
224 *BAG* 12.12.95 – 1 ABR 31/95, DB 96, 2634.
225 *LAG Baden-Württemberg*, 26.5.23 – 12 TaBV 1/23.
226 So auch *LAG Düsseldorf* 19.3.19 – 8 TaBV 70/18, juris. Nach *Kania/Schulte-Wissermann* unterliegen jedoch Richtlinien über die Vergütungsbemessung von (freigestellten) Betriebsräten zur Konkretisierung der gesetzlichen Vorgaben gem. §§ 37 Abs. 4, 78 S. 2 der erzwingbaren Mitbestimmung des BR gem. § 87 I Nr. 10 (NZA 19, 78).

67b Ebenfalls keine mitbestimmungspflichtige Eingruppierungsentscheidung soll vorliegen, wenn der AG die AN bzw. deren Tätigkeiten nicht in die Vergütungsordnung nach einem TV einreiht, sondern aufgrund einer tariflichen Ermächtigung im Einzelfall ein **außerhalb des tariflichen Stufenschemas stehendes Entgelt** gewährt. Das *BAG* sieht darin eine erst rechtsgestaltende Maßnahme des AG, auf die das Mitbestimmungsrecht des § 99 nicht bezogen sei.[227]

68 Der BR hat ein Mitbestimmungsrecht gemäß § 99, wenn der AG eine **Eingruppierungsentscheidung** entweder **positiv** trifft oder **unterlässt,** obwohl er hierzu verpflichtet wäre.[228] Daran fehlt es, wenn die Tarifvertragsparteien selbst im Hinblick auf die einzelnen AN die Ein- oder Umgruppierungsentscheidung vorgenommen haben[229]. Den Betriebsparteien muss ein eigener Beurteilungsspielraum verbleiben. Als Folge des verletzten Mitbestimmungsrechts kann der BR nicht die richtige Eingruppierung feststellen lassen, sondern lediglich zur Sicherung seiner Mitbestimmungsrechte in einem Verfahren gemäß § 101 dem AG aufgeben lassen, die Eingruppierung vorzunehmen und ihn sodann zur Einholung seiner Zustimmung sowie bei deren Verweigerung zur Einleitung des arbeitsgerichtlichen Zustimmungsersetzungsverfahrens zu verpflichten (Näheres § 101 Rn. 6). Einen solchen **Antrag auf Eingruppierung unter Wahrung der Mitbestimmungsrechte** kann der BR demgemäß in folgenden **Fällen** geltend machen:

- Der AG unterlässt jede Eingruppierung.[230]
- Der AG gruppiert ein ohne die erforderliche Zustimmung des BR.[231]
- Der AG gruppiert um ohne die erforderliche Zustimmung des BR.[232]
- Der AG weist eine neue Tätigkeit mit der Rechtsqualität einer Versetzung zu, unterlässt jedoch eine neue Eingruppierungsentscheidung.[233]
- Das Eingruppierungsschema (Rn. 69 ff.) ändert sich[234] mit der Folge, dass Neu-(Erst-) Eingruppierungen erforderlich werden.

Über diese Fallgestaltungen hinaus hat der BR **kein Initiativrecht** zur Herbeiführung einer von ihm für richtig gehaltenen Eingruppierung.[235] Es bleibt ihm nur die Möglichkeit seiner allgemeinen Überwachungsaufgabe gemäß § 80 Abs. 1 Nr. 1 (hierzu § 80 Rn. 17). Der AN hat daneben die Möglichkeit einer Individualklage auf Feststellung der richtigen Eingruppierung (Rn. 74, 257; zu Verhaltensmöglichkeiten des AG nach verweigerter Zustimmung des BR s. § 100 Rn. 7).

69 Das **Entgeltschema** wird typischerweise mit den Lohn- bzw. Gehaltsgruppen (zu Stufen innerhalb von Gruppen vgl. Rn. 87) im **TV** festgelegt. Für die AN kann sich die Tarifbindung aus dem TV selbst ergeben, aber auch durch (zulässige) **Erstreckung.**[236] Bei einem Entgeltabkommen und einem **Entgeltrahmenabkommen** handelt es sich um gesondert vereinbarte Regelwerke, die in ihrem Bestand und ihrer Geltung voneinander unabhängig sind. Die **Kündigung des Entgeltabkommens** beendet nicht die Nachbindung (Vgl. Rn. 67) an das Entgeltrahmenabkommen für Ein- und Umgruppierungen.[237] Haben die TV-Parteien eine bestimmte Funktion oder Stelle mit bindender Wirkung für den AG in das tarifliche Vergütungsschema eingereiht, so ist diese Zuweisung für den AG verbindlich. Da das Mitbeurteilungsrecht des BR nicht weiter reicht als die Notwendigkeit zur Rechtsanwendung durch den AG, entfällt in solchen Fällen das entsprechende Beteiligungsrecht des BR.[238] Dies wird häufig bei sog. **Überleitungs-TV** der Fall sein, bei denen bestimmte Stellen bestimmten Entgeltgruppen eines neuen TV zugeordnet werden.

227 *BAG* 12.6.19 – 1 ABR 30/18, juris.
228 *BAG* 9.2.93 – 1 ABR 51/92, NZA 93, 664.
229 *BAG* 26.9.18 – 7 ABR 18/16.
230 Vgl. *BAG* 20.12.88, NZA 89, 518.
231 Vgl. *BAG* 22.3.83, AP Nr. 6 zu § 101 BetrVG 1972.
232 Vgl. *BAG* 30.5.90 – 4 AZR 74/90, NZA 90, 899.
233 Vgl. *BAG* 18.6.91 – 1 ABR 53/90, NZA 91, 852.
234 Vgl. *BAG* 18.6.91, a.a.O.
235 *BAG* 18.6.91 – 1 ABR 53/90, NZA 91, 852.
236 *BAG* 3.12.85, AP Nr. 31 zu § 99 BetrVG 1972; *Fitting,* Rn. 85.
237 *BAG* 14.2.23 – 1 ABR 9/22, juris.
238 *BAG* 3.5.06 – 1 ABR 2/05, NZA 2007, 47.

Die Vergütungsordnung kann sich auch aus einer **BV,** auf Grund **einzelvertraglicher** Vereinbarungen oder einer **einseitig vom AG erlassenen**[239] oder auch nur **praktisch** (konkludent) gehandhabten Lohn- oder Gehaltsordnung ergeben.[240] Es kann sich um die Anwendung eines tarifvertraglichen Schemas auf nicht tarifgebundene AN handeln.[241] Auch eine nach **§ 19 HAG** im Betrieb geltende Vergütungsordnung zählt hierzu.[242] Es kommt nicht auf die Herkunft dieser Ordnung an, sondern auf die Sicherung der jeweils relativen Entgeltgerechtigkeit. Bei genauerer Betrachtung der Fälle einseitig vom AG festgelegter Lohn- oder Gehaltsordnungen dürfte es sich wohl stets um mitbestimmungspflichtige Tatbestände gemäß § 87 Abs. 1 Nr. 10 handeln, so dass die Ordnung eigentlich unwirksam ist. Der Eingruppierung nach einer unwirksamen Vergütungsordnung kann stets nach Abs. 2 Nr. 1 widersprochen werden.[243] **70**

Bei einer nach Entgelt- und **Fallgruppen** aufgebauten Vergütungsordnung erstreckt sich das Mitbestimmungsrecht auch auf die Bestimmung der richtigen Fallgruppe, wenn damit unterschiedliche Rechtsfolgen verbunden sein können.[244] Hiervon ist auszugehen bei Fallgruppen, aus denen ein sog. **Bewährungsaufstieg** vorgesehen ist[245] (zur Mitbestimmung bei **Zulagen** s. Rn. 89). **71**

Die Ein- und Umgruppierung von **AT-Angestellten** innerhalb einer betrieblichen Gehaltsgruppenregelung unterliegt der Mitbestimmung gemäß § 99.[246] Das gilt auch für die »Abgruppierung« eines AT-Angestellten in die höchste Tarifgruppe.[247] Legt der AG bei **übertariflicher Bezahlung** ein Entgeltschema zugrunde, wie z. B. sog. **Gehaltsbänder** (zur Mitbestimmung hierüber s. § 87 Rn. 314 ff.), so besteht ebenfalls ein Beteiligungsrecht gemäß § 99 (zum Informationsanspruch hinsichtlich der Höhe des übertariflichen Entgelts s. Rn. 155)[248]. Auch die bloße Feststellung des AG, AN würden außertariflich bezahlt, weil die vorgesehene Tätigkeit **Qualifikationsmerkmale über der höchsten Tarifgruppe** aufweise, unterliegt der Mitbestimmung des BR.[249] Der BR kann z. B. geltend machen, dass die vorgesehene Tätigkeit geringere Qualifikationsmerkmale aufweise oder doch von der obersten Stufe des TV erfasst werde. Stellt der TV für das **Abstandsgebot von AT-Angestellten zum Tarifangestellten** auf die prozentuale Überschreitung des Tarifgehalts ab, ist mangels anderweitiger Bestimmung des Tarifvertrages die monatliche Vergütung des AT-Angestellten für die Abstandsberechnung auch dann maßgebend, wenn dessen Arbeitszeit die tarifliche Arbeitszeit überschreitet.[250] **72**

Für **Leih-AN** erfolgt die Eingruppierung zum einen durch den Verleiher in das bei diesem bestehenden Entgeltschema unter Mitwirkung des bei diesem bestehenden BR. Der BR des Entleihers ist zwar hinsichtlich der Einstellung im Einsatzbetrieb (Rn. 58), nicht jedoch an der Eingruppierung zu beteiligen.[251] Leih-AN haben aber – in Ermangelung tariflicher Regelungen, die für den Verleiher gelten – auch Anspruch auf die für einen vergleichbaren AN im Betrieb des Entleihers geltenden wesentlichen Arbeitsbedingungen einschließlich des Entgelts (Equal Pay, § 8 AÜG). Deshalb sind Leih-AN grds. auch in das beim Entleiher geltende Vergütungsschema einzugruppieren.[252] Das gilt für jeden Wechsel des Einsatzbetriebes, es sei denn, ein anwendbarer TV lässt eine Ausnahme vom Grundsatz des Equal Pay zu. Die in der diesbezüglichen Zuordnung liegende Eingruppierung, hat allerdings unter Beteiligung des BR des Ver- **73**

---

239 *BAG* 23.6.92 – 1 ABR 9/92, EzA § 77 BetrVG 1972 Nr. 49; 11.11.08 – 1 ABR 68/07, NZA 09, 450; 28.4.09 – 1 ABR 97/07, BAGE 131, 1–8.

240 *BAG* 28.1.86, EzA 99 BetrVG 1972 Nr. 47.

241 *BAG* 23.11.93 – 1 ABR 34/93, NZA 94, 461.

242 *BAG* 20.9.90 – 1 ABR 17/90, DB 90, 552.

243 *BAG* 30.10.01 – 1 ABR 8/01, NZA 02, 920.

244 *BAG* 27.7.93 – 1 ABR 11/93, ZTR 93, 521.

245 *BAG*, a. a. O.; zur Situation bei einer Änderung des Entgeltschemas mit erstmaliger Einführung des Bewährungsaufstiegs s. *BAG* 21.9.93 – 1 ABR 19/93, ZTR 94, 170.

246 *BAG* 12.12.06 – 1 ABR 13/06; *Fitting*, Rn. 94; *Hey*, BB 95, 1587; *Henkel/Hagemeier*, BB 76, 1421.

247 *BAG* 28.1.86, EzA § 99 BetrVG 1972 Nr. 47; *BAG* 26.10.04 – 1 ABR 37/03; *LAG Köln* 20.6.05 – 2 TaBV 9/05.

248 *Fitting*, Rn. 94; MünchArbR-*Matthes*, 2. Aufl., § 347 Rn. 11; a. A. *Veit*, RdA 90, 327.

249 *BAG* 31.10.95 – 1 ABR 5/95, NZA 96, 890.

250 *BAG* 26.11.03 – 4 ABR 54/02 DB 04, 763.

251 *BAG* 14.5.74 – 1 ABR 40/73, AP Nr. 2 zu § 99 BetrVG 1972.

252 *Fitting*, § 99 Rn. 83.

leihers zu erfolgen, auf diese Eingruppierung kann der BR des Entleihers nach der Rspr. des *BAG* keinen Einfluss nehmen[253] (vgl. a. Rn. 197, Verstoß gegen ein Gesetz: AÜG).

74 Ein **Beschlussverfahren** über die Mitbestimmung des BR hat nach h. M. für die Individualklage keine präjudizielle Wirkung[254] (hierzu näher Rn. 257). Freilich ist nicht zu verkennen, welchen erheblichen praktischen Einfluss der BR auf die richtige Eingruppierung hat[255] (zu den Möglichkeiten des BR s. Rn. 62). Deshalb ist gerade die ordnungsgemäß vom BR begründete Zustimmungsverweigerung von erheblicher praktischer Bedeutung.

b) Eingruppierung

75 Eingruppierung ist die – **erstmalige – Einreihung in eine im Betrieb geltende Vergütungsordnung.** Sie besteht in der Zuordnung von ANs zu einer bestimmten Gruppe der Vergütungsordnung nach Maßgabe der für diese Vergütungsordnung geltenden Kriterien. Hat ein Arbeitgeber mit unterschiedlichen Gewerkschaften **zwei sich in ihrem Geltungsbereich überschneidende Tarifverträge** über eine betriebliche Vergütungsordnung abgeschlossen, so ist der Arbeitgeber nach der Rspr. des *BAG* gehalten, die Arbeitnehmer unter Beteiligung des BR den Entgeltgruppen beider Vergütungsordnungen zuzuordnen.[256]

75a Die Eingruppierung ist stets personenbezogen; es geht um die Frage, wie die Tätigkeit eines bestimmten AN in der geltenden Vergütungsordnung zuzuordnen ist. Die personenunabhängige (abstrakte) Bewertung eines bestimmten Arbeitsplatzes (z. B. nach Hay) ist daher keine Eingruppierung i. S. v. § 99[257], kann aber ein Mitbestimmungsrecht nach § 87 auslösen, wenn die Arbeitsplatzbewertung zugleich Grundlage einer bestimmten Entlohnung sein soll.[258]

76 Üblicherweise fallen **Einstellung und (Erst-)Eingruppierung zusammen** (zur erstmaligen Tarifbindung bzw. Wechsel des TV vgl. Rn. 91, Checkliste Eingruppierung in DKWF-*Bachner/Wenckebach,* § 99 Rn. 4). Das Gleiche gilt für eine **Versetzung und (Neu)Eingruppierung,** wobei je nach Bewertung der neuzugewiesenen Tätigkeit entweder eine Eingruppierung in die bisherige Entgeltgruppe oder eine Umgruppierung (Rn. 84 ff.) erfolgt[259] (vgl. Rn. 66). Gleichwohl sind die für beide Vorgänge vorgeschriebenen Mitbestimmungsverfahren rechtlich getrennt zu bewerten. Das führt insbes. dazu, dass eine nach Ansicht des BR fehlerhafte Eingruppierung nicht die Einstellung bzw. Versetzung als solche berührt. Die **Zustimmungsverweigerung** muss sich deshalb **auf die Eingruppierung beschränken,** falls es zur Einstellung bzw. Versetzung keine gesonderten Gründe gibt.[260] Ist bei der Ersteingruppierung gleichzeitig mit der Zuordnung zu einer bestimmten Vergütungsgruppe die Zuordnung zu einer bestimmten Unter-Fallgruppe erfolgt, die zur Zahlung einer Zulage führt, kann die Zulage nicht mehr separat zum Gegenstand eines Ein- oder Umgruppierungsverfahrens gemäß § 99 gemacht werden.[261]

77 Der AG hat bei einer Neueinstellung die betriebsverfassungsrechtliche **Pflicht zur Eingruppierung** und dementsprechend zur Beteiligung des BR nach § 99.[262] Schließt sich unmittelbar an ein **befristetes Arbeitsverhältnis** ein weiteres an, so ist dann keine neue Eingruppierung erforderlich, wenn sich weder die Tätigkeit des AN noch das Entgeltschema ändert.[263] **Unterlässt der AG eine Eingruppierung,** obwohl eine Lohn- oder Gehaltsordnung besteht, verletzt er damit Rechte des BR. Diese können jedoch nicht in die Verweigerung der Zustimmung gegen die Einstellung eingebracht werden, sondern müssen in einem selbstständigen Verfahren gemäß

---

253 *BAG* DB 05, 1693, 1695.
254 *BAG* 13. 5. 81, DB 81, 292; 27. 5. 82, DB 82, 2410; a. A. *Dütz,* AuR 93, 33.
255 Vgl. *BAG* 20. 12. 88, DB 89, 1240; 22. 3. 83, EzA § 101 BetrVG 1972 Nr. 5.
256 Vgl. *BAG* 14. 4. 15 – 1 ABR 66/13, juris; 27. 9. 17 – 7 ABR 8/16 juris.
257 Vgl. *BAG* 1. 6. 11 – 7 ABR 138/09, juris.
258 Vgl. *BAG* 17. 11. 10 – 7 ABR 123/09, juris.
259 Vgl. *BAG* 18. 6. 91, NZA 91, 952.
260 Ständige Rspr. seit *BAG* 10. 1. 75, 20. 12. 88, EzA § 99 BetrVG 1972 Nrn. 9, 70.
261 *BAG* 24. 6. 86, EzA § 99 BetrVG 1972 Nr. 51.
262 *BAG* 23. 11. 93 – 1 ABR 34/93, NZA 94, 461.
263 *BAG* 11. 11. 97 – 1 ABR 29/97, NZA 98, 319.

§ 101 realisiert werden[264] (§ 101 Rn. 6). Der Individualanspruch auf Bezahlung auf Grund der richtigen Entgeltgruppe bleibt unberührt.[265]

Werden gekündigte und bereits ausgeschiedene AN während einer Kündigungsrechtsstreitigkeit (bei unveränderten Arbeitsbedingungen, § 102 Abs. 5) **vorläufig weiterbeschäftigt,** ist keine erneute Eingruppierung erforderlich (zur Versetzung in diesem Fall vgl. Rn. 127). 78

Auch bei Vereinbarung **geringfügiger Beschäftigung** (nach § 8 SGB IV) zwecks Begründung eines versicherungsfreien Beschäftigungsverhältnisses mit einem einzustellenden AN besteht die Pflicht zur Eingruppierung in ein Vergütungsgruppensystem, wenn dieses ein derartiges Beschäftigungsverhältnis oder Teilzeitbeschäftigung nicht – zulässigerweise – von seinem Geltungsbereich ausnimmt.[266] 79

Auch bei **Unklarheiten** über die richtige Eingruppierung muss der AG eine Eingruppierungsentscheidung treffen. Auch wenn er deshalb die Eingruppierung als **»vorläufig«** bezeichnet, muss er sie unter Wahrung der §§ 99, 100 vornehmen.[267] Deshalb hat eine so bezeichnete Eingruppierung auch keine besondere Rechtswirkung, weil der AG unabhängig vom Mitbestimmungsverfahren gemäß § 99 stets zur Zahlung der dem AN zustehenden Vergütung verpflichtet ist[268] (vgl. Rn. 257; § 100 Rn. 7). 80

Im Bereich der **Heimarbeit** unterliegt die Zuordnung der verschiedenen Arbeitsgänge in die nach § 19 HAG vorgegebenen Entgeltgruppen und die Zuweisung der Tätigkeiten an die Heimarbeiter als Eingruppierung der Mitbestimmung gemäß § 99.[269] 81

Auch im **Gemeinschaftsbetrieb** beruht die Leistungsbeziehung von AG und AN auf dem jeweiligen Arbeitsvertrag. Deshalb können im Gemeinschaftsbetrieb für die an ihm beteiligten AG jeweils im Verhältnis zu ihren AN unterschiedliche Vergütungsordnungen gelten. Es ist ebenfalls möglich, dass für die AN eines der beteiligten AG kein kollektives Vergütungsschema gilt.[270] 82

Nicht als Eingruppierung zu bewerten ist die **gleichmäßige Absenkung der Eingangsvergütung** für neu eingestellte AN. Gegenstand dieser Entscheidung ist, welches Entgeltvolumen für die Bezahlung der AN zur Verfügung gestellt werden soll und nicht die Zuordnung zu einer bestimmten Vergütungsgruppe.[271] 83

c) Umgruppierung

Unter einer **Umgruppierung** ist die Feststellung des AG zu verstehen, dass die Tätigkeit des AN nicht – oder nicht mehr – den Tätigkeitsmerkmalen derjenigen Kategorie entspricht, in die er eingruppiert ist. Gegenstand der Umgruppierung ist also die Neueinreihung des AN in eine im Betrieb geltende Vergütungsordnung (Checkliste Umgruppierung in DKWF-*Bachner/Wenckebach,* § 99 Rn. 5).[272] Anlass für diese Feststellung kann eine **Änderung** der Tätigkeit sein[273], eine Änderung des Entgeltschemas, im Falle einer **Stufenänderung** auch Zeitablauf (s. Rn. 95a)[274] oder aber eine veränderte Einschätzung der Rechtslage durch den AG.[275] Es ist unerheblich, ob der AN mehr verdient (Höhergruppierung),[276] weniger verdient (Abgruppierung) oder sein 84

264 *BAG* 9.2.93 – 1 ABR 51/92, NZA 93, 664.
265 Düwell-*Kreuder/Matthiessen-Kreuder* Rn. 39; GK-*Raab,* Rn. 78.
266 *LAG Frankfurt* 13.3.90 – 4 TaBV 133/89, NZA 91, 282; zur entsprechenden Auslegung eines TV vgl. *BAG* 18.6.91 – 1 ABR 60/90, BB 91, 1860.
267 *ArbG Düsseldorf* 28.3.96 – 2 BV 35/96.
268 *BAG* 27.1.87, AP Nr. 42 zu § 99 BetrVG 1972; *Matthes,* DB 89, 1290.
269 *BAG* 20.9.90 – 1 ABR 17/90, DB 91, 552.
270 *BAG* 12.12.06 – 1 ABR 38/05, EZA BetrVG 2001 § 87 Betriebliche Lohngestaltung Nr. 13.
271 *LAG Hamm* 8.6.07 – 13 TaBV 117/06, *LAG Düsseldorf,* 29.1.08 – 8 TaBV 64/07, ArbRB 08, 101.
272 *BAG* 26.10.04 – 1 ABR 37/03, DB 05, 561 ff.
273 *BAG* 23.1.19 – 4 ABR 56/17; 3.7.19 – 4 ABR 28/18,AP Nr. 250 zu § 1 TVG Tarifverträge Metallindustrie.
274 *BAG* 6.4.11 – 7 ABR 136/09, BAGE 137, 260–274; 26.4.17 – 4 ABR 37/14; 29.1.20 – 4 ABR 26/19, juris.
275 *BAG* 2.4.96 – 1 ABR 50/95, NZA 96, 1105; 20.3.90 – 1 ABR 20/89, NZA 90, 699.
276 *BAG* 28.4.98 – 1 ABR 50/97, BB 98, 2059.

Verdienst gleich bleibt (Umgruppierung im engeren Sinne).[277] Darauf, aus welchem Anlass der AG diese Feststellung trifft, kommt es nicht an. Auch die Korrektur einer nach Ansicht des AG fehlerhaften Eingruppierung (Rn. 86) bedarf der Zustimmung des BR.[278]

85 Unerheblich für das Mitbestimmungsrecht des BR ist, auf welcher **tatsächlichen oder rechtlichen Grundlage** die Umgruppierung beruht. Ein etwaiges Einverständnis der AN hindert ebenso wenig an der Durchführung des Mitbestimmungsverfahrens, wie das Verhalten des BR einen Rechtsanspruch der AN verändert.[279] Soweit sie mit einer Versetzung oder einer Änderungskündigung einhergeht, sind deren Voraussetzungen gesondert zu prüfen und ist das entsprechende Mitbestimmungsverfahren getrennt durchzuführen (vgl. Rn. 254). Wie bei der Erst-Eingruppierung besteht das Mitbestimmungsrecht des BR in einer »Richtigkeitskontrolle« (vgl. Rn. 74).

86 Möglich ist auch eine **Umgruppierung bei unverändertem Tätigkeitsbereich** des AN, sei es durch eine neue Lohn- bzw. Gehaltsgruppeneinteilung,[280] sei es bei einer **Korrektur** einer als fehlerhaft angesehenen Eingruppierung.[281] Diese Korrektur kann nach oben **(Höhergruppierung)** oder nach unten **(Rückgruppierung)** erfolgen.[282] Bei unveränderter Tätigkeit oder Änderungen unterhalb der Versetzungsschwelle ist der BR nach § 99 nur zu beteiligen, wenn der AG sich zu einem neuen Eingruppierungsakt entschließt.[283]

87 Geht es darum zu überprüfen, ob aus einer **veränderten tatsächlichen Situation** die Anwendung einer anderen kollektiven Bestimmung mit Vergütungsgruppencharakter folgt, liegt eine Umgruppierung vor. Hauptgrund für eine Umgruppierung ist die **Veränderung der Tätigkeit von AN,** sei es, dass ihnen eine **andere Tätigkeit** (ggf. mit einem anderen Arbeitsplatz) zugewiesen wird, sei es, dass die AN durch **faktische Veränderungen** von Arbeitsanfall und -anforderungen in eine andere Gruppe »hineinwachsen«.[284] Das gilt auch hinsichtlich der Erfüllung der Voraussetzungen für weitere Stufen innerhalb einer Gruppe (z. B. Betriebszugehörigkeit). Die Tätigkeitsveränderung muss jedoch die Rechtsqualität einer **Versetzung** haben (vgl. Rn. 111), damit der BR eine erneute Eingruppierungsentscheidung unter seiner Beteiligung verlangen kann[285] (Rn. 66, 76). Liegen die Veränderungen unterhalb dieser Schwelle, hat der BR kein Initiativrecht,[286] sondern ist nur zu beteiligen, wenn der AG von sich aus eine Umgruppierung betreibt (Rn. 66; vgl. auch § 101 Rn. 6).

88 Im Gegensatz zu einer mitbestimmungspflichtigen **Berichtigung** einer Eingruppierung[287] soll bei der Einstellung der Zahlung nach einer **irrtümlich** vom AG angenommenen höheren als der zustehenden Vergütungsgruppe kein Mitbestimmungsrecht bestehen.[288] Das kann nur für rein kassentechnische **Überzahlungsfälle** gelten. Die Berichtigung einer erklärtermaßen vorgenommenen, aber falschen Eingruppierung ist ebenso wie die Feststellung, dass nach irrtümlicher Annahme einer Eingruppierung eine solche überhaupt erstmals vorgenommen werden muss, mitbestimmungspflichtig.

89 Unter § 99 fällt auch die Feststellung, dass AN die Voraussetzung für eine **Zusatzleistung** erfüllen, für die eine höhere Vergütung zu zahlen ist. Ein Vergütungssystem kann durch derartige **Zulagen,** die jeweils einen Teil des zwischen zwei Vergütungsgruppen bestehenden Abstandes ausgleichen, faktisch um **Zwischengruppen** erweitert werden.[289] Die Feststellung, ob AN An-

---

277 *Fitting*, Rn. 104.
278 *BAG* 20.3.90, a.a.O., m.w.N.
279 HWGNRH-*Huke*, Rn. 69.
280 *Fitting*, Rn. 109.
281 *BAG* 20.3.90 – 1 ABR 20/89, NZA 90, 699; *BVerwG* 13.2.76, BVerwGE 50, 186.
282 Vgl. *BAG* 30.5.90 – 4 AZR 74/90, PersR 90, 270; zur korrigierenden Rückgruppierung insgesamt *Friedrich/Kloppenburg*, RdA 01, 293 [297 ff.].
283 *BAG* 18.6.91 – 1 ABR 53/90, NZA 91, 852; vgl. Rn. 77; zum Erfordernis einer Änderungskündigung zur Durchsetzung einer korrigierenden Rückgruppierung s. *KDZ*, § 2 KSchG Rn. 178.
284 *BAG* 30.5.90 – 4 AZR 74/90, NZA 90, 899 m.w.N.; *Fitting*, Rn. 107.
285 *BAG* 18.6.91 – 1 ABR 53/90, NZA 91, 852.
286 *BAG* 18.6.91, a.a.O.
287 *BVerwG* 13.2.76, BVerwGE 50, 186.
288 *BAG* 21.4.86, AP Nr. 5 zu § 1 TVG TV Bundesbahn.
289 Vgl. *BAG* 27.6.00 – 1 ABR 36/99, DB 01, 600.

spruch auf eine solche Zulage haben, ist eine mitbestimmungspflichtige Eingruppierung.[290] Erforderlich ist aber, dass die Zulage **in das Vergütungsgruppensystem eingebunden** ist. Hierzu müssen ihre Voraussetzungen an diejenigen anknüpfen, die für das bewertende Entgeltschema maßgebend sind; sie muss die Funktion einer Zwischengruppe erfüllen.[291] Das *BAG*[292] hat diese Voraussetzungen bei einer Zulage nicht als erfüllt angesehen, die eine »angemessene« Zulage bei vorübergehender Ausübung einer höher bewerteten Tätigkeit vorsah. Das erscheint problematisch, da jedenfalls die Subsumtion vorgenommen werden muss, ob die AN die höherwertige Tätigkeit ausüben. Es handelt sich praktisch um den Fall einer vorübergehenden Höhergruppierung. Nicht unter § 99 fällt die Gewährung von Zulagen, die ohne Rücksicht auf die Zuordnung in eine Vergütungsgruppe (z. B. Erschwernis- oder Familienzulagen) gezahlt werden,[293] und die Gewährung eines **Bonus** als erfolgsunabhängige Vergütung.[294]

Änderungen der Eingruppierung auf Grund einer **Änderung des zugrunde liegenden kollektiven Entgeltschemas** sind mitbestimmungspflichtige Umgruppierungen.[295] Zum Beispiel bedarf es einer Umgruppierung der AN, wenn bei einer Vergütungsordnung die allgemeinen Tätigkeitsmerkmale neugefasst und die Tätigkeitsmerkmale vermehrt werden.[296] Der BR kann bei einer solchen Gelegenheit jedoch nicht bei gleich bleibender Tätigkeit eine Höhergruppierung gemäß Abs. 2 Nr. 1 geltend machen.[297] Auch wenn es bei der Änderung eines TV zu **Massenneueinstufungen** kommt, sind diese als Einzelmaßnahmen mitbestimmungspflichtig.[298] Angeblich mitbestimmungsfreie, **»automatische«** Eingruppierungsänderungen auf Grund eines TV[299] müssen mit größter Zurückhaltung betrachtet werden. Denn das Mitbestimmungsrecht entfällt nicht bei echten »Höhergruppierungen«, sondern nur bei bloßen Umbenennungen der Vergütungsgruppen (z. B. durch andere Ziffern, ggf. verbunden mit einer höheren Bezahlung). Eine Umgruppierung liegt deshalb vor, wenn ein neuer TV zwar die bisherigen Gehaltsgruppen übernimmt, jedoch auf andere Kriterien (Tätigkeitsjahre statt Lebensalter) abstellt.[300] Eröffnet ein neuer Eingruppierungstarifvertrag den **Bewährungsaufstieg,** liegt eine mitbestimmungspflichtige Eingruppierungsentscheidung auch dann vor, wenn der AG es mangels Erfüllung der erforderlichen Bewährungszeit bei der bisherigen Eingruppierung belassen will[301] (vgl. Rn. 71). Die Tarifvertragsparteien können die **Rechte des BR** aus Anlass einer Gehaltsstrukturänderung dann **nicht einschränken,** wenn die fragliche Änderung objektiv eine Umgruppierung darstellt.[302] Ein solcher Fall ist die Einführung eines für Arbeiter und Angestellte **gemeinsamen Entgelt-TV** (vgl. auch Rn. 94). 90

Stets mit Umgruppierung aller AN verbunden ist die **erstmalige Einführung eines TV** (z. B. bei erstmaligem Abschluss eines Firmen-TV oder nach Beitritt zu einem AG-Verband). Das Gleiche gilt beim **Wechsel des TV.** 91

Die **lineare Absenkung des Gehalts um einen bestimmten Prozentsatz** begründet kein neues Vergütungssystem i. S. von § 87 Abs. 1 Nr. 10. Durch die lineare Absenkung der Vergütung verändert sich das innerbetriebliche Lohngefüge, also das Verhältnis der Lohngruppen zueinander nicht, sondern lediglich die absolute Lohnhöhe.[303] 92

290 *BAG* 2.4.96 – 1 ABR 50/95, NZA 96, 1105; 21.3.18 – 7 ABR 38/16, juris.
291 *BAG* 2.4.96, a.a.O.
292 *BAG* 2.4.96, a.a.O.
293 *BAG* 2.4.96, a.a.o.; 19.10.11 – 4 ABR 119/09, juris.
294 *BAG* 6.8.02 – 1 ABR 49/01, BB 03, 639.
295 *BAG* 9.3.93, ZTR 93, 390.
296 *BAG* 12.1.93 – 1 ABR 42/92, EzA § 99 BetrVG 1972 Nr. 112.
297 *BAG* 18.1.94 – 1 ABR 42/93, DB 94, 2634.
298 *BAG*, 19.8.04 – 8 ABR 40/03.
299 *BAG* 23.2.66, AP Nr. 8 zu § 1 TVG Tarifverträge, BAVAV.
300 *BAG* 3.10.89, DB 90, 1092; Beispiele: *LAG Hamburg* 23.12.92 – 8 TaBV 7/92, NZA 93, 424; *LAG Düsseldorf* 31.7.92 – 17 TaBV 72/97, NZA 93, 426; *LAG Schleswig-Holstein* 14.4.92 – 1 TaBV 2/92, BB 92, 1139; *LAG Frankfurt* 3.5.88, DB 89, 983.
301 *BAG* 21.9.93 – 1 ABR 19/93, ZTR 94, 170.
302 *LAG Düsseldorf* 31.7.92 – 17 TaBV 72/97, DB 93, 100.
303 *LAG Baden-Württemberg* 9.12.03 – 17 TaBV 2/03.

93 Im Zusammenhang mit der **Überführung eines Ausbildungsverhältnisses** gemäß **§ 78a** oder **§ 24 BBiG** muss stets eine mitbestimmungspflichtige Umgruppierung vorgenommen werden.[304]

94 Der **Wechsel von Arbeiter:in zu Angestellten** ist jedenfalls dann eine Umgruppierung, wenn die Tätigkeit sich von einer Arbeiter- zu einer Angestelltentätigkeit ändert.[305] Wenn Arbeiter: innen bei **unveränderter Tätigkeit** nur wie Angestellte behandelt wird, soll das nicht gelten.[306] Dem kann man sich nur insoweit anschließen, als dies bei vorhandener Tarifbindung zu einer zwar entgegenkommenden, aber tarifrechtlich »falschen« Behandlung führt. Steht kein TV im Wege, liegt der Fall einer mitbestimmungspflichtigen Umgruppierung vor.

95 Eine Umgruppierung liegt auch vor, wenn der AG auf Grund einer Prüfung zu dem Ergebnis gelangt, dass der AN nicht mehr in eine der Gehaltsgruppen der geltenden Vergütungsordnung einzugruppieren sei, weil die vorgesehene Tätigkeit höherwertige Qualifikationsmerkmale als höchste Vergütungsgruppe aufweist. Die Richtigkeit dieser vom *BAG* so bezeichneten **»Ausgruppierung«** unterliegt ebenfalls dem Mitbestimmungsrecht des BR.[307] Existiert außerhalb der betrieblichen Vergütungsordnung eine weitere gestufte Vergütungsordnung, muss über die »Ausgruppierung« hinaus eine Eingruppierung in das neue System erfolgen. Mitbestimmungsrechtlich handelt es sich um eine notwendigerweise einheitlich vorzunehmende Maßnahme. Solange dies nicht geschieht, ist die Umgruppierung unvollständig. Der BR ist an der gesamten Maßnahme zu beteiligen. Der arbeitsgerichtliche Antrag des BR muss die gesamte Maßnahme erfassen.

95a Nicht erforderlich ist, dass eine Höhergruppierung zwischen den Betriebsparteien umstritten ist. So ergibt sich im Falle einer **Stufenänderung** gemäß einer **Berufsjahresstaffel** eine Höhergruppierung allein durch Zeitablauf. Denn eine ein- oder umgruppierungsrelevante Einreihung ist immer nur **strikte Rechtsanwendung.** Ein Beurteilungsspielraum ist hierfür nicht erforderlich. Und das *BAG* weist für die Stufenänderung zu Recht darauf hin, dass die Beurteilung, ob Zeiten einer **ununterbrochenen Tätigkeit innerhalb derselben Entgeltgruppe** zurückgelegt sind, einer gedanklichen Subsumtion im Sinne eines Lebenssachverhalts unter eine abstrakte Norm bedarf. Darin liegt die der Mitbeurteilung des BR unterliegende Rechtsanwendung des AG.[308] Eine Stufenänderung stellt eine Umgruppierung i. S. d. Abs. 1 Satz 1 dar, weil sich daraus ein unterschiedliches Entgelt im Vergleich zur niedrigeren Stufe ergibt.[309]

3. Versetzung

96 Für eine **Versetzung** i. S. d. § 99 gilt die **Legaldefinition des § 95 Abs. 3.** Demnach liegt betriebsverfassungsrechtlich (zu arbeitsvertraglichen Voraussetzungen der Versetzung vgl. Rn. 98, 132) eine »Versetzung« in der »**Zuweisung eines anderen Arbeitsbereichs,**

- die voraussichtlich die Dauer von einem Monat überschreitet oder
- die mit einer erheblichen Änderung der Umstände verbunden ist, unter denen die Arbeit zu leisten ist« (Checkliste Versetzung in DKWF-*Bachner/Wenckebach,* § 99 Rn. 3).

Es gibt also grundsätzlich **zwei Typen von Versetzungen:**

1. die Zuweisung eines anderen Arbeitsbereichs für eine **längere Zeit** als einen Monat;
2. die Zuweisung eines anderen Arbeitsbereichs für eine **kürzere Zeit,** aber mit **erheblichen Änderungen** der Arbeitsumstände.

97 Eine Versetzung als Zuweisung eines neuen Arbeitsbereichs zieht notwendigerweise eine **erneute Eingruppierungsentscheidung** nach sich[310] (vgl. Rn. 66, 76). Das kann je nach Bewertung der neuen Tätigkeit zur (erneuten) Eingruppierung in die bisherige Gruppe führen

---

304 HWGNRH-*Huke,* Rn. 62.
305 Düwell-*Kreuder/Matthiessen-Kreuder* Rn. 40: HWGNRH-*Huke,* Rn. 64.
306 HWGNRH-*Huke,* Rn. 64.
307 *BAG* 26. 10. 04 – 1 ABR 37/03, DB 05, 561 ff.; 17. 6. 08 – 1 ABR 37/07, juris.
308 *BAG* 6. 4. 11 – 7 ABR 136/09 –, BAGE 137, 260–274; 29. 1. 20 – 4 ABR 26/19.
309 *BAG* 6. 4. 11 – 7 ABR 136/09 –, BAGE 137, 260–274; 26. 4. 17 – 4 ABR 37/14; 29. 1. 20 – 4 ABR 26/19.
310 *BAG* 18. 6. 91 – 1 ABR 53/90, NZA 91, 952.

oder zu einer Umgruppierung (Rn. 84 ff., 87). »Versetzung« i. S. des § 99 ist ein **unbestimmter Rechtsbegriff,** bei dessen Anwendung dem *LAG* ein Beurteilungsspielraum zusteht.[311]

Vom betriebsverfassungsrechtlichen ist der **arbeitsvertragliche Versetzungsbegriff** zu unterscheiden. Letzterer zielt ganz allein auf die Zuweisung eines anderen Arbeitsplatzes. Je nachdem, wie eng oder weit der Tätigkeitsbereich von AN im Arbeitsvertrag abgegrenzt ist, kann diese Zuweisung kraft Direktionsrechts erfolgen, oder es ist eine Vertragsänderung (einvernehmlich oder durch Änderungskündigung) erforderlich.[312] Diese Voraussetzungen müssen erfüllt sein, damit von einer Versetzung im individualarbeitsvertraglichen Sinne die Rede sein kann. Der **betriebsverfassungsrechtliche Versetzungsbegriff ist selbstständig** zu bestimmen. Für diesen sind **objektive betriebliche Gegebenheiten** maßgeblich.[313] Aus diesem Grunde kommt es nicht auf – möglicherweise weite – arbeitsvertragliche Versetzungs*möglichkeiten* an. Eine individualrechtlich zulässige (betriebsverfassungsrechtliche) Versetzung ist ohne Beteiligung des BR (Zustimmung oder deren Ersetzung) nicht möglich;[314] auch nicht, wenn der AN im Vertrag oder aktuell sein Einvernehmen erklärt hat. Das gilt entsprechend für eine vertragliche Einheitsregelung[315] Umgekehrt ersetzt die Beteiligung des BR nicht die individualrechtlichen Voraussetzungen für die Versetzung.[316] AN können sich jedoch gegenüber einer Versetzung auf die Verweigerung der BR-Zustimmung bzw. die Nichtbeachtung des Mitbestimmungsverfahrens berufen (vgl. näher Rn. 252). 98

Ist zur Durchführung einer Versetzung eine **Änderungskündigung** erforderlich, muss parallel zu § 99 deren individualrechtliche Zulässigkeit geprüft werden. Es gelten alle Rechtmäßigkeitskriterien einer Änderungskündigung, insbes. die Notwendigkeit einer **sozialen Auswahl**[317] (vgl. auch § 102 Rn. 110). Allerdings ist die die Beteiligung des BR gem. § 99 keine Wirksamkeitsvoraussetzung für eine mit dem Ziel einer Versetzung erklärte Änderungskündigung[318]. Der AG ist aber nicht berechtigt, die (wirksame) Änderungskündigung betrieblich umzusetzen, solange das Beteiligungsverfahren nach § 99 nicht zu seinen Gunsten abgeschlossen ist (vgl. auch Rn. 254, 255). Beruht die Versetzung auf einem **Widerspruch** des BR gemäß **§ 102 Abs. 3 Nr. 3–5** gegenüber einer zunächst erklärten Kündigungsabsicht, so ist das Verfahren des § 99 dann durchzuführen, wenn der BR nicht ausschließlich auf den konkreten ins Auge gefassten Arbeitsplatz abgezielt hat (näher § 102 Rn. 226). Widersprüchliches Verhalten wäre jedoch unbeachtlich (vgl. Rn. 185). 99

Versetzung bedeutet Zuweisung eines anderen **»Arbeitsbereichs«.** Dieser auch in § 81 verwandte Begriff (vgl. § 81 Rn. 16 ff.)[319] wird dort durch die Aufgabe und Verantwortung sowie die Art der Tätigkeit und ihre Einordnung in den Arbeitsablauf des Betriebs umschrieben.[320] Gleichzeitig ergibt sich aus dem systematischen Zusammenhang zwischen § 95 Abs. 3 Satz 1 und Satz 2, dass mit »Arbeitsbereich« auch der **»Arbeitsplatz«** gemeint ist.[321] Der »Arbeitsplatz« ist Gegenstand einer Vielzahl von Regelungen im BetrVG bzw. hat Bedeutung für deren Auslegung (z. B. §§ 81, 90, 91, 93). Sein gemeinsamer Inhalt muss auch für § 99 fruchtbar gemacht werden. Sehr generell gesprochen, heißt das jedenfalls, dass der Begriff »Arbeits*platz*« den **örtlichen Bezug** des Arbeitsbereichs besonders deutlich macht.[322] Unter »Arbeitsbereich« ist der **konkrete Arbeitsplatz** und seine Beziehung zur betrieblichen Umgebung in räumlicher, technischer und organisatorischer Hinsicht zu verstehen.[323] Das *BAG* spricht von **»Ort der** 100

311 *BAG* 11.9.01 – 1 ABR 2/01, NZA 02, 232; 29.9.20 – 1 ABR 21/19, AP Nr. 58 zu § 99 BetrVG 1972 Versetzung.
312 Hierzu eingehend *KDZ,* § 2 KSchG Rn. 36 ff., 54, 155 m. w. N.
313 *BAG* 26.5.88, DB 88, 2158; *Fitting,* Rn. 119, 120; GK-*Raab,* Rn. 87.
314 *BAG* 14.11.89, DB 90, 1093; 26.5.88, DB 88, 2158; 29.9.20 – 1 ABR 21/19, AP Nr. 58 zu § 99 BetrVG 1972 Versetzung.
315 *LAG Hamm* 19.3.04 – 7 Sa 1761/03, EzA-SD 04, Nr. 12, 13.
316 *LAG Düsseldorf* 29.9.77, DB 78, 2494; *Fitting,* Rn. 121.
317 Vgl. *KDZ,* § 2 KSchG Rn. 181 ff. m. w. N.
318 *BAG* 18.5.17 – 2 AZR 606/16 Juris.
319 Vgl. *v. Hoyningen-Huene/Boemke,* S. 122.
320 *BAG* 26.5.88, DB 88, 2158.
321 *BAG* 8.8.89, DB 90, 537; 14.11.89, DB 90, 1093.
322 *BAG* 1.8.89, DB 90, 382; 14.11.89, DB 90, 1093.
323 *BAG* 3.12.85, DB 86, 915.

Arbeitsleistung«, »Art der Tätigkeit« oder dem **»gegebenen Platz in der betrieblichen Organisation«.**[324] In jedem Fall wird der Arbeitsplatz durch die jeweilige Arbeitsaufgabe und den Arbeitsinhalt, also den »Gegenstand seiner Arbeitsleistung«, definiert.[325] Die **Betriebsparteien** können versetzungsrelevante **Kriterien** für die Abgrenzung von Arbeitsbereichen und Arbeitsplätzen festlegen[326] (zu **Auswahlrichtlinien** s. Rn. 204; § 95 Rn. 27 ff., 32 ff.).

101 Nur **geringfügige Veränderungen** des Arbeitsbereichs bzw. Arbeitsplatzes mögen zwar eine Unterrichtungspflicht des AG gemäß § 81 auslösen (vgl. § 81 Rn. 16 ff.), stellen deshalb aber noch nicht zwangsläufig eine Versetzung dar. Die Veränderungen müssen so **erheblich** sein, dass ein »anderer Arbeitsbereich« angenommen werden kann.[327] Das **Gesamtbild der Tätigkeit** betroffener AN muss sich geändert haben. Es kommt darauf an, ob sich die Tätigkeiten der AN vor und nach der Zuweisung so voneinander unterscheiden, dass die neue Tätigkeit in den Augen eines mit den betrieblichen Verhältnissen vertrauten Beobachters als eine andere angesehen werden kann.[328] Das *BAG* versteht diese Erheblichkeitsschwelle dabei im Zusammenhang mit **kurzzeitigen Veränderungen** so, dass es der Zustimmung des Betriebsrats nur bedarf, wenn sie mit einer gravierenden Änderung der äußeren Bedingungen verbunden ist, unter denen die Arbeit zu leisten ist.[329] Dabei spielen auch Faktoren wie **Lärm, Schmutz, Hitze, Kälte oder Nässe** eine Rolle.[330] Änderungen, die sich z. B. als Folge der technischen Gestaltung des Arbeitsablaufes, einer Änderung der Hilfsmittel oder Maschinen oder auch einer anderen Organisation des Arbeitsablaufs im **»normalen Schwankungsbereich«** halten, sind **keine** mitbestimmungspflichtige Versetzung.[331] Demgegenüber ist z. B. der beabsichtigte Einsatz von »herkömmlichen« Kassierer:innen eines Warenhaus in einem neu eingerichteten »Selbstscanning-Kassenbereich« als Versetzung zu bewerten,[332] weil ganz wesentliche Tätigkeiten der bisherigen Kassierertätigkeit entfallen. Dies gilt jedoch nicht, wenn wegen eines kurzzeitigen Einsatzes von ca. 30 Minuten die Erheblichkeitsschwelle nicht überschritten wird.[333] Ebenso kann die Umsetzung von Callcenteragenten vom Privatkundenbereich in den Geschäftskundenbereich eine Versetzung i. S. v. § 95 Abs. 3 darstellen, wenn in dem Callcenter eines Postdienstleisters unter strikter organisatorischer Trennung einerseits Geschäftskunden und anderseits Privatkunden betreut werden[334]. Es ist methodisch unzulässig, von einem **»Bagatellfall«** als Nicht-Versetzungsfall dann zu sprechen, wenn keine schutzwürdigen Belange der AN berührt werden.[335] Zum einen ist diese Frage im Rahmen des Widerspruchsgrundes gemäß Abs. 2 Nr. 4 zu prüfen. Zum anderen kommt es für das Mitbestimmungsrecht des § 99 gerade nicht nur auf die Interessen des betroffenen AN, sondern insbes. auch auf die Interessen des »Belegschaftskollektivs« an[336] (vgl. Rn. 4).

102 Für eine sog. **schleichende Versetzung,** bei der sich die Arbeitsanforderungen nur in jeweils einzelnen, kleinen Schritten ändern, gilt nichts Besonderes: Ab dem Augenblick, ab dem die Veränderungen auf Grund eines einzelnen Schrittes zusammen mit vorangegangenen Schritten Versetzungsqualität gegenüber der Ausgangssituation erreichen, ist § 99 anzuwenden. In solchen Fällen stellt sich typischerweise neben der Versetzung auch die Frage einer erneuten

---

324 *BAG* 10.4.84, DB 84, 2198.
325 *BAG* 26.5.88, DB 88, 2158; *LAG Düsseldorf* 1.7.81, DB 81, 1938.
326 *Fitting*, Rn. 124.
327 *BAG* 29.9.20 – 1 ABR 21/19, AP Nr. 58 zu § 99 BetrVG 1972 Versetzung; *v. Hoyningen-Huene/Boemke*, S. 124.
328 *BAG* 26.5.88, DB 88, 2158: 10.10.12 – 7 ABR 42/11 juris; 8.11.16 – 1 ABR 56/14 juris; 29.9.20 – 1 ABR 21/19, AP Nr. 58 zu § 99 BetrVG 1972 Versetzung.
329 *BAG* 28.9.88 – 1 ABR 37/87, BAGE 59, 37; 29.9.20 – 1 ABR 21/19, AP Nr. 58 zu § 99 BetrVG 1972 Versetzung.
330 *BAG* 23.6.09 – 1 ABR 23/08, BAGE 131, 145; 11.12.07 – 1 ABR 73/06; 29.9.20 – 1 ABR 21/19, AP Nr. 58 zu § 99 BetrVG 1972 Versetzung.
331 *BAG* 10.4.84, DB 84, 2198.
332 A. A. *LAG Rheinland-Pfalz* 4.4.06 – 2 TaBV 63/05, juris.
333 29.9.20 – 1 ABR 21/19, AP Nr. 58 zu § 99 BetrVG 1972 Versetzung.
334 *LAG Düsseldorf* 31.1.18 – 4 TaBV 113/16, juris.
335 HWGNRH-*Huke*, Rn. 78; *Hromadka*, DB 72, 1533.
336 Vgl. GK-*Raab*, Rn. 77; *Müller*, RdA 69, 227, 228; vgl. *Belling*, DB 85, 335, 336 m. w. N.

Eingruppierungsentscheidung (vgl. Rn. 87). Mit Prozessen der Digitalisierung wird diese Art der Versetzung zunehmend praxisrelevant.

103 Für die **praktische Handhabung** kristallisieren sich aus der bisherigen *BAG*-Rspr. **vier Typen von Veränderungen** des Arbeitsbereichs/Arbeitsplatzes heraus, die jeweils eine Versetzung i. S. d. § 99 bedeuten können:

- Arbeitsort (Rn. 106);
- Arbeitsaufgabe und -inhalt (Rn. 110);
- Platz in der betrieblichen Organisation (Rn. 113);
- Arbeitsumstände (Rn. 114).

Änderungen unter **jedem einzelnen** dieser Gesichtspunkte können zu einer Qualifizierung als **Versetzung** führen, auch wenn sich hinsichtlich der anderen nichts geändert hat. Es kann also eine Versetzung vorliegen, ausschließlich bei

- Veränderung des Arbeitsorts;[337]
- Veränderungen von Arbeitsaufgabe und -inhalt;[338]
- Veränderung des Platzes in der betrieblichen Organisation;[339]
- Veränderung der Arbeitsumgebung am selben Arbeitsort und unveränderten Arbeitsaufgaben und -inhalten.[340]

Es kann aber auch sein, dass die Veränderungen hinsichtlich jeder der drei Einzelaspekte jeweils für sich genommen keine Versetzung darstellen würden, jedoch **alle zusammen** als »Gesamtbild« der Tätigkeit so verändern, dass von einer »anderen Tätigkeit« gesprochen werden kann (vgl. Rn. 114).

104 Ob eine »Versetzung« im betriebsverfassungsrechtlichen Sinne vorliegt, hängt **nicht** von einer individualrechtlichen **auf die Person des AN zielenden Maßnahme** oder Entscheidung des AG im engeren Sinne ab. Da er über die technischen Produktionsmittel und die Organisationsgestaltung verfügt, sind ihm hieraus resultierende Einflüsse auf die Arbeitssituation des einzelnen AN zuzurechnen. Eine Versetzung kann also auch aus objektiven, nicht auf den betroffenen AN gezielten Veränderungen herrühren. Infolgedessen gehen **Betriebsänderungen** nach § 111 Nr. 4 und 5 häufig mit Versetzungstatbeständen einher.

105 Ersichtlich kommt es für die Entscheidung, ob eine Versetzung vorliegt, stets auf die **konkreten Umstände jedes Einzelfalls** an. Es lassen sich jedoch Entscheidungshilfen zur Operationalisierung der *BAG*-Grundsätze in Form einiger Faustregeln nennen, die zumindest eine **Vermutung** zugunsten des Vorliegens einer Versetzung auslösen:

- Wenn eine Umgruppierung notwendig wird, liegt darin im Zweifelsfall eine Versetzung. Zwar ist es richtig, dass eine Änderung der materiellen Arbeitsbedingungen als solche keine Versetzung darstellt.[341] Das folgt aus der Unerheblichkeit der individualrechtlichen Gestaltung für das Mitbestimmungsverfahren (Rn. 34). Soweit sich jedoch die Eingruppierung nach der ausgeübten Tätigkeit von AN richtet (wie allgemein üblich, vgl. Rn. 74), liegt im Wechsel einer Lohn- und Gehaltsgruppe typischerweise ein Indiz für eine versetzungsträchtige »andere Tätigkeit«. Unabhängig davon ist beim Vorliegen einer Versetzung in jedem Falle eine erneute Eingruppierungsentscheidung zu treffen[342] (Rn. 66, 76).
- Wenn der Arbeitsplatz gemäß § 93 ausgeschrieben worden war, spricht nach seiner Besetzung jede Veränderung eines in der Ausschreibung genannten Punktes zu seiner Spezifizierung (vgl. § 93 Rn. 5) für eine Versetzung. Denn immerhin haben die Betriebsparteien (oder der AG allein) all jene Punkte für wichtig genug gehalten um die Entscheidung möglicher Interessenten/Bewerberinnen zu beeinflussen. Dann greift ihre Veränderung in den Vertrauensschutz der AN ein – eine für eine Versetzung ausreichend bedeutsame Wirkung.
- Wenn ein einzelner Arbeitsplatz ausgeschrieben wurde, ist dies generell Ausweis seiner Eigenschaft als »anderer« Arbeitsplatz gegenüber den vorhandenen, besetzten Arbeitsplätzen.

337 *BAG* 18.2.86, DB 86, 1523; 18.10.88, DB 89, 732.
338 *BAG* 10.4.84, DB 2198.
339 *BAG* 10.4.84, a. a. O.
340 *BAG* 26.5.88, DB 88, 2158.
341 Vgl. bereits Ausschussbegründung, BT-Drucks. VI/2729, zu § 95.
342 *BAG* 18.6.91, NZA 91, 952.

- Für die veränderte Tätigkeit ist eine gewisse Einarbeitungszeit erforderlich. Je länger eine solche Einarbeitungszeit ist, desto mehr spricht für eine Versetzung.
- Schließlich kann ein gewisser Anhaltspunkt für eine Versetzung darin bestehen, dass der AG sich vergeblich bemüht hat, andere AN für die Stelle zu gewinnen, sich jedoch keine anderen AN sich bereit erklärt haben, sie einzunehmen.

106 Die Zuweisung an einen anderen **Arbeitsort** ist für sich betrachtet immer eine Versetzung.[343] AN werden stets dann in einem anderen Arbeitsbereich tätig, wenn sie in einem **anderen Betrieb desselben UN** tätig werden.[344] Der Ort der Arbeitsleistung ist für AN von entscheidender Bedeutung. Ob die Maßnahme bei gleichbleibender Arbeitsaufgabe gemäß § 99 der Zustimmung des BR bedarf, hängt davon ab, dass sie voraussichtlich die Dauer eines Monats überschreitet (Rn. 108) oder, bei kürzerer Dauer, mit einer erheblichen Änderung der Arbeitsumstände verbunden ist (Rn. 101).[345]

107 Bei der **Versetzung in einen anderen Betrieb** hängt die Mitbestimmung nach der hier vertretenen Auff. grundsätzlich nicht davon ab, ob betroffene AN wieder in den abgebenden Betrieb zurückkehren oder die Versetzung auf Dauer erfolgt (vgl. a. Rn. 16). Die kollektiven Interessen der im abgebenden Betrieb vorhandenen Belegschaft können durch eine betriebsübergreifende Versetzung in beiden Fällen schon deswegen berührt sein, weil die verbleibenden AN einer Arbeitsverdichtung ausgesetzt sein können, die jedenfalls eine Zustimmungsverweigerung als möglich erscheinen lässt.[346] Das *BAG*[347] lässt eine Beteiligung des BR des abgebenden Betriebs demgegenüber entfallen, wenn **mit ihrem Einverständnis versetzte AN auf Dauer aus dem abgebenden Betrieb ausscheiden** und in einen anderen – den aufnehmenden – Betrieb auf Dauer eingegliedert werden (zur Kritik an dieser Rspr. vgl. Rn. 17). Grenzfälle können in der Zuweisung eines anderen Arbeitsplatzes in verschiedenen **Betrieben/Betriebsteilen am selben Ort** liegen.[348]

107a Umstritten ist, ob das Beteiligungsrecht nach §§ 111, 112 im Falle der **Durchführung einer Betriebsänderung** (z. B. bei der Verlegung von Betrieben/Betriebsteilen oder der Zusammenlegung von Betrieben) das Beteiligungsrecht nach § 99 ausschließt oder ob neben dem Beteiligungsrecht nach § 111, 112 auch das Beteiligungsrecht nach § 99 zu beachten ist. Letzteres wird zum Teil aus gesetzessystematischen Gründen verneint. So seien im Fall einer Betriebsänderung die §§ 111, 112 die spezielleren Normen, die eine Anwendung von § 99 ausschlössen.[349] Fälle dieser Art unterlägen als Betriebsänderung gemäß § 111 ausschließlich der hierfür vorgesehenen Beteiligung des BR.[350] Das ist jedoch unzutreffend. Zum einen führt die Existenz eines gleichzeitigen anderen Mitbestimmungsrechts nicht zwangsläufig zum Wegfall des einen. Zum anderen belegt gerade der Hinweis auf § 111 gewissermaßen von Gesetzes wegen das Vorhandensein einer Versetzung: Es handelt sich nämlich – z. B. bei der Zusammenlegung von Betrieben – um eine Betriebsänderung, mithin um die Arbeitsaufnahme in einen mit dem alten Betrieb nicht mehr identischen Betrieb. Das *BAG* hat jetzt jenseits der Frage der Betriebsänderung entschieden, dass die **Verlegung eines Betriebes um wenige Kilometer** (ca. 3 km) innerhalb derselben politischen Gemeinde ohne Hinzutreten einer weiteren Veränderung der Arbeitsumstände keine Versetzung der betroffenen AN darstelle. Werde aber in einem solchen Fall **lediglich eine Abteilung räumlich verlagert** (oder aber einzelne Arbeitsplätze), so ver-

---

343 *BAG* 18. 2. 86, AP Nr. 33 zu § 99 BetrVG 1972; *LAG Hamm* 23. 1. 04 – 10 TaBV 43/03, EzA-SD, Nr. 7, 13.
344 *BAG* 19. 2. 91 – 1 ABR 36/90, EzA § 95 BetrVG 1972 Nr. 24; *v. Hoyningen-Huene/Boemke*, S. 133 f. m. w. N.
345 *BAG* 1. 8. 89 – 1 ABR 51/88.
346 *BAG* 22. 11. 05 – 1 ABR 49/04, juris.
347 *BAG* 22. 11. 05, a. a. O.
348 Zur Abordnung in verschiedene Filialen in einer Großstadt als mitbestimmungspflichtige Versetzung *LAG Berlin* 26. 5. 97 – 9 TaBV 3/97, NZA-RR 98, 76.
349 Vgl. *LAG Düsseldorf* 27. 1. 17 – 6 TaBV 60/16 juris m. w. N.
350 *LAG Berlin* 22. 11. 91 – 6 TaBV 3/91, NZA 92; 854; *LAG Nürnberg* 28. 4. 05 – 5 TaBV 24/04, AuA 05, 616.

ändere sich für die betroffenen AN das Arbeitsumfeld, so dass die Voraussetzungen einer Versetzung erfüllt seien.[351]

108 Eine Versetzung ist auch dann anzunehmen, wenn AN auf Initiative des AG und in dessen Interesse **vorübergehend in einem anderen (Konzern-)Unternehmen** arbeiten. Auch in einer solchen Lage stellt sich die Situation im abgebenden Betrieb bezogen auf eine mögliche Vakanz und Belastung der dortigen Belegschaft genauso dar wie bei einem vorübergehenden Wechsel in einen anderen Betrieb desselben Unternehmens.[352]

108a Wird AN nach vorausgegangenem Betriebsteilübergang, dem sie widersprochen haben, vom AG in Aussicht gestellt, er werde seine Gehaltszahlung unter Anwendung von § 615 Satz 2 BGB einstellen, wenn die AN nicht bis zur arbeitsgerichtlichen Entscheidung über die nach dem Widerspruch ausgesprochene betriebsbedingte Kündigung beim Betriebserwerber arbeiten, so ist auch dieser Vorgang als Versetzung zu werten. Denn durch die Erfüllung der gesetzlichen Verpflichtung zur Ausübung anderweitigen Erwerbs, erfüllen AN eine Schutzpflicht gegenüber dem Vermögen seines AG. Macht der AG von seinem hier bestehenden Recht zur Einstellung der Gehaltszahlung Gebrauch, so ist dies der Zuweisung eines anderen Arbeitsbereichs (in einem anderen Betrieb) gleichzustellen, jedenfalls dann, wenn AN als Folge der Prozessbeschäftigung an einem anderen Standort beschäftigt werden sollen.

109 Eine Versetzung als Ortsveränderung kann auch beim **Wechsel des Arbeitsplatzes im Betrieb** vorliegen, z. B. beim Wechsel von einem Betriebsteil zu einem räumlich entfernten Betriebsteil.[353] Unbestritten gilt dies für Betriebe, die sich über ganze Regionen erstrecken, z. B. Regionalbetriebe, die auf der Grundlage von § 3 Abs. 1 Nr. 1 gebildet wurden. Im Übrigen muss bei innerbetrieblichen Veränderungen die Definition des »Arbeitsplatzes« an anderen Stellen des BetrVG zur Lokalisierung und Eingrenzung in der Versetzungsfrage fruchtbar gemacht werden (vgl. Rn. 100). Allerdings wird man den bloßen Wechsel von einer Fabrikhalle zu einer anderen oder von einem Büro zum anderen im selben Betrieb für sich allein nicht als Versetzung in Form einer Ortsveränderung werten können,[354] ebenso wenig die ein- bis zweimal im Monat stattfindende Verlängerung des Anfahrtswegs zur Arbeitsstelle um etwas 75 Minuten.[355] Es müssen Änderungen hinsichtlich anderer Punkte hinzukommen: Änderung der Arbeitsmittel;[356] hinzutretende Stressfaktoren;[357] Angewiesensein auf Kommunikationsmöglichkeiten und technische Einrichtungen;[358] Wechsel von Einzel- in Großraumbüro; Wechsel aus Fabrikhalle ins Freie; Wechsel von nicht belasteter Halle an Arbeitsplatz mit Einwirkungen von Hitze, Nässe, Lärm u. Ä.[359] Das *BAG* will – selbst für AN, die zuvor in Einzelbüros tätig waren – keine Änderung des Arbeitsbereichs darin sehen, dass am neuen Standort **Desk-Sharing-Arbeitsplätze** zur Verfügung gestellt werden, wo AN vor Beginn ihrer Tätigkeit einen freien Schreibtisch wählen sowie ihre individuellen Arbeitsmittel aus dem verschließbaren Wertschrank entnehmen und an den Schreibtisch bringen müssen. Dies betreffe weder deren Aufgabe und Verantwortung noch die Art ihrer Tätigkeit und ihre Einordnung in den betrieblichen Arbeitsablauf.[360] Hier werden die Auswirkungen des Desk-Sharings für Beschäftigte sicherlich unterschätzt. Wenn das Gericht allerdings darauf verweist, dass im Streitfall eine Änderung der Tätigkeit nicht ersichtlich gewesen sei, so zeigt dies, dass eine Versetzung jedenfalls dann infrage kommt, wenn etwa die Suche nach freien Arbeitsplätzen, weniger Arbeitsplätze als Beschäftigte oder eine **Clean-Desk-Policy** als wesentliche Veränderung der Arbeitsumstände dargelegt werden.[361]

---

351 *BAG* 27.6.06 – 1 ABR 35/05, NZA 06, 1289.
352 *LAG Schleswig-Holstein*, 12.4.07 – 4 TaBV 66/06.
353 HWGNRH-*Huke*, Rn. 86.
354 *BAG* 10.4.84, DB 84, 2198; Verlegung einer Betriebsabteilung in andere Räume am selben Ort, *Fitting*, Rn. 144.
355 *LAG Mecklenburg-Vorpommern* 23.1.13 – 2 Sa 104/12, juris.
356 *LAG Hamm* 15.8.89 – 13 TaBV 21/89.
357 *BAG* 18.10.88, AP Nr. 56 zu § 99 BetrVG 1972.
358 *ArbG Wesel* 19.11.93 – 2 BV 41/93.
359 Beispiele bei HWGNRH-*Huke*, Rn. 86, 88; *Meier*, NZA-Beilage 3/88, S. 6.
360 *BAG* 17.11.21 – 7 ABR 18/20, juris.
361 Vgl. auch *Grimm/Singraven*, ArbRB 19, 175, 177.

110 Zur **Arbeitsaufgabe** im betriebsverfassungsrechtlichen Sinne gehören alle eingruppierungsrelevanten Tätigkeitsmerkmale (Rn. 129 ff.). Der Inhalt des Arbeitsvertrags ist für sich betrachtet unerheblich.[362] Jedoch können daraus Anhaltspunkte für die Bestimmung der objektiven Gegebenheiten des Betriebs gewonnen werden, wenn nicht nur auf den Vertrag des einzelnen gerade betroffenen AN, sondern auf die Verträge vergleichbarer AN abgestellt wird. Eine Versetzung liegt immer vor, wenn AN eine tariflich höher oder niedriger zu bewertende Tätigkeit übertragen werden soll. Es geht dabei nicht um die Entlohnung als solche, sondern die in der veränderten Entlohnung zum Ausdruck kommende Veränderung der Tätigkeit.[363] Eine wesentliche Änderung der Arbeitsaufgabe und des Arbeitsinhalts liegt vor bei einem Wechsel von Arbeit im **Leistungslohn** zu solcher im **Zeitlohn** und umgekehrt.[364] Auch der Wechsel innerhalb des Leistungslohns vom **Einzel- in den Gruppenakkord** ist eine mitbestimmungspflichtige Versetzung.[365] Der Wechsel vom **Außen- in den Innendienst** enthält sowohl eine Änderung des Arbeitsorts als auch des Arbeitsinhalts.[366] Das Gleiche gilt für die **Zuweisung eines neuen Verkaufsgebietes** im Außendienst.[367] Eine Veränderung der **beruflichen Perspektiven** beim Wechsel eines Arbeitsplatzes spricht gleichfalls für das Vorliegen einer Versetzung.[368] In der Umsetzung einer **Altenpflegekraft** auf eine andere, organisatorisch eigenständige Station in einem Altenpflegeheim liegt eine Versetzung,[369] ebenso in der Zuordnung von **Nachtwachen** zu bestimmten Pflege- bzw. Wohnbereichen unter Aufgabe ihres bisherigen Einsatzes nach dem Rotationsprinzip.[370]

111 Problematisch sind die Fälle der **teilweisen Veränderung von Arbeitsaufgaben** und -inhalten. Wenn neue Arbeitsinhalte nur eine Randbedeutung haben, wird man ihre Hinzufügung dem mitbestimmungsfreien **»normalen Schwankungsbereich«** zuordnen müssen.[371] Wird der bisherige Arbeitsbereich durch Zuweisung oder Wegnahme von Teilfunktionen erweitert oder verkleinert, ohne dass dadurch ein von dem bisherigen Arbeitsbereich grundlegend abweichender, neuer Arbeitsbereich entsteht, liegt keine Versetzung vor.[372] Bei einem quantitativen Anteil von 20 v. H. spricht viel für eine Versetzung.[373] Deshalb ist z. B. die Zuweisung eines AN zu einem **Projektteam,** welches im Rahmen eines Umstrukturierungsvorhabens eingesetzt wird, als Versetzung anzusehen, insb. dann, wenn die Projekttätigkeit regelmäßig anfällt bzw. von einer gewissen Dauer ist und nicht nur einmalig erfolgt und/oder mit gelegentlichen Reisen an andere Arbeitsorte verbunden ist.[374] Auch ist die Bestellung eines AN **zum Datenschutzbeauftragten** i. S. d. BDSG wegen der Erheblichkeit der Zuweisung dieser neuen Arbeitsaufgabe eine der Zustimmung des BR unterliegende Versetzung.[375] Es ist unerheblich, ob der AG zur Bestellung eines Datenschutzbeauftragten verpflichtet ist; entscheidend ist die tatsächliche Bestellung.[376] Auch in der Bestellung zu **jeder anderen Art von betrieblichem Beauftragten** liegt mit einer Veränderung der bisherigen Tätigkeit um wenigstens 20 % eine Versetzung.[377] Die nicht unbedeutende **Anreicherung der Aufgaben** eines AN um qualitativ

---

362 *BAG* 26. 5. 88, DB 88, 2158.
363 A. A. *LAG Hamm* 21. 2. 95, NZA-RR 96, 50.
364 *LAG Düsseldorf* 1. 7. 81, DB 81, 1938; *ArbG Bielefeld* 3. 4. 81 – 5 Ca 160/81; vgl. den aus individualrechtlicher Versetzungssicht entschiedenen Fall *BAG* 6. 2. 85, DB 85, 1481.
365 *BAG* 22. 4. 97 – 1 ABR 84/96, DB 97, 208.
366 Versetzung bejaht durch *ArbG Hamm* 11. 5. 79, DB 79, 2042; *Griese,* BB 95, 458; a. A. *Hromadka,* DB 72, 1534.
367 *LAG Köln* 24. 10. 89, NZA 90, 534.
368 *BAG* 27. 5. 82, AiB 89, 215.
369 *BAG* 29. 2. 00 – 1 ABR 5/99, BB 00, 1784.
370 *LAG Hamm* 20. 11. 09 – 10 TaBV 45/09, juris.
371 Vgl. *LAG München* 18. 11. 87, LAGE § 95 BetrVG 1972 Nr. 4.
372 *BAG* 27. 3. 80, DB 80, 1603.
373 hierzu *BAG* 19. 2. 90 – 1 ABR 33/90: zusätzliche Lehrinhalte für angestellte Lehrer.
374 Vgl. hierzu das *BAG* für die Zuweisung von AN zu **betrieblichen Workshops** 1 ABR 70/06, NZA 2008, 188.
375 H. M.; *BAG* 22. 3. 94 – 1 ABR 51/93, NZA 94, 1049 = BB 94, 2070 mit Anm. *Wohlgemuth*; *Fitting,* Rn. 131.
376 *ArbG Dortmund* 5. 12. 96 – 6 BV 84/96.
377 Störfallbeauftragter: *Bücker/Feldhoff/Kohte,* Rn. 548; *Kohte,* BB 81, 1277, 1283; vgl. *Salje,* BB 88, 73, 77; **Umweltbeauftragter:** *Wagner,* AiB 96, 453, 461.

anspruchsvollere Komponenten ist ebenfalls als Versetzung zu werten.[378] Das Gleiche gilt für eine **Reduzierung des Aufgabenbereichs,** wenn der entzogene Teilbereich den Arbeitsbereich des AN mitbestimmt.[379] Auch die **Veränderung der Provisionsbedingungen** im Außendienst ist eine Versetzung, wenn sich hieraus erhebliche Gehaltseinbußen ergeben können und damit eine grundlegende Störung des Leistungsgleichgewichts bei erfolgsabhängiger Vergütung vorliegt (Einkommenseinbußen von 27–31 %).[380] Wegen des quantitativ und qualitativ geringeren Umfangs der Tätigkeit und des völlig veränderten Rechtsverhältnisses ist die **stufenweise Wiedereingliederung** arbeitsunfähiger AN gemäß § 74 SGB V als Versetzung zu bewerten. Wenn diese Maßnahme wegen der fehlenden Qualität des Wiedereingliederungsverhältnisses als Arbeitsverhältnis[381] nicht als Versetzung gewertet werden soll, muss zwangsläufig eine mitbestimmungspflichtige Einstellung angenommen werden (Rn. 50). Die **Änderung von Arbeitsmitteln** (z. B. Maschinen oder Software) ist für sich betrachtet keine Versetzung (vgl. den Fall der Einführung eines Bildschirmgerätes anstelle einer Kugelkopfschreibmaschine, in dem diese lediglich als Schreibgerät eingesetzt wurde, mit einem Schulungsbedarf von drei Stunden[382]), wohl aber dann, wenn sich die Arbeitsanforderungen erheblich ändern.[383] Auch wenn dies zu intensivem **Qualifikationsanpassungsbedarf** führt (etwa gar einer Veränderung des Berufsbildes), liegt eine Versetzung vor.

Gegenüber **Auszubildenden** wird nur im Ausnahmefall eine gemäß § 99 mitbestimmungs- **112**
pflichtige Versetzung vorliegen. Soweit ein Wechsel innerhalb des Betriebs (und UN) auf Grund des vorgeschriebenen Ausbildungsplanes erfolgt, liegt ein Fall des § 95 Abs. 3 Satz 2 vor.[384] In diesem Bereich bestimmt der BR gemäß § 98 Abs. 1 mit. Eine Versetzung könnte also nur vorliegen bei der Zuweisung sog. ausbildungsfremder Tätigkeiten oder dem völligen Wechsel des Ausbildungsganges.

Eine Veränderung des **Platzes in der betrieblichen Organisation** ist dann eine Versetzung, **113**
wenn AN aus einer betrieblichen Einheit herausgenommen und einer anderen Einheit zugewiesen werden. Eine hierfür maßgebliche Änderung der organisatorischen Umwelt von AN liegt dann vor, wenn er mit neuen Arbeitskollegen zusammenarbeiten muss oder er seine (möglicherweise sogar gleich bleibende) Arbeitsaufgabe innerhalb einer anderen Arbeitsorganisation erbringen muss.[385] Das ist z. B. auch dann der Fall, wenn AN mit ihrer bisherigen Aufgabe in einen **Stellenpool** wechseln sollen, in dem sie gemeinsam mit anderen AN als Springer, Aushilfe oder Leih-AN tätig werden sollen[386]. Das gilt auch, wenn der Stellenpool als HR Placement eingerichtet ist[387]. Den AN wird dann eine neue Organisationseinheit mit einem anderen Funktionsbereich zugewiesen. Das *BAG* verneint das Vorliegen dieser Anforderungen, wenn eine in sich geschlossene betriebliche Einheit erhalten bleibt und lediglich einer **neuen Leitungsstelle** zugewiesen wird; der bloße **Wechsel von Vorgesetzten** sei keine Versetzung.[388] Die Beurteilung kann sich ändern, wenn zusätzliche Umstände die Arbeitssituation beeinflussen (z. B. veränderte berufliche Entwicklungsperspektiven durch Neuorganisation; veränderte Einbeziehung in den innerbetrieblichen Informationsfluss durch veränderte »Berichtswege«). Dies ist z. B. dann der Fall, wenn als Folge der **Einführung sog. Matrix-Strukturen oder funktionaler Führungsmodelle** die Entscheidungswege sich grundlegend verändern, etwa dann also,

378 *ArbG Köln* 17.7.80 – 5 BV 19/80: Vertretung der Vorarbeiterin bei Krankheit oder Urlaub; *ArbG Hildesheim* 1.7.80, AiB 80, 13: Einteilung und Beaufsichtigung anderer Facharbeiter; Bestellung eines Piloten zum Check- und Trainingskapitän; *LAG Frankfurt* 5.3.91 – 4 TaBV 148/90, NZA 92, 232; Vorführung der Tätigkeit auf der Messe zu Werbezwecken; *BAG* 1.8.89, BB 89, 2255.

379 *BAG* 2.4.96 – 1 AZR 743/95, NZA 97, 112; vgl. *LAG Berlin* 22.8.95 – 12 Sa 60/95, ZTR 96, 86.

380 *LAG Hamm* 19.3.04 – 7 Sa 1761/03, EzA-SD Nr. 12, 13.

381 Vgl. *BAG*, NZA 92, 643.

382 *BAG* 10.4.84, DB 84, 2198.

383 Z. B. der Wechsel von Serien- zu Sonderfertigung, *LAG Hamm* 15.8.89 – 13 TaBV 21/89; Entzug von Programmierarbeit an CNC-Maschine, *ArbG Kempten* 29.7.92, AuR 93, 256.

384 *LAG Berlin* 14.6.83 – 8 TaBV 6/83 mit ablehnender Anm. *Meier*, AiB 85, 155.

385 *BAG* 10.4.84, DB 84, 2198; z. B. durch Einsatz eines bislang in Einzelakkord tätigen AN in einer Einheit mit **Gruppenakkord,** *BAG* 22.4.97 – 1 ABR 84/96, DB 97, 208.

386 *LAG Köln* 26.8.10 – 7 TaBV 64/09, juris.

387 *LAG Düsseldorf* 18.10.17 – 12 TaBV 34/17, juris.

388 *BAG* 22.4.97, a. a. O.; GK-*Raab*, Rn. 94.

wenn ein Stabsbereich durch Verlagerung der Führungsverantwortung in ein anderes (mitunter auch ausländisches) UN dessen Leitungsgewalt unterworfen wird, erst recht, wenn dies faktisch zu einer »Eingliederung« in die Arbeitsabläufe des ausländischen Unternehmens führt. Häufig werden dann die AN der betroffenen Stabsbereiche kraft Vollmacht dem Weisungsrecht von Manager:innen unterworfen, die nicht in einem Arbeitsvertrag zu dem jeweiligen Vertragsarbeitgeber stehen (vgl. a. Rn. 39).[389] Dieser Vorgang kann als Einstellung des externen Managers zu bewerten sein (vgl. Rn. 39), aber auch als Versetzung der hiervon betroffenen AN, die der Weisung des externen Managers unterworfen sind[390]. Die **Übertragung einer anderen Abteilung als Abteilungsleiter** ist eine Versetzung,[391] ebenso die Zuweisung einer Verkäuferin an unterschiedliche Substitutenbereiche im Warenhaus.[392] Bei **Auszubildenden** kann der kurzfristige Wechsel des Ausbilders oder der Gruppe eine Versetzung bedeuten.[393] Die **Beendigung alternierender Telearbeit** stellt regelmäßig eine Versetzung im Sinne von § 95 Abs. 3 Satz 1 dar, welche der Zustimmung des BR bedarf. Die Einbindung der AN in den Betriebsablauf und die Aufgabenerfüllung ist auch bei nur teilweiser Telearbeit aufgrund von deren Besonderheiten eine völlig andere als ohne Telearbeit, so dass sich bei der Beendigung der Telearbeit das Bild der Tätigkeit grundsätzlich ändert.[394]

113a Auch eine grundlegende Änderung der Arbeitsmethoden und -verfahren, innerhalb derer AN ihre Arbeitsleistung zu erbringen haben – wie z. B. die **Tätigkeit in einer agilen Projektorganisation** – ist als Versetzung zu werten[395]. Herausragendes Kennzeichen agiler Arbeitsmethoden sind Autonomie, Eigenverantwortung und Selbstorganisation der agilen Einheit.[396] Bestehende Hierarchien und Berichtswege spielen – jedenfalls idealtypisch – keine Rolle. Demgegenüber stellt – wenn AN einmal in der agilen Arbeitswelt angelangt sind – der bloße Wechsel der agilen Arbeitsgruppe bei im Übrigen gleichbleibender Tätigkeit keine Versetzung dar, was sich aus einer entsprechenden Anwendung von § 95 Abs. 3 S. 2 ergibt.[397]

114 Ändern sich die **»Umstände, unter denen die Arbeit zu leisten ist«, schwerwiegend,** so kann das Bedeutung in **mehrfacher Hinsicht** haben:

- Dieses Element muss hinzutreten, um eine kürzere als einmonatige Versetzung mitbestimmungspflichtig zu machen.
- Bei sonst unveränderten Bedingungen kann allein darin eine Versetzung liegen.[398]
- Ebenso wie hinsichtlich der Begriffe »Arbeitsbereich« und »Arbeitsplatz« kann für den der **»Arbeitsumstände**« auf andere Bestimmungen des BetrVG zurückgegriffen werden (§ 90 Rn. 15). Diese sog. **äußeren Bedingungen der Arbeit** können sein: Ort, Art und Weise, Gestaltung des Arbeitsplatzes, Lage der Arbeitszeit, Umwelteinflüsse, Beanspruchung.[399] Hierher gehört auch die Änderung der **Arbeitssprache,** wie dies immer häufiger angesichts zunehmender Globalisierung der Führungsstrukturen in Konzernen für Englisch als die »übliche Geschäftssprache« der Fall ist. Häufig wird in einer internationalen Matrix-Struktur wie selbstverständlich erwartet, dass die AN der inländischen Stabsbereiche englisch sprechen. Anerkannt sind insbes. **längere Wegezeiten** zur Arbeitsstätte als erhebliche Änderung.[400] Die Distanz allein reicht aus, um z. B. kurzzeitige Abordnungen in Filialgeschäften als Versetzungen zu qualifizieren.[401] Abgelehnt hat das *BAG* aber eine Versetzung in ei-

---

389 Vgl. hierzu ausführlich *Bachner*, AuR 2011, 425; *BAG* 12.6.19 – 1 ABR 5/18; *BAG* 26.5.21 – 7 ABR 17/20, juris.
390 *Bachner*, NZA 19, 134.
391 *BAG* 25.10.83 – 1 AZR 47/82, zitiert in AiB 89, 215.
392 *LAG Düsseldorf* 28.1.87, DB 87, 1439; unzutreffend *LAG Köln* 26.10.84, NZA 85, 258, weil der Versetzungsbegriff von der arbeitsvertraglichen Situation abhängig gemacht wird.
393 *BAG* 28.9.88, 18.10.88, AP Nrn. 56, 55 zu § 99 BetrVG 1972.
394 *LAG Düsseldorf* 10.9.14 – 12 Sa 505/14, juris.
395 *Fitting*, § 99 Rn. 139d.
396 Ausführlich *Krause*, Agile Arbeit und Betriebsverfassung, HSI Schriftenreihe Band 37.
397 Umfassend zur betriebsverfassungsrechtlichen Bedeutung agiler Arbeit *Bachner*, Festschrift zum 100jährigen Bestehen der Betriebsverfassung, S. 24.
398 *BAG* 26.5.88, DB 88, 2158; a. A. GK-*Raab*, Rn. 104.
399 *BAG* 8.8.89, DB 90, 537; vgl. *Fitting*, Rn. 136.
400 *BAG* 16.12.86, DB 87, 747; 1.8.89, DB 90, 382; 8.8.89, DB 90, 537; 28.9.89, DB 89, 386.
401 *BAG* 18.10.88, BB 89, 422.

nem Fall, wo die Verlagerung innerhalb der politischen Gemeinde des Betriebssitzes erfolgte.[402] Wegen der Notwendigkeit einer **auswärtigen Übernachtung** ist die Zuweisung eines auswärtigen Arbeitsplatzes schon dann eine Versetzung, wenn sie für länger als einen Tag gilt.[403] In der Anordnung einer **Dienstreise** kann eine mitbestimmungspflichtige Versetzung liegen.[404] Entscheidend sind jedoch die Umstände des Einzelfalls.[405] **Eintägige Reisen** werden dann mitbestimmungspflichtig, wenn die mit einer gewissen Regelmäßigkeit anfallen, wie dies z. B. dann häufiger der Fall ist, wenn AN im Rahmen der Zusammenführung von Unternehmen und größeren Umstrukturierungsvorhaben innerhalb von **Projekten** tätig werden sollen. Entscheidend sind die Auswirkungen auf die **betroffenen AN,** nicht auf die übrige Belegschaft. Diese sind im Rahmen des Widerspruchsgrundes des Abs. 2 Nr. 3 geltend zu machen, oder können für sich weitere Mitbestimmungsrechte auslösen wie z. B. das Beteiligungsrecht nach § 87 Abs. 1 Nr. 2 und 3 im Falle der Arbeitsverdichtung für die übrigen AN. Die Auswirkungen sind **objektiv** zu beurteilen. In diesem Rahmen sind persönliche Reaktionen des betroffenen AN zu würdigen. Nach Auff. des *BAG*[406] ist die kurzfristige und nur wenige Tage währende Beschäftigung eines Flugkapitäns als Co-Pilot zwar eine Änderung des Arbeitsbereichs, mangels erheblicher Änderung der Arbeitsumstände jedoch keine Versetzung nach § 95 Abs. 1, weil es für letztere nur auf die äußeren Umstände der Arbeitsleistung ankommt.

Die **Lage der Arbeitszeit** ist regelmäßig nicht bestimmend für den Arbeitsbereich i. S. d. § 95 **115**
Abs. 3. Deshalb gilt der **Übergang von Normal- zur Wechselschicht** ohne sonstige Veränderungen nicht als mitbestimmungspflichtige Versetzung,[407] und zwar auch dann nicht, wenn damit der Verlust von Zuschlägen verbunden ist.[408] Die Interessen der AN sind durch das Mitbestimmungsrecht gemäß § 87 Abs. 1 Nr. 2 zur Geltung zu bringen (vgl. § 87 Rn. 104 ff.). Demgemäß verneint das *BAG* auch die Möglichkeit der vorläufigen Einführung der neuen Arbeitszeit über § 100.[409] Von der Veränderung des Arbeitszeitregimes für alle bzw. eine Gruppe von AN zu unterscheiden ist die **individuelle Versetzung des AN** in eine andere, als solche vorher schon bestehende Schicht.[410] Das *BAG*[411] erblickt im Wechsel von einer in die andere Schicht allein noch keine mitbestimmungspflichtige Versetzung. Der damit verbundene Wechsel von Arbeitskollegen müsse zu einer dem Gesamtbild nach neuen Tätigkeit führen, etwa im Sinne von **Gruppenarbeit.**[412]

Eine bloße **Veränderung der Dauer der Arbeitszeit** wird vom *BAG* nicht als Versetzung ge- **116**
wertet,[413] wohl aber ggf. als Einstellung (Rn. 44). Der Arbeitsbereich i. S. d. § 95 Abs. 3 werde nicht durch die Dauer der Arbeitszeit bestimmt. Möglich ist in Einzelfällen auch eine Qualifizierung als Eingruppierung (Rn. 74b). Eine mitbestimmungspflichtige Versetzung ist jedoch möglich bei einer mit der Änderung der Arbeitszeit einhergehenden **Änderung der Arbeitsumstände.**[414] Das könnte in veränderten Arbeitsabläufen, organisatorischen Einbindungen liegen, sich aber auch in einer wesentlichen Veränderung der persönlichen Lebensumstände äußern (Notwendigkeit anderer Verkehrsmittel; Probleme hinsichtlich der Kinderbetreuung). In diesem Zusammenhang kann die Änderung der Arbeitszeit ein **Element von mehreren** geänderten Umständen sein.[415]

---

402 *BAG* 27.6.06 – 1 ABR 35/05, NZA 06, 1289; 17.11.21 – 7 ABR 18/20, juris.
403 *LAG Brandenburg* 7.11.94 – 6 TaBV 11/94, AiB 96, 123 mit Anm. *Kuster*.
404 *BAG* 23.7.96 – 1 ABR 17/96, NZA 97, 216; *Preis*, Dienstreisen als Rechtsproblem, S. 68 ff.
405 *BAG* 21.9.99 – 1 ABR 40/98, DB 99, 2012: Übernachtung als solche bei Auslandsdienstreise nicht entscheidend.
406 *BAG* 11.12.07 – 1 ABR 73/06, BB 08, 834.
407 *BAG* 19.2.91 – 1 ABR 21/90, EzA § 95 BetrVG 1972 Nr. 23.
408 *LAG Köln* 14.2.97 – 11 Sa 1002/96, NZA-RR 97, 391.
409 *BAG* 19.2.91, a. a. O.
410 A. A. GK-*Raab*, Rn. 104.
411 *BAG* 23.11.93 – 1 ABR 38/93, DB 94, 426.
412 Vgl. *LAG Köln* 26.7.96 – 12 TaBV 33/96, NZA-RR 97, 280; *Fitting*, Rn. 140.
413 *BAG* 23.11.93 – 1 ABR 38/93, AP Nr. 33 BetrVG 1972 § 95; 16.7.91 – 1 ABR 71/90, NZA 92, 180.
414 *LAG Hamm* 10.10.03 – 10 TaBV 104/03, NZA-RR 04, 136 ff.; *Fitting*, Rn. 150; a. A. GK-*Raab*, Rn. 104.
415 Vgl. *BAG* 18.10.88, DB 89, 732: Veränderung der Arbeitszeit von drei auf fünf Tage zusammen mit längeren Fahrten zur Arbeitsstätte; in diesem Sinne auch *v. Hoyningen-Huene/Boemke*, S. 139.

117 Für die Geltendmachung eines **Teilzeitanspruchs gem. § 8 TzBfG** gilt Folgendes: Er löst immer dann das Mitbestimmungsrecht gem. § 99 aus, wenn sich nicht lediglich die individuelle Arbeitszeit der betreffenden AN verringert, sondern sich aus der ins Auge gefassten neuen Zeitgestaltung Auswirkungen auf andere AN ergeben[416] (zum Anspruch auf Arbeitszeitverlängerung gem. § 9 TzBfG s. Rn. 197 bei TzBfG).

118 Es ist möglich, dass eine Versetzung als **Maßregelung** wegen eines vorangegangenen Fehlverhaltens erfolgt.[417] Dies ist z. B. dann der Fall, wenn Fahrer des öffentlichen Nahverkehrs wegen eines innerdienstlichen verkehrsregelwidrigen Verhaltens zeitweise in die »Waschabteilung« versetzt werden. Dann ist besonders auf das Vorliegen eines Grundes hierfür und damit den Zustimmungsverweigerungsgrund des Abs. 2 Nr. 4 zu achten (s. Rn. 226) und zu prüfen, ob nicht der Fall einer Betriebsbuße i. S. d. § 87 Abs. 1 Nr. 1 vorliegt (vgl. § 87 Rn. 69; zur Suspendierung vgl. Rn. 121).

119 Das Mitbestimmungsrecht greift bereits im **ersten Stadium einer mehraktigen** Maßnahme ein. Deshalb ist bereits der **Entzug eines Arbeitsplatzes** mit dem Ziel, dem betroffenen AN einen anderen Arbeitsplatz zuzuweisen, Teil einer Versetzung und damit mitbestimmungspflichtig.

120 Wird einem AN nach der Einstellung bereits der **erste Arbeitsplatz abweichend von der vertraglichen Zusage** zugewiesen, liegt darin i. d. R. eine Versetzung.

121 Die **Suspendierung** bzw. **Freistellung** von AN von der Arbeit (z. B. aus disziplinarischen Gründen; um Vorwürfe zu klären; bis zum Ablauf der Kündigungsfrist bei ausgesprochener Kündigung) wird vom *BAG* nicht als mitbestimmungspflichtige Versetzung anerkannt.[418] Der betroffenen Person werde gerade keine andere Tätigkeit zugewiesen, sondern lediglich der bisherige Arbeitsbereich ersatzlos entzogen. Das ist jedenfalls bei einer nur vorübergehenden Suspendierung von der Arbeitspflicht zweifelhaft, z. B. weil AN aus Sicht der Führungskraft nicht (mehr) den Anforderungen genügen und deshalb nach der Suspendierung auf einem anderen Arbeitsplatz eingesetzt werden sollen. Hier handelt es sich um eine einheitliche Gesamtmaßnahme von Freistellung und Zuweisung einer anderen Tätigkeit, die insgesamt als Versetzung zu bewerten ist, sodass das Beteiligungsrecht des BR bereits mit der Freistellung einsetzt. Insoweit ist die Maßnahme der vorübergehenden Versetzung in einen anderen Betrieb gegen den Willen der betroffenen AN vergleichbar (vgl. Rn. 16, 17).

122 Damit eine Versetzung mitbestimmungspflichtig wird, ist eine Voraussetzung **ihre voraussichtliche Dauer von mehr als einem Monat** (zur zweiten, alternativen Voraussetzung, »erhebliche Änderung« der Arbeitsumstände, vgl. Rn. 101). Es kommt auf die geplante Dauer der Versetzung an, orientiert an den **objektiv erwartbaren Entwicklungen** am neuen Arbeitsplatz. Die **Monatsfrist** (zur Berechnung vgl. § 188 BGB) beginnt mit dem ersten Tage der Versetzung. Strittig ist, ab wann die Monatsfrist beginnt, wenn eine ursprünglich kürzer veranschlagte Versetzung **länger dauern** soll (z. B. bei einer Krankheitsvertretung dauert die Krankheit länger als erwartet; ein Reparaturauftrag erweist sich als komplizierter u. Ä.). Teilweise wird die Ansicht vertreten, die Monatsfrist fange erst mit dem Tage der Kenntnis von der Verlängerung an zu laufen.[419] Diese Ansicht vernachlässigt zum einen die so eröffneten Missbrauchsmöglichkeiten und verkennt zum anderen, dass die Einmonatsdauer so etwas wie eine pauschalierte Mindestgrenze für eine erhebliche Änderung der Arbeitsumstände darstellt. Hierfür kommt es nur auf die objektive Belastung aus der tatsächlichen Dauer der Versetzung an. Deshalb beginnt die Monatsfrist auch in derartigen Fällen ab dem tatsächlichen Beginn der Maßnahme, und der AG hat das Mitbestimmungsverfahren unverzüglich einzuleiten, sobald die voraussichtliche Verlängerung erkennbar wird. Die Interessen des AG an der ununterbrochenen Aufrechterhaltung der Versetzung können im Verfahren gemäß § 100 berücksichtigt werden. Immer wiederkehrende Versetzungs- und Vertretungsfälle können durch Aufstellung von Auswahlrichtlinien (§ 95) oder auch im Rahmen eines Urlaubsplans (§ 87 Rn. 113) entschärft werden.

---

416 *Fitting*, Rn. 151; *Preis/Lingemann*, NZA Sonderbeilage 01, 44; a. A. *Rolfs*, RdA 01, 129 [139].
417 *BAG* 17. 10. 89, DB 90, 483.
418 *BAG* 28. 3. 00 – 1 ABR 17/99, NZA 00, 1355; vgl. a. KDZ-*Deinert*, § 102 Rn. 21.
419 *Fitting*, Rn. 155; HWGNRH-*Huke*, Rn. 87; *Heinze*, Rn. 210; Richardi-*Thüsing*, Rn. 131.

Dauert eine Versetzung voraussichtlich **nicht länger als einen Monat,** wird das Mitbestimmungsrecht nur ausgelöst, wenn die Änderung der **Arbeitsumstände erheblich** ist[420] (vgl. Rn. 114). Damit sollen einfache Fälle normaler Personalflexibilität mitbestimmungsfrei gehalten werden. Insbes. gelegentliche **Vertretungen** oder **Aushilfen** in anderen Bereichen ohne größere Umstellungen und Belastungen[421] (vgl. Rn. 111) fallen darunter. Bei kurzfristiger Versetzung von einer Filiale in die andere ist eine erhebliche Veränderung anzunehmen, wenn eine **längere Wegezeit** die Freizeit betroffener AN verkürzt.[422] Eine **Häufung** jeweils isoliert betrachtet mitbestimmungsfreier Einsätze kann allerdings zur mitbestimmungspflichtigen Versetzung werden, sei es, dass man in der Häufung einen Umschlag von Quantität in Qualität unter dem Gesichtspunkt der »Erheblichkeit« annimmt, sei es, dass bei betroffenen AN eine Veränderung/Erweiterung des Arbeitsbereichs in Richtung Springertätigkeit vorliegt. 123

Keine mitbestimmungspflichtige Versetzung liegt vor, wenn AN nach der Eigenart ihres Arbeitsverhältnisses üblicherweise **nicht ständig an einem bestimmten Arbeitsplatz** beschäftigt werden (§ 95 Abs. 3 Satz 2). Entscheidend ist die objektive, **aus den Eigenarten des jeweiligen Arbeitsprozesses folgende Beschäftigungsstruktur;** die bloße einzelvertragliche Festlegung auf jederzeitige Versetzungsmöglichkeit bleibt außer Betracht[423] (vgl. Rn. 98). Typische hiervon betroffene Tätigkeiten sind: Dekorateurinnen, Monteure, Handelsvertreterinnen, Propagandisten, Springer[424] und Auszubildende im Rahmen ihres Ausbildungsplanes[425] (vgl. Rn. 112). (vgl. auch Rn. 21a). Im Falle sog. **Jobrotation** liegt nur dann keine Versetzung vor, wenn der Wechsel für Arbeitsverhältnisse dieser Art typisch ist, alle vergleichbaren AN einbezogen werden und der Wechsel nach Kriterien erfolgt, die von vornherein feststehen.[426] Wird AN über mehrere Jahre hinweg derselbe Arbeitsplatz/-bereich zugewiesen, so stellt die Zuweisung eines anderen Arbeitsplatzes/-bereichs eine Versetzung dar.[427] Es kommt damit auch betriebsverfassungsrechtlich zu einer »**Konkretisierung**« des Arbeitseinsatzes[428] 124

Beim **Wechseleinsatz** zwischen mehreren Arbeitsplätzen liegt eine Versetzung dann vor, wenn regelmäßig festgelegte Wechselstrukturen durchbrochen werden. Nach diesen Gesichtspunkten ist insbes. auch die Beschäftigung von **Bauarbeitern** auf wechselnden Baustellen zu beurteilen. Der Arbeitseinsatz an wechselnden Arbeitsplätzen muss für das betroffene Arbeitsverhältnis selbst typisch sein; die Beschäftigung im Baugewerbe allein führt daher nicht bereits zur Anwendung von § 95 Abs. 3 Satz 2. Die Entsendung zu einer **Arbeitsgemeinschaft** im Baugewerbe ist deshalb unter dem doppelten Gesichtspunkt zu prüfen ob der tatsächliche Einsatzort im Rahmen des üblichen Einsatzbereichs der betroffenen AG liegt und die Eingehung einer Arbeitsgemeinschaft zum üblichen Geschäftsgebaren des UN gehört. Wird das Letztere verneint, ist die Überstellung von AN eine Versetzung.[429] Individualrechtlich ist nach **§ 7 BRTV Baugewerbe** stets nur die Zuweisung auf Baustellen des Einstellungsbetriebes. Ein TV über den AN-Einsatz bei einer Arbeitsgemeinschaft kann auch die Modalitäten des Mitbestimmungsverfahrens regeln (vgl. Rn. 31). 125

Ein Fall des § 95 Abs. 3 Satz 2 liegt aus der Sicht des Verleihbetriebs beim jeweiligen Arbeitseinsatz von **Leih-AN** vor.[430] Bei entsprechender Vertragsgestaltung (Fixierung eines Einsatzbetriebs als Regel) kann allerdings die Zuweisung in einen anderen Betrieb eine Versetzung darstellen, bei der der BR des Verleihers zu beteiligen ist.[431] Die Freistellung von Konzern-AN-Verleih von der Erlaubnispflicht durch § 1 Abs. 3 Nr. 2 AÜG lässt die betriebsverfassungsrecht- 126

420 Hierzu *Aigner,* DB 96, 1237.
421 Zu derartigen Beispielen vgl. HWGNRH-*Huke,* Rn. 89.
422 *BAG* 28.9.88, DB 89, 386.
423 H. M.; vgl. *BAG* 26.5.88, DB 88, 2158; *Fitting,* Rn. 160; *GK-Raab,* Rn. 94; HWGNRH-*Huke,* Rn. 91.
424 Vgl. *Fitting,* Rn. 158 ff.; HWGNRH-*Huke,* Rn. 91.
425 *BAG* 3.12.85, DB 86, 915.
426 Vgl. *LAG Düsseldorf* 27.5.92 – 2 TaBV 25/92, AuR 93, 223.
427 *BAG* 2.11.93 – 1 ABR 36/93, DB 94, 985: Gesamthafenbetrieb.
428 Zur individualrechtlichen »Konkretisierung« s. *KDZ,* § 2 KSchG Rn. 52.
429 *Fitting,* Rn. 158; nicht einschlägig *LAG Berlin* 28.2.83, DB 84, 573.
430 *BAG* 19.6.01 – 1 ABR 43/00, NZA 01, 1263.
431 *Hamann,* NZA 03, 526 [532].

liche Beurteilung unberührt (vgl. Rn. 18). Werden Leih-AN beim Entleiher versetzt, gelten die allgemeinen Grundsätze für die Mitbestimmung des BR.[432]

127 Veränderungen des Arbeitsbereichs – soweit sie die Voraussetzungen des § 95 Abs. 3 erfüllen – gegenüber **auf Grund Weiterbeschäftigungsurteils Beschäftigten** sind als Versetzung mitbestimmungspflichtig.[433]

128 Bei einer **Versetzung eines BR-Mitglieds innerhalb des Betriebs** ist zu unterscheiden: Besteht hierzu arbeitsrechtlich die Notwendigkeit der Änderungskündigung, ist § 103 gegeben. Ist die Versetzung auf Grund des Direktionsrechts zulässig, gilt § 99. Dabei ist insbes. das **Behinderungs- und Benachteiligungsverbot** des § 78 zu beachten.[434] Der Versetzung auf eine geringerwertige Tätigkeit kann – ungeachtet des weitergezahlten Entgelts – gemäß Abs. 2 Nr. 1 i. V. m. § 78 widersprochen werden.[435] Zu **Versetzungen in einen anderen Betrieb** s. § 103 Rn. 64 ff.

IV. Verfahren zur Einholung der Betriebsratszustimmung, Informationspflichten des Arbeitgebers

1. Grundsätze

129 Der AG hat den BR **vor jeder der von § 99 erfassten personellen Maßnahmen zu unterrichten.** Die Unterrichtung muss ordnungsgemäß, d. h. **rechtzeitig** (Rn. 135), erfolgen und **vollständig** (Rn. 157) sein. Zeitpunkt und Inhalt der Information sind von ausschlaggebender Bedeutung für die **prozedurale Abwicklung** mitbestimmter personeller Einzelmaßnahmen: Die ordnungsgemäße Unterrichtung durch den AG löst eine Einwochenfrist aus, innerhalb deren der BR seine Zustimmung verweigern muss (§ 99 Abs. 3 Satz 1) bzw. nach deren widerspruchslosem Ablauf die Zustimmung als erteilt gilt (§ 99 Abs. 3 Satz 2). Nach fristgerecht verweigerter Zustimmung muss der AG (beharrt er auf der Maßnahme) sie beim ArbG ersetzen lassen (§ 99 Abs. 4) und ggf. ein Verfahren zur vorläufigen Durchführung der personellen Maßnahme einleiten (§ 100).

130 **Rechtsfolgen verspäteter oder unvollständiger Information** können sein:

- Die Frist für die Zustimmungserklärung des BR wird nicht in Gang gesetzt mit der Folge, dass die Zustimmung weder als ersetzt gilt (Rn. 161, 171) noch gemäß § 99 ersetzt werden kann (s. Rn. 239).
- Eine trotzdem durchgeführte Maßnahme kann gemäß § 101 unterbunden werden (§ 101 Rn. 4).
- In schwerwiegenden Fällen ist ein Unterlassungsverfahren gemäß § 23 möglich (§ 101 Rn. 22; eine einstweilige Verfügungsverfahren ist nach der Rspr. des *BAG* i. d. R. ausgeschlossen vgl. § 101 Rn. 24).
- Schließlich liegt in verspäteter oder unvollständiger Unterrichtung eine Ordnungswidrigkeit gemäß § 121 (Rn. 153).

131 Das **Modell der ordnungsgemäßen Information auf Grund der BAG-Rspr.** sieht folgendermaßen aus: Die nicht ordnungsgemäße (unvollständige oder unrichtige) Unterrichtung des BR berechtigt nicht zum Widerspruch gemäß Abs. 2 Nr. 1 wegen eines Gesetzesverstoßes.[436] Die betriebsverfassungsrechtliche Sanktion liegt ausschließlich im Verfahren nach §§ 99–100 selbst. Demnach **beginnt die Frist gemäß § 99 Abs. 3 nicht zu laufen** mit der Folge, dass die Zustimmung des BR auch nicht im Gerichtsverfahren ersetzt werden kann, wenn der BR nicht ordnungsgemäß unterrichtet worden ist. Hat der AG allerdings innerhalb der Wochenfrist eine Information gegeben, die – auf den ersten Blick – alle Positionen erfasst, die üblicherweise zu einer ordnungsgemäßen Information gehören (vgl. Rn. 133), darf der BR, der diese Information für unvollständig hält, sich nicht »zurücklehnen« im Vertrauen darauf, dass er dies dem

---

432 *Hamann*, NZA 03, 526 [533]; *v. Hoyningen-Huene/Boemke,* S. 214 f.
433 *BAG* 15. 1. 91 – 1 AZR 105/90, EzA § 611 BGB Beschäftigungspflicht Nr. 50.
434 *v. Hoyningen-Huene/Boemke*, S. 202; vgl. *Fischermeier,* ZTR 98, 433; umfassend *Oetker,* RdA 90, 343 ff.
435 *LAG Bremen* 12. 8. 82, AP Nr. 15 zu § 99 BetrVG 1972.
436 Ständige Rspr. seit *BAG* 28. 1. 86, a. a. O.; 20. 12. 88, DB 89, 1240; 14. 3. 89, DB 89, 1523.

AG im Zustimmungsersetzungsverfahren später entgegenhalten könne. Das *BAG* verlangt vielmehr vom BR aus dem Grundsatz der vertrauensvollen Zusammenarbeit (§ 2 Abs. 1), den AG innerhalb der Wochenfrist des Abs. 3 auf eine etwaige Unzulänglichkeit seiner Informationen hinzuweisen und entsprechende **Nachfragen** zu stellen.[437] Tut er dies nicht, kann er sich nach Ablauf der Wochenfrist nicht darauf berufen, seine Zustimmung könne mangels ordnungsgemäßer Information nicht als ersetzt gelten und auch im Verfahren gemäß Abs. 4 nicht mehr ersetzt werden. Die Pflicht zur Nachfrage gilt aber nur hinsichtlich solcher Aspekte, die dem BR bekannt sind. Ist die AG-Information unvollständig oder unrichtig hinsichtlich Einzelheiten, die nur der AG kennt, bleibt es beim Grundsatz: Die Frist des Abs. 3 beginnt nicht zu laufen (s. o.). Gibt der AG auf Nachfrage ergänzende Informationen oder **ergänzt bzw. berichtigt er unvollständige / unrichtige Angaben von sich aus,** fängt **die Frist** des Abs. 3 erneut an zu laufen. Das *BAG* lässt dies auch noch während eines etwaigen Gerichtsverfahrens zu, wenn der AG die ausstehenden Informationen dem BR so rechtzeitig vor der Entscheidung übermittelt, dass dieser die Wochenfrist zur Stellungnahme ausnutzen kann.[438] In diesem Fall ist aber besonders darauf zu achten, dass ausdrücklich ein Bezug zur gemäß Abs. 1 ausstehenden Information hergestellt wird; ggf. hat das Gericht den BR darauf hinzuweisen.

Verzichtet der AG nach den Einwendungen des BR auf die ursprünglich angekündigte Maßnahme und schlägt er eine **Alternative** vor, muss diese alle Elemente einer gemäß Abs. 1 erforderlichen Information enthalten. Der AG kann sich jedoch ausdrücklich auf bereits übermittelte Informationen und Unterlagen beziehen, soweit diese nach wie vor von Bedeutung sind (vgl. Rn. 151). 132

Mindestbestandteile einer AG-Information, die geeignet ist, die Frist des Abs. 3 einschließlich der Pflicht des BR zur Rückfrage laufen zu lassen,[439] sind gemäß Abs. 1: 133

- Natur der geplanten Maßnahme (Rn. 140);
- Person der Beteiligten (Rn. 143);
- vorgesehene Eingruppierung (Rn. 137);
- Auswirkungen der Maßnahme (Rn. 157);
- Vorlage der Bewerbungsunterlagen (Rn. 159);
- Bitte um Zustimmung zur geplanten Maßnahme.

Wenn der BR die so gegebenen Informationen nicht für ausreichend hält, um eine abschließende Stellungnahme abgeben zu können, muss er den AG innerhalb einer Woche um **Vervollständigung der Auskünfte** bitten.

Das Mitbestimmungsverfahren ist **für alle personellen Einzelmaßnahmen gemeinsam** geregelt. Offenkundig wird jedoch die Einstellung als Grundmodell behandelt: »Bewerbungsunterlagen« sind schon bei Versetzungen nicht so häufig im Spiel, bei Ein- und Umgruppierungen gar nicht. »Beteiligte« gibt es typischerweise nur bei Einstellungen und Versetzungen. Deshalb bezieht sich die Darstellung zunächst auf die Probleme einer Einstellung, um dann auf Besonderheiten von Versetzung (Rn. 164) sowie Ein- und Umgruppierung (Rn. 165) einzugehen. 134

2. Zeitpunkt der Information

Das Gesetz spricht ausdrücklich nur davon, dass der BR **»vor«** einer ins Auge gefassten personellen Maßnahme unterrichtet werden muss (Checkliste in DKWF-*Bachner/Wenckebach,* § 99 Rn. 6). Dem BR soll jedoch unter gleichzeitiger Information durch vorhandene schriftliche Unterlagen eine verantwortliche Meinungsbildung einschließlich ergänzender Sachaufklärung durch Rückfragen und Beratung mit dem AG ermöglicht werden. Zweckmäßigkeitsgesichtspunkte sprechen deshalb für eine Information zum frühestmöglichen Zeitpunkt.[440] In jedem Fall ist der AG zu einer **»rechtzeitigen und umfassenden« Information** gemäß § 80 Abs. 2 (§ 80 Rn. 89 ff., 96 ff.) verpflichtet.[441] § 80 Abs. 2 und § 2 (zu dessen Bedeutung für die Ver- 135

437 *BAG* 14.3.89, DB 89, 1523; vgl. *LAG Köln* 29.4.88, DB 88, 1859.
438 *BAG* 20.12.88, DB 89, 1240; jetzt auch *BAG* 1.6.11 – 7 ABR 18/10, juris.
439 Vgl. *BAG* 14.3.89, DB 89, 1523.
440 Vgl. *ArbG Stralsund* 2.11.99, AiB 00, 631 mit Anm. *Ahrendt.*
441 HWGNRH-*Huke,* Rn. 102; *Fitting,* Rn. 162b.

haltenspflichten des BR im Mitbestimmungsverfahren vgl. § 2 Rn. 4 ff.) gebieten, dass der AG den BR gerade in einem Stadium informiert, in dem er selbst für die sachgerechte Erörterung möglicher Widerspruchsgründe mit dem Ziel einer außergerichtlichen Konfliktlösung noch offen ist, d. h. sich zwischen mehreren Bewerbern noch nicht festgelegt hat. Der objektiv **späteste Termin** für eine rechtzeitige Information liegt wegen der Frist des Abs. 3 (Rn. 174) **eine Woche** vor Durchführung der Maßnahme[442] (zur Berechnung der Wochenfrist vgl. § 188 BGB: Durchführung an einem Donnerstag; spätester Informationstermin am Mittwoch der vorhergehenden Woche). Wird diese Frist versäumt (und ist der BR nicht ausnahmsweise damit einverstanden), ist die Maßnahme betriebsverfassungswidrig (zu den Folgen vgl. Rn. 170 und Rn. 247 ff.). Nach der Rspr. des *BAG*[443] kann der AG die bislang **unvollständige Unterrichtung** auch noch **im Zustimmungsersetzungsverfahren nachholen,** wenn für den BR – jedenfalls aus den Umständen – erkennbar ist, dass der AG die Informationen deswegen ergänzt, weil er seiner noch nicht vollständig erfüllten Unterrichtungspflicht nachkommen möchte. Mit der Nachholung der Unterrichtung und der Vervollständigung der Informationen wird nun die Wochenfrist des § 99 Abs 3 S 1 in Lauf gesetzt. Informationen müssen dem BR selbst zugehen; der Zugang gegenüber dem Prozessbevollmächtigten des BR ist nicht ausreichend (vgl. Rn. 181).[444]

136 Auch für mögliche **Eilfälle** wird die Wochenfrist des Abs. 3 nicht abgekürzt. Sie kann auch nicht einvernehmlich im Voraus abgekürzt werden,[445] wohl aber kann sich der BR vor Ablauf der Wochenfrist abschließend äußern. Das ausschließliche, vom Gesetz für die Bewältigung derartiger Fälle zur Verfügung gestellte Instrument ist die vorläufige personelle Maßnahme gemäß § 100.[446] Dabei ist jedoch das Verfahren nach § 100 nur möglich, wenn das Verfahren nach § 99 mit der Information des BR wenigstens eingeleitet worden ist (§ 100 Rn. 12). Die Möglichkeit des § 100, den BR erst nach vollzogener vorläufiger Maßnahme über die Gründe von deren Dringlichkeit zu informieren, ersetzt nicht die Notwendigkeit, über die Einstellung nach § 99 zu informieren.[447] Eine vorläufige Maßnahme ohne zumindest gleichzeitige Information gemäß § 99 Abs. 1 ist ein Verstoß gegen die Informationspflicht und damit eine Ordnungswidrigkeit gemäß § 121 (Rn. 170) sowie möglicherweise Grundlage für ein Unterlassungsverfahren nach § 23 Abs. 3 (§ 101 Rn. 22).

137 Unter **»Durchführung« der Maßnahme** werden alle auf die Verwirklichung der AG-Absicht gerichteten Akte verstanden. Geht, wie z. B. beim Normalfall der Einstellung, ein Vertragsabschluss der Eingliederung voraus, ist dieser die »Durchführung«.[448] Werden AN ohne Vertragsabschluss in den Betrieb eingegliedert (z. B. beim Fremdfirmeneinsatz, Rn. 59 ff.), ist es der erste Tag des Arbeitseinsatzes. Bei einem nichtigen Vertragsabschluss, der lediglich zu einem faktischen Arbeitsvertrag führt (Rn. 42), ist ebenso vom Tag der Arbeitsaufnahme auszugehen.

3. Form und Inhalt der Information

138 Für die Unterrichtung des BR ist **keine Form** vorgeschrieben; sie kann mündlich oder schriftlich erfolgen (h. M., zu weiteren Einzelheiten vgl. Einleitung Rn. 184 ff.). Das *BAG* lässt – mit Beweislast beim AG – auch eine schlüssige Unterrichtung zu, etwa beim Fehlen eines Hinweises, der sonst üblicherweise gegeben wird.[449] Allerdings empfiehlt sich aus Beweisgründen eine schriftliche Information, deren Eingang der BR bestätigt.[450]

139 **Empfangsberechtigt** ist gemäß § 26 Abs. 2 Satz 2 der BR-Vorsitzende, im Falle seiner Verhinderung der stellvertretende BR-Vorsitzende (vgl. im Übrigen § 26 Rn. 36). Die Frist zur

---

442 Düwell-*Kreuder/Matthiessen-Kreuder* Rn. 53; HWGNRH-*Huke,* Rn. 102; *Heinze,* Rn. 247.
443 *BAG* 6. 10. 10 – 7 ABR 80/09, juris; *BAG* 5. 5. 10 – 7 ABR 70/08, juris; 11. 10. 22 – 1 ABR 16/21, juris.
444 *BAG* 29. 6. 11 – 7 ABR 24/10, juris.
445 *Heinze,* Rn. 248.
446 HWGNRH-*Huke,* Rn. 103; vgl. *Fitting,* Rn. 165.
447 Vgl. *BAG* 7. 11. 77, EzA § 100 BetrVG 1972 Nr. 1.
448 Vgl. *BAG* 28. 4. 92 – 1 ABR 73/91, NZA 92, 1141.
449 *BAG* 20. 12. 88, DB 89, 1240.
450 Vgl. GK-*Raab,* Rn. 156.

Verweigerung der Zustimmung beginnt daher mit der vollständigen Unterrichtung des BR-Vorsitzenden und nicht erst in dem Moment, in dem der BR in seiner Gesamtheit unterrichtet ist.[451] Die Unterrichtung von nicht bevollmächtigten BR-Mitgliedern setzt die Wochenfrist nicht in Gang.[452] In diesem Fall beginnt die Frist nach § 2 Abs. 1 dann, wenn der Betriebsrat als Gremium durch das nicht bevollmächtigte BR-Mitglied informiert wurde, immer vorausgesetzt, die Unterrichtung ist vollständig.

140 Die Unterrichtung muss Auskunft geben über die **»Natur der geplanten Maßnahme«.** Aus der Mitteilung des AG muss deshalb ersichtlich sein, dass mit ihr die erforderlichen abschließenden Informationen über eine beabsichtigte personelle Maßnahme gegeben werden und die Zustimmung des BR eingeholt werden soll (Checklisten in DKWF-*Bachner/Wenckebach,* § 99). Der AG muss klarstellen, welcher **konkreten personellen Maßnahme** der BR zustimmen soll.[453] Der Mitteilung muss zweifelsfrei zu entnehmen sein, dass der AG mit ihr die Zustimmung des BR einholen möchte, mithin die Frist des Abs. 3 für seinen etwaigen Widerspruch bzw. Rückfragen zu laufen beginnt.[454] Beabsichtigt der AG mehrere personelle Maßnahmen in einem Akt (z. B. Einstellung/Eingruppierung; Versetzung/Umgruppierung), muss er dies in seiner Mitteilung deutlich machen, da die Zustimmung des BR zu jeder Maßnahme gesondert erforderlich ist.[455] Wenn in der Maßnahme gleichzeitig eine Änderungskündigung liegt, muss diese mit Blick auf § 102 Abs. 1 ausdrücklich als solche genannt werden (vgl. Rn. 254). Die Maßnahmen nach § 99 und § 102 können allerdings mit derselben Information begründet werden (vgl. § 102 Rn. 33). Werden mehrere AN gleichzeitig betroffen, müssen sie alle individuell eindeutig benannt werden, und es muss klargestellt werden, welche Begründung sich auf wen bezieht. Der BR muss auf Grund der übermittelten Unterlagen in die Lage versetzt werden, dass er die einzelnen Fälle beraten kann. Beratungen über Personalplanungsmaßnahmen i. S. d. § 92 ersetzen die Unterrichtung gemäß § 99 nicht. Werden längere Vorgespräche geführt, muss der AG darauf hinweisen, wann das Verfahren des § 99 mit dem Lauf der Frist des Abs. 3 beginnen, d. h. eine konkrete Maßnahme durchgeführt werden soll.[456]

141 Zur Information über die Natur der Maßnahme gehört der **Zeitpunkt** ihrer geplanten Durchführung.[457] Eine **Verschiebung** des mitgeteilten Einstellungstermins kann nur in engen Grenzen akzeptiert werden, ohne dass es einer erneuten Information bedürfte. Denn es ist z. B. denkbar, dass andere Bewerber zwar nicht zum ursprünglich vorgesehenen, wohl aber zum endgültigen Termin zur Verfügung gestanden hätten.[458]

142 Zur ordnungsgemäßen Unterrichtung des BR gehört die Angabe darüber, ob eine Einstellung **befristet oder unbefristet** erfolgen soll[459] (zur Möglichkeit der Zustimmungsverweigerung bei befristeten Einstellungen vgl. Rn. 197). Bei einer befristeten Einstellung ist über deren Dauer zu informieren[460] (ebenso über die Dauer des Einsatzes einzelner **Leih-AN,** vgl. Rn. 147), bei der Einstellung von **Teilzeit-AN** über Lage und Dauer der Arbeitszeit.[461] Im Hinblick auf die Möglichkeit eines Widerspruchs hinsichtlich der **Dauer der Arbeitszeit** (ArbZG, TV, vgl. Rn. 196, 200) ist hierfür generell zu informieren.

143 Der AG muss Auskunft über die **Person der Beteiligten** geben. Zwar ist die **Auswahl** unter den **Bewerbern** Sache des AG[462] (in den Grenzen der zum Widerspruch gemäß Abs. 2 berechtigenden Gründe). Gleichwohl hat er die **Personalien aller Bewerber** mitzuteilen und nicht

---

451 *LAG Hamm* 20. 8. 76, EzA § 99 BetrVG 1972 Nr. 13.
452 *LAG Frankfurt* 15. 12. 92 – 4 TaBV 102/92.
453 GK-*Raab,* Rn. 134.
454 Vgl. HWGNRH-*Huke,* Rn. 99.
455 HWGNRH-*Huke,* Rn. 101.
456 *ArbG Kassel* 10. 11. 77, DB 78, 111; *Fitting,* Rn. 164.
457 HWGNRH-*Huke,* Rn. 97.
458 Für eine Verschiebung um 14 Tage ohne erneute Informationspflicht *LAG Düsseldorf* 4. 3. 76, DB 76, 779; bei erneuter Inangriffnahme einer zurückgestellten Maßnahme nach einem halben Jahr ist ein erneutes Verfahren nötig; *BAG* 21. 8. 90 – 1 AZR 576/89; zum frühesten Zeitpunkt der Information selbst vgl. *BAG* 15. 9. 87, DB 88, 235.
459 *BAG* 20. 12. 88, DB 89, 1240.
460 *Fitting,* Rn. 180.
461 *LAG Frankfurt* 18. 11. 86, NZA 87, 499.
462 *BAG* 18. 7. 78, EzA § 99 BetrVG 1972 Nr. 22.

nur die vom AG in die engere Wahl gezogenen[463], es sei denn, der BR erklärt sich hiermit einverstanden. Damit unvereinbar ist z. B., nicht über Bewerber zu unterrichten, die angeblich offensichtlich den geforderten Qualifikationen nicht entsprechen[464] oder als nicht »ernsthaft« gelten[465] (vgl. Rn. 131). Grundsätze hierüber können in einer BV geregelt werden. Zurückgezogene Bewerbungen bleiben unberücksichtigt, allerdings nur bei einer vom AG unbeeinflussten Entscheidung und nicht etwa nach »Hinweisen« auf eine »aussichtslose« Bewerbung.[466] Der AG hat auch mitzuteilen, dass keine weiteren Bewerber vorhanden sind.[467] Zu Bewerbern zählen auch von der **Agentur für Arbeit** zur Vermittlung vorgeschlagene Personen und solche, die vom AG selbst zur Bewerbung aufgefordert wurden. Bewerber sind sowohl Personen, die aus dem Betrieb stammen; als auch solche AN, die aus einem anderen Betrieb desselben UN versetzt werden sollen.[468] Eine Vorauswahl oder sonstige Einflussnahme einer **zentralen Personalabteilung** lässt den Umfang der Informationspflicht nach § 99 unberührt.

144 Schaltet der AG **Personalberater (Headhunter) bzw. UN-Beratungsfirmen** ein, so ist zu unterscheiden:

- Suchen diese Firmen AN mittels einer Anzeige, so sind alle Interessenten, die sich auf die Annonce gemeldet haben, Bewerber für diesen Arbeitsplatz. Der AG hat den BR über alle Bewerber unter Vorlage der Unterlagen zu informieren, also auch über diejenigen, die das Personalberatungs-UN für ungeeignet hält. Hat der AG das Unternehmen allerdings beauftragt, lediglich geeignete Bewerber vorzuschlagen, so beschränkt sich die Informationspflicht des AG gegenüber dem BR auf solche Bewerber.[469] Demgegenüber erstreckt sich die Pflicht zur Vorlage von Bewerbungsunterlagen auch auf solche Bewerbungen, die von einem unternehmensinternen **Recruitment-Center** vorab aussortiert und nicht an die Stelle weitergeleitet werden, die die Auswahlentscheidung trifft.[470]
- Nicht zu Bewerbern i. S. d. § 99 zählen Personen, die bereits in der Kartei des Personalberatungs-UN gespeichert sind, solange sie nicht auf die Stelle hin angesprochen werden.[471]

145 **Weitere Beteiligte,** über die der AG zu informieren hat, sind alle von der Maßnahme unmittelbar betroffenen AN,[472] insbes. mit Blick auf die möglichen Widerspruchsgründe des Abs. 2:

- AN, die möglicherweise Nachteile aus der Einstellung erleiden können, und
- AN, die auf Grund einer Personalrichtlinie betroffen sind, also auch solche, die für eine freie Stelle in Frage kämen, sich jedoch von sich aus nicht beworben haben. Häufig übersehen wird dies bei Regelungen in Sozialplänen, nach denen Mitarbeiter, die betriebsbedingt ausgeschieden sind, bei späteren Einstellungen bevorzugt zu berücksichtigen sind.

146 Der AG hat dem BR alle **persönlichen Tatsachen** über die Bewerber (Rn. 143) bzw. beteiligten AN (Rn. 145) mitzuteilen, die für den BR für seine Willensbildung über Zustimmung bzw. Widerspruch erforderlich sind. Das sind in jedem Fall Name, Vorname, Alter, Familienstand, Berufsausbildung, fachliche Vorbildung[473] sowie alle Angaben, deren Vorlage einem Bewerber in einer Stellenausschreibung gemäß § 93 abverlangt worden sind (zu Informationen über sonstige Vertragsbestandteile vgl. Rn. 156). Zu informieren ist auch über eine mögliche Schwerbehinderung und Schwangerschaft, soweit der AG hierüber informiert ist.[474] Der AG ist auch verpflichtet, über Erkenntnisse zu informieren, die aus Vorstellungsgesprächen resultieren (vgl. Rn. 163). Der AG darf sich nicht darauf berufen, er habe diese Information unzulässigerweise

463 H. M. und ständige Rspr.: *BAG* 6. 4. 73, DB 73, 1456; 19. 5. 81, DB 81, 2384; 28. 6. 05 – 1 ABR 26/04; *Fitting,* Rn. 167; Richardi-*Thüsing,* Rn. 168; a. A. GK-*Raab,* Rn. 143; HWGNRH-*Huke,* Rn. 108 m. w. N.
464 So GK-*Raab,* Rn. 143; Richardi-*Thüsing,* Rn. 156.
465 Vgl. *LAG Köln* 29. 4. 88, LAGE § 99 BetrVG 1972 Nr. 16.
466 *Fitting,* Rn. 168.
467 *BAG* 20. 12. 88, DB 89, 1240.
468 *Fitting,* Rn. 170.
469 *BAG* 18. 12. 90 – 1 ABR 15/90, DB 91, 969; 21. 10. 14 – 1 ABR 10/13; vgl. *Fitting,* Rn. 169; *Heinze,* Rn. 236; *LAG Köln* 6. 10. 87, NZA 88, 589; *LAG Frankfurt* 14. 11. 89, NZA 90, 628.
470 *BAG* 21. 10. 14 – 1 ABR 10/13 juris.
471 Ähnlich *BAG,* a. a. O.; vgl. *Reiserer,* BB 92, 2502; GK-*Raab,* Rn. 146.
472 Richardi-*Thüsing,* Rn. 164.
473 »Sozialdaten«: *LAG Düsseldorf* 25. 1. 90 – 13 Sa 510/89, LAGE § 99 BetrVG 1972 Nr. 33.
474 H. M.; *Fitting,* Rn. 175; HWGNRH-*Huke,* Rn. 109; GK-*Raab,* Rn. 145, 148; a. A. für Schwangerschaft Richardi-*Thüsing,* Rn. 164.

erhalten. Insbes. dann kann ein Widerspruchsgrund gemäß Abs. 2 Nr. 1 (Rn. 193 ff.) vorliegen. Ebenso ist der BR über alle von Bewerbern ausgefüllten **Personalfragebogen** i. S. d. § 94 zu informieren.[475] Soweit Ergebnisse einer ärztlichen Einstellungsuntersuchung vorliegen, sind auch diese dem BR mitzuteilen.[476] Mitzuteilen ist sowohl vom Bewerber mitgeteiltes als auch sonstiges Wissen des AG über diesen bzw. andere Beteiligte. Dem BR sind auch diejenigen **Unterlagen vorzulegen, die der AG erstellt hat,** um (auch) auf ihrer Grundlage die Auswahlentscheidung zu treffen, sofern der Arbeitgeber diese Schriftstücke bei seiner Auswahlentscheidung berücksichtigt (vgl. a. Rn. 159).[477] Hierzu gehören in jedem Fall die schriftlich dokumentierten Protokolle der mit den Bewerbern geführten Vorstellungsgespräche. Der BR hat Anspruch auf Informationen über Vorstrafen eines Bewerbers bzw. ein möglicherweise vorgelegtes polizeiliches Führungszeugnis, soweit sie von Bedeutung für die Eignung des Bewerbers für die ausgeschriebene Stelle, mögliche Nachteile für andere AN oder für die Störung des Betriebsfriedens sein können.[478] Zwar ist der AG grundsätzlich nicht verpflichtet, auf Verlangen des BR Informationen zu beschaffen, die er selbst nicht hat.[479] Verzichtet er jedoch auf sonst übliche Fragen, liegt keine ordnungsgemäße Information vor (zu einem möglichen Verstoß gegen eine Personalrichtlinie vgl. Rn. 204). Der **Datenschutz** steht einer Information des BR nicht im Wege; § 99 ist eine spezielle Übermittlungsvorschrift.[480]

Für die Einstellung von **Leih-AN** (s. a. Rn. 197) sieht § 14 Abs. 3 AÜG die uneingeschränkte Beteiligung des BR ohne Änderungen vor. Eine Vereinbarung zwischen AG und BR, nach der ein Zustimmungsverweigerungsrecht nicht besteht, solange die Leih-AN-Quote einen bestimmten Prozentteil der Stammbelegschaft nicht überschreitet, stellt einen unzulässigen Verzicht auf das Beteiligungsrecht das und ist daher unwirksam bzw. unbeachtlich.[481] Ein uneingeschränktes Beteiligungsrecht des BR besteht auch dann, wenn der **Einsatz von Leih-AN verlängert** werden soll.[482] Vor dem Hintergrund Leih-AN-typischer Widerspruchsgründe ist der BR (neben der in § 80 Abs. 2 geregelten Informationspflicht insbesondere über den zeitlichen Umfang des Einsatzes, den Arbeitsort und die Aufgaben des Leih-AN sowie der Pflicht zur Vorlage der der Leiharbeit zugrunde liegenden Verträge) nach § 99 u. a. wie folgt zu unterrichten: Qualifikation der Leih-AN, Einstellungstermin, vorgesehene Arbeitsplätze, Auswirkungen auf die Stammbelegschaft und die Prüfung auf Beschäftigungsverbote und Verstöße gegen Arbeitsschutzvorschriften, Gefahr der Kündigung anderer AN bzw. Störung des Betriebsfriedens.[483] Aus den Besonderheiten des Leiharbeitsverhältnisses dürfen keine Einschränkungen für den Umfang der Unterrichtungspflicht abgeleitet werden.[484] Deshalb sind auch die Personalien und persönlichen Daten des Leih-AN mitzuteilen[485] über die gleichfalls der Entleiher von Verleiher nach § 1 Abs. 1 Satz 6 AÜG zu unterrichten ist. Trotz des Equal-Pay-Gebots, das bekanntermaßen gerade (auch) die Stammbelegschaft im Entleiherbetrieb schützen soll, soll der AG nach der Rspr. des *BAG* nicht verpflichtet sein, dem BR die Höhe des Entgelts der bei ihm als Stamm- und als Leih-AN beschäftigten Mitarbeiter:innen mitzuteilen.[486] Denn der BR könne die Zustimmung zur Übernahme von Leih-AN nicht mit der Begründung verweigern, die Arbeitsbedingungen der Leih-AN verstießen gegen das Gleichheitsgebot nach § 8 AÜG. Der spätere »Austausch« von Leih-AN ohne Erhöhung der Gesamtzahl – z. B. dann, wenn die Überlassung der Leiharbeitnehmer aus einem AN-Pool des Verleihers erfolgt – darf ebenfalls nicht mitbestimmungs- und damit informationsfrei bleiben.[487] Eine solche »De-Personali- 147

475 *Fitting*, Rn. 174.
476 *Fitting*, Rn. 174; *Zeller*, BB 87, 2439.
477 *BAG* 28. 6. 05 – 1 ABR 26/04; *BAG* 14. 4. 15 – 1 ABR 58/13 juris.
478 Ähnlich *Fitting*, Rn. 176; enger HWGNRH-*Huke*, Rn. 110.
479 *Fitting*, Rn. 175.
480 *Fitting*, Rn. 175.
481 *LAG Hessen* 3. 11. 11 – 5 TaBV 70/11, juris.
482 *BAG* 1. 6. 11 – 7 ABR 18/10, juris.
483 Vgl. *LAG Köln* 12. 6. 87, DB 87, 2106; *WEH*, Teil I Rn. 180; enger GK-*Raab*, Rn. 258 ff.
484 *LAG Bremen* 12. 11. 09 – 3TaBV140, juris.
485 *Fitting*, Rn. 178c.
486 *BAG* 1. 6. 11 – 7 ABR 117/9, juris.
487 *ArbG Verden* 1. 8. 89, AiB 89, 318; einschränkend *LAG Niedersachsen* 9. 8 06 – 15 TaBV 53/05, juris.

sierung« des Informationsanspruchs kann nicht hingenommen werden, denn es können sich sowohl aus der Person jedes einzelnen Leih-AN individuelle Bedenken ergeben, wie mit jedem Neu-Einsatz sich die Probleme der Stammbelegschaft aktuell neu stellen. Keine Einstellung ist demgegenüber die **Aufnahme eines Leih-AN in einen Stellenpool,** aus dem der Verleiher auf Anforderung des Entleihers Kräfte für den Einsatz im Entleiherbetrieb auswählt, weil dieser Auswahlvorgang des Verleihers nicht mit der betrieblichen Eingliederung gleichzusetzen ist.[488] Zu den **Informationen über die Auswirkungen der Einstellung von Leih-AN** gehören entgegen des Rspr. des *BAG*[489] auch Beeinträchtigungen eventueller Ansprüche oder Wünsche von Teilzeitbeschäftigten oder befristet beschäftigten AN, mehr oder länger arbeiten zu wollen, soweit die personelle Maßnahme einen Arbeitsplatz betrifft, der von diesen im Rahmen ihres Arbeitsvertrages ausgefüllt werden könnte.[490] § 14 Abs. 3 AÜG regelt ergänzend die Pflicht des AG zur Vorlage der schriftlichen Erklärung des Verleihers über seine Erlaubnis bzw. Veränderungen beim Verleiher gemäß § 12 Abs. 2 AÜG an den BR. Verstößt der AG gegen diese Verpflichtung, so wird das Beteiligungsverfahren gemäß § 99 nicht in Gang gesetzt (vgl. auch Rn. 131). Nach der zutreffenden Rspr, des *LAG Hessen* ist der BR nicht verpflichtet, diesen Mangel innerhalb der Frist von § 99 Abs. 3 Satz 1 gegenüber dem AG zu rügen, da es sich um einen evidenten Verstoß gegen eine eindeutige Rechtsnorm handelt.[491] Der BR kann die innerbetriebliche Ausschreibung von Arbeitsplätzen verlangen, die mit Leiharbeitnehmern besetzt werden sollen.[492]

148 Der **BR beim Verleiher** ist hinsichtlich Einstellung, Eingruppierung und einer ausnahmsweise möglichen Versetzung (Rn. 126) zu beteiligen und entsprechend zu informieren. Dazu gehört die Vorlage des Überlassungsvertrages.[493] Hinsichtlich der Beteiligung bei einer Eingruppierungsentscheidung auf Grund des Grundsatzes der Lohngleichheit (Rn. 73) hat ihn der Verleiher über die beim Entleiher geltenden Eingruppierungsgrundlagen (TV und BV), den konkreten Arbeitseinsatz des Leih-AN sowie vergleichbare AN im Entleiherbetrieb zu informieren. Erforderlichenfalls hat der AG ihm eine Auskunftsperson gem. § 80 Abs. 2 Satz 3 oder einen Sachverständigen gem. § 80 Abs. 3 zur Verfügung zu stellen.[494] Dem BR ist gem. Abs. 1 Nr. 1 der Verleihervertrag, mindestens sind ihm die Informationen zugänglich zu machen, auf die der Leih-AN gem. § 13 AÜG Anspruch hat.

149 Auch hinsichtlich der sog. **Ein-Euro-Jobber** treffen den AG die typischen Informationspflichten in Bezug auf die Person bzw. persönlichen Daten, den beabsichtigten Einsatzarbeitsplatz (z. B. unter Vorlage eines Einsatzplanes) sowie die Auswirkungen des Einsatzes auf Betrieb und die im Betrieb beschäftigten Arbeitnehmer: innen.[495]

150 Beim Einsatz von **Fremdfirmen** (Rn. 59 ff. und Rn. 197) und der Beschäftigung von Nicht-AN (**»freie Mitarbeiter«**) ist der BR insbesondere über den zeitlichen Umfang des Einsatzes, den Arbeitsort und die Aufgaben dieser Personen zu unterrichten; ihm sind außerdem die vom AG mit diesen Firmen bzw. freien Mitarbeitern geschlossenen Verträge (»Werkverträge« u. ä.) vorzulegen.[496] Diese Verpflichtungen ergeben sich aus § 80 Abs. 2. Diesen Verträgen ist üblicherweise das Nähere über die übernommenen Arbeiten sowie die Art und Weise ihrer Verrichtung durch die entsandten AN zu entnehmen, worüber der BR unterrichtet werden muss. Diese Informationen benötigt der BR für die Prüfung, ob es sich nicht doch um eine Einstellung i. S. von § 99 handelt. Deshalb gehören zu diesen Verträgen auch alle Nebenabreden und Anlagen. Außerdem sind dem BR die (z. B. als Kontrolllisten am Werkstor geführten) Listen zur Verfügung zu stellen, aus denen sich die Einsatztage und -zeiten der einzelnen AN der Fremdfirmen ergeben. Das *BAG*[497] begründet diese Pflicht mit § 92 Abs. 2; im Hinblick

488 *BAG* 23. 1. 08, NZA 08, 603.
489 *BAG* 1. 6. 11 – 7 ABR 117/9 juris.
490 *LAG Bremen* 12. 11. 09 – 3 TaBV 14/09, juris.
491 *LAG Hessen* 29. 1. 13 – 4 TaBV 202/12, juris.
492 *BAG* 14. 5. 75 – 1 ABR 40/73, BetrVG 1972 § 99 AP Nr. 2; *BAG* 1. 6. 11 – 7 ABR 117/9, juris.
493 *Hamann*, NZA 03, 526 [532].
494 *Hamann*, NZA 03, 526 [532].
495 *Engels*, NZA 07, 8 ff.
496 *BAG* 15. 12. 98 – 1 ABR 9/98, NZA 99, 722 = AiB 99, 408 mit Anm. *Hjort*.
497 *BAG* 15. 12. 98, a. a. O.

auf die an einzelnen AN orientierte Mitbestimmung bei personellen Einzelmaßnahmen ist dies auch eine Pflicht gemäß § 99. Diese Grundsätze gelten wegen der gleichen Interessenlage auch für den Einsatz **freier Mitarbeiter** bzw. **Werkvertragsnehmer,** die kein eigenes Personal einsetzen.[498]

Haben sich Bewerber:innen schon einmal beworben oder bewirbt sich ein früherer AN oder eine bereits beschäftigte AN, besteht gleichwohl die umfassende Informationspflicht. Jedoch kann der AG auf **vorhandene Informationen** verweisen, soweit sich nichts geändert hat. Das gilt auch, wenn der AG nach Einwendungen des BR eine Alternative zur zunächst geplanten Maßnahme vorschlägt. Der AG darf jedoch auch dann nicht auf die Information verzichten, wenn er davon ausgehen konnte, der BR sei mit der Maßnahme einverstanden.[499] **151**

Übt im Rahmen eines **funktionalen Konzernführungsmodells** bzw. einer **Matrixstruktur** ein AN eines anderen UNs im Konzern auf Grund einer erteilten Vollmacht Weisungsrechte in einem Betrieb aus, so kann hierin eine Einstellung zu sehen sein (vgl. Rn 39). Dem BR sind der Umfang der erteilten Vollmachten, die Führungsspanne und der Kreis der von der Führungsspanne erfassten Mitarbeiter bekannt zu geben. Ihm sind gleichzeitig Informationen zur Person des zu bevollmächtigenden funktionalen Managers (funktionsbezogene Auszüge des Lebenslaufes, bisherige und zukünftige Aufgaben, sonstige Personalien) zur Verfügung zu stellen. **152**

Der AG darf keine Informationen zurückhalten, weil sie ihm seitens eines Bewerbers als **vertraulich** gekennzeichnet wurden. Wer sich bewirbt, muss die Beteiligung des BR hinnehmen, der seinerseits einer gesetzlichen Schweigepflicht unterliegt.[500] Ließe sich ein AG gleichwohl darauf ein, läge eine Ordnungswidrigkeit gemäß § 121 (Rn. 170) vor, und die Einstellung könnte nach § 101 rückgängig gemacht werden (§ 101 Rn. 4). **153**

Die Mitteilung der vorgesehenen Eingruppierung zählt zu den Elementen einer ordnungsgemäßen Information bei der Einstellung.[501] Hierzu gehört auch die Mitteilung des Sachverhalts und die Begründung, weshalb sich der AG für eine bestimmte Vergütungsgruppe entschieden hat (Subsumtion.[502] Das Entsprechende gilt im Falle einer Versetzung / Umgruppierung. Bei der Unterlassung dieser Information beginnt auch ohne Rückfrage des BR die Frist des Abs. 3 nicht zu laufen (vgl. Rn. 131). Gleichzeitig soll jedoch eine unterlassene[503] und eine falsche Eingruppierung[504] keinen Widerspruchsgrund gegen die Einstellung als solche abgeben; dies müsse in einem separaten Verfahren analog § 101 verfolgt werden (§ 101 Rn. 4). Für einen BR empfiehlt es sich deshalb jedenfalls, noch innerhalb der Wochenfrist seine sonstigen – möglicherweise als vorläufig bezeichneten – Zustimmungsverweigerungsgründe sowie Nachfragen mit dem Hinweis auf die fehlende Information über die Eingruppierung zu verbinden (vgl. Rn. 131). Um die Ordnungsmäßigkeit der Eingruppierung prüfen zu können, muss dem Betriebsrat eine **Tätigkeitsbeschreibung bzw. Stellenbeschreibung** vorgelegt werden.[505] **154**

Zur erforderlichen Information über die Eingruppierung (zum Begriff vgl. Rn. 66 ff.) zählt dem *BAG* zufolge nicht die **Höhe** des mit dem AN vereinbarten **Arbeitsentgelts.**[506] Das *BAG* begründet dies ausschließlich mit dem Hinweis darauf, dass der AN auch durch unzulässige Arbeitsbedingungen im Arbeitsvertrag nicht bei der Einstellung benachteiligt werde und etwaige Gesetzesverstöße auch noch nach der Einstellung korrigiert werden könnten. Selbst wenn man sich dem anschließt, ist dies lediglich ein Argument für die Frage der Einstellung und der Möglichkeit der Zustimmungsverweigerung (vgl. Rn. 193 ff.). Stellt man dagegen auf das parallele Eingruppierungsverfahren ab (vgl. Rn. 76), so hat der BR den Anspruch auf die Information, ob nicht im übertariflichen Bereich Ansatzpunkte für ein kollektives Entlohnungs- **155**

---

498 *Fitting*, Rn. 179.
499 *BAG* 6.4.73, AP Nr. 1 zu § 99 BetrVG 1972.
500 H.M.; *Fitting*, Rn. 182; GK-*Raab*, Rn. 151, 157 f.; HWGNRH-*Huke*, Rn. 117; *SWS*, Rn. 37.
501 *BAG* 14.3.89, DB 89, 1523.
502 *LAG Köln* 16.4.15 – 7 TaBV 17/14, juris; *BAG* 13.03.13 – 7 ABR 39/11, juris.
503 *BAG* 20.12.88, DB 89, 1240.
504 *BAG* 10.2.76, DB 76, 778.
505 *LAG Köln* 11.3.09 – 3 TaBV 75/08, juris.
506 *BAG* 18.10.88, DB 89, 530; 3.10.89, NZA 90, 231 unter Hinweis auf die diesbezüglich überwiegende Meinung, vgl. GK-*Raab*, Rn. 147; HWGNRH-*Huke*, Rn. 120; a. A. insbes. *Plander*, AiB 89, 221 m. w. N.

schema gegeben sind. Außerdem ist an Nachteile für die anderen AN (Abs. 2 Nr. 3) wegen eines Lohn- und Leistungsdruck-Zusammenhangs zu denken (s. Rn. 222). Nach Abschluss des Arbeitsvertrags hat der BR den Anspruch auf diese Information ohnehin, gestützt auf sein Einsichtsrecht in Bruttolohn- und Gehaltslisten[507] (vgl. § 80 Rn. 126 ff.). Eine benachteiligungsfreie Behandlung von Männern und Frauen nach dem **EntgTranspG** setzt bei der Entgeltfindung voraus, dass die bestehenden Entgeltsysteme selbst diskriminierungsfrei sind und auch frei von Diskriminierung angewandt werden.[508] Ausdrücklich heißt es in der Begründung zu § 3 Abs. 1 des Gesetzes, dass das Benachteiligungsverbot für »alle Formen von Entgelt*festlegungen*« gilt. Hieraus folgt, dass der BR auch in der Lage sein muss zu prüfen, ob Männer und Frauen bei gleicher Tätigkeit in die gleichen Tarifgruppen bzw. betrieblichen Entgeltgruppen eingestuft sind. Eine ordnungsgemäße Unterrichtung des BR nach § 99 Abs. 1 BetrVG setzt daher voraus, dass dem BR mitgeteilt wird, wie andere AN im Betrieb, die gleichen oder gleichwertige Tätigkeiten ausüben, eingruppiert sind. Nur so ist der BR auch in der Lage, ggf. von seinem Zustimmungsverweigerungsrecht Gebrauch zu machen (vgl. a. Rn. 197).

156 In jedem Falle ist über alle **Vertragsbestandteile** zu informieren, die Auskunft **über Art und Dauer der Beschäftigung** geben.[509] Dem BR muss mitgeteilt werden, ob die Tätigkeit als Teilzeitbeschäftigung oder im Schichtbetrieb erfolgen soll und ob eine Probezeit vereinbart wird[510] (zur Information über die **Dauer der Arbeitszeit** s. Rn. 142).

157 Der AG muss den BR vollständig über die **Auswirkungen** der geplanten Maßnahme unterrichten.[511] Zur Auswirkung auf die vorhandene Belegschaft gehört etwa der Hinweis auf den Abbau von Überstunden durch Neueinstellungen oder die Vermeidung von Kurzarbeit durch Versetzungen unter Nutzung von Unterlagen nach § 92 zur Personalbedarfs- und Personaldeckung, Personalstatistiken, Auftragszahlen, Fluktuationszahlen u. Ä.[512] Sollen Leih-AN oder Praktikanten eingestellt werden und sind diese durch die Stammbelegschaft anzulernen oder zu qualifizieren, so müssen dem BR auch die Auslastungszahlen in dem betroffenen Bereich des Stammbetriebes mitgeteilt werden, damit der BR prüfen kann, ob durch die Pflicht zur Einarbeitung für die Stammbelegschaft nicht zusätzliche Nachteile (Mehrarbeit etc.) entstehen können.[513]

158 Dem BR ist bei Einstellungen und Versetzungen der in Aussicht genommene **Arbeitsplatz** mitzuteilen. »Arbeitsplatz« ist nicht nur der räumliche Ort, an dem die Arbeit geleistet wird, sondern auch der **Arbeitsbereich,** also die Funktion, in die der AN in den Betrieb eingegliedert werden soll,[514] sowie der vorgesehen Platz in der betrieblichen Organisation, die Aufgaben und die Verantwortung.[515] Dazu gehört all das, was auch bei der grundsätzlichen Frage nach einer möglichen Versetzung zur Kennzeichnung des »Arbeitsplatzes« im betriebsverfassungsrechtlichen Sinn genannt wurde (vgl. Rn. 100), insbes. auch die arbeitstechnischen Bedingungen,[516] Kompetenzen und die Abteilung, in der der Bewerber tätig sein soll.

159 Dem BR sind die **erforderlichen Unterlagen** vorzulegen und Auskunft über die Personen zu geben, die Bewerbungen eingereicht haben. Dies sind im Falle von Einstellungen die **Bewerbungsunterlagen** aller (Rn. 143) **Bewerber:innen,** d. h. alle von den Bewerbern, sei es von sich aus, sei es auf Nachfrage, eingereichten Unterlagen (z. B. Bewerbungsschreiben, Lebenslauf, Zeugnisse, Lichtbild, Empfehlungsschreiben, Tätigkeits- und Prüfungsnachweise).[517] Zu

---

507 So auch HWGNRH-*Huke,* Rn. 120 f.; zur Information bei einer **Abgruppierung** *LAG Köln* 14. 2. 92, AiB 93, 463.
508 Ausführlich *Oerder/Wenckebach*, EntgTranspG.
509 *BAG* 18. 10. 88, DB 89, 530.
510 Gegen Mitteilungspflicht bzgl. der konkreten Schicht bei Einstellung *LAG Schleswig-Holstein* 29. 1. 87, NZA 88, 68.
511 Z. B. über Veränderung der Verdienstmöglichkeiten nach einer Versetzung, *LAG Schleswig-Holstein* 3. 7. 01 – 3 TaBV 7/01, BB 01, 2432.
512 Vgl. HWGNRH-*Huke,* Rn. 118; *LAG Frankfurt* 18. 11. 86, NZA 87, 499: Lage und Dauer der Arbeitszeit.
513 Vgl. *ArbG Frankfurt/M.* 20. 4. 11, 6 BV 742/10 unveröffentlicht.
514 *BAG* 14. 3. 89, DB 89, 1523.
515 *BAG* 12. 6. 19 – 1 ABR 39/17 – NZA 19, 1292.
516 HWGNRH-*Huke,* Rn. 119.
517 Richardi-*Thüsing,* Rn. 166.

den Bewerbungsunterlagen zählen auch die Unterlagen der abgelehnten Bewerber:innen,[518] etwa weil nach Einschätzung des AG von nicht ernsthaften Bewerbungen auszugehen ist oder Bewerbungen dem geforderten Anforderungsprofil nicht entsprechen [519] Bewerbungsunterlagen sind auch die vom AG zur Vorbereitung der Einstellungsverhandlungen erstellten Unterlagen. Die Vorlage muss ohne besondere Aufforderung des BR erfolgen, es bedarf keiner konkreten Rüge oder Nachfrage des BR.[520] Im Falle **telefonischer Bewerbungen** muss der AG die sich daraus ergebenden Informationen an den BR weiterleiten. Außerdem zählen dazu die **beim AG selbst befindlichen Unterlagen** (z. B. Personalfragebogen). Man wird auch graphologische, psychologische und sonstige Gutachten sowie Auskünfte Dritter (z. B. Schufa-Auskünfte) zu den erforderlichen Unterlagen zählen müssen, wenn der AG mit deren Einholung zu erkennen gibt, dass sie als Entscheidungshilfe für die Einstellungsentscheidung erforderlich sind. Zu den dem BR vorzulegenden Bewerbungsunterlagen gehören auch solche **Unterlagen, die der AG** anlässlich des Vorstellungsgesprächs (vgl. Rn. 163) bzw. sonst anlässlich der Bewerbung über die Person **selbst erstellt hat,** z. B. Mitschriften bei Bewerbungsgesprächen oder Testergebnisse.[521] Der AG muss nur solche Unterlagen nicht vorlegen, die ohne jede Bedeutung für die Auswahlentscheidung sind.[522] Werden Unterlagen **EDV-mäßig,** z. B. durch ein Personalinformationssystem, erstellt, hat der AG die entsprechenden **Ausdrucke** vorzulegen[523] Eine **rein digitale Einsicht** ist nur dann ausreichend, wenn sie uneingeschränkten Zugang ermöglicht und eine entsprechende technische Ausstattung der Betriebsratsmitglieder mit digitalen Endgeräten die Einsichtnahme auch tatsächlich ermöglicht.[524] Leider ist eine vollständige technische Ausstattung von Betriebsräten mit digitaler Technik bei weitem noch nicht flächendeckend Praxis. Von Bewerber:innen möglicherweise als vertraulich bezeichnete Unterlagen darf der AG nicht zurückhalten (Rn. 153). Es sind nicht nur die Unterlagen über Bewerber:innen vorzulegen, sondern auch über **alle anderen Beteiligten** (Rn. 131).

Bei der **Einstellung von Betriebsangehörigen** im Fall ihrer Versetzung von Betrieb zu Betrieb **160** kann es sich als hilfreich erweisen, in die vorhandenen Personalakten Einblick zu nehmen. Das kann jedoch gemäß § 83 nur mit Zustimmung durch den AN erfolgen. Verweigert der AN bzw. Bewerber diese Einsicht, hat der AG daraus Auszüge solchen Zuschnitts zu fertigen und dem BR auszuhändigen, wie er sie von einem externen Bewerber vorzulegen hätte (vgl. Rn. 159; zur Vorlage des Arbeitsvertrags vgl. Rn. 156). Der AG darf sich in derartigen Fällen seiner Informationspflicht nicht dadurch entziehen, dass er vorhandene Unterlagen zu **Bestandteilen der Personalakten** macht und sich auf § 83 beruft.[525] Sobald sich AN innerhalb des Betriebs oder UN bewerben, können sie sich gegenüber dem BR nicht auf § 83 berufen.

Die Vorlage der Unterlagen ist Bestandteil der Informationspflicht des AG und muss daher **161** gleichfalls **mindestens eine Woche vor** Durchführung der Maßnahme erfolgen.[526]

»Vorlage« der Unterlagen bedeutet **Aushändigung an den BR** für höchstens eine Woche.[527] **162** Diese Frist kann – ebenso wie die Frist des Abs. 3 (Rn. 174) – einvernehmlich verlängert oder – im laufenden Verfahren – einvernehmlich abgekürzt werden.

Führt der AG persönliche **Vorstellungsgespräche** durch, hat der BR kein Recht zur Beteili- **163** gung.[528] Das kann jedoch von Fall zu Fall oder generell durch BV vereinbart werden.[529] Der AG ist jedoch dann verpflichtet, den BR über den entscheidungsrelevanten Inhalt dieser Gespräche zu unterrichten, wenn die Auswahlentscheidung für eine von mehreren Bewerbungen maßgeb-

518 *BAG* 14. 12. 04 – 1 ABR 55/03, BAGE 113, 119.
519 *BAG* 21. 10. 14 – 1 ABR 10/13, juris.
520 *LAG Hamm* 26. 9. 03 – 10 TaBV 63/03, NZA-RR 04, 305 ff.
521 *BAG* 14. 12. 04 – 1 ABR 55/03, BAGE 113, 119.
522 *BAG* 14. 4. 15 – 1 ABR 58/13, juris.
523 *SWS*, Rn. 34.
524 *LAG Sachsen-Anhalt*, 13. 10. 22 – 2 TaBV 1/22, juris.
525 A. A. GK-*Raab*, Rn. 149.
526 Vgl. HWGNRH-*Huke*, Rn. 116.
527 *BAG* 3. 12. 85, EzA § 99 BetrVG 1972 Nr. 46; *LAG Frankfurt* 9. 1. 73, AuR 74, 28; Düwell-*Kreuder/Matthiessen-Kreuder* Rn. 57; a. A. GK-*Raab*, Rn. 150.
528 H. M.; *BAG* 18. 7. 78, EzA § 99 BetrVG 1972 Nr. 22.
529 *LAG Berlin* 11. 2. 85, DB 86, 49.

lich auch auf zuvor geführten Vorstellungsgesprächen beruht.[530] Andernfalls kann der BR nicht sachangemessen zu der getroffenen Bewerberauswahl Stellung nehmen. Deshalb ist es auch aus Arbeitgebersicht zweckmäßig, ein BR-Mitglied zu dem Vorstellungsgespräch hinzuzuziehen. Das *BAG* hat die Beteiligung des BR an **Anwerbeaktionen im Ausland** nicht zugelassen.[531] Der AG ist aber verpflichtet, den BR über diejenigen Informationen und Erkenntnisse, insb. über die fachliche und persönliche Eignung des Bewerbers, die sich aus Vorstellungsgesprächen, strukturierten Interviews, Assessment-Centern, Gruppendiskussionen oder spieltechnischen Übungen ergeben, zu unterrichten.[532]

164 Bei einer **Versetzung** sind neben dem bisherigen der in Aussicht genommene Arbeitsplatz und die an beiden Arbeitsplätzen betroffenen AN zu bezeichnen. Bei einer vorübergehenden Versetzung ist die voraussichtliche Dauer zu nennen. Auch über voraussichtlich weniger als einen Monat dauernde Versetzungen ist zu informieren, denn der BR muss mögliche Zustimmungsverweigerungsgründe wegen erheblicher Änderung der Arbeitsumstände (Rn. 114) überprüfen können. Dauert eine zunächst kürzer veranschlagte Versetzung länger, ist der BR unverzüglich nach Kenntnis des AG hiervon zu unterrichten (zur Mitbestimmungspflichtigkeit in einem solchen Fall vgl. Rn. 122).

165 Hinsichtlich einer **Eingruppierung** muss dem BR mitgeteilt werden, in welche Gruppe des jeweils vorhandenen Entgeltschemas (vgl. Rn. 66) der AN gehört. Existiert im AT-Bereich ein Entgeltschema (Rn. 72), ist der BR auch auf die für den AN dort vorgesehene Position hinzuweisen (zur Information über Entlohnungsfragen im über- und außertariflichen Bereich vgl. § 80 Rn. 126 ff.).

166 Bei einer **Umgruppierung** ist neben der bisherigen Tarifgruppe die in Aussicht genommene Gruppe zu nennen.[533]

167 Bei **Tendenzträgern** ist, ungeachtet des Ausmaßes der Mitbestimmung (§ 118 Rn. 78 ff.), jedenfalls die normale Informationspflicht des § 99 Abs. 1 zu erfüllen.[534]

168 Wird diese Informationspflicht verletzt, kann der BR die Maßnahme des AG gemäß § 101 rückgängig machen lassen (§ 101 Rn. 5).

4. Schweigepflicht

169 Die BR-Mitglieder unterliegen hinsichtlich der persönlichen Angelegenheiten der AN, die ihnen bei Wahrnehmung der Mitbestimmung gemäß § 99 bekannt geworden sind, einer **besonderen Schweigepflicht,** für die § 79 Abs. 1 Satz 2 bis 4 entsprechend gilt (Näheres § 79 Rn. 9). Erfahren sie aus Unterlagen des AG etwas über die betroffenen AN, worüber dieser selbst nicht informiert ist, besteht ihnen gegenüber jedoch keine Schweigepflicht. Die Schweigepflicht gilt **nicht gegenüber Mitgliedern anderer AN-Vertretungen** sowie im Verfahren vor der ESt., der tariflichen Schlichtungsstelle oder einer betrieblichen Beschwerdestelle i. S. d. § 84. Betroffene AN können die BR-Mitglieder von ihrer Schweigepflicht befreien. Eine Strafverfolgung gemäß § 120 setzt den Antrag betroffener AN als Verletzten voraus (vgl. § 120 Rn. 9).

5. Verletzung der Informationspflicht

170 **Informiert der AG nicht ordnungsgemäß** (zu den Einzelheiten vgl. Rn. 131 und zur Reaktion des BR vgl. DKWF-*Bachner/Wenckebach,* § 99 Rn. 14;), ist die personelle Einzelmaßnahme betriebsverfassungswidrig. Die Folgen sind:

- die Wochenfrist des Abs. 3 beginnt nicht zu laufen (Rn. 131)
- keine Zustimmungsfiktion nach Ablauf der Wochenfrist des Abs. 3 (Rn. 179);
- keine Ersetzbarkeit der verweigerten Zustimmung gemäß Abs. 4 (Rn. 239);
- Unterbindung einer durchgeführten Maßnahme gemäß § 101 (§ 101 Rn. 4);

530 *BAG* 28.6.05 – 1 ABR 26/04, BAGE 115, 173.
531 *BAG* 18.7.78, EzA § 99 BetrVG 1972 Nr. 22.
532 *LAG Hamm* 26.9.03 – 10 TaBV 63/03, NZA-RR, 305 ff.
533 HWGNRH-*Huke,* Rn. 122.
534 *BAG* 8.5.90 – 1 ABR 33/89, NZA 90, 901; 3.7.90 – 1 ABR 36/89, NZA 90, 903.

- Möglichkeit eines Unterlassungsverfahrens nach § 23 (§ 101 Rn. 22);
- **Ordnungswidrigkeit gemäß § 121.**[535]

Betroffene AN haben verschiedene Reaktionsmöglichkeiten (vgl. Rn. 247 ff.)

V. Verfahren nach Unterrichtung des Betriebsrats

1. Grundsätze

Mit dem Eingang (Rn. 139) der vollständigen AG-Information über die beabsichtigte personelle Maßnahme und der Bitte um Zustimmung beginnt die **Einwochenfrist** gemäß Abs. 3 zu laufen (Übersicht Fristenbestimmung in DKWF-*Bachner/Wenckebach*, § 99 Rn. 8). Nur eine **ordnungsgemäße Unterrichtung** setzt die Frist in Gang.[536] Innerhalb dieser Frist (Rn. 174) muss der BR sich über seine Reaktion schlüssig werden. Er hat vier verschiedene Reaktionsmöglichkeiten: 171

- ausdrückliche Zustimmung (Rn. 177);
- Zustimmung durch Verstreichenlassen der Einwochenfrist ohne Reaktion (Rn. 179);
- Verweigerung der Zustimmung (Rn. 181);
- Rückfrage wegen unvollständiger Information (Rn. 131).

Der AG muss den Ablauf der Einwochenfrist bis zur Durchführung der Maßnahme abwarten, sonst gilt der BR nicht als ordnungsgemäß unterrichtet (zu den Folgen vgl. Rn. 170).

Die Entscheidung des BR muss in allen vier Fällen durch **Beschluss des gesamten BR** (bzw. des hierfür zuständigen BR-Ausschusses, Rn. 12) gemäß § 33 erfolgen; BR- bzw. Ausschussvorsitzende können nicht allein entscheiden.[537] Das gilt auch für die Absicht, die Frist ohne Erklärung verstreichen zu lassen, um so indirekt zuzustimmen. Eine Zustimmungserklärung des BR- bzw. Ausschussvorsitzenden gegenüber dem AG ohne zugrunde liegenden Beschluss ist unwirksam. Das hat freilich nur Bedeutung für die geschäftsordnungsmäßigen Binnenbeziehungen des BR. Wenn ein BR- bzw. Ausschussvorsitzender den BR bzw. Ausschuss nicht über eine bei ihm gemäß Abs. 1 eingegangene Information in Kenntnis setzt, wird dies im Verhältnis zum AG grundsätzlich dem BR gemäß § 26 Abs. 3 zugerechnet (hierzu und zu möglichen Ausnahmen vgl. § 26 Rn. 32). Die **Beweislast** hierfür liegt beim BR. Ebenso unwirksam ist die Erklärung der Verweigerung der Zustimmung ohne BR-Beschluss. Die Beweislast liegt in diesem Falle beim AG. 172

Ein BR-Mitglied, um dessen eigene Umgruppierung es geht, ist wegen Interessenkollision daran gehindert, an der entsprechenden Beratung und Beschlussfassung teilzunehmen (vgl. § 33 Rn. 20). Die unterlassene **Ladung eines Ersatzmitglieds** führt zur Fehlerhaftigkeit des die Umgruppierung ablehnenden Beschlusses und zur Zustimmungsfiktion gemäß Abs. 3 Satz 2[538] (vgl. Rn. 179). 173

Die **Frist** gemäß Abs. 3 beginnt mit dem Tag der ordnungsgemäßen Information des BR (vgl. Rn. 131) zu laufen. Sind die Informationen unvollständig, läuft die Frist erst mit ihrer Vervollständigung. Freilich ist hierbei darauf zu achten, dass der BR für ihn erkennbare Informationsmängel innerhalb der Wochenfrist rügen und zurückfragen muss (Rn. 131), sonst kann er sich auf die fehlende Ordnungsmäßigkeit der Information nicht berufen. Die **Fristberechnung erfolgt** gemäß §§ 187, 193 BGB: Der Tag des Eingangs der AG-Information beim BR wird nicht mitgezählt; fällt das Fristende auf einen Samstag, Sonntag oder Feiertag, endet die Frist am nächstfolgenden Werktag (zum Fristablauf bei Aussetzung eines BR-Beschlusses gemäß § 35 vgl. § 35 Rn. 13). 174

---

535 Hierzu eingehend *Growe,* Ordnungswidrigkeitenverfahren nach dem Betriebsverfassungsrecht [1990], S. 63 ff.; zum Fall einer **Geldbuße** wegen Nichtvorlage von Personalfragebogen an den BR vgl. *Regierungspräsidium Stuttgart* 27.10.88, AiB 89, 22; Einstellung ohne vorherige Information: *Landkreis Hannover* 15.8.89, BetrR 1/90, 24.

536 *BAG* 1[illegible].10.22 – 1 ABR 18/21, AuR 23, 211.

537 HWGNRH-*Huke,* Rn. 129.

538 *BAG* 3.8.99 – 1 ABR 30/98, NZA 00, 440.

175 Kann der BR die Frist ohne sein Verschulden nicht einhalten (»**höhere Gewalt**«), wird die Zeit des Hinderungsgrundes nicht mitgerechnet und insoweit der Fristablauf gehemmt.[539] Hierunter sind jedenfalls vom AG veranlasste Ereignisse zu rechnen, wenn ihretwegen eine ordnungsgemäße BR-Arbeit nicht möglich ist. Die Frist kann durch TV[540] oder Vereinbarung zwischen BR und AG **verlängert** werden[541], was mitunter bei der Durchführung von Massenversetzungen bei Betriebsänderungen geschieht.[542] Eine solche Vereinbarung ist auch im Einzelfall möglich, wenn sich z. B. auf Grund der Fülle von Informationen eine Woche als zu kurz für eine sachgerechte Befassung des BR herausstellt (zum Nachschieben von Gründen für die Zustimmungsverweigerung nach Fristablauf siehe Rn. 187). Eine vorherige **Verkürzung** der Frist ist nicht zulässig. Allerdings kann sich der BR vor Ablauf der Frist abschließend erklären (vgl. Rn. 177). Nach Fristablauf gilt die Zustimmung als erteilt; eine Fristverlängerung ist dann nicht mehr möglich.[543] Der AG könnte höchstens die Maßnahme abbrechen und das Verfahren bezüglich einer neuen Maßnahme erneut in Gang setzen.[544]

176 Fallen **mehrere personelle Maßnahmen** zusammen, müssen die Beschlüsse des BR bzw. BR-Ausschusses sich korrespondierend zu den AG-Informationen auf jede einzelne Maßnahme bzw. jeden einzelnen AN beziehen.[545]

2. Ausdrückliche Zustimmung

177 Der BR kann seine **Zustimmung** ausdrücklich geben (vgl. DKWF-*Bachner/Wenckebach*, § 99 Rn. 12). Hierfür ist keine Form vorgeschrieben, aber aus Beweisgründen sollte auch dies schriftlich geschehen.[546] Überwiegend wird angenommen, dass der BR eine ausdrücklich gegebene Zustimmung **nicht widerrufen** kann.[547] Etwas anderes gilt immerhin dann, wenn der AG dem BR Informationen vorenthalten hat, die zur ordnungsgemäßen Unterrichtung gemäß Abs. 1 erforderlich gewesen wären. In einem solchen Fall hat die Frist – jedenfalls in Bezug auf die vorenthaltenen Informationen – auch noch gar nicht zu laufen begonnen (Rn. 174).[548] Wird die Zustimmung erteilt, darf der AG die personelle Maßnahme auch schon vor Ablauf der Wochenfrist durchführen. **Vorab,** ohne Kenntnis der konkreten Maßnahme, darf die Zustimmung nicht erteilt werden.[549] Das käme einem unzulässigen Verzicht auf BR-Rechte gleich. Möglich sind jedoch Verfahrensvereinfachungen für genau abgegrenzte Fälle (Rn. 33).

178 Die Zustimmung des BR heilt evtl. **arbeitsvertragliche Mängel** der Maßnahme nicht. Eine wegen eines **betriebsverfassungsrechtlichen Mangels** unwirksame Maßnahme (z. B. eine Versetzung, Rn. 252) wird auch durch eine nachträgliche Zustimmung des BR nicht wirksam.[550] Der AG muss die Maßnahme erneut vornehmen. Dafür muss der AG eine bereits erfolgte Maßnahme aber **zunächst tatsächlich aufheben.**[551]

3. Zustimmungsfiktion

179 Teilt der BR die Verweigerung der Zustimmung nicht innerhalb einer Woche nach Zugang der Information schriftlich mit, **gilt die Zustimmung als erteilt** (Abs. 3 Satz 2). Dies kann auf ausdrücklichen **Beschluss** des BR hin geschehen (Rn. 155), kann die Folge schlichten **Unterlassens**

539 So auch *Fitting*, Rn. 272a; HWGNRH-*Huke*, Rn. 147; *Dütz*, Anm. zu EzA § 99 BetrVG 1972 Nr. 37.
540 *BAG* 22.10.85, AP Nr. 23 zu § 99 BetrVG 1972 mit Anm. *Kraft*.
541 *BAG* 29.6.11 – 7 ABR 24/10, juris.
542 *BAG* 17.5.83, EzA § 99 BetrVG 1972 Nr. 36; *LAG BW* 27.5.08 – 2 TaBV 5/07, juris auch für mehrere Monate.
543 *BAG* 29.6.11 – 7 ABR 24/10, juris; GK-*Raab*, Rn. 165.
544 *LAG Berlin* 22.9.86, DB 87, 234.
545 HWGNRH-*Huke*, Rn. 132.
546 Vgl. HWGNRH-*Huke*, Rn. 130.
547 H. M.; Richardi-*Thüsing*, Rn. 279; GK-*Raab*, Rn. 230; vgl. *Schreiber*, RdA 87, 257 m. w. N.
548 A. A. GK-*Raab*, Rn. 161.
549 Missverständlich *v. Hoyningen-Huene/Boemke*, S. 163 f.; modifiziert *v. Hoyningen-Huene*, NZA 93, 149.
550 GK-*Raab*, Rn. 176; *BAG* 11.10.22 – 1 ABR 18/21, AuR 23, 211.
551 *BAG* 11.10.22 – 1 ABR 18/21, AuR 23, 211.

sein oder auf der **Fehlerhaftigkeit** der Zustimmungsverweigerung beruhen. Derartige Fehler, die zur **Unbeachtlichkeit der Zustimmungsverweigerung** führen, können z. B. sein:

- Fristüberschreitung (Rn. 174);
- Verstoß gegen die Schriftform (Rn. 181);
- fehlerhafter BR-Beschluss;
- fehlende oder fehlerhafte Begründung der Zustimmungsverweigerung.

Der AG hat den BR »vor« der Einstellung zu unterrichten und die Zustimmung zu der »geplanten« Einstellung einzuholen. Deshalb ist es grundsätzlich erforderlich, dass die Beteiligung des BR zu einer Zeit erfolgt, zu der noch keine abschließende und endgültige Entscheidung getroffen worden ist.

Vor diesem Hintergrund kann eine erst nach Aufnahme der tatsächlichen Beschäftigung im Betrieb erfolgte Unterrichtung des BR nicht fristgerecht und damit nicht ordnungsgemäß i. S. v. Abs 1 sein. Eine solche Unterrichtung kann daher nicht zum Eintritt der gesetzlichen Zustimmungsfiktion nach Abs. 3 Satz 2 BetrVG führen[552].

Die Betriebsparteien sind nicht befugt, eine **Zustimmungsverweigerungsfiktion** zu vereinbaren, also die Fiktion, dass die Zustimmung des BR zu der personellen Einzelmaßnahme nach Ablauf einer bestimmten Frist mit der Folge als verweigert gilt, dass sodann der AG ein Zustimmungsersetzungsverfahren einleiten muss. Eine solche Vereinbarung soll gegen den zwingenden Charakter organisatorischer Regelungen des BetrVG verstoßen (vgl. Rn. 32).[553] Ebenso führt eine »Vereinbarung über eine Verlängerung der Wochenfrist« nach deren Ablauf nicht zur Beseitigung bzw. Aufhebung der Zustimmungsfiktion (vgl. auch Rn. 175).[554] **180**

4. Verweigerung der Zustimmung

Die Verweigerung der Zustimmung zu einer personellen Einzelmaßnahme nach Abs. 3 muss **schriftlich** erfolgen (vgl. den Überblick zu den Beschlussfassungen in DKWF-*Bachner/Wenckebach,* § 99 Rn. 9). Da es sich bei der Zustimmungsverweigerung nicht um ein »Rechtsgeschäft« i. S. des § 126 BGB handelt, kann sie auch durch **Telefax** erfolgen[555] (zur elektronischen Form gem. § 126a BGB). Nicht notwendigerweise Voraussetzung für die Einhaltung der Schriftform ist die Unterschrift der oder des BR-Vorsitzenden (zu seiner Vertretung durch den stellvertretenden Vorsitzenden vgl. § 26 Rn. 37) bzw. des Vorsitzenden eines für diese Fragen zuständigen Ausschusses (Rn. 12) unter dem mit Gründen versehenen Verweigerungsschreiben.[556] Nach der neueren Rspr. des *BAG* ist die Erklärung auch dann schriftlich, wenn sie der Textform des § 126b BGB genügt.[557] Deshalb ist – was einer häufig betrieblich geübten Praxis entspricht – auch die Zustimmungsverweigerung durch **E-Mail** zulässig, wenn die E-Mail der Textform nach § 126b BGB genügt.[558] Ist zwischen BR und AG vereinbart, dass das Informations- und Zustimmungsverfahren nach § 99 auf andere Weise – z. B. auf der Grundlage einer HR-Software wie people doc – automatisiert wird, so reicht es aus, wenn die Stellungnahme des BR dort als PDF-Dokument »hochgeladen«, für den AG im System zugänglich ist und wieder ausgedruckt werden kann. Ob die **Verstetigung** in einer Urkunde oder **in einem anderen Medium** erfolgt, ist mit Blick auf den Wortlaut unerheblich.[559] **181**

Die Zustimmungsverweigerung muss innerhalb einer Woche erfolgen und spätestens am letzten Tag der Frist **dem AG zugehen.**[560] Ebenso wie die Zustimmungsverweigerung des BR nach Ablauf der Wochenfrist unbeachtlich ist, ist auch das Nachschieben von Zustimmungsverweigerungsgründen nach Ablauf der Wochenfrist grundsätzlich unzulässig (s. aber Rn. 187). **182**

---

552 *BAG* 21. 11. 18 – 7 ABR 16/17, juris.
553 *LAG BW* 27. 5. 08 – 2 TaBV 5/07, juris.
554 *BAG* 29. 6. 11 – 7 ABR 24/10, juris.
555 *BAG* 11. 6. 02 – 1 ABR 43/01, BB 02, 310.
556 So aber noch *BAG* 24. 7. 79, EzA § 99 BetrVG 1972 Nr. 26.
557 *BAG* 9. 12. 08 – 1 ABR 79/07, juris.
558 *BAG* 10. 3. 09 – 1 ABR 93/07, juris; *Fitting,* Rn. 260b.
559 *BVerwG* 15. 12. 16 – 5 P 9/15, Rn. 17 juris, zur Parallelregelung in § 69 Abs. 2 S. 5 BPersVG.
560 GK-*Raab,* Rn. 156.

Im Einvernehmen der Betriebsparteien kann die **Wochenfrist** aber **verlängert** werden.[561] Sie ist dem AG (vgl. § 1 Rn. 26 ff.) oder einem von diesem ausdrücklich benannten Vertreter auszuhändigen.[562] Mitarbeiter der Personalabteilung gelten ohne sonstige Festlegungen im Zweifel als empfangsberechtigt. Der BR sollte sich den Eingang in jedem Fall schriftlich bestätigen lassen. Im **Gemeinschaftsbetrieb** besteht das Zustimmungsverweigerungsrecht des BR bei Eingruppierung ausschließlich gegenüber dem Vertragsarbeitgeber des betroffenen AN.[563]

183 Die Betriebsparteien können nicht wirksam vereinbaren, dass die Zustimmung des BR als verweigert gilt, wenn zwischen ihnen bis zum Ablauf der Äußerungsfrist des Abs. 3 S. 1 oder einer vereinbarten längeren Stellungnahmefrist kein Einvernehmen über eine vom Arbeitgeber beantragte personelle Einzelmaßnahme erzielt wird. Für den damit verbundenen Eingriff in das Zustimmungsersetzungsverfahren des Abs. 4 fehlt ihnen die Regelungskompetenz (vgl. a. Rn. 32).[564]

184 Die Verweigerung der Zustimmung muss unter **Angabe von Gründen** erfolgen. Bezieht sich die Zustimmungsverweigerung des Betriebsrats auf mehrere personelle Einzelmaßnahmen, muss er seine Verweigerung in Bezug auf jede einzelne Maßnahme begründen.[565] Das schließt nicht aus, dass der BR eine einheitliche Formulierung wählt. Aus dieser muss jedoch hervorgehen, dass der BR seine Beanstandung auf alle fraglichen personellen Einzelmaßnahmen beziehen will. Eine nicht ordnungsgemäß begründete Zustimmungsverweigerung ist unbeachtlich mit der Folge, dass mit Ablauf der Wochenfrist die Zustimmung des BR als erteilt gilt. Das *BAG* hält es für ausreichend, wenn die vom BR für die Verweigerung seiner Zustimmung **vorgetragene Begründung es als möglich erscheinen lässt, dass einer der Gründe des Abs. 2** (Rn. 192 ff.) **geltend gemacht wird.**[566] Nur eine Begründung, die offensichtlich auf keinen der Verweigerungsgründe Bezug nimmt, ist unbeachtlich.[567] Die Angabe von konkreten, auf den Einzelfall bezogenen Tatsachen ist für die Beachtlichkeit einer Zustimmungsverweigerung nicht in jedem Fall erforderlich, z. B. wenn sich ein BR mit seiner Wertung auf ihm und dem AG bekannte Tatsachen stützt.[568] Trotzdem ist es dem BR dringend zu empfehlen, eine Zustimmungsverweigerung **so substantiiert wie möglich** unter Nennung bzw. Bezugnahme aller ihm bekannten Fakten und deren Würdigung zu formulieren, um zu vermeiden, dass ihm späteres (konkretisierendes) Vorbringen als »unzulässiges Nachschieben« (Rn. 187) vorgehalten wird. Unzureichend ist in jedem Fall die bloße Wiederholung des bloßen Gesetzestextes ohne weitergehende Substantiierung des zugrunde liegenden Sachverhalts.

185 Es kommt **nicht** darauf an, ob die Zustimmungsverweigerung begründet oder auch nur **schlüssig** ist.[569] Insbes. kommt es nicht auf die Meinung des AG zu der vom BR vorgetragenen Begründung an. Über sie ist im Verfahren über die Ersetzung der Zustimmung gemäß Abs. 4 (Rn. 239) zu entscheiden.[570] Es ist unerheblich, wenn statt der Worte »Verweigerung der Zustimmung« von »Widerspruch« oder »widersprechen« die Rede ist.[571] Angesichts dieser **geringen formalen Anforderungen** an die Begründung einer Zustimmungsverweigerung wird ein AG normalerweise nicht von deren Unbeachtlichkeit ausgehen können. Er darf dann die personelle Maßnahme nicht durchführen (es sei denn, als vorläufige unter den Voraussetzungen des § 100; vgl. § 100 Rn. 2 ff.), sondern muss, beharrt er auf ihr, zunächst die Zustimmung gemäß Abs. 4 ersetzen lassen.

186 Zwar wird grundsätzlich die **Unbeachtlichkeit** einer Zustimmungsverweigerung **wegen Rechtsmissbrauchs** für möglich gehalten.[572] Mit diesem Argument darf das gesetzliche Modell

561 *BAG* 16.11.04 – 1 ABR 48/03, juris, AP BetrVG 1972 § 99 Einstellung Nr. 44.
562 HWGNRH-*Huke*, Rn. 136.
563 *BAG* 23.9.03 – 1 ABR 35/02, NZA 04, 800 ff.
564 *BAG* 13.3.13 – 7 ABR 39/11, juris.
565 *BAG* 13.5.14 – 1 ABR 9/12, juris.
566 *BAG* 20.11.90 – 1 ABR 87/89, DB 91, 1474.
567 *BAG* 26.1.88, EzA § 99 BetrVG 1972 Nr. 58 mit zustimmender Anm. *Weber*.
568 *BAG*, a. a. O.
569 HWGNRH-*Huke*, Rn. 139.
570 Vgl. GK-*Raab*, Rn. 154; *Matthes*, DB 89, 1285.
571 *BAG* 21.11.78, EzA § 101 BetrVG 1972 Nr. 3.
572 *BAG* 16.7.85, DB 86, 124; 1.2.89, NZA 89, 814.

der Prozesslast beim AG nicht verschoben werden. Insbes. die Behauptung, der BR verweigere die Zustimmung aus einem in anderen Verfahren rechtskräftig abgelehnten Grund, bedarf zurückhaltendster Würdigung. Es reicht die Möglichkeit, dass nur ein Fall (also der vorliegende) anders entschieden werden kann.[573] In einem solchen Fall verweist das *BAG*[574] den AG auf ein separates Beschlussverfahren zur Klärung der Grenzen der Mitbestimmung. Keinesfalls ist die Verweigerung der Zustimmung in mehreren Fällen allein wegen der Notwendigkeit einer Vielzahl von Gerichtsverfahren ein Missbrauchsfall.[575]

Der BR muss dem AG alle Gründe, aus denen er die Zustimmung verweigern will, während der Wochenfrist mitteilen. Das *BAG* lässt ein **Nachschieben** neuer Gründe im arbeitsgerichtlichen Verfahren nicht zu.[576] Diese Entscheidung ist überwiegend auf Widerstand gestoßen.[577] Das gilt umso mehr, als der AG nach der Rspr. des *BAG* berechtigt sein soll, noch im Zustimmungsverweigerungsverfahren eine bislang unvollständige Unterrichtung zu vervollständigen (vgl. Rn. 135).[578] Man wird ihr nur mit Blick auf die konkret entschiedene Fallgestaltung der Zustimmungsverweigerung gegen eine **Einstellung** folgen können: Denn es ist verständlich, dass ein AG darauf vertrauen möchte, dass der Streitstand, angesichts dessen er es für vertretbar hält, den Bewerber »bei der Stange zu halten«, sich im Prozess nicht mehr ändert (die Interessen des Bewerbers bleiben im Verhältnis zum BR außer Betracht). Sofern aber hinsichtlich Versetzung, Eingruppierung und Umgruppierung nur **Betriebsangehörige** beteiligt sind, spricht nichts dagegen, neue Gründe in ein mögliches Gerichtsverfahren einzuführen. Kein Fall unzulässigen Nachschiebens liegt vor, wenn der BR Gründe einführt, die ihm **erst später (nach Ablauf der Wochenfrist) bekannt** werden. Bezüglich solcher Gründe dürfte normalerweise schon die Frist des Abs. 3 nicht zu laufen begonnen haben (vgl. Rn. 174). 187

Unbegrenzt können solche Tatsachen eingebracht werden, die dem AG **bereits mitgeteilte Gründe nur erläutern, konkretisieren oder ergänzen.**[579] BR müssen aus der *BAG*-Rspr. aber jedenfalls den Schluss ziehen, die Frist von einer Woche gründlich zu nutzen und lieber einen Grund mehr zu nennen als zu wenig. 188

Die **Unwirksamkeit einer Rechtsvorschrift,** auf der die beabsichtigte personelle Maßnahme beruht, kann der BR auch noch nach Ablauf der Wochenfrist geltend machen.[580] 189

Falls dem BR die Information des AG, mit welcher dieser den Lauf der Wochenfrist auslöst, unvollständig erscheint, kann er eine **Ergänzung der Erstinformation** verlangen. Er muss dies sogar tun, sonst kann er sich später nicht auf eine nicht ordnungsgemäße Information berufen[581] (vgl. Rn. 131). In einem solchen Fall kann der BR es zunächst bei einer **vorläufigen Stellungnahme** bewenden lassen. Die Wochenfrist nach Abs. 3 läuft dann erneut mit der abschließenden Information des AG.[582] Belässt es der BR allerdings bei der bloßen Rückfrage ohne Widerspruch während der ersten Wochenfrist, trägt er das Risiko, dass der AG in einem Gerichtsverfahren mit der Behauptung durchdringt, dass die Erstinformation vollständig gewesen sei. Dann gälte die Zustimmung gemäß Abs. 3 Satz 2 als erteilt.[583] Deshalb muss der BR in einem solchen Fall stets eine **vollständige Zustimmungsverweigerung** auf Grund der zunächst bekannten Tatsachen formulieren, diese als vorläufig bezeichnen und mit **konkreten Nachfragen** verbinden. Soweit der AG auf eine solche Nachfrage hin **neue Informationen** gibt, beginnt die **Wochenfrist erneut** zu laufen.[584] 190

---

573 *BAG* 1.2.89, NZA 89, 814; unzutreffend deshalb *LAG München* 13.9.88 LAGE § 99 BetrVG 1972 Nr. 25.
574 *BAG* 16.7.85, DB 86, 124.
575 Unzutreffend *LAG Köln* 28.6.89, LAGE § 99 BetrVG 1972 Nr. 26.
576 *BAG* 23.1.19 – 4 ABR 56/17, juris; ebenso HWGNRH-*Huke*, Rn. 148.
577 Vgl. *Fitting*, Rn. 291.
578 *BAG* 29.6.11 – 7 ABR 24/10, juris.
579 *Dütz*, Anm. zu EzA § 99 BetrVG 1972 Nr. 37.
580 *BAG* 6.8.02 – 1 ABR 49/01, BB 03, 316.
581 *BAG* 14.3.89, DB 89, 1523.
582 *BAG* 14.3.89, a.a.O.; vgl. hierzu *Matthes*, DB 89, 1285 f.
583 Vgl. *Schüren*, Anm. zu EzA § 99 BetrVG 1972 Nr. 71.
584 *BAG* 14.3.89, a.a.O.; *Matthes*, a.a.O.

191 Die Entscheidung über die geplante personelle Maßnahme steht **nach der verweigerten Zustimmung des BR** jederzeit zur **Disposition:** Der AG kann in Beratungen mit dem BR von ihr Abstand nehmen. Der BR kann (durch entsprechenden Beschluss) von seiner Verweigerung abrücken und in jedem Stadium seine Zustimmung erteilen.[585] Beide Seiten können übereinkommen, sich einer ESt. gemäß § 76 Abs. 6 zu bedienen. Soweit im Fall von **Tendenzträgern** dem BR kein Recht zur Zustimmungsverweigerung eingeräumt wird und die Gründe des Abs. 2 lediglich als »Bedenken« zu bewerten sind (vgl. Rn. 28), hat der AG hierüber mit dem BR nach dem Grundsatz der vertrauensvollen Zusammenarbeit zu beraten.

5. Verweigerungsgründe gemäß Abs. 2

192 Der BR hat gegenüber geplanten personellen Einzelmaßnahmen ein an substantiierten Vortrag der Gründe des Abs. 2 **gebundenes Vetorecht**[586] (vgl. Rn. 1). Nur diese Gründe lösen den Verfahrensmechanismus der §§ 99–101 aus. Das schließt jedoch die Möglichkeit einer Beratung über die **Zweckmäßigkeit** der beabsichtigten Maßnahme nicht aus – im Gegenteil: Der BR hat hierzu sogar die Aufgabe gemäß § 80 Abs. 1 Nr. 2, und der AG muss mit ihm hierüber gemäß § 74 Abs. 1 Satz 2 (vgl. § 74 Rn. 12, 13) verhandeln. Falls es über solche Aspekte einer geplanten Maßnahme zu keiner Einigung kommt, haben sie bei der Begründung einer Zustimmungsverweigerung illustrierenden Charakter. Mitbestimmungsrechtlich erheblich sind dagegen nur die in Abs. 2 abschließend genannten Gründe.[587]

a) Verstoß gegen Rechtsvorschriften (Abs. 2 Nr. 1)

193 Gemäß **Abs. 2 Nr. 1** kann der BR die Zustimmung verweigern, wenn die personelle Maßnahme gegen ein **Gesetz,** eine **VO,** eine **UVV** oder gegen eine Bestimmung in einem **TV** oder in einer **BV** oder gegen eine **gerichtliche Entscheidung** oder eine behördliche Anordnung verstoßen würde (DKWF-*Bachner/Wenckebach,* § 99 Rn. 16, 17, 18, 19). Hierzu hat es eine grundsätzliche Diskussion gegeben, ob diese Vorschrift ein Instrument des **»BR als Hüter des zwingenden Rechts«**[588] sei. Das *BAG* hat dies in ständ. Rspr. nur im Hinblick auf die jeweilige **Maßnahme als solche, und nicht hinsichtlich separat zu betrachtender Vertragsbestandteile** anerkannt.[589] Das heißt, dass die Zustimmungsverweigerung nur dann berechtigt ist, wenn die Maßnahme selbst einen Gesetzesverstoß etc. darstellt. Dabei haben sich **zwei Typen von Verweigerungsgründen** i. S. d. Abs. 2 Nr. 1 herauskristallisiert: der Verstoß gegen »Beschäftigungsnormen« (Rn. 194) und der gegen »Einstellungsnormen« (Rn. 196).[590] Es ist jeweils auf den **Regelungszweck der Norm** abzustellen.

194 Der BR kann seine Zustimmung verweigern, wenn die vorgesehene **Beschäftigung** gegen eine Rechtsvorschrift verstößt (vgl. Rn. 175). Die klassischen, durchweg unbestrittenen Fallkonstellationen betreffen aufsichtsrechtlich sanktionierte **Beschäftigungsverbote** im engeren Sinne (Rn. 197) oder **Einstellungsgebote** (Rn. 199). Abs. 2 Nr. 1 bezieht sich jedoch nicht nur auf gesetzliche Verbote im technischen Sinn (sog. Verbotsgesetze). Mit der Entscheidung über die Zustimmungsverweigerung wegen Verstoßes gegen § 3 Abs. 1 Nr. 6 AÜG a. F.[591] hat das *BAG* auch eine solche Norm akzeptiert, an die keine arbeitsrechtliche Unwirksamkeit geknüpft ist, sondern die nur mittelbar gewerberechtlich sanktioniert wird. Als entscheidend wird deshalb dargestellt, dass das Gesetz ausweislich seines Wortlauts, der Entstehungsgeschichte und gemäß Sinn und Zweck eine bestimmte AG-Verhaltensweise wegen ihrer nachteiligen arbeitsmarkt- und sozialpolitischen Wirkungen ausschließen will. Entscheidend ist, dass die Vorschrift **eine**

585 H. M.; GK-*Raab,* Rn. 215.; *v. Hoyningen-Huene,* NZA 93, 149.
586 HWGNRH-*Huke,* Rn. 137.
587 Vgl. *LAG Hamm* 24.5.06, 10 TaBV 182/05, juris.
588 So die gleichnamige Schrift von *Plander* [1982].
589 *Zuletzt BAG 12.11.02 – 1 ABR 1/02,* NZA 03, 513; hierzu kritisch Richardi-*Thüsing,* Rn. 211.
590 Vgl. *BAG* 9.7.96 – 1 ABR 55/95, DB 96, 2551; 28.1.92 – 1 ABR 45/91, AuR 92, 251 mit Anm. *Klevemann.*
591 *BAG* 28.9.88, EzA § 99 BetrVG 1972 Nr. 68.

bestimmte Art der Beschäftigung unterbinden will.[592] Diese Überlegung des *BAG* schließt ersichtlich auch solche Rechtsnormen ein, die als zwingendes AN-Schutzrecht ihre Sanktion z. B. lediglich darin finden, dass AN sich auf die Unwirksamkeit bestimmter Verpflichtungen berufen können. Das führt zur Präzisierung der Frage, welche Bedeutung der **Arbeitsvertrag** hat: Das *BAG* schließt die Berufung auf den Vertragsverstoß als solchen aus, hebt vielmehr auf die mit dem Vertrag indizierte Absicht des AG ab, den AN in einer bestimmten, vom Gesetzgeber missbilligten Art und Weise zu beschäftigen.[593] Die Grenzziehung zwischen in dieser Hinsicht relevanten und irrelevanten Gesetzesverstößen ergibt sich auch aus der Rspr. des *BAG* zur Informationsverpflichtung des AG gegenüber dem BR über Inhalte des Arbeitsvertrags: Für diese seien Vertragsbedingungen insoweit von Bedeutung, als sie den vorgesehenen Einsatz des AN, seine Tätigkeit im Betrieb betreffen, nicht dagegen allein deshalb, weil sie möglicherweise ungewöhnlich oder unzulässig seien.[594] Diese **auf den Arbeitseinsatz bezogenen Vertragsinhalte** wurden bislang zwar in erster Linie hinsichtlich der Möglichkeit nachteilsorientierter Gründe i. S. d. Abs. 2 Nr. 3 und 4 gesehen[595] (hierzu Rn. 216, 226). Jedoch liegt zwingend auch ein Grund nach Nr. 1 vor, wenn der Arbeitsvertrag eine vom Gesetzgeber missbilligte Art des Arbeitseinsatzes, z. B. unzulässige Klauseln hinsichtlich Arbeit auf Abruf, Jobsharing oder Sonn- und Feiertagsarbeit, und damit die Beschäftigung als solche enthält.

Die Rspr. des *BAG*, nach der die Vereinbarung untertariflicher Arbeitsbedingungen für § 99 ohne Bedeutung ist, (vgl. Rn. 197 unter TVG) zwingt zu einer Vertiefung der Frage nach der Qualität der **für § 99 relevanten Gesetzesverstöße.** Das *BAG* sieht das Verlangen des AG deshalb als nicht ausreichend an, weil ein daraufhin erklärter Verzicht von AN auf ihre tariflichen Rechte rechtlich unwirksam sei.[596] Dieses Argument konsequent verfolgt, ließe jedoch Abs. 2 Nr. 1 praktisch funktionslos werden, denn es ist ja die Eigenart von Gesetzesverstößen, dass sie zu einem rechtswidrigen Zustand führen, auf den sich der AG von Rechts wegen nicht berufen darf. Z. B. darf der AG keine AN unter Verstoß gegen Arbeitsschutzvorschriften einsetzen und dieser hat das Recht, die Arbeit ohne Verlust seines Vergütungsanspruchs zu verweigern, so lange der vorschriftswidrige Zustand andauert.[597] Die Eigenart dieser wie der der *BAG*-Entscheidung zugrunde liegenden Situation ist es, dass individuelle AN gezwungen sind, den Gesetzesverstoß des AG – sei es vor Gericht, sei es durch Ausübung des Zurückbehaltungsrechts – geltend zu machen. Es ist jedoch hinreichend bekannt, vor welchen Durchsetzungsproblemen einzelne AN im laufenden Arbeitsverhältnis (ganz besonders in der Probezeit) stehen.[598] Davor soll ihn aber § 99 Abs. 2 Nr. 1 gerade verschonen. Hierunter müssen deshalb alle Rechtsverstöße fallen, auf Grund deren AN *faktisch* die Arbeit unter vorschriftswidrigen Bedingungen aufnehmen müssen. 195

Ein Grund zur Verweigerung der Zustimmung liegt auch vor, wenn die **Einstellung unter Verletzung einer für die Entscheidung des AG geltenden Norm** vollzogen wird.[599] Hierbei reicht es aus, dass die Maßnahme unter Verstoß gegen eine vom Gesetzgeber erwünschte Verhaltensweise erfolgt. 196

Einzelfälle des Verstoßes gegen ein Gesetz (Mitbestimmung bejaht, wenn nichts anderes gesagt wird): 197

- **AGG:**
  – Erfolgt die personelle Einzelmaßnahme unter Verstoß gegen ein Diskriminierungsverbot des AGG, so ist der BR berechtigt, die Zustimmung zu verweigern. Dies gilt insbesondere für die Einstellung.[600]

---

592 *BAG* 28. 6. 94 – 1 ABR 59/93, EzA § 99 BetrVG 1972 Nr. 120 = AiB 95, 122 mit Anm. *Plander*.

593 Weiter gehend *LAG Baden-Württemberg* 9. 8. 85, BB 85, 2321: grundlegende materielle Arbeitsbedingungen, soweit diese u. a. in **Formulararbeitsverträgen** vorgegeben werden.

594 *BAG* 18. 10. 88, EzA § 99 BetrVG 1972 Nr. 69.

595 Vgl. *v. Hoyningen-Huene,* Anm. zu EzA § 99 BetrVG 1972 Nr. 69.

596 *BAG* 28. 3. 00 – 1 ABR 16/99, BB 00, 2311.

597 Vgl. *Kittner/Pieper,* § 9 ArbSchG Rn. 20.

598 Vgl. Kittner/Zwanziger-*Zwanziger,* § 159 Rn. 8.

599 *BAG* 14. 11. 89, DB 89, 636.

600 Zahlreiche Beispiele hierfür bei Däubler/Bertzbach-*Däubler,* § 7 Rn. 48 ff; *Dickerhof-Borello/Nollert-Borasio/Wenckebach,* AGG § 2, § 7 Rn. 11 ff; vgl. a. Richardi-*Thüsing,* Rn. 217.

- Bewirbt sich eine schwangere AN um eine Stelle und besetzt der AG, dem die Schwangerschaft bekannt ist, diese Stelle mit einem männlichen Mitbewerber, so hat die AN eine geschlechtsspezifische Benachteiligung dann glaubhaft gemacht, wenn sie außer der Schwangerschaft weitere Tatsachen vorträgt, welche eine Benachteiligung wegen ihres Geschlechts vermuten lassen. An diesen weiteren Tatsachenvortrag sind keine strengen Anforderungen zu stellen.[601]
- Ein deutliches Indiz für eine diskriminierende Einstellungsentscheidung ist auch der Umstand, dass schon die Stellenausschreibung diskriminierenden Charakter hatte, so z. B. dann, wenn in der Stellenausschreibung zum Ausdruck kommt, dass die Stelle mit AN ab eines bestimmten Alters nicht mehr besetzt werden soll.[602]
- Ebenfalls diskriminierenden Charakter haben können Versetzungs-, Eingruppierungs- wie auch Umgruppierungsentscheidungen.[603] Dabei ist zu beachten, dass die Tarifvertragsparteien aufgrund von Art. 9 Abs. 3 GG zwar erhebliche Spielräume haben, jedoch an den Grundsatz der Gleichbehandlung und die Diskriminierungsverbote in § 7 AGG und § 4 TzBfG[604] gebunden sind.[605]
- Vorstehendes gilt entsprechend für die Einstellung von Leih-AN. So kann der BR z. B. der Einstellung von Leih-AN die Zustimmung verweigern, wenn der AG in der Ausschreibung des Auftrags diskriminierende Kriterien zugrunde gelegt hat (»Höchstalter: 30 Jahre«).

• **AÜG:** Der BR des Entleiherbetriebes kann die Zustimmung zu der Beschäftigung des Leih-AN in folgenden Fällen verweigern:
- bei Fehlen einer Überlassungserlaubnis des Verleihers (§ 1 Abs. 1 S. 1 AÜG);
- bei Zustandekommen eines Arbeitsverhältnisses zwischen Leih-AN und Entleiher kraft gesetzlicher Fiktion (s. Rn. 51a)
- bei Verstoß gegen die spezifischen, gesetzlich vorgesehenen Informationspflichten gegenüber dem BR des Entleiherbetriebes, wenn also die Dauer der Überlassung, der Arbeits- bzw. Einsatzort, die für den Leih-AN vorgesehenen Aufgaben und die Person des Leih-AN nicht mitgeteilt werden (vgl. § 80 Abs. 2 und § 1 Abs. 1b AÜG);
- wenn der Entleiher dem BR die **schriftliche Erklärung des Verleihers** nach § 12 Abs. 1 Satz 2 AÜG, in der dieser mitteilt, ob er die Erlaubnis zur AN-Überlassung besitzt, nicht bei der Unterrichtung über die Einstellung vorlegt (vgl. § 14 Abs. 3 Satz 2 AÜG);
- bei Überlassung von AN, die nicht in einem Arbeitsverhältnis zum Verleiher stehen (§ 1 Abs. 1 Satz 3 AÜG). Damit soll ein Ketten-, Zwischen- oder Weiterverleih von Leih-AN unterbunden werden. Der Nachweis für das Bestehen eines Arbeitsverhältnisses gegenüber dem BR des Entleiherbetriebes erfolgt durch Vorlage des Arbeitsvertrages der Leih-AN.
- bei **Überschreitung der Überlassungshöchstdauer** von 18 Monaten nach § 1 Abs. 1 Satz 4 i. V. mit Abs. 1b AÜG. Das Merkmal »vorübergehend« ist dabei personen- und nicht arbeitsplatzbezogen. Dies folgt aus § 1 Abs. 1b AÜG. Danach dürfen »dieselben« Leih-AN nicht länger als 18 aufeinanderfolgende Monate demselben Entleiher überlassen werden und der Entleiher darf dieselben Leih-AN nicht länger als 18 aufeinander folgende Monate tätig werden lassen. Dadurch wird es indes in einer nicht mit dem Missbrauchsverbot zu vereinbarenden Weise möglich, dauerhaft Stammarbeitsplätze mit (wechselnden) Leih-AN zu besetzen. Wie das mit eigentlichen Zielen des AÜG zu vereinbaren sein soll, hat der Gesetzgeber auch in den Gesetzesmaterialien nicht aufgeklärt. Der Zeitraum vorheriger Überlassungen durch denselben oder einen anderen Verleiher an denselben Entleiher ist vollständig anzurechnen, wenn zwischen den Einsätzen jeweils nicht mehr als drei Monate liegen. In TV und BV können hiervon unter den in

601 *BAG* 24.4.08 – 8 AZR 257/07, juris.
602 Vgl. *Dickerhof-Borello/Nollert-Borasio/Wenckebach,* AGG § 17 Rn. 5.
603 Vgl. Däubler/Bertzbach-*Deinert,* § 15 Rn. 23; *Dickerhof-Borello/Nollert-Borasio/Wenckebach,* AGG § 7 Rn. 22 ff.
604 Dazu *BAG* 29.1.2020 – 4 ABR 26/19 –, juris.
605 Im Einzelnen *Dickerhof-Borello/Nollert-Borasio/Wenckebach,* AGG § 7 Rn. 34.

§ 1 Abs. 1b AÜG genannten Voraussetzungen getroffen werden. Ebenfalls (vollständig) privilegiert hat der Gesetzgeber die Kirchen und öffentlich-rechtliche Religionsgesellschaften. Nach § 1 Abs. 1b AÜG dürfen diese Institutionen abweichende Überlassungshöchstdauern in ihren Regelungen vorsehen.

- bei Beschäftigung von **Leih-AN als Streikbrecher** (§ 11 Abs. 5 AÜG)
- bei **AN-Überlassung zwischen Konzernunternehmen** ohne Rechtfertigung nach § 1 Abs. 3 Nr. 2 AÜG
- bei Einstellung eines Leih-AN, ohne dass der Entleiher zuvor nach § 164 Abs. 1 Satz 1 SGB IX die Beschäftigungsmöglichkeiten für schwerbehinderte Menschen geprüft hat[606]
- bei »**institutionellem Rechtsmissbrauchs**« begründen, wenn der AG grundsätzlich nur noch und nahezu ausschließlich Leih-AN einstellt, um eine Senkung der Personalkosten zu erreichen, weil dieses unternehmerische Ziel nicht mit dem Schutzzweck der europäischen Leiharbeits-Richtlinie – also der Angleichung der Arbeitsverhältnisse der Leih-AN an die von Stamm-AN sowie die Überführung von Leih-Arbeitsverhältnissen in Stammarbeitsverhältnisse – zu vereinbaren ist.[607]
- Kein Zustimmungsverweigerungsrecht besteht demgegenüber in den folgenden Fällen:
- bei einer wegen Verstoßes gegen das Lohngleichheitsgebot gem. § 8 AÜG (**equal pay**) unwirksamen Vereinbarung des Verleihers mit dem Leih-AN.[608] § 99 verleiht dem BR nach der Rspr. des BAG keine allgemeine Befugnis zur Vertragskontrolle (vgl. aber Rn. 194 ff.). Der AG ist deshalb nach dieser Rspr. nicht verpflichtet, dem BR des Entleihers bei der Einstellung eines Leih-AN die Höhe des Entgelts der bei ihm als Stamm- und als Leiharbeitnehmer beschäftigten Mitarbeiter mitzuteilen[609].
- wenn das Konzernprivileg greift und damit wesentliche Regelungen des AÜG nicht anwendbar sind.
- wenn der AG seinen aus §§ 13, b AÜG resultierenden Verpflichtungen gegenüber dem Leih-AN nicht nachkommt.

• **ArbSchG:** Beschäftigung von AN ohne ausreichende Qualifizierung bzw. Unterweisung gemäß §§ 7, 8, 9, 10 Abs. 2.[610]
• **ASiG:** Berufung von Betriebsärzten und Fachkräften für Arbeitssicherheit nur mit Zustimmung des BR (§ 9 Abs. 3).
• **BDSG:** Bestellung eines Datenschutzbeauftragten (s. Rn. 198).
• **Bergmannsversorgungsscheingesetze:** Beschäftigung statt vorrangig Berechtigter mit einem Bergmannsversorgungsschein.
• **BetrVG:**

- Maßnahmen unter Verstoß gegen die Diskriminierungsverbote des § 75 (h. M.); das gilt auch im Fall der Einstellung gegenüber Bewerbern, die noch nicht AN sind.
- Ein Verstoß gegen § 99, insbes. die Informationsverpflichtung des AG, ist kein Grund zur Zustimmungsverweigerung; die Sanktion erfolgt ausschließlich im Verfahren gemäß §§ 99–101, insb. dadurch dass die Wochenfrist nicht zu laufen beginnt[611] (vgl. Rn. 131).
- Gegenüber BR-Mitgliedern (vgl. a. Rn. 128) verstößt eine Versetzung gegen §§ 78, 37 oder 38, wenn das BR-Mitglied dadurch in der Ausübung seiner BR-Tätigkeit unzulässig behindert oder benachteiligt würde, z. B. durch Zuweisung einer geringerwertigen Tätigkeit.[612]
- Eine vom AG vorgenommene Auswahlentscheidung zwischen zwei geeigneten Bewerbern, von denen einer freigestelltes BR-Mitglied ist, verstößt gegen das Benachteiligungsverbot des § 78 Satz 2, wenn der AG bei dieser die Freistellung des Betriebsratsmitglieds maßgeblich in ihre Auswahlerwägungen eingestellt hat. Dieser Gesetzesver-

606 Vgl. *BAG* 23. 6. 10 – 7 ABR 3/09, juris; *Hess. LAG* 24. 4. 07 – 4 Ta BV 24/07.
607 *LAG Niedersachsen* 19. 9. 12 – 17 TaBV 124/11, juris; *ArbG Cottbus* 6. 2. 14 – 3 BV 96/13.
608 *BAG* DB 2005, 1693, 1695 für nicht gewerbsmäßige AN-Überlassung; a. A. *Däubler*, KJ 03, 17 [19].
609 *BAG* 1. 6. 11 – 7 ABR 117/09, juris; *LAG Rheinland-Pfalz* 24. 1. 18 – 4 TaBV 9/17, juris.
610 *Kittner/Pieper*, BetrVG Rn. 42; vgl. *BAG* 22. 3. 94, NZA 94, 1049.
611 Ständige Rspr. seit *BAG* 28. 1. 86, DB 86, 1077.
612 *LAG Frankfurt* 14. 8. 86, BB 86, 2199; *Boemke-Albrecht*, BB 91, 541, 542; vgl. auch *Oetker*, RdA 90, 343, 353.

stoß berechtigt den BR zur Zustimmungsverweigerung im Hinblick auf die Versetzung des ausgewählten Bewerbers.[613]
- Unter Nr. 1 fallen auch Maßnahmen, die gegen § 87 verstoßen.[614] Legt der AG bei der Eingruppierung von neu einzustellenden AN ein Vergütungssystem zugrunde, bei dessen Festlegung der BR nicht nach § 87 Abs. 1 Nr. 10 BetrVG beteiligt wurde, so liegt ein zur Zustimmungsverweigerung berechtigender Gesetzesverstoß vor.[615]
- Da auch die vom AG beabsichtigte Aufhebung eines Vergütungsgruppenschemas als eine Änderung der bestehenden Eingruppierungsordnung zu bewerten ist, muss der AG solange nach der bestehenden Vergütungsordnung eingruppieren, wie eine mitbestimmungskonforme Beendigung dieser Vergütungsordnung nach § 87 Abs. 1 Nr. 10 nicht erfolgt ist (zu weiteren Fallgruppen vgl. 67).[616] Das gilt auch dann, wenn sich der AG entschließt, die bisher aufgrund eines Tarifvertrags im Betrieb geltenden Entlohnungsgrundsätze nach dem Wegfall seiner Tarifbindung nicht mehr anzuwenden.[617]
- Denkbar sind auch Verstöße gegen §§ 111, 112. In dem Umfang, in dem der AG gehindert ist, vor Ausschöpfung der Verhandlungen über einen Interessenausgleich die Betriebsänderung durchzuführen (vgl. §§ 112, 112a Rn. 23), kann der BR gemäß Nr. 1 personellen Maßnahmen, insbes. Versetzungen, die Zustimmung verweigern[618].

- **EntgTranspG:** Im Anwendungsbereich des EntgTranspG verbietet dessen §§ 3 Abs. 1 EntgTranspG-E bei gleicher oder gleichwertiger Arbeit eine unmittelbare oder mittelbare Benachteiligung wegen des Geschlechts im Hinblick auf sämtliche Entgeltbestandteile und Entgeltbedingungen. Gegenstand der Entgelt*bedingungen* ist auch das jeweils zugrunde liegende Entgeltsystem, wie sich aus § 4 Abs. 4 EntgTranspG ergibt; danach müssen die im Betrieb angewandten Entgeltsysteme diskriminierungsfrei ausgestaltet sein.[619] Nach der Begründung zu § 5 Abs. 1 EntgTranspG »fallen unter den Entgeltbegriff auch Regelungen, die lediglich mittelbar Vergütungsauswirkung haben, wie z. B. Eingruppierungsregelungen in einem TV oder außertarifliche Vergütungssysteme«. Darüber hinaus setzt eine benachteiligungsfreie Behandlung von Männern und Frauen bei der Entgeltfindung auch voraus, dass die bestehenden Entgeltsysteme selbst diskriminierungsfrei angewandt werden. Ausdrücklich heißt es in der Begründung zu § 3 Abs. 1 des Gesetzes, dass das Benachteiligungsverbot für »alle Formen von Entgelt*festlegungen*« gilt. Hieraus folgt zugleich, dass der BR auch in der Lage sein muss zu prüfen, ob die Beschäftigten bei gleicher / gleichwertiger Tätigkeit in die gleichen Tarifgruppen bzw. betrieblichen Entgeltgruppen eingestuft sind. Dies folgt auch aus § 13 EntgTranspG. Nach dessen Abs. 1 Satz 3 fördert der BR die Durchsetzung der Entgeltgleichheit von Männern und Frauen im Betrieb; darüber hinaus bleiben sonstige betriebsverfassungsrechtliche Verfahren nach Abs. 1 Satz 3 unberührt.[620] Nach der Gesetzesbegründung zu § 13 dient diese Regelung der Klarstellung, dass der BR auch die im BetrVG geregelten zusätzlichen Instrumente nutzen kann, um die Entgeltgleichheit von Männern und Frauen im Betrieb zu fördern. Die gilt z. B. dann, wenn der AG eine Frau niedriger eingruppieren möchte als Männer, die eine gleichwertige Tätigkeit[621] ausüben, und der BR deshalb die Zustimmung nach § 99 BetrVG verweigern will.
- **BSeuchG:** Beschäftigung trotz Verbots in §§ 42, 43.[622]

---

613 *LAG Hamburg* 19.9.12 – H 6 TaBV 2/12, juris.
614 *LAG Frankfurt* 19.4.88, LAGE § 99 BetrVG 1972 Nr. 17.
615 *LAG Schleswig-Holstein* 17.1.07 – 6 TaBV 18/05, juris; *LAG Hamm* 24.5.06 – 10 TaBV 215/05, DBR 2007, 40; *LAG Berlin-Brandenburg* 17.10.07 – 21 TaBV 1083/07, juris; s. a. *BAG* 2.3.04 – 1 AZR 271/03, BAGE 109, 369.
616 *BAG* 2.3.04 – 1 AZR 271/03, BAGE 109, 369; 21.3.18 – 7 ABR 38/16, juris; *LAG Schleswig-Holstein* 18.5.06 – 4 TaBV 49/05, juris.
617 *BAG* 14.4.10 – 7 ABR 91/08, juris; *LAG Niedersachsen* 22.3.17 – 1 TaBV 76/16, juris.
618 A. A. *LAG Rheinland-Pfalz* 24.1.18 – 4 TaBV 9/17, juris.
619 *Oerder/Wenckebach*, EntgTranspG, § 4 Rn. 13ff.
620 *Oerder/Wenckebach*, EntgTranspG, § 13 Rn. 1.
621 Zum Begriff *Oerder/Wenckebach*, EntgTranspG, § 4 Rn. 4ff.
622 HWGNRH-*Huke* Rn. 151 zu §§ 42f. InfektionsschutzG.

- **GefStoffV:** Beschäftigungsbeschränkungen gemäß §§ 26, 33.[623]
- **GG:**
  - Verstoß gegen Gleichbehandlungsgrundsatz (Art. 3) ist im Arbeitsleben durch § 75 BetrVG (s.o.) und § 611a BGB (s.o.) abgedeckt. Das *BAG* ordnet Verstöße gegen den Gleichbehandlungsgrundsatz Nr. 4 zu,[624] jedoch ist Nr. 1 die speziellere Norm zu Nr. 3 und 4 (vgl. Rn. 210).
  - Unzulässige Diskriminierung wegen Gewerkschaftszugehörigkeit oder -aktivität als Verstoß gegen Art. 9 Abs. 3 Satz 2[625] (zum Verzicht auf tarifliche Leistungen s. u. bei TVG).
  - Bei einem Unterangebot von Arbeitsplätzen, insbes. bei einem Monopol-UN, könnte Art. 12 einen Anspruch auf sachgerechte Handhabung des Einstellungsermessens erzwingen.[626]
- **JArbSchG:** Beschäftigungsverbote gemäß §§ 22 ff.[627]
- **MuSchG:** Beschäftigungsverbote gemäß §§ 3, 4, 6, 8[628] berechtigen den BR zur Zustimmungsverweigerung im Falle einer Versetzung oder einer Einstellung. An die Berechtigung der Zustimmungsverweigerung sind vor dem Hintergrund des Schutzzweckes des AGG hohe Anforderungen zu stellen, weil andernfalls der BR über den Hebel des Zustimmungsverweigerungsrechts eine Benachteiligung der Schwangeren herbeiführen könnte, die dem AG nach § 7 Abs. 1 AGG verboten ist.
- **KSchG:** (s. Wiedereinstellungsanspruch).
- **SGB II:**
  - Sind die Voraussetzungen für die Beschäftigung/Zuweisung eines Ein-Euro-Jobbers nach § 16d SGB II nicht erfüllt, so ist der BR zur Zustimmungsverweigerung nach § 99 Abs. 2 Nr. 1 berechtigt.
  - Die Einstellung eines sog. unechten Ein-Euro-Jobbers zum Zwecke der Verrichtung von Tätigkeiten, die weder zusätzlich noch von öffentlichem Interesse sind, führt zur Verdrängung regulärer Beschäftigungsverhältnisse und widerspricht deshalb dem Regelungszweck von § 16d SGB II.[629] Eine Liste zusätzlicher Tätigkeiten enthält die »Arbeitshilfe der BA zur Umsetzung von Arbeitsangelegenheiten«. Zusätzlich ist die Tätigkeit immer nur dann, wenn man die im Ein-Euro-Job verrichtete Tätigkeit hinweg denken kann, ohne dass die Funktionsfähigkeit des konkret betroffenen Arbeitsbereichs entfällt.
  - Nach § 99 Abs. 2 Nr. 3 kann der BR die Zustimmung verweigern, wenn die begründete Besorgnis besteht, dass im Betrieb beschäftigte AN durch billigere Ein-Euro-Jobber ersetzt werden sollen.[630] Dann wird es allerdings regelmäßig auch am Merkmal der zusätzlichen Tätigkeit fehlen.
- **SGB III:** Der Verstoß des AG gegen seine besondere Verantwortung gem. § 2 Abs. 1 kann zur Verweigerung der Zustimmung berechtigen (zur vergleichbaren Situation hinsichtlich der Schwerbehindertenbeschäftigung s. *BAG* 14.11.89, DB 90, 636). Das Gleiche gilt bei der Beschäftigung von Ausländern ohne Arbeitserlaubnis.[631] bei Versetzung von einem Betrieb zu einem anderen (Rn. 15, 106) kann der BR die Zustimmung zur Einstellung wegen fehlender Arbeitserlaubnis auch dann verweigern, wenn der BR des abgebenden Betriebs der Ersteinstellung des AN trotz Fehlens der Arbeitserlaubnis zugestimmt hat.[632]
- **SGB IX:**
  - Bei einer personellen Einzelmaßnahme gegenüber schwerbehinderten Menschen gilt zunächst der Grundsatz, dass solche Maßnahmen nur durchgeführt werden dürfen, wenn die SBV in gesetzlichem Umfang zuvor beteiligt wurde. Nach § 178 Abs. 2 SGB IX

---

623 Vgl. *Heilmann*, GefStoffV.
624 Vgl. *BAG* 1.3.95 – 1 ABR 43/94, ZTR 95, 427; 1.2.89, AP Nr. 63 zu § 99 BetrVG 1972.
625 *BAG* 28.3.00 – 1 ABR 16/99, BB 00, 2311; *Plander*, Betriebsrat, S. 22 m. w N.
626 Vgl. *Kittner*, Anm. zu EzA § 4 TVG Druckindustrie Nr. 20.
627 H. M.; HWGNRH-*Huke*, Rn. 151.
628 H. M.; HWGNRH-*Huke*, Rn. 151.
629 *Engels*, NZA 07, 8 ff.
630 *Engels*, NZA 07, 8 ff.; *Fitting*, Rn. 240.
631 H. M.; *BAG* 22.1.91 – 1 ABR 18/90, AuR 91, 219.
632 *BAG* 22.1.91 – 1 ABR 18/90, NZA 91, 569.

hat der AG die SBV in allen Angelegenheiten, die einem einzelnen schwerbehinderten Menschen berühren, unverzüglich und umfassend zu unterrichten und vor einer Entscheidung anzuhören. Deshalb kann der BR z. B. der Versetzung eines schwerbehinderten Menschen die Zustimmung verweigern, wenn die entsprechende Beteiligung der SBV nicht erfolgt ist.[633]

- Die Zustimmung kann auch verweigert werden, wenn bei der beabsichtigten Einstellung eines nicht schwerbehinderten AN die nach § 164 Abs. 1 S. 1–3 SGB IX auch über die BA für Arbeit durchzuführende Prüfung unterlassen wurde, ob der freie Arbeitsplatz mit einem schwerbehinderten Menschen besetzt werden kann.[634]
- Dies gilt auch dann, wenn die Einstellung eines Leih-AN beabsichtigt ist[635] oder wenn sich der AG bei der Besetzung eines frei werdenden oder neu geschaffenen Arbeitsplatzes von vornherein auf eine interne Stellenbesetzung festgelegt hat.[636] Hierzu ist es im Übrigen erforderlich, dass der Agentur für Arbeit ausreichend Zeit zur Prüfung eingeräumt wird, ob ein konkret ausgeschriebener Arbeitsplatz mit einem arbeitssuchenden schwerbehinderten Menschen besetzt werden kann. Zu diesem Zweck muss der AG eine konkrete Stellenbeschreibung übersenden. Der AG muss einen konkreten Vermittlungsauftrag durch die BA für Arbeit auf den Weg bringen.[637] Außerdem ist zu berücksichtigen, dass die Prüfung der Agentur bundesweit erfolgen muss und dem AG i. d. R. eine schriftliche Stellungnahme der Agentur zugeht. Für diesen Prozess dürfte eine Dauer von 1 Monat nicht zu lange sein. Zur gesetzeskonformen Prüfung gehört sodann weiter die Erörterung von Bewerbungen Schwerbehinderter mit der Schwerbehindertenvertretung.[638]
- Zustimmungsverweigerungsgrund kann auch die Verletzung der speziellen Förderungspflicht von Schwerbehinderten sein.
- Kein Verstoß liegt vor, wenn nach korrekter Verfahrensweise Bewerbungen Schwerbehinderter nicht für den fraglichen Platz, sondern für einen anderen eingehen und demgemäß für den fraglichen Platz ein nicht behinderter Bewerber eingestellt wird.[639]
- Im Hinblick auf den Wortlaut und den Zweck des Gesetzes kann der BR die Zustimmung auch versagen, wenn bei noch nicht erfüllter Beschäftigungsquote eine Person ohne Behinderung statt einer für die Stelle qualifizierten Schwerbehinderten eingestellt wird.[640]

• **TVG:** Das *BAG* sieht im Verlangen des AG nach einem Verzicht auf tarifliche Leistungen keinen Grund zur Zustimmungsverweigerung[641] (zur Kritik vgl. Rn. 195).

• **TzBfG:** Verstoß gegen § 9 TzBfG bei Einstellung oder Versetzung eines AN auf den Arbeitsplatz, für den Teilzeitbeschäftigte bevorzugt zu berücksichtigen sind[642] (zur Konkurrenz zwischen Teilzeit-AN und befristet Beschäftigtem s. Rn. 218). Unzulässige Gestaltung eines KAPOVAZ- oder Jobsharing-Vertrages. Unzulässige Befristung wird allerdings nicht als Grund für Zustimmungsverweigerung anerkannt; die ständige Rspr. für die Zeit vor dem BeschFG 1985 dürfte auch die unter diesem Gesetz verbliebenen Fallkonstellationen abdecken.[643] Nach der Rspr. des *BAG* ist der AG bei der Einstellung von Leih-AN nicht verpflichtet, den BR darüber zu unterrichten, welche teilzeitbeschäftigten AN aufgrund ihres

633 *LAG Rheinland-Pfalz* 5. 10. 11 – 8 TaBV 9/11, juris.
634 Zur a. F. des § 81 Abs. 1 S. 1–3 SGB IX *BAG* 14. 11. 89, DB 90, 636; 17. 6. 08 – 1 ABR 20/07, NZA 2008, 1139.
635 *BAG* 23. 6. 10 – 7 ABR 3/09, juris.
636 *LAG Hamm* 23. 1. 15 – 13 TaBV 44/14, juris.
637 *LAG Berlin-Brandburg* 12. 12. 13 – 26 TaBV 1164/13, juris.
638 *BAG* 10. 11. 92 – 1 ABR 21/92, NZA 93, 376.
639 *BAG* 10. 11. 92, a. a. O.
640 A. A. *ArbG Lüneburg* 27. 5. 96, NZA 87, 67; GK-*Raab*, Rn. 188; offen gelassen bei *BAG* 10. 11. 92, a. a. O.
641 *BAG* 28. 3. 00 – 1 ABR 16/99, BB 00, 2311 = AR-Blattei, Betriebsverfassung XIV C Nr. 179 mit krit. Anm. *Zachert*.
642 Richardi-*Thüsing*, Rn.
643 Vgl. *BAG* 16. 7. 85, DB 86, 124; hierzu *Altrock*, DB 87, 785.

angezeigten Wunsches auf Aufstockung ihrer Arbeitszeit für die zu besetzende Stelle grundsätzlich in Betracht gekommen wären. Ein möglicher Zustimmungsverweigerungsgrund sei auch im Hinblick auf § 9 TzBfG nicht berührt.[644]

- **Wiedereinstellungsanspruch:** Haben gekündigte AN aus nachwirkenden Vertragspflichten einen Wiedereinstellungsanspruch, so kann der Einstellung anderer AN widersprochen werden.[645]

Die Zustimmung zur Bestellung eines **betrieblichen Beauftragten** (Einstellung oder Versetzung) kann verweigert werden, wenn die jeweiligen durch Gesetz oder Verordnung festgelegten Anforderungen nicht erfüllt sind: 198

- Abfallbeauftragte:r (§ 11c Abs. 2 S. 1 AbfG);
- Beauftragte:r für biologische Sicherheit (§§ 16 f. Gentechnik-SicherheitsV);
- Datenschutzbeauftragte:r (§ 36 Abs. 3 BDSG);[646]
- Gefahrgutbeauftragte:r (§ 2 Abs. 1 GefahrgutbeauftragtenV);
- Immissionsschutzbeauftragte:r (§§ 55 Abs. 1a, Abs. 2 S. 1, 58c Abs. 1 BlmSchG);
- Kerntechnischer Sicherheitsbeauftragte:r (§ 2 Atomrechtliche Sicherheitsbeauftragten- und MeldeV);
- Störfallbeauftragte:r (§ 58a BlmSchG);
- Strahlenschutzbeauftragte:r (§ 29 StrahlenSchV).

Das gilt nicht für **IT-Sicherheitsbeauftragte.** Diese haben die Aufgabe, die Unternehmensleitung bei der Wahrnehmung ihrer Aufgaben bezüglich der IT-Sicherheit zu beraten und bei deren Umsetzung zu unterstützen. Allerdings besteht zu einer entsprechenden Bestellung keine gesetzliche Verpflichtung, Die Bestellung von AN zu IT-Sicherheitsbeauftragten ist jedoch angesichts der Bedeutung der Aufgabe und der damit regelmäßig verbundenen Veränderung des bisherigen Tätigkeitsprofils der AN als Versetzung anzusehen.

Unfallverhütungsvorschriften sind (über Gesetze und VO hinaus) vor allem die auf Grund § 15 SGB VII von den Berufsgenossenschaften erlassenen Vorschriften (Versetzung einer Person ohne die nötige Qualifikation in die Position einer Aufsichtsperson als Verstoß gegen eine UVV).[647] 199

Für einen Verstoß gegen einen **TV** ist erforderlich, dass dieser für die betroffenen AN gilt[648] (zur Eingruppierung s. Rn. 66). Das ist bei Betriebsnormen der Fall, wenn nur der AG tarifgebunden ist (§ 3 Abs. 2 TVG).[649] Bezüglich der Inhaltsnormen ist auch die Tarifbindung der AN erforderlich. Sie ist auch durch Bezugnahme auf den TV, sei es in einem anderen TV,[650] sei es einzelvertraglich,[651] sei es durch betriebliche Übung möglich. Bei Einstellung zu untertariflichen Bestimmungen während der **Nachwirkung** eines TV kann die Zustimmung des BR nicht unter Berufung auf Nr. 1 verweigert werden.[652] Auch **Mindestarbeitsbedingungen** gelten als TV (vgl. § 8 MindArBG). Hauptanwendungsfälle sind Fragen der Ein- und Umgruppierung (Rn. 66 ff.), z. B. hinsichtlich der Einstufung in eine Lohn- bzw. Gehaltsgruppe, Zulagen, Prämien, Tantiemen oder Provisionen.[653] Hinzu kommen alle Fragen von Arbeitszeit, über Erholungsurlaub, Pensionen u. Ä.[654] Typische TV-Inhalte, die eine Zustimmungsverweigerung auslösen können, betreffen **Abschlussverbote und -gebote** (z. B. der Ausschluss von Frauen, Jugendlichen oder ungelernten AN von bestimmten Arbeitsplätzen), die vorrangige Besetzung 200

644 Vgl. *BAG* 1. 6. 11 – 7 ABR 117/09, juris.
645 Vgl. *KDZ*, § 1 KSchG Rn. 428.
646 *BAG* 22. 3. 94 – 1 ABR 51/93, NZA 94, 1049 = SAE 95, 159; *Fitting*, Rn. 203.
647 Vgl. *ArbG Berlin* 15. 3. 88, AiB 88, 292.
648 Zur Zustimmungsverweigerung bei Anwendung eines falschen TV *LAG Berlin* 18. 6. 96 – 11 TaBV 2/96.
649 Vgl. *BAG* 17. 6. 97 – 1 ABR 3/97, NZA 98, 213: Arbeitszeitquote in Metall-TV keine Verbotsnorm.
650 Vgl. zur Bezugnahme auf einen nachwirkenden TV *BAG* 30. 1. 90 – 1 ABR 98/88, EzA § 99 BetrVG 1972 Nr. 86.
651 *Fitting*, Rn. 212; HWGNRH-*Huke*, Rn. 160.
652 *BAG* 9. 7. 96 – 1 ABR 55/95, EzA § 99 BetrVG 1972 Nr. 139.
653 HWGNRH-*Huke*, Rn. 160.
654 HWGNRH-*Huke*, Rn. 159 f.

mit Betriebsangehörigen,[655] älteren AN, Langzeitarbeitslosen oder Schwerbehinderten[656] oder bei Überschreitung der tariflich vorgesehenen **Quote** für Arbeitsverhältnisse mit 40 Wochenstunden.[657] Ein Verstoß gegen eine **Befristungsregelung** wird vom *BAG*[658] nicht als Zustimmungsverweigerungsgrund anerkannt (s. Rn. 194). Das gilt ebenso für TV-Bestimmungen über das **Arbeitsentgelt** und sonstige Arbeitsbedingungen, die sich nicht auf die Beschäftigung als solche beziehen.[659] Eine Mischung aus beiden Elementen enthalten sog. **Besetzungsregeln.**[660] Zu denken ist auch an **Wiedereinstellungsklauseln,** sei es nach einem Arbeitskampf (bei nur suspendierend wirkenden Kampfmitteln nur im Ausnahmefall vorstellbar),[661] sei es nach betriebsbedingten Entlassungen. Im Falle von **Leih-AN** kann der BR die Zustimmung verweigern, wenn der TV ihrer Beschäftigung im Betrieb entgegensteht, was z. B. der Fall ist, wenn die Einstellung des Leih-AN die tarifliche Höchstquote überschreitet.

201 **BV** kommen in Betracht, soweit sie gemäß §§ 77 Abs. 3 und 87 Abs. 1 Eingangssatz zulässig und wirksam sind.[662] Als BV gelten auch ein **Sozialplan**[663] (vgl. §§ 112, 112a Rn. 176 ff. oder dann, wenn der Sozialplan bestimmte Anforderungen für die funktionelle, materielle, räumliche oder soziale **Zumutbarkeit** der Zuweisung anderer Arbeitsplätze aufstellt) und Vereinbarungen (auch ESt.-Sprüche) über soziale Angelegenheiten gemäß § 87 (z. B. keine personellen Entscheidungen unter Verwendung bestimmter Daten aus technischen Überwachungseinrichtungen).[664] Ebenso kommen in Betracht Festlegungen über die Personalplanung und zur Durchführung der beruflichen Bildung (zu Auswahlrichtlinien als gesonderter Tatbestand gemäß Abs. 2 Nr. 2 vgl. Rn. 204), zur Erweiterung bzw. Konkretisierung des Mitbestimmungsrechts bei personellen Einzelmaßnahmen (Rn. 31 ff.) und zur Einstellung von Leih-AN.[665] Ein **Interessenausgleich** ist zwar keine BV im Wortsinne. Er ist jedoch eine schriftliche, die Betriebsparteien bindende Vereinbarung und hat z. B. gemäß §§ 1 Abs. 5 KSchG, 125 InsO und 323 Abs. 2 UmwG Wirkung auf Einzelarbeitsverhältnisse (vgl. §§ 112, 112a Rn. 23, 24). Deshalb kann der Verstoß gegen einen Interessenausgleich zum Gegenstand der Zustimmungsverweigerung gemäß Nr. 1 gemacht werden.[666] Bei entsprechender Gestaltung kann durch BV die Beschäftigung über eine **Altersgrenze** von 65 Jahren hinaus verboten und dieses Verbot zum Gegenstand einer Zustimmungsverweigerung gemacht werden.[667]

202 Als Fall einer **gerichtlichen Entscheidung** ist zunächst an ein gerichtliches Berufsverbot zu denken (z. B. für einen Arzt gemäß § 70 StGB; oder einen Kraftfahrer gemäß § 44 StGB oder nach Entzug der Fahrerlaubnis gemäß §§ 69 ff. StGB).[668] Die Berufung auf diesen Zustimmungsverweigerungsgrund kommt aber insbes. dann in Betracht, wenn ein AG versuchen sollte, eine personelle Maßnahme durchzuführen, nachdem rechtskräftig ihre Unzulässigkeit gemäß § 99 Abs. 4 oder § 100 Abs. 3 oder § 101 festgestellt wurde.[669] Die Frage, wie lange eine solche Entscheidung bindet, ob und ggf. wann der AG z. B. einen abgelehnten Bewerber erneut zur Einstellung vorschlagen kann, berührt nicht den Grundsatz als solchen. Die Rechtskraft

655 *BAG* 1. 10. 91, AuR 92, 60; zu befristet Beschäftigten vgl. *HessLAG* 23. 8. 94 – 4 TaBV 7/94, ZTR 95, 188.
656 Vgl. *Fitting*, Rn. 213, 214; HWGNRH-*Huke*, Rn. 159; zum Verbot der Beschäftigung von AN unter einer bestimmten Arbeitszeit *BAG* 28. 1. 92 – 1 ABR 45/91, NZA 92, 606 = AuR 92, 251 mit Anm. *Klevemann*.
657 *ArbG Hannover* 23. 10. 96 – 2 BV 8/96.
658 *BAG* 28. 6. 94 – 1 ABR 59/93, EzA § 99 BetrVG 1972 Nr. 120 = AiB 95, 122 mit Anm. *Plander*.
659 *BAG* 9. 7. 96 – 1 ABR 55/95, DB 96, 2551.
660 Zu Beispielen in der Druckindustrie vgl. *BAG* 13. 9. 83, AP Nr. 1 zu § 1 TVG Tarifverträge: Druckindustrie; 26. 4. 90 – 1 ABR 84/87, EzA § 4 TVG Druckindustrie Nr. 20 mit Anm. *Kittner*.
661 *Fitting*, Rn. 214; HWGNRH-*Huke*, Rn. 159.
662 *Fitting*, Rn. 216; GK-*Raab*, Rn. 196; Richardi-*Thüsing*, Rn. 225, 229.
663 *BAG* 18. 12. 90 – 1 ABR 15/90, NZA 91, 482, 484: Verstoß gegen Prioritätsregelungen für Wiedereinstellungen.
664 *Fitting*, Rn. 216.
665 Zum Fall der vereinbarten Beteiligung des BR an Einstellungsgesprächen *LAG Berlin* 11. 2. 85, NZA 85, 604.
666 *Matthes*, FS Wlotzke, S. 393 ff.; a. A. *Willemsen/Hohenstatt*, NZA 97, 345.
667 *BAG* 10. 3. 92 – 1 ABR 67/91, DB 92, 1530.
668 *Fitting*, Rn. 217; GK-*Raab*, Rn. 179.
669 *Fitting*, Rn. 217; HWGNRH-*Huke*, Rn. 166.

der einschlägigen Gerichtsentscheidung endet erst dann, wenn die Umstände so sehr verändert sind, dass von einer anderen Maßnahme die Rede sein kann.

Als **behördliche Anordnungen,** die eine Zustimmungsverweigerung auslösen können, kommen z.B. in Betracht: Untersagung des Einstellens und des Ausbildens von Auszubildenden gemäß §§ 22, 24 BBiG, §§ 23, 24 HandwO; Verbot der Beschäftigung von Jugendlichen gemäß § 27 JArbSchG und § 1 der VO über das Verbot der Beschäftigung von Personen unter 18 Jahren mit sittlich gefährdenden Tätigkeiten. **203**

b) Verstoß gegen Auswahlrichtlinie (Abs. 2 Nr. 2)

Auch der Verstoß gegen eine **Auswahlrichtlinie** berechtigt den BR zur Verweigerung der Zustimmung (vgl. DKWF-*Bachner/Wenckebach,* § 99 Rn. 20). Es muss sich um eine (mitbestimmte) Richtlinie gemäß § 95 handeln, gleich, ob der BR ihre Aufstellung verlangen konnte (§ 95 Abs. 2) oder sie bei freiwilliger Einführung seiner Mitbestimmung unterlag (§ 95 Abs. 1).[670] Unter Auswahlrichtlinien sind allgemeine Grundsätze zu verstehen darüber, welche Gesichtspunkte der AG bei personellen Einzelmaßnahmen zu berücksichtigen hat[671] (Einzelheiten bei § 95 Rn. 29ff.). Einseitig vom AG verfügte und angewandte Richtlinien, die vom BR lediglich formlos hingenommen worden sind, sollen formal nicht unter Abs. 2 Nr. 2 fallen.[672] Es ist jedoch nicht einzusehen, dass der AG nicht an eigenen Vorgaben festgehalten werden kann. Deshalb können auch Auswahlrichtlinien, die mit Duldung des BR im Betrieb geübt werden, eine Zustimmungsverweigerung auslösen (vgl. a. Rn. 229 zur betrieblichen Übung bei Ausschreibungen). In jedem Fall kommt dann Abs. 2 Nr. 3 oder 4 zur Anwendung. Ermessensspielraum für den AG besteht nur, wenn er ihm ausdrücklich in der Richtlinie eingeräumt wurde. Dann greift Abs. 2 Nr. 2 bei Überschreitung dieses Ermessensspielraums.[673] Im Verfahren nach § 99 kann sich der AG nicht auf die evtl. Unwirksamkeit der Richtlinie berufen. Diese müsste er in einem separaten Beschlussverfahren feststellen lassen.[674] Beruht die Richtlinie auf einem ESt.-Spruch, können jedenfalls Überschreitungen der Ermessensgrenze nicht außerhalb des Verfahrens und der Frist des § 76 Abs. 5 Satz 4 geltend gemacht werden.[675] **204**

c) Benachteiligung anderer Arbeitnehmer:innen (Abs. 2 Nr. 3)

Der BR kann einer Maßnahme widersprechen, wenn die durch Tatsachen begründete Besorgnis besteht, dass infolge dieser Maßnahme im Betrieb beschäftigte AN **gekündigt** werden oder sonstige **Nachteile** erleiden, ohne dass dies aus betrieblichen oder persönlichen Gründen gerechtfertigt ist (vgl. DKWF-*Bachner/Wenckebach,* § 99 Rn. 21). Diese Vorschrift enthält vier **Tatbestandselemente,** die sämtlich vorliegen müssen, um eine Zustimmungsverweigerung zu rechtfertigen: **205**

- die durch Tatsachen begründbare Besorgnis (Rn. 207);
- die Kausalität zwischen Maßnahme und Nachteilen (Rn. 208);
- die Nachteile (Rn. 214);
- die fehlende Rechtfertigung der Nachteile (Rn. 224).

Der BR trägt die **Beweislast** für die ersten drei Elemente, der AG für das vierte.[676] Diese Vorschrift kommt üblicherweise nicht für Ein- und Umgruppierungen in Betracht, sondern nur für Einstellungen und Versetzungen.

Die Nachteile i. S. der Nr. 3 müssen sich auf **AN des Betriebs** beziehen, für die der BR zuständig ist. AN anderer Betriebe des UN oder Konzerns gehören nicht hierzu.[677] Ihre Interessen können nur über Nr. 4 berücksichtigt werden. **206**

---

670 *Fitting,* Rn. 219.
671 *BAG* 27.10.92 – 1 ABR 4/92, DB 93, 885.
672 *LAG Frankfurt* 16.10.84, DB 85, 1534.
673 Vgl. HWGNRH-*Huke,* Rn. 168.
674 a. A. GK-*Raab,* Rn. 200; HWGNRH-*Huke,* Rn. 170.
675 Vgl. HWGNRH-*Huke,* Rn. 170.
676 HWGNRH-*Huke,* Rn. 178.
677 *ArbG Cottbus* 28.6.00, NZA-RR 01, 483.

207 Der BR muss eine **durch Tatsachen begründete Besorgnis** von durch die Maßnahme ausgelösten Nachteilen äußern. Reine Vermutungen reichen nicht aus.[678] Der BR muss vielmehr konkrete Tatsachen angeben, die seine Schlussfolgerung nahe legen.[679] Unter **Tatsachen** sind – in Übereinstimmung mit dem allgemeinen Prozessrecht – konkrete, nach Raum und Zeit bestimmte, vergangene oder gegenwärtige Geschehnisse oder Zustände der Außenwelt oder des Seelenlebens zu verstehen.[680] Der Hinweis auf künftig zu erwartende Ereignisse reicht nicht aus,[681] wohl aber vorhandene Absichten und Planungen. Es ist jedoch keine Gewissheit erforderlich.[682] Für die Beachtlichkeit der Zustimmungsverweigerung reicht aus, dass die vorgetragenen Tatsachen die geäußerten Befürchtungen rechtfertigen; ob die befürchteten Nachteile tatsächlich vorliegen (bzw. eintreten werden), ist eine Frage der Begründetheit der Zustimmungsverweigerung, über die im Verfahren nach Abs. 4 zu entscheiden ist.[683]

208 Die Nachteile müssen **»infolge«** der Maßnahme eintreten (Kausalität). Sie müssen nicht etwa beabsichtigt sein.[684] Dem Gesetz ist auch nicht zu entnehmen, dass damit nur **»unmittelbare«** Folgen gemeint seien.[685] Im Gegenteil, die Neuregelung 1972 wurde damit begründet, dass nunmehr die »berechtigten Belange … mittelbar von personellen Maßnahmen betroffener AN« berücksichtigt werden sollten.[686] Entscheidend ist daher vielmehr, ob die Maßnahme **ursächlich** i. S. v. mitursächlich für den Nachteil ist; sie muss weder die einzige noch die »maßgebliche«[687] Ursache sein.[688] Etwas anderes gilt lediglich, wenn die Maßnahme selbst noch nicht zu einem Nachteil führt, ihn aber erst beim Hinzutreten einer weiteren, jedoch noch ungewissen Tatsache auslöst. Das gilt insbes. für den Hinweis auf eine sich möglicherweise verschlechternde Konjunktur.[689] Steht aber das künftige Ereignis bereits fest, z. B. Auslaufen beschäftigungssichernder Aufträge oder Subventionen, kann eine Neueinstellung ein Nachteil für einen dann nicht mehr übernommenen Auszubildenden darstellen.

209 Ein ausdrücklich hervorgehobener Nachteil ist die durch eine Einstellung oder Versetzung verursachte **Kündigung anderer AN.** Die Vorschrift will unnötige Kündigungen vermeiden und zielt auf eine faktische Verstärkung des Kündigungsschutzes.[690] Im Falle einer Versetzung auf einen anderen, noch **besetzten Arbeitsplatz** ist Voraussetzung, dass die/der zu versetzende AN gegenüber dem zu kündigenden AN bei der **Sozialauswahl** vergleichbar ist und eine Bevorzugung des anderen (ggf. zu kündigenden AN) bei einer Sozialauswahl nicht offensichtlich ausgeschlossen erscheint.[691] Im Falle einer Neueinstellung ist diese Konstellation in analoger Weise vorstellbar. Die gesetzliche Wertung kann keine andere sein, wenn nach vollzogener Neueinstellung die Kündigung von bereits beschäftigten AN droht. Wenn der AG mit der Kündigung wartet, bis die Zustimmung des BR zur **Versetzung** vorliegt, ist die Frage, ob verdrängte AN sozial weniger schutzbedürftig sind, im Beschlussverfahren über die Ersetzung der Zustimmung gemäß Abs. 4 zu klären (allerdings ohne Bindung und Rechtskraftwirkung im evtl. Kündigungsschutzprozess). Kündigt der AG jedoch schon vorher, so kann die Zustimmung nur ersetzt werden, wenn ein möglicher Kündigungsschutzprozess rechtskräftig entschieden ist[692] (zum anders gelagerten Fall der sog. Ersatzeinstellung während eines Kündigungsschutzprozesses vgl. Rn. 223). Auch wenn die Versetzung mehrerer AN, deren Arbeitsplätze wegfallen,

---

678 Vgl. GK-*Raab,* Rn. 183; HWGNRH-*Huke,* Rn. 171, 178 m. w. N.
679 *LAG Rheinland-Pfalz* 10.12.81, DB 82, 652.
680 *Thomas/Putzo,* § 284 Rn. 6a.
681 *LAG Rheinland-Pfalz* 10.12.81, a. a. O.
682 HWGNRH-*Huke,* Rn. 171.
683 Richardi-*Thüsing,* Rn. 302.
684 HWGNRH-*Huke,* Rn. 171.
685 So etwa HWGNRH-*Huke,* Rn. 172; *Meisel,* Rn. 105.
686 RegE, BT-Drucks. VI/1786.
687 Richardi-*Thüsing,* Rn. 237.
688 Zutreffend GK-*Raab,* Rn. 184; vgl. *BAG* 15.9.87, EzA § 99 BetrVG 1972 Nr. 56.
689 *BAG* 7.11.77, EzA § 100 BetrVG 1972 Nr. 1; *ArbG Kassel* 29.5.73, DB 73, 1359.
690 *BAG* 15.9.87, DB 88, 235; vgl. *ArbG Stuttgart* 15.8.91 – 7 BV 86/91.
691 *BAG* 15.9.87, a. a. O.; *Fitting,* Rn. 220; GK-*Raab,* Rn. 203; vgl. *LAG Köln* 15.8.96 – 54 TaBV 26/96, NZA 97, 887; *LAG Schleswig-Holstein,* 16.9.15 – 3 TaBV 27/15, juris.
692 Vgl. *BAG* 15.9.87, DB 88, 235.

auf einen **freien Arbeitsplatz** möglich ist, hat der AG zwischen ihnen eine **Sozialauswahl** vorzunehmen. Unterlässt er sie, kann der BR die Zustimmung gemäß Nr. 3 verweigern.[693]

210 Ein »**sonstiger Nachteil**« liegt in der Verschlechterung des Status quo der AN des Betriebs, ihrer faktischen und rechtlichen Stellung.[694] Neben dem Verlust von Rechtspositionen kann es sich auch um »tatsächliche Nachteile von nicht unerheblichem Gewicht« handeln.[695] Dabei wird allgemein differenziert zwischen der **Beeinträchtigung des gegenwärtigen Zustandes** und dem **Nichteintreten künftiger (vorteilhafter) Entwicklungen:** Die Versagung **beruflicher Entwicklungsmöglichkeiten,** insbes. die Nichtrealisierung von **Beförderungschancen,** soll nur dann ein »Nachteil« i. S. d. Abs. 2 Nr. 3 sein, wenn hierauf ein Rechtsanspruch oder mindestens eine rechtserhebliche Anwartschaft besteht.[696] Darin liegt eine von der gesetzlichen Systematik nicht gedeckte Verengung des Abs. 2 Nr. 3, der im Unterschied zu Nr. 1 gerade nicht rechtliche, sondern **faktische Positionen** der AN schützen soll. So dürfte in allen Fällen, in denen von Rechtsanspruch oder -anwartschaft die Rede sein kann, bereits eine nach Nr. 1 zu berücksichtigende Verletzung von Art. 3 i. V. m. Art. 12 und 14 GG sowie § 611 BGB liegen (das *BAG* ordnet Verstöße gegen den Gleichbehandlungsgrundsatz zu Unrecht Nr. 4 statt Nr. 1 zu;[697] vgl. Rn. 197). Das berechtigte Kernanliegen dieser Rspr. ließe sich deshalb auch dadurch erfüllen, dass hinsichtlich der künftigen beruflichen Entwicklung des AN zwischen (irrelevanten) Möglichkeiten und (relevanten) **Wahrscheinlichkeiten** unterschieden wird.[698] Dem könnte auf der Ebene der h. M. im Übrigen dadurch Rechnung getragen werden, dass eine wahrscheinliche berufliche Entwicklung vermittels der Fürsorgepflicht des AG zur rechtserheblichen Anwartschaft verdichtet wird.

211 Mögliche Nachteile für die vorhandenen AN hängen von der **konkreten betrieblichen Situation** ab und können demgemäß außerordentlich vielfältig sein. Ein Element der im Rahmen von § 99 zu berücksichtigenden Nachteile können »**wirtschaftliche Nachteile**« i. S. d. **§§ 111 und 112** (vgl. § 111 Rn. 105 ff. und §§ 112, 112a Rn. 80 ff.) sein. Allerdings reicht die Feststellung, die Maßnahme sei in wirtschaftlicher Hinsicht wenig zweckmäßig oder belastend für den Betrieb und damit für die Belegschaft, für sich allein ohne weitere Konkretisierung der Folgen für die AN nicht.

212 Besteht eine durch Tatsachen untermauerte Befürchtung, dass wegen der **Einstellung von Leih-AN** Stammbeschäftigte gekündigt werden, so genügt dies als Zustimmungsverweigerungsgrund. Dies ist schon dann der Fall, wenn Leih-AN über die gesetzlich oder die tariflich erlaubte Überlassungshöchstdauer hinaus beschäftigt werden. Führt die Einstellung von Leiharbeitnehmern zur Versetzung eines Stammbeschäftigten auf einen schlechteren Arbeitsplatz, so ist auch dies ein Zustimmungsverweigerungsgrund. Dasselbe gilt dann, wenn auf diese Weise eine sichere Anwartschaft auf eine Beförderung oder der Anspruch einer Teilzeitkraft auf Verlängerung der Arbeitszeit verloren geht.[699] Schließlich kann mit der regelmäßigen Beschäftigung von Leiharbeitnehmern ein erheblicher Einarbeitungs- und Kontrollaufwand verbunden sein, weil der Leiharbeitnehmer nicht über die einschlägigen Erfahrungen verfügt – auch dies stellt einen Nachteil im Sinne von Nr. 3 dar. Die bloße Tatsache, dass ein Stammarbeitsplatz mit einem Leiharbeitnehmer besetzt wird, reicht als solche allerdings nicht aus.

213 Auch eine **Benachteiligung von BR-Mitgliedern** ist denkbar, wenn diese bei der Besetzung von Beförderungsstellen entgegen § 37 Abs. 5, 78 nicht berücksichtigt worden sind.[700]

---

693 *BAG* 30. 8. 95 – 1 ABR 11/95, NZA 96, 496; 2. 4. 96 – 1 ABR 39/95, DB 97, 181; *LAG Schleswig-Holstein*, 16. 9. 15 – 3 TaBV 27/15, juris.

694 H. M.; HWGNRH-*Huke*, Rn. 173; Richardi-*Thüsing*, Rn. 245 f.

695 *BAG* 2. 4. 96 – 1 ABR 39/95, DB 97, 181, 182: ungünstige Auswirkungen auf die Umstände der Arbeit; geringere Anforderungen an die Qualifikation; geringere Bezahlung.

696 H. M.; ständige Rspr.; vgl. *BAG* 15. 9. 87, 13. 6. 89, EzA § 99 BetrVG 1972 Nrn. 57, 74 = AP Nrn. 45, 46 zu § 99 BetrVG 1972 mit Anm. *Streckel*; vgl. *Fitting*, Rn. 229 m. w. N.

697 Vgl. *BAG* 1. 2. 89, AP NR. 63 zu § 99 BetrVG 1972.

698 Zu eng *ArbG Cottbus* 28. 6. 00, NZA-RR 01, 482.

699 *Fitting*, Rn. 222.

700 *LAG Köln* 22. 2. 08 – 4 TaBV 60/07, juris.

214 Nachteile für die vorhandenen AN in Form der »Erschwerung ihrer Arbeitsbedingungen«[701] können sich auch aus der **Beschäftigung von AN mit befristeten oder Teilzeitarbeitsverhältnissen** ergeben, die sich vielfältig auf die kollektiven Interessen der Belegschaft auswirken.[702] Umgekehrt kann eine **unbefristete Einstellung** Zustimmungsverweigerungsgründe auslösen, die bei einer Befristung des Arbeitsverhältnisses nicht gegeben sind[703] (vgl. Rn. 24). Mit anderen Worten: Die Frage der Befristung/Nichtbefristung ist für die Zustimmungsverweigerung nicht unter dem Gesichtspunkt der rechtlichen Zulässigkeit, sondern ihrer praktischen Auswirkungen von Bedeutung (bei Abs. 2 Nr. 4 vgl. Rn. 224).

215 Ein wichtiger Nachteil kann die durch eine Versetzung hervorgerufene **Leistungsverdichtung** für die verbliebenen AN bedeuten.[704] Auch Folgen für die **Arbeitszeit** der Beschäftigten können zu berücksichtigende Nachteile bedeuten, z. B. Kurzarbeit wegen Einstellungen[705] oder Überstunden der verbleibenden AN wegen Versetzungen. Kein Nachteil liegt im Abbau von Überstunden auf Grund von Neueinstellungen.[706]

216 Einen Sonderfall stellt die sog. **Ersatzeinstellung während eines Kündigungsschutzprozesses** dar.[707] Teilweise wird die Verweigerung der Zustimmung hierzu vollständig abgelehnt[708] oder davon abhängig gemacht, ob gekündigte AN einen Weiterbeschäftigungsanspruch haben.[709] Dabei ist zu unterscheiden: Bei einer **betriebsbedingten Kündigung** liegt in jeder Neueinstellung allein deshalb schon ein relevanter Zustimmungsverweigerungsgrund, weil der AG damit zu erkennen gibt, dass der Arbeitsplatz in Wahrheit gar nicht weggefallen ist, es sich, wenn auch zeitlich versetzt, in Wahrheit um den Fall einer unzulässigen Verdrängungs-Einstellung handelt, der bereits mit der ausdrücklichen Variante des Abs. 2 Nr. 3 unterbunden werden soll (vgl. Rn. 209). Das Gleiche gilt bei Neubesetzung einer **befristeten Stelle** während des Prozesses um die Berechtigung der Befristung. Eine Versetzung aus dem Betrieb auf diesen Arbeitsplatz ist ebenfalls nach den Kriterien der zur Kündigung führenden Maßnahme zu behandeln. Im Falle einer **personen- und verhaltensbedingten Kündigung** lässt zwar die Ersatzeinstellung die Rechtslage des AN für den Fall seines Prozesserfolges unberührt, für Abs. 2 Nr. 3 reicht jedoch die faktische Verschlechterung seiner Position wegen der durch die Einstellung verstärkten Drohung der Vertragsauflösung gemäß § 9 KSchG aus. In jedem Fall ist eine Entscheidung des Kündigungsschutzprozesses in erster Instanz abzuwarten, nach der spätestens über einen Weiterbeschäftigungsanspruch von gekündigten AN entschieden ist.

217 Nach den ausdrücklichen Gesetzeswortlaut stellt es auch dann einen Nachteil dar, wenn bei einer unbefristeten Einstellung eine gleich geeignete **befristet beschäftigte AN** nicht berücksichtigt wird.[710] Das bezieht sich auf jede Art von »Einstellung« i. S. des Betriebsverfassungsrechts, also sowohl auf die Neueinstellung eines externen Bewerbers als auch eine als Einstellung mitbestimmungspflichtige Versetzung aus einem anderen Betrieb des UN. Ob die/der befristet Beschäftigte gleich geeignet ist, hängt von den persönlichen Qualifikationen und nicht den Tätigkeitsmerkmalen seines aktuellen Arbeitsplatzes ab. Der BR hat zunächst Anhaltspunkte für die Eignung des befristet Beschäftigten vorzutragen, die der AG mit Tatsachen belegt bestreiten muss, wenn er dem BR-Begehren nicht folgen will. Es kommt nicht darauf an, ob die Befristung rechtswirksam ist und ob dies vom AN gerichtlich geltend gemacht wird. Der BR kann die Nachteilsbehauptung bis zur eventuellen rechtskräftigen Feststellung der Unwirksamkeit der Befristung geltend machen. Voraussetzung für das Vorliegen eines »Nachteils« ist aber jedenfalls, dass der befristet Beschäftigte an einer unbefristeten Beschäftigung

---

701 *BAG* 17. 9. 87, EzA § 99 BetrVG 1972 Nr. 57.
702 Zu Belastungen durch häufigen Wechsel vgl. *ArbG Hamburg* 5. 9. 90, AuR 91, 187.
703 *BAG* 20. 12. 88, DB 89, 1240; z. B. im Fall der unbefristeten Einstellung von Streikbrechern.
704 Verdopplung des Verantwortungsbereichs eines Schichtleiters durch Versetzung des zweiten Schichtleiters: *BAG* 15. 9. 87, EzA § 99 BetrVG 1972 Nr. 57.
705 HWGNRH-*Huke*, Rn. 173 m. w. N.
706 H. M.; HWGNRH-*Huke*, Rn. 173; *Meisel*, Rn. 106.
707 Hierzu eingehend *Schmidt*, AuR 86, 97.
708 *ArbG Wiesbaden* 5. 9. 95, NZA 96, 170; *ArbG Offenbach* 24. 6. 81, AuR 82, 36; *ArbG Ludwigshafen* 3. 7. 84, ARSt. 85, 83; GK-*Raab*, Rn. 203.
709 *ArbG Hameln* 23. 11. 83, AuR 84, 287.
710 Vgl. umfassend *Oetker*, NZA 03, 937.

interessiert ist.[711] Der BR muss sich deshalb vor Verweigerung seiner Zustimmung darüber Klarheit verschaffen und tut gut daran, dies in seiner Stellungnahme zu dokumentieren. Nach der bisherigen Rspr. des *BAG* soll ein Zustimmungsverweigerungsgrund dann nicht bestehen, wenn anstelle von befristet beschäftigten AN ein Arbeitsplatz mit Leih-AN besetzt werden soll[712]. Dies Rspr. hat zwar zunächst den Wortlaut von § 99 Abs. 2 Nr. 3 für sich, kann jedoch angesichts des Zwecks der Bestimmung (Besetzung von Dauerarbeitsplätzen mit befristet beschäftigten AN) dann nicht aufrechterhalten werden, wenn der Einsatz des Leih-AN nicht nur vorübergehend (vgl. hierzu Rn. 197) erfolgen soll. Dies gilt umso mehr, als § 14 Abs. 3 Satz 1 AÜG ohne Einschränkung auf § 99 verweist.

Bei einer **Konkurrenz zwischen befristet Beschäftigten und Teilzeitbeschäftigten** um einen freien Arbeitsplatz wird allgemein angenommen, dass die befristet beschäftigte Person wegen des aus § 9 TzBfG bestehenden Rechtsanspruchs von Teilzeitbeschäftigten zurückzustehen habe.[713] Der BR hätte dann kein Zustimmungsverweigerungsrecht für die befristet beschäftigten Person gem. Nr. 3, sondern könnte sich nur für den Teilzeit-AN gem Nr. 1 einsetzen.[714] Die Interessenlage erfordert aber die gegenteilige Entscheidung, weil es zweifellos schwer wiegender ist, wenn ein befristet Beschäftigter arbeitslos wird, als dass ein Teilzeitbeschäftigter sein Arbeitsvolumen nicht aufstocken kann. Dieser beschäftigungsfördernde Umstand liegt auch in der Absicht des Gesetzgebers des TzBfG. § 9 TzBfG ist dann dahingehend zu interpretieren, dass ein Arbeitsplatz nicht »frei« ist, wenn seine Besetzung wegen des Nachteils für einen befristet Beschäftigten durch den BR verhindert werden kann. Etwas anderes gilt dann, wenn ein/e aufstockungswillige AN mit der Absicht des AG konfrontiert wird, statt der Aufstockung bestehender Arbeitsverhältnisse das Arbeitsvolumen auf weitere (neu eingestellte) Teilzeitkräfte zu verteilen. Hier steht dem BR ein Zustimmungsverweigerungsrecht zu.[715] Bei einer anderweitigen Besetzung des freien Arbeitsplatzes könnte der an einer Aufstockung seiner Arbeitszeit interessierte Teilzeitarbeitnehmer den Nachteil erleiden, seinen Rechtsanspruch nach § 9 TzBfG nicht mehr durchzusetzen können. 218

Übernehmen AN in **Elternzeit** aufgrund einer Abrede mit dem AG auf ihrem bisherigen Arbeitsplatz befristet eine Teilzeitbeschäftigung, so liegt hierin eine Einstellung.[716] Dies gilt unabhängig davon, ob dieses Arbeitsvolumen bereits anderen AN übertragen worden ist.[717] Selbstverständlich gilt dies erst recht, wenn betroffene AN auf einem anderen Arbeitsplatz eingesetzt werden sollen. 219

Der BR kann der **Besetzung von Teilzeitarbeitsplätzen mit externen Bewerbern** die Zustimmung nach Nr. 3 verweigern, weil dadurch ggf. die Ansprüche von bereits im Betrieb beschäftigten AN auf Reduzierung ihrer Arbeitszeit nach § 8 TzBfG zunichte gemacht werden.[718] Dies gilt auch dann, wenn der AG einen sich für Teilzeit eignenden Vollzeitarbeitsplatz mit Vollzeit-AN besetzen will (Rn. 261). 220

Die Nachteilsfiktion der Nr. 3 erstreckt sich auch auf **Teilzeitbeschäftigte,** die gem. § 9 TzBfG einen Anspruch auf Verlängerung ihrer Arbeitszeit haben.[719] 221

Eine Maßnahme ist trotz vorliegenden Nachteils möglich, wenn sie aus **betrieblichen oder persönlichen Gründen gerechtfertigt** ist. Solche Gründe sind vom AG begründet darzulegen und zu beweisen. Da mit »**persönlichen Gründen**« in Abs. 2 Nr. 3 das Gleiche gemeint ist wie mit »in der Person liegenden Gründen« gemäß Abs. 2 Nr. 4,[720] spricht nichts dagegen, sich auf die Auslegungskriterien zu § 1 Abs. 2 KSchG zu beziehen. Dabei ist anzuerkennen, dass die für Abs. 2 Nr. 3 und 4 verlangten Gründe nicht so schwerwiegend sein müssen, um eine 222

---

711 *Fitting*, Rn. 233, 234.
712 *BAG* 25.1.05 – 1 ABR 61/03, NZA 2005, 1199.
713 Vgl. *Oetker*, NZA 03, 939 f.
714 Vgl. *Fitting*, Rn. 235; *Hanau*, ZIP 01, 1981 [1987]; GK-*Raab*, Rn. 194; a. A. Richardi-*Thüsing*, Rn. 248.
715 *LAG BW* 21.3.13 – 6 Ta 9/12, juris.
716 *LAG Köln* 18.4.12 – 3 TaBV 92/11, juris.
717 *Fitting*, Rn. 221.
718 *Fitting*, Rn. 222.
719 H. M., s. a. Rn. 175 zu TzBfG; *Fitting* Rn. 224.
720 HWGNRH-*Huke*, Rn. 182.

Kündigung zu rechtfertigen;[721] es müssen aber doch erhebliche Rechtfertigungsgründe vorliegen. Im Fall der Kündigung eines anderen AN als Folge einer Maßnahme ist die Entscheidung über die soziale Rechtfertigung im Verhältnis zwischen den Betroffenen maßgebend.[722] Damit betriebliche Gründe eine den AN nachteilige Maßnahme rechtfertigen können, müssen sie sich zwingend aus der Verfolgung des Betriebszwecks ergeben. Fehlt es an der **betrieblichen Notwendigkeit,** gibt es keine Berechtigung, den AN als Vertragspartei eines Dauerschuldverhältnisses zu benachteiligen. Dem AG müssen deshalb nicht hinnehmbare Erschwerungen des Betriebsablaufs oder Verluste drohen. Unterhalb dieser Schwelle ist er bereits auf Grund der Fürsorgepflicht zur Rücksichtnahme auf die AN verpflichtet. Das Vorliegen eines Rechtfertigungsgrundes ist in jedem Fall dann ausgeschlossen, wenn die Maßnahme (mit) auf einem **Verstoß gegen ein durch das AGG sanktioniertes Diskriminierungsverbot** beruht.

d) Benachteiligung betroffenen Arbeitnehmer:innen (Abs. 2 Nr. 4)

223 Dieser Zustimmungsverweigerungsgrund bezieht sich auf die von der Maßnahme betroffenen **einzelnen AN** selbst (vgl. DKWF-*Bachner,* § 99 Rn. 22). Es kann sich um bereits **im Betrieb beschäftigte AN** handeln, für die Versetzung, Ein- und Umgruppierung in Frage kommen (zur Anwendung von § 103 auf Versetzung von BR-Mitgliedern vgl. Rn. 128 und § 103 Rn. 13). Bei einer Eingruppierung wird im Regelfall nur Abs. 1 Nr. 1 als Grund zur Zustimmungsverweigerung in Frage kommen. Auf Abs. 2 Nr. 4 kann sich dagegen der BR dann berufen, wenn der AG sich nicht an ein **einseitig erlassenes oder praktiziertes Eingruppierungsschema** (Rn. 69) hält. Das Eingruppierungsschema selbst kann auf einen Verstoß gegen den Gleichheitssatz überprüft werden.[723] Eine von der geltenden Vergütungsordnung gebotene Umgruppierung stellt keinen »Nachteil« i. S. der Nr. 4 dar.[724] Etwas anderes kann allenfalls dann gelten, wenn nur eine:r von mehreren AN abgruppiert wird, obgleich die Abgruppierungsvoraussetzungen auch für die anderen AN erfüllt sind. Zumindest liegt dann ein Verstoß gegen § 75 nahe, was zu einer Zustimmungsverweigerung nach Abs. 2 Nr. 1 berechtigt.

224 Bei **Neueinstellungen** lehnt das *BAG* die Zustimmungsverweigerung nach Nr. 4 ab.[725] Eine evtl. Benachteiligung liege nicht in der Einstellung als solcher, sondern allenfalls in den Arbeitsbedingungen. Hierauf erstrecke sich das Mitbestimmungsrecht jedoch nicht.

225 Überwiegend wird angenommen, dass keine Benachteiligung der AN vorliegt, wenn sie mit der Maßnahme **einverstanden** sind.[726] Das *BAG* sieht diese Voraussetzung nur dann als erfüllt an, wenn betroffene AN z. B. die Versetzung selbst angestrebt haben oder diese ihren Wünschen und freier Entscheidung entspricht.[727] Hierfür reiche aber nicht aus, dass AN sich nicht zur Wehr setzen[728] oder die Versetzung nur hinnehmen.[729] Um zu vermeiden, dass AN nur formal, in Wahrheit aber unter Druck oder aus Angst »Einverständnis« äußern, sollte die gleiche objektivierende Sicht angelegt werden wie bei der Zulässigkeit einer Befristung des Arbeitsverhältnisses auf Wunsch von AN.[730] Hinzu kommen muss außerdem, dass das Einverständnis aktuell – also anlässlich der Maßnahme – und nicht ohne zeitlichen Bezug zu der Maßnahme erteilt wird, also z. B. schon im Arbeitsvertrag generell.

226 Der Hauptanwendungsfall des Abs. 2 Nr. 4 für im Betrieb beschäftigte AN ist die **Versetzung,** denn eine benachteiligende Eingruppierung (bzw. Umgruppierung) dürfte in aller Regel bereits

---

721 HWGNRH-*Huke,* Rn. 182.

722 HWGNRH-*Huke,* Rn. 175 verkennen, dass eine Maßnahme nicht persönlich berechtigt sein kann, wenn die Sozialauswahl für den betroffenen AN spricht.

723 Vgl. *BAG* 1. 3. 95 – 1 ABR 43/94, ZTR 95, 427.

724 *BAG* 6. 8. 02 – 1 ABR 49/01, BB 03, 639.

725 *BAG* 5. 4. 01 – 2 AZR 580/99, NZA 01, 893 [896]; so auch *Fitting,* Rn. 245.

726 *BAG* 2. 4. 96 – 1 ABR 39/95, DB 97, 181; vgl. auch *BAG* 20. 9. 90 – 1 ABR 37/90, DB 91, 335; GK-*Raab,* Rn. 221; HWGNRH-*Huke,* Rn. 179.

727 *BAG* 20. 9. 90, a. a. O.; *BAG* 2. 4. 96, a. a. O.

728 *BAG* a. a. O.

729 *BAG* 19. 10. 13 – 7 ABR 1/12, juris Rn. 53.

730 Vgl. *BAG* 11. 12. 91 – 7 AZR 128/91, DB 92, 2636; 26. 4. 85, AP Nr. 91 zu § 620 BGB Befristeter Arbeitsvertrag.

als Verstoß gemäß Abs. 2 Nr. 1 gelten.[731] Ausgehend von der Rspr. zu Abs. 2 Nr. 3, die einen relevanten Nachteil in der Beeinträchtigung des Status quo der Belegschaft sieht (Rn. 186), kommt es auch bei Abs. 2 Nr. 4 auf den Vergleich zwischen der aktuellen und der mit der Maßnahme angestrebten Befindlichkeit der AN an. Nachteil ist sowohl die **Verschlechterung der äußeren** (Umwelteinflüsse, Belastungen, Wegezeiten;[732] insofern werden Versetzungsbegriff und Nachteil vielfach durch dieselben Tatsachen begründet, vgl. Rn. 101) als auch der **materiellen Arbeitsbedingungen.**[733] Der Nachteil muss nicht so gravierend sein, dass er gegen das Gleichbehandlungsgebot verstößt, denn dann wäre die Maßnahme bereits über Abs. 2 Nr. 1 angreifbar, und Abs. 2 Nr. 4 liefe leer. Ein **Nachteil** liegt auch dann vor, wenn AN, denen eine Führungsposition – wie z. B. eine Abteilungsleiterstelle – zur Probe übertragen wurden, rückversetzt werden sollen, weil sie die Probezeit nicht bestanden haben sollen. Insoweit geht es um den Verlust einer Beförderungsanwartschaft. Ein auch im Rahmen des § 99 relevantes Kriterium ist die Verletzung von Gerechtigkeitsvorstellungen im Verhältnis zu anderen, nicht versetzten AN, wie sie sich individualrechtlich als Anforderungen von § 315 BGB bzw. der **sozialen Auswahl** darstellen.[734] Bei einem **BR-Mitglied** mit reduziertem Arbeitseinsatz ist die Arbeitsaufgabe vor der Reduzierung auf Grund der BR-Tätigkeit als Bezugsgröße maßgeblich.[735] Liegt in einer Versetzung eine **Änderungskündigung,** sind die hierfür geltenden Bestimmungen selbstständig anzuwenden[736] (vgl. Rn. 254).

Der Nachteil ist hinzunehmen, wenn die Maßnahme durch **»betriebliche oder in der Person liegende Gründe«**[737] (vgl. Rn. 222) gerechtfertigt ist. Solche Gründe richten sich nicht nach dem subjektiven Ermessen des AG oder BR, sondern müssen sich aus einer **objektiven** Würdigung der beteiligten Interessen ergeben.[738] Der Maßstab der Interessenabwägung ist der gleiche wie bei Abs. 2 Nr. 3[739] (vgl. Rn. 224). Die **Beweislast** liegt beim AG.[740] **227**

Die Voraussetzungen von § 99 Abs. 3 Nr. 4 sind immer dann erfüllt, wenn die personelle Einzelmaßnahme gegen das **AGG** verstößt und ein AGG-spezifischer Rechtfertigungsgrund nicht vorliegt.[741] **228**

e) Unterlassung einer Ausschreibung (Abs. 2 Nr. 5)

Der BR kann die Zustimmung zu einer Einstellung oder Versetzung verweigern, wenn eine nach § 93 erforderliche **Ausschreibung** unterblieben ist.[742] Dies gilt auch, wenn mit der Bewerbung anderer AN nicht zu rechnen ist (vgl. a. Rn. 234).[743] Erforderlich ist die Ausschreibung einer Stelle ohne ausdrückliches Verlangen des BR auch dann, wenn der AG freiwerdende Stellen stets ausgeschrieben hat und der BR darauf vertrauen durfte, dass die Ausschreibung erfolgen wird.[744] Die Berufung des AG auf das Fehlen des ausdrücklichen Verlangens des BR verstößt dann gegen das Gebot vertrauensvoller Zusammenarbeit. Als Begründung reicht aus, dass der BR deutlich macht, dass die erforderliche innerbetriebliche Ausschreibung unterblieben ist.[745] Auch eine **BV zu innerbetrieblichen Stellenausschreibungen** ersetzt ein jeweils ausdrückliches Verlangen des BR und zwar auch dann, wenn die BV durch den AG gekündigt wurde und unabhängig davon, ob Nachwirkung vereinbart wurde. Das *BAG* hat zu recht klar- **229**

---

731 GK-*Raab*, Rn. 222 ff.; vgl. Rn. 205 u. Rn. 206.
732 *ArbG Frankfurt* 24. 10. 01, AiB 02, 436.
733 *Fitting*, Rn. 220; GK-*Raab*, Rn. 225; HWGNRH-*Huke*, Rn. 181; Richardi-*Thüsing*, Rn. 258.
734 *KDZ*, § 1 KSchG Rn. 512 f.; § 2 KSchG Rn. 181 ff.; *LAG Köln*, 15. 8. 96 – 54 TaBV 26/96, NZA 97, 887.
735 *LAG Berlin* 31. 1. 83, AuR 84, 54.
736 HWGNRH-*Huke*, Rn. 182.
737 Identisch mit »persönliche« Gründe gemäß Abs. 2 Nr. 3, HWGNRH-*Huke*, Rn. 182.
738 HWGNRH-*Huke*, Rn. 183; zur Kompensation des Wegfalls einer Provisionsmöglichkeit auf Grund einer Versetzung *LAG Schleswig-Holstein* 3. 7. 01 – 3 TaBV 7/01, BB 01, 2432.
739 *BAG* 2. 4. 96 – 1 ABR 39/95, DB 96, 182.
740 HWGNRH-*Huke*, Rn. 183.
741 *Dickerhof-Borello/Nollert-Borasio/Wenckebach*, AGG § 7 Rn. 19 ff.
742 *BAG* 27. 7. 93 – 1 ABR 7/93, DB 94, 332.
743 *LAG Köln* 14. 9. 12 – 5 TaBV 18/12, juris.
744 *LAG Berlin* 26. 9. 03 – 6 TaBV 609/03 und 633/03, EzA-SD 04, Nr. 4, 7.
745 *LAG Hamm* 24. 3. 92 – 1 TaBV 182/91, DB 92, 2639.

gestellt, dass der AG durch die Kündigung nicht das bereits im Abschluss der BV liegende Verlangen des BR beseitigen kann.[746] Der BR kann sich auch gegenüber der Eingliederung von **freien Mitarbeitern** oder **Leih-AN,** deren Einsatzzeit mindestens 4 Wochen betragen soll, auf eine fehlende innerbetriebliche Ausschreibung berufen, weil das Beteiligungsrecht nach § 99 den Schutz der Belegschaft im aufnehmenden Betrieb bezweckt und § 93 nach seinem Wortlaut ohne jede Einschränkung alle Arbeitsplätze erfasst; daher sind auch solche Stellen auszuschreiben.[747] Das bezieht sich sowohl auf eine erst im konkreten Einzelfall verlangte Ausschreibung wie auf generell vereinbarte Ausschreibungsgrundsätze.[748]

230 Strittig ist die Behandlung einer **nach § 7 TzBfG erforderlichen Ausschreibung.** Teilweise wird vertreten, sie falle nicht unter Abs. 2 Nr. 5, weil diese Vorschrift nur auf Ausschreibungen im Sinne des § 93 verweise.[749] Das überzeugt als rein formalistisches Argument nicht. Die Interessenlage gebietet vielmehr eine analoge Anwendung des Abs. 2 Nr. 5.[750] Der Hinweis darauf, dass es sich nicht um eine vom BR zu verlangende, sondern bereits gesetzlich vorgeschriebene Ausschreibung handele, legt vielmehr sogar bereits eine Anwendung des Abs. 2 Nr. 1 nahe.

231 Der Zustimmungsverweigerungsgrund besteht auch, wenn zwar ausgeschrieben wird, aber die Ausschreibung als solche unzureichend ist,[751] so insbesondere die mit dem BR vereinbarten **Ausschreibungsgrundsätze verletzt** werden,[752] die Ausschreibung ersichtlich für einen zu kurzen Zeitraum erfolgt ist, sie räumlich so erfolgt, dass die AN keine oder nur eingeschränkt Kenntnis nehmen können, die Ausschreibung zu spät erfolgt, z. B. erst an dem Tage, an dem der BR über die Maßnahme gemäß § 99 Abs. 1 informiert wird, die Ausschreibung nicht den gesetzlich notwendigen **Mindestinhalt** hat, die Ausschreibung inhaltlich falsch oder fehlerhaft ist, weil sie z. B. unzureichende Informationen über die zu besetzende Position enthält, die Besetzung der Position von der Ausschreibung ohne Zustimmung des BR abweicht (z. B. Stelle ist unbefristet ausgeschrieben, soll dann nach dem Inhalt des Zustimmungsbegehrens befristet besetzt werden) oder **gegen geltendes Recht verstößt** (z. B. das Gebot geschlechtsneutraler Ausschreibung gem. § 11 AGG).[753] Die Ausschreibung ist jedenfalls auch dann unvollständig, wenn die in ihr angegebene Tarifgruppe oder Vergütung offensichtlich falsch ist, weil dadurch mögliche Interessenten von einer Bewerbung abgehalten werden könnten.[754]

232 Ein Verweigerungsgrund liegt auch vor, wenn der AG in **außerbetrieblichen Stellenanzeigen** geringere Anforderungen als bei der innerbetrieblichen Ausschreibung stellt und externe Bewerber einstellen will.[755] Die Berücksichtigung von Bewerbungen, die nach Ende der in der Ausschreibung genannten Bewerbungsfrist eingehen, berechtigt nur dann zur Zustimmungsverweigerung, wenn dies in der BV über die Ausschreibung deutlich zum Ausdruck gebracht wurde[756]. In einem späteren Stadium des Verfahrens kann sich der BR auf eine unterbliebene Stellenausschreibung dann nicht mehr berufen, wenn er bisher die externe Stellenausschreibung für einen konkreten Arbeitsplatz gebilligt hat.[757]

233 Wenn die Umstände für eine **vorläufige Einstellung** gemäß § 100 so dringend sind, dass eine Ausschreibung vor Besetzung der Stelle technisch nicht mehr möglich ist und innerbetriebliche Interessierte nicht mehr erreichen würde, kann die vorläufige Einstellung auch ohne Ausschreibung erfolgen. Verlangt jedoch der BR unverzüglich nach Information über die vor-

---

746 *BAG* 11.10.22 – 1 ABR 16/21, AP Nr 178 zu § 99 BetrVG 1972.

747 Vgl. *BAG* 1.6.11 – 7 ABR 18/10, juris; 15.10.13 – 1 ABR 25/12, juris; *LAG Bremen* 12.11.09 – 3 TaBV 14/09, juris.

748 *Fitting*, Rn. 247a u. Rn. 251.

749 Vgl. *Ehler*, BB, 01, 1146 [1147].

750 Vgl. *Fitting*, Rn. 249; Richardi-*Thüsing*, Rn. 267; *Fischer*, AuR 01, 325 m. w. N.; *Däubler*, ZIP 01, 217 [218.

751 Vgl. *BAG* 10.3.09 – 1 ABR 93/07, juris; *LAG München* 18.12.08 – 4TaBV 70/08, juris.

752 Vgl. *LAG Berlin-Brandenburg* 16.12.10 – 25 TaBV 2017/10 juris; *Fitting*, Rn. 251.

753 *HessLAG* 13.7.99 – 4 TaBV 192/97, NZA-RR 99, 641; *Fitting*, Rn. 250; zu § 11 AGG siehe *Dickerhof-Borello/Nollert-Borasio/Wenckebach*, AGG § 11.

754 *BAG* 10.3.09 – 1 ABR 93/07, juris.

755 *BAG* 23.2.88, DB 88, 1452.

756 *BAG* 18.11.80, DB 81, 998.

757 *LAG Berlin* 11.2.85, NZA 85, 604.

läufige Maßnahme (vgl. § 100 Rn. 10) die Ausschreibung, darf die Maßnahme nur aufrechterhalten werden, wenn die Ausschreibung erfolgt.[758]

Vielfach wird angenommen, dass die Berufung auf Abs. 2 Nr 5 missbräuchlich sei, wenn von vornherein feststehe, dass **kein AN für die zu besetzende Stelle in Betracht** komme.[759] Angesichts der strengen Anforderungen für den Vorwurf einer rechtsmissbräuchlichen Zustimmungsverweigerung (Rn. 185) und weil die Frage geeigneter Bewerbungen nicht im Vorhinein ohne Ausschreibung als geklärt angesehen werden kann,[760] ist diese Ansicht abzulehnen.[761] Allerdings kann der BR nach **erfolglos gebliebener Ausschreibung** im Betrieb bei der Einstellung externer Bewerber nicht geltend machen, andere AN hätten auf die fragliche Stelle versetzt werden können.[762] **234**

f) Störung des Betriebsfriedens (Abs. 2 Nr. 6)

Dieser Zustimmungsverweigerungsgrund kommt vorwiegend bei einer Einstellung (auch von Leih-AN), seltener bei einer Versetzung in Betracht. Hinsichtlich seiner tatbestandsmäßigen Voraussetzungen deckt er sich nicht gänzlich mit **§ 104,** weil § 104 die »wiederholte ernstliche« Störung des Betriebsfriedens fordert. Damit sind die Anforderungen für die Zustimmungsverweigerung in § 99 Abs. 2 Nr. 6 niedriger als für das Entlassungsbegehren des BR in § 104.[763] **Rassistische und ausländerfeindliche Betätigung** wird ausdrücklich als Beispiel für betriebsstörendes Verhalten genannt (das Gleiche gilt für § 104, vgl. § 104 Rn. 3). Auch diskriminierendes Verhalten i. S. des **AGG,** insb. Verstöße gegen die in § 75 Abs. 2 enthaltenen Grundsätze, kann diesen Tatbestand erfüllen.[764] **235**

Die Anwendung des Abs. 2 Nr. 6 wird dadurch erschwert, dass nicht in der Vergangenheit erwiesenes, sondern **für die Zukunft unterstelltes Verhalten** die Grundlage für den Zustimmungsverweigerungsgrund liefert. Dabei haben zwar frühere Verhaltensweisen des Bewerbers den Charakter von Indizien, doch muss sehr vorsichtig mit einer einfachen Linienziehung in die Zukunft umgegangen werden.[765] Hinzu kommt, dass im Zweifelsfall wieder die **Möglichkeit einer Entlassung** über § 104 besteht. Gerichtliche Entscheidungen zu der Bestimmung sind rar.[766] **236**

VI. Verfahren nach Zustimmungsverweigerung, Ersetzung der Zustimmung gemäß Abs. 4

Hat der BR die Zustimmung zu der Maßnahme verweigert, hat der AG folgende **vier Reaktionsmöglichkeiten:** **237**

- Er **verzichtet** auf die Durchführung der geplanten Maßnahme. Evtl. neue Vorschläge lösen den Mitbestimmungsmechanismus des § 99 erneut aus (Rn. 131). Das ist allerdings **erst nach tatsächlicher Aufhebung** der Maßnahme möglich. Es genügt wegen § 101 dagegen nicht, wenn der AG den BR nachträglich um Einstellung oder Versetzung ersucht oder nur mitteilt, er nehme die Versetzung »zurück« und führe sie nunmehr nur noch »vorläufig« durch.[767]

---

758 Ähnlich *Fitting*, Rn. 252; HWGNRH-*Huke*, Rn. 186; Richardi-*Thüsing*, Rn. 265.
759 *ArbG Kassel* 29.5.73, DB 73, 1359; HWGNRH-*Huke*, Rn. 185; GK-*Raab*, Rn. 226; Richardi-*Thüsing*, Rn. 266.
760 *Fitting*, Rn. 248.
761 *LAG Köln* 14.9.12 – 5 TaBV 18/12, juris, *HessLAG* 2.11.99 – 4 TaBV 31/99, DB 01, 155; vgl. auch *BAG* 6.4.73 – 1 ABR 13/72, Nr. 1 zu AP § 99 BetrVG 1972.
762 *ArbG Offenbach* 6.9.89 – 3 BV 14/89.
763 *BAG* 16.12.04 – 1 ABR 48/03, BAGE 112, 329.
764 *Dickerhof-Borello/Nollert-Borasio/Wenckebach*, AGG§ 7 Rn. 20.
765 Vgl. *Fitting*, Rn. 253f.; GK-*Raab*, Rn. 227; HWGNRH-*Huke*, Rn. 189.
766 *LAG Bremen* 27.11.57, BB 58, 40; vgl. *Heinze*, Rn. 332ff.
767 *BAG* 11.10.22 – 1 ABR 18/21, AuR 23, 211.

- Der AG **beharrt** auf der Maßnahme, wartet mit ihrer Durchführung jedoch ab, bis über seinen Antrag auf **Ersetzung der Zustimmung** gemäß Abs. 4 durch das ArbG entschieden ist (Rn. 239).
- Der AG führt die Maßnahme **vorläufig** unter Beachtung des Verfahrens nach § 100 durch. Die Entscheidung über den – vorläufigen und endgültigen – Bestand der Maßnahme fällt dann im Verfahren gemäß §§ 99 Abs. 4, 100 und ggf. 101.
- Der AG **führt** die Maßnahme **durch, ohne das Verfahren gemäß § 100** einzuleiten. Untervarianten – jedoch ohne rechtliche Unterschiede – sind, ob er parallel dazu den Antrag nach Abs. 4 stellt oder auch dies unterlässt. Die Begründung für ein solches Vorgehen kann darin liegen, dass der AG die Zustimmungsverweigerung des BR für unbeachtlich hält (z. B. im Hinblick auf formale Mängel [Rn. 185], Missbräuchlichkeit [Rn. 186] oder Fristüberschreitung [Rn. 174]). Im schlimmsten – leider in der Praxis gleichfalls nicht seltenen – Fall geschieht dies ohne oder nur mit vorgeschobener Begründung. In diesem Fall hat der BR die Möglichkeit eines Antrags gemäß § 101, um die Maßnahme durch das ArbG aufheben zu lassen (vgl. § 101 Rn. 4; dort auch zur weiter gehenden Möglichkeit eines Unterlassungsantrags sowie einer einstweiligen Verfügung, Rn. 19 ff.).

238 Unabhängig von diesen Verfahren über die Berechtigung konkreter personeller Einzelmaßnahmen besteht die Möglichkeit von **Feststellungsverfahren** über generelle Fragen des Bestands und der Reichweite des Mitbestimmungsrechts (vgl. Rn. 261 ff.).

239 Will der AG die Verweigerung der Zustimmung nicht hinnehmen, kann er **beim ArbG** beantragen, die **Zustimmung** zu ersetzen (Abs. 4). Wenn und solange die Zustimmung nicht ersetzt wird, darf der AG die beabsichtigte Maßnahme nicht durchführen (zu ihrer arbeitsrechtlichen Wirksamkeit gegenüber AN vgl. Rn. 247ff). Es sei denn, er beschreitet unter den Voraussetzungen des § 100 den Weg der vorläufigen Durchführung. Der Antrag ist an keine Frist gebunden.[768]

239a **Ändert der AG die beabsichtigte personelle Maßnahme** nach der Anhörung des BR sowie seiner Zustimmungsverweigerung und beantragt nunmehr zu der abgeänderten Maßnahme vor dem ArbG die Zustimmungsersetzung nach § 99 Abs. 4, ist der Antrag unbegründet, wenn nicht der BR zuvor zu dieser nun abgeändert beabsichtigten Maßnahme erneut nach § 99 Abs. 1 beteiligt worden ist[769]. Auf einen solchen Sachverhalt kann hindeuten, dass der Zustimmungsersetzungsantrag erst nach dem Zeitpunkt gestellt wird, zu dem die Maßnahme wirksam werden sollte. Ein AG ist aber nicht daran gehindert, noch während des Laufs des Verfahrens nach § 99 Abs 4 für dieselbe Stelle mit einem **neuen Besetzungsvorgang** im Sinne des § 99 Abs. 1 S. 1 zu beginnen. Handelt es sich nicht um einen neuen Besetzungsvorgang, so steht dem Zustimmungsverfahren der Einwand anderweitiger Rechtshängigkeit entgegen.[770]

240 Das ArbG entscheidet im **Beschlussverfahren** (§§ 2a Abs. 1 Nr. 1, 80 Abs. 1 ArbGG). Die Entscheidung des Gerichts kann dahin lauten, dass die Zustimmung des BR ersetzt oder der Antrag des AG abgelehnt wird. Hält der AG die Zustimmungsverweigerung für unbeachtlich (Rn. 186), kann er die Feststellung beantragen, dass die Zustimmung des BR als erteilt gilt, und hilfsweise den Zustimmungsersetzungsantrag stellen.[771] Auch wenn der AG einen solchen Antrag nicht gestellt hat, das Gericht jedoch die Zustimmungsverweigerung des BR für unbeachtlich hält, hat es festzustellen, dass die Zustimmung als erteilt gilt.[772] Gegen die Entscheidung ist das **Rechtsmittel** der Beschwerde zum *LAG* (§ 87 ArbGG) bzw. Rechtsbeschwerde zum *BAG* (§ 92 ArbGG) gegeben.[773] AG und BR können über die Angelegenheit einen **Vergleich** schließen, der die Wirkung einer freiwilligen BV über die geplante Maßnahme hat.

---

768 Düwell-*Keuder/Matthiessen-Kreuder*, Rn. 78; HWGNRH-*Huke*, Rn. 199.
769 *LAG Düsseldorf* 7.2.17 – 3 TaBV 126/15.
770 *BAG* 28.2.06 – 1 ABR 1/05, juris; *LAG Hamm* 12.8.14 – 7 TaBV 29/14, juris.
771 *BAG* 28.1.86, DB 86, 1077.
772 *BAG* 18.10.88, DB 89, 530.
773 Näher *Boemke*, ZfA 92, 515 ff.

241 Die Möglichkeit einer **einstweiligen Verfügung** zur Ersetzung der Zustimmung besteht nicht; in Eilfällen muss der AG gemäß § 100 (vorläufige Durchführung) vorgehen.[774] (vgl. § 101 Rn. 20).

242 Nach **rechtskräftiger Abweisung** des AG-Antrags muss der AG die **Maßnahme rückgängig** machen. Erfüllt er diese Verpflichtung nicht, kann der BR das Aufhebungsverfahren des § 101 betreiben. Will der AG die Maßnahme erneut durchführen, darf er dies nur mit neuen Gründen tun.[775] Wegen der Rechtskraftwirkung muss es sich um eine **andere Maßnahme** handeln. Der AG darf in einem solchen Fall den AN nicht auf seinem bisherigen Platz lassen,[776] sonst kann der BR gemäß § 101 vorgehen (vgl. § 101 Rn. 4).

243 Neben dem AG als Antragsteller ist der **BR** Beteiligter des Beschlussverfahrens. Die von der geplanten Maßnahme **betroffenen AN** sind nicht Beteiligte.[777] Sie haben damit insbes. kein eigenes Antragsrecht[778] (zur individualrechtlichen Stellung vgl. Rn. 247 ff.). Auch eine freiwillige (fakultative) Beteiligung der AN kommt nicht in Betracht.[779] Beim **Fremdfirmeneinsatz** (Rn. 59 ff.) ist die Fremdfirma **nicht** als **Nebenintervenient** zu beteiligen.[780] Das Ergebnis eines Rechtsstreits über das **Bestehen eines Beteiligungsrechts** des BR ist auch für andere AN **bindend.**[781]

244 Im Verfahren um die Ersetzung der Zustimmung hat der AG die **Darlegungs- und Beweislast.** Da im Beschlussverfahren (hierzu näher Einl. Rn. 186 ff.) das Amtsermittlungsprinzip gilt, bedeutet dies, dass nicht aufgeklärte Tatsachen zu Lasten des AG gehen. Der BR muss die Gründe vortragen, wegen deren er die Zustimmung verweigert hat. Der AG trägt die Darlegungs- und Beweislast dafür, dass kein Verweigerungsgrund besteht.[782] Die (materielle) Beweislast für die ordnungsgemäße Information liegt beim AG,[783] für die frist- und formgerechte Verweigerung der Zustimmung beim BR.[784] Macht der BR im Rahmen eines Eingruppierungsverfahrens geltend, AN seien höher einzugruppieren, so hat er darzulegen, aus welchen Gründen eine höherwertige Tätigkeit vorliegt[785].

245 **Prüfungsumfang im arbeitsgerichtlichen Verfahren** wird grundsätzlich durch die Zustimmungsverweigerung des BR bestimmt. Das Arbeitsgericht darf im Verfahren nach § 99 Abs. 4 daher nur prüfen, ob die vom BR innerhalb der Wochenfrist des § 99 Abs. 3 S. 1 vorgebrachten Zustimmungsverweigerungsgründe vorliegen.[786] Das Gericht darf daher nicht – auch nicht im Rahmen des Amtsermittlungsgrundsatzes – nachprüfen, ob vom BR bislang nicht geltend gemachte, weitere Gründe für die Zustimmungsverweigerung vorliegen.[787] Das *BAG* lässt auch ein **Nachschieben von Gründen** durch den BR im Gerichtsverfahren nicht zu (Rn. 187), wohl aber eine ergänzende Information durch den AG (Rn. 131). Deshalb ist davon auszugehen, dass eine Konkretisierung der Gründe für die Zustimmungsverweigerung durch den BR möglich ist, solange hierdurch nicht ein neuer Lebenssachverhalt eröffnet wird.

246 Das **Rechtsschutzinteresse des AG** ist unabhängig von der individualrechtlichen Rechtslage. Es kann nicht mit der Begründung verneint werden, dass AN infolge des Ablaufs von Ausschluss- oder Verjährungsfristen aus der nachträglichen Feststellung (einer vom BR verweigerten) Eingruppierung in eine höhere Vergütungsgruppe möglicherweise keinen Nutzen

774 *Fitting*, Rn. 284; KR-*Kraft*, Rn. 161; HWGNRH-*Huke*, Rn. 200; *Dütz*, ZfA 72, 253; *Boemke*, ZfA 92, 473, 522 f.
775 Problematisch als Umgehungstatbestand *HessLAG* 30. 9. 93 – 4 TaBV 108/93, Mitb. 6/94, 66.
776 *LAG Frankfurt* 5. 7. 88 – 4 TaBV 75/88.
777 H. M.; *BAG* 3. 7. 96 – 2 AZR 825/95, NZA 97, 713, 716; Düwell-*Keuder/Matthiessen-Kreuder*, Rn. 80; GK-*Raab*, Rn. 250; HWGNRH-*Huke*, Rn. 200.
778 *Fitting*, Rn. 288; *Boemke*, ZfA 92, 482 f. m. w. N.
779 *Boemke*, ZfA 92, 491.
780 *ArbG Offenbach* 4. 10. 89 – 3 BV 19/89.
781 *BAG* 7. 3. 96, a. a. O.
782 H. M.; vgl. RegE, BT-Drucks. VI/1786; HWGNRH-*Huke*, Rn. 197; *Fitting*, Rn. 290.
783 *BAG* 28. 1. 86, DB 86, 1077.
784 *Fitting*, Rn. 290; HWGNRH-*Huke*, Rn. 198.
785 *LAG Hessen* 29. 3. 18 – 5 TaBV 182/17, juris.
786 *LAG Berlin-Brandenburg* 9. 11. 17 – 5 TaBV 792/17, juris.
787 *Fitting*, Rn. 290; GK-*Raab*, Rn. 228; HWGNRH-*Huke*, Rn. 197; a. A. *Heinze*, Rn. 353.

ziehen können.[788] Rechtsschutzinteresse besteht nur so lange, wie betroffene AN im Betrieb mit unveränderter Eingruppierung beschäftigt sind und der AG die Durchführung der Maßnahme noch beabsichtigt.[789]

VII. Rechtsstellung einzelner Arbeitnehmer:innen

247 Einzelne AN, denen die jeweilige Maßnahme gilt, sind zwar Betroffene, aber im Rechtssinne **nicht Beteiligte** des betriebsverfassungsrechtlichen Entscheidungsprozesses. Deshalb haben sie in einem Beschlussverfahren nicht die Rechtsstellung von Beteiligten (Rn. 210). Einzelne AN haben **keinen Anspruch auf ein wie auch immer geartetes Tätigwerden des BR.**[790] Der BR kann sich sowohl im Interesse anderer AN gegen sie entscheiden als auch Gründe im wohlverstandenen Interesse der AN (aber gegen dessen ausdrückliche Willensbekundung) vortragen (vgl. Rn. 4). Es ist verfehlt, die Situation der vom BR abgelehnten Stellenbewerber isoliert auf die BR-Entscheidung bezogen unter dem Gesichtspunkt des **Art. 12 GG** zu thematisieren (mit dem Ziel, eine mögliche Zustimmungsverweigerung anzugreifen).

248 Aus der gemeinsamen Verantwortung für die **Teilhabe schwerbehinderter Menschen am Arbeitsleben** folgt aber, dass der AG die vom BR ordnungsgemäß und fristgerecht geltend gemachten Zustimmungsverweigerungsgründe darauf überprüft, ob diese tatsächlich zutreffen. Ist dies nicht der Fall, so muss er zur Beseitigung des Teilhabehindernisses ein Zustimmungsersetzungsverfahren nach § 99 Abs. 4 einleiten. Führt der AG in dieser Situation das gerichtliche Zustimmungsersetzungsverfahren nicht durch, kann dies einen Schadensersatzanspruch des AN begründen.[791] Selbstverständlich heißt das auch, dass auch der BR die Schutzregelungen zugunsten schwerbehinderter AN umfassend in seine Prüfung einbeziehen muss.

249 Die betriebsverfassungsrechtliche Beurteilung personeller Einzelmaßnahmen erfolgt durchgängig unabhängig von der jeweiligen arbeitsvertraglichen Rechtslage (vgl. Rn. 34). Für den umgekehrten Fall der **Auswirkungen** der betriebsverfassungsrechtlichen Rechtslage **auf die einzelvertraglichen Beziehungen** ist nach dem jeweiligen **Schutzzweck des Mitbestimmungsrechts** zwischen den einzelnen personellen Maßnahmen zu differenzieren:[792] Eine Einstellung unter Verletzung des Mitbestimmungsrechts wird als wirksamer Vertragsabschluss behandelt (Rn. 250) eine Versetzung ohne Zustimmung des BR als rechtsunwirksam (Rn. 252) und eine fehlerhafte Eingruppierung als unbeachtlich (Rn. 257).[793] Die gerichtliche Ersetzung der BR-Zustimmung gem. Abs. 4 hat keine präjudizielle Wirkung zulasten des AN, um dessen Versetzung es geht.[794]

250 Ein ohne Zustimmung des BR mit einem Bewerber abgeschlossener **Arbeitsvertrag** ist voll **wirksam,** weil § 99 nur auf ein Beschäftigungs-, nicht auf ein Abschlussverbot abzielt.[795] Der AG darf daher betriebsverfassungswidrig eingestellte AN **nicht beschäftigen,**[796] wobei die AN jedoch den Entgeltanspruch auch für die Zeit der Nichtbeschäftigung behalten.[797] AN haben aber nur dann ein Leistungsverweigerungsrecht, wenn der BR selbst gegen die Missachtung seines Mitbestimmungsrechts gem. § 101 vorgeht.[798] Arbeiten AN bis zur Entscheidung des Gerichts, stellt sich die Frage der **Entgeltzahlung trotz Nichtbeschäftigung** für die restliche Laufzeit des Arbeitsverhältnisses (hierzu § 100 Rn. 18a, 41). Ohne Zustimmung des BR eingestellte AN, die von der Übergehung des BR nichts wussten, haben unter Zumutbarkeits-

---

788 *BAG* 9.2.93 – 1 ABR 51/92, EzA § 99 BetrVG 1972 Nr. 111.
789 *BAG* 20.1.21 – 4 ABR 1/20; 17.11.21 – 7 ABR 39/19, juris.
790 *BAG* 3.7.96 – 2 AZR 825/95, NZA 97, 713, 715.
791 Vgl. *BAG* 3.12.02, AP Nr. 2 zu § 81 SGB IX m.w.N.; *LAG Hamm* 30.9.10 – 15 Sa 416/10, juris.
792 *BAG* 5.4.01 – 2 AZR 580/99, NZA 01, 893 [896].
793 Umfassend *Raab,* ZfA 95, 479.
794 *SächsLAG* 17.1.01 – 2 Sa 408/00, NZA-RR 01, 641.
795 *BAG* 5.4.01 – 2 AZR 580/99, NZA 01, 893 [896]); HWGNRH-*Huke*, Rn. 14, 193.
796 *BAG* 2.7.80, EzA § 99 BetrVG 1972 Nr. 28 mit Anm. *Löwisch/Röder*..
797 *BAG,* a.a.O.; zu einem prozessualen Verwertungsverbot der Arbeitsergebnisse eines mitbestimmungswidrig eingestellten Detektivs vgl. *Fischer,* BB 99, 154; Düwell-*Keuder/Matthiessen-Kreuder*, Rn. 80; a.A. *Lingemann/Göpfert,* DB 97, 375.
798 *BAG* 5.4.01, NZA 01, 893 [897].

gesichtspunkten ab dem Zeitpunkt das **Recht zur Arbeitsverweigerung** (mit fortbestehendem Entgeltanspruch), ab dem der BR den Antrag nach § 101 stellt (unabhängig von dessen späterem Erfolg; vgl. Rn. 253). Unterlässt der AG dies, haben AN Anspruch auf Schadensersatz aus dem Gesichtspunkt des Verschuldens bei Vertragsabschluss,[799] ggf. sogar wegen Betrugs gemäß § 823 Abs. 2 BGB i. V. m. § 263 StGB.[800]

Verweigert der BR die Zustimmung, stellt sich die Frage, ob AN einen **Rechtsanspruch auf Einleitung eines Verfahrens zur Ersetzung der Zustimmung** gemäß Abs. 4 haben.[801] Hier gilt der Grundsatz, dass es dem AG freigestellt bleiben muss, Einwendungen des BR zu akzeptieren und auf einen Rechtsstreit mit diesem zu verzichten.[802] Der AG hat ein eigenes schutzwürdiges Interesse selbst zu entscheiden, ob er von seinem Antragsrecht auf Einleitung eines Zustimmungsersetzungsverfahrens Gebrauch machen und sich damit in eine gerichtliche Auseinandersetzung mit dem BR begeben will oder ob er hiervon Abstand nehmen möchte. Dieses Interesse muss er nicht hinter die Belange der AN zurückstellen. Dabei ist auch nicht erheblich, aus welchem Grund der BR die Zustimmung zu seiner Einstellung verweigert hat. Das gerichtliche Zustimmungsersetzungsverfahren bezweckt keinen individualrechtlichen Schutz der eine Einstellung begehrenden AN[803]. Ausnahmsweise können AN die Einleitung eines Zustimmungsersetzungsverfahrens verlangen, wenn sich der AG zur Durchführung dieses Verfahrens im Wege einer Selbstbindung (z. B. vertraglich) verpflichtet hat. Für die Annahme einer solchen Selbstbindung müssen allerdings besondere Anhaltspunkte gegeben sein.[804] Ein Anspruch auf Durchführung eines Verfahrens nach § 99 Abs. 4 kann auch in Betracht kommen, wenn ein kollusives Zusammenwirken zwischen den Betriebsparteien vorliegt.[805] Demgegenüber soll sich ein solcher Anspruch nach der Rspr. des *BAG* nicht aus dem Grundsatz von Treu und Glauben ergeben können, selbst dann nicht wenn der AG durch einseitige Maßnahmen im laufenden Arbeitsverhältnis die Zustimmungspflichtigkeit selbst herbeigeführt hat, eine dauerhafte Beschäftigungslosigkeit droht und der AN über eigene Rechtsschutzmöglichkeiten zur Durchsetzung der Beschäftigung nicht verfügt.[806] **Schwerbehinderten Menschen** billigt das *BAG* wegen § 164 Abs. 4 Nr. 1 SGB IX einen solchen Anspruch zu, es sei denn, das Zustimmungsersetzungsverfahren hat keine Aussicht auf Erfolg.[807] 250a

Ein betriebsverfassungswidriges Arbeitsverhältnis endet nicht automatisch, sondern bedarf der **Kündigung** (vgl. § 100 Rn. 41). 251

Eine **Versetzung** ohne Zustimmung des BR oder ohne Ersetzung der Zustimmung gemäß Abs. 4 ist AN gegenüber **unwirksam.**[808] AN sind nicht verpflichtet, an einem betriebsverfassungswidrig zugewiesenen Arbeitsplatz zu arbeiten. Die Weigerung hierzu stellt keine vertragswidrige Arbeitsverweigerung dar[809] und lässt den Entgeltanspruch gemäß §§ 614, 615 BGB nicht entfallen. Das Mitbestimmungsrecht des BR bei einer Versetzung dient nicht nur dem Schutz der Belegschaft, sondern auch den Interessen der einzelnen AN.[810] AN können einer derart unwirksamen Versetzung mit einer Feststellungsklage begegnen (zur Möglichkeit einer einstweiligen Verfügung vgl. § 101 Rn. 24). Eine ordnungsgemäß als vorläufige Maßnahme nach § 100 durchgeführte Versetzung ist AN gegenüber dagegen wirksam, bis sie möglicherweise gemäß § 100 Abs. 3 endet (vgl. § 100 Rn. 40). 252

Das Recht der **Arbeitsverweigerung** steht AN bei der Versetzung im Unterschied zur Einstellung nicht nur dann zu, wenn der BR selbst gegen die Missachtung seines Mitbestimmungs- 253

799 Vgl. *BAG* 14.6.72, AP Nr. 1 zu §§ 22, 23 BAT mit Anm. *Wiedemann.*
800 Einschränkend *Gottwald,* BB 97, 2427: Anspruch nur bei entsprechender vertraglicher Festlegung des AG.
801 Vgl. GK-*Raab,* Rn. 231; HWGNRH-*Huke,* Rn. 196; *Boewer,* RdA 74, 76.
802 Vgl. *BAG* 2.7.80, a. a. O.
803 *BAG* 21.2.17 – 1 AZR 367/15, juris.
804 *BAG* 16.3.10 – 3 AZR 31/09, juris.
805 *BAG* 16.3.10 – 3 AZR 31/09, juris.
806 *BAG* 21.2.17 – 1 AZR 367/15, juris; *LAG Hamm* 12.5.15 – 14 Sa 904/14, juris.
807 *BAG* 3.12.02 – 9 AZR 481/01, BB 03, 1014 zu § 81 SGB IX a. F.
808 H. M.; *BAG* 5.4.01 – 2 AZR 580/99, NZA 01, 893 [896]; 26.1.88, DB 88, 1167.
809 *BAG* 22.10.10 – 2 AZR 491/09, juris.
810 *BAG* 5.4.01 – 2 AZR 580/99; 22.4.10 – 2 AZR 491/09 –, BAGE 134, 154–159.

rechts gem. § 101 vorgeht.[811] Gerade das Mitbestimmungsrecht bei einer Versetzung dient auch dem Schutz der von Versetzungen betroffenen AN, so dass die fehlende Zustimmung des BR zur Versetzung auch zur individualrechtlichen Unwirksamkeit der Maßnahme führt.[812] Dies gilt auch dann, wenn AN schon vor der Versetzung zu erkennen geben, dass sie auch bei erteilter Zustimmung des BR die Versetzung nicht akzeptieren (s. § 100 Rn. 18a).[813]

VIII. Nebeneinander mehrerer Mitbestimmungstatbestände

254 Wenn die **Versetzung** nicht im Rahmen des Arbeitsvertrags auf Grund des Direktionsrechts zulässig ist und der **Änderungskündigung** bedarf, überlagern sich die Verfahren nach §§ 99, 100 und 102 bzw. mit einem Kündigungsschutzprozess gemäß § 2 KSchG. Beide Mitbestimmungsverfahren bestehen nebeneinander; ihre Voraussetzungen sind je für sich zu erfüllen.[814] Das bedeutet zweierlei:

- Die fehlende Zustimmung des BR zur Versetzung nach § 99 führt nicht zur Unwirksamkeit der Änderungskündigung (vgl. auch Rn. 99).[815]
- Das mögliche Erfordernis einer Änderungskündigung führt nicht dazu, dass bis zur endgültigen Entscheidung über deren Wirksamkeit dem BR ein Zustimmungsverweigerungsgrund i. S. d. Abs. 2 Nr. 1 zusteht.[816] Das Gleiche gilt im Verhältnis zwischen **Umgruppierung** und Änderungskündigung.

255 Verlangt der AG ungeachtet dieser Rechtslage die Befolgung einer wichtigen Versetzungsweisung und **lassen sich betroffene AN hierauf ein** (möglicherweise aus Angst), so stehen dem BR die Rechte nach **§ 101** und ggf. ein **Unterlassungsanspruch** zu (vgl. § 101 Rn. 4 ff.; 21 ff.).

256 Bei **Versetzung von BR-Mitgliedern** ist das Verfahren gem. § 99 neben dem nach § 103 Abs. 3 durchzuführen (vgl. im Einzelnen § 103 Rn. 71).

257 Die richtige **Eingruppierung** einzelner AN ist unabhängig davon, ob und wie das Mitbestimmungsverfahren abgelaufen und entschieden worden ist bzw. welche Eingruppierungsmaßnahme der AG getroffen hat. AN haben unabhängig hiervon einen **Rechtsanspruch auf richtige Eingruppierung.**[817] Deshalb ist eine zutreffende Eingruppierung im Verhältnis zu den AN nicht – wie eine Versetzung – wegen mangelnder oder fehlerhafter Beteiligung des BR unwirksam. Den AN steht mindestens die **Vergütung** nach der Lohn- oder Gehaltsgruppe zu, in die ihn der AG eingruppiert hat, solange er die ihm zugewiesene Tätigkeit ausübt.[818] Er hat allerdings auch keine individualrechtlichen Ansprüche aus der Verletzung von Mitbestimmungsrechten des BR.[819] Sind AN irrtümlich zu hoch eingruppiert worden, können sie zur Rückzahlung gemäß § 812 BGB verpflichtet sein.[820]

258 Der BR kann ein übergangenes Mitbestimmungsrecht in einem **Verfahren entsprechend § 101** geltend machen[821] (vgl. § 101 Rn. 6). Einzelne AN können unabhängig von einem (parallel laufenden) Beschlussverfahren über die Ersetzung der Zustimmung zur Eingruppierung gemäß Abs. 4 die nach seiner Ansicht richtige Eingruppierung in einem individuellen Urteilsverfahren einklagen[822] (zur fehlenden Verfahrensbeteiligung des AN Rn. 214). Soweit im Zustimmungsersetzungsverfahren nach § 99 Abs. 4 BetrVG eine bestimmte Entgeltgruppe als zutreffend ermittelt oder als unzutreffend ausgeschlossen wurde, können AN ihren **Entgeltanspruch un-**

811 *BAG* 5.4.01 – 2 AZR 580/99, NZA 01, 893 [897].
812 *LAG Rostock* 6.5.04 – 1 Sa 240/03.
813 *LAG Hessen*, 20.12.19 – 14 Sa 329/19.
814 *BAG* 30.9.93 – 2 AZR 283/93, NZA 94, 615; 10.8.93 – 1 ABR 22/93, NZA 94, 187; KDZ-*Deinert*, § 102 Rn. 15.
815 *BAG* 30.9.93, a.a.O.
816 *BAG* 10.8.93, a.a.O.
817 H.M.; *Fitting*, Rn. 281 m.w.N.
818 St. Rspr.; zuletzt *BAG* 16.1.91 – 4 AZR 301/90, EzA § 24 BAT Nr. 4; 19.7.78, AP Nr. 8 zu §§ 22, 23 BAT 1975.
819 *BAG* 30.9.93 – 2 AZR 283/93, NZA 94, 615.
820 Vgl. *BAG* 30.5.90 – 4 AZR 74/90, PersR 90, 270.
821 GK-*Raab*, Rn. 160.
822 *BAG* 13.5.81, AP Nr. 24 zu § 59 HGB.

mittelbar auf die gerichtliche Entscheidung stützen. Insoweit ist sein Anspruch nicht von einer weiteren Prüfung der tariflichen Eingruppierungsvoraussetzungen abhängig.[823] AN sind jedoch nicht gehindert, eine günstigere als die nach § 99 festgestellte Eingruppierung geltend zu machen.

Ist eine **Umgruppierung mit einer Versetzung verbunden**, sind die Voraussetzungen und Verfahrensvorschriften für diese zusätzlich zu beachten. Das kann z. B. dazu führen, dass die Zuweisung einer höher zu bewertenden Tätigkeit nicht wirksam ohne Zustimmung des BR erfolgen kann. Die Eingruppierung richtet sich dann danach, ob die Versetzung tatsächlich erfolgt oder nicht.[824] 259

Falls die **Eingruppierung** zugleich **Bestandteil des Arbeitsvertrags** ist, kann in der Umgruppierung darüber hinaus noch eine **Änderungskündigung** liegen, deren materielle und verfahrensmäßige Voraussetzungen dann zusätzlich erfüllt sein müssen. 260

IX. Rechtsstreitigkeiten

Im Anwendungsbereich des § 99 sind zwei verschiedene Typen von **Beschlussverfahren** möglich: das Verfahren zur Abklärung eines **Streits um eine konkrete Maßnahme** auf Grund eines AG-Antrags zur Ersetzung der BR-Zustimmung (auch in Form eines Verfahrenskomplexes für mehrere gleichzeitig betroffene AN) gemäß Abs. 4 (vgl. Rn. 239) und ein **Feststellungsverfahren** zur Klärung von Streitfragen über das Bestehen oder Nichtbestehen eines Mitbestimmungsrechts.[825] 261

Sowohl der AG als auch der BR können als Antragsteller auftreten. Die **Anträge** können sich einerseits auf die **generelle Feststellung** erstrecken, dass eine bestimmte personelle Maßnahme der Zustimmung des BR bedarf oder nicht bedarf. Das *BAG* hat in dieser Hinsicht Anträge für zulässig angesehen und in der Sache entschieden, die darauf zielten festzustellen, 262

- dass die Verlängerung eines befristeten Arbeitsvertrags der Zustimmung des BR bedarf;[826]
- dass die Weiterbeschäftigung von AN über eine tarifliche Altersgrenze hinaus mitbestimmungspflichtig ist;[827]
- dass die Abordnung von AN einer Filiale eines UN in eine andere Filiale für die aufnehmende Filiale auch dann als Versetzung mitbestimmungspflichtig ist, wenn sie nur für wenige Tage erfolgt;[828]
- dass er bei einer konkreten Eingruppierung das Mitbestimmungsrecht des BR gewahrt hat.[829]

Die Anträge können aber auch darauf zielen festzustellen, ob der BR die Zustimmung zu einer **bestimmten Maßnahme** mit einer bestimmten Begründung verweigern darf.

Derartige Anträge müssen aber so gestellt werden, dass das strittige Beteiligungsrecht für alle vom Antrag erfassten Vorgänge bejaht oder verneint werden kann, um einen sog. Globalantrag zu vermeiden.[830] Auch ein **Prozessvergleich** muss einen im Einzelfall vollstreckbaren Titel enthalten. Ein »Globaltitel«, der nur den Text des § 99 als künftig einzuhaltende Norm enthält, ist nicht vollstreckbar.[831]

Die **Negativfeststellung** eines Zustimmungsverweigerungsrechts kann die Grundlage dafür abgeben, eine künftige gleichgeartete Zustimmungsverweigerung als **unbeachtlich** zu betrachten (vgl. Rn. 186). Die **Positivfeststellung** eines Zustimmungsverweigerungsrechts kann dagegen die Grundlage dafür abgeben, künftig von einem **groben Verstoß** des AG i. S. d. § 23 263

823 *BAG* 3.5.94 – 1 ABR 58/93, BB 94, 2490; vgl. *Hey,* BB 97, 1587.
824 Vgl. *BAG* 16.1.91 – 4 AZR 301/90, AP Nr. 3 zu § 24 MTA.
825 *BAG* 28.4.92 – 1 ABR 73/91, NZA 92, 1141; vgl. *Matthes,* DB 89, 1290.
826 *BAG* 28.10.86, DB 87, 847.
827 *BAG* 12.7.88, BB 88, 2176.
828 *BAG* 16.12.86, DB 87, 747.
829 *BAG* 9.2.93 – 1 ABR 51/92, EzA § 99 BetrVG 1972 Nr. 111.
830 *Matthes*, DB 89, 1290; vgl. *BAG* 28.9.88, DB 89, 386.
831 *LAG Köln* 16.1.97 – 6 Ta 168/96, NZA-RR 98, 19.

auszugehen, wenn er eine solche Maßnahme ohne Zustimmung des BR bzw. ohne Ersetzung dieser Zustimmung gemäß Abs. 4 durchführt[832] (vgl. § 101 Rn. 22).

264 Ein derartiger Antrag kann auch **gemeinsam** mit einem **Antrag nach § 101** (s. dort Rn. 10) oder einem **Gegenantrag nach § 100** Abs. 2 Satz 3 (s. dort Rn. 35) gestellt werden. Der BR kann **von einem Antrag nach § 101** auf einen Feststellungsantrag **übergehen,** wenn sich die konkrete personelle Maßnahme erledigt hat.[833]

265 Die Verletzung von Mitbestimmungsrechten nach § 99 im Zusammenhang mit Einstellungen und Versetzungen begründet einen **Anspruch** des BR **auf Unterlassung** zukünftiger gleichartiger Verletzungshandlungen i. S. eines allgemeinen Unterlassungsanspruchs, wie ihn das *BAG* für die Verletzung der Mitbestimmungsrechte nach § 87 anerkennt (§ 87 Rn. 392), wenn eine Wiederholungsgefahr besteht.[834] Dieser Anspruch kann auch im Wege der **einstw. Verfügung** durchgesetzt werden (vgl. ausführlich § 101 Rn. 19 ff.).

266 Nach der Rspr. des *BAG* ist ein Antrag des BR, den AG zu verpflichten, zu bereits vorgenommenen Einstellungen **nachträglich die Zustimmung** des BR einzuholen, im BetrVG nicht vorgesehen. Den Interessen des BR sei in vollem Umfang durch § 101 Rechnung getragen.[835]

267 Der AG kann sein Zustimmungsersuchen zu einer beabsichtigten Einstellung, jederzeit – auch noch im arbeitsgerichtlichen Verfahren – zurückziehen. Dies führt zur objektiven **Erledigung** des gerichtlichen Zustimmungsersetzungsverfahrens.[836] Erledigung tritt auch dann ein, wenn der BR nach Einleitung des Zustimmungsersetzungsverfahrens wegfällt, z. B. durch Rücktritt oder weil ein BR nicht mehr gewählt wird.[837] Um einen Fall der Erledigung handelt es sich auch dann, wenn der BR im Verfahren seine Zustimmung erteilt. In allen Fällen der Erledigung ist das Verfahren einzustellen.

268 An einem Beschlussverfahren über die Eingruppierung von AN ist auf AG-Seite im Gemeinschaftsbetrieb nur der Vertragsarbeitgeber beteiligt.[838]

268a Bei einem Rechtsstreit über eine Ein- oder Umgruppierung ist eine **pauschale Überprüfung** erforderlich, aber laut *BAG* auch ausreichend, soweit die Tätigkeit zwischen den Parteien unstreitig ist und diese das Tätigkeitsmerkmal oder ein Richtbeispiel einer bestimmten Entgeltgruppe als erfüllt ansehen.[839] Erkennbar werden durch die summarische Prüfung muss aber, aufgrund welcher **konkreten Tatsachen** die Erfordernisse einer bestimmten Vergütungsgruppe als erfüllt angesehen werden.[840]

269 Für ein gerichtliches Verfahren, in dem der BR hinsichtlich der dem Betrieb zugeordneten Beamten ein Mitbestimmungsrecht gem. § 99 Abs. 1 geltend macht, ist der Rechtsweg zum Arbeitsgericht gemäß § 2a Abs. 1 Nr. 1 eröffnet.[841]

270 Die Erstattung von **Rechtsanwaltskosten** in Verfahren nach §§ 99–101 ist umstritten. Ein Teil der *LAG* geht bei der Wertfestsetzung von § 12 Abs. 7 ArbGG (jetzt: § 42 Abs. 2 GKG) aus.[842] Andere *LAG* legen § 23 RVG zugrunde.[843] Letzterer Ansicht ist der Vorzug zu geben, denn die Beteiligungsrechte des BR haben nicht nur die individualvertragliche Dimension, wie sie § 12 Abs. 7 ArbGG zugrunde liegt, sondern dienen der gesamten Belegschaft (vgl. § 99 Rn. 4). So

---

832 *Matthes*, DB 89, 1290.

833 *LAG Saarland* 13.5.87, LAGE § 100 BetrVG 1972 Nr. 2.

834 *HessLAG* 1.11.05 – 5 TaBV 47/05, AuR 06, 173; *Däubler*, AR 1 Rn. 1069.

835 *BAG* 2.3.04 – 1 ABR 15/03, AiB 04, 385.

836 *BAG* 28.2.06 – 1 ABR 1/05, NZA 2006, 1178.

837 *BAG* 19.2.08 – 1 ABR 65/05, NZA-RR 2008, 490.

838 *BAG* 12.12.06 – 1 ABR 38/05, EzA BetrVG 2001 § 87 Betriebliche Lohngestaltung Nr. 13.

839 *BAG* 23.10.12 – 4 AZR 48/11, juris.

840 *BAG* 17.3.05 – 8 ABR 8/04; 13.11.19 – 4 ABR 3/19, juris.

841 *LAG Nürnberg* 19.4.05 – 9 Ta 34/05, AuR 05, 387.

842 Vgl. *LAG Rheinland-Pfalz* 11.5.95 – 6 Ta 48/95, DB 95, 1720; *LAG Hamm* 19.3.87, LAGE § 12 ArbGG Nr. 70; *LAG Düsseldorf* 25.4.95 – 7 Ta 399/94; *GMPM*, ArbGG, § 12 Rn. 135; *LAG Hamm* 28.4.05 – 10 TaBV 11/05, NZA-RR 05, 435; 13.5.05 – 10 TaBV 41/05; *ArbG Iserlohn* 21.2.14 – 7 Ta 7/14.

843 Vgl. noch zu § 8 Abs. 2 BRAGO: *LAG München* 7.12.95, NZA-RR 96, 419; 24.5.93 – 2 Ta 295/92, LAGE § 8 BRAGO Nr. 23; *LAG Schleswig-Holstein* 14.6.93 – 5 Ta 76/93, LAGE § 8 BRAGO Nr. 24; *LAG Hamburg* 4.8.92 – 2 Ta 6/92, LAGE § 8 BRAGO Nr. 18 mit umfangreichen Nachweisen.

ist nach der Rspr. des *LAG Düsseldorf* von einem Regelstreitwert von 5000 € auszugehen.[844] Der in § 23 Abs. 3 RVG genannte Betrag von 5000 Euro ist nur ein Hilfswert für den Fall, dass sonstige Anknüpfungspunkte für die Wertfestsetzung nicht vorhanden sind. Nach der Rspr. des *LAG Hamburg*[845] ist der Antrag des AG gem. § 99 Abs. 4 regelmäßig mit zwei Bruttomonatsverdiensten desjenigen AN, dessen Einstellung ersetzt werden soll, zu bewerten. Das *LAG Hamm*[846] geht bei einer Einstellung unter Zugrundelegung von § 42 Abs. 4 GKG von der dreifachen Bruttomonatsvergütung betroffener AN aus.

Zur Beilegung des vorstehend skizzierten Meinungsstreits und zur Vereinheitlichung der Rspr. hat die Streitwertkommission der Konferenz der Präsidentinnen und Präsidenten der LAG Vorschläge für einen einheitlichen **Streitwertkatalog** erarbeitet.[847] Der Streitwertkatalog versteht sich selbst aber nur »als Angebot auf dem Weg zu einer möglichst einheitlichen Wertrechtsprechung in Deutschland«, besitzt jedoch anerkanntermaßen keinerlei Rechtsverbindlichkeit. Er bietet aber – so z. B. das *LAG Hamburg* – eine wertvolle Orientierung bei der Festsetzung des Streitwerts.[848] Das *LAG Nürnberg* geht davon aus, dass Gerichte sich innerhalb des ihnen eingeräumten Ermessens bewegen, wenn sie sich am Streitwertkatalog orientieren.[849] Nach den Empfehlungen der Streitwertkommission handelt es sich bei personellen Einzelmaßnahmen um nichtvermögensrechtliche Angelegenheiten. Es kommt danach für die Wertfestsetzung entscheidend auf die Aspekte des Einzelfalls, z. B. die Dauer und Bedeutung der Maßnahme und die wirtschaftlichen Auswirkungen an. Die jeweiligen Umstände des Einzelfalls können zur Erhöhung oder Verminderung des Wertes führen. 271

Ausgehend von diesen Grundsätzen gibt die Streitwertkommission – allerdings ohne den Grundsatzstreit (vgl. Rn. 270) insgesamt aufzulösen – die folgenden Empfehlungen: 272
Bei einer **Einstellung** können als Anhaltspunkte für die Bewertung dienen:

- der Hilfswert von § 23 Absatz III 2 RVG oder
- die Regelung von § 42 Absatz III GKG (künftig: II), wobei eine Orientierung am 2-fachen Monatsverdienst des oder der AN sachgerecht erscheint.

Die vorgenannten Grundsätze gelten unter Berücksichtigung des Einzelfalls auch bei der Bewertung von **Eingruppierungen** und **Umgruppierungen**, wobei bei der Wertung die Orientierung an § 42 Absatz II GKG (künftig: I) vorzunehmen ist. Bei der 36-fachen Monatsdifferenz erfolgt ein Abschlag in Höhe von 25 % wegen der nur beschränkten Rechtskraftwirkung des Beschlussverfahrens für betroffene AN.

Bei einer **Versetzung** ist je nach Bedeutung der Maßnahme der Hilfswert oder Bruchteil davon bzw. ein bis zwei Monatsgehälter maßgeblich, angelehnt an die für eine Versetzung im Urteilsverfahren geltenden Grundsätze.

§ 100 Vorläufige personelle Maßnahmen

(1) Der Arbeitgeber kann, wenn dies aus sachlichen Gründen dringend erforderlich ist, die personelle Maßnahme im Sinne des § 99 Abs. 1 Satz 1 vorläufig durchführen, bevor der Betriebsrat sich geäußert oder wenn er die Zustimmung verweigert hat. Der Arbeitgeber hat den Arbeitnehmer über die Sach- und Rechtslage aufzuklären.

(2) Der Arbeitgeber hat den Betriebsrat unverzüglich von der vorläufigen personellen Maßnahme zu unterrichten. Bestreitet der Betriebsrat, dass die Maßnahme aus sachlichen Gründen dringend erforderlich ist, so hat er dies dem Arbeitgeber unverzüglich mitzuteilen. In diesem Fall darf der Arbeitgeber die vorläufige personelle Maßnahme nur aufrechterhalten, wenn er innerhalb von drei Tagen beim Arbeitsgericht die Ersetzung der Zustimmung des Betriebsrats und die Feststellung beantragt, dass die Maßnahme aus sachlichen Gründen dringend erforderlich war.

---

844 *LAG Düsseldorf* 12. 12. 16 – 4 TaBV 529/19, juris.
845 *LAG Hamburg* 2. 12. 04 – 4 Ta 26/04.
846 *LAG Hamm* 18. 1. 08 – 13 Ta 736/07, juris.
847 *Bader/Jörchel:* Vereinheitlichung der arbeitsgerichtlichen Streitwerte, NZA 2013, 809.
848 *LAG Hamburg* 20. 5. 16 – 5 Ta 7/16, juris.
849 *LAG Nürnberg* 20. 12. 13 – 2 Ta 156/13; 21. 9. 15 – 4 Ta 113/15; 15. 1. 16 – 7 Ta 123/15, juris.

(3) Lehnt das Gericht durch rechtskräftige Entscheidung die Ersetzung der Zustimmung des Betriebsrats ab oder stellt es rechtskräftig fest, dass offensichtlich die Maßnahme aus sachlichen Gründen nicht dringend erforderlich war, so endet die vorläufige personelle Maßnahme mit Ablauf von zwei Wochen nach Rechtskraft der Entscheidung. Von diesem Zeitpunkt an darf die personelle Maßnahme nicht aufrecht erhalten werden.

Inhaltsübersicht Rn.

I. Vorbemerkungen

1 Die Vorschrift soll das grundsätzliche Zustimmungserfordernis des § 99 zugunsten der **Möglichkeit vorläufiger personeller Maßnahmen** des AG für solche Fälle mildern, in denen diese aus sachlichen Gründen dringend geboten sind. Hierdurch soll sichergestellt werden, dass **unaufschiebbare personelle Maßnahmen** trotz fehlender Zustimmung des BR einstweilen durchgeführt werden können. § 100 erlaubt dem AG daher beim Vorliegen bestimmter Gründe die vorläufige Durchführung einer Maßnahme. Entsprechend der Regelung des § 99 Abs. 4 ist es jedoch Sache des AG und nicht des BR, die Berechtigung der vorläufigen Maßnahme im Streitfall durch das ArbG klären zu lassen. Allerdings wird eine vorläufige Maßnahme als solche nur aufgehoben, wenn ihre Voraussetzungen »offensichtlich« nicht gegeben waren (Abs. 3 Satz 1). Hierin liegt die **Gefahr einer missbräuchlichen Nutzung** der Vorschrift, die das Regelverfahren des § 99 entgegen den Erwartungen des Gesetzgebers zur Ausnahme werden lässt. Die Praxis hat inzwischen leider erwiesen, dass solche Befürchtungen nicht unbegründet sind, insbes. bei kurzzeitigen Einstellungen und Versetzungen (hierzu vgl. § 101 Rn. 23). Diese Erkenntnis zeigt, wie nötig eine restriktive, am Willen des Gesetzgebers orientierte Auslegung des § 100 ist. Ebenso wie die Mitbestimmungssicherung durch das Verfahren des § 101 und ein effektives Unterlassungsverfahren (§ 101 Rn. 21) sind. Neben dem Verfahren gemäß § 100 ist eine **einstweilige Verfügung des AG** zur Durchsetzung seiner Absichten gemäß § 85 Abs. 2 ArbGG i. V. m. §§ 935 ff. ZPO **unzulässig.**[1] § 100 erlaubt dem AG lediglich, personelle Maßnahmen i. S. v. § 99 vorläufig durchzuführen; sie entbindet ihn jedoch nicht von der Einhaltung weiterer Mitbestimmungsrechte des BR in sozialen Angelegenheiten. Nach der zutreffenden Rechtsprechung des *BAG* beschränkt sich die Gestattung des § 100 ausschließlich auf die zustimmungspflichtige Einstellung und erfasst nicht etwa auch die – der weitergehenden erzwingbaren Mitbestimmung unterliegende – Zuteilung der neu Eingestellten zu den im Betrieb geltenden Schichtzeiten.[2] Der **Reformentwurf** für ein modernes BetrVG schlägt in § 100 Abs. 2 für den Fall der Zustimmungsverweigerung des BR vor, AG die Anrufung der Einigungsstelle zu ermöglichen.[3]

---

1 H. M.; Düwell-*Keuder/Matthiessen-Kreuder*, Rn. 1; *Fitting*, Rn. 1; GK-*Raab*, Rn. 3 m. w. N.
2 *BAG* 28.7.20 – 1 ABR 45/18, AP Nr. 149 zu § 87 BetrVG 1972 Arbeitszeit.
3 *Allgaier* et al., AuR Sonderausgabe April 2022.

II. Vorläufige Durchführung der Maßnahme

1. Sachliche und betriebliche Erforderlichkeit

Zweck des § 100 ist es, dem AG unaufschiebbare Maßnahmen trotz fehlender BR-Zustimmung vorläufig zu ermöglichen (Rn. 1). Diese sind an folgende **materielle Voraussetzungen** geknüpft: 2

- Es müssen **sachliche Gründe** vorliegen (Rn. 3);
- diese Gründe müssen die vorläufige Maßnahme **erforderlich** machen (Rn. 5);
- die Erforderlichkeit muss **dringend** sein (Rn. 6).

Alle drei Begründungselemente müssen gesondert vorliegen und vom AG im Streitfall nachgewiesen werden. Da es sich um eine **Ausnahmeregelung** mit großem Missbrauchsrisiko handelt (vgl. Rn. 1), sind strenge Maßstäbe anzulegen.

Sachliche Gründe sind solche, die aus einer ordnungsgemäßen Betriebsführung erwachsen, z. B. im Hinblick auf Auftrags- und Absatzlage, produktions- und arbeitstechnische Gründe. Beurteilungsmaßstab ist die Sicht eines objektiven, verantwortungsbewussten AG.[4] Ein sachlicher Grund liegt typischerweise vor, wenn eine **Stelle unvorhergesehen frei** wird, z. B. durch kurzfristige Kündigung von AN oder aufgrund eines Todesfalls.[5] Im Falle einer AG-seitigen fristlosen Kündigung muss diese offensichtlich begründet sein; sonst ist zumindest die Entscheidung des ArbG in erster Instanz über die Wirksamkeit der Kündigung abzuwarten. Als sachlicher Grund ist anzuerkennen, dass die **Einarbeitung** nur durch den unvorhergesehen ausscheidenden Stelleninhaber erfolgen kann.[6] Teilweise wird angenommen, es sei unerheblich, worauf die betriebliche Situation, die den sachlichen Grund abgeben soll, beruht, insbes. ob sie durch ein **Organisationsverschulden** des AG verursacht ist.[7] Der AG kann sich jedoch nicht von der Befolgung des Gesetzes suspendieren, indem er, z. B. durch ungenügende Personalplanung, sich **selbst in Zugzwang** setzt.[8] Außerdem hätte es der Gesetzgeber sonst damit bewenden lassen können, dass die vorläufige Maßnahme »dringend erforderlich« ist.[9] Das ist etwa der Fall, wenn eine Neuausschreibung einer Stelle unterlassen wurde, obwohl der AG bis zum Ablauf der Kündigungsfrist Zeit und Gelegenheit für ein neues Stellenbesetzungsverfahren gehabt hätte.[10] Persönliche Interessen des AG oder Wünsche leitender Mitarbeiter:innen ohne zusätzliche betriebliche Erfordernisse sind unerheblich. Ebenso wenig liegt – jedenfalls in der Regel – ein sachlicher Grund vor, wenn eine bestimmte **Fachkraft** angeblich nur bei sofortigem Handeln zu gewinnen ist. Hinzukommen muss, dass für den Arbeitsplatz nur diese eine Person in Betracht kommt und eine betriebliche Notwendigkeit für die Gewinnung gerade dieser Person zum beabsichtigten Einstellungszeitpunkt besteht.[11] 3

Der sachliche Grund darf nur im Betriebsablauf liegen und **nicht auf schuldrechtlichen Verpflichtungen** des AG beruhen.[12] Deshalb bedeutet Arbeitsmangel mit der Folge von Lohnzahlungspflicht ohne Arbeitsleistung keinen sachlichen Grund, auch nicht im Falle des § 15 Abs. KSchG. Für die Beurteilung des sachlichen Grundes kommt es grundsätzlich allein auf die Verhältnisse im **Zeitpunkt der Durchführung** der Maßnahme an.[13] 4

Die vorläufige Maßnahme muss **erforderlich** sein, und zwar gerade im Hinblick auf den sachlichen Grund.[14] Erforderlichkeit liegt erst dann vor, wenn keine das Mitbestimmungsrecht des 5

4 *Fitting*, Rn. 4.
5 Vgl. *ArbG Essen* 2. 3. 72, DB 72, 977.
6 Vgl. *LAG Köln* 29. 4. 88 – 5 TaBV 3/88, mit der zusätzlichen Anforderung, dass der Bewerber eine anderweitige Einstellungszusage hat.
7 GK-*Raab*, Rn. 11; HWGNRH-*Huke*, Rn. 8 Richardi-*Thüsing*, Rn. 8.
8 *Fitting*, Rn. 4; *ArbG Köln* 12. 3. 96 – 16 BV 149/95; 13. 1. 23 – 23 BV 67/22 –, Rn. 49, juris.
9 Deshalb nicht genügend Sachverhaltsaufklärung bei *BAG* 7. 11. 77, EzA § 100 BetrVG 1972 Nr. 1, soweit dort als sachlicher Grund für eine vorläufige Versetzung allein anerkannt wird, dass durch die vorangegangene Versetzung eines anderen AN eine wichtige Stelle unbesetzt ist. Erforderlich wäre die zusätzliche Feststellung, dass eine solche »Ringversetzung« auch bei sorgfältiger Personalplanung nicht ohne eine nur durch Sofortmaßnahmen zu behebende Besetzungslücke möglich gewesen wäre.
10 *LAG NRW* 28. 1. 22 – 9 TaBV 38/21, juris.
11 Vgl. HWGNRH-*Huke*, Rn. 8, 10; GK-*Raab*, Rn. 12.
12 Z. B. durch Verpflichtung zu einer Vertragsstrafe, *ArbG Köln* 2. 8. 83 – 6 BV 171/83.
13 *LAG Sachsen-Anhalt* 13. 10. 22 – 2 TaBV 1/22, juris; *Fitting*, Rn. 4a.
14 HWGNRH-*Huke*, Rn. 9.

BR schonendere und dem AG zumutbare Handlungsalternative besteht.[15] Das bedeutet üblicherweise, dass dem Betrieb ohne die vorläufige Maßnahme ein zu Buche schlagender, spürbarer **Nachteil** erwachsen oder ein wahrscheinlich eintretender Vorteil entgehen würde, wobei sich das Eintreten des Vorteils hinreichend konkretisiert haben muss.[16] Unerheblich ist, dass auch andere AN für die Maßnahme in Frage gekommen wären.[17] Diese Frage ist im Zusammenhang mit der Berechtigung der Zustimmungsverweigerung gemäß § 99 Abs. 2 zu prüfen. Die Erforderlichkeit bezieht sich vielmehr darauf, dass im **Hinblick auf den sachlichen Grund schnell gehandelt** werden muss. Hierfür kommt es darauf an, wie ein objektiver, verständiger Beobachter die betriebliche Situation beurteilen würde.[18] In dieser Hinsicht kann ein erwiesener **Arbeitskräftemangel** gerade für die zu besetzende Stelle die Erforderlichkeit begründen. Ein allgemeiner Hinweis auf Fachkräftemangel oder eine schlagwortartige Beschreibung des Gesamtarbeitsmarktes dagegen wird den Anforderungen an eine auf die betrieblichen Verhältnisse zugeschnittene Prüfung nicht gerecht.[19]

6 Die vorläufige Maßnahme muss **dringend** erforderlich sein. Das erfordert eine erhebliche Beeinträchtigung des AG bzw. ein erheblicher Nachteil bei Nichtdurchführung der Maßnahme.[20] Bloße Unbequemlichkeiten, die aus einer nicht besetzten Stelle herrühren, reichen nicht aus. Es besteht ein Zusammenhang mit der Bedeutung des zu besetzenden Arbeitsplatzes für Betriebsablauf und betriebliche Wertschöpfung: Je geringer diese ist, desto weniger spricht für die Dringlichkeit seiner vorläufigen Besetzung. Unterlassene Vorsorge seitens des AG ist ein Argument gegen die spätere Behauptung der Dringlichkeit einer personellen Maßnahme.[21] Ein unzulässiges Argument ist es, **kurzzeitigen Maßnahmen,** insbes. Versetzungen, eben wegen ihrer Kurzzeitigkeit die vorläufige Durchführbarkeit zuzubilligen.[22] Das würde die teilweise Nichtanwendung des § 99 bedeuten, unterfallen doch derartige Versetzungen bei erheblicher Änderung der Arbeitsumstände zweifelsfrei § 99 Abs. 1 i. V. m. § 95 Abs. 3 (vgl. § 99 Rn. 123).

7 Für eine **Eingruppierung** oder **Umgruppierung** gibt es rein praktisch kaum Ansatzpunkte für die Notwendigkeit einer vorläufigen Vornahme.[23] Das *BAG* hat sogar Zweifel geäußert, ob § 100 überhaupt für Ein- und Umgruppierungen anwendbar ist, weil es sich bei diesen Maßnahmen nur um Akte der Rechtsanwendung bzw. Kundgabe ihrer Ergebnisse handele.[24] Es kommen hier vielmehr nur folgende **zwei Handlungsalternativen** in Betracht:

- Der AG teilt betroffenen AN mit, dass sie in eine bestimme Lohn- bzw. Gehaltsgruppe eingruppiert wurden, diese Eingruppierung aber noch nicht endgültig sei, sondern von der Zustimmung des BR bzw. vom Ausgang eines Zustimmungsersetzungsverfahrens abhänge. Dies ist keine »vorläufige« Eingruppierung i. S. d. § 100, sondern die Information über die Meinung des AG bezüglich der richtigen Eingruppierung.[25]
- Die zweite Alternative betrifft die betriebsverfassungswidrige Ein- oder Umgruppierung ohne Zustimmung des BR bzw. ohne Zustimmungsersetzungsverfahren. Auch hier liegt keine »vorläufige«, sondern eine endgültige, jedoch betriebsverfassungswidrige Maßnahme vor, die der BR gemäß § 101 korrigieren lassen kann (vgl. § 101 Rn. 6). In jedem Falle haben AN Anspruch auf die Vergütung, die seiner Tätigkeit entspricht (vgl. § 99 Rn. 257).

8 Für die **Berechtigung der Aufrechterhaltung** einer einmal getroffenen vorläufigen Maßnahme wird allgemein nur auf **Verhältnisse im Zeitpunkt der** erstmaligen **Durchführung** bzw. beabsichtigten Einleitung der Maßnahme abgestellt.[26] Die Abstützung dieser Position auf den

---

15 Ähnlich *Fitting,* Rn. 4a.
16 Ähnlich HWGNRH-*Huke,* Rn. 9.
17 *BAG* 7.11.77, EzA § 100 BetrVG 1972 Nr. 1.
18 HWGNRH-*Huke,* Rn. 9.
19 *ArbG Köln,* 13.1.23 – 23 BV 67/22, juris.
20 Vgl. GK-*Raab,* Rn. 9; HWGNRH-*Huke,* Rn. 9.
21 Ähnlich *Fitting,* Rn. 4; vgl. *ArbG Neumünster* 17.8.92, AuR 93, 187; a. A. GK-*Raab,* Rn. 9; Richardi-*Thüsing,* Rn. 8.
22 So aber *Richardi,* Anm. zu AP Nr. 1 zu § 100 BetrVG 1972.
23 *Fitting,* Rn. 5.
24 *BAG* 27.1.87, EzA § 99 BetrVG 1972 Nr. 55; vgl. auch Richardi-*Thüsing,* Rn. 4.
25 Mit anderer Begründung GK-*Raab,* Rn. 6.
26 *Fitting,* Rn. 4a; GK-*Raab,* Rn. 10; *BAG* 6.10.78, EzA § 99 BetrVG 1972 Nr. 24.

Wortlaut des Gesetzes (»Feststellung, dass die Maßnahme nicht dringend erforderlich war«, Abs. 3 Satz 1), ist nicht zwingend. Diese Formulierung bezieht ihren Sinn vielmehr aus der Terminierung des Endes der Maßnahme zwei Wochen nach Rechtskraft der Entscheidung und ist auch auf die Sicht vom Zeitpunkt der Entscheidung zurück zum Zeitpunkt der letzten mündlichen Verhandlung anwendbar. Soweit das *BAG* auf Billigkeitsargumente aus der Sicht einer vorläufig eingestellten Person verweist,[27] gelten diese ebenso für die übrige Belegschaft, aber insbes. zugunsten von gegen ihren Willen vorläufig versetzten AN. Deshalb ist gerade bei der vorläufigen Versetzung von AN durchaus denkbar, dass bei Wegfall der Gründe für die vorläufige Durchführung der Maßnahme die Maßnahme einzustellen ist und der BR die Aufhebung der Maßnahme nach § 101 zu diesem Zeitpunkt verlangen kann.

Die vorläufige Maßnahme ist hinsichtlich **aller Beschäftigungsgruppen** möglich, auf die sich das Mitbestimmungsrecht des § 99 bezieht.[28] 9

2. Zeitpunkt

Die vorläufige Maßnahme kann durchgeführt werden, **bevor der BR sich** zu einer Information über eine beabsichtigte personelle Maßnahme innerhalb der Wochenfrist des § 99 Abs. 3 **geäußert** (Abs. 1, 1. Alternative) oder die **Zustimmung** zu der Maßnahme **verweigert** hat (Abs. 1, 2. Alternative). Die vorläufige Maßnahme kann auch noch durchgeführt werden, wenn der AG bereits den Antrag auf Ersetzung der Zustimmung gemäß § 99 Abs. 4 gestellt hat (zur prozessualen Verbindung vgl. Rn. 32). Freilich müssen erhebliche, veränderte Umstände zur Begründung der Dringlichkeit vorliegen. Das Verfahren gemäß § 100 ist auch dann noch erforderlich, wenn die Zustimmung des BR gemäß § 99 Abs. 4 ersetzt worden, der Beschluss jedoch noch nicht rechtskräftig ist.[29] 10

Ist die Wochenfrist des § 99 Abs. 3 verstrichen und gilt die **Zustimmung des BR als erteilt,** ist eine vorläufige Maßnahme entbehrlich; der AG kann die Maßnahme endgültig durchführen. Das Gleiche gilt, wenn die Zustimmungsverweigerung wegen Form- oder Fristverstößen unbeachtlich ist.[30] Der AG riskiert allerdings ein Verfahren gemäß § 101.[31] Ist dagegen die **Ersetzung der Zustimmung** gemäß § 99 Abs. 4 rechtskräftig **abgelehnt** worden, darf die Maßnahme nicht mehr vorläufig durchgeführt werden.[32] 11

Teilweise wird für möglich gehalten, eine vorläufige Maßnahme schon durchzuführen, noch **ehe der BR nach § 99 Abs. 1 informiert** wurde.[33] Diese Ansicht hat weder eine Grundlage im Wortlaut noch im Sinn des Gesetzes.[34] Dieses stellt ersichtlich auf Fallgestaltungen ab, bei denen der AG die Möglichkeit hat, die verweigerte Zustimmung des BR zur endgültigen Maßnahme im dafür vorgesehenen Verfahren gemäß § 99 Abs. 4 einzuholen. Das ist jedoch gar nicht möglich, wenn nicht nach § 99 Abs. 1 informiert wurde (zum gesetzlich gebotenen Zeitpunkt der Information gemäß § 99 Abs. 1 in einem solchen Falle vgl. § 99 Rn. 135). Der Grundsatz der vertrauensvollen Zusammenarbeit (§ 2 Abs. 1) gebietet es, zunächst den Versuch zu machen, die Zustimmung des BR einzuholen bzw. dem BR hierzu eine Chance einzuräumen.[35] Die ordnungsgemäße Einleitung des Unterrichtungsverfahrens gem. § 99 Abs. 1 ist daher Voraussetzung dafür, dass die Feststellung der dringenden Erforderlichkeit einer personellen Maßnahme aus sachlichen Gründen im Sinne des Abs. 2 Satz 3 überhaupt getroffen werden kann.[36] Eine vorläufige Maßnahme ist daher **frühestens zeitgleich mit der Information über die Maßnahme als solche** gemäß § 99 Abs. 1 möglich.[37] Die Information über die vorläufige 12

27 A. a. O.
28 Für Leih-AN *LAG Frankfurt* 7.4.87, LAGE § 100 BetrVG 1972 Nr. 3; vgl. § 99 Rn. 13.
29 *ArbG Braunschweig* 24.2.87 – 6 BV 6/87.
30 HWGNRH-*Huke,* Rn. 5, 187; vgl. § 99 Rn. 164.
31 HWGNRH-*Huke,* Rn. 5; *Frey,* DB 72, 926.
32 *Fitting,* Rn. 3, Rn. 13.
33 HWGNRH-*Huke,* Rn. 6; Richardi-*Thüsing,* Rn. 14; GK-*Raab,* Rn. 16.
34 Vgl. *ArbG Heidelberg* 2.8.72 – 2 BV 8/72.
35 Vgl. *Fitting,* Rn. 8.
36 *LAG Hamm* 14.2.17 – 7 TaBV 91/16, juris.
37 So auch *Diller/Powietzka,* DB 01, 1034 [1037].

Maßnahme nach Abs. 2 kann zwar mit dieser verbunden werden, muss aber auch in einem solchen Falle separat gegeben werden.[38]

13 Für **tendenzbezogene personelle Einzelmaßnahmen** in sog. Tendenzbetrieben hat § 100 insoweit nur eine sehr begrenzte Funktion, als das Beteiligungsrecht des § 99 wegen § 118 nur ein Informationsrecht ist (vgl. § 99 Rn. 28; § 118 Rn. 67 ff.). Dann kann der AG nach durchgeführter Information die beabsichtigte Maßnahme schon endgültig durchführen. § 100 hat nur noch Bedeutung für die Fälle, in denen der AG die Maßnahme vor Ablauf der Wochenfrist des § 99 Abs. 3 bzw. abschließender Stellungnahme des BR durchführen will.[39] Weil dies nur in seltenen Ausnahmefällen erforderlich ist, sind bei tendenzbezogenen Einzelmaßnahmen gegenüber Tendenzträgern **besonders strenge Voraussetzungen** an die vorläufige Durchführung aus sachlichen Gründen zu stellen.[40]

3. Unterrichtung des Betriebsrats

14 Der AG hat den BR **unverzüglich** von der vorläufigen personellen Maßnahme zu unterrichten (Abs. 2 Satz 1). »Unverzüglich« bedeutet »ohne schuldhaftes Zögern« (§ 121 Abs. 1 BGB). Die Unterrichtung kann sowohl vor als notfalls auch unmittelbar nach Durchführung der Maßnahme erfolgen.[41] § 100 setzt demnach nicht voraus, dass dem BR vor Durchführung der vorläufigen Maßnahme Gelegenheit gegeben wird, zu deren Dringlichkeit gesondert Stellung zu nehmen.[42] Es ist allerdings nur in den seltensten Ausnahmefällen vorstellbar, dass es einem AG nicht möglich sein sollte, den BR vor Durchführung der Maßnahme zu informieren (Antrag des AG auf Durchführung einer vorläufigen personellen Einzelmaßnahme vgl. DKWF-*Bachner/Wenckebach,* § 100 Rn. 2).

15 Die Information gemäß Abs. 2 Satz 1 muss die Maßnahme, insbes. ihren genauen Zeitpunkt, benennen und Angaben darüber **enthalten,** warum sie aus sachlichen Gründen dringend erforderlich ist.[43] Der BR muss in die Lage versetzt werden, die vorläufige Maßnahme und ihre Erforderlichkeit mit Blick auf sein Bestreitensrecht gemäß Abs. 2 Satz 2 beurteilen zu können. Die Information ist an **keine Form** gebunden; aus Beweisgründen empfiehlt sich eine schriftliche Information.[44] Der **Zugang** regelt sich nach den gleichen Grundsätzen wie bei § 99 Abs. 1 (vgl. § 99 Rn. 139). Die Vorlage von **Unterlagen** ist nicht wie in § 99 gesondert vorgesehen; der BR kann solche jedoch gemäß § 80 Abs. 2 verlangen (vgl. § 80 Rn. 44 ff.).

16 Teilweise wird davon gesprochen, dass eine **Verletzung der Informationspflicht** des Abs. 2 Satz 1, z. B. verspätete oder ganz unterlassene Information, keine Sanktion auslöse.[45] Das ist unzutreffend. Diese Informationsverpflichtung besteht, um »sicherzustellen«, dass der BR von der vorläufigen Maßnahme Kenntnis erlangt und Einwendungen unverzüglich erheben kann.[46] Dieses Ziel würde völlig verfehlt, wenn die Verletzung der Informationspflicht ohne Rechtsfolgen bliebe. Die Erfüllung der Unterrichtungspflicht des Abs. 2 Satz 1 ist eine **verfahrensmäßige Voraussetzung für die Berechtigung der vorläufigen Maßnahme.**[47] Das heißt, eine »vorläufige« Maßnahme ohne unverzügliche Information ist keine vorläufige Maßnahme i. S. d. Gesetzes, mit anderen Worten eine Maßnahme ohne Zustimmung des BR. Die Maßnahme darf nicht, auch nicht vorläufig durchgeführt werden und löst unter diesem Gesichtspunkt die Sanktion des § 101 aus (zur Berechtigung einer Unterlassungsverfügung vgl. § 101 Rn. 23).[48]

---

38 GK-*Raab,* Rn. 25; HWGNRH-*Huke,* Rn. 6.
39 GK-*Raab,* Rn. 8.
40 *BAG* 8.5.90 – 1 ABR 33/89, DB 90, 2227.
41 *BAG* 7.11.77, EzA § 100 BetrVG 1972 Nr. 1.
42 *BAG* 7.11.77, a. a. O.; GK-*Raab,* Rn. 24.
43 *LAG Hamm* 17.4.08 – 13 TaBV 130/07 juris; GK-*Raab,* Rn. 23; *Fitting,* Rn. 8.
44 Vgl. GK-Raab, Rn. 15.
45 HWGNRH-*Huke,* Rn. 16.
46 RegE, BT-Drucks. VI/1786.
47 *Matthes,* DB 89, 1287.
48 *LAG Frankfurt* 16.9.86, NZA 87, 645; *LAG Hamm* 3.4.08 – 13 TaBV 88/07 juris; vgl. a. *Fitting,* § 101 Rn. 4f; im Ergebnis ebenso GK-*Raab,* Rn. 23; vgl. § 101 Rn. 3.

4. Aufklärung der Arbeitnehmer:innen

17 Zum Schutze der Interessen betroffener AN ist der AG gemäß Abs. 1 Satz 2 verpflichtet, die betroffenen **AN über die Sach- und Rechtslage,** d. h. die Vorläufigkeit der Maßnahme und die Möglichkeit, sie später rückgängig zu machen, zu **unterrichten.**[49] Die Aufklärung der AN ist **keine Wirksamkeitsvoraussetzung** für die vorläufige Durchführung der personellen Maßnahme.[50] Zur Informationsverpflichtung des AG gehört auch die laufende Information hinsichtlich wesentlicher Ereignisse eines anhängigen Verfahrens gemäß § 99 Abs. 4 einschließlich der Stellungnahmen des BR[51] und des Fortgangs des Verfahrens gemäß §§ 100, 101.[52]

18 Eine **Verletzung der Informationspflicht** kann einen **Schadensersatzanspruch** wegen Verschuldens bei Vertragsabschluss (»culpa in contrahendo«) auslösen.[53] Der Schaden besteht im sog. negativen Interesse, d. h., AN sind so zu stellen, wie sie gestanden hätten, wenn sie richtig informiert worden wären (sie z. B. seine vorherige Stellung nicht aufgegeben hätten).

5. Rechtsfolgen des unterbliebenen Verfahrens bei Versetzung: Annahmeverzug des Arbeitgebers

18a Fehlt die Zustimmung des BR zu einer Versetzung und unterbleibt die vorläufige Durchführung einer personellen Maßnahme nach § 100 führt das dazu, dass dem AG die Beschäftigung der oder des betroffenen AN rechtlich unmöglich ist und als mögliche Erwerbstätigkeit nach **§ 615 S. 2 BGB** objektiv ausscheidet, ohne dass es auf die individuelle Zumutbarkeit der Tätigkeit ankäme (s. auch § 99 Rn. 252).[54] Nach der richtigen Ansicht des *LAG Hessen* kommt es dabei auf die Frage, ob betroffene AN nach Zugang der Weisung zu erkennen gegeben haben, dass sie die Versetzung unabhängig von einer Zustimmung des BR nach § 99 abgelehnt hätten, nicht an. Es würde dem Grundsatz der Einheit der Rechtsordnung widersprechen, wenn eine unter Missachtung von Mitbestimmungsrechten zustande gekommene tatsächliche Beschäftigungsmöglichkeit, im Rahmen des § 615 S. 2 BGB als anderweitige Beschäftigungsmöglichkeit anerkannt würde.[55] Das *BAG* verneint in diesem Fall lediglich das Vorliegen einer dauerhaften rechtlichen Unmöglichkeit im Sinne des § 275 Abs. 1 BGB.[56] Dabei weist es auch zu Recht darauf hin, dass das Mitbestimmungsrecht des BR neben dem Schutz der Belegschaft auch dem Schutz der von der Maßnahme betroffenen AN diene.[57]

III. Reaktion des Betriebsrats

19 **Stimmt der BR** der vorläufigen Maßnahme unter dem Gesichtspunkt ihrer Vorläufigkeit **zu,** verweigert er jedoch die Zustimmung zur endgültigen Durchführung, muss der AG den Antrag auf Ersetzung der Zustimmung des BR binnen drei Tagen beim ArbG stellen; anderenfalls darf er die vorläufige Maßnahme nicht aufrechterhalten.[58] Unterlässt er dies hat der BR die Rechte aus § 101.[59]

20 **Bestreitet der BR,** dass die Maßnahme aus sachlichen Gründen dringend erforderlich ist, hat er dies dem AG unverzüglich mitzuteilen (Abs. 2 Satz 2). Unverzüglich heißt auch hier »ohne schuldhaftes Zögern« gemäß § 121 Abs. 1 BGB ab Eingang der Information beim BR. Ent-

49 RegE, BT-Drucks. VI/1786.
50 *Fitting,* Rn. 7a; GK-*Raab,* Rn. 21; HWGNRH-*Huke,* Rn. 14; Richardi-*Thüsing,* Rn. 11.
51 HaKo-*Kreuder,* Rn. 5.
52 HWGNRH-*Huke,* Rn. 13.
53 H. M., *Fitting,* Rn. 7; HWGNRH-*Huke,* Rn. 15; auch aus unerlaubter Handlung Richardi-*Thüsing,* Rn. 12; GK-*Raab,* Rn. 20.
54 *LAG Hessen,* 20. 12. 19 – 14 Sa 329/19 –, Rn. 125, juris.
55 *LAG Hessen* 20. 12. 19 – 14 Sa 329/19.
56 *BAG* 22. 4. 10 – 2 AZR 491/09, BAGE 134, 154–159.
57 *BAG* 5. 4. 01 – 2 AZR 580/99; 22. 4. 10 – 2 AZR 491/09, BAGE 134, 154–159.
58 *Matthes,* DB 89, 1287; lediglich für »alsbaldige« Anrufung des ArbG *LAG Hamm* 29. 3. 76, DB 76, 2023.
59 *LAG Hamm,* a. a. O.; *Fitting,* Rn. 10; HWGNRH-*Huke,* Rn. 17; vgl. GK-*Raab,* Rn. 28.

scheidend sind die Möglichkeiten eines ordnungsgemäßen Geschäftsgangs des BR.[60] Bei einer Geschäftsordnung, die einen wöchentlichen Sitzungstermin vorsieht (§ 30 Rn. 4), ist über diese Frage jeweils auf der dem Eingang der AG-Information folgenden Sitzung zu beschließen und der AG möglichst noch an diesem Tage darüber in Kenntnis zu setzen. Auch für das Bestreiten des BR gemäß Abs. 2 Satz 2 ist **keine Form** vorgeschrieben. Es empfiehlt sich jedoch dringend die Schriftform (hierzu und zum Eingang beim AG vgl. § 99 Rn. 162, 163).[61]

21 Im **Bestreiten der sachlichen Notwendigkeit** der vorläufigen Maßnahme nach Abs. 2 Satz 2 liegt **nicht zugleich die Verweigerung der Zustimmung** gemäß § 99 Abs. 3.[62] Beide Erklärungen können zwar gemeinsam abgegeben werden (auch in einer einzigen Urkunde). Jedoch müssen die beiden Erklärungsinhalte je für sich deutlich gemacht werden.

22 **Schweigt** der BR auf die AG-Information über die vorläufige Maßnahme oder geht sein Bestreiten **verspätet** ein, gilt die Maßnahme als vorläufig gebilligt.[63]

23 **Stimmt** der BR der Maßnahme **gemäß § 99 Abs. 3** zu, benötigt der AG das Verfahren des § 100 nicht mehr und kann die Maßnahme endgültig vornehmen. Ein Bestreiten der Berechtigung ihrer vorläufigen Vornahme geht ins Leere und ist gegenstandlos. Das ist auch der Fall, wenn nach Einleitung des Verfahrens gemäß § 100 die Zustimmung nach § 99 Abs. 3 erteilt wird oder als erteilt gilt (§ 99 Rn. 179) oder noch vor rechtskräftiger Entscheidung über die Berechtigung der vorläufigen Maßnahme die Zustimmung gemäß § 99 Abs. 4 rechtskräftig ersetzt wird. Das Verfahren um die vorläufige Maßnahme erledigt sich und ist in entsprechender Anwendung von § 83a Abs. 3 ArbGG einzustellen.[64]

24 **Bestreitet** der BR die Berechtigung der vorläufigen Durchführung der Maßnahme gemäß Abs. 2 Satz 2 **und verweigert** er die Zustimmung nach § 99 Abs. 3, werden beide dann notwendigen Gerichtsverfahren mit dem Antrag des AG gemäß Abs. 2 Satz 3 **gemeinsam** in Gang gesetzt (Rn. 29).

IV. Arbeitgeber-Verhalten nach Bestreiten der Berechtigung durch den Betriebsrat gemäß Abs. 2 Satz 2

1. Aufhebung der vorläufigen Maßnahme

25 Hält der AG die Gründe des BR, mit denen dieser die Berechtigung der vorläufigen Maßnahme bestreitet, für berechtigt, hat er sie tatsächlich **aufzuheben.**[65] Er ist hierzu den betroffenen AN gegenüber berechtigt. Diese haben allenfalls Schadensersatzansprüche wegen ungenügender Aufklärung (Rn. 18), jedoch keinen Anspruch auf Einleitung eines arbeitsgerichtlichen Verfahrens durch den AG (vgl. § 99 Rn. 250). Ein **neues Zustimmungsersuchen** in derselben Sache ist möglich, setzt aber die tatsächliche Aufhebung voraus. Unzureichend ist, den BR lediglich nachträglich um Zustimmung zur bereits vorgenommenen Einstellung oder Versetzung zu ersuchen oder lediglich mitzuteilen, die Maßnahme werde zurück genommen und nur noch »vorläufig« durchgeführt.[66]

2. Aufrechterhaltung der Maßnahme/Antrag beim Arbeitsgericht

26 Will der AG eine vorläufige Maßnahme aufrechterhalten, obwohl der BR deren Berechtigung bestritten hat, muss er **binnen drei Tagen das ArbG anrufen** und beantragen,[67]

- die Zustimmung des BR zu ersetzen und
- festzustellen, dass die Maßnahme aus sachlichen Gründen dringend erforderlich war (Abs. 3 Satz 3).

60 HWGNRH-*Huke*, Rn. 21.
61 *Fitting*, Rn. 9.
62 GK-*Raab*, Rn. 28; HWGNRH-*Huke*, Rn. 22.
63 H.M.; *Fitting*, Rn. 9; GK-*Raab*, Rn. 28; HWGNRH-*Huke*, Rn. 20.
64 *BAG* 18.10.88, DB 89, 435.
65 Vgl. HWGNRH-*Huke*, Rn. 21.
66 *BAG* 11.10.22 – 1 ABR 18/21, AuR 23, 211.
67 Vgl. DKWF-*Wenckebach*, § 100 Rn. 4.

Ebenso wie bei § 99 Abs. 4 ist es Sache des AG (»in der Klägerrolle«) und nicht des BR, die Berechtigung der vorläufigen Maßnahme im Streitfall durch das ArbG klären zu lassen.[68] Beide **Verfahren** werden miteinander **verbunden,** um zu verhindern, dass der AG den Streit auf die Wirksamkeit der vorläufigen Maßnahme beschränkt und das Verfahren gemäß § 99 Abs. 4 in der Schwebe hält.[69]

Der AG muss **beide Anträge innerhalb der 3-Tages-Frist** stellen (vgl. Rn. 29).[70] Stellt der AG innerhalb der 3-Tages-Frist nur den Feststellungsantrag zur vorläufigen personellen Maßnahme, ist dieser unzulässig[71] und der AG darf die vorläufige Maßnahme nicht durchführen oder aufrechterhalten.[72] Der BR kann dann die Aufhebung der personellen Maßnahme gemäß § 101 beantragen. Er kann den entsprechenden Antrag bereits als **Gegenantrag** zu den Anträgen des AG stellen (vgl. auch § 101 Rn. 11). Wenn der BR einer zeitgleich mit der Erstinformation nach § 99 Abs. 3 vorgenommenen vorläufigen Maßnahme sogleich widerspricht und beim Ablauf der 3-Tages-Frist des Abs. 2 Satz 1 die Wochenfrist des § 99 Abs. 4 noch nicht abgelaufen ist, darf der AG den Eingang der Zustimmungsverweigerung abwarten und den Antrag auf Ersetzung der Zustimmung unverzüglich danach stellen.[73] Es verstößt jedoch gegen den klaren Wortlaut des Gesetzes und seine Absicht, diese Entscheidung zu beschleunigen, den AG in einem solchen Fall den Feststellungsantrag zur vorläufigen Maßnahme erst nach Ablauf der 3-Tages-Frist stellen zu lassen.[74] Den Antrag gemäß § 99 Abs. 4 kann der AG nicht zurücknehmen, ohne damit das Recht zur vorläufigen Durchführung zu verlieren. 27

Hat der AG nach Verweigerung der Zustimmung des BR deren **Ersetzung gemäß § 99 Abs. 4 beantragt** und tritt erst dann eine Situation ein, die ihn zur vorläufigen Vornahme der Maßnahme veranlasst, ist – falls der BR deren Dringlichkeit bestreitet – der Antrag des AG gemäß Abs. 2 Satz 3 in dem anhängigen Verfahren **nachzureichen.** Damit ist in jedem Fall sichergestellt, dass dieselbe Kammer des ArbG zuständig ist.[75] 28

Der Doppelantrag des AG ist binnen einer **Frist von drei Tagen** beim ArbG einzureichen. Es handelt sich um Kalendertage und nicht um Werktage.[76] Die Frist beginnt mit dem Tag des Eingangs der BR-Erklärung, mit der dieser die Berechtigung der vorläufigen Maßnahme bestreitet. Das gilt auch dann, wenn die vorläufige Einstellung erst zu einem späteren Zeitpunkt geplant ist. Der Tag des Zugangs wird nicht mitgerechnet (§ 187 BGB). Bei Fristende an einem Samstag, Sonntag oder Feiertag verlängert sich die Frist bis zum Ablauf des nächsten Werktages (§ 193 BGB). Es handelt sich um eine **Ausschlussfrist,**[77] die nicht verlängert werden kann. Wird die Frist versäumt, weil der Antrag erst am letzten Tag zur Post gegeben wurde und nach üblichen Postlaufzeiten mit Zustellung am nächsten Tag nicht gerechnet werden kann, kommt eine Wiedereinsetzung nicht in Betracht.[78] Ein AG, der eine vorläufige Maßnahme plant, muss sich darauf einrichten, seinen Antrag gemäß Abs. 2 Satz 3 persönlich oder durch Boten beim ArbG zu stellen.[79] Der Antrag muss innerhalb der Anrufungsfrist **begründet** werden, sonst liegt ein nicht behebbarer Mangel vor, der zur Unzulässigkeit des Antrags führt.[80] 29

68 RegE, BT-Drucks. VI/1786.
69 *BAG* 15.9.87, EzA § 99 BetrVG 1972 Nr. 57; *WEH*, I Rn. 257; a. A. GK-*Raab*, Rn. 36 ff.
70 *Fitting*, Rn. 11 ff., 28; GK-*Raab*, Rn. 32.
71 *Matthes*, DB 89, 1287; *v. Hoyningen-Huene/Boemke*, S. 186.
72 *BAG* 15.9.87, EzA § 99 BetrVG 1972 Nr. 57.
73 So auch HWGNRH-*Huke*, Rn. 27; GK-*Raab*, Rn. 34.
74 So aber *Matthes*, DB 89, 1287.
75 HWGNRH-*Huke*, Rn. 29.
76 HWGNRH-*Huke*, Rn. 25.
77 HWGNRH-*Huke*, Rn. 25; Richardi-*Thüsing*, Rn. 28.
78 GK-*Raab*, Rn. 34; so aber *Schlicht*, BB 80, 632; HWGNRH-*Huke*, Rn. 25 f.
79 Vgl. HWGNRH-*Huke*, Rn. 26.
80 *LAG Frankfurt* 13.9.88, DB 90, 1092; a. A. HWGNRH-*Huke*, Rn. 30.

V. Arbeitsgerichtliches Verfahren

30 Das ArbG entscheidet im **Beschlussverfahren** (§ 4a Abs. 1 Nr. 1 ArbGG; Einl. Rn. 170 ff.). Betroffene AN sind, wie im Verfahren gemäß § 99 Abs. 4, **nicht Beteiligte.**[81]

31 Das ArbG hat über **zwei Anträge** zu entscheiden, wobei strittig ist, ob dies nur gemeinsam in einem **einheitlichen Verfahren** erfolgen kann,[82] oder das ArbG darin frei ist, **welchen der beiden Anträge** es **zuerst** behandelt,[83] oder ob eine **Vorabentscheidung** über die Berechtigung der vorläufigen Maßnahme erforderlich ist.[84] Die überwiegenden Gründe sprechen für die Verpflichtung des Gerichts, zunächst und zügig über die Berechtigung der vorläufigen Maßnahme zu entscheiden. Denn dem Gesetz liegt die Grundüberlegung zugrunde, dass es sich bei der vorläufigen Durchführung der Maßnahme um einen Ausnahmefall handelt. Nur bei Vorliegen der in § 100 genannten besonderen Gründe soll der AG berechtigt sein, die personelle Einzelmaßnahme vorläufig durchzuführen. Wird dagegen die Entscheidung über die vorläufige Maßnahme erst (zeitgleich) mit dem Verfahren über die Zustimmungsverweigerung entschieden, so wird das gesetzliche Regel-/Ausnahmeverhältnis umgekehrt. Der AG hat – bildlich gesprochen – gewissermaßen ein »Freispiel«, in dem er in die Lage versetzt wird, die Maßnahme zunächst einmal für einen nicht unerheblichen Zeitraum (i. d. R. 4–6 Monate) aufrechtzuerhalten. Häufig wird dieser Zeitraum genutzt, um in der Praxis unumkehrbare Fakten in den individuellen Arbeitsbeziehungen zu schaffen. Dies entwertet die Rechtsposition des BR im Verfahren nach § 99 erheblich. Die bei den ArbG teilweise anzutreffende entgegenstehende Praxis führt daher zu einer Versagung des Rechtsschutzes für den BR.[85]

32 Die vorläufige Maßnahme ist nur dann aufzuheben, wenn sie aus sachlichen Gründen (Rn. 3) **offensichtlich nicht dringend** (Rn. 7) **erforderlich** (Rn. 6) war. Das Merkmal der Offensichtlichkeit bedeutet, dass bei objektiver Beurteilung der Sachlage klar zu erkennen war, dass kein dringender sachlicher Grund vorlag.[86] Auch wenn der Feststellungsantrag des AG nur darauf gerichtet ist, dass die Maßnahme aus sachlichen Gründen dringend erforderlich ist, darf er nur dann abgewiesen werden, wenn die Maßnahme offensichtlich nicht dringend erforderlich gewesen ist.[87] Im **Tenor der Gerichtsentscheidung** ist dies ausdrücklich auszusprechen, um die Rechtsfolge der Beendigung der Maßnahme gemäß Abs. 3 Satz 1 zweifelsfrei auszulösen.[88] Das ArbG hat diese Frage von Amts wegen zu prüfen und in der Beschlussformel auch dann zum Ausdruck zu bringen, wenn ein hierauf gerichteter Gegenantrag des BR nicht vorliegt.[89]

33 Für das ArbG gibt es **vier Entscheidungskombinationen**[90] hinsichtlich der Frage, ob die jeweilige Maßnahme vorläufig und endgültig Bestand hat:

a) vorläufig: ja; endgültig: ja;
b) vorläufig: ja; endgültig: nein;
c) vorläufig: nein; endgültig: nein;
d) vorläufig: nein; endgültig: ja.

Keine Probleme gibt es in den Fällen a) und c): Das eine Mal obsiegt der AG unter beiden Aspekten; er kann die Maßnahme aufrechterhalten.[91] Das andere Mal obsiegt der BR unter beiden Aspekten; die Maßnahme ist aufzuheben.[92]

---

81 GK-*Raab,* Rn. 38; vgl. § 99 Rn. 210.
82 *Fitting,* Rn. 13; *LAG Schleswig-Holstein* 27. 9. 77, BB 78, 611.
83 HWGNRH-*Huke,* Rn. 32.
84 Vgl. *BAG* 18. 10. 88, NZA 89, 183.
85 Zum Fall eines Teilbeschlusses analog § 301 Abs. 1 ZPO vgl. *LAG Köln* 8. 11. 83 – 6 TaBV 33/83; a. A. offenbar *LAG Schleswig-Holstein* 10. 5. 16 – 1 TaBV 59/15, juris.
86 H. M.; *BAG* 7. 11. 77, EzA § 100 BetrVG 1972 Nr. 1; *Fitting,* Rn. 14; HWGNRH-*Huke,* Rn. 34.
87 *BAG* 7. 11. 77, a. a. O.
88 Vgl. *Matthes,* DB 89, 1288.
89 *BAG* 18. 10. 88, DB 89, 487; *Fitting,* Rn. 13 Buchst. d); HWGNRH-*Huke,* Rn. 34; zur Situation, dass das Gericht zwar die Zustimmung des BR gemäß § 99 Abs. 4 ersetzt, aber die vorläufige Maßnahme für unzulässig hält, GK-*Raab,* Rn. 41 f.
90 Vgl. *Fitting,* Rn. 13; HWGNRH-*Huke,* Rn. 33 ff.; *Lahusen,* NZA 89, 869.
91 *Fitting,* Rn. 13 Buchst. a; HWGNRH-*Huke,* Rn. 33.
92 *Fitting,* Rn. 13 Buchst. b; HWGNRH-*Huke,* Rn. 34.

Stellt das ArbG zwar fest, dass die Maßnahme als **vorläufige Maßnahme zulässig** war, ersetzt es jedoch **nicht die Zustimmung des BR** (Fall b), endet die Maßnahme gemäß Abs. 3 Satz 1.[93] Wird in diesem Falle die Ersetzung der Zustimmung rechtskräftig abgelehnt, ehe über die Berechtigung der vorläufigen Maßnahme entschieden ist, darf diese nicht mehr aufrechterhalten werden.[94] Der **Feststellungsantrag** wird **gegenstandslos,** das ihn betreffende Verfahren gemäß § 83a Abs. 3 ArbGG eingestellt.[95] 34

Kommt das ArbG zu der Ansicht, dass die Maßnahme zwar als vorläufige offensichtlich **nicht dringend** erforderlich war, **ersetzt** es jedoch die **Zustimmung** des BR (Fall d), erledigt sich dem *BAG* zufolge der Feststellungsantrag des AG nach Abs. 2 Satz 3.[96] Hierzu wird zu Recht kritisch angemerkt, dass so eine zu Unrecht erfolgte und aufzuhebende vorläufige Maßnahme ohne Sanktion bleibt.[97] Dem wird man dadurch Rechnung tragen können, dass in jedem Fall der **BR einen Gegenantrag** (DKWF-*Wenckebach,* § 100 Rn. 5). stellt, mit dem die Feststellung begehrt wird, dass die vorläufige Maßnahme nicht aus sachlichen Gründen dringend erforderlich war. Das hierauf gerichtete Feststellungsinteresse bleibt auch nach der Ersetzung der Zustimmung gemäß § 99 Abs. 4 bestehen. Die Entscheidung des ArbG kann als Grundlage künftiger Unterlassungsanträge des BR dienen (vgl. § 101 Rn. 22). 35

Ist über die **vorläufige Maßnahme vorab** rechtskräftig entschieden worden, dass sie offensichtlich nicht aus sachlichen Gründen dringend erforderlich war, darf sie gemäß Abs. 3 nicht mehr aufrechterhalten werden. Eine **neuerliche vorläufige Maßnahme aus neuen sachlichen Gründen** ist jedoch nicht ausgeschlossen. Dies gilt auch noch während des Laufs des gerichtlichen Verfahrens[98]. Wegen der offenkundigen Missbrauchsmöglichkeit zur Konterkarierung des Verfahrens nach § 101 müssen sowohl neue sachliche Gründe als auch neue Tatsachen zur Begründung der Erforderlichkeit und Dringlichkeit einer erneuten vorläufigen Maßnahme vorliegen. Andernfalls steht die **Rechtskraft** der vorangegangenen Entscheidung entgegen, und über die Beendigung der Maßnahme ist im Verfahren gemäß § 101 zu entscheiden. In Fall eines neuen Verfahrens muss der AG eine erneute Information mit den entsprechenden Fristenläufen und einem erneuten Antrag nach Abs. 2 Satz 3 vornehmen. Bei offenkundigem Missbrauch, insbes. im Wiederholungsfall, muss die Möglichkeit einer **einstweiligen Verfügung** vor rechtskräftigem Abschluss eines Verfahrens nach § 101 gegeben sein (§ 101 Rn. 24). 36

Der Antrag gemäß **§ 99 Abs. 4 kann weiterverfolgt** werden, wenn der Dringlichkeitsantrag vorab negativ entschieden wurde.[99] 37

Nach den Ergebnissen der sog. Streitwertkommission (zu den Einzelheiten vgl. § 99 Rn. 271) wird das Verfahren nach § 100 mit dem ½ Wert des Verfahrens nach § 99 Abs. 4 BetrVG bewertet. 38

VI. Beendigung der vorläufigen Maßnahme

Die vorläufige personelle Maßnahme **endet,** wenn eine **rechtskräftige Entscheidung** darüber vorliegt, dass entweder 39

- die Zustimmung des BR nicht ersetzt wird oder
- die Maßnahme offensichtlich aus sachlichen Gründen nicht dringend erforderlich war (zum Problem, wenn gleichzeitig die Zustimmung ersetzt wird, vgl. Rn. 35).

Die **Rechtskraft** tritt, falls kein Rechtsmittel eingelegt wird, mit Ablauf der Beschwerde- bzw. Rechtsbeschwerdefrist ein. Wenn das *LAG* die Rechtsbeschwerde nicht zugelassen hat, tritt die Rechtskraft erst mit Ablauf der Frist für die Nichtzulassungsbeschwerde ein (§ 92a i. V. m. § 72a ArbGG).[100] Beschlüsse des *BAG* werden mit der Verkündung rechtskräftig.

93 *Fitting,* Rn. 13 Buchst. c; HWGNRH-*Huke,* Rn. 34; GK-*Raab,* Rn. 40.
94 *BAG* 27.1.87, EzA § 99 BetrVG 1972 Nr. 55; GK-*Raab,* Rn. 40.
95 *BAG* 18.10.88, DB 89, 435; *Matthes,* DB 89, 1288; vgl. Rn. 24.
96 *BAG* 19.6.84, AP Nr. 1 zu Art. 72 ZA-NATO-Truppenstatut; bestätigt 27.1.87, EzA § 99 BetrVG 1972 Nr. 55.
97 *Fitting,* Rn. 15; a. A. Richardi-*Thüsing,* Rn. 38.
98 *LAG* Hamm 12.8.14 – 7 TaBV 29/14, juris.
99 *LAG* Frankfurt 3.12.85, AuR 87, 149.
100 Vgl. HWGNRH-*Huke,* Rn. 39.

40 Die **vorläufige Maßnahme endet mit** Ablauf von zwei Wochen **nach Rechtskraft der Entscheidung.** Der AG darf sie von diesem Zeitpunkt an nicht länger aufrechterhalten (Abs. 3 Satz 2). Ob das Ende der Maßnahme **automatisch** eintritt[101] oder einer **individualrechtlichen Gestaltungserklärung** bzw. eines Aufhebungsvertrags bedarf,[102] ist spiegelbildlich zu der Entscheidung darüber zu klären, was als personelle Maßnahme mitbestimmungspflichtig ist: Da dies nicht der zugrundeliegende Vertrag als solcher ist, sondern seine auf die Gestaltung der Arbeitssituation zielenden Elemente und (im Fall der Einstellung und Versetzung) die betriebliche Eingliederung sind (Rn. 37), so enden diese. Der AG darf betroffene AN ab diesem Zeitpunkt nicht mehr mit der ihnen zugewiesenen Arbeit beschäftigen. Wenn der AG nicht in der Lage ist, AN im Rahmen des Arbeitsvertrags eine betriebsverfassungsrechtlich erlaubte Tätigkeit zuzuweisen, kommt er in Annahmeverzug; AN behalten trotz Nichtarbeit den Anspruch auf das Arbeitsentgelt (§ 615 BGB, s. Rn. 18a und § 99 Rn. 253).

41 Hiervon zu unterscheiden ist das **Schicksal des Arbeitsvertrags bzw. seines Inhalts:** Im Falle einer rechtskräftig beendeten Einstellung kann der AG kündigen, und zwar fristlos, wenn betroffene AN beim Abschluss des Arbeitsvertrags über die Bedenken des BR unterrichtet wurden, und fristgemäß bei fehlender Information.[103] Im Falle einer fristlosen Kündigung läuft die Frist des § 626 Abs. 2 ab Rechtskraft einer Entscheidung gemäß § 100 Abs. 3. Eine ordentliche Kündigung ist im Grundsatz als personenbedingte zulässig, so wie beim Fehlen einer Arbeitserlaubnis.[104] Eine **Beteiligung des BR gemäß § 102 Abs. 1 ist nicht mehr erforderlich** (§ 102 Rn. 24). Das Gleiche gilt hinsichtlich verbesserter Vertragsbedingungen im Zusammenhang mit einer unwirksamen Versetzung. Der Bestand des Arbeitsverhältnisses kann durch eine **auflösende Bedingung** an eine für den AG negative Gerichtsentscheidung geknüpft werden.[105]

42 Das **Verbot, eine** gemäß Abs. 3 Satz 1 beendete **Maßnahme aufrechtzuerhalten** (Abs. 3 Satz 2), heißt zum einen **Unterlassung** weiterer Beschäftigung der betroffenen AN unter den als betriebsverfassungswidrig festgestellten Bedingungen, sei es im Betrieb schlechthin, sei es an dem unzulässigerweise zugewiesenen Arbeitsplatz.[106] Zum anderen kann **aktives Handeln** erforderlich werden: Im Fall einer Versetzung muss der AG den AN **zurückversetzen.**[107] Bei einer zu beendenden Eingruppierung bzw. Umgruppierung muss der AG die **unzulässige Eingruppierung zurücknehmen** und erneut unter Beteiligung des BR eingruppieren.[108] Inwieweit der AN individualrechtlich das auf Grund der unzulässigen Eingruppierung bezogene Entgelt weiter beanspruchen kann, hängt ebenfalls mit der Vertragsgestaltung zusammen: Wenn die Zahlung unter Vorbehalt des Ausgangs des Gerichtsverfahrens gemäß §§ 99, 100 erfolgte, endet die Verpflichtung zwei Wochen nach Rechtskraft. Ist sie ohne Vorbehalt oder auflösende Bedingung zugesagt worden, besteht der Anspruch auf entsprechende übertarifliche Bezahlung.[109] Es bleibt die Möglichkeit der Änderungskündigung unter den gleichen Bedingungen wie für eine Kündigung im Fall der beendeten Einstellung.[110]

43 Wenn der AG die Maßnahme zwei Wochen nach Rechtskraft **weiterhin aufrechterhält,** kann der BR das Verfahren gemäß **§ 101** betreiben (§ 101 Rn. 4). Aus der Tatsache, dass der die Maßnahme beendigende Beschluss gemäß Abs. 3 Satz 1 nicht unmittelbar vollstreckbar ist, sondern die Beseitigung des betriebsverfassungswidrigen Zustandes eines eigenen Verfahrens bedarf, kann die weitere Aufrechterhaltung der Maßnahme nicht gerechtfertigt werden. Darin liegt vielmehr eine **Pflichtverletzung des AG** gemäß § 23 Abs. 3 (vgl. § 23 Rn. 82). In einem schwerwiegenden Fall, insbes. bei wiederholten Verstößen, kann dies einen Unterlassungsanspruch des BR auslösen (§ 101 Rn. 22), mit dem dem AG im Wege des einstweiligen Ver-

---

101 *Fitting,* Rn. 18; *Richardi-Thüsing,* Rn. 49.
102 HWGNRH-*Huke,* Rn. 39 ff.
103 HWGNRH-*Huke,* Rn. 42; *WEH,* Teil I Rn. 265; *Boemke,* ZFA 92, 508; *Friesen,* BB 84, 677; nur in Ausnahmefällen für fristlose Kündigung *v. Hoyningen-Huene,* RdA 82, 205.
104 Vgl. *DDZ,* § 1 KSchG Rn. 174.; *Boemke,* ZfA 92, 508.
105 *BAG* 17.2.83, AP Nr. 79 zu § 620 BGB Befristeter Arbeitsvertrag; HWGNRH-*Huke,* Rn. 41.
106 HWGNRH-*Huke,* Rn. 45; für sofortige Suspendierung GK-*Raab,* Rn. 47.
107 HWGNRH-*Huke,* Rn. 43; Richardi-*Thüsing,* Rn. 58.
108 Vgl. *BAG* 20.12.88, NZA 89, 518; GK-*Raab,* Rn. 49.
109 HWGNRH-*Huke,* Rn. 43.
110 HWGNRH-*Huke,* Rn. 44; GK-*Raab,* Rn. 49; vgl. § 99 Rn. 217.

fügungsverfahrens untersagt wird, bestimmte vorläufige personelle Einzelmaßnahmen durchzuführen.[111]

§ 101 Zwangsgeld

Führt der Arbeitgeber eine personelle Maßnahme im Sinne des § 99 Abs. 1 Satz 1 ohne Zustimmung des Betriebsrats durch oder hält er eine vorläufige personelle Maßnahme entgegen § 100 Abs. 2 Satz 3 oder Absatz 3 aufrecht, so kann der Betriebsrat beim Arbeitsgericht beantragen, dem Arbeitgeber aufzugeben, die personelle Maßnahme aufzuheben. Hebt der Arbeitgeber entgegen einer rechtskräftigen gerichtlichen Entscheidung die personelle Maßnahme nicht auf, so ist auf Antrag des Betriebsrats vom Arbeitsgericht zu erkennen, dass der Arbeitgeber zur Aufhebung der Maßnahme durch Zwangsgeld anzuhalten sei. Das Höchstmaß des Zwangsgeldes beträgt für jeden Tag der Zuwiderhandlung 250 Euro.

Inhaltsübersicht Rn.

I. Vorbemerkungen

1 § 101 dient der Sicherung des Mitbestimmungsrechts gemäß §§ 99, 100 mit dem Ziel, den AG dazu zu veranlassen, eine **betriebsverfassungswidrige personelle Maßnahme rückgängig** zu machen. Dem dient ein **zweistufiges Verfahren:**

- Führt der AG eine – endgültige oder vorläufige – personelle Maßnahme durch, ohne dem BR gegenüber betriebsverfassungsrechtlich berechtigt zu sein, kann der BR beim ArbG beantragen, die Maßnahme aufzuheben (Satz 1; vgl. Rn. 4 ff.).
- Hebt der AG die Maßnahme dann trotzdem nicht auf, kann der BR die Festsetzung eines Zwangsgeldes beantragen (Satz 2; vgl. Rn. 13 ff.).

Dem arbeitsvertraglichen Beschäftigungsanspruch des AN steht ein überwiegendes Interesse des AG entgegen, wenn ein betriebsverfassungsrechtliches Beschäftigungsverbot besteht, weil der BR einen rechtskräftigen Beschluss über die Aufhebung der Einstellung des AN nach § 101 erlangt hat.[1]

2 Antragsgegner ist der jeweilige AG; in einem **Gemeinschaftsbetrieb** ist dies in der Regel der Vertragsarbeitgeber.[2] Es handelt sich um ein besonderes Verfahren der Zwangsvollstreckung zur **Beseitigung eines rechtswidrigen Zustandes.** § 101 ist insofern eine Sondervorschrift gegenüber § 888 ZPO (§ 85 Abs. 1 ArbGG). Ob der BR seine **Zustimmung zu Recht verweigert** hat, ist für das Verfahren nach § 101 unbeachtlich.[3] Ebenso ist unbeachtlich, dass der Grund, auf den der BR seine Zustimmungsverweigerung gestützt hat, im Laufe des Aufhebungsverfahrens wegfällt.[4] Alles andere würde das Verfahren nach § 99 Abs. 4 überflüssig machen. Der AG könnte andernfalls die Maßnahme durchführen, um dann in einem vom BR ggf. eingeleiteten Verfahren nach § 101 die materielle Rechtmäßigkeit der Maßnahme prüfen zu lassen.

3 Ein Beschluss zur Aufhebung einer betriebsverfassungswidrigen Maßnahme kann mit der Beschwerde und ggf. Rechtsbeschwerde (Rn. 9), die nachfolgende Zwangsgeldfestsetzung mit der sofortigen Beschwerde (Rn. 17) angefochten werden.[5] Im Falle einer vorläufigen Maßnahme muss eine rechtskräftige Feststellung ihrer Unzulässigkeit vorliegen, wozu Entscheidungen in

---

111 *LAG Köln* 19.3.04 – 8 TaBV 13/04, EzA-SD, Nr. 15, 10; Düwell-*Keuder/Matthiessen-Kreuder*, Rn. 14.

1 *LAG Hamm* 12.5.15 – 14 Sa 904/14, juris.
2 So z.B. für eine Eingruppierung *BAG* 23.9.03 – 1 ABR 35/02, NZA 04, 800 ff.
3 *BAG* 16.7.85, AP Nr. 21 zu § 99 BetrVG 1972 mit zustimmender Anm. *Kraft*; 21.11.78, AP Nr. 3 zu § 101 BetrVG 1978 mit zust. Anm. *Richardi.*
4 *BAG* 20.11.90 – 1 ABR 87/89, DB 91, 1474.
5 Kritisch deshalb *Däubler,* Das Arbeitsrecht 1, Rn. 1067.

zwei, ggf. drei Instanzen erforderlich sein können (§ 100 Rn. 39). Vor dem Hintergrund von missbrauchsanfälligen Vorschriften zur materiellen Rechtslage (§ 100 Rn. 1) ist deshalb neben einer strikten Handhabung des § 101 erhöhte Sensibilität für die Berechtigung einstweiligen Rechtsschutzes außerhalb dieser Vorschrift erforderlich (Rn. 24). Das gilt insbes. für befristete personelle Maßnahmen.

II. Verfahren zur Aufhebung der personellen Maßnahme

4 Der BR kann beim ArbG beantragen, dem AG zu **untersagen, die personelle Maßnahme aufrechtzuerhalten,** wenn eine der nachfolgend aufgeführten drei Voraussetzungen gegeben ist (§ 101 Satz 1):

1. Der AG führt eine **endgültige Maßnahme ohne Zustimmung des BR** durch (Satz 1, 1. Alternative). Das bezieht sich auf folgende Fallgestaltungen:
   - der BR hat seine Zustimmung nicht erteilt (§ 99 Rn. 177),
   - die Zustimmung gilt auch nicht wegen Fristablaufs als erteilt (§ 99 Rn. 179), was insbes. bei nicht ausreichender Information des BR der Fall ist (vgl. § 99 Rn. 170), oder
   - die Zustimmung ist nicht gemäß § 99 Abs. 4 ersetzt worden (§ 99 Rn. 239). Dem steht gleich, dass der AG einen Antrag gemäß § 99 Abs. 4 zurückgenommen hat.
2. Der AG führt eine **vorläufige Maßnahme unter Verfahrensverstößen** durch. Das bezieht sich auf folgende Fallgestaltungen:
   - Der AG hat eine vorläufige Maßnahme durchgeführt, ohne den BR über die Unaufschiebbarkeit informiert zu haben. Die Information gemäß § 99 Abs. 1 allein reicht nicht aus.
   - Der AG hat über die vorläufige Maßnahme nicht unverzüglich (§ 100 Abs. 2 Satz 1; vgl. § 100 Rn. 14), also verspätet informiert.
   - Der AG hat zwar unverzüglich informiert, es jedoch unterlassen, innerhalb von drei Tagen nach Bestreiten der Dringlichkeit durch den BR das ArbG anzurufen (§ 100 Abs. 2 Satz 3, vgl. § 100 Rn. 26).
   - Der BR hat gemäß § 99 Abs. 3 die Zustimmung verweigert, jedoch der vorläufigen Maßnahme zugestimmt, und der AG hält sie aufrecht, ohne unverzüglich die Ersetzung der Zustimmung zu beantragen (vgl. § 100 Rn. 19).
   - Der BR hat gemäß § 99 Abs. 3 die Zustimmung verweigert, aber verspätet der vorläufigen Maßnahme widersprochen, und der AG beantragt nicht innerhalb von drei Tagen die Ersetzung der Zustimmung.
3. Der AG hält eine Maßnahme **trotz rechtskräftiger (negativer) Gerichtsentscheidung** über die Ersetzung der Zustimmung oder die Berechtigung der vorläufigen Maßnahme gemäß § 100 Abs. 3 aufrecht.

5 § 101 ist auch anwendbar, wenn eine personelle Maßnahme auf Grund der **Erweiterung der Mitbestimmung** (vgl. § 99 Rn. 31) der vollen Mitbestimmung des BR unterliegt und dieses Mitbestimmungsrecht nicht beachtet worden ist.[6]

6 Im Falle der **Ein- bzw. Umgruppierung** ist zu beachten, dass es sich um einen Akt der Rechtsanwendung handelt, bei dem die Beteiligung des BR der Richtigkeitskontrolle dient (vgl. § 99 Rn. 74). Da die Ein- bzw. Umgruppierung selbst zu keiner tatsächlichen Veränderung der Verhältnisse im Betrieb führt, kann auch eine betriebsverfassungswidrige Ein- bzw. Umgruppierung nicht »aufgehoben« werden. Hat der AG eine notwendige Eingruppierung unterlassen, ist dem AG über § 101 zur Sicherung des Mitbestimmungsrechts aufzugeben – und so sind BR-Antrag bzw. ArbG-Beschluss zu tenorieren – eine Eingruppierungsentscheidung vorzunehmen, die Zustimmung des BR zur vorgesehenen Eingruppierung nachträglich einzuholen und im Verweigerungsfalle durch das ArbG ersetzen zu lassen.[7] Ein Gegenantrag des AG (auf Zustimmung zur Eingruppierung in einem Verfahren nach § 101) ist demgegenüber unzulässig.[8]

---

6 *BAG* 1.8.89, DB 90, 483.

7 *BAG* 14.4.10 – 7 ABR 91/08, juris; 14.4.15 – 1 ABR 66/13, BAGE 151, 212–220; 28.7.20 – 1 ABR 5/19; 23.2.21 – 1 ABR 4/20, juris.

8 *LAG Niedersachsen* 28.1.10 – 5 TaBV 65/09, juris.

Der BR kann beantragen, dass dem im Zustimmungsersetzungsverfahren erfolglos gebliebenen AG aufgegeben wird, ein erneutes Beteiligungsverfahren einzuleiten, das die Eingruppierung in eine andere Vergütungsgruppe vorsieht.[9] Hält jedoch der BR eine mit seiner erklärten oder ersetzten Zustimmung erfolgte Eingruppierung nicht oder nicht mehr für zutreffend, so kann er vom AG nicht verlangen, dass dieser eine erneute Eingruppierungsentscheidung unter seiner Beteiligung trifft.[10]

Ziel des BR-Antrags gemäß Satz 1 ist die Aufhebung der betriebsverfassungswidrigen Maßnahme. Damit jedoch ein Titel vorliegt, der gemäß Satz 2 zu einem täglichen Zwangsgeld wegen Zuwiderhandlung (Rn. 15) führen kann, muss die **Antragstellung** bzw. die Entscheidung des ArbG dahin gehen, dass dem **AG untersagt wird, die personelle Maßnahme aufrechtzuerhalten.**[11] Der Titel nach § 101 ist deshalb ein **Unterlassungstitel.** Im Falle der Eingruppierung geht der Antrag dann dahin, dass der AG zu unterlassen habe, den AN weiterhin in eine zu bezeichnende Vergütungsgruppe eingruppiert zu lassen, ohne die Zustimmung des BR nachträglich einzuholen. Hat der AG keine Eingruppierung vorgenommen (§ 99 Rn. 77), ist zu beantragen, dass der AG zu unterlassen habe, den AN zu beschäftigen, ohne ihn einzugruppieren. 7

Für die Stellung des Antrags nach Satz 2 ist **keine Frist** vorgesehen. Das Antragsrecht kann jedoch **verwirkt** werden, wenn z. B. der BR eine betriebsverfassungswidrige personelle Einzelmaßnahme jahrelang wissentlich duldet, ohne einen Antrag nach § 101 zu stellen.[12] 8

Das ArbG entscheidet im **Beschlussverfahren** (§ 2a Abs. 1 Nr. 1 ArbGG; Einl. Rn. 170 ff.). **Beteiligte** sind der BR und der AG, nicht aber der betroffene AN.[13] Gegen den Beschluss des ArbG ist **Beschwerde** zum LAG innerhalb einer Frist von einem Monat zulässig (§ 87 ArbGG). Die **Rechtsbeschwerde** gegen eine Entscheidung des LAG ist möglich, wenn sie zugelassen wurde (§ 92 i. V. m. § 72 Abs. 2 und 3 ArbGG; zur Rechtskraft vgl. § 100 Rn. 39). 9

Nach der Rspr. kommt es für die Entscheidung des Gerichts über einen Antrag nach § 101 Satz 1 grundsätzlich auf die Rechtslage zum **Zeitpunkt** der letzten mündlichen Anhörung der Beteiligten an. Ein möglicher Beteiligungsmangel könne bis dahin geheilt werden. Der Streitgegenstand eines Verfahrens nach § 101 betreffe in zeitlicher Hinsicht ebenso wie das Zustimmungsersetzungsverfahren gemäß § 99 Abs. 4 grundsätzlich die Frage, ob die personelle Maßnahme gegenwärtig und zukünftig zulässig ist. Verfahrensgegenstand sei dagegen nicht, ob die Maßnahme im Zeitpunkt der Antragstellung oder zu einem früheren Zeitpunkt zulässig war.[14] Der AG kann aber eine ohne Beteiligung des BR und damit betriebsverfassungswidrig durchgeführte Einstellung nicht heilen und deren Aufhebung nach § 101 dadurch verhindern, dass er hinsichtlich dieser bereits erfolgten Einstellung nur das Beteiligungsverfahren nachholt, ohne zuvor die Einstellung aufzuheben und ggf. ein neues Besetzungsverfahren zu betreiben. Nimmt der AG demgegenüber von der ursprünglich beabsichtigten Einstellung Abstand und leitet er ein neues Mitbestimmungsverfahren zu einer neuen Einstellung ein, erledigt sich das die ursprüngliche Maßnahme betreffende Verfahren nach § 101.[15] 9a

Hebt der AG die Maßnahme während des Verfahrens nach § 101 **auf oder endet sie** auf andere Weise, muss der Antrag als unbegründet abgewiesen werden[16], wenn er aufrechterhalten bleibt. Das gilt insbesondere, wenn das Arbeitsverhältnis – etwa durch **Kündigung** – aufgelöst oder infolge eines **Betriebsübergangs** gem. § 613a BGB auf einen Dritten überführt wurde.[17] Eine Beendigung des Arbeitsverhältnisses durch Betriebsübergang setzt allerdings voraus, dass **tatsächlich ein Betriebsübergang** stattgefunden hat und die betroffenen AN dem übergegan- 10

---

9 *BAG* 3.5.94 – 1 ABR 58/93, BB 94, 2490; abw. GK-*Raab,* Rn. 9.
10 *BAG* 18.6.91, a. a. O.
11 *Matthes*, DB 89, 1289.
12 Vgl. *LAG Frankfurt* 24.4.84, BB 84, 1684; HWGNRH-*Huke,* Rn. 2; GK-*Raab,* Rn. 7.
13 H. M.; *BAG* 27.5.82, DB 82, 2410; *Fitting,* Rn. 6.
14 *BAG* 25.1.05 – 1 ABR 61/03 juris, 16.1.07 – 1 ABR 16/06, juris. *LAG Düsseldorf* 20.12.16 – 14 TaBV 57/16, juris.
15 *BAG* 21.11.18 – 7 ABR 16/17, juris.
16 *BAG* 11.9.13 – 7 ABR 29/12, juris; 15.11.22 – 1 ABR 15/21, juris.
17 *BAG* 25.4.18 – 7 ABR 30/16, juris.

genen Betrieb(steil) auch wirksam zugeordnet waren.[18] Hat der BR einer Versetzung in den später übergegangenen Betriebs(teil) die Zustimmung verweigert und die AN selbst haben nicht ausdrücklich ihr Einverständnis erklärt, ist die Versetzung individualrechtlich unwirksam (s. § 99 Rn. 252).[19] Dann aber fehlt es an einer wirksamen Zuordnung mit der Folge, dass das Arbeitsverhältnis nicht übergeht. Unzutreffend ist daher die Auffassung des *LAG München,* das eine mögliche betriebsverfassungsrechtliche Fehlerhaftigkeit der Zuordnung für unerheblich hält, wenn die vom AG vorgenommene Umorganisation vollzogen und AN auf neuen Arbeitsplätzen tätig seien. Es greife dann das Normenregime des § 613a BGB, dessen Frist nicht unterlaufen werden dürfe.[20] Eine solche Vorgehensweise setzt sich nicht nur über die Rechtsprechung des *BAG* hinweg, wonach im Falle einseitiger Erledigungserklärung das Vorliegen der tatsächlichen Voraussetzungen des erledigenden Ereignisses[21], hier also der Betriebsübergang zu prüfen ist und dass die fehlende Zustimmung des BR auf die individualrechtliche Wirksamkeit der Versetzung durchschlägt.[22] Das *LAG München* ignoriert zudem, dass nach der zutreffenden Auffassung des *BAG*[23] das Unterlassen eines fristgerechten Widerspruchs im Falle einer unzutreffenden Information über einen tatsächlich nicht erfolgten Betriebsübergang nicht bewirkt, dass das Arbeitsverhältnis mit dem Veräußerer tatsächlich beendet würde oder das Widerspruchsrecht innerhalb der gesetzlich vorgesehenen Frist ausgeübt werden müsste. Nichts anderes kann gelten, wenn das Arbeitsverhältnis wegen der fehlenden Zuordnung zum übergehenden Betrieb(-steil) nicht übergegangen ist. Das *BAG* hielt jedoch hat die Frage nach der Wirksamkeit des Betriebsübergangs für nicht relevant, da in jedem Falle die ursprüngliche Maßnahme – die betriebsinterne Versetzung – geendet sei.[24] Die Analyse eines Fachanwalts einer großen Anwaltskanzlei für Arbeitgeber bringt die Problematik dieser Rechtsprechung auf den Punkt: »Das Zusammenspiel der §§ 99, 100 und 101 BetrVG erlaubt mannigfaltiges Taktieren, das die Mitbestimmungsrechte eines Betriebsrats bei nicht dauerhaft geplanten Einzelmaßnahmen praktisch aushebelt.«[25] Ob es in der Praxis bei der Empfehlung an AG, dies nur »im »Notfall« zu nutzen«[26] bleibt, ist äußerst zweifelhaft.

Um die Abweisung als unbegründet im Falle der Beendigung des Arbeitsverhältnisses zu vermeiden, hat der BR zwei Möglichkeiten:

- Er erklärt das Verfahren für **erledigt.**
- Er geht über zu einem **Feststellungsantrag,** um die Betriebsverfassungswidrigkeit des AG-Verhaltens für die Zukunft feststellen zu lassen.[27] Das ist jedoch nur im Verfahren vor dem ArbG und LAG, nicht mehr aber in der Rechtsbeschwerdeinstanz vor dem *BAG* möglich.

Unerheblich ist, dass der Zustimmungsverweigerungsgrund des BR im Laufe des Aufhebungsverfahrens wegfällt.[28]

11 Der Antrag des **BR** nach § 101 Satz 1 kann bereits als **Hilfsantrag** gestellt werden, wenn der AG ein Verfahren auf Ersetzung der Zustimmung und Feststellung der Dringlichkeit einer vorläufigen Maßnahme gemäß § 100 Abs. 2 Satz 3 einleitet. Der BR kann seinen Abweisungsantrag mit einem Antrag nach § 101 verbinden.[29] Das gilt auch gegenüber einem Antrag nach § 99 Abs. 4, falls die Maßnahme bereits als vorläufige durchgeführt worden ist.[30] Stellt dagegen der AG den Antrag nach § 99 Abs. 4 und wartet mit der Durchführung der Maßnahme noch ab, kann der Antrag gemäß § 101 **nicht vorsorglich** als Gegenantrag gestellt werden.[31]

---

18 Zur Verpflichtung, das Vorliegen der tatsächlichen Voraussetzungen einer Erledigung zu prüfen *BAG* 29.7.20 – 7 ABR 27/19, juris; 26.4.90 – 1 ABR 79/89, BAGE 65, 105–122.
19 *BAG* 22.4.10 – 2 AZR 491/09, AP Nr. 145 zu § 2 KSchG 1969.
20 *LAG München* 7.11.20 – 4 TaBV 39/20, juris.
21 *BAG* 29.7.20 – 7 ABR 27/19, juris; 26.4.1990 – 1 ABR 79/89, BAGE 65, 105–122.
22 *BAG* 22.4.10 – 2 AZR 491/09, AP Nr. 145 zu § 2 KSchG 1969.
23 *BAG* 25.1.18 – 8 AZR 309/16, NZA 2018, 933.
24 *BAG* 15.11.22 – 1 ABR 15/21.
25 *Braun,* ArbRB 23, 107.
26 *Braun,* ArbRB 23, 107.
27 *Fitting,* Rn. 8.
28 *BAG* 20.11.90 – 1 ABR 87/89, DB 91, 1474; vgl. Rn. 1.
29 H.M.; *Fitting,* Rn. 6.
30 HWGNRH-*Huke,* Rn. 11; GK-*Raab,* Rn. 16.
31 *BAG* 18.7.1978, AP Nr. 1 zu § 101 BetrVG 1972; vgl. Richardi-*Thüsing,* Rn. 15.

12 Der **AG** kann seinen Abweisungsantrag gegen den BR-Antrag gemäß § 101 nicht mit einem **Hilfsantrag** verbinden, die fehlende Zustimmung des BR zu ersetzen,[32] weil dies zu einer Umgehung der verfahrensrechtlichen Beteiligungsrechte des BR führen würde (vgl. Rn. 1). Ebenso wenig kann er geltend machen, in Wahrheit fehle ein Zustimmungsverweigerungsgrund.[33]

III. Zwangsgeldverfahren

13 Hebt der AG auch entgegen einer rechtskräftigen Entscheidung gemäß Satz 1 (Rn. 9) die personelle Maßnahme nicht auf, so ist er auf Antrag des BR vom ArbG durch Verhängung eines **Zwangsgeldes** von höchstens 250 Euro für jeden Tag der Zuwiderhandlung hierzu anzuhalten (Satz 2). Sind mehrere AN in einem Verfahrenskomplex betroffen, so wird das Zwangsgeld für jeden einzelnen Fall verwirkt. Der AG hat die Konsequenz aus der Entscheidung gemäß Satz 1 unverzüglich zu ziehen.[34] Die Auffassung, dass vor Verhängung des Zwangsgeldes in analoger Anwendung des § 100 Abs. 3 nochmals **zwei Wochen verstrichen** sein müssen,[35] hat keine Stütze im Wortlaut des Gesetzes.[36] Das Schutzbedürfnis der von der Rückgängigmachung möglicherweise negativ betroffenen AN[37] wird auf der Ebene seines Arbeitsverhältnisses gewahrt (Kündigungsfrist, Annahmeverzug des AG, Schadensersatz; vgl. § 100 Rn. 41). In jedem Fall kommt eine weitere Zweiwochenfrist nicht in Betracht, wenn der Antrag gemäß § 101 als weiterer Gegenantrag des BR gegen den Antrag des AG auf Zustimmungsersetzung und Billigung der vorläufigen Maßnahme gemäß § 100 Abs. 2 Satz 3 (§ 100 Rn. 27) gestellt wurde. Dann setzt die Möglichkeit der Verhängung von Zwangsgeld mit fruchtlosem Ablauf der Zweiwochenfrist des § 100 Abs. 3 Satz 1 ein.

14 Das Gesetz sieht **keine Frist** für die Stellung des Antrages nach Satz 2 vor. Da diese Sanktion indes erst einsetzt, wenn der AG die Maßnahme trotz rechtskräftiger Entscheidung gemäß Satz 1 nicht aufhebt, muss dieser Zeitpunkt sowie die Weigerung des AG zur Aufhebung der Maßnahme abgewartet werden. Jedoch kann die **Androhung des Zwangsgeldes** bereits mit dem Antrag nach Satz 1 beantragt und im Beschluss des ArbG ausgesprochen werden.[38] Wenn der BR mit der Stellung des Antrages zu lange wartet, kann er sein Recht hierzu unter den gleichen Umständen wie hinsichtlich des Antrages gemäß Satz 1 verwirken (Rn. 8).

15 Das AG verhängt das **Zwangsgeld** durch **Beschluss** nach freiem, pflichtgemäßem Ermessen.[39] Verschulden des AG ist nicht erforderlich.[40] Einer vorherigen Androhung bedarf es nicht.[41] Das Zwangsgeld kann schon in der Entscheidung gemäß Satz 1 angedroht werden.[42] Die Entscheidung ergeht ohne mündliche Verhandlung durch Beschluss der/des Vorsitzenden der zuständigen Kammer (§ 891 ZPO; § 53 ArbGG).[43] § 85 Abs. 1 ArbGG stellt klar, dass der AG als Schuldner des Vollstreckungsverfahrens gilt und der BR als Gläubiger. Zwangshaft anstelle des Zwangsgeldes scheidet aus (§ 85 Abs. 1 S. 2 ArbGG).

16 Dem **AG** ist Gelegenheit zur mündlichen oder schriftlichen Äußerung zu geben. Die ihm noch möglichen **Einwendungen** können sich in der Regel nur darauf erstrecken, dass er die Maßnahme in der Zwischenzeit bereits durchgeführt oder der BR seinen Antrag zurückgenommen hat.[44] Der AG kann die Beitreibung eines bereits festgesetzten Zwangsgeldes jedoch nur ab dem Zeitpunkt abwenden, ab dem er die Maßnahme tatsächlich aufgehoben hat. In Ausnahmefällen ist **Vollstreckungsgegenklage** mit dem Antragsziel der Einstellung der Zwangsvollstreckung

---

32 *BAG* 20.2.01 – 1 ABR 30/00, DB 01, 2054.
33 *BAG* 18.7.78, 21.11.78, AP Nrn. 1 und 3 zu § 101 BetrVG 1972.
34 *Fitting*, Rn. 7.
35 *Fitting*, Rn. 7; HWGNRH-*Huke*, Rn. 12; GK-*Raab*, Rn. 19; a. A. Richardi-*Thüsing*, Rn. 26..
36 *Matthes*, FS Richardi 2007, 689.
37 Vgl. HWGNRH-*Huke*, Rn. 12.
38 *LAG Frankfurt* 3.6.88, DB 89, 536; a. A. *v. Hoyningen-Huene/Boemke*, S. 191; a. A. GK-*Raab*, Rn. 17.
39 *Fitting*, Rn. 10.
40 HWGNRH-*Huke*, Rn. 14; *Fitting*, Rn. 11.
41 Düwell-*Keuder/Matthiessen-Kreuder*, Rn. 12; *Fitting*, Rn. 10; Richardi-*Thüsing*, Rn. 28.
42 *LAG Frankfurt* 3.6.88, DB 89, 536, für eine Entscheidung nach § 23 Abs. 3; *Fitting*, § 23 Rn. 12.
43 GK-*Raab*, Rn. 18.
44 HWGNRH-*Huke*, Rn. 14.

möglich, wenn der AG die zunächst rechtskräftig untersagte Maßnahme wegen veränderter tatsächlicher Umstände erneut vorläufig vornimmt (§ 99 Rn. 209; § 100 Rn. 37). Die Vollstreckungsgegenklage ist jedoch nur erfolgreich, wenn die erneut vorgenommene Maßnahme sowohl als vorläufige wie als endgültige bei summarischer Prüfung offenkundig als berechtigt angesehen werden kann. Im Zweifel ist die Zwangsvollstreckung fortzuführen. Die **Vollstreckung** des Zwangsgeldes erfolgt von Amts wegen gemäß §§ 704 ff. ZPO. Vollstreckungsbehörde ist die oder der Vorsitzende des *ArbG*.[45] Die Beträge fließen der Staatskasse zu.[46]

17 Gegen den Zwangsgeldbeschluss findet die **sofortige Beschwerde** zum *LAG* statt (§ 85 Abs. 1 ArbGG i. V. m. §§ 793, 577 ZPO). Die Entscheidung kann ohne mündliche Verhandlung durch den Vorsitzenden der zuständigen Kammer des *LAG* ergehen.[47] Eine weitere Beschwerde findet nicht statt (§ 78 Abs. 2 ArbGG).

18 Eine einem Rechtsanwalt von einem Betriebsrat zur Führung eines Beschlussverfahrens zur Aufhebung einer personellen Maßnahme durch den AG gemäß § 101 Satz 1 erteilte **Prozessvollmacht umfasst** regelmäßig auch **die Stellung eines Zwangsgeldantrages** gemäß § 101 Satz 2 nach der Rechtskraft eines dem ersten Antrag stattgebenden Beschlusses. Es bedarf für den Zwangsgeldantrag keiner erneuten Beschlussfassung des BR.[48]

IV. Unterlassungsanspruch und einstweilige Verfügung des BR

19 Mit dem Verfahren nach § 101 kann lediglich ein betriebsverfassungswidriger Zustand für die Zukunft beendet werden. Deshalb stellt sich die Frage der **Sicherung künftiger Mitbestimmungsansprüche** nicht anders als für andere Bereiche des BetrVG (vgl. § 23 Rn. 196 ff.). Ihre Klärung ist von jeher belastet gewesen durch die unzulässig generalisierende Charakterisierung des § 101 als einer Spezialvorschrift, neben der andere Verfahren zur Mitbestimmungssicherung keinen Platz hätten. Diese Auffassung hat das *BAG* zwischenzeitlich (teilweise) bestätigt (vgl. Rn. 22). In einem anderen Bereich ist das *BAG* dieser Sichtweise wiederum entgegengetreten (vgl. Rn. 20).

20 Bei groben Verstößen gegen das Mitbestimmungsrecht des BR aus § 99 ergibt sich der Anspruch nicht aus § 101 analog, der BR kann aber **gemäß § 23 Abs. 3 deren Unterlassung für die Zukunft** beantragen (Einzelheiten bei § 23 Rn. 262 ff.).[49] § 23 Abs. 3 wird diesbezüglich nicht durch § 101 verdrängt.[50] Streitfälle mit ungeklärter Rechtslage bilden in aller Regel keine Grundlage für ein Verfahren nach § 23 Abs. 3.[51] Demgegenüber werden vor allem wiederholte Verstöße in der Vergangenheit einen solchen Unterlassungsanspruch auslösen.[52] In dieser Hinsicht gewinnen frühere vom BR durchgeführte **Feststellungsverfahren** hinsichtlich des Vorliegens und der Reichweite seines Mitbestimmungsrechts bei wiederkehrenden, typischen Situationen große Bedeutung (vgl. § 99 Rn. 224). Steht z. B. auf Grund gerichtlicher Entscheidung fest, dass

- eine bestimmte Maßnahme der Zustimmung des BR bedarf oder
- eine bestimmte Begründung der Zustimmungsverweigerung beachtlich ist (vgl. § 99 Rn. 263),

so kommt immer ein entsprechender Unterlassungsantrag in Betracht. Adressat der titulierten Unterlassungsverpflichtung, es zu unterlassen, Einstellungen vorzunehmen, wenn der BR gemäß § 99 Abs. 2 der Maßnahme seine Zustimmung verweigert hat und der AG kein Verfahren gemäß den §§ 99, 100 beim *ArbG* eingeleitet hat, ist nicht der AG in einem höchstpersönlichen

---

45 *Fitting*, Rn. 10.
46 *Fitting*, Rn. 10; HWGNRH-*Huke*, Rn. 15.
47 *Grunsky*, § 78 Rn. 4.
48 *Hess. LAG* 13.2.09 – 4 TaBV 717/08, juris.
49 *BAG* 14.2.23 – 1 ABR 9/22, juris.
50 *BAG* 17.3.87, DB 87, 2051; 26.1.88, EzA § 99 BetrVG 1972 Nr. 58; 14.2.23 – 1 ABR 9/22, juris; vgl. a. *LAG Köln* 19.3.04 – 8 TaBV 13/04, EzA-SD Nr. 15, 10.
51 *BAG* 14.11.89, NZA 90, 357; *LAG Hamm* 25.9.09 – 10 TaBV 21/09, juris; *Matthes*, DB 89, 1285, 1289.
52 *BAG*, 14.2.23 – 1 ABR 9/22, juris; *Fitting*, Rn. 12; a. A. Düwell-*Keuder*/*Matthiessen-Kreuder*, Rn. 10.

Sinn, sondern in seiner typischen Eigenschaft als Betriebsinhaber, so dass eine **Titelumschreibung auf den Betriebserwerber** möglich ist.[53]

21 Der **Unterlassungsantrag** muss diejenige Handlung genau bezeichnen, deren Unterlassung dem AG aufgegeben werden soll (z. B. immer wiederkehrende Maßnahmen, wie die Einstellung bestimmter Beschäftigtengruppen). Damit der Antrag **vollstreckungsfähig** ist, muss dem AG untersagt werden, eine bestimmte Maßnahme vorzunehmen, ohne vorher den BR unterrichtet oder dessen Zustimmung erhalten zu haben. Deshalb ist es z. B. unzulässig zu beantragen, dem AG aufzugeben, den BR vor jeder Versetzung zu unterrichten, denn hier handelt es sich um einen bloßen **Globalantrag.** Im Falle kurzfristiger Arbeitseinsätze müsste der BR beantragen, dem AG zu untersagen, Aushilfskräfte für nur wenige Tage zu beschäftigen, ohne dass die Zustimmung des BR erteilt oder durch das *ArbG* ersetzt worden ist.[54] Ein Antrag ist unbegründet, wenn das umstrittene Beteiligungsrecht nicht für alle von ihm erfassten Vorgänge bejaht oder verneint werden kann.[55]

22 Das *BAG* vertritt die Auffassung, **§ 101** sei **bezüglich einstweiliger Verfügungen** zur Sicherung des Mitbestimmungsrechts des BR eine **Spezialvorschrift,** die die Anwendung des § 85 Abs. 2 ArbGG (für eine **Unterlassungsverfügung**) ausschließe.[56] Ein Unterlassungsanspruch des BR bestünde auch dann nicht, wenn zu erwarten stehe, dass der AG das Verfahren nach §§ 99 Abs. 1 S. 1, 100 Abs. 2 vor der tatsächlichen Durchführung der Maßnahme nicht einhalte. Dies wird im Wesentlichen damit begründet, dass im Bereich personeller Einzelmaßnahmen das BetrVG mit § 101 auf nachträgliche Beseitigung und nicht auf vorläufige Unterlassung der Störung abziele. Wegen dieser »systematischen« Grundentscheidung des Gesetzgebers sei ein allg. Unterlassungsanspruch im Bereich pers. Einzelmaßnahmen nicht mit dem BetrVG vereinbar. Das *BAG* schafft damit gerade im Bereich kurzfristiger Maßnahmen arbeitgeberseitig erheblichen Handlungsspielraum für Rechtsmissbrauch, der einer gerichtlichen Überprüfung und damit einem effektiven Rechtschutz in Wahrheit entzogen wird. Dies nimmt das Gericht ausdrücklich in Kauf. Allerdings bleibt auch **nach Auff. des *BAG* eine einstw. Leistungsverfügung** zur Sicherung des gesetzlichen Aufhebungsanspruchs nach § 101 S. 1 **nicht ausgeschlossen.** Dieser Anspruch zielt auf Sicherung des Folgenbeseitigungsanspruchs aus § 101 S. 1. Jedenfalls bei kurzfristigen personellen Einzelmaßnahmen, die sich vor Eintritt der Rechtskraft der gerichtlichen Entscheidung durch Zeitablauf erledigen, besteht dann eine Schutzlücke, wenn der AG den BR nicht um Zustimmung zu der Maßnahme ersucht oder bei fehlender Zustimmung des BR das Verfahren nach § 100 nicht einleitet. Dann verstößt der AG grob gegen seine gesetzlichen Verpflichtungen i. S. von § 23, so dass der BR auch im Wege der einstw. Leistungsverfügung vorgehen kann.[57]

23 Die Betrachtung des *BAG* lässt außer Acht, dass für § 99 in § 100 lediglich eine Möglichkeit der vorläufigen Vornahme einer personellen Maßnahme durch den AG enthalten ist und deshalb nur eine einstweilige **Verfügung auf Antrag des AG** zur Ersetzung der Zustimmung des BR gemäß § 99 Abs. 4 ausgeschlossen ist (§ 99 Rn. 241). Was die **Sicherung der BR-Rechte** angeht, enthalten die §§ 100, 101 gerade keine Regelung eines einstweiligen Rechtsschutzes. § 101 »sichert die Einhaltung des personellen Mitbestimmungsrechts in den Fällen, in denen der AG entgegen einer rechtskräftigen gerichtlichen Entscheidung eine personelle Maßnahme aufrechterhält«[58] – nicht weniger, aber auch nicht mehr. Die Frage des einstweiligen Rechtsschutzes auf Seiten des BR wird mit dieser Vorschrift daher weder hinsichtlich des der Folgenbeseitigung dienenden Verfahrens gemäß § 101 noch für zeitlich davor liegende Verfahrensabschnitte angesprochen und damit auch nicht speziell geregelt. Das ist mittelbar auch § 85 ArbGG zu entnehmen, der in Abs. 1 zunächst ausdrücklich bestimmte Aspekte des Verfahrens nach § 101 regelt, um danach in Abs. 2 uneingeschränkt davon zu sprechen, dass der Erlass einer einstweiligen Verfügung zulässig ist. Daraus folgt gemäß der allgemeinen prozessualen

53 Vgl. *LAG Köln* 18. 8. 10 – 11 Ta 336/09 – juris.
54 *BAG* 17. 3. 87, DB 87, 2051, 2052.
55 *BAG* 6. 12. 94 – 1 ABR 30/94, AuA 96, 68; 28. 9. 88, DB 89, 386; 6. 12. 94 – 1 ABR 30/94, NZA 95, 488.
56 *BAG* 23. 6. 09 – 1 ABR 23/08 – 1 ABR 23/08 juris; 14. 2. 23 – 1 ABR 9/22, juris.
57 So auch *Fitting* § 99 Rn. 298.
58 RegE, BT-Drucks. VI/1786.

Maxime, dass zur Sicherung der Beteiligungsrechte des BR eine einstweilige Verfügung ergehen kann:[59] Dieses Ergebnis ist letztlich auch geboten, um angesichts der Möglichkeit des AG zur vorläufigen Vornahme einer personellen Maßnahme Chancengleichheit, Rechtsweggarantie und **effektiven Rechtsschutz** zugunsten des BR zu wahren (s. Einl. Rn. 187 ff.). So hat z. B. das *LAG Düsseldorf*[60] den allgemeinen Unterlassungsanspruch des BR bei kurzfristigen Einstellungen (kürzer als 1 Monat) ohne vorherige Zustimmung des BR anerkannt, sofern nicht die Maßnahmen als vorläufige Maßnahmen nach § 100 zulässig sind (aufgehoben durch *BAG*, vgl. Rn. 22). Der **Reformentwurf** für ein modernes BetrVG schlägt vor, in § 101 einen Unterlassungsanspruch explizit zu regeln.[61]

24 In der **Rspr.** sind einstweilige Verfügungen zu §§ 99, 100 in folgenden **Fällen** ergangen bzw. für möglich erachtet worden (vgl. aber Rn. 21):

- *LAG Köln*:[62] grundsätzliche Möglichkeit bei befristeten Maßnahmen, die vor Abschluss eines Beschlussverfahrens enden;
- *ArbG Frankfurt*:[63] Aufhebung einer unter Missachtung des Mitbestimmungsrechts nach §§ 99, 100 ergangenen personellen Maßnahme (auch im Arbeitskampf; vgl. § 99 Rn. 24);
- *ArbG Regensburg*:[64] Aufhebung gemäß § 101 bei Eilbedürftigkeit (auch im Arbeitskampf; vgl. § 99 Rn. 24);
- *ArbG Frankfurt*:[65] Nennung der Namen von AN, die innerhalb des Konzerns versetzt werden (§ 99 Rn. 19);
- *LAG Frankfurt*:[66] Unterlassung bei gleichzeitiger Verletzung des Mitbestimmungsverfahrens gemäß § 87 (vgl. § 99 Rn. 59);
- *LAG Frankfurt*:[67] grundsätzliche Unzulässigkeit, aber zu erwägen gegeben für »krasse Fälle« (z. B. bei kurzfristigen Maßnahmen und/oder offenkundig bestehendem Zustimmungsverweigerungsrecht);
- *LAG Frankfurt*:[68] Unterlassung kurzfristigen Personaleinsatzes an Samstagen, weil die Maßnahme in einem Hauptverfahren niemals vor ihrer Beendigung geklärt werden könne;
- *LAG Frankfurt*:[69] Sicherungsverfügung auch im Arbeitskampf (vgl. § 99 Rn. 24), jedoch kein Einstellungs- und Beschäftigungsverbot während des Streiks;
- *ArbG Hameln*:[70] Unterlassung kurzfristigen AN-Einsatzes von Fremdfirmen (s. § 99 Rn. 57 ff.); einstweilige Verfügung dann, wenn der AG das Mitbestimmungsrecht des BR leugnet und die Maßnahme auf einen kurzen Zeitraum befristet ist;
- *ArbG Münster*:[71] grundsätzlich keine einstweilige Verfügung zur Untersagung einer vorläufigen Maßnahme, jedoch dann, wenn der AG durch wiederholte kurzfristige Einstellungen das Mitbestimmungsrecht des BR systematisch missachtet;
- *LAG Niedersachsen*:[72] Unterlassung einer vorläufigen personellen Maßnahme gemäß § 100 nur in »krassen Fällen« gesetzwidrigen Verhaltens des AG.
- *LAG Köln*:[73] wiederholte Verstöße können einen Unterlassungsanspruch des BR auslösen, mit dem dem AG im Wege des einstweiligen Verfügungsverfahrens untersagt wird, bestimmte vorläufige personelle Einzelmaßnahmen durchzuführen.

25 Nach den Ergebnissen der sog. **Streitwertkommission** im **Streitwertkatalog** (zu den Einzelheiten vgl. § 99 Rn. 271) wird das Verfahren nach § 101 wie das Verfahren nach § 99 Abs. 4

---

59 *Grunsky*, § 85 Rn. 14.
60 29.2.08 – 9 TaBV 91/07.
61 *Allgaier* et al., AuR Sonderausgabe April 2022.
62 31.8.84, AuR 87, 115.
63 13.11.85, AuR 86, 157.
64 31.7.86, AiB 89, 220 = AuR 87, 187.
65 26.2.87, NZA 87, 757.
66 11.8.87, LAGE § 23 BetrVG 1972 Nr. 12.
67 15.12.87, NZA 89, 232.
68 19.4.88, LAGE § 99 BetrVG 1972 Nr. 17.
69 22.2.90 – 12 TaBVGa 1/90, DB 91, 707.
70 12.10.90, DB 90, 2611.
71 19.12.90, DB 91, 103.
72 25.7.95 – 11 TaBV 68/95, NZA-RR 96, 217.
73 19.3.04 – 8 TaBV 13/04, EzA-SD Nr. 15, 10.

bewertet.[74] Dies gilt jedoch nur für solche Verfahren nach § 101, die unabhängig von einem vom AG eingeleiteten Verfahren nach §§ 99 und 100 betrieben werden, etwa weil der AG eine Maßnahme nicht als zustimmungspflichtig ansieht. Denn die tatsächlichen und rechtlichen Fragen gleichen sich bei den Verfahren nach §§ 99 Abs. 4, 100 und 101.[75]

Bei Massenverfahren mit wesentlich gleichem Sachverhalt, insbesondere bei einer einheitlichen unternehmerischen Maßnahme und parallelen Zustimmungsverweigerungsgründen und/oder vergleichbaren Eingruppierungsmerkmalen, ist ein linearer Anstieg des Gesamtwerts vorzunehmen, wobei als Anhaltspunkt laut Streitwertkatalog folgende Staffelung vorgesehen ist:

- beim 2. bis einschl. zum 20. parallel gelagerten Fall wird für jede:n AN der für den Einzelfall ermittelte Ausgangswert mit 25 % bewertet,
- beim 21. bis einschl. zum 50. parallel gelagerten Fall wird für jede:n AN der für den Einzelfall ermittelte Ausgangswert mit 12,5 % bewertet,
- ab dem 51. parallel gelagerten Fall wird für jede:n AN der für den Einzelfall ermittelte Ausgangswert mit 25 % bewertet.

Das gilt unabhängig davon, ob die Verfahren in einem oder in verschiedenen Beschlussverfahren geführt werden; ggf. ist eine Quotelung auf die einzelnen Verfahren vorzunehmen.

§ 102 Mitbestimmung bei Kündigungen

(1) Der Betriebsrat ist vor jeder Kündigung zu hören. Der Arbeitgeber hat ihm die Gründe für die Kündigung mitzuteilen. Eine ohne Anhörung des Betriebsrats ausgesprochene Kündigung ist unwirksam.

(2) Hat der Betriebsrat gegen eine ordentliche Kündigung Bedenken, so hat er diese unter Angabe der Gründe dem Arbeitgeber spätestens innerhalb einer Woche schriftlich mitzuteilen. Äußert er sich innerhalb dieser Frist nicht, gilt seine Zustimmung zur Kündigung als erteilt. Hat der Betriebsrat gegen eine außerordentliche Kündigung Bedenken, so hat er diese unter Angabe der Gründe dem Arbeitgeber unverzüglich, spätestens jedoch innerhalb von drei Tagen, schriftlich mitzuteilen. Der Betriebsrat soll, soweit dies erforderlich erscheint, vor seiner Stellungnahme den betroffenen Arbeitnehmer hören. § 99 Abs. 1 Satz 3 gilt entsprechend.

(3) Der Betriebsrat kann innerhalb der Frist des Absatzes 2 Satz 1 der ordentlichen Kündigung widersprechen, wenn

1. **der Arbeitgeber bei der Auswahl des zu kündigenden Arbeitnehmers soziale Gesichtspunkte nicht oder nicht ausreichend berücksichtigt hat,**
2. **die Kündigung gegen eine Richtlinie nach § 95 verstößt,**
3. **der zu kündigende Arbeitnehmer an einem anderen Arbeitsplatz im selben Betrieb oder in einem anderen Betrieb des Unternehmens weiterbeschäftigt werden kann,**
4. **die Weiterbeschäftigung des Arbeitnehmers nach zumutbaren Umschulungs- oder Fortbildungsmaßnahmen möglich ist oder**
5. **eine Weiterbeschäftigung des Arbeitnehmers unter geänderten Vertragsbedingungen möglich ist und der Arbeitnehmer sein Einverständnis hiermit erklärt hat.**

(4) Kündigt der Arbeitgeber, obwohl der Betriebsrat nach Absatz 3 der Kündigung widersprochen hat, so hat er dem Arbeitnehmer mit der Kündigung eine Abschrift der Stellungnahme des Betriebsrats zuzuleiten.

(5) Hat der Betriebsrat einer ordentlichen Kündigung frist- und ordnungsgemäß widersprochen, und hat der Arbeitnehmer nach dem Kündigungsschutzgesetz Klage auf Feststellung erhoben, dass das Arbeitsverhältnis durch die Kündigung nicht aufgelöst ist, so muss der Arbeitgeber auf Verlangen des Arbeitnehmers diesen nach Ablauf der Kündigungsfrist bis zum rechtskräftigen Abschluss des Rechtsstreits bei unveränderten Arbeitsbedingungen weiterbeschäftigen. Auf Antrag des Arbeitgebers kann das Gericht ihn durch

---

74 Das *LAG Hamburg* hält die Ergebnisse »für die Rechtsanwendung ungeeignet« (zuletzt 21.1.22 – 4 Ta 14/21) kritisch dazu *Bader*, jurisPR-ArbR 23/2021 Anm. 7; *Ziemann*, jurisPR-ArbR 42/2021 Anm. 7.

75 *LAG Nürnberg*, 20.12.13 – 2 Ta 156/13, juris.

einstweilige Verfügung von der Verpflichtung zur Weiterbeschäftigung nach Satz 1 entbinden, wenn

1. die Klage des Arbeitnehmers keine hinreichende Aussicht auf Erfolg bietet oder mutwillig erscheint oder

2. die Weiterbeschäftigung des Arbeitnehmers zu einer unzumutbaren wirtschaftlichen Belastung des Arbeitgebers führen würde oder

3. der Widerspruch des Betriebsrats offensichtlich unbegründet war.

(6) Arbeitgeber und Betriebsrat können vereinbaren, dass Kündigungen der Zustimmung des Betriebsrats bedürfen und dass bei Meinungsverschiedenheiten über die Berechtigung der Nichterteilung der Zustimmung die Einigungsstelle entscheidet.

(7) Die Vorschriften über die Beteiligung des Betriebsrats nach dem Kündigungsschutzgesetz bleiben unberührt.

Inhaltsübersicht

I. Vorbemerkungen (Zweck der Vorschrift)

Die Kündigung ist die einschneidendste **personelle Einzelmaßnahme.** Die Beteiligung des BR im Falle einer Kündigung unterscheidet sich jedoch von der Beteiligung bei den sonstigen personellen Einzelmaßnahmen gem. § 99 grundlegend. Bei Einstellungen, Versetzungen, Ein- und Umgruppierungen gem. § 99 darf der AG nur nach vorheriger, ggf. gerichtlich ersetzter Zustimmung des BR handeln; die Beteiligungsform des § 102 ist schwächer ausgeprägt: **Der BR ist vor jeder Kündigung zu hören** (Abs. 1 Satz 1). Ein Widerspruch des BR hindert den AG nicht am Ausspruch der Kündigung (Rn. 248). Lediglich für die außerordentliche Kündigung von Funktionsträgern der Betriebsverfassung bedarf es der darüber hinaus gehenden Zustimmung des BR (§ 103). Die Missachtung der Anhörungspflicht nach § 102 kann eine grobe Pflichtverletzung nach § 23 Abs. 3 darstellen.[1] 1

Die Beteiligung des BR im Hinblick auf eine beabsichtigte Kündigung erlangt Bedeutung wegen ihrer Verknüpfung mit der **individualrechtlichen Kündigungsberechtigung** und deren prozessualer Durchsetzung: 2

1 *HessLAG* 8.8.22 -16 TaBV 191/21, Rn. 27ff.

- Eine **ohne Anhörung des BR ausgesprochene Kündigung ist unwirksam** (Abs. 1 Satz 3, Rn. 253 ff.).
- Ein (ordnungsgemäßer) Widerspruch des BR gem. Abs. 3 löst den Anspruch des AN auf **vorläufige Weiterbeschäftigung** während des Kündigungsschutzprozesses aus (Abs. 5; Rn. 270 ff.), von dem der AG nur beim Vorliegen besonderer Gründe (z. B. offensichtlich unbegründeter Widerspruch, Abs. 5 Nr. 3) entbunden werden kann.
- Hat der BR aus einem der Gründe des Abs. 3 Nr. 2 bis 5 (begründet) widersprochen, so liegt ein sog. **absoluter Sozialwidrigkeitsgrund** hinsichtlich der Kündigung vor, den der AN im Kündigungsschutzprozess geltend machen kann (§ 1 Abs. 2 Sätze 2 und 3 KSchG, Rn. 260).

Der praktische und rechtliche Schwerpunkt der Anwendung von § 102 liegt deshalb in der Frage, wann eine ordnungsgemäße Anhörung (Rn. 46 ff.) und wann ein ordnungsgemäßer und nicht offensichtlich unbegründeter Widerspruch des BR vorliegt (Rn. 192 ff.).

3 Der **Zweck der Vorschrift** (zum Gesamtsystem des arbeitsrechtlichen Bestandsschutzes vgl. DKWF-*Bachner/Deinert,* § 102 Rn. 1) ist zum einen »wegen der einschneidenden Bedeutung der Kündigung für den AN die verstärkte Einschaltung des BR«.[2] Zum anderen soll auf der kollektiven Ebene sichergestellt werden, dass der BR bei allen Maßnahmen eingeschaltet wird, die die personelle Zusammensetzung der Belegschaft betreffen.[3] § 102 hat daher eine kollektive und eine individualrechtliche Schutzfunktion.[4] Die vorherige Anhörung des BR als striktes Wirksamkeitserfordernis einer Kündigung soll sicherstellen, dass der AG sich vor der Entscheidung für die Kündigung in jedem Falle mit etwaigen Einwänden des BR auseinandersetzt. Außerdem soll der BR auch auf die Willensentscheidung des AG Einfluss nehmen, ob die Kündigungsbefugnis tatsächlich ausgeübt werden soll oder ob es – trotz möglichen Vorliegens eines Kündigungsgrundes – etwa aus sozialen Erwägungen oder Zweckmäßigkeitsgründen richtiger wäre, von einer Kündigung Abstand zu nehmen.[5] Insofern ist die Anhörung ein stärkeres Beteiligungsrecht als die bloße Unterrichtung gem. § 105.[6] § 102 hat **präventiven Charakter.**[7] Zwar ist es nicht Aufgabe des BR, die Wirksamkeit der Kündigung zu überprüfen.[8] Jedoch sollen die Widerspruchsgründe wegen der größeren Sachnähe und des besseren betrieblichen Überblicks des BR den individuellen Kündigungsschutz verstärken. Mit der vorläufigen Weiterbeschäftigung gem. Abs. 5 soll der BR die Möglichkeit erhalten, die Rechtsstellung des AN zu verbessern, wenn der präventive Kündigungsschutz nicht durchgreift.[9] Dadurch wird »im Grundsatz der Bestandsschutz des Arbeitsverhältnisses während des Kündigungsschutzverfahrens« gesichert.[10] Die Kündigung kann zwar nicht verhindert werden, wohl aber einstweilen ihr Vollzug.[11]

3a Zur **Praxis des Kündigungsschutzes** und insbesondere unter Geltung des BetrVG 1972 ist im Jahre 1978 eine vom Bundesminister für Arbeit und Sozialordnung herausgegebene empirische Untersuchung vorgelegt worden.[12] Danach erfolgten 66 v. H. aller Kündigungen, zu denen BR

---

2 Bericht des Ausschusses für Arbeit und Sozialordnung, zu BT-Drucks. VI/2729, S. 7.

3 *BAG* 9. 11. 77 – 5 AZR 132/76, EzA § 102 BetrVG 1972 Nr. 31; vgl. *Bitter,* NZA 91, Beil. 3, 16; *Rinke,* NZA 98, 77.

4 *BAG* 18. 9. 75 – 2 AZR 594/74, EzA § 102 BetrVG 1972 Nr. 17.

5 *BAG* 19. 1. 83 – 7 AZR 514/80, EzA § 102 BetrVG 1972 Nr. 50.

6 *BAG* 19. 8. 75 – 1 AZR 565/74, 18. 9. 75 – 2 AZR 594/74, EzA § 102 BetrVG 1972 Nrn. 16, 17.

7 *BAG* 25. 5. 16 – 2 AZR 345/15, NZA 2016, 1140, Rn. 22; *Kaiser*, FS Löwisch, S. 153, 154.

8 *BAG* 23. 10. 14 – 2 AZR 736/13, AP Nr. 168 zu § 102 BetrVG 1972, Rn. 21.

9 *BAG* 25. 5. 16 – 2 AZR 345/15, NZA 16, 1140, Rn. 22.

10 Vgl. Bericht Ausschuss für Arbeit und Sozialordnung, BT-Drucks. VI/2729, S. 7.

11 *Kaiser*, FS Löwisch, 2007, S. 153, 154 f. De lege lata schlägt *Raab*, FS 100 Jahre Betriebsverfassungsrecht, S. 585 ff. vor, auch die inhaltliche Ausgestaltung des Kündigungsschutzes von der Stellungnahme des BR abhängig zu machen: Nur im Falle eines ordnungsgemäßen Widerspruchs soll die Unwirksamkeit der Kündigung mit Rückkehroption greifen, ansonsten soll nur eine Abfindung beansprucht werden können. Verkannt wird dabei das individuelle Beschäftigungsinteresse, das mit einem statistischen vermeintlich ohnehin bestehendem »tatsächlichen Status quo« (ebd., S. 596) beiseite gewischt wird.

12 *Falke/Höland/Rhode/Zimmermann*, Kündigungspraxis und Kündigungsschutz in der Bundesrepublik Deutschland, 1981; Kurzfassung: AiB 1981, 69; RdA 1981, 300; vgl. *Moritz*, AuR 1983, 10; Ellermann-Witt/Rottleuther/Russig (Hrsg.), Kündigungspraxis, Kündigungsschutz und Probleme der Arbeitsgerichtsbarkeit (1983).

gehört wurden, mit deren ausdrücklicher Zustimmung. In 20 v. H. der Fälle schwiegen die BR, in 6 v. H. äußerten sie Bedenken und nur in 8 v. H. der Fälle widersprachen sie der Kündigung. Ein solcher Widerspruch führte in 30 v. H. der Fälle dazu, dass der AG von der beabsichtigten Kündigung Abstand nahm.[13] Eine neuere Untersuchung hat die Ergebnisse im Wesentlichen bestätigt.[14]

Im Zuge der Umsetzung der Transparenzrichtlinie 2019/1152/EU wurde die Pflicht, den AN im Nachweis nach § 2 Abs. 1 Satz 2 Nr. 14 NachwG über das bei Kündigung einzuhaltende Verfahren **zu informieren,** installiert (Einl Rn. 45i). Dass dies auch die Anhörung des Betriebsrats nach § 102 erfasse, wird teils in Zweifel gezogen.[15] Die besseren Gründe sprechen im Hinblick darauf, dass der AN diese Information benötigt, um ggf. einen Unwirksamkeitsgrund geltend zu machen bzw. einen Weiterbeschäftigungsanspruch durchzusetzen für eine Informationspflicht über § 102.[16] 3b

Der **DGB-Gesetzentwurf** für ein modernes Betriebsverfassungsgesetz[17] sieht eine Reihe von Änderungen zur Effektivierung im Vergleich zum aktuellen Stand vor: 3c

- Fristverlängerungen bei mind. 20 AN oder 5 % der AN des Betriebes,
- Möglichkeit einvernehmlicher Fristverlängerung (so schon die bisherige Rechtslage, vgl. Rn. 198),
- Zuleitung einer Abschrift der Stellungnahme durch BR an den AN, wenn der AG trotz Widerspruchs gekündigt hat,
- Widerspruchsrecht des BR bei fehlendem Kündigungsgrund oder Rechtswidrigkeit der Kündigung,
- notwendige Zulassung der Kündigung durch das ArbG im Falle eines Widerspruchs,
- dadurch bedingt: Weiterbeschäftigungsanspruch nur, wenn der AG ohne Zulassung des ArbG kündigt.

II. Anwendungsbereich (Abs. 1)

1. Geschützter Personenkreis

§ 102 gilt für die **Beschäftigten** derjenigen Wirtschaftsbereiche, die unter das BetrVG fallen (vgl. § 130), sofern das Gesetz auf sie Anwendung findet (§ 5 Abs. 2 und 3; zu leitenden Angestellten s. Rn. 9). Er erfasst mithin **alle AN** (Arbeiter, Angestellte, zu ihrer Berufsausbildung Beschäftigte, § 5 Abs. 1). Auch sofern **Mandatsträgern** der Betriebsverfassung wegen Betriebsstilllegung gem. § 15 Abs. 4 KSchG ordentlich gekündigt werden darf,[18] ist der BR gem. § 102 zu hören.[19] 4

Die **Art des Arbeitsverhältnisses** ist unerheblich. Es kann sich um ein Probe- oder Aushilfsarbeitsverhältnis handeln oder um eine Teilzeitbeschäftigung (auch in Form sog. geringfügiger Beschäftigung i. S. d. § 8 SGB IV). Unerheblich ist auch eine besonders **kurze Kündigungsfrist.**[20] Sofern die Kündigung eines befristeten Arbeitsverhältnisses zulässig ist, gilt für diese Kündigung ebenfalls § 102. 5

Die Anhörungspflicht des § 102 Abs. 1 gilt auch für AN, auf die das **KSchG keine Anwendung** findet, insb. also auch während einer vereinbarten sechsmonatigen Probezeit.[21] Da der AG für eine Kündigung in diesem Falle keinen der sozialen Rechtfertigungsgründe des § 1 Abs. 2 KSchG zu bemühen braucht, wird es besonders wichtig, welche Begründung er dem BR mitteilen muss (Rn. 78 ff.). Eine Weiterbeschäftigung gem. Abs. 5 scheidet mangels der Möglichkeit einer Kündigungsschutzklage i. S. d. KSchG aus. 6

---

13 Vgl. auch *Kittner/Kohler*, BB Beilage 4/00, 24 f.
14 *Höland/Kahl/Zeibig*, Kündigungspraxis und Kündigungsschutz im Arbeitsverhältnis.
15 ErfK-*Preis*, § 2 NachwG Rn. 33; offenlassend *Rolfs/Schmidt*, NZA 22, 945 (947).
16 So auch i. E. EuArbRK-*Kolbe* Art. 4 RL (EU) 2019/1152 Rn. 37; *Maul-Sartori*, SR 22, 226 (230 f.).
17 AuR Sonderausgabe April 2022, 6 ff.
18 Vgl. DDZ-*Deinert*, § 15 KSchG Rn. 89.
19 *BAG* 29. 3. 77 – 1 AZR 46/75, EzA § 102 BetrVG 1972 Nr. 27.
20 Zur Eintagesfrist *LAG Hamm* 5. 7. 95 – 3 Sa 2003/94, BB 96, 952.
21 *BAG* 18. 5. 94 – 2 AZR 920/93, NZA 95, 24.

7 **Leih-AN** sind AN des Verleihers. Sie bleiben auch während der Zeit ihrer Arbeitsleistung bei einem Entleiher Angehörige des entsendenden Betriebs (§ 14 AÜG). § 102 kommt deshalb nur zur Anwendung auf die Kündigung des Arbeitsverhältnisses zum Verleiher. Die – möglicherweise auch vorzeitige – Beendigung des Arbeitseinsatzes beim Entleiher löst keine Anhörungspflicht beim dortigen BR aus.[22] Der BR des Entleihers ist allerdings dann anzuhören, wenn ein kraft § 10 Abs. 1 AÜG mit dem Entleiher zustande gekommenes Arbeitsverhältnis durch diesen beendet werden soll.[23]

8 Als AN i. S. d. des BetrVG gelten auch die in **Heimarbeit** Beschäftigten, sofern sie in der Hauptsache für den Betrieb arbeiten (§ 5 Abs. 1 Satz 2).[24] Vor einer Kündigung ist deshalb der BR dieses Betriebes zu hören (zum Umfang der Information s. Rn. 118).[25] Da für Heimarbeiter das KSchG nicht gilt,[26] kommt eine Weiterbeschäftigung gem. Abs. 5 in Betracht (Rn. 284).

9 Bei der Kündigung eines **leitenden Angestellten** i. S. d. § 5 Abs. 3 besteht keine Anhörungspflicht. Der AG hat dem BR gem. § 105 nur die Kündigung mitzuteilen.[27] Stellt sich allerdings im Kündigungsschutzprozess heraus, dass der gekündigte AN kein leitender Angestellter ist, kann die Informationserklärung gem. § 105 nicht in eine wirksame Anhörung gem. § 102 umgedeutet werden.[28] Besteht ein SpA der leitenden Angestellten, so ist dieser gem. § 31 Abs. 2 SprAuG vor jeder Kündigung zu hören (zur Anhörung in Zweifelsfällen s. Rn. 57). Selbstverständlich kann der BR dennoch eine Stellungnahme zu der ihm mitzuteilenden Kündigungsabsicht abgeben. Der Status als leitender Angestellter i. S. d. § 5 Abs. 3 beruht auf **zwingendem Recht,** von dem weder durch Vereinbarung zwischen dem AG und dem BR noch zwischen dem AG und dem betreffenden AN abgewichen werden kann.[29] Entgegenstehende Vereinbarungen sind rechtlich unbeachtlich und haben allenfalls indizielle Wirkung.

10 Durch eine Arbeitsgelegenheit (»Ein-Euro-Job«) gem. § 16d SGB II entsteht nach dessen Abs. 7 S. 2 kein Arbeitsverhältnis. Eine Betriebsratsbeteiligung bei Beendigung der Arbeitsgelegenheit scheidet daher aus.

2. Beendigungsarten

a) Kündigung durch AG

11 § 102 gilt für **jede Art von Kündigung** (vgl. DKWF-*Bachner/Deinert,* § 102 Rn. 2, 5, 6). Sie erfasst insbesondere jede **ordentliche** (fristgemäße) und jede **außerordentliche** (fristlose) Kündigung. Im Unterschied zur ordentlichen Kündigung kann der BR gegen eine außerordentliche Kündigung jedoch nur Bedenken erheben (Rn. 181); ein die vorläufige Weiterbeschäftigung auslösender Widerspruch scheidet aus (zur außerordentlichen Kündigung bei tariflichem Ausschluss der ordentlichen Kündigung s. Rn. 191). Die Frist für die Erhebung von Bedenken im Falle einer außerordentlichen Kündigung beträgt lediglich drei Tage (Rn. 184).

12 § 102 gilt auch für sog. **vorsorgliche Kündigungen,** d. h. Kündigungen, bei denen der AG sich die Rücknahme beim Eintritt bestimmter Umstände vorbehält oder die Kündigung nur unter dem Vorbehalt ausspricht, dass eine bereits ausgesprochene Kündigung unwirksam ist. Der häufigste Fall ist die Verbindung einer außerordentlichen mit einer vorsorglichen ordentlichen Kündigung (zum Inhalt der Anhörung Rn. 116; zum Weiterbeschäftigungsanspruch Rn. 278). Ebenfalls gilt § 102 für die sog. **Wiederholungskündigung.** Ist der BR deshalb zu einer beabsichtigten Kündigung angehört und ist die Kündigung erklärt worden, so ist er vor einer erneuten Kündigung selbst dann anzuhören, wenn diese auf den gleichen Sachverhalt gestützt

---

22 *Becker,* Arbeitsrecht der Gegenwart Bd. 21, S. 40; vgl. für Personalgestellung durch AG des öffentlichen Dienstes *BAG* 17. 2. 15 – 1 ABR 45/13, AP Nr. 56 zu § 99 BetrVG 1972 Versetzung.
23 GK-*Raab,* Rn. 23; Hako-BetrVG/*Braasch,* Rn. 9.
24 GK-*Raab,* Rn. 22.
25 *BAG* 7. 11. 95 – 9 AZR 268/94, BB 96, 592.
26 DDZ-*Deinert,* § 1 KSchG Rn. 14.
27 *BAG* 19. 8. 75 – 1 AZR 565/74, AP Nr. 1 zu § 105 BetrVG 1972; 26. 5. 77 – 2 AZR 135/76, 7. 12. 79 – 7 AZR 1063/77, AP Nrn. 13, 21 zu § 102 BetrVG 1972.
28 *BAG* 26. 5. 77 – 2 AZR 135/76, AP Nr. 13 zu § 102 BetrVG 1972.
29 *BAG* 19. 8. 75 – 1 AZR 565/74, AP Nr. 1 zu § 105 BetrVG 1972; *LAG Hamm* 9. 9. 74 – 2 Sa 628/74, DB 74, 1964.

werden soll wie die erste.[30] Das gilt auch bei unwirksamer Kündigung, anders nur bei Zugangsmängeln, da dann immer noch dieselbe Kündigung im Raum steht (näher Rn. 59).

Der BR ist auch vor jeder **Änderungskündigung** zu hören (zum Inhalt der Anhörung bei einer Änderungskündigung Rn. 110 f.; zum Problem der vorläufigen Weiterbeschäftigung Rn. 280).[31] Das gilt auch dann, wenn der AN das Arbeitsverhältnis auf jeden Fall fortsetzen will. Denn wenn es nicht tatsächlich zu einer einvernehmlichen Vertragsänderung ohne Kündigungsausspruch gekommen ist, liegt es ausschließlich am AN, ob er innerhalb der Fristen der §§ 2 und 4 KSchG einen Vorbehalt erklärt oder die Änderung ganz ablehnt und Kündigungsschutzklage erhebt.[32] Eine unter Verletzung der Anhörungspflicht nach Änderungskündigung zustande gekommene Einigung mit dem AN ist gem. §§ 134, 139 BGB unwirksam. Der BR hat die Möglichkeit eines Verfahrens gem. § 23 Abs. 3 (§ 23 Rn. 109 ff.). Sofern die mit der Änderungskündigung beabsichtigte Maßnahme zugleich den Tatbestand einer personellen Einzelmaßnahme gem. § 99 erfüllt (z. B. **Versetzung, Umgruppierung**), ist daneben das hierfür vorgesehene Verfahren durchzuführen (eingehend § 99 Rn. 254). 13

Bei sog. **Teilkündigungen** (einseitige Änderung einzelner Vertragsbedingungen durch den AG gegen den Willen des AN) ist zu unterscheiden: Die Teilkündigung eines vorbehaltlos abgeschlossenen Vertrages ist unwirksam. Für Vertragsänderungen gegen den Willen des AN steht ausschließlich das Instrument der Änderungskündigung i. S. d. § 2 KSchG zur Verfügung.[33] Eine im Arbeitsvertrag ausdrücklich vorbehaltene Teilkündigung wird dagegen im Grundsatz und in engen Grenzen (keine »Kernbereiche« des Arbeitsverhältnisses) als zulässig angesehen.[34] Seit der Schuldrechtsmodernisierung ist sie an § 308 Nr. 4 BGB, soweit Leistungen des AGs im Raum stehen, ansonsten an § 307 BGB zu messen.[35] Die h. M. lehnt hierfür eine Anwendung des § 102 ab, da es sich der Sache nach nicht um eine Beendigung des Arbeitsverhältnisses, sondern um einen bloßen Widerrufsvorbehalt handele.[36] Andererseits spricht der Wortlaut des § 102 für eine Anwendung, da keine Unterschiede zwischen einzelnen Kündigungsarten gemacht werden. Dafür spricht auch, dass die Teilkündigung der Sache nach der Änderungskündigung nahekommt, für die ebenfalls das Anhörungserfordernis greift (Rn. 13). Sie bedarf daher der BR-Anhörung.[37] Einen Verzicht auf die Anwendung des § 102 ist überhaupt nur dann hinnehmbar, wenn Teilkündigungen strikt auf Randbereiche (Nebenpflichten) des Arbeitsverhältnisses eingegrenzt bleiben und einer Missbrauchskontrolle gem. § 315 BGB unterliegen. In jedem Falle ist zu prüfen, ob in einer Teilkündigung nicht eine Änderung von Vertragsbedingungen mit Versetzungsrelevanz i. S. d. §§ 95 Abs. 3, 99 liegt. Dann besteht in jedem Fall eine Anhörungspflicht. 14

§ 102 gilt auch für eine **Kündigung vor Vertragsantritt** (zur Problematik der Nicht-Geltung des KSchG s. Rn. 6).[38] 15

Die vor Ausspruch der Kündigung vorgeschriebene Anhörung des BR entfällt auch nicht in **Eilfällen.**[39] Dies gilt auch für eine **außerordentliche Kündigung** aus wichtigem Grund. In besonders schwerwiegenden Fällen einer außerordentlichen Kündigung kann der AG allenfalls als befugt angesehen werden, einen AN schon vor der Anhörung des BR und vor der Kün- 16

30 *LAG Baden-Württemberg* 6. 9. 04 – 15 Sa 39/04, LAGE § 91 SGB IX Nr. 2.
31 Vgl. *BAG* 10. 3. 82 – 4 AZR 158/79, EzA § 2 KSchG Nr. 4; *Fitting*, Rn. 9; GK-*Raab*, Rn. 30; KR-*Rinck*, Rn. 37.
32 *BAG* 10 3. 82, a. a. O.; vgl. *BAG* 3. 11. 77 – 2 AZR 277/76, AP Nr. 1 zu § 75 BPersVG; KR-*Rinck*, Rn. 37; eingehend *Hohmeister*, BB 94, 1777; a. A. *Fitting*, Rn. 11.
33 *BAG* 7. 10. 82 – 2 AZR 455/80, AP Nr. 5 zu § 620 BGB Teilkündigung; vgl. auch DDZ-*Wollgast*, § 2 KSchG 151 m. w. N.
34 *BAG* 14 11. 90 – 5 AZR 509/89, NZA 91, 377; *Hromadka*, RdA 92, 234, 243 m. w. N.
35 DDW-*Bonin/Walser*, § 307 Rn. 209 f.
36 Vgl. *LAG Schleswig-Holstein* 27. 1. 83 – 2 (3) Sa 367/82, BB 84, 725; KR-*Rinck*, Rn. 44; GK-*Raab*, Rn. 26.
37 So auch i. E. *LAG Nürnberg* 11. 5. 21 – 7 Sa 289/20, Rn. 202.
38 *LAG Frankfurt* 31. 5. 85 – 13 Sa 833/84, DB 85, 2689; HWGNRH-*Huke*, Rn. 8; Richardi-*Thüsing*, Rn. 15; a. A. KR-*Rinck*, Rn. 35.
39 *BAG* 13 11. 75 – 2 AZR 610/74, 29. 3. 77 – 1 AZR 46/75, AP Nr. 7, 11 zu § 102 BetrVG 1972; KR-*Rinck*, Rn. 42.

digung vorläufig von der Arbeit unter **Weiterzahlung der Bezüge** freizustellen und ihm zur Durchsetzung der Freistellung das Mittel des Hausverbots an die Seite zu stellen.[40]

17 Auch eine vom **Insolvenzverwalter** nach Insolvenzeröffnung ausgesprochene Kündigung ist nur bei vorheriger Anhörung des BR wirksam.[41] Der Insolvenzverwalter kann sich beim Ausspruch der und bei der Anhörung zur Kündigung vertreten lassen.[42] Dasselbe gilt für Kündigungen bei Betriebsstilllegung (vgl. Rn. 33).[43] Die Betriebsratsanhörung gem. § 102 bleibt auch **neben §§ 125, 126 InsO** erforderlich.[44] Allerdings kann das Anhörungsverfahren nach § 102 in die Verhandlungen über den Interessenausgleich aufgenommen und die abschließende Stellungnahme des BR zu den Kündigungen (Zustimmung, Kenntnisnahme) im Interessensausgleich festgehalten werden.[45]

18 Wird bei einer **Arbeitsgemeinschaft des Baugewerbes,** die unter den allgemeinverbindlichen Bundesrahmentarifvertrag fällt, die Rückkehr eines AN zu seinem Stammbetrieb angeordnet, so handelt es sich ungeachtet der gewählten Bezeichnung um eine anhörungspflichtige Kündigung.[46]

b) Andere Beendigungsarten und Vertragsänderungen

19 Die Anwendung des § 102 scheidet aus bei der **Eigenkündigung des AN** sowie im Falle eines **Aufhebungsvertrages** (vgl. DKWF-*Bachner/Deinert,* § 102 Rn. 3).[47] Das Gleiche gilt für die **einvernehmliche Änderung** von Vertragsbedingungen (zur Wirkung einer vorangegangenen unwirksamen Änderungskündigung s. Rn. 13). Keinen Einfluss auf die Anwendung des § 102 hat die möglicherweise bestehende **Bereitschaft des AN,** die Kündigung hinzunehmen, oder gar seine zur Vermeidung einer Sperrzeit gem. § 159 SGB III gegebene Anregung hierzu.[48] Ebenfalls unerheblich ist ein etwaiger Wunsch des AN, von einer Anhörung abzusehen.[49] Es besteht auch dann ein Anhörungsrecht nach § 102, wenn sich die Parteien des Arbeitsvertrages über die Beendigung des Arbeitsverhältnisses einig sind und diese Vereinbarung über den **Abschluss eines Abwicklungsvertrages** und den Ausspruch einer Kündigung umsetzen (sog. verabredete Kündigung). Nach der Rspr. des *BAG* stellt dieser Vorgang kein Scheingeschäft dar.[50]

20 Die **Suspendierung** des AN von der Arbeit unterfällt nicht § 102. Allenfalls infrage kommt die Anwendung des § 99 unter dem Aspekt der Versetzung (§ 99 Rn. 121).

21 Nach überwiegender Ansicht findet § 102 keine Anwendung auf die Beendigung des Arbeitsverhältnisses durch **Anfechtung.**[51] Diese Ansicht ist nicht zwingend. Die Interessenlage sowohl des AN und des BR als auch des AG, dem an der Kenntnis der Stellungnahme des BR vor Ausspruch der Anfechtung liegen muss, spricht für die Anwendung des § 102.[52]

22 Keine Anwendung findet § 102, wenn der AG die **Nichtigkeit** eines Arbeitsverhältnisses[53] geltend macht.[54] Das gilt auch, wenn die Nichtigkeit gem. § 9 Nr. 1–1b AÜG dadurch eintritt, dass der AG durch den Arbeitseinsatz des AN **unerlaubte AN-Überlassung** betreibt, verdeckte AN-Überlassung erfolgte oder die Höchstüberlassungsdauer überschritten wurde (zur vergleich-

---

40 *Etzel,* DB 73, 1019; KR-*Rinck,* Rn. 163.

41 Vgl. *BAG* 20.5.99 – 2 AZR 148/99, NZA 99, 1039; *Fitting,* Rn. 16; GK-*Raab,* Rn. 32; HWGNRH-*Huke,* Rn. 17; KR-*Rinck,* Rn. 41; Richardi-*Thüsing,* Rn. 45.

42 *BAG* 21.7.88 – 2 AZR 75/88, DB 89, 485.

43 *LAG Hamm* 21.7.75 – 2 Sa 392/75, BB 76, 1270; KR-*Rinck,* Rn. 41.

44 Vgl. DHZ-*Lakies,* § 103 Rn. 80 ff. m. w. N.

45 *LAG Hamm* 1.4.04 – 4 Sa 1340/03, LAGReport 2005, 21.

46 *LAG Düsseldorf* 17.10.74 – 3 Sa 313/74, DB 75, 650; vgl. *Fitting,* Rn. 18; KR-*Rinck,* Rn. 45; Richardi-*Thüsing,* Rn. 26.

47 APS-*Koch,* Rn. 23, 33; KR-*Rinck,* Rn. 51; GK-*Raab,* Rn. 25.

48 KR-*Rinck,* Rn. 34; GK-*Raab,* Rn. 25.

49 Richardi-*Thüsing,* Rn. 43 m. w. N.

50 *BAG* 28.6.05 – 1 ABR 25/04, AP Nr. 146 zu § 102 BetrVG 1972, vgl. Richardi-*Thüsing,* Rn. 23; *Haag/Sobek,* AiB 06, 417.

51 APS-*Koch,* Rn. 32; KR-*Rinck,* Rn. 51; *Fitting,* Rn. 15; *Stahlhacke/Preis/Vossen,* Rn. 241 m. w. N.

52 So *Wolf/Gangel,* AuR 82, 275 f.; *Bösche,* S. 28.

53 Hierzu Schaub-*Linck,* § 34 I.

54 KR-*Rinck,* Rn. 51; *Fitting,* Rn. 15; HWGNRH-*Huke,* Rn. 18.

baren Situation bei § 103 s. § 103 Rn. 9c; zur möglichen Beteiligung des BR beim entleihenden AG s. § 99 Rn. 58).[55]

23 Die Beendigung eines **befristeten Arbeitsverhältnisses** durch Zeitablauf fällt nicht unter § 102,[56] auch nicht ein etwaiger Hinweis des AG auf das fristgerechte Auslaufen des Vertrages (»**Nichtverlängerungsanzeige**«).[57] Das gilt auch für die **schriftliche Mitteilung gem. § 78a.** Sofern die **Befristung unwirksam** ist – sei es wegen eines Verstoßes gegen § 14 TzBfG, insbesondere wegen Nichtvorliegens eines »sachlichen Grundes«, sei es aus anderen Gründen –, kann je nach den Umständen des konkreten Falles in der Nichtverlängerungsanzeige des AG zugleich eine (vorsorgliche) Kündigung liegen.[58] Diese bedarf zu ihrer Wirksamkeit der vorherigen Anhörung des BR.[59] Die gleichen Grundsätze wie für eine Befristung gelten im Falle einer wirksam vereinbarten **auflösenden Bedingung.**[60]

24 Die **gerichtliche Auflösung** des Arbeitsverhältnisses gem. § 9 KSchG unterfällt nicht § 102.[61] Das Gleiche gilt, wenn die Beschäftigung eines AN durch Kündigung beendet wird, weil die **Zustimmung des BR gem. § 99 nicht erteilt** und auch nicht gerichtlich ersetzt worden ist und dem AG gem. § 101 aufgegeben worden ist, eine Einstellung wieder aufzuheben, oder der AG einer entsprechenden Aufforderung des BR auch ohne rechtskräftige Gerichtsentscheidung nachkommt.[62] Wegen der auf Beendigung der Beschäftigung abzielenden Ausübung der Beteiligungsrechte des BR im Rahmen der §§ 99, 100 ist eine erneute Anhörung im »Vollzugsfall« gem. § 102 entbehrlich. Die Sachlage entspricht vollumfänglich einer Kündigung auf Verlangen des BR nach § 104 (vgl. Rn. 25).

25 Eine **Kündigung auf Verlangen des BR gem. § 104** bedarf keiner Anhörung gem. § 102.[63] Voraussetzung ist allerdings, dass es sich bei der ausgesprochenen Kündigung nach Begründung und Art (ordentlich oder außerordentlich) um die vom BR verlangte handelt (vgl. § 104 Rn. 12). Nicht auf § 104 gestützte Kündigungen auf Verlangen oder auf **Anregung des BR** unterfallen § 102.[64] Im Hinblick auf vorhandenes Vorwissen des BR um die Kündigung ist allerdings zu prüfen, ob ggf. geringere Anforderungen an den Umfang der Unterrichtung zu stellen sind (Rn. 162 ff.).[65] Schlägt der BR eine weniger einschneidende Kündigung vor (ordentlich statt außerordentlich) und spricht der AG dann diese aus, bedarf es keiner erneuten Anhörung (vgl. Rn. 186).

3. Bestehen und Funktionsfähigkeit eines BRs

a) Bestehen eines BRs

26 Voraussetzung für die Anwendung des § 102 ist das **Bestehen eines BR.** In betriebsratslosen Betrieben ist eine Anhörung des BR logischerweise ausgeschlossen. Die **Größe** des Betriebs bzw. des BR spielt keine Rolle (zum zuständigen BR vgl. Rn. 140 ff.). Da das *BAG* die Anhörung des AN vor der Kündigung nicht für eine Rechtmäßigkeitsvoraussetzung hält,[66] tritt in BRlosen Betrieben auch nicht die Anhörung des AN an die Stelle der Anhörung des BR.[67]

55 *BAG* 10.2.77 – 2 ABR 80/76, DB 77, 1273.
56 *Fitting*, Rn. 17; GK-*Raab*, Rn. 31.
57 *BAG* 28.10.86 – 1 ABR 16/85, EzA § 118 BetrVG 1972 Nr. 38.
58 Vgl. *BAG* 28.10.86 – 1 ABR 16/85, EzA § 118 BetrVG 1972 Nr. 38; 26.4.79 – 2 AZR 431/77, 24.10.79 – 5 AZR 851/78, 5.3.70 – 2 AZR 175/69, EzA § 620 BGB Nrn. 39, 41, 13.
59 Mit unterschiedlicher Begründung KR-*Rinck*, Rn. 48; *Fitting*, Rn. 17; GK-*Raab*, Rn. 31; HWGNRH-*Huke*, Rn. 18.
60 *Fitting*, Rn. 17; KR-*Rinck*, Rn. 50; *Stahlhacke/Preis/Vossen*, Rn. 242; APS-*Koch*, Rn. 35.
61 A. A. *Müller*, BB 02, 2012.
62 KR-*Rinck*, Rn. 53; Hako-BetrVG/*Braasch*, Rn. 23.
63 *BAG* 28.3.17 – 2 AZR 551/16, NZA 17, 985, Rn. 35; 15.5.97 – 2 AZR 519/96, NZA 97, 1106; GK-*Raab*, Rn. 26.
64 Deshalb unzutreffend *LAG Baden-Württemberg* 3.11.76 – 6 Sa 84/76, DB 77, 777.
65 Vgl. *Bösche*, S. 30; differenzierend KR-*Rinck*, Rn. 85.
66 *BAG* 21.2.01 – 2 AZR 579/99, NZA 01, 951, 953.
67 A. A. allerdings mit beachtlichen verfassungsrechtlichen Erwägungen *ArbG Gelsenkirchen* 17.3.10 – 2 Ca 319/10, NZA 10, 1178.

27 Ist die **BR-Wahl nichtig,** gilt der Betrieb als betriebsratslos. Der AG braucht den aus einer nichtigen BR-Wahl (vgl. § 19 Rn. 43 ff.) hervorgegangenen »BR« vor einer Kündigung nicht zu hören. Er kann dies als Vorfrage im Kündigungsschutzprozess klären lassen (§ 19 Rn. 46). Ob der AG die Nichtigkeit der Wahl kennt bzw. den »BR« vorher schon irrtümlich beteiligt hat, ist unerheblich.[68] Die Nichterweislichkeit der Nichtigkeit geht zu Lasten des AG. Die **Anfechtung** der BR-Wahl gem. § 19 lässt die Anhörungspflicht bis zu einer rechtskräftigen Entscheidung unberührt (§ 19 Rn. 39). Das gilt auch dann, wenn der BR entgegen § 13 Abs. 2 Nr. 1 bis 3 keine Neuwahlen einleitet (vgl. Rn. 32).

28 Wird bei einer **BR-Wahl irrtümlich** ein **selbstständiger Betriebsteil** i. S. v. § 4 Abs. 1 Satz 1 angenommen und deswegen nur in dem vermeintlichen Hauptbetrieb ein BR gewählt, so ist dieser BR dennoch auch für die Anhörung zu Kündigungen in dem Betriebsteil zuständig.[69]

29 In **Seeschifffahrtsunternehmen** tritt an die Stelle des BR die Bordvertretung (§ 115 Abs. 7) oder der Seebetriebsrat (§ 116 Abs. 6).

30 Eine anstelle des BR durch TV eingerichtete **andere Vertretung der AN** gem. § 3 Abs. 1 Nr. 2 tritt an die Stelle des BR, ebenso eine nach § 117 Abs. 2 für den **Flugbetrieb** eingerichtete andere Stelle.

31 Der BR muss im **Zeitpunkt des Ausspruchs der Kündigung** bestehen. Im Falle eines erstmalig gewählten BR verneint das *BAG*[70] eine Anhörungspflicht des AG nach Abs. 1 vor der **Konstituierung des BR.**[71] Diese Entscheidung ist von *Wiese*[72] mit überzeugenden Gründen kritisiert worden. Das *BAG* setzt sich über den Wortlaut des Gesetzes hinweg, wonach die Amtszeit des BR mit Bekanntgabe des Wahlergebnisses beginnt (§ 21). Wird in einem zuvor betriebsratslosen Betrieb erstmalig ein Betriebsrat gewählt, ist zunächst für die beabsichtigte Kündigung eines Wahlbewerbers und Wahlvorstandsmitglieds die Zustimmung des Arbeitsgerichts einzuholen. Ist der Betriebsrat gebildet und die betreffende Person zum Betriebsratsmitglied gewählt, ist zunächst die Zustimmung des BRs einzuholen, danach kann das Beschlussverfahren mit geändertem Antrag fortgeführt werden. Ohne Anhörung des neu existierenden BRs wird der Zustimmungserteilungsantrag unzulässig, einem Zustimmungsersetzungsantrag fehlt der zustimmungsverweigernde Beschluss des BRs.[73]

32 Der BR ist in allen Fällen des **Ablaufs der Amtszeit** (regulär: § 21; vorzeitig: § 13 Abs. 2 Nr. 1 bis 3) so lange gem. § 102 zu beteiligen, wie er die Geschäfte weiterführt.[74] Sinkt die Zahl der BR-Mitglieder (z. B. durch Rücktritte, Beendigung des Arbeitsverhältnisses) **unter die gesetzliche Grenze** und sind auch keine Ersatzmitglieder (mehr) vorhanden, so führen die verbleibenden BR-Mitglieder die Geschäfte weiter und sind vor Ausspruch einer Kündigung zu hören.[75] Das gilt auch, wenn nur noch ein einziges BR-Mitglied vorhanden ist (zur Frage hinzutretender Funktionsunfähigkeit s. Rn. 35 ff.; zur Kündigung des letzten verbliebenen BR-Mitglieds, § 103 Rn. 40).[76]

33 Auch wenn die Amtszeit des BR wegen einer Betriebsstilllegung endet, bleibt der BR gem. § 21b solange im Amt, wie das zur Wahrnehmung der damit in Zusammenhang stehenden Mitwirkungs- und Mitbestimmungsrechte erforderlich ist. Deshalb sind nach Betriebsstilllegung ohne Anhörung des durch das **Restmandat** legitimierten BR ausgesprochene Kündigungen nach § 102 Abs. 1 unwirksam.[77] Im Falle einer **Zusammenlegung oder einer Spaltung von Betrieben** nimmt der nach § 21a übergangsweise mandatierte BR die Rechte aus § 102 wahr.[78]

---

68 KR-*Rinck,* Rn. 20; *Stahlhacke/Preis/Vossen,* Rn. 229.
69 *LAG München* 28. 4. 04 – 5 Sa 1375/03, EzA-SD Nr. 18, 13.
70 *BAG* 23. 8. 84 – 6 AZR 520/82, EzA § 102 BetrVG 1972 Nr. 59 mit Anm. *Wiese.*
71 Ebenso Richardi-*Thüsing,* Rn. 31; *Stahlhacke/Preis/Vossen,* Rn. 226.
72 Anm. EzA § 102 BetrVG 1972 Nr. 59; GK-*Raab,* Rn. 14.
73 *LAG Köln* 18. 3. 19 – 2 TaBV 116/18, juris.
74 KR-*Rinck,* Rn. 21, 22.
75 *BAG* 18. 8. 82 – 7 AZR 437/80, EzA § 102 BetrVG 1972 Nr. 48; *Stahlhacke/Preis/Vossen,* Rn. 230; KR-*Rinck,* Rn. 22; Hako-BetrVG/*Braasch,* Rn. 47.
76 *LAG Düsseldorf* 20. 9. 74 – 16 Sa 24/74, EzA § 22 BetrVG 1972 Nr. 1.
77 *BAG* 25. 10. 07 – 8 AZR 917/06, AuR 07, 388; *LAG Niedersachsen* 6. 3. 06 – 17 Sa 85/06, juris.
78 Abweichend zur früheren Rechtslage *BAG* 23. 11. 88 – 7 AZR 121/88, EzA § 102 BetrVG 1972 Nr. 72; vgl. GK-*Raab,* Rn. 8.

Sinkt die Zahl der wahlberechtigten AN in einem Betrieb auf Dauer **unter fünf,** wird angenommen, dass der BR zwar zur Abwicklung entstandener Rechte im Amt bleibt, ihm aber keine neuen Beteiligungsrechte mehr »zuwachsen«, er also vor Kündigungen der verbleibenden AN nicht mehr zu hören ist.[79] Es ist jedoch nicht ersichtlich, warum dieser Fall anders als der eines Restmandats bei Betriebsstilllegung behandelt werden sollte. 34

b) Funktionsfähigkeit des BRs

Es wird allgemein angenommen, dass Voraussetzung für die Notwendigkeit einer Anhörung gem. Abs. 1 neben dem Vorhandensein eines BR dessen **Funktionsfähigkeit** ist.[80] Bei näherem Hinsehen erweisen sich die unter dieser Überschrift diskutierten Fallkonstellationen als solche der **Verhinderung von BR-Mitgliedern** an der Amtsausübung (zur Arbeitskampfsituation s. Rn. 43). Das *BAG*[81] hält den BR nur in dem seltenen Fall für funktionsunfähig, wenn **alle** BR- und Ersatzmitglieder nicht nur kurzfristig, d.h. nicht nur für wenige Tage, an der Ausübung ihres Amtes verhindert sind (z.B. wegen Krankheit, Urlaubs, dienstlicher Abwesenheit oder gänzlichen Ausscheidens aus dem BR). Der AG darf die Zeit der Funktionsunfähigkeit des BR **nicht missbrauchen,** z.B. durch Warten mit einer Kündigung bis zum Eintritt einer vorhersehbaren Situation, um dadurch die Mitbestimmung des BR zu umgehen.[82] Er muss dann mit der Kündigung bis zur Wiederherstellung der Funktionsfähigkeit des BR warten.[83] 35

Ist der ganze BR wegen **Betriebsferien** abwesend, ist umstritten, wie verfahren werden muss: Teilweise wird angenommen, dass die Anhörungsfristen für den BR nicht laufen bzw. durch die Betriebsferien unterbrochen werden.[84] Teilweise wird dem AG wegen einer möglichen Handlungsnotwendigkeit im Hinblick auf die Ausschlussfrist des § 626 Abs. 2 BGB in derartigen Fällen eine Kündigung ohne Anhörung des BR zugebilligt.[85] Die Lösung ergibt sich zu beiden Regelungsbereichen – § 102 Abs. 2 einerseits und § 626 Abs. 2 BGB andererseits – aus dem Gesichtspunkt der **Fristenhemmung** (§§ 203 ff. BGB): Die Anhörungsfristen des Abs. 2 werden gehemmt, und demgemäß wird die Dauer des Betriebsurlaubs nicht auf sie angerechnet.[86] Ebenso wird die Ausschlussfrist des § 626 Abs. 2 BGB gehemmt.[87] Die gleichen Grundsätze können auf **alle Fälle vollständiger vorübergehender Abwesenheit** aller BR- und Ersatzmitglieder angewandt werden. Diese Lösung hat den Vorzug, nicht die unklaren Kriterien eines Zuwartens unter dem Gesichtspunkt der vertrauensvollen Zusammenarbeit bemühen zu müssen. Die Betriebsparteien können für abgegrenzte Fälle auch einen »Notdienst« erreichbarer BR-Mitglieder vereinbaren. 36

Ist ein **einköpfiger BR** durch Krankheit verhindert, ist nach der Rspr. des *BAG* nicht zwangsläufig von seiner Verhinderung und damit der Amtsunfähigkeit auszugehen.[88] Das *BAG* spricht bei krankheitsbedingter Arbeitsunfähigkeit von einer Vermutung für die Amtsunfähigkeit, die der BR zu widerlegen habe. Nach diesem Maßstab ist er jedenfalls dann vor einer Kündigung zu hören, wenn der AG sich bereits in einer anderen Angelegenheit mit ihm in Verbindung gesetzt hat. Der BR kann die Vermutung seiner Amtsunfähigkeit auch dadurch widerlegen, dass er sich für telefonisch erreichbar erklärt. Das entspricht der Rspr. des *BAG*, wonach das Betriebsratsmitglied im Urlaub gleichwohl Betriebsratsaufgaben erfüllen kann (s. dazu § 103 Rn. 20).[89] Jedenfalls muss der AG darlegen, dass er sich vergeblich um Kontakt mit dem BR bemüht hat. 37

---

79 KR-*Rinck*, Rn. 23; in diesem Sinne andeutungsweise auch *BAG* 29.3.77 – 1 AZR 46/75, EzA § 102 BetrVG 1972 Nr. 27.
80 GK-*Raab*, Rn. 10 ff.; KR-*Rinck*, Rn. 27; *Meisel*, S. 25; *Barwasser*, DB 76, 914.
81 *BAG* 18.8.82 – 7 AZR 437/80, EzA § 102 BetrVG 1972 Nr. 48.
82 HWGNRH-*Huke*, Rn. 18; vgl. KR-*Rinck*, Rn. 30; vgl. für das BetrVG 1952; *LAG Düsseldorf* 2.1.68 – 8 Sa 350/67, BB 68, 628.
83 HWGNRH-*Huke*, Rn. 18.
84 *Fitting*, Rn. 68, Rn. 7.
85 KR-*Rinck*, Rn. 30; *Stahlhacke/Preis/Vossen*, Rn. 231.
86 Vgl. *Fitting*, Rn. 68; a.A. GK-*Raab*, Rn. 13; ErfK-*Kania*, Rn. 2.
87 *BAG* 6.7.72 – 2 AZR 386/71, 12.2.73 – 2 AZR 116/72, EzA § 626 BGB n.F. Nrn. 15, 22.
88 *BAG* 15.11.84 – 2 AZR 341/83, EzA § 102 BetrVG 1972 Nr. 58.
89 *BAG* 9.9.11 – 2 AZR 388/10, NZA 12, 400, Rn. 29.

38 Im Normalfall muss der AG **abwarten,** bis der BR seine Handlungsfähigkeit wiedererlangt hat (vgl. aber auch Rn. 31).[90] Das gilt nicht, wenn bei Abwägung aller Umstände im Einzelfall ein Abwarten für den AG **nicht zumutbar** ist, z.B. weil lange Kündigungsfristen gelten und ein bestimmter Kündigungstermin eingehalten werden muss, der andernfalls versäumt würde. Die **Darlegungs- und Beweislast** für die Unzumutbarkeit trägt der AG. Besonders **strenge Anforderungen** sind zu stellen, wenn die Handlungsunfähigkeit des BR ganz oder teilweise auf Anordnungen des AG zurückzuführen ist, beispielsweise weil er den aus einer Person bestehenden BR oder das Ersatzmitglied für einige Zeit auf Montage geschickt hat. Ebenso sind Fälle zu bewerten, in denen die Anwesenheit im Betrieb wegen einer Pandemie vom AG untersagt wurde (unabhängig von der Frage, ob er das für den BR wirksam anordnen kann). Abwarten muss der AG auf jeden Fall bei einer ordentlichen Kündigung die **Wochenfrist** und bei einer außerordentlichen Kündigung die **dreitägige Frist** des Abs. 2 Satz 3.

39 Ist nur **ein Teil der BR-Mitglieder** ausgeschieden oder zeitweilig verhindert, so wendet das *BAG*[91] § 22 entsprechend an. Selbst wenn durch die Verhinderung die verbleibenden BR-Mitglieder unter die Beschlussfähigkeitsgrenze gesunken sind, können und müssen sie gem. § 102 gehört werden.[92] Voraussetzung ist, dass die Verhinderung der abwesenden BR-Mitglieder **bis nach Ablauf der Fristen des Abs. 2** andauert.[93] Unterlaufen den verbliebenen und amtierenden BR-Mitgliedern in dieser Hinsicht Fehler bei der Beurteilung der Dauer der Verhinderung der Abwesenden, macht dies die Anhörung nur dann fehlerhaft, wenn der AG davon Kenntnis hatte (zur Sphärentheorie vgl. Rn. 256; zur Beschlussfähigkeit der verbliebenen BR-Mitglieder s. Rn. 169).[94]

40 Wird ein von zwei UN geführter **Gemeinschaftsbetrieb aufgelöst,** weil eines der beiden UN seine betriebliche Tätigkeit einstellt, dann bleibt der für den Gemeinschaftsbetrieb gewählte BR für die Anhörung zu Kündigungen von in dem aufzulösenden Betriebsteil beschäftigten AN zuständig. Das gilt auch, wenn nur noch eines von sieben BR-Mitgliedern im Amt ist.[95]

4. Auslandsbeziehungen

41 AN eines **ausländischen UN in einem inländischen Betrieb** unterfallen dem BetrVG. Das gilt auch dann, wenn es sich bei den AN um Ausländer handelt und mit ihnen zulässigerweise die Anwendung ausländischen Rechts vereinbart wurde.[96] Deshalb ist der BR vor Kündigungen auch dann zu hören, wenn diese nach ausländischem Recht zu beurteilen sind. Für vorübergehend aus dem Ausland in einen solchen Betrieb entsandte AN gilt § 102 nicht.

42 Für Auslandsentsendungen deutscher AN wird überwiegend vom sog. Territorialprinzip ausgegangen. Richtiger ist eine Schwerpunktanknüpfung an den Betriebssitz.[97] Im Ergebnis sind die Unterschiede allerdings gering. Ein Beteiligungsrecht des BR nach § 102 besteht nur bei einer Bindung des im Ausland tätigen AN an einen inländischen Betrieb. Für die Kündigung eines AN in einem **ausländischen Betrieb** eines deutschen UN entfällt die Anhörungspflicht deshalb. Anders kann es sich dagegen bei der Kündigung von AN verhalten, die für einen Inlandsbetrieb arbeiten. Die Kündigung gegenüber einem AN, der **im Ausland** beschäftigt ist, bedarf nach der Rspr. nur dann der BR-Anhörung, wenn der Betrieb im Inland belegen ist und der AN in den »persönlichen Geltungsbereich« des BetrVG fällt.[98] Danach bedarf es keiner Anhörung, wenn der AN ständig im Ausland beschäftigt ist und im Inland lediglich die Personalverwaltung betrieben wird, während bei einer Eingliederung in eine inländische

---

90 A. A. APS-*Koch,* Rn. 50.
91 *BAG* 18.8.82 – 7 AZR 437/80, EzA § 102 BetrVG 1972 Nr. 48.
92 GK-*Raab,* Rn. 12.
93 *BAG,* a.a.O.
94 *BAG,* a.a.O.
95 *BAG* 19.11.03 – 7 AZR 11/03, NZA 04, 435ff.
96 *BAG* 9.11.77 – 5 AZR 132/76, EzA § 102 BetrVG 1972 Nr. 31.
97 *Deinert,* Internationales Arbeitsrecht, Rn. 10ff.; *ders.,* Betriebsverfassung in Zeiten der Globalisierung, S. 26ff.
98 Vgl. *BAG* 24.5.18 – 2 AZR 54/18, NZA 18, 1396; zur grundsätzlichen Kritik, *Deinert,* Internationales Arbeitsrecht, § 17 Rn. 18ff.

Arbeitsorganisation, insbesondere bei Direktionsrechtsausübung aus dem inländischen Betrieb heraus eine Anhörung erforderlich ist.[99] Vorzugswürdiger ist ohnehin, an den Betriebssitz zu knüpfen und sodann – wie bei reinen Inlandsfällen – die Frage einer Eingliederung in den Betrieb zu prüfen.[100] Bei gespaltener AG-Stellung, bei der der AN mit Arbeitsvertragsbeziehung zu einem inländischen UN in den Betrieb eines anderen Unternehmens eingegliedert ist, soll indes die Anhörung des inländischen BR weiterhin geboten sein.[101] Bei **internationaler Arbeitnehmerüberlassung** ist das wegen § 14 AÜG ohnehin klar,[102] dasselbe gilt aber auch bei drittbezogenem Personaleinsatz im Ausland[103]. Die Details sind dabei allerdings offengeblieben,[104] zumindest soll die Befugnis zur Änderung des Arbeitsortes keine Eingliederung rechtfertigen können.[105] Die nachvollziehbare Annahme des in der Instanz vorausgehenden *LAG Niedersachsen*,[106] dass angesichts eine globalisierten Wirtschaft mit zunehmenden Matrixstrukturen die Anforderungen an eine solche »Ausstrahlung« herabzusetzen seien, um einen effektiven Arbeitnehmerschutz zu gewährleisten, hat das *BAG* dabei leider ohne substantielle Begründung verworfen.[107] Der BR eines in Deutschland gelegenen Betriebs soll bei der Kündigung eines AN, der von vornherein nur für einen **einmaligen befristeten Auslandseinsatz** beschäftigt ist, kein Beteiligungsrecht haben.[108]
Diese Grundsätze müssen im Übrigen spiegelbildlich angewendet werden, wenn AN eines ausländischen Betriebes ins Inland entsandt und hier in einen Betrieb eingegliedert werden.

5. Arbeitskampf

Die *BAG*-Rspr. zur Betriebsratsbeteiligung bei Kündigungen im Zusammenhang mit einem **Arbeitskampf** (zur Kündigung von BR-Mitgliedern s. § 103 Rn. 25) lässt sich folgendermaßen zusammenfassen: 43
Der BR wird während eines Arbeitskampfes nicht funktionsunfähig. Er ist bei personellen Maßnahmen, auch bei Kündigungen, zu beteiligen, die zwar während des Arbeitskampfgeschehens getroffen werden, die aber mit der Kampfabwehr nichts zu tun haben und **keine Wirkung auf das Kampfgeschehen** entfalten (z. B. betriebsbedingte Kündigungen).[109]
»Kampfkündigungen«, d. h. fristlose Kündigungen als Gegenmaßnahme des AG auf rechtswidrige Arbeitsniederlegungen, sollen dem Beteiligungsrecht des BR gem. § 102 nicht unterliegen.[110] Eine ordentliche Kündigung scheidet in diesem Zusammenhang in jedem Fall als Möglichkeit aus, denn mit dem Zuwarten bis zum nächsten Kündigungstermin gäbe der AG selbst die mangelnde aktuelle Arbeitskampfrelevanz dieser Maßnahme zu verstehen.[111]
Kündigungen **nach Kampfende** müssten dem *BAG* zufolge auch dann wieder unter § 102 fallen, wenn sie arbeitskampfbezogen sind.[112]
Diese Rspr. ist außerordentlich **umstritten.** Dem Gesetz ist eine solche Einschränkung nicht zu entnehmen. Der BR darf bei gegebener Funktionsfähigkeit auch nicht als »überfordert« beiseitegeschoben werden. Angesichts des ohnehin nur schwachen Beteiligungsrechts gegenüber einer außerordentlichen Kündigung (Rn. 181 f.) wird der AG daher vielfach für verpflichtet

---

99 *BAG* 24. 5. 18 – 2 AZR 54/18, NZA 18, 1396, Rn. 13.
100 *Deinert*, Betriebsverfassung in Zeiten der Globalisierung, S. 37 ff.
101 *BAG*, ebd., Rn. 15 ff.
102 *BAG*, ebd. Rn. 15 f.; *Gravenhorst*, jurisPR-ArbR 50/2018, Anm. 3.
103 *BAG*, ebd., Rn. 16.
104 Krit. insoweit auch *Gravenhorst*, jurisPR-ArbR 50/2018, Anm. 3.
105 *BAG* 24. 5. 18 – 2 AZR 54/18, NZA 18, 1396, Rn. 21.
106 *LAG Niedersachsen* 9. 11. 17 – 5 Sa 1127/16, juris.
107 *BAG* 24. 5. 18 – 2 AZR 54/18, NZA 2018, 1396, Rn. 21.
108 *BAG* 21. 10. 80 – 6 AZR 640/79, EzA § 102 BetrVG 1972 Nr. 43.
109 *BAG* 6. 3. 79 – 1 AZR 866/77, 14. 2. 78 – 1 AZR 154/76, EzA § 102 BetrVG 1972 Nrn. 40, 33, unter ausdrücklicher Klarstellung einer als »missverstanden« bezeichneten früheren Entscheidung vom 26. 10. 71 – 1 AZR 113/68, AP Nr. 44 zu Art. 9 GG Arbeitskampf.
110 *BAG* 14. 2. 78, a. a. O.
111 Vgl. *Fitting*, Rn. 16; *Brox/Rüthers*, Rn. 446.
112 Vgl. *BAG* 14. 2. 78 – 1 AZR 54/76, AP Nr. 57 zu Art. 9 GG Arbeitskampf; APS-*Koch*, Rn. 15.

gehalten, auch bei den genannten »Kampfkündigungen« den BR gem. Abs. 1 vor Ausspruch der Kündigung zu hören.[113]

6. Tendenzbezug

44 § 102 gilt jedenfalls insoweit für **Tendenzbetriebe,** als der BR **vor allen Kündigungen zu hören** ist, und zwar unabhängig von der Tendenzbezogenheit der Gründe oder der Eigenschaft des zu kündigenden AN als sog. Tendenzträger.[114] Ihm sind alle Gründe, auch tendenzbezogene, mitzuteilen (eingehend § 118 Rn. 108 ff.).[115]

7. Kein Ausschluss der Beteiligung nach Interessenausgleich

45 Die Beteiligung des BR nach § 111 »verbraucht« die zeitlich nachversetzte Beteiligung des BR nach § 102 nicht.[116] Führt der AG also eine Betriebsänderung durch und geht diese mit Kündigungen einher, so hat der AG den BR dennoch in jedem einzelnen Kündigungsfall nach § 102 zu beteiligen (insoweit identisch bei personellen Einzelmaßnahmen nach § 99, vgl. § 99 Rn. 35). Das gilt auch dann, wenn der Interessenausgleich eine Namensliste nach § 1 Abs. 5 KSchG enthält und die Kündigungen derjenigen AN ansteht, die auf der Liste aufgeführt sind.[117] Auch erstreckt sich die Vermutungswirkung des § 1 Abs. 5 KSchG nicht auf die Ordnungsgemäßheit der Betriebsratsanhörung nach § 102.[118] Das Gesetz gibt für eine solche Annahme nichts her.

III. Anhörung des BRs (Abs. 1)

1. Grundsätze

46 Die vor jeder Kündigung durchzuführende Anhörung des BR bildet den rechtlich und praktisch zentralen Bestandteil der gesamten Regelung.[119] Eine unterlassene oder fehlerhafte Anhörung macht eine Kündigung **irreversibel unwirksam** (zur Geltendmachung dieser Unwirksamkeit im Prozess Rn. 261).[120] Sie kann nicht durch die nachträgliche Zustimmung des BR geheilt (s. Rn. 187)[121] und auch nicht vom Grad oder der Art eines Anhörungsfehlers abhängig gemacht werden.[122] Der Wortlaut des Abs. 1 zeigt, dass die Unwirksamkeitsfolge nicht nur an die Tatsache der Anhörung als solche geknüpft ist: Satz 3 bezieht sich nämlich gemeinsam auf Satz 1 (Anhörung) und Satz 2 (Mitteilung der Gründe). »Anhörung« meint daher den gesamten **Prozess des Anhörungsverfahrens,** das »über die reine Unterrichtung hinaus den Sinn (hat), ihm (dem BR) Gelegenheit zu geben, seine Überlegungen zu der Kündigungsabsicht aus der Sicht der AN-Vertretung zur Kenntnis zu bringen«.[123] Mit der Unwirksamkeitssanktion soll der kündigungswillige AG veranlasst werden, den BR korrekt und umfassend zu informieren, um diesem im Vorfeld der Kündigung die Gelegenheit zur **Einflussnahme auf die Willensbildung des AG** einzuräumen (vgl. Rn. 3). Wenn sich der BR gegen die Kündigung ausspricht, erwächst daraus eine Chance zur Korrektur der AG-Entscheidung bzw. verbessert sich die Position des AN in einem möglichen Kündigungsschutzprozess (vgl. Rn. 3). Auch wenn der BR dies nicht

---

113 *Brox/Dudenbostel,* DB 79, 1848; *Reuter,* AuR 73, 1; *Herschel,* Anm. EzA Art. 9 GG Arbeitskampf Nr. 22; *Hanau,* Anm. AR-Blattei Betriebsverfassung X, Entsch. 37; *Herbst,* AiB 87, 7; a. A., KR-*Rinck,* Rn. 32; *Fitting,* Rn. 16; HWGNRH-*Huke,* Rn. 11; teilw. a. A. GK-*Raab,* Rn. 18 f.: für BR-Beteiligungsrecht bei rechtswidrigem Streik, dagegen bei Kündigung wegen »Streik-Exzesses«.

114 *BAG* 7.11.75 – 1 AZR 74/74, EzA § 118 BetrVG 1972 Nr. 8.

115 Vgl. GK-*Raab,* Rn. 16.

116 Vgl. *BAG* 23.10.08 – 2 AZR 163/07, BB 09, 1758.

117 *LAG Rheinland-Pfalz* 18.10.07 – 2 Sa 458/07, NZA-RR 08, 356.

118 So aber *Gehlhaar,* DB 08, 1496 ff.

119 Hierzu im Überblick *Berkowsky,* NZA 96, 1065; *Bayer,* DB 92, 882; *Bitter,* NZA-Beilage 3/91, S. 16.

120 *BAG* 1.4.76 – 2 AZR 179/75, EzA § 102 BetrVG 1972 Nr. 23; APS-*Koch,* Rn. 151; *Fitting,* Rn. 56 ff.

121 *BAG* 28.2.74 – 2 AZR 455/73, EzA § 102 BetrVG 1972 Nr. 8; APS-*Koch,* Rn. 152.

122 So aber GK-*Raab,* Rn. 114; *Raab,* ZfA 95, 479, 516 ff.; vgl. schon *Oetker,* SAE 89, 302.

123 *BAG* 29.1.97 – 2 AZR 292/96, NZA 97, 813.

tut, gewinnt der AN **Klarheit über eventuelle Prozesschancen,** insbesondere, weil der AG die Kündigung nur auf solche ihm bei Ausspruch der Kündigung bekannten Gründe stützen kann, die er dem BR mitgeteilt hatte (Rn. 78 ff.; zum sog. Nachschieben von Kündigungsgründen s. Rn. 126 ff.). Deshalb geht das *BAG* in ständ. Rspr. davon aus, »dass die Kündigung nach § 102 Abs. 1 Satz 3 nicht nur dann **unwirksam** ist, wenn der AG gekündigt hat, ohne den BR zuvor überhaupt beteiligt zu haben, sondern auch dann, wenn er seiner Unterrichtungspflicht nach Abs. 1 **nicht richtig,** insbesondere **nicht ausführlich** genug nachkommt«.[124] Dass die Anhörung des BR auch bei Kündigungen von AN erforderlich ist, die **noch keinen Kündigungsschutz** gem. § 1 Abs. 1 KSchG genießen (Rn. 118), bedeutet einen gewissen Schutz gegen begründungslose Willkür in solchen Fällen.

Die Anhörung des BR durch den AG erfolgt durch eine nichttypische **empfangsbedürftige Willenserklärung und im Normalfall gegenüber dem Vorsitzenden des BR.** Trägt der AG im Kündigungsschutzprozess vor, er habe ein namentlich benanntes Betriebsratsmitglied von der Kündigungsabsicht unterrichtet, ohne kenntlich zu machen, aus welchen Gründen das betreffende BR-Mitglied abweichend vom Normalfall empfangsberechtigt sein soll, mangelt es an einem schlüssigen Vortrag zu einer ordentlichen Beteiligung des BRs.[125] Ist die abgegebene Willenserklärung auslegungsbedürftig, sind die Begleitumstände zu würdigen, die für die Frage von Bedeutung sind, welchen Willen der AG bei seiner Erklärung hatte. Es dürfen nur solche Umstände gewürdigt werden, die dem BR als Erklärungsempfänger erkennbar waren (zur Empfangsberechtigung beim BR s. Rn. 156).[126] 47

Eine bestimmte **Form** ist für die Anhörung nicht vorgeschrieben; sie kann auch mündlich erfolgen.[127] Ein Anhörungsbogen bedarf demgemäß keiner Unterschrift.[128] Deshalb ist auch eine Anhörung per **Fax** oder **E-Mail** zulässig. Aus Beweisgründen ist arbeitgeberseitig jedoch immer eine schriftliche Information mit Eingangsbestätigung des BR zu empfehlen. Im Allgemeinen verlangt das *BAG* keine Vorlage von Beweismaterial durch den AG.[129] 48

Die **Unrichtigkeit der AG-Angaben** als solche führt nicht notwendigerweise zur Unwirksamkeit des Anhörungsverfahrens. Der AG braucht nur seine **subjektiv determinierten Gründe** (»seine Sicht der Dinge«) hinsichtlich der beabsichtigten Kündigung mitzuteilen (Rn. 78 ff.).[130] Allerdings kann die Kündigung dann nur noch auf die dem BR mitgeteilten Gründe gestützt werden (Rn. 126 ff.), weil ansonsten die Anhörung mangels mitgeteilter Gründe fehlerhaft ist. Entsprechen die Vorstellungen des AG nicht der objektiven Rechtslage, kann dies dazu führen, dass die beabsichtigte Kündigung aus anderen rechtlichen Gründen (z. B. Nichtvorliegen der sozialen Rechtfertigung) unwirksam ist.[131] Falls allerdings der AG unrichtige Angaben **wider besseres Wissen** macht, kann auch die Anhörung unwirksam sein.[132] Dabei kann es sich auch um Angaben zur Person des AN handeln (eingehend Rn. 65 ff.).[133] Die Beweislast, dass der AG den Betriebsrat nicht bewusst in die Irre geführt hat, trägt der AG.[134] Das bedeutet allerdings nicht, dass der AG beweisen müsste, dass sämtliche von ihm zugrunde gelegten Tatsachen zutrafen, sondern nur, dass er die ihm bekannten Tatsachen nicht falsch dargestellt hat. 49

Aus der Anhörungspflicht als solcher erwächst dem AG keine Pflicht zur Vorlage von **Unterlagen** oder zur Benennung von **Beweismitteln.**[135] Der AG ist nicht verpflichtet, dem BR die für die Kündigung maßgebenden Tatsachen **nachzuweisen.** Erst wenn der AN im Kündi- 50

---

124 *BAG* 29. 1. 97, a. a. O.
125 *LAG Mecklenburg-Vorpommern* 9. 6. 15 – 2 Sa 5/15 juris.
126 *BAG* 5. 2. 81 – 2 AZR 1135/78, EzA § 102 BetrVG 1972 Nr. 47; vgl. *BAG* 2. 3. 73 – 3 AZR 325/72, 14. 9. 72 – 5 AZR 212/72, AP Nrn. 36, 34 zu § 133 BGB.
127 *BAG* 6. 2. 97 – 2 AZR 265/96, DB 97, 1284 = AiB 97, 668 mit Anm. *Hinrichs.*
128 *LAG Rheinland-Pfalz* 26. 6. 14 – 5 Sa 549/13, juris, Rn. 57.
129 *BAG* 26. 1. 95 – 2 AZR 386/94, EzA § 102 BetrVG 1972 Nr. 87 mit Anm. *Kittner.*
130 *BAG* 16. 7. 15 – 2 AZR 15/15, NZA 16, 99, Rn. 15 ff.; 29. 1. 86 – 7 AZR 257/84, EzA § 102 BetrVG 1972 Nr. 64.
131 *BAG* 29. 1. 86, a. a. O.
132 *BAG* 16. 7. 15 – 2 AZR 15/15, NZA 16, 99, Rn. 12 f.
133 Vgl. *BAG* 29. 1. 97 – 2 AZR 292/96, NZA 97, 813, 815.
134 *BAG* 22. 9. 94 – 2 AZR 31/94, AP Nr. 68 zu § 102 BetrVG 1972; *LAG Köln* 29. 3. 11 – 12 Sa 1395/10, PersV 12, 262.
135 KR-*Rinck,* Rn. 87; *Stahlhacke/Preis/Vossen,* Rn. 273.

gungsschutzprozess die Kündigungsgründe bestreitet, muss der AG die von ihm behaupteten Tatsachen (Kündigungsgründe) beweisen (vgl. Rn. 90, 263 ff.).[136] Allerdings hat der BR auch im Zusammenhang mit seinem Beteiligungsrecht gem. § 102 die Möglichkeit, **Unterlagen gem. § 80 Abs. 2 Satz 2** zu verlangen (hierzu eingehend § 80 Rn. 112 ff.).[137] Diese Unterlagen sind dem BR noch rechtzeitig vor Ablauf der Frist für seine Stellungnahme bzw. seinen Widerspruch auszuhändigen. Zwar wird allgemein angenommen, dass der AG wegen seiner fehlenden Beweispflicht gegenüber dem BR diesem aus § 102 allein keinen Einblick in die **Personalakten** zu gewähren habe.[138] Andererseits ist anerkannt, dass der AG konkrete Informationen auch aus der Personalakte erteilen muss, wenn diese Informationen für die Aufgabenerfüllung des BR erforderlich sind.[139] Der BR hat daher in dem Umfang, in dem dies zur Wahrnehmung seines Beteiligungsrechts gem. § 102 erforderlich ist, Anspruch auf Einblick in die entsprechenden Teile der Personalakte. Soweit der AG seine Kündigung auf Informationen aus einem **Personalinformationssystem** stützt, hat er dem BR die anfallenden Daten vollständig zur Verfügung zu stellen.[140] Enthält der AG dem BR notwendige Unterlagen und Informationen vor, kann er die Kündigung jedenfalls nicht hierauf stützen (Rn. 80, 81). Erhält der BR dadurch ein falsches Bild von der Kündigungsbegründung, kann die Anhörung und damit die Kündigung unwirksam sein (vgl. Rn. 85).

51 Die Mitteilung persönlicher Daten betroffener AN und von Sozialdaten vergleichbarer AN verstößt nicht gegen den **Datenschutz.** Im Übrigen muss der BR die datenschutzrechtlichen Bestimmungen einhalten gem. § 79a S. 1. In dieser Hinsicht gilt der BR als unselbstständiger Teil der speichernden Stelle (= AG) i. S. v. Art. 4 Nr. 7 DS-GVO (§ 79a S. 2). Die BR-Mitglieder sind zur Verschwiegenheit verpflichtet (vgl. § 79).

52 Weder BR noch AN können rechtswirksam auf die ordnungsgemäße Anhörung **verzichten** (h. M.; vgl. auch Rn. 346).[141] Wegen des zwingenden Schutzcharakters von § 102 gilt dies auch dann, wenn der AN selbst dazu aufgefordert hat, den BR nicht zu hören.[142] Im Hinblick auf die Regelung der Darlegungs- und Beweislast im Prozess (Rn. 90) liegt es ohnehin in der Hand des AN, ob er die Voraussetzung des ordnungsgemäßen Anhörungsverfahrens in den Prozess einführen will.[143]

52a Geht bei einem **Betriebsübergang** der Betrieb als Ganzes unter Wahrung seiner Identität auf ein anderes UN über und widerspricht der AN dem Übergang seines Arbeitsverhältnisses, so stellt sich der AN durch den **Widerspruch** »betriebsratslos«.[144] Der Widerspruch führt zum Wegfall der Betriebszugehörigkeit, sodass der bisher zuständige Betriebsrat im Falle einer Kündigung nicht anzuhören ist. Es entsteht kein Restmandat, weil der Betrieb seine Identität wahrt und der AN durch den Widerspruch nicht mehr zur Belegschaft gehört. Es entsteht auch kein Übergangsmandat, denn der Betrieb wird nicht gespalten. Dies gilt auch dann, wenn alle AN eines bestimmten Betriebsteils widersprechen, denn die Spaltung setzt eine organisatorische Maßnahme des AG voraus. Soweit beim Teilbetriebsübergang ein Restbetrieb verblieben ist, ist der Betriebsrat ohne weiteres zuständig, unabhängig vom Restmandat für den übergegangenen Betriebsteil.[145] Allerdings ist zu beachten, dass allein der Umstand eines Teilbetriebsübergang nicht zwingend mit den gesetzlichen Voraussetzungen eines Übergangsmandats oder eines Restmandats einhergeht. Das *BAG* verneint dementsprechend ein Restmandat, wenn die Voraussetzungen des § 21b nicht vorliegen.[146] § 21b begründe kein allgemeines Mandat für alle im Zeitpunkt der Umstrukturierung noch nicht erledigten Betriebsratsangelegenheiten, auch

---

136 *BAG* 24. 3. 77 – 2 AZR 289/76, EzA § 102 BetrVG 1972 Nr. 28; APS-*Koch*, Rn. 68.
137 *LAG Hamm* 30. 6. 94 – 4 Sa 2017/93, Mitb 6/95, 61; 6. 1. 94 – 16 Sa 1216/93, LAGE § 102 BetrVG 1972 Nr. 45.
138 KR-*Rinck*, Rn. 87; *Bitter*, NZA-Beilage 3/91, S. 19.
139 *BAG* 20. 12. 88 – 1 ABR 63/87, DB 89, 1032.
140 *Fitting*, Rn. 26.
141 Vgl. APS-*Koch*, Rn. 21 m. w. N.; GK-*Raab*, Rn. 123 f.
142 KR-*Rinck*, Rn. 110; HWGNRH-*Huke*, Rn. 87.
143 So auch GK-*Raab*, Rn. 127 ff.
144 *BAG* 8. 5. 14 – 2 AZR 1005/12, NZA 15, 889; dazu *Niklas*, DB 2015, 685 ff.
145 vgl. *BAG* 24. 5. 12 – 2 AZR 62/11, NZA 13, 277, Rn. 48.
146 *BAG* 24. 5. 12 – 2 AZR 62/11, NZA 13, 277, Rn. 55 ff.

Art. 6 der Richtlinie 2001/23/EG verlange nicht allgemein die Anerkennung eines Restmandats für den Fall des Widerspruchs des ANs gegen den Übergang des Arbeitsverhältnisses.

2. Notwendiger Inhalt der Unterrichtung

a) Einleitung des Verfahrens, Kündigungsabsicht

Der BR ist vor jeder Kündigung **anzuhören.** Das bedeutet mehr als bloße Unterrichtung (etwa gem. § 105). Die Anhörung hat den Sinn, dem BR Gelegenheit zu geben, eigene Überlegungen zur Kündigungsabsicht des AG anzustellen und diesem mitzuteilen (vgl. DKWF-*Bachner/ Deinert,* § 102 Rn. 4). Insbesondere muss dem BR die Gelegenheit gegeben werden, über etwaige Widerspruchsgründe zu beschließen.[147] Eine ausdrückliche Verpflichtung des AG zur **Beratung** mit dem BR über die Kündigungsabsicht und -gründe ist in § 102 allerdings nicht vorgesehen. Jedoch folgt aus dem Grundsatz der vertrauensvollen Zusammenarbeit, dass sich der AG einem Gesprächswunsch vor Abgabe der Stellungnahme des BR (Rn. 173 ff.) nicht entziehen darf (zu gezielten Nachfragen des BR s. Rn. 180). Die rechtzeitige eventuell notwendige Anhörung der Schwerbehindertenvertretung nach § 178 Abs. 2 SGB IX ist kein Bestandteil und keine Voraussetzung der ordnungsgemäßen Unterrichtung des BRs.[148] Denn beide Verfahren finden gleichrangig nebeneinander statt (vgl. Rn. 260a). 53

Enthält das Anhörungsschreiben des AG zwar die für eine Anhörung erforderlichen Angaben (vgl. Rn. 65 ff.), kann jedoch der BR auf Grund der Erklärungen des AG davon ausgehen, dass eine betriebsbedingte Kündigung erst nach einer Einigung über **Interessenausgleich und Sozialplan** erfolgen sollte und erklärt der AG sodann die Kündigung noch vor Abschluss des Sozialplans, so hat er eine andere Kündigung ausgesprochen, als zu er den BR angehört hat. Die Kündigung ist deshalb nach § 102 unwirksam (vgl. auch Rn. 60).[149] Der AG kann sich grundsätzlich eines **Stellvertreters** im Rahmen des Anhörungsverfahrens bedienen. Die Rspr. versagt dem BR die **Zurückweisung** der Anhörung mangels Vollmachtvorlage analog § 174 BGB.[150] Es handele sich um eine rechtsgeschäftsähnliche Handlung, auf die § 174 BGB nicht anwendbar sei, weil der Zweck des Anhörungsverfahrens dies nicht erfordere, der BR könne sich gleichwohl zur Kündigungsabsicht äußern und Einfluss auf die Willensbildung des AGs üben. Bei Zweifeln an der Stellung des Handelnden bzw. an der zuverlässigen Weiterleitung von Einwänden könne er diesen übergehen und sich direkt an den AG wenden. Dem ist zuzustimmen, weil der AG am Ende das Risiko fehlender Vollmacht tragen muss. 54

Neben der Anhörung wird vom AG keine **ausdrückliche Aufforderung** gegenüber dem BR zur Stellungnahme zu einer beabsichtigten Kündigung verlangt. Der Mitteilung des AG muss allerdings zweifelsfrei zu entnehmen sein, dass eine konkrete Kündigung (Rn. 58) beabsichtigt ist und mit ihr ein Anhörungsverfahren nach § 102 eingeleitet werden soll. **Unklarheiten** gehen zu Lasten des AG.[151] 55

Typische Fälle, in denen die bloße Information über eine beabsichtigte Maßnahme möglicherweise nicht ausreicht, sind solche, in denen in einem Vorgang **mehrere Mitbestimmungstatbestände** liegen. Hinsichtlich der Verbindung mit § 102 kommen insbesondere die Informationen hinsichtlich folgender Tatbestände in Frage: 56

- Personalplanung gem. § 92;[152]
- personelle Einzelmaßnahmen i. S. d. § 99 (vgl. § 99 Rn. 140);
- Betriebsänderung gem. § 111;[153]
- Massenentlassung gem. § 17 Abs. 2 KSchG.[154]

---

147 *BAG* 19. 8. 75 – 1 AZR 565/74, EzA § 102 BetrVG 1972 Nr. 16.
148 *BAG* 13. 12. 18 – 2 AZR 378/18, NZA 19, 305, Rn. 31.
149 *BAG* 27. 11. 03 – 2 AZR 654/02, NZA 04, 752.
150 *BAG* 13. 12. 12 – 6 AZR 348/11, NZA 13, 669.
151 *LAG Düsseldorf* 22. 1. 73 – 10 BVTa 46/72; *Fitting,* Rn. 22; KR-*Finck,* Rn. 68 f.
152 Vgl. *LAG Düsseldorf* 22. 1. 73 – 10 BVTa 46/72.
153 Vgl. *ArbG Frankfurt* 13. 12. 77 – 13 Ca 477/77, AuR 79, 188; *LAG Hamm* 21. 7. 75 – 2 Sa 392/75, DB 75, 1899.
154 *LAG Düsseldorf* 8. 10. 74 – 4 Sa 1091/74.

Will der AG die Information hierüber gleichzeitig als eine solche gem. § 102 gewertet wissen, muss er dies ausdrücklich erklären.

57 Die Rspr. verlangt vom AG auch einen ausdrücklichen Hinweis auf die Qualität einer Information als einer solchen i. S. d. § 102, wenn sich die Beteiligten darüber im Unklaren sind, ob der Betroffene möglicherweise **leitender Angestellter**[155] (vgl. Rn. 9) oder **freier Mitarbeiter**[156] ist. Da bei einem leitenden Angestellten die vorherige Anhörung des **SpA** gem. § 31 SprAuG Wirksamkeitsvoraussetzung der Kündigung ist, sind zweckmäßigerweise sowohl der BR als auch der SpA zu hören.[157] Will der AG eine Nichtverlängerungsanzeige im Falle einer möglicherweise unzulässigen Befristung hilfsweise als Kündigung verstanden wissen (Rn. 23), so muss dies eindeutig zum Ausdruck gebracht werden.[158]

58 Ein Anhörungsverfahren wird wirksam nur eingeleitet, wenn der AG den BR über eine von ihm gefasste **Kündigungsabsicht** unterrichtet.[159] Der BR kann im Rahmen des § 102 nur tätig werden, wenn er auf Grund der ausdrücklichen Erklärung des AG, jedenfalls aber auf Grund der Begleitumstände einer nicht ganz eindeutigen Äußerung des AG, davon ausgehen muss, dass eine Kündigung beabsichtigt ist.[160] Die Darstellung eines Fehlverhaltens des AN ohne Bekanntgabe einer Kündigungsabsicht reicht nicht aus, es sei denn, es handele sich nur um die Ergänzung einer zunächst begründungslos mitgeteilten Kündigungsabsicht. Den BR trifft bei Unklarheit, ob es sich um eine Kündigungsmitteilung handelt, **keine Pflicht zur Rückfrage.**[161] Etwaige Missverständnisse gehen zu Lasten des AG (vgl. Rn. 49; zur Situation bei vom BR getätigter Rückfrage s. Rn. 180). Der BR ist auch nicht verpflichtet, den AG auf Verfahrensfehler hinzuweisen (Rn. 259).

59 Die Unwirksamkeit einer Kündigung ohne vorherige Anhörung des BR kann nicht durch eine nachträglich erteilte Zustimmung des BR beseitigt werden.[162] Ist eine bereits erklärte Kündigung unwirksam, muss der AG den BR bei einer **wiederholten Kündigung** erneut anhören.[163] Händigt der AG dem AN erneut das alte Kündigungsschreiben aus, kann darin eine erneute Kündigung als **Bestätigung eines nichtigen Rechtsgeschäfts** liegen (vgl. § 141 BGB). Das ist jedoch nur dann der Fall, wenn der AG einen **Bestätigungswillen** hat, d. h. die Kenntnis oder doch mindestens das Bewusstsein der möglichen Fehlerhaftigkeit der ersten Kündigung.[164] Damit eine solche Bestätigung nunmehr als wirksame Kündigung gelten kann, muss freilich der BR vorher gehört worden sein.[165] Die Bestätigung muss sich als erneute, selbstständige Kündigung darstellen; ein bloßer Hinweis auf die bereits erklärte (unwirksame) Kündigung reicht nicht aus.[166] Die **Zustimmung zu einer unwirksamen Kündigung** ersetzt nicht die erneute Anhörung vor einer erneuten Kündigung mit den gleichen Gründen.[167] Von dieser Fallkonstellation zu unterscheiden ist die, dass eine wirksame Kündigung, der Zugangsmängel anhaften, erneut, und zwar ohne nochmalige Anhörung des BR, zugestellt wird. Ob § 102 Genüge getan ist, muss unter dem Gesichtspunkt des zulässigen Zeitraums zwischen Anhörung und Ausspruch der Kündigung entschieden werden (vgl. Rn. 121 ff.).

60 Die zentrale Anforderung, auf Grund deren eine Reihe von Einzelfragen zu lösen ist, lautet: Der BR ist zu einer **bestimmten Kündigung** anzuhören.[168] Die Anhörung entfaltet daher **Wirk-**

155 *BAG* 7.12.79 – 7 AZR 1063/77, 26.5.77 – 2 AZR 135/76, EzA § 102 BetrVG 1972 Nrn. 42, 29.
156 *LAG Frankfurt* 20.6.79 – 10/7 Sa 821/78.
157 *Stahlhacke/Preis/Vossen*, Rn. 323; *Wlotzke*, DB 89, 178; vgl. *Oetker*, ZfA 90, 76.
158 KR-*Rinck*, Rn. 48; *Stahlhacke/Preis/Vossen*, Rn. 242.
159 KR-*Rinck*, Rn. 74.
160 *LAG Hamm* 9.12.76 – 8 Sa 1098/76, EzA § 102 BetrVG 1972 Nr. 28.
161 *BAG* 16.9.93 – 2 AZR 267/93, DB 94, 381.
162 *BAG* 28.2.74 – 2 AZR 455/73, AP Nr. 2 zu § 102 BetrVG 1972; vgl. APS-*Koch*, Rn. 61; GK-*Raab*, Rn. 49.
163 *BAG* 16.9.93 – 2 AZR 267/93, DB 94, 381.
164 *BAG* 13.11.75 – 2 AZR 610/74, EzA § 102 BetrVG 1972 Nr. 20; vgl. *BGH* 3.11.53 – I ZR 155/52, BGHZ 11, 59.
165 *BAG* 22.9.83 – 2 AZR 136/82, juris; vgl. *BAG* 11.10.89 – 2 AZR 88/89, EzA § 102 BetrVG 1972 Nr. 78; vgl. KR-*Rinck*, Rn. 162.
166 Vgl. KR-*Rinck*, Rn. 162; vgl. *BAG* 18.9.75 – 2 AZR 594/74, EzA § 102 BetrVG 1972 Nr. 17.
167 *BAG* 18.9.75, a. a. O.
168 *BAG* 21.8.90 – 1 AZR 576/89, NZA 91, 392.

samkeit nur für die Kündigung, für die sie eingeleitet worden ist (vgl. a. Rn. 121).[169] Dieser Grundsatz hat Bedeutung insbesondere für folgende Fragen: »Zeitnähe« zwischen Anhörung und Kündigung (Rn. 125); Nennung von Kündigungsfrist (Rn. 70 f.) und -termin (Rn. 72 ff.); Bestätigung einer nichtigen oder nicht wirksam zugegangenen Kündigung (Rn. 59); Verwendung bereits gegebener oder dem BR sonst bereits bekannter Informationen (Rn. 162 ff.).

Es muss sich um die Information über einen **aktuellen Kündigungsentschluss** handeln.[170] 61 Nicht ausreichend ist die Information über einen erst in der Zukunft zu fassenden **Kündigungsentschluss.**[171] Stehen bei einer beabsichtigten Betriebsänderung noch Verhandlungen über einen Interessenausgleich gem. § 112 aus, steht typischerweise noch nicht fest, ob die beabsichtigte Maßnahme (z. B. Betriebsstilllegung) tatsächlich und zum genannten Datum durchgeführt wird (vgl. auch Rn. 72 ff.).[172] Deshalb liegt z. B. in der Überreichung einer Liste mit von beabsichtigten Kündigungen betroffenen AN während Interessenausgleichsverhandlungen keine Mitteilung nach § 102.[173] Es reicht auch nicht aus, wenn der AG dem BR bestimmte AN benennt, die entlassen werden müssen, falls keine Aufträge mehr kämen.[174] Ist bei einem Betriebsübergang unklar, ob der AN dem Übergang des Arbeitsverhältnisses widersprechen wird, kann für den AG zunächst unklar bleiben, ob er nach Widerspruch betriebsbedingt kündigt oder mangels Widerspruchs zur Verwirklichung des Erwerberkonzeptes eine Änderungskündigung erklären wird. Dabei soll er schon vor Gewinnung dieser Klarheit den Betriebsrat wirksam zu beiden Alternativen anhören können.[175]

Der BR ist zu der von ihm erwarteten Einflussnahme auf die Kündigung (Rn. 3) nur dann in 62 der Lage, wenn die konkreten Kündigungsgründe, auf die der AG seine Kündigung stützen will, **im Zeitpunkt der Einleitung des Anhörungsverfahrens** – jedenfalls nach Auffassung des AG – tatsächlich vorliegen. Eine wirksame Anhörung des BR zu einem vom AN angekündigten, aber noch nicht eingetretenen Verhalten ist deshalb nicht möglich, wenn nicht die Ankündigung selbst, sondern nur das zu erwartende Verhalten des AN vom AG als Kündigungsgrund genannt wird.[176] Lässt der AG eine gewisse Zeit zwischen Anhörung des BR und Ausspruch der Kündigung verstreichen, ist die Ordnungsgemäßheit der Anhörung danach zu beurteilen, ob es sich noch um die von der Anhörung erfasste (konkretisierte) Kündigung handelt (Rn. 125).

Eine **objektiv unvollständige BR-Anhörung** (vgl. Rn. 78 ff.) verwehrt es dem AG, im Kündi- 63 gungsprozess Gründe nachzuschieben, die über die Erläuterung des mitgeteilten Sachverhalts hinausgehen.[177]

Nach Ansicht des *BAG* soll es keinen Einfluss auf die Wirksamkeit der Anhörung haben, dass 64 der AG bereits seinen **Kündigungswillen abschließend gebildet** hat (ständ. Rspr.).[178] Die Grenze wird vielmehr erst dort gesehen, wo die Anhörung nicht mehr vor dem Ausspruch der Kündigung erfolgt, also dem Zeitpunkt, zu dem die **Kündigungserklärung den Machtbereich des AG verlässt,** z. B. das Kündigungsschreiben zur Post gegeben wird.[179] Solange der AG Einfluss hat, dass ein auf den Weg gebrachtes Kündigungsschreiben noch angehalten werden kann, gilt die Kündigung nicht als ausgesprochen.[180] Nach dieser Rspr. kann man nur für

169 *BAG* 11. 10. 89 – 2 AZR 88/89, EzA § 102 BetrVG 1972 Nr. 78; zur Wiederholung einer zunächst von einem Bevollmächtigten ausgesprochenen Kündigung *BAG* 31. 1. 96 – 2 AZR 273/95, NZA 96, 649.

170 KR-*Rinck*, Rn. 69.

171 *LAG Rheinland-Pfalz* 22. 9. 99 – 10 Sa 569/99.

172 KR-*Rinck*, Rn. 69; das verkennt *LAG Hamm* 21. 7. 75 – 2 Sa 392/75, DB 75, 1899.

173 *LAG Hamm* 9. 12. 76 – 8 Sa 1098/76, EzA § 102 BetrVG 1972 Nr. 28.

174 *ArbG Bamberg* 14. 2. 77 – 1 Ca 26/77, ARSt. 1978, S. 10 Nr. 1011.

175 *BAG* 22. 4. 10 – 2 AZR 991/08, AP Nr. 163 zu § 102 BetrVG 1972; a. A. *LAG Hamburg* 24. 7. 08 – 7 Sa 33/08, juris.

176 *BAG* 19. 1. 83 – 7 AZR 514/80, EzA § 102 BetrVG 1972 Nr. 50; denkbare Fälle sind etwa Kündigungen wegen unzulässiger Selbstbeurlaubung oder angedrohten »Krankfeierns«, vgl. DDZ-*Däubler,* § 1 KSchG Rn. 759, § 626 BGB Rn. 187.

177 *LAG Schleswig-Holstein*, 1. 9. 04 – 3 Sa 210/04, DB 04, 2774.

178 *BAG* 28. 9. 78 – 2 AZR 2/77, 13. 11. 75 – 2 AZR 610/74, 28. 2. 74 – 2 AZR 455/73, AP Nrn. 19, 7, 2 zu § 102 BetrVG 1972; wie *BAG* KR-*Rinck*, Rn. 70; HWGNRH-*Huke*, Rn. 2729 GK-*Raab*, Rn. 44; APS-*Koch*, Rn. 62.

179 *BAG* 28. 9. 78, a. a. O.

180 *BAG* 8. 4. 03 – 2 AZR 515/02, AP Nr. 133 zu § 102 BetrVG 1972.

Extremfälle von einer bereits vollzogenen Kündigung ausgehen (z. B., wenn die Weisung zum Ausspruch der Kündigung erteilt wurde und nach Ausfertigung des Kündigungsschreibens der Entscheidungsbefugte bzw. das entsprechende Gremium für Einwände des BR gar nicht mehr erreichbar ist oder der AG dem BR ein fertiges Kündigungsschreiben vorlegt und dies, ohne auf die Vorstellungen des BR einzugehen, abschickt).[181]

b) Person des ANs

65 Der AG muss den BR zweifelsfrei über die **Person** des zu kündigenden AN informieren. Das gilt auch im Falle von **Massenentlassungen.**[182] Dazu reicht im Regelfall die Nennung des Namens (Vor- und Nachname) aus. Die Anschrift des AN gehört nicht zu den notwendigen Angaben. In Großbetrieben sind die üblichen ergänzenden Informationen (z. B. Geburtsdatum, Personalnummer, Arbeitsbereich) zur Identifikation des AN erforderlich.[183] Solange eine Verwechslungsmöglichkeit mit einem anderen AN besteht, ist die Anhörung unvollständig.

66 Der AG muss die zu kündigenden AN stets selbst benennen. Es genügt nicht, dass der AG dem BR eine größere Zahl von AN nennt, aus deren Kreis eine kleinere Zahl zu entlassen sei, und dem **BR die Auswahl** der zu Entlassenden überlässt.[184] Selbst wenn man darin ein Vorschlagsrecht des BR erblicken wollte, genügt das nicht, da der AG an ein solches nicht gebunden ist.[185]

67 Zur Bezeichnung der Person des AN gehören die grundlegenden **sozialen Daten:** Alter, Familienstand, Kinderzahl (allerdings unter Angabe der insoweit bestehenden Unterhaltspflichten), sonstige Unterhaltspflichten, Beschäftigungsdauer sowie – auch nach Beschränkung der Sozialdaten in § 1 Abs. 3 KSchG[186] – Umstände, die geeignet sind, einen **besonderen Kündigungsschutz** zu begründen.[187] Auch muss der AG auf eine einfache Behinderung, die nicht den Grad einer Schwerbehinderung i. S. d. § 2 Abs. 2 SGB IX erreicht, hinweisen.[188] Eine zu lang angegebene Betriebszugehörigkeitsdauer soll aber unschädlich sein, weil sie als solche bei einer Interessenabwägung eher noch für den AN streiten würde und mit Blick darauf, dass hinsichtlich der Unzumutbarkeit im Falle einer außerordentlichen Kündigung das Abwarten der (nach § 622 Abs. 2 BGB gestaffelten) Kündigungsfrist zwar für die Rechtfertigung der Kündigung relevant ist, der BR aber nicht die Wirksamkeit der Kündigung prüfen soll und für die Einflussnahme auf die Willensbildung des AG über ausreichende Informationen verfügt.[189] Anders ist es aber bei einer erheblichen Abweichung, die Relevanz für Eingreifen des Kündigungsschutzes, für Kündigungsfrist und -termin hat.[190] Diese Informationen sind in jedem Kündigungsfall zur Interessenabwägung bzw. Rechtmäßigkeitskontrolle erheblich (vgl. auch Rn. 104).[191] Sozialdaten können sich bei objektiver Betrachtung immer zu Gunsten des AN auswirken und schon deshalb für die Stellungnahme des BR bedeutsam sein.[192] Über diese »Basisinformation« jedes Kündigungsfalles hinaus sind weitere persönliche Daten mitzuteilen, sofern sie je nach Art und Begründung der beabsichtigten Kündigung für diese erheblich sind

181 Vgl. GK-*Raab*, Rn. 44.
182 *BAG* 16. 9. 93 – 2 AZR 267/93, DB 94, 381.
183 *Stahlhacke/Preis/Vossen*, Rn. 261.
184 *LAG Berlin* 14. 9. 81 – 9 Sa 63/81, EzA § 102 BetrVG 1972 Nr. 46; HWGNRH-*Huke*, Rn. 33; vgl. KR-*Rinck*, Rn. 68; *Stahlhacke/Preis/Vossen*, Rn. 262; GK-*Raab*, Rn. 60; a. A. APS-*Koch*, Rn. 989.
185 GK-*Raab*, Rn. 60.
186 *Fitting*, Rn. 30, 34a.
187 KR-*Rinck*, Rn. 75; *Stahlhacke/Preis/Vossen*, Rn. 261; vgl. *Kittner*, AiB 98, 62; *LAG Nürnberg* 15. 3. 94 – 2 Sa 455/93, LAGE § 102 BetrVG Nr. 40.
188 *ArbG Regensburg* 15. 2. 17 – 6 Ca 2586/16, juris, Rn. 29.
189 *BAG* 23. 10. 14 – 2 AZR 736/13, AP Nr. 168 zu § 102 BetrVG 1972, Rn. 20 ff.; krit. dazu *Bader*, NJW 15, 1420 f.
190 Vgl. *LAG Rheinland-Pfalz* 20. 2. 14 – 2 Sa 120/13, juris.
191 Zur begrenzten Aussagekraft von Eintragungen in der Lohnsteuerkarte vgl. *ArbG Stuttgart* 31. 10. 91 – 6 Ca 2171/91, AiB 92, 360.
192 *BAG* 23. 10. 14 – 2 AZR 736/13, AP Nr. 168 zu § 102 BetrVG 1972.

(etwa im Rahmen der Sozialauswahl bei betriebsbedingter Kündigung, vgl. Rn. 104).[193] Die Mitteilung der sozialen Daten wird als entbehrlich bezeichnet, sofern sie **dem BR bekannt** sind.[194] Eine unzutreffende Altersangabe, die versehentlich erfolgte, wurde von der Rspr. als unproblematisch angesehen, zumal der BR Kenntnis der richtigen Daten hatte.[195] Die Kenntnis des BR muss der AG im Zweifelsfall beweisen (generell zur Bedeutung des eigenen Kenntnisstandes des BR Rn. 162 ff.). Eine unzureichende Information über die Person des AN macht die Kündigung aus zwei Gründen **unwirksam:** (1) weil über den konkreten AN nicht informiert wurde und (2) weil der AG mit der Kündigung über ihm typischerweise bekannte Umstände nicht informiert.

68 Der AG kann die Mitteilung der sozialen Daten nicht kraft **subjektiver Determination** (vgl. Rn. 78 ff.) für vollständig entbehrlich erklären. Die subjektive Überzeugung des AGs von der Relevanz oder Irrelevanz bestimmter Umstände ist für den Umfang der Unterrichtung nach § 102 Abs. 1 Satz 2 nicht maßgeblich, wenn dadurch der Zweck der Betriebsratsanhörung verfehlt würde. Der AG darf bekannte Umstände, die sich bei objektiver Betrachtung zugunsten des ANs auswirken können, dem Betriebsrat nicht deshalb vorenthalten, weil sie für seinen eigenen Kündigungsentschluss nicht von Bedeutung waren (vgl. zum nachträglichen Bekanntwerden zugunsten des AN sprechender Gründe Rn. 125a). Dem BR darf auf diese Weise nicht die Grundlage einer eigenständigen Beurteilung, etwa hinsichtlich der Sozialauswahl oder der sozialen Ausgewogenheit der Kündigung, abgeschnitten werden.[196] Dies gilt auch bei einer krankheits- oder verhaltensbedingten Kündigung.[197] Im Allgemeinen muss also mindestens das Lebensalter und die Dauer der Betriebszugehörigkeit sowie ein eventueller Sonderkündigungsschutz mitgeteilt werden.[198] Auch die tarifliche Unkündbarkeit des AN ist dem Betriebsrat mitzuteilen.[199] Die Mitteilung von Sozialdaten bei einer betriebsbedingten Kündigung ist nur dann entbehrlich, wenn der AG dem BR zugleich mitteilt, er habe sich entschlossen, überhaupt keine Sozialauswahl durchzuführen (zum Unwirksamkeitsrisiko vgl. Rn. 108) und der BR jedenfalls die ungefähren Daten ohnehin kennt.[200] Auch dies gilt entsprechend für eine krankheits- oder eine verhaltensbedingte Kündigung.[201]

c) Kündigungsart und -frist

69 Der BR muss über die **Art der auszusprechenden Kündigung** informiert werden (ordentliche – vgl. DKWF-*Bachner/Deinert,* § 102 Rn. 11- oder außerordentliche – vgl. DKWF-*Bachner/Deinert,* § 102 Rn. 12 – Kündigung, Änderungskündigung – vgl. DKWF-*Bachner/Deinert,* § 102 Rn. 13). Im Falle einer außerordentlichen Kündigung unter Wahrung einer sozialen **Auslauffrist**[202] hat der AG dies ebenso zu erklären wie bei einer außerordentlichen Kündigung gegenüber tarifvertraglich »unkündbaren« AN unter Einhaltung einer Frist (zu Widerspruch und Weiterbeschäftigung in einem solchen Fall s. Rn. 191 und 277 ff.).[203] Bei einer ordentlichen Kündigung unter Geltung des KSchG hat der AG ausdrücklich zu erklären, ob er aus den mitgeteilten Tatsachen eine **personen-, verhaltens- oder betriebsbedingte Kündigung** ableiten

---

193 Zur Erheblichkeit der Daten für den Kündigungsentschluss *LAG Köln* 5.10.94 – 4 Sa 2017/93, Mb. 6/95, 61; *BAG* 15.11.95 – 2 AZR 974/94, NZA 96, 419: Voraussetzung allerdings »ungefähre Kenntnis« des BR.
194 KR-*Rinck,* Rn. 74 ff.; *Stahlhacke/Preis/Vossen,* Rn. 261.
195 *BAG* 28.2.23 – 2 AZR 194/22, NZA 23, 627.
196 Vgl. APS-*Koch,* Rn. 93.
197 *BAG* 16.7.15 – 2 AZR 15/15, AP Nr. 169 zu § 102 BetrVG 1972.
198 *BAG* 6.10.05 – 2 AZR 280/04, DB 06, 675; *HessLAG* 24.1.00 – 6 Sa 943/99, BB 00, 1944; *HessLAG* 24.1.00 – 6 Sa 943/99, BB 00, 1944.
199 *LAG Köln* 28.11.14 – 10 Sa 490/14, NZA-RR 15, 423, 426.
200 *BAG* 24.2.00 – 8 AZR 167/99, NZA 00, 764; 19.11.15 – 2 AZR 217/15, AP Nr. 75 zu § 1 KSchG 1969 Verhaltensbedingte Kündigung.
201 *BAG* 23.10.14 – 2 AZR 736/13, AP Nr. 168 zu § 102 BetrVG 1972.
202 Vgl. DDZ-*Däubler,* § 626 BGB Rn. 16.
203 *BAG* 29.8.91 – 2 AZR 59/91, EzA § 102 BetrVG 1972 Nr. 82.

will.[204] Im Prozess kann er nicht mehr z. B. von einer verhaltens- zur personenbedingten[205] oder von einer betriebs- zu einer verhaltensbedingten Kündigung übergehen.[206] Auch der Ausspruch einer **Änderungskündigung** anstelle der dem BR mitgeteilten Beendigungskündigung ist nicht möglich.[207]

70 Im Falle einer ordentlichen (Änderungs- oder Beendigungs-)Kündigung ist dem BR die für den betroffenen AN geltende (kollektiv- oder individualvertragliche) **Kündigungsfrist** mitzuteilen.[208] Die Kündigungsfrist hat stets eine besondere selbstständige Bedeutung für den Gekündigten (und daher für den BR), insbesondere hinsichtlich der Situation am Arbeitsmarkt.[209] Ihre Kenntnis ist außerdem unverzichtbar zur Rechtmäßigkeitskontrolle der Kündigung durch den BR. Die Mitteilung der Kündigungsfrist kann nur dann unterbleiben, wenn die **Frist dem BR bekannt** ist.[210] Der BR ist jedoch nicht gehalten, sich die Daten aus irgendwelchen Unterlagen herauszusuchen und selbst zu erschließen (vgl. Rn. 89).[211] Die Beweislast für die Kenntnis des BR liegt beim AG (vgl. Rn. 165). Die Information über die Kündigungsfrist ist jedenfalls dann unverzichtbar, soweit dem AG zugebilligt wird, auf die Nennung des beabsichtigten Kündigungstermins zu verzichten (vgl. Rn. 72). Der Verzicht auf beide Informationen führt dazu, dass nicht einmal von einer konkreten Kündigungsabsicht gesprochen werden kann.[212] Der BR muss sich nicht nach einer nicht mitgeteilten Kündigungsfrist erkundigen.[213]

71 Will der AG im Falle einer außerordentlichen Kündigung sicherstellen, dass im Falle der Unwirksamkeit dieser Kündigung die von ihm hilfsweise **(vorsorglich) erklärte** oder dahin **umgedeutete ordentliche Kündigung** (zu Begründungsanforderungen bei verbundenen Kündigungen s. Rn. 116) nicht an der fehlenden Anhörung des BR scheitert, muss er den BR deutlich darauf hinweisen, dass die geplante außerordentliche Kündigung hilfsweise als ordentliche Kündigung gelten soll.[214] Die Anhörung zur außerordentlichen Kündigung ersetzt nicht die Anhörung zu einer ordentlichen Kündigung.[215] Das *BAG*[216] lässt eine **Ausnahme** nur dann zu, wenn der BR, der lediglich zu einer beabsichtigten außerordentlichen Kündigung gehört wurde, dieser ausdrücklich und vorbehaltlos zugestimmt hat und auch aus sonstigen Umständen zu ersehen ist, dass er für den Fall der Unwirksamkeit der außerordentlichen Kündigung der dann verbleibenden ordentlichen Kündigung nicht entgegengetreten wäre.[217] Die Beweislast hierfür liegt beim AG. Vorstehendes gilt auch dann, wenn der Betriebsrat zu einer außerordentlichen Kündigung mit sozialer, der ordentlichen Kündigungsfrist entsprechenden Auslauffrist eines vermeintlich tarifvertraglich altersgeschützten, aber in Wirklichkeit nicht tarifgebundenen ANs angehört wurde.[218] Wird der BR zu einer außerordentlichen Kündigung gehört und regt er selbst stattdessen eine ordentliche Kündigung an, erübrigt sich eine erneute Anhörung nicht, denn der BR kann nicht vorab auf eine Anhörung zu einer noch nicht ausgesprochenen Kündigung verzichten (zur Kündigung auf Verlangen des BR Rn. 25). Ist der BR nur zu einer ordentlichen Kündigung gehört worden, darf der AG keinesfalls eine außer-

---

204 Zum unzulässigen Vermischen von Kündigungsgründen *BAG* 10.12.92 – 2 AZR 420/89, EzA § 626 BGB Druckkündigung Nr. 3; 23.9.92 – 2 AZR 63/92, EzA § 1 KSchG Krankheit Nr. 37.

205 *LAG Hamburg* 22.2.91 – 6 Sa 81/90, LAGE § 102 BetrVG 1972 Nr. 28.

206 *BAG* 5.2.81 – 2 AZR 1135/78, EzA § 102 BetrVG 1972 Nr. 47.

207 *BAG* 27.5.82 – 2 AZR 96/80, DB 84, 620; GK-*Raab*, Rn. 70.

208 *BAG* 15.12.94 – 2 AZR 320/94, NZA 95, 521; 29.3.90 – 2 AZR 420/89, EzA § 102 BetrVG 1972 Nr. 79; 21.8.90 – 1 AZR 576/89, AP Nr. 3 zu § 72 LPVG NW; *ArbG Berlin* 21.5.08 – 29 Ca 237/08; APS-*Koch,* Rn. 102; a. A. *LAG Schleswig-Holstein* 23.2.95 – 4 Sa 506/94, BB 95, 1593; GK-*Raab,* Rn. 74 f. für den Regelfall.

209 *BAG* 18.4.85 – 2 AZR 197/84, EzA § 622 BGB n. F. Nr. 21.

210 *BAG* 15.12.94 – 2 AZR 320/94, NZA 95, 521; 29.1.86 – 7 AZR 257/84, EzA § 102 BetrVG 1972 Nr. 64; vgl. *LAG Hamm* 15.7.93 – 17 Sa 234/93, ZTR 94, 85; *LAG Köln* 3.3.08 – 14 Sa 1276/07, juris.

211 *BAG* 29.3.90 – 2 AZR 420/89, EzA § 102 BetrVG 1972 Nr. 79.

212 Vgl. *BAG* 3.4.87 – 7 AZR 66/86, NZA 88, 37; KR-*Rinck,* Rn. 79.

213 *BAG* 16.9.93 – 2 AZR 267/93, DB 94, 381.

214 *BAG* 16.3.78 – 2 AZR 424/76, EzA § 102 BetrVG 1972 Nr. 32.

215 APS-*Koch,* Rn. 160; *WEHO,* Teil I Rn. 330; GK-*Raab*, Rn. 67.

216 *BAG* 16.3.78 – 2 AZR 424/76, EzA § 102 BetrVG 1972 Nr. 32.

217 Weitergehend GK-*Raab,* Rn. 68; vgl. für die Personalvertretung *BAG* 23.10.08 – 2 AZR 388/07, BB 09, 1648.

218 *LAG Baden-Württemberg* 24.11.05 – 21 Sa 51/05, juris.

ordentliche Kündigung aussprechen. Diese wäre mangels ordnungsgemäßer BR-Anhörung unwirksam.

d) Kündigungstermin

Da der AG den BR über eine bestimmte Kündigung unterrichten muss (vgl. Rn. 60), ist neben der Information über die geltende Kündigungsfrist (Rn. 70) im Regelfall auch über den beabsichtigten **Kündigungstermin** (= Termin der Beendigung des Arbeitsverhältnisses) zu unterrichten.[219] Die Kenntnis dieses Termins ist im Hinblick auf die rechtliche und soziale Würdigung der Kündigung für den BR unverzichtbar (vgl. auch Rn. 70).[220] Der BR muss sich nicht nach einer nicht mitgeteilten Kündigungsfrist erkundigen.[221] Allerdings lässt sich das Datum, zu dem die Kündigung wirksam werden soll, auf Grundlage der mitgeteilten Kündigungsfrist berechnen, sodass der BR nicht noch gesondert über den Kündigungstermin zu unterrichten ist.[222] Da im Zeitpunkt der Anhörung noch nicht sicher feststeht, zu welchem Zeitpunkt die Kündigung erklärt wird, lässt sich dieser Termin auch gar nicht immer sicher ermitteln. Umgekehrt ist es aber auch denkbar, dass nur der Kündigungstermin mitgeteilt wird, wenn sich daraus die Kündigungsfrist ermitteln lässt.[223] 72

Allerdings wird der Gegenstand der personellen Einzelmaßnahme stets auch durch den Zeitpunkt bestimmt, zu dem sie durchgeführt werden soll. Grund dafür ist, dass der BR jeweils **zu einer bestimmten auszusprechenden Kündigung** zu hören ist.[224] Will der AG daher nicht unverzüglich die Kündigung erklären, sondern zu einem späteren Termin, bedarf es daher der Mitteilung des Kündigungstermins. Denn anderenfalls handelte es sich um eine **andere Kündigung,** über die erneut zu informieren ist (zur Wiederholung einer fehlgeschlagenen Zustellung s. Rn. 59, 74). Etwas anderes kann gelten, wenn der AG nach Anhörung des BR auf dessen Bedenken hin die Kündigung nochmals überprüft und über den zunächst avisierten Kündigungstermin hinaus mit dem BR hierüber verhandelt.[225] Entscheidend ist, dass nach den dem BR gegebenen (bei diesem vorhandenen, Rn. 162 ff.) Informationen kein vernünftiger Zweifel bestehen kann, zu welchem Zeitpunkt die Kündigung erklärt werden soll (im Übrigen zum Zeitraum zwischen Anhörung und Kündigung Rn. 125).[226] 73

Scheitert eine Kündigung, zu der der BR ordnungsgemäß angehört worden ist und der er ausdrücklich und vorbehaltlos zugestimmt hat, am **fehlenden Zugang** beim zu kündigenden AN, so ist vor einer erneuten Zustellung der Kündigung eine nochmalige Anhörung des BR entbehrlich, wenn sie in engem zeitlichem Zusammenhang ausgesprochen und auf denselben Sachverhalt gestützt wird.[227] Die Wiederholung einer solchen Kündigung muss unverzüglich nach Kenntnis des AG hiervon erfolgen. 74

Der dem AG mögliche Kündigungstermin ist typischerweise nicht schon im Zeitpunkt der Anhörung des BR bestimmbar, wenn zur Kündigung noch die **Zustimmung einer anderen Stelle** eingeholt werden muss (oberste Landesbehörde gem. § 17 Abs. 2 MuSchG; Integrationsamt gem. § 168 SGB IX). Der AG kann in einem solchen Falle den BR bereits vor Erteilung der behördlichen Genehmigung anhören.[228] Er muss den BR jedoch auf das anstehende 75

219 *BAG* 28.2.74 – 2 AZR 455/73, EzA § 102 BetrVG 1972 Nr. 8; 4.3.81 – 7 AZR 104/79, AP Nr. 1 zu § 77 LPVG Baden-Württemberg; 5.2.81 – 2 AZR 1135/78, EzA § 102 BetrVG 1972 Nr. 47; *LAG Baden-Württemberg* 4.11.92 – 12 Sa 40/92.

220 *BAG* 21.8.90 – 1 AZR 576/89, NZA 91, 392.

221 *BAG* 16.9.93 – 2 AZR 267/93, DB 94, 381.

222 *BAG* 15.12.94 – 2 AZR 327/94, AP Nr. 67 zu § 1 KSchG 1969 Betriebsbedingte Kündigung.

223 Bader/Bram-*Nungeßer*, Rn. 19b.

224 *BAG* 21.8.90 – 1 AZR 576/89, NZA 91, 392.

225 *BAG* 26.5.77 – 2 AZR 201/76, EzA § 102 BetrVG 1972 Nr. 30.

226 *LAG Berlin* 6.2.84 – 9 Sa 121/83, BB 84, 1428; vgl. KR-*Rinck*, Rn. 79 ff.; vgl. auch *Bitter*, NZA-Beilage 3/91, S. 18.

227 *BAG* 11.10.89 – 2 AZR 88/89, EzA § 102 BetrVG 1972 Nr. 78 mit Anm. *Kraft*.

228 *BAG* 25.4.13 – 6 AZR 49/12, AP Nr. 1 zu § 343 InsO; 23.10.08 – 2 AZR 163/07, BB 09, 1758, 1759; 1.4.81 – 7 AZR 1003/78, EzA § 102 BetrVG 1972 Nr. 45; vgl. *BAG* 5.9.79 – 4 AZR 875/77, EzA § 12 SchwbG Nr. 8; *LAG Berlin* 24.6.91 – 9 Sa 20/91, LAGE § 1 KSchG Personenbedingte Kündigung Nr. 8.

Genehmigungsverfahren hinweisen, sonst ist die Information unvollständig, und die später erklärte Kündigung gilt nicht als Kündigung zum nächstmöglichen Termin.[229] Hat der AG zwar unter Anhörung des BR, jedoch ohne die erforderliche behördliche Genehmigung (unwirksam) gekündigt, bedarf die nach Eingang der behördlichen Genehmigung ausgesprochene weitere Kündigung der neuerlichen Anhörung des BR.[230] Eine erneute Anhörung ist auch dann erforderlich, wenn sich aus dem Zustimmungsverfahren ein wesentlich **veränderter Kündigungssachverhalt** ergibt oder er gar wegen eines anderen Kündigungsgrundes ein erneutes Zustimmungsverfahren eingeleitet hat.[231] Lediglich bei unverändertem Sachverhalt kann auch nach jahrelangem Verwaltungsrechtsstreit ohne erneute Anhörung des BR gekündigt werden (vgl. zur **Zeitnähe der Kündigung** Rn. 121 f.).[232] **Nach Erteilung der Genehmigung** muss die Kündigung dann unverzüglich erklärt werden, sonst fehlt es am Zusammenhang zur Anhörung des BR.[233]

76 Die Anhörung des BR ist unwirksam, wenn der AG **zwei mögliche Kündigungstermine** nennt, ohne anzugeben, zu welchem Termin dem AN gekündigt werden soll.[234]

77 Gibt der AG allein seine Absicht der **Betriebsschließung** an einem bestimmten Tag bekannt, so liegt darin nicht die ausreichende Mitteilung über einen geplanten Kündigungstermin.[235] Hierzu müssen die unterschiedlichen Kündigungstermine und -möglichkeiten für alle betroffenen AN konkretisiert werden.[236]

e) Kündigungsgründe

aa) Grundsätze (subjektive Determination)

78 Der AG hat dem BR **die Gründe für die Kündigung mitzuteilen** (Abs. 1 Satz 2). Damit ist eine umfassende Information des BR über alle Gesichtspunkte gemeint, die den AG zur Kündigung veranlassen. Diese Begründungspflicht vor Ausspruch einer Kündigung ist das **Herzstück des Anhörungsverfahrens.** Damit wird dem BR die Grundlage für seine Beurteilung der Kündigung verschafft. Der Umfang der Begründungspflicht, der Zeitpunkt, zu dem alle Gründe spätestens genannt sein müssen, die Folgen von Fehlinformationen, die Bedeutung des jeweiligen Kenntnisstandes – zu den wichtigsten dieser teilweise heftig umstrittenen Fragen hat das *BAG* im Laufe der Zeit Stellung bezogen.[237]

79 Nach der Rspr. des *BAG* lässt sich folgendes **Gesamtsystem der Begründungspflicht** des AG im Überblick skizzieren:

1. Der AG entscheidet, auf welche Gründe er eine Kündigung stützen will (»subjektive Determination«, Rn. 80).
2. Der AG ist nur verpflichtet, über diese Gründe zu informieren (Rn. 81).
3. Um im Kündigungsschutzprozess Bedeutung zu erlangen, müssen dem BR mindestens folgende Tatsachen mitgeteilt werden:
   - im Falle einer ordentlichen Kündigung bei Geltung des KSchG alle der Begründung des gesetzlichen Kündigungsgrundes zugrunde liegenden Tatsachen und Erwägungen (Rn. 83 ff.);

229 KR-*Rinck,* Rn. 81.

230 *LAG Hamm* 13.4.92 – 4 Sa 83/92, LAGE § 102 BetrVG 1972 Nr. 31; vgl. auch *LAG Hamm* 9.10.87 – 17 Sa 494/87, DB 88, 916.

231 *BAG* 1.4.81 – 7 AZR 1003/78, EzA § 102 BetrVG 1972 Nr. 45; 26.5.77 – 2 AZR 201/76, EzA § 102 BetrVG 1972 Nr. 30.

232 *BAG* 18.5.94 – 2 AZR 920/93, NZA 95, 65; *HessLAG* 9.7.21 – 14 Sa 10/21.

233 *BAG* 5.9.79 – 4 AZR 875/77, EzA § 12 SchwbG Nr. 8; 3.7.80 – 2 AZR 340/78, EzA § 18 SchwbG Nr. 3; 6.11.86 – 2 AZR 753/85, juris; vgl. *Stahlhacke/Preis/Vossen,* Rn. 255.

234 *LAG Bremen* 10.6.86 – 4 Sa 339/85, LAGE § 102 BetrVG 1972 Nr. 19.

235 *ArbG Frankfurt* 13.12.77 – 13 Ca 477/77, AuR 79, 188; KR-*Rinck,* Rn. 82; *Böhm,* BB 76, 1270; a. A. *LAG Hamm* 21.7.75 – 2 Sa 392/75, DB 75, 1899.

236 Diese Notwendigkeit sieht auch das *LAG Hamm* 21.7.75, a. a. O.

237 Richardi-*Thüsing* Rn. 62; ErfK-*Kania,* Rn. 5 ff.; *Stahlhacke/Preis/Vossen,* Rn. 404 ff.; KR-*Rinck,* Rn. 83 ff.; GK-*Raab,* Rn. 78 ff.; *Neuhaus,* AiB 92, 568; *Eppelein,* AiB 92, 374; *Kutzki,* ZTR 99, 491.

- im Falle einer Kündigung ohne Geltung des KSchG alle der Kündigungsabsicht zugrunde liegenden Tatsachen und Erwägungen (Rn. 118 ff.);
- im Falle einer außerordentlichen Kündigung alle zur Begründung der Kündigung herangezogenen Tatsachen (Rn. 113 ff.).

4. Zu informieren ist auch über die gegen eine Kündigung sprechenden Tatsachen (Rn. 86).
5. Dem AG bei Ausspruch der Kündigung bekannte Tatsachen können im Kündigungsschutzprozess nicht mehr nachgeschoben werden (Rn. 126, 129).
6. Nach der Rspr. des *BAG* darf der AG bei Kündigungsausspruch nicht bekannte, aber zu diesem Zeitpunkt bereits entstandene Kündigungsgründe im Kündigungsschutzprozess nachschieben, wenn der BR hierzu – in analoger Anwendung von § 102 – erneut angehört worden ist (Rn. 132). Das Nachschieben von Kündigungsgründen, die dem AG bei Ausspruch der Kündigung bereits bekannt waren, von denen er dem Gremium aber keine Mitteilung gemacht hat, ist dagegen immer unzulässig.
7. Unbeschränkt möglich ist die Erläuterung (Substantiierung oder Erläuterung) der dem BR mitgeteilten Kündigungsgründe (Rn. 127).
8. Wissentlich falsche oder unvollständige Darstellungen des AG gegenüber dem BR im Verfahren nach § 102 führen zur Unwirksamkeit der Anhörung (Rn. 85).
9. Die lediglich objektive Unrichtigkeit der AG-Information führt nicht zur Unwirksamkeit der Anhörung, sondern ist bei der Prüfung der materiellen Berechtigung zur Kündigung zu würdigen (Rn. 81, 83).
10. Bestreitet der AN im Kündigungsschutzprozess das Vorliegen einer ordnungsgemäßen Anhörung, liegt die Darlegungs- und Beweislast hierfür beim AG (Rn. 90).

Nach herrschender Ansicht und ständ. Rspr. muss der AG dem BR nur diejenigen Gründe mitteilen, die nach seiner **subjektiven Sicht** die Kündigung rechtfertigen und für seinen Kündigungsentschluss maßgebend sind, also nur diejenigen Gründe, auf die er die Kündigung stützen will, diese aber vollständig.[238] Diese Begrenzung wird abgeleitet aus Wortlaut und Zweck des Abs. 1 Satz 2. Dem BR seien »die Gründe für die Kündigung« mitzuteilen. Damit seien die Beweggründe des AG gemeint, die ihn zur Kündigung veranlassen. Hierauf solle der BR Einfluss nehmen können. Diese **subjektive Determination** der anhörungspflichtigen Gründe im Rahmen des Abs. 1 Satz 2 ist insofern konsequent, als es zunächst ja völlig im Belieben des AG steht, ob er bei gegebenen Kündigungsgründen überhaupt eine Kündigung aussprechen will. Tut er es, muss es ihm freistehen, sich bei mehreren vorhandenen Kündigungsgründen nur auf ausgewählte zu stützen.[239] Andererseits werden beachtliche Einwände gegen den Grundsatz der subjektiven Determination erhoben, weil dies die Beurteilung der Kündigung erschwert. Zudem nötigt diese Theorie die Rspr. zu Korrektiven, etwa im Hinblick auf entlastende Tatsachen (Rn. 86). Vorgeschlagen wird daher auf die objektive Richtigkeit der mitgeteilten Informationen abzustellen und Fehler nur dann für erheblich zu halten, wenn sie den Zweck der Anhörung vereiteln.[240] Auch diese Sicht kommt aber nicht daran vorbei, dass das Anhörungsverfahren auch auf subjektive Aspekte Rücksicht nehmen muss,[241] soll der BR Einfluss auf die Willensbildung des AG nehmen können. 80

Der AG kann und muss den BR nur über solche **Gründe** informieren, auf die er die **Kündigung stützen will.**[242] Teilt er objektiv kündigungsrechtlich erhebliche Tatsachen dem BR deshalb nicht mit, weil er darauf die Kündigung (zunächst) nicht stützen will oder weil er sie bei seinem Kündigungsentschluss für unerheblich oder entbehrlich hält, dann ist die Anhörung selbst ordnungsgemäß.[243] Die in objektiver Hinsicht unvollständige Anhörung verwehrt es aber dem AG, im Kündigungsschutzprozess Gründe **nachzuschieben,** die über die Erläuterung des dem BR nach § 102 mitgeteilten Sachverhalts hinausgehen (Rn. 126 ff.). Der AG kann die Kündigung 81

238 *BAG* 24.2.00 – 8 AZR 167/99, NZA 00, 764; 3.12.98 – 2 AZR 234/98, DB 99, 1172.
239 Insgesamt *Bitter,* FS Stahlhacke, S. 57 ff.
240 GK-*Raab*, Rn. 84.
241 Vgl. insoweit GK-*Raab*, Rn. 120 f.
242 GK-*Raab,* Rn. 78; *LAG Köln* 28.11.14 – 10 Sa 490/14, NZA-RR 15, 423, 425.
243 Vgl. den Fall *LAG Baden-Württemberg* 9.11.90 – 15 Sa 86/90, LAGE § 102 BetrVG 1972 Nr. 25.

nur auf die Umstände stützen, zu denen er den BR im Anhörungsverfahren angehört hat.[244] Die objektiv unvollständige Unterrichtung des BR über die für die Kündigung wesentlichen Umstände hat demgemäß nur mittelbar dann die Unwirksamkeit der Kündigung zur Folge, wenn der verwertbare Sachverhalt die Kündigung nicht trägt, das heißt, wenn es der sachlichen Rechtfertigung der Kündigung nach § 1 KSchG oder § 626 BGB bedarf und dazu der (dem BR) mitgeteilte Kündigungssachverhalt nicht ausreicht (zu Fällen der Nichtgeltung des KSchG s. Rn. 118 ff.).[245] Demgegenüber ist der AG umgekehrt nicht daran gehindert, Umstände, auf die er die Kündigung zunächst im Rahmen der Anhörung gestützt hat, später fallen zu lassen und die Kündigung nur noch auf die verbliebenen Umstände, über die er ebenfalls unterrichtet hatte, zu stützen. Dem Zweck der Anhörung ist insoweit Genüge getan.[246]

82 Die subjektive Determination von Kündigungsgründen und Anhörungspflicht aus der Sicht des AG bedeutet, dass es nicht darauf ankommt, was **aus der Sicht des BR** mitteilungspflichtig ist. Bezogen auf die Meinungsbildung des BR kommt es für seine Anhörung ausschließlich darauf an, dass er vollständig über die Kündigungsgründe des AG informiert wird.[247] Hält der BR beispielsweise tieferliegende Ursachen für einen Kündigungsgrund (etwa betriebliche Zusammenhänge bei Leistungsmängeln), so ist die Anhörung als solche nicht fehlerhaft, wenn der AG sich hierauf nicht stützen will und er die Kündigung losgelöst hiervon begründet, was er darf.

83 Im Rahmen der von ihm gewählten Kündigungsbegründung muss der AG dem BR **alles** mitteilen, was **kündigungsrechtlich relevant** ist. Die Mitteilungspflicht erstreckt sich auf alle Umstände, die mit dem Kündigungsgrund im Zusammenhang stehen. Wenn er sich für den Kündigungsvorwurf auf ein Gutachten stützt, muss er dieses vollständig vorlegen.[248] Das bedeutet: Der AG muss dem Betriebsrat die materiell-rechtlich zur Begründung einer Kündigung erforderlichen Tatsachen mitteilen. Im Falle einer nach dem KSchG zu rechtfertigenden Kündigung sind dies alle Tatbestandselemente einer personen- (Rn. 91 ff.), verhaltens- (Rn. 97 ff.) oder betriebsbedingten Kündigung (Rn. 100 ff.). Im Falle einer außerordentlichen Kündigung sind die zur Rechtfertigung gem. § 626 BGB erforderlichen Aspekte mitzuteilen (Rn. 113 ff.). Fällt der AN nicht unter das KSchG, muss der AG über das informieren, was ihn tatsächlich zur Kündigung bewogen hat (Rn. 118 ff.). Der AG bestimmt damit selbst den **verwertbaren Sachverhalt** zur Rechtfertigung der Kündigung. Außerdem muss sich der AG daran festhalten lassen, ob er aus einem bestimmten Sachverhalt eine **personen-, verhaltens- oder betriebsbedingte** Kündigung ableitet. Ein Wechsel der Betrachtungsweise ist später nicht mehr möglich (vgl. Rn. 69).

84 Der vom AG als maßgebend erachtete Sachverhalt ist dem BR unter Angabe von **Tatsachen,** aus denen der Kündigungsentschluss hergeleitet wird, zu beschreiben. Die Anhörung ist unvollständig, wenn der AG dem Betriebsrat die Gründe nur pauschal, schlagwort- oder stichwortartig bezeichnet.[249] Die **Substantiierungspflicht** gegenüber dem BR ist daran zu messen, welche konkreten Umstände oder subjektiven Vorstellungen zum Kündigungsentschluss geführt haben.[250] Hat der AG keine Gründe oder wird sein Kündigungsentschluss allein von subjektiven, durch Tatsachen nicht belegbaren Vorstellungen bestimmt, so reicht die Unterrichtung über diese Vorstellungen aus (was naturgemäß überhaupt nur bei ordentlichen Kündigungen ohne Geltung des KSchG in Frage kommt, Rn. 118). Der AG trägt freilich das Risiko, dass dies nach materiellem Kündigungsschutzrecht nicht zur Begründung der Kündigung ausreicht.[251]

85 Die subjektive Determinierung der Kündigungsgründe findet ihre Grenze an der **Pflicht zur wahrheitsgemäßen Information.** Dies folgt aus dem Grundsatz der vertrauensvollen Zusammenarbeit (§§ 2, 74). Eine bewusst und gewollt unrichtige Mitteilung der für den Kündigungsentschluss des AG maßgebenden Kündigungsgründe und damit eine **Irreführung** des BR führt

---

244 *LAG Rheinland-Pfalz* 10.1.08 – 11 Sa 579/07, juris.
245 *BAG* 11.7.91 – 2 AZR 119/91, EzA § 102 BetrVG 1972 Nr. 81.
246 Vgl. *BAG* 27.11.08 – 2 AZR 98/07, NZA 09, 604, 607.
247 *BAG* 11.7.91, a.a.O.
248 *ArbG Berlin 30.9.16* – 28 Ca 6347/16 u.a., juris.
249 *BAG* 11.7.91, a.a.O.
250 *BAG* 8.9.88 – 2 AZR 103/88, EzA § 102 BetrVG 1972 Nr. 73.
251 Vgl. *BAG* 11.7.91, a.a.O.

zu einem unwirksamen Anhörungsverfahren.[252] Das muss auch gelten, wenn bei mehreren Kündigungsgründen nur hinsichtlich eines Grundes eine bewusst unzutreffende Darstellung erfolgt, weil der BR sich dann insgesamt kein richtiges Bild mehr von der Kündigung machen kann.[253] Unzulässig ist zum einen die **bewusst unrichtige Sachdarstellung,** insbesondere die Mitteilung von Scheingründen unter bewusstem Verschweigen der wahren Kündigungsgründe.[254] Auch eine bewusst falsche Angabe der Zahl der Kinder macht die Anhörung fehlerhaft.[255] Zum anderen ist auch die **unvollständige Sachdarstellung** unzulässig.[256] Das ist z. B. dann der Fall, wenn der AG dem BR bewusst ihm bekannte und seinen Kündigungsentschluss bestimmende Tatsachen vorenthält, die nicht nur eine Ergänzung oder Konkretisierung des mitgeteilten Sachverhalts darstellen (Rn. 127), sondern diesem erst das Gewicht eines Kündigungsgrundes geben oder weitere eigenständige Kündigungsgründe enthalten. Die Rspr. hat in diesem Zusammenhang eine fehlerhafte Anhörung in folgenden Fällen angenommen:

- in einen falschen Zusammenhang gestellte bzw. aus dem Zusammenhang gerissene Aussagen des AN;[257]
- Erweckung einer irrigen Vorstellung beim BR über den Umfang von Fehlzeiten durch unzutreffende Darstellung von Kalendertagen als Arbeitstagen;[258]
- bei Kündigung wegen längerer Fehlzeiten auf Grund einer Untersuchungshaft[259] die Nichtmitteilung der Tatsache, dass die Untersuchungshaft bald aufgehoben wird.[260] Der AG muss deshalb auch den AN entlastende Umstände mitteilen;[261]
- bei Kündigung wegen Minderleistung das Verschweigen, dass der AN unter Vorlage eines ärztlichen Attestes, das die Minderleistung als krankheitsbedingt darstellt, diese auf die konkreten Arbeitsbedingungen zurückführt und um einen anderen Arbeitsplatz gebeten hat;[262]
- bewusstes Vermengen personen- und verhaltensbedingter Gründe unter den Oberbegriff »zu hohe Fehlzeiten«.[263]
- Gründe für die Herausnahme von AN aus der Sozialauswahl treffen nicht zu.[264]
- Erläuterung des Fortfalls nur eines Teils der Aufgaben des AN, wenn die Kündigung auf den Wegfall des Arbeitsplatzes insgesamt gestützt wird.[265]

Die Wahrheitspflicht gebietet es dem AG auch, dem BR **gegen die Kündigung sprechende** 86
bzw. den AN entlastende Tatsachen mitzuteilen.[266] Das gilt selbst dann, wenn diese Umstände für den Kündigungsentschluss des AG keine Rolle spielen, weil sonst der Zweck der Betriebsratsanhörung (vgl. Rn. 3) nicht erreicht werden könnte.[267] Daran ändert auch nach der Rspr. des BAG der Grundsatz der subjektiven Determination der Kündigungsgründe nichts.[268] Dieser Grundsatz erlaubt zwar die arbeitgeberseitige Bestimmung des Begründungszusammenhangs für die Kündigung. Bei gegebenem Lebenssachverhalt sind dann jedoch alle hierbei vom AG in die Erwägung einbezogenen Aspekte zu nennen. Dazu gehören typischerweise – dem AG bekannte – gegen die Kündigung sprechende Tatsachen bzw. Wertungen, die er jedoch aus

252 *BAG* 11.7.91, a.a.O.; *LAG Köln*, 27.1.10 – 8 Sa 698/09, LAGE § 102 BetrVG 2001 Nr. 11.
253 *Hetzfeld/Steffens*, DB 21, 2015 [2019f.].
254 *BAG* 9.3.95 – 2 AZR 461/94, NZA 95, 678; 22.9.94 – 2 AZR 31/94, EzA § 102 BetrVG 1972 Nr. 86 mit Anm. *Kittner*.
255 *HessLAG* 17.3.17 – 14 Sa 879/16, LAGE § 102 BetrVG 2001 Nr 20, Rn. 72.
256 *BAG* 9.3.95, a.a.O.; *LAG Baden-Württemberg* 11.8.06 – 2 Sa 10/06, AuR 06, 411; *Bitter*, FS Stahlhacke, S. 57ff.
257 *BAG* 24.5.89 – 2 AZR 399/88, RzK III 1a Nr. 38; vgl. *Bitter*, a.a.O., Fn. 28
258 *BAG* 31.5.90 – 2 AZR 78/89, juris; vgl. *Bitter*, a.a.O., Fn. 30.
259 Hierzu DDZ-*Deinert*, § 1 KSchG Rn. 203.
260 *LAG Hamm* 30.8.84 – 10 Sa 2066/83, ARSt. 86, 30.
261 *LAG Baden-Württemberg* 9.11.90 – 15 Sa 86/90, LAGE § 102 BetrVG 1972 Nr. 25.
262 *LAG Hamm* 5.12.90 – 2 Sa 1063/90, LAGE § 102 BetrVG 1972 Nr. 27.
263 *BAG* 23.9.92 – 2 AZR 63/92, EzA § 1 KSchG Krankheit Nr. 37.
264 *LAG Hamm* 23.2.06 – 15 Sa 1775/05, juris.
265 *LAG Hamm* 18.11.10 – 8 Sa 942/10, juris.
266 *BAG* 23.10.14 – 2 AZR 736/13, AP Nr. 168 zu § 102 BetrVG 1972, Rn. 14; 16.7.15 – 2 AZR 85/15, NZA 16, 161, Rn. 63; 31.8.89 – 2 AZR 453/88, 2.11.83 – 7 AZR 65/82, EzA § 102 BetrVG 1972 Nrn. 75, 53; KR-*Rinck*, Rn. 83; *Bitter*, NZA-Beilage 3/91, S. 20.
267 *BAG* 16.7.15 – 2 AZR 15/15, NZA 16, 99, Rn. 19.
268 *BAG* 23.10.14 – 2 AZR 736/13, AP Nr. 168 zu § 102 BetrVG 1972.

seiner Sicht verworfen hat. Das *BAG*[269] stellt deshalb zu Recht fest, dass im Rahmen des Anhörungsverfahrens nicht unterschieden werden kann zwischen Gründen, die für, und solchen, die gegen die Kündigung sprechen. Dem BR soll die Gelegenheit gegeben werden, zur Gesamtüberlegung und zur Willensentschließung des AG insgesamt sachgerecht Stellung zu nehmen. Hierzu gehört auch die Kenntnis der vom AG verworfenen, gegen die Kündigung sprechenden Tatsachen. Bei einer auf § 1 KSchG oder § 626 BGB gestützten Kündigung ist dieses Ergebnis ohnehin zwangsläufig, weil zum gesetzlichen Kündigungsgrund neben seiner vollen Erweislichkeit eine umfassende Interessenabwägung gehört (vgl. Rn. 91, 97, 113). Der AG muss dem AN günstige Entwicklungen, die nach Anhörung, aber vor Aussprache der Kündigung eintreten, **nachtragen** (z. B. Verbesserung der Auftragslage, Absicht zur Einführung von Kurzarbeit; vorliegende Stellungnahme des ANs, Kenntnis von einer schweren Erkrankung).[270] Dadurch beginnt die Frist des Abs. 2 von neuem zu laufen (Rn. 130).

87 Der AG ist nach materiellem Kündigungsschutzrecht verpflichtet, dem AN vor Ausspruch einer Beendigungskündigung ein mögliches und zumutbares **Änderungsangebot** zu unterbreiten.[271] Die entsprechende Entscheidung des *BAG* ist zwar aus Anlass einer betriebsbedingten Kündigung ergangen (vgl. a. Rn. 102). Der Grundsatz gilt jedoch im Hinblick auf die Notwendigkeit der Kündigung als ultima ratio in allen Kündigungsfällen.[272] Der AG muss deshalb den BR über die Tatsache und den Inhalt seines Änderungsangebots sowie die Reaktion des AN hierauf unterrichten. Ist eine solche zumutbare und mögliche andere Arbeitsgelegenheit nicht vorhanden, muss der AG den BR von sich aus hierüber informieren, sonst würde ihm die Berufung hierauf im Kündigungsschutzprozess abgeschnitten.

88 Die Anhörung kann sich nicht auf **zukünftige Gründe** erstrecken. Eine wirksame Anhörung des BR zu einem vom AN angekündigten, aber noch nicht eingetretenen Verhalten ist dann nicht möglich, wenn nicht die Ankündigung selbst, sondern nur das zu erwartende Verhalten des AN vom AG als Kündigungsgrund genannt wird.[273]

89 Der AG muss dem BR die maßgebenden Tatsachen, die zu seinem Kündigungsentschluss geführt haben, so mitteilen, dass dieser sich **ohne zusätzliche eigene Nachforschungen** ein eigenes Bild über die Begründetheit der Kündigung machen kann.[274] Bei einer Kündigung in der Probezeit, die auf personenbezogenen Werturteilen beruht, reicht es allerdings aus, wenn der AG im Rahmen der Betriebsratsanhörung allein das Werturteil mitteilt, ohne dies näher zu substantiieren oder zu begründen.[275] Deshalb genügt es nach der Rspr., wenn der AG dem BR mitteilt, es bestünde kein Interesse an einer Weiterbeschäftigung.[276] Eine nicht ordnungsgemäße Unterrichtung des BR wird nicht dadurch geheilt, dass sich der BR im Laufe des Anhörungsverfahrens durch eigene Nachforschungen die erforderlichen Kenntnisse verschafft.[277] Das gilt ebenso für den Umstand, dass der BR nach Durchführung eigener Ermittlungen abschließend zu der beabsichtigten Kündigung Stellung genommen hat.[278] Der BR ist nicht gehalten, sich die notwendigen Daten aus irgendwelchen Unterlagen herauszusuchen und selbst zu erschließen.[279] Eine Bezugnahme auf beim BR bereits **vorhandene Kenntnisse** ist nur ausnahmsweise möglich (eingehend Rn. 162 ff.). Allerdings muss der AG selbst dann, wenn der BR alles weiß, was der AG weiß – und vielleicht sogar noch mehr – dem BR mitteilen, auf welchen kündigungsrechtlich relevanten Tatsachenkomplex die Kündigung gestützt wird.[280] Ein Irrtum

---

269 *BAG* 6.7.78 – 2 AZR 810/76, EzA § 102 BetrVG 1972 Nr. 37.
270 *BAG* 22.9.16 – 2 AZR 700/15, NZA 16, 304, Rn. 33; krit. dazu *Luickhardt*, jurisPR-ArbR 18/17, Anm. 1.
271 *BAG* 27.9.84 – 2 AZR 62/83, EzA § 2 KSchG Nr. 5.
272 DDZ-*Deinert*, § 1 KSchG Rn. 62, 389 ff.; DDZ-*Wollgast*, § 2 KSchG Rn. 157 ff. m. w. N.
273 *BAG* 19.1.83 – 7 AZR 514/80, EzA § 102 BetrVG 1972 Nr. 50.
274 *BAG* 23.4.09 – 6 AZR 516/08, NZA 09, 959, 960; 24.11.83 – 2 AZR 347/82, 18.12.80 – 2 AZR 1006/78, 13.7.78 – 2 AZR 717/76, EzA § 102 BetrVG 1972 Nrn. 54, 44, 35; 2.3.89 – 2 AZR 280/88, EzA § 626 BGB n. F. Nr. 118.
275 *BAG* 12.9.13 – 6 AZR 121/12, NZA 12, 1412.
276 *BAG* 12.9.13 – 6 AZR 121/12, NZA 12, 1412.
277 *BAG* 2.11.83 – 7 AZR 65/82, EzA § 102 BetrVG 1972 Nr. 53.
278 *BAG* 2.11.83, a. a. O.
279 *BAG* 29.3.90 – 2 AZR 420/89, EzA § 102 BetrVG 1972 Nr. 79.
280 *BAG* 11.12.03 – 2 AZR 536/02, AiB 04, 257.

über den erforderlichen Kenntnisstand des BR geht zu Lasten des AG (vgl. näher Rn. 164; zur Beweislast Rn. 165).[281] Der BR ist nicht verpflichtet, den AG auf die Unvollständigkeit seiner Mitteilung hinzuweisen.[282]

Ein besonderes Problem hinsichtlich des notwendigen Umfangs der Anhörung des BR entsteht dann, wenn der AG auf Grund der **Verteilung der Darlegungs- und Beweislast** im Kündigungsschutzprozess (näher Rn. 263 ff.) auf bestimmte Tatsachen erst dann eingehen muss, wenn der AN sich in entsprechender Weise einlässt: So genügt bei einer betriebsbedingten Kündigung der allgemeine Vortrag des AGs, wegen der betrieblichen Notwendigkeit sei eine Weiterbeschäftigung zu gleichen Bedingungen nicht möglich. Erst wenn der AN darlegt, wie er sich eine anderweitige Beschäftigung vorstellt, falls sein bisheriger Arbeitsplatz tatsächlich weggefallen sein sollte, muss der AG eingehend erläutern, aus welchen Gründen eine Umsetzung nicht möglich gewesen wäre.[283] Bei einer krankheitsbedingten Kündigung, in der eine betriebliche Verursachung der Erkrankung eine Rolle spielt, genügt der AG seiner Darlegungslast zunächst, wenn er die betriebliche Tätigkeit des AN vorträgt und einen ursächlichen Zusammenhang mit den Fehlzeiten bestreitet. Erst wenn der AN gem. § 138 Abs. 2 ZPO dartut, weshalb ein ursächlicher Zusammenhang besteht, ist es Sache des AG, für die fehlende Kausalität zwischen Arbeitsbedingungen und Erkrankungen den Beweis anzutreten.[284] Die Frage ist, ob der AG seiner Informationspflicht gegenüber dem BR auch dann genügt, wenn er ihm nur solche Tatsachen mitteilt, mit denen er im Prozess um die materiell-rechtliche Berechtigung der Kündigung zunächst seiner Darlegungslast genügt. Die Darlegungs- und Beweislast hat indes **nichts** mit der **materiell-rechtlichen Kündigungsberechtigung** zu tun (ebenso wenig wie mit der Informationspflicht auf Verlangen des AN gem. § 1 Abs. 3 Satz 1 2. Halbsatz KSchG).[285] Dies ist zunächst eine Frage der Prozessökonomie im Rahmen des geltenden Prozessrechts. Materiell-rechtlich gesehen handelt es sich um Teile des gesetzlichen Kündigungsgrundes, sei es unter dem Aspekt der Interessenabwägung, sei es unter dem Aspekt der Kündigung als letztes Mittel (ultima ratio). Die Besonderheiten der Beweislastverteilung ändern nichts daran, was zur sozialen Rechtfertigung der Kündigung erforderlich ist. Deshalb müssen auch solche Tatbestandselemente dem BR im Rahmen der Anhörung mitgeteilt werden, die prozessual erst im Rahmen einer abgestuften Darlegungs- und Beweislast aktualisiert werden können.[286] Alle Aspekte, die der AG dem BR nicht mitgeteilt hat, kann er dann nach allgemeinen Grundsätzen im Prozess nicht mehr geltend machen (Rn. 80 f.). Genügt der AN also jeweils seiner prozessualen Darlegungslast gem. § 138 Abs. 2 ZPO, so ist dem AG ein entsprechender Gegenbeweis verschlossen und er verliert den materiellen Kündigungsschutzprozess. 90

bb) Personenbedingte Kündigung

Eine **personenbedingte Kündigung** gem. § 1 Abs. 2 KSchG hat folgendes zur Voraussetzung: 91

- Der AN hat die **Fähigkeit und die Eignung** verloren, die geschuldete Arbeitsleistung ganz oder teilweise zu erbringen.
- Betriebliche oder vertragliche **Interessen des AGs** sind erheblich beeinträchtigt.
- Aufgrund einer **Negativprognose** steht fest, dass die Störungen auch in Zukunft vorliegen werden.
- Die Kündigung ist **»ultima ratio«**, und es steht kein milderes Mittel zur Verfügung (Versetzung).
- Im Rahmen einer **Interessenabwägung** wird festgestellt, dass die schutzwerten Interessen des AGs diejenigen des ANs überwiegen.[287]

281 *BAG* 27.6.85 – 2 AZR 412/84, EzA § 102 BetrVG 1972 Nr. 60.
282 APS-*Koch*, Rn. 144.
283 *BAG* 27.9.84 – 2 AZR 62/83, EzA § 2 KSchG Nr. 5; vgl. DDZ-*Deinert*, § 1 KSchG Rn. 454.
284 *BAG* 6.9.89 – 2 AZR 118/89, EzA § 1 KSchG Krankheit Nr. 27
285 *BAG* 6.7.78 – 2 AZR 810/76, EzA § 102 BetrVG 1972 Nr. 37.
286 Vgl. *ArbG Hameln* 21.9.89 – 1 Ca 432/88, DB 90, 52; *BAG* 30.10.87 – 7 AZR 138/87, juris.
287 Insgesamt vgl. DDZ-*Deinert*, § 1 KSchG Rn. 85 ff. m. w. N.

Der AG hat den BR **über alle diese Aspekte zu informieren,** und zwar ungeachtet der Verteilung der Darlegungs- und Beweislast im Prozess (Rn. 90). Tatsachen, über die er den BR nicht informiert hat, können zur Begründung der Kündigung nicht herangezogen werden (Rn. 80 f.). Dem AG ist es auch verwehrt, sich nach Anhörung zu einer verhaltensbedingten Kündigung im Kündigungsschutzverfahren auf das Vorliegen personenbedingter Gründe zu berufen (vgl. Rn. 69).

92 Im wichtigsten Fall der personenbedingten Kündigung, der **Kündigung wegen Krankheit,** hat der AG gegenüber dem BR darzulegen, ob er die Kündigung auf häufige Kurzerkrankungen (Rn. 93), eine lang andauernde Erkrankung (Rn. 94), dauernde krankheitsbedingte Unmöglichkeit der Arbeitsleistung (Rn. 95), unabsehbare Dauer einer Arbeitsunfähigkeit oder krankheitsbedingte Minderung der Leistungsfähigkeit (Rn. 96) stützen will.[288] Hiernach richten sich auch Art und Umfang der dem BR mitzuteilenden Tatsachen.

93 Im Falle einer **Kündigung wegen häufiger Kurzerkrankung** sind dem Betriebsrat regelmäßig die einzelnen Ausfallzeiten der letzten Jahre mitzuteilen, auf die der AG seine Prognose stützt, auch in Zukunft sei mit Krankheitszeiten im selben Umfang zu rechnen. Gleiches gilt für die aufgewandten Lohnfortzahlungskosten, wenn der AG hieraus die erhebliche Beeinträchtigung der betrieblichen Interessen durch die Ausfallzeiten herleitet. Hierzu gehören die aufgelaufenen Entgeltfortzahlungskosten, wenn der AG sich im Kündigungsschutzprozess wegen der Höhe der Entgeltfortzahlungskosten auf eine eingetretene unzumutbare wirtschaftliche Belastung berufen möchte. Der BR ist nicht verpflichtet, die Vergütungshöhe und die daraus resultierenden Entgeltfortzahlungskosten selbst zu ermitteln.[289] Ob die vom AG angestellte Prognose über die zukünftige Krankheitsanfälligkeit des ANs der Wahrscheinlichkeit entspricht oder ob es sich eher um eine schicksalhafte Verkettung mehrerer zeitgleich aufgetretener Krankheiten handelt, die keine derart schlechte Prognose zulassen, ergibt sich in der Regel erst aus der Betrachtung der konkret aufgetretenen Krankheitszeiten und der durch diese Krankheiten verursachten konkreten Kosten.[290] Auch dies ist dem BR mitzuteilen. Entsprechendes gilt für die erhebliche Beeinträchtigung betrieblicher Interessen durch Betriebsablaufstörungen.[291] Pauschale Angaben wie »wiederholte Fehlzeiten wegen Arbeitsunfähigkeit« oder die Gesamtzahl addierter Fehlzeiten reichen nicht aus.[292]

94 Bei einer krankheitsbedingten **Kündigung wegen langanhaltender Erkrankung** muss dem Betriebsrat mitgeteilt werden, ob der AN noch arbeitsunfähig ist und aus welchen Umständen geschlossen wird, dass der Zeitpunkt der Arbeitsfähigkeit nicht absehbar ist, insbesondere ob Fortsetzungserkrankungen vorliegen oder mit ihnen zu rechnen ist. Alternativ kann der AG auch eine ihm bekannte Krankheitsursache als die der Negativprognose zugrunde liegende Tatsache angeben.[293] Daneben hat er dem Betriebsrat die erhebliche Beeinträchtigung der betrieblichen Interessen mitzuteilen. Der AG muss auch die **Art der Krankheit** mitteilen, da materiell-rechtlich die Indizwirkung einer Vorerkrankung selbstverständlich von ihrer Art abhängt. Z. B. ist von einer Arbeitsunfähigkeit wegen einer Grippe nicht auf eine solche wegen eines Unfalls zu schließen und von beiden für sich betrachtet nicht auf entsprechende Fehlzeiten in der Zukunft. Soweit der AG daher die Art der Erkrankung kennt, hat er den BR darüber zu informieren.[294] Nicht mitzuteilen ist – vom Betriebsunfall abgesehen – die Krankheitsursache. Der AG muss außerdem die empfindlichen Betriebsablaufstörungen (z. B. Versetzungsprobleme, problematische Aushilfskraftgewinnung) belegen. Dies kann nur ausnahmsweise dann entbehrlich sein, wenn die BR-Mitglieder den Arbeitsplatz des AN und die konkreten Auswirkungen der Fehlzeiten kennen. Steht allerdings fest, dass zusätzlich zu hohen

288 *LAG Hamm* 21. 10. 03 – 19 Sa 1113/03, LAGReport 04, 255.
289 *LAG Schleswig-Holstein* 1. 9. 04 – 3 Sa 210/04, DB 04, 2274.
290 Vgl. *BAG* 7. 11. 02 – 2 AZR 599/01, DB 03, 724.
291 Vgl. *BAG* 9. 4. 87 – 2 AZR 210/86, AP Nr. 18 zu § 1 KSchG 1969 Krankheit.
292 *BAG* 18. 9. 86 – 2 AZR 638/85, juris.
293 Vgl. APS-*Koch*, Rn. 120.
294 Wie hier *ArbG Passau* 22. 6. 78, ARSt. 79, 46; zur Notwendigkeit der Information des BR über die Krankheitsprognose *LAG Hamm* 7. 2. 84 – 6 Sa 2150/83, AuR 84, 254; insgesamt vgl. *BAG* 18. 10. 84 – 2 AZR 489/83, Stbg 1986, 54; 12. 4. 84 – 2 AZR 76/83, juris; *LAG Hamm* 24. 5. 83 – 6 Sa 151/83, BB 84, 210; *LAG Nürnberg* 30. 10. 81, AuR 82, 355.

Fehlzeiten des zu kündigenden AN beträchtliche krankheitsbedingte Fehlzeiten anderer AN in der gleichen Abteilung zu verzeichnen sind, muss der AG im Anhörungsverfahren vortragen, welche Folgen der wiederholten Ausfälle er dem zu kündigenden AN zuordnet und warum er gerade diese Fehlzeiten für unzumutbar hält. Andernfalls ist er mit diesbezüglichem Vortrag im Kündigungsschutzprozess ausgeschlossen.[295] Ebenfalls offen legen muss der AG die erheblichen wirtschaftlichen Belastungen mit konkreten Tatsachen. Schließlich muss der AG alle für die Interessenabwägungen maßgeblichen Aspekte offenbaren. Bei einer krankheitsbedingten Kündigung ist darüber zu informieren, dass bestimmte Fehlzeiten auf einem **Arbeitsunfall** beruhen. Der Grundsatz, dass vor einer Beendigungskündigung die Möglichkeit einer **Veränderung der Arbeitsbedingungen** erwogen und dem AN mitgeteilt werden muss (Rn. 110), gilt auch im Falle einer krankheitsbedingten Kündigung. Insbesondere muss der AG im Rahmen der BR-Anhörung vortragen, warum eine Weiterbeschäftigung auf einem zuvor vom AN oder BR vorgeschlagenen Arbeitsplatz nicht möglich ist.[296]

Will der AG seine **krankheitsbedingte Kündigung** auf eine **dauernde Unmöglichkeit** des ANs, die geschuldete Arbeitsleistung zu erbringen, stützen, muss er dem Betriebsrat nur die Tatsachen einschließlich der Art der Erkrankung mitteilen, aus denen sich dieser Umstand ergibt.[297] Einer besonderen Darlegung von Betriebsablaufstörungen bedarf es nicht, weil sich diese bereits aus der dauernden Unmöglichkeit, die geschuldete Arbeitsleistung zu erbringen, ergeben.[298] Auch wenn bei dieser Form der krankheitsbedingten Kündigung unter Umständen ohne Rückgriff auf vergangene Fehlzeiten die dauerhafte Leistungsunmöglichkeit begründet werden kann, kann sie sich indiziell bereits aus der besonders langen Dauer der Arbeitsunfähigkeit ergeben. Entsprechendes gilt für eine der Unmöglichkeit gleich zu achtende vollständige Ungewissheit über den Zeitpunkt der Wiederherstellung der Arbeitsfähigkeit.[299] 95

Will der AG schließlich seine krankheitsbedingte Kündigung auf eine **durch Krankheit verursachte Minderung der Leistungsfähigkeit** des Arbeitnehmers stützen, erstreckt sich die Unterrichtungspflicht des AGs zunächst wiederum auf die Tatsachen, die die ungünstige Prognose hinsichtlich des Gesundheitszustandes begründen, und auf die Darlegung der Auswirkungen auf die Leistungsfähigkeit des ANs.[300] Hinsichtlich der erheblichen betrieblichen Beeinträchtigungen bedarf es auch hier näherer Darlegungen der wirtschaftlichen Belastungen oder Betriebsablaufstörungen, die durch diese verminderte Leistungsfähigkeit bedingt sind. 96

cc) Verhaltensbedingte Kündigung

Die Anhörung des BR im Falle einer **verhaltensbedingten Kündigung** erstreckt sich auf alle Tatbestandselemente: 97

- Es liegt »**an sich**« **ein Kündigungsgrund** vor (**Verstoß** gegen arbeitsvertragliche Haupt- oder Nebenpflichten, **Beeinträchtigungen** des Arbeitsverhältnisses im Leistungsbereich, im betrieblichen Arbeitsbereich, im Unternehmens- bzw. Behördenbereich, im personalen Vertrauensbereich oder im Bereich der betrieblichen Verbundenheit aller Mitarbeiter).
- Es ist zu **tatsächlichen Störungen** mit nachteiligen Auswirkungen im Bereich des AGs und des Arbeitsverhältnisses gekommen.
- In Zukunft ist mit weiteren derartigen Störungen zu rechnen (**Wiederholungsgefahr,** Negativprognose).
- Es erfolgt eine umfassende **Abwägung der gegenseitigen Interessen** von AG und AN.
- Die Kündigung kann nicht durch **mildere Mittel** abgewendet werden (Ultima-ratio-Prinzip).[301]

---

295 *LAG Schleswig-Holstein* 1.9.04 – 3 Sa 210/04, DB 04, 2274.
296 *ArbG Hameln* 21.9.89 – 1 Ca 432/88, DB 90, 52; *Griese,* BB 90, 1990 Fn. 10.
297 Vgl. *BAG* 30.1.86 – 2 AZR 668/84, NZA 87, 555.
298 Vgl. *BAG* 30.1.86, a.a.O.; APS-*Koch,* Rn. 119; GK-*Raab,* Rn. 97.
299 Vgl. *BAG* 21.5.92 – 2 AZR 399/91, AP Nr. 30 zu § 1 KSchG 1969 Krankheit, *LAG Hamm* 17.11.97 – 8 Sa 467/97, LAGE Nr. 634 zu § 102 BetrVG.
300 Vgl. *Lepke,* Kündigung bei Krankheit, Rn. 215.
301 Insgesamt vgl. DDZ-*Däubler,* § 1 KSchG Rn. 685 ff.

Die Anhörung des BR hat sich auf all diese Teilelemente zu erstrecken (zu bereits vorhandenen Kenntnissen des BR vgl. Rn. 162 ff.).[302] Der AG hat den BR über das Ergebnis eventueller **Nachforschungen** und im Falle des Bestreitens des AN über eventuelle **Beweismittel** zu informieren.[303] Es sind alle zur Rechtfertigung der Kündigung erwogenen Aspekte der Interessenabwägung mitzuteilen,[304] insbesondere auch gegen eine Kündigung sprechende Aspekte (**entlastende Umstände,** vgl. Rn. 83, 86).[305] Im Zweifel ist jeweils der **Zusammenhang mit dem Kündigungsgrund** entscheidend (vgl. Rn. 83).[306]

98 Der BR ist über eine ggf. ausgesprochene **Abmahnung** zu informieren.[307] Es erscheint zweckmäßig dem BR eine Kopie einer solchen Abmahnung vorzulegen (zur Bezugnahme auf vorhandene Kenntnisse des BR hiervon Rn. 162). Der BR ist auch über eine eventuelle **Gegendarstellung des AN** zu informieren. Wird dies unterlassen, ist die Anhörung unwirksam.[308]

99 Die dem BR mitgeteilten Kündigungsgründe müssen **von vornherein** auf die Begründung der Kündigung als einer verhaltensbedingten gemünzt sein (vgl. Rn. 69). Ein Neu- bzw. Andersbewertung des Kündigungssachverhalts im Prozess (z. B. von betriebsbedingt zu personenbedingt) ist nicht zulässig.[309] Das gilt auch für den Wechsel von einer verhaltens- zu einer personenbedingten Kündigung[310] Mit dieser Andersbewertung des Kündigungssachverhalts nicht zu verwechseln ist die des **Auswechselns des Kündigungssachverhalts** bzw. der Zulässigkeit des Nachschiebens von Kündigungsgründen (vgl. Rn. 126 ff.).

dd) Betriebsbedingte Kündigung

100 Wie im Falle der personen- und verhaltensbedingten Kündigung hat der AG auch bei einer **betriebsbedingten Kündigung** umfassend über deren tatbestandliche Voraussetzungen zu informieren:

- Es liegt ein Beschäftigungsmangel (Wegfall des Arbeitsplatzes) vor.
- Es liegen die vom AG behaupteten außerbetrieblichen oder innerbetrieblichen **Ursachen** für den Beschäftigungsmangel vor.
- Es liegt eine plausible **unternehmerische Entscheidung** zur innerbetrieblichen Umsetzung vor.
- Die unternehmerische Entscheidung verstößt gegen **kein Gesetz** und ist **nicht missbräuchlich.**
- Es besteht eine **Kausalität** zwischen inner- und außerbetrieblichen Ursachen sowie unternehmerischer Entscheidung für die Kündigung.
- Kündigungsvermeidende **mildere Mittel** scheiden aus.
- Eine (eingeschränkte) **Interessenabwägung** belegt die Notwendigkeit der Kündigung.
- Die Kündigungsnotwendigkeit ist zum **Zeitpunkt des Ablaufs der Kündigungsfrist** gegeben.
- Die **soziale Auswahl** erfordert die Kündigung gerade des zur Kündigung vorgesehenen AN.
- Die Sozialauswahl genügt ggf. einer **Auswahlrichtlinie.**
- Berechtigte **betriebliche Interessen** stehen der sozialen Auswahl entgegen.[311]

Da all diese Teilelemente zur Begründung einer betriebsbedingten Kündigung erforderlich sind, muss der AG den BR hierüber informieren, will er nicht die Möglichkeit verlieren, sich auf diese im Kündigungsschutzprozess zu berufen (Rn. 83).

101 Die **außer- oder innerbetrieblichen Ursachen** für den Wegfall der Arbeitsmöglichkeit sind genau zu beschreiben. Pauschale Hinweise wie »Auftragsmangel«, »Gewinnverfall« oder »Ratio-

---

302 *Stahlhacke/Preis/Vossen*, Rn. 278; *Hohmeister*, NZA 91, 211; *Bayer*, DB 92, 783.
303 KR-*Rinck*, Rn. 101.
304 *BAG* 2.3.89 – 2 AZR 280/88, NZA 89, 755.
305 *BAG* 2.11.83 – 7 AZR 65/82, EzA § 102 BetrVG 1972 Nr. 53.
306 *Griese*, BB 90, 1900.
307 KR-*Rinck*, Rn. 101; *Stahlhacke/Preis/Vossen*, Rn. 278; GK-*Raab*, Rn. 98.
308 *BAG* 31.8.89 – 2 AZR 453/88, EzA § 102 BetrVG 1972 Nr. 75.
309 *BAG* 5.2.81 – 2 AZR 1135/78, EzA § 102 BetrVG 1972 Nr. 47.
310 *LAG Hamburg* 22.2.91 – 6 Sa 81/90, LAGE § 102 BetrVG Nr. 28 mit krit. Anm. *Rüthers/Franke*.
311 Vgl. DDZ-*Deinert*, § 1 KSchG Rn. 236 ff.

nalisierung« reichen nicht aus.[312] Erforderlich ist in jedem Falle die Darstellung der konkreten Auswirkung auf den betroffenen Arbeitsplatz.[313] Als notwendiges Teilelement der Begründung einer betriebsbedingten Kündigung ist sowohl die Tatsache einer **Unternehmerentscheidung** als auch ihre **Kausalität** für den Wegfall des betroffenen Arbeitsplatzes dem BR gegenüber inhaltlich darzustellen. Der bloße Hinweis auf eine getroffene Unternehmerentscheidung ist nicht ausreichend. Motive und Hintergründe der Unternehmerentscheidung müssen im Verfahren gem § 102 nicht mitgeteilt werden; das erfolgt im Rahmen der §§ 106 ff.[314] Bei **technischen Rationalisierungsmaßnahmen,** die zum Wegfall von Beschäftigungsmöglichkeiten führen, sind die Grundzüge der Auswirkungen der Technik sowie der Ablauf der Tätigkeiten der davon betroffenen AN zu erläutern.[315] Bei **betriebsorganisatorischen Restrukturierungsmaßnahmen** oder bei Änderung der Arbeitsabläufe muss der AG mitteilen, weshalb die beabsichtigte Veränderung gerade zum Wegfall des in der Anhörung zu beurteilenden Arbeitsplatzes führen wird. Geht es allein um eine Reduzierung des Personals muss er erläutern, wie die bisherigen Arbeiten fortgeführt werden, ohne dass dies zu überobligationsmäßigen Belastungen anderer AN führt.[316] Bei etappenweiser **Betriebsstilllegung** ist außerdem darüber zu informieren, inwieweit die Produktion oder Dienstleistungen eingeschränkt werden, welche AN noch zur weiteren Produktion oder Dienstleistung benötigt werden und welche AN entlassen werden sollen.[317]

Das Nichtbestehen einer **anderweitigen – ggf. auch geringerwertigen – Beschäftigungsmöglichkeit** ist Voraussetzung einer betriebsbedingten Beendigungskündigung (§ 1 Abs. 2 Satz 2 Buchst. 1b und Buchst. 2b KSchG). Deshalb ist hierüber ungeachtet der Frage der Darlegungs- und Beweislast zu informieren (Rn. 90) (vgl. aber sogleich Rn. 103), ggf. eben auch die ergebnislose Suche nach einer entsprechenden Weiterbeschäftigungsmöglichkeit (Rn. 87).[318] Da der AG diese Möglichkeit vor jeder Beendigungskündigung von sich aus zu prüfen und dem AN ein entsprechendes **Angebot** zu machen hat, ist der BR auch über dieses Änderungsangebot und die Reaktion des AN hierauf zu informieren (s. auch Rn. 110).[319] In dieser Hinsicht wird zutreffend davon gesprochen, dass es für die betriebsbedingte Kündigung auf das Vorliegen eines **dreiaktigen Tatbestandes** ankomme: Wegfall des konkreten Arbeitsplatzes, Fehlen einer anderweitigen Beschäftigungsmöglichkeit, Sozialauswahl. Nur bei Vorliegen aller drei Voraussetzungen ist die Kündigung sozial gerechtfertigt.[320] Ergibt sich der Fortfall der Beschäftigungsmöglichkeit aus einer Umverteilung oder Verdichtung der Arbeit, muss der AG sämtliche Arbeitsbereiche des ANs und deren Anteil an der Gesamtarbeitszeit benennen und erläutern, welche anderen Mitarbeiter ohne überobligatorische Leistung welche Arbeitsbereiche übernehmen können.[321] 102

Besteht aus der Sicht des AG keine Möglichkeit, den zu kündigenden AN auf einem anderen Arbeitsplatz weiterzubeschäftigen, so genügt der AG seiner Anhörungspflicht nach § 102 in der Regel schon durch den ausdrücklichen oder konkludenten **Hinweis auf fehlende Weiterbeschäftigungsmöglichkeiten.**[322] Hat jedoch der BR vor Einleitung des Anhörungsverfahrens Auskunft über Weiterbeschäftigungsmöglichkeiten für den zu kündigenden AN auf einem konkreten, kürzlich frei gewordenen Arbeitsplatz verlangt, so muss der AG dem BR nach § 102 Abs. 1 Satz 2 mitteilen, warum aus seiner Sicht eine Weiterbeschäftigung des AN auf diesem Arbeitsplatz nicht möglich ist. Der lediglich pauschale Hinweis auf fehlende Weiter- 103

---

312 GK-*Raab*, Rn. 93.
313 KR-*Rinck*, Rn. 90; *Bitter*, NZA-Beilage 3/91, S. 19.
314 *ThürLAG* 16.10.00 – 8 Sa 207/00, NZA-RR 01, 643.
315 *Bitter*, a. a. O.
316 *HessLAG* 30.8.12 – 14 Sa 683/11, juris.
317 *BAG* 14.8.86 – 2 AZR 683/85, juris.
318 GK-*Raab*, Rn. 94.
319 Vgl. APS-*Koch*, Rn. 110.
320 Linck/Krause/Bayreuther-*Krause*, § 1 Rn. 683; *Hofmann*, ZfA 84, 305; *Moll*, Anm. zu EzA § 102 BetrVG 1972 Nr. 55.
321 *HessLAG* 30.8.12 – 14 Sa 683/11, juris.
322 *BAG* 17.2.00 – 2 AZR 913/98, NZA 00, 761; GK-*Raab*, Rn. 94.

beschäftigungsmöglichkeiten im Betrieb reicht dann nicht aus.[323] Hat der AG den BR über Weiterbeschäftigungsmöglichkeiten auf dem vom BR benannten Arbeitsplatz zunächst falsch informiert und rügt der BR dies innerhalb der Frist des § 102 Abs. 2 unter Angabe des zutreffenden Sachverhalts, so ist der AG verpflichtet, dem Betriebsrat ergänzend mitzuteilen, warum aus seiner Sicht trotzdem eine Weiterbeschäftigung des AN auf diesem Arbeitsplatz nicht in Betracht kommt. Unterlässt er dies und kündigt, so ist die Kündigung nach § 102 unwirksam.[324] Dies gilt auch dann, wenn der BR während des Anhörungsverfahrens eine Konkretisierung der von dem AG vorgenommenen Weiterbeschäftigungsbemühungen dahingehend wünscht, in welchen Abteilungen bzw. Betrieben des Unternehmens der AG nach Weiterbeschäftigungsmöglichkeiten gesucht hat und der AG eine entsprechende Konkretisierung unterlässt. Streicht der AG eine Hierarchieebene, so muss er dem BR konkret mitteilen, welche Arbeiten des zu kündigenden ANs in Zukunft nicht mehr anfallen und welche Arbeiten auf welche Mitarbeiter umverteilt werden sollen und inwiefern diese Mitarbeiter noch über freie Arbeitskapazitäten verfügen. Nur dann ist es für den BR nachvollziehbar, ob das Beschäftigungsbedürfnis für den betroffenen AN entfallen ist und ob er von seinem Widerspruchsrecht nach § 102 Abs. 2 Nr. 3 Gebrauch machen will.[325]

104 Der AG hat dem BR alle Gründe mitzuteilen, die ihn auf Grund der **sozialen Auswahl** gerade zur Kündigung des betroffenen AN veranlasst haben. Unabhängig von einem entsprechenden Verlangen des BR hat er hierfür die **Sozialdaten des ausgewählten AN und der vergleichbaren AN** mitzuteilen.[326] Eine solche Information ist nur dann entbehrlich, wenn eine Sozialauswahl wegen der **Stilllegung des ganzen Betriebes** nicht vorzunehmen ist.[327] Etwas anderes gilt aber dann, wenn der betreffende Betrieb etappenweise stillgelegt wird, weil dann die Sozialauswahl bei der Frage der Dauer der Weiterbeschäftigung Berücksichtigung finden muss. Das Gleiche gilt dann, wenn nur ein Betriebsteil stillgelegt werden soll oder bei Vorliegen eines Interessenausgleichs mit Namensliste.[328] Auch im Falle einer Namensliste wird die Sozialauswahl also nicht obsolet.[329] In jedem Fall einzubeziehende soziale Gesichtspunkte sind die **Dauer der Betriebszugehörigkeit, das Lebensalter, Unterhaltspflichten und eine Schwerbehinderung** (vgl. Rn. 108; § 1 Abs. 3 KSchG). Der AG muss darüber hinaus über alle **weiteren Gesichtspunkte** informieren, die für die Berechtigung der Kündigung entscheidend sein *können*.[330] Das können aber auch andere bedeutsame Besonderheiten sein, die Auswirkungen auf den Beurteilungsspielraum des AG haben können, wie z. B. eine arbeitsbedingte Erkrankung, ein Arbeitsunfall, die Eigenschaft als alleinerziehend oder auch besondere Arbeitsmarktaspekte.[331] Das gilt auch nach Beschränkung der Sozialdaten in § 1 Abs. 3 KSchG.[332] Sollte der AG hiergegen ins Feld führen, dass er unter Berufung auf die subjektive Determination der Kündigungsgründe (Rn. 80 ff.) von vornherein derartige Besonderheiten nicht berücksichtigen wolle, gäbe er zu erkennen, dass er nicht gewillt ist, seiner gesetzlichen Pflicht zu einer angemessenen Bewertung der sozialen Gesichtspunkte unter Berücksichtigung der Verhältnisse des konkreten Einzelfalls nachzukommen. Die Kündigung wäre dann schon aus diesem Grund sozialwidrig.[333] Wenn der AG allerdings aus nachvollziehbaren Gründen (aber irrtümlich) davon ausgegangen ist, dass eine Sozialauswahl nicht stattfinden müsse und dem BR daher die für die Auswahl erheblichen Umstände nicht mitgeteilt hat, hat er nach der Rspr. die Möglichkeit, die objektive für die Sozialauswahl erheblichen Umstände im Prozess ergänzend vorzutragen, es handele sich insoweit

---

323 *BAG* 17.2.00, a.a.O.
324 *BAG* 17.2.00, a.a.O.
325 *LAG Schleswig-Holstein* 13.6.13 – 5 Sa 21/13, LAGE § 102 BetrVG 2001 Nr. 17.
326 *BAG* 29.3.84 – 2 AZR 429/83 (A), EzA § 102 BetrVG 1972 Nr. 55; 16.1.87 – 7 AZR 495/85, EzA § 1 KSchG Betriebsbedingte Kündigung Nr. 48; 2.3.89; vgl. *Fitting*, Rn. 30; KR-*Rinck*, Rn. 92; GK-*Raab*, Rn. 95.
327 *BAG* 13.5.04 – 2 AZR 329/03, NZA 04, 1037; *LAG Baden-Württemberg* 9.1.06 – 4 Sa 55/05, juris.
328 *LAG Hamm* 2.2.06 – 1 Sa 673/05, NZA-RR 06, 296; *LAG Baden-Württemberg* 9.1.06, a.a.O.
329 *Fitting*, Rn. 35b; GK-*Raab*, Rn. 96.
330 *Kittner*, AuR 97, 182, 184.
331 Vgl. DDZ-*Deinert*, § 1 KSchG Rn. 524 ff.; *Fitting*, Rn. 30; a.A. HWGNRH-*Huke*, Rn. 43.
332 *Fitting*, Rn. 30, 34a.
333 Vgl. *Kittner*, AuR 97, 182, 186.

um eine bloße Ergänzung und nicht um ein Nachschieben von Kündigungsgründen.[334] Das ist kritisch zu sehen, weil die BR-Beteiligung auf diese Weise ausgehöhlt wird (s. auch Rn. 127).

105 Im Zusammenhang mit der Sozialauswahl ist auch über die nach § 1 Abs. 3 Satz 2 KSchG (**Leistungsträgerklausel**) der Kündigung entgegenstehenden Gründe zu informieren.[335] Zur ordnungsgemäßen Betriebsratsanhörung gehört die Mitteilung der Gründe, warum einzelne AN aus der Sozialauswahl herausgenommen worden sind. Dabei soll der AG nach Auffassung des BAG auch berechtigt sein, sich erst im Kündigungsschutzprozess auf die Leistungsträgerklausel zu berufen, wenn er nur die wesentlichen Punkte der Sozialauswahl im Anhörungsverfahren vorgetragen hat. Es gehe dann statt um Sozialauswahl im engeren Sinne nunmehr um die Frage der Vergleichbarkeit und der Leistungsträgerschaft. Entscheidend sei nur, dass der BR auf Grund vorhandener Kenntnisse wisse, dass es auch um die Leistungsträgerschaft gehe.[336] Diese Auffassung ist abzulehnen, denn dem BR wird so die Möglichkeit abgeschnitten, sich sachgerecht mit dem Kündigungsgrund auseinanderzusetzen, insbesondere zur Leistungsträgereigenschaft und damit zur Vergleichbarkeit sowie so auch zur Sozialauswahl als solcher vorzutragen.[337] Außerdem führt die Einführung der Leistungsträgereigenschaft in den Kündigungsschutzprozess zu einer Erweiterung der materiellen Kündigungsbegründung (vgl. Rn. 127). Soll durch die Herausnahme von AN aus der Sozialauswahl eine bestimmte **Personalstruktur** aufrechterhalten werden, so muss der AG dem BR die Personalstruktur beschreiben, die er aufrechterhalten will.[338]

106 Die soziale Auswahl bezieht sich nur auf **vergleichbare AN eines Betriebes.**[339] Vergleichbar im kündigungsschutzrechtlichen Sinne sind alle AN, die nach Arbeitsvertragsgestaltung und ausgeübter Tätigkeit unter Berücksichtigung der maßgeblichen Arbeitsplatzanforderungen auf Grund des arbeitgeberseitigen Direktionsrechts als austauschbar anzusehen sind. Der unterschiedliche rechtliche Status angestellter und gewerblicher AN steht einer Austauschbarkeit im kündigungsschutzrechtlichen Sinne in der Regel entgegen.[340] Ebenfalls nicht vergleichbar sind in der Regel AN mit Tätigkeiten unterschiedlicher Tarifgruppen.[341] Dabei ist die konkrete Eingruppierung des AN jedoch nur als Indiz zu werten. Maßgeblich ist insoweit allein die konkrete Tätigkeit – Eingruppierungen können bekanntlich auch fehlerhaft sein. Über eine Auswahlrichtlinie nach § 1 Abs. 4 KSchG kann der Kreis der – gesetzlich bestimmten – vergleichbaren AN nicht erweitert oder eingeschränkt, wohl aber betriebsspezifisch konkretisiert werden.[342] **Im Falle der Vereinbarung einer betrieblichen Struktur gem. § 3** geht die h. M. zur Recht davon aus, dass der abweichende betriebsverfassungsrechtliche Zuschnitt keinen Einfluss auf den kündigungsrechtlich maßgeblichen Betriebsbegriff hat und die Sozialauswahl daher weiterhin allein nach Maßgabe des allgemeinen Betriebsbegriffs[343] durchzuführen ist.[344]

107 *(unbesetzt)*

108 Entsprechend der subjektiven Determination des Anhörungsverfahrens nach § 102 kommt es für dessen Wirksamkeit nur darauf an, dass der AG alle von ihm in den Vergleich einbezogenen AN dem BR mitteilt. **Objektive Fehlerhaftigkeit** der dem BR mitgeteilten Sozialauswahl (einschließlich deren gänzlicher Unterlassung) führt dann zur Unwirksamkeit der Kündigung gem. § 1 Abs. 3 KSchG, nicht jedoch wegen fehlerhafter Anhörung gem. Abs. 1 Satz 3. An dieser von ihm eingegrenzten Sozialauswahl muss der AG sich im Kündigungsschutzprozess fest-

334 *BAG* 8.12.22 – 6 AZR 32/22, NZA 23, 625, Rn. 23.
335 *LAG Nürnberg* 10.2.12 – 8 Sa 342/11, juris; *LAG Hamm* 6.4.11 – 6 Sa 2023/10, LAGE § 102 BetrVG 2001 Nr 13.
336 *BAG* 11.12.03 – 2 AZR 536/03, AiB 04, 257.
337 *Fitting*, Rn. 35.
338 *Fitting*, Rn. 35.
339 DDZ-*Deinert*, § 1 KSchG Rn. 495 ff.; vgl. jedoch *BAG* 15.12.94 – 2 AZR 320/94, DB 95, 878.
340 *LAG Hamm* 22.9.03 – 8 (19) Sa 1656/02, juris.
341 *LAG Berlin* 7.11.03 – 6 Sa 1391/03, NZA-RR 04, 353.
342 DDZ-*Deinert*, § 1 KSchG Rn. 517.
343 Dazu DDZ-*Deinert*, § 1 KSchG Rn. 18 ff.
344 *BAG* 31.5.07 – 2 AZR 276/06, AP Nr. 94 zu § 1 KSchG 1969 Soziale Auswahl, Rn. 18; 27.6.19 – 2 AZR 38/19, AP NR. 78 zu § 15 KSchG 1969, Rn. 26, m. Anm. *Deinert*; *Fitting*, § 3 Rn. 76; HWK-*Gaul*, § 3 BetrVG Rn. 33; NK-GA-*Kloppenburg*, § 3 Rn. 60; Richardi-*Richardi/Maschmann*, § 3 Rn. 68; HWGNRH-*Rose*, § 3 Rn. 113; *Valgolio*, AuR 19, 264.

halten lassen. Der AG, der für seine Sozialauswahl dem BR objektiv unrichtige Grundlagen mitgeteilt hat, kann dies nicht im Wege des Nachschiebens (Rn. 126 ff.) im Kündigungsschutzprozess heilen. Dies begegnet den gleichen Bedenken wie die Zulassung des Nachschiebens von nicht mitgeteilten Kündigungsgründen im Allgemeinen (Rn. 132). Im Falle der Sozialauswahl kommt hinzu, dass dem AG im Rahmen der grundsätzlichen Berücksichtigung der sozialen Gesichtspunkte ein von ihm allein zu bestimmender **Beurteilungsspielraum** hinsichtlich deren Gewichtung eingeräumt wird.[345] Die Nichtberücksichtigung weiterer einzubeziehender AN macht die getroffene Auswahlentscheidung unwirksam. Im Übrigen dürfte bei einer objektiv unrichtigen Sozialauswahl einem Nachschieben der richtigen Gesichtspunkte typischerweise jedenfalls die Tatsache entgegenstehen, dass der AG die Zusammensetzung seiner Belegschaft unter dem Aspekt der sozialen Vergleichbarkeit kennt. Ein Rechtsirrtum in dieser Frage führt nicht zu entschuldbarer Nichtkenntnis (vgl. Rn. 135).

109 *(unbesetzt)*

ee) Änderungskündigung

110 Der Betriebsrat ist auch vor jeder **Änderungskündigung** zu hören (Rn. 13, DKWF-*Bachner/Deinert,* § 102 Rn. 13).[346] Da der AG bereits vor Ausspruch einer Änderungskündigung dem AN ein Änderungsangebot unterbreiten muss,[347] muss der Betriebsrat auch über den Inhalt dieses Angebots informiert werden.[348] Dazu gehört auch die Information über eine beabsichtigte andere Eingruppierung des AN.[349] Das *BAG* hat allerdings offengelassen, ob das Gehalt bei Änderungskündigungen grundsätzlich mitzuteilen ist. Immerhin hat es allein ein Argument genannt, das dafürspricht: nur so lasse sich die Tragweite der Kündigung vollständig beurteilen.[350] Des Weiteren hat der AG den BR darüber zu informieren, wie er sich nach der Reaktion des AN auf dieses Änderungsangebot entschieden hat: ob er eine Beendigungskündigung oder eine Änderungskündigung ausspricht.[351] Will er eine **Beendigungskündigung** aussprechen, so gelten die allgemeinen Grundsätze (Rn. 69 ff.). Bleibt für den Betriebsrat offen, ob die Ablehnung des Änderungsangebotes die Beendigungskündigung zur Folge haben soll, so liegt keine ordnungsgemäße Anhörung des BR zu der vom AG ausgesprochenen Beendigungskündigung vor.[352] Spricht der AG eine **Änderungskündigung** aus, sind dem BR alle hierfür maßgebenden Gründe mitzuteilen, insbesondere die beabsichtigte Änderung der Arbeitsbedingungen und die Gründe für deren Zumutbarkeit im Verhältnis zu den bisherigen Arbeitsbedingungen des AN. Die Informationspflicht entfällt nicht, wenn der AN das Angebot zur Änderung der Arbeitsbedingungen unter Vorbehalt annehmen möchte[353] oder angenommen hat und hiergegen gem. § 2 KSchG klagt (vgl. Rn. 13; zur Weiterbeschäftigungspflicht nach Widerspruch des BR s. Rn. 280).[354] Unterrichtet der AG den BR nicht darüber, dass er im Falle der Ablehnung des Änderungsangebots eine Beendigungskündigung aussprechen will, liegt keine ordnungsgemäße Anhörung zu dieser Kündigung vor.[355] Zielt die Änderungskündigung auf eine Versetzung, so ist die Durchführung des Verfahrens nach § 99 nicht Voraussetzung für den Ausspruch der Änderungskündigung, wohl aber für die betriebliche Umsetzung der Versetzung (vgl. § 99 Rn. 99, 254 f.). Der BR ist auch über den **Termin** zu unterrichten, zu dem die Änderungskün-

345 *BAG* 15.6.89 – 2 AZR 580/88, EzA § 1 KSchG Soziale Auswahl Nr. 27.
346 Vgl. GK-*Raab,* Rn. 30, 104.
347 *BAG* 27.9.84 – 2 AZR 62/83, AP Nr. 8 zu § 2 KSchG 1969.
348 *BAG* 27.9.01 – 2 AZR 236/00, NZA 02, 750, Rn. 56; 30.11.89 – 2 AZR 197/89, EzA § 102 BetrVG 1972 Nr. 77; vgl. APS-*Koch,* Rn. 126; GK-*Raab,* Rn. 104.
349 *LAG Hamburg* 23.2.17 – 8 Sa 31/16, Rn. 42.
350 *BAG* 25.5.16 – 2 AZR 345/15, NZA 16, 1140, Rn. 34.
351 *LAG Hamm* 15.7.97 – 6 Sa 403/97, DB 97, 1722.
352 *BAG* 30.11.1989, a.a.O.; vgl. *Becker-Schaffner,* BB 91, 135.
353 A.A. *Fitting,* Rn. 11.
354 *BAG* 10.3.82 – 4 AZR 158/79, EzA § 2 KSchG Nr. 4; *Becker-Schaffner,* BB 91, 129, 135; *Hohmeister,* BB 94, 1777.
355 *LAG Hamm* 15.7.97 – 6 Sa 403/97, BB 97, 2053.

digung wirksam werden soll.[356] Soll die Änderungskündigung wegen dringender Sanierungsbedürftigkeit ausgesprochen werden, ist der BR über die **Ertragslage** des gesamten Betriebes zu informieren.[357]

Auch bei einer betriebsbedingten Änderungskündigung kommt es auf die **soziale Auswahl** an.[358] Dem BR sind die Informationen über diese soziale Auswahl in dem bei einer Beendigungskündigung üblichen **Umfang** (Rn. 104 ff.) mitzuteilen.[359] Bei reduziertem Arbeitskräftebedarf ist der AG nicht gezwungen, vorrangig eine oder mehrere Beendigungskündigungen zu erklären statt einer größeren Zahl von Änderungskündigungen. Das KSchG zwingt nicht dazu, stattdessen eine geringere Anzahl von Beendigungskündigungen auszusprechen.[360] Die beiden Kündigungsarten sind nach den §§ 1, 2 KSchG gleichberechtigt. Umgekehrt kann daher auch nicht statt einer Beendigungskündigung einer Mehrzahl von Änderungskündigungen verlangt werden. 111

ff) Massenkündigung

§ 102 gilt auch für **Massenkündigungen** (vgl. auch Rn. 351). Der AG hat die Kündigungsgründe genauso darzustellen wie bei einer Einzelkündigung (zur Notwendigkeit und Möglichkeit der Verlängerung der Anhörungsfrist des Abs. 2 s. Rn. 198 f.).[361] Werden in einem Betrieb grundsätzlich die **tariflichen Kündigungsfristen** angewandt, muss der AG nicht jede einzelne ausrechnen, sondern lediglich auf den Grundtatbestand – die Regel – hinweisen sowie mitteilen, in welchen Einzelfällen abweichende individuelle Kündigungsfristen – die Ausnahme – vereinbart worden sind.[362] Die objektiven **Schwierigkeiten** zur Durchführung eines korrekten Anhörungsverfahrens liegen im Falle einer Massenentlassung auf beiden Seiten. Für den AG kommt es darauf an, in jedem einzelnen Kündigungsfall alle kündigungsrelevanten Informationen einschließlich der sozialen Auswahl dem BR rechtzeitig mitzuteilen. Der BR seinerseits hat Probleme, eine Vielzahl von Kündigungsfällen in kurzer Zeit sachgerecht zu beraten. Diese Situation sollte für die Betriebsparteien in jedem Falle Veranlassung sein, sich einvernehmlich nicht nur auf eine Verlängerung der Frist (hierzu Rn. 198) sondern im Rahmen einer Regelungsabrede auf einen regelrechten **Zeitplan** zu verständigen. 112

gg) Außerordentliche Kündigung

Die Anhörungspflicht besteht uneingeschränkt auch bei einer **außerordentlichen Kündigung.** 113
Dem BR sind alle zur Begründung der Kündigung erforderlichen (bzw. vom AG für erforderlich gehaltenen, Rn. 80 f.) Gründe mitzuteilen. Dazu gehören insbesondere

- die den Kündigungsgrund tragenden Tatsachen;
- die die Unzumutbarkeit der Fortsetzung des Arbeitsverhältnisses begründenden Aspekte;
- der Inhalt der Anhörung des AN;
- die Elemente einer umfassenden Interessenabwägung (einschließlich etwaiger entlastender Umstände auf Seiten des AN);
- eine eventuell vorangegangene Abmahnung.
- Demgegenüber soll es **entbehrlich** sein, auf einen tarifvertraglichen[363] oder gesetzlichen[364] **Sonderkündigungsschutz** hinzuweisen. Das erscheint bedenklich, weil der BR sich auf diese Weise kein umfassendes Bild von der Kündigung machen kann.[365] Ebensowenig muss

---

356 *BAG* 29. 3. 90 – 2 AZR 420/89, EzA § 102 BetrVG 1972 Nr. 79.
357 *BAG* 11. 10. 89 – 2 AZR 61/89, BB 90, 1628.
358 *BAG* 13. 6. 86 – 7 AZR 623/84, EzA § 1 KSchG Soziale Auswahl Nr. 23; DDZ-*Wollgast,* § 2 KSchG, Rn. 187 ff.
359 *LAG Baden-Württemberg* 15. 10. 84 – 4 Sa 30/84, NZA 85, 126; APS-*Koch* Rn. 126.
360 *BAG* 19. 5. 93 – 2 AZR 584/92, NZA 93, 1075.
361 *Bitter*, NZA 91, 22; vgl. *LAG Bremen* 13. 12. 91 – 1 Sa 402/90, ZTR 92, 261.
362 *BAG* 24. 10. 96 – 2 AZR 895/95, DB 97, 630.
363 *BAG* 7. 5. 20 – 2 AZR 678/19, NZA 20, 1110, Rn. 16.
364 *BAG* 24. 11. 22 – 2 AZR 287/22, NZA 22, 1682, Rn. 11, für Personalratsanhörung.
365 I. E. wie hier *Bader*, jurisPR-ArbR 3/2023, Anm. 4.

der AG nach der Rspr. über die Wahrung der **Kündigungserklärungsfrist** nach § 626 Abs. 2 BGB unterrichten.[366]

Im Hinblick auf die Rspr. des *BAG* zum Fehlen sog. absoluter Kündigungsgründe[367] ist auch im Fall einer **strafbaren Handlung des AN** eine auf den Einzelfall bezogene Prüfung und Interessenabwägung dahingehend vorzunehmen, ob z. B. die Fortsetzung des Arbeitsverhältnisses trotz der wegen des Vermögenseingriffs auch bei Sachen von geringem Wert eingetretenen Vertrauensstörung (ggfs. beschränkt auf den Ablauf der Kündigungsfrist) zumutbar ist oder nicht. In die Interessenabwägung miteinzubeziehen ist hier in jedem Fall die Dauer des Arbeitsverhältnisses und dessen – bislang ggfs. störungsfreier – Verlauf. Hat das Arbeitsverhältnis über viele Jahre hinweg ungestört bestanden, ist eine genaue Prüfung dahingehend vorzunehmen, ob die sich dadurch verfestigte Vertrauensbeziehung durch eine erstmalige Enttäuschung des Vertrauens vollständig und unwiederbringlich zerstört werden konnte. Auch hierüber ist der BR zu unterrichten, damit dieser ohne zusätzliche eigene Nachforschungen in die Lage versetzt wird, die Stichhaltigkeit der Kündigungsgründe zu prüfen.

Im Falle einer außerordentlichen Kündigung kann der BR lediglich Bedenken (Rn. 181) innerhalb einer Frist von drei Tagen (Rn. 184) äußern.

114 Ausnahmsweise kann der AG außerordentlich mit einer **sozialen Auslauffrist** kündigen.[368] So kann im Falle eines **tariflichen Ausschlusses der ordentlichen Kündigung** bei einer Betriebsstilllegung ausnahmsweise eine außerordentliche Kündigung unter Einhaltung der gesetzlichen oder tariflichen Kündigungsfrist ausgesprochen werden.[369] In einem solchen Falle reicht es nicht aus, wenn der AG dem BR lediglich mitteilt, zu welchem Zeitpunkt er zu kündigen gedenke. Vielmehr ist die Anhörung nur wirksam, wenn die Art der gewählten Kündigung (Rn. 11 ff.) mitgeteilt wird.[370] Allerdings soll nach neuerer Rspr. des BAG eine Mitteilung über einen eventuellen Sonderkündigungsschutz des AN entbehrlich sein (Rn. 113).

115 Soweit gegenüber dem **besonders geschützten Personenkreis des § 15 KSchG** (Funktionsträger der Betriebsverfassung, Wahlvorstandsmitglieder, Wahlbewerber (vgl. hierzu näher die Kommentierung zu § 103) ein besonderer Kündigungsschutz besteht, ist zu unterscheiden: Wenn eine außerordentliche Kündigung nur nach vorheriger Zustimmung des BR gem. § 103 zulässig ist, hat der AG das Verfahren nach dieser Vorschrift durchzuführen (§ 103 Rn. 23 ff.). Sobald innerhalb des Systems des abgestuften Kündigungsschutzes für diesen Personenkreis[371] nur eine außerordentliche Kündigung, diese aber ohne Zustimmung des BR zulässig ist, ist gem. § 102 zu verfahren.[372] Entfällt das Erfordernis der Zustimmung nach § 103 kann (und muss wegen § 626 Abs. 2 BGB) der AG auch während eines laufenden Beschlussverfahrens sofort kündigen. Eine Anhörung des BRs ist entbehrlich, wenn der AG die Kündigung unverändert auf dieselben Gründe stützt.[373] Hat der AG in einem betriebsratlosen Betrieb einem Wahlbewerber gekündigt und betreibt er ein Beschlussverfahren zur Erlangung der Zustimmung zu dieser Kündigung, so muss er bei einer erneuten Kündigung nach erfolgter Wahl den neu gewählten BR gem. § 102 anhören.[374] Wird von einer Kündigungsmöglichkeit im Zusammenhang mit einer Betriebsstilllegung gem. § 15 Abs. 4 und 5 KSchG Gebrauch gemacht, so gehört zur Anhörung des BR die Information über das genaue Datum der Betriebsstilllegung.[375]

116 Will der AG zugleich mit der außerordentlichen Kündigung **hilfsweise vorsorglich die ordentliche Kündigung** erklären, muss er dies dem BR bei der Anhörung mitteilen, sonst kann bei

---

366 *BAG* 7.5.20 – 2 AZR 678/19, NZA 20, 1110; Hako-BetrVG/*Braasch*, Rn. 69; a. A. *LAG Hamm* 29.5.09 – 13 Sa 1452/08.

367 *BAG* 10.6.10 – 2 AZR 541/09, AP Nr. 229 zu § 626 BGB; 20.6.13 – 2 AZR 546/12, AP Nr. 244 zu § 626 BGB; 21.6.12 – 2 AZR 153/11, AP Nr. 66 zu § 1 KSchG 1969 Verhaltensbedingte Kündigung.

368 *BAG* 29.8.91 – 2 AZR 59/91, EzA § 102 BetrVG 1972 Nr. 82.

369 *BAG* 28.3.85 – 2 AZR 113/84, AP Nr. 86 zu § 626 BGB.

370 *BAG* 29.8.91, a. a. O.

371 Vgl. DDZ-*Deinert*, § 15 KSchG Rn. 5 ff.

372 Zu Anhörungsgrundsätzen für den Fall, dass unklar ist, ob § 102 oder § 103 einschlägig ist *Zumkeller, NZA 01, 823.*

373 *BAG* 16.11.17 – 2 AZR 14/17, NZA 18, 240; *BAG* 1.10.20 – 2 AZR 238/20, NZA 20, 1639, Rn. 15.

374 *BAG* 30.5.78 – 2 AZR 637/76, EzA § 102 BetrVG 1972 Nr. 34.

375 *LAG Bremen* 10.6.86 – 4 Sa 339/85, LAGE § 102 BetrVG 1972 Nr. 19.

materieller Unwirksamkeit der außerordentlichen Kündigung die ordentliche Kündigung nicht wirksam werden.[376] Die **Umdeutung** einer außerordentlichen in eine ordentliche Kündigung ist nur dann zulässig, wenn der AG den BR darauf hingewiesen hat, die fristlose Kündigung solle jedenfalls vorsorglich auch als ordentliche Kündigung gelten. Von der Notwendigkeit der vorsorglichen Anhörung des BR wird lediglich dann Abstand genommen, wenn der BR der beabsichtigten außerordentlichen Kündigung **vorbehaltlos zugestimmt** hat und aus den Umständen geschlossen werden kann, er wäre einer ordentlichen Kündigung keinesfalls entgegengetreten (vgl. Rn. 71). Dies ist jedoch dann nicht möglich, wenn der BR der außerordentlichen Kündigung ausdrücklich nicht zugestimmt, dagegen Bedenken oder gar Widerspruch erhoben oder sich auch einer Stellungnahme enthalten hat.[377] Für die Frage, ob der BR auch eine vorsorglich ordentliche Kündigung gebilligt hätte, ist auf seinen Kenntnisstand zur Zeit der Anhörung abzustellen. Keine ausreichende BR-Anhörung liegt vor, wenn der AG den BR **zunächst zu** einer beabsichtigten **ordentlichen Kündigung** anhört und danach eine außerordentliche Kündigung ausspricht. Letztere kann dann auch nicht unter Hinweis auf die zu einer ordentlichen Kündigung erfolgte Anhörung in eine ordentliche Kündigung umgedeutet werden. Das ausgesprochene Rechtsgeschäft und damit auch das Ersatzgeschäft beruhen auf einem anderen Kündigungsentschluss als das ursprünglich im Anhörungsverfahren beabsichtigte Rechtsgeschäft (vgl. auch Rn. 71).

hh) Verdachtskündigung

Lassen sich Vorwürfe gegen einen AN nicht beweisen, billigt das *BAG* dem AG ausnahmsweise das Recht zu einer **Verdachtskündigung** zu.[378] Die Einstellung eines staatsanwaltschaftlichen Ermittlungsverfahrens nach § 170 Abs. 2 StPO steht einer Verdachtskündigung nicht entgegen, weil es bei einer Verdachtskündigung gerade nicht um eine bewiesene Straftat geht.[379] Vor Ausspruch einer Verdachtskündigung muss der AG alle ihm zumutbaren Anstrengungen zur Aufklärung des Kündigungssachverhalts unternehmen. Unterlässt er dies, ist die Kündigung unwirksam. Im Rahmen des Anhörungsverfahrens sind dem BR alle dem AG bekannten Verdachtsmomente, seine vergeblichen Bemühungen zur Wahrheitsfindung und die Umstände darzulegen, aus denen sich für den AG die Unzumutbarkeit der Weiterbeschäftigung wegen des bloßen Verdachtes ergibt.[380] Eventuelle Tatzeugen sind zu benennen. Insb. ist über Tatsache und Ergebnis der Anhörung des AN zu informieren.[381] Dem BR sind aber auch die dem AG bekannten, den AN erkennbar entlastenden Umstände mitzuteilen.[382] Er ist auch über den Inhalt der Anhörung des AN zu unterrichten. Hat der AG den BR zunächst nur zu einer außerordentlichen oder einer ordentlichen verhaltensbedingten Kündigung wegen eines Vorwurfs (wozu er verpflichtet ist[383]) gehört, so kann er bei dessen späterer Nichterweislichkeit die Kündigung nicht auf den bloßen Verdacht stützen, wenn er den BR hierzu nicht ausdrücklich gehört hat.[384] Wird die Kündigung zunächst nur auf den Verdacht gestützt und entsprechend informiert, so ist bei späterer Erweislichkeit der Verdachtsmomente eine erneute Anhörung zu einer Kündigung wegen der Tat als solcher im Regelfall nicht nötig. Voraussetzung ist allerdings, dass der BR zu sämtlichen Umständen, auf die der Tatvorwurf gegründet wird, angehört wurde.[385] 117

---

376 *BAG* 16.3.78 – 2 AZR 424/76, EzA § 102 BetrVG 1972 Nr. 32; vgl. Rn. 71; GK-*Raab*, Rn. 67.
377 *BAG* 16.3.78, a.a.O.
378 *BAG* 26.3.92 – 2 AZR 519/91, EzA § 626 BGB Verdacht strafbarer Handlung Nr. 4 m. krit. Anm. *Kittner*; zuletzt zur ordentlichen Verdachtskündigung *BAG* 31.1.19 – 2 AZR 426/18, NZA 19, 893; vgl. auch krit. DDZ-*Däubler*, § 626 BGB Rn. 258ff.
379 *LAG Köln* 6.7.18 – 9 TaBV 47/17, NZA-RR 18, 599.
380 Vgl. KR-*Rinck*, Rn. 103.
381 *Fischer*, BB 03, 522, 523; *Griese*, BB 90, 1901.
382 *LAG Nürnberg* 22.6.10 – 5 Sa 820/08, juris.
383 *BAG* 13.3.08 – 2 AZR 961/06, AP Nr. 43 zu § 626 BGB Verdacht strafbarer Handlung.
384 *BAG* 16.7.15 – 2 AZR 85/15, NZA 16, 161, Rn. 25; 2.3.89 – 2 AZR 280/88, EzA § 626 BGB n.F. Nr. 118; 3.4.86 – 2 AZR 324/85, EzA § 102 BetrVG 1972 Nr. 63; *Griese*, BB 90, 1901; *Fitting*, Rn. 44; GK-*Raab*, Rn. 100; KR-*Rinck*, Rn. 103; a.A. *Dörner*, AiB 93, 165.
385 *BAG* 10.6.10 – 2 AZR 541/09, DB 2010, 2395, Rn. 24.

ii) Nichtgeltung des KSchG, Wartezeitkündigung

118 Auch wenn das **KSchG** nicht anwendbar ist, (vgl. Rn. 6, 8), sind an die Unterrichtungspflicht des AG gegenüber dem BR im Grundsatz keine geringeren Anforderungen zu stellen als bei einer Kündigung, gegen die der AN gem. §§ 1 ff. KSchG geschützt ist.[386] Die kollektivrechtliche Pflicht zur Angabe der Kündigungsgründe gegenüber dem Betriebsrat wird dadurch nicht ausgeschlossen. Insbesondere führt eine bewusst wahrheitswidrige Information über den Kündigungsgrund zur Unwirksamkeit der Anhörung und damit der Kündigung (Rn. 85). Bei Nichtanwendbarkeit des KSchG gibt es jedoch keine gesetzlichen Anforderungen an die Rechtfertigung einer ordentlichen Kündigung. Die Substantiierungspflicht hinsichtlich der Kündigungsgründe gegenüber dem BR ist demgemäß nicht an den objektiven Merkmalen der noch nicht erforderlichen Kündigungsgründe nach § 1 KSchG, sondern daran zu messen, welche **konkreten Umstände oder subjektiven Vorstellungen** zum Kündigungsentschluss geführt haben.[387] Hat der AG keine Gründe oder wird sein Kündigungsentschluss allein von subjektiven, durch Tatsachen nicht belegbaren Vorstellungen bestimmt, so reicht die Unterrichtung über diese Vorstellungen aus.[388] Nach der Rspr. des BAG muss der AG den BR dann auch nicht über den Tatsachenkern, der dem subjektiven Werturteil ggf. zugrunde liegt, unterrichten.[389] Dieselben Grundsätze gelten für die Anhörung zur Kündigung eines Berufsbildungsverhältnisses während der Probezeit.[390] Wird die Kündigung demgegenüber nicht auf ein Werturteil, sondern auf substantiierbare Tatsachen gestützt, so sind dem BR die – i. d. R. verhaltensbedingten, betriebsbedingten oder personenbedingten – Gründe mitzuteilen. Wenn der Betriebsrat in die Lage versetzt werden soll, ohne zusätzliche eigene Nachforschungen die Stichhaltigkeit der Kündigungsgründe zu prüfen und sich über eine Stellungnahme schlüssig zu werden, kann er seine Aufgabe nur wahrnehmen, wenn ihm in all diesen Fällen auch der Lebenssachverhalt mitgeteilt wird, der der Kündigungsentscheidung zugrunde liegt. Es ist aber auch der – allerdings lebensfremde – Fall denkbar, dass die Kündigung ohne jeden äußeren Anlass aufgrund einer Spontanentscheidung erfolgt. Für den AG ergibt sich jedenfalls bei einer anlasslosen Kündigung das Risiko, dass er mit einer völlig unsubstantiierten Begründung selbst den Verdacht begründet, nicht nur aus mit Tatsachen belegbaren, sondern aus von der Rechtsordnung missbilligten Gründen (z. B. §§ 138, 242 BGB) gekündigt zu haben.[391]

119 Die vorstehenden Ausführungen gelten auch dann, wenn das Arbeitsverhältnis mangels **Erfüllung der Sechs-Monatsfrist** nicht dem KSchG unterliegt. Der AG genießt in diesem Zeitraum zwar grundsätzlich Kündigungsfreiheit, sodass er im Kündigungsschutzprozess nicht, jedenfalls nicht primär gehalten ist, die Kündigung näher zu begründen. Hierdurch wird jedoch seine kollektivrechtliche Pflicht, seine Kündigungsentscheidung gegenüber dem BR zu begründen, nicht ausgeschlossen. Der BR muss auch in dieser Situation in die Lage versetzt werden, den AG ggf. durch bessere Argumente von seiner Kündigungsentscheidung abzubringen.[392] Der AG muss aber die für ein Werturteil, auf das er sich stützt, zugrundeliegende Tatsachengrundlage nicht benennen (Rn. 84).[393] Indes reicht die Mitteilung des rein formalen Auslösers für die Kündigung – z. B. die bloße Existenz eines Prozesses des AN gegen den AG mit noch ungewissem Ausgang – nicht aus. Die bloße Angabe des Kündigungsentschlusses ist keinen Ar-

386 *BAG* 3.12.98 – 2 AZR 234/98, DB 99, 1172; 22.4.10 – 6 AZR 828/08, AP Nr. 2 zu Art 77 LPVG Bayern; *Fitting*, Rn. 47.
387 *BAG* 23.4.09, NZA 09, 959, 960; 3.12.98 – 2 AZR 234/98, NZA 99, 477; 18.5.94 – 2 AZR 920/93, BB 94, 1783; *Fitting*, Rn. 47 f.; APS-*Koch*, Rn. 106; Richardi-*Thüsing*, Rn. 67.
388 *BAG* 11.7.91 – 2 AZR 119/91, 8.9.88 – 2 AZR 103/88, EzA § 102 BetrVG 1972 Nrn. 81, 73.
389 *BAG* 12.9.13 – 6 AZR 121/12, DB 13, 2746.
390 *BAG* 19.11.15 – 6 AZR 844/14, BB 16, 381, Rn. 31.
391 *BAG* 8.9.88 – 2 AZR 103/88, § 102 BetrVG 1972 Nr. 73; zur Geltendmachung solcher auch verfassungsrechtlich gebotenen Kündigungsgründe vgl. DDZ-*Däubler*, § 242 BGB Rn. 40 ff.; *Kittner*, NZA 98, 731.
392 *LAG Hessen* 14.3.11 – 16 Sa 1477/10, juris; *LAG Mecklenburg-Vorpommern* 14.3.18 – 3 Sa 196/17, EzTöD 100 § 34 Abs. 1 TVöD-AT Wartezeit Nr. 14.
393 *LAG Mecklenburg-Vorpommern* 11.8.20 – 5 Sa 66/20, NZA-RR 20, 588.

gumenten des BR zugänglich.[394] Allerdings ist der AG nicht verpflichtet, über solche Umstände zu unterrichten, auf die es für seinen Kündigungsentschluss überhaupt nicht ankam; das kann je nach Lage des Falles auch Unterhaltspflichten oder das Lebensalter des ANs betreffen.[395]
(unbesetzt) 120

3. Zeitpunkt der Unterrichtung

a) Grundsätze, zeitliche Nähe zum Kündigungstermin

Die Anhörung des BR muss in jedem Falle **vor Ausspruch der Kündigung** erfolgen. Diesem 121
Erfordernis wird nicht ausreichend Rechnung getragen, wenn der AG seinen Kündigungswillen bereits vor der abschließenden Stellungnahme des BR (Rn. 176) oder vor Ablauf der Wochenfrist für eine ordentliche (Abs. 2 Satz 1) oder der Dreitagesfrist für eine außerordentliche **Kündigung** (Abs. 2 Satz 3) **verwirklicht** hat (vgl. Rn. 64).[396] Eine vor Abschluss des Anhörungsverfahrens ausgesprochene Kündigung ist gem. Abs. 1 Satz 3 **unheilbar nichtig** (s. Rn. 253).[397] Kündigt der AG nach Eingang der BR-Stellungnahme bzw. nach Ablauf der Frist erneut, ist der BR erneut zu hören (Rn. 59).[398] Auf die Kenntnis des BR von der ersten nichtigen Kündigung kann es dabei nicht ankommen. Die Anhörung muss vor jeder Kündigung erfolgen.

Andererseits ist für die Einleitung des Anhörungsverfahrens ein aktueller Kündigungsent- 121a
schluss des AG erforderlich. Der AG darf den BR nicht schon zu einem Zeitpunkt unterrichten und damit das Anhörungsverfahren einleiten wollen, in dem die Kündigung noch nicht aktuell, d. h. die künftige Entwicklung, die zu einer Kündigung führen könnte, noch nicht sicher abzusehen ist. Hier kann der BR noch nicht sachgerecht prüfen, ob Widerspruchsgründe i. S. v. § 102 Abs. 3 in Betracht kommen. Eine solche »Anhörung auf Vorrat« genügt den Vorgaben des § 102 Abs. 1 nicht.[399] Der BR wird hier nur als Gutachter tätig und kann sich letztlich nur zu einem fiktiven Sachverhalt äußern.[400] Der AG kann aber offenlassen, ob er angesichts der mitgeteilten Tatsachen eine Beendigungskündigung oder eine Änderungskündigung erklären möchte.[401] Der AG kann das Anhörungsverfahren daher nicht wirksam einleiten, wenn er seinen Kündigungsentschluss von einem bestimmten künftigen Verhalten des ANs abhängig machen will. Dies gilt z. B. im Falle einer vorsorglichen Anhörung des BR zu einer beabsichtigten Änderungskündigung, für den Fall, dass der AN einer Versetzung nicht zustimmt.[402]

Der **Kündigungswille ist verwirklicht,** wenn das Kündigungsschreiben den Machtbereich 122
des AG verlassen hat.[403] Das ist der Zeitpunkt, zu dem das Kündigungsschreiben dem AN ausgehändigt oder zur Post gegeben worden oder in der Hauspost in den Verfügungsbereich des Empfängers gelangt ist. Auf die Frage, ob und wann der AG seinen Kündigungswillen abschließend für sich selbst gebildet hat, kommt es nicht an (Rn. 64). Da das Anhörungsverfahren nur für die Kündigung Wirksamkeit entfaltet, für die es eingeleitet worden ist, folgt hieraus zugleich, dass es auf jeden Fall immer dann einer erneuten Anhörung bedarf, wenn der AG die Kündigung verwirklicht hat und er nunmehr eine erneute Kündigung aussprechen will. Das gilt auch dann, wenn der AG die Kündigung auf den gleichen Sachverhalt stützen will, so z. B. dann wenn Bedenken hinsichtlich der ersten Kündigung bestehen.[404] Sofern der AG die Kündigung mündlich erklärt, ist der Kündigungswille mit Ausspruch erklärt. Da die Kündigung dann aber

394 *BAG* 16.9.04 – 2 AZR 511/03, AiB 05, 36, *LAG Schleswig-Holstein* 3.11.04 – 3 Sa 159/04, NZA-RR 05, 310.
395 *BAG* 23.4.09 – 6 AZR 516/08, NZA 09, 959, 961.
396 *BAG* 11.7.91 – 2 AZR 119/91, 13.11.75 – 2 AZR 610/74, EzA § 102 BetrVG 1972 Nrn. 81, 20.
397 *BAG* 1.4.76 – 2 AZR 179/75, EzA § 102 BetrVG 1972 Nr. 23.
398 Vgl. *LAG Köln* 25.8.95 – 13 Sa 367/95, NZA-RR 96, 373.
399 *BAG* 27.11.03 – 2 AZR 654/02, AP Nr. 136 zu § 102 BetrVG 1972; 17.3.16 – 2 AZR 182/15, AP Nr. 26 zu § 1 KSchG 1969 Namensliste.
400 *BAG* 22.4.10 – 2 AZR 991/08, NZA-RR 10, 583, Rn. 14; 17.3.16 – 2 AZR 182/15, NZA 16, 1072, Rn. 17.
401 *BAG* 17.3.16, a. a. O., Rn. 18.
402 *LAG Rheinland-Pfalz* 16.12.15 – 4 Sa 26/15, juris.
403 *BAG* 8.4.03 – 2 AZR 515/02, NZA 03, 961; krit. *Reiter,* NZA 03, 954.
404 *BAG* 10.11.05 – 2 AZR 623/04, NZA 06, 491.

gem. §§ 623, 125 BGB nichtig ist, bedarf eine dann notwendig werdende erneute Kündigung allerdings erneut der Betriebsratsanhörung (vgl. insg. Rn. 59).

123 Vor Ausspruch der Kündigung kann der AG seine Informationen gegenüber dem BR jederzeit **ergänzen.**[405] Hierfür ist es unerheblich, ob er dies aus eigenem Antrieb oder auf Nachfrage des BR tut.[406] Allerdings können nachträgliche Informationen dazu führen, dass die Frist zur Anhörung des BR neu zu laufen beginnt (Rn. 130).

124 Erfolgt die Kündigung **vor Ablauf** der in Abs. 2 genannten Fristen, hängt ihre betriebsverfassungsrechtliche Wirksamkeit davon ab, ob zuvor eine **abschließende Stellungnahme** des BR vorlag (Rn. 176).

125 **Nach Ablauf** der Fristen ist die Kündigung unabhängig davon betriebsverfassungsrechtlich möglich, ob und wie der BR Stellung nimmt. Die Kündigung muss dann in **engem zeitlichem Zusammenhang** zu der Anhörung des BR erfolgen. Entscheidend ist, ob noch von einer **Anhörung zu einer bestimmten Kündigung** gesprochen werden kann (eingehend Rn. 60 ff., 72 f.; zur Möglichkeit der Fristverlängerung s. Rn. 198; zur Kündigung nach Verwaltungsgerichtsverfahren um die Zustimmung des Integrationsamtes Rn. 75).[407] Ein Anhörungsverfahren kann nur für die Kündigung Wirksamkeit entfalten, für die es eingeleitet worden ist.[408] Eine erneute Anhörung des BR kann aber in ausdrücklicher Bezugnahme auf die bereits gelieferten Informationen erfolgen (vgl. Rn. 162).

125a Die Betriebsratsanhörung ist zu wiederholen, wenn sich nach Durchführung der ersten Anhörung, aber vor Ausspruch der Kündigung der dem Betriebsrat im ersten Anhörungsverfahren unterbreitete Sachverhalt in wesentlichen Punkten zugunsten des ANs geändert hat.[409] Das ist z. B. dann der Fall, wenn bei einer auf zahlreiche einzelne Vorwürfe gestützten Kündigung dem Betriebsrat mitgeteilt wird, der AN habe sich auf eine schriftliche Anhörung nicht geäußert, und der AN kurz darauf im Rahmen einer Verhandlung vor dem Integrationsamt eine umfangreiche schriftliche Stellungnahme abgibt.[410] Hiervon zu unterscheiden ist das Nachschieben von Kündigungsgründen (vgl. Rn. 126 ff.).

b) Nachschieben von Kündigungsgründen

126 Mit dem Grundsatz, dass die Anhörung des BR vor Ausspruch einer Kündigung zu erfolgen hat, ist es unvereinbar, dass nach ihrem Ausspruch zunächst nicht genannte **Kündigungsgründe nachgeschoben** werden. Hierunter versteht man die Einführung neuer kündigungsrelevanter Tatsachen, also die Mitteilung eines neuen bzw. die Erweiterung des bereits mitgeteilten Lebenssachverhalts, nicht die bloße Erläuterung der bereits genannten (Rn. 127). In dieser Hinsicht unterscheiden sich die Anforderungen des § 102 vom materiellen Kündigungsrecht: Zur Rechtfertigung einer Kündigung wird es dem AG zugebilligt, auch vor der Kündigung entstandene Gründe nachträglich vorzubringen, die er zunächst zur Begründung der Kündigung nicht angegeben hat, und zwar unabhängig davon, ob er sie kannte oder nicht.[411] Davon kann der AG aber nur Gebrauch machen, wenn kein BR besteht. Die Anhörungspflicht des § 102 unterwirft dem BR nicht mitgeteilte Tatsachen einem grundsätzlichen **Verwertungsverbot.**[412] Es können folgende sechs **Fallkonstellationen** unterschieden werden:

- Kein »Nachschieben«, sondern Erläuterung der genannten Gründe (Rn. 127);
- vor Anhörung entstandene, dem AG bekannte Gründe (Rn. 129);
- vor Anhörung entstandene, dem AG nach Anhörung, aber noch vor Ausspruch der Kündigung bekannt gewordene Gründe (Rn. 130);
- nach Anhörung, aber noch vor Kündigung entstandene und vor Kündigung bekannt gewordene Gründe (Rn. 131);

---

405 *BAG* 6. 2. 97 – 2 AZR 265/96, DB 97, 1284.
406 *BAG* 6. 2. 97, a. a. O.
407 Vgl. *BAG* 21. 8. 90 – 1 AZR 576/89, NZA 91, 392.
408 *BAG* 11. 10. 89 – 2 AZR 88/89, EzA § 102 BetrVG 1972 Nr. 78.
409 *BAG* 20. 1. 00 – 2 AZR 378/99, AP Nr. 38 zu § 1 KSchG 1969 Krankheit; 11. 3. 98 – 2 AZR 401/97, juris.
410 *LAG Baden-Württemberg* 16. 9. 15 – 17 Sa 48/14, juris.
411 *BAG* 18. 1. 80 – 7 AZR 260/78, 17. 8. 72 – 2 AZR 415/71, EzA § 626 BGB n. F. Nrn. 72, 22.
412 Vgl. KR-*Rinck*, Rn. 240, 250.

- vor Kündigung entstandene und nach Kündigung bekannt gewordene Gründe (Rn. 132);
- nach Kündigung entstandene Gründe (Rn. 128).

Vom Nachschieben von Kündigungsgründen zu unterscheiden ist die **Substantiierung** der bereits genannten Kündigungsgründe. Das *BAG* lässt die Einführung von Tatsachen in den Kündigungsschutzprozess auch ohne vorherige Anhörung des BR zu, wenn diese lediglich der **Erläuterung und Konkretisierung** der dem BR mitgeteilten Kündigungsgründe dienen.[413] Auf die Kenntnis oder Nichtkenntnis des AG von solchen Tatsachen kommt es dabei nicht an. Die neuen Tatsachen dürfen weder zusätzliche Kündigungsgründe noch Vorwürfe enthalten, die den bisherigen Vortrag erst zu einem kündigungsrechtlich relevanten Kündigungsgrund machen oder ihm erheblich mehr Gewicht verleihen.[414] Das *BAG* verdeutlicht dies folgendermaßen: Nennt der AG gegenüber dem BR als Kündigungsgrund, der AN habe unentschuldigt an zwei Tagen gefehlt, so bedeute die spätere Angabe der Daten der Fehltage eine bloße Konkretisierung. Trage er dagegen im Prozess vor, der AN habe an sieben Montagen hintereinander ohne Entschuldigung gefehlt, dann werde der ursprünglich genannte Kündigungsgrund unzulässig erweitert. Die Einführung früherer Vorfälle, die den Kündigungsgrund unterstreichen sollen, insbesondere einer Abmahnung, geht über eine bloße Konkretisierung hinaus.[415] Es ist immer dann von »Nachschieben« auszugehen, wenn die fraglichen Tatsachen Bedeutung für die materielle Kündigungsbegründung haben. Insofern ist es insbesondere keine bloße »Substantiierung« mehr, wenn die neuen Tatsachen benötigt werden, um dem Gericht eine umfassende Interessenabwägung zu ermöglichen. In einem solchen Fall ist auf der Grundlage der *BAG*-Rspr. zum »Nachschieben« zu verfahren: unzulässig bei Kenntnis des AG (Rn. 129); zulässig bei vorheriger Unkenntnis des AG (Rn. 132); nach hier vertretener Ansicht allerdings ebenfalls unzulässig (vgl. Rn. 133). Problematisch ist insoweit auch, wenn die Rechtsprechung einen ergänzenden Vortrag zur Sozialauswahl ohne BR-Anhörung zulässt, denn in Wirklichkeit handelt es sich um ein echtes Nachschieben von Kündigungsgründen (Rn. 104). Angesichts der Schwierigkeit und Problematik der Abgrenzung im Einzelnen, ist die Einführung neuer Tatsachen im Zweifelsfall als Fall des »Nachschiebens« zu behandeln.[416] Die vom *BAG*[417] zugelassene bloße **»Aufhellung«** der Kündigungsgründe durch Tatsachen, die **nach Ausspruch der Kündigung entstanden** sind, ist außerordentlich problematisch. Denn dies ist unvereinbar mit der Bewertung der Kündigung als einseitiges Rechtsgeschäft im Zeitpunkt ihres Zugangs. Soweit ein derartiges »Nachschieben« ausnahmsweise für zulässig angesehen wird, soll es jedenfalls nicht ohne erneute Anhörung des BR (Rn. 132) möglich sein.[418] 127

Eine Kündigung kann sich nur auf Gründe stützen, die im **Zeitpunkt des Zugangs der Kündigung bereits existent** waren. Später entstehende Tatsachen können zu ihrer Begründung nicht mehr nachgeschoben werden. Diese materielle Rechtslage führt unabhängig von § 102 stets zur Unbeachtlichkeit derartiger Tatsachen im Kündigungsschutzprozess. 128

Ausgeschlossen ist das Nachschieben von Gründen, die vor der Anhörung des BR entstanden sind und von denen der **AG Kenntnis** hatte (zur dem AG zuzurechnenden Kenntnis s. Rn. 135).[419] Will der AG z. B. eine krankheitsbedingte Kündigung im Kündigungsschutzprozess zur Darlegung unzumutbarer wirtschaftlicher Belastungen auf die Höhe der Entgeltfortzahlungskosten stützen, so muss er dem BR im Anhörungsverfahren Angaben zu den aufgelaufenen Entgeltfortzahlungskosten machen. Andernfalls kann er sich im Prozess nicht auf die Höhe der Entgeltfortzahlungskosten zur Begründung einer solchen Belastung stützen. Der BR ist nicht verpflichtet, die Vergütungshöhe selbst zu ermitteln und sich die Entgeltfortzahlungskosten selbst auszurechnen.[420] Das gilt selbst dann, wenn der BR auf Grund der ihm 129

413 *BAG* 11.4.85 – 2 AZR 239/84, 18.12.80 – 2 AZR 1006/78, EzA § 102 BetrVG 1972 Nrn. 62, 44; GK-*Raab*, Rn. 195.
414 *BAG* 18.12.80, a.a.O.
415 KR-*Rinck*, Rn. 239.
416 Zur Kritik der ganzen Unterscheidung vgl. *Höland*, ZIP 82, 147 ff.; *Schwerdtner*, ZIP 81, 815.
417 *BAG* 28.10.71 – 2 AZR 15/71, EzA § 626 BGB n.F. Nr. 9.
418 Vgl. KR-*Rinck*, Rn. 249.
419 *BAG* 18.12.80 – 2 AZR 1006/78, EzA § 102 BetrVG 1972 Nr. 44; vgl. *Fitting*, Rn. 43; GK-*Raab*, Rn. 198; KR-*Rinck*, Rn. 243.
420 *LAG Schleswig-Holstein* 1.9.04 – 3 Sa 210/04, NZA-RR 04, 635.

mitgeteilten Gründe der Kündigung zugestimmt hat.[421] Der AG kann den BR in einem solchen Fall wegen der nachzuschiebenden Gründe auch nicht nachträglich beteiligen.[422] Maßgeblich ist die Kenntnis des Kündigungsberechtigten. Bei juristischen Personen ist dies der gesetzliche Vertreter. Ist ein Vertreter selbst insoweit in ein Delikt des AN verstrickt, dass er fürchten muss, selber Nachteile zu erleiden, wenn der Kündigungssachverhalt offenbart wird, kommt es ausnahmsweise auf einen anderen nicht verstrickten Vertreter an.[423]

130 Tatsachen, die vor Anhörung des BR entstanden, dem AG aber noch **vor Ausspruch der Kündigung bekannt** sind, können gleichfalls nicht nachgeschoben werden.[424] Will der AG mit solchen Tatsachen zur Begründung der Kündigung nicht ausgeschlossen werden, muss er den BR erneut anhören. In einem solchen Fall fängt die Wochenfrist des Abs. 2 Satz 1 erneut an zu laufen, denn der AG kann die Frist nicht hinsichtlich einzelner Gründe verkürzen.[425] Bei der ergänzenden Information können für den AG nur **kündigungsberechtigte Personen** bzw. ausdrücklich hierzu autorisierte Vertreter handeln.[426]

131 Tatsachen, die zwar erst **nach Anhörung des BR** entstanden, aber dem AG noch **vor Kündigung bekannt** geworden sind, können ebenfalls nur verwertet werden, wenn der AG den BR vorher dazu hört. Die Anhörung muss dann für diesen Sachverhalt erst noch durchgeführt werden, bevor die Kündigung ausgesprochen wird.

132 Den problematischsten Fall bilden Tatsachen, die, sei es vor, sei es nach Anhörung des BR, aber jedenfalls **vor der Kündigung entstanden** und dem **AG erst später bekannt** geworden sind. Das *BAG* lässt in diesem Falle ein Nachschieben, d. h. eine ergänzende Begründung der bereits ausgesprochenen Kündigung, zu, wenn der BR erneut unter Wahrung der Fristen des Abs. 2 gehört wird (ständ. Rspr.).[427] Die Hauptbegründung geht dahin, dass solche Kündigungsgründe nicht ohne Zustimmung des BR eingeführt werden können, mithin der Schutzzweck des § 102 Abs. 1 gewahrt bleibe. Zwar sei es für den AG von Vorteil, **keine erneute Kündigung nach Bekanntwerden neuer Kündigungsgründe** aussprechen zu müssen. Jedoch gebiete es die Prozessökonomie, Streitigkeiten um die Wirksamkeit einer Kündigung möglichst in einem Kündigungsschutzprozess zu konkretisieren und mehrere Rechtsstreitigkeiten zu vermeiden.[428] Auf dem Boden dieser Rspr. wird mindestens verlangt, dass dem BR bei der nachgeschobenen Anhörung insb. auch die Tatsache des Nachschiebens mitgeteilt wird.[429]

133 Die **Rspr. des *BAG*** zur betriebsverfassungsrechtlichen Möglichkeit des Nachschiebens ist **abzulehnen:**[430]

- Die Prozessökonomie kann nicht darüber entscheiden, was materiell-rechtlich richtig ist.[431]
- Eine erneute Kündigung kann entweder durch Klageerweiterung in den Prozess einbezogen werden[432] oder wird bereits durch einen allgemeinen Feststellungsantrag gem. § 256 ZPO auf Fortbestehen des Arbeitsverhältnisses erfasst.[433]
- Die Möglichkeit des Nachschiebens ist im Hinblick auf den durch § 102 Abs. 1 gewollten Zwang zum umfassenden Gedankenaustausch mit dem BR, also dem kollektiven präventiven Kündigungsschutz, unvereinbar.[434]

---

421 *BAG* 1.4.81 – 7 AZR 1003/78, EzA § 102 BetrVG 1972 Nr. 45 mit Anm. *Löwisch*.
422 *BAG* 1.4.81, a. a. O.
423 *BAG* 18.6.15 – 2 AZR 256/14, NZA 16, 287, Rn. 48 ff.
424 KR-*Rinck*, Rn. 244; differenzierend GK-*Raab*, Rn. 195, 199: Kein Nachschieben nur dann, wenn es sich nicht um Erläuterung, sondern um neuen Sachverhalt handelt.
425 Vgl. *BAG* 6.2.97 – 2 AZR 265/96, DB 97, 1284 = AiB 97, 668 mit Anm. *Hinrichs*; KR-*Rinck*, Rn. 244.
426 *LAG Schleswig-Holstein* 15.4.97 – 1 Sa 554/96, NZA-RR 97, 438.
427 *BAG* 28.2.90 – 2 AZR 401/89, EzA § 1 KSchG Personenbedingte Kündigung Nr. 5; 11.10.89 – 2 AZR 61/89, EzA § 1 KSchG Betriebsbedingte Kündigung Nr. 64; 11.4.85 – 2 AZR 239/84, 18.12.80 – 2 AZR 1006/78, EzA § 102 BetrVG 1972 Nrn. 62, 44.
428 *BAG* 11.4.85 – 2 AZR 239/84, EzA § 102 BetrVG 1972 Nr. 62.
429 *HessLAG* 20.9.99 – 16 Sa 2617/98, NZA-RR 00, 413.
430 *Winterstein*, Die Zulässigkeit des Nachschiebens von Kündigungsgründen im Kündigungsschutzprozess [1987].
431 Vgl. *Schwerdtner*, NZA 87, 361, 362 f.
432 *Knorr/Bichlmeier/Kremhelmer*, 11, 80.
433 *BAG* 21.1.88 – 2 AZR 581/86, EzA § 4 KSchG n. F. 1969 Nr. 33.
434 *Schwerdtner*, NZA 87, 364.

- Die Möglichkeit des Nachschiebens ist unvereinbar mit der subjektiven Determination der mitzuteilenden Gründe (Rn. 80). Es wird ein Kündigungsgrund zugelassen, der die subjektiven Beweggründe des AG zum Ausspruch der Kündigung gerade nicht beeinflusst hat.[435]

Bei **Zugrundelegung der** *BAG*-Rspr. gilt jedenfalls Folgendes: Vor Verwertung der nachgeschobenen Tatsachen ist in Bezug auf sie ein **erneutes Anhörungsverfahren** zu durchlaufen. Erst danach können solche Tatsachen in den Prozess eingeführt werden. Eine solche Anhörung hat nach den allgemeinen Voraussetzungen (Rn. 46 ff.) zu erfolgen. Sie löst beim Widerspruch des BR ggf. die Weiterbeschäftigungspflicht gem. Abs. 5 aus.[436] Im Hinblick auf den Ausnahmecharakter dieser Möglichkeit muss der AG den BR **unverzüglich nach Bekanntwerden** informieren, sonst ist er unter prozessualen Gesichtspunkten (§ 61a Abs. 5 ArbGG) damit ausgeschlossen.[437] Bei einer **außerordentlichen Kündigung** wird nicht verlangt, dass nachträglich bekannt gewordene Gründe innerhalb der Zweiwochenfrist des § 626 Abs. 2 BGB nachgeschoben werden.[438] 134

Für die Beurteilung, ob ein nachgeschobener Sachverhalt dem AG schon im Kündigungszeitpunkt bekannt war, kommt es auf den Wissensstand des Kündigungsberechtigten an. Handelt es sich bei dem AG um eine juristische Person, ist grundsätzlich die Kenntnis des gesetzlich oder satzungsgemäß für die Kündigung zuständigen Organs entscheidend. Auch im Fall der gemeinsamen Vertretungsberechtigung genügt grundsätzlich die Kenntnis schon eines der Gesamtvertreter. Ein entsprechendes Wissen muss sich der AG regelmäßig auch dann zurechnen lassen, wenn das Organmitglied oder der sonstige Vertreter bei der Behandlung des Sachverhalts eigene Pflichten ihm gegenüber verletzt hat.[439] Ebenfalls zuzurechnen ist das Wissen der unmittelbaren Vorgesetzten des AN, der Sachbearbeiter der Personalabteilung sowie der Prozessvertreter des AG. Daten, die in einem **Personalinformationssystem** gespeichert sind, gelten als bekannt.[440] Das muss generell für den Inhalt von Personalakten gelten. Teilt der AG auf Grund eines **Rechtsirrtums** hinsichtlich der **sozialen Auswahl** nicht alle einzubeziehenden AN mit, obwohl ihm deren Daten bekannt waren, kann dies (etwa nach entsprechenden Hinweisen des Gerichts) nicht mehr korrigiert werden.[441] Dem AG sind in dieser Hinsicht Irrtümer und fehlerhafte Interpretationen des vorhandenen, ihm zuzurechnenden Wissens seitens der für ihn gegenüber dem AN tätigen Personen (s. o.) zuzurechnen. 135

Der AG trägt die **Darlegungs- und Beweislast** dafür, dass ihm die nachzuschiebenden Gründe bei Ausspruch der Kündigung nicht bekannt waren.[442] 136

4. Anhörungsverfahren

a) Grundsätze

Die ausreichende (Rn. 46 ff.) und rechtzeitige (Rn. 121 ff.) Unterrichtung des BR ist in einem sich teils aus allgemeinen Grundsätzen ergebenden, teils in § 102 geregelten **Verfahren** zu behandeln. Teil dieses Verfahrens ist die Anhörung des AN (Abs. 2 Satz 4; Rn. 170). Ein ordnungsgemäßes Verfahren ist Voraussetzung für die Rechtswirksamkeit der Kündigung. Hinsichtlich der Ordnungsgemäßheit des Verfahrens ist zwischen den **Zuständigkeits- und Verantwortungsbereichen von AG und BR** zu unterscheiden (Sphärentheorie).[443] Wenn Fehler allein in der Sphäre des BR liegen und nicht auf Grund besonderer Umstände dem AG angelastet werden können, wird die Fehlerhaftigkeit des Anhörungsverfahrens für unerheblich gehalten (Rn. 256). Der BR hat für seine Reaktion gegenüber einer ordentlichen Kündigung (Rn. 173 ff.) eine Woche (Abs. 2 Satz 1) und gegenüber einer außerordentlichen Kündigung 137

435 So auch *Bayer*, DB 92, 786.
436 KR-*Rinck*, Rn. 248.
437 Vgl. *Griese*, BB 90, 1902, unter Hinweis auf *BGH* 22.4.82 – VII ZR 160/81, NJW 82, 1708.
438 *BAG* 18.1.80 – 7 AZR 260/78, DB 80, 1350; *Griese*, BB 90, 1902.
439 *BAG* 18.6.15 – 2 AZR 256/14, AP Nr. 74 zu § 1 KSchG 1969 Verhaltensbedingte Kündigung.
440 *Fitting*, Rn. 26, 44.
441 A. A. *Bayer*, DB 92, 784.
442 *BAG* 11.4.85 – 2 AZR 239/84, EzA § 102 BetrVG 1972 Nr. 62; *Griese*, BB 90, 1903.
443 *BAG* 6.10.05 – 2 AZR 316/04, DB 06, 567.

drei Tage Zeit (Abs. 2 Satz 3). Nach Ablauf dieser Äußerungsfristen kann der AG unabhängig von der Stellungnahme des BR kündigen. Will der AG vor Ablauf der Wochen- bzw. Dreitagesfrist kündigen, muss das Anhörungsverfahren durch eine abschließende Stellungnahme des BR vorzeitig beendet sein (Rn. 176). Kündigt der AG vor Abschluss des Anhörungsverfahrens, ohne dass dieses rechtswirksam abgeschlossen ist, ist die Kündigung unwirksam (Rn. 253).

138 Das Anhörungsverfahren kann vom AG **abgebrochen** werden, indem er seine Absicht zu kündigen zurücknimmt. Will er z. B. stattdessen den AN versetzen, muss er das Beteiligungsverfahren gem. § 99 einleiten. Will er danach erneut kündigen, muss er ein neues Anhörungsverfahren über eine entsprechende Information an den BR einleiten.[444] Dies gilt auch dann, wenn nach Durchführung des Anhörungsverfahrens, aber vor Ausspruch der Kündigung eine **wesentliche Änderung des Kündigungssachverhalts** zutage tritt.[445]

139 Für den AG können – wenn er nicht selbst tätig wird – nur **kündigungsberechtigte** Personen oder ausdrücklich hierzu autorisierte Vertreter die i. S. des § 102 rechtserhebliche Informationen geben.[446]

b) Zuständiger Betriebsrat

140 Adressat der Anhörung und für das Verfahren zuständig ist grundsätzlich der BR. Die Anhörung eines unzuständigen Gremiums setzt die Anhörungsfristen nicht in Gang; eine Kündigung wäre unwirksam (vgl. Rn. 257). Die **Zuständigkeit** des BR erstreckt sich bei einer nicht angefochtenen BR-Wahl auf alle AN, die sich an der Wahl hätten beteiligen können, auch wenn sie irrtümlich nicht einbezogen worden sind. Das ist etwa der Fall, wenn AN eines UN mit AN eines anderen UN einen Gemeinschaftsbetrieb bilden, jedoch irrtümlich nicht an der Wahl des BR beteiligt worden sind.[447] Entscheidend ist, ob AN dem Betrieb zuzuordnen sind, für den der BR gewählt wurde.[448] Im Falle der Leiharbeit ist der Betriebsrat des Verleiherbetriebes anzuhören.[449]

141 Haben AN irrtümlich einen eigenen BR gewählt (sei es in Verkennung des Begriffs eines Gemeinschaftsbetriebs, sei es in Verkennung der Selbstständigkeit eines Nebenbetriebs oder Betriebsteils i. S. d. § 4), so ist zu unterscheiden: Ist die Wahl des fälschlicherweise gebildeten BR nur **anfechtbar,** so bleibt dieser bis zu einer etwaigen erfolgreichen Wahlanfechtung als anhörungsberechtigt zuständig (§ 4 Rn. 145). Ist die Wahl des »falschen« BR wegen offenkundiger Verkennung des Betriebsbegriffs ausnahmsweise nichtig, so ist der »richtige« BR zuständig. Im umgekehrten Fall – bei einer BR-Wahl wird irrtümlich ein selbstständiger Betriebsteil i. S. v. § 4 Abs. 1 Satz 1 angenommen und deswegen nur in dem vermeintlichen Hauptbetrieb ein BR gewählt – ist dieser BR dennoch auch für die Anhörung zu Kündigungen in dem Betriebsteil zuständig (vgl. schon Rn. 28).[450]

142 Bei **Neuwahl eines BR** außerhalb der regelmäßigen Amtszeit ist nach Bekanntgabe des Wahlergebnisses der neue BR zuständig. Eine Anhörung des nicht mehr amtierenden BR macht die Kündigung unwirksam (vgl. Rn. 32).[451] Eine bereits begonnene Anhörung muss sich der neugewählte BR zurechnen lassen.

143 Die Zuständigkeit des BR in Fällen der Verschmelzung und Spaltung sowie der Eingliederung von Betrieben und Betriebsteilen wird an anderer Stelle behandelt (§ 21a Rn. 23 ff., 40 ff.).

144 Der BR kann die Zuständigkeit gem. § 102 auf den **Betriebsausschuss** (§ 27 Abs. 2) oder einen **Ausschuss** (§ 28 Abs. 1) übertragen.[452] Dies gilt auch für die außerordentliche Kündigung von BR-Mitgliedern im Verfahren des § 103.[453] In einem Betrieb mit nicht mehr als 100 AN besteht

444 Vgl. KR-*Rinck*, Rn. 67 ff.; *ArbG Celle* 25. 8. 77, ArSt. 78, 133.
445 *LAG Hamm* 20. 10. 05 – 8 Sa 205/05, FA 06, 188.
446 *LAG Schleswig-Holstein* 15. 4. 97 – 1 Sa 554/96, NZA-RR 98, 438.
447 Vgl. *BAG* 7. 11. 90 – 2 AZR 225/90, juris; *Bitter*, NZA-Beilage 3/91, S. 17.
448 *BAG* 26. 5. 21 – 7 ABR 17/20, AP BetrVG 1972 § 4 Nr. 22.
449 *Kania/Kania*, FS Preis, S. 559 [563].
450 *LAG München* 28. 4. 04 – 5 Sa 1475/03, EzA-SD Nr. 18, 13.
451 *BAG* 28. 9. 83 – 7 AZR 266/82, EzA § 102 BetrVG 1972 Nr. 56.
452 *BAG* 4. 8. 75 – 2 AZR 266/74, EzA § 102 BetrVG 1972 Nr. 14.
453 *BAG* 17. 3. 05 – 2 AZR 275/04, NZA 05, 1064.

diese Möglichkeit nicht; die Anhörung eines dort gleichwohl gebildeten Ausschusses ist unwirksam.[454]

BR und AG können gem. § 28 Abs. 2 einen sog. **paritätischen Ausschuss** bilden und diesem das Recht zur Anhörung gem. § 102 übertragen.[455] In der genannten Entscheidung hat das *BAG* offen gelassen, ob eine Beschlussfassung dieses paritätischen Ausschusses nur wirksam ist, wenn die Mehrheit der BR-Mitglieder zugestimmt hat. Diese Voraussetzung kann und sollte jedoch vom BR in jedem Falle bei der Verabredung über die Bildung eines solchen Ausschusses sichergestellt werden. Es ist auch möglich, im Falle nichtvorhandener Einstimmigkeit der BR-Mitglieder eines solchen paritätischen Ausschusses die Angelegenheit wieder an den gesamten BR zurückzudelegieren. 145

Die allgemeine oder einzelfallbezogene **Ermächtigung einzelner BR-Mitglieder** zur Anhörung, auch des BR-Vorsitzenden oder seines Vertreters, ist unzulässig und unwirksam.[456] Die innerhalb der Frist des Abs. 2 abgegebene Erklärung des BR-Vorsitzenden, der keine Beschlussfassung durch den BR zugrunde lag, kann aber durch nachfolgenden Beschluss des BR geheilt werden (vgl. § 26 Rn. 22). Das hat vor allem Bedeutung für die Entstehung eines Weiterbeschäftigungsanspruchs (Rn. 283; zur Qualität als sog. abschließende Erklärung s. Rn. 177). Hiervon zu unterscheiden ist die Frage, wer für den BR empfangsberechtigt in Bezug auf die Information des AG ist (Rn. 155 ff.). 146

Besteht kein BR, entfällt das Verfahren gem. § 102 (vgl. Rn. 26; zur Zuständigkeit des GBR für betriebsratslose Betriebe vgl. Rn. 152; zum Fall des Betriebsübergangs Rn. 52a; zur Kündigung eines Wahlbewerbers nach erstmaliger Wahl eines BR s. Rn. 115; zur Anhörung eines nicht mehr amtierenden BR s. Rn. 32, 142).[457] 147

Für Personen, die allein zum Zweck ihrer **Berufsausbildung** beschäftigt werden, ist der Betriebsrat desjenigen Betriebes zuständig, dessen arbeitstechnischer Zwecksetzung die berufspraktische Ausbildung dieser Personen zuzuordnen ist. Zu diesen Personen zählen auch Teilnehmer an firmeninternen Ausbildungsmaßnahmen wie z. B. Trainees.[458] Hieraus folgt z. B. dass der Auszubildende dann, wenn die Berufsausbildung mit dem laufenden Produktions- oder Dienstleistungsprozess eines Betriebs verknüpft ist, d. h. der Auszubildende mit Tätigkeiten beschäftigt wird, die zu den beruflichen Aufgaben der AN dieses Betriebs gehören, diesem Betrieb – dem Ausbildungsbetrieb – und nicht dem Stammbetrieb zuzuordnen ist. Die für das Ausbildungsverhältnis wesentlichen, insbesondere die der Beteiligung des BRs unterliegenden Angelegenheiten werden dann im Einsatzbetrieb (Ausbildungsbetrieb) geregelt. Wird der Auszubildende allerdings nur vorübergehend und partiell in den Ausbildungsbetrieb eingegliedert, so ist der Betriebsrat des Stammbetriebs zumindest in den Angelegenheiten zu beteiligen, die das Grundverhältnis des Auszubildenden betreffen, wenn bei einer solchen Stationsausbildung der Schwerpunkt des Ausbildungsverhältnisses beim Stammbetrieb bleibt. Entscheidend ist hierbei zunächst, ob der AN im Stammbetrieb eingestellt und der Betriebsrat dieses Betriebs zur Einstellung beteiligt worden ist. Sodann kommt es darauf an, ob vom Stammbetrieb aus die (Gesamt-)Ausbildung im Wesentlichen geleitet und überwacht wird, wo also die wesentlichen Entscheidungen für das Ausbildungsverhältnis getroffen werden. Eine nur vorübergehende und partielle Eingliederung eines zur Berufsausbildung Beschäftigten in einen anderen Betrieb zur Ableistung eines bestimmten Ausbildungsabschnitts rechtfertigt dann keine andere Zuordnung. 148

Bei der **Arbeitnehmerüberlassung** ist der Verleiherbetriebsrat nach § 14 AÜG zuständig. Ebenso ist im Falle **zugewiesener AN des öffentlichen Dienstes** (§ 5 Abs. 1 Satz 3) der Personalrat beim entsendenden AG zuständig, nicht etwa der Betriebsrat des Einsatzbetriebes.[459] Wird allerdings ein AN des öffentlichen AGs etwa bei einem Jobcenter, im Rahmen eines Gemeinschaftsbetriebs, an dem der öffentliche AG beteiligt ist, beschäftigt, ist der Betriebsrat 148a

454 *LAG Bremen* 26.10.82 – 4 Sa 185/82, DB 83, 2145; vgl. KR-*Rinck*, Rn. 56.
455 *BAG* 12.7.84 – 2 AZR 320/83, EzA § 102 BetrVG 1972 Nr. 57.
456 *BAG* 28.2.74 – 2 AZR 455/73, EzA § 102 BetrVG 1972 Nr. 8.
457 *BAG* 21.3.96 – 2 AZR 559/95, NZA 96, 974.
458 *BAG* 12.5.05 – 2 AZR 149/04, EzA-SD 2005, Nr. 20, 11–13.
459 *BAG* 9.6.11 – 6 AZR 132/10, AP Nr. 164 zu § 102 BetrVG 1972.

des Gemeinschaftsbetriebes zuständig. Freilich muss bei einer privatrechtlich organisierten gemeinsamen Einrichtung im Sinne des § 44b SGB II nicht zwingend ein Gemeinschaftsbetrieb vorliegen, bei dem der Geschäftsführer die wesentlichen Arbeitgeberbefugnisse innehat.[460] Auch in anderen Fällen der Personalgestellung ist entsprechend der BR beim Vertragsarbeitgeber zuständig.

149 Im **Regelfall** ist der **GBR** nicht für personelle Einzelmaßnahmen zuständig (§ 50 Rn. 104). Die Anhörung gem. § 102 erfolgt deshalb beim jeweils zuständigen Einzel-BR. Es besteht auch keine Zuständigkeit des GBR für **betriebsratslose Betriebe** oder wenn ein AN nach Widerspruch gegen einen **Betriebsübergang** keinem Betrieb zuzuordnen ist.[461] Informiert deshalb der AG statt des zuständigen Einzel-BR den GBR, ist die Anhörung unwirksam.[462] Unabhängig davon ist es jedoch insb. zum Abgleich der Möglichkeiten der Weiterbeschäftigung in anderen Teilen des Unternehmens sinnvoll, dass zwischen GBR und dem Einzel-BR ein wechselseitiger Informationsaustausch über mögliche Kündigungen erfolgt.

150 Eine **originäre Zuständigkeit des GBR** kommt ausnahmsweise unter den Voraussetzungen des § 50 Abs. 1 in Frage. Das ist der Fall, wenn der AN kraft seines Arbeitsvertrages mehreren Betrieben des UN gleichgewichtig zuzuordnen ist[463] oder sich sonst eine Zuordnung zu einem einzelnen Betrieb nicht vornehmen lässt[464]. Dies folgt unmittelbar aus § 50 Abs. 1 Satz 1, 2. Halbsatz. Allerdings sind diese Fälle in der Praxis äußerst selten, da in der Regel eine Schwerpunktbildung hinsichtlich der Zuordnung des Arbeitsverhältnisses möglich sein wird. Die bloße vertragliche Möglichkeit des Einsatzes eines AN in mehreren Betrieben eines UN reicht nicht aus. Dass der AN auch Aufgaben für andere Betriebes des UN erledigt, genügt ebenfalls nicht.[465] Die bloße Möglichkeit, dass ein BR der Kündigung eines AN wegen der Weiterbeschäftigungsmöglichkeit in einem anderen Betrieb des UN widersprechen möchte bzw. kann, führt nicht zur Zuständigkeit des GBR.

151 Der GBR kann durch **Delegation** gem. § 50 Abs. 2 zuständig werden.[466] Eine Übertragung kann jedoch nur im Einzelfall, nicht generell für alle Kündigungsangelegenheiten erfolgen.[467] Allerdings ist z. B. eine Übertragung für alle Kündigungen möglich ist, die im Zusammenhang mit einer konkreten **Betriebsänderung** zu erwarten sind. Teilt der BR seinen Delegationsbeschluss dem AG vor Einleitung eines Anhörungsverfahrens mit, so hat dieser seine Information unmittelbar an den GBR zu richten. Eine gleichwohl noch an den BR gerichtete Information ist ohne Rechtswirkungen und setzt die Anhörungsfrist nicht in Gang (vgl. Rn. 155 f.). Beschließt der BR erst nach Eingang einer Information des AG zu einer beabsichtigten Kündigung die Delegation, so wird zwar der GBR zuständig, jedoch bleibt es beim Lauf der Frist ab Eingang beim BR. Da der GBR zur Übernahme des BR-Auftrages verpflichtet ist (§ 50 Rn. 142), wird seine Zuständigkeit gegenüber dem AG ab dem Zeitpunkt der Information über die Delegation wirksam.[468]

152 Der GBR wird zur Ausübung der Rechte aus § 102 nicht zuständig für **betriebsratslose Betriebe** eines UN.[469] Die Zuständigkeit des GBR für betriebsratslose Betriebe nach § 50 Abs. 1 Satz 1 a. E. setzt eine originäre Zuständigkeit des GBR voraus, die sich dann auch auf die vertretungslosen Betriebe erstreckt, ersetzt aber nicht das Fehlen eines örtlichen BRs. Es ist jedoch möglich, eine solche Zuständigkeit des GBR durch eine Gesamt-BV mit dem GBR zu schaffen.

153 Eine originäre Zuständigkeit des **Konzern-BR** ist im Regelfall nicht gegeben (§ 58 Rn. 38). Sie könnte ausnahmsweise vorliegen, wenn ein AN gleichzeitig Arbeitsverträge mit mehreren

---

460 *BAG* 9.6.11, a.a.O.
461 *BAG* 21.3.96 – 2 AZR 559/95, NZA 96, 974.
462 *LAG Köln* 20.12.83 – 1 Sa 1143/83, DB 84, 937.
463 *BAG* 21.3.96 – 2 AZR 559/95, NZA 96, 974; vgl. *Bachner,* NZA 06, 1309, 1311; GK-*Raab,* Rn. 51.
464 *Kania/Kania,* FS Preis, S. 559 [568].
465 *BAG* 16.12.10 – 2 AZR 576/09, DB 11, 1587 (OS).
466 GK-*Raab,* Rn. 51.
467 *LAG Köln* 20.12.83 – 1 Sa 1143/83, DB 84, 937.
468 Insofern unzutreffend KR-*Rinck,* Rn. 58.
469 *Schmelcher,* FS Gaul, S. 497, 505.

Konzernunternehmen abgeschlossen hätte.[470] Im Übrigen gelten die gleichen Grundsätze, die zur ausnahmsweisen Zuständigkeit des GBR entwickelt worden sind (vgl. Rn. 150).

Soweit anstelle des BR **andere Vertretungen** zuständig sind (Bordvertretung, See-BR, tariflich errichtete andere AN-Vertretung; vgl. Rn. 29, 30), sind diese zur Beschlussfassung zuständig. Bei **Religionsgemeinschaften** können auf Grund besonderen Kirchenrechts kirchliche Mitarbeitervertretungen zuständig sein.[471] Soweit die dabei bestehenden Normen § 102 entsprechen, sind die hierfür maßgeblichen Grundsätze zur Auslegung heranzuziehen.[472] 154

c) Zugang der Information

Die Information des AG bedarf zu ihrer Wirksamkeit des **Zugangs** beim zuständigen BR bzw. einem hierfür eingesetzten Ausschuss. Mit dem Zugang beim BR wird das Anhörungsverfahren wirksam eingeleitet und die dem BR nach Abs. 2 jeweils zustehende Äußerungsfrist (Rn. 194) in Lauf gesetzt.[473] Es ist das Risiko des AG, dass seine Anhörungsinformationen rechtzeitig zugehen. Bei Übermittlung an unzuständige Gremien bzw. Personen sind diese wie **Erklärungsboten** des AG zu behandeln mit der Folge, dass die Anhörung nur wirksam ab dem Zeitpunkt eingeleitet wird, ab dem die Information an den zuständigen BR weitergeleitet wird und diesen erreicht.[474] 155

Empfangsberechtigt für die vom AG zu gebenden Informationen ist der **BR-Vorsitzende** bzw. im Verhinderungsfalle sein Stellvertreter.[475] Die Zuständigkeit des Stellvertreters ist freilich nur dann gegeben, wenn der Vorsitzende verhindert ist.[476] Hat der AG die Informationen an ein nicht empfangsberechtigtes Betriebsratsmitglied gegeben, stellt dies die Wirksamkeit der Anhörung dann nicht infrage, wenn der BR die Angelegenheit behandelt und das Verfahren durch seine Stellungnahme beendet.[477] Ist ein Ausschuss zur Behandlung von Kündigungsangelegenheiten errichtet worden (Rn. 145), so sind die Mitteilungen an dessen Vorsitzenden bzw. im Verhinderungsfalle an seinen Stellvertreter zu richten.[478] Voraussetzung ist, dass dem AG die Tatsache der Ausschusserrichtung und die Namen des Vorsitzenden und Stellvertreters rechtzeitig mitgeteilt wurden. Bei Zuständigkeit des GBR (Rn. 149 ff.) oder des KBR (Rn. 153) oder eines anderen Gremiums (Rn. 154) gilt Entsprechendes. Weder BR noch GBR oder KBR sind jedoch verpflichtet, den AG über die Zuständigkeit aufzuklären. Er muss sich darum selber kümmern und trägt das Risiko einer Falschbeurteilung. 156

Der zuständige BR (GBR, KBR) oder der für Kündigungsfragen eingesetzte Ausschuss kann ein **bestimmtes BR-Mitglied** zur Entgegennahme der AG-Informationen ermächtigen.[479] Dann muss der AG die Anhörung durch Zustellung bei diesem BR-Mitglied einleiten.[480] Solange jedoch eine entsprechende Information gegenüber dem AG nicht erfolgt ist, bleibt es bei der gesetzlichen Zuständigkeitsregelung. 157

Ist an einem bestimmten Arbeitstag **kein Empfangsberechtigter anwesend** bzw. für den AG erreichbar, ist jedes BR-Mitglied berechtigt und verpflichtet, Erklärungen des AG für den BR 158

---

470 »Konzerndimensionale Arbeitsverträge«, vgl. *Martens,* FS 25 Jahre BAG, S. 367, 369; APS-*Koch,* Rn. 75.

471 KR-*Rinck,* Rn. 65; DDZ-*Deinert,* Einl. Rn. 101.

472 *BAG* 16.10.91 – 2 AZR 156/91, EzA § 102 BetrVG 1972 Nr. 83.

473 *BAG* 27.8.82 – 7 AZR 30/80, EzA § 102 BetrVG 1972 Nr. 49.

474 Vgl. *BAG* 26.9.91 – 2 AZR 132/91, AP Nr. 28 zu § 1 KSchG 1969 Krankheit; *Bitter,* NZA-Beilage 3/91, S. 21; *Bayer,* DB 92, 782; GK-*Raab,* Rn. 54.

475 *BAG* 27.8.82 – 7 AZR 30/80, 28.2.74 – 2 AZR 455/73, EzA § 102 BetrVG 1972 Nrn. 49, 8; GK-*Raab,* Rn. 52.

476 Eine solche Verhinderung hält *BAG* 7.7.11 – 6 AZR 248/10, AP Nr. 165 zu § 102 BetrVG 1972, auch dann für möglich, wenn der AG die Übergabe eines Anhörungsschreibens an einem Ort außerhalb des Betriebs ankündigt, der Betriebsrat nicht widerspricht und der Vorsitzende zum fraglichen Zeitpunkt nicht dort ist; krit. für den Fall, dass der Vorsitzende derweil im Betrieb und daher nicht verhindert ist, *Wroblewski,* Anm. zu *BAG* 7.7.11 – 6 AZR 248/10, AiB 12, 54, 57 f.

477 *BAG* 22.11.12 – 2 AZR 732/11, NZA 13, 665, Rn. 40.

478 *BAG* 4.3.75 – 2 AZR 266/74, EzA § 102 BetrVG 1972 Nr. 14; vgl. APS-*Koch,* Rn. 77; GK-*Raab,* Rn. 52.

479 *BAG* 27.6.85 – 2 AZR 412/84, AP Nr. 37 zu § 102 BetrVG 1972.

480 Vgl. *Fitting,* § 26 Rn. 43; a. A. KR-*Rinck,* Rn. 118.

entgegenzunehmen.[481] Ist kein BR-Mitglied erreichbar, stellt sich die Frage der Funktionsfähigkeit des BR (Rn. 35 ff.).

159 Eine **schriftliche Mitteilung** des AG ist dem BR im Regelfall zugegangen, wenn sie in sein **Postfach** gelegt wird. Wird die Mitteilung zu einem Zeitpunkt ins Postfach gelegt, zu welchem mit einer Leerung am selben Tag nicht mehr gerechnet werden kann (z. B. nach **Dienstschluss**), geht sie dem BR erst am folgenden Tag zu.[482] Voraussetzung ist, dass ein empfangsberechtigtes Mitglied des BR sich im Betrieb aufhält.[483] Eine **mündlich** oder **fernmündlich** abgegebene Mitteilung wird zu dem Zeitpunkt wirksam, zu dem sie gehört bzw. verstanden wird.[484] Erklärungen per **E-Mail** gelten entsprechend der im jeweiligen Betrieb für internen E-Mail-Verkehr üblichen Benutzerregeln als zugegangen.

160 Der AG ist dazu verpflichtet, ein Anhörungsverfahren nur **während der Arbeitszeit und innerhalb der Arbeitsräume** des empfangsberechtigten BR-Mitglieds einzuleiten.[485] Hat dagegen ein empfangsberechtigtes BR-Mitglied die Mitteilung gem. Abs. 1 außerhalb der Arbeitszeit oder außerhalb der Arbeitsräume **widerspruchslos** entgegengenommen, so ist die Anhörung wirksam eingeleitet und die Frist des Abs. 2 in Lauf gesetzt.[486] Befinden sich BR-Mitglieder regulär außerhalb des Betriebes, etwa im Homeoffice, kann der AG beim zuständigen BR-Mitglied an diesem betreffenden Ort den Zugang bewirken.

161 Hat der BR die Zustellung an ein **unzuständiges BR-Mitglied widerspruchslos** hingenommen, so hindert ihn dies für den nächsten Fall nicht daran, sich auf die korrekte Zuständigkeit zu berufen. Lediglich bei der wiederholten Hinnahme eines solchen Vorgangs kann eine sog. **Duldungsvollmacht** vorliegen, durch die der BR künftige Zustellungen an dieses eigentlich unzuständige BR-Mitglied legitimiert.[487] Der BR müsste sich hiervon durch ausdrückliche Erklärung gegenüber dem AG lossagen. Für eine Anscheinsvollmacht ist dagegen kein Raum.[488]

d) Eigene Kenntnis des BRs

162 Nur wenn der BR bei Einleitung des Anhörungsverfahrens bereits über den **erforderlichen Kenntnisstand** verfügt, um über die konkret beabsichtigte Kündigung eine Stellungnahme abgeben zu können, bedarf es keiner weiteren Darlegung der Kündigungsgründe durch den AG mehr.[489] Allerdings muss es sich hierbei um den aktuellen, d. h. um den mit der konkreten beabsichtigten Kündigung sachlich und zeitlich im Zusammenhang stehenden Kenntnisstand handeln. In dieser Hinsicht ist besonders auf den Grundsatz der **subjektiven Determination** der dem BR zu gebenden Kündigungsbegründung (Rn. 80) zu achten. Denn es ist Sache des AG, aus einem möglichen Lebenssachverhalt diejenigen Aspekte herauszunehmen, die er zur Begründung der Kündigung heranziehen möchte. Deshalb wäre eine Anhörung unvollständig, wenn der AG sich lediglich auf einen objektiven Kenntnisstand des BR bezieht, ohne dass dessen spezifische, ihm vom AG beigemessene Bedeutung als Kündigungsgrund vermittelt würde. Im Regelfall kann sich daher der AG auf dem BR bekannte Tatsachen beziehen und muss hierzu ausdrücklich mitteilen, warum er diesen Tatsachen kündigungsrelevante Bedeutung beimisst (zur fehlenden Notwendigkeit eigener Nachforschungen des BR s. Rn. 89).[490] Bei einer verhaltensbedingten Kündigung wegen häufiger Unpünktlichkeit[491] kann sich der AG auf **betriebstypische Störungen** des Betriebsablaufs auch dann berufen, wenn er sie dem BR nicht ausdrücklich mitgeteilt hat.[492]

---

481 *BAG* 27.6.85 – 2 AZR 412/84, NZA 86, 426, 427; APS-*Koch*, Rn. 79; KR-*Rinck*, Rn. 119; *Bösche*, S. 59.
482 *BAG* 12.12.96 – 2 AZR 809/95, AiB 98, 112 mit Anm. *Hinrichs*.
483 KR-*Rinck*, Rn. 119.
484 *BAG* 27.8.82 – 7 AZR 30/80, EzA § 102 BetrVG 1972 Nr. 49.
485 *BAG* 27.8.82, a.a.O.
486 *BAG* 27.8.82, a.a.O.; APS-*Koch*, Rn. 84.
487 GK-*Raab*, Rn. 52; KR-*Rinck*, Rn. 122; *Bösche*, S. 59; APS-*Koch*, Rn. 78.
488 GK-*Raab*, Rn. 53.
489 *BAG* 27.6.85 – 2 AZR 412/84, EzA § 102 BetrVG 1972 Nr. 60.
490 Vgl. *LAG Hamm* 24.10.91 – 12 Sa 806/91, LAGE § 102 BetrVG 1972 Nr. 32.
491 Vgl. DDZ-*Däubler*, § 1 KSchG Rn. 819.
492 *BAG* 27.2.97 – 2 AZR 302/96, EzA § 1 KSchG Verhaltensbedingte Kündigung Nr. 51 mit Anm. *Friese*.

162a Der AG muss den Betriebsrat über eine vor Zugang der Kündigung eingetretene **Änderung des mitgeteilten Sachverhalts** unterrichten und diesem erneut die Möglichkeit zur Stellungnahme eröffnen, wenn die Unterrichtung nach § 102 Abs. 1 Satz 2 anderenfalls irreführend wäre. Bei einer wesentlichen Änderung des vom AG selbst bisher als für den Kündigungsentschluss maßgeblich dargestellten Sachverhalts gilt dies selbst dann, wenn das Anhörungsverfahren bereits abgeschlossen war.[493] Die Notwendigkeit einer **erneuten Betriebsratsanhörung** entfällt in diesem Fall auch nicht dadurch, dass der BR noch vor Ausspruch der Kündigung selbst von der veränderten Situation Kenntnis erhält.[494]

163 Der BR muss sich nur das Wissen eines zur Entgegennahme von Erklärungen gem. § 26 Abs. 2 Satz 2 **berechtigten** oder hierzu ausdrücklich **ermächtigten** BR-Mitglieds zurechnen lassen.[495] Wissen des BR-Vorsitzenden wird dem BR immer zugerechnet.[496] Zieht der AG bei der Ermittlung des Kündigungssachverhalts ein in dieser Hinsicht nicht ermächtigtes BR-Mitglied hinzu, sind dessen Kenntnisse dem Wissen des BR nur dann zuzurechnen, wenn es sie vor oder bei Einleitung des Anhörungsverfahrens dem Vorsitzenden des BR, ggf. seinem Stellvertreter oder dem BR-Gremium, mitgeteilt hat.[497] Eine ordnungsgemäße BR-Anhörung liegt nicht vor, wenn erst ein BR-Mitglied dem BR-Vorsitzenden auf dessen Nachfragen Kenntnis von wesentlichen Kündigungstatsachen verschafft, diese Mitteilung aber nicht auf Veranlassung des AG erfolgt ist.[498]

164 Ein **Irrtum des AG** hinsichtlich des erforderlichen und aktuellen Kenntnisstandes des BR geht zu seinen Lasten.[499] Ein gleichwohl unter Bezug hierauf eingeleitetes Anhörungsverfahren ist nicht ordnungsgemäß.[500]

165 Der AG trägt die **Darlegungs- und Beweislast** für das Ausmaß des Kenntnisstands des BR (vgl. auch Rn. 90).[501]

e) Beschlussfassung des BRs

166 Die Stellungnahme des BR zu der vom AG erklärten Kündigungsabsicht muss der **BR als Organ** abgeben.[502] Sie kann unter bestimmten Voraussetzungen auf einen Ausschuss delegiert werden (Rn. 144). Über die Stellungnahme – gleich welcher Art (Rn. 173 ff.) – ist in einer **Sitzung** zu beraten und durch **Beschluss** zu entscheiden.[503] Zu dieser Sitzung muss ordnungsgemäß unter Angabe des entsprechenden Tagesordnungspunktes geladen werden.[504] Dabei muss die Tagesordnung auch eine Angabe dazu enthalten, welche konkrete Kündigung Gegenstand der Sitzung des BR sein, wessen Kündigung also behandelt werden soll. Der bloße Hinweis auf »personelle Einzelangelegenheiten« oder »Kündigungen« ist nicht ausreichend. Allerding kann die Tagesordnung auch während der Sitzung noch geändert werden (§ 33 Rn. 16). Eine Beschlussfassung im **Umlaufverfahren** ist unzulässig (vgl. § 33 Rn. 10 ff.).[505]

167 Im Übrigen haben mögliche Mängel bei der Beschlussfassung des BR nach der Rspr. des *BAG* keine Auswirkungen auf die Ordnungsgemäßheit des Anhörungsverfahrens (Rn. 256). Fehler bei der Willensbildung des BR – z. B. eine fehlerhafte Besetzung des BR bei der Beschlussfassung, weil ein BR-Mitglied nicht geladen oder ein Ersatzmitglied nicht nachgerückt war – berühren das Anhörungsverfahren grundsätzlich nicht und führen deshalb insbesondere nicht

493 *BAG* 22.9.16 – 2 AZR 700/15, AP Nr. 14 zu § 85 SGB IX.
494 *LAG Hamm* 20.10.05 – 8 Sa 205/05, FA 06, 188.
495 *BAG* 27.6.85 – 2 AZR 412/84, EzA § 102 BetrVG 1972 Nr. 60; *LAG Köln* 1.1.06 – 3 Sa 19/05, FA 06, 189.
496 *BAG* 15.12.94 – 2 AZR 320/94, NZA 95, 521.
497 *LAG München* 11.5.88 – 5 Sa 1193/87, LAGE § 102 BetrVG 1972 Nr. 24.
498 *LAG Nürnberg* 24.2.94 – 8 (2) Sa 672/93, EzA-SD 1994, Nr 16, 4.
499 Richardi-*Thüsing*, Rn. 56.
500 *BAG* 27.6.85 – 2 AZR 412/84, EzA § 102 BetrVG 1972 Nr. 60.
501 *BAG* 27.6.85, a. a. O.
502 KR-*Rinck*, Rn. 133.
503 *BAG* 28.3.74 – 2 AZR 472/73, EzA § 102 BetrVG 1972 Nr. 9.
504 *BAG* 2.4.76 – 2 AZR 513/75, EzA § 102 BetrVG 1972 Nr. 21; zur Bedeutung der Tagesordnung *BAG* 28.10.92 – 7 ABR 14/92, DB 93, 840.
505 KR-*Rinck*, Rn. 138; APS-*Koch*, Rn. 142.

zur Unwirksamkeit der ausgesprochenen Kündigung. Dies gilt vor allem deshalb, weil der AG sich nicht in die Amtsführung des BR einmischen darf. Die Ordnungsgemäßheit der Amtsführung liegt allein im Verantwortungsbereich des BR. Dieser Grundsatz findet nach der Rspr. des *BAG* auch dann Anwendung, wenn der AG weiß oder vermuten kann, dass das Verfahren im BR fehlerhaft durchgeführt wurde. Etwas anderes gilt nur dann, wenn der AG den Fehler bei der Willensbildung des BR durch unsachgemäßes Verhalten selbst veranlasst oder beeinflusst hat oder dem Verfahren jeder Anschein einer ordnungsgemäßen Durchführung fehlt (ausführlich zur Problematik Rn. 256).

168 Die **Verletzung des Nichtöffentlichkeitsgebots** insb. die Anwesenheit des AG bei der Betriebsratssitzung und bei der Beschlussfassung hat grundsätzlich nicht die Unwirksamkeit der Anhörung zur Folge. Denn der AG ist gem. § 29 Abs. 4 sogar berechtigt, an der BR-Sitzung teilzunehmen.[506] Die Beschlussfassung darf aber vom AG **nicht unzulässig beeinflusst** werden. Eine solche unzulässige Einflussnahme könnte darin liegen, dass der AG den BR dazu drängt, sofort eine abschließende Stellungnahme abzugeben, obwohl die Frist noch nicht verstrichen ist, oder er den BR davon abhält, eine weitere Sitzung ohne seine Anwesenheit durchzuführen.[507]

169 Der BR kann keine wirksame abschließende Stellungnahme abgeben, wenn er **nicht beschlussfähig** ist.[508] Ist, z. B. wegen Urlaubsabwesenheit, absehbar, dass der BR auch nicht bis zum Ende der Äußerungsfrist beschlussfähig sein wird, kann die Stellungnahme des BR unter dem Gesichtspunkt seiner drohenden **Funktionsunfähigkeit** auch von den verbliebenen BR-Mitgliedern abgegeben werden (vgl. Rn. 35). Ist jedoch die Abwesenheit der Mehrheit der BR-Mitglieder vom AG veranlasst oder liegt der Anlass in seiner Sphäre (Kurzarbeit), muss der AG die Anhörungsfrist verlängern (vgl. Rn. 198; zum Fall der außerordentlichen Kündigung s. Rn. 38).

f) Anhörung des ANs

170 Der BR soll, soweit dies erforderlich erscheint, vor seiner Stellungnahme den **betroffenen AN hören** (Abs. 2 Satz 4). Datenschutzrechtliche Verpflichtungen kann der BR dadurch nicht verletzen.[509] Die Entscheidung hierüber ist in sein pflichtgemäßes Ermessen gestellt. Da es sich jedoch um eine Soll-Vorschrift handelt, ist die Anhörung des AN der gesetzliche Regelfall. Dabei ist auch zu berücksichtigen, dass es zu der betriebsverfassungsrechtlichen Amtspflicht des BR gehört, sich mit einer Kündigung auseinanderzusetzen. Deshalb kann der BR von einer Anhörung nur dann Abstand nehmen, wenn er sicher sein kann, dass diese keine neuen Gesichtspunkte über das ihm bereits Bekannte hinaus liefern wird. Insbesondere bei der Geltendmachung der **Widerspruchsgründe** des Abs. 3 Nrn. 4 und 5 liegt es aber auf der Hand, dass diese nur nach vorheriger Konsultation mit dem AN geltend gemacht werden können (zur rechtlichen Notwendigkeit s. Rn. 246). Oftmals erfährt der BR in der Anhörung des AN auch von zusätzlichen Gesichtspunkten, die bei der Sozialauswahl zu berücksichtigen sind. Teilt der BR dem AG im Zuge des Anhörungsverfahrens mit, der AN gebe an, einen Antrag auf Anerkennung als schwerbehinderter Mensch gestellt zu haben, so genügt dies zur Erhaltung des entsprechenden Sonderkündigungsschutzes, wenn tatsächlich ein solcher Anerkennungsantrag vorliegt und die Voraussetzungen des § 173 Abs. 3 SGB IX gegeben sind. Für die Kenntnis vom **Anerkennungsantrag** ist nicht erforderlich, dass der AN sich gegenüber dem AG hierauf persönlich beruft.[510] Eine – auch pflichtwidrig – unterlassene Anhörung des AN durch den BR hat keinen Einfluss auf die Ordnungsmäßigkeit des Anhörungsverfahrens.[511] Die wiederholte Verletzung dieser Anhörungspflicht durch den BR kann jedoch einen Auflösungsantrag gem. § 23 Abs. 1 rechtfertigen.

---

506 *LAG Düsseldorf* 7. 1. 04 – 12 TaBV 69/03, LAGReport 04, 137.
507 Vgl. *BAG* 24. 3. 77 – 2 AZR 289/76, EzA § 102 BetrVG 1972 Nr. 28 mit krit. Anm. *Kittner*.
508 *LAG Düsseldorf* 7. 3. 75 – 16 Sa 690/74, EzA § 102 BetrVG 1972 Nr. 12; KR-*Rinck*, Rn. 140.
509 *Schütte*, NZA 11, 263, 264.
510 *LAG Hamm* 16. 10. 03 – 812 Sa 471/03, LAGReport 04, 228.
511 *BAG* 2. 4. 76 – 2 AZR 513/75, EzA § 102 BetrVG 1972 Nr. 21; Hako-BetrVG/*Braasch*, Rn. 77.

g) Aussetzung des Beschlusses

Auf Intervention der **JAV** oder der **Schwerbehindertenvertretung** (vgl. a. Rn. 260aff.) kann auch ein Beschluss des BR gem. § 102 eine Woche **ausgesetzt** werden (§ 35). Im Gesetz ist nicht geklärt, ob sich in einem solchen Falle die Anhörungsfrist gem. Abs. 2 verlängert oder die Wochenfrist des § 35 entweder gegenstandslos ist oder sich auf die Dauer bis zum letzten Tag der Frist des Abs. 2 verkürzt. Die richtige Lösung bestünde darin, die Frist des § 102 jeweils zu verlängern, denn Abs. 2 Satz 2 geht davon aus, dass der BR sich äußern kann und nicht aus Rechtsgründen daran gehindert ist. In jedem Falle sollte der BR in seiner Stellungnahme auf den Aussetzungsbeschluss hinweisen und zugleich Fristverlängerung beantragen. Für den Fall der Ablehnung der Fristverlängerung durch den AG gelten die allgemeinen Grundsätze zur Verlängerung der Anhörungsfrist des Abs. 2 (Rn. 198). Demgemäß ist der AG in Ausnahmesituationen zur Verlängerung der Frist in dem Umfang verpflichtet, in dem er keine Beeinträchtigung seiner kündigungsrechtlichen Position hinzunehmen hat (z. B. Wahrung der Zweiwochenfrist des § 626 Abs. 2 BGB; Einhaltung der nächsten ordentlichen Kündigungsfrist). 171

5. Schweigepflicht

Für die Mitglieder des BR gilt gem. Abs. 2 Satz 5 i. V. m. § 99 Abs. 1 Satz 3 eine **Schweigepflicht.** Sie erstreckt sich auf persönliche Verhältnisse und Angelegenheiten der AN, die ihrer Bedeutung oder ihrem Inhalt nach einer vertraulichen Behandlung bedürfen und den BR-Mitgliedern im Rahmen des Anhörungsverfahrens gem. § 102 bekannt geworden sind (vgl. § 99 Rn. 169). Das betrifft insbesondere ehrkränkende persönliche Vorwürfe gegen einen AN und intime Aspekte (z. B. Vorstrafen, Krankheiten, Schwangerschaft).[512] Die Tatsache der Kündigung selbst unterfällt dem Wortlaut des Gesetzes nach nicht der Schweigepflicht des Abs. 2 Satz 5. Der **AN** kann darauf **verzichten,** dass die ihn betreffende Kündigungsabsicht vertraulich behandelt wird. 172

IV. Reaktionsmöglichkeiten des BRs (Abs. 2)

1. Grundsätze

Der BR ist verpflichtet, sich mit der Mitteilung des AG über eine beabsichtigte Kündigung zu befassen und innerhalb der ihm zustehenden Äußerungsfristen des Abs. 2 über die Abgabe einer **Stellungnahme** zu der beabsichtigten Kündigung zu beschließen (vgl. DKWF-*Bachner/Deinert,* § 102 Rn. 24, 25). Es liegt im **Ermessen des BR,** welche Haltung er gegenüber der Kündigungsabsicht einnimmt. Der AN hat keinen Rechtsanspruch auf ein bestimmtes Tätigwerden, insb. die Erhebung eines Widerspruchs durch den BR.[513] Der BR hat gegenüber einer vom AG mitgeteilten Kündigungsabsicht folgende **Reaktionsmöglichkeiten:** 173

- Nachfrage nach Informationen und ergänzenden Unterlagen (Rn. 180);
- Äußerung von Bedenken (Rn. 181 ff.);
- Zustimmung zur Kündigung (Rn. 187);
- Schweigen gegenüber der Kündigungsabsicht (Rn. 188);
- ausdrücklicher Hinweis auf Nicht-Stellungnahme (Rn. 189);
- Widerspruch (Rn. 190 ff.).

Jede der hier skizzierten Verhaltensweisen bedarf eines **BR-Beschlusses** (Rn. 166). Das gilt insbesondere auch für den Fall, dass der BR die Äußerungsfrist mit der Folge des Abs. 2 Satz 2 verstreichen lassen und gegenüber der Kündigungsabsicht schweigen will (näher Rn. 188). Unterlässt der BR die Beschlussfassung über seine Haltung zu der ihm mitgeteilten Kündigungsabsicht mehrfach, liegt darin eine Amtspflichtverletzung mit der Möglichkeit eines Amtsenthebungsverfahrens gem. § 23 Abs. 1 (§ 23 Rn. 4 ff.).[514] Auf die Wirksamkeit der Kündigung hat dies jedoch keinen Einfluss. 174

---

512 Vgl. KR-*Rinck,* Rn. 145.
513 APS-*Koch,* Rn. 188; *Fitting,* Rn. 71; KR-*Rinck,* Rn. 165.
514 KR-*Rinck,* Rn. 165.

175 Die Stellungnahme des BR entfaltet **Wirkungen** in mehrerlei Hinsicht: Gegenüber dem AG ist sie zunächst einmal die Grundlage für Erörterungen, um diesen ggf. von der Kündigungsabsicht abzubringen und Alternativen zu erwägen. Eine Rechtswirkung auf die Kündigungsabsicht als solche geht von der Stellungnahme des BR nicht aus. Die Erhebung des Widerspruchs als solcher hindert den AG nicht am Ausspruch der Kündigung (näher Rn. 248). Im Hinblick auf die Beschlussfassung des BR ist jedoch zum einen zu prüfen, ob eine mögliche **Fehlerhaftigkeit** beim Zustandekommen der BR-Stellungnahme nicht ausnahmsweise die Rechtswirksamkeit des Anhörungsverfahrens insgesamt beeinflusst und damit die Kündigung unwirksam macht (Rn. 166ff., 256). Zum anderen ist es für den AG bedeutsam, dass eine im Rechtssinne **abschließende Stellungnahme** (Rn. 176) vorliegt, wenn er vor Ablauf der Äußerungsfrist des Abs. 2 kündigen will (Rn. 255). Ein begründeter Widerspruch führt zur Sozialwidrigkeit der ordentlichen Kündigung, wenn dies im Kündigungsschutzprozess entsprechend vorgetragen wird (Rn. 260). Für den AN ist über die Frage der praktischen Verbesserung seiner Position hinaus entscheidend, ob durch die wirksame Erhebung eines Widerspruchs ein Anspruch auf Weiterbeschäftigung gem. Abs. 5 ausgelöst wird (Rn. 270ff.).

176 Der AG kann vor Ablauf der Äußerungsfrist des Abs. 2 kündigen, wenn eine **abschließende Stellungnahme** des BR vorliegt.[515] Ob das der Fall ist, muss der dem AG gegenüber abgegebenen Erklärung (Rn. 177) entnommen werden.[516] Hierzu ist der **eindeutige Wille des BR**, die Angelegenheit als abgeschlossen anzusehen, erforderlich.[517] Angesichts der Bedeutung der Anhörungsfrist bedarf es hierfür besonderer Anhaltspunkte. Diese liegen nur dann vor, wenn der BR dem AG mitteilt, er stimme der beabsichtigten Kündigung ausdrücklich und vorbehaltslos zu oder erklärt, es sehe von einer Äußerung zur Kündigungsabsicht des AG ab. Erklärt der BR dies nicht ausdrücklich, so ist der Inhalt seiner Stellungnahme durch Auslegung zu ermitteln. Dabei ist zu berücksichtigen, dass die Möglichkeit zur Stellungnahme gegenüber dem AG nicht auf eine einmalige Äußerung beschränkt ist. Ebenso wie der AG seine Angaben im Verfahren nach § 102 Abs. 1 Satz 2 während der Wochenfrist ergänzen darf, kann auch der BR in diesem Zeitraum eine bereits abgegebene Stellungnahme jederzeit erweitern. Hierfür kann insbesondere Anlass bestehen, wenn sich der Kündigungssachverhalt oder dessen rechtliche Bewertung aus Sicht des BR im Verlauf der Wochenfrist verändern. Der BR ist auch nicht gehalten, sich die Ergänzung einer bereits übermittelten Stellungnahme ausdrücklich vorzubehalten. In einer neueren Entscheidung hat das *BAG* indes betont, dass es eindeutig sein müsse, ob eine abschließende Stellungnahme vorliegt. Das sei bei der Äußerung, man wünsche keine weitere Erörterung mehr, nicht der Fall.[518] Auch die bloße Mitteilung des Ergebnisses der Beschlussfassung des Gremiums genügt nicht.[519] Die Entscheidung wurde kritisiert, weil kein AG es mehr wagen werde, vor Ablauf der Wochenfrist kündigen.[520] Dabei wird allerdings verkannt, dass das Gesetz den BR eben gerade eine Wochenfrist zur Überlegung einräumt und dieser nicht genötigt ist, sich auf eine Verkürzung der Frist einzulassen. Wenn der AG vor Ablauf der Frist kündigen möchte, geschieht dies nun einmal auf eigenes Risiko. Er kann es minimieren: Für Zweifelsfälle verweist das *BAG* den AG auf die Möglichkeit, um Klarstellung zu bitten, ob eine Stellungnahme als abschließende zu begreifen sei.[521] Die Mitteilung, eine Anhörung habe stattgefunden, kann ebenfalls noch nicht als abschließende Stellungnahme gewertet werden.[522] Eine abschließende Stellungnahme ist hingegen regelmäßig anzunehmen, wenn der Betriebsrat erklärt, er stimme der Kündigung ausdrücklich und vorbehaltlos zu.[523] Eine Stellungnahme zu einer außerordentlichen Kündigung ist nicht ohne Weiteres auch als Stellungnahme zu einer ordentlichen Kündigung anzusehen.[524]

---

515 Vgl. z.B. *LAG Berlin* 22.10.09 – 2 Sa 1186/09, LAGE § 102 BetrVG 2001 Nr. 9.
516 Vgl. *LAG Berlin* 12.7.99 – 9 Sa 763/99, NZA-RR 99, 485.
517 *BAG* 12.3.87 – 2 AZR 176/86, EzA § 102 BetrVG 1972 Nr. 71.
518 *BAG* 25.5.16 – 2 AZR 345/15, AP Nr. 170 zu § 102 BetrVG 1972, Rn. 27.
519 *BAG* 25.5.16, a.a.O., Rn. 26.
520 *Nägele,* Anm. zu *BAG* 25.5.16 – 2 AZR 345/15, AP Nr. 170 zu § 102 BetrVG 1972.
521 *BAG* 25.5.16, a.a.O.
522 Vgl. *LAG Berlin-Brandenburg* 22.3.12 – 26 Sa 2327/11, juris.
523 *BAG* 25.5.16 – 2 AZR 345/15, NZA 16, 1140, Rn. 26.
524 LAG Düsseldorf 4.10.22 – 3 Sa 374/22, NZA-RR 23, 75, Rn. 68ff.

Die Stellungnahme des BR gewinnt Rechtsqualität nur durch ordnungsgemäße **Mitteilung gegenüber dem AG.** Hierfür ist ausschließlich der BR-Vorsitzende bzw. sein Stellvertreter, der Vorsitzende bzw. Stellvertreter eines für Kündigungsangelegenheiten zuständigen Ausschusses oder ein ausdrücklich ermächtigtes BR-Mitglied zuständig. Die Mitteilung eines unzuständigen BR-Mitglieds gegenüber dem AG hat nicht die Qualität einer abschließenden Stellungnahme.[525] Der Äußerung eines an sich zuständigen BR-Mitglieds muss freilich ein gültiger BR-Beschluss zugrunde liegen (zu den Rechtsfolgen eines in dieser Hinsicht unterlaufenden Fehlers Rn. 166, 256).[526] Hat sich der BR-Vorsitzende noch ohne zugrunde liegenden BR-Beschluss geäußert, liegt bis zur Genehmigung durch den BR (Rn. 146) noch keine abschließende Äußerung vor. Die Mitteilung über die Beschlussfassung des BR muss im Übrigen fristgerecht und schriftlich erfolgen (näher Rn. 194 ff.). 177

Der BR kann einen Beschluss über seine Stellungnahme zu einer beabsichtigten Kündigung im Grundsatz so wie jeden anderen Beschluss wieder **aufheben.** Rechtlich von Bedeutung ist dies jedoch nur dann, wenn aus dem ursprünglichen Beschluss nicht bereits Rechtspositionen des AG oder AN entstanden sind. So hat der **AN** nach Zugang der erklärten Kündigung und einem vom BR eingelegten Widerspruch den Anspruch auf vorläufige **Weiterbeschäftigung** (Rn. 270 ff.) **Gegenüber dem AG** liegt die Rechtswirkung einer abschließenden Erklärung des BR vor Ablauf der Äußerungsfrist darin, dass der AG diesen nicht mehr abwarten muss, sondern kündigen kann (Rn. 176). Diese Rechtswirkung kann durch eine Rücknahme des BR-Beschlusses nur noch beseitigt werden, solange die Stellungnahme den Empfängerbereich des AG noch nicht erreicht hat.[527] Deshalb sollte die Frist für eine gründliche Bearbeitung vollständig ausgeschöpft werden (hierzu auch Rn. 197). 178

Im Hinblick auf die Möglichkeit der **Anfechtung** eines BR-Beschlusses wegen Irrtums (§ 119 BGB) oder Täuschung (§ 123 BGB) ist zu unterscheiden: Eine Anfechtung des BR-Beschlusses als solche kommt nicht in Betracht.[528] Möglich ist dagegen die Anfechtung der Stimmabgabe des einzelnen BR-Mitglieds nach allgemeinen Gesichtspunkten (vgl. § 33 Rn. 30, 31). Wird dadurch die Wirksamkeit des Beschlusses insgesamt beseitigt, so sind die Rechtsfolgen nach den allgemeinen Gesichtspunkten für Fehler des Anhörungsverfahrens zu prüfen (vgl. Rn. 253 ff.). Insb. gehen vom AG veranlasste oder aufrechterhaltene Irrtümer oder eine Täuschung zu seinen Lasten (näher Rn. 256).[529] 179

2. Nachfrage

Vor einer abschließenden Stellungnahme kann der BR beschließen, **ergänzende Informationen** beim AG einzuholen (DKWF-*Bachner/Deinert,* § 102 Rn. 15) also z. B. bestimmte ergänzende Unterlagen zu erhalten bzw. in diese einzusehen (Rn. 50). Ein solches Verlangen führt nicht automatisch zur Verlängerung der Äußerungsfrist (näher Rn. 199).[530] Der BR muss vielmehr ausdrücklich um Verlängerung ersuchen. Für den Fall, dass der AG keine Fristverlängerung gewährt und hierzu auch nicht ausnahmsweise verpflichtet ist (Rn. 198 f.), muss der BR seine abschließende Stellungnahme **innerhalb der Wochenfrist** abgeben. Führt die Nachfrage des BR zu ergänzenden Informationen, die kündigungsrelevant sind, so läuft die Äußerungsfrist des Abs. 2 jeweils mit deren Zugang beim BR von neuem (Rn. 196) Verlangt der BR jedoch keine ergänzenden Informationen, obwohl ihm nicht alle erforderlichen Tatsachen mitgeteilt wurden, so ist die Kündigung wegen unvollständiger Unterrichtung unwirksam (Rn. 85). Den BR trifft **keine Erkundungspflicht.**[531] 180

525 Vgl. *BAG* 28.2.74 – 2 AZR 455/73, EzA § 102 BetrVG 1979 Nr 8; *ArbG Kaiserslautern* 5.1.77, ARSt. 78, 110.
526 Vgl. *BAG* 28.3.74 – 2 AZR 472/73, EzA § 102 BetrVG 1972 Nr. 9.
527 GK-*Raab,* Rn. 139; KR-*Rinck,* Rn. 168.
528 Vgl. GK-*Raab,* Rn. 140; KR-*Rinck,* Rn. 169 m. w. N.
529 Vgl. KR-*Rinck,* Rn. 169.
530 *LAG Frankfurt* 21.3.73 – 7 Sa 667/72, DB 73, 1806.
531 *BAG* 16.9.93 – 2 AZR 267/93, DB 94, 381.

3. Bedenken

181 Stellt der BR infrage, dass eine Kündigung angemessen oder berechtigt ist, kann er hiergegen **Bedenken** äußern (vgl. DKWF-*Bachner/Deinert*, § 102 Rn. 22). Gegenüber einer **außerordentlichen Kündigung** ist dies im Normalfall seine einzige Möglichkeit (Abs. 2 Satz 3; zum ausnahmsweise möglichen Widerspruch s. Rn. 190). Die Erhebung von Bedenken bleibt hinter einem Widerspruch zurück. Bloße Bedenken lösen **keinen Weiterbeschäftigungsanspruch** des AN aus. Bedenken können sich auf beliebige Gründe stützen. Sie kommen insb. dann in Betracht, wenn der BR keine Möglichkeit eines rechtserheblichen Widerspruchs sieht, insbesondere wenn er außerhalb der Widerspruchsgründe des Abs. 3 die soziale Rechtfertigung einer Kündigung im Grundsatz angreift.[532]

182 Bloße Bedenken des BR lösen **keine Rechtswirkungen** aus. Der AG kann sich ihnen anschließen oder nicht; im letzteren Falle kann er kündigen. Im Kündigungsschutzprozess haben Bedenken – anders als Widerspruchsgründe (Rn. 209 ff.) – keine formalisierte Bedeutung.[533] Allerdings schließt die Erhebung von Bedenken das Anhörungsverfahren als **abschließende Erklärung** ab; diese Erklärung erlaubt es dem AG zu kündigen, wenn sie vor Ablauf der Anhörungsfrist zugeht.

183 Die Erhebung von Bedenken muss **schriftlich** erfolgen (Abs. 2 Sätze 1 und 3). Werden Bedenken nur mündlich mitgeteilt, liegt darin keine formgerechte abschließende Stellungnahme; der AG kann, gestützt auf sie, nicht vor Ablauf der Äußerungsfrist kündigen (Rn. 176). Allerdings muss ebenso wie bei der Zustimmungsverweigerung gem. § 99 Abs. 3 (§ 99 Rn. 181) auch die Textform gem. § 126b BGB genügen.[534]

184 Bedenken gegen eine **außerordentliche Kündigung** sind innerhalb von **drei Tagen** schriftlich mitzuteilen (Abs. 2 Satz 3). Es handelt sich nicht um Werktage oder Arbeitstage, sondern um **Kalendertage.**[535] Zu Fristbeginn und Fristende gelten die gleichen Grundsätze wie zur Wochenfrist für die ordentliche Kündigung (Rn. 194 ff.). Eine Kündigung vor Ablauf der Dreitagesfrist ist nur beim Vorliegen einer abschließenden Stellungnahme (Rn. 176) wirksam. Die Frist des Abs. 2 Satz 3 verlängert die Zweiwochenfrist des § 626 Abs. 2 BGB nicht.[536]

185 Will der BR **von Bedenken zu einem Widerspruch** übergehen, so ist zu unterscheiden: Nach Ablauf der Frist des Abs. 2 ist dies nicht mehr möglich. Vor Fristablauf ist dies dann noch möglich, wenn es sich noch nicht um eine abschließende Stellungnahme gehandelt hat (Rn. 178). In diesem Fall kann der Weiterbeschäftigungsanspruch des Abs. 5 noch ausgelöst werden.

4. Vorschlag einer weniger einschneidenden Kündigung

186 Der BR kann dem AG vorschlagen, auf Grund des vorgetragenen Sachverhalts zwar nicht auf eine Kündigung zu verzichten, sondern eine **weniger einschneidende Kündigungsart** zu wählen, insb. eine ordentliche anstelle einer außerordentlichen Kündigung oder eine außerordentliche Kündigung mit Auslauffrist anstelle einer fristlosen Kündigung auszusprechen. Spricht der AG daraufhin eine dem Vorschlag des BR entsprechende Kündigung aus, braucht er diesen nicht nochmals vorher zu unterrichten, wenn er die Kündigung auf den bereits mitgeteilten Sachverhalt stützt (vgl. Rn. 25). Dasselbe soll gelten, wenn der AG am Ende eine noch weniger einschneidende Kündigung erklärt als die vom Betriebsrat vorgeschlagene, z. B. unbefristete statt befristeter Fortsetzung des Arbeitsverhältnisses zu geänderten Bedingungen.[537]

---

532 *Fitting*, Rn. 65, Rn. 70; KR-*Rinck*, Rn. 174.
533 KR-*Rinck*, Rn. 177; GK-*Raab*, Rn. 137.
534 Bader/Bram-*Nungeßer*, Rn. 37.
535 KR-*Rinck*, Rn. 129.
536 *BAG* 18. 8. 77 – 2 ABR 19/77, AP Nr. 10 zu § 103 BetrVG 1972.
537 Vgl. *LAG Berlin-Brandenburg* 15. 2. 08 – 8 Sa 1476/07, JurisPR-ArbR 34/2008 Anm. 5 [*Matthes*].

5. Zustimmung

Der BR kann einer beabsichtigten Kündigung auch **ausdrücklich zustimmen.**[538] Dies ist als abschließende Stellungnahme zu werten, die dem AG eine Kündigung vor Ablauf der Frist des Abs. 2 erlaubt (Rn. 176). Wegen ihrer faktischen Auswirkungen auf den Kündigungsschutzprozess muss sich der BR außerordentlich gründlich und verantwortungsvoll überlegen, ob er der Kündigung zustimmt. Stimmt der BR einer Kündigung ausdrücklich zu, obwohl es offenkundig Veranlassung zu einem Widerspruch oder zu Bedenken gegeben hätte, kann darin eine nach § 23 Abs. 1 zu ahndende Pflichtverletzung liegen. Die Zustimmung zu einer Kündigung ist an keine Form geknüpft.[539] Ansonsten gelten die allgemeinen Grundsätze über Wirksamkeit und Rückgängigmachung des zustimmenden BR-Beschlusses (Rn. 166 ff., 178). Eine wegen Verletzung der Anhörungspflicht nach Abs. 1 unwirksame Kündigung kann auch nicht durch eine **nachträgliche Zustimmung** des BR geheilt werden.[540] 187

6. Schweigen

Der BR kann auf die Mitteilung des AG über eine beabsichtigte Kündigung auch **schweigen.** Gegenüber einer ordentlichen Kündigung gilt dies nach Ablauf der Äußerungsfrist als Zustimmung zur Kündigung (Abs. 2 Satz 2). In Bezug auf eine außerordentliche Kündigung ist dies ausdrücklich im Gesetz nicht geregelt. Deshalb gilt im Falle einer außerordentlichen Kündigung das Schweigen nicht als Zustimmung. In jedem Falle muss der BR, der zu einer Kündigung schweigen will, dies ausdrücklich durch **Beschluss** festlegen (Rn. 166 ff.). Im Außenverhältnis gegenüber dem AG wirkt zwar ein auf Beschluss beruhendes Schweigen ebenso wie ein durch bloßes Nichtstun erzeugtes Schweigen. Letzteres stellt jedoch eine Pflichtverletzung dar und kann zur Amtsenthebung gem. § 23 Abs. 1 führen. 188

7. Ausdrücklicher Hinweis auf Nicht-Stellungnahme

Der BR kann auch **ausdrücklich erklären**, sich zu einer Kündigungsabsicht **nicht äußern zu wollen** (vgl. DKWF-*Bachner/Deinert*, § 102 Rn. 14).[541] Diese Festlegung entspricht materiell dem Schweigen des BR mit einem wesentlichen Unterschied: Diese Erklärung hat abschließenden Charakter (Rn. 176) und eröffnet dem AG die Möglichkeit zur Kündigung noch vor Ablauf der Frist des Abs. 2. Die bloße Erklärung des BR, er wolle »die Frist verstreichen lassen«, ist keine abschließende Stellungnahme.[542] 189

8. Widerspruch

Der BR kann jede seiner Stellungnahmen gegen eine Kündigung **als Widerspruch bezeichnen.** Er kann dies sowohl bei einer ordentlichen als auch einer außerordentlichen Kündigung tun.[543] Er kann dies auch mit beliebigen Gründen tun, um so den Kündigungsentschluss des AG nachhaltig zu beeinflussen. Jedoch löst nur ein **frist- und ordnungsgemäßer Widerspruch** gegen eine ordentliche Kündigung gem. Abs. 3 einen Anspruch des AN auf vorläufige Weiterbeschäftigung gem. Abs. 5 aus (eingehend Rn. 281 ff.). Nur dann liegt ein Widerspruch im Rechtssinne vor. Ein Widerspruch gegen eine außerordentliche Kündigung hat diese Wirkung grundsätzlich nicht (zu den Ausnahmen vgl. Rn. 277 ff.). Auch ein Widerspruch gegen eine ordentliche Kündigung, aber mit anderen als in Abs. 3 genannten Gründen, hat diese Rechtsfolge nicht. Der Widerspruch als solcher **hindert den AG nicht am Ausspruch der Kündigung.** Ist der Widerspruch gem. Abs. 3 nicht nur frist- und ordnungsgemäß eingelegt, sondern auch 190

---

538 Vgl. *BAG* 28.9.78 – 2 AZR 2/77, EzA § 102 BetrVG 1972 Nr. 39; GK-*Raab*, Rn. 139.
539 APS-*Koch*, Nr. 145; KR-*Rinck*, Rn. 167.
540 *BAG* 28.2.74 – 2 AZR 455/73, EzA § 102 BetrVG 1972 Nr. 8.
541 *BAG* 12.3.87 – 2 AZR 176/86, EzA § 102 BetrVG 1972 Nr. 71; 25.5.16 – 2 AZR 345/15, NZA 16, 1140, Rn. 26.
542 *LAG Frankfurt* 21.11.86 – 13 Sa 455/86, LAGE § 102 BetrVG 1972 Nr. 21.
543 Vgl. KR-*Rinck*, Rn. 179 f.

begründet, liegt ein sog. **absoluter Sozialwidrigkeitsgrund** vor, der allerdings vom AN im Kündigungsschutzprozess geltend gemacht werden muss (Rn. 260). Die Widerspruchsgründe und die Sozialwidrigkeitsgründe nach § 1 Abs. 2 und 3 KSchG decken sich.

191 In Bezug auf eine **außerordentliche Kündigung mit Auslauffrist,** wie sie ausnahmsweise für AN zugelassen wird, für die die ordentliche Kündigung durch TV ausgeschlossen ist, gilt **Abs. 5 analog.**[544]

V. Widerspruch des BRs gegen eine ordentliche Kündigung (Abs. 3)

1. Allgemeines, Rechtsfolgen

192 Die wesentliche Rechtsfolge eines **BR-Widerspruchs** gegen eine ordentliche Kündigung kann der Anspruch des AN auf **vorläufige Weiterbeschäftigung** sein (Rn. 270 ff.). Dazu ist erforderlich, dass der BR einer beabsichtigten

- ordentlichen Kündigung (Rn. 277)
- fristgemäß (Rn. 194 ff.) und
- ordnungsgemäß (Rn. 200 ff., 281 ff.)
- widerspricht (Rn. 190).

Ein Widerspruch ist nur dann ordnungsgemäß, wenn er schriftlich unter Angabe von Gründen i. S. d. Abs. 3 (Rn. 209 ff.) erhoben wird. Diese Voraussetzungen erfordern eine gründliche Befassung des BR mit dem Sachverhalt.

193 Ein Widerspruch im Rechtssinne liegt vor, wenn der Stellungnahme des BR eine **eindeutige Ablehnung** der Kündigung zu entnehmen ist. Der BR muss dazu nicht ausdrücklich das Wort »Widerspruch« bzw. »widersprechen« benutzen. Möglich sind auch Ausdrücke wie »Ablehnung«, »Verweigerung der Zustimmung«, »Verneinung der Rechtmäßigkeit der Kündigung«.[545] Entscheidend ist, dass mit der Erklärung des BR die Entscheidung des AG nicht bloß in Frage gestellt, sondern eindeutig gegen sie Stellung bezogen wird.[546] Aus Gründen der Rechtssicherheit sollte die Stellungnahme des BR ausdrücklich als Widerspruch bezeichnet werden.

2. Frist

194 Der Widerspruch des BR muss ebenso wie die Bedenken (Rn. 181) **innerhalb einer Woche** gegenüber dem AG erhoben werden (Abs. 3 i. V. m. Abs. 2 Satz 1, zu Checklisten, Fristenbestimmung und ordnungsgemäßer Beschlussfassung des BR vgl. DKWF-*Bachner/Deinert*, § 102 Rn. 7, 8). Diese Frist – und nicht etwa eine Dreitagesfrist – gilt auch im Falle einer **außerordentlichen Kündigung mit Auslauffrist** gegenüber einem tariflich unkündbaren AN.[547] Für die Fristberechnung gelten die §§ 187, 193 BGB.[548] Die Frist beginnt am Tage nach Zugang der Mitteilung des AG beim BR; der Zugangstag ist nicht mitzurechnen. Der Widerspruch muss also an dem Wochentag der folgenden Woche beim AG eingehen, der in seiner Bezeichnung dem Tag entspricht, an dem beim BR die vollständige Mitteilung des AG einging. Fällt der letzte Tag auf einen Samstag, Sonntag oder gesetzlichen Feiertag, so endet die Frist mit Ablauf des nächsten Werktages (§ 193 BGB). Für den Fristablauf am letzten Tag der Frist kommt es nicht darauf an, wann die Personalabteilung Dienstschluss hat. Vielmehr endet die Frist immer erst **um 24 Uhr.**[549]

195 Die Wochenfrist ist eine **Ausschlussfrist.**[550] Die aus einem Fristversäumnis des BR entstehenden Probleme sind danach zu lösen, ob die Verantwortung hierfür in den Bereich des BR oder des AG fällt (vgl. Rn. 167, 256).

544 *BAG* 4. 3. 93 – 2 AZR 355/92, EzA § 626 BGB n. F. Nr. 144; vgl. APS-*Koch*, Rn. 149.
545 KR-*Rinck*, Rn. 178.
546 *LAG Düsseldorf* 23. 5. 75 – 8 Sa 152/75, EzA § 102 BetrVG 1972 Beschäftigungspflicht Nr. 4.
547 *BAG* 12. 1. 06 – 2 AZR 242/05, NZA 06, 512; a. A. GK-*Raab*, Rn. 143 m. w. N.
548 GK-*Raab*, Rn. 150.
549 *BAG* 12. 12. 96 – 2 AZR 809/95, AiB 98, 112 mit Anm. *Hinrichs*.
550 Vgl. KR-*Rinck* Rn. 185; GK-*Raab*, Rn. 143, unter Hinweis den Regierungsentwurf, BR-Drucks. 715/70, S. 52.

Die Wochenfrist läuft lediglich im Hinblick auf die dem BR tatsächlich gegebenen Informationen. **Reicht der AG** – sei es aus eigenem Antrieb, sei es auf Nachfrage des BR (Rn. 180) – maßgebliche **Informationen nach,** so läuft die Wochenfrist erneut ab diesem Zeitpunkt. Das *BAG*[551] lehnt die Möglichkeit einer Hemmung oder Unterbrechung der Anhörungsfrist ab. 196

Der BR kann die Frist stets **voll ausschöpfen,** d. h. er kann mit seiner Stellungnahme bis zum letzten Tag des Fristablaufes warten.[552] Das gilt auch für sog. **Eilfälle.** Der AG ist auch in einem solchen Falle nicht befugt, die Frist zu verkürzen.[553] Die Frist kann auch nicht durch generelle **Vereinbarung** zwischen AG und BR verkürzt werden.[554] Auch TV können die Frist nicht verkürzen. 197

AG und BR können durch Vereinbarung, sei es im Voraus, sei es bezogen auf den jeweils konkreten Anhörungsfall, die **Anhörungsfrist verlängern.**[555] Dies belastet den AN nicht und der AG hat sich verantwortlich selber darauf eingelassen. Die Verlängerung kann für den Einzelfall formlos durch eine Regelungsabrede vereinbart werden.[556] Der AN, der sich darauf berufen will, hat für ihr Vorliegen die Beweislast (vgl. auch Rn. 267). Die bloße **Rückfrage** des BR nach ergänzenden Informationen (Rn. 180) verlängert die Wochenfrist nicht (zum Aussetzungsverlangen der **JAV** oder der **Schwerbehindertenvertretung** s. Rn. 171 und Rn. 260aff.).[557] 198

Das *BAG* lehnt eine **automatische Verlängerung der Anhörungsfrist** im Falle von **Massenentlassungen** ab.[558] Der BR habe keinen Anspruch auf eine Verlängerung durch den AG.[559] Die Berufung des AG auf die Frist kann jedoch im Einzelfall **rechtsmissbräuchlich** sein.[560] Das *BAG*[561] hält einen solchen Fall für möglich, wenn der AG den BR mit einer Vielzahl von beabsichtigten Kündigungen ohne jede Vorwarnung überrascht und der BR seinerseits um eine Verlängerung der Frist nachsucht. Gegen die Berufung des BR auf Rechtsmissbrauch lässt das *BAG* sprechen, wenn dieser selbst vorher etwa die Verhandlungen über einen Interessenausgleich in die Länge gezogen hat.[562] Stets zugunsten einer Verlängerung zu werten, ist die **Pflicht des BR zur Anhörung des AN** (Rn. 170). 199

3. Form (ordnungsgemäßer Widerspruch)

Der Widerspruch muss **reproduzierbar** erfolgen. Das ergibt sich – anders als für die Anmeldung von Bedenken, die gem. Abs. 2 Satz 1 schriftlich vorgebracht werden müssen – nicht unmittelbar, sondern nur mittelbar aus dem Gesetz (vgl. Abs. 4). Denn der AG soll dem AN im Fall des Widerspruchs eine Abschrift der Stellungnahme zukommen lassen. Schriftform ist insoweit empfehlenswert, aber nicht erforderlich, vielmehr muss alles genügen, was eine Abschrift zulässt. Ein – auch unter diesem eingeschränkten Maßstab – nicht formgerecht eingelegter Widerspruch ist unbeachtlich. Er kann auch nicht als »abschließende Stellungnahme« des BR gewertet werden (Rn. 176). Solange die Anhörungsfrist läuft, kann dieser Formmangel beseitigt und ein ordnungsgemäßer Widerspruch erhoben werden.[563] Nach Verstreichen der Frist ist dies nicht mehr möglich. Das Verhalten des BR gilt als Nicht-Stellungnahme (Rn. 189). 200

Die Wahrung der Form ist zunächst durch die stärkste Form, die Schriftform, möglich. Sie erfordert die **eigenhändige Unterschrift** des zur Abgabe der Erklärung zuständigen bzw. er- 201

---

551 *BAG* 14.8.86 – 2 AZR 561/85, EzA § 102 BetrVG 1972 Nr. 69.
552 Vgl. *BAG* 12.12.96 – 2 AZR 809/95, AiB 98, 112 mit Anm. *Hinrichs*..
553 *BAG* 29.3.77 – 1 AZR 46/75, 13.11.75 – 2 AZR 610/74, EzA § 102 BetrVG 1972 Nrn. 27, 20.
554 Vgl. KR-*Rinck*, Rn. 126.
555 *BAG* 14.8.86 – 2 AZR 561/85, EzA § 102 BetrVG 1972 Nr. 69; vgl. GK-*Raab*, Rn. 147; a. A. HWGNRH-*Huke*, Rn. 99.
556 KR-*Rinck*, Rn. 124.
557 Vgl. *LAG Frankfurt* 21.3.73 – 7 Sa 667/72, DB 73, 1806.
558 *BAG* 14.8.86 – 2 AZR 561/85, EzA § 102 BetrVG 1972 Nr. 69; KR-*Rinck*, Rn. 124; *Klebe/Schumann*, S. 52 Rn. 4.
559 *BAG* 14.8.86, a. a. O.
560 GK-*Raab*, Rn. 148; KR-*Rinck*, Rn. 128; *Natzel*, SAE 88, 296; *Klebe/Schumann*, S. 130.
561 *BAG* 14.8.86 – 2 AZR 561/85, EzA § 102 BetrVG 1972 Nr. 69.
562 Vgl. auch *LAG Hamburg* 31.5.85 – 8 Sa 30/85, DB 85, 2105. 15.3.85 – 8 Sa 30/85, LAGE § 102 BetrVG 1972 Nr. 15.
563 Vgl. *Oetker*, BB 84, 1433, 1434.

mächtigten BR-Mitglieds (§ 126 BGB; hierzu und zur Möglichkeit der **elektronischen Form** vgl. Einl. Rn. 184 ff.). Sie wahrt ebenso die Form wie die nach § 126 Abs. 3 BGB gleichgestellte und gesetzlich nicht ausgeschlossene elektronische Form. Schrift- oder elektronische Form ist aber nicht geboten.[564] Das lässt sich nämlich weder im Umkehrschluss aus Abs. 4 (schriftlich ist eben nicht Schriftform i. S. d. § 126) ableiten, noch gibt es sonst Gründe, die dafürsprächen. Die Gegenansicht beruft sich zu Unrecht auf ein Interesse des AG, um die Authentizität des Widerspruchs zu wissen.[565] Ein solches hat freilich keinen Eingang in das Gesetz gefunden. Im Übrigen lassen auch ein Fax oder ein Schreiben in Textform die Authentizität erkennen, wenn auch möglicherweise mit herabgesetzter Qualität der Beweisbarkeit des Urhebers (ohnehin wohl von geringer praktischer Bedeutung). Ebenso wie für die Zustimmungsverweigerung gem. § 99 Abs. 3 (§ 99 Rn. 181) ist daher auch die Textform genügend. Der Widerspruch gem. § 102 ist daher auch mittels Fax-Schreiben zulässig. Der Widerspruch durch E-Mail ist ebenfalls zulässig, wenn die E-Mail der Textform nach § 126b BGB genügt.[566] Dasselbe gilt beispielsweise für ein Schreiben mit Faksimileunterschrift. Auch ein hochgeladenes PDF kann genügen (vgl. § 99 Rn. 181).

202 Nach Abschluss der Wochenfrist kann der BR keine neuen Widerspruchsgründe **nachschieben.**[567] Vor Ablauf der Wochenfrist ist dies dagegen dann möglich, wenn der AG noch nicht gekündigt hat.[568] Für den BR sollte diese Rechtslage Veranlassung sein, die Wochenfrist vollständig für eine gründliche Überprüfung seiner Widerspruchsmöglichkeiten auszunutzen.

203 Hinsichtlich der Widerspruchsgründe des Abs. 3 gibt es **unterschiedliche Begründungsanforderungen** und **Beurteilungsmaßstäbe:**

- Damit ein Widerspruchsgrund als sog. absoluter Sozialwidrigkeitsgrund gem. § 1 Abs. 2 KSchG zur Unwirksamkeit der Kündigung führen kann, muss sein **Vorliegen** im Kündigungsschutzprozess **begründet** und bewiesen werden (Rn. 260).
- Damit ein vorläufiger Weiterbeschäftigungsanspruch des AN nach Abs. 5 ausgelöst wird, muss ein »ordnungsgemäßer Widerspruch« vorliegen (Rn. 204, 205).
- Damit ein AG von der Weiterbeschäftigungspflicht gem. Abs. 5 Satz 2 befreit werden kann, muss er nachweisen, dass der Widerspruch des BR **offensichtlich unbegründet** ist (Rn. 326).

204 Nur ein **»ordnungsgemäßer«** Widerspruch löst einen **Weiterbeschäftigungsanspruch** gem. Abs. 5 aus. Hierzu gehört neben der Beachtung der sonstigen Formerfordernisse (Rn. 200 f.), dass sich der Widerspruch auf einen der in Abs. 3 genannten Gründe bezieht und durch Angabe konkreter Tatsachen begründet wird.[569] Es reicht nicht aus, dass der BR lediglich den Gesetzestext wiederholt.[570] Er muss vielmehr durch **Tatsachenhinweise** deutlich machen, warum der jeweils genannte Widerspruchsgrund gerade in diesem Einzelfall gegeben ist. Der BR muss das Vorhandensein der widerspruchsbegründenden Tatsachen **positiv behaupten.** Die bloße Äußerung von Zweifeln, z. B., ob der AN nicht doch zu anderen Bedingungen weiterbeschäftigt werden könnte, reicht nicht aus.[571]

205 Die Widerspruchsgründe brauchen nicht stichhaltig bzw. schlüssig zu sein. Erforderlich ist vielmehr lediglich ihre **Plausibilität** in dem Sinne, dass der vom BR vorgetragene Lebenssachverhalt es **möglich erscheinen** lässt, dass einer der in Abs. 3 angeführten Widerspruchsgründe vorliegt.[572] Erst wenn die genannten Tatsachen unter keinem Gesichtspunkt einen der Wider-

---

564 A. A. GK-*Raab,* Rn. 142; WPK-*Preis,* Rn. 88.
565 GK-*Raab,* Rn. 142.
566 *Fitting,* Rn. 64; Hako-BetrVG/*Braasch,* Rn. 87; a. A. Richardi-*Thüsing,* Rn. 189; *ArbG Frankfurt* 16. 3. 04 – 4 Ga 43/04, CR 04, 708.
567 *BAG* 6. 12. 84 – 2 AZR 542/83, juris; KR-*Rinck,* Rn. 185.
568 Ähnlich KR-*Rinck,* Rn. 185.
569 *LAG Düsseldorf* 5. 1. 76 – 9 Sa 1604/75, DB 76, 1065; *LAG Hamburg* 29. 10. 75 – 5 Sa 92/75, BB 76, 184; *LAG Niedersachsen* 22. 8. 75 – 7a (3) Sa 80/75, DB 75, 1898; KR-*Rinck,* Rn. 186 f. m. w. N.; GK-*Raab,* Rn. 217.
570 *LAG Hamburg* 29. 10. 75, a. a. O.; *LAG Niedersachsen* 22. 8. 75, a. a. O.; APS-*Koch,* Rn. 189.
571 *LAG Düsseldorf* 15. 3. 78 – 12 Sa 316/78, BB 78, 810.
572 *LAG München* 2. 3. 94 – 5 Sa 908/93, LAGE § 102 BetrVG 1972 Beschäftigungspflicht Nr. 15; *LAG Hamburg* 29. 10. 75, a. a. O.; *ArbG Stuttgart* 5. 4. 93 – 6 Ga 21/93; Richardi-*Thüsing,* Rn. 194.

spruchsgründe möglich erscheinen lassen, kann von einem nicht ordnungsgemäßen Widerspruch gesprochen werden. Ob der Widerspruch begründet ist oder nicht, spielt hierfür keine Rolle. Dies ist eine Frage der Begründetheit einer Kündigungsschutzklage bzw. im Falle eines offensichtlich unbegründeten Widerspruchs Grundlage für die Entbindung des AG von der Weiterbeschäftigungspflicht (Abs. 5 Satz 2 Nr. 3; vgl. Rn. 326).

Der Widerspruch des BR ist gegenüber **jeder Art von ordentlicher Kündigung** möglich.[573] 206
Zwar kommen die Widerspruchsgründe des Abs. 3 faktisch vor allem bei betriebsbedingten Kündigungen in Betracht. Jedoch ist z. B. bei einer personenbedingten Kündigung ein Wechsel des Arbeitsplatzes stets als Alternative zur Kündigung zu prüfen (vgl. Rn. 91). Bei einer verhaltensbedingten Kündigung kann z. B. eine Versetzung Konflikte für die Zukunft ausschließen.[574] Es ist jeweils Sache des BR, durch einen geeigneten Sachvortrag den Zusammenhang zu einem der in Abs. 3 genannten Widerspruchsgründe herzustellen.[575] Der BR kann **mehrere Widerspruchsgründe** aufführen.[576]

Die Aufzählung der Widerspruchsgründe in Abs. 3 ist **abschließend**. Ein Widerspruch, der 207
einen Weiterbeschäftigungsanspruch auslösen soll, darf sich nur auf einen der dort genannten Gründe beziehen. Damit entfällt insbesondere eine Widerspruchsmöglichkeit gegen das Vorliegen des Kündigungsgrundes als solchen, im Falle einer betriebsbedingten Kündigung kann der BR also nicht vortragen, der entsprechende Arbeitsplatz sei gar nicht weggefallen. Diese Fragen sind allein für die materielle Berechtigung der Kündigung von Bedeutung. Die Widerspruchsgründe können jedoch durch BV oder TV **erweitert** werden (s. Abs. 6; Rn. 338 ff.).[577]

Die Widerspruchsgründe des Abs. 3 sind gleichzeitig Gründe für die Sozialwidrigkeit einer 208
Kündigung (vgl. Rn. 190). Ein hierauf gestützter BR-Widerspruch führt zu einem sog. **absoluten Sozialwidrigkeitsgrund** (vgl. Rn. 260). Der gekündigte AN kann sich auf diese Gründe auch stützen, wenn der BR einen Widerspruch nicht erhoben hat.[578] Das gilt auch in Betrieben ohne BR. In diesen Fällen geht es aber nur um einen relativen Sozialwidrigkeitsgrund, der im Rahmen der abschließenden Interessenabwägung zu berücksichtigen ist.[579]

4. Widerspruchsgründe

a) Fehlerhafte Sozialauswahl (Abs. 3 Nr. 1)

Der BR kann den Widerspruch darauf stützen, dass der AG bei der Auswahl des zu kündi- 209
genden AN **soziale Gesichtspunkte** nicht oder nicht ausreichend berücksichtigt hat (vgl. DKWF-*Bachner/Deinert,* § 102 Rn. 16, 17, 23). Dieser Widerspruchsgrund kommt nur bei **betriebsbedingten Kündigungen** in Betracht.[580] Das greift dann aber auch bei Auswahlentscheidungen außerhalb des Anwendungsbereichs des KSchG[581]. Die fehlerhafte soziale Auswahl ist kein Rechtmäßigkeitskriterium bei personen- oder verhaltensbedingten Kündigungen.[582] Die Geltendmachung fehlerhafter Sozialauswahl bei einer solchen Kündigung führt zu einem nicht ordnungsgemäßen Widerspruch.[583] Der BR kann aber in erster Linie bestreiten, dass eine Kündigung überhaupt betriebsbedingt ist und daneben hilfsweise die fehlerhafte soziale Auswahl rügen.[584] Der Widerspruch in Bezug auf die fehlerhafte Sozialauswahl bei personen- oder verhaltensbedingter Kündigung kann je nach dem Umständen auch dahin ausgelegt werden, dass stillschweigend die richtige Einordnung des Kündigungsgrundes infrage gestellt wurde

573 Ständ. Rspr. *BAG* 22.7.82 – 2 AZR 30/81, EzA § 1 KSchG Verhaltensbedingte Kündigung Nr. 10; APS-*Koch,* Rn. 190; Richardi-*Thüsing,* Rn. 155 m. w. N.; GK-*Raab,* Rn. 152.
574 Vgl. DDZ-*Däubler,* § 1 KSchG Rn. 698.
575 Vgl. KR-*Rinck,* Rn. 187; *Klebe,* BB 80, 843.
576 Eingehend *Wolff,* Vorläufiger Bestandsschutz, S. 83.
577 KR-*Rinck,* Rn. 192.
578 *BAG* 13.9.73 – 2 AZR 601/72, AP Nr. 2 § 1 KSchG 1969.
579 Vgl. DDZ-*Deinert,* § 1 KSchG Rn. 51, 379.
580 GK-*Raab,* Rn. 158.
581 Zu den hier eingreifenden Maßstäben vgl. DDZ-*Däubler,* § 242 BGB Rn. 31 ff.
582 Vgl. *LAG Düsseldorf* 12.6.75 – 3 TaBV 106/74, DB 75, 1995.
583 KR-*Rinck,* Rn. 193 f.; a. A.: *Wolff,* Vorläufiger Bestandsschutz, S. 143.
584 *LAG Düsseldorf* 23.5.75 – 8 Sa 152/75, EzA § 102 BetrVG 1972 Beschäftigungspflicht Nr. 4.

und im Übrigen ein betriebsbedingter Grund als gegeben angesehen wurde. Begründet der AG die beabsichtigte Kündigung **sowohl betriebsbedingt** als **auch personen- oder verhaltensbedingt,** kann der BR nach wie vor gem. Abs. 3 Nr. 1 widersprechen.[585] Der Wortlaut des Gesetzes liefert keinen Anhaltspunkt dafür, dass das Widerspruchsrecht beim Geltendmachen mehrerer Kündigungsgründe entfällt.[586]

210 In die soziale Auswahl werden alle miteinander vergleichbaren AN eines Betriebes einbezogen, nicht jedoch diejenigen in mehreren Betrieben eines UN oder innerhalb eines Konzerns, da die **Sozialauswahl betriebsbezogen** ist.[587] Es sind sog. **Tätigkeitsvergleichsgruppen** innerhalb des jeweiligen Betriebes zu bilden. Für einen ordnungsgemäßen Widerspruch ist es sodann erforderlich, dass der BR geltend macht, soziale Gesichtspunkte seien innerhalb der jeweiligen Tätigkeitsvergleichsgruppen nicht oder nicht ausreichend berücksichtigt. Soziale Gesichtspunkte in diesem Sinne sind die Betriebszugehörigkeit, das Lebensalter, die Unterhaltsverpflichtungen (insbesondere gegenüber Kindern und Ehegatten) und die Schwerbehinderung eines AN. Auch wenn § 2 Abs. 4 AGG für Kündigungen auf den allgemeinen und besonderen Kündigungsschutz verweist, bedeutet dies nicht, dass kein Diskriminierungsschutz bei Kündigungen (und mithin bei der Sozialauswahl) eingreift.[588] Die Rspr. versteht dies so, dass das KSchG unionsrechtskonform dahin ausgelegt werden muss, dass Diskriminierungen wegen der Merkmale i. S. d. § 1 AGG ausgeschlossen sind.[589] Bei Kündigungen, die nicht unter das KSchG fallen, folgt unmittelbar aus §§ 134 BGB i. V. m. §§ 1, 3, 7 AGG die Nichtigkeit der Kündigung.[590] Was das im Einzelnen bedeutet, ist umstritten, die Rspr. scheint allerdings bemüht, möglichst jede Abweichung von bisher bekannten Grundsätzen zu vermeiden.[591] Richtigerweise ist, wenngleich vieles noch umstritten ist, von folgenden Grundsätzen auszugehen:

- Unkündbarkeitsvereinbarungen dürfen nicht ohne Weiteres dazu führen, dass der AN aus der Sozialauswahl herausfällt.[592]
- Bei der Bildung von Altersgruppen ist eine sachliche Rechtfertigung der jeweiligen Gruppenbildung geboten.[593]
- Das Lebensalter darf als Sozialauswahlkriterium nur Gewicht haben, wenn es typisierend die Arbeitsmarktlage repräsentiert.[594]
- Die Dauer der Betriebszugehörigkeit ist als Sozialauswahlkriterium zu berücksichtigen, darf aber nicht schematisch zugrundegelegt werden.[595]

210a Der Widerspruchsgrund greift auch, wenn der AG eine Auswahlrichtlinie gem. § 95 angewendet hat, die zu einer fehlerhaften Sozialauswahl führt.[596] Eine Bindung im Unrecht kann es angesichts des auch individualschützenden Mitwirkungsrechts des BR (Rn. 3) nicht geben, schon gar nicht über die Amtszeiten mehrerer BR hinweg.

211 Eine ordnungsgemäße Widerspruchsbegründung erfordert nach der neueren Rspr. des *BAG*,[597] dass der **BR** entweder die **weniger schutzwürdigen AN** konkret bezeichnet oder aber die weniger schutzwürdigen AN anhand abstrakter, im Widerspruchsschreiben enthaltener Kriterien bestimmbar sind (vgl. a. Rn. 213). Außerdem hat der BR die abstrakten Gründe anzugeben, die die Auswahlentscheidung als fehlerhaft erscheinen lassen. Im Ergebnis führt dies dazu, dass jedenfalls dann, wenn nur zwei AN zur Auswahl stehen, der weniger schutzwürdige AN aus dem Widerspruch des BR heraus identifizierbar sein muss. Diese Rspr. ist nur schwer mit

---

585 Richardi-*Thüsing*, Rn. 161.
586 Vgl. *Klebe/Schumann*, S. 139; a. A. KR-*Rinck*, Rn. 200.
587 *BAG* 26.2.87 – 2 AZR 177/86, 22.5.86 – 2 AZR 612/85, EzA § 1 KSchG Soziale Auswahl Nrn. 24, 22; 14.10.82 – 2 AZR 568/80, AP Nr. 1 zu § 1 KSchG 1969 Konzern; im Einzelnen DDZ-*Deinert*, § 1 KSchG 471 ff.
588 Ausführlich zur Problematik DDZ-*Deinert*, § 1 KSchG Rn. 69 ff.
589 *BAG* 6.11.08 – 2 AZR 523/07, AP Nr. 182 zu § 1 KSchG 1969 Betriebsbedingte Kündigung.
590 *BAG* 19.12.13 – 6 AZR 190/12, AP Nr. 3 zu § 2 AGG; 23.7.15 – 6 AZR 457/14, NZA 15, 1380.
591 Vgl. insb. *BAG* 15.12.11 – 2 AZR 42/10, NZA 12, 1044.
592 DDZ-*Deinert*, § 1 KSchG Rn. 489 ff.
593 DDZ-*Deinert*, § 1 KSchG Rn. 603 ff.
594 Ausführlich DDZ-*Deinert*, § 1 KSchG Rn. 535 ff. m. w. N.
595 DDZ-*Deinert*, § 1 KSchG Rn. 530 ff.
596 *Wolff*, Vorläufiger Bestandsschutz, S. 92 f.; a. A. GK-*Raab*, Rn. 158.
597 *BAG* 9.7.03 – 5 AZR 305/02, AP BetrVG 1972 § 102 Weiterbeschäftigung Nr. 14.

dem Grundsatz vereinbar, dass die Auswahlentscheidung einzig und allein Aufgabe des AG ist. Außerdem führt sie dazu, dass die Auswahlentscheidung auf dem Rücken der Arbeitnehmervertretung ausgetragen wird.[598] Es ist deshalb entgegen der Rspr. ausreichend, dass der BR auf Zweierlei hinweist, und zwar auf:

- die nach seiner Ansicht in die soziale Auswahl einzubeziehenden vergleichbaren AN[599] und
- die sozialen Gesichtspunkte, die der BR als unzureichend berücksichtigt ansieht (z. B. Hinweis auf die Dauer der Betriebszugehörigkeit und die Zahl der unterhaltsberechtigten Personen des AN und Feststellung, dass es im Kreise der vergleichbaren AN Arbeitskollegen mit kürzerer Betriebszugehörigkeit und geringeren Unterhaltsverpflichtungen gibt).[600]
- Nach Auffassung des *LAG Hamburg* liegt deshalb ein ordnungsgemäßer Widerspruch des BRs vor, wenn der Betriebsrat hinreichend bestimmt auf eine für den AG abgrenzbare Arbeitnehmergruppe hinweist, die nach Auffassung des BRs in die soziale Auswahl hätte einbezogen werden müssen. Es sei nicht erforderlich, dass der Betriebsrat aus dieser Gruppe mindestens einen AN benennt, der sozial weniger schutzbedürftig wäre.[601]

212 Der BR muss nur die Tatsache der fehlerhaften Sozialauswahl in einer Weise rügen, dass, verbunden mit den genannten Tatsachen, die Berechtigung dieser Rüge möglich erscheint. Eine **pauschale Berufung auf den Wortlaut des Gesetzes reicht** auch hierfür **nicht aus.**[602] Der BR muss seine Rüge allerdings nicht dahingehend begründen, dass er die konkreten Sozialdaten des zu kündigenden AN und konkreter anderer vergleichbarer AN gegeneinander abwägt.

213 Die Anforderungen an die Begründung des Widerspruchs gem. Abs. 3 Nr. 1 sind **unabhängig vom Umfang der AG-Information** über die beabsichtigte Kündigung. Um für den AN einen Weiterbeschäftigungsanspruch auszulösen, sollte der BR auch solche sozialen Gesichtspunkte als verletzt rügen, auf die der AG selbst nicht eingegangen ist. Die Tatsache der unzureichenden AG-Information führt zur entsprechenden Beschränkung des AG-Vorbringens in einem Kündigungsschutzprozess. Gelingt es dem AN – ggf. gestützt auf das Vorbringen des BR – darzulegen, dass der AG einzubeziehende soziale Aspekte erst gar nicht dem BR genannt hat, so ist die soziale Auswahl fehlerhaft und die Kündigung schon deshalb unwirksam (Rn. 211). Auch wenn man mit dem *BAG* ein Nachschieben des AG hinsichtlich ihm unbekannter Auswahlkriterien zulässt (Rn. 132), wird dies im Regelfall eine Kündigung deshalb nicht zulassen, weil diese Umstände dem AG üblicherweise bekannt sind und er nur auf Grund eines unbeachtlichen Rechtsirrtums die falschen Schlüsse gezogen hat.

b) Richtlinienverstoß (Abs. 3 Nr. 2)

214 Die Geltendmachung dieses Widerspruchsgrundes (vgl. DKWF-*Eachner/Deinert,* § 102 Rn. 18) erfordert die Benennung der **Auswahlrichtlinie,** gegen die die Kündigung nach Meinung des BR verstößt, sowie der Tatsachen, aus denen sich der Verstoß gegen die Auswahlrichtlinie ergibt.[603] Es muss sich um eine Auswahlrichtlinie i. S. d. **§ 95 Abs. 1** handeln (zum Begriff, insbesondere zu der Frage, ob es sich um eine BV handeln muss s. dort). Der Widerspruch des BR i. S. v. Abs. 3 Nr. 2 ist offensichtlich unbegründet, wenn Auswahlrichtlinien, auf deren Einhaltung sich der BR beruft, überhaupt nicht vorliegen.

215 Der Widerspruchsgrund des Abs. 3 Nr. 2 erstreckt sich auf **alle Arten von Kündigungen** (personen-, verhaltens- oder betriebsbedingt).[604] Entscheidend ist der jeweils mögliche Regelungsinhalt für eine Richtlinie (im Einzelnen § 95 Rn. 22 ff.).[605]

---

598 Gegen die Rspr. des BAG auch *Fitting,* Rn. 81; GK-*Raab,* Rn. 160 f.; KR-*Rinck,* Rn. 196; zustimmend MünchArbR-*Volk,* § 344 Rn. 43; *Boewer,* NZA 88, 7.
599 KR-*Rinck,* Rn. 196; *Heinze,* S. 226.
600 Vgl. KR-*Rinck,* Rn. 196; *Fitting,* Rn. 81.
601 *LAG Hamburg* 25. 5. 10 – 1 SaGa 3/10, juris.
602 *LAG Schleswig-Holstein* 22. 11. 99 – Sa 514/99, BB 00, 203.
603 Vgl. GK-*Raab,* Rn. 163; KR-*Rinck,* Rn. 201; *Heinze,* S. 226.
604 A. A. Hako-BetrVG/*Braasch,* Rn. 97.
605 Vgl. *Wolff,* Vorläufiger Bestandsschutz, S. 87 m. w. N.; a. A. Richardi-*Thüsing,* Rn. 166.

216 Für den Fall, dass ein Richtlinienverstoß vorliegt, der BR jedoch dies **nicht als Widerspruch geltend** macht, kann sich der AN gleichwohl im Kündigungsschutzprozess darauf berufen. Das folgt aus § 1 Abs. 2 Satz 2 Nr. 1 Buchst. a KSchG; die Bestimmung deckt sich mit Abs. 3 Nr. 2.

c) Möglichkeit der Weiterbeschäftigung auf einem anderen Arbeitsplatz (Abs. 3 Nr. 3)

217 Dieser Widerspruchsgrund bezieht sich darauf, dass der zu kündigende AN an einem **anderen Arbeitsplatz** im selben Betrieb oder in einem anderen Betrieb des UN weiterbeschäftigt werden kann (vgl. DKWF-*Bachner/Deinert,* § 102 Rn. 19). Er ist deckungsgleich mit dem absoluten Sozialwidrigkeitsgrund des § 1 Abs. 2 Satz 2 Nr. 1 Buchst. b KSchG. Die Weiterbeschäftigungspflicht des Abs. 3 Nr. 3 bezieht sich ebenso wie diejenigen des Abs. 3 Nr. 4 (Rn. 232 ff.) und Nr. 5 (Rn. 243 ff.) auf das **gesamte UN.**[606] Dieser Widerspruchsgrund gilt für **alle Arten** von **ordentlichen Kündigungen.**[607]

218 Der Widerspruch kann, bezogen auf eine Beschäftigungsmöglichkeit in einem anderen Betrieb des UN, auch gegenüber einer nach § 15 Abs. 4 KSchG erklärten ordentlichen Kündigung eines **BR-Mitglieds** erhoben werden.[608]

219 Der Widerspruchsgrund des Abs. 3 Nr. 3 bezieht sich ebenso wie der absolute Sozialwidrigkeitsgrund des § 1 Abs. 2 Satz 2 Nr. 2 Buchst. b KSchG grundsätzlich nicht auf andere Arbeitsplätze im **Konzern.** Wegen der rechtlichen Selbstständigkeit der Konzern-UN verneint das *BAG* für den Regelfall eine konzernbezogene Versetzungspflicht.[609] Ausnahmsweise wird jedoch eine konzernbezogene Versetzungspflicht im Rahmen des KSchG dann bejaht,[610] wenn

- entsprechende vertragliche Vereinbarungen über einen **konzernweiten Einsatz** des AN bestehen[611] oder
- aus Einfluss und Praxis eine **Selbstbindung des AG** entstanden ist.[612]
- Erforderlich ist nach der Rspr. in jedem Fall, dass der AG innerhalb des Konzernverbundes einen **»bestimmenden Einfluss«** auf unternehmensübergreifende Versetzungen hat.[613]
- Die Entscheidung über die Weiterbeschäftigung darf nicht dem anderen UN überlassen bleiben.[614] Ein hierauf abzielender Widerspruch ist ordnungsgemäß.[615]

220 Der Widerspruch hinsichtlich eines anderen Arbeitsplatzes kann sich auch auf eine sog. **Beschäftigungsgesellschaft** oder **Qualifizierungsgesellschaft** beziehen. Voraussetzung ist, dass der AG durch entsprechende Vereinbarungen Einfluss auf die Arbeitsplätze bei einer solchen Gesellschaft hat (entsprechend der *BAG*-Rspr. zur Versetzungspflicht im Konzern, Rn. 219).

221 Unter einem **»anderen Arbeitsplatz«** ist mehr zu verstehen, als im betriebsverfassungsrechtlichen Versetzungsbegriff enthalten ist (vgl. § 99 Rn. 96 ff.). Es ist jedenfalls jeder andere Arbeitsplatz, den der AG dem AN auf der Grundlage des **arbeitgeberseitigen Direktionsrechts** zuweisen kann, also in der Regel jeder gleichwertige Arbeitsplatz. Anhaltspunkt kann sein, ob gerade zuvor ein anderer AN mit einer entsprechenden Arbeitsaufgabe beschäftigt war oder eine Stelle in einem Stellenplan oder Organigramm beschrieben ist (zum Anspruch des AN auf Zuweisung eines höher qualifizierten Arbeitsplatzes vgl. Rn. 244).

---

606 *BAG* 17.5.84 – 2 AZR 109/83, EzA § 1 KSchG Betriebsbedingte Kündigung Nr. 32; *Fitting,* Rn. 85; DDZ-*Deinert,* § 1 KSchG Rn. 377.

607 *BAG* 31.3.93 – 2 AZR 492/92, NZA 94, 409, 412; vgl. APS-*Koch,* Rn. 196.

608 *BAG* 14.10.82 – 2 AZR 568/80, AP Nr. 1 zu § 1 KSchG 1969 Konzern mit Anm. *Wiedemann*; vgl. DDZ-*Deinert,* § 15 KSchG Rn. 83.

609 *BAG* 27.11.91 – 2 AZR 255/91, DB 92, 1247; 22.5.86 – 2 AZR 612/85, DB 86, 2547; 14.10.82 – 2 AZR 568/80, AP Nr. 1 zu § 1 KSchG 1969 Konzern mit Anm. *Wiedemann;* GK-*Raab,* Rn. 165.

610 Zum Folgenden DDZ-*Deinert,* § 1 KSchG Rn. 421.

611 APS-*Koch,* Rn. 197.

612 *BAG* 22.5.86, a. a. O.; *Fitting,* Rn. 87.

613 *BAG* 18.10.12 – 6 AZR 41/11, DB 2013, 586, Rn. 57; a. A. APS-*Koch,* Rn. 197; *Bachner,* NZA 06, 1309.

614 *BAG* 22.11.12 – 2 AZR 673/11, NZA 13, 730, Rn. 39.

615 *LAG Schleswig-Holstein* 5.3.96 – 1 Ta 16/96, BB 96, 1612.

222 Der Widerspruch muss sich auf einen **freien Arbeitsplatz** beziehen, auf dem der zu kündigende AN weiterbeschäftigt werden könnte.[616] Der Arbeitsplatz muss bis zum Ablauf der Kündigungsfrist frei sein. Nicht erforderlich ist, dass er schon zum Zeitpunkt des Widerspruchs frei ist.[617] Das *BAG* hält den AG nicht für verpflichtet, zum Zwecke der Weiterbeschäftigung einen neuen Arbeitsplatz zu schaffen.[618] Kann ein freier Arbeitsplatz vom zu kündigenden AN nur mit einer **veränderten Qualifikation** eingenommen werden, muss der BR gleichzeitig den Widerspruchsgrund des Abs. 3 Nr. 4 geltend machen (Rn. 232 ff.). Erfordert die Einnahme des freien Arbeitsplatzes darüber hinaus eine Änderung der Arbeitsbedingungen, muss sich der Widerspruch auch auf Abs. 3 Nr. 5 beziehen (Rn. 243 ff.).

223 Der von einem Leih-AN besetzte Arbeitsplatz ist zumindest dann als »frei« im rechtlichen Sinne anzusehen, wenn dieser **Arbeitsplatz dauerhaft von dem Leih-AN besetzt** wird.[619] Das gilt aber dann nicht, wenn der Leih-AN einen anderen AN vertritt.[620] Der AG ist zwar in der Gestaltung der Arbeitsorganisation frei, ohne dass die Arbeitsgerichte die Zweckmäßigkeit der getroffenen Organisationsentscheidung zu überprüfen haben. Dies gilt insbesondere auch für die Frage, ob einzelne betriebliche Aufgaben von betriebszugehörigen Arbeitnehmern oder etwa auf dienst- oder werkvertraglicher Grundlage im Rahmen einer fremdgesteuerten Arbeitsorganisation durchgeführt werden sollen. Im Falle der Beschäftigung eines Leih-AN nimmt der AG (im Unterschied zum Werk- oder Dienstleistungsvertrag) indessen selbst Arbeitgeberbefugnisse wahr und steuert durch eigene Weisungen den Arbeitseinsatz. Die Entscheidung des AG, einen ausgeliehenen AN zu beschäftigen, kann damit nicht als eine der gerichtlichen Nachprüfung entzogene Organisationsentscheidung angesehen werden.[621] Die Entscheidung des *BAG* vom 1.3.07,[622] bei der das Gericht über die vorübergehende Besetzung eines Arbeitsplatzes mit einem Leih-AN zu befinden hatte, und in der das *BAG* dem AG die unternehmerische Entscheidung darüber zubilligt, ob er einen vorübergehenden Vertretungsbedarf mit eigenem Reservepersonal oder mit Leiharbeitnehmern abdeckt, ist auf die vorliegende Fallgestaltung nicht übertragbar.

224 Zwar wird vom AG nicht verlangt, dass er einen freien Arbeitsplatz schaffen muss (Rn. 222).[623] Mit Blick darauf, dass unter »Arbeitsplatz« eine **nicht nur vorübergehende Arbeitsgelegenheit** innerhalb der Arbeitsorganisation des AG verstanden wird, gelten Arbeitsplätze auch als »frei«, wenn sie vom AG durch vorübergehende Ausdehnung der **Arbeitszeit** blockiert werden. Deshalb ist ein wegrationalisierter Arbeitsplatz gleichwohl als frei anzusehen, wenn die Streichung dieses Arbeitsplatzes zu einer so weit gehenden Personalreduzierung geführt hat, dass eine 9-monatige Urlaubssperre für die übrigen AN erforderlich wurde.[624] Das Gleiche muss in Bezug auf Arbeitsplätze gelten, an denen **regelmäßig Mehrarbeit** geleistet wird.[625] Lässt sich rechnerisch und arbeitsorganisatorisch darstellen, dass ein zu kündigender AN mit dem bei Verzicht auf jene Überstunden frei werdenden Arbeitsvolumen beschäftigt werden könnte, so liegt ein freier Arbeitsplatz vor, auf den sich der Widerspruch des BR beziehen kann.

225 Es ist umstritten, ob Abs. 3 Nr. 3 auch dann zur Anwendung kommt, wenn der BR geltend macht, der AN könne auf seinem **bisherigen Arbeitsplatz** weiterbeschäftigt werden,[626] so z. B. dann, wenn in einer bestimmten Tätigkeitsvergleichsgruppe weniger AN als zunächst geplant

616 *BAG* 22.7.82 – 2 AZR 30/81, EzA § 1 KSchG Verhaltensbedingte Kündigung Nr. 10; 24.3.83 – 2 AZR 21/82, EzA § 1 KSchG Betriebsbedingte Kündigung Nr. 21; eingehend DDZ-*Deinert,* § 1 KSchG Rn. 396 ff.; GK-*Raab,* Rn. 167.

617 KR-*Rinck,* Rn. 209; *Klebe/Schumann,* S. 153; *Wolff,* Vorläufiger Bestandsschutz, S. 105.

618 *BAG* 3.2.77 – 2 AZR 476/75, 29.3.90 – 2 AZR 369/89, AP Nrn. 4, 50 zu § 1 KSchG 1969 Betriebsbedingte Kündigung.

619 *BAG* 15.12.11 – 2 AZR 42/10, NZA 12, 1044, Rn. 30; insg. zum Folgenden DDZ-*Deinert,* § 1 KSchG Rn. 401.

620 *BAG* 15.12.11, a.a.O., Rn. 27 ff.

621 Vgl. *LAG Hamm* 5.3.07 – 11 Sa 1338/06, DB 07, 1701.

622 *BAG* 1.3.07 – 2 AZR 650/05, AP KSchG 1969 § 1 Betriebsbedingte Kündigung Nr. 164.

623 *BAG* 29.3.90 – 2 AZR 369/89, AP Nr. 50 zu § 1 KSchG Betriebsbedingte Kündigung.

624 *ArbG Hamburg* 12.3.90 – 21 Ca 249/89, AiB 91, 443 mit Anm. *Schoof.*

625 APS-*Koch,* Rn. 198.

626 Offen gelassen bei *BAG* 11.5.00 – 2 AZR 54/99, BB 00, 2049.

abgebaut werden.[627] Das *BAG* hat diese Ansicht unter Bezug auf Wortlaut und Entstehungsgeschichte des Abs. 3 Nr. 3 in einer früheren Entscheidung abgelehnt.[628] Die für eine Anwendung des Abs. 3 Nr. 3 plädierende Meinung hat zwar den Sinn des Gesetzes für sich, kommt jedoch am eindeutigen Wortlaut der Vorschrift nicht vorbei. Insofern müssen die gewählten Beispiele strikter auf den Wortlaut der Regelung bezogen werden. So liegt ein »anderer« Arbeitsplatz nicht nur bei physischen Unterschieden vor. Die Beschäftigung am gleichen physischen Arbeitsplatz in einer **anderen Schicht** ist im Rechtssinne vielmehr die Beschäftigung an einem »anderen« Arbeitsplatz.[629] Um in einem solchen Falle Abs. 3 Nr. 3 genügen zu können, bedarf es keiner analogen, sondern vielmehr nur der unmittelbaren richtigen Anwendung dieser Vorschrift.[630] Will der AG die **individuelle Arbeitszeit** des AN ändern und organisiert er hierfür – notwendigerweise – die Arbeit neu, so ist die Berufung des BR gegen eine entsprechende Änderungskündigung dergestalt möglich, dass er eine Beschäftigung zu der bisherigen Arbeitszeit verlangt; diese stellt sich dann als »anderer« Arbeitsplatz gegenüber dem vom AG neu eingerichteten dar.[631]

226 Was die **Konkretisierung eines anderen Arbeitsplatzes** angeht, muss der BR darlegen, auf welchem (freien) Arbeitsplatz eine Weiterbeschäftigung des AN in Betracht kommt; hierbei muss der Arbeitsplatz zumindest in bestimmbarer Weise angegeben und der Bereich bezeichnet werden, in dem der AN anderweitig beschäftigt werden kann.[632] Als diesbezüglich nicht ausreichend hält das *BAG* den bloßen Hinweis auf Personalengpässe bei Arbeiten, die von einem Subunternehmer auf Grund eines Werkvertrages erledigt werden.[633] Allerdings bedeutet ein »anderer Arbeitsplatz« mehr und anderes, als die sinnlich wahrnehmbare Tatsache eines »leer stehenden Schreibtisches«. Es geht vielmehr um die Möglichkeit des AG, einen AN vertragsgemäß zu beschäftigen (bzw. mit dessen Einwilligung zu geänderten Bedingungen; vgl. Rn. 243 ff.). Deshalb muss der BR lediglich eine solche Möglichkeit nachvollziehbar darlegen. Wortlaut und Sinn des § 102 schließen nicht aus, dass diese Darlegung sich auf eine vom AG durch Umorganisation des vorhandenen Arbeitsvolumens erst zu schaffende Arbeitsgelegenheit bezieht. Gleiches gilt im Übrigen für den Abbau regelmäßig anfallender **Überstunden.** Die **Verifizierung** der angegebenen Weiterbeschäftigungsmöglichkeit ist eine Frage der Begründetheit des Widerspruchs bzw. der Kündigung (vgl. auch Rn. 264 f.).[634]

227 Ob eine anderweitige Beschäftigung des AN auf der vom BR ins Auge gefassten Stelle **für den AG zumutbar** ist, hat keinen Einfluss darauf, ob der Widerspruch als solcher ordnungsgemäß war. Die Frage der Zumutbarkeit der in Aussicht genommenen Stelle **für den AN** stellt sich so nicht. Denn ist eine in Aussicht genommene Stelle unzumutbar, bedeutet dies die Unvereinbarkeit mit seinem derzeit geltenden Arbeitsvertrag. Es kommt demgemäß nur der Widerspruchsgrund gem. Nr. 5 in Betracht, der vom Einverständnis des AN abhängt (Rn. 243). Demgegenüber ist die Geltendmachung des Widerspruchsgrundes gem. Nr. 3 nicht vom Einverständnis des AN abhängig.[635]

228 Überwiegend wird die Möglichkeit des BR verneint, mit dem Widerspruch gem. Nr. 3 geltend zu machen, der AN könne weiterbeschäftigt werden, wenn bestimmte Arbeiten nicht in **Fremdvergabe,** sondern durch den AG selbst durchgeführt würden.[636] In dieser Hinsicht korrespondiert der Widerspruchsgrund der Nr. 3 mit der Rspr. zur Berechtigung einer betriebsbedingten Kündigung auf Grund einer solchen Fremdvergabe. In dem Maße, in dem

627 So *ArbG Heilbronn* 17.5.76, AuR 76, 315; *ArbG Ulm* 9.4.75, AuR 75, 250; *Fitting*, Rn. 90; KR-*Rinck*, Rn. 210.
628 *BAG* 12.9.85 – 2 AZR 324/84, EzA § 102 BetrVG 1972 Nr. 61; vgl. ErfK-*Kania*, Rn. 20.
629 Richardi-*Thüsing*, Rn. 175.
630 Vgl. HWGNRH-*Huke*, Rn. 143; *Fitting*, Rn. 90; GK-*Raab*, Rn. 164.
631 Ebenso *Fitting*, Rn. 90; *Klevemann*, AiB 86, 160.
632 *BAG* 11.5.00 – 2 AZR 54/99, BB 00, 2049; *LAG Köln* 28.8.15 – 4 SaGa 14/15, AE 2016, 151; GK-*Raab*, Rn. 168; s. a. Hako-BetrVG/*Braasch*, Rn 98.
633 *BAG* 11.5.00, a. a. O.
634 APS-*Koch*, Rn. 200.
635 KR-*Rinck*, Rn. 213; *Bösche*, S. 122; a. A. HWGNRH-*Huke*, Rn. 147.
636 So *ArbG Berlin* 20.7.77 – 7 Ga 5/77, BB 77, 1761; HWGNRH-*Huke*, Rn. 144.

grundsätzlich eine Kündigung wegen Fremdvergabe möglich ist,[637] versagt die Berufung auf die dadurch an sich zur Verfügung stehenden Arbeitsplätze im Wege eines Widerspruchs des BR. Ist jedoch auch eine Kündigung sozialwidrig, weil die Fremdvergabe erkennbar keine Ersparnis bringt, ist auch ein Widerspruch gem. Nr. 3 möglich. Der BR muss dann darauf hinweisen, dass eine Weiterbeschäftigung mit Arbeiten möglich wäre, die **qualitativ gleichwertig** zu den **gleichen Kosten** im Betrieb hergestellt werden könnten. Die innere Schlüssigkeit des Widerspruchs verlangt – weil es sich hier letztlich um Missbrauchskontrolle einer unternehmerischen Entscheidung handelt – die nachvollziehbare vergleichende Darlegung von Qualitätsanforderungen und Kostenstrukturen.

Bei **personen- und verhaltensbedingten** Kündigungen muss der BR darlegen, inwieweit durch die Beschäftigung an einem anderen Arbeitsplatz die Ursache für die Kündigung beseitigt werden kann. Das ist insbesondere bei krankheitsbedingten Kündigungen stets möglich durch den Hinweis auf den Anteil der aktuellen Arbeitsumgebung am Gesundheitszustand des AN. Dabei können namentlich Erkenntnisse aus einem betrieblichen Eingliederungsmanagement nach § 167 SGB IX herangezogen werden. Bei einer Kündigung wegen persönlicher Auseinandersetzungen zwischen Arbeitskollegen muss dargestellt werden können, dass solche an einem anderen Arbeitsplatz nicht zu gewärtigen sind.[638] 229

Allgemein wird davon gesprochen, dass im Widerspruch des BR unter Hinweis auf eine Weiterbeschäftigungsmöglichkeit nach Nr. 3 zugleich die Zustimmung zu einer **Versetzung** nach § 99 liege.[639] Das trifft in dieser Allgemeinheit nicht zu.[640] Da das Mitbestimmungsrecht aus § 99 nur im Hinblick auf eine konkrete Versetzungsmaßnahme ausgeübt werden kann, müssen dem BR bei seinem Widerspruch bereits alle entsprechenden Informationen vorliegen, die im Falle einer Versetzung zu geben sind (vgl. § 99 Rn. 129 ff.). Außerdem müsste sich sein Widerspruch auf einen einzigen, konkret benannten Arbeitsplatz beschränkt haben. Insbesondere wenn dem AG die Auswahl zwischen mehreren noch zu konkretisierenden Versetzungsmöglichkeiten bleibt, bedarf es des erneuten Verfahrens nach § 99.[641] Falls zur Realisierung einer Versetzung eine **Änderungskündigung** erforderlich wird, bedarf diese eines erneuten Verfahrens gem. § 102.[642] 230

Wenn der **BR** eine **Versetzung** gem. § 99 **ablehnt** und das Gericht seine Zustimmung nicht ersetzt, ist der betreffende Arbeitsplatz nicht »frei«, um auf ihn zur Kündigungsvermeidung zu verweisen.[643] Das gilt sowohl für Versetzungen im selben Betrieb als auch in einen anderen Betrieb (vgl. § 99 Rn. 254).[644] Ist der Widerspruch ordnungsgemäß erklärt, muss der AG in der Regel kein Zustimmungsersetzungsverfahren einleiten (§ 99 Rn. 250a). 231

d) Umschulung, Fortbildung (Abs. 3 Nr. 4)

Der Widerspruch kann sich darauf richten, dass eine Weiterbeschäftigung des AN nach zumutbaren **Umschulungs**- oder **Fortbildungsmaßnahmen** möglich ist (vgl. DKWF-*Bachner/Deinert*, § 102 Rn. 20). Zur Definition von »Umschulung« und »Fortbildung« kann auf die §§ 1, 53 ff., 58 ff. BBiG zurückgegriffen werden.[645] Es ist vom allgemeinen Sprachgebrauch auszugehen, wonach »Umschulung« Ausbildung in einem anderen Beruf als dem bisherigen bedeutet, »Fortbildung« die Weiterbildung in dem bisher ausgeübten Beruf.[646] Da sowohl das KSchG als auch Nr. 4 nicht von »beruflicher« Umschulung sprechen, sondern allgemein von Umschulung, ist von einem weiten Anwendungsbereich auszugehen. Der Widerspruchsgrund 232

637 Vgl. *BAG* 30.4.87 – 2 AZR 184/86, EzA § 1 KSchG Betriebsbedingte Kündigung Nr. 47; DDZ-*Deinert*, § 1 KSchG Rn. 356.
638 Vgl. KR-*Rinck*, Rn. 208.
639 Vgl. HWGNRH-*Huke*, Rn. 148; KR-*Rinck*, Rn. 211.
640 Vgl. *Wolff*, Vorläufiger Bestandsschutz, S. 106; *Gussone*, AuR 94, 245, 249.
641 Vgl. *Heinze*, Rn. 555.
642 *Heinze*, Rn. 557.
643 *LAG Hamm* 18.8.78 – 3 TaBV 61/78, DB 79, 2042.
644 *BAG* 22.1.91 – 1 ABR 18/90, NZA 91, 569.
645 *BAG* 7.2.91 – 2 AZR 205/90, DB 91, 1730.
646 *BAG* 7.2.91, a.a.O.

der Nr. 4 kommt zum einen vor allem in Betracht, wenn der AG durch die Veränderung von Arbeitsmitteln, -methoden oder -organisation **neue Anforderungen** für die AN schafft. Dabei wird der Zusammenhang mit einer hieraus folgenden Kündigungsabsicht vor allen Dingen bei **Rationalisierungen** gegeben sein.[647] Hier besteht ein enger Zusammenhang zu dem Mitbestimmungsrecht des BR nach § 97 Abs. 2 (vgl. Rn. 241). Eine Bildungsmaßnahme kommt aber auch dann in Betracht, wenn eine **personenbedingte Kündigung** auf Grund Fehlens oder Nachlassens der geforderten Leistungsfähigkeit möglich ist oder bei **krankheitsbedingter Kündigung** ein anderer Arbeitsplatz nur bei Veränderung der beruflichen Qualifikation eingenommen werden kann.[648] Nach einer Schulungsmaßnahme kann auch eine Weiterbeschäftigung auf dem **eigenen (bisherigen) Arbeitsplatz** in Frage kommen.[649]

233 Die **Zumutbarkeit** einer Umschulung oder Fortbildung für den AG ergibt sich aus einer **Interessenabwägung,**[650] bei der technische und wirtschaftliche Möglichkeiten des AG gegen den Qualifizierungsbedarf des AN abzuwägen sind. Elemente dieser Abwägung sind auch die bisherige und die restliche Beschäftigungsdauer sowie die Erfolgsaussicht der Bildungsmaßnahme.[651] Eine isolierte wirtschaftliche Betrachtungsweise, die die Kosten der Maßnahme in den Vordergrund stellt, ist abzulehnen. Der AG ist umso mehr in der Pflicht, je mehr der Qualifizierungsbedarf auf von ihm veranlasste Betriebsumstellungen oder überhaupt auf Auswirkungen aus der Arbeitsumgebung zurückgeht. Außerdem spielen die Länge der Betriebszugehörigkeit, das Lebensalter des AN, dessen Chancen auf dem externen Arbeitsmarkt oder der Umstand, ob sich die Erforderlichkeit der Maßnahme aus einem Arbeitsunfall oder einer Berufskrankheit des AN ergibt, eine wesentliche Rolle.

234 Der BR muss die konkrete Zumutbarkeit der Maßnahme nicht positiv begründen, sondern vielmehr lediglich **Tatsachen darlegen, die für sich genommen für die Zumutbarkeit sprechen.** Die materielle Richtigkeit dieser Möglichkeit ist im Kündigungsprozess zu klären, eine mögliche offenbare Unrichtigkeit im Rahmen eines Antrags des AG auf Entbindung von der vorläufigen Weiterbeschäftigung gem. Abs. 5 Satz 2 (Rn. 307 ff.).

235 Die **wirtschaftliche Leistungsfähigkeit** des Betriebes spielt zwar eine besondere Rolle.[652] Jedoch darf der wirtschaftliche Aspekt der Zumutbarkeit für den AG keineswegs isoliert betrachtet werden, sondern muss sich stets im Rahmen der Interessenabwägung den Bedürfnissen des AN stellen. Bei der Frage, ob eine Maßnahme zu kostspielig ist oder nicht, ist insbesondere auf die auch ansonsten **üblichen Aufwendungen** des AG für Weiterbildung abzuheben. Grundsätzlich ist vom AG die Übernahme der Kosten der Maßnahme zu erwarten.[653] Ein **Eigenbeitrag des AN** dürfte nur in seltenen Ausnahmefällen verlangt werden können. Vertretbar erscheint allenfalls eine (vorübergehende) Reduzierung der laufenden Bezüge, wenn im Rahmen der Bildungsmaßnahme keine produktive Arbeit erbracht wird und die neuerworbenen Qualifikationen nicht nur betriebsbezogen, sondern auf dem allgemeinen Arbeitsmarkt verwertbar sind.[654] Bietet der AN dies von sich aus an, so tritt die wirtschaftliche Leistungsfähigkeit des Unternehmens um so mehr in den Hintergrund.

236 Es spielt keine Rolle, an welchem **Ort** die Bildungsmaßnahme stattfindet. Dies kann sowohl im Beschäftigungsbetrieb als auch in einem anderen Betrieb des Unternehmens erfolgen.[655] Es kann auf außerbetriebliche Maßnahmen verwiesen werden.[656] Die Frage, wo die Bildungsmaßnahme stattfindet, spielt für die Kostentragung keine Rolle. Das Gesetz macht insoweit keine Unterschiede.

237 Soweit die Bildungsmaßnahme durch **öffentliche Fördermittel** unterstützt wird, ist sie für den AG grundsätzlich zumutbar. Dabei spielt es für den Widerspruch des BR keine Rolle, ob der AG

647 Vgl. KR-*Rinck*, Rn. 215.
648 Vgl. HWGNRH-*Huke*, Rn. 151.
649 GK-*Raab*, Rn. 173; KR-*Rinck*, Rn. 216; Hako-BetrVG/*Braasch*, Rn. 103.
650 GK-*Raab*, Rn. 178.
651 Vgl. HWGNRH-*Huke*, Rn. 152.
652 HWGNRH-*Huke*, Rn. 152.
653 Ausf. m. w. N. DDZ-*Deinert*, § 1 KSchG Rn. 439.
654 Vgl. DDZ-*Deinert*, § 1 KSchG Rn. 439.
655 Vgl. KR-*Rinck*, Rn. 219; *Klebe/Schumann*, S. 145.
656 So auch HWGNRH-*Huke*, Rn. 156.

bereits einen entsprechenden Antrag gestellt hat oder nicht. Hängt die Gewährung der Leistung von einem Antrag des AN ab, so ist dieser dem AG gegenüber zur Antragstellung verpflichtet. Auch wenn eine entsprechende Erklärung bei Widerspruchserhebung bzw. Geltendmachung des Weiterbeschäftigungsanspruchs vom Gesetz nicht verlangt wird, ist sie doch den Beteiligten in jedem Falle zu empfehlen. Im Rahmen der Plausibilitätsanforderungen an einen Widerspruch (Rn. 205) ist es erforderlich, dass die Darlegungen des BR eine Gewährung der Leistungen als möglich erscheinen lassen.

Die **zeitliche Dauer** einer Bildungsmaßnahme ist gesetzlich nicht festgelegt. Sie hängt gleichfalls von einer umfassenden Interessenabwägung ab. Das *BAG* hat offen gelassen, wie sich die aus der zeitlichen Dauer ergebenden Kosten auf die Zumutbarkeit für den AG auswirken.[657] Einerseits ist davon auszugehen, dass im Regelfall eine neue Berufsausbildung in einem anerkannten Ausbildungsberuf nicht verlangt werden kann. Das gilt jedoch nur unter der für den Normalfall geltenden Bedingung, dass der AN seine bisherigen Bezüge weiterbezahlt erhält. Willigt er in eine Ausbildung mit der hierfür vorgesehenen Ausbildungsvergütung ein, so kann sich der Widerspruch auch hierauf stützen (wegen der damit verbundenen Vertragsänderung nur zugleich mit der Begründung gem. Nr. 5; Rn. 222). 238

Die Frage der **Zumutbarkeit** der Bildungsmaßnahme **für den AN** ist praktisch unerheblich. Empfindet der AN ein vom BR vorgeschlagenes Bildungsangebot für sich als unzumutbar, so kann er es ablehnen mit der Folge, dass es als Alternative zur Kündigung nicht mehr vorhanden ist. Akzeptiert er es trotz einer von dritter Seite möglicherweise gesehenen Unzumutbarkeit, so ist dies ebenfalls seine Sache, und es spricht nichts dagegen, dieses Angebot als Alternative zur Kündigung zu akzeptieren (im Zweifelsfall liegt auch hier ein Widerspruchsgrund i. S. d. Nr. 5 vor; Rn. 243). Das Gesetz verlangt nicht, dass zum Zeitpunkt der Erhebung des Widerspruchs eine Einverständniserklärung des AN vorliegt.[658] Dies ist aus den zur Frage der Zumutbarkeit genannten Gründen auch unerheblich. 239

Voraussetzung für den Widerspruchsgrund der Nr. 4 ist die Möglichkeit der **Weiterbeschäftigung nach Abschluss der Bildungsmaßnahme.** In dieser Hinsicht gilt das zum Widerspruchsgrund nach Nr. 3 Gesagte (Rn. 217 ff.). Darüber hinaus bezieht sich Nr. 4 auch auf die Möglichkeit der Weiterbeschäftigung nach Umschulung oder Fortbildung auf dem **bisherigen Arbeitsplatz** des AN.[659] 240

Es besteht ein enger Zusammenhang zwischen dem Widerspruchsrecht nach Nr. 4 und dem Mitbestimmungsrecht des BR nach **§ 97 Abs. 2.** Beabsichtigt der AG unter Missachtung des Mitbestimmungsrechts den Ausspruch einer Kündigung, so kann der BR Unterlassung bis zum Abschluss des Mitbestimmungsverfahrens nach § 97 Abs. 2 verlangen. Das gilt auch dann, wenn nur ein einzelner AN betroffen ist, weil das Mitbestimmungsrecht keinen kollektiven Tatbestand voraussetzt. Nur durch den Unterlassungsanspruch kann das Mitbestimmungsrecht gesichert werden.[660] 241

Soweit der Widerspruch des BR zugleich auf eine **Versetzung** des AN zielt, gilt hinsichtlich der Beteiligung gem. § 99 das zum Widerspruchsgrund gem. Nr. 3 Gesagte (Rn. 230). 242

e) Geänderte Vertragsbedingungen (Abs. 3 Nr. 5)

Der Widerspruchsgrund der Nr. 5 zielt darauf, jede nur denkbare Möglichkeit zum Erhalt des Arbeitsverhältnisses auszuschöpfen (vgl. DKWF-*Bachner/Deinert,* § 102 Rn. 21). Er ist insofern erforderlich, als der BR nicht von sich aus über die **arbeitsvertraglichen Positionen des AN** verfügen kann. Sein Hinweis auf andere Beschäftigungsmöglichkeiten – sei es an einem anderen, sei es am vorhandenen Arbeitsplatz, sei es mit oder ohne Bildungsmaßnahmen – kann die vertraglichen Rechte des AN nicht verändern. Deshalb ist in Nr. 5 eine Art **Auffangtatbestand** geschaffen, mit dem alle Beschäftigungsalternativen eingefangen werden sollen, bei denen der Arbeitsvertrag geändert werden muss. Der AN kann in schlechtere Vertragsbedingungen aller- 243

657 *BAG* 7.2.91 – 2 AZR 205/90, DB 91, 1730.
658 A. A. HWGNRH-*Huke,* Rn. 154; GK-*Raab,* Rn. 177.
659 APS-*Koch,* Rn. 202; GK-*Raab,* Rn. 173; KR-*Rinck,* Rn. 216.
660 *Fitting,* Rn. 93.

dings nur einwilligen, soweit diese **nicht** durch Gesetz, TV oder BV **unabdingbar** sind (§ 4 Abs. 1 und 3 TVG, § 77 Abs. 4).[661]

244 Überwiegend wird angenommen, dass sich Nr. 5 nur auf die Möglichkeit **ungünstigerer Arbeitsbedingungen** beziehe. Der AG sei nicht verpflichtet, dem AN eine günstigere **»Beförderungsstelle«** anzubieten.[662] Diese Verengung sowohl des materiellen Kündigungsrechts wie des Widerspruchstatbestands ist nicht überzeugend.[663] Der Wortlaut der Bestimmungen gibt hierfür nichts her. Auch aus der Tatsache, dass ein AN während des Bestehens des Arbeitsverhältnisses keinen Anspruch auf Beförderung hat, kann nicht geschlossen werden, dass diese auch nicht zur Vermeidung einer Kündigung in Frage kommt. Das Einverständnis des AN ist im Übrigen i. d. R. auch bei einem Wechsel »nach oben« erforderlich. Wenn der AN die Eignung für den höherwertigen Arbeitsplatz mitbringt, spricht daher keinesfalls etwas gegen die Besetzung durch ihn. Sollten Umschulungs- oder Fortbildungsmaßnahmen erforderlich sein, werden die Interessen des AG durch den dort erforderlichen Gesichtspunkt der »Zumutbarkeit« gewahrt (vgl. Rn. 233). Gegenüber einem von außen kommenden Bewerber hätte der BR in einem solchen Falle die Möglichkeit, der Einstellung gem. § 99 Abs. 2 Nr. 3 zu widersprechen (vgl. § 99 Rn. 209). Da es im Rahmen der Nr. 5 vom Einverständnis des AN abhängt, ob es zu geänderten Arbeitsbedingungen kommt, gibt es hinsichtlich der Verweisbarkeit **»nach unten«** keine Begrenzung. Voraussetzung ist aber hier, dass der Arbeitsplatz »frei« ist.

245 Nach h. M. bezieht sich die Widerspruchsmöglichkeit der Nr. 5 nur auf individuelle Maßnahmen, nicht dagegen auf **kollektive Tatbestände** wie die Einführung von Kurzarbeit.[664] Diese Ansicht ist abzulehnen.[665] Wenn man mit der h. M. davon ausgeht, dass die Einführung von **Kurzarbeit** bei ordnungsgemäßer BR-Beteiligung auch ohne das Einverständnis der betroffenen AN Arbeitszeit und Lohnanspruch reduziere,[666] dann bedarf es für die Änderung der Arbeitsbedingungen nicht mehr des Einverständnisses des AN. Wenn im Übrigen eine Kündigung durch eingeführte Kurzarbeit vermieden werden kann, ist sie in jedem Fall sozialwidrig.[667] Dies löst dann als Fall einer offenkundig rechtswidrigen Kündigung einen Weiterbeschäftigungsanspruch noch vor einem Urteil in erster Instanz aus (Rn. 271).

246 Ob das Einverständnis des AN zur Vertragsänderung bereits **bei Erheben des Widerspruchs** durch den BR vorliegen muss, ist umstritten.[668] Der Mehrheitsmeinung ist zuzubilligen, dass der Widerspruch der Nr. 5 nur Sinn macht, wenn das Einverständnis des AN vorliegt. Allerdings ist denkbar, dass der BR bei der Einlegung des Widerspruchs den betroffenen AN z. B. gar nicht erreicht. Da das Gesetz diese Voraussetzung nicht ausdrücklich formuliert, muss es ausreichen, dass der AN sein Einverständnis zu einer Vertragsänderung spätestens gleichzeitig mit seinem Verlangen nach Weiterbeschäftigung gem. Abs. 5 Satz 1 äußert.[669]

247 Der AN kann sein Einverständnis zu der vom BR vorgeschlagenen Vertragsänderung unter dem **Vorbehalt** erteilen, **dass die Änderung der Arbeitsbedingungen sozial gerechtfertigt** ist.[670] Kündigt der AG daraufhin, ohne dem AN die vom BR vorgeschlagenen neuen Vertragsbedingungen anzubieten, so kann der AN gegen diese Beendigungskündigung einen Weiterbeschäftigungsanspruch geltend machen. Geht der AG auf den Vorschlag des BR ein und spricht die angesichts des Verhaltens des AN notwendige Änderungskündigung aus, so kann sich der AN gegen diese gem. § 2 KSchG wenden. Der Widerspruch des BR ist in Bezug auf

---

661 Vgl. KR-*Rinck*, Rn. 222; GK-*Raab*, Rn. 186.

662 *BAG* 29. 3. 90 – 2 AZR 369/89, EzA § 1 KSchG Soziale Auswahl Nr. 29; HWGNRH-*Huke*, Rn. 146.

663 Vgl. *Deinert*, FS Preis, S. 171 ff.

664 *LAG Düsseldorf* 21. 6. 74 – 15 Sa 633/74, LAGE § 102 BetrVG 1972 Beschäftigungspflicht Nr. 3; *LAG Hamm* 8. 3. 83 – 7 (10) Sa 1237/82, BB 83, 1349; *Fitting*, Rn. 97; HWGNRH-*Huke*, Rn. 160.

665 Vgl. *Wolff*, Vorläufiger Bestandsschutz, S. 124 ff.; Richardi-*Thüsing*, Rn. 185.

666 Vgl. *BAG* 11. 7. 90 – 5 AZR 557/89, AP Nr. 32 zu § 611 Betriebsrisiko = AiB 91, 94 mit krit. Anm. *Trittin*.

667 *BAG* 17. 10. 80 – 7 AZR 675/78, EzA § 1 KSchG Betriebsbedingte Kündigung Nr. 15; vgl. DDZ-*Deinert*, § 1 KSchG Rn. 295 f.

668 So *LAG Hessen* 15. 2. 13 – 14 SaGa 1700/12, LAGE § 102 BetrVG 2001 Beschäftigungspflicht Nr. 6; *Fitting*, Rn. 95; GK-*Raab*, Rn. 182; KR-*Rinck*, Rn. 223; Richardi-*Thüsing*, Rn. 186; MünchArbR-*Volk*, § 344 Rn. 47.

669 Vgl. auch MünchArbR-*Matthes*, 2. Aufl., § 348 Rn. 74.

670 DDZ-*Deinert*, § 1 KSchG Rn. 452; Richardi-*Thüsing*, Rn. 187; *Fitting*, Rn. 96; KR-*Rinck*, Rn. 224.

diese Änderungskündigung gegenstandslos, denn er hat ihr ja gerade nicht widersprochen, sondern sie selbst vorgeschlagen (zum Sonderproblem der Änderungskündigung s. Rn. 280).[671] Der AN muss dann unter Vorbehalt zu den geänderten Bedingungen weiterarbeiten, bis die Berechtigung der Kündigung rechtskräftig geklärt ist.

VI. Kündigung durch AG (Abs. 4)

1. Allgemeines

Der AG wird durch das BetrVG nicht in seiner **Kündigungsfreiheit** beschränkt. Die Tatsache, dass der BR einen Widerspruch erhoben hat, führt als solche nicht zur Unzulässigkeit der Kündigung. Das gilt erst recht, wenn nur Bedenken angemeldet würden. § 102 hat vielmehr folgende **Auswirkungen:** 248

- Treffen die vom BR geltend gemachten Widerspruchsgründe zu, so ist die Kündigung sozialwidrig (Rn. 260).
- Ist das Anhörungsverfahren fehlerhaft, ist die Kündigung rechtsunwirksam (Rn. 253).
- Darüberhinausgehend kann die Kündigungsfreiheit des AG durch eine Vereinbarung mit dem BR gem. Abs. 6 beschränkt werden (Rn. 338 ff.).

Wenngleich die **Kündigungsfreiheit des AG** durch § 102 **nicht beschränkt** wird, so sind doch Fälle denkbar, bei denen der Ausspruch von Kündigungen dem AG zumindest vorläufig untersagt werden kann. Ein solcher **Unterlassungsanspruch** besteht zum einen dann, wenn der AG eine mit Kündigungen verbundene Betriebsänderung durchzuführen beabsichtigt und dem betriebsverfassungsrechtlichen Verhandlungsanspruch des BR (noch) nicht Genüge getan ist.[672] Nach der Rspr. des *EuGH*[673] darf der AG darüber hinaus Massenentlassungen i. S. der Massenentlassungsrichtlinie 98/59/EG nur aussprechen, wenn er das betriebsrätliche Beteiligungsverfahren nach Art. 2 der Richtlinie durchgeführt und außerdem die Anzeige i. S. v. § 17 Abs. 2 KSchG ordnungsgemäß vorgenommen hat.[674] 249

2. Abschrift der Stellungnahme des BRs

Kündigt der AG, obwohl der BR nach Abs. 3 der Kündigung widersprochen hat (vgl. DKWF-*Bachner/Deinert,* § 102 Rn. 30), so hat er dem AN mit der Kündigung eine **Abschrift** der Stellungnahme des BR zuzuleiten. Dem AG soll es so erschwert werden, eine Kündigung trotz Widerspruchs des BR auszusprechen. Ferner wird der betroffene AN durch die Kenntnis der Widerspruchsgründe in die Lage versetzt, die Aussichten eines Kündigungsschutzprozesses besser abschätzen und sich auf den Widerspruch des BR berufen zu können.[675] Diese Verpflichtung besteht auch, wenn der AN nicht unter das KSchG fällt.[676] 250

Unterlässt der AG die Übermittlung der Stellungnahme, so soll dies nach h. M. keine Auswirkungen auf die **Rechtswirksamkeit der Kündigung** haben.[677] Stattdessen werden dem AN Schadensersatzansprüche zugebilligt.[678] Sie können daraus resultieren, dass der AN eine Erfolg versprechende Kündigungsschutzklage unterlassen hat, die er in Kenntnis der BR-Stellungnahme erhoben hätte. Es kann auch sein, dass er eine Kündigungsschutzklage erhoben hat, die er in Kenntnis der BR-Stellungnahme nicht erhoben hätte.[679] Hiergegen ist mit beachtlichen Argumenten vorgebracht worden, Abs. 4 regele eine **formelle Kündigungsvoraussetzung,** die Unterlassung der Mitteilung der Stellungnahme des BR führe zur Rechtsunwirksamkeit der 251

671 Vgl. KR-*Rinck,* Rn. 224.
672 Vgl. hierzu §§ 111 Rn. 184.
673 *EuGH* 27.1.05 – C 188/03, NZA 05, 213 – Junk.
674 Vgl. hierzu näher §§ 111 Rn. 184aff.
675 BT-Drucks. VI/1786, 52.
676 *Fitting,* Rn. 100.
677 *Fitting,* Rn. 100; KR-*Rinck,* Rn. 232; HWGNRH-*Huke,* Rn. 166.
678 GK-*Raab,* Rn. 190; KR-*Rinck,* Rn. 232; HWGNRH-*Huke,* Rn. 166.
679 Vgl. KR-*Rinck,* Rn. 232; gegen den Ersatz von Prozesskosten GK-*Raab,* Rn. 191.

Kündigung.[680] Es ist in der Tat kaum vorstellbar, dass der Gesetzgeber so naiv gewesen sein soll, anzunehmen, dass eine Verpflichtung, die Stellungnahme des BR beizufügen, die Kündigung erschwere, wenn die Verletzung dieser Pflicht allein Ansprüche auf Schadensersatz auslöst.[681] Die von der h. M. favorisierte Lösung über den Schadensersatz ist in den meisten Fällen kein adäquater Ausgleich, weil sich die Kausalität nicht sicher beweisen lässt. Auf diese Weise wird das Recht des ANs auf die Information sehenden Auges entwertet.

252 Die Verpflichtung des Abs. 4 erstreckt sich nur auf fristgerecht erhobene Widersprüche und **nicht** auf bloße **Bedenken.** Damit scheidet die Anwendung dieser Vorschrift z. B. für außerordentliche Kündigungen aus.[682] Damit sich die Frage, ob der **BR dem AN direkt** – also nicht über den Weg des AG – **seine Bedenken oder seinen Widerspruch** gegen die Kündigung **übermitteln** darf. Hierbei ist zu unterscheiden zwischen dem Zeitraum vor dem Zugang der Kündigung und dem Zeitraum danach. Vor dem Zugang der Kündigung besteht die Möglichkeit, dass der AG nach Prüfung der Bedenken bzw. des Widerspruchs des BR von der beabsichtigten Kündigung Abstand nimmt. Die Anhörung des BR hat ja gerade zum Ziel, dem AG auch den Standpunkt des BR und die zugunsten des AN sprechenden Gründe vor Augen zu führen. Deshalb betrifft dieser Zeitraum ausschließlich die Sphäre von AG und BR; der AN selbst ist mangels Zugang der Kündigung noch nicht unmittelbar betroffen. Eine Weiterleitung der Bedenken oder des Widerspruchs zu diesem Zeitpunkt durch den BR ist daher nicht zulässig. Spricht der AG die Kündigung nach Anhörung des BR nicht aus, so wäre die Weiterleitung der Stellungnahme des BR sogar kontraproduktiv. Die Weiterleitung verstieße gegen den Grundsatz vertrauensvoller Zusammenarbeit nach § 2 Abs. 1. Nach Zugang der Kündigung ist der BR demgegenüber berechtigt, seine Bedenken bzw. seinen Widerspruch direkt an den AN weiterzuleiten. Der BR hat als Vertreter der AN-Interessen ein eigenes berechtigtes Interesse daran, als solcher wahrgenommen zu werden. Der AN selbst hat als Betroffener gerade in der Kündigungssituation ein berechtigtes Interesse, die Position des BR zur Kenntnis zu nehmen, um hieraus ggf. Rückschlüsse für seine Verteidigungsstrategie im Kündigungsschutzprozess zu ziehen. Daran ändert es auch nichts, dass das BetrVG in § 102 Abs. 4 lediglich für den Fall des Widerspruchs des BR den AG im Fall der Kündigung verpflichtet, den Widerspruch mit der Kündigung an den AN weiterzuleiten. Die Bestimmung dient dazu, dem AN jedenfalls in einer solchen Situation die Position des BR zur Kenntnis zu bringen. Sie sagt nichts über das eigene Recht des BR zur Weiterleitung seiner Stellungnahme an den AN aus.

3. Unwirksamkeit wegen fehlerhafter Anhörung des BRs (Verfahrensfehler)

253 Eine unterlassene oder fehlerhafte Anhörung macht jede Kündigung irreversibel **unwirksam** (Rn. 46). Diese Rechtsfolge ist insbesondere gegeben, wenn der AG den BR nicht oder fehlerhaft informiert. Kündigt der AG vor Ablauf der Äußerungsfrist des BR gem. Abs. 2, so kommt es zum einen darauf an, ob schon eine abschließende Stellungnahme des BR vorliegt (Rn. 176) und wie eventuelle Fehler bei der Beschlussfassung des BR zu bewerten sind (Rn. 256).

254 Die Kündigung ist unwirksam, wenn die **Anhörung** durch den AG **fehlerhaft** ist. Diese Feststellung ist zu ergänzen durch den Hinweis auf die **subjektive Determination** des Anhörungsverfahrens durch den AG: Demgemäß ist die Kündigung bei unvollständiger Information nicht unwirksam; vielmehr führt § 102 dazu, dass der AG die Kündigung im Kündigungsschutzprozess nur noch auf die dem BR mitgeteilten (bzw. möglicherweise zulässigerweise nachgeschobenen) Gründe stützen kann (Rn. 83, 126 ff.). Unwirksam ist deshalb die Kündigung vor allem in folgenden **Fällen:**

- Es wird überhaupt nicht informiert (Rn. 46).
- Der AG unterlässt eine notwendige Wiederholung der Information (Rn. 59, 73).
- Der AG informiert nicht zutreffend über die Person des AN (Rn. 65 ff.).
- Der AG unterlässt die Nennung von Kündigungsfrist (Rn. 70 f.) oder Kündigungstermin (Rn. 72 ff.) bzw. nennt falsche Termine.

680 *Düwell*, NZA 88, 886; hiergegen GK-*Raab*, Rn. 189; *Kliemt*, NZA 93, 921.
681 Ähnl. *Schütte*, NZA 11, 263, 265.
682 KR-*Rinck*, Rn. 233.

- Der AG informiert wissentlich wahrheitswidrig (Rn. 85).
- Der AG informiert nur pauschal;[683] zur Möglichkeit der subjektiven Determination (Rn. 78 ff.).
- Der AG informiert ein unzuständiges Gremium (Rn. 140, 257).
- Der AG informiert ein nichtempfangsberechtigtes BR-Mitglied (Rn. 155)
- Zur bewussten Herbeiführung von Mängeln der BR-Beschlussfassung Rn. 256.

In den vorgenannten Fällen entsteht für den sich ggf. anschließenden Kündigungsschutzprozess ein **betriebsverfassungsrechtliches Verwertungsverbot**.[684]

Die Kündigung ist unwirksam, wenn der AG vor Ablauf der Anhörungsfrist des Abs. 2 kündigt, **255** **ohne** dass eine **abschließende Stellungnahme** des BR vorliegt (vgl. Rn. 176).[685] Wartet er die dort geregelte Frist ab, sind das Ob und Wie der BR-Stellungnahme im Grundsatz unerheblich für die Kündigungsberechtigung (s. jedoch zu provoziertem Verfahrensmangel Rn. 258).

Kündigt der AG vor Ablauf der Anhörungsfrist des Abs. 2 und sind bei der **Befassung und Be-** **256** **schlussfassung des BR** zu einer abschließenden Stellungnahme **Mängel** aufgetreten, so wird dies von der Rspr. grundsätzlich der **Sphäre des BR** zugerechnet mit der Folge, dass das Anhörungsverfahren dadurch nicht fehlerhaft wird (ständ. Rspr.; vgl. auch Rn. 137, 167).[686] Fehler im BR-Verfahren können dem AG nur in engen Grenzen angelastet werden, wobei die Voraussetzungen hierfür strittig sind. Zunächst hatte das *BAG* eine Verantwortung des AG selbst dann abgelehnt, wenn dieser im Zeitpunkt der Kündigung weiß oder vermuten kann, dass die Behandlung der Angelegenheit durch den BR nicht fehlerfrei gewesen ist.[687] Eine Verantwortlichkeit des AG für die fehlerhafte BR-Verfahrensweise ist erst für den Fall angenommen worden, dass der AG die Mängel selbst veranlasst hat.[688] Andererseits hat das *BAG* eine Anhörung als unwirksam angesehen, wenn ein einzelnes BR-Mitglied vor Ablauf der Erklärungsfristen des Abs. 2 eine Stellungnahme zu der vorgesehenen Kündigung abgibt und der AG weiß oder nach den Umständen annehmen muss, dass der BR sich noch nicht mit der Angelegenheit befasst hat.[689] Das Problem kann ersichtlich nicht durch die Zuweisung von **»Verantwortungs-Sphären«** gelöst werden.[690] Es ist unter Rückgriff auf die grundlegende Feststellung zu klären, dass der AG vor Ablauf der Äußerungsfrist nur kündigen kann, wenn eine **abschließende Stellungnahme** des BR vorliegt (Rn. 176). Eine solche Erklärung liegt nicht vor, wenn der Beschluss des BR rechtsfehlerhaft zustande gekommen ist. Deshalb müssen Regel und Ausnahme umgekehrt formuliert werden: Grundsätzlich kann bei einem fehlerhaften BR-Beschluss vor Ablauf der Erklärungsfrist nicht rechtswirksam gekündigt werden. Betriebsverfassungsrechtlich kann der BR-Vorsitzende den BR nur im Rahmen der gefassten Beschlüsse vertreten (§ 26 Abs. 2 Satz 1). Im Grundsatz kann man auch nicht davon ausgehen, dass der AG in seinem Vertrauen auf eine ordnungsgemäße Beschlussfassung schutzwürdig sei. Denn im Allgemeinen ist jeder Bürger im Rechtsverkehr selbst mit dem Risiko belastet, dass die rechtlichen Voraussetzungen für sein Handeln nicht gegeben sind.[691] Insoweit könnte man zwar über eine Rechtsscheinshaftung für den Fall nachdenken, dass das Betriebsratsgremium oder eine Mehrheit darin Kenntnis vom Verhalten des Betriebsratsvorsitzenden hat.[692] Aber auch dies ist letztlich nicht überzeugend. Denn das Verfahren des § 102 dient nicht nur kollektiven Interessen, sondern soll auch in den betreffenden AN schützen (Rn. 3). Dann aber ist es nicht gerechtfertigt, den AN mit den Folgen des von anderen gesetzten Rechtsscheins zu belasten. Anderes gilt im Übrigen für die fehler-

683 *BAG* 27.6.85 – 2 AZR 412/84, EzA § 102 BetrVG 1972 Nr. 60.
684 Zur Begriffsbildung vgl. *HessLAG* 24.11.17 – 14 Sa 1256/16, AuR 2018, 370.
685 *LAG Köln* 25.8.95 – 13 Sa 367/95, Mb 1/97, 61; *HessLAG* 1.2.06 – 8 Sa 1044/05, AE 2006, 299.
686 *BAG* 22.11.12 – 2 AZR 732/11, NZA 13, 665, Rn. 43; 16.1.03 – 2 AZR 707/01, NZA 03, 927; 6.10.05 – 2 AZR 316/04, AP Nr. 150 zu § 102 BetrVG 1972.
687 *BAG* 4.8.75 – 2 AZR 266/74, EzA § 102 BetrVG 1972 Nr. 14; 2.4.76 – 2 AZR 513/75, EzA § 102 BetrVG 1972 Nr. 21; krit. insoweit *Lembke*, NZA 21, 1665 [1672].
688 *BAG* 4.8.75, a.a.O; 24.6.04 – 2 AZR 461/03, EzA-SD 04, Nr. 23, 9.
689 *BAG* 28.2.74 – 2 AZR 455/73, EzA § 102 BetrVG 1972 Nr. 8; 22.11.12 – 2 AZR 732/11, NZA 13, 665, Rn. 44.
690 *Nause*, FS Etzel, S. 271, 275 ff.
691 *Nause*, FS Etzel, S. 271, 277; i.E.a.A. noch die 17. Aufl.
692 So *Nause*, FS Etzel, S. 271, 278; Richardi-*Thüsing*, Rn. 132 f.

hafte Beschlussfassung, wenn der AG die Fristen des Abs. 2 abwartet. Denn in diesem Falle ist er ohnehin unabhängig von der Stellungnahme des BR zur Kündigung berechtigt. Im Prozess kann der AG sich nicht auf eine tatsächliche Vermutung einer fehlerfreien Beschlussfassung durch den Betriebsrat stützen.[693]

257 Die Beschlussfassung durch ein vom AG beteiligtes, aber **unzuständiges Gremium** fällt auch bei Zugrundelegung dieser Kategorie nicht in die Sphäre des BR. Sie führt in jedem Falle zu einem vom AG zu vertretenden Verfahrensfehler und damit zu einer unwirksamen Anhörung.[694]

258 Hat der **AG** die mangelhafte Verfahrensweise des BR **selbst veranlasst,** so ist die gesamte Anhörung unwirksam, auch dann, wenn die Anhörungsfrist abgewartet wird.[695]

259 Ist dem **BR** ein **Fehler des AG** bei der Verfahrenseinleitung **bekannt,** so besteht keine generelle Pflicht, den AG darauf hinzuweisen.[696] Erst mehrmalige widerspruchslose Hinnahme fehlerhaft gegebener Informationen (z. B. an ein unzuständiges BR-Mitglied) kann zu der Pflicht des BR führen, den AG auf die Notwendigkeit einer künftig korrekten Verfahrensweise hinzuweisen (vgl. Rn. 161). Ungenügende Informationen des AG werden nicht dadurch geheilt, dass der BR sich diese selbst verschafft.[697]

4. Absoluter Sozialwidrigkeitsgrund wegen Widerspruchs des BRs

260 Unterliegt der AN dem KSchG, ist die **Kündigung rechtsunwirksam,** wenn der vom BR erhobene Widerspruch begründet ist. Zwar sind die in Abs. 3 genannten Einwendungen gegen die Kündigung vom Gericht auch dann in der Sache nachzuprüfen, wenn kein Widerspruch des BR vorliegt,[698] jedoch verbessert das Vorliegen des BR-Widerspruchs die rechtliche Stellung des AN: Beim Vorliegen eines begründeten BR-Widerspruchs **entfällt** für die Prüfung der sozialen Rechtfertigung der Kündigung **die Interessenabwägung.**[699] Es liegt dann ein sog. **absoluter Sozialwidrigkeitsgrund** vor.[700]

5. Anhörung der Schwerbehindertenvertretung

260a Nach § 178 Abs. 2 SGB IX hat der AG die Schwerbehindertenvertretung in allen Angelegenheiten, die einen einzelnen oder die schwerbehinderten Menschen als Gruppe berühren, unverzüglich und umfassend zu unterrichten und **vor einer Entscheidung anzuhören;** er hat ihr die getroffene Entscheidung unverzüglich mitzuteilen. Dabei ist die Unterrichtung und Anhörung der Schwerbehindertenvertretung nicht auf »schwerbehindertenspezifische Kündigungsbezüge« beschränkt. Die Durchführung oder Vollziehung einer ohne Beteiligung nach Satz 1 getroffenen Entscheidung ist auszusetzen, die Beteiligung ist innerhalb von sieben Tagen nachzuholen; sodann ist endgültig zu entscheiden. Die Kündigung – sei es eine Beendigungs- oder eine Änderungskündigung, aber auch eine Kündigung in der Wartezeit nach § 1 Abs. 1 KSchG – eines schwerbehinderten Menschen, die der AG ohne eine Beteiligung nach Satz 1 ausspricht, ist nach § 178 Abs. 2 Satz 3 SGB IX, der durch das Bundesteilhabegesetz[701] mit Wirkung zum 1. 1. 2017 [bis zum 31. 12. 2017 als § 95 Abs. 2 Satz 3 SGB IX a. F.] eingefügt wurde, unwirksam[702]. Seither handelt es sich bei der **Anhörung der Schwerbehindertenvertretung** im Unterschied zu der bis dahin geltenden Rechtslage um eine **Wirksamkeitsvoraus-**

---

693 *Nause,* FS Etzel, S. 271, 279.
694 Vgl. *LAG Bremen* 26. 10. 82 – 4 Sa 185/82, AP Nr. 26 zu § 102 BetrVG 1972.
695 HWGNRH-*Huke,* Rn. 91; KR-*Rinck,* Rn. 157; vgl. auch *Kittner,* Anm. zu EzA § 102 BetrVG 1972 Nr. 28.
696 *BAG* 16. 10. 91 – 2 AZR 156/91, EzA § 102 BetrVG 1972 Nr. 83.
697 Bader/Bram-*Nungeßer,* Rn. 50.
698 Vgl. DDZ-*Deinert,* § 1 KSchG Rn. 379.
699 *BAG* 6. 6. 84 – 7 AZR 451/82, AP Nr. 16 zu § 1 KSchG 1969 Betriebsbedingte Kündigung; 13. 9. 73 – 2 AZR 601/72, AP Nr. 2 zu § 1 KSchG 1969.
700 *Preis,* Betriebsbedingte Kündigung, Rn. 89; DDZ-*Deinert,* § 1 KSchG Rn. 376.
701 V. 23. 12. 2016, BGBl. I 3234.
702 Vgl. *ArbG Hagen* 6. 3. 18 – 5 Ca 1902/17, NZA-RR 18, 540.

setzung für eine Kündigung. Allerdings sieht das Verfahren nach § 178 Abs. 2 Satz 3 SGB IX kein Widerspruchsrecht der Schwerbehindertenvertretung und daher auch keinen Weiterbeschäftigungsanspruch wie in § 102 Abs. 5 vor.[703] Die Unwirksamkeitsfolge tritt nicht ein, wenn der AG die Schwerbehindertenvertretung vor Ausspruch der Kündigung entsprechend den für die Beteiligung des BRs gem. § 102 Abs. 1 und Abs. 2 geltenden Grundsätzen anhört.[704] Beide Verfahren erfolgen nebeneinander.[705] Dabei soll die Kündigung eines schwerbehinderten Menschen nicht schon dann nach § 178 Abs. 2 Satz 3 SGB IX unwirksam sein, wenn die Beteiligung der Schwerbehindertenvertretung erst nach Abschluss des Anhörungsverfahrens beim BR bzw. des Zustimmungsverfahrens beim Integrationsamt nach den §§ 168 ff. SGB IX erfolgt.[706] Auch wenn – wie das *BAG* befindet – die Kündigungsentscheidung erst durch den Kündigungsausspruch »vollzogen« wird, so werden doch bis zum Vollzug der Entscheidung des AG wesentliche Fakten geschaffen, die die schwerbehindertenspezifischen Hintergründe – wie sie sich aus Sicht der Schwerbehindertenvertretung darstellen – mangels rechtzeitiger Beteiligung nicht berücksichtigen können. Hinzu kommt, dass auch der Wortlaut der Regelung ein anderes Verständnis nahelegt.

Die formalen Anforderungen an eine wirksame Kündigung eines schwerbehinderten Menschen sind damit seit dem 1. 1. 2017 deutlich gestiegen. Bei Bestehen einer Schwerbehindertenvertretung und eines BRs müssen drei Verfahren durchgeführt werden: **260b**

- neben der Zustimmung des Integrationsamtes (§§ 168 ff. SGB IX)
- und der ordnungsgemäßen Anhörung des BRs (§ 102)
- muss auch die ordnungsgemäße Beteiligung der Schwerbehindertenvertretung sichergestellt werden (§ 178 Abs. 2 Satz 3 SGB IX).

§ 178 SGB IX enthält im Unterschied zu § 102 keine Regelung dazu, wie lange vor dem beabsichtigten Ausspruch der Kündigung die Schwerbehindertenvertretung angehört werden soll. Hier liegt es nahe, sowohl bei der ordentlichen, wie auch bei der außerordentlichen Kündigung auf die Fristen von § 102 zurückzugreifen, wobei berücksichtigt werden muss, dass die Beteiligung einer ohne Anhörung der Schwerbehindertenvertretung ausgesprochenen Kündigung binnen 7 Tagen nach Ausspruch der Kündigung nachgeholt werden kann. Zur Vermeidung von Verzögerungen sollten letztlich alle erforderlichen Beteiligungsverfahren parallel durchgeführt werden. Inhaltlich sind die Anforderungen an eine ordnungsgemäße Anhörung des BR (vgl. hierzu Rn. 53 ff.) auch an die Anhörung der Schwerbehindertenvertretung zu stellen.[707] **260c**

Die Anhörung der Schwerbehindertenvertretung setzt voraus, dass es sich um einen behinderten Menschen handelt. Ob der AG Kenntnis von der Behinderung hatte, ist an sich unerheblich. Andererseits hat der AG ohne Kenntnis keine Veranlassung, gleichwohl die Schwerbehindertenvertretung anzuhören. Wird ihm allerdings binnen drei Wochen die (Schwer-)Behinderung mitgeteilt, ist die Kündigung unwirksam und der AG muss – neben einer erforderlichen Einholung der Zustimmung des Integrationsamts die Anhörung der Schwerbehindertenvertretung nachholen.[708] Anders ist es, wenn die Gleichstellung mit einem schwerbehinderten Menschen erst nach Zugang der Kündigung erfolgt, weil im Zeitpunkt der Kündigung keine Anhörungspflicht bestand.[709] **260d**

6. Kündigungsschutzprozess

a) Grundsätze

Hat der AG nach Anhörung des BR gekündigt, so kann sich der AN gegen diese Kündigung durch **Feststellungsklage beim ArbG** zur Wehr setzen. Die Kündigungsschutzklage muss innerhalb von **drei Wochen** nach Zugang der Kündigung erhoben werden (§ 4 KSchG). Die Kla- **261**

703 *Göttling*, FS Preis, S. 353 [367].
704 *BAG* 13. 12. 18 – 2 AZR 378/18, NZA 19, 305.
705 *BAG* 13. 12. 18 – 2 AZR 378/18, NZA 19, 305, Rn. 31; *Klein*, NJW 17, 852, 850.
706 *BAG* 13. 12. 18 – 2 AZR 378/18, NZA 19, 305.
707 *BAG* 13. 12. 18 – 2 AZR 378/18, NZA 19, 305.
708 SWK Behindertenrecht-*Däubler*, 154 Rn. 19; a. A. *Göttling*, FS Preis, S. 353 [356 ff.].
709 Vgl. *BAG* 22. 1. 20 – 7 ABR 18/18, NZA 20, 783.

ge eines nicht dem KSchG unterfallenden AN, der sich auf einen Gesetzes- (§ 134 BGB) oder Sittenverstoß (§ 138 BGB) oder sonstigen Unwirksamkeitsgrund beruft, ist nach § 13 Abs. 3 KSchG ebenfalls an diese Frist gebunden. Behauptet der AN, der BR sei nicht ordnungsgemäß angehört worden, so handelt es sich um eine »Rechtsunwirksamkeit aus anderen Gründen« i. S. d. § 13 Abs. 3 KSchG; auch hier gilt die dreiwöchige Klagefrist des § 4. Dies kann noch in der ersten Instanz geltend gemacht werden, worauf das ArbG nach § 6 KSchG hinweisen soll. Mangels Hinweises kann die Geltendmachung auch noch in der Berufungsinstanz nachgeholt werden.[710] Die Einhaltung der Klagefrist ist auch erforderlich, um den Weiterbeschäftigungsanspruch nach Abs. 5 geltend zu machen und mit Aussicht auf Erfolg einen Auflösungsantrag gem. §§ 9, 10 KSchG stellen zu können.[711]

262 Die gleichen Grundsätze gelten gem. § 13 Abs. 1 und 3 für eine **außerordentliche Kündigung.**[712]

b) Darlegungs- und Beweislast

263 Hinsichtlich der **Darlegungs- und Beweislast** im Kündigungsschutzprozess ist zu unterscheiden zwischen der Geltendmachung der Unwirksamkeit der Kündigung wegen mangelnder sozialer Rechtfertigung gem. § 1 KSchG oder sonstigen Gesetzesverstoßes (Rn. 264 ff.) und der Unwirksamkeit der Kündigung gem. Abs. 1 Satz 2 wegen eines fehlerhaften Anhörungsverfahrens (Rn. 90, 267).

264 Gemäß § 1 Abs. 2 Satz 4 KSchG hat der **AG** die **Tatsachen zu beweisen,** die die Kündigung bedingen (zur Berechtigung von Widerspruchsgründen des BR näher Rn. 265). Im Falle einer betriebsbedingten Kündigung hat der AN die Tatsachen zu beweisen, die die soziale Auswahl als ungerechtfertigt erscheinen lassen (§ 1 Abs. 3 Satz 3 KSchG; näher Rn. 266). Hiervon ausgehend hat das *BAG* ein umfassendes System der sog. **abgestuften Darlegungs- und Beweislast** entwickelt, das zwei zentralen Grundsätzen folgt:[713]

- Jeder Prozessbeteiligte hat die ihm günstigen Tatsachen darzulegen und erforderlichenfalls zu beweisen.
- Der Umfang der Darlegungs- und Beweislast richtet sich nach den Einlassungen der Gegenseite.

265 Der AG trägt gem. § 1 Abs. 2 Satz 4 KSchG die Beweislast dafür, dass die in § 1 Abs. 2 Sätze 2 und 3 KSchG genannten **Widerspruchsgründe** nicht vorliegen.[714] Dem AN obliegt es sodann darzustellen, wie er sich eine anderweitige Beschäftigung vorstellt.[715] Im Rahmen des Grundsatzes der abgestuften Darlegungs- und Beweislast hat der AG demgegenüber darzulegen und erforderlichenfalls zu beweisen, dass eine anderweitige Beschäftigung im Betrieb nicht möglich oder zumutbar ist.[716]

266 Während für einen ordnungsgemäßen Widerspruch des BR wegen fehlerhafter **Sozialauswahl** gem. Abs. 3 Nr. 1 nicht erforderlich ist, dass der BR einzelne AN bezeichnet, die seines Erachtens weniger schutzwürdig sind als der zu kündigende AN, verlangt das *BAG* vom klagenden AN, dass er letztendlich konkret vorträgt, welche AN weniger schutzbedürftig sein sollen.[717] Diese über das Gesetz hinausgehende Anforderung ist zu kritisieren. Es muss genügen, wenn der AN die auswahlrelevanten Tatsachen vorträgt, aus denen sich die Fehlerhaftigkeit der Auswahlentscheidung ergibt.[718] Beruft sich der AN auf die vom BR hierzu vorgetragenen Wider-

---

710 *BAG* 27.9.22- 2 AZR 508/21, DB 23, 78, Rn. 30.
711 Vgl. *BAG* 29.1.81 – 2 AZR 1055/78, EzA § 9 KSchG n. F. Nr. 10.
712 Vgl. DDZ-*Däubler,* § 13 KSchG Rn. 3 ff.
713 Vgl. *BAG* 15.6.89 – 2 AZR 580/88, EzA § 1 KSchG Soziale Auswahl Nr. 27; umfassend *Ascheid,* Beweislastfragen im Kündigungsschutzprozess, 1989; *Däubler* und *Deinert,* in: DDZ, § 1 KSchG Rn. 153 ff., 311 ff., 453 ff., 654 ff., 715 ff.
714 DDZ-*Deinert,* § 1 KSchG Rn. 453.
715 *BAG* 27.9.84 – 2 AZR 62/83, EzA § 2 KSchG Nr. 5.
716 *BAG* 27.9.84, a. a. O.; 3.2.77 – 2 AZR 476/75, EzA § 1 KSchG Betriebsbedingte Kündigung Nr. 7.
717 *BAG* 25.4.85 – 2 AZR 140/84, EzA § 1 KSchG Betriebsbedingte Kündigung Nr. 35.
718 *Preis,* Betriebsbedingte Kündigung, Rn. 195; insgesamt *Linck,* DB 90, 1869.

spruchsgründe und entkräftet der AG diese nicht, ist von ihnen unter dem Gesichtspunkt des Anscheinsbeweises auszugehen.

Die Darlegungs- und Beweislast zur **ordnungsgemäßen Durchführung eines Anhörungsverfahrens** gem. § 102 (vgl. DKWF-*Bachner/Deinert*, § 102 Rn. 34 ff.) orientiert sich an zwei Grundsätzen: 267

- Der AN hat vorzutragen und erforderlichenfalls zu beweisen, dass mit einem funktionsfähigen BR die Voraussetzungen für ein Anhörungsverfahren gem. Abs. 1 vorgelegen haben.
- Der AG hat darzulegen und erforderlichenfalls zu beweisen, dass die Anhörung ordnungsgemäß durchgeführt wurde.[719]

Im System der **abgestuften Darlegungs- und Beweislast** kann der AN auf der ersten Stufe den Tatsachenvortrag des AG grundsätzlich prozesswirksam mit Nichtwissen bestreiten (§ 138 Abs. 4 ZPO).[720] Dieses Bestreiten löst sodann die Verpflichtung des AG aus, die Einzelheiten der Anhörung des BR in zeitlicher und inhaltlicher Hinsicht näher zu substantiieren. Will er sich darauf berufen, dass die Anhörung entbehrlich sei, weil es sich um einen leitenden Angestellten handele, trägt er die Darlegungs- und Beweislast für diesen Umstand.[721] Zur Erfüllung seiner Darlegungs- und Beweislast für die ordnungsgemäße Anhörung des BRs reicht es nicht aus, wenn der AG lediglich vorträgt, der BR sei von ihm vor Kündigungsausspruch den gesetzlichen Anforderungen entsprechend angehört worden. Vielmehr ist ein substantiierter Tatsachenvortrag notwendig, der zumindest den äußeren Anschein eines ordnungsgemäßen Anhörungsverfahrens enthalten muss. Es muss vorgetragen werden, wann und durch wen der BR unterrichtet worden ist und welchen Inhalt die Mitteilung an den BR hatte, wann die Stellungnahme des BR beim AG eingegangen ist und wann die Kündigung ausgesprochen wurde.[722] Will sich der AG auf einen bereits vorhandenen Kenntnisstand des BR berufen, hat er den entsprechenden Sachverhalt umfassend vorzutragen.[723] Hat der AG die Voraussetzungen der ersten Stufe der Darlegungs- und Beweislast erfüllt, so muss der AN auf der zweiten Stufe nunmehr deutlich machen, welche Angaben er für zutreffend hält und welche nicht. Der AG kann die erste Stufe der Darlegungs- und Beweislast auch dadurch erfüllen, dass er dem AN mit dem Kündigungsschreiben auch das an den BR gerichtete Anhörungsschreiben übermittelt und dieses Anhörungsschreiben sodann in den Kündigungsschutzprozess einführt.[724] 268

Der AN muss sein **Bestreiten** zumindest soweit **substantiieren,** dass für das Gericht erkennbar wird, über welche einzelnen Behauptungen des AG Beweis erhoben werden soll.[725] Er kann den gesamten vom AG mitgeteilten Sachverhalt allerdings auch auf dieser dritten Stufe nur mit Nichtwissen bestreiten, wenn er im Einzelnen deutlich macht, dass und warum er mangels eigener Wahrnehmung den vom AG behaupteten Sachverhalt nicht kennt. Etwas anderes gilt, wenn sich der Tatsachenvortrag des AG auf Gegenstände der eigenen Wahrnehmung des AN erstreckt.[726] Behauptet der AN eine bewusste Irreführung des BR, hat der AG die Übereinstimmung der kündigungsbegründenden Tatsachen mit den dem BR mitgeteilten Informationen vorzutragen.[727] 269

719 *BAG* 19.8.75 – 1 AZR 613/74, EzA § 102 BetrVG 1972 Nr. 15; 16.3.00 – 2 AZR 75/99, DB 00, 1524.
720 Vgl. allerdings *LAG Köln* 31.1.94 – 3 Sa 1136/93, LAGE § 102 BetrVG 1972 Nr. 38: Notwendigkeit gezielten Vorbringens zu als unzutreffend angesehenem AG-Vorbringen.
721 *BAG* 19.8.75 – 1 AZR 613/74, BAGE 27, 230.
722 Zur Beweisführungslast für eine nicht bewusste Irreführung des BR vgl. *BAG* 22.9.94 – 2 AZR 31/94, DB 95, 477.
723 Vgl. *BAG* 27.6.85 – 2 AZR 412/84, EzA § 102 BetrVG 1972 Nr. 60; zur Darlegungslast bei Wirksamkeit der Kündigung gem. § 7 KSchG *LAG Sachsen-Anhalt* 18.1.95 – 5 Sa 429/94, NZA-RR 96, 14.
724 *BAG* 23.6.05 – 2 AZR 193/04, NZA 05, 1233.
725 *BAG* 16.3.00 – 2 AZR 75/95, DB 00, 1524; krit. *Mühlhausen,* NZA 02, 644.
726 *Oetker*, BB 89, 419; zur Hinweispflicht des ArbG vgl. *BVerfG* 2.1.95 – 1 BvR 320/94, EzA Art. 103 GG Nr. 3.
727 *ArbG Koblenz* 5.2.97 – 4 Ca 3402/96, NZA-RR 97, 485.

c) Wechsel der Arbeitgeberstellung im Kündigungsschutzprozess

269a Insbesondere durch einen Betriebsübergang während eines Kündigungsschutzprozesses kann es zu einem Wechsel der AG-Stellung kommen. AG ist dann nicht mehr der Veräußerer, sondern der Betriebserwerber. Dem Betriebsveräußerer fehlt in diesem Fall für einen nach dem Betriebsübergang gestellten Auflösungsantrag des AN die Passivlegitimation. Für den arbeitgeberseitigen Auflösungsantrag nach § 9 KSchG fehlt die Aktivlegitimation; diese hat nunmehr allein noch der Betriebserwerber. Kündigt der Betriebsveräußerer und findet während des Kündigungsschutzrechtsstreits mit ihm, aber noch vor Ablauf der Kündigungsfrist und damit vor dem Auflösungszeitpunkt ein Betriebsübergang statt, muss dem Erwerber als neuem »AG« der Parteibeitritt zwecks Stellens eines Auflösungsantrages möglich sein. Das gilt aufgrund der Sonderregelung des § 9 Abs. 1 Satz 3 KSchG auch noch in der Berufungsinstanz und im Wege der – über § 524 Abs. 2 Satz 2 ZPO hinaus – noch bis zum Schluss der letzten mündlichen Berufungsverhandlung zulässigen Anschlussberufung.[728]

VII. Vorläufige Weiterbeschäftigung (Abs. 5)

1. Grundsätze

270 Die **Weiterbeschäftigung** des gekündigten AN[729] über den Ablauf der Kündigungsfrist hinaus ist von entscheidender Bedeutung für die **Effektivität** eines Kündigungsschutzprozesses. Angesichts dessen Dauer und der Notwendigkeit für den AN, sich nach Ablauf der Kündigungsfrist um die Verwertung seiner Arbeitskraft zu bemühen (§ 615 Satz 2 BGB), ist davon auszugehen, dass ein einmal aus dem Betrieb ausgeschiedener AN sich im Normalfall ohne die Weiterbeschäftigungsmöglichkeit während des Kündigungsschutzprozesses die tatsächliche Rückkehr und Beschäftigung in diesem Betrieb nicht mehr einklagen kann. Folglich würde dieser Prozess praktisch nurmehr eine Auseinandersetzung um die Höhe einer Abfindung. Die Weiterbeschäftigungsmöglichkeit des gekündigten AN nach Abs. 5 dient dem »Bestandsschutz des Arbeitsverhältnisses während des Kündigungsschutzverfahrens«.[730]

271 Unabhängig von der gesetzlichen Regelung eines Weiterbeschäftigungsanspruchs beim Vorliegen eines BR-Widerspruchs gem. Abs. 5 besteht ein **allgemeiner Weiterbeschäftigungsanspruch.** Dieser besteht **unabhängig von dem besonderen Weiterbeschäftigungsanspruch** gem. Abs. 5.[731] Seine Voraussetzungen hat der Große Senat des *BAG* folgendermaßen festgelegt:

- Die Kündigung ist offensichtlich unwirksam (etwa Kündigung ohne Zustimmung oder Zustimmungsersetzung eines sondergeschützten Mandatsträgers)[732] oder
- es liegt ein die Instanz abschließendes Urteil vor, das die Unwirksamkeit der Kündigung feststellt.[733]

Eine **»offensichtlich unwirksame Kündigung«** liegt dieser Entscheidung zufolge dann vor, wenn sich schon nach dem eigenen Vortrag des AG – ohne Beweiserhebung und ohne dass ein Beurteilungsspielraum gegeben wäre – jedem Kundigen die Unwirksamkeit der Kündigung geradezu aufdrängen muss. Die Unwirksamkeit der Kündigung muss also ohne jeden vernünftigen Zweifel in rechtlicher und in tatsächlicher Hinsicht offen zutage liegen.[734] Anders als bei einem instanzabschließenden Urteil, bei dem zugleich über den Weiterbeschäftigungsanspruch entschieden werden kann, ist der AN bei Geltendmachen schon während des ersten Rechtszug auf den einstweiligen Rechtsschutz verwiesen.[735] Die Parteien können sich aber auch auf eine vorläufige Prozessbeschäftigung unter der auflösenden Bedingung der rechtskräftigen

728 *LAG Düsseldorf* 3.7.18 – 3 Sa 553/17, AuR 2019, 93.
729 Insg. vgl. *Krause*, NZA-Beilage 1/05, S. 51 ff.; *Schrader/Straube*, RdA 06, 98 ff.
730 BT-Drucks. VI/2729, S. 52.
731 Im Einzelnen DDZ-*Callsen*, § 4 KSchG Rn. 80 ff.; *Pessinger*, ZTR 22, 632 ff.
732 Vgl. *LAG Berlin-Brandenburg* 12.1.22 – 23 SaGa 1521/21.
733 *BAG-GS* 27.2.85 – GS 1/84, EzA § 611 BGB Beschäftigungspflicht Nr. 9.
734 *BAG-GS* 27.2.85, a.a.O.
735 Zur Möglichkeit einstweiligen Rechtsschutzes in diesem Fall *LAG Berlin-Brandenburg* 12.1.22 – 23 SaGa 1521/21.

Abweisung der Kündigungsschutzklage verständigen. Dabei handelt es sich nach der Rspr. des *BAG* um das bisherige Arbeitsverhältnis.[736] Pflichtverletzungen in diesem können daher eine erneute Kündigung dieses Arbeitsverhältnisses rechtfertigen.

Im Falle einer **erneuten Kündigung (»Kettenkündigung«, »Kaskadenkündigung«)** während der Weiterbeschäftigung ist sorgfältig darauf zu achten, ob diese nicht missbräuchlich erfolgt ist, um sich des weiterbeschäftigten AN zu entledigen. Das *BAG* hat hierzu folgende Grundsätze aufgestellt: 272

> »1. Hat ein Gericht für Arbeitssachen festgestellt, daß eine bestimmte Kündigung unwirksam ist, und hat es deshalb den AG zur Weiterbeschäftigung verurteilt, hängt die Beantwortung der Frage, ob danach ausgesprochene Kündigungen den Weiterbeschäftigungsanspruch beenden, davon ab, ob sie zu einer Ungewissheit über den Fortbestand des Arbeitsverhältnisses führen, die derjenigen entspricht, die vor Verkündung des Urteils bestanden hat, das die Unwirksamkeit der ersten Kündigung festgestellt hat.
> 2. Dementsprechend beendet eine weitere offensichtlich unwirksame Kündigung den Weiterbeschäftigungsanspruch ebensowenig wie eine weitere Kündigung, die auf dieselben Gründe gestützt wird, die nach Auffassung des ArbG schon für die erste Kündigung nicht ausgereicht haben.
> 3. Stützt dagegen der AG eine weitere Kündigung auf einen neuen Lebenssachverhalt, der es möglich erscheinen läßt, daß die erneute Kündigung eine andere rechtliche Beurteilung erfährt, dann wird damit eine zusätzliche Ungewissheit über den Fortbestand des Arbeitsverhältnisses begründet, die das schutzwürdige Interesse des AG an der Nichtbeschäftigung wieder überwiegen läßt.
> Hier sind auch die Umstände zu berücksichtigen, die dafür sprechen, daß der neue Sachverhalt nur vorgeschoben ist (z. B. bei Kettenkündigungen).«[737]

Treffen die vom *BAG* genannten Voraussetzungen für einen Missbrauch zu, wird das bereits bestehende Weiterbeschäftigungsverhältnis unverändert fortgesetzt. Im anderen Falle ist die Kündigung geeignet, das Arbeitsverhältnis insgesamt einschließlich der »alten« Weiterbeschäftigung zu beenden. Zur Erzeugung eines »neuen« Weiterbeschäftigungsanspruchs müssen die entsprechenden Voraussetzungen erneut begründet werden, sei es gem. Abs. 5 i. V. m. Abs. 3 oder auf Grund des allgemeinen Weiterbeschäftigungsanspruchs.

Der **besondere Weiterbeschäftigungsanspruch** des Abs. 5 ist an eine Reihe von **Voraussetzungen** gebunden. Dies sind: 273

- der Ausspruch einer ordentlichen Kündigung; ausnahmsweise einer außerordentlichen Kündigung mit sozialer Auslauffrist (vgl. Rn. 277 ff.);
- die Erhebung einer Kündigungsschutzklage durch den AN (Rn. 284 ff.);
- das Vorliegen eines frist- und ordnungsgemäßen BR-Widerspruchs (Rn. 281 ff.) und
- das Verlangen des AN auf Weiterbeschäftigung (Rn. 289 ff.).

Für den Fall, dass der AG den Anspruch auf Weiterbeschäftigung ablehnt, kann er selbstständig eingeklagt und erforderlichenfalls durch einstweilige Verfügung durchgesetzt werden (Rn. 295). Der AG kann sich unter bestimmten Voraussetzungen von der Verpflichtung zur vorläufigen Weiterbeschäftigung ebenfalls durch einstweilige Verfügung entbinden lassen (Abs. 5 Satz 2; Rn. 307 ff.).

Der Weiterbeschäftigungsanspruch kann durch Vereinbarung zwischen AG und AN im Voraus **nicht abbedungen** werden.[738] Nach Ausspruch der Kündigung steht es dem AN frei, ob er den Weiterbeschäftigungsanspruch erhebt oder nicht, jetzt kann er auch auf den Anspruch nach Abs. 5 verzichten. 274

Der Weiterbeschäftigungsanspruch nach Abs. 5 kann nicht **durch** BV **ausgeschlossen** werden.[739] Umstritten ist allerdings, ob dies durch eine BV i. S. d. Abs. 6 möglich ist, mit der die Kündigung der Zustimmung des BR unterworfen wird (s. Rn. 346). 275

Vom Ausspruch der Kündigung **bis zum Ablauf der Kündigungsfrist** gelten nicht die Weiterbeschäftigungsansprüche, sondern die allgemeinen arbeitsrechtlichen Grundsätze zur Be- 276

736 *BAG* 20. 5. 21 – 2 AZR 457/20, NZA 21, 1092.
737 *BAG* 19. 12. 85 – 2 AZR 190/85, AP Nr. 17 zu § 611 BGB Beschäftigungspflicht.
738 KR-*Rinck*, Rn. 257.
739 *LAG Düsseldorf* 30. 8. 77 – 8 Sa 505/77, DB 77, 2383.

schäftigungspflicht des AG.[740] Der Beschäftigungsanspruch des AN besteht grundsätzlich auch nach Ausspruch einer Kündigung während des Laufs der Kündigungsfrist.[741] Beim Vorliegen besonderer Interessen des AG, die das Beschäftigungsinteresse des AN überwiegen, kommt eine **Suspendierung** unter Fortzahlung der Bezüge in Betracht.[742]

2. Voraussetzungen des Weiterbeschäftigungsanspruchs

a) Ordentliche Kündigung, außerordentliche Kündigung mit Auslauffrist

277 Der Weiterbeschäftigungsanspruch ist grundsätzlich nur bei einer **ordentlichen Kündigung** durch den AG gegeben. Bei einer außerordentlichen Kündigung ist Abs. 5 nur dann analog anzuwenden, wenn gegenüber einem AN, dem gegenüber die ordentliche Kündigung ausgeschlossen ist, eine **außerordentliche Kündigung mit sozialer Auslauffrist** ausgesprochen wird (vgl. Rn. 191).[743]

278 Nach verbreiteter Ansicht kommt ein Weiterbeschäftigungsanspruch auch dann nicht in Betracht, wenn der AG neben einer **außerordentlichen Kündigung** zugleich **hilfsweise (vorsorglich) eine ordentliche Kündigung** ausspricht.[744] Etwas anderes soll lediglich dann gelten, wenn die fristlose Kündigung **missbräuchlich** nur zu dem Zweck ausgesprochen wurde, den Weiterbeschäftigungsanspruch zu unterlaufen.[745] Das hierfür vorgebrachte Hauptargument, dass der aus der außerordentlichen Kündigung herrührende Gesichtspunkt der Unzumutbarkeit eine Weiterbeschäftigungsmöglichkeit verdränge, überzeugt nicht.[746] Denn die gegenteilige Meinung führt zu dem **unhaltbaren Ergebnis,** dass bei gerichtlich festgestellter Unwirksamkeit der außerordentlichen Kündigung eine ordentliche Kündigung im Raum stünde, bei der der AN um sein Recht auf Weiterbeschäftigung gebracht worden ist. Jedenfalls lebt der Weiterbeschäftigungsanspruch spätestens dann wieder auf, wenn die außerordentliche Kündigung – ggf. in einem Teilurteil – für unwirksam erklärt wurde.[747] Entsprechend den Grundsätzen des *GS* des *BAG* zum allgemeinen Weiterbeschäftigungsanspruch muss auch eine noch nicht rechtskräftige Entscheidung hierzu ausreichen.[748]

279 Macht der AG die **Umdeutung einer außerordentlichen Kündigung** in eine ordentliche geltend, so wird Abs. 5 für anwendbar gehalten.[749] Das kann aber nicht so zu verstehen sein, dass der Weiterbeschäftigungsanspruch erst ab dem Zeitpunkt der Umdeutungsabsicht entsteht. Dies wäre allein schon deshalb ein krasser Missbrauchsfall, weil der AG dem BR durch die Erklärung einer außerordentlichen Kündigung keinen Ansatz für einen nur bei der ordentlichen Kündigung möglichen Widerspruch gegeben hat. Im Übrigen ist eine Umdeutung nur in dem Rahmen möglich, in dem der BR rechtzeitig vor Ausspruch der Kündigung vorsorglich gehört worden ist (Rn. 116). Dann ist davon auszugehen, dass der BR von Anfang an und auch noch nach Offenbarung der Umdeutungsabsicht die Möglichkeit der Erhebung eines rechtserheblichen Widerspruchs hat (zum Fall einer außerordentlichen Kündigung kombiniert mit einer vorsorglichen ordentlichen Kündigung s. Rn. 278).

280 Ist eine **Änderungskündigung** ausgesprochen, gibt es folgende Möglichkeiten:
Der AN **nimmt** das Änderungsangebot des AG **vorbehaltlos an.** Ein Weiterbeschäftigungsanspruch kommt dann nicht in Betracht, weil ja gerade das Einvernehmen über die Fortführung des Arbeitsverhältnisses zu geänderten Bedingungen hergestellt worden ist (s. auch Rn. 110;

740 Vgl. *LAG Hamburg* 16.5.01 – 4 Sa 33/01, NZA-RR 01, 25; KR-*Rinck,* Rn. 259.
741 *BAG* 19.8.76 – 3 AZR 173/75, EzA § 611 BGB Beschäftigungspflicht Nr. 1.
742 *BAG* 15.6.72 – 2 AZR 345/71, EzA § 626 BGB n.F. Nr. 14; 19.8.76, a.a.O.; vgl. *Wolff,* Vorläufiger Bestandsschutz, S. 192.
743 *BAG* 4.2.93 – 2 AZR 469/92, EzA § 626 BGB n.F. Nr. 144; *Pessinger,* ZTR 22, 632 (634).
744 HWGNRH-*Huke,* Rn. 179; Richardi-*Thüsing,* Rn. 218; *WEHO,* Teil I Rn. 387.
745 *LAG Düsseldorf* 22.11.88, AiB 94, 37; *LAG Hamm* 18.5.82, AiB 94, 37; *ArbG Emden* 30.12.74, AiB 94, 36.
746 Ebenso *Fitting,* Rn. 104; *Gester/Zachert,* Arbeitsrecht der Gegenwart 12, S. 104.
747 Vgl. *ArbG Villingen-Schwenningen* 29.3.72, AiB 94, 36.
748 Vgl. *Wolff,* Vorläufiger Bestandsschutz, S. 38 f.; *Heinze,* Rn. 592; a.A. *Stahlhacke,* BLStSozArbR 1972, 59.
749 KR-*Rinck,* Rn. 261; *Schaub,* NJW 81, 1810.

zur Voraussetzung eines Verfahrens nach §§ 99 ff. im Falle einer Versetzung s. Rn. 231).[750] Mit der Annahme des Änderungsangebots entfällt auch ein eventueller Weiterbeschäftigungsanspruch wegen einer vorausgegangenen Beendigungskündigung.[751]

- Der AN **lehnt** die neuen Arbeitsbedingungen **vorbehaltlos** ab. Dann kommt es zu einer Beendigungskündigung; hier kommt ein Weiterbeschäftigungsanspruch in Betracht.[752]
- Der AN **nimmt** die Änderungskündigung **unter Vorbehalt an** und klagt gegen die soziale Rechtfertigung der Änderungen gem. § 2 KSchG. Für diesen Fall wird überwiegend angenommen, dass der AN keinen Weiterbeschäftigungsanspruch zu den bisherigen Arbeitsbedingungen habe, vielmehr mit der Annahme unter Vorbehalt sein Einverständnis mit den neuen (gerichtlich zu überprüfenden) Arbeitsbedingungen erteilt habe.[753] Diese Ansicht ist mit dem Schutzzweck des Abs. 5 nicht zu vereinbaren. Auch bei Nichtbeschäftigung am alten Arbeitsplatz werden vollendete Tatsachen geschaffen, was durch den Weiterbeschäftigungsanspruch verhindert werden soll. Es besteht also auf Seiten des AN das gleiche Schutzbedürfnis, sodass es geboten ist, Gleiches gleich zu behandeln. Die Folgen der h. M. werden allerdings für den nicht seltenen Fall abgemildert, dass in der Änderungskündigung zugleich eine **Versetzung** i. S. d. § 99 liegt. Dann wird diese erst wirksam, wenn die Zustimmung des BR vorliegt bzw. rechtskräftig ersetzt ist oder die Versetzung als vorläufige Maßnahme gem. § 100 durchgeführt werden kann (hierzu § 99 Rn. 254).[754] In einem solchen Falle braucht sich der AN auf eine Arbeit unter Vorbehalt gem. § 2 KSchG nicht einzulassen, bis die Zustimmung des BR ggf. rechtskräftig ersetzt wird oder der AG ein Verfahren zur Aufrechterhaltung der Versetzung als einer vorläufigen Maßnahme nach § 100 durchführt.[755] Der AN kann seinen Weiterbeschäftigungsanspruch mittels einer **einstweiligen Verfügung** durchsetzen (vgl. Rn. 295).[756]

b) Frist- und ordnungsgemäßer Widerspruch des BRs

Zentrale Voraussetzung für das Bestehen eines Weiterbeschäftigungsanspruchs ist das Vorliegen eines **frist- und ordnungsgemäßen Widerspruchs** des BR gegen die Kündigung (Abs. 5 Satz 1). Der Widerspruch ist fristgemäß, wenn er innerhalb einer Woche nach der Anhörung des BR erhoben wurde (Rn. 194 ff.). Ein ordnungsgemäßer Widerspruch liegt vor, wenn er die Voraussetzungen des Abs. 3 erfüllt (Rn. 200 ff.). Es kommt nicht auf die Begründetheit des Widerspruchs an. Diese ist einerseits bei der Überprüfung der materiellen Kündigungsberechtigung zu prüfen (Rn. 260). Der AG kann andererseits das offensichtliche Fehlen der Begründetheit des Widerspruchs im Rahmen seines Antrags auf Entbindung von der einstweiligen Weiterbeschäftigung gem. Abs. 5 Satz 2 geltend machen (Rn. 326). Der Weiterbeschäftigungsanspruch kann nicht mehr durch Rücknahme des Widerspruchs beseitigt werden.[757] Hierbei kommt es auch nicht darauf, ob der AG den Widerspruch des BR dem Kündigungsschreiben beigefügt hat oder nicht.[758] 281

In dem Umfang, in dem das **Nachschieben** von Kündigungsgründen im Kündigungsschutzprozess erlaubt wird (Rn. 126 ff.), kommt ein erneuter Widerspruch des BR in Betracht. Dieser Widerspruch kann ggf. erstmals einen Weiterbeschäftigungsanspruch auslösen.[759] 282

---

750 Vgl. APS-*Koch*, Rn. 187.
751 *HessLAG* 19. 6. 12 – 15 SaGa 242/12, juris.
752 KR-*Rinck*, Rn. 267; *Fitting*, Rn. 14.
753 Vgl. *BAG* 28. 3. 85 – 2 AZR 548/83, EzA § 767 ZPO Nr. 1; *LAG München* 31. 7. 86 – 7 Sa 23/86, LAGE § 611 BGB Beschäftigungspflicht Nr. 18; GK-*Raab*, Rn. 233; *Fitting*, Rn. 13; KR-*Rinck*, Rn. 265; a. A. *LAG Düsseldorf* 25. 1. 93 – 19 Sa 1650/92, BB 93, 1151.
754 Vgl. *BAG* 30. 9. 93 – 2 AZR 283/93, EzA § 99 BetrVG 1972 Nr. 118.
755 *LAG Düsseldorf* 25. 1. 93 – 19 Sa 1650/92, LAGE § 102 BetrVG 1972 Beschäftigungspflicht Nr. 12; APS-*Koch*, Rn. 187; *Fitting*, Rn. 13.
756 *LAG Düsseldorf* 25. 1. 93 – 19 Sa 1650/92, BB 93, 1151.
757 *LAG Berlin* 20. 3. 78 – 9 Sa 10/78, ARST 78, 178; *WEHO*, Teil I Rn. 368.
758 A. A. KR-*Rinck*, Rn. 183.
759 KR-*Rinck*, Rn. 269.

283 Voraussetzung für einen ordnungsgemäßen Widerspruch ist eine **fehlerfreie Beschlussfassung** des BR (Rn. 166 ff.). Die für die Ordnungsgemäßheit des Anhörungsverfahrens strittige Frage einer Kenntnis des AG von Verfahrensfehlern (Rn. 256) spielt für die Begründung des Weiterbeschäftigungsanspruchs keine Rolle. Hat mangels einer Sitzung des BR bzw. zuständigen Ausschusses innerhalb der Äußerungsfrist zunächst nur der BR-Vorsitzende der Kündigung widersprochen, so wird der Weiterbeschäftigungsanspruch auch dann begründet, wenn der BR diesen Widerspruch nachträglich genehmigt (vgl. Rn. 146). Zur Darlegungs- und Beweislast hinsichtlich des ordnungsgemäßen Widerspruchs s. Rn. 296.

c) Erhebung der Kündigungsschutzklage

284 Voraussetzung für das Entstehen eines Weiterbeschäftigungsanspruchs ist die Erhebung einer **Kündigungsschutzklage.** Der AN muss nach teils vertretener Ansicht Kündigungsschutz nach den Vorschriften des KSchG genießen.[760] Der Kreis der von Abs. 5 erfassten AN ist demnach enger als derjenige, zu deren Kündigung der BR gem. Abs. 1 anzuhören ist. Das ist unzutreffend. Das Gesetz knüpft allein an die Klage auf Feststellung der Unwirksamkeit der Kündigung.[761] Seit der Neufassung des § 13 KSchG ist die Klage aber auch für andere Unwirksamkeitsgründe vorgesehen. Dass der Gesetzgeber dadurch nicht mittelbar eine Erweiterung des Kreises der Berechtigten des Weiterbeschäftigungsanspruchs vorgesehen hat,[762] mag zwar sein, er hat das Gesetz aber auch nicht eingeschränkt. Das ergibt sich auch nicht aus den Widerspruchsgründen,[763] wenngleich diese in den allermeisten Fällen nur bei Eingreifen des KSchG eingreifen. Der Widerspruchsgrund des Abs. 3 Nr. 1 greift aber auch u. U. außerhalb des sozialen Kündigungsschutzes (Rn. 209). Auch der Widerspruchsgrund der Nr. 2 ist nicht an die Geltung des KSchG gekoppelt. Wird die vom AN behauptete Geltung des KSchG vom AG **bestritten,** so ist nach dem Grundgedanken des Abs. 3 i. V. m. Abs. 5 zu verfahren: Der Weiterbeschäftigungsanspruch besteht, sofern der AN diesen in seiner Klageschrift plausibel begründet, d. h., er sich aus den vom AN selbst genannten Tatsachen ergeben kann. Enthält der Tatsachenvortrag keine entsprechenden Anhaltspunkte, besteht kein Weiterbeschäftigungsanspruch. Ab einer die Instanz abschließenden Entscheidung ist danach zu verfahren, wie das Gericht entschieden hat.

285 Nach allgemeiner Ansicht besteht kein Weiterbeschäftigungsanspruch bzw. erlischt er, sobald der AN einen Antrag auf Auflösung des Arbeitsverhältnisses gem. **§ 9 KSchG** stellt.[764] Die Unterstellung, der AN gebe mit einem solchen Antrag sein Desinteresse an einer Fortsetzung des Arbeitsverhältnisses über den Kündigungstermin hinaus zu erkennen, trägt nicht. Der AN kann nicht sicher sein, dass seinem Antrag stattgegeben wird. Es ist möglich, dass das Gericht die Kündigung zwar für sozialwidrig, eine weitere Beschäftigung des AN jedoch als zumutbar ansieht.[765] Für diesen Fall würde dem AN der Bestandsschutz während des Rechtsstreits genommen.

286 *(unbesetzt)*

287 Die Kündigungsschutzklage muss **fristgerecht** innerhalb von 3 Wochen erhoben worden sein (§ 4 KSchG), da die Kündigung sonst gem. § 7 KSchG als von Anfang an rechtswirksam gilt. Wird die Kündigung durch einen Vertreter ohne Vertretungsmacht ausgesprochen, so beginnt die dreiwöchige Klagefrist erst mit dem Zugang der Genehmigung des AG beim AN.[766] Strittig ist, wie der Fall zu behandeln ist, dass der AN die Klagefrist versäumt, jedoch die **nachträgliche Zulassung der Klage** gem. § 5 KSchG beantragt. Teilweise wird der Weiterbeschäftigungsanspruch in einem solchen Fall erst ab dem Zeitpunkt bejaht, in dem über die nachträgliche Zulassung der Klage rechtskräftig gem. § 5 Abs. 4 KSchG entschieden worden ist.[767] Es ist

760 *HessLAG* 8. 9. 76 – 10 Sa Ga 816/76, NJW 78, 76; *Fitting,* Rn. 107; HWGNRH-*Huke,* Rn. 180, 182.
761 APS-*Koch,* Rn. 205.
762 GK-*Raab,* Rn. 219.
763 So aber GK-*Raab,* Rn. 219; HWGNRH-*Huke,* Rn. 182.
764 *Fitting,* Rn. 107; KR-*Rinck,* Rn. 276.
765 Vgl. DDZ-*Callsen,* § 9 KSchG Rn. 43.
766 *BAG* 6. 9. 12 – 2 AZR 858/11, AP Nr. 74 zu § 4 KSchG 1969.
767 GK-*Raab,* Rn. 221; HWGNRH-*Huke,* Rn. 180; KR-*Rinck,* Rn. 277; Richardi-*Thüsing,* Rn. 226.

jedoch genauso zu verfahren wie beim Streit um die Geltung des KSchG für den AN: Entscheidend ist die **Schlüssigkeit** des mit der Kündigungsschutzklage verbundenen Antrags auf nachträgliche Zulassung der Klage.

Nimmt der AN die **Klage zurück,** entfällt der Weiterbeschäftigungsanspruch ab diesem Zeitpunkt. 288

d) Verlangen nach Weiterbeschäftigung

Der AN muss den **Weiterbeschäftigungsanspruch ausdrücklich** gegenüber dem AG **geltend machen** (vgl. DKWF-*Bachner/Deinert,* § 102 Rn. 31).[768] Das Verlangen richtet sich auf **vertragsgemäße Beschäftigung,** was nicht notwendigerweise nur auf den konkreten Arbeitsplatz bezogen sein muss, den der AN zuletzt innegehabt hat.[769] Dass der AG sich in Annahmeverzug gem. § 615 BGB befindet, reicht nicht aus.[770] Das Verlangen ist formlos (mündlich) möglich, jedoch empfiehlt sich auch hier die Schriftform. Es muss sich ausdrücklich auf § 102 Abs. 5 beziehen, damit sich der AG darüber schlüssig werden kann, ob er sich davon durch eine einstweilige Verfügung entbinden lassen kann und soll.[771] Der AN kann den **BR bevollmächtigen,** das Weiterbeschäftigungsverlangen für ihn geltend zu machen. Im eigenen Namen und ohne Vollmacht kann der BR dies freilich nicht tun.[772] 289

Die Geltendmachung des Weiterbeschäftigungsanspruches ist zwar an **keine Frist** gebunden, jedoch verlangt das *BAG* sie spätestens bei Auslaufen der Kündigungsfrist, d. h. am ersten Arbeitstag nach Ablauf der Kündigungsfrist, erfolgt.[773] Dem wird allerdings mit Recht entgegengehalten, dass das Gesetz eine solche Beschränkung nicht kennt und der Zweck des Weiterbeschäftigungsanspruchs durch eine zwischenzeitliche Unterbrechung der Beschäftigung nicht automatisch infrage gestellt ist, wie bereits ein Vergleich mit dem allgemeinen Weiterbeschäftigungsanspruch zeigt, der in der Regel erst nach einem erstinstanzlichen Urteil entstehen kann.[774] Ein möglichst früher Zeitpunkt erlaubt für den Fall der Ablehnung durch den AG die Erwirkung einer einstweiligen Verfügung (Rn. 295) noch so rechtzeitig, dass eine nahtlose Beschäftigung gesichert werden kann. Von diesem Grundsatz muss aber eine Ausnahme für den Fall gemacht werden, dass der Weiterbeschäftigungsanspruch erst später entsteht, etwa im Falle der nachträglichen Klagezulassung (Rn. 287) oder der späteren Geltendmachung der Sozialwidrigkeit im Kündigungsschutzprozess (Rn. 284). In diesen Fällen ist dementsprechend zu fordern, dass der Weiterbeschäftigungsanspruch geltend gemacht wird, sowie seine Voraussetzungen herbeigeführt werden, d. h. mit dem Antrag auf nachträgliche Zulassung bzw. mit dem Geltendmachen der Sozialwidrigkeit. Im Übrigen ist ein späteres Geltendmachen dann immer noch rechtzeitig, wenn der AG den AN nicht über den Widerspruch des BR informiert hat.[775] 290

Wird das **Nachschieben** von Kündigungsgründen im Kündigungsprozess zugelassen (Rn. 132), so löst ein hierauf bezogener Widerspruch des BR jedenfalls einen Weiterbeschäftigungsanspruch aus.[776] 291

Eine **Verwirkung** des Weiterbeschäftigungsanspruches ist in extremen Ausnahmefällen denkbar[777] (etwa, wenn der AN dem AG in zeitlichem Zusammenhang mit der Kündigung oder der Beendigung des Arbeitsverhältnisses versichert hat, er werde diesen Anspruch nicht geltend machen). 292

768 Vgl. *Wolff,* Vorläufiger Bestandsschutz, S. 151 m. w. N.; GK-*Raab,* Rn. 222.
769 *BAG* 15.3.01 – 2 AZR 141/00, NZA 01, 1267, 1272.
770 KR-*Rinck,* Rn. 279.
771 *BAG* 17.6.99 – 2 AZR 608/98, DB 99, 2012.
772 KR-*Rinck,* Rn. 279.
773 *BAG* 11.5.00 – 2 AZR 54/99, BB 00, 2049; s. auch 17.6.99 – 2 AZR 608/98, DB 99, 2012.
774 Hako-BetrVG/*Nägele,* 4. Aufl. 2012, Rn. 204.
775 Bader/Bram-*Nungeßer,* Rn. 75.
776 KR-*Rinck,* Rn. 280.
777 *BAG* 11.5.00 – 2 AZR 54/99, BB 00, 2049.

293 Der Anspruch auf Weiterbeschäftigung wird nicht dadurch ausgeschlossen, dass der AN zum Zeitpunkt seiner Erhebung berechtigt der **Arbeit fern bleibt.** Insbesondere wird der Anspruch nicht durch eine zur Arbeitsunfähigkeit führende Krankheit des AN beeinträchtigt.[778]

e) Objektive Weiterbeschäftigungsmöglichkeit

293a Nach der Rspr. des *BAG* enthält der Beschäftigungsanspruch des AN ein ungeschriebenes Tatbestandsmerkmal, nach dem der Beschäftigungsanspruch des AN entfällt, wenn dem AG die tatsächliche Entgegennahme der Arbeitsleistung nicht möglich ist.[779] Dies setzt **die rechtliche oder tatsächliche Möglichkeit der Beschäftigung** voraus. Dabei führt allerdings die Verlagerung von Arbeitsaufgaben nicht ohne weiteres zur Unmöglichkeit in diesem Sinne. Eine Verlagerung bedeutet gerade, dass die Aufgaben nicht ersatzlos weggefallen sind, sondern nur an anderer Stelle und von anderen AN erbracht werden. Hier ist dem AG zuzumuten, dass er die weiterhin vorhandenen Aufgaben (jedenfalls zeitweise) wieder in den bisherigen Betrieb zurückverlagert, um seiner Beschäftigungspflicht nachzukommen.[780]

3. Durchsetzung des Weiterbeschäftigungsanspruchs

294 Lehnt der AG den Weiterbeschäftigungsanspruch nach Abs. 5 ab (zum Inhalt des Weiterbeschäftigungsanspruchs vgl. Rn. 302 ff.), kann der AN ihn im Urteilsverfahren durch **Klage** geltend machen.[781] In diesem Verfahren ist der AN für das Vorliegen der Voraussetzungen des Abs. 5 Satz 1 **beweispflichtig.**[782]

295 Der AN kann – was im Hinblick auf den Zeitablauf ohnehin die einzig sinnvolle Möglichkeit ist – den Weiterbeschäftigungsanspruch mittels eines Antrags auf Erlass einer **einstweiligen Verfügung** (vgl. DKWF-*Bachner/Deinert,* § 102 Rn. 37f) geltend machen (h. M.).[783] Im Rahmen dieses Verfahrens muss er die Voraussetzungen des Abs. 5 Satz 1 **(Verfügungsanspruch)** glaubhaft machen, also den Ausspruch einer Kündigung durch den AG einen frist-, form- und ordnungsgemäßen BR-Widerspruch gem. Abs. 3, die Klageerhebung und das konkrete Weiterbeschäftigungsverlangen gegenüber dem AG.[784]

296 Den AN tritt die **Darlegungs- und Beweislast für eine fehlerfreie Beschlussfassung** des BR als Grundlage des Widerspruchs Rn. 294).[785] Der AG kann also einen ordnungsgemäßen Widerspruch des Betriebsrats bestreiten.[786] Dabei kann sich die Darlegung eines frist-, form- und ordnungsgemäßen BR-Widerspruchs für den AN schwierig gestalten, weil sich diese Frage teilweise seiner Wahrnehmung des entzieht. Dies gilt z. B. hinsichtlich des Umstandes, ob der BR ordnungsgemäß zu seiner Sitzung eingeladen hat. Das Maß der Darlegung und Glaubhaftmachung ist deshalb daran zu messen, was der AN auf Grund der besonderen Situation – ggf. unter Mitwirkung des BR – wissen und zunächst darlegen kann. Es dürfen deshalb keine Anforderungen gestellt werden, deren Erfüllung dem AN unmöglich ist. Vom AN kann deshalb nur die Darlegung und Glaubhaftmachung dessen verlangt werden, was er kraft eigener Wahrnehmung zu einem ordnungsgemäß zustande gekommenen Betriebsratsbeschluss vortragen kann. Der AG muss dann im Rahmen der abgestuften Darlegungslast substantiell bestreiten, wobei ein Bestreiten mit Nichtwissen nur insoweit ausreichend ist, als es nicht um Umstände

---

778 KR-*Rinck,* Rn. 281; a. A. *ArbG Celle* 4. 1. 79, ARSt. 79, 95.
779 *BAG* 27. 2. 02 – 9 AZR 562/00, AP Nr. 36 zu § 1 TVG Tarifverträge: Rundfunk.
780 *HessLAG* 3. 7. 12 – 15 SaGa 243/12, juris.
781 *LAG Düsseldorf* 27. 11. 74 – 6 Ta BV 113/74, AuR 75, 122; *LAG Nürnberg* 27. 10. 92 – 6 Sa 496/92, LAGE § 102 BetrVG 1972 Beschäftigungspflicht Nr. 11; *LAG Hamburg* 14. 9. 92 – 2 Sa 50/92, LAGE § 102 BetrVG 1972 Beschäftigungspflicht Nr. 10.
782 APS-*Koch,* Rn. 212; KR-*Rinck,* Rn. 252.
783 Vgl. APS-*Koch,* Rn. 212; *Wolff,* Vorläufiger Bestandsschutz, S. 180 ff.; *Gussone,* AuR 94, 255.
784 *LAG Düsseldorf* 26. 6. 80 – 3 Sa 242/80, DB 80, 2043.
785 KR-*Rinck,* Rn. 189.
786 *Pessinger,* ZTR 22, 632 (636).

seiner eigenen Wahrnehmung geht.[787] Insoweit müssen letztlich dieselben Erwägungen Platz greifen wie auch sonst hinsichtlich des Umgangs mit Mängeln der Beschlussfassung des BRs im Anhörungsverfahren (Rn. 256). Was in der Sphäre des BRs geschieht, ist für den AN ebenso wenig überprüfbar wie für den AG. Solange es keine Anzeichen für Verfahrensfehler bei der Beschlussfassung des BRs gibt, muss der AN darauf vertrauen können. Ein bloßes unsubstantiiertes Bestreiten einer ordnungsgemäßen Betriebsratsanhörung mit Nichtwissen durch den AG kann daher nicht genügen. Das gilt zumal deshalb, weil der AG die Möglichkeit hat, vom BR einen Protokollauszug über die Beschlussfassung zu verlangen[788]. Dem Vernehmen nach scheinen aber einige Instanzgerichte hiervon auszugehen und dem AN die Beweislast für die Ordnungsgemäßheit des Verfahrens auferlegen zu wollen mit der Folge, dass mangels präsenter Beweismittel (§ 294 Abs. 2 ZPO) von einer nicht ordnungsgemäßen Beschlussfassung auszugehen ist und einstweilige Verfügungen mangels Verfügungsgrundes abgelehnt werden. Das kann nicht überzeugen und verletzt den aus dem Rechtsstaatsprinzip erwachsenden Grundsatz effektiven Rechtsschutzes.

Hinsichtlich des **Verfügungsgrunds** gehen die Meinungen auseinander. Zum einen wird gesagt, dass sich die Darlegung der Eilbedürftigkeit bei einem Anspruch wie dem des Abs. 5 Satz 1 im Hinblick auf Sinn und Zweck des Anspruches erübrige.[789] Nach der Gegenauffassung müssen auch für eine einstweilige Verfügung zur Durchsetzung des Anspruches aus Abs. 5 Satz 1 alle prozessualen Erfordernisse erfüllt sein, insbesondere ein Verfügungsgrund vorliegen.[790] Deshalb müsse der AN besondere Interessen glaubhaft machen, die die Weiterbeschäftigung erforderlich machen, was etwa bei drohendem Verlust von für die Fortsetzung des Arbeitsverhältnisses notwendigen Kenntnissen oder Geschäftsbeziehungen der Fall sein könnte.[791] Die überwiegenden Gründe sprechen für den **Verzicht auf eine erhöhte Darlegungspflicht für das Vorliegen eines Verfügungsgrundes.** Der Gesetzgeber hat mit der Begründung eines gesetzlichen Schuldverhältnisses die schützenwerte Position des AN eindeutig in den Vordergrund gestellt. Die Dringlichkeit ergibt sich bereits daraus, dass der Gesetzgeber den AG darauf verweist, sich entbinden zu lassen.[792] Außerdem entwertet die Gegenansicht den gesetzlichen Weiterbeschäftigungsanspruch, indem sie faktisch zusätzliche Tatbestandsvoraussetzungen für ihn aufstellt, weil sie die Hürden für den Verfügungsgrund so hoch steckt, dass nur bei wenigen Berufsgruppen die einstweilige Verfügung durchgesetzt werden kann, insb. bei einfachen und mittleren Tätigkeiten regelmäßig ins Leere gehen wird. Der Verfügungsgrund ist dem Beschäftigungsanspruch nach Abs. 5 Satz 1 immanent.[793] Der Verfügungsgrund ergibt sich aus dem drohenden Zeitablauf. Der Beschäftigungsanspruch lässt sich ohne den Erlass einer einstweiligen Verfügung i. d. R. über mehrere Monate nicht realisieren und kann auch nicht nachgeholt werden. Die Darlegung weitergehender Umstände im Sinne einer besonderen Dringlichkeit ist daher nicht erforderlich.[794] Das *LAG Sachsen* bezeichnet den unter den Voraussetzungen des Abs. 5 Satz 1 entstandenen Beschäftigungsanspruch zu Recht um eine »geborene« Eilsache.[795] 297

Die **Verteidigung des AG** gegen den gerichtlich geltend gemachten Beschäftigungsanspruch kann sich nur auf Gründe stützen, die der Entstehung dieses Anspruches entgegenstehen.[796] Dem AG ist die **Einrede** verwehrt, er sei berechtigt, sich nach Abs. 5 Satz 2 von der Pflicht 298

787 *LAG Berlin* 16.9.04 – 10 Sa 1763/04, LAGE § 102 BetrVG 2001 Beschäftigungspflicht Nr. 3; vgl. auch APS-*Koch*, Rn. 212.

788 Vgl. *BAG* 8.2.22 – 1 AZR 233/21, NZA 22, 984.

789 *LAG Hamburg* 14.9.92 – 2 Sa 50/92, LAGE § 102 BetrVG 1972 Beschäftigungspflicht Nr. 10 = AiB 93, 53 mit Anm. *Gussone; ArbG Stuttgart* 5.4.93 – 6 Ga 21/93; *LAG Berlin-Brandenburg* 12.1.22 – 23 SaGA 1521/21; GK-*Raab*, Rn. 236; APS-*Koch*, Rn. 213.

790 Vgl. *LAG München* 10.2.94 – 5 Sa 969/93, NZA 94, 997; *LAG Baden-Württemberg* 30.8.93 – 15 Sa 35/93, NZA 95, 683; 17.9.21 – 12 SaGa 3/21, DB 22, 1137 (Report); *Pessinger*, ZTR 22, 632 (635).

791 *LAG Nürnberg* 17.8.04 – 6 Sa 439/03, EzA-SD 04, Nr. 22, 9; *LAG Berlin* 15.9.80 – 12 Sa 42/80, DB 80, 2449; *Richardi*, JZ 78, 492; zu weitgehend *LAG Köln* 2.8.84 – 5 Ta 133/84, NZA 84, 300.

792 *Höland*, Anm. zu *LAG Baden-Württemberg* 17.9.21 – 12 SaGa 3/21, jurisPR-ArbR 51/21, Anm. 3.

793 GK-Raab, Rn. 236.

794 *LAG Köln* 26.11.12 – 5 SaGa 14/12; 24.11.05 – 6 Sa 1172/05, juris.

795 *LAG Sachsen* 1.8.14 – 2 SaGa 10/14.

796 KR-*Rinck*, Rn. 294.

zur Weiterbeschäftigung **entbinden zu lassen.** Hierfür steht ausschließlich das Verfahren des Abs. 5 Satz 2 zur Verfügung (h. M.; zum Anspruch des AG aus Abs. 5 Satz 2 s. Rn. 307 ff.; zur Frage der Verbindung Rn. 313).[797] In der Praxis kommt es oft genug vor, dass der **AG dem Weiterbeschäftigungsverlangen nicht nachkommt** und auch **keinen Antrag auf Entbindung von der Weiterbeschäftigungspflicht** nach § 102 Abs. 5 Satz 2 stellt. Dieses Verhalten stellt nicht nur eine **Verletzung der individuellen Rechte** des gekündigten ANs (Weiterbeschäftigungsanspruch nach § 102 Abs. 5) dar; wegen der kollektivrechtlichen Bedeutung des Widerspruchs handelt es sich auch um einen **»groben Pflichtverstoß« im Sinne des § 23 Abs. 3.**

299 Die **Vollstreckung** des zugesprochenen Weiterbeschäftigungsanspruchs erfolgt gem. § 888 ZPO durch Verhängung von Zwangsgeld oder Zwangshaft gegen den AG.[798] Die Vollstreckbarkeit des Titels erfordert nur dann die Nennung von Einzelheiten der Beschäftigung im Urteilstenor, wenn die Art der Beschäftigung zwischen den Parteien streitig ist. Ggf. ist eine Auslegung anhand des Tatbestandes und der Gründe erforderlich.[799] Als Alternative zur Zwangsvollstreckung gem. § 888 ZPO kann der AG auf Antrag des AN gem. § 61 Abs. 2 ArbGG zur Zahlung einer vom Gericht festzusetzenden Entschädigung verurteilt werden, falls er die Weiterbeschäftigung ablehnt.[800] Dies kann auch durch einstweilige Verfügung erfolgen. Eine weitere Kündigung kann der Vollstreckung des titulierten Weiterbeschäftigungsanspruchs nicht entgegengehalten werden. Dem AG bleibt nur die Möglichkeit, im Berufungsverfahren diesen materiell-rechtlichen Grund geltend zu machen, um die vorläufige Vollstreckbarkeit wegen eines möglicherweise drohenden nicht zu ersetzenden Nachteils nach § 62 Abs. 1 Satz 2 ArbGG auszuschließen.[801]

300 **Unterliegt der AN** letztendlich **im Kündigungsschutzstreit,** so ist er wegen der durch einstweilige Verfügung durchgesetzten Weiterbeschäftigung **nicht** gem. § 945 ZPO **schadensersatzpflichtig.** Wegen der Begründung des Anspruches auf vorläufige Weiterbeschäftigung aus Abs. 5 Satz 1 unabhängig vom endgültigen Prozesserfolg ist die einstweilige Verfügung gerechtfertigt.[802]

301 Das **Risiko** des AN im Hinblick auf die Durchsetzung des **allgemeinen Weiterbeschäftigungsanspruches** (vgl. DKWF-*Bachner/Deinert,* § 102 Rn. 40) auf Grund eines nicht rechtskräftigen instanzgerichtlichen Urteils ist erheblich größer: Unterliegt er endgültig im Kündigungsschutzstreit und hat der AG erklärt, er beschäftige den AN nur zur Vermeidung der Zwangsvollstreckung weiter, so ist die vom AG gewährte Vergütung für den Weiterbeschäftigungszeitraum nach den Grundsätzen der ungerechtfertigten Bereicherung (§§ 812, 818 BGB) rückabzuwickeln. In diesem Falle wird der tatsächliche Wert der Arbeitsleistung der üblichen bzw. angemessenen Vergütung gegenübergestellt.[803]

4. Arbeitsverhältnis bei vorläufiger Weiterbeschäftigung und Weitervergütungsanspruch

302 Bei Bestehen des Weiterbeschäftigungsanspruches ist der AN **»bei unveränderten Arbeitsbedingungen«** weiterzubeschäftigen.[804] **Das bisherige** Arbeitsverhältnis besteht daher kraft Gesetzes fort und ist nur auflösend bedingt durch die rechtskräftige Abweisung der Kündigungsschutzklage.[805] Grundlage für den Weiterbeschäftigungsanspruch bleibt daher der Arbeitsvertrag. Dessen Inhalt bestimmt das Arbeitsverhältnis, dessen Bestand bis zur rechts-

797 *LAG Düsseldorf* 30. 8. 77 – 8 Sa 505/77, DB 77, 2383; *ArbG Düsseldorf* 27. 9. 83 – 1 Ga 77/83, DB 84, 618; KR-*Rinck,* Rn. 294.
798 *LAG Berlin* 3. 5. 78 – 6 Ta 1/78, ARSt. 79, 30; *Fitting,* Rn. 116; KR-*Rinck,* Rn. 296; *Hanau,* BB 72, 455.
799 *HessLAG* 13. 7. 87 – 1 Ta 151/87, LAGE § 888 ZPO Nr. 12; zur Notwendigkeit der Festsetzung eines einheitlichen Betrags für das Zwangsgeld s. *LAG Berlin* 3. 5. 78 – 6 Ta 1/78, ARSt. 79, 30.
800 KR-*Rinck,* Rn. 297; *Klebe/Schumann,* S. 204.
801 *HessLAG* 3. 8. 21 – 10 Ta 56/21, NZA-RR 22, 56 (Report).
802 *Fitting,* Rn. 116; KR-*Rinck,* Rn. 293; *Heinze,* S. 254.
803 Vgl. im Einzelnen *BAG* 12. 2. 92 – 5 AZR 297/90, NZA 93, 177.
804 Hierzu *Ulrich,* Das Weiterbeschäftigungsverhältnis nach § 102 Abs. 5 BetrVG und vereinbarte Weiterbeschäftigung, Diss. Köln 1996; *Wolff,* Vorläufiger Bestandsschutz, S. 157 ff.
805 GK-*Raab,* Rn. 228.

kräftigen Abweisung der Kündigungsschutzklage geschützt ist. Hierzu gehört auch der Umfang des arbeitgeberseitigen Direktionsrechts während des Weiterbeschäftigungsanspruchs.[806] Der Weiterbeschäftigungsanspruch kann daher auch nicht durch Freistellung des AN erfüllt werden (vgl. auch Rn. 304). Der AN ist also mit allen Rechten und Pflichten so zu stellen ist, als ob ihm nicht gekündigt worden wäre. D.h. auch, dass der **AN wie bisher weiterzuvergüten** ist, was auch für Abfindungsverhandlungen in einem Kündigungsschutzprozess von besonderer Bedeutung sein kann. Es ist nicht zulässig, den vorläufig weiterbeschäftigten AN in Bezug auf Leistungen, die AN im gekündigten Zustand grundsätzlich vorenthalten werden können,[807] wie einen AN dieses Personenkreises zu behandeln. Der Weiterbeschäftigungsanspruch soll gerade die ungeschmälerte Beschäftigung während des Kündigungsschutzrechtsstreits sichern.[808] Nach einer rechtlichen Verselbstständigung eines Betriebsteils ohne Organisationsänderung, also bei Entstehung eines Gemeinschaftsbetriebes nach § 1 Abs. 1 Satz 2 trifft die Weiterbeschäftigungsverpflichtung den Rechtsträger des verselbstständigten Betriebsteils.[809]

Die Zeit der Weiterbeschäftigung ist unabhängig vom endgültigen Ausgang des Kündigungsschutzrechtsstreits auf die **Dauer der Betriebszugehörigkeit** anzurechnen, weil es sich um ein kraft Gesetzes fortbestehendes Arbeitsverhältnis handelt.[810] Etwas anderes kann nur gelten, wenn für die Berechtigung der Kündigung gerade die Erfüllung der Wartezeit gem. § 1 Abs. 1 KSchG streitig war und aus diesem Gesichtspunkt gegen den AN entschieden wurde. 303

Die vorläufige Weiterbeschäftigung soll insbesondere die **tatsächliche Beschäftigung** des AN sichern. Deshalb ist der AN wie bisher im Betrieb mit seiner bisherigen Tätigkeit zu beschäftigen (h. M.).[811] Allerdings geht der Anspruch nicht weiter als der eines ungekündigten AN.[812] Unter Bedingungen, die gegenüber einem nicht gekündigten AN zur Suspendierung unter Fortzahlung der Bezüge berechtigen würden, kann auch ein vorläufig weiterbeschäftigter AN entsprechend behandelt werden.[813] Allerdings hat der AG in einem solchen Falle die nahe liegende Missbrauchsvermutung zu entkräften (vgl. Rn. 324). 304

Im Übrigen ist der vorläufig weiterbeschäftigte AN unter allen sonstigen Aspekten so zu behandeln **wie ein ungekündigter AN** (zur Versetzung s. § 99 Rn. 96). Er kann sich an **Arbeitskämpfen** beteiligen, er ist bei BR- und AR-Wahlen aktiv und passiv **wahlberechtigt.**[814] Ohne Weiterbeschäftigung verliert er sein Wahlrecht.[815] Für die Dauer der vorläufigen Weiterbeschäftigung können besondere **Schutzrechte** gem. § 17 MuSchG oder § 168ff. SGB IX erworben werden.[816] Diese Schutzrechte gelten allerdings nur für weitere Kündigungen, die während des Weiterbeschäftigungszeitraums ausgesprochen werden (hierzu Rn. 272). Endet das Arbeitsverhältnis, weil der AN im Kündigungsschutzstreit unterliegt, endet auch das vorläufige Weiterbeschäftigungsverhältnis ungeachtet derartiger Schutzrechte. 305

Der AN hat auch bei Nichtbeschäftigung durch den AG nach erfolgreichem Abschluss des Kündigungsschutzprozesses Ansprüche auf Entgeltzahlung unter dem Gesichtspunkt des **Annahmeverzugs** gem. § 615 BGB und § 11 KSchG.[817] Will der AG statt das Weiterbeschäftigungsanspruchs mit dem AN eine Vereinbarung über eine befristete Prozessbeschäftigung treffen, muss und sollte der AN sich darauf nicht einlassen. Kommt es wegen Verweigerung des Abschlusses einer solchen Vereinbarung nicht zur Weiterbeschäftigung, muss der AN sich auch nicht den durch diese ausgebliebenen Verdienst anrechnen lassen, wie das *BAG* zum all- 306

806 *LAG Baden-Württemberg* 13.2.04, 5 Sa 57/03.
807 Zu einer freiwilligen Weihnachtsgratifikation vgl. *BAG* 25.2.74 – 5 AZR 225/73, EzA § 611 BGB Gratifikation, Prämie Nr. 40.
808 Wie hier *Schaub*, NJW 81, 1811; a. A. *Fitting*, Rn. 114; KR-*Rinck*, Rn. 289; GK-*Raab*, Rn. 226; *Pessinger*, ZTR 22, 632 (640).
809 *LAG Baden-Württemberg* 13.2.04 – 5 Sa 57/03.
810 Richardi-*Thüsing*, Rn. 242; a. A. *Fitting*, Rn. 115.
811 *BAG* 26.5.77 – 2 AZR 632/76, EzA § 611 BGB Beschäftigungspflicht Nr. 2; *LAG Berlin* 2.6.76 – 3 Sa 56/76, BB 76, 1273; APS-*Koch*, Rn. 209.
812 *LAG Berlin* 27.6.86 – 13 Sa 6/86, LAGE § 15 KSchG Nr. 4.
813 KR-*Rinck*, Rn. 285.
814 APS-*Koch*, Rn. 211; *Fitting*, Rn. 115; *Otto*, RdA 75, 69; KR-*Rinck*, Rn. 292.
815 Vgl. *LAG Berlin* 2.5.94 – 9 TaBV 1/94, DB 94, 2556.
816 APS-*Koch*, Rn. 211; KR-*Rinck*, Rn. 292.
817 Einzelheiten bei DDZ-*Callsen*, § 615 BGB; vgl. *Wolff*, Vorläufiger Bestandsschutz, S. 171 ff.

gemeinen Weiterbeschäftigungsanspruch entschieden hat.[818] Spätestens durch die Erhebung der Kündigungsschutzklage wird der AG in Annahmeverzug gesetzt.[819] Eine spätere Gerichtsentscheidung zur **Entbindung des AG von der Weiterbeschäftigungspflicht** (Rn. 307 ff.) lässt die bis zu diesem Zeitpunkt angefallenen Vergütungsansprüche des AN unberührt.[820] Der AN verliert seinen Anspruch auf Entgelt wegen Annahmeverzugs nicht dadurch, dass er keine Weiterbeschäftigung nach Abs. 5 verlangt (h. M.).[821] Bietet dagegen der AG dem AN die Weiterbeschäftigung gem. Abs. 5 bis zum rechtskräftigen Abschluss des Kündigungsrechtsstreits an, ist dies nicht geeignet, den Annahmeverzug als solchen aufzuheben, jedoch kann im Einzelfall eine Anspruchsminderung deshalb eintreten, weil der AN das Weiterbeschäftigungsangebot des AG nicht angenommen hat.[822] Im Einzelnen hängt die **Zumutbarkeit der Annahme der Weiterbeschäftigung** für den AN vor allem von der Art der Kündigung und ihrer Begründung sowie dem Verhalten des AG im Kündigungsprozess ab. Handelt es sich um eine betriebsbedingte Kündigung, so wird dem AN die vorläufige Weiterbeschäftigung in der Regel zumutbar sein. Gleiches dürfte für Fälle der krankheitsbedingten Kündigung gelten. Wird eine Kündigung auf verhaltensbedingte Gründe gestützt, spricht dieser Umstand eher für die Unzumutbarkeit der vorläufigen Weiterarbeit für den AN im Betrieb. Auch Art und Schwere der gegenüber dem AN erhobenen Vorwürfe können für ihn bereits die Unzumutbarkeit der Weiterarbeit begründen.[823] Besteht ein Weiterbeschäftigungsanspruch gem. Abs. 5, lehnt jedoch der AG die Arbeitsleistung des AN ab, so besteht Annahmeverzug und ein Nachzahlungsanspruch des AN selbst dann, wenn seine **Kündigungsschutzklage** schließlich rechtskräftig **abgewiesen** wird.[824] Abs. 5 geht als Spezialvorschrift den BGB-Vorschriften über Leistungsstörungen vor. Der AG bleibt zur **Entgeltzahlung** so lange verpflichtet, bis er gem. Abs. 5 Satz 2 von der Weiterbeschäftigung entbunden wird.[825]

306a Der Weiterbeschäftigungsanspruch schließt eine **erneute Kündigung** nicht aus. Eine erneute Kündigung kann damit auch der Weiterbeschäftigung nach vorheriger Kündigung entgegenstehen. Allerdings kann auch bei dieser Kündigung unter den Voraussetzungen des § 102 Abs. 5 ein Weiterbeschäftigungsanspruch bestehen (Rn. 337).[826]

5. Beendigung der Weiterbeschäftigungspflicht auf Antrag des AGs (Abs. 5 Satz 2)

a) Entbindung von der Weiterbeschäftigungspflicht

aa) Allgemeines, Verfahren

307 Nach der Grundregel des Gesetzes ist der AG zur Weiterbeschäftigung verpflichtet. Die Fälle der Entbindung von der Beschäftigungspflicht können daher nur **besondere Ausnahmen** sein. Die gerichtliche Entscheidung wirkt ex nunc.[827] Die in Abs. 5 Satz 2 genannten Entbindungsgründe sind **abschließend** und nicht erweiterungsfähig.[828]

308 Hat der BR einer Kündigung **nicht ordnungsgemäß widersprochen,** so besteht von vornherein keine Weiterbeschäftigungspflicht. Der AG braucht sich deshalb auch nicht durch einstweilige Verfügung von ihr befreien zu lassen.[829] Stellt er gleichwohl den Antrag auf Entbindung von der Weiterbeschäftigungspflicht, kann dieser allerdings nicht **wegen fehlenden Rechts-**

---

818 *BAG* 8.9.21 – 5 AZR 205/21, NZA 22, 113.
819 *BAG* 26.8.71 – 2 AZR 301/70, AP Nr. 26 zu § 615 BGB.
820 *BAG* 7.3.96 – 2 AZR 432/95, NZA 96, 930; vgl. *Gussone,* AuR 94, 251 f.; unzutr. *Willemsen/Hohenstatt,* DB 95, 215.
821 Richardi-*Thüsing,* Rn. 267; KR-*Rinck,* Rn. 312; *Klebe/Schumann,* S. 178; *Wolff,* Vorläufiger Bestandsschutz, S. 173 f.
822 Vgl. *BAG* 14.11.85 – 2 AZR 98/84, DB 86, 1878.
823 *BAG* 14.11.85, a.a.O.; vgl. *LAG Hamm* 18.10.85 – 16 Sa 386/85, DB 86, 1394; a.A. *Berkowsky,* DB 81, 1569.
824 *BAG* 12.9.85 – 2 AZR 324/84, EzA § 102 BetrVG 1972 Nr. 61.
825 Vgl. *Gussone,* AuR 94, 251 f.; unzutr. *Willemsen/Hohenstatt,* DB 95, 215.
826 *Pessinger,* ZTR 22, 632 (636).
827 *Pessinger,* ZTR 22, 632 (636).
828 KR-*Rinck,* Rn. 298; *Klebe/Schumann,* S. 220.
829 *BAG* 11.5.00 – 2 AZR 54/99, BB 00, 2049, 2050.

schutzinteresses zurückgewiesen werden. Das Gericht muss sich dann vielmehr mit der Frage materiell-rechtlich auseinandersetzen.[830] Zu Recht wird darauf hingewiesen, dass eine andere Auffassung zu unvertretbaren Konsequenzen führen würde. Weist das Gericht nämlich den Antrag des AG mit der Begründung ab, dass mangels ordnungsgemäßen Widerspruchs keine Weiterbeschäftigungspflicht besteht, hat der AG letztlich das erreicht, was er durch die einstweilige Verfügung erreichen wollte: Er braucht den AN nicht weiterzubeschäftigen. Der AN, der tatsächlich beschwert ist, kann gegen eine derartige Entscheidung jedoch nicht einmal ein Rechtsmittel einlegen, da der gegen ihn gerichtete Antrag zurückgewiesen wurde. Ein solches **unerträgliches Ergebnis** lässt sich nur dadurch vermeiden, dass auch ein **nicht ordnungsgemäßer Widerspruch** wie ein **offensichtlich unbegründeter Widerspruch** i. S. d. Nr. 3 behandelt wird, das ArbG also materiellrechtlich zu prüfen und darüber zu entscheiden hat, ob die Voraussetzungen für eine Weiterbeschäftigungspflicht gegeben sind oder nicht.[831]

Nur bei Vorliegen einer der in den Nrn. 1–3 genannten Voraussetzungen kann die Verpflichtung **309**
zur Weiterbeschäftigung des AN durch eine **vom AG beantragte einstweilige Verfügung** des ArbG aufgehoben werden. Über den Antrag des AG ist im **Urteilsverfahren** zu entscheiden.[832] Die Entscheidung kann in dringenden Fällen gem. §§ 937 Abs. 2, 944 ZPO **ohne mündliche Verhandlung** durch den Vorsitzenden allein ergehen, da die nur für das Beschlussverfahren geltende Vorschrift des § 85 Abs. 2 ArbGG keine Anwendung findet. Eine derartige Urteilsverfügung bedarf keiner besonderen Vollziehung i. S. d. § 929 ZPO, sondern erlangt durch die Verkündung Verbindlichkeit.[833]

Zuständig ist das Gericht der Hauptsache (§ 937 Abs. 1 ZPO), also das **ArbG**, bei dem der Kün- **310**
digungsschutzprozess anhängig ist.[834] Im Übrigen gelten die normalen Verfahrensvorschriften für den Erlass einstweiliger Verfügungen.[835]

Für den Erlass einer einstweiligen Verfügung müssen **Verfügungsanspruch, Verfügungs-** **311**
grund und Glaubhaftmachung durch den AG gegeben sein.[836] Hinsichtlich des Verfügungsanspruchs (= rechtsbegründende Tatsachen) hat der AG die Voraussetzungen des Abs. 5 Satz 2 darzulegen. Ihn trifft hierzu die **Darlegungs- und Beweislast.**[837] Zur Durchsetzung des Verfügungsgrundes (= Eilbedürftigkeit) müssen alle prozessualen Erfordernisse erfüllt sein, weil nach dem gesetzlichen Regel-/Ausnahmeverhältnis das Interesse des AN an der Weiterbeschäftigung überwiegt. Zur Glaubhaftmachung kann sich der AG nach § 294 Abs. 1 ZPO aller zugelassenen Mittel, insbesondere der eidesstattlichen Versicherung, bedienen.[838] Eine pauschale Erklärung, dass die Tatsachenbehauptungen des Prozessbevollmächtigten des AG richtig seien, reicht allerdings nicht aus.[839]

Der Antrag des AG auf Entbindung von der Weiterbeschäftigungspflicht ist an **keine Frist** **312**
gebunden.[840] Er muss nicht unmittelbar nach Ausspruch der Kündigung oder nach Geltendmachung des Weiterbeschäftigungsanspruchs erhoben werden.[841] Dies ist z. B. auch nach dem arbeitsgerichtlichen Gütetermin möglich.[842] Es ist also möglich, dass der Grund für die Befreiung

830 *ArbG Frankfurt/M.* 9. 1. 03 – 16 Ga 276/02, AiB 03, 374; MünchArbR-*Matthes*, 2. Aufl., § 348 Rn. 102.
831 Im Ergebnis ebenso *LAG Baden-Württemberg* 15. 5. 74 – 6 Sa 35/74, BB 75, 43; *LAG Berlin* 11. 6. 74 – 8 Sa 37/74, 10 Ga 1/74, DB 74, 1629; *LAG Nürnberg* 5. 9. 06 – 6 Sa 458/05, DB 07, 752; *LAG Hamm* 31. 1. 79 – 8 Sa 1578/78, EZA § 102 BetrVG 1972 Beschäftigungspflicht Nr. 6; *LAG Düsseldorf* 15. 3. 78 – 12 Sa 316/78, DB 78, 1282, 1283; APS-*Koch*, Rn. 224; GK-*Raab*, Rn. 245; HWGNRH-*Huke*, 213 f.; *Fitting*, Rn. 121; *Dütz*, DB-Beilage 13/78, S. 9; a. A. *HessLAG* 2. 11. 84 – 13 Ta 309/84, NZA 85, 163; *LAG Düsseldorf* 5. 1. 76, BB 76, 2462.
832 *LAG Düsseldorf* 29. 5. 74 – 6 TaBV 39/74, DB 74, 1342; GK-*Raab*, Rn. 237
833 *LAG Hamm* 12. 12. 86 – 16 Sa 1271/86, DB 87, 1945; vgl. KR-*Rinck*, Rn. 299.
834 HWGNRH-*Huke*, Rn. 220; KR-*Rinck*, Rn 295.
835 Einzelheiten bei HWGNRH-*Huke*, Rn. 220.
836 *Schaub* NJW 81, 1811.
837 KR-*Rinck*, Rn. 304.
838 HWGNRH-*Huke*, Rn. 220.
839 *ArbG Stuttgart* 5. 4. 93 – 6 Ga 26/93, AuR 93, 222.
840 *ArbG Frankfurt/M.* 9. 1. 03 – 16 Ga 276/02, AiB 03, 374; KR-*Rinck*, Rn. 299; *Bösche*, S. 176; GK-*Raab*, Rn. 237.
841 GK-*Raab*, Rn. 237; MünchArbR-*Volk*, § 344 Rn. 79.
842 *LAG Düsseldorf* 15. 3. 78 – 12 Sa 316/78, DB 78, 1282.

von der Weiterbeschäftigung erst geraume Zeit nach der Weiterbeschäftigung eintritt. Sobald er jedoch vorliegt, muss der AG unverzüglich (normalerweise binnen etwa 14 Tagen) handeln, sonst ist der Verfügungsgrund verbraucht. Verlangt er erst mehrere Monate nach dem schriftlichen Weiterbeschäftigungsbegehren des AN die Befreiung von der Beschäftigungspflicht, ohne dass in der Zwischenzeit neue Gesichtspunkte eingetreten sind, die von ihm glaubhaft gemacht werden können, ist ein Grund für eine einstweilige Verfügung keinesfalls mehr gegeben.[843]

313 Der AG kann die in Abs. 5 Satz 2 genannten Gründe nicht lediglich als **Einrede** gegen einen vom AN gerichtlich geltend gemachten Weiterbeschäftigungsanspruch erheben. Er kann lediglich den nach Inhalt und Verfahren **eigenständigen Anspruch** des Abs. 5 Satz 2 entsprechend geltend machen. Ist der Anspruch des AN noch in erster Instanz anhängig, können beide Verfahren verbunden werden.[844] Ist der Antrag des AN auf Weiterbeschäftigung bereits im **Berufungsverfahren** anhängig, kann der Antrag des AG nur beim ArbG als dem hierfür zuständigen Gericht erhoben werden.[845] Das Gleiche gilt, wenn die Kündigungsschutzklage nach einem für den AN positiven Urteil erster Instanz beim LAG anhängig ist.[846]

314 Beim Vorliegen **veränderter Umstände** kann der AG auch nach rechtskräftiger Abweisung eines vorhergegangenen Antrags erneut die Entbindung von der Weiterbeschäftigungspflicht verlangen.[847] Hierzu muss er **neue Tatsachen** vorbringen, die im vorhergehenden Verfahren nicht vorgebracht werden konnten.[848] Die Abweisung der Kündigungsschutzklage in erster Instanz ist allein keine hierfür ausreichende Tatsache.[849] Auch der AN kann die **Aufhebung** einer rechtskräftigen einstweiligen Verfügung gem. §§ 936, 927 ZPO bewirken, wenn die sie begründenden Tatsachen nicht mehr existieren (z. B. Besserung der wirtschaftlichen Lage des Betriebs bei Entbindung gem. Abs. 5 Satz 2 Nr. 2; Rn. 320 ff.). Ein der Kündigungsschutzklage **stattgebendes ArbG- oder LAG-Urteil** führt zu einem selbstständigen allgemeinen Weiterbeschäftigungsanspruch, der ungeachtet einer Entbindungsverfügung besteht.

315 Wird eine **einstweilige Verfügung** im Berufungsverfahren **aufgehoben,** lebt der Beschäftigungsanspruch wieder auf, und zwar von Anfang an.[850] Der AN hat Anspruch auf Entgeltzahlung aus dem Gesichtspunkt des Annahmeverzugs (vgl. Rn. 306). Ein **Schadensersatzanspruch** gem. § 945 ZPO besteht hier ebenso wenig wie dann, wenn der AN bei bestehender Entbindungsverfügung rechtskräftig im Kündigungsschutzprozess obsiegt.[851]

316 Die Entbindung von der Weiterbeschäftigungspflicht gem. Abs. 5 lässt ab dem Zeitpunkt der Entscheidung hierüber den hieraus erwachsenden **Vergütungsanspruch des AN** entfallen, den der AN unabhängig vom Ausgang des Kündigungsrechtsstreits hatte.[852] Bis zur Entscheidung über die Entbindung angefallene Vergütungsansprüche (Rn. 306) bleiben unberührt.[853] Obsiegt der AN im Kündigungsrechtsstreit, bleibt es aber bei seinem Anspruch aus **Annahmeverzug** aus dem in Wahrheit niemals beendeten Arbeitsverhältnis.[854]

bb) Entbindungsgründe

317 Nach Abs. 5 Satz 2 Nr. 1 ist eine Entbindung von der Weiterbeschäftigungspflicht möglich, wenn die **Klage** des AN offensichtlich **keine hinreichende Aussicht auf Erfolg** bietet **oder mutwillig**

---

843 *LAG Düsseldorf* 19. 8. 77 – 16 Sa 471/77, DB 77, 1952.
844 *LAG Düsseldorf* 30. 8. 77 – 8 Sa 505/77, DB 77, 2383; *ArbG Düsseldorf* 27. 9. 83 – 1 Ga 77/83, DB 84, 618; KR-*Rinck,* Rn. 295.
845 *LAG Düsseldorf* 30. 8. 77, a. a. O.; KR-*Rinck,* Rn. 295.
846 *LAG Baden-Württemberg* 18. 3. 88 – 2 SHa 1/88, LAGE § 102 BetrVG 1972 Beschäftigungspflicht Nr. 9.
847 Vgl. *Wolff,* Vorläufiger Bestandsschutz, S. 225.
848 KR-*Rinck,* Rn. 300.
849 *LAG Köln* 19. 5. 83 – 3 Sa 268/83, DB 83, 2368.
850 *Wolff,* Vorläufiger Bestandsschutz, S. 177; a. A. KR-*Rinck,* Rn. 299.
851 *BAG* 31. 8. 78 – 3 AZR 989/77, EzA § 102 BetrVG 1972 Beschäftigungspflicht Nr. 7; Richardi-*Thüsing,* Rn. 268; a. A. KR-*Rinck,* Rn. 299.
852 *BAG* 15. 3. 01 – 2 AZR 141/00, NZA 01, 1267, 1272.
853 *BAG* 7. 3. 96 – 2 AZR 432/95, NZA 96, 930.
854 KR-*Rinck,* Rn. 312; *Klebe/Schumann,* S. 178; vgl. *LAG Rheinland-Pfalz* 11. 1. 80 – (7) 6 Sa 657/79, BB 80, 415.

erscheint. Diese Voraussetzungen stimmen mit den Kriterien überein, die zur Entscheidung über die Gewährung von **Prozesskostenhilfe** gem. § 114 ZPO herangezogen werden.[855]

Das **Fehlen der hinreichenden Erfolgsaussicht** der Klage kann nur dann angenommen werden, wenn eine summarische Prüfung ergibt, dass die Klage offensichtlich oder doch mit **hinreichender Wahrscheinlichkeit keinen Erfolg** haben wird.[856] Haben sowohl AG als auch AN hinreichende Erfolgsaussichten glaubhaft gemacht, ist eine Befreiung von der Weiterbeschäftigungspflicht nicht möglich.[857] Bei der Beurteilung der fehlenden Erfolgsaussicht hat das ArbG das gesamte Vorbringen des AN zu würdigen, nicht nur den Widerspruch des BR.[858] Nicht ausreichend ist, wenn der AN in erster Instanz unterlegen ist. Der AN muss auch nicht darlegen, weshalb die Kündigungsschutzklage gleichwohl Aussicht auf Erfolg bietet[859]. Im Gegensatz zu dem richterrechtlich entwickelten allgemeinen Weiterbeschäftigungsanspruch gilt im Falle des Vorliegens eines frist- und ordnungsgemäßen Widerspruchs des BR der Weiterbeschäftigungsanspruch ausdrücklich bis zum rechtskräftigen Abschluss des Kündigungsschutzverfahrens. Ausreichend ist es deshalb, dass der Prozessbevollmächtigte der Verfügungsbeklagten die Berufungsbegründung hinsichtlich des Kündigungsschutzverfahrens vorlegt und darauf Bezug nimmt[860]. 318

Die Rechtsverfolgung erscheint als **mutwillig,** wenn eine »verständige« Partei ihr Recht nicht auf diese Weise verfolgen würde.[861] Diese Voraussetzung wird nur in den allerseltensten Fällen vorliegen und beweisbar sein. 319

Nach Abs. 5 Satz 2 Nr. 2 kann die Entbindung von der Weiterbeschäftigungspflicht beantragt werden, wenn die Weiterbeschäftigung des AN zu einer **unzumutbaren wirtschaftlichen Belastung des AG** führen würde. Die Bezugnahme auf die wirtschaftliche Situation des AG bedeutet, dass es auf die wirtschaftliche Lage des **UN** ankommt und nicht des einzelnen Betriebes.[862] Eine Existenzbedrohung des Betriebes kann allenfalls als Indiz herangezogen werden. Die Frage, wann eine Weiterbeschäftigung den AG unzumutbar belastet, lässt sich nicht generell beantworten. Es kommt auf die **Umstände des Einzelfalles** und auf die wirtschaftlichen Gegebenheiten des einzelnen UN an. 320

Bei der Prüfung, ob eine **unzumutbare Belastung** vorliegt, ist zu berücksichtigen, dass dem AG die **Arbeitskraft** des AN weiterhin zur Verfügung steht und dass er ohnehin das Risiko trägt, den Prozess zu verlieren und den **Lohn nachzuzahlen.**[863] Es reicht auch nicht aus, dass die Weiterbeschäftigung den AG überhaupt wirtschaftlich belastet. Die Belastung muss vielmehr ein **unzumutbares Ausmaß** haben, z. B. drohender Liquiditätsverlust oder nachweisbare negative Auswirkungen auf die Wettbewerbsfähigkeit. Dieses Tatbestandsmerkmal kommt daher nur ganz ausnahmsweise (ggf. in Kleinstunternehmen) in Betracht.[864] Dabei ist eine **Interessenabwägung** gegenüber den berechtigten Belangen des AN vorzunehmen.[865] 321

Eine unzumutbare wirtschaftliche Belastung des AG lässt sich beispielsweise nicht bereits mit gesunkenen Umsätzen begründen. Der AG muss eine **Existenzgefährdung des Unternehmens gerade wegen der Weiterbeschäftigung des betroffenen AN** darlegen.[866] Die wirtschaftliche 322

855 *ArbG Stuttgart* 5.4.93 – 6 Ga 26/93, AuR 93, 222; *LAG Baden-Württemberg* 30.8.93 – 15 Sa 36/93, juris.

856 *LAG Düsseldorf* 23.5.75 – 8 Sa 152/75, EzA § 102 BetrVG 1972 Beschäftigungspflicht Nr. 4; *LAG Hamburg* 14.9.92 – 2 Sa 50/92, LAGE § 102 BetrVG 1972 Beschäftigungspflicht Nr. 10; APS-*Koch*, Rn. 220; GK-*Raab*, Rn. 240; HWGNRH-*Huke*, Rn. 208; vgl. *Wolff*, Vorläufiger Bestandsschutz, S. 194.

857 Richardi-*Thüsing*, Rn. 255; *LAG Düsseldorf* 23.5.75 – 8 Sa 152/75, EzA § 102 BetrVG 1972 Beschäftigungspflicht Nr. 4; *ArbG Siegburg* 4.3.75 – 2 Ga 2/75, DB 75, 700; *ArbG Stuttgart* 5.4.93, a. a. O.; *ArbG Frankfurt/M.* 9.1.03 – 16 Ga 276/02, AiB 03, 374; KR-*Rinck*, Rn. 303.

858 APS-*Koch*, Rn. 220.

859 *HessLAG* 5.3.18 – 16 SaGa 127/18, LAGE § 102 BetrVG 2001 Beschäftigungspflicht Nr. 8.

860 *HessLAG* 5.3.18 – 16 SaGa 127/18, LAGE § 102 BetrVG 2001 Beschäftigungspflicht Nr. 8.

861 KR-*Rinck*, Rn. 303.

862 APS-*Koch*, Rn. 221; *Wolff*, Vorläufiger Bestandsschutz, S. 199; *Gussone*, AuR 94, 253; GK-*Raab*, Rn. 242.

863 *LAG Hamburg* 16.5.01 – 4 SA 33/01, NZA-RR 02, 25; *ArbG Berlin* 29.3.74, BB 74, 508.

864 *Schaub*, NJW 81, 1811; KR-*Rinck*, Rn. 305.

865 Umfassend *Wolff*, Vorläufiger Bestandsschutz, S. 200 f.

866 *LAG Hamburg* 16.5.01 – 4 Sa 33/01, NZA-RR 02, 25; a. A. GK-*Raab*, Rn. 242.

Belastung des AG wegen des Lohnkostenaufwands gerade wegen der Weiterbeschäftigung des AN muss so gravierend sein, dass Auswirkungen auf Liquidität und Wettbewerbsfähigkeit des AG auf der Hand liegen.[867] Es reicht auch nicht aus, wenn der AG auf allgemein herrschenden Arbeitsmangel verweist oder allgemeine Angaben über finanzielle Schwierigkeiten macht. Vielmehr sind in der Regel **konkrete und detaillierte Daten** über die wirtschaftliche und finanzielle Lage des Betriebs und UN erforderlich.[868] Dabei muss auch eine Prognose über die zu erwartende künftige Entwicklung vorgelegt werden.

323 Bei der Beurteilung der Frage, ob eine unzumutbare wirtschaftliche Belastung vorliegt, kommt es auf die durch den einzelnen AN verursachte Belastung an. Bei gleichzeitiger Entlassung **mehrerer AN** können die Lohnaufwendungen beispielsweise nicht zusammengerechnet werden, da der AG es sonst in der Hand hätte, die wirtschaftliche Zumutbarkeit durch eine größere Zahl von Entlassungen zu beeinflussen.[869] Jedenfalls muss der AG darlegen, wie sich der **konkrete Verdienst des AN** auf seine wirtschaftliche Situation auswirken.[870]

324 Der mögliche **Wegfall der tatsächlichen Beschäftigungsmöglichkeit** allein begründet keine unzumutbare wirtschaftliche Belastung.[871] Demgegenüber kann nicht die freie unternehmerische Entscheidung des AG ins Feld geführt werden.[872] Denn diese muss sich nach der Interessenbewertung des Gesetzgebers der vom Gesetz ja nur vorläufig vorgesehenen Weiterbeschäftigung unterordnen. Zudem wird sich oftmals erst im Kündigungsschutzprozess erweisen, ob der Arbeitsplatz durch freie unternehmerische Entscheidung entfallen ist. Auf keinen Fall aber kann die Verlagerung von Arbeitsaufgaben den Entbindungsantrag rechtfertigen, denn aus diesem Umstand ergibt sich ja gerade, dass die Aufgaben nicht ersatzlos weggefallen sind.[873] Falls der AG den AN tatsächlich nicht weiterbeschäftigten kann, wird erwogen, den AN unter Fortzahlung seiner Bezüge freizustellen.[874] Das kann aber nur unter strengsten Voraussetzungen möglich sein, um das Recht auf tatsächliche Beschäftigung nicht zu unterlaufen. Auch bei einer Freistellung behält der AN seine Entgeltansprüche.[875]

325 Ausnahmsweise kann es für die Frage der zumutbaren wirtschaftlichen Belastung auch auf die Situation des **Konzerns** ankommen. Das ist dann der Fall, wenn sich der Widerspruch des BR auf eine Weiterbeschäftigung im Konzern bezieht (Rn. 219).[876]

326 Nach Abs. 5 Satz 2 Nr. 3 kann die Befreiung von der Weiterbeschäftigung beantragt werden, wenn der **Widerspruch des BR offensichtlich unbegründet** ist. Von einem offensichtlich unbegründeten Widerspruch des BR kann nur dann gesprochen werden, wenn dieser mutwillig erfolgte, wenn dessen Grundlosigkeit sich bei unbefangener Beurteilung geradezu aufdrängt[877] und für die Überlegungen des BR keinerlei Anhaltspunkte vorlagen.[878]

327 Können die Tatsachen, auf welche sich der Widerspruch des BR gründet, **nur im Wege der Beweisaufnahme** geklärt werden, ist der Widerspruch des BR nicht offensichtlich unbegründet.[879]

---

867 *LAG Hessen* 5.3.18 – 16 SaGa 127/18, LAGE § 102 BetrVG 2001 Beschäftigungspflicht Nr. 8; *LAG Rheinland-Pfalz*, 10.7.07 – 3 SaGa 9/07, juris.

868 APS-*Koch*, Rn. 222.

869 *LAG Hamburg* 16.5.01 – 4 Sa 33/01, NZA-RR 02, 25; a.A., d.h. für Zusammenzählen, KR-*Rinck*, Rn. 306.

870 *ArbG Stuttgart* 31.8.93 – 23 Ga 75/93.

871 *LAG Hamburg* 16.5.01 – 4 Sa 33/01, NZA-RR 02, 25.

872 A.A. *LAG München* 8.9.11 – 3 SaGa 21/11 – LAGE § 102 BetrVG 2001 Beschäftigungspflicht Nr. 5.

873 *HessLAG* 3.7.12 – 15 SaGa 243/12, juris.

874 KR-*Rinck*, Rn. 307.

875 *LAG Hamburg* 18.5.93 – 2 Sa 33, 34/93; 24.2.93 – 4 Sa 13/93, BB 08, 2636; 10.5.93 – 4 Sa 20/93, LAGE § 102 BetrVG 1972 Beschäftigungspflicht Nr. 16; APS-*Koch*, Rn. 221; vgl. *Wolff*, Vorläufiger Bestandsschutz, S. 192.

876 *LAG Hamburg* 16.5.01 – 4 Sa 33/01, NZA-RR 02, 25.

877 *LAG Hamm* 1.7.86 – 7 Sa 934/86, LAGE § 102 BetrVG 1972 Beschäftigungspflicht Nr. 8; *ArbG Berlin* 5.1.73 – 10 Ga 15/72, DB 73, 192; *ArbG Stuttgart* 5.4.93 – 6 Ga 26/93, AuR 93, 222; APS-*Koch*, Rn. 223; KR-*Rinck*, Rn. 309; *Fitting*, Rn. 120; GK-*Raab*, Rn. 244.

878 *HessLAG* 18.6.76, AuR 77, 156.

879 *LAG Baden-Württemberg* 29.11.76 – 10 Sa 7/76; *LAG Düsseldorf* 20.10.76, BB 77, 1610; vgl. HWGNRH-*Huke*, Rn. 212; *Wolff*, Vorläufiger Bestandsschutz, S. 214.

Der Widerspruch muss im **Zeitpunkt** seiner Erhebung offensichtlich unbegründet sein; es genügt also nicht, dass dies erst später deutlich wird.[880] 328

Der Fall eines **nicht ordnungsgemäßen Widerspruchs** ist kein gesetzlicher Entbindungsgrund, aber gleichwohl analog zum Fall des unbegründeten Widerspruchs (Rn. 326) zu behandeln, sodass hierüber in der Sache zu entscheiden ist (Rn. 308). Das **Offensichtlichkeitskriterium** muss in gleicher Weise berücksichtigt werden (Rn. 326). 329

(unbesetzt) 330

b) Anderweitige Beendigung der Weiterbeschäftigungspflicht

Der Weiterbeschäftigungsanspruch kann im **Einvernehmen** zwischen AN und AG beendet werden.[881] Dieses Einvernehmen kann für den Fall der Weiterführung des Kündigungsschutzprozesses hergestellt werden. Dabei wird es sich in der Regel um eine bloße Suspendierung von der tatsächlichen Beschäftigung bei Weiterbestehen des rechtlichen Weiterbeschäftigungsverhältnisses, insb. unter Aufrechterhaltung und nicht unter Verzicht auf den Anspruch auf Entgeltzahlung handeln. Im Übrigen ist natürlich eine einvernehmliche Auflösung des gesamten Arbeitsverhältnisses möglich.[882] 331

Nach h. M. kann sich der AN **nicht einseitig** von dem einmal aufgenommenen Weiterbeschäftigungsverhältnis lossagen.[883] Ihm bleibt lediglich die fristgerechte oder außerordentliche **Kündigung des gesamten** Arbeitsverhältnisses.[884] Diese Ansicht kann nicht überzeugen. Vielmehr ist es der AG, der durch die Kündigung zu erkennen gegeben hat, dass er keine Weiterbeschäftigung wünscht. Will der AN für die Zukunft daran festhalten, so gibt es weder eine gesetzliche Grundlage noch einen Anlass, ihn vor die Wahl zu stellen, auf die weitere Überprüfung der vom AG erklärten Kündigung zu verzichten oder gegen seinen Willen weiterzuarbeiten. Die einseitige Beendigung der Weiterbeschäftigung durch den AN kann daher allein vergütungsrechtliche Konsequenzen haben (Rn. 306). 332

Durch die **Rücknahme des BR-Widerspruchs** gegen die Kündigung wird das einmal aufgenommene Weiterbeschäftigungsverhältnis nicht beendet (Rn. 281). 333

Das Weiterbeschäftigungsverhältnis wird zusammen mit dem Arbeitsverhältnis durch **Klagerücknahme** beendet.[885] 334

Durch die Stellung eines **Auflösungsantrages gem. § 9 KSchG** wird die Weiterbeschäftigung nicht beendet (Rn. 285). 335

Das Weiterbeschäftigungsverhältnis wird durch **rechtskräftiges Urteil** beendet: Obsiegt der AN, dann gilt das bisherige Arbeitsverhältnis als durch die Kündigung nicht unterbrochen. Wird die Klage abgewiesen, dann endet das Arbeitsverhältnis auf Grund der Kündigung mit Ablauf der Kündigungsfrist.[886] 336

Der AG kann das nach Abs. 5 fortgesetzte Arbeitsverhältnis grundsätzlich **erneut kündigen.** Falls es für eine solche Kündigung auf die Beschäftigungsdauer ankommt, ist die Zeit der Weiterbeschäftigung mitzuzählen (Rn. 303). Eine solche Kündigung ist grundsätzlich geeignet, den bisherigen Weiterbeschäftigungsanspruch zu beenden (Rn. 306a). Die Frage eines **erneuten Weiterbeschäftigungsanspruchs** wäre dann nach allgemeinen Kriterien zu klären.[887] Wenn die Voraussetzungen vorliegen, die das *BAG* für den allgemeinen Weiterbeschäftigungsanspruch bei »**Kettenkündigungen**« definiert hat (Rn. 272), bleibt auch der ursprüngliche Weiterbeschäftigungsanspruch gem. Abs. 5 bestehen. 337

---

880 KR-*Rinck*, Rn. 309; *Klebe/Schumann*, S. 224.
881 Vgl. *Wolff*, Vorläufiger Bestandsschutz, S. 235.
882 Insgesamt KR-*Rinck*, Rn. 318.
883 APS-*Koch*, Rn. 228.
884 Vgl. KR-*Rinck*, Rn. 319; für Lossagung von der vorläufigen Weiterbeschäftigung unter Einhaltung von Kündigungsfristen bzw. nicht zur Unzeit *Bösche*, S. 163; *Heinze*, S. 247.
885 Vgl. DDZ-*Callsen*, § 4 KSchG Rn. 58.
886 KR-*Rinck*, Rn. 317.
887 Vgl. *LAG Berlin* 3.5.78 – 6 Ta 1/78, ARSt. 79, 30; *LAG Düsseldorf* 19.8.77 – 16 Sa 471/77, EzA § 102 BetrVG 1972 Beschäftigungspflicht Nr. 5; KR-*Rinck*, Rn. 320.

VIII. Erweiterung der Mitbestimmung (Abs. 6)

338 AG und BR können vereinbaren, dass Kündigungen der **Zustimmung des BR** bedürfen und bei nicht beizulegenden Meinungsverschiedenheiten eine **verbindliche Entscheidung** der ESt. über die Berechtigung der nicht erteilten Zustimmung zu ergehen hat (vgl. DKWF-*Bachner/ Deinert,* § 102 Rn. 41). Dies bedeutet allerdings nicht, dass die Mitbestimmungsrechte des BR nicht auch in anderen Fällen über das Gesetz hinaus erweitert werden können. Für eine **einzelvertragliche Erweiterung** des dem Betriebsrat nach dem BetrVG vor Ausspruch von Kündigungen zustehenden Beteiligungsrechts (»Es besteht Einigkeit, dass für Kündigungen, die zu einem Ausscheiden im Jahre XY führen, die Zustimmung des BRs nach § 102 erforderlich ist.«) fehlt es nach der Rspr. an der erforderlichen gesetzlichen Ermächtigungsgrundlage. Solche Vereinbarungen sind daher nichtig.[888] Ggf. hat der AN in einer solchen Situation einen Schadensersatzanspruch.

339 Die Vorschrift spielt in der **betrieblichen Praxis** insbesondere im Zusammenhang mit **Interessenausgleichsvereinbarungen, Sanierungsvereinbarungen bzw. Rahmensozialplänen** eine Rolle (vgl. § 111 Rn. 186). Auch bei der Errichtung einer **Transfergesellschaft** kann es sinnvoll sein, die Kündigungsentscheidungen des AG einem erweiterten Mitbestimmungsrecht des BR zu unterwerfen.

340 Mit einer Vereinbarung gem. Abs. 6 wird **keine Veränderung des materiellen Kündigungsrechts** bewirkt. Die letztendlich ausgesprochene Kündigung kann vom AN nach allen allgemeinen Kriterien des Kündigungsschutzrechts einer arbeitsgerichtlichen Rechtskontrolle zugeführt werden. In der Praxis werden jedoch durch Vereinbarungen nach Abs. 6 Kündigungsschutzklagen häufig vermieden. Verstöße gegen eine Vereinbarung gem. Abs. 6 bewirken die Rechtsunwirksamkeit der Kündigung aus »anderen Gründen« i. S. d. § 13 Abs. 3 KSchG. Dazu sollte die Vereinbarung diese Sanktion allerdings deutlich regeln.[889] Eine **Erweiterung** gesetzlicher Kündigungsgründe ist nicht möglich.[890]

341 Die **Funktion des Abs. 6** liegt darin, dass die Freiheit des AG, sich bei gegebenem Kündigungsgrund für oder gegen eine Kündigung zu entscheiden, einer Bindung durch Mitbestimmung unterworfen wird. Gegenstand einer Vereinbarung nach Abs. 6 ist damit eine **Regelungs- und keine Rechtsfrage.**[891] Deshalb ist es unangebracht, von einer »funktionswidrigen« und »rechtspolitisch verfehlten« Vorschrift zu sprechen.[892]

342 Die Erweiterung der Mitbestimmung kann in unterschiedlichen **Intensitätsstufen** erfolgen:[893]

- Bloße **Verfahrensabsicherung:** Der BR muss zustimmen, wenn die Kündigung zulässig ist. Damit soll eine einheitliche Handhabung der Kündigung erreicht werden.
- **Gebundenes Zustimmungsverweigerungsrecht:** Der BR kann ähnlich wie in § 99 die Zustimmung beim Vorliegen bestimmter Gründe verweigern.
- **Paritätische Mitbestimmung:** Die Kündigungsentscheidung des AG unterliegt in vollem Umfang der Mitbestimmung des BR.

In den Fällen (1) und (2) kann vereinbart werden, dass die ESt. die Zustimmung des BR ersetzt, im Fall (3) entscheidet die ESt.[894] Zulässig ist es auch, dass ohne Einschaltung der ESt das ArbG angerufen werden kann.[895] Die Betriebsparteien können unter Praktikabilitätsaspekten jede Art von **Verfahrensbeschleunigung** verabreden. Es kann auch vereinbart werden, dass nach dem Widerspruch des BR noch ein **Gespräch** zwischen Personalabteilung und BR geführt werden muss.[896]

---

888 *BAG* 23. 4. 09 – 6 AZR 263/08, ZIP 09, 1294; krit. dazu *Schwarze,* FS 100 Jahre Betriebsverfassungsrecht, S. 717 ff.
889 *BAG* 6. 2. 97 – 2 AZR 168/96, NZA 97, 877.
890 *Fitting,* Rn. 125; APS-*Koch,* Rn. 176.
891 *Rieble,* AuR 93, 40 f.
892 So aber *Henssler,* RdA 91, 268, 275.
893 Zum Folgenden *Rieble,* AuR 93, 39.
894 Vgl. HWGNRH-*Huke,* Rn. 233; KR-*Rinck,* Rn. 338 ff.; insgesamt *Rieble,* AuR 93, 44 ff.
895 *BAG* 21. 6. 00 – 4 AZR 379/99, AP Nr. 121 zu § 102 BetrVG 1972; GK-*Raab,* Rn. 261; ErfK-*Kania,* Rn. 44; a. A. *Fitting,* Rn. 126.
896 *BAG* 6. 2. 97 – 2 AZR 168/96, AP Nr. 86 zu § 102 BetrVG 1972.

Eine Vereinbarung, nach der eine Kündigung nur mit Zustimmung des BR zulässig ist, kann sich **sowohl auf ordentliche als auch auf außerordentliche Kündigungen** erstrecken.[897] Im Falle der außerordentlichen Kündigung muss eine ESt.-Entscheidung auch für den AG daraufhin voll überprüfbar sein, ob ein wichtiger Grund i. S. d. § 626 BGB gegeben ist.[898] **343**

Auch eine **Abmahnung** kann der Mitbestimmung des BR unterworfen werden.[899] Das Gesetz kennt außer der nicht ausschließbaren Möglichkeit zur außerordentlichen Kündigung keine **Grenze der Mitbestimmungserweiterung.**[900] Die Vorschrift gilt ohne Einschränkung auch für das Ermessen des AG, von seinem Recht auf betriebsbedingte Kündigung Gebrauch zu machen. Die Berücksichtigung der betrieblichen Belange durch eine ESt. erfolgt im Rahmen des § 76 Abs. 5 Satz 3.[901] Hinsichtlich der **Sozialauswahl** i. S. d. § 1 Abs. 3 KSchG unterliegen die Betriebsparteien den gleichen Schranken wie bei der Gestaltung von Auswahlrichtlinien (§ 95 Rn. 22 ff.).[902] Auch das Verfahren des Kündigungsschutzes für Amtsträger gem. § 103 ist nicht disponibel.[903] Es könnte jedoch eine ESt. vorgeschaltet werden.[904] **344**

Wird gem. Abs. 6 vereinbart, dass eine Kündigung der **Zustimmung des BR** bedarf, kann die vorherige Anhörung des BR entfallen.[905] In einem solchen Fall kann der AG Informationen bis zur Beendigung des ESt.-Verfahrens nachreichen.[906] **345**

Unzulässig ist es dagegen, auf den **Weiterbeschäftigungsanspruch** des Abs. 5 zu verzichten, ohne zugleich das Mitbestimmungsrecht des BR zu verletzen. Eine Vereinbarung gem. Abs. 6, die einen solchen ausschließt, wenn der BR aus Gründen des Abs. 3 einer Kündigung widerspricht, käme einem unzulässigen Vorabverzicht auf dieses BR-Recht gleich. Entgegen der h. M.[907] muss daher auch eine BV gem. Abs. 6 Platz für die Anwendung des Abs. 5 i. V. m. Abs. 3 lassen. **346**

Vereinbarungen i. S. d. Abs. 6 müssen in **Form einer BV** abgeschlossen werden. Sie bedürfen deshalb der Unterzeichnung durch AG und BR auf einem **Schriftstück;** eine formlose Regelungsabrede genügt nicht.[908] **347**

Eine Regelung, wonach die Kündigung durch den AG der Zustimmung des BR bedarf und bei Nichteinigung die ESt. entscheidet, kann auch durch **einen TV** getroffen werden.[909] Im TV kann auch bestimmt werden, dass der AG bei Verweigerung der Zustimmung ohne Einschaltung einer Einigungsstelle das ArbG anrufen kann.[910] **348**

Die Entscheidung der ESt. unterliegt der **gerichtlichen Kontrolle** nach den Kriterien des § 76 Abs. 5 Satz 3. Es können sowohl der AG als auch der BR einen entsprechenden Antrag stellen. Der **AN** kann weder die Erteilung der BR-Zustimmung zur Kündigung noch einen entsprechenden ESt.-Spruch anfechten.[911] Er ist bei einem Beschlussverfahren zur Überprüfung eines ESt.-Spruchs Beteiligter.[912] **349**

---

897 *Fitting*, Rn. 124; Richardi-*Thüsing*, Rn. 297; Hako-BetrVG/*Braasch*, Rn. 144; einschränkend GK-*Raab*, Rn. 250; a. A. ErfK-*Kania*, Rn. 43.

898 Vgl. HWGNRH-*Huke*, Rn. 221; KR-*Rinck*, Rn. 330; Richardi-*Thüsing*, Rn 310; insgesamt *Rieble*, AuR 93, 42.

899 Vgl. DDZ-*Deinert*, § 314 BGB Rn. 82.

900 So aber *Rieble*, AuR 93, 43: für die Letztentscheidung des AG für eine betriebsbedingte Kündigung; vgl. *BAG* 28. 3. 85 – 2 AZR 113/84, AP Nr. 86 zu § 626 BGB; 29. 8. 91 – 2 AZR 59/91, EzA § 102 BetrVG 1972 Nr. 82; Richardi-*Thüsing*, Rn. 297.

901 A. A. *Rieble*, AuR 93, 43.

902 APS-*Koch*, Rn. 179; vgl. *Rieble*, AuR 93, 43.

903 APS-*Koch*, Rn. 179; *Fitting*, Rn. 124; KR-*Rinck*, Rn. 330.

904 *Rieble*, AuR 93, 43.

905 *BAG* 7. 12. 00 – 2 AZR 391/99, DB 01, 1154.

906 *BAG* 7. 12. 00, a. a. O.

907 *Fitting*, Rn. 125; Richardi-*Thüsing*, *Rn.* 315; KR-*Rinck*, Rn. 337; ErfK-*Kania*, Rn. 47.

908 *BAG* 14. 2. 78 – 1 AZR 154/76, EzA § 102 BetrVG 1972 Nr. 33; APS-*Koch*, Rn. 180; HWGNRH-*Huke*, Rn. 213.

909 *BAG* 12. 3. 87 – 2 AZR 176/86, AP Nr. 47 zu § 102 BetrVG 1972; 10. 2. 88 – 1 ABR 70/86, AP Nr. 53 zu § 99 BetrVG 1972; *Fitting*, Rn. 132; KR-*Rinck*, Rn. 326; *WEHO*, Teil I Rn. 405; *Bösche*, S. 181; differenzierend Richardi-*Thüsing*, Rn. 316.

910 *BAG* 21. 6. 00 – 4 AZR 379/99, BB 01, 258.

911 *Fitting*, Rn. 128.

912 APS-*Koch*, Rn. 184; *Fitting*, Rn. 128; KR-*Rinck*, Rn. 345; *Heinze*, Rn. 730; a. A. GK-*Raab*, Rn. 264.

IX. Beteiligung des BRs nach anderen Vorschriften (Abs. 7)

350 Die Bestimmung stellt klar, dass die Beteiligung des BR bei **anzeigepflichtigen Entlassungen** nach KSchG unberührt bleibt.[913]

351 Danach ist der AG verpflichtet, **Massenentlassungen** gem. § 17 KSchG der Agentur für Arbeit vorher schriftlich anzuzeigen.[914] Maßgeblich ist der Zeitpunkt des Ausspruchs der Kündigungen.[915] Der AG darf nach der Rspr. des *EuGH* Kündigungen erst nach Ende des Konsultationsverfahrens mit dem BR und nach Anzeige der beabsichtigten Massenentlassung bei der zuständigen Behörde aussprechen. Eine ohne eine entsprechende Anzeige ausgesprochene Kündigung ist unwirksam,[916] das gilt auch bei einer fehlerhaften bzw. unvollständigen Anzeige.[917] Der AG hat den BR rechtzeitig über die Gründe für die Entlassung, die Zahl der zu entlassenden AN, die Zahl der i. d. R. beschäftigten AN und den Zeitraum, in dem die Entlassungen vorgenommen werden sollen, schriftlich zu unterrichten sowie weitere zweckdienliche Auskünfte zu erteilen. AG und BR haben insb. über die Möglichkeiten zu beraten, Entlassungen zu vermeiden oder einzuschränken und ihre Folgen zu mildern (§ 17 Abs. 2 KSchG). Eine Kündigung vor Ende des Konsultationsverfahrens ist unwirksam.[918] Die Unterrichtung nach § 17 Abs. 2 KSchG kann mit der Anhörung des BR nach § 102 Abs. 1 verbunden werden.[919] Eine **Abschrift der Mitteilung** an den BR (vgl. DKWF-*Bachner/Deinert,* § 102 Rn. 29) hat der AG der Agentur für Arbeit gleichzeitig zuzuleiten.[920] Ob die Verletzung dieser Pflicht ebenfalls die Unwirksamkeit der Kündigung zur Folge hat, ist offen, weil die Beantwortung dieser Frage vom Zweck der Mitteilungspflicht abhängt und dessen Ermittlung Gegenstand eines Vorabentscheidungsersuchens des *BAG* zum *EuGH* ist.[921] Ebenso hat er eine **Stellungnahme des BR** zu den Entlassungen seiner schriftlichen Anzeige an die Agentur für Arbeit beizufügen. Fügt der AG die Stellungnahme des BR nicht bei, so ist seine Anzeige nicht ordnungsgemäß und daher grundsätzlich **nicht rechtswirksam.**[922] Nur ausnahmsweise ist die Anzeige auch bei **fehlender Stellungnahme** des BR wirksam, wenn der AG glaubhaft macht, dass er den BR mindestens zwei Wochen vor Erstattung der Anzeige ordnungsgemäß unterrichtet hat und der AG gleichzeitig den Stand der Beratungen darlegt. Zur Klärung der Frage, ob die Massenentlassungsanzeige auch dann unwirksam ist, wenn der AG der Arbeitsverwaltung die beizufügende Mitteilung an den BR nicht zur Verfügung gestellt hat, hat das *BAG* ein vor ab Entscheidungsversuchen an den *EuGH* gerichtet, um den Zweck dieser Verpflichtung zu ermitteln.[923] Die **Massenentlassungsanzeige** hat Angaben über den Namen des AG, den Sitz und die Art des Betriebs, die Zahl der i. d. R. beschäftigten AN, die Zahl der zu entlassenden AN, die Gründe für die Entlassungen und den Zeitraum, in dem die Entlassungen vorgenommen werden sollen, zu enthalten. In der Anzeige sollen ferner im Einvernehmen mit dem BR für die Arbeitsvermittlung Angaben über Geschlecht, Alter, Beruf und Staatsangehörigkeit der zu entlassenden AN gemacht werden. Das Fehlen der Soll-Angaben hat nach der Rechtsprechung aber keinen Einfluss auf die Wirksamkeit der Massenentlassungsanzeige.[924] Der AG hat dem BR eine Abschrift der Anzeige zuzuleiten. Der BR kann gegenüber der Agentur für Arbeit **weitere Stellungnahmen** abgeben. Er hat dann dem AG eine Abschrift der Stellungnahme zuzuleiten (§ 17 Abs. 3 KSchG).

352 Jede Kündigung eines **schwerbehinderten Menschen** bedarf gem. §§ 168 ff. SGB IX der Zustimmung des Integrationsamtes. Vor der Entscheidung über die Zustimmung zur Kündigung

---

913 Für eine Koordinierung der Unterrichtungspflichten de lege ferenda *Oetker*, FS 100 Jahre Betriebsverfassungsrecht, S. 557, 569.
914 Einzelheiten bei DDZ-*Callsen*, § 17 KSchG Rn. 7 ff., 50 ff.
915 *EuGH* 27. 1. 05 – C 188/03, NZA 05, 13 – Junk.
916 *BAG* 23. 3. 06 – 2 AZR 343/05, NZA 06, 971.
917 Vgl. *BAG* 28. 5. 09 – 8 AZR 273/08, AP Nr. 370 zu § 613a BGB; *HessLAG* 19. 8. 10 – 9 Sa 1817/09, juris.
918 *BAG* 21. 3. 13 – 2 AZR 60/12, DB 13, 1912, Rn. 19 ff.
919 *BAG* 14. 8. 86 – 2 AZR 561/85, AP Nr. 43 zu § 102 BetrVG 1972; *Fitting*, Rn. 134d.
920 *Fitting*, Rn. 134 f.
921 *BAG* 27. 1. 22 – 6 AZR 155/21 (A), AP KSchG 1969 § 17 Nr. 62.
922 DDZ-*Callsen*, § 17 KSchG Rn. 57 m. w. N.
923 *BAG* 27. 1. 22 – 6 AZR 155/21 (A), NZA 22, 491.
924 *BAG* 19. 5. 22 – 2 AZR 467/21, NZA 22, 1051.

eines schwerbehinderten Menschen hat das Integrationsamt eine **Stellungnahme des BR** (vgl. DKWF-*Bachner/Deinert,* § 102 Rn. 26f.) und der Schwerbehindertenvertretung einzuholen. Zur Beteiligung der Schwerbehindertenvertretung bei Kündigungen s Rn. 260aff.

Die fehlende und auch nicht ersetzte Zustimmung des BR zur Abberufung eines **Betriebsarztes** nach **§ 9 Abs. 3 ASiG** führt zumindest dann zur Unwirksamkeit der dem Betriebsarzt ausgesprochenen Beendigungskündigung, wenn diese auf Gründe gestützt wird, die sachlich mit der Tätigkeit als Betriebsarzt im untrennbaren Zusammenhang stehen.[925] **353**

In der **Unfallversicherung** ist der BR bei der Bestellung der Sicherheitsbeauftragten gem. § 22 Abs. 1 SGB VII zu beteiligen. Eine Allgemeine Verwaltungsvorschrift regelt das Zusammenwirken der technischen Aufsichtsbeamten mit den Betriebsvertretungen.[926] **354**

In den **Postnachfolgeunternehmen** hat der für die dort beschäftigten Beamten zuständige BR Beteiligungsrechte nach dem BPersVG bei der Entlassung von Beamten auf Probe oder auf Widerruf, bei vorzeitiger Versetzung in den Ruhestand sowie fristloser Entlassung und außerordentlicher Kündigung (vgl. §§ 28, 29 PostPersRG).[927] **355**

§ 103 Außerordentliche Kündigung und Versetzung in besonderen Fällen

(1) Die außerordentliche Kündigung von Mitgliedern des Betriebsrats, der Jugend- und Auszubildendenvertretung, der Bordvertretung und des Seebetriebsrats, des Wahlvorstands sowie von Wahlbewerbern bedarf der Zustimmung des Betriebsrats.

(2) Verweigert der Betriebsrat seine Zustimmung, so kann das Arbeitsgericht sie auf Antrag des Arbeitgebers ersetzen, wenn die außerordentliche Kündigung unter Berücksichtigung aller Umstände gerechtfertigt ist. In dem Verfahren vor dem Arbeitsgericht ist der betroffene Arbeitnehmer Beteiligter.

(2a) Absatz 2 gilt entsprechend, wenn im Betrieb kein Betriebsrat besteht.

(3) Die Versetzung der in Absatz 1 genannten Personen, die zu einem Verlust des Amtes oder der Wählbarkeit führen würde, bedarf der Zustimmung des Betriebsrats; dies gilt nicht, wenn der betroffene Arbeitnehmer mit der Versetzung einverstanden ist. Absatz 2 gilt entsprechend mit der Maßgabe, dass das Arbeitsgericht die Zustimmung zu der Versetzung ersetzen kann, wenn diese auch unter Berücksichtigung der betriebsverfassungsrechtlichen Stellung des betroffenen Arbeitnehmers aus dringenden betrieblichen Gründen notwendig ist.

Inhaltsübersicht

925 *BAG* 24.3.88 – 2 AZR 369/87, EzA § 9 ASiG Nr. 1.
926 Allgemeine Verwaltungsvorschrift vom 21.6.1968, BAnz Nr. 116, geändert am 28.11.1977, BAnz. Nr. 225.
927 Hierzu *Fitting,* Rn. 137.

I. Überblick

1 Im Hinblick auf die besondere Stellung der Mitglieder des BR, der JAV und des Wahlvorstands sowie der Wahlbewerber ist deren ordentliche Kündigung grundsätzlich unzulässig (§ 15 KSchG). Um diesen Personenkreis auch gegen eine hiernach noch zulässige **außerordentliche Kündigung** besser abzusichern, bindet § 103 solche Kündigungen an die **vorher erteilte Zustimmung des BR** (Abs. 1). Der AG kann die Kündigung rechtswirksam erst aussprechen, wenn entweder die Zustimmung des BR erteilt oder durch das ArbG rechtskräftig ersetzt wird (Abs. 2). Hierdurch soll es unmöglich gemacht werden, insbesondere BR-Mitglieder durch willkürliche außerordentliche Kündigungen aus dem Betrieb zu entfernen und durch Ausnutzung der Rechtsmittel das Verfahren so lange zu verschleppen, dass inzwischen das BR-Mitglied dem Betrieb entfremdet wird und keine Aussicht auf eine Wiederwahl hat. Außerdem soll sichergestellt werden, dass bei einer groben Pflichtverletzung des BR-Mitglieds in seiner Eigenschaft als BR-Mitglied der AG sich der hierfür vorgesehenen Möglichkeit des Ausschlusses aus dem BR (§ 23) bedient und nicht auf den Weg der außerordentlichen Kündigung ausweicht.[1] Diese kündigungsschutzrechtlichen Regelungen dienen in erster Linie dem **Schutz der Amtsführung** im Rahmen der Betriebsverfassung und damit der Kontinuität und Funktionsfähigkeit der Tätigkeit der Betriebsverfassungsorgane,[2] dem **Schutz der AN vor der Ausschaltung ihrer gewählten Vertreter** und dem **Schutz der gewählten Vertreter** vor Repressalien des AG wegen ihrer betriebsverfassungsrechtlichen Tätigkeit.[3] Auch wenn sich dadurch die kündigungsrechtliche Position des BR-Mitglieds im Vergleich zu anderen AN verbessert, ist der Sonderkündigungsschutz keine unzulässige Bevorzugung i. S. d. § 78 Satz 2, weil es sich um eine speziellere Regelung handelt, die Amtsträger um des betriebsverfassungsrechtlichen Zwecks willen besonders schützen.[4] Dasselbe gilt dann, wenn sich diese Rechtsposition bei Verhandlungen über einen Aufhebungsvertrag günstig auswirken.[5]

1a Mit dem **Betriebsrätemodernisierungsgesetz** (Einleitung Rn. 45eff.) sollte ursprünglich eigentlich eine Erweiterung des Schutzes in Richtung auf eine Stärkung der AN im Hinblick auf die Initiierung einer Betriebsratswahl angestrebt werden. Allerdings konnte ein diesbezüglicher Referentenentwurf für ein Betriebsräte*stärkungs*gesetz das Kabinett nur in deutlich abgeschwächter Form passieren. Während nämlich der Referentenentwurf nicht nur den Schutz von Wahlinitiatoren nach § 15 Abs. 3a KSchG auf 6 AN ausweiten wollte, sondern darüber hinaus einen Schutz für Vorfeldinitiatoren vorsah und für beide Gruppen die außerordentliche Kündigung von der Zustimmung des BRs bzw. der Zulässigerklärung des Arbeitsgerichts abhängig sein sollte, blieb der Regierungsentwurf[6] im letztgenannten und entscheidenden Punkt dahinter zurück.[7] Zwar wurde der Sonderkündigungsschutz nach § 15 KSchG für Wahlinitiatoren ausgeweitet und für Vorfeldinitiatoren vorgesehen (s. Rn. 23a). Dies bedeutet aber nur den Ausschluss der ordentlichen Kündigung, im Fall der Vorfeldinitiatoren auch nur der ordentlichen verhaltens- oder personenbedingten Kündigung. Da die außerordentliche Kündigung danach möglich bleibt und nicht von der vorherigen Zustimmung des BRs bzw. des Arbeitsgerichts abhängt,[8] ist es für hinreichend entschlossene AG ohne weiteres möglich, die Initiation einer Betriebsratswahl zu verhindern, indem die Protagonisten fristlos entlassen werden und keinen Zugang mehr zum Betrieb erhalten.[9] Aufrechterhalten wurde mit dem Betriebsrätemodernisierungsgesetz allerdings die bereits im Referentenentwurf enthaltene Änderung, wonach die Anrufung des Arbeitsgerichts gemäß Abs. 2a entsprechend Abs. 2 erforderlich ist, wenn

---

1 RegE, BT-Drs. VI/1786; vgl. *Linck/Koch*, FS 100 Jahre Betriebsverfassungsrecht, S. 399.
2 Vgl. *Ricken*, FS 100 Jahre Betriebsverfassungsrecht, S. 629, 633 f.; LKK-*Caspers*, Rn. 3.
3 Vgl. *Fitting*, Rn. 1; GK-*Raab*, Rn. 1; LKK-*Caspers*, Rn. 3; zur Geltung des § 103 im Tendenzbetrieb s. § 118 Rn. 116.
4 *BAG* 21.3.18 – 7 AZR 590/16, NZA 18, 1019, Rn. 19.
5 *BAG* 21.3.18 – 7 AZR 590/16, NZA 18, 1019, Rn. 19.
6 BR-Drs. 271/21 = BT-Drs. 19/28899.
7 *Düwell/Nielebock*, jurisPR-ArbR 15/21, Anm. 1.
8 KR-*Rinck*, Rn. 26. Angesichts der Gesetzgebungsgeschichte scheidet eine analoge Anwendung aus, vgl. GK-*Raab* Rn. 7, 51.
9 *Düwell/Nielebock*, jurisPR-ArbR 15/21, Anm. 1.

es im Betrieb keinen Betriebsrat gibt. Das war aber auch nur eine gesetzliche Bestätigung der bereits vorher ergangenen höchstrichterlichen Rspr. (Rn. 40).

Der **DGB-Gesetzentwurf** Betriebliche Mitbestimmung für das 21. Jahrhundert (Einl. Rn. 45h) sieht dazu in einem wichtigen Punkt eine Korrektur vor. Für Wahl- und Vorfeldinitiatoren soll es danach der Zustimmung des Arbeitsgerichts zur außerordentlichen Kündigung bedürfen. Außerdem sieht der Entwurf eine entsprechende Zustimmungsbedürftigkeit der außerordentlichen Kündigung von Mandatsträgern bei Strukturkollektivverträgen sowie länderübergreifender Zusammenarbeit vor. Ferner soll ein Schutz befristet beschäftigter Mandatsträger nach § 78a Abs. 5 des Entwurfs durch entsprechende Anwendung der Bestimmungen des § 78a erreicht werden. 1b

§ 103 ist Bestandteil einer **komplexen Gesamtregelung** (in DKWF-*Bachner/Deinert,* § 103 Rn. 1)[10] des Kündigungsschutzes für Mandatsträger der Betriebsverfassung, die in **drei verschiedenen Gesetzen** geregelt ist: 2

- **§ 15 KSchG** schließt für den Normalfall die ordentliche Kündigung gegenüber dem geschützten Personenkreis aus und lässt lediglich die außerordentliche Kündigung zu.
- **§ 103** bindet die Erklärung der außerordentlichen Kündigung an die vorher erteilte Zustimmung des BR und legt dem AG auf, sie im Verweigerungsfalle vor Kündigungsausspruch durch das Gericht ersetzen zu lassen.
- Die Frage der materiellen Berechtigung der außerordentlichen Kündigung wegen Vorliegens eines wichtigen Grundes ist in **§ 626 BGB** geregelt.

Der besondere Kündigungsschutz der §§ 15 KSchG und 103 geht dem **Kündigungsrecht nach § 22 Abs. 1 BBiG** vor. Das bedeutet, dass auch während der Probezeit im Rahmen des Berufsausbildungsverhältnisses die ordentliche Kündigung einer geschützten Person unzulässig ist. Die außerordentliche Kündigung aus wichtigem Grund (§§ 626 BGB, 22 Abs. 2 BBiG) bedarf der Zustimmung des BR (vgl. Rn. 24 ff.) und im Falle der Zustimmungsverweigerung der rechtskräftigen Ersetzung durch das ArbG (vgl. Rn. 41 ff.). **Auflösungsanträge** des AG nach § 9 KSchG, die auf Gründe gestützt werden, die in die Zeit des Sonderkündigungsschutzes fallen, werden durch §§ 15 KSchG, 103 verdrängt.[11] Die abweichende Ansicht des *BAG* überzeugt nicht.[12] Das *BAG* behauptet einen vermeintlich eindeutigen Wortlaut, der allerdings gerade nicht eindeutig ist, sondern schlicht unergiebig, weil sondergeschützte Arbeitnehmer in §§ 9, 10 KSchG gar nicht angesprochen werden. Auch die vom *BAG* angenommene vermeintlich unzulässige Bevorzugung des BRmitglieds ist nicht gegeben. Angesichts der vom Gesetzgeber erkannten besonderen Kündigungsgefährdung liegt schon gar keine vergleichbare Situation mit anderen AN vor, im Hinblick auf die eine Bevorzugung gegeben sein könnte. Gerade im Hinblick auf diesen Unterschied verlangt der Amtsträgerschutz nach §§ 15 KSchG, 103 BetrVG dem AG mehr ab als bei anderen AN. Das findet bei §§ 9, 10 KSchG keine Entsprechung, obwohl diese nach dem Plan des Gesetzes zu erwarten gewesen wäre. Daher ist es geboten, nur Vorfälle aus der Zeit des Sonderkündigungsschutzes, die einen »wichtigen Grund« darstellen, zur Rechtfertigung eines Auflösungsantrags heranzuziehen. 3

Die Unzulässigkeit der **ordentlichen Kündigung** einer geschützten Person erstreckt sich nicht nur auf eine das Arbeitsverhältnis beendende ordentliche Kündigung; er erfasst vielmehr **alle Arten** von ordentlichen Kündigungen. Unzulässig sind daher auch **Änderungskündigungen,** auch wenn die Änderung der Arbeitsbedingungen durch **Gruppen- oder Massenänderungskündigungen** herbeigeführt werden soll.[13] Der Schutzzweck des § 15 KSchG soll, wie sich aus § 15 Abs. 4, 5 KSchG ergibt, nur in den Fällen der Betriebsstilllegung oder der Stilllegung einer Betriebsabteilung hinter den Interessen des AGs zurücktreten. Hierin liegt keine unzulässige Begünstigung von Betriebsratsmitgliedern[14] oder ein willkürliches Handeln des AG, denn die 4

---

10 Vgl. DDZ-*Deinert,* § 15 KSchG Rn. 4 ff.
11 *LAG Niedersachsen* 6.10.21 – 13 Sa 1199/20, Rn. 127.
12 *BAG* 27.9.22 – 2 AZR 92/22, NZA 2022, 1670.
13 Vgl. *BAG* 24.4.69 – 2 AZR 319/68, AP Nr. 18 zu § 13 KSchG; 29.1.81 – 2 AZR 778/78, AP Nr. 10 zu § 15 KSchG 1969; 7.10.04 – 2 AZR 81/04, AP Nr. 56 zu § 15 KSchG 1969; insgesamt DDZ-*Deinert,* § 15 KSchG Rn. 41.
14 A. A. LKK-*Caspers,* Rn. 20.

§§ 103, 15 KSchG sind eine Spezialregelung gegenüber dem allgemeinen Grundsatz aus § 78 Satz 2[15].

5 Aus der Gesamtheit aller Regelungen erwachsen folgende **Verfahrensabläufe bzw. Anforderungen** bei einer vom AG beabsichtigten außerordentlichen Kündigung gegenüber einem nach § 15 KSchG und § 103 geschützten AN:

- Es muss (1) ein wichtiger Kündigungsgrund i. S. d. § 626 BGB vorliegen.[16]
- Der AG muss (2) den BR innerhalb der Zweiwochenfrist des § 626 Abs. 2 BGB über seine Kündigungsabsicht informieren und zur Zustimmung auffordern.[17]
- Die Zweiwochenfrist wird (3) längstens für eine Woche gehemmt, wenn der AG dem zu kündigenden BR-Mitglied zur Aufklärung des Sachverhalts Gelegenheit zur Stellungnahme gibt.[18]
- Stimmt der BR zu, muss die Kündigung (4) noch innerhalb der laufenden Zweiwochenfrist erklärt werden.[19]
- Verweigert der BR die Zustimmung, muss der AG (5) noch innerhalb der laufenden Zweiwochenfrist beim ArbG den Antrag auf Ersetzung der Zustimmung zur Kündigung stellen.[20] Das gilt auch dann, wenn der BR sich innerhalb von drei Tagen nach der Unterrichtung nicht äußert.
- Während des Gerichtsverfahrens bleibt der AN (6) beschäftigt und übt sein Betriebsratsamt unbeschränkt aus.[21] Der AG darf den AN nicht einseitig freistellen.
- Ersetzt das ArbG (7) die Zustimmung zur Kündigung, muss der AG sie unverzüglich nach Rechtskraft aussprechen.[22] Die Kündigung darf erst nach rechtskräftiger Entscheidung ausgesprochen werden.
- Stimmt der BR während des laufenden Gerichtsverfahrens nachträglich zu, muss (8) gleichfalls unverzüglich nach Zustimmungserklärung gekündigt werden.[23]
- In einem Betrieb mit nur einem Betriebsratsmitglied oder ohne BR muss der AG (9) innerhalb der Zweiwochenfrist die Zustimmungsersetzung beim ArbG beantragen (Rn. 40).
- Ersetzt das ArbG die Zustimmung nicht, darf (10) nicht gekündigt werden.[24]

6 Nach dem Ende der jeweiligen Funktion (nicht erfolgte Wiederwahl, Amtsniederlegung, Rücktritt) hat der geschützte Personenkreis sog. **nachwirkenden Kündigungsschutz.**[25] Dies bedeutet, dass dem Betreffenden für einen bestimmten Zeitraum nach Funktionsende nur außerordentlich **aus wichtigem Grund** gekündigt werden darf. Diese Kündigung ist jedoch **nicht,** was oft übersehen wird, **an die Zustimmung des BR gebunden.** § 103 kommt für diese Fälle nicht mehr zur Anwendung, denn die Bestimmung schützt die Funktionsfähigkeit des BR-Gremiums als solche und setzt daher voraus, dass das BR-Mitglied noch im Amt ist. Der BR ist lediglich gemäß § 102 anzuhören und kann entsprechend dieser Vorschrift Bedenken äußern (§ 102 Rn. 181 ff.) oder widersprechen (§ 102 Rn. 190 ff.). Der Nachwirkungszeitraum beträgt bei gewählten Mitgliedern des BR und der JAV ein Jahr (bei der Bordvertretung sechs Monate, § 15 Abs. 1 Satz 2 KSchG), bei Mitgliedern des Wahlvorstandes und erfolglosen Wahlbewerbern sechs Monate (§ 15 Abs. 3 Satz 2 KSchG).

7 Ausnahmsweise lässt § 15 Abs. 4 KSchG die **ordentliche Kündigung** des geschützten Personenkreises im Falle einer **Betriebsstilllegung** zu, und zwar frühestens zum Zeitpunkt der

15 *LAG Düsseldorf* 15. 8. 12 – 7 Sa 165/12, PflR 13, 279.
16 *BAG* 16. 10. 86 – 2 ABR 71/85, AP Nr. 95 zu § 626 BGB.
17 *BAG* 18. 8. 77 – 2 ABR 19/77, AP Nr. 10 zu § 103 BetrVG 1972.
18 *BAG* 10. 12. 92 – 2 ABR 32/92, EzA § 103 BetrVG 1972 Nr. 33.
19 *BAG* 18. 8. 77 – 2 ABR 19/77, AP Nr. 10 zu § 103 BetrVG 1972.
20 *BAG* 24. 4. 75 – 2 AZR 118/74, AP Nr. 3 zu § 103 BetrVG 1972.
21 *LAG Düsseldorf* 22. 2. 77 – 11 TaBV 7/77, DB 77, 1053; *LAG Hamm* 24. 10. 74 – 8 TaBV 53/74, DB 75, 111.
22 *BAG* 22. 1. 87 – 2 ABR 6/86, AP Nr. 24 zu § 103 BetrVG 1972.
23 *BAG* 17. 9. 81 – 2 AZR 402/79, AP Nr. 14 zu § 103 BetrVG 1972.
24 *BAG* 25. 3. 76 – 2 AZR 163/75, AP Nr. 6 zu § 103 BetrVG.
25 Hierzu DDZ-*Deinert*, § 15 KSchG Rn. 53 ff.

Stilllegung.[25] Auf eine solche Kündigung findet § 102 Anwendung, nicht jedoch § 103[27]. Der BR ist vor dem Ausspruch der Kündigung gemäß § 102 Abs. 1 zu hören und kann gemäß Abs. 3 Widerspruch einlegen.[28] Die Kündigung ist jedoch auch im Falle von BR-Mitgliedern nur berechtigt, wenn keine Weiterbeschäftigungsmöglichkeit in einem anderen Betrieb des AG besteht.[29] Wird nur eine **Betriebsabteilung stillgelegt,** sind die geschützten Personen in eine andere Betriebsabteilung zu übernehmen (§ 15 Abs. 5 KSchG). Die vorstehenden Grundsätze zu § 15 Abs. 4 und 5 KSchG finden entsprechende Anwendung, wenn der geschützte AN im Falle eines Betriebsübergangs dem Übergang seines Arbeitsverhältnisses widerspricht[30]. Nach Auffassung des *BAG* ist der AG wegen des betriebsverfassungsrechtlichen Begünstigungsverbots (§ 78 Satz 2 2. Halbsatz) nicht verpflichtet, dem betroffenen BR-Mitglied eine Beförderungsstelle anzubieten, auch dann nicht, wenn das BR-Mitglied das Anforderungsprofil der Beförderungsstelle erfüllt.[31] Falls all dies nicht möglich ist, dürfen die BR-Mitglieder erst als letzte gekündigt werden.[32] Ist in einem solchen Fall für ein BR-Mitglied die ordentliche Kündigung tarifvertraglich ausgeschlossen, bedarf der AG für die dann evtl. mögliche außerordentliche Kündigung nicht der Zustimmung des BR.[33] Der Sonderkündigungsschutz für schwerbehinderte Menschen nach § 168 SGB IX kommt daneben zur Anwendung.[34]

8 Der Kündigungsschutz für Funktionsträger der Betriebsverfassung ist in **abgestufter Intensität** verwirklicht:

- als **voller Schutz** während der Dauer der jeweiligen Funktion (Verbot der ordentlichen Kündigung; Vorliegen eines wichtigen Grundes, Zustimmung des BR bzw. deren gerichtliche Ersetzung);
- als **nachwirkender Schutz** für eine bestimmte Zeit nach Ablauf der Amtszeit (Verbot der ordentlichen Kündigung);
- als **modifizierte Kündigungsmöglichkeit** im Falle einer **Betriebs- oder Abteilungsstilllegung** (Zulässigkeit der ordentlichen Kündigung mit Prioritätsregelung zugunsten des Funktionsträgers).

8a Der Sonderkündigungsschutz nach §§ 15 KSchG, 103 BetrVG ist ein Gegenstand, über den der Arbeitgeber nach § 2 Abs. 1 Satz 1 Nr. 14 NachwG – ebenso wie hinsichtlich der Betriebsratsanhörung nach § 102 (vgl. § 102 Rn. 3b) – informieren muss (vgl. auch allg. Einl. Rn. 45i). Der Beginn des Sonderkündigungsschutzes ebenso wie dessen Änderung sind dementsprechend Änderungen der wesentlichen Vertragsbedingungen im Sinne von § 3 NachwG, die die Erforderlichkeit eines **Änderungsnachweises** auslösen.

II. Anderweitige Beendigung des Arbeitsverhältnisses. Entfristungsklage

9 Eine **Beendigung des Arbeitsverhältnisses** aus **anderen Gründen ist jederzeit möglich,** z. B. durch Anfechtung, durch Kündigung des AN, durch Auflösung im gegenseitigen Einvernehmen, durch Ablauf einer Befristung oder auch bei Erreichen des Regelrentenalters, wenn eine entsprechende Vereinbarung vorliegt (vgl. § 41 Satz 2 SGB VI).

9a Der Amtsträgerschutz erweist sich allerdings als **lückenhaft** gerade in Bezug auf **befristet beschäftige Mandatsträger,** soweit sie nicht Auszubildende i. S. d. § 78a sind.[35] Während das Betriebsrätemodernisierungsgesetz (Einl. Rn. 45 ff.) einen besseren Schutz für Initiatoren anstrebt, wurde die Problematik der Mandatsträger mit befristetem Vertrag darin nicht aufgegriffen. Trotz der ähnlichen Problematik ist § 78a nach der Rspr. eben so wenig im Falle der Beendigung eines befristeten Arbeitsvertrages eines BR-Mitglieds entsprechend anwendbar

26 Hierzu DDZ-*Deinert,* § 15 KSchG Rn. 77 ff.
27 *BAG* 15. 2. 07 – 8 AZR 310/06, EzA § 613a BGB 2002 Nr. 66.
28 *BAG* 29. 3. 77 – 1 AZR 46/75, EzA § 102 BetrVG 1972 Nr. 27; vgl. § 102 Rn. 190.
29 *BAG* 13. 8. 92 – 2 AZR 22/92, DB 93, 1224, vgl. § 102 Rn. 102.
30 *BAG* 25. 5. 00 – 8 AZR 416/99, AP Nr. 209 zu § 613a BGB.
31 *BAG* 23. 10. 10 – 2 AZR 656/08, AP Nr. 66 zu § 15 KSchG 1969.
32 Vgl. DDZ-*Deinert,* § 15 KSchG Rn. 94 ff.
33 *BAG* 18. 9. 97 – 2 ABR 15/97, AP Nr. 35 zu § 103 BetrVG 1972
34 *BAG* 23. 1. 14 – 2 AZR 372/13, AP Nr. 6 zu § 626 BGB, Rn. 28.
35 *Deinert,* AuR 2021, 292 ff.; *Düwell/Nielebock,* jurisPR-ArbR 2/21, Anm. 1.

(vgl. § 78a Rn. 1) wie § 103[36]. Wird ein nur mit einem **befristeten Arbeitsvertrag** eingestellter AN in den BR gewählt und erfolgt eine **erneute Befristung** des Arbeitsverhältnisses, sind an die Zulässigkeit dieser zweiten Befristung **besonders strenge Anforderungen** zu stellen.[37] Auch vor dem Hintergrund von **Art. 7 der EU-Richtlinie 2002/14/EG** ist jedenfalls eine uneingeschränkte Anwendung der Regelungen des TzBfG problematisch.[38] Nach Art. 7 der Richtlinie »tragen die Mitgliedstaaten dafür Sorge, dass die Arbeitnehmervertreter bei der Ausübung ihrer Funktion einen ausreichenden Schutz und ausreichende Sicherheiten genießen, die es ihnen ermöglichen, die ihnen übertragenen Aufgaben in angemessener Weise wahrzunehmen.« Die Rspr. des *BAG* sieht freilich einen hinreichenden Schutz dadurch gewährleistet, dass die Verweigerung der Verlängerung eines Arbeitsvertrages mit einem befristet beschäftigten BR-Mitglied oder die lediglich befristete Fortsetzung eines bereits befristeten AV wegen der BR-Tätigkeit als Benachteiligung gemäß § 78 Satz 2 unzulässig wäre. Die Folge wäre ein Anspruch auf einen Anschlussvertrag bzw. die Unwirksamkeit der Befristung. Im Hinblick auf diesen Schutz sieht das *BAG* keinen Ansatz für eine rechtsfortbildende Reduktion der Regelungen des Befristungsrechts oder eine analoge Anwendung von § 78a Abs. 2.[39] Das ist problematisch im Hinblick darauf, dass der Nachweis einer entsprechend motivierten Benachteiligung schwer zu führen ist. Dem will das *BAG* durch eine abgestufte Darlegung- und Beweislast Rechnung tragen. Denn dem BR-Mitglied ist die Motivation des AG in der Regel nicht bekannt. Deshalb ist es, wenn das Betriebsratsmitglied vorträgt, die Nichtverlängerung seines Arbeitsverhältnisses beruhe auf seiner Betriebsratszugehörigkeit, zunächst Sache des AGs, im Einzelnen substantiiert darzulegen, aus welchen Gründen das befristet abgeschlossene Arbeitsverhältnis nicht in ein unbefristetes umgewandelt wurde.[40] Hier kann im Einzelfall nach den Grundsätzen des Beweises des ersten Anscheins auch eine tatsächliche Vermutung bestehen, dass ein Zusammenhang zwischen dem Betriebsratsamt und der benachteiligenden Entscheidung existiert.[41] Unterbleibt die Fortsetzung des zunächst befristeten Arbeitsverhältnisses eines Betriebsratsmitglieds als befristetes oder unbefristetes Arbeitsverhältnis »wegen« dessen Betriebsratstätigkeit, hat das Betriebsratsmitglied nach § 78 Satz 2, §§ 823 Abs. 2, 249 Abs. 1 BGB gegen den AG einen Anspruch auf Angebot des pflichtwidrig abgelehnten Arbeitsverhältnisses zu im Übrigen unveränderten Bedingungen[42].

9b Ist das Arbeitsverhältnis eines AN befristet und wird dieser AN in den BR gewählt, so können die Arbeitsvertragsparteien das Arbeitsverhältnis zum Zwecke der Aufrechterhaltung der personellen Kontinuität mit Sachgrund befristen. Diese Befristung kann allerdings nur dann nach § 14 Abs. 1 Satz 1 TzBfG sachlich gerechtfertigt sein, wenn dadurch die personelle Kontinuität im Betriebsrat für die gesamte (noch bestehende) Amtszeit des BRs abdeckt ist.[43]

9c Endet das Arbeitsverhältnis auf Grund unerlaubter AN-Überlassung gemäß § 9 Nr. 1 AÜG, greift § 103 nicht.[44] Dasselbe gilt für die Fälle der Überschreitung der Höchstüberlassungsdauer und der verdeckten AN-Überlassung gemäß § 9 Nr. 1a und Nr. 1b AÜG. Das gilt auch, wenn das Arbeitsverhältnis als Folge eines Betriebsübergangs auf einen anderen AG übergeht und ein Übergangsmandat nach § 21a nicht entsteht.

---

36 *BAG* 5.12.12 – 7 AZR 698/11, NZA 13, 515.
37 *BAG* 17.2.83 – 2 AZR 481/81, AP Nr. 14 zu § 15 KSchG 1969.
38 *ArbG München* 8.10.10 – 24 Ca 861/10, AiB 11, 267; Huber/Schubert/Ögüt, AuR 12, 429 ff.
39 *BAG* 5.12.12 – 7 AZR 698/11, NZA 13, 515; vgl. *Benecke*, EuZA 16, 34 ff.; krit. *Kohte*, FS Wank, S. 245 [251 f.].
40 *BAG* 25.6.14 – 7 AZR 847/12, AP Nr. 14 zu § 78 BetrVG 1972; *LAG München* 2.8.13 – 5 Sa 1005/12, ArbR 14, 88.
41 *LAG Niedersachsen* 8.8.12 – 2 Sa 1733/11, LAGE § 14 TzBfG Nr 71b = BB 12, 2760.
42 *BAG* 25.6.14 – 7 AZR 847/12, AP Nr. 14 zu § 78 BetrVG 1972; *BAG* 21.12.22 – 7 AZR 489/21, NZA 23, 493, Rn. 57; *LAG München* 2.8.13 – 5 Sa 1005/12, ArbR 14, 88.
43 *BAG* 8.6.16 – 7 AZR 467/14, AP Nr. 142 zu § 14 TzBfG; *Ricken*, FS 100 Jahre Betriebsverfassungsrecht, S. 629, 637 f.
44 *BAG* 10.2.77 – 2 ABR 80/76, DB 77, 1273; LKK-*Caspers*, Rn. 18; vgl. auch § 99 Rn. 59; § 102 Rn. 22.

III. Geschützter Personenkreis

Der besonders geschützte Personenkreis umfasst die Mitglieder des BR, der JAV, der **Bordvertretung,** des **See-BR** und des **WV** sowie die **Wahlbewerber.** Auf die in auf Grund eines TVes oder einer BV nach **§ 3 Abs. 1 Nr. 1 bis 3** gebildeten betriebsverfassungsrechtlichen Organisationseinheiten gebildeten Arbeitnehmervertretungen finden die §§ 15 KSchG, 103 ebenfalls Anwendung, wie aus § 3 Abs. 5 folgt.[45] Zu Unrecht prüft das *BAG* das Vorliegen einer Betriebsstillegung nach § 15 Abs. 4 KSchG aber nicht bezogen auf die so gebildete Vertretungsstruktur, sondern auf den Betrieb im kündigungsschutzrechtlichen Sinne (zur Kritik vgl. § 3 Rn. 198).[46] Bewerber für das Amt des WV zur Durchführung einer Betriebsratswahl genießen keinen besonderen Kündigungsschutz nach § 15 Abs. 3 KSchG, § 103. Sie sind keine »Wahlbewerber« nach Abs. 1.[47] Sonderkündigungsschutz genießen allerdings Wahlinitiatoren unter den Voraussetzungen des § 15 Abs. 3a KSchG, ihre Kündigung bedarf aber nicht der Zustimmung des BR nach § 103 (Rn. 23a). Die zusätzlich nach § 16 Abs. 1 Satz 6 in den WV entsandten **Beauftragten der im Betrieb vertretenen Gewerkschaften** unterliegen dem Schutz nicht, da sie lediglich Beobachter ohne Stimmrecht sind.[48] Dem besonderen Kündigungsschutz unterliegen nicht die Organmitglieder, die aus einer **nichtigen Wahl** hervorgegangen sind.[49] Wird eine BR-Wahl **angefochten,** bleiben die Mitglieder bis zu einer möglichen negativen rechtskräftigen Entscheidung im Amt (einschließlich nachwirkenden Schutzes; vgl. § 19 Rn. 39). Der Sonderkündigungsschutz greift bis zur Rechtskraft des der Anfechtung stattgebenden Beschlusses.[50] Die kollusive Herbeiführung des Sonderkündigungsschutzes kann dessen Inanspruchnahme unzulässig machen. Das ist aber nicht schon bei jedem taktischen Vorgehen der Fall. So sieht das *BAG* noch kein **rechtsmissbräuchliches Vorgehen** darin wenn bei der Bestellung des WV einem AN gezielt Sonderkündigungsschutz verschafft werden soll.[51] Ebenso ist die Konstellation zu bewerten, in der einem AN mittels Sonderkündigungsschutz durch Bestellung zum WV über die Probezeit des § 1 Abs. 1 KSchG »hinweggeholfen« wird[52]. 10

Mitglieder der **Schwerbehinderten- und der Gesamtschwerbehindertenvertretung** unterliegen ebenfalls dem besonderen Kündigungsschutz nach den §§ 15 KSchG, 103 (vgl. § 179 Abs. 3 SGB IX). Entsprechendes gilt für Bewerber für diese Ämter (vgl. § 177 Abs. 6 Satz 2 SGB IX).[53] Während die ordentliche Kündigung grundsätzlich unzulässig ist, bedarf es nach der Rspr. des *BAG* zur außerordentlichen Kündigung des Mitglieds der Schwerbehinderten- oder Gesamtschwerbehindertenvertretung sowohl der Zustimmung des BR[54] als auch der Zustimmung des Integrationsamts; letzteres jedoch nur, wenn das Organmitglied zugleich als Schwerbehinderter anerkannt ist. Teilweise wird mit beachtlichen Gründen die Auffassung vertreten, es sei nicht die Zustimmung des BR, sondern der SBV erforderlich.[55] Zumindest aber bedarf die Kündigung der Anhörung der SBV nach § 178 Abs. 2 SGB IX (vgl. § 102 Rn. 260aff.). Zu den geschützten Personen gehören auch die in **Heimarbeit beschäftigten AN,** wenn sie eine in § 29a HAG aufgeführte betriebsverfassungsrechtliche Funktion ausüben. 11

Keinen besonderen Kündigungsschutz haben die nicht in § 15 KSchG bzw. § 103 genannten betriebsverfassungsrechtlichen Funktionsträger. Sie unterliegen aber dem besonderen Schutz des § 78. Dazu gehören die betrieblichen Mitglieder der **ESt.,** einer die ESt. ersetzenden **tariflichen Schlichtungsstelle** (§ 76 Rn. 8) und einer **betrieblichen Beschwerdestelle** (§ 86) oder 12

---

45 *Fitting,* Rn. 5; Richardi-*Thüsing,* Rn. 5, 6; GK-*Raab,* Rn. 5.
46 *BAG* 27.6.19 – 2 AZR 38/19, AP Nr. 78 zu § 15 KSchG, m. krit. Anm. *Deinert*; dagegen *Valgolio,* AuR 19, 264, 265.
47 *BAG* 31.7.14 – 2 AZR 505/13, AP Nr. 76 zu § 15 KSchG 1969.
48 *Engels/Natter,* BB-Beilage 8/89, 21; a. A. *Fitting,* Rn. 5.
49 Vgl. *BAG* 7.5.86 – 2 AZR 349/85, AP Nr. 18 zu § 15 KSchG 1969.
50 *BAG* 12.3.09 – 2 ABR 24/08, NZA-RR 10, 180, 182.
51 *BAG* 16.11.17 – 2 AZR 14/17, NZA 18, 240, Rn. 28.
52 Vgl. *Eylert,* AuR 14, 300, 301.
53 APS-*Linck,* Rn. 59; LKK-*Caspers,* Rn. 13; *Fitting,* Rn. 6; KR-*Rinck,* Rn. 14; GK-*Raab,* Rn. 8; wohl auch HWGNRH-*Huke,* Rn. 15.
54 Vgl. *BAG* 23.6.93 – 2 ABR 58/92, AP Nr. 2 zu § 83a ArbGG 1979; 11.5.00 – 2 AZR 276/99, AP BetrVG 1972 § 103 Nr. 42.
55 Vgl. *LAG Hamm* 21.1.11 – 13 TaBV 71/10, AuR 12, 78, m.w.N.

einer **Beschwerdestelle nach dem AGG.** Dieser Personenkreis hat einen **relativen Kündigungsschutz.** Erfolgt eine Kündigung wegen betriebsverfassungsrechtlicher Betätigung, ist sie wegen Verstoßes gegen ein **gesetzliches Verbot** (§ 78) nach § 134 BGB nichtig.[56] Dabei reicht es aus, dass eine **tatsächliche Vermutung** dafürspricht, dass die Kündigung wegen der betriebsverfassungsrechtlichen Tätigkeit erfolgt ist.[57]

13 **Nicht besonders geschützt** sind die **Mitglieder des WA** und die **betrieblichen AN-Vertreter im AR,** es sei denn, dass sie zu den Funktionsträgern nach § 15 KSchG bzw. § 103 gehören. Aber auch sie unterliegen dem relativen Kündigungsschutz.

14 **Ersatzmitglieder** des BR und der übrigen in dieser Vorschrift erwähnten betriebsverfassungsrechtlichen Organe sind nicht geschützt, solange sie nicht nachgerückt sind oder eine vorübergehende Vertretung übernommen haben (zu den Einzelheiten vgl. Rn. 20).

IV. Dauer des Kündigungsschutzes

15 Der Schutz nach § 103 (Zustimmung des BR oder rechtskräftige Ersetzung einer fehlenden Zustimmung durch das ArbG) gilt für die Dauer der **gesamten Amtszeit.** Maßgeblich ist, ob der Sonderkündigungsschutz im **Zeitpunkt des Zugangs der Kündigungserklärung** bestand. Denn in diesem Zeitpunkt kann durch Kündigung die Zusammensetzung des BRs beeinflusst werden.[58] Dies gilt zur Vermeidung von Lücken im Kündigungsschutz unabhängig davon, ob die gewählten Organmitglieder ihr Amt erst zu einem späteren Zeitpunkt (z. B. nach Ablauf der Amtszeit des bisherigen BR) antreten.[59] Ein lediglich nachwirkender Kündigungsschutz bei gewählten BR-Mitgliedern, die jedoch ihr Amt noch nicht angetreten haben, weil die Amtszeit des bisherigen BR noch nicht abgelaufen ist, könnte den AG in die Lage versetzen, noch **vor Amtsantritt** eines gewählten BR-Mitglieds eine **außerordentliche Kündigung** auszusprechen, die dann nicht der Zustimmung des BR nach § 103 bedürfte. Der AG darf daher ab Bekanntgabe des Wahlergebnisses gegenüber dem geschützten Personenkreis eine außerordentliche Kündigung nur im Rahmen von § 103 aussprechen.

16 Der umfassende Kündigungsschutz nach § 103 **endet grundsätzlich mit Ablauf der Amtszeit.** Das Ende der Mitgliedschaft im Betriebsverfassungsorgan während des Zustimmungsverfahrens nach § 103 lässt die Zustimmungsbedürftigkeit entfallen und nur noch nachwirkenden Schutz eingreifen; eine erneute Anhörung nach § 102 ist dann entbehrlich (vgl. Rn. 44) Unter dem Begriff der Amtszeit ist zunächst die **regelmäßige Amtszeit** des betreffenden Betriebsverfassungsorgans zu verstehen. Dabei braucht es sich nicht immer um die normale Amtszeit zu handeln (vgl. zur Verkürzung der regelmäßigen Amtszeit des BR § 13 Abs. 2). Weicht die **persönliche Amtszeit** von der des Kollektivorgans ab, so ist die Dauer der persönlichen Amtszeit entscheidend. Dies gilt z. B. dann, wenn ein BR-Mitglied vorzeitig aus dem BR ausscheidet (vgl. § 24 Abs. 1) oder ein Ersatzmitglied während der Amtszeit unter den Geltungsbereich des § 103 fällt. Mit Beendigung des Schutzes aus § 103 setzt jedoch der **nachwirkende Kündigungsschutz** nach § 15 Abs. 1 KSchG ein,[60] sofern das Erlöschen der persönlichen Amtszeit nicht auf einer gerichtlichen Entscheidung beruht, also nicht auf einem Ausschluss aus dem BR oder rechtskräftiger gerichtlicher Entscheidung über die Feststellung der Nichtwählbarkeit.[61] Nachwirkender Kündigungsschutz tritt auch dann nicht ein, wenn die Betriebsratswahl für nichtig erklärt wird; die aus einer nichtigen Wahl hervorgegangenen Organmitglieder genießen keinen besonderen Kündigungsschutz.[62] Etwas anderes gilt jedoch dann, wenn die BR-Wahl lediglich wirksam angefochten wird. Die Anfechtung beseitigt nicht rückwirkend das Amt,

56 Vgl. *BAG* 22. 2. 79 – 2 AZR 115/78, DB 79, 1659; vgl. auch GK-*Raab*, Rn. 15.
57 Vgl. *Fitting*, Rn. 8.
58 *BAG* 27. 9. 12 – 2 AZR 955/11, NZA 13, 425, 426; *Linck/Koch*, FS 100 Jahre Betriebsverfassungsrecht, S. 399, 400.
59 *Fitting*, Rn. 9; LLK-*Caspers*, Rn. 6.
60 Vgl. *BAG* 5. 7. 79 – 2 AZR 521/77, AP Nr. 6 zu § 15 KSchG 1969; zu den Einzelheiten des nachwirkenden Kündigungsschutzes vgl. DDZ-*Deinert*, § 15 KSchG, Rn. 53 ff.
61 Vgl. § 15 Abs. 1 letzter Halbsatz KSchG i. V. m. § 24 Nrn. 5 und 6; vgl. auch *BAG* 29. 9. 83 – 2 AZR 212/82, AP Nr. 15 zu § 15 KSchG 1969.
62 *BAG* 7. 5. 86 – 2 AZR 349/85, AP Nr. 18 zu § 15 KSchG 1969.

sondern lediglich mit Wirkung ex nunc.[63] Nach der Rspr. des *BAG* bleiben Rechtshandlungen und darauf resultierende Vereinbarungen des BRs (auch Betriebsvereinbarungen) trotz rechtskräftiger Anfechtung der Betriebsratswahl – in Unterschied zur rechtskräftigen Nichtigkeitserklärung – wirksam (vgl. § 19 Rn. 39). Dann aber muss im Fall der wirksamen Anfechtung der Betriebsratswahl mit dem Zeitpunkt der Wirksamkeit der Anfechtung auch der nachwirkende Kündigungsschutz einsetzen. Denn der nachwirkende Kündigungsschutz dient einer »Abkühlung« evtl. während der betriebsverfassungsrechtlichen Tätigkeit aufgetretener Spannungen mit dem AG. Solche Spannungen können (rechtlich) nur im Falle der Nichtigkeitserklärung der BR-Wahl mangels jeglicher Rechtswirkungen der Betriebsratstätigkeit nicht entstehen, nicht aber im Falle der wirksamen Anfechtung der BR-Wahl. Führt der BR in den Fällen des **§ 13 Abs. 2 Nr. 1–3** (vgl. § 22) die Geschäfte weiter, bis der neue BR gewählt ist, behalten die Mitglieder des geschäftsführenden BR bis zur Neuwahl (Bekanntgabe des Wahlergebnisses) den Kündigungsschutz nach § 103, auch im Falle eines Rücktritts des BR.[64] Unterbleibt die Bekanntgabe des Wahlergebnisses endete die Amtszeit jedenfalls mit der konstituierenden Sitzung des neu gewählten BRs, da eine Überschneidung von Amtszeiten im BetrVG nicht vorgesehen ist.[65] Die **Betriebsübernahme** führt i. d. R. nicht zu einer Beendigung der Amtszeit des BR (vgl. § 21 Rn. 34 ff. und § 21a). Wenn noch während des Zustimmungsverfahrens oder des Zustimmungsersetzungsverfahrens das Erfordernis der Zustimmung nach § 103 entfällt und nur noch nachwirkender Schutz eingreift, kann der AG kündigen, muss aber, wenn die Erklärungsfrist des § 626 Abs. 2 BGB verstrichen ist, entsprechend § 174 Abs. 5 SGB IX unverzüglich nach Kenntnisnahme vom Ende des Sonderkündigungsschutzes handeln.[66]

Für Beginn und Ende des besonderen Kündigungsschutzes für **Mitglieder des WV** gem. § 103 können die in § 15 Abs. 3 KSchG festgelegten zeitlichen Grenzen herangezogen werden. **17** Demgemäß beginnt der besondere Kündigungsschutz gegen außerordentliche Kündigungen nach § 103 vom Zeitpunkt ihrer Bestellung an,[67] also entweder mit der Bestellung durch den BR bzw. GBR oder KBR (§ 16 Abs. 1, Abs. 3), durch den GBR bzw. KBR (§ 17 Abs. 1) oder die Betriebsversammlung in einem betriebsratslosen Betrieb (§ 17 Abs. 2 und 3) oder ggf. durch das ArbG (§ 16 Abs. 2, § 17 Abs. 4). Erfolgt die Bestellung durch das ArbG, so beginnt der besondere Kündigungsschutz mit der Verkündung und nicht erst mit der Rechtskraft des Einsetzungsbeschlusses.[68] Der **besondere Kündigungsschutz endet** mit der Bekanntgabe des endgültigen Wahlergebnisses (§ 18 Abs. 3 BetrVG, § 18 WO). Unterbleibt die Bekanntgabe des Wahlergebnisses, so endet der besondere Kündigungsschutz spätestens mit der konstituierenden Sitzung des neu gewählten Gremiums; dies gilt auch dann, wenn die reguläre Amtszeit des bisher amtierenden Gremiums noch nicht abgelaufen ist.[69] Danach tritt der **nachwirkende Kündigungsschutz** für die **Dauer eines halben Jahres** ein.[70] Endet die Amtszeit eines Mitglieds des WV vor der Bekanntgabe des Wahlergebnisses aus anderen Gründen, z. B. wegen Niederlegung des Amtes, so endet der Schutz gegen ordentliche Kündigungen sechs Monate nach der Beendigung der persönlichen Amtszeit. Der nachwirkende Kündigungsschutz der WV-Mitglieder entfällt jedoch, wenn der WV durch gerichtliche Entscheidung durch einen anderen ersetzt wird (§ 18 Abs. 1 BetrVG, § 15 Abs. 3 letzter Halbsatz KSchG).

Für **Wahlbewerber** gelten ebenfalls die in § 15 Abs. 3 KSchG gezogenen zeitlichen Grenzen. **18** Demnach beginnt der Schutz nach § 103 mit der Aufstellung des Wahlvorschlags. Ein Wahlvorschlag ist aufgestellt, sobald ein WV besteht und für den Wahlbewerber ein **Wahlvorschlag** vorliegt, der die nach dem BetrVG erforderliche **Mindestzahl von Stützunterschriften** (§ 14 Abs. 4) aufweist.[71] Auf die Einreichung des Wahlvorschlags beim WV wird für den Beginn

63 Vgl. *HessLAG* 24. 7. 20 – 14 Sa 264/19, Rn. 44.
64 *BAG* 27. 1. 11 – 2 ABR 114/09, NZA 11, 348, Rn. 21.
65 *BAG* 5. 11. 09 – 2 AZR 487/08, NZA-RR 10, 236, Rn. 18 ff.
66 Vgl. *BAG* 1. 10. 20 – 2 AZR 238/20, NZA 20, 1639.
67 *LAG Hamm* 29. 11. 73 – 3 Sa 663/73, DB 74, 389, das den Schutz auch dann als gegeben ansieht, wenn das Kündigungsschreiben vor der Bestellung abgesandt worden ist.
68 So zu § 15 KSchG *BAG* 26. 11. 09 – 2 AZR 185/08, NZA 10, 443, Rn. 10 ff.
69 *BAG* 5. 11. 09 – 2 AZR 487/08, NZA-RR 10, 236, Rn. 24.
70 DDZ-*Deinert*, § 15 KSchG Rn. 55.
71 *BAG* 19. 4. 12 – 2 AZR 299/11, AP Nr. 72 zu § 15 KSchG 1969.

des Kündigungsschutzes des Wahlbewerbers nicht abgestellt.[72] Entsprechendes gilt für **gewerkschaftliche Vorschläge** nach § 14 Abs. 3 i. V. m. Abs. 5. Aus diesen Grundsätzen ergibt sich aber auch, dass immer dann, wenn (vor allem im vereinfachten Wahlverfahren) ein **Wahlvorschlag gültig auch schon vor Bestellung eines WV** aufgestellt werden kann, der Sonderkündigungsschutz mit Aufstellung des Wahlvorschlags beginnt. Das ist der Fall ab dem Zeitpunkt, in dem dieser die erforderlichen Unterschriften – sei es der AN, sei es einer Gewerkschaft – aufweist.[73] Für das Einsetzen des Schutzes nach § 103 reicht es aus, wenn der Wahlvorschlag der Gewerkschaft von zwei Beauftragten unterzeichnet ist. Weist der Wahlvorschlag **behebbare Mängel** auf, ist er dennoch als **rechtlich existent** und rechtserheblich zu behandeln. Der Sinn des Kündigungsschutzes für Wahlbewerber gebietet es, den auf einem solchen Wahlvorschlag aufgeführten Bewerber in den Schutz des § 103 einzubeziehen. Dabei kommt es nicht darauf an, ob die Mängel des Wahlvorschlags zu einem späteren Zeitpunkt behoben werden oder überhaupt nicht. Der Kündigungsschutz für Wahlbewerber entfällt deshalb beispielsweise auch dann nicht, wenn die Vorschlagsliste durch Streichung von Unterschriften ungültig wird.[74] Besteht im Betrieb noch **kein BR,** so haben Wahlbewerber, ebenso wie Mitglieder des WV, gleichwohl den Schutz nach § 103. Der AG hat, wenn er eine fristlose Kündigung aussprechen will, die Erteilung der Zustimmung zur Kündigung unmittelbar beim ArbG zu beantragen (vgl. Rn. 40). Der Schutz des Wahlbewerbers ist von einer diesbezüglichen Kenntnis des AGs unabhängig.[75]

19 Auch für **Wahlbewerber endet** der Schutz nach § 103 mit der **Bekanntgabe des endgültigen Wahlergebnisses,** sofern sie nicht in den BR gewählt worden sind. Das Zustimmungserfordernis entfällt zuvor, wenn der Wahlbewerber vor Bekanntgabe des Wahlergebnisses seine Kandidatur zurückzieht.[76] War die Wahl erfolgreich und hat der gewählte Bewerber die Wahl angenommen (vgl. § 17 WO), läuft der Schutz nach § 103 weiter. War die Wahl nicht erfolgreich, beginnt mit Bekanntgabe des Wahlergebnisses der **nachwirkende Kündigungsschutz** nach § 15 Abs. 3 Satz 2 KSchG.[77] Wenn nach dem Ende des Sonderkündigungsschutzes des Wahlbewerbers die **Auflösung des Arbeitsverhältnisses** auf Antrag des AGs im Rahmen eines Kündigungsschutzverfahrens wegen einer vor Aufstellung des Wahlvorschlags erklärten ordentlichen Kündigung im Raum steht, geht das *BAG* davon aus, dass für diesen Antrag nicht die gesteigerten Anforderungen eines wichtigen Grundes zur außerordentlichen Kündigung erforderlich sind.[78] Der besonderen Situation des Wahlkampfes könne bei der Anwendung des materiellen Rechts hinsichtlich des Auflösungsgrundes Rechnung getragen werden. Ausdrücklich offengeblieben ist, ob etwas Anderes gilt, wenn zu dem festzulegenden Auflösungszeitpunkt Sonderkündigungsschutz bestand. Allerdings ging es dabei aber nicht darum, dass der Auflösungsantrag auf einen Sachverhalt gestützt wird, der in den Zeitraum des Sonderkündigungsschutzes fällt. Für diesen Fall hatte das *BAG* früher bereits entschieden, dass der Auflösungsantrag nur dann erfolgreich sein kann, wenn es um einen Sachverhalt geht, der geeignet wäre, einen wichtigen Grund zur Kündigung im Sinne von § 626 BGB abzugeben.[79]

20 **Ersatzmitglieder** haben den Schutz nach § 103 ab dem Zeitpunkt, ab dem sie für ein ausgeschiedenes Mitglied in das betriebsverfassungsrechtliche Organ, z. B. in den BR, dauerhaft nachrücken. Eine das Nachrücken auslösende Verhinderung liegt vor, wenn das ordentliche Mitglied aus rechtlichen oder tatsächlichen Gründen an der Amtsausübung gehindert ist.[80] Bei einer **vorübergehenden Verhinderung** eines BR-Mitglieds gilt § 103 Abs. 1 (also das Zustim-

---

72 *BAG* 4. 3. 76 – 2 AZR 620/74, AP Nr. 1 zu § 15 KSchG 1969 Wahlbewerber; 5. 12. 80 – 7 AZR 781/78, AP Nr. 9 zu § 15 KSchG 1969; *LAG Berlin-Brandenburg* 2. 8. 22 – 26 Ta 1743/21, NZA-RR 23, 40, Rn. 26.

73 Eingehend *Berg,* AiB 02, 17, 24.

74 Vgl. *BAG* 5. 12. 80 – 7 AZR 781/78, AP Nr. 9 zu § 15 KSchG 1969; *LAG Berlin-Brandenburg* 2. 8. 22 – 26 Ta 1743/21, NZA-RR 23, 40, Rn. 26.

75 *LAG Berlin-Brandenburg* 2. 3. 07 – 9 Sa 1866/06, LAGE § 15 KSchG Nr. 19.

76 *BAG* 17. 3. 05 – 2 AZR 275/04, NZA 05, 1064.

77 *DDZ-Deinert, § 15 KSchG Rn. 55.*

78 *BAG* 29. 8. 13 – 2 AZR 419/12, NZA 14, 660, Rn. 26 ff.

79 *BAG* 7. 12. 72 – 2 AZR 235/72, AP Nr. 1 zu § 9 KSchG 1969.

80 *BAG* 27. 9. 12 – 2 AZR 955/11, NZA 13, 425.

mungserfordernis) nur für die Dauer der Vertretung, nicht dagegen, wenn das Ersatzmitglied wieder aus dem BR ausgeschieden ist; dann gilt nur der nachwirkende Schutz gem. § 15 Abs. 1 Satz 2 KSchG (vgl. Rn. 22).[81] Das gilt auch dann, wenn während des Amtes als Ersatzmitglied bereits das Anhörungsverfahren nach § 102 läuft.[82] Nachrücken meint in diesem Zusammenhang nicht unbedingt im Sinne einer Sitzungsteilnahme. Denn auch schon vor der Sitzungsteilnahme können z. B. Vorbereitungsarbeiten oder Gespräche mit ANn erforderlich werden, weshalb bereits dann der Betriebsrat als Organ der Betriebsverfassung in seiner Funktionsfähigkeit geschützt sein muss.[83] Das BR-Mitglied rückt daher schon mit Eintritt des Verhinderungsfalls (vgl. ausführlich § 25 Rn. 14 ff.) – z. B. des Urlaubsantritts des ordentlichen Mitglieds oder dessen Krankheit (nicht aber bei bloßer Arbeitsfreiheit[84]) – nach[85]. Dies gilt auch dann, wenn dem Ersatzmitglied der Verhinderungsfall überhaupt nicht bekannt ist oder das Ersatzmitglied während der Vertretungszeit überhaupt keine Betriebsratsaufgaben erledigt[86]. Der Schutz erstreckt sich auf die gesamte **Dauer des Vertretungsfalles** und somit nicht nur auf die Tage, an denen tatsächlich Aufgaben des BR, wie etwa die Teilnahme an einer Sitzung, wahrgenommen werden.[87] Im Falle des Urlaubs endet der Vertretungsfall, wenn das ordentliche Betriebsratsmitglied anzeigt, dass es gleichwohl während des Urlaubs Betriebsratstätigkeiten verrichten möchte.[88] Der Sonderkündigungsschutz ist allerdings dann ausgeschlossen, wenn ein Verhinderungsfall kollusiv zu dem Zweck herbeigeführt wurde, dem Ersatzmitglied den besonderen Kündigungsschutz zu verschaffen.[89] Rein fiktive Tätigkeiten eines Ersatzmitglieds, die mangels Einladung zur Sitzung nicht erfolgten, sollen den Sonderkündigungsschutz nicht auslösen.[90] In der Literatur wurde zudem der Sonderkündigungsschutz infrage gestellt für den Fall, dass das Ersatzmitglied keine Betriebsratstätigkeit ergriffen hat und in Wirklichkeit auch gar kein Verhinderungsfall des regulären Mitglieds vorlag.[91] Darin liegt eine gefährliche Tendenz, der Rspr. Entscheidungen nach Gefährdungslagen zu gestatten, anstatt auf klar umrissene Tatbestände abzustellen (vgl. auch Rn. 22). Es ist **zweckmäßig,** dass das Ersatzmitglied die Aufnahme seiner Vertretungstätigkeit im BR dem **AG mitteilt,** damit dieser über das Einsetzen des Kündigungsschutzes informiert ist.[92]

21 Liegt zu **Beginn des Verhinderungsfalles** (z. B. dem Urlaubsantritt des ordentlichen Mitglieds) eine Sitzung des BR, beginnt der Schutz grundsätzlich schon **mit der Ladung, wenn diese vor Eintritt des Verhinderungsfalls zugeht,** damit sich das nachrückende Ersatzmitglied auf die Sitzung vorbereiten kann.[93] Der Schutz besteht ohne Rücksicht darauf, ob etwa die Krankmeldung des ordentlichen BR-Mitglieds und dessen Fernbleiben vom Dienst berechtigt war oder nicht.[94] Das erste Ersatzmitglied ist so lange Vertreter im BR, wie ein Vertretungsfall gegeben ist. Weitere Ersatzmitglieder rücken nach, solange und soweit weitere Vertretungsfälle eintreten.[95] Tritt bei einem zur Amtsausübung berufenen **Ersatzmitglied** nachträglich ebenfalls ein **Verhinderungsfall** ein, behält es den besonderen Kündigungsschutz auch während der **eigenen Verhinderung,** sofern deren Dauer im Vergleich zur voraussichtlichen Dauer des Vertretungsfalles als unerheblich anzusehen ist. Eine ersichtlich unbedeutende Unterbrechung der Amtsausübung gilt nicht als Unterbrechung der Berufung des Ersatzmitglieds zur stell-

---

81 *BAG* 18.5.06 – 6 AZR 627/05, DB 06, 2693; 27.9.12 – 2 AZR 955/11, NZA 13, 425, Rn. 27; LKK-*Caspers*, Rn. 8.
82 *BAG* 27.9.12 – 2 AZR 955/11, NZA 13, 425, Rn. 26.
83 *HessLAG* 20.6.18 – 6 Sa 1551/17, juris; *HessLAG* 20.10.04 – 2 TaBV 50/04, juris.
84 *BAG* 27.9.12 – 2 AZR 955/11, AP Nr. 74 zu § 15 KSchG 1969.
85 *BAG* 9.9.11 – 2 AZR 388/10, NZA 12, 400.
86 *BAG* 9.9.11 – 2 AZR 388/10, NZA 12, 400.
87 *BAG* 9.11.77 – 5 AZR 175/76, AP Nr. 3 zu § 15 KSchG 1969.
88 *BAG* 9.9.11 – 2 AZR 388/10, NZA 12, 400, Rn. 29.
89 *BAG* 9.9.11 – 2 AZR 388/10, NZA 12, 400, Rn. 39.
90 *BAG* 19.4.12 – 2 AZR 233/11, AP Nr. 34 zu § 1 KSchG 1969 Personenbedingte Kündigung.
91 *Linck/Koch*, FS 100 Jahre Betriebsverfassungsrecht, S. 399, 401 f.
92 Vgl. *BAG* 6.9.79 – 2 AZR 548/77, AP Nr. 7 zu § 15 KSchG 1969; 8.9.11 – 2 AZR 388/10, AP Nr. 70 zu § 15 KSchG 1969.
93 Vgl. *BAG* 17.1.79 – 5 AZR 891/77, AP Nr. 5 zu § 15 KSchG 1969.
94 *BAG* 5.9.86 – 7 AZR 175/85, AP Nr. 26 zu § 15 KSchG 1969.
95 *BAG* 17.1.79 – 5 AZR 891/77, AP Nr. 5 zu § 15 KSchG 1969.

vertretenden Wahrnehmung des BR-Amtes.[96] Die Vertretungsfunktion und der besondere Kündigungsschutz nach § 15 Abs. 1 Satz 1 KSchG enden aber, wenn das nach § 25 Abs. 1 Satz 2 berufene Ersatzmitglied seinerseits für eine zeitlich erhebliche Dauer verhindert ist. Kann ein Ersatzmitglied infolge lang andauernder eigener Verhinderung das Vertretungsamt gar nicht erst antreten, so erlangt es mangels Antritts der BR-Tätigkeit den Kündigungsschutz nach § 15 Abs. 1 Satz 1 KSchG nicht. In diesem Fall ist das weitere Ersatzmitglied unmittelbar zur Vertretung des ordentlichen BR-Mitglieds berufen.[97] **Daneben** bleibt der **Kündigungsschutz** des **verhinderten ordentlichen BR-Mitglieds** immer bestehen.[98]

22 Ersatzmitglieder des BR, die stellvertretend für ein zeitweilig verhindertes ordentliches BR-Mitglied dem BR angehört und Aufgaben eines BR-Mitglieds wahrgenommen haben, genießen nach **Beendigung des Vertretungsfalles** den **nachwirkenden Kündigungsschutz** nach § 15 Abs. 1 Satz 2 KSchG.[99] Ein Zustimmungsersetzungsverfahren ist dann überflüssig. Leitet der AG gleichwohl eines ein, hemmt das die 2-Wochenfrist des § 626 Abs. 2 BGB nicht.[100] Allerdings muss das Ersatzmitglied nach der Rspr. des *BAG* für den Erwerb des nachwirkenden Kündigungsschutzes im Unterschied zum Kündigungsschutz während des Vertretungsfalls nach § 15 Abs. 1 Satz 1 KSchG (vgl. Rn. 20) konkrete Betriebsratsaufgaben tatsächlich wahrgenommen haben.[101] Diesen Unterschied begründet das *BAG* damit, dass es einer »arbeitgeberseitigen Abkühlungsphase« als Folge einer »Verärgerung« über betriebsrätliche Aktivitäten des Ersatzmitglieds nicht bedarf, wenn das Ersatzmitglied in der Vertretungszeit weder an Sitzungen des BRs teilgenommen noch sonstige Betriebsratstätigkeiten ausgeübt hat. Mangels Entfaltung von Betriebsratsaktivitäten müsse das Ersatzmitglied auch keine Repressalien befürchten. Das soll sogar dann gelten, wenn die Tätigkeit allein deshalb ausgeblieben ist, weil der BR-Vorsitzende das Ersatzmitglied ignoriert und nicht zu den Sitzungen eingeladen hat, es sei denn, er hätte kollusiv mit dem AG zusammengewirkt oder der AG hätte dies bewusst veranlasst.[102] Diese Auffassung ist jedenfalls zweifelhaft, weil sie dem Ersatzmitglied signalisiert, dass der Arbeitsplatz bei Untätigkeit nicht gefährdet sei. Zudem ist eine Weiterung zu befürchten: Wird das *BAG* bei nächster Gelegenheit BR-Tätigkeit qualitativ danach bewerten, ob sie geeignet ist, den AG zu verärgern und daher die Notwendigkeit einer Abkühlung mit sich bringt? Vgl. zur Problematik des Abstellens auf Gefährdungslagen auch Rn. 20.

V. Schutz gegen außerordentliche Kündigungen

23 Während § 15 Abs. 1 bis 3 KSchG den Schutz der Mitglieder betriebsverfassungsrechtlicher Organe gegen ordentliche Kündigungen sichert, ergibt sich der besondere Schutz gegen außerordentliche Kündigungen aus § 103. Die **außerordentliche Kündigung** der geschützten Personen bedarf der Zustimmung des BR, es sei denn, dass die verweigerte Zustimmung (vgl. DKWF-*Bachner/Deinert*, § 103 Rn. 5) durch das ArbG ersetzt wird. Der nach § 15 Abs. 1 bis 3 KSchG geschützte Personenkreis ist mit dem des § 103 identisch (zu einer außerordentlichen Kündigung bei tariflicher »Unkündbarkeit« im Falle einer Stilllegung i. S. des § 15 Abs. 4, 5 KSchG s. Rn. 25).

23a Ebenso wie nachwirkend Geschützte (Rn. 16) genießen Wahlinitiatoren und Vorfeldinitiatoren zwar Schutz durch Ausschluss ordentlicher Kündigungen gemäß § 15a KSchG, während außerordentliche Kündigungen möglich bleiben und nicht von einer Zustimmung des BRs bzw. Zulässigerklärung des ArbG oder Zustimmungsersetzung des ArbG abhängen.

Für **Wahlinitiatoren** ist nach § 15 Abs. 3a KSchG ein Schutz ab Einladung zu einer Betriebs-, Wahl- oder Bordversammlung oder dem Antrag auf Bestellung eines Wahlvorstands bereits seit dem Betriebsverfassungsreformgesetz (Einleitung Rn. 37 ff.) vorgesehen. Er greift im Fal-

96 *BAG* 9.11.77 – 5 AZR 175/76, AP Nr. 3 zu § 15 KSchG 1969.
97 *HessLAG* 30.3.06 – 9/4 TaBV 209/05, juris.
98 *Fitting*, Rn. 9.
99 *BAG* 9.11.77 – 5 AZR 175/76, AP Nr. 3 zu § 15 KSchG 1969; 6.9.79 – 2 AZR 548/77, AP Nr. 7 zu § 15 KSchG 1969; *DDZ-Deinert*, § 15 KSchG Rn. 54.
100 *LAG Hamm* 6.2.09 – 13 Sa 1420/08, juris.
101 *BAG* 19.4.12 – 2 AZR 233/11, NZA 12, 1449.
102 *BAG* 19.4.12 – 2 AZR 233/11, NZA 12, 1449, Rn. 44 f.

le einer sich anschließenden Wahl bis zur Bekanntgabe des Wahlergebnisses, wenn es nicht zur Wahl kommt für die Dauer von 3 Monaten. Da dieser Initiatorenschutz allerdings auf die ersten drei in der Einladung oder Antragstellung aufgeführten AN beschränkt war, bestand die Gefahr, dass bei Wegfall einer Person und fehlender Bereitschaft weiterer Personen, sich offen für die Wahlvorbereitung einzusetzen, die für die Einladung bzw. die Stellung des Wahlvorstands erforderliche Zahl von drei Initiatoren einer Betriebsratswahl nicht erreicht wird. Aus diesem Grunde wurde im Zuge des Betriebsrätemodernisierungsgesetzes (Rn. 1a, Einleitung Rn. 45eff.) die Zahl der geschützten Personen auf die ersten sechs Einladenden erhöht. Demgegenüber blieb es für den Fall eines Antrags auf Bestellung eines Wahlvorstands bei der bisherigen Anzahl geschützter Wahlinitiatoren.
Da Betriebsratswahlen nicht einfach durch ein entsprechendes Einladungsschreiben oder einen Antrag auf Bestellung eines WVs im luftleeren Raum initiiert werden, sondern es vielmehr vorausgehender Maßnahmen wie Einholung von Informationen, Gesprächen mit Arbeitskollegen etc. bedarf, hat es in der Vergangenheit mehrfach Fälle gegeben, in denen entsprechende **Vorfeldinitiatoren** von hart gesottenen AGn aus dem Betrieb gemobbt wurden, bevor überhaupt die Wahlinitiation im Sinne des § 15 Abs. 3a KSchG erfolgen konnte. Daran setzt die neue Regelung des § 15 Abs. 3b KSchG seit dem Betriebsrätemodernisierungsgesetz an (vgl. auch Rn. 1a). Dieser Sonderkündigungsschutz hängt davon ab, dass eine öffentlich beglaubigte Erklärung abgegeben wird, wonach die Absicht der Errichtung eines BR oder einer Bordvertretung besteht und eine entsprechende Vorbereitungshandlung vorgenommen wird. Eine öffentliche Beglaubigung kann jeder Notar vornehmen (§ 129 BGB). Sie muss (und sollte) nicht in irgendeine Richtung bekannt gegeben werden, sondern zielt vielmehr auf die Authentizität der Urkunde. Dieser Sonderkündigungsschutz endet mit der Einladung zur Betriebs-, Wahl- oder Bordversammlung, spätestens aber nach drei Monaten. Er schließt die ordentliche personen- oder verhaltensbedingte Kündigung aus, nicht aber eine betriebsbedingte Kündigung oder eine außerordentliche Kündigung. Zudem ist die Kündigung ebenso wenig wie die gegenüber Wahlinitiatoren vom Verfahren nach § 103 abhängig. Dabei ist der Begriff der Vorbereitungshandlung in einem außerordentlich weiten Sinn gemeint. Nach der Gesetzesbegründung ist dies jede für Dritte erkennbare Verhaltensweise, die zur Vorbereitung einer Betriebsratswahl geeignet ist.[103] Die Regelung wurde als zu unbestimmt kritisiert,[104] jedoch geht es der Sache nach nicht um die Bestimmtheit des Gesetzeswortlauts, sondern um die Befürchtung eines zu weitgehenden Vorfeldschutzes. Ein größeres Problem liegt indes in der Frage, wann eine Zäsur vorliegt, sodass weitere Vorbereitungshandlungen eine erneute Vorfeldinitiative darstellen, die erneut den Sonderkündigungsschutz nach § 15 Abs. 3b KSchG auslösen.[105] Aufgeworfen ist damit auch die Frage, ob der Schutz als Vorfeldinitiator einmalig ist und maximal 3 Monate andauern kann. Mit Bedacht darauf, dass es dem Gesetzgeber darum ging, eine klare Frist zu setzen, um keinen Endlosschutz auszulösen, andererseits aber darauf abgezielt wurde, Vorfeldinitiatoren effektiv zu schützen, kann es sicher nicht richtig sein, dass eine Vorfeldinitiative, die länger als 3 Monate andauert, plötzlich den Schutz verliert. Das spricht dafür, dass die öffentlich beglaubigte Erklärung nach 3 Monaten erneuert werden kann und Sonderkündigungsschutz vermittelt, wenn im Anschluss noch weitere Vorbereitungshandlungen ergriffen werden.

1. Zustimmungserfordernis durch Betriebsrat

Will der AG einem BR-Mitglied oder einem anderen betriebsverfassungsrechtlichen Funktionsträger **außerordentlich kündigen,** muss er **zuvor** die Zustimmung des BR einholen (vgl. DKWF-*Bachner/Deinert,* § 103 Rn. 4; zum einköpfigen BR s. Rn. 40). Die Entscheidung kann auch auf den Betriebsausschuss übertragen werden.[106] Allerdings bedarf es dann einer ausdrücklichen Delegation. **24**

103 BR-Drs. 271/21, S. 22.
104 *Keitel/Busch,* BB 21, 564 [565].
105 *Keitel/Busch,* BB 21, 564 [565 f.].
106 *BAG* 17.3.05 – 2 AZR 275/04, NZA 05, 1064.

25 Das Zustimmungserfordernis erstreckt sich nicht nur auf die fristlose Beendigungskündigung, sondern auf **außerordentliche Kündigungen jeder** Art. (z. B. auch für den Ausschluss der ordentlichen Kündigung durch TV im Falle einer Betriebsstilllegung).[107] Dazu gehören insb. auch außerordentliche Änderungskündigungen, gleichgültig, ob diese als Einzelkündigungen oder im Rahmen von Gruppen- oder Massenänderungskündigungen erfolgen (vgl. Rn. 4). Auch die während eines Arbeitskampfes ausgesprochene fristlose sog. Kampfkündigung gehört dazu (vgl. Rn. 39; zur **»betriebsverfassungsrechtlichen« Abmahnung** von BR-Mitgliedern s. § 23 Rn. 70). Wenn allerdings eine außerordentliche Kündigung im Falle einer Betriebs- oder Abteilungsstilllegung erforderlich wird, weil der AN vertraglich oder kollektivvertraglich **unkündbar** ist, entfällt das Zustimmungserfordernis nach § 103, weil sonst ein Wertungswiderspruch zu § 15 Abs. 4, 5 KSchG entstünde:[108] Ohne den Sonderkündigungsschutz wäre die ordentliche Kündigung möglich, die keiner Zustimmung des BR bedarf.

26 Neben der vorherigen oder der durch das ArbG ersetzten Zustimmung des BR zur Kündigung der geschützten Person ist die Kündigung nur zulässig, wenn die **Voraussetzungen des § 626 BGB** vorliegen (vgl. Checkliste in DKWF-*Bachner/Deinert,* § 103 Rn. 1 f.). Eine darüberhinausgehende Berücksichtigung der kollektiven Interessen auch bei der Prüfung, ob die Zustimmung zur Kündigung durch das Gericht zu ersetzen ist, kommt dagegen – anders als in den Fällen des § 103 Abs. 3 Satz 2 – nicht in Betracht. Den kollektiven Interessen des BRs und der Belegschaft an der weiteren Amtstätigkeit des Funktionsträgers wird vom Gesetz allein dadurch Rechnung getragen, dass die außerordentliche Kündigung die vorherige Zustimmung des BRs oder ihre Ersetzung durch das Gericht erfordert.[109] § 626 Abs. 1 BGB bestimmt, dass das Arbeitsverhältnis von jedem Vertragsteil ohne Einhaltung einer Kündigungsfrist gekündigt werden kann, wenn dem Kündigenden unter Berücksichtigung aller Umstände des Einzelfalles und unter Abwägung der Interessen der beiden Vertragsteile die Fortsetzung des Arbeitsverhältnisses selbst bis zum Ablauf der normalen Kündigungsfrist oder bis zum vereinbarten Ende des Arbeitsverhältnisses nicht zugemutet werden kann. Hierzu gehört i. d. R. auch das Erfordernis einer **Abmahnung;**[110] m. a. W.: Solange die Abmahnung als milderes Mittel bzw. als die Kündigung vorbereitende Maßnahme noch zur Verfügung steht, ist die außerordentliche Kündigung des BR-Mitglieds ausgeschlossen.

27 Bei der Prüfung der Voraussetzungen des Vorliegens des § 626 Abs. 1 BGB ist festzustellen, ob es sich um eine **Verletzung arbeitsvertraglicher Pflichten** handelt (etwa Verstoß gegen betriebliches Rauchverbot aus Sicherheitsgründen[111] oder Diebstahl von Geld aus der Kasse[112]) oder ob zugleich eine **Amtspflichtverletzung** vorliegt. Eine Amtspflichtverletzung eines BR-Mitglieds rechtfertigt **allenfalls** seinen **Ausschluss** aus dem BR nach **§ 23 Abs. 1** wegen grober Verletzung seiner gesetzlichen Pflichten (§ 23 Abs. 1 gilt für Mitglieder der Bordvertretung und den See-BR entsprechend; vgl. § 115 Abs. 3 und § 116 Abs. 2; ebenso für Mitglieder der JAV; vgl. § 65 Abs. 1) und kann nicht zur außerordentlichen Kündigung führen.[113] Allenfalls dann, wenn durch die Amtspflichtverletzung zugleich das konkrete **Arbeitsverhältnis unmittelbar und erheblich beeinträchtigt** wird (etwa: Falschaussage in einem Beschlussverfahren betreffend den AG[114]), ist eine außerordentliche Kündigung zulässig.[115] Hängt das arbeitsvertragswidrige Verhalten des AN mit seiner Amtstätigkeit zusammen, ist die Kündigung nach der Rspr. nur unter Anlegung eines **besonders strengen Maßstabs** gerechtfertigt (vgl. im Übrigen auch das einschränkende Verständnis bei § 23 Rn. 80 ff.).[116] Dieselben Maßstäbe gelten, wenn das Be-

---

107 *ArbG Stuttgart* 8. 8. 97 – 26 BV 7/97, BB 97, 2170.
108 *BAG* 18. 9. 97 – 2 ABR 15/97, AP Nr. 35 zu § 103 BetrVG 1972.
109 *BAG* 16. 11. 17 – 2 AZR 14/17, NZA 18, 240, Rn. 39.
110 Eingehend in Bezug auf BR-Mitglieder DDZ-*Deinert,* § 314 BGB Rn. 19.
111 *BAG* 27. 9. 12 – 2 AZR 955/11, NZA 13, 425.
112 *ArbG Frankfurt/M.* 30. 5. 12 – 7 BV 168/12, juris.
113 *BAG* 8. 8. 68 – 2 AZR 348/67, AP Nr. 57 zu § 626 BGB.
114 *BAG* 5. 11. 09 – 2 AZR 487/08, NZA-RR 10, 236.
115 Vgl. *BAG* 22. 8. 74 – 2 ABR 17/74, AP Nr. 1 zu § 103 BetrVG 1972; 16. 10. 86 – 2 ABR 71/85, AP Nr. 95 zu § 626 BGB; 12. 5. 10 – 2 AZR 587/08, NZA-RR 11, 15; *Fitting,* Rn. 30.
116 *BAG* 16. 10. 86, – 2 ABR 71/85, AP Nr. 95 zu § 626 BGB; 23. 10. 08 – 2 ABR 59/07, NZA 09, 855, 857; *Fitting,* Rn. 30; a. A. GK-*Raab,* Rn. 77; LKK-*Caspers,* Rn. 43.

triebsratsmitglied zugleich **Mitglied des Aufsichtsrats** ist und die Verletzung von Pflichten aus dem Aufsichtsratsmandat im Raum steht.[117] Das ist strenger als bei einem AN, der nicht Mitglied des BR ist.[118] Es ist zu berücksichtigen, dass gerade erst durch die Amtsausübung ein Konflikt mit den arbeitsvertraglichen Pflichten entstanden ist.[119] Im Zweifel hat der **AG** als »Gegenprobe« **zu beweisen,** dass das Verhalten des BR-Mitglieds auch bei anderen AN, die dem BR nicht angehören, ein Grund zur außerordentlichen Kündigung gewesen wäre. Das BR-Mitglied kann sich damit entlasten, gemäß seinen Amtspflichten in gutem Glauben gehandelt zu haben[120] oder sich in einem Interessenkonflikt befunden zu haben, wie dies insb. für das Spannungsverhältnis zwischen Aufsichtsrats- und Betriebsratsamt anerkannt ist, weil dort (z. B. bei größeren Umstrukturierungsvorhaben) regelmäßig auch die Interessen der Belegschaft stark betroffen sind.[121] Der AG darf ein BR-Mitglied nicht dadurch benachteiligen, dass er wegen eines Vorfalls, an dem mehrere AN beteiligt sind, **nur gegenüber dem BR-Mitglied** eine außerordentliche Kündigung ausspricht. Sie ist in einem solchen Fall nach den §§ 75, 78 i. V. m. § 134 BGB nichtig.[122]
Diese Rspr. verdient Kritik, weil sie das BR-Mitglied entgegen dem Gesetzeszweck die Furcht vor Entlassungen im Zusammenhang mit der BR-Tätigkeit nicht nimmt und das BR-Mitglied der Gefahr von Drohungen und Einschüchterungen durch den AG aussetzt.[123]

Kündigt der AG, ohne die Zustimmung des BR eingeholt zu haben, ist die **Kündigung nichtig,** 28
nicht nur schwebend unwirksam.[124] Das gilt auch, wenn er die **Frist** zur Äußerung des BR (Rn. 31) **nicht abwartet.**[125] Es kommt dabei nicht darauf an, ob den AG an der unterbliebenen Anhörung ein Verschulden trifft.[126] Eine **nachträgliche,** nach Ausspruch der Kündigung erteilte **Zustimmung** ist rechtlich bedeutungslos. Sie heilt die Unwirksamkeit der vorher ausgesprochenen Kündigung nicht.[127] Andererseits muss das bisherige Zustimmungsverfahren noch nicht »verbraucht« sein. Der AG kann nämlich bereits während des Verfahrens nach § 103 vorsorglich eine Kündigung erklären, etwa weil er meint, die Kündigung sei nicht zustimmungsbedürftig. Sofern sich aus seinem Verhalten nicht ergibt, dass er den Zustimmungsantrag fallen lassen will, ist davon auszugehen, dass dies vorsorglich geschah und er am Zustimmungsantrag festhalten will, um nach erfolgter Zustimmung ggf. erneut kündigen zu können.[128] § 103 sieht keine Schriftform für die Zustimmungserklärung durch den BR vor. Dies gilt selbst dann, wenn die Kündigung ohne **Beifügung dieser Erklärung** ausgesprochen wird und das BR-Mitglied dies unverzüglich rügt. Denn die Zustimmung des BR zur außerordentlichen Kündigung eines BR-Mitglieds ist keine Zustimmung i. S. der §§ 182 ff. Die §§ 103 i. V. mit 15 KSchG enthalten eine eigenständige und abschließende Regelung. Die Kündigung ist deshalb bei Nichtvorlage der Zustimmungserklärung nicht gemäß §§ 182 Abs. 3, 111 Satz 1 BGB unwirksam.[129] Die **§§ 9, 10 KSchG** sind im Rahmen des Zustimmungsverfahrens wegen der Spezialität von § 103

117 *BAG* 23. 10. 08 – 2 ABR 59/07, NZA 09, 855, 857.
118 *BAG* 5. 11. 09 – 2 AZR 487/08, AP Nr. 65 zu § 15 KSchG 1969.
119 *BAG* 19. 7. 12 – 2 AZR 989/11, AP Nr. 3 zu § 96 SGB IX, Rn. 49.
120 *Fitting*, Rn. 30.
121 *LAG Baden-Württemberg* 24. 5. 07 – 6 TaBV 8/06, dbr 07, Nr 9 42.
122 *BAG* 22. 2. 79 – 2 AZR 115/78, DB 79, 1659.
123 DDZ-*Deinert*, § 15 KSchG Rn. 49.
124 *BAG* 22. 8. 74 – 2 ABR 17/74, AP Nr. 1 zu § 103 BetrVG 1972; 20. 3. 75 – 2 ABR 111/74, AP Nr. 2 zu § 103 BetrVG 1972; 4. 3. 76 – 2 AZR 15/75, AP Nr. 5 zu § 103 BetrVG 1972; 25. 3. 76 – 2 AZR 163/75, AP Nr. 6 zu § 103 BetrVG 1972.
125 *BAG* 24. 10. 96 – 2 AZR 3/96, DB 97, 1285.
126 *Fitting*, Rn. 24; KR-*Rinck*, Rn. 104.
127 *BAG* 28. 2. 74 – 2 AZR 455/73, AP Nr. 2 zu § 102 BetrVG 1972; 22. 8. 74 – 2 ABR 17/74, AP Nr. 1 zu § 103 BetrVG 1972; 20. 3. 75 – 2 ABR 111/74, AP Nr. 2 zu § 103 BetrVG 1972; 1. 12. 77 – 2 AZR 426/76, AP Nr. 11 zu § 103 BetrVG 1972; *Fitting*, Rn. 24.
128 *BAG* 27. 1. 11 – 2 ABR 114/09, NZA 11, 348, 349; 1. 10. 20 – 2 AZR 238/20, NZA 20, 1639, Rn. 15; LKK-*Caspers*, Rn. 63.
129 *BAG* 4. 3. 04 – 2 AZR 147/03, NZA 04, 717 ff.; a. A. *LAG Hamm* 22. 7. 98 – 3 Sa 766/98, NZA-RR 99, 242.

nicht anzuwenden, sodass eine Auflösung des Arbeitsverhältnisses auf Antrag des AG gegen Zahlung einer Abfindung nicht in Betracht kommt.[130]

2. Zustimmungsverfahren beim Betriebsrat

29 Für das Zustimmungsverfahren gelten die Grundsätze des Anhörungsverfahrens gemäß § 102 entsprechend.[131] Will der AG die Zustimmung des BR zur außerordentlichen Kündigung herbeiführen, muss er zunächst wie bei einer Anhörung nach § 102 Abs. 1 dem **BR die Kündigungsabsicht mitteilen,** die zu **kündigende Person bezeichnen,** die **Sozialdaten mitteilen** und die für die außerordentliche Kündigung **maßgebenden Gründe anführen** (vgl. auch § 102 Rn. 46 ff.).[132] Der AG ist im Bestandsschutzprozess darlegungs- und beweispflichtig für alle Umstände, die als wichtige Gründe für die Kündigung geeignet sein können.[133] Dem BR sind daher alle Gesichtspunkte mitzuteilen, die nach Auffassung des AG Anlass für die Kündigung geben sollen.[134] Besondere **Formvorschriften** bestehen **nicht.** Die Unterrichtung kann somit mündlich oder schriftlich erfolgen. Das Risiko einer **nicht ordnungsgemäßen Unterrichtung** des BR trägt der AG. Ist der BR unzureichend unterrichtet worden, führt das selbst dann zur Unwirksamkeit der Kündigung, wenn der BR seine Zustimmung erteilt hat.[135] Die Zustimmung wurde dann auf falscher oder unzureichender Tatsachengrundlage erteilt. Für die Frage der Zustimmungsbedürftigkeit der beabsichtigten Kündigung durch den AG kommt es auf den **Zeitpunkt** des Zugangs und nicht auf den des Ausspruches oder gar des Kündigungsanlasses an.[136]

30 Nach § 626 Abs. 2 BGB kann eine fristlose Kündigung nur innerhalb von **zwei Wochen** erfolgen, beginnend mit dem Zeitpunkt, in dem der AG von den für die Kündigung **maßgebenden Tatsachen Kenntnis** erlangt hat. Die **Ausschlussfrist des § 626 Abs. 2 BGB** gilt auch im Rahmen des § 103. Das bedeutet, dass der AG **innerhalb der Frist** die Zustimmung des BR beantragen muss, und zwar so rechtzeitig, dass er bei Nichterteilung der Zustimmung noch innerhalb der Zweiwochenfrist des § 626 Abs. 2 BGB die **Ersetzung der Zustimmung beim ArbG** beantragen kann.[137] Aber auch bei einer durch den **BR erteilten Zustimmung** ist die Frist des § 626 Abs. 2 BGB vom AG zu beachten und innerhalb der Frist die Kündigung auszusprechen.

31 Das Gesetz sieht **keine Frist** vor, innerhalb derer sich der BR zu dem Antrag des AG zu äußern hat. Nach der Rspr. des *BAG* gilt die **Zustimmung nicht** wie bei § 102 **als erteilt, sondern als verweigert,** wenn sich der BR **nicht binnen drei Kalendertagen** äußert.[138] Schweigt der BR auf das Zustimmungsersuchen des AG, so hat dieser – ebenso wie im Fall der ausdrücklichen Zustimmungsverweigerung – noch innerhalb der Zweiwochenfrist des § 626 Abs. 2 BGB die Ersetzung der Zustimmung des BR beim ArbG zu beantragen.[139] Die Zweiwochenfrist des § 626 Abs. 2 BGB **beginnt nicht nach Ablauf der Drei-Tages-Frist erneut** zu laufen.

---

130 *BAG* 9.10.79 – 6 AZR 1059/77, AP Nr. 4 zu § 9 KSchG 1969; *LAG Berlin* 27.5.04 – 13 Sa 313/04, EzA-SD 04, Nr. 16, 9.

131 *BAG* 18.8.77 – 2 ABR 19/77, EzA § 103 BetrVG 1972 Nr. 20; *LAG Berlin-Brandenburg* 11.5.20 – 12 TaBV 1966/19, NZA-RR 20, 524, Rn. 32; LKK-*Caspers*, Rn. 30.

132 *BAG* 23.4.08 – 2 ABR 71/07, NZA 08, 1081, 1082.

133 *LAG Hamm* 12.7.16 – 7 TaBV 3/16, RDG 17, 20.

134 *BAG* 23.4.08 – 2 ABR 71/07, NZA 2008, 1081; *LAG Berlin-Brandenburg* 15.09.16 – 10 TaBV 598/16, ZBVR online 16, Nr. 11, 34.

135 *BAG* 5.2.81 – 2 AZR 1135/78, EzA § 102 BetrVG 1972 Nr. 47.

136 *LAG Hamm* 29.11.73 – 3 Sa 663/73, DB 74, 389; GK-*Raab*, Rn. 26; KR-*Rinck*, Rn. 62; *Fischermeier*, ZTR 98, 433.

137 Vgl. *BAG* 22.8.74 – 2 ABR 17/74, AP Nr. 1 zu § 103 BetrVG 1972; 20.3.75 – 2 ABR 111/74, AP Nr. 2 zu § 103 BetrVG 1972; 18.8.77 – 2 ABR 19/77, AP Nr. 10 zu § 103 BetrVG 1972; *LAG Berlin-Brandenburg* 11.5.20 – 12 TaBV 1966/19, NZA-RR 20, 524, Rn. 23.

138 *BAG* 24.10.96 – 2 AZR 3/96, DB 97, 1285; 18.8.77 – 2 ABR 19/77, AP Nr. 10 zu § 103 BetrVG 1972; vgl. APS-*Linck*, Rn. 19.

139 *BAG* 24.4.75 – 2 AZR 118/74, AP Nr. 3 zu § 103 BetrVG 1972; vgl. auch *BAG* 22.8.74 – 2 ABR 17/74, AP Nr. 1 zu § 103 BetrVG 1972; 20.3.75 – 2 ABR 111/74, AP Nr. 2 zu § 103 BetrVG 1972; 18.8.77 – 2 ABR 19/77, AP Nr. 10 zu § 103 BetrVG 1972.

Es ist gesetzlich nicht geregelt, **unter welchen Voraussetzungen** der BR die Zustimmung zu einer außerordentlichen Kündigung eines geschützten betriebsverfassungsrechtlichen Funktionsträgers erteilen muss oder verweigern kann. Er ist an keine bestimmten Zustimmungsverweigerungsgründe gebunden.[140] Der BR hat in dieser Frage allerdings keinen eigenen, gerichtlich nicht überprüfbaren Ermessens- bzw. Beurteilungsspielraum.[141] 32

Für das Zustimmungsverfahren ist der **einzelne BR,** nicht der GBR zuständig. Über den Antrag des AG **entscheidet der BR durch Beschluss** (§ 33). Nach der Rspr. des *BAG*[142] kann der BR die Entscheidung über die Zustimmung auf den Betriebsausschuss oder einen anderen nach § 28 gebildeten Ausschuss übertragen. Ist ein **BR-Mitglied** von der beabsichtigten Kündigung **betroffen,** darf es **weder an der vorausgehenden Beratung noch an der Beschlussfassung teilnehmen.** Es handelt sich um einen Fall der rechtlichen Verhinderung nach § 25[143]. Selbstverständlich ist das BR-Mitglied zum Zwecke der Sachverhaltsermittlung und zur Verwirklichung des Anspruchs auf rechtliches Gehör einzuladen und anzuhören (vgl. a. § 33 Rn. 25, 26). An die Stelle des verhinderten BR-Mitglieds tritt ein Ersatzmitglied.[144] Das gilt nicht für die Beauftragung eines Rechtsanwalts zur Vertretung des BR im Zustimmungsersetzungsverfahren.[145] Nimmt das betroffene BR-Mitglied an der Beratung über seine eigene Kündigung teil, ist der Beschluss des BR nichtig.[146] Auch bei nichtigem Beschluss des BR muss der AG die fehlende Zustimmung des BR vor dem ArbG ersetzen lassen (vgl. Rn. 36). Soll einem **Mitglied der JAV** außerordentlich gekündigt werden, ist die JAV – mit Ausnahme des betroffenen Mitglieds, das durch ein Ersatzmitglied vertreten wird – an der Abstimmung des BR zu beteiligen. Ein **Ersatzmitglied,** das anstelle des betroffenen Mitglieds an der Beschlussfassung mitwirken würde, ist seinerseits **ausgeschlossen,** wenn es als Vorgesetzter gerade die Kündigung des Betriebsratsmitglieds betreibt.[147] 33

Geht es um die außerordentliche Kündigung eines **schwerbehinderten Menschen,** der **gleichzeitig BR-Mitglied** ist, so ist das Verfahren nach § 178 SGB IX durchzuführen (s. Rn. 11, § 102 Rn. 260aff.). 34

Nach zutreffender Rspr. des *BAG* ist die Überprüfung des Unwirksamkeitsgrundes der **fehlenden Zustimmung des Integrationsamtes** nicht Gegenstand des Zustimmungsersetzungsverfahrens nach § 103.[148] Deshalb erstreckt sich bei rechtskräftigem Abschluss des Zustimmungsersetzungsverfahrens dessen Präklusionswirkung nicht auf den Unwirksamkeitsgrund aus § 168 SGB IX und damit auch nicht auf ein etwaiges individualrechtliches Kündigungsschutzverfahren. Allerdings muss ein schwerbehinderter Mensch, wenn der AG in Unkenntnis der Schwerbehinderung ohne Zustimmung des Integrationsamtes gekündigt hat, innerhalb von drei Wochen seinen Sonderkündigungsschutz zuzüglich der Zeit der Übermittlung geltend machen.[149] 35

Die Zustimmung des BR erfordert einen **wirksamen BR-Beschluss.**[150] Die sog. **Sphärentheorie,** wie sie das *BAG* zu dem Anhörungsverfahren nach § 102 entwickelt hat (§ 102 Rn. 256), kommt im Bereich des § 103 **nicht zur Anwendung.**[151] Dem Zweck des umfassenden Schutzes nach § 103 würde es zuwiderlaufen, einen unwirksamen BR-Beschluss ausreichen zu lassen. Der Normzweck des § 103 könnte zudem durch »Übereilung« oder »Überrumpelung« unterlaufen werden. Allerdings gesteht die Rspr. dem AG Vertrauensschutz zu, wenn der zust. BR- 36

140 LKK-*Caspers*, Rn. 34.
141 Linck/Krause/Bayreuther-*Bayreuther*, § 15 KSchG Rn. 123.
142 *BAG* 17.3.05 – 2 AZR 275/04, AiB 06, 178 mit Anm. *Müller*.
143 *BAG* 25.4.18 – 2 AZR 401/17, NZA 18, 1087, Rn. 8.
144 *BAG* 26.8.81 – 7 AZR 550/79, AP Nr. 13 zu § 103 BetrVG 1972; 23.8.84 – 2 AZR 391/83, AP Nr. 17 zu § 103 BetrVG 1972.
145 *LAG Hamm* 10.6.98 – 3 TaBV 15/98, AiB 99, 461 mit Anm. *Hess-Grunewald*.
146 Vgl. *BAG* 23.8.84 – 2 AZR 391/83, AP Nr. 17 zu § 103 BetrVG 1972; vgl. auch Rn. 33.
147 Vgl. *ArbG Berlin* 1.2.13 – 28 Ca 18456/12, BB 2013, 691; a. A. *Fröhlich*, ArbRB 19, 16, 18.
148 *BAG* 11.5.00 – 2 AZR 276/99, AP BetrVG 1972 § 103 Nr. 42.
149 *BAG* 22.9.16 – 2 AZR 700/15, NZA 17, 304.
150 Vgl. *BAG* 24.10.96 – 2 AZR 3/96, NZA 97, 371.
151 *BAG* 23.8.84 – 2 AZR 391/83, AP Nr. 17 zu § 103 BetrVG 1972; *Fitting*, Rn. 38; vgl. umfassend *Klebe/Schumann*, DB 78, 1591; a. A. Richardi-*Thüsing*, Rn. 54.

Vorsitzende oder im Vertretungsfall der Stellvertreter erklärt, der BR habe zugestimmt, weil der AG dann von einer ordnungsgemäßen Beschlussfassung ausgehen darf. Dies ist aber ausgeschlossen, wenn der AG Zweifel an einer ordentlichen Beschlussfassung haben muss, weil er Kenntnisse von Umständen hatte oder haben musste, die diese Zweifel begründen.[152] Aus diesem Grunde muss es auch dabei bleiben, dass nur ein wirksamer Zustimmungsbeschluss das Zustimmungsersetzungsverfahren überflüssig macht und der AG keinen Vertrauensschutz verdient, wenn er an der Ordnungsgemäßheit der Beschlussfassung zweifelt.[153] Keinesfalls reicht die spontane Zustimmungserklärung des BR-Vorsitzenden ohne BR-Beschluss aus.[154] Der AG muss im Zweifelsfall nachfragen, will er nicht riskieren, ohne Zustimmung gekündigt zu haben. Daraus ergibt sich kein Dilemma für ihn.[155] Er muss nach Ablauf der Frist (Rn. 31) vorsorglich das Zustimmungsersetzungsverfahren einleiten. Stellt sich darin die ordnungsgemäße Beschlussfassung heraus, ist der Zustimmungsersetzungsantrag unbegründet und er kann unverzüglich analog § 174 Abs. 5 SGB IX kündigen,[156] ohne dass die Ausschlussfrist des § 626 Abs. 2 BGB versäumt würde[157]. Anderenfalls ist vom Gericht über den Zustimmungsersetzungsantrag zu entscheiden. Dafür, dass der AG Zweifel an einer ordnungsgemäßen Beschlussfassung haben musste, bedarf es substanziierten Vortrags, bloßes Bestreiten durch den AN genügt nicht.[158]

37 Auch wenn der AG **allen Mitgliedern des BR** aus demselben Anlass nach § 626 Abs. 1 BGB außerordentlich kündigen will und keine Ersatzmitglieder vorhanden sind, die nachrücken könnten, muss er, solange ein beschlussfähiger BR (§ 33 Abs. 2) besteht, vor Ausspruch der Kündigungen zunächst beim BR die Zustimmung zu den beabsichtigten Kündigungen beantragen.[159] Ein BR-Mitglied darf zwar an der Beratung und Abstimmung über seine eigene Kündigung **nicht teilnehmen** (jedoch an der Sachverhaltsermittlung, vgl. Rn. 33), wohl aber an der Beratung und Beschlussfassung über die Kündigung anderer BR-Mitglieder aus dem **gleichen Grund.**[160]

38 Es bleibt dem BR überlassen, **wie** er dem AG die Erteilung oder die Verweigerung seiner Zustimmung mitteilen will. Das kann sowohl **mündlich als auch schriftlich** geschehen. Eine bestimmte Form ist nicht vorgeschrieben. Hat der BR seine Zustimmung einmal erteilt, ist eine **Rücknahme nicht mehr möglich.**[161]

39 Das notwendige Zustimmungserfordernis entfällt nicht während eines **Arbeitskampfes** (vgl. § 102 Rn. 43). Nach Auffassung des *BAG* bedürfen allerdings außerordentliche Kündigungen gegenüber Mitgliedern des BR, des WV oder Wahlbewerbern wegen Teilnahme an **rechtswidrigen Arbeitsniederlegungen** (sog. Kampfkündigungen) nicht der Zustimmung des BR.[162] Der AG hat dann aber ebenso wie in einem Betrieb ohne BR in entsprechender Anwendung des § 103 Abs. 2 alsbald die **Erteilung der Zustimmung beim ArbG** zu beantragen.[163] Erst wenn diese rechtskräftig erteilt ist, kann die Kündigung ausgesprochen werden.

3. Verfahren ohne BR (Abs. 2a) oder bei einköpfigem BR

40 Die für eine außerordentliche Kündigung notwendige Zustimmung des BR kann der AG dann nicht einholen, wenn im Betrieb **kein BR besteht.** Das kann z. B. der Fall sein, wenn in einem bisher betriebsratslosen Betrieb eine BR-Wahl durchgeführt wird und der AG einem Mitglied des WV oder einem Wahlbewerber außerordentlich kündigen will. Gleichwohl ist der Kündi-

152 *BAG* 23.8.84 – 2 AZR 391/83, AP Nr. 17 zu § 103 BetrVG 1972; 29.11.84 – 2 AZR 581/32.
153 A. A. KR-*Rinck*, Rn. 109.
154 *BAG* 24.10.96 – 2 AZR 3/96, DB 97, 1285.
155 So aber *Besgen*, NZA 11, 133, 134 f.; HWK-*Ricken*, Rn. 15.
156 GK-*Raab*, Rn. 107.
157 A. A. *Besgen*, NZA 11, 133, 134 f.
158 *ArbG Mannheim*, 1.12.21 – 2 Ca 106/21, NZA-RR 22, 192, Rn. 65.
159 GK-*Raab*, Rn. 65.
160 *BAG* 25.3.76 – 2 AZR 163/75, AP Nr. 6 zu § 103 BetrVG 1972.
161 *APS-Linck*, Rn. 22; *Fitting*, Rn. 37; GK-*Raab*, Rn. 68; Richardi-*Thüsing*, Rn. 49, 52.
162 *BAG* 14.2.78 – 1 AZR 54/76, AP Nr. 57 zu Art. 9 GG Arbeitskampf; vgl. GK-*Raab*, Rn. 48 m. w. N.
163 *BAG* 14.2.78 – 1 AZR 54/76, AP Nr. 57 zu Art. 9 GG Arbeitskampf; vgl. Rn. 40; a. A. GK-*Raab*, Rn. 48.

gungsschutz nach § 103 gegeben. Der AG hat die **Zustimmung zur Kündigung unmittelbar beim ArbG** zu beantragen.[164] Dies ist seit dem Betriebsrätemodernisierungsgesetz in Abs. 2a ausdrücklich so geregelt, indem das Verfahren nach Abs. 2 entsprechend gilt (vgl. Rn. 1a), folgte zuvor aber bereits aus der Rspr.[165] Hat der AG danach direkt beim ArbG die Zustimmung beantragt und wird danach ein BR gewählt, steht dies der Entscheidung des ArbG entgegen, weil der BR Gelegenheit haben muss, sich mit dem Zustimmungsantrag auseinanderzusetzen, das ArbG ist kein Ersatz-BR.[166] Der Antrag wird mit Konstituierung unzulässig.[167] Diese vor Inkrafttreten der Regelung des Abs. 2 ergangene Rspr. muss auch nach der Neuregelung im Hinblick auf deren Zweck und die Absicht des Gesetzgebers, die höchstrichterliche Rspr. zu bestätigen, maßgeblich sein. Erteilt der BR die Zustimmung, tritt Erledigung ein, verweigert er sie, ist eine Antragsumstellung geboten. Die unmittelbare Anrufung des ArbG ist auch dann geboten, wenn es sich um einen einköpfigen BR handelt und ein Ersatzmitglied nicht vorhanden ist.[168] Aus dem Umstand allein, dass Abs. 2a diese Frage nicht regelt, folgt nicht etwa im Umkehrschluss das Gegenteil.[169] Ausweislich der Gesetzesbegründung hat der Gesetzgeber sich mit dieser Fragestellung überhaupt nicht befasst.[170] Wenn das gewählte Ersatzmitglied noch im Betrieb tätig ist, muss der AG die Zustimmung zur fristlosen Kündigung des einzigen BR-Mitglieds durch das Ersatzmitglied einholen.

4. Zustimmungsersetzungsverfahren beim Arbeitsgericht

Stimmt der BR der außerordentlichen Kündigung nicht zu oder gibt er innerhalb der Frist 41
von drei Tagen (vgl. Rn. 31) keine entsprechende Erklärung ab, ist der AG gehalten, **das ArbG anzurufen,** wenn er an seiner Kündigungsabsicht festhalten will.[171] In einem Gemeinschaftsbetrieb ist das Zustimmungsersetzungsverfahren von dem jeweiligen Vertragsarbeitgeber einzuleiten; die Mitantragstellung durch die anderen am Gemeinschaftsbetrieb beteiligten UN ist nicht erforderlich.[172] Das ArbG kann die fehlende Zustimmung des BR ersetzen. Über den Antrag des AG ist im arbeitsgerichtlichen **Beschlussverfahren** (§§ 2a, 80 ff. ArbGG) zu entscheiden. In dem Beschlussverfahren vor dem ArbG hat der **betroffene AN** kraft Gesetzes die Rechtsstellung eines **Beteiligten** (vgl. auch Rn. 54). Beteiligte sind darüber hinaus der AG und der BR.

Der AG hat **innerhalb der Ausschlussfrist des § 626 Abs. 2 BGB** den Antrag auf Ersetzung 42
der Zustimmung des BR beim ArbG zu stellen, wenn er sein Kündigungsrecht nicht verlieren will.[173] Ein **späterer Ersetzungsantrag** ist **unbegründet.**[174] Wird die Frist versäumt, ist eine danach ausgesprochene Kündigung **nichtig.** Ein **vor der Entscheidung des BR** gestellter (vorsorglicher) Zustimmungsersetzungsantrag des AG ist unzulässig; er wird auch nicht mit der Zustimmungsverweigerung des BR zulässig.[175]

---

164 Richardi-*Thüsing*, Rn. 3a.
165 *BAG* 12.8.76 – 2 AZR 303/75, AP Nr. 2 zu § 15 KSchG 1969; 30.5.78 – 2 ABR 59/07, AP Nr. 4 zu § 15 KSchG 1969; APS-*Linck*, Rn. 16; *Fitting*, Rn. 11.
166 *BAG* 30.5.1978 – 2 AZR 637/76, AP Nr. 4 zu § 15 KSchG 1969.
167 *LAG Köln* 25.1.19 – 9 TaBV 117/18, NZA-RR 19, 323; *Fitting*, Rn. 50b; GK-Raab, § 103 Rn. 73; für Unbegründetheit Richardi/*Thüsing*, Rn. 79; lediglich für eine Beteiligung des neuen BR ErfK-Kania, § 103, BetrVG Rn. 17.
168 Vgl. *BAG* 25.4.18 – 2 AZR 401/17, NZA 18, 1087, Rn. 8; LKK-*Caspers*, Rn. 38.
169 Ebenso GK-*Raab*, Rn. 53; i. E. ebenso, allerdings ohne auf die Regelung des Abs. 2a einzugehen KR-*Rinck*, Rn. 56.
170 BR-Drs. 271/21, S. 21.
171 *BAG* 24.10.96 – 2 AZR 3/96, DB 97, 1285.
172 *LAG Köln* 23.4.18 – 9 TaBV 79/17, LAGE § 103 BetrVG 2001 Nr. 26.
173 Vgl. *BAG* 24.10.96 – 2 AZR 3/96, NZA 97, 371.
174 *BAG* 18.8.77 – 2 ABR 19/77, AP Nr. 10 zu § 103 BetrVG 1972; 7.5.86 – 2 ABR 27/85, AP Nr. 18 zu § 103 BetrVG 1972; 22.1.87 – 2 ABR 6/86, AP Nr. 24 zu § 103 BetrVG 1972; 25.4.18 – 2 AZR 401/17, NZA 18, 1087, Rn. 18; 27.6.19 – 2 ABR 2/19, AP Nr. 275 zu § 626 BGB.
175 *BAG* 24.10.96 – 2 AZR 3/96, NZA 97, 371; 7.5.86 – 2 ABR 27/85, AP Nr. 18 zu § 103 BetrVG 1972; *LAG Berlin-Brandenburg* 11.5.20 – 12 TaBV 1966/19, NZA-RR 20, 524, Rn. 30.

43 Es ist **nicht zulässig,** dass der AG im gerichtlichen Zustimmungsersetzungsverfahren **Kündigungsgründe nachschiebt.** Der AG muss vielmehr erneut an den BR herantreten und um seine Zustimmung bitten. Es genügt nicht, wenn der BR-Vorsitzende auf Grund seiner Teilnahme am gerichtlichen Zustimmungsersetzungsverfahren die neuen (nachgeschobenen) Kündigungsgründe erfährt und der Verfahrensbevollmächtigte des BR im Einvernehmen mit ihm weiterhin beantragt, die vom AG begehrte Ersetzung der Zustimmung zur Kündigung nicht zu erteilen.[176] Bzgl. **neuer Kündigungsgründe muss der BR erneut angehört und um Zustimmung ersucht werden.**[177] In diesem Sinne erfordert auch ein Übergang von einer Tatkündigung auf eine Verdachtskündigung eine neue Befassung des BRs, wenn der Zustimmungsantrag nicht bereits auch auf die Möglichkeit einer Verdachtskündigung bezogen war.[178] Verweigert der BR die Zustimmung, können die neuen Gründe im Zustimmungsersetzungsverfahren nur innerhalb der Zweiwochenfrist des § 626 Abs. 2 BGB vorgebracht werden.[179] Der BR kann im gerichtlichen Zustimmungsersetzungsverfahren seine Zustimmung auch noch **nachträglich erteilen.** Dadurch **erledigt** sich das **Zustimmungsersetzungsverfahren.**[180] Der AG hat dann aber die Kündigung **unverzüglich** auszusprechen.[181]

44 Der Antrag des AG im Zustimmungsersetzungsverfahren wird wegen Wegfalls des Rechtsschutzbedürfnisses **unzulässig,** wenn das Arbeitsverhältnis **vor der Entscheidung des ArbG endet.**[182] Ebenso wird mit der **Beendigung des besonderen Kündigungsschutzes** nach § 103 ein vorher eingeleitetes Zustimmungsersetzungsverfahren wegen Wegfalls des Rechtsschutzinteresses **gegenstandslos.**[183] Das gilt auch, wenn das Amt aufgrund einer erfolgreichen Anfechtung der Betriebsratswahl endet. Der AG ist nunmehr berechtigt, ohne Zustimmung des BRs nach § 103 die Kündigung auszusprechen. War ein Ersatzmitglied bei Beginn des Anhörungsverfahrens nach § 102 noch nicht nachgerückt, rückt es aber vor Zugang der Kündigung nach, bedarf diese der Zustimmung des BRs.[184] Der AG muss das Verfahren nach § 103 dann nachholen und ggf. erneut kündigen. Keine Amtsbeendigung liegt dann vor, wenn sich an das Ende der Amtszeit, in der ein Antrag nach § 103 Abs. 2 gestellt wurde, als Folge einer Wiederwahl ohne Unterbrechung eine neue Amtszeit des Betriebsratsmitglieds anschließt. In diesem Fall gilt die Zustimmungsverweigerung durch den Betriebsrat fort. Das Zustimmungsersetzungsverfahren erledigt sich nicht, sondern wird mit dem neu gewählten BR weitergeführt.[185] Ein **Streik,** dessen Ziel es ist, den AG zu veranlassen, seinen gerichtlichen Antrag auf Ersetzung der Zustimmung zurückzunehmen, ist nach Auffassung des *BAG* **rechtswidrig.**[186]

45 Erklärt der BR nach einer stattgebenden Entscheidung des ArbG – zwischen den Instanzen – die ursprünglich verweigerte **Zustimmung zur Kündigung eines Mitglieds,** so handelt es sich hierbei um ein objektiv das Verfahren erledigendes Ereignis.[187] Damit entfällt für den AG das Rechtschutzbedürfnis an der Fortführung des Verfahrens.

46 In dem Beschlussverfahren hat der **AG** dem Gericht den **Sachverhalt eingehend darzulegen und unter Beweis zu stellen** (vgl. DKWF-*Bachner/Deinert,* § 103 Rn. 6). Der für das Beschlussverfahren geltende Untersuchungsgrundsatz ist auf das Zustimmungsersetzungsverfahren wegen dessen Präjudizwirkung für den Kündigungsschutzprozess nur eingeschränkt anwendbar. Deshalb führt der Untersuchungsgrundsatz im Zustimmungsersetzungsverfahren insbesondere nicht dazu, dass die ArbGe einen ungenügend vorgetragenen Kündigungssachverhalt auch

---

176 *BAG* 27.5.75 – 2 ABR 125/74, AP Nr. 4 zu § 103 BetrVG 1972.
177 LKK-*Caspers*, Rn. 62.
178 *BAG* 23.4.08 – 2 ABR 71/07, NZA 08, 1081, 1083.
179 *BAG* 22.8.74 – 2 ABR 17/74, AP Nr. 1 zu § 103 BetrVG 1972; 27.5.75 – 2 ABR 125/74, AP Nr. 4 zu § 103 BetrVG 1972; 27.1.77 – 2 ABR 77/76, AP Nr. 7 zu § 103 BetrVG 1972.
180 *BAG* 23.6.93 – 2 ABR 58/92, BB 94, 284; 10.12.92 – 2 ABR 32/92, EZA § 103 BetrVG 1972 Nr. 33.
181 *BAG* 17.9.81 – 2 AZR 402/79, AP Nr. 14 zu § 103 BetrVG 1972.
182 Ständ. Rspr., *BAG* 27.6.02 – 2 ABR 22/01, DB 02, 2655.
183 *BAG* 27.1.11 – 2 ABR 114/09, AP Nr. 68 zu § 15 KSchG 1969; *HessLAG* 12.1.88 – 4 TaBV 227/86, BB 88, 1331.
184 *BAG 27.9.12* – 2 AZR 955/11, NZA 13, 425.
185 *BAG* 27.1.11 – 2 ABR 114/09, NZA 11, 348.
186 *BAG* 7.6.88 – 1 AZR 372/86, AP Nr. 106 zu Art. 9 GG Arbeitskampf.
187 *LAG Berlin* 13.7.04 – 16 TaBV 2358/03, EzA-SD, Nr. 17, 12–13.

zu Gunsten des AG aufklären und hierbei von sich aus Beweis erheben müssen.[188] Der Amtsermittlungsgrundsatz darf auch nicht dazu führen, dass das ArbG einen bestimmten Sachverhalt, der in dem Verfahren bekannt wird, zur Rechtfertigung der beabsichtigten Kündigung heranzieht, wenn sich der AG nicht auf diesen Sachverhalt stützt.[189] Hierin läge darüber hinaus zu Ungunsten des Amtsträgers eine nach § 78 verbotene Schlechterstellung gegenüber anderen AN.[190] Weitergehend noch wird auch die Ansicht vertreten, dass der Untersuchungsgrundsatz auch nicht zu Gunsten des Betriebsratsmitglieds zur Anwendung kommen könne, weil es im Kern um eine Streitigkeit um die Kündigung und damit um eine individualrechtliche Auseinandersetzung gehe und das Betriebsratsmitglied in Anwendung des Untersuchungsgrundsatzes unzulässig begünstigt würde.[191] Mit dieser Argumentation bleibt aber unberücksichtigt, dass es bei der Auseinandersetzung nicht allein um die individualrechtliche Position des Betriebsratsmitglieds geht, sondern auch um das kollektive Interesse an einer unveränderten Zusammensetzung des Betriebsverfassungsorgans. Anders als mit Blick auf die Stellung des AGs muss es insoweit bei dem Wertungswiderspruch zu einem reinen Individualprozess bleiben, weil mehr als nur die individualrechtliche Position des Beteiligten auf dem Spiel steht. Eine insoweit vergleichsweise bessere Stellung des Betriebsratsmitglieds erweist sich damit letztlich als bloßer Rechtsreflex. Die objektive Beweislast für die Voraussetzungen der Kündigung trägt dabei der AG, ohne dass es eine abgestufte Darlegungs- und Beweislast gäbe.[192] Für die Entscheidung des ArbG kommt es nicht darauf an, ob der BR bei seinem ablehnenden Beschluss das ihm zustehende Ermessen fehlerhaft ausgeübt hat; denn das Gericht hat eine eigene Rechtsentscheidung zu treffen.[193]

Nach der Rspr. des *BAG*[194] kann der Antrag des AG auf Ersetzung der Zustimmung **hilfsweise** mit einem **Antrag auf Ausschluss** des betroffenen AN aus dem betriebsverfassungsrechtlichen Organ (z. B. dem BR oder der JAV) verbunden werden. Dagegen ist die Antragstellung in **umgekehrter Reihenfolge,** also den Ausschließungsantrag nach § 23 Abs. 1 hilfsweise mit einem Antrag nach § 103 Abs. 2 zu verbinden, **unzulässig.**[195] 47

Im Zustimmungsersetzungsverfahren nach Abs. 2 sind **einstweilige Verfügungen** auf Ersetzung der Zustimmung des BR **unzulässig.**[196] 48

Während der **Dauer des Zustimmungsersetzungsverfahrens** ist der von der Kündigung betroffene AN nicht **gehindert,** sein **Amt als BR-Mitglied** oder seine sonstigen betriebsverfassungsrechtlichen Funktionen **auszuüben.** Ein vom AG ausgesprochenes Hausverbot stellt eine gesetzwidrige Behinderung der Amtstätigkeit dar.[197] Das BR-Mitglied ist daher nach der hier vertretenen Auffassung auch nicht daran gehindert, weiterhin den Betrieb zum Zwecke der Ausübung seines Amtes zu betreten. Eine Ausnahme ist nur für den Fall anzuerkennen, dass vom Zutrittsrecht rechtsmissbräuchlich Gebrauch gemacht wird.[198] Das kann etwa der Fall sein, wenn der begründete Verdacht besteht, dass statt BR-Arbeit Beweismittel für Pflichtverletzungen beseitigt werden sollen.[199] Auch eine **Suspendierung von der Arbeit kommt regelmäßig nicht in Betracht.** Nur unter engen Voraussetzungen, wenn also ganz überwiegende und schutzwürdige Interessen des AG es erfordern, kann eine Suspendierung gerechtfertigt sein. Der AG darf also selbst dann, wenn möglicherweise eine außerordentliche Kündigung gerechtfertigt ist, die Arbeitsleistung des betroffenen ANs nicht ablehnen; dies ist nur dann möglich, 49

188 *LAG Düsseldorf* 7. 1. 04 – 12 TaBV 69/03, LAGReport 04, 137 ff.
189 *BAG* 27. 1. 77 – 2 ABR 77/76, AP Nr. 7 zu § 103 BetrVG 1972, vgl. zum Amtsermittlungsgrundsatz auch *LAG Hamm* 12. 7. 16 – 7 TaBV 3/16, RDG 17, 20; KR-*Rinck*, Rn. 121.
190 *LAG Düsseldorf* 29. 11. 93 – 12 TaBV 82/93, BB 94, 793; *Eylert/Fenski*, BB 90, 2401.
191 *Werner*, Die Aufgabe des Untersuchungsgrundsatzes beim Zustimmungsersetzungsverfahren nach § 103 Absatz bei Betriebsverfassungsgesetz, 2013, S. 146 ff.
192 *LAG Rheinland-Pfalz* 21. 7. 20 – 8 TaBV 12/19, Rn. 127; dazu *Kühnreich*, DB 21, 64.
193 *BAG* 22. 8. 74 – 2 ABR 17/74, AP Nr. 1 zu § 103 BetrVG 1972.
194 *BAG* 21. 2. 78 – 1 ABR 54/76, AP Nr. 1 zu § 74 BetrVG 1972.
195 *BAG* 21. 2. 78 – 1 ABR 54/76, AP Nr. 1 zu § 74 BetrVG 1972; *Fitting*, Rn. 44.
196 *ArbG Hamm* 21. 7. 75 – 3 BV Ca 3/75, BB 75, 1065; APS-*Linck*, Rn. 38; HWGNRH-*Huke*, Rn. 85; KR-*Rinck*, Rn. 136; Richardi-*Thüsing*, Rn. 82.
197 *Fuhlrott/Garden*, NZA 19, 1620 ff.
198 GK-*Raab*, Rn. 119; LKK-*Caspers*, Rn. 77.
199 *Fuhlrott/Garden*, NZA 19, 1620 [1623].

wenn eine Weiterbeschäftigung zu erheblichen Gefahren für den Betrieb und/oder die dortigen tätigen Personen führen würde.[200] Wegen des Schutzes der Amtstätigkeit ist es auch **unzulässig,** durch eine **einstweilige Verfügung** dem AN die Ausübung des Amtes zu untersagen.[201] Da der AG das BR-Mitglied nicht während des Zustimmungsverfahrens suspendieren kann, gerät er in Annahmeverzug (§ 615 BGB), wenn er ihm den Zutritt zum Betrieb verweigert. Dem kann er auch nicht durch Nachweis einer anderen Beschäftigungsmöglichkeit unter dem Gesichtspunkt böswillig unterlassenden Erwerbs (§ 615 Satz 2 BGB) entgehen.[202] Denn die Annahme einer solchen Ausweichbeschäftigung ist dem Betriebsratsmitglied unzumutbar. Alles andere liefe darauf hinaus, dem AG eine »Suspendierung über den Geldbeutel« zu ermöglichen.

50 Hat der BR seine **Zustimmung erteilt** oder das ArbG sie rechtskräftig ersetzt, ist das Mitglied des BR während eines nachfolgenden Kündigungsrechtsstreits (vgl. Rn. 62 ff.) an der Ausübung seiner BR-Tätigkeit verhindert.[203]

51 Das ArbG hat über den Antrag des AG auf Ersetzung der Zustimmung durch **Beschluss** zu entscheiden (§ 84 ArbGG). Dem Antrag ist nach h. M. stattzugeben, wenn das Gericht der Meinung ist, dass ein **wichtiger Grund i. S. d. § 626 Abs. 1 BGB** vorliegt und damit die außerordentliche Kündigung begründet ist (zu Amtspflichtverletzungen vgl. Rn. 27).[204] Liegt ein **wichtiger Grund nicht vor,** ist der **Antrag abzuweisen.** Hat der AG das Zustimmungseinholungsverfahren **nicht ordnungsgemäß** durchgeführt, weil z. B. die Unterrichtung des BR unvollständig erfolgte, ist der Antrag des AG ebenfalls **abzuweisen.**

51a Wenn es keiner Zustimmung des BR bedarf, ist dies auch ohne entsprechenden Antrag im abweisenden Beschluss festzustellen. Dieser hat präjudizielle Wirkung für einen späteren Kündigungsschutzprozess.[205]

52 **Ersetzt** das ArbG die fehlende Zustimmung des BR zur außerordentlichen Kündigung, kann der **AG die Kündigung aussprechen,** allerdings erst dann, wenn der Beschluss, ggf. nach Durchführung des Rechtsbeschwerdeverfahrens vor dem *BAG*, **rechtskräftig** geworden ist.[206] Spricht der AG eine außerordentliche Kündigung **vor** der abschließenden rechtskräftigen gerichtlichen Entscheidung aus, ist diese unheilbar nichtig.[207] Ist gegen den die Zustimmung ersetzenden Beschluss des LAG **Nichtzulassungsbeschwerde** eingelegt worden, muss der AG die Ablehnung der Nichtzulassungsbeschwerde abwarten.[208] Im Fall **offensichtlich aussichtsloser Rechtsmittel oder Rechtsbehelfe** soll hingegen schon vor Eintritt der formellen Rechtskraft die Kündigung zulässig sein.[209] Das ist aus Gründen der Rechtssicherheit abzulehnen.[210] Wartet der AG die *BAG*-Entscheidung nicht ab, ist die Kündigung ebenfalls nichtig.[211] Eine Kündigung ist auch dann nichtig, wenn sie nach der Zustellung des Terminprotokolls des LAG, aber vor Zustellung der Gründe im Zustimmungsersetzungsverfahren ausgesprochen wird.

53 Möchte der AG nach rechtskräftiger Ersetzung der BR-Zustimmung die außerordentliche Kündigung aussprechen, so muss die Kündigung – entsprechend § 174 Abs. 5 SGB IX – unverzüglich erfolgen; die Frist des § 626 Abs. 2 BGB ist in diesem Fall nicht maßgeblich (vgl.

---

200 *LAG Hamm* 12.12.01 – 10 Sa 1741/01, NZA-RR 03, 311; *LAG Hamm* 25.11.11 – 13 SaGa 44/11, juris; großzügiger beispielsweise *Eylert*, AuR 14, 300, 307.
201 Vgl. *Lepke*, BB 73, 899.
202 *ArbG München* 6.7.10 – 26 Ca 2220/10, AiB 10, 689.
203 *LAG Düsseldorf* 27.2.75 – 3 TaBV 2/75, DB 75, 700; *LAG Schleswig-Holstein* 2.9.76 – 4 TaBV 11/76, BB 76, 1319; *Fitting*, Rn. 45.
204 *BAG* 23.10.08 – 2 ABR 59/07, NZA 09, 855, 856.
205 *BAG* 18.9.97 – 2 ABR 15/97, AP Nr. 35 zu § 103 BetrVG 1972.
206 *BAG* 28.2.08 – 3 AZB 56/07, AP ZPO § 189 Nr. 1; 16.11.17 – 2 AZR 14/17, NZA 18, 240, Rn. 18 ff.
207 *BAG* 22.8.74 – 2 ABR 17/74, AP Nr. 1 zu § 103 BetrVG 1972; 20.3.75 – 2 ABR 111/74, AP Nr. 2 zu § 103 BetrVG 1972; 11.11.76 – 2 AZR 457/75, AP Nr. 8 zu § 103 BetrVG 1972; 1.12.77 – 2 AZR 426/76, AP Nr. 11 zu § 103 BetrVG 1972.
208 *BAG* 9.7.98 – 2 AZR 142/98, AP Nr. 36 zu § 103 BetrVG 1972; dazu ausführlich *Linck/Koch*, FS *100 Jahre Betriebsverfassungsrecht*, S. 399, 404 ff.
209 *BAG* 24.11.11 – 2 AZR 480/10, AP Nr. 71 zu § 15 KSchG 1969, Rn. 18.
210 Vgl. *Linck/Koch*, FS 100 Jahre Betriebsverfassungsrecht, S. 399, 407 f.
211 Vgl. *BAG* 9.7.98 – 2 AZR 142/98, AP Nr. 36 zu § 103 BetrVG 1972.

Rn. 30 f.).[212] Der AG ist aber keinesfalls genötigt, die Kündigung zu erklären, falls noch keine formelle Rechtskraft eingetreten ist, auch nicht, wenn ein offensichtlich aussichtsloses Rechtsmittel bzw. Rechtsbehelf eingelegt wurde.[213] Auch wenn der Sonderkündigungsschutz des Amtsträgers während des laufenden Zustimmungsersetzungsverfahrens endet, muss der AG die Kündigung unverzüglich aussprechen, nachdem er Kenntnis von der Beendigung des Sonderkündigungsschutzes erlangt hat.[214]

In einem Zustimmungsersetzungsverfahren nach § 103 ist der Betroffene **Beteiligter** (Abs. 2 Satz 2; § 83 ArbGG). Er kann deshalb ggf. nach § 87 Abs. 1 ArbGG Beschwerde[215] und Rechtsbeschwerde einlegen (§§ 92, 92a ArbGG). Dieses Recht hat er auch, wenn der BR die gerichtliche Entscheidung hinnimmt[216] oder sich keine Mehrheit für die Beschwerde findet[217] bzw. der BR seine zunächst verweigerte Zustimmung zwischen den Instanzen erklärt.[218] Ist ein Zustimmungsersetzungsantrag des AG nach § 103 Abs. 2, dem das ArbG stattgegeben hatte, auf die Beschwerde des beteiligten BR-Mitglieds hin vom LAG rechtskräftig abgewiesen worden, so hat der AG die dem BR-Mitglied im Beschwerdeverfahren entstandenen Rechtsanwaltskosten in gleicher Weise zu erstatten, wie wenn das BR-Mitglied in einem entsprechenden Kündigungsschutzprozess obsiegt hätte. Das gebietet das Benachteiligungsverbot des § 78 Satz 2.[219] 54

Auch wenn das ArbG die fehlende Zustimmung des BR ersetzt, bleibt es dem **betroffenen AN** unbenommen, nach Ausspruch der außerordentlichen Kündigung **Kündigungsschutzklage zu erheben.** Die im Zustimmungsersetzungsverfahren getroffene Entscheidung wirkt allerdings präjudiziell gegenüber dem Kündigungsschutzverfahren.[220] Der AN kann deshalb der vom Gericht bereits im Zustimmungsersetzungsverfahren getroffenen Entscheidung nur **neue Tatsachen** entgegenhalten, die im Beschlussverfahren noch nicht berücksichtigt werden konnten, insb., weil sie erst nach Abschluss des Beschlussverfahrens oder erst nach Ausspruch der Kündigung entstanden oder bekannt geworden sind.[221] Eine vom Zustimmungsersetzungsverfahren **abweichende Sachentscheidung** kann auch in Betracht kommen, wenn die **Formalien der Kündigung** oder die **Einhaltung der Frist** des § 626 Abs. 2 Satz 1 BGB **streitig** sind.[222] Allerdings ist die Zustimmungsersetzungsentscheidung präjudiziell für die Rechtzeitigkeit des Antrags (Rn. 42), nicht hingegen hinsichtlich der Einhaltung der Frist nach Zustimmungsersetzung (Rn. 53).[223] Ein Rechtsschutzbedürfnis ist somit für die Klage des betroffenen AN grundsätzlich zu bejahen, sodass sie nicht als unzulässig, sondern ggf. als unbegründet abzuweisen ist.[224] 55

Lehnt das ArbG die **Ersetzung der Zustimmung** des BR **rechtskräftig ab,** kann der AG dem betriebsverfassungsrechtlichen Funktionsträger eine **Kündigung nicht aussprechen.** Kündigt er dennoch, ist die ausgesprochene Kündigung **unwirksam.** Dies muss gleichwohl im Wege der Kündigungsschutzklage nach §§ 13 Abs. 3 mit 4, 7 KSchG geltend gemacht werden, weil sonst die Wirksamkeitsfiktion mit Auslaufen der Klagefrist eintritt. 56

---

212 *BAG* 24.4.75 – 2 AZR 118/74, AP Nr. 3 zu § 103 BetrVG 1972; 18.8.77 – 2 ABR 19/77, AP Nr. 10 zu § 103 BetrVG 1972; 25.1.79 – 2 AZR 983/77, AP Nr. 12 zu § 103 BetrVG 1972; 16.11.17 – 2 AZR 14/17, NZA 18, 240, Rn. 46; 25.4.18 – 2 AZR 401/17, NZA 18, 1087, Rn. 17; 1.10.20 – 2 AZR 238/20, NZA 20, 1639, Rn. 14; LKK-*Caspers*, Rn. 65.
213 Vgl. *BAG* 9.7.98 – 2 AZR 142/98, AP Nr. 36 zu § 103 BetrVG 1972.
214 *BAG* 16.11.17 – 2 AZR 14/17, NZA 18, 240, Rn. 46.
215 H.M.; vgl. *BAG* 23.6.93 – 2 ABR 58/92, AP Nr. 2 zu § 83a ArbGG; *Fitting*, Rn. 43 m.w.N.
216 *BAG* 10.12.92 – 2 ABR 32/92, EzA § 103 BetrVG Nr. 33.
217 *LAG Hamm* 13.2.75 – 8 TaBV 73/74, DB 75, 939.
218 *LAG Berlin* 13.7.04 – 16 TaBV 2358/03, EzA-SD, Nr. 17, 12–13.
219 *BAG* 31.1.90 – 7 ABR 39/89, BB 1991, 205.
220 LKK-*Caspers*, Rn. 70 f.
221 *BAG* 27.5.75 – 2 ABR 125/74, AP Nr. 4 zu § 103 BetrVG 1972; 16.11.17 – 2 AZR 14/17, NZA 18, 240, Rn. 42.
222 Vgl. KR-*Rinck*, Rn. 144.
223 Vgl. *BAG* 25.4.18 – 2 AZR 401/17, NZA 18, 1087, Rn. 18.
224 *BAG* 25.4.18 – 2 AZR 401/17, NZA 18, 1087, Rn. 18; *Fitting*, Rn. 47 m.w.N.

57 Nachdem ein Antrag des AGs **rechtskräftig** abgewiesen worden ist, kann ein erneutes Verfahren nur auf **neue Tatsachen** gestützt werden.[225]

58 Der AN kann sich später nicht auf solche **Kündigungshindernisse** berufen, die er im **Zustimmungsersetzungsverfahren** hätte einwenden können.[226] Dies gilt jedoch nicht für Kündigungshindernisse, die – wie die fehlende Zustimmung des Integrationsamtes zur Kündigung eines schwerbehinderten Menschen (Rn. 35) – noch nach Abschluss des betriebsverfassungsrechtlichen Zustimmungsersetzungsverfahrens beseitigt werden können. Auch die erst später mit Rückwirkung festgestellte Schwerbehinderung ist – unter den Voraussetzungen des § 173 Abs. 3 SGB IX – als neue Tatsache im Kündigungsschutzprozess berücksichtigungsfähig.[227] Die nicht rechtskräftige strafrechtliche Verurteilung eines BR-Mitglieds ist keine neue Tatsache, die eine Ersetzung der Zustimmung des BR zur außerordentlichen Kündigung des BR-Mitglieds zulassen würde, wenn bereits in einem früheren Verfahren die Zustimmungsersetzung rechtskräftig mit der Begründung versagt wurde, die Tatvorwürfe seien nicht erwiesen. Dagegen kann die Zustimmungsersetzung dann geboten sein, wenn das BR-Mitglied wegen der Tatvorwürfe inzwischen rechtskräftig strafrechtlich verurteilt wurde.[228]

59 Ist ein gerichtliches Zustimmungsersetzungsverfahren **vor der Neuwahl eines BR** oder eines anderen betriebsverfassungsrechtlichen Organs eingeleitet worden und wird das Organmitglied wiedergewählt oder ein WV-Mitglied bzw. ein Wahlbewerber erstmals in das betriebsverfassungsrechtliche Organ gewählt, gilt die bisherige (ablehnende) Erklärung des BR weiter.[229] Das Verfahren wird fortgeführt.[230] Nach der Rspr. des *BAG* wird ein eingeleitetes Zustimmungsersetzungsverfahren nach der Bekanntgabe des Wahlergebnisses gegenstandslos, wenn eine Wahl in das Organ nicht erfolgt ist,[231] desgleichen bei erfolgreicher Wahlanfechtung.[232] Der AG soll die Möglichkeit haben, eine außerordentliche Kündigung nach Anhörung des neu gewählten BR ohne erneute Anhörung auszusprechen.[233] Ein Zustimmungsersetzungsverfahren wirkt fort, auch wenn zwischenzeitlich **Sonderkündigungsschutz aus anderen Gründen** eintritt, etwa wenn ein BR-Mitglied Mitglied des WV wird.[234]

60 Das auf Ersetzung der Zustimmung des BRs zu einer fristlosen Kündigung eines Funktionsträgers gerichtete Verfahren ist gegenstandswertmäßig und damit für die **Anwaltsgebühren** wie der Kündigungsschutzprozess des Betroffenen zu behandeln, weil das Beschlussverfahren in der Regel die Berechtigung zum Ausspruch der Kündigung abschließend klärt. Diese präjudizielle Funktion des arbeitsgerichtlichen Zustimmungsersetzungsverfahrens rechtfertigt es, im Rahmen der Streitwertbestimmung § 42 Abs. 2 Satz 1 GKG (§ 12 Abs. 7 Satz 1 ArbGG a. F.) entsprechend anzuwenden.[235]

61 Hat der BR die Zustimmung zur außerordentlichen Kündigung verweigert, so sind die **Anwaltsverträge nicht** wegen widerstreitender Interessen als Folge einer Doppelmandatierung **nichtig,** wenn der Anwalt sowohl den BR im Zustimmungsersetzungsverfahren als auch das betroffene BR-Mitglied als Beteiligten vertritt. Denn der BR wie auch das beteiligte BR-Mitglied verfolgen in dem Zustimmungsersetzungsverfahren jeweils das gleiche Interesse, nämlich die

---

225 *BAG* 16.9.99 – 2 ABR 68/98, DB 99, 2014; vgl. auch *LAG Düsseldorf* 4.9.98 – 11 TaBV 44/98, AiB 99, 470 mit Anm. *Seefried*.
226 *BAG* 11.5.00 – 2 AZR 276/99, NZA 00, 1106.
227 *BAG* 11.5.00 – 2 AZR 276/99, NZA 00, 1106.
228 *BAG* 16.9.99 – 2 AZR 68/98, NZA 00, 158.
229 *Fitting*, Rn. 50.
230 *BAG* 12.3.09 – 2 ABR 24/08, NZA-RR 10, 180, 182.
231 *BAG* 12.3.09 – 2 ABR 24/08, NZA-RR 10, 180, 182; 30.5.78 – 2 AZR 637/76, AP Nr. 4 zu § 15 KSchG 1969.
232 *BAG* 12.3.09 – 2 ABR 24/08, NZA-RR 10, 180, 182.
233 *BAG* 12.3.09 – 2 ABR 24/08, NZA-RR 10, 180, 182; *Fitting*, Rn. 50.
234 *BAG* 16.11.17 – 2 AZR 14/17, NZA 18, 240, Rn. 36; vgl. auch *Besgen*, NZA 11, 133, 136.
235 *BAG* 11.5.00 – 2 AZR 276/99, AP BetrVG 1972 § 103 Nr. 42, *LAG Baden-Württemberg* 2.11.09 – 5 Ta 113/09, NZA-RR 10, 102; *LAG Rheinland-Pfalz* 30.3.04 – 2 TaBV 69/04, NZA-RR 04, 373; *LAG Hamm* 22.10.03 – 10 TaBV 145/03, FA 04, 63; *LAG Hamburg* 20.5.11 – 4 Ta 14/11, NZA-RR 11, 498; *LAG Schleswig-Holstein* 13.10.14 – 3 Ta 147/14, ArbR 14, 626.

Abwehr des arbeitgeberseitigen Kündigungsbegehrens.[236] Anders ist es, wenn der BR an der Zustimmungsverweigerung nicht mehr festhalten möchte.[237]

Für das **Nachschieben von Kündigungsgründen** gelten die zu § 102 entwickelten Grundsätze entsprechend (§ 102 Rn. 126 ff.). Teilweise wird die Auffassung vertreten[238], es könnten – anders als beim Anhörungsverfahren nach § 102 – im Verfahren nach § 103 nicht nur solche Tatsachen nachgeschoben werden, die bei Einleitung des Zustimmungsersetzungsverfahren bereits vorgelegen haben, sondern auch solche, die erst während des laufenden Verfahrens eingetreten sind. Dies soll ohne Rücksicht darauf gelten, ob diese Tatsachen dem AG bekannt waren oder nicht. Der AG muss aber auch dann vor der Einführung dieser Umstände im Zustimmungsersetzungsverfahren dem BR Gelegenheit gegeben haben, seine Stellungnahme im Licht der neuen Tatsachen zu überprüfen und ggf. seine Zustimmungsverweigerung auch auf weitere Gründe zu stützen. 61a

VI. Geltendmachung des Kündigungsschutzes, Streitigkeiten

1. Bei ordentlichen Kündigungen

Spricht der AG gegenüber einem BR-Mitglied oder gegenüber einem nach § 15 KSchG geschützten AN bzw. Mitglied eines anderen kollektiven Organs eine ordentliche Kündigung aus, ist diese **nichtig,** es sei denn, dass ein Fall der **Betriebsstilllegung** oder der Stilllegung einer Betriebsabteilung vorliegt (vgl. dazu Rn. 7). Der AN muss **weiterbeschäftigt** werden. Die Erhebung der Kündigungsschutzklage muss innerhalb der Dreiwochenfrist des § 4 KSchG erfolgen. Eine gerichtliche Auflösung des Arbeitsverhältnisses unter gleichzeitiger Zahlung einer Abfindung durch den AG (§§ 9, 10 KSchG) kommt nicht in Betracht. Weder der AG noch der AN können einen Auflösungsantrag stellen (vgl. Rn. 28). 62

2. Bei außerordentlichen Kündigungen

Hat der AG **nach Zustimmung des BR oder rechtskräftiger Ersetzung der Zustimmung durch das ArbG** eine außerordentliche Kündigung ausgesprochen, kann der betroffene AN **Kündigungsschutzklage** erheben. Auch in einem solchen Fall muss er die **Dreiwochenfrist** des § 4 KSchG zur Erhebung der Klage beachten. Wird die Klage nicht innerhalb dieser Frist erhoben, ist die Kündigung wirksam gem. § 13 Abs. 3 i. V. m. §§ 4, 7 KSchG. 63

Hat der **BR der außerordentlichen Kündigung zugestimmt,** ist in dem nachfolgenden Kündigungsschutzprozess das ArbG hinsichtlich der Beurteilung der Wirksamkeit der außerordentlichen Kündigung nicht an die Wertung des BR gebunden. Das Gericht hat vielmehr in **eigener Zuständigkeit** darüber zu entscheiden, ob die Kündigung begründet ist oder nicht (vgl. auch Rn. 51). 64

Das ArbG ist im Kündigungsschutzprozess um die außerordentliche Kündigung an die bereits im Beschlussverfahren getroffene Feststellung gebunden, dass die außerordentliche Kündigung unter Berücksichtigung aller Umstände gerechtfertigt ist (**Präjudizwirkung,** vgl. Rn. 55 ff.). 65

Spricht der AG nach rechtskräftiger Ersetzung der Zustimmung des BR aus den gleichen Gründen eine **ordentliche Kündigung** aus (z. B. weil er den Prozess um eine zuvor ausgesprochene außerordentliche Kündigung aus formalen Gründen verloren hat), entfaltet das Zustimmungsersetzungsverfahren in diesem Kündigungsschutzprozess keine Bindungswirkung.[239] 66

Stellt das ArbG fest, dass die gegenüber einer besonders geschützten Person ausgesprochene Kündigung unwirksam war, kann der Betreffende für den Fall, dass er ein **neues Arbeitsverhältnis** eingegangen ist, binnen **einer Woche** nach Rechtskraft der Entscheidung dem früheren AG erklären, dass er die Weiterbeschäftigung bei ihm verweigert (§ 16 KSchG). Das **frühere Arbeitsverhältnis erlischt** dann mit Zugang der Erklärung. 67

---

236 *LAG Niedersachsen* 4.11.03 – 12 TaBV 104/02, BetrVG 1972 § 40, LAGE Nr. 66.
237 *Besgen,* NZA 11, 133, 137.
238 *LAG Rheinland-Pfalz* 3.2.16 – 7 TaBV 20/15, juris.
239 *BAG* 15.8.02 – 2 AZR 214/01, BB 03, 637.

67a Nach Durchführung des Zustimmungsersetzungsverfahrens gem. § 103 Abs. 2 bedarf es einer erneuten Anhörung nach § 102 Abs. 1 Satz 1 nur dann, wenn die Kündigung aus Gründen erklärt werden soll, die nicht bereits Gegenstand des Zustimmungsersetzungsverfahrens waren.

3. Einstweilige Weiterbeschäftigungsverfügung

68 Ein BR-Mitglied, das ohne Zustimmung des BR und ohne Ersetzung der Zustimmung durch das ArbG entlassen worden ist, kann seinen **Anspruch auf Weiterbeschäftigung** im Wege der einstweiligen Verfügung durchsetzen. Die Verpflichtung zur Weiterbeschäftigung kann auch zusammen mit einem obsiegenden Urteil erster Instanz ausgesprochen werden. Ein **freigestelltes BR-Mitglied** kann im Hinblick auf seine Autonomie hinsichtlich der von ihm zu verrichtenden Tätigkeit keine Verurteilung zu einer bestimmten tatsächlichen Beschäftigung erwirken. Ein Hausverbot ist unwirksam. Der **Zutritt zum Betrieb** zur Sicherung seiner BR-Tätigkeit ist in einem Beschlussverfahren gemäß § 2a ArbGG zu verfolgen.[240]

69 Eine die § 15 KSchG, § 103 Abs. 1, Abs. 2 verletzende Kündigung bewirkt eine Störung der Tätigkeit des BRs. Dem Betriebsrat kann gegenüber einer solchen Maßnahme des AGs ein **Unterlassungsanspruch** zustehen, den er bei Vorliegen der allgemeinen Voraussetzungen mit einer einstweiligen Verfügung geltend machen kann[241]

4. Beendigung des BR-Amtes und des Arbeitsverhältnisses im Prozess

70 Ein Antrag nach § 103 wird unzulässig, wenn während des laufenden Beschlussverfahrens das Arbeitsverhältnis des BR-Mitglieds z. B. durch **Aufhebungsvereinbarung** beendet wird. In diesem Fall fehlt das erforderliche Rechtsschutzinteresse.[242] Dasselbe gilt dann, wenn das betreffende BR-Mitglied während des Prozesses sein Amt niederlegt oder wenn im Fall eines nachgerückten Ersatzmitglieds der Vertretungsfall endet[243].

VII. Versetzung (Abs. 3)

71 Abs. 3 dient dem Schutz der in Abs. 1 genannten Amtsträger vor **Versetzungen,** sofern diese zum Verlust des Amtes oder der Wählbarkeit führen. Die Regelung zielt auf den unveränderten Fortbestand der Interessenvertretung. Die Vorschrift ist veranlasst worden durch eine frühere Entscheidung des *BAG,* wonach weder § 99 Abs. 1 Nr. 1 noch § 103 auf diese Fallkonstellationen anzuwenden seien.[244] In einem solchen Fall bedarf die Versetzung der Zustimmung des BR, die unter bestimmten Voraussetzungen durch das ArbG ersetzt werden kann. Ein **nachwirkender Versetzungsschutz** ist nicht vorgesehen; die Amtsträger werden nur während ihrer Amtszeit geschützt.[245] Für **Ersatzmitglieder** gilt – außer dem nachwirkenden Schutz – bei Versetzungen das Gleiche wie bei Kündigungen.

72 Die Vorschrift zielt in erster Linie auf Versetzungen, zu denen der AG kraft seines **Direktionsrechts** arbeitsvertraglich berechtigt ist.[246] Versetzungen, die nur mittels einer Änderungskündigung durchgesetzt werden können, unterfallen § 15 KSchG: Sie sind grundsätzlich unzulässig bzw. nur bei Stilllegung des Betriebs oder einer Betriebsabteilung gemäß § 15 Abs. 4 und 5 KSchG zulässig[247] und unterliegen zudem der Regelung des § 103 Abs. 1 und 2.[248] Vor diesem Hintergrund erscheint es richtig, den Anwendungsbereich des § 103 Abs. 3 nicht auf eine mit einer nach § 15 Abs. 4, 5 KSchG zulässigen ordentlichen Änderungskündigung verbundenen

240 *LAG Berlin* 8. 1. 93 – 12 Ta 17/92, LAGE § 888 ZPO Nr. 27.
241 *HessLAG* 19. 2. 08 – 4 TaBVGa 21/08, AuR 08, 406.
242 *LAG Bremen* 5. 10. 04 – 1 TaBV 11/04, jurisPR extra 05, 64.
243 *LAG Hessen* 10. 11. 17 – 14 TaBV 258/16, juris.
244 *BAG* 11. 7. 00 – 1 ABR 39/99, EzA § 103 BetrVG 1972 Nr. 42 mit krit. Anm. *Kittner*.
245 *Fitting*, Rn. 76.
246 *LAG Nürnberg* 31. 1. 14 – 8 TaBVGa 1/14, LAGE § 103 BetrVG 2001 Nr 16.
247 Vgl. eingehend DDZ-*Deinert*, § 15 KSchG Rn. 77 ff.
248 *BAG* 27. 6. 19 – 2 AZR 38/19, NZA 19, 1427, Rn. 35.

Versetzung zu erstrecken, sondern auf Versetzungen zu beschränken, für die eine außerordentliche Kündigung nicht erforderlich ist, da sie kraft Direktionsrechtes durchsetzbar sind.[249] Für den ausnahmsweisen Fall einer außerordentlichen Änderungskündigung gilt Abs. 1 kumulativ neben Abs. 3 (vgl. Rn. 85). Schutz besteht nur vor Versetzungen durch den AG als Gegenüber des BR. Bei gestellten AN scheidet deshalb die Anwendung von § 103 Abs. 3 aus, wenn die Versetzung darauf beruht, dass der Vertrags-AG, der den AN gestellt hat, diesen abzieht.[250]

Für Abs. 3 gilt zunächst der **allgemeine Versetzungsbegriff** i. S. der §§ 95 Abs. 3 und 99 (vgl. **73**
§ 99 Rn. 96). Im Hinblick auf den Normzweck ist auch dann von einer Versetzung auszugehen, wenn Betriebsteile abgespalten und in andere Betriebe eingegliedert werden.[251] Denn auch in einer solchen Konstellation wird durch die arbeitsorganisatorische Maßnahme des AG auf die Zusammensetzung des BR Einfluss genommen.

Voraussetzung für das Eingreifen des Abs. 3 ist außerdem eine Versetzung, die das **BR-Amt** **74**
zum Erlöschen bringt. Wann dies der Fall ist, regelt § 24 Nr. 4 (vgl. § 24 Rn. 26 ff.). Abs. 3 ist nicht anwendbar bei Versetzungen innerhalb des Betriebes oder einer Struktureinheit nach § 3 Abs. 1 Nr. 1–3[252] sowie bei Versetzungen in einen Kleinstbetrieb (§ 4 Abs. 2) oder einen Betriebsteil, in dem für die Wahl zum BR des Hauptbetriebs optiert wurde (§ 4 Abs. 1 Satz 2)[253]. Keine Versetzung in diesem Sinne soll es nach der Rspr. des *LAG Köln* auch darstellen, wenn ein BR-Mitglied auf der Grundlage des AG-seitigen Direktionsrechts auch in einem anderen Betrieb desselben UNs tätig werden soll, was sich schon daraus ergebe, dass AN in mehreren Betrieben wahlberechtigt und wählbar sein können[254].[255] Allerdings darf die für die Zeit nach der Versetzung vorgesehene Tätigkeit in dem anderen Betrieb nicht zu einer Aushöhlung der BR-Tätigkeit im Mandatsbetrieb führen. Ob dies der Fall ist, ist eine Frage des Einzelfalls, z. B. dann, wenn zwischen dem zweiten Einsatzbetrieb und dem Wahlbetrieb die Entfernung so groß ist, dass das BR-Mitglied seinen Aufgaben nicht mehr ordnungsgemäß nachkommen kann. Einer ordnungsgemäßen Amtsausübung im Mandatsbetrieb ist jedenfalls dadurch Rechnung zu tragen, dass der Freistellungsanspruchs des BR-Mitglieds im Fall der doppelten Betriebszugehörigkeit nicht auf die Arbeitszeit im Mandatsbetrieb beschränkt ist, sondern sich aus der vertraglich geschuldeten Arbeitszeit ergibt, sodass das BR-Mitglied zum Zwecke der Amtswahrnehmung auch für Arbeitszeiten freizustellen ist, die es in dem anderen Betrieb zu leisten hat.[256] Immer bedarf auch eine solche Maßnahme eines dringenden betrieblichen Interesses (vgl. Rn. 80).

Abs. 3 greift nicht ein, wenn der Amtsträger mit der Versetzung **einverstanden** ist.[257] Es handelt **75**
sich um eine spezifisch betriebsverfassungsrechtliche Anforderung, denn individualrechtlich wäre sie wegen der arbeitsvertraglichen Versetzungsmöglichkeit auch ohne Zustimmung des Amtsträgers rechtlich zulässig. Der Gesamtzusammenhang der Regelung ergibt die Notwendigkeit, dass das Einverständnis aktuell, also in unmittelbarem zeitlichen Zusammenhang mit der tatsächlichen Versetzung und ausdrücklich erteilt wird, spätestens jedoch bei Erklärung der Versetzungsanordnung vorliegen muss, sonst ist diese ohne die BR-Zustimmung bzw. deren Ersetzung unwirksam (vgl. Rn. 77). Leistet deshalb das BR-Mitglied der Versetzungsanordnung lediglich widerspruchslos Folge, bedarf die Versetzung weiterhin der Zustimmung des BR und ist ohne diese unwirksam.[258] Das Gleiche gilt bei Annahme einer Änderungskündigung unter Vorbehalt.[259] Die betriebsverfassungsrechtlich korrekte Verfahrensweise ist es deshalb, dass der AG zunächst den Amtsträger über seine Versetzungsabsicht informiert und Klarheit über dessen Haltung zu der Versetzung herbeiführt. Beim Streit um die Berechtigung der Verset-

---

249 *LAG Nürnberg* 31. 1. 14 – 8 TaBVGa 1/14, LAGE § 103 BetrVG 2001 Nr. 16.
250 *LAG Schleswig-Holstein* 14. 6. 12 – 5 TaBV 3/12, juris.
251 KR-*Rinck*, Rn. 172; a. A. *LAG Berlin-Brandenburg* 2. 9. 20 – 15 TaBVGa 883/20, Rn. 33; *Fitting*, Rn. 67.
252 *Fitting*, Rn. 66a.
253 Hako-BetrVG/*Kloppenburg*, Rn. 10.
254 Vgl. *BAG* 11. 4. 58 – 1 ABR 2/57, AP Nr. 1 zu § 6 BetrVG; *Fitting* § 7 BetrVG Rn. 81 ff.
255 *LAG Köln* 3. 9. 07 – 14 TaBV 20/07, AuR 08, 230.
256 *LAG Köln* 22. 10. 13 – 12 TaBV 64/13, LAGE § 78 BetrVG 2001 Nr. 7a.
257 LKK-*Caspers*, Rn. 27.
258 LKK-*Caspers*, Rn. 28.
259 *ArbG Berlin* 10. 9. 01 – 42 BVGa 23876/01, AiB 02, 49.

zung trägt der AG die Beweislast für das Vorliegen des Einverständnisses des betroffenen Amtsträgers als Wirksamkeitsvoraussetzung.

76 Eine dem Abs. 3 unterfallende Versetzung darf – vom Einverständnis des Mitarbeiters abgesehen – nur vorgenommen werden, wenn der **BR zugestimmt** hat. Für Einholung und Erteilung dieser Zustimmung gelten die auf eine außerordentliche Kündigung anwendbaren Regeln (vgl. Rn. 29 ff.). In **betriebsratslosen Betrieben** ist die Zustimmung zur Versetzung von Mitgliedern des Wahlvorstands und von Wahlbewerbern direkt beim ArbG einzuholen. Der fehlende Verweis in Abs. 3 Satz 2 auf Abs. 2a ist als planwidrige Lücke anzusehen. Abs. 2a ist folglich entsprechend anzuwenden.[260] Dasselbe gilt, wenn es um die Versetzung bei einköpfigem BR geht (vgl. zur entsprechenden Lücke bei Kündigungen Rn. 40).[261]

77 Die Zustimmung des BR muss vor Ausspruch der Versetzungsanordnung vorliegen. Sie ist **Wirksamkeitsvoraussetzung** für diese. Eine Versetzung ohne Zustimmung des BR ist ebenso nichtig wie eine außerordentliche Kündigung (vgl. Rn. 28). Der AN ist nicht verpflichtet, einer Versetzungsanordnung ohne vorher erklärte Zustimmung des BR (bzw. deren gerichtliche Ersetzung) nachzukommen. Eine nachträgliche Zustimmungserklärung ist wirkungslos (vgl. Rn. 28).

78 Der AG kann die Zustimmung des BR **durch das ArbG ersetzen** lassen (Abs. 3 Satz 2, vgl. DKWF-*Bachner/Deinert,* § 103 Rn. 7). Es gelten die gleichen verfahrensrechtlichen Grundsätze wie bei einer außerordentlichen Kündigung (vgl. Rn. 41 ff.).

79 Die **Kriterien,** nach denen die Zustimmung ersetzt werden kann, sind kumulativ folgende:

- Die Versetzung ist individualrechtlich rechtmäßig. Dazu gehört auch ihre Überprüfung am Maßstab des billigen Ermessens gem. § 315 BGB.
- Sie ist aus dringenden betrieblichen Gründen auch unter Berücksichtigung der betriebsverfassungsrechtlichen Stellung des ANs notwendig (Rn. 80 f.).
- Dazu kommt die Anwendung des § 99 (Rn. 82).

80 Die Zustimmung des BR kann ersetzt werden, wenn sie auch unter Berücksichtigung der betriebsverfassungsrechtlichen Stellung des AN aus **dringenden betrieblichen Gründen notwendig** ist. Zur Auslegung des Abs. 3 Satz 2 sind die Regelungen heranzuziehen, die vergleichbare Formulierungen enthalten. **Rücksichtnahme auf die betriebsverfassungsrechtliche Stellung des AN** führt daher dazu, dass »dringende betriebliche Gründe« nur dann vorliegen, wenn zur Versetzung keine zumutbare betriebliche Alternative (insb. Weiterbeschäftigungsmöglichkeit) besteht.[262]

81 Es ist zwischen der Situation im aktuellen Beschäftigungsbetrieb und im potenziellen Versetzungsbetrieb zu unterscheiden:

- Im aktuellen Beschäftigungsbetrieb kann zunächst von einem Versetzungsbedarf in einen anderen Betrieb überhaupt nur dann die Rede sein, wenn eine Weiterbeschäftigung auf dem bisherigen oder einem anderen Arbeitsplatz nicht mehr möglich ist. Der wichtigste Fall wäre der Wegfall des Arbeitsplatzes des Amtsträgers ohne Weiterbeschäftigungsmöglichkeit (vgl. § 102 Rn. 217 ff.). Der AG ist allerdings aufgrund der Schutzfunktion des § 103 Abs. 3 in besonderem Maße verpflichtet, die Versetzung nach Möglichkeit durch geeignete andere Maßnahmen zu vermeiden.[263] Dabei ist zu berücksichtigen, dass der Verzicht auf eine Versetzung keine Probleme für den betrieblichen Ablauf auslöst, sondern lediglich ein Kostenproblem darstellt, wobei in Rechnung zu stellen ist, dass der Amtsträger ohnehin für seine Amtstätigkeit von der Arbeit freizustellen ist. Es spricht also viel dafür, dass Veränderungen im aktuellen Beschäftigungsbetrieb nur im absoluten Ausnahmefall eine Versetzungsberechtigung i. S. des Abs. 3 Satz 2 auslösen können.
- Die andere Möglichkeit besteht darin, dass die Arbeitskraft des Amtsträgers in einem anderen Betrieb dringend benötigt wird. Um den Verlust eines betriebsverfassungsrechtlichen Mandats zu rechtfertigen, müssten dort allerdings schwerwiegende betriebliche Störungen auftreten, wenn der Amtsträger nicht versetzt würde. Bloße personalwirtschaftliche Zweck-

260 GK-*Raab*, Rn. 52.
261 Vgl. GK-*Raab*, Rn. 53.
262 *BAG* 27.7.16 – 7 ABR 55/14, NZA 17, 200, Rn. 30; *Fitting*, Rn. 74a.
263 LKK-*Caspers*, Rn. 53.

mäßigkeitserwägungen sind keinesfalls ausreichend. Jedenfalls müssen erfolglose interne und externe Bemühungen um eine Besetzung der fraglichen Stelle vorangegangen sein.

Teilweise ungeklärt ist das **Verhältnis zwischen § 103 und § 99.** Das Verfahren nach § 103 Abs. 3 verdrängt als Spezialvorschrift jenes nach § 99.[264] Da aber die Rechtsstellung des BR-Mitglieds verbessert werden soll, kann der BR die **Zustimmungsverweigerungsgründe nach § 99 Abs. 2** auch im Verfahren nach § 103 Abs. 3 geltend machen.[265] Damit einher geht, dass der AG keine vorläufige Maßnahme nach § 100 ergreifen kann.[266] Andererseits kann ihm analog § 101 aufgeben werden, eine Maßnahme aufzuheben.[267] Allerdings kann § 103 Abs. 3 nur lex specialis zu § 99 im abgebenden Betrieb sein. Denn nur bezogen auf diesen erfolgt die Prüfung mit Rücksicht auf das Mandat. Soweit im Aufnahmebetrieb eine Einstellung vorliegt, kann die Mitwirkung daran nicht im Verfahren nach § 103 Abs. 3 erfolgen, weil daran nicht der zuständige BR beteiligt ist. Für diesen muss es daneben bei der Anwendung von § 99 bleiben. 82

(unbesetzt) 83

Liegt keine Zustimmung des BR oder deren rechtskräftige Ersetzung durch das ArbG vor, ist dem AG die Möglichkeit einer **vorläufigen Maßnahme gemäß § 100** verwehrt (vgl. Rn. 82). Denn auch eine vorläufige Versetzung ist eine Versetzung i. S. des Abs. 3, die ohne endgültige Zustimmung des BR nicht wirksam erklärt werden kann. Der AG kann sich auch nicht mit dem BR dahin gehend verständigen, dass dies bis zur Erteilung der Zustimmung bzw. deren rechtskräftiger Ersetzung möglich sein soll. Abs. 3 steht insoweit nicht zur Disposition der Betriebsparteien. 84

Für den eher unwahrscheinlichen Fall einer außerordentlichen Änderungskündigung gilt **Abs. 3 neben Abs. 1.** 85

Der BR kann zum Zwecke der Aufrechterhaltung seiner Funktionsfähigkeit und zur Durchsetzung einer demokratisch legitimierten Zusammensetzung des Gremiums zur Verhinderung einer nach § 103 Abs. 3 unzulässigen Versetzung eine **einstweilige Verfügung** erwirken.[268] Wegen des anderen Schutzzwecks wird das Verfahren der einstweiligen Verfügung auch nicht durch § 101 ausgeschlossen. 86

§ 104 Entfernung betriebsstörender Arbeitnehmer

Hat ein Arbeitnehmer durch gesetzwidriges Verhalten oder durch grobe Verletzung der in § 75 Abs. 1 enthaltenen Grundsätze, insbesondere durch rassistische oder fremdenfeindliche Betätigungen, den Betriebsfrieden wiederholt ernstlich gestört, so kann der Betriebsrat vom Arbeitgeber die Entlassung oder Versetzung verlangen. Gibt das Arbeitsgericht einem Antrag des Betriebsrats statt, dem Arbeitgeber aufzugeben, die Entlassung oder Versetzung durchzuführen, und führt der Arbeitgeber die Entlassung oder Versetzung einer rechtskräftigen gerichtlichen Entscheidung zuwider nicht durch, so ist auf Antrag des Betriebsrats vom Arbeitsgericht zu erkennen, dass er zur Vornahme der Entlassung oder Versetzung durch Zwangsgeld anzuhalten sei. Das Höchstmaß des Zwangsgeldes beträgt für jeden Tag der Zuwiderhandlung 250 Euro.

Inhaltsübersicht

264 *BAG* 27.7.16 – 7 ABR 55/14, NZA 17, 200; GK-*Raab*, Rn. 55; Richardi-*Thüsing*, Rn. 37; LKK-*Caspers*, Rn. 81; *Fuhlrott/Fabritius*, ArbR 12, 418.
265 *BAG* 27.7.16 – 7 ABR 55/14, NZA 17, 200, Rn. 51; GK-*Raab*, Rn. 55.
266 *BAG* 27.7.16 – 7 ABR 55/14, NZA 17, 200, Rn. 50.
267 *Fitting* Rn. 71b; a. A. *LAG Nürnberg* 11.10.10 – 7 TaBVGa 7/10, AuR 2011, 38.
268 *ArbG Berlin* 10.9.01 – 42 BVGa 23876/01, AiB 02, 49; *LAG Nürnberg* 31.1.14 – 8 TaBVGa 1/14, LAGE § 103 BetrVG 2001 Nr. 16.

I. Vorbemerkungen

1 Die Vorschrift entspricht inhaltlich im Wesentlichen der schon im BetrVG 1952 enthaltenen Bestimmung. Allerdings ist der im BetrVG 1952 enthaltene Begriff »unsoziales Verhalten« durch die Verweisung auf die in § 75 Abs. 1 enthaltenen Grundsätze konkretisiert worden. Die Vorschrift stellt eine Ergänzung des § 75 Abs. 1 und des § 99 Abs. 2 Nr. 6 dar.[1]

II. Voraussetzung des Verlangens

2 Hat ein AN durch gesetzwidriges Verhalten oder durch grobe Verletzung der in § 75 Abs. 1 enthaltenen Grundsätze, insbesondere durch rassistische oder fremdenfeindliche Betätigungen, den Betriebsfrieden wiederholt ernstlich gestört, so kann der BR vom AG die Entlassung oder Versetzung verlangen. Für das Verlangen auf Versetzung oder Kündigung (vgl. DKWF-*Bachner/Deinert,* § 104 Rn. 1) eines AN genügt ein einmaliges Fehlverhalten grundsätzlich nicht. Es muss eine **Wiederholung** vorliegen.[2] Es muss sich außerdem um eine **ernstliche Störung** des Betriebsfriedens handeln. Erforderlich ist z. B. eine in besonderer Weise auffällige Diskriminierung anderer AN oder eine offensichtliche Benachteiligung älterer oder ausländischer AN ohne sachlichen Grund.[3] Nötig ist auch eine erhebliche Beunruhigung einer beachtlichen Zahl von AN.[4] Eine solche kann beispielsweise bei Diebstählen unter Arbeitskollegen, Tätlichkeiten, unsittlichen Handlungen, Verleumdung oder Beleidigung anderer gegeben sein.[5] Wiederholte Verstöße gegen Corona-Arbeitsschutzvorschriften kommen dafür ebenfalls in Betracht.[6] Auch eine schikanöse Behandlung von weisungsgebundenen AN durch einen Vorgesetzten kann die Voraussetzungen des § 104 erfüllen. Bloße Ungefälligkeit, verschlossenes Wesen und Ähnliches rechtfertigen das Kündigungs- oder Versetzungsverlangen dagegen nicht. Auch Unruhestiftung und allgemeine Störung des Betriebsfriedens reichen nicht aus, sofern nicht gleichzeitig ein Verstoß gegen § 75 vorliegt. Entsprechendes gilt für kritische Äußerungen über den BR, da diese durch freie Meinungsäußerung gedeckt sind, sofern die BR-Mitglieder nicht persönlich verunglimpft werden.[7] Zwischen den Handlungen und den Störungen des Betriebsfriedens muss ein Ursachenzusammenhang gegeben sein. Ob im Rahmen des § 104 als weitere Voraussetzung hinzukommen muss, dass die Störung des Betriebsfriedens noch andauert, erscheint fraglich.[8] Nach dem Wortlaut des Gesetzes kommt es hierauf nicht an; vielmehr dürfte der Gesetzgeber bei Erfüllung des gesetzlichen Tatbestands davon ausgegangen sein, dass der Belegschaft eine Zusammenarbeit mit dem fraglichen AN nicht mehr zumutbar ist.

2a Die vom Gesetzgeber geforderten hohen Hürden für die Möglichkeit des BR, AN aus der Belegschaft zu »drängen«, stehen nach der Rspr. einem »Einstellungs-Mitbestimmungsrecht« des BR nach § 99 im Falle der **Verlängerung** des Arbeitsverhältnisses **nach** Eingreifen einer **Altersgrenze** (§ 41 Satz 3 SGB VI) nicht entgegen, obwohl die erfolgreiche Zustimmungsverweigerung des BR im Ergebnis bewirkt, dass der AN aus der Belegschaft ausscheidet, obwohl der BR dies nach § 104 u. U. nicht hätte durchsetzen können.[9]

3 Die **rassistische und ausländerfeindliche Betätigung** wird ausdrücklich als Beispiel für betriebsstörendes Verhalten genannt (das Gleiche gilt für § 99 Abs. 2 Nr. 6, vgl. § 99 Rn. 235). Auch bei sonstigen gravierenden **Diskriminierungen und Belästigungen i. S. des AGG** kann der BR von seinem Recht nach § 104 Gebrauch machen.[10] In dem Zusammenhang hat das *BVerfG* betont, dass in § 104 die verfassungsrechtlichen Wertungen der Unantastbarkeit der

---

1 *Fitting,* Rn. 3; GK-*Raab,* Rn. 2.
2 H. M.; vgl. *LAG Bremen* 28.5.03 – 2 TaBV 9/02, juris; Hako-BetrVG/*Braasch,* Rn. 2; *Fitting,* Rn. 7; GK-*Raab,* Rn. 9.
3 Vgl. auch *Fitting,* Rn. 5.
4 GK-*Raab,* Rn. 8; KR-*Rinck,* Rn. 16; LKK-*Dahm,* Rn. 11.
5 Vgl. *Fitting,* Rn. 5; GK-*Raab,* Rn. 5, 7; KR-*Rinck,* Rn. 12.
6 *Kleinebrink,* ArbRB 21, 115 [118 f.].
7 Vgl. GK-*Raab,* Rn. 6, m. w. N.; KR-*Rinck,* Rn. 14.
8 *LAG Berlin-Brandenburg* 28.7.16 – 10 TaBV 367/16, juris.
9 *BAG* 22.9.21 – 7 ABR 22/20, AP BetrVG 1972 § 99 Nr. 171, Rn. 40.
10 *Nollert-Borasio/Dickerhof-Borello/Wenckebach,* AGG, § 17 Rn. 6.

Menschenwürde und des Verbots rassistischer Diskriminierungen zum Ausdruck kommen. Es sieht hierin eine zulässige Schranke der Meinungsfreiheit gemäß Art. 5 Abs. 2 GG.[11]

§ 104 deckt sich hinsichtlich seiner tatbestandsmäßigen Voraussetzungen nicht gänzlich mit § 99 Abs. 2 Nr. 6, weil § 104 die »wiederholte ernstliche« Störung des Betriebsfriedens fordert und damit höhere Anforderungen stellt als § 99 Abs. 2 Nr. 6 (vgl. § 99 Rn. 236). Die rechtliche Beurteilungsstruktur entspricht im Wesentlichen der des § 626 Abs. 1 BGB, wobei der Schwerpunkt der Prüfung bei § 104 darauf liegt, welche **Zukunftsprognose** dem Mitarbeiter angesichts der ihm zu Last gelegten Vorfälle gestellt werden kann.[12] 4

Die Störung muss sich **auf den Betrieb** und die Zusammenarbeit im Betrieb auswirken. Ein Verhalten außerhalb der betrieblichen Sphäre, das nicht in diese einwirkt und die dort tätigen AN berührt, reicht nicht aus.[13] 5

Dem AN muss wegen seines störenden Verhaltens ein **Schuldvorwurf** gemacht werden können.[14] Vorsatz braucht allerdings nicht vorzuliegen. Ein lediglich objektiv gesetzwidriges oder gegen § 75 Abs. 1 verstoßendes Verhalten reicht andererseits nicht aus, wenn den AN keinerlei Verschulden trifft,[15] was allerdings selten der Fall sein dürfte. 6

Nach dem Wortlaut von § 104 Satz 1 ist Voraussetzung für ein darauf bezogenes Verlangen des BR ausschließlich, dass der betreffende AN durch gesetzwidriges Verhalten oder durch grobe Verletzung der in § 75 Abs. 1 enthaltenen Grundsätze, insbesondere durch rassistische oder fremdenfeindliche Betätigungen, den Betriebsfrieden wiederholt ernstlich gestört hat. Allein diese Voraussetzungen sind in einem Beschlussverfahren nach § 104 Satz 2 zu prüfen. Es spielt nach dem Gesetzeswortlaut dagegen keine Rolle, ob der AN den allgemeinen Kündigungsschutz nach § 1 KSchG genießt oder ob er ordentlich unkündbar ist oder nicht. Die Norm begründet vielmehr unter den in ihr vorgesehenen Voraussetzungen einen eigenen betriebsverfassungsrechtlichen Anspruch des BR gegen den AG auf Entlassung oder Versetzung des AN. Es kommt daher für die Berechtigung eines Verlangens des BR auf Entlassung eines ANs nicht darauf an, ob im Falle der Anwendbarkeit des Kündigungsschutzgesetzes eine Kündigung nach den Grundsätzen des § 1 Abs. 2 KSchG aus Gründen im Verhalten oder in der Person des ANs sozial gerechtfertigt bzw. ob im Falle der ordentlichen Unkündbarkeit des ANs ein wichtiger Grund i. S. d. § 626 Abs. 1 BGB gegeben wäre. Die Bestimmung normiert vielmehr selbst abschließend die Voraussetzungen für ein berechtigtes Verlangen.[16] 7

Der besondere Kündigungsschutz etwa für Schwerbehinderte oder unter das MuSchG fallende AN ist zu beachten. Da es sich jedoch im Falle von § 104 um einen eigenständigen Entfernungsanspruch des BRs handelt und damit die Voraussetzungen einer betriebsbedingten Kündigung erfüllt sind (vgl. Rn. 11), ist der Prüfungsspielraum der Behörde eingeschränkt. Er bezieht sich ausschließlich auf das Vorliegen der in § 104 geregelten Voraussetzungen und auf die Frage, ob ggf. eine Versetzung als milderes Mittel in Betracht kommt (vgl. Rn. 13). Aus anderen Gründen kann die Behörde die Zustimmung zur Entlassung nicht verweigern. Ist ein BR-Mitglied von einem Antrag nach § 104 betroffen, so stellt sich die Frage, ob und unter welchen Voraussetzungen die Entlassung eines BR-Mitglieds auf Antrag des BR zulässig ist. Es geht um das Verhältnis von § 104 zu § 15 KSchG. Dabei ist zunächst davon auszugehen, dass § 15 KSchG die Kündigung eines BR-Mitglieds grds. nur aus wichtigem Grund und nur ausnahmsweise die ordentliche Kündigung bei Stilllegung des Betriebes/einer Betriebsabteilung (dort nur unter weiter erschwerten Voraussetzungen) zulässt (§ 15 Abs. 4 und 5 KSchG). Zwar handelt es sich nach der Rspr. des *BAG* im Fall von § 104 um einen eigenständigen betriebsbedingten Kündigungsgrund; die betriebsbedingte Kündigung eines BR-Mitglieds kann die Bestimmung wegen der abschließenden Regelung in § 15 KSchG aber nicht tragen. Ein Antrag nach § 104 gegenüber einem Mitglied des BR kommt daher nicht in Frage. Es bleibt also ausschließlich 8

11 *BVerfG* 2.11.20 – 1 BvR 2727/19, NZA 20, 1704.
12 *LAG Bremen* 28.5.03 – 2 TaBV 9/02, juris.
13 *Fitting*, Rn. 7.
14 *Fitting*, Rn. 8; GK-*Raab*, Rn. 10; HWGNRH-*Huke*, Rn. 9; Richardi-*Thüsing*, Rn. 9; a. A. *Heinze*, Rn. 690; LKK-*Dahm*, Rn. 10.
15 Anders im Falle der Unzurechnungsfähigkeit des AN, *Fitting*, Rn. 8; GK-*Raab*, Rn. 10.
16 *BAG* 28.3.17 – 2 AZR 551/16, AP BetrVG 1972 § 104 Nr. 2, m. Anm. *Gerhardt*.

bei den in § 15 KSchG enthaltenen speziellen Regelungen. Hinzukommen muss also, dass die näheren Umstände, die einen Entlassungsantrag eines AN begründen könnten, wenn er nicht Mitglied des BR wäre, zugleich die Voraussetzungen einer Kündigung aus wichtigem Grund erfüllen. Das ist eine Frage des Einzelfalls. Hierfür bedarf es dann grundsätzlich der Zustimmung des BR im Verfahren nach § 103. Letzteres ist im Fall eines Entfernungsverlangens allerdings entbehrlich, da schon der BR selbst die Kündigung fordert (Rn. 12).

9 Nach h. M. bezieht sich § 104 auf **alle** im Betrieb tätigen **AN,** aber nicht auf leitende Angestellte und Leih-AN.[17] Letzteres gilt auch, wenn der zu entfernende AN nach Schluss der Anhörung erster Instanz zum leitenden Angestellten wird.[18] Der BR ist hinsichtlich der leitenden Angestellten auf das Antragsrecht nach § 80 Abs. 1 Nr. 2 beschränkt.[19] Die Bestimmung greift aber für Leih-AN.[20] Jedenfalls seit Leih-AN auch wählen dürfen, müssen sie sich denselben Anforderungen stellen wie Stammarbeitnehmer, wenn sie i. S. d. § 7 Satz 2 länger als 3 Monate im Betrieb eingesetzt sind. Auch der Normzweck eines kollektiven Belegschaftsschutzes spricht hierfür, wenn Leih-AN in den Betrieb eingegliedert und mithin Teil der Belegschaft sind. Eine Beendigung des Arbeitsvertrages (Rn. 10) kann der BR des Einsatzbetriebes freilich nicht von seinem AG verlangen, da dieser nicht am Vertrag beteiligt ist. Von der Vorschrift nicht erfasst sind die unter § 5 Abs. 2 Ziff. 1 und 2 fallenden Personen, so z. B. der Geschäftsführer einer GmbH[21]. Bei diesen Personen handelt es sich nicht um AN.

III. Verlangen nach Kündigung oder Versetzung

10 Das Verlangen nach »Entlassung« gem. § 104 Satz 1 bzw. eine Verpflichtung des AG im Verfahren nach § 104 Satz 2, »die Entlassung« durchzuführen, ist auf eine Beendigung des Arbeitsverhältnisses des betroffenen AN, nicht nur auf eine Beendigung seiner Beschäftigung in dem bisherigen Betrieb gerichtet. Mit »Entlassung« ist nach der Rspr. des *BAG* die Beendigung des Arbeitsverhältnisses unter Beachtung der maßgeblichen Kündigungsfristen gemeint. Dagegen hat der BR gem. § 104 Satz 1 nicht das Recht, eine fristlose Beendigung des Arbeitsverhältnisses des betroffenen AN zu verlangen. Eine entsprechende Verpflichtung des AGs kann nicht Ergebnis eines Verfahrens nach § 104 Satz 2 sein.[22] Es kommt also nicht darauf an, ob die Kündigungserklärungsfrist nach § 626 Abs. 2 BGB abgelaufen ist.[23]

11 Wird einem Entlassungsverlangen des BR im Verfahren nach § 104 Satz 2 rechtskräftig stattgegeben, begründet dies ein **dringendes betriebliches Erfordernis** i. S. d. § 1 Abs. 2 Satz 1 KSchG für eine ordentliche arbeitgeberseitige Kündigung.[24] Die Entscheidung ist daher hinsichtlich des Kündigungsrechts des AG präjudiziell für das Kündigungsverfahren.[25] Aufgrund der materiellen Rechtskraftwirkung (§ 322 Abs. 1 ZPO) der arbeitsgerichtlichen Entscheidung im Beschlussverfahren nach § 104 Satz 2 steht zwischen dem AG und dem AN rechtskräftig fest, dass der AG betriebsverfassungsrechtlich verpflichtet ist, das Arbeitsverhältnis des AN unter Wahrung der Kündigungsfristen zu beenden. Dies begründet ein dringendes betriebliches Erfordernis i. S. d. § 1 Abs. 2 Satz 1 KSchG. Ob die Entscheidung im Beschlussverfahren zu Recht ergangen ist, unterliegt jedenfalls im Falle der Rechtskraft nicht der Überprüfung durch die Arbeitsgerichtsbarkeit. Deshalb muss der AN in dem Verfahren nach § 104 Satz 2 gem. § 83 Abs. 3 ArbGG beteiligt werden (Rn. 15).[26]

---

17 Vgl. *BAG* 19.2.75 – 1 ABR 55/73, AP BetrVG 1972 § 5 Nr. 9; KR-*Rinck*, Rn. 5; HWGNRH-*Huke*, Rn. 2; Richardi-*Thüsing*, Rn. 13; a. A. für Leih-AN GK-*Raab*, Rn. 4; Hako-BetrVG/*Braasch*, Rn. 2.
18 *LAG Nürnberg* 22.1.02 – 6 TaBV 13/01, NZA-RR 02, 524.
19 APS-*Linck*, Rn. 3; KR-*Rinck*, a. a. O., Hako-BetrVG/*Braasch*, Rn. 2; LKK-*Dahm*, Rn. 4; *Fitting*, Rn. 3.; GK-*Raab*, Rn. 4.
20 LKK-*Dahm*, Rn. 5.
21 *LAG Hamm* 2.8.16 – 7 TaBV 11/16, ZIP 16, 1991.
22 *BAG* 28.3.17 – 2 AZR 551/16, AP BetrVG 1972 § 104 Nr. 2, m. Anm. *Gerhardt*; a. A. GK-*Raab*, Rn. 21 f.
23 *A. A. LAG Hamm* 23.10.09 – 10 TaBV 39/09, juris.
24 *BAG* 28.3.17 – 2 AZR 551/16, AP BetrVG 1972 § 104 Nr. 2.
25 A. A. GK-*Raab*, Rn. 38 f.
26 *BAG* 28.3.17 – 2 AZR 551/16, AP BetrVG 1972 § 104 Nr. 2, m. Anm. *Gerhardt*.

Stellt der BR auf Grund ordentlicher Beschlussfassung (vgl. hierzu § 33 Rn. 3 ff.) an den AG das Verlangen, einen AN wegen fortgesetzter Störung des Betriebsfriedens zu entlassen, ist der AG, wenn er sich entschließt, diesem Entlassungsverlangen umgehend stattzugeben, **nicht zur erneuten Anhörung** (§ 102 bzw. Zustimmung nach § 103) des BR vor Ausspruch der Kündigung verpflichtet.[27] Dies gilt nicht, wenn der BR lediglich eine Kündigung verlangt, der AG aber außerordentlich kündigen will.[28] Ebenso braucht bei einer vom BR verlangten Versetzung nicht noch einmal das förmliche Verfahren auf Erteilung der Zustimmung gemäß § 99 durchgeführt werden, wenn der AG dem Versetzungsvorschlag des BR auf einen konkreten Arbeitsplatz entspricht.[29] Weicht der AG vom Versetzungsvorschlag des BR ab, sind bei einer vorgesehenen Versetzung des AN die Beteiligungsrechte des BR nach § 99 und ggf. § 102 durch den AG zu beachten.[30] 12

Der BR darf bei seinem Verlangen Gesichtspunkte der **Verhältnismäßigkeit** nicht außer Acht lassen. Zu den im Verfahren nach § 104 Satz 2 zu prüfenden Voraussetzungen, ob das Verlangen des BR i. S. d. § 104 Satz 1 berechtigt ist, gehört seine Verhältnismäßigkeit. Reicht beispielsweise schon die Versetzung an einen anderen Arbeitsplatz (ggf. in einer anderen Abteilung) aus, um eine weitere Störung des Betriebsfriedens zu verhindern, kann er nicht die Entlassung fordern.[31] 13

Verliert der AN seinen Arbeitsplatz, ohne dass die Voraussetzungen des § 104 vorlagen, können ihm **Schadensersatzansprüche** nach § 823 Abs. 1 BGB zustehen. Der Anspruch soll sich nach verbreiteter Auffassung gegen jedes BR-Mitglied und jeden sonstigen AN oder Dritten, der sich vorwerfbar an der Ausübung des rechtswidrigen Drucks beteiligt hat, richten, nicht jedoch gegen den AG, wenn dieser das ihm Zumutbare getan hat.[32] 14

IV. Anrufung des Arbeitsgerichts; Zwangsvollstreckungsverfahren

Kommt der AG dem Verlangen des BR auf Versetzung oder Entlassung eines AN aus den in dieser Bestimmung genannten Gründen nicht nach, so kann der BR das **ArbG** anrufen mit dem Antrag, dem **AG aufzugeben,** die von ihm verlangte Maßnahme durchzuführen. Das ArbG entscheidet im Beschlussverfahren (§§ 2a, 80 ff. ArbGG). Der betroffene AN hat in diesem Verfahren die Stellung eines Beteiligten.[33] Er ist deshalb in diesem Verfahren zu hören. 15

Eine **Frist** für die Anrufung des ArbG kennt das Gesetz nicht.[34] Allerdings kann das Recht des BR, eine gerichtliche Entscheidung herbeizuführen, verwirken, wenn er nach der Ablehnung seines Antrags durch den AG längere Zeit untätig verstreichen lässt, sodass der Eindruck vermittelt wird, der BR wolle die Angelegenheit nicht weiterverfolgen.[35] 16

Gibt das ArbG dem AG die Entlassung auf, so ist der **AG verpflichtet, die Kündigung zum nächstzulässigen Kündigungstermin** auszusprechen. Dabei sind die maßgeblichen Kündigungsfristen einzuhalten. 17

Stellt das ArbG fest, dass das **Verlangen des BR auf Versetzung begründet** ist, hat der AG den betreffenden AN unverzüglich nach Eintritt der Rechtskraft des Beschlusses an einen anderen Arbeitsplatz zu versetzen, ggf. eine Änderungskündigung auszusprechen.[36] Hinsichtlich der Beachtung der Beteiligungsrechte des BR nach §§ 99, 102 vgl. Rn. 12. 18

Gibt das Gericht dem Entlassungsantrag statt, ist dies **präjudiziell** für einen späteren Individualrechtsstreit um die **Kündigung.** Wegen der materiellen Rechtskraft der Entscheidung kann der Kündigungsgrund nicht mehr infrage gestellt werden (Rn. 11). Der AN kann aber andere Unwirksamkeitsgründe ins Feld führen, etwa die Nichteinhaltung der Schriftform nach § 623 BGB. 19

---

27 *BAG* 15.5.97 – 2 AZR 519/96, AP BetrVG 1972 § 104 Nr 1; Hako-BetrVG/*Braasch*, Rn. 11.
28 GK-*Raab*, Rn. 25.
29 *Fitting*, Rn. 13; GK-*Raab*, Rn. 26.
30 Vgl. *Fitting*, Rn. 13; LKK-*Dahm*, Rn. 13.
31 Hako-BetrVG/*Braasch*, Rn. 9; *Fitting*, Rn. 9; GK-*Raab*, Rn. 17; *Heinze*, Rn. 692.
32 Vgl. u. a. *Fitting*, Rn. 11; HWGNRH-Huke, Rn. 20; i. E. auch GK-*Raab*, Rn. 33: nur § 826 BGB.
33 *LAG Baden-Württemberg* 24.1.02 – 4 TaBV 1/01, juris; APS-*Linck*, Rn. 28; Hako-BetrVG/*Braasch*, Rn. 12; *Fitting*, Rn. 14; a. A. GK-*Raab*, Rn. 27.
34 APS-*Linck*, Rn. 21; *Fitting*, Rn. 15; GK-*Raab*, Rn. 28.
35 Vgl. hierzu auch *Fitting*, Rn. 15.
36 *Fitting*, Rn. 18.

20 **Lehnt das ArbG den Antrag des BR ab,** ist damit festgestellt, dass das Verlangen unbegründet war. Die Rechtsstellung des AN bleibt dann unberührt.[37] Entsprechendes gilt auch für den unbegründeten Versetzungsantrag.

21 Kommt der AG der rechtskräftigen gerichtlichen Entscheidung nicht nach, so ist er auf Antrag des BR vom ArbG durch die **Verhängung von Zwangsgeld** (§ 888 ZPO) zur Vornahme der Entlassung oder Versetzung anzuhalten.[38] Eine vorherige Androhung ist nicht erforderlich.[39] Das Höchstmaß des Zwangsgeldes beträgt für jeden Tag der Zuwiderhandlung 250 Euro. Die in Satz 2 enthaltene Regelung über die Verhängung eines Zwangsgeldes stellt gegenüber § 23 Abs. 3 eine Sondervorschrift dar.[40]

§ 105 Leitende Angestellte

Eine beabsichtigte Einstellung oder personelle Veränderung eines in § 5 Abs. 3 genannten leitenden Angestellten ist dem Betriebsrat rechtzeitig mitzuteilen.

Inhaltsübersicht Rn.

I. Vorbemerkungen

1 Die Vorschriften über die Beteiligungsrechte des BR in personellen Angelegenheiten (§§ 99 bis 104) finden auf leitende Angestellte nach § 5 Abs. 3 Satz 1 keine Anwendung.[1] Der AG benötigt daher weder die Zustimmung des BR (wie in den Fällen des § 99), noch muss er diesen nach § 102 Abs. 1 vor Ausspruch einer Kündigung hören. Da aber Einstellungen und sonstige personelle Veränderungen von leitenden Angestellten für die AN des Betriebs erhebliche Bedeutung für die AN haben, ist der BR auf Grund der besonderen **Informationspflicht** nach § 105 vom AG frühzeitig von derartigen Maßnahmen zu unterrichten.[2] Außerdem soll der BR durch diese Mitteilungspflicht auch erfahren, wie die **Führungsaufgaben im Betrieb/UN** verteilt sind.[3]

1a Nach Ansicht des *LAG Rheinland-Pfalz* soll der BR keinen weiteren **Unterrichtungsanspruch nach § 80 Abs. 2** haben, wenn er beurteilen möchte, ob die fragliche Person leitender Angestellter ist oder doch »normaler« AN, in Bezug auf den die Beteiligungsrechte nach §§ 99 ff. eingreifen, weil es sich insoweit um eine abschließende Regelung handele.[4] Es ist zwar richtig, dass der AG insoweit das Risiko einer Falschbeurteilung trägt (Rn. 9, 13). Dennoch überzeugt diese Sicht nicht. Soweit § 105 Mitteilungspflichten regelt, betreffen sie einen anderen Gegenstand als das hier maßgebliche Informationsrecht, das der BR nach § 80 Abs. 2 benötigt, um zu beurteilen, welche Beteiligungsrechte er hat.

II. Personenkreis

2 Die Vorschrift gilt **nur für leitende Angestellte** i. S. d. § 5 Abs. 3. Sie kommt auch dann zur Anwendung, wenn ein im Betrieb tätiger AN zum leitenden Angestellten »befördert« wird.[5] Scheidet ein bisher leitender Angestellter auf Grund veränderter Funktion und Aufgabenstel-

---

37 *Fitting*, Rn. 16; vgl. auch GK-*Raab*, Rn. 29.
38 *Fitting*, Rn. 19.
39 Hako-BetrVG/*Braasch*, Rn. 13; GK-*Raab*, Rn. 29.
40 APS-*Linck*, Rn. 32; *Fitting*, Rn. 19; *Heinze*, DB-Beilage 9/83, S. 19.

1 Vgl. *Fitting*, Rn. 1; GK-*Raab*, Rn. 2.
2 Vgl. KR-*Rinck*, Rn. 2; *Fitting*, Rn. 2; GK-*Raab*, Rn. 2.
3 KR-*Rinck*, Rn. 2.
4 *LAG Rheinland-Pfalz* 4.5.21 – 6 TaBV 1/20.
5 Vgl. *Sieg*, FS Etzel, S. 361, 365 f.

lung aus dem Personenkreis des § 5 Abs. 3 aus und soll diesem eine Tätigkeit im Bereich der nicht leitenden Angestellten zugewiesen werden, so handelt es sich aus Sicht der vom BR vertretenen Belegschaft um eine Einstellung mit den sich aus § 99 ergebenden Beteiligungsrechten des BR. Wird mit einem leitenden Angestellten eine **Probezeit** vereinbart, gilt die Vorschrift ebenfalls.[6]

Die Vorschrift **gilt nicht** bei Einstellungen und personellen Veränderungen von Personen, die nicht AN i. S. d. Gesetzes (§ 5 Abs. 2) sind. Die entsprechende Informationspflicht ergibt sich aber aus § 80 Abs. 2. 3

III. Mitteilungspflicht

Die Mitteilungspflicht des AG bezieht sich nicht nur auf Einstellungen (vgl. DKWF-*Bachner*, § 105 Rn. 1), sondern auf **jede personelle Veränderung.** Der Begriff der Einstellung ist derselbe wie in § 99 Abs. 1 (vgl. § 99 Rn. 38). Es sind grundsätzlich die gleichen Angaben zu machen wie bei anderen AN.[7] Dem BR ist also Mitteilung zur Person und zum Arbeitsplatz des leitenden Angestellten, dessen speziellen Aufgaben und Kompetenzen sowie seiner sachlichen und fachlichen Zuständigkeit zu machen. Zwar wird der leitende Angestellte grds. nicht vom BetrVG erfasst; der BR benötigt diese Angaben jedoch für die Prüfung, ob es sich bei dem betroffenen AN tatsächlich um einen leitenden Angestellten handelt oder ob ggfs. ein Mitbestimmungsrecht nach § 99 im Raum steht. Die bloße Behauptung des AG, es handele sich um einen leitenden Angestellten, kann hier nicht ausreichen. 4

Unter **personellen Veränderungen** sind nicht nur Eingruppierungen, Umgruppierungen, Versetzungen und Kündigungen,[8] sondern jede Änderung der Führungsfunktion des leitenden Angestellten, seiner Stellung in der Organisation des Betriebs oder UN, eine Suspendierung, ein Ausscheiden im gegenseitigen Einvernehmen oder eine Kündigung durch den Angestellten selbst zu verstehen.[9] Bei **Ein- und Umgruppierungen** beschränkt sich allerdings die Unterrichtungspflicht des AG auf ein vorhandenes betriebsübliches Gehaltsgruppenschema, da in den seltensten Fällen ein für diesen Personenkreis geltendes tarifliches Entgeltschema bestehen dürfte. Der Sinn dieser umfassenden Mitteilungspflicht liegt darin, den BR und damit die AN über alle Veränderungen der Führungsfunktion der leitenden Angestellten zu informieren.[10] Von daher ist für eine teleologische Reduktion des § 105, die Informationen über Ein- und Umgruppierungen ausschließen soll,[11] kein Raum. 5

Die Vorschrift verpflichtet den AG nicht, die beabsichtigte Maßnahme mit dem BR zu erörtern.[12] Der BR kann jedoch gegen die vom AG beabsichtigte Maßnahme **Bedenken** anmelden oder **Gegenvorstellungen** erheben. In diesem Fall ist der AG aus den allgemeinen Grundsätzen des § 2 Abs. 1 und § 74 Abs. 1 verpflichtet, diese Bedenken und Gegenvorstellungen in seine Überlegungen einzubeziehen,[13] auch wenn er völlig frei darin bleibt, ob und welche Maßnahme er trifft.[14] Der AG muss die Frist von einer Woche nach § 99 Abs. 3 nur dann einhalten, wenn der leitende Angestellte in die Ebene der nicht leitenden Angestellten zurückgestuft wird. Dann handelt es sich um eine nach § 99 zustimmungspflichtige Einstellung (vgl. Rn. 2 und § 99 Rn. 14, 39). 6

Die beabsichtigte personelle Maßnahme ist so **rechtzeitig** mitzuteilen, dass dem BR noch die Möglichkeit bleibt, sich vor ihrer Durchführung zu äußern und die AN zu unterrichten.[15] Der 7

---

6 Vgl. *BAG* 25.3.76 – 1 AZR 192/75, AP BetrVG 1972 § 5 Nr. 13; KR-*Rinck*, Rn. 4; HWGNRH-*Huke*, Rn. 4.

7 *Fitting*, Rn. 5; einschränkend, insbes. hinsichtlich des bisherigen beruflichen Werdegangs sowie der sonstigen persönlichen Verhältnisse, KR-*Rinck*, Rn. 19; GK-*Raab*, Rn. 7; HWGNRH-*Huke*, Rn. 12.

8 A. A. bei Ein- und Umgruppierungen HWGNRH-*Huke*, Rn. 11; GK-*Raab*, Rn. 7.

9 Hako-BetrVG/*Braasch*, Rn. 2; *Fitting*, Rn. 4; *WEHO*, Teil I Rn. 417; a. A. APS-*Linck*, Rn. 3.

10 Vgl. auch KR-*Rinck*, Rn. 15; *Fitting*, Rn. 4.

11 So GK-*Raab*, Rn. 7.

12 APS-*Linck*, Rn. 4; GK-*Raab*, Rn. 9.

13 APS-*Linck*, Rn. 7; Hako-BetrVG/*Braasch*, Rn. 4; KR-*Rinck*, Rn. 27; GK-*Raab*, Rn. 9.

14 KR-*Rinck*, Rn. 27; *Fitting*, Rn. 7; GK-*Raab*, Rn. 9, m. w. N.

15 *Fitting*, Rn. 6; Richardi-*Thüsing*, Rn. 14; vgl. ferner KR-*Rinck*, Rn. 23, der den AG für verpflichtet hält, den BR spätestens eine Woche vor der geplanten Durchführung der Maßnahme zu unterrichten.

BR darf bei Empfang der Mitteilung nicht **vor vollendeten Tatsachen** stehen.[16] Eine Unterrichtung des BR nach Abschluss des Arbeitsvertrags ist auf Grund des Gesetzeswortlauts (beabsichtigte Einstellung) auch dann als Gesetzesverstoß anzusehen, wenn AG und Bewerber ein schutzwürdiges Interesse an der Geheimhaltung ihrer Vertragsverhandlungen haben.[17]

8 Die personelle Maßnahme hat der AG dem **BR oder** einem nach den §§ 27, 28 für entsprechende personelle Angelegenheiten **zuständigen Ausschuss** (vgl. § 27 Rn. 35 ff., § 28 Rn. 9 ff.) des Betriebs mitzuteilen, in dem der leitende Angestellte beschäftigt ist oder eingestellt werden soll. Erstreckt sich der Aufgabenbereich des leitenden Angestellten auf mehrere Betriebe, sind sowohl die BR der betreffenden Betriebe als auch der **GBR** zu unterrichten.[18] Entsprechendes gilt für die Unterrichtung der **zuständigen BR (GBR) und des KBR,** wenn sich der Aufgabenbereich des leitenden Angestellten auf mehrere UN des Konzerns erstreckt.[19] Nimmt der leitende Angestellte Funktionen nur im UN- oder Konzernbereich wahr, kommen als Adressat der Unterrichtungspflicht nur der **GBR oder KBR** in Betracht.[20] Die Unterrichtung nur des **BR der Hauptverwaltung** ist nicht ausreichend.[21]

9 Möchte der AG nach § 105 unterrichten, so trägt der AG die Darlegungs- und Beweislast dafür, dass der AN leitender Angestellter ist.[22] Er kann sich **nicht darauf berufen,** er habe sich auf das Verfahren nach § 105 beschränkt in der **irrtümlichen** oder auf **Rechtsunkenntnis** beruhenden Auffassung, der von seiner Maßnahme betroffene AN sei als leitender Angestellter anzusehen. Ob Letzteres zutrifft, kann das Gericht beispielsweise in einem **Kündigungsschutzverfahren als Vorfrage** nachprüfen.[23] Verneint das Gericht in einem solchen Fall die Voraussetzungen des § 5 Abs. 3, ist eine Kündigung bei nicht ordnungsgemäß erfolgter Anhörung nach § 102 Abs. 1 **unwirksam.** Die Mitteilung nach § 105 kann auch nicht in eine Anhörung des BR gemäß § 102 Abs. 1 **umgedeutet werden,** auch dann nicht, wenn dem BR die Kündigungsgründe bekannt gegeben wurden oder aber bekannt waren.[24] Vielmehr ist die Erklärung des Kündigenden gegenüber dem BR im Einzelfall auszulegen.[25] Dasselbe gilt für die Mitwirkung nach § 99. Die bloße Mitteilung nach § 105 genügt dazu nicht,[26] wenn der AG den BR nicht erkennbar auch vorsorglich um Zustimmung ersucht.

10 Ist zweifelhaft, ob es einer Anhörung bedarf, muss der AG dem BR **eindeutig** zu erkennen geben, dass er nicht nur eine Mitteilung nach § 105 bezweckt, sondern zugleich – zumindest vorsorglich – auch das Anhörungsverfahren nach § 102 Abs. 1 einleiten will.[27] Auch wenn AG und BR **übereinstimmend** der Auffassung sind, dass es sich bei dem AN um einen leitenden Angestellten i. S. d. § 5 Abs. 3 handelt, kann dieser dennoch in einem Kündigungsschutzverfahren geltend machen, dass er nicht leitender Angestellter ist.[28]

11 Die sich bei beabsichtigten Einstellungen und personellen Veränderungen von leitenden Angestellten aus § 31 SprAuG ergebende Informationspflicht des AG gegenüber dem **SprA** lässt die Mitteilungspflicht nach § 105 gegenüber dem BR unberührt. Besteht ein SprA, hat der AG folglich sowohl diesen als auch den BR rechtzeitig zu informieren.

---

16 *Fitting* Rn. 6.

17 KR-*Rinck,* Rn. 24; a. A. GK-*Raab,* Rn. 11.

18 Vgl. *Fitting,* Rn. 8; GK-*Raab,* Rn. 5; KR-*Rinck,* Rn. 25; a. A. HWGNRH-*Huke,* Rn. 14, die in diesem Fall die Unterrichtung der BR für ausreichend ansehen.

19 Vgl. Richardi-*Thüsing,* Rn. 16.

20 Vgl. Hako-BetrVG/*Braasch,* Rn. 5; GK-*Raab,* Rn. 5.

21 Vgl. *Fitting,* Rn. 8.

22 Vgl. KR-*Rinck,* Rn. 30.

23 *BAG* 19.8.75 – 1 AZR 613/74, AP BetrVG 1972 § 102 Nr. 5; KR-*Rinck,* Rn. 30; vgl. auch *Fitting,* Rn. 1; GK-*Raab,* Rn. 12 f.

24 *BAG* 26.5.77 – 2 AZR 135/76; *BAG* 7.12.79 – 7 AZR 1063/77, AP BetrVG 1972 § 102 Nrn. 13, 21.

25 *BAG* 19.8.75 – 1 AZR 565/74, AP BetrVG 1972 § 105 Nr. 1.

26 *BAG* 21.11.18 – 7 ABR 16/17, AP BetrVG 1972 § 99 Nr. 158.

27 *BAG* 26.5.77 – 2 AZR 135/76; *BAG* 7.12.79 – 7 AZR 1063/77, AP BetrVG 1972 § 102 Nrn. 13, 21; KR-*Rinck,* Rn. 33.

28 Vgl. auch *BAG* 19.8.75 – 1 AZR 565/74, AP BetrVG 1972 § 105 Nr. 1; 26.5.77 – 2 AZR 135/76, 7.12.79 – 7 AZR 1063/77, AP BetrVG 1972 § 102 Nrn. 13, 21; vgl. ferner KR-*Rinck,* Rn. 29, 30; GK-*Raab,* Rn. 13.

IV. Streitigkeiten/Sanktionen

Verstöße gegen § 105 sind **nicht strafbar,** da diese Vorschrift nicht in dem in § 121 Abs. 1 aufgeführten Katalog von Aufklärungs- oder Auskunftspflichten enthalten ist.[29] Ein Verstoß gegen diese Bestimmung führt auch **nicht zur Unwirksamkeit** der Maßnahme gegenüber einem leitenden Angestellten.[30] So ist eine Kündigung wegen Verletzung der Informationspflicht gegenüber dem BR nicht unwirksam,[31] ggf. aber nach § 31 Abs. 2 SprAuG wegen Nichtanhörung des SprA.[32] Der AG kann auch nicht durch eine analoge Anwendung des § 101 Satz 1 in einem Beschlussverfahren gezwungen werden, die personelle Maßnahme rückgängig zu machen.[33] Bei groben Verstößen des AG kommt allerdings ein Verfahren nach § 23 Abs. 3 in Betracht.[34] Das ist z. B. dann der Fall, wenn der AG wiederholt gegen seine Pflichten aus § 105 verstößt.[35] Der BR kann die Entfernung betriebsstörender leitender Angestellter nicht verlangen, wenn der betreffende AN nach Schluss der mündlichen Anhörung erster Instanz zum leitenden Angestellten »befördert« wird.[36] 12

Informiert der AG lediglich nach § 105, obwohl es sich bei dem AN **nicht** um einen **leitenden Angestellten** handelt und die Beteiligungsrechte nach § 99 oder nach § 102 eingreifen, so geschieht das auf eigenes Risiko.[37] Eine Kündigung ist nach § 102 Abs. 1 Satz 3 unwirksam, eine Versetzung ebenfalls (§ 99 Rn. 252) und eine Einstellung ist unzulässig (§ 99 Rn. 251). Die Mitteilung nach § 105 ersetzt nicht die Verfahrensschritte nach §§ 99, 102 (Rn. 9). Der BR kann im Rahmen des Mitbestimmungsrechts des § 99 das Verfahren nach § 101 einleiten. 13

Sechster Abschnitt
Wirtschaftliche Angelegenheiten

Erster Unterabschnitt
Unterrichtung in wirtschaftlichen Angelegenheiten

§ 106 Wirtschaftsausschuss

(1) In allen Unternehmen mit in der Regel mehr als einhundert ständig beschäftigten Arbeitnehmern ist ein Wirtschaftsausschuss zu bilden. Der Wirtschaftsausschuss hat die Aufgabe, wirtschaftliche Angelegenheiten mit dem Unternehmer zu beraten und den Betriebsrat zu unterrichten.

(2) Der Unternehmer hat den Wirtschaftsausschuss rechtzeitig und umfassend über die wirtschaftlichen Angelegenheiten des Unternehmens unter Vorlage der erforderlichen Unterlagen zu unterrichten, soweit dadurch nicht die Betriebs- und Geschäftsgeheimnisse des Unternehmens gefährdet werden, sowie die sich daraus ergebenden Auswirkungen auf die Personalplanung darzustellen. Zu den erforderlichen Unterlagen gehört in den Fällen des Absatzes 3 Nr. 9a insbesondere die Angabe über den potentiellen Erwerber und dessen Absichten im Hinblick auf die künftige Geschäftstätigkeit des Unternehmens sowie die sich daraus ergebenden Auswirkungen auf die Arbeitnehmer; Gleiches gilt, wenn im Vorfeld der Übernahme des Unternehmens ein Bieterverfahren durchgeführt wird.

(3) Zu den wirtschaftlichen Angelegenheiten im Sinne dieser Vorschrift gehören insbesondere

---

29 KR-*Rinck*, Rn. 35; *Fitting*, Rn. 9; GK-*Raab*, Rn. 15.
30 *Fitting*, Rn. 9; GK-*Raab*, Rn. 15.
31 *BAG* 25.3.76 – 1 AZR 192/75, AP BetrVG 1972 § 5 Nr. 13.
32 Vgl. *Fitting*, Rn. 9.
33 *LAG Düsseldorf* 13.5.76 – 3 TaBV 2/76, DB 76, 1383; KR-*Rinck*, Rn. 34; HWGNRH-*Huke*, Rn. 15.
34 KR-*Rinck*, Rn. 36; GK-*Raab*, Rn. 15.
35 *LAG Frankfurt* 23.5.13 – 9 TaBV 288/12, juris.
36 *LAG Nürnberg* 22.1.02 – 6 TaBV 13/01, NZA-RR 02, 524.
37 *LAG Rheinland-Pfalz* 4.5.21 – 6 TaBV 1/20; GK-*Raab*, Rn. 13.

1. die wirtschaftliche und finanzielle Lage des Unternehmens;
2. die Produktions- und Absatzlage;
3. das Produktions- und Investitionsprogramm;
4. Rationalisierungsvorhaben;
5. Fabrikations- und Arbeitsmethoden, insbesondere die Einführung neuer Arbeitsmethoden;
5a. Fragen des betrieblichen Umweltschutzes;
5b. Fragen der unternehmerischen Sorgfaltspflichten in Lieferketten gemäß dem Lieferkettensorgfaltspflichtengesetz,
6. die Einschränkung oder Stilllegung von Betrieben oder von Betriebsteilen;
7. die Verlegung von Betrieben oder Betriebsteilen;
8. der Zusammenschluss oder die Spaltung von Unternehmen oder Betrieben;
9. die Änderung der Betriebsorganisation oder des Betriebszwecks;
9a. die Übernahme des Unternehmens, wenn hiermit der Erwerb der Kontrolle verbunden ist, sowie
10. sonstige Vorgänge und Vorhaben, welche die Interessen der Arbeitnehmer des Unternehmens wesentlich berühren können.

Inhaltsübersicht Rn.

I. Vorbemerkungen

Im Vorfeld der Schaffung des BetrVG 1952 war der WA seitens der Gewerkschaften und der SPD als Mitbestimmungsorgan konzipiert, das paritätisch aus Vertretern der AN und der Geschäftsleitung zusammengesetzt sein sollte:[1] Dort wo es einen paritätischen Aufsichtsrat gab, sollte der WA einen »Unterbau« für die alltäglicheren Fragen darstellen; wo das nicht der Fall war, sollte er über wirtschaftliche Fragen beraten, wobei im Dissensfalle eine staatliche Instanz entscheiden sollte. Obwohl die paritätische Zusammensetzung in § 67 BetrVG 1952 beibehalten wurde, machte die Parlamentsmehrheit den WA zu einem reinen Beratungsorgan. Die Effektivität einer solchen Einrichtung war eher bescheiden, zumal Beratungen einfacher zwischen AG und BR stattfinden konnten.[2] Auch die Gewerkschaften bestanden bei der Novellierung der Betriebsverfassung im Jahre 1972 deshalb nicht mehr auf der Beibehaltung dieser Institution. Sie schlugen vielmehr vor, Rechte und Pflichten des WA **direkt auf den BR** zu übertragen.[3] Auch der Gesetzesvorschlag des DGB zur Änderung des BetrVG von 1985[4] ging in § 109 davon aus, dass der BR die bisherigen Rechte des WA übernimmt, und dass sie nicht an das Vorliegen einer bestimmten UN-Größe geknüpft werden sollten.[5] 1

Der WA ist **kein Mitbestimmungsorgan,** sondern nach der gesetzlichen Konstruktion ein **Hilfsorgan des BR,** dessen Aufgabe in der **Beratung** wirtschaftlicher Angelegenheiten mit dem UN einerseits und der **Unterrichtung** des BR über die erhaltenen Informationen andererseits zu sehen ist; er ist ein im Gesetz besonders erwähntes **Hilfsorgan des BR bzw. GBR.**[6] Aus Sicht des BR ist der WA auch ein Frühwarnsystem in Zeiten einer möglichen Krise.[7] Die gute Zusammenarbeit beider Gremien bedarf der sinnvollen Organisation.[8] Die Errichtung des WA obliegt allein dem BR bzw. GBR (zur Möglichkeit, die WA-Aufgaben gemäß § 107 Abs. 3 einem BR-Ausschuss nach § 28 zu übertragen, vgl. § 107 Rn. 35 ff.). Dem UN stehen hinsichtlich der WA-Errichtung keinerlei Befugnisse zu. 2

Abs. 1 befasst sich mit den Voraussetzungen für die **Errichtung** eines WA sowie mit der allgemeinen Aufgabenzuweisung; **Abs. 2** betrifft die den UN treffende **spezielle Unterrichtungspflicht** sowie die näheren Modalitäten über die Erfüllung dieser Verpflichtung. In **Abs. 3** ist der **Begriff »wirtschaftliche Angelegenheiten«** näher umschrieben. Die Ausschöpfung dieser Rechte[9] kann ein wichtiges Mittel sein, um Krisen frühzeitig zu erkennen[10] und wirtschaftliche Argumente gegen geplante soziale Einschnitte zu entwickeln, doch reichen diese für sich allein zu einer erfolgreichen Interessenvertretung nicht aus.[11] 3

Da die Vorschriften über die **Errichtung** des WA zum zwingenden Recht über die Organisation der Betriebsverfassung zählen, ist insoweit eine Änderung durch TV oder BV nicht möglich, so dass die Einführung eines WA für **Klein-UN** mit bis zu einschließlich 100 AN nicht zulässig ist.[12] 4

---

1 Hierzu und zum Folgenden *Seifert,* FS Kittner, S. 346 ff.
2 S. etwa *Blume,* S. 163 ff. sowie *I. Schmidt,* FS Preis, S. 1184: »selbstorganisierte Kooperationsformen«.
3 Prot. über die 45. und 46. Sitzung des BT-Ausschusses für Arbeit und Sozialordnung am 24./25. 2. 1971, S. 130.
4 Vgl. insoweit die hier interessierenden Auszüge bei *v. Neumann-Cosel/Rupp,* S. 271 ff.
5 Vgl. auch *Schneider,* Mitb 85, 387.
6 Vgl. *BAG* 25. 6. 87, AP Nr. 6 zu § 108 BetrVG 1972 m. w. N.; Richardi-*Annuß,* Vorbem. § 106 Rn. 3; *Ritter,* S. 101; *Rumpff/Boewer,* S. 177; erste Einführung bei *Th. Müller,* AiB 6/18 S. 54; praktische Tipps zur Organisation seiner Arbeit bei *Krack/Gauer,* AiB 06, 430 ff. Gegenmittel gegen eine »Informationszurückhaltung« durch den AG behandeln *Laßmann/Rupp,* AiB 11, 528 ff.
7 Göpfert/Giese-*Göpfert/Jungbauer,* Kap. 1 Rn. 2.
8 *Krack/Gauer,* AiB 06, 430 ff.; *Krack,* AiB 10, 608 ff.; *Gauer,* AiB 10, 612 ff.; *Thannheiser,* AiB 5/15, 20 ff. Ein Muster für die Geschäftsordnung findet sich in DKWF-*Däubler* Arbeitshilfen, §§ 106–109a Rn 1 ff.
9 Informativer Überblick bei *Lerch/Weinbrenner* AiB 10, 97 ff.
10 *Neumann,* AiB 05, 237 ff.
11 Weiterführend *Grossmann/Balkenhol,* AiB 06, 102 ff.
12 Vgl. bei Klein-UN aber Rn. 21 ff.

Wohl aber ist es zulässig, durch TV oder BV die rechtliche **Qualität der WA-Befugnisse** zu **verbessern** und zu **präzisieren**[13] sowie einen Konzern-WA einzurichten.[14]

II. Voraussetzungen für die Errichtung

1. Allgemeines

5 Ein WA wird grundsätzlich nicht für einen Betrieb, sondern für das **gesamte UN gebildet** (zum UN-Begriff § 47 Rn. 16 ff.). Die Errichtung eines WA setzt voraus, dass in dem UN **in der Regel** (vgl. dazu Rn. 8 ff.) mehr als 100 **ständig** (vgl. dazu Rn. 11 ff.) beschäftigte AN vorhanden sind. Anders als z. B. in § 111 Satz 1 kommt es hier **nicht** auf die **Wahlberechtigung** der AN an.[15] Es ist der betriebsverfassungsrechtliche **AN-Begriff** zugrunde zu legen, so dass es bei der Berechnung auf die vom BR repräsentierte Belegschaft ankommt und Personen nach § 5 Abs. 2 sowie **leitende Angestellte** i. S. d. § 5 Abs. 3 **nicht** mitzuzählen sind,[16] wohl aber **Auszubildende**[17] und sog. **Ein-Euro-Kräfte.**[18] Zu den ferner zu berücksichtigenden AN vgl. die Erl. zum AN-Begriff § 5 Rn. 8 ff.

6 Um **mehr als 100 AN** handelt es sich, wenn mindestens 101 AN vorhanden sind. Zu den Begriffen »in der Regel« und »ständig« beschäftigte AN vgl. zunächst § 1 Rn. 249 ff., § 9 Rn. 6 ff. sowie eingehend u. Rn. 8 ff., 11 ff.

7 Die Kombination dieser beiden in hohem Maße unscharfen Begriffe wirft besondere **Anwendungsprobleme** auf, die bisweilen nicht zu wirklich abgesicherten Antworten führen.[19] Es dürfte daher gerechtfertigt sein, dem BR bzw. GBR insoweit einen **Beurteilungsspielraum** zuzugestehen.[20] Sinkt die AN-Zahl bloß vorübergehend auf 100 oder weniger, berührt dies den Bestand des WA nicht.[21]

2. »In der Regel«-Beschäftigte

8 Der **Begriff »in der Regel«** bezieht sich zunächst auf die Beschäftigtenzahl **in allen Betrieben des UN** und nicht nur derjenigen Betriebe, in denen ein BR errichtet ist.[22] Es kommt auf das gewöhnliche Erscheinungsbild des UN bei normalem Gang der Geschäftstätigkeit an, also die Personalstärke, die für das UN im Allgemeinen kennzeichnend ist.[23] Diese Zahl kann **nicht** durch **einfaches Abzählen** der vorhandenen AN im jeweils aktuellen Zeitpunkt, zu dem die

13 Vgl. insbes. *Rumpff/Boewer,* S. 182; ebenso *GL,* vor § 106 Rn. 8a; nur für BV GK-*Oetker,* vor § 106 Rn. 16, 17; zur Konkretisierung der Unterrichtungspflicht des UN vgl. z. B. die bei *Bösche/Grimberg,* Mitb 85, 397 [399 Fn. 10] zitierte BV.

14 *Däubler,* Tarifvertragsrecht, Rn. 1047; Däubler-*Hensche,* TVG, 2. Aufl., § 1 Rn. 810; Däubler-*Klein,* TVG, § 1 Rn. 990; a. A. GK-*Oetker* vor § 106 Rn. 14; vgl. auch Wiedemann-*Thüsing,* § 1 Rn. 735, der dieses Problem nicht anspricht, aber eine tarifliche Erweiterung der »wirtschaftlichen Angelegenheiten« zulassen will.

15 *Fitting,* Rn. 15; Richardi-*Annuß,* Rn. 11; *WW,* Rn. 1. HWGNRH-*Hess,* Rn. 12 verlangt hingegen ohne Begründung auch die Wahlberechtigung und übersieht dabei den eindeutigen Wortlaut der Vorschrift; wie hier auch *Rumpff/Boewer,* S. 187.

16 H. M.; *Fitting,* a. a. O.; GK-*Oetker,* Rn. 35; HWGNRH-*Hess,* Rn. 19; MünchArbR-*Stamer,* § 307 Rn. 3; Richardi-*Annuß,* a. a. O.; *Rumpff/Boewer,* a. a. O.; a. A. Schaub-*Koch,* § 243 Rn. 2.

17 *LAG Niedersachsen* 27. 11. 84, NZA 85, 332; HWGNRH-*Hess,* Rn. 16.

18 Schaub-*Ahrendt,* § 243 Rn. 3.

19 Ähnlich auch *Rumpff/Boewer,* S. 185; dieselbe Begriffskombination findet sich in § 110 Abs. 1 und § 1; der geringfügige terminologische Unterschied in § 1 dürfte rechtlich unbeachtlich sein.

20 So *BAG* 12. 10. 76, AP Nr. 1 zu § 8 BetrVG 1972 zu dem ähnlich gelagerten Problem des § 9; 22. 11. 84, AP Nr. 1 zu § 64 BetrVG 1972, innerhalb dessen die Prüfung der Errichtungsvoraussetzungen **nach pflichtgemäßem Ermessen** vorzunehmen ist.

21 H. M.; vgl. *GL,* Rn. 15; *LK,* Rn. 6.

22 *LAG Frankfurt/M* 7. 11. 89, AuR 91, 29; *LAG Köln* 21. 2. 01 – 7 TaBV 59/00, AuR 01, 281; *Rumpff/Boewer,* S. 184 f.; *Fitting,* Rn. 16; *LK,* Rn. 4.

23 *BAG* 8. 6. 89, EzA § 17 KSchG 1969 Nr. 4; 16. 6. 87, AP Nr. 20 zu § 111 BetrVG 1972; 31. 7. 86, AP Nr. 5 zu § 17 KSchG 1969; 22. 2. 83, AP Nr. 7 zu § 113 BetrVG 1972.

Errichtungsvoraussetzungen geprüft werden sollen, festgestellt werden.[24] »In der Regel« heißt, dass vorübergehende Erhöhungen und Verringerungen der Personalstärke unberücksichtigt bleiben,[25] z. B. in Zeiten außergewöhnlichen Geschäftsanfalls wie Weihnachtsgeschäft, Jahresabschlussarbeiten bzw. kurzfristige Geschäftsdrosselung etwa in den Ferien.[26] Zur Feststellung der **regelmäßigen** Beschäftigtenzahl bedarf es vielmehr grundsätzlich eines Rückblicks auf die bisherige personelle Stärke und einer Einschätzung der zukünftigen Entwicklung – beides ist nicht nur auf das laufende Jahr beschränkt.[27] Die **künftige Entwicklung** kann jedoch nach Ansicht einiger Instanzgerichte nur insoweit in Betracht kommen, als auf Grund bereits getroffener Entscheidungen des AG eine Veränderung der bisherigen Beschäftigtenzahl zu erwarten ist, so dass bloße Befürchtungen und Gerüchte nicht zur Reduzierung der »in der Regel« beschäftigten AN führen können.[28] Soll dagegen eine **Betriebsstilllegung oder Teilstilllegung** erfolgen, ist keine Prognose, sondern nur ein Rückblick anzustellen.[29]

Bei der rückblickenden wie bei der vorausschauenden Betrachtung soll **kein Durchschnittswert** der jeweiligen Beschäftigtenstände innerhalb der zugrunde gelegten Zeitspanne gebildet werden,[30] so dass es für die Praxis manchmal schwierig wird, zu einem verlässlichen Ergebnis zu kommen. Hier hilft nur der Beurteilungsspielraum des BR/GBR (o. Rn. 7). Werden bei UN **AN** regelmäßig **ausgewechselt,** so ist auf die Zahl der normalerweise besetzten Arbeitsplätze abzustellen.[31] Dies kann z. B. beim Einsatz von Leiharbeitnehmern[32] oder von sog. **Daueraushilfen** unter rigoroser Ausnutzung (oder Überschreitung) der Befristungsmöglichkeiten nach § 14 TzBfG in Frage kommen, wenn nur unter Einbeziehung dieser Befristungsform das UN über mehr als 100 AN verfügt.[33] Dasselbe gilt für die Beschäftigung von ALG II-Empfängern im Arbeitsverhältnis.[34] **Nicht** als ein derartiger Fall ständig wechselnder AN ist die Beschäftigung im **Schichtbetrieb** anzusehen; die Zahl der in den einzelnen Schichten Tätigen ist zu addieren. 9

Befristet eingestellte **Aushilfen** können aus diesen Gründen nicht von vornherein außer Ansatz bleiben, selbst wenn ihre Beschäftigung im Einzelfall nur kurzfristig erfolgt. Vielmehr sind sie dann als »in der Regel« beschäftigte AN des UN mitzuzählen, wenn eine bestimmte Anzahl derartiger AN (d. h. AN, die in dieser Gestaltungsform beschäftigt werden) in einem Zeitraum von **mindestens sechs Monaten** innerhalb einer Zeitspanne eines Jahres beschäftigt worden ist und auch in Zukunft mit einer derartigen Beschäftigung gerechnet werden kann.[35] **Nicht** vorausgesetzt werden darf dabei eine mindestens sechsmonatige **Laufzeit der Verträge;** auf die individuell vereinbarte Befristungsdauer der Aushilfsbeschäftigung kommt es in diesem Zusammenhang nicht an. Bei sog. Kampagnebetrieben, die nur während eines Teils des Jahres arbeiten, entscheidet allein die Zahl der AN während der »Kampagnezeit«. Schwankt wie bei Hotels in Erholungsgebieten der Personalbestand je nach der Saison (»Saisonbetriebe«), so ist die »Saisonstärke« dann zugrunde zu legen, wenn die Saison mehr als 6 Monate dauert.[36] 10

24 *BAG* 31.7.86, a. a. O.; 12.10.76, AP Nr. 1 zu § 8 BetrVG 1972; *LAG Berlin* 25.4.88, LAGE § 106 BetrVG 1972 Nr. 1; *Fitting*, § 9 Rn. 11 ff.

25 *BAG* 22.2.83, a. a. O.

26 *BAG* 31.7.86, a. a. O.

27 *BAG* 31.1.91 – 2 AZR 356/90, BB 91, 1047; *LAG Berlin* 6.12.89, DB 90, 538; *Lerch/Weinbrenner* AiB 10, 97.

28 Vgl. *LAG Hamm* 6.10.78, DB 79, 1563; *LAG Berlin* 18.6.84, NZA 85, 159 für die Ermittlung der AN-Zahl gemäß § 23 Abs. 1; *ArbG Hamburg* 22.12.83, DB 84, 250 für eine bevorstehende BR-Wahl bei bereits im Interessenausgleich festgelegter Personalreduzierung.

29 Ständige Rspr. des *BAG*; vgl. *BAG* 22.2.83, 31.7.86, 8.6.89, a. a O.; aber auch *LAG Köln* 19.10.83, DB 84, 511.

30 Ausdrücklich ablehnend *BAG* 22.2.83, AP Nr. 7 zu § 113 BetrVG 1972; 31.7.86, AP Nr. 5 zu § 17 KSchG 1969; GK-*Franzen*, § 1 Rn. 103.

31 *LAG Berlin* 6.12.89, DB 90, 538; *LAG Hamm* 11.5.79, EzA § 6 BetrVG 1972 Nr. 2.

32 MünchArbR-*Stamer* § 307 Rn. 3.

33 So der Fall *LAG Berlin* 6.12.89, a. a. O.

34 *BAG* 5.10.00 – 1 ABR 14/00, DB 00, 2126.

35 *BAG* 12.10.76, AP Nr. 1 zu § 8 BetrVG 1972; *LAG Hamm* 11.5.79, EzA § 6 BetrVG 1972 Nr. 2; *LAG Berlin* 25.4.88, LAGE § 106 BetrVG 1972 Nr. 1; *Fitting*, § 9 Rn. 15; Richardi-*Thüsing*, § 9 Rn. 13.

36 *Fitting*, § 9 Rn. 16.

Andernfalls muss mangels anderer Anhaltspunkte ein Mittelwert gewählt werden, da ein Abstellen auf den kontinuierlich beschäftigten »Stamm« die Zahl der anfallenden Aufgaben und die Bedeutung des UN verfehlen würde.

3. »Ständig« beschäftigte Arbeitnehmer

11 Um »ständig« beschäftigte AN handelt es sich nach allgemeiner Ansicht im Grundsatz dann, wenn wegen der vorhandenen **Arbeitsaufgabe,** die auf Dauer angelegt ist, hierbei AN auf **unbestimmte Zeit** eingestellt sind.[37] Nach zu enger Ansicht soll der Begriff »ständig« das Gegenteil von nur »vorübergehend« beschäftigten Personen bilden, so dass grundsätzlich nur auf unbestimmte Zeit eingestellte AN mitzuzählen seien und **befristet** beschäftigte AN allenfalls dann, wenn es sich um einen **erheblichen Zeitraum** handelt.[38] Dabei wird jedoch übersehen, dass der Begriff »ständig« sich auf die zu erfüllende Arbeitsaufgabe bezieht[39] und die vertragsrechtliche Gestaltungsform des Arbeitsverhältnisses als Dauerbeschäftigung oder befristetes Arbeitsverhältnis keinen Anhaltspunkt zur Begriffsbestimmung der »ständigen« AN liefern kann, weil es sonst letztlich der Disposition der Vertragsparteien überlassen wird, ob die Voraussetzungen zur Errichtung des WA vorliegen oder nicht.

12 Gerade weil vor allem infolge der BeschFG 1985 und 1996 das **Leitbild des unbefristeten Arbeitsverhältnisses** als dem Regeltypus der abhängigen Arbeit ins Wanken geraten ist und immer häufiger sogar typische Daueraufgaben auf Grund eines permanenten Personalaustauschs mit befristet eingestellten AN bewältigt werden, ist es gerechtfertigt, **auch mit kurzer Laufzeit befristet** eingestellte AN dann als **ständig beschäftigte AN** anzusehen, wenn die Arbeitsaufgabe, also der Arbeitsplatz auf Dauer besteht.[40] **Leih-AN** und andere überlassene AN besitzen unter den Voraussetzungen des § 7 Satz 2 seit 2001 das aktive Wahlrecht und sollten deshalb auch im Rahmen des § 106 mitgezählt werden (s. § 7 Rn. 7). Dasselbe folgt nunmehr aus § 14 Abs. 2 Satz 4 AÜG. Zu **Auszubildenden** s. oben Rn 5.

13 Auf die Dauer der vereinbarten Arbeitszeit eines AN kommt es nicht an, so dass **Teilzeit-AN** bei Berücksichtigung der Arbeitsaufgabe als Daueraufgabe ebenfalls »ständig« beschäftigt sind.[41]

14 **Sinkt die Belegschaftsstärke dauerhaft** unter die 101-Personengrenze ab, so bleibt entgegen einer Entscheidung des *BAG*[42] der WA so lange im Amt, wie der ihn bildende BR bzw. GBR weiter seine Funktion ausübt.[43] Insoweit ist § 13 entspr. anzuwenden. Findet nach dieser Vorschrift eine Neuwahl statt, so endet die Amtszeit des WA mit der Konstituierung des neuen BR.[44]

4. Zwingendes Recht; Betriebsratserfordernis

15 Die Errichtung des WA ist **zwingend** vorgeschrieben.[45] Die Errichtung wird dem BR bzw. GBR somit zur Pflicht gemacht. Unterlassen diese es trotz Vorliegens der gesetzlichen Vorausset-

---

37 *Fitting*, § 9 Rn. 15 ff.; *GL*, § 1 Rn. 35; *Ritter*, S. 109; *Rumpff/Boewer*, S. 185; *LAG Berlin* 6.12.89, DB 90, 538 [539]: Es muss ein auf Dauer eingerichteter Arbeitsplatz sein.

38 Vgl. insbes. HWGNRH-*Hess*, Rn. 15; kritisch und zu Recht zurückhaltend *Rumpff/Boewer*, a. a. O.

39 Insoweit zutreffend *Fitting*, a. a. O.

40 Zutreffend *LAG Berlin* 6.12.89, DB 90, 538 [539]. Vgl. auch *LAG Hamburg* 19.7.18 – 1 TaBV 2/18 juris, das spätestens bei 18 Monaten die »Dauertätigkeit« beginnen lässt.

41 *Fitting*, § 9 Rn. 17; *GL*, Rn. 35; Richardi-*Maschmann*, § 1 Rn. 128; *Rumpff/Boewer*, S. 186; *BAG* 9.6.83, AP Nr. 2 zu § 23 KSchG 1969; *LAG Baden-Württemberg* 16.6.87, LAGE § 111 BetrVG 1972 Nr. 6: Eine Umrechnung der Teilzeitbeschäftigtenzahl in eine hypothetische Zahl von Vollzeitbeschäftigten ist unzulässig; ebenso bereits *LAG Hamm* 11.5.79, EzA § 6 BetrVG 1972 Nr. 2.

42 7.4.04 – 7 ABR 41/03, NZA 05, 311. Ebenso bei Auflösung des Gemeinschaftsbetriebs *BAG* 22.3.16 – 1 ABR 10/14, NZA 16, 969 Tz 30: Mit Wegfall der Errichtungsvoraussetzungen endet das Amt des WA.

43 *HessLAG* 17.8.93 – 4 TaBV 61/93, DB 94, 1248; *Grauvogel u. a.*, Rn. 277; differenzierend GK-*Oetker*, § 107 Rn. 30; dem BAG zustimmend HWK-*Willemsen/Lembke* Rn. 22; *Fitting*, Rn. 14.

44 Zur spaltungsbedingten Verkleinerung und zur Möglichkeit des Bestandsschutzes nach § 325 Abs. 2 UmwG s. *B. Gaul*, DB 95, 2265; *Trittin*, AiB 96, 365.

45 Richardi-*Annuß*, Rn. 17; GK-*Oetker*, Rn. 50.

zungen, einen WA zu bilden, und wird auch von der Möglichkeit des § 107 Abs. 3 kein Gebrauch gemacht, so kann von einer **groben Pflichtverletzung** des BR i.S.d. § 23 Abs. 1 ausgegangen werden, was eine Amtsenthebung rechtfertigen kann.[46] Beim GBR können lediglich die einzelnen Mitglieder nach § 48 aus dem Amt entfernt werden.[47]

Der WA wird für das **gesamte** UN gebildet, unabhängig davon, wie viele Betriebe diesem angehören. Die Bildung mehrerer Ausschüsse für ein UN ist ausgeschlossen (zur Bildung eines WA im Gemeinschaftsbetrieb u. Rn. 20). **16**

Der WA kann jedoch nur dann gebildet werden, wenn mindestens in einem der Betriebe ein **BR besteht.**[48] Unschädlich ist, dass die übrigen Betriebe zwar betriebsratsfähig sind, aber keinen BR gewählt haben.[49] Zur Ermittlung der AN-Zahl sind auch die AN in den betriebsratslosen Betrieben des UN mitzuberücksichtigen.[50] Fällt der einzige den WA wählende BR weg, weil z.B. keine Neuwahl stattfindet, so endet auch das Mandat des WA. Hat der BR nur noch ein **Restmandat** nach § 21b, so kann in dessen Rahmen auch der WA weiter tätig sein. Geht es um Informationsrechte in Bezug auf eine Betriebsveräußerung, so kann der BR seine Rechte aus § 106 Abs. 3 Nr. 9a gemäß § 109a BetrVG selbst geltend machen, so dass es keines Restmandats des WA bedarf. **17**

5. Konzern-Wirtschaftsausschuss?

Nach Ansicht des *BAG*[51] kann der KBR aus eigenem Recht keinen WA errichten. Abs. 1 sei weder unmittelbar noch analog auf den Konzern anwendbar, eine planwidrige Gesetzeslücke liege nicht vor. In der Literatur[52] wird demgegenüber mit Recht betont, dass der KBR in gleicher Weise ein »Hilfsorgan« benötigt. Bei der Konzernspitze werden in der Tat in ganz besonderem Umfang wirtschaftliche Fragen zu entscheiden sein, deren Erörterung in einem kompetenten Gremium das Funktionieren der Arbeitnehmerbeteiligung erleichtert. In abhängigen UN erfolgt eine Einschaltung des WA häufig erst, wenn die Entscheidung bereits gefallen ist. Legt man die *BAG*-Rspr. zugrunde, bleibt die Möglichkeit, dass der KBR einen Ausschuss bildet, der die von der Konzernspitze nach § 80 Abs. 2 zu liefernden Informationen auswertet und diskutiert.[53] Außerdem kann er selbstredend alle die Informationen erörtern, die auf Unternehmensebene über die dortigen WA an die GBRs gekommen sind. Der Referentenentwurf zur Reform des BetrVG wollte den Konzern-WA obligatorisch machen,[54] doch verzichtete der RegE auf eine entsprechende Bestimmung. **18**

Keine Bedenken bestehen dagegen, **auf Grund freiwilliger Übereinkunft** zwischen KBR und Konzernspitze einen Konzern-WA zu bilden.[55] Dem Gesetz ein Verbot einer entsprechenden BV zu entnehmen, wäre völlig fiktiv; da beide Seiten einig sind und die funktionelle Zuständigkeit des KBR nicht überschritten ist (dazu Einl. Rn. 124ff.), spricht nichts gegen eine solche Ergänzung der im Gesetz vorgesehenen Institutionen. Wenn die Beteiligten es wollen, können sie dem so geschaffenen Gremium die Rechte nach §§ 106 bis 109 einräumen, sind dazu aber **19**

46 Zustimmend Göpfert/Giese-*Göpfert/Jungbauer*, Kap. 1 Rn. 4; ebenso GK-*Oetker*, Rn. 50; Richardi-*Annuß*, Rn. 17.
47 Richardi-*Annuß*, Rn, 17; GK-*Oetker*, Rn. 50.
48 *Rumpff/Boewer*, S. 184; Göpfert/Giese-*Göpfert/Jungbauer*, Kap. 1 Rn. 5.
49 *LAG Köln* 21.2.01 – 7 TaBV 59/00, AuR 01, 281; *LAG Frankfurt* 7.11.89 LAGE § 106 BetrVG 1972 Nr. 5; weitere Einzelheiten § 107 Rn. 17.
50 *LK*, Rn. 4.
51 23.8.89, AP Nr. 7 zu § 106 BetrVG 1972.
52 *Nebendahl*, DB 91, 384ff.
53 GK-*Oetker*, Rn. 29; HK-BetrVG-*Steffan*, Rn. 11.
54 AiB 01, 105: § 109a.
55 *Nebendahl*, DB 91, 384; zustimmend *Grauvogel u.a.*, Rn. 272; HK-BetrVG-*Steffan*, Rn. 11; skeptisch HWGNRH-*Hess*, Rn. 8. Für Bildung eines Ausschusses, der die Aufgaben eines WA wahrnimmt, durch den KBR zutreffend *Fitting*, Rn. 4.

nicht gezwungen.[56] Zulässig ist auch die **tarifliche Schaffung** eines Konzern-WA,[57] was u. a. bei (der damaligen Firma) Digital Equipment durch den TV vom 25. 6. 1993 geschah.[58]

6. Sonderfall: Unternehmen, die einen Gemeinschaftsbetrieb haben

20 Mehrere im gesellschaftsrechtlichen Sinne selbstständige UN (Firmen) können einen **gemeinsamen Betrieb** i. S. des § 1 Abs. 1 Satz 2 BetrVG haben (dazu § 1 Rn. 88 ff.). Dies wird häufig dann der Fall sein, wenn einzelne Teile des UN abgespalten und rechtlich verselbstständigt werden, wenn sich auf betrieblicher Ebene aber kaum etwas ändert. Hat keines der UN für sich allein 101 AN, erreicht oder übersteigt der gemeinsame Betrieb aber diese Zahl, so ist nach *BAG*[59] für diesen ein WA zu bilden, sofern er über einen BR verfügt. Mit Recht hat das Gericht eine planwidrige Gesetzeslücke angenommen, die durch entsprechende Anwendung der §§ 106 ff. zu schließen ist: Dem BR die Unterstützung durch einen WA allein deshalb zu versagen, weil auf Arbeitgeberseite mehrere rechtlich selbstständige UN vorhanden sind, sei nicht zu rechtfertigen.[60] Unter dem 2001 geänderten Recht ist das *BAG*[61] bei der Parallelproblematik in § 99 zum selben Ergebnis gekommen und hat dies später auch für den WA bestätigt.[62] In der Tat wollte der Gesetzgeber durch das Abstellen auf das Unternehmen (statt auf den Betrieb) in den §§ 99, 111 das Mitbestimmungsrecht erweitern und nicht etwa Beteiligungsrechte abbauen.[63] Führen **dieselben UN mehrere Gemeinschaftsbetriebe,** so ist für diese ein GBR zu errichten, der dann einen WA wählt.[64] Sind Träger des gemeinsamen Betriebs eine Mutter- und eine hundertprozentige Tochtergesellschaft, so wird der WA nur bei der Mutter errichtet, da diese auch über die Dispositionen ihrer Tochter Auskunft geben kann.[65] Gegen die Tochter gerichtete Informationsansprüche des WA wären unbegründet.[66]

20a Wird ein gemeinsamer Betrieb **von** einem **tendenzgeschützten und** einem **tendenzfreien UN getragen,** so ist zu differenzieren. Ist ein WA nur deshalb zu bilden, weil zwar nicht die TrägerUN, wohl aber der gemeinsame Betrieb die 100-Personen-Grenze überschreitet, so muss er in der vorliegenden Situation nur zur Entstehung kommen, wenn das tendenzfreie UN quantitativ überwiegt, also die größere Zahl der AN zu ihm eine arbeitsvertragliche Verbindung aufweist.[67] Der in § 118 Abs. 1 Satz 2 verfügte Ausschluss des WA in Tendenzunternehmen lässt sich nicht durch richtlinienkonforme Auslegung (im Hinblick auf die Richtlinie 2002/14/EG) korrigieren, da er eine eindeutige Regelung darstellt.[68] Auch ein etwaiger Verstoß gegen Art. 27 GRe-Charta wäre ohne Bedeutung, da dieser nicht im Verhältnis zwischen Privaten wirkt.[69] Überschreiten die TrägerUN jeweils die 100-Personen-Grenze, so wird ein WA **ausschließlich für das tendenzfreie UN** gebildet; ihm stehen keinerlei Rechte gegenüber dem tendenzgeschützten

---

56 Ebenso GK-*Oetker*, Rn. 30.

57 *Däubler*, Tarifvertragsrecht, Rn. 1047; Däubler-*Hensche*, TVG, 2. Aufl., § 1 Rn. 810; Däubler-*Klein*, TVG, § 1 Rn. 990; a. A. Richardi-*Annuß*, Rn. 9; GK-*Oetker*, vor § 106 Rn. 14.

58 *Jung/Klebe/Polzmacher*, AiB 93, 527.

59 1. 8. 90 – 7 ABR 91/88, AP Nr. 8 zu § 106 BetrVG 1972 = NZA 91, 643, bestätigt in *BAG* 19. 11. 19 – 7 ABR 3/18, NZA 20, 598 Tz. 30.

60 Wie *BAG* ErfK-*Kania*, Rn. 2; WPK-*Preis*, Rn. 3; *Fitting*, Rn. 18; Schaub-*Ahrendt*, § 243 Rn. 6; im Ergebnis auch HWK-*Willemsen/Lembke*, Rn. 27; anders *Fromen*, FS Gaul, S. 186, der jedoch die *BAG*-Entscheidung nicht verwertet.

61 29. 9. 04 – 1 ABR 39/03, AP Nr. 40 zu § 99 BetrVG 1972 Versetzung mit Anm. *Däubler*.

62 *BAG* 22. 3. 16 – 1 ABR 10/14, NZA 16, 969 Tz. 12. Zustimmend *Salamon*, NZA 17, 891, 893.

63 Näher *Däubler*, Anm. a. a. O.

64 *Salamon*, NZA 17, 891, 894; *Fitting*, Rn. 18a; Göpfert/Giese-*Göpfert/Jungbauer*, Kap. 1 Rn. 7; zweifelnd *BAG* 13. 2. 07 – 1 AZR 184/06, NZA 07, 825.

65 *BAG* 22. 3. 16 – 1 ABR 10/14, NZA 16, 969. Zustimmend MünchArbR-*Stamer*, § 307 Rn. 5; a. A. *Salamon*, NZA 17, 891, 894.

66 *BAG* 22. 3. 16 – 1ABR 10/14, NZA 16, 969, 970.

67 *BAG* 19. 11. 19 – 7 ABR 3/18, NZA 20, 598 Tz. 33. Dazu auch *BAG* 26. 2. 20 – 7 ABR 20/18, NZA 20, 960 Rn. 27.

68 *BAG* 19. 11. 19 – 7 ABR 3/18, NZA 20, 598 Tz. 39, bestätigt durch *BAG* 26. 2. 20 – 7 ABR 20/18, NZA 20, 960 Rn. 36.

69 *BAG* 19. 11. 19 – 7 ABR 3/18, NZA 20, 598 Tz. 46.

UN zu.[70] Dies kann im Einzelfall zu einer Beschränkung der Informationsrechte insbesondere dann führen, wenn das tendenzfreie UN eine Tochtergesellschaft des TendenzUN ist.[71] Liegt nur ein UN über der 100-Personen-Grenze und ist dieses tendenzfrei, so ist nur bei ihm ein WA zu bilden.[72]

Besitzen die **Trägerunternehmen** außer dem Gemeinschaftsbetrieb noch **weitere Betriebe,** wurden deshalb GBR errichtet (vgl. § 1 Rn. 178 ff.) und haben die UN mehr als 100 AN, so müssen die GBR ebenfalls einen WA berufen.[73] Mitglieder des WA können aber nur Angehörige des UN sein: BR-Mitglieder aus dem Gemeinschaftsbetrieb, die einen Arbeitsvertrag mit einem anderen (Konzern-)UN haben, können grundsätzlich nicht in diesen WA entsandt werden.[74] Geschieht dies dennoch, soll es sich nicht mehr um einen WA handeln, dem die Rechte i. S. der §§ 106 ff. zustehen.[75] Hat ein Trägerunternehmen keinen weiteren Betrieb oder ist kein GBR errichtet worden, so kann der BR des Gemeinschaftsbetriebs selbst einen WA für dieses UN einsetzen. Andernfalls wäre die Repräsentation der im Gemeinschaftsbetrieb Tätigen unvollständig; im Verhältnis zu einem Trägerunternehmen müsste der BR auf die sachkundige Hilfe eines WA verzichten. 21

Die Zahlengrenzen des Abs. 1 sind allein auf den Gemeinschaftsbetrieb zu beziehen, die ggf. an anderen Standorten vorhandenen sonstigen Belegschaften der beteiligten Rechtsträger sind nicht einzurechnen.[76] Die sich aus §§ 106 ff. ergebenden Verpflichtungen gegenüber dem WA bzw. BR/GBR sind von den am Gemeinschaftsbetrieb beteiligten UN als den Rechtsträgern dieses Betriebs zu erfüllen.[77] Dies gilt auch dann, wenn eine Konzernmutter zusammen mit ihren Tochtergesellschaften einen gemeinsamen Betrieb bildet.[78] Da jedes UN über seine Situation zu berichten hat, haben die Verpflichtungen grundsätzlich einen unterschiedlichen Inhalt, so dass es an den Voraussetzungen einer Gesamtschuld fehlt. Die Information durch ein UN ist also nicht in der Lage, die entsprechende Verpflichtung des anderen UN zu erfüllen. Zur Ausnahme der 100 %-Tochter s. oben Rn. 20. 22

7. Kollektivvertraglich geschaffene betriebsverfassungsrechtliche Einheiten

Ist in einem UN durch TV oder BV nach § 3 Abs. 1 Nr. 1a ein **einheitlicher BR** geschaffen worden, so bestimmt dieser die Mitglieder des WA. Sind nach § 3 Abs. 1 Nr. 1b nur einzelne Betriebe zu einer Einheit zusammengefasst, so gilt diese nach § 3 Abs. 5 Satz 1 als Betrieb im Sinne des BetrVG. Mit den in den übrigen Betrieben bestehenden BR ist ein GBR zu bilden, der den WA wählt.[79] Dasselbe gilt dann, wenn im UN ausschließlich Sparten-BR nach § 3 Abs. 1 Nr. 2 bestehen. Hält man die tarifliche Schaffung eines Sparten-GBR für zulässig (ablehnend oben § 3 Rn. 79), ist dieser bzw. sind diese für die Errichtung des WA zuständig. 23

Wurde nach § 3 Abs. 1 Nr. 3 eine **unternehmensübergreifende Vertretungsstruktur** geschaffen (z. B. ein die AN mehrerer UN vertretender Sparten-BR), so gilt der repräsentierte Bereich nach § 3 Abs. 5 Satz 1 gleichfalls als Betrieb. Sinnvoll ist, für diesen im Gesetz nicht geregelten Fall die Grundsätze über den gemeinsamen Betrieb entsprechend anzuwenden.[80] Das bedeutet, dass für diese Einheit ein WA zu errichten ist (zu weiteren Konsequenzen s. unten Rn. 20 ff.). 24

---

70 *BAG* 26. 2. 20 – 7 ABR 20/18, NZA 20, 960.
71 *BAG* 26. 2. 20 – 7 ABR 20/18, NZA 20, 960 Rn. 29.
72 *Laskawy/Lomb*, DB 20, 2079.
73 *Däubler*, FS Zeuner, S. 29; *Fitting*, Rn. 18; *Salamon*, NZA 17, 891, 894.
74 *HessLAG* 7. 2. 17 – 4 TaBV 155/16, juris.
75 *HessLAG* a. a. O.
76 *Konzen*, a. a. O.; *Windbichler*, S. 295; ähnlich bereits *BAG* 1. 10. 74, AP Nr. 1 zu § 106 BetrVG 1972.
77 So explizit *BAG* 1. 8. 90, a. a. O.; ähnlich für den Bericht des AG in der Betriebsversammlung des Gemeinschaftsbetriebs *LAG Hamburg* 15. 12. 88, BB 89, 628 und *LAG Düsseldorf* 7. 5. 86, BB 86, 1851 für die Unterstützungspflicht bei Erstellung der BR-Wählerliste.
78 *Lerch/Weinbrenner*, NZA 13, 355, 359.
79 Ebenso im Ergebnis HWK-*Willemsen/Lembke*, Rn. 29.
80 Ebenso HWK-*Willemsen/Lembke*, Rn. 30.

8. Unternehmen mit weniger als 101 Arbeitnehmern

25 Heftig umstritten ist die Frage, ob in **Klein-UN mit höchstens 100 AN** die in §§ 106 ff. enthaltenen Informations- und Beratungsansprüche anstelle des WA dem BR unmittelbar zustehen.[81] Das *BAG*[82] gibt eine eindeutig negative Antwort. Auch die Instanzgerichte hatten sich geweigert, § 106 Abs. 2 insoweit analog anzuwenden.[83] Das *BAG* hat jedoch ausdrücklich betont, dass sich aus § 80 Abs. 2 sowie aus anderen Vorschriften Informationsrechte des BR auch in wirtschaftlichen Angelegenheiten ergeben könnten; anders als bei § 106 sei jedoch ein Bezug zu einer konkreten Aufgabe erforderlich.[84] Außerdem kann durch freiwillige Betriebsvereinbarung ein »Wirtschaftsausschuss« errichtet werden, dessen Rechte den §§ 106 ff. nachgebildet sein können.[85]

26 Wenn die Ansicht, dass in UN mit weniger als 101 AN der BR an die Stelle des WA tritt, darauf abstellt, dass der WA nur Hilfsorgan des BR sei,[86] wird allerdings nicht genügend beachtet, dass die aus §§ 106 ff. folgenden Informationsrechte eine bestimmte **UN-Größe** voraussetzen. Nach der gesetzlichen Konstruktion, die im Wortlaut ihren klaren Ausdruck gefunden hat, entfaltet sich auch die Funktion des WA als Hilfsorgan erst ab einer UN-Größe von 101 AN.[87] Demgegenüber ist es zutreffend, § 80 Abs. 2 als Anspruchsgrundlage heranzuziehen.[88] Inhalt und Umfang dieses Anspruchs werden durch §§ 106 ff. schon deshalb nicht eingeschränkt, weil sie von ihren tatbestandlichen Voraussetzungen her gar nicht eingreifen.[89] Allerdings erfordert § 80 Abs. 2 anders als die §§ 106 ff. die **Darlegung eines Aufgabenbezuges** für betriebsrätliche Informationsbegehren. Ausreichend ist allerdings insoweit, dass der BR die Information benötigt, um feststellen zu können, **ob** ihm ein Beteiligungsrecht zusteht und ob er davon Gebrauch machen will.[90] Dabei muss hinsichtlich der Anforderungen an die Darlegungslast des Aufgabenbezuges folgendermaßen differenziert werden: Bei Erfüllung von **Aufgaben,** in denen der **BR** ein **eigenes Recht zum Tätigwerden** hat (insbes. Initiativrechte), besteht der Anspruch auf Information bereits dann, wenn erst die Prüfung der Unterlagen ergeben kann, ob der BR aus eigener Initiative zur Erfüllung eben dieser Aufgaben tätig werden soll oder kann, sofern nur **wahrscheinlich** ist, dass die geforderten Unterlagen eine solche Prüfung überhaupt ermöglichen. In Fällen dagegen, in denen das Gesetz dem BR Aufgaben erst dann zuweist, wenn der AG/UN durch sein Tätigwerden Beteiligungsrechte des BR auslöst, kann der BR die Vorlage von Unterlagen, die für die Erfüllung seiner Aufgaben erforderlich sein können, erst dann verlangen, wenn der AG sich zu Maßnahmen entschließt, die Aufgaben des BR auslösen.[91] Der Unterschied zwischen den Informationsansprüchen aus § 106 Abs. 2 und § 80 Abs. 2 kann somit darin gesehen werden, dass der erstgenannte auf kontinuierliche, fortgesetzte und nicht anlassbezogene Information eines besonderen Gremiums angelegt ist, während der letztgenannte momentan-aufgabenbezogenen Charakter hat. Der Anspruch auf wirtschaftliche Informationen aus § 80 Abs. 2 steht allerdings nicht unter der Einschränkung einer möglichen Gefährdung von Betriebs- und Geschäftsgeheimnissen.[92]

---

81 Bejahend *ArbG Bochum* 24.3.86, AiB 86, 226 mit zustimmender Anm. *Wendeling-Schröder*; GK-*Fabricius,* 6. Aufl., Rn. 11; *Wetzling,* S. 186; *Bösche-Moderegger/Grimberg,* AuR 90, 298; *dies.*, AiB 89, 108 [109]; *Mayer,* AuR 91, 14; verneinend *SWS,* Rn. 4b; *Oetker/Lunk,* DB 90, 2320 [2321].

82 5.2.91 – 1 ABR 24/90, AP Nr. 10 zu § 106 BetrVG 1972 = NZA 91, 644.

83 *LAG Köln* 8.9.87, NZA 88, 210; *LAG Hamm* 13.2.90 – 13 TaBV 113/89, AuR 90, 296; *LAG Düsseldorf* 14.2.90 – 12 TaBV 123/89, DB 90, 2479.

84 *BAG* 5.2.91, a.a.O.

85 Vgl. GK-*Oetker,* Rn. 48 m.w.N.

86 So etwa *Bösche-Moderegger/Grimberg,* AuR 90, 298.

87 Vgl. zur Bedeutung von Grenzzahlen für die Existenz von Beteiligungsrechten *BAG* 17.10.89, DB 90, 694 hinsichtlich des § 111 a.F.

88 Ebenso GK-*Oetker,* Rn. 46; MünchArbR-*Stamer,* § 307 Rn. 7; *Oetker/Lunk,* DB 90, 2320 [2324]; *Mayer,* AuR 91, 14 [16 f.], der darüber hinaus die Rechte aus § 106 Abs. 2 im Wege der Analogie auch dem BR zuordnet; vgl. dagegen aber *BAG* 5.2.91 – 1 ABR 24/90, AP Nr. 10 zu § 106 BetrVG 1972.

89 Zutreffend insoweit *Oetker/Lunk,* a.a.O.

90 Vgl. *BAG* 26.1.88, AP Nr. 31 zu § 80 BetrVG 1972; näher dazu § 80 Rn. 34 ff.

91 *BAG* 27.6.89, EzA § 80 BetrVG 1972 Nr. 37.

92 *BAG* 5.2.91, a.a.O.

Die **EG-Richtlinie** über Unterrichtung und Anhörung der Arbeitnehmer (Einl. Rn. 251 ff.; Text in Anhang C) müsste Anlass sein, die Grenze für die Bildung eines Wirtschaftsausschusses auf 50 AN herabzusetzen.[93] Insoweit wird für die Einsetzung eines »Wirtschaftsfachmanns« plädiert.[94] Solange dies nicht geschehen ist, haben BR in UN mit 50–100 Beschäftigten in **richtlinienkonformer Auslegung** der §§ 80 Abs. 2, 90 und 111 Satz 1 das Recht, bei der Gewährung von Informationen und ihrer Diskussion wie ein WA behandelt zu werden.[95] Konkret heißt dies, dass der BR über alle von Art. 4 Abs. 2 der Richtlinie erfassten Gegenstände auch ohne konkreten aufgabenbezogenen Anlass informiert werden muss. Bedeutsam ist dies insbesondere in Bezug auf die wirtschaftliche Situation des UN (Art. 4 Abs. 2 Buchst. a), auf Maßnahmen, durch die einem Beschäftigungsabbau entgegengewirkt werden soll (Art. 4 Abs. 2 Buchst. b), sowie auf einen geplanten Betriebsübergang (Art. 4 Abs. 2 Buchst. c). Insoweit muss der AG den BR nicht nur informieren, sondern mit ihm auch über einvernehmliche Lösungen verhandeln (s. auch § 80 Rn. 82 und u. § 111 Rn. 126). Ausdrückliche und deshalb rechtssichere und transparente Regelungen bleiben ein Desiderat.[96] 27

9. Grenzüberschreitende Unternehmen

Hat ein **inländisches UN** sowohl inländische als auch ausländische Betriebe, ist gleichwohl ein WA zu bilden, sofern zumindest **in einem inländischen Betrieb ein BR** besteht. Bei Feststellung der UN-Größe werden auch die **AN in den ausländischen Betrieben** mitgezählt,[97] weil es auf die UN-Zugehörigkeit ankommt und der **WA wegen** der von der Unternehmensgröße abhängigen **Komplexität** der wirtschaftlichen Probleme geschaffen wurde. Dabei spielt es wie auch im Inland keine Rolle, dass in den Auslandsbetrieben keine BR bestehen. Auch ist es zulässig, AN der Auslandsbetriebe in den WA zu berufen (vgl. § 107 Rn. 10; zu einem ähnlichen Problem hinsichtlich der Berücksichtigung des fliegenden Personals bei Luftfahrt-UN s. u. Rn. 33). 28

Die Bildung eines WA ist auch dann nicht ausgeschlossen, wenn ein **ausländisches UN** Betriebe im räumlichen Geltungsbereich des Gesetzes unterhält, weil es grundsätzlich nicht darauf ankommt, ob die UN-Leitung vom Inland oder Ausland aus erfolgt.[98] Dasselbe gilt erst recht, wenn das ausländische UN seine Hauptverwaltung im Inland hat (zur Zulässigkeit s. Einl. Rn. 262). Hinsichtlich der Feststellung der UN-Größe und der Berufung von AN in den WA gilt das in Rn. 23 Gesagte entsprechend.[99] Auch wenn mehrere Betriebe im Inland existieren, muss keine organisatorisch verselbstständigte unternehmerische Einheit (»Deutschland-Direktion«) im Inland existieren.[100] Da die Erfüllung der sich aus den §§ 106 ff. ergebenden Pflichten wohl kaum zu **Kollisionen mit ausländischen Sachnormen** führen dürfte, erscheint es zweifelhaft, die Unterrichtungs- und Beratungspflicht des UN auf solche Gegenstände zu begrenzen, die sich in den inländischen Betrieben des ausländischen UN auswirken können.[101] 29

---

93 So auch *Bonin*, AuR 04, 321; *Weber* in Franzen/Gallner/Oetker, Art. 3 RL 2002/14/EG Rn. 10.

94 *Ritter*, S. 233, 243.

95 *Ritter*, S. 294: Sozialer Dialog mittels Auslegung zu gewährleisten; vgl. weiter *Deinert*, NZA 99, 800. Veränderungsbedarf mit Rücksicht auf die Richtlinie konstatieren auch HWK-*Willemsen/Lembke*, Rn. 7; ebenso Göpfert/Giese-*Göpfert/Jungbauer*, Kap. 1 Rn. 5.

96 *Weber* in Franzen/Gallner/Oetker, Art. 4 RL 2002/14/EG Rn. 25.

97 Str.; wie hier GK-*Fabricius*, 6. Aufl., Rn. 46; *Grauvogel u. a.*, Rn. 283; *WW*, Rn. 3; *Birk*, FS Schnorr v. Carolsfeld, S. 61 [82]; *Däubler*, RabelsZ 39 (1975), S. 444 [466]; *Grasmann*, ZGR 73, 317 [323 f.]; *Simitis*, FS Kegel, S. 153 [178 f.]; **a. A.** ErfK-*Kania*, Rn. 2; *Fitting*, Rn. 19; HWGNRH-*Hess*, Rn 10; GK-*Oetker*, Rn. 43; *GL*, Rn. 14; Richardi-*Annuß*, Rn. 13.

98 *BAG* 1.10.74, 31.10.75, AP Nrn. 1, 2 zu § 106 BetrVG 1972; zustimmend WPK-*Preis*, Rn. 3.

99 Vgl. auch *Birk*, FS Schnorr v. Carolsfeld, S. 61 [72 f.]; *Simitis*, FS Kegel, S. 153 [178]; *WW*, Rn. 2, 3; teilweise wird aber nur die AN-Zahl der im Inland gelegenen Betriebe des UN für ausschlaggebend gehalten, vgl. ErfK-*Kania*, Rn. 2; *Grasmann*, ZGR 73, 317 [322] und *GL*, Rn. 11; insoweit ohne ausdrückliche Stellungnahme *BAG* 1.10.74, 31.10.75, a. a. O.

100 Näher dazu *Däubler*, Betriebsverfassung in globalisierter Wirtschaft, S. 66 f. m. w. N.; anders HWK-*Willemsen/Lembke*, Rn. 25.

101 Für eine derartige Beschränkung aber früher *Däubler*, RabelsZ 39 (1975), S. 444 [474]; *Grasmann*, a. a. O.; wie hier dagegen GK-*Fabricius*, 6. Aufl., Rn. 44; *WW*, Rn. 13.

10. Tendenzunternehmen; Seeschifffahrt, Luftfahrt

30 Zum vollständigen Ausschluss der §§ 106 ff. in **Tendenz-UN** vgl. § 118 Rn. 65 ff. Anders, wenn ein Krankenhaus gesetzliche Pflichten erfüllt,[102] oder wenn der AG z. B. durch TV auf den Tendenzschutz verzichtet hat.[103] Hier finden die §§ 106 ff. in vollem Umfang Anwendung. Zur Bildung eines WA in einem Gemeinschaftsbetrieb, der von einem TendenzUN und einem tendenzfreien UN getragen wird, s. oben Rn. 20a.

31 Die **Bordvertretung** (vgl. § 115) hat in wirtschaftlichen Angelegenheiten keine Kompetenzen. Die Rechte aus §§ 106–113 sind ihr wegen § 115 Abs. 7 entzogen.[104] Stattdessen werden die Beteiligungsrechte des BR in wirtschaftlichen Angelegenheiten vom **See-BR** allein ausgeübt (vgl. § 116 Abs. 6), so dass die WA-Mitglieder von diesem bzw. dem **See-GBR** bestellt werden.[105]

32 Nach § 117 Abs. 1 findet das Gesetz nur auf die **Landbetriebe** von Luftfahrt-**UN** uneingeschränkt Anwendung. Die im Flugbetrieb tätigen AN fallen nur dann unter das Gesetz, wenn kein TV über eine andere Form der Interessenvertretung besteht. Die gegen die frühere Regelung bestehenden verfassungsrechtlichen Bedenken[106] haben sich damit erledigt. Näher § 117 Rn. 4 ff.

33 Trotz der einschränkenden Formulierung des § 117 Abs. 1 **(Landbetriebe)** ist der **WA für das gesamte Luftfahrt-UN** zu bilden, da der WA stets für das UN zu errichten ist (vgl. Rn. 16, 28 ff.) und nicht nur für einzelne Betriebe. Allerdings obliegt die Errichtung des WA allein dem BR des Landbetriebs,[107] es sei denn, dass ein TV nach § 117 Abs. 2 in diesem Punkt auch die Vertretung für das fliegende Personal beteiligt. Mitglied des WA können jederzeit (also sogar ohne gesonderten TV) auch **Angehörige des fliegenden Personals** sein, weil § 107 Abs. 1 lediglich auf **unternehmensangehörige** AN abstellt und die Sonderregelung des § 117 Abs. 2 insoweit ohne Bedeutung ist.[108] Aus demselben Grunde sind auch die im **Flugbetrieb** des UN beschäftigten **AN** bei der Ermittlung der UN-Größe nach § 106 Abs. 1 **mitzuzählen,** da auch insoweit nur auf die UN-Zugehörigkeit abzustellen ist.[109] Dieses Ergebnis findet seine Bestätigung in dem Fall, dass nicht in allen Betrieben eines UN ein BR besteht: Die AN aus den betriebsratslosen Betrieben zählen mit (vgl. oben Rn. 17).

III. Allgemeine Aufgaben des Wirtschaftsausschusses

34 Der WA ist **kein Mitbestimmungsorgan.** Er ist nicht Träger eigenständiger Mitbestimmungsrechte. Seine Aufgabe besteht vielmehr in der **Beratung** wirtschaftlicher Angelegenheiten mit dem UN und der entsprechenden Unterrichtung des BR.[110] Dabei kann er auch eigene Vorschläge machen.[111]

35 Der WA hat nach Abs. 1 Satz 2 die allgemeine Aufgabe, die Zusammenarbeit und die Information zwischen UN und BR bzw. GBR in wirtschaftlichen Angelegenheiten zu fördern. Er ist aber kein eigenständiges **Organ der Belegschaft,**[112] was auch daran deutlich wird, dass der BR gemäß § 107 Abs. 3 beschließen kann, die Aufgaben des WA einem Ausschuss des BR zu übertragen. Damit kommt dem WA eine **Doppelfunktion** zu: Einerseits obliegt ihm die **Beratung** wirtschaftlicher Angelegenheiten mit dem UN, andererseits trifft ihn eine **Unterrichtungspflicht** gegenüber dem BR. Die näheren Einzelheiten des Beratungsvorganges sind

102 *BAG* 24.5.95 – 7 ABR 48/94, DB 96, 1347.
103 *BAG* 5.10.00 – 1 ABR 14/00, DB 00, 2126 = AiB 02, 51; *LAG Schleswig-Holstein* 4.1.00 – 3 TaBV 40/99, BB 00, 773.
104 Richardi-*Forst,* § 115 Rn. 116; GK-*Franzen,* § 115 Rn. 47.
105 Richardi-*Forst,* § 116 Rn. 75; GK-*Franzen,* § 116 Rn. 55.
106 Vgl. *BAG* 5.11.85, AP Nr. 4 zu § 117 BetrVG 1972 unter II 2 der Gründe; a. A. *Grabherr,* NZA 88, 532.
107 Bzw. dem aus BR der Bodenbetriebe gebildeten GBR; vgl. insoweit zutreffend *BAG* 5.11.85, AP Nr. 4 zu § 117 BetrVG 1972.
108 So ausdrücklich *BAG* 5.11.85, a. a. O.
109 A. A. GK-*Oetker,* Rn. 37 m. w. N.
110 *Fitting,* Rn. 23 ff.; GK-*Oetker,* Rn. 51 ff.
111 ErfK-*Kania* Rn. 3; GTAW-*Woitaschek* Rn. 30.
112 Richardi-*Annuß,* Vorbem. zu § 106 Rn. 3.

ergänzend in § 108 Abs. 1–3 geregelt; mit der Berichtspflicht gegenüber dem BR befasst sich § 108 Abs. 4.

Wenngleich der WA nicht Träger selbstständiger Mitbestimmungsrechte ist, handelt es sich bei ihm dennoch um ein relativ eigenständiges betriebsverfassungsrechtliches Organ. Diese Eigenständigkeit wird nicht dadurch in Frage gestellt, dass er von seiner Zielsetzung her als Hilfseinrichtung des BR bzw. GBR in wirtschaftlichen Angelegenheiten anzusehen ist. Jedenfalls steht dem WA ein **selbstständiges Unterrichtungs- und Beratungsrecht** in den Angelegenheiten des § 106 Abs. 2 und 3 zu. Dieses ist anders als beim BR nicht auf eine bestimmte Aufgabe bezogen.[113] 36

Beratungen dienen zur **Vorbereitung** einer Entscheidung und setzen daher einen Meinungsaustausch über das Für und Wider einer erst noch zu treffenden Entscheidung voraus.[114] Vor allem zur Erfüllung dieses Aspekts der Doppelfunktion dient die in Abs. 2 näher beschriebene und ebenfalls in § 108 weiter konkretisierte **Unterrichtungspflicht.**[115] Der **WA** ist nicht darauf beschränkt, Vorhaben des UN zu kommentieren und ihnen ggf. abweichende Vorstellungen entgegenzusetzen. Er kann auch **von sich aus Initiativen entfalten** (z. B die Erschließung eines neuen Absatzmarkts vorschlagen) und zu diesem Zweck die nötigen Informationen vom Arbeitgeber verlangen.[116] 37

Die **Unterrichtung des BR** durch den WA erstreckt sich sowohl auf Verlauf und Ergebnis der Beratungen als auch auf die vom UN entsprechend Abs. 2 gegebenen Informationen (zur Berichtspflicht näher § 108 Rn. 29 ff.). Darüber hinaus kann es empfehlenswert sein, den BR nicht nur über bereits stattgefundene WA-Sitzungen zu unterrichten, sondern auch über bevorstehende. Letzteres sollte unter Mitteilung der Tagesordnung geschehen. 38

IV. Unterrichtungspflicht des Unternehmers

1. Unternehmer und Unternehmen

Nach dieser Vorschrift ist »der Unternehmer« Schuldner des Unterrichtungsanspruchs. Insoweit ist mit diesem Begriff dasselbe gemeint wie in § 108 Abs. 2 (vgl. § 108 Rn. 10). Dies gilt auch im Fall des Abs. 3 Nr. 9a.[117] Wird über das Vermögen des Unternehmers das Insolvenzverfahren eröffnet, so trifft den Insolvenzverwalter die Unterrichtungspflicht; diese hat keinen höchstpersönlichen Charakter. Notfalls muss sich der Verwalter durch Befragung des Schuldners und seiner Mitarbeiter sachkundig machen. Werden (alle) Betriebsteile veräußert, so ändert dies grundsätzlich nichts an der Auskunftspflicht; diese geht nicht etwa nach § 613a BGB auf die Erwerber über. Weitaus schwieriger ist die Bestimmung des Begriffs **»Unternehmen«** (vgl. zunächst § 47 Rn. 16 ff.), zumal in der Entscheidungspraxis des *BAG* eine in sich konsistente Begriffsbildung fehlt.[118] 39

Klarheit besteht aber zumindest darüber, dass es **keinen** für die gesamte Rechtsordnung **einheitlichen Unternehmensbegriff** gibt, sondern dessen Inhalt nach Sinn und Zweck der jeweils betroffenen Vorschrift zu ermitteln ist.[119] Sinn und Zweck der hier betroffenen Vorschriften liegen darin, die AN vor nachteiligen Maßnahmen zu schützen und hierzu den WA zu befähigen, **Entscheidungen** auf der Ebene des UN, die sich auf die Arbeitnehmerschaft nachteilig aus- 40

113 *I. Schmidt*, FS Preis, S. 1183, 1185.
114 Vgl. *KG Berlin* 25.9.78, DB 79, 112; GK-*Oetker*, Rn. 52 f.
115 GK-*Oetker*, Rn. 56.
116 Vgl. *WW*, Rn. 5.
117 *Löw*, DB 08, 758.
118 UN setzt einen einheitlichen Rechtsträger voraus: *BAG* 5.12.75, 11.12 87, AP Nrn. 1, 7 zu § 47 BetrVG 1972; 23.8.89, EzA § 106 BetrVG 1972 Nr. 9; 29.11.89, AP Nr. 3 zu § 10 ArbGG 1979; 1.8.90 – 7 ABR 91/88, AP Nr. 8 zu § 106 BetrVG 1972; Offenlassen der Frage, ob es einen eigenen betriebsverfassungsrechtlichen UN-Begriff gibt, der nicht mit dem des Gesellschaftsrechts identisch ist: *BAG* 23.9.80, AP Nr. 4 zu § 47 BetrVG 1972 unter III der Gründe; BetrVG kennt keinen eigenen UN-Begriff: *BAG* 17.1.78, 25.11.80, AP Nrn. 1, 2 zu § 1 BetrVG 1972; 13.6.85, AP Nr. 10 zu § 1 KSchG 1969; inländische Teile eines ausländischen UN können als UN i.S.d. BetrVG anzusehen sein: *BAG* 1.10.74, 31.10.75, AP Nrn. 1, 2 zu § 106 BetrVG 1972.
119 Ebenso *BAG* 29.11.89, AP Nr. 3 zu § 10 ArbGG 1979.

wirken können, möglichst frühzeitig zu erkennen.[120] Vor dem Hintergrund dieser Zielsetzung ist zumindest grundsätzlich im Anwendungsbereich der §§ 106 ff. von einem UN-Begriff auszugehen, der von der **Einheit des Rechtsträgers** geprägt ist, da nur so einerseits die notwendige Verbindlichkeit etwaiger bevorstehender Entscheidungen in wirtschaftlichen Angelegenheiten gewährleistet werden kann und andererseits entsprechende Einwirkungsmöglichkeiten des WA im Zuge der Beratungen gemäß Abs. 1 bestehen. UN in diesem Sinne bezeichnet daher den **wirtschaftlichen** Tätigkeitsbereich, der einer natürlichen oder juristischen Person oder einer Personengesamtheit in rechtlicher Hinsicht zugeordnet ist, d. h. in deren Trägerschaft steht.

41 Der Grundsatz des an der **Einheit des Rechtsträgers** orientierten UN-Begriffs schließt es nicht aus, dass mehrere UN einen gemeinsamen Betrieb besitzen, der dann wie eine selbstständige Größe behandelt wird (o. Rn. 19 ff.). Auch kann ein »Durchgriff« auf den beherrschenden Gesellschafter möglich sein (u. Rn. 91). Vorgänge bei einem andern Konzern-UN werden nicht erfasst, sofern sie keine Auswirkungen im AG-UN haben können (vgl. *Fleischer,* ZfA 09, 787, 810).

2. Modalitäten und Inhalt der Unterrichtungspflicht

42 Der UN hat den WA **rechtzeitig** und **umfassend** über die wirtschaftlichen Angelegenheiten des UN zu unterrichten. Dies hat zudem **unter Vorlage der erforderlichen Unterlagen** zu erfolgen (vgl. zum allgemeinen Informationsanspruch § 80 Rn. 78 ff.; zum besonderen Informationsanspruch bei geplanten Betriebsänderungen § 111 Rn. 158 ff.; s. auch § 90 Rn. 19 f.). Der Anspruch besteht nicht nur »dem Grunde nach«, so dass er erst durch Einigung der Betriebspartner oder durch die ESt. zu konkretisieren wäre; vielmehr gibt Abs. 2 nicht anders als § 80 Abs. 2 einen unmittelbaren Anspruch auf alles Erforderliche.[121] Zu den Schwierigkeiten, ihn in der Praxis durchzusetzen, s. *Lassmann/Rupp.*[122]

a) Rechtzeitige Unterrichtung

43 **Rechtzeitig** bedeutet zunächst, dass die Unterrichtung des WA über wirtschaftliche Angelegenheiten vorgenommen werden muss, **bevor** über diese entschieden wird.[123] Anregungen des WA müssen noch berücksichtigt werden können.[124] Den im Einzelfall exakten Zeitpunkt der »Rechtzeitigkeit« zu bestimmen ist schwierig, zumal auch aus der Sanktionsnorm des § 121 Abs. 1 keine größere Klarheit zu gewinnen ist, weil dort »rechtzeitig« lediglich durch »nicht verspätet« ersetzt ist. Daher ist zur Bestimmung des Zeitpunktes auch auf den Zweck, dem die Unterrichtung dient, abzustellen.[125] Das Gebot der Rechtzeitigkeit verbietet es in jedem Fall, den WA vor vollendete Tatsachen zu stellen,[126] weil im Rahmen des § 106 die Unterrichtung dazu dient, einerseits die **Beratungen** mit dem UN gemäß Abs. 1 Satz 2 und § 108 Abs. 1, 3, 5 vorzubereiten und andererseits den BR – u. U. auch schon vor der WA-Sitzung über die anstehenden Themen (vgl. Rn. 34) – in jedem Falle aber **nach** den WA-Sitzungen gemäß Abs. 1 Satz 2 und § 108 Abs. 4 zu unterrichten. Hinsichtlich des Teilzwecks, den BR zu informieren, ist für die Frage der Rechtzeitigkeit zu differenzieren: Beziehen sich die im WA zu beratenden wirtschaftlichen Angelegenheiten auf solche des Abs. 3 Nr. 5–9, ist zu beachten, dass es sich hierbei um Betriebsänderungstatbestände i. S. d. § 111 Satz 3 handelt, so dass es dem BR gerade auch auf Grund vorangegangener Information durch den WA ermöglicht werden muss, seine Mitwirkungs- und Mitbestimmungsrechte gemäß §§ 111–112a rechtzeitig auszuüben. Hieraus

120 *BAG* 1. 10. 74, AP Nr. 1 zu § 106 BetrVG 1972.
121 *BAG* 11. 7. 00 – 1 ABR 43/99, DB 01, 598 ff.; anders *LAG Köln* 13. 7. 99 – 1310 TaBV 5/99, AuR 00, 151 m. Anm. *Däubler* als Vorinstanz.
122 AiB 11, 528 ff.
123 *Hjort,* AiB 05, 221.
124 *Th. Müller,* AiB 6/18 S. 55. Ebenso *LAG Berlin-Brandenburg,* 30. 3. 12 – 10 TaBV 2362/11, juris.
125 *BAG* 14. 9. 76, AP Nr. 2 zu § 113 BetrVG 1972; *Heilmann/Kralle/Ortmann/Trümner,* BetrR 83, 181 [184 f.]; *Rumpff/Boewer,* S. 192.
126 *BAG* 18. 7. 72, AP Nr. 10 zu § 72 BetrVG; *KG Berlin* 25. 9. 78, DB 79, 112; *Hans. OLG Hamburg* 4. 6. 85, NZA 85, 568.

ergibt sich aber ferner, dass in den Fällen des Abs. 3 Nr. 5–9 der WA **vor** dem BR unterrichtet sein muss, weil sonst die der **Hilfsfunktion** des WA Rechnung tragende Unterrichtungspflicht gemäß Abs. 1 Satz 2 und § 108 Abs. 4 sinnlos wäre.[127]

Somit ergibt sich für den Zeitpunkt der **rechtzeitigen** Unterrichtung nach Abs. 2, dass diese **noch früher als in § 111 Satz 1** zu erfüllen ist. Bei letztgenannter Vorschrift ist die Rechtzeitigkeit nur dann gegeben, wenn der BR vor der Planerstellung zu einer Betriebsänderung unterrichtet wird.[128] Der Plan ist das Ergebnis der Planung; diese darf auch nicht bloß ansatzweise bereits verwirklicht sein, wenn die Unterrichtung nach § 111 noch rechtzeitig sein soll.[129] Das *KG Berlin*[130] verlangt, dass dem BR die Möglichkeit bleibt, in betriebswirtschaftlich sinnvoller Weise auf den Entschluss des AG einzuwirken. Diese Einwirkungsmöglichkeit besteht nicht mehr, wenn lediglich noch Detailkorrekturen möglich sind oder innerhalb verschiedener Fachressorts bereits abschließende Übereinstimmung in Bezug auf die **Planung** erzielt worden ist.[131] Damit setzt die Pflicht zur Information bei § 111 ein, wenn der UN sich auf die systematische Suche nach Lösungen begibt, Zielvorgaben aufstellt und zur Entscheidungsvorbereitung Untersuchungen durchführen lässt.[132] **Rechtzeitig** ist die Unterrichtung **nach § 106 Abs. 2** bei derartigen »Planungssachverhalten« daher nur dann, wenn der UN über seine Absicht zu einer systematischen Lösungssuche noch **vor Erteilung entsprechender Planungsaufträge** informiert.[133] Dies ergibt sich aus dem gegenüber § 111 hier zeitlich noch vorverlagerten Unterrichtungszeitpunkt. Dasselbe gilt, wenn der AG erwägt, einen Betrieb oder **Betriebsteil** zu **veräußern;** auch hier muss der WA zuvor Stellung nehmen können.[134] Verhandelt der AG mit Interessenten, hat er auch dies dem WA mitzuteilen und die Unterschiede zwischen einzelnen Geboten deutlich zu machen. 44

Verspätet und daher nicht mehr rechtzeitig ist die Unterrichtung immer dann, wenn über die jeweilige wirtschaftliche Angelegenheit bereits eine **Entscheidung** durch das jeweilige **UN-Organ** oder bei Konzernen durch die Konzernspitze getroffen worden ist.[135] 45

Rechtzeitig ist die Unterrichtung nach Abs. 2 weiter auch **immer dann nicht,** wenn in anderen Angelegenheiten als den Planungssachverhalten (vgl. insoweit neben § 106 Abs. 3 Nr. 5–9 noch §§ 90, 92, 96 Abs. 1) vor allem bei umfangreichen und komplizierten Vorgängen die **Unterrichtung erst in der Sitzung** des WA selbst erfolgt, wie dies in der Praxis häufig zu beobachten ist (dazu auch § 108 Rn. 27). Da die Unterrichtung die **Beratung** der Angelegenheit vorbereiten soll, kann diese Funktion nicht mehr erfüllt werden, wenn die WA-Mitglieder nur noch in der Lage sind, den zu beratenden Sachverhalt oberflächlich zu erfassen.[136] 46

b) Umfassende Unterrichtung

Umfassend ist die Unterrichtung nur dann, wenn sie sich auf diejenigen Informationen erstreckt, die auch der UN hat und seinen Entscheidungen zugrunde legt.[137] Dieses Erfordernis ergibt sich aus dem **Grundsatz der Informationsparität** zwischen UN und WA.[138] Ein Aus- 47

127 *Hans. OLG Hamburg* 4.6.85, a.a.O.; HWK-*Willemsen/Lembke*, Rn. 12; insoweit zustimmend auch die im Übrigen kritische Anmerkung v. *Heinze*, NZA 85, 555; *Rumpff/Boewer*, S. 193.
128 *LAG Hamburg* 20.6.85, DB 85, 2308 zum insoweit gleichartigen Tatbestand des § 90 Nr. 2 a.F.
129 *BAG* 14.9.76, AP Nr. 2 zu § 113 BetrVG 1972; 20.1.61, 20.11.70, 18.7.72, AP Nrn. 2, 8, 10 zu § 72 BetrVG.
130 25.9.78, DB 79, 112.
131 Vgl. *Heilmann/Kralle/Ortmann/Trümner*, BetrR 83, 181 [185] m.w.N.
132 Unten § 111 Rn 132; s. weiter *Heilmann/Kralle/Ortmann/Trümner*, a.a.O.; ebenso *LAG Hamburg* 20.6.85, a.a.O.
133 Ebenso *Däubler*, DB 00, 2273 ff. am Beispiel der Balanced Scorecard; zustimmend GTAW-*Woitaschek* Rn. 40.
134 *LAG Berlin-Brandenburg* 30.3.12 – 10 TaBV 2362/11, juris.
135 *BAG* 17.9.74, AP Nr. 1 zu § 113 BetrVG 1972; ErfK-*Kania*, Rn. 4; *Halberstadt*, Rn. 10; *Hjort*, AiB 05, 221; *Rumpff/Boewer*, S. 321.
136 *Halberstadt*, Rn. 10; MünchArbR-*Stamer*, § 307 Rn. 43; *WW*, Rn. 8; s. auch oben Rn. 33.
137 Vgl. § 121 Rn. 10; *Heilmann/Kralle/Ortmann/Trümner*, BetrR 83, 181 [185 f.]; *Hjort*, AiB 05, 222.
138 *BAG* 17.12.19 – 1 ABR 25/18, NZA 20, 393 Tz. 50: »gleichgewichtige und damit grundsätzlich vom selben Kenntnisstand ausgehende Beratung«; *LAG Köln* 14.1.04 – 8 TaBV 72/03 NZA-RR 05, 33:

tausch von Argumenten mit dem Ziel, gemeinsame Lösungen zu finden oder vorzubereiten, ist nur dann wirklich möglich, wenn in der Beratungsphase kein Informationsgefälle hinsichtlich des Beratungsgegenstandes mehr besteht.[139] Wenigstens insoweit muss »intellektuelle Waffengleichheit« zwischen AG und AN-Vertretern bestehen.[140]

48 Das *BAG*[141] betrachtet die Unterrichtung dann als umfassend, wenn sie erschöpfend ist. Zur umfassenden Information gehören **Glaubwürdigkeit** und **Verständlichkeit** im Hinblick auf die vom WA wahrzunehmenden Aufgaben nach Abs. 1 Satz 2 und § 108. Dabei ist die Pflicht zur Aufbereitung der Informationen **in überschaubarer Form**[142] besonders hervorzuheben. Darüber hinaus sind Umfang, Gründe und mögliche Auswirkungen einer etwa geplanten Maßnahme wahrheitsgemäß darzulegen und Handlungsalternativen aufzuzeigen, die der UN zwar erwogen, aber wieder verworfen hat.[143] Ausarbeitungen **in fremder Sprache** sind ins Deutsche zu übersetzen, sofern nicht alle WA-Mitglieder die fremde Sprache perfekt beherrschen.[144]

c) Vorlage der erforderlichen Unterlagen

49 Die Unterrichtung muss nach Abs. 2 Satz 1 **unter Vorlage der erforderlichen Unterlagen** erfolgen; nach § 108 Abs. 3 besteht zusätzlich das **Recht** der WA-Mitglieder **zur Einsichtnahme** während der WA-Sitzung in eben diese Unterlagen (vgl. § 108 Rn. 26 f.). Eine Folienpräsentation genügt nicht.[145] Sofern nach anderen Vorschriften die Erfüllung der dem AG bzw. UN obliegenden Unterrichtungspflicht mit Hilfe von Unterlagen zu erfolgen hat, ist der gesetzliche Sprachgebrauch nicht einheitlich. Daher ist die einzuhaltende Art und Weise der Information nach Sinn und Zweck der jeweiligen Vorschrift zu ermitteln (§ 80 Abs. 2 Satz 2: Auf Verlangen sind die erforderlichen Unterlagen **zur Verfügung** zu stellen, vgl. § 80 Rn. 112; § 92 Abs. 1 Satz 1: Unterrichtung **an Hand von Unterlagen,** vgl. § 92 Rn. 42; § 90 Abs. 1, § 106 Abs. 2: **unter Vorlage der erforderlichen Unterlagen,** vgl. § 90 Rn. 25). Für die Unterrichtungspflicht gegenüber dem WA hat das *BAG*[146] klargestellt, dass insbes. bei umfangreichen Daten und Zahlen die **Vorlagepflicht** beinhaltet, die Unterlagen auch schon zur Vorbereitung **vor der Sitzung** vorzulegen und den WA-Mitgliedern **vorübergehend zu überlassen.**[147] Dies kann auch in elektronischer Form geschehen, doch ist dies bei einer überschaubaren Informationsmenge nicht geboten.[148] Der neue Abs. 2 Satz 2 betrifft entgegen seinem Wortlaut bestimmte Informationen (dazu u. Rn. 88). Sonderregeln kommen zur Anwendung, wenn ein systemrelevantes Kreditinstitut in wirtschaftliche Schwierigkeiten gerät und saniert werden soll.[149]

50 Demgegenüber sollen die WA-Mitglieder **ohne Zustimmung des UN nicht** das Recht haben, von den ihnen in dieser Weise überlassenen Unterlagen **Kopien oder Abschriften** anzufertigen.[150] Allerdings wird es vielfach unumgänglich sein, dass der WA gerade bei umfangreichen oder der Sache nach komplizierten Unterlagen eine Vorbereitungssitzung ohne den UN durchführt,[151] in der eine sachgerechte Vorbereitung der nachfolgenden Beratung mit dem UN erfolgen kann. Insoweit ist es **in jedem Falle zulässig,** wenn sich die WA-Mitglieder anhand

---

gleichberechtigte Beratung; *LAG Berlin-Brandenburg* 30. 3. 12 – 10 TaBV 2362/11: »Gleichgewichtige und gleichberechtigte Beratung«; vgl. auch *Mengel,* S. 324 und *Fleischer,* ZfA 09, 787, 798.

139 Vgl. auch *Bösche/Grimberg,* AiB 89, 108 [110].

140 Dazu *Däubler,* Schulung, Rn. 85 ff.

141 11. 7. 72, AP Nr. 1 zu § 80 BetrVG 1972.

142 *BAG* 17. 3. 87, AP Nr. 29 zu § 80 BetrVG 1972.

143 Zustimmend *Grauvogel u. a.,* Rn. 389.

144 *Grauvogel u. a.,* Rn. 392; HWK-*Willemsen/Lembke,* Rn. 40; ebenso für die Übersetzung eines englischen Texts ins Französische *Cour d'Appel Versailles,* 2. 3. 06, AuR 06, 213.

145 *Cox-Offermann,* S. 28; *Fitting,* Rn. 40.

146 20. 11. 84, AP Nr. 3 zu § 106 BetrVG 1972.

147 Ebenso ErfK-*Kania,* Rn. 6; GK-*Oetker,* Rn. 138.

148 *LAG Köln* 10. 3. 17 – 9 TaBV 17/16 AuR 17, 512.

149 Einzelheiten bei *Fitting,* Rn. 38b ff.

150 *BAG* 20. 11. 84, AP Nr. 3 zu § 106 BetrVG 1972; a. A. GK-*Fabricius,* 6. Aufl., Rn. 71; *Föhr,* DB 76, 1378 [1383]; *Pramann,* DB 83, 1922 [1924].

151 Dieses Recht bejaht *BAG* 16. 3. 82, AP Nr. 3 zu § 108 BetrVG 1972.

der vorübergehend vom UN zu überlassenden Unterlagen **Notizen** machen.[152] Den WA-Mitgliedern ist es nicht zumutbar, die Unterlagen nur in Gegenwart des UN einsehen zu können.[153] Damit ist dem in der Praxis bisweilen anzutreffenden schikanösen Verhalten von UN gerade in diesem Punkt durch höchstrichterliche Entscheidung der Boden entzogen.

Nach **Ansicht des *BAG***[154] sind die WA-Mitglieder verpflichtet, nach Beendigung der Vorbereitungen die überlassenen **Unterlagen zurückzugeben,** und zwar unabhängig davon, ob es sich hierbei um Originale oder vom UN angefertigte Kopien handelt. Diese Auffassung ist **praxisfremd,** da sie verkennt, dass sich alsbald nach einer vorbereitenden Sitzung die Sitzung gemäß § 108 anschließt, in welcher wiederum das Einsichtsrecht nach § 108 Abs. 3 besteht. Letzteres kann gerade in den hier in Rede stehenden Fällen mit komplexen Sachverhalten nur so verstanden werden, dass die WA-Mitglieder während der Beratungen die Unterlagen vor Augen haben müssen, weil sonst von einer »Beratung« nicht die Rede sein kann, wenn Erörterungen faktisch dadurch abgeschnitten sind, dass erst noch einmal beim UN Einsicht genommen werden muss, bevor ein WA-Mitglied sich zur Sache einlassen kann (vgl. § 108 Rn. 28). Aus diesem Zusammenhang ergibt sich, dass **in der Regel** den WA-Mitgliedern zumindest **während der Sitzungen Ablichtungen zur Verfügung** zu stellen sind. Dann ist es aber eine unnötige **Rechtsförmelei,** die WA-Mitglieder für verpflichtet anzusehen, in jedem Falle die zur Vorbereitung ausgehändigten Unterlagen vor der Sitzung nach § 108 wieder zurückzugeben.[155] Die Rückgabe geschieht sinnvollerweise erst am Ende der WA-Sitzung. 51

Welche Unterlagen im konkreten Fall als **»erforderlich«** anzusehen sind, lässt sich nur mit Blick auf die jeweilige wirtschaftliche Angelegenheit i. S. d. Abs. 3, deren Beratung ansteht, beantworten. In Betracht kommen insbes.: **Entwurf des Jahresabschlusses;**[156] Vertrag über die **Veräußerung sämtlicher Geschäftsanteile** einer Kapitalgesellschaft, sofern darin auch Absprachen über die Geschäftspolitik enthalten sind;[157] **Gutachten einer UN-Beratungsfirma;**[158] **Wirtschaftsprüferbericht;**[159] auf die Vergangenheit bezogene **kostenstellengenaue** monatliche Gegenüberstellungen der **Plan- und Ist-Zahlen** zur Diskussion von Zukunftsperspektiven;[160] **Marktanalysen;**[161] Berichte, Vorschläge, Pläne und Analysen zur **Verbesserung der Arbeitsmethoden,** Vorschläge und Pläne zur Einführung neuer Fabrikations- und Arbeitsmethoden, Investitions- und Finanzierungspläne, **Liquiditätsrechnungen,**[162] Produktions- und Verkaufsstatistiken, Kostenaufstellungen, Kostenanalysen, Betriebsabrechnungsbögen, Kalkulationsrechnungen, Auftragsstatistiken, Aufstellungen über Anlagen und Lagerbestände, Wirtschaftlichkeitsberechnungen, Personalstrukturstatistiken, Personalbedarfspläne, Aufstellungen über die betrieblichen Sozialleistungen, Bilanzen und Bilanzanalysen, Pläne über den Erwerb und Verkauf von Beteiligungen,[163] wichtige **Liefer- und Bezugsverträge,**[164] Gutachten, Bedarfsanalysen, Organisationspläne und -modelle,[165] Gewinn- und Verlustrechnung,[166] **Produktionsprogramme, Rationalisierungspläne** u. ä.[167] Auch die Arbeitsergebnisse des **Controllings** sind von großem Interesse.[168] In der Rspr. ist mit Recht die Rede davon, es könne sich um 52

152 So ausdrücklich *BAG* 20.11.84, a. a. O.; zustimmend zu dieser Befugnis hinsichtlich des Jahresabschlusses auch *LAG Hamm* 9.2.83, DB 33, 1311.
153 *BAG* 20.11.84, a. a. O.
154 20.11.84, AP Nr. 3 zu § 106 BetrVG 1972.
155 Grundsätzlich zustimmend HWK-*Willemsen/Lembke*, Rn. 45.
156 *LAG Berlin* 13.7.88, BB 89, 147, Ls.
157 Vgl. *BAG* 22.1.91 – 1 ABR 38/89, AP Nr. 9 zu § 106 BetrVG 1972.
158 *LAG Frankfurt* 1.9.88, DB 88, 2519.
159 *BAG* 8.3.89, DB 89, 2621; ebenso *Bösche/Grimberg*, AuR 87, 137; s. weiter § 108 Rn. 36.
160 *ArbG Offenbach* 9.11.87, ZIP 88, 803.
161 *OLG Karlsruhe* 7.6.85, NZA 85, 570 [571].
162 Zu deren (über-)lebenswichtiger Bedeutung s. *Balkenhol* AiB 2/21 S. 39 ff.
163 Insoweit bejahend auch *BAG* 22.1.91, a. a. O.
164 *Rumpff/Boewer*, S. 196; *Bösche/Grimberg*, AiB 89, 108 [110].
165 GK-*Oetker*, Rn. 133.
166 *Halberstadt*, Rn. 11.
167 Vgl. auch die Auflistungen bei *Fitting*, Rn. 37; GK-*Oetker*, Rn. 133; *GL*, Rn. 28; *Rumpff/Boewer*, a. a. O.; *Bösche/Grimberg*, a. a. O.
168 *Disselkamp*, AiB 04, 494, eingehend *Laßmann/Rupp*, S. 206 ff.

»Unterlagen nahezu jeder Art« handeln.[169] Die Vorlage **fremdsprachlicher** Dokumente **ohne Übersetzung** ist nur mit Zustimmung aller WA-Mitglieder genügend.[170]

53 Nicht zutreffend ist die Ansicht, dass die Vorschrift keine näheren Regelungen über die **Form der Unterrichtung** enthalte, so dass es dem UN überlassen sei, ob er schriftlich oder mündlich Auskunft erteilen wolle.[171] Wenn das Gesetz von der »Unterrichtung unter Vorlage von Unterlagen« und der »Einsichtnahme in Unterlagen« (§ 108 Abs. 3) spricht, ergibt sich bereits aus dieser Begriffswahl, dass nur eine schriftliche Unterrichtung in Betracht kommt. Hiervon zu unterscheiden ist die Frage, ob der WA im Rahmen des ihm zustehenden Fragerechts (dazu Rn. 55) gegenüber dem UN von diesem verlangen kann, einen **Kennziffernkatalog** in bestimmten Zeitabständen auszufüllen und dem WA auszuhändigen. Das *LAG Baden-Württemberg*[172] hatte in diesem Zusammenhang über die Bestellung einer ESt. gemäß § 109 BetrVG i. V. m. § 98 ArbGG (heute: § 100 ArbGG) zu befinden und den Antrag – fälschlich – wegen offensichtlicher Unzuständigkeit der ESt. mit der Begründung abgelehnt, dass die Form der Unterrichtung eine **Rechtsfrage** sei, die von der ESt. nicht entschieden werden könne. Damit wird aber verkannt, dass die ESt. nach § 109 stets über Rechtsfragen befindet.[173]

54 Der Anspruch auf **Unterrichtung mit Hilfe eines Kennziffernsystems** ergibt sich zum einen daraus, dass sämtliche Fragestellungen, die in derartigen Systemen verwandt werden, wirtschaftliche Angelegenheiten betreffen.[174] Des Weiteren ist zu berücksichtigen, dass zur **umfassenden** Unterrichtung auch die Pflicht des UN gehört, die bei ihm vorhandenen Informationen in überschaubarer Form aufzubereiten (vgl. Rn. 48), da schon das Prinzip der vertrauensvollen Zusammenarbeit verbietet, den WA mit unübersichtlichen, unstrukturierten Informationen »zuzuschütten« (vgl. § 80 Rn. 106 hinsichtlich des BR). Insoweit geht es auch nicht etwa darum, noch gar nicht existierende Informationen erst noch durch den UN herstellen zu lassen, da sie bereits – wenn auch ggf. in anderer Anordnung – vorhanden sind.[175] Vielmehr ist es **Sinn der Kennzifferninformationssysteme,** Klarheit und Ordnung in die Fülle der im UN gesammelten Daten zu bringen, wenn auch unter dem spezifischen Blickwinkel des WA. Dies dient nicht nur der Vorbereitung einer effizienten Beratung mit dem UN, sondern ist zur Unterrichtung des BR bzw. GBR durch den WA geradezu unerlässlich, um die möglicherweise in wirtschaftlichen Angelegenheiten nicht so versierten BR-Mitglieder schnell und zielgerichtet auf die aus AN-Sicht wesentlichen wirtschaftlichen Belange hinzuweisen.[176]

d) Fragerecht des Wirtschaftsausschusses

55 Die WA-Mitglieder haben das Recht, die **Beantwortung ergänzender Fragen** und die Erläuterung aufklärungsbedürftiger Aspekte zu verlangen.[177] Das Fragerecht kann auch schriftlich ausgeübt werden.[178] Diese Befugnisse ergeben sich schon daraus, dass der WA nicht lediglich Objekt der Unterrichtung ist, also diese etwa nur entgegenzunehmen hätte, sondern vielmehr auch selbst wirtschaftliche Angelegenheiten zur Information und Beratung vorschlagen kann; in derartigen Fällen besteht für den UN ein **Einlassungszwang.**[179] So ist etwa vorgeschlagen

---

169 *BAG* 22. 1. 1991 – 1 ABR 38//89, AP Nr. 9 zu § 106 BetrVG 1972; *Hjort* AuR 23, 104, 107.

170 *HessLAG* 19. 8. 93 – 12 TaBV 9/93, AuR 94, 107 – zum BR; zur Information allgemein s. oben Rn. 44.

171 So aber *LAG Baden-Württemberg* 22. 11. 85, DB 86, 334; *Rumpff/Boewer,* S. 192.

172 22. 11. 85, a. a. O.

173 H. M.; vgl. § 109 Rn. 1 m. w. N. und *BAG* 11. 7. 00 – 1 ABR 43/99, DB 01, 598. Zur eigenen Analyse auf der Grundlage des Jahresabschlusses *Disselkamp,* AiB 03, 303, zur Auswahl relevanter Kennzahlen *Überheim,* AiB 06, 376 ff.

174 Vgl. die Beispiele derartiger Kennziffernsysteme bei *Laßmann/Rupp,* S. 336 ff.; *Krack/Strauß-Fehlberg,* BetrR 81, 70 [96 ff.]; *Hexel,* BetrR 81, 128 ff.

175 Weiter gehend *Bösche/Grimberg,* AiB 89, 108 [110], die den UN für verpflichtet halten, die in der EDV gespeicherten UN-Daten mit Hilfe besonderer Programme für WA-Zwecke speziell aufzubereiten.

176 Zum Versuch, ein Kennziffernsystem durchzusetzen, vgl. den Praxisbericht von *Küppers,* Mitb 85, 400.

177 *GL,* Rn. 31; *Rumpff/Boewer,* S. 193.

178 Zustimmend *Müller-Knapp,* AiB 03, 420; Muster in DKWF-*Däubler,* §§ 106–109 Rn. 15, 21.

179 *Rumpff/Boewer*, S. 192.

und im Einzelnen dargelegt worden, wie der WA der Frage nachgehen kann, ob das UN unter erneuten Krisenbedingungen überlebensfähig wäre.[180] Verlangt der WA zusätzliche Informationen, steht auch die Erfüllung dieses ergänzenden Anspruchs unter dem **Rechtzeitigkeitsgebot.**[181] Initiativen sind auch deshalb von erheblicher Bedeutung, weil die ESt. nach § 109 nur dann angerufen werden kann, wenn einem Informationsverlangen des WA nicht oder nicht ausreichend entsprochen wurde.[182] Hält sich der WA für genügend informiert, kann ihn der BR nicht zu weiteren Nachfragen zwingen; dem BR bleibt lediglich der Rückgriff auf sein allgemeines Informationsrecht nach § 80 Abs. 2.[183]

e) Unaufgeforderte Unterrichtung des Wirtschaftsausschusses

Anders als bei den soeben (Rn. 55) genannten Fällen braucht der WA oder BR bzw. GBR den UN nicht aufzufordern, seiner Unterrichtungspflicht gemäß Abs. 2 nachzukommen. Vielmehr obliegt es dem UN, diese Pflicht **von sich aus** und **unaufgefordert** zu erfüllen.[184] Da dies zum Inhalt der Unterrichtungspflicht selbst gehört, liegt eine **Ordnungswidrigkeit** gemäß § 121 bereits dann vor, wenn der UN nur auf besondere Aufforderung hin aktiv wird.[185] Sinnvoller als eine Anzeige ist es für den WA jedoch, nicht auf die Erfüllung der »Bringschuld« zu warten, sondern selbst durch Nachfragen aktiv zu werden und wichtige Dinge notfalls mit Hilfe des ESt.-Verfahrens nach § 109 durchzusetzen.[186] **56**

f) Unterrichtung des Wirtschaftsausschusses und des Betriebsrats

Hinsichtlich bestimmter wirtschaftlicher Angelegenheiten können sich Unterrichtungspflichten des UN auch aus anderen Vorschriften ergeben. **Betriebsänderungen** i. S. d. § 111 lösen sowohl nach jener Norm Informationspflichten gegenüber dem BR aus als auch nach § 106 Abs. 2 i. V. m. Abs. 3 gegenüber dem WA. Erfüllt der UN in derartigen Fällen zwar seine Pflichten **gegenüber dem WA,** so hat er dadurch noch nicht seinen Verpflichtungen **gegenüber dem BR** Genüge getan, und zwar selbst dann nicht, wenn die Mitglieder des WA in **Personalunion** dem BR angehören.[187] Somit kann z. B. der Anspruch auf Nachteilsausgleich nach § 113 Abs. 3 entstehen, wenn es der UN lediglich bei der Information des WA bewenden lässt und den BR weder informiert noch mit ihm über einen Interessenausgleich verhandelt (zur Unterrichtung des BR bei Verschmelzungen, Spaltungen und Formwechsel nach dem UmwG s. Anhang zu §§ 106 – 109; die Rechte des WA bleiben unberührt). **57**

g) Auswirkungen auf die Personalplanung

Die Unterrichtungspflicht des UN erstreckt sich nicht lediglich auf die wirtschaftlichen Angelegenheiten als solche, sondern verlangt darüber hinaus die Darstellung der sich aus ihnen ergebenden Auswirkungen auf die Personalplanung (zu dieser s. § 92). Nach verbreiteter Auffassung soll damit die Personalplanung selbst nicht Gegenstand der Unterrichtung und Beratung des WA sein.[188] Diese Ansicht ist zu sehr dem Wortlaut der Vorschrift verhaftet und verkennt, dass auch die Personalplanung als dynamischer Prozess einer ständigen Veränderung unterworfen ist. Somit ist jedenfalls dann in groben Zügen auch über sie zu unterrichten, wenn sie sich seit den letzten Beratungen mit dem BR gemäß § 92 geändert hat oder dies zum Verständnis der nach Abs. 2 geschuldeten Darstellung über die Auswirkungen der wirtschaftlichen Angelegenheiten auf die Personalplanung erforderlich ist. Letzteres wird häufig der Fall sein, **58**

180 *Eisbach/Schneider*, AiB 11, 654 ff.
181 *Rumpff/Boewer*, S. 193; *GL*, Rn. 31.
182 Dazu *Hase*, AiB 12, 112 ff.
183 *I. Schmidt*, FS Preis, S. 1183, 1186.
184 *Rumpff/Boewer*, S. 191; *Fitting*, Rn. 29; Richardi-*Annuß*, Rn. 23.
185 *Fitting*, Rn. 29.
186 *Hase*, AiB 12, 112 ff.
187 *Rumpff/Boewer*, S. 194.
188 GK-*Oetker*, Rn. 64; Richardi-*Annuß*, Rn. 22; *Rumpff/Boewer*, S. 196 f.

wenn AN im WA vertreten sind, die nicht zugleich auch dem BR angehören, so dass hier nicht ohne weiteres detaillierte Kenntnisse der aktuellen Personalplanung des UN angenommen werden können. Als Beispiel für die Informationspflicht mag der Einsatz von Beschäftigten stehen, die auf der Grundlage eines Werk- oder Dienstvertrags, der mit einem DrittUN abgeschlossen wurde, in den Betrieb entsandt werden.[189]

3. Grenzen der Unterrichtungspflicht

59 Die **Unterrichtungspflicht** und die Verpflichtung des UN zur **Vorlage** notwendiger Unterlagen ist nach dem Gesetz nur eingeschränkt, soweit **Betriebs- und Geschäftsgeheimnisse** des UN **gefährdet** werden (zum Begriff der Betriebs- und Geschäftsgeheimnisse vgl. § 79 Rn. 7 ff.). Keine zusätzlichen Schranken ergeben sich aus dem Wertpapierhandelsgesetz. Insiderinformationen müssen weitergegeben werden, machen den Empfänger allerdings seinerseits zum Insider.[190] Auch wenn Aktien des AG-UN in den USA gehandelt werden, gilt im Hinblick auf das dortige **Insiderrecht** nichts anderes.[191] Die Insidereigenschaft der WA-Mitglieder schließt Meinungsaustausch und Verhandlungen mit dem UN nicht aus. Erst recht ist es ohne Bedeutung, wenn die Unternehmensleitung eine bestimmte Angelegenheit auf eine nachgeordnete Ebene delegiert hat.[192]

60 Der UN ist unter diesen Umständen grundsätzlich verpflichtet, den WA auch über Betriebs- und Geschäftsgeheimnisse zu informieren.[193] Bereits ein Blick in den Katalog der wirtschaftlichen Angelegenheiten i. S. d. Abs. 3 offenbart, dass die Rechte aus §§ 106 ff. zur Farce würden, könnte der UN schon dann ein »Zurückbehaltungsrecht« ausüben, wenn ein Geheimnis vorliegt (vgl. auch die Aufzählung der vorlegungspflichtigen Unterlagen in Rn. 52, die durchaus hochsensible Daten enthalten können). Weder die Tatsache allein, dass ein Betriebs- und Geschäftsgeheimnis vorliegt, noch die bloße Behauptung, es handele sich um ein solches, begründen ein Verweigerungsrecht des UN. Vielmehr muss der besondere **Gefährdungstatbestand** vorliegen,[194] der sich insbesondere mit Rücksicht auf »persönliche Umstände« bei einem Mitglied des WA ergeben kann.[195] Dies wäre etwa der Fall, wenn ein WA-Mitglied mit einer bei einem Konkurrenten in führender Stellung tätigen Person verheiratet wäre. In einem solchen Fall müsste man eine Verhinderung des WA-Mitglieds annehmen und vorübergehend einen Stellvertreter nachrücken lassen; damit wäre die Gefährdung beseitigt.

61 Die sprachlich verunglückte Fassung des Soweit-Satzes in Abs. 2 könnte theoretisch so interpretiert werden, dass der UN jedwede Auskunft ablehnen darf, wenn sie ein Geheimnis betrifft oder Rückschlüsse auf ein solches zulässt. Wäre dies der Fall, gäbe es mangels bekannt werdender Geheimnisse auch nichts mehr geheim zu halten und die Vorschrift des § 79 Abs. 2 liefe insoweit völlig leer. Die Meinung erscheint daher vertretbar, **§ 106 Abs. 2 2. Halbsatz** sei **rechtsunwirksam.**[196]

62 Auch wenn man so weit nicht gehen will, sind jedoch erhebliche Einschränkungen des Geheimnisschutzes nach Abs. 2 angebracht, um dem WA überhaupt eine ernsthafte Arbeit zu ermöglichen. Der UN kann die Auskunftserteilung oder die Vorlage von Unterlagen mit der Behauptung, dass andernfalls Betriebs- und Geschäftsgeheimnisse gefährdet seien, **nur in Ausnahmefällen** verweigern, zumal die Mitglieder des WA der **Geheimhaltungspflicht** nach § 79 Abs. 2 unterliegen. Ein solcher Ausnahmefall kann nur dann angenommen werden, wenn so-

---

189 Dazu *Karthaus/Klebe*, NZA 12, 417 ff.

190 *U. Fischer*, DB 98, 2607; GK-*Oetker*, Rn. 124; HWK-*Willemsen/Lembke*, Rn. 32; *Schleifer/Kliemt*, DB 95, 2214; a. A. *Roeder/Merten*, NZA 05, 268, die ohne überzeugende Begründung die Informationspflicht einschränken wollen.

191 *U. Fischer*, DB 98, 2606.

192 ErfK-*Kania*, Rn. 7.

193 *BAG* 11.7.00 – 1 ABR 43/99, DB 01, 600; ebenso GK-*Oetker*, Rn. 141 ff.; *Halberstadt*, Rn. 13; *I. Schmidt*, FS Preis, S. 1183, 1185; *Rumpff/Boewer*, S. 202; *WW*, Rn. 10; a. A. HWGNRH-*Hess*, Rn. 36.

194 *LAG Köln* 5.10.11 – 9 TaBV 94/10, juris Tz. 32. Vgl. GK-*Oetker*, Rn. 143 ff.; *Bösche/Grimberg*, AiB 89, 108 [111]; *Laßmann/Rupp*, AiB 11, 529.

195 *LAG Köln* 5.10.11 – 9 TaBV 94/10, juris Tz 32. Ebenso *Kamanabrou*, Rn. 2481.

196 So GK-*Fabricius*, 6. Aufl., Rn. 79.

wohl **objektiv** ein sachliches Interesse an der völligen Geheimhaltung bestimmter Tatsachen wegen der sonst zu befürchtenden **Gefährdung des Bestandes** oder der **Entwicklung** des UN besteht **und** zum anderen die **konkrete,** auf Tatsachen gestützte Befürchtung begründet ist, dass Informationen von Mitgliedern des WA trotz der ihnen auferlegten und mit strafrechtlichen Sanktionen (vgl. § 120) verbundenen Verschwiegenheitspflicht an Außenstehende weitergegeben werden könnten.[197] Als Außenstehende sind allerdings **nicht** die **Mitglieder des BR** anzusehen, die ihrerseits ebenfalls zur Verschwiegenheit verpflichtet sind. Soweit sie vor dem WA Kenntnis von Betriebs- und Geschäftsgeheimnissen erhalten haben (o. § 80 Rn. 84), dürfen sie diese an den WA weitergeben.[198]

Zu weit geht es auch, einen Gefährdungstatbestand mit der rein spekulativen Befürchtung zu begründen, der Geheimnisschutz sei nicht hinreichend gewährleistet, wenn an der WA-Sitzung ein **Gewerkschaftsbeauftragter** teilnehme, der Aufsichtsratsmitglied eines anderen UN sei, das mit dem der Unterrichtungspflicht unterliegenden UN im Wettbewerb stehe.[199] Dieser Gewerkschaftsbeauftragte unterliegt gleichfalls der Geheimhaltungspflicht nach § 79 Abs. 2. Auch die Tatsache, dass ein WA-Mitglied gewerkschaftlicher Funktionsträger ist und »Zusatzinformationen« über das AG-UN erlangt, ist ohne rechtliche Bedeutung, ja im System unseres kollektiven Arbeitsrechts angelegt:[200] Dieses will nicht denjenigen privilegieren, dem es gelingt, seine wirtschaftlichen Verhältnisse ganz oder teilweise vor der Gegenseite zu verbergen.[201] **63**

Die Unterrichtung oder die Vorlage von Unterlagen kann also nicht schon deshalb vom UN verwehrt werden, weil es entweder um Betriebs- oder Geschäftsgeheimnisse geht oder weil allein die (durch Tatsachen zu begründende) Besorgnis besteht, dass es im WA eine »undichte Stelle« geben könnte. **Beide Voraussetzungen** müssen vielmehr **kumulativ vorliegen.**[202] Potentielle Unzuverlässigkeit kommt praktisch nur dann in Betracht, wenn WA-Mitglieder in der Vergangenheit nachweislich gegen ihre Geheimhaltungspflicht verstoßen haben oder wenn ihnen die »persönliche Eignung« (§ 107 Rn. 13) fehlt. Zwischen den WA-Mitgliedern und dem entsendenden BR bzw. GBR gibt es allerdings keinerlei Schweigepflicht,[203] so dass ein diesbezüglicher Informationsaustausch nicht geeignet ist, einen Verstoß gegen die Geheimhaltungspflicht zu begründen. **64**

Bei **Meinungsverschiedenheiten** darüber, ob ein Gefährdungstatbestand vorliegt, der zur Zurückbehaltung von Informationen berechtigen könnte, hat der WA zunächst den BR bzw. GBR einzuschalten. Erzielen BR bzw. GBR und UN keine Einigung, ist die ESt. gemäß § 109 anzurufen, deren Spruch die Einigung ersetzt.[204] Der UN muss die aus seiner Sicht bestehende Gefährdung eines Betriebs- und Geschäftsgeheimnisses spätestens im Verfahren vor der ESt. vorbringen; tut er dies nicht, kann er in einem späteren gerichtlichen Verfahren diesen Einwand nur noch auf Umstände stützen, die nach dem ESt.-Verfahren eingetreten sind.[205] **65**

---

197 Zustimmend ErfK-*Kania,* Rn. 6; GK-*Oetker,* Rn. 144; ebenso *BAG* 11.7.00 – 1 ABR 43/99, DB 01, 600. Ebenso *I. Schmidt,* FS Preis, S. 1183, 1186.

198 *Ritter,* S. 153f.

199 Vgl. aber *OLG Karlsruhe* 7.6.85, NZA 85, 570 [571], das diese Erwägungen anstellt, sie letztlich aber nicht entscheidungserheblich werden lässt; wie hier GK-*Oetker,* Rn. 147.

200 *BAG* 11.7.00 – 1 ABR 43/99, DB 01, 600.

201 *Däubler,* AuR 00, 156.

202 *BAG* 11.7.00 – 1 ABR 43/99, DB 01, 600. WPK-*Preis,* Rn. 8; zu eng *Rumpff/Boewer,* S. 202 und *Ritter,* S. 156ff., die das Vorliegen eines der beiden Momente offenbar schon als ausreichend für ein Verweigerungsrecht des UN betrachten.

203 *BAG* 9.11.71, AP Nr. 1 zu § 67 BetrVG (1952).

204 Insoweit klargestellt durch *BAG* 8.8.89, EzA § 106 BetrVG 1972 Nr. 8 und durch *BAG* 11.7.00 – 1 ABR 43/99, DB 01, 600; zuvor bereits ebenfalls für die **Primärzuständigkeit der ESt.** *OLG Karlsruhe* 7.6.85, NZA 85, 570 [571]; *LAG Düsseldorf* 13.8.78, DB 78, 1695; vgl. § 109 Rn. 4.

205 *BAG* 17.12.19 – 1 ABR 25/18, NZA 20, 393 Tz. 56.

V. Wirtschaftliche Angelegenheiten

1. Die erfassten Sachgebiete im Allgemeinen

66 Die wirtschaftlichen Angelegenheiten, über die der UN den WA **unaufgefordert zu unterrichten** hat, sind weit zu verstehen und umfassen auch die personelle und soziale Seite.[206] Auch sind nicht nur »unternehmerische«, sondern auch »betriebliche« Angelegenheiten erfasst.[207] Der Katalog des Abs. 3 ist **nicht erschöpfend.**[208] Das ergibt sich schon aus der im Einleitungssatz enthaltenen Formulierung »insbesondere« und aus der **Generalklausel** der Nr. 10. Hiernach ist der WA auch über alle sonstigen Vorgänge und Vorhaben, welche die Interessen der AN des UN wesentlich berühren können, zu informieren. Zu beachten ist, dass es im Rahmen der Nrn. 1–9 nicht darauf ankommt, ob die Interessen der AN durch solche Vorgänge und Vorhaben tatsächlich wesentlich berührt werden. Insoweit lässt der Gesetzgeber genügen, dass die Interessen der AN wesentlich **berührt sein können.** In Nr. 10 ist dies ausdrücklich hervorgehoben.[209] Die These, **Vorgänge innerhalb des Unternehmensträgers** wie die Veräußerung von GmbH-Anteilen seien nicht erfasst,[210] ist des engen Sachzusammenhangs wegen nicht einleuchtend und spätestens durch die Neufassung von Abs. 3 Nr. 8 überholt, der ausdrücklich auch den Zusammenschluss und die Spaltung von Unternehmen einbezieht. Bestätigt wird dies nunmehr durch Nr. 9a. Schließlich spielt es auch keine Rolle, dass der fragliche Vorgang auf einen Betrieb beschränkt ist, in dem kein BR gewählt wurde.[211]

67 Nach ganz herrschender Auffassung in der Literatur[212] bezieht sich die Unterrichtungspflicht des UN **nicht** auf die **»laufende Geschäftsführung«.** Dies ist nur insoweit zu billigen, als es um Bagatellangelegenheiten und ständig wiederkehrende Vorgänge geht.[213] Sobald eine der Angelegenheiten nach Abs. 3 Nr. 1 bis 9 betroffen ist oder die Interessen der Arbeitnehmer des UN wesentlich berührt sein können,[214] ist der WA zu informieren;[215] für einen ungeschriebenen »Routinevorbehalt« fehlt jede Rechtsgrundlage.

2. Die wirtschaftliche und finanzielle Lage des Unternehmens (Nr. 1)

68 Die Unterrichtungspflicht über die **allgemeine wirtschaftliche** und **finanzielle Lage** beschränkt sich selbstverständlich auf das UN; sie gilt nicht für die **privaten** finanziellen Verhältnisse des Inhabers bzw. der Gesellschafter,[216] es sei denn, sie würden wie z. B. ein OHG-Gesellschafter nach § 128 HGB persönlich haften. Die Information hat im Übrigen »laufend« zu erfolgen.[217]

69 Was im Einzelnen unter der wirtschaftlichen und finanziellen Lage zu verstehen ist, bedarf der näheren Eingrenzung. Das BetrVG 1952 führte in dem vergleichbaren Katalog nur die »wirtschaftliche« Lage an. Durch die Hinzufügung der »finanziellen« Lage sind nunmehr grundsätzlich auch die Fälle eingeschlossen, in denen früher mit der Begründung Auskünfte verweigert wurden, verlangte Informationen seien nicht dem wirtschaftlichen, sondern dem finanziellen Bereich zuzuordnen.[218] Mit der heutigen Formulierung hat der Gesetzgeber die Grundlage für eine **umfassende Unterrichtung** geschaffen, da es nur wenige Geschäftsvorfälle geben dürfte,

---

206 *Joost*, FS Kissel, S. 445.
207 *Joost*, a. a. O., S. 437.
208 *Fitting*, Rn. 48; GK-*Oetker*, Rn. 57; HWK-*Willemsen/Lembke*, Rn. 55; a. A. *GL*, Rn. 42.
209 Vgl. die überzeugenden Ausführungen bei GK-*Oetker*, Rn. 58 f.; ähnlich *Rumpff/Boewer*, S. 190 f.
210 *Joost*, FS Kissel, S. 439 ff.
211 *BAG* 9.5.95 – 1 ABR 51/94, DB 95, 1033; GK-*Oetker*, Rn. 60. Zahlreiche Beispiele für das, was der WA »abfragen« kann, geben *Grauvogel u. a.*, Rn. 37 ff., 95 ff.
212 ErfK-*Kania*, Rn. 7; GK-*Oetker*, Rn. 56; HWK-*Willemsen-Lembke*, Rn. 38; Richardi-*Annuß*, Rn. 38; WPK-*Preis*, Rn. 9.
213 Darauf stellen auch HWK-*Willemsen/Lembke*, Rn. 38 ab.
214 Nr. 10 – die andern Ziffern enthalten diese Voraussetzung nicht, darauf verweisen auch Richardi-*Annuß*, Rn. 38.
215 Ähnlich *Ritter*, S. 142.
216 *Fitting*, Rn. 52; *Halberstadt*, Rn. 15.
217 *Gege*, S. 166.
218 S. im Einzelnen *Gege*, S. 166.

die **nicht** der Formulierung »wirtschaftliche und finanzielle Lage des UN« zugeordnet werden können. Zu Recht kann im Tatbestand der Nr. 1 neben Nr. 10 eine weitere (beschränkte) Generalklausel gesehen werden. Erfasst werden die Zahlenwerte, die aus der Bilanz und der Gewinn- und Verlustrechnung abzuleiten sind, wie Eigen- und Fremdkapitalstruktur, Umlaufvermögen, Bestandsentwicklungen, Liquiditätslage, Entwicklung der Abschreibungen, Steuerverpflichtungen, Rückstellungen und Rücklagen, Entwicklung der Beteiligungen an anderen Firmen. In Krisensituationen ist die Liquiditätssituation des UN von besonderer Bedeutung; ggf. sind die Angaben kritisch zu hinterfragen, da ein Engpass zur Insolvenz führen kann.[219] Einbezogen sind weiter Zahlenwerte, die aus der Kostenrechnung abzuleiten sind, wie Herstellungskosten der einzelnen Produktgruppen, Preiskalkulation,[220] Fremdbezugskosten, Verwaltungs- und Vertriebskosten, Personalkosten, Entwicklungskosten, die gesamte Investitionspolitik, geschäftspolitische Zielsetzungen, die sich auf die wirtschaftliche und finanzielle Lage, auch mittel- und langfristig, auswirken, sowie Kapitalveränderungen, Auftragslage und -entwicklung[221] sowie Marktanalysen.[222] Bei Krankenhäusern sind die mit den Krankenkassen geschlossenen sog. Budgetvereinbarungen vorzulegen.[223] Auch ein Papier über **»mittelfristige Unternehmensplanung«** ist dem WA zugänglich zu machen.[224] Auf eine Art Checkliste läuft ein **Kennziffernsystem** hinaus, das zusätzliche Erkenntnisse bringen kann.[225] Ob dem WA »monatliche Erfolgsrechnungen« vorzulegen sind, richtet sich nach den Umständen des Einzelfalls, im Streitfall entscheidet die ESt.[226] Zu unterrichten hat der UN den WA auch über die beabsichtigte Stellung eines Antrags auf **Eröffnung des Insolvenzverfahrens** und über die Stellung eines solchen Antrags durch einen Gläubiger.[227]

Von wachsender Bedeutung ist das **Rating,** das das UN von sog. Rating-Agenturen erhält.[228] 70
Der Sache nach handelt es sich um eine **Bewertung des Unternehmens,** die strukturelle Ähnlichkeiten mit Schulnoten und anderen Prüfungsergebnissen aufweist. Ein »gutes« Rating gibt Zugang zu preiswerten Krediten, ein »schlechtes« Rating verteuert diese erheblich.[229] Dies folgt aus den sog. Basel II-Grundsätzen, nach denen eine Bank ihre Kunden »raten« und je nach Ergebnis eine höhere oder geringere Menge an Eigenkapital für das einzelne Engagement »vorhalten« muss. Der WA hat ein Recht darauf, das Rating-Verfahren im Einzelnen kennen zu lernen und es zum Gegenstand seiner Beratungen zu machen.[230] Auch **alternative Finanzierungsmöglichkeiten**[231] können dabei eine Rolle spielen.

3. Produktions- und Absatzlage (Nr. 2)

Der Tatbestand der Nr. 2 überschneidet sich teilweise mit den Fällen der Nrn. 1 und 3.[232] Die 71
Unterrichtung über die **Produktionslage** muss beispielsweise Informationen darüber enthalten, welche Mengen und Güterarten produziert worden sind, wie die gegenwärtige und künftige Auslastung der Kapazitäten beschaffen ist, welche Hemmnisse einer Steigerung der Produktion entgegenstehen und wie sie aus dem Weg geräumt werden können.[233] Dasselbe

219 Eingehend *Balkenhol* AiB 2/21 S. 39 ff. S. auch Göpfert/Giese-*Brune*, Kap. 2 Rn. 9.
220 ErfK-*Kania*, Rn. 8; *Fitting*, Rn. 53; Richardi-*Annuß*, Rn. 40; a. A. HWGNRH-*Hess* Rn. 46 (»Einzelheiten der Preisgestaltung«); *Stück/Wein* DB 05, 334.
221 *Gege*, S. 169 f.
222 GTAW-*Woitaschek* Rn 10.
223 *BAG* 17.12.19 – 1 ABR 25/18, NZA 20, 393.
224 *LAG Köln* 14.1.04 – 8 TaBV 72/03, NZA-RR 05, 33.
225 Eingehend *Laßmann/Rupp*, S. 336 ff., 427 ff.
226 *BAG* 21.2.92, DB 92, 435.
227 *Brill*, AuR 67, 336; *Fitting*, Rn. 54; GK-*Oetker*, Rn. 70; HWK-*Willemsen/Lembke*, Rn. 58; Richardi-*Annuß*, Rn. 41. Eingehend *Laßmann/Rupp*, S. 251 ff.
228 Zu ihnen, ihrer Macht und ihrer weitgehenden Kontrollfreiheit s. insbesondere *Däubler*, BB 03, 429 ff.; NJW 03, 1096 f.; KJ 12, 18 ff.; NJW 13, 282.
229 *Balluff/Braden*, AiB 04, 237.
230 Grundsätzlich zustimmend *Fitting*, Rn. 57.
231 Dazu *Kischewski/Müller*, AiB 05, 40.
232 Ebenso *Rumpff/Boewer*, S. 204.
233 *Fitting*, Rn. 56.

gilt für Angaben zur **gegenwärtigen** und **zukünftigen Absatzlage.** Wie entwickeln sich der traditionelle Vertrieb und der Vertrieb übers Netz? Daneben ist auch über Preisveränderungen, Qualitätsverbesserungen, Werbeaktionen, Änderungen der Betriebsstruktur und die Gewährung von Sonderrabatten und Sonderprovisionen zu berichten.[234]

4. Produktions- und Investitionsprogramm (Nr. 3)

72 Unter Produktionsprogramm ist die Planung der Art und des Umfangs der künftigen **Erzeugung von Waren und Dienstleistungen** zu verstehen.[235] Hierzu gehören vor allem geplante **Produktionsumstellungen,** also die Absicht, sich der Herstellung anderer (z. B. umweltfreundlicher) Produkte oder Produktgruppen zu widmen, oder die beabsichtigte Produktionserweiterung sowie zu erwartende Produktionseinschränkungen.

73 Das **Investitionsprogramm** steht in einem engen Zusammenhang mit dem Produktionsprogramm. Erfasst ist u. a. die Bereitstellung entsprechender finanzieller Mittel zur Durchführung des Produktionsprogramms.[236] Der WA ist beispielsweise darüber zu informieren, welche einzelnen Vorhaben im Rahmen des geplanten Investitionsprogramms durchgeführt werden und wie ihre Finanzierung erfolgen soll.[237]

5. Rationalisierungsvorhaben (Nr. 4)

74 Rationalisierungsmaßnahmen zielen darauf ab, durch eine aus der Sicht des UN zweckmäßigere Gestaltung der Arbeitsvorgänge die Wirtschaftlichkeit des UN zu erhöhen.[238] Zu denken ist an die Einführung neuer Arbeits- und Fabrikationsmethoden, an eine stärkere **Automatisierung** und **Informatisierung** durch Anschaffung modernerer Geräte und Einführung neuer Technologien (IT-Systeme, z. B. BDE-Systeme, CAD/CAM, Aufbau eines Intranets, überbetriebliche Vernetzung), aber auch etwa an eine Straffung der Betriebsorganisation zum Zwecke der Kostensenkung (»Lean Production«) einschließlich der dazugehörenden Gemeinkostenanalyse. Aktueller sind einzelne Schritte auf dem Weg zur »Industrie 4.0«, etwa der Einsatz von Robotern und die Nutzung von Künstlicher Intelligenz (KI), die auch im Dienstleistungssektor steigende Bedeutung gewinnen.

75 Was die Unterrichtungspflicht in Bezug auf Rationalisierungsvorhaben angeht, ergeben sich vielfach **Überschneidungen** zu anderen im Katalog dieser Bestimmung aufgeführten Tatbeständen, insbes. zu den Nrn. 3, 5 und 9.

76 Der UN hat den WA bereits **vor der Realisierungsphase** zu unterrichten und mit ihm darüber zu beraten. Auch die Einschaltung externer Berater und die Definition des ihnen erteilten Auftrags müssen wichtige Themen sein.[239] Dabei ist insbes. zu prüfen, welche sozialen Auswirkungen sich für die AN ergeben und wie mögliche negative Folgen auf die Belegschaft verhindert oder gemildert werden können.[240]

6. Fabrikations- und Arbeitsmethoden (Nr. 5)

77 Unter **Fabrikationsmethoden** sind **technische Vorgehensweisen** bei der Gestaltung der Produktion im weitesten Sinne zu verstehen. Die Unterrichtung erfasst beispielsweise die Fragen, welche Herstellungsverfahren im UN eingesetzt (Einzel- oder Serienfertigung, handwerkliche oder Maschinenfertigung, Just-in-time-Produktion) oder in Zukunft entwickelt werden sollen (sich selbst steuernde Systeme, Einsatz von künstlicher Intelligenz).[241] Aufmerksamkeit ver-

---

234 *Gege*, S. 171.
235 *Fitting*, Rn. 57; Richardi-*Annuß*, Rn. 43.
236 Vgl. *Fitting*, Rn. 58.
237 Zu weiteren Stationen unternehmerischer Planungsprozesse, über die der WA gleichfalls zu unterrichten ist, s. *Laßmann/Rupp*, S. 155 ff.
238 *Fitting*, Rn. 59; Richardi-*Annuß*, Rn. 45.
239 *Balkenhol*, AiB 05, 340 ff.
240 *Gege*, S. 174.
241 *Klebe*, SR 19, 128, 130; vgl. auch ErfK-*Kania*, Rn. 12.

dient dabei z. B. der Einsatz vollautomatischer Werkzeugmaschinen, da er in vielen Fällen mit der Frei- bzw. Umsetzung von AN verbunden ist,[242] sowie der Übergang zu PPS-Systemen. Zur Einführung eines **Umweltmanagementsystems nach der Öko-Audit-VO** s. u. Rn. 81. Der Begriff »Fabrikationsmethode« deckt sich mit dem geläufigeren Begriff »Fertigungsverfahren« (vgl. auch § 111 Satz 3 Nr. 5) und umfasst damit auch Dienstleistungen.

Unter **Arbeitsmethoden** ist die Gestaltung der **menschlichen Arbeit** zu verstehen. Hierzu gehören alle Fragen, die sich auf die Art des Einsatzes und der Verwendung der menschlichen Arbeitskraft beziehen, so etwa Probleme der Fließbandarbeit, des Übergangs von der Hand- zur Maschinenarbeit und (aktueller) der Einführung von Telearbeit[243] und Homeoffice[244], der Nutzung von Wearables[245] sowie von E-Commerce,[246] der Art und Weise der Erbringung von Dienstleistungen (z. B. des Einsatzes von Robotern in der Pflege), der Einführung von teilautonomen Gruppen.[247] Ebenso zählen hierher Änderungen der **Arbeitszeitstruktur**[248] und der Arbeitszeiterfassung.[249] Auch die Absicht des Managements, in Zukunft nach dem Konzept **»Balanced Scorecard«** zu verfahren, fällt unter Nr. 5;[250] soweit Investitionen geplant sind, findet Nr. 3 Anwendung. 78

Strittig ist die Frage, ob auch den Einsatz der menschlichen Arbeitskraft betreffende **betriebliche Kontrollmaßnahmen** (beispielsweise die Einführung von technischen Überwachungseinrichtungen i. S. d. § 87 Abs. 1 Nr. 6, insbes. EDV-Systeme) der Unterrichtungspflicht unterliegen.[251] Selbst wenn man die Kontrolle nicht zum Begriff der Arbeitsmethoden zählt, unterliegen Kontrollmaßnahmen jedoch der Unterrichtung nach Nr. 10, da es sich um Vorgänge handelt, welche die **Interessen der AN** des UN **wesentlich berühren** können.[252] Auch bei den unter Nr. 5 des Katalogs angeführten Fragen geht es im Übrigen um Angelegenheiten, die teilweise zugleich im Rahmen anderer Vorschriften des Gesetzes vom BR zu behandeln sind, beispielsweise im Zusammenhang mit der Regelung der Arbeitszeit, der Auswirkung von Arbeitsmethoden auf die Entlohnungsgrundsätze, im Rahmen der Mitwirkung des BR bei der Gestaltung von Arbeitsplatz, Arbeitsablauf und Arbeitsumgebung i. S. d. §§ 90, 91 sowie in den in § 111 Satz 3 Nr. 5 aufgeführten Fällen bei der Einführung neuer Arbeitsmethoden und Fertigungsverfahren. 79

7. Fragen des betrieblichen Umweltschutzes (Nr. 5a)

Was »betrieblicher Umweltschutz« ist, bestimmt sich nach der Definition des § 89 Abs. 3. Inhaltlich geht es insbes. um Herstellungsprozesse, die außerhalb des Betriebes liegende Umweltgüter in Gefahr bringen könnten;[253] doch ist auch an den umgekehrten Fall zu denken, dass im Betrieb vorhandene Umweltgüter gegen schädigende Einflüsse von außen (besser) geschützt werden sollen. Immer wird dabei ein **betrieblicher Bezugspunkt** vorausgesetzt; der WA ist von Gesetzes wegen nicht befugt, sich zum generellen Anwalt von Umweltinteressen zu machen. In der Fassung des Referentenentwurfes, bei dem nur von »Fragen des Umweltschutzes« die Rede war, hätte man eine solche Konsequenz ggf. ziehen können.[254] Da Maßnahmen zur Erhaltung und Förderung der Umwelt ein **bedeutsamer betriebswirtschaftlicher Kostenfaktor** sind,[255] 80

242 *Gege*, S. 176.
243 *Boemke/Ankersen*, BB 00, 2257.
244 Dazu *Däubler*, Digitalisierung, § 15.
245 *Weichert*, NZA 2017, 565.
246 Vgl. *Däubler*, Digitalisierung, § 1 Rn. 35.
247 *Fitting*, Rn. 63.
248 *Rumpff/Boewer*, S. 206.
249 Göpfert/Giese-*Brune*, Kap. 2 Rn. 13.
250 *Däubler*, AiB 01, 214; *Cox/Offermann*, S. 60.
251 Bejahend *WW*, Rn. 17; ablehnend *GL*, Rn. 53; Richardi-*Annuß*, Rn. 47; GK-*Oetker*, Rn. 78.
252 Ebenso GK-*Oetker*, Rn. 78; MünchArbR-*Stamer*, § 307 Rn. 38 Richardi-*Annuß*, Rn. 47.
253 Vgl. *Konzen*, RdA 01, 89.
254 Vgl. *Schiefer/Korte*, NZA 01, 82.
255 *Engels u. a.*, DB 01, 541.

ist die Aufnahme der Nr. 5a in den Katalog des Abs. 3 sicherlich gerechtfertigt. Auf der anderen Seite war der WA schon bisher zumindest auf der Grundlage der Nr. 10 zu informieren.[256]

81 Die Einführung eines **Umweltmanagementsystems** nach der Öko-Audit-VO fällt unter Nr. 5a;[257] nach früherem Recht griff Abs. 3 Nr. 10 ein.[258] Der WA muss über die Einhaltung umweltrechtlicher Normen wie z. B. BImSchG oder StörfallVO informiert werden (Überblick zu den einschlägigen umweltrechtlichen Normen bei den Erl. zu § 89). Erst recht gilt dies, wenn im UN Spielräume bei der Umsetzung der gesetzlichen Vorgaben bestehen.[259] Darauf ist aber die Beratung mit dem WA nicht zu beschränken. Zu den Schwierigkeiten, Arbeits- und Umweltschutzrecht zusammenzuführen, siehe *Kohte,* FS Däubler, S. 642 ff.; sie sind angesichts der Beschränkung auf einen Informations- und Meinungsaustausch im Rahmen des WA ohne Bedeutung.[260]

8. Unternehmerische Sorgfaltspflichten in Lieferketten (Nr. 5b)

81a Die Vorschrift erweitert die Informationsrechte des WA und bezieht Fragen der unternehmerischen Sorgfaltspflichten in Lieferketten nach dem Lieferkettensorgfaltspflichtengesetz vom 16. Juli 2021[261] ein. Sie ist auf Initiative des Bundestagsausschusses für Arbeit und Soziales als Art. 4 in den RegE des Lieferkettensorgfaltspflichtengesetz (LkSG)[262] eingefügt worden.[263] Sie ist zusammen mit diesem am 1. Januar 2023 in Kraft getreten.[264] Die amtliche Begründung[265] verweist darauf, die Minimierung menschenrechtlicher und umweltbezogener Risiken in Lieferketten sei ein bedeutsamer Faktor für das wirtschaftliche Handeln der Unternehmen. Auch berge die Verletzung geschützter Rechtspositionen oder umweltbezogener Pflichten im Sinne des neuen Gesetzes ein »Reputations- und Performanzrisiko« mit unmittelbaren Auswirkungen auf die wirtschaftliche Lage der Unternehmen – insoweit wird an ihr Eigeninteresse appelliert. Das Gesetz betritt Neuland: Beschäftigten in Entwicklungsländern beim Erreichen besserer Minimalstandards zur Seite zu stehen, war in der Vergangenheit zwar möglich,[266] aber in der Praxis eine seltene Ausnahme.[267]

81b Die Auslandsproduktion deutscher Unternehmen erfolgt in der Regel durch **Gründung einer Tochtergesellschaft** in dem fraglichen Land, die sich häufig der Hilfe von **lokalen Zulieferern** bedient. Die **Arbeitsbedingungen** bei den Töchtern wie insbesondere bei den Zulieferunternehmen sind nicht nur ungleich schlechter als in Deutschland, sondern **verletzen oft** auch **menschenrechtliche Standards** bis hin zum Schutz von Leben und Gesundheit. Besonders deutlich wurde dies am **Fall KiK:** In einem in Pakistan gelegenen Gebäude eines Zulieferers brach wegen mangelnden Brandschutzes im Jahre 2012 ein Feuer aus, dem 259 Arbeiter zum Opfer fielen.[268] **Drei Hinterbliebene** und **ein schwer verletzter Arbeiter klagten** vor dem LG Dortmund gegen KiK, das über Jahre hinweg mindestens 75 % der Produktionskapazität des Zulieferers in Anspruch genommen hatte. Man konnte deshalb davon ausgehen, dass KiK über seine pakistanische Tochter einen wesentlichen Einfluss auf das Verhalten des Unternehmens ausübte, zumal sich KiK in einem sog. **Verhaltenskodex** selbst verpflichtet hatte, für die Wahrung von Mindestbedingungen auch bei Zulieferern zu sorgen. Die Klage auf Schadensersatz wurde dennoch vom *LG Dortmund* abgewiesen. Als Berufungsinstanz entschied das *OLG*

256 Vgl. *Däubler,* AuR 01, 6; am Neuheitswert zweifelnd auch *Konzen,* RdA 01, 89.
257 Vgl. *DGB*-Stellungnahme, NZA 01, 138.
258 *Merten,* DB 96, 90.
259 Vgl. *Konzen,* RdA 01, 90.
260 Weitere Einzelfragen bei *Däubler,* in: Lorenz/Schneider, S. 39.
261 BGBl I S. 2959.
262 BT-Drucksache 19/28649.
263 BT-Drucksache 19/30505.
264 Art. 5 Abs. 1 des Gesetzes.
265 BT-Drucksache 19/30505 S. 43.
266 S. als Beispiel *Dortmund* (Hrsg.), »Einen Tag länger als Continental«. Der Sieg der Arbeiter von Euzkadi/Mexiko über einen internationalen Konzern, Neustadt 2008; dazu *Däubler*, FS Blanke, S. 99, 114 f.
267 Überlegungen dazu bei *Däubler*, AiB 93, 819.
268 Sachverhalt nach *OLG Hamm* 21. 5. 19 – I-9 U 44/19, 9 U 44/19, NJW 2019, 3527.

Hamm, nach Art. 4 Abs. 1 Rom II – VO sei pakistanisches Recht anwendbar. Nach diesem seien aber alle Ansprüche aus unerlaubter Handlung nach einem Jahr verjährt; ob eine tatsächliche Möglichkeit zur Geltendmachung bestanden habe, spiele nach pakistanischem Recht keine Rolle.[269] Die Klage war aber erst später eingereicht worden.

Um Fälle dieser Art[270] besser in den Griff bekommen zu können, hat der Gesetzgeber das LkSG erlassen.[271] Es ist auf alle **UN und Konzerne** mit Sitz im Inland einschließlich der Zweigstellen ausländischer UN anwendbar, soweit sie am 1.1.2023 mindestens 3000 AN (ab: 1.1.2024: **mindestens 1000 AN**) beschäftigen. Die ins Ausland entsandten Arbeitskräfte werden mitgezählt. Auch bleibt es ohne Bedeutung, wenn das inländische Unternehmen **zu 100 % in ausländischem Besitz** steht. Soweit **UN** wegen ihrer geringeren Größe **nicht unter das LkSG fallen,** bleibt auch Nr. 5b ohne Bedeutung, da dort von »Sorgfaltspflichten in Lieferketten nach dem Lieferkettensorgfaltspflichtengesetz« als Gegenstand der Information und Beratung die Rede ist. **81c**

§ 2 LkSG zählt **menschenrechtliche Schutznormen** wie z. B. das Verbot der Kinder- und der Zwangsarbeit und das Verbot der arbeitsschutzwidrigen Beschäftigung auf, deren Verletzung zu Unfallgefahren oder zu arbeitsbedingten Gesundheitsgefahren führen kann. Auch die **Koalitionsfreiheit und bestimmte Umweltschutznormen sind einbezogen.** Das Gesetz erfasst alle zur **»Lieferkette«** gehörenden UN. Diese ist in § 2 Abs. 5 LkSG definiert und schließt auch die unmittelbaren und die mittelbaren Zulieferer mit ein. Jedes UN, das irgendwie zur Herstellung der Produkte oder Dienstleistungen des in Deutschland ansässigen UN beiträgt (also z. B. auch ein TransportUN), gehört dazu. Man sollte deshalb korrekter von »Wertschöpfungskette« statt von der auf Waren ausgerichteten »Lieferkette« sprechen. **81d**

Um eine Verletzung der genannten Schutzgüter zu vermeiden, werden den UN in § 3 LkSG **zahlreiche Sorgfaltspflichten** auferlegt wie die Einrichtung eines Risikomanagements, die Durchführung regelmäßiger Risikoanalysen, die Verankerung von Präventionsmaßnahmen und die Einrichtung eines Beschwerdeverfahrens. Diese Pflichten werden in den §§ 4 bis 10 LkSG näher spezifiziert. Dazu zählen etwa ein Risikomanagement (§ 4 LkSG), Präventionsmaßnahmen (§ 6 LkSG) und ein Beschwerdeverfahren, das vor Benachteiligung schützt.[272] Die UN haben nach § 10 Abs. 2 einen **jährlichen Bericht** über die getroffenen Maßnahmen zu erstatten. Die Einhaltung der Pflichten wird nach § 19 LkSG vom Bundesamt für Wirtschaft und Ausfuhrkontrolle überwacht. Dieses kann u. a. zur Behebung von Missständen gemäß § 15 LkSG Anordnungen erlassen. Verstöße können nach § 22 LkSG einen Ausschluss von öffentlichen Aufträgen zur Folge haben. Schärfste Sanktion ist die Verhängung eines Bußgelds; bei UN mit mehr als 400 Mio. Euro Jahresumsatz kann dieses bis zu 2 % des Weltkonzernumsatzes betragen (§ 24 Abs. 3 LkSG). **81e**

Die **Durchsetzung der** gesetzlichen **Pflichten** soll ausschließlich **mit hoheitlichen Mitteln** erfolgen. Dabei ist anders als etwa in Art. 52 Abs. 4 DSGVO nicht dafür gesorgt, dass das **Bundesamt für Wirtschaft und Ausfuhrkontrolle** über die nötigen personellen und technischen Ressourcen verfügt, um seiner Kontrollfunktion Rechnung zu tragen. Zu bedauern ist, dass nach den Beratungen im Ausschuss für Arbeit und Soziales die Vorschrift des **§ 3 Abs. 3** in das Gesetz aufgenommen wurde, »wonach eine Verletzung der Pflichten aus diesem Gesetz **keine zivilrechtliche Haftung** begründet.« Geschädigte AN können nur nach allgemeinen zivilrechtlichen Haftungsgrundsätzen Schadensersatz verlangen. Inwieweit man insoweit auf deliktische Verkehrspflichten zurückgreifen kann, wäre noch zu untersuchen. Dass § 11 Abs. 1 LkSG die Möglichkeit eröffnet, dass Geschädigte eine inländische Gewerkschaft oder Nicht- **81f**

---

269 Dies soll auch nicht gegen den deutschen ordre public verstoßen – so *OLG Hamm* a. a. O. sowie *Ransiek* jurisPR-IWR 4/2019 Anm. 2.

270 Beispiele bei initiative.lieferkettengesetz.de, Briefing Dezember 2020: Von Bananen bis Bauxit: Warum wir ein Lieferkettengesetz brauchen.

271 Offizieller Titel: Gesetz über die unternehmerischen Sorgfaltspflichten in Lieferketten vom 16. Juli 2021 (BGBl I S. 2959).

272 Zu den einzelnen Sorgfaltspflichten s. *Zimmer*, Das Lieferkettensorgfaltspflichtengesetz. Handlungsoptionen für Mitbestimmungsakteure und Gewerkschaften, Frankfurt/M. 2023, abrufbar unter *https://www.hugo-sinzheimer-institut.de/faust-detail.htm?sync_id=HBS-08496.*

regierungsorganisation **mit der Prozessführung beauftragen,** ist von daher ohne allzu großes Interesse.

81g Das Gesetz ist nicht nur Basis für hoheitliche Maßnahmen. Es ist auch Gegenstand der Beratungen im WA. Dabei wird der WA zu Beginn zahlreiche Fragen stellen; Beispiele finden sich in der Literatur.[273] Auch wird dort die Einrichtung eines »**Menschenrechtsbeauftragten**« diskutiert, dessen spezielle Aufgabe darin besteht, auf die Umsetzung des Gesetzes zu achten.[274] Außerdem schafft das Gesetz einen **Rahmen,** den die **betriebliche Interessenvertretung** mit Hilfe ihrer Mitbestimmungsrechte **teilweise ausfüllen** kann. Dies gilt etwa für die Ausgestaltung des **Beschwerdeverfahrens.** Weiter können Gewerkschaften Kontakte zu den Interessenvertretungen in anderen Ländern aktivieren oder (erstmals) herstellen und durch sachgerechten Informationsaustausch einen Beitrag zur Beachtung des Gesetzes leisten.[275] Auch kann auf diese Weise im Grundsatz verhindert werden, dass »großzügige« Unternehmensberaterfirmen **Zertifikate** ausstellen, wonach **Menschenrechte** und Umweltschutz in den jeweiligen Lieferketten »**vollständig gewahrt**« sind, was auch dann gegen Bußgelder schützen dürfte, wenn sich später herausstellt, dass die Realität von Anfang an erheblich hinter dem Zertifizierten zurückblieb.

81h Die **EU plant** eine **Richtlinie,** die insbesondere im Umweltschutz weitergehende Pflichten vorsieht und die auch Schadensersatzansprüche als Sanktion nicht ausschließt.[276] Außerdem will sie alle UN mit mehr als 500 Beschäftigten erfassen. Nach ihrer Verabschiedung müssten sich die Unternehmen insgesamt an veränderten Zielen im Sinne von mehr Nachhaltigkeit orientieren.[277]

9. Einschränkung oder Stilllegung von Betrieben oder von Betriebsteilen (Nr. 6)

82 Die Formulierung der Nr. 6 entspricht nahezu wörtlich der des § 111 Satz 3 Nr. 1. Während sich die Unterrichtung des BR nach § 111 jedoch auf die Fälle der Einschränkung und Stilllegung des ganzen Betriebs oder von **wesentlichen** Betriebsteilen bezieht, kommt es für die Unterrichtung des WA auf die Größe bzw. Bedeutung der Betriebsteile **nicht** an. Auch die Einschränkung oder Stilllegung kleinerer, nicht wesentlicher Betriebsteile unterliegt der Informationspflicht.[278] Anders als bei § 111 ist nicht erforderlich, dass den betroffenen Arbeitnehmern effektive Nachteile drohen.[279] Ohne Bedeutung ist auch, dass in dem stillzulegenden Betrieb kein BR existiert.[280] Erfasst ist auch ein beabsichtigtes »**Outplacement**«.[281]

10. Verlegung von Betrieben oder Betriebsteilen (Nr. 7)

83 Die Formulierung der Nr. 7 entspricht der des § 111 Satz 3 Nr. 2 mit der Maßgabe, dass die Unterrichtungspflicht nicht nur für die Verlegung von »wesentlichen«, sondern auch von **kleineren Betriebsteilen, ohne Rücksicht auf deren Größe und Bedeutung gilt.**[282] In diesem Zusammenhang kommt es ferner nicht auf befürchtete Nachteile für AN an.[283] Erfasst ist auch die Verlegung ins Ausland; dabei kann gleichzeitig eine Zuständigkeit des EBR bestehen.[284]

---

273 S. den Katalog bei *Gilsbach/Callsen*, AiB 1/23 S. 24.
274 *Göpfert/Jacobs*, NZA 23, 144.
275 Zu den gewerkschaftlichen Handlungsmöglichkeiten s. *Zimmer*, S. 84 ff.
276 Zu dem Entwurf eingehend *Grabosch*, AuR 22, 244 ff.
277 Dazu *Däubler*, Klimaschutz und Arbeitsrecht, § 4 IV.
278 *Fitting*, Rn. 67; GK-*Oetker*, Rn. 83; MünchArbR-*Stamer*, § 307 Rn. 30; *Rumpff/Boewer*, S. 207; GTAW-*Woitaschek* Rn 21.
279 WPK-*Preis*, Rn. 16.
280 *BAG* 9.5.95 – 1 ABR 51/94, DB 95, 1033.
281 *Kibler*, RdA 96, 366.
282 *Fitting*, Rn. 68; *Rumpff/Boewer*, S. 207.
283 GK-*Oetker*, Rn. 84.
284 *Zimmer*, AiB 05, 207.

11. Zusammenschluss und Spaltung von Unternehmen und Betrieben (Nr. 8)

Die Vorschrift der Nr. 8 ist durch das UmwG neu gefasst worden. Die Verschmelzung von Unternehmen war schon zuvor über Nr. 10 erfasst, die Einbeziehung der neu geschaffenen Spaltung war konsequent.[285] Auch bei der Abspaltung wird kein Minimalumfang verlangt.[286] Die einzelnen Pläne bzw. Entwürfe sind dem WA in ihrem jeweiligen Entwicklungsstand zur Kenntnis zu bringen.[287] Der **Formwechsel** fällt i. d. R. unter Nr. 10.[288] Die möglichen Auswirkungen auf die betriebliche Ebene einschließlich potentieller Betriebsübergänge sind gleichfalls einzubeziehen. Informationen, die nach dem UmwG an den BR/GBR zu geben sind, stellen eine Untergrenze für Informationen dar, die der WA erhalten muss. Bezüglich der Konsequenzen für die Beschäftigten sind mindestens die von § 613a Abs. 5 BGB geforderten Angaben zu machen. Mögliche weitere Beschäftigungsrisiken sind zu benennen. Die Unterrichtung des WA steht neben der im UmwG vorgesehenen Information des zuständigen BR (Anhang zu §§ 106 – 110, Rn. 3 ff.). Dass auch Zusammenschlüsse und Spaltungen von Betrieben ohne Veränderungen auf der UN-Ebene einbezogen sind, entspricht der vor dem UmwG bestehenden Rechtslage. 84

12. Änderung der Betriebsorganisation oder des Betriebszwecks (Nr. 9)

Die Formulierung der Nr. 9 entspricht teilweise der des § 111 Satz 3 Nr. 4. Anders als dort kommt es für die Unterrichtung des WA jedoch nicht darauf an, dass es sich um **grundlegende** Änderungen der Betriebsorganisation oder des Betriebszwecks handelt. Es genügt insoweit **jede** Änderung. Aktuellstes Beispiel ist die Einführung einer Matrixstruktur[289] einschließlich der damit verbundenen datenschutzrechtlichen Probleme.[290] In § 111 Satz 3 Nr. 4 wird im Gegensatz zu § 106 Abs. 3 Nr. 9 außerdem die Änderung der Betriebsanlagen angesprochen. Diese Fallkonstellation ist jedoch in Abs. 3 Nrn. 3 bis 5 mit enthalten und würde im Übrigen unter die Generalklausel der Nr. 10 fallen.[291] 85

13. Übernahme des Unternehmens (Nr. 9a)

Durch das »Gesetz zur **Begrenzung der mit Finanzinvestitionen verbundenen Risiken**« vom 19. 8. 08[292] ist Nr. 9a eingefügt und durch Abs. 2 Satz 2 sowie durch § 109a »flankiert« worden. Er greift den Fall auf, dass das UN von einem Finanzinvestor aufgekauft werden soll, der es häufig umstrukturieren will, um es gewinnbringend weiterveräußern zu können. Dabei bestehen zusätzliche Gefahren des Personalabbaus, weil ein geringer Personalkostenanteil die Verkäuflichkeit und den Preis deutlich erhöht. In der politischen Umgangssprache ist im Anschluss an eine Äußerung von Franz Müntefering von **»Heuschrecken«** die Rede. **Bei börsennotierten Gesellschaften** greift das **WpÜG** ein, wonach ein Erwerber, der mindestens 30 % der Stimmrechte besitzt (§ 29 Abs. 2 WpÜG), dies unverzüglich, spätestens innerhalb von sieben Kalendertagen veröffentlichen muss und der dann innerhalb von vier Wochen ein **Angebot zur Übernahme** der übrigen Aktien zu unterbreiten hat (§ 35 Abs. 1 und 2 WpÜG). Die Entscheidung, ein schriftliches Angebot zu machen (sog. Angebotsunterlage), sowie dieses selbst sind dem Vorstand der zur Übernahme anstehenden (sog. Ziel-) Gesellschaft zu übermitteln, der es nach § 10 Abs. 5 Satz 2 bzw. nach § 14 Abs. 4 Satz 2 WpÜG **dem zuständigen BR zur Kenntnis** gibt. Existiert kein BR, sind die AN unmittelbar zu informieren. BR bzw. Belegschaft können eine Stellungnahme abgeben, die nach § 27 Abs. 2 WpÜG zusammen mit der der Unternehmensleitung zu veröffentlichen ist. **Nr. 9a** betrifft entsprechende (Übernahme-)Vor- 86

285 *Bachner*, NJW 2005, 2881, 2887.
286 *Kreßel*, BB 95, 927.
287 Vgl. *B. Gaul*, DB 95, 2265. Dazu insbesondere *Laßmann/Rupp*, S. 306 ff.
288 *Mengel*, S. 323.
289 *Bachner*, NZA 19, 134, 140. S. oben Einl. Rn. 274 ff.
290 *Weichert*, NZA 23, 13 ff.
291 *GL*, Rn. 71; Richardi-*Annuß*, Rn. 55.
292 BGBl. I 1666.

gänge bei UN, deren Aktien nicht an der Börse gehandelt werden oder die eine andere Rechtsform haben; die Bestimmung will insoweit eine **Ungleichheit beseitigen.**[293]

87 Die **Vorschrift** der Nr. 9a ist **missglückt.** Vom einzelkaufmännischen UN einmal abgesehen, vollzieht sich der Erwerb zwischen alten und neuen Gesellschaftern, während Unterrichtung und Beratung Sache der **Unternehmensleitung** sind, die über diese Vorgänge u. U. **nicht oder nur lückenhaft informiert** ist.[294] Auch sind praktisch keine Sanktionen möglich, wenn der Erwerber zwar den Geschäftsführer ins Vertrauen zieht, ihm aber zugleich absolute Diskretion auferlegt: Sich an diese Vorgabe nicht zu halten, würde einem Verzicht auf die bisherige Funktion gleichkommen.[295] Besteht kein Abschirmungsinteresse und werden Vorstand, Geschäftsführung usw. voll ins Bild gesetzt, so ist überdies die **Beratung** weithin **sinnlos,** da sie zwischen zwei Akteuren stattfindet, die beide keine Entscheidungsbefugnis haben.[296] Eine Verpflichtung des potentiellen Erwerbers, seine Absichten bekannt zu machen, besteht anders als nach WpÜG nicht. Angesichts der Nichtübernahme der dortigen Regelung würde es auch schwerfallen, eine planwidrige Lücke anzunehmen und diese durch eine analoge Anwendung der §§ 10 Abs. 5 Satz 2, 15 Abs. 4 Satz 2 WpÜG zu schließen.[297] Anders als im Fall der Umwandlung (oben Nr. 8) besteht eben keine (rechtlich durchsetzbare) Verpflichtung, die Geschäftsführung in die Übernahme einzubinden.[298] Der Sinn einer solchen defizitären Regelung liegt unter diesen Umständen auf der Hand: Wären BR und WA wirklich in der Lage, die Transaktionen und die mit ihnen verbundenen wirtschaftlichen Intentionen zur Kenntnis zu nehmen, würde sich allzu oft der Grundsatz bewahrheiten: Man zweifelt rasch an Treu und Glauben, sieht man dem Tiger zu beim Rauben. Dies kann nicht im Interesse des vom BetrVG gewollten Rechtsfriedens liegen. Zu einem evtl. **Informationsdurchgriff** auf den Veräußerer s. unten Rn. 91.

88 Handelt es sich um einen Einzelunternehmer oder verfügt die Unternehmensleitung über umfassende Informationen, so kann die **Auslegung** der Nr. 9a praktische Bedeutung gewinnen. Von »**Kontrolle**« kann entgegen der amtlichen Begründung nicht schon dann die Rede sein, wenn 30 % der Anteilsrechte in einer Hand liegen, da anders als bei einer Publikumsgesellschaft meist mit einer Präsenz aller (oder fast aller) Gesellschafter zu rechnen ist. Insoweit ist auf die Umstände des Einzelfalls abzustellen; in der Regel wird eine **Stimmenmehrheit** Voraussetzung sein.[299] Geht es um die Übernahme der Kontrolle über die Muttergesellschaft durch einen Dritten, so ist Nr. 9a entsprechend anzuwenden, da sich für die AN in den abhängigen UN dieselbe Situation wie beim Erwerb des ArbeitgeberUN ergibt.[300] Die **zu gewährenden Informationen** bestimmen sich nach Abs. 2 Satz 2, wo zu Unrecht von »Unterlagen« die Rede ist.[301] Inhaltlich geht es darum, wer der Erwerber ist, welche Absichten er in Bezug auf die künftige Geschäftstätigkeit besitzt und welche Auswirkungen sich für die Arbeitnehmer ergeben. Die »Absichten« können sich allerdings relativ schnell ändern, ohne dass sich der Erwerber deshalb einem belegbaren Verdacht der bewussten Irreführung aussetzen würde. Die Unterrichtungspflicht setzt in dem **Zeitpunkt** ein, wenn der potentielle Erwerber sein Interesse kundtut. Dies wird mittelbar aus Abs. 2 Satz 2 deutlich, der vom »potentiellen Erwerber« spricht. Erst den Zeitpunkt des Abschlusses der »Due-Diligence-Prüfung«,[302] der Abgabe eines bindenden Angebots[303] oder

---

293 BT-Dr. 16/7438 S. 9. Zu weiteren Instrumenten des Risikobegrenzungsgesetzes s. *König* BB 08, 1910.

294 Vgl. *Hjort,* AiB 09, 135; *Liebers/Erren/Weiß,* NZA 09, 1065; *Schröder/Falter,* NZA 08, 1099; GTAW-*Woitaschek,* Rn 11; anders ohne nähere Begründung *Fitting,* § 106 Rn. 92.

295 Auch eine Verpflichtung der Gesellschafter, die Geschäftsführung zu informieren (*Fitting,* Rn. 100), ändert daran nichts.

296 Richtig *Thüsing,* ZIP 08, 107: Information führt nur zur **»wohlinformierten Ohnmacht«;** unberechtigter Optimismus bei *Fitting,* § 106 Rn. 90 ff. Vgl. auch *Hjort,* AiB 09, 135.

297 *Simon-Dobel,* BB 08, 1956; *Liebers/Erren/Weiß,* NZA 09, 1066.

298 *Löw,* DB 08, 758.

299 *Simon-Dobel,* BB 08, 1956; *Schröder/Falter,* NZA 08, 1097, 1099; GTAW-*Woitaschek,* Rn 25; *Liebers/Erren/Weiß,* NZA 09, 1065; auf den Einzelfall abstellen möchte *Ratayczak,* AiB 08, 631; für eine entsprechende Klarstellung im Gesetzestext *Thüsing,* ZIP 08, 108.

300 A. A. *Simon-Dobel,* BB 08, 1956; *Liebers/Erren/Weiß,* NZA 09, 1065; unentschieden *Löw,* DB 08, 759.

301 Kritisch dazu auch *Löw,* DB 08, 759; *Simon-Dobel,* BB 08, 1957.

302 *Löw,* DB 08, 760.

303 So *Simon-Dobel,* BB 08, 1957.

gar des Vorliegens eines »endverhandelten« Vertrages[304] für maßgebend zu erklären, würde das Informationsrecht noch weiter entwerten. Auch sind mit dem in Abs. 2 Satz 2 ausdrücklich genannten Bieterverfahren nicht nur definitive Angebote, sondern auch weniger weitreichende Erklärungen erfasst. Da die Verfügbarkeit der Informationen aber von vorne herein davon abhängt, dass Veräußerer und/oder Erwerber freiwillig mit offenen Karten spielen, ist das Einsetzen der rechtlich verbindlichen Unterrichtungspflicht zu Lasten der UNLeitung von vorne herein von eher marginaler Bedeutung. Auch die Gefährdung von Betriebs- oder Geschäftsgeheimnissen[305] erweist sich unter diesen Umständen als Scheinproblem.

14. Sonstige Vorgänge (Nr. 10)

Nach der Regelung der Nr. 10 unterliegen **alle sonstigen** Vorgänge und Vorhaben, wenn sie nicht bereits in den Nrn. 1 bis 9a aufgeführt sind, ebenfalls der Unterrichtungspflicht des UN, sofern sie die Interessen der AN des UN wesentlich berühren können. Dies bezieht sich u. a. auf die Liquiditätslage der AG-Gesellschaft, aus der sich ablesen lässt, ob eine Insolvenz droht und/oder wie viel bei einem Sozialplan zu erwarten ist.[306] In die Unterrichtungspflicht einbezogen ist im Normalfall auch die **Einschaltung von Unternehmensberatern.**[307] Die Vorschrift der Nr. 10 enthält damit eine beschränkte **Generalklausel,** die eine umfassende Information des WA über alle Fragen sicherstellt, die für das UN und die Beschäftigten potentiell von Bedeutung sind.[308] Dies gilt z. B. für einen Betriebsübergang nach § 613a BGB[309] und für die Einführung einer Matrixorganisation.[310] Erfasst sind auch Planungen auf Konzernebene, die der Unternehmensleitung bekannt sind, ohne dass ihre Auswirkungen auf das UN bereits abschätzbar wären.[311] Erst recht ist dies für konzernweite Benchmarking-Daten anzunehmen, die ggf. Grundlage für personalpolitische Maßnahmen sind, um die besseren Zahlen eines anderen Konzernteils zu erreichen.[312] Unter Nr. 10[313] fallen auch Auskünfte über die **allgemeine wirtschaftliche Lage der Branche** sowie die Entwicklung der gesamtwirtschaftlichen Konjunktur. Auch Kurzarbeit und damit verbundene Qualifizierungsmaßnahmen sind einzubeziehen. Erfasst sind weiter alle Formen der Zusammenarbeit mit anderen UN, Übertragung und Erwerb von Betrieben und Betriebsteilen nach § 613a BGB.[314] Einzubeziehen sind weiter Fragen der Steuerpolitik und sonstige Maßnahmen der öffentlichen Hand, die Auswirkungen auf das UN haben können. Von Interesse ist weiter, ob die Geschäftspolitik durch außenpolitische Entwicklungen erleichtert oder erschwert wird. Auch **Stand und Ergebnis gerichtlicher Auseinandersetzungen** fallen unter Nr. 10, sofern sich nicht ganz unerhebliche wirtschaftliche Folgen ergeben können. Dasselbe gilt für die Einführung eines Qualitätsmanagements und die Absicht, sich nach DIN ISO 9000 zertifizieren zu lassen.[315] 89

Umstritten ist, inwieweit dem WA auch nicht unter Nr. 9a fallende **Verträge über die Veräußerung von Geschäftsanteilen** an der Arbeitgeber-GmbH bzw. über Erwerb und Veräußerung von Gesellschaftsanteilen an der Arbeitgeber-OHG oder -KG oder einer Sperrminorität an der Arbeitgeber-AG zur Verfügung gestellt werden müssen.[316] Das *BAG*[317] betrachtete ursprünglich den Vertrag als solchen nicht als Angelegenheit des Unternehmens, so dass sich der WA 90

304 So *Schröder/Falter,* NZA 08, 1097, 1100.
305 Dazu *Liebers/Erren/Weiß,* NZA 09, 1067.
306 Eingehend *Balkenhol,* AiB 2/21 S. 39 ff.
307 *Balkenhol,* AiB 05, 340 ff.
308 *BAG* 11.7.00 – 1 ABR 43/99, DB 01, 599; ebenso Göpfert/Giese-*Brune,* Kap. 2 Rn. 6.
309 Dazu *Laßmann/Rupp,* S, 312 ff.
310 *Bachner,* NZA 19, 134, 140.
311 *Lerch/Weinbrenner,* NZA 13, 355, 356.
312 Ebenso *LAG Köln* 5.10.11 – 9 TaBV 94/10, juris.
313 Göpfert/Giese-*Brune,* Kap. 2 Rn. 10 ff.
314 *Karthaus,* AuR 07, 117; *Ritter,* S. 140; vgl. weiter *BAG* 22.1.91 – 1 ABR 38/89, NZA 91, 649 = AiB 91, 437 mit Anm. *Grimberg; LAG Hamm* 20.4.88 – 12 TaBV 10/88; *Oetker,* NZA 98, 1200) sowie ein geplanter Börsengang (HWK-*Willemsen/Lembke* Rn 83 a. E.).
315 Vgl. *Schmidt/Dobberahn,* NZA 95, 1017.
316 *Ritter,* S. 140.
317 22.1.91 – 1 ABR 38/89, NZA 91, 649 = AiB 91, 437 mit Anm. *Grimberg.*

nicht über den Preis und sonstige Bedingungen informieren konnte. Dies ist durch die später hinzugekommenen Vorschriften von Abs. 3 Nr. 8 (oben Rn. 84) und Nr. 9a (oben Rn. 86) überholt, die ausdrücklich Veränderungen im Bereich des Unternehmensträgers einbeziehen, weil auch sie ersichtlich AN-Interessen wesentlich berühren können.[318] Das BAG hat deshalb die Frage dahinstehen lassen, ob die Veräußerungsverträge vorzulegen sind.[319] Schon nach früherer Rechtslage[320] musste der WA über solche Teile des Vertrages informiert werden, die die künftige Geschäftspolitik ansprachen oder gar verbindlich regelten. Weiter mussten dem WA die Tatsache der Veräußerung als solche sowie Name und Anschrift des neuen Gesellschafters zur Kenntnis gebracht werden.[321] Dies ist zwar nur für den Alleingesellschafter einer GmbH entschieden worden, doch galt dasselbe auch bei anderen Unternehmensformen sowie in Bezug auf alle Personen, die – etwa wegen eines Anteils von 25,01 % – auf die Unternehmenspolitik Einfluss nehmen können. Heute bezeichnet diese Rechtsprechung ein Minimum, gewissermaßen einen ersten bescheidenen Versuch, die traditionelle Begrenzung des Arbeitsrechts auf die Folgenbewältigung unternehmerischer Entscheidungen[322] wenigstens durch Informationsrechte zu durchbrechen. Nimmt man die Erweiterung des Katalogs nach Abs. 3 ernst, muss man die Angebote des bisherigen Gesellschafters sowie die Angebote von Interessenten dem WA zur Kenntnis bringen.

90a Dem WA ist insbes. mitzuteilen, wie das **unternehmerische Konzept eines potentiellen Käufers** aussieht und welche voraussichtlichen Konsequenzen es für die Arbeitsplätze und die Arbeitsbedingungen hätte. Verträge, die dem Erwerber eine Sperrminorität verschaffen, sind dem WA in vollem Umfang zugänglich zu machen. Erfasst sind dabei auch die **Bedingungen im Einzelnen** sowie der zu bezahlende **Preis,** der gewichtige Rückschlüsse auf die wirtschaftliche Situation des UN zulässt. Soweit ein Erwerber die **Kontrolle über das UN** übernehmen kann, greift nunmehr Nr. 9a ein. In anderen Fällen bleibt es bei der Anwendung der Nr. 10, die die von den Einzelbestimmungen offen gelassenen Bereiche erfasst.[323] Wird ein **Teil des Betriebsvermögens veräußert,** kann auch der BR die Vorlage der Verträge verlangen, um zu prüfen, ob ein Mitbestimmungsrecht besteht.[324] In vergleichbarer Weise ist er auch in die Aufstellung eines vorinsolvenzlichen Restrukturierungsplans einzubeziehen.[325]

90b Dem Unternehmenskauf bzw. -verkauf geht typischerweise eine genaue Prüfung des »Kaufobjekts« voraus, für die sich die Bezeichnung **»Due Diligence«** eingebürgert hat. Die Ergebnisse sind von erheblicher Bedeutung für die Zukunftschancen des UN und deshalb dem WA zugänglich zu machen.[326] Sinnvoll kann insbesondere auch ein Meinungsaustausch mit der Interessenvertretung im aufkaufenden UN sein (sofern eine solche existiert).[327]

VI. Anspruch auf Informationsbeschaffung im Konzern und Durchgriff auf den beherrschenden Gesellschafter

91 Die Geschäftsleitung wird – wie o. Rn 87 ausgeführt – häufig nicht über alle erforderlichen Informationen verfügen. Deshalb stellt sich hier, häufiger aber noch in konzerngebundenen UN die Frage des **»Informationsdurchgriffs«** auf den Alleingesellschafter bzw. den beherrschenden Gesellschafter. Sobald dieser über die künftige Unternehmenspolitik verhandelt und ggf. Verpflichtungen eingeht, kann er sich nicht mehr hinter dem »Mantel« der juristischen Person GmbH oder AG verbergen;[328] andernfalls würden die Informationsrechte nach § 106

---

318 Ebenso im Grundsatz *LAG Niedersachsen* 3.11.09 – 1 TaBV 63/09, AiB 10, 263 = NZA-RR 10, 142.
319 *BAG* 22.3.16 – 1 ABR 10/14 NZA 16, 969 Tz. 19.
320 *BAG*, a. a. O.
321 *BAG*, a. a. O.; ebenso *LAG Düsseldorf* 29.3.89, LAGE § 106 BetrVG 1972 Nr. 3.
322 Dazu *Wolter*, AuR 08, 328; *Eylert/Gotthardt*, RdA 07, 91 ff.
323 A. A. *Simon/Dobel*, BB 08, 1956.
324 *LAG Berlin* 6.8.97 – 13 TaBV 3/97, AuR 99, 71.
325 *Dzida*, ZIP 22, 1133 ff.
326 *Laßmann/Rupp*, S. 265 ff.
327 *Laßmann/Rupp*, S. 280 f.
328 Wie hier *Ratayczak*, AiB 08, 632, *U. Fischer*, AuR 2002, 7, 8 f. sowie der Tendenz nach auch *LAG Niedersachsen* 3.11.09 – 1 TaBV 63/09, AiB 10, 263 = NZA-RR 10, 142; a. A. *BAG* 17.12.19 – 1 ABR

entscheidend entwertet (zur vergleichbaren Durchgriffsproblematik im Rahmen des Sozialplans s. §§ 112, 112a Rn. 186 ff.). Die Existenz und Anerkennung verschiedener juristischer Personen in einem Konzern hat primär den Sinn, die Haftung zu beschränken (und ggf. steuerliche Vorteile zu genießen); die vom Arbeitsrecht gewollte Transparenz soll nicht angetastet werden. Rechtstechnisch lässt sich dies in der Weise realisieren, dass sich das **AG-UN nicht darauf berufen** kann, dass ihm die relevanten **Informationen fehlen.**[329] Die wirtschaftliche und finanzielle Lage eines abhängigen UN kann nur unter Einbeziehung konzernweiter Vorgaben beurteilt werden.[330] Im Ergebnis neigt auch das *LAG Berlin-Brandenburg*[331] dazu und hält einen Anspruch auf Informationsbeschaffung gegenüber der abhängigen Arbeitgebergesellschaft für denkbar, soweit es um Vorgaben des herrschenden UN geht, die sich unmittelbar oder mittelbar auf das Arbeitgeber-UN auswirken können.[332] Ohne auf diese Erwägungen einzugehen, hat das *BAG* jeden **Auskunftsanspruch verneint,** der die **Verhältnisse der herrschenden Gesellschaft** betreffe.[333] Verfügt diese über keinen WA, weil sie die 100-Personen-Grenze nicht überschreitet, so bleiben auch bei denkbar umfassender Steuerung der abhängigen durch die herrschende Gesellschaft zahlreiche für die AN wesentliche Fragen im Dunkeln. Sieht man dies anders, so kann man auch nicht einwenden, dass Sanktionen gegen die abhängige Gesellschaft den Falschen treffen würden: angesichts der Existenz einer wirtschaftlichen Einheit wäre im Ergebnis auch die Konzernobergesellschaft betroffen. Denselben Weg geht in Vollzug der EU-Massenentlassungsrichtlinie die Vorschrift des **§ 17 Abs. 3a KSchG.** Auch Art. 7 Abs. 4 der EU-Betriebsübergangsrichtlinie (Richtlinie 2001/23/EG) enthält eine vergleichbare Bestimmung. Auch dies hat das *BAG* nicht in seine Betrachtungen einbezogen.[334] Ob und auf welcher Rechtsgrundlage eine konzerninterne Pflicht zur Übermittlung von Informationen an die Tochtergesellschaft besteht,[335] ist demgegenüber nicht entscheidend, zumal ein abhängiges UN häufig sowieso nicht in der Lage ist, Ansprüche gegenüber dem herrschenden UN gerichtlich geltend zu machen. Die §§ 106 ff. können ihre Funktion im konzerngebundenen UN nur erfüllen, wenn alle auf die Lage des Arbeitgeber-UN einwirkenden Faktoren dem WA rechtzeitig und vollständig zur Kenntnis gebracht werden. Soweit dies nicht geschieht, können die für die Verletzung der §§ 106 ff. vorgesehenen Sanktionen (s. u. a. § 121) gegen das AG-UN verhängt werden.

Ob man Ansprüche auch **direkt gegen die Konzernobergesellschaft** geltend machen kann, **91a**
ist nicht definitiv geklärt. Das LAG Niedersachsen schien es ausweislich seines Leitsatzes in einem Verfahren nach § 98 Abs. 2 ArbGG (heute: § 100 Abs. 2 ArbGG) für grundsätzlich möglich zu halten,[336] musste aber letztlich nicht darüber entscheiden, da die herrschende Gesellschaft zusammen mit ihren Töchtern einen gemeinsamen Betrieb gebildet hatte. Das *LAG Berlin-Brandenburg* lehnt dagegen einen derartigen Anspruch ab.[337] In der Literatur wird mit Recht der Standpunkt vertreten, in Fällen des **Rechtsmissbrauchs** sei ein solcher Anspruch durchaus gerechtfertigt. Dieser liegt insbesondere dann vor, wenn die herrschende Gesellschaft alle wesentlichen sozialen und personellen Entscheidungen selbst trifft, gleichwohl aber die Tochtergesellschaft nicht informiert.[338] Die Bereitschaft, von diesen Möglichkeiten Gebrauch zu machen, scheint in der Praxis allerdings nicht besonders ausgeprägt zu sein. Der potentielle Erwerber der Anteilsrechte (Nr. 9a) ist demgegenüber von vorne herein nicht zu irgendwelchen Auskünften verpflichtet (oben Rn. 87).[339]

35/18, NZA 20, 531 Tz. 37 ff.; *Diller/Powietzka*, DB 01, 1034; *Fleischer*, ZfA 09, 787, 806 ff.; *Schröder/Falter*, NZA 08, 1097; zur vergleichbaren Problematik bei der Errichtung eines EBR s. § 5 EBRG Rn. 5.

329 So auch *Lerch/Weinbrenner*, NZA 13, 355, 357 li. Sp. oben. Im Ansatz ebenso Göpfert/Giese-*Brune*, Kap. 2 Rn. 32 ff.

330 *Hjort*, AuR 23, 243, 245 ff.

331 18.7.18 – 21 TaBV 33/18, NZA-RR 18, 604. Zustimmend *Hidalgo/Bittmann*, DB 18, 2505.

332 Weitergehend mit guten Gründen *Hjort*, AuR 18, 224 ff.

333 *BAG* 17.12.19 – 1 ABR 35/18, NZA 20, 531 Tz. 37 ff.

334 *BAG* 17.12.19 – 1 ABR 35/18, NZA 20, 531 Tz. 37 ff.

335 Dazu eingehend *Lerch/Weinbrenner*, NZA 13, 356 ff.

336 *LAG Niedersachsen* 3.11.09 – 1 TaBV 63/09, NZA 10, 142 = AiB 10, 263 mit Anm. *Trittin/Gilles*.

337 *LAG Berlin-Brandenburg* 19.7.18 – 21 TaBV 33/18, NZA-RR 18, 604 = AuR 18, 535.

338 *Lerch/Weinbrenner*, NZA 13, 355, 359.

339 *Fleischer*, ZfA 09, 787, 803.

VII. Streitigkeiten

92 Bestehen Meinungsverschiedenheiten darüber, ob die Bildung eines WA zulässig ist, entscheiden die ArbG im Wege des Beschlussverfahrens nach §§ 2a, 80 ff. ArbGG;[340] dabei ist ein Feststellungsantrag zu stellen,[341] der sich auf das UN beziehen muss.[342] Ein bereits gebildeter WA, dessen Unzulässigkeit der UN festgestellt wissen will, ist nicht neben dem BR/GBR am Verfahren beteiligt, da es nur um seine Funktion als »Hilfsorgan« geht.[343] Selbst wenn er (fehlerhaft) am Verfahren beteiligt wurde, steht ihm keine Beschwerdebefugnis zu.[344] Im Beschlussverfahren ist auch zu klären, ob ein bestimmter Gegenstand unter den Katalog des § 106 Abs. 3 fällt.[345] Über das Problem, ob innerhalb dieses Bereichs eine bestimmte Information zu geben oder eine bestimmte Unterlage zur Verfügung zu stellen ist, entscheidet demgegenüber die ESt. nach § 109.[346] Zum Streit um die potentielle Gefährdung von Betriebs- und Geschäftsgeheimnissen s. o. Rn. 65. Im ESt.- wie im Beschlussverfahren ist Beteiligter auf AN-Seite allerdings nicht der WA, sondern der BR bzw. GBR.[347]

93 **Verletzungen der Auskunftspflicht** nach § 106 Abs. 2 sind Ordnungswidrigkeiten i. S. d. § 121 (vgl. § 121 Rn. 11). Darüber hinaus kommt die Anwendung des § 23 Abs. 3 in Betracht.[348]

94 Kommt das AG-UN seinen Publizitätspflichten nicht nach, reicht es beispielsweise entgegen HGB seinen Jahresabschluss nicht zum Handelsregister ein, kann das zuständige **Registergericht Ordnungsgelder** verhängen; ein entsprechender Antrag kann auch von einem WA- oder BR-Mitglied sowie vom jeweiligen Gremium gestellt werden.[349] Ob man davon Gebrauch macht, hängt von den betrieblichen (Macht-)Verhältnissen ab.[350]

§ 107 Bestellung und Zusammensetzung des Wirtschaftsausschusses

(1) Der Wirtschaftsausschuss besteht aus mindestens drei und höchstens sieben Mitgliedern, die dem Unternehmen angehören müssen, darunter mindestens einem Betriebsratsmitglied. Zu Mitgliedern des Wirtschaftsausschusses können auch die in § 5 Abs. 3 genannten Angestellten bestimmt werden. Die Mitglieder sollen die zur Erfüllung ihrer Aufgaben erforderliche fachliche und persönliche Eignung besitzen.

(2) Die Mitglieder des Wirtschaftsausschusses werden vom Betriebsrat für die Dauer seiner Amtszeit bestimmt. Besteht ein Gesamtbetriebsrat, so bestimmt dieser die Mitglieder des Wirtschaftsausschusses; die Amtszeit der Mitglieder endet in diesem Fall in dem Zeitpunkt, in dem die Amtszeit der Mehrheit der Mitglieder des Gesamtbetriebsrats, die an der Bestimmung mitzuwirken berechtigt waren, abgelaufen ist. Die Mitglieder des Wirtschaftsausschusses können jederzeit abberufen werden; auf die Abberufung sind die Sätze 1 und 2 entsprechend anzuwenden.

(3) Der Betriebsrat kann mit der Mehrheit der Stimmen seiner Mitglieder beschließen, die Aufgaben des Wirtschaftsausschusses einem Ausschuss des Betriebsrats zu übertragen. Die Zahl der Mitglieder des Ausschusses darf die Zahl der Mitglieder des Betriebsausschusses nicht überschreiten. Der Betriebsrat kann jedoch weitere Arbeitnehmer einschließlich der in § 5 Abs. 3 genannten leitenden Angestellten bis zur selben Zahl, wie der Ausschuss Mitglieder hat, in den Ausschuss berufen; für die Beschlussfassung gilt Satz 1. Für die Verschwiegenheitspflicht der in Satz 3 bezeichneten weiteren Arbeitnehmer gilt § 79 entsprechend. Für die Abänderung und den Widerruf der Beschlüsse nach den Sätzen 1 bis 3 sind

340 *LAG Hessen* 1.8.06 – 4 TaBV 111/06, NZA-RR 07, 200: Streit um Tendenzcharakter des UN.
341 *BAG* 7.4.04 – 7 ABR 41/03 NZA 05, 312; *BAG* 19.11.19 – 7 ABR 3/18, NZA 20, 598 Tz. 14.
342 *BAG* 22.7.14 – 1 ABR 93/12, NZA 14, 1417.
343 *BAG* 26.2.20 – 7 ABR 20/18, NZA 20, 960; HWK-*Willemsen/Lembke*, Rn. 85.
344 *BAG* 26.2.20 – 7 ABR 20/18, NZA 20, 960.
345 *BAG* 21.2.92, DB 92, 435.
346 *BAG*, a. a. O.
347 *BAG* 11.7.00 – 1 ABR 43/99, DB 01, 599.
348 *LAG Berlin-Brandenburg* 30.3.12 – 10 TaBV 2362/11, juris; *ArbG Ludwigshafen* 22.4.88 – 7 BV 13/88; HK-BetrVG-*Steffan*, Rn. 34; WPK-*Preis*, Rn. 22; GTAW-*Woitaschek*, Rn 13.
349 S. LG Wuppertal 31.1.03 – 11 T 8/02, AuR 03, 352 mit Anm. *Th. Schmidt*.
350 *Growe*, a. a. O.

die gleichen Stimmenmehrheiten erforderlich wie für die Beschlüsse nach den Sätzen 1 bis 3. Ist in einem Unternehmen ein Gesamtbetriebsrat errichtet, so beschließt dieser über die anderweitige Wahrnehmung der Aufgaben des Wirtschaftsausschusses; Sätze 1 bis 5 gelten entsprechend.

Inhaltsübersicht Rn.

I. Vorbemerkungen

Anders als unter dem BetrVG 1952 ist der WA nach geltendem Recht als **reines Arbeitnehmerorgan** und nicht als paritätisches Gremium ausgestaltet. Vorstellungen der damaligen CDU/CSU-Opposition, den WA weiterhin je zur Hälfte aus AG- und BR-Vertretern zusammenzusetzen, fanden keine Mehrheit. Nicht übernommen wurde aber auch die Vorstellung des DGB, die Aufgaben des WA dem BR zu übertragen und so das Gremium insgesamt überflüssig zu machen. Allerdings besteht nach Abs. 3 der Bestimmung die **Möglichkeit,** den **WA** unter bestimmten Voraussetzungen **durch einen BR-Ausschuss zu ersetzen.** Soweit ersichtlich, sind die praktischen Erfahrungen mit der 1972 geschaffenen Struktur ungleich positiver als mit dem Paritätsmodell in den 20 Jahren zuvor.[1] 1

Während § 106 Abs. 1 im Einzelnen bestimmt, wann ein WA zu errichten ist und welche Aufgaben er hat, geht es **in § 107** um die **Einzelheiten der Umsetzung:** Größe und Zusammensetzung des WA, Bestellung, Amtszeit und Abberufung seiner Mitglieder, Einzelfragen der Ersetzung durch einen BR-Ausschuss. Des Sachzusammenhangs wegen ist auch die Rechtsstellung der einzelnen WA-Mitglieder in die Erläuterungen einzubeziehen. 2

II. Größe und Zusammensetzung des Wirtschaftsausschusses

1. Mitgliederzahl und Zusammensetzung im Allgemeinen

Das Gesetz legt für die Mitgliederzahl nur einen **Rahmen** fest; sie muss **mindestens 3** und **höchstens 7** betragen. Ein zwingender Zusammenhang mit der Größe des UN besteht nicht. Die **konkrete Mitgliederzahl** wird allein vom BR bzw. GBR festgelegt; eine Abstimmung mit 3

1 *Gege,* S. 266 ff.

dem UN ist nicht erforderlich.[2] Auch gegen die Festlegung einer geraden Mitgliederzahl (4 oder 6) bestehen keine Bedenken.[3]

4 Das **Amt eines WA-Vorsitzenden** ist im Gesetz nicht vorgesehen, doch ist es sinnvoll, dass ein Mitglied Geschäftsführungsfunktionen übernimmt, z. B. zu den Sitzungen einlädt und für Protokollierung sorgt.[4] Zur besseren Koordination mit dem BR sollte dies sinnvollerweise ein BR-Mitglied sein.[5] Ein Minderheitenschutz in dem Sinne, dass bestimmte Listen Berücksichtigung finden müssten, ist nicht vorgesehen.

5 Entsprechend der für den GBR bzw. KBR geltenden Regelung (§§ 47 Abs. 3, 55 Abs. 2) kann für jedes WA-Mitglied mindestens ein **Ersatzmitglied** bestimmt werden.[6] Bei mehreren Nachrückern ist die Reihenfolge festzulegen. Sinnvoll ist es auch, dieselbe Person zum **Ersatzmitglied für alle** (oder mehrere) WA-Mitglieder zu bestellen: Angesichts der Kompliziertheit der zu behandelnden Fragen ist es sinnvoll, wenn ein und dieselbe Person sich im Hinblick auf vermutlich öfters auftauchende Vertretungsfälle gezielt vorbereiten und notfalls qualifizieren kann.

2. Unternehmensangehörige Personen

6 Alle Mitglieder des WA müssen dem UN angehören, d. h. in einem der Betriebe des UN tätig sein.[7] Anders als im Aufsichtsrat nach dem MitbG und dem MontanMitbG sind **keine außerbetrieblichen Mitglieder vorgesehen.** Zum Teilnahmerecht eines Gewerkschaftsvertreters s. § 108 Rn. 15.

7 **Zum UN gehören alle Personen, die in seine Organisation eingegliedert sind;** der Status eines AN ist nicht erforderlich.[8] Einbezogen sind daher neben den **Heimarbeitern** auch **AN-ähnliche Personen.**[9] Bei **Leiharbeitnehmern** liegt eine nur vorübergehende Eingliederung vor, die nach dem Gesetz höchstens 18 Monate beträgt, aber auf der Grundlage von TV verlängert werden kann. Daran hat sich auch durch die Einräumung des aktiven Wahlrechts im Jahre 2001 nichts geändert.[10] **Angehörige eines anderen Konzern-UN** sind nach dem eindeutigen Gesetzeswortlaut grundsätzlich nicht erfasst. Eine Ausnahme gilt dann, wenn der tatsächliche Arbeitsort im Unternehmen liegt und dies auch ausdrücklich oder stillschweigend im Arbeitsvertrag mit der Konzernspitze oder einer Personalführungsgesellschaft fixiert ist. Besteht aufgrund TV nach § 3 Abs. 1 Nr. 3 ein BR für mehrere UN, können auch die WA-Mitglieder aus allen beteiligten UN stammen.

8 **Nicht in das Unternehmen eingegliedert** sind **Aktionäre,**[11] **Gesellschafter einer GmbH** und Genossen einer Genossenschaft.[12] |Auch wer lediglich AR-Mitglied ist, gehört i. S. d. § 107 nicht zum UN.[13] Untauglich als Mitglied des WA sind der **UN selbst** bzw. die Person, die ihn nach § 108 Abs. 2 Satz 1 vertritt. Dasselbe gilt für die von § 5 Abs. 2 Nrn. 1 und 2 erfassten Personen, insbesondere **GmbH-Geschäftsführer** bzw. **geschäftsführende Gesellschafter einer OHG.**[14] Auch die übrigen in § 5 Abs. 2 genannten Personengruppen scheiden aus – sei es, dass ihre Tätigkeit arbeitnehmeruntypisch ist, so dass sie sich deshalb nicht als Repräsentanten eignen (Nrn. 3 und 4), sei es, dass sie in einer allzu großen Nähe zum AG stehen.[15] Auch liegt ein Gegenschluss aus Abs. 1 Satz 2 nahe.

---

2 ErfK-*Kania,* Rn. 1; HWGNRH-*Hess,* Rn. 3; Richardi-*Annuß,* Rn. 2.
3 *Fitting,* Rn. 3; GK-*Oetker,* Rn. 5; HWGNRH-*Hess,* Rn. 4; *Rumpff/Boewer,* S. 213; *SB,* Rn. 2.
4 *Fitting,* Rn. 4; *Halberstadt,* Rn. 7.
5 SB, Rn. 3.
6 *Fitting,* Rn. 16; GK-*Oetker,* Rn. 29; Richardi-*Annuß,* Rn. 14.
7 Richardi-*Annuß,* Rn. 3; *Fitting,* Rn. 5.
8 *Fitting,* Rn. 6.
9 GK-*Oetker,* Rn. 6; HWGNRH-*Hess,* Rn. 5; HWK-*Willemsen/Lembke,* Rn. 6.
10 HWK-*Willemsen/Lembke,* Rn. 7.
11 *WW,* Rn. 2.
12 *Fitting,* Rn. 6; HWGNRH-*Hess,* Rn. 6.
13 GK-*Oetker,* Rn. 7; HWGNRH-*Hess,* Rn. 6.
14 *Fitting,* Rn. 5; GK-*Oetker,* Rn. 11; Richardi-*Annuß,* Rn. 5; *WW,* Rn. 2.
15 Ebenso im Ergebnis HWGNRH-*Hess,* Rn. 6; a. A. GK-*Oetker,* Rn. 11; *LK,* Rn. 5; *WW,* Rn. 2.

Leitende Angestellte können nach der ausdrücklichen Vorschrift des Abs. 1 Satz 2 **Mitglieder des WA sein.** Auch Mitgliedschaft im Sprecherausschuss steht nicht entgegen.[16] Damit soll ihre Sachkunde nutzbar gemacht werden, doch **liegt** es **allein im Ermessen des BR bzw. GBR,** ob er von dieser Möglichkeit Gebrauch machen will. Die Gruppe der Leitenden hat nicht etwa einen Anspruch, bei der Zusammensetzung des WA berücksichtigt zu werden. Leitende Angestellte, die WA-Mitglieder geworden sind, dürfen vom UN nicht als seine Vertreter in Besprechungen mit dem WA geschickt werden.[17] 9

AN, die **in ausländischen Betrieben des UN** tätig sind, können Mitglieder des WA werden.[18] Sie gehören genauso wie die Inlandsbeschäftigten zum UN und sind von seinen Entscheidungen in gleicher Weise betroffen. Die Gegenmeinung beruft sich ohne jede empirische Basis auf etwaige Verbote des ausländischen Rechts. Auch übersieht sie zum Teil, dass im Einzelfall eine sog. Ausstrahlung vorliegen kann, die sogar das aktive und passive Wahlrecht zum BR bestehen lässt.[19] 10

3. Mindestrepräsentanz des Betriebsrats

Mindestens ein Mitglied des WA muss dem BR angehören. Wird der WA vom GBR gewählt (u. Rn. 15), so reicht es aus, wenn die betreffende Person einem Einzel-BR angehört.[20] Dem BR bzw. GBR ist es unbenommen, dieses **Minimum** zu überschreiten; es bestehen keinerlei rechtliche Bedenken dagegen, dass der WA ausschließlich aus BR-Mitgliedern besteht. Fehlt die gesetzlich vorgeschriebene Mindestrepräsentanz, ist der WA nicht dem Gesetz entsprechend gebildet; der UN kann sich weigern, die in § 106 vorgesehenen Informationen zu gewähren.[21] 11

4. Fachliche und persönliche Eignung der Mitglieder

Nach Abs. 1 Satz 3 »sollen« die WA-Mitglieder die zur Erfüllung ihrer Aufgaben erforderliche **»fachliche und persönliche Eignung«** besitzen. Von ihnen wird daher erwartet, dass sie die zu den Gegenständen des § 106 Abs. 3 gegebenen Informationen verstehen, beurteilen und zu ihnen Stellung nehmen können.[22] Irgendeine **Formalqualifikation** ist **nicht erforderlich.** I. d. R. wird es insbes. um **betriebswirtschaftliche, technische, arbeitswissenschaftliche** und **juristische Kenntnisse** gehen.[23] Auch wer die nötigen Kenntnisse im Selbststudium oder auf Grund praktischer Erfahrungen erworben hat, ist selbstverständlich geeignetes WA-Mitglied.[24] Das *BAG* verlangt u. a. **betriebswirtschaftliche Grundkenntnisse** sowie die Fähigkeit, den Jahresabschluss anhand der vom UN gegebenen Erläuterungen zu verstehen und gezielte Nachfragen zu stellen.[25] In der Praxis sind dies häufig unerfüllbare Voraussetzungen.[26] 12

Die gleichfalls vorausgesetzte **persönliche Eignung** meint primär Loyalität und Diskretion.[27] Eine Konkretisierung im Einzelfall ist schwierig; in der Literatur findet sich u. a. die widersprüchliche Anforderung, vorausgesetzt seien »Anständigkeit und Zuverlässigkeit«, jedoch keine »besonderen Charaktereigenschaften«.[28] In der Praxis werden Bedenken nur dann ent- 13

16 GK-*Oetker,* Rn. 11.
17 *Fitting,* Rn. 5.
18 ErfK-*Kania,* Rn. 3; *Fitting,* Rn. 7; GK-*Fabricius,* 6. Aufl., § 106 Rn. 48; HaKo-*Steffan,* Rn. 2; WPK-*Preis,* Rn. 1; a. A. HWGNRH-*Hess,* Rn. 7; GK-*Oetker,* Rn. 9; Richardi-*Annuß,* Rn. 6; vermittelnd HWK-*Willemsen/Lembke,* Rn 8: nur bei dauerhafter Entsendung ins Inland.
19 § 1 Rn. 25; *Däubler,* Betriebsverfassung in globalisierter Wirtschaft, S. 38 ff.; für diese Fälle wie hier GK-*Oetker,* § 107 Rn. 9 a. E.
20 ErfK-*Kania,* Rn. 3; *Fitting,* Rn. 8; HSWGN-*Hess,* Rn. 7; MünchArbR-*Steiner,* § 307 Rn. 17; GK-*Oetker,* Rn. 12; Richardi-*Annuß,* Rn. 7.
21 Richardi-*Annuß,* Rn. 7.
22 Richardi-*Annuß,* Rn. 8.
23 Vgl. GK-*Oetker,* Rn. 18.
24 GTAW-*Woitaschek* Rn. 3.
25 *BAG* 18.7.78, AP Nr. 1 zu § 108 BetrVG 1972; vgl. auch *BAG* 20. 1. 76, AP Nr. 10 zu § 89 ArbGG 1953.
26 Krit. auch *Fitting,* Rn. 10.
27 Vgl. Richardi-*Annuß,* Rn. 8.
28 *Fitting,* Rn. 11; GK-*Oetker,* Rn. 19.

stehen, wenn ein WA-Mitglied wegen Geheimnisbruchs nach § 120 oder wegen Vermögensdelikten vorbestraft ist.

14 Da es sich um eine **Soll-Vorschrift** handelt, lässt ein Verstoß die *Wirksamkeit* der Mitgliedschaft im WA unberührt. Das BetrVG 1952 hatte demgegenüber in § 68 noch eine Muss-Vorschrift enthalten. Der Sache nach hat die verlangte **Eignung daher** nur die **Bedeutung eines Hinweises.**[29] Bei »offensichtlicher Ungeeignetheit« will HWGNRH-*Hess,* (Rn. 14) einen Verstoß gegen § 23 Abs. 1 annehmen und dem AG das Recht einräumen, die nach § 106 Abs. 3 geschuldeten Informationen zu verweigern – eine Lösung, bei der Auseinandersetzungen geradezu vorprogrammiert sind und für die jeder Anhaltspunkt im Gesetz fehlt. Auch ist zu beachten, dass bei Ersetzung des WA durch einen BR-Ausschuss nach Abs. 3 das Eignungselement sowieso keine Rolle spielt. Weiter ist denkbar, dass kein einziges BR-Mitglied und auch kein anderer zur Mitarbeit bereiter AN den vom *BAG* aufgestellten Anforderungen entspricht; gleichwohl muss es möglich sein, einen WA zu bilden.[30] Für diesen Fall gibt das *BAG*[31] ausnahmsweise auch solchen WA-Mitgliedern einen Fortbildungsanspruch nach § 37 Abs. 6, die nicht zugleich BR-Mitglieder sind.

III. Bestellung, Amtszeit und Abberufung der Mitglieder des Wirtschaftsausschusses

1. Das Wahlgremium: Betriebsrat oder Gesamtbetriebsrat

15 Besteht im UN nur ein Betrieb, bestimmt der BR die Mitglieder des WA. Existiert ein GBR, ist dieser allein für die **Wahl des WA** zuständig. Zur **Bildung eines Konzern-WA** s. § 106 Rn. 18.

16 **Besteht kein GBR,** obwohl er nach dem Gesetz errichtet werden müsste (§ 47 Rn. 12 ff.), ist die **Bildung eines WA nicht möglich.**[32] Eine entsprechende Anwendung des § 68 Abs. 2 Satz 3 BetrVG 1952 kommt nicht in Betracht, da er voraussetzte, dass die Bildung eines GBR freiwillig war und nicht dadurch beeinflusst werden sollte, dass ohne GBR auch kein WA möglich gewesen wäre. Erst recht ist es ausgeschlossen, dass jeder BR seinen eigenen WA bildet; eine solche Verdoppelung oder Verdreifachung ist im Gesetz nicht vorgesehen.[33]

17 Unschädlich ist es, wenn zum UN einzelne Betriebe gehören, die keinen BR gewählt haben und die deshalb nicht im GBR vertreten sind. Ein **WA** kann **auch dann gebildet** werden, **wenn nur in einem Betrieb des UN ein BR existiert,** die allgemeinen Voraussetzungen des § 106 Abs. 1 aber gegeben sind: In diesem Fall bestimmt der vorhandene BR den WA.[34] Eine solche Lösung liegt näher am Gesetzeszweck als der völlige Verzicht auf den WA, obwohl dieser nicht von allen unternehmensangehörigen AN mitlegitimiert ist.

2. Festlegung der Mitgliederzahl und Auswahl der Personen

18 Bevor der **BR** die Mitglieder des WA bestellt, muss er mit der Mehrheit der Stimmen der Anwesenden (§ 33 Abs. 1) **über die Größe des WA Beschluss fassen.** Dasselbe gilt für den GBR, wobei allerdings zu berücksichtigen ist, dass nicht nach Köpfen, sondern nach repräsentierter AN-Zahl abgestimmt wird.

19 Die **Bestellung der Mitglieder** erfolgt auf demselben Wege. Das Gruppenprinzip und der sog. Minderheitenschutz spielten schon bisher keine Rolle.[35]

---

29 ErfK-*Kania,* Rn. 4 a. E.; *Fitting,* Rn. 12; HK-BetrVG-*Steffan,* Rn. 3 a. E.; ebenso im Ergebnis Richardi-*Annuß,* Rn. 9.

30 Ebenso *Fitting,* Rn. 12.

31 11.11.98, NZA 1999, 1119 = AP Nr. 129 zu § 37 BetrVG 1972.

32 *Fitting,* Rn. 20; GK-*Oetker,* Rn. 23; *GL,* Rn. 13; HWGNRH-*Hess,* Rn. 17; ErfK-*Kania,* Rn 5; Richardi-*Annuß,* Rn. 11; *Rumpff/Boewer,* S. 216; *Däubler,* FS Kreutz, S. 78 f.; a. A. GK-*Fabricius,* 6. Aufl., Rn. 23 ff.

33 Vgl. *Rumpff/Boewer,* S. 215.

34 *Cox/Offermann,* S. 19; ErfK-*Kania,* Rn. 5; *Grauvogel u. a.,* Rn. 282; MünchArbR-*Stamer,* § 307 Rn. 12; Richardi-*Annuß,* Rn. 12; *Ritter,* S. 112; *Rumpff/Boewer,* S. 217.

35 *Engels/Natter,* BB-Beilage 8/89, S. 22.

Jedes WA-Mitglied ist einzeln zu wählen. Das bedeutet jedoch nicht, dass entsprechend viele Wahlgänge stattfinden müssten. Möglich ist auch die **Wahl** in einem Wahlgang, wobei jedes BR- bzw. GBR-Mitglied so viele Stimmen haben muss, wie WA-Mitglieder zu wählen sind.[36] 20

Die **Wahl** in den WA **kann abgelehnt werden.** Dies gilt insbes. für Personen, die nicht dem BR angehören,[37] doch können auch dessen Mitglieder nicht zur Übernahme dieses Zusatzamtes gezwungen werden.[38] 21

3. Amtszeit

Wird der WA vom BR gewählt, teilt er nach Abs. 2 Satz 1 dessen Amtszeit. Sie beträgt also **im Regelfall 4 Jahre.** Ist sie kürzer, weil z. B. der BR vorzeitig zurücktritt, wirkt sich dies automatisch auch auf den WA aus. Er ist insoweit ein **»akzessorisches« Organ** (anders 5. Aufl., Rn. 19), was seiner Funktion als Hilfsorgan für den BR entspricht. Ohne Bedeutung ist, wenn durch Rücktritt oder Ausscheiden einzelner BR-Mitglieder Nachrücker zum Zuge kommen, da der BR als solcher derselbe bleibt. 22

Wurde der WA vom GBR gewählt, so endet die Amtszeit seiner Mitglieder in dem Zeitpunkt, in dem die Amtszeit der Mehrheit der Mitglieder des GBR, die an der Bestimmung mitzuwirken berechtigt waren, abgelaufen ist (Abs. 2 Satz 2 Halbsatz 2). Die **Amtszeit eines GBR-Mitglieds** endet mit der Amtszeit des BR, das ihn entsandt hat. Ein bloßer Personenaustausch (etwa durch Rücktritt oder Ausscheiden aus dem Einzel-BR) ist auch insoweit unerheblich. Keine Rolle spielt, ob die Vertreter des jeweiligen Einzel-BR an der Wahl des WA effektiv teilgenommen haben; der eindeutige Gesetzeswortlaut stellt allein auf die Berechtigung zur Mitwirkung ab.[39] Wichtig ist schließlich, dass es auf die »Amtszeit der Mitglieder« und nicht auf ihr Stimmengewicht ankommt.[40] Sind 6 BR im GBR mit je 2 Personen vertreten, so endet die Amtszeit des WA, wenn die Amtszeit der insgesamt 8 Mitglieder entsendenden BR abgelaufen ist. Dass die verbleibenden 4 Vertreter möglicherweise die Stimmenmehrheit besitzen, ist ohne Bedeutung. Auch spielt es keine Rolle, wenn inzwischen durch Aufkauf von Betrieben neue GBR-Mitglieder hinzugekommen sind. Bis zur Neuwahl bleibt der WA geschäftsführend im Amt.[41] 23

4. Abberufung und sonstiges Erlöschen des Amtes als Wirtschaftsausschuss-Mitglied

Jedes WA-Mitglied kann nach Abs. 2 Satz 3 jederzeit abberufen werden; hierfür ist **dasselbe Verfahren wie für die Wahl** vorgesehen (o. Rn. 20). Eines besonderen Grundes bedarf es nicht.[42] Die vereinzelt vertretene Auffassung,[43] wonach eine Abberufung nur erfolgen könne, wenn die erforderliche persönliche und fachliche Eignung fehle oder wegfalle, hat sich nicht durchsetzen können: Das Gesetz gibt keinen Anhaltspunkt für eine derartige restriktive Auslegung von Abs. 2 Satz 3. Angesichts der engen Anbindung des WA an den BR bzw. GBR ist es nicht sinnvoll, ein WA-Mitglied weiter amtieren zu lassen, das das Vertrauen der BR-Mehrheit verloren hat.[44] Ob die allgemeinen Grenzen des Rechtsmissbrauchs und des Schikaneverbots[45] jemals praktische Bedeutung gewinnen können, erscheint zweifelhaft: Mit einem demokratischen Wahlamt ist das Risiko verbunden, auch aus unsachlichen Gründen abberufen zu werden. So wenig wie man eine Wahl als »wenig sachgerecht« oder »ungerecht« von Rechts wegen korrigieren kann, so wenig ist dies bei einer Abwahl der Fall. 24

36 GK-*Fabricius,* 6. Aufl., Rn. 21.
37 *Dütz,* FS Westermann, S. 43; *Gege,* S. 151; GK-*Oetker,* Rn. 28.
38 MünchArbR-*Stamer,* § 307 Rn. 19.
39 Richardi-*Annuß,* Rn. 19.
40 GK-*Oetker,* Rn. 31; Richardi-*Annuß,* Rn. 19; *WW,* Rn. 6.
41 *Lerch/Weinbrenner* AiB 10, 99.
42 GK-*Oetker,* Rn. 32; HWGNRH-*Hess,* Rn. 22; *GL,* Rn. 16; Richardi-*Annuß,* Rn. 21; *Rumpff/Boewer,* S. 218 f.
43 *ArbG Hamburg* 11.9.75, DB 75, 2331.
44 Zustimmend ErfK-*Kania,* Rn. 10.
45 Dafür GK-*Fabricius,* 6. Aufl., Rn. 32.

25 Außer durch Abberufung kann das Amt eines WA-Mitglieds auch durch **Rücktritt** enden.[46] Dies ergibt sich aus der Freiwilligkeit der Übernahme des Amtes; § 24 Abs. 1 Nr. 2 findet insoweit entsprechende Anwendung.[47]

26 **Scheidet ein WA-Mitglied aus dem UN aus,** verliert es die Wählbarkeitsvoraussetzung des Abs. 1 Satz 1; in diesem Augenblick **endet** daher auch das **Amt des WA-Mitglieds.**[48] Eine Amtsenthebung entsprechend § 23 Abs. 1 ist nicht vorgesehen und auch nicht erforderlich, da eine jederzeitige Abberufung möglich ist.[49] **Verletzt ein WA-Mitglied in schwerer Weise seine Pflichten,** macht der BR bzw. GBR von seinem Abberufungsrecht jedoch keinen Gebrauch, macht er sich ggf. selbst eines schweren Verstoßes i. S. d. § 23 schuldig.

27 **An die Stelle des ausgeschiedenen WA-Mitglieds** wählt der BR bzw. GBR für den Rest der Amtszeit ein **neues Mitglied.** Anders, wenn ein Ersatzmitglied nicht nur für den Vertretungsfall, sondern auch als Nachrücker vorgesehen ist.[50] Fehlt es daran und hat der BR bzw. GBR keine neue Person bestimmt, so übt der WA mit verringerter Mitgliederzahl seine Funktion aus. Einer formalen Aufhebung des früheren Beschlusses über die Festlegung der Mitgliederzahl bedarf es nicht. Anderes gilt nur, wenn auf diese Weise die Mindestzahl von 3 Mitgliedern unterschritten wird[51] oder kein BR-Mitglied mehr dem WA angehört;[52] in diesem Fall ist kein funktionsfähiger WA mehr vorhanden, der AG ist nicht mehr verpflichtet, dem Rumpfgremium Informationen zu geben.

28 Wer als BR-Mitglied in den WA gewählt wurde und nunmehr die **Mitgliedschaft im BR verliert,** scheidet nur dann automatisch aus dem WA aus, wenn er das einzige BR-Mitglied war.[53] Wollte man in allen Fällen ein automatisches Erlöschen annehmen, würde – etwa im Falle des Rücktritts vom BR-Amt – oft der Wille der Beteiligten verfehlt; dieser müsste dann dadurch wieder realisiert werden, dass man die ausgeschiedene Person erneut in den WA wählt.[54] Mit Recht wird es auch als irrelevant bezeichnet, wenn ein WA-Mitglied zum leitenden Angestellten gemacht wird.[55] Es ist Sache des BR bzw. GBR, sich darüber schlüssig zu werden, ob man einen (weiteren) leitenden Angestellten im WA haben will oder nicht.

IV. Rechtsstellung der Mitglieder des Wirtschaftsausschusses

1. Analoge Anwendung der Bestimmungen über Betriebsratsmitglieder?

29 Die Rechtsstellung der WA-Mitglieder ist im Gesetz nur fragmentarisch geregelt. Ausdrücklich anwendbar sind lediglich das **Behinderungs- und Diskriminierungsverbot nach § 78** sowie die **Geheimhaltungspflicht nach § 79.** Dennoch sind in weitem Umfang **Bestimmungen über die Rechtsstellung des BR entsprechend heranzuziehen,** da der WA nur dann seine Funktion angemessen erfüllen kann. Dies wird u. a. auch daran deutlich, dass die Ersetzung des WA durch einen BR-Ausschuss nach Abs. 3 andernfalls zur Regel würde, da dort beispielsweise die §§ 37 und 40 voll Anwendung finden: Könnte etwa zwar ein BR-Ausschuss, nicht aber der WA während der Arbeitszeit tagen, wären kaum noch Betriebe denkbar, in denen nicht das Modell des Abs. 3 gewählt würde, sofern das Gesetz dieses zulässt (dazu u. Rn. 35 ff.). Im Einzelfall ist allerdings immer zu prüfen, ob sich WA-Mitglieder in einer anderen Situation als BR-Mitglieder befinden.[56] Praktische Bedeutung hat dies für alle jene WA-Mitglieder, die nicht zugleich BR- bzw. GBR-Mitglieder sind.

46 GK-*Oetker,* Rn. 34; *Lerch/Weinbrenner* AiB 10, 99; *Rumpff/Boewer,* S. 217.
47 GK-*Oetker,* Rn. 34.
48 GK-*Oetker,* Rn. 36.
49 Vgl. Richardi-*Annuß,* Rn. 22.
50 GL, Rn. 17; Richardi-*Annuß,* Rn. 26; *Rumpff/Boewer,* S. 218, 220.
51 HWGNRH-*Hess,* Rn. 24.
52 *WW,* Rn. 8.
53 Richardi-*Annuß,* Rn. 23; MünchArbR-*Stamer,* § 307 Rn. 106; GK-*Oetker,* Rn. 35; HWGNRH-*Hess,* Rn. 24; a. A. *Fitting,* Rn. 9; *GL,* Rn. 16.
54 Ähnlich *Rumpff/Boewer,* S. 219.
55 Richardi-*Annuß,* Rn. 24.
56 Für grundsätzliche Analogie zu den Vorschriften über BR-Mitglieder auch HWGNRH-*Hess,* Rn. 25.

2. Ehrenamt ohne persönliche Vorzüge und Nachteile

Die Tätigkeit im WA ist nicht anders als die im BR ein Ehrenamt, das während der Arbeitszeit ausgeübt werden kann. **§ 37 Abs. 2 und 3 findet entsprechende Anwendung**[57] – eine Konsequenz, die sich mittelbar auch aus dem Benachteiligungsverbot des § 78 Satz 1 ergibt. Entstehen einem einzelnen WA-Mitglied Aufwendungen wie z. B. Fahrtkosten, sind diese in notwendigem Umfang vom UN zu ersetzen.[58] Auch § 37 Abs. 4 und 5 findet **entsprechende Anwendung,**[59] da das allgemeine Benachteiligungsverbot keinen ausreichenden Schutz bietet. 30

3. Schaffung der nötigen Voraussetzungen für die Arbeit des Wirtschaftsausschusses, insbesondere Teilnahme an Seminaren

Dem WA steht das Recht zu, seine Arbeit selbst zu **organisieren** (§ 108 Rn. 3 ff.). Zur Geschäftsordnung s. das Muster in DKWF-*Däubler*, §§ 106–109 Rn. 1 ff. 31

Umstritten ist, inwieweit WA-Mitglieder, die nicht zugleich BR-Mitglieder sind, entsprechend § 37 Abs. 6 an **Schulungs- und Bildungsveranstaltungen** teilnehmen können, die Kenntnisse vermitteln, die für die Arbeit im WA erforderlich sind. Das *LAG Bremen*[60] und das *LAG Hamm*[61] wollen ebenso wie die herrschende Auffassung in der Literatur[62] § 37 Abs. 6 entsprechend anwenden. Das *BAG*[63] lässt die Vorschrift nur in Ausnahmesituationen eingreifen; eine Mindermeinung lehnt ihre Heranziehung generell ab.[64] Hauptargument der restriktiven Auffassung ist Abs. 1 Satz 3, wonach die WA-Mitglieder die zur Erfüllung ihrer Aufgaben erforderliche fachliche Eignung besitzen sollen. Dies ist nur insofern zutreffend, als der Schulungsbedarf im Einzelfall geringer sein wird, wenn der BR bzw. GBR dieser Vorschrift entsprechend Personen mit hoher Vorqualifikation in den WA gewählt hat. Auf der anderen Seite ist zu beachten, dass solche Personen nicht immer zur Verfügung stehen – sei es, dass es sie im Betrieb nicht gibt, sei es, dass der BR/GBR zu ihnen kein Vertrauen hat, sei es, dass sie nicht zur Übernahme des Amtes bereit sind. In diesen Fällen ist es **im Interesse der Funktionsfähigkeit des WA** zwingend geboten, **auch WA-Mitglieder mit dem erforderlichen Grundwissen zu versorgen.** Weiter ist zu beachten, dass selbst Personen mit guter fachlicher Eignung gezwungen sein können, sich in neue Entwicklungen einzuarbeiten; dabei ist – wie niemand bestreitet – ein für WA-Mitglieder angebotener Kurs von 1–2 Wochen ungleich effizienter als ein reines Selbststudium, das keine Rückfragen bei Verständnisschwierigkeiten erlaubt. Außerdem führt die Mindermeinung dazu, dass bei homogenem Informationsniveau WA-Mitglieder, die zugleich BR-Mitglieder sind, gegenüber den übrigen bevorzugt werden: Dies widerspricht aber der Gleichberechtigung aller Mitglieder und schafft entgegen den Intentionen des Gesetzgebers einen Anreiz dafür, möglichst viele BR-Mitglieder in den WA zu delegieren oder von der Möglichkeit des Abs. 3 Gebrauch zu machen. Der h. M. in der Literatur ist daher voll zuzustimmen; zumindest sollte der vom *BAG* zugestandene Ausnahmetatbestand großzügig gehandhabt werden.[65] Ausdrücklich nennt das *BAG* den Fall, dass der BR oder der WA neu gewählt sind, oder dass der BR überhaupt keine ausreichend qualifizierten Mitarbeiter findet.[66] Ob § 37 Abs. 7 entsprechen- 32

57 ErfK-*Kania*, Rn. 13; HWGNRH-*Hess*, Rn. 28, 29; MünchArbR-*Stamer*, § 307 Rn. 111; WPK-*Preis*, Rn. 4; Göpfert/Giese-*Göpfert/Jungbauer*, Kap. 1 Rn. 14; i. E. auch HWK-*Willemsen/Lembke*, Rn. 32.

58 HWGNRH-*Hess*, Rn. 26; GK-*Oetker*, Rn. 46.

59 GK-*Fabricius*, 6. Aufl., Rn. 42; a. A. *Fitting*, Rn. 26; GK-*Oetker*, Rn. 42; HWK-*Willemsen/Lembke*, Rn. 35; MünchArbR-*Stamer*, § 307 Rn. 113.

60 17. 1. 84, AuR 85, 132.

61 13. 10. 99 NZA-RR 2000, 641.

62 *Däubler*, Schulung, Rn. 366; *Fitting*, Rn. 25; GK-*Fabricius*, 6. Aufl., Rn. 44; *Grauvogel u. a.*, Rn. 350; *Halberstadt*, Rn. 3; Richardi-*Annuß*, Rn. 28; *SB*, Rn. 7; GTAW-*Woitaschek* Rn 9.

63 28. 4. 88, NZA 89, 221, bestätigt durch *BAG* 11. 11. 98, AuR 99, 282. Ebenso *LAG Hessen* 17. 1. 22 – 16 TaBV 121/21, ArbRB 22, 233.

64 GK-*Oetker*, Rn. 39; *GL*, Rn. 23; *Heither*, AR-Blattei, (1946–1992), D III 3; HWGNRH-*Hess*, Rn. 30.

65 Vgl. *LAG Hamm* 8. 8. 96, BB 97, 206.

66 *BAG* 11. 11. 98, AuR 99, 282 = NZA 99, 1119.

de Anwendung findet, ist demgegenüber sehr viel zweifelhafter.[67] Ein Pauschalanspruch von 3 Wochen pro Amtszeit ist in vielen Fällen nicht durch den Gedanken der Funktionsfähigkeit des WA geboten, werden doch die erforderlichen Vorkenntnisse zumindest bei einzelnen Mitgliedern meist vorhanden sein.
Zur Hinzuziehung eines **Sachverständigen** s. § 108 Rn. 21 ff.

4. Kündigungsschutz

33 Nach ganz herrschender Auffassung haben die Mitglieder des WA **keinen Kündigungsschutz** nach § 15 KSchG und § 103 BetrVG.[68] Dafür spricht, dass § 15 KSchG und § 103 BetrVG den erfassten Personenkreis im Einzelnen aufzählen, während § 37 nur eine Regelung für BR-Mitglieder trifft, die insoweit keine Begrenzung erkennen lässt. Auf der anderen Seite ist auch für WA-Mitglieder ein Konflikt mit dem UN nicht auszuschließen,[69] was nicht zuletzt das ESt.-Verfahren nach § 109 deutlich macht. Mit Recht wird deshalb darauf verwiesen, das **Benachteiligungsverbot in § 78 Satz 2 sei weit auszulegen;** wird ein WA-Mitglied gekündigt, spricht eine Vermutung dafür, dass ein Zusammenhang mit der WA-Tätigkeit besteht, die der UN entkräften muss.[70]

5. Geheimhaltungspflicht

34 Nach § 79 Abs. 2 unterliegen die Mitglieder des WA der Geheimhaltungspflicht in Bezug auf **Betriebs- und Geschäftsgeheimnisse.** Dies gilt auch für solche Personen, die nicht zugleich Mitglieder eines BR oder GBR sind (vgl. im Übrigen § 79 Rn. 7 ff.).

V. Ersetzung des Wirtschaftsausschusses durch einen Ausschuss des Betriebsrats/Gesamtbetriebsrats

1. Der Grundsatz

35 Nach Abs. 3 kann der BR beschließen, die **Aufgaben des WA auf** einen von ihm nach § 28 gebildeten **Ausschuss** zu **übertragen.** Dies kann auch der Betriebsausschuss sein.[71] Auch der GBR kann von der Möglichkeit des Abs. 3 Gebrauch machen, dabei jedoch nur einen eigenen Ausschuss oder den Gesamtbetriebsausschuss mit den Aufgaben eines WA betrauen; die Einsetzung eines Einzel-BR oder eines von einem solchen gebildeten Ausschusses ist nicht möglich.[72] Auch kann er die Aufgabe nicht einfach selbst übernehmen.[73]

36 Die **Ersetzung** des WA durch einen BR/GBR-Ausschuss kommt jedoch **nur** in Betracht, **wenn** ein **Betriebsausschuss gebildet** wurde, was sich mittelbar aus Abs. 3 Satz 2 ergibt.[74]

37 Seiner Tragweite wegen bedarf der **Beschluss des BR** der Mehrheit der Stimmen seiner Mitglieder; auch beim GBR ist eine **absolute Stimmenmehrheit erforderlich.**

2. Zusammensetzung und Wahl

38 Der Ausschuss nach Abs. 3 ist nicht anders als sonstige BR-Ausschüsse zusammengesetzt. Die **Zahl der Ausschussmitglieder** darf die des Betriebsausschusses nicht übersteigen. Der BR/GBR kann allerdings weitere AN, die nicht dem BR/GBR angehören müssen und die auch

---

67 Dafür GK-*Fabricius*, 6. Aufl., Rn. 49; dagegen *Däubler*, Schulung, Rn. 374; HWK-*Willemsen/Lembke*, Rn. 34; Richardi-*Annuß*, Rn. 28.
68 *Fitting*, Rn. 26; *GL*, Rn. 24; HWGNRH-*Hess*, Rn. 32; HWK-*Willemsen/Lembke*, Rn. 36; Richardi-*Annuß*, Rn. 29; *SB*, Rn. 10; a. A. GK-*Fabricius*, 6. Aufl., Rn. 52.
69 Vgl. GK-*Oetker*, Rn. 43.
70 Zustimmend *Grauvogel u. a.*, Rn. 366.
71 GK-*Oetker*, Rn. 49; *Rumpff/Boewer*, S. 221.
72 HWK-*Willemsen/Lembke*, Rn. 47; HWGNRH-*Hess*, Rn. 36; Richardi-*Annuß*, Rn. 43.
73 GK-*Oetker*, Rn. 59; HWGNRH-*Hess*, Rn. 36.
74 *Fitting*, Rn. 31.

leitende Angestellte i.S.d. § 5 Abs. 3 sein können, in den Ausschuss kooptieren; die Zahl der auf diese Weise hinzugekommenen Mitglieder darf die der »eigentlichen« nicht übersteigen. Auch für die Kooptation ist eine Entscheidung mit absoluter Mehrheit erforderlich, doch greift der Minderheitenschutz nicht ein, da es sich um eine WA-spezifische Einrichtung handelt.[75]

39 Innerhalb des gesetzlichen Rahmens kann der BR/GBR die **Größe des Ausschusses nach eigenen Vorstellungen** bestimmen. Im Einzelfall kann dies dazu führen, dass der Ausschuss nach Abs. 3 größer als der BR selbst ist. Hat Letzterer beispielsweise 9 Mitglieder und wurde ein Betriebsausschuss aus 5 Mitgliedern gebildet, so hat der Ausschuss nach Abs. 3 grundsätzlich bis zu 5 Mitglieder, kann jedoch auf 10 Mitglieder aufgestockt werden. Da der Betriebsausschuss nach § 27 höchstens 11 Mitglieder hat, beläuft sich die absolute Höchstzahl der Mitglieder eines Ausschusses nach Abs. 3 auf 22. Nicht anders als beim normalen WA steht es dem BR/GBR frei, eine gerade oder eine ungerade Zahl von Mitgliedern zu berufen.[76]

40 Werden die Aufgaben des WA dem **Betriebsausschuss** übertragen, so soll gleichfalls eine Kooptation weiterer Mitglieder möglich sein,[77] was allerdings zur Folge hat, dass er je nach Anlass (»Normalfall«, »Wirtschaftsausschuss«) in unterschiedlicher Zusammensetzung tagt.

41 Abs. 1 Satz 3 findet keine entsprechende Anwendung; **besondere Eignungsvoraussetzungen** werden genauso wenig wie bei anderen BR-Mitgliedern gefordert.

3. Die Situation in kleineren Unternehmen

42 Besteht **kein Betriebsausschuss bzw. Gesamtbetriebsausschuss,** weil die nötige Arbeitnehmerzahl nicht erreicht ist (§ 27 Abs. 1 setzt einen mindestens 9-köpfigen BR voraus, was nach § 9 nur bei mindestens 201 AN gegeben ist), kann von der **Möglichkeit des Abs. 3 kein Gebrauch** gemacht werden.[78] In diesen Fällen kann zwar der BR die Aufgaben des WA nicht selbst übernehmen,[79] ein ähnliches Resultat aber dadurch erreichen, dass er ausschließlich eigene Mitglieder in den WA delegiert.[80] Eine formale Übernahme der Aufgaben des WA durch den BR würde das gesetzliche Modell korrigieren; hierfür ist kein Bedürfnis ersichtlich, so dass sich die Frage der Zulässigkeit erübrigt.

VI. Streitigkeiten

43 Meinungsverschiedenheiten über die Zulässigkeit der Bildung eines WA, seine Größe und seine Zusammensetzung entscheiden die ArbG im **Beschlussverfahren** gemäß §§ 2a, 80 ff. ArbGG.[81] Dasselbe gilt, wenn um den Geschäftsbedarf des WA nach § 40 gestritten wird. Zur Abgrenzung zwischen dem ESt.-Verfahren nach § 109 und dem Beschlussverfahren s. § 109 Rn. 3.

44 **Beteiligten- und antragsbefugt** ist – wie mittelbar aus § 109 folgt – auf AN-Seite jedenfalls der BR bzw. GBR. Dem WA wird überwiegend die Beteiligtenfähigkeit wie die Antragsbefugnis abgesprochen.[82] Angesichts der engen Ankoppelung des WA an den BR/GBR ist dies hinnehmbar. Probleme könnten sich allerdings ergeben, wenn einem einzelnen WA-Mitglied Aufwendungen entstanden sind, deretwegen der BR kein Verfahren einleiten will. Um eine Rechtsschutzverweigerung zu vermeiden, ist dem betroffenen Mitglied insoweit das Recht einzuräumen, seine Ansprüche im Beschlussverfahren geltend zu machen.[83] Streitigkeiten wegen Lohn- und Gehaltsfortzahlung im Zusammenhang mit § 37 Abs. 2 sind im **Urteilsverfahren** zu entscheiden.[84]

75 Zustimmend *Fitting,* Rn. 36.
76 *Fitting,* Rn. 34.
77 Richardi-*Annuß,* Rn. 39.
78 Anders *LK,* Rn. 11, die schon die Möglichkeit zur Bildung von Ausschüssen genügen lassen wollen.
79 Richardi-*Annuß,* Rn. 37.
80 ErfK-*Kania,* Rn. 17; GK-*Oetker,* Rn. 52.
81 GK-*Oetker,* Rn. 62; HWGNRH-*Hess,* Rn. 40; Richardi-*Annuß,* Rn. 48.
82 *BAG* 11.7.00, DB 01, 599; *Fitting,* Rn. 38; HWGNRH-*Hess,* Rn. 41; GK-*Oetker,* Rn. 63; differenzierend Richardi-*Annuß,* Rn. 49.
83 Ebenso im Ergebnis ErfK-*Kania,* § 108 Rn. 16; GK-*Oetker,* Rn. 62; *Grauvogel u.a.,* Rn. 370.
84 *Fitting,* Rn. 39; HWGNRH-*Hess,* Rn. 40; Richardi-*Annuß,* Rn. 51.

45 Die Behinderung oder Störung der Tätigkeit des WA ist nach § 119 Abs. 1 Nr. 2, die Begünstigung oder Benachteiligung seiner Mitglieder nach § 119 Abs. 1 Nr. 3 **strafbar.**[1] Die Verletzung von Betriebs- oder Geschäftsgeheimnissen durch WA-Mitglieder wird nach § 120 geahndet.

§ 108 Sitzungen

(1) Der Wirtschaftsausschuss soll monatlich einmal zusammentreten.

(2) An den Sitzungen des Wirtschaftsausschusses hat der Unternehmer oder sein Vertreter teilzunehmen. Er kann sachkundige Arbeitnehmer des Unternehmens einschließlich der in § 5 Abs. 3 genannten Angestellten hinzuziehen. Für die Hinzuziehung und die Verschwiegenheitspflicht von Sachverständigen gilt § 80 Abs. 3 und 4 entsprechend.

(3) Die Mitglieder des Wirtschaftsausschusses sind berechtigt, in die nach § 106 Abs. 2 vorzulegenden Unterlagen Einsicht zu nehmen.

(4) Der Wirtschaftsausschuss hat über jede Sitzung dem Betriebsrat unverzüglich und vollständig zu berichten.

(5) Der Jahresabschluss ist dem Wirtschaftsausschuss unter Beteiligung des Betriebsrats zu erläutern.

(6) Hat der Betriebsrat oder der Gesamtbetriebsrat eine anderweitige Wahrnehmung der Aufgaben des Wirtschaftsausschusses beschlossen, so gelten die Absätze 1 bis 5 entsprechend.

Inhaltsübersicht

I. Vorbemerkungen

1 Die Vorschrift legt eine Reihe von Rechten und Pflichten im Zusammenhang mit der WA-Tätigkeit fest. Sie ergänzt insoweit die Bestimmungen des § 106. Abs. 1 enthält entgegen seiner Formulierung als **Soll-Vorschrift** eine echte **Rechtspflicht,** die allerdings flexibel gestaltet ist und es in das **pflichtgemäße Ermessen** der WA-Mitglieder stellt, wie häufig Sitzungen durchgeführt werden.

2 Abs. 2 legt die **Teilnahmepflicht des UN** bzw. seines Vertreters sowie ein **Hinzuziehungsrecht** hinsichtlich sachkundiger AN einschließlich der leitenden Angestellten i. S. d. § 5 Abs. 3 fest. Zugleich ergibt sich aus Abs. 2 in aller Klarheit, dass der **UN nicht Mitglied** des WA ist.[2] Nach Abs. 3 haben die WA-Mitglieder einen **Anspruch auf Einsichtnahme** in die nach § 106 Abs. 2 vorzulegenden Unterlagen. Abs. 4 behandelt die **Berichtspflicht des WA** gegenüber dem BR bzw. GBR. Aufgrund des Abs. 5 ist der UN zur **Erläuterung des Jahresabschlusses verpflichtet,** wobei er den BR bzw. GBR hinzuziehen muss. Abs. 6 betrifft den Fall des § 107 Abs. 3.

---

1 HWGNRH-*Hess*, Rn. 42.
2 *Rumpff/Boewer*, S. 225.

II. Häufigkeit und Durchführung von Sitzungen

Nach Abs. 1 soll der WA **monatlich einmal** zusammentreten. Diese Regelung ist **nicht zwingend.** Der WA kann seine Sitzungen auch in kürzeren Zeitabständen durchführen.[3] Besteht kein Beratungsbedarf, sind auch längere Intervalle zulässig. Wie der WA seine Arbeit in der Praxis organisieren sollte, wird bei *Rothkegel/Schur*[4] eingehend abgehandelt. Erfahrungen aus Krisenzeiten sind zusammengestellt bei *Balkenhol.*[5] 3

Der Gesetzgeber hat keine besonderen Bestimmungen über die Geschäftsführung des WA erlassen. Dem WA ist es aber unbenommen, sich eine **Geschäftsordnung** zu geben und seine Arbeit auch im Übrigen so zu organisieren, dass er seine Funktion möglichst erfolgreich erfüllen kann. Ein Muster findet sich in DKWF-*Däubler,* §§ 106–109 Rn. 2 ff. In der Geschäftsordnung sollte bestimmt werden, wie die Tagesordnung festgelegt wird, wer zu welchem Zeitpunkt zu den Sitzungen einlädt und wer den Vorsitz übernimmt. Auch die Protokollführung kann geregelt werden, doch versagt das *BAG*[6] dem WA das Recht, zusätzlich ein BR/GBR-Mitglied als Protokollführer zuzuziehen. Es bleibt daher nur die Möglichkeit, dass ein WA-Mitglied das Protokoll selbst führt oder dass entsprechend § 40 Abs. 2 eine Bürokraft hinzugezogen wird (vgl. § 107 Rn. 30). Unterlässt es der WA, einen Vorsitzenden zu bestimmen[7] und eine Geschäftsordnung zu erlassen, so ist dies i. d. R. unzweckmäßig, stellt jedoch keine Pflichtwidrigkeit dar. Die Sitzungstermine müssen zwischen den Mitgliedern abgesprochen werden. 4

Die Sitzungen finden grundsätzlich **während der Arbeitszeit** statt; dasselbe gilt für die Vor- und Nachbereitung.[8] Die Regelungen des § 37 Abs. 2 und 3 gelten entsprechend.[9] Daher ist WA-Mitgliedern, die nicht dem BR angehören, primär Arbeitsbefreiung unter Fortzahlung des Arbeitsentgelts zu gewähren, wenn eine WA-Sitzung aus betriebsbedingten Gründen außerhalb ihrer individuellen Arbeitszeit durchgeführt werden muss.[10] 5

Da die Teilnahme des UN an den Sitzungen des WA vorgeschrieben ist, empfiehlt es sich, den **Zeitpunkt** dieser Sitzungen im Voraus mit dem UN abzustimmen. Zweckmäßig ist es auch, diesen vorher über die anstehenden Themen, die der WA behandelt wissen möchte, zu unterrichten, damit er sich auf die Sitzung vorbereiten kann.[11] Der WA kann seinerseits **Vorbereitungssitzungen** ohne den UN durchführen.[12] Dasselbe dürfte für eine Nachbereitung gelten. 6

Die Sitzungen des WA sind **nicht öffentlich.** Dies folgt schon aus den im Allgemeinen vertraulich zu behandelnden bzw. teilweise geheim zu haltenden Beratungsgegenständen. § 30 Satz 4 findet entsprechende Anwendung.[13] Wegen der Corona-Pandemie konnten WA-Sitzungen kraft ausdrücklicher Regelung in § 129 Abs. 2 aF auch in Form einer **Video- oder** einer **Telefonkonferenz** stattfinden. Heute ist § 30 Abs. 2 und 3 entsprechend anzuwenden; eine virtuelle oder hybride Sitzung ist nur möglich, wenn die dort vorgesehenen Voraussetzungen erfüllt sind.[14] Dies bedeutet, dass die Geschäftsordnung die Voraussetzungen im Einzelnen festlegen und dabei den Vorrang der Präsenzsitzung wahren muss. Außerdem kann eine Minderheit von einem Viertel immer eine Präsenzsitzung verlangen. Schließlich muss die Vertraulichkeit sichergestellt sein; eine Aufzeichnung der Beratungen ist unzulässig. Soweit es nicht um die Durchführung von Sitzungen, sondern um Gespräche unter einzelnen Mitgliedern oder mit dem AG geht, gibt es keine vorgeschriebene Form. 7

3 *Fitting,* Rn. 2; GK-*Oetker,* Rn. 7; Richardi-*Annuß,* Rn. 7; *GL,* Rn. 1 unter Hinweis darauf, dass häufigere Sitzungen immer dann erforderlich sind, wenn andernfalls die Unterrichtung durch den UN nicht mehr rechtzeitig vor Durchführung einer geplanten Maßnahme erfolgen würde.

4 AiB 7–8/22 S. 40 ff.

5 AiB 1/23 S. 20 ff.

6 17.10.90 – 7 ABR 69/89, AP Nr. 8 zu § 108 BetrVG 1972.

7 Zu dessen möglichen Aufgaben *Grauvogel u. a.,* Rn. 324 f.

8 *Grauvogel u. a.,* Rn. 316.

9 *Fitting,* Rn. 9; GK-*Oetker,* Rn. 10; *GL,* Rn. 2; Richardi-*Annuß,* Rn. 9 und o. § 107 Rn. 30.

10 Wie hier MünchArbR-*Stamer,* § 307 Rn. 111; GK-*Oetker,* Rn. 11.

11 ErfK-*Kania,* Rn. 3; *Fitting,* Rn. 4.

12 *BAG* 16.3.82 – 1 AZR 406/80, AP Nr. 3 zu § 108 BetrVG 1972.

13 Zustimmend ErfK-*Kania,* Rn. 5.

14 *Hjort,* AuR 23,104,105; *Fitting,* Rn. 11a.

III. Teilnahmerecht von Nichtmitgliedern

1. Unternehmer und sein Vertreter

8 Unter dem **BetrVG 1952** hatte der UN **nur** das **Recht,** an den Sitzungen des WA teilzunehmen, dessen Mitglieder er freilich zur Hälfte bestimmte. Heute schreibt das Gesetz im Interesse einer effektiven Kommunikation eine **Pflicht zur Teilnahme** vor. Eine besondere Aufforderung durch den WA ist nicht erforderlich. Dies bedeutet allerdings nicht, dass bei Nichterscheinen des UN oder seines Vertreters keine WA-Sitzung stattfinden könnte – andernfalls könnte die Arbeit des WA seitens des potentiellen Gegenspielers unschwer lahm gelegt werden. Erscheint der UN oder sein Vertreter nicht zur Sitzung oder verweigert er die vorgesehene Unterrichtung und Beratung, so kann hierin ein **grober Pflichtverstoß** nach § 23 Abs. 3 liegen.[15] Auch kann dies eine Ordnungswidrigkeit nach § 121 darstellen.

9 **Im Einzelfall** kann der WA **auch ohne** den (zur Teilnahme bereiten) **UN** tagen, wenn dies von der Sache her erforderlich ist, wenn es z. B. um die interne Vorbereitung der Beratungen mit dem UN geht.[16] Ein WA-Mitglied verletzt deshalb nicht seine Pflichten und kann nicht abgemahnt werden, wenn es an einer solchen Sitzung teilnimmt.[17]

10 UN i. S. d. Abs. 2 ist beim einzelkaufmännischen UN der Inhaber, bei juristischen Personen **das zur gesetzlichen Vertretung berechtigte Organ.**[18] Bei OHG und KG sind die geschäftsführenden Gesellschafter gemeint (zu den Vertretungsverhältnissen innerhalb der verschiedenen Rechtsformen eines UN s. § 5 Rn. 154 ff., 169 ff.). Es reicht aus, dass ein Mitglied des Vertretungsorgans an der Sitzung teilnimmt; wenn es nur zusammen mit einer anderen Person das UN vertreten kann (sog. Gesamtvertretung), ist dies unschädlich.[19] Die Delegierung von Aufgaben an eine nachgeordnete Ebene ist rechtlich ohne Bedeutung.[20] In entsprechender Anwendung des § 29 Abs. 4 Satz 2 kann der UN einen **Vertreter seines AG-Verbands** hinzuziehen.

11 Nimmt der UN nicht selbst an der Sitzung des WA teil, so hat nicht irgendein Vertreter, sondern **der** Vertreter des UN teilzunehmen.[21] Wer den UN vertreten kann, bestimmt sich nach der internen Organisation, ggf. auch nach den in Aussicht genommenen Beratungsgegenständen.[22] Im Allgemeinen ist Vertreter diejenige Person, die nach Satzung, Geschäftsordnung oder Organisation des UN allgemein als rangnächste in der UN-Hierarchie anstelle des UN die Verantwortung trägt. Denkbar ist insoweit auch, dass ein leitender Angestellter, der Generalvollmacht oder Prokura hat, den UN vertritt. Dies gilt aber nur dann, wenn dieser **auch in der Lage** ist, die vorgeschriebene Unterrichtung rechtzeitig und umfassend vorzunehmen,[23] was insbesondere bei einer Aufgabendelegierung der Fall sein wird. Mit einer kompetenzlosen Person braucht der WA sich nicht abzufinden.[24]

12 Ob der UN selbst oder sein Vertreter an der Sitzung des WA teilnimmt, **entscheidet der UN nach pflichtgemäßem Ermessen.**[25] Der WA kann weder das persönliche Erscheinen des UN noch die Entsendung eines bestimmten Mitglieds des Vertretungsorgans oder eines bestimmten Vertreters verlangen.[26]

13 Entsendet der UN hingegen **stets nur** seinen **Vertreter,** obwohl er im Übrigen die unternehmerischen Funktionen selbst ausübt, so liegt hierin ein Verstoß gegen die Pflicht zur vertrauensvollen Zusammenarbeit, da die Grenzen des Ermessens (o. Rn. 12) überschritten sind.

---

15 Zustimmend ErfK-*Kania*, Rn. 6.
16 *BAG* 16. 3. 82, AP Nr. 3 zu § 108 BetrVG 1972.
17 *BAG* 16. 3. 82, a. a. O.
18 Vorstand, Geschäftsführung – so auch *BAG* 22. 1. 91 – 1 ABR 38/89, AP Nr. 9 zu § 106 BetrVG 1972.
19 Richardi-*Annuß*, Rn. 14.
20 GTAW-*Woitaschek* § 106 Rn 14.
21 *Fitting*, Rn. 14; GK-*Oetker*, Rn. 22; *GL*, Rn. 9; Richardi-*Annuß*, Rn. 15; *Rumpff/Boewer*, S. 226.
22 *Fitting*, Rn. 14; HWGNRH-*Hess*, Rn. 7; Richardi-*Annuß*, Rn. 15; *Ritter*, S. 113; *Rumpff/Boewer*, a. a. O.
23 *Fitting*, Rn. 14.
24 Wie hier *Halberstadt*, Rn. 2; *WW*, Rn. 3.
25 A. A. GK-*Oetker*, Rn. 24 (»freies Ermessen«); *Rumpff/Boewer*, S. 226; ähnlich wie hier aber Richardi-*Annuß*, Rn. 16 (»vertrauensvolle Zusammenarbeit«) und *Fitting*, Rn. 15.
26 *Fitting*, Rn. 15; GK-*Oetker*, Rn. 24.

2. Schwerbehindertenvertretung

Eine Teilnahme der Schwerbehindertenvertretung (§ 178 Abs. 4 SGB IX) an WA-Sitzungen ist im Gesetz zwar nicht ausdrücklich vorgesehen. Da der WA nach der Rspr. des *BAG* jedoch einem BR-Ausschuss gleichzusetzen ist,[27] hat auch die Schwerbehindertenvertretung das **Recht zur Teilnahme** an den WA-Sitzungen.[28] Ihr steht insoweit auch ein Anspruch auf Besuch entsprechender Seminare zu.[29] 14

3. Gewerkschaftsvertreter

Seit der Entscheidung des BAG vom 18.11.80[30] ist es in der Praxis anerkannt, dass auch ein Gewerkschaftsvertreter an Sitzungen des WA teilnehmen kann.[31] Nach zutreffender Ansicht des *BAG* muss der WA wie ein BR-Ausschuss die **Möglichkeit** haben, **sich von einem Gewerkschaftsbeauftragten unterstützen zu lassen.** Die Tatsache, dass § 108 Abs. 2 die Frage behandelt, wer an WA-Sitzungen teilnehmen kann, dabei aber nicht auf § 31 verweist, besagt nicht, dass damit der Kreis der Teilnahmeberechtigten abschließend umschrieben wäre. Die Vorschrift enthält vielmehr nur Regelungen, die von den allgemeinen Vorschriften über die Teilnahme an BR-Sitzungen abweichen und der besonderen Funktion des WA Rechnung tragen.[32] Für einen Ausschluss betriebsfremder Gewerkschaftsbeauftragter spricht auch nicht die Überlegung, dass damit ggf. UN-Interna der Gewerkschaft bekannt werden könnten, da nach § 108 Abs. 4 der BR über jede Sitzung des WA unverzüglich und vollständig zu unterrichten ist; die Gewerkschaft, die in der BR-Sitzung präsent ist, würde daher die Interna sowieso erfahren. Geheimhaltungsbedürftige Informationen unterliegen zudem der Schweigepflicht, die nach § 79 Abs. 2 auch den Gewerkschaftsbeauftragten trifft.[33] 15

Das *BAG* entspricht mit seiner **Anerkennung des gewerkschaftlichen Teilnahmerechts** am WA dem praktischen Bedürfnis, dass sich AN-Vertreter auch in diesem Bereich zur Erfüllung ihrer Aufgaben gewerkschaftlicher Unterstützung bedienen können.[34] Eine »Abschottung« des WA würde dagegen entweder zu einem längeren und umständlichen Verfahren mit zahlreichen Rückfragen oder zu einer mangelhaften Ausnutzung der Informationsrechte führen – beides Effekte, die im Widerspruch zum Sinn der §§ 106 ff. stünden. 16

In verfahrensmäßiger Hinsicht kann die Hinzuziehung eines Gewerkschaftsbeauftragten entsprechend § 31 erfolgen:[35] 17

- auf Antrag eines Viertels der Mitglieder des BR bzw. des GBR,
- durch Mehrheitsbeschluss des BR bzw. des GBR,
- durch Mehrheitsbeschluss des WA selbst.[36]

In allen Fällen genügt, dass die Gewerkschaft im BR vertreten ist; ihr muss kein WA-Mitglied angehören.[37]

---

27 *BAG* 18.11.80, AP Nr. 2 zu § 108 BetrVG 1972.

28 Wie hier *BAG* 4.6.87, AP Nr. 2 zu § 22 SchwbG; *LAG Hamm* 17.4.85, BetrR 87, 298; *LAG Niedersachsen* 7.1.87, BetrR 87, 301, Ls.; GK-*Oetker*, Rn. 50; MünchArbR-*Stamer*, § 307 Rn. 91; a.A. *Zöllner/Loritz/Hergenröder*, § 47 IX.

29 *LAG Hamburg* 12.11.96 – 6 Sa 51/96, AiB 97, 542; *LAG Köln* 5.7.01 – 6 TaBV 34/01 AuR 02, 37; Einzelheiten bei *Däubler*, Schulung, Rn. 409.

30 DB 81, 1240.

31 Dem *BAG* zustimmend *Fitting*, Rn. 21; GK-*Oetker*, Rn. 39; *Klinkhammer*, DB 77, 1139; MünchArbR-*Stamer*, § 307 Rn. 87; Richardi-*Thüsing*, § 31 Rn. 25; Schaub-*Ahrendt*, § 243 Rn. 39; a.A. HWGNRH-*Glock*, Rn. 13; *Zeuner*, DB 76, 2414.

32 *BAG*, a.a.O.

33 Zur Sondersituation während einer Tarifrunde s. *Däubler*, Anm. zu *BAG*, AP Nr. 6 zu § 108 BetrVG 1972.

34 *Wohlgemuth*, Quelle 81, 100.

35 *BAG* 18.11.80, DB 81, 1242.

36 *Däubler*, Anm. zu BAG, AP Nr. 6 zu § 108 BetrVG 1972; MünchArbR-*Stamer*, § 307 Rn. 88; *Richardi*, AuR 83, 38.

37 *Richardi*, AuR 83, 38.

18 Durch die **Entscheidung vom** 25.6.87[38] hat der *6. Senat des BAG* alle diese Aussagen dadurch wieder relativiert, dass die Zuziehung eines Gewerkschaftsbeauftragten nur zu einzelnen Sitzungen und nur dann zulässig sei, wenn die vom Gesetzgeber gewünschte Sachkunde der WA-Mitglieder ausnahmsweise nicht ausreiche. Dies rückt den Gewerkschaftsbeauftragten entgegen der gesetzlichen Regelung in die Nähe eines Sachverständigen i. S. des § 80 Abs. 3, kann Anlass zu zahllosen Streitigkeiten bieten und fördert Umgehungsstrategien. Der *6. Senat* hat überdies verkannt, dass die gewerkschaftlichen Beratungsaufgaben durch Art. 9 Abs. 3 GG abgedeckt und keinerlei Sachgesichtspunkte ersichtlich sind, die eine Einschränkung rechtfertigen könnten.[39] Die AG-Seite ist im Interesse des Betriebsklimas gut beraten, über lange Jahre praktizierte Teilnahmerechte nicht in Frage zu stellen. Der nunmehr zuständige *7. Senat des* BAG hat in einem Beschluss[40] Bedenken gegen diese Rspr. angemeldet und für die Betriebsratssitzungen als solche eine »Generaleinladung« zugelassen. Damit ist die Situation wieder offen[41] und beim WA wie beim BR zu verfahren.[42] Die Richtlinie 2002/14/EG (u. Anhang C) ist insoweit unergiebig.[43]

4. Vertreter des Arbeitgeberverbands

19 **Für die Hinzuziehung** eines Vertreters des AG-Verbands mag im Einzelfall kein besonders ausgeprägtes Bedürfnis bestehen, doch ist sie entgegen der in der 5. Aufl. vertretenen Auffassung auf Grund einer entsprechenden Anwendung des § 29 Abs. 4 Satz 2 zulässig.[44]

IV. Die Hinzuziehung von sachkundigen Arbeitnehmern und von externen Sachverständigen

1. Unternehmer

20 Der UN kann nach Abs. 2 Satz 2 zur Sitzung des WA sachkundige AN des UN hinzuziehen; dabei kann es sich auch um leitende Angestellte i. S. d. § 5 Abs. 3 handeln. Dieselbe Befugnis steht dem an seiner Stelle in der Sitzung anwesenden Vertreter zu. Wer im Einzelnen hinzugezogen wird und wie viele Personen um Rat gefragt werden, liegt im Ermessen des UN bzw. seines Vertreters. Da es sich beim WA um kein Entscheidungsgremium handelt, müssen **keine zahlenmäßigen Paritäten** gewahrt werden.[45] Die Einschaltung kann sich auf einzelne Beratungsgegenstände oder Tagesordnungspunkte beschränken.[46] Die hinzugezogenen AN unterliegen der **Schweigepflicht;** bei unbefugter Offenbarung eines Betriebs- oder Geschäftsgeheimnisses können sie sich nach § 120 Abs. 1 Nr. 4 strafbar machen.[47] Die Tatsache, dass § 120 Abs. 1 Nr. 4 von einer Zuziehung durch den WA spricht, beruht auf einem Redaktionsversehen.

21 Ob der UN auch **externe Sachverständige** zuziehen darf, ist im Gesetz nicht eindeutig geregelt. Die Verweisung auf § 80 Abs. 3 in Abs. 2 Satz 3 spricht eher dafür, dass es allein um Sachverständige des WA geht. Auf der anderen Seite wäre es misslich, wollte man den UN zwingen, sich außerhalb der WA-Sitzungen beraten zu lassen und die Ergebnisse dann vorzutragen – Rückfragen von WA-Mitgliedern werden im Zweifel vollständiger beantwortet, wenn der Experte anwesend ist. Im Regelfall wird eine Vereinbarung mit dem WA möglich sein – damit wäre der entsprechenden Anwendung des § 80 Abs. 3 Rechnung getragen.[48] Um gleiche Argumen-

38 DB 87, 2468.
39 Eingehend *Däubler,* Anm. zu BAG, AP Nr. 6 zu § 108 BetrVG 1972.
40 Vom 28.2.90 – 7 ABR 22/89, DB 90, 1288.
41 *Wlotzke,* 2. Aufl., Anm. 1b; gegen eine Generaleinladung an den WA jedoch ErfK-*Kania,* Rn. 9; HWK-*Willemsen/Lembke,* Rn. 24; HK-BetrVG-*Steffan,* Rn. 3; WPK-*Preis,* Rn. 3.
42 *Grauvogel u. a.,* Rn. 337; GTAW-*Woitaschek* Rn 10.
43 *Ritter,* S. 119.
44 *BAG,* 18.11.80, AP Nr. 2 zu § 108 BetrVG 1972; ErfK-*Kania,* Rn. 9; *Etzel,* Rn. 967; *Fitting,* Rn. 24.
45 *Fitting,* Rn. 17; *GL,* Rn. 10.
46 Richardi-*Annuß,* Rn. 18; *Rumpff/Boewer,* S. 227.
47 *Fitting,* Rn. 17; *GL,* Rn. 11; HWGNRH-*Hess,* Rn. 9; *Rumpff/Boewer,* a. a. O.
48 *Fitting,* Rn. 18.

tationschancen zu sichern, ist dem WA auf Wunsch jederzeit ein eigener Sachverständiger zur Verfügung zu stellen.

2. Wirtschaftsausschuss

Auch der **WA** hat das **Recht, sachkundige AN heranzuziehen,** die im UN beschäftigt sind.[49] Zwar spricht der Wortlaut des Abs. 2 Satz 2 für eine reine UN-Befugnis, doch geht § 120 Abs. 1 Nr. 4 vom exakten Gegenteil, d. h. einer reinen WA-Befugnis aus. Angesichts eines derart unklaren Wortlauts ist auf den Sinn der Einrichtung des WA abzustellen: Wenn es darum geht, eine umfassende Beratung des 12-Punkte-Katalogs in § 106 Abs. 3 sicherzustellen, muss dem WA das Recht eingeräumt werden, sich die im UN vorhandene Sachkunde zunutze zu machen, wenn er sich selbst nicht »beschlagen« genug fühlt. Außerdem wäre es wenig sinnvoll, wollte man die in Abs. 2 Satz 3 unzweifelhaft vorgesehene Zuziehung externer Sachverständiger zulassen, den einfacheren und meist kostengünstigeren Weg der Beratung durch Interne jedoch verbauen. Die WA-Sitzungen verlieren dadurch nicht ihren nichtöffentlichen Charakter (zur entsprechenden Problematik bei BR-Sitzungen § 30 Rn. 13) Außerdem ist zu beachten, dass seit 2001 auch der BR nach § 80 Abs. 2 Satz 3 sachkundige AN aus dem Betrieb als Auskunftspersonen heranziehen kann. Damit wäre es noch weniger einsichtig, dem WA ein entsprechendes Recht zu verweigern. 22

Die **Heranziehung eines außenstehenden Experten** bestimmt sich nach dem entsprechend anwendbaren § 80 Abs. 3. Die Beratung muss sich auf die gesetzlichen Aufgaben des WA beziehen und zu deren Erfüllung erforderlich sein. Außerdem ist ein **ordnungsgemäßer BR-Beschluss** sowie eine Vereinbarung mit dem UN Voraussetzung.[50] Der Beschluss ist auch dann nicht überflüssig, wenn der AG eine generelle Zusage zur Übernahme der Sachverständigenkosten abgegeben hat. Die Richtlinie 2002/14/EG (u. Anhang C) betrachtet die Zuziehung von Sachverständigen als möglich, erklärt sie jedoch nicht als zwingend geboten.[51] 23

Umstritten ist, ob die **Vereinbarung** vom BR/GBR[52] oder auch **vom WA abzuschließen** ist.[53] Der zweiten Auffassung ist zuzustimmen. Der WA besitzt die größere Sachnähe und kann deshalb am ehesten beurteilen, ob die Zuziehung wirklich notwendig ist. Außerdem steht ihm grundsätzlich das Recht zu, seine Arbeit selbst zu organisieren; in diesen Rahmen fällt aber auch der Rückgriff auf unternehmensexternen Sachverstand. Will man Risiken vermeiden, sollten jedoch beide Gremien einen entsprechenden Beschluss fassen und die Vereinbarung mitunterschreiben. 24

Der **UN** kann das Verlangen des WA nach Zuziehung eines Sachverständigen trotz der ihn treffenden Kosten nicht nach Gutdünken ablehnen. Er **muss** vielmehr **sein Einverständnis erteilen,** wenn der WA die Notwendigkeit bejaht und dies plausibel erscheint und beim WA auch keine sachfremden Überlegungen vorliegen.[54] Das *BAG* legt demgegenüber sehr strenge Maßstäbe an. Es sei davon auszugehen, dass die WA-Mitglieder im Regelfall die zur Wahrnehmung ihrer Aufgaben erforderlichen Kenntnisse besitzen.[55] Dem WA wird zu Unrecht kein Beurteilungsspielraum gewährt; er kann ein gerichtliches Verfahren nur dann gewinnen, wenn er überzeugend seine eigene Inkompetenz belegt. Außerdem wird man davon ausgehen müssen, dass die Rspr. auch im Rahmen des § 108 Abs. 2 ihre zu § 80 Abs. 3 entwickelte **»Ultima-Ratio-Theorie«** praktizieren wird: Der Rückgriff auf einen Externen ist erst dann zulässig, wenn alle Möglichkeiten innerhalb des UN erschöpft sind (vgl. die Erl. zu § 80). Dies ist nur insoweit überzeugend, als es sich um Personen handelt, die das Vertrauen des WA genießen. Durch 25

---

49 GK-*Fabricius,* 6. Aufl., § 108 Rn. 20, 24; GK-*Oetker,* Rn. 27; a A. HWK-*Willemsen/Lembke,* Rn. 22; Richardi-*Annuß,* Rn. 18.

50 Vgl. *BAG* 18.7.78, AP Nr. 1 zu § 108 BetrVG 1972; *Fitting,* Rn. 18; GK-*Oetker,* Rn. 36; *GL,* Rn. 13, 14; HWGNRH-*Hess,* Rn. 10; Richardi-*Annuß,* Rn. 21.

51 *Ritter,* S. 117.

52 Dafür GK-*Oetker,* Rn. 36; *Rumpff/Boewer,* S. 228.

53 Für Letzteres *Bösche/Grimberg,* AiB 89, 108, 112; *Fitting,* Rn. 18; *Lahusen,* BB 89, 1399, 1401; wohl auch *BAG* 18.7.78, AP Nr. 1 zu § 108 BetrVG 1972 unter B II 2 der Gründe.

54 Für großzügige Handhabung auch *Gamillscheg,* Anm. zu *BAG* EzA § 108 BetrVG 1972 Nr. 1.

55 *BAG* 18.7.78, AP Nr. 1 zu § 108 BetrVG 1972.

die Rspr. des *BAG* wird die Rechtsstellung des WA in einer vom Gesetz nicht gewollten Weise geschwächt; die »Konfliktlösung durch Dialog«, die in der Betriebsverfassung an die Stelle des Arbeitskampfes tritt (Einl. Rn. 78), verliert einen Teil ihres Wertes, wenn die Argumentationsmöglichkeiten beider Seiten ungleich verteilt sind.

V. Einsicht in Unterlagen

26 Soweit der UN nach § 106 Abs. 2 verpflichtet ist, den WA anhand der notwendigen Unterlagen umfassend über alle wirtschaftlichen Angelegenheiten zu unterrichten, haben die Mitglieder des WA gem. Abs. 3 das Recht, **Einblick in diese Unterlagen** zu nehmen. Das Einsichtsrecht steht jedem einzelnen Mitglied zu. Soweit es zur Aufgabenerfüllung notwendig ist, sind die WA-Mitglieder auch berechtigt, sich **Notizen** zu machen.[56] Dies kann auch mit Hilfe eines mitgebrachten Laptop geschehen.

27 Je nach Umfang und Kompliziertheit der Unterlagen muss den Mitgliedern des WA vor der Beratung der entsprechenden Angelegenheiten **ausreichend Zeit** zur Einsicht gewährt werden. Dies bedeutet, dass die Unterlagen schon **vor der Sitzung** zugänglich zu machen sind, wenn die Auswertung und sofortige Beratung den zeitlichen Rahmen einer Sitzung sprengt.[57] Das ist etwa der Fall bei Unterlagen mit umfangreichen Daten und Zahlen[58] sowie bei größeren Planungsvorhaben und Gutachten. In derartigen Fällen ist der UN verpflichtet, die Unterlagen den WA-Mitgliedern zeitweise auszuhändigen.[59]

28 Abs. 3 ergänzt die Bestimmungen des § 106 Abs. 2 insoweit, als er sicherstellen will, dass die erforderlichen Unterlagen auch **in den WA-Sitzungen** zur Einsichtnahme **zur Verfügung** stehen, damit eine sachgerechte Beratung ggf. durch Rückfragen und nochmaliges Nachschlagen u. Ä. möglich ist.[60] Damit **nicht** zu vereinbaren ist die verbreitete Praxis, während der Sitzung lediglich anhand von **Overhead-Folien** zu informieren und auf dieser Grundlage zu beraten.[61]

VI. Bericht des Wirtschaftsausschusses an den Betriebsrat

29 Da der WA mit dem BR zusammenzuarbeiten hat,[62] ist er nach Abs. 4 zu **unverzüglicher** und **vollständiger Berichterstattung** über jede stattgefundene Sitzung verpflichtet. Besteht in einem UN ein GBR, so hat der Bericht diesem gegenüber zu erfolgen. Die Form, wie die Unterrichtung stattfinden muss, ist im Gesetz nicht geregelt. Eine bloße Aushändigung von **Sitzungsprotokollen** ist grundsätzlich nicht ausreichend.[63] Die Berichterstattung soll durch den WA insgesamt erfolgen. Falls der BR zustimmt, wird aber auch die Unterrichtung durch ein Mitglied des WA ausreichend sein.[64] Die Unterrichtung des GBR reicht dann nicht aus, wenn in ihm nicht alle BR vertreten sind.[65]

30 Der Bericht muss **vollständig** sein. Eine Schweigepflicht der Mitglieder des WA gegenüber den Mitgliedern des BR oder GBR besteht nicht. Auch **Betriebs- und Geschäftsgeheimnisse** dürfen deshalb nicht ausgeklammert werden, zumal die Mitglieder des BR ihrerseits der Verschwiegenheitspflicht unterliegen.[66] Empfehlenswert ist, ausdrücklich auf die Geheimhaltungsbedürftigkeit hinzuweisen. Hat der UN in der Sitzung des WA bestimmte Informationen als

---

56 *Fitting*, § 106 Rn. 40; *GL*, § 106 Rn. 29; vgl. aber *BAG* 20.11.84, AP Nr. 3 zu § 106 BetrVG 1972, wonach die Mitglieder des WA nicht berechtigt sein sollen, die Unterlagen abzuschreiben oder abzulichten.

57 *Fitting*, § 106 Rn. 41; *Föhr*, DB 76, 1383; *Pramann*, DB 83, 1924; a. A. *GL*, § 106 Rn. 29.

58 *Rumpff/Boewer*, S. 195; *BAG* 20.11.84, AP Nr. 3 zu § 106 BetrVG 1972 mit Anm. *Kraft*.

59 *BAG* 20.11.84, a. a. O.

60 GK-*Oetker*, Rn. 54 und o. § 106 Rn. 53.

61 Ebenso *Bösche/Grimberg*, AiB 89, 108 [112].

62 Dazu *Krack/Gauer*, AiB 06, 430 ff.

63 So auch ErfK-*Kania* Rn 11; *Fitting*, Rn. 26; *GL*, Rn. 29; Richardi-*Annuß*, Rn. 35; a. A. HWGNRH-*Hess*, Rn. 43.

64 ErfK-*Kania*, Rn. 11; *Fitting*, Rn. 27; auch ohne Zustimmung des BR lassen dies genügen Richardi-*Annuß*, Rn. 35; GK-*Oetker*, Rn. 61.

65 *Fitting*, Rn. 26.

66 Göpfert/Giese-*Göpfert/Jungbauer*, Kap. 1 Rn. 17; *Rumpff/Boewer*, S. 235.

geheimhaltungsbedürftig bezeichnet, so ist der BR bzw. GBR vom WA im Rahmen seiner Berichterstattung hierauf ebenfalls hinzuweisen, damit er sich entsprechend verhalten kann.[67]

Bei der Berichterstattung wird der WA vor allem solche Gegenstände hervorheben, die Auswirkungen auf die Personalplanung, aber auch auf andere der Mitwirkung und Mitbestimmung unterliegende Angelegenheiten haben können.[68] 31

VII. Erläuterung des Jahresabschlusses; Risikomanagement

Nach Abs. 5 hat der UN dem WA den **Jahresabschluss** in Anwesenheit des BR **zu erläutern.**[69] Die **Hinzuziehung des BR** hat auch zu erfolgen, wenn dieser die Rechte des WA nach § 107 Abs. 3 auf einen Ausschuss übertragen hat und diesem gegenüber der Jahresabschluss erläutert wird. Das ergibt sich bereits aus Abs. 6.[70] 32

Durch das **Bilanzrichtliniengesetz** v. 19.12.1985[71] sind die Anforderungen an den Inhalt der Jahresabschlüsse vereinheitlicht und in das HGB aufgenommen worden (§§ 238–263 HGB: Mindestvorschriften hinsichtlich Buchführung und Bilanzierung für alle UN; §§ 264–339 HGB: strengere Anforderungen für Kapitalgesellschaften, und zwar abgestuft nach Größenklassen der jeweiligen Gesellschaft; vgl. insoweit § 267 HGB). Daneben bestehen außerhalb des HGB noch einige spezielle Vorschriften für die GmbH (§§ 41, 42 GmbHG), die Aktiengesellschaft (§§ 150, 152, 158, 160 AktG) und die Genossenschaft (§ 33 GenG). 33

Der Jahresabschluss umfasst die **Jahresbilanz** (Handelsbilanz) sowie die **Gewinn- und Verlustrechnung** (vgl. § 242 HGB).[72] Zum Jahresabschluss gehört bei Kapitalgesellschaften und bei der eingetragenen Genossenschaft auch noch der **Anhang** mit Erläuterungen der Bilanz (vgl. § 264 Abs. 1 HGB bzw. § 336 Abs. 1 HGB) sowie bei konzerngebundenen UN der **Konzernabschluss.**[73] 34

Der gem. § 264 HGB zusätzlich aufzustellende **Lagebericht** ist zwar kein Teil des Jahresabschlusses.[74] Gleichwohl hat der UN ihn dem WA als Unterlage zugänglich zu machen.[75] Dies folgt aus dem untrennbaren inhaltlichen Zusammenhang; die Erläuterung des Jahresabschlusses muss notwendigerweise den Lagebericht einbeziehen. Dieser muss mittlerweile die sog. **nichtfinanziellen Informationen** enthalten, die sich auch auf die Wahrung von Arbeitnehmerbelangen beziehen (näher dazu Einl. Rn. 45a). Insoweit können Gegenvorstellungen nahe liegen. Eines Rückgriffs auf § 106 Abs. 2 bedarf es insoweit nicht. 35

Zwar gehört der **Wirtschaftsprüferbericht** (§ 321 HGB) gleichfalls nicht zum Jahresabschluss,[76] jedoch besagt dies nichts darüber, ob er nicht wenigstens zu den vorlegungspflichtigen Unterlagen i.S.d. § 106 Abs. 2 gehört. Dies ist mit Rücksicht auf seine beträchtliche Aussagekraft über die wirtschaftliche Lage des UN zu bejahen.[77] Außerdem wird seine Vorlage zum besseren Verständnis des Jahresabschlusses in der Regel notwendig sein und in die Erläuterung eingehen. Im Streitfall kann seine Vorlage über die ESt. nach § 109 erzwungen werden.[78] 36

---

67 *Fitting*, Rn. 26.
68 Ähnlich Richardi-*Annuß*, Rn. 34; *Rumpff/Boewer*, S. 235.
69 »Bilanzsitzung«; dazu näher *Cox/Offermann*, S. 78. Überblick über die wesentlichen Inhalte eines Jahresabschlusses, was man in Vorbereitung der Sitzung ggf. lesen könnte, bei *Rothkegel/Eisbach* AiB 2/21 S. 28 ff.
70 Nicht zutreffend daher *Rumpff/Boewer*, S. 209.
71 BGBl. I S. 2355.
72 Zu internationalen Bilanzierungsstandards (IFRS, IAS, US-GAAP) s. *Laßmann/Rupp*, S. 122 ff. und *Eisbach/Rothkegel*, AiB 06, 513 ff.
73 *Fitting*, Rn. 31; Richardi-*Annuß*, Rn. 38; a.A. *Oetker*, NZA 01, 689 [693]. Zu seiner Auswertung s. *Laßmann/Rupp*, S. 106 ff.
74 *Baumbach/Hopt*, § 264 Rn. 5; *Martens*, DB 88, 1229 [1231].
75 *Fitting*, Rn. 29; ErfK-*Kania*, Rn. 12; Richardi-*Annuß*, Rn. 37; *Rumpff/Boewer*, S. 210; *Bösche/Grimberg*, AiB 89, 108 [111]; a.A. *Oetker*, NZA 01, 689.
76 Insoweit zutreffend *Martens*, DB 88, 1229 [1231].
77 Einzelheiten zu seiner Auswertung bei *Laßmann/Rupp* S. 96 ff.
78 *BAG* 8.8.89, AP Nr. 6 zu § 106 BetrVG 1972. Für eine Vorlagepflicht haben sich weiter ausgesprochen *Bösche/Grimberg*, AuR 87, 133; ErfK-*Kania*, Rn. 14; *Fitting*, Rn. 32; *Fabricius*, AuR 89, 121; *Gutzmann*, DB 89, 1083 (1084); MünchArbR-*Stamer* § 397 Rn. 53; Richardi-*Annuß*, Rn. 39; *Stück/Wein*,

37 Vorzulegen und zu erläutern ist auch die sog. **Steuerbilanz,** zumindest dann, wenn sie von der Handelsbilanz abweicht.[79] Die von der Gegenansicht ins Feld geführte Berufung auf das Steuergeheimnis ist nicht stichhaltig.[80]

38 Die Vorschrift enthält keine nähere Bestimmung darüber, zu welchem **Zeitpunkt der UN seiner Erläuterungspflicht** nachkommen muss.[81] Zum Teil wird angenommen, dies sei der Fall, wenn der Jahresabschluss wirksam erstellt worden ist, d. h., wenn die Zustimmung der UN-Organe vorliegt und das Testat der Abschlussprüfer erteilt ist.[82] Dies ist nicht zwingend, da es mit Sinn und Zweck der Norm mindestens ebenso gut vereinbar ist, die Erläuterung **vor** Feststellung des Jahresabschlusses durch die Organe vorzunehmen.[83] Der Sinn der Vorschrift liegt – wie bei anderen Informationsrechten auch – in einer möglichst frühen Einschaltung der AN-Seite in den Willensbildungsprozess. Daher ist der Jahresabschluss dann zu erläutern, wenn er zwar bereits geprüft, aber noch nicht durch die Gesellschaftsorgane festgestellt worden ist.[84]

39 Da der Jahresabschluss zu **erläutern** ist, reicht es weder aus, ihn lediglich vorzulesen,[85] noch, ihn durch Overhead-Folien zu visualisieren (vgl. auch Rn. 27). Die Mitglieder sowohl des WA als auch des BR bzw. GBR haben das Recht, Fragen zu stellen[86] sowie Notizen und Aufzeichnungen zu machen[87] und ggf. Sachverständige hinzuzuziehen (vgl. aber o. Rn. 22 ff.).[88] Beim Vergleich mit früheren Jahren ist zu berücksichtigen, dass sich ab 2016 die Begriffe des Umsatzes und der erreichten Erlöse verändert haben, so dass eine Umrechnung erfolgen muss, um nicht Äpfel mit Birnen zu vergleichen.[89]

40 Seit 1. 1. 2007 müssen Kapitalgesellschaften ihre Jahresabschlüsse im Internet veröffentlichen.[90] Der BR bzw. GBR kann gemäß § 335 Satz 2 HGB beim Registergericht (Amtsgericht) beantragen, die gesetzlichen Vertreter einer Kapitalgesellschaft zur Erfüllung ihrer **Veröffentlichungspflicht** durch **Zwangsgeld** anzuhalten, wenn sie dieser Pflicht nicht nachkommen.[91] Dies wird allerdings nicht als vertrauensbildende Maßnahme aufgefasst werden. Die Pflicht ist wiederum je nach Größe des UN unterschiedlich ausgestaltet (vgl. §§ 325 ff. HGB).

41 Das Gesetz zur Kontrolle und Transparenz im Unternehmensbereich **(KonTraG)** v. 27. 4. 98[92] hat den § 91 Abs. 2 AktG geschaffen, wonach der Vorstand einer AG ein Überwachungssystem einzurichten hat, das existenzgefährdende Risiken möglichst frühzeitig erkennt.[93] Die insoweit getroffenen Maßnahmen **(»Risikomanagement«)** sind dem WA mitzuteilen und zu erläutern, soweit sie nicht sowieso im Lagebericht enthalten sind.[94] Da eine jährliche »Risikoinventur« nicht ausreicht,[95] muss der UN diesen Bereich regelmäßig in WA-Sitzungen ansprechen.

41a Untersteht das UN einem **ausländischen Gesellschaftsrecht** (Einl. Rn. 262), so ist Abs. 5 auf die Dokumente zu erstrecken, die einem deutschen Jahresabschluss entsprechen. Dies gilt etwa für die englische Limited (solange sie noch praktiziert wird), aber auch für andere Gesell-

---

DB 05, 334; HWK-*Willemsen/Lembke,* § 106 Rn. 59; ablehnend *Hommelhoff,* ZIP 90, 218; *Oetker,* NZA 01, 692.

79 ErfK-*Kania,* Rn. 14; Richardi-*Annuß,* Rn. 40; a. A. HWGNRH-*Hess,* Rn. 21; *Vogt,* BB 78, 1125 [1130].
80 Zu den Einzelheiten insoweit Richardi-*Annuß,* a. a. O.
81 Vgl. den Überblick über die verschiedenen Ansichten bei GK-*Oetker,* Rn. 71 f.
82 Vgl. *GL,* Rn. 23; Richardi-*Annuß,* Rn. 43; *Rumpff/Boewer,* S. 211.
83 Vgl. *Fitting,* Rn. 33.
84 Ebenso *Fitting,* a. a. O.; ErfK-*Kania,* Rn. 13; GK-*Oetker,* Rn. 71 m. w. N; ähnlich *LAG Berlin* 13. 7. 88, AiB 88, 314 ff.: vor konzerninterner Abgleichung.
85 Zutreffend *Rumpff/Boewer,* S. 210.
86 *BAG* 18. 7. 78, AP Nr. 1 zu § 108 BetrVG 1972.
87 *LAG Hamm* 9. 2. 83, ZIP 83, 612; ErfK-*Kania,* Rn. 14.
88 Zur Bilanzanalyse s. *Laßmann/Rupp* S. 133 ff.
89 Näher *Rothkegel/Eisbach,* AiB 9/17 S. 48 f.
90 Dazu *Cox/Offermann* AiB 07, 267.
91 *Fitting,* Rn. 38.
92 BGBl. I S. 786.
93 Dazu *Vogler/Gundert,* DB 98, 2377.
94 Einzelheiten bei *Füser u. a.,* DB 99, 753.
95 *Vogler/Gundert,* DB 98, 2383.

schaften ausländischer Rechtsform. Dem WA sind dabei auch die Rechtsgrundlagen für den »Jahresabschluss« in deutscher Übersetzung mitzuteilen, damit er beurteilen kann, ob den Anforderungen des anwendbaren Rechts entsprochen ist. Bei Bedarf ist ihm auch dieses zu übersetzen.

VIII. Aufgabenübertragung auf Betriebsratsausschuss

Abs. 6 bestimmt, dass die in Abs. 1 bis 5 niedergelegten Grundsätze entsprechend gelten, wenn die Aufgaben des WA auf **einen Ausschuss des BR oder des GBR** nach § 107 Abs. 3 übertragen worden sind. Die Mitglieder eines solchen Ausschusses haben in diesem Fall dieselbe Rechtsstellung wie die Mitglieder des WA. 42

IX. Streitigkeiten

Streitigkeiten über die **Geschäftsführung** des WA, die **Teilnahmepflicht** des UN oder seines Vertreters, über die Hinzuziehung eines **Sachverständigen** und die **Einsichtnahme** in Unterlagen entscheidet das ArbG im **Beschlussverfahren** gemäß §§ 2a, 80 ff. ArbGG.[96] Beteiligte dieses Verfahrens sind der UN und der BR bzw. der GBR. Zur Beteiligungsbefugnis des WA o. § 107 Rn. 44. Wegen der Abgrenzung zur **Primärzuständigkeit der ESt.** nach § 109 bei Meinungsverschiedenheiten über die Erfüllung der Informationspflichten nach Qualität und Quantität vgl. § 109 Rn. 15. 43

Erscheint der UN oder dessen Vertreter nicht zu einer vereinbarten Sitzung oder entsendet der UN ermessensmissbräuchlich nur seinen Vertreter (vgl. Rn. 13) oder eine kompetenzlose Person, kann in schwerwiegenden Fällen auch ein **Verfahren nach § 23 Abs. 3** in Betracht kommen. 44

Allein der Verstoß gegen die Pflichten aus Abs. 5 ist als **Ordnungswidrigkeit** gemäß § 121 mit Geldbuße bis zu 10 000 Euro bedroht. 45

§ 109 Beilegung von Meinungsverschiedenheiten

Wird eine Auskunft über wirtschaftliche Angelegenheiten des Unternehmens im Sinn des § 106 entgegen dem Verlangen des Wirtschaftsausschusses nicht, nicht rechtzeitig oder nur ungenügend erteilt und kommt hierüber zwischen Unternehmer und Betriebsrat eine Einigung nicht zustande, so entscheidet die Einigungsstelle. Der Spruch der Einigungsstelle ersetzt die Einigung zwischen Arbeitgeber und Betriebsrat. Die Einigungsstelle kann, wenn dies für ihre Entscheidung erforderlich ist, Sachverständige anhören; § 80 Abs. 4 gilt entsprechend. Hat der Betriebsrat oder der Gesamtbetriebsrat eine anderweitige Wahrnehmung der Aufgaben des Wirtschaftsausschusses beschlossen, so gilt Satz 1 entsprechend.

Inhaltsübersicht Rn.

I. Vorbemerkungen

Die Bestimmung regelt das Verfahren bei **Meinungsverschiedenheiten** zwischen WA und UN über die Letzterem nach § 106 obliegende Auskunftspflicht. Dabei entscheidet die ESt. über 1

96 *LAG Hessen*, 1. 8. 06 – 4 TaBV 111/06, NZA-RR 07, 201; *Fitting*, Rn. 40; GK-*Oetker*, Rn. 77; Richardi-*Annuß*, Rn. 49.

Rechtsfragen.[1] Obwohl für die Durchsetzung der Informationsrechte des BR in der Regel das ArbG angerufen werden kann (§§ 2a Abs. 1 Nr. 1, Abs. 2, 80 ff. ArbGG), hat der Gesetzgeber für wirtschaftliche Angelegenheiten i. S. d. § 106 Abs. 3 eine **Primärzuständigkeit der ESt.**[2] begründet. Die Austragung von Meinungsverschiedenheiten, von denen angenommen wird, dass sie in zahlreichen Fällen **Betriebs- oder Geschäftsgeheimnisse** berühren können, soll nicht primär vor dem ArbG, sondern vor der **ESt. als innerbetrieblicher Schlichtungsstelle** stattfinden.[3] Dass die ESt. damit auch Rechtsentscheidungen trifft, verstößt nicht gegen übergeordnete, insbes. verfassungsrechtliche Grundsätze.[4] Der Spruch der ESt. unterliegt nämlich in vollem Umfang der arbeitsgerichtlichen Kontrolle.[5] Zu den praktischen Problemen der Durchsetzung der Informationsrechte des WA durch die Anrufung der ESt. gemäß § 109 bzw. des ArbG.[6]

II. Zuständigkeit der Einigungsstelle

2 Die ESt. ist nach § 109 zuständig, wenn der WA **ordnungsgemäß beschlossen** hat, dass er eine bestimmte Auskunft über wirtschaftliche Angelegenheiten des UN i. S. d. § 106 erhalten wolle und wenn diese entgegen seinem Verlangen **nicht, nicht rechtzeitig** oder nur **ungenügend** erteilt wurde und er auf seinem Verlangen beharrt.[7] Voraussetzung ist, dass der WA über die zu erteilenden Auskünfte einen wirksamen Beschluss gefasst hat;[8] nur dann ist der Streitgegenstand für die ESt. festgelegt. Die bloße Untätigkeit des AG, der entgegen § 106 Abs. 2 den WA nicht von sich aus unterrichtet, genügt nicht.[9] Eine ungenügende Auskunftserteilung liegt auch dann vor, wenn der UN zwar Informationen gibt, aber die Vorlage erforderlicher **Unterlagen** i. S. d. § 106 verweigert.[10] Besteht im konkreten Fall keine Meinungsverschiedenheit über die grundsätzliche Verpflichtung, den Umfang oder den Zeitpunkt der Auskunftserteilung und sind auch der Inhalt und der Umfang der vorzulegenden Unterlagen nicht im Streit, ist gleichwohl eine Zuständigkeit der ESt. gegeben, wenn Meinungsverschiedenheiten darüber bestehen, ob Dokumente in Schriftform oder als Datei übermittelt werden.[11] Die ESt. hat auch über die **Form bzw.** die **statistische Aufbereitung der Informationen** durch den UN zu entscheiden.[12] Eine generelle elektronische Übermittlung kann sie nicht beschließen, da dieser aus Gründen der Geheimhaltung berechtigte Interessen des UN entgegen stehen können.[13] Dies bedeutet, dass der UN insoweit selbst über die Art und Weise der Information entscheidet, doch ist die Grenze der »ESt.-Fähigkeit« überschritten, wenn bestimmte Fragen inhaltlich nicht beantwortet werden. Der UN darf deshalb zur Beantwortung eines detaillierten Problemkatalogs nicht auf einen zusammenfassenden Bericht verweisen, aus dem erst mit Mühe und viel Sachverstand erkennbar wird, wie die Position des UN beschaffen ist.

---

1 *BAG* 11.7.00 – 1 ABR 43/99, DB 01, 599; 17.12.19 – 1 ABR 35/18, NZA 19, 531 2Rn. 18; *Fitting*, Rn. 5; GK-*Oetker*, Rn. 36; *GL*, Rn. 22 ff.; Richardi-*Annuß*, Rn. 19; grundsätzlich zur Entscheidungskompetenz der ESt. in Rechts- und Regelungsfragen vgl. § 76 Rn. 14.

2 *BAG* 8.8.89, BB 90, 458 [459]; *BAG* 22.1.91 – 1 ABR 38/89, DB 91, 1176; 17.9.91 – 1 ABR 74/90, DB 92, 435; *LAG Frankfurt* 1.9.88, NZA 89, 193; *ArbG Wetzlar* 28.2.89, NZA 89, 443; *GL*, Rn. 17.

3 *BAG* 11.7.00 – 1 ABR 43/99, DB 01, 599: vorgeschaltetes Schiedsverfahren; *LAG Hessen*, 1.8.06 – 4 TaBV 111/06, NZA-RR 07, 201; *GL*, Rn. 17; HWK-*Willemsen/Lembke*, Rn. 1; Richardi-*Annuß*, Rn. 1.

4 *Dütz*, FS Gaul, S. 44 ff.

5 *BAG* 11.7.00 – 1 ABR 43/99, DB 01, 599; Richardi-*Annuß*, Rn. 1, s. auch Rn. 9; einschränkend GK-*Oetker*, Rn. 37 f.

6 Vgl. *Laßmann /Rupp*, S. 404 ff.

7 *LAG Hessen* 1.8.06 – 4 TaBV 111/06, NZA-RR 07, 201; *LAG Hessen* 14.2.06 – 4 TaBV 1/06, AuR 06, 413. Eine formal korrekte Beschlussfassung des WA ist aber nach Auffassung des *BAG* (17.12.19 – 1 ABR 25/18, NZA 2020, 393Tz. 29) nicht erforderlich.

8 *LAG Schleswig-Holstein* 24.11.16 – 4 TaBV 40/16, juris; *LAG Düsseldorf* 26.2.16 – 4 TaBV 8/16 ZTR 16, 352.

9 Dazu *Hase*, AiB 12, 113.

10 So auch ErfK-*Kania*, Rn. 2; *Fitting*, Rn. 6.

11 *BAG*, 12.2.19 – 1 ABR 37/17, juris.

12 *BAG* a. a. O.; anders noch *LAG Baden-Württemberg* 22.11.85, DB 86, 334.

13 Dahingestellt bei *LAG Köln*, 10.3.17 – 9 TaBV 17/16, AuR 17, 512.

Das **Auskunftsersuchen** bedarf keines ausdrücklichen Beschlusses des WA.[14] Auch kann es sich auf künftig regelmäßig wiederkehrende Vorgänge beziehen.[15] Es muss allerdings so **konkret** sein, dass die ESt beurteilen kann, ob die Unterrichtung derzeit möglich ist und keine Betriebs- oder Geschäftsgeheimnisse gefährdet werden.[16] Dies ist insbesondere dann von Bedeutung, wenn der BR nach § 100 Abs. 1 ArbGG die Einsetzung einer ESt beim Arbeitsgericht beantragt. Die **ESt.** kann und muss ggf. die **Vorfrage** prüfen, ob überhaupt eine wirtschaftliche Angelegenheit i. S. d. § 106 Abs. 3 vorliegt.[17] Insoweit ist die Situation keine andere als bei Mitbestimmungsrechten, wo neben dem Sachproblem auch die Zuständigkeit, d. h. die Existenz eines Mitbestimmungsrechts, zu überprüfen ist.[18] In einem arbeitsgerichtlichen **Beschlussverfahren** kann **geklärt** werden, ob eine **wirtschaftliche Angelegenheit** i. S. d. Gesetzes vorliegt, was das *BAG* u. a. nach früherem Recht für einen Vertrag über die Veräußerung aller Anteile an der AG-GmbH verneinte, sofern keine Absprachen über die Geschäftspolitik erfolgten,[19] jedoch für monatliche Erfolgsrechnungen – aufgeschlüsselt nach den einzelnen Filialen des Unternehmens – bejahte.[20] Eine rechtskräftige Entscheidung im Beschlussverfahren ist für die ESt. bindend und entzieht ggf. den getroffenen Entscheidungen die Grundlage. Wird etwa das Vorliegen einer wirtschaftlichen Angelegenheit verneint, verliert ein ESt.-Spruch, der den AG zur Herausgabe bestimmter Unterlagen verpflichtete, seine Wirksamkeit; umgekehrt muss die ESt. wieder tätig werden, wenn sie ihre Zuständigkeit verneint hatte, das ArbG jedoch eine »wirtschaftliche Angelegenheit« bejahte.[21] Zur inhaltlichen Überprüfung eines ESt.-Spruchs im Übrigen s. unten Rn. 14. 3

Die ESt. entscheidet auch verbindlich, soweit der UN die Auskunftserteilung mit dem Argument verweigert, andernfalls könne ein **Betriebs- oder Geschäftsgeheimnis gefährdet** werden.[22] Ob wirklich dieser Verweigerungstatbestand vorliegt (zu den Voraussetzungen im Einzelnen s. § 106 Rn. 59 ff.), ist keine dem UN überlassene Einschätzungsfrage, vielmehr geht es um objektive Fakten. Um sie zu klären, muss der UN im ESt.-Verfahren darlegen, dass eine überwiegende Wahrscheinlichkeit für die **Existenz eines Betriebs- oder Geschäftsgeheimnisses und** dessen **Gefährdung** spricht.[23] Ggf. muss eine sachkundige Vertrauensperson eingeschaltet werden. 4

Die ESt. ist auch zuständig, wenn es um die Beilegung von Streitigkeiten über das **Einsichtsrecht in Unterlagen nach § 108 Abs. 3,** über die **Erläuterung des Jahresabschlusses** nach § 108 Abs. 5 und über die **Verpflichtung des AG zur Vorlage des Wirtschaftsprüferberichts** geht.[24] Dasselbe gilt für die Frage, ob dem WA bereits der Entwurf des Jahresabschlusses vor konzerninterner Abgleichung vorzulegen ist.[25] Auch für die Frage, welche Anteilsrechte und sonstigen Vermögenswerte eine Holdinggesellschaft innerhalb eines Konzerns erworben hat, ist die ESt nicht offensichtlich unzuständig, jedenfalls dann nicht, wenn ihr Sprecher an Personalentscheidungen in dem von den Tochtergesellschaften gebildeten Gemeinschaftsbetrieb teilgenommen hat.[26] Voraussetzung ist immer, dass der WA ein entsprechendes Ersuchen gestellt hat; der BR/GBR kann dies nicht an seiner Stelle tun.[27] 5

---

14 *BAG* 17.12.19 – 1 ABR 25/18, NZA 20, 393 Tz. 29.
15 *BAG* 17.12.19 – 1 ABR 35/18, NZA 20, 531 Os. 1.
16 Ebenso im Grundsatz *LAG Niedersachsen* 3.11.09 – 1 TaBV 63/09, NZA-RR 2010, 142 (unter II 2).
17 HWK-*Willemsen/Lembke,* Rn. 5.
18 Für diese Parallele auch *BAG* 17.9.91 – 1 ABR 74/90, DB 92, 435.
19 22.1.91 – 1 ABR 38/89, DB 91, 1176.
20 *BAG* 17.9.91 – 1 ABR 74/90, DB 92, 435.
21 Zustimmend HK-BetrVG-*Steffan,* Rn. 1.
22 *BAG* 11.7.00 – 1 ABR 43/99, DB 01, 599; *LAG Düsseldorf* 13.3.78, DB 78, 1695; *OLG Karlsruhe* 7.6.85, NZA 85, 570; *Fitting,* Rn. 4; *GL,* Rn. 7; GK-*Oetker,* Rn 12; Richardi-*Annuß,* Rn. 6; einschränkend HWGNRH-*Hess,* Rn. 9; *Gutzmann,* DB 89, 1083 [1086].
23 GK-*Oetker,* Rn. 12; *Fitting,* Rn. 4; *Pünnel/Isenhardt,* Rn. 381; *LAG Düsseldorf* 13.3.78, DB 78, 1695.
24 *BAG* 8.8.89, BB 90, 458; *LAG Hessen,* 1.8.06 – 4 TaBV 111/06, NZA-RR 07, 201; *GL,* Rn. 3.
25 Dafür in einem Verfahren nach § 98 ArbGG (heute: § 100 ArbGG) *LAG Berlin* 13.7.88, AiB 88, 314 f.
26 *LAG Niedersachsen* 3.11.09 – 1 TaBV 63/09, NZA-RR 10, 142 = AiB 10, 263 mit Anm. *Trittin/Gilles.*
27 *BAG* 5.2.91 – 1 ABR 24/90, AP Nr. 10 zu § 106 BetrVG 1972; HWK-*Willemsen/Lembke,* Rn. 6.

III. Die fehlende Einigung der Betriebsparteien

6 Bestehen **Meinungsverschiedenheiten zwischen WA und UN,** so führt dies allein noch nicht zu einem ESt.-Verfahren. Der WA muss vielmehr außer einer eindeutigen Festlegung seines Informationsverlangens (oben Rn. 2) den BR bzw. GBR einschalten. Dieser verhandelt dann – wenn er sich das Anliegen des WA zu eigen macht – mit dem UN. Dabei soll dem Grundsatz des § 74 Abs. 1 Satz 2 entsprechend eine Einigung angestrebt werden.[28] Wird nicht ausreichend verhandelt, ergibt sich aber im letzten Anhörungstermin vor dem ArbG über die Einsetzung der ESt., dass die Meinungsverschiedenheiten unüberbrückbar sind, so wird die ESt. gleichwohl eingesetzt.

7 Kommt eine **Einigung** zustande, ist diese auch für den WA bindend.[29] Soweit es um einen konkreten Konflikt geht, genügt eine formlose Betriebsabsprache; eine schriftliche Fixierung ist nicht erforderlich.[30] Möglich ist auch eine dauerhaftere Regelung, die die Pflichten des UN im Einzelnen festschreibt; insoweit handelt es sich dann um eine **BV.**[31] Soweit eine Einigung vorliegt, hat die **ESt. keine Zuständigkeit mehr.** Trägt der UN der Abmachung nicht Rechnung, kann ihre Einhaltung im Wege des Beschlussverfahrens durchgesetzt werden (s. u. Rn. 13). Das ArbG entscheidet auch darüber, wie die Einigung im Einzelnen auszulegen ist.

8 Der **BR bzw. GBR** ist auch dann zur **Verhandlung mit dem UN** und zum Abschluss einer Vereinbarung befugt, wenn von der Möglichkeit des § 107 Abs. 3 Gebrauch gemacht und die Funktion des WA einem BR- bzw. GBR-Ausschuss übertragen wurde. Eine **Ausnahme** gilt lediglich dann, wenn der Ausschuss nach § 28 Abs. 1 Satz 2 ermächtigt wurde, sich selbst mit dem UN über den Umfang der Auskunftspflicht auseinander zu setzen.[32]

IV. Verfahren und Entscheidung der Einigungsstelle

9 Auch im Rahmen des § 109 kommen **die allgemeinen Grundsätze des ESt.-Verfahrens** zur Anwendung (vgl. dazu im Einzelnen § 76 Rn. 89 ff.). Der BR muss beschließen, die ESt. anzurufen; dass auch der WA dies tut, wird nicht vorausgesetzt.[33] Die ESt. hat über das Bestehen des Informationsanspruchs und eine etwaige Gefährdung von Betriebs- und Geschäftsgeheimnissen, und damit ausschließlich über Rechtsfragen zu entscheiden.[34] Dabei kann es auch geboten sein, eine regelmäßig wiederkehrende Unterrichtung des WA vorzusehen.[35] Bejaht wurde dies in der Literatur für eine monatliche betriebswirtschaftliche Auswertung, den jeweiligen aktuellen Auftragsbestand und die regelmäßig erstellte Prognose für die weitere Entwicklung.[36]

10 Hält es die ESt. für erforderlich, kann sie nach Satz 3 **Sachverständige hinzuziehen.**[37] Anders als in den Fällen des § 80 Abs. 3 und des § 108 Abs. 2 Satz 3 ist insoweit keine besondere Vereinbarung mit dem UN erforderlich; der Sachverständige kann daher auch gegen den Willen der vom UN benannten Beisitzer in der ESt. bestellt werden, doch gehen die Kosten zu Lasten des UN.[38] Der Sachverständige unterliegt der Verschwiegenheitspflicht nach § 79 (zur allgemeinen Problematik der Sachverständigen der ESt. vgl. § 76 Rn. 109).

11 Das BetrVG 1952 enthielt in seinem § 70 Abs. 2 ein ausdrückliches Verbot, die ESt. durch eine tarifliche Schlichtungsstelle zu ersetzen. Maßgebend hierfür war die Erwägung, dass es häufig um Fragen aus dem Innenbereich der UN gehe, die wettbewerbsrelevant seien und deshalb nicht auf Branchenebene diskutiert werden dürften.[39] Dieses Verbot ist nicht in das BetrVG 1972 übernommen worden. Daraus muss man schließen, dass auch im Rahmen des § 109

28 *Fitting*, Rn. 7.
29 Ebenso *BAG* 17.12.19 – 1 ABR 25/18, NZA 20, 393 Tz. 30.
30 *Fitting*, Rn. 8; Richardi-*Annuß*, Rn. 13.
31 S. das bei *Hercher*, AiB 92, 5 ff. abgedruckte und kommentierte Beispiel.
32 *Fitting*, Rn. 7; *GL*, Rn. 14.
33 *I. Schmidt*, FS Preis, S. 1183, 1187.
34 *I. Schmidt*, FS Preis, S. 1183, 1187.
35 *Hjort* AuR 23, 104, 106; andeutungsweise auch *BAG* 17.12.19 – 1 ABR 35/18, NZA 20, 393.
36 *Hjort* AuR 23, 104, 106.
37 *LAG München* v. 24.6.10 – 2 TaBV 121/09, Tz. 38.
38 GTAW-*Woitaschek* Rn. 4.
39 Vgl. Richardi-*Annuß*, Rn. 17.

durch TV eine **tarifliche Schlichtungsstelle** eingerichtet werden kann.[40] Ihre Mitglieder sind in gleicher Weise wie die einer ESt. zur Verschwiegenheit verpflichtet.

V. Einschaltung der Arbeitsgerichte

Die ArbG sind einmal dann zur Entscheidung berufen, wenn strittig ist, ob überhaupt ein WA zu bestellen ist[41] oder ob eine wirtschaftliche Angelegenheit i.S.d. § 106 Abs. 3 vorliegt (s.o. Rn. 3). Lehnt der UN mit dem Argument, der Bereich des § 106 Abs. 3 sei verlassen, die Mitwirkung an der Bildung einer ESt. ab, so entscheidet das ArbG im **Beschlussverfahren nach § 100 ArbGG,** ob ein Fall offensichtlicher Unzuständigkeit der ESt. vorliegt. Meinungsverschiedenheiten darüber, ob der WA wirksam errichtet wurde, reichen dafür nicht aus.[42] Weiter liegt keine offensichtliche Unzuständigkeit vor, wenn der WA von der Muttergesellschaft, die auch in den Gemeinschaftsbetrieb »hineinregiert«, wissen möchte, welche Gesellschaft welche Vermögensgegenstände im Rahmen einer Umstrukturierung erhalten hat.[43] Wie auch das *BAG*[44] betonte, kommen Unterlagen nahezu jeder Art für eine Vorlage an den Wirtschaftsausschuss in Betracht, da ein **Zusammenhang mit wirtschaftlichen Angelegenheiten** fast immer bejaht werden kann. Kommt man in einer nach § 100 ArbGG gebildeten ESt. zu einer Einigung in der Sache, sollte man zugleich ein eventuell anhängiges Beschlussverfahren beendigen, um so nachträglich eintretende widersprüchliche Ergebnisse zu vermeiden (dazu o. Rn. 3). Nach Auffassung des *LAG Berlin-Brandenburg*[45] muss beim **Gegenstandswert** danach unterschieden werden, ob nur über die offensichtliche Unzuständigkeit oder auch über die Zahl der Beisitzer und die Person des Vorsitzenden gestritten wird. 12

Kommt im Rahmen des ESt.-Verfahrens eine Einigung zwischen BR/GBR und UN zustande oder erlässt die ESt. einen Spruch,[46] so muss dieser vom UN umgesetzt werden, soweit der Antrag der AN-Seite nicht in vollem Umfang abgewiesen wurde.[47] Zulässig ist auch eine Entscheidung, der AG müsse regelmäßig wiederkehrende Auskünfte erteilen,[48] eine Regelung, die ihre Geschäftsgrundlage verlieren kann, wenn sich die maßgebenden Umstände ändern.[49] Dem UN steht es frei, sich im Wege eines Beschlussverfahrens zur Wehr zu setzen (u. Rn. 14, 14a). Kommt der UN der übernommenen oder ihm auferlegten Verpflichtung nicht nach, kann der BR bzw. GBR ein **arbeitsgerichtliches Beschlussverfahren** einleiten. Aus einem rechtskräftigen Beschluss kann dann gemäß § 85 Abs. 1 ArbGG die **Zwangsvollstreckung** nach den Bestimmungen der ZPO betrieben werden.[50] Nach § 888 Abs. 1 ZPO hat das ArbG den UN auf Antrag durch **Zwangsgeld** zur Erteilung der Auskunft oder zur Vorlage der Unterlagen anzuhalten, da es um eine unvertretbare Handlung geht.[51] Daneben kommt ein Verfahren nach § 23 Abs. 3 sowie ein Ordnungswidrigkeitenverfahren nach § 121 in Frage.[52] Kommt es im Rahmen des Einigungsstellenverfahrens zu einer **Regelungsabrede,** gibt es aber Streit um deren Wirksamkeit oder Umsetzung, so entscheidet das Arbeitsgericht im Beschlussverfahren. 13

40 *Fitting*, Rn. 11; Richardi-*Annuß*, Rn. 17.

41 *LAG Hessen* 1.8.06 – 4 TaBV 111/06 NZA-RR 07, 199. Das *LAG Berlin-Brandenburg* (17.11.22 – 26 Ta (Kost) 6073/22) vertritt die Auffassung, der Gegenstandswert sei geringer als bei einer Anfechtung der Betriebsratswahl. Im konkreten Fall wurden 10000 Euro als angemessen angesehen.

42 *LAG Köln* 27.5.16 – 10 TaBV 28/16 ArbR 16, 488.

43 *LAG Niedersachsen* 3.11.09 – 1 TaBV 63/09, NZA-RR 10, 142.

44 17.9.91 – 1 ABR 74/90, DB 92, 436.

45 17.11.22 – 26 Ta (Kost) 6090/22, NZA 23, 383: 5000 Euro für den Streit um die offensichtliche Unzuständigkeit, je 1250 Euro für den Streit um die Zahl der Beisitzer und die Person des Vorsitzenden.

46 Dieser entspricht funktional einer Regelungsabrede und bedarf deshalb keiner Schriftform: *BAG* 17.12.19 – 1 ABR 25/18, NZA 20, 393 Tz. 23.

47 Ebenso *BAG* 17.12.19 – 1 ABR 25/18, NZA 20, 393 Tz. 13, auch zum Folgenden.

48 *BAG* 17.12.19 – 1 ABR 35/18, NZA 20, 531 Rn. 23ff.

49 Nicht bedacht bei der Kritik am BAG von *Möller,* DB 20, 1463.

50 *Fitting*, Rn. 13; *GL*, Rn. 21, GK-*Oetker*, Rn. 43.

51 *Fitting*, Rn. 13.

52 HWK-*Willemsen/Lembke*, Rn. 16.

Der **Wert des Streitgegenstands** ist dabei nach der Komplexität der Angelegenheit, ihrer wirtschaftlichen Bedeutung und der Zahl der betroffenen AN zu bestimmen.[53]

14 BR/GBR und UN können **gegen** einen **Spruch der ESt. gerichtlichen Rechtsschutz** in Anspruch nehmen.[54] Ficht das UN den Spruch der ESt. an, so bestreitet es zugleich seine Verpflichtung zur Erteilung der Auskunft.[55] Der WA ist als reines Hilfsorgan des BR dazu nicht befugt.[56] Nach der neueren Rspr. des *BAG*[57] unterliegt die Entscheidung der ESt. der vollen gerichtlichen Kontrolle. Überlegungen, der ESt. ein Ermessen bei der Ausfüllung des »grundsätzlichen« Informationsanspruchs zu geben,[58] wurden ausdrücklich aufgegeben.[59] Damit ist der an jener Auffassung in der Literatur geübten Kritik Rechnung getragen worden.[60] Anders zu entscheiden hätte bedeutet, dass der Informationsanspruch nach § 106 Abs. 2 nur nach Maßgabe einer Einigung mit dem UN bzw. eines ESt.-Spruchs bestanden hätte. Eine inhaltlich gegen § 106 Abs. 2 verstoßende Entscheidung der ESt. wäre nur korrigierbar gewesen, wenn sie sich als Ermessensmissbrauch dargestellt hätte. Der Gedanke, durch eine **volle gerichtliche Kontrolle** könne der Zweck des § 109, die Auseinandersetzung auf der betrieblichen Ebene zu halten, gefährdet werden, ist nur auf den ersten Blick plausibel; die Befürchtung, ggf. einem ArbG das Vorliegen eines Betriebs- oder Geschäftsgeheimnisses schildern zu müssen, kann auch bei einer bloßen Ermessenskontrolle begründet sein. Auch wird man nicht behaupten können, eine volle Rechtskontrolle sei nicht praktikabel; zwar kann sich das Verfahren auf Grund der Einschaltung mehrerer Instanzen in die Länge ziehen, doch wird dies nicht dadurch verhindert, dass man den gerichtlichen Prüfungsmaßstab lockert.[61]

14a Leitet der AG ein Beschlussverfahren ein, weil er sich gegen die von der ESt auferlegten Verpflichtungen zur Wehr setzen will, so begehrt er im Regelfall nicht nur die Feststellung, dass der Spruch unwirksam sei; vielmehr will er auch festgestellt haben, dass er die begehrte Auskunft nicht erteilen muss.[62] Der BR wird seinerseits nicht nur die Abweisung des Antrags beantragen. Vielmehr ist er gut beraten, zugleich die von der ESt zugesprochene konkrete Form der Unterrichtung geltend zu machen, da ihm nur dann eine **Durchsetzung** mit Zwangsmitteln möglich ist.[63]

15 Wegen der **Primärzuständigkeit der ESt.** ist es dem BR bzw. GBR verwehrt, unter Umgehung der ESt. die Informationsrechte nach § 106 direkt im Wege des Beschlussverfahrens durchzusetzen.[64]

16 Die Vorschaltung der ESt. kann **in Eilfällen** zu Problemen führen, da die ESt. keine vollstreckbaren einstweiligen Verfügungen erlassen kann und das Verfahren ggf. einige Zeit in Anspruch nimmt. Der Vorsitzende der ESt. ist gehalten, notfalls **innerhalb weniger Tage** eine **Sitzung** einzuberufen und **innerhalb von 1 bis 2 Wochen** zu einer **Entscheidung** zu kommen. Wird sie dann vom UN nicht umgesetzt, kann bei entsprechender Dringlichkeit nach § 85 ArbGG eine **einstweilige Verfügung** im Beschlussverfahren ergehen.[65] Dasselbe gilt dann, wenn die ESt. ihrer Aufgabe nicht rechtzeitig nachkommt; insoweit müssen die Gerichte in die Bresche springen.[66]

---

53 *LAG Berlin-Brandenburg* 18.11.22 – 26 Ta (Kost) 6060/22, FA 23, 28.
54 Zulässig ist auch, nur einen (selbständigen) Teil des Spruches anzufechten: *BAG* 17.12.19 – 1 ABR 25/18, NZA 20, 393 Tz. 13.
55 *BAG* 17.12.19 – 1 ABR 35/18, NZA 20, 531.
56 Vgl. *BAG* 17.12.19 – 1 ABR 25/18, NZA 20, 393 Tz. 31.
57 11.7.00 – 1 ABR 43/99, DB 01, 598. Ebenso *BAG* 17.12.19 – 1 ABR 25/18, NZA 20, 393.
58 *BAG* 8.8.89 – 1 ABR 61/88, DB 89, 2621.
59 Zustimmend *I. Schmidt*, FS Preis, S. 1183, 1189 f.
60 *Dütz*, FS Gaul, S. 50; *Wlotzke*, 2. Aufl., Anm. 2; *WW*, Rn. 8; HWGNRH-*Hess*, Rn. 14 m. w. N.
61 *Dütz*, FS Gaul, S. 54; *Däubler*, Anm. AuR 00, 155.
62 *BAG* 17.12.19 – 1 ABR 35/18, NZA 20, 531 Tz. 18.
63 So *LAG Köln* 5.10.11 – 9 TaBV 94/10, juris.
64 *BAG* 8.8.89, BB 90, 458 [459]; *LAG Frankfurt* 1.9.88, DB 88, 2519.
65 Zustimmend ErfK-*Kania*, Rn. 8.
66 GTAW-*Woitaschek*, Rn 6; ablehnend, jedoch ohne auf diesen Spezialfall einzugehen, *ArbG Wetzlar* 28.2.89, NZA 89, 443; HWK-*Willemsen/Lembke*, Rn. 17.

§ 109a Unternehmensübernahme

In Unternehmen, in denen kein Wirtschaftsausschuss besteht, ist im Fall des § 106 Abs. 3 Nr. 9a der Betriebsrat entsprechend § 106 Abs. 1 und 2 zu beteiligen; § 109 gilt entsprechend.

Entgegen der sonst praktizierten Systematik wird dem BR im engen Bereich des § 106 Abs. 3 Nr. 9a die Stellung eines WA eingeräumt, wenn ein solcher nicht existiert. Letzteres kann darauf beruhen, dass das UN nicht mehr als 100 AN beschäftigt oder dass diese Voraussetzung zwar erfüllt ist, pflichtwidrig jedoch kein WA gebildet wurde.[1] Die Verweisung auf § 106 Abs. 1 hat entgegen *Löwisch*[2] nicht die Bedeutung, den 100-Personen-Grenzwert auch auf § 109a zu erstrecken; vielmehr geht es darum, auf die Funktion des WA zu verweisen. Auch wäre es erstaunlich, würde der Gesetzgeber eine Sondernorm allein zugunsten von pflichtwidrig handelnden BRs und GBRs schaffen, was dann ja als einziger Anwendungsfall übrig bliebe. Eher wäre daran zu denken, mit *Kania*[3] nur die kleineren UN einzubeziehen, doch ist die gesetzliche Formulierung so allgemein gehalten, dass auch der Fall des **pflichtwidrig nicht gebildeten WA** miterfasst sein dürfte. 1

Existiert im UN ein **GBR,** jedoch kein WA, so tritt dieser an die Stelle der örtlichen BR, da der Kontrollerwerb das UN als Ganzes betrifft.[4] 2

In der Literatur wurde zu Recht kritisiert, dass andere in § 106 Abs. 3 genannte Materien sehr viel engere Berührungspunkte mit der Betriebsratstätigkeit aufweisen, ohne dass sich § 109a auf diese Fälle erstrecken ließe.[5] Inhaltlich kann auf die Erläuterungen zu § 106 Abs. 3 Nr. 9a (oben Rn. 86ff.) verwiesen werden. Soweit der BR nach WpÜG einzuschalten ist (oben § 106 Rn. 86), tritt § 109a als allgemeinere Norm zurück.[6] 3

§ 110 Unterrichtung der Arbeitnehmer

(1) In Unternehmen mit in der Regel mehr als 1000 ständig beschäftigten Arbeitnehmern hat der Unternehmer mindestens einmal in jedem Kalendervierteljahr nach vorheriger Abstimmung mit dem Wirtschaftsausschuss oder den in § 107 Abs. 3 genannten Stellen und dem Betriebsrat die Arbeitnehmer schriftlich über die wirtschaftliche Lage und Entwicklung des Unternehmens zu unterrichten.

(2) In Unternehmen, die die Voraussetzungen des Absatzes 1 nicht erfüllen, aber in der Regel mehr als zwanzig wahlberechtigte ständige Arbeitnehmer beschäftigen, gilt Absatz 1 mit der Maßgabe, dass die Unterrichtung der Arbeitnehmer mündlich erfolgen kann. Ist in diesen Unternehmen ein Wirtschaftsausschuss nicht zu errichten, so erfolgt die Unterrichtung nach vorheriger Abstimmung mit dem Betriebsrat.

Inhaltsübersicht Rn.

1 So auch *Hjort,* AiB 09, 135; *Ratayczak,* AiB 08, 631; *Schröder/Falter,* NZA 08, 1101.
2 DB 08, 2834.
3 ErfK-*Kania* § 109a Rn 1.
4 GTAW-*Woitaschek,* Rn. 1.
5 *Simon-Dobel,* BB 08, 1958; *Thüsing,* ZIP 08, 108.
6 *Simon-Dobel,* BB 08, 1958.

I. Vorbemerkungen

1 Die Vorschrift baut auf den §§ 69 Abs. 3, 71 BetrVG 1952 auf, wonach der Unternehmer einmal pro Vierteljahr »zusammen« mit dem WA und dem BR den Belegschaftsmitgliedern **Kenntnis von der Lage** und **von der Entwicklung des UN zu geben** hatte. Wichtigste Neuerung war die nunmehr bestehende Möglichkeit, in Betrieben mit mehr als 1000 ständig beschäftigten Arbeitnehmern eine schriftliche Unterrichtung vorzunehmen.[1]

2 Die Vorschrift des **§ 110 führt** inhaltlich die **Informationsrechte** des einzelnen AN **nach § 81 fort:** Während es dort ausschließlich um Probleme des Arbeitsplatzes und des Betriebs geht, will § 110 die Information des Einzelnen über die »wirtschaftliche Lage und Entwicklung des Unternehmens« sicherstellen. In Rede steht dabei nicht allein eine Pflicht des AG, sondern auch ein entsprechendes Informations**recht des einzelnen AN.**[2] Dies rechtfertigt es, die Vorschrift auch in **Betrieben** entsprechender Größe **ohne BR** anzuwenden.[3] Dieselbe Rechtsfolge ergibt sich nunmehr aus der **Richtlinie über Unterrichtung und Anhörung der Arbeitnehmer** (Einl. Rn. 251, 257); § 110 muss insoweit richtlinienkonform ausgelegt werden.

3 Die Unterrichtung der AN muss mindestens einmal im Kalendervierteljahr erfolgen, und zwar in UN mit i. d. R. mehr als 1000 ständig beschäftigten AN schriftlich und in UN mit i. d. R. mehr als 20 wahlberechtigten ständig beschäftigten AN zumindest mündlich. Damit wird der **Zweck** verfolgt, den Einzelnen zum **»Mitreden-Können«** zu befähigen; die in § 75 Abs. 2 niedergelegte Zielvorstellung der freien Entfaltung der AN-Persönlichkeit im Betrieb setzt voraus, dass der Einzelne über die Umstände, unter denen er arbeitet, möglichst umfassend informiert ist. Nur auf einer solchen Grundlage kann das **Stück Demokratie** funktionieren, das vom BetrVG gewollt ist.

4 Die Pflicht des UN aus § 110 besteht **unabhängig von der Verpflichtung des AG aus § 43 Abs. 2 Satz 3,** einmal in jedem Kalenderjahr in einer Betriebsversammlung u. a. über die wirtschaftliche Lage und Entwicklung »des Betriebs« zu berichten.[4] Inhaltliche Überschneidungen sind unschädlich; soweit nach § 110 mündliche Information genügt, können beide Informationspflichten gleichzeitig erfüllt werden.

II. Der Vierteljahresbericht in Unternehmen mit über 1000 Beschäftigten

5 Die in Abs. 1 vorgesehene schriftliche Unterrichtung ist nur in Unternehmen mit mehr als 1000 »ständig beschäftigten Arbeitnehmern« (zu diesem Begriff s. § 106 Rn. 11 ff.) vorgeschrieben. Abs. 2 stellt demgegenüber darauf ab, dass in der Regel mehr als 20 »wahlberechtigte« Arbeitnehmer ständig beschäftigt sind (zur Abgrenzung dieses Personenkreises s. § 1 Rn. 132 ff., § 7 Rn. 10 ff.). Auf die Größe der einzelnen Betriebe kommt es nicht an.

1. Gegenstand der Information

6 Aus der Formulierung »Lage und Entwicklung« folgt zunächst, dass eine reine Momentaufnahme nicht ausreicht. Es müssen sowohl der **Weg zum Status quo** (einschließlich der Veränderungen seit dem letzten Bericht) wie auch die **Zukunftsaussichten** behandelt werden.[5] Einzubeziehen sind insbesondere getätigte und beabsichtigte **Investitionen,** die sich auf die Lage der AN auswirken können; dies gilt z. B. für technische Umstellungen oder Erweiterungen des Geschäftsgebiets. Auch ein freiwilliges oder erzwungenes Zurückfahren von Aktivitäten muss benannt werden. Sinnvoll, wenn auch nicht zwingend geboten, sind Ausführungen über die Situation der Branche sowie über die Entwicklung des Kapitalmarkts. Der Detailliertheitsgrad hängt von den Umständen ab. Niemand wird vom UN erwarten, einen umfassenden Rechenschaftsbericht zu geben; es reicht vielmehr aus, wenn **der einzelne AN in die Lage versetzt wird, »nachzuhaken«,** d. h., sachgerechte Fragen in der Betriebsversammlung oder in

1 BR-Drucks. 715/70, S. 54.
2 Schaub-*Ahrendt,* § 234 Rn. 43; HWK-*Willemsen/Lembke,* Rn. 1.
3 Dafür in Bezug auf die §§ 81 ff. Richardi-*Thüsing,* vor § 81 Rn. 5 m. w. N.
4 GK-*Oetker,* Rn. 2.
5 *Fitting,* Rn. 7.

der Sprechstunde des BR zu stellen.[6] Mitteilungen, wie sie üblicherweise an Aktionäre versandt werden, stellen jedenfalls insoweit einen Anhaltspunkt dar, als die Angaben nicht weniger konkret sein dürfen.[7] Allerdings wird sich der Informationsbedarf der Beschäftigten häufig auf andere Aspekte wie insbesondere die Sicherheit der Arbeitsplätze erstrecken, während für Aktionäre primär der zu erwartende Gewinn und die beabsichtigten Ausschüttungen von Interesse sind. Inhaltlich wird sich der Bericht des UN zweckmäßigerweise an dem Katalog des § 106 Abs. 3 orientieren.[8] Dabei ist – soweit ein Anlass besteht – auch auf die Umweltverträglichkeit der Herstellungsverfahren und der Produkte einzugehen.

Der UN ist nicht zu Angaben verpflichtet, durch die **Betriebs- und Geschäftsgeheimnisse** des Unternehmens gefährdet werden könnten.[9] § 106 Abs. 2 und § 43 Abs. 2 Satz 3 finden insoweit entsprechende Anwendung. Dasselbe gilt für Gegenstände der sog. ad-hoc-Publizität vor ihrer Veröffentlichung.[10] Für die Konstruktion einer **weiteren Grenze,** wonach keine Angaben geschuldet sind, deren Bekanntwerden die Wettbewerbs- und Finanzsituation des Unternehmens gefährden könnte,[11] besteht **keine Rechtsgrundlage.**[12] Auch wäre es wenig konsequent, wollte man die Informationspflicht nach § 110 und nach § 43 Abs. 2 Satz 3 unterschiedlich bestimmen; dort ist aber nur von einer Begrenzung durch »Betriebs- oder Geschäftsgeheimnisse« die Rede.[13] Auch im Verhältnis zu Aktionären fehlt es an einer entsprechenden Abschirmungsvorschrift. Zu beachten ist allerdings, dass Angaben, die die Stellung des Unternehmens auf dem Markt oder seine Kreditwürdigkeit beeinträchtigen würden, schon vom Begriff des Betriebs- und Geschäftsgeheimnisses erfasst werden (dazu näher § 79 Rn. 7 ff.). 7

2. Zeitpunkt der Information

Die Unterrichtung der AN muss »mindestens einmal in jedem Kalendervierteljahr« erfolgen. Den genauen Zeitpunkt bestimmt der UN.[14] Besteht ein ausreichender Anlass, kann der **Abstand zwischen zwei Unterrichtungen** auf wenige Wochen schrumpfen. Da es sich um ein Mindestrecht handelt, muss der UN ggf. auch innerhalb eines Kalendervierteljahres mehr als einmal informieren, sofern sich die Ereignisse überstürzen.[15] Der UN wird dies schon im eigenen Interesse tun, da eine klare Information das Entstehen von Ängsten und Gerüchten verhindert und so zu einem reibungslosen Arbeitsablauf beiträgt. 8

3. Schriftlichkeit

Die durch Abs. 1 vorgeschriebene schriftliche Unterrichtung kann beispielsweise mit Hilfe der **Werkszeitung**[16] sowie dadurch erfolgen, dass der Bericht vervielfältigt und allen AN durch die Hauspost übermittelt wird. In Betracht kommt weiter eine **Verteilung auf der Betriebsversammlung,**[17] wobei es genügen dürfte, hektographierte Exemplare zur Mitnahme auszulegen.[18] Möglich ist auch die **Zusendung an die Privatanschrift** oder eine Mitteilung per **E-Mail.** Welchen Weg der UN einschlagen will, ist seinem pflichtgemäßen Ermessen überlassen.[19] **Nicht** ausreichend ist eine Bekanntmachung **am Schwarzen Brett;** die oft recht komplizierten wirt- 9

6 Zustimmend ErfK-*Kania,* Rn. 1.
7 Vgl. *Fitting,* Rn. 7; *GL,* Rn. 4; zustimmend HWK-*Willemsen/Lembke,* Rn. 16.
8 Vgl. auch *Rumpff/Boewer,* S. 250.
9 GK-*Oetker,* Rn. 13.
10 HWK-*Willemsen/Lembke,* Rn. 9; *Schleifer/Kliemt,* DB 95, 2214.
11 Vgl. *Fitting,* Rn. 7; HWGNRH-*Hess,* Rn. 6.
12 GK-*Oetker,* Rn. 12.
13 HSWGN-*Worzalla,* § 43 Rn. 17, der allerdings auch »vertrauliche Angaben« einbezieht.
14 HWGNRH-*Hess,* Rn. 4; HWK-*Willemsen/Lembke,* Rn. 8.
15 GK-*Oetker,* Rn. 18.
16 HWGNRH-*Hess,* Rn. 8.
17 *Dütz,* FS Westermann, S. 52; *Fitting,* Rn. 5.
18 HWGNRH-*Hess,* Rn. 8.
19 Richardi-*Annuß,* Rn. 6.

schaftlichen Zusammenhänge eignen sich wenig für eine Lektüre im Vorbeigehen.[20] Der einzelne AN muss in der Lage sein, die Informationen sorgfältig aufzunehmen und sich über sie Gedanken zu machen; nur dann kann er sinnvoll von seinen Nachfrage- und Mitgestaltungsrechten Gebrauch machen (vgl. oben Rn. 3). Eine Beschränkung auf das Schwarze Brett kann im Übrigen dazu führen, dass sich dort während der Arbeitszeit Schlangen bilden, wenn – beispielsweise im Krisenfalle – im Betrieb ein hoher Fragebedarf besteht.[21] Im Übrigen muss sich der UN um eine verständliche Sprache bemühen; Fachtermini sind in Alltagssprache zu »übersetzen«.

10 Werden nicht nur ganz vereinzelt **ausländische AN** im UN beschäftigt, ist der Bericht in die entsprechenden Sprachen zu **übersetzen.**[22] Insofern gelten dieselben Grundsätze wie beim Bericht des BR in der Betriebsversammlung (§ 43 Rn. 11) sowie bei der Vorbereitung der BR-Wahl (§ 2 WO Rn. 26 ff.). Auch bei ausländischen Arbeitnehmern, die schon längere Zeit in Deutschland arbeiten, können keine Sprachkenntnisse auf wirtschaftlichem Gebiet vorausgesetzt werden, die denen eines deutschen Staatsangehörigen entsprechen. Eine Ausnahme ist nur dann zu machen, wenn ausländische Beschäftigte hier geboren sind oder eine volle deutsche Schulausbildung absolviert haben. Ein **englischer Bericht** genügt den gesetzlichen Anforderungen nur dann, wenn alle AN fließend Englisch sprechen und niemand Einwendungen erhebt.

4. »Abstimmung« mit Wirtschaftsausschuss und Betriebsrat

11 Bevor der UN seinen Bericht erstattet, muss er sich mit dem WA (bzw. dem ihn ersetzenden BR-Ausschuss nach § 107 Abs. 3) sowie mit dem BR abstimmen. Besteht im UN ein GBR, ist dieser der gebotene Ansprechpartner. Die Besprechung mit dem WA und dem BR bzw. GBR muss nicht in einer Sitzung erfolgen, doch erscheint dies aus UN-Sicht zweckmäßig. Wurde entgegen den gesetzlichen Bestimmungen kein WA gebildet, ist lediglich der BR bzw. GBR einzuschalten.[23]

12 »Abstimmung« bedeutet, dass dem BR und dem WA **Gelegenheit zur Stellungnahme** gegeben und dass deren Position bei der endgültigen Formulierung berücksichtigt wird.[24] BR und WA können nicht nur Änderungen, sondern auch die Aufnahme zusätzlicher Punkte vorschlagen.[25] Dem Gebot der vertrauensvollen Zusammenarbeit nach § 2 Abs. 1 entspricht es, dass Meinungsverschiedenheiten eingehend erörtert werden. Der **UN** kann selbstredend nicht gezwungen werden, sich die Auffassung des BR oder des WA zu Eigen zu machen. Er **bleibt für** den **Inhalt der Berichterstattung verantwortlich**[26] und bestimmt grundsätzlich allein über Inhalt und Form.[27] Dem **BR** und dem WA steht nach verbreiteter Auffassung allerdings das Recht zu, die **Aufnahme seiner abweichenden Sicht** der Dinge in den Bericht zu verlangen **oder** – soweit der AG dies ablehnt – einen eigenen **»Alternativbericht«** vorzulegen.[28] Ohne ein solches **»Gegendarstellungsrecht«** wäre die Einschaltung von BR und WA eine reine Formalität, ja sie könnte den Anschein erwecken, dass beide Gremien die von ihnen nicht geteilte Sicht des UN unterstützen. Das BAG hat sich dieser Ansicht nicht angeschlossen und hält es für ausreichend, dass es einen groben Verstoß des Arbeitgebers gegen seine betriebsverfassungsrechtlichen Pflichten darstellt, wenn er sich nicht oder nicht genügend mit der Haltung von BR und

20 Ebenso ErfK-*Kania,* Rn. 3; GK-*Fabricius,* 6. Aufl., Rn. 5; *GL,* Rn. 7; *Grauvogel u. a.,* 1. Aufl., Rn. 429; HK-BetrVG-*Steffan,* Rn 2; HWK-*Willemsen/Lembke,* Rn. 13; Richardi-*Annuß,* Rn. 6; *WW,* Rn. 2; im Grundsatz nunmehr auch GK-*Oetker,* Rn. 28; a. A. *Fitting,* Rn. 5; HWGNRH-*Hess,* Rn. 8.

21 *SB,* Rn. 2.

22 *Gege,* S. 191; GK-*Oetker,* Rn. 30; einschränkend HWK-*Willemsen/Lembke,* Rn. 14.

23 GK-*Oetker,* Rn. 20; Richardi-*Annuß,* Rn. 4; *Rumpff/Boewer,* S. 247, 250.

24 HWGNRH-*Hess,* Rn. 5.

25 *BAG* 14.5.13, NZA 13, 1223 Tz. 24.

26 *BAG* 1.3.66, AP Nr. 1 zu § 69 BetrVG (1952).

27 *Fitting,* Rn. 3; *GL,* Rn. 6; Richardi-*Annuß,* Rn. 5.

28 Ebenso ErfK-*Kania,* Rn. 6; *Fitting,* Rn. 4; GK-*Fabricius,* 6. Aufl., Rn. 20; *Gege,* S. 190; HK-BetrVG-*Steffan,* Rn 4; GTAW-*Woitaschek,* Rn 2; *SB,* Rn. 7; *WW,* Rn. 7; a. A. HSWGN-*Hess,* Rn. 9; GK-*Oetker,* Rn. 16; HWK-*Willemsen/Lembke,* Rn. 11; Richardi-*Annuß,* Rn. 5; *Rumpff/Boewer,* S. 248; ein Muster-Briefwechsel findet sich in DKWF-*Däubler,* § 110 Rn. 2 ff.

WA auseinander setzt.[29] Der BR könnte seinen abweichenden Standpunkt zwar in seinen der Betriebsversammlung zu erstattenden Tätigkeitsbericht nach § 43 Abs 1 Satz 1 einbauen, doch tauchen die Meinungsverschiedenheiten häufig im Verhältnis zwischen AG und GBR bzw. WA auf, die beide in der Betriebsversammlung kein Rederecht haben.[30] Auch die Befugnis des BR, ein Informationsblatt herauszugeben (§ 40 Rn. 144) oder betriebsbezogene Mitteilungen ins Intranet zu stellen, sind nicht immer ein ausreichendes Äquivalent. Schließlich ist zu beachten, dass unter dem BetrVG 1952 die wohl herrschende Auffassung dem BR das Recht einräumte, seine abweichende Stellungnahme dem Bericht des UN beizufügen;[31] es kann aber kaum Sinn des BetrVG 1972 sein, die Handlungsmöglichkeiten des BR und des WA zu reduzieren.

Die Tatsache, dass der Bericht des UN schriftlich erfolgt, hat zur Konsequenz, dass die **Diskussion in der nächsten Betriebsversammlung** stattfindet; dies schließt Gespräche am Arbeitsplatz nicht aus. 13

III. Der Vierteljahresbericht in kleineren Unternehmen

Werden im UN mehr als 20 wahlberechtigte ständige AN beschäftigt ohne dass die in Abs. 1 genannte Zahl erreicht wäre, so hat der UN das Recht, seinen **Bericht mündlich** zu erstatten. Dies wird er zweckmäßigerweise in der Betriebsversammlung tun und seine durch § 43 Abs. 2 vorgeschriebenen Ausführungen entsprechend erweitern. Dabei muss auch ein **Einzelkaufmann** genauso wie ein Geschäftsführer oder ein Vorstandsmitglied nicht persönlich erscheinen, sondern **kann sich vertreten lassen.**[32] Ob er von dieser Möglichkeit Gebrauch macht, richtet sich nach den Umständen; die Abwesenheit des eigentlichen Entscheidungsträgers wird von den Beschäftigten häufig als Geringschätzung ihrer Probleme gewertet. Zulässig ist auch, den mündlichen Bericht in einer »Mitarbeiterversammlung« oder in einer Reihe von »Abteilungsversammlungen« zu geben, doch dürfen diese nicht zu »Konkurrenzveranstaltungen« gegenüber Betriebsversammlungen werden (§ 42 Rn. 50 ff.). Dem AG steht es im Übrigen frei, von der Möglichkeit des Abs. 2 keinen Gebrauch zu machen und einen schriftlichen Bericht vorzulegen.[33] 14

Bei UN mit bis zu 20 wahlberechtigten ständigen AN ist § 110 nicht anwendbar. Allerdings besteht auch dort eine **arbeitsvertragliche Nebenpflicht** des AG, in angemessenem Umfang über die Lage des UN zu informieren; insoweit gilt nichts anderes als in Bezug auf die Unterrichtungs- und Erörterungspflichten nach § 81, die gleichfalls nicht allein betriebsverfassungsrechtlichen Charakter besitzen (§ 81 Rn. 1, 3). 15

IV. Streitigkeiten

Kommt der UN seiner Unterrichtungspflicht nach § 110 nicht nach, macht er sich einer **Ordnungswidrigkeit** nach § 121 schuldig, die mit Geldbuße bis zu 10 000 Euro belegt werden kann.[34] Erfasst ist nicht nur die völlige Untätigkeit, sondern auch die Erstattung eines wahrheitswidrigen, unvollständigen oder verspäteten Berichts (§ 121 Rn. 10). Voraussetzung für eine Sanktion ist allerdings, dass der UN zumindest mit **bedingtem Vorsatz** gehandelt hat (§ 121 Rn. 22). BR und WA sind nicht berechtigt, anstelle des säumigen UN einen eigenen Bericht vorzulegen; für eine solche »Ersatzvornahme« fehlt eine ausreichende Rechtsgrundlage.[35] 16

Meinungsverschiedenheiten zwischen dem BR bzw. GBR und dem WA auf der einen Seite sowie dem UN auf der anderen Seite, die sich auf die Pflicht zur Berichterstattung, auf die Einbeziehung von BR/GBR und WA sowie auf den Inhalt des Berichts beziehen, sind vom 17

---

29 *BAG*, 14. 5. 13, NZA 13, 1223 Tz. 24.
30 GK-*Fabricius*, 6. Aufl., Rn. 23; *Fitting*, Rn. 4.
31 *Dietz*, § 69 Rn. 20; *Galperin/Siebert*, § 69 Rn. 20; ohne nähere inhaltliche Stellungnahme wohl a. A. *Fitting/Kraegeloh/Auffarth*, § 69 Rn. 13.
32 HWGNRH-*Hess*, Rn. 4.
33 Richardi-*Annuß*, Rn. 8.
34 *Fitting*, Rn. 11; *GL*, Rn. 11; HWGNRH-*Hess*, Rn. 14; Richardi-*Annuß*, Rn. 11.
35 GK-*Oetker*, Rn. 5; Richardi-*Annuß*, Rn. 10.

Arbeitsgericht im Wege des **Beschlussverfahrens** zu klären.[36] Die Antragsbefugnis steht auf AN-Seite allerdings ausschließlich dem BR bzw. dem GBR zu (§ 107 Rn. 44). So kann der BR beispielsweise den Antrag stellen, den UN zur Erstattung des Berichts zu verpflichten. Die Einschaltung der ESt. nach § 109 kommt nur dann in Betracht, wenn der WA im Rahmen des Abstimmungsverfahrens bestimmte Informationen verlangt, die der UN verweigert.[37] Der **Inhalt des Berichts** selbst ist **nicht einigungsstellenfähig;** auch im Beschlussverfahren kann nicht über einzelne Formulierungen, sondern nur darüber gestritten und entschieden werden, inwieweit eine Stellungnahme des BR/GBR oder des WA aufzunehmen ist. Jede andere Lösung würde überdies auch die systematische Stellung des § 110 verkennen, der dem § 109 nachfolgt und dort auch nicht in Bezug genommen ist.

18 Schließlich kann der **einzelne AN** seine Informationsrechte im **Urteilsverfahren** einklagen;[38] allerdings wird er dies nur tun, wenn er z. B. als BR-Mitglied einen verstärkten Kündigungsschutz genießt. Verletzt der UN seine Unterrichtungspflicht, steht dem einzelnen AN ein Zurückbehaltungsrecht zu (näher § 81 Rn. 24).

Anhang zu §§ 106 – 110

§§ 5, 126, 194 UmwG

§ 5 Inhalt des Verschmelzungsvertrags

(1) Der Vertrag oder sein Entwurf muß mindestens folgende Angaben enthalten:
(…)
9. die Folgen der Verschmelzung für die Arbeitnehmer und ihre Vertretungen sowie die insoweit vorgesehenen Maßnahmen.
(2) (…)
(3) Der Vertrag oder sein Entwurf ist spätestens einen Monat vor dem Tage der Versammlung der Anteilsinhaber jedes beteiligten Rechtsträgers, die gemäß § 13 Abs. 1 über die Zustimmung zum Verschmelzungsvertrag beschließen soll, dem zuständigen Betriebsrat dieses Rechtsträgers zuzuleiten.

§ 126 Inhalt des Spaltungs- und Übernahmevertrags

(1) Der Spaltungs- und Übernahmevertrag oder sein Entwurf muß mindestens folgende Angaben enthalten:
(…)
11. die Folgen der Spaltung für die Arbeitnehmer und ihre Vertretungen sowie die insoweit vorgesehenen Maßnahmen.
(2) (…)
(3) Der Vertrag oder sein Entwurf ist spätestens einen Monat vor dem Tag der Versammlung der Anteilsinhaber jedes beteiligten Rechtsträgers, die gemäß § 125 in Verbindung mit § 13 Abs. 1 über die Zustimmung zum Spaltungs- und Übernahmevertrag beschließen soll, dem zuständigen Betriebsrat dieses Rechtsträgers zuzuleiten.

§ 194 Inhalt des Umwandlungsbeschlusses

(1) In dem Umwandlungsbeschluß müssen mindestens bestimmt werden:
(…)

36 *Dütz,* FS Westermann, S. 53; *Fitting,* Rn. 10; GK-*Oetker,* Rn. 34; HWGNRH-*Hess,* Rn. 15; Richardi-*Annuß,* Rn. 12.
37 GK-*Oetker,* Rn. 35; Richardi-*Annuß,* Rn. 13.
38 HK-*Steffan* Rn. 5; ErfK-*Kania,* Rn. 8; HWK-*Willemsen/Lembke,* Rn. 21.

7. **die Folgen des Formwechsels für die Arbeitnehmer und ihre Vertretungen sowie die insoweit vorgesehenen Maßnahmen.**

(2) Der Entwurf des Umwandlungsbeschlusses ist spätestens einen Monat vor dem Tage der Versammlung der Anteilsinhaber, die den Formwechsel beschließen soll, dem zuständigen Betriebsrat des formwechselnden Rechtsträgers zuzuleiten.

Inhaltsübersicht

I. Einleitung

1 Das UmwG enthält an drei Stellen Regelungen, die dem **BR** ein **Informationsrecht** gewähren, das ihn zu einer Einschätzung der bevorstehenden Umwandlungen befähigen soll. Außerdem muss in den fraglichen Vertragsentwürfen dargelegt sein, welche Folgen die Umwandlung für die Arbeitnehmer und ihre Vertretungen hat und welche Maßnahmen in diesem Zusammenhang vorgesehen sind. Erfasst sind damit alle wesentlichen Formen der Umwandlung:

- **Verschmelzung** von Unternehmen (§ 5 UmwG);
- **Spaltung** von Unternehmen in allen gesetzlich zugelassenen Varianten (§ 123 UmwG), wobei sich die Regelung in § 126 UmwG im Abschnitt »Spaltung zur Aufnahme« befindet, auf die bei der »Spaltung durch Neugründung« verwiesen wird (§ 135 UmwG);
- **Formwechsel** (§ 194 UmwG)
- **Vermögensübertragung.** Wird das gesamte Vermögen auf die öffentliche Hand übertragen, gelten nach § 176 UmwG die Regeln über die Verschmelzung, wird nur ein Teil übertragen, finden nach § 177 UmwG die Vorschriften über die Spaltung Anwendung.

Verschmelzungen und Formwechsel können innerhalb der EU auch **grenzüberschreitend** erfolgen; auch kann nach Art. 2 SE-VO eine SE mit Sitzverlegung ins Ausland gegründet werden.[1]

Einen ähnlichen Fall regelt § 27 Abs. 2 und 3 **WpÜG.** Soll eine Gesellschaft aufgekauft werden (»Zielgesellschaft« genannt), muss deren Betriebsrat ebenfalls eingeschaltet werden (§ 106 BetrVG Rn. 86).

Unternehmenskäufe und -verkäufe haben in den vergangenen Jahren zugenommen;[2] oft werden dabei auch die Instrumente des UmwG genutzt.

2 Inhaltlich stimmen die Regelungen für alle Umwandlungsformen überein: **Spätestens einen Monat vor der Entscheidung** der Gesellschafter- oder Anteilseignerversammlung muss der Vertrag oder sein Entwurf **dem zuständigen Betriebsrat** des Rechtsträgers **zugeleitet** werden.

1 *Morgenroth/Salzmann,* NZA-RR 2013, 449.
2 Dazu *Balkenhol,* AiB 2/19 S. 30 ff.

Inhaltlich muss der Vertrag bzw. der Entwurf die **Folgen für die Arbeitnehmer** und ihre Interessenvertretungen darlegen und ggf. zu ergreifende Maßnahmen beschreiben. Beide Vorschriften wollen nach der amtlichen Begründung[3] zu einer möglichst sozialverträglichen Form der Umwandlung beitragen und damit auch dem sozialen Frieden dienen. Was geschehen soll, wenn den beiden Voraussetzungen nicht Rechnung getragen wird, ist nicht ausdrücklich geregelt; insoweit ist auf allgemeine Grundsätze zurückzugreifen. Die Rechte des BR nach dem UmwG stehen **neben** denen nach **BetrVG** sowie **neben** den **Informationsrechten des WA** (§ 106 BetrVG Rn. 86).[4]

II. Zuleitung des Vertrags an den Betriebsrat

1. Was bedeutet »Zuleitung«?

3 Der im UmwG benutzte Begriff der **»Zuleitung«** ist mit dem üblicheren Begriff des »Zugangs« nach § 130 Abs. 1 Satz 1 BGB identisch.[5] Dem Betriebsrat muss der Vertragstext zur Verfügung stehen. Ob er in Schriftform oder als pdf-Datei vorliegt, spielt keine Rolle. Eine bloße Wiedergabe in Form eines E-Mails würde nicht genügen. Empfangsbefugt ist nach § 26 Abs. 2 Satz 2 BetrVG der **Betriebsratsvorsitzende;** ist dieser verhindert, kann die Zuleitung an seinen **Stellvertreter** erfolgen. Die Entgegennahme durch ein sonstiges Betriebsratsmitglied genügt nicht.[6] Geschieht dies dennoch, so wird dieses zum Boten des Absenders; die Zuleitung ist erst erfolgt, wenn der Vertragstext dem Vorsitzenden, ggf. seinem Stellvertreter oder dem Gesamtgremium vorliegt (§ 26 BetrVG Rn. 34). Sind sowohl der Vorsitzende als auch sein Stellvertreter **nicht nur kurzfristig verhindert,** muss der BR für eine Ersatzvertretung sorgen. Unterlässt er dies, ist eine Zuleitung an jedes BR-Mitglied zulässig, da er sonst nicht mehr »erreichbar« wäre. Von »kurzfristiger« Verhinderung kann im hier interessierenden Zusammenhang noch bei einer vierwöchigen Krankheit oder einem vierwöchigen Urlaub die Rede sein. Anders dann, wenn es z. B. um eine außerordentliche Kündigung geht; die Anhörung des BR nach § 102 Abs. 1 muss hier während weniger Tage möglich sein.

2. Umwandlungsvertrag

4 Die Zuleitung bezieht sich auf den **»Vertrag«,** der die Verschmelzung, die Spaltung oder den Formwechsel zum Gegenstand hat. Ist dieser noch nicht unterschrieben, ist der Entwurf zuzuleiten. Gleichgestellt ist ein **Spaltungsplan,** der die Aufspaltung eines bisher einheitlichen UN zum Gegenstand hat. Der BR muss in die Lage versetzt werden, sich ein Bild über die geplante Umwandlung zu machen. Es sind ihm daher auch **alle Anlagen zur Vertragsurkunde** zur Verfügung zu stellen, selbst wenn sie für die AN ohne Bedeutung sind.[7] Ist der Verschmelzungs- oder Spaltungsvertrag seinerseits Teil eines größeren Vertragswerks, so muss dieses dem BR gleichfalls zur Kenntnis gebracht werden; nur dann ist eine realistische und vollständige Beurteilung des Umwandlungsvertrags möglich. Bei der Verschmelzung durch Neugründung ist wegen § 37 UmwG auch der Gesellschaftsvertrag der neuen Gesellschaft einbezogen.[8] Wird der Vertrag nur unvollständig zugeleitet, so beginnt die Monatsfrist bis zur Gesellschafterversammlung nicht zu laufen. Abschriften des Vertragstextes sind zu beglaubigen.[9]

---

3 BT-Drucksache 12/6699 S. 82f.

4 BGM-*Bachner,* § 4 Rn. 321ff., 325ff.

5 Semler/Stengel-*Schröer,* § 5 UmwG Rn. 141; *Stohlmeier,* BB 1999, 1394, 1395 Fn. 12; DDZ-*Zwanziger/Yalcin,* 11. Aufl., Vorbem. UmwG Rn. 48.

6 Semler/Stengel-*Schröer,* § 5 UmwG Rn. 141.

7 *OLG Naumburg* 17.3.03 – 7 Wx 6/02, GmbH-Rdsch 2003, 1433; zustimmend Kallmeyer-*Willemsen,* § 5 Rn. 174; Schmitt/Hörtnagl/Stratz-*Langner,* § 5 Rn. 117 m.w.N. Ähnlich BGM-*Bachner,* § 4 Rn. 307.

8 Kallmeyer-*Willemsen,* § 5 Rn. 74; Schmitt/Hörtnagl/Stratz-*Langner,* § 5 Rn. 117.

9 BGM-*Bachner,* § 4 Rn. 307; ErfK-*Oetker,* § 5 UmwG Rn. 8.

3. Zuständiger Betriebsrat

Sind an einer Umwandlung wie z. B. einer Fusion **mehrere UN beteiligt,** so sind die jeweiligen BRe einzubeziehen; gibt es in jedem UN nur einen BR, wirft dies keine besonderen Probleme auf. Bestehen in einem UN mindestens zwei Betriebe mit BR und ist ein **GBR** gebildet, so ist der Vertrag bzw. der Entwurf diesem zuzuleiten.[10] Geht es ausschließlich um Veränderungen auf unternehmerischer Ebene, ohne dass die betriebliche Ebene dadurch berührt wäre, so kann es dabei bleiben. Ist dies jedoch im Einzelfall anders, weil beispielsweise in einem aufgenommenen UN BR-Mandate wegfallen sollen, so sind **auch die Einzel-BRe** einzubeziehen, weil sie unmittelbar betroffen sind.[11] Dasselbe gilt, wenn ein Betrieb aus einem UN **abgespalten** oder ausgegliedert wird; auch hier sind sowohl der GBR als auch Einzelbetriebsräte betroffen.[12] In beiden Fällen sind GBR und Einzel-BR zu informieren. Ist **kein GBR gebildet** worden, so ist dies zwar in den allermeisten Fällen ein pflichtwidriges Unterlassen, doch sind dann sämtliche Einzelbetriebsräte zu informieren.[13] Beim **Formwechsel** ist der (vorhandene) GBR zuständig. Einig ist man sich auch auf AG-Seite, dass aus Gründen der Vorsicht alle irgendwie in Betracht kommenden Gremien zu informieren sind,[14] da andernfalls das gesamte Umwandlungsprojekt erheblich verzögert werden könnte. 5

Sind im UN **keine BR** gewählt, so entfällt die Zuleitungspflicht. Das UmwG sieht anders als § 27 Abs. 2 und 3 WpÜG für diesen Fall keine Einschaltung der Belegschaften vor.[15] An der Notwendigkeit, die Folgen für die AN im Vertrag zu benennen, ändert sich jedoch nichts.[16] Das Nichtbestehen eines Betriebsrats muss dem Registergericht notfalls durch eidesstattliche Versicherung nachgewiesen werden.[17] Besteht in einer betroffenen Einheit ein **Personalrat** oder eine kirchliche Mitarbeitervertretung, so ist diese wie ein BR einzuschalten.[18] Besteht ein **KBR,** kommt diesem im Normalfall keine Zuständigkeit zu, da sich die Umwandlung auf Unternehmensebene abspielt.[19] Nimmt sie allerdings eine Dimension an, die den Gesamtkonzern verändert, wird die herrschende Gesellschaft aufgekauft und auf die erwerbende Gesellschaft verschmolzen, so muss der KBR einbezogen werden.[20] Dasselbe gilt, wenn sich aufgrund der Umwandlung seine Zusammensetzung ändert.[21] 6

4. Monatsfrist

Die Zuleitung hat »**spätestens**« **einen Monat** vor dem Tage zu erfolgen, an dem die Versammlung der Anteilseigner über die Verschmelzung, die Spaltung oder den Formwechsel entscheidet. Bei mehrtägigen Sitzungen ist der erste Sitzungstag maßgebend. Die Monatsfrist wird entsprechend §§ 187, 188 BGB zurückgerechnet, so dass der Tag des Beschlusses nicht mitzählt.[22] Fällt der entsprechende Tag des Vormonats auf einen Samstag, Sonntag oder Feiertag, so ist entsprechend § 193 BGB der nächste weiter zurückliegende normale Werktag maßgebend.[23] Fehlt wie z. B. im Februar ein nach diesen Grundsätzen bestimmter Tag, so ist der letzte Tag des (kürzeren) Monats maßgebend. Ein **größerer zeitlicher Abstand** zwischen der Zuleitung und dem Beschluss der Anteilseigner ist unschädlich. 7

---

10 Schmitt/Hörtnagl/Stratz-*Langner,* § 5 Rn. 121.
11 Lutter-*Drygala,* § 5 Rn. 144.
12 DDZ-*Zwanziger/Yalcin,* 11. Aufl., Vorbem. UmwG Rn. 61.
13 Schmitt/Hörtnagl/Stratz-*Langner,* § 5 Rn. 124; DDZ-*Yalcin,* Vorbem. UmwG Rn. 60.
14 *Willemsen,* in: Willemsen/Hohenstatt u.a., Teil C Rn. 440.
15 Semler/Stengel-*Schröer,* § 5 Rn. 148; BGM-*Bachner,* § 4 Rn. 312.
16 DDZ-*Zwanziger/Yalcin,* Vorbem. UmwG Rn. 42; APS-*Steffan,* § 126 UmwG Rn. 58; Lutter-*Drygala* § 5 Rn. 143.
17 BGM-*Bachner,* § 4 Rn. 312.
18 Schmitt/Hörtnagl/Stratz-*Langner,* § 5 Rn. 118.
19 Lutter-*Drygala* § 5 Rn. 144; *Däubler,* RdA 95, 136, 138; *Blechmann,* NZA 05, 1148.
20 DDZ-*Zwanziger/Yalcin,* 11. Aufl., Vorbem. UmwG Rn. 63; vgl. auch *Hausch* RNotZ 2007, 313.
21 BGM-*Bachner,* § 4 Rn. 306.
22 Lutter-*Drygala,* § 5 Rn. 147; Semler/Stengel-*Schröer,* § 5 Rn. 144.
23 DDZ-*Zwanziger/Yalcin,* 11. Aufl., Vorbem. UmwG Rn. 51.

5. Nachträgliche Vertragsänderung

8 Wird der **Umwandlungsvertrag** vor dem Beschluss durch die Versammlung der Anteilseigner **geändert,** so stellt sich das Problem einer **erneuten Zuleitung** an den BR. Dies kann zu einer Verzögerung des gesamten Umwandlungsprojekts führen. Die Meinungen in der Literatur sind geteilt.[24] Rein rechtstechnische oder redaktionelle Änderungen sollten nicht genügen, doch reicht jede potentielle Auswirkung auf die Arbeitnehmer.[25] Dies gilt auch für die Berichtigung falscher Angaben. In allen zweifelhaften Fällen ist den Geschäftsleitungen die erneute Einschaltung des BR zu empfehlen, um so »Rechtsrisiken« auszuschalten.

6. Verzicht auf Einhaltung der Frist

9 Der BR kann auf die **Einhaltung der Monatsfrist,** nicht aber auf die Information als solche **verzichten.**[26] Dies muss wegen § 17 Abs. 1 UmwG (u. Rn. 13) schriftlich geschehen und wird dann naheliegen, wenn wegen einer Vertragsänderung eine erneute Zuleitung notwendig ist, aber zur Folge haben könnte, dass die Eintragung der Umwandlung nicht mehr innerhalb von acht Monaten nach dem geplanten Stichtag möglich ist. Diese Grenze ist für die Inanspruchnahme von steuerlichen Vorteilen von wesentlicher Bedeutung. Der BR wird sich in einer solchen Situation eine kürzere Frist durch Zugeständnisse auf anderen Feldern »abringen« lassen.[27] Hat die **Versammlung** der Anteilseigner **schon stattgefunden,** ohne dass die Frist gewahrt worden wäre, so ist ein nachträglicher Verzicht nicht mehr möglich, da dann vom Recht des BR nichts mehr übrig bliebe.[28]

7. Beratung des Betriebsrats

10 Die Information des BR hat den Sinn, diesem die Möglichkeit zu einer fundierten Stellungnahme zu eröffnen. Zu diesem Zweck kann er sich insbesondere von einem Rechtsanwalt oder einem Betriebswirt **beraten lassen,** da er häufig nicht über die erforderlichen Kenntnisse verfügen wird. Die nötigen Kosten hat nach § 40 BetrVG der Arbeitgeber zu tragen.

8. Stellungnahmen anderer Unternehmensorgane?

11 Der Mindestabstand von einem Monat zur Entscheidung durch die Anteilseigner macht deutlich, dass der BR **nicht vor vollendete Tatsachen gestellt** werden darf, da seine Stellungnahme andernfalls ohne Wert wäre. Daraus wird man den Schluss ziehen können, dass auch der **Aufsichtsrat** oder andere Unternehmensorgane noch keine Entscheidung getroffen haben dürfen, da diese die Haltung der Eigentümer faktisch präjudizieren könnte. Kein Unternehmensorgan, auch kein **Beirat,** darf sich daher effektiv festgelegt haben.

9. Entbehrlicher Verschmelzungsbeschluss

12 Nach § 62 Ab. 4 Satz 1 UmwG ist **kein Verschmelzungsbeschluss notwendig,** wenn sich das **gesamte Grund- oder Stammkapital** der aufzunehmenden Gesellschaft bereits **in der Hand der übernehmenden Aktiengesellschaft** befindet. In diesem Fall beginnt die Monatsfrist mit dem Abschluss des Verschmelzungsvertrags (§ 62 Abs. 4 Satz 4 UmwG), doch ist auch eine Einschaltung des BR vor dessen Abschluss zulässig.[29] Von dieser Möglichkeit sollte Gebrauch gemacht werden, um der Stellungnahme des BR nicht jede praktische Bedeutung zu nehmen. Besitzt die herrschende Gesellschaft **mindestens 90 % der Anteile** an der abhängigen Gesellschaft, so ist ein Verschmelzungsbeschluss nach § 62 Abs. 1 S. 1 UmwG nur bei der abhängigen

24 Nachweise bei *Dzida*, FS Willemsen, S. 100.
25 Schmitt/Hörtnagl/Stratz-*Langner*, § 5 Rn. 120; BGM-*Bachner*, § 4 Rn. 311.
26 *OLG Naumburg* 17.3.03 – 7 Wx 6/02 AP Nr. 2 zu § 5 UmwG; ebenso BGM-*Bachner*, § 4 Rn. 310.
27 Vgl. Semler/Stengel-*Schröer*, § 5 Rn. 141.
28 DDZ-*Zwanziger/Yalcin*, 11. Aufl., Vorbem. UmwG Rn. 55.
29 Lutter-*Drygala*, § 5 Rn. 149.

Gesellschaft, d. h. bei dem übertragenden Rechtsträger notwendig. Dieser Beschluss dient dann als Anknüpfungspunkt für die Zuleitungsfrist auch bei der herrschenden, d. h. der aufnehmenden Gesellschaft.[30]

10. Grenzüberschreitende Verschmelzung

Die grenzüberschreitende Verschmelzung richtet sich nach den §§ 122a bis 122m UmwG. Danach ist dem BR lediglich der Umwandlungsbericht des Arbeitgeber-UN zugänglich zu machen. Gibt es keinen BR, sind anders als bei rein nationalen Vorgängen die AN zu informieren. Allerdings kann die Übermittlung einer Abschrift weder vom BR noch von den einzelnen AN beansprucht werden.[31] 13

11. Ohne Zuleitung keine Eintragung

Dem **Antrag auf Eintragung** der Verschmelzung ist nach § 17 Abs. 1 UmwG »ein **Nachweis über die rechtzeitige Zuleitung** des Verschmelzungsvertrages oder seines Entwurfs an den zuständigen Betriebsrat beizufügen.« Dieser besteht normalerweise in einem Empfangsbekenntnis des Betriebsratsvorsitzenden (oder bei einem Verhinderungsfall seines Stellvertreters). Besonders wichtig ist dies bei elektronischer Übermittlung. Verweigert der BR-Vorsitzende die Annahme oder die Ausstellung eines Empfangsbekenntnisses, so kann der Nachweis der Zuleitung auch auf andere Weise, geführt werden, doch reicht ein bloßes Schreiben an den BR auf keinen Fall aus. Notwendig ist eine vollständige schriftliche Dokumentation; auch schriftliche Zeugenaussagen können genügen. In Zweifelsfällen kann das Registergericht eine eidesstattliche Versicherung verlangen.[32] Gibt es zwar ein Empfangsbekenntnis, ist dieses aber nicht vom BR-Vorsitzenden, sondern von einem anderen BR-Mitglied unterzeichnet, so ist schriftlich zu dokumentieren, woraus sich dessen Empfangszuständigkeit ergab. Ohne solche Nachweise kann **keine Eintragung ins Handelsregister** erfolgen.[33] Dies gilt in gleicher Weise für die Spaltung und den Formwechsel. 14

III. Folgen für die Arbeitnehmer im Umwandlungsvertrag

1. Bedeutung der »Pflichtangaben«

Nach § 5 Abs. 1 Nr. 9, § 126 Abs. 1 Nr. 11 und § 194 Abs. 1 Nr. 7 UmwG sind im Verschmelzungs-, Spaltungs- bzw. Formwechselvertrag die **Folgen für die Arbeitnehmer und ihre Vertretungen** sowie etwaige darauf bezogene **Maßnahmen** darzulegen. Was dies konkret bedeutet, kann unterschiedlich beurteilt werden, wobei in der gesellschaftsrechtlichen Literatur eine restriktive Interpretation dieses »Fremdkörpers«[34] nicht zu übersehen ist. Im Grundsatz handelt es sich um eine Beschreibung der Folgen und damit um sog. **Wissenserklärungen.**[35] Ausnahmsweise kann auch eine Willenserklärung (etwa in Form einer **Arbeitsplatzgarantie** zugunsten der AN) vorliegen, doch bedarf es hierfür eindeutiger Anhaltspunkte.[36] 15

2. Obligatorischer Inhalt

Am bedeutsamsten ist für die Praxis eine Entscheidung des *OLG Düsseldorf*[37]. Sie geht von dem Grundsatz aus, der bloße **Hinweis auf die gesetzlichen Vorschriften** und die dort getroffenen Anordnungen **reiche nicht aus.** Andernfalls wären § 5 Abs. 1 Nr. 9 UmwG und die anderen 16

30 DDZ-*Zwanziger/Yalcin*, 11. Aufl., Vorbem. UmwG Rn. 53.
31 Eingehend DDZ-*Zwanziger/Yalcin*, 11. Aufl., Vorbem. UmwG Rn. 74 f.
32 DDZ-*Zwanziger/Yalcin*, 11. Aufl., Vorbem. UmwG Rn. 51.
33 BGM-*Bachner*, § 4 Rn. 296.
34 Kallmeyer-*Willemsen*, § 5 Rn. 47.
35 BGM-*Bachner*, § 4 Rn. 298.
36 ErfK-*Oetker*, § 5 UmwG Rn. 7; DDZ-*Zwanziger/Yalcin*, 11. Aufl., Vorbem. UmwG Rn. 33.
37 15. 5. 98 – 3 Wx 156/98, NZA 98, 766.

vergleichbaren Vorschriften überflüssig, da sie nur zur Beschreibung dessen führen würden, was sowieso gilt. Es sei daher eine weitergehende Substantiierung vorzunehmen. Zu den Folgen für die Arbeitnehmer würden außerdem nicht nur Nachteile, sondern auch Besserstellungen (z. B. der Beschäftigten bei der aufnehmenden Gesellschaft) gehören; auch sie müssten erwähnt werden.[38]

17 Die Tiefe und Detailliertheit der Angaben bestimmt sich nach dem Sinn des § 5 UmwG und der anderen vergleichbaren Vorschriften. Danach müsse die betriebliche Interessenvertretung möglichst frühzeitig über die bevorstehenden individual- und kollektivarbeitsrechtlichen Folgen informiert werden, **»um eine möglichst sozialverträgliche Durchführung des Verschmelzungsvorgangs zu erleichtern.«**[39] Bei der Spaltung und beim Formwechsel kann nichts anderes gelten. Die Frage, ob in Übereinstimmung mit der im Arbeitsrecht herrschenden Lehre[40] **auch mittelbare** organisatorische und personelle **Folgewirkungen** deutlich gemacht werden müssen, blieb dahingestellt, doch ist sie zu bejahen: Nur wenn der BR auch sie kennt, kann er den Gesamtvorgang richtig einschätzen, die Belegschaft entsprechend informieren und eine fundierte Stellungnahme abgeben. Finden in bestimmten Bereichen keine Veränderungen statt (Die Betriebe des aufnehmenden UN bei der Verschmelzung bleiben von dem ganzen Vorgang unberührt), so ist auch dies festzuhalten. Man spricht insoweit von einer **»Negativerklärung«**.[41]

3. Unmittelbare Folgen

18 Beschränkt man sich zunächst auf die **unmittelbaren Folgen,** so ist beispielsweise bei einer Verschmelzung auch zu erwähnen, welche Konsequenzen sich für die Beschäftigten der aufnehmenden Gesellschaft ergeben. Darüber hinaus ergibt sich ein durchaus beeindruckender **Katalog an Angelegenheiten:**[42]

- Veränderungen der betriebsverfassungsrechtlichen Strukturen einschließlich der **Zusammensetzung des GBR** und der Entstehung von Übergangs- und Restmandaten;
- Veränderungen der **Mitbestimmung im Aufsichtsrat** (bei Spaltung etwa Verlassen des Anwendungsbereichs des MitbG und Unterstellung unter das DrittelbeteiligungsG);[43]
- Veränderungen im Anwendungsbereich des Kündigungsschutzgesetzes; dabei genügt es, wenn diese gemäß § 323 Abs. 1 UmwG erst nach Ablauf von zwei Jahren eintritt;
- Vorliegen eines **Betriebsübergangs** oder eines Betriebsteilübergangs und damit entsprechende Anwendung von § 613a BGB (§ 324 UmwG). Soweit mehrere Arbeitsverhältnisse auf ein anderes (oder neues) UN übergehen, ggf. ein Hinweis darauf, dass dennoch kein Betriebsübergang vorliegt, weil keine organisatorische »Einheit« übergeht;
- Veränderungen in der **Tarifbindung,** z. B. Reduzierung des Anwendungsbereichs eines Firmentarifs aufgrund eines Spaltungsvertrags oder Wechsel in eine andere Branche und damit in die Zuständigkeit einer anderen Gewerkschaft; Inhalt und Tragweite arbeitsvertraglicher Bezugnahmeklauseln. Besteht bei einem an der Verschmelzung beteiligten UN ein Firmentarif, so gilt dieser nach der Verschmelzung für alle bei den neuen UN beschäftigten Mitglieder der tarifschließenden Gewerkschaft.[44] Auch dies ist hervorzuheben;
- Veränderte Anwendbarkeit von Betriebsvereinbarungen; zu denken ist z. B. an den Fall, dass die Umwandlung zum Ausscheiden eines Unternehmens aus dem bisherigen Konzern führt und deshalb bestimmte **Konzernbetriebsvereinbarungen keine Anwendung mehr** finden;
- Haftung für bestehende Verbindlichkeiten; welche Schulden gehen auf ein neu geschaffenes AG-Unternehmen über?

---

38 So auch DDZ-*Zwanziger/Yalcin*, 11. Aufl., Vorbem. UmwG Rn. 36.
39 *OLG Düsseldorf* 15. 5. 98 – 3 Wx 156/98, NZA 98, 766. S. oben Rn. 2.
40 *Fitting*, § 1 Rn. 169; *Bachner*, NJW 1995, 2881, 2886; *Joost*, ZIP 1995, 976, 979; *Wlotzke*, DB 1995, 40, 45. Weitere Nachweise bei DDZ-*Zwanziger/Yalcin*, 11. Aufl., Vorbem. UmwG Rn. 38.
41 DDZ-*Zwanziger/Yalcin*, 11. Aufl., Vorbem. UmwG Rn. 35; APS-*Steffan*, § 126 UmwG Rn. 46.
42 Kallmeyer-*Willemsen*, § 5 Rn. 53.
43 BGM-*Bachner*, § 4 Rn. 299.
44 *BAG* 15. 6. 16 – 4 AZR 805/14, NZA 17, 326.

- **Geplante Maßnahmen,** um nachteilige Folgen der Umwandlung zu vermeiden oder abzuschwächen – z. B. arbeitsvertragliche Bezugnahme auf einen nicht mehr anwendbaren Tarifvertrag, Verwandlung eines bisher bestehenden Betriebs in einen Gemeinschaftsbetrieb;[45] Verlängerung des Kündigungsschutzes über die zwei Jahre des § 323 Abs. 1 UmwG hinaus;
- Welche **Betriebsänderungen** können sich mit einer gewissen Wahrscheinlichkeit **in der Zukunft** ergeben?[46]

4. Mittelbare Folgen

Bezieht man auch die **mittelbaren Folgen** ein – weil der BR nur so einen vollständigen Überblick über das auf die Belegschaft Zukommende erhält – so ist auch festzuhalten, ob **Betriebsänderungen** geplant sind. Ist dies der Fall, so sind Angaben notwendig, 19

- wie viele **Arbeitsplätze** voraussichtlich wegen der Zusammenlegung oder Spaltung von Betrieben **abgebaut** werden (»Synergieeffekte« als Beispiel):
- ob **Kündigungen** aus diesem Anlass **vermieden** werden können.[47] Ist dies nicht der Fall, so sind
- **kompensatorische Maßnahmen** wie Umschulungen, Umgruppierungen und Versetzungen zu benennen. Kommt es zu einer Auflösung von Arbeitsverhältnissen, so sind
- Abfindungen und **Finanzierung von Transfergesellschaften** sowie
- **Sozialpläne** von Interesse.[48] Dabei sind nur ungefähre Größenordnungen anzugeben; die effektive Dotierung von Sozialplänen muss Gegenstand von Verhandlungen von BR und AG sein.
- Welche anderen **unternehmerischen Pläne** bestehen für die Zeit nach der Umwandlung? Inwieweit ist diese Voraussetzung für deren Realisierung? Wie werden sich voraussichtlich die Absatzchancen entwickeln?

Ist sichergestellt, dass die jeweiligen AG **wirtschaftlich in der Lage** sind, die vereinbarten **Vergütungen zu bezahlen** und auch für einen evtl. notwendig werdenden Sozialplan einzustehen?

IV. Nichtbeachtung der Anforderungen – prozessuale Geltendmachung durch den Betriebsrat

Die korrekte und vollständige Zuleitung des Vertrags über die Verschmelzung, die Spaltung bzw. den Formwechsel sowie die Erfüllung der Anforderungen der §§ 5 Abs. 1 Nr. 9, 126 Abs. 1 Nr. 11 und 194 Abs. 1 Nr. 7 UmwG sind vom Registerrichter **von Amts wegen zu prüfen.** Auch unvollständige und unrichtige Angaben im Umwandlungsvertrag machen die Anmeldung zum Handelsregister fehlerhaft.[49] Der **BR** ist seinerseits berechtigt, dem Registerrichter **Einwände vorzutragen.** Er kann ihn u. a. darauf hinweisen, die Zuleitung sei nicht ordnungsgemäß erfolgt, insbesondere seien die Unterlagen unvollständig gewesen oder die gesetzlich vorgesehene Frist sei nicht gewahrt worden. Weiter kann er darauf hinweisen, dass die Auswirkungen auf die AN im Vertrag nur unvollständig dargelegt seien. Dass der BR keine volle Rechtsfähigkeit besitzt, spielt in diesem Zusammenhang keine Rolle.[50] Angesichts dieser Umstände ist es letztlich ohne Bedeutung, ob der BR die Zuleitung der Unterlagen (oben Rn. 3 f.) vor den Arbeitsgerichten oder vor den ordentlichen Gerichten durchsetzen könnte. Der Rückgriff auf § 80 Abs. 2 BetrVG bleibt ihm immer erhalten.[51]. **Mangels voller Rechtsfähigkeit** wird ihm aller- 20

45 DDZ-*Zwanziger/Yalcin,* 11. Aufl., Vorbem. UmwG Rn. 36.
46 Kallmeyer-*Willemsen,* § 5 Rn. 51.
47 *Fitting,* § 1 Rn. 169.
48 DDZ-*Zwanziger/Yalcin,* 11. Aufl., Vorbem. UmwG Rn. 38.
49 Zur Frage des materiellen Prüfungsrechts des Registerrichters DDZ-*Zwanziger/Yalcin,* 11. Aufl., Vorbem. UmwG Rn. 82 m. w. N.
50 Wie hier ErfK-*Oetker,* § 5 UmwG Rn. 13 a. E.; Kallmeyer-*Willemsen,* § 5 Rn. 75; *Blechmann,* NZA 2005, 1143, 1149; *Fitting,* § 1 Rn. 170.
51 Näher BGM-*Bachner,* § 4 Rn. 321 ff.

dings das Recht verwehrt, bei den Zivilgerichten die **Nichtigkeit des Umwandlungsvertrags** feststellen zu lassen.[52]

21 Treten Fehler im Verfahren oder bei den Inhalten zutage, wird das Registergericht eine sog. **Zwischenverfügung** erlassen, also dem antragstellenden UN gemäß § 382 Abs. 4 FamFG aufgeben, binnen einer vom Gericht zu bestimmenden Frist den Mangel zu beseitigen, beispielsweise den BR ordnungsgemäß zu informieren oder den Umwandlungsvertrag um die gebotenen Ausführungen zu ergänzen. Kommt das UN dem nicht nach,[53] wird der **Antrag zurückgewiesen.** Das UN muss das Verfahren wieder von vorne beginnen, wenn es seine Absichten weiter verfolgen will. Sowohl die Verzögerung aufgrund einer Zwischenverfügung als auch erst recht die Zurückweisung des Antrags kann erhebliche **wirtschaftliche Folgen** haben, da auf diese Weise der Zeitpunkt einer wirksamen Verschmelzung, Spaltung usw. hinausgeschoben und dadurch u. U. steuerliche Vorteile verloren gehen können. Dem UN steht das Recht zu, sich mit einer Beschwerde ans LG zu wenden.

22 Möglich ist, dass der **Umwandlungsvertrag andere Mängel** aufweist. Der Registerrichter erfährt beispielsweise, dass die Verschmelzung oder Spaltung **gar nicht definitiv beschlossen** ist, weil noch mit dem BR über einen Interessenausgleich verhandelt wird.[54] In diesem Fall wird er eine Zwischenverfügung erlassen. Ist der Umwandlungsvertrag wegen Formfehlers oder wegen erfolgreicher Anfechtung durch einen Beteiligten nichtig, so darf keine Eintragung erfolgen.[55] Dasselbe gilt nach der Rechtsprechung des BayObLG, wenn eine notwendige Voraussetzung für einen wirksamen Vertrag fehlt.[56] Denkbar, wenn auch selten ist der Fall, dass eine Verschmelzung **gegen ein gesetzliches Verbot verstößt** und deshalb nach § 134 BGB unwirksam ist. Aus arbeitsrechtlicher Sicht ist allerdings an den Fall zu denken, dass eine UN-Fusion objektiv lediglich zu einer Reduzierung der BR-Gremien führt, während die organisatorischen und steuerlichen Effekte längst auf anderem Wege erreicht sind. Auch hier hat eine Eintragung zu unterbleiben.

23 Ist die **Eintragung** erfolgt, obwohl z. B. die Angaben nach § 5 Abs. 1 Nr. 9 UmwG unzureichend waren, so tritt nach § 20 UmwG eine **Heilungswirkung** ein. Es kann nicht mehr auf Fehler im Verfahren oder im Vertragsinhalt zurückgegriffen werden, um die Eintragung rückgängig zu machen.[57] Lediglich dann, wenn die »Essentialia negotii«, d. h. die wesentlichen Merkmale eines Umwandlungsvertrags fehlen, gilt Abweichendes. Allerdings kann ein **Amtshaftungsanspruch** gegen das Land nach Art. 34 GG i. V. m. § 839 BGB in Betracht kommen. Dabei ist zu beachten, dass das Spruchrichterprivileg des § 839 Abs. 2 BGB nicht für Registerrichter gilt,[58] so dass auch für einfache Fahrlässigkeit gehaftet wird.

24 Mit der Eintragung ist die Umwandlung vollzogen. Der zugrunde liegende Vertrag kann allerdings einen **in der Vergangenheit liegenden Stichtag** vorsehen. Dieser darf nicht länger als acht Monate zurückliegen, da sonst die Abschlussbilanz nach § 17 Abs. 2 Satz 3 UmwG ihre Wirkung verlieren und deshalb keine Eintragung mehr erfolgen könnte. Beim **Übergang von Arbeitsverhältnissen** gibt es dagegen keine Rückwirkung, weil man nicht für die Vergangenheit eine Arbeitsleistung schulden kann. Insoweit ist allein der Zeitpunkt der Eintragung maßgebend.

V. Sonstige Rechte der Betriebsratsmitglieder

25 Die relativ bescheidenen Rechte des Betriebsrats nach dem UmwG legen die Frage nahe, inwieweit es andere Handlungsmöglichkeiten geben könnte. Nach § 9 HGB steht jedermann die **Einsichtnahme ins Handelsregister** frei. Vom Zeitpunkt der Anmeldung des Umwandlungs-

---

52 *OLG Sachsen-Anhalt* 6. 2. 97 – 7 U 236/96, DB 97, 466.
53 So im Fall des *OLG Düsseldorf* 15. 5. 98 – 3 Wx 156/98, NZA 98, 766.
54 *Bachner,* NJW 2005, 2881, 2886 f.
55 Zu diesen Fällen s. Lutter-*Drygala,* § 5 Rn. 151 ff. (für die Verschmelzung).
56 So *BayObLG* 5. 7. 96 – 3 Z BR 114/96, DB 1996, 1814 für den Fall des Formwechsels.
57 Lutter-*Drygala* § 5 Rn. 158.
58 Lutter-*Drygala* § 5 Rn. 158.

vertrags an ist dieser öffentlich zugänglich. BR-Mitglieder können insoweit überprüfen, ob der ihnen übermittelte Text mit dem zur Eintragung angemeldeten Vertrag identisch ist.

Soweit es sich um eine börsennotierte AG handelt, kann ein BR-Mitglied eine Aktie kaufen und Rechte als Aktionär ausüben. Im Einzelfall kann auf diese Weise der **Umwandlungsvertrag** einer **gerichtlichen Überprüfung** zugeführt werden.[59] Dasselbe gilt bei anderen Gesellschaftsformen, soweit Arbeitnehmer auf freiwilliger Grundlage Anteile am Arbeitgeber-UN erwerben konnten oder noch erwerben können. 26

Im Einzelfall kann eine Umwandlung faktisch mit einer **Betriebsänderung** verbunden sein, was dem BR neben dem Unterrichtungsrecht nach § 111 Satz 1 das Recht gibt, über Interessenausgleich und Sozialplan zu verhandeln (s. § 111 Rn. 93 ff., 97 ff.). Bei Spaltung und Verschmelzung ist im Rahmen des Interessenausgleichs eine **»Namensliste«** möglich, die die Zuordnung zu einzelnen UN regelt (§§ 112, 112a Rn. 44 f.). Weitere **Folgen der Umwandlung** finden sich in den §§ 322 bis 325 UmwG; auf die an anderer Stelle gemachten Ausführungen[60] sei verwiesen. Die **Fortgeltung von Firmentarifen** bei der Verschmelzung ist von der Rechtsprechung[61] auch insoweit bejaht worden, als Gewerkschaftsmitglieder erfasst werden, die bisher bei einem nicht tarifgebundenen UN beschäftigt waren. 27

Zweiter Unterabschnitt Betriebsänderungen

§ 111 Betriebsänderungen

In Unternehmen mit in der Regel mehr als zwanzig wahlberechtigten Arbeitnehmern hat der Unternehmer den Betriebsrat über geplante Betriebsänderungen, die wesentliche Nachteile für die Belegschaft oder erhebliche Teile der Belegschaft zur Folge haben können, rechtzeitig und umfassend zu unterrichten und die geplanten Betriebsänderungen mit dem Betriebsrat zu beraten. Der Betriebsrat kann in Unternehmen mit mehr als 300 Arbeitnehmern zu seiner Unterstützung einen Berater hinzuziehen; § 80 Abs. 4 gilt entsprechend; im Übrigen bleibt § 80 Abs. 3 unberührt. Als Betriebsänderungen im Sinne des Satzes 1 gelten

1. **Einschränkung und Stilllegung des ganzen Betriebs oder von wesentlichen Betriebsteilen,**
2. **Verlegung des ganzen Betriebs oder von wesentlichen Betriebsteilen,**
3. **Zusammenschluss mit anderen Betrieben oder die Spaltung von Betrieben,**
4. **grundlegende Änderungen der Betriebsorganisation, des Betriebszwecks oder der Betriebsanlagen,**
5. **Einführung grundlegend neuer Arbeitsmethoden und Fertigungsverfahren.**

Inhaltsübersicht Rn.

59 Näher DDZ-*Zwanziger/Yalcin*, 11. Aufl., Vorbem. UmwG Rn. 91.
60 DDZ-*Zwanziger/Yalcin*, 11. Aufl., Erl. zu §§ 322 bis 325 UmwG.
61 *BAG* 15.6.16 – 4 AZR 805/14, NZA 17, 326.

I. Vorbemerkungen

1. Das Grundmodell der §§ 111–113

Der Gesetzgeber des BetrVG wollte und konnte nicht mehr als eine verbesserte »**Betriebs**«-**Verfassung** schaffen. Die Entscheidungen über die Errichtung und Schließung von Betrieben, über Investitionen, Absatzstrategien und Preise sollten grundsätzlich bei der AG-Seite bleiben. Von daher kam eine **volle Mitbestimmung in wirtschaftlichen Angelegenheiten nicht ernsthaft in Betracht.** Auf der anderen Seite durfte dieser Bereich auch kein reines »Reservat« der Anteilseigner und des Managements bleiben. Eine die Interessen der AN respektierende UN-Politik konnte auf mehr Akzeptanz bei den Beschäftigten hoffen und so mittelbar zum guten Funktionieren der Wirtschaft beitragen (Einl. Rn. 51 f.).[1] 1

Nicht nur auf die **Interessen** der Kapitalgeber, sondern **auch auf die der AN zu achten** gehört an sich zu den überkommenen **Leitlinien der UN-Führung,** die auch juristisch verbindlich sind.[2] In der Begründung zum AktG 1965 hieß es z. B., es verstehe sich von selbst und brauche nicht ausdrücklich im Gesetz bestimmt zu werden, dass der Vorstand bei seinen Maßnahmen die Belange der Aktionäre *und* der AN zu berücksichtigen habe.[3] Eine solche inhaltliche Vorgabe erweist sich jedoch als wenig wirksam, solange die UN-Leitung allein von der Kapitalseite ausgewählt und kontrolliert wird und die zu treffenden Entscheidungen überdies so komplex sind, dass das »Beiseite-Schieben« von AN-Belangen nur in Extremfällen beweisbar ist. **Notwendig** ist daher eine **institutionalisierte Vertretung von AN-Interessen,** ein abgesichertes Verfahren, mit dessen Hilfe die Belegschaften ihre Interessen in gewissem Umfang zur Geltung bringen können. Hier haben die Beteiligungsrechte des BR nach den §§ 111–113 ihren Platz; weitere Mittel sind die Repräsentanz der AN-Interessen in den Aufsichtsräten großer Kapitalgesellschaften sowie insbes. die Tarifpolitik. 2

Plant der AG eine in § 111 näher umschriebene »**Betriebsänderung**«,[4] muss er den BR umfassend unterrichten und das Vorhaben mit ihm beraten.[5] Dabei ist ein »**Interessenausgleich**« anzustreben, in dem festgelegt wird, ob, wann und mit welchen Modalitäten die Betriebsänderung erfolgen soll. Der AG ist gehalten, alle Verständigungsmöglichkeiten bis hin zum Einigungsstellenverfahren auszuschöpfen. Grundgedanke ist, eine Lösung zu finden, die den AN möglichst wenig Nachteile bringt. Eine Sicherheit, dass dieses Ziel erreicht wird, gibt es nicht: Dem AG drohen nur dann Sanktionen, wenn er gar nicht (oder zu spät) verhandelt oder wenn er von einem zustande gekommenen Interessenausgleich ohne zwingenden Grund abweicht: In diesen Fällen muss er einen sog. **Nachteilsausgleich** nach § 113, insbes. Abfindungen bezahlen. Verhält er sich dagegen vom Verfahren her korrekt, kann er seine Absichten immer durchsetzen: Es gibt keine Instanz, die eine Stilllegung oder eine Umorganisation wegen »AN-Feindlichkeit« aufheben und für ungültig erklären könnte. Ob er sich auf einen Interessenausgleich einlassen will, ist seiner freien Entscheidung überlassen. Der Gesetzgeber appelliert lediglich an sein Eigeninteresse: Kommt es effektiv zu einer Betriebsänderung, die wirtschaftliche Nachteile für die AN (insbes. Entlassungen und Versetzungen) mit sich bringt, muss ein **Sozialplan** abgeschlossen werden. Von den Ausnahmen des § 112a abgesehen, ist dieser obligatorisch; er 3

1 Zu Alternativen zum Sozialplan s. *Däubler,* AiB 5/21 S. 10 ff.
2 S. *K. Schmidt,* § 28 II 1a für den Vorstand einer AG. Zum aktuellen Diskussionsstand s. die Nachweise bei *Däubler*, Klimaschutz und Arbeitsrecht, § 4 IV 6.
3 *Kropff,* AktG, Textausgabe mit Materialien, 1965, S. 97.
4 Zum weiteren und unspezifischen Begriff der Umstrukturierung s. *Schlachting,* AiB 03, 393 ff.
5 Zur Frage nach ersten Anzeichen für eine mögliche Betriebsänderung, über die der AG im Zweifel nicht informieren wird, s. *Pristin,* AiB 7–8/19, 10.

kann auch gegen den Willen des AG von der ESt. beschlossen werden. Seine finanziellen Auswirkungen können beträchtlich sein, doch müssen die Belastungen des Unternehmers »vertretbar« bleiben.[6]

4 Die »**Steuerungsfunktion« der §§ 111–113** ist vom *BAG* ausdrücklich anerkannt worden.[7] Die gesetzliche Regelung würde eine »gewisse Gewähr« dafür bieten, dass sich der UN nicht leichtfertig und ohne Rücksicht auf die sozialen Interessen der Belegschaft zu einer Betriebsänderung entschließe und dass er diese ggf. »in einer für die Belegschaft möglichst schonenden Form« durchführe.[8] Zu beachten ist, dass sich die Steuerung des Mittels materieller Anreize bedient, also nicht mit zwingenden normativen Vorgaben arbeitet. Sie erfolgt durch Installierung eines **dezentralen,** im Betrieb verorteten **Verhandlungssystems,** was nur dann funktionieren kann, wenn das UN wenigstens über etwas wirtschaftlichen Spielraum verfügt. Die **Grenze der »Vertretbarkeit« für das UN schafft die nötige Flexibilität** – die beispielsweise nicht vorhanden ist, wenn jeder ausscheidende AN wie im italienischen Recht automatisch eine Abfindung in Höhe eines Monatsgehalts pro Jahr der Betriebszugehörigkeit erhält:[9] Ein solcher »Anreiz« zur Kündigungsvermeidung wirkt sehr viel undifferenzierter und belastet auch jene UN, die in große wirtschaftliche Schwierigkeiten geraten sind. Die gesetzliche Regelung ist allerdings insoweit selektiv, als sie nur in konservierendem Sinne wirkt.[10] Die bloße **Erweiterung des Betriebs** und erst recht die Gründung neuer Betriebe wird auch dann nicht erfasst, wenn dies die bestehenden Arbeitsplätze auf mittlere Sicht gefährden kann. In der »Steuerungstheorie« liegt entgegen *Lobinger*[11] auch keine öffentlich-rechtliche Inpflichtnahme des Arbeitgebers für das Allgemeininteresse: Vielmehr geht es um eine marktkonforme, mit Anreizen arbeitende staatliche Intervention, die sich ausschließlich der Mittel des Zivilrechts bedient: Gerade durch den Appell an den dort akzeptierten Eigennutz soll eine »sozial verträgliche« Lösung erreicht werden.

5 Neben der Steuerungs- haben die §§ 111–113 zugleich **Schutzfunktion** für die AN. Nach Möglichkeit sollen sie auf Grund einer Betriebsänderung keine Nachteile erleiden; lässt sich dies nicht erreichen, sollen wenigstens die wirtschaftlichen Folgen durch einen Sozialplan ausgeglichen oder gemildert werden. Wie die »Nachteile« zu bestimmen sind, ob dabei die »Einbuße an Erworbenem« oder die »Überwindung von Schwierigkeiten« im Vordergrund steht, soll uns an späterer Stelle interessieren (§§ 112, 112a Rn. 80 ff.).

6 *Lobinger*[12] hat den interessanten Versuch unternommen, einen Abfindungsanspruch vertragsrechtlich zu begründen: Die (ungeschriebene) Pflicht, die Interessen der Gegenseite zu berücksichtigen, verlange vom AG, das zu akzeptieren, was auf der Grundlage einer paritätischen Verhandlungssituation vereinbart worden wäre. Dazu gehöre eine für den Fall der betriebsbedingten Kündigung vorgesehene Abfindungsleistung, die mit der Dauer der Betriebszugehörigkeit steige. Damit würde wie in einer Reihe von anderen Ländern eine Basissicherung erreicht, die mit Hilfe der §§ 111 ff. im Einzelfall verbessert werden könnte. Zur Konzeption Lobingers s. *Däubler,* Arbeitsrecht 2, Rn. 898b.

2. Massenentlassungen

6a Eine Betriebsänderung kann zugleich die Voraussetzung einer Massenentlassung im Sinne des **§ 17 Abs. 1 KSchG** erfüllen. Die Frage, ob bei den dort maßgebenden Grenzwerten für die

6 Erste Anregungen für die Praxis bei *Windirsch,* AiB 7–8/19, 14.
7 *BAG* 22.5.79, AP Nr. 4 zu § 111 BetrVG 1972; 20.4.82, AP Nr. 15 zu § 112 BetrVG 1972; vgl. auch *Reuter,* a.a.O.; *Schweibert,* in: Willemsen u.a., Rn. C 22; ähnlich *S. Biedenkopf,* S. 131, jedoch beschränkt auf den Sozialplan.
8 *BAG,* a.a.O.; s. auch *Schellhaaß,* ZfA 89, 176 Fn. 9.
9 *Hausmann,* Arbeitnehmerschutz nach italienischem Recht vor deutschen Arbeitsgerichten, in Di Majo/Kindler/Hausmann, Produkthaftung Handelsvertreter Arbeitsrecht, 1991, S. 64 ff.; *Carinci,* Diritto del Lavoro, Bd. 2, S. 336 ff.; *Roccella,* Manuale, S. 355 ff.
10 Vgl. *Zöllner/Loritz,* 5. Aufl., § 49 II 1d.
11 ZfA 06, 189.
12 ZfA 06, 198 ff.

Betriebsgröße auch Leiharbeitnehmer mitzuzählen sind, hat das BAG dem EuGH vorgelegt.[13] Eine Massenentlassung kann insbesondere (aber nicht nur) bei einer Betriebsstilllegung vorliegen.[14] Der Arbeitgeber muss eine geplante Massenentlassung **der Bundesagentur für Arbeit** anzeigen und dabei nach § 17 Abs. 2 Satz 1 KSchG eine Reihe von gesetzlich vorgeschriebenen Angaben machen. Außerdem muss er mit dem BR nach § 17 Abs. 2 Satz 2 KSchG über die Möglichkeiten beraten, die Entlassungen zu vermeiden, ihre Zahl einzuschränken oder ihre Folgen zu mildern. Die Unterrichtung des BR und dessen Stellungnahme sind der Anzeige beizufügen; fehlt es an einer solchen, ist der Stand der Verhandlungen zu schildern (§ 17 Abs. 3 KSchG). Unterlässt der Arbeitgeber die Anzeige, sind sämtliche **Kündigungen** nach **§ 134 BGB unwirksam,** da § 17 KSchG nicht nur die arbeitsmarktpolitische Dispositionsfreiheit der Bundesagentur, sondern auch die Interessen der Arbeitnehmer schützen will.[15] Dasselbe gilt, wenn das der Anzeige vorgeschaltete **Konsultationsverfahren** einen **Fehler** aufweist, beispielsweise der BR nicht eingeschaltet, nicht ausreichend unterrichtet oder seine Stellungnahme unrichtig wiedergegeben wurde.[16] Die Sanktionen gehen daher sehr viel weiter als bei einer fehlerhaften Verhandlung über einen Interessenausgleich, die lediglich einen Nachteilsausgleich nach § 113 zur Folge hat, die Wirksamkeit der Kündigungen aber grundsätzlich unberührt lässt. Durch die Einschaltung des BR ist das Verfahren ein »betriebsverfassungsrechtlich geprägtes«[17], was eine Behandlung im vorliegenden Zusammenhang nahelegt.[18]

3. Sonderregelungen

a) Tendenzbetriebe

Nach § 118 Abs. 1 Satz 2 sind die §§ 111–113 auf sog. Tendenzbetriebe nur insoweit anzuwenden, »als sie den Ausgleich oder die Milderung wirtschaftlicher Nachteile für die Arbeitnehmer infolge von Betriebsänderungen regeln«. Näheres dazu ist an anderer Stelle ausgeführt (§ 118 Rn. 69 ff.).[19] 7

b) Leitende Angestellte

Nach § 5 Abs. 3 sind die leitenden Angestellten aus der Betriebsverfassung ausgenommen. Der BR kann daher nicht in ihrem Namen handeln (zum Problem eines Vertrags zugunsten Dritter s. §§ 112, 112a Rn. 92). Besteht ein **SpA,** bietet § 32 Abs. 2 SprAuG einen allerdings unzureichenden Ersatz.[20] Danach muss der UN den SpA über geplante Betriebsänderungen i. S. d. § 111 BetrVG **rechtzeitig und umfassend unterrichten,** soweit sie auch wesentliche Nachteile für leitende Angestellte zur Folge haben können. Dass diese zusätzliche Voraussetzung vorliegt, kann nicht als selbstverständlich unterstellt werden, sondern ist im Einzelfall zu prüfen. Ausreichend ist es allerdings, dass die geplante Maßnahme für einen Leitenden möglicherweise nachteilig ist.[21] An die Unterrichtung müssen sich **keine Verhandlungen über** einen **Interessenausgleich** anschließen.[22] Vielmehr verlangt § 32 Abs. 2 Satz 2 SprAuG lediglich, dass der UN 8

---

13 *BAG* 16. 11. 17 – 2 AZR 90/17, NZA 18, 245.

14 *EuGH* 3. 3. 11 – C 235/10 bis C 239/10 Tz. 33; ebenso *BAG* 26. 2. 15 – 1 AZR 955/13 NZA 15, 881 Tz. 14. Zu den Größenordnungen, die dabei erreicht sein müssen, s. unten Rn. 70.

15 *BAG* 22. 11. 12 – 2 AZR 371/11, NZA 13, 845 Tz. 37. Zur historischen Entwicklung *Temming,* NZA 16, 600.

16 *BAG* 26. 2. 15 – 2 AZR 955/13, NZA 15, 881; *BAG* 9. 6. 16 – 6 AZR 638/15, NZA 16,1202 Tz. 16; *BAG* 22. 9. 16 – 2 AZR 276/16, NZA 17, 175 Tz. 24. Zustimmend DDZ-*Deinert/Callsen* § 17 KSchG Rn. 47; s. auch *Temming,* NZA 16, 599, 601.

17 So die Formulierung bei *BAG* 22. 9. 16 – 2 AZR 176/16, NZA 17, 175 Tz. 37 im Anschluss an *Kiel.*.

18 Näher unten Rn. 184a ff.

19 S. auch *BAG* 27. 10. 98 – 1 AZR 766/97, DB 99, 2652; *Gillen/Hörle,* NZA 03, 1225; *Bauer,* FS Wißmann, S. 215 ff.

20 Eingehend zur Einschaltung des SpA bei Restrukturierungsmaßnahmen *Schubert/Fischer,* DB 20, 785 f.

21 *Hromadka/Sieg,* SprAuG, § 32 Rn. 56; *Löwisch,* SprAuG, § 32 Rn. 49.

22 *Hromadka/Sieg,* SprAuG, § 32 Rn. 78; *Löwisch,* SprAuG, § 32 Rn. 54.

mit dem SpA über »Maßnahmen zum Ausgleich oder zur Milderung« wirtschaftlicher Nachteile berät. Ein **Sozialplan** für leitende Angestellte ist möglich, **kann** aber **nicht erzwungen werden.** Kommt er zustande, kann nach § 28 Abs. 2 Satz 1 SprAuG festgelegt werden, dass dem einzelnen Betroffenen Ansprüche zustehen, dass die »**Sprechervereinbarung**« daher normative Wirkung hat. Dies muss allerdings »deutlich und zweifelsfrei« vereinbart werden;[23] in einem solchen Fall gelten die Grundsätze über die Auslegung einer BV und die Gleichbehandlung der Betroffenen entsprechend.[24] Verletzt der Arbeitgeber seine Beratungspflicht, indem er dem SpA die kalte Schulter zeigt, hat dies keine Konsequenzen: Ein Verstoß gegen § 32 Abs. 2 Satz 2 SprAuG kann auch keinen Schadensersatzanspruch begründen.[25]

c) Öffentlicher Dienst

9 Das **Personalvertretungsrecht des Bundes** kennt zwar in § 79 Abs. 1 Nr. 5 BPersVG 2021 (bisher: § 75 Abs. 3 Nr. 13) den **Sozialplan, nicht** jedoch den **Interessenausgleich** und eine dem § 113 entsprechende Regelung. Der Sozialplan ist bei **»Rationalisierungsmaßnahmen«** abzuschließen, d. h. bei allen Veränderungen, die eine effizientere Aufgabenwahrnehmung zum Gegenstand haben, sei es dadurch, dass mit denselben Arbeitskräften eine höhere Leistung erbracht, sei es, dass der bestehende Output mit geringeren Kosten erreicht wird.[26] Dies hat den Nachteil, dass das »Zurückfahren« von Tätigkeitsfeldern nicht erfasst wird; so entschied etwa das BVerwG,[27] dass die Schließung einer Betriebskrankenkasse keine Sozialplanpflicht auslöse. Ob die dadurch geschaffene Schutzlücke wirklich hinnehmbar ist, wird man bezweifeln können; so wäre eine entsprechende Anwendung des § 79 Abs. 1 Nr. 5 BPersVG vorstellbar. Der Abschluss des Sozialplans kann in »Rationalisierungsfällen« mit Hilfe der ESt. erzwungen werden, wobei dem Personalrat nach § 77 Abs. 2 Nr. 1 BPersVG 2021 auch ein Initiativrecht zusteht.[28] Ob sich die ESt. bei der Festlegung der Sozialplanleistungen im Rahmen des **Haushaltsgesetzes** bewegen muss, war nach bisherigem Recht umstritten,[29] in der Sache aber zu verneinen. Würde der Gesetzgeber durch die Verweigerung von Mitteln die Mitbestimmung über den Sozialplan leer laufen lassen, läge darin ein Verstoß gegen Art. 3 Abs. 1 GG, da er sich ohne sachlichen Grund von seiner eigenen Entscheidung entfernen würde.[30] Auch das *BVerwG* hat inzwischen anerkannt, dass das Fehlen von Haushaltsmitteln ein Mitbestimmungsrecht nicht abschneiden könne.[31] Außerdem handelt es sich bei den im Sozialplan vorgesehenen Leistungen um **überplanmäßige Ausgaben** i. S. d. § 37 BHO, die bei unvorhergesehenen und unabweisbaren Bedürfnissen auch ohne spezielle Ermächtigung im Haushaltsgesetz möglich sind.[32] In der Praxis stehen die tariflichen Rationalisierungsschutzabkommen bei weitem im Vordergrund; auch hat der Gesetzesvorrang größere Bedeutung als im Rahmen der §§ 111 ff.[33]

10 Im **Vorfeld von Rationalisierungsmaßnahmen** steht dem Personalrat eine Vielzahl von Beteiligungsrechten zu. Hervorzuheben sind die Mitbestimmungsrechte über die »Gestaltung der Arbeitsplätze« nach § 80 Abs. 1 Nr. 4 BPersVG und über die Einführung grundlegend neuer Arbeitsmethoden nach § 80 Abs. 1 Nr. 20 BPersVG.[34]

---

23 So *BAG* 10. 2. 09 – 1 AZR 767/07, AuR 09, 186 = NZA 09, 970.
24 *BAG* a. a. O.
25 *Hromadka*, SprAuG, § 32 Rn. 79.
26 Nachweise bei *Berg*, in Altvater u. a., § 75 Rn. 220.
27 28. 11. 12 – 6 P 11.11, NZA-RR 13, 330.
28 BVerwG 26. 9. 17 –5 P 1.16, ZTR 18, 100.
29 Überblick bei *Berg* in Altvater u. a., § 75 Rn. 227.
30 Zur Bindung des Gesetzgebers an die von ihm selbst statuierte Sachgesetzlichkeit s. *BVerfGE* 59, 36, 49.
31 *BVerwG* 23. 6. 21 – 5 PB 6/20 Tz. 5 – juris. Dazu Bülow, ZTR 2022, 272, 277.
32 *Bosch*, PersR 93, 72; ähnlich zum Vorrang der Kosten für Personalratsschulungen *Gronimus*, PersR 99, 22 ff.
33 *VG Frankfurt* 24. 5. 04 – 23 L 1398/04 (V), NZA-RR 05, 54.
34 Weitere Hinweise bei *Dierßen* in Altvater u. a., § 80 Rn. 1.

4. Tarifliche Rationalisierungsschutzabkommen

11 Betriebsänderungen, aber auch sonstige unternehmerische Maßnahmen können Gegenstand tariflicher Regelungen sein. Diese sind allerdings traditionellerweise – ähnlich wie die Beteiligung des BR – im Grundsatz auf die »Folgenbewältigung« beschränkt und versuchen erst in jüngerer Zeit, auch die Art und Weise der Arbeitsleistung und die Einführung neuer Techniken zu erfassen. Derartige »Rationalisierungsschutztarife« legen branchenspezifisch **Mindestbedingungen** zugunsten der Beschäftigten fest, die für alle erfassten UN gleichermaßen gelten. Die Regelungen sind daher weniger »flexibel« i. S. d. oben (Rn. 4) Gesagten, da sie ohne Rücksicht auf die jeweiligen Verhältnisse im Unternehmen gelten. Gleichzeitig sind sie jedoch noch immer differenzierter als eine generelle gesetzliche Regelung, die z. B. bei Kündigungen eine automatische Abfindung von beträchtlicher Höhe vorsieht.

12 Rationalisierungsschutzabkommen wurden in größerer Zahl erstmals **nach dem Beschäftigungseinbruch in den Jahren 1966/67** abgeschlossen; bis 1975 war rund die Hälfte aller AN erfasst.[35] Inhaltlich ging es im Wesentlichen darum, rationalisierungsbedingte Kündigungen zu erschweren: Versetzung und Umschulung sollten Vorrang vor Entlassung haben; wer am neuen Arbeitsplatz weniger verdiente, sollte für einige Zeit einen Verdienstausgleich erhalten. Bei unvermeidbaren Kündigungen waren **längere Fristen sowie obligatorische Abfindungen** vorgesehen.[36]

13 Die 1974/75 einsetzende **Massenarbeitslosigkeit** sowie die verstärkte **Einführung neuer Techniken** verlangte nach stärkeren Korrektiven. Im Vordergrund stand die Beschäftigungssicherung sowie der Schutz vor Dequalifizierung. Hervorzuheben sind etwa die **Besetzungsregeln** in der Druckindustrie, der **Abgruppierungsschutz** in der Metallindustrie sowie die **Absicherung älterer AN.**[37] **In den neuen Bundesländern** hatte die tarifliche Aufstockung des Arbeitslosen- bzw. Kurzarbeitergeldes sowie der befristete Ausschluss der betriebsbedingten Kündigung besondere Bedeutung erlangt.[38] Die Schaffung von **Beschäftigungsgesellschaften** erfolgte demgegenüber vorwiegend mit den Mitteln des allgemeinen Vertragsrechts.[39]

14 **Tarifliche Regelungen und** Interessenausgleich/**Sozialplan ergänzen einander;**[40] nach bisheriger Praxis haben die betrieblichen Abmachungen ausschließlich das Ziel, die tariflichen Mindestgarantien zu verbessern (näher §§ 112, 112a Rn. 114 f.). Schwierig wird es allerdings in der Unternehmenskrise, wenn es nicht um »Rationalisierung«, sondern um Betriebsschließung und »Schadensbegrenzung« geht.

5. Tarifsozialpläne

15 In jüngerer Zeit haben Tarifverträge erheblich an Bedeutung gewonnen, die auf geplante Betriebsänderungen reagieren und die ähnliche Regelungen wie **Interessenausgleich und Sozialplan** enthalten – allerdings meist auf etwas höherem Niveau.[41] Die bekannt gewordenen **Fälle** sind **recht zahlreich:** Infineon, Giesecke und Devrient, Allianz, Bosch-Siemens-Hausgeräte, AEG und Telekom.[42] Die Rechtsprechung hatte sich u. a. mit dem Fall **»Heidelberger Druck-**

---

35 RdA 76, 255.

36 S. das Beispiel *BAG* 30.10.08 – 6 AZR 738/07, NZA-RR 09, 280; näher *Däubler,* Arbeitsrecht 1, Rn. 382 ff.; *Mückenberger/Lühr,* KJ 80, 91 ff.; Däubler-*Klein,* TVG, § 1 Rn. 868; enge Auslegung der entspr. Tarifnorm in der Druckindustrie durch *BAG* 9.3.94 – 4 AZR 270/93, DB 94, 2241; s. weiter *BAG* 28.7.99 – 4 AZR 175/98, NZA 00, 41: Stilllegung keine Rationalisierungsmaßnahme und *BAG* 29.8.07 – 4 AZR 552/06, NZA-RR 08, 72: Begriff der Rationalisierungsmaßnahme im Sinne des Rationalisierungsschutzabkommens Banken.

37 Überblick bei Kempen/Zachert-*Schubert/Zachert,* § 1 Rn. 878

38 Vgl. *Bäcker u. a.,* WSI-Mitt. 91, 280 f.; zu Abfindungsansprüchen s. *BAG* 31.5.94 – 3 AZR 440/93, DB 94, 2194.

39 Dazu *Hans-Böckler-Stiftung* [Hrsg.], Qualifizierungs- und Beschäftigungsgesellschaften in Ostdeutschland, 1991; *Bosch/Knuth,* WSI-Mitt. 92, 431.

40 S. den Fall *BAG* 29.8.07 – 4 AZR 552/06, NZA-RR 08, 72.

41 Beispiele in den im Folgenden genannten Fällen und bei *Kaiser,* FS Buchner, S. 385.

42 Alle genannt bei *Lipinski/Reinhardt,* BB 08, 2235. S. weiter die bei *Zabel/Schroth/Ott/Nötzel* (AiB 13, 618, 621) sowie bei *Herrmann* (AiB 2/14, 62) genannten Beispielsfälle.

maschinen«[43] sowie mit dem Fall **Otis** Stadthagen[44] zu befassen.[45] In der Krise ging es häufig darum, die Zahl der geplanten Entlassungen zu reduzieren und den **Arbeitsmangel durch Kurzarbeit zu überbrücken;** außerdem wurden Qualifizierungsmaßnahmen vorgesehen. Das *LAG Niedersachsen*[46] hatte über einen freiwillig geschlossenen Tarif zu befinden, durch den sich der AG wirksam verpflichtet hatte, in einem Betriebsteil insgesamt 220 neue Arbeitsplätze zu schaffen. Durch Streik wurden vergleichbare Abmachungen bei **Federal Mogul,** einem Automobilzulieferer in Wiesbaden,[47] und für die Hewlett-Packard-Tochter **EDS** erreicht.[48] In beiden Fällen wurden die **Kündigungen auf ein Drittel der ursprünglichen Zahl reduziert.** Bemerkenswert ist auch die Abmachung bei der Finanz-Informatik der Sparkassen.[49] Für Abmachungen dieser Art hat sich der Ausdruck »Tarifsozialplan« oder auch »Sozialtarifvertrag« eingebürgert. Formal handelt es sich dabei durchweg um Firmentarife oder um firmenbezogene Verbandstarife. Vereinzelt war es auch früher schon zu solchen Abmachungen gekommen.[50] Tarifverträge dieser Art können auch dann geschlossen werden, wenn die **Voraussetzungen einer Betriebsänderung** (noch) **nicht erfüllt** sind.[51]

16 Die **Zulässigkeit** solcher Abmachungen **scheitert** jedenfalls **nicht an den §§ 111 ff.,** da diese die Tarifautonomie nicht einschränken wollen. Das wird nicht zuletzt an § 112 Abs. 1 Satz 4 deutlich, der davon ausgeht, dass es Tarifverträge zu den Gegenständen eines Sozialplans geben kann; andernfalls hätte die Befreiung von den Schranken des § 77 Abs. 3 keinen Sinn. Die Rechtsprechung teilt einhellig diese Auffassung.[52] In der Literatur scheint sich diese Position gleichfalls durchzusetzen.[53] Hat sich der AG **verpflichtet,** eine konkrete Zahl von **Arbeitsplätzen** in einem Betriebsteil während eines bestimmten Zeitraums **aufrecht zu erhalten,** so darf er diesen Bereich nicht an einen Interessenten veräußern; versucht er es dennoch, kann ihm trotz § 613a BGB ein entsprechendes Tun im Wege der **einstweiligen Verfügung** untersagt werden.[54]

17 Auch ein **Arbeitskampf** ist jedenfalls insoweit zulässig, als es **um »Folgenbewältigung«** wie längere Kündigungsfristen, Abfindungen und die Übernahme von Umschulungskosten geht.[55] Dies ist **vom** *BAG* ausdrücklich bestätigt worden (zu Folgefragen s. §§ 112, 112a Rn. 117).[56] Im Zusammenhang mit der Transformation in der Automobilbranche hat sich zuletzt ein beträchtliches Maß an Streikpraxis entwickelt, die beachtliche Erfolge erzielt hat.[57] Ob darüber hinaus **auch** eine **Standortentscheidung als solche** zum Gegenstand eines Tarifvertrags und eines darauf bezogenen Arbeitskampfes gemacht werden kann, hat das BAG nicht entschieden, da

---

43 *BAG* 24.4.07 – 1 AZR 252/06, NZA 07, 987.
44 *LAG Niedersachsen* 2.6.04 – 7 Sa 819/04, AP Nr. 164 zu Art. 9 GG Arbeitskampf.
45 S. weiter *ArbG Gelsenkirchen* 14.11.17 – 1 Ga 16/17, AuR 17, 512.
46 18.5.11 – 17 SaGa 1939/10, AiB 11, 481.
47 Handelsblatt v. 5.5.2009.
48 Nähere Angaben bei *www.igmetall.de.*
49 Dazu *Herrmann,* AiB 2/14, 62.
50 *Jung/Klebe/Polzmacher,* AiB 93, 525 ff. – digital equipment; *Zabel,* AiB 02, 347.
51 *LAG Hamm* 2.7.17 – 12 Ta 373/17, AuR 17, 410.
52 *BAG* 6.12.06 – 4 AZR 798/05 NZA 07, 821; *BAG,* 24.4.07 – 1 AZR 257/06, NZA 07, 987 = DB 07, 1924; *LAG Niedersachsen* 2.6.04 – 7 Sa 819/04, AuR 04, 471 = AP Nr. 164 zu Art. 9 GG Arbeitskampf; *LAG Schleswig-Holstein* 17.3.03 – 5 Sa 137/03, AuR 04, 152 = NZA-RR 03, 592.
53 *Fitting,* §§ 112, 112a Rn 185; *Franzen,* FS Reuter, S. 480; *Gaul,* RdA 08, 14; *Henssler,* FS Richardi, S. 556 f.; *Kaiser,* FS Buchner, S. 388 ff.; NK-GA-*Spirolke,* § 112 Rn. 47; *Wank,* RdA 09, 1, 6; anders *Bauer/Krieger,* NZA 04, 1019, 1022; *Hohenstatt/Schramm,* DB 04, 2214, 2218.
54 *LAG Niedersachsen* 18.5.11 – 17 SaGa 1939/10, AiB 11, 481.
55 So bereits *LAG Niedersachsen* und *LAG Schleswig-Holstein,* a.a.O.
56 *BAG* 24.4.07 – 1 AZR 252/06 DB 07, 1924 = NZA 07, 987; ebenso *LAG Hamm* 2.7.17 – 12 Ta 373/17, AuR 17, 410 (Abfindungen); *Paschke/Ritschel,* AuR 07, 110; *Ehrich/Fröhlich,* Teil H Rn 184. Kritisch *Franzen,* FS Reuter, S. 490, der den Streik für unverhältnismäßig hält, solange noch über den Sozialplan verhandelt wird. Das läuft entgegen Art. 9 Abs. 3 GG auf einen Vorrang des Mitbestimmungsverfahrens vor der tariflichen Rechtssetzung hinaus. Folge wäre u.a., dass für einen Rahmentarif zur Schichtarbeit nicht mehr gestreikt werden könnte, solange über diesen Gegenstand nach § 87 Abs. 1 Nr. 2 BetrVG (in einem Betrieb?) verhandelt wird.
57 S. *Zabel/Steininger/Fay,* AiB 11/21 S. 28f sowie die Beiträge in *Köhlinger (Hrsg.),* Solidarisch in die Offensive, 2022.

dem zu beurteilenden Streik keine Forderung zugrunde lag, auf die Betriebsänderung überhaupt zu verzichten.[58] Der Gegenstandsbereich des Art. 9 Abs. 3 GG (»Arbeits- und Wirtschaftsbedingungen«) ist ersichtlich nicht überschritten, doch könnte das Grundrecht des Arbeitgebers aus Art. 12 Abs. 1 GG in rechtswidriger Weise betroffen sein. Geht man davon aus, dass die Tarifparteien nicht unmittelbar an Grundrechte gebunden sind, sondern dass ihnen lediglich Regelungen untersagt sind, die die staatliche Schutzpflicht in Bezug auf dieses Grundrecht auslösen würden, so wäre Art. 12 Abs. 1 GG lediglich dann verletzt, wenn die persönliche Entscheidung eines konkreten Inhabers, sein Geschäft aufzugeben oder an einem andern Ort fortzuführen, nicht mehr umgesetzt werden könnte.[59] Auch **EU-rechtlich** bestehen **keine Bedenken,** wenn zur Verteidigung der Arbeitsplätze der »Wegzug« von UN in einen anderen EU-Mitgliedstaat durch Streik verhindert werden soll; der darin liegende Eingriff in die Niederlassungsfreiheit ist in einem solchen Fall nach *EuGH*[60] gerechtfertigt.[61] Auch bei TendenzUN kann nichts anderes gelten.[62]

18 Das *BAG*[63] hat es **abgelehnt, Tarifforderungen am Maßstab des Verhältnismäßigkeitsprinzips zu überprüfen.** Dies gelte auch dann, wenn die Forderungen in ihrer Summe geeignet seien, die geplante Produktionsverlagerung wirtschaftlich unsinnig zu machen.[64] Dies muss auch gelten, wenn auf AG-Seite ein Tendenzunternehmen steht.[65] In der Praxis führt die Rechtsprechung dazu, dass das rechtliche Risiko eines direkten »Kampfes um den Standort« vermieden und stattdessen hohe Kompensationsforderungen erhoben werden.

19 Weiter schützt die **Mitgliedschaft im Arbeitgeberverband** nicht davor, dass ein UN wegen des Abschlusses eines Firmentarifs (oder eines firmenbezogenen Verbandstarifs) **bestreikt** wird, sofern die fraglichen Gegenstände nicht bereits im Verbandstarif geregelt sind.[66] In diesem Fall würde die **Friedenspflicht** entgegenstehen, so dass ein Streik grundsätzlich im Wege der einstweiligen Verfügung verboten werden könnte.[67] Die Friedenspflicht ist allerdings nicht verletzt, wenn ein ungekündigtes Rationalisierungsabkommen Abfindungen vorsieht, aber die Finanzierung von Qualifizierungsmaßnahmen auch nicht andeutungsweise anspricht: Sie wären dann für einen Sozialtarif offen.[68]

20 Für manche AG ist es möglich, im Vorfeld einer geplanten Betriebsänderung Vorkehrungen für den Streikfall zu treffen: Man produziert auf Vorrat oder schafft Ausweichmöglichkeiten in ausländischen Niederlassungen, die nicht bis zur Kapazitätsgrenze ausgelastet sind.[69] Dies hätte zur Folge, dass der Streik um einen Tarifsozialplan keine oder nur geringe Druckwirkung entfalten könnte. Nach der Rechtsprechung des *BAG* ist jedoch der **Unterstützungsstreik** grundsätzlich zulässig,[70] so dass eine Arbeitsniederlegung in anderen Betrieben insbesondere desselben Konzerns in Betracht kommt. Sie lässt sich u.a. mit dem Argument rechtfertigen, dass nur so überhaupt eine einigermaßen paritätische Verhandlungssituation zustande kommen kann.[71] Der Einwand, auf diese Weise werde der **Schwerpunkt** der Auseinandersetzung

58 *BAG* a. a. O. Tz 111. Unentschieden auch *LAG Niedersachsen* 18.5.11 – 17 SaGa 1/93, AiB 11, 481.
59 Eingehend *Kühling/Bertelsmann,* NZA 05, 1017 ff.; im selben Sinne *Hensche,* AuR 04, 443 ff.; *Wolter,* RdA 02, 218 ff.; dies übersehen *Laßmann/Mengay* u. a., S. 117 ff.; a. A. *Wank,* RdA 09, 1, 7; *Kaiser,* FS Buchner, S. 386 und schon gegenüber einem Streik um Sozialtarifverträge ablehnend *Hohenstatt/Schramm,* DB 04, 2214; *Meyer,* DB 05, 830, 832; *Nicolai,* RdA 06, 33, 38; *Schiefer/Worzalla,* DB 06, 46, 48, ohne überzeugende Begründung; kritisch ihnen gegenüber und für Erstreikbarkeit eines Sozialtarifs *Fischinger,* RdA 2007, 99 ff.; *Gaul,* RdA 08, 13 ff.
60 11.11.07 – C-438/05, AuR 08, 55 – Viking; dazu *Däubler,* AuR 08, 409 ff.
61 Eingehend *M. Kania* ZESAR 10, 112, 117 ff. S. auch die Bemerkungen bei *Franzen,* FS Reuter, S. 492 f.
62 Einschränkend *Grimm/Pelzer,* NZA 08, 3121 ff.
63 24.4.07 – 1 AZR 252/06, NZA 07, 987.
64 A. a. O. Tz 112.
65 Restriktiv *Grimm/Pelzer* NZA 08, 1321 ff.
66 *BAG* 10.12.02 – 1 AZR 96/02, NZA 03, 734.
67 S. den Fall *LAG Berlin-Brandenburg* 28.9.07 – 8 Sa 916/07, DB 08, 415.
68 Vgl. *Gaul,* RdA 08, 13, 15.
69 Dazu einleuchtend *Lipinski/Reinhardt,* BB 08, 2234.
70 *BAG* 19.6.07 – 1 AZR 396/06, NZA 07, 1055.
71 So auch *Preis* Anm. zu BAG EzA Art. 9 GG Arbeitskampf Nr. 73, S. 21.

entgegen den Grundsätzen des *BAG* auf die »Unterstützungsaktion« **verlagert,**[72] verfängt nicht, da diese spezifische Streikgrenze lediglich Missbräuche, nicht aber die Herstellung von Parität verhindern will.[73]

6. Betriebsänderung und Kurzarbeit

21 Auch während einer Kurzarbeitsphase können ausnahmsweise **Massenentlassungen oder Teilstilllegungen geplant und durchgeführt** werden. Voraussetzung ist allerdings, dass sich der AG nicht auf die Umstände stützt, die zur Einführung der Kurzarbeit geführt haben: Sie wurden als »vorübergehender Arbeitsmangel« definiert (sonst wäre kein Kurzarbeitergeld bewilligt worden), so dass sie nicht plötzlich in ein »endgültiges Aus« umdefiniert werden können.[74] Dies wäre ein widersprüchliches, gegen Treu und Glauben verstoßendes Verhalten. Kommen aber während der Kurzarbeit **neue Auftragseinbrüche** oder sonstige wirtschaftliche Schwierigkeiten hinzu, die zu einem dauerhaften Arbeitsmangel führen, kann sehr wohl nach den §§ 111 ff. vorgegangen werden. Ein Personalabbau kann freilich rechtswidrig sein, wenn sehr viel mehr Kurzarbeit bewilligt als in Anspruch genommen wurde; hier muss zunächst das verfügbare Kurzarbeitsvolumen ausgeschöpft werden.[75] Ist allerdings durch TV oder BV die **betriebsbedingte Kündigung** während der Kurzarbeitsperiode **ausgeschlossen,** kommt eine mit Arbeitsplatzabbau verbundene Betriebsänderung erst nach Auslaufen der (bewilligten) Kurzarbeit in Betracht. An sich sollte man vermuten, dass mit der Planung eines definitiven Abbaus das Kurzarbeitergeld wegfällt, weil seine wichtigste Voraussetzung (»vorübergehender Arbeitsmangel«) nicht mehr gegeben ist. Die »Geschäftsanweisung« der BA[76] kommt jedoch den UN entgegen und sieht in Nr. 1 Abs. 2 vor, das **Kurzarbeitergeld ende erst,** wenn die fraglichen AN gekündigt sind oder wenn ein Interessenausgleich mit Namensliste (§§ 112, 112a Rn. 30 ff.) abgeschlossen wurde. Von diesem Zeitpunkt an muss dann der AG wieder das volle Entgelt aus eigener Tasche bezahlen (zum vorzeitigen Übergang in eine Transfergesellschaft §§ 112, 112a Rn. 261 ff.).

7. Sozialplan bei Insolvenz des Arbeitgebers und in der Strukturkrise

a) Die Regelungen der InsO

22 Wird das Arbeitgeber-Unternehmen **zahlungsunfähig,** können die §§ 111–113 ihre Ziele nicht mehr voll erreichen. Kommt allein die Liquidation des UN in Betracht, bestehen für ein »sozial verträgliches« Verhalten nur noch **geringe Spielräume.** Der Sache nach geht es meist darum, wer welchen Anteil an der Insolvenzmasse erhält. Die am 1. 1. 1999 in Kraft getretene InsO hat in ihren §§ 121–128 eine eingehende Regelung gebracht, die im Anhang zu §§ 111–113 kommentiert ist. Sie ist auch für den Fall einer möglichen Sanierung gedacht.

b) Sozialpläne in der Strukturkrise

23 Gerät eine **ganze Branche in gravierende wirtschaftliche Schwierigkeiten,** lässt sich auf betrieblicher Ebene keine angemessene Lösung mehr finden. Der Schutzzweck der §§ 111–113 behält nur noch dann ein Stück Realität, wenn die öffentliche Hand eingreift. Frühe Vorbilder sind der **Steinkohlenbergbau** sowie die **Eisen- und Stahlindustrie.** In beiden Bereichen war zum einen Art. 56 § 2 des **Montanunionvertrags** anwendbar, der die Gewährung von finanziellen Leistungen durch die Montanunion vorsah.[77] Erwähnenswert ist zum Zweiten das Gesetz zur Anpassung und Gesundung des deutschen Steinkohlenbergbaus und der deutschen Stein-

72 So *Lipinski/Reinhardt* BB 08, 2236.
73 Zur Situation von AN bei drohender Verlagerung oder Betriebsschließung vor den Entscheidungen des BAG s. *Däubler* NJW 05, 30.
74 *Däubler,* FS I. Schmidt, S. 703.
75 Nachweise bei *Däubler,* FS I. Schmidt, S. 704.
76 Abrufbar unter *www.arbeitsagentur.de.*
77 *Däubler/Kittner/Lörcher,* Nr. 403.

kohlenbergbaugebiete vom 15.5.1968.[78] Danach erhielten Bergleute, die ihren Arbeitsplatz verloren hatten, aus Mitteln der Bundesagentur für Arbeit ein einmaliges **Abfindungsgeld,** dessen Betrag je nach Dauer der Tätigkeit im Bergbau zwischen 2000 und 5000 DM schwankte (§ 27 des Gesetzes). Wichtiger war die Regelung des § 7 des Gesetzes: Die Gewährung einer sog. **Stilllegungsprämie** an ein Bergbauunternehmen war **davon abhängig**, dass ein **Sozialplan aufgestellt** wurde, der bestimmten, im Bundesanzeiger veröffentlichten Mindestanforderungen entsprechen musste.[79] In der Eisen- und Stahlindustrie fehlte zwar eine entsprechende Regelung, doch wurden weitreichende Sozialpläne abgeschlossen, die zum Teil auch aus Mitteln des Bundes und des Landes Nordrhein-Westfalen bezuschusst wurden.[80]

c) Sozialpläne in den neuen Bundesländern

Vergleichbare Regelungen sind für die Unternehmen in den neuen Bundesländern nicht zustande gekommen, obwohl (oder weil?) die dort zu bewältigenden **Probleme weit über das hinausgingen,** was im Bergbau und in der Eisen- und Stahlindustrie zu bewältigen war. Auf betrieblicher Ebene war eine Lösung nur in seltenen Ausnahmefällen möglich. Der Schwerpunkt hat sich hier auf tarifliche Absicherungen sowie auf eine (rechtlich schwer zu qualifizierende) »gemeinsame Erklärung« von DGB/DAG auf der einen und Treuhandanstalt auf der anderen Seite verlagert: Dort waren Abfindungen vorgesehen, die sich – grob gesprochen – am damaligen SozplKonkG orientierten.[81] Einzelheiten sind in der 5. Aufl. (§§ 112, 112a Rn. 121 ff.) dargestellt worden. 24

d) Transfersozialpläne

Das SGB III sieht in den §§ 110, 111 (bis 31.3.2012: §§ 216a, 216b) staatliche Leistungen in Form von Transfer-Kurzarbeitergeld und von Zuschüssen insbes. zu Weiterqualifizierungsmaßnahmen vor, die auch in einen Sozialplan integriert werden können. Auf diese Weise soll der »Wiedereinstieg« in den normalen Arbeitsmarkt und der Übergang in ein neues Beschäftigungsverhältnis erleichtert werden.[82] Näher dazu §§ 112, 112a Rn. 231–260. 25

8. Ausländische Entsprechungen?

Interessenausgleich und Sozialplan sind eine deutsche Besonderheit. In **Österreich** hat sie insofern **Nachahmung** gefunden, als § 109 Abs. 3 des Arbeitsverfassungsgesetzes von 1974 bei Betriebsänderungen dem BR das Recht einräumt, den **Abschluss eines Sozialplans zu erzwingen;** die Regelungen über Interessen- und Nachteilsausgleich sind jedoch nicht übernommen worden.[83] In der Praxis scheinen sich keine sehr großen Kontroversen ergeben zu haben.[84] Dies mag damit zusammenhängen, dass jeder Arbeiter und jeder Angestellte bei betriebsbedingter Kündigung automatisch eine Abfindung (dort »**Abfertigung**« genannt) erhält,[85] so dass der »Problemdruck« beim Abschluss des Sozialplans geringer sein dürfte.[86] Zur Umgestaltung im Jahre 2003, die aber die Grundstruktur unberührt lässt, s. *Grillberger.*[87] 26

---

78 BGBl. I S. 368 ff. – in Auszügen auch abgedruckt bei *Vogt,* Sozialpläne, S. 168 ff.
79 Näher *Vogt,* Sozialpläne, S. 106 ff.
80 *Vogt,* Sozialpläne, S. 109 ff.
81 *Däubler,* AiB 91, 179 ff.
82 Für prinzipiellen Vorrang dieser Gestaltungsform *Nebe* AuR 14, 51, 54; Überblick bei *Däubler,* FS Binder (2010), S. 449 ff.
83 *Krejci,* S. 14.
84 *Floretta/Strasser/Trost,* Das erste Jahrzehnt der Kodifikation des österreichischen Arbeitsverfassungsrechtes aus dem Jahre 1974 in Rechtsprechung und Schrifttum, Wien 1987, S. 87.
85 Dazu *Migsch,* Abfertigung für Arbeiter und Angestellte, Wien 1982; *Runggaldier* [Hrsg.], Abfertigungsrecht, Wien 1991; *Rebhahn,* RdA 02, 277.
86 Vgl. *Krejci,* S. 26.
87 DRdA 03, 211 ff.

27 In **Frankreich** ist der Begriff »Sozialplan« 1989 in die Gesetzessprache eingegangen; seit 2002 ist von einem »Beschäftigungsplan« (»plan de sauvegarde de l'emploi«) die Rede. Art. L. 1233-61 des Code du Travail verpflichtet alle AG mit mehr als 50 Beschäftigten, bei beabsichtigter Entlassung von mindestens 10 Arbeitnehmern einen solchen Plan aufzustellen. Er muss Maßnahmen enthalten, um die Kündigungen zu verhindern oder ihre Zahl zu reduzieren. Soweit dies nicht erreichbar ist, muss für die Umschulung der Betroffenen sowie insbesondere dafür Sorge getragen werden, dass ältere AN und andere Problemgruppen wieder ins Arbeitsleben integriert werden. Über den konkreten Inhalt kann mit dem **Comité d'entreprise** oder der Gewerkschaft verhandelt werden; die Dotierung erfolgt oft ganz oder teilweise aus staatlichen Mitteln.[88] Obwohl der plan de sauvegarde de l´emploi häufig ein einseitiger Akt des AG ist, hat er verpflichtenden Charakter, auf den sich auch die AN berufen können.[89] Die neuere Gesetzgebung hat weitere Maßnahmen wie das durch wirtschaftliche Sanktionen erzwungene Angebot zur Teilnahme an Wiedereingliederungsmaßnahmen entwickelt.[90]

28 Das Fehlen eines Sozialplans in vielen **anderen Rechtsordnungen** bedeutet nicht, dass die AN dort betrieblichen Veränderungsprozessen schutzlos ausgeliefert wären. Zahlreiche Rechte kennen eine **obligatorische Abfindung** bei Massenentlassungen oder gar bei jeder (betriebsbedingten) Beendigung des Arbeitsverhältnisses.[91] Auf die weitreichende Abfindungspflicht nach **italienischem Recht** wurde bereits hingewiesen.[92] Sie wird dort noch ergänzt durch eine sehr großzügige Regelung der **Kurzarbeit.**[93] Neun weitere Mitgliedstaaten der EU (Stand: 2001) sehen Abfindungen auch bei gerechtfertigten betriebsbedingten Kündigungen vor.[94]

29 **Fehlen** – wie insbesondere in den USA – alle vergleichbaren Mechanismen, ergeben sich nicht nur für die betroffenen AN Probleme. Lässt sich ein Betrieb ohne große Kosten schließen, kann unschwer eine feindliche Übernahme Platz greifen: Konkurrenten oder reine Profiteure kaufen das durchaus gut gehende (kleine oder mittlere) UN auf, um es anschließend zu liquidieren[95] oder seine profitabelsten Teile gewinnbringend weiter zu veräußern.[96] Obwohl in der Bundesrepublik derartige »Vernichtungsaktionen« wegen des obligatorischen Sozialplans weniger wahrscheinlich sind,[97] lassen sie sich keineswegs ausschließen. Das Wertpapiererwerbs- und Übernahmegesetz vom 20.12.01 **(WpÜG)** versucht daher gegenzusteuern und schaltet über Informationsrechte auch die BR der (bedrohten) »Zielgesellschaft« ein.[98] Zur Problematik s. weiter *Böhm/Pawlowski*, NZA 05, 1377.

9. Rechtspolitische Forderungen

30 Die Forderung nach **»Deregulierung« des Arbeitsmarkts,** nach Rückkehr zum (traditionell verstandenen) Zivilrecht[99] hat auch vor dem Sozialplan nicht haltgemacht. Der sog. **Kronberger Kreis** verlangte 1986 seine Abschaffung,[100] der **Sachverständigenrat** plädierte für eine Reduzierung der »Sozialplanlasten«.[101] Vergleichsweise zurückhaltender waren dem-

88 *Rebhahn*, RdA 02, 272, 278.
89 *Auzero/Baugard/Dockès*, No 533 ff.
90 Einzelheiten bei *Schuster,* S. 196 f.
91 Siehe den Überblick bei *Kronke,* S. 212 ff.
92 Zu ihr auch *Runggaldier,* DRdA 90, 247 ff.; *Rebhahn,* RdA 02, 275.
93 Überblick bei *Kronke,* S. 387 f.; aus dem italienischen Schrifttum s. insbes. *Ghezzi/Romagnoli,* Il rapporto di lavoro, 3. Aufl. 1995, §§ 369 ff.; *Carinci u. a.,* Diritto del Lavoro, Bd. 2, S. 336 ff., 417 ff.; *Roccella,* Manuale, S. 373 ff.
94 *Rebhahn*, RdA 02, 280 ff.
95 S. dazu bereits *Ebenroth/Rapp,* DWiR 91, 2; *Frank/Moreland,* RIW 89, 761 ff.; *Knoll,* Die Übernahme von Kapitalgesellschaften [1992].
96 Grundlegend *Wolter,* AuR 08, 325 ff.
97 Vgl. *Hauschka/Roth,* Die AG 88, 181 ff., wonach u. a. auch der Sozialplan »Abschreckungswirkung« entfaltet.
98 *Seibt*, DB 02, 529.
99 Dazu *Däubler,* NZA 88, 857 ff.
100 Dazu *Hanau,* RdA 88, 3.
101 Jahresgutachten 1987/88 zur Begutachtung der gesamtwirtschaftlichen Entwicklung, BT-Drs. 11/1317, S. 192 ff.

gegenüber die Vorschläge der sog. **Deregulierungskommission:**[102] Danach sollte der Sozialplan als solcher erhalten bleiben, jedoch nur diejenigen Nachteile ausgleichen, die durch die Kündigung und einen Arbeitsplatzwechsel entstehen; länger dauernde Arbeitslosigkeit, die auf einem »Ungleichgewicht am Arbeitsmarkt« beruhe, sei nicht zu berücksichtigen. Außerdem müsse die Möglichkeit geschaffen werden, durch TV oder BV den Sozialplan durch Abfindungszahlungen bei allen betriebsbedingten Kündigungen zu ersetzen. Schritte in Richtung »weniger Sozialplan« hätten – so muss man entgegenhalten – zur Folge, dass nicht nur die Arbeitnehmer von Krisen und Rationalisierungen stärker betroffen wären. Auch die politische und wirtschaftliche Gesamtordnung würde unter einer solchen »Entsozialstaatlichung« leiden: **Krisenbewältigung und technischer Wandel würden in weniger ruhigen Bahnen verlaufen,** materielle Not könnte die Betroffenen zu Protestaktionen veranlassen, die weit über bisherige Ansätze hinausgehen. Der mit § 140 SGB III a. F. unternommene Versuch, einen beträchtlichen Teil der Abfindungen auf das Arbeitslosengeld anzurechnen und so den traditionellen Sozialplan zu entwerten, ist auf Grund von Forderungen sowohl der AG- wie der AN-Seite wieder rückgängig gemacht worden, bevor er Breitenwirkung entfalten konnte (dazu §§ 112, 112a Rn. 217).

Von Seiten des **DGB** und der **SPD-Bundestagsfraktion** wurde demgegenüber in der Vergangenheit eine Erweiterung der BR-Befugnisse gefordert. Auch der **Interessenausgleich** sollte über die ESt. **erzwingbar** sein, soweit er »Auflagen zur Gestaltung der personellen, arbeitsmäßigen und sozialen Auswirkungen« der Betriebsänderung vorsieht.[103] Der Begriff **»Betriebsänderung«** sollte erweitert und **präzisiert** werden; über die bisherige Praxis hinaus sollte die Einführung neuer (nicht: grundlegend neuer) Arbeitsmethoden und Fertigungsverfahren sowie die Veräußerung eines Betriebs oder Betriebsteils einbezogen werden.[104] Die darin liegende Verstärkung der sozialpolitischen Komponente ließ die unternehmerische Freiheit als solche unangetastet. Bei der Reform 2001 wurden diese Vorschläge nicht aufgegriffen.[105] Überblick über die diversen Formen der Umstrukturierung von UN, bei denen die §§ 111–113 keineswegs immer eingreifen, bei *Däubler,* AiB 03, 385. Vor kurzem ist der interessante Vorschlag gemacht worden, die verstärkten Rechte nach §§ 111 ff. dann eingreifen zu lassen, wenn **Meinungsverschiedenheiten auf Seiten der Kapitaleigner** bestehen – die dadurch häufiger als heute zu erwarten wären, wenn die Beteiligung der AN am Produktivvermögen durch steuerliche und andere Maßnahmen gefördert würde. Darüber wird zu diskutieren sein. 31

II. Mindestgröße

1. Unternehmen

Die in § 111 Satz 1 vorgesehene Unterrichtungs- und Beratungspflicht des Unternehmers besteht nur dann, wenn im UN »**in der Regel mehr als 20 wahlberechtigte Arbeitnehmer**« tätig sind. Damit ist auf den AN-Begriff des Gesetzes verwiesen (§ 5 Rn. 7 ff.). Im Übrigen ergeben sich dieselben Abgrenzungsfragen wie bei § 99 (s. dort Rn. 6–10). Gegenüber der früheren Rechtslage besteht der Unterschied, dass es nicht mehr auf den Betrieb, sondern generell **auf das UN ankommt,** was vom *BAG*[106] nach früherem Recht nur dann angenommen wurde, wenn mehrere Betriebe durch dieselbe Betriebsänderung betroffen waren. In der Literatur wurde die Regelung überwiegend begrüßt,[107] da sich die für die §§ 111 ff. entscheidende wirtschaftliche Belastbarkeit nach dem UN und nicht nach dem Betrieb bestimmt. Soweit der GBR zuständig ist (u. Rn. 144), handelt er für alle, auch für nicht betriebsratsfähige Einheiten. Ist nur ein Betrieb betroffen, kommt es darauf an, ob dort ein BR besteht. 32

---

102 Deregulierungskommission, Marktöffnung und Wettbewerb, 1991, S. 153.
103 Entwurf BetrVG 1988, BT-Drucks. 11/2995, § 112 Abs. 4; ebenso die Novellierungsvorschläge 1998 des DGB.
104 A. a. O., § 111 Abs. 1.
105 S. 8. Aufl. Rn. 23a.
106 23. 9. 03 – 1 AZR 576/02 NZA 04, 440.
107 *Däubler,* AuR 01, 6; *Engels u. a.,* DB 01, 540; *Hanau,* RdA 01, 68; *Konzen,* RdA 01, 92; *Löwisch,* BB 01, 1796; *Richardi/Annuß,* DB 01, 45; kritisch *Bauer,* NZA 01, 375 *Schiefer/Korte,* NZA 01, 88.

2. Gemeinsamer Betrieb

33 **Nicht** ausdrücklich **geregelt** ist die Frage, wie zu verfahren ist, wenn ein **gemeinsamer Betrieb** die 20-Personen-Grenze überschreitet, dies aber einige oder alle der beteiligten Unternehmen nicht tun. Nach bisheriger Rechtslage wurde naheliegenderweise ausschließlich auf die Größe des Gemeinschaftsbetriebs abgestellt.[108] Dies abzubauen und den Anwendungsbereich der §§ 111 ff. damit zu reduzieren widerspräche dem Anliegen des Gesetzgebers.[109] Wer sich an einer größeren Einheit als gleichberechtigter »Mit-Dirigent« beteiligt, muss die damit verbundenen Lasten wie die Bildung eines selbstständigen BR oder WA tragen; dies muss auch für die Sozialplanpflicht gelten. Würde man anders entscheiden, wären überdies schwer lösbare Probleme die Folge, wenn an einem gemeinsamen Betrieb sowohl UN mit 21 und mehr Beschäftigten als auch solche mit geringerer AN-Zahl beteiligt sind.[110] Dies gilt insbes. dann, wenn einzelne AN von der Leitung des gemB eingestellt wurden und deshalb keinem bestimmten Träger-UN zugeordnet werden können.[111] Schließlich hat die Rspr. schon bisher den auf die UN-Größe abstellenden § 106 dann **angewandt, wenn** lediglich **im gemeinsamen Betrieb die 100-Personen-Grenze überschritten** war (§ 106 Rn. 20). Für die Parallel-Problematik im Rahmen des § 99 hat das *BAG*[112] in gleichem Sinne entschieden.[113] Eine vermittelnde Position[114] will dann allein auf den gemB abstellen, wenn dieser als Gesellschaft des bürgerlichen Rechts in Erscheinung tritt. **Erreicht** der **gemeinsame Betrieb** die **21-Personen-Grenze nicht,** liegen aber einzelne (oder alle) der Trägerunternehmen darüber, so greifen die §§ 111 ff. nicht ein.[115] Eine Ausnahme gilt nur dann, wenn eine geplante Betriebsänderung neben dem gemeinsamen Betrieb auch einen anderen Betrieb eines Trägerunternehmens erfasst. Wurde durch TV nach § 3 Abs. 1 Nr. 3 eine UN-übergreifende Vertretungseinheit geschaffen, kommt es für die Überschreitung des »Grenzwerts 20« auf deren Größe an.[116]

3. Konzern

34 Das Abstellen auf die wirtschaftliche Belastbarkeit wäre nur dann konsequent verwirklicht, wenn es auf die **Zahl der in einem Konzern beschäftigten AN** ankäme. Eine 15 Personen beschäftigende Tochtergesellschaft von Siemens aus dem Anwendungsbereich der §§ 111 ff. auszuschließen entbehrt jedes sachlichen Grundes. Genauso wie die organisatorische Untergliederung in eine oder mehrere Betriebseinheiten ohne Bedeutung sein soll,[117] muss dies auch für den »Zufall« gelten, ob eine dezentrale Einheit nur »Niederlassung« oder rechtlich verselbstständigte GmbH ist. Andernfalls könnte überdies die Anwendung der §§ 111 ff. unschwer dadurch umgangen werden, dass der AG aus Betrieben selbstständige UN macht.[118] Die **§§ 111 ff.** müssen daher **entsprechende Anwendung** finden, da der Gesetzgeber insoweit eine Lücke gelassen hat.[119] Zumindest muss dies dann gelten, wenn die rechtliche Verselbstständigung der Betriebe in engem zeitlichen Zusammenhang mit der geplanten Betriebsänderung steht.

---

108 *BAG* 11.11.97 – 1 ABR 6/97, ZIP 98, 1320.
109 Anders *Lingemann,* NZA 02, 937; *Löwisch,* BB 01, 1797; *Reichold,* NZA 01, 864; wie hier im Ergebnis *Boecken,* FS 50 Jahre BAG, S. 936 ff.; *Etzel,* Rn. 969; HK-ArbR-*M. Schubert,* §§ 111–113 BetrVG Rn 3 und *Gaul,* NZA 03, 695, der die Beschäftigungszahlen der beteiligten UN addieren will; ähnlich GK-*Oetker,* Rn. 16; differenzierend *Fitting* Rn. 23; Richardi-*Annuß,* Rn. 26; *Wißmann,* FS 25 Jahre ARGE Arbeitsrecht im DAV, S. 1051.
110 *Richardi/Annuß,* DB 01, 45.
111 Diesen Fall übersehen *Fitting* und Richardi-*Annuß,* a. a. O.
112 29.9.04 – 1 ABR 39/03 NZA 05, 420 = AP Nr. 40 zu § 99 BetrVG 1972 Versetzung mit Anm. *Däubler.*
113 Wie hier nunmehr *LAG Düsseldorf,* 19.8.14 – 17 Sa 67/14, AuR 14,440. Kritisch insbesondere zur schlechten Gesetzgebungsarbeit *Reichold,* NZA 05, 622.
114 *Schweibert*, in: Willemsen u. a., Rn. C 11.
115 *Boecken*, FS 50 Jahre BAG, S. 940.
116 So auch Richardi-*Annuß,* Rn. 26.
117 *Engels u. a.*, DB 01, 540; *Däubler,* AuR 01, 6.
118 In Kauf genommen bei *Löwisch,* BB 01, 1797.
119 Ähnlich *U. Fischer,* AiB 01, 568; a. A. *Löwisch,* BB 01, 1797; *Schweibert,* in: Willemsen u. a., Rn. C 7.

4. Im Ausland tätige Beschäftigte

Im Ausland beschäftigte AN sind nur dann mitzuzählen, wenn sie ein Wahlrecht zum BR haben (Einzelheiten oben § 7 Rn. 33).[120] Befindet sich das **UN im Ausland,** reicht es aus, wenn die Zahl 20 durch die im Anwendungsbereich des BetrVG Beschäftigten überschritten wird. Insoweit ist die Situation keine andere als bei der Bildung eines Wirtschaftsausschusses (§ 106 Rn. 29). Die Gegenmeinung[121] überdehnt das Territorialitätsprinzip. 35

5. Berechnungsfragen

Zu den »Wahlberechtigten« gehören **nicht die leitenden Angestellten** nach § 5 Abs. 3 und die von § 5 Abs. 2 erfassten Personengruppen; auch die freien Mitarbeiter scheiden nach herrschender Auffassung aus.[122] Auf der anderen Seite sind **Teilzeitkräfte** ebenso mitzuzählen wie nicht ständig Beschäftigte,[123] selbst wenn die **Befristung** auf einer AB-Maßnahme beruht. Auch zur Arbeitsleistung überlassene AN im Sinne des § 7 Satz 2, insbes. **Leiharbeitnehmer** waren schon in der Vergangenheit erfasst. Das ***BAG*** hat dies mit Recht ebenfalls so gesehen: Für die wirtschaftliche Leistungsfähigkeit eines UN (auf die sich der Grenzwert des § 111 Satz 1 bezieht) spiele es keine Rolle, ob die Personalkosten durch die Beschäftigung eigener Arbeitskräfte oder durch den Einsatz von Leiharbeitnehmern entstehen würden.[124] Auch ihre Arbeitsplätze sind für das UN konstitutiv.[125] Die Tatsache, dass sie in der Regel nicht in Interessenausgleich und Sozialplan einbezogen werden,[126] spricht nicht gegen ihre Berücksichtigung bei den Grenzwerten, da dies auch bei anderen Gruppen wie z. B. Aushilfen oder aus eigener Initiative Ausscheidenden der Fall ist.[127] Mit Wirkung vom 1. 4. 2017 ist dasselbe nunmehr in § 14 Abs. 2 Satz 4 AÜG ausdrücklich angeordnet. Die Abwesenheit wegen Mutterschutzes oder Elternzeit ist generell ohne Bedeutung,[128] doch führt die Einstellung einer Vertretung nach § 21 Abs. 7 BEEG nicht zu einer Erhöhung der Belegschaftsstärke.[129] Bei einer Matrixstruktur zählt der Weisungen Erteilende (auch) zum Betrieb des Weisungsempfängers, wenn er von den zuständigen Stellen innerhalb eines Konzerns mit dieser Funktion betraut wurde.[130] 36

Die 21 (mehr als 20!) Arbeitnehmer müssen **»in der Regel«** im UN beschäftigt sein. Es kommt daher nicht auf die Zahl zu einem bestimmten Stichtag, sondern darauf an, welche Belegschaftsstärke **für das UN im Allgemeinen charakteristisch** ist.[131] Spitzen- und Talsituationen bleiben außer Betracht.[132] Bei Personalabbau ist lediglich auf die Vergangenheit abzustellen; in anderen Fällen kommt es auch auf die Zukunftsprognose an.[133] Befindet sich das UN seit einiger Zeit in der Krise und ist bereits im Laufe des letzten Jahres Personal abgebaut worden, so ist auf den »**Normalbestand**« abzustellen.[134] Wurde etwa wegen Auftragsmangels die Belegschaft in der Zeit von März bis Mai von 38 auf 20 Beschäftigte reduziert und werden im November 37

---

120 GK-*Oetker* Rn. 23; *Däubler,* Betriebsverfassung in globalisierter Wirtschaft, S. 44 ff.
121 *Schweibert,* in: Willemsen u. a., Rn. C 8.
122 *Plander,* FS Däubler, S. 272 ff.; *Rost,* NZA 99, 113 ff.
123 *BAG* 16. 11. 04 – 1 ABR 642/03 DB 05, 456 mit der Einschränkung, dass sie »normalerweise« während des größten Teils des Jahres beschäftigt sind; *Friedemann,* Rn. 3 ff.; HWGNRH-*Rose,* Rn. 40 a. E.; *Kraushaar,* AiB 94, 292.
124 *BAG* Urt. v. 18. 10. 11 – 1 AZR 335/10, NZA 12, 221 Tz. 19.
125 Ebenso mit Rücksicht auf unionsrechtliche Vorgaben durch *EuGH* 15. 1. 14 – C 176/12, NZA 14, 193 *Buschmann,* AiB 4/14, 22.
126 Zu entsprechenden Möglichkeiten s. jedoch §§ 112, 112a Rn 170.
127 Nicht bedacht bei *Mosig,* NZA 12, 1411.
128 HWGNRH-*Hess,* Rn. 40.
129 Dazu DDZ-*Wroblewski,* § 21 BEEG Rn. 22 f.
130 Eingehend zur Betriebszugehörigkeit bei Matrixstrukturen und agilem Arbeiten *C. Schubert,* NZA 22, 145 ff,.
131 *BAG* 16. 6. 87, AP Nr. 20 zu § 111 BetrVG 1972; *LAG Hamm* 20. 11. 81, EzA § 17 KSchG Nr. 2; *Etzel,* Rn. 970.
132 *Rumpff/Boewer,* S. 265.
133 *BAG* 10. 12. 96 – 1 ABR 43/96, NZA 97, 733. Dazu auch *Ehrich/Fröhlich* Teil H Rn 3.
134 *BAG* 22. 2. 83, AP Nr. 7 zu § 113 BetrVG 1972; ebenso für die in mehreren Schritten erfolgende Betriebsstilllegung *BAG* 16. 11. 04 – 1 AZR 642/03, DB 05, 456.

wegen anhaltender Flaute noch einmal 6 Beschäftigte gekündigt, so ist der BR auch bei der zweiten »**Entlassungswelle**« nach §§ 111, 112 zu beteiligen, weil sie auf derselben Grundentscheidung beruht.[135]

38 Ändert sich das »normale Erscheinungsbild« des UN, tritt etwa **auf ermäßigter Basis** eine **Konsolidierung** ein oder ist die Expansion ersichtlich von Dauer, so sind diese neuen Verhältnisse maßgebend.[136] Entscheidender Beurteilungszeitpunkt ist die Entstehung der BR-Befugnisse nach § 111, d. h. der **Zeitpunkt,** in dem der BR wegen weit gediehener Planung eingeschaltet werden muss (dazu unten Rn. 159).[137] Steigt während der Amtszeit eines einköpfigen BR die Zahl der regelmäßig beschäftigten AN auf mehr als 20 Wahlberechtigte an, ohne dass die Voraussetzungen einer Neuwahl nach § 13 Abs. 2 Nr. 1 vorliegen, so steht das **Mitbestimmungsrecht ausnahmsweise auch dem Ein-Personen-BR** zu. Umgekehrt kann das Mitbestimmungsrecht auch für einen mehrköpfigen BR entfallen, wenn die Zahl der wahlberechtigten AN nicht nur vorübergehend unter 21 sinkt.

39 Bei reinen **Kampagnebetrieben** kommt es allein auf die Belegschaftsstärke während der Kampagne an.[138]

6. Verfassungsrechtliche Bedenken?

40 Die §§ 111–113 führen dazu, dass AN, die **außerhalb einer Betriebsänderung** von einer **betriebsbedingten Kündigung** betroffen werden, keine Abfindung erhalten. Dies ist rechtspolitisch unerfreulich, aber wohl nicht wegen Verstoßes gegen den **Gleichheitssatz des Art. 3 Abs. 1 GG** verfassungswidrig: Der »sachliche Grund« dürfte darin liegen, dass die §§ 111–113 nicht nur die AN schützen, sondern auch das Unternehmerverhalten steuern wollen.[139] Hierfür ist die Anknüpfung an eine »Betriebsänderung« durchaus sachgerecht.[140]

41 Auch die **Ausklammerung von** Kleinunternehmen mit 20 und weniger Beschäftigten ist im Grundsatz **nicht willkürlich;** die Einschätzung des Gesetzgebers, die wirtschaftliche Belastbarkeit und die Finanzkraft seien in solchen Fällen geringer, ist nicht zu beanstanden.[141] Die (m. E. zu verneinende) Frage, ob man an die Betriebsgröße anknüpfen konnte,[142] ist durch die Neufassung 2001 gegenstandslos geworden. Dass es in Betrieben ohne Betriebsrat grundsätzlich keinen Sozialplan gibt, lässt sich nur mit der Überlegung rechtfertigen, der Gesetzgeber wolle bewusst die in der Betriebsratswahl liegende »Selbsthilfe« prämiieren – ein Gedanke, der sich auch in anderen Teilen der Rechtsordnung wieder findet (Arbeitslosengeld erhält nur, wer sich um einen neuen Arbeitsplatz bemüht, viele Sozialleistungen sind an einen oft nicht unkomplizierten Antrag gebunden usw.).

7. Freiwillige Abmachungen in Kleinunternehmen

42 Greift § 111 nicht ein, ist auf der **Grundlage des § 88** eine freiwillige BV möglich, die inhaltlich einem Sozialplan entsprechen kann.[143] Dabei ist ggf. das Anfechtungsrecht des Insolvenzverwalters nach §§ 129 ff. InsO zu beachten;[144] die Gewährung von Leistungen ist aber nicht »unentgeltlich« i. S. v. § 134 InsO.

135 Ähnlich GK-*Oetker,* Rn. 34.
136 *BAG* 9. 5. 95 – 1 ABR 51/94, DB 95, 2075; *BAG* 10. 12. 96 – 1 ABR 43/96, NZA 97, 733.
137 Wie hier *BAG* 22. 2. 83, AP Nr. 7 zu § 113 BetrVG 1972; GK-*Oetker,* Rn. 32; *Rumpff/Boewer,* S. 267.
138 *BAG* 16. 11. 04 – 1 AZR 642/03 DB 05, 456.
139 *BAG* 22. 5. 79, AP Nr. 4 zu § 111 BetrVG 1972.
140 A. A. mit beachtlichen Argumenten *Lobinger,* ZfA 06, 178 ff.
141 Vgl. *BAG* 17. 10. 89, AP Nr. 29 zu § 111 BetrVG 1972 = NZA 90, 443; *LAG Frankfurt* 20. 5. 88, LAGE § 111 BetrVG 1972 Nr. 8.
142 Dazu *BAG* 8. 6. 99 – 1 AZR 831/98, AuR 99, 277.
143 *LAG München* 5. 9. 86, BB 87, 194; *Fitting,* Rn. 28.
144 *LAG München,* a. a. O.

III. Vorliegen einer Betriebsänderung

1. Verhältnis Satz 1 – Satz 3

43 § 111 verwendet eine Reihe von **unbestimmten Rechtsbegriffen,** die seine Handhabung nicht erleichtern. Wann liegen »wesentliche Nachteile« für die Belegschaft vor? Unter welchen Voraussetzungen kann von **»erheblichen Teilen« der Belegschaft** die Rede sein? Wie sind **»wesentliche Betriebsteile«** i. S. v. Satz 3 Nr. 1 zu bestimmen? Außerdem ist klärungsbedürftig, ob die Möglichkeit wesentlicher Nachteile, von der Satz 1 spricht, auch in den Fällen des Satzes 3 vorliegen muss. Schließlich ist zu prüfen, ob Satz 3 eine abschließende Aufzählung für mögliche Erscheinungsformen einer »Betriebsänderung« enthält. Eine **Checkliste** zum Vorliegen einer Betriebsänderung findet sich in DKWF-*Däubler,* §§ 111–113 Rn. 1 ff.

44 Weitgehende Einigkeit besteht heute darüber, dass **der in Satz 1 enthaltene Relativsatz** (»… die wesentliche Nachteile für die Belegschaft oder erhebliche Teile …«) **nicht auf die Fälle des Satzes 3 zu übertragen** ist. Die Formulierung »Als Betriebsänderungen im Sinne des Satzes 1 gelten« macht deutlich, dass die Voraussetzungen des Satzes 1 insoweit vom Gesetzgeber selbst vorausgesetzt (»fingiert«) werden. In diesem Sinne hat sich die Rspr. des *BAG,*[145] aber auch die weit überwiegende Auffassung in der Literatur[146] ausgesprochen. In der Tat lässt die Gesetzesformulierung keinen anderen Rückschluss zu. Stellt sich in den Verhandlungen oder in der ESt heraus, dass definitiv keine wirtschaftlichen Nachteile entstehen, kann auf den Abschluss eines Sozialplans verzichtet werden,[147] doch kann dieser nachgeholt werden, wenn entgegen der Überzeugung der Beteiligten doch Nachteile entstehen.

45 Sehr viel kontroverser ist demgegenüber die Frage, ob **Satz 3** einen **abschließenden Katalog** enthält. Das *BAG* hat dies lange Zeit ausdrücklich dahinstehen lassen,[148] in jüngster Zeit allerdings von einer »beispielhaften Aufstellung« gesprochen[149] und das Vorliegen einer Betriebsänderung nach Satz 1 geprüft, als weder Abs. 3 Nr. 4 noch Abs. 3 Nr. 5 erfüllt waren.[150] Auch das *LAG Baden-Württemberg*[151] und wohl auch das *LAG Niedersachsen*[152] haben sich dieser Auffassung angeschlossen.[153] In der Literatur überwog in den 70er Jahren die These vom abschließenden Charakter.[154] In jüngerer Zeit versteht jedoch die Mehrzahl der Autoren Satz 3 (= Satz 2 a. F.) als beispielhafte Aufzählung und anerkennt deshalb auch Betriebsänderungen außerhalb des Katalogs nach Satz 3.[155] **Von einer »herrschenden Meinung« zugunsten einer**

---

145 26.10.82, 17.8.82 und 17.12.85, AP Nrn. 10, 11 und 15 zu § 111 BetrVG 1972, zuletzt 18.3.08 – 1 ABR 77/06, NZA 08, 957 Tz 16 und 9.11.10 – 1 AZR 708/09, NZA 11, 466 Tz 13.

146 ErfK-*Kania,* Rn. 8; *Etzel,* Rn. 973; *Fitting,* Rn. 42; *Heither,* ZIP 85, 513; *Röder/Baeck,* S. 40; *Rumpff/Boewer,* S. 270; *Schwanecke,* S. 31; HK-BetrVG-*Steffan,* Rn 17; *Teichmüller,* Betriebsänderung, S. 50; *Zöllner/Loritz/Hergenröder,* § 51 II 1c; *Däubler,* Das Arbeitsrecht 1, Rn. 1113; a. A. HWGNRH-*Hess,* Rn. 50: Nur Vermutung der Nachteile, nicht Fiktion.

147 *LAG Niedersachsen* 5.5.09 – 1 TaBV 28/09, NZA-RR 09, 531.

148 *BAG* 17.2.81, 17.8.82 und 6.12.88, AP Nrn. 9, 11 und 26 zu § 111 BetrVG 1972.

149 *BAG* 9.11.10 – 1 ZR 708/09, NZA 11, 466 Tz 13.

150 *BAG* 22.3.16 – 1 ABR 12/14, NZA 16, 894 Tz. 28.

151 16.6.87, LAGE § 111 BetrVG 1972 Nr. 6.

152 12.1.10 – 1 TaBV 73/09, LAGE § 98 ArbGG 1979 Nr. 58; zustimmend *Bertzbach* jurisPR-ArbR 20/2010 Anm. 4. Die Frage blieb dahinstehen in *LAG Niedersachsen,* Beschl. v. 2.11.06 – 1 TaBV 83/06, NZA-RR 07, 134.

153 Ebenso schon *LAG Baden-Württemberg* 11.10.78, DB 79, 114; a. A. *LAG Düsseldorf* 14.8.73, BB 73, 1488.

154 Vgl. etwa *Hanau,* ZfA 74, 93; *Vogt,* Sozialpläne, S. 47 m. w. N.; anders aber z. B. *Engels,* DB 79, 2227.

155 *Dütz/Thüsing,* Rn. 990; *Ehrich/Fröhlich* Rn 21; HK-ArbR-*M. Schubert,* §§ 111–113 BetrVG Rn 15; *Etzel,* Rn. 974; *Fitting,* Rn. 34; *Bobke,* S. 364; *Gajewski,* FS Gaul, S. 141; *Gaul/Gajewski,* S. 6; GK-*Oetker,* Rn. 56 ff.; *Gamillscheg,* Kollektives Arbeitsrecht II, S. 1105; *B. Gaul,* § 28 Rn. 44; *Halberstadt,* § 111 Rn. 12; *Heither,* ZIP 85, 513; *v. Hoyningen-Huene,* Betriebsverfassungsrecht, § 15 Rn. 4; *Preis,* Arbeitsrecht, § 156 II 1 (S. 732); *Rumpff/Boewer,* S. 270 f.; *SB,* § 111 Rn. 11; WPK-*Preis/Bender* Rn. 11; Schaub-*Ahrendt* § 244 Rn. 11; SB-*Stevens-Bartol* Rn. 12; HK-*Steffan* § 111 Rn. 19; *Wenning-Morgenthaler* Rn 1039; *Zöllner/Loritz/Hergenröder,* § 51 II 1c; *Zwanziger,* § 122 InsO Rn. 8; *Däubler,* Das Arbeitsrecht 1, Rn. 1113; *WW,* Rn. 6; **a. A.** *GL,* Rn. 19 – ohne Festlegung jedoch *LK,* Rn. 20 ff. –; HWGNRH-*Hess,* Rn. 49, unter leicht verbesserter Verwertung der Literatur; Richardi-*Annuß,* Rn. 41 ff.; *Schweibert,* in: Willemsen u. a., Rn. C 20; *Schwanecke,* S. 20; *SWS,* §§ 111–113 Rn. 27; unentschieden *Röder/Baeck,* S. 42; GTAW-*Ahmad* Rn 10 – ohne eigene Argumentation; im Prinzip

abschließenden Aufzählung kann daher **nicht mehr die Rede sein.** Dabei ist zuzugeben, dass der Wortlaut hätte klarer ausfallen können; durch das Wörtchen »insbesondere« hätte der Gesetzgeber den beispielhaften, durch das Wörtchen »nur« den abschließenden Charakter verdeutlichen können.

46 Die **Eingangsformulierung des Satzes 3** (»Als Betriebsänderungen im Sinne des Satzes 1 gelten …«) spricht dafür, dass über den Katalog hinaus ein allgemeinerer Begriff der Betriebsänderung existieren muss; die Gleichstellung hat nur dann einen Sinn, wenn es eine bestimmte »Bezugsgröße« gibt.[156] Wichtiger ist allerdings die Überlegung, dass es sinnwidrig, ja **willkürlich** wäre, Interessenausgleich und Sozialplan dann entfallen zu lassen, **wenn zwar wesentliche Nachteile für die Belegschaft eintreten (können), gleichzeitig jedoch keiner der Tatbestände des Satzes 3 vorliegt.**[157] Im Ergebnis könnte dies dazu führen, dass Betriebsänderungen mit gravierenderen Auswirkungen, als sie z. B. eine Verlegung innerhalb derselben Stadt hat, aus jeder Beteiligung des BR herausgenommen wären. Diese Gefahr hat nicht nur theoretischen Charakter, da sehr wohl Fälle denkbar sind, die zwar unter Satz 1, nicht aber unter Satz 3 fallen (näher unten Rn. 115 ff.). Die Steuerungs- wie die Schutzfunktion der §§ 111–113 verlangt daher, Satz 3 nicht als abschließende Regelung aufzufassen.

47 Bei der Handhabung der **unbestimmten Rechtsbegriffe** in Satz 1 und Satz 3 ist schließlich von ähnlichen Maßstäben auszugehen, um so **Wertungswidersprüche** zu **vermeiden.** Nach der Rspr. dient Satz 1 als Auslegungsgrundsatz für Satz 3.[158] Praktische Bedeutung gewinnt dies insbes. dann, wenn es um die Konkretisierung von Begriffen wie »erhebliche Teile der Belegschaft« oder »wesentliche Betriebsteile« geht; soweit keine anderen Anhaltspunkte gegeben sind, muss sie unter **Rückgriff auf die Maßstäbe des § 17 KSchG** erfolgen.

2. Der Betrieb als Bezugsgröße

48 Obwohl das Eingreifen der §§ 111 ff. von der UN-Größe abhängt, wurden 2001 die **Tatbestandsmerkmale des Begriffs »Betriebsänderung« nicht modifiziert** oder geändert. Dies ist in der amtlichen Begründung des RegE ausdrücklich betont worden.[159] Der unveränderte Wortlaut lässt keinen anderen Schluss zu.[160] Wurde bei der BR-Wahl der Betriebsbegriff verkannt, so gilt mangels Anfechtung die in Frage stehende Einheit als Betrieb (s. u. Rn. 143).[161] Gleichgestellt ist nach § 3 Abs. 5 Satz 1 eine **durch Tarifvertrag** oder Betriebsvereinbarung **geschaffene** betriebsverfassungsrechtliche **Organisationseinheit,**[162] doch ist nicht auszuschließen, dass das BAG die in Anlehnung an § 17 KSchG entwickelten Grenzwerte nicht auf eine deutlich größere Einheit nach § 3 Abs. 5 beziehen wird, weil dies dem Sinn der tariflichen Regelung widersprechen würde.[163] Ein gewichtiges Indiz in diese Richtung hat es durch die Feststellung gesetzt, die tarifliche Schaffung einer größeren Einheit nach § 3 Abs. 5 führe nicht dazu, dass die bisherigen Betriebe ihre Identität verlieren würden.[164] Wurde in einem **Betriebsteil** nach § 4 Abs. 1 Satz 1 ein **eigener BR gewählt,** ist die fragliche Einheit Betrieb im Sinne des § 111.[165] Schloss sich die Belegschaft nach § 4 Abs. 1 Satz 2 durch Abstimmung der **Wahl zum BR des Hauptbetriebs** an, so bleibt an sich der Fiktion des § 4 Abs. 1 S. 1 entsprechend ein eigenständiger Betrieb

---

auch *Hromadka/Maschmann*, Bd. 2, § 16 Rn. 602 sowie NK-GA-*Spirolke* § 111 BetrVG Rn. 10. Ein Obsiegen der mittlerweile h. M. beim *BAG* prognostizierten richtig *Rüthers/Bakker*, ZfA 90, 332.

156 Vgl. *Rumpff/Boewer*, S. 271.

157 Vgl. GK-*Oetker*, Rn. 58.

158 *BAG* 22. 1. 80, 26. 10. 82, AP Nrn. 7 und 10 zu § 111 BetrVG 1972.

159 BT-Dr. 14/5741, S. 51.

160 *BAG* 19. 7. 12 – 2 AZR 386/11, NZA 13, 333 LS 1; *Däubler*, AuR 01, 6; *Engels u. a.*, DB 01, 540; GK-*Oetker*, Rn. 18 f.; *Löwisch*, BB 01, 1797; *Reichold*, NZA 01, 865; *Schiefer/Korte*, NZA 01, 88; kritisch dazu *Bauer*, NZA 01, 375; Anpassungsbedarf konstatieren *Richardi/Annuß*, DB 01, 45.

161 ErfK-*Kania*, Rn. 13.

162 *LAG Köln* 3. 3. 08 – 14 TaBV 83/07, BB 08, 1570 mit Anm *Bissels*; *Ludwig/Glau*, BB 19, 309.

163 *Bauer*, NZA Beilage 1/2009 S. 7; keine Bedenken bei *Ludwig/Glau*, BB 19, 310.

164 *BAG* 18. 3. 08 – 1 ABR 3/07 NZA 08, 1259; grundsätzlich zustimmend *Salamon* NZA 09, 74.

165 *BAG* 27. 6. 95 – 1 ABR 62/94 NZA 96, 164.

erhalten.[166] Das BAG sieht dies allerdings inzwischen anders,[167] so dass bei der Abstimmung zu bedenken ist, ob nicht durch das Aufgehen in einem größeren Betrieb die Anwartschaft auf einen Sozialplan verloren geht.[168] Zu vertretungslosen Betriebsteilen s. u. Rn. 148.
Im Folgenden werden zunächst die einzelnen Fälle des Satzes 3 erläutert, ehe dann auf die Generalklausel des Satzes 1 eingegangen wird.

3. Die Betriebsstilllegung nach Satz 3 Nr. 1

Nach der Rechtsprechung des *BAG* setzt eine Betriebsstilllegung den »**ernstlichen und endgültigen« Entschluss** des Unternehmers voraus, **die »Betriebs- und Produktionsgemeinschaft«** zwischen Arbeitgeber und Arbeitnehmern »**für einen seiner Dauer nach unbestimmten, wirtschaftlich nicht unerheblichen Zeitraum« aufzugeben.**[169] Eine bloße Betriebsunterbrechung liegt vor, wenn ein Betrieb durch Hoheitsakt wegen der Corona-Pandemie für einige Wochen geschlossen wird. Da in diesen Fällen nach der Rechtsprechung[170] häufig keine Entgeltfortzahlung nach § 615 Satz 3 erfolgen muss, kommt es in der Praxis entscheidend auf die Bewilligung von Kurzarbeitergeld an. Eine Stilllegung kann auch in der Weise geschehen, dass ein »Funktionsnachfolger«, der keine wesentlichen Betriebsmittel und auch keine relevante Anzahl von Beschäftigten übernimmt, mit seiner Tätigkeit beginnt.[171] Eine Stilllegungsentscheidung kann bei entsprechenden rechtlichen Voraussetzungen auch durch hoheitliche Entscheidung erfolgen.[172] Weiter kann sie von einem **Pächter** ausgehen.[173] Der **Geschäftsführer einer GmbH,** einer KG oder einer OHG und der Vorstand eines Vereins dürfen den einzigen Betrieb ihres Unternehmens nur mit Zustimmung der Gesellschafter schließen, die ggf. einer bestimmten Form bedarf,[174] da die Grundlagen der Gesellschaft betroffen sind. Dasselbe gilt bei der OHG und KG auch dann, wenn **nur ein Betrieb** (von mehreren) stillgelegt werden soll, da es um eine aus dem normalen Geschäftsbetrieb herausfallende Handlung geht.[175] Auch bei einer **englischen »Ltd«** (limited company = GmbH ohne Mindestkapital) kann die Frage auftauchen, ob die Geschäftsführung (board) noch im Rahmen ihrer Kompetenzen gehandelt hat.[176] Lediglich der Vorstand einer AG kann in beiden Fällen aus eigenem Recht (§ 76 Abs. 1 AktG) handeln. Von diesen Beschränkungen ist in der Regel die Vertretungsmacht der Geschäftsführer frei. Nur dann, wenn es sich um einen Missbrauch handelt, tritt keine Außenwirkung ein.[177] Bei einem offenen Rechtsverstoß wird man diesen in aller Regel annehmen können, es sei denn, die Angelegenheit hätte keinen Aufschub geduldet. Der Missbrauch kann insbesondere im Kündigungsschutzverfahren geltend gemacht werden. Für das Eingreifen der §§ 111 ff. spielt er ebenso wenig eine Rolle wie die aus anderen Gründen bestehende Rechtswidrigkeit der Kündigungen. Das *BAG*[178] geht weiter und hält Kündigungen allein schon dann für wirksam, wenn trotz fehlenden Gesellschafterbeschlusses die **Prognose** gerechtfertigt ist, 49

166 Zutreffend *Seebacher* AuR 11, 335; anders *BAG* 17. 9. 13 – 1 ABR 21/12, NZA 14, 96 und *Ullrich*, NZA 04, 1309.
167 17. 9. 13 – 1 ABR 21/12, NZA 14, 96.
168 *Seebacher*, AiB 3/14, 33 ff.
169 *BAG* 27. 9. 84, AP Nr. 39 zu § 613a BGB; 5. 4. 01 – 2 AZR 696/99, NZA 01, 950; 21. 6. 01 – 2 AZR 137/00, NZA 02, 212; 29. 9. 05 – 8 AZR 647/04, NZA 06, 720, 722; 28. 5. 09 – 8 AZR 273/08, NZA 09, 1267, bestätigt durch *BAG* 14. 4. 15 – 1 AZR 794/13, ZInsO 15,1695 = AuR 15,333 Ls. Sachlich übereinstimmend *BAG* 7. 11. 17 – 1 AZR 186/16, NZA 18, 464 Tz. 21: »Aufgabe des Betriebszwecks unter gleichzeitiger Auflösung der Betriebsorganisation für unbestimmte, nicht nur vorübergehende Zeit.«.
170 *BAG* 13. 10. 21 – 5 AZR 211/21, NZA 22, 182.
171 *BAG* 16. 5. 07 – 8 AZR 693/06, NZA 07, 1296; zu den Voraussetzungen eines Betriebsübergangs s. den Überblick bei *Däubler,* Arbeitsrecht 2, Rn 1407 ff.
172 *BAG* 21. 11. 13 – 2 AZR 495/12, NZA 15,127: Schließung einer BKK.
173 *BAG* 17. 3. 87, AP Nr. 18 zu § 111 BetrVG 1972.
174 Näher *Plander,* NZA 99, 507 ff.; ebenso für die GmbH *LAG Berlin* 10. 8. 87, DB 87, 2367.
175 *Plander*, NZA 99, 511.
176 *Heinz*, S. 25 ff. Zum Schicksal der Ltd. nach einem Brexit s. Einl. Rn. 262.
177 *Oetker*, FS Nagel, S. 317, 326.
178 11. 3. 98, DB 98, 1568 und 5. 4. 01 – 2 AZR 696/99, NZA 01, 949.

dass es zu einer **Stilllegung kommen** wird. Von einer ordentlichen **Kündigung** können nach § 15 Abs. 4 KSchG auch **BR-Mitglieder** betroffen sein; bei tariflich geschaffenen Vertretungen nach § 3 Abs. 1 kommt es dabei allein auf die Stilllegung des Betriebs i. S. d. KSchG an.[179] Verhandlungen über Interessenausgleich und Sozialplan können aber im Wege des Restmandats zu Ende geführt werden.

50 **Keine Stilllegung** liegt vor, wenn der UN die **Absicht** hat, den **Betrieb** oder einen Betriebsteil (ohne AN) **zu veräußern.**[180] Will er nur einen Betriebsteil veräußern, so liegt in Bezug auf den Rest des UN effektiv eine Stilllegung vor.[181] Stilllegung und Betriebsübergang bzw. Betriebsteilübergang schließen sich aus. Anders dann, wenn der AG nur einzelne Gegenstände veräußert, die für sich allein keine »wirtschaftliche Einheit« darstellen.[182] Dies wird etwa daran deutlich, dass er sich zum Zeitpunkt der Kündigung weiter um Aufträge bemüht[183] oder ernsthaft mit einem Kaufinteressenten verhandelt und mit ihm z. B. einen Gesprächstermin vereinbart.[184] Dasselbe gilt, wenn er wenige Tage vor Ausspruch der Kündigungen eine Auffanggesellschaft gründet, die später in den ursprünglichen Räumen mit einem Teil der Belegschaft die betrieblichen Arbeiten fortsetzt.[185] Ein Indiz, dass keine endgültige Schließung beabsichtigt ist, stellt es auch dar, wenn sich der AG weiter um Aufträge bemüht,[186] wenn er nur einem Teil der AN kündigt oder wenn er die bestehenden Mietverträge nicht zum frühest möglichen Termin auflöst.[187] Legt der AG einerseits einzelne Produktionsanlagen still, generiert er andererseits aber so viele Aufträge, dass diese mit den verbleibenden Kapazitäten nicht bewältigt werden können, so spricht eine Vermutung dafür, dass die (Teil-) Stilllegung nicht auf Dauer bestimmt war.[188] Ein widersprüchliches Verhalten dieser Art verdient keine rechtliche Anerkennung, die Berufung auf eine etwaige Fehleinschätzung könnte keine Kündigung rechtfertigen. Im **Kündigungsschutzverfahren** muss der AG **beweisen,** dass er stilllegen wollte; nicht etwa ist es Sache des AN, seinerseits zu belegen, dass die Kündigung im Hinblick auf einen geplanten Betriebsübergang oder eine Ausdünnung der Belegschaft erfolgte.[189]

51 Keine Stilllegung liegt weiter vor, wenn die **Produktion** nach einiger Zeit mit neuen Arbeitskräften wieder aufgenommen wird. Dasselbe gilt erst recht, wenn der »Abbau« des alten und der »Aufbau« des neuen Betriebes parallel laufen; das *ArbG Berlin*[190] erklärte in diesem Fall sogar die Kündigungen für unwirksam. Nach Auffassung des *BAG*[191] liegt **keine bloße Betriebsunterbrechung,** sondern eine Stilllegung vor, wenn der **Zeitraum** bis zur eventuellen Wiederaufnahme der Tätigkeit so **erheblich** ist, dass seine Überbrückung dem AG nicht zuzumuten ist (zum Sonderfall der Fortführung durch den Erwerber s. u. Rn. 56). Keine Stilllegung liegt in einer witterungsbedingten »Betriebseinstellung« auf dem Bau[192] sowie in der behördliche Untersagung der Tätigkeit.[193] Dasselbe gilt, wenn der AG die Organisation als solche einschließlich der Arbeitsverhältnisse bestehen lässt und lediglich für einen mehr oder weniger großen Zeitraum die Produktion einstellt.[194] Erst wenn er **»unumkehrbare Maßnahmen«** vornimmt (z. B. allen Beschäftigten kündigt oder Betriebsmittel veräußert, die sich nicht

---

179 *BAG* 27.6.19 – 2 AZR 38/19, NZA 19, 1427.
180 *BAG* 9.2.94 – 2 AZR 666/93, DB 94, 1731; 28.5.09 – 8 AZR 273/08, NZA 09, 1267 Tz. 30.
181 *LAG Rheinland-Pfalz* 17.1.22 – 3 Sa 271/21, juris.
182 So *LAG Düsseldorf* 17.10.18 – 1 Sa 337/18, AuR 19, 50, 89 für die Veräußerung einzelner Flugzeuge nach dem Zusammenbruch der Air Berlin.
183 *BAG* 13.2.08 – 2 AZR 543/06, NZA 08, 821 Tz. 23.
184 *BAG* 29.9.05 – 8 AZR 647/04, NZA 06, 720; *BAG* 15.12.11 – 8 AZR 692/10, DB 12, 1690 OS 5.
185 *LAG Köln* 30.1.06 – 1413 Sa 1359/05, AuR 06, 252.
186 *BAG* 13.2.08 – 2 AZR 543/06, NZA 08, 821 Tz 23.
187 *LAG Rheinland-Pfalz* 25.2.03 – 2 Sa 1081/02 NZA-RR 2004, 303.
188 *LAG Köln*, 22.2.06 – 7 Sa 1314/05, NZA-RR 06, 523.
189 *LAG Rheinland-Pfalz*, a. a. O.
190 17.2.00, AuR 01, 72.
191 21.6.01 – 2 AZR 137/00, NZA 02, 212.
192 *LAG Niedersachsen* 13.10.97 – 5 Sa 1499/97, DB 98, 1139.
193 *BAG* 7.11.17 – 1 AZR 186/16, NZA 18, 464 Tz. 23.
194 *BAG* 12.2.87, AP Nr. 67 zu § 613a BGB; Richardi-*Annuß*, Rn. 60.

jederzeit ersetzen lassen) liegt der Beginn einer Stilllegung vor.[195] Dabei ist auch auf die Natur des Betriebs abzustellen; ist diese durch die »eingespielte Belegschaft« geprägt, stellt der Abbau der IT-Infrastruktur noch keine unumkehrbare Maßnahme dar.[196]

Ohne Bedeutung ist, wenn über den Stilllegungszeitpunkt hinaus einige AN mit **Abwicklungsarbeiten** weiterbeschäftigt werden[197] oder wenn eine Reihe von Arbeitsverhältnissen mit Rücksicht z. B. auf den Kündigungsschutz des § 17 MuSchG weiterbesteht.[198] Erfolgt dann eine Versetzung in einen weiter bestehenden Betrieb desselben Unternehmens, kann der BR nicht nach § 99 mitbestimmen, da die Vorschrift ihrem Sinn nach nicht mehr eingreift; ein Restmandat besteht insoweit nicht.[199] Ist die Stilllegung durchgeführt, können die verbliebenen **Betriebsmittel an einen Dritten veräußert** werden, ohne dass dieser deshalb zum Erwerber i. S. d. § 613a BGB wird.[200] Hat der AG allen Beschäftigten gekündigt und damit die betriebliche Organisation aufgelöst, kann er sich der Forderung nach einem Sozialplan nicht mehr mit dem Argument entziehen, in Wahrheit habe ein Betriebsübergang vorgelegen.[201] Zum Fall der missglückten Betriebsverlegung s. unten Rn. 89. 52

Auf die **Größe des Betriebes** kommt es nach neuem Recht nicht an. Auch Kleineinheiten können stillgelegt werden und fallen unter Nr. 1, sofern sie effektiv als selbstständiger Betrieb zu qualifizieren sind. Dass es auch im Rechtssinne Betriebe mit weniger als 5 Beschäftigten gibt, wird u. a. aus § 4 Abs. 2 deutlich. Allerdings ist die von § 4 Abs. 2 angeordnete Zuordnung auch im Rahmen des § 111 Satz 3 Nr. 1 zu berücksichtigen; umgekehrt hat dies zur Folge, dass unter den Voraussetzungen des § 4 Abs. 1 Satz 1 Betriebsteile im vorliegenden Zusammenhang als selbstständige Einheiten zu werten sind. 53

Die **Absichten des Unternehmers** können sich unter bestimmten Voraussetzungen **aus den näheren Umständen** ergeben. **Kündigt er allen** im Betrieb **Beschäftigten,** stellt dies ein Indiz für eine beabsichtigte Stilllegung dar, es sei denn, er würde gleichzeitig mit einem potentiellen Käufer verhandeln oder er würde bei der Kündigung die Wiedereinstellung für einen späteren Zeitpunkt zusagen.[202] Aus den Kündigungen allein kann allerdings nicht auf eine Stilllegungsabsicht geschlossen werden; im Kündigungsschutzverfahren muss der AG vielmehr substantiiert darlegen, welche organisatorischen Maßnahmen er darüber hinaus geplant und in Angriff genommen hat.[203] Werden Kündigungen lediglich »vorsorglich« für den Fall ausgesprochen, dass eine beabsichtigte Betriebsveräußerung scheitert, liegt keine Betriebsstilllegung vor. Die Kündigungen sind im Übrigen als bedingte unwirksam, da sie den AN in eine unzumutbar unsichere Situation versetzen.[204] Die schlechte wirtschaftliche Lage, auch die **Überschuldung,** stellt als solche noch **kein Indiz** für eine Stilllegungsabsicht dar; anders ist jedoch die Auflösung von Geschäftsbeziehungen zu beurteilen.[205] Besteht eine definitive Stilllegungsabsicht, **findet sich** dann jedoch **entgegen allen Erwartungen ein Käufer** für den Betrieb, so können die gekündigten AN jedenfalls dann Wiedereinstellung verlangen, wenn der Betriebsübergang während des Laufs der Kündigungsfrist erfolgt.[206] 54

Erklärt der UN, er wolle den Betrieb stilllegen, trifft er jedoch Maßnahmen, die eine alsbaldige Fortsetzung der Produktion vorbereiten sollen, liegt eine sog. **Scheinstilllegung** vor. **Der AG muss sich an seinem tatsächlichen Tun festhalten lassen,** eine Berufung auf einen etwaigen abweichenden Willen ist nicht möglich; dies wäre eine unzulässige **protestatio facto contra-** 55

---

195 *BAG* 18.7.17 – 1 AZR 546/15 NZA 17, 1618 Tz. 38 ff.; *BAG* 7.11.17 – 1 AZR 186/16, NZA 18, 464 Tz. 21.
196 *BAG* a. a. O.
197 *BAG* 21.6.01 – 2 AZR 137/00, NZA 02, 212 [215].
198 *Heither*, ZIP 85, 515; MünchArbR-*Matthes*, 2. Aufl. 2000, § 360 Rn. 23.
199 *BAG* 8.12.09 – 1 ABR 41/09, NZA 10, 665.
200 *BAG* 12.2.87, AP Nr. 67 zu § 613a BGB.
201 *BAG* 27.6.95 – 1 ABR 62/94, DB 96, 147.
202 *BAG* 16.6.87, AP Nr. 20 zu § 111 BetrVG 1972.
203 *BAG* 19.6.91 – 2 AZR 127/91, DB 91, 2442; 9.2.94 – 2 AZR 666/93, DB 94, 1731; *BAG* 13.2.08 – 2 AZR 543/06, NZA 08, 821 Tz 23.
204 Vgl. DDZ-*Däubler*, Einl. Rn. 117 ff.
205 *LAG Hamm*, 13.1.23 – 16 Sa 485/21, juris.
206 *Schweibert*, in: Willemsen u. a., Rn. C 30 unter Bezugnahme auf die Rechtsprechung des *BAG*.

ria.[207] Dies rechtfertigt sich letztlich mit dem Gedanken des Vertrauensschutzes, da die betroffenen AN wie auch Dritte nur die tatsächlich getroffenen Maßnahmen, nicht aber irgendwelche Überlegungen und Absichten kennen (können). Wird beispielsweise die gesamte Belegschaft wegen der Betriebsstillegung betriebsbedingt gekündigt, nach vier Wochen jedoch schon nach neuen Arbeitskräften gesucht, die in zwei Monaten für einen »Neuanfang« bereit sein sollen, läge ein solcher Fall vor. Wird nach Kündigung der Arbeitsverhältnisse der Betrieb effektiv eingestellt und **wenige Monate später eine Neueröffnung** betrieben, so liegt der Fall genauso, es sei denn, die Umstände hätten sich grundlegend geändert.[208] Die **rechtlichen Folgen einer Scheinstilllegung** sind wenig geklärt. Man wird den AG für verpflichtet ansehen müssen, die entlassenen Beschäftigten zu den bisherigen Bedingungen wieder einzustellen.[209]

56 Die Probleme werden noch ein wenig komplizierter, wenn nicht der UN selbst, sondern ein **Betriebserwerber die Produktion fortführt.** Von einer »Fortführung« kann dabei nur die Rede sein, wenn der neue Inhaber so viele Betriebsmittel erworben hat, dass er mit ihnen eine sinnvolle Produktion durchführen kann.[210] Liegt diese Voraussetzung vor und nimmt der Erwerber **»alsbald«** nach der »Stilllegung« die Produktion wieder auf, so spricht nach der Rspr. des *BAG* eine **tatsächliche Vermutung gegen die »ernsthafte« Absicht des Veräußerers,** seinen Betrieb stillzulegen.[211] Eine solche Vermutung kann allenfalls dadurch entkräftet werden, dass der Veräußerer den überzeugenden Beweis führt, erst nach durchgeführter Stilllegung sei der Kontakt zum Erwerber aufgenommen worden. Wie groß der zeitliche Abstand zwischen »Stilllegung« und Wiederaufnahme im Höchstfall sein darf, um die Vermutung zugunsten einer Scheinstilllegung bestehen zu lassen, ist noch nicht ausreichend geklärt. Sinnvoll wäre eine **Obergrenze von 6 Monaten,** wie sie sich in Abweichung vom früheren § 1 Abs. 3 Satz 2 BeschFG in § 14 Abs. 3 TzBfG a. F. fand. Die Rechtsfolgen sind auch hier kaum angesprochen. § 613a BGB ist in der Weise entsprechend anzuwenden, als sich der Erwerber den Beschäftigten gegenüber so behandeln lassen muss, als hätte der Veräußerer den Betrieb fortgesetzt. Dies bedeutet **Wiedereinstellung** zu den bisherigen Bedingungen (s. o. Rn. 55). Hat der AG die gesamte Belegschaft entlassen und anschließend die Betriebsmittel veräußert, so kann er einen Sozialplan nicht mit der Begründung verweigern, in Wahrheit habe ein Betriebsübergang nach § 613a BGB vorgelegen.[212]

57 Zur Abgrenzung von Betriebsstilllegung und Verlegung eines Betriebs s. unten Rn. 89, zur Abgrenzung vom Betriebsübergang unten Rn. 125.

4. Die Betriebseinschränkung nach Satz 3 Nr. 1

58 Nach der Rechtsprechung des *BAG* setzt eine Betriebseinschränkung voraus, dass die **»Leistungsfähigkeit« des Betriebs herabgesetzt** wird.[213] Dies wird sich in der Regel in quantitativen Größen ausdrücken (Stückzahlen, erledigte Aufträge), doch ist auch eine Absenkung der Qualität denkbar.[214] Die Einschränkung muss **»ungewöhnlich«** sein; betriebstypische Schwankungen (»Weihnachtsgeschäft«, »Sommerloch«) spielen keine Rolle.[215] Ohne Bedeutung ist, »ob die Verminderung der Leistungsfähigkeit durch Außerbetriebsetzung von Betriebsanlagen oder durch Personalreduzierung erfolgt«.[216] Auch der reine Personalabbau, der die vorhandenen Betriebsmittel unberührt lässt, kann daher unter Satz 2 Nr. 1 fallen (näher dazu unten Rn. 68 ff.). Teile des Produktionsapparats bzw. der Arbeitsgeräte bei Dienstleistungsunternehmen sind dann »außer Betrieb«, wenn sie **für einige Zeit nicht mehr benutzt** werden. Erfasst sind daher nicht nur Verkauf, Vermietung und Verschrottung, sondern auch die Abmeldung

---

207 Grüneberg-*Ellenberger,* vor § 145 Rn. 26 f. m. w.N. für den Fall der Inanspruchnahme einer Leistung.
208 Vgl. Richardi/*Annuß,* Rn. 61.
209 Dazu auch *Wiebauer,* NZA 11, 177 für den Spezialfall der Kündigung in der Elternzeit.
210 *BAG* 18.1.88, AP Nr. 70 zu § 613a BGB.
211 *BAG* 12.2.87, AP Nr. 67 zu § 613a BGB.
212 *BAG* 27.6.95 – 1 ABR 62/94, AP Nr. 7 zu § 4 BetrVG 1972; ErfK-*Kania,* Rn. 12.
213 *BAG* 22.5.79, AP Nr. 4 zu § 111 BetrVG 1972; 7.8.90 – 1 AZR 445/89, NZA 91, 114.
214 *Schlichting,* AiB 07, 137.
215 *BAG,* a. a. O.; *Fitting,* Rn. 64; *Vogt,* Sozialpläne, S. 52.
216 So *BAG* 22.5.79, AP Nr. 4 zu § 111 BetrVG 1972 Bl. 6 unter Berufung auf *Hanau,* ZfA 74, 89 [98].

(z. B. eines LKW), die Einlagerung sowie das schlichte »Ausrangieren«, wonach auf Grund betrieblicher Pläne oder der Umstände zunächst nicht mehr auf den betreffenden Gegenstand zurückgegriffen werden soll.[217]

Kontrovers ist die Frage, ob die Betriebseinschränkung auf Dauer[218] oder wenigstens **auf »nicht absehbare Zeit«**[219] berechnet sein muss. Lehnt man dies ab, so wäre etwa auch der vorübergehende Übergang vom Dreischicht- zum Zweischichtbetrieb sowie insbes. die Kurzarbeit von Satz 3 Nr. 1 erfasst.[220] Für eine solche Erweiterung besteht jedoch kein Anlass: Alle anderen Fälle des Katalogs in Satz 3 betreffen Veränderungen, die auf Dauer berechnet sind, also definitiven Charakter haben sollen. Dies hängt damit zusammen, dass das in den §§ 111 und 112 vorgesehene Verfahren recht aufwändig ist. Schließlich verlangt auch der Gedanke des AN-Schutzes keine derartige Auslegung, da die Beschäftigten durch das Mitbestimmungsrecht des BR nach § 87 Abs. 1 Nrn. 2 und 3 ausreichend geschützt sind.[221] Das gilt auch bei einer **vorübergehenden Verringerung der Auslastung** der betrieblichen Anlagen,[222] wo jedenfalls § 87 Abs. 1 Nrn. 2 und 3 eingreifen. Zu beachten bleibt, dass die **»bis auf weiteres« erfolgende Abschaffung einer Schicht** sehr wohl als Betriebsänderung zu qualifizieren ist, auch wenn sie ohne eine relevante Anzahl von Entlassungen vor sich geht. Keine Betriebsänderung stellt es schließlich dar, wenn auf Grund eines **Arbeitskampfes** vorübergehend nicht weitergearbeitet werden kann.[223] 59

Keine Betriebseinschränkung liegt vor, wenn die **Leistung dieselbe bleiben, jedoch in einer geringeren Zahl von Stunden** erbracht werden soll.[224] Insoweit kommt allerdings eine Betriebsänderung nach Satz 1 in Betracht (unten Rn. 115 ff.). Dasselbe gilt für einen **Einstellungsstopp,** der dazu führt, dass dieselben Aufgaben von einer kleineren Zahl von Arbeitnehmern erfüllt werden.[225] 60

Werden **bestimmte Funktionen auf** eine **Fremdfirma ausgelagert (»Outsourcing«),** so ist zu unterscheiden: Geht es nur um Hilfsfunktionen wie Reinigung oder Kantinenbetrieb, liegt keine »Betriebseinschränkung« vor, da der arbeitstechnische »Output« derselbe bleibt.[226] Anders verhält es sich jedoch, wenn einzelne notwendige Vor- oder Teilprodukte nicht mehr im Betrieb hergestellt, sondern von einer Fremdfirma gekauft oder von dieser in eigener Verantwortung **auf der Grundlage eines Werk- oder** eines **Dienstvertrags** im Betriebsgelände hergestellt werden: Der Betrieb erbringt als solcher eine geringere arbeitstechnische Leistung, auch wenn die Stückzahl und die Qualität der Endprodukte gleich bleiben. Anders als beim Unternehmen kommt es beim Betrieb auf Umfang und Gegenstand der Arbeitsprozesse an. Es liegt daher eine Betriebseinschränkung vor.[227] Das *BAG*[228] hat in einem solchen Fall nur geprüft, ob ein »wesentlicher Betriebsteil« stillgelegt wurde (und dies mangels »Wesentlichkeit« und wegen des Betroffenseins von nur wenigen Arbeitnehmern verneint). Vom Sinn des Satz 3 Nr. 1 her (oben Rn. 4, 5) kann es aber keinen Unterschied machen, ob nur noch ein Teilprodukt hergestellt wird oder ob zwar weiter dasselbe Endprodukt erzeugt, dabei jedoch nur noch teilweise auf eigene Ressourcen zurückgegriffen wird. Selbst wenn man dem hier vertretenen Standpunkt nicht folgen will,[229] sind beim **»Outsourcing«** ggf andere Tatbestände des Satzes 3 erfüllt (s. unten Rn. 108, 111, 113). Ist eine betriebliche Sozialeinrichtung betroffen, 61

---

217 Zustimmend *ArbG Hamburg* 25. 4. 13 – 27 BVGa 2/13, juris.
218 So *Ehmann*, Anm. zu BAG AP Nr. 2 zu § 111 BetrVG 1972.
219 So *BAG* 22. 5. 79, AP Nr. 3 zu § 111 BetrVG 1972.
220 Vgl. GK-*Oetker*, Rn. 83.
221 *Ohl*, S. 46 f.; Richardi-*Annuß*, Rn. 69; *Vogt*, Sozialpläne, S. 52; *WW*, Rn. 9; zustimmend *Gaul/Gajewski*, S. 23.
222 ErfK-*Kania*, Rn. 11.
223 GK-*Oetker*, Rn. 83; HWGNRH-*Hess*, Rn. 164.
224 Vgl. *LAG Baden-Württemberg* 16. 6. 87, LAGE § 111 BetrVG 1972 Nr. 6.
225 Gegen Anwendung des Satzes 3 Nr. 1 wohl HWGNRH-*Hess*, Rn. 154.
226 Zur Frage, ob eine Änderung der Betriebsorganisation nach Satz 3 Nr. 4 vorliegt, s. *ArbG München*, 22. 2. 00, AiB 00, 766 sowie Rn. 105.
227 Ähnlich *Schweibert*, in: Willemsen u. a., Rn. C 111.
228 7. 8. 90 – 1 AZR 445/89, DB 91, 760.
229 S. etwa *Henssler*, NZA 94, 302 f.; *Hunold*, S. 50 ff.; *Kreuder*, AiB 94, 732.

greift das Mitbestimmungsrecht nach § 87 Abs. 1 Nr. 8 ein.[230] Ohne Bedeutung ist, ob die fraglichen Funktionen bislang von Stammarbeitnehmern oder von Leiharbeitskräften erfüllt wurden. Derzeit scheint es eine Tendenz zu geben, die aus UN-Sicht problematisch gewordene Leiharbeit durch Werkvertragsarbeit zu ersetzen.[231] Zu wirtschaftlichen Argumenten für und gegen Outsourcing s. *Trittin*[232] und *Karthaus/Klebe;*[233] zu Regelungen in BV *Däubler/Erhardt*[234] und DKWF-*Däubler.*[235]

62 Die **Betriebserweiterung** wird von Satz 3 Nr. 1 grundsätzlich nicht erfasst.[236] Denkbar ist allerdings, dass die Voraussetzungen von Nr. 4 oder 5 oder die des Satzes 1 (unten Rn. 115 ff.) gegeben sind.[237]

5. Stilllegung oder Einschränkung eines wesentlichen Betriebsteils nach Satz 3 Nr. 1

63 Der **Begriff »wesentlicher Betriebsteil«** lässt sich unmittelbar aus dem Gesetzestext heraus nicht bestimmen. Die Rspr. versucht zum einen eine **qualitative Abgrenzung** derart, dass es auf die »wesentliche Bedeutung innerhalb der betrieblichen Gesamtorganisation«,[238] auf die »erhebliche Bedeutung« für den Gesamtbetrieb und die Erfüllung seiner arbeitstechnischen Zwecke,[239] auf die »Schlüsselfunktionen« der fraglichen Einheit[240] oder auf ihre Zugehörigkeit zur »Primärfunktion des Betriebs« ankommen soll, die sich nicht in der Unterstützung anderer betrieblicher Funktionen erschöpft.[241] Dies wird man beispielsweise für die Personalabteilung annehmen können. Bislang hatte das BAG unter dem BetrVG 1972 allerdings nur Fälle zu entscheiden, in denen der betroffene Betriebsteil als »unwesentlich« zu qualifizieren war.[242] Auch die **Herstellung eines Vorprodukts** soll einen Betriebsteil nicht zu einem »wesentlichen« machen.[243]

64 In der Praxis stand deshalb bei weitem der zweite – **quantitative – Weg zur Bestimmung des »wesentlichen Betriebsteils«** im Vordergrund:[244] Letzterer ist dann gegeben, wenn in dem betreffenden Bereich ein erheblicher Teil der Gesamtbelegschaft beschäftigt ist. Dies wird dann angenommen, wenn die **Zahlenwerte des § 17 Abs. 1 KSchG erfüllt** (dazu unten Rn. 70) **und** – was nur in Betrieben mit mehr als 600 AN von Bedeutung ist – dort **mindestens 5 % der Gesamtbelegschaft** tätig sind.[245] Die so geschaffene **»Relevanzschwelle«** dient der Rechtssicherheit und ermöglicht eine Abgrenzung zwischen bloßen Individualakten und der die Beteiligungsrechte des BR auslösenden Betriebsänderung. Allerdings ist nicht zu übersehen, dass es sich um ein Stück **freier richterlicher Rechtsschöpfung** handelt, deren Einzelheiten (warum nicht 6 % oder 4 %?) sich rationaler Diskussion weithin entziehen. Ergänzend sei noch darauf hingewiesen, dass der »wesentliche Betriebsteil« **nicht** mit einer **selbstständigen Be-**

---

230 *ArbG Köln* 25.3.98, AiB 99, 346.
231 *Karthaus/Klebe*, NZA 12, 417.
232 AiB 96, 396.
233 NZA 12, 418.
234 AiB 99, 677.
235 § 92a Rn. 12, 14.
236 *Zöllner/Loritz/Hergenröder*, § 51 II 1c.
237 Zustimmend GK-*Oetker*, Rn. 67.
238 So *BAG* 6.6.78, AP Nr. 2 zu § 111 BetrVG 1972.
239 So *BAG* 6.12.88, AP Nr. 26 zu § 111 BetrVG 1972.
240 *BAG* 28.3.06 – 1 ABR 5/05, NZA 06, 932, 936.
241 *ArbG Hamburg* 25.1.07 – 25 GaBV 1/07, AiB 08, 106 mit Anm. *Brinkmeier*..
242 Vgl. *BAG* 6.12.88, AP Nr. 26 zu § 111 BetrVG 1972: Reinigungsabteilung eines Druckereibetriebs; vgl. weiter *BAG* 22.9.94 – 2 AZR 54/94, DB 95, 432: Materiallager; *BAG* 28.3.06 – 1 ABR 5/05, NZA 06, 932, 936: Gruppe »Abformung« in einem DienstleistungsUN für Forschung und Entwicklung; *BAG* 18.3.08 – 1 ABR 77/06, NZA 08, 957: Schließung der technischen Anzeigenproduktion in einem Zeitungsverlag; *BAG* 9.11.10 – 1 AZR 708/09, NZA 11, 466 Tz 21: Fuhrpark.
243 *BAG* 7.8.90 – 1 AZR 445/89, DB 91, 760 = NZA 91, 113.
244 Ob er sogar die qualitative Betrachtung verdrängt, blieb dahinstehen in *BAG* 18.3.08 – 1 ABR 77/06, NZA 08, 957.
245 *BAG* 6.6.78 und 21.10.80, AP Nrn. 2 und 8 zu § 111 BetrVG 1972; 7.8.90 – 1 AZR 445/89, DB 91, 760 = NZA 91, 113; 28.3.06 – 1 ABR 5/05, NZA 06, 932.

triebsabteilung wie Vertrieb oder Buchhaltung identisch sein muss.[246] Auch in diesem Punkt dominiert das quantitative Element: Es reicht, wenn in einem einigermaßen abgrenzbaren Stück des Betriebs so viele Personen arbeiten, dass die Sätze des § 17 KSchG erreicht sind.

§ 17 KSchG enthält Zahlenwerte nur für Betriebe mit mehr als 20 Beschäftigten. Für **Kleinbetriebe,** die nunmehr auch unter § 111 fallen (o. Rn. 53), kann er daher keine unmittelbaren Maßstäbe liefern. Immerhin ist ihm der Gedanke zu entnehmen, dass die **prozentuale Relevanzschwelle** ansteigt, je kleiner die Einheiten sind. Werden in einem Betrieb mit 501 Beschäftigten 30 AN entlassen, entspricht dies einem Anteil von 5,98 %, während in einem Betrieb mit 21 Beschäftigten mindestens 6 AN, d.h. 28,5 % der Belegschaft entlassen werden müssen. Dies legt es nahe, die Grenze bei 30 % zu ziehen;[247] in einem Kleinbetrieb von 12 AN müssen daher mindestens 4 entlassen werden.[248] Das *BAG*[249] verlangt demgegenüber, dass mindestens 6 Personen entlassen werden, doch ebnet dies die Unterschiede zu § 112a Abs. 1 ohne jeden ersichtlichen Grund ein. Auf ein quantitatives Kriterium ganz zu verzichten, geht nicht an, da damit eine sachlich nicht begründbare Differenzierung zwischen bestimmten Betriebsgrößenklassen geschaffen würde. § 17 KSchG verfolgt primär arbeitsmarktpolitische Ziele, kann also kleinere Fälle von Personalabbau ausklammern, während es hier um einen ganz anderen Gegenstand, nämlich um den Umfang betrieblicher Veränderungen geht. Dabei ist allein auf den Wegfall von Arbeitsplätzen abzustellen, ohne dass es auf ihre wirtschaftliche Bedeutung für den Gesamtbetrieb ankommt.[250] 65

Die Tatsache, dass die Relevanzschwelle bei Kleinbetrieben prozentual relativ hoch liegt, kann dazu führen, dass **große Unternehmen mit vielen Kleinbetrieben** in die komfortable Situation kommen, in zahlreichen Filialen Personal abbauen zu können, ohne die 30 %-Schwelle zu erreichen, obwohl bei einer Gesamtbetrachtung des UN die dort prozentual niedrigeren Sätze vorliegen würden.[251] Ein UN allein wegen seiner kleinbetrieblichen Struktur zu begünstigen, wird aber dem gesetzlichen Anspruch nicht gerecht; eine solche Interpretation würde gegen Art. 3 Abs. 1 GG verstoßen.[252] Im Wege verfassungskonformer Auslegung ist daher bei Betroffensein mehrerer Betriebe immer auch danach zu fragen, ob die **Grenzwerte des § 17 KSchG im UN** oder in dem von der Maßnahme betroffenen UN-Teil erreicht sind. Ähnlich war das *BAG*[253] unter dem bis 2001 geltenden Recht vorgegangen, als es bei Betroffenensein mehrerer Betriebe entgegen dem damaligen Gesetzeswortlaut nicht auf den Betrieb, sondern auf das Unternehmen abstellte, weil andernfalls eine sachwidrige Privilegierung kleinbetrieblich organisierter UN eingetreten wäre. 66

Ein **wesentlicher Betriebsteil** ist **stillgelegt,** wenn er zu bestehen aufhört, weil die von ihm erfüllten Aufgaben z. B. an eine Fremdfirma vergeben oder im Gesamtbetrieb nicht mehr benötigt werden. Eine **Einschränkung** liegt dann vor, wenn die bislang erbrachte Leistung reduziert wird. Dies ist etwa der Fall, wenn ein Teil der Arbeitsgeräte ausrangiert und nicht durch neue ersetzt wird. Der bloße Personalabbau reicht nur dann aus, wenn – bezogen auf den Gesamtbetrieb – die Sätze des § 17 KSchG bzw. vergleichbare Größenordnungen erreicht sind (dazu unten Rn. 68 ff.); andernfalls würden die von *Matthes*[254] mit Recht kritisierten Ungereimtheiten eintreten.[255] 67

246 *Teichmüller,* Betriebsänderung, S. 52.
247 So auch *LAG Nürnberg* 21.9.09 – 6 Sa 808/08, AuR 09, 436 (aufgehoben durch *BAG* v. 9.11.10).
248 Ebenso Richardi-*Annuß,* Rn. 74 und *Gillen/Vahle,* NZA 05, 1387.
249 9.11.10 – 1 AZR 708/09, NZA 11, 466 Tz 19. Ebenso *Wenning-Morgenthaler,* Rn 1027; schon vorher *Löwisch* BB 01, 1797.
250 *LAG Nürnberg* 21.9.09 – 6 Sa 808/08, AuR 09, 436.
251 S. die Zahlenbeispiele bei *Trittin/Fütterer,* NZA 09, 1307.
252 Richtig *Trittin/Fütterer,* NZA 09, 1307.
253 8.6.99 – 1 AZR 831/98, NZA 99, 1168.
254 FS Gaul, S. 404.
255 Zustimmend *BAG* 9.11.10 – 1 AZR 708/09, NZA 11, 466 Tz 15.

6. Betriebseinschränkung durch reinen Personalabbau

a) Der Grundsatz

68 Nach ständiger Rspr. des *BAG* kann eine Betriebseinschränkung auch in der Weise erfolgen, dass **die sächlichen Betriebsmittel** als solche **unverändert** bleiben, **jedoch in beträchtlichem Umfang Personal abgebaut** wird.[256] Auch die Literatur hat dem im Wesentlichen zugestimmt.[257] Durch den 1985 eingefügten § 112a Abs. 1 hat der **Gesetzgeber** den Grundansatz der Rspr. **bestätigt,**[258] sie jedoch im Hinblick auf den erzwingbaren Sozialplan partiell korrigiert.

69 Ein Personalabbau ist nur dann eine Betriebseinschränkung i. S. v. Satz 2 Nr. 1, wenn er bestimmte **quantitative Dimensionen** erreicht. Nach der Rspr. können die **Zahlen- und Prozentangaben des § 17 Abs. 1 KSchG** als **»Richtschnur«** dienen, doch müssen auf jeden Fall mindestens 5 % der Belegschaft des Betriebs betroffen sein.[259] Eine **geringfügige Unterschreitung** um eine Person dürfte unbedenklich sein (»Richtschnur«); die Tatsache, dass § 112a Abs. 1 Satz 1 exakte Zahlenwerte vorgibt, ist ohne Bedeutung, da es sich dort um einen anderen Regelungsgegenstand (Erzwingbarkeit eines Sozialplans) handelt.[260] Die unionsrechtlich gebotenen Weiterentwicklungen des § 17 KSchG (AN-Begriff, Betriebsbegriff, Begriff der Entlassung – s. unten Rn. 184a) sind im Rahmen des § 111 ohne Bedeutung.[261] Im Einzelnen gilt:

70

Betriebsgröße	beabsichtigter Personalabbau
21–59 Arbeitnehmer	mehr als 5 Arbeitnehmer
60–499 Arbeitnehmer	mehr als 25 Arbeitnehmer oder 10 %
500–600 Arbeitnehmer	mindestens 30 Arbeitnehmer
ab 601 Arbeitnehmer	mindestens 5 % (von der Rechtsprechung ergänzt)

Ist **durch TV oder BV** nach § 3 Abs. 1 eine **größere Repräsentationseinheit** geschaffen worden, gilt sie nach § 3 Abs. 5 als Betrieb, so dass die Zahlenwerte auf diese Einheit bezogen werden müssen.[262] Mit Rücksicht auf die Richtlinie 2002/14/EG (abgedruckt in Anhang C) vertreten *Trittin/Fütterer*[263] den Standpunkt, es reiche generell ein Anteil von 5 % aus. Interessant und beifallswert ist ihr weiterer Vorschlag, bei Großunternehmen mit kleinbetrieblicher Struktur (Beispiel: Einzelhandelskette) auf die Zahl der durch eine betriebsübergreifende Maßnahme Betroffenen abzustellen, also den **Wirkungsbereich der Maßnahme** und nicht den (Klein-) Betrieb **als Referenzgröße** zu verwenden.[264]

71 Anders als nach § 17 Abs. 1 KSchG muss der Personalabbau **nicht innerhalb von 30 Kalendertagen** erfolgen, es reicht aus, wenn er Folge einer einheitlichen unternehmerischen Planung ist (allgemeine Meinung).[265] Sind die Voraussetzungen des § 17 Abs. 1 KSchG ohne diese Ein-

---

256 *BAG* 22. 5. 79, 22. 5. 79, 15. 10. 79, 22. 1. 80, 2. 8. 83, 6. 12. 88, AP Nrn. 3, 4, 5, 7, 12 und 26 zu § 111 BetrVG 1972; 7. 8. 90 – 1 AZR 445/89, NZA 91, 114; 28. 3. 06 – 1 ABR 5/05, NZA 06, 932; 31. 5. 07 – 2 AZR 254/06, NZA 07, 1307, 1308 Tz 16; 17. 3. 16 – 2 AZR 182/15, NZA 16, 1072 Tz. 29.

257 *GL*, § 106 Rn. 60; *Gamillscheg*, Kollektives Arbeitsrecht II, S. 1109; *Hanau*, ZfA 74, 98; *Ohl*, S. 44; Richardi/*Annuß*, Rn. 70 ff.; *Zöllner/Loritz/Hergenröder*, § 51 II 1c; nunmehr auch HWGNRH-*Hess*, Rn. 129 ff.

258 So auch *LAG Düsseldorf* 14. 5. 86, LAGE § 111 BetrVG 1972 Nr. 4; *Fitting*, Rn. 65; *v. Hoyningen-Huene*, Betriebsverfassungsrecht, § 15 Rn 7; *Spinti*, S. 22; *Streckel*, Anm. zu BAG AP Nr. 26 zu § 111 BetrVG 1972; *Vogt*, Sozialpläne, S. 54 ff.

259 So *BAG* 7. 8. 90 – 1 AZR 445/89, DB 91, 760 = NZA 91, 114, bestätigt durch *BAG* 28. 3. 06 – 1 ABR 5/05, NZA 06, 932.

260 Anders *LAG Hamm* 28. 6. 10 – 13 Ta 372/10, AuR 11, 79 gegen *BAG* 7. 8. 90 – 1 AZR 445/89, AP Nr. 34 zu § 111 BetrVG 1972 = NZA 91, 760.

261 *Oetker*, FS 100 Jahre Betriebsverfassungsrecht, S. 568.

262 *Ludwig/Glau*, BB 19, 309, 311.

263 NZA 09, 1309.

264 *Trittin/Fütterer* NZA 09, 1305 ff.

265 *BAG*, a. a. O.

schränkung gegeben, so muss außer den Verhandlungen nach § 111 auch ein Konsultationsverfahren nach §§ 17 ff. KSchG stattfinden.[266]

72 § 17 Abs. 1 KSchG gibt **für Kleinbetriebe** mit weniger als 21 Beschäftigten **keine** unmittelbare **»Richtschnur«.** Insoweit gilt dasselbe wie für die Bestimmung eines »wesentlichen Betriebsteils«. Wird ein Drittel der Beschäftigten entlassen, ist die Relevanzschwelle immer erreicht. Zwar würde eine lineare Fortschreibung der in § 17 Abs. 1 KSchG enthaltenen Prozentsätze ggf. zu einem höheren Anteil führen, doch spricht dagegen, dass im Kleinbetrieb das Ausscheiden einzelner Beschäftigter für die übrigen in besonders nachhaltiger Weise fühlbar wird. Die Rspr. hat auch in anderem Zusammenhang die Sätze des § 17 KSchG korrigiert und bei Großbetrieben eine Mindestzahl von 5 % verlangt, obwohl an sich 30 Betroffene ausreichen würden.[267] Geht man von der **Drittelregel** (Rn. 65) aus und hat der Betrieb 17 Beschäftigte, so würde eine Betriebsänderung ab der Entlassung von 6 AN beginnen.

73 Wie die Formulierung des § 111 deutlich macht, kommt es allein auf die **»geplante«** Betriebsänderung an. Es reicht daher aus, dass ein Personalabbau in dem geschilderten Umfang **»in Betracht kommt«.**[268] So genügt es, dass entsprechende Maßnahmen vom AG selbst für möglich erklärt werden: Eine **sichere Prognose ist nicht notwendig,** zumal der BR ja die Möglichkeit erhalten soll, auf sozial weniger belastende Lösungen zu dringen. Eine geplante Betriebsänderung liegt daher auch dann vor, wenn der Arbeitgeber eines 400-Personen-Betriebs erklärt, er müsse »20 bis 30 Arbeitnehmer« entlassen: Damit ist die 25-Personen-Grenze überschritten. Dass die Entlassungen in mehreren Wellen erfolgen, ist unerheblich, sofern sich an den Rahmenbedingungen nichts Wesentliches geändert hat.[269]

74 Besteht zwischen den einzelnen »Wellen« nur ein Zeitraum von wenigen Monaten, so spricht eine **Vermutung für eine einheitliche unternehmerische Planung.**[270] Im Einzelfall können die Dinge insbes. dann anders liegen, wenn neue Umstände eingetreten sind, die die nächste Etappe des Personalabbaus rechtfertigen;[271] sie sind vom AG im Einzelnen darzulegen. Ist die zunächst bestehende Planung (die die Sätze des § 17 KSchG nicht erreichte) noch nicht umgesetzt, wird dann aber aufgrund neuer Erkenntnisse eine größere Zahl von Beschäftigten entlassen, so gilt dies als einheitliche Maßnahme.[272]

75 Die **Einfügung des § 112a Abs. 1** und die dort enthaltenen höheren Sätze haben nichts an der entsprechenden Anwendbarkeit des § 17 KSchG geändert.[273] Ohne Bedeutung ist, dass der Personalabbau ggf. durch besseren Einsatz von Technik ausgeglichen wird und so die Leistungskraft des Betriebes dieselbe bleibt.[274]

76 **In der Praxis** ist der reine Personalabbau, der die sächlichen Betriebsmittel völlig unberührt lässt, **recht selten**[275] und kommt allenfalls im Dienstleistungssektor vor. **I. d. R. werden zugleich Arbeitsgeräte »eingemottet« oder verkauft,** so dass die Voraussetzungen einer Betriebseinschränkung schon nach allgemeinen Grundsätzen gegeben sind. Diese werden durch den Personalabbau nicht verändert.[276] Meist spricht die ungefähre zeitliche Übereinstimmung zwischen dem Personalabbau und dem Ausrangieren von Arbeitsgeräten für eine einheitliche unternehmerische Maßnahme.[277] Die *BAG*-Rspr. hat unter diesen Umständen in erster Linie

266 Zu diesem *EuGH* 10. 9. 09 – C-44/08 AiB 10, 198 mit Anm. *Rehwald* und u. Rn. 184a ff.
267 *BAG* 7. 8. 90 – 1 AZR 445/89, DB 91, 760 = NZA 91, 114.
268 So ausdrücklich *BAG* 7. 5. 87, AP Nr. 19 zu § 9 KSchG 1969; ebenso in der Sache *LAG Hessen* 14. 12. 06 – 9 Sa 1076/06 NZA 07, 473; zu Unrecht einschränkend *LAG Köln* 21. 2. 97 – 11 Sa 271/96, NZA-RR 98, 24.
269 *LAG Thüringen* 22. 7. 98 – 64 Sa 216/97, NZA-RR 99, 304.
270 *BAG* 19. 7. 12 – 2 AZR 352/11, NZA 13, 86, 88 Tz 17; *BAG* 22. 1. 04 – 2 AZR 111/02, AP Nr. 1 zu § 112 BetrVG 1972 Namensliste. Ähnlich *BAG* 17. 3. 16 – 2 AZR 182/15, NZA 16, 1072 Tz. 30: Enge zeitliche Nähe indiziert eine einheitliche unternehmerische Planung.
271 *BAG* 28. 3. 06 – 1 ABR 5/05, NZA 06, 932, 934.
272 *BAG*, a. a. O.; *Ehrich/Fröhlich* Rn 32.
273 *Matthes*, FS Gaul, S. 347; *Rumpff/Boewer,* S. 279 f. m. w.N. Unrichtig *Laßmann/Mengay u. a.*, S. 44.
274 *Gaul/Gajewski*, S. 26.
275 Ebenso *Steiner*, AiB 1/19 S. 27,30.
276 Anders wohl *Gillen/Vahle,* NZA 05, 1392.
277 Vgl. *Rumpff/Boewer,* S. 281.

Vereinfachungsfunktion, da sich der Umfang der geplanten personellen Maßnahmen in der Regel leichter als Veränderungen in der Produktionsstruktur bestimmen lässt.

b) Formen des Personalabbaus

77 Eine geplante Reduzierung des Personals liegt auch dann vor, wenn sich der Arbeitgeber nicht nur des Mittels der **betriebsbedingten Kündigung** – auch gegenüber befristet Beschäftigten[278] – bedienen will. Zwar muss er dieses Mittel notfalls einsetzen wollen;[279] ist die Kündigung für einen bestimmten Zeitraum durch TV ausgeschlossen, wie dies in der Metallindustrie der neuen Bundesländer der Fall war, so reicht es aus, dass nach dem absehbaren Auslaufen des Tarifs auf dieses Mittel zurückgegriffen werden kann. Dem AG bleibt es unbenommen, sich **anderer personalpolitischer Mittel** zu bedienen. **Gleichgestellt** sind mit Rücksicht auf § 112a Abs. 1 Satz 2 von ihm aus Gründen der Betriebsänderung veranlasste **Aufhebungsverträge,**[280] die häufig bei einem Übergang in den vorzeitigen Ruhestand geschlossen werden. Auch **Eigenkündigungen** von AN, die vom AG veranlasst werden, sind einzubeziehen,[281] was der 1995 eingefügte § 17 Abs. 1 Satz 2 KSchG bestätigt. Ohne Bedeutung ist, dass die betriebsbedingten Kündigungen nur deshalb erforderlich werden, weil die Betroffenen dem Übergang ihres Arbeitsverhältnisses nach § 613a BGB widersprochen haben.[282]

78 Eine **»Veranlassung« durch den AG** liegt unzweifelhaft dann vor, wenn der AG zunächst kündigt, dann jedoch im Vergleichswege ein Aufhebungsvertrag geschlossen wird. Im Übrigen wurden z. T. sehr hohe Anforderungen gestellt. So sollte es nicht ausreichen, wenn drei Monate lang die Löhne nicht bezahlt wurden und der Geschäftsführer auf einer Betriebsversammlung erklärte, am nächsten Tag müsse die AG-Firma Konkurs anmelden; wer weiterarbeite, tue dies auf eigenes Risiko.[283] Eine »Veranlassung« liege vielmehr nur dann vor, wenn die unterbliebene Lohnzahlung den Zweck gehabt habe, die AN zu Eigenkündigungen zu veranlassen.[284] Nicht ausreichen sollte auch der Hinweis auf die schlechte wirtschaftliche Lage, verbunden mit dem Rat, sich einen anderen Arbeitsplatz zu suchen;[285] erforderlich sei vielmehr der Hinweis, es könne der Personalabbau auch den Ausscheidenden treffen.[286] Bisweilen scheint sich aber auch eine realistischere Sicht durchgesetzt zu haben. Empfahl der AG, nach neuen Arbeitsplätzen Ausschau zu halten, und sah ein Interessenausgleich vor, dass auch Beschäftigte mit der Funktion des kündigenden AN abgebaut werden sollten, so reichte dies aus; dass der Betroffene selbst von Kündigung bedroht war, wurde nicht verlangt.[287] War auf der anderen Seite nicht mehr damit zu rechnen, dass ein im Interessenausgleich vorgesehener Personalabbau tatsächlich erfolgen würde, weil die Frist für die Kündigungen abgelaufen war und sich die Auftragslage verbessert hatte, so ist eine gleichwohl ausgesprochene Eigenkündigung nicht mehr vom AG veranlasst.[288] Auf dieser Grundlage muss man es heute genügen lassen, dass auf Grund der Unternehmensführung **Bedingungen** entstehen, **die es einem vernünftigen AN nahe legen, von sich aus das Arbeitsverhältnis zu beenden,** um so einer betriebsbedingten Kündigung zuvorzukommen.[289] Dabei spielt es keine Rolle, wenn lediglich eine Änderungskündigung zum

---

278 *LAG Nürnberg* 21.8.01 – 6 TaBV 24/01, AuR 02, 37.
279 So *BAG* 22.5.79, AP Nr. 3 zu § 111 BetrVG 1972.
280 *BAG* 4.7.89, AP Nr. 27 zu § 111 BetrVG 1972; ebenso bei § 17 KSchG *BAG* 19.3.15 – 8 AZR 119/14, DB 15, 2029.
281 *BAG* 23.8.88, AP Nr. 17 zu § 113 BetrVG 1972; 4.7.89, AP Nr. 27 zu § 111 BetrVG 1972; 15.1.91 – 1 AZR 80/90, DB 91, 1526; 28.10.92, DB 93, 590; *Fitting*, Rn. 78.
282 *BAG* 10.12.96 – 1 AZR 290/96, NZA 97, 787.
283 So der Sachverhalt in *BAG* 4.7.89, AP Nr. 27 zu § 111 BetrVG 1972.
284 So *BAG*, a.a.O.
285 *BAG* 20.4.94 – 10 AZR 186/93, DB 94, 1882 = NZA 95, 489.
286 *BAG* 19.7.95 – 10 AZR 885/94, DB 95, 2531; ebenso *B. Gaul*, DB 98, 1514.
287 *BAG* 28.10.92 – 10 AZR 406/91, DB 93, 590.
288 *BAG* 28.10.92 – 10 AZR 405/91, DB 93, 590 = AuR 93, 121.
289 So jetzt *BAG* 13.2.07 – 1 AZR 163/06 DB 07, 1315; *BAG* 23.9.03 – 1 AZR 576/02 NZA 04, 440; ähnlich 29.10.02 – 1 AZR 80/02 ZIP 03, 1414 und *BAG* 20.5.08 – 1 AZR 203/07, NZA 08, 636: berechtigte Erwartung, dass Arbeitsplatz wegfällt. Ebenso *Linsenmaier*, FS Etzel, S. 249.

Zweck der Weiterarbeit an einem andern Standort droht.[290] Im Übrigen kann im Sozialplan festgelegt werden, dass eine Eigenkündigung nur dann als nicht vom Arbeitgeber veranlasst angesehen wird, wenn dieser widersprochen und ausdrücklich die Fortsetzung des Arbeitsverhältnisses angeboten hat.[291] Wird in einem gerichtlichen Verfahren zwischen AG und AN ein Vergleich geschlossen, wonach das Arbeitsverhältnis auf Veranlassung des AN geendet habe, so ist dies auch für die Handhabung des Sozialplans verbindlich.[292]

Einbezogen und mitgerechnet werden **Versetzungen** in andere Betriebe des UN oder in andere UN des Konzerns, da sich auch bei ihnen die Betriebsgröße verringert.[293] Auch **Änderungskündigungen** werden erfasst; ob das Änderungsangebot mit oder ohne Vorbehalt angenommen wurde, spielt keine Rolle.[294] Es liegen zumindest potentielle Nachteile vor, was eine Einbeziehung nicht nur in den Begriff der Massenentlassung, sondern auch im vorliegenden Zusammenhang rechtfertigt. **79**

Werden **verhaltens- und personenbedingte Kündigungen** ausgesprochen, so sollen sie nicht mitzählen. Dies ist allenfalls dann gerechtfertigt, wenn sie nicht durch die unternehmerische Planung beeinflusst sind, doch kann die Ausklammerung nicht befriedigen, wenn z. B. die personenbedingte Kündigung auf Grund veränderter Anforderungen erfolgt[295] oder wenn der **AG** insoweit seine **Maßstäbe ändert:** Nimmt er mit Rücksicht auf den beabsichtigten Personalabbau jede Disziplinlosigkeit zum Anlass für eine Abmahnung und eine Kündigung oder schöpft er aus diesem Grunde vorher nie genutzte Möglichkeiten zur krankheitsbedingten Kündigung aus, ist sehr wohl ein Zusammenhang mit dem beabsichtigten Personalabbau gegeben.[296] Weiter gehend wird mit Recht in der Literatur vertreten, im Rahmen des § 111 komme es ausschließlich auf die geplante Personalanpassung, nicht jedoch auf die dafür eingesetzten Mittel an; auch das **Auslaufenlassen befristeter Arbeitsverträge** sowie verhaltens- oder personenbedingte Kündigungen müssten daher mitberücksichtigt werden.[297] Dies muss bei der Befristung insbesondere dann gelten, wenn mit Rücksicht auf eine unternehmerische Entscheidung wie z. B. einem Intendantenwechsel im Theater von der sonst üblichen Verlängerung kein Gebrauch gemacht wird.[298] **Fristlose Kündigungen** dürften dagegen schon mit Rücksicht auf § 17 Abs. 4 KSchG in aller Regel ausscheiden.[299] **80**

Ob auch der **Abbau** des Einsatzes **von Leiharbeitnehmern** im Entleiherbetrieb zu berücksichtigen ist, ist noch nicht definitiv geklärt. Der seit 1. 4. 2017 geltende § 14 Abs. 2 Satz 4 AÜG schreibt die Berücksichtigung von LeihAN bei den Grenzwerten des BetrVG vor und nimmt nur den Fall des § 112a aus. Kommt es im konkreten Fall darauf an, ob die Schwelle des § 17 KSchG erreicht ist, so ist der Abbau von LeihAN mitzuzählen; die Zahlenwerte des § 17 KSchG stellen eigenständige betriebsverfassungsrechtliche Grenzwerte dar, da die im Kündigungsschutzrecht geltende Monatsfrist nicht übernommen wurde und da sie auch in Kleinbetrieben praktiziert werden.[300] Wenn der Gesetzgeber nur die Grenzwerte des § 112a ausgeschlossen hat, so legt dies außerdem den Schluss nahe, dass im Übrigen die LeihAN voll mitzuzählen sind. Auch kann es keinen Unterschied machen, ob die **Leistungsfähigkeit des Betriebes** durch Ausscheiden von eigenen Mitarbeitern oder durch Reduzierung von regel- **80a**

290 *BAG* 20. 5. 08 – 1 AZR 203/07, NZA 08, 636.

291 *Linsenmaier*, FS Etzel, S. 250.

292 *BAG* 1. 2. 11 – 1 AZR 417/09, AP Nr. 211 zu § 112 BetrVG 1972.

293 *Fitting*, Rn. 73; *Matthes*, FS Gaul, S. 399; *Richardi*, NZA 84, 179; so wohl auch *LAG Nürnberg*, 17. 1. 05 – 9 TaBV 9/04 AuR 05, 198, das nur für § 112a eine Ausnahme machen will; a. A. *Scherer* NZA 85, 768.

294 *BAG* 20. 2. 14 – 2 AZR 346/12, NZA 14,1069.

295 *K. Müller*, BB 01, 255.

296 Zu undifferenziert deshalb *BAG* 2. 8. 83, AP Nr. 12 zu § 111 BetrVG 1972; wie hier im Grundsatz *Schweibert*, in: Willemsen u. a., Rn. C 47.

297 *Matthes*, FS Gaul, S. 399; *Fitting*, 21. Aufl., Rn. 80; anders *Fitting*, seit 23. Aufl., Rn. 74; GK-*Oetker*, Rn. 111 f.

298 Ebenso *Valgolio* AuR 20, 165, 168; anders aber *LAG Berlin-Brandenburg* 6. 10. 17 – 7 TaBV 1215/17, LAGE § 112a BetrVG 2001 Nr. 2 = DB 18, 197.

299 S. aber KR-*Weigand*, § 17 KSchG Rn. 37 sowie DDZ-*Deinert/Callsen*, § 17 KSchG Rn. 24 ff.

300 Nicht beachtet bei *Ludwig/Hinze*, NZA 18, 841.

mäßig beschäftigten LeihAN **verringert** wird.[301] Dass für LeihAN möglicherweise geringere oder keine Nachteile entstehen, weil ihr Arbeitsverhältnis zum Verleiher fortbesteht und sie an anderer Stelle eingesetzt werden, spielt keine Rolle und ist bei der Ausgestaltung des Sozialplans zu berücksichtigen.[302]

81 Die **»Herausnahme« bestimmter Beendigungsformen** aus dem Personalabbau i. S. d. Satzes 3 Nr. 1 hat **beträchtliche Konsequenzen,** da die Betroffenen weder von einem Interessenausgleich noch von einem Sozialplan erfasst werden, haben sie doch mit der in Frage stehenden unternehmerischen Entscheidung im Prinzip nichts zu tun. Auch ein Nachteilsausgleich nach § 113 bleibt ihnen versagt. Die Konsequenzen sind noch gravierender, wenn der AG einen geplanten Personalabbau bestreitet und dieser lediglich aus den vorgenommenen Maßnahmen rückgeschlossen werden kann; der Ausspruch von verhaltens- und personenbedingten Kündigungen kann so dazu führen, dass die Sätze des § 17 KSchG überhaupt nicht erreicht werden und damit jede Beteiligung des BR nach §§ 111–113 ausscheidet.[303] Dem BR steht es auch nach Auffassung des *BAG* im Einzelfall allerdings frei, **einzelne Kündigungen** als **»in Wahrheit betriebsbedingt«** zu qualifizieren und auf dieser Grundlage seine Rechte nach den §§ 111, 112 geltend zu machen; den Ausgang eines etwaigen Kündigungsschutzverfahrens braucht er nicht abzuwarten.[304] Im Streitfalle wird die ESt. bzw. das ArbG im Beschlussverfahren klären, ob in Wahrheit ein betriebsbedingter Personalabbau in der Größenordnung des § 17 Abs. 1 KSchG vorliegt. Ergänzend sei noch vermerkt, dass sich der AG **schadensersatzpflichtig** machen kann, wenn er eine Eigenkündigung des AN ohne Hinweis darauf entgegennimmt, seiner Ansicht nach sei damit auch ein Verzicht auf eine Abfindung aus dem Sozialplan verbunden.[305] Rechtsgrundlage ist eine aus Treu und Glauben folgende arbeitsvertragliche Nebenpflicht.[306] Der Schaden wird allerdings nicht in einer entgangenen Abfindung,[307] sondern in anderen Vermögensnachteilen wie einer geringeren Vergütung am neuen Arbeitsplatz liegen.

82 **Ohne Bedeutung** ist, ob die von einem Personalabbau betroffenen AN **Kündigungsschutzklage** erheben. Eine geplante Betriebsänderung liegt auch dann vor, wenn die Kündigungen etwa wegen Verstoßes gegen § 1 Abs. 3 KSchG rechtswidrig sind. Ohne Bedeutung ist auch eine etwaige **vorläufige Weiterbeschäftigung;**[308] wird der Klage stattgegeben und der betreffende AN weiterbeschäftigt, fehlt es lediglich an einem Nachteil, der durch einen Sozialplan auszugleichen wäre.

c) Berechnungsprobleme

83 Bei der Anwendung des § 17 Abs. 1 KSchG ist zum einen die **Personalstärke des Betriebs** zu bestimmen. Auch hier kommt es darauf an, welche Beschäftigtenzahl für den Betrieb **im Allgemeinen charakteristisch** ist.[309] Erfolgt ein Personalabbau in mehreren »Wellen«, ist die »Ausgangsstärke« zugrunde zu legen.[310] Insoweit gelten dieselben Grundsätze wie bei der Handhabung der 20-Personen-Grenze (o. Rn. 32). Sind für ein Unternehmen **Personalschwankungen** innerhalb eines Jahres charakteristisch,[311] so ist auf Durchschnittswerte abzustellen.

---

301 Anders im Ergebnis *ArbG Darmstadt* 14. 2. 18 – 5 BVGa 3/18, NZA 18, 885.

302 Dazu §§ 112, 112a Rn. 170.

303 S. den Fall *BAG* 2. 8. 83, AP Nr. 12 zu § 111 BetrVG 1972, wo 28 AN betriebsbedingt und 27 personen- und verhaltensbedingt gekündigt worden waren; da die Grenze nach § 17 Abs. 1 Nr. 3 KSchG bei 30 AN lag, verneinte das *BAG* eine Betriebsänderung.

304 *BAG* 2. 8. 83, AP Nr. 12 zu § 111 BetrVG 1972.

305 *LAG Düsseldorf* 3. 7. 91 – 4 Sa 469/91, DB 91, 1836; dahingestellt in *BAG* 28. 10. 92 – 10 AZR 405/91, DB 93, 590 = AuR 93, 121; vgl. auch *ArbG Berlin* 23. 9. 92, DB 93, 1528, wonach der AG treuwidrig handelt, wenn er einen gekündigten AN nicht auf die Unwirksamkeit des Sozialplans hinweist und dieser daraufhin keine Kündigungsschutzklage erhebt.

306 Näher dazu DDZ-*Däubler,* Aufhebungsvertrag, Rn 93 ff. (für den Fall des Aufhebungsvertrags).

307 *BAG,* a. a. O.

308 Ebenso KR-*Weigand,* § 17 KSchG Rn. 43d und DDZ-*Deinert/Callsen,* § 17 KSchG Rn. 21 für den unmittelbaren Anwendungsbereich des § 17 KSchG.

309 *BAG* 8. 6. 89, ZIP 90, 323.

310 *BAG,* a. a. O.; *LAG Düsseldorf* 14. 5. 86, LAGE § 111 BetrVG 1972 Nr. 4.

311 Siehe etwa das Beispiel *BAG* 21. 10. 80, AP Nr. 8 zu § 111 BetrVG 1972.

Teilzeitkräfte zählen sowohl bei der Bestimmung der Personalstärke des Betriebs wie auch bei der Zahl der betroffenen AN in vollem Umfang mit; BeschFG wie TzBfG haben insoweit keine Änderungen gebracht.[312] Auch das Auslaufen-Lassen befristeter Verträge zählt mit, wenn damit von einer betrieblichen Praxis der grundsätzlichen Verlängerung oder Übernahme abgewichen wird.[313] 84

Werden die **Sätze des § 17 Abs. 1 KSchG geringfügig unterschritten** (29 statt der notwendigen 30 Entlassungen), so liegt dennoch eine Betriebsänderung vor.[314] Das *BAG* spricht ausdrücklich von einer »Richtschnur«[315] und hat eine »geringfügige Unterschreitung« als möglicherweise unerheblich angesehen.[316] 85

d) Auseinanderfallen von Planung und Umsetzung

Ohne Bedeutung ist, wenn die vom Arbeitgeber vorgenommenen **Entlassungen hinter den ursprünglichen Planungen zurückbleiben:** Die Verhandlungen über den Interessenausgleich haben ja gerade den Sinn, eine sozial verträglichere Lösung zu ermöglichen. Führt der UN keine (ausreichenden) Verhandlungen, entstehen Ansprüche nach § 113 auch dann, wenn er die ursprünglichen Vorstellungen korrigiert und nur wenige Beschäftigte ausscheiden müssen. Dies gilt sogar dann, wenn im Ergebnis die Schwellenwerte des § 17 KSchG nicht mehr erreicht werden.[317] Der BR kann für die Betroffenen auch einen Sozialplan verlangen. Ob er nach § 112a Abs. 1 erzwingbar ist, richtet sich gleichfalls nach den zuerst bestehenden Planungen: Das in diesem Augenblick entstandene Mitbestimmungsrecht kann durch nachträgliche Änderungen nicht mehr verloren gehen. Sehr viel problematischer ist der umgekehrte Fall: **Planung und Umsetzung divergieren** in der Weise, dass **mehr AN als ursprünglich geplant** und dem BR mitgeteilt **gekündigt** werden. Dies kann auf einem schlichten Versehen, aber auch darauf beruhen, dass sich die Planungen änderten oder dass dem BR nicht die volle Wahrheit gesagt wurde. Die Konsequenz liegt in einem Nachteilsausgleich nach § 113: Er steht allen denjenigen zu, über deren Kündigung nicht mit dem BR verhandelt wurde. Dies sind alle Betroffenen, wenn der bescheidenere Zuschnitt der Planung dazu führte, dass die Sätze des § 17 KSchG zunächst nicht erreicht wurden und deshalb jede Unterrichtung des BR und jegliche Verhandlung über einen Interessenausgleich unterblieb. Das Risiko einer Fehlprognose können nicht die AN tragen.[318] 86

7. Die Verlegung des Betriebs i. S. v. Satz 3 Nr. 2

Verlegung ist eine **Veränderung der örtlichen Lage.** Um die Schwelle zur Betriebsänderung zu erreichen, genügen ganz geringfügige Änderungen wie der **Umzug innerhalb desselben Gebäudes** oder auf die andere Straßenseite nicht.[319] Die Gegenmeinung[320] beachtet zu wenig, dass die übrigen Fälle des Satzes 3 durchweg eine relativ hohe Relevanz für die Existenz des AN im Betrieb aufweisen; die Maßstäbe für die Konkretisierung der einzelnen Bestimmungen sollten aber im Wesentlichen homogen sein. Der Bereich des Geringfügigen ist allerdings bereits dann verlassen und eine **Betriebsänderung** zu bejahen, wenn der **neue Standort in derselben Großstadt** liegt und 4,3 bzw. 5,5 km vom bisherigen entfernt ist.[321] Die Tatsache, dass sich an der Arbeitsorganisation nicht das Geringste ändert, kann zwar eine Versetzung nach § 95 Abs. 3 87

312 *LAG Baden-Württemberg* 16.6.87, LAGE § 111 BetrVG 1972 Nr. 6; *Fitting,* Rn. 77.
313 *Valgolio,* AuR 20, 165, 168.
314 *Fuchs,* Sozialplan, S. 80.
315 *BAG* 2.8.83, AP Nr. 12 zu § 111 BetrVG 1972 Bl. 2 R.
316 *BAG* 7.8.90 – 1 AZR 445/89, NZA 91, 114.
317 *HessLAG* 14.12.06 – 9 Sa 1076/06, NZA-RR 07, 473.
318 A. A. *Gaul/Gajewski,* S. 27.
319 *BAG* 17.8.82, AP Nr. 11 zu § 111 BetrVG 1972; *LAG Frankfurt* 28.10.86, AiB 87, 292; *Fitting,* Rn. 76; *Gamillscheg,* Kollektives Arbeitsrecht II, S. 1111; *GL,* § 106 Rn. 63; Richardi/*Annuß,* Rn. 92; *Rumpff/Boewer,* S. 295; *Schweibert,* in: Willemsen u. a., Rn. C 50; *Trittin,* AiB 87, 294.
320 GK-*Fabricius,* 6. Aufl., Rn. 152; *Teichmüller,* Betriebsänderung, S. 59.
321 So *BAG* 17.8.82, AP Nr. 11 zu § 111 BetrVG 1972 bzw. *LAG Frankfurt* 28.10.86, AiB 87, 292.

ausschließen, nicht aber das Eingreifen von Satz 3 Nr. 2.[322] Dasselbe gilt im Regelfall, wenn der Betrieb in eine andere Gemeinde oder Stadt verlegt wird.[323] Auch gute Verkehrsverbindungen ändern daran nichts, sie sind lediglich bei der Bemessung etwaiger Ausgleichsleistungen zu berücksichtigen. Das *ArbG Frankfurt/M.*[324] lässt es für eine Verlegung auch genügen, wenn sich zwar räumlich nur wenig ändert, jedoch das sonstige Arbeitsumfeld ein anderes wird. Dem ist mit Rücksicht auf die potentiellen Nachteile für die betroffenen AN zuzustimmen. Unerheblich ist im Übrigen die **arbeitsvertragsrechtliche Situation;** ob der AG den »Umzug« kraft seines Direktionsrechts anordnen kann oder ob er eine Änderungskündigung aussprechen muss, ist für das Vorliegen einer Betriebsänderung und die daraus folgenden Beteiligungsrechte des BR ohne Bedeutung.[325] Insoweit gilt nichts anderes als bei der Mitbestimmung über Versetzungen nach §§ 99 Abs. 2, 95 Abs. 3 (dazu o. § 99 Rn. 98).

88 Nach Satz 3 Nr. 2 ist die **Verlegung eines »wesentlichen Betriebsteils«** (dazu o. Rn. 63 ff.) der des Betriebs selbst gleichgestellt. Ohne Bedeutung ist, ob der neue Standort schon bisher vom Betrieb genutzt wurde, ob also im Ergebnis ein Umzug innerhalb des Betriebs vorliegt.[326] Erfasst ist auch der Fall, dass eine die Sätze des § 17 KSchG erreichende Zahl von Beschäftigten in ein Co-Working-Büro in einem andern Stadtteil versetzt wird.

89 Die vom AG geplante **Verlegung** des Betriebs kann daran **scheitern,** dass sich ein beträchtlicher Teil der **AN weigert,** am neuen Ort weiterzuarbeiten, und so die Identität des Betriebes verloren geht.[327] Mit Rücksicht darauf, dass die AN Teil der betrieblichen Organisation sind (oben § 1 Rn. 58 ff.), ist dieses Ergebnis schwerlich zu vermeiden. Ob die Weigerung »mitzugehen« zu Recht oder zu Unrecht erfolgt, spielt im Rahmen des § 111 keine Rolle; ohne besondere arbeitsvertragliche Abmachungen wird das Direktionsrecht allerdings in aller Regel nur kleinere örtliche Veränderungen ermöglichen.[328] Wie hoch die Zahl der »Verweigerer« sein muss, damit die Betriebsidentität verloren geht, ist kaum erörtert. Bei einem Betrieb oder in einer Branche, wo sowieso ein hohes Maß an Fluktuation besteht, wird schon ein relativ kleiner Teil von ca. 30 % zur Aufrechterhaltung der Betriebsidentität genügen. Auch wird das Ausscheiden eines gewissen Teiles der Belegschaft für Produktions- weniger gravierend als für Dienstleistungsunternehmen sein. Die Betriebsidentität bleibt auf alle Fälle erhalten, wenn mehr als 50 % der Belegschaft »mitgehen«.[329] Scheitert die Verlegung am Verhalten der AN-Seite, so liegt der Sache nach eine Betriebsstilllegung am bisherigen Standort vor.[330] Der Sozialplan wird in der Regel auch für diejenigen einen Ausgleich schaffen, die bei einer erfolgreichen Verlegung nicht mitgehen, sowie umgekehrt für diejenigen, die als Minderheit am neuen Standort weiterarbeiten und dadurch bestimmte Nachteile wie z. B. Fahrt- und Umzugskosten zu tragen haben (§§ 112, 112a Rn. 173). Unterbleibt das eine oder das andere (weil man z. B. von einem generellen »Mitgehen« ausging), muss ein entsprechender »Ergänzungssozialplan« geschlossen werden. Zum Sonderfall des Mitgehens unter Vorbehalt s. *Däubler.*[331]

89a Wenig erörtert ist im vorliegenden Zusammenhang die Frage, ob der Arbeitgeber das **»Mitgehen« durch Änderungskündigung erzwingen** kann. Dies ist zu bejahen, sofern die Bedingungen am neuen Ort für die Betroffenen zumutbar im Sinne des § 2 KSchG sind,[332] also beispielsweise zumindest für eine Übergangszeit Fahrtkosten ersetzt werden und für den längeren Fahrweg ein Zeitausgleich geschaffen wird. Den Betroffenen steht es frei, die Ände-

322 *BAG* 27. 6. 06 – 1 ABR 35/05, NZA 06, 1289, 1290 = AuR 06, 455. Vgl. auch *BAG* 17. 11. 21 – 7 ABR 18/20, NZA 22, 501: Verlegung innerhalb Berlins um 12 km ohne wesentliche Änderung der Arbeitsbedingungen keine Versetzung i. S. des § 95 Abs. 3.
323 *Peiseler,* AiB 99, 261.
324 23. 9. 15 – 23 BVGa 656/15 AiB 11/17 S. 43.
325 *Fitting,* Rn. 76; Richardi/*Annuß,* Rn. 91.
326 Zustimmend *Wenning-Morgenthaler,* Rn 1040.
327 *BAG* 12. 2. 87, AP Nr. 67 zu § 613a BGB.
328 APS-*Künzl,* § 2 KSchG Rn 62; Schaub/*Linck,* § 45 Rn. 22 ff.
329 Zustimmend *Peiseler,* AiB 99, 262; gegen einen fixen Prozentsatz *Schweibert,* in: Willemsen u. a., Rn. C 33.
330 *BAG* 12. 2. 87, AP Nr. 67 zu § 613a BGB Bl. 3 R; ebenso HK-ArbR-*M. Schubert,* §§ 111–113 Rn 10; vgl. weiter *Fitting,* Rn. 77; *Schweibert,* in: Willemsen u. a., Rn. C 31.
331 FS Kissel, S. 134 f.
332 Einzelheiten bei DDZ-*Zwanziger* § 2 KSchG Rn. 204 ff.

rungskündigung unter Vorbehalt anzunehmen und das Änderungsangebot einer gerichtlichen Kontrolle zu unterziehen. Allerdings riskieren sie im Falle eines Obsiegens, dass sie am alten Standort bleiben und dort wegen Wegfalls der Beschäftigungsmöglichkeit einer Beendigungskündigung ausgesetzt sind. Dagegen könnten sie sich mit dem Argument zur Wehr setzen, eine **Änderungskündigung** mit besseren Bedingungen als die vorherige sei **das mildere Mittel.**

Bei einer **Verlegung ins Ausland** wird in der Praxis zugrunde gelegt, dass so gut wie niemand mitgehen will. Dies muss in Zukunft nicht so bleiben. Liegt bei einer produktionsmittelgeprägten Einheit ein **Betriebsübergang nach § 613a BGB** vor, so bleiben die Arbeitsverhältnisse mangels Widerspruchs sowieso bestehen. Wegen Änderung des gewöhnlichen Arbeitsorts wird ein anderes Arbeitsrecht anwendbar (sog. **Statutenwechsel**), doch steht dies einem Fortbestand der bisherigen vertraglichen Rechte nicht im Wege. Der **Fortbestand eines Betriebsrats** ist nur auf einheitsvertraglicher Grundlage möglich (wofür es schon Beispiele aus der Weimarer Zeit gibt), Die »**Ankoppelung« an die inländische Tarifentwicklung** kann nur im Arbeitsvertrag oder in einem Sozialplan festgelegt werden. Liegt kein Betriebsübergang vor, weil die meisten in Deutschland bleiben wollen, so stellt sich einmal die Frage, ob ein »wanderungswilliger« AN verlangen kann, dass ihm eine Beschäftigung am neuen ausländischen Standort angeboten wird. Zum zweiten kann sich für den Arbeitgeber das Problem ergeben, ob er z. B. besonders qualifizierte und für den Betrieb wertvolle Arbeitskräfte durch Änderungskündigung zu einem »Mitgehen« veranlassen soll. Üblicherweise wird in solchen Fällen allerdings eine einvernehmliche Lösung angestrebt. 89b

Liegt der **Ortswechsel** wie bei einem Wanderzirkus in der **Natur des Betriebs,** fehlt es an einer Betriebsänderung im Rechtssinne, da § 111 keine »Routinevorgänge« erfassen will.[333] 90

Die Verlegung eines Betriebs kann mit dem **Erwerb durch einen neuen Eigentümer** zusammenfallen. Die Umstände des Einzelfalls entscheiden darüber, ob die Betriebsänderung »Verlegung« dem Veräußerer oder dem Erwerber zuzurechnen ist. Denkbar ist einmal, dass der Erwerber den »Umzug« organisiert; da maßgebender Zeitpunkt für den Betriebsübergang die Übernahme der Leitungsbefugnis ist,[334] sind die Arbeitsverhältnisse mit »Übernahme des Kommandos« nach § 613a BGB auf ihn übergegangen. Liegt umgekehrt die Organisation der Verlegung noch beim Veräußerer, tritt ein Betriebsinhaberwechsel erst am neuen Standort ein. Bei gemeinsamer Organisation dürfte dasselbe anzunehmen sein, da die bloße »Mit-Direktion« nicht die Rechtsfolgen des § 613a BGB auslöst. Ist der Betrieb vor der Übernahme bereits **definitiv stillgelegt** worden, so stellt allein dies eine Betriebsänderung dar.[335] Zur Scheinstilllegung, die nur dann in Betracht kommt, wenn alle für eine sinnvolle Fortführung der Produktion notwendigen Betriebsmittel übernommen werden, s. o. Rn. 55. 91

Ein Betrieb kann auch **ins Ausland verlegt** werden (»Offshoring« – § 87 Rn. 200, § 90 Rn. 13);[336] dies ändert nichts an der Anwendbarkeit des § 613a BGB.[337] Durch die EG-Fusionsrichtlinie vom 23. Juli 1990[338] und ihre Umsetzung durch das Steueränderungsgesetz 1992[339] sind steuerliche Nachteile beseitigt worden, die früher einem Ressourcentransfer auch ins EU-Ausland entgegenstanden. Der grenzüberschreitende Betriebsinhaberwechsel hat daher zugenommen.[340] An der Anwendbarkeit des § 111 Satz 3 Nr. 2 ändert sich nichts, allerdings sind die mit einer Auslandstätigkeit ggf. verbundenen Nachteile im Rahmen der Verhandlungen über Interessenausgleich und Sozialplan zu berücksichtigen. Scheitert die Verlegung am Widerstand der AN-Seite, so liegt auch hier eine Stilllegung im Inland vor. Entgegen der Auffassung des *BAG*[341] wird die Anwendung des § 613a BGB allerdings nicht dadurch ausgeschlossen, dass die Beschäftigten dem Erwerber erklären, nicht an den neuen Standort mitgehen zu wollen. Hat er bereits die 92

333 *Fitting,* Rn. 76; GK-*Oetker,* Rn. 136; *Halberstadt,* Rn. 16; Richardi/*Annuß,* Rn. 94; *Rumpff/Boewer,* S. 295.
334 *BAG* 8. 11. 88, NZA 89, 679.
335 Vgl. *BAG* 12. 2. 87, AP Nr. 67 zu § 613a BGB.
336 Dazu *Däubler,* NJW 05, 30.
337 *BAG* 26. 5. 11 – 8 AZR 3710, NZA 11, 1143 = NZG 11, 827.
338 ABl. vom 20. 8. 1990, Nr. L 225/1.
339 BGBl. I S. 297.
340 Vgl. bereits *Däubler,* FS Kissel, S. 129 ff.
341 20. 4. 89, DB 89, 2334.

Leitung übernommen, ist er nach § 613a neuer AG geworden und muss ggf. wegen der von ihm verursachten Stilllegung über Interessenausgleich und Sozialplan verhandeln.[342]

8. Der Zusammenschluss mit anderen Betrieben i. S. v. Satz 3 Nr. 3

93 Auch der Zusammenschluss von Betrieben stellt eine Betriebsänderung im Rechtssinne dar. Erfasst ist damit sowohl der Fall, dass sich **zwei Betriebe zu einer neuen Einheit** vereinigen, wie auch der, dass **ein Betrieb einen anderen aufnimmt.**[343] Beide Betriebe werden häufig zum selben UN gehören. Ist dies nicht der Fall, ist der Zusammenschluss nur möglich, wenn ein sog. **Gemeinschaftsbetrieb** gebildet wird (dazu o. § 1 Rn. 88 ff.). Alle diese Vorgänge werden in der Regel mit erheblichen organisatorischen Veränderungen, oft auch mit Versetzungen und Personalabbau verbunden sein. Ändert sich ausnahmsweise an den Arbeitsabläufen und Entscheidungsstrukturen nichts, weil ein anderes konzernangehöriges UN hinzukommt, das lediglich auf Briefköpfen in Erscheinung tritt, so liegt keine Betriebsänderung vor.[344] Satz 3 Nr. 3 liegt dagegen dann vor, wenn Betriebsteile, die nach § 4 als selbstständige Betriebe gelten, auf Grund einer organisatorischen Maßnahme mit dem Hauptbetrieb zusammengeschlossen werden.[345] Auch über einen Tarifvertrag oder eine BV nach § 3 kann ein Zusammenschluss erfolgen, bei dem jedoch typischerweise keine Nachteile entstehen werden. Werden zwei UN nach dem UmwG verschmolzen, so ist damit nicht notwendigerweise auch ein Zusammenschluss von Betrieben verbunden (u. Rn. 95). Wird **durch TV oder BV** nach § 3 Abs. 1 BetrVG eine mehrere Betriebe umfassende **Repräsentationseinheit geschaffen,** so bleiben die bisherigen Betriebe als solche bestehen,[346] so dass kein Zusammenschluss nach Nr. 3 vorliegt.[347] Bei einer Rückkehr zum gesetzlichen Modell liegt daher auch keine Spaltung vor.

94 Anders als in Nr. 1 und Nr. 2 sind **»wesentliche Betriebsteile«** (zum Begriff s. o. Rn. 63 ff.) in Nr. 3 **nicht ausdrücklich erwähnt.** Dies ist insofern sinnvoll, als andernfalls organisatorische Änderungen innerhalb des Betriebs in weitestem Umfang dem Verfahren nach §§ 111, 112 unterworfen wären; dieses soll aber nur dann eingreifen, wenn ein nicht nur geringfügiger Ortswechsel erfolgt oder die Voraussetzungen von Nr. 4 oder Nr. 5 vorliegen. Anders verhält es sich jedoch, wenn es um **Zusammenschlüsse über die Grenzen des bisherigen Betriebs hinaus** geht: Wird ein wesentlicher Teil des Betriebs A mit dem Betrieb B oder einem wesentlichen Teil des Betriebs B zusammengeschlossen, findet Nr. 3 entsprechende Anwendung: Die potentiellen Auswirkungen auf die AN sind keine anderen als beim Zusammenschluss ganzer Betriebe.[348] Soweit ein Betriebsteil nach § 4 Abs. 1 Satz 1 als selbständiger Betrieb gilt, wird der Zusammenschluss mit anderen Betrieben unbestrittenermaßen von Nr. 3 erfasst.[349]

95 **Ohne Bedeutung** sind rein **gesellschaftsrechtliche Veränderungen.** Eine Fusion fällt als solche nicht unter Satz 3 Nr. 3, es sei denn, sie hätte Auswirkungen auf die betriebliche Ebene.[350] Daran hat auch das UmwG nichts geändert.[351] Ein »Durchschlagen« auf die Betriebsebene ist in der Weise denkbar, dass vor oder nach der gesellschaftsrechtlichen Fusion Betriebe oder Betriebsteile aus beiden UN zusammengeschlossen werden. Zum Wegfall des GBR s. näher *Däubler.*[352]

---

342 Einzelheiten bei *Däubler,* FS Kissel, S. 135 ff.; *Cohnen,* FS 25 Jahre ARGE Arbeitsrecht im DAV, S. 595 ff.
343 *Fitting*, Rn. 79; GK-*Oetker* Rn. 143; Richardi/*Annuß,* Rn. 97.
344 *LAG Berlin-Brandenburg* 10.12.20 – 26 TaBVGa 1498/20, NZA-RR 21, 183 (»virtueller Gemeinschaftsbetrieb«).
345 *GL*, § 106 Rn. 67; HWGNRH-*Hess,* Rn. 205; Richardi/*Annuß,* Rn. 106.
346 *BAG* 18.3.08 – 1 ABR 3/07, NZA 08, 1259, 1262.
347 Ebenso *Ludwig/Glau*, BB 19, 310.
348 *Schlichting*, AiB 07, 138; a. A. ErfK-*Kania*, Rn. 15; vgl. auch GK-*Oetker,* Rn. 149, wonach bei einer Übernahme durch ein anderes UN immer eine Betriebsspaltung vorliegt; ähnlich *Fitting,* Rn. 82.
349 *Wenning-Morgenthaler*, Rn 1052.
350 HWGNRH-*Hess*, Rn. 209.
351 Zustimmend *BAG* 10.12.96 – 1 ABR 32/96, DB 97, 1416.
352 RdA 95, 140.

Vollzieht sich die Zusammenlegung der Betriebe innerhalb desselben UN oder Konzerns, ist für die Verhandlungen über Interessenausgleich und Sozialplan der GBR bzw. KBR zuständig (u. Rn. 144 ff.). Geht es um eine geplante Fusion oder um die Schaffung eines Gemeinschaftsbetriebs zwischen **zwei voneinander unabhängigen UN,** sind **Vierer-Verhandlungen** höchst zweckmäßig, um so Widersprüche zwischen dem durch die jeweiligen Betriebsparteien Ausgehandelten nach Möglichkeit zu verhindern.[353] So wäre es misslich, würde der aus dem UN A stammende AN X Ersatz für seinen längeren Weg zur Arbeitsstätte bekommen, nicht aber der aus dem UN B stammende Y. Einen rechtlichen Zwang, so vorzugehen, gibt es allerdings nicht; zumindest während einer längeren Übergangszeit stellt der Fortbestand von Rechten aus dem Ursprungsbetrieb keine gleichheitswidrige Begünstigung oder Benachteiligung dar. Auch kann es berechtigte Differenzierungen etwa wegen der unterschiedlichen Belastbarkeit der UN geben.[354] Die Verhandlungen werden von den BR der Ausgangsbetriebe auch dann weitergeführt, wenn der Zusammenschluss bereits vollzogen wurde. Auch wenn in der neuen größeren Einheit bereits ein BR gewählt wurde, ändert sich daran nichts; es besteht ein sog. **Restmandat** nach § 21b. Solange eine solche Wahl nicht erfolgt ist, hat der BR, der die größere Zahl der betroffenen AN vertritt, nach § 21a ein **Übergangsmandat.** Dies gilt auch dann, wenn dem Zusammenschluss keine UN-Fusion zugrunde liegt.[355] Zu Interessenausgleich und Sozialplan bei Betriebsverschmelzung s. im Übrigen §§ 112, 112a Rn. 21, 175. 96

9. Spaltung von Betrieben i. S. v. Satz 3 Nr. 3

Im Zusammenhang mit dem Stichwort »Betriebsaufspaltung« werden **verschiedene Vorgänge** diskutiert, deren Qualifizierung als Betriebsänderung zweifelhaft sein kann. Dabei ist zwischen Veränderungen im unternehmerischen Bereich nach UmwG (Aufspaltung, Abspaltung und Ausgliederung)[356] sowie der Spaltung von Betrieben zu unterscheiden, die seit 1995 in Satz 3 Nr. 3 ausdrücklich genannt ist.[357] 97

Möglich ist auf der Ebene des UN eine **Trennung in Besitz- und Produktionsgesellschaft.** Das Anlagevermögen bleibt bei der ersteren, die zweite, die meist erst neu gegründet wird, pachtet den Betrieb von ihr. Die Arbeitsverhältnisse der Beschäftigten gehen nach § 613a BGB auf die Produktionsgesellschaft über. Wie unten (Rn. 125) dargelegt, betrachten herrschende Rechtsprechung und Lehre die Vorschrift des § 613a BGB als abschließende Sonderregelung; eine Betriebsänderung soll deshalb nicht vorliegen.[358] Die Gegenargumente werden dort genannt.[359] Nach § 134 UmwG haftet die Besitzgesellschaft für alle Ansprüche nach den §§ 111–113, sofern sie nicht später als fünf Jahre nach Wirksamwerden der Spaltung entstanden sind. Voraussetzung ist, dass das zur Führung des Betriebes notwendige Vermögen »im Wesentlichen« auf einen anderen Rechtsträger übertragen wurde, der sich »im Wesentlichen« auf die Verwaltung dieses Vermögens beschränkt; weiter müssen an beiden Gesellschaften »im Wesentlichen« dieselben Personen beteiligt sein. Ohne Bedeutung ist, dass das Vermögen beim bisherigen Träger bleibt und die den Betrieb führende Gesellschaft abgespalten oder ausgegliedert wird. Auch die Aufspaltung wird erfasst.[360] Die Vorschrift des § 134 UmwG ist weiter dann anzuwenden, wenn nicht von den Möglichkeiten der Unternehmensspaltung nach dem UmwG Gebrauch gemacht, sondern der alte Weg einer **Einzelrechtsübertragung nach § 613a BGB** bzw. einer Betriebsverpachtung gewählt wird.[361] Die Betroffenheit der AN und die Interessenlage der Beteiligten ist dieselbe; das **UmwG** hat als die modernere Regelung **Vorbildfunktion.**[362] § 613a BGB hat den Fall des wenig solventen (wenngleich zur selben UN-Gruppe gehörenden) Übernehmers 98

353 Grundsätzlich zustimmend *Schweibert,* in: Willemsen u. a., Rn. C 54.
354 *Schweibert,* a. a. O.
355 *Däubler,* RdA 95, 146.
356 Dazu Anhang zu §§ 106 – 110.
357 *Berscheid,* FS Stahlhacke, S. 23 f.
358 Dazu auch *Bork,* BB 89, 2185 m. w. N.
359 Ergänzend sei noch auf *Engels,* DB 79, 2227; *Salje,* NZA 88, 449 und *Simon,* ZfA 87, 323 verwiesen.
360 *BAG* 15. 3. 11, NZA 11, 1112; *Mengel,* S. 242; *Röger/Tholuck,* NZA 12, 294, 296.
361 *Däubler,* RdA 95, 146.
362 Vgl. auch *Engels,* FS Wlotzke, S. 284 ff.

nicht bedacht. Mit der Regelung des § 134 UmwG sind die für die AN entstehenden Nachteile begrenzt, zumal das Vermögen der Anlagegesellschaft auch bei der Bemessung der Sozialplanleistungen zu berücksichtigen ist,[363] doch besteht auch in Zukunft ein Bedarf für den Abschluss eines Sozialplans, wenn (z. B. wegen Hinzutritts weiterer Gesellschafter) die Voraussetzungen des § 134 UmwG nicht vorliegen oder wenn es darum geht, die ja auch nach Ablauf von fünf Jahren drohenden Nachteile aufzufangen.

99 Denkbar ist weiter, dass der **Betrieb oder einzelne seiner Teile mehreren Unternehmen zugeordnet** werden. In einem solchen Fall entsteht nach der Formel **»mehrere Unternehmen – ein Betrieb«** ein sog. **gemeinsamer Betrieb,** sofern die Mehrzahl der betriebsverfassungsrechtlich relevanten Angelegenheiten von einem **»gemeinsamen Leitungsapparat«** entschieden wird. Geht die Spaltung des AG-Unternehmens voraus, wird die Entstehung eines gemeinsamen Betriebs nach § 1 Abs. 2 Nr. 2 vermutet.[364] Tritt außer der Tatsache der Verdoppelung auf AG-Seite keine andere Änderung ein, fehlt es gleichfalls an den Voraussetzungen des § 111.[365] Die einvernehmliche **Auflösung des gemeinsamen Betriebs** und die Fortführung von mindestens zwei selbständigen Betrieben ist als Spaltung zu behandeln (dazu Rn 100),[366] mit der meist weitere Betriebsänderungen verbunden sind. Der BR muss sorgfältig auf Anzeichen für eine geplante Spaltung achten und ggf. aktiv werden, da eine solche Betriebsänderung sehr schnell umgesetzt werden kann und dann der Verhandlungsanspruch ins Leere geht.[367] Zu Besonderheiten bei aus anderem Anlass abgeschlossenen Sozialplänen s. §§ 112, 112a Rn. 152.

100 Eine Betriebsänderung liegt nach **Satz 3 Nr. 3** automatisch dann vor, wenn ein **Betrieb »gespalten«** wird. Dies kann Folge einer Aufspaltung des Trägerunternehmens sein, doch ist dies keineswegs Voraussetzung; auch innerhalb eines als solchen unverändert bleibenden Unternehmens können Betriebe gespalten werden.[368] Letzteres kann auch zur Vorbereitung einer UN-Spaltung geschehen.[369] Dabei ist sowohl an den Fall zu denken, dass ein Betrieb in zwei oder mehrere Teile »zerlegt« wird, wie auch an den, dass von einem als solchem weiterbestehenden Betrieb ein größerer oder kleinerer Teil abgespalten wird.[370] Die Abgrenzung beider Fälle ist im vorliegenden Zusammenhang ohne Bedeutung, da die Rechtsfolgen (Vorliegen einer Betriebsänderung) dieselben sind. Allerdings bleibt bei der Abspaltung der bisherige BR grundsätzlich im Amt.[371] Satz 3 Nr. 3 enthält keinen Vorbehalt der Art, dass **»Bagatellausgründungen«** nicht erfasst sein sollten;[372] das Vorliegen der Voraussetzungen von Satz 1 (»wesentliche Nachteile für erhebliche Teile der Belegschaft«) ist im Rahmen des Satzes 3 gerade nicht zu prüfen (o. Rn. 44).[373] Nach *BAG*[374] reicht jedenfalls die Abspaltung einer »veräußerungsfähigen Einheit«; die Grenze des § 17 KSchG muss nicht erreicht sein.[375] Es kann zu einem Teil-Betriebsüber-

---

363 *Mengel,* S. 244; *Boecken,* Rn. 250. Nach *Röger/Tholuck* (NZA 12, 297 f.) soll dies allerdings nicht für AN gelten, deren Arbeitsverhältnis erst nach der Spaltung begründet wurde.

364 Zur Vorgängervorschrift des § 322 Abs. 1 UmwG eingehend *Trittin,* AiB 96, 353.

365 *LAG Frankfurt* 12.2.85, DB 85, 2000; *Bork,* BB 89, 2185; *Rumpff/Boewer,* S. 292 f.

366 *BAG* 8.3.22 – 1 ABR 19/21, NZA 22, 1068 Tz. 17; *LAG Nürnberg* 22.3.95 – 4 TaBV 33/94, DB 95, 1972; *LAG Köln* 21.5.21 – 9 TaBV 56/20, AiB 3/22, 46; *Gaul,* NZA 03, 696.

367 *Körlings,* AiB 3/22, 47.

368 *BAG* 10.12.96 – 1 ABR 32/96, DB 97, 1416; *Berscheid,* FS Stahlhacke, S. 24.

369 S. den Fall *LAG Hamburg* 11.1.17 – 6 Sa 54/16, juris.

370 *BAG* 8.3.22 – 1 ABR 19/21, NZA 22, 1068 Tz. 19; *BAG* 18.3.08 – 1 ABR 77/06, NZA 08, 957; *BAG* 24.5.12 – 2 AZR 62/11, NZA 13, 277, 282 Tz 48; s. weiter den Fall *LAG Hamm* 28.8.03 – 13 TaBV 127/03 NZA-RR 04, 80. Zum zweiten Fall s. insbes. *Balkenhol/Steinhaus,* AiB 9/16, 45 ff.

371 *BAG* 8.3.22 – 1 ABR 19/21, NZA 22, 1068 Tz. 18.

372 Zustimmend *LAG Bremen* 21.10.04 – 3 Sa 77/04 NZA-RR 05, 140 = AuR 05, 38; *Wenning-Morgenthaler,* Rn 1053; ebenso im Ergebnis *Matthes,* NZA 00, 1074; differenzierend GK-*Oetker,* Rn 151; a. A. *B. Gaul,* § 28 Rn. 70 ff.; Richardi/*Annuß,* Rn 102a; *Kleinebrink/Commandeur,* NZA 07, 116 f.; *C. Meyer,* NZA 18, 901.

373 Dies übersieht *Kreßel,* BB 95, 927.

374 10.12.96 – 1 ABR 32/96, DB 97, 1416.

375 Ebenso *BAG* 18.3.08 – 1 ABR 77/06, NZA 08, 957: Es muss sich nicht um einen »wesentlichen Betriebsteil« handeln; wie hier HK-ArbR-*M. Schubert,* §§ 111–113 Rn 12; ErfK-*Kania,* Rn. 16, der aber § 1 entsprechend anwendet; insoweit zweifelnd *ArbG Karlsruhe* 22.7.03 – 6 BVGa 2/03 NZA-RR 04, 482; differenzierend Richardi/*Annuß,* Rn 102a. Vgl. auch *LAG Köln* 21.5.21 – 9 TaBV 56/20, AiB 3/22 46 m. Anm. *Körlings*..

gang nach § 613a BGB kommen,[376] doch ist das nicht notwendig so.[377] Hat der AG zunächst die Absicht, einen Betriebsteil auf ein anderes UN zu übertragen, kündigt er dann jedoch allen in diesem Betriebsteil beschäftigten AN und bietet ihnen das »Zielunternehmen« neue Arbeitsverträge an, die von einem relevanten Teil der Betroffenen angenommen werden, so liegt möglicherweise eine Betriebsspaltung mit Teilbetriebsübergang vor.[378] Keine Spaltung ist dagegen anzunehmen, wenn ein **Betriebsteil lediglich stillgelegt** wird;[379] hier liegt eine Betriebseinschränkung nach Nr. 1 vor. Schon nach früherem Recht waren in aller Regel die Voraussetzungen einer **grundlegenden Änderung der Betriebsorganisation und des Betriebszwecks** gegeben.[380] Insoweit kann sich der BR nunmehr auf mehrere Rechtsgrundlagen stützen.

Werden die Verhandlungen über Interessenausgleich und Sozialplan dem gesetzlichen Modell entsprechend vor Durchführung der Betriebsspaltung abgeschlossen, so ergeben sich keine besonderen Probleme; der AG hat insbes. die vorgesehenen Sozialplanleistungen zu erbringen. Geht ein **Betriebsteil** (wie im Falle einer zugrunde liegenden Unternehmensspaltung) **auf einen neuen Rechtsträger** über, können die Ansprüche nach § 613a Abs. 1 Satz 1 BGB auch diesem gegenüber geltend gemacht werden. Nach § 324 UmwG findet § 613a Abs. 1 BGB auch im Falle der Unternehmensspaltung Anwendung.[381] Nach *BAG*[382] gehören geringere wirtschaftliche Stärke und der Verlust einer Sozialplananwartschaft nach § 112a Abs. 2 jedoch nicht zu den Nachteilen, die in einem Sozialplan auszugleichen sind. Näher dazu §§ 112, 112a Rn. 177. Zur Zuordnung von AN zu einzelnen neuen Betrieben s. §§ 112, 112a Rn. 44ff. 101

Wurde die Spaltung durchgeführt, ohne dass die Verhandlungen über Interessenausgleich und Sozialplan eingeleitet oder zu einem Abschluss gebracht wurden, so besitzt der **BR des aufgespaltenen Betriebes** ein **Restmandat,** um die Verhandlungen zu Ende zu führen.[383] Die Rechte des BR können nicht dadurch verkürzt werden, dass der AG vollendete Tatsachen schafft. Insoweit gilt nichts anderes als bei der Betriebsstilllegung (u. Rn. 157);[384] § 21b bestätigt dies. **Widersprechen** nachträglich **einige AN dem Übergang** ihrer Arbeitsverhältnisse nach § 613a BGB und verbleiben sie daher beim bisherigen Rechtsträger, so soll nach BAG[385] das Restmandat nicht eingreifen, wenn es um ihre Kündigung geht. Das Argument, sie würden dadurch keine Stilllegung oder Spaltung bewirken, da sie dies als AN sowieso nicht könnten,[386] muss sich entgegen halten lassen, dass es keinen Unterschied machen kann, wenn die Ausübung eines im Gesetz vorgesehenen Rechts unter den vom AG geschaffenen Bedingungen zu einem völlig vergleichbaren Ergebnis führt. **Daneben** besteht ein sog. **Übergangsmandat,** das sich auf § 21a stützt. Es erlischt mit der Wahl eines BR in den neu geschaffenen Einheiten, spätestens jedoch nach sechs Monaten, bei kollektivvertraglicher Verlängerung nach 12 Monaten. Es erstreckt sich nicht auf solche Teile, die nach § 1 nicht betriebsratsfähig sind, sowie nicht auf solche, die in einen anderen Betrieb eingegliedert wurden. Letzteres dürfte allerdings nur dann gelten, wenn dort eine betriebliche Interessenvertretung besteht. Zum Nachteilsausgleich bei unterbleibender oder verspäteter Einschaltung des BR s. § 113 Rn. 16ff. Im Einzelfall wäre es auch denkbar, dem AG die Berufung auf die Spaltung zu verwehren und damit die Theorie der Wirksamkeitsbedingung im Bereich der Mitbestimmungsrechte (s. § 87 Rn. 5) hierher zu übertragen. Dies wäre insbesondere dann plausibel, wenn die Verletzung der §§ 111, 112 vorsätzlich geschehen würde. 102

376 *BAG* 18.3.08 – 1 ABR 77/06, NZA 08, 957.
377 *LAG München* 18.7.06 – 11 TaBV 70/05; *Schlichting* AiB 07, 128f.
378 *LAG Baden-Württemberg* 9.3.22 – 19 TaBV 1/22, BB 22, 1140: Einsetzung einer ESt. nach § 100 ArbGG.
379 *BAG* 18.3.08 – 1 ABR 77/06, NZA 08, 957, bestätigt durch *BAG* 24.5.12 – 2 AZR 62/11, NZA 13, 277 LS 3.
380 So *BAG* 16.6.87, AP Nr. 19 zu § 111 BetrVG 1972; zustimmend *Bork,* BB 89, 2185; *Rumpff/Boewer,* S. 294; *Schaub,* NZA 89, 5.
381 Einzelheiten bei *Däubler,* RdA 95, 142.
382 10.12.96 – 1 ABR 32/96, DB 97, 1416.
383 *BAG* 24.5.12 – 2 AZR 62/11, NZA 13, 277. Ebenso implizit *BAG* 16.6.87, NZA 87, 671 für den Fall des Übergangs eines Betriebsteils.
384 Dies übersieht *Neef,* NZA 94, 101.
385 *BAG* 24.5.12 – 2 AZR 62/11, NZA 13, 277.
386 So *BAG* a.a.O. Tz 56.

103 Die heutige Rechtslage wurde durch das Gesetz über die Spaltung der von der Treuhandanstalt verwalteten Unternehmen **(SpTrUG)** vom 5.4.1991[387] vorweggenommen, das eine Unternehmens- wie eine Betriebsaufspaltung ausdrücklich zuließ. Es ist durch das UmwG nicht verändert worden. Zu seinem Inhalt im Einzelnen s. *Engels*.[388]

10. Grundlegende Änderungen der Betriebsorganisation, des Betriebszwecks oder der Betriebsanlagen i. S. v. Satz 3 Nr. 4

104 Eine Betriebsänderung liegt auch dann vor, wenn unter Wahrung der Identität des Betriebs und seines Standorts **wesentliche Arbeitsbedingungen** verändert werden. Dabei reicht es aus, dass **entweder** die Betriebsorganisation **oder** der Betriebszweck **oder** die Betriebsanlagen verändert werden.[389] Möglich ist auch, dass gleichzeitig zwei oder drei der genannten Voraussetzungen erfüllt sind oder dass zugleich grundlegend neue Arbeitsmethoden i. S. d. Nr. 5 vorliegen. Die **Änderung** muss allerdings immer eine **»grundlegende«,** keine marginale sein.[390] Dennoch liegt der Sache nach eine **beschränkte Generalklausel** vor.[391] Von einer geplanten grundlegenden Änderung kann noch nicht die Rede sein, wenn ein System eingeführt wird, das die »Strukturierung, Vereinheitlichung und Optimierung von Arbeitsprozessen sowie deren Rationalisierung« zum Ziel hat.[392] Eine Betriebsänderung liegt erst vor, wenn konkrete Maßnahmen mit erheblichen Auswirkungen auf die AN getroffen werden.

105 Die **Betriebsorganisation** betrifft die Art und Weise, wie Menschen und Betriebsanlagen so koordiniert werden, dass der gewünschte arbeitstechnische Erfolg eintritt.[393] Eine Änderung tritt etwa dann ein, wenn Entscheidungsbefugnisse »nach unten« verlagert werden **(Dezentralisierung),** wenn »Profitcenter« eingeführt oder wenn zur **Organisation nach Sparten** bzw. Geschäftsbereichen übergegangen wird.[394] Diese führt häufig zu einer **Matrix-Struktur,** die bei erheblichen Umfang und erheblicher Intensität eine Betriebsänderung darstellen kann.[395] Dasselbe gilt, wenn **Zahl, Zuschnitt und innere Struktur von Betriebsabteilungen** verändert,[396] wenn insbesondere Zuständigkeiten und Verantwortung anders verteilt werden,[397] und dies von erheblicher Bedeutung für den gesamten Betriebsablauf ist. Auch die Einführung von Großraumbüros, der Anschluss an Rechenzentren oder (moderner) die **Umstellung auf ein In-house-Netz** (»Intranet«)[398] und die nicht nur gelegentliche Nutzung des Internets z. B. durch partiellen Übergang zum E-Commerce[399] fallen darunter. Der Übergang zur **Gruppenarbeit** ist gleichfalls erfasst.[400] Die **Aufspaltung** eines Betriebs und die Abspaltung einzelner Teile verändern gleichfalls die Organisation;[401] sie sind jedoch durch die 1995 erfolgte Änderung der Nr. 3 zu einem selbstständigen Fall der Betriebsänderung gemacht worden (o. Rn. 97 ff.). Die **Fremdvergabe von Reinigungsarbeiten** ändert jedenfalls in einem Hotelbetrieb die Arbeitsorganisation und fällt deshalb unter Nr. 4.[402] In anderen Fällen, in denen diese Tätigkeit weniger zentrale Bedeutung hat und deshalb auch kein wesentlicher Betriebsteil im Sinne der Nr. 1

387 BGBl. I S. 854.
388 DB 91, 967.
389 *BAG* 17.12.85, AP Nr. 15 zu § 111 BetrVG 1972.
390 Übergreifend ist von »New Work« die Rede (*Spengler/Ettlinger* AiB 3/22 S. 10 ff.), doch kommt es für § 111 auf die konkrete Form an.
391 Richardi/*Annuß*, Rn. 107.
392 *BAG* 22.3.16 – 1 ABR 12/14, NZA 16, 894.
393 Ähnlich *LAG Hamm* 26.2.07 – 10 TaBVGa 3/07 NZA-RR 07, 469.
394 ErfK-*Kania,* Rn. 17; *Gaul/Gajewski,* S. 35; *Vogt,* Sozialpläne, S. 61; *Weinmann,* ZfA 91, 78.
395 *Bachner*, NZA 19, 134, 141.
396 *Fitting,* Rn. 88; *Knorr,* Rn. 62.
397 *BAG* 18.3.08 – 1 ABR 77/06, NZA 08, 957 Tz 22.
398 Dazu *Däubler,* Mitbestimmung bei Büro- und Telekommunikation, in *Höller/Däubler,* Werkstattbericht Nr. 48 des MAGS des Landes NRW, 1988.
399 Weitere Beispiele bei *Däubler*, Digitalisierung, § 2 Rn. 65 ff.
400 *LAG Nürnberg* 16.5.00 – 7 TaBV 48/99, AiB 04, 438 mit Anm. *Detlef Ernst; Breisig,* S. 74; *Fitting,* Rn. 92; *Hunold,* S. 26; s. weiter *Roth/Kohl* [Hrsg.].
401 *BAG* 16.6.87, AP Nr. 19 zu § 111 BetrVG 1972.
402 *ArbG München* 22.2.00, AiB 00, 766 mit Anm. *Hamm.*

ist, kommt ein Rückgriff auf Satz 1 in Betracht (u. Rn. 120). Die bloße Umgestaltung des individuellen Arbeitsplatzes fällt nicht darunter, doch kann insoweit die dritte Variante der Nr. 4 (»Betriebsanlagen«) oder die Nr. 5 erfüllt sein.[403] Eindeutig unter Nr. 4 fällt die Schaffung von **Telearbeitsplätzen** in Wohnungen der Mitarbeiter,[404] was auch dann gilt, wenn die Voraussetzungen des § 2 Abs. 7 ArbStättV nicht erfüllt sind, wenn also ein sog. Homeoffice vorliegt. Nr. 4 ist auch bei der Einführung eines in fünf Phasen aufgeteilten Verbesserungsverfahrens anwendbar, das die Effektivität und Produktivität systematisch steigern will.[405]

106 Unter dem **Betriebszweck** ist nicht die allgemeine Absicht der Gewinnerzielung zu verstehen; vielmehr geht es um den **konkreten arbeitstechnischen Zweck**, also die Bestimmung derjenigen Güter und Dienstleistungen, mit denen Gewinne erzielt oder Bedürfnisse befriedigt werden sollen.[406] Dabei ist auf das **konkrete Ergebnis des Arbeitsprozesses** abzustellen, würden andernfalls doch gravierende Veränderungen von vornherein aus dem Tatbestand herausfallen.[407] Würde man etwa den Betriebszweck nur in der Herstellung von »Bekleidungsgegenständen« sehen, wäre eine Umstellung von Pelzmänteln auf Badeanzüge nicht erfasst. Eine Änderung liegt immer dann vor, wenn ein **anderes Produkt** oder eine **Dienstleistung mit anderem Inhalt** angeboten wird. Dies ist insbesondere dann der Fall, wenn die Annahme eines Betriebsübergangs nach der Rechtsprechung daran scheitert, dass der Erwerber andere arbeitstechnische Zwecke verfolgt.[408] Kleinere Verbesserungen am Status quo spielen keine Rolle,[409] erst recht nicht eine rein quantitative Expansion.[410] Erfasst sind beispielsweise die Umstellung von militärischen auf zivile Produkte, aber auch die Ersetzung von Motorrädern durch PKWs, die Beschränkung auf Reparaturarbeiten oder der Übergang von der Reisevermittlung zur selbstständigen Organisation von Reisen. Möglich ist auch, dass der bisherige **Zweck durch einen weiteren ergänzt** wird.[411] Bietet etwa eine **Spielbank** nicht nur Glücksspiele wie Roulette an, die von einem Croupier überwacht werden (sog. System Monte Carlo), sondern auch Glücksspielautomaten (sog. System Las Vegas), so sind die Voraussetzungen der Nr. 4 erfüllt.[412] Auch der **Wegfall einer bisher erbrachten Leistung** oder eines hergestellten Produkts fällt darunter.[413] In Abweichung vom BetrVG 1952 ist ohne Bedeutung, ob die Änderung des Betriebszwecks durch eine neue Marktlage erzwungen oder von veränderten Vorstellungen des Arbeitgebers beeinflusst ist.[414]

107 Mit **Betriebsanlagen** sind alle **technischen Hilfsmittel** gemeint, die im Arbeitsprozess Verwendung finden.[415] Gemeint sind damit nicht nur ortsfeste Produktionsanlagen, sondern beispielsweise auch **LKWs**[416] oder **Datensichtgeräte.**[417] Erst recht wird der Einsatz von Informationssystemen, die sich (z. B. bei der Lagerhaltung) künstlicher Intelligenz bedienen, erfasst.[418] Die in Frage stehenden Gegenstände dürfen jedoch **nicht** zum **Umlaufvermögen** gehören.[419] Die Verwendung des Plurals »Betriebsanlagen« macht deutlich, dass nicht jedes unbedeutende kleinere Arbeitsgerät erfasst ist; gemeint sind solche Gegenstände, die **für das betriebliche Ge-**

403 Richardi/*Annuß*, Rn. 108.
404 *Wedde*, AiB 92, 125 ff.; ebenso *Boemke/Ankersen*, BB 00, 2257. ErfK-*Kania*, Rn. 17.
405 *LAG Schleswig-Holstein* 22. 1. 14 – 3 TaBV 38/13, juris und BB 14, 883 (Ls), aufgehoben durch *BAG* 22. 3. 16 – 1 ABR 12/14, NZA 16, 894.
406 *BAG* 17. 12. 85, AP Nr. 15 zu § 111 BetrVG 1972.
407 Vgl. *Schwanecke*, S. 42 ff.
408 S. die Fälle *BAG*, 4. 5. 06 – 8 AZR 299/05, NZA 06, 1096 – Frauenhaus und *BAG* 13. 7. 06 – 8 AZR 331/05, NZA 06, 1357 – Möbeleinzelhandel.
409 Richardi/*Annuß*, Rn. 110 ff.
410 *Knorr*, Rn. 63.
411 Ebenso *BAG* 17. 12. 85, AP Nr. 15 zu § 111 BetrVG 1972; *Hunold*, S. 64; *Kraushaar*, AiB 94, 296.
412 *BAG* 17. 12. 85, AP Nr. 15 zu § 111 BetrVG 1972.
413 *BAG* 16. 6. 87, AP Nr. 19 zu § 111 BetrVG 1972.
414 Richardi/*Annuß*, Rn. 113.
415 *Rumpff/Boewer*, S. 302; *Wenning-Morgenthaler*, Rn 1045.
416 *LAG Frankfurt* 26. 2. 82, AuR 83, 188.
417 *BAG* 26. 10. 82, AP Nr. 10 zu § 111 BetrVG 1972.
418 *Klebe* SR 19, 128, 131.
419 *Knorr*, Rn. 64; *Teichmüller*, Betriebsänderung, S. 60.

samtgeschehen von erheblicher Bedeutung sind.[420] Lässt sich dies nicht ohne weiteres klären, ist insbes. bei Veränderungen an einzelnen größeren Maschinen usw. darauf abzustellen, **wie viele Belegschaftsangehörige betroffen** sind; die Sätze des § 17 Abs. 1 KSchG (dazu o. Rn. 70) bieten auch hier eine Richtschnur.[421] In Kleinbetrieben gelten entsprechende Grundsätze (s. o. Rn. 72). Eine »Änderung« liegt insbes. in der **Einführung neuer Techniken,** insbesondere neuer Software,[422] aber auch in ihrer Perfektionierung; der Übergang von Windows 7 auf Windows 10 oder von SAP R/3 zu SAP R/3 ERP (= Enterprise-Resource-Planning)[423] ist beispielsweise erfasst. Dasselbe gilt für den Einsatz größerer LKWs mit anderen Bedienungsanforderungen.[424] Ausgeschlossen bleibt lediglich die Beschaffung von Ersatzgeräten.

108 Die **Änderung** der Betriebsorganisation, des Betriebszwecks oder der Betriebsanlagen muss **grundlegend** sein. In erster Linie ist dabei auf die **qualitative** Seite, d. h. den Grad der Veränderung und die technische Neuheit, abzustellen.[425] Ein Sprung in der technischen Entwicklung erfüllt immer diese Voraussetzungen.[426] Bei der Betriebsorganisation hat der Übergang zum **Spartenprinzip** ebenso grundlegende Bedeutung wie die **Dezentralisierung** oder eine eher unüblich gewordene Zentralisierung.[427] Der Übergang zur sog. **Lean Production** wird gleichfalls erfasst,[428] was besonders deutlich wird, wenn es in Zukunft statt fünf nur noch drei Hierarchieebenen geben soll.[429] Eine grundlegende Änderung ist nach der Rspr.[430] auch dann gegeben, wenn aus anderen Gründen **eine Hierarchieebene wegfällt** und die Außendienstmitarbeiter deshalb keinen dezentralen Ansprechpartner mehr haben. Dasselbe gilt für die Einführung einer **Matrixstruktur,** die die Interaktionen im Betrieb grundlegend verändert[431] und bisweilen auch die Grenzen des Betriebs verschwimmen lässt.[432] Dies wird exemplarisch an dem Fall deutlich, dass der Vorgesetzte in einem andern Betrieb (oder UN) als der Untergebene angesiedelt ist, die Übernahme der Vorgesetztenfunktion jedoch als Einstellung in den Betrieb des Untergebenen angesehen wird, was das Beteiligungsrecht des dortigen BR nach § 99 auslöst.[433] Dies stellt eine qualitative Veränderung des Arbeitens dar, wenn es sich nicht nur um eine Randerscheinung im Sinne eines Einzelfalls handelt.[434] Nachteile können sich dadurch ergeben, dass die Arbeit komplizierter und konfliktanfälliger wird,[435] was zu einer zeitlichen Ausdehnung oder einer Intensivierung führt. Auch können einzelne Beschäftigte ihre bisherige Führungsfunktion verlieren. Um einer allseitigen Verunsicherung vorzubeugen, kann es im Interesse auch der Arbeitgeberseite liegen, durch freiwillige Betriebsvereinbarung einen verlässlichen Rahmen zu schaffen.[436] Selbst wenn die Veränderungen weniger ins Auge springen, wird eine prinzipielle Weichenstellung vorgenommen, die unter Nr. 4 fällt.[437] Auch kommt wegen der Fremdvergabe von Aufträgen ein Fall der Nr. 1 in Betracht (o. Rn. 61). Dasselbe gilt für die **Ausgliederung von Betriebsteilen**[438] oder für die völlige Umgestaltung der Büro-

---

420 *BAG* 26. 10. 82, AP Nr. 10 zu § 111 BetrVG 1972; 7. 8. 90 – 1 AZR 445/89, NZA 91, 115; *LAG Frankfurt* 27. 10. 87, LAGE § 111 BetrVG 1972 Nr. 7; *Etzel,* Rn. 994.
421 *Däubler*, DB 85, 2298 m. w. N.
422 *Lemke,* CuA 6/21, 20 ff.
423 Dazu *Wilke,* AiB 06, 597.
424 *LAG Frankfurt* 26. 2. 82, AuR 83, 188.
425 Vgl. etwa *LAG Frankfurt* 27. 10. 87, LAGE § 111 BetrVG 1972 Nr. 7 = NZA 88, 407.
426 *Fitting*, Rn. 95.
427 MünchArbR-*Matthes,* 2. Aufl. § 268 Rn. 42.
428 *Schaub*, BB-Beilage 15/93, S. 3.
429 *Hunold*, S. 65.
430 *BAG* 26. 10. 04 – 1 AZR 493/03 NZA 05, 237 = dbr 6/05 S. 39.
431 Zu Vorzügen und Nachteilen *Balkenhol/Steinhaus,* AiB 11/22 S. 11 ff.
432 *Kort,* NZA 13, 1318 ff.; *Witschen,* RdA 16, 38 ff.; *Bachner*, NZA 19, 134 ff.
433 So *LAG Düsseldorf* 20. 12. 17 – 12 TaBV 66/17, ZTR 18, 225; dazu *Seebacher/Silberberger* AiB 5/18 S. 42. Zur Anwendung des Tatbestandsmerkmals »Betriebsorganisation« s. o. Rn. 105.
434 Vgl. auch *Seebacher* AiB 11/22 S. 15.
435 *Balkenhol/Steinhaus*, AiB 11/22 S. 12 f.
436 Dazu eingehend und überzeugend *Cesarano* AiB 3/23 S. 18 ff. Zur Matrixstruktur s. im Übrigen Einl. Rn. 74.
437 Vgl. *Schindele,* BB-Beilage 15/93, S. 19.
438 *BAG* 16. 6. 87, AP Nr. 19 zu § 111 BetrVG 1972; anders, wenn es keinerlei Auswirkungen auf die übrigen Beschäftigten gibt: *BAG* 18. 3. 08 – 1 ABR 77/06, NZA 08, 957.

räume.[439] Der arbeitstechnische Zweck wird dadurch **nicht grundlegend** verändert, dass ein **neuer Autotyp** hergestellt oder die Schlachtung auf eine bestimmte Tierart beschränkt wird.[440] Auch das Angebot bestimmter Nebenleistungen in einem Spielcasino fällt im Gegensatz zur Erweiterung durch das System Las Vegas nicht ins Gewicht.[441] Erfasst sind alle größeren Umstellungen wie z. B. bei der **Rüstungskonversion.** Bei Betriebsanlagen stellte der **Übergang zur EDV** eine »grundlegende« Neuerung dar, ebenso die **Arbeit mit CNC-Maschinen.**[442] Im Danzas-Fall hat das *LAG Hamburg* den grundlegenden Charakter der Veränderung schon vor langer Zeit bejaht, weil die Sachbearbeiter bestimmte Daten nicht mehr auf EDV-konforme Dispo-Blätter eintrugen, sondern direkt in die Rechenanlage eingaben; außerdem erfolgte bei der Eingabe eine logische Fehlerkontrolle, die vorher erst nach Ausdruck der Formulare und Dokumente möglich war.[443] Vergleichbare Veränderungen in der Gegenwart müssen genauso behandelt werden. Auch die Einführung eines **Umweltmanagementsystems** kann unter Nr. 4 fallen, sofern sich im Einzelfall erhebliche Änderungen ergeben.[444] Dasselbe gilt für ein Qualitätssicherungssystem wie die Zertifizierung nach **DIN ISO 9000**[445] sowie für ein Vorgehen nach dem Konzept **»Balanced Scorecard«,** soweit sich erhebliche Veränderungen ergeben.[446] Erst recht gilt dies für »agiles Arbeiten«, dessen wichtigster Anwendungsfall »Scrum« ist.[447] Ähnlich wie bei der Einführung von Matrix-Strukturen liegt dabei immer eine Betriebsänderung vor, wenn es sich nicht nur um eine unbedeutende Randerscheinung handelt. Im Einzelfall kann je nach innerer Struktur und Ausgestaltung das Mitbestimmungsrecht nach § 87 Abs. 1 Nr. 13 gegeben sein.[448]

Soweit diese qualitative Betrachtung nicht weiterführt, wird darauf abgestellt, ob ein **erheblicher Teil der Belegschaft** von der Änderung betroffen ist.[449] Hierbei werden die Sätze des § 17 Abs. 1 KSchG als Richtschnur herangezogen.[450] Die **Einführung von Bildschirmgeräten** war dann eine grundlegende Änderung, wenn von ihr eine entsprechende Zahl von AN erfasst wird;[451] dasselbe gilt für Internetanschlüsse, sofern sie sich nicht als »Sprung in der Technik« darstellen.[452] Letzteres ist beim Einsatz von Robotern anzunehmen, insbesondere solcher, die mit künstlicher Intelligenz ausgestattet sind.[453] Ähnliches gilt – um ein weiteres Beispiel aus der Vergangenheit aufzugreifen – bei der Umstellung auf größere LKWs, die nur mit Führerschein Klasse II gefahren werden können.[454] Aktueller ist die Umstellung auf (teil-)autonomes Fahren. Betroffen ist nur, wer **möglicherweise** Nachteile in Kauf nehmen muss, eine Voraussetzung, die bei rein qualitativer Betrachtungsweise nicht zu prüfen ist.[455] 109

Die **informationstechnische Unternehmensverkettung**[456] ist bislang noch kaum unter dem Aspekt des § 111 Satz 3 Nr. 4 diskutiert worden. Die Tatsache, dass einzelne Betriebsfunktionen von dritter Seite ferngesteuert werden können, stellt eine Änderung der Betriebsorganisation wie der Betriebsanlagen dar.[457] Bei **Ankoppelung ganzer Betriebe an die Produktion eines** 110

439 *BAG* 26. 10. 82, AP Nr. 10 zu § 111 BetrVG 1972.
440 *BAG* 28. 4. 93 – 10 AZR 38/92, DB 94, 151.
441 *BAG* 17. 12. 85, AP Nr. 15 zu § 111 BetrVG 1972.
442 *Knorr*, Rn. 64.
443 *LAG Hamburg* 9. 1. 81, BetrR 81, 173 [176].
444 *Wagner*, AiB 96, 456.
445 *Wagner*, AiB 95, 622.
446 *Däubler*, AiB 01, 215 ff.; ähnlich *Schweibert*, in: Willemsen u. a , Rn. C 69 a. E.
447 Dazu *Günther/Böglmüller*, NZA 19, 273 ff.; *Spengler/Ettlinger*, AiB 4/19 S. 10 ff. Eingehende Beschreibung bei *Bachner*, FS 100 Jahre Betriebsverfassungsrecht, S. 18 f.
448 *ArbG Bonn* 6. 10. 21 – 3 BV 116/21, AiB 2/23 S. 36 mit Anm. *Mittländer*..
449 *Heither*, ZIP 85, 520.
450 *BAG* 26. 10. 82, AP Nr. 10 zu § 111 BetrVG 1972.
451 *Däubler*, DB 85, 2298.
452 *Däubler*, Digitalisierung, § 2 Rn. 68.
453 Näher *Däubler*, Digitalisierung, § 10 Rn. 4 ff. Ebenso zur künstlichen Intelligenz *Klebe*, SR 19, 128, 131.
454 *LAG Frankfurt* 26. 2. 82, AuR 83, 188.
455 Vgl. *BAG* 26. 10. 82, AP Nr. 10 zu § 111 BetrVG 1972.
456 Dazu *Däubler*, CR 88, 834 ff.
457 Zustimmend *Wellenhofer-Klein*, DB 97, 979; *Schweibert*, in: Willemsen u. a., Rn. C 69.

Hauptbetriebs[458] ist überdies zu erwägen, ob nicht auch ein »Zusammenschluss« nach Satz 3 Nr. 3 vorliegt. Am grundlegenden Charakter der Vorgänge, die langfristig die Grenzen des Betriebs zur Disposition stellen,[459] ist jedenfalls nicht zu zweifeln.

111 Wird die **Eigenfertigung** eines Vor- oder Teilprodukts **aufgegeben,** so liegt in der Regel schon eine Betriebseinschränkung vor, und zwar auch dann, wenn die Gegenstände nunmehr auf dem Markt gekauft oder von einer Drittfirma im Auftrage des Arbeitgebers auf dem Betriebsgelände hergestellt werden (o. Rn. 61). Zumindest ist der Betriebszweck betroffen.[460] Ein solches **Outsourcing,** das häufig mit der (meist nicht unter Nr. 1, aber evtl. unter Nr. 4 fallenden) Fremdvergabe von Hilfsfunktionen wie Reinigung und Essensversorgung **auf der Grundlage von Werkverträgen** beginnt, hat typischerweise Kostengründe; spezialisierte Fremdfirmen arbeiten billiger[461] und gehören oft auch Branchen an, die ein niedrigeres Tarifniveau aufweisen.[462] **Geändert** ist in vielen Fällen die **»Betriebsorganisation«,** weil zumindest die Schnittstellen zu den jetzigen Produzenten andere als im bisherigen einheitlichen Betrieb sind (s. auch Rn. 105).[463] Betroffen sind in der Regel auch die **»Betriebsanlagen«,** da die bisher genutzten eigenen Ressourcen außer Dienst gestellt oder veräußert werden. Im Einzelfall kann zudem der Betriebszweck betroffen sein, wenn auch das Endprodukt ein anderes wird. Die Entscheidung für die Fremdvergabe von Aufträgen und damit für die **Reduzierung der Fertigungstiefe** hat überdies nicht weniger **grundlegenden Charakter** als die Einführung des Spartenprinzips oder der Gruppenarbeit. Insoweit kommt es gar nicht darauf an, ob die »Relevanzschwelle« des § 17 KSchG erreicht ist.[464] Eine definitive höchstrichterliche Klärung ist noch nicht erfolgt. Im Übrigen ist zu beachten, dass das Outsourcing die Voraussetzungen eines **Teilbetriebsübergangs** erfüllen kann, wenn eine »wirtschaftliche Einheit«, insbes. die bestehende Organisation, auf den Erwerber übergeht.[465] Inwieweit das Eingreifen des § 613a BGB das Vorliegen einer Betriebsänderung oder auszugleichende Nachteile ausschließt, soll an späterer Stelle (Rn. 125 ff.) behandelt werden.

111a Eine neue Form von Fremdvergabe stellt das **Crowdsourcing** dar, das immer weitere Verbreitung finden kann.[466] Verschiedene bislang im Betrieb erledigte Aufgaben (z. B. Erarbeitung eines bestimmten Konzepts, sachkundige Beurteilung von Projekten und Finanzierungsvorschlägen, Korrektur von maschinellen Übersetzungen, Weiterentwicklung von Software) werden über das Internet einer unbestimmten Vielzahl von möglichen Interessenten angeboten. Dabei werden die Arbeiten in kleine und kleinste Teile zerlegt, um so auch eine Erledigung durch weniger qualifizierte Anbieter zu ermöglichen. Die Organisation kann **zusammenarbeitsorientiert** sein; die ausgesuchten Interessenten erhalten einen in das Gesamtkonzept passenden Auftrag. Möglich ist aber auch eine **wettbewerbsorientierte** Ausrichtung; alle werden zur Erstellung von Arbeitsprodukten aufgefordert, nur der »Beste« erhält die vorgesehene Vergütung, ggf. als Preisgeld bezeichnet. Das Crowdsourcing schafft ein hohes Maß an Flexibilität und kann Kosten sparen, doch können sich diese durch die notwendige »Zerlegung« der Arbeitsprozesse auch erhöhen. Außerdem ist denkbar, dass das UN an Know-how verliert.[467] Im Lichte des § 111 ergibt sich nicht nur eine Verlagerung aus dem Betrieb heraus, sondern auch eine Umgestaltung von der Eigenerledigung hin zur Vorbereitung der Fremderledigung durch Herstellung der notwendigen kleinteiligen Arbeitspakete. Durch letzteres sind die Voraussetzun-

---

458 S. den Beispielsfall Keiper-Recaro/Daimler-Benz bei *Däubler,* a. a. O.

459 Vgl. *Wagner,* AuR 90, 245 ff.

460 *Schweibert*, in: Willemsen u. a., Rn. C 70.

461 *Henssler*, NZA 94, 294.

462 *Kreuder*, AiB 94, 731. Zu aktuellen Entwicklungen s. *Karthaus/Klebe,* AuR 2012, 417 ff.

463 Vgl. *Kreuder,* AiB 94, 733.

464 Abweichend insbes. *Hunold,* S. 50 ff.; *Henssler,* NZA 94, 302 ff.

465 *EuGH* 11. 3. 97, DB 97, 628; *BAG* 13. 11. 97 – 8 AZR 295/95, DB 98, 316.

466 Erste Angaben bei *Benner,* CuA 4/14, 17 ff.; *Klebe/Neugebauer,* AuR 14, 4 und *Däubler,* NZA Heft 7/2014 Editorial. Aktueller *Däubler/Klebe* NZA 15, 1032; *Klebe* AuR 16, 277; *Krause,* 71. DJT, B 99 ff.; *Däubler*, SR 16 (Sonderheft) S. 3, 35; *Thüsing*, SR 16, 87.

467 Überblick bei *Leimeister/Zogaj,* Strukturwandel durch Crowdsourcing, Literaturstudie im Auftrag der Hans-Böckler-Stiftung, Düsseldorf 2013, abrufbar unter *www.boeckler.de*. Überblick über aktuelle Erscheinungsformen bei *Däubler*, Digitalisierung, § 18 Rn. 1 ff. und in: FIfF-Kommunikation 4/2016 S. 56 ff.; *Kocher/Hensel,* NZA 2016, 985.

gen von Nr. 4 und 5 erfüllt. Die Arbeitbedingungen der »Crowdsourcees« scheinen im Regelfall wenig attraktiv zu sein, doch sind sie nicht Gegenstand einer Kommentierung des § 111.[468]

11. Einführung grundlegend neuer Arbeitsmethoden und Fertigungsverfahren i. S. v. Satz 3 Nr. 5

Die Tatbestände von Satz 3 Nrn. 4 und 5 überschneiden sich stark. Während es bei Nr. 4 primär um die Arbeitsmittel, d. h. um den Einsatz von Sachen, geht, steht **bei Nr. 5 im Vordergrund, wie die menschliche Arbeitskraft zur Erledigung bestimmter Aufgaben eingesetzt wird.**[469] **In aller Regel werden die Voraussetzungen beider Bestimmungen erfüllt** (oder nicht erfüllt) **sein,** da identische Arbeitsinhalte bei veränderten Arbeitsmitteln ebenso selten sein werden wie grundlegend neue Arbeitsmethoden unter unveränderten äußeren Bedingungen.[470] Das *BAG* hat in zwei vom Sachverhalt her durchaus vergleichbaren Fällen einmal auf Nr. 4,[471] das andere Mal auf Nr. 5 zurückgegriffen,[472] ohne irgendeine Präferenz erkennen zu lassen: In beiden Fällen ging es u. a. darum, dass vorher auf Listen oder in anderer Weise manuell festgehaltene Daten direkt in den Computer eingegeben wurden.[473] Angesichts der identischen Rechtsfolgen ist dieser Zustand nicht weiter bedenklich. Vergleichbare Überschneidungen ergeben sich im Übrigen auch innerhalb der Nr. 5, wo »Arbeitsmethoden« und »Fertigungsverfahren« sich häufig nicht trennen lassen.[474] 112

Veränderte Arbeitsmethoden setzen voraus, dass nicht nur eine Analyse erfolgt und folgenlose Verbesserungsvorschläge gemacht werden, sondern dass sich an den Abläufen effektiv wesentliche Änderungen ergeben.[475] Diese liegen beispielsweise vor beim Übergang zum **Ein-Personen-Betrieb in Omnibussen und Straßenbahnen,**[476] zur **Selbstbedienung in Einzelhandelsgeschäften** bis hin zu Selbstbedienungskassen[477] sowie zur **Gruppenarbeit** in Bereichen, wo vorher allein gearbeitet wurde.[478] In diesen Rahmen gehört auch der Übergang von Sekretariaten zu einem »Assistenzpool«.[479] Auch die systematische Beschäftigung von **Teilzeitkräften mit flexibler Arbeitszeit** fällt unter Nr. 5,[480] ebenso die Besetzung zahlreicher Arbeitsplätze mit **Leiharbeitnehmern** statt mit Stammbeschäftigten. Dasselbe gilt, wenn **bisher** von **Leiharbeitnehmern** abgedeckte Bereiche an **Drittunternehmen** vergeben werden, die mit ihren Leuten auf der Grundlage eines **Werkvertrags** dieselben Aufgaben erfüllen.[481] Die größte praktische Bedeutung hatte der **Übergang zu EDV-Anlagen,** insbes. zum Einsatz von PCs.[482] Als relativ einfaches Beispiel mag der **Übergang** von der elektrischen Schreibmaschine **zum PC** stehen; aktueller war die gleichfalls unter Nr. 5 fallende innerbetriebliche oder betriebsüber- 113

---

468 Dazu eingehend *Klebe/Neugebauer,* AuR 14, 4 und zu möglicher Gegenwehr *Benner* CuA 4/14, 18 ff.; *Benner* (Hrsg.), Crowdwork – zurück in die Zukunft? Perspektiven digitaler Arbeit, 2015. Zu ähnlichen Überlegungen unter dem Stichwort des virtuellen Unternehmers s. *Wolmerath,* FS Däubler 1999, S. 717 ff.

469 *Fitting,* Rn. 93; HWGNRH-*Hess,* Rn. 237; *Klinkhammer,* AuR 83, 329; Richardi/*Annuß,* Rn. 119. Ähnlich *LAG Schleswig-Holstein* 22. 1. 14 – 3 TaBV 38/13, juris und BB 14, 883 (Ls.). *BAG* 22. 3. 16 – 1 ABR 12/14, NZA 16, 894 Tz 19: Modell des Ablaufs derjenigen Arbeit, die zur Erfüllung der gestellten Aufgabe geleistet werden muss.

470 Vgl. *Engel,* AuR 82, 85.

471 *BAG* 26. 10. 82, AP Nr. 10 zu § 111 BetrVG 1972.

472 *BAG* 6. 12. 83, AP Nr. 7 zu § 87 BetrVG 1972 Überwachung.

473 Kumulativ auf Nr. 4 und Nr. 5 stützte sich *LAG Schleswig-Holstein* 22. 1. 14 – 3 TaBV 38/13, juris und BB 14, 883.

474 HWGNRH-*Hess,* Rn. 245. Zu beiden Begriffen s. *BAG* 22. 3. 16 – 1 ABR 12/14, NZA 16, 894 Tz. 19 und 20.

475 Vgl. *BAG* 9. 12. 15 – 4 AZR 684/12, NZA 16, 894 Tz. 26.

476 *Rumpff/Boewer,* S. 305.

477 *LAG Niedersachsen* 5. 5. 09 – 1 TaBV 28/09, NZA-RR 09, 531.

478 *Stoffels/Lemke,* Betriebsverfassungsrecht, § 17 Rn 77.

479 ErfK-*Kania,* § 111 Rn. 17.

480 A. A. MünchArbR-*Matthes,* 2. Aufl., § 268 Rn. 47.

481 Näher *Karthaus/Klebe,* NZA 12, 417 ff.

482 Vgl. außer den genannten *BAG*-Entscheidungen noch *LAG Hamburg,* BetrR 81, 192.

greifende **Vernetzung.** In der Gegenwart ist die Einführung von »agilem Arbeiten«[483] und von **Matrix-Strukturen**[484] von besonderer Bedeutung. Dasselbe gilt für die Fälle, in denen ein die Sätze des § 17 KSchG erreichender Teil der Belegschaft überwiegend im **Homeoffice** arbeitet.[485] Auch das damit häufig verbundene **»Desk Sharing«** ändert grundlegend die Arbeitsformen;[486] es kommt insbesondere dann vor, wenn aufgrund verbreiteter Arbeit zu Hause Büroarbeitsplätze eingespart werden.[487] Auch die Fortsetzung der Arbeit in Co-Working-Spaces stellt eine neue Arbeitsmethode dar,[488] und dasselbe gilt, wenn in der Personalabteilung bei der Vorauswahl von Bewerbern **Algorithmen** eingesetzt werden. Denkbar ist, dass die Arbeit z. B. einer Reparaturkolonne von einem System mit **künstlicher Intelligenz** gesteuert wird – auch hier zweifelt niemand, dass es sich um eine neue Arbeitsmethode handelt.[489] Dasselbe gilt, wenn an einzelnen Arbeitsplätzen oder generell im Betrieb mit **ChatGPT**[490] gearbeitet wird. Eine Betriebsänderung liegt allerdings nur vor, wenn der Einsatz dieser neuen Form von KI vom **Arbeitgeber angeordnet oder zumindest geduldet** wird.[491] Eine heimliche Nutzung durch Arbeitnehmer, die sich eine Werbeschrift oder die Weihnachtsrede ihres Abteilungsleiters von **ChatGPT** entwerfen lassen, kann eine Pflichtverletzung darstellen[492] und ist betriebsverfassungsrechtlich ohne Bedeutung. Eine Betriebsänderung liegt weiter vor, wenn das **Englische statt des Deutschen** zur Arbeitssprache gemacht wird,[493] und sie kommt auch dann in Betracht wenn ein Vorprodukt nicht mehr in Eigenfertigung hergestellt wird.[494] Entscheidend ist immer, dass die Art und Weise des Einsatzes der Arbeitskraft verändert wird; dies kann (muss aber nicht) bei Einführung von Qualitätsmanagement der Fall sein.[495] Eine BV zu Total Quality Management ist abgedruckt bei *Cox*.[496]

114 Ob eine Arbeitsmethode oder ein Fertigungsverfahren **»grundlegend neu«** sind, richtet sich nach den Verhältnissen **im einzelnen Betrieb** oder in der betroffenen Betriebsabteilung;[497] auch wenn die Modernisierung offensichtlich durch die Verhältnisse in der Branche gefordert wird, liegt – anders als nach dem BetrVG 1952 – eine Betriebsänderung vor.[498] »Grundlegend« neu ist **als Gegensatz zu routinemäßigen Verbesserungen** zu verstehen.[499] Soweit eine solche qualitative Betrachtung zu keinen eindeutigen Ergebnissen führt, ist darauf abzustellen, ob durch die neue Arbeitsmethode oder das neue Fertigungsverfahren eine erhebliche Zahl von

---

483 *Günther/Böglmüller*, NZA 19, 273 ff.; *Spengler/Ettlinger*, AiB 4/19 S. 10 ff.; *Bachner*, FS 100 Jahre Betriebsverfassungsrecht, S. 18 ff.
484 *Bachner*, NZA 19, 134, 140. Ebenso Kramer/*Fuhlrott*, Teil C Rn. 131 mit der berechtigten Einschränkung, dass sich nicht nur das Berichtswesen ändern darf.
485 Kramer/*Fuhlrott*, Teil C Rn. 126.
486 *ArbG Frankfurt/M.* 8. 1. 03 – 2 BVGa 587/02, AiB 03, 697; ErfK-*Kania*, § 111 BetrVG Rn. 17; *Günther/Böglmüller*, NZA 19, 417, 423; einschränkend *Schönhöft/Einfeldt*, NZA 22, 92, 95.
487 *Schönhöft/Einfeldt* (NZA 22, 92 ff.) betrachten in eher praxisferner Weise das Desk Sharing isoliert, d. h. ohne die gleichzeitige Einrichtung von Homeoffice-Arbeitsplätzen; konsequenterweise nehmen sie dann nur ganz ausnahmsweise eine Betriebsänderung an.
488 Kramer/*Fuhlrott, Teil C Rn. 129*..
489 Zur rechtlichen Unverbindlichkeit der vom »System« erteilten Weisungen s. *Däubler,* Digitalisierung und Arbeitsrecht, § 9 Rn. 46 ff. Eingehend *Knitter*, Digitale Weisungen. Arbeitgeberentscheidungen auf Grundlage algorithmischer Berechnungen, Berlin 2022. Zur künstlichen Intelligenz *Klebe,* SR 19, 128 ff. Fragen und Regelungspunkte bei *Ruchhöft*, AiB Extra 2022, 48.
490 GPT = Generative Pre-trained Transformer.
491 Ebenso für den Fall der Anordnung *Witteler*, ZD 23, 381, der allerdings weitere Voraussetzungen aufstellt, die sich nicht auf die Rspr. zurückführen lassen.
492 Näher *Mohn* NZA 23, 538 ff.
493 Nr. 5 bleibt unerwähnt bei *Vogt/Oltmanns*, NZA 14, 181, 186. Zu den sehr beschränkten Kündigungsmöglichkeiten des AG in diesem Fall s. *LAG Köln* 14. 3. 19 – 6 Sa 489/18, LAGE § 1 KSchG Betriebsbedingte Kündigung Nr. 105 = DB 19, 1911 mit zust. Anm. *Hagedorn*.
494 *BAG* 7. 8. 90 – 1 AZR 445/89, NZA 91, 115.
495 *Wagner*, AiB 95, 623; *Dreißiger*, AiB 12/14, 18; sehr restriktiv *Schmidt-Dobberahn*, NZA 95, 1017.
496 AiB 96, 708.
497 GK-*Oetker*, Rn. 177; vgl. auch HWGNRH-*Hess*, Rn. 238.
498 *Fitting*, Rn. 96; *GL*, Rn. 34; Richardi/*Annuß*, Rn. 123.
499 *Fitting*, Rn. 96; *Knorr*, Rn. 73; Richardi/*Annuß*, Rn. 123.

AN betroffen ist.[500] Die **Sätze des § 17 Abs. 1 KSchG** bzw. die für Kleinbetriebe geltenden Grundsätze sind **als Richtschnur** heranzuziehen (dazu oben Rn. 70 f.). Wird eine **neue »Arbeitssprache«** eingeführt, ist zumindest bei quantitativer Betrachtung die Nr. 5 erfüllt; dasselbe gilt, wenn eine entsprechende Zahl von Arbeitsplätzen mit **Leiharbeitnehmern** besetzt werden soll. Werden im Betrieb zwei verschiedene Arten von Arbeiten ausgeführt und ändert sich das Zahlenverhältnis zwischen ihnen, so sind damit die Voraussetzungen der Nr. 5 noch nicht erfüllt.[501]

12. Der Auffangtatbestand des Satzes 1

Liegt keine Betriebsänderung i. S. d. Katalogs von Satz 3 Nrn. 1–5 vor, kann gleichwohl die **Generalklausel des Satzes 1** eingreifen. Wie oben (Rn. 43 ff.) im Einzelnen ausgeführt, wird Satz 1 durch Satz 3 nicht verdrängt. 115

a) Inhalt

Satz 1 setzt zunächst eine Unternehmermaßnahme in dem Sinne voraus, dass die **bisherige Funktionsweise des Betriebs** in ungewöhnlicher, nicht routinemäßiger Weise **geändert** wird.[502] Maßnahmen der laufenden Geschäftsführung sind nicht erfasst. Inhaltlich wird eine solche Maßnahme durch zwei Dinge charakterisiert. 116

Zum einen muss sie **»wesentliche Nachteile«** für die Belegschaft oder erhebliche Teile der Belegschaft **zur Folge haben können.** Dabei reicht eine nicht ganz fern liegende Gefahr; dass die Nachteile mit Sicherheit eintreten, wird nicht vorausgesetzt. Die »wesentlichen **Nachteile«** können einmal **materieller Art** sein. Dazu zählt etwa der **Verlust des Arbeitsplatzes,** aber auch ein **geringerer Verdienst** auf Grund einer Versetzung.[503] Weiter wird auch der Fall erfasst, dass einzelne Beschäftigte nur noch **Teilzeit** (oder Teilzeit mit geringerem Stundendeputat) arbeiten können und so **weniger verdienen.**[504] Die **Nachteile** können jedoch auch **immaterieller Art** sein und in Leistungsverdichtung,[505] Qualifikationsverlusten, psychischer Belastung durch zusätzliche Kontrolle oder schlechterem Betriebsklima bestehen.[506] Auch die durch den **Einsatz von Leiharbeitnehmern** geschaffenen **Friktionen** (Weitergabe von Informationen, Schwierigkeiten bei der Kooperation wegen mangelnder Vertrautheit mit den betrieblichen Gegebenheiten, höhere Unfallgefahr durch Fehlverhalten) gehören hierher, sofern man nicht sowieso Nr. 5 anwenden kann (o. Rn. 113). Die **Einbeziehung immaterieller Nachteile** rechtfertigt sich mit einem Gegenschluss aus § 112 Abs. 1 Satz 2, der ausdrücklich von »wirtschaftlichen Nachteilen« spricht. Außerdem kann auf die Rspr. zu § 113 verwiesen werden; sie bemisst die Abfindung, die ein AN bei nicht versuchtem Interessenausgleich analog § 10 KSchG erhält, auch nach den immateriellen Einbußen, die der Verlust des Arbeitsplatzes mit sich bringt.[507] Die genannten Nachteile sind ausnahmsweise »unwesentlich«, wenn sie nach einer gewissen Einarbeitungszeit wieder verschwinden.[508] 117

Die geschilderten Nachteile müssen zum Zweiten möglicherweise **die gesamte Belegschaft oder erhebliche Teile der Belegschaft** betreffen. Rspr. und Literatur wenden auch hier die 118

---

500 *BAG* 7.8.90 – 1 AZR 445/89, NZA 91, 115. Für Vorrang der qualitativen Betrachtung auch *BAG* 22.3.16 – 1 ABR 12/14, NZA 16, 894 Tz. 21.
501 *ArbG Hamburg* 25.4.13 – 27 BVGa 2/13, juris.
502 *Teichmüller*, Betriebsänderung, S. 49.
503 GK-*Oetker*, Rn. 185.
504 *LAG Baden-Württemberg* 16.6.87, LAGE § 111 BetrVG 1972 Nr. 6; anders bei einer freiwilligen Arbeitszeitreduzierung um 6,5 %, die zugleich eine Rückkehr zu einem früher bestehenden Zustand bedeutete, *LAG Niedersachsen* 2.11.06 – 1 TaBV 83/06, NZA-RR 07, 134
505 Insoweit zu Unrecht a. A. *LAG Niedersachsen*, a. a. O.
506 ErfK-*Kania*, Rn. 9; GK-*Oetker*, Rn. 186; *Teichmüller*, Betriebsänderung, S. 51; *Vogt*, Sozialpläne, S. 42; *WW*, Rn. 2; *Wenning-Morgenthaler*, Rn 1035; *Ehrich/Fröhlich*, Rn 21; *Friedemann*, Rn. 15; *Hauck*, FS Richardi, S. 546.
507 *BAG* 29.2.72, AP Nr. 9 zu § 72 BetrVG (1952); *BAG* 9.7.85, AP Nr. 13 zu § 113 BetrVG 1972: Verlust der sozialen Beziehungen innerhalb des bisherigen Betriebs.
508 Zustimmend *Fitting*, Rn. 37; vgl. auch GK-*Oetker*, Rn. 187.

Sätze des § 17 Abs. 1 KSchG als Richtschnur an;[509] bei Kleinbetrieben gelten andere Grundsätze (o. Rn. 72). Zu beachten ist, dass es allein darum geht, von »wesentlichen Nachteilen« potentiell betroffen zu sein; bestehen diese ausschließlich in Entlassungen, läge ggf. eine Betriebseinschränkung i. S. d. Satzes 3 Nr. 1 vor (dazu o. Rn. 68 ff.).

b) Anwendungsfälle

119 Lange Zeit wurde die These vertreten, es seien angesichts des umfassenden Katalogs des (damaligen) Satzes 2 **kaum Fälle denkbar,** in denen auf Satz 1 zurückgegriffen werden müsse.[510] Dies wurde sogar als Argument dafür verwandt, Satz 3 müsse abschließende Bedeutung haben.[511] Mittlerweile hat sich diese **Situation erheblich geändert.**

120 Satz 1 kann einmal dann eingreifen, wenn **ein nicht wesentlicher Betriebsteil eingeschränkt** wird, dies jedoch über den unmittelbar betroffenen Bereich hinauswirkt und **auch anderen Beschäftigten Nachteile** bringt.[512] In diesem Falle könnte Satz 3 Nr. 1 nicht eingreifen; auch Nr. 4 und Nr. 5 werden in aller Regel ausscheiden. Das *BAG* hat eine solche Möglichkeit im Rahmen einer Eventualerwägung selbst zugestanden: Sieht man in der Reinigungsabteilung eines Druckereibetriebes keinen wesentlichen Betriebsteil, so wäre seine Schließung eine Betriebsänderung im Sinne des Satzes 1, wenn die Putzarbeiten nicht (wie im konkreten Fall) von einer **Fremdfirma,** sondern von den übrigen Beschäftigten selbst erledigt werden müssten.[513]

121 Eine Betriebsänderung nach Satz 1 kann weiter dann vorliegen, wenn die sächlichen Betriebsmittel unverändert bleiben, jedoch Personal in der Weise »abgebaut« wird, dass die **Beschäftigten insgesamt weniger Stunden** zu arbeiten haben. Dies könnte eine Betriebseinschränkung nach Satz 3 Nr. 1 sein, doch setzt sie voraus, dass die Leistungserbringung des Betriebs insgesamt zurückgehen soll. Ist der Fall aber so gelagert, dass in weniger Stunden **die gleiche Arbeitsleistung wie bisher** erbracht werden soll, lässt sich kaum von einer Betriebseinschränkung sprechen. Mit Recht hat daher das *LAG Baden-Württemberg*[514] in einem solchen Fall eine Betriebsänderung nach Satz 1 bejaht, da erhebliche Teile der Belegschaft i. S. d. § 17 KSchG betroffen waren und an den wesentlichen Nachteilen gleichfalls keinerlei Zweifel bestand.[515] In der Logik dieser Entscheidung liegt es, auch einen **Einstellungsstopp** als Betriebsänderung i. S. d. Satzes 1 zu qualifizieren: Soll der Betrieb dieselbe Leistung wie bisher erbringen, geht es gleichfalls darum, dass in geringerer Gesamtarbeitszeit dasselbe Maß an Arbeit wie vorher erbracht werden soll.[516] Die Rechtsprechung hat sich bisher im Wesentlichen damit begnügt, die Nichtwiederbesetzung frei gewordener Stellen aus der »Betriebsänderung durch Personalabbau« nach Satz 2 Nr. 1 auszuklammern.[517] Einer Fortentwicklung stehen daher keine Hindernisse entgegen.

122 Weiter könnte man überlegen, in Einzelfällen auch die **Erweiterung eines Betriebes** unter Satz 1 zu subsumieren, sofern dadurch die Arbeitsbelastung erheblich wächst. Dies kommt insbes. bei Dienstleistungsunternehmen in Betracht. Eine notwendigerweise über die laufende Geschäftsführung hinausgehende Betriebsänderung würde allerdings voraussetzen, dass in der Entwicklung des Betriebes bestimmte »Sprünge« erfolgen, dass beispielsweise ein neuer Markt erschlossen wird, ohne zusätzliches Personal zu rekrutieren. Manchmal wird dann eine

509 *LAG Baden-Württemberg* 16. 6. 87, LAGE § 111 BetrVG 1972 Nr. 6; *Fitting,* Rn. 38; GK-*Oetker,* Rn. 187.
510 *Fitting,* Rn. 36. Ähnlich noch heute *Bachner,* AiB 11/16, 15.
511 Vgl. *Zöllner/Loritz,* 5. Aufl., § 49 II 1d; offener *Zöllner/Loritz/Hergenröder* § 51 II 1c.
512 So für den Fall der Ausgliederung *B. Gaul,* DB 95, 2267. Wie hier HK-ArbR-*M. Schubert,* §§ 111–113 BetrVG Rn 15 (mit weiteren Anwendungsfällen). Nach *Stoffels/Lembke* (Betriebsverfassungsrecht, § 17 Rn. 51) hat das Problem des abschließenden Charakters von § 111 Satz 3 keine praktische Bedeutung. Derlei Fehler passieren, wenn man bestimmte Teile der Literatur nicht zur Kenntnis nimmt.
513 *BAG* 6. 12. 88, AP Nr. 26 zu § 111 BetrVG 1972 Bl. 3.
514 16. 6. 87, LAGE § 111 BetrVG 1972 Nr. 6.
515 Zustimmend *Etzel,* Rn. 974; HK-ArbR-*M. Schubert,* §§ 111–113 Rn 15.
516 Zustimmend HK-ArbR-*M. Schubert,* §§ 111–113 Rn 15.
517 *BAG* 2. 8. 83, AP Nr. 12 zu § 111 BetrVG 1972; ebenso *Bobke,* S. 364; anders jedoch GK-*Fabricius,* 6. Aufl., Rn. 229.

Änderung der Betriebsorganisation i. S. v. Satz 3 Nr. 4 oder die Einführung grundlegend neuer Arbeitsmethoden i. S. v. Satz 3 Nr. 5 vorliegen, doch ist dies keineswegs immer der Fall.

Eine »sonstige Betriebsänderung« liegt weiter dann vor, wenn die **Betriebsmittel** einer ausgegründeten Tochtergesellschaft **übertragen** und die **Beschäftigten** dieser **befristet zur Verfügung gestellt** werden: Auch wenn sich an der Existenz des Betriebes und den äußerlichen Arbeitsabläufen zunächst nichts ändert, ergibt sich doch der gravierende Nachteil, sich in absehbarer Zeit versetzen lassen zu müssen, sowie in Einzelfällen auch das Risiko, bei der Muttergesellschaft nicht weiterbeschäftigt zu werden.[518] 123

Schließlich wird mit Recht der Standpunkt vertreten, dass § 111 Satz 1 auch dann eingreifen müsse, wenn durch einen **Betriebsübergang** ein vermögender durch einen weithin vermögenslosen AG ersetzt wird (dazu sogleich Rn. 125). 124

13. Betriebsübergang als Betriebsänderung?

Nach ständiger Rspr. des *BAG*[519] und nach herrschender Lehre[520] stellt ein **Betriebsübergang** nach § 613a BGB[521] **keine Betriebsänderung** dar.[522] § 613a habe eine die AN schützende Sonderregelung getroffen; überdies wirke sich die rechtliche Zuordnung der Betriebsmittel nicht auf den Betrieb als arbeitstechnische Einheit aus. Damit käme nur noch eine freiwillige Abmachung nach § 88 BetrVG in Betracht (§§ 112, 112a Rn. 48). Anderes gilt nur, wenn wie bei einer **reinen Funktionsnachfolge** und bei einem **Erwerb von** bloßen **Anteilsrechten** die Voraussetzungen des § 613a BGB nicht erfüllt sind.[523] Bei der Funktionsnachfolge liegt eine (partielle) Stilllegung vor (oben Rn 49), beim Anteilserwerb kommt es allein darauf an, ob der neue Eigentümer eine Betriebsänderung plant. Die **Ausklammerung** der Fälle des § 613a BGB **aus den §§ 111 ff. kann nicht überzeugen:** Ist der neue AG etwa eine Produktionsgesellschaft ohne (wesentliches) eigenes Vermögen, steht den AN eine sehr viel geringere Haftungsmasse zur Verfügung. Soweit nicht nach konzernrechtlichen Grundsätzen oder nach der sog. Durchgriffslehre (dazu §§ 112, 112a Rn. 187 ff.) andere Personen oder Gesellschaften einstehen müssen, hat dies insbes. beim Sozialplan verheerende Konsequenzen. Über den Ausgleich dieses Nachteils sollte der BR mit dem AG verhandeln können. Dass hier keine »greifbaren Änderungen der betrieblichen Arbeitsorganisation« vorliegen,[524] ist ohne Bedeutung, da es ein solches Tatbestandsmerkmal in § 111 Satz 1 nicht gibt; auch der Inhaberwechsel stellt eine (höchst bedeutsame) »Betriebsänderung« dar. **Überdies hat § 613a BGB nicht den Sinn, den durch andere Vorschriften gewährten AN-Schutz irgendwie einzuschränken.**[525] Dies ist von *Matthes*[526] für den Fall anerkannt worden, dass der Betriebsübergang erst nachträglich zustande kommt, weil der neue AG freiwillig einen nach Zahl und Sachkunde erheblichen Teil der Belegschaft seines Vorgängers übernimmt. Wertungsmäßig besteht jedoch kein Unterschied zu den anderen Fällen. Der Betriebsübergang ist daher als Betriebsänderung zu qualifizieren.[527] Erst recht waren die §§ 111 ff. anwendbar, wenn ein Betriebsübergang im **Gesamtvollstreckungs-** 125

518 *Rüthers/Bakker* ZfA 90, 331 ff. in Bezug auf die Umstrukturierung innerhalb des Lufthansa-Konzerns.
519 24.7.79, DB 80, 164 mit Anm. *Gutbrod;* 4.12.79, 17.2.81 und 17.3.87, AP Nrn. 6, 9 und 18 zu § 111 BetrVG 1972; zuletzt *BAG* 10.12.96 – 1 ABR 32/96, DB 97, 1416 und *BAG* 19.1.99 – 1 AZR 342/98, NZA 99, 949.
520 *Fitting*, Rn. 40; HWGNRH-*Hess*, Rn. 169; *Neef*, NZA 94, 97; Richardi/*Annuß*, Rn. 124; *Rumpff/Boewer*, S. 292; a. A. GK-*Fabricius*, 6. Aufl., Rn. 296.
521 Zum Begriff s. zuletzt *BAG* 27.2.20 – 8 AZR 215/19, NZA 20, 1303 ff.
522 Die herrschende Sicht zusammenfassend *Moll*, RdA 03, 129 ff.; *Hauck*, FS Richardi, S. 544.
523 *BAG* 16.5.07 – 8 AZR 693/05, NZA 07, 1296 (Funktionsnachfolge); *BAG* 23.3.17 – 8 AZR 91/15, NZA 17, 981(Anteilserwerb).
524 So ErfK-*Kania*, Rn. 12.
525 Zustimmend *Wenning-Morgenthaler*, Rn 1042.
526 NZA 00, 1077.
527 Ebenso die später vom *BAG* aufgehobene Entscheidung *LAG Baden-Württemberg* 11.10.78, DB 79, 114; GK-*Fabricius*, 6. Aufl., Rn. 267; *Kittner*, Anm. zu BAG AP Nr. 9 zu § 111 BetrVG 1972; *Teichmüller*, Betriebsänderung, S. 54 ff.; in ähnliche Richtung *B. Gaul*, DB 95, 2267; *Gamillscheg*, Kollektives Arbeitsrecht II S. 1115; *Herschel*, AuR 81, 388; *Säcker* in Birk/Igl/Zacher, S. 145.

verfahren nach dem Recht der neuen Bundesländer erfolgte, wo § 613a BGB nach Art. 232 § 5 Abs. 2 EGBGB bis 31. 12. 1998 suspendiert war.[528]

126 Die **Ausklammerung des Betriebsübergangs** aus den §§ 111 ff. begegnet auch **unionsrechtlichen Bedenken.**[529] Art. 4 Abs. 2 Buchst. c der **Richtlinie 2002/14/EG** (Text unten Anhang C) verlangt Unterrichtung und Anhörung auch in Bezug auf solche Entscheidungen, die »wesentliche Veränderungen der Arbeitsverträge« mit sich bringen können. Diese Voraussetzung ist im Falle des Betriebsübergangs erfüllt; die Ersetzung eines Vertragspartners durch einen andern stellt eine der am weitesten gehenden Formen der Umgestaltung von vertraglichen Beziehungen dar.[530] Nach Art. 4 Abs. 4 Buchst. e der Richtlinie muss der Meinungsaustausch in diesem Fall »mit dem Ziel« erfolgen, »eine Vereinbarung zu erreichen«.[531] Dieser Vorgabe wird nur das Verfahren nach §§ 111 ff. gerecht: Der Wirtschaftsausschuss kann keine Vereinbarungen schließen, die Information nach § 80 Abs. 2 ist nicht auf einen Beratungsprozess angelegt, § 90 ist von seinen Voraussetzungen her nicht einschlägig, da »Arbeitsplatz, Arbeitsablauf und Arbeitsumgebung« nicht unmittelbar betroffen sind.[532] Ein **richtlinienkonformer Zustand** ist daher nur in der Weise herstellbar, dass **vor der Entscheidung über die Betriebsveräußerung** der **BR** mit dem Ziel einzuschalten ist, eine Verständigung zu erreichen, die nach deutschem Recht die Form eines **Interessenausgleichs** annehmen kann.[533] Eine Pflicht zum Abschluss eines Interessenausgleichs oder gar eines Sozialplans wird dadurch aber nicht begründet. Auch die **Betriebsübergangsrichtlinie 2001/23/EG**[534] verlangt eine entsprechende Einbeziehung des Betriebsrats: Die in ihrem Art. 7 Abs. 1 vorgesehene Information und **Konsultation** der AN-Vertretung lässt zwar nach Art. 7 Abs. 3 eine Ausnahme zu, doch hat die Bundesrepublik die dort vorgesehenen Voraussetzungen nicht erfüllt,[535] so dass es bei der Regel bleibt. Wird dem nicht ausreichend Rechnung getragen, greift der **Nachteilsausgleich** nach § 113 ein,[536] wobei eine volle Verrechnung mit Sozialplanleistungen ausscheidet, da dies keine den EG-Richtlinien entsprechende Sanktion darstellen würde (unten §§ 112, 112a Rn. 125).

127 Die Rspr. des *BAG* schließt es nicht aus, dass **anlässlich eines Betriebsübergangs eine Betriebsänderung** erfolgt.[537] So ist etwa denkbar, dass ein Betriebsteil veräußert und der Restbetrieb stillgelegt wird.[538] Weiter ist es möglich, dass der Veräußerer oder der Erwerber grundsätzlich neue Arbeitsmethoden einführen will oder dass der eine oder andere einen Personalabbau durchführt, der die Grenzen des § 17 KSchG überschreitet und deshalb eine Betriebsänderung nach Satz 3 Nr. 1 darstellt (dazu o. Rn. 68 ff.). Zulässig ist nach der Rspr. des *BAG*[539] auch ein Personalabbau entsprechend den beabsichtigten unternehmerischen Dispositionen des Erwerbers.[540] Weiter könnte man sich vorstellen, dass der Erwerber den Betrieb verlegt oder mit einem eigenen Betrieb zusammenschließt. In diesen Fällen hat der BR das Recht, von dem die Betriebsänderung planenden Unternehmer unterrichtet zu werden.[541] Wird ein Betrieb nur deshalb **verpachtet, damit ihn der Pächter stilllegt,** so ist »Urheber« der Betriebsänderung weiter der Veräußerer; an ihn kann sich der BR halten.[542] **Planen Veräußerer und Erwerber gemeinsam** z. B. einen Personalabbau in den Größenordnungen des § 17 KSchG, so sind sie

528 *Hanau*, in: Hommelhoff, S. 106.
529 Zustimmend HK-ArbR-*M. Schubert*, §§ 111–113 BetrVG Rn 17.
530 *Karthaus*, AuR 07, 116.
531 Übersehen bei *v. Olenhusen/Puff* NZA-RR 09, 345 ff.
532 *Karthaus*, AuR 07, 117; a. A. *Fitting* Rn 50.
533 *Karthaus* AuR 07, 117; wie hier tendenziell auch *Reichold* NZA 03, 289, 298.
534 ABlEG Nr. L 82/16.
535 Einzelheiten bei *Riesenhuber*, RdA 04, 341 ff.
536 So grundsätzlich auch *Fitting*, 28. Aufl., Rn 50a a. E.
537 *BAG* 4. 12. 79, AP Nr. 6 zu § 111 BetrVG 1972; *BAG* 19. 1. 99 – 1 AZR 342/98, NZA 99, 949; *BAG* 25. 1. 00 – 1 ABR 1/99, DB 00, 2329; ebenso HWGNRH-*Hess*, Rn. 169; *C. Meyer*, NZA 18, 900; *Neef*, NZA 94, 97; Richardi/*Annuß*, Rn. 128; *Wißmann*, NZA 03, 5.
538 Zu den Fragen der sozialen Auswahl, die sich hier ergeben. S *Fabritius/Smajgert*, NZA 21, 1155 ff.
539 20. 3. 03 – 8 AZR 97/02, AuR 03, 187 = NZA 03, 1027.
540 Zu diesem sog. **Erwerberkonzept** siehe *C. Meyer*, NZA 03, 244 ff.
541 Richardi/*Annuß*, Rn. 129.
542 *BAG* 17. 3. 87, AP Nr. 18 zu § 111 BetrVG 1972.

beide zu Verhandlungen über Interessenausgleich und Sozialplan verpflichtet.[543] Soweit es um die »Grenzwerte« des § 17 Abs. 1 KSchG bzw. des § 112a Abs. 1 geht, sind die von beiden vorgenommenen Entlassungen zusammenzurechnen.[544] Die für die Bemessung von Sozialplanleistungen wichtige »**wirtschaftliche Vertretbarkeit**« (§§ 112, 112a Rn. 150ff.) ist nach den Verhältnissen des solventeren Partners zu bestimmen. Auf den Zeitpunkt des Ausscheidens der einzelnen AN abzustellen,[545] würde zu Zufallsergebnissen führen und wäre unter Gleichheitsaspekten bedenklich. Interessenausgleich und Sozialplan können auch aufschiebend bedingt für den Fall abgeschlossen werden, dass der Betriebsübergang überhaupt zustande kommt[546] oder dass der Vorgang als Stilllegung und nicht als Betriebsübernahme zu qualifizieren ist.[547] Beim Zusammenschluss von Betrieben liegt auch im ggf. wegfallenden Schutz durch einen BR ein sozialplanrelevanter Nachteil.

Hat der **Veräußerer** bereits einen **Sozialplan abgeschlossen,** so wirkt dieser auch gegenüber dem Erwerber. Dieser haftet daher gegenüber all jenen AN für die Sozialplanleistungen, die erst nach dem Zeitpunkt des Betriebsübergangs ausscheiden.[548] **Laufen** im Zeitpunkt des Betriebsübergangs die **Verhandlungen** über Interessenausgleich und Sozialplan **noch,** so sind sie vom Erwerber fortzusetzen, der auch in die betriebsverfassungsrechtliche Position des Veräußerers einrückt.[549] Ein abgeschlossener Sozialplan verpflichtet nicht nur ihn, sondern **lässt** auch den **Veräußerer haften,** da er die Ursache für die Betriebsänderung gesetzt hat. Dies gilt sogar dann, wenn er die Betriebsänderung nicht selbst eingeleitet hat, jedoch den Betrieb in dem Bewusstsein veräußerte, der Erwerber werde eine bestimmte Betriebsänderung vornehmen.[550] Dasselbe gilt erst recht bei gemeinsamer Planung.[551] Anders verhält es sich nur, wenn allein der Erwerber die Entscheidung für eine Betriebsänderung trifft. Hat der Veräußerer eine Betriebsänderung vorgenommen, ohne den BR (ausreichend) einzuschalten, so haftet er nach § 113 auf Nachteilsausgleich; da die Ansprüche der betroffenen AN Teil ihres Arbeitsverhältnisses sind, hat sie nach § 613a Abs. 1 Satz 1 BGB auch der Erwerber zu erfüllen. Außerdem muss er nachträglich einen Sozialplan abschließen.[552] 128

Widersprechen einige **Beschäftigte dem** geplanten **Betriebsübergang** nach § 613a Abs. 6 BGB, so bleibt ihr Arbeitsverhältnis zum Veräußerer bestehen. Dieser wird ihnen aller Voraussicht nach betriebsbedingt kündigen. Die nach dem Widerspruch eintretende Trennung zwischen den Betriebsmitteln und einem (kleineren oder größeren) Teil der Belegschaft stellt sich aus deren Sicht als **Stilllegung** des Betriebs dar; ohne die bisherigen Arbeitsgeräte und die zum Erwerber übergegangenen Arbeitskollegen kann und soll ersichtlich nicht weitergearbeitet werden.[553] Der Betriebsübergang ist insoweit missglückt, § 613a BGB kann seine Schutzfunktion nicht erfüllen. Würde er von vorne herein nicht angewandt (wie vorübergehend in den neuen Bundesländern) und würden die Widersprechenden vom AG von der Übertragung des »Betriebs« ausgenommen, würde gleichfalls niemand daran zweifeln, dass dies auf eine Stilllegung des bisherigen Betriebs hinausläuft. Da die Voraussetzungen von Satz 3 Nr. 1 erfüllt sind, spielen die Richtwerte des § 17 Abs. 1 KSchG keine Rolle. Der BR handelt beim Abschluss von Interessenausgleich und Sozialplan im Rahmen eines Restmandats nach § 21b. Wurde ein (vorsorglicher) Sozialplan abgeschlossen, der sich auf den vom Arbeitgeber veranlassten »Personalabbau« bezog, so musste die Einbeziehung der Widersprechenden ausdrücklich vereinbart werden; andernfalls würden sie leer ausgehen.[554] 129

543 GL, Rn. 23e; *Schlichting,* AiB 07, 136; dahingestellt bei *BAG* 4.12.79, AP Nr. 6 zu § 111 BetrVG 1972 Bl. 2 R.
544 Zustimmend *B. Gaul,* DB 95, 2267.
545 So *Henssler,* NZA 94, 922.
546 *Henssler,* NZA 94, 922; *Neef,* NZA 94, 100.
547 *BAG* 1.4.98 – 10 ABR 17/97, DB 98, 1471.
548 *Knorr,* Rn. 99.
549 *Neef,* NZA 94, 99.
550 Vgl. *Neef,* NZA 94, 100.
551 *Schlichting,* AiB 07, 137.
552 *Neef,* NZA 94, 100.
553 Anders *Hidalgo/Kobler,* NZA 14, 290, 294.
554 So im Fall *BAG* 9.11.21 – 1 AZR 278/20, NZA 22, 646.

130 Wird nur ein **Betriebsteil veräußert,**[555] so lag nach der älteren Rspr. in Bezug auf diejenigen Beschäftigten, deren Arbeitsverhältnisse nach § 613a BGB auf den Erwerber übergehen, keine Betriebsänderung vor.[556] Anders verhielt es sich für **die im Restbetrieb Verbliebenen:** In der Regel war (und ist) eine Betriebseinschränkung nach Satz 3 Nr. 1 gegeben,[557] doch konnte auch eine grundlegende Änderung der Betriebsorganisation nach Satz 3 Nr. 4 vorliegen.[558] Seit 1994 hat sich überdies die Situation insofern gewandelt, als praktisch immer die Voraussetzungen der damals eingefügten Nr. 3 (»**Spaltung von Betrieben**«) erfüllt sind.[559] Bei den Verhandlungen über Interessenausgleich und Sozialplan sind deshalb auch die **Nachteile** zu erfassen, die **die auf den Erwerber übergehenden AN** erleiden.[560] Das *BAG*[561] hat Nr. 3 und Nr. 4 nebeneinander angewandt; auch an der schon früher bejahten Möglichkeit einer Betriebsänderung nach Nr. 1 hat sich nichts geändert.[562] Allerdings kann der Sozialplan nach *BAG*[563] diejenigen Nachteile nicht ausgleichen, die in der geringeren Haftungsmasse des Erwerbers sowie seiner evtl. Befreiung von der Sozialplanpflicht nach § 112a Abs. 2 liegen. **Widersprechen einige** der im veräußerten Betriebsteil tätigen AN **dem Übergang** ihrer Arbeitsverhältnisse, so sind für sie die Voraussetzungen des Satzes 3 Nr. 1 erfüllt, wenn es sich um einen »wesentlichen Betriebsteil« (o. Rn. 63 ff.) handelte.[564] Ist diese Voraussetzung nicht erfüllt, werden sie in aller Regel von einem Sozialplan erfasst, der wegen Betriebseinschränkung,[565] wegen Spaltung des Betriebs oder wegen grundlegender Änderung der Betriebsorganisation abgeschlossen werden muss. Der Widerspruch, der aus einem höchstpersönlichen Recht folgt, darf bei der Bemessung von Leistungen nicht zum Nachteil des Betroffenen ausschlagen (§ 612a BGB).[566] Zum Nachteilsausgleich bei unterbliebenen Verhandlungen s. § 113 Rn. 16 ff.

131 In der **Sozialplanpraxis der neuen Bundesländer** fand sich häufig der Fall, dass zumindest für einen Teil der Belegschaft an sich § 613a BGB anwendbar war, dass jedoch **arbeitsvertraglich schlechtere Arbeitsbedingungen,** insbes. ein Wegfall aller von der Dauer der Betriebszugehörigkeit abhängigen Rechte, vereinbart wurden und der Veräußerer Sozialplanabfindungen bezahlte. In diesen Fällen könnten sich zwar die AN dem Erwerber gegenüber auf § 613a BGB berufen, da das *BAG* den Abschluss von Aufhebungsverträgen bei anschließendem Neuabschluss mit dem Erwerber als Umgehungstatbestand wertet.[567] In der Praxis sehen die Betroffenen jedoch in aller Regel **keine Möglichkeit,** ihre **Rechte gegenüber dem Erwerber geltend zu machen.** De facto liegt daher ein wirtschaftlicher Nachteil vor, der im Sozialplan ausgeglichen werden kann; der Fall liegt ähnlich wie der einer rechtswidrigen Kündigung, bei der die Abfindung gleichfalls nicht mit dem Argument in Frage gestellt wird, der Gekündigte hätte sich ja gerichtlich zur Wehr setzen können. Den Betriebspartnern bzw. der ESt. steht es frei, die Zahlung der Abfindung von einer Abtretung der Ansprüche gegen den Erwerber abhängig zu machen – eine in der Praxis denkbar fern liegende (wenngleich zulässige) Kon-

---

555 Zum Begriff des Betriebsteils in der Rechtsprechung s. *BAG* 13. 10. 11 – 8 AZR 455/10, NZA 12, 504; *BAG* 10. 11. 11 – 8 AZR 546/10, NZA 12, 509.

556 Vgl. *BAG* 16. 6. 87, AP Nr. 19 zu § 111 BetrVG 1972.

557 Dafür *Etzel,* Rn. 985; *Heither,* ZIP 85, 514; *Rumpff/Boewer,* S. 283.

558 Richardi/*Annuß,* Rn. 133.

559 So *BAG* 10. 12. 96 – 1 ABR 32/96, NZA 97, 898; *LAG Bremen,* 21. 10. 04 – 3 Sa 77/01 AuR 05, 38 = NZA-RR 05, 140; *LAG Baden-Württemberg,* 4. 12. 03 – 10 TaBV 2/03 AuR 04, 118; ErfK-*Kania,* Rn. 12; *Hauck,* FS Richardi, S. 545; *Karthaus,* AuR 07, 115; *Kleinebrink/Commandeur,* NZA 07, 116.

560 *LAG Bremen,* a. a. O.

561 25. 1. 00 – 1 ABR 1/99, DB 00, 2329.

562 *Wulff/Kahl,* AiB 07, 146.

563 10. 12. 96 – 1 ABR 32/96, NZA 97, 898.

564 *BAG* 19. 1. 99 – 1 AZR 342/98, NZA 99, 952.

565 Für diesen Fall erwogen auch von *BAG* 19. 1. 99 – 1 AZR 342/98, NZA 99, 952; eindeutig in diese Richtung *Karthaus,* AuR 07, 115.

566 Abweichend *BAG* 5. 2. 97 – 10 AZR 553/96 AuR 97, 119, das die Grundsätze über die Ablehnung eines zumutbaren Arbeitsplatzes entsprechend anwendet; ebenso *BAG* 12. 7. 07 – 2 AZR 448/05, NZA 08, 425; Bedenken dagegen andeutend *BAG* 15. 12. 98 – 1 AZR 332/98, DB 99, 1402; anders nunmehr *BAG* 31. 5. 07 – 2 AZR 276/06, NZA 08, 33, wonach der kündigungsschutzrechtliche Status trotz des Widerspruchs in vollem Umfang erhalten bleibt.

567 *BAG* 28. 4. 87, DB 88, 400.

struktion. Im Übrigen bedarf es hier keiner Entscheidung, ob sich der AN nach ausbezahlter Abfindung dem Erwerber gegenüber noch auf § 613a BGB berufen kann.

Zum Betriebsübergang auf einen Erwerber, der das Sozialplanprivileg des § 112a Abs. 2 besitzt, s. §§ 112, 112a Rn. 75. Die Rechtsverluste und faktischen **Schlechterstellungen,** die trotz der Anwendung des § 613a BGB in diesem Fall und in anderen eintreten,[568] können **durch einen TV ausgeglichen** werden. »Personalüberleitungsverträge«, die häufig genau dies zum Gegenstand haben, sind der Praxis wohl bekannt.[569] § 613a BGB gewährt einen Mindestschutz,[570] was mittelbar auch aus Art. 8 der Betriebsübergangsrichtlinie deutlich wird. Wenn ein solcher TV »Sozialtarif« genannt wird, ändert dies nichts an der rechtlichen Zulässigkeit.[571] Ob auch die **Outsourcing-Entscheidung als solche** zum Gegenstand eines TV und ggf. eines Arbeitskampfes gemacht werden kann, richtet sich nach den allgemeinen Grundsätzen über die tarifliche Regelbarkeit unternehmerischer Entscheidungen (o. Rn 17) Zur Erhaltung von Beteiligungsrechten, wenn durch Spaltung oder durch Veräußerung eines Betriebsteils bestimmte Grenzwerte unterschritten werden, s. *Trittin/Gilles.*[572] 132

Der mit Wirkung vom 1.4.2002 geschaffene **§ 613a Abs. 5 BGB** verpflichtet den AG zu **umfassender Information** der durch den Betriebsübergang betroffenen AN, wozu auch ein Hinweis auf etwaige Sozialplanansprüche gehört.[573] Damit ist den Vorgaben der Richtlinie 2001/23/EG Rechnung getragen.[574] Die Notwendigkeit, bestimmte Informationsrechte des BR richtlinienkonform auszulegen,[575] entfällt damit. 133

14. Sonderfälle

a) Betriebsausstrahlungen im Ausland

Betriebe des AG, die sich außerhalb der deutschen Grenzen befinden, fallen nach herrschender Auffassung wegen des sog. **Territorialitätsprinzips** nicht in den Anwendungsbereich des BetrVG (Einl. Rn. 245 ff. und § 1 Rn. 25). Insoweit geplante Betriebsänderungen können daher von einer deutschen Interessenvertretung nicht zum Gegenstand von Verhandlungen nach §§ 111, 112 gemacht werden. Davon zu unterscheiden ist jedoch der Fall, dass **eine kleinere oder größere Zahl von Beschäftigten vorübergehend im Ausland arbeitet** (z. B. Baustelle in Saudi-Arabien, Expertentätigkeit zur Erläuterung einer schlüsselfertig übergebenen Anlage in Brasilien). Nach der Lehre von der sog. **Ausstrahlung** zählen die in dieser Weise tätigen AN weiterhin zum inländischen Betrieb und werden daher vom inländischen Betriebsrat vertreten,[576] der insbes. vor einer Kündigung angehört werden muss.[577] Nach *BAG*[578] gilt dies auch bei einer **auf Dauer berechneten Entsendung,** sofern der AN den Umständen nach, insbes. wegen eines vereinbarten Rückrufrechts, weiterhin dem Inlandsbetrieb zuzurechnen ist. Die dadurch erfasste Personengruppe kann einen »erheblichen Teil der Belegschaft« i. S. d. § 17 Abs. 1 KSchG ausmachen. Da sich das Vertretungsmandat des BR auch auf sie erstreckt, ergeben sich keine Besonderheiten, wenn sie von einer geplanten Betriebsänderung betroffen sind: **Zieht sich der AG beispielsweise von einem ausländischen Markt zurück** und löst seine dortige Organisation vorzeitig auf, so liegt eine Betriebseinschränkung nach Satz 3 Nr. 1 vor.[579] Auch werden diese im Ausland Beschäftigten mitgerechnet, wenn es um einen Personalabbau 134

568 Dazu *Nutzenberger,* AiB 3/15, 40 ff.
569 *Däubler*, Arbeitsrecht 2, Rn 1428a.
570 *Däubler* ZTR 00, 241 ff.; *Trittin,* AuR 09, 119 ff.
571 Bedenken jedoch bei *Greiner* NZA 08, 1274.
572 RdA 11, 46 ff.
573 *BAG* 13.7.06 – 8 AZR 303/05, NZA 06, 1273.
574 *Gaul/Otto*, DB 02, 634 ff.
575 S. 8. Auflage.
576 Eingehend zur Abgrenzung dieses Personenkreises *Däubler,* Betriebsverfassung in globalisierter Wirtschaft, S. 33 ff.
577 *BAG* 30.4.87, DB 87, 1897.
578 7.12.89, DB 90, 992.
579 Ebenso HK-ArbR-*M. Schubert,* §§ 111–113 BetrVG Rn 18.

geht – und zwar sowohl bei der Betriebsgröße wie auch bei der Zahl der von einer Maßnahme betroffenen AN (dazu o. Rn. 68 ff.).

b) Zeitlich begrenzte Betriebe

135 Wird ein Betrieb von vornherein nur **für einen zeitlich begrenzten Zweck errichtet,** stellt das mit der Erreichung dieses Zwecks verbundene »Auslaufen« keine Betriebsänderung dar.[580] Dies gilt etwa für eine GmbH, die ausschließlich die Aufgabe hat, die dem Gemeinschuldner unter Eigentumsvorbehalt gelieferten Waren im Interesse aller Gläubiger zu verwerten,[581] oder für eine Gesellschaft, die eine von vornherein zeitlich befristete Krankenversorgung übernimmt, um eine aufgetretene Versorgungslücke zu schließen.[582] Um Missbräuche, insbes. eine Umgehung der §§ 111–113, zu vermeiden, muss die zeitliche Begrenzung schon bei der Errichtung des Betriebs festliegen, sich auf die **Natur der Tätigkeit** beziehen und außerdem **für alle erkennbar** sein: Das Risiko, bald wieder vom Markt verschwinden zu müssen, reicht selbstredend nicht aus.[583] Auch unterliegt eine **vorzeitige Beendigung** der Tätigkeit den allgemeinen Grundsätzen, löst also eine Pflicht des AG zur Unterrichtung und zu Verhandlungen über Interessenausgleich und Sozialplan aus.[584] Im Übrigen kennt § 111 auch sonst einen ungeschriebenen Vorbehalt zugunsten normaler betrieblicher Vorgänge: Die vorübergehende Schließung eines Nordseehotels in der kalten Jahreszeit stellt keine Betriebseinschränkung i. S. d. Satzes 3 Nr. 1, die Errichtung einer neuen Baustelle keine Verlegung i. S. d. Satzes 3 Nr. 2 dar.

IV. Wann ist eine Betriebsänderung »geplant«?

136 **Betriebsänderungen** pflegen sich **nicht spontan** einzustellen, sondern werden vom AG vorgenommen. Wie nicht zuletzt aus dem Wörtchen »geplant« deutlich wird, geht der Gesetzgeber davon aus, dass jeder Betriebsänderung eine unternehmerische Entscheidung zugrunde liegt.[585] Muss die betriebliche Tätigkeit wegen einer ordnungsbehördlichen Verfügung oder wegen Wegfalls einer gesetzlichen Voraussetzung eingestellt werden, liegt allein darin keine »geplante« Betriebsänderung.[586] Anders verhält es sich dann, wenn der UN die bestehende Organisation aufgrund der behördlichen Entscheidung ganz oder teilweise auflöst.

137 Die unternehmerische **Planung kann offen zutage liegen;** dem BR wird beispielsweise ein Konzept zur Stilllegung oder zur Änderung der Betriebsanlagen vorgelegt. Dabei kann sich die **Umsetzung des Geplanten in mehreren Etappen** vollziehen; beim Personalabbau wie bei der Einführung neuer Techniken wird dies sogar die Regel sein. Die durch eine solche »Gesamtplanung« verbundenen Einzelmaßnahmen sind als einheitliche Betriebsänderung zu werten, da letztlich der AG die »Abstraktionshöhe« seines Vorhabens bestimmt.[587] Dies gilt auch für ein umfassendes Vorhaben wie die »Anpassung an marktwirtschaftliche Verhältnisse« Anfang der 90er Jahre in den neuen Bundesländern. Genauso ist bei einem **Großprojekt** »Transformation Elektromobilität« und »Umstellung auf digitale Produktionsformen« zu verfahren. Die einzelnen Teilschritte werden oft Gegenstand von Verhandlungen über einen Teil-Interessenausgleich sein.[588] Da es häufig um einen Prozess gehen wird, der sich über zwei bis fünf Jahre erstrecken kann, wird es oft sinnvoll sein, für jede »Etappe« einen eigenen Sozialplan zu vereinbaren, da sich die Verhältnisse auf dem Arbeitsmarkt und auch sonstige sozialplanrelevante

580 *Fitting*, Rn. 57; Richardi-*Annuß*, Rn. 63; *Teichmüller*, Betriebsänderung, S. 49.
581 *LAG Hamm* 1.2.77, LAGE § 111 BetrVG 1972 Nr. 2.
582 *LAG München* 18.5.88, LAGE § 111 BetrVG 1972 Nr. 9.
583 Vgl. *LAG München* 18.5.88, LAGE § 111 BetrVG 1972 Nr. 9.
584 Ebenso *Teichmüller*, Betriebsänderung, S. 49; a. A. *LAG Hamm* 1.2.77, LAGE § 111 BetrVG 1972 Nr. 2.
585 *BAG* 6.6.78, AP Nr. 2 zu § 111 BetrVG 1972.
586 *BAG* 7.11.17 – 1 AZR 186/16, NZA 18, 464.
587 *BAG* 22.5.79, 22.5.79 und 26.10.82, AP Nrn. 3, 4 und 10 zu § 111 BetrVG 1972.
588 Zur Zulässigkeit §§ 112, 112a Rn. 29.

Umstände ändern können. Möglich ist auch ein Rahmensozialplan oder ein vorsorglicher Sozialplan.[589] Zur Divergenz zwischen Planung und Ausführung s. o. Rn. 86.

138 Liegt die unternehmerische Entscheidung nicht offen zutage, so kann und muss sie **aus den Umständen rückgeschlossen** werden. Werden etwa innerhalb eines Jahres zwei oder mehr **»Entlassungswellen«** durchgeführt, so spricht eine Vermutung dafür, dass hinter ihnen eine einheitliche unternehmerische Entscheidung steht.[590] Dasselbe gilt, wenn zehn Prozent der Filialen einer bestimmten Größenordnung innerhalb des vom BR vertretenen Bereichs geschlossen werden.[591] Der AG hat die Möglichkeit, die dadurch geschaffene Vermutung zu widerlegen, indem er spezifische Umstände wie z. B. den unvorhergesehenen Wegfall eines Dauerkunden darlegt.[592] Wird eine bestimmte **neue Technik** (z. B. PCs) zunächst **in Abteilung A,** vier Monate **später in Abteilung B** und ein halbes Jahr **später in Abteilung C** eingeführt, so spricht gleichfalls eine **Vermutung für eine unternehmerische Gesamtplanung.**[593]

139 Die **unternehmerische Entscheidung** muss sich **nicht in völliger wirtschaftlicher Freiheit** vollziehen; der AG ist in aller Regel kein Fürst, der nach eigenem Gutdünken zwischen schönen, weniger schönen, katastrophalen oder fantastischen Alternativen wählen kann. Der Markt und die finanziellen Möglichkeiten schränken im Normalfall die Planungsautonomie erheblich ein. Mit Recht wird der Begriff »geplant« weit ausgelegt und auch eine **spontane Reaktion** auf plötzlich eintretende besondere Umstände darunter gefasst. Auch durch die Umstände, ja **durch eine wirtschaftliche Notlage bedingte Entscheidungen** sind »geplant«, liegt doch auch hier eine Willensentscheidung des Unternehmers zugrunde.[594] Selbst in Katastrophensituationen wie bei Brand und Naturkatastrophen, Wegfall des einzigen Auftraggebers oder behördlicher Schließung des Betriebs bleibt immer noch insofern Verhandlungsspielraum, als unterschiedliche »Bewältigungsstrategien« (Kurzarbeit bis zu einer möglichen Beseitigung des Hindernisses? Ordentliche Kündigung? Fristlose Kündigung?) denkbar sind.[595] Die Rechtsprechung **verzichtet** ausdrücklich auf das Erfordernis einer **»vorausgegangenen« Planung**[596] und weist dem Begriff »geplant« nur die Bedeutung zu, dass der BR möglichst frühzeitig eingeschaltet werden soll.[597] Näher liegend wäre es, »geplant« als »vom Unternehmer beabsichtigt« aufzufassen; man würde damit der Tatsache Rechnung tragen, dass auch eine reine Reaktion auf Umweltbedingungen »Planung« sein kann und diese auch keinen Mindestzeitraum umfasst. Am Ergebnis selbst besteht allerdings nicht der geringste Zweifel: Sowohl der Gedanke der Steuerung des Unternehmerverhaltens als auch der AN-Schutz sprechen dafür, die §§ 111–113 auch dann eingreifen zu lassen, **wenn es nur noch um Schadensbegrenzung geht.**

140 **Wie konkret** die **Planung** sein muss, lässt sich dem Gesetzeswortlaut nicht entnehmen. Bloße **Vorüberlegungen reichen nicht** aus. Der UN muss vielmehr »im Prinzip« entschlossen sein, eine bestimmte Betriebsänderung durchzuführen.[598] Das Gesetz geht ersichtlich nicht von »Konzepten«, »Vorüberlegungen« oder »Planungsprozessen« aus, sondern setzt ein bestimmtes **»Planungsziel«,** nämlich eine **Betriebsänderung,** voraus. Diese muss gewissermaßen bereits in der Vorstellung des Unternehmers existieren, auch wenn sie nur modellartig skizziert werden kann.[599] Es muss um eine »hinreichend bestimmte, in Einzelheiten bereits absehbare

---

589 Dazu §§ 112, 112a Rn. 195, 197.

590 ErfK-*Kania*, Rn. 10; *Fitting*, Rn. 30; *Schweibert*, in: Willemsen u. a., Rn. C 25.

591 *LAG Berlin-Brandenburg* 19. 8. 09 – 26 TaBV 1185/09, AuR 10, 132 und juris; ähnlich *LAG Niedersachsen* 12. 1. 10 – 1 TaBV 73/09, LAGE § 98 ArbGG 1979 Nr. 58; zustimmend *Bertzbach* jurisPR-ArbR 20/2010 Anm. 4.

592 So der Fall *BAG* 6. 6. 78, AP Nr. 2 zu § 111 BetrVG 1972.

593 Ebenso *BAG* 26. 10. 82, AP Nr. 10 zu § 111 BetrVG 1972; *Däubler*, DB 85, 2299; *Denck*, RdA 82, 294; *Rumpff/Boewer*, S. 304; *Schweibert*, in: Willemsen u. a., Rn. C 26.

594 *BAG* 14. 9. 76, AP Nr. 2 zu § 113 BetrVG 1972; 22. 5. 79 und 22. 5. 79, AP Nrn. 3 und 4 zu § 111 BetrVG 1972. Als selbstverständlich vorausgesetzt in *BAG* 18. 7. 17 – 1 AZR 546/15, NZA 17, 1618.

595 *Heither*, ZIP 85, 515; *Vogt*, Sozialpläne, S. 39; *GL*, Rn. 21a; anders im Fall *BAG* 31. 10. 95 – 1 AZR 372/95, DB 96, 1683.

596 *BAG [GS]* 13. 12. 78, AP Nr. 6 zu § 112 BetrVG 1972.

597 *BAG* 14. 9. 76, AP Nr. 2 zu § 113 BetrVG 1972; ebenso *Fitting* Rn. 106; *Gamillscheg*, Kollektives Arbeitsrecht II S. 1106; einschränkend Richardi/*Annuß*, Rn. 147.

598 Richardi/*Annuß*, Rn. 145; ähnlich HWGNRH-*Hess*, Rn. 63 und *Bachner*, AiB 11/16 S. 17.

599 Vgl. GK-*Oetker*, Rn. 202 f.; *Salamon/v.Stechow*, NZA 16, 89.

Maßnahme« gehen, auf deren Gestaltung der BR Einfluss nehmen kann.[600] Der »im Prinzip« vorhandene Entschluss darf allerdings kein endgültiger sein, sondern muss in den Verhandlungen mit dem BR grundsätzlich zur Disposition stehen; andernfalls hätte die Beratung und die Verhandlung über einen Interessenausgleich keinen Sinn.

141 Das *LAG Baden-Württemberg*[601] hatte über die spezifische Konstellation zu entscheiden, dass die Unternehmensleitung das Auslaufen eines wichtigen Produkts im deutschen Werk W und zugleich die **Herstellung des Nachfolgeprodukts in einer ausländischen Niederlassung** beschlossen hatte. Konkrete Vorstellungen der Unternehmensleitung, ob für das deutsche Werk ein neues Tätigkeitsfeld ausgesucht oder einfach Personal abgebaut werden würde, waren nicht ersichtlich. Das *LAG* verneinte eine »geplante« Betriebsänderung, verwies jedoch mit Recht auf § 92a; mit dessen Hilfe kann der BR ganz ähnliche Verhandlungen führen, wie wenn es um einen Interessenausgleich gehen würde. Sind in Wirklichkeit Planungen vorhanden, die dem BR jedoch erst kurz vor ihrer Realisierung mitgeteilt werden, so muss sich der zeitlichen Restriktionen wegen der Meinungsaustausch und die Suche nach Alternativen in engem Rahmen bewegen. Die **bewusste** (und beweisbare) **Herbeiführung enger zeitlicher Beschränkungen** stellt eine **Behinderung der Betriebsratstätigkeit** dar.

142 Eine **vom BR initiierte Betriebsänderung** fällt nicht unter § 111.[602] Dem BR steht insoweit anders als beim Sozialplan kein Initiativrecht zu. Auch bei der Einführung eines **Umweltmanagementsystems** ist er daher auf Anregungen beschränkt;[603] dasselbe gilt für Maßnahmen der Beschäftigungssicherung nach § 92a (s. dort).

V. Voraussetzungen auf Seiten der Interessenvertretung der Arbeitnehmer

1. Existenz eines Betriebsrats

143 Für die Unterrichtung nach § 111 und die Verhandlungen über Interessenausgleich und Sozialplan nach § 112 ist grundsätzlich der im einzelnen Betrieb errichtete **BR zuständig** (allgemeine Meinung).[604] Besteht ein durch TV oder BV errichteter BR nach § 3 BetrVG, so ist dieser zuständig. Die Tatsache, dass eine unternehmerische Entscheidung zu erörtern und ggf. zu korrigieren ist, ändert daran nichts. **Fehlt ein BR,** laufen die §§ 111–113 leer.[605] Dies gilt auch dann, wenn ein **Betriebsteil** im Sinne des § 4 Abs. 1 weder einen eigenen BR gewählt noch sich der Wahl zum BR des Hauptbetriebs angeschlossen hatte. Tat er das letztere, können sich allerdings bei Interessenausgleich und Sozialplan Nachteile ergeben: Wird später der **Betriebsteil geschlossen,** so liegt u. U. keine Betriebsänderung vor, weil die dafür erforderlichen Grenzwerte – bezogen auf die größere Einheit – nicht erreicht sind.[606] Vor dem »Anschluss« an den Hauptbetrieb durch Beteiligung an der BR-Wahl ist daher immer zu prüfen, ob nicht nur theoretisch ein entsprechendes Risiko besteht.[607] **Kleinsteinheiten** nach § 4 Abs. 2 werden immer vom BR des Hauptbetriebs mitvertreten. Ein Betriebsrat »fehlt« allerdings dann nicht, wenn unter Verkennung des Betriebsbegriffs in einem Filialbetrieb ein **Regionalbetriebsrat** gebildet, dessen Wahl nicht angefochten wurde und der auch den von der Betriebsänderung betroffenen Betrieb vertritt.[608] Dasselbe gilt dann, wenn in einem unselbstständigen Betriebsteil ein BR gewählt wurde.[609] Besteht ein GBR, kann dieser nach § 50 Abs. 2 ermächtigt werden. Ergeben sich Meinungsverschiedenheiten und zieht der örtliche BR die Kompetenz wieder an sich, kann dies das **Verfahren** erheblich **verzögern.**[610]

---

600 So *BAG* 18.7.17 – 1 AZR 546/15, NZA 17, 1618 Tz. 28 = AuR 17, 512.
601 17.9.04 – 4 TaBV 3/04 NZA-RR 05, 195.
602 *Zöllner/Loritz/Hergenröder*, § 51 II 1b.
603 *Merten* DB 96, 93.
604 Vgl. *GL*, Rn. 12; HWGNRH-*Hess*, Rn. 7; Richardi/*Annuß*, Rn. 158.
605 So ausdrücklich *LAG Rheinland-Pfalz* 19.1.23 – 5 Sa 135/22, juris, Tz. 73.
606 S. den Fall *BAG* 17.9.13 – 1 ABR 21/12, NZA 14, 96.
607 *Seebacher*, AiB 14, 33.
608 *LAG Bremen* 31.10.86, LAGE § 111 BetrVG 1972 Nr. 5.
609 *BAG* 27.6.95 – 1 ABR 62/94, DB 96, 147.
610 *Schweibert*, in: Willemsen u. a., Rn. C 374.

2. Zuständigkeit des GBR und KBR?

Für die Unterrichtung und Beratung nach § 111 sowie für die Verhandlungen über den Interessenausgleich ist **ausnahmsweise der GBR** zuständig, wenn die geplante unternehmerische Maßnahme mindestens zwei Betriebe des Unternehmens betrifft und eine einheitliche Regelung »zwingend geboten« ist.[611] Dies wurde etwa dann angenommen, wenn alle Betriebe eines Unternehmens stillgelegt[612], wenn zahlreiche Filialen geschlossen werden sollen,[613] oder wenn es darum geht, einen unternehmensweiten Personalabbau ohne Rücksicht auf betriebliche Besonderheiten allein mit Hilfe des Ausscheidens anderweitig gesicherter AN durchzuführen.[614] Weiter wird die Zuständigkeit des GBR dann bejaht, wenn mehrere Betriebe zusammengeschlossen,[615] wenn ein Betrieb verlegt und am neuen Standort mit einem anderen vereinigt[616] oder wenn mehrere Betriebsteile, wie z. B. die Verwaltungen einzelner Betriebe, zu einer Einheit verschmolzen werden sollen.[617] Eine einheitliche Regelung ist auch dann zwingend geboten, wenn mehrere Betriebe gleichzeitig i. S. d. Satzes 3 Nr. 1 eingeschränkt oder i. S. d. Satzes 3 Nr. 4 umstrukturiert werden sollen.[618] Bei der Einführung neuer Techniken (Satz 3 Nrn. 4 und 5) hängt die Zuständigkeit des GBR letztlich davon ab, ob die neuen Systeme notwendigerweise in allen Betrieben gleichermaßen zur Anwendung kommen müssen. Dies wurde etwa für die Einführung eines unternehmenseinheitlichen Systems der Personal- oder der Produktionsplanung bejaht.[619] 144

Aus der **Zuständigkeit** des GBR **für** den **Interessenausgleich** kann **nicht auf** die für den **Sozialplan geschlossen** werden, da sich beide nach Voraussetzungen, Inhalt und Ausgestaltung wesentlich unterscheiden.[620] Beim **Sozialplan** muss **separat geprüft** werden, ob es effektiv unmöglich ist, eine Regelung innerhalb der einzelnen Betriebe zu treffen.[621] Dies lässt sich nicht schon mit dem Argument rechtfertigen, der Gesamtaufwand gehe einheitlich zu Lasten des AG. Anders ist dies nur dann, wenn im Rahmen des Interessenausgleichs ein **Sanierungskonzept** vereinbart wurde, das allein auf der Grundlage eines bestimmten, für das ganze UN maßgebenden **Sozialplanvolumens** realisiert werden kann.[622] Insoweit kann eine Einigung im Rahmen des Interessenausgleichs die Notwendigkeit für einen einheitlichen Sozialplan schaffen, doch spricht dafür angesichts des Ausnahmecharakters des § 50 Abs. 1 **keine Vermutung.**[623] Der Gleichbehandlungsgrundsatz steht im Übrigen unterschiedlichen Sozialplänen nicht entgegen.[624] 145

Die Zuständigkeit des GBR müsste an sich auf das Erforderliche beschränkt sein. Dies würde bedeuten, dass bei einem zentral festgelegten Volumen die Verteilungskriterien durchaus dezentral bestimmt werden können. Mit Recht hat das *BAG*[625] betont, auf örtlicher Ebene sei 146

---

611 *BAG* 20.4.94 – 10 AZR 186/93, AP Nr. 27 zu § 113 BetrVG 1972; HWK-*Hohenstatt/Willemsen*, Rn. 73; *Rumpff/Boewer*, S. 333.

612 *BAG* 17.2.81, AP Nr. 11 zu § 112 BetrVG 1972; zustimmend Richardi/*Annuß*, § 50 Rn. 37.

613 *BAG* 7.7.11 – 6 AZR 148/10, NZA 11, 1108 Tz. 24.

614 *BAG* 20.4.94 – 10 AZR 186/93, DB 94, 2038.

615 *BAG* 3.5.06 – 1 ABR 15/05, DB 06, 2410; *ArbG Nürnberg* 30.6.03 – 14 BVGa 22/03, AuR 03, 357; *GL*, Rn. 13; *Gajewski*, FS Gaul, S. 195; Richardi/*Annuß*, § 50 Rn. 37; *Vogt*, Sozialpläne, S. 18; *Wißmann*, FS 25 Jahre ARGE Arbeitsrecht im DAV, S. 1042.

616 *BAG* 24.1.96 – 1 AZR 542/95, BB 96, 2093.

617 HWGNRH-*Hess*, Rn. 7; zusammenfassend *Röder/Gragert*, DB 96, 1674; *Wenning-Morgenthaler*, Rn 1027.

618 *BAG* 11.12.01 – 1 AZR 193/01, DB 02, 1276; *GL*, Rn. 13; *Mothes*, AuR 74, 327.

619 *LAG Köln*, 3.7.87 – 5 TaBV 11/87, CR 88, 315; *LAG Düsseldorf*, 21.8.87 – 9 TaBV 132/86, CR 88, 1016. Weitere Entscheidungen bei *Schipp*, FS I. Schmidt, S. 521 ff. (BAG), 525 ff. (Instanzgerichte).

620 *BAG* 3.5.06 – 1 ABR 15/05, DB 06, 2411 = NZA 07, 1245; zustimmend *Joussen*, RdA 07, 114.

621 *BAG* 11.12.01 – 1 AZR 193/01, DB 02, 1276.

622 *BAG* 11.12.01 – 1 AZR 193/01, DB 02, 1276, bestätigt durch *BAG* 3.5.06 – 1 ABR 15/05, DB 06, 2412 = NZA 07, 1245.

623 *BAG* 3.5.06 – 1 ABR 15/05, DB 06, 2411 = NZA 07, 1245; *Joussen*, RdA 07, 115. Es kann deshalb nach § 100 ArbGG eine ESt. auf örtlicher Ebene eingesetzt werden, auch wenn noch nicht über den Interessenausgleich verhandelt wurde: *LAG Köln* 20.3.23 – 9 TaBV 9/23, juris.

624 *BAG* a. a. O.

625 3.5.06 – 1 ABR 15/05, DB 06, 2410, 2412.

eher eine »passgenaue« Lösung zu finden. Dies gilt auch für technische Systeme wie Telefonanlagen, die eine unterschiedliche betriebliche Umsetzung erfahren können.[626] Einer solchen – vernünftigen – Aufteilung hat das BAG jedoch in einer Entscheidung zu § 87 Abs. 1 Nr. 6 eine Absage erteilt. Aus Gründen der Rechtssicherheit könne man **nicht** zwischen **Rahmen- und Ausfüllungskompetenz** differenzieren,[627] die Zuständigkeit müsse in einer Hand bleiben. Zumindest müsste es jedoch möglich sein, **bestimmte Bereiche einvernehmlich auszusparen** und sie der Mitbestimmung der Betriebsparteien zu überlassen (erwogen von BAG,[628] jedoch nur zugunsten einer möglichen freiwilligen Einigung zwischen AG und lokalem BR in Fragen, zu deren Entscheidung der AG auch allein ermächtigt werden könnte). Auch diese Möglichkeit zu verschließen, würde auf einen praxisfernen Formalismus hinauslaufen und die Gestaltungsfreiheit von BR und AG ohne zwingende Notwendigkeit beschränken. In der Praxis würde man sich notfalls damit helfen, dass Gesamtbetriebsvereinbarungen einzelne betriebsspezifische Teile enthalten, die dezentral ausgehandelt, aber vom GBR unterschrieben werden.

147 Keinerlei Zuständigkeit des GBR besteht weiter dann, wenn zwischen den **gleichzeitig beschlossenen Betriebsänderungen kein notwendiger Zusammenhang** existiert, wenn beispielsweise in einem Betrieb Personal abgebaut, im anderen SAP eingeführt werden soll.[629] Zur Zuständigkeitsverteilung bei der Namensliste s. u. §§ 112, 112a Rn. 41.

148 Ist der GBR in den genannten Fällen nach § 50 Abs. 1 zuständig, so wirken die von ihm abgeschlossenen **Abmachungen auch** für und gegen die Beschäftigten **in Betrieben ohne BR,** und zwar auch dann, wenn diese nach § 1 nicht betriebsratsfähig sind.[630] Die ablehnende Auffassung des *BAG*[631] wurde vom Gesetzgeber im Wege einer Ergänzung des § 50 Abs. 1 korrigiert.[632] Die in der Literatur vorhandenen Kontroversen[633] sind damit erledigt. Auch auf freiwilliger Grundlage können die **betriebsratslosen Einheiten nicht mehr ausgeklammert** werden, da § 50 Abs. 1 die zwingende Notwendigkeit einer einheitlichen Regelung im ganzen UN voraussetzt. Fehlt es daran, so kann der GBR allerdings auch dann nicht für die vertretungslosen Einheiten sprechen, wenn er von sämtlichen BR Ermächtigungen nach § 50 Abs. 2 erhalten hat.

149 Die Zuständigkeit des GBR ändert nichts an der **Handhabung der »Relevanzschwellen«** im Rahmen des § 111. Kommt es auf das Vorliegen der Sätze des § 17 Abs. 1 KSchG oder darauf an, dass 5 % der Belegschaft betroffen sind, ist weiterhin auf die **Verhältnisse im einzelnen Betrieb,** nicht etwa im Gesamt-UN abzustellen (s. auch o. Rn. 64 ff.).[634] Für die Entstehung der GBR-Befugnisse reicht es aus, dass in mindestens einem Betrieb die entsprechenden zahlenmäßigen Voraussetzungen erfüllt sind.

150 **Besteht** entgegen der gesetzlichen Verpflichtung **kein GBR,** bleibt die Kompetenz der Einzel-BR erhalten, auch wenn dies wenig zweckmäßig ist.[635] Dies dürfte auch dann gelten, wenn in unzulässiger Weise ein einziger GBR für mehrere UN errichtet wurde: Nach der Rechtsprechung des BAG ist dieser inexistent, die von ihm geschlossenen Abmachungen nichtig.[636] Auch wenn der AG die Vereinbarungen selbst geschlossen hat, kann er sich auf deren Nichtigkeit berufen[637], doch hat das Gericht nicht geprüft, ob darin nicht unter besonderen Umständen ein widersprüchliches Verhalten und deshalb ein Verstoß gegen Treu und Glauben liegen kann.[638]

---

626 Näher *Däubler,* Gläserne Belegschaften, Rn. 812 und *Rupp,* AiB 03, 254.
627 *BAG* 14.11.06 – 1 ABR 4/06, DB 07, 1141; ebenso im Rahmen des § 87 Abs. 1 Nr. 8, *BAG* 10.2.09 – 1 ABR 94/07, NZA 09, 562.
628 A. a. O.
629 *Schmitt-Rolfes,* FS 50 Jahre BAG, S. 1084.
630 Übersehen bei *Löwisch,* BB 01, 1796.
631 16.8.83, AP Nr. 5 zu § 50 BetrVG 1972.
632 Dazu auch *Schweibert,* in: Willemsen u. a., Rn. C 17.
633 S. 7. Aufl.
634 HWK-*Hohenstatt/Willemsen* Rn. 74.
635 *GL,* Rn. 14; anders HWK-*Hohenstatt/Willemsen,* Rn. 74.
636 *BAG* 17.3.10 – 7 AZR 706/08, DB 2010, 2812.
637 *BAG* a. a. O.
638 Dazu *Däubler,* FS Wissmann, S. 283 f. in Bezug auf eine Vereinbarung mit einem im Widerspruch zum BetrVG errichteten Gremium.

Ein etwa bestehender **KBR** ist dann zuständig, wenn mehrere Konzern-UN betroffen sind und eine konzerneinheitliche Lösung zwingend geboten ist.[639] Als Beispiel wird etwa der **Zusammenschluss mehrerer Betriebe verschiedener Konzern-UN**[640] sowie die durch die Betriebsänderung bedingte Übernahme von AN durch ein anderes Konzern-UN[641] genannt. Auch die Einführung konzernweiter Informationssysteme kann dazu zählen,[642] doch sind hier datenschutzrechtliche Probleme in besonderem Maße zu beachten.[643] Betriebe ohne BR werden auf Grund einer Ergänzung des § 58 Abs. 1 automatisch ebenfalls erfasst. 151

Die Einzelbetriebsräte können nach § 50 Abs. 2 ihre Zuständigkeit auf den GBR, Gesamtbetriebsräte können nach § 58 Abs. 2 ihre **Zuständigkeit** auf den KBR **übertragen.** Zum Fall **zweifelhafter** Zuständigkeit s. § 113 Rn. 14. Eine Delegierung auf **Arbeitsgruppen** nach § 28a ist nicht möglich.[644] 152

Werden Ansprüche aus einem Sozialplan geltend gemacht, der die Form einer GBV besitzt, so wird eine mögliche Unwirksamkeit wegen fehlender Zuständigkeit vom Gericht nur geprüft, wenn die Gegenseite Bedenken anmeldet.[645] 153

3. Wahl oder Auflösung des Betriebsrats während der Planung und Durchführung der Betriebsänderung

Wird der BR **erst** zu einem Zeitpunkt **gewählt,** zu dem die **geplante Betriebsänderung bereits durchgeführt** wird (die ersten Kündigungen sind ausgesprochen, die ersten Computer installiert), so kann er die Rechte aus §§ 111, 112 nicht mehr geltend machen.[646] Grundgedanke ist der Vertrauensschutz für den UN; er soll vor Durchführung der geplanten Maßnahme kalkulieren können, welche finanziellen Belastungen auf ihn zukommen. Umgekehrt bestehen die Rechte aus §§ 111, 112, wenn der **BR während des Planungsstadiums gewählt** wird.[647] Das Erstere vermag nur wenig zu überzeugen, da betriebsratslose Betriebe vom Gesetz nicht gewollt sind: Der **Schutz des Vertrauens** darauf, dass ein gesetzliches Programm auch in Zukunft weiter unerfüllt bleibt, pflegt ansonsten nicht geschützt zu werden.[648] Auch könnte man bei der Bemessung von Sozialplanleistungen im Rahmen der »Vertretbarkeit für das Unternehmen« berücksichtigen, dass der AG nicht mit einem Sozialplan rechnete, so dass die Resultate keineswegs unzumutbar sein müssten.[649] Der herrschenden Meinung kann daher nicht zugestimmt werden[650]. Zutreffend weist das *LAG Köln*[651] weiter darauf hin, die Rechtsprechung des *BAG* führe zu einem zeitlichen Wettlauf zwischen Belegschaft und Arbeitgeber, was zahlreiche anfechtbare Betriebsratswahlen produziere. Auch liege der Sinn der Sozialplanmitbestimmung im Ausgleich von Nachteilen, nicht in der Beeinflussung der Arbeitgeberentscheidung, so dass sie auch noch zu einem späteren Zeitpunkt ausgeübt werden könne. Auch das *LAG Saarland*[652] und das *LAG Hamburg*[653] haben dem BAG widersprochen; das *LAG Saarland*[654] setzte deshalb nach § 98 ArbGG (heute: § 100 ArbGG) eine ESt. ein, obwohl im Zeitpunkt der Unternehmerentscheidung erst der **Termin zu** der Betriebsversammlung feststand, die den **Wahlvorstand** 154

639 *U. Fischer*, AiB 01, 568; *GL*, Rn. 15; *Nick*, S. 202; *Rumpff/Boewer*, S. 334 f.
640 Richardi/*Annuß*, § 58 Rn. 15.
641 *Dross*, S. 84.
642 Vgl. *BAG* 20.12.95 – 7 ABR 8/95, DB 96, 1985.
643 Einzelheiten bei *Däubler*, Gläserne Belegschaften, Rn. 450 ff.
644 *Lingemann*, NZA 02, 938.
645 *BAG* 20.5.08 – 1 AZR 203/07, NZA-RR 08, 636.
646 *BAG* 20.4.82, AP Nr. 15 zu § 112 BetrVG 1972; ebenso *GL*, Rn. 7; HWGNRH-*Hess*, Rn. 2; Richardi/*Annuß*, Rn. 27; *Spinti*, S. 29.
647 Vgl. GK-*Oetker*, Rn. 37: Der BR muss im Zeitpunkt des Entschlusses durch den UN bestehen.
648 Ebenso *ArbG Reutlingen* 29.10.98, AuR 98, 492; ähnlich *LAG Köln* 5.3.07 – 2 TaBV 10/07, AuR 07, 395 mit zusti. Anm. *Kraushaar*: Jeder Unternehmer muss mit Sozialplankosten kalkulieren.
649 Insoweit zustimmend *M. Kraushaar*, AuR 00, 247.
650 Wie hier *Wenning-Morgenthaler*, Rn. 1029.
651 A.a.O.
652 14.5.03 – 2 TaBV 7/03, AiB 04, 244 = NZA-RR 03, 639.
653 13.8.97 – 8 Sa 42/97.
654 A.a.O

wählen sollte. Das *LAG Köln*[655] hält dies sogar noch nach Durchführung der Betriebsänderung für gerechtfertigt. In seiner neuesten Entscheidung hat sich das *BAG*[656] jedoch über diese Argumente hinweggesetzt und mit wenig überzeugender Begründung seinen früheren Standpunkt bestätigt.[657] Es steht zu hoffen, dass die Instanzgerichte bei ihrer Position bleiben.

155 Selbst wenn man den **Ausgangspunkt des *BAG*** zugrunde legt, könnte es nicht auf den **Zeitpunkt** der Wahl, sondern nur auf die Bekanntmachung **des Wahlausschreibens** ankommen: Erfolgt diese, bevor mit der Umsetzung der unternehmerischen Planung begonnen wurde, ist kein Vertrauensschutz mehr gerechtfertigt; mit der effektiven Wahl eines BR muss in diesem Fall gerechnet werden.[658] Spätester Zeitpunkt wäre der Augenblick vor Beginn der ersten Umsetzungsmaßnahme; hier lässt sich die Planung immer noch revidieren, was man ggf. auch aus anderen Gründen wie einer veränderten Marktsituation täte. Das *BAG* hat dies allerdings **nicht akzeptiert**[659] und den Vertrauensschutzgedanken in den Hintergrund gerückt: Die Beteiligungsrechte des BR nach §§ 111 ff. würden dann entstehen, wenn der Tatbestand »geplante Betriebsänderung« verwirklicht sei. Dieses rein konstruktive Argument überzeugt wenig; gerade bei einem Beteiligungsrecht, das sich nicht auf einen einmaligen Akt, sondern auf einen längere Zeit in Anspruch nehmenden Vorgang erstreckt, will es nicht einleuchten, dass nicht auch eine zeitliche Reihenfolge »Ende der Planung – Wahl des BR« möglich sein sollte. Sinn und Zweck der Mitbestimmungsrechte würden dies jedenfalls gebieten; ein relevantes Gegeninteresse des AG ist vom *BAG* selbst nicht angeführt worden. Außerdem gibt es in den übrigen Teilen der Rechtsordnung zahlreiche Fälle, in denen ein erst in Entstehung begriffener Rechtsträger dem endgültigen gleichgestellt wird (z. B. § 1923 Abs. 2 BGB, Vorgründungs- und Vorgesellschaft bei der GmbH). Das *ArbG Reutlingen*[660] hat mit diesen Erwägungen dem *BAG* ausdrücklich die Gefolgschaft versagt.[661] Ohne jede Bedeutung ist die »Verspätung« der BR-Wahl, wenn der AG eine rechtzeitige Initiative aus der Belegschaft behindert hat; es wäre treuwidrig, wollte er aus seinem eigenen rechtswidrigen Verhalten Vorteile ziehen. Eine in der Lit. vertretene Kompromissposition will die §§ 111 ff. dann eingreifen lassen, wenn der BR noch vor dem ersten Durchführungsschritt (aber ggf. nach der getroffenen Entscheidung) gewählt wurde.[662]

156 **Löst sich der BR** während des Planungs- oder des Umsetzungsprozesses **auf** oder läuft seine Wahlperiode ab, ohne dass eine Neuwahl erfolgt, so entsteht ein betriebsratsloser Betrieb, in dem die Rechte nach §§ 111–113 leer laufen. Hat allerdings der UN noch während der Existenz des BR seine Verhandlungspflicht verletzt, bleiben die dadurch entstehenden **Ansprüche aus § 113** unberührt.[663]

4. Wegfall des Betriebs oder Betriebsteils vor Abschluss des Verfahrens

157 Wird der Betrieb stillgelegt, ohne dass vorher eine effektive Einigung über den Sozialplan erfolgt wäre (der Spruch der ESt. wird z. B. erfolgreich angefochten), so kann der BR gleichwohl weiter die Rechte nach §§ 111, 112 ausüben. Dieses sog. **Restmandat** ergibt sich aus § 21b (s. dort) und erfasst auch den Fall der Ausgliederung von Betriebsteilen, der Aufspaltung des gesamten Betriebs und des Zusammenlegens von Betrieben. Unerheblich ist, dass auch die BR-Mitglieder inzwischen ausgeschieden sind[664] und dass ggf. die Wahlperiode des BR abgelaufen ist. Unter den Voraussetzungen des § 21a kommt dem BR für die nach der Auflösung des Betriebs auftretenden Fragen ein sog. **Übergangsmandat** zu.

---

655 A. a. O.
656 *BAG* 8. 2. 22 – 1 ABR 2/21, NZA 22, 870.
657 Deutliche Kritik bei *Däubler*, AuR 23, 74 f.
658 Zustimmend z. B. *Kraushaar*, AiB 94, 293; vgl. auch *Fuchs*, Sozialplan, S. 25.
659 28. 10. 92, DB 93, 385.
660 29. 10. 98, AuR 98, 492.
661 Zustimmend *M. Kraushaar*, AuR 00, 248.
662 *Bauer*, DB 94, 217; *Fitting*, 21. Aufl., Rn. 34; wohl auch *Gamillscheg*, Kollektives Arbeitsrecht II, S. 1103; differenzierend je nach Entscheidungssituation des UN *M. Kraushaar*, AuR 00, 247 ff.
663 *Etzel*, Rn. 1021.
664 *Wenning-Morgenthaler*, Rn 1034.

VI. Unterrichtung und Beratung durch den Unternehmer

Betriebsänderungen können ihrer einschneidenden Wirkungen wegen im Betrieb zu erheblichen Verunsicherungen führen. Um für alle Beteiligten klare Verhältnisse zu schaffen und eine **vernünftige Zukunftsplanung zu erleichtern,** verpflichtet § 111 Satz 1 den UN dazu, den BR »rechtzeitig und umfassend« zu unterrichten und die geplanten Betriebsänderungen mit ihm zu beraten. Damit wird nicht nur einem selbstverständlichen Interesse der AN Rechnung getragen, sondern auch eine potentielle Störung des Betriebsfriedens verhindert.[665] 158

1. Der Verpflichtete

Nach dem Gesetzeswortlaut ist »**der Unternehmer**« zur Unterrichtung und Beratung verpflichtet. Dies ist der Betriebsinhaber, also diejenige natürliche oder juristische Person, zu der die Beschäftigten ein Arbeitsverhältnis haben; die Begriffe »Unternehmer« und »Arbeitgeber« bezeichnen lediglich unterschiedliche Rollen desselben Rechtssubjekts.[666] Ohne Bedeutung ist es, ob es sich um eine konzernabhängige Gesellschaft handelt, die von einer Konzernmutter gesteuert wird.[667] 159

An der Unterrichtungspflicht durch den Arbeitgeber-Unternehmer ändert sich dadurch nichts, dass dieser **von einem anderen Unternehmen** (z.B. Konzernmutter) **abhängig** ist. Werden die Planungen auf der Ebene des herrschenden Unternehmens vorgenommen, kann sich die abhängige Gesellschaft nicht hinter ihrer relativen Unkenntnis »verstecken«; eine umfassende Information liegt nur dann vor, wenn **auch die bei dem herrschenden Unternehmen vorhandenen Planungen** dem BR mitgeteilt werden.[668] Bei besonders enger Anbindung (Eingliederung, Vertragskonzern, qualifizierter faktischer Konzern) muss die herrschende Gesellschaft unmittelbar für die Verbindlichkeiten der abhängigen Gesellschaft einstehen (näher unten Rn. 190). Dies gilt auch für die Verpflichtung zu umfassender Information. Bei Zuwiderhandlungen greifen die allgemeinen Sanktionen Platz (dazu unten Rn. 190).[669] 160

Fällt der UN in Konkurs, so ist die **Informationspflicht vom Insolvenzverwalter** zu erfüllen. Die **Löschung eines UN** im Handelsregister hat nur deklaratorische Bedeutung; sie lässt die Partei- und Beteiligtenfähigkeit unberührt.[670] Dies gilt sogar dann, wenn kein verteilbares Vermögen mehr vorhanden ist.[671] Sind keine Geschäftsführer greifbar, sind notfalls vom zuständigen Gericht Liquidatoren zu bestellen. 161

2. Zeitpunkt der Unterrichtung

Unbestrittenermaßen ist die Unterrichtung nur dann »**rechtzeitig**«, wenn sie **vor der praktischen Umsetzung** der Planung erfolgt.[672] Wichtiger ist die nicht mehr ganz so allgemein geteilte Feststellung, die Information des BR müsse zu einem Zeitpunkt erfolgen, zu dem **noch nicht abschließend** über die Betriebsänderung **entschieden** ist.[673] In der Tat hätten Verhandlungen über einen Interessenausgleich keinen Sinn mehr, wenn die Würfel bereits gefallen wären und sowohl das »Ob« als auch das »Wie« der Betriebsänderung feststehen würden. Nicht mehr rechtzeitig ist die Einschaltung des BR deshalb dann, wenn **bereits der Aufsichtsrat, die Gesellschafterversammlung oder ein Beirat um Zustimmung ersucht** oder diese gar be- 162

665 *Vogt*, Sozialpläne, S. 16.
666 *BAG* 15.1.91 – 1 AZR 94/90, DB 91, 1472.
667 *BAG* 14.4.15 – 1 AZR 794/13, ZInsO 15,1695= AuR 15,333 Ls.
668 Vgl. *Fitting*, Rn. 104; GK-*Oetker*, Rn. 253; *Halberstadt*, Rn. 9.
669 Zum Nachteilsausgleich s. auch *Röder/Baeck*, S. 7.
670 *BAG* 17.10.89, AP Nr. 29 zu § 111 BetrVG 1972.
671 *BAG* 17.10.89, a.a.O.
672 Siehe etwa *Birk*, Anm. zu BAG AP Nr. 5 zu § 111 BetrVG 1972; Richardi/*Annuß*, Rn. 144.
673 Dafür *LAG Baden-Württ.* 27.9.04 – 4 TaBV 3/04 NZA-RR 05, 195; GK-*Oetker*, Rn. 205; *v. Hoyningen-Huene*, Betriebsverfassungsrecht, § 15 Rn. 21; *Röder/Baeck*, S. 6; *Rumpff/Boewer*, S. 321; *Waltermann*, Rn. 867; einschränkend HWGNRH-*Hess*, Rn. 71 ff.

reits erteilt wurde.[674] Dies schließt nicht aus, dass der Aufsichtsrat bzw. die anderen genannten Gremien regelmäßig informiert und so auf dem Laufenden gehalten wurden; ausgeschlossen ist lediglich, dass der **BR erst dann** unterrichtet wird, wenn sich die **Unternehmensleitung** einem anderen Unternehmensorgan gegenüber **bereits definitiv festgelegt** hat. Auf der anderen Seite ist ebenso eindeutig, dass der BR an bloßen Vorüberlegungen nicht partizipieren muss; dem Unternehmer steht es frei, von sich aus abzuklären, ob überhaupt Handlungsbedarf besteht.[675] Zwischen »bloßen Vorüberlegungen« und einem fertigen Konzept, das lediglich noch mit dem BR abgestimmt werden muss, kann allerdings ein recht langer Zeitraum liegen; nimmt man das Gebot einer »rechtzeitigen« Information ernst, muss man den UN für verpflichtet ansehen, den BR bereits dann einzuschalten, wenn nach Ansicht des UN mehr für als gegen die Vornahme einer Betriebsänderung spricht. Je früher der BR beteiligt wird, umso eher ist eine »sozial verträgliche« Lösung erreichbar; er muss das Geschehen noch gezielt beeinflussen können.[676]

3. Gegenstand und Form der Unterrichtung

163 Der UN hat den BR **»umfassend«** zu unterrichten. Auch bei Personalabbaumaßnahmen **reichen die in § 17 Abs. 2 KSchG vorgeschriebenen Informationen nicht** aus.[677] Notwendig ist die Darlegung der wirtschaftlichen und sozialen Gründe, die nach Auffassung des UN für die Betriebsänderung sprechen.[678] Hat der Arbeitgeber eine **UN-Beratungsfirma** eingeschaltet, so ist deren Gutachten vorzulegen. Auch die Bilanzen der letzten 3–5 Jahre, die **Wirtschaftsprüferberichte** sowie Marktanalysen sind zugänglich zu machen, sofern sie im konkreten Zusammenhang von Bedeutung sein können.[679] Das *LAG Hamm*[680] hat den Unternehmer für verpflichtet angesehen, dem BR »alle Daten und Fakten« bekannt zu geben, die ihn zu der beabsichtigten Schließung des Werkes X veranlasst hatten. Auch der **Zeitplan** einer Betriebsänderung[681] sowie ihre sozialen Auswirkungen sind einzubeziehen.[682]

164 Die Unterrichtung hat so zu erfolgen, dass sich der BR ein vollständiges Bild machen kann.[683] Dies erfordert nicht anders als bei § 80 Abs. 2 in der Regel auch, dass dem BR **Unterlagen zur Verfügung gestellt** werden, die er auswerten kann.[684] Der BR kann nach Satz 2 einen Berater heranziehen (dazu u. Rn. 166 ff.) und ggf. zusätzlich die Hilfe eines Sachverständigen nach § 80 Abs. 3 in Anspruch nehmen (s. dort). Der UN kann ihn auch nicht darauf verweisen, der **WA** sei **bereits** vollständig **informiert.** Weiter kennt die Unterrichtungspflicht nach § 111 **keinen Geheimnisvorbehalt.** Auch Betriebs- und Geschäftsgeheimnisse sind daher dem BR mitzuteilen.[685] Eine geplante Betriebsänderung stellt als solche aber kein Betriebs- oder Geschäftsgeheimnis dar, so dass die Belegschaft jederzeit informiert werden kann. Auch gegenüber außerbetrieblichen Instanzen besteht keine Geheimhaltungspflicht. Eine Ausnahme existiert nur dann und soweit, als ein überwiegendes AG-Interesse mit Rücksicht auf eine spezifische Situation einer Weitergabe entgegensteht.

---

674 ErfK-*Kania,* Rn. 22; *Fuchs,* Sozialplan, S. 83; GK-*Oetker,* Rn. 206; *Teichmüller,* Betriebsänderung, S. 67; *Waltermann,* Rn. 867.
675 *LAG Düsseldorf* 27.8.85, NZA 86, 371; *Rumpff/Boewer,* S. 326.
676 *Gamillscheg,* Kollektives Arbeitsrecht II S. 1117.
677 ErfK-*Kania,* Rn. 23; *GL,* Rn. 40; *Rumpff/Boewer,* S. 329.
678 GK-*Oetker,* Rn. 197.
679 Näher *Etzel,* Rn. 1002; *Teichmüller,* Betriebsänderung, S. 68; für Vorlage auch der **Steuerbilanz** mit Recht *Fuchs,* Sozialplan, S. 85 Fn. 49.
680 5.3.86, BB 86, 1291.
681 *Rumpff/Boewer,* S. 329.
682 *GL,* Rn. 39a; Richardi/*Annuß,* Rn. 150.
683 Beispiele für Unterlaufungsstrategien des AG bei *Dreißiger,* AiB 12/14, 18.
684 GK-*Oetker,* Rn. 201; *GL,* Rn. 41; *Heither,* FS Däubler, S. 339; Richardi/*Annuß,* Rn. 151; *Rumpff/Boewer,* S. 329.
685 *Fuchs,* Sozialplan, S. 86; GK-*Oetker,* Rn. 199; Richardi/*Annuß,* Rn. 152; *Rumpff/Boewer,* S. 328; *Teichmüller,* Betriebsänderung, S. 67; *WW,* Rn. 31; a. A. *GL,* Rn. 41; differenzierend *Zöllner/Loritz/Hergenröder,* § 51 II 2a, die den UN zwar insoweit nicht für verpflichtet ansehen, ihn aber gleichwohl mit einem Nachteilsausgleich nach § 113 Abs. 3 belasten wollen.

4. Beratung mit dem Betriebsrat

Der UN ist weiter verpflichtet, mit dem BR zu beraten, ob und ggf. unter welchen Bedingungen die geplante Betriebsänderung durchgeführt wird.[686] Inhaltlich geht es um Interessenausgleich und Sozialplan (dazu §§ 112, 112a Rn. 3 ff., 60 ff.). Dabei ist der BR in der Lage, sich mit den Betroffenen und der gesamten Belegschaft auszutauschen, ggf. aber auch unter den allgemeinen Voraussetzungen die Öffentlichkeit einzubeziehen.[687] Dies wäre unmöglich gemacht, würde man eine geplante Betriebsänderung, insbesondere einen **geplanten Personalabbau** zu einem **Betriebs- und Geschäftsgeheimnis** erklären.[688] Ein überwiegendes Geheimhaltungsinteresse des AG kann lediglich in Bezug auf einzelne bestimmte Tatsachen angenommen werden.[689] Als Beispiel sei der Umstand genannt, dass auch der in Fachkreisen bekannte Erfinder X von dem Personalabbau erfasst werde oder dass die Schließung einer Abteilung von der Hausbank verlangt worden sei. An dieser Rechtslage hat auch das am 26. 4. 2019 in Kraft getretene Geschäftsgeheimnisgesetz[690] nichts geändert.[691] 165

VII. Die Heranziehung eines Beraters nach Satz 2

Der 2001 eingefügte Satz 2 sieht vor, dass der BR in UN mit mehr als 300 AN zu seiner Unterstützung einen Berater hinzuziehen kann und dass dieser entsprechend § 80 Abs. 4 ihm zur Kenntnis kommende Betriebs- und Geschäftsgeheimnisse zu wahren hat. Damit soll nach der amtlichen Begründung des RegE[692] der BR in die Lage versetzt werden, trotz der oft »hoch komplizierten Fragestellungen« seine **Beteiligungsrechte wirksam auszuüben** und relativ kurzfristig auf die Planungen des AG zu reagieren. Die daraus folgende **Beschleunigung des Verfahrens**[693] sei insbesondere deshalb zu erwarten, weil das einseitige Bestellungsrecht durch den BR Auseinandersetzungen wie im Falle der Einschaltung von Sachverständigen nach § 80 Abs. 3 vermeide. In der Literatur ist diese Überlegung zum Teil mit erheblicher Skepsis aufgenommen worden.[694] Auf der anderen Seite ist zu beachten, dass es vergleichbare Vorschriften in § 44 Abs. 1 Nr. 5 LPersVG Brandenburg und in den §§ 13 Abs. 4, 29 EBRG (s. dort) gibt, die ersichtlich zu keiner Belastung der Entscheidungsabläufe geführt haben.[695] Muster-Korrespondenz zur Zuziehung eines Beraters in DKWF-*Däubler.*[696] 166

1. Allgemeine Voraussetzungen

Das Recht des BR, einen Berater hinzuzuziehen, besteht nur **»in Unternehmen mit mehr als 300 Arbeitnehmern«.** Anders als bei den meisten sonstigen Grenzwerten (vgl. etwa § 1 Abs. 1 Satz 1, § 99 Abs. 1 Satz 1 und § 111 Satz 1) wird nicht darauf abgestellt, dass diese Zahl »in der Regel« bestehen muss. Hierin dürfte wohl ein Redaktionsversehen liegen,[697] so dass genau wie im Fall des § 95 Abs. 2 (s. dort Rn. 15) auf die **regelmäßige Beschäftigung** abzustellen ist.[698] Dies rechtfertigt sich auch damit, dass anders als nach § 4 EBRG keine alternative Berechnungsform vorgesehen ist und das Abstellen auf einen Stichtag sowieso problematisch wäre, weil die »Planung einer Betriebsänderung« als Bestellungsvoraussetzung nicht auf einen ganz be- 167

686 *Heither*, FS Däubler, S. 339.
687 Einl. Rn. 135 ff.
688 Richtig *LAG Schleswig-Holstein* 20. 5. 15 – 3 TaBV 35/14, NZA-RR 16, 77 80 und *HessLAG* 20. 3. 17 – 16 TaBV 12/17, AuR 17, 413; zustimmend *Davila Cano* AiB 2/17, 40.
689 *LAG Schleswig-Holstein,* a. a. O.
690 BGBl I 466.
691 *Naber/Peukert/Seeger*, NZA 19, 583, 587.
692 BT-Dr 14/5741 S. 51 f.
693 Ebenso *DGB-Stellungnahme,* NZA 01, 177.
694 *Bauer*, NZA 01, 377; *Hanau,* RdA 01, 72; eher zustimmend dagegen *Klapper,* S. 382.
695 Vgl. *Däubler,* AuR 01, 5.
696 §§ 111–113 Rn. 3 f.
697 Erwogen auch bei *Bauer,* NZA 01, 376.
698 Zustimmend HWK-*Hohenstatt/Willemsen,* Rn. 67; ebenso *Fitting,* Rn. 140; *Klapper,* S. 403; wohl auch *Oetker,* NZA 02, 467; a. A. Richardi-*Annuß,* Rn. 53.

stimmten Tag fixiert werden kann. Bei **gemeinsamen Betrieben** ist auf deren Personalbestand abzustellen.[699]

168 Die **Beschränkung** des Beraters auf UN mit mehr als 300 Arbeitnehmern erfolgt nach der amtlichen Begründung des RegE[700] **wegen** der **»Kostenrelevanz« der Beratung.** Die wirtschaftliche Belastbarkeit bestimmt sich aber bei konzerngebundenen UN nach der Größe des Konzerns. Insoweit ist die Vorschrift m. E. **entsprechend** anzuwenden, **wenn in** allen **Konzern-UN** zusammengenommen **mehr als 300 Arbeitnehmer** beschäftigt sind (zum Parallelproblem des Eingreifens von Satz 1 s. o. Rn. 66).

169 Der Berater soll nicht anders als ein Sachverständiger nach § 80 Abs. 3 die Sachkunde einbringen, die der BR nicht von sich aus besitzt. Für die hinzuzuziehende Person bestehen **keine formalen Anforderungen** etwa in dem Sinne, dass sie einen anerkannten Beratungsberuf (Steuerberater, Wirtschaftsprüfer usw.) ausüben muss.[701] Auch **»Neutralität«** ist **nicht erforderlich.**[702] Vielmehr geht es allein um die Erfüllung einer bestimmten Aufgabe: Die fragliche Person soll den BR bei der Ausübung seiner Rechte beraten, die aus einer geplanten Betriebsänderung folgen. Insbesondere wird es darum gehen, erhaltene Informationen auszuwerten, ggf. weitere Informationen anzufordern und den BR bei den Verhandlungen über Interessenausgleich und Sozialplan sachkundig zu unterstützen. Dies kann in internen Vorgesprächen, aber auch dadurch geschehen, dass der Berater mitverhandelt. Aufgaben dieser Art kann z. B. ein Rechtsanwalt,[703] aber ggf. auch ein hauptamtlicher Gewerkschaftssekretär erfüllen.[704] Von der Hinzuziehung eines Beraters ist die Einschaltung eines Rechtsanwalts zu unterscheiden, der die Rechte und Interessen des BR in Verhandlungen und vor Gericht vertritt.[705] Rechtsgrundlage für seine Heranziehung ist § 40 Abs. 1 BetrVG.[706]

170 Der **BR entscheidet selbst, wen er auswählen will.** Anders als im Rahmen des § 80 Abs. 3 kommt dem AG kein Mitentscheidungsrecht zu. Genau wie bei den vom BR benannten Beisitzern der ESt. kann er den Berater auch nicht wegen Besorgnis der Befangenheit ablehnen (s. § 76 Rn. 33). Weiter kann er den BR trotz der 2001 eingeführten Regelung in § 80 Abs. 2 Satz 3 auch nicht auf etwa vorhandenen innerbetrieblichen Sachverstand verweisen.[707]

171 Der BR kann das **Beratungsprogramm** festlegen, das die Betriebsänderung einschl. aller mit ihr für die AN verbundenen Folgen umfasst. Die Sozialplanverhandlungen auszuklammern,[708] besteht kein Anlass. Zur »Beratung« der geplanten Betriebsänderung gehören auch Verhandlungen darüber, wie nicht vermeidbare wirtschaftliche Nachteile der AN ausgeglichen oder gemildert werden können. Ist der BR in Bezug auf die EDV-technische Seite einer Betriebsänderung nach Satz 3 Nr. 4 selbst sachkundig, kann er den Berater darauf beschränken, die betriebswirtschaftliche Seite zu analysieren. Auf der anderen Seite kann er ihn auch bei der Ausübung sonstiger Beteiligungsrechte (z. B. aus § 102) einsetzen, die durch die geplante Betriebsänderung ausgelöst werden (u. Rn. 184). Dass das Mandat des Beraters automatisch **endet,** wenn sich eine **ESt** mit Interessenausgleich und Sozialplan befasst,[709] ist **nicht einsehbar:** Auch bei der Beurteilung von Zwischenständen im ESt-Verfahren gibt es Beratungsbedarf, erst recht bei der Frage, ob ein zum Nachteil des BR ergehender Spruch angefochten werden soll. Häufig wird der Berater allerdings Beisitzer in der ESt auf BR-Seite sein. Der BR entscheidet weiter, ob der Berater schriftliche Ausarbeitungen macht oder sich auf mündliche Stellungnahmen beschränkt; dasselbe gilt für die Teilnahme an Verhandlungen mit dem Arbeitgeber.

---

699 *Fitting*, Rn. 141; *Klapper*, S. 410; *Oetker*, NZA 02, 466, der alternativ auch auf die Gesamtzahl der bei den TrägerUN Beschäftigten abheben will.
700 BT-Dr. 14/5741 S. 52.
701 *Fitting*, Rn. 144; *Klapper*, S. 388; *Oetker*, NZA 02, 467.
702 *Lingemann*, NZA 02, 939.
703 *Franzen*, RdA 17, 386; *Manske*, FS 25 Jahre ARGE 2Arbeitsrecht im DAV, S. 957; *Klapper*, S. 390.
704 Ebenso *Klapper*, S. 389; *Löwisch*, BB 01, 1797.
705 *BAG* 14. 12. 16 – 7 ABR 8/15, NZA 17, 514. Zu seiner Honorierung s. §§ 112, 112a Rn. 223c.
706 *BAG* 14. 12. 16 – 7 ABR 8/15, NZA 17, 514.
707 *Bauer*, NZA 01, 376.
708 So *Fitting*, Rn. 142; *Oetker*, NZA 02, 469; dagegen mit Recht *Manske*, FS 25 Jahre ARGE Arbeitsrecht im DAV, S. 955 f.
709 So *Klapper*, S. 383.

Seine Beratungsfunktion erstreckt sich gerade auch auf die in Satz 1 genannten Gespräche und Verhandlungen.[710] Im Regelfall wird er ihn ermächtigen, die ihm zustehenden **Informationsrechte gegenüber dem AG auszuüben,** also beispielsweise sich ein Exemplar des Wirtschaftsprüferberichts aushändigen zu lassen. Dies wird mittelbar durch den Verweis auf die Geheimhaltungsvorschrift des § 80 Abs. 4 bestätigt.

Die **Erforderlichkeit** eines Beraters wird im Gesetz **vorausgesetzt** und ist daher nicht gesondert zu prüfen.[711] Dies wird schon daran deutlich, dass anders als in § 80 Abs. 3 das Kriterium der Erforderlichkeit nicht ausdrücklich genannt ist. Außerdem haben geplante Betriebsänderungen in der Regel so weitreichende Konsequenzen für die Beschäftigten, dass sich der BR mit solchen »Makroentscheidungen« nicht allein mit »Bordmitteln« auseinander setzen kann.[712] 172

Notwendig ist ein **Beschluss des BR,** in dem die Hinzuziehung einer bestimmten Person festgelegt wird. Insoweit gilt nichts anderes als z. B. bei der Entsendung eines BR-Mitglieds zu einer Fortbildungsveranstaltung nach § 37 Abs. 6.[713] Eine bloße Abrede des Beraters mit dem BR-Vorsitzenden genügt nicht. Leidet der Beschluss an Verfahrensmängeln, können diese nachträglich geheilt werden. Wird er nicht wie geplant umgesetzt (der ausgesuchte Berater sagt ab), kann **in dringenden Fällen eine andere Person** eingeschaltet und deren Beauftragung rückwirkend genehmigt werden. Anders als bei einer Schulungsteilnahme von Betriebsratsmitgliedern, wo der Zeitpunkt eine maßgebende Rolle spielt,[714] besteht hier immer dieselbe Entscheidungssituation. 173

Der **Beschluss** muss **dem AG mitgeteilt** werden, damit sich dieser auf Gespräche mit dem Berater einstellen und ihm die nötigen Informationen gewähren kann.[715] Soweit zunächst lediglich eine interne Beratung erfolgt, ist es jedoch unschädlich, wenn der AG erst einige Zeit später von dem Beschluss informiert wird. Allerdings können sich bei fehlender Unterrichtung des AG Schwierigkeiten ergeben, wenn der Berater das ihm zustehende **Zugangsrecht zum Betrieb**[716] ausüben möchte. 174

2. Einzelfragen der Hinzuziehung

In bestimmten Situationen kann es **zweifelhaft** sein, **ob überhaupt** eine **»geplante Betriebsänderung«** vorliegt. Der AG macht beispielsweise geltend, nur Vorüberlegungen angestellt, jedoch noch keine konkreten Maßnahmen ins Auge gefasst zu haben (s. o. Rn. 140). Denkbar ist auch, dass er z. B. eine Änderung der Betriebsorganisation nicht als »grundlegend« ansieht oder das Vorliegen einer Betriebsänderung nach Satz 3 Nr. 5 mit der Begründung ablehnt, es gehe nur um kleinere Verbesserungen der Textverarbeitungssysteme, die zu keinen ins Gewicht fallenden Auswirkungen auf die AN führen würden. In diesen Fällen eine gerichtliche Klärung abzuwarten, würde das Recht des BR aus Satz 2 weithin entwerten und entgegen der Intention des Gesetzgebers an die Regelung des § 80 Abs. 3 annähern. Ähnlich wie im Rahmen des § 37 Abs. 2 (s. dort Rn. 31) und beim Geschäftsbedarf nach § 40 (s. dort Rn. 5) muss man es deshalb ausreichen lassen, dass der BR **die Voraussetzungen für die Einschaltung des Beraters** unter Abwägung aller Umstände **als gegeben ansehen durfte.**[717] Er besitzt insoweit einen weiten Beurteilungsspielraum.[718] Wurde etwa in der Vergangenheit häufig zu spät informiert, können auch schon dem BR zur Kenntnis gekommene »Vorüberlegungen« ausreichen. Ähnlich verhält es sich, wenn bei technischen Neuerungen mehr für als gegen die Tatsache spricht, dass ein 175

710 *Manske*, FS 25 Jahre ARGE Arbeitsrecht im DAV, S. 963 ff.
711 Vgl. *Hauck*, FS Richardi, S. 548: »ohne weitere Absprache«.
712 Ebenso im Ergebnis *Bauer*, FS Wißmann, S. 226; *Klapper*, S. 430; *Löwisch*, BB 01, 1798; *Manske*, FS 25 Jahre ARGE Arbeitsrecht im DAV, S. 957; a. A. *Natzel*, NZA 01, 874; *Oetker*, NZA 02, 470; *Reichold*, NZA 01, 865; die Frage blieb dahinstehen in *ArbG Hannover* 16.1.09 – 1 BVGa 1/09, NZA-RR 09, 310.
713 *BAG* 8.3.00 – 7 ABR 11/98, NZA 00, 838.
714 *BAG* 8.3.00, a. a. O.
715 Zustimmend *Klapper*, S. 433.
716 *Oetker*, NZA 02, 472.
717 Vgl. *Oetker*, NZA 02, 470.
718 *BGH* 25.10.12 – III ZR 266/11, NZA 12, 1382, 1387 Tz 45.

den Sätzen des § 17 KSchG entsprechender Kreis von Personen betroffen ist. Ob der BR bereits nach Satz 1 unterrichtet wurde, spielt keine Rolle,[719] da der AG sonst die Beratung erheblich hinauszögern könnte.

176 Der Gesetzeswortlaut spricht von »einem« Berater. Dies wirft insofern Probleme auf, als durch geplante Betriebsänderungen **häufig unterschiedliche Fachgebiete angesprochen** sind: Neben rechtlichen und betriebswirtschaftlichen Fragen spielen oft auch (informations)technische und arbeitsorganisatorische Probleme eine Rolle. Muss eine betriebliche Altersversorgung etwa im Zusammenhang mit einer Umstrukturierung verändert werden, sind auch versicherungsmathematische und spezielle steuerrechtliche Kenntnisse gefragt. Mit Recht hat deshalb *Bauer*[720] darauf hingewiesen, der Zweck des Satzes 2 spreche über den Wortlaut hinaus für die Einschaltung mehrerer Personen.[721] Um den tatsächlichen Beratungsbedarf abzudecken, bietet es sich einmal an, ein **Beratungsbüro** zu beauftragen, das über Mitarbeiter mit unterschiedlichem fachlichen Schwerpunkt verfügt.[722] In Betracht kommt zum zweiten, zwar nur eine Person zu beauftragen, dieser aber das **Recht** einzuräumen, **sich** ihrerseits **der Hilfe Dritter zu bedienen.** Der Fachanwalt für Arbeitsrecht schaltet beispielsweise einen Steuerberater und/oder einen Rentenberater ein. Dies dürfte überdies kostengünstiger sein, als wenn er sich selbst in die Materie einarbeiten würde.

177 Entstehen **Meinungsverschiedenheiten** darüber, in welchem **zeitlichen Umfang** die Hinzuziehung des Beraters erforderlich war, so ist ähnlich wie im Rahmen der Arbeitsbefreiung nach § 37 Abs. 2 (s. dort Rn. 31) darauf abzustellen ob der BR die zeitliche Inanspruchnahme bei gewissenhafter Abwägung aller Umstände **für erforderlich halten durfte.** Dabei kann es sich empfehlen, dass der Berater seine Leistungen relativ genau spezifiziert, ohne allerdings dem AG einen detaillierten Einblick in die interne Willensbildung des BR zu verschaffen; dies wäre mit dessen Unabhängigkeit von der Arbeitgeberseite nicht zu vereinbaren.[723] Auf die objektive Erforderlichkeit abzustellen würde den BR zu sehr einengen; keine Erforderlichkeitsprüfung anzunehmen würde umgekehrt den AG übermäßig belasten. Auf den Grundsatz der vertrauensvollen Zusammenarbeit abzustellen und eine »mutwillige« Zuziehung eines Beraters auszuschließen,[724] besteht unter diesen Umständen kein Anlass.

178 Wie der erst im Arbeits- und Sozialausschuss des Bundestages angefügte letzte Teilsatz des Satzes 2 deutlich macht, kommt lediglich in **UN mit bis zu 300 AN** ein Rückgriff auf § 80 Abs. 3 in Betracht.[725] Bei allen größeren UN steht ausschließlich der »Berater« zur Verfügung; nur wenn dieser entgegen dem in Rn. 171 Vertretenen nicht den ganzen Beratungsbedarf abdecken könnte, müsste auch hier auf § 80 Abs. 3 zurückgegriffen werden. Bei der Handhabung des **§ 80 Abs. 3** in kleineren UN wird allerdings die Erforderlichkeit der Einschaltung eines Sachverständigen angesichts der in Satz 2 enthaltenen Wertentscheidung eher als in der Vergangenheit zu bejahen sein. So erscheint es recht unwahrscheinlich, dass ein BR in einem UN mit 280 AN ohne jede sachkundige Hilfe von außen auskommen kann.

3. Vertragliche Beziehungen und Kostentragung

179 Der BR schließt mit dem Berater einen **Dienstvertrag,** ausnahmsweise (etwa bei der Anfertigung eines Gutachtens) einen Werkvertrag;[726] insoweit kann er auch in Bezug auf die Höhe der Vergütung rechtsgeschäftlich handeln. Dafür, dass sich seine Handlungsbefugnis nicht auf die Vergütung beziehen soll,[727] gibt das Gesetz keinen Anhaltspunkt.[728] Da es sich um »Dienste

719 A. A. Richardi/*Annuß*, Rn. 53.
720 NZA 01, 376.
721 Ebenso *Fitting*, Rn. 145; *Oetker*, NZA 02, 471; Richardi/*Annuß*, Rn. 54; in der Tendenz auch *B. Gaul*, § 28 Rn. 39; *Schweibert*, in: Willemsen u. a., Rn. C 173.
722 *Oetker*, NZA 02, 468.
723 *Bergmann*, NZA 13, 57, 60.
724 So *Löwisch*, BB 01, 1798.
725 Ebenso *Natzel*, NZA 01, 874.
726 Zustimmend *Klapper*, S. 392.
727 So *Löwisch*, BB 01, 1798 und auch *Franzen*, FS v. Hoyningen-Huene, S. 97 ff.
728 Ebenso *BGH* 25. 10. 12 – III ZR 266/11, NZA 12, 1382.

höherer Art« handelt, ist nach **§ 627 BGB** eine jederzeitige fristlose Kündigung möglich. Sie kommt insbesondere dann in Betracht, wenn der BR das **Vertrauen** zu dem Berater **verloren** hat. In einem solchen Fall kann er eine andere Person bestimmen.

180 Für seine sich im Rahmen des Gesetzes bewegende Tätigkeit kann der Berater eine Vergütung verlangen, für die der AG aufzukommen hat. Die Kostenbelastung des AG entspricht einem allgemeinen Prinzip der Betriebsverfassung.[729] Da der Berater unmittelbar im Gesetz vorgesehen ist, lässt er sich mit einem betriebsverfassungsrechtlichen Organ vergleichen; ähnlich wie der Vorsitzende einer Einigungsstelle oder externe Beisitzer kann er daher seine **Rechte unmittelbar gegen den AG geltend machen;** insoweit ist der Rechtsgedanke des § 76a Abs. 3 auch hier heranzuziehen. Akzeptiert man diese Lösung nicht, so hat der BR nach § 40 gegenüber dem AG einen Anspruch darauf, von den Honorarforderungen des Beraters freigestellt zu werden.[730] Diesen Anspruch kann und muss er notfalls an den Berater abtreten, so dass dieser seine Rechte gegen den AG selbst geltend machen kann.[731] Wird über das Vermögen des AG das Insolvenzverfahren eröffnet, sind die bis zu diesem Zeitpunkt entstandenen Honoraransprüche einfache Insolvenzforderungen; erst für die später liegende Tätigkeit entstehen Masseverbindlichkeiten.[732]

181 Was die **Höhe der Vergütung** betrifft, so wird diese in aller Regel im Vertrag zwischen BR und Berater festgelegt. Dabei ist der Grundsatz der Verhältnismäßigkeit zu beachten, da der AG andernfalls nicht zur Kostenerstattung nach § 40 BetrVG verpflichtet ist. Bei Anwälten, Steuerberatern und anderen freien Berufen ist grundsätzlich die im Einzelfall bestehende hoheitlich fixierte »Gebührenordnung« maßgebend (etwa RVG), doch kann mit Zustimmung des AG Abweichendes vereinbart werden.[733] Fehlen wie bei Unternehmensberatern solche Regelwerke, ist bei den Parteiabsprachen auf das Übliche Rücksicht zu nehmen. Geht es um die Tätigkeit von Betriebswirten, werden Tagessätze von 1650 Euro[734] und von 1700 Euro[735] von den Gerichten anerkannt. Die Beratungstätigkeit eines Rechtsanwalts ist grundsätzlich mit der eines Unternehmensberaters vergleichbar, so dass auch möglich sein sollte, entsprechende Stunden- bzw. Tagessätze in Rechnung zu stellen. Führt der Weg über die marktübliche Vergütung nach §§ 612, 632 BGB nicht weiter, so ist die Höhe der Vergütung nach **§§ 316, 315 Abs. 1 BGB** durch den Berater **nach billigem Ermessen** festzusetzen.[736]

182 Trotz der Bindung an den Verhältnismäßigkeitsgrundsatz ist der BR **nicht verpflichtet, von der billigsten Möglichkeit Gebrauch zu machen.**[737] Vielmehr kann er im Zweifel der qualitativ höherwertigen Leistung den Vorzug geben; auch spielt es eine Rolle, ob zu dem Berater bereits ein **Vertrauensverhältnis** besteht.[738] Aufgrund anderer Umstände wäre der Grundsatz der Verhältnismäßigkeit nur verletzt, wenn die Kosten des BR-Beraters über denen liegen würden, die dem AG für die Planung der Betriebsänderung entstehen (wobei die Lohnkosten für die mit der Angelegenheit befassten Angestellten und anteilige Gemeinkosten neben den Aufwendungen für externe Berater zu berücksichtigen sind). Unverhältnismäßig wäre es allerdings, wollte der BR mit dem Berater ein Honorar vereinbaren, das erheblich über den marktüblichen Sätzen liegt.

183 Hat der **Berater** in vorwerfbarer Weise **schlechte Arbeit** erbracht, muss er dafür Schadensersatz leisten. Eine Minderung des Entgelts ist im Rahmen der §§ 611 ff. BGB nicht vorgesehen. Der Anspruch steht an sich dem BR zu, doch wird man davon ausgehen müssen, dass aus dem

---

729 *Bauer*, NZA 01, 376 Fn. 17.
730 *BGH* 25. 10. 12 – III ZR 266/11, NZA 12, 1382.
731 Für Rückgriff auf § 40 auch *Fitting*, Rn. 124; *von Hoyningen-Huene*, Betriebsverfassungsrecht, § 9 Rn 33; *Oetker*, NZA 02, 471.
732 *BAG* 9. 12. 09 – 7 ABR 90/07, NZA 10, 461.
733 Über Erfahrungen, dass solche Abmachungen am ehesten vor Beginn der Verhandlungen erreichbar sind, berichten *Jaeger/Steinbrück* NZA 13, 401, 403 f.
734 *LAG Rheinland-Pfalz*, 7. 11. 11 – 7 TaBV 29/11.
735 *LAG Hamm*, ZIP 2005, 2269.
736 Ebenso *Klapper, S. 452; Lingemann*, NZA 02, 939; *Löwisch*, BB 01, 1798; *Natzel*, NZA 01, 874.
737 *Klapper*, S. 453.
738 So *BAG* 28. 6. 95 – 7 ABR 55/94, DB 95, 2118 in Bezug auf eine gewerkschaftliche Schulungsveranstaltung.

Beratungsvertrag auch dem AG gegenüber Nebenpflichten bestehen, deren Verletzung diesen zum Schadensersatz berechtigen.[739]

183a Schließt der BR mit dem Berater einen Vertrag, der über die genannten Grenzen hinausgeht (mehr Stunden als der BR für erforderlich halten durfte, überhöhtes Honorar), so besteht für den »zu weit« gehenden Teil kein Erstattungsanspruch gegenüber dem AG nach § 40. Der **BR** handelt insoweit **jenseits seiner Kompetenzen** (»ultra vires«). Nach der Rechtsprechung des BGH **haftet** die für den BR handelnde Person (meist der **Betriebsratsvorsitzende**) wie ein Vertreter ohne Vertretungsmacht entsprechend § 179 Abs. 1 BGB auf Erfüllung bzw. Schadensersatz.[740] Erkennt er nicht, dass er die Befugnisse des BR überschreitet, muss er nur den Schaden ersetzen, der dem andern Teil im Vertrauen auf die Gültigkeit des Vertrages entstand, was insbesondere Aufwendungen wie z. B. Hotel- und Reisebuchungen erfasst. Die Ersatzpflicht entfällt nach § 179 Abs. 3 BGB, wenn der Berater hätte erkennen können, dass das Maß des Erforderlichen und Verhältnismäßigen überschritten war; ein professioneller Berater muss dies von sich aus prüfen. In aller Regel wird sich ihm die Überschreitung der Befugnisse des BR aufdrängen.[741] Im Übrigen würde ein Berater auch bei anderen BRen jede Akzeptanz verlieren, wenn er ein BR-Mitglied persönlich wegen des Honorars verklagen würde. Für die denkbar seltenen Fälle, in denen dieser Schutz nicht wirkt, sollte im Vertrag mit dem Berater die persönliche Haftung von BR-Mitgliedern ausdrücklich ausgeschlossen oder die Gegenleistung auf die Abtretung des Erstattungsanspruchs gegen den AG nach § 40 Abs. 1 beschränkt werden.[742] Für den Abschluss einer D&O – Versicherung besteht unter diesen Umständen kein Anlass.[743]

VIII. Andere Beteiligungsrechte des Betriebsrats, insbesondere die Einschaltung vor der Massenentlassungsanzeige

1. Beteiligungsrechte nach BetrVG

184 Die BR-Befugnisse nach den §§ 111, 112 stehen **neben allen anderen Beteiligungsrechten;** sie gehen nicht etwa als die spezielleren Vorschriften vor.[744] So kann etwa der BR bei der Einführung grundlegend neuer Arbeitsmethoden ggf. sein Mitbestimmungsrecht nach § 87 Abs. 1 Nrn. 6, 10 und 11 geltend machen. Auch die **Beratungsrechte nach § 90** bleiben unberührt.[745] Dasselbe gilt für das Zustimmungsverweigerungsrecht bei **Versetzungen** nach §§ 95 Abs. 3, 99[746] und für die **Anhörung vor Kündigungen** nach § 102 Abs. 1.[747] Im Einzelfall ist es lediglich möglich, auf Grund ausdrücklicher Einigung mehrere Beteiligungsverfahren gleichzeitig durchzuführen. Wird etwa im Interessenausgleich individuell festgelegt, wer gekündigt werden soll, so kann das Anhörungsverfahren nach § 102 Abs. 1 in die Verhandlungen über den Interessenausgleich aufgenommen werden.[748] Führt eine technische Innovation nach Satz 3 Nr. 4 zu neuen Kontrollmöglichkeiten, ist § 87 Abs. 1 Nr. 6 zu beachten. Die Informationsrechte nach dem **UmwG**[749] werden von § 111 nicht berührt.[750] Bezieht sich die Fremdvergabe

---

739 Ebenso im Ergebnis *Natzel,* NZA 01, 874; *Oetker,* NZA 02, 472; *Reichold,* NZA 01, 865.
740 *BGH* 25.10.12 – III ZR 266/11, NZA 12, 1382.
741 Vgl. auch *Walker,* FS v. Hoyningen-Huene, S. 541.
742 Dies hält auch *BGH* 25.10.12 – III ZR 266/11, NZA 12, 1382, 1387 Tz 45 a. E. für zulässig. Ähnlich *Franzen,* FS v. Hoyningen-Huene, S. 100 f.
743 Dafür aber *Bergmann,* NZA 13, 57, 62; *Molkenbur/Weber,* DB 14, 242; ablehnend *Jaeger/Steinbrück,* NZA 13, 401, 407 und grundsätzlich auch *Walker,* FS v. Hoyningen-Huene, S. 544.
744 ErfK-*Kania,* Rn. 4; *Fitting,* Rn. 1 a. E.; GK-*Oetker,* Rn. 2; *Kreuder,* AiB 94, 734; GTAW-*Ahmad* Rn 3; *Teichmüller,* Betriebsänderung, S. 59; *Vogt,* Sozialpläne, S. 79 f.
745 *Schweibert,* in: Willemsen u. a., Rn. C 75.
746 *BAG* 27.6.06 – 1 ABR 35/05, NZA 06, 1289 = AuR 06, 455 = AiB 08, 293 mit Anm. *Rudolph.*
747 *Fuchs,* Sozialplan, S. 40.
748 *Fuchs,* Sozialplan, S. 40.
749 Dazu *Engelmeyer,* DB 96, 2542 sowie Anhang zu §§ 106 – 110.
750 *Düwell,* NZA 96, 397; ErfK-*Kania,* Rn. 4.

(Outsourcing) auf eine **Sozialeinrichtung,** so liegt eine Verwaltungsmaßnahme vor, die nach § 87 Abs. 1 Nr. 8 der vollen Mitbestimmung unterliegt.[751]

2. Massenentlassungsanzeige und vorherige Beteiligung des Betriebsrats

Nach § 17 Abs. 1 KSchG muss der Arbeitgeber der Bundesagentur für Arbeit anzeigen, dass er innerhalb von 30 Tagen im Betrieb eine Massenentlassung von Arbeitnehmern vornehmen will.[752] Die Kündigungen dürfen in diesem Moment noch nicht ausgesprochen, d. h. noch nicht zugegangen sein; ob sie bereits unterschrieben sind, spielt keine Rolle.[753] Bei Personen in Elternzeit muss bei der zuständigen Behörde ein Antrag auf Zustimmung zur Kündigung gestellt sein.[754] Vor der Anzeige ausgesprochene Kündigungen sind unwirksam.[755] **184a**

Im Rahmen des § 17 KSchG ist mit Rücksicht auf die Massenentlassungsrichtlinie der EU[756] sind die dort verwandten Begriffe unionsrechtskonform auszulegen. Dies gilt einmal für den **Arbeitnehmerbegriff,** so dass auch Fremdgeschäftsführer und Praktikanten einbezogen sind.[757] Ob auch Leiharbeitnehmer bei der Betriebsgröße und der Zahl der Entlassenen mitzählen, sollte auf Vorlage des BAG[758] vom EuGH geprüft werden, doch erfolgte eine Klagerücknahme, die dem Verfahren vor dem EuGH die Grundlage entzog.[759] M. E. sollten sie einbezogen werden, da ihre Abberufung in der Regel zu einer Kündigung führt und damit dieselbe Belastung des Arbeitsmarkts wie bei einer Entlassung von Stammbeschäftigten eintritt. Ob die Entlassungen auf einem einheitlichen Entschluss beruhen oder nicht, spielt keine Rolle.[760] **184b**

Auch der **Betriebsbegriff** ist nach der Rechtsprechung des EuGH[761] »autonom« **unionsrechtlich auszulegen;** im Wege richtlinienkonformer Auslegung ist dies auch für § 17 KSchG maßgebend.[762] Danach muss es sich um eine »unterscheidbare Einheit« von einer gewissen Dauerhaftigkeit und Stabilität handeln, die »zur Erledigung einer oder mehrerer bestimmter Aufgaben bestimmt ist und über eine Gesamtheit von Arbeitnehmern sowie über technische Mittel und eine organisatorische Struktur zur Erfüllung dieser Aufgaben verfügt.«[763] Dabei ist weder erforderlich, dass die »Einheit« über einen Leitungsapparat wie ein Betrieb nach dem BetrVG noch dass sie über Entscheidungsautonomie verfügt. Betriebsteile i. S. d. § 4 BetrVG können daher selbständige Betriebe im Rahmen des § 17 KSchG sein.[764] Auch ändert ein TV nach § 3 Abs. 1 an der »unterscheidbaren Einheit« nichts.[765] **184c**

Eine **Massenentlassung** liegt dann vor, wenn in dem so bestimmten Betrieb die im Gesetz festgelegten Sätze erreicht sind.[766] Die Massenentlassungsanzeige muss gegenüber der Arbeits- **184d**

---

751 *ArbG Köln* 25. 3. 98, AiB 99, 346 – für die Übertragung von Spülarbeiten, die in der Betriebskantine anfallen.

752 Zu den zahlenmäßigen Voraussetzungen einer Massenentlassung s. Rn. 70.

753 *BAG* 13. 6. 19 – 6 AZR 459/18, NZA 19, 1638, 1640 = DB 19, 2751; anders *LAG Baden-Württemberg* 21. 8. 18 – 12 Sa 17/18, NZA-RR 19, 24, 25.

754 *Kempter*, DB 21, 283, 284. Ob dies auch für andere Fälle wie z. B. den Schwerbehindertenschutz gilt, ist zweifelhaft, aber wohl zu bejahen. S. dazu *Hotze/v. Grundherr* BB 23, 319, 821.

755 *Schrader/Thoms*, DB 20, 1681 sowie unten Fn. 774.

756 Zu ihr s. *Krebber*, RdA 18, 271 ff.

757 *Johnson*, BB 19, 1909; *Seidel/Wagner*, BB 18, 692; *Güzel*, NZA-RR 21 285

758 16. 11. 17 – 2 AZR 90/17(A), BB 18, 307. Dazu *Zimmermann/Völkerding*, DB 18, 1154.

759 Mitgeteilt in Juris bei *BAG* 16. 11. 17 – 2 AZR 90/17 (A).

760 *Seidel/Wagner*, BB 18, 695.

761 *EuGH* 30. 4. 15 – C-80/14, NZA 15, 601; *EuGH* 13. 5. 15 – C-392/13, NZA 15, 669; *EuGH* 13. 5. 15 – C-182/13, NZA 15, 731. Dazu auch *Spelge*, RdA 18, 297, 299.

762 Bestätigt durch *BAG* 13. 2. 20 – 6 AZR 146/19, NZA 20, 1006 und durch *BAG* 27. 2. 20 – 8 AZR 215/19, AuR 20, 184. Kritisch zur Anwendung des unionsrechtlichen Betriebsbegriffs im konkreten Fall der Air Berlin *Moll*, RdA 21, 51 ff. Es bestand keine Veranlassung, die Frage des Betriebsbegriffs dem EuGH vorzulegen: *BVerfG* 5. 1. 21 – 1 BvR 1771/20, NZA 21, 271, das von einem »acte éclairé« spricht (in Wirklichkeit: acte clair).

763 So zusammenfassend *EuGH* 30. 4. 15 – C-80/14, NZA 15, 601 Tz. 49. Dazu *Mückl/Wittek*, BB 20, 1333 f.

764 *Güzel*, NZA-RR 21, 286.

765 *Oetker*, FS 100 Jahre Betriebsverfassungsrecht, S. 566.

766 *BAG* 13. 2. 20 – 6 AZR 146/19, NZA 20, 1006.

agentur erstattet werden, in deren Zuständigkeitsbereich sich der so bestimmte Betrieb befindet. Wird eine **andere Arbeitsagentur** eingeschaltet, liegt ein Verfahrensfehler vor, der die Kündigungen unwirksam macht.[767] Der **Gemeinschaftsbetrieb** dürfte auch nach EU-Recht als Einheit zu betrachten sein; bei ihm kommt es darauf an, wie viele »Entlassungen« die Trägerunternehmen planen.[768] Weiter ist auch der Begriff **»Entlassung«** nicht als faktisches Ausscheiden aus dem Betrieb, sondern als **Ausspruch einer Kündigung** (oder einer erheblichen Änderung wesentlicher Bestandteile des Arbeitsvertrags) aufzufassen.[769] Auch das **Überwechseln in eine Transfergesellschaft** aufgrund eines dreiseitigen Vertrages[770] wird ebenso wie andere Aufhebungsverträge erfasst,[771] die beispielsweise im Rahmen von Freiwilligenprogrammen geschlossen werden.[772] Auch Eigenkündigungen sind einzubeziehen, sofern sie auf Veranlassung des AG erfolgen oder einer von ihm geplanten Kündigung zuvorkommen wollen.[773] Das Auslaufen-Lassen befristeter Verträge ist nach Art. 1 Abs. 2 Buchst. a der Massenentlassungsrichtlinie nicht einbezogen, es sei denn, sie würden vor dem vertraglich vorgesehenen Zeitpunkt aufgelöst.[774]

184e Vor Erstattung der Anzeige muss der BR nach § 17 Abs. 2 KSchG in bestimmter Weise eingeschaltet werden; geschieht dies nicht, sind die Anzeige wie auch die anschließend ausgesprochenen **Kündigungen unwirksam.**[775] Auch Aufhebungsverträge verlieren ihre Wirksamkeit.[776] Dasselbe gilt dann, wenn die **Kündigung vor der** Erstattung der **Anzeige** ausgesprochen wird.[777] Bedarf die Kündigung wie im Falle der Elternzeit der staatlichen Genehmigung, so ist der Zeitpunkt der Antragstellung maßgebend.[778] **Unwirksamkeit der** Anzeige und der **Kündigungen** besteht **auch dann,** wenn der Betriebsbegriff verkannt wird und die Anzeige deshalb nicht alles enthält, was den wirklichen Betrieb betrifft,[779] oder wenn die Anzeige gegenüber einer unzuständigen Arbeitsagentur erfolgte.[780] **Fehlen** in der Anzeige **Pflichtangaben** nach § 17 Abs. 3 Satz 4 KSchG, so ist sie (genauso wie die Kündigung) ebenfalls unwirksam. Enthält sie falsche Aussagen, so kommt es auf die Auswirkungen an, die diese für die gekündigten AN und für die Handlungsmöglichkeiten des BA hatten.[781] **Fehlen** die **»Soll-Angaben«** nach § 17 Abs. 3 Satz 5 KSchG, so hat dies nicht die Unwirksamkeit der Anzeige und der Kündigungen zur Folge.[782] Aus AG-Sicht ist dennoch von einer »kaum zu überblickenden Anzahl von Stolperfallen« die Rede;[783] ein führender Vertreter dieser Seite betont, das Massenentlassungsverfahren verbreite »Angst und Schrecken«.[784] Auch die von der Bundesagentur zugelassene Sammelanzeige am

767 *BAG* 14.5.20 – 6 AZR 674/19, NZA 20, 1324.
768 *BAG* 14.8.07 – 8 AZR 1043/06, BB 2007, 2742; *Mückl/Wittek*, BB 20, 1332, 1334.
769 *EuGH* 27.1.05 – C 188/03, NZA 05,213 (Junk), übernommen durch *BAG* 23.3.06 – 2 AZR 343/05, NZA 06, 971; *BAG* 21.3.13 – 2 AZR 60/12, NZA 13, 966. Dazu *Fitting*, Rn. 103d.
770 Dazu §§ 112, 112a Rn. 261 ff. Ebenso für diesen Fall *Hotze/v. Grundherr*, BB 23, 819, 821.
771 *Däubler*, NZA 20, 10, 15; *Seidel/Wagner*, BB 18, 693.
772 *Ludwig/Hinze*, NZA 20, 698. Zu diesen s. unten Rn. 185 ff.
773 *Hotze/v. Grundherr*, BB 23, 819, 821.
774 Dazu auch *EuGH* 13.5.15 – C-392/13, NZA 15, 669 Tz. 68 ff.; *EuGH* 11.11.15 – C-422/14, NZA 15, 1441.
775 So zuletzt *BAG* 14.5.20 – 6 AZR 674/19, NZA 20, 1324; *BAG* 12.2.19 – 1 AZR 279/17, ZIP 19, 833; *BAG* 22.9.16 – 2 AZR 276/16, NZA 17, 175 Tz. 22 ff. Zur Problematik insgesamt instruktiv *Kuster* AiB 5/17, 48 ff.
776 *Ludwig/Hinze*, NZA 20, 698.
777 *BAG* 9.6.16 – 6 AZR 405/15, NZA 16, 1198 Tz. 14.
778 *BVerfG* 8.6.16 – 1 BvR 3634/13, NZA 16, 939 für den Fall der Elternzeit. Ob dies auch für andere Formen der Genehmigung z. B. nach SGB IX gilt, ist nicht definitiv entschieden: *Mückl/Wittek*, BB 20, 1332.
779 *BAG* 13.2.20 – 6 AZR 146/19, NZA 20, 1006; *BAG* 27.2.20 – 8 AZR 215/19, AuR 20, 184.
780 *ArbG Berlin* 7.2.19 – 41 Ca 4536/18, ZIP 19, 836; *BAG* 13.2.20 – 6 AZR 146/19 NZA 20, 1006 Rn. 78 und *BAG* 27.2.20 – 8 AZR 215/19, AuR 20, 184 S. auch *Mückl/Wittek*, BB 20, 1332, 1336.
781 *LAG Düsseldorf* – 17.10.18 – 1 Sa 337/18, AuR 19, 50, 89; *Seidel/Wagner*, BB 18, 692.
782 *BAG* 19.5.22 – 2 AZR 467/21, NZA 22, 1051; anders *LAG Hessen* 25.6.21 – 14 Sa 1225/20, NZA-RR 21, 598 (richtlinienkonforme Auslegung).
783 *Ludwig/Hinze*, NZA 20, 694.
784 *Schiefer*, DB 20, 2521, 2523.

Unternehmenssitz, wenn in verschiedenen Betrieben Massenentlassungen erfolgen, bringt nur wenig Entlastung.[785]

Der Arbeitgeber hat den **BR** rechtzeitig über alle die Gegenstände schriftlich **zu unterrichten,** die in § 17 Abs. 2 Satz 1 KSchG aufgezählt sind. Dabei genügt die Textform.[786] Dazu gehören **184f**

- die Gründe für die geplanten Entlassungen (»dauerhafter Auftragsmangel«, »Einstellung einer bestimmten Tätigkeit«); dabei wird es sich in der Regel um die Schilderung einer unternehmerischen Entscheidung handeln.
- die Zahl und die Berufsgruppen der betroffenen Arbeitnehmer; die Benennung der »Berufsgruppen« soll später der Bundesagentur die Möglichkeit geben, gezielt nach anderen Beschäftigungsmöglichkeiten zu suchen.
- die Zahl und die Berufsgruppen der in der Regel beschäftigten AN.
- der Zeitraum, in dem die Entlassungen vorgenommen werden sollen; dabei ist vorausgesetzt, dass der Personalabbau innerhalb von 30 Tagen erfolgt.
- die vorgesehenen Kriterien für die Auswahl der zu entlassenden Arbeitnehmer; dies werden in der Regel die Kriterien für die soziale Auswahl nach § 1 Abs. 3 KSchG sein, doch sind auch Richtlinien nach § 1 Abs. 4 KSchG denkbar. Bei einer Namensliste nach § 1 Abs. 5 KSchG sind gleichfalls Kriterien zu benennen.
- die für die Berechnung etwaiger Abfindungen vorgesehenen Kriterien.

Das sind Mindestinformationen; der Zweck der Vorschrift kann die Mitteilung weitergehender Umstände verlangen.[787] Nach § 17 Abs. 3 Satz 1 KSchG muss der zuständigen Agentur für Arbeit eine Abschrift der Mitteilung an den BR übermittelt werden. Unterbleibt dies, hat das keine Auswirkung auf die Wirksamkeit einer späteren Kündigung, da die Übermittlungspflicht nicht den einzelnen AN (sondern den Arbeitsmarkt) schützen will.[788] Dieselben Informationen werden häufig schon im Rahmen des § 111 Satz 1 BetrVG übermittelt. Beide können verbunden werden, doch muss der Arbeitgeber deutlich machen, dass er zugleich den Anforderungen des § 17 Abs. 1 KSchG Rechnung tragen will.[789] Es wird empfohlen, dass er dies ausdrücklich tut;[790] es genügt nicht, wenn der BR dies nur erkennen kann.[791] Ohne eine solche Klarstellung läge kein **transparentes Verfahren** vor und damit wären die Voraussetzungen des § 17 Abs. 1 KSchG nicht erfüllt.[792] Auch muss auf AN-Seite dieselbe Interessenvertretung für beide Verfahren zuständig sein.[793] An dieser Voraussetzung fehlt es beispielsweise dann, wenn für die Verhandlungen über den Interessenausgleich der KBR zuständig ist, während das Konsultationsverfahren immer auf der Ebene der Tochtergesellschaft durchgeführt werden muss.[794]

Mit der Unterrichtung muss der Arbeitgeber das **Angebot** verbinden, mit dem BR ernsthaft und mit dem Willen zur Einigung über die Frage **zu verhandeln,** ob die Entlassungen vermieden, zahlenmäßig reduziert oder wenigstens ihre Folgen gemildert werden können. Die Entscheidung darf also noch nicht definitiv gefallen sein. Ist sogar schon mit der Umsetzung begonnen worden, bevor der BR konsultiert wurde, ist das Verfahren mit einem unheilbaren Mangel behaftet, der zur Unwirksamkeit der Kündigungen führt. Der AG müsste die ganze Massenentlassung von vorne beginnen. Eine bloße »Aufforderung zur Stellungnahme« kommt dem gesetzlich durch § 17 Abs. 1 Satz 2 KSchG vorgeschriebenen Verhandlungsangebot nicht gleich,[795] ebenso wenig eine »Anhörung« im Sinne des § 102 Abs. 1.[796] Dieses Angebot sowie das Resultat der Verhandlungen sind der Anzeige an die Bundesagentur nach § 17 Abs. 3 KSchG beizufügen. Die Unterrichtung des BR kann während der Verhandlungen vervollständigt **184g**

785 Eingehend dazu *Ernst/Schaller*, NZA 21, 1074ff.
786 *BAG* 22.9.16 – 2 AZR 276/16, NZA 17,175 Tz. 41ff.; *Fitting*, Rn. 103.
787 *Ludwig/Hinze*, NZA 20, 695. Exemplarisch *BAG* 14.5.20 – 6 AZR 674/19, NZA 20, 1324.
788 *EuGH* 13.7.23 – C-134/22, NZA 23, 887.
789 *BAG* 13.6.19 – 6 AZR 459/18, NZA 19, 1638; *Oetker*, FS 100 Jahre Betriebsverfassungsrecht, S. 568.
790 *Reiserer/Lachmann*, BB 21, 1268, 1273.
791 So aber *Kempter*, DB 21, 283, 284.
792 *BAG* 13.12.12 – 6 AZR 752/11, NZA 13, 1040; *BAG* 26.2.15 – 2 AZR 955/13, NZA 15, 881.
793 Zur Verknüpfung der Verfahren s. auch *Reiserer/Lachmann*, BB 21, 1268, 1271.
794 *Reiserer/Lachmann*, BB 21, 1268, 1273; *Ludwig/Hinze*, NZA 20, 694.
795 *BAG* 26.2.15 – 2 AZR 955/13, NZA 15, 881 Tz. 25.
796 *Temming*, NZA 16, 599, 602.

werden.[797] Allerdings ist die Anzeige erst zwei Wochen nach vollständiger Information des Betriebsrats zulässig.[798] Beziehen sich die möglichen Entlassungen auf mehrere Betriebe eines UN, so ist der **GBR** für die Verhandlungen zuständig.[799]

184h Der BR kann auf das Angebot in unterschiedlicher Weise reagieren. Hüllt er sich in Schweigen, so kann der Arbeitgeber frühestens nach zwei Wochen die Anzeige an die Bundesagentur erstatten. Diese Frist verkürzt sich, wenn der BR bereits vorher erklärt, Verhandlungen seien sinnlos.[800] Im Regelfall wird er sich jedoch auf die angebotenen Verhandlungen einlassen, wobei spätestens nach einer Woche erste Gespräche stattfinden sollten. Kommt eine **Verständigung** zustande, so ist diese der Anzeige beizufügen. Einigen sich Arbeitgeber und Betriebsrat über einen **Interessenausgleich mit Namensliste,** so ersetzt dieser nach § 1 Abs. 5 Satz 4 KSchG die Stellungnahme des Betriebsrats; im Insolvenzverfahren folgt dasselbe aus § 125 Abs. 2 InsO.[801] Hat der GBR einen Interessenausgleich mit Namensliste abgeschlossen, weil mehrere Betriebe betroffen waren, so wird dadurch auch die Stellungnahme der Einzelbetriebsräte ersetzt.[802] Für einen reinen Interessenausgleich ohne Namensliste und für einen Sozialplan gilt das nicht.[803] Kommt **keine Einigung** zwischen Arbeitgeber und BR zustande, so ist die **Stellungnahme des BR** nach § 17 Abs. 3 Satz 2 KSchG – soweit vorhanden – der Anzeige an die Bundesagentur beizufügen. Von einer »Stellungnahme« kann nur dann die Rede sein, wenn sie definitiven Charakter hat. Sie muss allerdings nicht in einem separaten Dokument enthalten sein, sondern kann sich beispielsweise auch aus einem Interessenausgleich ergeben.[804] Liegt keine abschließende Stellungnahme vor, weil beispielsweise der BR noch weitere Aufklärung wünscht, so hat der Arbeitgeber in der Anzeige den **»Stand der Verhandlungen«** darzulegen. War der **BR** tatsächlich **nicht ausreichend informiert,** wäre das Konsultationsverfahren fehlerhaft, was auch die Anzeige und die Kündigungen fehlerhaft machen würde.[805] War dies nicht der Fall, so muss der Stand der Verhandlungen vom Arbeitgeber gegenüber der Bundesagentur **objektiv dargestellt** werden; Unrichtigkeiten oder Weglassen von Fakten und Stellungnahmen würden das Konsultationsverfahren gleichfalls fehlerhaft machen.[806] Dasselbe gilt, wenn in den Verhandlungen noch ein **Ansatz für weitere zielführende Gespräche** besteht, der Arbeitgeber aber gleichwohl die Anzeige erstattet.[807] Ähnlich wie bei den Verhandlungen über den Interessenausgleich müssen alle Einigungsmöglichkeiten ausgeschöpft werden.

184i Gehört das Arbeitgeber-UN einem **Konzern** an, so treffen die Auskunfts-, Beratungs- und Anzeigepflichten auch dann das Arbeitgeberunternehmen, wenn die **Entscheidungen von einer beherrschenden Gesellschaft** getroffen werden (§ 17 Abs. 3a Satz 1 KSchG). Werden von dieser die nötigen Informationen nicht zur Verfügung gestellt, so geht dies nach § 17 Abs. 3a Satz 2 KSchG zu Lasten der abhängigen Arbeitgeber-Gesellschaft: Das Verfahren wäre wegen unzureichender Information des BR mangelhaft, die Anzeige und die Kündigungen wären unwirksam.[808] Das *LAG Berlin-Brandenburg*[809] hat dem *EuGH* die Frage vorgelegt, wann in diesem Kontext von einem **»Konzern«** die Rede sein kann. Der *EuGH*[810] hat sie in dem Sinne beantwortet, dass jede rechtliche Verbindung genügt, die einen bestimmenden Einfluss möglich macht und die den AG zwingen kann, eine Massenentlassung in Betracht zu ziehen oder vorzu-

797 *BAG* 9.6.16 – 6 AZR 405/15, NZA 16, 1198 Tz. 25.
798 *Ludwig/Hinze*, NZA 20, 694, 695.
799 Dazu *Hotze/v. Grundherr*, BB 23, 819, 822.
800 *BAG* 13.12.12 – 6 AZR 752/11, NZA 13, 1040 Tz. 51.
801 Vgl. *LAG Rheinland-Pfalz* 28.4.22 – 5 Sa 277/21, juris.
802 *BAG* 7.7.11 – 6 AZR 248/10, NZA 11, 1108.
803 *BAG* 13.12.12 – 6 AZR 752/11, NZA 13,1040. Im (einfachen) Interessenausgleich kann allerdings eine abschließende Stellungnahme des BR enthalten sein. Dazu *Fitting*, Rn. 103f und sogleich im Text.
804 *BAG* 21.3.12 – 6 AZR 596/10, NZA 12, 1058 Tz 17ff.
805 *LAG Berlin-Brandenburg* 9.8.22 – 16 Sa 1588/21, juris, Os. 19.
806 S. den Fall *BAG* 22.9.16 – 2 AZR 276/16, NZA 17, 175 Tz 24 (»irreführend«).
807 *BAG* 22.9.16 – 2 AZR 176/16, NZA 17, 175 Tz 50: Beendigung dann, wenn »kein Ansatz für weitere, zielführende Verhandlungen« mehr vorhanden ist.
808 Vgl. *EuGH* 10.9.09 – C 44/08, NZA 09, 1083 Tz. 43 – Keskusliitto.
809 24.11.16 – 10 Sa 284/16, AuR 17, 90. Dazu *Kuster* AiB 5/17, 48ff.
810 7.8.18 – C-61/17 u.a., NZA 18, 1051.

nehmen. Das *LAG Berlin-Brandenburg*[811] ist dem mit der kürzeren Formel gefolgt, ein beherrschendes UN liege vor, »wenn eine rechtliche Verbindung beliebiger Art einen bestimmenden Einfluss ermöglicht.« Außerdem sprach es den Grundsatz aus, der Informationsanspruch des BR nach § 17 Abs. 2 KSchG bestimme sich nach dem jeweiligen Stand der Konsultationen.[812] Das herrschende Unternehmen darf die Anweisung zum Ausspruch von Kündigungen erst dann geben, wenn alle betroffenen Tochtergesellschaften das **Konsultationsverfahren** mit ihrem BR **abgeschlossen** haben.[813] Insoweit besteht ein wichtiger Unterschied zum Verfahren nach § 112, wo die Konzernspitze ggf. unmittelbar mit dem KBR verhandelt.[814]

War das Verfahren nach § 17 KSchG fehlerhaft, so tritt dadurch **keine »Heilung«** ein, dass die Bundesagentur den Fehler nicht beanstandet oder dass sie auf der Grundlage der fehlerhaften Anzeige eine Entscheidung z. B. nach § 20 KSchG trifft.[815] Wird der **BR** im Falle der Betriebsschließung nicht über die betroffenen Berufsgruppen unterrichtet, nimmt er aber gleichwohl zu der gesamten Massenentlassung **abschließend Stellung,** so ist dieser Fehler des Konsultationsverfahrens nach der Rechtsprechung geheilt.[816] Dies hängt entscheidend damit zusammen, dass das Nachdenken über Alternativen durch die fehlende Angabe über die »Kategorien« oder »Berufsgruppen« nicht beeinträchtigt wird. In anderen Fällen würde keine Heilungswirkung eintreten. Ohne Bedeutung ist es, wenn die Agentur für Arbeit entgegen § 17 Abs. 3 Satz 1 KSchG keine Abschrift der Mitteilung an den BR erhalten hat.[817] 184j

Sind **zwei Entlassungswellen** zu unterschiedlichen Zeitpunkten geplant, so kann das Konsultationsverfahren als einheitliches durchgeführt werden.[818] Allerdings bedarf es nach § 18 Abs. 4 KSchG einer erneuten Anzeige, wenn die zweite Entlassungswelle nicht innerhalb von 90 Tagen durchgeführt wird, gerechnet von dem Tag an, zu dem sie nach § 18 Abs. 1 und 2 KSchG zulässig war. Dasselbe gilt für mehr als zwei Entlassungswellen, von denen jede die Grenzen des § 17 Abs. 1 KSchG übersteigt. Im Einzelfall kann eine Kündigung auch an **mangelhafter Anhörung des BR nach § 102 Abs. 1** scheitern, weil dem BR angesichts der Verhandlungen über einen Interessenausgleich und des Verfahrens nach § 17 KSchG kein nachvollziehbarer Sachstand mitgeteilt wurde.[819] 184k

Der unionsrechtliche AN-Begriff umfasst unbestrittenermaßen auch die **leitenden Angestellten.** Insoweit ist das Konsultationsverfahren nicht mit dem BR, sondern zusätzlich mit dem **Sprecherausschuss** durchzuführen, sofern von einer Massenentlassung auch leitende Angestellte betroffen sind.[820] Der Inhalt des Verfahrens bestimmt sich nach § 17 Abs. 2 KSchG, doch muss es nicht gleichzeitig oder gar gemeinsam mit der Konsultation des BR durchgeführt werden.[821] Unterbleibt es, ist die Anzeige insgesamt fehlerbehaftet, was auch auf die Wirksamkeit der Kündigungen durchschlägt. 184l

Ist die Anzeige korrekt erstattet, so können die Kündigungen ausgesprochen werden, d. h. den Betroffenen zugehen. Dies kann sogar schon unmittelbar nach Eingang der Anzeige bei der Arbeitsagentur erfolgen, doch dürfen sie erst nach Ablauf der **Sperrfrist des § 18 KSchG** wirksam werden.[822] Wurde die **Anzeige nicht erstattet** oder wies das **Verfahren Fehler** auf, so 184m

---

811 20.12.18 – 10 Sa 491/16, juris.
812 756 Eingehend zu dieser Entscheidung *Temming/Dalmer*, RdA 19, 299 ff.
813 *Mückl/Wittek*, BB 20, 1332, 1334. Weitere Einzelheiten des Massenentlassungsverfahrens bei Konzernsachverhalten bei *Jares/Fuchs*, NZA 20, 1071.
814 *Oetker*, FS 100 Jahre Betriebsverfassungsrecht, S. 569.
815 *BAG* 26.2.15 – 2 AZR 955/13, NZA 15,881 Tz. 42; ebenso schon *BAG* 13.12.12 – 6 AZR 752/11, NZA 13, 1040 Tz. 66. Zustimmend DDZ-*Deinert/Callsen*, § 17 KSchG Rn. 47. Dazu weiter *Spelge*, RdA 18, 297, 302.
816 *BAG* 9.6.16 – 6 AZR 405/15, NZA 16, 1198 Tz. 32; *BAG* 9.6.16 – 6 AZR 638/15, NZA 16, 1202 Tz. 23.
817 *EuGH* 13.7.23 – C-134/22.
818 *BAG* 9.6.16 – 6 AZR 638/15, NZA 16, 1202.
819 *LAG Hamm* 22.1.19 – 3 Sa 1994/19, AuR 20, 136 (im Fall eines Automobilzulieferers).
820 *BAG* 13.2.20 – 6 AZR 146/19, NZA 20, 1006 Rn. 69; MünchArbR-*Spelge*, § 121 Rn. 110 f.; a. A. *Moll*, RdA 21, 49, 55 und *Schubert/Fischer*, DB 20, 785, 791, die aber trotz Minimierung von Risiken zur Einschaltung des SpA raten.
821 *BAG* 13.2.20 – 6 AZR 146/19, NZA 20, 1006 Rn. 69.
822 *Schrader/Thoms*, DB 20, 1681; *Güzel*, NZA-RR 21, 289.

ist die daraufhin ausgesprochene **Kündigung unwirksam.**[823] Ob eine solche Sanktion noch mit der Massenentlassungsrichtlinie vereinbar ist, hat der 6. Senat des BAG dem EuGH als Frage vorgelegt.[824] Dass der EuGH dies verneint, erscheint eher unwahrscheinlich.

3. Rechte der Schwerbehindertenvertretung

184n Die Schwerbehindertenvertretung (SBV) ist nicht unmittelbar an den Verhandlungen über Interessenausgleich und Sozialplan beteiligt, doch sind ihre spezifischen Rechte auch im Zusammenhang mit einer geplanten Betriebsänderung zu wahren.[825] Nach § 178 Abs. 2 S. 1 SGB IX hat der AG die SBV in allen Angelegenheiten unverzüglich und umfassend zu **unterrichten,** die einen einzelnen schwerbehinderten Menschen oder eine Gruppe von schwerbehinderten Menschen berühren. Vor einer **Entscheidung** ist die SBV anzuhören, was eine vollständige Information über alle Umstände meint, die für eine Stellungnahme der SBV möglicherweise erforderlich sind.[826] Erfolgt dies nicht, so ist die Durchführung oder Vollziehung einer **Entscheidung auszusetzen,** sobald die SBV von ihr erfahren hat. Dies kann notfalls im Wege einer einstweiligen Verfügung durchgesetzt werden. Anschließend ist die Beteiligung innerhalb von sieben Tagen nachzuholen, bevor dann eine endgültige Entscheidung getroffen wird.[827] Außerdem kann die SBV nach § 35 Abs. 1 einen Betriebsratsbeschluss für eine Woche aussetzen, wenn nach ihrer Einschätzung wichtige Interessen der Schwerbehinderten beeinträchtigt sind. Dies erstreckt sich auch auf Beschlüsse, mit denen einem Interessenausgleich oder einem Sozialplan zugestimmt wird. Wird eine **Kündigung ohne Anhörung** der SBV ausgesprochen, ist diese nach § 178 Abs. 2 Satz 3 SGB IX unwirksam.

184o Wann eine **Entscheidung** vorliegt, die das **Anhörungsrecht** auslöst, kann zweifelhaft sein. Nach der Rechtsprechung muss es sich um einen **»einseitigen Willensakt«** des AG handeln, der sich auf Schwerbehinderte bezieht. Ob nicht-schwerbehinderte AN in gleicher Weise betroffen sind oder nicht, spielt keine Rolle.[828] Ein Beispiel wäre die **Versetzung** und die **Umgruppierung eines schwerbehinderten Menschen,** aber auch der Entschluss, eine **Betriebsänderung** effektiv **durchzuführen,** von der auch schwerbehinderte Menschen betroffen sind. Der Abschluss eines **Aufhebungsvertrags** soll nach *BAG*[829] nicht erfasst sein, weil der Schwerbehinderte sich hier frei entscheiden könne und deshalb keine Hilfe benötige. Dabei wird nicht bedacht, dass das Angebot eines solchen Vertrags sehr wohl eine einseitige Entscheidung ist, die je nach den Umständen eine Kundgabe der Überflüssigkeit des AN oder die Gewährung eines finanziellen Privilegs darstellen kann.

184p Die Einschaltung der SBV wird in der Literatur speziell im Zusammenhang mit geplanten Betriebsänderungen und mit Massenentlassungen als **Erschwerung für die AG-Seite** kritisiert.[830] In der Tat kann sich das Verfahren in die Länge ziehen, wenn die Anhörung zunächst unterbleibt und dann nachgeholt werden muss. Dabei kann die Verzögerung auch länger als sieben Tage dauern, wenn die **SBV vorübergehend** z. B. wegen Urlaubs der Vertrauensperson und wegen Dienstreise des Stellvertreters **nicht erreichbar** ist. Unterbleibt die Anhörung vor einer Kündigung, ist diese unwirksam. Nach der Rechtsprechung des BAG ist die **SBV** jedoch **nicht in das Massenentlassungsverfahren einzubeziehen;** die Massenentlassungsrichtlinie verlange keine Einschaltung von zwei Vertretungen für eine Beschäftigtengruppe.[831]

---

823 Nachweise oben Rn. 184e.
824 *BAG* 11. 5. 23 – 6 AZR 157/22 (A), NZA 23, 1040.
825 Überblick, aber eher restriktive Auslegung bei *Ludwig/Kemna*, NZA 19, 1547.
826 *Däubler*, in: Deinert/Welti/Luik/Brockmann, Nr. 154 Rn. 15.
827 Näher *Däubler*, in: Deinert/Welti/Luik/Brockmann, Nr. 154 Rn. 16.
828 *BAG* 20. 6. 18 – 7 ABR 39/16, NZA 19, 54 Tz. 33; anders interpretiert bei *Ludwig/Kemna*, NZA 19, 1548.
829 14. 3. 12 – 7 ABR 67/10, AP Nr. 4 zu § 95 SGB IX.
830 *Ludwig/Kemna, NZA 19, 1547 ff.*
831 *BAG* 13. 2. 20 – 6 AZR 146/19, NZA 20, 1006 Rn. 64 ff.; a. A. *LAG Berlin-Brandenburg* 23. 12. 16 – 21 Sa 2100/18, NZA-RR 19, 640. Näher zu den Anforderungen des Massenentlassungsverfahrens s. ob. Rn. 184a ff.

IX. Freiwilligenprogramme

1. Anlass und Formen

Nicht selten lässt sich ein Personalabbau viele Monate im voraus absehen: Folgeaufträge des größten Abnehmers werden mit Sicherheit ausbleiben, weil dieser auf E-Mobilität umstellt. Wenig rentable Bereiche sollen in ein bis zwei Jahren geschlossen werden. Hier liegt es nahe, Freiwilligenprogramme aufzulegen, wonach jeder eine Abfindung erhält, der freiwillig aus dem UN ausscheidet.[832] Für den AG sind die **Kosten kalkulierbar, die AN haben** die Möglichkeit, **dann auszuscheiden, wenn sich für sie eine akzeptable Alternative auftut.**[833] Die Rechtsprechung hatte sich verschiedentlich mit diesem Phänomen auseinander zu setzen,[834] ohne dabei allerdings spezifische Grundsätze zu entwickeln. 185

Da die Initiative zu einem Abfindungsplan von der Arbeitgeberseite ausgeht, kann diese im Grundsatz über das »Wie« bestimmen. Jedem, der sich meldet, einen Aufhebungsvertrag anzubieten, kommt aber im Grunde nur in Betracht, wenn die **Stilllegung** des fraglichen Arbeitsbereichs oder gar des Betriebs **absehbar** ist oder wenn betriebswirtschaftliche Erwägungen eine geringe Rolle spielen. Im Regelfall wird ein Bedürfnis bestehen, **Personen mit besonders wichtigen Qualifikationen oder Erfahrungen im Betrieb zu halten.** Dies lässt sich in der Weise umsetzen, dass sich die Arbeitgeberseite das Recht vorbehält **Wünsche** nach einem Aufhebungsvertrag **abzulehnen.** Das kann als allgemeine Regel, ohne Bezugnahme auf bestimmte Gründe, formuliert sein. Möglich und naheliegender ist es, das Ablehnungsrecht von bestimmten Voraussetzungen abhängig zu machen, also beispielsweise einen »sachlichen Grund« oder »dringende betriebliche Erfordernisse für die Weiterbeschäftigung« zu verlangen. Theoretisch könnte man sogar nur gegenüber denjenigen ein Ablehnungsrecht vorsehen, die nach § 1 Abs. 3 Satz 2 KSchG als »Leistungsträger« oder im Hinblick auf die Ausgewogenheit der Personalstruktur aus einer sozialen Auswahl auszuklammern wären, doch sind damit ggf. gerichtliche Auseinandersetzungen vorprogrammiert. In allen Fällen liegt es nahe, denjenigen einen Sonderkündigungsschutz einzuräumen, deren Ausscheiden am Veto der AG-Seite scheiterte. Bisweilen wird auch ein **»Anspracheprogramm«** vorgesehen, wonach der Arbeitgeber selbst entscheidet, wer von den Arbeitnehmern im Hinblick auf ein freiwilliges Ausscheiden gefragt werden soll. 185a

2. Zulässige und unzulässige Differenzierungen

Wird jedem Wunsch nach Ausscheiden stattgegeben, stellen sich keine Probleme der Gleichbehandlung. Anders ist es jedoch, wenn sich das »Programm« von vorne herein auf bestimmte Betriebe oder Betriebsteile beschränkt. Hier kann der allgemeine Gleichbehandlungsgrundsatz verletzt sein, wenn beispielsweise nur solche Teile des Unternehmens erfasst werden, bei denen ein Personalabbau für die nächste Zukunft zu erwarten ist. Da der Kündigungsschutz unternehmensbezogen ist, weil ein betroffener Arbeitnehmer nach § 1 Abs. 2 Satz 2 Nr. 1b KSchG verlangen kann, auf einem freien Arbeitsplatz in einem anderen Betrieb des Unternehmens weiter beschäftigt zu werden, sollte ein »Freiwilligenprogramm« auch dort freie Stellen schaffen. Es bedürfte einer besonderen sachlichen Rechtfertigung, Angebote zum einvernehmlichen Ausscheiden **nur für einen Teil des Unternehmens** vorzusehen. Dies ist etwa dann vorstellbar, wenn eine Abteilung mit Spezialfunktion geschlossen werden soll und die dort Tätigen für keine andere Tätigkeit im Unternehmen in Betracht kommen. 185b

Häufiger wird das Problem auftauchen, dass sich das Angebot auf bestimmte Personengruppen beschränkt, beispielsweise nur Ältere und/oder nur Frauen mit Kindern ansprechen will. Das *BAG* hatte im vorliegenden Zusammenhang bisher nur über die Frage zu entscheiden, ob die **Herausnahme Älterer aus einem »Freiwilligenpaket«** eine Diskriminierung wegen Alters 185c

832 Überblick über die dabei zu beachtenden Gesichtspunkte bei *Däubler*, AiB 5/21 S. 15ff.
833 Die folgenden Ausführungen folgen im Wesentlichen den in NZA 20, 1ff. gemachten.
834 *BAG* 7.5.87 – 2 AZR 271/86, NZA 88, 15; *BAG* 25.2.10 – 6 AZR 911/08, NZA 10, 561; *LAG Schleswig-Holstein*, 20.7.07 – 3 TaBVGa 1/07, NZA-RR 08, 244. Zu den Vorzügen s. *Meyer/Röger*, NZA-RR 11, 391.

darstellt.[835] Sie wurde primär mit dem Argument verneint, es stelle keine Benachteiligung Älterer dar, wenn ihr Verbleiben in der Beschäftigung zumindest vorübergehend gesichert werde. Viel typischer als die vom *BAG* behandelte Konstellation ist der spiegelbildliche Fall, dass sich ein Freiwilligenprogramm speziell an die Älteren wendet. Ihr damit angezieltes Ausscheiden aus dem Arbeitsprozess stellt in der Logik des *BAG*[836] eine **Benachteiligung** dar, doch kann diese nach § 10 Satz 1 und 2 AGG **gerechtfertigt** sein, um die Beschäftigungschancen Jüngerer zu verbessern.[837] Die grundsätzliche Bindung des Arbeitgebers an die Diskriminierungsverbote steht außer Zweifel. Eine Beschränkung auf Frauen und Ausländer oder gar auf Frauen mit Kindern muss daher ausscheiden, dürfte aber auch in der Praxis kaum eine Rolle spielen. Die Benachteiligung läge hier u. a. darin, dass mit dem selektiven Angebot die konkludente Einschätzung verbunden ist, die Dienste solcher Personen seien am ehesten verzichtbar. Das Diskriminierungsverbot wäre auch dann verletzt, wenn sich zwar jede interessierte Person melden könnte, aber nur Anträge von Frauen und Ausländern positiv beschieden würden. Der Arbeitgeber ist weiter verpflichtet, eine Benachteiligung von Teilzeitkräften zu vermeiden, die aber nicht schon darin liegt, dass die Abfindung wegen der geringeren Arbeitszeit niedriger als bei Vollzeitbeschäftigten ausfällt.[838] **Ausgeschlossene Gruppen können Gleichbehandlung verlangen,** also ggf. einen Anspruch auf Abschluss eines Aufhebungsvertrags geltend machen.[839]

3. Sicherung der Freiwilligkeit

185d Bei Aufhebungsverträgen spielt die Freiwilligkeit auf Arbeitnehmerseite seit jeher eine große Rolle; nicht wenige Gerichtsentscheidungen mussten sich mit der Frage befassen, ob eine arglistige Täuschung oder eine widerrechtliche Drohung seitens des Arbeitgebers vorlag.[840] Die zweite Alternative wäre wohl gegeben, wenn ein Arbeitnehmer mit der Erklärung konfrontiert würde »Sie sind bei den Kündigungen sicher dran«, obwohl die Weiterbeschäftigung an einem andern Arbeitsplatz und die Frage noch gar nicht geprüft wurde, ob er nach den Grundsätzen über die soziale Auswahl überhaupt gekündigt werden könnte. Die jüngste Rechtsprechung des BAG geht allerdings über die Anwendung des § 123 BGB hinaus und verlangt **»faires Verhandeln«**; den Arbeitgeber trifft nach § 241 Abs. 2 BGB die Nebenpflicht, den Arbeitnehmer nicht in eine »psychische Drucksituation« zu bringen.[841] Welche Einzelpflichten sich daraus ergeben, ist noch nicht endgültig geklärt.[842] **Rechtsfolge einer Nichtbeachtung wäre eine Schadensersatzpflicht;** der Arbeitgeber müsste nach § 249 BGB den Zustand (wieder-) herstellen, der bei fairem Umgang bestanden hätte. In der Regel führt dies dazu, dass der Aufhebungsvertrag rückgängig zu machen ist.[843]

185d Die Arbeitgeberseite ist unter diesen Umständen gut beraten, wenn sie dem AN eine **Bedenkzeit** von einigen Tagen einräumt, damit er sich mit sachkundigen Personen seines Vertrauens ohne jeden Druck beraten kann. Angesichts der Tragweite der zu treffenden Entscheidung gilt dies auch dann, wenn der AN selbst sein Interesse an dem »Freiwilligkeitsprogramm« bekundet hat.

4. Gestaltungsmöglichkeiten

185e Das Freiwilligenprogramm wird in erster Linie **Abfindungszahlungen** vorsehen. Diese werden wie beim Sozialplan gestaffelt sein und insbesondere von der Dauer der Betriebszugehörigkeit

835 *BAG* 25. 2. 10 – 6 AZR 911/08, NZA 10, 561.
836 a. a. O. Ls 3.
837 Näher dazu Däubler/Beck-*Brors*, AGG, § 10 Rn. 102, 108 ff.
838 *BAG* 13. 2. 07 – 9 AZR 729/05, NZA 07, 860, 861: »Pro rata temporis« ist zulässig.
839 *Meyer/Röger*, NZA-RR 11, 393, 395.
840 S. den Überblick bei DDZ-*Däubler*, Kündigungsschutzrecht, Aufhebungsvertrag Rn. 78 ff., 81 ff.
841 BAG, 7. 2. 19 – 6 AZR 75/18, NZA 19, 688.
842 Dazu u. a. *Fischinger*, NZA 2019, 729.
843 Das *BAG* (NZA 19, 688) geht von einer Unwirksamkeit aus, was die berechtigte Kritik *Fischingers* (NZA 19, 729) erfahren hat.

abhängen. Daneben kann in standardisierter Weise auf Sondersituationen wie Schwerbehinderung und Stellung als alleinerziehender Elternteil abgestellt werden. Auch Unterhaltspflichten können (und sollten) als Faktor herangezogen werden. Verbreitet ist eine **»Turboprämie«**, bisweilen auch »Sprinterprämie« oder (sachlicher) »Schnellentscheiderprämie« genannt. Sie kann in einem Pauschalbetrag bestehen, aber auch nach der Dauer der Betriebszugehörigkeit gestaffelt sein, weil die länger Beschäftigten ja auf die Einhaltung einer bis zu sieben Monaten (§ 622 Abs. 2 BGB) gehenden Kündigungsfrist verzichten. Mit der **Prämie** wird ein zusätzlicher Anreiz geschaffen, möglichst schnell aus dem Arbeitsverhältnis auszuscheiden.

Die Eröffnung von **Möglichkeiten zur Weiterqualifizierung** wäre wünschenswert, wird aber in einem Freiwilligenprogramm meist wenig Zuspruch finden. Dies hängt damit zusammen, dass sich im Normalfall nur solche Arbeitnehmer melden, die in absehbarer Zeit in Rente gehen oder die gute bis sehr gute Chancen auf dem Arbeitsmarkt oder gar schon einen neuen Arbeitsplatz sicher haben. Wer weiß, dass er allenfalls nach einer Umqualifizierung von ein bis zwei Jahren für einen Arbeitgeber wieder »interessant« wird, stürzt sich nicht freiwillig in ein solches Abenteuer.[844] Dies macht man in aller Regel nur dann, wenn man keinen anderen Ausweg mehr sieht – und dies ist nicht die typische Situation eines Menschen, dem allenfalls in einiger Zeit die Kündigung droht. Nur bei sehr komfortabler finanzieller Einbettung könnte anderes gelten.[845] **185f**

5. Mitbestimmung des Betriebsrats

Ein hier in Umrissen skizziertes »Freiwilligenprogramm« stellt ein **funktionales Äquivalent zu einem Sozialplan** dar. Das *BAG* sprach im Falle einer Betriebsvereinbarung, die einen Personalabbau durch Abschluss von Aufhebungsverträgen zum Ziel hatte, von »einer Art Sozialplanersatzcharakter«.[846] Daraus zog es die Konsequenz, dass in einem solchen Fall keine Abmachungen getroffen werden dürfen, die in einem Sozialplan unzulässig wären. In concreto ging es um eine **»Heimkehrprämie«** für einen ausländischen Arbeitnehmer; er sollte eine Abfindung nur erhalten, wenn er in sein Heimatland zurückkehren würde. Damit war eine zusätzliche Bedingung aufgestellt. Diese bewegte sich nicht in dem gesetzlichen Rahmen der »Milderung oder des Ausgleichs wirtschaftlicher Nachteile«, was nach § 112 Abs. 1 Satz 2 BetrVG ausschließlicher Gegenstand eines Sozialplans ist. Schon deshalb war die Klausel unzulässig, so dass die Diskriminierungsproblematik gar nicht mehr angesprochen werden musste.[847] **185g**

Wer dies nicht so sieht, muss sich der weiteren Frage stellen, ob die **Verteilungskriterien** in Bezug auf die Abfindungen nicht unter **§ 87 Abs. 1 Nr. 10** BetrVG fallen und deshalb auf dieser Grundlage ein Mitbestimmungsrecht besteht. Abfindungen sind allerdings nach der Rechtsprechung keine direkte Gegenleistung für die erbrachte Arbeit, sondern haben »Überbrückungsfunktion«.[848] Ob sie gleichwohl von Nr. 10 erfasst werden, scheint in der Rechtsprechung nicht entschieden zu sein. Immerhin werden freiwillig gewährte Aufstockungsleistungen bei der Altersteilzeit erfasst, die gleichfalls nur das Ausscheiden erleichtern, nicht aber die erbrachte Arbeitsleistung vergüten wollen.[849] Auch die Übernahme der Kosten für ein Outplacement[850] dürfte hier einzuordnen sein. Dies spricht dafür, auch Abfindungen einzubeziehen,[851] doch **185h**

844 Oft bleibt unklar, welche Qualifikationen in ein bis zwei Jahren nachgefragt werden und ob die Bildungsmaßnahme ihr Ziel erreicht. Auch ist das »Sitzen auf der Schulbank« nicht jedermanns Sache.

845 Zu weiteren Gestaltungsproblemen s. *Däubler*, NZA 20, 10, 12.

846 *BAG* 7.5.87 – 2 AZR 271/86, NZA 88, 15, auch zum Folgenden.

847 Auch in anderen Fällen können diskriminierungsrechtliche Fragen oft durch Rückgriff auf andere Normen, insbesondere auf Freiheitsrechte (Religionsfreiheit!) gelöst werden. Dazu *Däubler*, GS Zachert, S. 227 ff.

848 Vgl. etwa *BAG* 30.9.08 – 1 AZR 684/07, NZA 09, 386; weitere Nachweise bei *Fitting*, §§ 112, 112a Rn. 121. Kritisch dazu §§ 112, 112a Rn. 82, wonach die Betriebsparteien entscheiden können, ob sie den Überbrückungs- oder den Entschädigungszweck verfolgen wollen. Die regelmäßige Anknüpfung an die Dauer der Betriebszugehörigkeit spricht für die nie offiziell deklarierte Fortexistenz des »Entschädigungszwecks«.

849 *BAG* 10.12.13 – 1 ABR 39/12, NZA 14, 1040.

850 Oben § 87 Rn. 328; a. A. GK-BetrVG-*Wiese/Gutzeit*, § 87 Rn. 856.

851 Anders Richardi-*Richardi/Maschmann*, § 87 Rn. 766.

kommt es darauf im vorliegenden Zusammenhang mit Rücksicht auf die §§ 111, 112 BetrVG nicht entscheidend an.[852]

185i Weiter fragt es sich, inwieweit ein **Mitbestimmungsrecht nach § 95 Abs. 1 BetrVG** besteht, wenn der Arbeitgeber bestimmte Auswahlkriterien zugrunde legt. Dies wird er normalerweise tun, wenn er von sich aus einzelne Arbeitnehmer wegen eines Aufhebungsvertrags anspricht. Ein solcher Fall kann jedoch auch dann vorliegen, wenn den Wünschen bestimmter Arbeitnehmer Rechnung getragen, anderen dagegen die kalte Schulter gezeigt wird. Die vom Arbeitgeber getroffenen Entscheidungen haben in Bezug auf den Fortbestand von Arbeitsverhältnissen eine ähnliche Funktion wie Kündigungen. Von seinem Grundgedanken her, für Versachlichung und Transparenz von Personalentscheidungen zu sorgen, muss § 95 Abs. 1 BetrVG daher Anwendung finden.[853] Dennoch soll im Folgenden primär auf die §§ 111 ff. BetrVG abgestellt werden.

185j Die Behandlung als **Teil-Interessenausgleich und als Teil-Sozialplan** hat zur Folge, dass jedenfalls für die Abfindungen und andere sozialplantypische Regelungen § 77 Abs. 3 BetrVG nicht eingreift (§ 112 Abs. 1 Satz 4). Bestehende Tarifverträge, die z. B. bei Rationalisierungsmaßnahmen Abfindungen vorsehen, stehen einem Freiwilligenprogramm nicht im Wege. Allerdings sind die dort vorgesehenen Leistungen insoweit zu berücksichtigen, als sie die wirtschaftlichen Nachteile für die Betroffenen mindern.

185k Eine weitere wichtige Konsequenz liegt darin, dass nur solche Regelungen getroffen werden können, die auch Inhalt eines »normalen«, einheitlichen Sozialplans sein können.[854] Dies kann insbesondere für die Behandlung älterer Arbeitnehmer von Bedeutung sein, die sich bei »Rentennähe« Abschläge gefallen lassen müssen.[855] Auch sind die Regeln über die Behandlung von Schwerbehinderten zu beachten.[856] Schließlich ist zu berücksichtigen, dass eine **»Turboprämie« nur einen kleineren Teil** des Gesamtvolumens in Anspruch nehmen darf.[857]

6. Verhältnis zu einem späteren Sozialplan

185l Findet das Abfindungsprogramm nicht so viel Anklang, dass damit der gesamte notwendige Personalabbau bewerkstelligt werden kann, so wird es voraussichtlich zu Kündigungen und zu einem Sozialplan kommen. Wie sich die beiden Gestaltungsmittel zueinander verhalten, wird an späterer Stelle erörtert.[858]

X. Erweiterung der Beteiligungsrechte durch Tarifvertrag und Betriebsvereinbarung

186 Neben tariflichen Rationalisierungsschutzabkommen (o. Rn. 11 ff.) sind auch **Tarifverträge** denkbar, **die die Beteiligungsrechte des BR erweitern.** Möglich wäre z. B. die Einbeziehung aller UN, also auch solcher mit weniger als 21 Beschäftigten. Eine tarifliche Regelung könnte weiter darin bestehen, das Mitbestimmungsrecht des Betriebsrats auf die Betriebsänderung als solche oder jedenfalls darauf zu erstrecken, dass der **Interessenausgleich** erzwingbar ist und mit Auflagen zur Gestaltung der personellen, arbeitsmäßigen und sozialen Auswirkungen der Betriebsänderung versehen werden kann.[859] Auch wäre es denkbar, an einen weiter gefassten Begriff als die Betriebsänderung nach § 111 anzuknüpfen und beispielsweise Absicherungen für den Fall vorzusehen, dass ein Dritter die Mehrheit der Anteile an der AG-GmbH erwirbt,[860] doch bedarf dies einer eindeutigen Festlegung (im Fall *BAG*[861] lag sie nicht vor). Die **Zulässig-**

852 Anders dann, wenn die Schwelle einer Betriebsänderung nicht erreicht ist.
853 Ebenso oben § 95 Rn. 35 für ein freiwilliges Abfindungsprogramm.
854 *BAG* 7. 5. 87 – 2 AZR 271/86, NZA 88, 15.
855 Überblick bei §§ 112, 112a Rn. 100 ff.; *Fitting*, §§ 112, 112a Rn. 150 ff.
856 Unten §§ 112, 112a Rn. 106.
857 *BAG* 9. 12. 14 – 1 AZR 146/13, NZA 15, 438.
858 §§ 112, 112a Rn. 118 ff.
859 So § 112 Abs. 4 des (alten) SPD-Gesetzentwurfs für ein BetrVG 1988, BT-Drucks. 11/2995.
860 *BAG* 4. 6. 08 – 4 AZR 441/07, NZA-RR 09, 168 Ls und juris.
861 A. a. O.

keit richtet sich nach allgemeinen Gesichtspunkten (Einl. Rn. 87 ff.);[862] die Argumente, die das *BAG* zugunsten einer tariflich vorgesehenen vollen Mitbestimmung bei Einstellungen anführte,[863] gelten auch hier.[864]

BV sind nur als freiwillige möglich. Sie werden in der Praxis meist nicht zu dem Zweck eingesetzt, die BR-Befugnisse für künftige Betriebsänderungen zu erweitern. Vielmehr geht es in der Regel darum, in konkreten Fällen über die Möglichkeiten der §§ 111 und 112 hinauszugehen. Zu erwähnen sind **freiwillige Sozialpläne** in UN mit weniger als 21 Beschäftigten (dazu o. Rn. 42), BV, die im Rahmen der Verhandlungen über den Interessenausgleich abgeschlossen wurden (§§ 112, 112a Rn. 48 ff.), sowie **Rahmensozialpläne** (§§ 112, 112a Rn. 194 ff.). **186a**

Eine **Verschlechterung der Beteiligungsrechte** durch TV oder BV ist nach allgemeiner Auffassung ausgeschlossen (zu TV s. Einl. Rn. 85).[865] **187**

XI. Rechtsstreitigkeiten

1. Vorliegen oder Nichtvorliegen einer Betriebsänderung?

Sind UN und BR verschiedener Auffassung darüber, ob eine geplante Betriebsänderung vorliegt, können sie eine **Klärung im Beschlussverfahren** herbeiführen.[866] Gegenstand des Verfahrens wäre die Verpflichtung des AG, den BR zu unterrichten und mit ihm über Interessenausgleich und Sozialplan zu verhandeln. Das Rechtsschutzinteresse an einer solchen Klärung entfällt für den BR auch dann nicht, wenn der **AG** nur **»unter Vorbehalt« zu Verhandlungen bereit** ist. Die Feststellung des ArbG über das Vorliegen bzw. Nichtvorliegen einer Betriebsänderung hat **Bindungswirkung** nicht nur zwischen AG und BR, sondern auch im Verhältnis zu einzelnen AN, die einen Anspruch auf Nachteilsausgleich nach § 113 geltend machen wollen.[867] **188**

Bestehen **Zweifel am Vorliegen einer Betriebsänderung,** so wird es sich für einen BR in aller Regel empfehlen, nicht den Ausgang des u. U. langwierigen Beschlussverfahrens abzuwarten, sondern **nach § 100 Abs. 1 ArbGG die Einsetzung eines ESt.-Vorsitzenden** und die Bestimmung der Zahl der Beisitzer zu beantragen (näher dazu Einl. Rn. 203 ff.). Dies gilt beispielsweise dann, wenn bei sukzessivem Personalabbau oder bei der Schließung von Filialen zweifelhaft ist, ob eine einheitliche unternehmerische Entscheidung zugrunde liegt,[868] wenn unklar ist, ob das UN in der Regel mehr als 20 wahlberechtigte AN beschäftigt[869] oder wenn darum gestritten wird, bis zu welchem Zeitpunkt ein BR errichtet sein muss.[870] Keine Rolle spielt, ob sich die Zweifel auf tatsächliche Vorgänge oder auf Rechtsfragen beziehen. In der Praxis entsteht dadurch ein erheblicher faktischer Einigungszwang.[871] Der Streitwert bestimmt sich nach § 23 Abs. 3 S. 2 RVG. **189**

Was geschieht, wenn der **AG** einen **dauerhaften Arbeitsmangel** annimmt und deshalb über Interessenausgleich und Sozialplan verhandeln will, während der **BR** von einem **vorübergehenden Arbeitsmangel** ausgeht, der zur Kurzarbeit führt? Der BR kann von seinem auf § 87 **189a**

---

862 Däubler-*Klein,* TVG, § 1 Rn. 1010 ff.

863 *BAG* 10. 2. 88, AP Nr. 53 zu § 99 BetrVG 1972.

864 *Rumpff/Boewer,* S. 397 f.; ebenso wohl auch *BAG* 17. 9. 91 – 1 ABR 23/91, DB 92, 229, das ausdrücklich prüft, ob sich aus einem Rationalisierungsschutzabkommen über §§ 111 ff. hinausgehende Zuständigkeiten der ESt. ergeben, allerdings bezogen auf den Fall des § 117 Abs. 2 a. F.

865 Für BV siehe *BAG* 29. 11. 83, AP Nr. 10 zu § 113 BetrVG 1972.

866 *BAG* 15. 10. 79, AP Nr. 5 zu § 111 BetrVG 1972; 10. 11. 87, AP Nr. 15 zu § 113 BetrVG 1972; *LAG Frankfurt* 4. 3. 86, LAGE § 113 BetrVG 1972 Nr. 4. Vorbereitung durch ein Auskunftsersuchen in DKWF-*Däubler,* §§ 111–113 Rn. 2. Streitwert: § 23 Abs. 3 S. 2 RVG unter Beachtung der auf dem Spiel stehenden wirtschaftlichen Werte.

867 *BAG* 10. 11. 87, AP Nr. 15 zu § 113 BetrVG 1972; *LAG Frankfurt* 4. 3. 86 LAGE § 113 BetrVG 1972 Nr. 4; krit. *Dütz,* FS Gnade, S. 497 ff.; *Jox,* NZA 90, 424.

868 *ArbG Hamburg* 28. 6. 93, AiB 94, 566 mit Anm. *Ewald.* Zur Filialschließung s. insbes. *LAG Berlin-Brandenburg* 19. 8. 09 – 26 TaBV 1185/09, AuR 10, 132 und juris sowie *LAG Niedersachsen* 12. 1. 10 – 1 TaBV 73/09, LAGE § 98 ArbGG 1979 Nr. 58; dort auch zur zeitlichen Befristung.

869 *LAG Berlin* 27. 1. 93 – 1 TaBV 5/92, AiB 93, 733.

870 *LAG Saarland* 14. 5. 03 – 2 TaBV 7/03 AiB 04, 244 = NZA-RR 03, 639.

871 Zutreffend *Neef,* BB-Beilage 15/93, S. 10.

Abs. 1 Nr. 3 gestützten **Initiativrecht zugunsten** der Einführung von **Kurzarbeit** Gebrauch machen.[872] Verweigert der Arbeitgeber den Eintritt in Verhandlungen, kann der BR beim Arbeitsgericht einen Antrag nach **§ 100 ArbGG** stellen, wonach ein Einigungsstellenvorsitzender und die Zahl der Beisitzer bestimmt werden sollen. Im Rahmen dieses Verfahrens wird **nur geprüft,** ob **»offensichtlich« kein Mitbestimmungsrecht** besteht und die Einigungsstelle deshalb unzuständig ist. Angesichts der Ungewissheit der wirtschaftlichen Entwicklung werden die Fälle relativ selten sein, in denen § 87 Abs. 1 Nr. 3 BetrVG »offensichtlich« ausscheidet, weil eine Verbesserung der wirtschaftlichen Situation praktisch ausgeschlossen ist. Dies mag bei einem Umstieg von einer alten zu einer neuen Technologie der Fall sein – höchst unwahrscheinlich ist es dagegen in der Situation einer Pandemie, wo eine schnelle wirtschaftliche **Erholung jedenfalls nicht ausgeschlossen** werden kann.

189b Kommt aufgrund gerichtlicher Intervention eine **Kurzarbeits-Einigungsstelle** zustande, so wird sich der Vorsitzende im Normalfall bemühen, die Haltung der **Bundesagentur für Arbeit** in Erfahrung zu bringen. Häufig wird auch schon der Betriebsrat nach § 99 Abs. 1 Satz 2 SGB III aktiv geworden sein und gegenüber der Bundesagentur Kurzarbeit angezeigt haben.[873] **Teilt diese** den **Standpunkt des AG,** ist weiteres Verhandeln über die Kurzarbeit wenig sinnvoll; in Betracht kommen allenfalls tarifliche Lösungen der Arbeitszeitverkürzung ohne oder mit geringem Lohnausgleich. **Teilt sie** jedoch die **Einschätzung des BR** und ist deshalb zur Gewährung von Kurzarbeitergeld bereit, so dürfte es der Einigungsstelle schwerfallen, ihre Zuständigkeit zu verneinen, weil in Wirklichkeit wegen dauernden Arbeitsmangels nur ein definitiver Personalabbau in Betracht komme.

189c Dem Mitbestimmungsrecht des Betriebsrats droht allerdings dann eine Gefahr, wenn der AG **betriebsbedingte Kündigungen** aussprechen will, die die Einführung von Kurzarbeit gegenstandslos machen. Genau wie in anderen Fällen des § 87 Abs. 1 BetrVG steht dem Betriebsrat jedoch ein **Unterlassungsanspruch** zu, der nicht nur die Mitbestimmung als eine Art Vetorecht, sondern auch das auf ihr beruhende Initiativrecht vor einer Unterlaufung schützen will.[874] Die unternehmerische Entscheidungsfreiheit, die in den §§ 111 ff. BetrVG mittelbar anerkannt ist, wird dadurch nicht in Frage gestellt, da es nur um eine zeitliche begrenzte Maßnahme geht[875] und da entsprechende »temporäre Kündigungsverbote« auch zur Absicherung der Verhandlungen über den Interessenausgleich von der Mehrheit der Landesarbeitsgerichte bejaht werden.[876]

189d Nun ist aber auch an den umgekehrten Fall zu denken, dass der **AG** von seinem **Initiativrecht im Rahmen der §§ 111 ff.** Gebrauch macht und über Interessenausgleich und Sozialplan verhandeln will. Weigert sich der Betriebsrat, weil es in Wirklichkeit nur um eine vorübergehende Krise gehe, so kann der **AG seinerseits** einen **Antrag nach § 100 ArbGG,** stellen, um zu einer Entscheidung durch eine ESt. zu kommen. Da ein dauerhafter Arbeitsmangel auch nicht auszuschließen ist, müsste das Gericht eine **zweite Einigungsstelle in Bezug auf denselben Vorgang** einsetzen, die möglicherweise zu einem abweichenden Ergebnis käme. Dies wird in der Rechtsprechung mit Recht abgelehnt.[877] Man könnte allerdings daran denken, die bestehende ESt. mit dem Auftrag zu versehen, auch das Vorliegen einer Betriebsänderung zu prüfen. Damit wäre vermieden, dass ggf. der Schnellere einen Vorteil dadurch gewinnt, dass eine ESt. mit engem Prüfauftrag eingesetzt wird.

2. Durchsetzung des Unterrichtungsanspruchs

190 Kommt der UN seiner Verpflichtung zu umfassender Information des BR nicht nach, können die von Entlassungen und anderen nachteiligen Maßnahmen betroffenen AN **Ansprüche nach**

872 Ob. § 87 Rn. 113.
873 *Löwisch* (FS Wiese, S. 252) bezeichnet das Recht zur Anzeige der Kurzarbeit als eine »Fortsetzung des Mitbestimmungsrechts«.
874 Im Ansatz ähnlich *Löwisch*, FS Wiese, S. 254.
875 Anders im Ergebnis *Löwisch*, FS Wiese, S. 254.
876 Nachweise §§ 112, 112a Rn. 52 ff.
877 *LAG Hessen* 21.1.20 – 4 TaBV 141/19, NZA-RR 20, 309 m. w. N.

§ 113 erheben (siehe § 113 Rn. 9ff.): In diesem Fall hat er sich nicht ausreichend um einen Interessenausgleich bemüht, da hierzu nicht nur einzelne Verfahrensschritte bis hin zur ESt., sondern sogar primär, gewissermaßen als elementare Voraussetzung, die Information des BR gehört.[878] Daneben kann eine **Ordnungswidrigkeit** nach § 121 vorliegen.[879] Bei schweren Verstößen kommt auch ein **Verfahren nach § 23 Abs. 3** in Betracht.[880] Wichtiger ist, dass der BR seinen Informationsanspruch notfalls im Wege der **einstweiligen Verfügung** durchsetzen kann;[881] die Zwangsvollstreckung erfolgt in der Weise, dass nach § 888 Abs. 1 ZPO ein Zwangsgeld verhängt wird. Der Streitwert bestimmt sich grundsätzlich nach § 23 Abs. 3 S. 2 RVO, doch ist bei erheblicher wirtschaftlicher Bedeutung der evtl. geplanten Betriebsänderung eine deutliche Abweichung nach oben geboten.

§§ 112, 112a Interessenausgleich über die Betriebsänderung, Sozialplan Erzwingbarer Sozialplan bei Personalabbau, Neugründungen

§ 112 Interessenausgleich über die Betriebsänderung, Sozialplan

(1) Kommt zwischen Unternehmer und Betriebsrat ein Interessenausgleich über die geplante Betriebsänderung zustande, so ist dieser schriftlich niederzulegen und vom Unternehmer und Betriebsrat zu unterschreiben; § 77 Absatz 2 Satz 3 gilt entsprechend. Das Gleiche gilt für eine Einigung über den Ausgleich oder die Milderung der wirtschaftlichen Nachteile, die den Arbeitnehmern infolge der geplanten Betriebsänderung entstehen (Sozialplan). Der Sozialplan hat die Wirkung einer Betriebsvereinbarung. § 77 Abs. 3 ist auf den Sozialplan nicht anzuwenden.

(2) Kommt ein Interessenausgleich über die geplante Betriebsänderung oder eine Einigung über den Sozialplan nicht zustande, so können der Unternehmer oder der Betriebsrat den Vorstand der Bundesagentur für Arbeit um Vermittlung ersuchen, der Vorstand kann die Aufgabe auf andere Bedienstete der Bundesagentur für Arbeit übertragen. Erfolgt kein Vermittlungsersuchen oder bleibt der Vermittlungsversuch ergebnislos, so können der Unternehmer oder der Betriebsrat die Einigungsstelle anrufen. Auf Ersuchen des Vorsitzenden der Einigungsstelle nimmt ein Mitglied des Vorstands der Bundesagentur für Arbeit oder ein vom Vorstand der Bundesagentur für Arbeit benannter Bediensteter der Bundesagentur für Arbeit an der Verhandlung teil.

(3) Unternehmer und Betriebsrat sollen der Einigungsstelle Vorschläge zur Beilegung der Meinungsverschiedenheiten über den Interessenausgleich und den Sozialplan machen. Die Einigungsstelle hat eine Einigung der Parteien zu versuchen. Kommt eine Einigung zustande, so ist sie schriftlich niederzulegen und von den Parteien und vom Vorsitzenden zu unterschreiben.

(4) Kommt eine Einigung über den Sozialplan nicht zustande, so entscheidet die Einigungsstelle über die Aufstellung eines Sozialplans. Der Spruch der Einigungsstelle ersetzt die Einigung zwischen Arbeitgeber und Betriebsrat.

(5) Die Einigungsstelle hat bei ihrer Entscheidung nach Absatz 4 sowohl die sozialen Belange der betroffenen Arbeitnehmer zu berücksichtigen als auch auf die wirtschaftliche Vertretbarkeit ihrer Entscheidung für das Unternehmen zu achten. Dabei hat die Einigungsstelle sich im Rahmen billigen Ermessens insbesondere von folgenden Grundsätzen leiten zu lassen:

1. Sie soll beim Ausgleich oder bei der Milderung wirtschaftlicher Nachteile, insbesondere durch Einkommensminderung, Wegfall von Sonderleistungen oder Verlust von Anwartschaften auf betriebliche Altersversorgung, Umzugskosten oder erhöhte Fahrtkosten, Leistungen vorsehen, die in der Regel den Gegebenheiten des Einzelfalles Rechnung tragen.

---

878 Abw. *Gaul*, ZTR 93, 219.
879 *Heither*, FS Däubler, S. 346; HWGNRH-*Hess*, Rn. 13; Richardi/*Annuß*, Rn. 170; *Rumpff/Boewer*, S. 330.
880 HWGNRH-*Hess*, Rn. 17.
881 ErfK-*Kania*, Rn. 26; *Gaul/Gajewski*, S. 58; *Karthaus/Klebe*, NZA 12, 419; *Rinsdorf*, ZTR 01, 197.

2. Sie hat die Aussichten der betroffenen Arbeitnehmer auf dem Arbeitsmarkt zu berücksichtigen. Sie soll Arbeitnehmer von Leistungen ausschließen, die in einem zumutbaren Arbeitsverhältnis im selben Betrieb oder in einem anderen Betrieb des Unternehmens oder eines zum Konzern gehörenden Unternehmens weiterbeschäftigt werden können und die Weiterbeschäftigung ablehnen; die mögliche Weiterbeschäftigung an einem anderen Ort begründet für sich allein nicht die Unzumutbarkeit.

2a. Sie soll insbesondere die im Dritten Buch des Sozialgesetzbuches vorgesehenen Förderungsmöglichkeiten zur Vermeidung von Arbeitslosigkeit berücksichtigen.

3. Sie hat bei der Bemessung des Gesamtbetrages der Sozialplanleistungen darauf zu achten, dass der Fortbestand des Unternehmens oder die nach Durchführung der Betriebsänderung verbleibenden Arbeitsplätze nicht gefährdet werden.

§ 112a Erzwingbarer Sozialplan bei Personalabbau, Neugründungen

(1) Besteht eine geplante Betriebsänderung im Sinne von § 111 Satz 3 Nr. 1 allein in der Entlassung von Arbeitnehmern, so findet § 112 Abs. 4 und 5 nur Anwendung, wenn

1. in Betrieben mit in der Regel weniger als 60 Arbeitnehmern 20 vom Hundert der regelmäßig beschäftigten Arbeitnehmer, aber mindestens 6 Arbeitnehmer,

2. in Betrieben mit in der Regel mindestens 60 und weniger als 250 Arbeitnehmern 20 vom Hundert der regelmäßig beschäftigten Arbeitnehmer oder mindestens 37 Arbeitnehmer,

3. in Betrieben mit in der Regel mindestens 250 und weniger als 500 Arbeitnehmern 15 vom Hundert der regelmäßig beschäftigten Arbeitnehmer oder mindestens 60 Arbeitnehmer,

4. in Betrieben mit in der Regel mindestens 500 Arbeitnehmern 10 vom Hundert der regelmäßig beschäftigten Arbeitnehmer, aber mindestens 60 Arbeitnehmer

aus betriebsbedingten Gründen entlassen werden sollen. Als Entlassung gilt auch das vom Arbeitgeber aus Gründen der Betriebsänderung veranlasste Ausscheiden von Arbeitnehmern aufgrund von Aufhebungsverträgen.

(2) § 112 Abs. 4 und 5 findet keine Anwendung auf Betriebe eines Unternehmens in den ersten vier Jahren nach seiner Gründung. Dies gilt nicht für Neugründungen im Zusammenhang mit der rechtlichen Umstrukturierung von Unternehmen und Konzernen. Maßgebend für den Zeitpunkt der Gründung ist die Aufnahme einer Erwerbstätigkeit, die nach § 138 der Abgabenordnung dem Finanzamt mitzuteilen ist.

Inhaltsübersicht

I. Vorbemerkungen

1 Das **BetrVerf-ReformG 2001** bezog die notwendige Mindestzahl von AN nicht mehr auf den Betrieb sondern auf das UN. § 112a Abs. 1 Satz 1 Nr. 1 erfasst deshalb abweichend vom früheren Recht auch Betriebe mit weniger als 21 AN. Weiter ist § 112 Abs. 5 Satz 2 um eine Nr. 2a ergänzt worden, wonach die Fördermöglichkeiten nach dem SGB III zu berücksichtigen sind. Sobald der BR von der geplanten Betriebsänderung unterrichtet ist, müssen **Beratungen über einen Interessenausgleich und einen Sozialplan** stattfinden. Beide erfolgen in einem gleichartigen Verfahren: Unternehmer wie BR sollen Vorschläge zur Beilegung von Meinungsverschiedenheiten machen, sie können den Vorstand der Bundesagentur für Arbeit um Vermittlung ersuchen und sie können schließlich die Einigungsstelle anrufen. Bei dieser letzten Station ergibt sich allerdings der entscheidende Unterschied: Der **Interessenausgleich ist nicht erzwingbar,** während der **Sozialplan von der ESt. beschlossen** werden kann.

Die **Verhandlungen** über Interessenausgleich und Sozialplan können, **müssen** aber **nicht gleichzeitig** geführt werden. Muss die Betriebsänderung – wie meist – relativ schnell erfolgen, wird eine **Verknüpfung mit den Sozialplanverhandlungen** für die AN-Seite günstig sein: Im Einverständnis mit dem Interessenausgleich oder im offen erklärten Scheitern der auf ihn bezogenen Verhandlungen liegt eine »Konzession« (weil der AG mit der Umsetzung beginnen kann), die Anlass für eine Reduzierung der geplanten Entlassungen oder für höhere Sozialplanleistungen sein wird.[1] Von dieser Situation abgesehen, kann man im Übrigen die ESt. in Sachen Interessenausgleich anders besetzen als die ESt. in Sachen Sozialplan.[2] So ist etwa beim Interessenausgleich vorwiegend arbeitsmarktpolitischer Sachverstand gefragt, während es beim Sozialplan um die soziale Lage der Einzelnen und die wirtschaftliche Situation des Unternehmens geht. 2

II. Der Interessenausgleich

1. Die Verhandlungen zwischen Betriebsrat und Arbeitgeber

Gegenstand der Verhandlungen ist die **geplante Betriebsänderung** als solche.[3] Dabei sollen die »Veränderungsinteressen« des AG und die »Bestandsinteressen« der AN zu einem Ausgleich gebracht werden.[4] Soweit – etwa bei einer Betriebsspaltung – keine konkreten materiellen Nachteile ersichtlich sind, erleichtert dies die Verhandlungen, macht sie aber nicht überflüssig.[5] Sie können im Übrigen nicht etwa deshalb entfallen, weil der **Personalabbau** oder die sonstige Maßnahme **von überragender Dringlichkeit** ist.[6] Das Gesetz bietet hierfür keine Grundlage, die §§ 121 ff. InsO sehen im Gegenteil sogar in der Insolvenz eingehende Verhandlungen vor, die nur mit gerichtlicher Hilfe nach § 122 InsO abgekürzt werden können. Liegen die Voraussetzungen einer **Massenentlassung** vor, so ist zugleich das **Konsultationsverfahren nach § 17 Abs. 2 KSchG** durchzuführen.[7] 3

Als Vorfrage kann sich dabei das Problem stellen, ob die geplante **Maßnahme überhaupt rechtmäßig** ist, was z. B. bei der Verlagerung der **Buchführung ins Ausland** wegen § 146 AO zweifelhaft sein kann.[8] Auch Kreditinstitute dürfen mit Rücksicht auf die Bankenaufsicht bestimmte Geschäftsbereiche nicht ins Ausland verlagern (vgl. §§ 25a KWG, 33 Abs. 2 WpHG).[9] Auch ist eine etwaige **tarifliche Einschränkung** des unternehmerischen Handelns zu beachten. Scheiden solche Argumente aus, ist gleichwohl darüber zu sprechen, ob die geplante Maßnahme **überhaupt vorgenommen** werden soll oder ob Gegeninteressen der Arbeitnehmer überwiegen. Weiter kann es um den **Umfang der** beabsichtigten **Maßnahme** (z. B. Zahl der Entlassungen) sowie darum gehen, mit welchen Mitteln (Ausnutzung der Fluktuation, Aufhebungsverträge, Änderungskündigungen usw.) sie realisiert werden soll. Auch der Zeitpunkt der Vornahme kann von wesentlicher Bedeutung sein. Geht es um Betriebseinschränkungen oder Stilllegungen, muss die **Möglichkeit einer alternativen Produktion** eingehend erörtert werden. Auch ist zu fragen, ob die Möglichkeiten zu **Kurzarbeit** effektiv erschöpft sind und ob als **Ausweg** notfalls **Beschäftigungsgesellschaften** zur Verfügung stehen. Auch wird über sonstige Weiterbildungs- und **Umschulungsmöglichkeiten** – ggf. unter Einschaltung von Vertretern der Agentur für Arbeit (unten Rn. 5) – zu verhandeln sein. Bei Betriebsänderungen i. S. v. § 111 Satz 3 Nr. 4 und 5 sind auch die Nachteile neuer Techniken, insbes. etwaige Gesundheitsgefahren zu erörtern (zum Begriff des »Nachteils« s. § 111 Rn. 117). Weiter kann der BR vorschlagen, zunächst nur Probeläufe zu starten, um die wirtschaftlichen und sozialen Aus- 4

---

1 *Hesse*, FS 25 Jahre ARGE Arbeitsrecht im DAV, S. 879; *Welkoborsky*, AiB 07, 410.

2 Vgl. *LAG Berlin* 3.6.94 – 6 TaBV 1/94, BR-Info 7/94, S. 15.

3 Besteht ein »vorsorglicher« oder ein Rahmen-Interessenausgleich, so beeinflusst dies das Beteiligungsrecht des BR nicht: *Krieger/Terhorst* NZA 14, 689, 691.

4 *Siemes*, ZfA 98, 183.

5 *BAG* 16.6.87 – 1 ABR 41/85, NZA 87, 671.

6 Dafür *Kania/Joppich*, NZA 05, 750.

7 Einzelheiten dazu oben § 111 Rn. 184b und bei *Schramm/Kuhnke*, NZA 11, 1071 ff. Zu den Besonderheiten bei einem abgeschlossenen Interessenausgleich s. § 111 Rn 184.

8 Dazu *Däubler*, AiB 03, 14.

9 Dazu *Eyles*, WM 00, 1217 ff.; zum Spezialfall des Geldwäschegesetzes s. *Findeisen*, WM 00, 1234 ff.

wirkungen besser beurteilen zu können, oder ein Gutachten einzuholen. Wichtig ist in allen Fällen, dass der Betriebsrat die Belegschaft in seine Initiativen einbezieht (und dort entwickelte aufgreift) und Koalitionen schmiedet, insbesondere mit der Gewerkschaft, der lokalen Presse, Beratungsunternehmen usw. zusammenarbeitet.[10]

5 Einigt man sich nicht, kann jede Seite nach Abs. 2 den **Vorstand der Bundesagentur für Arbeit** um Vermittlung ersuchen.[11] Will man später Transfermaßnahmen oder Transferkurzarbeitergeld in Anspruch nehmen, ist die Einschaltung der Bundesagentur Voraussetzung für eine künftige Leistungsgewährung (§§ 110 Abs. 1 Satz 1 Nr. 1, 110 Abs. 1 Satz 1 Nr. 4 SGB III). Der Vorstand kann sich dieser Aufgabe nicht entziehen, ist jedoch berechtigt, einen Vertreter zu schicken.[12] Er hat diese Aufgabe auf die Regionaldirektionen übertragen, die sie auf einzelne Bedienstete weiterdelegieren können.[13] Geht nur eine Seite diesen Weg, ist die andere Seite nach § 2 Abs. 1 gleichwohl zur Mitwirkung an dem Vermittlungsversuch verpflichtet.[14] Grundsätzlich müssen auch hier alle Vermittlungsmöglichkeiten ausgeschöpft werden, was bedeuten kann, zunächst einen Vermittlungsvorschlag abzuwarten, bevor insbesondere die Einigungsstelle angerufen wird.[15] Geschieht dies vorzeitig, ist die Anrufung ggf. unzulässig; zumindest wird die ESt. ihre Verhandlungen so lange aussetzen, bis das Verfahren unter Beteiligung der BA abgeschlossen ist. Inhaltlich wird es bei dem Vermittlungsversuch durch die BA insbes. um die Frage gehen, welche **Umschulungs- und Weiterbildungsmaßnahmen** die Agentur anbieten kann und inwieweit andere Förderungsmittel zur Verfügung stehen oder eine Übernahme in eine Transfergesellschaft möglich ist. Der Vorstand bzw. sein Vertreter kann einen Einigungsvorschlag machen, der von jeder Seite abgelehnt werden kann. Ihn zu einem verbindlichen »Spruch« zu ermächtigen,[16] ist nicht zulässig, da das Gesetz in § 76 nur die ESt. sowie eine tarifliche Schlichtungsstelle kennt.[17] Die Einschaltung des Vorstands ist auch insofern sinnvoll, als er über die Gewährung von Zuschüssen nach § 110 SGB III entscheidet (u. Rn. 231 ff.).[18] Andere »Vermittler« können nur einvernehmlich von beiden Seiten hinzugezogen werden.[19]

2. Die Einschaltung der Einigungsstelle

6 Bleibt der **Vermittlungsversuch** des Vorstands **erfolglos** oder geht keine Seite diesen Weg, so ist die **Einigungsstelle** anzurufen. Dies kann nach Auffassung des *LAG Hessen*[20] bereits dann erfolgen, wenn ein ernsthafter Verhandlungsversuch ohne Ergebnis blieb, doch dürfte dies nur gelten, wenn der BR bzw. der AG überhaupt nicht zur Sache verhandelte, da sonst das Verfahren die vom Gesetz gewollte Wirkung nicht entfalten könnte. Auf alle Fälle muss einem Berater des BR nach § 111 Satz 2 Gelegenheit zur Einarbeitung gegeben werden, bevor das ESt-Verfahren beginnt.[21] Der **Arbeitgeber** ist **verpflichtet,** nach ausreichenden Verhandlungen die **Einigungsstelle anzurufen,** da er andernfalls wegen Nichtausschöpfung des Verfahrens den betroffenen AN nach § 113 einen Nachteilsausgleich gewähren muss.[22]

---

10 Einzelheiten bei *Zabel/Schroth/Ott/Nötzel*, AiB 13, 618 ff.
11 *ArbG München* 2.4.09 – 30 BV 81/09, AuR 10, 132: EG-rechtlich geboten.
12 ErfK-*Kania*, Rn. 7.
13 *Fitting*, Rn. 30.
14 *Fitting*, Rn. 31; Richardi/*Annuß*, § 112 Rn. 220.
15 Widersprüchlich *ArbG München* 2.4.09 – 30 BV 81/09, AuR 10, 132, das einerseits verlangt, das Ende des Verfahrens abzuwarten, andererseits aber die Möglichkeit eröffnen will, jederzeit die Einigungsstelle anzurufen. Ein Verfahren nach § 98 ArbGG (jetzt: § 100 ArbGG) hält das *LAG Rheinland-Pfalz* (25.10.10 – 10 TaBV 44/10, juris) allerdings für zulässig.
16 Dafür *GL*, § 112 Rn. 88.
17 Ebenso WPK-*Preis/Bender*, Rn. 10; a. A. GK-*Oetker/Schubert*, Rn. 245 m. w. N.
18 S. auch *Gagel*, FS Dieterich, S. 177.
19 *Fitting*, Rn. 29; *Gamillscheg*, Kollektives Arbeitsrecht II S. 1122; GK-*Oetker/Schubert* Rn. 235.
20 17.4.07 – 4 TaBV 59/07, AuR 07, 77 = AuA 07, 757.
21 Vgl. *Sitzenfrei* in: Spengler/Hahn/Pfeiffer, Teil 12 Rn 204.
22 *BAG* 18.12.84, AP Nr. 11 zu § 113 BetrVG 1972; 26.10.04 – 1 AZR 493/03, NZA 05, 237 = dbr 6/05 S. 39; *BAG* 7.11.17 – 1 AZR 186/16, NZA 18, 464 Tz.30.

Matthes[23] verneinte eine AG-Pflicht jedoch unter Hinweis auf die gesetzliche Formulierung, wonach der UN die Einigungsstelle anrufen »könne«; verzichte er darauf, habe er nur eine Obliegenheit verletzt, was außer den aus § 113 folgenden Verpflichtungen keine Konsequenzen habe. Dem ist entgegenzuhalten, dass die **Figur der »Obliegenheit«** ansonsten im Betriebsverfassungsrecht kaum auftaucht und der Wortlaut des Gesetzes keinerlei Anhaltspunkte dafür gibt, dass ein und dasselbe Wörtchen »können« im Verhältnis des AG zum BR volle Freiheit, im Verhältnis zu den betroffenen AN jedoch nachteilsbehaftete Freiheit zum Ausdruck bringen soll. Eine solche **Trennung von Handlungsgrundsätzen** erscheint eher **fern liegend.** Weiter ist nicht bedacht, dass § 112 Abs. 2 Satz 2 nicht nur den Interessenausgleich, sondern auch den Sozialplan betrifft; in Bezug auf diesen besteht jedoch unbestrittenermaßen auch für den AG Einlassungszwang, obwohl das Gesetz auch hier nur von »können« spricht. Ebenso geht Abs. 3 von der Existenz einer ESt. aus. Für die freiwillige ESt. setzt überdies § 76 Abs. 6 Satz 1 ausdrücklich das Einverständnis beider Seiten voraus. Der **Sinn der Beteiligungsrechte** nach §§ 111 ff. (§ 111 Rn. 1–5) gebietet es, die gesetzlichen **Verfahren voll auszuschöpfen,** um so eine möglichst sozial verträgliche Betriebsänderung zu erreichen. Schließlich hat das *BAG* in seiner grundsätzlichen Entscheidung zum Unterlassungsanspruch[24] den Standpunkt vertreten, durch die Bildung des BR komme ein »Betriebsverhältnis« zwischen diesem und dem AG zustande, das einem gesetzlichen Dauerschuldverhältnis ähnlich sei und aus dem sich **wechselseitige Rücksichtspflichten** ergeben würden. Mit diesen lässt es sich aber nicht vereinbaren, bei einer so wichtigen Angelegenheit wie der Planung und Durchführung einer Betriebsänderung auf die Einschaltung der ESt. ohne jeden sachlichen Grund zu verzichten. Schließlich kennt das Gesetz einen **Sonderfall,** in dem der AG in puncto Interessenausgleich zu nichts, den AN gegenüber jedoch gleichwohl zu einem Nachteilsausgleich verpflichtet ist: **§ 118 Abs. 1 Satz 2** sieht vor, dass die §§ 111–113 nur insoweit anzuwenden sind, als sie den Ausgleich oder die Milderung wirtschaftlicher Nachteile für die AN infolge von Betriebsänderungen regeln. Im Tendenzbetrieb soll so die unternehmerische Freiheit auch keinen verfahrensmäßigen Schranken unterworfen werden. Dies lässt den Gegenschluss zu, dass im Normalfall umfassende Verhandlungspflichten bestehen. Soweit ersichtlich, sind sich im Übrigen Rechtsprechung und Literatur weitgehend darüber einig, dass der AG das **Einigungsstellenverfahren nicht vermeiden** kann.[25] Dies gilt auch dann, wenn der BR in der Sache zwar zustimmt, aber eine schriftliche Niederlegung verweigert (s. u. Rn. 18). 7

8 Eine Ausnahme kommt allenfalls in den (reichlich theoretischen) Fällen in Betracht, dass der BR jede Tätigkeit einstellt[26] oder dass er der gefundenen Einigung durch Beschluss zustimmt, der Vorsitzende aber die Unterschrift verweigert.[27] Ein **einvernehmlicher Verzicht** auf die Anrufung der ESt., weil auch dort keine Einigung erreichbar sei, kommt nicht in Betracht; dieser Teil des Verfahrens ist nach dem gesetzlichen Modell nur dann entbehrlich, wenn vorher ein Interessenausgleich zustande gekommen ist.[28]

9 In der ESt. können dieselben Fragen wie in früheren Stadien der Verhandlungen erörtert werden. Nach Abs. 2 Satz 3 nimmt ein Mitglied des Vorstands der Bundesagentur für Arbeit bzw. ein von diesem benannter Bediensteter auf Ersuchen des Vorsitzenden der ESt. an deren Sitzungen teil. Die ESt. (faktisch: der Vorsitzende) kann die AG-Seite zur Vorlage weiterer Unterlagen auffordern.[29] **Die Dauer der Verhandlungen** und die Anzahl der Sitzungen liegt letztlich im **Ermessen des Vorsitzenden** der ESt. Sein Spielraum ist kleiner, wenn sich das Verfahren dadurch verzögert hat, dass über seine Einsetzung zunächst in einem Beschlussver-

23 *MünchArbR*, 2. Aufl., § 269 Rn. 33 und in FS Wlotzke, S. 399; zustimmend Richardi/*Annuß*, § 112 Rn. 228.
24 3.5.94 – 1 ABR 24/93, DB 94, 2451.
25 *BAG* 26.10.04 – 1 AZR 493/03, NZA 05, 237 = dbr 6/05 S. 39; GK-*Fabricius,* 6. Aufl., Rn. 134; *GL,* § 112 Rn. 90; *Halberstadt,* § 112 Rn. 7; *Pflüger,* DB 98, 2064; WPK-*Preis/Bender,* Rn. 11; abweichend *Röder/Baeck,* S. 12.
26 *Kania/Joppich,* NZA 05, 750.
27 *BAG* 26.10.04 – 1 AZR 493/03, NZA 05, 237 = dbr 6/05 S. 39.
28 *BAG* 26.10.04 – 1 AZR 493/03, NZA 05, 237, 239; a. A. Richardi/*Annuß,* § 113 Rn. 30 m. w. N. Die Frage blieb dahingestellt in *BAG* 7.11.17- 1 AZR 186/16, NZA 18, 464 Tz. 30.
29 *Pünnel/Isenhardt,* Rn. 93, 403.

fahren nach § 100 Abs. 2 ArbGG gestritten wurde. Dass das Gesamtverfahren in einem solchen Fall über ein Jahr dauert, ist rechtlich nicht zu beanstanden.[30] Die 2- bzw. 3-Monats-Frist des § 113 Abs. 3 Satz 2 und 3 a.F. ist durch das Korrekturgesetz v. 19.12.98[31] aufgehoben worden. Zu den formellen Voraussetzungen des Scheiterns s.u. Rn. 15.

10 Sonderprobleme ergeben sich, wenn die ESt. (ggf. mit Mehrheit) zu dem Ergebnis kommt, es liege **nur** ein **vorübergehender Auftragsmangel** vor, der **Kurzarbeit,** aber keine Entlassungen rechtfertige. Macht der BR insoweit von seinem Initiativrecht nach § 87 Abs. 1 Nr. 3 Gebrauch und lehnt die BA diese Auffassung nicht von vorneherein ab, so muss die ESt. ihr **Verfahren aussetzen,** um den Betriebsparteien zunächst Gelegenheit zu geben, sich im Wege »freier« Verhandlungen zu verständigen. Kommt es zu keiner Abmachung, kann sie nur im Einvernehmen mit beiden Seiten ihre Arbeit **als »Kurzarbeitseinigungsstelle«** fortsetzen. Stimmen die Beteiligten insoweit nicht überein, muss eine separate ESt. für diesen Bereich gebildet werden. Ein eigenmächtiger »Austausch« der Rechtsgrundlage durch die ESt. selbst muss m.E. ausscheiden, da jede Seite z.B. bei der Auswahl des Vorsitzenden andere Kriterien anlegen wird, je nachdem, ob es sich um einen Interessenausgleich oder die Einführung von Kurzarbeit handelt. Solange die Verhandlungen der anderen ESt. dauern, können dem Arbeitgeber betriebsbedingte Kündigungen durch einstweilige Verfügung untersagt werden (Nachweise § 87 Rn. 104). Genau wie bei den Verhandlungen über einen Interessenausgleich (dazu unten Rn. 52ff.) darf er auch hier nicht einseitig vollendete Tatsachen schaffen. Kommt die andere ESt. zu dem Ergebnis, die Voraussetzungen für Kurzarbeit würden nicht vorliegen, kann das **Verfahren über Interessenausgleich** und Sozialplan **fortgesetzt** werden. Findet einige Monate Kurzarbeit statt und verfolgt der AG nunmehr seinen ursprünglichen Plan zum Personalabbau weiter, so dürfte **wegen der zeitlichen Verschiebung** eine **andere Betriebsänderung** vorliegen, so dass die ESt. nur bei Einigkeit beider Seiten ihre Arbeit fortsetzen kann.

3. Sonderfälle

11 Die Verhandlungen über den **Interessenausgleich** sind auch dann in der beschriebenen Weise durchzuführen, **wenn ein Sozialplan nach § 112a nicht erzwungen werden kann.**[32] Ein Verzicht seitens des Betriebsrats ist nicht möglich; dieser kann lediglich die Verhandlungen dadurch abkürzen, dass er sich mit allen Vorschlägen des AG einverstanden erklärt, riskiert jedoch, dadurch sein Ansehen bei der Belegschaft zu verlieren und nicht wiedergewählt zu werden. Der AG kann sich seinerseits nicht etwa auf den Standpunkt stellen, angesichts der Eindeutigkeit der wirtschaftlichen Lage bestehe eine »ausweglose Situation«, die einen Interessenausgleich von vornherein sinnlos mache:[33] Es bleibt immer noch die Möglichkeit, über die **Modalitäten der »Katastrophenbewältigung«** zu verhandeln (dazu § 111 Rn. 139). Auch die Existenz eines Rahmensozialplans berechtigt die Beteiligten nicht, von Verhandlungen über einen Interessenausgleich abzusehen.[34] Dasselbe gilt für einen sog. vorsorglichen Sozialplan.[35]

12 Ist die geplante **Betriebsänderung bereits durchgeführt,** ohne dass der BR beteiligt wurde oder Verhandlungen über einen Interessenausgleich stattgefunden haben, so können diese nicht mehr nachgeholt werden.[36] Auf abgeschlossene Vorgänge kann nicht mehr im Verhandlungswege eingewirkt werden, die Maßnahme ist nicht mehr »geplant«. Den Betroffenen bleibt ein Nachteilsausgleich nach § 113 Abs. 3, ebenso der Abschluss eines Sozialplans (unten Rn. 88). Auch ein Tarifsozialplan ist weiter möglich. Ist die Betriebsänderung **erst teilweise umgesetzt** (es wurde beispielsweise eine kleine Gruppe von AN entlassen, was – wie der BR erst später feststellen konnte – Teil eines größeren Personalabbaus in den Dimensionen des

30 *Federlin*, ZfA 88, 102.
31 BGBl. I S. 3843.
32 *BAG* 8.11.88, AP Nr. 18 zu § 113 BetrVG 1972; *Gamillscheg*, Kollektives Arbeitsrecht II S. 1119; *Richardi*, FS Wiese, S. 443.
33 In diese Richtung aber *BAG* 23.1.79, AP Nr. 4 zu § 113 BetrVG 1972.
34 *BAG* 29.11.83, AP Nr. 10 zu § 113 BetrVG 1972.
35 *BAG* 26.8.97 – 1 ABR 12/97, DB 98, 265 – näher dazu u. Rn. 197.
36 *LAG Berlin-Brandenburg* 19.8.09 – 26 TaBV 1185/09, AuR 10, 132; *Fitting*, Rn. 11; Richardi/*Annuß*, § 112 Rn. 16.

§ 112a war), so bleibt der Verhandlungsanspruch erhalten[37] und kann notfalls im Wege der einstweiligen Verfügung gesichert werden (dazu unten Rn. 52f).

Bei komplexen Umstrukturierungen kann es sinnvoll sein, für den künftigen Verhandlungsprozess bestimmte Vorgaben (z. B. über die Einbeziehung von Sachverständigen oder die Einhaltung bestimmter Fristen) zu machen. In der Literatur[38] wird der Abschluss eines **»prozessorientierten Interessenausgleichs«** vorgeschlagen, der das Verhandlungsrecht über konkrete geplante Betriebsänderungen unberührt lässt. In Betracht kommt auch eine freiwillige BV nach § 88 BetrVG, bei der die rechtliche Bindungswirkung keine Zweifel aufwirft. 12a

4. Der gescheiterte Interessenausgleich

Jede Seite kann im Prinzip jederzeit die **Verhandlungen** über den Interessenausgleich **für gescheitert erklären** und weitere Gespräche ablehnen. Für den BR empfiehlt sich ein solches Verhalten allerdings nur, wenn keinerlei Chance mehr besteht, zu einer wenn auch noch so bescheidenen Verbesserung zu gelangen. Hätte noch erheblicher Verhandlungsspielraum bestanden, kann eine Verweigerungshaltung sogar eine **schwere Pflichtverletzung nach § 23 Abs. 1** darstellen. Auch für den AG empfiehlt es sich nicht, vorzeitig das Scheitern der Verhandlungen zu erklären, da er in diesem Fall einen Nachteilsausgleich nach § 113 zu gewähren hat (s. o. Rn. 6). Stimmen beide Seiten überein, dass »weiteres Verhandeln sinnlos« ist, so stellt dies nicht etwa einen Interessenausgleich dar, da es an einer Einigung in der Sache selbst fehlt; vielmehr bedeutet dies lediglich einen Abbruch des Verfahrens, der ggf. gleichfalls die Sanktion des § 113 auslöst. Die **Anrufung** der **ESt.** ist verfrüht, wenn der BR noch nicht ausreichend informiert wurde;[39] in einem solchen Fall sollte sie ihr Verfahren aussetzen, bis auf der Grundlage des vom Gesetz gewollten Informationsstands ein neuer Einigungsversuch unternommen wurde. Eine Musterformulierung zu einem gescheiterten Interessenausgleich findet sich in DKWF-*Däubler*.[40] 13

Wird im ESt.-Verfahren deutlich, dass eine Übereinstimmung definitiv nicht erreichbar ist, kann der Vorsitzende das **Verfahren einstellen.** Dazu bedarf es keines förmlichen Beschlusses.[41] Notwendig ist aber, dass die **Mehrheit** der Mitglieder der ESt. (meist die AG-seite und der Vorsitzende) die Auffassung vertritt, **weiteres Verhandeln sei sinnlos.** Einer Seite das Recht zu geben, das Verfahren zu beenden,[42] verstößt gegen die Grundsätze des ESt.-Verfahrens, das auf dem Mehrheitsprinzip aufbaut. Dies wird nicht zuletzt an § 76 Abs. 3 sowie an § 76 Abs. 5 Satz 2 deutlich, wonach bei Nichterscheinen einer Seite das Verfahren dennoch durchgeführt wird. Der ESt. ist es im Übrigen unbenommen, mit Mehrheit »Vorschläge« oder **»Empfehlungen«** zu **beschließen.**[43] Sie können von jeder Seite abgelehnt werden. Ein weitergehender Spruch wäre rechtlich unverbindlich.[44] 14

In der ESt. kann die Frage zweifelhaft werden, von welchem Augenblick an die Chance einer Einigung endgültig verneint werden muss. Im Prinzip ist es Sache der Mehrheit (d. h. faktisch: des Vorsitzenden) zu entscheiden, ob noch eine Möglichkeit gesehen wird und **wie lange** deshalb **das Verfahren fortzuführen ist.**[45] *Pünnel*[46] verweist darauf, der Vorsitzende solle weder Mühe noch Zeit scheuen, um eine Einigung zustande zu bringen, und erst bei einer »endgültigen Verhärtung der Standpunkte« das Verfahren einstellen. Ein einseitiger Rückzug der Arbeitgebervertreter aus der ESt. würde bedeuten, dass die Möglichkeiten des Verfahrens nicht 15

---

37 Ebenso *LAG Berlin-Brandenburg* 19. 8. 09 – 26 TaBV 1185/09, AuR 10, 132.
38 *Krieger/Terhorst*, NZA 14, 689, 692.
39 Vgl. *Göpfert/Krieger*, NZA 05, 257.
40 DKWF-*Däubler*, §§ 111–113 Rn. 6.
41 *BAG* 16. 8. 11 – 1 AZR 44/10, AP Nr. 55 zu § 113 BetrVG 1972; *Wenning-Morgenthaler* Rn 1068.
42 Dafür *Heuer/Janko*, NZA 20, 1521 ff.; ebenso *Kempter*, DB 21, 232 (ohne Begründung).
43 *Etzel*, Rn. 1009; *Ehrich/Fröhlich*, Rn 151; *Gaul/Gajewski*, S. 80; *Teichmüller*, Betriebsänderung, S. 72.
44 *BAG* 17. 9. 91 – 1 ABR 23/91, DB 92, 230; *LAG München* 13. 1. 89, NZA 90, 200.
45 *Düwell*, FS Dieterich, S. 115; *Matthes*, RdA 99, 180.
46 3. Aufl., Rn. 410.

voll ausgeschöpft worden sind;[47] die Rechtsfolge ergäbe sich ggf. aus § 113.[48] Etwas anderes gilt nur dann, wenn der Vorsitzende zusammen mit der Arbeitnehmerseite eine **bewusste Verzögerungspolitik** betreibt, indem er etwa Sitzungen nur in längerem Abstand anberaumt und Gegenstände erneut erörtert, zu denen bereits alle Argumente ausgetauscht sind.[49] In der Praxis kann es sich empfehlen, die erörterten Gegenstände und die dazu geäußerten Argumente genauer als sonst üblich im Protokoll zu vermerken. Nicht selten wird auch das Einverständnis des BR mit der Beendigung der Verhandlungen dadurch erreicht, dass eine etwas großzügigere Ausstattung des Sozialplans zugesagt wird.[50]

5. Der zustande gekommene Interessenausgleich

16 Eine **Verständigung** zwischen BR und UN ist auch als aufschiebend oder auflösend **bedingte** möglich (Beispiel: Einigung unter der Voraussetzung, dass es gelingt, einen Bankkredit zu erhalten). Dies ist grundsätzlich zulässig,[51] kann jedoch nicht mit einer »sofort vollziehbaren« Namensliste nach § 1 Abs. 5 KSchG verbunden werden (zu ihr u. Rn. 30 ff.), da keine vollendeten Tatsachen geschaffen werden dürfen, bevor nicht Klarheit über den Eintritt oder den Ausfall der Bedingung besteht. Im Regelfall einer nicht mit einer Bedingung versehenen Einigung ist Folgendes zu beachten:[52]

a) Form

17 Nach Abs. 1 Satz 1 muss der **Interessenausgleich schriftlich** niedergelegt und vom UN und vom BR unterschrieben werden. Eine Verweisung auf andere schriftlich (d. h. unterschrieben) vorliegende Abmachungen ist möglich und macht diese zum Teil des Interessenausgleichs.[53] Kommt er erst in der ESt. zustande, hat nach Abs. 3 Satz 3 zusätzlich auch der Vorsitzende zu unterschreiben. Allerdings wird es für zulässig erachtet, auch innerhalb des ESt.-Verfahrens eine freiwillige Einigung abzuschließen, bei der dann die Form des Abs. 1 Satz 1 genügt. Liegt ein BR-Beschluss über die in der ESt. zu verfolgende »Linie« vor, so kann der BR-Vorsitzende ohne erneute Beschlussfassung wirksam unterschreiben, sofern er sich im beschlossenen Rahmen bewegt.[54] Seit 18. Juni 2021 wird Abs 1 S. 1 durch eine Verweisung auf § 77 Abs. 2 Satz 3 ergänzt, wonach auch die **elektronische** Form genügt, sofern die qualifizierte elektronische Signatur von beiden Seiten auf demselben Dokument angebracht wird.[55]

18 Eine **mündliche Einigung reicht nicht** aus.[56] Verweigert der BR oder der AG trotz mündlicher Einigung die schriftliche Fixierung, ist das Verfahren notfalls bis zur ESt. fortzuführen.[57] **Keine** wirksame **Einigung** liegt auch dann vor, **wenn** der **BR** gegen die Betriebsänderung von vornherein **keinerlei Einwände erhebt**[58] und ausschließlich den Abschluss eines Sozialplans

---

47 Anders *Hesse,* FS 25 Jahre ARGE Arbeitsrecht im DAV, S. 888; wohl auch *Kania/Joppich,* NZA 05, 749, 752.

48 In Kauf genommen von *Hesse,* a. a. O., S. 888; ähnlich *Kania/Joppich,* NZA 05, 749, 752.

49 Auf die hohe Bedeutung des Zeitfaktors verweist aus Arbeitgebersicht zutreffend *Gajewski,* FS Gaul, S. 196.

50 S. *Hohenstatt/Willemsen*, FS 100 Jahre Betriebsverfassungsrecht, S. 212: Bei der gegenwärtigen Gesetzeslage sehen sich Arbeitgeber häufig gezwungen, »erhebliche zusätzliche Sozialplankosten in Kauf zu nehmen, um den BR zu einer zügigen Freigabe der Betriebsänderung zu bewegen.«.

51 *Wenning-Morgenthaler* Rn 1074. Dahin tendiert auch *BAG* 21. 7. 05 – 6 AZR 592/04, NZA 06, 162, 166.

52 Musterformulierungen in DKWF-*Däubler,* §§ 111–113 Rn. 7 f.

53 *BAG* 14. 1. 06 – 1 AZR 40/06, NZA 07, 339.

54 *BAG* 24. 2. 00 – 8 AZR 180/99, DB 00, 1287 – auch zur Beweislast.

55 *Möllenkamp,* BB 21, 1200. Die Einfügung erfolgte durch das Betriebsrätemodernisierungsgesetz vom 14. Juni 2021, BGBl I, S. 1762.

56 *BAG* 26. 10. 04 – 1 AZR 493/03, NZA 05, 237 = dbr 6/05 S. 39; *BAG* 20. 4. 94 – 10 AZR 186/93, DB 94, 2038; *Fitting,* Rn. 24; *Schaub,* FS Däubler, S. 347.

57 *BAG,* a. a. O.

58 *BAG* 26. 10. 04, a. a. O.

verlangt.[59] Im Übrigen reicht auch eine gemeinsame Unterschrift von AG und BR unter einer Massenentlassungsanzeige nach § 17 Abs. 3 KSchG nicht aus.[60] Umgekehrt kann im Abschluss eines Sozialplans vor Durchführung der Betriebsänderung auch das Einverständnis mit dieser und damit ein Interessenausgleich liegen.[61]

19 Der BR kann den Abschluss eines Interessenausgleichs **nicht** auf einen **Ausschuss** übertragen; insoweit gelten die Vorschriften über den Abschluss von BV – § 27 Abs. 3 Satz 2, § 28 Abs. 1 Satz 2 – entsprechend.[62]

b) Gegenstand

20 Der mögliche Inhalt eines Interessenausgleichs wird herkömmlicherweise nach der Subtraktionsmethode bestimmt: **Es kann alles aufgenommen werden, was nicht Gegenstand des Sozialplans nach Abs. 1 Satz 2 ist.**[63] Dazu gehören z. B. der Zeitplan für Entlassungen und vorgesehene Qualifizierungsmaßnahmen.[64] Einbezogen sind weiter Folgefragen, die sich wie die Besetzung eines durch die Betriebsänderung geschaffenen Arbeitsplatzes erst nach Durchführung der geplanten Maßnahme ergeben.[65] Der Ausgleich und die Milderung der den AN entstehenden wirtschaftlichen Nachteile hat im Interessenausgleich nichts zu suchen, doch kann dessen Abschluss vom BR davon abhängig gemacht werden, dass ein angemessener Sozialplan zustande kommt.[66] Wird gleichwohl eine Sozialplanvorschrift in einen Interessenausgleich aufgenommen, behält sie in der Regel ihre Rechtsnatur und vermittelt dem einzelnen AN einklagbare Ansprüche.[67] **Andere als wirtschaftliche Nachteile** können im eigentlichen Interessenausgleich durchaus ausgeglichen werden.[68] Möglich sind auch Folgeregelungen insbesondere für die weiter Beschäftigten wie eine **Standortgarantie** oder die Zusage bestimmter Investitionen.[69] Nach Auffassung des *LAG Köln*[70] kann sich der Interessenausgleich nur auf eine konkrete Betriebsänderung beziehen; baut der Sozialplan auf ihm auf, so ist er in gleicher Weise beschränkt, es sei denn, er würde sich ausdrücklich einen weiteren Anwendungsbereich beimessen.

21 Der Interessenausgleich kann insbes. Regelungen darüber enthalten, ob, **wann und in welcher Form die geplante unternehmerische Maßnahme durchgeführt wird.**[71] Wird (im Extremfall) vereinbart, dass die Betriebsänderung unterbleibt, so wird ein Sozialplan überflüssig. Weicht der UN ohne zwingenden Grund davon ab, muss er einen Nachteilsausgleich nach § 113 Abs. 1 und 2 gewähren. Außerdem ist ein neues Verfahren nach §§ 111 und 112 durchzuführen. Erklärt sich umgekehrt der **BR mit allem einverstanden**, was der Unternehmer vorgeschlagen hat, so ist auch dies ein rechtlich zulässiger Inhalt eines Interessenausgleichs. Möglich ist auch eine Einigung des Inhalts, dass der BR die geplanten Maßnahmen zur Kenntnis nimmt, ihnen nicht zustimmt, aber anerkennt, dass der AG – etwa wegen der Vorgaben einer ausländischen Konzernspitze – keinerlei Spielraum besitzt. Wird wie **i. d. R. ein Kompromiss** gefunden, so wird insbes. festgelegt, wann und wie die Betriebsänderung durchgeführt werden soll und welches Ausmaß sie haben wird. Denkbar ist auch, dass die Aufnahme einer zusätzlichen Produktion vorgesehen wird. Bei Massenentlassungen kommen **Auswahlrichtlinien** in Betracht; sie können in gleichem Umfang von den Grundsätzen über die soziale

---

59 *LAG Berlin* 8.9.87, LAGE § 112a BetrVG 1972 Nr. 2.
60 ErfK-*Kania* Rn. 5; *Etzel*, Rn. 1006.
61 Weitergehend i. S. einer Regelvermutung *BAG* 20.4.94 – 10 AZR 186/93, DB 94, 2038 im Anschluss an MünchArbR-*Matthes*, 1. Aufl., § 361 Rn. 11.
62 Richardi/*Annuß*, § 112 Rn. 32.
63 *BAG* 20.10.83, AP Nr. 13 zu § 1 KSchG 1969 Betriebsbedingte Kündigung; 17.9.91 – 1 ABR 23/91, DB 92, 229 = NZA 92, 227; ErfK-*Kania*, Rn. 1; *Fuchs*, Sozialplan, S. 17.
64 *Kamanabrou*, Rn. 2848.
65 *BAG* 22.1.13 – 1 AZR 873/11, EzA § 113 BetrVG 2001 Nr. 9.
66 Richardi/*Annuß*, § 112 Rn. 24.
67 *BAG* 14.11.06 – 1 AZR 40/06, NZA 07, 339.
68 *Zöllner/Loritz/Hergenröder*, § 51 II 2b aa.
69 *Wenning-Morgenthaler* Rn 1071, der insoweit von einem »qualifizierten Interessenausgleich« spricht.
70 12.6.20 – 7 TaBV 69/19, NZA-RR 20, 540, auch zum Folgenden.
71 *BAG* 27.10.87, AP Nr. 41 zu § 112 BetrVG 1972.

Auswahl nach § 1 Abs. 3 KSchG abweichen wie Personalrichtlinien i. S. v. § 95 Abs. 1 und 2 (s. weiter § 95 Rn. 26).[72] Den **Kreis der** in die Auswahl einzubeziehenden **»vergleichbaren« AN** können sie nicht verändern.[73] Sie müssen sich auf die »Gewichtung« zwischen den sozialen Auswahlkriterien beschränken und können insbesondere ein Punkteschema vorsehen. Insoweit sind die Betriebsparteien frei; eine Korrektur ist nur wegen grober Fehlerhaftigkeit, d. h. deshalb möglich, weil einzelne Sozialdaten überhaupt nicht, nur marginal oder extrem stark berücksichtigt wurden.[74] Bei **Stilllegungen** können schließlich die **Modalitäten** einschließlich der Termine für Entlassungen und Freistellungen festgelegt werden.[75] Möglich ist auch eine zeitlich befristete Standortgarantie; würde während ihrer Laufzeit der Arbeitgeber eine Stilllegung beabsichtigen und deshalb über einen neuen Interessenausgleich verhandeln wollen, so wäre dies rechtswidrig; eine ESt., die dabei Meinungsverschiedenheiten überbrücken sollte, wäre offensichtlich unzuständig.[76] Bei **Zusammenschlüssen** von Betrieben (§ 111 Satz 3 Nr. 3) kann bestimmt werden, welcher Betrieb welchen aufnimmt, was für die Weitergeltung von BV bedeutsam ist. Der Interessenausgleich kann mit **Kündigungsrichtlinien** i. S. des § 95 (s. dort Rn. 35) verbunden werden. Im konkreten Fall eingreifende **TVe** sind **zu beachten,** doch steht eine »tarifübliche« Regelung nach § 77 Abs. 3 einem Interessenausgleich nicht entgegen. Insoweit gelten dieselben Grundsätze wie im Rahmen des § 87 Abs. 1 (§ 87 Rn. 32), da TVe nicht den Sinn haben, bestehende Beteiligungsrechte zu schmälern.

22 Eine **Namensliste** i. S. des zum 1. 1. 99 aufgehobenen § 1 Abs. 5 KSchG hatte bis zum 31. 12. 2003 keinerlei rechtliche Wirkung mehr; der Kündigungsschutz der Betroffenen blieb ungeschmälert erhalten. Zur aktuellen Rechtslage s. Rn. 30 ff. Ist die Herausnahme bestimmter, auf einer Liste aufgeführter Personen aus der sozialen Auswahl für den BR maßgebende Bedingung für den Abschluss eines Interessenausgleichs, so ist dieser insgesamt unwirksam, wenn es sich um eine gegen § 75 Abs. 1 verstoßende Begünstigung (z. B. wegen der Gewerkschaftszugehörigkeit) handelt.[77]

c) Bindungswirkung

23 Der Interessenausgleich ist nach herrschender Auffassung keine BV, sondern eine **Kollektivvereinbarung eigener Art.**[78] Dies soll zur Folge haben, dass der BR nicht auf Erfüllung des gefundenen Kompromisses bestehen kann;[79] weicht der AG ohne zwingenden Grund ab, tritt als Sanktion allein der Nachteilsausgleich nach § 113 ein. Eine andere Meinung[80] widerspricht dem mit dem Argument, auch der Interessenausgleich sei ein Vertrag, **vertragliche Pflichten** müssten aber grundsätzlich **erzwingbar** sein. Aus § 113 ergebe sich kein Gegenargument, da er nur Individualrechte gewähre, das Verhältnis der Betriebsparteien zueinander aber unberührt lasse. Auch sind Bestimmungen im Interessenausgleich denkbar, deren Verletzung sanktionslos

---

72 *BAG* 20. 10. 83, AP Nr. 13 zu § 1 KSchG 1969 Betriebsbedingte Kündigung; *BAG* 18. 1. 90 – 2 AZR 357/89, DB 90, 1335.

73 *BAG* 5. 6. 08 – 2 AZR 907/06, NZA 08, 1120.

74 *BAG* a. a. O.

75 *BAG* 18. 12. 84, AP Nr. 11 zu § 113 BetrVG 1972.

76 *LAG Köln* 11. 5. 17 – 8 TaBV 32/17, AiB 1/18 S. 64.

77 *LAG Köln* 29. 7. 04 – 5 Sa 63/04 LAGE § 1 KSchG Soziale Auswahl Nr. 45.

78 *BAG* 3. 5. 06 – 1 ABR 15/05, DB 06, 2411; siehe statt aller *Fitting,* Rn. 44; weitere Nachweise bei GK-*Oetker/Schubert,* Rn. 60.

79 *BAG* 28. 8. 91 – 7 ABR 72/90, DB 92, 380 = NZA 92, 41 »Naturalobligation«; ebenso *Ehmann,* FS Kissel, S. 180 ff.; MünchArbR-*Leder,* § 347 Rn. 34; WPK-*Preis/Bender,* Rn. 16; *Wenning-Mogenthaler* Rn 1075; differenzierend *C. Meyer,* BB 01, 882.

80 *Buschmann,* BB 83, 511; *Düwell,* FS Dieterich, S. 115; MünchArbR-*Matthes,* 3. Aufl., § 269 Rn. 34; *Matthes,* FS Wlotzke S. 396; *Molkenbur/Schulte,* DB 95, 270; *Säcker,* in: Birk/Igl/Zacher, S. 135; *Schweibert,* in: Willemsen u. a. Rn. C 201 ff.; *Däubler,* Das Arbeitsrecht 1, Rn. 1116a; SB-*Stevens-Bartol* § 112 Rn. 8; *Zwanziger,* BB 98, 478; eingehend *M. Schwegler,* S. 82; auf das von den Parteien Gewollte stellt *Fitting,* Rn. 45 ab.

bliebe, würde man nur § 113 anwenden.[81] Dieser Position hat sich das *LAG München*[82] sowie vor kurzem auch das *BAG*[83] angeschlossen. Sie ist daher in der Praxis zugrunde zu legen.

Die (bislang) herrschende Auffassung lässt sich auch angesichts der **jüngeren Entwicklung in der Gesetzgebung** nicht mehr halten.[84] Nach **§ 323 Abs. 2 UmwG** kann ein Interessenausgleich, der bei Verschmelzung, Spaltung oder Vermögensübertragung zustande kommt, diejenigen AN namentlich bezeichnen, die nach der Umwandlung einem bestimmten Betrieb oder Betriebsteil zugeordnet werden. Tut er dies, kann die Zuordnung arbeitsgerichtlich nur noch auf »grobe Fehlerhaftigkeit« überprüft werden. Damit entfaltet der **Interessenausgleich Gestaltungswirkung** nicht nur zwischen BR und AG, sondern sogar in Bezug auf einzelne Arbeitsverhältnisse. Dem entspricht die Vorschrift des **§ 125 InsO,** wonach der Interessenausgleich im Insolvenzfall bestimmen kann, wer im Einzelnen zu kündigen ist; eine gerichtliche Kontrolle im Hinblick auf die Einhaltung der Grundsätze über die soziale Auswahl bleibt nur in sehr eingeschränktem Umfang möglich. Auch hier ist der Interessenausgleich alles andere als eine »Naturalobligation«. Dasselbe gilt für die wieder erstandene **Namensliste** nach **§ 1 Abs. 5 KSchG.** Weiter wäre es wenig einsichtig, würde die im Vergleich zu Verhandlungen über eine freiwillige BV stärkere verfahrensmäßige Position des BR zu einem notwendigerweise bescheideneren Ergebnis führen.[85] 24

Die **Bindungs**wirkung erstreckt sich auf die **Vertragspartner AG und BR.** Der AG kann von dem Vereinbarten nur unter ganz engen Voraussetzungen zu Lasten der AN abweichen (u. Rn. 26). Der BR darf seinerseits nicht die Durchführung der konsentierten Maßnahmen torpedieren oder unmöglich machen, indem er z. B. von seinem Initiativrecht zur Einführung von Kurzarbeit Gebrauch macht.[86] Die einzelnen Arbeitsverhältnisse werden nur dann inhaltlich gestaltet, wenn eine freiwillige BV i. S. des § 88 abgeschlossen wurde (u. Rn. 48) oder wenn der Interessenausgleich eine Bestimmung enthält, die ihrem Inhalt nach in den Sozialplan gehört.[87] Im ersten Fall ist § 77 Abs. 3 zu beachten, während im zweiten im Verhältnis zu TV nach § 112 Abs. 1 Satz 4 das Günstigkeitsprinzip gilt. 25

Die **Bindungswirkung** des Interessenausgleichs **endet,** wenn der AG aus zwingenden Gründen von ihm abweichen muss; dies folgt mittelbar aus § 113 Abs. 1.[88] In einem solchen Fall bietet sich eine einvernehmliche Änderung des Interessenausgleichs an.[89] doch kann eine entsprechende Anpassung nicht erzwungen werden. Eine Kündigung ist gleichfalls ausgeschlossen.[90] 26

Von der regelmäßig anzunehmenden **Bindung** von BR und AG kann in zweierlei Richtung **abgewichen** werden.[91] Zum einen ist es den Betriebsparteien erlaubt, eine wechselseitige Bindung auszuschließen und für **Abweichungen lediglich** die Sanktionen des **§ 113** vorzusehen. Aus der Pflicht zur Einhaltung des Interessenausgleichs wird so eine Obliegenheit. Dies ist etwa anzunehmen, wenn die geplante Betriebsänderung lediglich beschrieben wird.[92] Selbst dieses bescheidene Niveau wird unterschritten, wenn lediglich eine »wohlwollende Prüfung« bestimmter Vorschläge zugesagt wird oder bestimmte Dinge nicht passieren »sollen«.[93] Auf der anderen Seite kann auch das einzelne Arbeitsverhältnis in vollem Umfang gestaltet werden; insoweit liegt dann in der Regel eine **freiwillige BV** vor (unten Rn. 48).[94] Schließlich ist denk- 27

---

81 *Schweibert*, a. a. O. Rn. 213.

82 16.7.97 – 9 TaBV 54/97, AuR 98, 89. Ebenso HK-ArbR-*M. Schubert*, §§ 111–113 BetrVG Rn 23.

83 21.1.20 – 1 AZR 149/19, Tz. 55: Der Interessenausgleich begründet »ein kollektivrechtliches Schuldverhältnis zwischen den interessenausgleichschließenden Parteien und verpflichtet die Schuldnerin.....die Vereinbarung entsprechend durchzuführen.«.

84 Zustimmend HK-ArbR-*M. Schubert*, §§ 111–113 Rn 23.

85 *Siemes*, ZfA 98, 194.

86 Eingehend *Siemes*, ZfA 98, 202 ff.

87 *BAG* 14.11.06 – 1 AZR 40/06, NZA 07, 339, 341.

88 Zustimmend MünchArbR-*Matthes*, 2. Aufl. 2000, § 360 Rn. 28.

89 *Gaul/Gajewski*, S. 97.

90 *Siemes*, ZfA 98, 206.

91 Ähnlich differenzierend *Schweibert*, in: Willemsen u. a., Rn. C 198 ff. und *Fitting*, Rn. 45 ff.

92 *Schweibert*, a. a. O.

93 S. als Beispiel den Sachverhalt in *BAG* 22.1.13 – 1 AZR 873/11, EzA § 113 BetrVG 2001 Nr. 9.

94 Dafür auch *BAG* 24.10.13 – 6 AZR 854/11, NZA 14, 46; HK-ArbR-*M. Schubert*, §§ 111–113 Rn 24; *C. Meyer*, BB 01, 884 f.; *Lembke*, NZA 22, 1561.

bar, dass auch Fragen im Interessenausgleich mit erfasst werden, die der obligatorischen Mitbestimmung des BR unterliegen; so kann etwa im Rahmen der Einführung und Umgestaltung von EDV-Systemen die Arbeitnehmerüberwachung nach § 87 Abs. 1 Nr. 6 mit geregelt werden. Bezogen auf einen solchen Sachbereich stellt dann der Interessenausgleich eine erzwingbare BV dar.[95]

28 Verstößt der Interessenausgleich **gegen zwingendes Recht,** entfaltet er keine Rechtswirkungen; dasselbe gilt für eine mit ihm verbundene Namensliste. Dies ist etwa dann der Fall, wenn § 4 Abs. 1 TzBfG missachtet wurde, weil sich BR und AG darüber verständigten, es sollten ausschließlich Teilzeitkräfte entlassen werden.[96] Dasselbe gilt für diskriminierende Regelungen im Sinne des § 7 Abs. 1 AGG.

d) Die Teileinigung

29 Denkbar ist, dass sich die Betriebsparteien mit oder ohne ESt. über einen Teil der anstehenden Fragen einigen, während in Bezug auf die übrigen Probleme die Meinungsverschiedenheiten unüberbrückbar bleiben. So könnte man sich vorstellen, dass beispielsweise die Schließung einer bestimmten Abteilung oder die Kündigung einer bestimmten Höchstzahl von Beschäftigten Konsens findet, während die Schließung anderer Abteilungen oder der Aufbau einer neuen Produktion von der einen oder anderen Seite nicht akzeptiert wird. Eine solche »Aufspaltung« ist **rechtlich ohne weiteres zulässig.**[97] Will der AG einen **Nachteilsausgleich** vermeiden, muss er allerdings bezüglich des noch offenen Teils das Verfahren weiter betreiben, bis alle Einigungsmöglichkeiten erschöpft sind. Einen Nachteilsausgleich können diejenigen nicht verlangen, deren Kündigung in der Teileinigung ausdrücklich akzeptiert wurde.

6. Insbesondere: Namensliste bei Personalabbau

a) Der allgemeine Rahmen

30 Durch das Gesetz zu Reformen am Arbeitsmarkt ist erneut die Möglichkeit geschaffen worden, in den Interessenausgleich eine sog. Namensliste aufzunehmen. Rechtsgrundlage ist der seit 1.1.2004 geltende **§ 1 Abs. 5 KSchG,** der wörtlich mit der entsprechenden, zwischen 1996 und 1998 geltenden Regelung übereinstimmt. **Ohne Unterbrechung** existierte die Namensliste in **§ 125 InsO,** der im Anhang zu den §§ 111 bis 113 eingehend kommentiert ist. Ein **inhaltlicher Unterschied** zwischen § 1 Abs. 5 KSchG und § 125 InsO besteht insbes. insoweit, als die erstere Bestimmung die Herausnahme einzelner Personen aus der sozialen Auswahl nur zur »Sicherung« einer ausgewogenen Personalstruktur vorsieht, während die letztere im Insolvenzfall zusätzlich auch die »Schaffung« einer ausgewogenen Personalstruktur genügen lässt. Ein weiterer weniger gravierender Unterschied besteht insoweit, als anders als nach den §§ 122, 125 InsO nicht zwischen »allgemeinem« und »besonderem« Interessenausgleich (mit **Namensliste**) unterschieden wird. Die letztere muss nach § 1 Abs. 5 KSchG **in unmittelbarem zeitlichen Zusammenhang** mit dem Interessenausgleich vereinbart werden, da nur dann das gesetzliche Merkmal »in einem Interessenausgleich« erfüllt ist und die Betroffenen nicht weiter befürchten müssen, eines Teils ihres Kündigungsschutzes verlustig zu gehen.[98] Drei Wochen hält für unbedenklich *BAG* vom 19.6.07,[99] sechs Wochen akzeptiert *BAG vom* 26.3.09,[100] sofern nach Abschluss des Interessenausgleichs weiterhin verhandelt wurde. Erfolgt der Personalabbau in zwei »Wellen«, so ist eine nach ca. sechs Wochen unterzeichnete Namensliste immer noch »zeitnah«.[101] Der Interessenausgleich muss aus Gründen des Vertrauensschutzes

95 Zustimmend *Siemes,* ZfA 98, 189.
96 *LAG Köln* 31.3.06 – 11 Sa 1637/05, AuR 06, 334.
97 *BAG* 20.4.94 – 10 AZR 186/93, DB 94, 2038.
98 Für »zeitnahe Ergänzung« schon *BAG,* 6.7.06 – 2 AZR 520/05, NZA 07, 266, 269.
99 – 2 AZR 304/06 *NZA* 08, 103 Tz 33 ff.
100 – 2 AZR 296/07DB 09, 1882 = NZA 09, 1151.
101 *BAG* 19.7.12 – 2 AZR 352/11, NZA 13, 86, 89 Tz 21. S. weiter u. Rn 31.

Anhaltspunkte dafür enthalten, dass noch mit einer »Ergänzung« durch eine Namensliste zu rechnen ist.[102]

Um die **Schriftform** (oben Rn. 17) zu wahren, müssen Interessenausgleich und Namensliste eine einheitliche Urkunde darstellen, deren Teile fest verbunden sind und die nicht ohne Anwendung körperlicher Kraft getrennt werden können.[103] Gleichgestellt ist der Fall, dass Interessenausgleich und Namensliste jeweils von beiden Seiten unterschrieben sind und aufeinander verweisen.[104] Das bloße Anbringen einer Paraphe auf der Namensliste dürfte trotz Verweisung auf einen formgerechten Interessenausgleich nicht genügen.[105] 30a

Die Namensliste kann sich von vorneherein nicht auf Personen beziehen, die im Zeitpunkt ihrer Aufstellung **Sonderkündigungsschutz** genießen und deshalb nicht in die soziale Auswahl einzubeziehen sind. Für schwerbehinderte Menschen gilt dies nur, solange das Integrationsamt noch keine Zustimmung erteilt hat. Ein tariflicher Ausschluss der ordentlichen Kündigung wirkt in vollem Umfang, doch kommt bisweilen eine Regelung vor, die ihn gerade im Falle einer Betriebsänderung nicht eingreifen lässt.[106] 30b

b) Zulässigkeitsvoraussetzungen

Die **Zulässigkeit** einer Namensliste hängt als Teil des Interessenausgleichs nach § 112 Abs. 2 im Prinzip von denselben Voraussetzungen wie im Rahmen des § 125 InsO ab. Dies bedeutet im Einzelnen: 31

- Die Namensliste muss sich auf den **gesamten Personalabbau** beziehen, der durch die Betriebsänderung verursacht ist. Nur dann habe der BR – so das *BAG*[107] – einen so großen Einfluss auf die Gesamtmaßnahme, dass sich die Minderung der kündigungsschutzrechtlichen Position der betroffenen AN verfassungsrechtlich rechtfertigen lasse. Könne der Arbeitgeber über einen Teil der Kündigungen frei verfügen, sei die Situation eine andere. Dies schließt nicht aus, dass es verschiedene »Kündigungswellen« gibt, für die jeweils schon im vorhinein eine Namensliste erstellt wird. Ob auch in der Weise verfahren werden kann, dass erst vor Beginn der einzelnen Abbaumaßnahme eine Einigung über die Namenliste erfolgt, ließ das BAG dahinstehen.[108] Dagegen spricht, dass für die von der ersten Welle Betroffenen nicht absehbar ist, ob der zunächst bestehenden Absicht entsprechend auch noch bei späteren »Wellen« eine Namensliste effektiv zustande kommt.[109] (vgl. weiter § 125 InsO Rn. 8). Die Gesamtzahl der ursprünglich geplanten Kündigungen kann sich durch anderweitige Lösungen reduzieren.[110] Ein **»Abänderungs-« oder »Widerrufsvorbehalt«** nimmt der Namensliste ihre spezifische Wirkung und lässt den allgemeinen Kündigungsschutz unberührt, weil sie durch eine solche Klausel nicht mehr ihren Zweck erfüllen kann, für einen rechtssicheren Personalabbau zu sorgen.[111]
- Die Namensliste darf **keine Personen** enthalten, **die** von der Betriebsänderung **gar nicht betroffen** sind, **jedoch freiwillig ausscheiden** möchten und die ihnen deshalb drohende Sperrfrist durch Einbeziehung in die Namensliste vermeiden wollen. Diese verliert dadurch ihre Eigenschaft als »Namensliste« im Sinne des § 1 Abs. 5 KSchG; die damit verbundenen Kündigungserleichterungen für den AG fallen weg.[112] Ob schon ein einziger »Irrläufer«

102 Dahingestellt in *BAG* 26.3.09 – 2 AZR 296/07, NZA 09, 1151 Tz 27.
103 *BAG* 19.7.12 – 2 AZR 352/11, NZA 13, 86, 88 Tz 20. Vgl. auch *BAG* 19.7.12 – 2 AZR 386/11, NZA 13, 333 Tz 26.
104 *BAG* 12.5.10 – 2 AZR 551/08, NZA 11, 114; *BAG* 19.7.12 – 2 AZR 352/11, NZA 13, 86; *Wenning-Morgenthaler*, Rn 1086.
105 In diese Richtung auch *BAG* a.a.O. Tz 22.
106 Dazu der Fall *BAG* 23.2.12 – 2 AZR 773/10, NZA 12, 992.
107 17.3.16 – 2 AZR 182/15, NZA 16, 1072 Tz. 36.
108 A.a.O. Tz. 37.
109 Zum Abbau in Wellen s. auch *BAG* 19.7.12 – 2 AZR 352/11, NZA 13, 86 LS 2. Zum engen zeitlichen Zusammenhang s.o. Rn 30. Weitergehend für einen deutlich abgrenzbaren Bereich *LAG Niedersachsen* 7.5.15 – 5 Sa 1321/14, AuR 15,332.
110 *BAG* 19.6.07 – 2 AZR 3047/06, NZA 08, 103 Tz 36.
111 *ArbG Stuttgart* 25.2.10 – 9 Ca 416/09, NZA-RR 10, 350.
112 *BAG* 26.3.09 – 2 AZR 296/07, NZA 09, 1151 Tz. 37.

dieser Art ausreicht, scheint nicht sicher, doch spricht das *BAG*[113] davon, es müssten »ausschließlich« AN aufgenommen werden, die auf Grund der Betriebsänderung zu kündigen sind.

- Die Namensliste muss **Bestandteil des gesetzlichen Interessenausgleichs** sein; als **Teil des Sozialplans** wäre sie **unzulässig** (§ 125 InsO Rn. 9). Auch ein **freiwilliger Interessenausgleich** (etwa bei TendenzUN oder Kirchen nach § 118) **genügt nicht,**[114] wohl aber ein Interessenausgleich, dem wegen § 112a kein Sozialplan folgen muss.[115] Der zwingende Kündigungsschutz des Einzelnen steht nur dort zur Disposition der Betriebsparteien, wo es das Gesetz ausdrücklich vorsieht. Im Streitfall muss der **AG** notfalls darlegen und **beweisen,** dass eine **Betriebsänderung i. S. des § 111** vorlag; dazu kann auch gehören, die Einheit »Betrieb« zu bestimmen, weil sie für das Vorliegen einer Betriebsänderung und damit z. B. für das Erreichen der Grenzwerte nach § 17 KSchG maßgebend ist.[116] Eine an einen **»vorsorglichen Interessenausgleich«** gekoppelte Namensliste kann gleichfalls nicht die Wirkungen des § 1 Abs. 5 KSchG entfalten.[117]
- Die einzelnen Personen müssen so genau bezeichnet werden, dass eine zweifelsfreie **Identifizierung** möglich ist (§ 125 InsO Rn. 10). Die Namensliste bedarf wie der gesamte Interessenausgleich der **Schriftform** (oben Rn. 30 und § 125 InsO Rn. 11).[118]
- Die Namensliste kann sich nur auf geplante Kündigungen beziehen. Personen, denen **schon gekündigt** wurde, behalten ihren vollen Kündigungsschutz (§ 125 InsO Rn. 13). Auch Personen, die **durch Aufhebungsvertrag** ausgeschieden sind oder **voraussichtlich ausscheiden** werden, dürfen nicht auf die Namensliste gesetzt werden.[119]

32 • Die **Auswahlkriterien** sind deutlich zu machen (§ 125 InsO Rn. 10); sie müssen sich auf Personen beziehen, die infolge der Betriebsänderung ihren Arbeitsplatz verlieren. Werden auch solche AN einbezogen, die freiwillig ausscheiden wollen und denen eine Sperrfrist erspart bleiben soll, so stellt dies ein sachfremdes Kriterium dar, das die Wirkungen des § 1 Abs. 5 KSchG entfallen lässt.[120] **Auch im Falle einer Namensliste** hat der AG nach § 1 Abs. 3 Satz 1 Halbsatz 2 KSchG dem AN auf Verlangen die **Gründe mitzuteilen,** die zu der getroffenen sozialen Auswahl geführt haben. Dies ist vom *BAG* zu dem zwischen 1996 und 1998 geltenden Recht ausdrücklich betont[121] und für das geltende Recht bestätigt worden.[122] Auch im Bericht des Bundestagsausschusses für Wirtschaft und Arbeit[123] wurde dies hervorgehoben. Kommt der AG dieser Verpflichtung nicht nach, wird die Kündigung auch im Falle einer Namensliste als unwirksam angesehen.[124] Daraus wird deutlich, dass die Namensliste nicht etwa schon durch ihre bloße Existenz die Kündigungen rechtfertigen kann. Vielmehr muss auch sie sich **auf soziale Kriterien stützen,** die die getroffenen Entscheidungen tragen.[125] Dies kann ein **Punkteschema** im Sinne des § 1 Abs. 4 KSchG[126], aber auch eine **besondere Betonung einzelner sozialer Gesichtspunkte** sein. So hat es das

113 A. a. O.
114 KR-*Rachor,* § 1 KSchG Rn. 782; *Gaul* BB 04, 2687; APS-*Kiel* § 1 KSchG Rn. 708; *Jaeger,* FS 25 Jahre ARGE Arbeitsrecht im DAV, S. 890; a. A. *Bauer,* FS Wißmann S. 229; differenzierend *Thüsing/Wege,* BB 05, 213.
115 *Wenning-Morgenthaler,* Rn. 1084. S. etwa die in *BAG* 19.7.12 – 2 AZR 352/11, NZA 13, 86, 88 mitgeteilten Zahlenverhältnisse.
116 *BAG* 31.3.07 – 2 AZR 254/06, NZA 07, 1307; *BAG* 3.4.08 – 2 AZR 879/06, NZA 08, 1060.
117 *Schiefer/Worzalla,* NZA 04, 352.
118 Zusammenfassend *BAG* 6.7.06 – 2 AZR 520/05, NZA 07, 266.
119 *ArbG Stuttgart* 25.2.10 – 9 Ca 416/09, NZA-RR 10, 350, 355 Tz 68.
120 *BAG,* 26.3.09 – 2 AZR 296/07, DB 09, 1882, 1884.
121 *BAG* 12.4.02 – 2 AZR 706/00 NZA 03, 42 [43] und 22.1.04 – 2 AZR 111/02, AP Nr. 1 zu § 112 BetrVG 1972 Namensliste.
122 *BAG* 6.11.08 – 2 AZR 523/07, NZA 09, 316 Tz 25 f.
123 BT-Dr. 15/1587 S. 30.
124 *BAG* 22.1.04 – 2 AZR 111/02, AP Nr. 1 zu § 112 BetrVG 1972 Namensliste; dahingestellt in *BAG* 6.11.08 – 2 AZR 523/07, NZA 09, 361 Tz 26; *Jaeger,* FS 25 Jahre ARGE Arbeitsrecht im DAV, S. 902.
125 Ähnlich *Perreng,* AiB 04, 16.
126 Ein Punkteschema unterliegt auch dann der Mitbestimmung nach § 95 Abs. 1, wenn es nur auf die konkret bevorstehenden Kündigungen bezogen ist: *BAG* 24.10.13 – 6 AZR 854/11, NZA 14, 46.

BAG beispielsweise für legitim angesehen, das Schwergewicht auf die Unterhaltspflichten der betroffenen Arbeitnehmer zu legen.[127] Zu den Auswirkungen auf die gerichtliche Überprüfung s. unten Rn. 35 f.

- Keine Namensliste stellt eine »**Herausnahmeliste**« des Inhalts dar, dass alle außer den genannten Personen gekündigt werden sollen.[128] Eine solche Regelung hätte nur die Bedeutung, dass der AG insoweit auf eine Kündigung anlässlich der Betriebsänderung verzichtet. Wären einige der genannten Personen nach den gesetzlichen Grundsätzen oder nach den der »Kündigungsliste« zugrunde liegenden Kriterien zu kündigen gewesen, **behalten** sie zwar **ihren Arbeitsplatz,** doch reduziert sich die Möglichkeit des AG zum Personalabbau entsprechend. **33**
- Die Namensliste darf nicht auf einem **kollusiven Zusammenwirken** von BR und Arbeitgeber beruhen. Würde man die Namensliste dazu verwenden, ohne inhaltliche Rechtfertigung bestimmte Personen »loszuwerden«, die sich aus irgendwelchen subjektiven Gründen geringer Wertschätzung beim AG wie beim BR erfreuen, wäre ein solcher Fall gegeben. Unwirksam wäre die Namensliste auch dann, wenn BR-Mitgliedern mit Rücksicht auf ihre »Kooperationsbereitschaft« besondere persönliche Vorteile wie z. B. Geldzahlungen oder eine gut dotierte Position als Geschäftsführer einer Beschäftigungsgesellschaft versprochen werden. In der Regel wird die Notwendigkeit, auch das Setzen auf die Namensliste mit sozialen Gesichtspunkten zu begründen, derartige Praktiken von vorneherein ausschließen.
- Die Namensliste und einzelne ihrer Teile dürfen **nicht gegen höherrangiges Recht verstoßen.** Dies kann insbesondere im Verhältnis zum **AGG** streitig werden. Das *BAG*[129] vertritt dabei den Standpunkt, ein Widerspruch zum AGG führe ggf. zu einer grob fehlerhaften Sozialauswahl, lasse aber die Namensliste als solche bestehen. Der Wegfall der Vermutungswirkung sei eine »überzogene« Reaktion – was schon deshalb verwundert, weil so eine rechtswidrige Norm bestehen bleibt und außerdem ein vermeidbarer Widerspruch zum EU-Recht geschaffen wird, das für Verstöße gegen die Diskriminierungsverbote »wirksame, verhältnismäßige und abschreckende« Sanktionen verlangt (Art. 15 Richtlinie 2000/43/EG und Art. 17 Richtlinie 2000/78/EG).[130] Dem wäre zumindest im Wege richtlinienkonformer Auslegung Rechnung zu tragen.[131] **34**
- Nach der Rechtsprechung[132] stellt es keine unzulässige Diskriminierung wegen Alters dar, wenn beim Personalabbau **Altersgruppen** gebildet werden, was die Stellung der Älteren gegenüber dem gesetzlichen Modell verschlechtert. Vorausgesetzt ist dabei immer, dass ein **berechtigtes betriebliches Interesse** an der Erhaltung der bisherigen Altersstruktur besteht.[133] Dieses wird vom *BAG*[134] in widerleglicher Weise angenommen, wenn innerhalb der einzelnen Altersgruppe die Sätze des § 17 KSchG erreicht sind.[135] Die Bildung von Altersgruppen muss außerdem geeignet sein, die ursprüngliche **altersmäßige Zusammensetzung zu reproduzieren.**[136] Ist dies in einzelnen Gruppen nicht möglich (weil z. B. die Zahl der erfassten AN zu gering ist), so ist die Bildung von Altersgruppen nicht durch § 1 Abs. 3 Satz 2 KSchG gedeckt und deshalb nicht in der Lage, die Grundsätze über die soziale Aus- **34a**

127 *BAG* 2.12.99 – 2 AZR 757/98 NZA 00, 531.
128 *LAG Köln* 29.7.04 – 5 Sa 63/04 AuR 04, 437 LS; *Wenning-Morgenthaler* Rn 1087; a. A. *Jaeger,* FS 25 Jahre ARGE Arbeitsrecht im DAV, S. 893.
129 6.11.08 – 2 AZR 523/07, NZA 09, 361 OS 1 und Tz 21.
130 Beide abgedruckt bei *Däubler/Bertzbach,* 2. Aufl., S. 793 ff.
131 Wie hier im Ergebnis *Mohr* SAE 07, 353, 354; *Temming,* S. 561.
132 *BAG* 19.6.07 – 2 AZR 204/06, NZA 08, 103 = AiB 08, 676; *BAG* 6.11.08 – 2 AZR 523/07, NZA 09, 361; *BAG* 22.3.12 – 2 AZR 167/11, NZA 12, 1040; *BAG* 28.6.12 – 6 AZR 682/10, NZA 12, 1090; *BAG* 19.7.12 – 2 AZR 352/11, NZA 13, 86, 87; ebenso schon *LAG Niedersachsen* 9.11.07 – 16 Sa 311/07, NZA-RR 08, 348.
133 *BAG* 6.9.07 – 2 AZR 387/06, NZA 08, 405; *BAG,* 12.3.09 – 2 AZR 418/07, DB 09, 1932, 1935.
134 22.3.12 – 2 AZR 167/11, NZA 12, 1040 Tz 30.
135 Im Fall *BAG* 24.10.13 – 6 AZR 854/11, NZA 14, 46 Tz. 55 schied diese Indizwirkung aus, weil in einer Altersgruppe bei einer Gesamtbelegschaft von 509 Arbeitnehmern nur vier Kündigungen ausgesprochen wurden.
136 *BAG* 19.7.12 – 2 AZR 352/11, NZA 13, 86 OS 3.

wahl zu modifizieren.[137] Das BAG sieht dies im Prinzip genauso, prüft dann aber lediglich, ob die Sozialauswahl »grob fehlerhaft« war.[138] Bei der sog. **Leistungsträgerklausel** des § 1 Abs. 3 Satz 2 KSchG nimmt es dagegen eine volle Interessenabwägung vor; das Zurücktreten der Interessen des sozial schutzwürdigeren AN kommt nur dann in Betracht, wenn sehr gewichtige betriebliche Interessen dafür sprechen, eine bestimmte sozial weniger schutzwürdige Person wegen ihrer besonderen Kenntnisse und Erfahrungen aus der sozialen Auswahl auszunehmen und nicht zu kündigen.[139] Im Insolvenzfall wird auch das Ziel, den **Betrieb verkaufsfähig** zu machen, als berechtigtes Interesse für die Aufrechterhaltung der bisherigen Altersstruktur anerkannt.[140] Dies ist insbesondere dort von Bedeutung, wo in der einzelnen Altersgruppe die Sätze des § 17 KSchG nicht erreicht sind. Möglich ist stattdessen auch ein Punktesystem, das ein »lineares« Ansteigen vorsieht.[141] Weiter sind **unternehmenseinheitliche Auswahlrichtlinien** zu beachten (u. Rn. 38).

c) Rechtsfolgen

35 Befindet sich ein AN auf einer rechtswirksam zustande gekommenen Namensliste, so besitzt er nur noch einen **geminderten Kündigungsschutz.** Allerdings tritt dieser Effekt nur ein, wenn der **AG** im Kündigungsschutzprozess darlegt und notfalls **beweist,** dass eine **Betriebsänderung** nach § 111 S. 3 vorliegt,[142] diese für die Kündigung ursächlich war und der **Interessenausgleich** samt Namensliste **ordnungsgemäß** zustande gekommen ist.[143] Auch muss er belegen, dass eine **Unternehmerentscheidung** vorhanden ist und ihre Umsetzung das notwendige Arbeitsvolumen reduziert.[144] Sind diese »Hürden« überwunden, so gilt Folgendes:

36 Das Vorliegen dringender betrieblicher Erfordernisse wird vermutet (näher § 125 InsO Rn. 15). Dies ist dort ohne große Bedeutung, wo die Beweislast auch nach allgemeinen Grundsätzen beim AN liegt. Dies gilt etwa für das Vorliegen einer missbräuchlichen Unternehmerentscheidung[145] oder für die recht seltene Situation, dass das Arbeitsverhältnis eines Altersteilzeiters **während** der **Freistellungsphase gekündigt** werden soll.[146] Praktische Bedeutung ergibt sich insoweit, als der AG die dringenden betrieblichen Erfordernisse nicht im Einzelnen darlegen muss; nach der Rspr. wird außerdem vermutet, dass im Betrieb **keine anderweitige Beschäftigungsmöglichkeit** besteht[147] oder dass das auf der Grundlage einer nicht missbräuchlichen Unternehmerentscheidung vorgelegte **Konzept tatsächlich zum Wegfall des fraglichen Arbeitsplatzes** führt. In solchen Fällen den AN mit der Aufgabe zu belasten, die Unrichtigkeit dieser Annahmen zu belegen, ist **verfassungsrechtlich nicht hinnehmbar,** da es den durch Art. 12 Abs. 1 GG gewährleisteten Bestandsschutz übermäßig einschränkt.[148] Ob Abhilfe in der Weise möglich ist, dass den Arbeitgeber in solchen Fällen eine sog. sekundäre Darlegungslast trifft,[149] wird die Praxis erweisen müssen. Die Frage, ob **Weiterbeschäftigungsmöglichkeiten in einem anderen Betrieb** des UN und – soweit kündigungsschutzrechtlich relevant – in einem anderen UN des Konzerns bestehen, ist von der Vermutungswirkung m. E. nicht erfasst; insoweit bleibt

---

137 *BAG* 22. 3. 12 – 2 AZR 167/11, NZA 12, 1040 OS 4 und Tz 33 ff.

138 *BAG* 26. 3. 15 – 2 AZR 478/13, BB 15, 1341; vgl. auch *BAG* 19. 7. 12 – 2 AZR 352/11, NZA 13, 86, 90 Tz 34 ff.

139 *BAG* 19. 7. 12 – 2 AZR 352/11, NZA 13, 86, 90 Tz 36 ff.; vgl. auch für den »Normalfall« *BAG* 22. 3. 12 – 2 AZR 167/11, NZA 12, 1040, 1042 Tz 25.

140 *BAG* 28. 6. 12 – 6 AZR 682/10, NZA 12, 1090 OS 2.

141 *BAG* 5. 11. 09 – 2 AZR 676/08, NZA 10, 457 Tz 27.

142 Daran scheiterte die Kündigung im Fall *BAG* 3. 4. 08 – 2 AZR 879/06, NZA 08, 1060.

143 *BAG* 22. 1. 04 – 2 AZR 111/02, AP Nr. 1 zu § 112 BetrVG 1972 Namensliste; *BAG* 19. 7. 12 – 2 AZR 386/11, NZA 13, 333 Tz 16; *Jaeger,* FS 25 Jahre ARGE Arbeitsrecht im DAV, S. 891.

144 *ArbG Hamburg,* 26. 10. 05 – 11 Ca 57/05, NZA-RR 06, 577.

145 S. den Fall *BAG* 26. 9. 02 – 2 AZR 636/01 NZA 03, 549.

146 Für rechtswidrig erklärt von *BAG* 5. 12. 02 – 2 AZR 571/01 NZA 03, 789.

147 *BAG* 7. 5. 98 – 2 AZR 536/97 NZA 98, 933, bestätigt in *BAG* 19. 7. 12 – 2 AZR 386/11, NZA 13, 333, 336 Tz 35. Ebenso *LAG Rheinland-Pfalz* 16. 2. 23 – 5 Sa 183/22, juris.

148 *BVerfG* 6. 10. 99 – 1 BvR 2110/93 NZA 00, 110: »Dem AN dürfen nicht Nachweis und Darlegung solcher Umstände in vollem Umfang aufgebürdet werden, die nicht in seiner Sphäre liegen.«.

149 So *BAG* 6. 9. 07 – 2 AZR 715/06, NZA 08, 636 Tz 38.

es bei den allgemeinen Grundsätzen.[150] Das ***BAG***[151] sieht dies **anders,** verlangt jedoch, dass sich örtlicher Betriebsrat und Arbeitgeber bei den Verhandlungen auch um diese Frage gekümmert haben; trägt der AN Indizien vor, die dagegen sprechen, so muss der AG die Befassung der Betriebsparteien mit dieser Frage darlegen und beweisen.[152] Dies bringt ein erhebliches Moment der Unsicherheit. Wurde die Namensliste vom GBR ausgehandelt, soll die Erstreckung automatisch eintreten,[153] doch sprechen erhebliche Bedenken gegen eine Einschaltung des GBR (u. Rn. 41). Auch das Argument, die Kündigung sei nach § 613a Abs. 4 BGB unwirksam, wird dem Arbeitnehmer nicht abgeschnitten; dies folgt schon aus einem Gegenschluss aus § 128 Abs. 2 InsO.[154]

Die soziale Auswahl kann nur noch wegen **»grober Fehlerhaftigkeit«** beanstandet werden (§ 125 InsO Rn. 17); diese soll nur in Ausnahmefällen vorliegen.[155] Es muss ein »evidenter, ins Auge springender schwerer Fehler« vorliegen und der Interessenausgleich jede soziale Ausgewogenheit vermissen lassen.[156] Mit Rücksicht auf die im Insolvenzverfahren meist gebotene Eile ist es daher noch hinnehmbar, dass nur die **Unterhaltspflicht** gegenüber den auf der Lohnsteuerkarte vermerkten Kindern berücksichtigt wird, doch ist es sogar in der Insolvenz (und daher erst recht in der Normalsituation) grob fehlerhaft, die Unterhaltspflicht gegenüber dem Ehegatten unter den Tisch fallen zu lassen.[157] Der »großzügige« Prüfungsmaßstab der groben Fehlerhaftigkeit wird auch auf die Frage erstreckt, ob der in die Sozialauswahl einzubeziehende Kreis von Arbeitnehmern (»Vergleichbarkeit«) korrekt bestimmt worden ist (§ 125 InsO Rn. 18)[158] und ob bestimmte Beschäftigte mit Rücksicht auf die Ausgewogenheit der Personalstruktur ausgeklammert wurden.[159] Auch die Frage, ob eine **anderweitige Einsatzmöglichkeit** im Betrieb oder im UN besteht, wird nur noch im Hinblick auf eine grob fehlerhafte Bestimmung gerichtlich überprüft.[160] Die Tatsache, dass im Interessenausgleich vorgesehen ist, zur Abdeckung von Auftragsspitzen oder als Personalreserve für unerwartete Ausfälle **Leih-AN einzusetzen,** widerlegt nach der Rechtsprechung den Wegfall des Beschäftigungsbedarfs nicht.[161] Dass dies mit Rücksicht auf die unternehmerische Freiheit auch dann gelten soll, wenn der Bedarf vorhersehbar ist,[162] will nicht einleuchten: Hier ist die Kündigung nicht mehr unausweichlich, weil es dem AG mit Rücksicht auf die Wertungen des KSchG zuzumuten ist, die bisher für ihn Arbeitenden auf den fraglichen Arbeitsplätzen weiterzubeschäftigen. Weitere **Einzelheiten** sind in den Erläuterungen zu § 125 InsO (Anhang zu §§ 111–113) aufgeführt und sollen hier nicht wiederholt werden. In welchem Umfang auch die Herausnahme einzelner Arbeitnehmer aus der sozialen Auswahl nach § 1 Abs. 3 Satz 2 KSchG von der vollen gerichtlichen Überprüfung ausgenommen werden kann, war lange Zeit nicht geklärt, doch hat inzwischen das *BAG* auch diese Frage einbezogen.[163] Dies lässt sich auf die amtliche Begründung stützen.[164] Häufig würden Fehler in diesem Bereich auch bei voller Überprüfung ohne Folgen bleiben, weil die fragliche Kündigung auch dann hätte ausgesprochen werden müssen, wenn eine Reihe ausgeklammerter Personen einbezogen worden wäre.[165] 37

150 KR-*Rachor,* § 1 KSchG Rn. 795 (bei Abschluss durch BR, anders bei GBR); *Fischer,* NZA 97, 1097; *Kohte* BB 98, 950; a. A. *Bader,* NZA 96, 1133; *Schiefer* DB 98, 922.
151 6. 9. 07 – 2 AZR 715/06, NZA 08, 633 Tz 36.
152 *BAG* a. a. O.; ebenso *Rost,* NZA Beilage 1/2009, S. 31.
153 *BAG* 6. 9. 07 – 2 AZR 715/06, NZA 08, 633 Tz 36.
154 KR-*Rachor* § 1 KSchG Rn. 794.
155 *BAG* 28. 6. 12 – 6 AZR 682/10, NZA 12, 1090 OS 3.
156 *BAG* 15. 12. 11 – 2 AZR 42/10, NZA 12, 1044, 1047 Tz 39.
157 *BAG* 28. 6. 12 – 6 AZR 682/10, NZA 12, 1090.
158 *BAG* 3. 4. 08 – 2 AZR 879/06, NZA 08, 1060 und *BAG* 19. 7. 12 – 2 AZR 386/11, NZA 13, 333, 336 Tz 42. Hierin sieht *Lembke* (NZA 22, 1562) den entscheidenden Vorteil der Namensliste.
159 *BAG* 10. 6. 10 – 2 AZR 420/09, NZA 10, 1352.
160 *BAG* 15. 12. 11 – 2 AZR 42/10, NZA 12, 1044.
161 *BAG* 15. 12. 11 – 2 AZR 42/10, NZA 12, 1044.
162 *BAG* a. a. O. Tz 27 ff.
163 10. 6. 10 – 2 AZR 420/09, NZA 10, 1352.
164 BT-Dr. 15/1204 S. 12; ebenso ErfK-*Oetker* § 1 KSchG Rn. 366; KR-*Rachor* § 1 KSchG Rn. 797.
165 *BAG* 5. 11. 09 – 2 AZR 676/08, NZA 10, 457, 460 Tz 32.

38 Kein Problem grob fehlerhafter sozialer Auswahl ist es, wenn **die der Namensliste zugrunde liegenden Kriterien falsch angewandt** werden; insoweit bleibt es bei der vollen richterlichen Prüfung.[166] Dass diese Kriterien im Kündigungsschutzverfahren benannt werden müssen, hat das *BAG*[167] ausdrücklich hervorgehoben. Beruht beispielsweise die Namensliste auf einem die wichtigsten sozialen Kriterien aufgreifenden Punkteschema, so ist dieses selbst nur auf grobe Fehlerhaftigkeit hin überprüfbar. Wurde es im Einzelfall jedoch falsch angewandt, weil man bei der Berechnung der Punktezahl eines AN die Kinder oder eine frühere Betriebszugehörigkeit vergessen hatte, so unterliegt dies in vollem Umfang der gerichtlichen Kontrolle. Dasselbe gilt, wenn **qualitative Kriterien** verwandt werden, beispielsweise beim primären Abstellen auf die familiäre Situation und die Unterhaltspflichten. Das Erfordernis der **immanenten Schlüssigkeit** der Namensliste[168] verhindert so, dass entgegen den Grundsätzen des *BVerfG*[169] unter Verstoß gegen Art. 12 Abs. 1 GG willkürliche Kündigungen möglich werden. Eine Namensliste entfaltet daher nicht die gewollte Wirkung, wenn sie auch AN erfasst, die primär vor einer Sperrfrist bewahrt werden sollen.[170] Bei **Widersprüchen zwischen Richtlinien,** die der GBR vereinbart hat, **und** der **Namensliste,** ist Letztere unwirksam; dies hat nichts mit vorrangiger Kompetenz des GBR, sondern allein damit zu tun, dass sich die Betriebsparteien nicht über eine für das gesamte UN geltende Norm hinwegsetzen können.[171] Stammt die Richtlinie dagegen von demselben BR, der auch die Namensliste vereinbart hat, so ist nach der Rechtsprechung[172] im Zweifel anzunehmen, dass die Betriebsparteien bewusst eine von der Richtlinie abweichende Sonderregelung treffen wollten, die wirksam ist.[173] Ganz generell ist zu berücksichtigen, dass sich ein Gekündigter nur dann erfolgreich auf die Unwirksamkeit einer Richtlinie oder der Namensliste berufen kann, wenn er nicht auch bei fehlerfreiem Vorgehen gekündigt worden wäre.[174]

39 Die Namensliste erstreckt sich nur auf Beendigungs-, nicht auf Änderungskündigungen. Die andersartige Regelung der InsO ist nicht übernommen worden.[175] Das ***BAG*** hat diesem Unterschied allerdings keine Bedeutung beigemessen und § 1 Abs. 5 KSchG **auch** auf die **Änderungskündigung** erstreckt.[176] Die Lockerung des Bewertungsmaßstabs (nur »grobe Fehlerhaftigkeit«) bezieht sich auf den Wegfall der Beschäftigungsmöglichkeit zu den bisherigen Bedingungen, auf die Zumutbarkeit des **Änderungsangebots** allerdings nur dann, wenn auch dieses Gegenstand des Interessenausgleichs war.[177] Im Übrigen muss die Namensliste klar erkennen lassen, wer für eine Beendigungs- und wer für eine Änderungskündigung vorgesehen ist. **Außerordentliche betriebsbedingte Kündigungen,** die gegenüber »Unkündbaren« in Betracht kommen, werden von § 1 Abs. 5 KSchG **nicht erfasst;** ihre Rechtmäßigkeit richtet sich nach den allgemeinen Grundsätzen.[178]

40 Das **Anhörungsrecht des BR nach § 102 Abs. 1** besteht auch bei Vorliegen einer Namensliste, zumal diese ja inzwischen wegen veränderter Umstände ihre Wirkung verloren haben könnte.[179]

---

166 Ebenso für die Übernahme eines anderen Auswahlschemas, das sich in einem Rahmeninteressenausgleich befand, *LAG Berlin* 15.10.04 – 13 Sa 1721/04, AuR 05, 76 und juris.

167 20.9.06 – 6 AZR 249/05, NZA 07, 387 Tz 48. Ebenso *BAG* 15.12.11 – 2 AZR 42/10, NZA 12, 1044, 1048 Tz 42, wonach auch bei einer Namensliste nach § 1 Abs. 5 KSchG Auskunft über die angewandten Auswahlkriterien gegeben werden muss.

168 So auch ErfK-*Gallner* § 125 InsO Rn. 5 ff.

169 27.1.98, – 1 BvL 15/87 NZA 98, 470.

170 *BAG*, 26.3.09 – 2 AZR 296/07, DB 09, 1882, 1884.

171 Anders *Lingemann/Rolf,* NZA 05, 264.

172 *BAG* 24.10.13 – 6 AZR 854/11, NZA 14, 46.

173 Dazu *Lingemann/Pohlmann,* RdA 14, 374.

174 *BAG* 28.6.12 – 6 AZR 682/10, NZA 12, 1090, 1095 Tz 55.

175 *Jaeger*, FS 25 Jahre ARGE Arbeitsrecht im DAV, S. 899; *Wenning-Morgenthaler* Rn 1079; a. A. KR-*Rachor,*§ 1 KSchG Rn. 783.

176 19.6.07 – 2 AZR 304/06, NZA 08, 103 LS 1 m. w. N.= AiB 08, 676 mit Anm. *M. Müller*..

177 *BAG* a. a. O.; dazu auch *Rost,* NZA Beilage 1/2009 S. 32.

178 *BAG* 28.5.09 – 2 AZR 844/07, NZA 09, 954.

179 *BAG* 20.5.99 – 2 AZR 148/99 AP Nr. 4 zu § 1 KSchG 1969 Namensliste; *BAG* 22.1.04 – 2 AZR 111/02, AP Nr. 1 zu § 112 BetrVG 1972 Namensliste; *BAG* 10.6.10 – 2 AZR 420/09, NZA 10, 1352 Tz 33; *ArbG Stuttgart* 25.2.10 – 9 Ca 416/09, NZA 10, 350, 352; DDZ-*Deinert,* § 1 KSchG Rn. 651.

Dabei sind insbesondere die der Namensliste zugrunde liegenden Kriterien zu benennen. Sind diese oder andere Umstände dem BR schon aus den Verhandlungen über den Interessenausgleich bekannt, müssen sie ihm nicht erneut mitgeteilt werden.[180] Möglich ist auch, die Verhandlungen über den Interessenausgleich und die Anhörung nach § 102 Abs. 1 von vorneherein zu verbinden;[181] zur Vermeidung von Meinungsverschiedenheiten sollte dies aber schon bei Beginn der Verhandlungen klargestellt werden. Im Kündigungsschutzverfahren muss der AG darlegen und im Streitfall beweisen, dass der BR ordnungsgemäß angehört wurde. Dies eröffnet dem **AN** die Gelegenheit, die **innere Schlüssigkeit der Namensliste zu hinterfragen.** Die Vermutungswirkung auf die Anhörungsvoraussetzungen zu erstrecken,[182] lässt sich auf der Grundlage des geltenden Rechts nicht begründen. Zur Bedeutung des Interessenausgleichs mit oder ohne Namensliste für die **Massenentlassungsanzeige** nach § 17 Abs. 3 KSchG s. § 111 Rn 184.

Betrifft eine geplante **Betriebsänderung** mehrere Betriebe, liegt die **Verhandlungskompetenz** in Bezug auf den Interessenausgleich **beim GBR** (o. § 111 Rn. 144). Die **Namensliste** substituiert demgegenüber die soziale Auswahl, die einen **rein (einzel-)betrieblichen Charakter** besitzt. Dem Gesamtbetriebsrat fehlt entgegen BAG[183] insoweit das Mandat, da Existenz und Auswahlkriterien einer Namensliste von Betrieb zu Betrieb variieren können. § 1 Abs. 5 KSchG zu einer betriebsverfassungsrechtlichen Kompetenznorm zu machen, die dem GBR auch die Zuständigkeit für die Namenslisten einräumt, besteht kein Anlass: Weder die systematische Stellung der Vorschrift noch die (das Problem nicht behandelnde) Vorgeschichte lassen eine solche Konsequenz zu.[184] Die Zuständigkeit für den Interessenausgleich kann sich nicht auf Gegenstände erstrecken, die einzelbetrieblichen Charakter haben, will man nicht in Kauf nehmen, dass eine GBV entweder an den betrieblichen Verhältnissen vorbei geht oder aber nach einzelnen Betrieben differenziert.[185] Letzteres nimmt die Rechtsprechung wohl in Kauf: Wenn auch Personen aus Betrieben in die Namensliste einbezogen sind, in denen keine Betriebsänderung stattfindet, soll bei ihnen keine Verringerung des Kündigungsschutzes Platz greifen.[186] *Rost*[187] empfiehlt, dass BR und GBR die Namensliste gleichermaßen unterschreiben. Die Regelung der InsO macht überdies deutlich, dass der allgemeine **Interessenausgleich** (§ 122 InsO) **und** die **Namensliste** (§ 125 InsO) **auseinanderfallen** können. Es reicht, wenn bei Letzterer auf den Interessenausgleich verwiesen wird.[188] Die Anwendung der allgemeinen Regeln über die Kompetenzverteilung von Gesamt- und Einzelbetriebsrat führt daher nicht zu inakzeptablen Konsequenzen. Auch ist zu berücksichtigen, dass sich die Vermutungswirkung der Namensliste nicht auf die Frage erstreckt, ob der AN auf einen freien Arbeitsplatz in einem anderen Betrieb desselben UN versetzt werden kann (o. Rn. 35 f.).[189] Auch dies spricht für eine rein betriebsbezogene Betrachtung Die **Bindungswirkung** der Namensliste **entfällt,** wenn nachträglich, d. h. bis zum Ausspruch der Kündigung eine wesentliche **Änderung der Sachlage** eingetreten ist (§ 125 InsO Rn. 29 f.).[190] Dies ist nicht der Fall, wenn mehrere nicht auf der Liste stehende AN Aufhebungsverträge schließen, ein solcher Fall aber im Interessenausgleich angesprochen war.[191] Fehlt es an einer solchen Regelung, kann § 1 Abs. 5 Satz 3 KSchG durchaus eingreifen, 41

180 *BAG* 28.6.12 – 6 AZR 682/10, NZA 12, 1090, 1096 Tz 63.
181 *BAG* 28.6.12 – 6 AZR 682/10, NZA 12, 1090, 1096 Tz 63.
182 Dafür *Gehlhaar* DB 08, 1496 ff. mit der expliziten Erwägung, dem AN Angriffe auf die Kündigung zu verbauen.
183 7.7.11 – 6 AZR 248/10, NZA 11, 1108 Tz. 24; *BAG* 19.7.12 – 2 AZR 386/11, NZA 13, 333.
184 Näher *Däubler,* NZA 04, 177, 183; ebenso im Ergebnis *U. Fischer* BB 04, 1003 f.; a. A. APS-*Kiel* § 1 KSchG Rn. 709; *Gaul* BB 04, 2686; KR-*Rachor,* § 1 KSchG Rn. 787; *Ohlendorf/Salamon,* NZA 06, 131 ff. und wohl auch *BAG* 6.9.07 – 2 AZR 715/06, NZA 08, 633 Tz 36, wenn auch ohne nähere Begründung.
185 Anders *BAG* 19.7.12 – 2 AZR 386/11, NZA 13, 333 LS 2.
186 *BAG* 19.7.12 – 2 AZR 386/11, NZA 13, 333 LS 3.
187 NZA Beilage 1/2009 S. 31.
188 Dies wird nicht beachtet von *BAG* 7.7.11 – 6 AZR 248/10, NZA 11, 1108 Tz. 24. Wie hier DDZ-*Deinert,* § 1 KSchG Rn. 623.
189 *Jaeger,* FS 25 Jahre ARGE Arbeitsrecht im DAV, S. 900 m. w. N.
190 *BAG* 15.12.11 – 2 AZR 42/10, NZA 12, 1044, 1047 Tz 35.
191 *BAG* a. a. O. Tz 36.

doch hat eine Klage nur dann Erfolg, wenn angesichts des Ausscheidens anderer gerade der klagende AN nicht gekündigt worden wäre.

d) Verfassungsrechtliche Bedenken

42 Ob der auf diese Weise geminderte Kündigungsschutz **mit Art. 12 Abs. 1 GG vereinbar** ist, erscheint **höchst zweifelhaft.** Das Interesse an der Erhaltung des Arbeitsplatzes ist durch Art. 12 Abs. 1 GG geschützt.[192] Sache des Gesetzgebers bzw. des an seiner Stelle handelnden Richters ist es, einen angemessenen Ausgleich im Verhältnis zu dem gleichfalls durch Art. 12 Abs. 1 GG geschützten Recht des Arbeitgebers auf selbstständige berufliche Betätigung zu schaffen.[193] Dabei ist auf die Situation des einzelnen AN Rücksicht zu nehmen. Dies zeigt sich u.a. bei Auswahlprozessen sowie darin, dass »ein durch langjähriges Vertrauen in den Fortbestand des Arbeitsverhältnisses erdientes Vertrauen in den Fortbestand eines Arbeitsverhältnisses nicht unberücksichtigt bleiben« darf.[194] Im Zusammenhang mit der Auflösung von Arbeitsverhältnissen von Beschäftigten aus dem öffentlichen Dienst der früheren DDR vertrat das BVerfG weiter den Standpunkt, bestimmte besonders benachteiligte Gruppen **»namentlich Schwerbehinderte, ältere Arbeitnehmer und Alleinerziehende«** müssten eine begründete Aussicht auf eine neue Stelle erhalten, da andernfalls der Eingriff in ihr Grundrecht aus Art. 12 nicht zu rechtfertigen sei.[195] Stellt man mit der Neuregelung bei der sozialen Auswahl ausschließlich auf die Kriterien »Dauer der Betriebszugehörigkeit«, »Lebensalter«, »Unterhaltspflichten« und »Schwerbehinderung« ab, so ist dies bei wörtlicher Auslegung viel zu schematisch, um den verfassungsrechtlichen Vorgaben Rechnung zu tragen; die Situation des Betroffenen wird nur in einigen wenigen Aspekten berücksichtigt. Auch eine diesen **Schematismus** übernehmende oder gar verschärfende Namensliste ist daher **nicht mit Art. 12 Abs. 1 GG zu vereinbaren.**[196] Eine endgültige Klärung wird erst durch das BVerfG erfolgen.

43 **Für** einen **BR** ist es höchst **fragwürdig,** sich auf eine Namensliste einzulassen.[197] Nicht nur, dass er den Betroffenen gegenüber als »Arbeitsplatzvernichter« dasteht; in aller Regel wird es auch nicht möglich sein, individuelle Ausweichstrategien zu erwägen und dem Prozesscharakter jeder Umstrukturierung ausreichend Rechnung zu tragen.[198] Sich den Kündigungsschutz durch eine besonders großzügige Abfindung »abkaufen« zu lassen, kommt im Grunde nur in Betracht, wenn die betreffenden Personen sowieso ausscheiden wollen oder wenn ein gerichtliches Verfahren aussichtslos wäre. In anderen Fällen stellt der Vorteil, **von** einer **Sperrfrist** verschont zu werden, keine ausreichende »Gegenleistung« dar. Mit Recht ist die gesetzliche Regelung auch mit dem Argument kritisiert worden, dass der demokratische Mechanismus gegenüber Fehlentwicklungen versagt – die auf der Liste Stehenden können sich bei der nächsten BR-Wahl kein Gehör mehr verschaffen.[199] Dies ist vom *BAG*[200] leider nicht bedacht worden, das in Tz 34 in der Einschaltung des BR ausschließlich eine Verstärkung des Kündigungsschutzes sieht.

7. Namensliste für Zuordnung bei Spaltung und Verschmelzung

44 Kommt es zu einer Unternehmensspaltung im Sinne des § 123 UmwG, so wird diese häufig zu einer **Betriebsspaltung** im Sinne des § 111 Satz 3 Nr. 3 führen (o. § 111 Rn. 97 ff.). Dabei kann die **Zuordnung** einzelner AN zu bestimmten Betrieben oder Betriebsteilen **zweifelhaft** sein; außerdem sind Fälle denkbar, in denen eine bestehende Betriebszugehörigkeit geändert werden soll.[201] Im Einzelnen ist zu unterscheiden:

192 BVerfG 24.4.91, BVerfGE 84, 133; 27.1.98, BVerfGE 97, 169, 176.
193 BVerfG 27.1.98, BVerfGE 97, 169, 177.
194 BVerfG 27.1.98, BVerfGE 97, 169, 179.
195 BVerfG 24.4.91, BVerfGE 84, 133, 154 f.
196 A.A. *BAG* 6.9.07 – 2 AZR 715/06, NZA 08, 633 Tz 32 ff.
197 Sehr skeptisch auch *Jenner*, AiB 5/23 S. 12; s. weiter *Perreng*, AiB 04, 13.
198 *Nielebock*, AiB 97, 93.
199 *Preis*, RdA 03, 75.
200 6.9.07 – 2 AZR 715/06, NZA 08, 633.
201 Beispielsfälle bei *Däubler*, RdA 95, 142. Zum Ganzen s. auch BGM-*Bachner* § 4 Rn. 393 ff.

Erfolgt im Zusammenhang mit einer geplanten Unternehmensspaltung ein Betriebs- oder Betriebsteilübergang nach § 613a BGB, so richten sich die Rechtsfolgen für die Beschäftigten allein nach dieser Vorschrift.[202] Greift diese Vorschrift nicht ein oder widerspricht der AN dem Übergang seines Arbeitsverhältnisses, so ist nach dem Inhalts von **Spaltungsplan bzw. Spaltungsvertrag** zu fragen. Sie können die Zuordnung einzelner Arbeitsverhältnisse **nicht einseitig** bestimmen; vielmehr bedarf es hierfür der Zustimmung des betroffenen AN.[203] Dies folgt schon daraus, dass nichtübertragbare Rechte nicht plötzlich übertragbar werden können: Unübertragbar sind aber nach § 613 Satz 2 BGB grundsätzlich alle Ansprüche auf Dienstleistungen einschließlich solcher gegenüber Arbeitnehmern. Durch vorherige Zustimmung des einzelnen Beschäftigten kann die **Übertragbarkeit** jedoch **hergestellt** werden, so dass auf diesem Wege beispielsweise zwei Mitarbeiter einer neuen »Besitzgesellschaft« zugeordnet werden können, die sie für Zwecke der Vermögensverwaltung benötigt.[204] § 613a BGB besitzt keine Exklusivitätswirkung der Art, dass ein freiwilliger Übergang eines Arbeitsverhältnisses nicht auch auf anderem Wege möglich wäre.[205] Ist die Einwilligung des Arbeitnehmers in diese Änderung seines Arbeitsvertrags nicht im Einzelnen ausgehandelt sondern schlichter Vollzug eines Arbeitgeberwunsches, ist allerdings eine **Inhaltskontrolle nach §§ 307 ff. BGB** vorzunehmen. Diese ist unproblematisch, wenn den Betroffenen ein wertgleicher Arbeitsvertrag (einschließlich einer Ankoppelung an die Tarifentwicklung im Stammbetrieb) gewährt wird. **45**

Kommt es nicht zu einer solchen Vereinbarung, entscheidet die »Zugehörigkeit« zu einem Betrieb oder Betriebsteil, welche Gesellschaft in Zukunft die Arbeitgeberstellung innehat. Bestehen insoweit etwa **bei Mitarbeitern in Stabsfunktionen oder bei »Springern« Zweifel** und lassen sich diese auch nicht einvernehmlich ausräumen, so wird auf die **überwiegende Tätigkeit** abgestellt.[206] Auch dieses Kriterium kann im Einzelfall versagen. **§ 323 Abs. 2 UmwG** sieht deshalb die Möglichkeit vor, in einem Interessenausgleich diejenigen Arbeitnehmer namentlich zu bestimmen, die einem bestimmten Betrieb oder Betriebsteil zugeordnet sind. Eine solche Festlegung kann dann ähnlich wie in § 18a Abs. 5 Satz 3 (o. § 18a Rn. 68 ff.) und beim Personalabbau (oben Rn. 30 ff. und § 125 InsO Rn. 14 ff.) **nur noch** auf **grobe Fehlerhaftigkeit** hin überprüft werden.[207] Ausgeschlossen wäre es daher insbesondere, jemanden einem neuen Betrieb zuzuordnen, der mit diesem kaum irgendwelche Arbeitskontakte hat, oder eine Person, die eindeutig zu einem Betrieb oder Betriebsteil gehört, gegen ihren Willen einer anderen Einheit mit anderen Aufgaben zuzuordnen.[208] Dies wird durch die neueste Rechtsprechung bestätigt, wonach auch im Rahmen des § 323 Abs. 2 UmwG die Vorgaben des § 613a Abs. 1 Satz 1 BGB beachtet werden müssen.[209] In zweifelhaften Fällen kann dabei die »Namensliste« durchaus von Nutzen sein.[210] Wird der einzelne AN keiner »wirtschaftlichen Einheit« mehr zugeordnet, greift § 323 Abs. 2 UmwG nicht ein; vielmehr kann sich der AN aussuchen, bei welcher beteiligten Gesellschaft er weiter arbeiten will.[211] Alle diese Grundsätze gelten auch dann, wenn die Spaltung der Betriebe der UN-Spaltung vorausgeht.[212] **46**

§ 323 Abs. 2 UmwG greift auch dann ein, wenn es als **Folge einer Verschmelzung** zu einem Zusammenschluss von Betrieben oder Betriebsteilen kommt und dabei vergleichbare Zuordnungsfragen auftreten. Liegt dem Betriebsübergang keine Spaltung oder Verschmelzung zugrunde, dürfte § 323 Abs. 2 UmwG dagegen ausscheiden, da es insoweit an einer **planwidrigen** **47**

---

202 *BAG* 19.10.17 – 8 AZR 63/16, NZA 18, 370.
203 *BAG* 19.10.17 – 8 AZR 63/16, NZA 18, 370; HWK-*Willemsen*, § 324 UmwG Rn. 25.
204 Ebenso *Boecken*, ZIP 1994, 1093; s. weiter *Willemsen*, RdA 1993, 134 ff.
205 Nicht bedacht bei ErfK-*Preis*, § 613a Rn. 157, der Nichtigkeit wegen Umgehung des § 613a BGB annimmt.
206 *BAG* 20.7.82 – 3 AZR 261/80 AP Nr. 31 zu § 613a BGB = DB 837, 50.
207 Dazu *BAG* 19.10.17 – 8 AZR 63/16, NZA 18, 370; BGM-*Bachner*, § 4 Rn. 394.
208 Vgl. *LAG Schleswig-Holstein* 5.11.15 – 5 Sa 437/14, ZIP 16, 1500.
209 *BAG* 19.10.17 – 8 AZR 63/16, NZA 18, 370 Ls. 3.
210 HWK-*Willemsen*, § 324 UmwG Rn. 31.
211 *BAG* 19.10.17 – 8 AZR 63/16, NZA 18, 370; anders *LAG Schleswig-Holstein* 5.11.15 5 Sa 437/14 ZIP 16, 1500.
212 *LAG Hamburg* 11.1.17 – 6 Sa 54/16, ZIP 17, 1136. Ähnlich *LAG Schleswig-Holstein* 5.11.15 – 5 Sa 437/14, ZIP 16, 1500.

Lücke fehlt, die im Wege der Analogie zu schließen wäre.[213] Auch gibt § 323 Abs. 2 UmwG ein singuläres Gestaltungsmittel, dessen Verallgemeinerung zwingender Gründe bedürfte.[214]

8. Freiwillige Betriebsvereinbarungen

48 Auch nach bisheriger Auffassung steht es den Betriebsparteien frei, angesichts geplanter Betriebsänderungen bestimmte (oder auch alle) anstehenden Fragen durch **freiwillige BV** zu regeln.[215] In der Tat ist nicht einzusehen, weshalb die §§ 111 bis 113 den nach allgemeinen Grundsätzen bestehenden Spielraum der Beteiligten irgendwie einschränken sollten.[216] Auch in Bezug auf sonstige Mitbestimmungs- und Mitwirkungsrechte wird kein Vorrang der §§ 111 bis 113 behauptet (§ 111 Rn. 184). Möglich sind daher Regelungen über soziale Angelegenheiten wie z. B. die Gewährung bestimmter Leistungen oder Ansprüche auf Weiterbildungs- und Umschulungsmaßnahmen.[217] Auch die Arbeitsorganisation kann z. B. i. S. verstärkter Berücksichtigung gesicherter arbeitswissenschaftlicher Erkenntnisse geregelt werden. Möglich ist weiter, nach § 102 Abs. 6 **Kündigungen von der Zustimmung des BR abhängig** zu machen. Auch bestehen keine Bedenken dagegen, durch Betriebsvereinbarung eine **zahlenmäßige Obergrenze für Kündigungen** oder den Personalabbau insgesamt festzuschreiben. Dies läuft auf eine (in der Regel zeitlich befristete) **Beschäftigungsgarantie** für die verbleibende Belegschaft hinaus,[218] die auch ausdrücklich gewährt werden kann.[219] Über den Bereich der §§ 88 und 102 Abs. 6 geht eine »Standortgarantie« hinaus, die mit Rücksicht auf die Handlungsfähigkeit des BR im Bereich wirtschaftlicher Angelegenheiten zulässig ist (Einl. Rn. 94, 127 ff.). Dies hat auch das *LAG Köln* bestätigt und eine ESt. für offensichtlich unzulässig erklärt, die über eine frühere Betriebsschließung hätte entscheiden sollen.[220] Gegen einseitige Maßnahmen des AG kann sich der BR mit Hilfe eines Unterlassungsanspruchs zur Wehr setzen.[221] Soweit **dieselben Gegenstände durch TV** geregelt sind, greift **§ 77 Abs. 3** ein; § 112 Abs. 1 Satz 4 ist als Ausnahmevorschrift auf den Sozialplan beschränkt (u. Rn. 114). Mustervereinbarungen in DKWF-*Däubler.*[222]

49 Abmachungen dieser Art beruhen auf einem **freiwilligen Entgegenkommen der AG-Seite,** das durch sehr unterschiedliche Umstände bedingt sein kann. Erzwingbar ist demgegenüber eine Betriebsvereinbarung über **Kurzarbeit** (§ 87 Rn. 128 ff.). Zu sog. Beschäftigungsplänen s. unten Rn. 227 ff.

50 Im Einzelfall kann es **zweifelhaft** sein, **ob** eine (verbindliche) **BV oder** ein **Interessenausgleich** traditioneller Art abgeschlossen wurde. Die gebrauchte **Terminologie** ist ein wichtiges, jedoch kein absolut ausschlaggebendes Indiz: Ist den Umständen nach klar, dass eine gerichtlich erzwingbare Regelung gewollt ist, liegt auch dann eine BV vor, wenn der Text unter der Überschrift »Interessenausgleich« steht. Erst recht gilt dies, wenn ein unspezifischer Begriff wie »Vertrag« oder »Vereinbarung« benutzt wird. Auch der Detailliertheitsgrad der Regelung ist ein wichtiges Indiz für das Vorliegen einer BV.[223]

51 Werden, wie häufig in der Praxis, **Interessenausgleich und Sozialplan in einer Urkunde** zusammengefasst, so ist im Streitfalle danach zu differenzieren, was möglicher Inhalt des Sozialplans sein kann (dazu unten Rn. 159 ff.). Was dieser Voraussetzung nicht genügt, ist dahin zu befragen, ob es Verbindlichkeit beansprucht. Die Zusammenfassung mit dem Sozialplan ist ein

---

213 Ebenso mit allerdings angreifbarer Begründung *BAG* 15. 2. 07 – 8 AZR 397/06 NZA 07, 739 für die Weitergeltung des Kündigungsschutzes nach § 323 Abs. 1 UmwG.

214 Ebenso im Ergebnis BGM-*Bachner*, § 4 Rn. 397.

215 ErfK-*Kania,* Rn. 9; *Fitting,* Rn. 47; *Gajewski,* FS Gaul, S. 198; *Gaul/Gajewski,* S. 71; *GL,* Rn. 23; *Halberstadt,* Rn. 8; *Molkenbur/Schulte,* DB 95, 271; Richardi/*Annuß,* § 112 Rn. 46 und *Richardi,* FS Wiese, S. 444; *Teichmüller,* Betriebsänderung, S. 72; *Däubler,* Das Arbeitsrecht 1, Rn. 1116a.

216 ErfK-*Kania,* Rn. 9.

217 Vgl. *Fitting,* Rn. 47.

218 Beispiel Enka-Kassel bei *Haase,* Mitb. 83, 94.

219 Vgl. *Willemsen/Hohenstatt,* NZA 97, 346.

220 *LAG Köln* 11. 5. 17 – 8 TaBV 32/17, AiB 1/18 S. 64.

221 *Müller-Wenner,* AuR 17, 317.

222 § 92a Rn. 7 ff.

223 *Siemes*, ZfA 98, 189.

gewichtiges Indiz in diese Richtung.[224] Mit Recht wird empfohlen, das gewollte Maß an Verbindlichkeit ausdrücklich deutlich zu machen.[225]

9. Keine Umsetzung der Betriebsänderung während der Verhandlungen, insbesondere keine Kündigungen?

Die Verhandlungen über den Interessenausgleich behalten nur dann ihren Sinn, **wenn der AG nicht von sich aus »vollendete Tatsachen« schaffen kann,** indem er einseitig die geplante Betriebsänderung vornimmt, z. B. die vorgesehenen Kündigungen ausspricht oder eine Produktionslinie außer Funktion setzt und entfernt.[226] Von einem Verhandlungs»anspruch« (o. Rn. 3 ff.)[227] kann nicht mehr die Rede sein, wenn der Adressat einseitig die von ihm für richtig erachteten Maßnahmen vornehmen kann. Auch ist vom Gesetz dasselbe Verfahren wie im Rahmen von Mitbestimmungsrechten vorgesehen; dort aber ist eine »Vorwegnahme« des Ergebnisses ausgeschlossen (Theorie der Wirksamkeitsbedingung). Die Tatsache, dass der BR nur auf Argumente angewiesen ist, kann es nicht rechtfertigen, ihn bei dieser schwächeren Position auch noch ohne Rechtsschutz zu lassen.[228] Weiter hat das *BAG*[229] ausdrücklich betont, die **Verhandlungen** über den Interessenausgleich müssten **»ergebnisoffen«** sein. Aus alledem folgt ein Anspruch des BR auf Unterlassung von beeinträchtigenden Maßnahmen, insbesondere von Kündigungen. Auf deren Anzahl kommt es dabei nicht an; auch wenn nur wenige AN betroffen sind und die geplante Betriebsänderung noch ohne übergroße wirtschaftliche Nachteile aufgegeben werde könnte, verschlechtert sich die Verhandlungsposition des BR.[230] 52

Zahlreiche **Instanzgerichte** räumen aus diesen Gründen dem BR das Recht ein, dem Arbeitgeber die Vornahme derartiger Maßnahmen durch **einstweilige Verfügung** solange untersagen zu lassen, bis der Interessenausgleich zustande gekommen oder endgültig gescheitert ist.[231] Ein 53

---

224 ErfK-*Kania*, Rn. 5; HK-ArbR-*M. Schubert*, §§ 111–113 Rn 24.

225 *Molkenbur/Schulte*, DB 95, 271.

226 *LAG München* 22. 12. 08 – 6 TaBVGa 6/08, AuR 09, 142; *LAG Berlin-Brandenburg* 19. 6. 14 – 7 TaBVGa 1219/14, LAGE § 111 BetrVG 2001 Nr. 12. *ArbG Hamburg*, 6. 1. 05 – 25 GaBV 2/04, AiB 05, 568.

227 Dazu *Bertzbach*, FS Heinrichs, S. 5.

228 *LAG Hamm* 28. 8. 03 – 13 TaBV 127/03, NZA-RR 04, 80; ähnlich *LAG München* 22. 12. 08 – 6 TaBVGa 6/08, AuR 09, 142.

229 4. 6. 03 – 10 AZR 586/02 NZA 03, 1091.

230 Dies übersehen *Langner/Widhammer* NZA 11, 435. Bei reversiblen Maßnahmen wie der Versetzung einer kleinen Gruppe von Betroffenen ist dies noch nicht der Fall: *LAG Berlin-Brandenburg* 19. 6. 14 – 7 TaBVGa 1219/14, LAGE § 111 BetrVG 2001 Nr. 12.

231 *LAG Hamburg* 13. 11. 81, DB 82, 1522 = AuR 82, 389; *LAG Hamburg* 5. 2. 86, LAGE § 23 BetrVG 1972 Nr. 5; *LAG Hamburg* 26. 6. 97 – 6 TaBV 5/97, ZIP 97, 2205; *LAG Frankfurt* 21. 9. 82, DB 83, 613; 30. 8. 84, DB 85, 178; 6. 4. 93, LAGE § 111 BetrVG 1972 Nr. 12; *HessLAG* 27. 6. 07 – 4 TaBVGa 137/07, AuR 08, 267 mit zusti. Anm. *Schulze-Doll* und *Ritschel; dass.* 19. 1. 10 – 4 TaBVGa 3/10, NZA-RR 10, 187; *LAG Hamm* 23. 3. 83, AuR 84, 54; *dass.* 28. 8. 03 – 13 TaBV 127/03, NZA-RR 04, 80 (unter Aufgabe der zwischenzeitlich vertretenen gegenteiligen Auffassung); *dass.* 26. 2. 07 – 10 TaBVGa 3/07 NZA-RR 07, 469; *dass.* 30. 7. 07 – 10 TaBVGa 17/07 AuR 08, 117; *dass.* 28. 6. 10 – 13 Ta 372/10, AuR 11, 79; *dass.* 17. 2. 15 – 7 TaBVGa 1/15, NZA-RR 15, 247; *LAG Berlin* 7. 9. 95, NZA 96, 1284 = AiB 96, 251 mit Anm. *Riepshoff/Wahsner*; *LAG Berlin-Brandenburg* 25. 6. 08 – 15 TaBVGa 1145/08, juris und AE 11, 69; ThürLAG 26. 9. 00, LAGE § 111 BetrVG 1972 Nr. 17; *dass.* 18. 8. 03 – 1 Ta 104/03, LAGE § 111 BetrVG 2001 Nr. 1; *LAG Niedersachsen* 4. 5. 07 – 1 TaBVGa 57/07 AiB 08, 348 = LAGE § 111 BetrVG 2001 Nr. 7; *LAG* München 22. 12. 08 – 6 TaBVGa 6/08, AuR 09, 142; im Grundsatz auch *LAG Schleswig-Holstein* 20. 7. 07 – 3 TaBVGa 1/07, NZA-RR 08, 244 sowie deutlich nunmehr *dass.* 15. 12. 10 – 3 TaBVGa 12/10, DB 11, 714; erwogen auch in *LAG Rheinland-Pfalz* 26. 10. 06 – 11 TaBV 58/06, juris sowie eindeutig *LAG Rheinland-Pfalz,* 2. 10. 14 – 3 TaBVGa 5/14, AiB 6/15 mit Anm. *Zabel*; *ArbG Düsseldorf* 18. 2. 81, AuR 82, 261; *ArbG Gießen* 18. 10. 82, AuR 83, 156; *ArbG Bamberg* 30. 11. 84, NZA 85, 259; *ArbG Nürnberg* 31. 3. 87, AuR 88, 123; *KreisG Saalfeld* 2. 4. 91, DB 91, 919; *ArbG Jena* 22. 9. 92, BB 92, 2223; *ArbG Oldenburg* 28. 10. 93, DB 94, 1195; *ArbG Reutlingen* 11. 4. 96, AiB 96, 489 mit Anm. *Däubler; ArbG Kaiserslautern* 19. 12. 96, AiB 97, 179; *ArbG Berlin* 9. 3. 00, AiB 01, 544 mit Anm. *Hummel; ArbG München* wiedergegeben bei *Stevens-Bartol/Seebacher,* AiB 03, 356; *ArbG Karlsruhe* 22. 7. 03 – 6 BVGa 2/03, NZA-RR 04, 482; *ArbG Hamburg* 6. 1. 05 – 25 GaBV 2/04, AiB 05, 568; dass. 25. 1. 07 – 25 GaBV 1/07, AuR 07, 397 = AiB 08, 106; dass. 25. 4. 13 – 27 BVGa 2/13, juris; ähnlich *ArbG Hamburg* 29. 11. 93, AiB 94, 246; *ArbG Flensburg* 41. 1. 08 – 2 BVGa 2/08, AiB 08, 351; *ArbG Bremen-Bremerhaven* 25. 11. 09 – 12 BVGa 1204/09; AiB 10, 622; *ArbG Frank-*

nach LAG-Bezirken gegliederter Überblick über die »juristische Landschaft« in dieser Frage findet sich bei *Klein*[232] und bei *Thannheiser*;[233] in beiden Fällen ist die neueste Rechtsprechung des LAG München und des LAG Rheinland-Pfalz noch nicht berücksichtigt.

54 Auch in der **Literatur** überwiegt die Auffassung, wonach dem AG das Schaffen vollendeter Tatsachen verboten werden kann.[234]

55 Die herrschende Rechtsprechung ist zusätzlich durch die **amtliche Begründung zum Korrekturgesetz** v. 19.12.98[235] bestätigt worden. An zwei Stellen[236] ist davon die Rede, der BR müsse genügend Zeit haben, um mit dem AG »Alternativen zur geplanten Betriebsänderung« zu beraten; gerade deshalb wurde die 2- bzw. 3-Monats-Grenze aufgehoben. Eine Diskussion über Alternativen ist aber ersichtlich sinnlos, wenn seitens des AG bereits vollendete Tatsachen geschaffen werden.[237] Dass keine ausdrückliche Veränderung des Gesetzestextes erfolgt ist, bleibt deshalb ohne Bedeutung. Erst recht kann man aus der Tatsache, dass der Gesetzestext nicht ergänzt wurde, nicht etwa schließen, der Gesetzgeber habe einen Unterlassungsanspruch ausschließen wollen.[238]

56 Für einen wirksamen einstweiligen Rechtsschutz spricht auch die **EG-Richtlinie 2002/14/EG** über die Unterrichtung und Anhörung der AN (im Wortlaut wiedergegeben u. Anhang C). Danach müssen die AN-Vertreter bei »wesentlichen Veränderungen der Arbeitsorganisation oder der Arbeitsverträge« informiert und in einen Meinungsaustausch einbezogen werden (»Anhörung« genannt); dabei muss das Ziel verfolgt werden, eine Einigung zu erreichen (Art. 4

---

furt/M. 23.9.15 – 23 BVGa 656/15 AiB 11/17 S. 43; **a. A.** *LAG Düsseldorf* 14.11.83, DB 84, 511; *LAG Köln* 30.4.04 – 5 Ta 166/04, NZA-RR 05, 199; *LAG Baden-Württemberg* 28.8.85, DB 86, 805; dass. 21.10.0920 TaBVGa 109, juris; *LAG Sachsen-Anhalt* (30.11.04 – 11 TaBV 18/04, juris); *LAG Rheinland-Pfalz* 28.3.89, LAGE § 111 BetrVG 1972 Nr. 10 (Letzteres bezog sich auf den Abbau von Produktionsanlagen) und nunmehr *LAG Rheinland-Pfalz,* 27.8.14 – 4 TaBVGa 4/14, NZA-RR 15, 197 sowie 7.12.17 – 5 TABVGa 3/17 DB 18, 899; *LAG Schleswig-Holstein* 13.1.92 – 4 TaBV 54/91, DB 92, 1788 (wohl überholt durch *LAG Schleswig-Holstein* 20.7.07 – 3 TaBVGa 6/08, NZA-RR 08, 244); *LAG Niedersachsen* 29.11.02 – 12 TaBV 11/12, BB 03, 1337 (überholt durch *LAG Niedersachsen* 4.5.07 – 1 TaBVGa 57/07, AiB 08, 348 = LAGE § 111 BetrVG 2001 Nr. 7); *LAG München* 24.9.03 – 5 TaBV 48/03, NZA-RR 04, 536 (überholt durch *LAG München* 22.12.08 – 6 TaBVGa 6/08, AuR 09, 142); *ArbG Herne* 24.5.91, DB 91, 2296; *ArbG Nürnberg* 20.3.96, BB 96, 1723 und 17.1.00, BB 00, 2100 mit Anm. *Reiserer; ArbG Kaiserslautern* 23.10.02, BB 03, 532; *ArbG Passau* 22.10.02, BB 03, 744; *ArbG Marburg* 29.12.03 – 2 BVGa 5/03, NZA-RR 04, 199 = DB 04, 1565; differenzierend nach der Art der Betriebsänderung und den betroffenen Interessen beider Seiten *LAG Brandenburg* 26.3.98 – 7 TaBV 5/98, zitiert bei Küttner/*Eisemann,* Interessenausgleich, Rn. 27; differenzierend nach Verstoß des Arbeitgebers (nur im Fall des § 23 Abs. 3) und nach Gefährdung des Beratungsanspruchs *LAG Berlin-Brandenburg* 12.12.13 – 17 TaBVGa 2058/13, juris und BB 14, 883 (Ls.). Die Frage eines aus §§ 111, 112 folgenden Unterlassungsanspruchs blieb dahinstehen in *BAG* 8.3.22 – 1 ABR 19/21, NZA 22, 1068 Tz. 35.

232 dbr Heft 5/08 S. 16.

233 AiB 08, 606.

234 BGM-*Bachner* § 4 Rn. 399; *Bertelsmann/Gäbert,* AuR 82, 389; *Bertzbach,* FS Heinrichs, S. 7; *Bruns,* AuR 03, 19; *Buschmann,* BB 83, 510; *Däubler,* Das Arbeitsrecht 1, Rn. 1118; *Derleder,* AuR 83, 289; *Dütz,* DB 84, 115 ff.; *ders.,* AuR 98, 182; *Fitting,* § 111 Rn. 138; GK-*Fabricius,* 6. Aufl., § 111 Rn. 357, 362; *Fauser/Nacken,* NZA 06, 1136 ff.; GTAW-*Ahmad,* § 111 Rn. 34; *Gruber,* NZA 11, 1011 ff.; *Hanau,* NZA 96, 844; *Heither,* FS Däubler, S. 340; *Kohte,* FS Richardi, S. 601, 612; *Laßmann/Mengay* u. a., S. 65; *Lobinger,* FS Richardi, S. 657 ff.; *Ögüt,* AiB 1/19 S. 15, 18 ff.; *Pflüger,* DB 98, 2062; *M. Schwegler* S. 180 f.; SB-*Stevens-Bartol* § 111 Rn. 44; *Stevens-Bartol/Seebacher,* AiB 03, 356; *Teichmüller,* Betriebsänderung, S. 70; *Trittin,* DB 83, 230; *Wahsner,* AiB 82, 166; *Woeller,* AiB 97, 319; *Zwanziger,* § 122 InsO Rn. 57; jetzt auch mit EG-rechtlicher Begründung Richardi/*Annuß,* § 111 Rn. 168; **a. A.** *Bengelsdorf,* DB 90, 1233; *Ehrich/Fröhlich* Teil H Rn 104; *Eich,* DB 83, 675; *Ehler,* BB 94, 2270; *Ehrich,* BB 93, 356; *Etzel,* Rn. 1010; ErfK-*Kania,* § 111 BetrVG Rn. 27; *Heinze,* DB-Beilage 9/83, S. 20; HWK-*Hohenstatt/Willemsen* § 111 Rn. 80; *Leinemann,* ZIP 89, 557; *Lipinski/Melms,* BB 02, 2226; *Lipinski/Reinhardt,* NZA 09, 1184 ff.; *Löwisch,* RdA 97, 84; *Schlochauer,* JbArbR Bd. 20, S. 61 ff.; *Schmädicke,* NZA 04, 295; *Völksen,* RdA 10, 354 ff.; wohl auch *Pohl,* FS 25 Jahre ARGE Arbeitsrecht im DAV, S. 997 f. Weitere Nachweise zu beiden Positionen bei *M. Schwegler* Fn 391 und 414.

235 BGBl. I S. 3843.

236 BT-Dr. 14/45 S. 38, 56/57.

237 *Däubler,* NJW 99, 606; dies übersehen *Lipinski/Reinhardt,* NZA 09, 1186.

238 So aber *LAG Sachsen-Anhalt* 30.11.04 – 11 TaBV 18/04, juris; *Lipinski/Melms,* BB 02, 2226, 2229; gegen sie mit Recht Richardi/*Annuß,* § 111 Rn. 168.

Abs. 4 Buchst. e in Verbindung mit Abs. 2 Buchst. c). Art. 9 Abs. 1 der Richtlinie verlangt, dass es geeignete Verfahren gibt, mit deren Hilfe die Erfüllung der vorgesehenen Verpflichtungen durchgesetzt werden kann; bei Verstößen verlangt Art. 8 Abs. 2 »wirksame, angemessene und abschreckende« Sanktionen (dazu auch o. Einl. Rn. 257). Der **Nachteilsausgleich nach § 113** wird diesen **Anforderungen nicht gerecht,** solange der AG damit rechnen kann, dass nur wenige AN entsprechende Ansprüche geltend machen und diese überdies mit Sozialplanansprüchen verrechnet werden (u. Rn. 122).[239] Deshalb bleibt als Ausweg nur die Annahme eines Unterlassungsanspruchs und der Möglichkeit einer einstweiligen Verfügung; andernfalls würde kein richtlinienkonformer Rechtszustand bestehen.[240] Die **neuere Rechtsprechung** hat **diesen Gedanken aufgegriffen;**[241] auch in der Lit. finden sich vermehrt entsprechende Stimmen.[242] Eine Vorlage an den EuGH kommt im Verfahren der einstweiligen Verfügung in der Regel nicht in Betracht.[243]

Gerichte, die gleichwohl den Unterlassungsanspruch ablehnen, sollten mit der Überlegung konfrontiert werden, dass der Nachteilsausgleich angesichts der Verrechnung mit Sozialplanansprüchen keine ausreichende Sanktion für die Verletzung des **Verhandlungs- und Beratungsanspruchs** des BR darstellt. Wie *Eisemann* schon vor längerer Zeit vorgeschlagen hat, **sollte dieser durch einstweilige Verfügung gegen Unterlaufungsmaßnahmen** wie Kündigungen und Abtransport von Maschinen **geschützt** werden.[244] Es geht dabei um die Sicherung eines gesetzlichen Anspruchs, die nur so lange wirkt wie dieser besteht – also bis zum Abschluss oder zum endgültigen Scheitern des Interessenausgleichs. Der Konstruktion eines Unterlassungsanspruchs bedarf es bei dieser Sichtweise nicht. **56a**

Rechtsgrundlage für eine einstweilige Verfügung ist nach der herrschenden Rechtsprechung wie nach der Alternativkonzeption § 85 Abs. 2 ArbGG i. V. m. § 940 ZPO: Das zwischen BR und AG auf Grund der geplanten Betriebsänderung bestehende Rechtsverhältnis muss in seiner vom Gesetzgeber gewollten Integrität erhalten bleiben; eine Unterlaufungsstrategie durch den Arbeitgeber wäre ein **»erheblicher Nachteil« i. S. d. § 940 ZPO, der mit einem definitiven Rechtsverlust vergleichbar ist.**[245] Die einstweilige Verfügung kann von dem Zeitpunkt an ergehen, zu dem die einseitige Umsetzung der geplanten Betriebsänderung unmittelbar droht oder **mit ihrer Realisierung bereits begonnen** wurde. In der Kündigung leitender Angestellter liegt bereits ein solcher Umsetzungsakt,[246] nicht jedoch darin, dass der AG lediglich Vorbereitungshandlungen wie z. B. Schulungsmaßnahmen vornimmt[247] oder aus der geplanten Teilschließung lohnpolitische Konsequenzen zieht und den für eine Weiterarbeit vorgesehenen AN Zulagen gewährt.[248] Wenig einleuchtend ist es, wenn das *LAG Schleswig-Holstein*[249] das einvernehmliche Ausscheiden gegen Abfindung nicht als »Beginn der Umsetzung« qualifiziert, **57**

---

239 Wie hier Richardi/*Annuß*, § 111 Rn. 168; *Kohte*, FS Richardi, S. 601, 612.

240 Eingehend und überzeugend *Forst* ZESAR 11, 107, 115, der u. a. darauf hinweist, dass auch mit Hilfe von § 121 BetrVG keine ausreichenden Sanktionen erreichbar sind. Weitere unionsrechtliche Argumente bei *M. Schwegler* S. 192 ff.

241 *LAG Schleswig-Holstein* 20. 7. 07 – 3 TaBVGa 1/07, NZA-RR 08, 244, 246 und 15. 12. 10 – 3 TaBVGa 12/10, DB 11, 714 = AuR 11, 267; *HessLAG* 27. 6. 07 – 4 TaBVGa 137/07, AuR 08, 267; *LAG München* 22. 12. 08 – 6 TaBVGa 6/08, AuR 09, 142; *LAG Hamm* 30. 7. 07 – 10 TaBVGa 17/07, AuR 08, 117; *LAG Rheinland-Pfalz* 26. 10. 06 – 11 TaBV 58/06, juris; dass. 2. 10. 14 – 3 TaBVGa 5/14, AiB 6/15; *ArbG Flensburg* 24. 1. 08 – 2 BVGa 2/08, AiB 08, 351 und juris – Tz 32.

242 S. nur Richardi-*Annuß* § 111 Rn. 168; *Gruber*, NZA 11, 1011, 1017; *Reichold* NZA 03, 289, 298; *Fauser/ Nacken* NZA 06, 1142.

243 *LAG Rheinland-Pfalz* 26. 10. 06 – 11 TaBV 58/06, juris.

244 *Eisemann*, FS Bepler, S. 131 ff.; ebenso schon *ders.* in: FS Hanau, S. 387 ff. zu der zwischen 1996 und 1998 bestehenden Rechtslage. Im Ansatz ebenso *LAG Düsseldorf* 6. 1. 21 – 4 TaBVGa 6/20, juris, wo allerdings der Erlass einer einstweiligen Verfügung abgelehnt wurde, weil das Vorliegen einer Betriebsänderung ungewiss war. Zu dieser Entscheidung *Grambow*, DB 21, 738.

245 *ArbG Karlsruhe* 22. 7. 03 – 6 BVGa 2/03, NZA-RR 04, 482; vgl. auch *LAG Frankfurt* 11. 8. 87, BB 88, 69 unter Bezugnahme auf *LAG Berlin* 22. 4. 87 – 12 TaBV 1/87; die Frage blieb dahingestellt in *BAG* 3. 5. 94 – 1 ABR 24/93, DB 94, 2450.

246 *BAG* 4. 6. 03 – 10 AZR 586/02, NZA 03, 1087.

247 *HessLAG* 19. 1. 10 – 4 TaBVGa 3/10, NZA-RR 10, 187.

248 *BAG* 10. 3. 98 – 1 AZR 509/97, DB 98, 2373.

249 20. 7. 07 – 3 TaBVGa 1/07, NZA-RR 08, 244, 246.

obwohl es vom AG ausdrücklich im Hinblick auf die geplanten Maßnahmen angeboten wurde. Die **einstweilige Verfügung** ist bis zum Zustandekommen oder Scheitern des Interessenausgleichs **befristet.** In der Praxis wird bisweilen eine konkrete Höchstdauer zugrunde gelegt; bei »konstruktiver Verhandlungsführung« sollen im Allgemeinen drei Monate angemessen sein.[250] Verzögern sich die Verhandlungen ohne Verschulden des BR über die vom Gericht bewilligte Frist hinaus, so kann eine weitere einstweilige Verfügung ergehen.[251] Sinnvoller (und weniger aufwändig) wäre es, auf die Frist zu verzichten,[252] zumal durch die Formbedürftigkeit des Interessenausgleichs bzw. die Entscheidung der ESt keine Unsicherheit über den Beendigungszeitpunkt entstehen würde. Ist die **Betriebsänderung bereits durchgeführt** und damit ein irreversibler Zustand geschaffen, sind Verhandlungen über einen Interessenausgleich gegenstandslos; auch eine einstweilige Verfügung kann daher nicht mehr ergehen (s. oben Rn. 12).[253] Anders dann, wenn die Umsetzung erst teilweise erfolgte.

58 Die einstweilige Verfügung richtet sich in der Regel auf die **Unterlassung von Kündigungen.** Auch kann der AG gezwungen werden, von sich aus keine Aufhebungsverträge mehr anzubieten.[254] Weiter können auch faktische Umsetzungsmaßnahmen wie der **Abtransport von Maschinen** vorübergehend verboten werden,[255] ebenso die untrennbar mit einer Betriebsänderung verbundenen gesellschaftsrechtlichen Veränderungen wie Fusion und Spaltung.[256] Ist die **Betriebsänderung** bereits **teilweise umgesetzt,** so kann die **vorläufige Rückgängigmachung** der getroffenen Maßnahmen verlangt werden, soweit sich dies in der Praxis realisieren lässt. So kann der AG verpflichtet werden, den Gekündigten die Rücknahme der Kündigungen anzubieten oder die vorschnell abtransportierten Maschinen zurückzubringen.[257] Dies entspricht dem Beseitigungsanspruch bei der Verletzung von Mitbestimmungsrechten nach § 87 (o. § 87 Rn. 392). Ist die Betriebsänderung bereits **vollständig umgesetzt,** gibt es dagegen keinen Verhandlungsanspruch mehr, so dass auch derartige Verpflichtungen ausscheiden (oben Rn. 12).

59 Wird entgegen einem durch einstweilige Verfügung ausgesprochenen Verbot **dennoch gekündigt,** sind die Kündigungen entsprechend § 136 BGB (Kündigung als verbotene Verfügung über das Arbeitsverhältnis)[258] unwirksam; außerdem kann auf Antrag ein Ordnungsgeld verhängt werden.[259] Ein kurzer Musterschriftsatz findet sich in DKWF-*Däubler,* §§ 111–113 Rn. 51.

III. Der Sozialplan – allgemeine Grundsätze

1. Rechtsnatur

a) Wirkung einer Betriebsvereinbarung

60 Nach Abs. 1 Satz 3 hat der Sozialplan die Wirkung einer BV. Ob er eine BV ist oder ob er nur wie eine solche behandelt wird, ist im Ergebnis ohne Bedeutung.[260] Zu beachten sind allerdings **vier Besonderheiten:**[261] Nach Abs. 1 Satz 4 gilt der **Tarifvorbehalt** des § 77 Abs. 3 **nicht,** anders als

---

250 *HessLAG* 27.6.07 – 4 TaBVGa 137/07, AuR 08, 267.
251 *HessLAG* a. a. O.
252 So im Ergebnis auch *LAG Niedersachsen* 4.5.07 – 1 TaBVGa 57/07, AiB 08, 348 = LAGE § 111 BetrVG 2001 Nr. 7; *ArbG Flensburg* 24.1.08 – 2 BVGa 2/08, AiB 08, 351; *ArbG Hamburg* 25.4.13 – 27 BVGa 2/13, juris.
253 *LAG Rheinland-Pfalz* 26.10.06 – 11 TaBV 58/06, juris; *LAG Köln* 21.5.21 – 9 TaBV 56/20, juris; Küttner-*Eisemann,* Interessenausgleich Rn. 26.
254 *ArbG Hamburg* 3.8.93 – 21 GaBV 2/93, AiB 93, 649; kritisch *Bauer* NZA Beilage 1/2009 S. 8.
255 *ArbG Hamburg* 6.1.05 – 25 GaBV 2/04, AiB 05, 568. Zustimmend BGM-*Bachner* § 4 Rn. 399 a. E.
256 BGM-*Bachner,* § 4 § 402.
257 So *LAG Rheinland-Pfalz* 2.10.14 – 3 RaBVG 5/14, AiB 6/15 mit Anm. *Zabel:* Folgenbeseitigungsanspruch.
258 Zum Verfügungscharakter der Kündigung ebenso *BAG* 10.10.02 – 2 AZR 532/01, AuR 03, 196 = NZA 03, 909. Wie hier HK-ArbR-*M. Schubert,* §§ 111–113 Rn 25.
259 Ebenso KDZ-*Däubler,* 9. Aufl., §§ 111–113 BetrVG Rn. 50.
260 Für Vorliegen einer Betriebsvereinbarung *BAG* 27.8.75, 29.11.78, 9.12.81, 8.11.88 und 17.10.89, AP Nrn. 2, 7, 14, 48 und 53 zu § 112 BetrVG 1972; 18.12.90 – 1 ABR 15/90, DB 91, 969.
261 Für eine »BV besonderer Art« auch GK-*Oetker/Schubert,* Rn. 136.

bei normalen Betriebsvereinbarungen sind **Individualregelungen** über namentlich genannte AN **zulässig**,[262] der Sozialplan kann nach § 112 Abs. 1 Satz 2 **nur Regelungen über einen Ausgleich oder eine Milderung** wirtschaftlicher Nachteile enthalten, die den Arbeitnehmern infolge der geplanten Betriebsänderung entstehen (dazu unten Rn. 84), und schließlich besitzt der Sozialplan einen erhöhten Bestandsschutz (Rn. 201 ff.). Im Übrigen gelten alle Regeln über BV. Deshalb ist ein gerichtlicher Vergleich unwirksam, in dem ohne Zustimmung des BR auf Sozialplanansprüche (teilweise) verzichtet wird (§ 77 Abs. 4 S. 2).[263] Unproblematisch ist eine formale Trennung in **»Grundsozialplan«**, der das Volumen festlegt, und **»Ausführungssozialplan«**, der die Verteilungsgrundsätze enthält; beide sind inhaltlich eine Einheit.[264] Wird etwa in einem **Interessenausgleich** zugleich das **Sozialplanvolumen** bestimmt, würde dieser insoweit auch eine (unstreitig verbindliche) Sozialplanregelung enthalten. In der Praxis bekannt ist auch eine Aufteilung in den eigentlichen Sozialplan und eine **ergänzende BV**, die z. B. Qualifizierungsmaßnahmen vorsieht und die nach Sozialplangrundsätzen behandelt wird.[265]

b) Zugleich Tarifvertrag?

61 Unproblematisch schien lange Zeit eine Abmachung, die **zugleich Sozialplan und Firmentarif** war und auf AN-Seite von BR und Gewerkschaft unterschrieben wurde.[266] Ob etwas Derartiges gewollt war, musste im Einzelfall die **Auslegung** ergeben. Sie konnte dazu führen, dass eine »dreiseitige« Vereinbarung ausschließlich als Firmentarif qualifiziert wurde, obwohl sie die Überschrift »Betriebsvereinbarung« trug, weil sonst der von den Beteiligten gewollte Regelungseffekt wegen § 77 Abs. 3 nicht eingetreten wäre.[267] In einer neueren Entscheidung ist das ***BAG***[268] zwar von der Möglichkeit ausgegangen, dass eine Vereinbarung in einzelnen Teilen BV, in anderen TV sei, doch müsse die **»Normurheberschaft«** im Einzelnen **klar erkennbar** sein.[269] Fehle es daran, sei der fragliche Normenkomplex unwirksam. Ob es eine »doppelte Normurheberschaft« geben könne, wurde nicht angesprochen, doch schien dem Gericht dieser Gedanke fernzuliegen, zumal die Entscheidung vom 24. 11. 93[270] keine Erwähnung fand.[271] In neuerer Zeit wurde allerdings eine Stellungnahme zum Problem der ausgewiesenen Normurheberschaft bewusst vermieden, was man als Anhaltspunkt für eine mögliche Bereitschaft werten kann, wieder zur ursprünglichen Rechtsprechung zurückzukehren.[272]

62 Dreiseitige Vereinbarungen werden nicht selten als **Mittel der Standortsicherung** benutzt; ihre Legitimität wie ihre Chance auf praktische Beachtung werden deutlich erhöht, wenn man auch die Gewerkschaft »mit ins Boot holt«.[273] Rechtskonstruktiv spricht nichts dagegen, dass eine Norm wie »Die Wochenarbeitszeit beträgt vom 1. 3. bis 30. 9. nur 32 Stunden« sowohl TV als auch BV ist. Ein vergleichbarer **doppelter Rechtstitel** findet sich etwa bei Bezugnahmeklauseln, die mit allen Betriebsangehörigen, und damit auch mit den Gewerkschaftsmitgliedern vereinbart werden: Für sie stützt sich die Geltung des TV dann nicht nur auf § 4 Abs. 1 TVG, sondern auch auf die vertragliche Abmachung.[274] Das gilt natürlich nur insoweit, als der jeweilige Regelungsgegenstand gleichermaßen in einem TV wie in einer BV enthalten sein kann. Für eine freiwillige Standortsicherung ist dies jedoch mehr oder weniger unbestritten (s. auch

---

262 *BAG* 12. 2. 85, AP Nr. 25 zu § 112 BetrVG 1972.
263 *BAG* 25. 4. 17 – 1 AZR 714/15, NZA 17, 1467.
264 *LAG Hamm* 14. 4. 03 – 7 Sa 2017/02 NZA-RR 03, 584.
265 *LAG Schleswig-Holstein* 20. 4. 04 – 5 Sa 539/03 NZA-RR 05, 30.
266 *BAG* 24. 11. 93 – 4 AZR 225/93, NZA 94, 471; zustimmend *C. Meyer*, DB 05, 831.
267 *BAG* 7. 11. 00 – 1 AZR 175/00, NZA 01, 727 = ZIP 01, 942.
268 15. 4. 08 – 1 AZR 86/07, NZA 08, 1074.
269 Bestätigt durch *BAG* 26. 9. 17 – 1 AZR 717/15, NZA 18, 803 für den Fall, dass an einem Vertragswerk gleichermaßen KBR, GBR und EinzelBR beteiligt waren.
270 A. a. O.
271 Kritisch mit anderen Erwägungen *Benrath/Thau*, FS Bauer, S. 147 ff.; *Giesen*, NZA 14, 1; die BAG-Entscheidung verteidigend *Bepler* AuR 10, 234, 238.
272 *Giesen* NZA 14, 2 f. unter Bezugnahme auf *BAG* 18. 8. 09 – 9 AZR 482/08, NZA 10, 503 und *BAG* 20. 9. 12 – 6 AZR 253/11, NZA 13, 797.
273 *Thüsing*, NZA 08, 201.
274 So ausdrücklich *BAG* 26. 9. 01 – 4 AZR 544/00, DB 02, 1005, 1007.

o. Einl. Rn. 94 ff.)[275] und für traditionelle Normen über Entgelt und Arbeitszeit sowieso unproblematisch. Die **Schranke des § 77 Abs. 3** wird dadurch überwunden, dass in der gewerkschaftlichen Unterschrift zugleich die Billigung des BR-Verhaltens liegt.[276] Wird eine solche Vereinbarung gekündigt, ist der Fall denkbar, dass sie zwar als TV, nicht aber als BV nachwirkt. Dies ist nichts Befremdliches, zumal es seine Parallele z. B. darin findet, dass ein tarifgebundener AN aus der Gewerkschaft austritt und so nach Ende der Nachbindung gemäß § 3 Abs. 3 TVG nur noch durch seinen Arbeitsvertrag an den TV gebunden ist.

63 Mit Rücksicht auf die neue BAG-Rechtsprechung wird es sich in der Praxis empfehlen, die **Regelungsgegenstände** auf einen TV und eine BV **aufzuteilen.** Dies kann auch in der Weise geschehen, dass ein TV abgeschlossen wird und die Betriebsparteien diesem Vertragswerk »beitreten«.[277] Wäre der Beitritt aus irgendwelchen Gründen unwirksam, würde dies die Gültigkeit des TV nicht in Frage stellen. Bei Bedarf kann stattdessen die Bedingung hinzugefügt werden, dass die eine Abmachung nicht ohne die andere gelten solle.[278] Um wegen der etwaigen Rechtswidrigkeit einzelner Bestimmungen nicht das ganze Gebäude zum Einsturz zu bringen, sollte in beide Dokumente eine **salvatorische Klausel** aufgenommen werden, wonach bei Unwirksamkeit einzelner Klauseln die Gültigkeit der übrigen Abmachungen unberührt bleibt.[279]
Ist eine Aufteilung schwer möglich oder aus anderen Gründen nicht gewollt, so sind **zwei gleichlautende Dokumente zu erstellen,** von denen eines von der Gewerkschaft, das andere vom BR unterschrieben würde. Dabei sollte in das »Gewerkschaftsdokument« ausdrücklich die Aussage aufgenommen werden, dass Einverständnis über die Einbeziehung des BR bestehe. Da der **TV** in diesem Fall **alle Regelungsgegenstände abdeckt,** sollte keine Verknüpfung mit der Gültigkeit der BV erfolgen, da diese im Gegensatz zum TV häufig in der Gefahr steht, wegen fehlender funktioneller Zuständigkeit des BR in Zweifel gezogen zu werden.[280]

c) Normative Wirkung und Auslegung

64 Der Sozialplan enthält in der Regel Inhaltsnormen, begründet also **unmittelbare Ansprüche der betroffenen AN.**[281] Dies gilt auch für Ausgeschiedene sowie für solche Arbeitnehmer, die vom AG in einen andern Betrieb versetzt wurden.[282] Mit Rücksicht auf das Günstigkeitsprinzip bleibt es den Beteiligten unbenommen, im Arbeitsvertrag oder im Aufhebungsvertrag bessere Regelungen zu treffen.[283] Dabei muss ein Sachgruppenvergleich erfolgen. Stehen den im Sozialplan versprochenen Leistungen artverschiedene Gegenleistungen gegenüber (Arbeit und Tätigkeit in einer Transfergesellschaft), so scheidet ein Günstigkeitsvergleich aus, und die Rechte aus dem Sozialplan bleiben ungekürzt erhalten.[284] So lässt sich etwa eine Abfindung nicht mit dem Betrag vergleichen, den man bei einer Verlängerung des Arbeitsverhältnisses verdient hätte.[285] Sieht der Sozialplan vor, dass entlassene AN unter bestimmten Voraussetzungen wieder eingestellt werden müssen, kann der BR der Einstellung anderer Personen nach § 99 Abs. 2 Nr. 1 die Zustimmung verweigern.[286] Grundsätzlich möglich sind auch Ansprüche, die **von einer Bedingung abhängig** sind, doch muss ihr Eintritt eindeutig feststellbar sein.[287] Sozialplan-

275 Dazu *Thüsing,* NZA 08, 203.
276 Ebenso im Ergebnis *Thüsing* NZA 08, 201, 203.
277 So der Fall *BAG* 26.2.20 – 4 AZR 48/19, NZA 20, 1121, auch zum Folgenden.
278 *Grau/Döring* NZA 08, 1335 ff.
279 Damit wird im Grunde nur die sowieso geltende Norm (*BAG* 26.2.20 – 4 AZR 48/19, NZA 20, 1121) verstärkt, wonach die Unwirksamkeit einzelner Tarifklauseln entgegen § 139 BGB die Wirksamkeit des TV als ganzen unberührt lässt, solange der »Rest« noch eine sinnvolle Regelung darstellt.
280 Ähnlich die Vorschläge bei *Bayreuther,* NZA 10, 380 f.
281 *BAG* 17.10.89, AP Nr. 53 zu § 112 BetrVG 1972; GK-*Oetker,* Rn. 161; HWGNRH-*Hess,* Rn. 340; *Kaven,* S. 126 ff.
282 *BAG* 28.6.05 – 1 AZR 213/04, AP Nr. 25 zu § 77 BetrVG 1972.
283 GK-*Oetker/Schubert,* Rn. 143; s. auch *Löwisch,* RdA 05, 45 ff.
284 *BAG* 27.1.04 – 1 AZR 148/03, NZA 04, 667.
285 *ArbG Köln* 25.11.04 – 22 Ca 4969/04, AuR 05, 340 mit Anm. *Pröpper.*
286 *BAG* 18.12.90, DB 91, 969: Verstoß gegen BV.
287 *BAG* 26.5.09 – 1 ABR 12/08, NZA-RR 09, 588 = AP Nr. 203 zu § 112 BetrVG 1972, auch zum Folgenden.

ansprüche können deshalb nicht davon abhängig gemacht werden, dass **nach** der **Liquidation** des UN **noch freie Mittel** verfügbar sind, wenn nicht gleichzeitig ein gegen Manipulationen gesichertes Verfahren festgelegt wird, wie diese »Verteilungsmasse« zu bestimmen ist.

Sozialpläne sind **wie TV und Gesetze auszulegen,**[288] so dass die bei den Verhandlungen geäußerten Absichten und Erwartungen nur dann berücksichtigt werden können, wenn sie in Wortlaut oder Systematik irgendeinen Niederschlag gefunden haben.[289] Bei Begriffen ist grundsätzlich der allgemeine arbeitsrechtliche Sprachgebrauch maßgebend,[290] grundsätzlich nicht aber das, was in Tarifverträgen unter Dritten vereinbart wurde.[291] Das bedeutet beispielsweise, dass für den »Verlust des Arbeitsplatzes« zugesagte Leistungen nicht auch den Fall erfassen, dass der AN eine Änderungskündigung annimmt und beim selben AG weiterarbeitet.[292] Die »kürzeste mit dem Pkw zurückzulegende verkehrsübliche Fahrstrecke« meint die nach Kilometern kürzeste Strecke, die für Pkws zugelassen ist.[293] Als weniger eindeutig erweist sich der Begriff »individuelle Zulage«, die auch Nacht- und Sonntagszuschläge erfasst.[294] In Zweifelsfällen ist eine mit höherrangigem Recht vereinbare Auslegung zu wählen.[295] Sind **einzelne Teile des Sozialplans unwirksam,** bleibt die Gültigkeit des Restes unberührt, soweit dieser für sich allein betrachtet noch eine sinnvolle Regelung ergibt.[296] 64a

2. Zustandekommen des Sozialplans

a) Zeitpunkt und Form

Nach dem gesetzlichen Modell sollte der **Sozialplan vor Durchführung der Betriebsänderung** zustande kommen. Gelingt dies nicht, macht dies allerdings die weiteren Verhandlungen nicht unzulässig; der **Sozialplan kann** unbestrittenermaßen auch noch **nach durchgeführter Betriebsänderung abgeschlossen werden.**[297] Für die Beurteilung der Nachteile kommt es allerdings grundsätzlich auf die Verhältnisse vor Durchführung der Betriebsänderung an.[298] Unschädlich ist es, wenn bei Abschluss des Sozialplans noch nicht absehbar ist, ob und welche Nachteile den AN entstehen werden; die bloße Möglichkeit genügt.[299] 65

Das **Verfahren** entspricht dem der Verhandlungen über den Interessenausgleich; auch hier kann der **Vorstand der Bundesagentur für Arbeit** um Vermittlung ersucht oder zu den Sitzungen der ESt. herangezogen werden.[300] Auch der Sozialplan muss von beiden Seiten unterschrieben werden, in der ESt. kommt ggf. noch die Unterschrift des Vorsitzenden hinzu. Ob 66

288 So zuletzt *BAG* 25.1.23 – 10 AZR 29/22, NZA 23, 584 Tz. 20; *BAG* 15.5.18 – 1 AZR 20/17, NZA 18, 1198; s. weiter *BAG* 25.3.03 – 1 AZR 335/02, NZA 04, 64; *BAG* 13.12.05 – 1 AZR 551/04, NZA 06, 1430 = AuR 06, 294; *BAG* 27.6.06 – 1 AZR 322/05, NZA 06, 1238, 1239; *BAG* 6.11.07 – 1 AZR 960/06, NZA 08, 232 Tz 9; *BAG* 20.4.10 – 1 AZR 988/08, NZA 10, 1018 Tz 14; *BAG* 9.12.14 – 1 AZR 406/13, NZA 15,558 Tz. 14; *BAG* 13.10.15 – 1 AZR 765/14, NZA-RR 16, 585 Tz. 18. Dazu *Geiger,* AuR 22, 109, 112.

289 Vgl. *BAG* 28.10.92 – 10 AZR 129/92, DB 93, 591; *BAG* 17.11.98 – 1 AZR 221/98, DB 99, 749; *BAG* 22.11.05 – 1 AZR 458/04, NZA 06, 220; *BAG* 19.12.06 – 9 AZR 343/06 NZA 07, 759, 760 Tz 19; *GL,* Rn. 46; Richardi/*Annuß,* § 112 Rn. 174; kritisch *Bartholomä,* BB 05, 100.

290 *BAG* 17.11.98 – 1 AZR 221/98, NZA 99, 609.

291 *BAG* 26.9.17 – 1 AZR 137/15, AP Nr. 235 zu § 112 BetrVG 1972.

292 *BAG* 13.12.05 – 1 AZR 551/04 AP Nr. 179 zu § 112 BetrVG 1972.

293 *BAG* 15.5.18 – 1 AZR 37/17, AP Nr. 114 zu § 77 BetrVG 1972.

294 *BAG* 26.9.17 – 1 AZR 137/15, AP Nr. 236 zu § 112 BetrVG 1972.

295 So *BAG* 22.11.05 – 1 AZR 458/04, NZA 06, 220 für den aus § 75 Abs. 1 folgenden Gleichbehandlungsgrundsatz. Wie hier *Linsenmaier,* FS Etzel, S. 239.

296 *BAG* 20.12.83 und 27.10.87, AP Nrn. 17 und 41 zu § 112 BetrVG 1972; 26.6.90 – 1 AZR 263/88, NZA 91, 113, zuletzt 21.10.03 – 1 AZR 407/02, NZA 04, 559 und 24.8.04 – 1 ABR 23/03, DB 05, 397.

297 S. statt aller GK-*Oetker/Schubert,* Rn. 132 f.

298 *BAG* 23.4.85, AP Nr. 26 zu § 112 BetrVG 1972.

299 *BAG* 25.1.00 – 1 ABR 1/99, NZA 00, 1019; *LAG Schleswig-Holstein* 22.1.14 – 3 TaBV 38/13, juris und BB 14, 883 (Ls.).

300 HWGNRH-*Hess,* Rn. 465 ff.

eine beigefügte »Protokollnotiz« normative Bedeutung hat, ist durch Auslegung zu ermitteln.[301] Die Einhaltung der **Formvorschriften** ist Wirksamkeitsvoraussetzung für den Sozialplan.[302]

67 Zur **Zuständigkeit** auf AN-Seite (BR, GBR, KBR) und auf AG-Seite s. § 111 Rn. 143 ff., 159 ff. **Formulierungsvorschläge** zu allen wesentlichen Regelungspunkten, die in einem Sozialplan eine Rolle spielen können, finden sich in DKWF-*Däubler,* §§ 111–113 R n. 13 ff.

68 Der Sozialplan kann vom Vorliegen einer **Rechtsbedingung** wie z. B. dem Nicht-Eingreifen des § 613a BGB abhängig gemacht werden, wobei notfalls eine gerichtliche Klärung erfolgen kann.[303] Sonstige Bedingungen schaffen eine sehr viel höhere Unsicherheit, was gegen das auch für den Sozialplan geltende **rechtsstaatliche Bestimmtheitsgebot** verstößt.[304] So kann etwa ein Sozialplan nicht für den Fall beschlossen werden, dass »nach der Befriedigung der Gläubiger noch etwas übrig ist«; bei unklarer wirtschaftlicher Situation müsste zumindest ein gegen Manipulationen abgesichertes Verfahren festgelegt werden, wie die »Verteilungsmasse« im Einzelnen zu bestimmen ist.[305] Unzulässig wäre es auch, die Abfindung an den Abschluss eines Aufhebungsvertrags mit einem evtl. Betriebserwerber zu knüpfen.[306]

b) Erzwingbarkeit des Sozialplans

69 Liegt eine geplante Betriebsänderung vor, muss der AG einen Sozialplan abschließen. Kommt keine freiwillige Einigung mit dem BR zustande, bestimmt die ESt. notfalls mit Mehrheit den Inhalt des Sozialplans. Der 1985 eingefügte **§ 112a** macht davon **zwei Ausnahmen.**

c) Die Ausnahme des § 112a Abs. 1

70 Besteht eine Betriebsänderung **ausschließlich in einem Personalabbau,** so kann ein Sozialplan nur dann erzwungen werden, wenn im Betrieb folgende **Zahlenwerte** erfüllt sind:

In der Regel beschäftigte Arbeitnehmer	Zahl der ausscheidenden Arbeitnehmer
bis 59 AN	20 % der Belegschaft, aber mindestens 6 AN
60–249 AN	20 % der Belegschaft oder mindestens 37 AN
250–499 AN	15 % der Belegschaft oder mindestens 60 AN
500–599 AN	60 AN
ab 600 AN	10 % der Belegschaft

71 Die **Einzelfragen** bestimmen sich nach den gleichen Grundsätzen wie bei § 17 Abs. 1 KSchG (dazu § 111 Rn. 77 ff.). Im vorliegenden Zusammenhang wurde ausdrücklich entschieden, dass **Teilzeitkräfte** voll mitzurechnen sind;[307] auch sind vom AG veranlasste **Aufhebungsverträge und Eigenkündigungen** mit einzurechnen.[308] Dasselbe gilt entgegen *LAG Nürnberg*[309] für **Versetzungen** in andere Betriebe oder UN des Konzerns, da auch mit ihnen erhebliche Nachteile verbunden sein können und sie in gleicher Weise die Dimension der Betriebsänderung mitbestimmen.[310] Anders verhält es sich mit verhaltens- und personenbedingten Kündigungen,[311]

301 *BAG* 2. 10. 07 – 1 AZR 815/06, NZA-RR 08, 242.
302 Richardi/*Annuß,* § 112 Rn. 78.
303 *BAG* 1. 4. 98 – 10 ABR 17/97, NZA 98, 768. S. auch unten Rn. 197.
304 *BAG* 26. 5. 09 – 1 ABR 12/09, DB 09, 2331 = dbr 9/10 S. 36 mit Anm. *Silberberger.*
305 Wie Fn 276. Diese Voraussetzung ist im Insolvenzverfahren gegeben; dazu unten § 123 InsO Rn. 14 ff.
306 *LAG Baden-Württ.* 16. 9. 97 – 8 Sa 77/97, NZA-RR 98, 358.
307 *LAG Baden-Württemberg* 16. 6. 87, LAGE § 111 BetrVG 1972 Nr. 6; s. auch *BAG* 28. 10. 92 – 10 AZR 129/92, DB 93, 591.
308 GK-*Oetker/Schubert,* Rn. 276, die mit Recht auf den materiellen Beendigungsgrund abstellen.
309 17. 1. 05 – 9 TaBV 9/04, AuR 05, 198.
310 Ähnlich MünchArbR-*Matthes,* 3. Aufl., § 268 Rn. 22; a. A. GK-*Oetker/Schubert* Rn. 275.
311 *Matthes*, FS Gaul, S. 399.

soweit sie nicht ihrerseits auf der Betriebsänderung beruhen. Die »Veranlassung« durch den AG bestimmt sich nach denselben Maßstäben wie im Rahmen des § 111 (dort Rn. 78 ff.). Ohne Bedeutung ist, ob sich an den Aufhebungsvertrag oder die Kündigung ein vorgezogener Ruhestand oder eine Verrentung anschließen.

Besteht eine Betriebsänderung nicht nur aus einem Personalabbau, sondern werden **auch sächliche Betriebsmittel außer Dienst genommen, greift die Ausnahmevorschrift des § 112a Abs. 1 nicht ein.**[312] Dies gilt nach *BAG*[313] allerdings nur dann, wenn die sonstigen Maßnahmen zusammen mit dem Personalabbau eine Betriebseinschränkung im Sinne des § 111 Satz 3 Nr. 1 darstellen; die **Schließung eines »unwesentlichen« Betriebsteils** würde z. B. nicht genügen. Denkbar ist aber auch der Fall, dass die Voraussetzungen einer anderen Betriebsänderung im Sinne des Satz 3 erfüllt sind, dass z. B. grundlegend neue Arbeitsmethoden eingeführt (Nr. 5) oder dass Betriebe verschmolzen oder zusammengelegt werden (§ 111 Rn. 93 ff.). 72

d) Die Ausnahme des § 112a Abs. 2

Neu gegründete Unternehmen müssen in den ersten 4 Jahren ihres Bestehens keinen Sozialplan abschließen; insoweit kommt es nicht auf die Art der Betriebsänderung an. Der Gesetzgeber wollte dadurch das Risiko bei Neugründungen reduzieren, haben doch Newcomer erfahrungsgemäß Schwierigkeiten, die Kosten eines Sozialplans einzuschätzen und eine ausreichende Risikovorsorge zu treffen. 73

Die Ausnahmevorschrift gilt nur für neu gegründete **Unternehmen.** Errichtet ein bestehendes Unternehmen einen **neuen Betrieb,** greift § 112a Abs. 2 nicht ein.[314] Die **4-Jahres-Frist beginnt** mit der tatsächlichen Aufnahme der Tätigkeit; ob die Mitteilung an das Finanzamt nach § 138 AO früher oder später erfolgte, ist ohne Bedeutung.[315] Die Sozialplanpflicht entfällt, wenn noch während der 4-Jahres-Frist die Betriebsänderung durchgeführt und ein Sozialplan beschlossen wird.[316] Ist dies nicht der Fall, so besteht nach Ablauf der »Schonfrist« noch Spielraum, wie verfahren werden soll; hier den BR nicht partizipieren zu lassen, entbehrt jeder Grundlage.[317] 74

Umstritten ist, ob § 112a Abs. 2 auch dann eingreift, wenn ein **neu gegründetes UN einen länger als vier Jahre bestehenden Betrieb** nach § 613a BGB **übernommen hat.** Das BAG bejaht diese Frage,[318] hat jedoch in der Literatur erheblichen Widerspruch erfahren.[319] Zum einen lässt sich bei einem schon länger existierenden Betrieb sehr viel leichter eine Prognose abgeben, ob voraussichtlich ein Sozialplan nötig sein wird und was er kosten kann. Viel wichtiger ist zum zweiten, dass durch die *BAG*-Rechtsprechung der **Grundgedanke des § 613a BGB verletzt** wird: Entgegen der eindeutigen Intention des Gesetzgebers, dass bei einem Betriebsinhaberwechsel keine rechtliche Verschlechterung eintreten soll, wird den betroffenen Beschäftigten die **Aussicht auf** einen **Sozialplan genommen.**[320] Die Tatsache, dass diese noch keine einklagbaren Individualrechte umfasst, darf nach dem Sinn des § 613a BGB keine Rolle spielen.[321] Folgt man gleichwohl der Rspr., so entsteht in Abweichung vom »Normalmodell« des § 613a 75

---

312 ErfK-*Kania,* Rn. 16; MünchArbR-*Matthes,* 3. Aufl., § 271 Rn. 35.

313 28. 3. 06 – 1 ABR 5/05, NZA 06, 932.

314 *BAG* 27. 6. 06 – 1 ABR 18/05, NZA 07, 106, 108; *Etzel,* Rn. 1068; *Fitting,* Rn. 108.

315 *Wenning-Morgenthaler* Rn 1190.

316 GK-*Oetker/Schubert* §§ 112, 112a Rn 281 (Spruch der ESt.); *Wenning-Morgenthaler* Rn 1182; anders 15. Auflage und *Fitting,* Rn. 113; vgl. auch *Rumpff/Boewer,* S. 362: Entscheidend kommt es darauf an, dass bei normalem Lauf der Dinge der Sozialplan noch während des 4-Jahres-Zeitraums vereinbart worden wäre.

317 Anders HWK-*Hohenstatt/Willemsen,* § 112a Rn. 9: Mitteilung der unternehmerischen Entscheidung an den BR noch während der Frist genügt.

318 13. 6. 89, AP Nr. 3 zu § 112a BetrVG 1972, bestätigt in *BAG* 10. 12. 96 – 1 ABR 32/96, DB 97, 416 und mit eingehender Begründung in *BAG* 27. 6. 06 – 1 ABR 18/05, NZA 07, 106; zustimmend *Etzel,* Rn. 1068; *Fitting,* Rn. 109; HWGNRH-*Hess,* § 112a Rn. 55.

319 BGM-*Bachner,* § 4 Rn. 436; *Bichlmeier/Engberding/Oberhofer,* S. 479; *Fitting,* 21. Aufl., Rn. 94; *Rumpff/Boewer,* S. 361 f.; *WW,* § 112a Rn. 5; rechtspolitische Bedenken bei *Gaul/Gajewski,* S. 242 ff.

320 Ebenso *Fitting,* 21. Aufl., Rn. 95.

321 Anders mit rein formal-konstruktiver Begründung *BAG* 27. 6. 06 – 1 ABR 18/05, NZA 07, 106, 108.

BGB ein **wirtschaftlicher Nachteil,** für den ein Ausgleich geschaffen werden muss.[322] Dieser kann in einer Abfindung wegen der wegfallenden Sozialplananwartschaft, aber auch darin bestehen, dass der Veräußerer für den Fall von Betriebsänderungen durch den Erwerber die Stellung eines »Sozialplangaranten« in der Weise übernimmt, dass er an Stelle des Erwerbers über einen Sozialplan verhandelt und diesen aus eigenen Mitteln finanziert.[323] Das BAG begnügt sich derzeit mit der Pflicht des Veräußerers, die Beschäftigten auf den **Wegfall der Sozialplananwartschaft hinzuweisen;** wird dem nicht Rechnung getragen, läuft die Widerspruchsfrist des § 613a Abs. 6 BGB nicht.[324] Nach Ende des Privilegierungszeitraums von vier Jahren entfällt die Kausalität dieses Fehlers und die gesetzliche Monatsfrist für den Widerspruch beginnt.

76 Würde man die Aussicht auf einen Sozialplan ersatzlos wegfallen lassen, läge darin überdies ein Verstoß gegen die EG-Richtlinie über die Wahrung erworbener Rechte beim Übergang von UN, Betrieben oder Betriebsteilen (2001/23/EG). Wenn behauptet wird, es gehe in der **Richtlinie** nur um die individualrechtliche Seite des Arbeitsverhältnisses,[325] so wird dabei übersehen, dass es auch um die Weitergeltung von Tarifverträgen und Betriebsvereinbarungen und in Art. 6 der Richtlinie speziell um die **Fortsetzung der betrieblichen Interessenvertretung** geht.[326] Dass dabei nur die Institution als solche, nicht aber die dieser zustehenden Rechte gemeint sein sollen,[327] lässt sich nicht mit dem Bestandsschutzgedanken der Richtlinie vereinbaren. Dass das Gegenteil offenkundig sei, so dass sich eine Vorlage an den EuGH erübrige,[328] ist nicht nachvollziehbar. Das Gericht setzt sich auf diese Weise dem Verdacht aus, es habe unter allen Umständen eine Vorlage vermeiden wollen. Erst- und zweitinstanzliche Gerichte sollten daher von der ihnen durch Art. 267 AEUV (bisher: Art. 234 EG-Vertrag) eröffneten Möglichkeit Gebrauch machen, den EuGH um eine authentische Interpretation zu bitten. Wenigstens hat das *BAG*[329] für den Fall eine Ausnahme gemacht, dass eine Neugründung nur zu dem Zweck erfolgt, Betriebe aufzukaufen und sie anschließend stillzulegen: Hier würde man die Sondervorschrift des § 112a Abs. 2 nicht anwenden.[330] Dasselbe muss dann gelten, wenn ein neu gegründetes Unternehmen lediglich einen Betrieb aufkauft und fortführt, der bereits länger als vier Jahre existiert, darüber hinaus aber keine eigenen Aktivitäten entfaltet.

77 Veräußert ein neu gegründetes UN einen Betrieb an ein schon längere Zeit bestehendes, **geht** das **»Sozialplanprivileg« nicht** mit **über:**[331] Der Erwerber kann sich seiner Erfahrung wegen sehr wohl ein Bild machen.

78 § 112a Abs. 2 Satz 2 nimmt **Neugründungen im Zusammenhang mit der rechtlichen Umstrukturierung von UN und Konzernen** aus. Dies betrifft insbes. die **Verschmelzung** von UN, aber auch die Spaltung[332] sowie den Formwechsel, wobei es nicht darauf ankommt, ob im Einzelfall das Instrumentarium des UmwG benutzt wird.[333] Zweifelhaft ist, ob diese »Ausnahme von der Ausnahme« auch dann eingreift, wenn ein **Konzern ein neues UN gründet.**[334] Die Frage ist zu bejahen, da es im Hinblick auf den Zweck des § 112a Abs. 2 keinen Unterschied macht, ob ein alteingesessenes UN einen neuen Betrieb aufmacht oder ob eine genauso erfahrene Konzernspitze eine neue GmbH ins Leben ruft.[335] Keine Rolle spielt, ob ein sog.

322 *Hanau*, FS Gaul, S. 295.
323 Dagegen *C. Meyer*, FS 100 Jahre Betriebsverfassungsrecht, S. 485, wenn auch ohne nähere Argumentation.
324 *BAG* 15.12.16 – 8 AZR 612/15, ZIP 17, 1129, auch zum Folgenden. Dem BAG zustimmend *C. Meyer*, FS 100 Jahre Betriebsverfassungsrecht, S. 482.
325 *Fitting* Rn. 111.
326 Näher *Däubler*, DB 05, 666; Bedenken im Hinblick auf die Richtlinie auch bei *Hanau*, FS Zeuner, S. 56.
327 So *BAG* 27.6.06 – 1 ABR 18/05, NZA 07, 106, 108.
328 *BAG* 27.6.06 – 1 ABR 18/05, NZA 07, 106, 109; ähnlich *Fitting*, Rn. 111.
329 27.6.06 – 1 ABR 18/05, NZA 07, 106, 110.
330 Dazu auch *Willemsen*, Anm. zu BAG, AP Nr. 3 zu § 112a BetrVG 1972: Asset Stripping – zu derartigen Praktiken s. auch § 111 Rn. 21.
331 *Rumpff/Boewer*, S. 360.
332 *BAG* 22.2.95 – 10 ABR 21/94, DB 95, 1182.
333 Zur früheren Rechtslage s. *Willemsen*, a. a. O.
334 Verneinend *Willemsen*, a. a. O.
335 Ebenso im Ergebnis *Bichlmeier/Wroblewski*, Teil 3 Rn. 594.

Gleichordnungskonzern im Sinne des § 18 Abs. 2 AktG vorliegt: Auch in einem solchen Fall geht es nicht um ein unternehmerisches Neuengagement, das des besonderen Risikos wegen privilegiert werden soll. Der Wortlaut stützt diese Interpretation zusätzlich, da § 112a Abs. 2 Satz 2 genauso wenig wie § 112 Abs. 5 Satz 2 Nr. 2 eine Beschränkung auf den Unterordnungskonzern enthält, wie sie sich etwa in § 54 Abs. 1 findet.[336] Gründet der Mehrheitsgesellschafter ein neues Unternehmen und überträgt ihm einen Teil des Geschäftsbetriebs, so entfällt das Sozialplanprivileg erst recht,[337] ebenso, wenn zwei UN Teile auf ein neu gegründetes drittes übertragen.[338]

e) Freiwilliger Sozialplan

79 Auch in den Fällen des § 112a ist ein Sozialplan möglich; zu diesem Zweck muss die ESt. angerufen werden. Der AG ist nach § 112 Abs. 3 Satz 1 verpflichtet, von sich aus einen Sozialplan vorzuschlagen.[339] Ausgeschlossen ist lediglich ein verbindlicher Spruch, doch ist es den Beteiligten unbenommen, sich von vornherein oder nachträglich einem solchen zu unterwerfen. Die ESt. hat in eigener Verantwortung zu prüfen, ob ein Fall des § 112a vorliegt.[340] Aus der umfassenden Zuständigkeit der Betriebsparteien in sozialen, wirtschaftlichen und personellen Angelegenheiten folgt zudem das Recht, bei jeder Form von Arbeitsplatzverlust eine Ausgleichsregelung nach Art eines Sozialplans vereinbaren zu können.[341]

3. »Ausgleich und Milderung der wirtschaftlichen Nachteile« – der Zweck des Sozialplans

a) Grundsätze

80 Was als **»wirtschaftlicher Nachteil«** zu qualifizieren ist, war und ist **Gegenstand zahlreicher Kontroversen.** Einigkeit besteht an sich nur darüber, dass der Sozialplan **keine immateriellen Nachteile** ausgleichen soll.[342] Angesichts des Gesetzeswortlauts ist dies schwer bestreitbar, auch wenn es rechtspolitisch wenig zu überzeugen vermag: Die Zerstörung sozialer Beziehungen oder die Entwertung eines langjährigen Wissens sind »persönlichkeitsnahe« Nachteile, die für den Einzelnen viel stärker als höhere Fahrtkosten zu Buche schlagen können.

81 Meinungsunterschiede bestehen insbes. hinsichtlich der Frage, **wie der Arbeitsplatzverlust als solcher zu bewerten ist.** Stellt er auch dann einen »wirtschaftlichen Nachteil« dar, wenn der Betroffene sofort nach Auslaufen der Kündigungsfrist einen gleichwertigen oder gar einen besseren Arbeitsplatz findet? Eine positive Antwort ließe sich mit der Erwägung rechtfertigen, in Form des Arbeitsplatzes sei dem Einzelnen ein wirtschaftlicher Wert entzogen worden.[343] Die Gegenposition bestimmt die Nachteile »zukunftsbezogen«: Die nach dem Auslaufen des Arbeitsverhältnisses auftretenden wirtschaftlichen Schwierigkeiten wie Arbeitslosigkeit, Umschulungsbedarf, geringere Vergütung am neuen Arbeitsplatz usw. sollen ausgeglichen werden.[344] Der ***Große Senat*** des *BAG* hat eine Kompromissformulierung gewählt, wonach der Einzelne eine Entschädigung dafür erhält, dass er auf Grund der Betriebsänderung seinen Arbeitsplatz einbüßt und im Laufe des Arbeitsverhältnisses erworbene Vorteile verliert; **»zugleich«** sei der Sozialplan jedoch **auf die Zukunft gerichtet** und habe Überleitungs- und Vorsorgefunktion.[345] Einige Jahre später hat der *Erste Senat* die Auffassung vertreten, der *Große Senat* habe sich **auch**

336 Eingehend *Trümner/Weinbrenner,* AuR 10, 248 ff.
337 Ebenso für diesen Fall *BAG* 22.2.95 – 10 ABR 21/94, DB 95, 1182.
338 *BAG* 22.2.95 – 10 ABR 23/94, DB 95, 1287.
339 *Etzel,* Rn. 1066.
340 *LAG Nürnberg* 9.5.01 – 15 BV 37/01, AuR 02, 37.
341 *BAG* 24.5.12 – 2 AZR 62/11. NZA 13, 277, 283 Tz 69.
342 *Fitting,* Rn. 118; *Hanau,* ZfA 74, 101; Richardi/*Annuß,* § 112 Rn. 84.
343 So insbes. Richardi/*Annuß,* § 112 Rn. 90.
344 Vgl. etwa *Wiedemann/Willemsen* Anm. zu BAG AP Nr. 3 zu § 112 BetrVG 1972.
345 *BAG* 13.12.78, AP Nr. 6 zu § 112 BetrVG 1972 Bl. 5 R; ähnlich *Bengelsdorf,* NZA 90, 344; *Küttner,* FS Stahlhacke, S. 292.

nicht ansatzweise für die sog. **Entschädigungstheorie** ausgesprochen.[346] Die neuere Rspr. stellt **nur noch** auf die »**Überbrückungsfunktion**« ab.[347] Eine Auseinandersetzung mit der Rechtsprechung des *Großen Senats* erfolgt nicht; stattdessen wird in einem Nebensatz sogar betont, die Gewährung einer Entschädigung für geleistete Dienste oder für den Verlust eines Besitzstandes sei »an sich unzulässig«.[348] Keine Anhänger hat die von *Beuthien* entwickelte **Sonderopfertheorie**[349] gefunden, wonach es beim Sozialplan lediglich darum gehe, das zugunsten der weiterarbeitenden Kollegen erbrachte »Sonderopfer« auszugleichen: Die These liefert nicht nur wenig konkrete Maßstäbe, sondern versagt auch im Falle der Betriebsstilllegung.[350]

82 Die **Kontroverse** um die »Vergangenheits-« bzw. »Zukunftsorientierung« war lange Zeit **von relativ geringer praktischer Bedeutung.**[351] Dies hängt damit zusammen, dass man auch bei der Entschädigungstheorie Vorteile mitberücksichtigen kann (und sollte), die den prinzipiellen Nachteil des Arbeitsplatzverlustes mindern. Auf der anderen Seite zwingt die Überleitungs- und Vorsorgefunktion nicht dazu, in jedem Einzelfall die konkreten Nachteile abzuwarten und aufzusummieren: Auch hier sind Pauschalierungen zulässig, die sich an eine »Entschädigung für den Arbeitsplatz« annähern.[352] An die **Dauer der Betriebszugehörigkeit** anzuknüpfen, ist deshalb – vorbehaltlich diskriminierungsrechtlicher Bedenken (u. Rn. 96 ff.) – jederzeit möglich.[353] **Alleiniges Bemessungskriterium** kann sie allerdings nur sein, wenn die übrigen Sozialdaten bei den Betroffenen im Wesentlichen übereinstimmen.[354] In jüngster Zeit hat die Auseinandersetzung um den Zweck des Sozialplans dadurch neue Dynamik gewonnen, dass sich die Schlechterstellung sog. rentennaher Jahrgänge bei der Abfindung nur dann rechtfertigen lässt, wenn man konsequent und ausschließlich die **Überleitungs- und Vorsorgefunktion** für maßgebend erklärt (u. Rn. 100).[355] Dies fällt schon deshalb schwer, weil die vom BAG ohne Ausnahme gebilligte Sozialplanpraxis die Abfindungshöhe primär nach dem Lebensalter und der Dauer der Betriebszugehörigkeit bestimmt, also auf ein vergangenheitsbezogenes »Bestandsschutz«-kriterium abstellt.[356] Rechtspolitisch mag man es angesichts knapper Mittel vorziehen, in aktuellen oder künftigen Notsituationen zu helfen statt in der Vergangenheit liegende Besitzstände zu entschädigen.[357] Zu beachten ist aber, dass es im **Ermessen der ESt.** liegt, **welche konkreten Nachteile** sie **ausgleichen** will (näher dazu und zu den Ober- und Untergrenzen u. Rn. 128).[358] Kommt ein wirksamer Sozialplan erst einige Zeit nach der Beendigung der Arbeitsverhältnisse zustande, so können sich die Betriebsparteien bzw. die ESt weiterhin an den beim Ausscheiden »absehbaren« Nachteilen orientieren, auch wenn diese nicht effektiv eingetreten sind.[359] Allerdings wäre es auch kein Rechtsverstoß, wenn sie die inzwischen eingetretene Entwicklung berücksichtigen würden. Der große Spielraum, der bei der Festsetzung des Sozialplaninhalts besteht, führt automatisch zu der Frage: Sollte es den

---

346 *BAG* 23.4.85, AP Nr. 26 zu § 112 BetrVG 1972.

347 *BAG* 26.6.90 – 1 AZR 263/88, NZA 91, 111; 11.8.93 – 10 AZR 558/92, DB 94, 102: Verteilungsgerechte Überbrückungshilfe; 12.11.02 – 1 AZP 68/02, NZA 03, 1287 [1289]; besonders deutlich *BAG* 11.11.08 – 1 AZR 475/07, NZA 09, 210 Tz 19 und 26.5.09 – 1 ZR 198/08, AuR 09, 359; *BAG* 9.12.14 – 1 AZR 102/13, NZA 15, 366 Tz. 23; ähnlich *B. Gaul,* DB 98, 1513 u. MünchArbR-*Matthes,* 2. Aufl., § 362 Rn. 8, der zusätzlich auf die Funktion verweist, das unternehmerische Verhalten zu steuern, was allerdings für die gesamten §§ 111–113, nicht nur für den Sozialplan gilt [§ 111 Rn. 1–5].

348 *BAG* 30.3.94 – 10 AZR 352/93, DB 94, 1935, bestätigt in *BAG* 12.11.02 – 1 AZR 58/02, NZA 03, 1287 [1289].

349 RdA 76, 154 ff.

350 Näher Richardi/*Annuß,* § 112 Rn. 58; *Spinti,* S. 39 f.

351 *Dorndorf,* S. 15.

352 *BAG* 23.4.85, AP Nr. 26 zu § 112 BetrVG 1972.

353 So ausdrücklich *BAG* 26.5.09 – 1 AZR 198/08, AuR 09, 359.

354 *BAG* 12.11.02 – 1 ABR 58/02, NZA 03, 1287 [1289].

355 Dies übersieht HK-ArbR-*M. Schubert* §§ 111–113 Rn 26 in seiner Kritik an der hier vertretenen Position.

356 Dies gesteht auch *Willemsen* (FS Bauer, S. 1119 ff.) zu, der ansonsten den Ansatz des BAG verteidigt.

357 Vgl. in diesem Sinne die Entscheidung des *BVerfG* zur sog. Warteschleife 24.4.91, NJW 91, 1667; dazu *Däubler,* PersR 91, 193, 199.

358 *BAG* 29.11.78 und 27.10.87, AP Nrn. 7 und 41 zu § 112 BetrVG 1972.

359 *Wenning-Morgenthaler* Rn 1116.

Beteiligten nicht **frei stehen,** sich **entweder** am »**Entschädigungszweck**« **oder** an der »**Überbrückungsfunktion**« zu orientieren?[360] Je nachdem, wo sie die Schwerpunkte setzen, müssen sie »systemtreu« bleiben. Konkret bedeutet dies: Der Ausschluss rentennaher Jahrgänge kann nur dann in Betracht kommen, wenn der Sozialplan vorwiegend Überbrückungsleistungen vorsieht, wie dies insbesondere der Transfersozialplan tut (näher u. Rn. 101). Nur dann können auch Abschläge, die durch vorzeitige Inanspruchnahme der Rente entstehen, grundsätzlich hingenommen werden.[361]

Inwieweit die **Veränderung von Arbeitsbedingungen als** »**wirtschaftlicher Nachteil**« zu qualifizieren ist, wurde demgegenüber nur wenig erörtert. Einigkeit besteht darüber, dass die Verringerung der Gegenleistung des AG, etwa der Wegfall von Zulagen oder von Sozialleistungen, erfasst ist. Auch Arbeitserschwernisse müssen jedoch einbezogen werden, weil sie in gleicher Weise das Verhältnis von Leistung und Gegenleistung zu Lasten des AN verändern: Wer intensiver oder unter schlechteren Umweltbedingungen arbeiten muss, ist nicht weniger benachteiligt als derjenige, der bei gleich bleibender Arbeit ein geringeres Entgelt bekommt.[362] Ein wirtschaftlicher Nachteil kann auch in den Kosten der Weiterbildung liegen, die man zur Vermeidung künftiger Nachteile auf dem allgemeinen oder dem veränderten unternehmensinternen Arbeitsmarkt absolviert.[363] 83

Die spezifische Ausrichtung des Sozialplans auf das Ziel »Ausgleich und Milderung der wirtschaftlichen Nachteile« hat zur Folge, dass **keine Regelungen** getroffen werden dürfen, **die die AN lediglich belasten.**[364] Unzulässig ist es deshalb, nach Art eines Zwangsvergleichs bereits entstandene **Entgeltansprüche zu kürzen**[365] oder eine ungünstigere Zahlungsweise vorzusehen.[366] Ausgeschlossen ist weiter eine Verkürzung der Kündigungsfristen.[367] Auch die Aufhebung **unverfallbarer Anwartschaften auf betriebliche Altersversorgung** kommt nicht in Betracht.[368] Obwohl der Sozialplan auch Einzelfälle regeln kann,[369] ist es **nicht** möglich, die **Kündigungserklärung** des AG zu **ersetzen.**[370] Auch andere, nicht vom Zweck des Sozialplans gedeckte Regelungen sind ausgeschlossen und als unwirksam zu behandeln.[371] 84

Einem solchen direkten Eingriff in AN-Rechte (der im Übrigen auch wegen Verstoßes gegen Art. 12 Abs. 1 GG rechtswidrig wäre) werden Klauseln gleichgestellt, die die im Sozialplan vorgesehenen Abfindungen davon abhängig machen, dass der AN auf anderweitig gewährte Rechte verzichtet. So ist es nicht zulässig, Leistungen aus dem Sozialplan nur für den Fall vorzusehen, dass der AN **keine Kündigungsschutzklage erhebt** oder eine erhobene Klage wieder zurücknimmt.[372] Maßgebend hierfür ist die Erwägung, dass der Sozialplan keine »Bereinigungsfunktion« hat, dass er nicht die Planungssicherheit des Arbeitgebers fördern soll.[373] Zulässig ist lediglich, die **Fälligkeit** der Sozialplanansprüche so lange **hinauszuschieben,** bis das Kündigungsschutzverfahren abgeschlossen ist, und eine Verrechnung mit Abfindungen nach § 10 KSchG vorzusehen.[374] Auf demselben Grundgedanken beruht die beifallswerte Feststellung, die Abfindung an einen ausländischen AN könne nicht an die **Bedingung** geknüpft 85

360 Dafür *Kamanabrou,* Rn. 2851 für den ohne Spruch der ESt. zustande gekommenen Sozialplan.
361 *HessLAG* 21.2.06 – 48 Sa 743/05, AuR 06, 414.
362 Näher *Däubler,* DB 85, 2300 f. Zustimmend *Wenning-Morgenthaler* Rn 1081; HK-ArbR-*M. Schubert,* §§ 111–113 Rn 42.
363 HK-ArbR-*M. Schubert* §§ 111–113 Rn 26.
364 Ähnlich ErfK-*Kania,* Rn. 23; *Küttner,* FS Stahlhacke, S. 294.
365 ErfK-*Kania,* Rn. 23; *GL,* Rn. 36.
366 *LAG München* 25.11.87, LAGE § 112 BetrVG 1972 Nr. 10: Übergang von 12 auf 14 Monatsraten.
367 *H. Fuchs,* Sozialplan, S. 34.
368 *Fitting,* Rn. 124.
369 *BAG* 12.2.85, AP Nr. 25 zu § 112 BetrVG 1972.
370 *BAG* 27.5.82, AP Nr. 3 zu § 80 ArbGG 1979; *H. Fuchs,* Sozialplan, S. 34
371 *LAG Köln* 4.6.09 – 7 Sa 1410/08, AuR 10, 133.
372 *BAG* 20.12.83, AP Nr. 17 zu § 112 BetrVG 1972; im Ergebnis bestätigt durch *BAG* 31.5.05 – 1 AZR 254/04 NZA 05, 997 und *BAG* 3.5.06 – 4 AZR 189/05, NZA 06, 1420 = AuR 07, 104; ebenso *Etzel,* Rn. 1046; *Fitting,* Rn. 168; *v. Hoyningen-Huene,* Anm. zu *BAG,* a. a. O.; MünchArbR-*Matthes,* 3. Aufl., § 270 Rn. 10; Richardi/*Annuß,* § 112 Rn. 112.
373 So *BAG* 3.5.06 – 4 AZR 189/05, NZA 06, 1421. Eingehend *Lembke* NZA 22, 1561, 1566.
374 *BAG* 20.6.85, AP Nr. 33 zu § 112 BetrVG 1972; ebenso *GL,* Rn. 39; Richardi/*Annuß,* § 112 Rn. 112.

werden, **dass er in sein Heimatland zurückkehre.**[375] Dahinter steht die zutreffende Einsicht, dass die Freiheit des Einzelnen nicht nur durch unmittelbare Eingriffe, sondern auch durch Vorenthaltung von Leistungen beeinträchtigt werden kann. Dasselbe gilt, wenn die Sozialplanleistungen davon abhängig gemacht werden, dass der AN zuerst den **erfolglosen Versuch** unternimmt, seine Weiterbeschäftigung durch einen angeblichen **Betriebserwerber im Klagewege** durchzusetzen.[376]

b) Umgehung durch die sog. Turboprämie?

86 Unabhängig von den §§ 111 ff. BetrVG können die Arbeitsvertragsparteien jederzeit eine Abmachung treffen, wonach eine Abfindung für den Fall versprochen wird, dass der Arbeitnehmer auf eine Kündigungsschutzklage verzichtet. Dies galt schon vor Inkrafttreten des § 1a KSchG[377] und wurde für den kirchlichen Bereich ausdrücklich bestätigt.[378] Schon mit Rücksicht auf § 307 Abs. 1 Satz 2 BGB muss für den Arbeitnehmer allerdings deutlich erkennbar sein, dass er durch Erhebung einer Kündigungsschutzklage seinen Abfindungsanspruch zunichtemacht.[379] Als problematisch hat sich der Fall erwiesen, dass durch BV eine entsprechende Regelung neben einem Sozialplan vorgesehen wird, für die sich in diesem Zusammenhang der Ausdruck »**Turboprämie**« oder »Sprinterprämie« eingebürgert hat; bisweilen ist auch von »Schnellentscheiderprämie« die Rede. Sie wird vom *BAG*[380] ausdrücklich zugelassen, soweit dadurch nicht das Verbot umgangen wird, Sozialplanansprüche von einem Verzicht auf die Kündigungsschutzklage abhängig zu machen. Ein **Umgehungsfall** liege – so die ursprüngliche Position des *BAG* – »insbesondere« dann vor, wenn der Sozialplan keine angemessene Abmilderung der Nachteile vorsehe oder wenn »greifbare Anhaltspunkte« für die Annahme bestehen, für den Sozialplan vorgesehene Mittel würden funktionswidrig für die Prämie eingesetzt.[381] Diese **zweite Alternative** ist nunmehr **aufgegeben** worden.[382] Die verfügbaren Mittel können in beliebigem Umfang für die »Turboprämie« vorgesehen werden, es sei denn, der Sozialplan würde seine Funktion der Milderung wirtschaftlicher Nachteile auch nicht mehr »ansatzweise« erfüllen. Damit ist der Grundsatz, Sozialplanleistungen dürften nicht von einem Verzicht auf die Kündigungsschutzklage abhängig gemacht werden, weithin ausgehöhlt. Der Rechtsschutz gegen Kündigungen ist auf diese Weise mit einem unzumutbaren Risiko verbunden: Unterstellt, die Sozialplanabfindung würde 20 000 Euro, die Turboprämie aber 60 000 Euro betragen, so würde kein vernünftig denkender AN mehr Kündigungsschutzklage erheben, auch wenn er erhebliche Bedenken z. B. gegen die Korrektheit der sozialen Auswahl hätte. Dies lässt sich nicht mit dem Rechtsstaatsprinzip vereinbaren und sollte durch das BVerfG überprüft werden. Wie wenig gefestigt diese Rechtsprechung ist, wurde an einem zuvor ergangenen Urteil des *LAG Nürnberg*[383] deutlich, das die Klageverzichtsprämie insgesamt für unwirksam erklärte, wenn sie aus dem Sozialplanvolumen finanziert wurde.

86a In der Literatur wurde schon nach der bisherigen Rechtsprechung eine pragmatische Lösung der Art vorgeschlagen, dass die Prämie »erheblich geringer« als die Sozialplanabfindung sein müsse,[384] letztere müsse 2,5 bis 3 mal so hoch sein.[385] Dem wird man zustimmen können, zumal ein wirksamerer Umgehungsschutz nicht ersichtlich ist. Die Prämie darf nicht vergleichbar bedeutsam wie die Sozialplanabfindung sein, was nur dann der Fall ist, wenn sie weniger als

375 *BAG* 7. 5. 87, AP Nr. 19 zu § 9 KSchG 1969.
376 *BAG* 22. 7. 03 – 1 AZR 575/02, BB 04, 2072 = DB 03, 2658.
377 So der Fall *BAG* 15. 2. 05 – 9 AZR 116/04, DB 05, 2245.
378 *BAG* 3. 5. 06 – 4 AZR 189/05, NZA 06, 1420.
379 *BAG* a. a. O.
380 31. 5. 05 – 1 AZR 254/04, NZA 05, 997, bestätigt in *BAG* 3. 5. 06 – 4 AZR 189/05, NZA 06. 1420.
381 *BAG* 31. 5. 05 – 1 ABR 254/04, NZA 05, 997, 1000.
382 *BAG* 7. 12. 21 – 1 AZR 562/20, NZA 22, 281; zustimmend *Göpfert/Brune*, NZA-RR 22, 219 und insbes. *M. Schmidt*, NZA 22, 460 ff.
383 14. 10. 20 – 2 Sa 227/20, NZA-RR 21, 166 mit Anm. *Göpfert/Jacobs*..
384 *Annuß*, RdA 06, 380; *Thüsing/Wege*, DB 05, 2636.
385 *Benecke*, BB 06, 942. Bedenken deshalb auch bei *Löw* (DB 18, 2245) dagegen, dass die Sprinterprämie genauso hoch wie die Sozialplanabfindung ist.

die Hälfte ausmacht. Nach diesen Grundsätzen verfährt das *BAG* auch dann, wenn eine neben dem Sozialplan stehende BV zusätzliche Abfindungen für diejenigen vorsieht, die einen Aufhebungsvertrag schließen.[386] Dabei können diejenigen ausgenommen werden, die vor einem bestimmten **Stichtag,** der vor dem Abschluss der BV liegt, bereits einen Aufhebungsvertrag abgeschlossen haben.[387] Diese Grundsätze gelten im Übrigen auch dann, wenn die **Parallelregelung** nicht durch BV, sondern **durch arbeitsvertragliche Abmachung** erfolgt. Eine **tarifliche Regelung** kann die Abfindung jederzeit vom Verzicht auf die Kündigungsschutzklage abhängig machen,[388] doch dürfte auch hier ein entsprechender »Abstand« zur Sozialplanabfindung nach § 112 zu wahren sein (der Fall *BAG*[389] betraf einen Sozialplan nach einem LPersVG). Wird der Umgehungsschutz nicht beachtet, ist die Verknüpfung mit der Kündigungsschutzklage unwirksam; die Situation ist keine andere, als wenn im Sozialplan selbst Leistungen in unzulässiger Weise von der Nichterhebung einer Klage abhängig gemacht würden (o. Rn. 85). Bei einer intransparenten arbeitsvertraglichen Abmachung hat das *BAG*[390] gleichfalls angenommen, dass der Abfindungsanspruch trotz Erhebung der Kündigungsschutzklage erhalten blieb, dass also lediglich die Verknüpfung hinfällig wurde, **nicht** etwa eine **Gesamtnichtigkeit** eintrat. Eine Regelung, die dem AN nur eine **Überlegungsfrist von einer Woche** einräumen würde, wäre eine unangemessene Benachteiligung im Sinne des § 307 Abs. 1 Satz 1 BGB; eine entsprechende BV würde gegen § 75 Abs. 1 verstoßen.[391]

c) Der Zweck als Grenze

In einer vereinzelt gebliebenen Entscheidung hat das *BAG* die dem Sozialplan vom Gesetzgeber zugewiesene Aufgabe (»Ausgleich und Milderung der wirtschaftlichen Nachteile«) **sehr eng interpretiert.**[392] Danach sind Sozialplanregelungen notwendigerweise »reaktiv«; die präventive Vermeidung wirtschaftlicher Nachteile sei ausschließlich Sache des Interessenausgleichs. Da dieser nach herrschender Auffassung keine einklagbaren Ansprüche gewährt (o. Rn. 23), ist die Zuordnung von beträchtlicher Bedeutung. Das *BAG* hat **nur auf den ersten Blick eine klare Grenze** gezogen. Dies wird etwa an Regelungen zur Weiterbildung und Umschulung deutlich. Beziehen sie sich auf Personen, die z. B. wegen der Einführung neuer Techniken in Kürze an ihrem bisherigen Arbeitsplatz nicht mehr weiterbeschäftigt werden können, so liegt eine »Nachteilsvermeidung« und damit der Sache nach ein Stück Interessenausgleich vor (zum Mitbestimmungsrecht nach § 97 Abs. 2 s. dort). Ist auf der anderen Seite den Betroffenen bereits gekündigt worden, müsste man dieselben Bestimmungen als »Milderung wirtschaftlicher Nachteile« qualifizieren und sie deshalb als zulässigen Inhalt eines Sozialplans ansehen. Bedenkt man, dass in vielen Fällen überhaupt kein Interessenausgleich zustande kommt, läuft die Position des *BAG* darauf hinaus, dass BR und ESt. immer erst **warten** müssen, **bis** gewissermaßen das **Kind in den Brunnen gefallen** ist. Damit ist dem **Schutzzweck** der §§ 111, 112 sowie einer mittlerweile jahrzehntealten Sozialplanpraxis **nicht ausreichend Rechnung getragen.** Zum Sozialplan müssen mindestens auch diejenigen Inhalte zählen, die einen als solchen unvermeidbaren Nachteil (Kündigung, Versetzung) erträglicher machen, indem der Zeitpunkt (z. B. durch längere Kündigungsfristen) hinausgeschoben oder schon vor Ausspruch der Kündigung mit Umschulungsmaßnahmen begonnen wird. Auch Angebote, auf anderen Arbeitsplätzen weiterzuarbeiten, mildern die drohenden Nachteile. Anders ist lediglich bei einem Kündigungsverbot oder bei Auswahlrichtlinien zu entscheiden; sie gehören zum Interessenausgleich, da sie niemals Ausgleich oder Milderung von Nachteilen sind. Überschreitet ein freiwillig vereinbarter Sozialplan die vom *BAG* gezogenen Grenzen, dürfte im Regelfall eine freiwillige BV nach § 88 vorliegen (vgl. Rn. 48). Dies ist etwa dann der Fall, wenn 87

386 *BAG* 18. 5. 10 – 1 AZR 187/09, NZA 10, 1304. Ebenso *LAG Nürnberg* 16. 1. 18 – 6 Sa 359/17; AuR 18, 488 Ls.
387 *LAG Nürnberg* 16. 1. 18 – 6 Sa 359/17, AuR 18, 488 Ls. Zustimmend *Löw*, DB 18, 2245.
388 *BAG* 6. 12. 06 – 4 AZR 798/05, AuR 07, 50 = DB 07, 1362.
389 A. a. O.
390 *BAG* 3. 5. 06 – 4 AZR 189/05, NZA 06, 1420.
391 Ähnlich *Annuß*, RdA 06, 380; *Riesenhuber*, NZA 05, 1102.
392 *BAG* 17. 9. 91 – 1 ABR 23/91, DB 92, 229.

denjenigen eine »Treueprämie« versprochen wird, die bis zum Stilllegungszeitpunkt weiterarbeiten.[393] Erläuterte Formulierungsvorschläge zu Sozialplaninhalten finden sich bei *Hamm*[394] und in DKWF-*Däubler*.[395]

4. Der erfasste Personenkreis

88 Der Sozialplan erstreckt sich grundsätzlich auf **alle Personen,** die durch Verlust ihres Arbeitsplatzes oder auf andere Weise infolge der Betriebsänderung einen **wirtschaftlichen Nachteil** erlitten haben. Die Betriebsänderung sollte jedenfalls dann im Einzelnen im Sozialplan beschrieben werden, wenn es noch vergleichbare andere Planungen gibt und so die Zuordnung zu einer bestimmten Maßnahme zweifelhaft sein könnte.[396] Keine Rolle spielt es, dass einige oder alle Betroffene inzwischen **aus dem Betrieb ausgeschieden** sind; der AG hätte es sonst in der Hand, durch Hinauszögern der Sozialplanverhandlungen den Anwendungsbereich des Sozialplans immer mehr schrumpfen zu lassen.[397] Dies gilt sogar dann, wenn das Ausscheiden auf Grund einer anderen Betriebsänderung erfolgte.[398] Soweit **Heimarbeiter betroffen** sind, müssen auch sie einbezogen werden.[399] Ob für sie nur deshalb eine geringere Abfindung vorgesehen werden kann, weil sie einen sehr geringen Bestandsschutz genießen, ist zweifelhaft, wenn man den Zweck des Sozialplans vorwiegend im Ausgleich künftiger Nachteile sieht. Schließlich kann ein AN nicht schon deshalb von allen Sozialplanleistungen ausgeschlossen werden, weil er **noch keine 6 Monate im Betrieb** tätig ist.[400] Dass **Auszubildende** einzubeziehen sind, ergibt sich mit Rücksicht auf § 5 von selbst, doch sind nur solche Personen erfasst, die auch in den Betrieb eingegliedert sind.[401] Angesichts des weitreichenden Bestandsschutzes nach § 22 Abs. 2 BBiG wird häufig vorgesehen, dass die Ausbildung abgeschlossen werden kann, dass insbes. die Lehrwerkstatt vorübergehend weitergeführt wird.[402]

89 Einzubeziehen sind auch diejenigen Personen, die auf Grund der Betriebsänderung und **auf Veranlassung des AG** schon vor Zustandekommen des Sozialplans einen **Aufhebungsvertrag** geschlossen **oder selbst gekündigt** haben.[403] Dies schließt nicht aus, dass im Einzelfall mit Rücksicht auf sachliche, billigenswerte Gründe, die nicht im Beendigungstatbestand als solchem liegen, durchaus differenziert wird (dazu u. Rn. 109). Nur wer ohne Bezug zur Betriebsänderung selbst gekündigt hat oder vom AG zu Recht nach § 626 BGB fristlos entlassen wurde, hat grundsätzlich keine Leistungen aus einem Sozialplan zu beanspruchen. Zum Begriff der Veranlassung s. § 111 Rn. 78.

90 **Teilzeitkräfte** dürfen nicht aus dem Sozialplan ausgeklammert werden, da dies gegen § 4 Abs. 1 TzBfG verstoßen und überdies i. d. R. eine unzulässige mittelbare Diskriminierung wegen des Geschlechts darstellen würde (dazu unten Rn. 95). **Auch nicht sozialversicherungspflichtig Beschäftigte** sind einzubeziehen;[404] insoweit gilt nichts anderes als z. B. bei der Entgeltfort-

---

393 *BAG* 9.12.14 – 1 AZR 406/13, NZA 15,557 Tz. 18.
394 AiB 93, 600 ff.
395 §§ 111–113 Rn. 13 ff.
396 *Wenning-Morgenthaler* Rn 1118.
397 *BAG* 10.8.94 – 7 ABR 35/93, DB 95, 480; *LAG Hamm* 1.3.72, AP Nr. 1 zu § 112 BetrVG 1972; *GL*, Rn. 32; HWGNRH-*Hess*, Rn. 302, 626; Richardi/*Annuß*, § 112 Rn. 76; *Rumpff/Boewer*, S. 374.
398 *BAG* 11.2.98 – 10 AZR 22/97, DB 98, 1138.
399 *Gamillscheg*, Kollektives Arbeitsrecht II S. 1137; GK-*Oetker/Schubert*, Rn. 127; *GL*, Rn. 40; HWGNRH-*Hess*, Rn. 331; *K. Schmidt*, NZA 89, 126.
400 *LAG Düsseldorf* 1.4.76, DB 76, 1824; *Gamillscheg*, Kollektives Arbeitsrecht II S. 1137; GK-*Oetker/Schubert*, Rn. 127; *GL*, Rn. 35; *Vogt*, S. 23; *Wenning-Morgenthaler* Rn 1119; a. A. *ArbG Köln*, 3.9.75 – 3 BV 55/75, DB 75, 2451; *Lembke*, NZA 22, 1561, 1564 (ohne Hinweis auf die abweichende herrschende Meinung).
401 *BAG* 6.11.03 – 7 ABR 76/11, DB 14, 903.
402 *Wenning-Morgenthaler* Rn 1121.
403 *BAG* 15.1.91 – 1 AZR 80/90, DB 91, 1526; 20.4.94 – 10 AZR 186/93, DB 94, 1882 = NZA 95, 489; 19.7.95 – 10 AZR 885/94, DB 95, 2531; grundsätzlich auch *BAG* 19.2.08 – 1 AZR 1004/06, NZA 08, 720; *GL*, Rn. 33.
404 Ebenso *Küttner*, FS Stahlhacke, S. 306.

zahlung im Krankheitsfall.[405] Zulässig ist lediglich, die Leistungen entsprechend dem Anteil der Arbeitszeit an der einer Vollzeitkraft zu kürzen.[406] Hängen Sozialplanleistungen von der Dauer der Betriebszugehörigkeit ab, hat die Teilzeitkraft jedoch **in der Vergangenheit mit höherem Stundendeputat** oder vollzeitig gearbeitet, so kann dies berücksichtigt werden, doch besteht nach *LAG Köln*[407] und *BAG*[408] aus dem Sozialplanzweck heraus keine entsprechende Verpflichtung: Die Nachteile bestimmen sich nach den Umständen, die im Zeitpunkt des Ausscheidens bestanden. Zulässig ist, im Sozialplan auf die durchschnittliche Arbeitszeit während des ganzen Arbeitsverhältnisses abzustellen, sofern eine Verkürzung während der letzten zwei oder drei Jahre erfolgte.[409] Eine entsprechende Verpflichtung besteht dann, wenn die Reduzierung auf Teilzeit mit Rücksicht auf einen Auftragsrückgang im UN erfolgte[410] oder wenn sie wegen Elternzeit erfolgte.[411] Umgekehrt muss eine in der Vergangenheit liegende Teilzeit nicht wie Vollzeit berücksichtigt werden.[412] Teilzeitkräfte, die zu Unrecht aus dem Sozialplan ausgeklammert wurden oder die zu geringe Leistungen erhielten, können **Einbeziehung bzw. Aufstockung** verlangen.[413] Was **Pensionäre** betrifft, so besitzt der BR kein Mandat zum Eingriff in ihre Rechte.[414] Möglich sind lediglich begünstigende Regelungen, die beispielsweise den Weiterbezug bestimmter Sozialleistungen (Wohnen in Werkswohnungen, Deputate usw.) vorsehen.[415]

Befristet Beschäftigte werden nach der bisherigen Praxis aus Sozialplänen typischerweise ausgenommen. Dies lässt sich mit dem **Benachteiligungsverbot des § 4 Abs. 2 TzBfG** nicht vereinbaren. Wird z. B. ab einem Jahr Betriebszugehörigkeit eine Abfindung bezahlt, so ist diese auch befristet Beschäftigten zu gewähren, die diese Voraussetzung erfüllen und die vorzeitig gekündigt wurden.[416] Wer eine »sozialplanrelevante« Zeit im Betrieb verbracht hat, besitzt vergleichbare Anpassungsschwierigkeiten wie andere Beschäftigte, die ihren Arbeitsplatz verlieren.[417] Die Tatsache, dass der Vertrag nach einiger Zeit ohnehin ausgelaufen wäre, ist ohne Bedeutung. Etwas anderes gilt nur, wenn der befristete Arbeitsvertrag wie vorgesehen zu Ende geführt wird; in diesem Fall tritt kein Nachteil ein,[418] der Arbeitsplatz geht nicht aufgrund der Betriebsänderung verloren.[419] Anders verhält es sich allerdings dann, wenn die Verlängerung oder die Übernahme in ein unbefristetes Arbeitsverhältnis im Betrieb oder in der fraglichen Betriebsabteilung üblich war.[420] Hier hatte die Betriebsänderung trotz auslaufender Verträge wirtschaftliche Nachteile zur Folge. Eine unzulässige Benachteiligung stellt es auch dar, wenn der Sozialplan eine Mindestabfindung vorsieht, davon aber befristet Beschäftigte ausnimmt.[421] Soweit rentennahe Jahrgänge aus dem Sozialplan ausgenommen werden (unten Rn. 101), geschieht dies nicht wegen einer ggf. nur noch kurzen Verweilzeit im Betrieb, sondern allein deshalb, weil sie durch die Altersrente eine anderweitige Versorgung besitzen. Wollte man anders 91

405 *BAG* 9.10.91 – 5 AZR 598/90, DB 92, 330.
406 *BAG* 28.10.92 – 10 AZR 129/92, DB 93, 591.
407 22.1.08 – 9 Sa 1116/07, NZA-RR 08, 523.
408 22.9.09 – 1 AZR 316/08, AuR 10, 45.
409 *LAG Köln*, a. a. O.
410 Zustimmend *Küttner*, FS Stahlhacke, S. 306.
411 EuGH 27.2.14 – C 588/12, AiB 10/14, 66 mit Anm. *Klenter*..
412 *BAG* 14.8.01 – 1 AZR 760/00, AuR 01, 348.
413 Ebenso *BAG* 28.7.92 – 3 AZR 173/92, DB 93, 169 für den Bereich der betrieblichen Altersversorgung.
414 Ebenso für die betriebliche Altersversorgung *BAG* 25.10.88 – 3 AZR 483/86, NZA 89, 522.
415 *H. Fuchs*, Sozialplan, S. 38; *GL*, Rn. 34; MünchArbR-*Matthes*, 3. Aufl., § 270 Rn. 8; *Ohl*, S. 75.
416 *Däubler*, ZIP 2000, 1966; zustimmend KR-*Bader*, § 4 TzBfG Rn. 10; Backmeister/Trittin/*Mayer*, § 4 TzBfG Rn. 7; *Sievers*, § 4 TzBfG Rn. 48; *Wenning-Morgenthaler* Rn 1120. So im Grundsatz auch *EuGH* 14.9.16 – C 596/14, NZA 16, 1193 – de Diego Porras, zur gesetzlichen Abfindung nach spanischem Arbeitsrecht.
417 Anders Annuß/*Thüsing*, § 4 Rn. 83; im Grundsatz auch *Dörner*, Der befristete Arbeitsvertrag, Rn. 104.
418 *Wenning-Morgenthaler* Rn 1120; *Hohenstatt*, NZA 16, 1446, 1449. So wohl auch *BAG* 9.12.14 – 1 AZR 406/13, NZA 15,557.
419 *Hohenstatt*, NZA 16,1446.
420 *Valgolio*, AuR 20, 165, 169 unter Bezugnahme auf einen Beschluss des ArbG Berlin.
421 *Geiger*, AuR 22, 109, 114.

entscheiden, käme man in die zusätzliche Schwierigkeit, jedenfalls jene Befristeten einbeziehen zu müssen, die ohne die Betriebsänderung mit hoher Wahrscheinlichkeit weiterbeschäftigt worden wären. Dies würde schwierige, ans Spekulative grenzende Differenzierungen erfordern. Keine Sozialplanleistung stellt eine Treueprämie dar, die an diejenigen gezahlt wird, die bis zu einem bestimmten Zeitpunkt weiterarbeiten: Von ihr dürfen befristet Beschäftigte nicht ausgenommen werden.[422]

92 Dem BR fehlt das Mandat, einen Sozialplan für **leitende Angestellte** abzuschließen (§ 5 Abs. 3). Diese können auch nicht unter Berufung auf den **Gleichbehandlungsgrundsatz** Gleichstellung mit den übrigen Beschäftigten verlangen.[423] Es besteht jedoch die Möglichkeit, mit Hilfe des SpA über einen eigenen Sozialplan zu verhandeln (dazu § 111 Rn. 8). Weiter kann der BR mit dem AG einen **Vertrag zugunsten Dritter** nach § 328 BGB abschließen.[424] Die Frage ist ohne größere Bedeutung, da ein solcher Vertrag zugunsten Dritter nicht erzwungen werden kann und der zu Leistungen bereite AG vermutlich den Weg über direkte Vereinbarungen mit den leitenden Angestellten gehen wird. War ein Leitender lange Jahre »normaler« AN im Betrieb, kommt allerdings auch eine Berücksichtigung im von der ESt. beschlossenen Sozialplan in Betracht.[425]

93 Soweit **arbeitnehmerähnliche Personen** nicht in die Betriebsverfassung einbezogen sind,[426] erstreckt sich der Sozialplan nicht auf sie, doch ist ähnlich wie bei Leitenden ein Vertrag zugunsten Dritter möglich (o. Rn. 92). Davon wird man insbes. dann Gebrauch machen, wenn der Status einzelner Beschäftigter unsicher ist.

5. Bindung an höherrangiges Recht, insbes. an den Gleichbehandlungsgrundsatz und an Diskriminierungsverbote

94 BR und AG dürfen im Sozialplan nur solche Regelungen treffen, die **mit Grundrechten** und anderen Verfassungsprinzipien, mit **zwingenden Gesetzesnormen** sowie mit anderem zwingenden Recht **in Einklang stehen.** Dazu gehört auch die sog. Mindestdotierung des Sozialplans (u. Rn. 128). Praktische Bedeutung hat dies insbes. im Hinblick auf Gleichheitsrechte erlangt.

a) Bindung an den allgemeinen Gleichbehandlungsgrundsatz nach § 75 Abs. 1

95 Die Betriebsparteien sind nach allgemeiner Ansicht an den Gleichbehandlungsgrundsatz des § 75 Abs. 1 gebunden.[427] Praktische Bedeutung hat dies heute insbesondere für Fälle, die nicht vom AGG erfasst werden.[428]

- Unzulässig wäre es deshalb, **Teilzeitkräfte** entgegen § 4 Abs. 1 TzBfG von Abfindungen auszunehmen. Eine anteilige Berücksichtigung ist zulässig,[429] doch kommt sie bereits darin

---

422 *BAG* 9.12.14 – 1 AZR 496/13, NZA 15, 557; zustimmend *Hohenstatt,* NZA 16,1449.

423 *BAG* 16.7.85, AP Nr. 32 zu § 112 BetrVG 1972 in Abweichung von *BAG* 31.1.79, AP Nr. 8 zu § 112 BetrVG 1972.

424 *BAG* 31.1.79, AP Nr. 8 zu § 112 BetrVG 1972; *Gamillscheg,* Kollektives Arbeitsrecht II S. 1137; a. A. MünchArbR-*Matthes,* 2. Aufl. 2000, § 360 Rn. 21, wonach der BR insoweit als Vertreter ohne Vertretungsmacht handelt; nach Richardi-*Annuß,* Rn. 74 fehlt dem BR insoweit die funktionelle Zuständigkeit, sodass auch ein Vertrag zugunsten Dritter ausscheide. Es komme nur eine Annahme des AG-Angebots durch die einzelnen leitenden Angestellten in Betracht. Unklar HWGNRH-*Hess,* Rn. 295 ff.

425 *Hanau,* in: Hommelhoff, S. 110; ihm zustimmend *S. Biedenkopf,* S. 119.

426 *BAG* 12.2.92 – 7 ABR 42/91, NZA 93, 334; *Plander,* DB 99, 330; *Rost,* NZA 99, 113.

427 Vgl. *BAG* 12.2.85, AP Nr. 25 zu § 112 BetrVG 1972; 11.8.93 – 10 AZR 558/92, DB 94, 102; 6.11.07 – 1 AZR 960/06, NZA 08, 232 Tz 12; *BAG* 12.4.11 – 1 AZR 505/09, NZA 11, 1302; *Fitting,* Rn. 144. Überblick über die wichtigsten Fälle bei *Schrader,* DB 97, 1714.

428 Zum Verhältnis AGG – arbeitsrechtlicher Gleichbehandlungsgrundsatz s. *Hinrichs/Zwanziger,* DB 07, 574 ff.

429 *BAG* 14.8.01 – 1 AZR 760/00, NZA 02, 451; *BAG* 13.2.07 – 9 AZR 729/05 NZA 07, 860.

zum Ausdruck, dass das Monatsgehalt als Bezugsgröße herangezogen wird.[430] Eine weitere Kürzung muss deshalb ausscheiden.[431] Auch geringfügig Beschäftigte dürfen nicht ausgeklammert werden.[432] Hat die **Arbeitszeit** im Laufe der Jahre **gewechselt,** so liegt es im Ermessen der Betriebsparteien, ob sie auf die Situation bei Ende des Arbeitsverhältnisses oder auf die durchschnittliche Arbeitszeit während der gesamten Dauer der Betriebszugehörigkeit abstellen wollen.[433] Zur Einbeziehung **befristet Beschäftigter** s. oben Rn. 91.

- Weiter scheidet eine **Differenzierung zwischen Arbeitern und Angestellten** in der Regel aus.[434] Dasselbe gilt für eine Gruppenbildung, die dem Arbeitgeber eine eingearbeitete und qualifizierte Belegschaft erhalten soll, doch dürfen solche Arbeitnehmer schlechter behandelt werden, die eine zumutbare Alternativbeschäftigung abgelehnt haben.[435]
- Betriebliche Interessen rechtfertigen keine Differenzierung zwischen bestimmten Beschäftigtengruppen; eine »Turboprämie« für einvernehmlich Ausscheidende und eine »Bleibeprämie« für Arbeitnehmer, die nicht kündigen, ist in einer freiwilligen Betriebsvereinbarung nach § 88 möglich, kann jedoch nicht Bestandteil eines Sozialplans sein.[436]
- Einen Verstoß gegen das Willkürverbot stellt es dar, wenn **die vom AG** der Bundesagentur für Arbeit **nach § 128 AFG** (später: § 147a SGB III) **zu erstattenden Beträge** zur Hälfte auf die Abfindung **angerechnet** werden; dies benachteiligt ohne sachlichen Grund langjährig Beschäftigte gegenüber älteren AN mit relativ kurzer Betriebszugehörigkeit.[437]
- Eine willkürliche Differenzierung soll gleichfalls vorliegen, wenn eine **Einheitsabfindung** vorgesehen wird, ohne dass die Chancen auf dem Arbeitsmarkt irgendwie berücksichtigt werden.[438]
- Unzulässig ist es auch, einen **pauschalen Fahrtkostenersatz** nur für unkündbare Mitarbeiter vorzusehen, die in einer anderen Betriebsstätte weiterbeschäftigt werden, während Gekündigte, die mit Hilfe einer Kündigungsschutzklage dasselbe erreichen, von dieser Leistung ausgeschlossen bleiben.[439]
- Nach *BAG*[440] ist eine Abfindungsregelung, wonach **jeder Betroffene pauschal 75 % eines Monatsgehalts** pro Jahr der Betriebszugehörigkeit erhält, als Teil eines von der ESt. beschlossenen Sozialplans ermessensmissbräuchlich nach § 112 Abs. 5, wäre im Rahmen eines frei ausgehandelten Sozialplans aber wohl zulässig.[441]
- Als unproblematisch wird es angesehen, dem **Empfänger einer unbefristeten EU-Rente** keine Leistungen zu gewähren, obwohl sein ruhendes Arbeitsverhältnis aufgelöst wird: Für ihn würden sich keine zusätzlichen wirtschaftlichen Nachteile ergeben.[442]
- **Beurlaubte Beamte** können zwar gleichfalls Nachteile erleiden, doch fallen diese nicht so sehr ins Gewicht, dass sie deshalb eine Abfindung oder sonstige Leistungen bekommen müssten.[443] Anders verhält es sich dann, wenn die Zahlung eine »Prämie« für die Nichterhebung einer Kündigungsschutzklage darstellt.

---

430 Unklar insoweit *BAG* 13.2.07 – 9 AZR 729/05 NZA 07, 860, das die Bezugsgröße »1 ½ Monatsgehälter« nicht erläutert.
431 BGM-*Bachner,* § 4 Rn. 473; *Bell,* AiB 05, 21.
432 *BAG* 25.4.07 – 6 AZR 746/06 NZA 07, 881.
433 *BAG* 22.9.09 – 1 AZR 316/08, DB 10, 2664. Ebenso *Linsenmaier,* FS Etzel, S. 242. Bedenken bei HK-ArbR-*M. Schubert* §§ 111–113 Rn 61.
434 Zustimmend ErfK-*Kania,* Rn. 26.
435 *BAG* 6.11.07 – 1 AZR 960/06, NZA 08, 232 Tz 19ff.
436 *BAG* 19.2.08 – 1 AZR 1004/06, AP Nr. 191 zu § 112 BetrVG 1972 Tz 31; *Linsenmaier,* FS Etzel, S. 250.
437 Vgl. *BAG* 16.6.90, NZA 91, 111; *Küttner,* FS Stahlhacke, S. 305.
438 *LAG München* 13.1.89, NZA 90, 200. Dazu HK-ArbR-*M. Schubert,* §§ 111–113 Rn 54.
439 *ArbG Frankfurt/Main* 14.10.09 – 14 Ca 5546/09, AuR 10, 84 und juris.
440 14.9.94 – 5 AZR 632/93, DB 95, 430 = NZA 95, 440.
441 Anders ErfK-*Kania,* Rn. 26.
442 *LAG Hamm* 14.4.03 – 7 Sa 2017/02, NZA-RR 03, 584; ebenso nunmehr *BAG* 7.6.11 – 1 AZR 34/10, NZA 11, 1370.
443 *BAG* 8.12.15 – 1 AZR 595/14, NZA 16, 767; ebenso *LAG Düsseldorf,* 2.7.14 – 4 Sa 321/14, NZA-RR 14, 587; *LAG Nürnberg,* 12.8.14 – 2 Sa 256/14, AE 15,34. S. auch unten Rn. 135.

- Als zulässig wird es auch angesehen, denjenigen eine besonders hohe Abfindung zu versprechen, die in der Zukunft einen Altersteilzeitvertrag schließen, während die aktuellen **Altersteilzeiter** davon ausgeschlossen bleiben.[444]
- Auf der anderen Seite darf die Abfindung ausgeschlossen oder gemindert werden, wenn der Betroffene nach einer mit Arbeitslosengeld überbrückten Zeit **vorgezogene Altersrente** in Anspruch nehmen kann.[445] Typischerweise würden solche Betroffenen wesentlich geringere wirtschaftliche Nachteile als andere erleiden.[446] Problematisch ist hier auch das Vorliegen einer Diskriminierung wegen Alters; dazu u. Rn. 101.
- Zur Bindung an den Gleichbehandlungsgrundsatz bei der Festlegung eines **Stichtags** s. u. Rn. 199 f.

b) Beachtung des AGG

96 Kollektivverträge und damit auch Sozialpläne dürfen **keine diskriminierenden Regelungen** im Hinblick auf eines der Merkmale des § 1 AGG (Rasse, ethnische Herkunft, Geschlecht, Religion, Weltanschauung, Behinderung, Alter, sexuelle Identität) enthalten. Insoweit gilt gleichermaßen das Verbot der unmittelbaren wie das der mittelbaren Diskriminierung.[447] Liegt eine mittelbare Diskriminierung i. S. d. § 3 Abs. 2 AGG vor, so ist es Sache des Arbeitgebers, das Vorliegen von Rechtfertigungsgründen zu belegen.[448] Zusätzlich zu den allgemeinen Rechtfertigungsgründen enthält **§ 10 Satz 3 Nr. 6 AGG eine Sondernorm für den Sozialplan.** Danach dürfen die Betriebsparteien eine »nach Alter oder Betriebszugehörigkeit gestaffelte Abfindungsregelung« vorsehen, »in der die wesentlich vom Alter abhängenden Chancen auf dem Arbeitsmarkt durch eine verhältnismäßig starke Betonung des Lebensalters erkennbar berücksichtigt worden sind.« Zulässig ist weiter, Beschäftigte von Sozialplanleistungen auszuschließen, die »wirtschaftlich abgesichert« sind, weil sie ggf. nach Bezug von Arbeitslosengeld rentenberechtigt sind. Die damit ermöglichte **Anknüpfung an das Merkmal »Alter«** hat der Praxis eine Reihe von Unsicherheiten beschert, die uns im Folgenden beschäftigen werden. Außerdem ist zu klären, welche **Bedeutung die übrigen Merkmale,** insbesondere das Geschlecht und die Behinderung besitzen. Dabei ist gleichzeitig zu berücksichtigen, ob positive Maßnahmen nach § 5 AGG in Betracht kommen können.[449]

97 In **formaler Hinsicht** erweckt die Vorschrift des § 10 Satz 3 Nr. 6 AGG keine Bedenken. Auch wenn man davon ausgeht, dass die in Art. 6 der Rahmenrichtlinie enthaltene Ermächtigung, entgegen dem allgemeinen Verbot unter bestimmten Voraussetzungen doch ans Alter anzuknüpfen, nur an die Mitgliedstaaten gerichtet ist, ist dem Rechnung getragen: § 10 Satz 3 Nr. 6 AGG ist nicht nur eine pauschale »Subdelegation« an die Betriebsparteien, sondern enthält eine vergleichsweise detaillierte Regelung, die die sowieso vorhandene »Vorprogrammierung« des Sozialplans ergänzt.[450]

98 Vom Wortlaut her ermöglicht § 10 Satz 3 Nr. 6 AGG eine Anknüpfung am **Lebensalter** »oder« an der **Betriebszugehörigkeit.** Da in der Praxis meist beides nebeneinander erfolgt und nach der amtlichen Begründung insoweit kein grundlegender Wandel erfolgen sollte,[451] wird in der Literatur das »oder« wie ein »und/oder« gelesen.[452] Dem wird man mit der Maßgabe zustimmen können, dass die in einer **kumulativen Benutzung beider Merkmale** liegende Bevorzugung der Älteren als Einheit betrachtet und gerechtfertigt werden muss. Dies kann im Einzelfall dazu führen, dass Jüngere in unverhältnismäßiger Weise zurückgesetzt und deshalb über das durch § 10 Satz 3 Nr. 6 AGG zugelassene Maß hinaus benachteiligt werden. Das wäre etwa der Fall, wenn die Sozialplanmittel zu 98 % für Ältere und »Langgediente« vorgesehen würden.

---

444 *BAG* 15. 4. 08 – 9 AZR 26/07, NZA-RR 08, 580.
445 *BAG* 30. 9. 08 – 1 AZR 684/07, NZA 09, 386.
446 *BAG* 11. 11. 08 – 1 AZR 475/07, NZA 09, 210 Tz. 28.
447 *Löwisch,* DB 06, 1729 f.; *Däubler,* ZfA 06, 479 ff.
448 *BAG* 15. 12. 16 – 8 AZR 454/15, NZA 17, 715.
449 Zu ihnen Däubler/Beck-*Zimmer,* § 5 Rn. 19 ff.
450 Däubler/Beck-*Brors,* § 10 Rn. 104; zustimmend *BAG* 26. 5. 09 – 1 AZR 198/08, AuR 09, 359.
451 BT-Drucks. 16/1780 S. 36.
452 *Bauer/Krieger/Günther,* § 10 Rn. 53b; *Besgen,* BB 07, 218; *Oelkers,* NJW 08, 614.

aa) Steigerung der Abfindung mit dem Lebensalter

Eine »verhältnismäßig starke Betonung des Lebensalters« ist nur im Hinblick auf die Chancen auf dem Arbeitsmarkt möglich. Soweit sich diese nicht wesentlich unterscheiden, darf auch bei der Abfindung keine deutliche Differenzierung erfolgen. Eine in der Praxis häufig vorkommende **lineare Steigerung** (»jedes Lebensjahr bringt zwei Punkte«) lässt sich m.E. deshalb **nicht mehr aufrechterhalten,** da sich die Vermittlungschancen eines 30-Jährigen nicht von denen eines 36-Jährigen unterscheiden. Erst von dem Moment an, wo sich das Alter als (wachsendes) Vermittlungshemmnis erweist, können steigende Abfindungsbeträge vorgesehen werden.[453] Das **BAG sieht dies** allerdings **anders** und hält die **lineare Steigerung weiterhin** für **zulässig.**[454] Da den Betriebsparteien ein weiter Beurteilungsspielraum zukommt (allgemein u. Rn. 128),[455] können sie unter Berücksichtigung der lokalen und branchenmäßigen Gegebenheiten bestimmen, von welchem Alter ab sie schlechtere Chancen auf dem Arbeitsmarkt annehmen wollen.[456] Ein gewisses Maß an Schematisierung erscheint unausweichlich.[457] Eine Rückfrage bei der Bundesagentur für Arbeit kann zusätzliche Sicherheit schaffen. Die **Grenze bei 40** zu ziehen, wäre im Regelfall **nicht ermessensmissbräuchlich.**[458] Allerdings steht es den Betriebsparteien auch frei, ein höheres Alter vorzusehen, doch müssen sie dann ausreichende empirische Anhaltspunkte besitzen. Zulässig sind nach der Rechtsprechung weiter »Alterszuschläge«, wonach ab dem 45. Lebensjahr 15 000 Euro und ab dem 50. Lebensjahr 25 000 Euro zusätzlich zur allgemeinen Sozialplanabfindung gezahlt werden.[459] Auch eine Aufteilung nach Beschäftigtengruppen mit unterschiedlichen Arbeitsmarktchancen kommt in Betracht. Von dem »Einschnitt« bei 40 oder einem höheren Alter an ist dann ein lineares Ansteigen, aber auch die **Bildung von Altersgruppen** möglich, sofern Anhaltspunkte dafür bestehen, dass sie sich auch auf die Arbeitsmarktchancen auswirken.[460] Altersgruppen sind nach der Rechtsprechung auch in der Weise möglich, dass man bei der Bemessung der Sozialplanleistung generell auf Lebensalter, Dauer der Betriebszugehörigkeit und Monatsgehalt abstellt, den vollen Betrag aber nur ab dem 40. Lebensjahr gewährt, während Personen unter 30 nur 30 % und Personen unter 40 nur 90 % erhalten.[461] **99**

bb) Höhere Abfindung bei längerer Betriebszugehörigkeit

Wird auf die **Dauer der Betriebszugehörigkeit** abgestellt, so liegt darin eine mittelbare Benachteiligung Jüngerer – zumindest dann, wenn es um längere Zeiträume geht. Diese lässt sich nach § 3 Abs. 2 AGG damit rechtfertigen, dass für die betroffene Person die Neuorientierung umso schwieriger wird, je länger sie im selben UN gearbeitet hat.[462] Ob die erwiesene »**Betriebstreue**« als Grund im Sinne des § 3 Abs. 2 AGG ausreichen würde, ist demgegenüber **um-** **100**

---

453 So auch *Annuß,* BB 06, 1634; BKMT-*Bachner* § 4 Rn. 399; Schiek-*Schmidt,* § 10 Rn. 32; *Schleusener/* Suckow/Voigt, § 10 Rn. 44; *Schweibert,* FS 25 Jahre ARGE Arbeitsrecht im DAV, S. 1010; zurückhaltend *Bauer/Krieger/Günther,* § 10 Rn. 53b; ablehnend *Oelkers,* NJW 08, 617.

454 *BAG* 5.11.09 – 2 AZR 676/08, NZA 10, 457 Tz 27. Dazu auch *Oberberg,* AiB 11, 664 ff.

455 So im vorliegenden Zusammenhang *Linsenmaier,* RdA Sonderbeilage zu Heft 5/2003, 22, 33.

456 *Schweibert,* FS 25 Jahre ARGE Arbeitsrecht im DAV, S. 1009.

457 Ähnlich *BAG* 19.6.07 – 2 AZR 304/06, NZA 08, 103 Tz 45 für die Altersgruppenbildung beim Personalabbau.

458 Ebenso im Bereich der sozialen Auswahl bei der betriebsbedingten Kündigung *v. Hoyningen-Huene/ Linck,* § 1 Rn. 938.

459 *BAG* 12.4.11 – 1 AZR 743/09, NZA 11, 985 = AuR 11, 368.

460 Zum ähnlichen Problem bei § 1 Abs. 3 und 5 KSchG s. *BAG* 19.6.07 – 2 AZR 304/06, NZA 08, 103; 6.9.07 – 2 AZR 3877/06, NZA 08, 405; *ArbG Osnabrück* 5.2.07 – 3 Ca 724/06 NZA 07, 626, doch geht es dort auch um den Gesichtspunkt einer ausgewogenen Altersstruktur der verbleibenden Belegschaft.

461 *BAG* 12.4.11 – 1 AZR 764/09, NZA 11, 988 = AuR 11, 226 LS.

462 *BAG* 26.5.09 – 1 AZR 198/08, AuR 09, 359; Schiek-*Schmidt,* § 10 Rn. 42; *Dorndorf,* S. 13 ff. *Thüsing,* Arbeitsrechtlicher Diskriminierungsschutz, Rn. 458 verweist auf »betriebsspezifische Investitionen«, was in ähnliche Richtung deutet.

stritten.[463] In der Tat lässt § 3 Abs. 2 AGG keine Gründe zu, die ihrerseits diskriminierenden Charakter haben, was man bei der sich in der Länge der Betriebszugehörigkeit niederschlagenden »Treue« durchaus annehmen kann. Da keine Verpflichtung besteht, die Dauer der Betriebszugehörigkeit bei der Bemessung von Sozialplanleistungen zu berücksichtigen, sind die Betriebsparteien frei, z. B. auf den **rechtlichen Bestand des Arbeitsverhältnisses** mit dem AG oder seinem Vorgänger abzustellen, doch können sie auch – soweit dadurch nicht Diskriminierungsverbote verletzt sind (s. u. Rn. 104, 107) – allein die tatsächliche Beschäftigung berücksichtigen oder Zeiten vor einer nicht ganz geringfügigen Unterbrechung ausklammern.

cc) Rentennahe Jahrgänge – weniger oder keine Abfindung?

101 Die Minderung oder der Ausschluss der Abfindung bei **rentennahen Jahrgängen,** wie sie in der 2. Alt. des § 10 Satz 3 Nr. 6 AGG angesprochen ist, entspricht der Rechtsprechung zum bisherigen Recht,[464] wurde für das geltende Recht bestätigt[465] und wird auch in der Literatur befürwortet.[466] Vom **Überbrückungszweck** des Sozialplans her gesehen (o. Rn. 80 ff.) ist dies konsequent. Stellen die **Betriebsparteien** jedoch primär auf vergangenheitsbezogene Kriterien wie Lebensalter und Dauer der Betriebszugehörigkeit ab, **gelten** sie der Sache nach **den erdienten Bestandsschutz ab,**[467] Von diesem Zweck her gesehen ist der **Ausschluss** oder die Schlechterstellung rentennaher Jahrgänge **nicht zu rechtfertigen,** er stellt eine unzulässige Benachteiligung wegen Alters dar.[468] Das nach dem Ausscheiden aus dem Betrieb gezahlte Arbeitslosengeld muss auch auf der Grundlage der BAG-Rechtsprechung den ganzen Zeitraum bis zur Rente erfassen; bleiben »unversorgte« Zeiträume, wäre ein Ausschluss von der Abfindung unzulässig.[469] Diese ist vielmehr in solchen Fällen auch bei einem »Überbrückungssozialplan« so zu bemessen, dass der fragliche **Zeitraum mit einer Vergütung überbrückt** werden kann, die der bisherigen entspricht.[470] Das *BAG* hält dagegen in seiner jüngsten Rspr. eine Absicherung in Höhe von 80 % des Nettoentgelts bis zum Zeitpunkt der vorgezogenen Rente für grundsätzlich ausreichend:[471] Personen mit absehbarem Renteneintritt seien in einer anderen Lage als Jüngere, deren Zukunft völlig offen sei.

101a Ob ein **völliger Ausschluss** von der Abfindung mit dem Verbot der Altersdiskriminierung zu vereinbaren ist,[472] erscheint **zweifelhaft.** Der EuGH[473] hat lediglich eine Abmachung gebilligt, bei der dem Älteren die Hälfte der Standardabfindung verblieb, über die Frage eines völligen Ausschlusses aber nicht entschieden und auch nichts dazu gesagt, ob die Hälfte eine verbindliche Untergrenze sein soll.[474] Der Ausschluss eines von vorne herein sehr niedrigen Abfindungsanspruchs nach dänischem Recht wurde vom Vorliegen bestimmter Bedingungen abhängig gemacht.[475] Auch die den Älteren zugemuteten Kürzungen müssen sich mit dem Gedanken der Verteilungsgerechtigkeit rechtfertigen lassen sowie »angemessen und erforderlich«

463 Ablehnend *Schweibert,* FS 25 Jahre ARGE Arbeitsrecht im DAV, S. 1005, 1010; befürwortend *Bauer/Krieger/Günther,* § 10 Rn. 23 a. E.

464 *BAG* 14. 2. 84 – 1 AZR 574/82 und 26. 7. 88 – 1 AZR 156/87, AP Nrn. 21 und 45 zu § 112 BetrVG 1972; *BAG* 11. 11. 08 – 1 AZR 475/07, NZA 09, 210; *LAG Rheinland-Pfalz* 26. 10. 01 – 3 Sa 916/01, DB 02, 1167.

465 *BAG* 26. 5. 09 – 1 AZR 198/08, AuR 09, 322; *BAG* 23. 3. 10 – 1 AZR 832/08, NZA 10, 774. S. aber auch *LAG Düsseldorf* 14. 6. 11 – 16 Sa 1712/10, AuR 11, 416 und juris, das eine ungekürzte Altersrente voraussetzt und den völligen Ausschluss von den Sozialplanleistungen in Zweifel zieht.

466 *Annuß* BB 06, 1634; *Bauer/Krieger/Günther,* § 10 Rn. 54; Däubler/Beck-*Brors* § 10 Rn. 108; *Mohr,* RdA 10, 44 ff.; *Schweibert,* FS 25 Jahre ARGE Arbeitsrecht im DAV, S. 1011.

467 Zu ihrem Ermessensspielraum s. Rn. 128 f.

468 Zutreffend *Preis/Temming* NZA 10, 185, 197. Eingehend *Preis,* 67. DJT, S. B 95 ff.; *Temming* RdA 2008, 205 ff.

469 *Krieger/Arnold,* NZA 08, 1153, 1157.

470 *BAG* 23. 3. 10 – 1 AZR 832/08, NZA 10, 774.

471 *BAG* 16. 7. 10 – 1 AZR 842/16, NZA 19, 1432 Tz. 21 ff.

472 So zuletzt *BAG* 7. 5. 19 – 1 ABR 54/17, NZA 19, 1295.

473 *EuGH* 6. 12. 12 – C-152/11, NZA 12, 1435 – Odar.

474 So auch *BAG* 26. 3. 13 – 1 AZR 813/11 NZA 13, 921Tz 41.

475 *EuGH* 22. 2. 15 – C 515/13, NZA 15, 473.

sein.[476] Daran fehlt es m. E., wenn die Abfindung **nicht** einmal mehr die **Abschläge deutlich mildert,** die durch die vorzeitige Inanspruchnahme der Altersrente entstehen.[477] Eine solche Milderung muss durch direkte Zahlung des Arbeitgebers an den Rentenversicherungsträger geschehen.[478] Weiter muss man sich die Frage stellen, ob **auch in anderen Fällen eines geminderten Bedarfs** gleichartige Regelungen getroffen werden; wäre dies nicht der Fall, läge eine ungerechtfertigte Benachteiligung wegen Alters vor. So sind andere Sozialleistungen mit zu berücksichtigen,[479] nicht aber Unfallrenten, die letztlich eine Einbuße an Lebensqualität ausgleichen sollen, die aufgrund der Arbeit eingetreten ist.[480] In der Literatur ist außerdem die Frage aufgeworfen worden, ob nicht auch eine **Erbschaft** Berücksichtigung finden muss, die dauerhafte Einkünfte bringt und deshalb die Anpassungsprobleme u. U. erheblich abmildert.[481] Dem steht der allgemeine Rechtsgrundsatz entgegen, dass grundsätzlich zwischen Arbeit und Privatsphäre zu trennen ist,[482] was beispielsweise auch darin zum Ausdruck kommt, dass die privaten Vermögensverhältnisse bei der sozialen Auswahl nicht berücksichtigt werden. Dies wird man auch auf eine **privat finanzierte Altersvorsorge** erstrecken müssen.

Weiter müssen die **Sozialleistungen** im Falle eines Ausschlusses von Sozialplanleistungen **101b** **»existenzsichernd«** sein, was nicht der Fall ist, wenn jemand beispielsweise nur 15 Jahre in einem sozialversicherungspflichtigen Vollzeitarbeitsverhältnis beschäftigt war.[483] Ist nach zwei Jahren lediglich eine vorgezogene Rente mit Abschlägen möglich, handelt es sich nicht um eine »rentennahe Person«, deren Alter zu ihren Lasten berücksichtigt werden darf.[484]

Beruht der Anspruch auf **vorgezogene Rente** auf einer **Behinderung,** so ist auch eine bloße **101c** Kürzung der Abfindung ausgeschlossen. Sie würde nach der Rechtsprechung des EuGH[485] eine nicht gerechtfertigte Benachteiligung wegen Behinderung darstellen. Dies wurde mittlerweile auch vom BAG bestätigt, das mit Recht eine Diskriminierung annahm, weil Schwerbehinderte mit Anspruch auf Vollrente eine niedrigere Abfindung erhalten sollten als nicht behinderte Personen mit denselben Versorgungsansprüchen.[486] Trotz ihres Rechts auf früheren Renteneintritt befinden sie sich in einer vergleichbaren Situation wie nicht behinderte Beschäftigte.[487] Anders verhält es sich dann, wenn behinderte und nicht behinderte AN dieselbe Rente wegen Arbeitslosigkeit erhalten.[488] Knüpft der Sozialplan ausdrücklich an die Rentenberechtigung von Schwerbehinderten an, liegt eine unzulässige unmittelbare Diskriminierung vor.[489] Ist lediglich vom **»frühestmöglichen Renteneintritt«** die Rede, liegt eine **mittelbare Diskriminierung** vor, die nicht gerechtfertigt ist, weil der frühere Rentenbeginn spezifische Nachteile von Schwerbehinderten ausgleichen soll und deshalb keine Benachteiligung rechtfertigen kann. Diese kann auch nicht durch einen Pauschbetrag ausgeglichen werden.[490] Der Behinderte kann stattdessen dieselbe Abfindung wie Nicht-Behinderte verlangen, die erst später rentenberechtigt sind. Dies

---

476 *BAG* 23. 3. 10 – 1 AZR 832/08, NZA 10, 774 Tz 28 ff. und *BAG* 26. 3. 13 – 1 AZR 813/11 Tz 26. Ähnlich *LAG Düsseldorf* 10. 11. 11 – 11 Sa 764/11, AuR 12, 225: Keine »unverhältnismäßig starke« Vernachlässigung der Älteren.

477 So auch im Ergebnis *LAG Düsseldorf* 10. 11. 11 – 11 Sa 764/11, AuR 12, 2256 und juris Tz 46 a. E. Anders *BAG* 26. 3. 13 – 1 AZR 813/11 Tz 35 unter Hinweis auf die Nachteile, die Jüngeren durch Arbeitslosigkeit und Arbeitsplatzwechsel auch bei der Altersrente entstehen. Anders als die rentennahen Jahrgänge haben diese aber noch die Möglichkeit der »Gegensteuerung«, etwa durch Aufbau einer privaten Altersvorsorge.

478 Näher unten Rn. 221a ff.

479 *Besgen* BB 07, 218.

480 Zur Nichtanrechnung einer Teil-Erwerbsunfähigkeitsrente s. Rn. 106.

481 *Besgen*, BB 07, 218.

482 Dazu *Däubler*, Arbeitsrecht 2, Rn. 559 ff.

483 Anders *BAG* 19. 11. 09 – 6 AZR 561/08, NZA 10, 583 Tz 25 für kircheninterne allgemeine Vertragsbedingungen.

484 *BAG* 8. 12. 22 – 6 AZR 31/22, AP Nr. 14 zu § 125 InsO.

485 6. 12. 12 – C-152/11, NZA 12, 1436 – Odar.

486 *BAG* 17. 11. 15 – 1 AZR 938/13, NZA 16, 501; ebenso *BAG* 16. 7. 19 – 1 AZR 842/16, NZA 19, 1432: Keine geringere Abfindung wegen des früheren Rentenbeginns.

487 *BAG*, a. a.O, Tz. 23 ff.

488 *BAG* 23. 4. 13 – 1 AZR 916/11, NZA 13, 980.

489 *LAG Köln* 13. 9. 18 – 6 Sa 150/18, NZA-RR 19, 176, auch zum Folgenden.

490 *BAG* 28. 7. 20 – 1 AZR 590/18, BB 21, 61. Zu dieser Entscheidung auch *Fleischmann*, AiB 3/21 S. 46 f.

gilt auch dann, wenn es zu erheblichen finanziellen Belastungen des AG führt.[491] Die selben Grundsätze sind auch bei einem Tarifsozialplan zu beachten.[492] Zum Diskriminierungsschutz von Schwerbehinderten s.im Übrigen Rn. 104.

101d Nach hier vertretener Auffassung darf die Abfindungsregelung entgegen der Rechtsprechung des BAG nicht dazu führen, den Einzelnen zu einer Inanspruchnahme der **vorgezogenen Rente** zu zwingen. Dies würde nicht nur gegen die Rechtsprechung des EuGH[493] verstoßen, die eine »Vertreibung« vom Arbeitsmarkt als Altersdiskriminierung qualifiziert.[494] Nicht beachtet wäre auch der Grundgedanke des § 41 Satz 1 SGB VI und des § 8 Abs. 1 ATZG, die beide eine Kündigung wegen Erreichens des zur vorgezogenen Rente berechtigenden Alters ausschließen und damit auf eine freiwilligen Entscheidung des älteren Arbeitnehmers setzen.[495] Da nicht jeder Ältere einen Rentenanspruch hat, liegt nach Auffassung des BAG nur eine mittelbare Benachteiligung vor, die mit Rücksicht auf die geringeren wirtschaftlichen Nachteile sachlich gerechtfertigt sei.[496] Dies überzeugt nicht. Außerdem hat der *EuGH* eine unerlaubte Diskriminierung wegen Alters angenommen, wenn die der Wiedereingliederung in den Arbeitsmarkt dienende Abfindung deshalb verweigert wird, weil ein Anspruch auf Versorgungsleistungen aus einem betrieblichen System besteht, dem der Betroffene vor dem 50. Lebensjahr beigetreten ist.[497] Das führe zu einer niedrigeren Altersrente als der, die bei Fortsetzung der Tätigkeit erreichbar gewesen wäre.[498] Dass sich diese Regelung in einem (dänischen) Gesetz, nicht aber in einem ausgehandelten oder durch die ESt. beschlossenen (deutschen) Sozialplan befindet, ist für die diskriminierungsrechtliche Beurteilung ohne Bedeutung.[499] Nach der aktuellen Gesetzeslage kann man wegen der beschränkten Dauer des Arbeitslosengelds nur solche Personen einbeziehen, die im Höchstfall nach § 147 Abs. 2 SGB III noch zwei Jahre bis zum gesetzlichen Rentenalter haben. Bei dessen Erreichen müssen sie Anspruch auf eine ungekürzte Rente haben.[500] Soweit die Diskriminierung in der Minderung oder Vorenthaltung einer Leistung besteht, ist diese den Benachteiligten zu gewähren.[501]

dd) Kappungsgrenze: Höchstbetrag

102 Höchstbeträge für die **Abfindung** benachteiligen typischerweise ältere Arbeitnehmer, weil sie nach den üblichen Sozialplanformeln (Rn. 165 f.) höhere Abfindungen erhalten. Diese Schlechterstellung wegen Alters stellt jedoch **keine mittelbare Diskriminierung** nach § 3 Abs. 2 AGG dar, wenn mit ihr (1) ein **rechtmäßiges Ziel** wie die Verteilungsgerechtigkeit zwischen Älteren und Jüngeren verfolgt wird, das seinerseits keinen diskriminierenden Charakter trägt. Dazu kommen muss (2), dass die Schlechterstellung zur Erreichung dieses Zieles **geeignet, erforderlich und angemessen** ist.[502] Dabei werden ernsthafte Meinungsverschiedenheiten normalerweise nur bei der Angemessenheit auftreten. Den Betriebsparteien bzw. der Einigungsstelle kommt insoweit ein beträchtlicher Beurteilungsspielraum zu. Der **Höchstbetrag** muss lediglich **so beschaffen** sein, **dass** er immer noch eine **»substanzielle Milderung der Nachteile«** der betroffenen Arbeitnehmer bewirkt.[503] Im Übrigen ist zu berücksichtigen, dass durch die Kappungsgrenze lediglich die Begünstigung teilweise zurückgenommen wird, die durch

---

491 *BAG* 28.7.20 – 1 AZR 590/18, BB 21, 61 Tz. 32.
492 *BAG* 25.8.20 – 9 AZR 266/19, NZA 21, 282.
493 12.10.10 – C-499/08, NZA 10, 1341.
494 Darauf verweist auch HK-ArbR-*M. Schubert*, §§ 111–113 Rn 53.
495 Anders *BAG* 25.7.1988 – 1 AZR 156/87, AP Nr. 45 zu § 112 BetrVG 1972; *BAG* 31.7.1996 – 10 AZR 45/96, AP Nr. 103 zu § 112 BetrVG 1972; für das neue Recht ebenso *BAG* 30.9.08 – 1 AZR 684/07, NZA 09, 386, wenn auch ohne Problematisierung der Entscheidungsfreiheit.
496 *BAG* 11.11.08 – 1 AZR 475/07, NZA 09, 210 Tz 33 ff.; ebenso *BAG* 20.1.09 – 1 AZR 740/07, NZA 09, 495 Tz 26.
497 *EuGH* 12.10.10 – C 499/08, NZA 10, 1341.
498 *EuGH* a.a.O. Tz. 46.
499 Anders *LAG Düsseldorf* 14.6.11 – 16 Sa 1712/10, AuR 11, 416 und juris.
500 So wohl auch *BAG* 9.12.14 – 1 AZR 102/13, NZA 15, 365.
501 Zum Sonderfall des diskriminierenden Dienstplans s. *BAG* 14.5.13 – 1 AZR 44/12, NZA 13, 1160.
502 So ausdrücklich *BAG* 8.2.22 – 1 AZR 252/21, NZA 22, 1212 = AuR 22, 332.
503 *BAG* 8.2.22 – 1 AZR 252/21, NZA 22, 1212 Tz. 23.

die maßgebende Bestimmung der Abfindungshöhe durch die Dauer der Betriebszugehörigkeit zugunsten von Älteren entsteht.[504] Auch sei es nicht zu beanstanden, wenn **Arbeitnehmer mit höherem Einkommen** die **Obergrenze früher** erreichen, so dass weitere Jahre der Betriebszugehörigkeit nicht mehr zu Buche schlagen; Bezieher höherer Einkommen hätten mehr Möglichkeiten zur Eigenvorsorge für den Fall der Arbeitslosigkeit.[505] Damit wird die bisherige Rechtsprechung und die weit überwiegende Position in der Literatur bestätigt. Gleichzeitig besteht Einigkeit darüber, dass die im Sozialplan vorgesehene **Sonderzahlung an Schwerbehinderte** nicht auf den Höchstbetrag angerechnet werden kann,[506] da es um einen Ausgleich für besondere, vom Gesetz anerkannte Nachteile geht. Unzulässig ist es auch, einen Höchstbetrag für die Summe aus Abfindung und sog. Sprinter- oder Schnellentscheiderprämie (Rn. 86) festzulegen.[507] [508] Verbreitet ist in der Praxis auch eine Obergrenze der Art, dass die Abfindung **nicht höher** sein darf **als der Betrag,** den die fragliche Person **»bis zur ungekürzten Altersrente« noch verdient** hätte. Dies ist inhaltlich unbedenklich und wurde auch vom *BAG* nicht beanstandet.[509] Ein Ausnahme gilt für Schwerbehinderte: Es wäre eine Diskriminierung wegen Behinderung, würde man auch die »ungekürzte Altersrente« für Schwerbehinderter (Alter 63) einbeziehen, da der »Deckel« für diese Gruppe damit niedriger wäre und außerdem der Nachteil nicht berücksichtigt würde, dass nach dem 63. Lebensjahr keine Rentenpunkte mehr erworben werden können.[510] Auch die »besonders langjährig Versicherten« haben eine niedrigere Altersgrenze, von der sie allerdings keinen Gebrauch machen müssen und die häufig dem AG auch nicht bekannt ist. Auch sie sollten nicht benachteiligt werden.

ee) Anwendungsbereich der Kürzungsvorschriften

Die hier dargestellten Grundsätze gelten in gleicher Weise für **freiwillige Sozialpläne** (o. 103
Rn. 79) sowie für entsprechende Abmachungen im öffentlichen Dienst oder mit dem kirchlichen Arbeitgeber. Auch **tarifliche Regelungen** müssen sich an das AGG halten.[511] Dabei spielt es im Ergebnis keine Rolle, ob man § 10 S. 3 Nr. 6 AGG analog anwendet oder auf die Generalklausel des § 10 S. 1 zurückgreift.

ff) Weitere Diskriminierungsverbote

Eine Benachteiligung wegen Rasse oder ethnischer Zugehörigkeit läge vor, würde man für 104
Ausländer eine geringere Abfindung vorsehen oder diese davon abhängig machen, dass sie in ihr Heimatland zurückkehren. Dasselbe gilt für die Schlechterstellung eines homosexuellen Paares gegenüber einem heterosexuellen Paar.[512] Unzulässig wäre es auch, allein die auf der **Lohnsteuerkarte** eingetragenen Kinder zu berücksichtigen, wenn gleichzeitig die im Ausland lebenden unterhaltsberechtigten Kinder gar nicht eingetragen werden können.[513] Weiter würde die **Schlechterstellung von Teilzeitkräften** (einschließlich geringfügig Beschäftigter) nicht nur gegen § 4 Abs. 1 TzBfG verstoßen (dazu o. Rn. 95), sondern in der Regel auch eine mittelbare

---

504 *BAG* 8.2.22 – 1 AZR 252/21, NZA 22, 1212 Tz. 25.

505 *BAG* 8.2.22 – 1 AZR 252/21, NZA 22, 1212 Tz.26. Im konkreten Fall ging es um eine Abfindungsobergrenze von 230 000 Euro.

506 So *BAG* 11.10.22 – 1 AZR 129/21, NZA 23, 233. Ebenso *Geiger* AuR 22, 109, 114.

507 *BAG* 7.12.21 – 1 AZR 562/20, NZA 22, 281 Tz. 24.

508 Für Zulässigkeit von Höchstbeträgen bereits *BAG* 2.10.07 – 1 AZN 793.07, NZA 08, 848; 21.7.09 – 1 AZR 566/08, NZA 09, 1107; *Bauer/Krieger/Günther,* § 10 Rn. 54; *Besgen,* BB 07, 218; *Krieger/Arnold,* NZA 08, 1153, 1154; *Linsenmaier,* FS Etzel, S. 248; MüKo-*Thüsing,* § 10 Rn. 38; *Schweibert,* FS 25 Jahre ARGE Arbeitsrecht im DAV, S. 1012.

509 *BAG* 8.2.22 – 1 AZR 252/21, NZA 22, 1212: Im konkreten Fall gab es auch diese Obergrenze, die als unproblematisch behandelt wurde.

510 *BAG* v. 16.7.19 – 1 AZR 842/16, NZA 19, 1432, bestätigt durch *BAG* 11.10.22.- 1 AZR 129/21, NZA 23, 233. Ebenso im Ergebnis *Geiger,* AuR 22, 109, 114.

511 *Bauer/Krieger/Günther,* § 10 Rn. 51; *Besgen* BB 07, 217; *Löwisch* DB 06, 1730.

512 *EuGH* 12.12.13 – C-267/12, NZA 14, 153. Die Entscheidung bezieht sich auf eine »Eheschließungsprämie« und einen Sonderurlaub, doch kann bei Sozialplaninhalten nichts anderes gelten.

513 Vgl. den Fall *BAG* 12.3.97 – 10 AZR 648/96, DB 97, 1522. Wie hier BKMT-*Bachner* § 4 Rn. 396.

Diskriminierung wegen des Geschlechts darstellen. Dasselbe wäre der Fall, würde man die **Elternzeit nach dem BEEG** bei der Berechnung der Betriebszugehörigkeit ausklammern; mit Recht hat dies das *BAG*[514] beanstandet, sich dabei allerdings nicht auf das Diskriminierungsverbot, sondern auf die Wertentscheidung des Art. 6 Abs. 1 GG gestützt.[515] Dies hat zur Folge, dass auch **Zeiten, die vor der Elternzeit** lagen, mitberücksichtigt werden müssen. Wurde nach Ablauf der drei Jahre eine **weitere »Erziehungsphase«** eingeschoben und verlangt der Sozialplan eine »ununterbrochene Betriebszugehörigkeit«, werden Frauen überproportional negativ betroffen sein; eine unerlaubte mittelbare Diskriminierung ist in einem solchen Fall nur dann ausgeschlossen, wenn Gründe, die ihrerseits nichts mit der sozialen Rolle von Männern und Frauen zu tun haben, für eine solche Regelung sprechen. Sie sind derzeit nicht erkennbar. Ist Bezugsgröße für die Sozialplanabfindung das Gehalt in einem bestimmten Monat, so muss die Elternzeit außer Betracht bleiben; das letzte Vollzeitgehalt ist auch dann maßgebend, wenn aktuell in Teilzeit gearbeitet wird.[516]

105 Die Berücksichtigung von **Unterhaltspflichten** umfasst auch solche, die sich aus Lebenspartnerschaften Gleichgeschlechtlicher ergeben. Andernfalls läge eine unmittelbare Diskriminierung wegen der sexuellen Identität vor.[517] In der Praxis kann primär eine mittelbare Diskriminierung wegen unterschiedlicher Merkmale zu erwägen sein. In Betracht kommt das Merkmal »Alter« (ganz junge und vor der Rente stehende Arbeitnehmer haben weniger Unterhaltspflichten und sind deshalb bei der Bemessung von Leistungen benachteiligt), das Merkmal »sexuelle Orientierung« (homosexuelle Paare werden von seltenen Fällen – etwa der Adoption – abgesehen keinen Kindern gegenüber unterhaltspflichtig sein) sowie das Merkmal »Geschlecht« (Frauen haben eine geringere Erwerbsquote und verdienen im Durchschnitt weniger, weshalb es häufiger zum Unterhalt verpflichtete Männer geben wird). In allen diesen Fällen sind jedoch die Voraussetzungen einer **mittelbaren Benachteiligung nach § 3 Abs. 2 AGG nicht gegeben,** da das Ausscheiden eines zum Unterhalt verpflichteten AN weitergehende Nachteile mit sich bringt als das einer Person, die nur für sich selbst sorgen muss; dies stellt eine ausreichende Rechtfertigung dar. Zu beachten ist allerdings, dass die **Nichtberücksichtigung der Eigenschaft als Alleinerziehender** eine mittelbare Benachteiligung wegen des Geschlechts darstellen würde, da diese Rolle fast nur von Frauen übernommen wird. Auch im Hinblick auf Art. 12 Abs. 1 GG würde dies Bedenken erwecken.[518] Nach der bisherigen Rechtsprechung[519] ist es nicht zu beanstanden, wenn bei den Unterhaltspflichten nur solche **Kinder** berücksichtigt werden, **die in die Lohnsteuerkarte eingetragen** sind.[520] Dies muss aber ausdrücklich im Sozialplan festgelegt sein.[521] Das *LAG Hessen*[522] hat in jüngster Zeit dagegen Bedenken erhoben, da Frauen typischerweise in **Steuerklasse V** erfasst werden, bei der kein Kinderfreibetrag eingetragen werden kann. Dies lässt sich auch nicht mit sonst eintretenden erheblichen Beweisproblemen rechtfertigen, da die Existenz eines Kindes auch auf andere Weise, z. B. durch eine Bescheinigung über das Kindergeld nachgewiesen werden kann. Unter dem AGG stellt sich das weitere Problem, dass kein »beliebiger«, sondern nur ein diskriminierungsfreier und konsequent durchgehaltener Grund mittelbare Benachteiligungen rechtfertigen kann. Dies ist allein bei Abstellen auf die tatsächliche Belastung gewährleistet.

---

514 12.11.02 – 1 AZR 58/02, NZA 03, 1287; 21.10.03 – 1 AZR 407/02, NZA 04, 559; 6.11.07 – 1 AZR 960/06, NZA 08, 232 Tz 27; ebenso *LAG Niedersachsen* 7.6.02 – 16 Sa 1542/01, DB 02, 2227.

515 *Bauer/Krieger/Günther*, § 10 Rn. 55 sehen die mittelbare Diskriminierung als gerechtfertigt an.

516 *BAG* 15.5.18 – 1 AZR 20/17, NZA 18, 1198; zustimmend *Methfessel/Weck*, DB 18, 2703.

517 So auch für finanzielle Leistungen nach dem alten BAT-O *BAG* 18.3.10 – 6 AZR 156/09, NZA 10, 825 und für die Stellung Hinterbliebener in der betrieblichen Altersversorgung *BAG* 15.9.09 – 3 AZR 294/09, NZA 10, 216; ebenso *EuGH* 1.4.08 – C-267/06, NZA 08, 459 – Maruko (Hinterbliebenenrente in berufsständischem Versorgungswerk).

518 *BVerfG* 24.4.91 – 1 BvR 1341/90, NJW 91, 1667. Wie hier BKMT-*Bachner* § 4 Rn. 396.

519 *BAG* 12.3.97 – 10 AZR 648/96, DB 97, 1522; ebenso *LAG Brandenburg* 8.5.02 – 5 Sa 703/01, NZA-RR 03, 424; *LAG Hamm* 15.3.06 – 18 Sa 14/06, NZA-RR 06, 572.

520 Zuletzt betätigt für das Insolvenzverfahren durch *BAG* 28.6.12 – 6 AZR 682/10, NZA 12, 1090.

521 *HessLAG* 27.10.98 – 4 Sa 2562/97, AiB 99, 526.

522 28.10.20 – 18 Sa 22/20, LAGE § 3 AGG Nr. 8.

gg) Berücksichtigung einer Behinderung

Schwerbehinderte und **Gleichgestellte** werden durch den Verlust ihres Arbeitsplatzes stärker als andere Arbeitnehmer betroffen. In der Regel gilt dies auch für sog. **Einfach-Behinderte** i. S. des § 2 Abs. 1 SGB IX, die bislang über das AGG hinaus keinen besonderen Schutz genießen.[523] Art. 5 der Rahmenrichtlinie Gleichbehandlung verpflichtet jedoch dazu, zugunsten aller Behinderten **angemessene Vorkehrungen** zu treffen, um ihnen den Zugang zur Beschäftigung und die Ausübung eines Berufes zu ermöglichen. Diese Vorgabe muss auch beim Abschluss eines Sozialplans berücksichtigt werden, da **§ 75 Abs. 1** (Behandlung »nach Recht und Billigkeit«) **richtlinienkonform zu interpretieren** ist. Konkret heißt dies, dass Behinderungen bei der Bemessung von Sozialplanleistungen nicht ausgeklammert bleiben dürfen, zumal sie sich der Definition in § 2 Abs. 1 SGB IX entsprechend in einer beeinträchtigten Teilnahme am sozialen Leben niederschlagen und damit in der Regel auch ein Vermittlungshindernis darstellen. Dabei kann durchaus nach dem Grad der Behinderung unterschieden werden. Wer eine **volle Erwerbungsminderungsrente** bezieht und seit Jahren arbeitsunfähig ist, wird in der Regel auch behindert im Rechtssinne sein. Wird sein noch weiterbestehendes Arbeitsverhältnis betriebsbedingt aufgelöst, muss er nach Auffassung des *BAG*[524] keine Abfindung erhalten, da der Arbeitsplatz für ihn keine Erwerbsquelle mehr darstellt und er sich deshalb in keiner vergleichbaren Situation wie die übrigen befindet.[525] Dasselbe soll auch dann gelten, wenn die volle Rente nur für drei Jahre gewährt, aber in absehbarer Zeit nicht mit einer Wiederherstellung der Arbeitsfähigkeit zu rechnen ist. Die Betriebsparteien sollten aber beachten, dass auch eine in dieser Lage befindliche Person **Nachteile erleidet,** wenn die bei Ausscheiden zu bezahlende Urlaubsabgeltung nicht mehr ansteigt und ggf. eine betriebliche Altersversorgung geringer ausfällt als bei einem Fortbestand des (wegen Arbeitsunfähigkeit) suspendierten Arbeitsverhältnisses. Wer eine **Teilerwerbsminderungsrente** bezieht, muss voll in den Sozialplan einbezogen werden. Eine Anrechnung der Rente auf die Abfindung kommt nicht in Betracht, da sie eine spezifische, über den Arbeitsplatzverlust hinausgehende Benachteiligung auszugleichen versucht.[526] Eine Benachteiligung von Schwerbehinderten stellt es dar, wenn sie eine **Pauschalabfindung** erhalten, während die Abfindung bei anderen Betroffenen individuell nach Betriebszugehörigkeit, Monatsgehalt und einem Faktor berechnet wird.[527] Schwerbehinderte können in diesem Fall gleichfalls eine auf ihre Person bezogene Berechnung verlangen. **106**

Zur Minderung der Abfindung, weil Schwerbehinderte ein früheres Rentenalter haben, s. o. Rn 101c.

hh) Weltanschauung

107 Wird im Sozialplan auf den rechtlichen Bestand des Arbeitsverhältnisses abgestellt, so sind auch Zeiten der Beurlaubung mitzurechnen, in denen der Beschäftigte **zu DDR-Zeiten** eine Tätigkeit in der BGL ausübte.[528] Ob Ausnahmen für **»systemnahe Tätigkeiten«** angesichts der Rspr. des *BVerfG*[529] noch aufrechtzuerhalten sind, erscheint zweifelhaft; der Gedanke des Vertrauensschutzes von DDR-Bürgern, die sich im Rahmen ihrer Ordnung bewegt haben, könnte dem entgegenstehen.[530] Die Nichtberücksichtigung würde überdies auch eine Benachteiligung wegen der **Weltanschauung** darstellen. Bei der **Nationalen Volksarmee** verbrachte Zeiten müssen nach der Rechtsprechung anders als der Wehrdienst in der Bundesrepublik nicht mitgerechnet werden.[531] Dies dürfte nicht mehr aufrechtzuerhalten sein, da das *BAG*[532] seit

523 Wie hier BGM-*Bachner* § 4 Rn. 503.
524 7.6.11 – 1 AZR 34/10, NZA 11, 1370.
525 Bestätigt in *BAG* 17.11.15 – 1 AZR 938/13, NZA 16, 501, Tz. 32.
526 Bedenken gegen eine Anrechnung auch bei *Lembke*, NZA 22, 1561, 1565.
527 *BAG* 17.11.15 – 1 AZR 938/13, NZA 16, 501.
528 *BAG* 10.11.93 – 4 AZR 198/93, DB 94, 2636 für einen TV.
529 21.2.95, NZA 95, 619 und 15.5.95, EuGRZ 95, 203 ff.
530 Dazu auch *BVerfG* 28.4.99, EuGRZ 99, 245 ff.
531 *BAG* 30.3.94, DB 94, 1935.
532 15.5.01 – 1AZR 672/00, BB 01, 2166.

einiger Zeit den Standpunkt vertritt, das bloße »Stammen« aus dem Beitrittsgebiet rechtfertige jedenfalls seit 1996 keine Benachteiligung im Bereich der Vergütung mehr. Dem entspricht es, dass die niedrigeren Rechtsanwaltsgebühren im Osten vom *BVerfG*[533] als gleichheitswidrig beanstandet wurden. Für die Berechnung von Abfindungen kann schwerlich anderes gelten, doch geht es hier primär um die Anwendung des allgemeinen Gleichbehandlungsgrundsatzes, nicht um eine Diskriminierung wegen ethnischer Zugehörigkeit oder wegen der Weltanschauung.

c) Gleichbehandlung bei mehreren Betriebsänderungen?

108 Gleichheitsprobleme können sich auch dann stellen, wenn mehrere Betriebsänderungen vorgenommen wurden. An sich ist jede Betriebsänderung Anlass für eigenständige Verhandlungen. Haben sie – wie meist – unterschiedliche Ergebnisse, liegt darin auch dann kein Verstoß gegen den Gleichbehandlungsgrundsatz, wenn es sich um gleichartige Vorgänge (z. B. jeweils Personalabbau im Rahmen des § 112a Abs. 1) handelt. Es liegt im System der nichtstandardisierten, sondern ausgehandelten Abfindung, dass je nach wirtschaftlicher Situation des AG und Verhandlungsgeschick des BR die Resultate verschieden sein können (vgl. auch § 111 Rn. 5).[534] Selbst bei einer **einheitlichen Maßnahme** sind **zwei verschiedene Sozialpläne** denkbar.[535] Dabei sind z. B. unterschiedliche Regelungen für den Produktionsbereich und die Verwaltung möglich, wobei die Zuordnung der einzelnen AN nach Kostenstellen erfolgen kann.[536] Anders verhält es sich dann, wenn die verschiedenen Betriebsänderungen in einem engen wirtschaftlichen Zusammenhang stehen und die Betroffenheit dieselbe ist. Nach *BAG*[537] ist dies etwa dann der Fall, wenn zunächst mit Rücksicht auf eine geplante **Sanierung** ein relativ bescheidener Sozialplan abgeschlossen wird, diese dann **fehlschlägt** und die verbliebenen AN bessere Leistungen erhalten sollen: Hier ist das insgesamt verfügbare Volumen nach denselben Kriterien auf beide Gruppen zu verteilen. Dasselbe ist dann anzunehmen, **wenn zwei gleichartige Betriebsänderungen** (»Personalabbau« oder »Umstellung auf EDV«) **unmittelbar aufeinander folgen** und der gleiche Personenkreis erfasst wird[538] oder die »Folgemaßnahme« schon angedacht war. Letztlich darf nicht die abstraktere oder konkretere Formulierung der UN-Politik darüber entscheiden, ob eine Gruppe von Betroffenen mehr oder weniger Sozialplanleistungen erhält. So kann es keinen Unterschied machen, ob die UN-Leitung zweimal innerhalb eines Jahres jeweils 300 Arbeitsplätze abbauen will oder ob sie zu Beginn des Jahres erklärt, man habe den Abbau von 600 Arbeitsplätzen ins Auge gefasst. **Je größer** der **zeitliche Abstand** zwischen zwei Betriebsänderungen, **umso eher** wird man **getrennte Maßnahmen** annehmen können, die unterschiedliche Sozialpläne erlauben (zur Frage des Erreichens von Grenzwerten bei Personalabbau in Etappen s. § 111 Rn. 74). Wird ein einziger Sozialplan für zwei verschiedene Betriebsänderungen vereinbart (der AG kündigt zunächst einen Personalabbau um 50 %, dann die Schließung des Betriebes an),[539] so versteht sich die einheitliche Behandlung von selbst. Allerdings kann die Situation bei der ersten Betriebsänderung aus Sicht der AN noch eine andere als bei der zweiten sein, so dass von daher eine **Differenzierung möglich** ist. So ist es unbedenklich, für Personen eine geringere Abfindung vorzusehen, die bereits nach der ersten, nur einen generellen Personalabbau ankündigenden Entscheidung des AG einen Aufhebungsvertrag geschlossen haben.[540] Auch die **kürzere Überlegungsfrist,** die den AN in einer zweiten »Personalabbauaktion« eingeräumt wird, kann einen sachlichen Grund für eine unterschiedliche Behandlung, z. B. für eine höhere Abfindung, darstellen.[541]

533 28. 1. 03 – 1 BvR 487/01, NJW 03, 737.
534 *BAG* 23. 3. 10 – 1 AZR 981/08, DB 10, 1595.
535 *BAG* 12. 11. 02 – 1 AZR 58/02, NZA 03, 1287.
536 *LAG Düsseldorf* 5. 5. 98 – 3 Sa 167/98, NZA-RR 98, 404.
537 9. 12. 81, AP Nr. 14 zu § 112 BetrVG 1972.
538 *BAG* 11. 2. 98 – 10 AZR 22/97, DB 98, 1138.
539 S. den Fall *BAG* 24. 11. 93 – 10 AZR 311/93, DB 94, 1043.
540 *BAG* 24. 11. 93 – 10 AZR 311/93, DB 94, 1043.
541 *BAG* 11. 2. 98 – 10 AZR22/97, DB 98, 1138.

d) Differenzierung nach Beendigungsgründen?

Der **Gleichbehandlungsgrundsatz** ist weiter dann **verletzt,** wenn nach (vom AG geschaffenen) Beendigungsgründen differenziert wird, wenn etwa diejenigen von den Sozialplanleistungen ausgeschlossen werden, die auf Veranlassung des AG (dazu § 111 Rn. 78) **selbst gekündigt** haben.[542] Die »Veranlassung« durch den AG liegt auch dann vor, wenn der AN auf eine (noch nicht beschlossene) Namensliste gesetzt wird.[543] Auch ist es unschädlich, wenn ein gekündigter AN zum selben oder einem früheren Endzeitpunkt auch noch eine Eigenkündigung ausspricht.[544] Gleichheitswidrig wäre auch die Ausklammerung derjenigen, die auf Veranlassung des AG einen Aufhebungsvertrag geschlossen haben.[545] Vom Zweck des Sozialplans her (o. Rn. 80 ff.) lassen sich solche Differenzierungen nicht rechtfertigen.[546] Anders ist es dann, wenn ein AN aus eigenem Entschluss kündigt, bevor der genaue Umfang der Betriebsänderung ausverhandelt ist.[547] 109

Bei wirtschaftlich gut situierten UN finden man bisweilen Sozialpläne, die denjenigen, die einen **Aufhebungsvertrag** schließen, **zwei bis drei Monatsgehälter** pro Jahr der Betriebszugehörigkeit versprechen, während Gekündigte sich mit einem Monatsgehalt begnügen müssen. Dahinter steht die Vorstellung, einen so **starken Anreiz zum freiwilligen Ausscheiden** zu schaffen, dass es gar nicht mehr zu Kündigungen kommt. Geht dieses Konzept im Einzelfall nicht auf, liegt eine der »Turboprämie« entsprechende Situation vor (oben Rn. 86). Da deren Grenzen bei weitem überschritten sind, könnten die Gekündigten dieselbe Abfindung wie die durch Aufhebungsvertrag Ausgeschiedenen verlangen. Eine unzulässige Begünstigung der freiwillig Ausgeschiedenen läge auch darin, eine Kumulation von arbeitsvertraglich vereinbarter und im Sozialplan vorgesehener Abfindung vorzusehen. 109a

Von solchen Extremfällen abgesehen, müssen im Übrigen nicht **alle** auf Veranlassung des AG Ausgeschiedenen **dieselben Leistungen** aus dem Sozialplan erhalten. Die Betriebsparteien **müssen keine schematische Gleichbehandlung** praktizieren, sondern können die Leistungen an die **ohne Kündigung Ausgeschiedenen geringer bemessen** oder sogar entfallen lassen. Hierfür bedarf es allerdings eines sachlichen Grundes, der nicht darin liegen kann, dass der AN bei Abschluss des Aufhebungsvertrags auf die Einbeziehung in den Sozialplan verzichtete: Ansprüche aus einem bestehenden wie einem künftigen Sozialplan stehen nicht zur Disposition der Arbeitsvertragsparteien. Auf der anderen Seite soll die ESt. nach § 112 Abs. 5 Satz 2 Nr. 2 Satz 2 AN von Leistungen ausschließen, die eine zumutbare Beschäftigung im selben Betrieb, UN oder Konzern ablehnen. Möglich ist es deshalb, AN, die auf Veranlassung des AG selbst kündigen, nur dann in die Abfindungsregelung einzubeziehen, wenn der zuvor von ihnen abgelehnte Arbeitsplatz unzumutbar war.[548] Zulässig wäre es auch, alle diejenigen von Leistungen **auszunehmen,** die eine entsprechende Tätigkeit effektiv annehmen oder die auf Initiative des AG in **einen anderen zumutbaren Arbeitsplatz vermittelt** werden. Dies muss dann aber in gleicher Weise für Gekündigte wie für solche AN gelten, die auf Veranlassung des AG einen Aufhebungsvertrag geschlossen oder selbst gekündigt haben. Der Ausschluss muss zudem billigem Ermessen entsprechen, weshalb meist nur eine Minderung der Leistung vorgesehen wird.[549] Interessant ist die Variante, wonach die Abfindung im Laufe von 5 Jahren bis auf null sinkt, wenn der AN während dieser Zeit einen vom AG vermittelten zumutbaren Arbeitsplatz 110

542 *BAG* 15.1.91 – 1 AZR 80/90, DB 91, 1526; 29.10.02 – 1 AZR 80/02, ZIP 03, 1414, dazu *Hümmerich/Spirolke,* BB 95, 42; *BAG* 19.2.08 – 1 AZR 1004/06, DB 08, 1385 = NZA 08, 719 Tz 26; *BAG* 20.5.08 – 1 AZR 203/07, NZA-RR 08, 636.

543 *ArbG Rheine* 10.1.22 – 2 Ca 1176/21.

544 *LAG Köln* 19.12.01 – 7 Sa 577/01, DB 02, 538; *LAG Frankfurt/Main* 7.12.23 – 18 Sa 785/22, juris.

545 Vgl. *BAG* 28.4.93 – 10 AZR 222/92, DB 93, 2034 und insbes. 19.7.95 – 10 AZR 885/94, DB 95, 231; *Wenning-Morgenthaler* Rn. 1122.

546 *BAG* 20.5.08 – 1 AZR 203/07, NZA 08, 636, 638.

547 *BAG* 14.12.10 – 1 AZR 279/09, NZA-RR 11, 182. Ebenso *Linsenmaier,* FS Etzel, S. 249. Das *LAG Sachsen* (24.3.23 – 4 Sa 74/22, juris) lässt es auch zu, einen AN auszuschließen, der wegen der Betriebsänderung von sich aus gekündigt hat, weil er bereits ein neues Arbeitsverhältnis gefunden hatte.

548 *BAG* 13.2.07 – 1 AZR 163/06, DB 07, 1315 = NZA 07, 756.

549 S. den Fall *BAG* 19.2.08 – 1 AZR 1004/06, NZA 08, 720.

innehat.[550] Umgekehrt ist es möglich, solche AN in den Sozialplan einzubeziehen, die mit Rücksicht auf die Betriebsänderung, aber ohne Veranlassung durch den AG gekündigt oder einen Aufhebungsvertrag geschlossen haben.[551] Insoweit darf auch zwischen Eigenkündigung und Aufhebungsvertrag unterschieden werden.[552] In einvernehmlich geschlossenen Sozialplänen können alle Personen einbezogen werden, deren Eigenkündigung der AG nicht mit einem Angebot für eine gleichwertige Weiterarbeit beantwortete.[553]

111 Nicht alle, die im Anschluss an das Ausscheiden aus dem Betrieb einen **neuen Arbeitsplatz gefunden** haben, müssen gleich gut oder gleich schlecht behandelt werden. Eine Differenzierung ist im Hinblick auf die unterschiedliche Qualität des neuen Arbeitsplatzes möglich. So dürfen etwa AN von Abfindungen ausgenommen werden, die im neuen Arbeitsverhältnis sofort Kündigungsschutz genießen, während die volle Abfindung denen verbleibt, die bei Null anfangen müssen.[554] Nicht unsachlich ist auch das Abstellen auf die Entscheidungssituation, in der sich der AN bei Beendigung des Arbeitsverhältnisses befindet. So kann etwa derjenige, der mit Rücksicht auf eine geplante Betriebsänderung im Hinblick auf einen neuen Arbeitsplatz gekündigt hat, von allen Leistungen ausgenommen werden, während derjenige seine Abfindung behält, der vom AG gekündigt wurde, im Zeitraum der Kündigungsfrist jedoch einen anderen Arbeitsplatz fand und deshalb vorzeitig zum neuen AG überwechseln konnte.[555] Das *LAG Köln*[556] hält eine Minderung der Abfindung um 25 % bei denjenigen für zulässig, die als sog. **Keyplayer** bis zur Stilllegung weiterarbeiten sollten, aber vorher **selbst kündigten.**

e) Rechtsfolgen von Gleichheitsverstößen

112 Der gleichheitswidrige Ausschluss einzelner Beschäftigter macht nur die fragliche Klausel, **nicht etwa** den gesamten **Sozialplan unwirksam.**[557] Die zu Unrecht Ausgeschlossenen haben einen **Anspruch auf Gleichbehandlung** mit der besser gestellten Gruppe.[558] Dadurch vergrößert sich das Sozialplanvolumen u. U. erheblich.[559] Das *BAG*[560] hat im Bereich von Verstößen gegen den allgemeinen Gleichbehandlungsgrundsatz die »Aufstockung« für unerheblich erklärt, wenn es nur um verhältnismäßig wenige Personen geht. Aber auch dann, wenn eine größere Zahl betroffen ist, kann nichts anderes gelten. Entscheidend soll nach der Rspr. sein, dass die **Zusatzbelastung nicht »ins Gewicht fällt«,**[561] was bei einer Erhöhung des Gesamtvolumens um 1,7 % nicht der Fall sei.[562] Dies kann allerdings keine Obergrenze darstellen, zumal die Anhebung der Minderheit auf das »Normalniveau« auch bei Verstößen gegen den Grundsatz der Lohngleichheit[563] und bei einer gegen § 2 Abs. 1 BeschFG (heute § 4 Abs. 1 TzBfG) verstoßenden Schlechterstellung von Teilzeitkräften[564] praktiziert wird; beides kann **erheblichen Anpassungsbedarf** auslösen.[565] So lässt es das BAG genügen, wenn knapp über 5 % eine Bes-

550 Einzelheiten und Formulierungsvorschlag bei *B. Kraushaar*, BB 00, 1622.
551 *BAG* 20.4.94 – 10 AZR 186/93, DB 94, 1882 = NZA 95, 489. Dies kann aber nicht erzwungen werden: *LAG Baden-Württemberg*, 19.2.14 – 13 Sa 61/13, AuR 14, 239.
552 *BAG* 19.7.95 – 10 AZR 885/94, DB 95, 2531; dazu auch *Löw*, DB 96, 1570.
553 *BAG* 6.8.02 – 1 AZR 247/01, NZA 03, 449.
554 *LAG Brandenburg* 2.4.93 – 4 Sa 869/92, DB 93, 2537.
555 *BAG* 20.4.94 – 10 AZR 186/93, DB 94, 1882 = NZA 95, 489, 491.
556 2.11.99 – 13 Sa 477/99, NZA-RR 00, 193.
557 So für Verstöße gegen das AGG *Annuß*, BB 06, 1634; Däubler/Betzbach-*Brors*, § 10 Rn. 109; *Löwisch*, DB 06, 1731; *Schweibert*, FS 25 Jahre ARGE Arbeitsrecht im DAV, S. 1003.
558 *Lembke*, NZA 22, 1561, 1565.
559 *Schweibert*, FS 25 Jahre ARGE Arbeitsrecht im DAV, S. 1003.
560 15.1.91 – 1 AZR 80/90, DB 91, 1526.
561 *BAG* 12.11.02 – 1 AZB 58/02, NZA 03, 1287, bestätigt in *BAG* 19.2.08 – 1 AZR 1004/06, DB 08, 1384, 1386 = NZA 08, 719 Tz 42.
562 *BAG* 21.10.03 – 1 AZR 407/02, NZA 04, 559. Nach *LAG Hamburg* (30.6.06 – 6 Sa 18/06, LAGE § 75 BetrVG 2001 Nr. 3) ist die Grenze jedenfalls bei 25 % überschritten und eine »Aufstockung« muss unterbleiben.
563 *EuGH* 8.4.76, NJW 76, 2068.
564 *BAG* 28.7.92 – 3 AZR 173/92, DB 93, 169.
565 So auch Schiek-*Schmidt*, § 10 Rn. 32. Die Frage bezeichnet ausdrücklich als »nicht entschieden« *Linsenmaier*, FS Etzel, S. 253.

serstellung erfahren, um auch alle Übrigen einzubeziehen;[566] dies kann eine sehr viel größere Ausdehnung des Volumens zur Folge haben. Würde das Gesamtvolumen gesprengt, wären beispielsweise 180 % der ursprünglichen Summe zu bezahlen, so läge ein **Wegfall der Geschäftsgrundlage** vor, der zu neuen Verhandlungen führen müsste (s. u. Rn. 204). Eine **Rückgewähr** bereits ausgezahlter Beträge dürfte allerdings **nicht in Betracht** kommen; sie ist aus Gründen des Vertrauensschutzes nach § 124 Abs. 3 Satz 1 InsO sogar dann ausgeschlossen, wenn der Insolvenzverwalter einen vor Eröffnung des Verfahrens vereinbarten Sozialplan widerruft.[567] **Bei Verstößen gegen das AGG** besteht außerdem innerhalb enger zeitlicher Fristen ein **Schadensersatzanspruch,** wobei die Beschränkung auf grobe Fahrlässigkeit in § 15 Abs. 3 AGG auf durchgreifende unionsrechtliche Bedenken stößt.[568] Der Praxis ist zu empfehlen, das »Rechtswidrigkeitsrisiko« möglichst zu minimieren, indem man neben dem Alter über 40 und der Dauer der Betriebszugehörigkeit auch die tatsächlichen Unterhaltspflichten einschließlich der Aufgabe als Alleinerziehender und jede Form von Behinderung berücksichtigt.

Das in §§ 4, 101 ArbGG enthaltene grundsätzliche **Verbot,** für Streitigkeiten aus dem Arbeitsverhältnis **Schiedsgerichte** einzusetzen, ist verletzt, wenn der Sozialplan vorsieht, bei Meinungsverschiedenheiten zwischen AG und einzelnen AN müsse die ESt.[569] oder ihr Vorsitzender entscheiden.[570] Möglich ist jedoch, dass bei **Streitigkeiten zwischen AG und BR** über den Inhalt und die Auslegung des Sozialplans eine **ESt.** entscheidet. **113**

6. Verhältnis zu Tarifverträgen, insbesondere zu Tarifsozialplänen

Nach § 112 Abs. 1 Satz 4 gilt der **Tarifvorrang** des § 77 Abs. 3 **nicht** für den Sozialplan. Möglich ist daher, einen Sozialtarif durch Betriebsvereinbarung auf alle Belegschaftsangehörigen zu erstrecken, wofür insbesondere dann ein Bedürfnis besteht, wenn bisher im Betrieb keine Tarifverträge galten und deshalb in den Arbeitsverträgen auch keine Bezugnahmeklauseln enthalten sind.[571] Die Existenz tariflicher Rationalisierungsschutzabkommen oder eines Sozialtarifs (dazu § 111 Rn. 11 ff., 15 ff.) berührt das Mitbestimmungsrecht über einen Sozialplan in keiner Weise. Dies gilt auch für einen Firmentarif, der z. B. auf die geplanten Betriebsänderungen reagiert.[572] Im Verhältnis Tarifvertrag – Sozialplan gilt grundsätzlich das **Günstigkeitsprinzip.**[573] Der Sozialplan kann also längere Kündigungsfristen, bessere Umschulungsmöglichkeiten oder höhere Abfindungen als der TV vorsehen. Nicht anders als im Rahmen des § 4 Abs. 3 TVG darf man allerdings keine Rosinentheorie praktizieren; stattdessen müssen Regelungen verglichen werden, die inhaltlich zusammengehören und eine Einheit bilden (sog. **Gruppenvergleich**).[574] Sieht der Sozialtarif für Gewerkschaftsmitglieder besondere Leistungen vor, ohne ihre Erstreckung auf Außenseiter zu verbieten, so ist dies als sog. **einfache Differenzierungs-** **114**

566 *BAG* 13.2.02 – 5 AZR 713/00 AP Nr. 184 zu § 242 BGB Gleichbehandlung; *BAG* 14.6.06 – 5 AZR 584/05 AP Nr. 200 zu § 242 BGB Gleichbehandlung.

567 Auf die praktischen Schwierigkeiten bei einer Rückforderung verweist zu Recht *Schweibert,* FS 25 Jahre ARGE Arbeitsrecht im DAV, S. 1010.

568 *Bauer/Thüsing/Schunder,* NZA 05, 32, 35; Däubler/Beck-*Deinert,* § 15 Rn. 93.

569 *BAG* 27.10.87, AP Nr. 22 zu § 76 BetrVG 1972.

570 *BAG* 8.11.88, AP Nr. 48 zu § 112 BetrVG 1972.

571 So auch in dem Fall *BAG* 12.4.11 – 1 AZR 505/09, NZA 11, 1302. S. weiter *Kuhn/Willemsen* NZA 12, 593, 594 (»Erstreckungsvereinbarung«).

572 *BAG* 6.12.06 – 4 AZR 798/05, DB 07, 1362 = NZA 07, 821; *Gamillscheg,* Kollektives Arbeitsrecht II S. 1133 f.; anders *Meyer,* RdA 96, 184, doch besteht kein Anlass für eine solche Gesetzeskorrektur.

573 *BAG* 27.8.75, AP Nr. 2 zu § 112 BetrVG 1972 mit zustimmender Anm. *Natzel; Däubler,* Tarifvertragsrecht, Rn. 250; ErfK-*Kania,* Rn. 13; HK-ArbR-*M. Schubert,* §§ 111–113 Rn 26; *H. Fuchs,* Sozialplan, S. 35, 100; *GL,* Rn. 53; HWGNRH-*Hess,* Rn. 377; Richardi/*Annuß,* § 112 Rn. 181; *Rumpff/Boewer,* S. 378 f.; *Waltermann,* Rn. 869.

574 Näher im vorliegenden Zusammenhang *Ohl,* S. 169; *Ehrich/Fröhlich,* Rn. 186; *Wenning-Morgenthaler,* Rn. 1094.

klausel grundsätzlich zulässig.[575] Dies ist auch vom *BVerfG*[576] bestätigt worden. Dabei kann aus sachlichem Grund auch zwischen einzelnen Gruppen von Gewerkschaftsmitgliedern (z. B. **Eintritt vor** oder nach **einem bestimmten Stichtag** oder Dauer der Mitgliedschaft) unterschieden werden.[577] Liegt der Stichtag in der Vergangenheit, so besteht von vorne herein kein Anreiz oder gar Druck zum Gewerkschaftsbeitritt. Wird eine solche Regelung allerdings von den Betriebspartnern übernommen, lässt sich diese Differenzierung vom Sinn des Sozialplans her nicht mehr aufrechterhalten; die Nicht- oder Andersorganisierten können Gleichstellung verlangen.[578] Der AG sollte sich tunlichst darüber im Klaren sein, wenn er einer Übernahme auf die betriebliche Ebene zustimmt. Alle diese Grundsätze gelten nur für den auf § 112 beruhenden Sozialplan. Bei einer über ihn hinausgehenden freiwilligen Betriebsvereinbarung findet dagegen § 77 Abs. 3 Anwendung,[579] so dass weder eine Verbesserung der tariflichen Leistungen noch eine Erstreckung des TV auf alle möglich ist.

115 Die Tarifparteien können die Gewährung einer zusätzlichen tariflichen Abfindung davon abhängig machen, dass der einzelne Arbeitnehmer keine Kündigungsschutzklage erhebt.[580] Insoweit gelten dieselben Grundsätze wie bei der sog. Turboprämie (oben Rn. 86). Zum Ersatz von Fahrtmehrkosten aufgrund tariflicher Regelung, die an »wesentlichen Änderungen der Arbeitsorganisation« anknüpft, s. *BAG* vom 29. 8. 07.[581] Möglich ist auch, den **Begriff der Betriebsänderung** zu **erweitern** und beispielsweise auch »gesellschaftsrechtliche Umstrukturierungen«[582] oder einen Betriebsübergang (näher § 111 Rn. 125 ff.)[583] einzubeziehen. Sie können auch für jedes vom Arbeitgeber veranlasste Ausscheiden eine Abfindung vorsehen, doch sind dann mit Rücksicht auf die Rechtsprechung des *EuGH*[584] auch befristet Beschäftigte einbezogen, wenn ihr Arbeitsvertrag wie vorgesehen ausläuft.[585] Die Tarifparteien haben ganz generell einen größeren Spielraum als BR und AG, doch sind auch sie an § 75 BetrVG gebunden.[586] Dies bedeutet, dass sie die Vorgaben bezüglich eines Stichtags beachten müssen, die die Rechtsprechung aus dieser Bestimmung hergeleitet hat (unten Rn 199).[587] Auch kennt das AGG keine großzügigeren Maßstäbe für potenziell diskriminierende Tarifverträge; sie sind nicht anders als Betriebsvereinbarungen oder Arbeitsverträge zu behandeln. Deshalb dürfen auch Schwerbehinderte nicht dadurch benachteiligt werden, dass die Abfindung ganz generell auf den frühestmöglichen Rentenbeginn abstellt.[588]

116 Denkbar ist, dass die tarifliche Regelung eine sog. **Subsidiaritätsklausel** enthält,[589] also auch dann zurücktritt, wenn der Sozialplan weniger günstige Regelungen enthält.[590] Dies ist dann nicht unbedenklich, wenn jede BV ohne Rücksicht auf ihren Inhalt die tariflichen Leistungen entfallen lässt,[591] da dies die Handlungsmöglichkeiten des BR übermäßig beeinträchtigt, ja im Ergebnis auf eine (unzulässige) Abbedingung seines Mitbestimmungsrechts hinauslaufen kann. Dieses wird in eine »Verschlechterungskompetenz« verwandelt, wenn man bedenkt, dass ein untertariflicher Sozialplan ggf. in der ESt. gegen das Votum der AN-Vertreter be-

---

575 *BAG* 18. 3. 09 – 4 AZR 64/08, NZA 09, 1028; dazu *Däubler/Heuschmid* RdA 13, 1, 3 ff., *Helm* NZA 15, 1437 und *Helm/Mücke*, AuR 14, 366 (wenn auch ohne Bezugnahme). Zur Problematik in gleichem Sinne *LAG München* 16. 10. 13 – 11 Sa 384/13, AiB 9/14, 71 mit Anm. *Schmalz; dass.* 23. 1. 15 – 8 Sa 49714, *juris*.

576 14. 11. 18 – 1 BvR 1278/16, NZA 19, 112.

577 *BAG* 21. 8. 13 – 4 AZR 861/11, NZA-RR 14, 201 und insbes. *BAG* 15. 4. 15 – 4 AZR 796/13, NZA 15, 1388 und *BAG* 15. 6. 16 – 4 AZR 368/14, juris.

578 *ArbG München* 20. 12. 12 – 3 Ca 8900/12, NZA-RR 13, 125.

579 *BAG* 14. 11. 06 AP Nr. 181 zu § 112 BetrVG 1972; Richardi/*Annuß*, § 112 Rn. 180.

580 *BAG* 6. 12. 06 – 4 AZR798/05, DB 07, 1362 = NZA 07, 821.

581 4 AZR 552/06, NZA-RR 08, 72.

582 S. den Fall *BAG* 4. 6. 08 – 4 AZR 441/07, NZA 08, 168 LS.

583 Dazu restriktiv *Greiner* NZA 08, 1274 ff.

584 14. 9. 16 – C 596/14, NZA 16, 1193 – de Diego Porras.

585 *Hohenstatt*, NZA 16, 1449.

586 *BAG* 12. 4. 11 – 1 AZR 505/09, NZA 11, 1302.

587 Anders *Kuhn/Willemsen* NZA 12, 593, 598.

588 *BAG* 16. 7. 19 – 1 AZR 537/17, DB 19, 2752. Zum selben Problem beim Sozialplan s. oben Rn. 101c.

589 HWGNRH-*Hess*, Rn. 378.

590 *BAG* 11. 7. 95 – 3 AZR 8/95, DB 97, 51.

591 Dafür aber wohl *LAG Brandenburg* 10. 7. 92 – 1 Sa 100/92, DB 92, 2094.

schlossen wird. Vom Sinn der gesetzlichen Regelung (§ 111 Rn. 2 ff.) bleibt so nicht mehr viel übrig. Unbedenklich ist dagegen eine **Anrechnungsklausel** derart, dass Sozialplanleistungen auf die tariflich vorgesehenen Leistungen anzurechnen sind.[592] Auch der Sozialplan kann eine Bestimmung des Inhalts enthalten, dass tarifliche Leistungen angerechnet werden sollen.[593] Finden sich **sowohl im Tarifvertrag wie im Sozialplan entsprechende Klauseln,** muss man unterscheiden. Werden die jeweiligen Ansprüche angerechnet, heben sich die Klauseln wechselseitig auf und es gilt wieder das Günstigkeitsprinzip.[594] Geht es allein um die Anrechnung erbrachter Leistungen, wird nur eine doppelte Inanspruchnahme des AG verhindert: Sobald er einmal geleistet hat, kann er sich darauf auch berufen, soweit er aus der anderen Rechtsgrundlage in Anspruch genommen wird.[595]

Wird **um** einen **Tarifsozialplan gestreikt** (dazu § 111 Rn. 15 ff.), so werden davon die **Rechte des Betriebsrats aus § 112 nicht berührt.** Nach der Rechtsprechung des *BAG*[596] sind im Arbeitskampf nur solche Mitbestimmungsrechte suspendiert, die wie z. B. die Anordnung von Überstunden für Arbeitswillige Gegenmaßnahmen des AG betreffen. Darum geht es bei § 112 aber nicht; vielmehr können im Gegenteil die Tarifforderungen auf eine eindeutigere wirtschaftliche Grundlage gestützt (und ggf. reduziert) werden, wenn das Verfahren über Interessenausgleich und Sozialplan zum Abschluss gekommen ist. Die Behauptung, wegen des Streiks könne der AG die Betriebsänderung ohne Einschaltung der ESt einseitig durchführen und riskiere dabei auch keinen Nachteilsausgleich,[597] entbehrt jeder Grundlage.[598] Auch das BAG hat in seiner Grundsatzentscheidung zur Zulässigkeit des Streiks um einen Tarifsozialplan[599] keinerlei Andeutung in dieser Richtung gemacht, obwohl im konkreten Fall während des Arbeitskampfes Verhandlungen über Interessenausgleich und Sozialplan geführt wurden und eine Entscheidung durch die ESt. erfolgte. Die behauptete Rechtsfolge ginge überdies über eine bloße Suspendierung hinaus. Auch die zur Rechtfertigung bemühte These, durch die Notwendigkeit, gleichzeitig mit BR und Gewerkschaft zu verhandeln, sei das **Paritätsprinzip** zu Lasten des AG **verletzt,** vermag **nicht** zu **überzeugen:** Dass tarifliche und betriebsverfassungsrechtliche »Schienen« parallel laufen, kann auch in anderen Zusammenhängen wie z. B. bei § 87 BetrVG auftreten, ohne dass man deshalb jemals einen Paritätsverstoß gerügt hätte. 117

7. Freiwilligenprogramme und Sozialplan

a) Unterschiedliche Ausgangssituationen

Denkbar ist, dass das Freiwilligenprogramm das vom Arbeitgeber gewollte Ziel nicht erreicht, weil sich nicht genügend »Freiwillige« finden.[600] In diesem Fall werden weitere Maßnahmen, insbesondere Kündigungen in Betracht kommen. Dabei stellt sich die Frage, ob nunmehr noch die Voraussetzungen für einen Sozialplan gegeben sind. Dabei und in anderer Hinsicht ist zu differenzieren, ob der BR im Rahmen des Freiwilligenprogramms mitbestimmt hat oder nicht. 118

b) Mitbestimmter Abfindungsplan als abschließende Regelung?

Geht es weiterhin um dieselbe Betriebsänderung (»Reduzierung des Personals um 20 %«, »Umstellung der Produktion auf eine neue Technik« oder »Stilllegung des Betriebs«), so kommt es auf die getroffenen Abmachungen an. War eine Aufteilung der geplanten Maßnahme bewusst 118a

592 *Fuchs*, Sozialplan, S. 21.
593 Ebenso *BAG* 14. 11. 06 – 1 AZR 40/06, NZA 07, 339, 342; *Lipinski/Ferme* DB 07, 1250, 1252.
594 *Ohl*, S. 169.
595 So *BAG* a. a. O. Tz 29.
596 16. 12. 1986, DB 87, 791; weitere Nachweise bei *Däubler*, Arbeitsrecht 1 Rn. 566.
597 *Lipinski/Ferme* DB 07, 1250; *Willemsen/Stamer* NZA 07, 413 415.
598 Kritisch zur Suspendierung der Mitbestimmungsrechte auch *Franzen* FS Reuter, S. 486 ff.; *Ehrich/Fröhlich* Teil H Rn 185.
599 *BAG* 24. 4. 07 – 1 AZR 252/06, NZA 07, 987.
600 Zu den Freiwilligenprogrammen s. § 111 Rn. 185 ff.

gewollt, indem zunächst die »Freiwilligen« abgeschichtet werden sollten, um sich dann möglichen »Zwangsmaßnahmen« wie Kündigungen zuzuwenden, so wäre nunmehr ein Sozialplan nur noch für die zunächst im Betrieb Verbliebenen zu verhandeln. Hatte die Maßnahme insgesamt die Größenordnung einer Betriebseinschränkung nach § 111 Satz 3 Nr. 1 oder eines Personalabbaus nach § 112a, so behält der Betriebsrat auch dann seine Rechte aus §§ 111 ff., wenn nach Durchführung des Freiwilligenprogramms nur eine kleine Zahl von Arbeitnehmern übrig bleiben sollte, die unter den Schwellenwerten liegt. Etwas Derartiges ist im Zweifel nicht gewollt und wäre auch ein Verstoß gegen den Gleichbehandlungsgrundsatz, da eine bestimmte Gruppe von Arbeitnehmern, die von der Betriebsänderung betroffen sind, ohne sachlichen Grund leer ausgehen würde. Die Betriebsänderung als solche ist die Gesamtmaßnahme; wird sie in zwei »Etappen« aufgearbeitet, kann dies an den Beteiligungsrechten des Betriebsrats nichts ändern.

118b Fehlt es an einer Abmachung, die dem Abfindungsplan abschließende Bedeutung für die erfassten Arbeitnehmer zuspricht, so zählen die Ausgeschiedenen beim jetzt anstehenden Sozialplan sowieso mit: Sie haben ihre Arbeitsplätze ja aufgrund eines vom Arbeitgeber initiierten Aufhebungsvertrags verloren, was nach § 112a Abs. 1 Satz 2 BetrVG als Entlassung gilt. In dieser Vorschrift kommt ein allgemeiner Grundsatz zum Ausdruck.[601] Allerdings mindern die erhaltenen Abfindungen die wirtschaftlichen Nachteile, die durch den Sozialplan auszugleichen oder zu mildern sind.

c) Abfindungsprogramm ohne Mitbestimmung des Betriebsrats

118c Ist das »Freiwilligenprogramm« ohne Zustimmung des Betriebsrats beschlossen und umgesetzt worden, so kann dieser nunmehr Interessenausgleich und Sozialplan für alle Betroffenen einschließlich der freiwillig Ausgeschiedenen verlangen.[602] Die einseitige Maßnahme des Arbeitgebers kann seine Verhandlungs- und Mitbestimmungsrechte nicht beeinträchtigen – dies liegt im Grunde auf der Hand. Die erhaltenen Abfindungen mindern lediglich die wirtschaftlichen Nachteile, um deren Ausgleich oder Minderung es beim Sozialplan geht.

d) Der Sonderfall: Neue Betriebsänderung geplant

118d Geht es nach Abschluss des Freiwilligenprogramms um eine neue Betriebsänderung (was auch den Fall erfasst, dass das Freiwilligenprogramm nachweisbar ohne Bezug zu einer geplanten Betriebsänderung durchgeführt wurde), so müssen die Voraussetzungen der §§ 111 ff. BetrVG erneut vorliegen, damit es zum Abschluss eines Sozialplans kommt.

e) Leistungen aus dem Freiwilligenprogramm und aus dem Sozialplan

aa) Höhere Leistungen im Sozialplan?

119 Die im Freiwilligenplan gewährten Leistungen haben faktisch präjudizielle Wirkungen für die Sozialplanleistungen pro betroffenem Arbeitnehmer. Was sich das Unternehmen aus freien Stücken selbst zumutet, kann nicht als »wirtschaftlich unvertretbar« angesehen werden. Im Gegenteil: Einigungsstellenvorsitzende werden dazu neigen, den Abfindungsplan als Minimum zu betrachten, über das im Sozialplan mehr oder weniger deutlich hinausgegangen wird. Dafür spricht, dass bei typisierender Betrachtung diejenigen die größeren Nachteile erleiden, die ihren Arbeitsplatz gegen ihren Willen verlieren – verglichen mit denjenigen, die wegen einer guten oder zumindest akzeptablen Alternative freiwillig ausscheiden. Außerdem enthalten Abfindungspläne in der Regel nicht die differenzierenden Regelungen wie ein Sozialplan: Ob dort immer in genügendem Umfang Unterhaltspflichten sowie Behinderungen von Betroffenen und ihren Familienangehörigen berücksichtigt sind und ob zur »Feinsteuerung« ein

601 *BAG* 4.7.1989 – 1 ABR 35/88, AP Nr. 27 zu § 111 BetrVG 1972.

602 Auch wer aufgrund der Betriebsänderung bereits ausgeschieden ist, gehört zu den Adressaten des Sozialplans: *BAG* 10.8.94 – 10 ABR 61/93, NZA 1995, 314: allgemeine Meinung.

Härtefonds eingerichtet wird, ist durchaus zweifelhaft. Auch ist jetzt eine Anreicherung durch Weiterbildungsmöglichkeiten machbar, weil die Situation der Betroffenen eine andere ist. Ein Transfersozialplan (unten Rn. 227 ff.) und erst recht weitergehende Regelungen[603] können sich als sehr sinnvoll erweisen und werden von den Betroffenen auch eher akzeptiert. Unter diesen Umständen sind höhere Kosten zu erwarten. Eine Ausnahme gilt nur dann, wenn sich die wirtschaftliche Situation des Unternehmens in der Zwischenzeit deutlich verschlechtert hat. Dem Abfindungsplan kann selbstredend in der ihn tragenden Betriebsvereinbarung oder Betriebsabrede ausdrücklich jede präjudizielle Wirkung abgesprochen werden – ob dies bei künftigen Verhandlungen wirklich Beachtung findet, steht auf einem anderen Blatt.

bb) Gleichbehandlung aller Betroffenen?

Liegt es unter diesen Umständen nahe, dass der Sozialplan höhere Leistungen als der Abfindungsplan vorsieht, so stellt sich ein Gleichbehandlungsproblem. Nach der Rechtsprechung dürfen diejenigen nicht schlechter als die Gekündigten behandelt werden, die auf Veranlassung des Arbeitgebers einen Aufhebungsvertrag geschlossen haben.[604] Dies gilt allerdings nur dann, wenn die »Veranlassung« eine sehr intensive war, d. h. wenn der Arbeitgeber darauf hingewiesen hatte, ohne den Aufhebungsvertrag werde eine Kündigung des Arbeitnehmers nicht zu vermeiden sein. In anderen Fällen, in denen lediglich auf die unsichere Lage des Unternehmens oder auf erforderliche Betriebsänderungen erwähnt wurde, kann sehr wohl differenziert werden.[605] Dasselbe gilt, wenn dem Betroffenen der Rat gegeben wurde, sich eine neue Stelle zu suchen.[606] Insofern kann der Abfindungsplan mit Rücksicht auf die unterschiedliche Betroffenheit der Beschäftigten eine abschließende Regelung enthalten, wenn bei den Verhandlungen über den Aufhebungsvertrag nicht auf eine dem Arbeitnehmer drohende Kündigung, sondern nur auf die schlechte Lage des UN hingewiesen wurde.[607] Auch hier kann allerdings die faktische Situation zur Abweichung vom eigentlich Gewollten führen. Unter Berufung auf das Günstigkeitsprinzip ist eine »Aufstockung« des Abfindungsplans jederzeit möglich. Geht man von einer vereinbarten totalen Trennung der beiden Teil-Sozialpläne aus, so könnte auch diese wieder rückgängig gemacht werden; einvernehmlich kann eine solche Bestimmung immer verändert oder aufgehoben werden.[608] 119a

Ein Gleichbehandlungsproblem taucht auch dann auf, wenn der Sozialplan niedrigere Leistungen als der Abfindungsplan enthält. Unterstellt, es gehe weiter um dieselbe Betriebsänderung und die wirtschaftliche Situation des Unternehmens habe sich nicht wesentlich verschlechtert – so ist kein sachlicher Grund ersichtlich, weshalb die unfreiwillig Ausscheidenden schlechter als die freiwillig Ausscheidenden behandelt werden sollten. Hier kann sich m. E. sogar der Einzelne auf den Gleichbehandlungsgrundsatz berufen und eine Aufstockung der Sozialplanleistungen auf das Niveau des Abfindungsplans verlangen. 119b

cc) Einseitiger Abfindungsplan

Wie ist zu verfahren, wenn der Betriebsrat beim Abfindungsplan nicht mitbestimmen konnte, weil der Arbeitgeber einseitig vorgegangen ist? Die darin liegende Verletzung des Mitbestimmungsrechts wäre noch erheblich stärker, würde der Arbeitgeber bei den Sozialplanverhandlungen einen Betrag anbieten, der hinter dem für den Abfindungsplan zugrunde gelegten zurückbleibt. In diesem Fall würden die Sozialplanverhandlungen für den Betriebsrat wie für die Belegschaft »uninteressant«, weil die einseitige Abfindungsregelung für die Betroffenen eindeutig günstiger wäre – dies insbesondere dann, wenn sie während der Verhandlungen 119c

---

603 Zum Konzept eines Transformationssozialplans s. *Göpfert/Seier*, NZA 2019, 588.
604 *BAG* 19.7.95 – 10 AZR 885/94, NZA 96, 271.
605 *BAG* 19.7.95 – 10 AZR 885/94, NZA 96, 271.
606 *Göpfert/Seier*, NZA 2019, 588.
607 Für einen Ausschluss der wegen einer anderen Beschäftigung vorzeitig Ausgeschiedenen von den (bescheidenen) Sozialplanleistungen *BAG*,25.11.93 – 2 AZR 324/ 93, NZA 1994, 788.
608 *BAG* 2.10.07 – 1 AZR 815/06, NZA-RR 08, 242 Tz. 19.

über den Sozialplan weiter angeboten würde. Darin läge eine unzulässige Behinderung der Betriebsratstätigkeit nach § 78 Satz 1 BetrVG. Darauf muss sich der Betriebsrat nicht einlassen; vielmehr kann er sofort die Einigungsstelle anrufen und dort einen höheren Betrag als den vom Arbeitgeber angebotenen verlangen. In einem solchen Fall besteht sein Mitbestimmungsrecht in Bezug auf die bereits Ausgeschiedenen in vollem Umfang weiter, sodass auch in Bezug auf sie noch Spielraum bestehen kann. Entscheidend wird sein, im Sozialplan deutlich über das im Abfindungsplan Vorgesehene hinauszugehen, um so die eingetretene Behinderung der Betriebsratstätigkeit definitiv aus der Welt zu schaffen.

120 Scheidet ein einzelner AN auf Grund **freiwilligen, nicht vom AG veranlassten Aufhebungsvertrags** mit Abfindung aus, kann er **nicht** verlangen, **in** einen später abgeschlossenen günstigeren **Sozialplan einbezogen** zu werden.[609] Der AG soll nicht einmal verpflichtet sein, ihn auf eine geplante Betriebsänderung und den dadurch möglich werdenden Sozialplan hinzuweisen,[610] doch überzeugt dies nicht: Der AN kann sich nur dann frei entscheiden, wenn er alle relevanten Umstände kennt. Ist umgekehrt die **einzelvertragliche Abfindung höher** als die im Sozialplan vorgesehene (und stellt sie außerdem eine unerlaubte Begünstigung wegen BR-Tätigkeit dar), können die (nur) vom Sozialplan erfassten AN gleichwohl keine Aufstockung verlangen.[611] Zur Rechtslage bei Ausscheiden auf Veranlassung des AG s. oben Rn. 89.

8. Sozialplan, Nachteilsausgleich und Abfindungen nach § 10 KSchG und nach § 1a KSchG – Verrechnung der Leistungen?

121 **Verhandelt** der UN **nicht** oder nicht ausreichend über einen Interessenausgleich, so muss er den von der Betriebsänderung betroffenen AN einen **Nachteilsausgleich** bezahlen (§ 113 Rn. 9 ff.). Der **BR behält** unbestrittenermaßen **das Recht, weiterhin die Aufstellung eines Sozialplans zu verlangen;** andernfalls könnte der AG zwischen Nachteilsausgleich und Sozialplan wählen, was ersichtlich nicht Sinn der gesetzlichen Regelung ist.[612] Nachteilsausgleich und Sozialplan können somit nebeneinander zum Tragen kommen.

122 Nicht abschließend geklärt ist die Frage, ob und inwieweit die auf dem einen Wege erlangten Leistungen im anderen Bereich zu berücksichtigen sind. Sind Zahlungen des AG auf Grund eines erfolgreich geltend gemachten **Nachteilsausgleichs** auf die Sozialplanleistungen **anzurechnen?** Kann umgekehrt der **Nachteilsausgleich sehr bescheiden** ausfallen oder auf eine symbolische Größe schrumpfen, wenn **auf Grund des Sozialplans bereits Abfindungen** bezahlt wurden? Das *BAG* hat eine automatische Anrechnung des Nachteilsausgleichs auf die Sozialplanleistungen bejaht[613] und dasselbe auch für die Sozialplanleistungen in Bezug auf den Nachteilsausgleich angenommen;[614] beide würden denselben Zweck, nämlich den Ausgleich wirtschaftlicher Nachteile der AN verfolgen.[615]

123 Dies kann nicht befriedigen.[616] Die Auffassung des *BAG* führt dazu, dass der Sanktionscharakter des § 113 (dazu § 113 Rn. 1) dann völlig leer läuft, wenn der Nachteilsausgleich in etwa so hoch liegt wie die voraussichtliche Sozialplanabfindung: In diesem Fall hätte der UN eben doch das ansonsten allgemein abgelehnte Wahlrecht.[617] Außerdem ergibt sich die Ungereimtheit, dass die im Sozialplan festgelegten **Verteilungsgrundsätze mit Hilfe des Nachteilsausgleichs überspielt** werden. Dies zeigt etwa das Beispiel, dass bestimmte Personen wegen kurzer Be-

609 *BAG* 13.11.96 – 10 AZR 340/96, BB 97, 1362.
610 *BAG* a.a.O.
611 *LAG Düsseldorf* 13.9.01 – 11 (4) Sa 906/01, AiB 03, 489; s. auch *ArbG Nürnberg*, 27.1.97 – 12 Ca 7897/96, BB 97, 2165.
612 *BAG* 15.10.79, AP Nr. 5 zu § 111 BetrVG 1972; GK-*Oetker*, Rn. 147; Richardi/*Annuß*, § 112 Rn. 69.
613 *BAG* 13.12.78, AP Nr. 6 zu § 112 BetrVG 1972 Bl. 13; 15.10.79, AP Nr. 5 zu § 111 BetrVG 1972 Bl. 3 R; *BAG* 16.5.07 – 8 AZR 693/05, NZA 07, 1296 Tz 39; bestätigt durch *BAG* 12.2.19 – 1 AZR 279/17, ZIP 19, 833 = BB 19, 499.
614 *BAG* 20.11.01 – 1 ABR 97/01, NZA 02, 992.
615 *BAG* 12.2.19 – 1 AZR 279/17 ZIP 19, 833 = BB 19, 49.
616 Ebenso ErfK-*Kania*, § 113 Rn. 2; BGM-*Bachner*, § 4 Rn. 547. Ablehnend *Oberthür*, FS 100 Jahre Betriebsverfassungsrecht, S. 556.
617 Richtig *Küttner*, FS Stahlhacke, S. 304. Nicht bedacht in *BAG* 12.2.19 – 1 AZR 279/17, ZIP 19, 833.

triebszugehörigkeit keinerlei Sozialplanleistungen bekommen, während Kollegen, die bereits 4 Jahre im Betrieb gearbeitet haben, eine Abfindung von 2000 Euro erhalten. Unterstellt, der Nachteilsausgleich betrage für beide Vergleichsgruppen jeweils 2000 Euro, so stehen sie entgegen den Intentionen der Betriebsparteien im Ergebnis völlig gleich da. Auf der anderen Seite ist nicht zu leugnen, dass der Nachteilsausgleich nicht nur eine Sanktion für den AG ist, sondern auch die den AN entstehenden wirtschaftlichen Nachteile effektiv mindert. Dies legt es nahe, die **Betriebsparteien** über die Anrechnung **selbst entscheiden** zu lassen.[618] Dies hat mittlerweile **auch** das ***BAG*** akzeptiert.[619] Das hilft allerdings dann nicht, wenn der Sozialplan ohne »Nichtanrechnungsklausel« abgeschlossen wurde, weil in diesem Zeitpunkt noch Unklarheit über evtl. Ansprüche auf Nachteilsausgleich herrschte (dazu sogleich Rn. 124). In der Praxis wird auch eine **teilweise Anrechnung** in Betracht kommen.[620] Wird der Sozialplan in der **ESt.** beschlossen, kann diese auch über die Verrechnung entscheiden.[621]

Fehlt eine Regelung im Sozialplan, so ist zu unterscheiden: Wurde der **Sozialplan zuerst** wirksam, hat das Gericht bei der Bemessung des Nachteilsausgleichs die vom *BAG* angenommene automatische Verrechnung zu berücksichtigen. Um den Sanktionscharakter des § 113 nicht völlig leer laufen zu lassen, ist grundsätzlich ein über die Sozialplanabfindung hinausgehender Betrag festzusetzen.[622] Dies gilt auch dann, wenn der Sozialplan eine Anrechnungsklausel enthält.[623] Wird umgekehrt **zuerst** über den **Nachteilsausgleich** entschieden, steht es den Betriebsparteien bzw. der ESt. frei, die automatische Anrechnung bei der Bemessung der Leistungen zu berücksichtigen. Sind beide Verfahren gleichzeitig anhängig, ist zu empfehlen, eine Anrechnungsklausel in den Sozialplan aufzunehmen oder eines der Verfahren vorzuziehen, um so irrational hohe oder irrational niedrige Leistungen zu vermeiden. **124**

Das *BAG*[624] hat es zunächst unentschieden gelassen, **ob die automatische Verrechnung mit der EG-Massenentlassungsrichtlinie vereinbar** ist, die eine wirksame Sanktion für den Fall der Nicht-Konsultation verlangt; inzwischen hat es entschieden, dass hier kein Widerspruch bestehe.[625] Diese kann in der Tat nicht darin liegen, dass die betroffenen AN lediglich das erhalten, was sie sowieso zu beanspruchen haben.[626] Vielmehr muss eine zusätzliche Konsequenz eintreten, die in einer über den Sozialplan hinausgehenden Höhe des Nachteilsausgleichs liegen kann.[627] Solange der Gesetzgeber keine andere Lösung wählt, ist danach zu verfahren. Daneben kommt die Durchsetzung der BR-Befugnisse im Wege der einstweiligen Verfügung in Betracht (o. Rn. 56). In anderem Zusammenhang hat auch das *BAG*[628] betont, die Richtlinie verlange eine wirksame und abschreckende Sanktion. Allerdings verlangt die Massenentlassungsrichtlinie ausschließlich eine Konsultation der betrieblichen Interessenvertretung, nicht die Anrufung eines unparteiischen Dritten oder der ESt.[629] **125**

Nach einer in den neuen Bundesländern verbreiteten Praxis sehen **Sozialpläne** vor, dass Abfindungen **nur bei** einem **gleichzeitigen Verzicht** auf den **Nachteilsausgleich** oder einem etwaigen Anspruch nach §§ 9, 10 KSchG ausbezahlt werden. Damit wird der Einzelne in unzulässiger Weise zum Verzicht auf gesetzliche Ansprüche gezwungen; die vergleichbare Klausel, dass Abfindungen nur bei gleichzeitigem Verzicht auf den Kündigungsschutz gewährt werden, ist vom *BAG*[630] beanstandet worden. Im praktischen Ergebnis läuft eine solche Klausel darauf **126**

---

618 Dafür auch *Fitting,* § 113 Rn. 33; *Knorr,* § 7 Rn. 80; *Teichmüller,* Betriebsänderung, S. 125; *WW,* § 113 Rn. 13; unklar HWGNRH-*Hess,* § 113 Rn. 5.

619 *BAG* 20.11.01 – 1 ABR 97/01, NZA 02, 992 = AiB 03, 700 mit Anm. *Silberberger.*

620 Dafür *Küttner,* FS Stahlhacke, S. 304; vgl. auch GK-*Oetker* § 113 Rn. 109.

621 *Oberberg,* AuR 03, 71.

622 *LAG Berlin* 27.5.05 – 6 Sa 1499/04, NZA-RR 05, 516 = AuR 05, 345; *LAG Berlin* 25.7.06 – 7 Sa 2371/05, AuR 07, 61 und juris; anders im Ergebnis *BAG* 16.5.07 – 8 AZR 693/06, NZA 07, 1296 Tz 38 ff.

623 So die Fälle LAG Berlin, a.a.O.

624 20.11.01 – 1 ABR 97/01, NZA 02, 992 und 16.5.07 – 8 AZR 693/06, NZA 07, 1296 Tz 40.

625 *BAG* 12.2.19 – 1 AZR 279/17, ZIP 19, 833.

626 *EuGH* 8.6.94 – Rs C 383/92 Slg. 94, I-2479. BKMT-*Bachner,* § 4 Rn. 436.

627 Vgl. *Oberberg,* AuR 03, 71; *Schlachter,* FS Wißmann, S. 416; a.A. *Leuchten/Lipinski,* NZA 03, 1361.

628 23.9.03 – 1 AZR 576/02, NZA 04, 440 [444].

629 *BAG* 16.5.07 – 8 AZR 693/06, NZA 07, 1296 Tz 43.

630 20.12.83, AP Nr. 17 zu § 112 BetrVG 1972.

hinaus, die Individualansprüche aus § 113 nachträglich durch Kollektivvereinbarung wieder zu beseitigen – eine Rechtsfolge, die offen anzuordnen allgemein als unzulässig angesehen wird (§ 113 Rn. 3, 9). Ein »Koppelungsgeschäft« dieser Art führt auch zu einer vom Gesetz gerade nicht gewollten Gleichbehandlung von korrekt handelnden und ihre Verhandlungspflicht verletzenden AG. Auf die Sozialplanabfindung so lange zu verzichten, bis rechtskräftig über den Nachteilsausgleich entschieden ist, stellt in den meisten Fällen keine zumutbare Alternative dar; der Sozialplan würde gerade seine Überbrückungsfunktion nicht mehr erfüllen.

127 **Klagt ein AN gegen seine** auf die Betriebsänderung gestützte **Kündigung** und erreicht er im Vergleichswege oder auf Grund gerichtlicher Auflösungsentscheidung nach § 9 KSchG eine **Abfindung,** so stellt sich gleichfalls das Problem einer Verrechnung mit den Sozialplanleistungen. Das *LAG Frankfurt/M.*[631] vertritt hier den beifallswerten Standpunkt, die Betriebsparteien könnten im Sozialplan selbst festlegen, ob eine solche Abfindung berücksichtigt werde oder nicht.[632] Besteht dort keine Anrechnungsklausel, wird dies bei einer vergleichsweise ausgehandelten Abfindung im Kündigungsschutzprozess berücksichtigt; auch der Richter wird dem im Rahmen des § 10 KSchG Rechnung tragen.

127a Hat der Arbeitgeber eine **Abfindung nach § 1a KSchG** versprochen, wenn der AN keine Kündigungsschutzklage erhebt und unterbleibt diese effektiv, so findet eine Anrechnung auf die Sozialplanabfindung nur statt, wenn dies ausdrücklich im Sozialplan vorgesehen ist.[633] Nichts anderes gilt, wenn sich die Abfindung aus einem Interessenausgleich ergibt.[634] Der Arbeitgeber könnte auch bei dem individuellen Abfindungsversprechen eine volle oder teilweise Verrechnung vorsehen, doch würde er sich dann nicht mehr im Rahmen des § 1a KSchG bewegen.[635]

IV. Der Inhalt des Sozialplans im Einzelnen

1. Ermessensspielraum von Betriebsparteien und Einigungsstelle – Mindestdotierung und Obergrenze

128 BR und AG sind grundsätzlich frei, den Inhalt des Sozialplans nach ihren Vorstellungen zu gestalten. So können sie (aber auch die ESt.) entscheiden, **welche Nachteile auszugleichen** sind und in welchem Umfang dies geschieht.[636] So kann die ESt. beispielsweise einen **Ausgleich dafür** vorsehen, dass **Anwartschaften** auf eine betriebliche Zusatzversorgung in Zukunft **nicht mehr ansteigen**[637] oder dass verfallbare **Anwartschaften** auf eine betriebliche Altersversorgung verloren gehen.[638] Sie kann sich auch bei andern Fragen vorwiegend auf Umstände stützen, die in der Vergangenheit liegen, sich also vom **Gedanken der Entschädigung** für den eingetretenen Rechtsverlust leiten lassen. Dies zu tun, besteht jedoch keine Verpflichtung. **Stattdessen** kann sie sich auch daran orientieren, dass die Betroffenen eine schwierige Zeit zu überbrücken haben und deshalb einen **Transfersozialplan** vorsehen (u. Rn. 227 ff.). Weiter ist auch eine Differenzierung nach der Vermeidbarkeit von Nachteilen zulässig.[639] Auch ist zu beachten, ob Nachteile durch Vorteile an anderer Stelle kompensiert werden. Eine **gerichtliche Überprüfung** findet im **Übrigen nur im Hinblick auf den Inhalt** eines ESt.-Spruchs statt; ob die ESt. bei ihrer Entscheidung von unzutreffenden Fakten ausgegangen ist oder bestimmte Umstände nicht berücksichtigt hat, soll keine Rolle spielen.[640] Dies ist höchst unbefriedigend, weil sich selbst die willkürliche Außerachtlassung bestimmter Umstände faktisch nicht korrigieren lässt,

631 2.2.88, LAGE § 112 BetrVG Nr. 11.
632 Ebenso *H. Fuchs*, Sozialplan, S. 41.
633 *BAG* 19.6.07, NZA 07, 1357.
634 *LAG Berlin-Brandenburg* 10.7.15 – 8 Sa 531/15, NZA-RR 16, 139.
635 *LAG Berlin-Brandenburg* a. a. O.; zustimmende Anm. *Glatzel*..
636 *BAG* 29.11.78, 27.10.87 und 28.9.88, AP Nrn. 7, 41 und 47 zu § 112 BetrVG 1972; 14.9.94 – 5 AZR 632/93, DB 95, 430 = NZA 95, 440; *BAG* 2.10.07 – 1 AZR 815/06, NZA-RR 08, 242 Tz 17; *BAG* 6.11.07 – 1 AZR 960/06, NZA 08, 232 Tz 14. Wie hier auch *Braun*, FS Henssler, S. 86.
637 *BAG* 29.11.78, AP Nr. 7 zu § 112 BetrVG 1972.
638 *BAG* 27.10.87, AP Nr. 41 zu § 112 BetrVG 1972; *LAG Hamm* 13.11.85, LAGE § 112 BetrVG 1972 Nr. 8.
639 *BAG* 20.5.08 – 1 AZR 203/07, NZA-RR 08, 636.
640 *BAG* 7.5.19 – 1 ABR 54/17, NZA 19, 1295 Tz. 18.

weil die Benachteiligten die »Willkür« nicht beweisen können. Außerdem besteht der gerichtliche Rechtsschutz im Rechtsstaat nicht nur in einer Ergebniskontrolle, sondern auch in einer Überprüfung des Weges, auf dem eine Entscheidung zustande kam. Eine verfassungsgerichtliche Korrektur erscheint geboten.

Nach der Rechtsprechung besteht allerdings eine **Untergrenze:** Durch den Sozialplan muss eine **»spürbare« Entlastung der AN** eintreten. Nur dann kann von einer »Milderung« der wirtschaftlichen Nachteile die Rede sein.[641] Die Regelung des § 1a KSchG ist aber nicht entsprechend anwendbar, da sie nur kündigungsschutzrechtliche Bedeutung hat.[642] Für die »spürbare« Entlastung soll es beispielsweise ausreichen, dass die Abfindungen im Durchschnitt der Fälle in der Lage sind, die wirtschaftlichen Nachteile von ca. neun Monaten Arbeitslosigkeit auszugleichen.[643] Dieser Mindest- steht eine **Höchstgrenze** gegenüber: Mehr als einen vollen Ausgleich darf der Sozialplan nicht vorsehen;[644] es gibt ein Verbot der »Überkompensation«.[645] Die sich innerhalb dieses Rahmens bewegende Dotierung erfährt dann ggf. eine **Korrektur nach unten,** weil sie das UN **unvertretbar belasten** würde.[646] Angeblich soll auch die **Mindestdotierung unterschritten** werden können, wenn die Erfüllung der Verbindlichkeiten aus dem Sozialplan zu einer Illiquidität der UN, einer **bilanziellen Überschuldung** oder einer nicht mehr hinnehmbaren Schmälerung des Eigenkapitals führen würde.[647] Da § 123 InsO nach Auffassung des *BAG* keine Orientierungsfunktion hat, kann dies dazu führen, dass die Leistungen aus dem Sozialplan unter denen bleiben, die im Insolvenzfall möglich wären.[648] Gleichwohl ist ein »Sozialplan null« ausgeschlossen.[649] Auch steht der ESt. bei der Handhabung der Obergrenzen ein beträchtlicher Beurteilungsspielraum zu, zumal eine Prognose in Bezug auf die künftige Entwicklung des UN geboten ist.[650] Für den Fall eines in der ESt. erzwungenen Sozialplans kleidet § 112 Abs. 5 Satz 1 den wirtschaftlichen Rahmen in die Form einer Ermessensrichtlinie. Abs. 5 Satz 2 spezifiziert dies dann in vier Ziffern (u. Rn. 132 ff.). Dies gilt aber nur dann, wenn die **ESt. durch Spruch** entscheidet.[651] Auch bleibt in vielen Fällen letztlich offen, ob sich die ESt. eher an der Ober- oder eher an der Untergrenze bewegen soll. Billigem Ermessen entspricht es, die wirtschaftliche Belastbarkeit des UN auch hier (und nicht nur bei der Begrenzung des Volumens) zu berücksichtigen. Der Sozialplan muss schon seiner normativen Wirkung wegen **bestimmte Leistungen vorsehen** und darf diese nicht einfach davon abhängig machen, ob nach der Befriedigung der Gläubiger noch etwas übrig ist.[652] Steht der zur Verteilung kommende Gesamtbetrag noch nicht fest, so kommt allenfalls die **Festlegung eines gegen Manipulationen abgesicherten Verfahrens** in Betracht, wie die Verteilungsmasse bestimmt werden soll; andernfalls muss die ESt mit ihrer Entscheidung warten, bis klare Verhältnisse bestehen.[653] 128a

Bei **freiwilligen Sozialplänen,** die außerhalb wie innerhalb der ESt. zustande kommen können, ist der Spielraum größer. Ein UN kann sich ersichtlich nicht auf die Unvertretbarkeit einer Belastung berufen, mit der es sich freiwillig einverstanden erklärt hat. Wichtig ist demgegenüber auch hier die vom BAG entwickelte **Untergrenze** der »spürbaren« Entlastung der AN.[654] Würde sie unterschritten, wäre der Sozialplan unwirksam und es müssten neue Verhandlungen 129

---

641 *BAG* 24.8.04 – 1 ABR 23/03, DB 05, 397. Zustimmend *Eisemann*, NZA 19, 81.
642 *Eisemann*, NZA 19, 81; zustimmend *Ludwig/Hinze*, NZA 20, 1658.
643 *BAG* 24.8.04 – 1 ABR 23/03, DB 05, 397.
644 *BAG* 7.5.19 – 1 ABR 54/17, NZA 19, 1295 Tz. 21. Ebenso *Eisemann*, NZA 19, 81.
645 *BAG* 22.1.13 – 1 ABR 85/11, NZA-RR 13, 409. Übersehen bei *Deininger-Stierand* NZA 17, 420, 421.
646 *BAG* a. a. O. Ebenso *BAG* 15.3.11 – 1 ABR 97/09, NZA 11, 1112 Tz. 18.
647 So *BAG* 14.2.23 – 1 ABR 28/21, NZA 23, 702. Zustimmend *Braun/Sura* NZA 23, 801.
648 Anders deshalb *ArbG Köln* 10.3.22 – 11 BV 266/21.
649 *Eisemann*, NZA 19, 81. So auch *LAG Hamm* 26.10.21 – 7 TaBV 19/21, ZIP 22, 442; die Aufhebung durch das BAG erfolgte aus anderen Gründen. Anders *Braun/Sura*, NZA 23, 801. S. auch unten Rn. 150 ff.
650 So auch *Braun/Sura*, NZA 23, 801, 804.
651 Vgl. *Küttner*, FS Stahlhacke, S. 293; *Deininger-Stierand* NZA 17, 420, 421.
652 *BAG* 26.5.09 – 1 ABR 12/08, NZA-RR 09, 588.
653 *BAG* a. a. O.
654 *BAG* 24.8.04 – 1 ABR 23/03, DB 05, 397.

begonnen werden. Eine Orientierung an den Kriterien des Abs. 5 Satz 2 ist aber jedenfalls nicht ermessensmissbräuchlich.[655]

130 Die Rechtsprechung verlangt bei Sozialplänen, die über die ESt. erzwungen werden, stärker als vor 1985 die Berücksichtigung der **besonderen Verhältnisse des Einzelfalls** und hat beispielsweise dagegen Bedenken, für alle die gleiche Abfindung vorzusehen und dabei auch solche Personen einzubeziehen, die aus freien Stücken ausscheiden.[656] Unzulässig ist es, pauschal einen Betrag von 75 % eines Monatsgehalts pro Jahr der Betriebszugehörigkeit vorzusehen.[657] Demgegenüber hat das *BAG* noch 1979 entschieden, ein **Recht des AG zur fristlosen Kündigung könne** (müsse aber nicht) ein **Grund für den Ausschluss von den Sozialplanleistungen** sein.[658] Auf derselben Linie liegt es, wenn ausdrücklich betont wird, zwischen verschiedenen Betrieben eines UN gäbe es keine notwendige Gleichbehandlung.[659] Den Betriebsparteien steht es frei, für diejenigen eine **geringere Abfindung** vorzusehen, die einen **zumutbaren Arbeitsplatz ablehnen.**[660] Was »zumutbar« ist, folgt nicht aus § 140 SGB III, sondern bestimmt sich nach dem zwischen den Betriebsparteien Vereinbarten, wobei diese nicht einmal auf die familiäre Situation Rücksicht nehmen müssen.[661] Dies befriedigt wenig, wenn man die sehr viel strengeren Maßstäbe berücksichtigt, die beim in der ESt. beschlossenen Sozialplan gelten (u. Rn. 134 ff.) und die zum Teil grundrechtlich fundiert sind. Aus der Sicht der Betroffenen macht es keinen Unterschied, ob sich BR und AG absprechen oder ob eine Mehrheitsentscheidung in der ESt erfolgt. Unproblematisch ist es, in Form einer Abfindung einen Anreiz für den Abschluss von Altersteilzeitverträgen zu schaffen.[662] Nicht ermessensmissbräuchlich ist es schließlich, wenn **ältere AN** nur eine **Überbrückungszahlung** bis zum Rentenalter erhalten, während jüngere angesichts der ungewissen Aussichten auf dem Arbeitsmarkt bei der Bemessung der Abfindung stärker berücksichtigt werden (o. Rn. 101 f.). Noch weiter gingen Sozialpläne in den neuen Bundesländern, die die Bezieher von Altersübergangsgeld generell von Leistungen ausschlossen.[663] Zur Vereinbarkeit mit dem Verbot der Diskriminierung wegen Alters s. o. Rn. 101 f.

131 **Missbraucht die ESt. ihr Ermessen,** so kann die dadurch benachteiligte Seite nach § 76 Abs. 5 Satz 3 innerhalb von 2 Wochen das **ArbG anrufen.** Dies gilt auch für eine Verletzung der Richtlinien nach § 112 Abs. 5 Satz 2 Nr. 1 bis 3,[664] sowie dann, wenn der ESt. bei der Festlegung der Faktoren für die Höhe der Abfindung ein Rechtsirrtum unterlaufen ist.[665]

2. Richtlinien für den in der Einigungsstelle beschlossenen Sozialplan

a) Die Einzelfallorientierung nach § 112 Abs. 5 Satz 2 Nr. 1

132 Nach § 112 Abs. 5 Satz 2 Nr. 1 **soll in der Regel den Gegebenheiten des Einzelfalls Rechnung getragen** werden. Der Gesetzgeber griff damit eine bereits in der Rspr. vorhandene Tendenz auf, doch ist die Praxis bei pauschalen Abfindungssätzen geblieben, die sich zudem an vergangenheitsbezogenen Kriterien wie Lebensalter und Dauer der Betriebszugehörigkeit orientieren.[666] Die Begründungen versuchen, dies gleichwohl mit dem Gesetz und der Einzelfallorientierung in Einklang zu bringen: Zu beachten ist etwa, dass sich in vielen Fällen nicht exakt klären lässt, wie die wirtschaftlichen Nachteile des jeweils betroffenen einzelnen AN beschaffen sind; oft stellen sie sich erst nach Jahren endgültig heraus. Um eine unzumutbare Verlängerung des Verfahrens, aber auch eine weitgehende Aufdeckung persönlicher Lebens-

655 *BAG* 6.11.07 – 1 AZR 960/06, NZA 08, 232 Tz 18 für die Nr. 2. Dazu auch *Ludwig/Hinze*, NZA 20, 1658.
656 *LAG München* 19.3.86, EzA § 112 BetrVG 1972 Nr. 12.
657 *BAG* 14.9.94 – 5 AZR 632/93, DB 95, 430 = NZA 95, 440.
658 *BAG* 31.1.79, AP Nr. 8 zu § 112 BetrVG 1972.
659 *BAG* 23.8.88, AP Nr. 46 zu § 112 BetrVG 1972.
660 *BAG* 6.11.07 – 1 AZR 960/06, NZA 08, 232 = AiB 08, 673 mit Anm. *Zumbeck*.
661 *BAG* a. a. O.
662 So der Fall *LAG Köln* 6.10.22 – 8 Sa 457/22 Tz. 22, 24.
663 *LAG Berlin* 9.12.92 – 13 Sa 95/92, DB 93, 1981; s. auch *BAG* 20.4.94 – 10 AZR 186/93, DB 94, 2039.
664 *Fitting*, Rn. 260; *Gamillscheg*, Kollektives Arbeitsrecht II S. 1140; *Rumpff/Boewer*, S. 378.
665 *BAG* 1.4.98 – 10 ABR 17/97, DB 98, 1471.
666 Zutreffend konstatiert bei *Willemsen*, FS Bauer, S. 1119 ff.

verhältnisse zu vermeiden, ist deshalb eine **pauschale Abgeltung von Nachteilen unvermeidbar.**[667] Bei Abfindungen, die wegen des Ausscheidens aus dem Betrieb und dem Zwang, einen neuen Arbeitsplatz zu suchen, vorgesehen werden, kann daher auf das **höhere Lebensalter** sowie auf die **Dauer der Betriebszugehörigkeit** abgestellt werden (zur diskriminierungsrechtlichen Seite s. o. Rn. 98 ff.).[668] Die lange Tätigkeit im Betrieb führt zu einer Spezialisierung im Hinblick auf das dort benötigte Wissen, so dass eine Umstellung auf einen neuen Arbeitsplatz mit größeren Schwierigkeiten verbunden ist.[669] Nur auf die Dauer der Betriebszugehörigkeit abzustellen, ist allerdings unzulässig.[670] Besonders gute Chancen wie durch eine qualifizierte Ausbildung oder die Zugehörigkeit zu einem Mangelberuf sollten ebenso berücksichtigt werden[671] wie **besonders schlechte Chancen auf dem Arbeitsmarkt.** Letztere sind nicht nur bei Schwerbehinderten, sondern auch bei älteren AN und bei Alleinerziehenden[672] sowie bei gering Qualifizierten anzunehmen, doch wird dem in der Praxis nur selten Rechnung getragen.[673] Eine pauschale Übernahme von Tarifregelungen, die diese Unterschiede nicht berücksichtigen, macht den Sozialplan rechtswidrig.[674]

Möglich und sinnvoll kann es sein, im Sozialplan eine nachträgliche Korrektur für den Fall vorzusehen, dass sich bei einzelnen Beschäftigten die Verhältnisse ganz anders als angenommen entwickeln **(Besserungsklausel).** Ob derartiges vorgesehen wird, liegt jedoch ebenso wie die Einrichtung eines Härtefonds (unten Rn. 178 ff.) im Ermessen der Betriebsparteien bzw. der ESt. 133

b) Die zumutbare anderweitige Beschäftigung nach § 112 Abs. 5 Satz 2 Nr. 2

Satz 1 von § 112 Abs. 5 Satz 2 Nr. 2 wiederholt im Grunde nur, was sich bereits aus der Einzelfallprüfung der Nr. 1 ergibt. Der in Satz 2 angesprochene **Ausschluss von Leistungen bei Ablehnung eines zumutbaren Arbeitsplatzes** ist demgegenüber von außerordentlich großer praktischer Bedeutung. Der Ausschluss darf sich allerdings nur auf solche Sozialplanleistungen beziehen, die den Verlust des Arbeitsplatzes ausgleichen oder mildern wollen. Die Vorschrift ermöglicht entsprechende Regelungen auch in einem nicht von der ESt. beschlossenen Sozialplan.[675] 134

Nr. 2 Satz 2 betrifft ausschließlich Arbeitsplätze im selben Betrieb, in einem anderen Betrieb desselben UN oder in einem anderen UN desselben Konzerns. **Arbeitsplätze bei einem sonstigen AG spielen** insoweit **keine Rolle** und sind nur im Rahmen der allgemeinen Aussichten auf dem Arbeitsmarkt zu berücksichtigen.[676] Ein beurlaubter Beamter der als Arbeitnehmer bei einem Post-UN beschäftigt ist, kann von Sozialplanleistungen ausgeschlossen werden, wenn er ins Beamtenverhältnis »zurückfällt« und der Dienstherr ihn weiterbeschäftigen muss.[677] Der Sozialplan kann allerdings vorsehen, dass derjenige keine Leistungen erhält, der einen **vom Arbeitgeber vermittelten Arbeitsplatz** bei einem Dritt-Unternehmen annimmt und dort auch über die Probezeit hinaus beschäftigt wird.[678] **Widerspricht** der AN ohne triftigen Grund dem **Übergang seines Arbeitsverhältnisses** nach § 613a BGB und wird er deshalb gekündigt, so kann er nach der Rspr. von Sozialplanleistungen ausgeschlossen werden,[679] doch 135

667 *BAG* 27.10.87, AP Nr. 41 zu § 112 BetrVG 1972; GK-*Oetker,* Rn. 462; *Reuter,* Sozialplan, S. 28.
668 *BAG* 23.4.85, AP Nr. 26 zu § 112 BetrVG 1972.
669 Vgl. *Dorndorf,* S. 13 ff.
670 *BAG* 14.9.94 – 5 AZR 632/93, DB 95, 430 = NZA 95, 440.
671 Für obligatorische Minderung der Abfindung, wenn der AN bereits einen gleichwertigen Arbeitsplatz gefunden hat, ErfK-*Kania,* Rn. 33.
672 Vgl. *BVerfG* 24.4.91, NJW 91, 1667.
673 Dies beklagt mit Recht auch *Braun,* FS Henssler, S. 85, 92.
674 *LAG Niedersachsen* 4.5.00 – 14 TaBV 84/99, AiB 00, 767 mit Anm. *v. Puttkamer.*
675 *BAG* 8.12.15 – 1 AZR 595/14, NZA 16, 767; *Linsenmaier,* FS Etzel, S. 251.
676 *Fitting,* Rn. 267.
677 *BAG* 8.12.15 – 1 AZR 595/14, NZA 16, 767. S. auch oben Rn. 95.
678 *BAG* 8.12.09 – 1 AZR 801/08, NZA 10, 351 Tz 22 ff. Ähnlich bereits *BAG* 19.6.96 – 10 AZR 23/96, DB 96, 2083 sowie *B. Kraushaar,* BB 00, 1622.
679 *BAG* 5.2.97 – 10 AZR 553/96, DB 97, 1623; bestätigt durch *BAG* 19.2.98 – 6 AZR 367/96, DB 98, 2224; *BAG* 12.7.07 – 2 AZR 448/05, NZA 08, 425 Tz 37 ff.; *BAG* 24.5.12 – 2 AZR 62/11, NZA 13, 277, 284 Tz 70. Bedenken u. Rn. 138.

bedarf dies einer ausdrücklichen Regelung.[680] Diese liegt auch dann vor, wenn AN, die einen zumutbaren Arbeitsplatz ablehnen, keine Sozialplanleistungen erhalten sollen.[681] Zu beachten ist, dass anders als in § 54 Abs. 1 nicht nur auf den sog. Unterordnungskonzern nach § 18 Abs. 1 AktG abgestellt wird; gemeint ist vielmehr der **allgemeine Konzernbegriff,** so dass auch sog. Gleichordnungskonzerne nach § 18 Abs. 2 AktG einbezogen sind.[682] **Wann eine Weiterarbeit innerhalb des Unternehmens- und Konzernrahmens zumutbar** ist, kann im Sozialplan selbst festgelegt werden.[683] Da die Betriebsparteien bzw. die ESt. jedoch nicht jeden beliebigen Arbeitsplatz als zumutbar qualifizieren können, sondern sich in gewissem Umfang an der gesetzlichen Regelung orientieren müssen, ist diese zunächst darzustellen. Auf sie ist in der Praxis sowieso zurückzugreifen, wenn der Sozialplan sich jeder Aussage über Zumutbarkeitskriterien enthält.

136 **Nicht anwendbar** ist im vorliegenden Zusammenhang die Zumutbarkeitsbestimmung des § 140 SGB III.[684] Sie verfolgt ausschließlich arbeitsmarktpolitische Ziele.[685] Maßgebend ist vielmehr die der gesetzlichen Regelung zugrunde liegende Erwägung, dass es sich um einen **im Prinzip gleichwertigen Arbeitsplatz** handeln muss.[686] Nur für einen solchen Fall ist es gerechtfertigt, den die Weiterbeschäftigung ablehnenden AN von Sozialplanleistungen auszuschließen und so entgegen § 112 Abs. 1 Satz 2 auf jeden Ausgleich und jede Milderung der wirtschaftlichen Nachteile zu verzichten. Zulässig (und u. U. sehr sinnvoll) ist auch eine Regelung, wonach den Betroffenen eine Abfindung für den Fall eingeräumt wird, dass sie einen an sich unzumutbaren Arbeitsplatz akzeptieren, dann aber nach Ablauf einer »Erprobungszeit« bis zu einem bestimmten Zeitpunkt doch ausscheiden.[687]

137 Die **Gleichwertigkeit** muss **in juristischer, beruflicher, finanzieller und persönlicher Hinsicht** gegeben sein.

138 Das **Angebot,** auf dem anderen Arbeitsplatz weiterzuarbeiten, muss **verbindlich** sein; bloße Aussichten und Erwartungen zählen nicht. Die bisherige **Betriebszugehörigkeit muss angerechnet** werden, ebenso müssen die (gesetzlichen oder vertraglichen) Kündigungsfristen erhalten bleiben.[688] Ist das **UN,** in dem der AN weiterarbeiten soll, **finanziell angeschlagen,** so fehlt es bereits deshalb an der Zumutbarkeit, es sei denn, das bisherige Arbeitgeberunternehmen würde eine **Rückkehrgarantie** gewähren.[689] Aus diesem Grund lässt sich auch die These des *BAG*[690] nicht halten, es sei in der Regel zumutbar, für einen Betriebsübernehmer nach § 613a BGB weiterzuarbeiten.[691] An der Zumutbarkeit fehlt es insbes. dann, wenn der Erwerber des Betriebs oder Betriebsteils eine baldige Kündigung in Aussicht stellt und der AN daraufhin dem Übergang seines Arbeitsverhältnisses widerspricht.[692] Auch ist in Zukunft zu beachten, dass ein widersprechender Arbeitnehmer seinen kündigungsschutzrechtlichen Status nach der neuesten Rspr.[693] behält und in vollem Umfang in die soziale Auswahl einzubeziehen ist. Dies legt es nahe, ihn auch im Bereich des Sozialplans wie jemanden zu behandeln, dem keine Alternative angeboten wurde. Dafür spricht insbesondere § 612a BGB; im Gegensatz zu demjenigen,

680 *BAG* 15. 12. 98 – 1 AZR 332/98, NZA 99, 667.
681 *BAG* 5. 2. 97 – 10 AZR 553/96, BB 98, 158.
682 Zum Konzernbegriff und zu dem umfassenderen Begriff der verbundenen UN s. *K. Schmidt,* Gesellschaftsrecht, § 17 III.
683 *BAG* 28. 9. 88, AP Nr. 47 zu § 112 BetrVG 1972.
684 *BAG* 6. 11. 07 – 1 AZR 960/06, NZA 08, 232 Tz 25; ebenso ErfK-*Kania,* Rn. 34; *Fitting,* Rn. 270; *Linsenmaier,* FS Etzel, S. 251.
685 Ebenso für die frühere Zumutbarkeitsanordnung *BAG* 18. 4. 96, DB 97, 781; *LAG Hamm* 25. 1. 90 – 16 Sa 969/89, LAGE § 112 BetrVG 1972 Nr. 15; *LAG Düsseldorf* 23. 10. 86, DB 87, 1255; *Spinti,* S. 54; a. A. *Löwisch,* BB 85, 1205; vermittelnd *Berenz,* NZA 93, 541 f.
686 *Etzel,* Rn. 1055.
687 *BAG* 20. 4. 10 – 1 AZR 988/08, NZA 10, 1018 = dbr 1/11 S. 36.
688 *Berenz,* NZA 93, 541; ErfK-*Kania,* Rn. 35; *Etzel,* Rn. 1055; *Fitting,* Rn. 269.
689 *LAG Hamm* 25. 1. 90 – 16 Sa 969/89, LAGE § 112 BetrVG 1972 Nr. 15.
690 *5. 2. 97 – 10 AZR 553/96, BB 97, 2167.*
691 Zu undifferenziert auch *Jaeger,* BB 88, 1036; wie hier im Prinzip *Belling/Collas,* NJW 91, 1921.
692 *BAG* 24. 11. 93 – 10 AZR 311/93, DB 93, 2436.
693 *BAG* 31. 5. 07 – 2 AZR 276/06, NZA 08, 33.

der nicht widerspricht und deshalb einen Arbeitsplatz behält, bleibt der sein Widerspruchsrecht Ausübende sonst ohne Arbeitsplatz und ohne Abfindung.[694]

In beruflicher Hinsicht muss die neue Tätigkeit der **Vorbildung** und **Berufserfahrung** des AN entsprechen.[695] Unschädlich ist es, wenn am neuen Arbeitsplatz eine andere spezielle Berufserfahrung verlangt wird, die bisherige und die künftige Tätigkeit aber auf einer gemeinsamen Berufsausbildung aufbauen.[696] Das soziale Ansehen einer Arbeit wird insbesondere durch die tarifliche Eingruppierung bestimmt,[697] wobei aber auch die Vorgesetztenfunktion und die mit der Arbeit verbundene Verantwortung berücksichtigt werden müssen. Eine Herabgruppierung ist allenfalls dann akzeptabel, wenn die Tätigkeit gleichzeitig Vorteile bietet – sei es durch die bessere Stellung in der Hierarchie, sei es durch erhöhte zeitliche Spielräume, sei es durch weniger belastende Arbeitsbedingungen. 139

Die **wirtschaftliche Gleichwertigkeit** ist bei gleicher Lohn- und Gehaltsgruppe meist gegeben. Der **Wegfall von Überstunden** ändert nichts an der Zumutbarkeit,[698] wohl aber der **Wegfall von** nicht ganz geringfügigen **Zulagen**[699] und von Sonderzahlungen.[700] Erfolgt eine Abgruppierung, sind zumindest Ausgleichszahlungen vorzusehen.[701] Lediglich in einem TV kann vorgesehen werden, dass auch ein **Teilzeitarbeitsplatz** mit ¾-Deputat unter bestimmten Umständen akzeptiert werden muss, ansonsten ist er nicht »gleichwertig«.[702] Eine Herabsetzung von 37,5 % ist auch bei tariflicher Ermächtigung grundsätzlich nicht mehr zumutbar. Dies gilt insbes. dann, wenn das gesamte Arbeitsvolumen nur um 25 % geschrumpft war.[703] Im Übrigen stellt das BAG sehr stark auf die Umstände des Einzelfalls ab; so sah es die Absenkung um 25 % als akzeptabel an, weil gleichzeitig versprochen wurde, beim Ausscheiden einer bestimmten Vollzeitkraft würde der Betroffene deren Stelle bekommen.[704] Die Tätigkeit in einer Transfergesellschaft (unten Rn 261 ff.) ist niemals wirtschaftlich gleichwertig.[705] 140

Was **persönliche Gründe** betrifft, so legt das Gesetz selbst fest, dass ein **Ortswechsel** keineswegs generell unzumutbar ist. Dies ist jedoch dann anders, wenn **besondere Umstände** wie relativ hohes Lebensalter (ab 50), pflegebedürftige Familienangehörige oder ortsgebundene Berufstätigkeit des Ehegatten oder des nichtehelichen Partners vorliegen. Auch für **schwerbehinderte Menschen** und AN mit Kindern in Schulausbildung[706] dürfte ein Ortswechsel häufig nicht zumutbar sein.[707] Die Betriebsparteien müssen nach Auffassung des *BAG*[708] auf familiäre Bindungen aber keine Rücksicht nehmen, da Art. 6 GG dies nicht verlange. Dies überzeugt nicht, da auch bei typisierender Betrachtung Verheiratete durch einen Ortswechsel häufig in Schwierigkeiten kommen, die bei allein Lebenden von vorneherein ausscheiden. Dies zu ignorieren, entbehrt des sachlichen Grundes und verstößt deshalb gegen Art. 3 Abs. 1 GG. Auch will nicht einleuchten, weshalb zwar nicht hier, wohl aber bei der Berechnung der Betriebszugehörigkeit Art. 6 Abs. 1 GG zwingend Berücksichtigung verlangt (oben Rn. 104). Eine **Tätigkeit bei einer ausländischen Niederlassung dürfte** nur ausnahmsweise in Betracht kommen; von einer »Regelvermutung« zugunsten der Zumutbarkeit kann hier nicht ausgegangen werden. 141

Diejenigen, die einen zumutbaren Arbeitsplatz ablehnen, von den Sozialplanleistungen auszuschließen, wird normalerweise als **verfassungskonform** angesehen.[709] Dies verkennt, dass zu der durch Art. 12 Abs. 1 GG garantierten freien Wahl des Arbeitsplatzes nicht nur das 142

694 Nicht bedacht bei *BAG* 12.7.07 – 2 AZR 448/05, NZA 08, 425 Tz 47.
695 *BAG* 15.10.83, AP Nr. 18 zu § 111 BetrVG 1972.
696 *BAG* 8.12.76, AP Nr. 3 zu § 112 BetrVG 1972.
697 *BAG* 25.10.83, AP Nr. 18 zu § 112 BetrVG 1972.
698 *Fitting*, Rn. 271; ErfK-*Kania*, Rn. 35.
699 Vgl. *Etzel*, Rn. 1055.
700 *BAG* 8.12.09 – 1 AZR 801/08, NZA 10, 351.
701 *BAG* 27.10.87, AP Nr. 41 zu § 112 BetrVG 1972; *Fitting*, Rn. 271.
702 *BAG* 18.4.96, DB 97, 781.
703 *BAG* 13.5.97 – 3 AZR 66/96, DB 97, 2627.
704 *BAG* 18.4.96, DB 97, 781.
705 *Ehrich/Fröhlich* Teil H Rn 221.
706 S. den Fall *BAG* 15.2.03 – 6 AZR 411/01, NZA 03, 1034.
707 Zum Ganzen siehe *Fitting*, Rn. 272; GK-*Oetker*, Rn. 475.
708 6.11.07 – 1 AZR 960/06, NZA 08, 232 Tz 28 f.
709 *BAG* 8.12.76, AP Nr. 3 zu § 112 BetrVG 1972 mit Anm. *Wiedemann/Willemsen*.

Recht gehört, von sich aus zu kündigen und einen anderen Arbeitsplatz anzunehmen, sondern auch das **Recht, einen angebotenen Arbeitsplatz ausschlagen zu können.**[710] Beide Rechte genießen den gleichen Schutz. Das »Recht, sich zu verändern«, darf aber nach ständiger Rspr. des *BAG* nicht dadurch beeinträchtigt werden, dass beispielsweise in unzumutbarem Umfang Gratifikationen und andere Sonderzahlungen zurückbezahlt werden müssen.[711] Die Vorenthaltung einer Sozialplanabfindung kann aber eine sehr viel weitergehende und schmerzlichere Sanktion sein. Dazu kommt, dass die Freizügigkeit des Art. 11 GG auch die Befugnis enthält, seinen Lebensmittelpunkt nicht ändern zu müssen.[712] Auch dieses Grundrecht wird in nicht zu rechtfertigender Weise verletzt, wenn man dem einzelnen gegen seinen Willen einen Ortswechsel zumutet. Die Rspr. wird sich damit in Zukunft auseinandersetzen müssen.[713]

143 Geht man aus pragmatischen Gründen von den bisherigen Grundsätzen aus, so **handelt der AN,** der einen angebotenen Arbeitsplatz ablehnt, **auf eigene Gefahr.** Er kann zwar seine Sozialplanabfindung mit dem Argument einklagen, das Angebot sei unzumutbar gewesen, doch besteht das Risiko, dass das Gericht seine Einschätzung nicht teilt. Nimmt er einen objektiv unzumutbaren Arbeitsplatz an, steht ihm andererseits jedenfalls nicht die volle Abfindung zu, da er ja nicht zu den Entlassenen gehört. Die Vermeidung einer solchen Zwangslage kann Grund sein, dass BR und AG die Zumutbarkeitskriterien näher bestimmen. Allerdings ist zu fragen, ob es überhaupt mit Recht und Billigkeit i. S. des § 75 Abs. 1 zu vereinbaren ist, wenn der **einen unzumutbaren Arbeitsplatz Annehmende** schlechter gestellt ist als ein AN, der seine Kündigung lediglich hinnimmt. Es ist daher zu empfehlen, die Anforderungen an einen zumutbaren Arbeitsplatz festzulegen und bei deren Unterschreitung die volle Abfindung vorzusehen.

144 Die Rspr. hatte sich bisher vorwiegend mit **Sozialplänen** zu befassen, in denen den AN **weitergehende Veränderungen zugemutet** wurden.[714] Die ESt. soll den Kreis der in Betracht kommenden Arbeitsplätze dadurch erweitern können, dass sie die **persönlichen Gründe** des Einzelnen **aus der Zumutbarkeitsprüfung ausklammert**[715] oder auf die Fälle der Schwerbehinderung und der Existenz eines im Haushalt des Arbeitnehmers lebenden pflegebedürftigen Angehörigen beschränkt.[716] Dies ist aber nur dann nicht »unbillig« im Sinne des § 75 Abs. 1, wenn dem aus persönlichen Gründen Ablehnenden noch eine nicht ganz unerhebliche Abfindung verbleibt.[717] Auch die finanzielle Gleichwertigkeit des neuen Arbeitsplatzes steht in gewissem Umfang zur Disposition; ein **»etwas geringer bezahlter Arbeitsplatz«** könne im Sozialplan für zumutbar erklärt werden,[718] doch gibt es auch Fälle, in denen die Zumutbarkeit nur bei Gewährung der bisherigen »effektiven Entlohnung«, also bei Aufrechterhaltung der Gesamtvergütung bejaht wird.[719] Eine **Abgruppierung** um zwei oder mehr Lohngruppen dürfte gleichwohl unzumutbar bleiben. Nicht zur Disposition steht auch die juristische Gleichwertigkeit des neuen Arbeitsplatzes. Rechtliche Bedenken bestehen gegen derartige Abmachungen insoweit, als § 112 Abs. 5 Satz 2 Nr. 2 an keiner Stelle die gesetzlichen Zumutbarkeitsmaßstäbe zur Disposition der Betriebsparteien stellt. Weiter sind die verfassungsrechtlichen Bedenken (dazu Rn. 142) hier noch gravierender.

145 Sinnvoll ist es dagegen, im Sozialplan eine **paritätisch besetzte Personalkommission** einzurichten, die über die Zumutbarkeit einzelner Arbeitsplätze entscheidet. Entsprechende Be-

---

710 Vgl. *BVerfG* 24.4.91, NJW 91, 1667.

711 Nachweise bei *Däubler,* Arbeitsrecht 2, Rn. 790 ff.

712 Dazu Dreier-*Pernice,* Art. 11 Rn. 10; v. Münch-*Kunig* Art. 11 Rn. 16; *Däubler,* Arbeitsrecht 2, Rn. 1267 (abrufbar unter *www.daeubler.de/buecher/*).

713 Zum positiven Recht auf Freizügigkeit und seiner tariflichen Beschränkung s. *BAG* 7.6.06 – 4 AZR 316/05, NZA 07, 343.

714 Ausnahme: *BAG* 15.1.91 – 1 AZR 80/90, DB 91, 1526, wo die normalen Abfindungen auch für diejenigen vorgesehen waren, die die Versetzung von Mannheim nach Essen abgelehnt hatten.

715 *BAG* 25.10.83, 28.9.88, AP Nrn. 18 und 47 zu § 112 BetrVG 1972; ebenso für einen TV *BAG* 26.10.95 – 6 AZR 928/94, DB 96, 835.

716 *BAG* 6.11.07 – 1 AZR 960/06, NZA 08, 232.

717 Zutreffend *LAG Hamm* 18.1.06 – 18 Sa 907/05, NZA-RR 06, 304.

718 *BAG* 28.9.88, AP Nr. 47 zu § 112 BetrVG 1972.

719 *BAG* 8.12.09 – 1 AZR 801/08, NZA 10, 351.

stimmungen sind in der Praxis üblich[720] und zulässig.[721] Ist kein neutraler Vorsitzender vorgesehen, kann eine **Pattsituation** entstehen, wenn die AN-Vertreter den Arbeitsplatz für unzumutbar, die AG-Vertreter ihn jedoch für zumutbar halten. Der Sozialplan **kann** vorsehen, dass damit die Zumutbarkeit ausscheidet, **muss dies aber nicht** tun. Trifft er keine Lösung, findet § 319 Abs. 1 Satz 2 BGB entsprechende Anwendung, so dass eine Entscheidung durch das Gericht erfolgt.[722] Eine andere Frage ist, ob die Entscheidung der Personalkommission nicht nur moralische, sondern rechtliche Verbindlichkeit hat; im Ergebnis wirkt sich ihre Tätigkeit wie die eines Schiedsgerichts aus (zu seiner Unzulässigkeit s. o. Rn. 113). Das *BAG* hat die Frage dahinstehen lassen.[723] Eine zulässige **Schiedsgutachtenabrede** liegt dagegen vor, wenn die gesundheitlichen Gründe, die gegen einen anderen Arbeitsplatz sprechen, durch amtsärztliches Zeugnis belegt werden müssen,[724] doch darf diesem nicht die Entscheidung über die Zumutbarkeit übertragen werden.[725]

Maßgebender **Zeitpunkt für die Beurteilung der Zumutbarkeit** ist der Ausspruch der Kündigung; hätte der AN in diesem Augenblick den anderen Arbeitsplatz annehmen können, ist er zu Recht von Sozialplanleistungen ausgeschlossen worden.[726] **146**

Sind **weniger Arbeitsplätze als Interessenten** vorhanden, so kann an sich der AG entscheiden, wem er einen Arbeitsplatz anbietet, muss dabei allerdings die Grundsätze der Billigkeit beachten.[727] Möglich und sinnvoll ist jedoch auch, im Sozialplan eine gemeinsame Auswahl durch BR und AG nach sozialen Gesichtspunkten vorzusehen.[728] **147**

Wird ein AN aufgrund der Betriebsänderung gekündigt, so kann insbesondere bei gut dotierten Sozialplänen das Problem auftreten, dass der **AG nachträglich** doch noch einen **zumutbaren Arbeitsplatz entdeckt** und ihn dem AN anbietet. Da dieser häufig schon anders disponiert haben wird, muss er sich darauf nicht mehr einlassen; durch eine Ablehnung setzt er also seine Abfindung nicht mehr aufs Spiel. Erst recht gilt dies, wenn die Abfindung bereits ausbezahlt ist. **148**

c) Die Berücksichtigung von Fördermöglichkeiten, insbes. gemäß SGB III nach § 112 Abs. 5 Satz 2 Nr. 2a

Die mit dem BetrVerf-ReformG 2001 eingefügte Soll-Vorschrift will die sozialrechtlichen Fördermöglichkeiten zum Gegenstand der Sozialplanverhandlungen machen. Sie greift damit Ansätze aus der Praxis auf. Wie diese beschaffen sind, ist unter VIII (Rn. 227–273) im Einzelnen abgehandelt. Darauf ist an dieser Stelle zu verweisen. **149**

d) Die wirtschaftliche Vertretbarkeit für das Unternehmen im Sinne des § 112 Abs. 5 Satz 2 Nr. 3

§ 112 Abs. 5 Satz 1 verpflichtet die ESt., auf die wirtschaftliche Vertretbarkeit ihrer Entscheidung für das Unternehmen zu achten. Satz 2 Nr. 3 zieht daraus die Konsequenz, dass der Gesamtbetrag der Sozialplanleistungen nicht so bestimmt werden darf, dass der Fortbestand des Unternehmens oder die verbleibenden Arbeitsplätze gefährdet werden. Diese Konkretisierung ist mit Recht als **Selbstverständlichkeit** bezeichnet worden.[729] Inhaltlich geht es um eine Korrektur der Ausgleichsleistungen, die an sich für die von den AN erlittenen Nachteile vorgesehen sind.[730] Nach der aktuellen Rspr. des *BAG* darf die Erfüllung der Sozialplanverbindlichkeiten **150**

720 *Rumpff/Boewer*, S. 381.
721 MünchArbR-*Matthes*, 2. Aufl., § 362 Rn. 30.
722 *BAG* 8.12.76, AP Nr. 3 zu § 112 BetrVG 1972.
723 8.12.76, AP Nr. 3 zu § 112 BetrVG 1972.
724 *LAG Bremen* 12.1.99 – 1 Sa 129/98, AiB 00, 108.
725 *BAG* 14.12.99 – 1 AZR 175/99, AuR 00, 316.
726 *LAG Hamm* 25.1.90 – 16 Sa 969/89, LAGE § 112 BetrVG 1972 Nr. 15.
727 Vgl. *BAG* 15.12.94 – 2 AZR 320/94, DB 95, 878.
728 Siehe auch den Fall *BAG* 12.2.87, AP Nr. 67 zu § 613a BGB.
729 *Spinti*, S. 59.
730 *BAG* 7.5.19 – 1 ABR 54/17, NZA 19, 1295 Tz. 19.

nicht »zu einer Illiquidität, einer bilanziellen Überschuldung oder einer nicht mehr hinnehmbaren Schmälerung des Eigenkapitals« des UN führen.[731]

150a Soll das **UN liquidiert werden,** so kommt es allein auf den realen Wert der verbliebenen Gegenstände an; die Buchwerte spielen keine Rolle.[732] Verbindlichkeiten sind in Abzug zu bringen, der verbleibende Liquidationserlös kann ggf. voll in den Sozialplan eingehen.[733] Beläuft sich der Erlös auf null oder nahe null, so würden allerdings die Betroffenen schlechter als in einem Insolvenzverfahren behandelt, wo ihnen wenigstens bestimmte Beträge im Rahmen des § 123 InsO zustehen würden. Die ESt. kann daher einen Sozialplan beschließen, auch wenn dieser zu einer Überschuldung und damit zu einem Insolvenzverfahren führt. Werden zwar eine Stilllegung und die Veräußerung aller Vermögensgegenstände, aber (noch) keine Liquidierung beschlossen, so wendet das *BAG* seine allgemeinen Grundsätze an, wonach die Erfüllung der Sozialplanverbindlichkeiten nicht zu einer Illiquidität, einer bilanziellen Überschuldung oder einer unzumutbaren Schmälerung des Eigenkapitals führen darf.[734] Dies überzeugt wenig, da eine vermögenslose Gesellschaft allenfalls als »Mantel« für neue Aktivitäten dient, aber keinen eigenen Kapitalbedarf mehr hat.

151 Ungleich relevanter und schwieriger ist die Konkretisierung des Pauschalmaßstabs der »wirtschaftlichen Vertretbarkeit«, wenn das UN fortgeführt werden soll.[735] Es handelt sich um eine **»flexible Obergrenze« für das Sozialplanvolumen,**[736] deren Bestimmung noch größere Schwierigkeiten als die der »Zumutbarkeit« macht.

152 Unproblematisch ist zunächst die Feststellung, dass es auf die **Situation des UN,** nicht die des Betriebs ankommt.[737] Bei dem von mehreren Unternehmen geleiteten **Gemeinschaftsbetrieb** ist auf die wirtschaftlichen Möglichkeiten aller beteiligten Unternehmen abzustellen.[738] Da der jeweilige **Vertragsarbeitgeber** die Sozialplanleistungen erbringen muss, kommt es auf dessen **wirtschaftliche Situation** an; eine Differenzierung zwischen verschiedenen Beschäftigtengruppen ist unter diesen Umständen ggf. unvermeidbar.[739] Besteht ein Arbeitsverhältnis zu beiden Trägerunternehmen (was bei Neueinstellungen nach Bildung des Gemeinschaftsbetriebs denkbar ist), so haften beide Unternehmen als Gesamtschuldner; der AN kann die vom solventeren Teil geschuldete höhere Summe verlangen. Auf freiwilliger Grundlage können in einem Sozialplan generell alle Trägerunternehmen verpflichtet werden.[740] Weiter sind die Verhältnisse zu dem **Zeitpunkt** zugrunde zu legen, **zu dem** der **Sozialplan aufgestellt** wird.[741] Sind in diesem Moment die **möglichen Nachteile noch nicht absehbar,** so ist eine Orientierung an anderen Sozialplänen im Unternehmen oder Konzern vorzunehmen; bei konstanter wirtschaftlicher Entwicklung kann deren Fortbestand unterstellt werden.[742] Für den Fall nicht absehbarer grundlegender Veränderungen kann eine Ausstiegsklausel vereinbart werden. Bei Einzelkaufleuten und persönlich haftenden **Gesellschaftern von OHG und KG** ist nicht nur nach dem Betriebs-, sondern auch nach dem **Privatvermögen** zu fragen: Da dieses für alle Ver-

731 *BAG* 14. 2. 23 – 1 ABR 28/21, BB 23, 1267 Tz.35. Ebenso zuvor schon *Braun*, FS Henssler, S. 85, 91. S. auch o. Rn 129.
732 *Domning/Krasshöfer*, NZA 19, 823.
733 Vgl. *BAG* 30. 10. 79 – 1 ABR 112/77, AP Nr. 9 zu § 112 BetrVG 1972, das es nach früherem Recht sogar als möglich ansah, die gesamte verfügbare Konkursmasse für den Sozialplan zu verwenden und die einfachen Konkursgläubiger leer ausgehen zu lassen. Hier geht es ausschließlich um die Interessen des konkreten AG.
734 *BAG* 14. 2. 23 – 1 ABR 28/21, BB 23, 1267.
735 Dies verdeutlicht *Friedemann*, Rn. 467 ff. Unproblematisch ist das Verbot der Überkompensation – o. Rn. 128. Wenig weiterführend *Giese*, FS Wißmann, S. 314 ff., der die Rspr. des 1. Senats überdies in unangemessener Weise kritisiert.
736 *Wlotzke*, NZA 84, 221.
737 *BAG* 15. 3. 11 – 1 ABR 97/09, NZA 11, 1112 Tz. 20; *Fuchs*, S. 110; MünchArbR-*Matthes*, 3. Aufl., § 270 Rn. 20; *Teichmüller*, Betriebsänderung, S. 89.
738 Zustimmend *Gaul*, NZA 03, 695 [700], dahingestellt in *BAG* 12. 11. 02, NZA 03, 676 [678].
739 *BAG* 14. 2. 23 – 1 ABR 28/21, BB 23, 1267.
740 *BAG* 12. 11. 02 – 1 AZR 632/01, NZA 03, 676 Tz.27.
741 *Spinti*, S. 59.
742 *LAG Schleswig-Holstein* 22. 1. 14 – 3 TaBV 38/13, juris und BB 14, 883 (Ls.).

bindlichkeiten haftet, ist es auch bei der Bemessung von Sozialplanleistungen heranzuziehen.[743] Die haushaltsrechtlichen Grenzen von **Zuwendungsgebern** sind nicht relevant.[744] **Nach** den bisher vorliegenden Aussagen des **BAG müssen sehr gravierende Nachteile drohen, um ein bestimmtes Sozialplanvolumen als nicht mehr »vertretbar« anzusehen.** Die Rede ist von einer eintretenden Illiquidität des UN, von bilanzieller Überschuldung und von einer unvertretbaren Schmälerung des Eigenkapitals.[745] Stille Reserven müssen jedoch Berücksichtigung finden und ggf. aufgelöst werden.[746] Die Tatsache, dass die Sozialplanmittel nicht mehr für andere Zwecke wie z. B. für Ersatzinvestitionen zur Verfügung stehen, spielt dagegen – da selbstverständlich – keine Rolle.[747] Vor Erlass des SozplKonkG stellte das *BAG* bei der Bemessung von Sozialplanleistungen im Konkurs auf die Interessen der Konkursgläubiger ab;[748] gleichwohl konnte es gerechtfertigt sein, dass die gesamte verfügbare Masse für den Sozialplan vorgesehen wurde und die Konkursgläubiger so leer ausgingen.[749] Wichtig ist auch, ob die Betriebsänderung aus wirtschaftlichen Zwängen heraus erfolgte oder auf einer **freien Entscheidung der Eigentümer oder ihrer Repräsentanten** beruhte, die ihre Gewinnchancen steigern wollen. Im zweiten Fall, der etwa bei einem geplanten Börsengang oder bei der Verlagerung eines rentablen UN ins Ausland vorliegt, ist es nach zutreffender Auffassung von *Wenning-Morgenthaler*[750] gerechtfertigt, die den betroffenen AN in einem Zeitraum von fünf Jahren entstehenden Nachteile auszugleichen.[751]

In jüngerer Zeit hat das *BAG* die Sozialplankosten mit den **Einsparungen** verglichen, die **durch die Betriebsänderung** erzielt wurden; die Tatsache, dass der Sozialplan in etwa die Einsparungen eines Jahres aufzehrte, blieb unbeanstandet.[752] Ist die Betriebsänderung auf eine langfristige Wirkung ausgerichtet, kommt auch ein längerer »Aufzehreffekt« in Betracht.[753] Weiter wurde betont, durch einen Sozialplan der ESt. könne der AG gegen seinen Willen **so belastet** werden, **»dass dies für die Ertragskraft des Unternehmens einschneidend ist«.**[754] Die *BAG*-Position überzeugt auch deshalb, weil § 112 bei bescheidenen oder gar bei bloß symbolischen Beträgen seine Steuerungsfunktion (§ 111 Rn. 4) nicht erfüllen könnte. Dass das UN gleichwohl erhalten werden muss, war schon bisher Konsens;[755] auch für die Arbeitsplätze der nicht von der Betriebsänderung erfassten AN wurde dasselbe angenommen.[756] Wo im konkreten Fall die Grenze verläuft, ist damit schon angesichts der sehr unterschiedlichen Situation in den einzelnen UN auch nicht annäherungsweise gesagt.[757] Die Komplexität des Problems kann dadurch etwas reduziert werden, dass man gewissermaßen induktiv für eine Reihe mehr oder weniger typischer Situationen Grundsätze aufstellt, in denen die **Belastung plausibel oder nicht mehr plausibel** erscheint. Nützliche Tipps für Argumentationsstrategien bei *Gschwendtner.*[758] 153

743 *Fuchs,* Sozialplan, S. 111; *Teichmüller,* Betriebsänderung, S. 89; ebenso *BAG* 8.7.72, AP Nr. 157 zu § 242 BGB Ruhegehalt für den Bereich der betrieblichen Altersversorgung.
744 *v. Puttkamer,* AiB 00, 769.
745 *BAG* 15.3.11 – 1 ABR 970/9, NZA 11, 1112; *BAG* 6.5.03 – 1 ABR 11/02, NZA 04, 108. Dazu *Deininger-Stierand* NZA 17, 420, 422.
746 Anders *Deininger-Stierand* NZA 17, 420, 423.
747 *BAG* 22.5.79, AP Nr. 4 zu § 111 BetrVG 1972 Bl. 7 R.
748 *BAG* 13.12.78, AP Nr. 6 zu § 112 BetrVG 1972.
749 *BAG* 30.10.79, AP Nr. 9 zu § 112 BetrVG 1972.
750 *Wenning-Morgenthaler,* Rn 1216.
751 Ablehnend ohne substanzielle Begründung *Ludwig/Hinze,* NZA 20, 1660.
752 *BAG* 27.10.87, AP Nr. 41 zu § 112 BetrVG 1972; ähnlich *LAG Niedersachsen* 4.5.00 – 14 TaBV 14/99, AiB 00, 769 und *BAG* 15.3.11 – 1 ABR 97/09, NZA 11, 1112 Tz 21.
753 *BAG* 6.5.03 – 1 ABR 11/02, NZA 04, 108, 112. Ebenso *Eisemann,* NZA 19, 82.
754 *BAG* 17.10.89, AP Nr. 29 zu § 111 BetrVG 1972, Bl. 3; einschränkend *Glaubitz,* FS Hanau, S. 406, wonach eine ungenügende Rentabilität höchstens für ein Jahr in Kauf zu nehmen sei.
755 Vgl. *Dorndorf,* S. 22.
756 *Fuchs,* Sozialplan, S. 110; *Spinti,* S. 59; *Teichmüller,* Betriebsänderung, S. 88.
757 Dies gilt auch für die jüngsten Aussagen des *BAG* (22.1.13 – 1 ABR 85/11, NZA-RR 13, 409 Tz. 18), wonach die Sozialplanverbindlichkeiten nicht »zu einer Illiquidität, zur bilanziellen Überschuldung oder zu einer nicht mehr vertretbaren Schmälerung des Eigenkapitals« führen dürfen. Die erneute Erwähnung des »Vertretbaren« signalisiert eine gewisse Unsicherheit.
758 AiB 05, 486ff.

154 Die Gegenüberstellung von Einsparungen und Sozialplankosten bringt insbesondere dann überzeugende Ergebnisse, wenn ein gut gehendes UN einen schlecht gehenden Betrieb stilllegt, wenn eine Betriebseinschränkung im Wege des Personalabbaus erfolgt oder wenn neue Techniken eingeführt werden (Fälle von § 111 Satz 3 Nrn. 4 und 5). Dabei ist die »Jahresersparnis« keineswegs eine Höchstgrenze; bei Veränderungen, die auf langfristige Wirkungen angelegt sind, kann auch ein weitergehender Aufzehreffekt akzeptiert werden.[759] Nicht entscheidend ist, ob das Unternehmen durch den Einspareffekt in die schwarzen Zahlen kommt (oder nie in den roten Zahlen war); dass **wirtschaftlich gesehen** die **Betriebsänderung dann erst nach ein bis zwei Jahren greift,** ist hinzunehmen,[760] sofern nicht ausnahmsweise weitere nachteilige Folgen wie die Sperrung von Fremdmitteln usw. drohen. Ist Letzteres der Fall oder ist der Einspareffekt relativ gering, so dass die wirtschaftlichen Nachteile der AN nicht ausgeglichen werden können, muss nach anderen Lösungen gesucht werden.[761]

155 Von erheblichem Interesse kann weiter sein, **wie das UN selbst seine Belastbarkeit** durch einen Sozialplan **einschätzt.** Dies kann in einem »Abfindungsplan« des AG zum Ausdruck kommen (vgl. o. Rn. 118 f.). Das *BAG* geht weiter als selbstverständlich davon aus, dass Unternehmen für Sozialpläne **»Rücklagen«** bilden.[762] In der Praxis kommen allerdings nur Rückstellungen vor,[763] doch können auch diese wichtige Anhaltspunkte dafür bieten, was das UN selbst ohne größere Schwierigkeiten leisten kann.[764] In der **Steuerbilanz** können allerdings Sozialplanrückstellungen erst von dem Zeitpunkt an gemacht werden, in dem der BR von der geplanten Betriebsänderung unterrichtet wurde (Abschnitt 31a Abs. 9 EStR), doch sind in der **Handelsbilanz** sehr viel frühere Festlegungen möglich.[765] Dabei ist äußerst unwahrscheinlich, dass das UN schon hier bis zu den Höchstbeträgen geht, deren Überschreitung zu unvertretbaren Ergebnissen führen würde.[766] Rückstellungen sind auch dann zu machen, wenn sich das UN in einer angespannten wirtschaftlichen Lage befindet.[767]

156 **Maßstäbe** für die Belastbarkeit des UN lassen sich weiter aus der **Existenz eines »Sparplanes«** gewinnen, in dem auch anderen Beteiligten Opfer abverlangt werden. Das *BAG* hat eine Kürzung betrieblicher Altersrenten wegen wirtschaftlicher Schwierigkeiten des UN nur dann zugelassen, wenn ein durch betriebswirtschaftliches Gutachten untermauertes **Sanierungskonzept** vorgelegt wurde, aus dem sich ergab, dass auch die weiter im UN Arbeitenden, die leitenden Angestellten, die Vorstandsmitglieder, aber auch die Eigentümer Opfer erbringen.[768] In ähnlicher Weise wird betont, dass eine **Änderungskündigung zum Abbau übertariflicher Leistungen** nur dann aus dringenden betrieblichen Erfordernissen gerechtfertigt ist, wenn auch andere Maßnahmen ergriffen werden, um die finanzielle Situation des UN zu verbessern.[769] In der UN-Krise sollen offensichtlich **nicht allein** (bestimmte) **AN Opfer** bringen.[770] Müssen Beschäftigte auf Grund einer Betriebsänderung ausscheiden oder andere wirtschaftliche Nachteile in Kauf nehmen, haben sie bereits ein Opfer erbracht; ihnen keinen vollen Ausgleich zu gewähren, ist solange nicht gerechtfertigt, als beispielsweise die bisherige Dividende weiterbezahlt wird und auch die Vorstandstantiemen und die übertariflichen Vergütungen der weiter im Unternehmen Tätigen unberührt bleiben.

157 Führen diese Überlegungen nicht weiter, so ist danach zu fragen, **welche Dispositionen das UN treffen kann, ohne dadurch einen dauerhaften Schaden zu erleiden.** *v. Hoyningen-Hue-*

759 Zustimmend *BAG* 6. 5. 03 – 1 ABR 11/02, NZA 04, 108 [112].
760 Insoweit wie hier *Ludwig/Hinze,* NZA 20, 1657, 1660.
761 Vgl. auch *Hohenstatt/Stamer,* DB 05, 2413, wonach der Einspareffekt kein zwingender Maßstab ist.
762 13. 6. 89, AP Nr. 3 zu § 112a BetrVG 1972.
763 *H. Schmidt,* S. 170.
764 S. den bei *Nick,* S. 209 Fn. 62, mitgeteilten Fall, wonach die Fa. Philips Kommunikationsindustrie für einen Sozialplan Rückstellungen in Höhe von 150 Mio. DM machte.
765 Vgl. die Übersicht bei *H. Schmidt,* S. 276 f.
766 Für Irrelevanz dieser Festlegungen *Hohenstatt/Stamer,* DB 05, 2413.
767 *Eisemann,* NZA 19, 81, 83.
768 *BAG* 10. 12. 71, 24. 11. 77, AP Nrn. 154, 177 zu § 242 BGB Ruhegehalt.
769 Nachweise bei KR-*Kreft,* § 2 KSchG Rn. 181 f.; DDZ-*Zwanziger,* § 2 KSchG Rn. 213 ff.
770 Dazu *Meinhold,* S. 175 ff., 297 ff.

ne[771] hat mit Recht zwischen »notwendigen« und »nützlichen« **Investitionen** unterschieden: Die Ersteren müssen für die Erhaltung der Substanz und der Wettbewerbsfähigkeit des UN getätigt werden, die Letzteren können wegen des Sozialplans verschoben werden oder unterbleiben. Dieselbe Differenzierung nimmt er bei **Beteiligungen** und beim **Anlagevermögen** vor:[772] Grundstücke oder Wertpapierbestände, die nicht dringend erforderlich sind, können zum Zwecke der Dotierung des Sozialplans durchaus veräußert werden.[773] So kann es z. B. zumutbar sein, das Geschäftshaus zu veräußern, wenn gleichzeitig sichergestellt wird, dass der Erwerber zur Rücküberlassung im Wege eines langfristigen Mietvertrags bereit ist.[774] Schließlich kann es vertretbar sein, Fremdmittel in Anspruch zu nehmen; in der Literatur wird insoweit die Aufstellung eines auf zwei bis drei Jahre befristeten **Finanzplans** empfohlen.[775] Dabei dürfte ein wichtiger, den Banken bekannter Gesichtspunkt sein, wie die Selbstfinanzierungsquote in anderen UN derselben Branche beschaffen ist. Ohne zumindest zwei erfolglose Versuche, die Finanzierung des Sozialplans durch einen Bankkredit sicherzustellen, kann nicht von einer Unvertretbarkeit für das UN gesprochen werden. Auch ist in schwierigen Fällen daran zu denken, die Sozialplanleistungen zeitlich zu strecken[776] und die AN-Ansprüche dabei dinglich abzusichern (dazu unten Rn. 185).

Bleiben Zweifel an der wirtschaftlichen Vertretbarkeit, ist ein **betriebswirtschaftlicher Sachverständiger** beizuziehen.[777] Dabei hat er neben den eben skizzierten Grundsätzen auch die Aussage des BAG zu berücksichtigen, »auch **einschneidende Belastungen bis an den Rand der Bestandsgefährdung**« könnten möglich sein.[778] Wäre die Existenz des Unternehmens gefährdet, kann ggf. auch die Mindestdotierung (o. Rn. 128a) unterschritten werden.[779] Allerdings ist zu beachten, dass die AN selbst in der Insolvenz nach § 123 InsO nicht leer ausgehen; insoweit kommt höchstens eine Reduzierung auf einen Betrag in Betracht, der noch über dem Insolvenzniveau liegt.[780] Ein **Null-Sozialplan** kommt auch dann nicht in Frage, wenn ein Insolvenzverfahren droht.[781] **158**

3. Mögliche Regelungsinhalte

Im Rahmen der beschriebenen Grenzen sind sehr vielfältige Sozialpläne denkbar. **Patentlösungen,** die auf alle denkbaren Konstellationen passen, **existieren nicht.** Bestehende Sozialpläne[782] können jedoch wichtige Anregungen geben und dafür sorgen, dass kein wichtiger Regelungsbereich vergessen wird.[783] Die wichtigsten Klauseln sollen im Folgenden dargestellt werden. **159**

a) Keine Obergrenze entsprechend § 113

Bei der Konzipierung eines Sozialplans ist zu beachten, dass es **keine starre Obergrenze** für die Leistungen an den Einzelnen gibt. Die Grenze des § 113 ist nicht entsprechend anwend- **160**

---

771 RdA 86, 106 ff.
772 A. a. O., S. 109.
773 Ähnlich *Glaubitz*, FS Hanau, S. 407.
774 Vgl. auch *BAG* 6. 5. 03 – 1 ABR 11/02, NZA 04, 108 [113] unter II 2e) cc) (4) (c) der Gründe. Scharf ablehnend *Deininger-Stierand* NZA 17, 420, 428.
775 *Drukarczyk*, RdA 86, 118; anders *Deiniger-Stierand*, NZA 17, 420, 428.
776 *Teichmüller*, Betriebsänderung, S. 89.
777 *v. Hoyningen-Huene*, RdA 86, 110; *Rumpff/Boewer*, S. 395; ErfK-*Kania*, § 112 Rn. 38; *Domning/Krasshöfer*, NZA 19, 823.
778 *BAG* 6. 5. 03 – 1 ABR 11/02, NZA 04, 108 = AiB 05, 124 mit Anm. *Bechner/Solanek*. Zustimmend *Ahrendt*, RdA 12, 340; kritisch *Deininger-Stierand*, NZA 17, 420, 425.
779 *BAG* 24. 8. 04 – 1 ABR 23/03, DB 05, 397 = AiB 05, 623 mit Anm. *Goergens*, bestätigt in *BAG* 22. 1. 13 – 1 ABR 85/11, NZA-RR 13, 409.
780 Zur Problematik s. *Eisemann*, NZA 19, 81, 87.
781 Eingehend *Eisemann*, NZA 19, 81 ff.
782 Wiedergegeben z. B. bei *Vogt*, Sozialpläne, S. 174 ff.
783 Formulierungsvorschläge weiter bei DKWF-*Däubler* §§ 111–113 Rn. 13 ff.; *Gaul/Gajewski*, S. 163 ff.; *Röder/Baeck*, S. 127 ff.; *Pünnel/Isenhardt*, S. 267 ff.; *Thannheiser*, AiB 00, 460 ff.; *Teichmüller*, Betriebsänderung, S. 90 ff.; *Wenning-Morgenthaler*, Anhang Nr. 53 und 54.

bar.[784] Quantitative Grenzen ergeben sich nur aus dem **Zweck des Sozialplans,** wirtschaftliche Nachteile der AN auszugleichen, sowie aus der wirtschaftlichen Vertretbarkeit für das Unternehmen. Zulässig ist es allerdings, in den Sozialplan eine sog. **Höchstbetragsklausel** aufzunehmen, wonach die Abfindung einen bestimmten absoluten Betrag (z. B. 80 000 Euro) oder ein bestimmtes Vielfaches des Monatsgehalts nicht übersteigen darf;[785] hierin liegt auch keine unzulässige Benachteiligung wegen Alters (näher o. Rn. 101 f.).[786] Auch verstößt es nicht gegen den Gleichbehandlungsgrundsatz, wenn Hochverdiener auf diese Weise schneller als andere an eine »gläserne Decke« stoßen.[787] Wird eine Klageverzichtsprämie (auch »Turbo- oder Sprinterprämie« genannt) vereinbart,[788] so darf diese bei der Erreichung der Höchstgrenze nicht mitgerechnet werden, da der Verzicht auf den Kündigungsschutz sonst ungleich bewertet würde.[789] Soweit der Höchstbetrag überschritten wird, kann vorgesehen werden, dass die überschießenden Beträge in einen besonderen Fonds fließen, der nach spezifischen Kriterien verteilt oder zur Finanzierung neuer Arbeitsplätze verwendet wird.

b) Sozialplanleistungen bei Ausscheiden aus dem Betrieb, insbesondere Abfindung

aa) Grundsätzliches

161 Der Sozialplan kann einmal das Ausscheiden aus dem Betrieb dadurch erschweren, dass **längere Kündigungsfristen** vorgesehen werden oder die **Kündigung älterer AN ausgeschlossen** wird (s. auch o. Rn. 87).[790] Ganz im Vordergrund stehen jedoch Regelungen über eine **Abfindung,** die in der Regel in ein oder zwei Beträgen ausbezahlt wird. Zahlreiche Formulierungsvorschläge in DKWF-*Däubler;* §§ 111–113 Rn. 31. Verbreitet sind auch **Dauerregelungen** wie die Weitergewährung betrieblicher Sozialleistungen (dazu etwa u. Rn. 168).[791] Schließt ein in einem Gemeinschaftsbetrieb beschäftigter AN mit seinem Vertrags-AG einen Aufhebungsvertrag, um anschließend am selben Arbeitsplatz für ein anderes Träger-UN weiterzuarbeiten, so fehlt es an einem »**Ausscheiden**« aus dem Betrieb, das mangels ausdrücklicher abweichender Regelung im Sozialplan **immer Voraussetzung** für die Gewährung einer Abfindung ist.[792]

162 Soweit der Gleichheitssatz oder spezifische Diskriminierungsverbote nicht verletzt sind (s. o. Rn. 95 ff.) und soweit die wirtschaftliche Vertretbarkeit für das UN gewahrt bleibt, können die Betriebsparteien bzw. die ESt. **Höhe und Struktur der Abfindung nach eigenen Vorstellungen** bestimmen. In der Praxis wird häufig ein für alle gleicher **Grundbetrag** (von z. B. 3000 Euro) sowie ein **flexibler Betrag** vorgesehen, dessen Höhe vom Alter des Betroffenen und/oder der Dauer seiner Betriebszugehörigkeit abhängt.[793] Verzichtet man darauf, so sollte eine Mindestabfindung festgelegt werden, da der Verlust des Arbeitsplatzes auch für jüngere Personen mit kürzerer Betriebszugehörigkeit erhebliche Konsequenzen haben kann. Einzelne persönliche Umstände wie die **Eigenschaft als behinderter Mensch** oder die Existenz **unterhaltsberechtigter Kinder** müssen zu einer Erhöhung der Abfindung führen (näher o. Rn. 105 und 106). Zulässig ist auch, die Abfindung für jüngere AN nach diesen Grundsätzen zu berechnen, während rentennahe nur bestimmte Ausgleichsleistungen bis zur Gewährung der

784 *BAG* 27.10.87, AP Nr. 41 zu § 112 BetrVG 1972 = BB 88, 761, bestätigt durch *BAG* 6.5.03 – 1 ABR 11/02, NZA 04, 108; *GL*, Rn. 38; *Hanau,* ZfA 74, 104; *Kaven,* S. 134; MünchArbR-*Matthes,* 3. Aufl., § 270 Rn. 21; *Nick,* S. 223; *Däubler,* Arbeitsrecht 1, Rn. 1123; a. A. *v. Hoyningen-Huene,* RdA 86, 107, der sogar nur zwei Drittel der Sätze des § 113 zugrunde legen will; rechtspolitische Kritik bei *Berenz,* NZA 93, 542 ff.

785 *BAG* 23.8.88, AP Nr. 46 zu § 112 BetrVG 1972; *LAG Hamm* 13.11.85, LAGE § 112 BetrVG 1972 Nr. 8.

786 *BAG* 7.12.21 – 1 AZR 562/20, NZA 22, 281: *BAG* 8.2.22 – 1 AZR 252/21, DB 22, 1462; *BAG* 19.10.99 – 1 AZR 838/98, DB 00, 930; 21.7.09 – 1 AZR 566/08, NZA 09, 1107.

787 *BAG* 8.2.22 – 1 AZR 252/21, DB 22, 1462.

788 Dazu o. Rn. 86.

789 *BAG* 7.12.21 – 1 AZR 562/20, NZA 22, 281.

790 GK-*Fabricius,* 6. Aufl., Rn. 49; *Knorr,* § 6 Rn. 52; *Halberstadt,* § 112 Rn. 9.

791 *BAG* 28.3.07 – 10 AZR 719/05, NZA 07, 1066 Tz 26.

792 *BAG* 26.8.08 – 1 AZR 346/07, NZA 09, 161.

793 *BAG* 22.5.79, AP Nr. 4 zu § 111 BetrVG 1972; 27.10.87, AP Nr. 41 zu § 112 BetrVG 1972.

Rente erhalten (o. Rn. 101 f.).[794] Ergibt sich im Durchschnitt ein **Abfindungsbetrag in Höhe von einem Monatsgehalt pro Jahr der Betriebszugehörigkeit,** so ist dies in keiner Weise zu beanstanden.[795] Zu (grundsätzlich zulässigen) Höchstbeträgen s. Rn. 102.

bb) Betriebszugehörigkeit – Berechnung

Der Begriff »**Betriebszugehörigkeit**« umfasst die gesamte rechtliche Dauer des aktuellen Arbeitsverhältnisses; **vorübergehende Unterbrechungen** sind unschädlich, wenn ein **enger sachlicher Zusammenhang** mit dem früheren Arbeitsverhältnis besteht.[796] Daran fehlt es, wenn der Abstand 1 ½ Jahre betrug oder bei Beginn des derzeitigen Arbeitsverhältnisses eine Probezeit vereinbart wurde.[797] Dasselbe muss man annehmen, wenn bei Ende des früheren Arbeitsverhältnisses eine Abfindung bezahlt wurde.[798] Der Sozialplan kann ausdrücklich etwas anderes bestimmen und frühere Tätigkeitszeiten teilweise oder generell einbeziehen.[799] Auch die Arbeitsvertragsparteien können ausdrücklich oder konkludent entsprechende Abmachungen treffen, die dann im Rahmen des Sozialplans maßgebend bleiben.[800] Dasselbe gilt, wenn entgegen der Regel **Zeiten bei einem anderen AG** Berücksichtigung finden sollen (zur diskriminierungsrechtlichen Unbedenklichkeit des Abstellens auf die Dauer der Betriebszugehörigkeit und zu weiteren Fragen s. o. Rn. 99 f.). § 6 Abs. 2 Arbeitsplatzschutzgesetz ordnet die Anrechnung des **Grundwehrdienstes** auf die Betriebszugehörigkeit an, für Zeiten des DDR-Wehrdienstes kann schwerlich anderes gelten (o. Rn. 107).[801] Den Betriebsparteien steht es allerdings frei, **allein** auf die **ununterbrochene Dauer der tatsächlichen Beschäftigung** abzustellen,[802] doch gilt dies nur, wenn dadurch **keine mittelbare Frauendiskriminierung** (Mutterschutz, Elternzeit!) eintritt (o. Rn. 104). Auch ist es nach § 75 Abs. 1 und §§ 1, 7 Abs. 1 AGG nicht erlaubt, bestimmte politische Aktivitäten nachträglich durch Nichtanrechnung von Beschäftigungszeiten zu »bestrafen« (s. auch o. Rn. 107).[803] In der Praxis ist es üblich, eine Regelung darüber zu treffen, wie mit angefangenen Jahren zu verfahren ist. Neben der vollen Anrechnung und der Nicht-Anrechnung kommt als Kompromiss auch die Festlegung eines in der Zukunft liegenden Stichtags und die bis dahin erreichten vollen Jahre in Betracht. Soweit auch auf das Lebensalter abgestellt wird, ergeben sich dieselben Regelungsfragen. Weiter sollte klargestellt werden, dass die Betriebszugehörigkeit nicht mit der Kündigung, sondern erst mit dem tatsächlichen Ausscheiden endet.[804] 163

cc) Monatsvergütung – Berechnung

Wird auf die Monatsvergütung Bezug genommen, ist festzulegen, ob es um die Brutto- oder um die Nettobezüge geht, ob Zulagen einschließlich Überstundenvergütungen gleichfalls zu berücksichtigen sind und ob **Jahreszahlungen** (Urlaubsgeld, Weihnachtsgratifikation, 13. oder 14. Monatsgehalt) auf die einzelnen Monate umzulegen sind. Fehlt eine entsprechende Bestimmung, ist von Bruttobeträgen und einer Umrechnung von Jahressonderzahlungen auf den Monat auszugehen. Verbreitet ist es auch, auf das Jahresbruttoentgelt geteilt durch zwölf abzustellen. Wird auf das »Monatsentgelt entsprechend EFZG« Bezug genommen, bleiben 164

---

794 *BAG* 14. 2. 84 und 26. 7. 88, AP Nrn. 21 und 45 zu § 112 BetrVG 1972.

795 *BAG* 27. 10. 87, AP Nr. 41 zu § 112 BetrVG 1972; *LAG Baden-Württemberg* 2. 11. 22 – 4 TaBV 7/21, Tz. 31. Angaben zu Durchschnittsabfindungen, die sich 1983 auf ca. 24 000 DM beliefen, bei *Nick*, S. 218; Übersichten zu Faustformeln für Abfindungen bei arbeitsgerichtlichen Vergleichen bei *Schubert*, § 12 Rn. 42, der die Praxis von 85 Gerichten auswertet.

796 *BAG* 13. 3. 07 – 1 AZR 262/06, NZA 08, 190 Tz 18.

797 *BAG* a. a. O.

798 *Etzel*, Rn. 1045.

799 *LAG Hamm* 30. 3. 89, BB 89, 1621; vgl. auch *HessLAG* 27. 1. 98 – 4 Sa 133/97, ZTR 98, 474.

800 BAG 13. 3. 07 – 1 AZR 262/06, NZA 08, 130 Tz 20.

801 A. A. *BAG* 30. 3. 94 – 10 AZR 352/93, DB 94, 1935.

802 *LAG Chemnitz* 9. 12. 92 – 64 Sa 85/92, DB 93, 386.

803 *Däubler*, FS Gnade, S. 104 ff.

804 Anders z. B. für den Rationalisierungstarif Metall *BAG* 27. 11. 91 – 4 AZR 533/89, NZA 92, 561.

Einmalzahlungen ausgeklammert.[805] Wird ein **»Referenzmonat«** festgelegt, so sollte dieser möglichst in der Vergangenheit liegen, als sich das UN noch nicht im Krisenmodus befand. Bei dem fraglichen Monat kommt es auf das Einkommen an, das der AN zu beanspruchen hatte; die tatsächlichen Bezüge sind ohne Bedeutung. Wer wegen einer Elternzeit nur Teilzeit arbeitete, muss so behandelt werden, als hätte er in dem fraglichen Monat wie vorher Vollzeit gearbeitet.[806] Kommt es auf das »Einkommen vor dem Kündigungstermin« an, so ist damit, mangels abweichender Anhaltspunkte, der Tag des Ablaufs der Kündigungsfrist gemeint.[807] Werden im Betrieb **verschiedene Vergütungsmodelle** praktiziert, so kann bei der Berechnung der Abfindung nach diesen Modellen differenziert werden, doch dürfen keine sachwidrigen Unterscheidungen vorgenommen werden.[808] Bei schwankendem Einkommen sind die Betriebsparteien frei, wie sie die Bezugsgröße bestimmen wollen.[809]

dd) Sozialplanformeln

165 Bei der Berechnung des Teils der Abfindung, der von Betriebszugehörigkeit und Lebensalter abhängt, wird in der Praxis häufig nach einer **Formel** vorgegangen: Die Zahl der Monatsgehälter bestimmt sich aus dem Produkt von Betriebszugehörigkeit mal Lebensalter geteilt durch einen **Divisor,** der üblicherweise zwischen 25 und 150 beträgt.[810] Unterstellt, AN X ist seit 10 Jahren im Betrieb und 45 Jahre alt, so ergibt sich ein Produkt von 450. Einigt man sich auf einen (eher bescheidenen) Divisor 100, erhält er 4,5 Monatsgehälter Abfindung. War er seit 15 Jahren im Betrieb und ist er 50 Jahre alt, ergeben sich 750: 100 = 7,5 Monatsgehälter. **Je kleiner der Divisor, umso höher die Abfindung.** Die Formel begünstigt einseitig Personen mit langer Betriebszugehörigkeit und höherem Alter. Sie kann trotz diskriminierungsrechtlicher Bedenken (o. Rn. 99 f.) auch bei linearer Steigerung der Abfindungshöhe mit dem Alter weiter verwendet werden.[811] Möglich ist aber auch, nur die Jahre ab 40 anzurechnen.[812] Unterhaltspflichten, die Eigenschaft als Alleinerziehender und eine Behinderung sind daneben – und nicht nur durch symbolische Beträge – zu berücksichtigen (o. Rn. 105 f.). Außerdem werden die Lohnunterschiede in die Abfindungssummen hinein fortgesetzt. Will man dies nicht, kann man statt des monatlichen Entgelts einen Festbetrag[813] oder Höchstbegrenzungen vorsehen und die überschießenden Beträge, die an sich auf die »alten Hasen« entfallen würden, gleichmäßig auf alle übrigen verteilen.[814] Stattdessen kann man auch die Grundbeträge drastisch anheben und **je nach lohnpolitischer »Philosophie«** in absoluten Beträgen oder in Monatsgehältern ausdrücken. Dasselbe kann man in Bezug auf Unterhaltspflichten und Behinderung tun. Durch Wahl eines sehr hohen Divisors (z. B. 150) kann man dann die relative Bedeutung des flexiblen Teils erheblich reduzieren.

166 Schließlich kann man die Abfindung auch nach der sog. **Punktwertmethode** bestimmen,[815] die sehr viel stärkere Differenzierungen zulässt. So kann man beispielsweise das relative Gewicht der Betriebszugehörigkeit gegenüber dem Lebensalter über 40 verringern und außerdem bei Unterhaltspflichten nach der Zahl der zu versorgenden Personen und bei Schwerbehinderten nach dem Grad der Behinderung differenzieren.

---

805 *BAG* 30. 9. 08 – 1 AZR 684/07, NZA 09, 386 Tz 15.
806 BAG 15. 5. 18 – 1 AZR 20/17, NZA 18, 1198.
807 *BAG* 17. 11. 98 – 1 AZR 221/98, DB 99, 749.
808 *LAG Köln* 25. 5. 07 – 11 Sa 198/07, NZA-RR 08, 140, 143.
809 *BAG* 26. 9. 17 – 1 AZR 137/15, AP Nr. 236 zu § 112 BetrVG 1972.
810 Dazu auch *Friedemann,* Rn. 521 ff.
811 *BAG* 5. 11. 09 – 2 AZR 676/08, NZA 10, 457.
812 Zur Verwendung von »Arbeitsmarktpunkten« s. den Vorschlag von *Hase,* AiB 09, 218, 220.
813 So auch *Wenning-Morgenthaler,* Rn. 1144.
814 Vgl. den Fall *BAG* 23. 8. 88, AP Nr. 46 zu § 112 BetrVG 1972.
815 Zu ihr *Rumpff/Boewer,* S. 382 ff.; Beispiele bei *Friedemann,* Rn. 516 und *Wenning-Morgenthaler,* Rn. 1140.

Beispiel:
Pro Jahr der Betriebszugehörigkeit erhält man zwei Punkte, pro Lebensjahr über 40 drei Punkte, pro unterhaltsberechtigtem Kind 6 Punkte und pro 10% GdB zwei Punkte. Ein 45-Jähriger, der seit 10 Jahren im Betrieb tätig ist und zwei Kindern Unterhalt zu gewähren hat, erhält einen Punktwert von 10 mal 2 = 20 zuzüglich 5 (nur die Jahre über 40 zählen!) mal 3 = 15 zuzüglich 2 mal 6 = 12. Als Gesamtsumme ergeben sich 47 Punkte; war er zu 50% schwerbehindert, ergeben sich 57 Punkte. Jedem Punkt wird nun ein bestimmter Betrag zugeordnet; dies könnte ein bestimmter Bruchteil des Monatsgehalts sein. In der Praxis wird in der Regel so vorgegangen, dass **zunächst das Gesamtvolumen der Abfindungen bestimmt und dann durch die Gesamtpunktzahl aller betroffenen AN geteilt wird.** Das Ergebnis ist der »**Punktwert**«, der mit der individuellen Punktzahl multipliziert die dem Einzelnen zustehende Abfindung ergibt.[816]

ee) Rente

Statt eines Einmal-Betrags kann im Sozialplan insbes. für ältere AN auch eine **Rente** vorgesehen werden.[817] Dies hat den Nachteil, dass sich u. U. die Ansprüche nicht mehr realisieren lassen, wenn das UN insolvent wird. Eine **Insolvenzsicherung** durch Qualifizierung als Leistung der betrieblichen Altersversorgung kommt jedenfalls dann in Betracht, wenn eine für die Unverfallbarkeit ausreichende Betriebszugehörigkeit vorausgegangen war.[818] 167

ff) Weitergewährung betrieblicher Sozialleistungen

Neben der Abfindung spielt die Weitergewährung betrieblicher Sozialleistungen eine erhebliche Rolle. Wichtig ist insbesondere, dass die ausgeschiedenen AN ihre **Werkswohnungen** behalten und denselben Mietnachlass wie aktive Belegschaftsangehörige bekommen.[819] Im Einzelfall kann es auch sinnvoll sein, ein Vorkaufsrecht in Bezug auf die Werkswohnungen einzuräumen. Ein weiterer Regelungsgegenstand ist die **Rückzahlung von AG-Darlehen**[820] sowie die Weitergewährung von Rabatten, Deputaten und vermögenswirksamen Leistungen. Auch wird häufig die vorgezogene Gewährung von **Jubiläumszuwendungen** vereinbart.[821] 168

gg) Ergänzung von Sozialleistungen

Schließlich kann im Sozialplan vorgesehen werden, dass der AG eine Art **Ausfallhaftung** übernimmt, wenn die Agentur für Arbeit wider Erwarten eine **Sperrfrist** nach § 159 SGB III verhängt; das für 12 Wochen wegfallende Arbeitslosengeld muss in diesem Fall vom AG bezahlt werden.[822] Wünschenswert ist weiter, dass der AN einen finanziellen Ausgleich dafür bekommt, dass er wegen seines vorzeitigen Rentenantrags eine **geringere Rente** erhält.[823] Schließlich sind **Zuschüsse zum Arbeitslosengeld** verbreitet, um so die Zeit bis zur vorgezogenen Altersrente angemessen überbrücken zu können. Durch die Kürzung der Höchstdauer wird dies in Zukunft eine sehr viel geringere Rolle spielen. 169

c) Insbesondere: Kosten des Arbeitsplatzwechsels

Ein weiterer Gegenstand des Sozialplans ist der Ausgleich der Unkosten, die einem AN dadurch entstehen, dass er einen neuen Arbeitsplatz suchen muss oder einen findet, der ungünstigere Rahmenbedingungen bietet. Formulierungsvorschläge in DKWF-*Däubler,* §§ 111–113 Rn. 15ff. Dies könnte im Einzelfall auch bei **Leiharbeitnehmern** als Problem auftauchen, die 170

---

816 S. auch *Gajewski,* FS Gaul, S. 209.
817 *ArbG Dortmund* 18.7.90, DB 91, 344.
818 *ArbG Dortmund,* a.a.O.; *BSG* 26.3.96, DB 96, 1987 – damals 10, heute 5 Jahre.
819 Siehe den Fall *BAG* 27.8.75, AP Nr. 2 zu § 112 BetrVG 1972.
820 Trotz Ausscheidens aus dem Betrieb wird das Darlehen beispielsweise nicht fällig, sondern zu den bisherigen Konditionen fortgeführt.
821 *Gajewski,* FS Gaul, S. 212.
822 *BAG* 27.10.87, AP Nr. 41 zu § 112 BetrVG Bl. 7.
823 GK-*Fabricius,* 6. Aufl., Rn. 49. Näher dazu (und zu den steuerlichen Vorteilen) u. Rn. 221aff.

ohne die Betriebsänderung weiter beschäftigt worden wären, nun aber vom Verleiher gekündigt oder zu schlechteren Bedingungen eingesetzt werden. Auch für sie eine Ausgleichsleistung vorzusehen, setzt rechtlich voraus, dass man ihre Beziehung zum Entleiher als partielles Arbeitsverhältnis qualifiziert, das auch kollektivvertraglich regelbar ist,[824] oder dass man auf die Figur des Vertrags zugunsten Dritter zurückgreift.[825]

171 Möglich ist einmal, über § 629 BGB und etwaige tarifliche Regelungen hinaus im Sozialplan einen Anspruch auf bezahlte **Freistellung für Vorstellungsgespräche** vorzusehen.[826] In vielen Fällen wird der AG auch die Bewerbungskosten übernehmen. Wichtiger wären Maßnahmen des sog. **Outplacement,** die die vom Arbeitsplatzverlust bedrohten Beschäftigten systematisch auf die Bewerbung um neue Arbeitsplätze vorbereiten[827] und die auch unter den Voraussetzungen des § 110 SGB III von der BA bezuschusst werden können.[828] Aus »Bittstellern« will man »Leistungsanbieter« machen,[829] was allerdings immer eine gewisse Nachfrage auf dem Arbeitsmarkt voraussetzt. Schließlich kann vereinbart werden, dass **Wettbewerbsverbote** ab sofort nicht mehr gelten.[830] Wird eine **Freistellung** von der Arbeit bei Fortzahlung des Entgelts vorgesehen und wird der **AN arbeitsunfähig krank,** so fällt das Entgelt weg, wenn der gesetzliche oder vertragliche Zeitraum für die Fortzahlung abgelaufen ist.[831]

172 Ist eine **Weiterbildung oder Umschulung** sinnvoll, können im Sozialplan **Beihilfen** vorgesehen werden.[832] Diese können das von der Agentur für Arbeit gewährte Arbeitslosengeld z.B. auf 90 % der bisherigen Nettovergütung aufstocken. Übernimmt die Agentur für Arbeit die **Lehrgangskosten** nicht (§ 77 Abs. 1 SGB III enthält lediglich eine sog. Kann-Leistung!), so kann ihre Übernahme durch den AG vorgesehen werden. Weitergehend kann der AG im Sozialplan verpflichtet werden, sich an Qualifizierungs- und **Beschäftigungsgesellschaften** zu beteiligen (u. Rn. 261 ff.).

173 Für den Fall, dass ein neuer Arbeitsplatz vom AG angeboten oder durch eigene Initiative gefunden wird, kann der Sozialplan **Umzugskosten und Mietbeihilfen** vorsehen.[833] Dabei ist insbes. klarzustellen, ob die »Umzugskosten« auch Renovierungsaufwendungen sowie Maklergebühren und Inseratskosten erfassen.[834] Auch ist an eine **Ausgleichszahlung** zu denken, wenn die Vergütung am neuen Arbeitsplatz erheblich geringer ist.[835] Dies gilt auch bei einem Überwechseln in den Geltungsbereich eines anderen Tarifvertrags,[836] etwa von der chemischen Industrie zur Gebäudereinigung oder von der Metallindustrie ins Gaststättengewerbe, was bei einem Outsourcing einzelner Betriebsteile nicht selten geschieht. Dabei kann die Höhe der Ausgleichsleistung im Laufe der Monate oder Jahre abnehmen. Möglich und üblich sind auch **Fahrgelderstattung und Trennungsentschädigung** für eine Übergangszeit.[837] Muss der AN auf Dauer längere Wegezeiten in Kauf nehmen, so kann der Sozialplan vorsehen, dass die zusätzliche **Wegezeit wie Arbeitszeit** behandelt oder zumindest mit einer Pauschale vergütet wird.[838] Entsprechende Regelungen sind insbesondere dann häufig, wenn AN innerhalb desselben UN oder Konzerns versetzt werden. Sonderprobleme ergeben sich bei einer **Verlegung** des Betriebs ins **Ausland** (§ 111 Rn. 92). Zu den bei jeder Ortsveränderung eintreten-

---

824 *Däubler,* FS Buchner, S. 163 ff.; *Nebe,* in: Däubler (Hrsg.), TVG, § 1 Rn 319. In diese Richtung auch *BAG* 15.3.11 – 10 AZR 49/10, NZA 11, 653, das eine »Rechtsbeziehung mit arbeitsrechtlichem Charakter« annimmt.
825 Zum durchaus anerkannten Anwendungsfall der Begünstigung von leitenden Angestellten s. § 111 Rn 8.
826 *Rumpff/Boewer,* S. 384.
827 Einzelheiten bei *Kibler,* RdA 96, 366 und *Lemke,* AiB 96, 692.
828 Eingehend *Böhnke/Lindner/Becker,* AiB 11, 225 ff. und u. Rn. 230 ff.
829 *Lemke,* a. a. O.
830 *Halberstadt,* § 112 Rn. 9; *Weller,* AR-Blattei (1946–1992), Sozialplan I, C III.
831 *ArbG Wetzlar* 2.4.03 – 2 Ca 708/02, NZA-RR 03, 625.
832 *Fitting,* Rn. 141.
833 *BAG* 25.10.83, AP Nr. 18 zu § 112 BetrVG 1972.
834 *Gajewski,* FS Gaul, S. 207 Fn. 72.
835 *Ehrich/Fröhlich* Teil H Rn 191.
836 *Wenning-Morgenthaler,* Rn 1147.
837 *BAG* 25.10.83, a. a. O.
838 *Etzel,* Rn. 1049. Zur steuerlichen Behandlung s. *Wenning-Morgenthaler,* Rn 1167.

den Problemen kommt hier ggf. ein **Statutenwechsel,** d.h. das Eingreifen einer ausländischen Arbeitsrechtsordnung hinzu. Hier kann und muss der Sozialplan Ausgleichsleistungen vorsehen, die ggf. durch vertragliche Vereinbarungen im Rahmen des zukünftig anwendbaren Rechts umzusetzen sind.[839]

Hat der AN im direkten Anschluss an sein bisheriges Arbeitsverhältnis einen neuen Arbeitsplatz erhalten und die eben beschriebenen Leistungen in Anspruch genommen, kann gleichwohl der Fall eintreten, dass er den neuen Arbeitsplatz innerhalb eines überschaubaren Zeitraums wieder verliert. Hatte der Sozialplan die Abfindung nur denjenigen zugesprochen, die nicht sofort eine Anschlusstätigkeit gefunden hatten, so würde der Betroffene schlechter dastehen, als wenn er sich nicht um eine neue Arbeitsstelle bemüht hätte. Für solche Fälle muss der Sozialplan Vorsorge treffen und die **Abfindung** zumindest anteilig **auch dann** gewähren, **wenn der »Arbeitsversuch« nach 6, 9 oder 12 Monaten scheitert.** Dies gilt im Übrigen gerade auch dann, wenn es um einen zumutbaren Arbeitsplatz i.S.v. § 112 Abs. 5 Satz 2 Nr. 2 ging, so dass grundsätzlich keine Abfindung gewährt werden durfte: Der Leistungsausschluss der genannten Bestimmung gilt dann nicht, wenn sich der »zumutbare Arbeitsplatz« nachträglich als keine sinnvolle Beschäftigungsalternative herausstellt. Die durch den Antritt der neuen Arbeitsstelle verursachten Kosten werden sowieso nicht durch die Ausschlussklausel des § 112 Abs. 5 Satz 2 Nr. 2 erfasst. 174

d) Ausgleich für schlechtere Arbeitsbedingungen

Wird ein **Teil der AN** innerhalb des UN **versetzt,** so ergibt sich ein **Auswahlproblem.** Dabei **nur** auf das **Alter** abzustellen, wäre eine nicht mit § 10 AGG zu rechtfertigende **Diskriminierung** Jüngerer. Daneben muss auch die familiäre Situation eine Rolle spielen (erwerbstätiger Ehegatte, schulpflichtige Kinder, pflegebedürftige Angehörige), soweit sie auch bei Jüngeren einen Umzug erschwert oder unmöglich macht. Kommt es im Einzelfall zu einer Versetzung oder ändern sich in den Fällen des § 111 Satz 3 Nrn. 3, 4 und 5 die Arbeitsbedingungen, so ist für einen Ausgleich der wirtschaftlichen Nachteile zu sorgen. Rückgruppierungen oder wegfallende Zulagen sollten deshalb zu »Ausgleichsleistungen« führen.[840] Weiter kann ein Sozialplan **Weiterbildungsmaßnahmen** vorsehen, die die Betroffenen in die Lage versetzen, den neuen Anforderungen an ihren Arbeitsplätzen zu entsprechen. In der Regel liegen derartige Maßnahmen auch im AG-Interesse, so dass es weniger um das »Ob« als um das »Wie« gehen wird. Wichtig ist, dem BR über die §§ 96–98 hinaus Kontrollrechte einzuräumen und außerdem die Möglichkeit vorzusehen, **erfolglose Lehrgänge oder Ausbildungsabschnitte zu wiederholen.** 175

Bei intensiverer oder belastenderer Arbeit ist zumindest ein finanzieller Ausgleich vorzusehen (o. Rn. 83). Dies gilt auch bei **elektronischer Fernarbeit.**[841] 176

Bei der **Zusammenlegung und der Spaltung** von Betrieben i.S. des § 111 Satz 3 Nr. 3 kann insbesondere eine **Verschlechterung der Rechtsstellung** der Betroffenen eintreten. Ansprüche aus BV können wegfallen (weil der abgetrennte Teil z.B. in einen Betrieb eingegliedert wird, wo sehr viel niedrigere Leistungen gewährt werden[842]), der Kündigungsschutz kann verloren gehen, weil die neue Einheit nicht mehr als 10 Beschäftigte hat,[843] der Erwerber kann weniger solvent oder nach § 112a Abs. 2 nicht sozialplanpflichtig sein, Tarifverträge können nicht mehr weiter gelten, weil dies der Spaltungsvertrag ausschließt.[844]. Alle diese **Nachteile** können in einem Sozialplan ausgeglichen oder gemildert werden, der auf der Grundlage von § 111 Satz 3 Nr. 3 erzwungen werden kann.[845] § 613a BGB steht nicht entgegen, da er – wie nicht zuletzt 177

839 Näher *Däubler,* FS Kissel, S. 130ff.; HK-ArbR-*M. Schubert,* §§ 111–113 Rn 43.
840 S. den Fall *BAG* 28.3.07 – 10 AZR 719/05, NZA 07, 1066.
841 Dazu *Wedde,* AiB 92, 125ff. und die in AiB 92, 134ff. abgedruckte BV.
842 Die Fortgeltung der bisherigen BV setzt den Weiterbestand der betrieblichen Einheit voraus; so für den Fall der tariflichen Schaffung eines größeren »Einheitsbetriebs« nach § 3 Abs. 5 *BAG* 7.6.11 – 1 ABR 110/09, NZA 12, 110.
843 *BAG* 15.2.07 – 8 AZR 397/06, NZA 07, 739.
844 S. den Fall *BAG* 21.11.12 – 4 AZR 85/11, NZA 13, 512.
845 *Trittin,* AuR 09, 119ff.

zahlreiche »Überleitungsverträge« zeigen – nur einen Minimalstandard garantiert.[846] Wenn das *BAG*[847] demgegenüber den Standpunkt vertritt, die Verringerung der Haftungsmasse und der Verlust der Sozialplananwartschaft sei Folge nicht der Betriebsspaltung sondern des Betriebsübergangs und deshalb nicht »ausgleichsfähig«, so trennt dies in formalistischer Weise einen zusammengehörenden Vorgang in zwei Teile auf. Nicht jede Betriebsspaltung ist mit einem Betriebsübergang verbunden; wenn dies aber der Fall ist, entstehen in höherem Umfang auszugleichende Nachteile.

e) Sonderfonds für Härtefälle

178 In einer Reihe von Sozialplänen wird ein (i. d. R. kleiner) Teil des Gesamtvolumens für einen sog. Härtefonds vorgesehen. Er soll in der Zukunft Leistungen an solche AN erbringen, die durch den Arbeitsplatzverlust besonders stark betroffen sind. Den Betriebsparteien bzw. der Einigungsstelle steht es frei, die **»Härtefälle«** im Einzelnen zu bestimmen. Dazu werden insbesondere **längere Arbeitslosigkeit,** aber auch längere Krankheit des AN oder seiner Angehörigen, hohe Verschuldung, **Belastungen durch Kinder in der Ausbildung** und **Anerkennung als schwerbehinderter Mensch** gehören.[848] Zu bestimmen, was eine »Härte« ist, kann aber auch den Personen überlassen werden, die den Fonds verwalten. Ähnlich verhält es sich mit der Höhe der Leistungen: Sie können im Sozialplan, aber auch durch spätere Richtlinien festgelegt werden. Formulierungsvorschläge in DKWF-*Däubler,* §§ 111–113 Rn. 42.

179 Der Härtefonds ist eine **Sozialeinrichtung** nach § 87 Abs. 1 Nr. 8.[849] Ist der Betrieb inzwischen aufgelöst, so erstreckt sich das sog. **Restmandat** des Betriebsrats nach § 21b auch auf die Mitverwaltung des Härtefonds.

180 Wer die Bedingungen für die Gewährung von »Härteleistungen« erfüllt, hat einen unmittelbaren **Anspruch gegen den AG.**[850] Entscheidet eine **paritätische Kommission** über das Vorliegen der Voraussetzungen und entsteht ein Patt, so erfolgt entsprechend § 319 Abs. 1 Satz 2 BGB eine definitive Klärung durch das ArbG (zur entsprechenden Problematik bei Personalkommissionen, die über die Zumutbarkeit eines anderen Arbeitsplatzes entscheiden, s. o. Rn. 145).[851]

181 Die **Verwaltung** des Härtefonds kann dem **BR** auch **alleine** überlassen werden. Selbst in diesem Fall bleibt der Fonds eine Sozialeinrichtung des Betriebes, Ansprüche richten sich gegen den AG.[852] Eine Haftung der BR-Mitglieder kommt nur bei bewusster sittenwidriger Schädigung des AG oder eines Antragstellers in Betracht (vgl. Einl. Rn. 143 ff.).[853]

182 Ist die Tätigkeit des Härtefonds auf einige Zeit befristet und **bleiben Mittel übrig,** so fallen sie mangels anderer Bestimmung im Sozialplan an den Arbeitgeber.[854] Der Sozialplan kann stattdessen bestimmen, dass der Rest im gleichen Verhältnis wie die Abfindungen an die ausgeschiedenen AN verteilt oder dass er einer gemeinnützigen Organisation überwiesen wird.

f) Prämien für Sonderleistungen

182a In Einzelfällen kann der AG ein Interesse daran haben, den **Betrieb bis kurz vor der Stilllegung funktionsfähig** zu halten. Um dieses Ziel zu erreichen, kann er eine »Schließungsprämie« versprechen oder in einer Betriebsvereinbarung niederlegen; sie belohnt das »Ausharren« trotz fehlender Perspektive. Dabei kann er diejenigen nicht ausschließen, die wenig später in Rente gehen (können), da es anders als bei der Abfindung nicht um zukunftsgerichtete Leistung geht, die der Bewältigung einer neuen Situation dient.[855] Der Ausschluss der Vor-Rentner wäre eine

846 *Däubler* ZTR 00, 241 ff. und Arbeitsrecht 2, Rn. 1428a; ebenso *Trittin* AuR 09, 120.
847 17. 12. 96 – 1 ABR 32/96, AP Nr. 110 zu § 112 BetrVG 1972.
848 So der Fall *LAG Bremen* 15. 6. 90 – 4 Sa 353/89, LAGE § 112 BetrVG 1972 Nr. 17.
849 *Halberstadt,* § 112 Rn. 9; *Wenning-Morgenthaler,* Rn 1174.
850 *BAG* 17. 10. 89, AP Nr. 53 zu § 112 BetrVG 1972.
851 *BAG* 24. 4. 86, a. a. O.
852 Vgl. *BAG* 24. 4. 86, AP Nr. 7 zu § 87 BetrVG 1972 Sozialeinrichtung.
853 *Wenning-Morgenthaler*, Rn 1182. Die Frage blieb dahingestellt in *BAG* 24. 4. 86, a. a. O., Bl. 5 R.
854 *LAG Bremen* 15. 6. 90 – 4 Sa 353/89, LAGE § 112 BetrVG 1972 Nr. 17.
855 So *LAG Berlin-Brandenburg* 25. 8. 20 – 7 Sa 503/20, NZA-RR 21, 136.

Diskriminierung wegen Alters. In der Praxis taucht bisweilen weiter das Problem auf, dass in Fällen der Produktionsverlagerung die ihren Arbeitsplatz Verlierenden ihre **»Nachfolger« aus einem Niedriglohn-Land einlernen** müssen. Ob es eine arbeitsvertragliche Pflicht gibt, einen Beitrag zur eigenen Arbeitslosigkeit zu leisten, ist bislang gerichtlich nicht entschieden.[856] Meist versuchen Arbeitgeber, durch fühlbare Erhöhung der Abfindung einen fairen Wissenstransfer zu erreichen. Auch dabei handelt es sich nicht um einen typische Sozialplanbestandteil, sondern um die Abgeltung einer (alles andere als selbstverständlichen) Sonderleistung.

g) Wiedereinstellungsklausel

Der Sozialplan kann vorsehen, dass die ausgeschiedenen AN **bei Neueinstellungen** innerhalb des UN oder Konzerns **bevorzugt berücksichtigt** werden.[857] Dabei ist einmal Sorge dafür zu tragen, dass sie von freien Stellen **informiert** werden, dass sie z. B. die Firmenzeitung weiter erhalten, in der alle freien Stellen ausgeschrieben werden.[858] Zum Zweiten muss klar geregelt sein, was unter »bevorzugter Berücksichtigung« zu verstehen ist. Dies kann bedeuten, dass ein Vorrang nur bei gleicher Qualifikation besteht, es ist aber auch denkbar, den Vorrang bereits dann eingreifen zu lassen, wenn der Ausgeschiedene die Anforderungen der Stelle erfüllt.[859] Die Wiedereinstellung hat regelmäßig unter **Wahrung des Besitzstands**, d. h. unter Anrechnung der bisherigen Betriebszugehörigkeit zu erfolgen. Die **Abfindung** ist auch in diesem Fall grundsätzlich **nicht zurückzuerstatten. Abweichendes** kann bei voller Wahrung des Besitzstands im Sozialplan vereinbart werden, sofern dem Betroffenen für die Zeit, die er außerhalb des UN verbrachte, ein angemessener Betrag verbleibt und die darüber hinausgehende Abfindung bei ihm noch vorhanden ist; eine weitergehende Belastung wäre wegen Unbilligkeit unwirksam.[860] Auch ist auf die (weitergehende) Regelung des § 124 Abs. 3 InsO zu verweisen, wonach selbst bei Widerruf des Sozialplans durch den Insolvenzverwalter bereits ausbezahlte Beträge nicht zurückgefordert werden können. Über eine Wiedereinstellungsklausel geht in der Regel eine **Rückkehrzusage** hinaus, wie sie nicht selten im Zusammenhang mit der Privatisierung öffentlicher Dienstleistungen erfolgt: Wird sie eingeklagt, muss der AN den Mindestinhalt des abzuschließenden Vertrags, insbesondere Art und Beginn der Arbeitsleistung bezeichnen.[861] 183

Setzt sich der AG im Einzelfall über die Wiedereinstellungsklausel hinweg, so kann der **BR der Einstellung einer anderen Person** nach § 99 Abs. 2 Nr. 1 und ggf. auch nach § 99 Abs. 2 Nr. 5 **die Zustimmung versagen.**[862] Zum arbeitsvertraglichen Anspruch auf Wiedereinstellung, wenn während des Laufs der Kündigungsfrist der Kündigungsgrund wegfällt, z. B. der stillzulegende Betrieb von einem Dritten erworben wird, s. *BAG*.[863] Insoweit bedarf es keiner Regelung im Sozialplan. 184

g) Dingliche Sicherung von Arbeitnehmeransprüchen

Befindet sich das UN in wirtschaftlichen Schwierigkeiten oder sind die Sozialplanleistungen für einen längeren Zeitraum gedacht, besteht die Gefahr, dass sie ohne dingliche Sicherheit im Insolvenzfall nur noch in sehr geringem Umfang geltend gemacht werden können (§ 124 InsO Rn. 3). Ein sog. **dinglicher Arrest** nach den §§ 916 ff. ZPO ist nur zulässig, wenn die Zwangsvollstreckung aus einem vollstreckbaren Urteil gefährdet ist, kommt also nur dann in Betracht, wenn die Sozialplanansprüche trotz entsprechenden arbeitsgerichtlichen Urteils nicht erfüllt wurden und die UN-Krise daher schon sehr weit fortgeschritten ist.[864] In einer 185

856 Überlegungen bei *Däubler*, Arbeitsrecht 2, Rn. 661a.
857 Zustimmend *Fitting*, Rn. 141; zum Konzern s. *Dross*, S. 113 ff.
858 S. den Fall *BAG* 18.12.90 – 1 ABR 15/90, DB 91, 970.
859 Zur entsprechenden Problematik bei der Umsetzung von Frauenquoten siehe *Pfarr*, Frauenförderung und Grundgesetz, S. 201 ff.
860 Vgl. auch *Dross*, S. 126 ff.
861 *BAG* 15.10.13 – 9 AZR 572/12, NZA-RR 14, 119.
862 *BAG* 18.12.90 – 1 ABR 15/90, DB 91, 970; *Vogt*, Sozialpläne, S. 127.
863 25.10.07 – 8 AZR 989/06, NZA 08, 357.
864 Siehe den Fall *ArbG Stuttgart* 13.3.84, AuR 84, 254.

solchen Situation ist aber meist keine Sicherung mehr möglich, da alle wesentlichen Gegenstände mit Grundpfandrechten belastet oder Kreditgebern zur Sicherheit übereignet sind. Mit Recht ist deshalb vorgeschlagen worden, die **Sozialplanansprüche durch eine Grundschuld zu sichern.**[865] Da die Eintragung aller vom Sozialplan erfassten AN als Grundschuldgläubiger wenig praktikabel wäre, muss die Grundschuld zugunsten eines sachkundigen Treuhänders wie z. B. eines Wirtschaftsprüfers oder Notars eingetragen werden.[866] Auf ähnliche Weise wird die Insolvenzsicherung von Altersteilzeitguthaben bewerkstelligt, wo die »Sicherungstreuhand« als insolvenzfest angesehen wird.[867] Bemerkenswert ist die österreichische Regelung, wonach die AG verpflichtet sind, eine sog. **Abfertigungsrücklage** zu bilden, aus der dann die Abfindungen an ausscheidende AN zu bezahlen sind (zur österreichischen Rechtslage siehe im Übrigen § 111 Rn. 26).[868] Nach deutschem Recht sind demgegenüber nicht einmal steuerliche Rückstellungen möglich, bevor der BR über eine geplante Betriebsänderung unterrichtet wurde.

h) Qualifizierung

185a Die **Digitalisierung,** aber auch der **Klimaschutz** führen zu einer **tiefgreifenden Veränderung der Arbeitsprozesse.** Am deutlichsten wird dies derzeit in der Automobilindustrie und bei ihren Zulieferern, wo mit dem allmählichen Verschwinden des Verbrennungsmotors auch technisch ausgefeilte Produkte nicht mehr nachgefragt und die ihnen zugrunde liegenden Qualifikationen der Beschäftigten nicht mehr benötigt werden. Bei einer Um- und **Weiterqualifizierung** der Betroffenen muss danach unterschieden werden, ob diese **für künftige Einsatzfelder im bisherigen Unternehmen** erfolgt[869] oder ob es um ein »Fit-Machen« für den Arbeitsmarkt geht. Letzteres geschieht typischerweise durch sog. Transfergesellschaften, denen ein besonderer Abschnitt gewidmet ist (unten VII – Rn. 261 ff.).

185b Geht es um die Vorbereitung für künftige Einsätze im bisherigen UN oder Konzern, so stellt dies im Grunde nichts anderes als eine **Weiterentwicklung** der Maßnahmen dar, die nach **§ 97 Abs. 2** mit Hilfe der Mitbestimmung des BR erzwungen werden können. Anders als dort geht es nicht um die Anpassung an veränderte Anforderungen am bisherigen Arbeitsplatz, sondern um die Berücksichtigung künftiger Anforderungen. Diese lassen sich je nach Qualität der Planung einigermaßen sicher prognostizieren. Auch handelt es sich um Maßnahmen, die **über das durch § 1 Abs. 2 Satz 3 KSchG Geforderte hinausgehen;** andernfalls könnte man sich mit einem Verweis auf diese Vorschrift begnügen, die eine Kündigung nur zulässt, wenn keine zumutbare Weiterqualifizierung den Fortbestand des Arbeitsverhältnisses sichern könnte.

185c Mit solchen Maßnahmen der Weiterbildung und Umqualifizierung[870] werden **wirtschaftliche Nachteile ausgeglichen,** die durch das Überflüssig-Werden der bisherigen Qualifikation entstehen. Insoweit bewegen sich die Betriebsparteien genauso wie eine ESt. innerhalb ihres gesetzlichen Rahmens. Die wirtschaftliche Belastung des Arbeitgebers wird dadurch verringert, dass einzelne Maßnahmen staatlich unterstützt werden; das Qualifizierungschancengesetz[871] und das »Arbeit-von-morgen-Gesetz«[872] haben die staatlichen Anteile erheblich erhöht. Die Arbeitgeberleistungen (Entgeltfortzahlung, Teilfinanzierung von Maßnahmen) können auch Gegenstand eines ESt.-Spruchs sein.[873]

---

865 Zur Grundschuld und anderen Sicherungsrechten s. *Däubler,* BGB kompakt, Kap. 21 Rn. 117 ff.
866 *Fuchs,* Sozialplan, S. 66; *Hanau,* ZfA 74, 313; *H. Schmidt,* S. 284.
867 *BAG* 18.7.13 – 6 AZR 47/12, NZA 13, 1440.
868 *H. Schmidt,* S. 287.
869 S. etwa das Beispiel ZF; dazu *Däubler,* AiB 5/19 S. 34.
870 S. die Aufteilung bei *Göpfert/Wenzler,* NZA 20, 16, die zwischen »Re-Qualifizierung« (man wird in seinem eigentlichen Fach auf die Zukunft vorbereitet), »De-Skilling« (man wird auf geringere Anforderungen vorbereitet, wie es sie z. B. in der Batterieherstellung gibt) und »Up-Skilling« (komplette Neuausrichtung) unterscheidet.
871 v. 18.12.2018, BGBl I S. 2651.
872 Gesetz zur Förderung der beruflichen Weiterbildung im Strukturwandel und zur Weiterentwicklung der Ausbildungsförderung v. 20. Mai 2020, BGBl I S. 1044.
873 Mit gewissen Einschränkungen ebenso *Göpfert/Wenzler,* NZA 20, 15, 19.

4. Besonderheiten im Konzern (»Durchgriffsproblematik«) und im Gemeinschaftsbetrieb

Gehört das Arbeitgeberunternehmen zu einer UN-Gruppe, insbesondere zu einem Konzern i. S. d. § 18 AktG (zum **Konzernbegriff** s. § 54 Rn. 14 ff.), so stellt sich das Problem, ob die **»wirtschaftliche Vertretbarkeit«** der Sozialplanleistungen **unternehmens- oder konzernbezogen** zu bestimmen ist. Dies ist insbesondere dann von Bedeutung, wenn das Arbeitgeber-UN nicht zur Dotierung eines angemessenen Sozialplans in der Lage ist; was »angemessen« ist, bestimmt bei Meinungsverschiedenheiten im Rahmen der gesetzlichen Vorgaben die ESt. Die Frage einer Einbeziehung anderer Konzernunternehmen stellt sich nicht erst dann, wenn das Arbeitgeber-UN nicht in der Lage ist, die Mindestdotierung eines Sozialplans (o. Rn. 128a) sicher zu stellen.[874] In der Regel wird das Abstellen auf die wirtschaftliche Lage des Konzerns den Rahmen erweitern, doch sind auch gegenteilige Fälle denkbar.[875] Stellt die Konzernspitze von sich aus einen bestimmten Geldbetrag für den Sozialplan zur Verfügung, so ist dieser als Minimum bei der Bemessung von Leistungen zugrunde zu legen. Eine »Befristung« der Mittel, die nur dann zur Verfügung stehen sollen, wenn »bis Ende des nächsten Monats« alles abgewickelt ist, hat keine rechtliche Wirkung, da eine solche Bedingung den gesetzlich vorgesehenen Verhandlungsprozess einseitig stört und damit die BR-Tätigkeit behindert. Würde der gesetzte Termin überschritten, so wäre die angebotene Summe weiterhin dem Sozialplan zugrunde zu legen. 186

Von der Berücksichtigung des Konzernzusammenhangs bei der Bemessung von Sozialplanleistungen (sog. **Berechnungsdurchgriff**) ist der sog. **Haftungsdurchgriff** zu unterscheiden. Er betrifft die Frage, ob ein beherrschendes UN oder ein Mehrheitsgesellschafter für bestehende Forderungen in Anspruch genommen werden kann. Wird dies im Einzelfall bejaht, läuft das auf eine weitreichende Durchbrechung der rechtlichen Selbstständigkeit einer AG, GmbH usw. hinaus. **Wenn ein anderes UN für die Verpflichtungen des AG sogar mit seinem vollen Vermögen einzustehen hat, ist diese Tatsache auch bei der Bemessung von Sozialplanleistungen zu beachten.**[876] Dem entspricht es, dass das BAG im Rahmen der Kürzung einer betrieblichen Altersversorgung das Vermögen der Gesellschafter der Arbeitgeber-OHG berücksichtigt hat, die nach § 128 HGB für die Verbindlichkeiten der Gesellschaft haften,[877] und dass es bei der Anpassung nach § 16 BetrAVG gleichfalls die haftende Konzernobergesellschaft einbezogen hat.[878] Dies schließt nicht aus, dass ein **Berechnungsdurchgriff auch in Fällen** erfolgen kann, in denen ein **Haftungsdurchgriff ausscheiden** muss, doch ist zunächst nach dieser einfacheren Variante zu fragen. Diese umfasst auch den Fall, dass die Haftung nur im Innenverhältnis wirkt, also die »starke« beherrschende Gesellschaft der »schwachen« Arbeitgeber-Gesellschaft notfalls die durch den Sozialplan entstehenden Aufwendungen ersetzen muss. 187

Die beherrschenden Gesellschafter einer AG, GmbH oder GmbH & Co KG haften dann für die Verbindlichkeiten der Gesellschaft, wenn sie das Vermögen der Gesellschaft und ihr eigenes nicht auseinanderhalten (sog. **Sphärenvermischung**)[879] oder wenn sie der Gesellschaft nur ein so geringes Kapital zugeführt haben, dass diese offensichtlich die ihr zugedachten Aufgaben 188

---

874 *Ahrendt,* RdA 12, 340.

875 S. etwa *BAG* 14. 2. 89, DB 89, 1876.

876 Zustimmend *Schweibert,* in: Willemsen u. a., 4. Aufl., Rn. C 277 (anders *dies.* NZA 16, 321 ff.); GK-*Oetker/Schubert,* Rn. 389; *Gaul,* NZA 03, 695 ff.; MünchArbR-*Matthes,* 3. Aufl., § 270 Rn. 20; vgl. weiter HWK-*Hohenstatt/Willemsen* Rn. 77.

877 *BAG* 8. 7. 72, AP Nr. 157 zu § 242 BGB Ruhegehalt.

878 *BAG* 28. 4. 92 – 3 AZR 244/91, DB 92, 2403; relativierend *BAG* 4. 10. 94 – 3 AZR 910/93, DB 95, 528, *BAG* 17. 4. 96 – 3 AZR 56/95, AiB 97, 246 mit Anm. *Däubler* und *BAG* 10. 2. 09 – 3 AZR 727/07, AuR 09, 94 = NZA 10, 95, wonach aber ein in guter Lage befindliches Arbeitgeber-UN die Anpassung nicht wegen der schlechten Lage des Gesamtkonzerns verweigern kann. Durch den Berechnungsdurchgriff sollen »nicht die Konzerne, sondern die Versorgungsberechtigten geschützt werden«. Etwas abschwächend *BAG* 10. 3. 15 – 3 AZR 739/13, NZA 15, 1187; Rückgriff auf § 826 BGB bei *BAG* 15. 9. 15 – 3 AZR 839/13, NZA 16, 235.

879 Ebenso *LAG Berlin-Brandenburg,* 18. 10. 18 – 21 TaBV 1372/17, ZIP 19, 531 = AuR 19, 190 (»Vermögensvermischung«).

nicht erfüllen kann.[880] Beides sind Ausnahmesituationen,[881] deren Vorliegen ein klagender AN notfalls beweisen müsste.[882] Daneben wird der **»Formenmissbrauch«** als Voraussetzung für eine **Durchgriffshaftung** der Gesellschafter genannt.[883] Neben diesen »pathologischen« Fällen gibt es durchaus übliche **UN-Verbindungen, in denen das Konzernrecht eine Haftung der herrschenden Gesellschaft vorsieht.** Ausdrücklich ist diese allerdings nur bei der sog. **Eingliederung** gesetzlich geregelt (§ 322 AktG). Besteht ein Beherrschungs- und Gewinnabführungsvertrag, so ist das herrschende UN nach § 302 AktG lediglich zur Verlustübernahme verpflichtet. Endet das Beherrschungsverhältnis – was insbesondere bei Zahlungsunfähigkeit der abhängigen Gesellschaft angenommen wird –, muss die herrschende Gesellschaft nach § 303 AktG allen Gläubigern der abhängigen Gesellschaft Sicherheit leisten, d. h. sie letztlich befriedigen. Die Rspr. des BGH hat deshalb in solchen Fällen eine direkte Haftung des herrschenden UN bejaht.[884] In allen diesen Fällen ist daher ein Gleichlauf von Zurechnung und (Innen-)Haftung gegeben;[885] die herrschende Gesellschaft muss notfalls die aus dem Sozialplan entstehenden Belastungen tragen. Damit sind die Voraussetzungen für einen Berechnungsdurchgriff gegeben.[886] Dieser Grundsatz wurde auch dann angewandt, wenn es **nicht** – wie im Gesetz vorausgesetzt – um eine abhängige **AG** ging, sondern wenn **ausschließlich Gesellschaften anderer Rechtsform** wie GmbHs, KGs usw. beteiligt waren.[887] Das *LAG Berlin-Brandenburg*[888] lässt einen Beherrschungsvertrag nur dann genügen, wenn er zu einer so starken Verschlechterung der wirtschaftlichen Situation der abhängigen Gesellschaft geführt hat, dass ein angemessener Sozialplan wirtschaftlich nicht mehr vertretbar ist. Für diese zusätzliche Voraussetzung fehlt jede rechtliche Grundlage. Dennoch hat sich auch das *BAG* im Grundsatz dieser Auffassung angeschlossen und hat seine frühere Rechtsprechung[889] revidiert: Das Bestehen eines Beherrschungsvertrags genügt nur dann für einen Berechnungsdurchgriff, wenn sich **das spezifische Risiko verwirklicht** hat, das mit der Abhängigkeit verbunden ist. Dabei muss der AG beweisen, dass dies nicht der Fall war, indem er die Gründe für den Abschluss des Beherrschungsvertrags und dessen praktische Handhabung darlegt und notfalls beweist.[890] Dies ist zwar im Zusammenhang mit der Anpassung von Betriebsrenten nach § 16 BetrAVG ausgeführt worden, doch ist nicht anzunehmen, dass das *BAG* im Sozialplanrecht anders entscheiden würde. In einer weiteren Entscheidung zu § 16 BetrAVG hat das *BAG*[891] den Standpunkt vertreten, bei einem **»isolierten« Gewinnabführungsvertrag** (der nicht mit einem Beherrschungsvertrag verbunden ist) spiele die wirtschaftliche Lage der Obergesellschaft keine Rolle; ggf. wäre eben ein geringerer Gewinn abzuführen.[892] Dabei wird nicht berücksichtigt, dass die Gewinnabführung zum Unterbleiben notwendiger Investitionen und anderer Anpassungsmaßnahmen führen kann und so eben doch die wirtschaftliche Lage des AG-UNs negativ beeinflusst wird.

189 Besteht kein Beherrschungs- oder sonstiger Unternehmensvertrag, handelt es sich daher um einen **faktischen Konzern,** so ist die Situation sehr viel kontroverser. Der *BGH*[893] hat ursprüng-

---

880 Sog. **Unterkapitalisierung** – zur »Aschenputtel-Gesellschaft« s. insbes. *OLG Düsseldorf,* 26. 10. 06 – 6 U 248/05, ZIP 07, 227; einschränkend *BGH* 28. 4. 08 – II ZR 264/06, JZ 08, 1152 mit Anm. *Wackerbarth*; dazu auch *Veil,* NJW 08, 3264. Missverständlich *BAG* 15. 3. 11, NZA 11, 1112 Tz 35.

881 Zustimmend *Dross,* S. 169.

882 Näher *Kübler,* Gesellschaftsrecht, S. 311; *Schaub,* NZA 89, 7; *Schartel,* S. 133 ff.; *K. Schmidt,* Gesellschaftsrecht, S. 186 ff.

883 *BAG* 19. 1. 88, AP Nr. 70 zu § 613a BGB; zu allen Gründen im Einzelnen *BSG* 1. 2. 96, DB 96, 1475.

884 *BGH* 16. 9. 85, NJW 86, 188 – Autokran.

885 Für die Maßgeblichkeit dieses Kriteriums *BAG* 15. 1. 13 – 3 AZR 638/10, NZA 14, 87 Tz. 36.

886 *Ahrendt,* RdA 12, 341 m. w. N.; *Domning/Krasshöfer,* NZA 20, 822, 824; im Grundsatz auch *Deininger-Stierand* NZA 17, 489, 491.

887 *BGH,* a. a. O.

888 18. 10. 18 – 21 TaBV 1372/17, ZIP 19, 531 = AuR 19, 190, auch zum Folgenden.

889 *BAG* 26. 5. 09 – 3 AZR 369/07, NZA 10, 641 Rn. 31 und *BAG* 17. 6. 14 – 3 AZR 298/13, AP Nr. 100 zu § 16 BetrAVG.

890 *BAG* 10. 3. 15 – 3 AZR 739/13, NZA 15, 1187 Rn. 20 ff.

891 *BAG* 15. 11. 22 – 3 AZR 505/21, NZA 23, 176.

892 Wie das BAG *Lipinski/Kaindl,* BB 23, 1204.

893 A. a. O.

lich den Fall gleichgestellt, dass zwar kein Beherrschungs- und Gewinnabführungsvertrag bestand, die abhängige Gesellschaft aber wie eine Betriebsabteilung geführt wurde, so dass der Nachteilsausgleich nach § 311 AktG leer lief (**sog. qualifizierter faktischer Konzern**).[894] Hier sollten daher die §§ 302, 303 AktG entsprechende Anwendung finden. Einige Zeit später verlangte der *BGH*[895] zusätzlich, dass das herrschende Unternehmen keine angemessene Rücksicht auf die eigenen Belange der abhängigen Gesellschaft genommen hatte. Diese richterrechtlichen **Sonderregeln** für den qualifizierten faktischen Konzern wurden **in der neueren Rechtsprechung aufgegeben,**[896] doch **änderte sich** dadurch an der Behandlung der anderen Durchgriffsfälle, insbesondere an der Behandlung von **Vertragskonzernen mit abhängiger GmbH nichts.**[897] Liegt lediglich ein isolierter Gewinnabführungsvertrag vor, so sind die Grundsätze über den faktischen Konzern anzuwenden.[898]

Neu entwickelt wurde in den genannten *BGH*-Entscheidungen die Haftung wegen **sog. existenzvernichtenden Eingriffs.** Er liegt dann vor, wenn der Gesellschaft (insbes. der GmbH) ohne angemessene Gegenleistung Vermögenswerte entzogen werden, die sie zur Erfüllung ihrer Verbindlichkeiten und zur Sicherung ihres Fortbestands benötigt.[899] Dabei kann es sich auch um **»Geschäftschancen« oder Ressourcen handeln, die auf eine andere Gesellschaft verlagert werden.**[900] Auf diese Weise müssen die Gläubiger insgesamt benachteiligt sein; wird lediglich das einer Bank übertragene Sicherungsgut an einen Dritten veräußert, tritt die persönliche Haftung wegen existenzvernichtenden Eingriffs nicht ein.[901] Lässt sich der genaue Umfang des Nachteils beweisen, beschränkt sich die persönliche Haftung auf die fragliche Summe.[902] Die Haftung wegen existenzvernichtenden Eingriffs stützt sich auf § 826 BGB und trifft den Allein- und den Mehrheitsgesellschafter sowie einen **Minderheitsgesellschafter,** wenn er **zugleich Geschäftsführer** ist **und** über eine **Sperrminorität** verfügt.[903] Ohne Bedeutung ist, wenn der fragliche »Akteur« nur mittelbar (etwa über eine dazwischen geschaltete deutsche oder ausländische Holding) an der Gesellschaft beteiligt ist.[904] Wird über das Vermögen der **Gesellschaft** ein **Insolvenzverfahren** eröffnet, so kann die Haftung in entsprechender Anwendung der §§ 92, 93 InsO nur durch den Insolvenzverwalter geltend gemacht werden, da andernfalls ein »Wettrennen« um die Befriedigung aus dem Vermögen des persönlich Haftenden einsetzen würde, das im Widerspruch zum Prinzip der gleichmäßigen Befriedigung der Gläubiger stünde.[905] Die Haftung des »untreuen« Gesellschafters besteht nach der jüngsten Rechtsprechung des *BGH*[906] nicht mehr den Gläubigern, sondern nur noch **der Gesellschaft gegenüber;** auch wird der Standpunkt vertreten, sie komme überhaupt nur im Insolvenzfall zum Tragen.[907] Dies überzeugt nicht, da eine Haftung aus § 826 BGB nicht davon abhängen kann, ob der Geschädigte insolvent wird oder nicht.[908] Danach haben die Gläubiger lediglich die Möglichkeit, für ihre Forderungen gegenüber der Gesellschaft einen Titel zu erwirken und 189a

894 *BGH*, a. a. O.
895 29. 3. 93, DB 93, 825 – TBB.
896 *BGH* 17. 9. 01, NJW 01, 3622; *BGH* 25. 2. 02, NJW 02, 1803; *BGH* 24. 6. 02 – II ZR 300/00, NJW 02, 3024; bestätigt in *BGH* 13. 12. 04 – II ZR 206/02, DB 05, 218; *BGH* 13. 12. 04 – II ZR 256/02, DB 05, 328 mit Anm. *Bruns*.
897 *Gaul/B.Schmidt*, DB 14, 300, 302 ff.; *Hirte*, Kapitalgesellschaftsrecht, 2006, Rn. 8, 125; *Eidenmüller,* in: Ders., Ausländische Kapitalgesellschaften im deutschen Recht, § 4 Rn. 34. In diese Richtung auch *BAG* (s. o. Fn. 788) Tz 38.
898 *Ludwig/Hinze*, NZA 20,1657, 1662.
899 *BGH* 13. 12. 04 – II ZR 256/02, DB 05, 328; 16. 7. 07 – II ZR 3/04, BGHZ 173, 246 = NJW 07, 2689 – Trihotel; *BGH* 28. 4. 08 – II ZR 264/06, JZ 08, 1162 – Gamma.
900 *BGH*, a. a. O., DB 05, 328, 330.
901 *BGH*, a. a. O., DB 05, 328, 329.
902 *BGH* 13. 12. 04 – II ZR 206/02, DB 05, 218 – Autohaus.
903 *BGH*, a. a. O., DB 05, 218, 219.
904 *BGH*, a. a. O., DB 05, 218 m. w. N.
905 So ausdrücklich auch *BAG* 14. 12. 04 – 1 AZR 504/03, NZA 05, 818, 820; *BAG* 28. 7. 05 – 3 AZR 463/04, AP Nr. 59 zu § 16 BetrAVG.
906 16. 7. 07 – II ZR 3/04 NJW 07, 2689 – Trihotel, bestätigt durch *BGH* 28. 4. 08 – II ZR 264/06, JZ 08, 1162 – Gamma.
907 So *LAG Berlin-Brandenburg* 18. 10. 18 – 21 TaBV 1372/17, ZIP 19, 531 = AuR 19, 190.
908 Wohl einschränkend auch *BGH* 8. 2. 18 – I XZR 103/17, DB 18, 2038.

anschließend deren Ersatzanspruch zu pfänden und sich überweisen zu lassen.[909] Die Voraussetzungen eines **Berechnungsdurchgriffs** liegen daher **nicht** vor, da der beherrschende Gesellschafter nur für eigenes Fehlverhalten haftet, nicht aber verpflichtet ist, für die Sozialplanlasten aufzukommen. Allerdings ist der **Ersatzanspruch** der Gesellschaft bei der Beurteilung ihrer wirtschaftlichen Lage als **Aktivum** zu berücksichtigen,[910] so dass ähnliche Ergebnisse wie bei einem Berechnungsdurchgriff denkbar sind.[911] Praktische Beispiele, wie einem abhängigen UN Liquidität und Kapital entzogen werden, finden sich bei *Brüsseler/Rothkegel.*[912] Das *LAG Berlin-Brandenburg*[913] bejaht einen Berechnungsdurchgriff bei einer **»Geschäftsfeldverschiebung«** (etwa: Übernahme lukrativer Aufträge durch die herrschende Gesellschaft), wenn sich der abhängige AG-Gesellschaft am Interesse der herrschenden Gesellschaft oder eines Dritten orientieren muss und dadurch nicht mehr zu einem angemessenen Sozialplan in der Lage ist. Insoweit liege ein Verstoß gegen § 2 Abs. 1 BetrVG vor.

189b In der Literatur wurde der Standpunkt vertreten, die Rechtsprechung des BAG sei so zu verstehen, dass der **Schadensersatzanspruch** wegen existenzvernichtenden Eingriffs **nur im Insolvenzfall** zum Tragen komme.[914] Für die Arbeitnehmer einer abhängigen Gesellschaft hätte dies zur Folge, dass sie allenfalls in den Genuss eines Sozialplans in der Insolvenz nach § 123 InsO kämen, der maximal zweieinhalb Monatsgehälter pro betroffenem Mitarbeiter und nicht mehr als ein Drittel der Verteilungsmasse erfasst. Denkbar sei aber auch, dass der Sozialplan ganz entfalle, weil die herrschende Gesellschaft sämtliche Verbindlichkeiten der abhängigen Gesellschaft erfülle und auf diese Weise eine Insolvenz vermeide. Für einen Sozialplan wäre dann aber kein Vermögen mehr vorhanden. Dem ist entgegen zu halten, dass die Schadensersatzansprüche wegen existenzvernichtenden Eingriffs **schon früher,** d.h. im Zeitpunkt des Eingriffs **zur Entstehung kommen.** Sie sollen faktisch eine »Entnahmesperre« bewirken und verhindern, dass der beherrschende Gesellschafter eine »Selbstbedienung« zu Lasten der Gläubiger praktiziert.[915] Selbst wenn man die Haftung auf den eingetretenen Insolvenzfall begrenzt, würde eine »Aussaugung« der abhängigen Gesellschaft eine sittenwidrige Schädigung der Beschäftigten bewirken, die aufgrund dieses Verhaltens entweder nur die bescheidenen Sätze des § 123 InsO oder gar nichts erhalten würden. In der Praxis würde sich außerdem die Frage stellen, ob in einem solchen Fall nicht durch einen **Tarifsozialplan,** der erstreikbar wäre (§ 111 Rn. 17 – 20), der »Normalzustand« wiederhergestellt und eine angemessene Abfindung erreicht werden könnte.

190 Aus der Rechtsprechung ist auf folgende Entscheidungen zur Durchgriffsproblematik hinzuweisen: Nach *LAG Frankfurt*[916] können **Sozialplanansprüche gegen eine herrschende Gesellschaft geltend gemacht** werden, die die Rechtsform einer GmbH & Co. KG besitzt und die mit der Arbeitgeber-GmbH einen Gewinnabführungsvertrag geschlossen hatte. **Das *BAG*[917] hat die hinter einer GmbH & Co. KG stehende Person für rückständige Entgeltansprüche haften lassen.** Im konkreten Fall war Arbeitgeber eine GmbH & Co. KG, die in Vermögensverfall geraten war; die in Frage stehende Person war Alleingesellschafter der Komplementär-GmbH und zugleich Mehrheitskommanditist. In einem weiteren Fall bestätigte das *BAG,*[918] dass **auch** eine **natürliche Person »herrschendes Unternehmen«** im Sinne der konzernrechtlichen Grundsätze sein kann, wenn sie selbst ein einzelkaufmännisches UN führt oder in einem anderen

---

909 Dazu und zu weiteren Möglichkeiten *Altmeppen,* NJW 07, 2657.

910 *Ahrendt,* RdA 12, 340, 344; *Domning/Krasshöfer,* NZA 20, 822, 824; grundsätzlich auch *Deininger-Stierand,* NZA 17, 489, 492. Dies übersieht *LAG Berlin-Brandenburg,* 18.10.18 – 21 TaBV 1372/17, ZIP 19, 531 = AuR 19, 190.

911 *BAG* 15.3.11 – 1 ABR 97/09, NZA 11, 1112 Tz. 36. Dieser Aspekt ist nicht angesprochen in *BAG* 15.1.13 – 3 AZR 638/10, NZA 14, 87.

912 AiB 10, 108 ff.

913 18.10.18 – 21 TaBV 1372/17, ZIP 19, 531 = AuR 19, 190.

914 *Schweibert,* NZA 16, 321, 325. Ähnlich *LAG Berlin-Brandenburg,* 18.10.18 – 21 TaBV 1372/17, ZIP 19, 531 = AuR 19, 190.

915 *BAG* 15.1.13 – 3 AZR 638/10, NZA 14, 87 Tz. 35.

916 11.3.88, NZA 89, 107.

917 15.1.91, DB 91, 1472.

918 8.3.94 – 9 AZR 197/92, DB 94, 1780.

UN als Mehrheitsgesellschafter tätig ist. Die »Durchgriffshaftung« wurde im konkreten Fall bejaht, weil keine Rücksicht auf die Belange der abhängigen Gesellschaft genommen wurde und eine Kompensation der zugefügten Nachteile durch Einzelmaßnahmen ausschied. Dies ergab sich daraus, dass das Arbeitgeberunternehmen mit Aufwendungen für Fremdleistungen in Höhe von rund 10 Mio. DM belastet worden war, deren Wert höchstens eine halbe Mio. betragen hatte und die von einer »Schwestergesellschaft« erbracht worden waren, die demselben »Konzernherrn« gehörte.[919] Die Grundsätze über die Haftung bei existenzgefährdendem Eingriff wurden im Fall von Ansprüchen auf Vergütung und auf Nachteilsausgleich[920] wie auch im Rahmen der Betriebsrentenanpassung nach § 16 BetrAVG angewandt.[921] Die Literatur steht dieser Entwicklung gleichfalls positiv gegenüber.[922]

Zusammenfassend bedeutet dies, dass bei Sphärenvermischung,[923] Unterkapitalisierung und Formenmissbrauch sowie insbes. bei Eingliederung und im Grundsatz bei allen Vertragskonzernen auch das Vermögen der hinter der Arbeitgebergesellschaft stehenden Personen bzw. des Gesamtkonzerns berücksichtigt werden muss.[924] Beim faktischen Konzern ist auf den Vermögensentzug und den daraus folgenden Schadensersatzanspruch abzustellen (o. Rn. 189 f.), dessen existenzgefährdender Charakter nicht einfach zu beweisen ist. Das *BAG* gewährte dem klagenden AN bei der gleich gelagerten Frage der mangelnden Rücksichtnahme auf die Belange des abhängigen UN auf der Grundlage seiner bisherigen Rechtsprechung eine gewisse Beweiserleichterung, wonach die Darlegung »hinreichender Anhaltspunkte« genügen sollte.[925] Dies muss auch für den BR gelten, wenn diesem trotz Ausschöpfung seiner Informationsrechte keine Klärung der in Frage stehenden Sachverhalte gelingt.[926] Ein relativ einfacher Fall liegt dann vor, wenn das herrschende UN das beherrschte veranlasst hat, gewinnbringende Geschäftsbereiche auszugliedern und zu verselbstständigen.[927] Zu erwähnen ist, dass das *BAG*[928] auch einen sog. doppelten Berechnungsdurchgriff bejaht: Ist die Muttergesellschaft ihrerseits in einen Konzern eingebunden, so sind jedenfalls im Vertragskonzern auch die Vermögensverhältnisse der über ihr stehenden Spitze zu berücksichtigen. Schließlich spielt es keine Rolle, wenn sich die **Konzernobergesellschaft im Ausland** befindet.[929] 191

Im Einzelfall ist auch zu prüfen, ob eine andere Konzerngesellschaft (oder ein Dritter) eine **Patronatserklärung** abgegeben hat.[930] Dies ist bei UN-Sanierungen häufig der Fall. Ist diese eine »harte«, verpflichtet sie also dazu, der abhängigen Gesellschaft die nötigen Finanzmittel zur Verfügung zu stellen, so ist auch dies bei der Bemessung des Sozialplanvolumens zu berücksichtigen. Allerdings muss die Auslegung ergeben, dass die Erklärung auch die Sozialplanansprüche abdeckt[931], was dann der Fall ist, wenn die »Erfüllung aller Verbindlichkeiten« sichergestellt werden soll: Der Sozialplan ist keine freiwillige Leistung, sondern ein gesetzlich vorgegebenes Muss. 191a

919 Ähnlich *BAG* 1. 8. 95 – 9 AZR 378/94, AuR 96, 323 = DB 96, 1526.
920 So *BAG* 14. 12. 04 – 1 AZR 504/03, NZA 05, 818.
921 *BAG* 28. 7. 05 – 3 AZR 463/04, AP Nr. 59 zu § 16 BetrAVG; *BAG* 15. 1. 13 – 3 AZR 638/10, NZA 14, 87.
922 Vgl. nur *Fitting*, § 1 Rn. 184; *Herschel*, AuR 81, 388; HWK-*Hohenstatt/Willemsen*, Rn. 77; *Schaub*, NZA 89, 8.
923 Ebenso *LAG Berlin-Brandenburg*, 18. 10. 18 – 21 TaBV 1372/17, ZIP 19, 531 = AuR 19, 190.
924 Ebenso im Ergebnis *Glaubitz*, FS Hanau, S. 409; *Schweibert*, in: Willemsen u. a., 4. Aufl., Rn. C 277; GK-*Oetker/Schubert*, Rn. 389; Richardi/*Annuß*, Rn. 146; *C. Schubert*, FS v. Hoyningen-Huene, S. 452; *Vogt*, NZA 13, 1250. Diese Frage blieb dahingestellt in *BAG* 15. 3. 11 – 1 ABR 97/09, NZA 11, 1112 Tz. 38 und in *BAG* 14. 2. 23 – 1 ABR 28/21, BB 23, 1267 Tz. 52. *Domning/Krasshöfer* (NZA 20, 822, 824) zählen dazu auch das Cash-Pooling, das der »Vermögensvermischung« vergleichbar ist.
925 *BAG* 8. 3. 94 – 9 AZR 197/92, DB 94, 1780; 4. 10. 94 – 3 AZR 910/93, DB 95, 528.
926 Vgl. auch *Gaul*, NZA 03, 695 [699].
927 *BAG* 14. 12. 93 – 3 AZR 519/93, DB 94, 1147.
928 4. 10. 94 – 3 AZR 910/93, DB 95, 528.
929 S. den Fall *BAG* 14. 12. 93 – 3 AZR 519/93, DB 94, 1147; *Däubler*, Arbeitsrecht 2, Rn. 1385, 1395; *Zöllner*, Schweizerische Beiträge zum Europarecht, Bd. 14, Genève 1974 S. 216.
930 Dazu *Ahrendt*, RdA 12, 340, 343; missverständlich *Schweibert*, NZA 16, 321, 323.
931 Fälle, in denen diese nicht erfasst sind, bei *Schweibert*, NZA 16, 323. Vgl. auch *Ludwig/Hinze*, NZA 20, 1657, 1663.

Eine »weiche« Patronatserklärung bringt lediglich Absichten zum Ausdruck und schafft keine durchsetzbaren Ansprüche. Beim **Cash-Pooling** ist zu prüfen, ob die zugrunde liegende Abrede auch »Sonderausgaben« wie die Finanzierung eines Sozialplans abdeckt.[932]

192 Der (reine) **Berechnungsdurchgriff** geht aber **über den Haftungsdurchgriff** hinaus, da die wirtschaftliche Belastbarkeit, auf die das Gesetz abstellt, auch durch weitere Faktoren bestimmt wird.[933] Der Gesetzgeber hat diesen Gedanken in § 134 UmwG aufgegriffen und für den Fall der **Spaltung in eine Betriebs- und eine Anlagegesellschaft** die Letztere verpflichtet, fünf Jahre lang für alle nach den §§ 111–113 geschaffenen Verbindlichkeiten einzustehen (näher § 111 Rn. 98).[934] Speziell für diesen Fall hatte das BAG schon vorher einen entsprechenden Schritt erwogen[935] und überdies klargestellt, dass **für** die **Ansprüche gegen** einen **Gesellschafter** bzw. das herrschende UN die **Arbeitsgerichte zuständig** sind.[936]

192a Über diese Fälle hinaus wollen zahlreiche Stimmen in der Literatur bei der Bemessung von Sozialplanleistungen generell auf die wirtschaftlichen Verhältnisse im Konzern abstellen, insbes. auch (auf der Grundlage der älteren Rspr.) den **einfachen faktischen Konzern** und den **Gleichordnungskonzern** nach § 18 Abs. 2 AktG einbeziehen.[937] Für eine solche Lösung spricht einmal, dass **§ 112 Abs. 5 Satz 2 Nr. 2 Satz 2** ohne jede Einschränkung auf den **Konzern als solchen** abstellt, den Wirkungsbereich von Sozialplanregeln daher nicht mehr nur unternehmens- sondern konzernbezogen bestimmt. Zum Zweiten bezieht sich die »wirtschaftliche Vertretbarkeit« auf **faktische Verhältnisse,** will also tatsächlich vorhandene Möglichkeiten ausschöpfen; nur dann, wenn sie versagen, sollen die AN auf den Ausgleich oder die Milderung ihrer wirtschaftlichen Nachteile teilweise verzichten müssen. Bemerkenswert ist, dass auch die bisherige Rspr. zur Durchgriffshaftung[938] allein auf das Vorliegen eines (einfachen) faktischen Konzerns abstellt. Zum Dritten ist auch an den schon erwähnten Fall (o. § 111 Rn. 151) zu denken, dass eine **Betriebsänderung konzernweit** geplant wird: Ist der KBR in solchen Fällen Verhandlungspartner, wäre es schwer vorstellbar, dass je nach Lage der Einzel-UN differenzierte Leistungen vorgesehen würden. Schließlich ist auf die **Steuerungsfunktion der §§ 111–113** abzustellen:[939] Wenn es darum geht, über ein Verfahren und materielle Belastungen eine sozial verträgliche Unternehmenspolitik zu erreichen, muss Adressat der Regelung das eigentliche Entscheidungszentrum und d. h. die Konzernspitze sein.[940] Durch die im Sozialplan vorgesehenen Ausgleichsleistungen muss letztlich sie, nicht aber eine Tochtergesellschaft belastet werden, deren Tage aus guten oder schlechten Gründen gezählt sein mögen. Die Kosten einer Betriebsänderung dürfen auch bei konzerngebundenen UN nicht auf den AN und die Allgemeinheit abgewälzt werden.[941] Dies alles spricht dafür, nicht nur in dem Sonderfall, dass die Wirtschaftskraft des AG-UN nicht einmal zu einer substantiellen Milderung der wirtschaftlichen Nachteile der AN ausreicht, einen Berechnungsdurchgriff vorzunehmen.[942] Vielmehr sollte die **wirtschaftliche Situation des Gesamtkonzerns** Anlass sein, sich eher an der Obergrenze (= voller

---

932 Insoweit zutreffend *Schweibert,* NZA 16, 324.

933 Nicht ausreichend bedacht bei *Brüsseler/Rothkegel,* AiB 10, 108 ff.

934 S. *Ludwig/Hinze,* NZA 20, 1657, 1664.

935 19. 1. 88, AP Nr. 70 zu § 613a BGB. Dafür nunmehr *BAG* 15. 3. 11 – 1 ABR 97/09, NZA 11, 1114 Tz. 23 ff. = AuR 11, 183 – Ls.

936 *BAG* 11. 11. 86 – 3 AZR 186/85, AP Nr. 2 zu § 3 ArbGG 1979, bestätigt in *BAG* 13. 6. 97 – 9 AZB 38/96, DB 97, 2028.

937 Siehe *Fuchs,* Sozialplan, S. 114; *Hanau,* RdA 74, 105; *Henssler,* S. 146; *v. Hoyningen-Huene,* RdA 86, 113; *Ohl,* S. 62; *Richardi,* Sozialplan, S. 84; *Spinti,* S. 59; SB-*Stevens-Bartol* § 112 Rn. 29; *Teichmüller,* Betriebsänderung, S. 89; *Vogt,* S. 105; *Zöllner,* a. a. O. S. 216; *Däubler,* Das Arbeitsrecht 2, Rn. 1388; *Schwarzburg,* NZA 09, 177 (jedenfalls für den Vertragskonzern und den faktischen Unterordnungskonzern); a. A. GK-*Oetker/Schubert,* Rn. 389; *Schweibert* in: Willemsen u. a. Rn. C 327; *Windbichler,* S. 412; Richardi/*Annuß,* § 112 Rn. 145; HWK-*Hohenstatt/Willemsen,* Rn. 77.

938 *BGH* 24. 6. 02 – II ZR 300/00, NJW 02, 3024.

939 Vgl. *Windbichler,* S. 413, die daraus jedoch keine ausreichenden Konsequenzen zieht.

940 Ebenso *Nick,* S. 198, 208.

941 Vgl. *Behrens,* ZfA 89, 234; *Schellhaaß,* ZfA 89, 176 ff.; wie hier auch *Säcker,* in Birk/Igl/Zacher, S. 147; etwas einschränkend *Nick,* S. 256 ff.

942 In diese Richtung aber *BAG* 24. 8. 04 – 1 ABR 22/03, DB 05, 397. Ablehnend *BAG* 15. 3. 11 – 1 ABR 97/09, NZA 11, 1112.

Ausgleich der Nachteile) oder eher an der Untergrenze (= substantielle Milderung) der **Sozialplandotierung** zu bewegen. Dies ist vom *BAG* bisher nicht ausreichend beachtet worden.[943]

Die Leitung eines **Gemeinschaftsbetriebs** muss mit dem dort bestehenden BR im Falle einer Betriebsänderung einen Sozialplan vereinbaren. Dieser verpflichtet nur den jeweiligen Vertragsarbeitgeber,[944] es sei denn, auf freiwilliger Grundlage wäre eine gesamtschuldnerische Haftung weiterer TrägerUN vereinbart worden.[945] Insolvenzverwalter sind zu einem solchen Entgegenkommen nicht befugt.[946] Zur Bemessung der Sozialplanleistungen s. o. Rn. 85. Genauso ist in **Vertretungseinheiten** zu verfahren, die **durch TV** nach § 3 Abs. 1 Nr. 3 als **UN-übergreifende** geschaffen wurden. 193

5. Rahmensozialpläne und vorsorgliche Sozialpläne

In der Praxis existieren Abmachungen, die ohne Bezugnahme auf eine konkrete Betriebsänderung sozialplanähnliche Leistungen vorsehen.[947] Zum Teil handelt es sich um betriebliche Rationalisierungsschutzabkommen, zum Teil sollen nur Leitlinien für künftige Sozialpläne aufgestellt werden.[948] **Rechtsgrundlage** ist nicht etwa § 112, da dessen Voraussetzung – das Vorliegen einer geplanten Betriebsänderung – fehlt; vielmehr geht es um eine freiwillige Betriebsvereinbarung nach § 88, gegen deren Zulässigkeit keinerlei Bedenken sprechen.[949] Die bisweilen vertretene These, die Betriebsparteien könnten nur schuldrechtlich wirkende Leitlinien festlegen,[950] entbehrt jeder Grundlage; § 88 lässt auch die Einräumung einklagbarer Rechte für den einzelnen Arbeitnehmer zu.[951] 194

Der **Rahmensozialplan** ist allerdings nicht in der Lage, die Ausübung des Mitbestimmungsrechts nach § 112 irgendwie einzuschränken. Tritt der Fall der Betriebsänderung effektiv ein, **kann und muss der Betriebsrat über Interessenausgleich und Sozialplan verhandeln.**[952] Alles andere wäre ein unzulässiger Verzicht auf künftige Mitbestimmungsrechte (zum Verzicht im Allgemeinen Einl. Rn. 99).[953] Legte sich der Rahmensozialplan normative Wirkung bei, sind die dadurch geschaffenen Rechte ein Minimum, das bei den Verhandlungen über den **»Einzelsozialplan«** nicht unterschritten werden kann.[954] Bei **bloßen Richtlinien** kann je nach dem von den Parteien Gewollten ggf. unter bestimmten Voraussetzungen nach beiden Richtungen abgewichen werden. Dasselbe gilt nach der Rechtsprechung des *BAG*[955] dann, wenn der **Rahmensozialplan als solcher geändert** und eine (schlechtere) Neuregelung für eine konkrete Betriebsänderung oder für alle Zukunft an seine Stelle tritt. Würde eine Regelung vom GBR getroffen, so wird sie in aller Regel so auszulegen sein, dass sie nur dann eingreift, wenn bei einer konkreten Betriebsänderung auf örtlicher Ebene kein Sozialplan zustande kommt.[956] Dieser kann auch auf einer freiwilligen Einigung beruhen.[957] Hätte die GBV keine solche Auffangfunktion, könnte sie nur durch Kündigung oder eine neue Abmachung aufgehoben und durch eine andere Regelung ersetzt werden. 195

---

943 S. insbesondere *BAG* 15.3.11 – 1 ABR 97/09, NZA 11, 1112 Tz. 20.
944 Ebenso *BAG* 14.2.23 – 1 ABR 28/21, BB 23.1267. Näher oben Rn. 152.
945 *BAG* 12.11.02 – 1 AZR 632/01, NZA 03, 676.
946 *BAG* a. a. O.
947 Vgl. *Rumpff/Boewer*, S. 370. Aus der Rechtsprechung s. etwa den Fall *BAG* 17.4.12 – 1 AZR 119/11, NZA 12, 1240.
948 *Meyer*, NZA 96, 239.
949 *BAG* 22.3.16 – 1 ABR 12/14, NZA 16, 894 Tz. 12; *GL*, Rn. 23a; *Vogt*, Sozialpläne, S. 78; *Däubler*, NZA 85, 547.
950 *Fuchs*, Sozialplan, S. 94ff.; *Rumpff/Boewer*, S. 379.
951 So im vorliegenden Zusammenhang *BAG* 17.4.12 – 1 AZR 119/11, NZA 12, 1240 Tz 23.
952 So *BAG* 29.11.83, AP Nr. 10 zu § 113 BetrVG 1972 für den Interessenausgleich; *BAG* 17.4.12 – 1 AZR 119/11, NZA 12, 1240 für den Sozialplan; *Wenning-Morgenthaler*, Rn 1095.
953 *Däubler*, NZA 85, 546f.; vgl. auch *Rumpff/Boewer*, S. 371.
954 *Halberstadt*, § 112 Rn. 14; *Krieger/Terhorst*, NZA 14, 689, 691; *Löwisch/Flüchter*, Anm. zu BAG EzA § 112 BetrVG 1972, S. 14; *Rumpff/Boewer*, S. 370f.
955 19.2.08 – 1 AZR 1004/06, DB 08, 1385 = NZA 08, 719.
956 *BAG* 17.4.12 – 1 AZR 119/11, NZA 12, 1240 Ls 1 und 3.
957 *BAG* a. a. O.: Nach § 112a war der Sozialplan nicht erzwingbar.

196 Sofern nichts anderes vereinbart ist, kann der Rahmensozialplan nach § 77 Abs. 5 mit dreimonatiger Frist **gekündigt** werden. Eine **Nachwirkung** nach § 77 Abs. 6 BetrVG tritt mangels abweichender Abrede nicht ein. In solchen Fällen ist dann eine Verschlechterung möglich. Wurde im Zusammenhang mit einer Betriebsänderung ein auch für künftige Fälle gedachter **»Dauersozialplan«** vereinbart,[958] so hat er bei den folgenden Betriebsänderungen die Bedeutung eines Rahmensozialplans im hier beschriebenen Sinne.

197 Das *BAG*[959] lässt daneben als freiwillige Betriebsvereinbarung auch den sog. **vorsorglichen Sozialplan** zu, wenn Betriebsänderungen »in groben Umrissen« abschätzbar sind. In diesem Fall ist das Mitbestimmungsrecht des BR »verbraucht«, wenn es dann effektiv zu der einzelnen Betriebsänderung kommt. Verhandlungen müssen nur noch über den Interessenausgleich geführt werden.[960] Dies läuft im Ergebnis auf einen Verzicht auf Mitbestimmungsrechte hinaus, der nach allgemeinen Grundsätzen (Einl. Rn. 85, 99) unzulässig ist.[961] Der »vorsorgliche« Sozialplan ist wie ein Rahmensozialplan zu behandeln und deshalb nur als Minimum zu beachten.[962] In diesem Sinne kann auch eine neuere BAG-Entscheidung interpretiert werden, die nicht mehr zwischen vorsorglichem und Rahmen-Sozialplan unterscheidet.[963] Selbst wenn man auf dem Standpunkt der bisherigen *BAG*-Rspr. steht, sollte ein BR nur bei einer besonders günstigen Konstellation und weit überdurchschnittlichen Bedingungen von dieser Möglichkeit Gebrauch machen. Unter keinen Umständen sollte der Insolvenzfall einbezogen werden, da dies sogar die bescheidenen Möglichkeiten der §§ 123, 124 InsO zunichtemachen würde.[964] Auch ist zu beachten, dass der vorsorgliche Sozialplan dem Tarifvorbehalt des § 77 Abs. 3 unterliegt.[965] Schließlich erscheint zweifelhaft, ob das *BAG* überhaupt an seiner Auffassung festhält, da es in der bereits genannten Entscheidung einen ESt.-Spruch beanstandet hat, der künftige, in Verbindung mit einem bestimmten organisatorischen Konzept stehende Betriebsänderungen zum Gegenstand hatte; insoweit bestehe keine Kompetenz nach § 112.[966]

198 Von einem »vorsorglichen Sozialplan« ist auch dann die Rede, wenn unklar ist, ob eine Stilllegung oder ein Betriebsübergang vorliegt und für den Fall der Stilllegung eine Regelung getroffen wird. Gegen eine solche **Rechtsbedingung** ist nichts einzuwenden.[967] Dasselbe gilt dann, wenn für zwei alternative Varianten einer Betriebsänderung zwei verschiedene Sozialpläne aufgestellt werden.[968]

6. Stichtagsregelungen

199 Im Sozialplan kann festgelegt werden, dass er zu einem bestimmten **Stichtag** in Kraft tritt und dass er für eine bestimmte Zeit gilt, also nur solche Kündigungen und andere Formen des Ausscheidens erfasst, die sich innerhalb seines Geltungszeitraums vollziehen.[969] Der Anfangstermin kann vor dem Abschlusszeitpunkt liegen, was in all den Fällen unvermeidbar ist, in denen der Sozialplan nach teilweise oder ganz durchgeführter Betriebsänderung zustande kommt. Die

958 Dazu *Meyer,* NZA 96, 242.
959 26.8.97 – 1 ABR 12/97, DB 98, 265, bestätigt in *BAG* 19.1.99 – 1 AZR 342/98, NZA 99, 950.
960 *BAG,* a. a. O. Missverständlich die Terminologie in *BAG* 17.4.12 – 1 AZR 119/11, NZA 12, 1240, wo durchgehend von einem »vorsorglichen Sozialplan« die Rede ist, obwohl die Mitbestimmungsrechte völlig unberührt bleiben und auch die Rechtswirkungen einem Rahmensozialplan entsprechen.
961 Anders auch *Fitting,* 21. Aufl. Rn. 80; Richardi-*Annuß,* § 112 Rn. 64 und mit überzeugender Begründung *Löwisch/Flüchter,* Anm. zu BAG EzA § 112 BetrVG 1972 Nr. 96 S. 19. Bedenken auch bei *Lembke* NZA 22, 1561, 1566.
962 Vgl. HWK-*Hohenstatt/Willemsen* Rn. 31.
963 *BAG* 22.3.16 – 1 ABR 12/14, NZA 16, 894 Os 2.
964 *Löwisch/Flüchter,* a. a. O.
965 *BAG* 14.11.06 – 1 AZR 40/06, NZA 07, 339, 341; GK-*Oetker,* Rn. 144.
966 *BAG* 22.3.16 – 1 ABR 12/14, NZA 16, 894.
967 *BAG* 1.4.98 – 10 ABR 17/97, DB 98, 1471; *BAG* 22.3.16 – 1 ABR 12/14, NZA 16, 894 (bei Zweifeln über das Vorliegen eines Betriebsänderung); *Wenning-Morgenthaler,* Rn 1096, der nur diesen Fall als »vorsorglichen Sozialplan« bezeichnet.
968 Richardi-*Annuß,* § 112 Rn. 62; ebenso *Löwisch/Flüchter,* Anm. zu *BAG* 26.8.97, EzA § 112 BetrVG 1972 Nr. 96 S. 19.
969 Dazu *Küttner,* FS Stahlhacke, S. 292.

Festlegung von Stichtagen hat den Vorzug der **Rechtsklarheit**; insbes. wird in aller Regel Streit darüber vermieden, ob eine bestimmte Kündigung durch die Betriebsänderung bedingt war oder nicht. Auf der anderen Seite dürfen durch eine solche zeitliche Eingrenzung grundsätzlich keine AN aus den Sozialplanleistungen ausgeschlossen werden, die ihren Arbeitsplatz wegen der Betriebsänderung verloren haben; die Tatsache, dass es eine bestimmte Person besonders früh oder besonders spät »erwischte«, ist ersichtlich **kein sachlicher Grund** für die Verweigerung von Sozialplanleistungen.[970] Es läge ein Verstoß gegen den Gleichbehandlungsgrundsatz vor.[971] Stichtagsregelungen beziehen sich deshalb regelmäßig nur auf Eigenkündigungen[972] und Aufhebungsverträge.[973] Soweit eine Kündigung auf eine bestimmte Betriebsänderung zurückgeht, kann der Betroffene auch dann eine Abfindung und sonstige Sozialplanleistungen verlangen, wenn die **Betriebsänderung vier Jahre zurückliegt.**[974] Als Anfangszeitpunkt kommt insbesondere die Bekanntgabe der geplanten Betriebsänderung oder der Abschluss eines Interessenausgleichs in Betracht.[975] § 75 Abs. 1 ist verletzt, wenn den vor einem Stichtag Kündigenden deshalb eine **geringere Abfindung** gewährt wird, weil der AG **aus betrieblichen Gründen** an einer vorübergehenden Fortdauer des Arbeitsverhältnisses interessiert ist; ein solcher Grund steht nicht im Einklang mit dem Zweck des Sozialplans.[976] Auf der anderen Seite sollen höhere Abfindungen als finanzieller Anreiz für den Abschluss von Altersteilzeitverträgen durchaus zulässig sein.[977] Nach *BAG*[978] ist eine Ausklammerung der vor dem Stichtag Kündigenden dann zulässig, wenn vor diesem Zeitpunkt (Scheitern des Interessenausgleichs) noch nicht feststand, ob es wirklich zu der geplanten Betriebsschließung kommen und welche alternative Beschäftigungsmöglichkeiten bestehen würden; in diesem Fall konnten die zuvor eine Eigenkündigung Aussprechenden von den Sozialplanleistungen ausgenommen werden.[979] Würde man statt auf die Kündigungserklärung auf das faktische Ausscheiden abstellen, könnte eine unerlaubte Benachteiligung wegen Alters vorliegen, sofern ältere AN oder AN mit langjähriger Betriebszugehörigkeit nur unter Wahrung einer langen Frist kündigen konnten.[980] Dasselbe soll sogar dann gelten, wenn der AN vor Abschluss des Sozialplans kündigte, der in engem zeitlichen Zusammenhang mit dem Interessenausgleich über die geplante Betriebsverlegung stand.[981] Bei AG-Kündigungen oder vom AG veranlassten Aufhebungsverträgen und Eigenkündigungen wäre in beiden Fällen anders zu entscheiden gewesen.[982] Entschließen sich die Betriebsparteien, denjenigen **zusätzliche Abfindungen** anzubieten, die einen Aufhebungsvertrag schließen, um so eine bestimmte »Zielzahl« für den Personalabbau zu erreichen, so kann das **Inkrafttreten der BV als Stichtag** gewählt werden; früher bereits Ausgeschiedene können keine Gleichbehandlung verlangen.[983]

Je nach den Umständen des Einzelfalls muss außerdem damit gerechnet werden, dass nachträglich weitere Betroffene in den Sozialplan einzubeziehen sind. Soweit bei **»Neufällen«**, die nach dem Endtermin eintreten, **kein Bezug zur Betriebsänderung** vorhanden ist, stellt sich die Frage, ob der Sozialplan insoweit keinerlei Rechtswirkung mehr entfalten oder ob er nach § 77 Abs. 6 nachwirken sollte. Letzteres wird allenfalls dann anzunehmen sein, wenn auch innerhalb des allgemeinen Geltungszeitraums die Verknüpfung mit der Betriebsänderung nur eine sehr lockere war, wenn der Sache nach also eher eine Art betriebliches Rationalisierungs- **200**

970 Nicht beachtet bei *LAG Nürnberg* 5.9.06 – 6 Sa 177/06, NZA-RR 07, 524.
971 *BAG* 19.2.08 – 1 AZR 1004/06, NZA 08, 720.
972 So der Fall *BAG* 12.4.11 – 1 AZR 505/09, NZA 11, 1302.
973 *B. Gaul*, DB 98, 1514.
974 *LAG Düsseldorf* 9.10.19 – 4 Sa 134/19, BB 19, 3000.
975 *Wenning-Morgenthaler*, Rn 1118 m. w. N.
976 *BAG* 19.2.08 – 1 AZR 1004/06, DB 08, 1384, 1386 = NZA 08, 719.
977 *BAG* 15.4.08 – 9 AZR 26/07, NZA-RR 08, 580.
978 30.11.94 – 5 AZR 704/93, NZA 95, 492.
979 *BAG* 12.4.11 – 1 AZR 505/09, NZA 11, 1302. Ebenso *BAG* 1.2.11 – 1 AZR 417/09, AP Nr. 211 zu § 112 BetrVG 1972.
980 *BAG* 12.4.11 – 1 AZR 505/09, NZA 11, 1302.
981 *BAG 24.1.96* – 10 AZR 155/95, DB 96, 1682 = AiB 96, 618 mit krit. Anm. *Hamm*..
982 Dazu *Hümmerich/Spirolke*, BB 95, 42; s. auch *BAG* 29.10.02 – 1 AZR 80/02, ZIP 03, 1414: Keine Ausklammerung stilllegungsbedingter Eigenkündigungen.
983 *BAG* 18.5.10 – 1 AZR 187/09, NZA 10, 1304 = dbr 6/11 S. 39.

schutzabkommen vorlag. Bei einem solchen handelt es sich allerdings um eine freiwillige BV, die nur bei ausdrücklicher Vereinbarung nachwirkt. Das Außerkrafttreten des Sozialplans lässt im Übrigen die Rechte derjenigen unberührt, die während seiner Geltungsdauer ausgeschieden sind.

7. Nachträgliche Änderungen und Kündigung des Sozialplans

201 Ein einmal abgeschlossener Sozialplan kann **nur noch in engen Grenzen verändert** werden. Sieht man von dem Fall eines gerichtlichen Verfahrens ab, so kommen drei Möglichkeiten in Betracht.

202 AG und BR können den Sozialplan **im Einvernehmen durch einen neuen ersetzen** oder einzelne Bestimmungen ändern.[984] Dasselbe gilt für einen Rahmen- oder Dauersozialplan.[985] Dabei kann es auch zu Verschlechterungen kommen. Die Betriebspartner dürfen allerdings grundsätzlich nicht in bereits entstandene Rechte eingreifen;[986] insbesondere die Ansprüche Ausgeschiedener müssen unberührt bleiben. Außerdem muss die Neuregelung der Billigkeit entsprechen;[987] **Verschlechterungen** müssen insbesondere den Vertrauensschutzgrundsatz beachten und verhältnismäßig sein[988] und sind deshalb auch in Bezug auf noch nicht entstandene oder noch nicht abgewickelte Ansprüche nur in sehr engem Rahmen möglich. Dieser ist gewahrt, wenn eine sehr komplizierte durch eine klare Regelung ersetzt wird und der AN die Höhe seiner Abfindung noch gar nicht einschätzen konnte.[989] Anders dann, wenn die Fälligkeit einzelner Ansprüche auf unbestimmte Zeit hinausgeschoben wird.[990] Solange der anlässlich einer Betriebsstilllegung abgeschlossene Sozialplan noch nicht voll abgewickelt ist, bleibt dem BR ein Restmandat zu seiner Änderung.[991]

203 Die **Kündigung des Sozialplans** ist grundsätzlich ausgeschlossen, es sei denn, die Betriebspartner hatten ausdrücklich eine abweichende Regelung getroffen. Eine **Ausnahme** gilt nur in Bezug auf solche Bestimmungen, die regelmäßige **Leistungen für einen bestimmten oder einen unbestimmten Zeitraum** vorsehen.[992] Soweit eine Kündigung zulässig ist, tritt die Nachwirkung des § 77 Abs. 6 ein.[993] Eine **fristlose Kündigung** des Sozialplans ist erst recht **ausgeschlossen,** zumal er nicht den Charakter eines Dauerschuldverhältnisses besitzt.[994]

8. Wegfall der Geschäftsgrundlage

204 Ändern sich die im Sozialplan zugrunde gelegten Verhältnisse grundlegend, kommt auf der Grundlage des § 313 Abs. 1 BGB eine **Anpassung wegen Wegfalls der Geschäftsgrundlage** in Betracht. Dies geschieht in der Weise, dass die durch den Fortbestand des Sozialplans benachteiligte Seite vom Gegenspieler neue Verhandlungen verlangen und notfalls die ESt.

---

984 *BAG* 24.3.81, AP Nr. 12 zu § 112 BetrVG 1972; 10.8.94 – 7 ABR 35/93, DB 95, 480; 5.10.00 – 1 AZR 48/00, NZA 01, 849; 12.11.02 – 1 AZR 58/02, NZA 03, 1287; 2.10.07 – 1 AZR 815/06, NZA-RR 08, 242 Tz 19.

985 *BAG* 19.2.08 – 1 AZR 1004/06, NZA 08, 720.

986 *BAG* 12.11.02 – 1 AZR 58/02, NZA 03, 1287; *HessLAG* 27.10.98 – 4 Sa 2562/97, AiB 99, 526: mit Zugang der Kündigung entstandener Abfindungsanspruch. Ebenso BGM-*Bachner* § 4 Rn. 406.

987 Einzelheiten bei *Däubler,* NZA 85, 547; ebenso *BAG* 10.8.94 – 7 ABR 35/93, DB 95, 480.

988 *BAG* 2.10.07 – 1 AZR 815/06, NZA-RR 08, 242 Tz 19ff. Dazu auch HK-ArbR-*M. Schubert,* §§ 111–113 Rn 34.

989 *BAG* a.a.O.

990 *BAG* 21.10.03 – 1 AZR 407/02, NZA 04, 559.

991 *BAG* 5.10.00, NZA 01, 849.

992 *BAG* 24.3.81, AP Nr. 12 zu § 112 BetrVG 1972; 10.8.94 – 7 ABR 35/93, DB 95, 480, das den Ausnahmefall aber ebenso wie *BAG* 28.3.07 – 10 AZR 719/05, NZA 07, 1066 Tz 26 ausdrücklich dahinstehen lässt; *KreisG Suhl* 4.12.91, AiB 92, 192; HWGNRH-*Hess,* Rn. 697; *Weller,* AR-Blattei (1946 – 1992), Sozialplan I, F I; einschränkend mit Recht *Fitting,* Rn. 214ff.; GK-*Oetker,* Rn. 240ff. m.w.N.

993 *BAG,* a.a.O.; Einzelheiten bei *Meyer,* NZA 97, 289ff.

994 *KreisG Suhl* 4.12.91, AiB 92, 102; *Däubler,* NZA 85, 550; *Wenning-Morgenthaler,* Rn 1209; im Prinzip auch *BAG* 10.8.94 – 7 ABR 35/93, DB 95, 480; a.A. *LAG Saarland* 3.7.85, LAGE § 112 BetrVG 1972 Nr. 7; HWGNRH-*Hess,* Rn. 698.

anrufen kann.[995] Einer fristlosen Kündigung bedarf es deshalb nicht.[996] Ein solcher Wegfall der Geschäftsgrundlage wurde insbesondere dann angenommen, wenn beim Abschluss des Sozialplans **falsche Vorstellungen über die zur Verfügung stehende Finanzmasse** geherrscht haben.[997] Dasselbe gilt dann, wenn mit Rücksicht auf die beabsichtigte Sanierung des UN nur bescheidene Sozialplanleistungen vorgesehen werden, nach einiger Zeit aber die **Sanierung fehlschlägt** und das UN liquidiert wird: Wird nunmehr ein besserer Sozialplan vereinbart, müssen die bei dem Sanierungsversuch Ausgeschiedenen gleichbehandelt werden.[998] Stellt sich die zur Verfügung stehende Finanzmasse als sehr viel bescheidener heraus, können auch entstandene Ansprüche (ausgeschiedener oder noch im Betrieb tätiger) AN gekürzt werden.[999] Weiter ist an den Fall zu denken, dass anstelle der geplanten eine **völlig andere Betriebsänderung** vorgenommen wurde. Schließlich fällt die Geschäftsgrundlage dann weg, wenn der Sozialplan Abfindungen wegen stilllegungsbedingter Entlassungen vorsieht, sich dann aber wider Erwarten ein Käufer findet, der alle Betroffenen zu unveränderten Bedingungen weiterbeschäftigen will.[1000] Ob dies auch für den »übernahmeunwilligen« Erwerber gilt, scheint bislang nicht erörtert; der Grundgedanke des § 613a würde dafür sprechen. Die Anpassung kann sich auch auf schon entstandene AN-Ansprüche erstrecken,[1001] doch ist dem Grundsatz der Verhältnismäßigkeit besondere Beachtung zu schenken.[1002] Auch ist an eine entsprechende Anwendung von § 124 Abs. 3 Satz 1 InsO zu denken. Wird eine bei Abschluss des Sozialplans steuerfreie Leistung **nachträglich steuerpflichtig,** so kommt eine Anpassung entsprechend § 313 Abs. 1 BGB in Betracht, was auf eine hälftige Verteilung der Steuerlast hinauslaufen würde. Dem AN generell das Besteuerungsrisiko aufzubürden, besteht keine Veranlassung.[1003]

9. Betriebsübergang und Sozialplan

Wird der **Betrieb** nach Abschluss von Interessenausgleich und Sozialplan **auf** einen **neuen Inhaber übertragen,** so lässt dies die Geltung der vereinbarten Regelungen unberührt. Solange der Betrieb seine Identität bewahrt, bleiben alle Betriebsvereinbarungen (und damit auch der Sozialplan) kollektivrechtlich bestehen (o. § 77 Rn. 100). Ebenso ist bei einer Unternehmensfusion zu entscheiden.[1004] Wird nur ein Betriebsteil übertragen, gilt dasselbe, solange dieser selbstständig bleibt; andernfalls greift § 613a Abs. 1 Sätze 2–4 BGB ein (o. § 77 Rn. 103). Wird der Betrieb während der **Verhandlungen** übertragen, so sind diese **mit dem Erwerber fortzusetzen.** Plant dieser schon vor der Übernahme bestimmte Betriebsänderungen, kann mit ihm über Interessenausgleich und Sozialplan verhandelt werden.[1005] Will er vom vorher Vereinbarten abweichen und eine andere Betriebsänderung durchführen, muss er erneut in Verhandlungen eintreten; insoweit ist die Rechtslage nicht anders, als wenn der Veräußerer umdisponieren würde (weitere Einzelheiten § 111 Rn. 127 ff.). Kommt es zu einem Betriebsübergang, so ist beim Abschluss eines Sozialplans besonders darauf zu achten, dass ausdrücklich auch diejenigen einbezogen werden, die **dem Übergang ihres Rechtsverhältnisses widersprochen** haben. Andernfalls besteht die Gefahr, dass das BAG im Wege der Auslegung dazu kommt, dass sie nicht vom Sozialplan erfasst sein sollen.[1006] 205

995 *BAG* 17.2.81, AP Nr. 11 zu § 112 BetrVG 1972; 10.8.94 – 7 ABR 35/93, DB 95, 480; ebenso ErfK-*Kania*, Rn. 41; *Winderlich*, BB 94, 2488.
996 Vgl. *Fitting*, Rn. 219, 221.
997 *BAG* 17.2.81, AP Nr. 11 zu § 112 BetrVG 1972.
998 *BAG* 9.12.81, AP Nr. 14 zu § 112 BetrVG 1972, das ausschließlich auf § 75 Abs. 1 abstellt.
999 *BAG* 10.8.94 – 7 ABR 35/93, DB 95, 480.
1000 *BAG* 28.8.96 – 10 AZR 886/95 DB 97, 100; ähnlich *BAG* 4.12.97 – 2 AZR 140/97, DB 98, 1087: Aufgabe des Plans zur Produktionsverlagerung lässt Geschäftsgrundlage für Aufhebungsverträge mit Abfindung entfallen.
1001 *BAG*, a.a.O.
1002 HWK-*Hohenstatt/Willemsen*, Rn. 88; *Meyer*, NZA 95, 979 ff.
1003 Anders *LAG Schleswig-Holstein* 16.1.08, DB 08, 1980.
1004 *BAG* 24.6.98 – 4 AZR 208/97, DB 99, 290 für den Fall eines Firmentarifs.
1005 *Bauer*, DB 1994, 221.
1006 So im Fall *BAG* 9.11.21 – 1 AZR 278/20, NZA 22, 646.

V. Die Auszahlung der Sozialplanleistungen

1. Fälligkeit, Verzicht, Verjährung und Ausschlussklauseln

206 Der Sozialplan bestimmt selbst, zu welchem Zeitpunkt AN-Ansprüche **zur Entstehung gelangen.**[1007] Ist keine besondere Regelung getroffen, kommt es auf den Zeitpunkt des Zugangs der Kündigung an.[1008] Aus dem Sinn und Zweck einer Regelung kann sich allerdings ergeben, dass der Ablauf der Kündigungsfrist, d. h. das effektive Ausscheiden, maßgebender Zeitpunkt sein soll.[1009] Ebenso autonom sind die Betriebsparteien bei der Bestimmung der **Fälligkeit.** Legen sie insoweit nichts fest, kommt es auf den **Zeitpunkt des Ausscheidens des AN** aus dem Betrieb an. Damit ist mangels abweichender Abrede nicht die faktische Beendigung der Arbeit, sondern der Ablauf der Kündigungsfrist gemeint.[1010] Erhebt der AN Kündigungsschutzklage, tritt Fälligkeit erst mit deren rechtskräftiger Abweisung ein.[1011] Eine vorherige Geltendmachung des Anspruchs (etwa im Wege eines Eventualantrags) ist aber möglich. Die **Fälligkeit** eines Teils der Ansprüche auf unbestimmte Zeit **hinauszuschieben,** lässt sich mit der Funktion des Sozialplans (o. Rn. 80 ff.) nicht vereinbaren;[1012] die Leistung läge so im Belieben des Schuldners. Die Entstehung von Ansprüchen und ihre Fälligkeit können auch durch Spruch der ESt festgelegt werden.[1013] Zur Frage, gegen wen sich Sozialplanansprüche richten, wenn die Betriebsänderung in einem gemeinsamen Betrieb erfolgte, s. o. Rn. 193. Eine persönliche Haftung der Geschäftsführer scheidet so gut wie immer aus.[1014]

207 Ist für die Fälligkeit kein kalendermäßig bestimmtes Datum (»31. 3. 2020«) vorgesehen, sondern wird beispielsweise auf das tatsächliche Ausscheiden aus dem Betrieb abgestellt, und erfolgt die Zahlung nicht umgehend, so muss der ausgeschiedene AN seinem früheren AG eine **Mahnung** schicken; erst dann tritt Verzug ein (§ 286 Abs. 1 BGB). Dies ist wichtig nicht nur wegen der **Verzugszinsen** nach § 288 BGB, sondern auch deshalb, weil der **AG zum Schadensersatz verpflichtet** ist (§§ 280 Abs. 1 und 2, 288 Abs. 4 BGB). Dies wird insbesondere dann bedeutsam, wenn die Zahlung erst dann erfolgt, wenn der AN bereits auf Hartz IV angewiesen ist (u. Rn. 219).

208 Da der Sozialplan die Wirkung einer BV hat, kann der Einzelne seine Ansprüche nach § 77 Abs. 4 Satz 1 unmittelbar gegen den AG geltend machen. Denkbar ist aber eine arbeitsvertragliche Abrede, die den AN **günstiger als der Sozialplan** stellt. Die »Günstigkeit« richtet sich nach allgemeinen Grundsätzen.[1015] Sie schließen es aus, die Sozialplanabfindung mit der Gesamtheit der Leistungen zu vergleichen, die der AN bei Übertritt in eine BQG[1016] oder bei Verlängerung der Kündigungsfrist erhält.[1017] Abmachungen zwischen AG und AN dürfen nach § 77 Abs. 4 S. 1 nicht zu einem teilweisen Verzicht auf Sozialplanansprüche führen; dies gilt auch für gerichtliche Vergleiche im Rahmen eines Kündigungsschutzverfahrens.[1018] Anders dann, wenn ein Vergleich im Hinblick auf die zugrunde liegenden Tatsachen geschlossen wird,[1019] doch müssen diese effektiv umstritten und nicht aufklärbar sein. Wie der AN mit den ausbezahlten bzw. auf sein Konto überwiesenen Beträgen verfahren will, ist allein ihm überlassen; er kann das Geld auch in eine von der Belegschaft (mit)getragene Auffang- oder Beschäftigungsgesellschaft investieren. In Zukunft wird besonders darauf zu achten sein, ob die nach einem Jahr

---

1007 *BAG* 13. 12. 94 – 3 AZR 357/94, DB 96, 433.
1008 *BAG*, a. a. O.; *HessLAG* 27. 10. 98 – 4 Sa 2562/97, AiB 99, 526.
1009 *BAG* 22. 5. 96 – 10 AZR 907/95, DB 97, 280.
1010 So im Zusammenhang mit Ausschlussfristen *BAG* 18. 12. 84, AP Nr. 11 zu § 113 BetrVG 1972; eingehend *BAG* 15. 7. 04 – 2 AZR 630/03, NZA 05, 292; vgl. weiter *LAG Niedersachsen* 12. 9. 03 – 16 Sa 621/03, NZA-RR 04, 478.
1011 *BAG* 27. 3. 96 – 10 AZR 668/95, DB 97, 234.
1012 *BAG* 21. 10. 03 – 1 AZR 407/02, NZA 04, 559.
1013 *Wenning-Morgenthaler*, Rn 1107 f.
1014 *BAG* 20. 3. 14 – 8 AZR 45/13, NZA 14, 1023.
1015 *BAG* a. a. O.
1016 *BAG* 30. 3. 04 – 1 AZR 85/03 NZA 04, 1183.
1017 *ArbG Köln* 25. 11. 04 AuR 05, 340; kritisch zu dieser Rspr. *Löwisch/Geisenberger*, RdA 05, 45.
1018 *BAG* 25. 4. 17 – 1 AZR 714/15, NZA 17, 1467.
1019 *BAG* 31. 7. 96 – 10 AZR 138/96, AiB 97, 350, betätigt durch *BAG* 25. 4. 17 – 1 AZR 714/15, NZA 17, 1467.

Arbeitslosigkeit noch vorhandenen Abfindungsbeträge bei der Gewährung von ALG II berücksichtigt werden. Sinnvoll kann im Einzelfall das Abzahlen von Schulden, aber auch das Investieren in das sog. Schonvermögen (selbst bewohntes Haus, Auto) sein.

Ansprüche aus dem Sozialplan unterliegen der gesetzlichen **Verjährung** nach den §§ 195, 199 BGB.[1020] Der Sozialplan kann **Ausschlussfristen** vorsehen (§ 77 Abs. 4 Satz 3), was in der Praxis nur relativ selten vorkommt. Ein **Verzicht** auf Sozialplanansprüche ist nur mit Zustimmung des BR möglich; § 77 Abs. 4 Satz 2 gilt auch hier. Der BR muss über die maßgebenden Umstände umfassend informiert sein und einen entsprechenden Beschluss fassen.[1021] Die Zustimmung kann formlos vor oder nach dem vertraglich vereinbarten Verzicht erklärt werden. Schließt der AN einen **gerichtlichen Vergleich,** wonach »alle Ansprüche« abgegolten sein sollen, so bringt dies Sozialplanansprüche nicht zum Erlöschen.[1022] Etwas anderes gilt nur, wenn ein sog. Tatsachenvergleich geschlossen wird, wonach sich die Parteien über das Vorliegen oder Nicht-Vorliegen bestimmter Tatsachen verständigen, die Grundlage von Ansprüchen sind. Greifen **TV** ein, die entsprechende Fristen für alle »Ansprüche aus dem Arbeitsverhältnis« vorsehen, so werden die Sozialplanrechte miterfasst; auch sie haben ihre Ursache letztlich im Arbeitsverhältnis.[1023] Die Frist beginnt mit der Fälligkeit des Anspruchs, d.h. in der Regel mit dem (juristischen) Ausscheiden aus dem Arbeitsverhältnis.[1024] Die Aussagen beziehen sich zwar ausschließlich auf den Nachteilsausgleich nach § 113, doch kann für Ansprüche aus dem Sozialplan nichts anderes gelten. Entstehen diese erst nach dem Ausscheiden, so sollen tarifliche Ausschlussfristen, die an das Ausscheiden anknüpfen, nicht mehr gelten.[1025] Gegen die Rspr. lässt sich insgesamt einwenden, dass die Ansprüche nicht »aus« dem Arbeitsverhältnis erwachsen, sondern nur mit ihm »in Zusammenhang« stehen, so dass sie nur von einer entsprechend weiten Klausel erfasst werden.[1026] Nach der Rechtsprechung bestehen keine Bedenken dagegen, bei der Gewährung von Leistungen nur solche Kinder zu berücksichtigen, die **in der Lohnsteuerkarte eingetragen** sind (zu Einwänden s. o. Rn. 105).[1027] 209

2. (Beschränkte) Freiheit von Steuern und Abgaben

Abfindungen für den Verlust des Arbeitsplatzes waren **bis 31.12.2005** nach § 3 Nr. 9 EStG bis zu einem Betrag von **7200 Euro steuerfrei.** Der Höchstbetrag betrug **9000 Euro,** wenn der AN das 50. Lebensjahr, **11 000 Euro,** wenn er das 55. Lebensjahr vollendet hatte und wenn außerdem das Arbeitsverhältnis mindestens 15 bzw. 20 Jahre bestanden hatte. Durch das Gesetz zum Einstieg in ein steuerliches Sofortprogramm vom 22.12.2005[1028] wurde **§ 3 Nr. 9 EStG ersatzlos aufgehoben.**[1029] Abfindungen sind nunmehr grundsätzlich wie anderes Einkommen zu versteuern. Was bleibt ist allein die Vorschrift des **§ 34** i.V.m. § 24 Nr. 1 EStG. Ob sich der AN dabei in einer Drucksituation befunden haben muss, blieb beim *BFH* dahinstehen.[1030] Wird bei einem Aufhebungsvertrag eine Abfindung bezahlt, so folgt schon allein daraus, dass der Arbeitsplatz nicht allein aufgrund einer Initiative des AN verloren ging. Ist § 34 EStG anwendbar, wird der Steuersatz so bestimmt, als wäre die Abfindung auf fünf Jahre verteilt worden **(»Fünftelungsregelung«),** sodass man häufig in eine weniger hohe Progressions- 210

1020 3 Jahre ab Kenntnis oder grob fahrlässiger Unkenntnis – *Fuchs,* AiB 03, 563.

1021 *BAG* 15.10.13 – 1 AZR 405/12, NZA 14, 217 Tz. 27, auch zum Folgenden.

1022 *BAG* 25.4.17 – 1 AZR 714/15, NZA 17, 1467, auch zum Folgenden.

1023 *BAG* 20.6.78, AP Nr. 3 zu § 113 BetrVG 1972; 18.12.84, AP Nr. 11 zu § 113 BetrVG 1972; 27.3.96 – 10 AZR 668/95, DB 97, 234; 27.1.04 – 1 AZR 148/03, NZA 04, 667; *Fitting,* Rn. 197; *Teichmüller,* Betriebsänderung, S. 105.

1024 *BAG* 3.8.82, 29.11.83 und 18.12.84, AP Nrn. 5, 10 und 11 zu § 113 BetrVG 1972.

1025 *BAG* 19.12.06 – 9 AZR 343/06 NZA 07, 759, 761; *LAG Brandenburg* 16.4.93 – 45 Sa 880/92, DB 93, 2340; *BAG* 3.4.90 – 1 AZR 131/89, EzA § 4 TVG Ausschlussfristen Nr. 94.

1026 Näher *Däubler,* Tarifvertragsrecht, Rn. 1348.

1027 *BAG* 12.3.97 – 10 AZR 648/96, DB 97, 1522.

1028 BGBl. I 3682.

1029 Zu den Übergangsregeln nach § 52 Abs. 4 Buchst. a EStG s. 12. Aufl. Rn. 141a.

1030 *BFH* 13.3.18 – I XR 16/17; NZA-RR 18, 511, auch zum Folgenden.

zone kommt.[1031] Grundgedanke ist, dass man aufgrund der Abfindung mehr erhält als man bei Fortsetzung des Arbeitsverhältnisses im Kalenderjahr verdient hätte (»Zusammenballung«).[1032] § 34 EStG wird daher unanwendbar, wenn sich die Abfindungszahlung auf zwei Kalenderjahre verteilt,[1033] doch ist es unschädlich, wenn im folgenden Jahr noch weitere Zusatzleistungen gewährt werden, die aber auf keinen Fall 50 % der Hauptentschädigung erreichen dürfen.[1034] Auch lässt sich die Fälligkeit auf das folgende Kalenderjahr verschieben, wenn sich dies wegen des geringeren sonstigen Einkommens als vorteilhaft darstellt.[1035] Aus einem planwidrigen Zufluss der Abfindung in zwei verschiedenen Kalenderjahren (der AN muss die ihm in Wahrheit zustehende höhere Abfindung erst einklagen) darf sich kein steuerlicher Nachteil ergeben, so dass die Gesamtsumme nach § 34 EStG besteuert wird. Anders ist es bei den erwähnten nachfolgenden »Ausgleichsleistungen«, die lediglich die steuerliche Privilegierung der Hauptentschädigung unberührt lassen, selbst aber voll der Besteuerung unterliegen.[1036] Ohne Bedeutung ist, dass durch die Abfindung künftige Lohnansprüche abgegolten werden sollen, doch bleiben bereits **entstandene Lohn- und Gehaltsansprüche** auch dann ohne die Vergünstigung des § 34 EStG voll steuerpflichtig, wenn sie in die Abfindung einbezogen werden.[1037] Leistungen aus einem Härtefonds (o. Rn. 178 ff.) sind wie (nachfolgende) Abfindungszahlungen zu behandeln. Soweit Leistungen erst an den Erben ausbezahlt werden, sind seine persönlichen Verhältnisse für die Höhe des Steuersatzes maßgebend. In Zweifelsfällen hat das Finanzamt nach § 42e EStG Auskunft zu erteilen.

211 Die **Übernahme der Steuer durch den Arbeitgeber** ist im Zweifel nicht gewollt;[1038] auch ein Hinweis auf § 3 Nr. 9 EStG sprach für eine Bruttoabrede.[1039] Selbst eine Formulierung, ein bestimmter Aufwand werde »zu 100 % erstattet«, genügt nicht für die Annahme einer Nettoabrede.[1040] Anders dann, wenn eine Aufstockung des Arbeitslosengelds auf 90 % des bisherigen Nettoeinkommens vorgesehen wird.[1041]

212 Nach § 3 Nr. 63 EStG sind **Beiträge zur betrieblichen Altersversorgung** oder zu einem anderen Versorgungssystem in gewissem Umfang steuerfrei.[1042] Allerdings kommen die dadurch geschaffenen Ansprüche frühestens ab dem 60. Lebensjahr zur Auszahlung und unterliegen überdies der sog. nachgelagerten Besteuerung nach § 22 Nr. 5 Satz 1 EStG. Keine Steuerpflicht besteht in Bezug auf **Ersatzansprüche, die einem Arbeitnehmer aufgrund einer erlittenen Diskriminierung nach § 15 Abs. 2 AGG zustehen.**[1043] Diese kann auch eine mittelbare Benachteiligung sein, die etwa darin liegt, dass eine Personalabbauaktion bestimmte Personengruppen wie Frauen, Ältere, Behinderte, ethnische Minderheiten usw. besonders stark betraf.[1044] Eine Steuerpflicht entfällt bereits dann, wenn Ungewissheit über das Vorliegen eines derartigen Ersatzanspruchs besteht, die durch einen (außergerichtlichen) Vergleich beseitigt werden sollte.[1045] Einen solchen Tatbestand nur vorzutäuschen, würde die Straftatbestände des Betrugs und der Steuerhinterziehung erfüllen.

1031 *LAG Hamm* 21. 1. 02, NZA-RR 03, 38; *Rockstroh/Polduwe*, DB 99, 532; *Schaub*, BB 99, 1060; *Wagner*, AuR 06, 47.

1032 *BFH* 27. 1. 10 – I R 31/09. NZA-RR 10, 486 (überhöhtes Einkommen im Vorjahr bietet keinen Maßstab).

1033 Bezahlung von Teilbeträgen innerhalb eines Kalenderjahres ist unschädlich.

1034 *Foerster* AuA 11, 107; *Huber/Seidel, in:* Küttner, Personalbuch, Außerordentliche Einkünfte (Nr. 87) Rn. 11.

1035 *BFH* 11. 11. 09 – IX R 14/09, AuR 10, 133.

1036 *BFH* 6. 3. 02 – XI R 16/02, BStBl II 04, 446.

1037 *Bauer*, NZA 91, 618; *Rumpff/Boewer*, S. 430.

1038 *BAG* 21. 7. 09 – 1 AZR 167/08, NZA 09, 1213; ebenso für die individuell vereinbarte Abfindung *LAG Berlin* 21. 2. 94 – 9 Sa 126/93, DB 94, 2632.

1039 *ArbG Neumünster* 19. 2. 04 – 4 Ca 1180a/03, NZA-RR 04, 600.

1040 *BAG* 21. 7. 09 – 1 AZR 167/08, NZA 09, 1213.

1041 *LAG Düsseldorf* 27. 6. 96 – 12 Sa 469/96, DB 96, 1884.

1042 Einzelheiten bei *Felser*, AiB 06, 349 und *Wagner*, AuR 06, 47.

1043 *Cornelius/Lipinski*, BB 07, 498.

1044 Einzelheiten bei Däubler/Beck-*Däubler*, § 7 Rn. 262 ff.

1045 *FG Rheinland-Pfalz* 21. 3. 17 – 5 K 1594/14, NZA-RR 18, 54; *Cornelius/Lipinski*, BB 07, 501.

Sieht der Sozialplan den Ersatz von **Fahrt- oder Umzugskosten** vor, so sind diese nach Maßgabe des § 3 Nr. 16 EStG steuerfrei. Werden bestimmte Leistungen nachträglich steuerpflichtig, so soll dies zu Lasten des AN gehen.[1046] In Wirklichkeit liegt eine Änderung der Geschäftsgrundlage vor, die zu einer Anpassung etwa im Sinne einer hälftigen Belastung beider Seiten führen müsste (o. Rn. 204). Voll steuerpflichtig sind dagegen Abfindungen, wenn der Betroffene **bei** einem **Betriebsübernehmer** zu schlechteren Konditionen **weiterbeschäftigt** wird.[1047] 213

Abfindungen unterliegen nicht der **Beitragspflicht zur Sozialversicherung.** Das *BAG*[1048] und das BSG[1049] haben dies mit eingehender Begründung für die Abfindungen nach § 10 KSchG ausgeführt; für Leistungen aus dem Sozialplan kann nichts anderes gelten. Es handelt sich dabei insgesamt nicht um Arbeitsentgelt i. S. v. § 14 SGB IV. Eine Ausnahme gilt nur dann, wenn in der Abfindung ein bereits verdienter Entgeltanspruch oder eine Urlaubsabgeltung enthalten sind,[1050] oder wenn der Sozialplan eine Leistung der betrieblichen Altersversorgung oder einen anderen Ersatz für Rentenminderung vorsieht.[1051] Die abweichende Haltung einzelner Sozialversicherungsträger lässt sich nicht mit dem geltenden Recht vereinbaren.[1052] Führt der AG entgegen diesen Grundsätzen Sozialversicherungsbeiträge ab, so kann der AN gleichwohl den vollen Betrag verlangen; der AG muss sich ggf. vor dem SozG mit der ACK auseinandersetzen. 214

3. Der mögliche Zugriff Dritter

Die aus dem Sozialplan erhaltene Abfindung schafft ein gewisses finanzielles Polster, das auch den **unterhaltsberechtigten Familienangehörigen** zugute kommt: Bei der Bemessung von Unterhaltsleistungen ist die Abfindung mitzuberücksichtigen.[1053] Das höhere Vermögen ist außerdem bei der Berechnung des Zugewinnausgleichs nach §§ 1373 ff. BGB von Bedeutung,[1054] wobei es genügt, dass bei Einreichung des Scheidungsantrags ein gesicherter Abfindungsanspruch bestand.[1055] Im Rahmen der Bewilligung von **Prozesskostenhilfe** gehört die Abfindung grundsätzlich zu dem nach § 115 Abs. 3 ZPO zu berücksichtigenden Vermögen. Mit Rücksicht auf den besonderen Bedarf, der durch die Suche nach einem neuen Arbeitsplatz ausgelöst wird, wird jedoch ein Betrag in Höhe des doppelten Schonvermögens nach § 90 SGB XII ausgenommen.[1056] Außerdem sind Verbindlichkeiten z. B. gegenüber einem früheren Prozessbevollmächtigten abzusetzen.[1057] 215

Im **Zwangsvollstreckungsrecht** wird die **Abfindung als Arbeitseinkommen** behandelt, das auf Antrag nach Maßgabe des § 850i ZPO der Pfändung entzogen wird.[1058] Dies bedeutet, dass der AN im Falle der Pfändung durch seine Gläubiger von sich aus aktiv werden muss, um einen vom Gericht festzusetzenden Teil für sich und seine Familie verwenden zu können.[1059] Der Ersatz für Fahrtkosten sowie die Übernahme von Mietbeihilfen sind nach § 850a Nr. 3 ZPO unpfändbar. 216

1046 *LAG Schleswig-Holstein* 16. 1. 08 – 3 Sa 433/07, DB 08, 1980 LS; Volltext bei juris.
1047 *BFH* 16. 7. 97, AuR 97, 404.
1048 9. 11. 88, DB 89, 327; 13. 11. 91 – 4 AZR 20/91, DB 92, 585.
1049 21. 2. 90 – 12 RK 20/99, BB 90, 1350.
1050 *BAG*, a. a. O.; *Fitting*, Rn. 207.
1051 *BSG* 26. 3. 96, DB 96, 1987 – für KV-Beiträge der Rentner.
1052 Dazu *Rumpff/Boewer*, S. 414.
1053 *BGH* 23. 12. 81, AP Nr. 13 zu § 112 BetrVG 1972.
1054 Näher zu Unterhaltsrecht und **Zugewinnausgleich** *Däubler*, BGB kompakt, 2. Aufl., Kap. 36 Rn. 46 ff., 56 ff.
1055 *Felser* AiB 06, 349.
1056 *BAG* 24. 4. 06 – 3 AZB 12/05, NZA 06, 751; entgegenkommender *LAG Schleswig-Holstein* 10. 4. 06 – 2 Ta 69/06, NZA-RR 06, 541: Höchstens 10 % der Abfindung sind zu berücksichtigen.
1057 *LAG Köln* 24. 10. 07 – 11 Ta 313/07, NZA-RR 08, 322.
1058 *BAG* 13. 11. 91 – 4 AZR 20/91, DB 92, 585; *OLG Düsseldorf* 28. 8. 79, DB 80, 112; *LAG Niedersachsen* 14. 11. 03 – 16 Sa 1213/03, NZA-RR 04, 490; *Fitting*, Rn. 199; GK-*Oetker/Schubert*, Rn. 171; Richardi-*Annuß*, Rn. 200.
1059 *Rumpff/Boewer*, S. 436.

4. Anrechnung auf Sozialleistungen, insbes. auf das Arbeitslosengeld

217 Bezieht der ausgeschiedene AN **Arbeitslosengeld,** so findet nach dem Entlassungsentschädigungs-Änderungsgesetz v. 24.3.99[1060] keine Anrechnung auf das Arbeitslosengeld statt. Die umstrittene Vorschrift des § 140 SGB III a.F., die auf Grund einer Übergangsvorschrift für die allermeisten AN erst am 6.4.99 wirksam geworden wäre, ist ersatzlos aufgehoben worden. Wurde beim Ausscheiden des AN die für ihn geltende Kündigungsfrist nicht beachtet, ruht der Anspruch auf Arbeitslosengeld nach näherer Maßgabe des § 158 (bisher: § 143a) SGB III.[1061] Das »Ruhen« schiebt nur den Beginn der Zahlungen hinaus, führt jedoch nicht zu einer Verkürzung der Bezugsdauer.[1062] Allerdings werden keine Sozialversicherungsbeiträge bezahlt, so dass der Krankenversicherungsschutz nach § 19 Abs. 2 SGB V einen Monat nach Ausscheiden aus dem Arbeitsverhältnis endet. Insoweit muss sich der AN auf seine Kosten freiwillig weiterversichern. Weiter ist darauf zu achten, dass der Urlaub noch während des Arbeitsverhältnisses genommen wird, will man das in § 157 Abs. 2 SGB III vorgesehene Ruhen des Anspruchs auf Arbeitslosengeld wegen des Bezugs von **Urlaubsabgeltung** vermeiden.[1063]

218 Sobald ein ausgeschiedener AN **Bürgergeld (früher: »Hartz IV«)** beziehen will, wird auch heute noch nach Maßgabe von § 12 SGB II überprüft, inwieweit sein **Vermögen** die dort genannten **Freibeträge übersteigt.** Allerdings sind die Maßstäbe durch das Bürgergeld-Gesetz vom 16.12.2022[1064] sehr viel großzügiger geworden; Auto (bis zu einem Wert von 7500 Euro) und selbstbewohntes Haus bzw. Eigentumswohnung bleiben unberücksichtigt; Jede Person, die zur Bedarfsgemeinschaft gehört, kann bis zu 15000 Euro »Schonvermögen« auf dem Bankkonto haben.[1065]

219 Wird die **Abfindung erst** zu einem Zeitpunkt **ausbezahlt,** in dem der ausgeschiedene **AN bereits Bürgergeld** bezieht, so wird sie im Monat des Zuflusses als »Einkommen« angerechnet; im Übrigen zählt sie zum Vermögen. Ist der AG für den darin liegenden Nachteil verantwortlich (weil er beispielsweise trotz Verzugs nicht bezahlte), so ist er zum Schadensersatz verpflichtet.[1066] Dabei hat er den AN so zu stellen, als wäre rechtzeitig bezahlt und das Geld dem Schonvermögen zugeführt worden.

220 Zur Übernahme des »Sperrfristrisikos« durch den AG s. o. Rn. 169.

5. Vererblichkeit des Abfindungsanspruchs

221 Abfindungsansprüche gehen wie andere vermögenswerte Rechte auf den Erben über. Voraussetzung ist, dass der **Anspruch** im Todeszeitpunkt **entstanden** war; er muss noch nicht fällig sein.[1067] Wann dies der Fall ist, bestimmt sich nach dem Inhalt des Sozialplans, der notfalls im Wege der **Auslegung** zu ermitteln ist. Enthält der Wortlaut keine eindeutigen Festlegungen, so wird entscheidend darauf angestellt, ob die durch die Betriebsänderung verursachten (und deshalb zu mildernden) Nachteile bereits eingetreten sind, was nach Ablauf der Kündigungsfrist der Fall ist. Stirbt der AN vorher, **erreichen ihn die Wirkungen der Betriebsänderung nicht mehr,** so dass kein Anspruch entsteht.[1068] Auch wenn man unterstellt, dass vor diesem Zeitpunkt eine Anwartschaft besteht, ändert sich am Ergebnis nichts, weil sie durch den Tod nicht zum Vollrecht erstarkt, sondern gegenstandslos wird.[1069] Ist der AN erst nach dem Ausscheiden aus dem Betrieb verstorben und legt sich ein später geschlossener **Sozialplan Rück-**

1060 BGBl. I S. 396.
1061 Einzelheiten samt Tabelle bei *Schaub,* BB 99, 1063; s. weiter BSG 9.2.06 – B 7a AL 44/03 R, NZA-RR 06, 663.
1062 *Rockstroh/Polduwe,* DB 99, 531; *Wenning-Morgenthaler,* Rn 1132.
1063 SB-*Stevens-Bartol* § 112 Rn. 22.
1064 BGBl I S. 2328.
1065 Näher *Groth/Güssow,* NJW 23, 184, 186.
1066 *BSG* 3.3.09 – B 4 AS 47/08 R, AuR 10, 70.
1067 *BAG* 27.6.06 – 1 AZR 322/05, NZA 06, 1238.
1068 *BAG* 27.6.06 – 1 AZR 322/05, NZA 06. 1238; ebenso *Boemke/Danko,* DB 06, 2461, wo auch andere Abfindungsansprüche eingehend abgehandelt sind.
1069 *BAG* 27.6.06 – 1 AZR 322/05 NZA 06, 1238. 1239.

wirkung bei, so kommt dies den Erben zugute.[1070] War der AN im Zeitpunkt der Entstehung des Abfindungsanspruchs (z. B. Abschlusstag des Sozialplans) bereits verstorben, so fehlt es im Regelfall an einer Voraussetzung für die Entstehung des Anspruchs, da der Sozialplan sich auf die im Moment seines Inkrafttretens vorhandenen AN bezieht.[1071]

6. Ausgleich von Rentenabschlägen und Schaffung eines Wertguthabens

Wer aus dem Betrieb ausscheidet, als Älterer keinen angemessenen Arbeitsplatz mehr findet oder gesundheitlich nur schwer weiterarbeiten kann, wird von der **vorgezogenen Alters**rente Gebrauch machen. Dabei muss er einen lebenslangen Rentenabschlag von 0,3 % pro Monat bzw. von 3,6 % pro vorgezogenem Jahr in Kauf nehmen. Hier setzt das sog. **Mannheimer Modell** an, das die Abschläge mildert oder aufhebt und ggf. eine »unversorgte« Zeit zwischen auslaufendem Arbeitsverhältnis und Rentenbeginn überbrückt.[1072] **221a**

Erhält der Arbeitnehmer eine **Abfindung,** so ist diese nach dem sog. Fünftelungsprinzip **zu versteuern.**[1073] Dies kann bei höheren Einkommen durchaus 30 % der Gesamtsumme ausmachen. Der größte Teil dieser Steuer fällt nicht an, soweit der AG nach § 187a SGB VI **bei der Deutschen Rentenversicherung** einen Betrag **einbezahlt,** der die Rentenabschläge ganz oder teilweise ausgleicht. Die **konkrete Höhe** ergibt sich aus einer vorher einzuholenden »besonderen Rentenauskunft« nach § 109 Abs. 5 Satz 4 SGB VI.[1074] **Die Hälfte** der vom Arbeitgeber erbrachten Zahlung ist nach § 3 Nr. 28 EStG **steuerfrei.** Dieser Vorteil geht verloren, wenn die Abfindung zunächst an den AN ausbezahlt und von diesem dann an die Rentenkasse weitergeleitet wird. Die **andere Hälfte** muss an sich der AN nach dem Fünftelungsprinzip versteuern, doch kann er sie nach § 10 Abs. 1 Nr. 2a EStG im Jahre 2021 **zu 92 % vom steuerpflichtigen Einkommen absetzen,** wobei ein Höchstbetrag von etwas mehr als 25 000 EUR für Alleinstehende und von etwas mehr als 50 000 EUR für Verheiratete und Gleichgestellte zu beachten ist (§ 10 Abs. 3 EStG). Wenn ein beträchtlicher Teil der Abfindung nicht ausbezahlt, sondern in dieser Weise verwendet wird, so entsteht beim AN eine erhebliche Steuerersparnis.[1075] Meist unterliegen nur noch weniger als 10 % des »AN-Anteils« der Besteuerung. Sollten sich entgegen der bisherigen Praxis Zweifel an der steuerrechtlichen Situation ergeben, so können die Finanzbehörden nach § 89 Abs. 2 AO um eine verbindliche Auskunft gebeten werden; daneben kommt eine kostenfreie »Anrufungsauskunft« nach § 42e EStG in Betracht, die jedoch nicht rechtsverbindlich ist. **221b**

Aufgrund **schriftlicher Vereinbarung**[1076] mit dem Arbeitgeber können Arbeitnehmer nach § 7b SGB IV ein sog. **Wertguthaben** aufbauen. Meist geschieht dies durch Schaffung eines betrieblichen Langzeitkontos, in das der Einzelne z. B. Überstunden einbringt, die dann nicht als solche, sondern mit einem Euro-Betrag verbucht werden. Sie können nur für bestimmte Zwecke wie z. B. Elternzeit, Pflegezeit oder Überbrückung des Zeitraums zwischen Auslaufen des Arbeitslosengelds und Beginn der Rente verwendet werden (§ 7c SGB IV). Ein solches Wertguthaben kann **auch unmittelbar vor dem Ausscheiden** aus dem Arbeitsverhältnis durch eine Einmalzahlung des Arbeitgebers begründet werden. Voraussetzung ist allerdings, dass der Arbeitgeber **Arbeitsentgelt** einzahlt (§ 7b Nr. 4 SGB IV). Zum Arbeitsentgelt gehören auch *»einmalige Einnahmen aus einer Beschäftigung, gleichgültig ob … sie unmittelbar aus der Beschäftigung oder im Zusammenhang mit ihr erzielt werden«* (§ 14 SGB IV). Das ist beispielsweise der Fall, wenn **Arbeitsleistung** nachträglich mit einem Bonus oder einem Wertguthaben **zusätzlich bezahlt** wird.[1077] Möglich ist zudem die Aufstockung eines bereits bestehenden Guthabens. **221c**

1070 *Compensis,* DB 92, 890.
1071 Zur komplizierten Problematik eines Aufhebungsvertrags, der erst nach dem Tod des AN vom AG angenommen wurde, s. *LAG Baden-Württemberg* 15. 12. 21 – 3 Ca 293/20, NZA-RR 22, 124; kritisch *Holler,* jurisPR-ArbR 15/2022 Anm. 3.
1072 Dazu eingehend *Growe/Tretow,* NZA 20, 1080 ff.
1073 Einzelheiten oben Rn. 210 ff.
1074 Zum Verfahren s. näher *Growe/Tretow,* NZA 20, 1080.
1075 Beispielsrechnungen bei *Growe/Tretow,* NZA 20, 1080 ff.
1076 Näher *Koch,* Anm. zu *LAG Köln,* 3. 7. 20 – 4 Sa 330/19, DB 21, 402: Textform genügt nicht.
1077 A. A. *Schönhöft* BB 21, 1332 ff.; wie hier *Growe/Tretow,* NZA 20, 1080.

Solche **Einzahlungen** sind in vollem Umfang **steuer- und beitragsfrei.** Das Wertguthaben kann zu einem neuen Arbeitgeber mitgenommen, aber auch auf die Deutsche Rentenversicherung Bund (DRV) übertragen werden (§ 7f Abs. 1 SGB IV). Letzteres ist im vorliegenden Zusammenhang von besonderem Interesse.[1078]

221d Überträgt der AN sein Wertguthaben auf die DRV, um dadurch einen »unversorgten Zeitraum« zu überbrücken, so wird eine Art **Arbeitsverhältnis zur DRV** begründet. Der AN erhält aus seinem Guthaben eine monatliche Zahlung, die meist 80 % der bisherigen Vergütung ausmacht. Von ihr sind Steuern und Sozialversicherungsbeiträge abzuführen,[1079] so dass der volle **Schutz der Sozialversicherung** erhalten bleibt. Eine **Pflicht zu Arbeitsleistungen** besteht **nicht;** anderweitige Tätigkeiten sind jederzeit möglich. Beschränkt sich die monatliche Auszahlung auf 80 %, so wird dadurch eine geringere Rentenanwartschaft als bei normaler Weiterarbeit aufgebaut; dieser Nachteil kann durch eine zusätzliche Einzahlung bei der DRV nach § 7 SGB VI ausgeglichen werden.[1080] Ist im Zeitpunkt des Rentenbeginns noch Guthaben vorhanden, wird dieses ausbezahlt. Nicht anders als beim Ausgleich von Rentenabschlägen gehen die Einzahlungen des Arbeitgebers in das Wertguthaben zu Lasten der Abfindung.[1081]

VI. Gerichtliche Auseinandersetzungen

1. Beschlussverfahren

222 AG und BR können im Wege des Beschlussverfahrens klären lassen, **ob überhaupt eine Betriebsänderung** vorliegt und deshalb eine Pflicht zur Verhandlung über Interessenausgleich und Sozialplan besteht (s. § 111 Rn. 43 ff.). Der Streitwert bestimmt sich dabei grundsätzlich nach § 23 Abs. 3 Satz 2 RVG (*Bader/Jörchel,* NZA 13, 809, 811). Ergeht dort eine **rechtskräftige Entscheidung,** ist diese auch **für** eine etwa noch tagende **ESt. verbindlich.**[1082] Wird das Vorliegen einer Betriebsänderung rechtskräftig verneint, muss die ESt. ihr Verfahren einstellen, es sei denn, die Beteiligten wären auf freiwilliger Grundlage mit der Fortsetzung einverstanden. Ein von der ESt. bereits **beschlossener Sozialplan verliert seine Wirkung.**[1083] Wird das Vorliegen einer Betriebsänderung rechtskräftig bejaht, kann sich die ESt. nicht mehr für unzuständig erklären. Entscheidungen im Rahmen des § 100 ArbGG (bisher: § 98 ArbGG) entfalten keine Bindungswirkung. Die auf diesem Weg »eingesetzte« ESt. darf ihr Verfahren allerdings nicht aussetzen, bis das Beschlussverfahren abgeschlossen ist – § 100 ArbGG will gerade eine schnellere Entscheidung als im Beschlussverfahren erreichen. Näher zum Antrag auf Einsetzung einer Einigungsstelle nach § 100 ArbGG, wenn das **Vorliegen einer Betriebsänderung umstritten** ist, oben § 111 Rn. 189. Bedeutsam ist dabei insbesondere der Fall, dass der BR nur einen vorübergehenden Arbeitsmangel annimmt und deshalb von seinem Initiativrecht zur Einführung von Kurzarbeit Gebrauch macht.[1084]

223 Vertritt der AG oder der BR den Standpunkt, der Sozialplan sei insgesamt oder in einzelnen Teilen rechtswidrig, so kann auch dies im Wege eines Beschlussverfahrens geklärt werden. Ist nur ein **Teil unwirksam,** so bleibt der Sozialplan im Übrigen bestehen.[1085] Insoweit gilt nichts anderes als bei sonstigen BVen (oben § 77 Rn 115). Eine unzulässige Blankettverweisung wurde vom *BAG*[1086] in eine statische Verweisung umgedeutet. Die Rechtswidrigkeit kann auch auf

---

1078 Nähere Einzelheiten bei *Growe/Tretow,* NZA 20,1080, auch zum Folgenden.

1079 Anders als bei den Zahlungen zum Ausgleich von Rentenabschlägen fällt also die Steuer nicht weg, sondern wird nur in die Zukunft verlagert. Wegen der Streckung auf mehrere Jahre ist der Steuersatz allerdings manchmal geringer.

1080 Die Möglichkeiten des § 187a SGB VI sind in der Regel schon ausgeschöpft.

1081 Weitere Einzelheiten bei *Growe/Tretow,* NZA 20, 1080. Rechtspolitisch für diese Lösung auch *Schönhöft* (BB 21, 1332 ff.), der aber nach geltendem Recht einen zu engen Begriff der durch Arbeit bedingten Arbeitgeberleistung zugrunde legt.

1082 *BAG* 15.10.79 und 22.1.80, AP Nrn. 5 und 7 zu § 111 BetrVG 1972.

1083 Zustimmend ErfK-*Kania,* Rn. 45.

1084 Dazu eingehend § 111 Rn. 189a ff.

1085 *Ehrich/Fröhlich* Teil H Rn 317.

1086 28.3.07 – 10 AZR 719/05, NZA 07, 1066.

Verfahrensmängeln beruhen.[1087] Möglich ist weiter, einen von der ESt. beschlossenen **Sozialplan** wegen Ermessensüberschreitung, insbesondere wegen Nichtbeachtung des § 112 Abs. 5 Satz 2 Nrn. 1 bis 3 **anzufechten;** angesichts des weiteren Ermessensspielraums der ESt. sind die Erfolgsaussichten in der Regel eher gering.[1088] Dringt der Antragsteller gleichwohl durch, wird die Unwirksamkeit des Sozialplans festgestellt (zur Wahrung der 2-Wochen-Frist nach § 76 Abs. 5 Satz 3s. oben Rn. 131).[1089] Im Ergebnis kommt es allein auf den Inhalt des Sozialplans, nicht auf die Erwägungen der ESt. an.[1090] Auch nachlässiges Verhalten der anfechtenden Seite spielt keine Rolle.[1091] Ein **Musterschriftsatz** findet sich in DKWF-*Däubler,* §§ 111–113 Rn. 53. **Während der Dauer des Anfechtungsverfahrens** ist der Spruch der ESt. verbindlich, doch bedarf es einer rechtskräftigen gerichtlichen Entscheidung, um den AG zur Erbringung der vorgesehenen Leistungen zu zwingen.[1092] Der BR kann lediglich seinen Durchführungsanspruch geltend machen,[1093] der einzelne AN kann seine Ansprüche im Urteilsverfahren einklagen.[1094]

Der BR kann zu den **Verhandlungen** über Interessenausgleich und Sozialplan einen **Rechtsanwalt hinzuziehen,** was dazu führen kann, dass ein Einigungsstellenverfahren entbehrlich wird.[1095] Das Recht, einen Berater nach § 111 Satz 2 und einen Sachverständigen nach § 80 Abs. 3 hinzuzuziehen, steht dem nicht entgegen, da sie beide die Aufgabe haben, die fehlende Sachkunde des Betriebsrats zu ersetzen, während der Anwalt mit der Wahrnehmung und Durchsetzung der gesetzlicher Rechte betraut ist.[1096] Dem BR steht ein Beurteilungsspielraum bei der Frage zu, ob die Hinzuziehung eines Anwalts erforderlich ist.[1097] Dies ist unbedenklich zu bejahen, wenn der Regelungsgegenstand komplex ist oder schwierige Rechtsfragen aufwirft. Auch spricht es für die Notwendigkeit der Zuziehung, wenn der Arbeitgeber seinerseits bei den Verhandlungen durch einen Rechtsanwalt vertreten ist.[1098] **223a**

Der für die Anwaltskosten maßgebende **Gegenstandswert** bestimmt sich nach der **Differenz zwischen den Vorstellungen beider Seiten** in der ESt.[1099] Eine Mindermeinung geht nach § 23 Abs. 3 Satz 2 RVG von einer nicht vermögensrechtlichen Streitigkeit aus, so dass der Regelstreitwert 5000,00 Euro beträgt[1100] und eine **Obergrenze** von **500 000 Euro** besteht. Allerdings gibt es im Betriebsverfassungsrecht kaum eine Streitigkeit, bei der die finanzielle Dimension eine größere Rolle spielt. Dies hat mittlerweile auch das ***BAG*** bestätigt und behandelt die Auseinandersetzungen um einen Sozialplan und andere Ausgleichsleistungen als **vermögensrechtliche Streitigkeit.**[1101] Bei Verhandlungen über Auswahlrichtlinien oder allein über einen Interessenausgleich mag dies anders sein. Im Anschluss an eine Entscheidung des RG[1102] ist alles, was in Geld bewertbar ist, vermögensrechtlicher Natur; auf die zugrunde liegenden Vor- **223b**

1087 Sehr weitgehend bezügl. der Pflichten des ESt.-Vorsitzenden *Hunold,* NZA 99, 785.

1088 *Hohenstatt/Stamer*, DB 05, 2412. Zur Darlegungslast des AG, wenn er die fehlende Vertretbarkeit für das UN rügt, s. *BAG* 22. 1. 13 – 1 ABR 85/11, NZA-RR 13, 409 Tz. 22 f.

1089 *BAG* 30. 10. 79, AP Nr. 9 zu § 112 BetrVG 1972.

1090 *BAG* 6. 5. 03 – 1 ABR 11/02, NZA 04, 108; *BAG* 22. 1. 13 – 1 ABR 85/11, NZA-RR 13, 409.

1091 *BAG* 24. 8. 04 – 1 ABR 23/03, DB 05, 397.

1092 Einzelheiten bei *Zeppenfeld/Fries*, NZA 15, 647.

1093 Unten Rn. 225.

1094 Unten Rn. 226.

1095 *BAG* 14. 12. 16 – 7 ABR 8/15, NZA 17, 514 Tz. 11.

1096 *BAG* 14. 12. 16 – 7 ABR 8/15, NZA 17, 514 Tz. 15.

1097 *BAG* 14. 12. 16 – 7 ABR 8/15, NZA 17, 514 Tz. 22, auch zum Folgenden.

1098 *BAG* a. a. O. Tz. 26.

1099 *BAG* 9. 11. 04 – 1 ABR 11/02 A, NZA 05, 70; *LAG Hamm* 13. 10. 88, DB 89, 52; *LAG Düsseldorf* 29. 11. 94 – 7 Ta 1336/94, DB 95, 52. Anders die Kommission der LAG-Präsidenten, die nur bei einer Anfechtung durch den AG die Differenz zwischen zugestandenem Volumen und tatsächlichem Sozialplan zugrunde legen, bei einer Anfechtung durch den BR auf § 23 Abs. 3 S. 2 RVG abstellen will (*Bader/Jörchel*, NZA 13, 809, 811 – Nr. B 6; ähnlich *LAG Schleswig-Holstein* 2. 3. 17 – 3 Ta 10/17, juris). Dies kann aber die bisherige Rspr. nicht ändern (s. *Schipp/Willemsen*, NZA 13, Heft 18 S. III).

1100 *LAG Schleswig-Holstein* 6. 2. 02 – 2 Ta 145/01, DB 02, 1224.

1101 *BAG* 14. 12. 16 – 7 ABR 8/15, NZA 17, 514 Tz. 39; ebenso *LAG Schleswig-Holstein* 2. 3. 17 – 3 Ta 10/17, juris.

1102 15. 3. 34, RGZ 144, 159.

gänge und Erwägungen kommt es nicht an.[1103] Die **Höhe des Gegenstandswerts** ist notfalls vom Gericht zu schätzen. Fehlt es hierfür an genügenden Anhaltspunkten, so ist entscheidet das Gericht gemäß 23 Abs. 3 Satz 2 RVG nach billigem Ermessen, wobei Bedeutung, Umfang und Schwierigkeitsgrad der Angelegenheit zu berücksichtigen sind.[1104] Der Abschluss von Interessenausgleich und Sozialplan stellt im Übrigen keinen Vergleich im Rechtssinne dar, so dass keine **Einigungsgebühr** nach Nr. 1000 VV (= Vergütungsverzeichnis; früher § 23 BRAGO) anfällt, wenn der BR oder der AG bei den Verhandlungen anwaltlich vertreten war.[1105] Anderes gilt dann, wenn in einem Individualverfahren die Fortsetzung des Arbeits- oder Ausbildungsverhältnisses vereinbart wird.[1106]

223c Bei der Zuziehung eines Rechtsanwalts hat der BR nach der Rechtsprechung nicht nur das Interesse der Belegschaft an der wirksamen Durchsetzung ihrer Rechte, sondern auch das Kostenbegrenzungsinteresse des Arbeitgebers zu berücksichtigen.[1107] Die **Zusage eines Stundenhonorars** soll deshalb die Ausnahme sein, die allerdings in zahlreichen Fällen eingreift.[1108] Dazu gehören etwa das Einverständnis des Arbeitgebers sowie die Tatsache, dass entsprechende Abmachungen in der Vergangenheit immer widerspruchslos akzeptiert wurden. Auch kann es sich um eine spezielle Rechtsmaterie wie z. B. die Vergütungen bei Finanzdienstleistern handeln, wo es eines über Spezialkenntnisse verfügenden Rechtsanwalts bedarf, der ggf. nur gegen Honorarzusage zu gewinnen ist. Ein gewichtiges Indiz dafür stellt es auch dar, wenn sich der **Arbeitgeber** seinerseits durch einen **Rechtsanwalt mit Stundenhonorarzusage** vertreten lässt.[1109] Ist keiner dieser Fälle gegeben, so prüft das ArbG im Streitfall, ob durch die Honorarzusage der Betrag überschritten wurde, der sich aus dem Gesetz (RVG) ergeben würde.[1110]

224 Besteht **Streit über die Auslegung des Sozialplans,** kann auch insoweit eine gerichtliche Klärung im Beschlussverfahren herbeigeführt werden. Zu beachten ist, dass die Auslegung des Sozialplans keine Tatsachenfrage ist, so dass das Rechtsbeschwerdegericht insoweit nicht durch die Feststellungen der Vorinstanz eingeengt ist.[1111]

225 Der **BR** kann **vom Arbeitgeber schließlich verlangen,** dass dieser den **Sozialplan durchführt,** also beispielsweise dem Härtefonds den nötigen Betrag zur Verfügung stellt.[1112] Dies gilt allerdings nur, wenn der BR selbst Partei des Sozialplans ist; wurde dieser vom GBR oder KBR abgeschlossen, ist zweifelhaft, ob ein einzelner Betriebsrat einen Durchführungsanspruch hat, doch kann er ggf. nach § 23 Abs. 3 vorgehen.[1113] Der GBR bzw. KBR besitzt aber auf alle Fälle einen Durchführungsanspruch.[1114] Ausgeschlossen sollte es allerdings nach der früheren Rspr. sein, auf diesem Wege die Beachtung von **Individualansprüchen** der einzelnen AN sicherzustellen.[1115] Diese Differenzierung vermag nicht einzuleuchten; der Anspruch, die praktische Umsetzung des Sozialplans zu verlangen, kann nicht deshalb seine Einklagbarkeit verlieren, weil der normativen Wirkung des Sozialplans wegen auch die einzelnen AN klagen können. Beim Parallelproblem des Firmen-TV hat man insoweit noch nie eine Schwierigkeit gesehen.[1116] Für die Praxis wird empfohlen, den kollektivrechtlichen Charakter des Anspruchs ausdrück-

---

1103 Ebenso *BAG* 9. 11. 04 – 1 ABR 11/02 A, NZA 05, 70; *Jungbauer*, in: Bischof u. a., RVG, 2. Aufl. 2007, § 23 Rn. 129.
1104 *BAG* 14. 12. 16 – 7 ABR 8/15, NZA 17,514 Tz. 39.
1105 *ArbG Berlin*, 15. 3. 06 – 9 BV – 21646/05, NZA-RR 06, 543; ebenso zur BRAGO *BAG* 13. 5. 98 – 7 ABR 65/96, DB 98, 1670.
1106 *AG Koblenz*, 20. 1. 06, NZA-RR 06, 544.
1107 *BAG* 14. 12. 16 – 7 ABR 8/15, NZA 17, 514 Tz. 22.
1108 *BAG* 14. 12. 16 – 7 ABR 8/15, NZA 17, 514 Tz. 31. Zustimmend *Franzen*, RdA 17, 386.
1109 Das *BAG* (14. 12. 16 – 7 ABR 8/15, NZA 17, 514 Tz. 26) berücksichtigt die Praxis auf Arbeitgeberseite nur bei der Zuziehung des Anwalts als solcher, doch kann für die Bestimmung der Honorierung nichts anderes gelten.
1110 So im Fall *BAG* 14. 12. 16 – 7 ABR 8/15, NZA 17, 514 Tz. 36.
1111 *BAG* 8. 11. 88, AP Nr. 48 zu § 112 BetrVG 1972.
1112 *BAG* 18. 5. 10 – 1 ABR 6/09, NZA 10, 1433.
1113 *BAG* a. a. O.
1114 *BAG* 25. 2. 20 – 1 ABR 38/18, NZA 20, 1128.
1115 *BAG* 17. 10. 89, AP Nr. 53 zu § 112 BetrVG 1972 = NZA 90, 441.
1116 *BAG* 28. 4. 82, DB 82, 2523; *Däubler,* Tarifvertragsrecht, Rn. 542; Kempen/Zachert-*Stein,* § 4 Rn. 246; Wiedemann-*Thüsing,* § 1 Rn. 929.

lich klarzustellen.[1117] Inzwischen hat das *BAG* seine Position klargestellt: Der **Durchführungsanspruch** besteht auch dann, wenn es um die **Berechnung der Abfindungsansprüche** der einzelnen AN geht.[1118] Insoweit können entscheidende Vorfragen (im konkreten Fall ging es darum, ob bestimmte Zuschläge für Schwerbehinderte und Eltern minderjähriger Kinder von der »Deckelung« erfasst waren) im Beschlussverfahren geklärt werden. Erfolgt dies, wird die Klage durch einzelne AN überflüssig, da ihr Ausgang klar auf der Hand liegen würde.[1119]

2. Klage des einzelnen Arbeitnehmers

Wer als AN Ansprüche aus einem Sozialplan besitzt, kann diese im arbeitsgerichtlichen Urteils- 226
verfahren einklagen;[1120] Beamte von Bahn und Post müssen das Verwaltungsgericht anrufen.[1121] Nach der Rspr. des *BAG*[1122] kann der Einzelne aber **nicht geltend machen, bei der Festlegung des Gesamtvolumens** des Sozialplans **hätten die Betriebsparteien** oder hätte die ESt. **ermessensmissbräuchlich gehandelt.** Dahinter steht die Vorstellung, den einmal gefundenen Kompromiss seiner **Befriedungswirkung** wegen nicht mehr nachträglich in Frage zu stellen; rechtsdogmatisch ist die Lösung des BAG allenfalls über eine gewagte Analogie zu § 9 TVG zu rechtfertigen.[1123] Dasselbe gilt erst recht, wenn im Beschlussverfahren rechtskräftig über Gültigkeit und Inhalt des Sozialplans entschieden ist – der Einzelne hat eben nur ein »abgeleitetes« Recht (s. weiter Einl. Rn. 212).[1124] Hat der Sozialplan den klagenden AN aber entgegen geltendem Recht schlechter behandelt oder von jeder Leistung ausgeschlossen, kann dieser **Gleichstellung verlangen;** dass sich dadurch das **Gesamtvolumen** des Sozialplans **erhöht,** wird innerhalb gewisser Grenzen in Kauf genommen (näher o. Rn. 112).[1125] Der nicht besonders naheliegende, aber auch nicht völlig abwegige Gedanke, bei einem »schlechten« Sozialplan den **Rechtsanwalt persönlich** in Anspruch zu nehmen, der den BR bei den Sozialplanverhandlungen beraten und vertreten hat, wurde vom *BAG*[1126] zurückgewiesen: Der Anwalt sei nur seinem Mandanten »Betriebsrat« gegenüber verpflichtet, habe aber mit diesem keinen Vertrag zugunsten der Belegschaftsangehörigen abgeschlossen. Ist über die Wirksamkeit des Sozialplans ein Beschlussverfahren anhängig, muss der AN damit rechnen, dass sein Verfahren nach § 148 ZPO ausgesetzt wird, bis im anderen Verfahren eine rechtskräftige Klärung erfolgt ist.[1127] Anders ist die Situation nur, wenn der Sozialplan offensichtlich rechtmäßig ist.

VII. Die Einbeziehung der Arbeitsverwaltung – Der Transfersozialplan

1. Die Entstehung des Beschäftigungsplans

Seit dem Abschluss eines »Beschäftigungsplans« bei der Firma **Grundig** im Jahre 1985[1128] hat 227
sich mehr und mehr die Erkenntnis durchgesetzt, dass die in Sozialplänen vorgesehenen Abfindungen und Ausgleichsleistungen in Zeiten der Massenarbeitslosigkeit nicht genügen:[1129] **Viel wichtiger wird die Chance, wenigstens nach einiger Zeit wieder einen angemessenen Arbeitsplatz zu erhalten.** Dies gilt insbesondere für Betroffene mit »Vermittlungshinder-

---

1117 *Hamm*, AiB 07, 181. In seiner jüngsten Entscheidung ist das *BAG* (18.5.10 – 1 ABR 6/09, NZA 10, 1433) von einem generellen Durchführungsanspruch ausgegangen, ohne die fragliche Einschränkung wieder aufzugreifen.
1118 *BAG* 25.2.20 – 1 ABR 38/18, NZA 20, 1128. Zustimmend *Geiger* AuR 22,109.
1119 Kritisch aus AG-Sicht *Pflästerer*, DB 20, 1799.
1120 *Schubert*, § 11 Rn. 67.
1121 *BAG* 24.10.97 – 10 AZB 28/97, DB 98, 632.
1122 17.2.81, 9.12.81 und 26.7.88, AP Nrn. 11, 14 und 45 zu § 112 BetrVG 1972.
1123 Berechtigte Bedenken bei *Jox*, NZA 90, 424.
1124 *Dütz*, FS Gnade, S. 497.
1125 *BAG* 26.10.90, NZA 91, 111 [113].
1126 24.8.06 – 8 AZR 414/05, NZA 07, 51.
1127 *Zeppenfeld/Fries*, NZA 15, 647, 651.
1128 Dazu *Appelt/Lobodda/Neumann* in Apitzsch/Klebe/Schumann [Hrsg.], S. 102ff.
1129 *Klebe/Roth*, DB 89, 1518.

nissen«.[1130] Hier setzten die Beschäftigungspläne ein, von denen es allein im Metallsektor bis Anfang 1989 knapp 30 gab.[1131] Sie sahen **Qualifizierungsmaßnahmen** für die Betroffenen vor, verpflichteten das UN zur **Entwicklung neuer Produkte** und zur Erschließung neuer Märkte und regelten den **Einsatz neuer Techniken;** daneben standen als **Auffangnetz** die traditionellen Regelungen des **Sozialplans.**[1132]

228 Auf der Basis des damals geltenden Rechts ließ sich nur ein Teil dieses Programms effektiv über die ESt. erzwingen.[1133] Der Sache nach ging es um »freiwillige« Konzessionen der AG-Seite, die freilich **nur unter ganz bestimmten Bedingungen** gewährt wurden: Die Belegschaft musste das Konzept nachhaltig unterstützen, das UN musste von den Vorschlägen selbst profitieren können (was nur dann der Fall ist, wenn es auf dem Markt expandieren kann), lokale und regionale politische Instanzen, aber auch die Arbeitsverwaltung mussten das Projekt unterstützen. Die Chancen hingen weiter davon ab, ob nur ein einzelnes UN einer Umstrukturierung bedurfte (was die Sache erleichterte) und ob es sich um ein UN handelte, das auf ein positives Image in der Öffentlichkeit angewiesen war.[1134]

229 Die sichtbar gewordenen **Ergebnisse** machten deutlich, dass es in Einzelfällen gelang, den Personalabbau zu bremsen und das UN unter veränderten Umständen wieder flottzumachen.[1135] Die Qualifizierungsmaßnahmen wurden meist auch effektiv durchgeführt, obwohl die Unterstützung der Bundesagentur für Arbeit immer nur an Einzelpersonen, nicht aber an Gruppen von Beschäftigten gewährt werden konnte.[1136] Erfolglos waren dagegen die Bemühungen um neue Produktlinien – wobei letztlich offen blieb, ob dies auf Grund der Märkte unausweichlich war oder ob die UN-Leitung zu wenig kooperierte.[1137]

2. Die ABS-Gesellschaften in den neuen Bundesländern

230 Die Tradition des »Beschäftigungsplans« wurde in modifizierter Form durch die sog. ABS-Gesellschaften (auch **»Beschäftigungsgesellschaften«** genannt) in den neuen Bundesländern fortgeführt. Sie beruhten i. d. R. auf der »Rahmenvereinbarung zur Bildung von Gesellschaften zur Arbeitsförderung, Beschäftigung und Strukturentwicklung (ABS)« vom 17.7.91, an der DGB und Einzelgewerkschaften, Arbeitgeber, Treuhandanstalt und die Regierungen der neuen Bundesländer beteiligt waren.[1138] Gedacht ist insbes. an die systematische Durchführung von **Qualifizierungsmaßnahmen** sowie an Arbeiten zur Verbesserung der Infrastruktur. Die Finanzierung erfolgt weitestgehend aus öffentlichen Mitteln. Instrumente sind neben AB-Maßnahmen das sog. strukturbedingte Kurzarbeitergeld sowie Strukturanpassungsmaßnahmen nach § 249h AFG (später §§ 272 ff. SGB III). Ob nach Auslaufen der Maßnahmen die Beschäftigungschancen auf dem regulären Arbeitsmarkt wirklich gestiegen waren, wird unterschiedlich eingeschätzt.[1139]

3. Zuschüsse nach § 110 (früher: § 216a) SGB III

a) Die Grundsatzentscheidung

231 Die Arbeitsverwaltung konnte nach dem bis 31.12.2003 geltenden § 254 SGB III **»Eingliederungsmaßnahmen«** finanziell fördern, die in einem Sozialplan vorgesehen waren.[1140] Erfasst

1130 *Bell*, AiB 2/19 S. 50.
1131 *Klebe/Roth*, DB 89, 1518; von »20–30« spricht *Bosch*, WSI-Mitt. 89, 199.
1132 Überblick über den Inhalt abgeschlossener Beschäftigungspläne bei *Bosch*, WSI-Mitt. 89, 200 f.
1133 *Klebe/Roth*, DB 89, 1519.
1134 *Appelt/Lobodda/Neumann*, a. a. O., S. 112 ff.; *Klebe/Roth*, DB 89, 1520.
1135 So etwa während eines längeren Zeitraums bei Grundig – dazu *Appelt/Lobodda/Neumann*, a. a. O., S. 107.
1136 Näher *Bosch*, WSI-Mitt. 89, 202.
1137 *Bosch*, WSI-Mitt. 89, 206.
1138 Dazu *Unterhinninghofen*, AiB 91, 301.
1139 Skeptisch *Wolff*, NZA 99, 624.
1140 Überblick bei *Gagel*, FS Dieterich, S. 175 ff.

waren alle »zweckgerichteten Maßnahmen«,[1141] wobei die **Umschulung**, die berufliche **Weiterbildung** und die **Vorbereitung einer Existenzgründung** im Vordergrund standen.[1142] Da die Betriebsparteien die lokalen Arbeitsmärkte oft sehr gut beurteilen können und ihnen auch innovatives Vorgehen ermöglicht werden sollte, gab es keinen Numerus clausus förderungsfähiger Maßnahmen.[1143] *M. Hoffmann*[1144] unterscheidet 5 Gruppen von Maßnahmen und zählt dazu die Feststellung des Arbeitsvermögens (»Profiling«), Outplacement-Aktivitäten, Weiterqualifizierung, finanzielle Leistungen während der Absolvierung einer Weiterbildungsmaßnahme und Beiträge zur Existenzgründung.[1145] Da es der Sache nach um die Schaffung besserer Voraussetzungen für eine neue Beschäftigung geht, der Einzelne also auf einen neuen Arbeitsplatz »transferiert« werden soll, bürgerte sich immer mehr der Ausdruck »**Transfersozialplan**« ein.[1146]

Der **am 1.1.2004** an die Stelle der §§ 254ff. SGB III getretene **§ 216a SGB III** hatte die automatische **Verbindung mit dem Sozialplan gelöst** und knüpfte an »Transfermaßnahmen« an, die von ihren Voraussetzungen her im Einzelnen beschrieben werden. Durch das sog. Beschäftigungschancengesetz ist mit Wirkung vom 1.1.2011 wieder eine engere Anbindung erfolgt, da jede Förderung voraussetzt, dass bei den Verhandlungen über Interessenausgleich und Sozialplan eine Beratung durch die Bundesagentur stattgefunden hat (§§ 216a Abs. 1 Satz 1 Nr. 1, 216b Abs. 1 Nr. 4 SGB III).[1147] Dies ist in den seit 1.4.2012 geltenden § 110 Abs. 1 SGB III übernommen worden. Die Förderung ist nach § 110 Abs. 2 Satz 2 SGB III wie bisher auf 50% der »erforderlichen und angemessenen« Maßnahmekosten und 2500 Euro pro AN begrenzt; bis Ende 2010 war lediglich von den »aufzuwendenden« Kosten die Rede. Zu den »Maßnahmekosten« gehören Aufwendungen für den Besuch des Lehrgangs und die Absolvierung der Prüfung sowie für die tägliche Hin- und Rückfahrt und für die notwendig werdende Kinderbetreuung durch Dritte. Nicht erfasst sind allgemeine Kosten des AG (der beispielsweise Räumlichkeiten zur Verfügung stellt) sowie der Lebensunterhalt des AN.[1148] 232

b) Voraussetzungen im Einzelnen

Nach § 110 Abs. 1 Satz 1 SGB III müssen bestimmte Voraussetzungen gegeben sein, um eine Förderung möglich zu machen. Arbeitslosigkeit darf noch nicht eingetreten sein. 233

Nach § 110 Abs. 1 Satz 1 SGB III müssen die zu fördernden AN infolge einer geplanten Betriebsänderung **von Arbeitslosigkeit bedroht** sein. Nach der Legaldefinition des § 17 SGB III muss die Arbeitslosigkeit »alsbald« drohen, doch ist die BA in ihren »Interpretationshilfen« großzügig, weil auch eine zeitliche Entfernung von 18 oder 24 Monaten noch ausreicht.[1149] Voraussetzung ist, dass es sich um **versicherungspflichtig Beschäftigte** handelt. Arbeitslosigkeit droht nicht, wenn die AN auf einem freien Arbeitsplatz in einem anderen Betrieb desselben Unternehmens weiterbeschäftigt werden können[1150] oder wenn sie unkündbar sind und auch bei einer Teilschließung nicht entlassen werden können.[1151] Allerdings reicht es nicht aus, dass an einem andern Arbeitsplatz nur eine vorübergehende Tätigkeit möglich ist.[1152] Außerdem droht auch dann **keine Arbeitslosigkeit, wenn** die Betroffenen **ohne weiteres vermittelbar** 234

1141 *Kopp*, NZS 97, 457.
1142 Zu Letzterer *C. Meyer*, NZA 98, 405, 517.
1143 *Rolfs*, NZA 98, 20; Küttner-*Schlegel*, Personalbuch 2009, Sozialplan, Rn. 67; vgl. auch *Schweibert*, in: Willemsen u.a., Rn. C 269.
1144 S. 14ff.
1145 Vgl. auch *Welkoborsky* NZS 04, 509, 512.
1146 S. *Wolff*, NZA 99, 622, der das entsprechende Modell der chemischen Industrie vorstellt; s. weiter den Gesamtüberblick bei *Däubler*, FS Martin Binder, 2010, S. 449ff.; *U. Fischer*, Sonderbeilage 1/2004 zu NZA S. 30ff.
1147 Zu den daraus folgenden Konsequenzen s. *Thannheiser*, AiB 11, 222 (»ein Gegner mehr bei Sozialplanverhandlungen«).
1148 *Welkoborsky*, NZS 04, 512.
1149 BA, Hrsg., Transferleistungen, Stand 05/2006 unter 2.3.
1150 *Rolfs*, NZA 98, 20.
1151 *Welkoborsky*, NZS 04, 511.
1152 *C. Meyer*, NZA 98, 513.

sind[1153] oder wenn die (zu erwartende) Kündigung rechtswidrig ist.[1154] Zu denken ist insbesondere auch an den Fall, dass eine Weiterbeschäftigung in einem anderen Konzernunternehmen oder bei einem Zulieferer/Abnehmer möglich ist. Dabei sind die **Zumutbarkeitsmaßstäbe** des Sozialplanrechts (o. Rn. 134 ff.), nicht die des § 140 SGB III zugrunde zu legen.[1155] Eine befristete Beschäftigung reicht daher im Normalfall nicht.[1156]

235 § 110 Abs. 1 Satz 3 SGB III macht deutlich, dass die gesetzliche Regelung **allein** am Vorliegen einer **»Betriebsänderung«** anknüpft, die im Sinne des BetrVG zu verstehen ist. Diese ist auch in UN mit weniger als 21 Beschäftigten sowie im kirchlichen Bereich möglich.[1157] § 110 Abs. 3 Satz 3 schließt lediglich den öffentlichen Dienst aus, soweit es nicht um erwerbswirtschaftlich tätige Einheiten geht. Konsequenterweise ist die früher bestehende Anknüpfung am Interessenausgleich weggefallen. Ob die Vorschrift auch in **Betrieben ohne BR** Anwendung findet,[1158] erscheint zweifelhaft, da die Einschaltung der BA in die Beratungen zwischen Betriebsrat und AG nunmehr Förderungsvoraussetzung geworden ist.

236 Erfasst sich weiter auch Personen, die im **Anschluss an eine Berufsausbildung** von Arbeitslosigkeit bedroht sind. Ihre Nicht-Übernahme muss nicht auf einer Betriebsänderung beruhen (§ 110 Abs. 1 Satz 1 SGB III).

237 Der **Sozialplan** kann **Anreize** für eine Teilnahme an Transfermaßnahmen schaffen. Diese sind typischerweise materieller Art. Würde die Teilnahme umgekehrt zu wirtschaftlichen Einbußen der AN führen, wäre die Erreichung des mit ihnen verfolgten Zwecks höchst zweifelhaft.[1159] Die mit Wirkung vom 1.1.2011 geltende Neufassung macht die Erreichung dieses Ziels um einiges schwieriger.[1160]

238 Nach § 110 Abs. 1 Satz 1 Nr. 2 SGB III muss die **Maßnahme von einem Dritten durchgeführt** werden; dies soll vermeiden, dass unter falschem Etikett die Weiterqualifizierung von im Betrieb verbleibenden AN gefördert wird. Nach Nr. 3 derselben Vorschrift muss die vorgesehene Maßnahme »der Eingliederung der Arbeitnehmerinnen und Arbeitnehmer in den Arbeitsmarkt« dienen. Dies kann **vom sog. Profiling** (= Feststellung der Eingliederungschancen) über die Ermöglichung eines Berufsabschlusses (»Meisterprüfung«) und Mobilitätshilfen **bis zur Existenzgründungsberatung** reichen.[1161] Auch können Einstellungs- und Einarbeitungszuschüsse für neue AG vorgesehen werden. Gegenüber dem früheren Recht, das »arbeitsmarktlich zweckmäßige« Maßnahmen verlangte, ergibt sich keine inhaltliche Veränderung. Bei der Auswahl des Dritten müssen Arbeitgeber und BR zusammen handeln.[1162]

239 Der **AG** muss sich nach § 110 Abs. 1 Satz 2 an den Transfermaßnahmen **angemessen finanziell beteiligen.** Durch das flexible Kriterium der Angemessenheit ist sichergestellt, dass geringe Leistungsfähigkeit der AG-Seite einer Förderung nicht entgegensteht.[1163] Eine entsprechende Beteiligung des AG kann auch **im Sozialplan festgeschrieben** und sogar in der ESt. mit Mehrheit beschlossen werden (s. unten Rn. 249). Bei der einzelnen Maßnahme muss sie allerdings immer mindestens 50 % betragen (§ 110 Abs. 2 Satz 1 SGB III).

240 Nach § 110 Abs. 1 Nr. 4 muss die **Durchführung** der Maßnahme **gesichert** sein. Die finanzielle Beteiligung des Arbeitgebers muss ggf. auf ein Treuhandkonto überwiesen werden. Der Träger der Maßnahme musste nach § 216a Abs. 1 Satz 1 Nr. 5 SGB III a. F. außerdem einen detaillierten

---

1153 *Löwisch*, RdA 97, 289; *Rolfs*, NZA 98, 20; *Janning*, S. 35.
1154 *Fitting*, Rn. 225; Niesel-*Roeder*, § 216a Rn. 9.
1155 GK-*Oetker/Schubert*, Rn. 461; *M. Hoffmann*, S. 28.
1156 *Lauterbach*, in: Spellbrink u. a., § 18 Rn. 39 m. N. auch für die Gegenmeinung.
1157 *Gaul/Bonanni/Otto* DB 03, 2386; *Fitting*, Rn. 226; *Schweibert* in: Willemsen u. a. Rn. 264; *Jenning*, S. 34.
1158 Vgl. (bejahend) zur bisherigen Rechtslage *Mengel/Ullrich* BB 05, 1110; s. weiter *Deinert*, S. 185 f. und *Welkoborsky*, NZS 04, 510.
1159 *Welkoborsky* AiB 09, 431.
1160 Vgl. *Homburg* AiB 11, 11.
1161 *Mengel/Ullrich*, BB 05, 1110; *Fitting*, Rn. 228; *Welkoborsky* NZS 04, 512; *Jenning* S. 35.
1162 *Jenning*, S. 37 unter Berufung auf BT-Drucks, 15/1515 S. 91.
1163 Ebenso *Löwisch*, RdA 97, 290; *C. Meyer*, NZA 98, 515 – zum früheren Recht.

Durchführungsplan vorlegen[1164] und ein **Qualitätssicherungssystem** anwenden,[1165] doch sind diese Anforderungen nicht in das seit 1.4.2012 geltende Recht übernommen worden.

241 Sind die beschriebenen Voraussetzungen im Einzelfall gegeben, so darf die Förderung nur dann gewährt werden, **wenn nicht** die in § 110 Abs. 3 SGB III genannten **besonderen Umstände** vorliegen. Danach darf die Maßnahme **nicht** dazu dienen, den AN auf eine **Anschlussbeschäftigung im gleichen Betrieb** oder in einem anderen Betrieb des gleichen Unternehmens oder Konzerns vorzubereiten.[1166] Man will damit »Mitnahmeeffekte« und eine wettbewerbswidrige staatliche Förderung einzelner UN vermeiden. Genauso wird verfahren, wenn der Arbeitgeber bestimmte Aufgaben auf Zulieferer auslagern will und die AN in Zukunft dort eingesetzt werden sollen.[1167]

242 Während der Maßnahme dürfen nach § 110 Abs. 4 SGB III **keine anderen Leistungen** der aktiven Arbeitsförderung mit gleichartiger Zielsetzung in Anspruch genommen werden.[1168] Vorher bzw. anschließend ist ein Rückgriff z. B. auf Transferkurzarbeitergeld aber durchaus möglich. Empfohlen wird, noch während des bestehenden Arbeitsverhältnisses an Maßnahmen nach § 110 SGB III teilzunehmen.[1169]

c) Höhe und Verwendung der Förderung

243 Nach § 110 Abs. 2 Satz 2 SGB III beträgt der Zuschuss 50 % der erforderlichen und angemessenen Maßnahmekosten, jedoch höchstens 2500 Euro je gefördertem Arbeitnehmer. Dabei geht es um einen Individualanspruch des einzelnen Betroffenen, der vom Arbeitgeber geltend gemacht wird.[1170] Die Verteilung eines Gesamtvolumens je nach den für bestimmte Maßnahmen notwendigen Aufwendungen ist nicht mehr möglich, was zu Recht kritisiert wurde.[1171] Auch dürfen die Zuschüsse nur noch für die Maßnahmekosten verwendet werden (o. Rn. 160).[1172] Die Gestaltungsmöglichkeiten der Beteiligten werden auf diese Weise erheblich eingeengt, die Akzeptanz dieser Förderungsform geht entgegen den Erwartungen des Gesetzgebers zurück.

d) Gestaltungsprobleme

244 Die **Teilnahme** an Weiterbildungs- und anderen Wiedereingliederungsmaßnahmen ist eine **höchstpersönliche Entscheidung** jedes einzelnen Betroffenen.[1173] Eine »Umschichtung« der Sozialplanmittel von der Abfindung hin zur »Beschäftigungsförderung« ist daher dann nicht machbar, wenn sich die AN aus überzeugenden oder zumindest vertretbaren Gründen verweigern. So ist es denkbar, dass sie die geplante Maßnahme für sinnlos halten, weil sie auch auf Grund der vermittelten kleinen Zusatz-Qualifikation keine besseren Vermittlungschancen sehen.[1174] Die Ablehnung von Transfermaßnahmen ist nicht mit der Ablehnung eines zumutbaren Arbeitsplatzes vergleichbar.[1175] Weiter kann jemand aus dem Erwerbsleben aussteigen wollen, um sich beispielsweise für einige Jahre ausschließlich seiner Familie zu widmen. Ihn deshalb wegen »unerwünschter« Lebensgestaltung zu bestrafen, geht nicht an. Der Sozialplan darf daher nicht ausschließlich diejenigen fördern, die an bestimmten Maßnahmen teilnehmen; ein reiner Transfer-Sozialplan ist nur dann zulässig, wenn sich alle Betroffenen beteiligen oder mit den Außenstehenden einvernehmlich eine andere Lösung gefunden wird.

1164 *Welkoborsky* NZS 04, 512.
1165 Dazu BT-Dr. 15/1515, S. 91; *Mengel/Ullrich*, BB 05, 1111.
1166 Ebenso *Schütte*, NZA 13, 249; GK-*Oetker*, Rn. 546 f. m. w.N.
1167 *Lauterbach*, in: Spellbrink u. a., § 18 Rn. 74 zum inhaltlich übereinstimmenden früheren Recht.
1168 *Lembke*, BB 04, 773, 781; *Böhnke/Kreuziger*, AuA 1/11 S. 15.
1169 *Welkoborsky*, NZS 04, 513.
1170 BT-Dr. 15/1515, S. 91.
1171 *Gaul u. a.*, DB 03, 2387.
1172 BT-Dr. 15/1515, S. 91.
1173 Vgl. schon *BAG* 17.9.91 – 1 ABR 23/91, DB 92, 229.
1174 Zu weiteren Vorbehalten s. *Bell*, AiB 08, 537 f.
1175 *Jenning*, S. 151.

245 Die Aufnahme von Eingliederungsmaßnahmen (vgl. Rn. 231) in den **Sozialplan** fällt in dessen **traditionellen Regelungsbereich,** da es um die Milderung von Folgen geht, die mit der drohenden Arbeitslosigkeit verbunden sind. Sind die Maßnahmen **in einem** als **Interessenausgleich** bezeichneten Dokument **festgeschrieben,** ändert dies nichts an ihrer Rechtsnatur und damit ihrer Förderungsfähigkeit.

246 Im Einzelfall kann es auch dazu kommen, dass mit Rücksicht auf knappe Finanzmittel **nicht für alle Interessierten Maßnahmen** angeboten werden. Das sich hier stellende Auswahlproblem sollte nicht schematisch unter Übernahme der Grundsätze über die soziale Auswahl nach § 1 Abs. 3 KSchG bewältigt werden. Primär wäre vielmehr darauf abzustellen, wer die schlechtesten Chancen auf dem Arbeitsmarkt und damit den größten Kompensationsbedarf besitzt. In zweiter Linie käme es darauf an, ob der Einzelne von seinen persönlichen Voraussetzungen her die Maßnahme voraussichtlich erfolgreich absolvieren wird, doch lassen sich hier nur schwer präzise Einschätzungen geben.

247 Wird die Maßnahme **im Rahmen des Arbeitsverhältnisses** durch den AG durchgeführt (wobei allerdings keine Förderung nach § 110 SGB III in Betracht kommt – u. Rn. 250), so erhält dieses einen anderen Inhalt. Bleibt der Einzelne ohne triftigen Grund der Maßnahme fern, kann nach entsprechender Abmahnung eine Kündigung aus wichtigem Grund erfolgen. Dasselbe gilt dann, wenn zuvor ein Umschulungsverhältnis begründet wurde.[1176] Eine ordentliche Kündigung scheidet dagegen aus.[1177] Auch wenn der Bestand des Rechtsverhältnisses nicht in Frage gestellt werden soll, kann unentschuldigtes Fernbleiben mit einer entsprechenden Kürzung des Entgelts beantwortet werden (§ 326 Abs. 1 BGB). Im Einzelnen kann der Sozialplan Vorsorge treffen, wie in solchen Fällen zu verfahren ist.

e) Verfahrensfragen

248 Die Zuständigkeit für die Gewährung des Zuschusses liegt bei der (örtlichen) **Agentur für Arbeit.** Soll der Maßnahmeträger den Zuschuss direkt erhalten, ist die Agentur zuständig, in deren Bereich die Maßnahme durchgeführt wird.[1178]

f) Erzwingbarkeit in der Einigungsstelle

249 § 254 SGB III a. F. ging ersichtlich davon aus, dass ein **Sozialplan Eingliederungsmaßnahmen** vorsehen kann. Dabei wurde in keiner Weise zwischen freiwillig abgeschlossenem und durch Spruch der ESt. zustande gekommenem Sozialplan unterschieden, obwohl dies im Rahmen des § 112 durchaus geschieht. Der Gesetzgeber hat daher die auf Grund der *BAG*-Rspr. entstandene Kontroverse um den Sozialplaninhalt (oben Rn. 87) in dem Sinne entschieden, dass die fraglichen Maßnahmen auch durch die ESt. beschlossen werden können.[1179] Der auszugleichende Nachteil liegt hier in der Tatsache, den Unwägbarkeiten des Arbeitsmarktes und dessen Bewertungen ausgesetzt zu sein; auch § 112 Abs. 5 Satz 2 Nr. 2a geht davon aus. Zur Frage, wie bei Aufnahme in den Interessenausgleich zu verfahren ist, s. o. Rn. 245. § 216a SGB III und der heute geltende § 110 SGB III haben nichts an diesem Rechtszustand geändert, sondern sehen lediglich die Förderung auch für solche Fälle vor, in denen es nicht zu einem Sozialplan kam.

1176 S. *BAG* 15.3.91 – 2 AZR 516/90, NZA 92, 452.
1177 *BAG* 15.3.91, a. a. O.
1178 *Gaul* DB 03, 2387.
1179 Ebenso im Ergebnis *Bepler,* AuR 99, 226; *Deinert,* Privatrechtsgestaltung durch Sozialrecht, S. 190; ErfK-*Kania,* Rn. 1, 28; *C. Meyer,* NZA 98, 519; *Wendeling-Schröder/Welkoborsky,* NZA 02, 1377; *Wenning-Morgenthaler,* Rn 1220; wohl auch *Gagel,* FS Dieterich, S. 177; *Sitzenfrei,* in: Spengler/Hahn/Pfeiffer Teil 12 Rn 267; ähnlich Küttner-*Kania,* Beschäftigungsgesellschaft, Rn. 8; *Krieger/Fischinger,* NJW 07, 2293; a. A. Richardi/*Annuß,* § 112 Rn. 133; *C. Meyer,* DB 03, 206. Differenzierend *Fitting,* Rn. 278, 279.

g) Institutionelle Umsetzung

Nach § 110 Abs. 1 Nr. 2 SGB III muss **Träger** der Maßnahme **ein »Dritter«** sein, so dass der Arbeitgeber nicht mehr in Betracht kommt. Die Einschaltung einer **Beschäftigungs- und Qualifizierungsgesellschaft** ist möglich, aber nicht vorgeschrieben (u. Rn. 260 ff.).[1180] Die Zuschüsse werden an den Arbeitgeber oder den von ihm verschiedenen Träger (nicht an den einzelnen AN!) gewährt und mit dem jeweiligen Empfänger abgerechnet.[1181] 250

4. Transfer-Kurzarbeitergeld nach § 111 (früher: § 216b) SGB III

Die Situation der von Personalabbau und Arbeitslosigkeit Bedrohten kann dadurch erleichtert werden, dass **durch** Regelungen im Interessenausgleich und **Sozialplan** die **Voraussetzungen** für den Bezug von Transferkurzarbeitergeld nach § 111 SGB III **geschaffen** werden. Die Kurzarbeit kann den Eingliederungsmaßnahmen nach § 110 SGB III theoretisch vorausgehen, folgt ihnen aber typischerweise nach. § 111 SGB III unterscheidet sich wie § 216b SGB III a. F. von dem bis 31. 12. 2003 geltenden § 175 SGB III außer durch die Terminologie insbesondere dadurch, dass die **Höchstdauer** des Kurzarbeitergeldes **zwingend auf ein Jahr beschränkt** ist. Inwieweit hat sich auch durch das am 1. 1. 2011 in Kraft getretene **»Beschäftigungschancengesetz«** nichts geändert. Eine wichtige Akzentverschiebung hat sich allerdings dadurch ergeben, dass die BA an den Beratungen zwischen AG und BR teilnehmen muss und dabei eigene Ziele verfolgt: Sie soll dafür sorgen, dass kein Anreiz zur vollen Ausschöpfung der Kurzarbeitsperiode entsteht, sondern möglichst früh jede Arbeitsmöglichkeit in Anspruch genommen wird: Die Aufstockungsbeträge dürfen in der Regel nicht zu einer Gesamtvergütung von mehr als 80 % führen, die **Leistungen** des (früheren) Arbeitgebers müssen **degressiv** ausgestaltet sein, d. h. im Laufe des Jahres immer geringer werden. Dies ist mit Recht von verschiedenen Seiten kritisiert worden.[1182] Hinzu kommt, dass sich der Betroffene während des Bezugs von Transferkurzarbeitergeld arbeitsuchend melden und grundsätzlich jede zumutbare Arbeit annehmen muss; dies gilt sogar dann, wenn er eine nützliche Bildungsmaßnahme von z. B. 10 Monaten bereits zu zwei Dritteln absolviert hat.[1183] All das macht den **Transfersozialplan weniger attraktiv** als in der Vergangenheit und regt dazu an, alle Kraft auf einen »Abfindungssozialplan« zu konzentrieren. 251

a) Voraussetzungen

Nach § 111 Abs. 2 SGB III setzt die Gewährung von Transferkurzarbeitergeld voraus, dass die **Beschäftigungsmöglichkeiten nicht nur vorübergehend entfallen;** wäre Letzteres der Fall, käme das »normale« Kurzarbeitergeld nach den §§ 95 ff. SGB III in Betracht.[1184] 252

Weiter müssen nach § 111 Abs. 3 SGB III bestimmte **betriebliche Voraussetzungen** erfüllt sein: Der Arbeitsausfall muss auf einer Betriebsänderung beruhen, wobei derselbe (weite) Begriff wie in § 110 SGB III verwendet wird. Weiter müssen die von Arbeitsausfall betroffenen AN in einer **»betriebsorganisatorisch eigenständigen Einheit« (beE)** zusammengefasst werden. Diese kann im bisherigen UN gebildet, aber auch als selbstständige »Beschäftigungs- und Qualifizierungs-Gesellschaft« **(BQG)**, immer häufiger **»Transfergesellschaft« (TG)** genannt, ins Leben gerufen werden.[1185] In der Regel empfiehlt die Arbeitsverwaltung den Anschluss an eine schon bestehende Gesellschaft dieser Art, soweit sie sich in erreichbarer Nähe befindet.[1186] Die Wahl der Alternative interne »beE« erfordert mehr organisatorischen Aufwand und ist mit dem Risiko verbunden, dass die Befristung der Arbeitsverhältnisse keine rechtliche Anerken- 253

1180 Zu dieser *Thannheiser,* AiB 02, 739 ff.
1181 *Lauterbach*, in: Spellbrink u. a., § 18 Rn. 21 m. w. N.
1182 *Homburg*, AiB 11, 11; *Thannheiser,* AiB 11, 222; *Wacker* AuA 1/11 S. 13.
1183 *Thannheiser* AiB 11, 224.
1184 Näher *Deinert,* Privatrechtsgestaltung, S. 179 f.
1185 *Growe*, AiB 98, 261. *Schütte* (NZA 13, 250) spricht von »interner Transfergesellschaft« und von »Transfergesellschaft«.
1186 *Bachner/Schindele*, NZA 99, 132.

nung findet.[1187] Die **Transfergesellschaft als »Regelform«** wird deshalb unten (Rn. 261 ff.) gesondert dargestellt.

254 Der Bezug von Transferkurzarbeitergeld ist nach § 111 Abs. 4 SGB III von bestimmten **persönlichen Voraussetzungen** abhängig. Der Einzelne muss – nicht anders als im Rahmen des § 110 SGB III – von Arbeitslosigkeit bedroht sein, ohne dass diese schon eingetreten sein darf. Wurde er von seinem bisherigen Arbeitgeber freigestellt, ist dies unschädlich, soweit das Direktionsrecht bestehen bleibt, er also notfalls »zurückgerufen« werden könnte. Ist dies jedoch ausgeschlossen und eine unwiderrufliche Freistellung vereinbart, ist Arbeitslosigkeit eingetreten und die Leistung nach § 111 daher ausgeschlossen.[1188] Außerdem muss der Betroffene ein sog. Profiling durchlaufen, das sein »Qualifikationsprofil« und damit seine Eingliederungsaussichten zu bestimmen versucht. Dieses kann (muss aber nicht) als Maßnahme nach § 110 SGB III gefördert werden.[1189] Weiter muss die betriebliche Arbeitszeit in arbeitsrechtlich zulässiger Weise (auf null) reduziert sein; eine entsprechende einseitige Anordnung des AG genügt nicht.[1190] Nach dem seit 1. 1. 2011 geltenden § 111 Abs. 4 Satz 1 Nr. 3a SGB III muss sich der Betroffene arbeitsuchend gemeldet haben.

255 Nach § 111 Abs. 8 SGB III wird **kein Kurzarbeitergeld** bezahlt, wenn die in der beE zusammengefassten AN anschließend in ihrem bisherigen Unternehmen oder Konzern eingesetzt werden sollen. Auch während der Kurzarbeitsperiode ist ein Einsatz im bisherigen Betrieb grundsätzlich ausgeschlossen.[1191]

256 Der AG kann **im Sozialplan** verpflichtet werden, eine beE zu schaffen und dort bestimmte **Qualifizierungsmaßnahmen** durchzuführen. Ein Einigungsstellenspruch soll allerdings insoweit ausgeschlossen sein.[1192] Angesichts des § 112 Abs. 5 Satz 2 Nr. 2a, wonach die Fördermöglichkeiten nach SGB III von der ESt. berücksichtigt werden »sollen«, erscheint dies wenig überzeugend. Auch ist nicht erkennbar, weshalb der Eingriff in die unternehmerische Freiheit stärker sein soll, wenn nicht die Zahlung von 5 Mio. Euro, sondern die Vornahme organisatorischer Maßnahmen vorgesehen wird, deren Gesamtaufwand erheblich darunter bleibt.[1193] Das schließt nicht aus, dass sich die in Rede stehenden Maßnahmen sehr viel sinnvoller im Konsens realisieren lassen.[1194] **Typischerweise** findet ein Anschluss an eine bereits bestehende **Transfergesellschaft** statt. Soweit sich diese bereit erklärt, die von der Betriebsänderung betroffenen Arbeitnehmer aufzunehmen, kann auch in dieser Konstellation eine Entscheidung durch die ESt. erfolgen. Eine solche Lösung sieht *Jenning*[1195] mit eingehender und überzeugender Begründung als einzige an, die durch Spruch der ESt. erzwungen werden kann.

b) Höhe und Dauer

257 Das Kurzarbeiter- entspricht im Wesentlichen dem Arbeitslosengeld. In der Praxis erfolgte bisweilen eine **Aufstockung** auf 90 oder gar 100 %,[1196] doch ist dies nach der aktuellen Regelung nur noch machbar, wenn die Bundesagentur darin keinen Anreiz für ein Verbleiben in der Transfergesellschaft sieht.[1197] Die Dauer beträgt nach § 111 Abs. 1 Satz 2 SGB III **längstens 12 Monate.** Anders als bis Ende 2003 sind bei Überschreitung von 6 Monaten Weiterqualifizierungsmaßnahmen nicht mehr obligatorisch. Auch besteht keine Möglichkeit zur Verlängerung

---

1187 *Schweibert*, in: Willemsen u. a. Rn. C 280.
1188 *Ricken*, NZA 11, 556 unter Berufung auf die Geschäftsanweisung der BA.
1189 Einzelheiten bei *Mengel/Ullrich*, BB 05, 1113.
1190 *Deinert*, Privatrechtsgestaltung, S. 180 ff.
1191 Näher *Deinert*, Privatrechtsgestaltung, S. 183 ff.
1192 *C. Meyer*, DB 2003, 206; *Ehrich/Fröhlich*, Teil H Rn 297; *Fitting*, Rn. 278 m. w. N.
1193 Für Spruchfähigkeit auch *Schütte*, NZA 13, 250 ff.
1194 *U. Fischer*, Sonderbeilage 1/2004 zu NZA, S. 34.
1195 S. 77 ff., 97, 155 ff.
1196 *Growe*, AiB 98, 261. Bei einem Zuschuss durch die Transfergesellschaft ist regelmäßig vom Nettoarbeitsentgelt auszugehen: *BAG* 16. 12. 15 – 5 AZR 567/14, NZA 16, 438.
1197 *Homburg*, AiB 11, 12; *Thannheiser*, AiB 11, 224.

mehr. Zeiten »normaler« Kurzarbeit werden angerechnet, es sei denn, zwischen ihnen und der Struktur-Kurzarbeit würden mindestens drei Monate liegen (§ 104 Abs. 3 SGB III).[1198]

Die Gewährung von Transferkurzarbeitergeld belässt erhebliche finanzielle Belastungen beim AG, da er die Beiträge zur Sozialversicherung sowie das Entgelt bei Krankheit, Urlaub und an Feiertagen bezahlen muss (sog. **Remanenzkosten**). Die für Krisenzeiten bei der normalen Kurzarbeit bis Ende 2012 vorgesehene Befreiung von den Sozialversicherungsbeiträgen gilt im vorliegenden Zusammenhang nicht.[1199] 258

c) Verfahren und Arbeitsangebote

Das Strukturkurzarbeitergeld setzt nach § 111 Abs. 1 Nr. 5 SGB III eine Anzeige an die Agentur für Arbeit voraus, die durch den AG wie durch den BR erfolgen kann. Der einzelne AN kann insoweit nicht aktiv werden. Hinzukommen muss als weitere Voraussetzung ein **Antrag** nach den §§ 323 ff. SGB III. Liegen die gesetzlichen Voraussetzungen vor, besteht ein Anspruch auf Gewährung des Kurzarbeitergeldes. Die Arbeitsverwaltung ist bereit, die für die Antragstellung notwendige Hilfe zu gewähren, während des Bezugs von Transferkurzarbeitergeld hat der AG den AN Vermittlungsvorschläge zu unterbreiten und ggf. Maßnahmen zu ergreifen, um die Eingliederungsaussichten zu verbessern (§ 111 Abs. 7 SGB III). Daneben kann die Arbeitsagentur Arbeitsplätze anbieten, deren Nichtannahme trotz Unterbrechung einer Weiterbildungsmaßnahme eine Sperrfrist auslösen würde.[1200] Lediglich in Extremfällen – die angebotene Arbeit endet früher als die individuelle Verbleibdauer in der Transferkurzarbeit oder sie wird schlechter bezahlt – wird eine Ausnahme gemacht. 259

5. Strukturanpassungsmaßnahmen

Nach § 249h AFG waren in den neuen Bundesländern zusätzliche Maßnahmen möglich, die der Massenarbeitslosigkeit entgegenwirken sollten. Ihre quantitative Bedeutung war beträchtlich.[1201] Nachdem § 248s AFG ähnliche Maßnahmen auch in den alten Bundesländern zugelassen hatte, schuf man anschließend **einheitliche Regeln in den §§ 272 ff. SGB III,** die für die neuen Bundesländer durch § 415 SGB III ergänzt wurden. Mit Wirkung vom 1. 1. 2004 wurden die §§ 272 ff. SGB III aufgehoben. 260

6. Sonderprobleme der Transfergesellschaften

a) Die Grundkonzeption

Häufig wird bei einer der unter 4 genannten Maßnahmen eine **Beschäftigungs- und Qualifizierungsgesellschaft** eingeschaltet, die ihrer eigentlichen Zielsetzung nach immer öfter »Transfergesellschaft« genannt wird.[1202] Davon soll es mittlerweile ca. 1000 geben,[1203] die sich durch sehr unterschiedliche Qualität auszeichnen.[1204] Die Übernahme der betroffenen AN erfolgt in der Regel durch einen dreiseitigen Vertrag, an dem außer dem Betroffenen der bisherige AG und die Transfergesellschaft (TG) beteiligt sind.[1205] Auch zwei selbstständige Verträge sind möglich.[1206] Eine einseitige Versetzung durch den AG kommt nicht in Betracht, da das Arbeitsverhältnis tiefgreifend umgestaltet wird.[1207] Der Vertrag wird in der Regel zu einem 261

1198 Zu dieser Vorschrift und zu den allgemeinen Voraussetzungen der Kurzarbeit s. *Däubler,* in: Lorenz/Schneider, Raus aus der Krise! 2009, S. 40 ff.

1199 S. § 419 (bisher: § 421t) SGB III.

1200 Kritisch *Thannheiser,* AiB 11, 224.

1201 *Bosch/Weinkopf/Adamy,* in: Kittner [Hrsg.], Gewerkschaften heute, 1994, S. 288.

1202 Überblick bei *Däubler/Wroblewski,* Teil 3 Rn. 442 ff., Teil 8 Rn. 149 ff.; einige wichtige Informationen auch bei *Raffler/Simshäuser,* AuR 09, 384 und bei *Angerer/Wagner,* AiB 10/21 S. 45 f.

1203 *Thannheiser* AiB 06, 25.

1204 *Homburg/Filzek* AiB 09, 358.

1205 *BAG* 18. 8. 05 – 8 AZR 523/04, NZA 06, 145; *Bertzbach,* FS Hanau, S. 174.

1206 *Lembke,* BB 04, 773, 775.

1207 *ArbG Düsseldorf* PersR 04, 231: Küttner-*Kania,* Beschäftigungsgesellschaft, Rn. 3.

Zeitpunkt geschlossen, in dem die **Kündigungsfristen** langjährig Beschäftigter **erst zu einem kleineren Teil abgelaufen** sind: Der AG spart so erhebliche Lohnkosten (zumal häufig keine Arbeit mehr da ist) und kann auf diese Weise die TG bezuschussen (ein Monat normale Lohnkosten entspricht zwei Monaten in der TG – so eine verbreitete Faustformel).[1208] Die vorgesehene **Verweildauer** in der Strukturkurzarbeit darf allerdings **nicht kürzer als** die verbleibende **Kündigungsfrist** sein, weil der AN sonst eine Sperrfrist riskiert, hätte er doch durch Auflösung seines bisherigen Arbeitsverhältnisses dann selbst zu seiner (vorzeitigen) Arbeitslosigkeit beigetragen. Finden einige »Überwechsler« in die TG **alsbald einen neuen Arbeitsplatz,** entsteht ein **zusätzlicher Vorteil** für die TG,[1209] den man allerdings auch als zusätzliche Abfindung für die Betroffenen verwenden kann.[1210] Eine **geringere Sozialplanabfindung** für diejenigen vorzusehen, die einen Vertrag mit der TG schließen, ist möglich, macht aber diese Alternative sehr viel weniger attraktiv.[1211] Durch niedrigere Zahlungen an »Nicht-Überwechsler« Druck in Richtung auf einen Beitritt auszuüben, ist mit Rücksicht auf die Berufsfreiheit des Art. 12 Abs. 1 GG unzulässig.[1212] Vorzuziehen ist im Rahmen des wirtschaftlich Möglichen eine »Transfer-Plus-Lösung«.[1213] Die Überwechsler sind im Übrigen mitzuzählen, wenn es um die Erreichung der Grenzwerte für eine Massenentlassung nach § 17 Abs. 1 KSchG geht.[1214]

b) Rechtsstellung der Überwechsler zur TG

262 Die Rechtsbeziehung zwischen AN und TG ist in der Regel **auf ein Jahr befristet,** was im Hinblick auf § 14 Abs. 2 TzBfG keine Probleme aufwirft. Während dieser Zeit erhält er **Transferkurzarbeitergeld** nach § 111 SGB III (o. Rn. 251 ff.); der (frühere) Arbeitgeber bezahlt einen **»Zuschuss«,** so dass meist eine Aufstockung auf 80 (u. U. auch bis 90) % der bisherigen Bezüge erfolgt.[1215] Dabei kann ggf. die Bedingung hinzugefügt werden, dass die eine Abmachung nicht ohne die andere gelten solle.[1216] Um die Integration in den Arbeitsmarkt zu fördern, wird die Arbeitsagentur ggf. verlangen, dass der Zuschuss geringer wird, je länger der Einzelne in der TG verbleibt, und dass ggf. eine »Sprinterprämie« an diejenigen bezahlt wird, die schon nach kurzer Zeit wieder auf den regulären Arbeitsmarkt zurückkehren können. Dass dies nur zum geringsten Teil von ihrem eigenen Verhalten abhängt, wird bei dieser Konstruktion nicht bedacht.

263 Der AN verpflichtet sich, an **Weiterbildungs- oder Integrationsmaßnahmen** teilzunehmen, die in der Regel zur Hälfte vom AG, zur Hälfte von der BA oder vom Europäischen Sozialfonds finanziert werden. Meist räumt er der TG das Recht ein, ihn **an andere UN zu »verleihen«,** was insbesondere der Vorbereitung auf ein neues Arbeitsverhältnis durch Qualifizierung dienen soll (§ 111 Abs. 7 S. 3 SGB III). Auch kann das Arbeitsverhältnis suspendiert werden, wenn der AN eine befristete Beschäftigung bei einem anderen AG findet; während dieser Zeit wird kein Transferkurzarbeitergeld bezahlt. Schließlich ist eine kurzfristige Auflösung im Hinblick auf ein unbefristetes Arbeitsverhältnis bei einem neuen AG möglich.[1217] Auch wenn die TG alle AN eines Betriebs übernimmt, greift **§ 613a BGB** in der Regel **nicht** ein, weil keinerlei Betriebsmittel übertragen werden und – wichtig bei »betriebsmittelarmen« Einheiten wie Reinigungsbetrieben – auch ein anderer Betriebszweck verfolgt wird.[1218] Der AG kann **im Sozialplan zu Leistungen an die TG verpflichtet** werden; es gelten dieselben Grundsätze wie bei Einglie-

1208 S. *Welkoborsky,* AiB 09, 451. Ebenso jüngst *Lembke* NZA 22, 1561, 1566 (wenn auch ohne Bezugnahme).
1209 *Schweibert,* in: Willemsen u. a. Rn. C 251.
1210 *Wenning-Morgenthaler,* Rn 1162.
1211 *Welkoborsky,* AiB 09, 431; kritisch auch *Homburg/Filzek,* AiB 09, 358.
1212 *Schütte,* NZA 13, 249, 252.
1213 *Zabel/Bohnenkamp/Fieber/Bade,* AiB 10, 181.
1214 *LAG Baden-Württemberg* 23. 10. 13 – 10 Sa 32/13, NZA-RR 14, 192 mit Anm. *O. Müller..*
1215 *Welkoborsky,* AiB 09, 432; dort auch Ausführungen zu den weiteren Kosten der BQG.
1216 *Grau/Döring,* NZA 08, 1335 ff.
1217 Küttner-*Kania,* Transfergesellschaft, Rn. 3.
1218 *Krieger/Fischinger,* NJW 07, 2289; Küttner-*Kania,* Beschäftigungsgesellschaft, Rn. 3; *Schweibert,* in: Willemsen u. a. Rn. C 286.

derungsmaßnahmen (vgl. o. Rn. 249). Um wenigstens die nurmehr vereinbarte wirtschaftliche Situation abzusichern, kann der dreiseitige Vertrag, der Grundlage für den Wechsel in die TG ist, mit einer **Bedingung** versehen werden, dass die BA Transferkurzarbeitergeld und der AG den Zuschuss bezahlt.[1219]

Die **Tätigkeit in der TG** ist ersichtlich mit der im bisherigen Betrieb nicht gleichwertig, obwohl die Verschlechterung als solche wegen der wirtschaftlichen Rahmenbedingungen keinen vertragsrechtlichen Bedenken unterliegt.[1220] Der Verlust des bisherigen Arbeitsplatzes ist daher ein im Sozialplan **auszugleichender Nachteil.** Das Überwechseln in die TG ist ersichtlich nicht »zumutbar« i. S. d. § 112 Abs. 5 Satz 2 Nr. 2, da sich die Arbeitsbedingungen grundlegend ändern und das Entgelt häufig nur unwesentlich über dem Arbeitslosengeld liegt.[1221] Ein Muster ist wiedergegeben in DKWF-*Däubler.*[1222] 264

Werden mit der TG keine Arbeitsverhältnisse (sondern Umschulungsverhältnisse) begründet, kommt eine **betriebliche Interessenvertretung** nur auf Grund TV oder BV zustande (zum Parallelfall der reinen Ausbildungsbetriebe s. Einl. Rn. 82). Der BR aus dem Ursprungsbetrieb behält nach §§ 21a, 21b ein Rest- und ein Übergangsmandat. Soweit man sich dagegen wie meist weiter im Rahmen arbeitsrechtlicher Strukturen bewegt, wird in der TG ein eigener BR gewählt. Diese ist nicht selten ein TendenzUN, kann jedoch auf die damit verbundenen Privilegien verzichten.[1223] Sie ist außerdem als **»Sozialeinrichtung«** zu qualifizieren, so dass für Streitigkeiten zwischen ihr und dem AG die Arbeitsgerichte zuständig sind.[1224] Nach der Rspr. des *BVerwG*[1225] ist sie ggf. zur Bezahlung einer Ausgleichsabgabe nach § 77 Abs. 1 SGB IX verpflichtet. 265

Wird der AN nach dem Ausscheiden aus der TG **arbeitslos,** so stellt sich im Anschluss daran für Ältere ein Rentenproblem: **Besonders langjährig Versicherte** können nur dann mit 65 eine abschlagsfreie Rente beziehen, wenn sie eine Wartezeit von 45 Jahren erreicht haben. Zeiten der Arbeitslosigkeit in den letzten zwei Jahren vor dem Renteneintritt zählen nur dann mit, wenn sie auf einer Insolvenz (oder einer Geschäftsaufgabe) des bisherigen Arbeitgebers beruhen. Obwohl die TG als letzter AG kein Insolvenzproblem hatte, geht das **BSG** mit Recht davon aus, dass die Insolvenz des früheren AG weiterwirkt, so dass der abschlagsfreien Rente nichts im Wege steht.[1226] 265a

c) Rechtsstellung der Nicht-Überwechsler

Ein **Zwang zum Überwechseln** besteht **nicht** (o. Rn. 261). Im Regelfall riskieren die sich widersetzenden AN allerdings eine betriebsbedingte Kündigung,[1227] sofern nicht inzwischen ein Betriebserwerber gefunden ist. Dies ist nur dann anders, wenn im Arbeitgeberunternehmen **noch für einige Zeit Aufträge abgewickelt** werden müssen. Zutreffend hat das *LAG Bremen*[1228] entschieden, dass der AG nicht etwa eine unternehmerische Entscheidung des Inhalts treffen kann, dass er die weiteren Arbeiten nur noch mit Hilfe früherer Beschäftigter erledigt, die er als Leiharbeitnehmer von der BQG oder einem dazwischen geschalteten Verleihunternehmen »zurückerhält«.[1229] Dies würde im Ergebnis auf eine **Austauschkündigung** hinauslaufen, die nach allgemeiner Auffassung unzulässig ist.[1230] Die Tatsache, dass **durch** das **»Rückentleihen«** 266

1219 *LAG Hamburg* 7.9.05 – 5 Sa 41/05, NZA-RR 05, 658; Küttner-*Kania,* Beschäftigungsgesellschaft, Rn. 4.
1220 *LAG Hamburg* 7.9.05 – 5 Sa 41/05, NZA-RR 05, 658.
1221 *Kaiser*, NZA 92, 198; s. auch den Fall LSG Rheinland-Pfalz 1.6.06 – L 1 AL 46, NZA-RR 07, 158; ebenso nunmehr auch Deinert/Heuschmid/Zwanziger-*Deinert,* § 4 Rn. 78.
1222 §§ 111–113 Rn. 68 ff.
1223 *BAG* 5.10.00 – 1 ABR 14/00, AiB 02, 189.
1224 *BAG* 23.8.01 – 5 AZB 11/01, NZA 02, 230 = DB 01, 2559.
1225 16.5.13 – 5 C 20/12, NZA-RR 13, 534.
1226 *BSG* 21.10.21 – B 5 R 11/20 R, AuR 21, 523 mit Anm. *Kohlrausch..*
1227 Dazu *M. Heither,* S. 182.
1228 2.12.97, LAGE § 1 KSchG Betriebsbedingte Kündigung Nr. 47.
1229 So der Fall *LAG Bremen* 2.12.97, a. a. O.
1230 Dazu insbes. auch *Bertzbach,* FS Hanau, S. 175 ff.

in erheblichem Umfang **Lohnkosten gespart** werden können (im Falle des *LAG Bremen* 20 %), ist kein die Kündigung rechtfertigender Gesichtspunkt. Sind wegen der wirtschaftlichen Lage die Arbeitsplätze gefährdet, steht das Mittel der Änderungskündigung zur Verfügung.[1231]

d) Dreiseitiger Vertrag und Umgehung des § 613a BGB

267 Die TG wird häufig als Mittel eingesetzt, um ein wirtschaftlich angeschlagenes UN von seiner Belegschaft samt den damit verbundenen »sozialen Lasten« zu befreien und es so für einen Käufer attraktiv zu machen: Dieser kann dann aus den in der TG »geparkten« Beschäftigten diejenigen aussuchen, die er für geeignet hält.[1232] Ein solches Konzept – in erfreulicher Deutlichkeit dargestellt bei *Krieger/Fischinger*[1233] – sieht sich dem Vorwurf ausgesetzt, die Vorschriften über den Betriebsübergang (**§ 613a BGB**) und über die soziale Auswahl bei betriebsbedingten Kündigungen (**§ 1 Abs. 3 KSchG**) zu **umgehen.** Die Rechtsprechung des BAG hat sich diesem Problem gestellt, das Konzept aber im Kern gebilligt und lediglich Randkorrekturen vorgenommen, die in letzter Zeit allerdings an Deutlichkeit gewonnen haben.

268 Der **dreiseitige Vertrag** stellt im Verhältnis zum bisherigen AG einen **Aufhebungsvertrag** dar. Hatte der Arbeitgeber **nach § 1a KSchG** eine **Abfindung** für den Fall versprochen, dass keine Kündigungsschutzklage erhoben würde, so kann der AN im Falle des dreiseitigen Vertrags nichts beanspruchen, da das Arbeitsverhältnis nicht durch betriebsbedingte Kündigung, sondern durch Aufhebungsvertrag endete.[1234] Der Aufhebungsvertrag kann nach allgemeinen Grundsätzen unwirksam sein oder angefochten werden.[1235] Fehlvorstellungen über die rechtlichen Folgen des dreiseitigen Vertrags berechtigen in aller Regel nicht zur Anfechtung wegen Inhaltsirrtums nach § 119 Abs. 1 BGB. Allerdings kommt eine Anfechtung wegen Täuschung dann in Betracht, wenn der AG eine Stilllegung vorspiegelt, in Wirklichkeit aber schon einen sicheren Käufer für das UN besitzt.[1236] Hat der AN längere Zeit bei der TG gearbeitet, kann die Berufung auf die Unwirksamkeit bzw. die Anfechtung verwirkt sein.[1237]

269 Was die **Umgehung des § 613a BGB** betrifft, so vertritt das *BAG*[1238] den Standpunkt, der Aufhebungsvertrag sei nur dann unwirksam, wenn zeitgleich mit dem Aufhebungsvertrag ein neues Arbeitsverhältnis zum Betriebsübernehmer vereinbart oder zumindest verbindlich in Aussicht gestellt werde.[1239] Fehle es daran, so liege ein freiwilliges Ausscheiden aus dem UN vor, das sich nicht als Umgehung des § 613a BGB qualifizieren lasse: Der von dieser Vorschrift gewollte Bestandsschutz greife hier nicht ein. Zwar bestehe insoweit eine Missbrauchsgefahr, als der Erwerber seine personellen Präferenzen unschwer verbergen könne, und der AN befinde sich auch häufig in einer Drucksituation. Beides zwinge jedoch nicht dazu, generell ein Umgehungsgeschäft anzunehmen »und dadurch Sanierungsmöglichkeiten für notleidende Betriebe mit wenigstens teilweisem Arbeitsplatzerhalt praktisch unmöglich zu machen.«[1240] Anders hatte das LAG Düsseldorf als Vorinstanz der ersten Entscheidung[1241] eine Zusicherung genügen lassen, es werde jedenfalls ein Teil der Mitarbeiter übernommen, und eine Umgehung angenommen. Konsequent war allein das *LAG Bremen*:[1242] Die zeitliche Entkoppelung von Aufhebungsvertrag und Übergang der Betriebsmittel sei kein Grund, von der Anwendung des § 613a BGB abzusehen. Würden beide zusammenfallen, würde niemand an der Anwend-

1231 DDZ-*Zwanziger*, § 2 KSchG Rn. 213 ff.
1232 *Lembke*, BB 07, 1333, 1338: **»Wunschmannschaft«**.
1233 NJW 07, 2289 ff.
1234 *LAG Rheinland-Pfalz* 18.1.17 – 7 Sa 210/16, juris.
1235 Dazu DDZ-*Däubler*, Aufhebungsvertrag, Rn. 37 ff.
1236 *BAG* 23.11.06 – 8 AZR 349/06, NZA 07, 866 Tz 21; *Krieger/Fischinger*, NJW 07, 2290.
1237 *LAG Bremen*, 10.5.99 – 1 Sa 291/98, zu den allgemeinen Grundsätzen der Verwirkung insoweit *Däubler*, DDZ-Einl., Rn. 136 und § 242 BGB Rn. 10 ff.
1238 10.12.98 – 8 AZR 324/97, NZA 99, 422.
1239 Ebenso *BAG* 18.8.05 – 8 AZR 523/04, NZA 06, 145, bestätigt durch *BAG*, 23.11.06 – 8 AZR 349/06, ZIP 07, 643, 645 = NZA 07, 866.
1240 So *BAG* 18.8.05 – 8 AZR 523/04, NZA 06, 145 Tz 36 in moderner Fortführung des alten Grundsatzes »Not kennt kein Gebot« – doch besteht die Not wirklich?.
1241 28.4.97 – 10 Sa 1534/96, LAGE § 613a BGB Nr. 61.
1242 26.8.04 – 3 Sa 80/04 und 1 Sa 81/04, BB 05, 665 mit krit. Anm. *Lembke*.

barkeit des § 613a BGB zweifeln und außerdem dem Erwerber einen Personalabbau nur unter Wahrung des § 1 Abs. 3 KSchG gestatten. In der Literatur hat die Rechtsprechung des BAG gleichfalls Widerspruch gefunden.[1243] Es liegt nahe, im Wege eines Vorabersuchens nach Art. 267 AEUV (bisher: Art. 234 EG-Vertrag) den EuGH um eine Klärung der Frage zu bitten, ob nicht auch in Fällen wie den vom BAG entschiedenen ein Betriebsübergang im Sinne der Richtlinie vorliegt.

Legt man die Rechtsprechung des BAG zugrunde, so ist der Aufhebungsvertrag wegen Umgehung des § 613a BGB dann unwirksam, wenn der **Erwerber** die Übernahme bereits **verbindlich zugesagt** hat. Dies muss nicht ausdrücklich geschehen, sondern kann sich auch aus den Umständen ergeben.[1244] So kann es reichen, wenn Beauftragte des Erwerbers oder des bisherigen AG erklären, »fast alle« würden übernommen, »niemand bleibe auf der Strecke«, es sei in Zukunft »genügend Arbeit vorhanden.« Dasselbe gilt nach der sog. **Lotterie-Entscheidung** des *BAG* dann, wenn 352 von 452 AN übernommen werden sollen und über die Auswahl das Los entscheidet.[1245] Weiter ist denkbar, dass die **TG** nach Art eines Strohmanns **zum Schein vorgeschoben** wird; ein Indiz dafür könne es sein, wenn die Verweildauer in der TG kaum länger als die Kündigungsfrist sei,[1246] beispielsweise die Kündigungsfrist des § 113 InsO nur um einen Monat überschreite.[1247] Erst recht liegt ein Umgehungsgeschäft vor, wenn die Verweildauer nur einen Tag[1248] oder gar nur eine halbe Stunde[1249] beträgt oder wenn wegen fehlender finanzieller Ausstattung **keine Aktivitäten der TG** stattfinden sollen.[1250] Der dreiseitige Vertrag ist auch dann wegen **Umgehung der Regeln über die soziale Auswahl** unwirksam, wenn sich belegen lässt, dass der Erwerber bereits bei Übernahme der betrieblichen Organisation im Wesentlichen seine »Wunschmannschaft« zusammengestellt hatte.[1251] Im Einzelfall ist auch zu prüfen, ob die AN bewusst fehlinformiert wurden und sie deshalb den dreiseitigen Vertrag wegen arglistiger Täuschung nach § 123 BGB anfechten können.[1252] Der AG-Seite wird höchst sorgsames Verhalten empfohlen,[1253] was auch die Aufmerksamkeit der AN-Seite verdient. Rechtlich könnte diese die gesamten Umgehungspraktiken mit Hilfe einer klaren tarifvertraglichen Regelung zunichte machen.[1254] 270

e) Durchführungsprobleme (insbesondere »Aschenputtelgesellschaft«)

Sieht man von der Umgehungsproblematik einmal ab, die sich ja nicht in jedem Fall stellt, so hat der Einsatz einer **TG** eine Reihe von **Vorzügen.**[1255] Bewerbungen auf freie Stellen werden erleichtert, der mit der Arbeitslosigkeit häufig verbundene Vereinsamungsprozess tritt nicht ein. Auch kann die Qualifizierung langfristig zu einer Verbesserung der Chancen auf dem Arbeitsmarkt führen. Auf der anderen Seite ist zu beachten, dass etablierte TG dazu neigen können, als »Berater« der betrieblichen Interessenvertretungen Übernahmen zu forcieren, wo sie nicht un- 271

1243 APS-*Steffan*, § 613a BGB Rn. 198; *Bichlmeier/Wroblewski*, Teil 3 Rn 473 ff.; KR-*Treber*, § 613a BGB Rn. 142; DDZ-*Zwanziger*, § 613a BGB Rn. 80 ff.; *Däubler*, Arbeitsrecht 2, Rn. 1417; Bedenken auch bei ErfK-*Preis*, § 613a BGB Rn. 159; zustimmend dagegen MüKo-*Müller-Glöge*, § 613a BGB Rn. 202 m. w. N.

1244 *BAG* 18.8.05 – 8 AZR 523/04, NZA 06, 145 Tz 38, eingehend bestätigt durch *BAG* 25.10.12 – 8 AZR 572/11, ZInsO 13, 946.

1245 *BAG* 18.8.11 – 8 AZR 312/10, NZA 12, 152, 155 Tz 35.

1246 *BAG* 23.11.06 – 8 AZR 349/06, NZA 07, 866 Tz 25.

1247 *Puls* NZA 13, 125, 127. Anders aber aufgrund der konkreten Umstände in *BAG* 23.11.06 – 8 AZR 349/05, NZA 07, 866.

1248 *BAG* 18.8.11 – 8 AZR 312/10, NZA 12, 152, 155 Tz 36.

1249 *BAG* 25.10.12 – 8 AZR 572/11, ZInsO 13, 946 Tz 44.

1250 Überblick über die Rspr. bei *Fuhlrott* NZA 12, 549, 552.

1251 *Puls* NZA 13, 125, 127. Das BAG hat diesen Umgehungstatbestand anerkannt, aber bisher nicht näher konkretisiert.

1252 *Fuhlrott* NZA 12, 549, 553.

1253 *Krieger/Fischinger*, NJW 07, 2289 ff.; ähnlich *Schweibert*, in: Willemsen u. a. Rn. C 286.

1254 Zur tariflichen Regelbarkeit wie hier Kempen/Zachert-*Schubert/Zachert*, § 1 Rn. 873.

1255 *Growe*, AiB 98, 262.

bedingt geboten sind, um so den eigenen Apparat auszulasten;[1256] auch besteht die Gefahr, dass Ältere und Leistungsgeminderte **in die BQG »abgeschoben«** und so die Grundsätze über die soziale Auswahl ausgehebelt werden. Auch werden die Weiterbildungs- und Qualifizierungsaufgaben unterschiedlich ernst genommen.[1257] Eine gut und sorgfältig arbeitende Transfergesellschaft zu finden, ist daher gerade dann wichtig, wenn die Entscheidung über einen Transfersozialplan noch gar nicht gefallen ist. Die Vermittlungsquote der TGs liegt in der Regel sehr viel höher als die der BA.[1258] Wichtige Beurteilungskriterien, die bei einem Transfersozialplan zu berücksichtigen sind, nennen *Homburg/Filzek*[1259] und *Zabel/Bohnenkamp/Fieber/Bade,*[1260] die überdies für eine Zertifizierung plädieren. Über positive Erfahrungen im Zusammenhang mit der Praktiker-Pleite berichten *v. Neumann-Cosel/Kraemer*.[1261]

272 Wird die Beschäftigungs- und Qualifizierungsgesellschaft von vorne herein **nicht mit den nötigen Mitteln ausgestattet,** um die Risiken ihres Geschäfts zu bestehen und ihren Verbindlichkeiten nachzukommen, so kommt eine persönliche Haftung ihrer Gesellschafter in Betracht.[1262] Fällt die zunächst bestehende Refinanzierungsmöglichkeit überraschend weg (die AG-Firma wird insolvent und bezahlt keinen Zuschuss mehr, das Transferkurzarbeitergeld wird entzogen), so ermöglicht dies keine fristlose Kündigung; ist die ordentliche Kündigung vertraglich ausgeschlossen, so kommt nur eine außerordentliche Kündigung unter Wahrung der gesetzlichen oder tariflichen Fristen in Betracht.[1263] Im Falle der Insolvenz der TG ist es allein Sache des Insolvenzverwalters, gegen die Gesellschafter vorzugehen (zur allgemeinen Problematik der Durchgriffshaftung s. o. Rn. 188 ff.). Aus der Praxis kommt die einleuchtende Empfehlung, die zu Beginn vorhandenen, die Kosten der fraglichen Maßnahme weithin deckenden Mittel an einen Treuhänder zu übertragen, der von einer etwaigen Insolvenz der TG nicht erfasst wird.[1264]

f) Finanzierung aus dem Europäischen Globalisierungsfonds?

273 Bei größeren Personalabbaumaßnahmen kommt eine Förderung durch den **Europäischen Globalisierungsfonds (EGF)** in Frage, der seit 1. 1. 2007 besteht und zunächst über ein Jahresbudget von 500 Mio. Euro verfügte.[1265] Rechtsgrundlage ist die »Verordnung (EG) Nr. 1927/2006 des Europäischen Parlaments und des Rates vom 20. 12. 2006«, die durch die Verordnung (EG) Nr. 546/2009 vom 18. Juni 2009[1266] grundlegend umgestaltet wurde.[1267] Das **Budget wurde auf 1 Mrd. Euro verdoppelt.** Eine Förderung kann erfolgen, wenn in einem UN (samt Zulieferern und nachgelagerten Einheiten) innerhalb von vier Monaten mindestens 500 Entlassungen erfolgen oder wenn dasselbe in einer Branche innerhalb eines bestimmten Gebietes und während eines Zeitraums von neun Monaten geschieht. Der EGF ist nicht dazu da, Sozialplanabfindungen aufzustocken oder die Umstrukturierung von UN zu finanzieren. Vielmehr geht es ausschließlich um die **Förderung von Maßnahmen der aktiven Arbeitsmarktpolitik,** insbesondere um Aus- und Weiterbildung und um Mobilitätshilfen. Die im Fall BenQ tätige TG erhielt einen Zuschuss von 12,8 Mio. Euro, so dass ihre Tätigkeit um fünf Mo-

---

1256 *Filzek*, AiB 98, 662.
1257 *Bell*, AiB 08, 537 ff.; von einem »immensen Qualitätsgefälle« spricht Küttner-*Kania*, Beschäftigungsgesellschaft, Rn. 2.
1258 *Bell*, AiB 08, 538; von »über 60 %« sprechen *Annuß/Lembke*, Rn. 447; von einer Untersuchung, die nur eine durchschnittliche Vermittlungsquote ergab, berichten aber *Homburg/Filzek*, AiB 09, 358.
1259 AiB 09, 358 f.
1260 AiB 10, 182 ff.
1261 AiB 4/15, 42.
1262 *OLG Düsseldorf* 26. 10. 06 – I 6 U 248/05, ZIP 07, 227; deutlich abschwächend *BGH* 28. 4. 08 – II ZR 264/06, JZ 08, 1152. Dazu auch *Wenning-Morgenthaler*, Rn 1155.
1263 *BAG* 24. 1. 13 – 2 AZR 453/11, NZA 13, 959.
1264 *Homburg/Filzek*, AiB 09, 359.
1265 Einzelheiten bei *Däubler*, dbr Heft 2/2009 S. 16 und in FS Binder, S. 458 f.; keine Erwähnung des EGF bei *Raffler/Simshäuser*, AuR 09, 384 ff.
1266 ABlEU L 167/26.
1267 Aktueller Stand bei *https://www.bmas.de/DE/Themen/Soziales-Europa-und-Internationales/Europaeische-Fonds/EGF/egf.html*.

nate verlängert werden konnte. Die damalige Höchstgrenze von 50 % der Maßnahmekosten ist inzwischen unter bestimmten Voraussetzungen auf 65 % erhöht worden. **Anträge** beim Fonds können nur durch das **Bundesministerium für Arbeit und Soziales** gestellt werden, das direkt oder über die BA kontaktiert werden kann.[1268] Wichtig ist, dass nunmehr nicht nur globalisierungsbedingter Personalabbau erfasst ist, sondern dass es genügt, wenn ein Zusammenhang mit der Finanz- und Wirtschaftskrise besteht. In allen Fällen, in denen Transferkurzarbeitergeld bezogen wird, kommt weiter eine Förderung aus Mitteln des **Europäischen Sozialfonds** (ESF) in Betracht. Dazu gibt es eine ESF-Förderrichtlinie vom 18. 12. 2008 sowie Umsetzungshinweise des Bundesministeriums für Arbeit und Soziales, die über *www.arbeitsagentur.de/zentraler-Content/E-Mail-Infos* abrufbar sind.

g) Erzwingbarkeit mit Hilfe der Einigungsstelle

Nach Auffassung des *LAG Berlin-Brandenburg*[1269] ist auch ein Transfersozialplan, der die Finanzierung einer TG vorsieht, durch Spruch der Einigungsstelle möglich. Maßgebend hierfür ist die Erwägung, dass § 112 Abs. 5 Nr. 2a die Einigungsstelle ausdrücklich auffordert, die Förderungsmöglichkeiten nach dem SGB III zu berücksichtigen und dieses Gebot neben anderen Vorgaben steht, die unbestrittenermaßen für einen Sozialplan maßgebend sind. Dieselbe Auffassung wird auch von zahlreichen Autoren in der Literatur vertreten, wobei es ausschließlich um die Aufwendung finanzieller Mittel für die Übernahme von AN durch eine externe TG, nicht aber um die Schaffung einer innerbetrieblichen beE gehen soll.[1270] Dabei muss die ESt. selbst entscheiden, welche finanziellen Mittel für welche Qualifizierungsmaßnahmen und welche Personen verwendet werden müssen; dies darf nicht der TG überlassen bleiben. Auch darf nicht vorgesehen werden, dass übrig bleibende Mittel an den AG zurückfallen. Das folgt aus dem Sozialplanzweck, wirtschaftliche Nachteile der Betroffenen auszugleichen oder zu mildern. Auch dürfen für den dreiseitigen Vertrag keine für die AN nachteiligen Vorgaben wie z. B. Ausgleichsklauseln vorgeschrieben werden. 274

7. Vorbereitung auf Arbeit 4.0?

In den kommenden 15 bis 20 Jahren werden in Deutschland nach einer OECD-Prognose **18,4 % der Arbeitsplätze** einem »hohen Automatisierungsrisiko« unterliegen; die heute erbrachten Tätigkeiten werden voraussichtlich nicht mehr benötigt werden. Gleichzeitig werden **neue Arbeitsplätze** mit einem **neuen Anforderungsprofil** entstehen. **Weitere 35,8 %** der Arbeitsplätze werden sich **voraussichtlich grundlegend verändern** und deshalb andere Fähigkeiten und Kenntnisse als bisher voraussetzen.[1271] Beide Zahlen liegen über dem OECD-Durchschnitt, was mit dem höheren Industrieanteil an der gesamtgesellschaftlichen Wertschöpfung zusammenhängt. 275

Der mittelfristige **Qualifizierungsbedarf** ist unter diesen Umständen **evident.** Am sichtbarsten ist er derzeit in der Automobilindustrie, wo die Umrüstung auf E-Mobilität insbesondere bei den Zulieferfirmen große Anpassungsprobleme schon in der unmittelbaren Gegenwart schafft. Auch das autonome Fahren wirft seine Schatten voraus. In Zukunft werden andere Branchen und Dienstleistungen gleichfalls betroffen sein. **Welche Qualifikationen** in einer digitalisierten Arbeitswelt **erforderlich** sind, kann allerdings heute niemand exakt voraussagen. 276

1268 *Däubler* dbr 2/2009 S. 18.

1269 1. 3. 16 – 9 TaBV 1519/15, ZInsO 17, 1567 = AiB 7–8/16 S. 59 f.

1270 *Fitting* §§ 112, 112a Rn. 278, 279; *Gaul/Bonanni/Otto* DB 2003, 2386, 2390; *Krieger/Fischinger* NJW 2007, 2289, 2293; anders wohl *Lembke* NZA 22, 1561, 1565.

1271 So der OECD-Beschäftigungsausblick 2019, zusammengefasst bei Specht, Handelsblatt v. 25. 4. 2019, abrufbar unter *https://www.handelsblatt.com/technik/vernetzt/beschaeftigungsausblick-2019-oecd-warnt-vor-panikmache-wegen-digitalisierung-disruption-ist-die-neue-normalitaet/24253094.html?ticket=ST-1408446-Qccpblc4XHshQykIzRaa-ap6* (30. 5. 2019).

Die OECD hat dazu eine Reihe wichtiger Überlegungen angestellt,[1272] doch dominiert derzeit noch die Unsicherheit.

277 **Interessenausgleich und Sozialplan** sind (nur) als **Reaktionen auf konkret geplante Betriebsänderungen** geeignet: Der Personalabbau oder die Einführung grundlegend neuer Arbeitsmethoden müssen bereits in der Vorstellung der Unternehmensleitung existieren.[1273] Der Transfersozialplan ist seinerseits davon abhängig, dass die zu einer Transfergesellschaft wechselnden Personen von einer betriebsbedingten Kündigung bedroht sind.[1274] Auch sind Qualifizierungsmaßnahmen dadurch beschränkt, dass zumutbare Angebote aus dem ersten Arbeitsmarkt jederzeit angenommen werden müssen, was nur kurzfristige Weiterbildungsmaßnahmen sinnvoll macht. Mit Recht hat man deshalb nach anderen Möglichkeiten Ausschau gehalten, um sich perspektivisch auf die neue Situation vorzubereiten und **nicht erst bei sichtbar werdenden Beschäftigungseinbrüchen** zu reagieren. An dieser Stelle soll ein kurzer Überblick gegeben werden.

278 Der Vorschlag, in Zukunft neben den Abfindungs- und Transfersozialplänen auch **»Qualifizierungssozialpläne«** abzuschließen,[1275] knüpft weiterhin am Vorliegen einer Betriebsänderung an und ist daher nur für Reaktionen auf schon weit gediehene Prozesse geeignet. Zutreffend wird darauf hingewiesen, dass **auch** die **Arbeitgeberseite** ein **Interesse** daran hat, die Stammbeschäftigten trotz veränderter Anforderungen weiter zu beschäftigen und keinen Personenaustausch vorzunehmen.[1276] Von daher erscheint es weniger gravierend, dass Qualifizierungsmaßnahmen kein Teil eines erzwingbaren Sozialplans sein können, weil sie wirtschaftliche Nachteile nicht »mindern«, sondern »lediglich« ihren Eintritt verhindern. Sie werden daher als **Teil eines freiwilligen Interessenausgleichs** oder eines Rahmensozialplans gesehen,[1277] die beide den Charakter einer freiwilligen Betriebsvereinbarung nach § 88 haben. Daraus folgt allerdings die Anwendbarkeit von § 77 Abs. 3, so dass anders als beim erzwingbaren Sozialplan ein Tarifvertrag über Qualifizierungsmaßnahmen betriebliche Regelungen zum selben Gegenstand ausschließt. Inhalt einer Abmachung wird zunächst die **Erhebung des Qualifizierungsbedarfs** sein. Anschließend wären die **Ziele** (auf welche Fähigkeiten hin wird qualifiziert?) **und** die einzuschlagenden **Wege** (Durchführung in der Arbeitszeit, Teilnahmeverpflichtung, Kostentragung) zu regeln.[1278] Daneben ist insbesondere dann, wenn die Schwelle einer Betriebsänderung nicht erreicht ist, daran zu denken, dass dem einzelnen Arbeitnehmer ein **Anspruch auf Weiterqualifizierung** zusteht, um geänderten Arbeitsanforderungen Rechnung zu tragen.[1279]

279 Eine Abkoppelung vom Vorliegen einer geplanten Betriebsänderung liegt dem Vorschlag zugrunde, im Anschluss an erste Praxiserfahrungen **»Qualifizierungsbetriebe«** einzurichten, in denen die Beschäftigten auf künftige Anforderungen vorbereitet werden sollen, von denen aus aber auch **Einsätze im UN** oder bei Dritten möglich sein sollen, um dort Arbeitsspitzen abzufangen.[1280] Bisher sind solche Lösungen insbesondere für Beschäftigte gewählt worden, die wegen eines tariflichen oder gesetzlichen Sonderkündigungsschutzes oder wegen der allgemeinen Atmosphäre im Betrieb nicht gekündigt werden konnten; dabei werden die Nachteile einer Transfergesellschaft (oben Rn. 278) vermieden. Der Versuch, die zu qualifizierenden Arbeitnehmer einer **selbständigen Tochtergesellschaft** zuzuordnen, ist am *BAG* **gescheitert.**[1281] Die Schaffung eines **speziellen Betriebs** für die zu qualifizierenden Personen muss **zahlrei-**

1272 OECD Skills Outlook 2019. Thriving to a digital World, abrufbar unter: *https://read.oecd-ilibrary.org/education/oecd-skills-outlook-2019_df80bc12-en#page3* (30.5.2019).

1273 Zur Frage, wann eine Betriebsänderung »geplant« ist, s. § 111 Rn. 136ff.

1274 Einzelheiten oben Rn. 252ff.

1275 *Röder/Gebert*, NZA 17, 1289.

1276 *Röder/Gebert*, NZA 17, 1289, 1290.

1277 *Röder/Gebert*, NZA 17, 1289, 1292.

1278 Überblick bei *Röder/Gebert*, NZA 17, 1289, 1294f.

1279 *Däubler*, Digitalisierung und Arbeitsrecht, § 2 Rn. 22ff.; ebenso *Käufer*, Weiterbildung im Arbeitsverhältnis, S. 199ff. und *von der Straten*, in: Kramer (Hrsg.), Teil B Rn. 950; a. A. *Röder/Gebert*, NZA 17, 1289, 1290, die diesen Teil der Literatur völlig ausblenden.

1280 *Göpfert/Seier*, NZA 18, 1439ff.

1281 *BAG* 19.10.17 – 8 AZR 63/16; NZA 18, 370.

che rechtliche Hindernisse überwinden,[1282] die hier nicht im Einzelnen abgehandelt werden können. Im Ergebnis lässt sich ein solches Modell nur mit **Unterstützung der Beschäftigten** und ihres Betriebsrats realisieren. Solange die Arbeitsplätze nicht unmittelbar gefährdet sind, werden **Beschäftigte kaum bereit** sein, sich einem Qualifizierungsprozess mit ungewissem Ausgang zu unterziehen und Einsätze auf diversen Arbeitsplätzen zu akzeptieren, was sie an den Status eines Leiharbeitnehmers annähert. Auch der Weiterbildungsprozess als solcher ist nur dann aussichtsreich, wenn ihn die Betroffenen nicht als aufgezwungen empfinden.

Die finanzielle Seite von Weiterbildungsmaßnahmen kann eher bewältigt werden, wenn insoweit eine staatliche Unterstützung erfolgt. Die IG Metall hat deshalb die Einführung eines **Transformationskurzarbeitergeldes** vorgeschlagen. Dieses soll dem Konjunktur- und dem Transferkurzarbeitergeld nachgebildet sein und für einen Zeitraum gewährt werden, der zwischen vier Wochen und 24 Monaten liegt. Da die Weiterbildung im Rahmen des bisherigen Arbeitsverhältnisses erfolgen soll, besteht kein Zwang zur Annahme angebotener Arbeitsplätze, so dass auch **länger dauernde Maßnahmen** durchführbar sind. Für Belegschaften (etwa von Automobilzulieferern), deren Arbeitsplätze in absehbarer Zeit wegfallen werden, wären derartige Maßnahmen durchaus attraktiv, zumal nicht erkennbar ist, weshalb die für eine Weiterbildung vorgesehenen Personen unbedingt zu einem selbständigen Betrieb zusammengefasst werden müssen. Auch könnten die UN unschwer das Kurzarbeitergeld auf 100 % aufstocken, da sie dadurch deutlich weniger als durch die beiden anderen Modelle belastet würden. 280

§ 113 Nachteilsausgleich

(1) Weicht der Unternehmer von einem Interessenausgleich über die geplante Betriebsänderung ohne zwingenden Grund ab, so können Arbeitnehmer, die infolge dieser Abweichung entlassen werden, beim Arbeitsgericht Klage erheben mit dem Antrag, den Arbeitgeber zur Zahlung von Abfindungen zu verurteilen; § 10 des Kündigungsschutzgesetzes gilt entsprechend.

(2) Erleiden Arbeitnehmer infolge einer Abweichung nach Absatz 1 andere wirtschaftliche Nachteile, so hat der Unternehmer diese Nachteile bis zu einem Zeitraum von zwölf Monaten auszugleichen.

(3) Die Absätze 1 und 2 gelten entsprechend, wenn der Unternehmer eine geplante Betriebsänderung nach § 111 durchführt, ohne über sie einen Interessenausgleich mit dem Betriebsrat versucht zu haben, und infolge der Maßnahme Arbeitnehmer entlassen werden oder andere wirtschaftliche Nachteile erleiden.

Inhaltsübersicht Rn.

I. Zielsetzung der Vorschrift

§ 113 sieht eine **finanzielle Sanktion** zu Lasten des Unternehmers vor, der ohne zwingenden Grund von einem Interessenausgleich abweicht oder einen solchen gar nicht versucht hat. Die Sanktion verfolgt gleichzeitig auch den Zweck, den betroffenen AN einen gewissen Ausgleich zu verschaffen. Von allen denkbaren Sanktionsformen hat der Gesetzgeber diejenige gewählt, 1

1282 *Göpfert/Seier*, NZA 18, 1440 ff.

die zugleich am meisten Nutzen stiftet, also die vom AG zu verantwortenden Einbußen mindert.[1]

2 § 113 setzt **kein Verschulden** des AG voraus.[2]

3 Da § 113 **Individualansprüche** der betroffenen AN vorsieht, kann der BR die einmal eingetretenen Rechtsfolgen nicht mehr beseitigen. Seine Erklärung, keine rechtlichen Schritte gegen den AG wegen des unterbliebenen Interessenausgleichs unternehmen zu wollen, ist ohne Bedeutung.[3] **Dem einzelnen AN** ist aber nach *BAG*[4] ein vertraglicher **Verzicht** möglich, sobald der Anspruch entstanden ist. Dabei ist allerdings immer zu prüfen, ob einer derartigen Abrede wegen unangemessener Benachteiligung des AN die rechtliche Anerkennung zu versagen ist; insoweit gelten dieselben Grundsätze wie bei einem Verzicht auf die Kündigungsschutzklage, der ohne angemessene Gegenleistung gegen § 307 Abs. 1 Satz 1 BGB verstößt.[5]

4 Zum Verhältnis Nachteilsausgleich – **Sozialplanabfindungen** s. §§ 112, 112a Rn. 122 ff.

II. Abweichung vom Interessenausgleich

5 Nimmt der UN die Betriebsänderung nicht in der Weise vor, wie dies im Interessenausgleich vorgesehen ist, muss er den Nachteilsausgleich nach Abs. 1 und 2 gewähren. Dies dürfte auch in Tendenzbetrieben gelten, wo der AG allerdings nicht zu Verhandlungen über einen Interessenausgleich verpflichtet ist, diesen aber freiwillig abschließen kann.[6] Eine **Ausnahme** gilt nur **bei »zwingenden Gründen«.** Dabei darf es sich nicht um Gründe handeln, die bereits bei den Verhandlungen über den Interessenausgleich bekannt waren; vielmehr müssen sie erst **nachträglich aufgetreten** sein.[7] Weiter müssen sie so gravierend sein, dass sie dem UN gar keine andere Wahl lassen, als vom Interessenausgleich abzuweichen;[8] bei Beachtung des bislang Vorgesehenen müsste der **Bestand des UN gefährdet** sein.[9] Dies wird etwa beim Entzug von Bankkrediten oder bei einem nicht vorhersehbaren Preisverfall auf dem Markt angenommen.[10]

6 Die **Abweichung** kann sich auf **einzelne Teile** des Interessenausgleichs beziehen, indem z. B. ein größerer Teil des Betriebs stillgelegt oder in weiterem Umfang als vereinbart neue »Betriebsanlagen« angeschafft werden. Denkbar ist aber auch eine **Totalabweichung** der Art, dass der UN eine ganz andere Betriebsänderung vornimmt, z. B. den Betrieb nicht verlegt, sondern ihn mit einem Nachbarbetrieb zusammenschließt. In einem solchen Fall ist ein neues Verfahren über Interessenausgleich und Sozialplan durchzuführen, was jedoch die entstandenen Ansprüche aus § 113 unberührt lässt. **Unterbleibt jede Betriebsänderung,** entsteht selbstredend kein Anspruch nach § 113, da kein Schutzbedürfnis auf AN-Seite existiert.[11] Regelt der Interessenausgleich nicht nur die Betriebsänderung als solche, sondern auch Folgefragen, so soll nach der Rechtsprechung des *BAG*[12] eine Abweichung von solchen Folgeregelungen keinen Anspruch nach § 113 auslösen. Dies kann nicht nur erhebliche Abgrenzungsprobleme aufwerfen, sondern hat auch keine Grundlage im Gesetz, da dort nirgends zwischen »obligatorischem« und »freiwilligem« Inhalt eines Interessenausgleichs unterschieden wird. Da die

---

1 Vgl. *BAG* 22. 5. 79, AP Nr. 3 zu § 111 BetrVG 1972; *BAG* 20. 11. 01 – 1 AZR 97/01, NZA 02, 992; für Gleichwertigkeit der **Sanktions- und Ausgleichsfunktion** GK-*Oetker,* Rn. 3, 5; Richardi-*Annuß,* Rn. 2. Für Vorrang der Sanktionsfunktion, ohne die Ausgleichsfunktion abzulehnen, *Kamanabrou,* Rn. 2880.

2 *BAG* 23. 9. 03 – 1 AZR 576/02, NZA 04, 440; *BAG* 4. 12. 79, AP Nr. 6 zu § 111 BetrVG 1972; 29. 11. 83, AP Nr. 10 zu § 113 BetrVG 1972; *Fitting,* Rn. 2, 16; *Fuchs,* Sozialplan, S. 18; GK-*Oetker,* Rn. 39; *GL,* Rn. 48a; *Rumpff/Boewer,* S. 411 f.

3 *BAG* 14. 9. 76, AP Nr. 2 zu § 113 BetrVG 1972.

4 23. 9. 03 – 1 AZR 576/02, NZA 04, 440.

5 Dazu *BAG* 6. 9. 07 – 2 AZR 722/06, NZA 08, 219.

6 Dahingestellt in *BAG* 27. 10. 98 – 1 AZR 766/97, DB 99, 2652.

7 *BAG* 17. 9. 74, AP Nr. 1 zu § 113 BetrVG 1972; *Fitting,* Rn. 8; GK-*Oetker,* Rn. 31.

8 HWK-*Hohenstatt/Willemsen,* § 113 BetrVG Rn. 8.

9 GK-*Oetker,* Rn. 32; *Rumpff/Boewer,* S. 413.

10 *V. Hoyningen-Huene,* Betriebsverfassungsrecht, § 15 Rn. 58.

11 *Gaul/Gajewski,* S. 111; GK-*Oetker,* Rn. 28.

12 22. 1. 13 – 1 AZR 873/11, EzA § 113 BetrVG 2001 Nr. 9.

Parteien selbst bestimmen, inwieweit sie sich binden wollen, können sie sich auch nicht beklagen, wenn bei allen Bestimmungen eines Interessenausgleichs die Regelsanktion des § 113 Platz greift.

Im Einzelfall kann zweifelhaft sein, ob eine bestimmte Maßnahme wie z. B. eine bestimmte Zahl zusätzlicher Entlassungen eine Abweichung vom Interessenausgleich oder eine selbstständige Aktion darstellt, die möglicherweise unter der Erheblichkeitsschwelle des § 111 bleibt. Um § 113 nicht leerlaufen zu lassen, wird man alle **Maßnahmen, die ihrer Art nach mit dem im Interessenausgleich Vorgesehenen übereinstimmen,** als »Abweichung« und nicht als selbstständige Maßnahme qualifizieren müssen. 7

Die **Nichterfüllung des Sozialplans** löst die Sanktionen des § 113 nicht aus; vielmehr können BR und AN auf Erfüllung bestehen (§§ 112, 112a Rn. 226). 8

III. Unterbliebene oder mangelhafte Verhandlungen über den Interessenausgleich

Der **AG ist verpflichtet,** mit dem BR über einen Interessenausgleich **zu verhandeln** (§§ 112, 112a Rn. 6f.). Dies gilt auch dann, wenn die zahlenmäßigen Voraussetzungen für einen Personalabbau (§ 111 Rn. 68ff.) erst dadurch erreicht werden, dass einzelne AN dem Übergang ihres Arbeitsverhältnisses nach § 613a BGB widersprechen.[13] Bleibt der AG untätig, löst dies die Sanktion des Abs. 3 aus, sobald er mit der **Umsetzung beginnt,** z. B. erste Kündigungen ausspricht; in diesem Moment **entsteht** der **Anspruch** auf Nachteilsausgleich.[14] Dabei kommt es nur auf das Verhalten des (Vertrags-) Arbeitgebers an, nicht auf das anderer Konzerngesellschaften. Anders verhält es sich dann, wenn es um eine unternehmensübergreifende Maßnahme geht, die in den Zuständigkeitsbereich des KBR fällt. Der Anspruch entsteht auch, wenn die Funktion eines Betriebsteils auf ein Drittunternehmen übertragen wurde, ohne dass gleichzeitig die Voraussetzungen des § 613a BGB vorliegen.[15] Noch keinen »Beginn« stellt es dar, wenn die Produktion eingestellt und die AN widerruflich freigestellt werden, da dies keine unumkehrbaren Maßnahmen sind, die die Fortführung des Betriebs blockieren würden.[16] Nur bei unwiderruflichen Freistellungen ist die betriebliche Organisation aufgelöst. Auch Vorbereitungshandlungen für Kündigungen wie die Anhörung des Betriebsrats und eine Massenentlassungsanzeige nach § 17 KSchG genügen nicht, ebenso wenig die Kündigung von Mietverträgen über Geschäftsräume, wenn diese auch anderweitig beschafft werden könnten. Auch die Ausschreibung von Betriebsmitteln zum Verkauf und die Kündigung von Ausbildungsverhältnissen überschreitet diese Grenze noch nicht,[17] wohl aber die Kündigung von Arbeitsverhältnissen und das Stellen entsprechender Zustimmungsanträge bei den zuständigen staatlichen Behörden (z. B. Integrationsamt).[18] Dasselbe gilt für eine Verlautbarung des Arbeitgebers im Intranet, wer aus eigenem Antrieb ausscheide, könne mit einer Abfindung rechnen.[19] Da es nach der gesetzlichen Regelung Aufgabe des AG ist, von sich aus die Initiative zu ergreifen, kann der BR ihn davon nicht dispensieren; selbst eine abweisende Reaktion des BR ändert nichts an der Rechtslage.[20] 9

Die Verhandlungspflicht des UN besteht auch dann, wenn **nur noch über einzelne Modalitäten der Betriebsänderung** gesprochen werden kann.[21] Ohne Bedeutung ist auch das Argument, infolge inzwischen eingetretener Veränderungen hätte sowieso aus zwingenden Gründen 10

---

13 *BAG* 10.12.96 – 1 AZR 290/96, NZA 97, 787.
14 *BAG* 23.9.03 – 1 AZR 576/02, NZA 04, 440; *BAG* 14.4.15 – 1 AZR 794/13, NZA 15, 1147 Tz.22.
15 *BAG* 16.5.07 – 8 AZR 693/06, NZA 07, 1296.
16 *BAG* 30.5.06 – 1 AZR 25/05, NZA 06, 1123; *BAG* 14.4.15 – 1 AZR 794/13, NZA 15, 1147 = AuR 15,333 Ls.; *BAG* 14.4.15 – 1 AZR 223/14, NZA 15, 1212; *BAG* 18.7.17 – 1 AZR 546/15, NZA 17, 1618 Tz. 38ff.
17 *BAG* a. a. O.
18 Vgl. *BAG* 21.6.01 – 2 AZR 137/00, NZA 02, 212.
19 *LAG Schleswig-Holstein* 20.7.07 – 3 TaBVGa 1/07, NZA-RR 08, 244 LS 2.
20 *LAG Berlin* 8.9.87, LAGE § 112a BetrVG 1972 Nr. 2; GK-*Oetker,* Rn. 46ff.
21 Vgl. *BAG* 13.12.78, AP Nr. 6 zu § 112 BetrVG 1972 sowie § 111 Rn. 112ff.; zum Extremfall, dass Zuwarten den AN nur Schaden zufügen könnte, *BAG* 31.10.95 – 1 AZR 372/95, DB 96, 1683.

von dem Interessenausgleich abgewichen werden müssen.[22] Abgesehen vom weithin spekulativen Charakter einer solchen Argumentation würde dies den Nachteilsausgleich in die Nähe eines Schadensersatzanspruchs rücken, bei dem die Berücksichtigung eines hypothetischen Kausalverlaufs unter bestimmten Voraussetzungen anerkannt ist.[23] In Wirklichkeit geht es bei § 113 jedoch um eine verschuldensunabhängige Sanktion für ein betriebsverfassungswidriges Verhalten.

11 Verhandelt der UN zwar über einen Interessenausgleich, **macht er den Sozialplan jedoch nicht zum Thema,** so führt dies allein nicht zur Anwendung des § 113, da der BR die Möglichkeit hat, durch Anrufung der ESt. einen Sozialplan zu erzwingen. Anders verhält es sich jedoch, wenn der BR über die wirtschaftlichen Folgen **so wenig informiert** wurde, dass er **keine eigenen Vorstellungen über** einen **Sozialplan** entwickeln konnte. Dies gilt einmal bei Tendenzbetrieben,[24] zum zweiten aber auch in den Fällen des **§ 112a,** da der BR dort verfahrensmäßig wie beim Interessenausgleich steht: Die Beschränkung auf die Verhandlungsprozedur würde vollends entwertet, könnte sich der AG ihr durch schlichtes Desinteresse entziehen. Die neuere Rechtsprechung[25] geht darüber hinaus und nimmt nunmehr dasselbe im Normalfall des § 112 an.

12 Dem unterbliebenen Versuch, einen Interessenausgleich zu erreichen, steht der Fall gleich, dass der **AG die gesetzlichen Möglichkeiten nicht ausschöpft,** also insbesondere darauf verzichtet, die ESt. anzurufen.[26] Maßgebend ist allein, ob das Verfahren vor der ersten Durchführungsmaßnahme abgeschlossen wurde. Dies ist nicht der Fall, wenn nur eine formlose Einigung mit dem BR zustande gekommen ist; da der Interessenausgleich der Schriftform bedarf, muss der Arbeitgeber insoweit notfalls die ESt. anrufen.[27] **Kommt** ein **Interessenausgleich** erst **zustande** oder wird die ESt. erst eingeschaltet, **wenn** schon die ersten **Kündigungen ausgesprochen** sind oder andere Vollzugsmaßnahmen vorliegen, so bleibt der Nachteilsausgleich erhalten,[28] da es sich um nicht entziehbare Individualansprüche handelt. Anders ist nur zu entscheiden, wenn die geplante Betriebsänderung aufgegeben wird und die bereits ausgesprochenen Kündigungen zurückgenommen werden.[29] Hier fehlt es selbst an potentiellen Nachteilen. Verzichtet der AG auf die Einschaltung des Vorstands der Bundesagentur für Arbeit, hat dies allerdings keine Bedeutung. Kein ausreichender Versuch liegt aber dann vor, wenn der **BR unvollständig oder so spät informiert** wird, dass er sich kein ausreichendes Bild von den Gründen der Betriebsänderung, von ihren sozialen Folgen und von möglichen Alternativen machen kann.[30] Dasselbe gilt, wenn er sich argumentativ nicht ausreichend mit ihm auseinander gesetzt hat.[31] Lässt sich der BR gleichwohl auf einen Interessenausgleich ein, ist ein solcher Mangel allerdings geheilt,[32] sofern der Arbeitgeber in diesem Augenblick noch keine Kündigungen ausgesprochen oder sonstige Durchführungsmaßnahmen ergriffen hat.

13 Nicht ausdrücklich geregelt ist der Fall, dass der UN zwar mit dem BR über eine bestimmte Betriebsänderung verhandelt und dabei auch bis zur Einschaltung der ESt. geht, dass er dann aber gleichwohl eine von seiner ursprünglichen Planung **abweichende Betriebsänderung** durchführt. Da letztere nicht Gegenstand der Verhandlungen war, muss § 113 Abs. 3 eingreifen.[33]

14 Verhandelt der AG mit einer unzuständigen Interessenvertretung (z. B. BR statt GBR), so hat er gleichfalls seine Pflichten nicht erfüllt und muss einen Nachteilsausgleich bezahlen.[34] Ist

---

22 GK-*Oetker,* Rn. 59.
23 Grüneberg-*Grüneberg,* Vorbem. vor § 249 Rn. 55 ff.; *Däubler,* BGB kompakt, Kap. 30 Rn. 35 ff.
24 *BAG* 18.11.03 – 1 AZR 647/02, NZA 04, 741.
25 *BAG* 30.3.04 – 1 AZR 7/03, NZA 04, 931.
26 *BAG* 20.11.01 – 1 AZR 97/01, NZA 02, 992; *BAG* 7.11.17 – 1 AZR 186/16, NZA 18, 464 Tz. 29; näher §§ 112, 112a Rn. 6.
27 *BAG* 16.5.07 – 8 AZR 693/06, NZA 07, 1296 Tz 33.
28 *Thür. LAG* 22.7.98 – 64 Sa 216/97, NZA-RR 99, 309; *LAG Düsseldorf,* 9.3.17 – 5 Sa 780/16, juris.
29 *LAG Düsseldorf* 9.3.17 – 5 Sa 780/16, juris Tz. 31.
30 *BAG* 16.8.11 – 1 AZR 44/10, AP Nr. 55 zu § 113 BetrVG 1972 Tz 15.
31 *BAG* a. a. O.
32 *BAG* 17.2.81, AP Nr. 11 zu § 112 BetrVG 1972.
33 Vgl. GK-*Oetker,* Rn. 40.
34 *BAG* 24.1.96 – 1 AZR 542/95, NZA 96, 1107.

die **Zuständigkeit zweifelhaft,** reicht es aus, wenn der AG alles ihm Zumutbare unternimmt. Dies setzt voraus, dass er die verschiedenen in Betracht kommenden Gremien auffordert, sich über die Zuständigkeit zu verständigen. Führt dies zum Erfolg, reichen Verhandlungen mit dem für kompetent erklärten Gremium auch dann aus, wenn diesem in Wirklichkeit keine Zuständigkeit zukam.[35] Kommt auf AN-Seite innerhalb angemessener Frist keine Einigung zustande, kann sich der AG den Verhandlungspartner aussuchen, sofern seine Überlegungen »nachvollziehbar« sind.[36] Die Dauer der Frist hängt von der Kompliziertheit der zu klärenden Rechtsfragen sowie der Dringlichkeit der Betriebsänderung ab; ein Zeitraum von vier bis sechs Wochen kann als Anhaltspunkt dienen.

§ 113 findet keine entsprechende Anwendung, wenn **Anzeigepflichten gegenüber der Arbeitsverwaltung** z. B. nach § 17 Abs. 3 KSchG verletzt wurden; auch eine richtlinienkonforme Auslegung kann nicht zu einem solchen Resultat führen.[37] Dies ist nachvollziehbar, weil in derartigen Fällen die ausgesprochenen Kündigungen unwirksam sind.[38] 15

IV. Abfindungen als Nachteilsausgleich bei Entlassungen

Kommt es auf Grund von Abweichungen vom Interessenausgleich oder durch eine nicht »verhandelte« Betriebsänderung zu Entlassungen, so hat der AG eine **Abfindung entsprechend § 10 KSchG** zu bezahlen. Hat der **Interessenausgleich** ausnahmsweise die Form einer **(freiwilligen) Betriebsvereinbarung** (§§ 112, 112a Rn. 27), so müssen sich die Betroffenen nicht auf die Abfindung nach § 113 verweisen lassen, sondern können ihre Ansprüche auf Erfüllung oder Schadensersatz gerichtlich geltend machen. Machen sie davon erfolgreich Gebrauch, ist der Nachteilsausgleich seinem Sinn nach nicht mehr geschuldet. 16

Der Begriff »**Entlassung**« wird in gleicher Weise wie im Rahmen der Betriebsänderung durch Personalabbau (§ 111 Rn. 77 f.) bestimmt. Danach sind auch **vom AG veranlasste Aufhebungsverträge und Eigenkündigungen** der AN erfasst.[39] Auch **Änderungskündigungen** sind einzubeziehen, wenn die Betroffenen das Änderungsangebot ablehnen[40] oder nur unter Vorbehalt annehmen. Keine Rolle spielt, **ob** die **Kündigung wirksam** war; der AG würde sich zu seinem eigenen Verhalten in Widerspruch setzen, wollte er dem Abfindungsanspruch aus § 113 mit dem Argument begegnen, die Kündigung wäre z. B. wegen Verstoßes gegen § 1 Abs. 3 KSchG sozial nicht gerechtfertigt gewesen.[41] Wird allerdings der Fortbestand des Arbeitsverhältnisses rechtskräftig festgestellt, entfällt der Abfindungsanspruch;[42] dasselbe gilt dann, wenn die Kündigung einvernehmlich wieder zurückgenommen wird.[43] 17

Im Falle des Abs. 1 muss die **Kündigung** durch die Abweichung vom Interessenausgleich in adäquat kausaler Weise **verursacht** sein.[44] Dies ist auch dann noch der Fall, wenn der fragliche AN zwei Jahre lang mit Abwicklungsarbeiten beschäftigt wurde.[45] Wer allerdings aus anderen Gründen zum selben Zeitpunkt sowieso entlassen worden wäre, kann keinen Nachteilsausgleich verlangen. In der Regel begründet ein zeitlicher Zusammenhang mit der Vornahme der Betriebsänderung einen **Anscheinsbeweis** in der Richtung, dass die Kündigung auf der Betriebsänderung beruht.[46] Der AG ist dann gezwungen, Gesichtspunkte zu nennen, die für eine andere Ursache sprechen. Weniger Kausalitätsprobleme ergeben sich im Fall des Abs. 3; 18

---

35 *BAG* 24. 1. 96, a. a. O.
36 *BAG* 24. 1. 96, a. a. O.
37 *BAG* 30. 3. 04 – 1 AZR 7/03, NZA 04, 931 [935].
38 Nachweise oben § 111 Rn. 184a.
39 *BAG* 23. 9. 03 – 1 AZR 576/02, NZA 04, 440; *BAG* 23. 8. 88, AP Nr. 17 zu § 113 BetrVG 1972; *LAG Berlin* 8. 9. 87, LAGE § 112a BetrVG 1972 Nr. 2; *Fitting*, Rn. 22; *Etzel*, Rn. 1015; *Däubler*, Das Arbeitsrecht 1, Rn. 1118a.
40 GK-*Oetker*, Rn. 68; Richardi-*Annuß*, Rn. 41; *Rumpff/Boewer*, S. 418.
41 Vgl. *Fitting*, Rn. 23; GK-*Oetker*, Rn. 66.
42 *BAG* 31. 10. 95 – 1 AZR 372/95, DB 96, 1683.
43 *BAG* 14. 12. 04 – 1 AZR 504/03 NZA 05, 818, 820.
44 *LAG Berlin* 1. 9. 86, LAGE § 113 BetrVG 1972 Nr. 3.
45 *LAG Düsseldorf* 9. 3. 17, juris.
46 GK-*Oetker*, Rn. 79; Richardi-*Annuß*, Rn. 22.

wie der Wortlaut deutlich macht, wird lediglich verlangt, dass die Kündigung »infolge der Maßnahme« (d.h. der Betriebsänderung) erfolgt ist. **Nicht verlangt wird, dass die Kündigung bei ordnungsgemäßen Verhandlungen über den Interessenausgleich vermieden worden wäre.**[47] Ein solcher Beweis wäre nur in absoluten Glücksfällen zu führen, so dass § 113 Abs. 3 im Ergebnis völlig leer laufen würde. War eine Betriebsspaltung nach § 111 Satz 3 Nr. 3 mit einem Teilbetriebsübergang verbunden, machte der AN jedoch von seinem Widerspruchsrecht nach § 613a Abs. 6 BGB Gebrauch und wurde er deshalb gekündigt, liegt auch darin eine Folge der Betriebsänderung. Mit dem *LAG Bremen*[48] eine Unterbrechung des Kausalzusammenhangs durch den **Widerspruch** anzunehmen, läuft auf die Wertung hinaus, die Ausübung eines Rechts könne entgegen § 612a BGB mit Nachteilen verknüpft werden, auch wenn dafür keine zwingenden Gründe sprechen.

19 Über die **Höhe der Abfindung** entscheidet im Streitfall das ArbG entsprechend § 287 Abs. 1 ZPO unter Würdigung aller Umstände nach freier Überzeugung. Das Gesetz schreibt in § 10 Abs. 2 KSchG lediglich Höchstbeträge vor; § 112 Abs. 5 Satz 2 ist nicht anwendbar.[49] Obergrenze ist für den Regelfall ein Betrag von **12 Monatsverdiensten,** der sich bei AN, die mindestens 50 Jahre alt sind und die eine Betriebszugehörigkeit von mindestens 15 Jahren besitzen, auf **15 Monatsverdienste** erhöht. Die Obergrenze beläuft sich schließlich auf **18 Monatsverdienste,** wenn der AN das 55. Lebensjahr vollendet hat und das Arbeitsverhältnis mindestens 20 Jahre bestanden hat. Mit Rücksicht auf die besondere Schutzbedürftigkeit älterer AN sind die erhöhten Beträge durch Art. 6 der EG-Rahmenrichtlinie Gleichbehandlung bzw. § 10 Satz 1 AGG abgedeckt und stellen deshalb keine unzulässige Benachteiligung Jüngerer dar. Aus dieser vom Gesetz vorgenommenen Differenzierung lässt sich die Regel ableiten, dass **Lebensalter und Betriebszugehörigkeit** sehr wichtige Faktoren darstellen.[50] Daneben spielt eine Rolle, ob dem Ausscheiden aus dem Betrieb ein Beschäftigungsangebot[51] oder eine **längere Arbeitslosigkeit** folgte und wie ggf. der neue Arbeitsplatz beschaffen ist.[52] Auch die Tatsache, dass nach knapp zwei Jahren eine ungekürzte Altersrente bezogen werden kann, darf anspruchsmindernd berücksichtigt werden.[53] Dasselbe gilt dann, wenn der AN noch zwei Jahre lang mit Abwicklungsarbeiten beschäftigt wurde und sich während dieser Zeit nach einem neuen Arbeitspatz umschauen konnte.[54] **Immaterielle Interessen** wie die Zerstörung gewachsener sozialer Bindungen[55] sowie der Grad der Zuwiderhandlung gegen betriebsverfassungsrechtliche Pflichten[56] sind ebenfalls zu berücksichtigen.[57] § 1a KSchG kann (muss aber nicht) als Berechnungsgrundlage herangezogen werden.[58]

20 Da es sich um eine Sanktion für rechtswidriges Verhalten handelt, **spielt die wirtschaftliche Vertretbarkeit keine Rolle;**[59] dies gilt sogar in der Insolvenz.[60] Auch auf die Möglichkeit der Weiterbeschäftigung auf einem zumutbaren Arbeitsplatz kommt es nicht an.[61] Dies gilt selbst

---

47 *Etzel,* Rn. 1015.
48 21.10.04 – 3 Sa 77/04, NZA-RR 05, 140 [142].
49 *Berenz,* NZA 93, 543.
50 *BAG* 13.6.89, AP Nr. 19 zu § 113 BetrVG 1972; *BAG* 7.11.17 – 1 AZR 186/1, NZA 18, 464.
51 *BAG* 10.12.96 – 1 AZR 290/96, NZA 97, 789.
52 *BAG* 22.2.83 und 13.6.89, AP Nrn. 7 und 19 zu § 113 BetrVG 1972.
53 *LAG Berlin* 25.7.06 – 7 Sa 2371/05, AuR 07, 61 und Juris.
54 *LAG Düsseldorf* 9.3.17 – 5 Sa 780/16, juris: Reduzierung der an sich geschuldeten 12 Monatsgehälter auf die Hälfte.
55 *BAG* 9.7.85, AP Nr. 13 zu § 113 BetrVG 1972; 29.2.72, AP Nr. 9 zu § 72 BetrVG (1952); *Fuchs,* Sozialplan, S. 19).
56 *BAG* 7.11.17 – 1 AZR 186/16, NZA 18, 464; *BAG* 12.2.19 –1 AZR 279/17, ZIP 19, 833 Tz. 24.
57 *BAG* 20.11.01 – 1 ABR 97/01, NZA 02, 992; *Fitting,* Rn. 30; GK-*Oetker,* Rn. 95; *Schäfer,* AuR 82, 123.
58 *BAG* 7.11.17 – 1 AZR 186/16, NZA 18, 464 Tz. 38.
59 *BAG* 20.11.01 – 1 ABR 97/01, NZA 02, 992; *LAG Sachsen-Anhalt* 24.6.97, NZA-RR 98, 77; *Gajewski,* FS Gaul, S. 203; *Gaul/Gajewski,* S. 115; HWK-*Hohenstatt/Willemsen,* Rn. 14; GK-*Oetker,* Rn. 95; *Rumpff/Boewer,* S. 412; *Schäfer,* AuR 82, 123; einschränkend *ThürLAG* 22.7.98 – 64 Sa 216/97, NZA-RR 99, 309.
60 *BAG* 23.7.03 – 1 AZR 54102, NZA 04, 93; *BAG* 7.11.17 – 1 AZR 186/16, NZA 18,464 Tz. 35.
61 *BAG* 19.1.99 – 1 AZR 342/98, NZA 99, 950.

dann, wenn der AN dem Übergang seines Arbeitsverhältnisses nach § 613a BGB widersprochen hatte.[62]

Angesichts der Vielzahl der zu berücksichtigenden Faktoren lassen sich **keine verbindlichen Pauschalsätze** bestimmen. Das *BAG* hat einem 57jährigen mit knapp 10 Jahren Betriebszugehörigkeit, der nach der Entlassung 5 Monate arbeitslos war, eine Abfindung von 6 Monatsgehältern zugesprochen.[63] Sieben Monatsgehälter hielt das *LAG Berlin*[64] für angemessen, was die Differenz zwischen Arbeitslosengeld und bisheriger Vergütung für 19 Monate (und damit fast bis zum Rentenalter) ausgleichen konnte. Eine andere Kammer desselben Gerichts[65] verlangt, der Nachteilsausgleich müsse mit Rücksicht auf seinen Sanktionscharakter generell die im konkreten Fall gewährte **Sozialplanabfindung übersteigen.** Jüngst hat das *BAG* eine Orientierung an § 1a KSchG (ein halbes Monatsgehalt pro Jahr der Betriebszugehörigkeit) unbeanstandet gelassen.[66] 21

Geht der betroffene AN gegen die Kündigung vor, so ist ihm dies unbenommen. Den Nachteilsausgleich nach § 113 kann er allerdings nur **hilfsweise** für den Fall geltend machen, **dass** seine **Kündigungsschutzklage abgewiesen** werden sollte: Nur wer nicht weiterbeschäftigt wird, hat Anspruch auf Nachteilsausgleich.[67] Auch die umgekehrte Reihenfolge: Klage auf Nachteilsausgleich, hilfsweise Kündigungsschutzklage ist zulässig.[68] Zum Verhältnis zwischen Nachteilsausgleich und Sozialplanabfindung s. §§ 112, 112a Rn. 121 ff 22

V. Ausgleich sonstiger wirtschaftlicher Nachteile

Durch Abweichungen vom Interessenausgleich oder durch eine nicht »verhandelte« Betriebsänderung können sich außer Kündigungen insbes. **Versetzungen und Umgruppierungen** ergeben.[69] Diese können u. a. eine geringere Vergütung, höhere Fahrtkosten und einen größeren Verschleiß an Arbeitskleidung zur Folge haben.[70] Außerdem ist an Arbeitserschwernisse zu denken (dazu §§ 112, 112a Rn. 175 f.). Eine ungünstigere Arbeitszeit kann zur Folge haben, dass die **Kinderbetreuung nur noch mit fremder Hilfe** möglich ist; die dafür aufzuwendenden Kosten sind gleichfalls zu ersetzen. Anders als bei der Entlassung spielen wegen des eindeutigen Wortlauts des Abs. 2 **immaterielle Nachteile** keine Rolle.[71] 23

Der Nachteilsausgleich nach Abs. 2 ist zeitlich **auf ein Jahr beschränkt.** Fallen die Nachteile schon vorher weg, endet die Zahlungspflicht des AG. Auf der anderen Seite ist ein **voller Ausgleich,** nicht nur eine »Milderung« geschuldet.[72] 24

VI. Geltendmachung des Nachteilsausgleichs

Die **Abfindungsansprüche nach Abs. 1** richten sich im Regelfall gegen den AG, ausnahmsweise jedoch gegen die Konzernspitze, wenn nicht mit dem KBR verhandelt wurde, obwohl dieser zuständig war.[73] Verhandlungen mit einem unzuständigen BR oder GBR auf dezentraler Ebene ändern daran nichts.[74] Die Abfindungsansprüche unterliegen denselben Grundsätzen wie vergleichbare Rechte aus Sozialplänen (§§ 112, 112a Rn. 217 ff.). Dies gilt für Fälligkeit und tarifliche Ausschlussklauseln genauso wie für die steuerrechtliche und die sozialversicherungsrechtliche Behandlung. **Ausschlussfristen** werden durch Klageerhebung auch dann gewahrt, 25

62 *BAG* 19. 1. 99 – 1 AZR 342/98, a. a. O.
63 *BAG* 22. 2. 83, AP Nr. 7 zu § 113 BetrVG 1972.
64 25. 7. 06 – 7 Sa 2371/05, AuR 07, 61 und juris.
65 27. 5. 05 – 6 Sa 1499/04, NZA-RR 05, 516 = AuR 05, 345.
66 *BAG* 7. 11. 17 – 1 AZR 186/16, NZA 18, 464 Tz. 38.
67 *Fitting*, Rn. 38; GK-*Oetker*, Rn. 86; Richardi-*Annuß*, Rn. 46.
68 Richardi-*Annuß* Rn. 47.
69 *BAG* 23. 8. 88, AP Nr. 17 zu § 113 BetrVG 1972.
70 Zustimmend *Gaul/Gajewski*, S. 115; ebenso *Fitting*, Rn. 25.
71 *Berenz*, NZA 93, 543; Richardi-*Annuß*, Rn. 52; *Rumpff/Boewer*, S. 425.
72 *Fitting*, Rn. 34; GK-*Oetker*, Rn. 113; Richardi-*Annuß*, Rn. 52; *Rumpff/Boewer*, S. 425.
73 *BAG* 18. 7. 17 – 1 AZR 546/15, NZA 17, 1618 Tz. 35.
74 Zur verfahrensmäßigen Klärung der Zuständigkeit s. oben Rn. 14.

wenn die genaue Höhe des Abfindungsanspruchs nicht beziffert, sondern in das Ermessen des Gerichts gestellt wird.[75] Die **Ansprüche nach Abs. 2** zählen zum **Arbeitseinkommen** und sind deshalb nach Maßgabe des § 850i ZPO **unpfändbar.**[76] Sie unterliegen aber der Lohnsteuerpflicht, soweit es sich nicht um einen nach § 3 Nr. 16 EStG steuerfreien Ersatz für Reisekosten, Umzug oder doppelte Haushaltsführung handelt.

26 Die gerichtliche Geltendmachung im Wege einer Leistungsklage weist nur die Besonderheit auf, dass der konkrete Betrag ins Ermessen des Gerichts gestellt werden kann.[77] Zur Bindungswirkung von Entscheidungen im Beschlussverfahren s. §§ 112, 112a Rn. 226 und Einl. Rn. 212. Wurde das Vorliegen oder Nichtvorliegen eines UN mit mehr als 20 AN und einer Betriebsänderung rechtskräftig festgestellt, ist dies auch für ein Verfahren nach § 113 verbindlich. Dasselbe gilt weiter dann, wenn es sich um einen **Gemeinschaftsbetrieb** zweier UN handelt.[78] In diesem haften im Übrigen sämtliche TrägerUN gesamtschuldnerisch für den Nachteilsausgleich, da sie die Nichterfüllung der Verhandlungspflichten bzw. die Abweichung vom Interessenausgleich gleichermaßen zu vertreten haben.[79] In der **Insolvenz** haben Ansprüche nach § 113 denselben Rang wie Sozialplanansprüche.[80]

Anhang zu §§ 111–113 Betriebsänderungen in der Insolvenz (§§ 121–128 InsO)

Einleitung (§§ 121–128 InsO)

Inhaltsübersicht Rn.

I. Zur historischen Entwicklung

1 Reicht das Vermögen eines Schuldners nicht mehr zur Befriedigung aller seiner Gläubiger aus, spricht man von Insolvenz.[1] Die **Konkursordnung** v. 10.2.1877[2] sah deshalb im Falle der Zahlungsunfähigkeit und – beschränkt auf juristische Personen – bei Überschuldung eine »Generalvollstreckung« vor. Diese bestand aus einem Verfahren, in dem das verbliebene Vermögen des »Gemeinschuldners« veräußert und der Erlös im Prinzip gleichmäßig an die Gläubiger verteilt wurde.

2 Fiel ein **AG in Konkurs,** verloren die AN fast immer ihren Arbeitsplatz. Nur in besonders günstig gelagerten Fällen war der Konkursverwalter in der Lage, für das UN oder einen Teil desselben einen Käufer zu finden und so Weiterbeschäftigungsmöglichkeiten zu eröffnen. Im Text der Konkursordnung wurden die **AN nur insoweit** berücksichtigt, **als sie rückständige Lohnansprüche** hatten. Diese waren nach § 61 Abs. 1 Nr. 1 »privilegiert«, soweit sie im letzten

---

75 *BAG* 29.11.83 – 1 AZR 523/82, DB 84, 724.
76 *Fitting,* Rn. 45.
77 *BAG* 9.11.10 – 1 AZR 708/09, NZA 11, 466 Tz 9.
78 *BAG* 9.4.91 – 1 AZR 488/90, DB 91, 2392.
79 Wie hier *LAG Düsseldorf,* 19.8.14 – 17 Sa 67/14, AuR 14, 440. Dazu neigend auch *BAG* 12.11.02, NZA 03, 676 [678]. Gewichtige Bedenken jedoch bei *LAG Düsseldorf* 9.3.17 – 5 Sa 780/16, juris.
80 *BAG* 25.9.97 – 8 AZR 710/96, DB 98, 138, 139 – näher Anh. zu §§ 111–113, § 123 InsO Rn. 29 f.

1 *Bork,* Rn. 1. Die Insolvenz des AN ist in den §§ 121 ff. InsO nicht angesprochen. Zum Abschluss eines Abfindungsvergleichs im Kündigungsschutzverfahren durch einen insolventen Arbeitnehmer s. *BAG* 12.8.14 – 10 AZB 8/14, NZA 14, 1155.
2 RGBl. S. 351.

Jahr vor Konkurseröffnung entstanden waren. Das »Privileg« bestand darin, dass sie vorrangig vor den meisten anderen Forderungen zu befriedigen waren. 1974 kam § 59 Abs. 1 Nr. 3 KO hinzu, wonach die **Vergütungsansprüche aus den letzten sechs Monaten** unmittelbar aus der Konkursmasse zu befriedigen waren (»Masseschulden«).

Die **Umstrukturierung und Sanierung** des UN waren vom guten Willen der Beteiligten und von den Umständen abhängig. Die Vergleichsordnung v. 26. 2. 1935[3] unternahm den wenig erfolgreichen Versuch, eine »vergleichsweise« Einigung mit den Gläubigern herbeizuführen, die ein Überleben des UN möglich gemacht hätte. 3

Die Konkurs- wie erst recht die Vergleichsordnung traten in der Praxis der letzten Jahrzehnte immer mehr in den Hintergrund. Nicht die Durchführung des im Gesetz vorgesehenen Verfahrens, sondern die **»Ablehnung mangels Masse« wurde** zum **Normalfall** der Insolvenz. Im Jahre 1998 wurden in der Bundesrepublik insgesamt 33 977 Konkursanträge gestellt; davon führten nur 8963 zur Eröffnung eines Konkursverfahrens (und 30 zur Eröffnung eines Vergleichsverfahrens), während 24 984 mangels Masse abgelehnt wurden.[4] Dies bedeutet, dass in 75 % aller Fälle die **gesetzliche Regelung auf dem Papier** stand. 1970 hatte noch jeder zweite Konkursantrag zu einem Verfahren geführt, 1960 war dies sogar noch bei knapp 60 % aller Anträge der Fall.[5] Inzwischen haben sich die **Dinge** wieder **gewandelt:** Im Jahre 2001 führten von 49 326 Anträgen mehr als die Hälfte (25 230) zur Eröffnung eines Insolvenzverfahrens.[6] Im Jahre 2003 hatte sich diese Tendenz weiter verstärkt: Bei 39 320 UN-Insolvenzen führten 23 060 zu einem Verfahren, 16 260 zu einer Abweisung mangels Masse.[7] Das Jahr 2004 brachte fast identische Ergebnisse,[8] im Jahr 2005 belief sich das Verhältnis auf 23 247 eröffneten zu 13 596 mangels Masse abgelehnten Verfahren,[9] im Jahre 2008 gab es 21 359 Eröffnungen und nur noch 7932 Ablehnungen.[10] Bei Insolvenzen von Verbrauchern betrug das Verhältnis im Jahre 2004 sogar 47 230 zu 252[11] bzw. im Jahre 2005 66 945 zu 279.[12] Die Anwendung der InsO ist zum »Normalfall« geworden. Dies zeigen auch die jüngsten Daten: Von 109 584 Anträgen auf Eröffnung eines Insolvenzverfahrens wurden im Jahre 2018 insgesamt 98 409 positiv entschieden, während nur 9485 mangels Masse abgewiesen wurden.[13] Im Jahre 2021 standen 112 128 eröffneten Verfahren bescheidene 7226 mangels Masse abgewiesene Anträge gegenüber.[14] Unter den insolvent gewordenen Schuldnern befanden sich 13 993 Unternehmen. 4

Für die AN bleibt bei einer Ablehnung nur das 1974 eingeführte **Konkursausfallgeld,** wonach die Arbeitsverwaltung die rückständigen Vergütungsansprüche aus den letzten drei Monaten vor Entscheidung über den Konkursantrag bezahlt. Rechtsgrundlage für diese seit 1999 als **»Insolvenzgeld«** bezeichnete Leistung sind in der Gegenwart die §§ 165 ff. SGB III; Schuldner ist die Bundesagentur für Arbeit. Eine EG-Richtlinie von 1980[15] verlangte allerdings nach Auffassung des *EuGH,*[16] dass die **drei Monate** den Zeitraum **vor der Antragstellung** (und nicht vor der gerichtlichen Entscheidung) abdecken sollten. Später ist die Richtlinie jedoch geändert und den Mitgliedstaaten insoweit ein Wahlrecht eingeräumt worden,[17] so dass alles beim Alten bleiben konnte. 5

3 RGBl. I S. 321, berichtigt S. 356.
4 Angaben nach Statistisches Jahrbuch 2000, 132.
5 Angaben nach Statistisches Jahrbuch, a. a. O.
6 Angaben nach Statistisches Jahrbuch 02, 136.
7 Statist. Jahrbuch 04, 549.
8 Statist. Jahrbuch 05, 493.
9 Statist. Jahrbuch 06, 491.
10 Statist. Jahrbuch 09, 489.
11 Statist. Jahrbuch, a. a. O.
12 Statist. Jahrbuch 06, 491.
13 So die Daten des Statistischen Bundesamts, abrufbar unter *https://www.destatis.de/DE/Themen/Branchen-Unternehmen/Unternehmen/Gewerbemeldungen-Insolvenzen/Publikationen/Downloads-Insolvenzen/insolvenzen-2020410191024.html* (19. 5. 2019).
14 *https://www.statistischebibliothek.de/mir/servlets/MCRFileNodeServlet/DEHeft_derivate_00072004/2020410221064.pdf* (10. 6. 2023).
15 Abgedruckt bei *Däubler/Kittner/Lörcher* unter Nr. 433.
16 10. 7. 97, NZA 97, 988.
17 Richtlinie 2002/74/EG v. 23. 9. 02, ABl. L 270/10, Art. 3.

6 Die deutsche **Einheit** brachte im hier interessierenden Bereich eine **Rechtsspaltung.** Konkurs- und Vergleichsordnung blieben auf die alten Bundesländer beschränkt, während in den neuen Bundesländern in Form der **Gesamtvollstreckungsordnung**[18] umgestaltetes DDR-Recht weiter galt.

II. Ziele der InsO

7 Die 1994 beschlossene, aber erst am 1.1.1999 in Kraft getretene InsO versucht, einige neue Akzente zu setzen.[19]

- Neben der Liquidation des Schuldnervermögens steht **gleichrangig** die **Sanierung.** Diese kann in der Weise erfolgen, dass das UN des Schuldners durch Investitionen und Umstrukturierung wieder »flott gemacht« wird. Daneben steht die Möglichkeit, es auf einen anderen Rechtsträger wie z. B. eine Auffanggesellschaft oder einen Interessenten zu übertragen und die Gläubiger ausschließlich aus dem Erlös zu befriedigen.[20]

8 - Durch zahlreiche Mittel soll die »**Massearmut« überwunden** und so das für die Durchführung des Verfahrens erforderliche und zur Verteilung an die Gläubiger bestimmte Vermögen vergrößert werden. Dazu zählt etwa die Erweiterung der Anfechtungsmöglichkeiten in Bezug auf Verfügungen, die der Schuldner vor Beginn des Insolvenzverfahrens getroffen hat. Auch kann schon bei drohender Zahlungsunfähigkeit nach § 18 InsO ein Verfahren eröffnet werden; man muss also nicht so lange zuwarten, bis gewissermaßen alle Vorräte aufgebraucht sind.

9 - Bei natürlichen Personen, insbes. bei Verbrauchern, gibt es die Möglichkeit der **Restschuldbefreiung.** Wer drei (ursprünglich: sechs) Jahre lang sein gesamtes pfändbares Einkommen an einen Treuhänder abgetreten hat (der sie an die Gläubiger weiterleitet), kann wegen der dann noch offen stehenden Forderungen nicht mehr in Anspruch genommen werden (Einzelheiten in §§ 286–303a InsO).

III. Veränderungen im Arbeitsrecht

10 Der gesetzliche und tarifliche **Bestandsschutz von Arbeitsverhältnissen** ist bei der Liquidierung, aber auch bei der Sanierung von UN für die Gläubiger ein Ärgernis. Muss etwa eine Kündigungsfrist von neun Monaten eingehalten werden, ist die Vergütung aus der Masse auch dann weiterzubezahlen, wenn keine sinnvolle Arbeit mehr möglich ist. Können bestimmte ältere AN nur im Falle der Betriebsschließung gekündigt werden, ist eine Sanierung lediglich dann möglich, wenn ihre Arbeitsverhältnisse bestehen bleiben oder von einem Übernehmer akzeptiert werden. Damit sind die **»Verwertungschancen« für das UN** erheblich **reduziert,** da Interessenten – marktwirtschaftlichem Denken entsprechend – ihr Geld lieber in ein UN mit »olympiareifer« Belegschaft stecken wollen. Außerdem können lange Verhandlungen über Interessenausgleich und Sozialplan eine (typischerweise nur partielle) Fortführung erschweren.

11 Vor diesem wirtschaftlichen Hintergrund ist **durch** die **InsO** ein **»Insolvenzarbeitsrecht« geschaffen** worden, das deutlich hinter dem Normalniveau des Arbeitnehmerschutzes zurückbleibt.[21] Die wichtigsten Punkte sind:

- § 113 InsO gibt dem **Insolvenzverwalter** ein besonderes **Kündigungsrecht;** mit einer Frist von höchstens drei Monaten zum Monatsende kann er alle Arbeitsverhältnisse auflösen.
- § 120 InsO gibt das Recht, alle **Betriebsvereinbarungen** mit dreimonatiger Frist zu **kündigen,** wenn sie Leistungen vorsehen, die die Insolvenzmasse belasten.
- **Verhandlungen über Interessenausgleich und Sozialplan** sind nach den §§ 121 ff. an enge zeitliche Grenzen gebunden. Der Personalabbau kann zusätzlich dadurch erleichtert werden, dass Insolvenzverwalter und BR im Interessenausgleich eine **»Namensliste«** verein-

18 In der Fassung v. 23.5.91, BGBl. I S. 1185.
19 Eingehender *Bichlmeier/Engberding/Oberhofer,* AiB 99, 569 ff.
20 *Bork,* Rn. 4 ff.
21 Überblick bei *Bichlmeier,* AiB 99, 569 ff.; *Oberhofer,* AiB 00, 477.

baren, auf der die zu kündigenden AN verzeichnet sind. Dabei besteht ein größerer Spielraum als nach § 1 Abs. 5 KSchG, zumal das *BAG*[22] mit Rücksicht auf die Besonderheiten des Insolvenzverfahrens den Kontrollmaßstab bewusst zurücknahm.

- Der Insolvenzverwalter kann von sich aus ein Beschlussverfahren einleiten, in dem das Recht zur (betriebsbedingten) Kündigung bestimmter Personen festgestellt wird. An die Stelle von 100 oder 200 Kündigungsschutzprozessen tritt so ein einziges **Sammelverfahren.**
- **Rückständige Ansprüche der AN** haben **keinen Vorrang** gegenüber anderen Forderungen **mehr.**[23] Zum Ausgleich sind die AN stärker am Verfahren beteiligt: Sie sollen im Gläubigerausschuss vertreten sein; außerdem haben sie unter bestimmten Voraussetzungen ein Zustimmungsrecht, wenn es um die Aufstellung eines »Insolvenzplans« zur Sanierung geht.[24] Wer zugleich Gesellschafter und AN ist, riskiert, dass gestundete Ansprüche nach § 39 Abs. 1 Nr. 5 InsO als nachrangig qualifiziert werden.[25]

Eine Gesamtdarstellung des Insolvenzarbeitsrechts findet sich bei *Däubler/Wroblewski.*

IV. Reformforderungen und tatsächliche Veränderungen

Die InsO sah sich wachsender Kritik ausgesetzt, weil sie keine genügenden Vorkehrungen für eine Sanierung des in Schwierigkeiten geratenen UN treffe.[26] Das Bundesjustizministerium hat deshalb im Jahre 2010 einen **Diskussionsentwurf** vorgelegt, der Vorschläge für die Bewältigung der Schwierigkeiten machte.[27] Am 1. März 2012 ist das Gesetz zur weiteren Erleichterung der Sanierung von Unternehmen vom 7. 12. 2011 (ESUG)[28] in Kraft getreten. Es hat zahlreiche Veränderungen des Insolvenzverfahrens gebracht, gleichzeitig jedoch das »Insolvenzarbeitsrecht« nach §§ 113, 120 ff. InsO unverändert gelassen. Neu ist jedoch die obligatorische Vertretung der AN im Gläubigerausschuss;[29] grundlegend umgestaltet wurden insbesondere die Eigenverwaltung und der Insolvenzplan.[30] Aufgrund einer Evaluation des ESUG wurde das Gesetz zur Fortentwicklung des Sanierungs- und Insolvenzrechts (SanInsFoG) vom 22. Dezember 2020 erlassen.[31] Dazu kommt nunmehr das Unternehmensstabilisierungs- und -Restrukturierungsgesetz (StaRUG) vom 22. Dezember 2020[32], das die Situation vor einer drohenden Insolvenz erfasst.[33] Beide haben das Insolvenzarbeitsrecht als solches unberührt gelassen. 12

V. Insolvenzsicherung

Bestimmte Arbeitnehmeransprüche sind dadurch auch für den Insolvenzfall geschützt, dass beim wirtschaftlichen Zusammenbruch des AG eine gemeinsame Kasse o. Ä. der Branche oder die staatliche Verwaltung in Anspruch genommen werden kann. Wichtigstes gesetzlich ausgeformtes Modell ist der Insolvenzschutz nach **§ 7 BetrAVG.** Weiter besteht bei **Langzeitguthaben** eines AN eine Verpflichtung des AG, auf privatrechtlicher Ebene (z. B. durch Bankbürgschaft) eine Insolvenzsicherung zu schaffen (§ 7e SGB IV). Eine Sonderregelung trifft § 8a AtG für die **Altersteilzeit im Blockmodell.** Wird diesen Pflichten nicht Rechnung getragen, sind allerdings nicht immer wirksame Sanktionen vorgesehen,[34] da Schadensersatzansprüche gegen einen insolvent gewordenen Schuldner weniger als ein Trostpflaster sind. Der Geschäftsführer der Arbeitgeber-GmbH oder der Vorstand der Arbeitgeber-AG, der die Sicherung 13

22 28. 8. 03 – 2 AZR 368/02, NZA 04, 432.
23 Eingehend zu AN-Forderungen *Lakies,* NZA 01, 521.
24 *Heinze,* NZA 99, 57.
25 *BAG* 27. 3. 14 – 6 AZR 204/12, NZA 14, 1030.
26 Dazu eingehend *Bichlmeier,* AuR 11, 193 ff.
27 ZIP 2010 Heft 28 Beilage 1. Dazu auch *Windel,* RdA 10, 252.
28 BGBl. I S. 2582.
29 Dazu *Wroblewski,* AuR 12, 188 ff.
30 *Wroblewski,* AuR 12, 298 ff.
31 BGBl. I S. 3256.
32 BGBl. I S. 326.
33 Überblick über die Regelungen bei Däubler/Wroblewski-*Wroblewski,* Teil 9 Rn. 9 ff.
34 *Gussone/Voelzke,* Altersteilzeitrecht, B Rn. 64 ff.

pflichtwidrig unterlassen hat, haftet nunmehr in den Fällen des § 7e SGB IV auch persönlich, während dies bei § 8a AtG durchaus zweifelhaft ist.[35] Das *BAG*[36] hatte eine solche Möglichkeit mit wenig überzeugender Begründung verneint und dabei § 7d SGB IV a. F. nicht als Schutzgesetz im Sinne des § 823 Abs. 2 BGB qualifiziert; für § 8a ATZ blieb die Frage dahinstehen. Im Einzelfall kann eine Haftung wegen Konkursverschleppung in Betracht kommen.[37] Im Bereich der aufgeschobenen Vergütung (sog. **deferred compensation**) sind zahlreiche vertragliche Modelle entwickelt worden, wie die Rechte des Arbeitnehmers »konkursfest« gemacht werden können.[38]

VI. Grenzüberschreitende Wirkungen von Insolvenzverfahren

14 Am 31. 5. 2002 ist die **EG-Insolvenzverordnung**[39] in Kraft getreten; sie wurde durch Verordnung (EU) 2015/848 v. 20. Mai 2015[40] neu gefasst, die für alle nach dem 26. 6. 2017 eröffneten Insolvenzverfahren anwendbar ist. Sie gilt für alle Mitgliedstaaten mit Ausnahme von Dänemark. Inhaltlich bestimmt sie insbesondere, dass das in einem Mitgliedstaat der EU eröffnete Insolvenzverfahren auch das in anderen Mitgliedstaaten gelegene Vermögen sowie Rechtsbeziehungen erfasst, die dort ihren Schwerpunkt haben. Ein z. B. in Frankreich oder Portugal eröffnetes **Verfahren wirkt daher auch in der Bundesrepublik.**[41] Über die Befugnis eines englischen »Administrators« zur Vereinbarung einer Namensliste nach § 125 InsO für die in Deutschland tätigen Beschäftigten hatte das BAG zu entscheiden.[42]

15 **Für Arbeitsverhältnisse** sieht Art. 13 der VO eine **Sonderregelung** vor: Rechte und Pflichten der Beteiligten sowie die Beendigung des Rechtsverhältnisses bestimmen sich nach dem **Arbeitsstatut,** also der Rechtsordnung, die gemäß Art. 30 EGBGB bzw. der Rom I-Verordnung Anwendung findet. Das deutsche Insolvenzarbeitsrecht (etwa die Kündigungsmöglichkeiten nach § 113 InsO oder die spezifischen Sozialplangrenzen nach § 123 InsO) gilt daher für alle Arbeitsverhältnisse, die deutschem Recht unterliegen.[43] Wird ein im Ausland ansässiges UN insolvent, so bestimmen sich die Rechte der unter deutschem Recht tätigen AN nach den §§ 113 ff. InsO. An die Stelle des Insolvenzverwalters tritt die Person mit entsprechender Funktion nach ausländischem Recht – so für den Administrator nach englischem Recht ausdrücklich vom BAG entschieden.[44] Wird ein in Deutschland ansässiges Unternehmen insolvent, erstrecken sich die genannten Vorschriften auch auf jene **Arbeitnehmer,** die vorübergehend oder auf Dauer **ins EU-Ausland entsandt** wurden und dabei – wie in der Regel – weiter nach deutschem Recht behandelt wurden.[45] **Ortskräfte** werden demgegenüber nicht erfasst; sie können ihre Ansprüche nach dem dortigen Insolvenzarbeitsrecht geltend machen.

16 Das **Gesetz zur Neuregelung des Internationalen Insolvenzrechts vom 14. 3. 2003**[46] hat diese Regelungen nicht nur wiederholt, sondern auf Fälle mit Bezug zu Drittstaaten erstreckt. Auch wenn Beschäftigte eines deutschen Unternehmens unter deutschem Arbeitsstatut in Saudi-Arabien tätig sind oder wenn sich der Arbeitgeber in den USA oder Japan befindet, gelten dieselben Grundsätze. Es wird lediglich geprüft, ob das ausländische Verfahren gegen den deutschen Ordre public verstößt.[47] Dass sich die arbeitsrechtlichen Folgen der Insolvenz nach dem Arbeitsstatut bestimmen, folgt aus § 337 InsO.

---

35 Nachweise zum Diskussionsstand bei ErfK-*Rolfs*, § 8a ATG Rn. 8 ff.
36 13. 12. 05 – 9 AZR 436/04, NZA 06, 729 = ZIP 06, 1213.
37 Näher DDZ-*Däubler,* § 113 InsO Rn. 68 f.
38 Dazu *Fischer/Thoms-Meyer,* DB 00, 1861.
39 VO 1346/2000, ABl. v. 30. 6. 00, Nr. L 160.
40 ABlEU v. 5. 6. 2015, L 141/19.
41 Einzelheiten bei *Wimmer,* NJW 02, 2427 ff.
42 *BAG* 20. 9. 12 – 6 AZR 253/11, NZA 13, 797 (die Befugnis bejahend). Dazu *Abele,* FS v. Hoyningen-Huene, S. 1 ff.
43 *BAG* 20. 9. 12 – 6 AZR 253/11, BB 13, 507.
44 *BAG* 20. 9. 12 – 6 AZR 253/11, BB 13, 507.
45 Ebenso *EuGH* 10. 3. 11 – C-477/09, NZA 11, 451 für die ursprüngliche Fassung.
46 BGBl. I, S. 345.
47 Verneint für brasilianisches Insolvenzrecht *BAG* 18. 7. 13 – 6 AZR 882/11A, NZA-RR 14,32.

Macht ein AN Ansprüche gegen seinen bisherigen AG bzw. den Insolvenzverwalter geltend, so bestimmt sich **die internationale Zuständigkeit** des angerufenen Gerichts nach allgemeinen Grundsätzen.[48] Die in allen EU-Mitgliedstaaten geltende EU-VO 1215/2012 vom 12. Dezember 2012 über die gerichtliche Zuständigkeit und die Anerkennung und Vollstreckung von Entscheidungen in Zivil- und Handelssachen[49] klammert zwar in ihrem Art. 1 Abs. 2 lit. b »Konkurse, Vergleiche und ähnliche Verfahren« aus, doch ist damit nicht die Entscheidung über Einzelansprüche gemeint.[50] Wird im Ausland ein Insolvenzverfahren gegen den Arbeitgeber eröffnet, das im Wesentlichen den gleichen Zielen wie ein deutsches Insolvenzverfahren dient, wo wird das gerichtliche Verfahren nach § 352 Abs. 1 InsO unterbrochen.[51] 17

§ 121 (Betriebsänderungen und Vermittlungsverfahren)

Im Insolvenzverfahren über das Vermögen des Unternehmers gilt § 112 Abs. 2 Satz 1 des Betriebsverfassungsgesetzes mit der Maßgabe, daß dem Verfahren vor der Einigungsstelle nur dann ein Vermittlungsversuch vorangeht, wenn der Insolvenzverwalter und der Betriebsrat gemeinsam um eine solche Vermittlung ersuchen.

Ist eine Betriebsänderung geplant, so kann der AG wie der BR nach § 112 Abs. 2 BetrVG den **Vorstand der Bundesagentur für Arbeit** um Vermittlung ersuchen. Die Zustimmung der jeweils anderen Seite ist nicht erforderlich; diese ist lediglich mit Rücksicht auf § 2 Abs. 1 BetrVG zur Mitwirkung verpflichtet (vgl. §§ 112, 112a BetrVG Rn. 5). 1

Um das Verfahren zu beschleunigen,[1] weicht davon § 121 InsO in der Weise ab, dass Insolvenzverwalter und BR den **Vermittlungsversuch nur gemeinsam** verlangen können.[2] Der Insolvenzverwalter kann also diesen »Umweg« durch sein Veto verhindern und z. B. sofort die Einigungsstelle anrufen.[3] Ist eine Absprache über ein gemeinsames Vermittlungsersuchen getroffen worden, sind allerdings beide Seiten daran gebunden.[4] 2

Große praktische Bedeutung ist der Vorschrift nicht beizumessen, da der Präsident des Landesarbeitsamts (bis 31. 12. 2003) nur ausnahmsweise eingeschaltet wurde[5] und sich daran inzwischen nicht viel geändert hat. Ungleich wichtiger könnte insoweit die Verkürzung des Verfahrens nach § 122 InsO sein. 3

§ 122 (Gerichtliche Zustimmung zur Durchführung einer Betriebsänderung)

(1) Ist eine Betriebsänderung geplant und kommt zwischen Insolvenzverwalter und Betriebsrat der Interessenausgleich nach § 112 des Betriebsverfassungsgesetzes nicht innerhalb von drei Wochen nach Verhandlungsbeginn oder schriftlicher Aufforderung zur Aufnahme von Verhandlungen zustande, obwohl der Verwalter den Betriebsrat rechtzeitig und umfassend unterrichtet hat, so kann der Verwalter die Zustimmung des Arbeitsgerichts dazu beantragen, daß die Betriebsänderung durchgeführt wird, ohne daß das Verfahren nach § 112 Abs. 2 des Betriebsverfassungsgesetzes vorangegangen ist. § 113 Abs. 3 des Betriebsverfassungsgesetzes ist insoweit nicht anzuwenden. Unberührt bleibt das Recht des Verwalters, einen Interessenausgleich nach § 125 zustande zu bringen oder einen Feststellungsantrag nach § 126 zu stellen.

---

48 *BAG* 13. 7. 13 – 6 AZR 882/11A, NZA-RR 14,32.
49 ABlEU Nr. 351/1.
50 Ebenso im Ergebnis für die Vorgänger-VO 44/2001, die vergleichbare Bestimmungen enthielt, *BAG* 20. 9. 12, BB 13, 507; *Haubold*, IPRax 02, 157 [163].
51 *BAG* 13. 7. 13 – 6 AZR 882/11, NZA-RR 14, 32.

1 *Schrader*, NZA 1997, 72; Smid-*Weisemann/Streuber*, Rn. 1.
2 *Bichlmeier/Oberhofer*, AiB 97, 163; *Giesen*, ZIP 98, 142.
3 *Rummel*, DB 97, 774.
4 HeidK-InsO-*Linck*, Rn. 3; *Zwanziger*, § 121 Rn. 3.
5 *Bichlmeier/Oberhofer*, AiB 97, 164.

(2) Das Gericht erteilt die Zustimmung, wenn die wirtschaftliche Lage des Unternehmens auch unter Berücksichtigung der sozialen Belange der Arbeitnehmer erfordert, daß die Betriebsänderung ohne vorheriges Verfahren nach § 112 Abs. 2 des Betriebsverfassungsgesetzes durchgeführt wird. Die Vorschriften des Arbeitsgerichtsgesetzes über das Beschlußverfahren gelten entsprechend; Beteiligte sind der Insolvenzverwalter und der Betriebsrat. Der Antrag ist nach Maßgabe des § 61a Abs. 3 bis 6 des Arbeitsgerichtsgesetzes vorrangig zu erledigen.

(3) Gegen den Beschluß des Gerichts findet die Beschwerde an das Landesarbeitsgericht nicht statt. Die Rechtsbeschwerde an das Bundesarbeitsgericht findet statt, wenn sie in dem Beschluß des Arbeitsgerichts zugelassen wird; § 72 Abs. 2 und 3 des Arbeitsgerichtsgesetzes gilt entsprechend. Die Rechtsbeschwerde ist innerhalb eines Monats nach Zustellung der in vollständiger Form abgefaßten Entscheidung des Arbeitsgerichts beim Bundesarbeitsgericht einzulegen und zu begründen.

Inhaltsübersicht Rn.

I. Grundgedanke der Regelung

1 Die Ausschöpfung des **Verfahrens über einen Interessenausgleich** kann einige Zeit in Anspruch nehmen; dies gilt insbes. dann, wenn auch vor der Einigungsstelle eine Verständigung versucht wird. Ein **vorzeitiger Abbruch** würde den Insolvenzverwalter zum **Nachteilsausgleich** nach § 113 Abs. 3 BetrVG verpflichten und damit eine Masseverbindlichkeit begründen. Dies ist deshalb sehr viel gravierender als im »Normalfall«, weil die geschuldete Abfindung unabhängig von der Insolvenzsituation zu bestimmen ist[1] und deshalb häufig sehr viel höher als die Sozialplanleistungen nach § 123 InsO liegen wird: Die von der Rspr.[2] ansonsten praktizierte Anrechnung auf die Sozialplanleistungen würde daher dem Insolvenzverwalter wenig weiterhelfen.

2 Anders als dies zwischen dem 1.10.1996 und dem 31.12.1998 für den »Normalfall« vorgesehen war, kennt das **Insolvenzarbeitsrecht keine Frist,** nach deren Ablauf der Insolvenzverwalter die beabsichtigte Betriebsänderung automatisch vornehmen könnte. § 122 verlangt vielmehr, dass er sich dafür einen **gerichtlichen Dispens** holt, wenn nach drei Wochen Verhandlungen noch kein Interessenausgleich zustande gekommen ist. Dabei ist die Überschrift der Bestimmung ein wenig missverständlich: Es geht nicht darum, dass das Gericht die Durchführung der Betriebsänderung als solche genehmigen müsste; vielmehr ist **allein darüber zu entscheiden, ob** der **Insolvenzverwalter** ohne weitere Verhandlungen **vollendete Tatsachen schaffen darf.**[3] Soweit wesentliche Betriebsteile (oder gar ein ganzer **Betrieb**) **stillgelegt** oder an einem anderen Ort fortgeführt werden sollen, muss der Insolvenzverwalter allerdings zu-

1 *BAG* 22.7.03 NZA 04, 93.
2 *BAG* 13.12.78, AP Nr. 6 zu § 112 BetrVG 72 Bl. 13; 15.10.79, AP Nr. 5 zu § 111 BetrVG 1972 Bl. 3 R.
3 *Hess,* in: Hess/Weis/Wienberg § 122 Rn. 9; *Rummel,* DB 97, 775; *Schrader,* NZA 97, 72; *Warrikoff,* BB 94, 2340; *Zwanziger,* § 122 Rn. 2.

nächst den **Berichtstermin** nach § 156 InsO **abwarten.**[4] Will er vorher handeln, benötigt er die Zustimmung des Gläubigerausschusses, doch riskiert er, dass ihm das Insolvenzgericht auf Antrag des Schuldners diese Maßnahme gleichwohl untersagt. Dem **vorläufigen Insolvenzverwalter** stehen die Rechte aus § 122 InsO nicht zu,[5] da vor Eröffnung des Verfahrens nicht dasselbe Maß an Eile geboten ist.

§ 122 findet auch dann Anwendung, wenn dem Schuldner die **Eigenverwaltung** gestattet ist.[6] 3

II. Voraussetzungen der gerichtlichen Zustimmung

1. Information des Betriebsrats

Dem Antrag des Insolvenzverwalters darf nur dann stattgegeben werden, wenn der **Betriebsrat »rechtzeitig und umfassend« unterrichtet** wurde.[7] Entscheidend kommt es dabei darauf an, ob er objektiv alle relevanten Tatsachen erfahren hat; ob er sich selbst in ausreichendem Umfang bemühte und ob Informationsdefizite dem Insolvenzverwalter vorzuwerfen waren, spielt keine Rolle.[8] Bezüglich der Einzelheiten kann auf die Kommentierung zu § 111 BetrVG verwiesen werden (vgl. § 111 BetrVG Rn. 158 ff. m. w. N.). Fehlt schon diese erste Voraussetzung, ist der Antrag des Insolvenzverwalters abzuweisen.[9] 4

2. Verhandlungsphase von drei Wochen

Hat eine rechtzeitige und umfassende Unterrichtung stattgefunden, so läuft von da an eine 3-Wochen-Frist. Der Zeitraum, in dem über Ergänzungen der gegebenen Informationen geredet wurde, zählt nicht mit.[10] Sie beginnt mit der ersten Verhandlung oder – soweit dieser Zeitpunkt früher lag – mit dem Zugang der schriftlichen Aufforderung zur Aufnahme von Verhandlungen.[11] Die Berechnung folgt allgemeinen Grundsätzen. Während dieser Zeit muss sich der **Insolvenzverwalter intensiv um einen Interessenausgleich bemühen;**[12] ggf. muss mehrmals wöchentlich verhandelt werden.[13] Tut er dies nicht, ist der Antrag unzulässig.[14] Bei nicht ganz einfach gelagerten Fällen hatte der BR schon nach bisherigem Recht Anspruch auf einen Sachverständigen nach § 80 Abs. 3 BetrVG; wird ihm dies verweigert, läuft die 3-Wochen-Frist nicht.[15] Nunmehr kann er nach dem seit 2001 geltenden § 111 Satz 2 BetrVG einen Berater hinzuziehen, wenn das UN mehr als 300 Beschäftigte hat. Das Beraterhonorar stellt eine Masseverbindlichkeit dar.[16] Bei den Verhandlungen muss der Insolvenzverwalter von sich aus aktiv werden. Sein Antrag wird auch dann abgewiesen, wenn er sich nicht ausreichend um eine Ausschöpfung der kurzen 3-Wochen-Frist bemühte. Ging der BR auf Vorschläge nicht ein, hindert dies den Lauf der Frist nicht.[17] Wie der Gesetzeswortlaut deutlich macht, kann der Antrag erst nach Ablauf der Verhandlungsphase gestellt werden; es genügt nicht, wenn die Drei-Wochen-Frist erst im Zeitpunkt der mündlichen Anhörung abgelaufen ist.[18] Dies würde den Beschleunigungseffekt überdehnen und den BR unangemessen unter Druck setzen. 5

4 HeidK-InsO-*Linck*, Rn. 17.
5 *Schmädicke/Fackler*, NZA 12, 1199.
6 *Lakies* BB 99, 1759; *Zwanziger*, § 122 Rn. 4.
7 Dazu FK-InsO-*Eisenbeis*, Rn. 10.
8 Ebenso HWK-*Annuß*, §§ 121, 122 InsO Rn. 2.
9 So der Fall *ArbG Berlin* 26. 3. 98, AiB 99, 239.
10 HK-ArbR-*Markowski* Rn. 4.
11 FK-InsO-*Eisenbeis*, Rn. 13; *Zwanziger*, § 122 Rn. 19.
12 *Warrikoff*, BB 94, 2340.
13 Vgl. *Bichlmeier/Oberhofer*, AiB 97, 164.
14 *Schmädicke/Fackler*, NZA 12, 1200.
15 *Zwanziger*, Rn. 23. Vgl. auch Rattunde/Smid/Zeuner-*Aghamiri* §§ 121, 122 Rn 16.
16 HK-ArbR-*Markowski* Rn 12.
17 Vgl. *Rummel*, DB 97, 775.
18 A. A. *Schmädicke/Fackler*, NZA 12, 1199, 1201.

6 **Hat** vor Eröffnung des Insolvenzverfahrens bereits der **Schuldner oder** der **vorläufige Insolvenzverwalter** über den Interessenausgleich **verhandelt,** so wird dies auf die 3-Wochen-Frist nicht angerechnet: Der Insolvenzverwalter hat andere Gesichtspunkte zu berücksichtigen als seine »Vorgänger«, er hat einen spezifischen gesetzlichen Auftrag.[19] Auch für den BR ist die Situation eine andere, wenn das Insolvenzverfahren eröffnet und damit auch das potentielle Sozialplanvolumen beschränkt ist.[20] Dass die Insolvenzeröffnung eine Zäsur darstellt, wird überdies daran deutlich, dass nur der Insolvenzverwalter den Antrag nach § 122 stellen kann (oben Rn 2). Ist dem Schuldner die sog. **Eigenverwaltung** gestattet, benötigt er auch für die Ausübung der Rechte nach § 122 das Einvernehmen des Sachwalters.[21]

3. Entscheidungskriterien

7 Das Gericht prüft den Antrag in zwei Stufen.[22] Zunächst wird auf die wirtschaftliche Lage des UN abgestellt und dann gefragt, welche Nachteile durch eine Fortsetzung der Verhandlungen über einen Interessenausgleich entstehen könnten. **Über** die bloße **Insolvenz hinaus** müssen **weitere Umstände für Dringlichkeit** sprechen.[23] Dies ist etwa dann der Fall, wenn bei einer Fortsetzung des Verfahrens vermeidbare Verluste entstehen oder Veräußerungschancen nicht mehr wahrgenommen werden könnten.[24] Bloße Einschätzungen und Mutmaßungen in dieser Richtung genügen nicht, der Insolvenzverwalter muss darlegen und notfalls beweisen, dass derartige Nachteile effektiv drohen.[25]

8 Besteht ein dringender Entscheidungsbedarf, ist in einem zweiten Schritt zu prüfen, ob bei einer Fortsetzung der Verhandlungen eine **Chance** besteht, **zu einer sozialverträglichen Lösung** für die betroffenen AN zu kommen.[26] Dabei ist eine Abwägung vorzunehmen. Wieviel »Zuwarten« dem Insolvenzverwalter zumutbar ist und wann die Belange der AN für die Fortführung des Verfahrens sprechen, lässt sich meist nur ansatzweise bestimmen; jede Entscheidung ist mit enormen Unsicherheitsfaktoren belastet. In der Literatur ist deshalb nicht ganz zu Unrecht die Rede davon, das **Gericht** sei durch eine Entscheidung nach § 122 **überfordert.**[27] Die Unaufklärbarkeit von Umständen geht zu Lasten des Insolvenzverwalters.[28]

III. Das gerichtliche Verfahren

1. Die erste Instanz

9 Das ArbG entscheidet nach § 122 Abs. 2 Satz 2 im **Beschlussverfahren,** an dem der Insolvenzverwalter und der BR beteiligt sind. Beide können sich der Hilfe eines Prozessvertreters bedienen;[29] die Kosten sind aus der Masse zu begleichen.[30] Eine Güteverhandlung findet nicht statt, da lediglich auf § 61a Abs. 3–6, nicht aber auf § 61a Abs. 2 ArbGG verwiesen wird. Nach Abs. 2 Satz 3 ist der **Antrag vorrangig zu erledigen,** doch wird letztlich die Schnelligkeit der Entscheidung davon abhängen, in welchem Umfang das zuständige Gericht mit gleichfalls vorrangig zu behandelnden Kündigungsschutzverfahren belastet ist.

10 Wird dem **Antrag stattgegeben,** so ist dies praktisch eine endgültige Entscheidung, da Rechtsmittel nur in sehr engem Rahmen möglich sind (dazu unten Rn. 12 ff.). Wird der **Antrag ab-**

---

19 *Zwanziger,* Rn. 24; HK-ArbR-*Markowski* Rn 6; anders FK-InsO-*Eisenbeis,* Rn. 15; *Haarmeyer/Wutzke/Förster,* Kap. 5 Rn. 295; HeidK-InsO-*Linck,* Rn. 11; differenzierend Uhlenbruck-*Berscheid/Ries,* §§ 121, 122 Rn 69: Anrechnung nur, wenn der Insolvenzverwalter keine andere Position einnimmt.
20 A. A. *Schmädicke/Fackler,* NZA 12, 1199, 1200.
21 *Zwanziger,* Rn. 4.
22 *Schaub,* DB 99, 226.
23 *Klebe,* AiB 96, 722.
24 HWK-*Annuß,* §§ 121, 122 InsO Rn. 5; *Löwisch,* RdA 97, 85.
25 *Bichlmeier/Oberhofer,* AiB 97, 165.
26 *Schaub,* DB 99, 266; ähnlich *Haarmeyer/Wutzke/Förster,* Kap. 5 Rn. 297.
27 *Heinze,* NZA 99, 67.
28 HeidK-InsO-*Linck,* Rn. 18; *Schmädicke/Fackler,* NZA 12, 1199; *Zwanziger,* Rn. 48.
29 Smid-*Weisemann/Streuber,* Rn. 17.
30 Smid-*Weisemann/Streuber,* Rn. 29.

gewiesen, muss der Insolvenzverwalter weiterverhandeln, wenn er die Belastung der Masse durch einen Nachteilsausgleich (und entsprechende Rückgriffsansprüche wegen seiner Amtsführung) vermeiden will.

Das ArbG kann **dem Antrag** auch **teilweise stattgeben.** So ist es denkbar, dass die Fortsetzung der Verhandlungen über den Interessenausgleich nur in Bezug auf eine von mehreren Betriebsänderungen oder in Bezug auf einen Teil einer Betriebsänderung ausscheiden muss.[31] Zu denken ist etwa an den Fall, dass sich nur in Bezug auf einen bestimmten Betrieb oder Betriebsteil ein ernsthafter Kaufinteressent findet, der klare Verhältnisse in Bezug auf den Personalbestand haben möchte.[32] **11**

Dem Antrag **fehlt** das **Rechtsschutzbedürfnis,** wenn der Arbeitgeber bzw. der Insolvenzverwalter durch unumkehrbare Maßnahmen wie z. B. zahlreiche Kündigungen **bereits mit der Umsetzung begonnen** hat.[33] Dies führt zur Abweisung wegen Unzulässigkeit. In solchen Fällen entsteht ein Anspruch auf Nachteilsausgleich. **11a**

2. Rechtsmittel

Die **Beschwerde** an das LAG ist durch Abs. 3 Satz 1 ausdrücklich **ausgeschlossen.** Dies gilt gleichermaßen für den Insolvenzverwalter wie für den BR. **12**

Eine **Rechtsbeschwerde** an das BAG ist nur kraft ausdrücklicher Zulassung möglich. Diese darf nur ausgesprochen werden, wenn die **Rechtssache grundsätzliche Bedeutung** besitzt oder wenn das ArbG von einer Entscheidung des BVerfG, des BAG oder eines anderen LAG abgewichen ist. Da es im vorliegenden Verfahren keine Zuständigkeit des LAG gibt und § 72 Abs. 2 ArbGG nur »entsprechende« Anwendung findet, muss die **Abweichung von der Entscheidung eines anderen ArbG** genügen.[34] Auch ist zu beachten, dass angesichts fehlender höchstrichterlicher Rechtsprechung zu § 122 InsO die Schwelle zur »grundsätzlichen Bedeutung« relativ schnell erreicht ist. Eine **Nicht-Zulassungs-Beschwerde** ist **nicht vorgesehen,** da sich in § 122 InsO keine Bezugnahme auf die §§ 72a, 92a ArbGG findet.[35] **13**

3. Einstweilige Verfügung?

Da das Verfahren stärker als praktisch jedes andere auf Beschleunigung angelegt ist, kommt der (zusätzliche) Erlass einer einstweiligen Verfügung **nicht in Betracht.**[36] Dagegen spricht auch, dass sie die Entscheidung in der Hauptsache vorwegnehmen würde und keine Gesichtspunkte ersichtlich sind, die dies (ausnahmsweise) rechtfertigen könnten. Anders verhält es sich mit Kündigungen, die während der 3-Wochen-Frist ausgesprochen wurden: Hier ist nach allgemeinen Grundsätzen ein »Kündigungsstopp« bzw. eine Rücknahme im Wege der einstweiligen Verfügung möglich.[37] **14**

---

31 *Löwisch,* RdA 97, 86.

32 Dazu auch HWK-*Annuß,* §§ 121, 122 InsO Rn. 7.

33 *ArbG Berlin* 21.12.17 – 41 BV 13752/17, LAGE § 113 BetrVG 2001 Nr. 6.

34 HWK-*Annuß,* §§ 121, 122 InsO Rn. 9; *R. Müller,* NZA 98, 1319; *Schmädicke/Fackler,* NZA 12, 1199, 1203; *Zwanziger,* § 122 Rn. 55.

35 Ebenso FK-InsO-*Eisenbeis,* Rn. 27; *Lakies,* BB 99, 267; *Zwanziger,* Rn. 58 sowie für § 126 InsO *BAG* 14.8.01, AP Nr. 44 zu § 72a ArbGG 1979 Divergenz; ErfK-*Gallner,* § 126 InsO Rn. 8.

36 *Kocher,* BB 98, 215 Fn. 34; *Schaub,* DB 99, 226; differenzierend HeidK-InsO-*Linck,* Rn. 20; *Zwanziger,* § 122 Rn. 65; a. A. HWK-*Annuß,* §§ 121, 122 InsO Rn. 11; *Schmädicke/Fackler,* NZA 12, 1203; FK-InsO-*Eisenbeis,* Rn. 33 m. w. N.

37 Ebenso *Zwanziger,* vor § 122 Rn. 69 f.; ablehnend aus grundsätzlichen Erwägungen FK-InsO-*Eisenbeis,* Rn. 37 f.

IV. Einschätzung des Verfahrens und Alternativen

1. Beschleunigungseffekt?

15 In der Literatur wird das Verfahren nach § 122 als wenig sinnvoll eingestuft.[38] Ob überhaupt ein Beschleunigungseffekt eintritt, ist höchst zweifelhaft; liegt etwa eine gerichtliche Entscheidung erst nach zwei oder drei Monaten vor, hätten in der Zwischenzeit vermutlich auch die normalen Verhandlungen über den Interessenausgleich einen Abschluss gefunden. Erst recht gilt dies, wenn die Rechtsbeschwerde zugelassen wurde. **Vermutlich** wird deshalb **in der Praxis** von den Möglichkeiten des § 122 **höchst selten** Gebrauch gemacht.[39] Ein gewichtiges Indiz hierfür liegt in der Tatsache, dass kaum veröffentlichte Entscheidungen ersichtlich sind, obwohl die Regelung seit Oktober 1996 in Kraft ist.[40]

2. Andere Handlungsmöglichkeiten des Insolvenzverwalters

16 Würde der **Insolvenzverwalter** das **Verfahren nach § 122 ignorieren** und Kündigungen aussprechen, könnten die Betroffenen nach § 113 Abs. 3 BetrVG einen **Nachteilsausgleich** verlangen. Außerdem könnte der Insolvenzverwalter im Wege der **einstweiligen Verfügung** gezwungen werden, bis zum Ende der Verhandlungen über den Interessenausgleich **keine** weiteren **Kündigungen auszusprechen** und die ausgesprochenen wieder zurückzunehmen.[41] Dies ist nicht zuletzt deshalb gerechtfertigt, weil in solchen Fällen nicht nur die Verhandlungen mit dem BR, sondern auch die Entscheidungsbefugnisse des ArbG nach § 122 unterlaufen würden. Der Insolvenzverwalter wird daher sinnvollerweise wie jeder andere AG versuchen, die Verhandlungen über einen Interessenausgleich so lange fortzuführen, bis sie zu einem Ergebnis geführt haben oder definitiv gescheitert sind. Eine sofortige Entbindung von der Arbeitspflicht bedeutet Einführung von Kurzarbeit null, was nach § 87 Abs. 1 Nr. 3 BetrVG nur mit Zustimmung des Betriebsrats möglich ist.[42]

17 Nach Abs. 1 Satz 3 hat er weiter die Möglichkeit, **mit dem BR über einen speziellen Interessenausgleich** nach § 125 InsO **zu verhandeln,** der die zu entlassenden AN namentlich benennt.[43] Dies gilt auch dann, wenn er das Verfahren nach § 122 InsO durchführt. Statt einer Verhandlung nach § 125 InsO kann der Insolvenzverwalter auch ein **Beschlussverfahren nach § 126 InsO** einleiten, um sich das Recht zur Kündigung bestimmter Beschäftigter gerichtlich bestätigen zu lassen. Die Parallelität des Verfahrens nach § 122 und des Vorgehens nach §§ 125, 126 InsO erklärt sich damit, dass es in beiden Fällen um Verschiedenes geht: § 122 betrifft das Verfahren über den Interessenausgleich als solchen, die §§ 125, 126 beziehen sich auf die konkrete Umsetzung durch Ausspruch von Kündigungen.

18 Hat der Insolvenzverwalter das Verfahren nach § 122 eingeleitet, ist ihm weiteres Verhandeln über einen »allgemeinen« Interessenausgleich mit dem BR nicht verboten. Kommt es **überraschenderweise doch noch** zu einer **Einigung,** wird der Antrag nach § 122 gegenstandslos.[44]

3. Handlungsmöglichkeiten des Betriebsrats

19 Auch der BR kann **weiter versuchen,** mit dem Insolvenzverwalter einen allgemeinen **Interessenausgleich zu vereinbaren.** Allerdings kann er nach Ablauf von drei Wochen dem Insolvenzverwalter nicht mehr mit einem Nachteilsausgleich »drohen«, wenn dieser den Antrag nach § 122 gestellt hat. Insoweit sorgt Abs. 1 Satz 2 für klare Verhältnisse. Ob sich der BR in

38 Siehe etwa *Kocher,* BB 98, 215; *R. Müller,* NZA 98, 1318; *Oberhofer,* AiB 99, 240; etwas abweichend *Schmädicke/Fackler,* NZA 12, 1199, 1204.
39 *Schmädicke/Fackler,* NZA 12, 1199.
40 Ausnahme: *ArbG Berlin* 26.3.98, AiB 99, 239 und *ArbG Lingen* 9.7.99, ZInsO 99, 656ff.
41 So *ArbG Kaiserslautern* 19.12.96, AiB 97, 179; *ArbG Hannover* 4.2.97, ZIP 97, 474; zustimmend *Haarmeyer/Wutzke/Förster,* Kap. 5 Rn. 294; zur veränderten Beurteilung des Unterlassungsanspruchs auf Grund des Korrekturgesetzes siehe *Däubler,* NJW 1999, 606.
42 *Berscheid,* Rn. 733.
43 Ebenso *Lakies,* BB 99, 207.
44 HK-ArbR-*Markowski* Rn 10.

Verhandlungen über eine »Namensliste« nach § 125 InsO einlassen sollte, ist dort zu erörtern (§ 125 InsO Rn. 5).

20 Unberührt bleibt das Recht des BR, über einen **Sozialplan** zu verhandeln,[45] dessen Inhalt sich nach den §§ 123, 124 InsO bestimmt. Weiter kann der BR andere Mitbestimmungsrechte ausüben, z. B. von seinem Initiativrecht für die Einführung von Kurzarbeit Gebrauch machen.[46]

V. Interessenausgleich und Nachteilsausgleich

21 Wird ein »bedingter« Interessenausgleich abgeschlossen, so hat der Insolvenzverwalter jedenfalls seiner Verhandlungspflicht genügt.[47] Beginnt er jedoch mit der Umsetzung einer Betriebsänderung, **ohne** zuvor **ausreichend** mit dem Betriebsrat **über einen Interessenausgleich verhandelt zu haben,** steht den betroffenen AN nach § 113 Abs. 3 BetrVG ein Anspruch auf Nachteilsausgleich zu.[48] Entscheidend ist der Zeitpunkt der Umsetzung, nicht der der Planung.[49] Dies gilt auch dann, wenn der **BR nach Insolvenzeröffnung**, aber vor Beginn der Umsetzung **gewählt** wurde.[50] Die Kündigung leitender Angestellter stellt einen »Durchführungsschritt« dar, da sie einen Teil der vorhandenen Organisation auflöst.[51] Der Nachteilsausgleich hat den Rang einer **Masseverbindlichkeit.**[52] Dasselbe gilt dann, wenn das Verfahren nach § 122 InsO nicht beachtet wurde.[53] Wählt der Insolvenzverwalter nicht den Weg des § 122, muss er das gesamte Verfahren ausschöpfen und auch die ESt. anrufen.[54]

22 Wurde bereits vor Eröffnung des Insolvenzverfahrens mit der Umsetzung der Betriebsänderung begonnen, haben die Ansprüche auf Nachteilsausgleich lediglich den Rang einer einfachen Insolvenzforderung.[55] Die Tatsache, dass der Insolvenzverwalter die Aktion fortsetzt, ändert daran nichts. Ohne Bedeutung ist auch, wenn der AG-Schuldner nur noch mit Zustimmung des vorläufigen Insolvenzverwalters handeln konnte und dieser seine Zustimmung erteilt hatte.[56] Eine Ausnahme gilt nach § 55 Abs. 2 InsO nur für den sog. starken vorläufigen Insolvenzverwalter gemäß § 22 Abs. 1 Satz 1 InsO, dessen Verhalten Masseverbindlichkeiten begründet.[57] Kündigt er wegen geplanter **Betriebsstilllegung,** so muss das **Insolvenzgericht** nach § 22 Abs. 2 Nr. 2 InsO zustimmen; andernfalls ist die Kündigung unwirksam.[58]

23 Hatte der Schuldner oder der »schwache« vorläufige Insolvenzverwalter die Betriebsschließung (oder eine andere Betriebsänderung) geplant, wurde sie aber erst durch den Insolvenzverwalter unter Verletzung der Verhandlungspflichten gegenüber dem BR umgesetzt, so entstehen Masseverbindlichkeiten. Soweit allerdings AN mit Rücksicht auf die vorhandenen Planungen schon vor der Insolvenzeröffnung von sich aus gekündigt oder Aufhebungsverträge geschlossen haben, stehen ihnen lediglich einfache Insolvenzforderungen zu.[59]

24 Die **Höhe des Nachteilsausgleichs** bestimmt sich nach den allgemeinen Grundsätzen (o. § 113 BetrVG Rn. 16 ff.). Auf die Insolvenzsituation ist insoweit keine Rücksicht zu nehmen.[60] § 123 InsO findet keine entsprechende Anwendung.[61]

45 *Bichlmeier/ Oberhofer,* AiB 97, 164.
46 *Klebe,* AiB 96, 722.
47 *BAG* 21. 7. 05, NZA 06, 162.
48 *BAG* 7. 11. 17 – 1 AZR 186/16, NZA 18, 464.
49 *BAG* 7. 11. 17 – 1 AZR 186/16, NZA 18, 464.
50 *BAG* 18. 11. 03, NZA 04, 220.
51 *BAG* 4. 6. 03, NZA 03, 1087.
52 *BAG* 4. 12. 02, DB 03, 618; 4. 6. 03, NZA 03, 1087; 22. 7. 03, NZA 04, 93; *BAG* 7. 11. 17 – 1 AZR 186/16, NZA 18, 464; HK-ArbR-*Markowski* Rn 1.
53 Vgl. *ArbG Osnabrück* 31. 1. 01, AiB 01, 548 mit Anm. *I. Stein.*
54 *BAG* 4. 12. 02, a. a. O.; bestätigt durch *BAG* 7. 11. 17 – 1 AZR 186/16, NZA 18, 464 Tz. 31 ff.
55 *BAG* 4. 12. 02, DB 03, 618.
56 *BAG* a. a. O. S. 620; 8. 4. 03, NZA 04, 343, bestätigt durch *BAG* 27. 4. 06, NZA 06, 1282.
57 *BAG* 4. 2. 02, a. a. O.
58 *LAG Düsseldorf* 8. 5. 03, NZA 03, 1096.
59 *ArbG Osnabrück* 31. 1. 01, AiB 01, 548 mit Anm. *I. Stein.*
60 *BAG* 22. 7. 03, NZA 04, 93.
61 *BAG* 7. 11. 17 – 1 AZR 186/16 NZA 18, 464 = AuR 18, 148.

§ 123 (Umfang des Sozialplans)

(1) In einem Sozialplan, der nach der Eröffnung des Insolvenzverfahrens aufgestellt wird, kann für den Ausgleich oder die Milderung der wirtschaftlichen Nachteile, die den Arbeitnehmern infolge der geplanten Betriebsänderung entstehen, ein Gesamtbetrag von bis zu zweieinhalb Monatsverdiensten (§ 10 Abs. 3 des Kündigungsschutzgesetzes) der von einer Entlassung betroffenen AN vorgesehen werden.

(2) Die Verbindlichkeiten aus einem solchen Sozialplan sind Masseverbindlichkeiten. Jedoch darf, wenn nicht ein Insolvenzplan zustande kommt, für die Berichtigung von Sozialplanforderungen nicht mehr als ein Drittel der Masse verwendet werden, die ohne einen Sozialplan für die Verteilung an die Insolvenzgläubiger zur Verfügung stünde. Übersteigt der Gesamtbetrag aller Sozialplanforderungen diese Grenze, so sind die einzelnen Forderungen anteilig zu kürzen.

(3) Sooft hinreichende Barmittel in der Masse vorhanden sind, soll der Insolvenzverwalter mit Zustimmung des Insolvenzgerichts Abschlagszahlungen auf die Sozialplanforderungen leisten. Eine Zwangsvollstreckung in die Masse wegen einer Sozialplanforderung ist unzulässig.

Inhaltsübersicht

I. Vorbemerkungen

1 § 123 InsO ist erst am 1. 1. 1999 in Kraft getreten. Inhaltlich entspricht er insbesondere bezüglich der Höchstgrenzen für Sozialplanleistungen den früheren Regelungen der §§ 2, 4 Satz 2 SozplKonkG. Abs. 1 enthält eine absolute, Abs. 2 Satz 2 eine relative Obergrenze. Kommt ein **Insolvenzplan** zustande oder wird aus anderen Gründen auf eine Verteilung verzichtet, so findet Abs. 2 Satz 2 keine Anwendung.[1] Ob im Falle des Insolvenzplans auch die absolute Obergrenze des Abs. 1 disponibel ist, ist umstritten,[2] mit Rücksicht auf die Gläubigerautonomie aber zu bejahen. Bei **Eigenverwaltung** durch den Schuldner gilt § 123.[3] Der **BR behält** zwar alle **seine Rechte,** doch steht ihm in Gestalt des Insolvenzverwalters nicht nur ein neuer Verhandlungspartner gegenüber; auch die rechtlichen und wirtschaftlichen **Rahmenbedingungen** sind **völlig andere** geworden.[4]

2 Der **Abschluss des Sozialplans** richtet sich im Übrigen nach **allgemeinen Grundsätzen.** Die Initiative wird in der Regel beim BR liegen; unerheblich ist, ob die Betriebsänderung bereits durchgeführt ist und ob einzelnen Betroffenen Ansprüche auf Nachteilsausgleich nach § 113

1 FK-InsO-*Eisenbeis,* Rn. 21; HeidK-*Linck,* Rn. 10.
2 Dafür HeidK-InsO-*Linck,* Rn. 10; *Zwanziger,* Rn. 4; dagegen FK-InsO-*Eisenbeis,* Rn. 21; HK-ArbR-*Markowski* Rn 1.
3 *Lakies,* BB 99, 1759; *Zwanziger,* Rn. 2.
4 Näher *Balkenhol* AiB 6/21 S. 43.

BetrVG zustehen. Plant der Insolvenzverwalter mehrere voneinander unabhängige Betriebsänderungen, so sind ggfs. **mehrere Sozialpläne** aufzustellen. Dasselbe gilt, wenn mehrere Betriebe betroffen sind, es sei denn, auf Grund eines einheitlichen Stilllegungsplanes wäre der GBR für die Aushandlung eines einheitlichen Sozialplans zuständig (§ 111 BetrVG Rn. 144). Die Grenze des Abs. 2 Satz 2 darf auch in diesen Fällen nicht überschritten werden.[5] Werden Träger-UN eines **gemeinsamen Betriebs** insolvent und nimmt dieselbe Person die Verwalterfunktion für alle wahr, so ist ein von dieser abgeschlossener Sozialplan im Zweifel so auszulegen, dass keine gesamtschuldnerische Haftung entsteht, sondern nur die jeweiligen Vertrags-AG verpflichtet werden.[6] § 123 kommt auch dann zur Anwendung, wenn bereits vor Insolvenzeröffnung über einen Sozialplan verhandelt wurde; entscheidend ist der Zeitpunkt des Abschlusses.[7]

Der Sozialplan darf nicht in bestehende AN-Rechte eingreifen (vgl. §§ 112, 112a BetrVG Rn. 84). So ist etwa **ausgeschlossen, rückständige Lohnansprüche,** die nach § 55 Abs. 1 Nr. 1 InsO Masseverbindlichkeiten sind, irgendwie **zu verkürzen.** Im Einzelfall kann es sinnvoll sein, Zahlungsmodalitäten vorzusehen, doch ist dafür Sorge zu tragen, dass dies nicht auf eine Verschlechterung bestehender Rechte hinausläuft. Eine **Stundung** kommt daher nur dann in Betracht, wenn gleichzeitig z. B. durch Bankbürgschaft die effektive Bezahlung sicherer wird. 3

II. Die von der Entlassung betroffenen AN

1. Was ist eine »Entlassung«?

Aufgrund der Betriebsänderung »entlassen« sind nicht nur solche Betroffene, denen vom AG oder vom Insolvenzverwalter gekündigt wurde. Einbezogen sind vielmehr auch diejenigen, die auf Veranlassung des AG einen **Aufhebungsvertrag** geschlossen oder **von sich aus gekündigt** haben, um einer Kündigung des AG zuvorzukommen.[8] Auch wer eine ausgesprochene Änderungskündigung ablehnt, zählt dazu.[9] Im Übrigen stellen sich dieselben Qualifizierungs- und Berechnungsfragen wie im Rahmen einer Betriebsänderung durch reinen Personalabbau (§ 111 BetrVG Rn. 77 ff.). 4

2. Wer zählt zu den AN?

Nach allgemeiner Auffassung ging der (insoweit gleich lautende) § 2 SozplKonkG vom **betriebsverfassungsrechtlichen AN-Begriff** aus.[10] Dazu zählen in vollem Umfang auch **Teilzeitkräfte** sowie Heimarbeiter, soweit sie vorwiegend für den Betrieb tätig sind.[11] Keine Rolle spielt, dass einzelne (oder alle) Beschäftigte auf Grund der Betriebsänderung **bereits ausgeschieden** sind.[12] Auch eine **Freistellung** ist ohne Bedeutung.[13] 5

Leitende Angestellte gehören ebenso wie der Personenkreis des § 5 Abs. 2 BetrVG nicht zu den vom BR repräsentierten AN. Soweit sie von einer Betriebsänderung betroffen sind, erhöhen ihre Monatsgehälter das Sozialplanvolumen nicht.[14] Dementsprechend sind auch Ansprüche, die der BR nach § 328 BGB zugunsten leitender Angestellter begründet (§§ 112, 112a BetrVG Rn. 92), nicht zu berücksichtigen, sondern haben den Rang einer einfachen Konkursforderung. Dasselbe gilt für einen etwaigen **Sozialplan,** den der AG **mit dem SpA** aushandelt (dazu § 111 BetrVG Rn. 8). 6

---

5 FK-InsO-*Eisenbeis,* Rn. 22; *Warrikoff,* BB 94, 2344.
6 *BAG* 12. 11. 02, DB 03, 1686.
7 *Schwarzburg,* NZA 09, 178.
8 *Balz,* DB 85, 691; *Klöver,* S. 99 ff.; *Fitting,* §§ 112, 112a Rn. 296; HWGNRH-*Hess,* Anhang I Rn. 200.
9 Rattunde/Smid/Zeuner-*Aghamiri,* Rn. 14.
10 *Balz,* DB 85, 691; *Düttmann/Kehrmann/Muff,* AiB 85, 36; *Spirti,* S. 68.
11 *Fitting,* §§ 112, 112a Rn. 295.
12 *Boemke/Tietze,* DB 99, 1391; HWGNRH-*Hess,* Anhang I Rn. 226.
13 *LAG Bremen* 22. 1. 09, AuR 09, 322.
14 *Balz,* DB 85, 691; *Boemke/Tietze,* DB 99, 1391; FK-InsO-*Eisenbeis,* Rn. 11; *Fitting,* §§ 112, 112a Rn. 295; HeidK-InsO-*Linck,* Rn. 13.

III. Die Bestimmung des Monatsverdienstes

1. Einzelfragen der Berechnung

7 Abs. 1 verweist für die Bestimmung des Monatsverdienstes auf § 10 Abs. 3 KSchG; danach kommt es darauf an, »was dem AN bei der für ihn maßgebenden regelmäßigen Arbeitszeit in dem Monat, in dem das Arbeitsverhältnis endet (§ 9 Abs. 2), an Geld und Sachbezügen zusteht«. **Rechtsprechung und Literatur zu § 10 Abs. 3 KSchG** sind daher auch hier von Bedeutung.[15]

8 Der **Begriff »Monatsverdienst«** meint den **Bruttobetrag.**[16] **Sachbezüge** sind zu ihrem Marktwert in Geld umzurechnen; die sozialversicherungsrechtliche Vorschrift des § 18 SGB IV findet keine Anwendung.[17] Zum Verdienst gehört nicht nur die Grundvergütung; er erfasst vielmehr auch alle **Zulagen** und sonstigen Zuwendungen, soweit sie nicht einen reinen Aufwendungsersatz darstellen.[18] Regelmäßige **Sonderzahlungen wie Urlaubsgeld,** 13. oder 14. Monatsgehalt, Weihnachtsgratifikation usw. werden auf den einzelnen Monat umgelegt.[19] Werden während längerer Zeit regelmäßig **Überstunden** geleistet, sind auch diese zu berücksichtigen.[20] Nur gelegentlich geleistete Überstunden bleiben außer Betracht.[21]

9 Ohne Bedeutung sind vorübergehende »Störungen« des Arbeitsverhältnisses. **Urlaub und Krankheit** verändern den Monatsverdienst ebenso wenig wie eine vom AG verfügte Freistellung; auch die **Kurzarbeit** ändert nichts an dem maßgebenden Betrag.[22]

2. Maßgebender Monat

10 § 10 Abs. 3 KSchG verweist für den maßgebenden Monat auf § 9 Abs. 2 KSchG. Danach kommt es auf den Monat an, **in dem das Arbeitsverhältnis bei sozial gerechtfertigter Kündigung geendet hätte.** Dies ist eine im Rahmen des Kündigungsschutzverfahrens gut praktikable Bestimmung, da es so gut wie immer um einen in der Vergangenheit liegenden Zeitpunkt geht. Beim Sozialplan im Insolvenzverfahren ist diese Voraussetzung nicht gegeben: Da er grundsätzlich vor Durchführung der Betriebsänderung abgeschlossen werden soll, steht möglicherweise noch gar nicht fest, welche konkreten Personen im Einzelnen gekündigt werden und zu welchem Zeitpunkt die Kündigung wirksam werden soll. Man kann vermuten, dass der Gesetzgeber die daraus entstehenden Schwierigkeiten nicht erkannt hat. **Auswege** unterschiedlicher Art und Güte sind in dreierlei Richtung denkbar:

11 Man kann zum einen die **Verhandlungen** über den Sozialplan so lange **hinausschieben,** bis die Personen der zu Entlassenden sowie der Auflösungszeitpunkt feststehen. Dies hat den Nachteil, dass die Vorsorge- und Überbrückungsfunktion des Sozialplans nicht gesichert ist, können sich doch die Verhandlungen auch nach diesem Zeitpunkt auf Grund der Einschaltung der ESt. und einer möglichen Anfechtung ihres Spruchs noch sehr in die Länge ziehen.

12 Möglich ist zum zweiten eine **korrigierende Gesetzesauslegung,** die auf den Zeitpunkt abstellt, zu dem der Sozialplan zustande kommt[23] oder zu dem die Mehrzahl der Betroffenen entlassen wird.[24] Dabei besteht allerdings die Gefahr, dass ein Gericht diese Auffassung nicht teilt und der Sozialplan (z. B. wegen Überschreitung der Höchstgrenze) für unwirksam erklärt wird.[25]

13 Zum dritten kann man einen Sozialplan nach dem sog. **Punktesystem** aufstellen (dazu §§ 112, 112a BetrVG Rn. 166). Dabei bleibt das Gesamtvolumen des Sozialplans offen; lediglich die

---

15 Dazu DDZ-*Zwanziger/Callsen,* § 10 KSchG, Rn. 18 ff.; KR-*Spilger,* § 10 KSchG, Rn. 27 ff.
16 *Fitting,* §§ 112, 112a Rn. 300; *Spinti,* S. 66.
17 *Fitting,* §§ 112, 112a Rn. 301.
18 HeidK-InsO-*Linck,* Rn. 15 f.
19 *Balz,* S. 54; *Boemke/Tietze,* DB 99, 1391; *Düttmann/Kehrmann/Muff,* AiB 85, 36; *Fitting,* §§ 112, 112a Rn. 300; *Spinti,* S. 67.
20 *Fitting,* §§ 112, 112a Rn. 299; KR-*Spilger,* § 10 KSchG, Rn. 29; *Spinti,* S. 66.
21 FK-InsO-*Eisenbeis,* Rn. 13.
22 FK-InsO-*Eisenbeis,* § 123 Rn. 13; *Klöver,* S. 109; *Spinti,* S. 66.
23 *Spinti,* S. 67.
24 FK-InsO-*Eisenbeis,* Rn. 13.
25 Kritisch auch GK-*Oetker/Schubert,* §§ 112, 112a Rn. 355.

Verteilungsrelationen sind verbindlich festgelegt.[26] Diese Lösung hat den Vorzug, dass bei Klärung der noch offenen (Rechen-)Fragen unverzüglich mit der Auszahlung der Abfindungen begonnen werden kann.[27]

IV. Überschreitung der Monatsverdienste und des Drittels der Verteilungsmasse

Der in Abs. 1 festgelegte Höchstbetrag wird in aller Regel nicht bewusst, sondern **unbewusst überschritten.** Möglich ist, dass AN einbezogen werden, die in Wirklichkeit nicht von der Betriebsänderung erfasst waren, denkbar auch, dass die einzelnen Monatsgehälter unrichtig bestimmt wurden. Schließlich sind **Rechenfehler** unterschiedlichster Art denkbar; so kann z. B. die Summe der vorgesehenen Abfindungen höher sein als das durchaus korrekt bestimmte Gesamtvolumen. 14

Angesichts der sehr kategorischen gesetzlichen Formulierung (»kann«) ist man sich darüber einig, dass die Überschreitung des Höchstvolumens den **Sozialplan unwirksam** macht.[28] Die **Unwirksamkeit** besteht auch nicht nur den Insolvenzgläubigern gegenüber, sondern ist eine **absolute:** Abs. 1 beschränkt genau wie § 2 SozplKonkG in zwingender Weise die Rechtsmacht von BR und Insolvenzverwalter bzw. der ESt. Der Insolvenzverwalter hat die Möglichkeit, die Unwirksamkeit im **Beschlussverfahren** feststellen zu lassen; da es nicht um eine Ermessensrichtlinie, sondern um eine zwingende gesetzliche Begrenzung geht, findet die **2-Wochen-Frist** des § 76 Abs. 5 Satz 4 BetrVG **keine Anwendung.**[29] Dasselbe Recht steht dem BR zu, der davon jedoch kaum Gebrauch machen wird. Stellt das ArbG die Nichtigkeit fest, muss erneut verhandelt werden. 15

Umstritten ist, ob und auf welche Weise der Sozialplan **mit verringertem,** sich innerhalb des Abs. 1 bewegendem **Volumen aufrechtzuerhalten** ist. Die zum Teil vertretene entsprechende Anwendung des § 139 BGB[30] trägt allerdings dieses Ergebnis nicht, da nach dieser Vorschrift »im Zweifel« das gesamte Rechtsgeschäft nichtig ist. Auch die von der Rechtsprechung bei teilnichtigen Betriebsvereinbarungen entwickelten Grundsätze (§ 77 Rn. 57) sind nicht ohne weiteres hierher zu übertragen, da eben nicht verschiedene Teile eines Sozialplans vorliegen, sondern allein in Frage steht, ob eine getroffene Regelung gewissermaßen mit verringertem Inhalt bestehen bleiben kann. Dies ist der Sache nach in **§ 140 BGB** geregelt: Hätten die Beteiligten die Höchstgrenze des Abs. 1 korrekt berücksichtigt, hätten sie im Zweifel alle vorgesehenen Leistungen proportional gekürzt.[31] Bestehen allerdings gewichtige Anhaltspunkte dafür, dass bei verringertem Gesamtvolumen andere Verteilungsrelationen gewählt worden wären, bleibt es bei der Nichtigkeit; über den Sozialplan muss erneut verhandelt werden.[32] Empfehlenswert ist, für solche Fälle im Sozialplan einen Anpassungsmechanismus vorzusehen.[33] 16

Wird der **relative Höchstbetrag von einem Drittel** der Verteilungsmasse überschritten,[34] findet eine anteilige Kürzung statt (Abs. 2 Satz 3).[35] Dies wurde schon bisher angenommen (s. 5. Aufl., § 4 SozplKonkG, Rn. 6 ff. mit Zahlenbeispiel). Zeigt der Insolvenzverwalter die Unzulänglichkeit der Masse, also die nach seiner Einschätzung bestehende Unmöglichkeit an, die Masseverbindlichkeiten zu erfüllen, so bleibt für den Sozialplan nichts mehr übrig. Dies ist 17

26 HK-ArbR-*Markowski* Rn 8.
27 Vgl. GK-*Oetker 11. Aufl.*, §§ 112, 112a Rn. 408; *Spinti*, S. 67; Beispiel bei *Boemke/Tietze*, DB 99, 1392.
28 *Fitting*, §§ 112, 112a Rn. 304; GK-*Oetker/Schubert*, §§ 112, 112a Rn. 361; HWGNRH-*Hess*, Anhang I Rn. 267; *Spinti*, S. 69.
29 *Fitting*, §§ 112, 112a Rn. 307; HWGNRH-*Hess*, Anhang I Rn. 270; *Spinti*, S. 72.
30 GK-*Fabricius*, 6. Aufl., §§ 112, 112a Rn. 178; *Spinti*, S. 71.
31 So im Ergebnis, wenn auch meist ohne Bezugnahme auf § 140 BGB, auch *Balz*, DB 85, 691; *Düttmann/Kehrmann/Muff*, AiB 85, 36; *Fitting*, §§ 112, 112a Rn. 306; HWGNRH-*Hess*, Anhang I Rn. 267; *Spinti*, S. 71; ähnlich FK-InsO-*Eisenbeis*, § 123 Rn. 14; vgl. weiter *Klöver*, S. 110 ff.
32 *Boemke/Tietze*, DB 99, 1392; HWGNRH-*Hess*, Anhang I Rn. 267; GK-*Oetker*, Rn. 416.
33 HK-ArbR-*Markowski* Rn 10.
34 Beim Insolvenzplan nach §§ 217 ff. InsO gilt diese Grenze nicht.
35 Dazu *Kamanabrou*, Rn. 2877.

nur dann anders, wenn sich wider Erwarten die Situation z. B. durch günstige Veräußerung von Vermögensgegenständen wieder verbessert.[36]

18 Hat ein AN mehr erhalten, als er auf Grund eines nach Abs. 1 wirksamen Sozialplans oder nach Abs. 2 Satz 3 hätte erhalten dürfen, ist er zur **Rückzahlung nach § 812 Abs. 1 BGB verpflichtet.**[37] In der Regel scheitert der Rückforderungsanspruch allerdings am **Wegfall der Bereicherung** nach § 818 Abs. 3 BGB.[38] Ggf. können die Insolvenzgläubiger den Insolvenzverwalter auf Schadensersatz in Anspruch nehmen.[39]

V. Festlegung des Sozialplans durch die Einigungsstelle

19 Können sich Insolvenzverwalter und BR nicht auf einen Sozialplan verständigen, kann jede Seite die ESt. anrufen. Ihr **Verfahren** richtet sich **nach allgemeinen Grundsätzen.** Anders als vor In-Kraft-Treten des SozplKonkG ist der Insolvenzverwalter **nicht** mehr verpflichtet, **Vertreter der Insolvenzgläubiger** auf AG-Seite in die ESt. zu entsenden.[40] Für die Interessen der Insolvenzgläubiger ist ausreichend durch die Höchstgrenze des Abs. 1 sowie durch die Beschränkung auf ein Drittel der Teilungsmasse nach Abs. 2 Satz 2 gesorgt.[41]

20 Der in Abs. 1 und Abs. 2 Satz 2 benannte **Höchstbetrag** kann nur dann **unterschritten** werden, wenn die sozialen Nachteile, die AN aus der Betriebsänderung erfahren, geringer als das dort vorgesehene Gesamtvolumen sind. Der Gesichtspunkt der »wirtschaftlichen Vertretbarkeit für das UN« (§§ 112, 112a BetrVG Rn. 150 ff.) kann allein noch dann eine Rolle spielen, wenn ein Teil des Betriebs fortgeführt wird. Die **Interessen der Insolvenzgläubiger** können niemals eine Unterschreitung rechtfertigen, da sie auf Grund gesetzgeberischer Wertung (insbes. durch die Reservierung von zwei Dritteln der Teilungsmasse) bereits ausreichend berücksichtigt sind.

21 Bei der **Verteilung des** durch Abs. 1 und Abs. 2 limitierten **Gesamtvolumens** ist die ESt. **frei;** insoweit gelten die allgemeinen Grundsätze (§§ 112, 112a BetrVG Rn. 94 ff., 159 ff.). § 112 Abs. 5 Satz 2 Nr. 1, 2 und 2a sind zu berücksichtigen, während Nr. 3 im Regelfall keine Rolle spielt.

22 Stellt sich im Laufe des ESt.-Verfahrens heraus, dass gar **keine Mittel mehr** zur Verfügung stehen, ist das Verfahren einzustellen.[42] Insofern ergibt sich die gleiche Situation wie in den Fällen, in denen das Gericht die Eröffnung des Insolvenzverfahrens mangels Masse abgelehnt hat bzw. ein bereits eröffnetes Verfahren aus diesem Grunde wieder einstellt (Zahlenangaben oben Einl. InsO Rn. 4). Wird die Unzulänglichkeit der Masse angezeigt, so kann ein Sozialplan dennoch beschlossen werden, doch führt er nur dann zu Auszahlungen, wenn sich die Vermögenslage wieder verbessert.

VI. Sonderprobleme

1. Sozialplanleistungen für Weiterarbeitende?

23 Im Einzelfall ist denkbar, dass ein ganzer Betrieb oder ein wesentlicher Betriebsteil von einem Erwerber **nach § 613a BGB übernommen** wird. In solchen Fällen liegt es nahe, dass der Insolvenzverwalter im Vorfeld eine Betriebsänderung vornimmt, um ein attraktiveres Angebot machen zu können. Erfolgen dabei in nennenswertem Umfang Entlassungen, liegt der Fall einer von § 123 InsO erfassten Betriebsänderung vor. Denkbar ist aber auch, dass im Einzelfall **auf Entlassungen** beinahe oder völlig **verzichtet** wird, die Anlagen oder die Arbeitsmethoden jedoch gründlich modernisiert werden. Kann als Reaktion auf die darin liegende Betriebs-

---

36 *BAG* 21.1.10, NZA 10, 413.
37 GK-*Oetker/Schubert,* §§ 112, 112a Rn. 361.
38 Einzelheiten bei *Däubler,* Arbeitsrecht 2, Rn. 817eff.
39 Vgl. *BGH* 5.10.89, AP Nr. 6 zu § 6 SozplKonkG. **Dieser verfügt deshalb im Normalfall über eine umfassende Haftpflichtversicherung..**
40 Dafür noch *BAG* 13.12.78, AP Nr. 6 zu § 112 BetrVG 1972.
41 Ebenso *BAG* 6.5.86, AP Nr. 8 zu § 128 HGB; *LAG Köln* 30.1.86, LAGE § 112 BetrVG 1972 Nr. 9; HeidK-InsO-*Linck,* Rn. 7; *Mohrbutter/Mohrbutter,* Rn. 1728 f.
42 *LAG Köln* 30.1.86, LAGE § 112 BetrVG 1972 Nr. 9.

änderung ein Sozialplan vereinbart werden, obwohl die Bezugsgröße »2 ½ Monatsverdienste der entlassenen AN« nicht existiert oder nur einen ganz geringfügigen Betrag ausmacht? Der Gesetzgeber hat den Fall offensichtlich nicht bedacht. Berücksichtigt man, dass es sich insoweit um eine ungewöhnlich positive Konstellation handelt und die Betroffenen außerdem u. U. durch **drastische Abgruppierungen** erhebliche Nachteile in Kauf nehmen müssen, ist der Verzicht auf jeden Sozialplan unangemessen. § 123 InsO ist seiner Gesamtstruktur nach auf Liquidation des UN, nicht jedoch auf partielle Weiterführung ausgerichtet; von daher muss er sich in der vorliegenden Konstellation eine teleologische Reduktion gefallen lassen. BR und Insolvenzverwalter bzw. ESt. müssen daher einen Sozialplan vereinbaren, durch den Masseschulden begründet werden und der **nicht an die Obergrenzen der Abs. 1 und 2 gebunden** ist.[43] Bei der Höhe der Ausgleichsleistungen ist allerdings in besonderer Weise auf die wirtschaftliche Vertretbarkeit für das UN sowie darauf Rücksicht zu nehmen, dass es sicherlich unbillig wäre, den– wenn auch unter schlechteren Bedingungen– Weiterarbeitenden höhere Abfindungen als den Entlassenen zu gewähren.[44] Eine andere Auffassung will § 123 InsO analog anwenden und so auch bei den Weiterarbeitenden eine starre Obergrenze einziehen.[45]

Stehen bei einer Betriebsänderung die **Entlassungen im Vordergrund,** greift § 123 InsO auch nach hier vertretener Auffassung ein. Dies schließt nicht aus, dass Leistungen auch für Personen vorgesehen werden, die in einem Restbetrieb weiterarbeiten, doch werden für sie in der Regel kaum nennenswerte Beträge übrigbleiben.[46] 24

2. Nachträgliche Korrektur des Sozialplanvolumens?

Hat man einen Sozialplan nach dem sog. **Punktesystem** aufgestellt, ist es im Ergebnis ohne Bedeutung, wenn sich nachträglich herausstellt, dass das zur Verfügung stehende Gesamtvolumen höher als angenommen ist: Die auszuzahlenden Beträge passen sich entsprechend an. Hat man stattdessen mit absoluten Summen gearbeitet, wäre eine Anpassung nach den Grundsätzen über die **Veränderung der Geschäftsgrundlage** vorzunehmen. 25

Schwierigkeiten ergeben sich dann, wenn das Gesamtvolumen korrekt berechnet und auch ausgeschöpft wurde, später jedoch ein AN mit dem Argument durchdringt, er sei **in gleichheitswidriger Weise von den Sozialplanleistungen ausgeschlossen** worden. Obwohl an sich auf Klage des Einzelnen hin das Sozialplanvolumen nicht erweitert werden kann, wird in solchen Fällen eine Ausnahme gemacht (s. §§ 112, 112a BetrVG Rn 226). Wollte man auch in einem derartigen Fall die absolute Obergrenze des Abs. 1 starr beibehalten, bliebe nur der Weg einer **Neuverteilung** der Sozialplanmittel. Dies ist **nicht praktikabel,** wenn eine rechtskräftige gerichtliche Entscheidung erst einige Jahre nach Verteilung vorliegt. In einem solchen Fall muss Abs. 1 zurücktreten, zumal er schon von seinem Rang als einfaches Gesetz her nicht in der Lage ist, Grundrechte wie Art. 3 Abs. 1 GG oder die Antidiskriminierungsrichtlinien der EU in ihrer Realisierung zu beeinträchtigen. Im Einzelfall mag eine Haftung des Insolvenzverwalters nach § 60 InsO in Betracht kommen, die in der Regel durch eine Versicherung aufgefangen wird. 26

3. Sozialpläne in Kleinunternehmen und Abmachungen mit den Arbeitnehmern

Wird in UN, die nicht die 20-Personen-Grenze des § 111 Satz 1 überschreiten, ein Sozialplan vereinbart, so liegt eine freiwillige BV nach § 88 vor, die den §§ 123, 124 InsO nicht unterliegt.[47] Eine Insolvenzanfechtung kommt allerdings nur insoweit in Betracht, als die Sätze nach Abs. 1 und 2 überschritten sind.[48] Der Insolvenzverwalter kann seinerseits nur mit Zustimmung der 27

---

43 Ebenso *Boemke/Tietze,* DB 99, 1392; *Fitting,* 21. Aufl., §§ 112, 112a Rn. 277; HK-ArbR-*Markowski* Rn 6; ablehnend GK-*Oetker/Schubert,* §§ 112, 112a Rn. 348; *Fitting,* ab 25. Aufl., §§ 112, 112a Rn. 308; *Zwanziger,* Rn. 51–53.

44 Zustimmend *Boemke/Tietze,* DB 99, 1393.

45 *Fitting,* §§ 112, 112a Rn. 308.

46 Vgl. *Balz,* DB 85, 691.

47 *Knorr,* § 8 Rn. 4; *Zwanziger,* Rn. 46.

48 Vgl. auch *Mohrbutter/Mohrbutter,* Rn. 86a.

Gläubigerversammlung einen Sozialplan abschließen; andernfalls würde er sich ersatzpflichtig machen.[49]

28 Die spezifischen Regeln über den Sozialplan in der Insolvenz einschließlich des Ranges begründeter Ansprüche (u. Rn. 30) gelten nicht, wenn der Verwalter lediglich mit den einzelnen Beschäftigten »**Abfindungsverträge**« schließt.[50] Die Auslegung der getroffenen Abmachungen entscheidet darüber, ob es sich um Masseverbindlichkeiten oder gewöhnliche Insolvenzforderungen handelt.[51] Diese Grundsätze gelten auch für UN mit mehr als 20, in denen kein BR gewählt wurde. Zur Behandlung von Abfindungsvergleichen im Kündigungsschutzverfahren s. u. § 127 InsO Rn. 6.

VII. Rang der Sozialplanansprüche, Abschlagszahlungen und Masseunzulänglichkeit

29 Die InsO hat alle privilegierten Konkursforderungen einschließlich der Vorrechte der AN für rückständige Lohnforderungen (§§ 59, 61 KO) abgeschafft. Das Gesetz differenziert lediglich noch zwischen den Kosten des Insolvenzverfahrens (§ 54 InsO), den sonstigen Masseverbindlichkeiten (§ 55 InsO) und den Insolvenzforderungen, zu denen alle übrigen gehören.

30 Nach Abs. 2 Satz 1 sind Verbindlichkeiten aus einem Sozialplan **Masseverbindlichkeiten.** Dies bringt allerdings nur geringen Fortschritt, da eine »Teilungsmasse« (von der nach Abs. 2 Satz 1 höchstens ein Drittel für den Sozialplan zur Verfügung steht) überhaupt nur dann vorhanden ist, wenn zuvor alle sonstigen Masseverbindlichkeiten erfüllt wurden.[52] Abs. 3 Satz 2 schließt überdies eine Zwangsvollstreckung in die Masse aus, so dass eine Leistungsklage gegen den Insolvenzverwalter unzulässig ist.[53] Bei Streit um Existenz und Höhe eines Sozialplananspruchs ist deshalb nur eine **Feststellungsklage** möglich.[54] Da die Sozialplanansprüche nach § 195 BGB innerhalb von drei Jahren verjähren, kann es geboten sein, die Feststellungsklage auch in inhaltlich eindeutigen Fällen zu erheben, da so die Verjährung unterbrochen wird.[55] Besser wäre es allerdings, im Sozialplan die Verjährungsfrist auf 30 Jahre zu erhöhen. Eine gewisse Verbesserung gegenüber der früheren Rechtslage ergibt sich daraus, dass der Insolvenzverwalter **Abschlagszahlungen** gewähren »soll«, während es sich vorher um eine bloße Kann-Leistung handelte. Die Literatur nimmt mit Recht sogar eine entsprechende **Pflicht** an, soweit das Insolvenzgericht zustimmt.[56]

31 Reicht die Insolvenzmasse nicht aus, um außer den Kosten des Verfahrens auch die fälligen sonstigen Masseverbindlichkeiten zu erfüllen, so muss der Insolvenzverwalter diese »**Masseunzulänglichkeit**« nach § 208 Abs. 1 Satz 1 InsO dem Insolvenzgericht anzeigen. Tritt ein solcher Fall ein, so ist ein vorher abgeschlossener Sozialplan im Regelfall wertlos, weil er die Befriedigung aller anderen Massegläubiger voraussetzt, da nur dann noch eine »Verteilungsmasse« vorhanden ist, von der der Sozialplan ein Drittel aufzehren darf. Erweist sich wider Erwarten die Prognose des Insolvenzverwalters als zu pessimistisch, kann ausnahmsweise der Sozialplan wieder relevant werden. Im Hinblick auf diese Möglichkeit ist deshalb ein gerichtliches Feststellungsverfahren über Existenz und Höhe der Sozialplanansprüche möglich, sofern sie vom Insolvenzverwalter ernsthaft in Frage gestellt werden.[57] Dieselben Grundsätze gelten auch, wenn der Sozialplan nach Anzeige der Masseunzulänglichkeit abgeschlossen wurde. Zwar sieht § 209 Abs. 1 Nr. 2 InsO vor, dass die Masse für Verbindlichkeiten haftet, die der Verwalter nach dieser Anzeige eingegangen ist, doch bleibt dies für den Sozialplan ohne Bedeutung, da es in der Regel auch dann am Vorhandensein einer »Verteilungsmasse« fehlt.[58]

---

49 Vgl. *Zwanziger,* Rn. 56.
50 *BAG* 21.9.99, DB 00, 1230.
51 *BAG* 24.4.02, NZA 02, 999.
52 Richtig *BAG* 21.1.10, NZA 10, 413 Tz 12.
53 *BAG* a. a. O., bestätigt durch *BAG* 18.7.17 – 1 AZR 546/15, NZA 17, 1618.
54 *BAG* 29.10.02, NZA 03, 879.
55 Vgl. *Däubler/Wroblewski,* Teil 3 Rn. 156.
56 FK-InsO-*Eisenbeis,* § 123 Rn. 24; HK-ArbR-*Markowski* Rn. 13.
57 *BAG* 21.1.10, NZA 10, 414; *BAG* 18.7.17 – 1 AZR 546/15, NZA 17, 1618.
58 *BAG* 21.1.10, NZA 10, 413; vgl. *BAG* 18.7.17 – 1 AZR 546/15, NZA 17, 1618.

VIII. Abfindungsansprüche

32 Sieht ein TV für den Fall von Kündigungen Abfindungen vor und kündigt der Insolvenzverwalter, so entsteht dadurch nur eine einfache Insolvenzforderung nach § 38 InsO, keine Masseverbindlichkeit.[59] Dasselbe gilt für arbeitsvertragliche oder sonstige Abmachungen, die vor Eröffnung des Verfahrens geschlossen wurden.[60] In allen Fällen fehlt es an einer Handlung des Insolvenzverwalters (zum Fall, dass er selbst einen Vergleich schließt, s. o. Rn, 28 und § 127 InsO Rn. 6). Wollte man anders entscheiden, wären die quantitativen Grenzen nach § 123 InsO weithin gegenstandslos.

IX. Transfersozialplan

33 In der Insolvenz ist ein Transfersozialplan (o. §§ 112, 112a BetrVG Rn. 227 ff.) unter denselben Voraussetzungen zulässig wie in der Normalsituation.[61] Angesichts der kurzen Kündigungsfristen des § 113 InsO und der meist geringen wirtschaftlichen Spielräume des Insolvenzverwalters können die Betroffenen allerdings nur relativ wenig in die BQG einbringen, so dass eine **Aufstockung** des Transferkurzarbeitergelds **oft nicht** in Betracht kommen wird. Mit Rücksicht auf das geringe Sozialplanvolumen nach § 123 InsO kann der Bezug von 6, 10 oder 12 Monaten Transferkurzarbeitergeld gleichwohl die bessere Lösung sein,[62] selbst wenn die Abfindung noch bescheidener als nach dem Gesetz ausfallen sollte. Wichtig ist, gerade in solchen Fällen an eine Mitfinanzierung durch den **Europäischen Sozialfonds** und den **Europäischen Globalisierungsfonds** zu denken (o. §§ 112, 112a BetrVG Rn. 273).

X. Tarifsozialplan

34 Auch **nach Eröffnung des Insolvenzverfahrens** ist der Abschluss eines **Firmentarifs möglich,** wobei der AG durch den Insolvenzverwalter repräsentiert wird.[63] An den möglichen Regelungsgegenständen ändert sich gleichfalls nichts, so dass im Grundsatz auch ein Tarifsozialplan in Betracht kommt (zu diesem o. § 111 BetrVG Rn. 15 ff.). Keine Erörterung scheint bislang die Frage gefunden zu haben, ob § 123 InsO eine **zwingende Grenze** auch für tarifliche Regelungen darstellt. Sie ist **zu verneinen,** da die Vorschrift ausdrücklich nur auf den Sozialplan (und nicht auf andere Regelungsinstrumente) abstellt. Konsequenterweise hatte deshalb das *BAG*[64] keine Bedenken dagegen, dass der Insolvenzverwalter mit AN, die Kündigungsschutzklage erhoben hatten, Abfindungsvergleiche schloss und sie so ggf. deutlich besser behandelte als andere, die lediglich auf den Sozialplan nach § 123 InsO angewiesen waren. **Im Grundsatz** bestehen deshalb **keine Bedenken** dagegen, dass durch TV zusätzliche AN-Ansprüche (z. B. auf Bezuschussung einer Weiterbildungsmaßnahme oder auf Erhöhung der Abfindung) begründet werden, die aus der freien Verteilungsmasse zu befriedigen sind. Ein solcher **TV begründet Masseverbindlichkeiten.** Sie einzugehen wird für den Insolvenzverwalter nur dann nicht pflichtwidrig sein, wenn andernfalls aufgrund einer Arbeitsniederlegung noch sehr viel größere wirtschaftliche Nachteile drohen. Die wirtschaftlichen Spielräume werden in der Praxis eher gering sein, sofern nicht eine **Konzernmutter im Hintergrund** steht, die über erhebliche Mittel verfügt und die– um eine lange Auseinandersetzung oder Streiks in den eigenen Betrieben zu vermeiden– ggf. zu einer deutlichen Aufstockung bereit ist. Ob es auch im Insolvenzverfahren einen »Berechnungsdurchgriff« beim Sozialplan in konzerngebundenen UN gibt (zu diesem s. §§ 112, 112a BetrVG Rn. 192), ist wenig erörtert;[65] im Streitfalle wären langwierige Gerichtsverfahren unvermeidbar, da der Insolvenzverwalter haftet, wenn er vermeidbare »Großzügigkeiten« praktiziert.

59 *BAG,* 27.4.06, NZA 06, 1282.
60 *BAG* a. a. O.
61 *Lembke,* BB 07, 1333, 1337 ff.; *Jenning,* S. 202.
62 *Bell,* AiB 08, 665; *Angerer/Wagner,* AiB 10/21 S. 45.
63 ErfK-*Franzen,* § 2 TVG Rn 26; Däubler-*Peter/Rödl,* TVG, § 2 Rn. 119; ähnlich Kempen/Zachert-*Stein,* § 2 Rn. 199.
64 27.10.98, NZA 99, 719.
65 S. *Schwarzburg,* NZA 09, 176 ff.

§ 124 (Sozialplan vor Verfahrenseröffnung)

(1) Ein Sozialplan, der vor der Eröffnung des Insolvenzverfahrens, jedoch nicht früher als drei Monate vor dem Eröffnungsantrag, aufgestellt worden ist, kann sowohl vom Insolvenzverwalter als auch vom Betriebsrat widerrufen werden.
(2) Wird der Sozialplan widerrufen, so können die Arbeitnehmer, denen Forderungen aus dem Sozialplan zustanden, bei der Aufstellung eines Sozialplans im Insolvenzverfahren berücksichtigt werden.
(3) Leistungen, die ein Arbeitnehmer vor der Eröffnung des Verfahrens auf seine Forderung aus dem widerrufenen Sozialplan erhalten hat, können nicht wegen des Widerrufs zurückgefordert werden. Bei der Aufstellung eines neuen Sozialplans sind derartige Leistungen an einen von einer Entlassung betroffenen Arbeitnehmer bei der Berechnung des Gesamtbetrags der Sozialplanforderungen nach § 123 Abs. 1 bis zur Höhe von zweieinhalb Monatsverdiensten abzusetzen.

Inhaltsübersicht Rn.

I. Allgemeines

1 § 124 unterscheidet sich erheblich von der Vorgängervorschrift des § 3 SozplKonkG. Der Insolvenzverwalter bzw. der BR besitzt ein Wahlrecht: Erklärt er keinen Widerruf, sind die Sozialplanforderungen **normale Insolvenzansprüche,**[1] wobei es nicht darauf ankommt, zu welchem Zeitpunkt der Anspruch entsteht oder fällig wird.[2] Macht der Verwalter oder der BR von seinem Recht Gebrauch, werden sie insgesamt hinfällig. Ein Bestandsschutz besteht nur nach Maßgabe von Abs. 3 für bereits erhaltene Leistungen. Der Insolvenzverwalter wird möglicherweise widerrufen, wenn der Sozialplan die Grenzen des § 123 Abs. 1 und Abs. 2 Satz 2 erheblich überschreitet.[3] Das Widerrufsrecht ist nicht von besonderen inhaltlichen Voraussetzungen abhängig.[4] Der BR wird von seiner Befugnis nur dann Gebrauch machen, wenn ohne den Widerruf für die verbliebenen AN wegen des schlechten Rangs als einfache Insolvenzforderungen nicht einmal die Beträge nach § 123 erreicht werden könnten. Für die Erklärung des Widerrufs besteht keine Frist, doch kann das Recht verwirkt werden,[5] was nach etwa einem Jahr ernsthaft in Betracht kommt.[6] Das Widerrufsrecht erstreckt sich auf alle Sozialpläne, auch solche, bei denen es nicht um Entlassungen ging.[7] Der BR kann auf sein Widerrufsrecht wirksam verzichten.[8] Umgekehrt kann der Verwalter nicht widerrufen, wenn kein BR mehr vorhanden ist, der– und sei es im Wege des Restmandats– einen neuen Sozialplan abschließen könnte.[9]

2 Ohne Bedeutung ist grundsätzlich, ob der **vorläufige Insolvenzverwalter** am Abschluss des Sozialplans **mitgewirkt** hat **oder nicht.** Eine Ausnahme gilt nur für den sog. starken vorläufigen Insolvenzverwalter, auf den gemäß § 22 Abs. 1 Satz 1 InsO die Verfügungsbefugnis über das Vermögen des Schuldners übergegangen ist: Der von ihm abgeschlossene Sozialplan stellt nach § 55 Abs. 2 Satz 1 InsO eine Masseverbindlichkeit dar.[10] Ihrem Sinn nach scheidet die Widerrufsmöglichkeit nach § 124 in einem solchen Fall aus. Die Sachgerechtigkeit dieser Dif-

1 *BAG* 31.7.02, NZA 02, 1332; *LAG Köln* 2.3.01, ZIP 01, 1070; *Boemke/Tietze,* DB 99, 1394; HWK-*Annuß,* §§ 123, 124 Rn. 12; GK-*Oetker/Schubert,* §§ 112, 112a Rn. 230 m. w. N.
2 *BAG* 27.10.98 – 1 ABR 94/98, NZA 99, 719.
3 Vgl. *Warrikoff,* BB 94, 2344.
4 HK-ArbR-*Markowski* Rn 5.
5 Vgl. HeidK-InsO-*Linck,* Rn. 3.
6 *LAG Köln* 17.10.02 – 5 (4) TaBV 44/02, NZA-RR 03, 490.
7 *Boemke/Tietze,* DB 99, 1394.
8 *LAG Köln* 17.10.02 – 5 (4) TaBV 44/02, NZA-RR 03, 489 = AiB 04, 44.
9 MüKo-InsO-*Caspers,* Rn. 13; HK-ArbR-*Markowski* Rn 4.
10 *BAG* 31.7.02 – 10 ABR 275/01, NZA 02, 1332 f.; ebenso HK-ArbR-*Markowski* Rn 6.

ferenzierung ist nachhaltig und mit guten Gründen kritisiert worden,[11] ohne dass man deshalb einen Verstoß gegen Art. 3 Abs. 1 GG annehmen müsste.

Sozialpläne, die früher als drei Monate vor dem Antrag auf Eröffnung des Insolvenzverfahrens aufgestellt wurden, werden von § 124 nicht erfasst; die durch sie begründeten Ansprüche sind normale Insolvenzforderungen.[12] Auch hier spielt der Entstehungszeitpunkt des einzelnen Anspruchs keine Rolle.[13] Zu der (zu verneinenden) Frage, ob sie wegen Wegfalls der Geschäftsgrundlage gekündigt werden können, s. 5. Aufl., § 3 SozplKonkG, Rn. 11. Bei wiederkehrenden Leistungen können Masseverbindlichkeiten entstehen, doch dürfte insoweit entsprechend § 120 InsO eine Kündigung möglich sein.[14] 3

II. Situation nach Widerruf des Sozialplans

Nach Abs. 2 »können« die AN in den vom Insolvenzverwalter abzuschließenden Sozialplan einbezogen werden. Der Gleichbehandlungsgrundsatz wäre allerdings verletzt, würde man sie ausklammern oder mit schlechteren Leistungen abspeisen, obwohl sie durch den Widerruf genau wie AN behandelt werden, deren AG sich in einem Insolvenzverfahren befindet. Bei der Bestimmung des zulässigen Volumens nach § 123 Abs. 1 sind sie mitzurechnen.[15] 4

Sind auf Grund des Sozialplans **bereits Leistungen erbracht** worden, können diese nach Abs. 3 Satz 1 nicht zurückgefordert werden. Wenigstens insoweit existiert ein Bestandsschutz. Wird nunmehr ein Sozialplan aufgestellt, vermindert sich die zulässige Höchstsumme i. S. d. § 123 Abs. 1 entsprechend. 5

III. Der 3-Monats-Zeitraum

Abs. 1 stellt zum einen auf den Zeitpunkt ab, zu dem der **Antrag auf Eröffnung** des Insolvenzverfahrens gestellt wurde. Da für diesen keine besonderen Formvorschriften bestehen, kommt es darauf an, wann ein den Erfordernissen der §§ 13 ff. InsO entsprechendes **Schreiben bei Gericht eingeht.** Früher gestellte Anträge, die z. B. als unzulässig zurückgewiesen wurden, sind ohne Bedeutung. 6

Nach Abs. 1 kommt es zum anderen auf den Zeitpunkt an, in dem der Sozialplan »aufgestellt« wird. Bei einem zwischen BR und AG ausgehandelten Sozialplan ist dies der Augenblick, in dem die gefundene Einigung der Formvorschrift des § 112 Abs. 1 Satz 2 BetrVG entsprechend von beiden Seiten unterschrieben ist.[16] Bei einer Entscheidung durch die ESt. kommt es darauf an, wann der Spruch beiden Seiten zugeleitet ist. 7

Für die **Fristberechnung** gelten die §§ 187 und 188 BGB. Dabei ist der Antrag auf Eröffnung des Insolvenzverfahrens wie ein Fristbeginn zu behandeln, von dem an drei Monate zurückgerechnet werden muss. Dabei ist nach § 187 Abs. 1 BGB der Tag des Fristbeginns nicht mitzuzählen. Wird also das Insolvenzverfahren am 4. April beantragt, fallen alle Sozialpläne unter § 124, die in den Tagen zurück zum 4 Januar einschließlich aufgestellt wurden. Bei Monatsfristen ist überdies § 188 Abs. 2 BGB zu beachten, wonach die unterschiedliche Länge einzelner Monate grundsätzlich keine Rolle spielt. Existiert der entsprechende Tag im früheren Monat nicht (z. B. 31. 9.), ist um einen Tag nach vorne, also auf den 1. 10. zu gehen.[17] 8

Wird ein Sozialplan **zwischen dem Antrag** und der tatsächlichen **Eröffnung** des Insolvenzverfahrens abgeschlossen, so findet § 124 seinem eindeutigen Wortlaut nach gleichfalls Anwendung.[18] 9

---

11 *Häsemeyer*, ZIP 03, 229 ff.
12 Ebenso für das frühere Recht *BAG* 30.4.84 – 1 AZR 34/84, AP Nr. 23 zu § 112 BetrVG 1972.
13 *BAG* 27.10.98 – 1 AZR 94/98, NZA 99, 719.
14 MüKo-InsO-*Caspers*, Rn. 27 f.
15 *Däubler/Wroblewski*, Teil 8 Rn. 85.
16 *Fitting*, §§ 112, 112a Rn. 320.
17 Vgl. auch *Däubler/Wroblewski*, Teil 8 Rn. 140 ff.
18 Zustimmend *Boemke/Tietze*, DB 99, 1394; *Fitting*, §§ 112, 112a Rn. 319.

§ 125 (Interessenausgleich und Kündigungsschutz)

(1) Ist eine Betriebsänderung (§ 111 des Betriebsverfassungsgesetzes) geplant und kommt zwischen Insolvenzverwalter und Betriebsrat ein Interessenausgleich zustande, in dem die Arbeitnehmer, denen gekündigt werden soll, namentlich bezeichnet sind, so ist § 1 des Kündigungsschutzgesetzes mit folgenden Maßgaben anzuwenden:

1. **Es wird vermutet, dass die Kündigung der Arbeitsverhältnisse der bezeichneten Arbeitnehmer durch dringende betriebliche Erfordernisse, die einer Weiterbeschäftigung in diesem Betrieb oder einer Weiterbeschäftigung zu unveränderten Arbeitsbedingungen entgegenstehen, bedingt ist;**
2. **die soziale Auswahl der Arbeitnehmer kann nur im Hinblick auf die Dauer der Betriebszugehörigkeit, das Lebensalter und die Unterhaltspflichten und auch insoweit nur auf grobe Fehlerhaftigkeit nachgeprüft werden; sie ist nicht als grob fehlerhaft anzusehen, wenn eine ausgewogene Personalstruktur erhalten oder geschaffen wird.**

Satz 1 gilt nicht, soweit sich die Sachlage nach Zustandekommen des Interessenausgleichs wesentlich geändert hat.

(2) Der Interessenausgleich nach Abs. 1 ersetzt die Stellungnahme des Betriebsrats nach § 17 Abs. 3 Satz 2 des Kündigungsschutzgesetzes.

Inhaltsübersicht

I. Überblick

1 § 125 InsO regelt den sog. **besonderen Interessenausgleich,** der die zu kündigenden AN namentlich nennt. Er war Vorbild für die zwischen 1.10.1996 und 31.12.1998 geltende allgemeine Regelung des § 1 Abs. 5 KSchG, die durch das sog. Korrekturgesetz v. 19. Dezember 1998[1] beseitigt wurde, seit 1.1.2004 jedoch wieder in Kraft ist.[2] § 125 InsO geht dem § 1 Abs. 5 KSchG als lex specialis vor.[3] Er eröffnet weitergehende Gestaltungsspielräume als § 1 Abs. 5 KSchG, da er insbesondere auch zur »Schaffung« einer ausgewogenen Personalstruktur herangezogen werden kann.[4]

2 Wie aus den beiden Ziffern des Abs. 1 Satz 1 deutlich wird, **erleichtert** die **Namensliste** den **Personalabbau** dadurch, dass die gerichtliche Überprüfung der Kündigungen beschränkt wird. Hierin liegt ein großer **Anreiz für den Insolvenzverwalter,** der diese Möglichkeit anstreben kann, aber nicht muss.[5] Dem **vorläufigen Insolvenzverwalter** steht der Weg des § 125 **nicht**

1 BGBl. I S. 3843.
2 Dazu *Däubler,* NJW 99, 603.
3 *BAG* 15.12.11, DB 12, 1690 Tz 33.
4 *BAG* 19.12.13, NZA-RR 14, 185 Tz. 22.
5 Vgl. KR-*Spelge,* § 125 InsO Rn. 4.

offen,[6] und zwar auch dann nicht, wenn er Verwaltungs- und Verfügungsbefugnis besitzt.[7] Ob ein in diesem Verfahrensstadium abgeschlossener Interessenausgleich samt Namensliste durch Genehmigung des Insolvenzverwalters die Wirkungen des § 125 InsO erlangen kann, erscheint höchst zweifelhaft, da nicht eine Seite allein über die Anpassung an veränderte Bedingungen entscheiden darf.[8] Bei einem **im Ausland eröffneten Insolvenzverfahren** tritt die dort für die Durchführung des Verfahrens verantwortliche Person an die Stelle des Insolvenzverwalters.[9]

Der »besondere«, eine Namensliste enthaltende Interessenausgleich **kann mit dem »allgemeinen« Interessenausgleich identisch sein,** der in den Verhandlungen zwischen Insolvenzverwalter und BR erreicht wird. Dies muss aber nicht notwendigerweise so sein. Wie § 122 Abs. 1 Satz 3 InsO deutlich macht, kann eine Vereinbarung nach § 125 auch dann noch abgeschlossen werden, wenn die Verhandlungen über den Interessenausgleich innerhalb von drei Wochen nicht zum Erfolg geführt haben und der Insolvenzverwalter deshalb ein gerichtliches Verfahren nach § 122 InsO anstrengt.[10] Auch wenn der **Betriebsrat** die geplante Betriebsänderung als solche nicht akzeptiert, ist es denkbar, dass er gleichwohl für den Fall ihrer effektiven Vornahme durch Festlegung der zu kündigenden Personen eine **»Schadensbegrenzung«** versucht.[11] 3

Das **Beschlussverfahren nach § 126** kommt für den Insolvenzverwalter nur dann in Betracht, wenn die Verhandlungen nach § 125 gleichfalls gescheitert sind. Hat er den **Antrag** nach § 126 einmal **gestellt,** kommt **kein Interessenausgleich** nach § 125 mehr in Betracht.[12] 4

Die Einigung über eine Namensliste liegt im Ermessen des BR. Unbedenklich ist sie nur dann, wenn **ausschließlich Personen** erfasst sind, **die ihr Ausscheiden** aus dem Betrieb **akzeptieren.** In anderen Fällen gerät der BR in die Gefahr, die Arbeitsplätze einzelner weniger geschätzter Kollegen oder Gruppen zu »verkaufen«.[13] In der Literatur wird zu Recht darauf verwiesen, dass ein **kollusives Zusammenwirken von BR und Insolvenzverwalter** zu Lasten bestimmter Arbeitnehmergruppen den besonderen Interessenausgleich sittenwidrig macht.[14] Auch wird eine Einigung dadurch erschwert, dass der Insolvenzverwalter, anders als der nicht insolvente AG nach § 1 Abs. 5 KSchG, keine wesentlichen Konzessionen bei der Dotierung des Sozialplans machen kann.[15] Weiter sind Verstöße gegen die Diskriminierungsverbote des AGG denkbar.[16] 5

II. Voraussetzungen im Einzelnen

1. Geplante Betriebsänderung

Abs. 1 Satz 1 setzt voraus, dass eine Betriebsänderung i. S. des § 111 BetrVG »geplant« ist. Geht es **ausschließlich** um **Personalabbau** und nicht um eine sonstige Betriebseinschränkung, müssen die **Grenzen des § 17 KSchG** erreicht sein (näher dazu o. § 111 BetrVG Rn. 68 ff.). Die Sätze des § 112a BetrVG spielen insoweit keine Rolle.[17]. **Entscheidend** kommt es dabei auf die **Planung** des Insolvenzverwalters, nicht auf die tatsächlich durchgeführten Maßnahmen an.[18] Dies wird daran deutlich, dass die Verhandlungen über den Interessenausgleich nach der Konzeption des Gesetzes ja gerade dazu führen sollen, dass der AG bzw. Insolvenzverwalter seine Entscheidung überdenkt und ggf. nur eine geringere Anzahl von Kündigungen ausspricht. 6

6 *BAG* 28.6.12, NZA 12, 1029; ErfK-*Gallner*, § 125 InsO Rn. 1 HeidK-InsO-*Linck*, Rn. 2; HK-ArbR-*Markowski* Rn 2; *Zwanziger*, Rn. 3.
7 *LAG Hamm* 22.5.02, NZA-RR 03, 378.
8 Bedenken auch bei *BAG* a. a. O.
9 So für den Administrator des englischen Rechts *BAG* 20.9.12, BB 13, 507.
10 *Schrader*, NZA 97, 73.
11 FK-InsO-*Eisenbeis*, Rn. 3.
12 *Zwanziger*, § 125 Rn. 23, § 126 Rn. 12.
13 Vgl. *Kocher*, BB 98, 213.
14 *Zwanziger*, Rn. 96.
15 Kritisch zur Namensliste *Grunsky*, FS Lüke, S. 193: »Hinrichtungsliste«.
16 Dazu Däubler/Beck-*Däubler*, § 7 Rn. 257 und o. §§ 112, 112a Rn. 34.
17 *LAG Rheinland-Pfalz* 28.4.22 – 5 Sa 277/21, juris.
18 *Heinze*, NZA 99, 59; ebenso o. § 111 Rn. 63.

§ 125 InsO ist von vorne herein unanwendbar, wenn die Betriebsänderung gar nicht ernsthaft geplant war.[19]

7 § 125 kann **nicht** auf **Vorgänge** erstreckt werden, die **außerhalb des Anwendungsbereichs des § 111 BetrVG** liegen.[20] Die Möglichkeit, dass BR und AG bzw. Insolvenzverwalter gemeinsam den Kündigungsschutz einzelner Beschäftigter reduzieren können, ist vom Wortlaut her auf die Fälle des § 111 BetrVG begrenzt. Außerdem handelt es sich um eine in das Grundrecht der AN aus Art. 12 Abs. 1 GG eingreifende Sonderregelung, die ihrer Singularität wegen nicht auf andere Fälle ausgedehnt werden kann. Wird die **quantitative Grenze** für eine Betriebsänderung **nicht erreicht,** sind dem Insolvenzverwalter Einzelkündigungen mit voller gerichtlicher Überprüfung nach allgemeinen Grundsätzen zuzumuten. Ist ein Interessenausgleich deshalb nicht möglich, weil es sich um einen **Tendenzbetrieb** i. S. des § 118 Abs. 1 BetrVG, um eine kirchliche Einrichtung nach § 118 Abs. 2 BetrVG oder um einen **Teil des öffentlichen Dienstes** (vgl. § 130 BetrVG) handelt, so ist die Herausnahme aus der (uneingeschränkten) Betriebsverfassung für den AG in der Regel mit Vorteilen verbunden; im Insolvenzfall sich den zusätzlichen Vorteil der Namensliste sichern zu wollen, würde auf eine Art **Rosinen-Theorie** hinauslaufen. Selbstverständlich ist weiterhin, dass sich die Namensliste nur auf betriebsbedingte **Kündigungen** beziehen kann, die **auf** der **Betriebsänderung beruhen.**[21] Liegt **in Wahrheit** ein **Betriebsübergang** vor, kann § 125 InsO nicht eingreifen;[22] die Namensliste ist wirkungslos.

8 Denkbar ist, dass ein **Interessenausgleich** nur **über einen Teil der geplanten Maßnahmen** zustande kommt. Dies ist zulässig (s. §§ 112, 112a BetrVG Rn. 29). Eine **»partielle Namensliste«,** die sich beispielsweise nur auf einen bestimmten Teil einer Maßnahme oder bestimmte Gruppen von Beschäftigten bezieht oder die nur die »Konsensfälle« festhält, ist dagegen **nicht möglich,** da dann keine Gewähr besteht, dass nach in sich schlüssigen sozialen Kriterien verfahren wird.[23] Eine Ausnahme gilt dann, wenn der Personalabbau in mehreren »Wellen« erfolgt und für die einzelne »Welle« eine Namensliste erstellt wird, bevor die weiteren im Einzelnen feststehen.[24] Mit der gegenteiligen Auffassung wäre das gesetzliche Modell verlassen, das die Umstrukturierung als solche erleichtern, nicht aber »Kündigungsschutz nur nach Maßgabe der Einigung von Insolvenzverwalter und BR« gewähren möchte.[25]

2. Interessenausgleich

9 Die **Namensliste** muss nach Abs. 1 Satz 1 **Teil eines Interessenausgleichs** sein und in engem zeitlichen Zusammenhang mit diesem vereinbart werden.[26] Wie die Abkoppelung vom »allgemeinen« Interessenausgleich deutlich macht, ist keine umfassende Regelung der Fragen gewollt, die mit einer Betriebsänderung verbunden sind. Die Abmachung nach § 125 kann sich darauf beschränken, die vom Insolvenzverwalter geplante Maßnahme hinzunehmen und die personellen Konsequenzen zu regeln. **Ausgeschlossen** ist allerdings, die Namensliste zum **Bestandteil eines Sozialplans** zu machen,[27] doch wird es noch akzeptiert, wenn sich die Liste in einem Dokument befindet, das sich als »Interessenausgleich und Sozialplan« bezeichnet. Auch kann es im Einzelfall möglich sein, dass ein Sozialplan durch Bestimmungen eines Interessenausgleichs ergänzt wird.

---

19 *LAG Hamm* 13. 1. 23 – 16 Sa 485/21, juris.
20 HWK-*Annuß,* § 125 InsO Rn. 2; FK-InsO-*Eisenbeis,* Rn. 2; *Zwanziger,* BB 03, 631; a. A. *Kappenhagen,* NZA 98, 968 für den damaligen § 1 Abs. 5 KSchG.
21 Andres/Leithaus-*Andres* § 125 Rn 2.
22 *BAG* 28. 8. 03, ZIP 04, 525; *BAG* 20. 9. 06, ZIP 07, 595, 597.
23 *BAG* 22. 1. 04, AP Nr. 1 zu § 112 BetrVG 1972 Namensliste; ähnlich *BAG* 26. 3. 09, DB 09, 1882 = NZA 09, 1151 Tz 35; a. A. MüKo-InsO-*Caspers,* Rn. 82; *Piehler,* NZA 98, 970 für § 1 Abs. 5 KSchG.
24 *BAG* 22. 1. 04, AP Nr. 1 zu § 112 BetrVG 1972 Namensliste.
25 Ebenso im Ergebnis *Däubler/Wroblewski,* Teil 8 Rn. 99.
26 S. o. §§ 112, 112a Rn. 30 ff.
27 *Lakies,* BB 99, 207; im Prinzip auch FK-InsO-*Eisenbeis,* Rn. 4 ff.; a. A. *Hess,* in: Hess/Weis/Wienberg § 125 Rn. 14; für § 1 Abs. 5 KSchG *Preis,* NJW 96, 3372.

3. Formale Anforderungen an die Namensliste

Die für die Kündigung vorgesehenen Personen müssen namentlich bezeichnet sein. Dies impliziert die **Erwähnung von Vor- und Zunamen;** soweit Verwechslungsgefahr mit anderen Personen besteht, ist das Geburtsdatum hinzuzufügen. Die bloße Personalnummer reicht nicht aus.[28] Erst recht genügt die **Bezeichnung einer Abteilung** (»alle Mitarbeiter des Vertriebs«) oder einer Arbeitsgruppe **nicht.**[29] Auch eine **»Positivliste«,** die nur die weiter zu beschäftigenden AN aufzählt, reicht nicht,[30] ebenso wenig eine »Abfindungsliste«, die die von bestimmten Personen zu beanspruchenden Abfindungen aufzählt (*LAG Brandenburg,* 19. 2. 98, LAGE § 1 KSchG Interessenausgleich Nr. 8). Außerdem sind die **Auswahlkriterien** zumindest auf Wunsch der Betroffenen zu benennen, da sonst keine gerichtliche Überprüfung möglich ist.[31] Schließlich ist kenntlich zu machen, wer von Änderungs- und wer von Beendigungskündigungen betroffen ist, soweit beide Formen von Kündigungen erfasst sind.[32] 10

Als Teil des Interessenausgleichs bedarf die Namensliste nach § 112 Abs. 1 Satz 1 BetrVG der **Schriftform.** Dabei genügt es, wenn sie von beiden Seiten unterschrieben ist und wenn sich in ihr oder im Interessenausgleich eine Verweisung findet.[33] Fehlt es an separaten Unterschriften, ist nach der Rspr. des *BAG*[34] die Schriftform nur gewahrt, wenn die Namensliste **mit der Urkunde über den Interessenausgleich »fest verbunden«** ist, was auch mittels einer Heftmaschine geschehen kann.[35] Dabei muss die Einheitlichkeit der Urkunde vor der Unterschrift beider Seiten hergestellt sein.[36] Ist diese Form nicht gewahrt, ist die Vereinbarung nach § 125 BGB nichtig; die beabsichtigte Rechtswirkung tritt nicht ein. 11

4. Geplante Kündigungen

Wie sich aus der Formulierung am Ende von Abs. 1 Satz 1 Nr. 1 zeigt, erstreckt sich § 125 **auch auf Änderungskündigungen.**[37] Auf diese Weise können einheitliche Arbeitsbedingungen wie z. B. eine arbeitsvertraglich festgeschriebene Sonderzahlung relativ reibungslos abgebaut werden. Allerdings ist im Einzelnen darzustellen, dass nur auf diesem Wege der Abbau von Arbeitsplätzen verhindert werden kann. Möglich ist auch, solche Personen auf die Liste zu nehmen, denen nur dann gekündigt werden soll, **wenn** sie einem (Teil-) Betriebsübergang **widersprechen.**[38] Die darin liegende **Bedingung** ist **zulässig,** doch sind sie bei der Unterrichtung nach § 613a Abs. 5 BGB auf diese Konsequenz eines Widerspruchs hinzuweisen.[39] 12

Abs. 1 Satz 1 spricht von AN, denen gekündigt werden »soll«. Die Namensliste kann deshalb **nur Kündigungen** erfassen, **die nach** ihrem **Zustandekommen** ausgesprochen werden.[40] Bereits vorher zugegangene Kündigungen lassen sich auf diesem Wege nicht nachträglich mit anderen Rahmenbedingungen versehen. Nicht ausgeschlossen ist allerdings, dass nach Einigung über die Namensliste erneut gekündigt wird.[41] 13

---

28 FK-InsO-*Eisenbeis,* Rn. 5.
29 *Zwanziger,* AuR 1997, 427; in der Sache zustimmend KR-*Spelge,* § 125 InsO Rn. 13.
30 MüKo-InsO-*Caspers,* Rn. 76; a. A. *Jaeger,* FS 25 Jahre ARGE Arbeitsrecht im DAV, S. 893.
31 HeidK-InsO-*Linck,* Rn. 17; Smid-*Weisemann/Streuber,* Rn. 4.
32 FK-InsO-*Eisenbeis,* Rn. 5.
33 *BAG* 22. 1. 04 AP Nr. 1 zu § 112 BetrVG 1972 Namensliste; *BAG* 6. 7. 06, NZA 07, 266, 269.
34 7. 5. 98, NZA 1998, 1110 – für § 1 Abs. 5 KSchG.
35 *BAG* 6. 7. 06, NZA 07, 266, 269; ebenso für § 125 *Haarmeyer/Wutzke/Förster,* Kap. 5 Rn. 272; *Heinze,* NZA 99, 60; *Lakies,* BB 99, 207.
36 *BAG,* a. a. O.
37 FK-InsO-*Eisenbeis,* § 125 Rn. 5; HeidK-InsO-*Linck,* Rn. 2; *Lakies,* BB 1999, 207; *Schaub,* DB 99, 222; *Schrader,* NZA 97, 74; *Zwanziger,* BB 97, 626.
38 *BAG* 24. 2. 00, DB 00, 1286.
39 *Jaeger,* FS 25 Jahre ARGE Arbeitsrecht im DAV, S. 894.
40 HWK-*Annuß,* § 125 InsO Rn. 6 a. E.; ErfK-*Gallner* § 125 InsO Rn. 2; *Lakies,* BB 99, 208.
41 *Lakies* BB 99, 208.

III. Der verbleibende Kündigungsschutz

14 Findet sich der Name eines AN in einem »besonderen« Interessenausgleich nach § 125, kann die daraufhin ausgesprochene **Kündigung** vom Arbeitsgericht **nur noch eingeschränkt überprüft** werden. Mit Rücksicht auf die spezifischen Verhältnisse des Insolvenzverfahrens hat sich das *BAG*[42] für einen weiten Anwendungsbereich dieser »Evidenzkontrolle« ausgesprochen. Im Einzelnen ist zu unterscheiden:

1. Die Vermutung zugunsten dringender betrieblicher Erfordernisse

15 Die in Abs. 1 Satz 1 Nr. 1 enthaltene Vermutung zugunsten der sozialen Rechtfertigung der Kündigung führt dazu, dass der Insolvenzverwalter **lediglich** das **Vorliegen einer** (geplanten) **Betriebsänderung** und die Existenz des Interessenausgleichs darzulegen und ggf. zu beweisen hat.[43] Es ist daher Sache des AN, darzulegen und ggf. zu beweisen, dass die getroffene Unternehmerentscheidung nicht zum Wegfall seines Arbeitsplatzes führt.[44] Dies wird ihm kaum jemals gelingen; allerdings fehlt es an den »dringenden betrieblichen Erfordernissen«, wenn ein **Altersteilzeiter gekündigt** werden soll, der sich bereits in der Freistellungsphase befindet.[45] Die Vermutungswirkung erstreckt sich zudem auf die Möglichkeit, zu veränderten Bedingungen[46] oder auf einem anderen Arbeitsplatz im selben Betrieb weiterbeschäftigt zu werden; auch insoweit ist der AN beweispflichtig. Dabei genügt es nicht, wenn nur pauschal behauptet wird, die getroffene Entscheidung führe zu einer Überforderung und Benachteiligung der weiter beschäftigten AN.[47] Nicht erfasst ist die evtl. **Weiterbeschäftigung in einem anderen Betrieb desselben UN,**[48] es sei denn, diese Möglichkeit sei ausdrücklich einbezogen oder der Interessenausgleich vom GBR geschlossen worden.[49]

16 Die **Unternehmerentscheidung** wird bislang von den Arbeitsgerichten auch im normalen Kündigungsschutzverfahren nur im Hinblick darauf **überprüft,** ob grob unsachliche oder willkürliche Erwägungen zugrunde lagen.[50] In der Insolvenz einen strengeren Maßstab anzulegen, wäre an sich erwägenswert, da es im Normalfall nicht mehr um unternehmerische Betätigung, sondern ausschließlich um die Vermögensinteressen der Gläubiger geht, doch ist dies bisher nicht in Erwägung gezogen worden.

2. Eingeschränkte Überprüfung der sozialen Auswahl und innere Schlüssigkeit der Namensliste

17 Nach Abs. 1 Satz 1 Nr. 2 kann die soziale Auswahl nur im Hinblick auf die **drei Kriterien** »Dauer der Betriebszugehörigkeit«, »Lebensalter« und »Unterhaltspflichten« überprüft werden. Die Berücksichtigung anderer Gesichtspunkte ist den Beteiligten damit nicht verboten, doch stellt das Gericht nur auf die drei genannten ab.[51] Auch insoweit kann das Arbeitsgericht einer Kündigung **nur bei »grober Fehlerhaftigkeit«** die Anerkennung versagen; der ansonsten bestehende Beurteilungsspielraum muss »weit überschritten« sein,[52] die Auswahl muss »jede Ausgewogenheit vermissen lassen«,[53] ihr muss ein »ins Auge springender schwerer Fehler«

---

42 28. 8. 03, NZA 04, 432.
43 *BAG* 7. 5. 98, NZA 98, 933 zu § 1 Abs. 5 KSchG a. F.; *Lakies,* BB 99, 207.
44 Dies muss bewiesen werden; eine bloße Möglichkeit oder Wahrscheinlichkeit genügt nicht: *LAG Rheinland-Pfalz* 28. 4. 22 – 5 Sa 277/21, juris; *Haarmeyer/Wutzke/Förster,* Kap. 5 Rn. 273.
45 *BAG* 5. 12. 02, NZA 03, 789.
46 *LAG Rheinland-Pfalz* 4. 8. 22 – 5 Sa 473/21, juris.
47 *LAG Rheinland-Pfalz* 4. 8. 22 – 5 Sa 473/21, juris.
48 *Jaeger,* FS 25 Jahre ARGE Arbeitsrecht im DAV, S. 900.
49 *BAG* 6. 9. 07, NZA 08, 633 Tz 36; dazu §§ 112, 112a BetrVG Rn. 35.
50 Näher DDZ-*Deinert,* § 1 KSchG Rn. 259 ff.
51 Vgl. ErfK-*Gallner,* § 125 InsO Rn. 12, wonach die weiteren Kriterien mit den im Gesetz genannten in innerem Zusammenhang stehen müssen.
52 KR-*Spelge,* § 125 InsO Rn. 22.
53 *BAG* 2. 12. 99, DB 00, 1338, bestätigt in *BAG* 28. 8. 03, NZA 04, 432 und *BAG* 20. 9. 06, NZA 07, 387, 390.

anhaften.[54] Ein solcher Fall ist beispielsweise dann anzunehmen, wenn **einem der Gesichtspunkte überhaupt keine Bedeutung** beigemessen wurde,[55] wenn beispielsweise die Unterhaltspflicht gegenüber zwei Kindern[56] oder die gegenüber dem Ehegatten bestehende keinerlei Beachtung fand.[57] Auf der anderen Seite kann jedoch die Betriebszugehörigkeit hinter die Unterhaltspflichten zurücktreten.[58] Grob fehlerhaft kann es sein, wenn zusätzliche Gesichtspunkte eine maßgebende Rolle spielten.[59] Das *BAG*[60] hat grobe Fehlerhaftigkeit angenommen, weil die Unterhaltspflicht gegenüber einem minderjährigen Kind stärker gewichtet wurde als ein **um 30 Jahre höheres Alter** und eine um 20 Jahre längere Betriebszugehörigkeit. Auch die Beschränkung der **Sozialauswahl auf einen** »Geschäftsbereich«, und damit auf einen **Betriebsteil** dürfte grob fehlerhaft sein.[61] Dasselbe gilt dann, wenn der Ausnahmetatbestand des § 1 Abs. 3 Satz 2 KSchG »augenfällig überdehnt« worden ist.[62] In allen Fällen kommt es allein auf das Ergebnis des Auswahlprozesses, nicht auf mögliche Verfahrensfehler an.[63]

Die **Zurücknahme des Prüfungsmaßstabs** auf »grobe Fehlerhaftigkeit« wird von der Rspr. 18
auch auf die Frage erstreckt, **wie der Kreis der Beschäftigten abzugrenzen** ist, die als »vergleichbar« in die soziale Auswahl einzubeziehen sind.[64] Wichtig ist dies insbes. im Hinblick darauf, ob auch bei einer gewissen Einarbeitungszeit auf dem anderen Arbeitsplatz noch eine Vergleichbarkeit besteht.[65] Soweit einzelne AN »vergessen« oder zu Unrecht (etwa wegen in Wahrheit nicht mehr bestehender Unkündbarkeit) ausgeklammert wurden, ist die Liste auf alle Fälle grob fehlerhaft,[66] doch muss sich dies im Streitfalle auch auf den klagenden AN auswirken. Wäre er auch bei korrektem Verfahren gekündigt worden, wird seine Kündigungsschutzklage abgewiesen.[67] Wird ein abgespaltenes UN insolvent, so hat trotz § 323 Abs. 1 UmwG grundsätzlich keine unternehmensübergreifende Sozialauswahl zu erfolgen.[68]

Ob dasselbe auch in Bezug auf § 1 Abs. 3 Satz 2 KSchG gilt, wonach – pauschal gesprochen – 19
einzelne »Leistungsträger« im betrieblichen Interesse **aus der sozialen Auswahl ausgenommen** werden können, ist für das bis Ende 1998 geltende Recht unentschieden geblieben.[69] Im Falle der Insolvenz besteht die Besonderheit, dass der zweite Halbsatz von Abs. 1 Satz 1 Nr. 2 von vorneherein eine grobe Fehlerhaftigkeit dann ausschließt, wenn durch die Kündigung eine **»ausgewogene Personalstruktur«** erhalten oder **geschaffen** wird. Durch die Einbeziehung der »Schaffung« einer solchen Personalstruktur geht § 125 InsO über § 1 Abs. 5 KSchG hinaus.[70] Im Insolvenzfall können daher sogar Versäumnisse der bisherigen Personalpolitik nachträglich korrigiert werden.[71] Dies wird dadurch »abgerundet«, dass die Arbeitsgerichte nur überprüfen, ob der Begriff »ausgewogene Personalstruktur« grob fehlerhaft angewandt wurde.[72] Will der Insolvenzverwalter nicht nur die bisherige Altersstruktur beibehalten, sondern eine (bessere)

---

54 *BAG* 3.4.08, NZA 08, 1060 Tz 16; *BAG* 10.6.10, NZA 10, 1352 Tz 19.
55 MüKo-InsO-*Caspers*, Rn. 99.
56 *ArbG Bamberg* 9.8.06, AuR 07, 59.
57 *BAG* 28.6.12, NZA 12, 1090.
58 *BAG* 2.12.99, DB 00, 1338.
59 Vgl. HeidK-InsO-*Linck*, Rn. 36ff..; vgl. weiter FK-InsO-*Eisenbeis*, Rn. 12ff.
60 21.7.05, NZA 06, 162.
61 Ebenso *BAG* 28.10.04, AuR 05, 116 = NZA 05, 285; ErfK-*Gallner* § 125 InsO Rn. 10; *Jaeger*, FS 25 Jahre ARGE Arbeitsrecht im DAV, S. 904; in diese Richtung auch *BAG* 17.11.05, NZA 06, 661, ohne sich jedoch definitiv festzulegen.
62 *LAG Rheinland-Pfalz* 28.4.22 – 5 Sa 277/21, juris.
63 *BAG* 10.6.10, NZA 10, 1352.
64 *BAG* 7.5.98, NZA 98, 933, 936 li. Sp.; *BAG* 28.8.03, NZA 04, 432; zustimmend *LAG Niedersachsen* 12.4.02, NZA-RR 02, 517 = DB 02, 2056; *Lakies,* BB 99, 208.
65 FK-InsO-*Eisenbeis,* Rn. 14.
66 *ArbG Freiburg,* 14.1.03, AuR 03, 122; a.A. FK-InsO-*Eisenbeis*, Rn. 14.
67 *BAG* 8.12.22 – 6 AZR 32/22, NZA 23, 625.
68 *BAG* 22.9.05 – 6 AZR 526/04, NZA 06, 659.
69 *BAG,* a.a.O.; für normale Prüfungsmaßstäbe mit Recht *Zwanziger,* BB 03, 631; für Einbeziehung ErfK-*Gallner* § 125 InsO Rn. 9.
70 *Bichlmeier/Oberhofer,* AiB 97, 166; *Löwisch,* RdA 97, 85; *Preis,* NJW 96, 3378.
71 *Lakies,* RdA 97, 150.
72 *BAG* 28.8.03, NZA 04, 432.

neue schaffen, so muss er im Einzelnen darlegen, inwieweit dadurch die Sanierung des UN erleichtert wird.[73] Nur dann liegt keine unerlaubte Diskriminierung wegen Alters vor.

20 Soweit Kündigungen **tatsächlich** zu einer **ausgewogenen Personalstruktur** führen, ist keine Berufung auf die Grundsätze über die soziale Auswahl mehr möglich. Die Vorschrift erweitert die »berechtigten betrieblichen Belange« im Sinne des § 1 Abs. 3 Satz 2 KSchG.[74]

21 Wie die **»Ausgewogenheit«** zu bestimmen ist, erscheint **nicht** abschließend **geklärt.** Orientierungspunkt für eine konkrete Handhabung im Einzelfall muss der Gedanke sein, dass die künftigen unternehmerischen Aufgaben in angemessener Weise erfüllt werden.[75] Einen wichtigen Beitrag hierfür leisten auf Grund ihrer Erfahrungen im Einzelfall auch ältere AN.[76] Möglich ist daher die **Bildung von Altersgruppen,** innerhalb deren jeweils eine soziale Auswahl stattfindet.[77] Eine unzulässige Altersdiskriminierung liegt darin nicht, da lediglich der (nicht zwingend gebotene) Schutz Älterer wieder ein Stück zurückgenommen wird.[78] Stattdessen kann auch **nach** der **Vorbildung differenziert** werden.[79] Zulässig soll es auch sein, zwischen Führungsebene und sonstiger Belegschaft zu differenzieren und dabei eine unterschiedliche Altersstruktur zugrunde zu legen.[80] Auch könnte man sich einen bestimmten Altersaufbau der Belegschaft als Ziel vorstellen, was sich durchaus von dem Ergebnis unterscheiden würde, das sich bei der Bildung von Altersgruppen ergibt. Was als »Modell« dienen würde (branchentypische oder bessere Altersstruktur; Altersaufbau der Erwerbstätigen insgesamt) ist dabei unklar; auch ist nicht erkennbar, weshalb derartige formale Kriterien einen Eingriff in den Bestandsschutz der Betroffenen und damit in das Grundrecht aus Art. 12 Abs. 1 GG rechtfertigen sollten.[81] Auch ist die Gefahr nicht von der Hand zu weisen, dass zwar nicht das Alter, wohl aber eine geminderte Leistungsfähigkeit als Anhaltspunkt für eine »Unausgewogenheit« behandelt wird. In der Lit. wurde deshalb dafür plädiert, allein auf überwiegende betriebliche Interessen abzustellen und nur diese für eine Korrektur der sozialen Auswahl genügen zu lassen.[82] Das *BAG*[83] geht weiter und lässt nur sozialpolitische Gründe genügen, die in der Erhaltung eines UN liegen; bloße Kostenreduzierung und Verbesserung der Wettbewerbsfähigkeit genügen nicht. Außerdem sind Altersgruppen mit **wechselnden Zeitsprüngen** für grob fehlerhaft erklärt worden.[84]

22 Nach § 1 Abs. 3 Satz 1 zweiter Halbsatz KSchG hat der **Insolvenzverwalter** dem gekündigten AN die **Gründe mitzuteilen,** die zu der getroffenen sozialen Auswahl geführt haben. Unterbleibt dies, ist die Kündigung schon deshalb rechtswidrig (§§ 112, 112a BetrVG Rn 32). An dieser Auskunftspflicht hat sich auch durch § 125 InsO nichts geändert.[85] Dies bedeutet, dass der **Insolvenzverwalter** im Prozess die **Darlegungslast** hat, also im Einzelnen vorzubringen hat, nach welchen Kriterien vorgegangen wurde, wer in den Kreis der zu kündigenden AN einbezogen wurde und wie man den Begriff der ausgewogenen Personalstruktur bestimmte.[86] Dies kann im Einzelnen auch schon im Interessenausgleich fixiert werden.[87] Sache des AN ist es dann, die grobe Fehlerhaftigkeit dieser Kriterien geltend zu machen. Wichtig ist der mögliche Hinweis auf ihre inkonsequente Anwendung, auf die Unschlüssigkeit der Namensliste, da insoweit eine volle gerichtliche Überprüfung erfolgt.[88] Sehr viel schwieriger ist es demgegen-

---

73 *BAG* 19.12.13, DB 14, 781=NZA-RR 14, 185.
74 APS-*Künzl,* § 125 InsO Rn. 26; *Pakirnus,* DB 06, 2742.
75 *Zwanziger,* § 125 Rn. 68 ff.
76 *Schwedes,* BB 96 Beil. 17, 3.
77 *BAG* 23.11.00, NZA 01, 601; *LAG Niedersachsen* 12.4.02, NZA-RR 02, 517 = DB 02, 2056.
78 Ebenso die Rechtsprechung zu § 1 Abs. 5 KSchG o. §§ 112, 112a Rn 34a.
79 *BAG* 28.8.03, NZA 04, 432.
80 HeidK-InsO-*Linck,* Rn. 37.
81 *Pakirnus* DB 06, 2742.
82 *Pakirnus,* DB 06, 2744.
83 19.12.13, DB 14, 781=NZA-RR 14, 185 Tz. 26.
84 *LAG Hamm* 5.6.03, NZA-RR 04, 132. Weitere Einzelheiten bei *Däubler,* AiB 05, 389.
85 *BAG* 20.9.06, NZA 07, 387 Tz 48; vgl. weiter *BAG* 7.5.98, NZA 98, 933; wie hier *Heinze,* NZA 99, 60.
86 *BAG* 20.9.06, NZA 07, 387 Tz 48; *BAG* 10.2.99, BB 99, 532; ErfK-*Gallner* § 125 InsO Rn. 17.
87 *Haarmeyer/Wutzke/Förster,* Kap. 5 Rn. 277.
88 Ebenso für die Abweichung von den Kriterien des Interessenausgleichs *LAG Berlin* 15.10.04, AuR 05, 76 und juris; näher o. §§ 112, 112a BetrVG Rn. 38 und ErfK-*Gallner* § 125 InsO Rn. 17.

über, will der AN darlegen, weshalb die erstrebte Personalstruktur nicht als »ausgewogen« betrachtet werden kann.

3. Andere Verteidigungsmittel des Arbeitnehmers

Die Sonderregelung des § 125 betrifft ausschließlich die »dringenden betrieblichen Erfordernisse« und den Auswahlprozess. Daneben bezieht § 128 Abs. 2 InsO die Frage des Zusammenhangs mit einem Betriebsübergang ein. Gleichwohl bleiben zahlreiche Argumentationsmöglichkeiten offen. 23

a) Allgemeine kündigungsschutzrechtliche Grundsätze

Der betroffene AN kann sich darauf berufen, dass beispielsweise die Kündigung nicht rechtzeitig zugegangen ist oder elementare Anforderungen, wie sie sich aus §§ **138, 242** BGB ergeben, nicht beachtet wurden. Im vorliegenden Zusammenhang ist von Interesse, dass § 125 InsO nichts an der **Darlegungslast der Arbeitgeberseite** für den betriebsbedingten Kündigungsgrund ändert. So muss insbesondere deutlich werden, weshalb auf der Grundlage einer unternehmerischen Entscheidung das benötigte Arbeitsvolumen geringer und deshalb die Tätigkeit des AN entbehrlich geworden ist (oben §§ 112, 112a BetrVG Rn. 35 f.). **Nimmt der AG** einzelne Beschäftigte als »**Leistungsträger**« aus der sozialen Auswahl **aus,** so muss er m. E. substantiiert darlegen, woraus sich der besondere »Wert« der fraglichen Person ergibt und weshalb das betriebliche Interesse an der Weiterbeschäftigung gegenüber dem Bestandsinteresse von sozial schutzwürdigeren Arbeitnehmern überwiegt.[89] 24

b) Anhörung des Betriebsrats nach § 102 Abs. 1 BetrVG

Die Anhörung des BR nach § 102 Abs. 1 BetrVG wird nicht überflüssig, da sich der BR zum Zeitpunkt der Kündigung äußern und auch ermitteln kann, ob sich **inzwischen** die **Verhältnisse geändert** haben und deshalb die Ausnahmeklausel des Satz 2 (u. Rn. 29 ff.) Platz greift.[90] Nach *BAG*[91] ist eine Zusammenlegung von Interessenausgleich und Anhörung[92] zulässig, wenn keine Abstriche an den Rechten aus § 102 BetrVG vorgenommen werden. Auch wird man eine zeitliche Nähe zwischen der Aufstellung der Namensliste und der Erklärung der Kündigungen verlangen müssen. Erfolgten die Kündigungen aufgrund eines vom vorläufigen Insolvenzverwalter erstatteten Gutachtens, das für Stilllegung plädierte, und wurde der Betriebsrat dazu angehört, so ist vor Ausspruch der einzelnen Kündigung durch dieselbe mittlerweile zum endgültigen Verwalter ernannte Person keine erneute Anhörung erforderlich.[93] Wird streitig, ob der BR schon vollständig informiert war, muss dies der AG beweisen, weshalb der Arbeitgeberseite empfohlen wird, die Anhörung keineswegs auf das Notwendigste zu beschränken.[94] 25

c) Form- und Fristvorschriften

Die Kündigung muss auch im Falle des § 125 die Form des § 623 BGB beachten. Weiter sind die gesetzlichen und tariflichen Fristen zu wahren, soweit § 113 InsO keine Sonderregelung trifft. 26

---

89 *LAG Niedersachsen,* 30. 6. 06, LAGE § 1 KSchG Soziale Auswahl Nr. 52 = AiB 07, 124.

90 Ebenso im Ergebnis *BAG* 20. 5. 99, BB 99, 2032 = DB 00, 148; *BAG* 20. 9 06, NZA 07, 387, 391; *BAG* 10. 6. 10, NZA 10. 1352 Tz 33; ErfK-*Gallner,* § 125 InsO Rn. 19; KR-*Spelge,* § 125 InsO Rn. 40, 42; *Zwanziger,* AuR 97, 432; a. A. *Schrader,* NZA 97, 75; *Warrikoff,* BB 94, 2342.

91 21. 7. 05, NZA 06, 162.

92 Dafür FK-InsO-*Eisenbeis,* Rn. 26.

93 *BAG* 22. 9. 05, NZA 2006, 658, 661.

94 *Jaeger,* FS 25 Jahre ARGE Arbeitsrecht im DAV, S. 906.

d) Sonderkündigungsschutz

27 Der Sonderkündigungsschutz nach **§ 15 KSchG** i. V. m. § 103 BetrVG bleibt in vollem Umfang erhalten. Ein BR-Mitglied darf nur unter den spezifischen Voraussetzungen des § 15 Abs. 4 und 5 KSchG, d. h. bei Zulässigkeit einer ordentlich betriebsbedingten Kündigung, in die soziale Auswahl einbezogen und damit auch auf die Namensliste gesetzt werden.[95] § 125 InsO ist nur eine Spezialvorschrift gegenüber § 1 Abs. 2 KSchG, nicht aber gegenüber Vorschriften, die einen Sonderkündigungsschutz gewähren.[96] Auch eine **schwangere Frau oder eine in Elternzeit befindliche Person auf die Liste** zu setzen, wäre ohne Genehmigung der obersten Arbeitsbehörde unzulässig und würde im Übrigen am bestehenden Sonderkündigungsschutz nichts ändern.[97] Allerdings genügt es, wenn die Zustimmung vorliegt; sie muss nicht bestandskräftig sein.[98]

28 Bei **schwerbehinderten Menschen** bleibt es zwar dabei, dass das Integrationsamt die Zustimmung erteilen muss, doch gibt ihm § 172 Abs. 3 SGB IX (früher § 89 Abs. 3 SGB IX) **Entscheidungskriterien** vor. Das Integrationsamt »soll« im Insolvenzverfahren die Zustimmung erteilen, wenn der betreffende schwerbehinderte Mensch in einem Interessenausgleich nach § 125 InsO namentlich bezeichnet ist und drei weitere Voraussetzungen erfüllt sind: Die Schwerbehindertenvertretung muss beim Zustandekommen des Interessenausgleichs beteiligt worden sein, der Anteil der schwerbehinderten Menschen an den zu kündigenden AN darf nicht höher sein als der Anteil an der Gesamtbelegschaft, und schließlich muss mit den verbliebenen schwerbehinderten Menschen die 5 %-Quote des § 71 SGB IX noch erfüllt werden. Im Gegenschluss ist hieraus zu folgern, dass die **Zustimmung** im Regelfall **zu verweigern** ist, **wenn** diese Voraussetzungen nicht vorliegen, insbesondere die **5 %-Quote weder vor noch nach dem Personalabbau erreicht** ist.

4. Wesentliche Änderung der Sachlage

29 Die Reduzierung des Kündigungsschutzes nach Abs. 1 Satz 1 greift dann nicht Platz, wenn sich nach Zustandekommen des Interessenausgleichs »die Sachlage wesentlich geändert« hat (Abs. 1 Satz 2). Dies wird mit einem Wegfall der Geschäftsgrundlage gleichgesetzt[99] und liegt etwa dann vor, wenn die **Betriebsänderung überhaupt nicht oder wenn eine ganz andere** vorgenommen wurde.[100] Zu denken ist insbes. an den Fall, dass ein Betrieb zunächst stillgelegt werden sollte, sich dann jedoch wider Erwarten ein Käufer findet.[101] Ist schon gekündigt, so kommt in diesem Fall ein Anspruch auf Wiedereinstellung in Betracht.[102]

30 Eine »wesentliche Änderung« liegt auch dann vor, wenn **AN freiwillig ausscheiden, die** an sich **nicht für eine Kündigung vorgesehen** sind, und so die Notwendigkeit für die Entlassung einzelner auf der Namensliste genannter AN entfällt.[103] Soweit die Namensliste festgelegt hat, wer von den an sich zu kündigenden AN in solchen Fällen weiterbeschäftigt wird, ist danach zu verfahren.[104] Dasselbe gilt, wenn lediglich **Auswahlkriterien** genannt sind, doch müssen sie sich notwendigerweise auf vergleichbare AN beziehen, da nur sie in der Lage sind, die Funktion der überraschend Ausgeschiedenen zu übernehmen. Fehlt eine solche Regelung, **verliert** die **Liste** insoweit ihre **Gültigkeit;** wer weiterzubeschäftigen und wer zu kündigen ist, ist nach allgemeinen Grundsätzen zu entscheiden.[105] Der **AN,** der die Unwirksamkeit der »Namensliste«

---

95 *BAG* 17. 11. 05, NZA 06, 370.
96 *LAG Hamm* 4. 3. 05 – 10 Sa 1832/04, juris.
97 *LAG Hamm* 4. 3. 05 – 10 Sa 1832/04, juris; vgl. auch HWK-*Annuß*, § 125 InsO Rn. 16.
98 *LAG Hamm* a. a. O.
99 *BAG* 22. 1. 04, AP Nr. 1 zu § 112 BetrVG 1972 Namensliste; *BAG* 12. 3. 09, DB 09, 1932, 1933.
100 ErfK-*Oetker*, § 1 KSchG Rn. 367; *Lakies*, RdA 97, 151.
101 *Schrader*, NZA 97, 75; *BAG* 20. 9. 06, NZA 07, 388: »Die Vermutungswirkung erstreckt sich lediglich auf eine im Interessenausgleich geregelte Betriebsänderung«.
102 FK-InsO-*Eisenbeis*, Rn. 31.
103 Im Grundsatz auch KR-*Spelge*, § 125 InsO Rn. 39.
104 Näher Smid-*Weisemann/Streuber*, Rn. 4.
105 Smid-*Weisemann/Streuber*, Rn. 13 a. E.; vgl. auch *Grunsky*, FS Lüke, S. 197 ff.

geltend macht, muss die wesentliche Änderung der Umstände **beweisen.**[106] Trat diese erst nach Zugang der Kündigung ein, wird deren Gültigkeit nicht berührt; es kommt allenfalls ein Anspruch auf Wiedereinstellung in Betracht.[107]

IV. Verfahren bei Massenentlassungen

31 Nach Abs. 2 muss der BR der Anzeige des AG an die Agentur für Arbeit über eine Massenentlassung keine eigene Stellungnahme mehr beifügen; es reicht die Übersendung des »besonderen« Interessenausgleichs. Alles andere wäre überflüssige Wiederholung. Nach *BAG*[108] gilt dies auch dann, wenn der Interessenausgleich samt Namensliste vom GBR abgeschlossen wurde. Dasselbe Gremium ist für den Interessenausgleich wie für das Konsultationsverfahren nach § 17 Abs. 2 KSchG zuständig.[109] Im Falle des Sammelverfahrens nach § 126 InsO ist keine entsprechende Erleichterung vorgesehen.[110] Allerdings kann ganz generell die Stellungnahme des BR in den Interessenausgleich (ohne Namensliste) integriert sein, so dass sich die Erstellung eines eigenständigen Dokuments erübrigt.[111]

§ 126 (Beschlussverfahren zum Kündigungsschutz)

(1) Hat der Betrieb keinen Betriebsrat oder kommt aus anderen Gründen innerhalb von drei Wochen nach Verhandlungsbeginn oder schriftlicher Aufforderung zur Aufnahme von Verhandlungen ein Interessenausgleich nach § 125 Absatz 1 nicht zustande, obwohl der Verwalter den Betriebsrat rechtzeitig und umfassend unterrichtet hat, so kann der Insolvenzverwalter beim Arbeitsgericht beantragen festzustellen, dass die Kündigung der Arbeitsverhältnisse bestimmter, im Antrag bezeichneter Arbeitnehmer durch dringende betriebliche Erfordernisse bedingt und sozial gerechtfertigt ist. Die soziale Auswahl der Arbeitnehmer kann nur im Hinblick auf die Dauer der Betriebszugehörigkeit, das Lebensalter und die Unterhaltspflichten nachgeprüft werden.
(2) Die Vorschriften des Arbeitsgerichtsgesetzes über das Beschlussverfahren gelten entsprechend; Beteiligte sind der Insolvenzverwalter, der Betriebsrat und die bezeichneten Arbeitnehmer, soweit sie nicht mit der Beendigung der Arbeitsverhältnisse oder mit den geänderten Arbeitsbedingungen einverstanden sind. § 122 Absatz 2 Satz 3, Absatz 3 gilt entsprechend.
(3) Für die Kosten, die den Beteiligten im Verfahren des ersten Rechtszugs entstehen, gilt § 12a Absatz 1 Satz 1 und 2 des Arbeitsgerichtsgesetzes entsprechend. Im Verfahren vor dem Bundesarbeitsgericht gelten die Vorschriften der Zivilprozessordnung über die Erstattung der Kosten des Rechtsstreits entsprechend.

Inhaltsübersicht Rn.

106 *ArbG Freiburg* 14.1.03, AuR 03, 122.
107 HK-ArbR-*Markowski* Rn 14.
108 7.7.11, NZA 11, 1108. Insoweit zustimmend *Wroblewski* AuR 12, 34 f.
109 *Schramm/Kuhnke,* NZA 11, 1071 ff.
110 ErfK-*Gallner,* § 125 InsO Rn. 20.
111 *BAG* 21.3.12, AuR 12, 182.

I. Überblick

1 Ist drei Wochen lang ergebnislos über einen Interessenausgleich verhandelt worden, kann der Insolvenzverwalter **nicht nur** nach **§ 122** InsO beim Arbeitsgericht beantragen, dass ihm die Durchführung der Betriebsänderung ohne weitere Verhandlungen gestattet wird. Vielmehr gibt ihm **§ 126 gleichzeitig** auch die Möglichkeit, in einem Beschlussverfahren klären zu lassen, ob die von ihm beabsichtigten Kündigungen sozial gerechtfertigt wären. Beide Anträge können kombiniert und gleichzeitig anhängig gemacht werden.[1]

2 Durch ein solches »**Sammelverfahren**« soll der Personalabbau erleichtert und beschleunigt werden, doch wird in der Literatur gerade umgekehrt der mit dem Verfahren verbundene **Zeitaufwand** beklagt,[2] der u. a. mit der großen Zahl der betroffenen Personen zusammenhängt.[3] In der Tat ist nicht zu übersehen, dass nicht nur die soziale Rechtfertigung der Kündigung einschl. der Auswahl unter den vergleichbaren AN geprüft werden muss; vielmehr steht es den Betroffenen frei, **im Rahmen eines individuellen Kündigungsschutzverfahrens alle nicht vom KSchG erfassten Unwirksamkeitsgründe** vorzubringen.

3 Das Sammelverfahren nach § 126 InsO ist – wie Abs. 1 Satz 1 deutlich macht (»kommt … ein Interessenausgleich nach § 125 Abs. 1 nicht zustande«) – **eine Alternative zur »Namensliste«** nach § 125 InsO. Ist Letztere zustande gekommen, kann der Insolvenzverwalter nicht etwa eine Korrektur über § 126 InsO erreichen oder auf der Grundlage derselben geplanten Betriebsänderung weitere Kündigungen »nachschieben«.[4] Gegenüber der freiwilligen Einigung hat das **gerichtliche Verfahren subsidiären Charakter.**[5]

4 Bezog sich ein zustande gekommener **Interessenausgleich nur** auf eine **bestimmte Betriebsänderung** (etwa die Schließung des Betriebes A) und wurde in Bezug auf eine andere Maßnahme (Umstrukturierung des Betriebes B) keine Einigung erzielt, kann insoweit allerdings nach § 126 InsO vorgegangen werden.[6] Auch wenn nur ein Teil-Interessenausgleich (dazu §§ 112, 112a BetrVG Rn. 29) zustande kommt, bleibt das Verfahren nach § 126 InsO für die nicht einbezogenen Bereiche möglich.

II. Voraussetzungen des Sammelverfahrens

1. Erfolglose Verhandlungen

5 Nicht anders als im Rahmen des § 122 InsO ist Voraussetzung, dass der BR rechtzeitig und umfassend informiert wurde und dass seit Beginn der Verhandlungen oder seit der entsprechenden schriftlichen Aufforderung **drei Wochen verstrichen** sind. Dabei muss ein »besonderer« Interessenausgleich mit Namensliste i. S. des § 125 InsO Verhandlungsgegenstand gewesen sein. Sind die Verhandlungen bereits **vor Ablauf** von drei Wochen **endgültig gescheitert,** ist der Antrag bereits in diesem Zeitpunkt zulässig;[7] dies gilt allerdings dann nicht, wenn der Insolvenzverwalter nur zum Schein verhandelte oder über nahe liegende Alternativen nicht zu sprechen bereit war. Im Falle der **Eigenverwaltung** verhandelt der Schuldner, bedarf jedoch zur Einleitung des Beschlussverfahrens der Zustimmung des Sachwalters. Fehlt sie, ist der Antrag unzulässig.[8]

---

1 KR-*Weigand/Spelge*, § 126 InsO Rn. 1; *Schrader,* NZA 97, 76.
2 *Smid,* BB 99, 6.
3 *Grunsky,* FS Lüke, S. 196 f.; vgl. auch *Lakies,* NZI 00, 345 ff.
4 *BAG* 20. 1. 00, DB 00, 1822.
5 Ebenso *BAG* 20. 1. 00, DB 00, 1822; ErfK-*Gallner,* § 126 Rn. 1; *Zwanziger,* § 126 InsO Rn. 14; *ders.,* BB 97, 628; a. A. *Rummel,* DB 97, 776.
6 Ebenso *BAG* 20. 1. 00, DB 00, 1822.
7 HeidK-InsO-*Linck,* Rn. 3; *Zwanziger,* § 126 InsO Rn. 12.
8 *Lakies,* BB 99. 176 f.

2. Fehlen eines Betriebsrats und andere Fälle

Der Antrag ist auch dann zulässig, wenn im Betrieb kein Betriebsrat existiert, so dass für eine Verhandlungsphase im eben beschriebenen Sinne keinerlei Grundlage besteht.[9] Allerdings wird man den Insolvenzverwalter als verpflichtet ansehen müssen, **zuerst** eine **Einigung über ein freiwilliges Ausscheiden zu versuchen;** Kündigungen sollen immer nur Ultima Ratio sein.[10] 6

Über den Wortlaut hinaus darf § 126 als Ausnahmevorschrift nicht **auf andere Fälle** erstreckt werden, **in denen** ein **Interessenausgleich** i. S. des § 125 InsO **nicht möglich** ist.[11] Wird etwa die **Schwelle einer Betriebsänderung wegen der geringen Zahl der Kündigungen nicht erreicht,** so besteht für eine entsprechende Anwendung des § 126 von vorne herein kein Anlass; dem Insolvenzverwalter ist der normale Weg über Einzelkündigungen zuzumuten.[12] Dasselbe gilt auch, wenn das UN **keine 21 Mitarbeiter** hat und deshalb die §§ 111 ff. BetrVG nicht eingreifen.[13] 7

3. Anwendbarkeit des KSchG

Abs. 1 stellt ersichtlich darauf ab, dass Prozessziel des Insolvenzverwalters die Feststellung ist, dass die geplanten Kündigungen sozial gerechtfertigt sind. Dies bedeutet, dass die Vorschrift **nur solche Arbeitsverhältnisse** erfasst, **die unter das KSchG fallen.**[14] 8

Wie Abs. 2 Satz 1 (»mit den geänderten Arbeitsbedingungen einverstanden sind«) deutlich macht, bezieht sich § 126 nicht nur auf Beendigungs-, sondern auch auf **Änderungskündigungen.**[15] Insoweit gilt dasselbe wie im Rahmen des § 125 InsO (dort Rn. 12). 9

III. Das gerichtliche Verfahren

1. Zulässigkeit des Antrags

Über den Antrag des Insolvenzverwalters wird nur dann in der Sache entschieden, wenn die oben genannten Voraussetzungen (Rn. 6 ff.) gegeben sind. Andernfalls wird er als unzulässig abgewiesen. Möglich ist, ihn gleichzeitig mit einem Antrag nach § 122 InsO zu stellen, doch wird er abgewiesen, wenn im Verfahren nach § 122 festgestellt wird, dass noch weitere Verhandlungen notwendig gewesen wären.[16] 10

2. Verfahrensbeteiligte

Das ArbG entscheidet nach Abs. 2 Satz 1 im **Beschlussverfahren.** An ihm sind der Insolvenzverwalter, der BR (soweit vorhanden) und die zur Kündigung vorgesehenen AN beteiligt. Einzubeziehen sind auch solche Beschäftigte, deren **Kündigung nur hilfsweise,** d. h. für den Fall beantragt wird, dass eine andere Person nicht gekündigt werden kann.[17] Dies kann zu einem **Verfahren mit mehreren hundert Beteiligten** führen – der dadurch geschaffene Aufwand ist allerdings schon aus Gründen des rechtlichen Gehörs nach Art. 103 Abs. 1 GG unabdingbar. 11

---

9 *Bichlmeier/Wroblewski,* 3. Aufl., Teil 3 Rn. 583.

10 Für sofortigen Antrag *BAG* 29. 6. 00, DB 00, 2022 = AP Nr. 2 zu § 126 InsO; *Schrader,* NZA 97, 76, jedoch ohne Benennung des frühest möglichen Zeitpunkts.

11 *Fischermeyer* NZA 97, 1089, 1099; *Zwanziger* § 126 Rn 9; FK-InsO-*Eisenbeis,* Rn. 4; a. A. *Löwisch,* RdA 97, 85; *Schrader,* NZA 97, 76. Die Frage blieb unentschieden in *BAG* 29. 6. 00, NZA 00, 1180.

12 Ebenso *R. Müller,* NZA 98, 1319; Smid-*Weisemann/Streuber,* Rn. 4; APS-*Künzl* § 126 InsO Rn. 34; a. A. ErfK-*Gallner,* § 126 InsO Rn. 1; *Löwisch,* RdA 97, 85.

13 KR-*Weigand/Spelge,* § 126 InsO Rn. 3; *Lakies,* BB 99, 208; a. A. *Berscheid,* in: Uhlenbruck, §§ 126, 127 Rn. 8.

14 APS-*Künzl,* § 126 Rn. 35; *Heinze,* NZA 99, 61; ErfK-*Gallner,* § 126 InsO Rn. 1; a. A. Smid-*Weisemann/Streuber* § 126 InsO Rn. 2.

15 *Bichlmeier/Oberhofer,* AiB 97, 167; HeidK-InsO-*Linck,* Rn. 7; *Löwisch,* RdA 97, 85; *R. Müller,* NZA 98, 1319.

16 *Berscheid,* Rn. 744.

17 HWK-*Annuß,* § 126 InsO Rn. 3; FK-InsO-*Eisenbeis,* Rn. 8; *R. Müller,* NZA 98, 1320.

Wer mit seiner Kündigung einverstanden ist, wird allerdings nicht ins Verfahren einbezogen. Freilich kann erst nach Ausspruch der Kündigung auf den Kündigungsschutz verzichtet werden. Vorher ist das »Einverständnis« nur im Wege des Aufhebungsvertrags möglich. Ein nach Antragstellung erklärtes Einverständnis führt zum Ausscheiden aus dem Beschlussverfahren.

3. Entscheidungskriterien

12 Das Gericht muss das **Vorliegen dringender betrieblicher Erfordernisse** und die **Beachtung** der Grundsätze über die **soziale Auswahl in vollem Umfang** und von Amts wegen **überprüfen.**[18] Es ist Sache des Insolvenzverwalters, die die Kündigung rechtfertigenden Umstände darzulegen; die Unaufklärbarkeit bestimmter Umstände geht zu seinen Lasten, da auch im Beschlussverfahren eine sog. **materielle Beweislast** existiert. Irgendwelche Beweiserleichterungen wie im Falle der Namensliste nach § 125 existieren nicht.[19] Nicht ins Verfahren einbezogen sind sonstige Unwirksamkeitsgründe, insbes. Verstöße gegen einen Sonderkündigungsschutz.[20]

13 Die den dringenden betrieblichen Erfordernissen zugrunde liegende **unternehmerische Entscheidung des Insolvenzverwalters** wird nicht stärker als im Normalfall überprüft.[21] Dies bedeutet, dass im Einzelfall nur geprüft werden muss, ob die unternehmerische Entscheidung tatsächlich getroffen wurde, ob sie wirksam ist und ob ihre Umsetzung das Bedürfnis zur Beschäftigung des betroffenen Arbeitnehmers entfallen lässt.[22] Ist entgegen der Lebenserfahrung **in einem anderen Betrieb desselben UN** ein geeigneter **Arbeitsplatz frei,** so fehlt es an der sozialen Rechtfertigung, was auch im vorliegenden Zusammenhang zu berücksichtigen wäre. Keine Rolle spielt, ob der BR im Rahmen der Verhandlungen über einen besonderen Interessenausgleich nach § 125 InsO mit einer bestimmten Kündigung einverstanden war, die Gesamteinigung aber wegen Meinungsverschiedenheiten über andere Arbeitsplätze scheiterte. Die **in § 125 InsO** vorgesehene **Reduzierung des Kündigungsschutzes** greift **nur** dann Platz, wenn eine »**Gesamteinigung**« zustande kam, bei der im Zweifel auch der Insolvenzverwalter bestimmte Konzessionen machen musste. Ist das Verfahren nach § 125 gescheitert, gelten wieder die allgemeinen Spielregeln. Auch die erleichterte Kündbarkeit von Schwerbehinderten nach § 172 Abs. 3 SGB IX scheidet aus.[23]

14 Die **soziale Auswahl** kann nach Abs. 1 Satz 2 nur **in Bezug auf die drei** dort genannten **Kriterien überprüft** werden. Insoweit ergeben sich dieselben Interpretationskontroversen wie im Rahmen des § 1 Abs. 3 KSchG. Im Einzelnen ist hervorzuheben:

15 Das Abstellen auf die drei Kriterien »Dauer der Betriebszugehörigkeit«, »Lebensalter« und »Unterhaltspflichten« schließt vom Wortlaut her jede Einzelfallprüfung unter Einbeziehung weiterer Gesichtspunkte aus.[24] Ein solcher **Schematismus** lässt sich jedoch mit der **Berufsfreiheit** des einzelnen AN nach Art. 12 Abs. 1 GG **nicht vereinbaren,** in die nur insoweit eingegriffen werden kann, als sich dies im Einzelfall auf überwiegende AG-Interessen stützen lässt.[25] Dem kann nur dadurch Rechnung getragen werden, dass bei der Handhabung der drei Kriterien und ihrer Gewichtung **auch andere wesentliche Umstände** aus der Lebenssituation des einzelnen AN Berücksichtigung finden.[26] Bei der Handhabung der drei Kriterien ist daher Folgendes zu berücksichtigen:

---

18 *BAG* 29.6.00, DB 00, 2021; HWK-*Annuß,* § 126 InsO Rn. 5; *Grunsky,* FS Lüke, S. 195; KR-*Weigand/Spelge,* § 126 InsO Rn. 18; *R. Müller,* NZA 98, 1319; *Schrader,* NZA 97, 76.
19 *Berscheid,* in: Uhlenbruck, §§ 126, 127 Rn. 21; ErfK-*Gallner,* § 126 Rn. 4; *Lakies,* BB 99, 208.
20 *BAG* 29.6.00, AP Nr. 2 zu § 126 InsO = DB 00, 2021; FK-InsO-*Eisenbeis,* Rn. 10.
21 Zu diesem DDZ-*Deinert,* § 1 KSchG Rn. 259ff.
22 *BAG* 29.6.00, DB 00, 2021.
23 FK-InsO-*Eisenbeis,* Rn. 21.
24 In diesem Sinne dezidiert *Bader,* NZA 96, 1027.
25 Wie hier im Grundsatz *Düwell,* AiB 96, 394; *Kittner,* AuR 97, 185.
26 So am eingehendsten *Kittner,* AuR 97, 184.

»**Dauer der Betriebszugehörigkeit**« meint den rechtlichen Bestand des Arbeitsverhältnisses, nicht die tatsächliche Beschäftigung.[27] Sie ist besonders stark zu gewichten, wenn der AN eine **arbeitsbedingte Erkrankung** erlitten hat.[28] 16

Das Kriterium »**Lebensalter**« fällt umso stärker ins Gewicht, je mehr es für die Chancen auf dem Arbeitsmarkt von Bedeutung ist. Außerdem umfasst es im Prinzip auch den **Gesundheitszustand.**[29] 17

Bei den **Unterhaltspflichten** ist auch deren Ausmaß zu beachten. Besonders stark fällt dieses Kriterium deshalb bei **Alleinerziehenden**[30] sowie dann ins Gewicht, wenn **Familienangehörige zu pflegen** sind.[31] Das Einkommen des Ehepartners und die Vermögensverhältnisse des AN finden mittelbar dadurch Berücksichtigung, dass die Belastung durch Unterhaltspflichten geringer wird oder völlig entfällt.[32] 18

Die Tatsache, dass Abs. 1 Satz 2 die **Schwerbehinderung als Kriterium** nicht nennt, lässt sich nicht mit Art. 3 Abs. 3 Satz 2 GG vereinbaren: Wollte man diese Eigenschaft schlicht ignorieren, würde das zu einer dort ausdrücklich verbotenen Benachteiligung dieser Personengruppe führen. Die überwiegende Auffassung in der Literatur ergänzte deshalb die bis Ende 1998 geltende Fassung des § 1 Abs. 3 Satz 1 KSchG durch ein viertes ungeschriebenes Kriterium der Schwerbehinderung.[33] Das SGB IX stellt keine ausreichende Absicherung dar, da das **Integrationsamt keine Auswahlentscheidung** im Verhältnis zu vergleichbaren Beschäftigten trifft.[34] Die seit 1. 1. 2004 geltende Neufassung des § 1 Abs. 3 KSchG hat die Schwerbehinderung ausdrücklich aufgenommen. Dasselbe Ergebnis folgt aus einer richtlinienkonformen Auslegung des Abs. 1 Satz 2, wobei im Übrigen auch die einfache Behinderung zu berücksichtigen ist.[35] 19

Bei der Handhabung der einzelnen Kriterien steht dem **Insolvenzverwalter** ein gewisser **Beurteilungsspielraum** zu; wer eine Verletzung des Abs. 1 Satz 2 rügen will, muss selbst deutlich schutzbedürftiger als ein nicht zur Kündigung vorgesehener AN sein.[36] 20

Abs. 1 Satz 2 enthält keine Beschränkung der sozialen Auswahl durch eine spezifische »Leistungsträgerklausel« wie sie sich in § 1 Abs. 3 Satz 2 KSchG alter und neuer Fassung findet. Insoweit gelten daher die (bisherigen) **allgemeinen Regeln;** die Herausnahme einzelner AN ist daher nur möglich, »wenn betriebstechnische, wirtschaftliche oder sonstige berechtigte betriebliche Bedürfnisse die Weiterbeschäftigung eines oder mehrerer bestimmter AN bedingen und damit der Auswahl nach sozialen Gesichtspunkten entgegenstehen.« 21

Da der Insolvenzverwalter durch seinen Antrag den Verfahrensgegenstand bestimmt, kann das Gericht lediglich darüber entscheiden, ob die Kündigung der genannten Personen sozial gerechtfertigt ist oder nicht. Es kann **nicht** etwa von sich aus **andere AN auswählen** und sie in die Gruppe der zu Kündigenden einreihen.[37] 22

Nach dem eindeutigen Wortlaut des § 126 InsO geht es **nur** um die **soziale Rechtfertigung,** nicht um andere gegen die Kündigung sprechende Gründe.[38] Wurde bereits vor Beginn des Verfahrens gekündigt, ist allerdings die **Kündigungsbefugnis** (z. B. des vorläufigen Insolvenzverwalters) mit in die Überprüfung einzubeziehen.[39] Sonstige Einwände können im Einzelkündigungsschutzverfahren nach § 127 InsO geltend gemacht werden. 23

---

27 *Bader,* NZA 96, 1128; *Wlotzke,* BB 97, 417.
28 *Kittner,* AuR 97, 184.
29 *Kittner,* AuR 97, 184.
30 *Von Hoyningen-Huene/Linck,* DB 97, 42; *Däubler,* BetrR 97, 3.
31 *Kittner,* AuR 97, 184.
32 *Bader,* NZA 96, 1128; *Wlotzke,* BB 97, 417.
33 *Buschmann,* AuR 96, 289; *Düwell,* AiB 96, 393 f.; *Klebe,* AiB 96, 718; *Kittner,* AuR 97, 184; a. A. *Bader,* NZA 96, 1122; *von Hoyningen-Huene/Linck,* DB 97, 42; *Löwisch,* NZA 96, 1010.
34 *Kittner,* AuR 97, 184.
35 Däubler/Beck-*Däubler,* § 7 Rn. 225 ff.
36 *Kittner,* AuR 97, 186.
37 *Grunsky,* FS Lüke, S. 197.
38 *Lakies,* BB 99, 209.
39 *BAG* 29. 6. 00, DB 00, 2021.

24 Gibt das Gericht dem Antrag in Bezug auf einzelne AN statt, so können die Betroffenen zwar Kündigungsschutzklage erheben, doch ist das über diese entscheidende Gericht an die Feststellung nach § 126 InsO gebunden (näher § 127 Rn. 1).

25 Wird der **Antrag abgewiesen,** so hat auch dies Bindungswirkung im Verhältnis zwischen dem Insolvenzverwalter und dem beteiligten AN; soweit sich keine neuen Tatsachen ergeben, ist dessen **Kündigung unzulässig.**[40] Denkbar und nicht zu beanstanden ist, dass dem Antrag des Insolvenzverwalters in Bezug auf einen Teil der Beschäftigten stattgegeben, dass er im Übrigen jedoch abgewiesen wird.[41]

26 **Kommt** während der Dauer des Verfahrens nach § 126 ein **besonderer Interessenausgleich** nach § 125 InsO **zustande,** so macht dies das Verfahren nicht unzulässig; vielmehr wäre es ohne Rücksicht auf die gefundene Einigung zu Ende zu führen. Allerdings wird der Insolvenzverwalter in einem solchen Fall den **Antrag zurücknehmen,** so dass sich von daher das weitere Verfahren erübrigt.[42] Für die Rücknahme des Antrags bedarf der Insolvenzverwalter nach § 81 Abs. 2 Satz 1 ArbGG weder der Zustimmung des Schuldners noch der der betroffenen AN. Eine einstweilige Verfügung ist unzulässig.[43]

IV. Rechtsmittel und Kosten

1. Rechtsmittel

27 In Bezug auf Einzelheiten des Verfahrens gelten die gleichen Grundsätze wie im Rahmen des § 122 InsO: Abs. 2 Satz 2 verweist auf den Beschleunigungsgrundsatz sowie darauf, dass **keine Beschwerde an das LAG** zulässig und die Rechtsbeschwerde an das BAG nur bei ausdrücklicher Zulassung möglich ist. Eine Nichtzulassungsbeschwerde ist ausgeschlossen.[44] Das BAG kann an eine andere Kammer des ArbG, nicht aber an das LAG zurückverweisen.[45] Näheres oben § 122 Rn. 12 f.

2. Kosten

28 Nach § 2 Abs. 2 GKG werden **im Beschlussverfahren keine Gerichtskosten** erhoben. Die Kosten, die durch Einschaltung von Prozessbevollmächtigten entstehen, würden an sich nach den allgemeinen Grundsätzen des Beschlussverfahrens dem AG, d.h. dem Insolvenzverwalter zur Last fallen. Dies könnte wegen der Beteiligung einer großen Zahl von AN erhebliche Dimensionen annehmen. Abs. 3 verweist deshalb auf § 12a ArbGG, der an sich nur für das Urteilsverfahren gilt: Danach **tragen die Beteiligten** im Verfahren vor dem ArbG **ihre Kosten selbst.** Kommt es zu einer Rechtsbeschwerde an das BAG, muss die unterliegende Seite auch die Kosten der Prozessvertretung der obsiegenden Seite tragen (Abs. 3 Satz 2).

29 Da der **Betriebsrat** nicht vermögensfähig ist, kann er auch nicht definitiv mit Verfahrenskosten belastet werden. Nach allgemeiner Auffassung steht ihm deshalb insoweit ein **materiell-rechtlicher Erstattungsanspruch** nach § 40 BetrVG gegen den Insolvenzverwalter zu.[46] Dieser muss also insbes. die Vergütung des Prozessvertreters übernehmen.

30 Der **Gegenstandswert** wird in entsprechender Anwendung von § 42 Abs. 4 Satz 1 GKG bestimmt[47]; für jeden zur Kündigung vorgesehenen AN werden daher drei Monatsgehälter zugrunde gelegt.[48] Die Gegenmeinung wollte § 8 Abs. 2 Satz 2 BRAGO (jetzt: § 23 Abs. 3 Satz 2 RVG) anwenden und einen Regelstreitwert von 4000 Euro (bis 31.12.2001: 8000 DM) anneh-

---

40 *Löwisch,* RdA 97, 85.
41 ErfK-*Gallner,* § 126 InsO Rn. 5; *Grunsky,* FS Lüke, S. 197.
42 Vgl. HeidK-InsO-*Linck,* Rn. 7.
43 FK-InsO-*Eisenbeis,* Rn. 12.
44 *BAG* 14.8.01, AP Nr. 44 zu § 72a ArbGG 1979 Divergenz; *Berscheid,* in: Uhlenbruck, §§ 126, 127 Rn. 39.
45 *BAG* 20.1.00, NZA 01, 170.
46 *BAG* 17.8.05, NZA 06, 109; HWK-*Annuß,* § 126 InsO Rn. 7; FK-InsO-*Eisenbeis,* Rn. 15; HeidK-InsO-*Linck,* Rn. 19; *Lakies,* BB 99, 209; *R. Müller,* NZA 98, 1320; *Zwanziger,* § 126 InsO Rn. 40.
47 HWK-*Annuß,* § 126 Rn. 7.
48 *Zwanziger,* § 126 InsO Rn. 39.

men.[49] Dies wird der tatsächlichen Bedeutung des Verfahrens nicht gerecht, das in weitem Umfang den Streit um die Kündigung insgesamt vorwegnimmt.

V. Verhältnis zu bereits ausgesprochenen Kündigungen

1. Kündigung während des Verfahrens

Aus § 127 Abs. 2 InsO wird deutlich, dass ein AN **auch** schon **vor Abschluss des Verfahrens** nach § 126 InsO **gekündigt** werden kann, da für solche Fälle ausdrücklich eine Aussetzung des Kündigungsschutzverfahrens vorgesehen ist.[50] 31

2. Kündigung vor Beginn des Verfahrens

Nicht ausdrücklich geregelt ist der Fall, dass die Kündigung bereits vor Einleitung des Verfahrens ausgesprochen wurde. Die ganz herrschende Auffassung lässt **auch hier einen Antrag nach § 126** zu.[51] Der Insolvenzverwalter hat so die Möglichkeit, zunächst Kündigungen auszusprechen und abzuwarten, wer von den Betroffenen Klage erhebt; um das Verfahren zu vereinfachen, leitet er dann ausschließlich gegen sie eine »Sammelklage« nach § 126 ein. Allerdings ist zu beachten, dass eine Kündigung, die vor Ende der Verhandlungen über den Interessenausgleich bzw. vor der gerichtlichen Entscheidung nach § 122 InsO erfolgt, einen **Anspruch auf Nachteilsausgleich** nach § 113 BetrVG auslöst. Außerdem kann dem Insolvenzverwalter in diesem Zeitraum jede Kündigung durch einstweilige Verfügung untersagt werden (dazu § 122 InsO Rn. 13). Der Insolvenzverwalter wird daher zunächst drei Wochen über den Interessenausgleich verhandeln, dann kündigen und erst nach Ablauf der 3-Wochen-Frist nach § 4 KSchG gegen die Kläger ein Verfahren nach § 126 einleiten. Wie Kündigungen **durch den vorläufigen Insolvenzverwalter** im Rahmen des § 126 InsO zu behandeln sind, hat das *BAG*[52] dahinstehen lassen. 32

§ 127 (Klage des Arbeitnehmers)

(1) Kündigt der Insolvenzverwalter einem Arbeitnehmer, der in dem Antrag nach § 126 Absatz 1 bezeichnet ist, und erhebt der Arbeitnehmer Klage auf Feststellung, dass das Arbeitsverhältnis durch die Kündigung nicht aufgelöst oder die Änderung der Arbeitsbedingungen sozial ungerechtfertigt ist, so ist die rechtskräftige Entscheidung im Verfahren nach § 126 für die Parteien bindend. Dies gilt nicht, soweit sich die Sachlage nach dem Schluss der letzten mündlichen Verhandlung wesentlich geändert hat.
(2) Hat der Arbeitnehmer schon vor der Rechtskraft der Entscheidung im Verfahren nach § 126 Klage erhoben, so ist die Verhandlung über die Klage auf Antrag des Verwalters bis zu diesem Zeitpunkt auszusetzen.

Inhaltsübersicht Rn.

I. Die Bindungswirkung

Soweit dem **Antrag des Insolvenzverwalters** nach § 126 InsO **entsprochen** wurde, kann der betroffene und am Beschlussverfahren beteiligte AN nicht mehr geltend machen, es fehle in 1

49 *R. Müller,* NZA 98, 1321; Smid-*R. Müller,* Rn. 29.
50 *Löwisch,* RdA 97, 85; *Schrader,* NZA 97, 77.
51 *BAG* 29.6.00, DB 00, 2021; FK-InsO-*Eisenbeis,* Rn. 2; HeidK-InsO-*Linck,* Rn. 6; KR-*Weigand/Spelge,* § 126 InsO Rn. 8; *Lohkemper,* KTS 96, 15; *Schaub,* DB 99, 222; *Schrader,* NZA 97, 77; *Warrikoff,* BB 94, 2343; einschränkend *Zwanziger,* § 126 InsO Rn. 4; a. A. *Lakies,* BB 99, 209.
52 29.6.00, DB 00, 2021.

seinem Fall an dringenden betrieblichen Erfordernissen oder einer korrekten sozialen Auswahl. Wurde umgekehrt der **Antrag** des Insolvenzverwalters als unbegründet **abgewiesen,** so steht fest, dass die beabsichtigte Kündigung sozial nicht gerechtfertigt ist.[1] Der Kündigungsschutzklage des AN ist stattzugeben, es sei denn, die Kündigung werde auf veränderte Verhältnisse oder auf Gründe im Verhalten des AN gestützt. Die Situation ist wieder offen, wenn der Antrag als unzulässig abgewiesen wurde.[2]

II. Verbleibende Unwirksamkeitsgründe

2 Dem gekündigten AN steht es frei, die Wirksamkeit der Kündigung **aus anderen Gesichtspunkten** als denen der fehlenden sozialen Rechtfertigung zu bestreiten.[3]

3 Der AN kann geltend machen, die Kündigung sei nach § 102 Abs. 1 Satz 3 BetrVG unwirksam, weil der **Betriebsrat nicht** oder nicht ausreichend **angehört** worden sei. Eine solche Anhörung ist auch dann erforderlich, wenn das Arbeitsgericht dem Insolvenzverwalter »freie Hand« gegeben hat.[4]

4 Der AN kann **Verstöße gegen andere Gesetzesbestimmungen** wie z. B. die §§ 138, 242, 612a BGB geltend machen.[5] Wichtig ist auch, dass er sich auf einen etwaigen **Sonderkündigungsschutz** (z. B. nach dem SGB IX oder als BR-Mitglied) berufen kann.[6]

5 Nach Abs. 1 Satz 2 entfällt die **Bindungswirkung** des Verfahrens nach § 126 InsO, wenn sich die **Sachlage** nach dem Schluss der letzten »mündlichen Verhandlung« (Redaktionsversehen: im Beschlussverfahren gibt es nur eine »Anhörung«) **wesentlich geändert** hat. Dies ist etwa dann der Fall, wenn der für die Stilllegung vorgesehene Betrieb oder Betriebsteil überraschend einen Käufer gefunden hat oder wenn bei bloßem Personalabbau Personen ausgeschieden sind, die nach sozialen Gesichtspunkten einen höheren Bestandsschutz als der Gekündigte haben. Einzelheiten sind schon im Rahmen des § 125 InsO (dort Rn. 29 f.) erörtert.

6 Der Verwalter verstößt nicht gegen den Gleichheitssatz, wenn er nur mit den klagenden AN **Abfindungsvergleiche** schließt, um so Klarheit zu schaffen und die Veräußerung des Restbetriebs zu erleichtern.[7] In der Regel entstehen dadurch Masseverbindlichkeiten, doch ist auch ein »**Rangrücktritt**« in dem Sinne möglich, dass nur Insolvenzforderungen begründet werden.[8] Letzteres muss als Ausnahmetatbestand aber eindeutig vereinbart sein. Wird eine Leistung »**zuzüglich zum Sozialplan**« versprochen, lässt dies den Rang der Sozialplanansprüche grundsätzlich unberührt.[9]

III. Aussetzung des Verfahrens

7 Erhebt der AN während der Dauer des Verfahrens nach § 126 InsO **Kündigungsschutzklage,** so ist diese zwar zulässig, doch muss das Verfahren nach Abs. 2 auf Antrag des Insolvenzverwalters bis zur rechtskräftigen Entscheidung im Rahmen der »Sammelklage« nach § 126 InsO **ausgesetzt** werden. Dasselbe gilt auch dann, wenn die Klage bereits vor Einleitung des Verfahrens nach § 126 erhoben war.[10] Anders als nach § 148 ZPO hat das Gericht insoweit kein Ermessen. Unterbleibt der Antrag, kann ggf. von der Möglichkeit des § 148 ZPO Gebrauch gemacht werden,[11] doch ist auch denkbar, dass der Insolvenzverwalter wegen der Langwierig-

1 ErfK-*Gallner,* § 127 Rn. 2; KR-*Weigand/Spelge,* § 127 InsO Rn. 1; *Lakies,* RdA 97, 154; *Löwisch,* RdA 97, 85.
2 FK-InsO-*Eisenbeis,* Rn. 4.
3 FK-InsO-*Eisenbeis,* Rn. 4; Smid-*Weisemann/Streuber,* Rn. 2.
4 *Schrader,* NZA 97, 76.
5 *R. Müller,* NZA 98, 1319.
6 *Heinze,* NZA 99, 61; *Lakies,* BB 99, 209.
7 *BAG* 27. 10. 98, NZA 99, 719.
8 *BAG* 17. 6. 02, NZA 02, 973 = BB 02, 2609.
9 *BAG* 12. 6. 02, NZA 02, 1231.
10 ErfK-*Gallner,* § 127 InsO Rn. 4.
11 HeidK-InsO-*Linck,* Rn. 11.

keit des Verfahrens nach § 126 InsO eine Entscheidung wünscht und der AN dies auch für besser hält.
Werden vom AN (auch) **andere Gründe** als die fehlende soziale Rechtfertigung gegen die Kündigung vorgebracht, so ist insoweit keine Aussetzung geboten. Das Gericht kann vielmehr – ggf. durch Teilurteil – zur Sache entscheiden. 8

§ 128 (Betriebsveräußerung)

(1) Die Anwendung der §§ 125 bis 127 wird nicht dadurch ausgeschlossen, dass die Betriebsänderung, die dem Interessenausgleich oder dem Feststellungsantrag zugrunde liegt, erst nach einer Betriebsveräußerung durchgeführt werden soll. An dem Verfahren nach § 126 ist der Erwerber des Betriebs beteiligt.
(2) Im Falle eines Betriebsübergangs erstreckt sich die Vermutung nach § 125 Absatz 1 Satz 1 Nr. 1 oder die gerichtliche Feststellung nach § 126 Absatz 1 Satz 1 auch darauf, dass die Kündigung der Arbeitsverhältnisse nicht wegen des Betriebsübergangs erfolgt.

Inhaltsübersicht

I. Zweck der Vorschrift

1 § 128 will dadurch eine schnelle Betriebsveräußerung ermöglichen, dass die insolvenzrechtlichen **Privilegien** beim Personalabbau **auch für den Erwerber** gelten sollen. Gäbe es die Vorschrift nicht, müsste Letzterer nach den allgemeinen Grundsätzen vorgehen, da er sich nicht in einem Insolvenzverfahren befindet. Dies hätte aller Voraussicht nach zur Folge, dass er mit dem Erwerb noch warten würde.[1] Auch kann es für ihn besonders attraktiv erscheinen, die anstehenden Personalentscheidungen selbst treffen zu können.

II. Rechte des Erwerbers

2 Wie Abs. 1 deutlich macht, ist es für die Anwendung der §§ 125–127 InsO unschädlich, wenn die geplante **Betriebsänderung erst nach Übergang des Betriebes** durchgeführt wird. Notwendig ist lediglich, dass sie **im Zeitpunkt des Übergangs geplant** ist und dass der Insolvenzverwalter mit der Nutzung der Möglichkeiten nach den §§ 125–127 zumindest begonnen hat, indem er beispielsweise über eine Namensliste verhandelte.[2] Würde man von dieser Voraussetzung absehen, läge ein vom Gesetzgeber nicht gewolltes Dauerprivileg vor. Auf der anderen Seite ist es vom Sinn der Vorschrift her nicht erforderlich, dass der Insolvenzverwalter die Kündigungen ausspricht.[3]

3 Sobald der Erwerber den Betrieb übernommen hat,[4] kann er die **Verhandlungen über** den **besonderen Interessenausgleich** nach § 125 **fortführen** und ggf. eine Namensliste vereinbaren.[5] Vorher ist allein der Insolvenzverwalter zuständig, doch schließt dies nicht aus, dass er den Erwerber einbezieht.

4 Sind die **Verhandlungen** über einen besonderen Interessenausgleich **erfolglos** verlaufen und wurde **dann** der **Betrieb übertragen,** kann der Erwerber das Verfahren nach § 126 einleiten.

1 *Lakies,* BB 99, 210.
2 *Lakies,* BB 99, 210; *Schaub,* DB 99, 225.
3 HeidK-InsO-*Linck,* Rn. 2.
4 Maßgeblich ist die Übertragung der Leitungsmacht – *BAG* 8.11.88, NZA 89, 679; *Däubler,* Arbeitsrecht 2, Rn. 1412.
5 *Ettwig,* S. 107.

Hat dies bereits der Insolvenzverwalter getan, ist der Erwerber an dem Verfahren zu beteiligen (Abs. 1 Satz 2).

5 Kommt mit dem Insolvenzverwalter oder mit dem Erwerber ein **besonderer Interessenausgleich** zustande, so erstreckt sich die Vermutungswirkung nach § 125 Abs. 1 Satz 1 Nr. 1 InsO auch darauf, dass die **Kündigung nicht »wegen«** des **Betriebsübergangs** erfolgt sei (Abs. 2); will sich der AN auf § 613a Abs. 4 BGB berufen, muss er das **Vorliegen aller Voraussetzungen beweisen,** ohne dass ihm irgendwelche Anscheinsregeln zugutekommen würden.[6] Ist einem Antrag nach § 126 InsO stattgegeben worden, ist damit zugleich festgestellt, dass kein Verstoß gegen § 613a Abs. 4 BGB vorliegt.[7]

III. Veräußerung eines Betriebsteils

6 Wird nur der **Teil eines Betriebs veräußert,** ist § 128 nicht anwendbar. Dies folgt aus dem Wortlaut, der nur von »Betriebsübergang« spricht, während § 613a Abs. 1 Satz 1 BGB ausdrücklich zwischen »Betrieb« und »Betriebsteil« differenziert. Außerdem wird die Zahl der übernommenen Arbeitsverhältnisse im Regelfall geringer sein, so dass die verfahrensmäßige Privilegierung durch die §§ 125–127 InsO nicht geboten ist.

IV. Erhebung der Kündigungsschutzklage

7 Der gekündigte AN muss seine **Kündigungsschutzklage** grundsätzlich **gegen denjenigen** richten, **der** ihm **gekündigt hat.**[8] Geht der Betrieb nach Klagerhebung auf den Erwerber über, wird der Veräußerer zum **gesetzlichen Prozessstandschafter** nach § 265 Abs. 2 Satz 1 ZPO; die Rechtskraft des Urteils erstreckt sich nach § 325 Abs. 1 ZPO auch auf den Erwerber.[9]

8 Hat zwar **noch** der **Insolvenzverwalter gekündigt, ging** der **Betrieb** aber vor Erhebung der Kündigungsschutzklage **auf den Erwerber über,** so finden die §§ 265 Abs. 2, 325 Abs. 1 ZPO keine Anwendung. Dem Insolvenzverwalter fehlt die Passivlegitimation; die **Klage** ist **gegen** den **Erwerber** zu richten. War dem AN der Betriebsübergang wegen fehlender Information nach § 613a Abs. 5 BGB nicht bekannt und hat er deshalb nicht innerhalb der 3-Wochen-Frist des § 4 KSchG gegen den Erwerber Klage erhoben, kommt eine nachträgliche Zulassung gemäß § 5 KSchG in Betracht.[10]

V. Erwerber und Sozialplan

9 Geht der Betrieb schon **vor Eröffnung des Insolvenzverfahrens auf den Erwerber über,** haftet er für alle in diesem Zeitpunkt bestehenden Verbindlichkeiten einschl. der aus einem Sozialplan folgenden.[11] Ist Betriebsveräußerer der Insolvenzverwalter, so erfährt § 613a Abs. 1 BGB insofern eine teleologische Reduktion, als nicht für vorkonkursliche Sozialpläne gehaftet wird: Dies ginge im Ergebnis zu Lasten der übrigen Insolvenzgläubiger, da sich der vom Erwerber bezahlte Kaufpreis entsprechend mindern würde.[12] Das gilt allerdings nicht, wenn der Sozialplan unter Beteiligung eines vorläufigen Insolvenzverwalters zustande gekommen ist; selbst dessen ausschließliche Verfügungsbefugnis ändert daran nichts.[13] Hier bleibt es bei den normalen Regeln des § 613a BGB.

10 Hatte der **Insolvenzverwalter** einen **Sozialplan** entsprechend § 123 InsO **abgeschlossen,** so geht auch dieser allein zu Lasten der Insolvenzmasse, nicht des Erwerbers. Dies wurde vom

6 *BAG* 20.9.06 – 6 AZR 249/05, ZIP 07, 595 ff.; *Schaub,* DB 99, 225. S. auch *LAG Rheinland-Pfalz* 17.1.22 – 3 Sa 271/21, ZInsO 22, 2524.
7 *Lakies,* BB 99, 208; *Löwisch,* RdA 97, 85; *Schrader,* NZA 97, 78.
8 *BAG* 20.9.06, NZA 07, 387; KR-*Weigand/Spelge,* § 128 InsO Rn. 1; *Schaub,* DB 99, 225.
9 Vgl. auch HeidK-InsO-*Linck,* Rn. 7.
10 *Schaub,* DB 99, 225.
11 *BAG* 20.6.02, BB 03, 423.
12 *BAG* 15.1.02, NZA 02, 1034. Zur Vereinbarkeit mit EU-Recht s. *EuGH* 28.4.22 – C-237/20, AuR 23, 255 mit. Anm. *Zwanziger.*
13 *BAG* 20.6.02, BB 03, 423 [426].

BAG[14] zwar nur für das bis 1. 1. 1999 geltende Recht anerkannt, doch kann unter der InsO nichts anderes gelten.[15] Auch hier würde eine Haftungsübernahme durch den Erwerber zu einer Kaufpreisminderung und dadurch zu einer Benachteiligung der sonstigen Insolvenzgläubiger führen. Dabei ist im Übrigen ohne Bedeutung, ob der Erwerber lediglich nach § 613a Abs. 1 Satz 1 BGB Schuldner der einzelnen Sozialplanansprüche geworden ist oder ob der **Sozialplan** wegen der Übernahme des ganzen Betriebes ihm gegenüber auch **normativ wirkt.**[16]

14 15. 1. 02, NZA 02, 1034.
15 *Zwanziger,* BB 03, 631.
16 BAG a. a. O.

Fünfter Teil
Besondere Vorschriften für einzelne Betriebsarten

Erster Abschnitt
Seeschifffahrt

§§ 114–116

(Von einer Erläuterung der Vorschriften des Ersten Abschnitts wurde abgesehen; vgl. die Kommentierung in der 5. Aufl., S. 2002–2044; der Text der §§ 114, 115, 116 findet sich am Anfang dieser Aufl.)

Zweiter Abschnitt
Luftfahrt

§ 117 Geltung für die Luftfahrt

(1) Auf Landbetriebe von Luftfahrtunternehmen ist dieses Gesetz anzuwenden. Auf im Flugbetrieb beschäftigte Arbeitnehmer von Luftfahrtunternehmen ist dieses Gesetz anzuwenden, wenn keine Vertretung durch Tarifvertrag nach Absatz 2 Satz 1 errichtet ist.
(2) Für im Flugbetrieb beschäftigte Arbeitnehmer von Luftfahrtunternehmen kann durch Tarifvertrag eine Vertretung errichtet werden. Über die Zusammenarbeit dieser Vertretung mit den nach diesem Gesetz zu errichtenden Vertretungen der Arbeitnehmer der Landbetriebe des Luftfahrtunternehmens kann der Tarifvertrag von diesem Gesetz abweichende Regelungen vorsehen. Auf einen Tarifvertrag nach den Sätzen 1 und 2 ist § 4 Absatz 5 des Tarifvertragsgesetzes anzuwenden.

Inhaltsübersicht

I. Vorbemerkungen

1 Das *Recht der betrieblichen Interessenvertretung* in Luftfahrtunternehmen blieb schon in der Vergangenheit erheblich hinter dem allgemeinen Standard zurück. Das **BRG 1920** klammerte

in § 5 zwar ausdrücklich nur die See- und Binnenschifffahrt aus, doch entwickelten sich im Bereich des Luftverkehrs **keine Interessenvertretungen.**[1] Das BetrVG 52 sah in § 88 Abs. 3 den Erlass eines separaten Gesetzes vor, das nie zustande kam; § 88 Abs. 4 bezog bis zu einer solchen Regelung wenigstens die Landbetriebe in die allgemeine Betriebsverfassung ein. Im Jahre **1957** wurde die **erste tarifliche Interessenvertretung für das fliegende Personal** geschaffen;[2] die durch weitere TV fortentwickelte Praxis wurde dann durch den geltenden § 117 Abs. 2 Satz 1 bestätigt und um die Bestimmung des Satz 2 erweitert, wonach die Koordination mit den Interessenvertretungen der Landbetriebe einem genehmigungsbedürftigen TV vorbehalten ist. Durch das **BetrVerf-ReformG** von 2001 ist das Genehmigungserfordernis weggefallen.

2 Die **Ausklammerung des fliegenden Personals** aus dem BetrVG hatte zur Folge, dass betriebliche Interessenvertretungen in diesem Sektor nur teilweise möglich waren. Tarifverträge kamen und kommen einmal dann zustande, wenn die gewerkschaftliche Verankerung unter den Beschäftigten nicht nur vorhanden, sondern auch so stark ist, dass **notfalls für einen TV gestreikt** werden kann. Zum zweiten gibt es Fälle, in denen die Geschäftsleitungen die Existenz einer betrieblichen Interessenvertretung als sinnvoll und für sie nützlich ansehen und deshalb einen entsprechenden TV schließen. Dabei handelt es sich aber eher um Ausnahmesituationen. Wenn weder die erste noch die zweite Voraussetzung gegeben ist, bleiben die Beschäftigten **ohne betriebliche Interessenvertretung.** Dabei ist zu beachten, dass die Schwelle für den (erzwungenen) Abschluss eines TV sehr viel höher liegt als für die Gründung eines BR: Während diese schon aufgrund der Initiative einer relativ kleinen Minderheit im Betrieb möglich ist, setzt eine glaubwürdige Drohung mit Streik die Unterstützung durch einen größeren Kreis von Beschäftigten und ein sehr viel ausgeprägteres Konfliktbewusstsein voraus.[3]

3 In den vergangenen zehn bis fünfzehn Jahren hat der Wettbewerb im Luftverkehr dazu geführt, dass Fluggesellschaften gegründet wurden oder ausländische Airlines Niederlassungen in Deutschland eröffnet haben, deren Leitungspersonal der betrieblichen Sozialpartnerschaft nicht das Geringste abgewinnen konnte; die **Betriebsverfassung wurde** ausschließlich **als »lästiger Kostenfaktor«** betrachtet.[4] Dies gilt insbesondere für die sog. Billigflieger. Um ein Gegengewicht dazu zu schaffen, hat es immer wieder **Versuche** gegeben, entgegen § 117 Abs. 2 einen **BR zu gründen.** Trotz erheblicher verfassungsrechtlicher und unionsrechtlicher Bedenken gegen den gesetzlichen Status quo[5] haben die **Arbeitsgerichte** dem jedoch mit einer Ausnahme[6] eine **Absage erteilt** und weiterhin nur den Weg über einen TV zugelassen.[7] Die besonders schlechten Arbeitsbedingungen beim Billigflieger Ryanair[8] haben den Anstoß dazu gegeben, das Problem gesetzgeberisch zu lösen: **Durch Art. 4e des Qualifizierungschancengesetzes vom 18. 12. 2018**[9] wurden Abs. 1 Satz 2 und Abs. 2 Satz 3 mit Wirkung ab 1. 5. 2019 eingefügt. Danach können BRe nach den allgemeinen Regeln errichtet werden, wenn kein TV besteht. Bestehenden Tarifverträgen kommt Bestandsschutz und Nachwirkung i. S. des § 4 Abs. 5 TVG zu, was auf eine schlichte Klarstellung hinausläuft. Die **gewerkschaftlichen Durchsetzungsmöglichkeiten** werden durch die Neuregelung verbessert, da der Abschluss eines für sie wenig attraktiven TV mit einem Hinweis auf die dann eintretende gesetzliche Regelung abge-

---

1 *Weber*, S. 3 ff.

2 *Weber*, S. 11.

3 Zu einer ähnlichen Situation unter dem 1946 erlassenen KRG Nr. 22, wo eine ernsthafte Mitbestimmung nur aufgrund einer erkämpfbaren Betriebsvereinbarung möglich war, s. Däubler/Kittner, § 21.

4 *Dahl/Schneider/Schumacher*, BB Heft 4/19 S. I; *Bsirske*, AiB 1/19 S. 8; *Jerchel*, AuR 19,1. Beispiele für vertretungslose Airlines bei *Seier*, DB 19, 429 (Sun Express, Germania). S. auch den Sachverhalt in *BAG* 19. 12. 18 – 7 ABR 79/16, BB 19, 1203.

5 S. 16. Aufl., § 117 Rn. 4 ff. sowie *Fitting*, § 117 Rn. 6 ff.

6 ArbG Cottbus 24. 9. 09 – 1 BVGa 7/09, juris; im Wesentlichen zustimmende Anm. von *Bayreuther*, NZA 10, 262; anders *LAG Berlin-Brandenburg*, 30. 10. 09 – 6 TaBVGa 2234/09, LAGE § 117 BetrVG 2001 Nr. 1 als Beschwerdeinstanz.

7 *BAG* 17. 3. 15 – 1 ABR 59/13, NZA-RR 15, 419; ebenso schon *BAG* 20. 2. 01 – 1 ABR 27/00 NZA 01, 1089 (allerdings mit einengender Auslegung) sowie *SächsLAG* 8. 11. 16 – 3 TaBV 16/16, juris und *HessLAG* 3. 9. 18 – 16 TaBVGa 86/18, BB 18, 2228 (Beide: Wahl nichtig).

8 *Jerchel*, AuR 19, 1: »menschenunwürdige Arbeitsbedingungen«.

9 BGBl I S. 2651, 2656.

lehnt werden kann.[10] An der Erkämpfbarkeit von TV hat sich durch die Neuregelung nichts geändert, doch ist Kampfbereitschaft keineswegs generell vorhanden.[11]

4 Die **Gründe für** die bisherige betriebsverfassungsrechtliche **Sonderstellung** des fliegenden Personals lassen sich nur vermuten, nicht eindeutig klären. Die Tatsache, dass es sich um eine spezifische, nicht ortsgebundene Tätigkeit mit festliegenden Arbeits- und Ruheblöcken handelt, ist zwar in der amtlichen Begründung zum Regierungsentwurf 1971 genannt,[12] doch ist dem mit Recht in der Literatur entgegengehalten worden, dass bei Fernfahrern, bestimmten Monteuren und zahlreichen Mitarbeitern des Außendienstes die Situation keine andere ist.[13] Wichtiger dürfte deshalb sein, dass der soziale Druck in Richtung auf eine »Integration« in die Betriebsverfassung relativ gering war, was an der vergleichsweise bescheidenen Zahl der betroffenen Personen, aber auch daran lag, dass diese in verschiedenen Gewerkschaften (ÖTV, DAG, Vereinigung Cockpit) organisiert waren, die durchaus nicht immer an einem Strang zogen. Auch konnte es in der Vergangenheit eine Rolle spielen, dass die Arbeitsbedingungen recht günstig waren und die Tätigkeit hohes soziales Ansehen genoss.[14] Heute hat sich dies geändert, weshalb die hilfsweise Einbeziehung in die gesetzliche Betriebsverfassung Akzeptanz findet.

II. Anwendungsbereich der Vorschrift

1. Luftfahrt – Abgrenzungsprobleme

5 Die Sonderregelung des § 117 bezieht sich auf **»Luftfahrtunternehmen«.** Diese waren in § 20 Abs. 1 Satz 1 Luftverkehrsgesetz a. F. **definiert** als »Unternehmen, die Personen oder Sachen durch Luftfahrzeuge gewerbsmäßig befördern«. **Luftfahrzeuge** sind ihrerseits in § 1 Abs. 2 Luftverkehrsgesetz[15] umschrieben als »Flugzeuge, Drehflügler, Luftschiffe, Segelflugzeuge, Motorsegler, Frei- und Fesselballone, Rettungsfallschirme, Flugmodelle, Luftsportgeräte und sonstige für die Benutzung des Luftraums bestimmte Geräte, sofern sie in Höhe von mehr als 30 Metern über Grund oder Wasser betrieben werden können«. Raumfahrzeuge, Raketen und ähnliche Flugkörper gelten als Luftfahrzeuge, solange sie sich im Luftraum befinden. Nach ursprünglicher Auffassung der Rechtsprechung[16] war diese Begriffsbestimmung auch für § 117 maßgebend, doch hat das *BAG*[17] diese Auffassung inzwischen aufgegeben. Maßgebend für die Herausnahme des fliegenden Personals aus der gesetzlichen Betriebsverfassung seien die fehlende Ortsgebundenheit und die wechselnden Aufenthalte an unterschiedlichen Flughäfen im In- und Ausland. Die dadurch geschaffenen besonderen Schwierigkeiten bei der Schaffung einer gemeinsamen Interessenvertretung mit dem Bodenpersonal würden nicht bestehen, wenn Rettungshubschrauber einen Einsatzradius von 50 km hätten und nach jedem Einsatz zu ihrem »Stützpunkt« zurückkehren würden.[18] Auch fällt ein Unternehmen nicht unter das Gesetz, das Rundflüge anbietet oder einige Ballonfahrer beschäftigt, die zu Werbezwecken eingesetzt werden.[19] Kein Luftfahrtunternehmen im Rechtssinne liegt auch vor, wenn Flugzeuge lediglich die Aufgabe haben, **Luftbilder** zu machen.[20] Die Bundesluftwaffe fällt als Teil der Bundeswehr sowieso nicht unter das Gesetz, doch ist bemerkenswert, dass insoweit eine Sonderregelung innerhalb des dortigen Vertretungssystems fehlt. Ohne Bedeutung ist bei PrivatUN aber der

10 *M. Schmidt*, AE 2/19, 58.
11 *Jacobs/Frieling*, FS 100 Jahre Betriebsverfassungsrecht, S. 247.
12 BR-Drucks. 715/70, S. 58.
13 *Mußgnug*, FS Duden, S. 338. Vgl. weiter *Jacobs/Frieling*, FS 100 Jahre Betriebsverfassungsrecht, S. 246..
14 *Bsirske*, AiB 1/19 S. 8.
15 i. d. F. der Bekanntmachung vom 10. Mai 2007 (BGBl I S. 698), zuletzt geändert durch Art. 2 Abs. 11 des Gesetzes vom 20. Juli 2017 (BGBl I 2808).
16 *BAG* 14. 10. 86, AP Nr. 5 zu § 117 BetrVG 1972 Bl. 2 R; ebenso *GL*, Rn. 2; *Weber*, S. 15.
17 20. 2. 01 – 1 ABR 27/00, NZA 01, 1089 = AP Nr. 6 zu § 117 BetrVG 1972.
18 *BAG* a. a. O.; zustimmend *Fitting*, Rn. 2 m. w. N.
19 GK-*Franzen*, Rn. 4.
20 *Weber*, S. 15.

nichtgewerbliche Charakter; auch wenn keine Erwerbszwecke verfolgt werden, können dieselben arbeitsorganisatorischen Schwierigkeiten auftreten.[21]

2. Abgrenzung Landbetrieb – fliegendes Personal

Die Ausnahmebestimmung des Abs. 2 knüpft an einer bestimmten Tätigkeit an, schafft jedoch **keinen neuen Betrieb.**[22] **Praktische Bedeutung** hat dies insofern, als bei einem Wechsel vom Flug- in den Bodenbetrieb und umgekehrt **keine neue Betriebszugehörigkeit** beginnt. Allerdings ist zu beachten, dass die Senioritäts-TV nicht auf die allgemeine Betriebszugehörigkeit, sondern darauf abstellen, dass eine bestimmte Funktion ausgeübt wurde. 6

Ist die Zuordnung einer Person zum Flugbetrieb zweifelhaft, so ist **Abs. 2** als Ausnahmebestimmung grundsätzlich **eng auszulegen.**[23] Das *BAG* stellte zunächst darauf ab, wo das »Schwergewicht« der Tätigkeit lag, und rechnete deshalb einen Abteilungsleiter nicht mehr zum fliegenden Personal, der zwar Vorgesetzter von Mitarbeitern in Cockpit und Kabine war und der auch dieselben Prüfungen absolviert hatte, jedoch nur etwa 20 % seiner Arbeitszeit an Bord verbrachte.[24] Später hat das Gericht am Beispiel eines Gruppenleiters entschieden, die rein zeitliche Betrachtung sei nicht ausreichend, da angesichts eingehender Vor- und Nachbereitung der Flüge sowie regelmäßiger Weiterbildungsmaßnahmen und Kontrollen auch beim klassischen Flugpersonal die Zeit am Boden überwiege; es komme daher entscheidend darauf an, was der Tätigkeit das **»Gepräge«** gebe.[25] Die gewählte Terminologie ist etwas unglücklich, da der Begriff des »Gepräges« vielfältiger Ausdeutung zugänglich ist: Nicht zuletzt deshalb wurde er im Bereich von Schulungs- und Bildungsveranstaltungen nach § 37 Abs. 6 (gleichzeitig »erforderliche« und »nicht erforderliche« Gegenstände) aufgegeben.[26] Dasselbe gilt für die Abgrenzung der Tendenzbetriebe (§ 118 Rn. 10 f. m. w. N.). Auch bei Tätigkeitsmerkmalen im Eingruppierungsrecht wird nur noch dann auf diese Figur zurückgegriffen, wenn sie ausdrücklich im TV gewählt wurde.[27] Von der Sache her wäre es daher sinnvoller, bei der Vor- und Nachbereitung von Flügen sowie bei Ausbildungs- und Kontrollmaßnahmen sog. **Zusammenhangstätigkeiten** anzunehmen, die einen integrierenden Bestandteil der eigentlichen Funktion darstellen.[28] Rechnet man sie der fliegerischen Tätigkeit zu, weil sich diese nicht ohne solche Rahmenbedingungen erbringen lässt, kann die quantitative Betrachtung wieder Platz greifen, die übrigens auch das *BAG* unterstützend heranzog: Die **Tätigkeit als Gruppenleiter,** die überwiegend mit Verwaltungs- und Schulungstätigkeit verbunden war, habe von daher ihr »Gepräge« erhalten.[29] Einig ist man sich darüber, dass sich die Tätigkeit der von Abs. 2 erfassten Personengruppe **grundsätzlich an Bord** vollziehen muss.[30] Im Einzelnen gilt Folgendes: 7

Unter Abs. 2 fallen **Flugkapitäne,** Copiloten, Flugingenieure und Flugnavigatoren, Purser und Purseretten sowie Stewards und **Stewardessen.**[31] Die für das fliegende Personal zuständigen **Verwaltungskräfte** gehören zum **Bodenbetrieb.** Dasselbe gilt für **Abteilungsleiter,**[32] für **Gruppenleiter**[33] sowie für Lehrpurseretten und Lehrpurser, soweit sie ihre Lehrtätigkeit überwiegend am Boden ausüben.[34] Wer **nur zu Prüf- oder Kontrollzwecken** mitfliegt, fällt 8

---

21 GK-*Franzen* Rn. 4.
22 *BAG* 21. 1. 20 – 1 AZR 149/19, AuR 20, 691 Os. 2; GK-*Franzen*, Rn. 12; *GL*, Rn. 3; *Wiebauer*, RdA. 23, 161.
23 *BAG* 13. 10. 81, AP Nr. 1 zu § 117 BetrVG 1972 Bl. 2 R; ebenso Richardi-*Thüsing*, Rn. 6; ähnlich GK-*Franzen*, Rn. 10; *Weber*, S. 51.
24 *BAG* 13. 10. 81, AP Nr. 1 zu § 117 BetrVG 1972.
25 *BAG* 14. 10. 86, AP Nr. 5 zu § 117 BetrVG 1972; zustimmend ErfK-*Kania*, Rn. 1; Richardi-*Forst*, Rn. 12.
26 *BAG* 28. 5. 76, AP Nr. 24 zu § 37 BetrVG 1972.
27 So schon *BAG* 6. 10. 85, AP Nr. 1 zu §§ 22, 23 BAT.
28 Näher *Däubler*, Tarifvertragsrecht, Rn. 630.
29 *BAG* 14. 10. 86, AP Nr. 5 zu § 117 BetrVG Bl. 3 R.
30 *BAG* 13. 10. 81, AP Nr. 1 zu § 117 BetrVG 1972 Bl. 2 R; *GL*, Rn. 5; Richardi-*Forst*, Rn. 6 ff.
31 GK-*Franzen*, Rn. 9; *GL*, Rn. 5.
32 *BAG* 13. 10. 81, AP Nr. 1 zu § 117 BetrVG 1972.
33 *BAG* 14. 10. 86, AP Nr. 5 zu § 117 BetrVG.
34 *LAG Frankfurt* 27. 4. 84, AuR 85, 61.

nicht in den Ausnahmebereich des Abs. 2,[1] wohl aber die **Fluglehrer.**[2] Das **technische Bodenpersonal,** insbes. der Wartungsdienst, zählt zum Bodenbetrieb.[3] Erst recht gilt dies für den Verwaltungsapparat, für Verkaufsbüros und für Flughafenschalter der Fluggesellschaften. Die technische Regie des Flughafens liegt im Übrigen regelmäßig bei der rechtlich selbstständigen Flughafengesellschaft.[4] Nicht unter § 117 Abs. 2 fällt der Luftrettungsdienst des ADAC, da dieser ortsgebunden ist.[5] Entsprechendes gilt entgegen *LAG Bremen*[6] auch für die an einem bestimmten Punkt stationierten Fluglehrer, so dass sie trotz ihrer fliegerischen Tätigkeit nicht unter den Ausnahmesektor des Abs. 2 fallen.[7]

III. Die vorrangigen tariflichen Regelungen

1. Verfassungsrechtliche Bedenken?

9 Die verfassungsrechtlichen Bedenken, die **gegen** eine **Ausklammerung** sprachen,[8] sind durch die Neufassung gegenstandslos geworden. Allerdings wird in der Literatur nunmehr behauptet, es verstoße gegen den **Gleichheitssatz des Art. 3 Abs. 1 GG,** wenn nur der Arbeitgeber von fliegendem Personal einer tariflichen Betriebsverfassung ausgesetzt sei.[9] Auch habe der Gesetzgeber seine eigene Einschätzung, der Flugbetrieb eigne sich nicht für die gesetzliche Betriebsverfassung, durch ihre ausdrückliche Zulassung selbst ad absurdum geführt.[10] Dies überzeugt nicht. Was den Umfang der Mitbestimmungsrechte angeht, so ist daran zu erinnern, dass diese auch im »Normalfall« des gesetzlichen Modells durch (erkämpfbare) Tarifverträge erweitert werden können.[11] Der einzige Unterschied besteht darin, dass im Falle des Abs. 2 über den Rahmen des § 3 Abs. 1 BetrVG hinaus eigenständige organisatorische Regelungen wie z. B. eine getrennte Vertretung von Cockpit und Kabine möglich sind, was angesichts des Kompromisscharakters von Tarifverträgen keine relevante Belastung (sondern eher eine Anpassung an betriebliche Strukturen und Traditionen) mit sich bringt. Auch das zweite Argument führt nicht weiter: Der Gesetzgeber hat seine Einschätzung geändert und hält nunmehr auch die gesetzliche Betriebsverfassung für grundsätzlich angemessen. Allerdings gibt er insoweit eine sehr weitgehende Öffnungsklausel, weil über § 3 BetrVG hinaus auch organisatorische Fragen anders als im Gesetz geregelt werden können. Damit sind **Regelungen** möglich gemacht, die **passgenau** den jeweiligen betrieblichen Verhältnissen entsprechen. Sie können auch so beschaffen sein, dass sie das BetrVG im Grundsatz übernehmen und nur bei einzelnen Fragen wie der Freistellung von Piloten eine Sonderregelung enthalten.[12]

2. Anforderungen an die Tarifverträge

10 Die Tarifnormen müssen einen betriebsverfassungsrechtlichen Charakter haben, also alle unter Abs. 2 fallenden AN einbeziehen. Würde sich der TV allerdings auch auf Personen erstrecken, die nicht zum fliegenden Personal gehören, würden die Tarifparteien ultra vires handeln; der TV wäre unwirksam.[13] Auch muss die tarifschließende Gewerkschaft für den gesamten Anwen-

---

1 *BAG* 14.10.86, AP Nr. 5 zu § 117 BetrVG 1972; GK-*Franzen*, Rn. 7.
2 *BAG* 13.6.96 – 2 AZR 547/95, NZA 96, 1168; *LAG Bremen* 16.6.95 – 4 Sa 274/93, ZTR 95, 465.
3 GK-*Franzen*, Rn. 6; *Fitting* Rn 3; *Grabherr*, NZA 88, 532; nunmehr auch HWGNRH-*Hess*, Rn. 6.
4 *Fitting*, Rn. 3.
5 *BAG* 20.2.01 – 1 ABR 27/00, NZA 01, 1089; zustimmend *Schmid/Sarbinowski*, NZA-RR 03, 113 [120].
6 A. a. O.
7 Für tarifliche Regelung der Abgrenzung zwischen fliegerischem und Bodenpersonal *M. Schmidt*, AE 2/19, 59.
8 S. 16. Aufl. § 117 Rn. 4 ff.
9 *Müller/Becker*, BB 19, 884.
10 *Vielmeier*, NZA 18, 1530, 1532.
11 Einl. Rn. 87 ff.
12 *Ludwig*, AE 2/19, 59; *Jacobs/Frieling*, FS 100 Jahre Betriebsverfassungsrecht, S. 243, 252 f.
13 So im Prinzip auch *Linsenmaier*, FS Preis, S. 759, 766.

dungsbereich ihres TV tarifzuständig sein.[14] Würde **nur für eine Gruppe** wie die Piloten oder das Kabinenpersonal ein **Tarif** abgeschlossen, würde die gesetzliche Regelung nicht verdrängt; andernfalls gäbe es weiterhin einen Teil der Belegschaft, der von der Betriebsverfassung und der Mitbestimmung ausgeschlossen wäre. Ob in einem solchen Fall die gesetzliche und die (nur für einen Teil geltende) tarifliche Mitbestimmung nebeneinander bestehen können, scheint bisher nicht erörtert zu sein, ist aber im Ergebnis abzulehnen. Von dem erwartbaren Aufwand abgesehen, hätte eine Gruppe ggf. eine Art Vetorecht, was nicht mit dem egalitären Charakter der Betriebsverfassung in Einklang zu bringen wäre. Dass die gesetzliche Regelung nicht durch einen nur für eine Gruppe geltenden TV verdrängt werden kann, wird nicht zuletzt auch daran deutlich, dass eine solche »Einzelgruppenvertretung« nach der Rechtsprechung des *BAG*[15] keine Regelungen vereinbaren kann, die über die Gruppenmitglieder hinaus wirksam sind.

Bestehen **für Cockpit und Kabine unterschiedliche Tarifverträge** und kommt es zu einer beide Bereiche erfassenden Stilllegung, so müssen die Verhandlungen über den Interessenausgleich mit beiden Repräsentationseinheiten abgeschlossen sein; andernfalls wären die Voraussetzungen des § 113 BetrVG erfüllt.[16] Auch in einer solchen Situation darf der AG keine vollendeten Tatsachen schaffen. **10a**

Die auf der Grundlage des § 117 Abs. 2 abgeschlossenen TV enthalten betriebsverfassungsrechtliche Normen und wirken deshalb nach § 3 Abs. 2 TVG auch **für und gegen nicht** oder anders **organisierte AN.**[17] Die tarifschließende Gewerkschaft muss allerdings nach ihrer Satzung für alle erfassten AN zuständig sein.[18] Unbedenklich zulässig ist es, die Beteiligungsrechte der Interessenvertretung in mehreren TV zu regeln, z. B. einen für soziale, einen für personelle und einen für wirtschaftliche Angelegenheiten abzuschließen. Schon nach früherem Recht konnten Beschäftigte mehrerer UN zusammengefasst werden. Auch ist es möglich, Interessenvertretungen für bestimmte Gruppen der im Flugbetrieb Beschäftigten (»Kabine«, »Cockpit«) vorzusehen, was zur Entstehung mehrerer Vertretungen führt. Dies hat allerdings den **Nachteil,** dass Mitwirkungs- und Mitbestimmungsrechte nur in Bezug auf solche **Betriebsänderungen** eingeräumt werden können, die ausschließlich die fragliche Gruppe betreffen.[19] Eine umfassendere Formulierung würde restriktiv interpretiert oder für unwirksam erklärt, da keine Beteiligungsrechte in Bezug auf AN eingeräumt werden können, die nicht in den Geltungsbereich des TV fallen.[20] Interessenausgleich und Sozialplan sind in solchen Fällen von allen vorhandenen Interessenvertretungen zu verhandeln, sofern der ganze Betrieb bzw. das ganze UN betroffen sind.[21] Sieht der AG oder der Insolvenzverwalter insoweit von Verhandlungen ab, schuldet er einen Nachteilsausgleich nach § 113.[22] **11**

Die schwierige Frage, was geschieht, wenn **zwei Gewerkschaften** je **unterschiedliche TV** vereinbaren, ist bisher nicht praktisch geworden, da man sich auf den Abschluss gleich lautender Verträge oder auf eine gemeinsame Unterschrift verständigt hat. Im Kollisionsfall würde man darauf abstellen müssen, welche Gewerkschaft die größere Zahl an Mitgliedern im Geltungsbereich des TV besitzt.[23] Ein von der Gewerkschaft X für das Kabinenpersonal durchgesetzter TV hat dann den Vorrang, wenn sie dort mehr Mitglieder als die Gewerkschaft Y besitzt. Bei unterschiedlichem Geltungsbereich – die Gewerkschaft X handelt für die Piloten und Copiloten, die Gewerkschaft Y zusätzlich noch für das sehr viel zahlreichere Kabinenpersonal – stößt das Mehrheitsprinzip auf Bedenken, doch ist eine andere Lösung nicht erkennbar, da sich die **12**

---

14 *Linsenmaier*, FS Preis, S. 759, 766.
15 21.1.20 – 1 AZR 149/19, NZA 21, 731 Rn. 52, bestätigt durch *BAG* 24.11.20 – 1 AZR 726/19, NZA-RR 21, 140.
16 *Linsenmaier*, FS Preis, S. 759, 767; anders *BAG* 21.1.20 – 1 AZR 149/19, AP Nr. 10 zu § 117 BetrVG 1972.
17 *GL*, Rn. 5.
18 *BAG* 14.1.14 – 1 ABR 66/12, NZA 14, 910.
19 *BAG* 21.1.20 – 1 AZR 149/19, AuR 20, 134.
20 *BAG* 21.1.20 – 1 AZR 149/19, AuR 20, 134.
21 S. den Fall *BAG* 26.4.07 – 8 AZR 695/05, AP Nr. 4 zu § 125 InsO.
22 *ArbG Berlin* 21.12.17 – 41 BV 13752/17, LAGE § 113 BetrVG 2001 Nr. 6.
23 Näher *Däubler*, Tarifvertragsrecht, Rn. 1482ff. Ebenso *Jacobs/Frieling*, FS 100 Jahre Betriebsverfassungsrecht, S. 243, 250.

Tarifnormen – anders als bei der »Tarifkollision« i. S. d. § 4a TVG – nicht nur auf die Mitglieder, sondern auf alle Arbeitnehmer erstrecken.

13 TV auf der Grundlage des § 117 Abs. 2 sind wie andere TV **erstreikbar.** Andernfalls wäre die Schaffung einer tariflichen Betriebsverfassung vom Wohlwollen der AG-Seite abhängig.[24]

14 Der tariflichen Gestaltung ist insoweit eine Grenze gezogen, als wegen des SprAuG **leitende Angestellte nicht** erfasst werden können. Sie sind auch im Bereich der Luftfahrtunternehmen auf die (freiwillige) Schaffung eines **SpA** verwiesen. Das SprAuG kennt keinen dem § 117 Abs. 2 entsprechenden Vorbehalt.[25] Ob ein Flugkapitän als leitender Angestellter zu qualifizieren ist, richtet sich nach seiner konkreten Funktion.[26] Für den Chefpiloten hat das *BAG* die Frage bejaht.[27]

3. Gestaltungsmöglichkeiten und ihre Grenzen

15 Den Tarifparteien steht es frei, **das BetrVG ganz** oder mit kleineren Modifikationen **zu übernehmen** (so etwa der TV über die Errichtung eines BR zwischen der Euro Berlin France und der ÖTV vom 13. 5. 1990, der sich auf Flugbegleiter und Flugbegleiterinnen beschränkte; entsprechende Abmachungen bestanden bei Aero Lloyd und Air Berlin sowie bei Britannia). Rechtlich bestehen aber auch keine Bedenken dagegen, sich von der organisatorischen Struktur des Gesetzes zu entfernen und beispielsweise ein Delegiertensystem nach italienischem Muster zu errichten.[28] Nach Auffassung des *BAG*[29] können die tariflich vorgesehenen Mitbestimmungsrechte hinter dem gesetzlichen Modell zurückbleiben, doch ist aus verfassungs- und unionsrechtlichen Gründen ein Mindeststandard zu wahren.[30] Allerdings sind nur solche Abweichungen erlaubt, die durch die Spezifik des Flugbetriebs bedingt sind – andernfalls läge eine gegen Art. 3 Abs. 1 GG verstoßende willkürliche Schlechterstellung im Vergleich zu allen übrigen AN vor. Dazu Stellung zu nehmen, hatte das *BAG* bislang keinen Anlass.

16 Nur ein wirksamer TV kann die gesetzliche Betriebsverfassung verdrängen.[31] Dies wäre bei dem jahrzehntelang bei Lufthansa und Condor praktizierten TV nicht der Fall,[32] der von einer extremen **Gruppeneinteilung** ausging, wie sie sonst nirgends in der gesamten Arbeitsrechtsordnung findet. Auf der untersten Ebene wurden insgesamt **6 selbstständige Gruppenvertretungen** gewählt: Für Kapitäne, Copiloten, Fluglehrer, Flugingenieure, Purseretten/Purser und Stewardessen/Stewards (§ 5 Abs. 1). Aus diesen Gruppenvertretungen wurde nach § 30 des TV die sog. **Gesamtvertretung** gebildet, die somit alle im Flugbetrieb beschäftigten AN repräsentierte. Die Gruppenvertretungen waren dort mit einer unterschiedlichen Zahl von Personen repräsentiert: Kapitäne und Copiloten stellten jeweils 4 Mitglieder, Flugingenieure 3, Flugnavigatoren und Fluglehrer jeweils 1. Purseretten und Purser waren mit 3, Stewardessen und Stewards mit 9 Personen vertreten. Anders als in einem GBR wurde nach § 39 Abs. 2 des TV nicht nach der Zahl der repräsentierten AN, sondern nach Köpfen abgestimmt. Dies bedeutete, dass das Cockpitpersonal über insgesamt 12 Stimmen (ohne den Vertreter der Fluglehrer) verfügte, während das Kabinenpersonal ebenfalls nur 12 Stimmen besaß. Dies führte zu einer **erstaunlichen Ungleichheit:** Die Mitglieder des Cockpits hatten das gleiche Stimmengewicht wie die 8–10-mal größere Gruppe des Kabinenpersonals. Dies wäre schon dann gravierend gewesen, wenn die **Gesamtvertretung** die vergleichsweise bescheidene Rechtsstellung eines GBR gehabt hätte; nach § 35 Abs. 2 des TV **konnte** sie jedoch mit Stimmenmehrheit **»die**

---

24 *Bayreuther*, NZA 10, 1265; GK-*Franzen*, Rn. 14; *GL*, Rn. 5; *Grabherr*, NZA 88, 534; *Jacobs/Frieling*, FS 100 Jahre Betriebsverfassungsrecht, S. 243, 247; *Schmid/Roßmann*, Rn. 519; *Weber*, S. 18.

25 *Hromadka/Sieg*, § 33 Rn. 8; *Löwisch*, SprAuG, § 33 Rn. 2.

26 *Hromadka/Sieg*, a. a. O.

27 *BAG* 25. 10. 89, DB 90, 1775.

28 Zu Letzterem ebenso GK-*Franzen*, Rn. 17.

29 5. 11. 85, AP Nr. 4 zu § 117 BetrVG 1972 Bl. 3 R.

30 *BAG* 17. 3. 15 – 1 ABR 59/13, AuR 15, 334 Tz. 32.

31 Eine BV genügt nach dem eindeutigen Gesetzeswortlaut nicht: *Jacobs/Frieling*, FS 100 Jahre Betriebsverfassungsrecht, S. 247.

32 **TV Personalvertretung** für das Bordpersonal vom 15. 11. 1972 i. d. F. des TV vom 25. 6. 1976 und des TV vom 29. 10. 1980, aufgehoben durch TV Personalvertretung Nr. 2 vom 3. Februar 2017.

Angelegenheit einer Gruppenvertretung an sich ziehen«, also eine ungeliebte Gruppenvertretung inhaltlich »austrocknen«. Bei der auf Konzernebene bestehenden Konzernvertretung setzte sich die **Bevorzugung des Cockpitbereichs** fort: Nach § 42 Abs. 2 des TV standen 4 Cockpitvertretern 3 Vertreter des Kabinenbereichs gegenüber. Auch dort wurde nach Köpfen abgestimmt (§ 49 Abs. 2 des TV).

Derartige Vorschriften erwecken – würden sie heute vereinbart – **erhebliche verfassungsrechtliche Bedenken,** da die Stimme eines Kapitäns im Vergleich zu der einer Stewardess den fünf- oder zehnfachen Erfolgswert hatte, wenn es um die Zusammensetzung des entscheidenden Organs, d.h. der Gesamtvertretung geht. Der **heute geltende TV vom 3. Februar 2017** trägt diesen Einwänden weitgehend Rechnung. Nunmehr existieren nach § 6a TV **nur noch zwei Gruppenvertretungen:** Die Vertretung **Kabine,** die von den Pursern und den Flugbegleitern gewählt wird, und die Vertretung **Cockpit,** die nach § 9 TV zu gleichen Teilen von den Kapitänen und den Copiloten gewählt wird. Die **Gesamtvertretung** besteht aus sechs Mitgliedern der Gruppe Cockpit und aus sechs Mitgliedern der Gruppe Kabine. Sie hat die **Rechte eines GBR,** kann also anders als in der Vergangenheit keine Angelegenheiten mehr an sich ziehen. Im Übrigen übernimmt der Tarifvertrag den Aufbau des BetrVG und weicht nur dort vom Gesetz ab, wo dies ausdrücklich festgelegt ist. Die **Mitbestimmungsrechte** entsprechen weitestgehend den im BetrVG vorgesehenen. Allerdings ist der **Erfolgswert einer Cockpit-Stimme** bei der Gesamtvertretung **immer noch höher** als der eines Angehörigen des Kabinenpersonals. Die bei politischen Wahlen anerkannten Grundsätze der Gleichheit und Allgemeinheit der Wahl gelten nach der Rspr. des BVerfG auch im Personalvertretungsrecht und bei den Wahlen zu den Vertretungsgremien der Sozialversicherungsträger.[33] Sie müssen auch hier beachtet werden. Verfassungskonforme Ausnahmen existieren bei den Wahlen zu Selbstverwaltungsorganen von Hochschulen sowie zu den richterlichen Präsidialräten; insoweit geht es aber um Lebensbereiche, die durch die Verfassung in spezifischer Weise vorstrukturiert sind.[34] Das Cockpitpersonal kann für sich keine vergleichbaren Befugnisse in Anspruch nehmen. Den Tarifparteien steht kein größerer Spielraum zu; sie müssen wie jeder andere Normgeber Gleichheitsgrundrechte beachten.[35] Eine gerichtliche Überprüfung scheitert anders als in der Vergangenheit nicht mehr an der Überlegung, dass die Beanstandung des TV zu einem »vertretungsfreien« Raum führen würde. Heute würde das gesetzliche Modell eingreifen. 17

Ein weiteres verfassungsrechtliches Bedenken ergab sich dadurch, dass § 9 Abs. 4 des alten TV für einen gültigen **Wahlvorschlag** die Unterschriften von **mindestens einem Zehntel** der wahlberechtigten Gruppenangehörigen verlangte, allerdings 50 Unterschriften auf alle Fälle ausreichen ließ. Wie das *BVerfG* im Zusammenhang mit PR-Wahlen entschieden hat, ist ein 10%-Quorum im Regelfall zu hoch.[36] Auch **50 Unterschriften** zu verlangen ist dann **unverhältnismäßig,** wenn eine ähnlich hohe Stimmenzahl bereits zu einem Sitz führt.[37] Da nach § 5 Abs. 2 des TV für jeweils angefangene 30 Angehörige einer Mitarbeitergruppe ein Mitglied zu wählen war, war diese Voraussetzung grundsätzlich erfüllt.[38] Bedenken erweckte schließlich § 2 Abs. 2 des alten TV, der lediglich solche AN ausklammerte, die als Dienststellenleiter auf Grund übertragener Führungsaufgaben zu Gesprächspartnern der Personalvertretungen berufen waren: Der Begriff des leitenden Angestellten, wie er dem § 5 Abs. 3 und 4 sowie dem SprAuG zugrunde liegt, ist ersichtlich nicht auf einen so engen Personenkreis beschränkt. Der **TV v. 3.2.2017** hat alle diese Bedenken gegenstandslos gemacht. Wie § 14 Abs. 5 Satz 1 BetrVG lässt er ein Zwanzigstel der wahlberechtigten Gruppenangehörigen genügen, wobei mindestens drei Wahlberechtigte den Vorschlag unterzeichnen müssen. In jedem Fall reicht die Unterzeichnung durch 50 wahlberechtigte Gruppenangehörige (§ 14 Abs. 3 TV). Leitende Angestellte sind nach § 1b Abs. 4 TV generell ausgenommen. 18

---

33 BVerfG 23.3.82, BVerfGE 60, 162, 167.

34 BVerfG, a.a.O., S. 169.

35 *BAG* 4.4.00 – 3 AZR 729/98, NZA 02, 917; etwas abschwächend *BAG* 29.8.01 – 4 AZR 352/00, NZA 02, 863; zum Diskussionsstand in der Literatur Däubler-*D. Ulber*, TVG, Einl. Rn. 554ff.

36 BVerfG 16.10.1984, BVerfGE 67, 369, 378.

37 BVerfGE, a.a.O., S. 379.

38 Ähnlich *J. Klein*, S. 477.

4. Nachwirkung

19 Die auf der Grundlage des § 117 Abs. 2 vereinbarten TV[39] beschäftigten die Rspr. nur relativ selten. Die 1987 erfolgte **Kündigung des TV Personalvertretung** (o. Rn. 16 f.) führte zu einer 30 Jahre dauernder Nachwirkung; auch das *BAG*[40] wandte ihn weiter an.[41] Nunmehr stellt Abs. 2 Satz 3 klar, dass auf TV für den Luftverkehr § 4 Abs. 5 TVG anzuwenden ist und deshalb grundsätzlich Nachwirkung eintritt. Auch solche nachwirkenden TV haben daher »Sperrwirkung« gegenüber dem gesetzlichen Modell.[42] Dafür spricht die Kontinuität der BR-Arbeit: Sie wäre entscheidend gestört, wenn mit dem Wirksamwerden einer Kündigung automatisch das Amt der bisherigen Interessenvertretung wegfallen und das gesetzliche Modell eingreifen würde. Der Verweis auf § 4 Abs. 5 TVG macht zugleich deutlich, dass dessen Grenzen auch hier gelten; den Tarifparteien steht es daher frei, die Nachwirkung auf einen bestimmten Zeitraum zu begrenzen oder völlig auszuschließen.[43] Andernfalls könnte eine »Versteinerung« eines TV eintreten, was der AG-seite entgegen kommt und was die AN-Seite mangels Streikbereitschaft nicht ändern kann. Möglich bleibt aber ein »Aufhebungstarifvertrag«, um so zur gesetzlichen Regelung zurückzukehren. Eine derartige Abmachung kann auch erstreikt werden. Erklärt eine Seite, **auf keinen Fall mehr einen neuen TV** zu wollen, endet das Mandat der aufgrund des Tarifs gewählten Gremien mit dem Auslaufen ihrer Wahlperiode.

5. Einzelfragen, insbes. des Lufthansa-TV

20 Die bisherige Rspr. zu den Beteiligungsrechten nach dem alten TV gilt grundsätzlich weiter, weil sich insoweit nichts Wesentliches geändert hat. Die aus § 99 übernommene Mitbestimmung bei Einstellungen erstreckt sich auch auf die **Beschäftigung von Leiharbeitnehmern und Fremdfirmenleuten,** und zwar auch dann, wenn ihr Einsatz auf ausländischen Strecken erfolgt, die von den Arbeitgeber-Flugzeugen bedient werden.[44] Die Rechtsbehelfe, die gesetzliche Interessenvertretungen bei einer Verletzung ihrer Rechte aus §§ 99 ff. besitzen, stehen den Gruppenvertretern auch ohne ausdrückliche tarifliche Garantie in gleicher Weise zu.[45] Die **Versetzung** von einem Konzernunternehmen in ein anderes kann ausschließlich von der Zustimmung der Konzernvertretung abhängig gemacht werden; soweit diese ihrerseits an die Zustimmung der Gesamtvertretung gebunden ist, hat dies nur internen Charakter.[46] Soll ein fluguntauglich gewordener Kapitän in den Landbetrieb versetzt werden, muss die Personalvertretung des fliegenden Personals zustimmen, soweit der einschlägige TV eine mit § 99 übereinstimmende Regelung enthält.[47] Dasselbe gilt bei einem wiederholten kurzfristigen Einsatz von Flugkapitänen als First Officer oder als Senior First Officer.[48] Die Änderung des Einsatzorts stellt grundsätzlich eine Versetzung dar,[49] was auch für das Beteiligungsrecht entsprechend § 99 BetrVG gilt. Ein dem **§ 15 KSchG entsprechender Kündigungsschutz** ergibt sich automatisch, da die Vertretung »BR« im Rechtssinne ist, kann jedoch zusätzlich auch tariflich vereinbart sein.[50] Den tariflichen Vertretungen stehen bei einer Verletzung ihrer Beteiligungsrechte

39 Überblick bei GK-*Franzen*, Rn. 19 ff.
40 16. 8. 95 – 7 AZR 103/95, AP Nr. 19 zu § 1 TVG Tarifverträge: Lufthansa.
41 Kritisch zur Nachwirkung *Schmid/Roßmann*, Rn. 527 ff., wenn auch ohne überzeugende Argumente. Wie die Rspr. GK-*Franzen*, Rn. 15.
42 *Ludwig*, BB 19, 180, 181.
43 *M. Schmidt*, AE 2/19, 60; *Jacobs/Frieling*, FS 100 Jahre Betriebsverfassungsrecht, S. 243, 250; a. A. *Ludwig*, BB 19, 180, 183.
44 *BAG* 10. 9. 85, AP Nr. 3 zu § 117 BetrVG 1972.
45 *HessLAG* 12. 2. 08 – 4 TaBV 241/07, AuR 08, 406. Vgl. weiter *BAG* 17. 3. 15 – 1 ABR 59/13, NZA-RR 15, 419.
46 *BAG* 10. 9. 85, AP Nr. 2 zu § 117 BetrVG 1972 Bl. 2; vgl. zur weiteren Entwicklung der Tarifpraxis GK-*Franzen*, Rn. 19.
47 *BAG* 22. 11. 05 – 1 ABR 49/04, NZA 06, 389, 392 = AP Nr. 7 zu § 117 BetrVG 1972.
48 *ArbG Frankfurt/M.*, 15. 12. 04 – 9 BV 426/03, AuR 05, 164.
49 *BAG* Urt. v. 21. 7. 90 – 9 AZR 404/08, NZA 09, 1369.
50 Dafür als entscheidende Rechtsgrundlage *LAG Frankfurt* 4. 10. 83, AuR 85, 29.

in gleicher Weise wie einem BR Unterlassungsansprüche zu.[51] Die Tarifparteien entscheiden frei darüber, ob sie auch für das fliegende Personal einen eigenen WA errichten wollen.[52] Die Bestellung zum Check- und Trainingskapitän stellt eine Versetzung dar.[53] Der zulässige Inhalt von Interessenausgleich und Sozialplan bestimmt sich nach denselben Grundsätzen wie bei § 112;[54] dasselbe gilt für Versetzungen bei Schließung von Stationierungsorten.[55] Zur Mitbestimmung über die Gestaltung des Flugplans s. *BAG*.[56] Enthält dieser eine Diskriminierung wegen (jüngeren) Alters, können die Benachteiligten keine Gleichbehandlung mit den Begünstigten verlangen, da sonst der Flugbetrieb zum Erliegen käme. Die fragliche Regelung ist unwirksam, notfalls besteht ein Arbeitsverweigerungsrecht, bis eine diskriminierungsfreie Regelung geschaffen ist.[57]

6. Ablösung des gesetzlichen Modells durch einen Tarifvertrag?

Anlass für die Neuregelung war die Situation, dass Beschäftigte ohne Vertretung blieben, weil kein TV erreichbar war und das gesetzliche Modell nicht eingriff. Das nunmehr geltende Recht ist jedoch so formuliert, dass es auch den Fall erfasst, dass zunächst auf der Grundlage der gesetzlichen Bestimmungen ein BR gewählt wird, dass sich die Tarifparteien jedoch **später für ein tarifliches Modell** entscheiden. Dieses hat – der Grundentscheidung des Abs. 1 Satz 2 entsprechend – dann effektiv den Vorrang. Fraglich ist nur, von welchem Moment an ein solcher Vorrang eintritt. Hier dürfte **§ 3 Abs. 4 BetrVG entsprechend** anwendbar sein: Der bisher bestehende BR darf seine Wahlperiode zu Ende führen, es sei denn, der TV würde eine abweichende Regelung treffen. Ist letzteres der Fall, endet das Mandat des bisherigen BR in dem Moment, in dem das Wahlergebnis der tariflichen Vertretung bekannt gegeben wird.[58] Werden mehrere tarifliche Gremien gewählt, kommt es auf den Zeitpunkt an, in dem die Wahlergebnisse aller neuen Gremien vorliegen. **21**

IV. Zusammenarbeit mit Betriebsrat/Gesamtbetriebsrat der Landbetriebe und Bildung einer gemeinsamen Interessenvertretung

Nach § 117 Abs. 2 Satz 2 kann die Zusammenarbeit mit den Vertretungen der in den Landbetrieben Beschäftigten tariflich geregelt werden; eine entsprechende Abmachung bedarf anders als früher nicht mehr der staatlichen Genehmigung. Bislang hat diese Bestimmung kaum Bedeutung erlangt. Ein praktisches Bedürfnis ist allerdings nicht von der Hand zu weisen. So hat etwa das *BAG*[59] ausdrücklich darauf hingewiesen, die Besetzung der Position eines Dienststellenleiters, der Verwaltungsaufgaben gegenüber dem fliegenden Personal wahrnimmt, aber seiner Tätigkeit wegen dem Landbetrieb zugerechnet wird, sei eine Angelegenheit, die auch die Gesamtvertretung interessieren müsse. **22**

Denkbar wäre die Bildung eines **gemeinsamen GBR bzw. KBR,** wobei der TV die organisatorischen Voraussetzungen und – im Rahmen des rechtlich Zulässigen – die Stimmengewichte festlegen müsste. Dies wird neuerdings von *Wiebauer*[60] bestritten; die tarifliche Vertretung des fliegenden Personals stehe außerhalb des BetrVG und könne deshalb auch keine gemeinsamen Gremien wie einen GBR bilden. Dem ist entgegen zu halten, dass bei Fehlen eines TV sehr wohl ein GBR oder KBR zu bilden ist. Es ist Sache der Tarifparteien zu entscheiden, wie weit sie sich **22a**

51 *HessLAG* 4.7.06 – 418 TaBV 46/05, AuR 07, 226.
52 *BAG* 5.11.85, AP Nr. 4 zu § 117 BetrVG 1972 Bl. 3 R.
53 *LAG Frankfurt*, NZA 92, 232.
54 *BAG* 17.9.91 – 1 ABR 23/91, DB 92, 229.
55 *BAG* 28.8.13 – 10 AZR 569/12, NZA-RR 14, 181.
56 7.11.00 – 1 ABR 28/00, NZA 02, 111; *BAG* 19.2.02 – 1 ABR 20/01, AuR 02, 438; *BAG* 17.9.13 – 1 ABR 37/12, NZA 14, 219.
57 *BAG* 14.5.13 – 1 AZR 44/12, NZA 13, 1160.
58 Ähnlich *Jacobs/Frieling*, FS 100 Jahre Betriebsverfassungsrecht, S. 243, 256 (»Beginn der Amtszeit des aufgrund TV gewählten BR«).
59 13.10.81 – 1 ABR 35/79, AP Nr. 1 zu § 117 BetrVG 1972 Bl. 3.
60 RdA 23, 160 ff.

von dem gesetzlichen Modell entfernen wollen. Sie können bei Bedarf die gesetzlichen Regeln des BetrVG generell übernehmen und ggf. nur bei Fragen der Arbeitszeit mit Rücksicht auf die Besonderheiten des Flugverkehrs eine Ausnahme machen. Warum sollte ein so errichteter BR keine Delegierten in einen GBR entsenden können? § 117 Abs. 2 Satz 2 spricht zwar nur von einer »Zusammenarbeit« zwischen der Vertretung des Boden- und der Vertretung des fliegenden Personals, doch hat dies keine begrenzende Wirkung mehr, seit es den Tarifparteien auch möglich ist, durch ausdrücklich Regelung oder durch Untätigkeit das gesamte BetrVG auf das fliegende Personal zu erstrecken.[61] Auch ein **gemeinsamer WA** kommt in Betracht. Weiter kann vorgesehen werden, dass die **Vertretung des fliegenden Personals** Delegierte **in einen KBR** entsendet, der bei der Mutter des Luftfahrt-UN besteht; diese haben dort notwendigerweise so viele Stimmen, wie sie Beschäftigte vertreten. Besteht eine (verfassungskonforme) Aufteilung in Gruppen, wie z. B. Cockpit und Kabine, so kann eine entspr. Vertretung im KBR vorgesehen werden. Besteht ein Konzern im Konzern (§ 54 Rn. 14 ff.), so kann eine Beteiligung auf allen Ebenen erfolgen. Ohne tarifliche Regelung ist es auf freiwilliger Grundlage möglich, dass der **GBR der Landbetriebe** auch **Angehörige des fliegenden Personals in den WA entsendet.**[62] Zulässig ist auch, dass die Vertretung des Bodenpersonals und die des fliegenden Personals gemeinsam mit dem AG einen Interessenausgleich vereinbaren, der vom BAG als »mehrgliedrige betriebsverfassungsrechtliche Vereinbarung« qualifiziert wurde.[63]

V. Niederlassungen ausländischer Fluggesellschaften im Inland

23 § 117 ist wie das übrige Betriebsverfassungsrecht auch auf die Niederlassungen ausländischer UN im Inland anwendbar (Einl. Rn. 234). Dies gilt auch dann, wenn sich der Leitungsapparat im Ausland befindet, sofern im Inland ein Betriebsteil nach § 4 Abs. 1 S. 1 besteht, der räumlich weit vom Hauptbetrieb entfernt ist oder eine gewisse Eigenständigkeit aufweist.[64] (Einl. Rn. 235), Ohne Bedeutung ist, ob die Arbeitsverträge der Beschäftigten deutschem oder ausländischem Recht unterliegen (Einl. Rn. 234).[65] § 24 Abs. 2 KSchG lässt die Existenz eines einzigen Flugzeugs genügen, das seine »Base« im Inland hat; einer betrieblichen Organisation bedarf es insoweit nicht. Sinngemäß gilt dies auch im Rahmen des § 117 Abs. 2; bisher sind entsprechende Tarifverträge niemals wegen fehlenden Inlandsbezugs beanstandet wurde. Tarifverträge nach § 117 Abs. 2 sind Teil der Betriebsverfassung, so dass insoweit deutsches Recht anwendbar ist.[66] Dasselbe gilt für einen um einen solchen Tarifvertrag geführten Streik.[67]

VI. Besonderheiten der gesetzlichen Betriebsverfassung

24 Existiert kein TV, kann auch das fliegende Personal einen BR wählen. Dabei stellt sich das Problem, wie die **Einheit »Betrieb« zu bestimmen** ist, in der die Wahl stattfinden muss. Grundsätzlich geschieht dies in gleicher Weise wie im sonstigen Anwendungsbereich des BetrVG.

---

61 Für die tarifliche Schaffung einer Gesamtvertretung des gesamten Personals *LAG Düsseldorf* 26.11.20 – 11 TaBV 56/20, AuR 21, 140. Dabei ist allerdings auf die Tarifzuständigkeit der beteiligten Gewerkschaften zu achten. Die Entscheidung wurde allerdings nicht rechtskräftig, da die Vorinstanz ihren Beschluss nicht verkündet hatte und das *BAG* (17.8.22 – 7 ABR 3/21, NZA 23,125) deshalb den Rechtsstreit an das ArbG zurückverwies.

62 *BAG* 5.11.85 – 1 ABR 56/83, AP Nr. 4 zu § 117 BetrVG 1972 Bl. 3. Ebenso *Wiebauer,* RdA 23, 160, 165.

63 *BAG* 26.4.07 – 8 AZR 695/05, NZA 08, 72, bestätigt durch *BAG* 21.1.20 – 1 AZR 149/19, NZA 21, 731 Rn. 57. Dazu auch *Linsenmaier*, FS Preis, S. 759, 779 f.; *Wiebauer*, RdA 23, 160, 164.

64 § 4 Abs. 1 S. 1 ist übersehen bei *Pietzcker*, BB 20, 1273 ff.

65 Befindet sich die Base im Inland, findet im Regelfall trotz Wahl einer ausländischen Rechtsordnung zwingendes deutsches Arbeitsrecht nach Art. 8 Rom I-VO Anwendung. Dazu gehören auch die Regeln über das Direktionsrecht; eine Versetzung ins Ausland (konkret: von Nürnberg nach Bologna) ist deshalb nur nach Abwägung der beiderseitigen Interessen zulässig. Dazu *BAG* 30.11.22 – 5 AZR 336/21, DB 23, 1355.

66 *Bayreuther*, NZA 10, 265.

67 Däubler-*Däubler*, Arbeitskampfrecht, § 32 Rn 2, 50 (Auseinandersetzungen bei EasyJet).

Für die Übernahme des **§ 24 Abs. 2 KSchG,** der den gesamten Flugbetrieb eines UN als einen Betrieb betrachtet, besteht kein Anhaltspunkt.

Eine Besonderheit besteht insoweit, als der **Betrieb auf den Bereich des Abs. 2 beschränkt** ist. Zwar wäre es denkbar, dass ein einheitlicher Leitungsapparat sowohl für »Landbetriebe« im Sinne des Abs. 1 wie auch für »Flugbetriebe« im Sinne des Abs. 2 besteht, doch hätte dies vermeidbare Friktionen zur Folge: Würde das fliegende Personal zu einem tariflichen System wechseln (oben Rn. 21), würde der in beiden Teilen gewählte BR seine Grundlage verlieren. Die Angehörigen des Landbetriebs stünden ohne Vertretung da. Auch spricht die vom Gesetzgeber benutzte Terminologie («Landbetriebe«, »Flugbetrieb«) gegen die Existenz von »Querschnittsbetrieben«. Schließlich würden sich dadurch Friktionen ergeben, dass die Landbetriebe in der Regel bereits BRe besitzen, so dass es zweifelhaft wäre, ob und wann die neue »Teilbetrieb« seinerseits an Wahlen teilnehmen könnte.[68] **25**

Gibt es eine **einheitliche Leitung in sozialen und personellen Angelegenheiten** für das gesamte fliegende Personal, so liegt an sich wie im Fall des § 24 Abs. 2 KSchG ein einheitlicher Betrieb vor. Dabei sollte man aber die Vorschrift des § 4 Abs. 1 Nr. 1 BetrVG nicht übersehen, die bei räumlich weiter Entfernung (die zwischen verschiedenen Standorten liegen kann) die Wahl eines **BR auch in Betriebsteilen** vorsieht. Existieren verschiedene Standorte mit eigenen Entscheidungsbefugnissen, ist sowieso von mehreren Betrieben auszugehen. Meist wird es sich dabei um einzelne Flughäfen handeln.[69] Das *ArbG Berlin*[70] hat **deutsche »Stationen« ausländischer Fluggesellschaften** auch dann für betriebsratsfähig im Sinne des neuen Rechts erklärt, wenn die Dienstplanung zentral vom Ausland aus erfolgt und es keinen Stationsleiter gibt. **26**

Da die Neuregelung erst am 1. 5. 2019 in Kraft getreten ist, existieren erst von diesem Zeitpunkt an wahlberechtigte Personen. Dies bedeutet, dass **Wahlvorbereitungen** wie die Installierung eines Wahlvorstands **nicht schon früher** zulässig waren.[71] Wird ein TV geschlossen, bevor die Wahl stattgefunden hat, kommt diesem der Vorrang zu. Erst nach Bekanntmachung des Wahlergebnisses für einen auf gesetzlicher Grundlage gewählten BR ist der Tarifvorrang in der oben (Rn. 21) beschriebenen Weise beschränkt. **27**

Der Neuregelung wird in der Literatur[72] entgegen gehalten, die gesetzlichen Lösungen würden auf einen Luftfahrtbetrieb nicht passen. Eine **Arbeitsbefreiung nach § 37 Abs. 2** komme während des Dienstes am Boden und insbesondere an Bord nicht in Betracht; auch **verliere** ein nach § 38 **frei gestellter Pilot** nach kurzer Zeit seine **Lizenz.** Dies ist richtig, aber das Gesetz ist flexibler als seine Kritiker: Das BR-Mitglied muss aus betriebsbedingten Gründen außerhalb seiner individuellen Arbeitszeit tätig werden, wofür § 37 Abs. 3 ausdrücklich einen Anspruch auf Freizeitausgleich innerhalb eines Monats und notfalls eine Überstundenvergütung vorsieht. Eine volle Freistellung kommt für Piloten in der Tat nicht in Betracht, doch kennt das Gesetz auch Teil-Freistellungen, die so bemessen sein können, dass die Lizenz nicht in Gefahr gerät. **28**

Weiter wird darauf verwiesen, der **Arbeitseinsatz** werde **standortübergreifend** organisiert, die geplanten »Umläufe« würden mehrere Tage dauern und der **Arbeitsort wechsle dauernd,** da die Einzelnen auf unterschiedlichen Flugzeugen eingesetzt würden.[73] Auch dies mag alles richtig sein, kann jedoch beim grenzüberschreitenden Lkw-Verkehr und in anderen Bereichen wie z. B. dem Außendienst in gleicher Weise auftreten, ohne dass dort die Anwendbarkeit des BetrVG in Zweifel gezogen würde. Auch der Einsatz von Eisenbahnern im Fernverkehr ist nicht auf einen bestimmten Standort beschränkt. Schließlich ist auf **§ 95 Abs. 3 Satz 2** zu verweisen, der das Vorliegen einer (mitbestimmten) Versetzung dann ausschließt, wenn die Tätigkeit üblicherweise nicht ständig an einem bestimmten Arbeitsplatz erfolgt. Die Anwendung der §§ 111 ff. wirft ebenfalls keine relevanten Probleme auf; bei kleinen Fluggesellschaften kann daher die Außerdienststellung eines einzigen Flugzeugs durchaus eine Betriebseinschränkung **29**

---

68 Anders *Gaul*, FS 100 Jahre Betriebsverfassungsrecht, S 143, 153; *Linsenmaier*, FS Preis, S. 759, 765; *Wiebauer*, RdA 23, 160.
69 *Gaul*, FS 100 Jahre Betriebsverfassungsrecht, S. 152.
70 7. 2. 19 – 41 Ca 4536/18, ZIP 19, 836.
71 *Müller/Becker*, BB 19, 884, 886.
72 *Ludwig*, BB 19, 180, 182.
73 *Ludwig*, BB 19, 180, 182.

darstellen.[74] Der Anwendung des BetrVG stehen daher keine gravierenden Hindernisse entgegen.

VII. Unternehmensmitbestimmung

30 § 88 Abs. 4 BetrVG 1952 hatte die Angehörigen des fliegenden Personals auch von der Vertretung im AR nach §§ 76, 77 BetrVG 1952 ausgenommen. Da § 88 Abs. 4 aber nicht mehr gilt, ist dieser »mitbestimmungsfreie Raum« hinfällig geworden. Auch das MitbG kennt keine Ausnahme zu Lasten der im Flugbetrieb Beschäftigten, so dass sie bei den Wahlen zum AR **volles Stimmrecht** besitzen.[75] Gleiches gilt im Anwendungsbereich des Drittelbeteiligungsgesetzes. Auch das SprAuG kennt keine Ausnahme in Bezug auf das fliegende Personal.[76]

VIII. Streitigkeiten

31 Verfahrensrechtlich steht die tariflich geschaffene Interessenvertretung des fliegenden Personals einem BR bzw. GBR und KBR gleich: Über ihre Rechte und Pflichten kann im **Beschlussverfahren** entschieden werden,[77] sie ist dort beteiligtenfähig.[78] Auch die Literatur vertritt einhellig diese Auffassung.[79] Dem entspricht es, dass in der normalen Betriebsverfassung tariflich begründete BR-Befugnisse im Wege des Beschlussverfahrens durchgesetzt werden können. Die Voraussetzungen für die Beteiligung an einem konkreten Verfahren sind die allgemeinen; besteht etwa nur ein internes Zustimmungsrecht gegenüber der Konzernvertretung, ist eine Beteiligung am Beschlussverfahren nicht möglich.[80] Die »Gesamtvertretung« nach dem bisherigen TV Personalvertretung der Lufthansa war keinem GBR vergleichbar, so dass das ArbG Frankfurt und nicht das für den Unternehmenssitz zuständige ArbG Köln zur Entscheidung berufen war.

Dritter Abschnitt
Tendenzbetriebe und Religionsgemeinschaften

§ 118 Geltung für Tendenzbetriebe und Religionsgemeinschaften

(1) Auf Unternehmen und Betriebe, die unmittelbar und überwiegend
1. politischen, koalitionspolitischen, konfessionellen, karitativen, erzieherischen, wissenschaftlichen oder künstlerischen Bestimmungen oder
2. Zwecken der Berichterstattung oder Meinungsäußerung, auf die Artikel 5 Abs. 1 Satz 2 des Grundgesetzes Anwendung findet,

dienen, finden die Vorschriften dieses Gesetzes keine Anwendung, soweit die Eigenart des Unternehmens oder des Betriebs dem entgegensteht. Die §§ 106 bis 110 sind nicht, die §§ 111 bis 113 nur insoweit anzuwenden, als sie den Ausgleich oder die Milderung wirtschaftlicher Nachteile für die Arbeitnehmer infolge von Betriebsänderungen regeln.
(2) Dieses Gesetz findet keine Anwendung auf Religionsgemeinschaften und ihre karitativen und erzieherischen Einrichtungen unbeschadet deren Rechtsform.

---

74 *M. Schmidt*, AE 2/19, 59; a. A. *Ludwig*, AE 2/19, 59.
75 *GL*, Rn. 1.
76 GK-*Franzen*, Rn. 2.
77 *BAG* 10.9.85, AP Nr. 3 zu § 117 BetrVG Bl. 2 R.
78 *BAG* 5.11.85, AP Nr. 4 zu § 117 BetrVG 1972, bestätigt durch *BAG* 22.11.05 – 1 ABR 49/04, NZA 06, 389, 391.
79 GK-*Franzen*, Rn. 24; *GL*, Rn. 9; HWGNRH-*Hess*, Rn. 116 ff.
80 *BAG* 10.9.85, AP Nr. 2 zu § 117 BetrVG 1972 Bl. 2.

Inhaltsübersicht

I. Vorbemerkungen

1 Die Vorschrift sieht vor, dass in UN und Betrieben **mit bestimmten geistig-ideeller Zielsetzung** die Beteiligungsrechte des BR Einschränkungen unterworfen werden **(Abs. 1). Religionsgemeinschaften und ihre karitativen und erzieherischen Einrichtungen** werden vom Geltungsbereich des Gesetzes ausgenommen **(Abs. 2).** Gegenüber dem früheren Recht (§ 81 BetrVG 1952) bedeutet die Vorschrift eine wesentliche Einschränkung des Ausnahmetatbestands zugunsten des BR. Dies wird insbes. dadurch deutlich, dass nur noch UN und Betriebe unter die Tendenzbestimmung fallen, die die in Abs. 1 genannten Bestimmungen oder Zwecke **»unmittelbar und überwiegend«** verfolgen. Um eine unsachgemäße Ausweitung der Sondervorschrift zu vermeiden, ist der in § 81 BetrVG 1952 enthaltene Hinweis auf »ähnliche Bestimmungen« gestrichen worden.[1] Es handelt sich somit um eine **eng auszulegende Ausnahmeregelung,** deren Katalog abschließend ist.[2] Eine analoge Anwendung dieser Ausnahmevorschrift entfällt.[3] Da der in Abs. 1 enthaltene Tendenzschutz AG die Verwirklichung ihrer Ziele nach eigenen Vorstellungen ermöglichen soll, ist die Regelung **abdingbar,** insbesondere durch einen Haus-TV.[4]

1a Der **DGB-Entwurf** für ein modernes Betriebsverfassungsgesetz[5] **beschränkt den Anwendungsbereich** der Vorschrift auf Religionsgemeinschaften einschließlich ihrer Einrichtungen

---

1 *Fitting,* Rn. 5; vgl. auch *BAG* 21.6.89, NZA 90, 402.

2 *Fitting,* Rn. 3; HaKo-BetrVG/*Lakies,* Rn. 7; weiter MünchArbR-*Matthes,* § 364 Rn. 2, der zwar von einer Ausnahmeregelung spricht, die Notwendigkeit einer engen Auslegung aber nicht sieht.

3 *Fitting,* a. a. O.; *Frey,* S. 79; HWGNRH-*Hess,* Rn. 15; MünchArbR-*Matthes,* a. a. O.; *Weber,* NZA-Beilage 3/89, S. 2; HaKo-BetrVG/*Lakies,* Rn. 4; nunmehr wohl auch GK-*Weber,* Rn. 39; a. A. *ArbG Berlin* 25.11.77, AP Nr. 9 zu § 118 zum BetrVG 1972; Richardi-*Forst,* Rn. 49; im Ergebnis wohl auch ErfK-*Kania,* Rn. 4.

4 HaKo-BetrVG/*Lakies,* Rn. 3; WP-*Bender,* Rn. 5.

5 AuR Sonderausgabe April 2022, S. 70.

sowie den Ausschluss von Mitbestimmungsrechten auf **verkündungsnahe Tätigkeiten.** Die im BetrVG enthaltenen Mitwirkungs- und Beratungsrechte bleiben unberührt. Einschränkungen für Tendenzbetriebe lässt der DGB-Entwurf nicht mehr zu.

2 Die **Ausnahmebestimmung** des Abs. 1 gilt nur für UN und Betriebe, deren Zwecke nicht wirtschaftlicher, sondern ideeller Art sind (vgl. im Übrigen Rn. 21ff.).[6] Mit der Neufassung der Tendenzbestimmung sollte eine ausgewogene Regelung zwischen dem **Sozialstaatsprinzip und den Freiheitsrechten der Tendenzträger** gefunden werden.[7] Dies ist durch die Neufassung des Gesetzes nicht gelungen, da die vom Sozialstaatsgedanken getragenen Beteiligungsrechte der AN nach wie vor unverhältnismäßig eingeschränkt wurden, wie nicht zuletzt die Rspr. des *BAG* beweist (vgl. im Übrigen Rn. 74 ff.).[8]

3 Der Hinweis auf das GG in Abs. 1 bedeutet nicht, dass die Vorschrift **verfassungsrechtlich** geboten wäre.[9] Dies gilt auch für die in Abs. 2 angesprochenen Religionsgemeinschaften. Zwar garantiert Art. 140 GG i. V. m. Art. 137 WRV den Religionsgemeinschaften Selbstständigkeit hinsichtlich der Verwaltung ihrer Angelegenheiten. Diese Gewährleistung steht aber gemäß Art. 137 Abs. 2 WRV unter dem Schrankenvorbehalt des »für alle geltenden Gesetzes«, wozu auch Regelungen über die organisatorischen Bedingungen der Zusammenarbeit mit AN, wie sie im BetrVG enthalten sind, gehören (im Übrigen Rn. 123 ff.).[10] Entgegen der Auffassung des BAG[11] bestehen gegen den Ausschluss der Mitwirkungsrechte des BR in wirtschaftlichen Angelegenheiten gemäß Abs. 1 Satz 2 erhebliche verfassungsrechtliche Bedenken (vgl. im Übrigen Rn. 65 ff.).[12]

4 Eine **Beteiligung von AN-Vertretern im AR** ist ausgeschlossen. Für UN, die unter das MitbG fallen, ergibt sich dies aus § 1 Abs. 4 MitbG, der im Übrigen wörtlich mit § 118 Abs. 1 übereinstimmt. Für UN, die noch unter die Regelungen der §§ 76 ff. BetrVG 1952 fallen, gilt nach § 129 Abs. 1 der noch weiter gehende Tendenzbegriff des § 81 BetrVG 1952 fort.[13]

5 Ein **EBR** wird gemäß § 34 EBRG auch in Tendenzbetrieben gebildet. Das Spektrum der zu seinen Gunsten bestehenden Informations- und Anhörungsrechte ist jedoch eingeschränkt (vgl. ausführlich Anh. 2, § 34 EBRG Rn. 1 ff.).

II. Tendenzunternehmen und -betriebe (Abs. 1)

1. Begriffspaar »unmittelbar und überwiegend«

6 UN bzw. Betriebe fallen unter diese Vorschrift, wenn sie **unmittelbar und überwiegend** den in Nrn. 1 und 2 abschließend aufgeführten Zwecken dienen.[14] **Beide Voraussetzungen** müssen kumulativ vorliegen.[15] Durch die Einführung dieses Begriffspaares wird der Ausnahmecharakter der Vorschrift betont.[16] Nach der Rspr.[17] soll es jedoch weder tendenzschädlich sein, wenn ein UN mehreren in Abs. 1 genannten Bestimmungen bzw. Zwecken dient, noch soll es auf die Motivation (persönliche Einstellung) des UN und darauf ankommen, ob der UN es

6 GK-*Weber,* Rn. 49 ff.; einschränkend MünchArbR-*Matthes,* § 364 Rn. 4.
7 Bericht des BT-Ausschusses für Arbeit und Sozialordnung zu BT-Drucks. VI/2729, S. 17.
8 Vgl. z. B. *BAG* 7. 11. 75, AP Nr. 3 zu § 99 BetrVG 1972, 14. 11. 75, 19. 5. 81, 13. 1. 87, AP Nrn. 5, 21, 33 zu § 118 BetrVG 1972, 13. 6. 89, AP Nr. 36 zu § 87 BetrVG 1972 Arbeitszeit.
9 *WW,* Rn. 2; *Arndt/Ebsen,* AuR 77, 161 ff.; *Weiss/Weyand,* AuR 90, 33 [34 f.]; a. A. *BVerfG* 6. 11. 79, AP Nr. 14 zu § 118 BetrVG 1972; Richardi-Forst, Rn. 3, 14 ff.; MünchArbR-*Matthes,* § 364 Rn. 3.
10 Vgl. *WW,* Rn. 56; a. A. Richardi-*Forst,* Rn. 185 ff.
11 Vgl. 14. 11. 75, 7. 4. 81, AP Nrn. 5, 16 zu § 118 BetrVG 1972.
12 *Ihlefeld,* AuR 75, 234 f.; *ders.,* RdA 77, 224, *ders.,* AuR 78, 348; *ArbG Berlin* 25. 11. 77, AP Nr. 9 zu § 118 BetrVG 1972; offengelassen *LAG Berlin* 7. 6. 78, AuR 78, 346; *Däubler,* Das Arbeitsrecht 1, Rn. 1180 ff.; *WW,* Rn. 4; wie *BAG* a. A. *Fitting,* Rn. 43; HWGNRH-*Hess,* Rn. 3; MünchArbR-*Matthes,* § 365 Rn. 3.
13 *Fitting,* Rn. 1 ff., 10; vgl. Richardi-*Forst,* Rn. 174, der dafür eintritt, § 81 Abs. 1 BetrVG 1952 nach den Grundsätzen des § 118 Abs. 1 auszulegen.
14 Zur Darlegung durch den AG DKWF-*Wedde,* § 118 Rn. 6; Beispiele bei *Jansen., AiB 2/17, 27 ff.*
15 Richardi-*Forst,* Rn. 32; *Ihlefeld,* AuR 75, 234 ff.; *Noll,* S. 86.
16 Bericht des BT-Ausschusses für Arbeit und Sozialordnung zur BT-Drucks. VI/2729 S. 17.
17 *BAG* 31. 10. 75, 14. 11. 75, AP Nrn. 3, 5 zu § 118 BetrVG 1972.

lediglich betreibt, um Gewinne zu erzielen (Rn. 21ff.). Nicht die persönliche Einstellung des UN, sondern die Art (der Tendenzzweck) des UN soll die Tendenzeigenschaft begründen.[18]

Unmittelbarkeit ist gegeben, wenn der UN-Zweck selbst auf die Tendenz ausgerichtet und nicht nur nach seiner wirtschaftlichen Tätigkeit geeignet ist, den eigentlichen Tendenzbetrieb zu unterstützen.[19] Es muss sich folglich um eine Verbindung oder Beziehung zwischen zwei Punkten handeln, die nicht durch ein dazwischengeschaltetes Glied unterbrochen ist.[20] Die Verbindung zwischen Tendenzträgern und Tendenzunternehmen darf nicht über Dritte vermittelt werden.[21] Das UN (der Betrieb) muss **selbst (eigene) geistig-ideelle Zielsetzungen** der in Abs. 1 genannten Art verwirklichen, um Tendenz-UN zu sein.[22] Ebenso wenig genügt es, wenn entsprechende geistig-ideelle Aufgaben lediglich dazu dienen, einen anderen, nicht tendenzgeschützten UN-Zweck zu fördern.[23] 7

Werden z. B. eine Druckerei und ein Verlag als rechtlich selbstständige UN geführt, ist die Druckerei selbst dann nicht als Tendenz-UN – sondern im Ergebnis als **Lohndruckerei** (vgl. im Übrigen Rn. 54) – anzusehen, wenn Personenidentität hinsichtlich der Organmitglieder (Geschäftsführer) und Gesellschafter gegeben ist und die Kapazität der Druckerei zu über 90 v. H. oder gar zu 100 v. H. vom Verlag in Anspruch genommen wird.[24] Entsprechendes gilt für alle anderen rechtlich verselbstständigten bisherigen Abteilungen, wie Weiterverarbeitung, Zeitungszustellung usw., sofern sie keine eigene »Tendenz« verfolgen.[25] Nicht der Tendenzbestimmung unterliegen UN, die lediglich eine vorgegebene Tendenz technisch verarbeiten, ohne sie selbst zu gestalten oder gestalten bzw. direkt beeinflussen zu können.[26] Ein »Tendenzschutz« ist nur dort erforderlich, wo die **Tendenz selbst verwirklicht** wird; maßgeblich ist, jedenfalls im Regelungsbereich des Abs. 1 Nr. 2, die Ausrichtung auf den intellektuellen Anteil an dem Produkt.[27] Allein die Tatsache, dass ein Betrieb/UN die Existenz eines Tendenz-UN wirtschaftlich erst ermöglicht, begründet keinen Tendenzcharakter.[28] Erst recht reicht eine bloße Zuarbeiter-, Zuliefer- oder Hilfsfunktion nicht aus (vgl. Rn. 6 f.).[29] 8

Überwiegend bedeutet, dass die Produktion/Kapazität bzw. der Umfang der Tätigkeit/des Personaleinsatzes des UN/Betriebs (sog. Misch-UN/Misch-Betrieb) **zu mehr als 50 v. H. für eigene, geistig-ideelle Zielsetzungen** (»tendenzgeschützte Aufgaben«) ausgelastet sein bzw. erbracht werden muss (zu **Tendenzgemeinschaftsbetrieben** vgl. Rn. 15 f.).[30] 9

Durch die Aufnahme des Begriffs »überwiegend« hat der Gesetzgeber der **»Geprägetheorie«**,[31] die allein auf qualitative Merkmale abstellt, eine klare Absage erteilt.[32] 10

---

18 *BAG* 14.11.75, a. a. O.; 1.9.87, AP Nr. 11 zu § 101 BetrVG 1972 mit Anm. *Fabricius;* 29.5.70, AP Nr. 13 zu § 81 BetrVG.

19 *BAG* 31.10.75, 30.6.81, AP Nrn. 3, 20 zu § 118 BetrVG 1972; 15.2.80, EzA § 118 1972 Nr. 45 mit Anm. *Henssler;* ErfK-*Kania,* Rn. 6; *Fitting,* Rn. 13 f.; *Noll,* S. 86 f.; enger Richardi-*Forst,* Rn. 33, nur »eigene Tendenzverfolgung«.

20 *Frey,* S. 42; GK-*Weber,* Rn. 62, 68 f.

21 HWGNRH-*Hess,* Rn. 9.

22 *BAG* 31.10.75, a. a. O.; 21.6.89, NZA 90, 402.

23 *BAG* 21.6.89, a. a. O.

24 *BAG* 31.10.75, 30.6.81, a. a. O.; *LAG Berlin* 7.4.76 – 6 TaBV 1/76.

25 Zu Zustellungsbetrieben vgl. *BVerfG* 29.4.03 – 1 BVR 62/99, NZA 03, 864.

26 *BAG,* a. a. O.

27 *BAG,* a. a. O.; HWGNRH-*Hess,* Rn. 9.

28 *GL,* Rn. 38; HWGNRH-*Hess,* a. a. O.

29 *WW,* Rn. 9; MünchArbR-*Matthes,* § 364 Rn. 39 f.

30 So im Ergebnis *BAG* 21.6.89, NZA 90, 402; vgl. ferner 31.10.75, AP Nr. 3 zu § 118 BetrVG 1972; 27.7.93 – 1 ABR 11/93, NZA 94, 329; ErfK-*Kania,* Rn. 7; *Fitting,* Rn. 6, 13; *Blanke,* AiB 86, 205 [206 f.]; MünchArbR-*Matthes,* § 364 Rn. 35; *Oldenburg,* NZA 89, 412 [415]; *Wedde,* DB 94, 730 [733]; a. A. Richardi-*Forst,* Rn. 34 ff., 85; *GL,* Rn. 46 f.; HWGNRH-*Hess,* Rn. 11; *Mayer-Maly,* AfP 72, 196; *ders.,* BB 73, 761 [763]; *Schulin,* Anm. zu EzA § 118 BetrVG 1972 Nr. 10. *Weber,* NZA-Beilage 3/89, S. 4, die auf die »Geprägetheorie« abstellen.

31 Vgl. GK-*Weber,* Rn. 67.

32 Vgl. *BAG* 31.10.75, AP Nr. 3 zu § 118 BetrVG 1972; 21.6.89, NZA 94, 402; *Fitting,* Rn. 6, 13; ErfK-*Kania,* Rn. 7; *Bauer/Lingemann,* NZA 95, 831, 814; *Ihlefeld,* AuR 75, 237; a. A. HWGNRH-*Hess,* Rn. 11, Richardi-*Forst,* Rn. 34 ff.

11 Die »**Prägetheorie**« **widerspricht** dem Sinn des Wortes »**überwiegend**« und dem mit der Einführung der Tatbestandsmerkmale »unmittelbar und überwiegend« erkennbar verfolgten gesetzgeberischen Zweck, die Voraussetzungen des »Tendenzschutzes« näher zu präzisieren und den Anwendungsbereich der Bestimmung als Ausnahmevorschrift einzugrenzen.[1] Zufallsergebnisse lassen sich bei einem quantitativen Verständnis des Merkmals »überwiegend« vermeiden.[2] Bei Tendenz-UN, deren Tendenzanteil um die 50-Prozent-Grenze pendelt, ist die Frage des Überwiegens nicht mittels einer Momentaufnahme, z. B. Zeitpunkt der letzten mündlichen Verhandlung vor dem *LAG,* sondern durch einen **längeren Betrachtungszeitraum,** z. B. letztes Wirtschaftsjahr, festzustellen.[3] Nur in den Fällen, in denen die quantitativ-numerische Betrachtungsweise ausnahmsweise nicht zu einem eindeutigen Ergebnis führt, kann zusätzlich auf die Prägetheorie zurückgegriffen werden.[4]

12 Das *BAG* hat sich der Auffassung angeschlossen, dass für die **Feststellung des Übergewichts** eine **quantitativ-numerische Betrachtungsweise** maßgebend ist.[5] Es stellt z. B. darauf ab, dass auch die technischen Abteilungen des Betriebs (Druckerei) den Tendenzzwecken dienen müssen und nicht etwa überwiegend mit anderen Druckaufträgen ausgelastet sein dürfen, womit offenbar die Kapazitätsauslastung gemeint ist. Ist dies der Fall, kann ein Presse-UN, bei dem Verlag und Druckerei **ein einheitliches UN/Betrieb** bilden, nur unter Abs. 1 Nr. 2 fallen, wenn der Verlag seiner Bedeutung, insbes. seiner AN-Zahl nach gleichwohl gegenüber der Druckerei das Übergewicht hat, wobei es auf ein zahlenmäßiges Übergewicht von sog. Tendenzträgern (vgl. Rn. 56 ff.) nicht ankommt.[6]

13 Ob das Kriterium »überwiegend« durch **ein UN oder einen Betrieb** erfüllt wird, lässt sich nicht anhand von **Umsatz- oder Gewinnzahlen** feststellen,[7] da diese Daten regelmäßig von Zufälligkeiten, z. B. der Marktsituation, abhängen.[8] Geeignete Maßstäbe zur Feststellung der überwiegenden Bestimmung eines Misch-UN/Misch-Betriebs ergeben sich daraus, in welcher Größenordnung das UN die **Produktionskapazitäten** seiner technischen Betriebe/Betriebsteile[9] auslastet bzw. sein Personal und seine sonstigen Mittel zur Verwirklichung seiner tendenzgeschützten und seiner nicht tendenzgeschützten Ziele regelmäßig einsetzt. Dabei kommt es nicht auf die Zahl der AN an, sondern auf die **Arbeitszeitmenge,** die regelmäßig zur Erreichung der verschiedenen UN-Ziele verwendet wird.[10]

14 **Privatwirtschaftliche Rundfunksender** dienen nach der Rspr.[11] dann überwiegend Zwecken der Berichterstattung und Meinungsäußerung, wenn das Programm lediglich 40 % Musiksendungen enthält, für die die Mitarbeiter der Technik verantwortlich sind, im Übrigen das Programm aus 10 % Wort- und aus 50 % moderierten Musikbeiträgen besteht.

2. Prüfung der Tendenzeigenschaft

15 Für die Feststellung der Tendenzgebundenheit ist nicht auf den Betrieb, sondern auf den UN-Zweck abzustellen.[12] Verfolgt ein Unternehmen keinen Tendenzzweck, steht dies der Feststellung der Tendenzeigenschaft von einzelnen Betrieben entgegen. Hat ein **UN nur einen Betrieb,** entscheidet der Tendenzcharakter des UN zugleich über den Tendenzcharakter des Betriebs, wobei es nicht auf die persönliche Einstellung oder Motivation des UN, sondern auf

1 *BAG* 21. 6. 89, NZA 90, 402.
2 *BAG,* a. a. O.
3 So auch *Frey,* S. 48; *Ihlefeld,* AuR 75, 234 [237 ff.].
4 *Ihlefeld,* a. a. O.; vgl. auch *Schulin,* Anm. zu EzA § 118 BetrVG 1972 Nr. 10.
5 *BAG* 27. 7. 93 – 1 ABR 11/93, NZA 94, 329; 16. 3. 89, AP Nr. 36 zu § 87 BetrVG 1972 Arbeitszeit; 21. 6. 89, NZA 90, 402; noch offengelassen 15. 2. 89, AP Nr. 39 zu § 118 BetrVG 1972.
6 *BAG* 9. 12. 75, AP Nr. 7 zu § 118 BetrVG 1972.
7 *Fitting,* Rn. 6.
8 *BAG* 21. 6. 89, NZA 90, 402.
9 *BAG* 9. 12. 75, AP Nr. 7 zu § 118 BetrVG 1972.
10 *BAG* 21. 6. 89, a. a. O.
11 *BAG* 27. 7. 93 – 1 ABR 11/93, NZA 94, 329 = AiB 94, 251, Ls.
12 Vgl. Richardi-*Forst,* Rn. 25; *Fitting,* Rn. 5; insgesamt *Noll,* S. 58 ff.; *Jansen,* AiB 2/17, 27 f.; zur Darlegung durch den BR DKWF-*Wedde,* § 118 Rn. 7 f.

die Art des UN ankommt (vgl. Rn. 6 ff.).[13] Liegen im Rahmen einer **Tendenzvielfalt** mehrere Tendenzzwecke vor (etwa aufgrund erzieherischer und wissenschaftlicher Tätigkeit), steht dies der Feststellung der Tendenzeigenschaft nicht entgegen.[14] Verfolgt ein Unternehmen neben Tendenzzwecken andere, nicht von § 118 erfasste Zwecke, besteht der Tendenzschutz nur, wenn die tendenzgeschützte Bestimmung überwiegt.[15]

Bei **UN mit mehreren Betrieben** bzw. Nebenbetrieben und selbstständigen Betriebsteilen (§ 4) 16
kommt es für deren Tendenzcharakter darauf an, ob sich die Tendenz des UN in ihnen auswirkt. Es ist jeweils eine **doppelte Prüfung erforderlich.**[16] Einerseits ist zu prüfen, ob und inwieweit **jeder einzelne Betrieb** die Voraussetzung der Vorschrift erfüllt; zum anderen ist festzustellen, ob auch **das UN in seiner Gesamtheit** überwiegend und unmittelbar den in Nr. 1 oder 2 genannten Zielsetzungen dient. Die **Errichtung eines WA** (vgl. Rn. 65 ff.) ist lediglich ausgeschlossen, wenn das UN als solches Tendenzcharakter besitzt, d. h unmittelbar und überwiegend eigenen, geistig-ideellen Zielsetzungen dient (vgl. Rn. 7 ff.). Werden einzelne Betriebe des Tendenz-UN nicht durch die Tendenzvorschrift erfasst (vgl. Rn. 8), kommt das BetrVG für diese Betriebe uneingeschränkt zur Anwendung.[17]

Besteht ein **gemeinsamer Betrieb** i. S. v. § 1 Abs. 2 (vgl. hierzu § 1 Rn. 88 ff.) und wird dieser 17
ausschließlich von Tendenzunternehmen oder von Tendenz- und Nichttendenzunternehmen geführt, ist zu prüfen, ob die Tendenzeigenschaft auf der jeweiligen Betriebsebene vorliegt.[18] Nur wenn die Prüfung zur Feststellung des Überwiegens der Tendenzeigenschaft führt, ist der gemeinsame Betrieb als **Tendenzgemeinschaftsbetrieb** zu qualifizieren.[19] Werden von einem Tendenzunternehmen Betriebe oder Bereiche im Rahmen von **Outsourcing**- oder **Offshoring**-Prozessen (vgl. hierzu § 87, Rn. 198 ff.) ausgegliedert, bestimmt sich die Tendenzeigenschaft dieser Bereiche allein danach, ob und wie sich die Tendenzeigenschaft hier weiterhin auswirkt.[20]

Unterhält dagegen ein (überwiegend) **tendenzfreies** UN Tendenzbetriebe, gelten die Betei- 18
ligungsrechte des BR (GBR) auf UN-Ebene uneingeschränkt.[21] Es ist ein WA zu bilden, dessen Unterrichtungs- und Beratungsrechte auch hinsichtlich der Tendenzbetriebe nicht eingeschränkt sind (vgl. im Übrigen Rn. 68).[22] In den Tendenzbetrieben kann sich eine Einschränkung der Beteiligungsrechte des BR auf Grund der Eigenartsklausel in Satz 1 der Vorschrift ergeben (vgl. Rn. 74 ff.).

Die **gesellschaftsrechtliche Verflechtung** eines UN mit anderen hat keine Auswirkung auf den 19
Tendenzcharakter.[23] Nach dem Wortlaut besteht der »Tendenzschutz« immer nur für ein UN oder einen Betrieb, dagegen niemals für einen **Konzern.**[24] Es kommt hingegen nicht darauf an, ob beispielsweise in einem Konzern die Zahl der Tendenzunternehmen überwiegt.[25]

In einem **Unterordnungskonzern** ist der Tendenzcharakter für jedes einzelne UN gesondert 20
zu prüfen, auch wenn das herrschende UN Tendenzcharakter hat.[26] Wird ein Konzern durch

---

13 Vgl. *BAG* 29.5.70, AP Nr. 13 zu § 81 BetrVG; 14.11.75, AP Nr. 5 zu § 118 BetrVG 1972; 1.9.87, AP Nr. 11 zu § 101 BetrVG 1972 mit Anm. *Fabricius; GL,* Rn. 32.

14 Richardi-*Forst,* Rn. 40; vgl. auch *BAG* 14.11.75, a. a. O.

15 *BAG* 15.3.06 – 7 ABR 24/05, NZA 06, 1422.

16 *Fitting,* Rn. 5; Richardi-*Forst,* Rn. 25 ff., 96 ff.

17 *Fitting,* Rn. 5 f.; *WW,* Rn. 6; vgl. auch *GL,* a. a. O.; HWGNRH-*Hess,* a. a. O.

18 Ebenso *Fitting,* Rn. 7; a. A. *Lunk,* NZA 05, 841 ff., der die Tendenzeigenschaft aus der Beteiligung eines Tendenzbetriebs ableitet.

19 *Fitting,* a. a. O; ähnlich *LAG Köln* 10.11.17 – 4 TaBV 14/17, juris.

20 Vgl. zum Outsourcing im Bereich der Kirchen *Blens,* ZMV 06, 62; zur erstmaligen Anwendbarkeit des BetrVG beim Outsourcing aus öffentlichen Bereichen vgl. *Wollenschläger/von Harbou,* NZA 05, 1081 [1092].

21 *BVerfG* 29.4.03 – 1 BvR 62/99, NZA 03, 864, verneint die Tendenzeigenschaft eines konzernverbundenen Zeitungszustellbetriebs.

22 GK-*Weber,* Rn. 145; vgl. auch Richardi-*Forst,* Rn. 88; *Weber,* NZA-Beilage 3/89, S. 4; a. A. *Fitting,* Rn. 44.

23 *BAG* 31.10.75, 30.6.81, AP Nrn. 3, 20 zu § 118 BetrVG; vgl. *Fitting,* Rn. 6 f.

24 *BVerfG* 29.4.03 – 1 BVR 62/99, NZA 03, 864; Richardi-*Forst,* Rn. 106 ff. GK-*Weber,* Rn. 147; MünchArbR-*Matthes,* § 364 Rn. 38.

25 Richardi-*Forst,* Rn. 110.

26 *Fitting,* Rn. 7.

ein Tendenzunternehmen beherrscht, führt dies nicht dazu, dass andere tendenzfreie Unternehmen vom Tendenzschutz erfasst werden.[27] Besteht ein von einem Tendenzunternehmen geführter Konzern ansonsten überwiegend oder ganz aus tendenzfreien Wirtschaftsunternehmen, beeinflusst dies die Tendenzeigenschaft des herrschenden Unternehmens nicht.[28] Für die **tendenzfreien UN** eines Konzerns sind **WA** zu errichten.[29] Umgekehrt kann es im herrschenden UN zur Bildung eines WA auch dann kommen, wenn alle übrigen UN Tendenzcharakter haben.[30]

21 In bestimmten Fällen kann auf den **Tendenzschutz per kollektivrechtlicher Vereinbarung verzichtet** werden. Möglich ist dies insbesondere im Bereich der karitativen und erzieherischen Zielsetzungen, wenn sich der Verzicht aus den verfolgten Zwecksetzungen selbst ergibt.[31] Ein entsprechender Verzicht kann auf der Grundlage freiwilliger BVen auch in anderen Tendenzbereichen erfolgen.[32] Auf den Tendenzschutz kann per **Haus- oder Verbandstarifvertrag** verzichtet werden (vgl. zu Redaktionsstatuten Rn. 120 ff.).[33]

3. Erwerbs- bzw. Gewinnstreben

22 Durch die engere Fassung der Bestimmung werden lediglich UN und Betriebe von der Tendenzbestimmung erfasst, die geistig-ideellen Zielsetzungen dienen. UN mit rein wirtschaftlicher Zwecksetzung unterliegen deshalb grundsätzlich nicht dem »Tendenzschutz«.[34] Ein Unternehmen kann deshalb den »Tendenzschutz« nur für sich beanspruchen, wenn es maßgeblich um des Dienens willen, also zur Verfolgung einer geistig-ideellen, nach Nr. 1 oder 2 geschützten Zielsetzung betrieben wird.[35] In diesem Fall ist es unschädlich, wenn gleichzeitig Gewinn erwirtschaftet wird (vgl. zu karitativen Einrichtungen Rn. 31 ff.). Steht das **Erwerbs- bzw. Gewinnstreben** im Vordergrund, dient das UN auch dann nicht einer geschützten Tendenz, wenn sich seine Tätigkeit in einem Bereich bewegt, der sonst den Tendenzcharakter begründen könnte.[36] In einem solchen Fall wird das UN nicht durch das unmittelbare und überwiegende Dienen für die in Nrn. 1 und 2 aufgeführten geistig-ideellen Zwecke, sondern durch die Absicht der Gewinnerzielung charakterisiert. Der »Tendenzschutz« entfällt.[37]

23 Als Indiz für **überwiegende Gewinnmotivation** kann beispielsweise in einem Verlags-UN die breite Fächerung des Verlagsprogramms gelten.[38] Tendenzvielfalt ist aber möglich, wenn die verschiedenen Bestimmungen/Zwecke, denen das Tendenz-UN dient, miteinander zu vereinbaren sind und sich ergänzen.[39]

---

27 *BAG* 30. 6. 81, a. a. O.; Richardi-*Forst*, Rn. 107.
28 Richardi-*Forst*, Rn. 108.
29 *GL*, Rn. 34a; *WW*, a. a. O.; a. A. *Kunze*, FS Ballerstedt, S. 91.
30 *WW*, a. a. O.
31 *BAG* 5. 10. 00 – 1 ABR 14/00, NZA 01, 1325 = AiB 02, 189; Richardi-*Forst*, Rn. 24; GK-*Weber*, Rn. 42.
32 Vgl. *BAG*, a. a. O.; ähnlich GK-*Weber*, a. a. O.; Richardi-*Forst*, Rn. 24.
33 *BAG* 31. 1. 95 – 1 ABR 35/94, DB 95, 1670; *LAG Schleswig-Holstein* 4. 1. 00 – 3 TaBV 40/99, BB 00, 773; GK-*Weber*, a. a. O.
34 Vgl. *Däubler*, Das Arbeitsrecht 1, Rn. 1175; *Noll*, S. 29 ff.; HWGNRH-*Hess*, Rn. 17; *Scheriau*, AiB 06, 145; a. A. GK-*Weber*, Rn. 23, der Tendenzschutz auch bei Gewinnerzielungszweck sieht.
35 Einschränkend *Fitting*, Rn. 10.
36 *Fitting*, Rn. 11 m. w. N., wenn rein kommerzielle Gesichtspunkte im Vordergrund stehen; so auch *Weber*, NZA-Beilage 3/89, S. 4; a. A. offenbar *BAG* 31. 10. 75, 14. 11. 75, AP Nrn. 3, 5 zu § 118 BetrVG 1972, Rn. 6; *LAG Berlin-Brandenburg* 17. 12. 08 – 15 TaBV 1213/08, juris, bezüglich der Tendenzeigenschaft eines Musicaltheaters; Richardi-*Forst*, Rn. 45.
37 *BAG* 22. 2. 66, 27. 8. 68, AP Nrn. 4, 10, 11 zu § 81 BetrVG; vgl. zu karitativen Einrichtungen 7. 4. 81, 29. 6. 88, 8. 11. 88, AP Nrn. 16, 37, 38 zu § 118 BetrVG 1972, wonach jedenfalls eigennützige Zwecke i. S. einer Gewinnerzielung tendenzschädlich sind; GK-*Weber*, Rn. 1 f., 210; a. A. *BAG* 29. 5. 70, AP Nr. 13 zu § 81 BetrVG mit krit. Anm. *Fabricius;* zu Presse-UN: 1. 9. 87, AP Nr. 11 zu § 101 BetrVG 1972 mit krit. Anm. *Fabricius;* zu künstlerischen Bestimmungen: 15. 2. 89, EzA § 118 BetrVG 1972 Nr. 45 mit Anm. *Henssler;* Richardi-*Forst*, Rn. 38 ff.; *Fitting*, Rn. 10, jedenfalls zu Nr. 2; im Ergebnis wohl auch *LAG* BW 7. 10. 20 – 10 TaBV 2/20, juris.
38 *Ihlefeld*, a. a. O.; *Ihlefeld/Blanke*, a. a. O.; a. A. *BAG* 14. 11. 75, 15. 2. 89, a. a. O.; Richardi-*Forst*, Rn. 40 f.; *Fitting*, Rn. 15 f.
39 *Frey*, S. 32; *Ihlefeld*, AuR 75, 234 [239]; vgl. auch *G. Müller*, DB 70, 1023 [1025 f.].

III. Geistig-ideelle Bestimmungen (Abs. 1 Nr. 1)

Die in Nr. 1 genannten **Bestimmungen** müssen **nicht kumulativ** erfüllt werden; es genügt, dass eine oder einige davon unmittelbar und überwiegend (vgl. Rn. 6 ff.) verfolgt werden.[40] Der in Nr. 1 aufgeführte **Katalog von Bestimmungen** ist **abschließend.**[41] Dies ergibt sich zwingend daraus, dass das unbestimmte Merkmal des § 81 BetrVG 1952 »ähnliche Bestimmungen« nicht übernommen wurde, wodurch eine unsachgemäße Ausweitung der Tendenzbestimmung vermieden werden soll.[42] Eine analoge Anwendung der Ausnahmevorschrift scheidet aus.[43] Es ist im **Einzelfall** zu prüfen, ob der Gegenstand des UN Mittel für die Verfolgung einer geistig-ideellen Zielsetzung i. S. d. Vorschrift ist (vgl. Rn. 6 ff.). 24

1. Politische Bestimmungen

Eine **politische Bestimmung** ist gegeben, wenn die Zielsetzung eines Unternehmens darin besteht, im Interesse der Allgemeinheit zur Gestaltung öffentlicher Aufgaben auf die Willensbildung des demokratisch verfassten Staates Einfluss zu nehmen.[44] Nicht ausreichend ist das Ziel einer bloßen Einflussnahme auf die gesellschaftliche Ordnung.[45] Unter **politischen Bestimmungen** sind grundsätzlich nur parteipolitische, nicht dagegen allgemeinpolitische Zielsetzungen zu verstehen.[46] Die Gegenauffassung führt zu einer sachlich nicht gerechtfertigten Ausuferung des Tendenzbegriffs, da es eigentlich keine Lebensbereiche gibt, die sich nicht unter den Begriff »politisch« einordnen ließen. Der Begriff ist daher eng auszulegen. Unter die Bestimmung fallen nicht nur anerkannte **politische Parteien,** sondern auch andere Zusammenschlüsse und Organisationen, die sich Parteien vergleichbar politischen Zielsetzungen verschrieben haben und unmittelbar Einfluss auf das politische Leben des Staates nehmen wollen, z. B. **Bürgerinitiativen, Wählervereinigungen,** von Parteien getragene **politische Stiftungen** (wie Friedrich-Ebert-Stiftung, Konrad-Adenauer-Stiftung, Heinrich-Böll-Stiftung, Friedrich-Naumann-Stiftung) oder deren **Bildungseinrichtungen.** Nicht anwendbar ist die Norm, wo es sich lediglich um die Wahrnehmung von Privatinteressen oder gruppenspezifischen Interessen handelt, soweit diese Interessenwahrnehmung lediglich gegen bestimmte andere Gruppeninteressen gerichtet ist.[47] 25

Zu Betrieben mit politischer Zweckbestimmung i. S. d. Bestimmung gehören u. a. die örtlichen und überörtlichen **Geschäftsstellen, Büros oder Sekretariate** der politischen Parteien sowie die zu ihnen gehörenden Jugendorganisationen, Frauengruppen und Arbeitsgemeinschaften.[48] 26

Nicht unter die Bestimmung fallen z. B. **Mietervereine**[49], **Haus- und Grundbesitzervereine Technische Überwachungsvereine,**[50] **Sportvereine,**[51] **Verbände der Sportförderung,**[52] **Werbeagenturen,** die gewerbsmäßig Informationsmaterial mit politischen Meinungen ver- 27

40 *BAG* 14.11.75, 15.2.89, AP Nrn. 4, 39 zu § 118 BetrVG 1972.
41 Richardi-*Forst,* Rn. 49; *Fitting,* Rn. 3; *Noll,* S. 62.
42 Bericht des BT-Ausschusses für Arbeit und Sozialordnung zu BT-Drucks VI/2729, S. 17.
43 Ebenso HWGNRH-*Hess,* Rn. 15; *Fitting,* a. a. O.
44 *BAG* 21.7.98 – 1 ABR 2/98, NZA 99, 1116.
45 *BAG* 23.3.99 – 1 ABR 28/99, NZA 99, 1347 für die Beschaffung von Fördermitteln zur Verteilung durch einen Landes-Sportverband; *Fitting,* a. a. O.; vgl. auch *Kohte,* BB 99 1110.
46 *Frey,* S. 27; a. A. Richardi-*Forst,* Rn. 50 ff.; *Fitting,* a. a. O.; GK-*Weber,* Rn. 79, 83; *GL,* Rn. 8 ff.; MünchArbR-*Matthes,* § 364 Rn. 7; *Weber,* NZA-Beilage 3/89, S. 2; *Preis,* FS Däubler, S. 262; *WW,* Rn. 14, die alle unter Berufung auf den Bericht des BT-Ausschusses für Arbeit und Sozialordnung zu BT-Drucks. VI/2729, S. 17, für eine weite Auslegung des Begriffs eintreten und die Tendenzbestimmung z. B. auch auf wirtschafts- und sozialpolitische Vereinigungen erstrecken; ähnlich ErfK-*Kania,* Rn. 9; *BAG* 21.7.98 – 1 ABR 2/98, NZA 99, 277.
47 *WW,* Rn. 14.
48 *Fitting,* Rn. 15; GK-*Weber,* Rn. 83; HWGNRH-*Hess,* Rn. 17; *Noll,* S. 63.
49 Zustimmend *Fitting,* Rn. 15.
50 *BAG* 28.9.71, AP Nr. 14 zu § 81 BetrVG; GK-*Weber,* Rn. 84; Richardi-*Forst,* Rn. 51b.
51 *BAG* 23.3.99 – 1 ABR 28/98, NZA 99, 1347.
52 Richardi-*Forst,* Rn. 53; *Fitting, Rn. 15..*

breiten im Ergebnis ähnlich,[53] **privatwirtschaftlich geführte UN** und **Betriebe** des **Staates** oder **öffentlich-rechtlicher Körperschaften**[54] sowie Unternehmen politischer Tendenz, die im Auftrag und nach Vorgaben staatlicher Stellen tätig werden.[55] Entsprechendes gilt für **wirtschaftspolitische und sozialpolitische Vereinigungen,** z. B. Bundesverband der Deutschen Industrie, Wirtschaftsverbände, Verband der Kriegsopfer, Behinderten und Sozialrentner oder Vertriebenenverbände.[56]

2. Koalitionspolitische Bestimmungen

28 **Koalitionspolitischen Bestimmungen** dienen sowohl **Gewerkschaften** als auch **AG-Verbände** und **deren** Dachverbänden, Hauptverwaltungen, regionale und überregionale Verwaltungsstellen (Geschäftsstellen) sowie Bildungs- und Schulungseinrichtungen, die für die Weiterbildung und Schulung von Gewerkschaftsmitgliedern zur Förderung und Stärkung ihrer gewerkschaftlichen Tätigkeit arbeiten,[57] Einrichtungen der Publizistik/Öffentlichkeitsarbeit und Forschungsinstitute.[58] Unmittelbar koalitionsbezogen ist auch die Tätigkeit der **DGB-Rechtschutz GmbH.**[59] **Nicht erfasst** werden die den Koalitionen verbundenen Erwerbs-UN wie Wohnungsbaugesellschaften, Banken, Konsumvereine, Automobilclubs, Bildungswerke (vgl. auch Rn. 40),[60] Versicherungsgesellschaften und gemeinsame Einrichtungen der TV-Parteien, wie etwa Zusatzversorgungs-, Urlaubs- oder Lohnausgleichskassen.[61]

29 Der Begriff »Koalitionspolitische Bestimmungen« bezieht sich auf den Schutzbereich des Art. 9 Abs. 3 GG.[62] Erfasst werden **alle Koalitionen i. S. d. Art. 9 Abs. 3 GG.** Mietervereine und Haus- und Grundbesitzervereine sind keine Koalitionen i. S. d. Art. 9 Abs. 3 GG und fallen nicht unter diese Bestimmung.[63]

3. Konfessionelle Bestimmungen

30 **Konfessionellen Bestimmungen** dienen UN, deren Zwecksetzung Ausdruck einer **bestimmten religiösen Überzeugung** ist, soweit sie nicht unter Abs. 2 fallen (vgl. Rn. 123 ff.).[64] Voraussetzung für den Tendenzschutz ist es, dass die Religionsgemeinschaft ein Mindestmaß an Einflussmöglichkeiten hat. Ein nach bürgerlichem Recht gegründeter und im Rechtsverkehr auftretender rechtsfähiger Verein kann nur als kirchliche Einrichtung mit Tendenzcharakter angesehen werden, wenn er sich satzungsgemäß ausdrücklich als kirchliche Einrichtung versteht, wenn er sich in toto kirchenrechtlichen Normen unterwirft oder durch rechtsverbindliche Erklärungen der satzungsgemäßen Vertreter des Vereins sichergestellt ist, dass sich dieser als kirchliche Einrichtung behandeln lassen will.[65] Erfasst werden z. B. **Männer-, Frauen-** und **Jugendverbände der Kirchen,**[66] **Einrichtungen** der **Inneren Mission** oder **Caritas,**[67] **Freidenkerverbände** und **anthroposophische Vereinigungen** (vgl. zu einem anthroposophischen Trägerverein aber Rn. 132)[68] sowie **kirchliche Pfadfindergruppen.**[69] Nicht hierunter fallen

---

53 GK-*Weber,* Rn. 80.
54 *GL,* Rn. 11a.
55 *BAG* 21. 7. 98 – 1 ABR 2/98, NZA 99, 227; *Fitting,* Rn. 15; a. A. *Mayer-Maly,* AR-Blattei ES 1570 Nr. 59.
56 A. A. Richardi-*Forst,* Rn. 51; *Fitting,* a. a. O.; GK-*Weber,* Rn. 83; *GL,* Rn. 10; HWGNRH-*Hess,* Rn. 17; vgl. auch *Däubler,* Arbeitsrecht 1, Rn. 1172 ff.
57 Vgl. *BAG* 3. 7. 90 – 1 ABR 36/89, NZA 90, 903.
58 Richardi-*Forst,* Rn. 54; *Fitting,* Rn. 17; GK-*Weber,* Rn. 87; *Noll,* S. 65.
59 *LAG Baden-Württemberg* 10. 10. 05 – 6 TaBV 11/04, AuR 06, 133; *Fitting,* Rn. 16.
60 *Wedde,* DB 94, 732.
61 GK-*Weber,* Rn. 86; HWGNRH-*Hess,* Rn. 18.
62 Vgl. Richardi-*Forst,* Rn. 55.
63 *Richardi,* a. a. O.; *GL,* Rn. 13; a. A. GK-*Weber,* Rn. 89.
64 ErfK-*Kania,* Rn. 10; GK-*Weber,* Rn. 90; *Noll,* S. 66 f.; Richardi-*Forst,* Rn. 56; *ders.,* NZA 00, 1305 ff.
65 *LAG Baden-Württemberg* 20. 1. 00 – 21 Sa 13/99; vgl. auch *Thüsing,* NZA 02, 306.
66 Richardi-*Forst,* Rn. 57; *Fitting,* Rn. 19; *Weber,* NZA-Beilage 3/89, S. 2.
67 HWGNRH-*Hess,* Rn. 22; a. A. Richardi-*Forst,* Rn. 57, der diese Betriebe Abs. 2 zuordnet.
68 Vgl. Richardi-*Forst,* Rn. 57; GK-*Weber,* Rn. 92; ErfK-*Kania,* Rn. 10.
69 HaKo-BetrVG/*Lakies,* Rn. 12.

Hersteller von kirchlichen Gerätschaften und Utensilien[70] sowie von Religionsgemeinschaften betriebene Erwerbs-UN[71] und Krankenhäuser.[72]

4. Karitative Bestimmungen

Karitativ ist eine Tätigkeit im Dienste Hilfsbedürftiger.[73] Ein UN dient karitativen Bestimmungen, wenn es sich ohne die Absicht der **Gewinnerzielung** und ohne eine gesetzliche Verpflichtung **freiwillig** zur Aufgabe gesetzt hat, körperlich, geistig oder seelisch leidenden Menschen in ihren inneren oder äußeren Nöten heilend, lindernd oder vorbeugend zu helfen. Das Merkmal einer karitativen Tätigkeit ist eng auszulegen.[74] Es setzt voraus, dass der Dienst an leidenden Menschen direkt erbracht wird.[75] Die karitativen Einrichtungen müssen vom **Bestreben der tätigen Nächstenliebe** getragen sein. Dabei braucht diese Tätigkeit weder für den karitativ tätigen AN oder sonstige Beschäftigte noch für das UN oder den Betrieb **völlig uneigennützig** zu sein (vgl. Rn. 21). **Kostendeckende Einnahmen,** z. B. durch Zuschüsse von Sozialversicherungsträgern, werden als zulässig und die Tatsache, dass es sich dabei zugleich um eine sozialpolitische Tätigkeit handelt, die auch dem Sozialstaat obliegt, als unschädlich angesehen.[76] Voraussetzung soll allerdings sein, dass das UN nach seinem eigenen Selbstverständnis karitativ tätig sein will, was sich aus dem eigenen **Statut** (Satzung, Gesellschaftsvertrag) zumindest als überwiegendes UN-Ziel ergeben muss.[77] 31

Die Aufnahme eines durch einen privaten Rechtsträger betriebenen Krankenhauses in den **staatlichen Krankenhausplan** zieht keine gesetzliche Verpflichtung nach sich und steht der karitativen Bestimmung nicht entgegen.[78] Es sind allerdings nur die Organisationen als karitativ i. S. d. Vorschrift anzusehen, die freiwillige Zuwendungen an Hilfsbedürftige aus ihrem Vermögen erbringen, ohne dass eine kostendeckende Gegenleistung des Hilfeempfängers erfolgt.[79] 32

Eine karitative Bestimmung liegt nicht mehr vor, wenn die Kosten der den Hilfsbedürftigen unentgeltlich zugewendeten Leistungen auf Grund sozialstaatlicher Pflichten von Dritten, z. B. von Sozialversicherungsträgern, erstattet werden, da sich die Leistung dann nicht als selbstlose wohltätige Zuwendung darstellt. **»Finanzielle Durchgangsstellen«** sind nicht karitativ i. S. d. Vorschrift.[80] Entsprechendes gilt für Krankenhäuser, die lediglich **konfessionell ausgerichtet** sind, ohne dabei Einrichtungen einer Religionsgemeinschaft und damit Tendenzträger zu sein.[81] Gegen die extensive Auslegung der Vorschrift spricht, dass es nach § 95 BPersVG für diesen Sachverhalt keinen »Tendenzschutz« gibt, was zur Folge hat dass der PR seine Mitbestimmungsrechte uneingeschränkt wahrnehmen kann, wenn die karitative Einrichtung durch einen Sozialversicherungsträger, z. B. die Bundesagentur für Arbeit, betrieben wird.[82] 33

Keine karitative Bestimmung liegt auch bei **gemeinnützigen kommunalen Beschäftigungsgesellschaften** vor, die langzeitarbeitslose Sozialhilfeempfänger für den sog. ersten Arbeitsmarkt 34

70 *GL,* Rn. 14; *WW,* Rn. 17.
71 A. A. *Fitting,* Rn. 19.
72 *LAG Hamm* 14. 3. 00 – TaBV 116/99, AiB 00, 771 mit Anm. *Dannenberg; Thüsing,* NZA 02, 306.
73 Vgl. ausführlich *Noll,* S. 69 f.
74 *BVerfG* 30. 4. 15 – 1 BvR 2274/12, juris.
75 *BVerfG* a. a. O.; *BAG* 31. 1. 95 – 1 ABR 35/94, NZA 95, 1059.
76 Vgl. insgesamt *BAG* 7. 4. 81, 29. 6. 88, 8. 11. 88, 24. 5. 95 – 7 ABR 48/94, AP Nrn. 16, 37, 38, 57 zu § 118 BetrVG 1972; a. A. für den Deutschen Entwicklungsdienst *Liemen,* RdA 85, 85 [90 f.].
77 *BAG* 29. 6. 88, a. a. O.; *Oldenburg,* NZA 89, 412 [413].
78 *BAG* 22. 11. 95 – 7 ABR 12/95, AP Nr. 58 zu § 118 BetrVG 1972; Richardi-*Forst,* Rn. 59 ff.; *Fitting,* Rn. 18 f.; *GL,* Rn. 12; *Oldenburg,* a. a. O.; *Weber,* NZA-Beilage 3/89, S. 2 f; ErfK-*Kania,* Rn. 11.
79 GK-*Weber,* Rn. 100, 217; *Kohte,* BlStSozArbR 83, 129 ff.; *ders.,* Anm. zu AP Nr. 37 zu § 118 BetrVG 1972.
80 *Kohte* BlStSozArbR 83, 129 [133]; a. A. im Ergebnis GK-*Weber,* Rn. 99.
81 *LAG Hamm* 14. 3. 00 – 13 TaBV 116/99, AiB 00, 769.
82 *Kohte,* a. a. O.; *ders.,* Anm. zu AP Nr. 37 zu § 118 BetrVG 1972.

qualifizieren wollen.[83] Werden neben karitativen Zwecken andere nicht von § 118 erfasste Zwecke verfolgt, besteht der Tendenzschutz nur, wenn die karitative Bestimmung überwiegt.[84]

35 Als **Betriebe/UN, die karitativen Bestimmungen dienen,** werden beispielsweise angesehen: Deutsches Rotes Kreuz, Wohlfahrtsverbände, private Fürsorgevereine/-heime, Heime für Drogengefährdete, Drogenberatungsstellen, Familienhilfswerke, Müttergenesungswerk, Deutsche Krebshilfe, Deutsche Lebensrettungsgesellschaft, Bergwacht, Gesellschaft zur Rettung Schiffsbrüchiger, Björn-Steiger-Stiftung,[85] Volksbund Deutsche Kriegsgräberfürsorge,[86] eine in privater Rechtsform betriebene Behindertenwerkstatt nach Ausgliederung aus einer Einrichtung der katholischen Kirche[87] oder **ein Wohnstift für ältere Menschen,** selbst wenn hier nicht überwiegend Dienstleistungen außerhalb des Tendenzbetriebs erbracht werden.[88]

36 Je nach den Umständen des Einzelfalles können auch darunter fallen: **Werkstätten für behinderte Menschen** i. S. d. § 136 SGB IX,[89] **Berufsförderungswerke für Behinderte,**[90] für **schwer vermittelbare Arbeitslose**[91] oder für **Sozialhilfeempfänger,**[92] ein in der Rechtsform einer Stiftung des bürgerlichen Rechts betriebenes **Krankenhaus.**[93] **Krankenhäuser,** die **in privater Rechtsform** betrieben werden, können karitativen Zwecken dienen, wenn der Zweck des Unternehmens nicht unmittelbar darauf ausgerichtet ist, Gewinn zu erzielen.[94] Auch für eine von der katholischen Kirche als **GmbH** betriebene Wohnungsbau- und Siedlungsgesellschaft soll nach der Rspr. des *BAG* ein karitativer Zweck nicht grundsätzlich ausgeschlossen sein, wenn die Kirche über ein Mindestmaß an Einflussmöglichkeiten verfügt.[95] Diese Rspr. ist abzulehnen, weil das Abstellen auf das bloße »Mindestmaß an Einflussmöglichkeiten« gesellschaftsrechtliche Gestaltungsmöglichkeiten eröffnet, die zum Auswandern aus der Mitbestimmung genutzt werden können.

37 Das Vorliegen einer karitativen Bestimmung soll für jeden Betrieb individuell und gesondert zu prüfen sein.[96] Karitative Einrichtungen, die unmittelbar von der **öffentlichen Hand** betrieben werden, z. B. Krankenhäuser oder Kinderheime, sind gemäß § 130 aus dem Anwendungsbereich des Gesetzes ausgenommen.[97] Für diese gilt grundsätzlich das **PersVG des jeweiligen Bundeslandes.** Eine differenzierte Bewertung der Feststellung einer karitativen Bestimmung ist angebracht, wenn ein Wechsel von einem nicht kirchlichen zu einem kirchlichen Träger erfolgt oder wenn sich eine bis dato nichtkirchlichen Einrichtung einer Religionsgemeinschaft oder der Karitas qua Satzungsänderung anschließt (vgl. ausführlich Rn. 123 ff.).

---

83 *BAG* 5. 10. 02 – 1 ABR 14/00, AiB 02, 51 mit Anm. *Weiß* = AiB 02, 191 mit Anm. *Dannenberg*.
84 *BAG* 15. 3. 06 – 7 ABR 24/05, NZA 06, 1422.
85 Vgl. Richardi-*Forst*, Rn. 62; *Fitting*, Rn. 18; *GL*, Rn. 16; HWGNRH-*Hess*, Rn. 25; *Noll*, S. 71.
86 *BAG* 8. 12. 70, AP Nr. 28 zu § 59 BetrVG.
87 *LAG Hamm* 22. 6. 01 – 10 TaBV 96/00.
88 *LAG Nds.* 23. 5. 05 – 8 TaBV 82/04, AiB 06, 177.
89 *BAG* 7. 4. 81, AP Nr. 16 zu § 118 BetrVG 1972; 31. 1. 84, AP Nr. 15 zu § 87 BetrVG 1972 Lohngestaltung; a. A. mit umfassender Begründung *ArbG Berlin* 25. 11. 77, AP Nr. 9 zu § 118 BetrVG 1972; *LAG Düsseldorf* 29. 8. 12 – 7 TaBV 4/12, AuR 12, 417, nach dem die Annahme von Lohnaufträgen in einer solchen Einrichtung kein eigener Zweck ist sein soll.
90 *BAG* 31. 1. 95 – 1 ABR 35/94, AP Nr. 56 zu § 118 BetrVG 1972; *Oldenburg*, NZA 89, 412.
91 *LAG Hamburg* 15. 2. 07 – 7 TaBV 9/06, ZMV 07, 271.
92 *LAG Schleswig-Holstein* 4. 1. 00 – 2 TaBV 40/99, BB 00, 773.
93 *LAG Berlin* 15. 1. 90 – 9 TaBV 5/89, sofern dieses der Förderung des öffentlichen Gesundheitswesens und von Wissenschaft und Forschung dient.
94 *BAG* 24. 5. 95 – 7 ABR 48/94, AP Nr. 57 zu § 118 BetrVG 1972; 27. 10. 98 – 1 AZR 766/97, AiB 00, 38 mit Anm. *Wedde; ThürLAG* 25. 1. 01 – 1 TaBV7/00, AuA 01, 430 für einen Krankenhausträger, der sich als GmbH verpflichtet hat, das kirchliche Proprium (Selbstverständnis) der Evangelisch-Lutherischen Kirche mitzutragen; vgl. *Thüsing*, NZA 02, 306.
95 *BAG* 23. 10. 02 – 7 ABR 59/01, AP Nr. 72 zu § 118 BetrVG 1972; im Ergebnis ähnlich 31. 7. 02 – 7 ABR 12/01, DB 02, 2729 = AP Nr. 70 zu § 118 BetrVG 1972 mit Anm. *Thüsing* für einen als GmbH organisierten kirchlichen Krankenhausträger; a. A. *ArbG Hamburg* 10. 4. 06 – 21 BV 10/05, AuR 07, 137 mit Anm. *Kühling* für eine gemeinnützige GmbH, die unter Verwendung öffentlicher Mittel in gleicher Weise wie andere Träger Arbeitslosenprojekte durchführt.
96 *BAG* 12. 11. 02 – 1 ABR 60/01, AuR 03, 309 = AiB 05, 189 mit Anm. *Rahn; Fitting*, Rn. 18a.
97 *Fitting*, Rn. 19; HWGNRH-*Hess*, Rn. 25.

Nicht unter die Bestimmung des Abs. 1 fallen private Krankenhäuser, Dialysezentren,[98] Sanatorien, Kinderheime, Erholungsheime und Altenheime, wenn sie unter kommerziellen Gesichtspunkten geführt werden,[99] Aktiengesellschaften, die zwar als Unternehmensgegenstand u. a. den »Betrieb von Krankenhäusern« ausweisen, dabei aber weiterhin Gewinnerzielungsabsicht verfolgen[100] sowie Betriebe, die **Langzeitarbeitslose** zu Zwecken der **Wiedereingliederung** in den Arbeitsmarkt beschäftigten.[101] Nicht anzuwenden ist die Bestimmung, wenn sich eine Einrichtung, die karitativen bzw. erzieherischen Bestimmungen verpflichtete ist, vom kirchlichen Kollektivrecht abwendet.[102] 38

5. Erzieherische Bestimmungen

Erzieherischen Bestimmungen dienen Bildungseinrichtungen allgemeinbildender und berufsbildender Art, soweit das Erwerbsstreben nicht im Vordergrund steht.[103] Einer erzieherischen Bestimmung wird gedient, wenn durch **planmäßige und methodische Unterweisung** in einer Mehrzahl allgemeinbildender oder berufsbildender Fächer nicht nur die Vermittlung von Kenntnissen und Fertigkeiten angestrebt, sondern insbes. die **Persönlichkeit eines Menschen** geformt wird.[104] Die Betätigung der Bildungseinrichtung muss darauf ausgerichtet sein, Erziehung zu bewirken; sie muss der Verfolgung dieser Zielsetzung dienen.[105] Das vermittelte Wissen muss eine bestimmte Breite und Tiefe haben.[106] Nicht ausreichend ist es, wenn z. B. Fremdsprachen nach einer bestimmten Methode gelehrt werden, da die bloße Vermittlung von Kenntnissen nicht erzieherischen Bestimmungen dient[107] oder wenn die Wissensvermittlung sich auf wenige Stunden oder Tage beschränkt.[108] Soweit Einrichtungen von **öffentlich-rechtlichen Trägern** nicht in privater Rechtsform betrieben werden, findet auf sie gemäß § 130 nicht das BetrVG, sondern das PersVG des entsprechenden Bundeslandes Anwendung. Bezüglich der erzieherischen **Einrichtungen von Religionsgemeinschaften** vgl. Rn. 123 ff. 39

Erzieherischen Bestimmungen können, wenn die vorstehend genannten Kriterien erfüllt werden, u. a. dienen: **Privatschulen,** als staatlich anerkannte Ersatzschulen, insbes. mit angeschlossenem Internat,[109] **Berufsbildungswerke**[110] und **Berufsakademien,**[111] berufsbildende Einrichtungen (**Bildungswerke**) einer Gewerkschaft, wenn sie im wesentlichen Erwachsenenbildung betreiben[112] sowie **Berufsförderungswerke** zur Wiedereingliederung Behinderter in das Berufsleben.[113] **Privatrechtlich organisierte Universitäten** und **Fachhochschulen** können ebenso wie **überbetriebliche Ausbildungszentren** einer IHK nur dann einer erzieherischen Bestimmung dienen, wenn ihr Curriculum über die Vermittlung des reinen Fachwissen hinausgeht und etwa auch einen Schwerpunkt im allgemeinbildenden und berufsübergreifenden Bereich hat.[114] 40

---

98 Vgl. *BayOLG* 10. 8. 95, ZIP 95, 1671; offen *BAG* 18. 4. 89, AP Nr. 65 zu § 99 BetrVG 1972; vgl. auch *Kukat*, BB 99, 688.
99 Richardi-*Forst*, Rn. 60; *Fitting*, Rn. 18a; a. A. *Stölzel*, NZA 09, 239, die aus der Neufassung des § 22 SGB VIII die Tendenzeigenschaft ableitet.
100 *BayOLG* 10. 8. 95, AP Nr. 1 zu § 4 MitbestG.
101 *BAG* 5. 10. 00 – 1 ABR 14/00, NZA 01, 1325.
102 *ArbG Mönchengladbach* 12. 7. 01 – 4 BV 347/01, ZMV 01, 244 für eine katholische Pfadfinderschaft.
103 So auch GK-*Weber*, Rn. 108 ff.; *Noll*, S. 72.
104 *BAG* 22. 5. 75, 13. 8. 87, 31. 1. 95 – 1 ABR3594, AP Nr. 12, 33, 56 zu § 118 BetrVG 1972; 3. 12. 87, NZA 88, 507; *Oldenburg*, NZA 89, 412 [414]; *Weber*, NZA-Beilage 3/89, S. 3; vgl. ferner *Kuchenhoff*, NZA 92, 679.
105 *BAG* 7. 4. 81, AP Nr. 17 zu § 118 BetrVG 1972; *LAG München* 17. 1. 90 – 8 TaBV 20/89.
106 Richardi-*Forst*, Rn. 64.
107 *BAG*, a. a. O.
108 *BAG* 21. 6. 89 – 7 ABR 58/87, NZA 90, 402.
109 *BAG* 22. 5. 75, 13. 1. 87, AP Nrn. 12, 33 zu § 118 BetrVG 1972; 3. 12. 87, NZA 88, 507.
110 *BAG* 14. 4. 88, AP Nr. 36 zu § 118 BetrVG 1972.
111 *ArbG Kiel* 1. 6. 87 – 2b BV 14/87.
112 *BAG* 3. 7. 90 – 1 ABR 36/89, NZA 90, 903; vgl. auch *Kuchenhoff*, NZA 92, 679.
113 *BAG* 31. 1. 95 – 1 ABR 35/94, NZA 95, 1059.
114 A. A. Richardi-*Forst*, Rn. 70; ders., ZTR 03, 544; ähnlich HaKo-BetrVG/*Lakies*, Rn. 14.

41 Fehlt die überfachliche Vermittlung von Inhalten oder findet diese nur in einem nachgeordneten Rahmen statt, steht dies der Feststellung einer erzieherischen Bestimmung entgegen. Einer erzieherischen Bestimmungen dienen **grundsätzlich nicht: Autofahrschulen,**[115] **Volkshochschulen, Musikschulen, Fernlehrinstitute,**[116] **zoologische Gärten**[117] und **Sprachschulen.**[118] Auch bei **Kindertagesstätten** steht die erzieherische Bestimmung im Sinne einer planmäßigen und methodischen Unterweisung in der Praxis nicht im Vordergrund, sondern die Betreuung für die nicht anwesenden Eltern. An dieser Praxis ändert auch die Neufassung des § 22 SGB VIII nichts, der die Förderung formal vor die Betreuung des Kindes stellt. Eine Ausnahme von der Anwendbarkeit des BetrVG besteht hier nur, wenn die Einrichtung etwa konfessionell ausgerichtet ist und somit vom Tatbestand des Abs. 2 erfasst wird.[119]

6. Wissenschaftliche Bestimmungen

42 Die Freiheit von Kunst und **Wissenschaft** wird durch Art. 5 Abs. 3 GG garantiert. Auf diese Begriffe ist bei der Auslegung der Vorschrift abzustellen. Danach ist »wissenschaftlich« jede Tätigkeit, die nach Inhalt und Form als ernsthafter Versuch zur Ermittlung der Wahrheit anzusehen ist.[120] Zur Erfüllung des Tatbestandes muss das Unternehmen insgesamt zur Verfolgung wissenschaftlicher Zwecke bestimmt sein. Nicht ausreichend ist es hingegen, wenn lediglich wissenschaftliche Methoden zur Erreichung des eigentlichen Unternehmenszwecks eingesetzt werden.[121]

43 **Wissenschaftlichen Bestimmungen** können, wenn das Erwerbsstreben nicht im Vordergrund steht, z. B. dienen: **Bibliotheken,** ggf. **wissenschaftliche Buch- und Zeitschriftenverlage** (bei diesen kann auch die Regelung der Nr. 2 zutreffen),[122] Forschungsinstitute, z. B. **Max-Planck-Institute,**[123] **Museen, Wirtschaftsforschungsinstitute.**[124] **Nicht hierunter fallen Forschungsinstitute,** die von **Wirtschafts-UN** betrieben[125] oder von ihnen zu wirtschaftlichen Zwecken unterhalten werden, **Großforschungseinrichtungen,**[126] Rechenzentren für **wissenschaftliche Datenverarbeitung**[127] und **zoologische Gärten.**[128]

7. Künstlerische Bestimmungen

44 **Künstlerischen Bestimmungen** können **Werke der Sprache,** der **Musik** sowie der **darstellenden und bildenden Kunst** dienen, sofern die wirtschaftliche Zwecksetzung nicht Vorrang vor der geistig-ideellen hat.[129] Die wirtschaftliche Unterstützung eines Tendenzbetriebs löst den be-

---

115 *Fitting,* Rn. 20; HWGNRH-*Hess,* Rn. 42.
116 *GL,* Rn. 19; a. A. *Fitting,* a. a. O.; HaKo-BetrVG/*Lakies,* Rn. 14; Richardi-*Forst,* Rn. 64; HWGNRH-*Hess,* a. a. O.; offenbar auch *Däubler,* Das Arbeitsrecht 1, Rn. 1172 für Fernlehrinstitute.
117 *BAG* 21.6.89 – 7 ABR 58/87, NZA 90, 402; Richardi-*Forst,* Rn. 64; differenziert HWGNRH-*Hess,* Rn. 56.
118 *BAG* 7.4.81, AP Nr. 17 zu § 118 BetrVG 1972 mit Anm. *Birk*; Richardi-*Forst,* Rn. 65.
119 Ähnlich *Fitting,* Rn. 20; a. A. und für eine unbeschränkte Bewertung als Tendenzbetrieb *Stölzel,* NZA 09, 239.
120 *BAG* 8.5.90 – 1 ABR 33/89, 20.11.90 – 1 ABR 87/89, AP Nrn. 46, 47 zu § 118 BetrVG 1972.
121 *BAG* 15.2.89 – 7 ABR 12/87, NZA 90, 240; 21.7.98 – 1 ABR 2/98, NZA 99, 277.
122 Vgl. *BAG* 14.11.75, 15.2.89, AP Nrn. 5, 39 zu § 118 BetrVG 1972; GK-*Weber,* Rn. 118.
123 *BAG* 10.4.84, AP Nr. 3 zu § 81 ArbGG 1979; 7.9.88, AP Nr. 35 zu § 87 BetrVG 1972 **Lohngestaltung zur** Fraunhofer-Gesellschaft; vgl. auch *LAG Hamm* 5.12.79, DB 80, 696 zu Forschungseinrichtungen von Religionsgemeinschaften.
124 *BAG* 13.2.90 – 1 ABR 13/89, EzA § 118 BetrVG 1972 Nr. 51; Richardi-*Forst,* Rn. 66 ff.; *Fitting,* Rn. 21; GK-*Fabricius,* a. a. O.; *Weber,* NZA-Beilage 3/89, S. 3.
125 Richardi-*Forst,* Rn. 68; *Fitting,* a. a. O.; a. A. ErfK-*Kania,* Rn. 13.
126 *Wendeling-Schröder,* AuR 84, 38; a. A. *GL,* a. a. O.; MünchArbR-*Matthes,* § 364 Rn. 21; a. A. ErfK-*Kania,* a. a. O.
127 *BAG* 20.11.90 – 1 ABR 87/89, AP Nr. 47 zu § 118 BetrVG 1972 = AiB 91, 339.
128 *BAG* 21.6.89, AP Nr. 43 zu § 118 BetrVG 1972; enger ErfK-*Kania,* a. a. O. und Richardi-*Forst,* Rn. 69, die eine wissenschaftliche Bestimmung für industrielle Forschungsbetriebe nicht ausschließen.
129 *Noll,* S. 76.

sonderen Schutz des Gesetzes nicht aus.[130] Bei der Frage, welche Betriebe durch diese Vorschrift erfasst werden, ist eine differenzierte Betrachtungsweise angezeigt. Es muss unterscheiden werden zwischen denjenigen Betrieben, die die künstlerische Zielsetzung zur Befriedigung der kulturellen Bedürfnisse regelmäßig mit öffentlichen Zuschüssen verfolgen, z. B. Theater oder Staatsorchester,[131] und solchen, bei denen das Gewinnstreben im Vordergrund steht und die sich der Kunst lediglich bedienen. Nach der Rspr. des *BVerfG*[132] betrifft die Garantie der Kunstfreiheit in Art. 5 Abs. 3 Satz 1 GG in gleicher Weise den »Werkbereich« und den »Wirkbereich« des künstlerischen Schaffens. Danach bilden beide Bereiche eine unlösbare Einheit.[133]

Künstlerischen Bestimmungen können, wenn die Voraussetzungen im Übrigen vorliegen (vgl. Rn. 6 ff., 35), grundsätzlich z. B. **folgende UN/Betriebe dienen,** wobei jeweils eine Einzelfallprüfung erforderlich ist:[134] **Theater und Staatsorchester,**[135] **Kleinkunstbühnen, Filmherstellungsbetriebe** (vgl. auch Rn. 46),[136] **Musik- und Schallplattenverlage, belletristische Buchverlage** bzw. Buchverlage, die **literarische oder musikalische Werke** verlegen,[137] **Kabaretts, Konzertagenturen, Museen.**[138] Auch das Betreiben eines **Musicaltheaters** soll künstlerischen Zielsetzungen dienen.[139] Werden bei Musicalproduktionen eines Veranstalters Fremdkräfte ohne arbeitsrechtliche Bindung zum AG auf der Basis von Lizenzverträgen tätig, kann dies zum Verlust der künstlerischen Bestimmung führen. Die Einmaligkeit einer so gestalteten Produktion führt nicht zum Wegfall der künstlerischen Bestimmung.[140] 45

Keine UN/Betriebe mit künstlerischer Zielsetzung sind u. a.: **Lichtspieltheater, Schallplattenherstellungsbetriebe, Buch- und Schallplattenhandlungen,**[141] **Revuen und Zirkus-UN,**[142] **Tanz- und Unterhaltungsstätten,**[143] **Musikhandel,**[144] **Verwertungsgesellschaften zur Ausnutzung von Urheberrechten,** z. B. die **GEMA**[145] **und VG WORT.**[146] 46

Soweit entsprechende Einrichtungen von **öffentlich-rechtlichen Trägern** nicht in privater Rechtsform betrieben werden, findet auf sie gemäß § 130 nicht das BetrVG, sondern das PersVG ggf. des entsprechenden Bundeslandes Anwendung. 47

IV. Berichterstattung und Meinungsäußerung (Abs. 1 Nr. 2)

Zu den UN und Betrieben, die unter diese Bestimmung fallen, können **Presse-UN** (vorwiegend **Zeitungs- und Zeitschriftenverlage**),[147] **Rundfunk- und Fernsehsender,** soweit sie **privatrechtlich** organisiert sind, sowie **Film-UN** gehören, sofern sie **unmittelbar und überwiegend** Zwecken der Berichterstattung oder Meinungsäußerung dienen (vgl. Rn. 6 ff. und ergänzend Rn. 52). Zu weitgehend ist die Auffassung, dass von dem weiten Pressebegriff des Art. 5 GG auszugehen ist,[148] der alle Erzeugnisse der »Buchdruckerpresse« bis hin zu Flugblättern und 48

130 *Fitting,* Rn. 22.
131 Vgl. auch *BAG* 7. 11. 75, AP Nr. 1 zu § 130 BetrVG 1972.
132 Vgl. 24. 2. 71, BVerfGE 30, 173 [189]; vgl. auch 5. 3. 74, BVerfGE 36, 321 [331].
133 Ebenso *Fitting,* Rn. 22.
134 Vgl. GK-*Weber,* Rn. 124; *Noll,* S. 77.
135 *BAG* 4. 8. 81, AP Nr. 5 zu § 87 BetrVG 1972 Arbeitszeit; 3. 11. 82, AP Nr. 12 zu § 15 KSchG 1969.
136 *Fitting,* Rn. 22; HWGNRH-*Hess,* Rn. 57.
137 Vgl. *BAG* 14. 11. 75, 15. 2. 89, AP Nrn. 5, 39 zu § 118 BetrVG 1972; offengelassen MünchArbR-*Matthes,* § 364 Rn. 25.
138 Vgl. Richardi-*Forst,* Rn. 75; *Fitting,* a. a. O.
139 *LAG Berlin-Brandenburg* 17. 12. 08 – 15 TaBV 1213/08, juris.
140 *LAG Baden-Württemberg* 28. 1. 10 – 21 TaBV 5/09, juris.
141 *Fitting,* Rn. 22; HWGNRH-*Hess,* Rn. 47.
142 *Däubler,* Das Arbeitsrecht 1, Rn. 1172; a. A. Richardi-*Forst,* Rn. 72; *GL,* Rn. 24; HWGNRH-*Hess,* a. a. O.; *Fitting,* Rn. 22.
143 *Fitting,* Rn. 22a.
144 *Fitting,* a. a. O.
145 *BAG* 8. 3. 83, AP Nr. 26 zu § 118 BetrVG 1972 mit Anm. *Herschel;* ErfK-*Kania,* Rn. 14.
146 Richardi-*Forst,* Rn. 76; *Fitting,* a. a. O.; *Weber,* NZA-Beilage 3/89, S. 3.
147 Vgl. *Frey,* S. 33; *Kunze,* FS Ballerstedt, S. 103; *Noll,* S. 78.
148 Richardi-*Forst,* Rn. 80; ähnlich GK-*Weber,* Rn. 130 ff.; wie hier *Frey,* S. 33 f.; *Fitting,* Rn. 23 f.; vgl. auch Rn. 75.

Plakaten erfasst.[149] **Öffentlich-rechtliche Rundfunk- und Fernsehanstalten** fallen als Körperschaften des öffentlichen Rechts gemäß § 130 nicht unter den Geltungsbereich des BetrVG. Für sie gelten die Sonderregelungen des BPersVG bzw. die jeweiligen Landes-PersVG.

49 Unter den Tendenzbegriff können alle Presse-UN fallen, **unabhängig** davon, ob sie eine **parteipolitische** oder eine **allgemeinpolitische Tendenz** verfolgen oder ob es sich um Presse-UN **ohne politische Tendenz** wie Heimatzeitungen oder um unabhängig und überparteilich zu nennende Zeitungen handelt.[150]

50 **Berichterstattung** ist die Weitergabe von Tatsachen. **Meinungsäußerung** ist die Abgabe einer Stellungnahme, mit der die Tatsachen beurteilt werden.

51 Die Vorschrift kommt auch zur Anwendung, wenn ein Betrieb/UN mehreren der in Nrn. 1 und 2 geführten geistig-ideellen Zielsetzungen dient. Nach Auffassung des *BAG*[151] müssen sich diese Zielsetzungen nicht ergänzen. Auch ein Gewinnstreben soll nicht im Widerspruch zur Tendenzeigenschaft stehen (vgl. im Übrigen Rn. 21 f.).[152]

52 Als UN oder Betriebe, die der Berichterstattung oder Meinungsäußerung (Nr. 2) dienen können, kommen neben **Zeitungs- und Zeitschriftenverlagen**[153] weitere Anbieter in Betracht, auch wenn sie gleichzeitig einer (oder mehreren) geistig-ideellen Zielsetzung(en) der Nr. 1 dienen (vgl. aber Rn. 21 f.) wie z. B.: **private Rundfunk- und Fernsehsender,**[154] **Filmherstellungs-UN** (aber nicht von Werbefilmen, vgl. auch Rn. 45, 55), **Presse- und Nachrichtenagenturen** bzw. **-dienste,**[155] **Internetanbieter** mit eigenen redaktionellen Beiträgen;[156] Betriebe, die Berichte und Kommentare für den Lokalteil anderer Zeitungen erstellen.[157] Voraussetzung ist jedoch, dass diese UN **unmittelbar und überwiegend** ihren geistig-ideellen Zielsetzungen dienen und nicht etwa, wie dies bei privaten Rundfunksendern häufig der Fall ist, die Meinungs- oder Berichterstattung weit überwiegend aus der »Konserve« (Musik) bzw. mit Hilfe von Werbung betreiben und ihren eigenen redaktionellen Teil auf wenige Minuten pro Stunde beschränken.[158]

53 **Keine Tendenz-UN/-Betriebe** sind **Buchverlage,** die jedoch regelmäßig eine oder mehrere der Zielsetzungen der Nr. 1 verfolgen.[159] Nach der nicht überzeugenden Rspr. kann eine **Buchgemeinschaft** (Buchclub), die belletristische Werke als sog. Clubausgaben herstellt und vertreibt, »Tendenzschutz« genießen, wenn die Verlagsrechte nicht selbst zustehen und sie deshalb lediglich sog. Lizenzausgaben herstellt und vertreibt.[160]

54 **Lohndruckereien,** die als selbstständige UN für Tendenz-UN Lohnaufträge ausführen, fallen nicht unter die Tendenzbestimmung.[161] Dies gilt auch, wenn ein reines Druck-UN (Lohndruckerei) abhängiges UN in einem sog. Tendenzkonzern ist.[162] Entsprechendes gilt für eine sog. **Verlagsdruckerei,** die als selbstständiger Betrieb (Betriebsteil, Nebenbetrieb) eines Presse-UN

---

149 Vgl. *Maunz/Dürig/Herzog/Scholz,* GG, Art. 5 Abs. 1, 2, Rn. 129 ff.

150 Vgl. *BAG* 9. 12. 75, 19. 5. 81, 31. 5. 83, AP Nrn. 7, 18, 27 zu § 118 BetrVG 1972; *Fitting,* Rn. 25; *Frey,* S. 35 f.

151 *BAG* 14. 11. 75, 15. 2. 89, AP Nrn. 5, 39 zu § 118 BetrVG 1972.

152 Zutreffend a. A. *Frey,* S. 32; *Ihlefeld,* AuR 75, 234 [239]; *Gerhard Müller,* DB 70, 1023 [1025 f.].

153 *Frey,* S. 33; *Kunze,* FS Ballerstedt, S. 103; *Bauer/Lingemann,* NZA 95, 813, 814.

154 *BAG* 11. 2. 92 – 1 ABR 49/91, NZA 92, 705; 27. 7. 93 – 1 ABR 11/93, NZA 94, 329 auch bei nur 10 % Wortbeiträgen im Programm; ähnlich ErfK-*Kania,* Rn. 15; HWGNRH-*Hess,* Rn. 63; *Noll,* S. 79; a. A. für die nordrhein-westfälischen Lokalfunkstationen *Pahde-Syrbe,* AuR 94, 333.

155 Richardi-*Forst,* Rn. 88; *Fitting,* Rn. 30; *Frey,* S. 36; HWGNRH-*Hess,* Rn. 63; a. A. *GL,* Rn. 29.

156 *Bauer/Mengel,* NZA 01, 307 [309].

157 *LAG Rheinland-Pfalz* 27. 3. 07 – 3 TaBV 2/07, juris.

158 Vgl. auch *BAG* 27. 7. 93, a. a. O.; a. A. HWGNRH-*Hess,* a. a. O.

159 Ähnlich *Fitting,* Rn. 26; HWGNRH-*Hess,* Rn. 67; *Noll,* S. 80; offengelassen *BAG* 14. 11. 75, AP Nr. 5 zu § 118 BetrVG 1972; weiter gehend *BAG* 15. 2. 89, AP Nr. 39 zu § 118 BetrVG; Richardi-*Forst,* Rn. 83 ff.; die auch Buchverlagen »Tendenzschutz« nach Nr. 2 zubilligen; a. A. *Frey,* S. 33; *Kunze,* FS Ballerstedt, S. 102 f.; *Ihlefeld,* AuR 75, 234 [239], mit Bedenken hinsichtlich der Tendenzeigenschaft.

160 *BAG* 15. 2. 89, a. a. O; vgl. auch Richardi-*Forst,* Rn. 87; *Fitting,* Rn. 30, die darauf abstellen, ob die Buchgemeinschaft mit einem Buchverlag verbunden ist.

161 *BAG* 31. 10. 75, 30. 6. 81, AP Nrn. 3, 20 zu § 118 BetrVG 1972; vgl. ErfK-*Kania,* Rn. 16; Richardi-*Forst,* Rn. 91 ff. *Noll,* S. 80.

162 *BAG* 30. 6. 81, a. a. O.; vgl. auch Richardi-*Forst,* Rn. 107.

überwiegend Lohnaufträge für Dritt-UN durchführt,[163] selbst wenn sie überwiegend durch den Druck verlagseigener Zeitungen, Zeitschriften oder sonstiger (interner) Aufträge mit Tendenzcharakter ausgelastet ist.[164] Besteht das Presse-UN lediglich aus einem Betrieb, ist dieses ebenfalls Tendenz-UN, wenn die technischen Abteilungen des Betriebs überwiegend durch eigene – tendenzgeschützte – Verlagsobjekte ausgelastet sind (im Übrigen Rn. 14 ff.).[165]

Nicht als Tendenz-UN/-Betriebe i. S. d. Nr. 2 sind außerdem anzusehen: **Verlage,** die ausschließlich oder überwiegend **Anzeigenblätter,**[166] **amtliche Mitteilungen** oder **Bekanntmachungen, Formulare oder Adress-** bzw. **Telefonbücher** herausgeben,[167] **Internetanbieter** ohne eigene redaktionelle Beiträge,[168] **Vertriebsgesellschaften** und **Zeitungszustellbetriebe, Buch-, Zeitschriften- und Zeitungshandel,**[169] Unternehmen, die das **Anzeigengeschäft** für mehrere Tageszeitungen erledigen und hierbei eigenständig über den Abschluss von Verträgen entscheiden können,[170] Unternehmen, die **mediale Dienstleistungen** auf dem Gebiet der Unternehmens- und Markenkommunikation erbringen sowie **Beratung** auf dem Gebiet der **Werbung,** der Kommunikation und der **Verkaufsförderung,** insbesondere das Editorial Design von Print- und Onlinemedien durchführen,[171] **Filmverleih und -vertrieb,**[172] **Hersteller von Werbefilmen,**[173] **Lesezirkel,**[174] **UN,** die **Meinungsäußerung** oder **Berichterstattung auf Tonträgern** (Schallplatten, Kassetten) betreiben[175] sowie **öffentlich-rechtliche Rundfunk- und Fernsehanstalten** (vgl. Rn. 48). 55

V. Tendenzträger

Eine **Einschränkung der Beteiligungsrechte des BR** auf Grund der »Eigenartklausel« des Satzes 1 kommt nur in Betracht, wenn von der Maßnahme ein **Tendenzträger** betroffen ist **und** es sich um eine **tendenzbezogene Maßnahme** in einem **Tendenz-UN/-Betrieb** handelt.[176] Deshalb ist die **Abgrenzung des Personenkreises der Tendenzträger** für die betriebliche Praxis wichtig. Tendenzträger sind nur solche Beschäftigte, die einerseits tendenzbezogene Aufgaben wahrnehmen,[177] andererseits aber auch kraft ihrer Dienststellung und ihres Dienstvertrages an der Verwirklichung der geistig-ideellen Zielsetzung wesentlich mitwirken.[178] Tendenzträger können nur AN sein, die **maßgeblich zur Tendenzverwirklichung** beitragen, die Möglichkeit einer **inhaltlich prägenden Einflussnahme** auf die Tendenzverwirklichung haben[179] und die 56

163 *Fitting,* Rn. 27.
164 Zutreffend ErfK-*Kania,* a. a. O. unter Hinweis auf *BAG* 31. 10. 75, AP Nr. 3 zu § 118 BetrVG 1972; a. A. *Fitting,* a. a. O.
165 *Fitting,* a. a. O.; vgl. auch *BAG* 9. 12. 75, AP Nr. 7 zu § 118 BetrVG 1975.
166 *Däubler,* Das Arbeitsrecht 1, Rn. 1173.
167 Richardi-*Forst,* Rn. 86; *Fitting,* Rn. 23; ErfK-*Kania,* Rn. 15; *Weber,* NZA-Beilage 3/89, S. 3, bezogen auf Formulare, Adress- bzw. Telefonbücher; *Neumann-Duesberg,* BB 73, 940, bezogen auf Anzeigenblätter; a. A. *GL,* Rn. 27; HWGNRH-*Hess,* Rn. 63.
168 Im Ergebnis ebenso *Bauer/Mengel,* NZA 01, 307 [310].
169 Richardi-*Forst,* Rn. 80; *Fitting,* Rn. 28; *GL,* Rn. 29; *Weber,* a. a. O.; zu Zustellbetrieben vgl. *BVerfG* 29. 4. 03 – 1 BVR 62/99, NZA 03, 864.
170 *LAG Thüringen* 29. 11. 05 – 5 TaBV 4/04.
171 *LAG Berlin-Brandenburg* 20. 12. 21 – 21 TaBV 504/21.
172 *GL,* Rn. 29.
173 A. A. *GL,* Rn. 27.
174 *Fitting,* a. a. O.; Richardi-*Forst,* Rn. 80, der aber Lesezirkeln mit konfessioneller oder wissenschaftlicher Zielsetzung die Tendenzeigenschaft zuspricht.
175 *GL,* Rn. 29.
176 *BAG* 28. 5. 02 – 1 ABR 32/01, DB 03, 287.
177 *BVerfG* 6. 11. 79, AP Nr. 14 zu § 118 BetrVG 1972.
178 Vgl. ausführlich *Noll,* S. 48 ff.; *Eisemann,* RdA 77, 336 [348], der zutreffend darauf verweist, dass es sich bei Tendenzträgern meist um leitende Angestellte handelt; vgl. *Brecht,* Rn. 7.
179 *BAG* 12. 11. 02 – 1 ABR 60/01, NZA 04, 1289; 28. 10. 86, AP Nr. 32 zu § 118 BetrVG 1972; 18. 4. 89, AP Nr. 34 zu § 87 BetrVG 1972 Arbeitszeit; vgl. auch 24. 3. 83, EzA § 1 KSchG Betriebsbedingte Kündigung Nr. 21.

geistig-ideelle Zielsetzung des UN unmittelbar verwirklichen.[180] Die Tendenzträgereigenschaft bezieht sich nur auf den Bereich des Arbeitsverhältnisses.[181]

57 In Verkennung der Aufgaben eines verantwortlich tätigen Redakteurs, die sich nach Meinung des *BAG* von denen anderer Redakteure nur dadurch unterscheiden sollen, dass er die presserechtliche Verantwortung für den Inhalt der Veröffentlichung trägt[182] sollen in **Pressebetrieben** und privaten **Rundfunk- bzw. Fernsehsendern** alle Redakteure (im Rundfunk z. T. Programm-Mitarbeiter genannt)[183] Tendenzträger sein und nicht nur die verantwortlich Tätigen.[184] Nach der abzulehnenden Rspr.[185] sollen Tendenzträger in Pressebetrieben alle Personen sein, die **unmittelbar** für die **Berichterstattung und/oder Meinungsäußerung** tätig sind, also **inhaltlich** hierauf **Einfluss nehmen** können, und zwar entweder durch **eigene Veröffentlichung** oder **durch Auswahl und Redigierung** der Beiträge anderer. Diese Einflussmöglichkeit haben nach Auffassung des BAG grundsätzlich alle Redakteure,[186] einschließlich der **Lokalredakteure**[187] und **Sportredakteure,** wenn sie gleichzeitig Mitglied der Redaktionskonferenz sind,[188] **Feuilletonredakteure** für eine Beilage »Bunte Blätter« einer Tageszeitung, **Redaktionsvolontären** (vgl. auch Rn. 63)[189] und **Redakteure** (Programm-Mitarbeiter) von privaten Rundfunksendern.[190]

58 Tendenzträger können auch **Lektoren** in Buchverlagen[191] mit eigenem Verantwortungsbereich sein.

59 Bei **politischen Parteien, Gewerkschaften und AG-Verbänden** sind hauptamtliche Funktionäre Tendenzträger.[192]

60 Bei **konfessionellen, karitativen oder erzieherischen Einrichtungen** können nur solche AN als Tendenzträger in Betracht kommen, die einen inhaltlich prägenden und maßgeblichen Einfluss auf die Tendenzverwirklichung ausüben bzw. die geistig-ideelle Zielsetzung des UN unmittelbar verwirklichen. Nach der Rspr. sind in diesen Einrichtungen **Tendenzträger: Leiter einer Familienbildungsstätte,**[193] **Leiterin eines Kindergartens,**[194] **Lehrer und Honorarlehrkräfte** an Privatschulen, sofern diese erzieherischen Bestimmungen dienen[195] bzw. an konfessionellen und karitativen Einrichtungen,[196] **Erzieher und Lehrkräfte** an einer Ersatzschule bzw. Behinderteneinrichtung, wenn sie inhaltlich prägend soziale Dienste an körperlich und seelisch leidenden Menschen erbringen,[197] **Psychologen** an einem Berufsförderungswerk für Behinderte,[198] **Gruppenleiter und Betreuer** einer Behindertenwerkstatt.[199] **Nicht erfasst** wer-

---

180 *BAG* 22.5.79, AP Nr. 13 zu § 118 BetrVG 1972.
181 A. A. *BAG* 23.10.08 – 2 AZR 483/07, DB 09, 1544, für den außerdienstlichen Bereich; zustimmend *Dzida*, BB 09, 1190.
182 *BAG* 7.11.75, AP Nr. 4 zu § 118 BetrVG 1972, 7.11.75, AP Nr. 3 zu § 99 BetrVG 1972; Richardi-*Forst,* Rn. 110.
183 Vgl. *Ory,* AfP 91, 692 [695].
184 So *Fitting,* Rn. 35; *WW,* Rn. 34, die auf den eigenen Verantwortungsbereich abstellen.
185 *BAG* 7.11.75, AP Nr. 3 zu § 99 BetrVG 1972 mit Anm. *Kraft/Geppert,* 9.12.75, AP Nr. 7 zu § 118 BetrVG 1972 mit Anm. *Löwisch.*
186 30.1.79, AP Nr. 11 zu § 118 BetrVG 1972; vgl. auch 19.5.81, 31.5.83, AP Nrn. 18, 27 zu § 118 BetrVG 1972; vgl. ferner *BVerfG* 6.11.79, AP Nr. 11 zu § 118 BetrVG 1972.
187 *BAG* 7.11.75, AP Nr. 3 zu § 99 BetrVG 1972.
188 *BAG* 9.12.75, a.a.O.
189 *BAG* 7.11.75, AP Nr. 4 zu § 118 BetrVG 1972.
190 *BAG* 11.2.92 – 1 ABR 49/91, NZA 92, 705 = AuR 92, 185, Ls.; 27.7.93 – 1 ABR 1193, NZA 94, 329 = AiB 94, 251, Ls.
191 Richardi-*Forst,* Rn. 127; *Fitting,* Rn. 35.
192 Vgl. *BAG* 6.12.79, AP Nr. 2 zu § 1 KSchG 1969 Verhaltensbedingte Kündigung zum Rechtsschutz.
193 *ArbG Köln* 18.2.76, EzA § 1 KSchG Tendenzbetrieb Nr. 1.
194 *BAG* 25.4.78, 4.3.80, AP Nrn. 2, 3 zu Art 140 GG; Richardi-*Forst,* Rn. 129.
195 *BAG* 3.7.90 – 1 ABR 36/89, NZA 90, 903.
196 *BAG* 22.5.79, 31.1.87, AP Nrn. 12, 33 zu § 118 BetrVG 1972; 4.3.80, AP Nr. 4 zu Art. 140 GG; 31.10.84, EzA § 1 KSchG Tendenzbetrieb Nr. 16.
197 *LAG Nürnberg* 19.1.07 – 8 TaBV 30/06, AiB 07, 550 mit Anm. *Heese*; *BAG* 31.1.95 – 1 ABR 35/94, NZA 95, 1059 = AuR 95, 332, Ls.
198 *BAG* 8.11.88, AP Nr. 38 zu § 118 BetrVG 1972.
199 *BAG* 31.1.84, AP Nr. 15 zu § 87 BetrVG 1972 Lohngestaltung.

den hingegen Verwaltungsmitarbeiter oder Beschäftigte, die Tendenzträgern im technischen oder organisatorischen Bereich zuarbeiten, ohne selbst maßgeblich an der Verwirklichung der Tendenzziele mitzuwirken sowie Beschäftigte in der **Kita- oder Schulassistenz,** die zwar selbstständige Entscheidungen über Hilfemaßnahmen für betreute Kinder treffen, diese aber nur in Abstimmung mit den zuständigen Lehrern umsetzen können.[200] Entsprechendes gilt für **Honorardozenten,**[201] für Ausbilder, Tutoren, Trainer sowie für alle anderen pädagogischen Hilfskräfte, die in der betrieblichen Hierarchie unterhalb der Leitungsebene angesiedelt sind.[202] **Ärzte** mit »klassischen« Aufgaben in den Bereichen medizinische Pflege und Beratung sind nach zutreffender Auffassung des EuGH keine Tendenzträger.[203]

Bei **künstlerischen Einrichtungen** sollen die AN als Tendenzträger anzusehen sein, deren Aufgabengebiet im Rahmen der Gesamtgestaltung bzw. ihrer eigenen Gestaltungsmöglichkeiten weit genug geht, um auf das künstlerische Werk, z. B. auf die Theaterproduktion, inhaltlich Einfluss nehmen zu können.[204] Als **Tendenzträger** angesehen worden sind: **Solist, erster Hornist, erster Oboist** eines Orchesters,[205] **Konzertmeister, Stimmführer, Bühnenangestellte** sowie **Schauspieler,** sofern ihr künstlerischer Gestaltungsraum nicht stark eingeschränkt ist.[206] Gleiches soll für ein UN gelten, das die Produktion, Vervielfältigung und Verbreitung von **Tonträgern** sowie von **Bildaufnahmen** und **Druckschriften** betreibt, Auswertungsrechte Ton- und Bildaufnahmen sowie Druckschriften vertreibt und Geschäfte mit einem **Musikverlag** und im Bereich des **Merchandising** macht.[207] 61

Bei **wissenschaftlichen Einrichtungen** können **Wissenschaftler** in Betracht kommen, die projektbezogene Forschungsarbeit leisten.[208] Es soll für die Feststellung der Eigenschaft als Tendenzträger bereits ausreichen, wenn die wissenschaftliche Tätigkeit etwa 30 % der Arbeitszeit ausmacht.[209] **Nicht** zur Gruppe der **Tendenzträger** gehören Beschäftigte aus dem Bereich des technischen Personals sowie alle anderen Mitarbeiter, die nicht unmittelbar wissenschaftliche tätig sind (etwa Mitarbeiter einer Finanzabteilung, die lediglich Abrechnungen für Wissenschaftler erstellen).[210] Nur eine solche enge Auslegung wird der allgemeinen Anforderung gerecht, nach der eine wesentliche Mitwirkung an der Verwirklichung geistig-ideeller Zielsetzungen Voraussetzung für die Qualifikation als Tendenzträger ist. 62

Nicht Tendenzträger sind beispielsweise: **Anzeigenredakteure,**[211] alle Angehörigen **des technischen oder sonstigen** nicht mit dem Inhalt der Zeitung befassten **Personals in Presse-UN,**[212] z. B. **Korrektoren,**[213] **Drucker,**[214] **Setzer, Buchhalter, Verwaltungsangestellte,**[215] **Zeitungszusteller,**[216] **Redaktionssekretärinnen,**[217] **Schlussredakteure,**[218] **Layouter/Grafiker,** jedenfalls 63

200 *ArbG Bonn* 5. 1. 23 – 3 BV 96/22 (n. rkr.).
201 ArbG *Leipzig* – 7 BV 71/05.
202 Ähnlich im Ergebnis *LAG Berlin-Brandenburg* 9. 12. 08 – 16 TaBV 1476/08, juris; WP-*Bender,* Rn. 23; HaKo-BetrVG/*Lakies,* Rn. 27; a. A. Richardi-*Forst,* Rn. 130a.
203 *EuGH* 11. 9. 18 – C-68/17, NZA 18, 1187 und *BAG* 20. 2. 19 – 2 AZR 746/14, NZA 19, 901 bezogen auf einen erneut verheirateten Chefarzt in einem katholischen Krankenhaus; anders *BAG* 18. 4. 89, AP Nr. 65 zu § 99 BetrVG 1972 für angestellte Ärzte, denen in einem Tendenzbetrieb zusätzlich Forschungsaufgaben übertragen wurden.
204 *BAG* 28. 10. 86, AP Nr. 32 zu § 118 BetrVG 1972.
205 *BAG* 7. 11. 75, AP Nr. 1 zu § 130 BetrVG 1972; 3. 11. 82, AP Nr. 12 zu § 15 KSchG 1969.
206 Weiter *BAG* 4. 8. 81, AP Nr. 5 zu § 87 BetrVG 1972 Arbeitszeit.
207 *LAG München* 31. 8. 22 – 10 TaBV 65/21.
208 *LAG Berlin* 18. 10. 82, BB 83, 502; offengelassen *BAG* 10. 4. 84, AP Nr. 3 zu § 81 ArbGG 1979.
209 *BAG* 7. 2. 91 – 1 ABR 87/89, NZA 91, 513.
210 Ähnlich HaKo-BetrVG/*Lakies,* Rn. 27; a. A. Richardi-*Forst,* Rn. 130.
211 *Fitting,* Rn. 35; Richardi-*Forst,* Rn. 125; a. A. HWGNRH-*Hess,* Rn. 80, wenn eigene Veröffentlichungen möglich sind oder das Redigieren von Texten; a. A. *BAG* 20. 4. 10 – 1 ABR 78/08, juris.
212 Vgl. *BVerfG* 6. 11. 79, AP Nr. 14 zu § 118 BetrVG 1972.
213 *LAG Hamburg* 2. 5. 74, DB 74, 2406.
214 Vgl. auch *BAG* 30. 4. 74, AP Nr. 1 zu § 118 BetrVG 1972.
215 Richardi-*Forst,* Rn. 126; HWGNRH-*Hess,* Rn. 82.
216 Richardi-*Forst,* a. a. O.
217 *BAG* 7. 11. 75, AP Nr. 3 zu § 99 BetrVG 1972.
218 *LAG Hamburg* 22. 10. 08 – 5 SaGa 5/08, juris.

dann, wenn die Verantwortung bei Redakteuren liegt;[219] **Agenturen,** die **mediale Dienstleistungen** auf dem Gebiet der Unternehmens- und Markenkommunikation sowie der Werbung, der Kommunikation und der Verkaufsförderung (insbesondere das Editorial Design von Print- und Onlinemedien) erbringen.[220] Entgegen der Auffassung des BAG[221] sind **Redaktionsvolontäre** in Pressebetrieben,[222] die zu einer beruflichen Tätigkeit mit Tendenzbezug ausgebildet werden, keine Tendenzträger.[223]

64 Als Tendenzträger sind nicht einzustufen: **Pflegepersonal** und **Krankenschwestern** in konfessionellen und karitativen Einrichtungen;[224] **Rettungsassistenten** und **-sanitäter,** die ihren Dienst auf Rettungsfahrzeugen des Deutschen Roten Kreuzes im Rahmen ihrer Vereinsmitgliedschaft gegen Aufwandsentschädigung leisten;[225] **DRK-Blutspendedienste,**[226] **Gärtnermeister,** die Behinderte zu handwerklichen Arbeiten anleiten;[227] **Maskenbildner und Chef-Maskenbildner;**[228] **Leiter der Kostümabteilung** eines Theaters.[229]

VI. Einschränkungen der Beteiligungsrechte des Betriebsrats (Abs. 1 Satz 2)

1. Der absolute Ausschluss von Beteiligungsrechten

65 Durch den Wortlaut des Abs. 1 S. 2 wird die Anwendbarkeit der §§ 106 bis 110 dieses Gesetzes ausgeschlossen. In Tendenzbetrieben kann damit kein **WA** eingerichtet werden.[230] Die Unterrichtung der AN durch den AG entfällt. Diese Regelung ist rechtspolitisch verfehlt (zu den **verfassungsrechtlichen Bedenken** vgl. Rn. 3)[231] und widerspricht den in anderen Entscheidungen des *BAG* zum Ausdruck gebrachten Grundsätzen, wonach die Unterrichtungs-, Beratungs- und Anhörungsrechte des BR in Tendenzbetrieben nicht entfallen.[232] Da der WA keine weitergehenden Rechte hat als der BR, ist es mit Blick auf den Gesamtzusammenhang des Gesetzes nicht nachvollziehbar, dass die Einrichtung dieses Gremiums in Tendenzbetrieben ausgeschlossen bleiben soll. Die Wirksamkeit dieser Regelung ist mit Blick auf die **Richtlinie 2002/14/EG** und die zum 23. März 2005 abgelaufene Umsetzungsfrist in nationales Recht fraglich (vgl. ausführlich Einl., Rn. 251 ff.). Eine richtlinienkonforme Auslegung bzw. die Umsetzung der Richtlinie in nationales Recht hat auch für den Bereich des § 118 zur Folge, dass bei Erreichung der Mindestzahl von Mitarbeitern (50 AN in Unternehmen/20 in Betrieben) eine Unterrichtung und Anhörung der AN erfolgen muss. Dies legt den Schluss nahe, dass auch im Anwendungsbereich des § 118 entweder die Anwendbarkeit der §§ 106 bis 110 ermöglicht werden muss oder dass vergleichbare Informationsstrukturen eingeführt werden müssen.[233]

---

219 *LAG Köln* 3.11.88 – 2 TaBV 9/88.
220 *LAG Berlin-Brandenburg* 20.12.21 – 21 TaBV 504/21 (n. rkr.).
221 *BAG* 19.5.81, AP Nr. 21 zu § 118 BetrVG 1972 mit zustimmender Anm. *Herschel;* 19.5.81, DB 81, 1191.
222 Vgl. zum Begriff Volontär: *BAG* 22.6.94 – 7 AZR 469/93, AfP 95, 529; 23.6.83, AP Nr. 10 zu § 78a BetrVG 1972, Verfassungsbeschwerde nicht angenommen: *BVerfG* 10.1.86 – 1 BvR 1539/83, 22.6.94, AfP 95, 529; vgl. auch *LAG Hamm* 19.3.93 – 103 Sa 1532/92, AfP 94, 174; Spruch der ESt. beim Verlag D.-GmbH & Co. KG 4.5.90, NZA 90, 681.
223 *LAG Niedersachsen* 21.4.76 – 4 TaBV 60/75; *Blanke,* AiB 86, 205 [207]; *Frey,* S. 71; *Weiss/Weyand,* BB 90, 2109 [2116].
224 *BAG* 18.4.89, AP Nr. 34 zu § 87 BetrVG 1972 Arbeitszeit; 6.11.90 – 1 ABR 88/89, DB 91, 2141 = AuR 90, 386, 12.11.91 – 1 ABR 4/91.
225 *BAG* 12.11.02 – 1 ABR 60/01, AuR 03, 309 mit Anm. *Plander.*
226 *BAG* 22.5.12 – 1 ABR 7/11, AP Nr. 85 zu § 118 BetrVG 1972.
227 *BAG* 12.11.91, a.a.O.
228 *BAG* 28.10.86, AP Nr. 32 zu § 118 BetrVG 1972 mit krit. Anm. *Mummenhoff.*
229 *BAG* 13.2.07 – 1 ABR 14/06, AP Nr. 81 zu § 118 BetrVG 1972 mit Anm. Wedde = AuR 07/35.
230 Vgl. etwa *BAG* 15.3.06 – 7 ABR 24/05, NZA 06, 1422; *LAG Rheinland-Pfalz* 14.8.13 – 8 TaBV 4012.
231 Vgl. auch *Ihlefeld,* AuR 78, 348; für eine begrenzte Anwendung der Vorschrift *Plander,* AuR 76, 293 f.; *Fitting,* Rn. 43, die die gesetzliche Regelung für nicht gerechtfertigt ansehen; ebenso *Weiss/Weyand,* AuR 90, 33 [35].
232 *BAG* 22.4.75, 7.11.75, 30.1.79, AP Nrn. 2, 4, 11 zu § 118 BetrVG 1972; 7.11.75, AP Nr. 3 zu § 99 BetrVG 1972; vgl. *Blanke,* AiB 86, 205 [206].
233 Vgl. allgemein *Bonin,* AuR 04, 321; a.A. Richardi-*Forst,* Rn. 169b; *Reichold,* NZA 03, 289.

Durch das **Bilanzrecht** (Bilanzrichtliniengesetz v. 19. 12. 1985)[234] lässt sich auch die Argumentation des *BAG*[235] nicht mehr aufrechterhalten, dass ein WA unzulässig auf die Tendenzverwirklichung einwirken könnte.[236] Das neue Bilanzrecht kennt keinen »Tendenzschutz« und entspricht somit der Rechtslage in den übrigen EU-Ländern, in denen diese Rechtsfigur nicht oder wie in Österreich weniger ausgeprägt besteht.[237] Es ist sinnwidrig einem BR/GBR zwar Zwangsmittel zur Durchsetzung der Offenlegung der Bilanz an die Hand zu geben, ihm aber zugleich zu verbieten, einen WA zur Vorlage der Bilanz zu bilden sowie nach § 110 die Unterrichtung der AN zu verlangen. Der Vorrang der jüngeren Norm und das Gebot der gemeinschaftskonformen Auslegung gebieten deshalb bereits heute, jedenfalls bei Kapitalgesellschaften, eine teleologische Reduktion der Vorschrift.[238] 66

Die Vorschrift hat keinen Einfluss auf die Pflicht des AG zur Erstattung des **jährlichen Berichts in der Betriebsversammlung** nach § 43 Abs. 2 Satz 3.[239] 67

Die Vorschriften der §§ 106–110 knüpfen an die **UN-Ebene an.** Deshalb entscheidet allein der **Tendenzcharakter des UN** über die Frage, ob der BR/GBR einen WA errichten kann. Ein WA ist auch dann nicht zu errichten, wenn einzelne Betriebe nicht unter die Tendenzbestimmung fallen.[240] In (überwiegend) **tendenzfreien UN** ist dagegen auch dann ein WA zu bilden, wenn **einzelne Betriebe** dieser UN **Tendenzcharakter** aufweisen.[241] Bildet der Betrieb einer **Lohndruckerei** ein rechtlich selbstständiges UN, ist ein WA zu errichten, wenn eine enge wirtschaftliche und personelle Verflechtung mit z. B. einem Verlags-UN (herrschenden Konzern-UN) besteht, da die Druckerei nicht »unmittelbar« einer Tendenz dient.[242] 68

2. Die eingeschränkte Anwendbarkeit der §§ 111 bis 113

Für den Umfang der **Mitwirkungsrechte des BR bei Betriebsänderungen** kommt es nicht auf den Tendenzbezug des UN an. Ausschlaggebend ist allein der Tendenzcharakter des betroffenen Betriebs.[243] Etwas anderes gilt allenfalls dann, wenn die Betriebsänderung das Gesamt-UN (z. B. Konkurs des UN) betrifft, da in diesem Fall auch die Zuständigkeit des GBR nach § 50 Abs. 1 gegeben ist. 69

Die §§ 111 bis 113, die die Beteiligung des BR in wirtschaftlichen Angelegenheiten regeln, kommen auch in Tendenzbetrieben zur Anwendung Der BR ist über geplante Betriebsänderungen rechtzeitig und umfassend zu unterrichten.[244] Weiterhin ist er sowohl bei der Aufstellung eines **Sozialplans** als auch bei der Herbeiführung eines **Interessenausgleichs** zu beteiligen.[245] Auch die Vereinbarung eines »Freiwilligen Interessenausgleichs« und von Namenslisten nach § 1 Abs. 5 KSchG ist möglich.[246] Der AG muss dem BR auch in einem Tendenzbetrieb rechtzeitig vor Durchführung einer Betriebsänderung diejenigen **Informationen** zu erteilen, die 70

234 BGBl. I S. 2355.
235 *BAG* 7. 4. 81, AP Nr. 16 zu § 118 BetrVG 1972.
236 Zutreffend *Kohte,* Anm. zu AP Nr. 37 zu § 118 BetrVG 1972; ähnlich Richardi-*Forst,* Rn. 169a.
237 *Kohte,* a. a. O. m. w. N.
238 *Kohte,* a. a. O.
239 *BAG* 8. 3. 77, AP Nr. 1 zu § 43 BetrVG 1972; *Fitting,* Rn. 31; GK-*Weber,* Rn. 149; ErfK-*Kania,* Rn. 17; enger HWGNRH-*Hess,* Rn. 142, sofern der mit § 118 verfolgte Schutz nicht ausgehöhlt wird.
240 *GL,* Rn. 49.
241 GK-*Weber,* Rn. 146; *Fitting,* Rn. 44, sieht keine Zuständigkeit des WA für die Tendenzbetriebe des UN.
242 *BAG* 31. 10. 75, 30. 6. 81, AP Nrn. 3, 20 zu § 118 BetrVG 1972.
243 *Fitting,* Rn. 6, 46; *GL,* Rn. 54; *Weiss,* Rn. 18.
244 *LAG Sachsen-Anhalt* 21. 6. 13 – 6 Sa 444/11.
245 Vgl. *Grunsky,* FS Mallmann, S. 83 ff.; *Kehrmann/Schneider,* BlStSozArbr 72, 64; *LAG Niedersachsen* 11. 11. 93 – 1 TaBV 59/93, AiB 94, 504 [505]; mit Anm. *Kraushaar,* DB 93, 2540, Ls.; GK-*Weber,* Rn. 152 ff., der den Abschluss eines Interessenausgleichs mit beschränktem Inhalt für zulässig ansieht; a. A. *LAG Rheinland-Pfalz* 20. 12. 05 – 5 TaBV 54/05; *Bauer,* FS Wißmann, 25 [222]; *Gillen/Hörle,* NZA 03, 1225, der den freiwilligen Abschluss eines Interessenausgleichs verfassungsrechtlich für zulässig hält; ErfK-*Kania,* Rn. 18; vgl. auch *Schlachter,* FS Wißmann, 412 [416 f.].
246 Vgl. *LAG Köln* 13. 2. 12 – 5 TaBV 303/11, juris; *Thüsing/Wege,* BB 05, 213.

zur Ausübung des Mitbestimmungsrechts in Bezug auf den Sozialplan benötigt werden.[247] Bei der Vereinbarung eines Interessenausgleichs kommt die Regelung des § 1 Abs. 5 KSchG zur Anwendung.[248]

71 Die uneingeschränkte Anwendung der Regelungen der §§ 111 bis 113 ergibt sich aus dem Wortlaut des Abs. 1 Satz 2, der ausdrücklich auf § 113 Bezug nimmt. Da sich diese Norm vorrangig mit dem Interessenausgleich befasst, wäre eine Verweisung unsinnig, wenn sich hieraus nicht Beteiligungsrechte des BR ableiteten. Der insoweit klare Wortlaut kann bei der Auslegung nicht vernachlässigt werden (vgl. auch Rn. 72).[249] Dieser Auslegung wird entgegengehalten, dass die Vorschriften nur insoweit anzuwenden sind, als sie den Ausgleich oder die Milderung wirtschaftlicher Nachteile für die AN infolge von Betriebsänderungen (Sozialplan) regeln und sich dabei das Informations- und Beratungsrecht aus § 111 nur auf das »Wie« und nicht auf die Frage des »Ob« erstreckt.[250] Die §§ 112 und 112a sollen nur für den Abschluss eines Sozialplans einschließlich der Einschaltung des Vorstands der Bundesagentur für Arbeit sowie der Zuständigkeit der ESt. für die Erzwingung eines Sozialplans gelten, nicht aber hinsichtlich eines Interessenausgleichs.[251]

72 Folgte man dieser Position und hielte § 113 für nicht anwendbar, würde beispielsweise ein gesetzwidrig handelndes UN begünstigt, der den BR überhaupt nicht beteiligt, da er keinerlei Sanktion zu fürchten hätte.[252] Dies hat auch das *BAG* bezüglich der Anwendbarkeit von § 113 Abs. 3 teilweise anerkannt.[253] Es hält nunmehr eine ausgleichende Auslegung der Vorschrift für geboten, durch die die nicht gewollte Schutzlücke geschlossen wird, die aus dem Ausschluss der Anwendbarkeit des § 113 Abs. 3 folgt. In Tendenzbetrieben hält das *BAG* **§ 113 Abs. 3** insoweit für **anwendbar,** wie diese Norm in Verbindung mit § 118 Abs. 1 Satz 2 eine **Sanktion** für die Verletzung von Pflichten bietet, die AG im Hinblick auf das Zustandekommen eines Sozialplans auferlegt sind.[254] Auch in Tendenzbetrieben müssen deshalb AG die BR nach den Grundsätzen des § 111 rechtzeitig und umfassend über geplante Betriebsänderungen unterrichten und die sozialen Folgen mit ihnen beraten.[255]

73 Weiterhin kann ein **Nachteilsausgleich** nach § 113 Abs. 3 in Betracht kommen, wenn der AG es im Zusammenhang mit einer Massenentlastung im Sinne des § 17 KSchG unterlassen hat, mit dem BR zu beraten, wie Entlassungen vermieden oder beschränkt werden können und ob ihre sozialen Folgen gemildert werden können.[256]

3. Der relative Ausschluss von Beteiligungsrechten

a) Eigenartklausel

74 Wenn Abs. 1 Nr. 2 vorsieht, dass Vorschriften des Gesetzes keine Anwendung finden, soweit die Eigenart des UN oder des Betriebs dem entgegensteht **(Eigenartklausel),** bedeutet dies weder, dass bestimmte Vorschriften des Gesetzes von vornherein völlig ausgeschlossen noch, dass sie

---

247 *BAG* 30. 3. 04 – 1 AZR 7/03, DB 04, 1511; 18. 11. 03 – 1 AZR 637/02, DB 04, 1372; *Bauer,* a. a. O., 219 f.; *Fitting,* Rn. 47.

248 *Köln* 13. 2. 12, a. a. O.; *Bauer,* FS Wißmann, 215 [228] *Thüsing/Donat,* BB 05, 213.

249 *BAG* 27. 10. 98 – 1 AZR 766/97, AiB 2000, Heft 1 mit Anm. *Wedde..*

250 Vgl. Richardi-*Forst,* Rn. 171; *Fitting,* Rn. 46; HWGNRH-*Hess,* Rn. 143; MünchArbR-*Matthes,* § 365 Rn. 5 f.; *Bauer/Lingemann,* NZA 95, 813; *BAG* 17. 8. 82, AP Nr. 11 zu § 111 BetrVG 1972.

251 *Fitting,* a. a. O.

252 Vgl. *Kehrmann/Schneider,* BlStSozArbR 72, 64; *Grunsky,* FS Mallmann, S. 83 f.; *LAG Niedersachsen* 11. 11. 93 – 1 TaBV 59/93, AiB 94, 504 mit Anm. *Kraushaar* = DB 93, 2540, Ls.; einschränkend bzgl. § 113 Abs. 3 GK-*Weber,* Rn. 161.

253 *BAG* 27. 10. 98, AiB 2000, Heft 1 mit Anm. *Wedde;* in der Entscheidung hat das *BAG* die Frage der Anwendbarkeit auf § 113 Abs. 1 und 2 ausdrücklich offengelassen; bestätigt durch *BAG* 18. 11. 03 – 1 AZR 637/02, DB 04, 1372; a. A. *Rinsdorf,* ZTR 01, 197.

254 *BAG* 27. 10. 98, a. a. O.; zustimmend *Fitting,* Rn. 46; a. A. *Gillen/Hörle,* NZA 03, 1225.

255 *BAG* 27. 10. 98, a. a. O.; vgl. die zustimmende Anm. *Kukat* zu dieser Entscheidung, BB 99, 690.

256 *LAG Brandenburg* 27. 6. 02 – 3 Sa 686/01; a. A. aber *BAG* 18. 11. 03 – 1 AZR 637/02, DB 04, 1372, das den Beschluss des *LAG Brandenburg* aufgehoben hat, weil das *LAG* im konkreten Fall keinen Anspruch auf Abschluss eines Interessenausgleichs gesehen hat; vgl. auch *Lunk,* NZA 05, 847 f.

in vollem Umfang anzuwenden sind.[257] Ob und inwieweit die Eigenart des UN oder des Betriebs der Beteiligung des BR entgegensteht, ist in jedem **konkreten Einzelfall** zu prüfen.[258] Der Begriff **»entgegenstehen«** bedeutet mehr als nur »beeinträchtigt«, »berührt« oder »erschwert« werden.[259] Entscheidend ist, ob die **Alleinentscheidung notwendig** oder **unerlässlich** ist.[260] Eine vollständige **Ausschließung des Mitbestimmungsrechts** zur Sicherung der Tendenzverwirklichung ist nicht erforderlich und nicht durch § 118 Abs. 1 gedeckt. Die Eigenart des Betriebs kann einem Beteiligungsrecht nur entgegenstehen, wenn von der Regelung Tendenzträger betroffen sind.[261]

Die **Ausnahmebestimmung** des Abs. 1 ist eng auszulegen.[262] Die Rechte des BR entfallen nicht schon, wenn die Tendenz in einer wie auch immer gearteten Weise berührt wird und es sich um eine tendenzbezogene Maßnahme handelt.[263] Die Eigenart des UN oder Betriebs steht einer Beteiligung des BR erst entgegen, wenn hierdurch die geistig-ideelle Zielsetzung des UN und deren Verwirklichung **verhindert** oder **vereitelt**[264] bzw. **ernstlich beeinträchtigt** werden kann.[265] 75

Einer **gesetzlichen Regelung der Ausnahmebestimmung** hätte es i. Ü. schon deshalb nicht bedurft, weil der BR ohnehin auf Grund der gesetzlichen Regelungen die konkreten Eigenarten des Betriebs/UN zu berücksichtigen hat, wie sich dies z. B. auch aus dem Zusammenarbeitsgebot des § 2 Abs. 1 ergibt.[266] Dieses Korrektiv wäre für den Fall, dass eine Einigung zwischen AG und BR nicht zustande kommt, von einer ESt., soweit sie eingeschaltet werden kann,[267] ebenso zu berücksichtigen wie vom ArbG.[268] 76

Eine Einschränkung der Beteiligungsrechte des BR kommt nur in Betracht, wenn die drei **Grundvoraussetzungen – Tendenz-UN/-Betrieb, Tendenzträger, tendenzbedingte Maßnahme – kumulativ** vorliegen.[269] Wenn eine dieser Voraussetzungen nicht gegeben ist, bleiben die Beteiligungsrechte des BR voll bestehen.[270] Selbst wenn sie alle vorliegen, bleiben die **Informations-, Beratungs- und Anhörungsrechte** des BR uneingeschränkt erhalten.[271] Das *BAG* geht davon aus, dass mit der – im Interesse der geistig-ideellen Zielsetzung notwendigen – Alleinentscheidungsbefugnis des AG grundsätzlich nur (echte) **Mitbestimmungsrechte** unvereinbar sein können.[272] Eine Einschränkung der Mitbestimmungsrechte des BR kann nur in Betracht kommen, wenn die Mitbestimmung der Eigenart des Tendenz-UN entgegensteht.[273] Durch BV oder TV können weiter gehende Mitbestimmungsrechte in personellen, sozialen oder wirtschaftlichen Angelegenheiten vereinbart werden.[274] 77

---

257 *Fitting*, Rn. 29; *Ihlefeld*, AuR 80, 60 [62]; vgl. auch *Weller*, FS Gnade, S. 235 [240 f.].
258 *BVerfG* 29. 4. 03 – 1 BVR 62/99, NZA 03, 864.
259 *BAG* 22. 4. 75, AP Nr. 2 zu § 118 BetrVG.
260 GK-*Weber*, Rn. 168; *Ihlefeld*, AuR 76, 61.
261 *Weller*, a. a. O., S. 237; vgl. aber dort S. 238, wonach Ausnahmesituationen denkbar sind; gegen eine Beschränkung auf Tendenzträger *Rüthers/Franke*, DB 92, 374 [376].
262 *Eisemann*, RdA 77, 336 [340]; *Weiss/Weyand*, AuR 90, 33 [36]; vgl. auch Rn. 2.
263 *BAG* 11. 4. 06 – 9 AZR 557/05, NZA 06, 1149, enger *Dütz*, BB 75, 1261 [1267]; Richardi-*Forst*, Rn. 117.
264 Ähnlich GK-*Weber*, Rn. 167.
265 *BAG* 11. 4. 06 – 9 AZR 557/05, NZA 06, 1149 m. w. N.; weitere Nachweise in der 10. Aufl.
266 Ähnlich GK-*Weber*, Rn. 168.
267 Im Ergebnis *WW*, Rn. 31; *dies.*, AuR 90, 33 [36 f.].
268 *BAG* 7. 11. 75, AP Nr. 4 zu § 118 BetrVG, das darauf hinweist, dass der BR nicht im Gegensatz zur Tendenz des UN i. S. einer einseitigen Interessenwahrnehmung steht und gemäß § 2 Abs. 1 zur Zusammenarbeit verpflichtet ist.
269 GK-*Weber*, Rn. 169 f.; *Ihlefeld*, AuR 80, 60 f.
270 Vgl. auch *Eisemann*, RdA 77, 336.
271 *BAG* 31. 5. 83, AP Nr. 27 zu § 118 BetrVG 1972; 8. 3. 77, AP Nr. 1 zu § 43 BetrVG 1972.
272 *BAG* 22. 4. 75, 7. 11. 75, AP Nrn. 2, 4 zu § 118 BetrVG 1972.
273 *BAG* 30. 1. 79, AP Nr. 11 zu § 118 BetrVG 1972, bezogen auf die innerbetriebliche Stellenausschreibung gemäß § 93; 1. 9. 87, AP Nr. 10 zu § 101 BetrVG 1972 zur Versetzung des Redakteurs; 30. 1. 90 – 1 ABR 101/88, EzA § 118 BetrVG 1972 Nr. 50 mit Anm. *Gaul*; 14. 1. 92 – 1 ABR 35/91, NZA 92, 512 = AuR 92, 157, Ls.; 11. 2. 92 – 1 ABR 49/91, NZA 92, 705 = AuR 92, 185, Ls. zur Arbeitszeitregelung von Redakteuren; a. A. Richardi-*Forst*, Rn. 117.
274 *BAG* 31. 1. 95, AP Nr. 56 zu § 118 BetrVG 1972.

78 Bei der Bewertung der Eigenartklausel würdigt das *BAG* nicht genügend, dass die geistig-ideelle Zielsetzung des UN/Betriebs eine **eingeschränkte Anwendung von Rechten** des BR nur insoweit sachlich rechtfertigt, wie dieser eine aus Tendenzgründen notwendige Maßnahme verhindern oder eine der Tendenz entgegenstehende Maßnahme erzwingen könnte. Deshalb ist es nicht gerechtfertigt, ihm die **Zustimmungsverweigerungs- und Widerspruchsrechte** in personellen Angelegenheiten nach § 99 Abs. 2 und § 102 Abs. 3 zu versagen,[275] da die AG-Entscheidung hierdurch nicht verhindert oder ernsthaft beeinträchtigt bzw. auf ungewisse Zeit verzögert werden kann (vgl. Rn. 102 ff.).[276] Hinzu kommt, dass der AG auch im Verweigerungsfall aus den in § 100 Abs. 1 genannten Gründen die personelle Maßnahme vorläufig durchführen kann.[277] Im Zustimmungsersetzungsverfahren nach § 99 Abs. 4 hätte das ArbG die tendenzgeschützte Zielsetzung des AG zu berücksichtigen.

79 Auf keinen Fall können die Beteiligungsrechte des BR ausgeschlossen sein, wenn z. B. **Gesetzesverstöße** des AG i. S. d. § 99 Abs. 2 Nr. 1 vorliegen.[278] Die Verfolgung geistig-ideeller Zielsetzungen rechtfertigt ein gesetzwidriges Verhalten nicht.

b) Geltung allgemeiner Regelungen und Vorschriften

80 Bei den **organisatorischen Fragen** und den **allgemeinen Vorschriften des BetrVG** (§§ 1–86) bleibt die »Eigenartklausel« unberührt.[279] Dies gilt insbes. für die Vorschriften, die sich mit **der Abgrenzung des Betriebs und des Personenkreises der AN,** mit der **Wahl, Amtszeit und Geschäftsführung des BR und der JAV** sowie mit der Errichtung eines **GBR** und Bildung eines **KBR** befassen. Auch bei Fragen der Gestaltung von Arbeitsplatz, Arbeitsablauf und Arbeitsumgebung (§§ 90–91) kommt keine Einschränkung des Mitbestimmungsrechts in Betracht.[280] Für **EBR** gilt die Sonderregelung des § 34 EBRG (vgl. Anh. 2, § 34 EBRG Rn. 1 ff.).

81 Für die sonstigen organisatorischen und allgemeinen Vorschriften kommen ebenfalls keine Einschränkungen in Betracht. Dies gilt z. B. für

- die **Berichtspflicht** des AG gemäß § 43 Abs. 2;[281]
- die Behandlung von **Themen** gemäß § 45 in **Betriebs- und Abteilungsversammlungen;**
- den **Zugang der Gewerkschaften** zum Betrieb;[282]
- die **Grundsätze für die Zusammenarbeit** sowie für die **Behandlung der Betriebsangehörigen, die ESt. und deren Kosten, die Durchführung gemeinsamer Beschlüsse, das Zustandekommen von BV, die Schutzbestimmungen** und die **Geheimhaltungspflicht** nach §§ 74–79;[283]
- die **Begründung eines Arbeitsverhältnisses** nach § 78a mit einem Redaktionsvolontär nach Beendigung seiner Ausbildung, da diese grundsätzlich der Tendenzbestimmung nicht im Wege steht;[284]

---

275 So aber *BAG* 7.11.75, AP Nr. 3 zu § 99 BetrVG 1972 mit Anm. *Kraft/Geppert;* 1.9.87, AP Nr. 10 zu § 101 BetrVG 1972.

276 *Blanke,* AiB 81, 59 [61.

277 *ArbG Frankfurt* 30.7.1980 – 11 BV 10/80 in krit. Auseinandersetzung mit der Rspr. des *BAG;* a. A. *BAG* 1.9.87, AP Nr. 11 zu § 101 BetrVG 1972 mit Anm. *Fabricius.*

278 *BAG* 1.9.87, AP Nr. 10 zu § 101 BetrVG 1972 mit Anm. *Fabricius.*

279 Vgl. Richardi-*Forst,* Rn. 131 ff.; ErfK-*Kania,* Rn. 21; *Fitting,* Rn. 31; GK-*Weber,* Rn. 181 ff.; *GL,* Rn. 55 ff.; Überblick bei *Jansen,* AiB 2/17, 27 ff.

280 Richardi-*Forst,* Rn. 150; *Fitting,* Rn. 32; HWGNRH-*Hess,* Rn. 154 f.; enger bezüglich § 90 *Weberling,* AfP 05, 139.

281 *BAG* 8.3.77, AP Nr. 1 zu § 43 BetrVG 1972; *Fitting,* Rn. 31; GK-*Weber,* Rn. 149; ErfK-*Kania,* a. a. O.; enger Richardi-*Forst,* Rn. 136; HWGNRH-*Hess,* Rn. 142.

282 *BAG* 14.2.78, AP Nr. 26 zu Art. 9 GG; GK-*Fabricius,* 171; enger ErfK-*Kania,* a. a. O.; Richardi-*Forst,* Rn. 137, der ein Recht zur Zutrittsverweigerung sieht, wenn sich ein Gewerkschaftsbeauftragter kirchenfeindlich betätigt hat; *Fitting,* a. a. O.; *GL,* Rn. 58, der das Zugangsrecht beschränken will, wenn es sich um einen Betrieb mit koalitionspolitischen Zielsetzungen [z. B. Arbeitgeberverband] handelt.

283 *Frey,* S. 63 f.; GK-*Weber,* Rn. 186 f.; enger *ArbG Gelsenkirchen* 14.2.84 – 2 Ca 3760/83 hinsichtlich der parteipolitischen Betätigung; Richardi-*Forst,* Rn. 138.

284 *BAG* 26.3.83, AP Nr. 10 zu § 78a BetrVG 1972.

- die **allgemeinen Aufgaben** des BR nach § 80 Abs. 1 und das **Einblicksrecht** in die Listen über Bruttolöhne und -gehälter gemäß § 80 Abs. 2.[285] Durch das Einblicksrecht wird der Grundrechtsschutz der Pressefreiheit nicht verletzt;[286]
- die **Hinzuziehung von Sachverständigen** nach § 80 Abs. 3 sowie die übrigen Rechte nach § 80 Abs. 2;[287]
- die **Mitwirkungs- und Beschwerderechte** der einzelnen AN nach §§ 81–86.[288]

c) Soziale Angelegenheiten (§§ 87–89), Gestaltung von Arbeitsplatz, Arbeitsablauf und Arbeitsumgebung (§§ 90, 91)

Die Mitbestimmungsrechte des BR in **sozialen Angelegenheiten** (§§ 87–89) werden zu einigen Tatbeständen des § 87 Abs. 1 von der Eigenartklausel nicht erfasst,[289] zumal die Tendenzbestimmung der Sicherung der geistig-ideellen Werte und nicht dem reibungslosen Betriebsablauf dienen soll.[290] Würden bestimmte Maßnahmen im Regelungsbereich des § 87 einer ungestörten Tendenzverwirklichung zuwiderlaufen, hätte die ESt. gemäß § 76 Abs. 5 Satz 3 die betrieblichen Belange und somit das Interesse des AG an der Tendenzverwirklichung angemessen zu berücksichtigen.[291] Gekündigte BV oder Regelungsabreden zwischen AG und BR wirken auch in Tendenzbetrieben bis zum Abschluss einer neuen Vereinbarung gemäß § 77 Abs. 6 weiter, wenn Gegenstand der BV bzw. Regelungsabrede eine mitbestimmungspflichtige Angelegenheit ist.[292] **82**

Teilweise wird eine tendenzbezogene Einschränkung der Mitbestimmungsrechte gemäß § 87 Abs. 1 für erforderlich gehalten bezüglich der **Ordnung im Betrieb** nach Nr. 1 für die Einführung von Standesregeln für Redakteure,[293] der **Arbeitszeit** gemäß Nrn. 2 und 3,[294] **Verhaltens- und Leistungskontrollen** nach Nr. 6,[295] der **betrieblichen Lohngestaltung** gemäß Nr. 10, 11,[296] der **Urlaubsplanung** gemäß Nr. 5 sowie der **Regelungen zu Werkswohnungen,**[297] wenn tendenzbedingte Gründe ausschlaggebend und Tendenzträger von der Regelung betroffen sind.[298] **83**

§ 118 Abs. 1 steht dem Mitbestimmungsrecht gem. § 87 Abs. 1 Ziff. 2 nicht grundsätzlich entgegen.[299] In **Presse-UN** und **privaten Rundfunk- und Fernsehsendern** kommt damit eine tendenzbedingte Einschränkung der Mitbestimmung nur insoweit in Betracht, als publizistische Gesichtspunkte eine bestimmte zeitliche Lage der Arbeitszeit, etwa im Hinblick auf die **Erscheinungsweise des Presseorgans, die Festlegung der Sendezeiten oder die Aktualität der Berichterstattung** erfordern. Im Übrigen wird das Mitbestimmungsrecht nur eingeschränkt, **84**

---

285 *BAG* 30.4.74, 22.5.79, AP Nrn. 1, 12 zu § 118 BetrVG 1972; 25.8.81 – 1 ABR 10/80, bestätigt durch *BVerfG* 20.8.82, AuR 83, 155, Ls.
286 *BVerfG*, a.a.O.
287 Vgl. *LAG Frankfurt* 7.3.89 – 4 TaBV 134/88; enger Richardi-*Forst*, Rn. 140.
288 *Fitting*, Rn. 32; GK-*Weber*, Rn. 190; ErfK-*Kania*, Rn. 22; Richardi-*Forst*, Rn. 175.
289 Vgl. GK-*Weber*, Rn. 191; *Fitting*, Rn. 32 sieht keine Einschränkungen, weil es in der Regel um den wertneutralen Arbeitsablauf im Betrieb geht; einschränkender Richardi-*Forst*, Rn. 142 f.; ErfK-*Kania*, Rn. 23.
290 *LAG Hamburg* 16.4.81 – 2 TaBV 7/80; vgl. auch *BAG* 13.2.90 – 1 ABR 13.89, EzA § 118 BetrVG 1972 Nr. 51, 14.1.92 – 1 ABR 35/91, NZA 92, 512 = AuR 92, 157, Ls.; *Weller*, FS Gnade, S. 235 [238].
291 A.A. GK-*Weber*, Rn. 179, der für die Fälle die Zuständigkeit der ESt. generell verneint.
292 *BAG* 23.6.92 – 1 ABR 53/91, BB 92, 1724, Ls.
293 *BAG* 28.5.03 – 1 ABR 32/01, DB 03, 287 nimmt zur Frage von **Ethikregeln** ein begrenztes Mitbestimmungsrecht an; a.A. Richardi-*Forst*, Rn. 150.
294 *Fitting*, Rn. 32.; ErfK-*Kania*, Rn. 23.
295 ErfK-*Kania*, a.a.O. für die Fälle, in denen keine Überwachungszwecke gegeben sind.
296 ErfK-*Kania*, a.a.O., wenn Entgeltformen als Ansporn für besondere Leistungen zur Entgeltverwirklichung dienen sollen; enger Richardi-*Forst*, Rn. 149 nur für tendenzneutrale Entgeltsysteme.
297 *Oldenburg*, NZA 89, 412, 417.
298 Vgl. Richardi-*Forst*, Rn. 142 f. m.w.N.; *Weber*, NZA-Beilage 3/89, S. 5; *Weller*, FS Gnade, S. 235 [238 f.].
299 So zuletzt *BAG* 14.1.92 – 1 ABR 35/91, NZA 92, 512 = AuR 92, 157, Ls.; vgl. auch 11.2.92 – 1 ABR 49/91, NZA 92, 705 = AuR 92, 185, Ls.; *LAG Baden-Württemberg* 26.1.04 – 15 TaBV 6/03 –, juris.

wenn es unmittelbar in die tendenzbedingte Arbeitszeitentscheidung eingreift bzw. die künstlerische Qualität beispielsweise der Aufführung beeinflusst.[300]

85 Nach der Rspr. gehört die **Aktualität der Berichterstattung** zu den tendenzbedingten Gründen, die eine Einschränkung des Mitbestimmungsrechts bei der Festlegung der Arbeitszeit von Redakteuren rechtfertigen können.[301] Daraus folgt jedoch nicht, dass der BR hinsichtlich der zeitlichen Lage der Arbeitszeit der Tendenzträger kein Mitbestimmungsrecht hat.[302] Der **AG** hat, sofern er die Gefährdung der Aktualität der Berichterstattung geltend macht, diese **substantiiert darzulegen** und ggf. zu beweisen, wieso im konkreten Fall die Aktualität der Berichterstattung ernsthaft gefährdet oder unmöglich gemacht wird.[303]

86 Mit Blick auf die Rspr. des *BVerfG*,[304] nach der § 118 Abs. 1 Nr. 2 die Pressefreiheit nicht einschränkt, sondern sie vor einer Beeinträchtigung durch betriebliche Mitbestimmungsrechte abschirmt, berechtigt der **Ausnahmecharakter der Vorschrift** nicht dazu, die Tendenzbestimmung des § 118 Abs. 1 BetrVG restriktiv zu fassen.[305] Eine Einschränkung der Mitbestimmungsrechte gem. § 87 kommt im Allgemeinen dann nicht in Betracht, wenn es um einen wertneutralen Ablauf im Betrieb geht.[306] Nach der Entscheidung des BVerfG steht die Eigenart eines Tendenzbetriebs einem Mitbestimmungsrecht des BR nicht schon dann entgegen, wenn es sich um eine tendenzbezogene Maßnahme – in dem der Entscheidung zugrundeliegenden Fall eine Kündigung aus tendenzbedingten Gründen – handelt.[307] Ihr ist vielmehr zu entnehmen, dass das Mitbestimmungsrecht des BR durch die Tendenzbestimmung erst ausgeschlossen wird, wenn durch seine Wahrnehmung die **Verwirklichung der geistig-ideellen Zielsetzung des UN verhindert oder jedenfalls ernsthaft beeinträchtigt wird,**[308] was letztlich als Eingriff in das **Grundrecht der Pressefreiheit** zu qualifizieren wäre.[309] Hinzu kommt, dass die durch Art. 5 Abs. 1 GG verfassungsrechtlich geschützte Tendenzautonomie weder schlechthin von der **Beachtung gesetzlicher Vorschriften** (wie beispielsweise ArbZG bzw. BetrVG)[310] noch von der angemessenen Berücksichtigung der **sozialen und wirtschaftlichen Interessen der AN**[311] befreit.

87 Die angemessene Berücksichtigung der wirtschaftlichen und sozialen Interessen der AN soll auch durch § 87 Abs. 1 Nr. 2 gewährleistet werden, der dem BR ein Mitbestimmungsrecht bei der **Arbeitszeitverteilung** zuweist. Der BR hat nach dieser Norm mitzubestimmen, soweit es um wertneutrale Entscheidungen in Bezug auf die Organisation des Arbeitsablaufs im Betrieb geht.[312] Eine Einschränkung des Mitbestimmungsrechts kommt nur in Ausnahmefällen in Betracht.[313] Bei der Gestaltung der Arbeitszeit von Redakteuren bleibt es bestehen, wenn die Aktualität der Berichterstattung theoretisch beeinträchtigt werden könnte.[314] AG im Tendenz-

300 Vgl. *Weiss/Weyand,* AuR 90, 33 [40 ff.].
301 *BAG* 14.1.92 – 1 ABR 35/91, AP Nr. 49 zu § 118 BetrVG 1972 = AuR 92, 157, Ls.; 11.2.92 – 1 ABR 49/91, NZA 92, 705 = AuR 92, 185; vgl. auch *Weller,* FS Gnade, S. 235 ff.
302 *BAG* 11.2.92, a.a.O.
303 *BAG* 30.1.90 – 1 ABR 101/88, EzA § 118 BetrVG 1972 Nr. 50 mit im Ergebnis zustimmender Anm. *Gaul* = AP Nr. 44 zu § 118 BetrVG 1972 mit ablehnender Anm. *Berger-Delhey;* 14.1.92, 11.2.92, jeweils a.a.O.
304 *BVerfG* 29.4.03 – 1 BVR 62/99, NZA 03, 864; 6.11.79, AP Nr. 14 zu § 118 BetrVG 1972.
305 *BAG* 14.1.92 – 1 ABR 35/91, a.a.O., s. Rn. 73; *Weller,* FS Gnade, S. 235 ff.
306 *BAG* 30.1.90, AP Nr. 44 zu § 118 BetrVG 1972; *LAG Hamm* 17.5.02 – 10 TaBV 140/01, NZA-RR 02, 625.
307 So aber *Dütz,* AfP 88, 193 ff.
308 *Weller,* FS Gnade, 235 [237]; *BAG* 14.1.92, NZA 92, 512 = AuR 92, 157, Ls.; *Plander,* AuR 91, 353 [355].
309 *BAG* 11.2.92 – 1 ABR 49/91, NZA 92, 705 = AuR 92, 185.
310 Vgl. *BAG* 1.9.87, AP Nr. 10 zu § 101 BetrVG 1972.
311 *BAG* 11.2.92, a.a.O.
312 *BAG* 13.2.90 – 1 ABR 13/89, NZA 90, 575, 576; *BAG* 30.6.15 – 1 ABR 71/13, ZMV 16, 52; *Fitting,* Rn. 32; einschränkend Richardi-*Forst,* Rn. 144 ff.
313 *BAG* 11.2.92 – 1 ABR 49/91, a.a.O.
314 *BAG* 14.1.92 – 1 ABR 35/91, 11.2.92, jeweils a.a.O.; bestätigt durch *BVerfG* 15.11.99, NZA 00, 217; 15.11.99, NZA 00, 264.

bereich sind wie alle anderen auch bei termingebundenen Entscheidungen genötigt, die mitbestimmte Lage der Arbeitszeit in ihre Überlegungen mit einzubeziehen.[315]

Dem Verleger soll es nach der Rspr. vorbehalten bleiben, solche **für die Arbeitszeit der Redakteure erheblichen Entscheidungen** unbeeinflusst vom Mitbestimmungsrecht des BR zu treffen, durch die die Aktualität der Berichterstattung berührt wird.[316] Danach hat der BR die für die **Aktualität der Berichterstattung** wesentlichen Entscheidungen des AG als **Vorgaben** hinzunehmen.[317] Es kommen in Betracht: Festlegung der Redaktionszeiten, Zeitvorgaben für den Redaktionsschluss, Lage und Umfang von Redaktionskonferenzen, Entscheidung über die regelmäßige Wochenendarbeit, Erscheinungsweise im Zusammenhang mit Wochenfeiertagen, Entscheidung, dass ein Redakteur bzw. eine Gruppe von Redakteuren eine bestimmte Arbeitszeit haben, damit die Gestaltung einzelner Themen gewährleistet bleibt.[318] 88

Der Mitbestimmung unterliegt die Festlegung der Arbeitszeit der Redakteure etwa durch **Dienst- und Schichtpläne** oder durch die Einrichtung von **Gleit- und Kernzeiten,** evtl. auch durch »Eckzeiten«.[319] Im Übrigen findet die Aktualität der Berichterstattung ihre Grenzen in sonstigen unternehmerischen Vorgaben (ggf. durch Dritt-UN wie Lohndruckereien) und deren organisatorisch-technischer Umsetzung im Betrieb, z. B. Zeitpunkt, zu dem die Zeitung die Haushalte erreicht haben soll bzw. Zeitpunkt des Andrucks und der Auslieferung. Von der Organisation und den Zeitabläufen der Fertigstellung der Zeitung ist der Redaktionsschluss und damit die redaktionelle Erstellung der Zeitung abhängig.[320] Die Gefahr, dass eine mitbestimmte Arbeitszeitregelung gegen § 118 Abs. 1 verstößt, wird in aller Regel nur dann bestehen, wenn die Betriebsparteien sich nicht einigen, sondern die Einigung durch den Spruch einer ESt. ersetzt werden muss.[321] Allein die Möglichkeit, dass die ESt. die Vorgaben im Einzelfall unberücksichtigt lassen könnte, rechtfertigt es nicht, das Mitbestimmungsrecht des BR hinsichtlich der Lage der Arbeitszeit im Rahmen der Vorgaben grundsätzlich zu verneinen.[322] 89

Das *BAG* hat bei der **Arbeitszeitregelung für Redakteure in Presse-UN** entschieden, dass das Mitbestimmungsrecht des BR nicht zurücktreten muss, wenn es nur darum geht, den Einsatz der Redakteure dem **technisch-organisatorischen Ablauf** des Herstellungsprozesses der Zeitung oder Zeitschrift anzupassen, ohne dass dabei besondere tendenzbedingte Gründe, wie etwa die Aktualität der Berichterstattung, eine Rolle spielen.[323] Entsprechendes gilt bei 90

- einer vom BR geforderten Verteilung der tarifvertraglichen **Arbeitszeit auf 5 Wochentage,** jedenfalls dann, wenn der Vorschlag des BR auf die Tendenzverwirklichung des AG so viel Rücksicht nimmt, dass eine ernsthafte Beeinträchtigung der Aktualität der Berichterstattung – unter Beachtung des technisch-organisatorischen Ablaufs des Herstellungsprozesses – ausgeschlossen wird;[324]
- einer BV, die durch Spruch einer ESt. zustande gekommen ist und eine vollständige Regelung der Lage der Arbeitszeit von Redakteuren einer Tageszeitung einschließlich einer **Gleitzeitregelung** mit Gleitrahmen, Kernarbeitszeit und sog. Eckzeiten enthielt, dabei aber alle vom AG genannten **Vorgaben,** wie Lage und Dauer der Redaktionskonferenzen, Redaktionsschluss für die einzelnen Ressorts, Besetzung der Redaktion, beachtete;[325]

315 Zutreffend *BAG* 11. 2. 92, a. a. O.; *BVerfG*, a. a. O.; offener Richardi-*Forst,* Rn. 144 f., der für den Einzelfall Abweichungen von der Arbeitszeit sowie die Möglichkeit von Überstunden ohne Beteiligung des BR für möglich hält.

316 *BAG* 14. 1. 92 – 1 ABR 35/91, AP Nr. 49 zu § 118 BetrVG 1972 = AuR 92, 157, Ls.; *BVerfG,* a. a. O.; im Ergebnis ebenso Richardi-*Forst,* Rn. 145.

317 *Weller,* FS Gnade, S. 235 [241]; *Plander,* AuR 91, 353 [356 f.]; *Weiss/Weyand,* AuR 90, 33 [41 ff.].

318 *BAG,* a. a. O.

319 *BAG,* a. a. O.; vgl. auch *ArbG Aachen* 18. 1. 90, AfP 90, 239.

320 *BAG,* a. a. O.

321 *Weller,* FS Gnade, S. 235 [242].

322 *BAG* 11. 2. 92, NZA 92, 705 = AuR 92, 185, Ls.

323 *BAG* 22. 5. 79, AP Nr. 13 zu § 118 BetrVG 1972; *BVerfG* 15. 12. 99, DB 00, 430.

324 *BAG* 30. 1. 90 – 1 ABR 101/88, NZA 90, 693; *BVerfG,* a. a. O.

325 *BAG* 14. 1. 92 – 1 ABR 35/91, NZA 92, 512 = AuR 92, 157, Ls.

- der **Festlegung des Endes der täglichen Arbeitszeit** für die bei einem privaten Rundfunksender in der Frühschicht eingesetzten Redakteure unter Beachtung der vom AG vorgegebenen Sendezeiten und erforderlichen Überlappungszeiten für eine gründliche Übergabe.[326]

91 Bei der **Anordnung von Mehrarbeit** oder sonstigen Arbeitszeitveränderungen gelten unter Beachtung der gesetzlichen und tariflichen Bestimmungen die gleichen Grundsätze. Liegen tendenzbedingte Gründe vor, wie z. B. eine aktuelle Berichterstattung (besondere politische Ereignisse, Katastrophen, große Sportveranstaltungen), sind die Mitbestimmungsrechte des BR eingeschränkt, soweit dies für die **Aktualität der Berichterstattung** erforderlich ist. Handelt es sich um wirtschaftliche, technische oder soziale Gründe, verbleibt es beim Mitbestimmungsrecht des BR nach § 87 Abs. 1 Nr. 2 und 3 (vgl. im Übrigen die Erl. zu § 87 Abs. 1 Nr. 2 und 3).[327]

92 Bei einer **Arbeitszeitveränderung der in der Technik beschäftigten AN** eines Presse-UN bleibt das Mitbestimmungsrecht des BR nach § 87 Abs. 1 Nrn. 2, 3 selbst dann bestehen, wenn die Anpassung des technisch-organisatorischen Ablaufs des Herstellungsprozesses einer Zeitschrift aus Gründen der Aktualisierung der Zeitschrift geboten ist,[328] da Beteiligungsrechte des BR allenfalls bei Maßnahmen gegenüber Tendenzträgern eingeschränkt sein können.[329]

93 Bei der **Arbeitszeitregelung von Bühnenangestellten** entfällt das Mitbestimmungsrecht des BR nicht, wenn künstlerische Gesichtspunkte keine bestimmte zeitliche Lage oder eine bestimmte Mindestdauer, z. B. bei Proben, erfordern.[330] Eingeschränkt wird das Mitbestimmungsrecht allenfalls dann, wenn es unmittelbar in die tendenzbedingte Arbeitszeitentscheidung eingreift und die künstlerische Qualität der Aufführung beeinflusst wird.[331]

94 In einer **Privatschule** hat der BR nach § 87 Abs. 1 Nr. 3 bei der Festlegung der Höchstgrenzen für Vertretungsstunden gegenüber vollzeitbeschäftigten **Lehrern** mitzubestimmen.[332] Entsprechendes gilt bei der Festlegung der zeitlichen Lage, innerhalb deren Lehrer Unterrichts- und Betreuungsstunden zu geben haben.[333] Dagegen soll die Entscheidung der Schulträger einer Privatschule, im Rahmen eines Ganztagsschulbetriebs Lehrer an den Nachmittagen zu Unterrichts- und Betreuungsstunden heranzuziehen, eine tendenzbezogene Entscheidung sein, die nicht der Mitbestimmung des BR unterliegt.[334]

95 In **karitativen Einrichtungen** soll z. B. aus therapeutischen Gründen eine Einschränkung der Mitbestimmungsrechte des BR aus § 87 Abs. 1 Nrn. 2, 3 in Betracht kommen können.[335] Dies gilt jedoch nicht für **Pflegepersonal,**[336] da es sich insoweit nicht um sog. Tendenzträger handelt.

96 Das Mitbestimmungsrecht des BR bei **Fragen der betrieblichen Lohngestaltung** (§ 87 Abs. 1 Nr. 10) entfällt auch in Tendenzbetrieben nicht, wenn es um die Lohngestaltung von Tendenzträgern geht.[337]

---

326 *BAG* 11. 2. 92 – 1 ABR 49/91, NZA 92, 705 = AuR 92, 185, Ls.
327 *Fitting,* Rn. 32; *Weiss/Weyand,* AuR 90, 33 [43].
328 Vgl. *LAG Hamburg* 16. 4. 81, AuR 82, 229 mit Anm. *Bobke; ArbG Aachen* 18. 1. 90, AfP 90, 239.
329 *BAG* 30. 4. 74, AP Nr. 1 zu § 118 BetrVG 1972; enger *Weller,* FS Gnade, S. 235 [237 f.]; a. A. *Rüthers/Franke,* DB 92, 374 [375].
330 *BAG* 4. 8. 81, AP Nr. 5 zu § 87 BetrVG 1972 Arbeitszeit; im Ergebnis ähnlich Richardi-*Forst,* Rn. 146.
331 *BAG,* a. a. O.
332 *BAG* 13. 6. 89, AP Nr. 36 zu § 87 BetrVG 1972 Arbeitszeit.
333 *BAG* 13. 1. 87, AP Nr. 33 zu § 118 BetrVG 1972, 23. 6. 92 – 1 ABR 53/91, BB 92, 1274, Ls.
334 *BAG* 13. 1. 87, a. a. O.; *Fitting,* Rn. 32; HWGNRH-*Hess,* Rn. 152; *Weiss/Weyand,* AuR 90, 33 [41].
335 Vgl. *Fitting,* Rn. 32; *Weber,* NZA-Beilage 3/89, S. 5.
336 *BAG* 18. 4. 89, AP Nr. 34 zu § 87 BetrVG 1972 Arbeitszeit mit Anm. *Kraft;* 8. 8. 89, AP Nr. 11 zu § 23 BetrVG 1972; vgl. auch 6. 11. 90 – 1 ABR 88/89, DB 91, 2141 = AuR 90, 386; *LAG Berlin* 15. 1. 90 – 9 TaBV 5/89; a. A. Richardi-*Forst,* Rn. 148.
337 MünchArbR-*Matthes,* § 365 Rn. 35; vgl. aber *BAG* 31. 1. 84, AP Nr. 15 zu § 87 BetrVG 1972 Lohngestaltung; 13. 2. 90 – 1 ABR 13/89, EzA § 118 BetrVG 1972 Nr. 51, das eine Einschränkung dann für möglich hält; ebenso Richardi-*Forst,* Rn. 149; *Löwisch,* Anm. zu AP Nr. 4 zu § 87 BetrVG 1972 Lohngestaltung; a. A. *Endlich,* NZA 90, 13.

Bei der **Gestaltung des Arbeitsplatzes, des Arbeitsablaufs und der Arbeitsumgebung** (§§ 90, 91) kommt eine Beschränkung der Beteiligungsrechte des BR im Hinblick auf den Tendenzcharakter nicht in Betracht.[338] 97

d) Allgemeine personelle Angelegenheiten und Berufsbildung

Im Bereich der **personellen Angelegenheiten** hat die Eigenartklausel ihr Hauptanwendungsfeld. Eine Einschränkung der Beteiligungsrechte kommt nicht in Betracht, weil die ESt. bzw. das ArbG bei unzulässigen Eingriffen in den Tendenzbereich eine Korrektivfunktion wahrnehmen. Unter Berücksichtigung der dargestellten Grundsätze (vgl. Rn. 77 ff.) folgt hieraus für die Rechte des BR: Bei der **Personalplanung** (§ 92) ergibt sich keine Einschränkung, da lediglich Unterrichtungs- und Beratungsrechte bestehen.[339] Die **innerbetriebliche Stellenausschreibung** (§ 93) unterliegt keiner Einschränkung, obwohl es sich hierbei um ein Mitbestimmungsrecht handelt.[340] Dies gilt auch, wenn sich zwei konkurrierende Zeitungsverlage unter dem Dach einer Verlagsgesellschaft verbinden.[341] Allerdings soll der BR bei einer unterbliebenen innerbetrieblichen Stellenausschreibung seine Zustimmung nach § 99 Abs. 2 Nr. 5 nicht verweigern können (vgl. jedoch Rn. 79).[342] 98

Die Beteiligungsrechte des BR erstrecken sich auch auf die inhaltliche Gestaltung des **Personalfragebogens** (§ 94),[343] die Aufstellung **allgemeiner Beurteilungsgrundsätze** (§ 94), die Festlegung der **persönlichen Angaben in schriftlichen Arbeitsverträgen** (§ 94) und die **Aufstellung von Richtlinien** über die personelle Auswahl (§ 95). Eine Einschränkung dieser Mitbestimmungsrechte kann allenfalls in Ausnahmefällen in Betracht kommen.[344] Bei **Personalfragebogen** entfällt nach der Rspr. das Mitbestimmungsrecht nur, soweit es um tendenzbezogene Fragen geht und die Ausübung des Beteiligungsrechts nach § 94 die Verwirklichung der geistig-ideellen Zielsetzung ernstlich beeinträchtigen kann. So wird die Frage einer politischen Partei oder einer Gewerkschaft nach einer entsprechenden Mitgliedschaft von Bewerbern für die Besetzung des Arbeitsplatzes eines Tendenzträgers nicht der Mitbestimmung des BR unterliegen. Entsprechendes soll bei einem Tendenzbetrieb in den neuen Bundesländern bei Vorlage eines Fragebogens an Tendenzträger gelten, in dem Auskunft über die frühere Zugehörigkeit zum Ministerium für Staatssicherheit der ehemaligen DDR, zur SED oder den sog. Blockparteien begehrt wird.[345] Soweit die Zuständigkeit des BR gegeben ist, kann er in jedem Fall die ESt. anrufen. Diese hat die Rechtsfrage, ob und inwieweit die Mitbestimmungsrechte des BR durch die Eigenartklausel eingeschränkt sind, als Vorfrage zu entscheiden.[346] 99

Bezüglich des Mitwirkungsrechts im Bereich der **Beschäftigungssicherung** gemäß § 92a sind Einschränkungen ebenfalls nicht angebracht.[347] Die Tendenzeigenschaft wird weder durch Vorschläge des BR zur Beschäftigungssicherung und -förderung negativ beeinflusst noch durch die Verpflichtung des AG, hierzu nach einer Beratung ggf. auch schriftlich Stellung zu nehmen. 100

Hinsichtlich der Rechte des BR bei der **Berufsbildung** (§§ 96–98) sind Einschränkungen nicht gegeben.[348] 101

338 *LAG Hamburg* 2.12.76 – 1 TaBV 5/75; *Jürgens,* MitbGespr 79, 150 ff.; *Fitting,* Rn. 32; *Frey,* S. 67; GK-*Weber,* Rn. 201; einschränkend bezogen auf § 91 Richardi-*Forst,* Rn. 150.

339 *Fitting,* a.a.O.; GK-*Weber,* Rn. 204; *Noll,* S. 115 ff.; vgl. auch *BAG* 6.11.90 – 1 ABR 60/89, AP Nr. 4 zu § 92 BetrVG 1972; Richardi-*Forst,* Rn. 153.

340 *BAG* 30.1.79, AP Nr. 11 zu § 118 BetrVG 1972 mit ablehnender Anm. *Kraft;* 8.5.79 – 1 ABR 78/78.

341 *BAG* 6.12.88 – 1 ABR 43/87.

342 *BAG,* a.a.O.

343 Vgl. *BAG* 21.9.93 – 1 ABR 28/93, NZA 94, 375 = AiB 94, 425; a.A. *Fitting,* Rn. 33.

344 Vgl. *Ihlefeld,* RdA 77, 223 [226]; einschränkend, soweit es sich um tendenzbezogene Fragen bzw. Maßnahmen handelt, Richardi-*Forst,* Rn. 155 f.; ErfK-*Kania,* Rn. 24; *Hanau,* BB 73, 901 [905]; *Heinze,* Rn. 151 f.; a.A. *Fitting,* Rn. 33; *Noll,* S. 119 f.; HWGNRH-*Hess,* Rn. 107 ff.; MünchArbR-*Matthes,* § 365 Rn. 16 ff.; *Richter,* DB 91, 2661, soweit sog. Tendenzträger betroffen sind.

345 *BAG,* a.a.O.; vgl. auch *KreisG Schwerin-Stadt* 24.1.92, AfP 92, 322; *SWS* Rn. 9b.

346 Enger *Richardi-Richardi/Thüsing,* Rn. 153 ff.; GK-*Weber,* Rn. 193.

347 Ebenso *Fitting,* Rn. 32; enger: HWGNRH-*Hess,* Rn. 109; a.A. Richardi-*Forst,* Rn. 153.

348 *Fitting,* Rn. 33; GK-*Weber,* Rn. 204; *LAG Düsseldorf* 19.10.89 – 13 TaBV 48/89; *LAG Frankfurt* 7.11.89 – 4 TaBV 130/89, die die Zuständigkeit der ESt. für die Durchführung der Volontäraus-

e) Personelle Einzelmaßnahmen

102 Das Mitwirkungsrecht des BR bei **personellen Einzelmaßnahmen** ist als **Unterrichtungs- bzw. Anhörungsrecht** (§§ 99 Abs. 1 und 102 Abs. 1) und als **Zustimmungsverweigerungs- bzw. Widerspruchsrecht** (§§ 99 Abs. 2 und 102 Abs. 3) ausgeformt. Hinsichtlich des Unterrichtungs- und Anhörungsrechts besteht bei tendenzbezogenen Maßnahmen gegenüber Tendenzträgern keinerlei Einschränkung.[349] Dies gilt z. B. auch dann, wenn sich zwei konkurrierende Zeitungsverlage unter dem Dach einer Verlagsgesellschaft verbunden haben.[350] Entgegen der hier vertretenen Auffassung (vgl. Rn. 76 ff.) soll das Zustimmungsverweigerungs- und Widerspruchsrecht entfallen bzw. eingeschränkt sein, wenn es sich um tendenzbedingte Maßnahmen handelt.[351] Bei personellen Maßnahmen gegenüber Nichttendenzträgern bleiben die Beteiligungsrechte des BR voll erhalten. Die Ausweitung der Mitbestimmungsrechte durch BV oder TV ist möglich.[352]

103 Bei **Einstellungen** (vgl. hierzu § 99 Rn. 38 ff.) von Tendenzträgern soll nach der Rspr. – im Gegensatz zu Kündigungen (vgl. Rn. 108 f.) – eine tatsächliche Vermutung dafür sprechen, dass sie vornehmlich aus tendenzbedingten Gründen erfolgen, da sich fachliche Eignung und Eignung für die geistig-ideelle Zielsetzung des Tendenz-UN bei der Einstellung kaum trennen lassen.[353] Danach würden zwar für den BR die Informations- und Beratungsrechte nach § 99 Abs. 1 bestehen bleiben, nicht aber das Zustimmungsverweigerungsrecht und die weiter gehenden Beteiligungsrechte nach § 99 Abs. 3 und 4 sowie § 100 Abs. 2.[354] Diese Auffassung ist abzulehnen, da der Katalog der **Zustimmungsverweigerungsgründe weitgehend tendenzneutral** ist und der Verwirklichung der geistig-ideellen Zielsetzung des Tendenzbetriebs nicht entgegensteht.[355]

104 Der AG ist verpflichtet, dem BR darzulegen, warum es sich bei dem von der Maßnahme betroffenen AN um Tendenzträger handelt.[356] Außerdem hat er den BR i. S. d. § 99 Abs. 1 zu informieren und ihm vor der Einstellung von Tendenzträgern die **vollständigen Bewerbungsunterlagen** sämtlicher Bewerber vorzulegen.[357] Der BR hat das Recht, binnen einer Woche nach Unterrichtung aus Gründen des § 99 Abs. 2 **schriftlich Bedenken geltend zu machen,** mit denen sich der AG sachlich auseinandersetzen muss.[358]

105 Ist str., ob die Einstellung eines Tendenzträgers der Zustimmung des BR bedarf oder nicht, ist der AG nicht gehalten, diesen Streit in einem Zustimmungsersetzungsverfahren nach § 99 Abs. 4 entscheiden zu lassen.[359] Auf Antrag des BR nach § 101 ist die ohne seine Zustimmung durchgeführte personelle Maßnahme jedoch aufzuheben, wenn der AG für diese die Tendenz-

---

bildung bejahen; a. A. bezüglich der Mitbestimmungsrechte nach § 98 Richardi-*Forst,* Rn. 159; ErfK-*Kania,* Rn. 24; *BAG* 30. 5. 06 – 1 ABR 17/05, NZA 06, 1291 das ein Mitbestimmungsrecht verneint, wenn der Chefredakteur einer Zeitung »tendenzbezogene« Weiterbildungsmaßnahmen für bestimmte Redakteure anordnet.

349 Vgl. *BAG* 22. 4. 75, 7. 11. 75, 19. 5. 81, 28. 10. 86, AP Nrn. 2, 4, 18, 32 [mit Anm. *Mummenhoff*] zu § 118 BetrVG 1972; 7. 11. 75, AP Nr. 3 zu § 99 BetrVG 1972; 1. 9. 87, AP Nrn. 10, 11 zu § 101 BetrVG mit Anm. *Fabricius.*

350 *BAG* 6. 12. 88 – 1 ABR 42–43/87.

351 Vgl. *BAG,* a. a. O.; zur Überlegung, den »Tendenzschutz« nicht eingreifen zu lassen, wenn die mit der personellen Maßnahme bezweckte Verfolgung der Tendenz des UN selbst in Widerspruch zu der auch von einem Tendenz-UN zu beachtenden Rechtsordnung steht *BAG* 1. 9. 87, AP Nr. 11 zu § 101 BetrVG 1972.

352 *BAG* 31. 1. 95 – 1 ABR 35/94, AP Nr. 56 zu § 118 BetrVG 1972.

353 *BAG* 1. 9. 87, AP Nrn. 10, 11 zu § 101 BetrVG 1972; 3. 7. 90 – 1 ABR 36/89, NZA 90, 903; *LAG Schleswig-Holstein* 20. 9. 99 – 2 TaBV 15/99; vgl. auch *BVerfG* 6. 11. 79, AP Nr. 14 zu § 118 BetrVG 1972.

354 *BAG,* a. a. O.; 8. 5. 90 – 1 ABR 33/89, NZA 90, 901; vgl. auch *LAG München* 13. 12. 88, AiB 89, 776.

355 *Vgl. LAG Düsseldorf* 14. 11. 90 – 4 TaBV 93/90, DB 91, 654, Ls.; *Eisemann,* RdA 77, 336 [348]; *Hanau,* BB 73, 901 ff.; *Ihlefeld,* RdA 77, 223 [225]; *ders.,* AuR 80, 257 [267]; *Plander,* AuR 76, 289 [296]; a. A. GK-*Weber,* Rn. 215; MünchArbR-*Matthes,* § 365 Rn. 24.

356 *BAG* 7. 11. 75, AP Nr. 3 zu § 99 BetrVG 1972.

357 *BAG* 19. 5. 81, AP Nr. 18 zu § 118 BetrVG 1972; a. A. HWGNRH-*Hess,* Rn. 117.

358 *BAG* 7. 11. 75, AP Nr. 3 zu § 99 BetrVG 1972; 19. 5. 81, AP Nr. 18 zu § 118 BetrVG 1972 mit Anm. *Meisel;* weiter gehend *Ihlefeld,* a. a. O.; *Plander,* a. a. O., die sich zutreffend für ein Zustimmungsverweigerungsrecht aussprechen.

359 *BAG* 1. 9. 87, AP Nr. 11 zu § 101 BetrVG 1972.

bestimmung nicht in Anspruch nehmen konnte.[360] Entsprechendes gilt, wenn die Einstellung eines Tendenzträgers ohne vorherige Unterrichtung des BR nach § 99 Abs. 1 durchgeführt wurde.[361]

Versetzungen von Tendenzträgern sind nach Auffassung des *BAG* tendenzbezogene Maßnahmen (ergänzend Rn. 103 ff.).[362] Wie bei Einstellungen hat der BR uneingeschränkte **Informations- und Beratungsrechte** nach § 99 Abs. 1. Er kann schriftlich gegen die vorgesehene Versetzung **Bedenken** geltend machen (vgl. Rn. 104), in der Regel soll aber das **Zustimmungsverweigerungsrecht** nach § 99 Abs. 2 entfallen, und zwar unabhängig davon, ob der BR tendenzbezogene oder -neutrale Zustimmungsverweigerungsgründe geltend macht (vgl. ergänzend Rn. 74 ff.).[363] 106

Bei **Ein- und Umgruppierungen** ergeben sich für die Rechte des BR keine Einschränkungen, weil diese Maßnahmen nicht tendenzbezogen sind.[364] 107

f) Kündigungen

Bei **Kündigungen** handelt es sich **grundsätzlich nicht um tendenzbedingte Maßnahmen** (zur Kündigung eines im Arbeitsvertrag enthaltenen Redaktionsstatuts vgl. Rn. 120 ff.). Hierbei spielen regelmäßig soziale Gesichtspunkte eine erhebliche Rolle, insbes. hinsichtlich der Möglichkeit einer Weiterbeschäftigung auf einem anderen Arbeitsplatz.[365] Vor Ausspruch einer Kündigung ist der BR stets, ggf. unter Mitteilung der tendenzbedingten Kündigungsgründe,[366] zu hören, auch wenn einem Tendenzträger aus tendenzbedingten Gründen gekündigt werden soll.[367] Unterlässt der AG die **Anhörung,** ist die Kündigung unwirksam.[368] Uneingeschränkt anwendbar ist bei Tendenzträgern § 78a.[369] Tendenzbedingte Gründe gegen eine Übernahme in ein Arbeitsverhältnis sind im Rahmen der Prüfung gem. § 78a Abs. 4 zu berücksichtigen.[370] 108

Nach Auffassung des *BAG* soll bei **tendenzbedingten Kündigungen** das Widerspruchsrecht gemäß § 102 Abs. 2 und 3 entfallen. Der BR soll aber Einwendungen aus sozialen Gesichtspunkten[371] mit der Folge der Weiterbeschäftigung erheben können,[372] da der AG die Möglichkeit hat, sich durch eine einstweilige Verfügung von der Verpflichtung zur Weiterbeschäftigung entbinden zu lassen, was einem ggf. vorliegenden dringenden Erfordernis für die Verwirk- 109

360 *BAG,* a. a. O.; Richardi-*Forst,* Rn. 162; ErfK-*Kania,* Rn. 25.

361 *BAG* 8.5.90 – 1 ABR 33/89, NZA 90, 901; 1.9.87, AP Nr. 10 zu § 101 BetrVG 1972 mit Anm. *Fabricius*; vgl. auch *ArbG Hamburg* 8.6.94, AiB 95, 186 mit Anm *Böttcher; LAG Düsseldorf* 20.1.89, BB 89, 1057, Ls., das den BR auf die Sanktionsmöglichkeiten nach § 23 Abs. 3, § 121 verweist.

362 *BAG* 27.7.93 – 1 ABR 11/93, NZA 94, 329; ähnlich *LAG Baden-Württemberg* 3.3.99 – 22 TaBV 1/98; *LAG Mecklenburg-Vorpommern* 6.7.05, – 2 Sa 119/05.

363 *BAG,* a. a. O.; 8.5.90, NZA 90, 901; 1.9.87, AP Nr. 10 zu § 101 BetrVG 1972 mit Anm. *Fabricius;* offenbar auch *Fitting,* Rn. 36; *Weller,* FS Gnade, S. 235 [238]; zutreffend a. A. *LAG Schleswig-Holstein* 24.5.73, AfP 73, 395; *LAG Düsseldorf* 27.11.78 – 20 TaBV 29/78.

364 *BAG* 31.5.83, AP Nr. 27 zu § 118 BetrVG 1972; 3.12.85, AP Nr. 31 zu § 99 BetrVG 1972; 7.9.88, AP Nr. 35 zu § 87 BetrVG 1972 Lohngestaltung; *LAG München* 2.10.90 – 2 TaBV 61/88, NZA 91, 439; 9.2.93 – 1 ABR 51/92, AiB 93, 449; a. A. bei tendenzbezogenen Ein- und Umgruppierungen HWGNRH-*Hess,* Rn. 123.

365 Unklar *BAG* 7.11.75, AP Nr. 4 zu § 118 BetrVG 1972; 7.11.75, AP Nr. _ zu § 130 BetrVG 1972, das differenziert zwischen Bedenken mitteilen und Einwendungen gegen die tendenzbedingten Motive der beabsichtigten Kündigung aus sozialen Gesichtspunkten erheben; a. A. offenbar *Dütz,* BB 75, 1261; HWGNRH-*Hess,* Rn. 129.

366 Vgl. *BAG,* a. a. O.; *BVerfG* 6.11.79, AP Nr. 14 zu § 118 BetrVG 1972.

367 Vgl. statt vieler *BAG,* a. a. O.; *BVerfG,* a. a. O.; *Fitting,* Rn. 38; HWGNRH-*Hess,* Rn. 129; GK-*Weber,* Rn. 223; *Heinze,* Rn. 712; a. A. beispielsweise *Dütz,* a. a. O.

368 HWGNRH-*Hess,* Rn. 129; a. A. *Dütz,* BB 75, 1261; *Neumann-Duesberg,* NJW 73, 269; gegen einen Unterlassungsanspruch des BR vgl. *LAG Hannover* 29.11.02 – 12 TaBV 111/02, BB 03, 1337 mit zustimmender Anm. *Lipinski.*

369 *Fitting,* Rn. 40.

370 *BAG* 23.6.83, AP Nr. 10 zu § 78a BetrVG 1972.

371 Vgl. *BAG* 7.11.75, AP Nr. 4 zu § 118 BetrVG 1972.

372 Vgl. *Plander,* AuR 76, 289 [296]; unklar *BAG,* a. a. O.; a. A. *ArbG Gera* 9.1.06 – 3 GA 24/05; *Fitting,* Rn. 38; HWGNRH-*Hess,* Rn. 132; *Oldenburg* NZA 89, 412 [416].

lichung der geistig-ideellen Interessen hinreichend Rechnung trägt.[373] Allerdings werden bei tendenzbedingten Kündigungen die Tatbestände des § 102 Abs. 3 nicht uneingeschränkt in Betracht kommen,[374] so dass es oft keine Möglichkeit gibt, der Kündigung ordnungsgemäß zu widersprechen, sondern lediglich Bedenken zu äußern.

110 Wie bei **personen- und verhaltensbedingten** kann jedoch auch bei tendenzbedingten Kündigungen eine **Widerspruchsmöglichkeit** des BR nach § 102 Abs. 3 Nrn. 3, 4 und 5 gegeben sein, z. B. Weiterbeschäftigung eines Redakteurs aus dem Ressort Politik im Ressort Sport oder im Archiv.[375] Ein Weiterbeschäftigungsanspruch soll nach einem zulässigen und ordnungsgemäßen Widerspruch nicht bestehen, wenn ein AG aus Tendenzgründen einen anderen AN beschäftigten will oder wenn die Weiterbeschäftigung erst nach einer Versetzung möglich ist.[376]

111 Bei Kündigungen aus **nicht tendenzbedingten Gründen** gegenüber Tendenzträgern wird das **Widerspruchsrecht** des BR nach § 102 Abs. 2, 3 mit der Folge des **Weiterbeschäftigungsanspruchs** nach § 102 Abs. 5 nicht eingeschränkt.[377] Kündigungen aus **betriebsbedingten** Gründen sind regelmäßig als tendenzfreie Maßnahmen anzusehen, so dass der BR gem. § 102 Abs. 3 widersprechen kann.[378]

112 Bei einer Kündigung eines Tendenzträgers wegen **Leistungsmängeln** ist zu unterscheiden, ob die Leistungsstörung tendenzbezogen ist oder nicht.[379] Tendenzbezogene Leistungsmängel liegen nur vor, wenn die von einem Tendenzträger erbrachte Arbeitsleistung als solche dem Tendenzzweck zuwiderläuft.[380] Ein tendenzbezogener Leistungsmangel wäre z. B. gegeben, wenn ein Redakteur einer gewerkschaftseigenen Zeitung einen Artikel mit gewerkschaftsfeindlichem Inhalt verfasst.[381]

113 **Mangelnde fachliche Qualifikation** oder **Schlechtleistung** sind **keine tendenzbezogenen Kündigungsgründe.**[382] Die fachliche Qualifikation von Mitarbeitern stellt einen Umstand dar, der die Funktionsfähigkeit des Betriebs berührt. Insofern unterscheiden sich Tendenz-UN nicht von anderen UN. Nur wenn Tendenzträger durch die Art und Weise ihrer Arbeitsleistung den geistig-ideellen oder künstlerischen Zielsetzungen des Tendenz-UN nicht ausreichend Rechnung tragen wollen, ist es geboten, diesen Umstand im Bereich des Kündigungsschutzrechts angemessen zu berücksichtigen.[383]

114 Dem BR sind bei einer beabsichtigten Kündigung eines Tendenzträgers alle **Gründe,** gleichgültig ob tendenzfrei oder tendenzbedingt, mitzuteilen.[384] Eine Aufspaltung der Kündigungsgründe ist nicht praktikabel und sinnvoll, weil ihre Offenlegung ohnehin spätestens im Kündigungsschutzprozess erfolgen muss und der gekündigte AN jederzeit nach § 3 KSchG den BR einschalten kann. Die Tendenzregelung dient nicht der Geheimhaltung tendenzbedingter Motive für personelle Maßnahmen, sondern ist dazu bestimmt, die in der Vorschrift genannten geistig-ideellen Zielsetzungen durch die Beteiligungsrechte des BR nicht zu beeinflussen, d. h.

---

373 GK-*Weber,* Rn. 223; a. A. *Heinze,* Rn. 714 f.; *Richter,* a. a. O. bei tendenzbedingten Kündigungen.

374 A. A. *Fitting,* a. a. O., die den Katalog vollständig ausschließen.

375 *Ihlefeld,* AuR 76, 61 [64]; *ders.,* AuR 80, 257 [260]; vgl. auch *Plander,* a. a. O.

376 *HessLAG* 2. 6. 06 – 10 SaGa 565/06, AR-Blattei ES 1570 Nr. 71.

377 Vgl. *Fitting,* Rn. 38; *Richter,* DB 91, 2661 [2665]; MünchArbR-*Matthes,* § 365 Rn. 28; *Weber,* NZA-Beilage 3/89, S. 7, die aber einen Beschäftigungsanspruch auch bei tendenzfreien Kündigungen ablehnen; unklar *BAG* 7. 11. 75, AP Rn. 4 zu § 118 BetrVG 1972; gegen eine Weiterbeschäftigungspflicht gem. § 102 Abs. 5 Richardi-*Forst,* Rn. 166.

378 *Fitting,* Rn. 39; *Heinze,* Rn. 713 ff.; *Ihlefeld,* AuR 76, 61 [64]; *Hanau,* BB 73, 901 [907].

379 *BAG* 3. 11. 82, AP Nr. 12 zu § 15 KSchG 1969; vgl. auch *LAG Schleswig-Holstein* 11. 9. 91 – 5 TaBV 28/91; *SWS,* Rn. 9a; *LAG München* 11. 4. 91 – 6 Sa 712/90, AfP 92, 321 hinsichtlich einer Abmahnung wegen Doppelberichterstattung in der gleichen Ausgabe der Zeitung oder im Abstand von wenigen Tagen.

380 *BAG,* a. a. O.

381 *BAG,* a. a. O.

382 *BAG,* a. a. O.; vgl. auch *LAG Düsseldorf* 6. 6. 84 – 5 Sa 448/84; *LAG Schleswig-Holstein,* a. a. O.; a. A. *LAG Hamburg* 17. 7. 74, BB 74, 1396.

383 *BAG,* a. a. O.

384 *BAG* 7. 11. 75, AP Nr. 4 zu § 118 BetrVG 1972; 7. 11. 75, AP Nr. 1 zu § 130 BetrVG 1972; *BVerfG* 6. 11. 79, AP Nr. 14 zu § 118 BetrVG 1972.

verändern zu lassen.[385] Der Belegschaft und erst recht dem BR ist die geistig-ideelle Zielsetzung des UN ohnehin bekannt.[386]

Das **Anhörungsrecht** nach § 102 Abs. 1 entfällt auch nicht bei **außerordentlichen Kündigungen** und bei **Änderungskündigungen**[387] von Tendenzträgern. Der BR kann Bedenken gegen die vorgesehene außerordentliche Kündigung äußern. 115

Außerordentliche Kündigungen von BR-Mitgliedern, die gleichzeitig Tendenzträger sind, bedürfen der Zustimmung des BR nach § 103 Abs. 1.[388] Dies folgt aus der unverzichtbaren Schutzfunktion dieser Vorschrift auch gegenüber BR-Mitgliedern, die Tendenzträger sind.[389] Hinzu kommt, dass nach § 15 Abs. 1 KSchG die ordentliche Kündigung eines Mitglieds eines Betriebsverfassungsorgans grundsätzlich nicht[390] und die außerordentliche nur mit Zustimmung des BR zulässig ist. Im Unterschied zum BetrVG kennt das KSchG keine dem § 118 vergleichbare Bestimmung.[391] § 118 Abs. 1 schränkt somit § 15 KSchG nicht ein.[392] 116

Die **Vorschrift des § 104** gilt gegenüber Tendenzträgern uneingeschränkt, insbes. bei gesetzwidrigem Verhalten.[393] 117

Das Informationsrecht des BR über eine beabsichtigte **Einstellung oder personelle Veränderung eines leitenden Angestellten** (§ 105) wird durch die Tendenzbestimmung nicht ausgeschlossen.[394] 118

g) Betriebsübergang

§ 613a BGB gilt auch in Tendenzbetrieben uneingeschränkt, da § 118 nur im Bereich des BetrVG zur Anwendung kommt.[395] 119

VII. Redaktionsstatute

Redaktionsstatute sollen die **»innere Pressefreiheit«** zwischen Verlegern und Redakteuren sichern.[396] Es geht dabei insbes. um die **Kompetenzabgrenzung zwischen Verleger und Redaktion** bei der Gestaltung von Zeitungen und Zeitschriften sowie um Mitwirkungsbefugnisse der Redaktion bei personellen Veränderungen.[397] Redaktionsstatute können durch TV allerdings nicht nach § 3 Abs. 1,[398] sondern nur nach § 1 Abs. 1 TVG abgeschlossen werden, sofern die Befugnisse des BR gewahrt bleiben.[399] 120

---

385 *BAG,* a. a. O.
386 *Ihlefeld,* AuR 80, 257 [263 f.].
387 *LAG Baden-Württemberg* 25. 3. 92 – 12 Sa 129/91 zu einer betriebsbedingten Änderungskündigung.
388 *LAG München* 29. 9. 80 – 6 TaBV 2/80; *LAG Hamm* 1. 7. 92 – 3 TaBV 30/92, LAGE § 118 Nr. 17 = BB 92, 2507, Ls.; *Ihlefeld,* RdA 77, 223 [226]; Zustimmung nur bei nicht tendenzbezogenen Kündigungen *ArbG Kempten* 26. 3. 90 – 3 Ga 6/90; a. A. *BAG* 28. 8. 03 – 2 ABR 48/02, DB 04, 1156, das nur ein Anhörungsrecht nach § 102 für gegeben hält.
389 MünchArbR-*Matthes,* 2. Aufl., § 365 Rn. 30 f.
390 *BAG,* a. a. O., jedenfalls bei Kündigungen wegen nicht tendenzbezogener Leistungsmängel.
391 Vgl. *BAG* 7. 11. 75, AP Nr. 3 zu § 99 BetrVG 1972.
392 MünchArbR-*Matthes,* a. a. O.; *LAG München* 3. 11. 82, a. a. O.; offengelassen *BAG* 3. 11. 82, a. a. O.
393 *Frey,* S. 73; HWGNRH-*Hess,* Rn. 135; MünchArbR-*Matthes,* § 365 Rn. 33; a. A., soweit das beanstandete Verhalten nicht tendenzbezogen ist, Richardi-*Forst,* Rn. 167; *Fitting,* Rn. 41; GK-*Weber,* Rn. 225; *Heinze,* Rn. 717; *Richter,* DB 91, 2661 [2667].
394 HWGNRH-*Hess,* Rn. 135; Richardi-*Forst,* Rn. 168; *Fitting,* Rn. 39; *GL,* Rn. 83; *Heinze,* Rn. 718.
395 *BAG* 7. 11. 75, AP Nr. 3 zu § 99 BetrVG 1972; Richardi-*Forst,* Rn. 177; *Fitting,* Rn. 48; a. A. *Mayer-Maly,* BB 73, 769.
396 *Fitting,* Rn. 50; *Arndt/Ebsen,* AuR 77, 161; *Hensche/Kittner,* ZRP 72, 177; *Rüthers,* DB 72, 24 [71]; GK-*Weber,* Rn. 44; *Noll,* S. 82; zum Inhalt beispielhaft DKWF-*Wedde,* § 118 Rn. 9.
397 Richardi-*Forst,* Rn. 241; *Kübler,* »Empfiehlt es sich, zum Schutze der Pressefreiheit gesetzliche Vorschriften über die innere Ordnung von Presseunternehmen zu erlassen?«, Gutachten, 49. DJT 1972, S. 85.
398 *Fitting,* Rn. 51 ff.; GK-*Weber,* Rn. 45.
399 *Fitting,* a. a. O.; *Frey,* AuR 72, 168; *Ihlefeld,* AuR 80, 257 [268]; a. A. Richardi-*Forst,* Rn. 242; *GL,* Rn. 56; *BAG* 19. 2. 75, AP Nr. 9 zu § 5 BetrVG 1972, wonach die BR »die gesetzliche Vertretung der Arbeitnehmerschaft des Betriebs schlechthin« darstellen; *LAG Baden-Württemberg* 5. 5. 00 – 16 Sa

121 Die Zulässigkeit des Abschlusses von BV ist umstritten.[400] Möglich sein soll eine Beteiligung an personellen und betrieblichen Entscheidungen per TV.[401] Eine Konkurrenz des Redaktionsstatuts zum BetrVG soll nach der Rspr. des *BAG*[402] dann nicht gegeben sein, wenn es sich allein auf tendenzbezogene Angelegenheiten bezieht.

122 Ist das Redaktionsstatut Teil eines Arbeitsvertrags, soll seine Kündigung nicht als Teilkündigung zulässig sein, sondern nur auf dem Weg einer Änderungs- oder einer Beendigungskündigung.[403]

VIII. Religionsgemeinschaften und ihre Einrichtungen (Abs. 2)

123 Nach dieser Vorschrift werden Religionsgemeinschaften sowie deren karitative und erzieherische Einrichtungen, aber keine anderen Einrichtungen,[404] unbeschadet ihrer Rechtsform vom **Anwendungsbereich des Gesetzes ausgenommen.** Diese Sonderstellung im kollektivrechtlichen System leitet sich nach der Rspr.[405] aus Art. 140 GG i. V. m. Art. 137 Abs. 3 WRV ab. Religionsgemeinschaften wird das Recht gewährt, ihre Angelegenheiten im Rahmen der Schranken geltender Gesetze selbst zu ordnen und zu verwalten. Dazu soll auch die eigenständige Befugnis gehören, zu regeln, ob und in welchem Umfang sie ihre AN und deren Vertretungsorgane in Angelegenheiten des Betriebs, die deren Interessen berühren, mitwirken und mitbestimmen lassen wollen.[406] Die Nichtanwendung dieses Gesetzes auf AN, die für Religionsgemeinschaften und insbes. für deren karitative und erzieherische Einrichtungen tätig sind, steht im Widerspruch zum Sozialstaatsprinzip des GG.[407]

124 Der Begriff **Religionsgemeinschaft** des § 118 Abs. 2 ist ebenso zu verstehen wie der des Art. 137 Abs. 3 WRV.[408] Er erfasst nicht nur die allgemein anerkannten christlichen Bekenntnisse,[409] sondern auch die **Glaubensgemeinschaften weltanschaulicher Art.**[410] Hierunter fallen auch deren ausgegliederte selbstständige Teile, wie z. B. Orden, aber nicht sog. Säkularinstitute einer Kirche.[411]

125 **Karitative und erzieherische Einrichtungen** der Religionsgemeinschaften können z. B. sein: Missionen, Priesterseminare, ggf. auch Krankenhäuser;[412] Kindergärten bzw. -heime;[413] Jugend-

---

48/99, NZA 00, 1186, das im konkreten Fall die Bildung eines Redaktionsrats für unbedenklich erklärt hat; weitgehend bestätigt durch *BAG* 19. 6. 01 – 1 AZR 463/00, DB 02, 223 = EzA § 118 BetrVG 1972 Nr. 73 mit Anm. *Auer*.

400 Vgl. Richardi-*Forst*, Rn. 241; *Fitting*, a. a. O.; *GL*, Rn. 57, die derartige Sondervertretungen durch BV auch dann ablehnen, wenn sie lediglich Befugnisse außerhalb der Beteiligungsrechte des BR erhalten; *ebenso* GK-*Weber*, Rn. 46; zutreffend a. A. *Schwerdtner*, BB 71, 840; *LAG Düsseldorf* 26. 5. 93 – 18 TaBV 27/93, AuR 94, 33, Ls.; *ArbG Mannheim* 17. 4. 97 – 3 Ca 94/96, wonach durch BV die bestehende Betriebsverfassung erweitert werden kann.

401 *Fitting*, Rn. 52.

402 *BAG* 19. 6. 01 – 1 AZR 463/00, DB 02, 223 = EzA § 118 BetrVG 1972 Nr. 73 mit Anm. *Auer*.

403 Vgl. BAG, a. a. O.; *Fitting*, Rn. 53.

404 *Fitting*, Rn. 57; ausführlich *Noll*, S. 106 ff.; zur Erklärung des AG vgl. DKWF-*Wedde*, § 118 Rn. 10.

405 *BAG* 6. 12. 77, 14. 4. 88, AP Nrn. 10, 36 zu § 118 BetrVG 1972.

406 *BVerfG* 11. 10. 77, AP Nr. 1 zu Art 140 GG; zur Kritik *Struck*, NZA 91, 251; *Zachert*, PersR 92, 443; *Ruland*, NJW 80, 89.

407 Vgl. in diesem Sinne *Fitting*, Rn. 54; *Herschel*, AuR 78, 172 ff.; *Nell-Breuning*, AuR 79, 1 ff.; *ders.*, AuR 83, 21 ff., 340 ff.; *Noll*, S. 110; *Schwerdtner*, AuR 79, Sonderheft, S. 21; *Weiss*, AuR 79, Sonderheft, S. 28 ff.; *Ruland*, NJW 80, 89 ff., hält die Regelung für verfassungswidrig; a. A. Richardi-*Forst*, Rn. 185 ff.; GK-*Weber*, Rn. 230.

408 *BAG* 25. 7. 91, NZA 81, 977 = AuR 91, 348.

409 Vgl. hierzu *Fitting*, Rn. 55.

410 ErfK-*Kania*, Rn. 30; *Fitting*, Rn. 48 ff.; einschränkend Richardi-*Forst*, Rn. 210; *LAG Hamm* 17. 5. 02 – 10 TaBV 140/01, NZA-RR 02, 625.

411 *Fitting*, a. a. O.; weiter *BAG* 19. 12. 69, AP Nr. 12 zu § 81 BetrVG; Richardi-*Forst*, Rn. 196; GK-*Weber*, Rn. 231.

412 *BAG* 21. 11. 75, AP Nr. 6 zu § 118 BetrVG 1972, sowie BB 1982, 924; 31. 7. 02 – 7 ABR 12/01, DB 02, 2729.

413 *BAG* 21. 11. 75, 9. 2. 82, AP Nrn. 6, 24 zu § 118 BetrVG 1972; 25. 4. 78, 11. 3. 86, AP Nrn. 2, 25 zu Art. 140 GG.

dörfer, die Mitglieder im Trägerverein des Diakonischen Werkes sind;[414] Altersheime, Waisenhäuser des Caritasverbandes und der Inneren Mission.[415]

126 Voraussetzung für eine Einbeziehung ist aber, dass die Kirche laut Satzung **maßgeblichen Einfluss** auf die Einrichtung ausüben kann.[416] Abzulehnen ist in diesem Zusammenhang die Auffassung, dass kraft Verfassungsrechts nur das Selbstverständnis der Kirche maßgebend sein soll.[417] Eine Kirche kann insoweit nicht nach Belieben selbst darüber entscheiden, ob eine bestimmte Einrichtung unter diese Bestimmung fällt.[418] Es muss vielmehr eine institutionelle, tatsächliche Verbindung mit durchsetzbarer Verantwortung zwischen Einrichtung und Kirche bestehen.[419]

127 Hinzu muss ein **Mindestmaß an Einflussmöglichkeiten der Kirche** kommen, um eine Übereinstimmung der religiösen Betätigung der Einrichtung mit kirchlichen Vorstellungen gewährleisten zu können.[420] Die Kirche muss in der Lage sein, einen etwaigen Dissens in religiösen Angelegenheiten zwischen ihr und der Einrichtung unterbinden zu können.[421] Das erforderliche Mindestmaß an Einflussmöglichkeiten einer Kirche auf die religiöse Tätigkeit in der Einrichtung wird nicht allein durch die Mitgliedschaft der Einrichtung oder ihres Rechtsträgers im Diakonischen Werk der Evangelischen Kirche begründet.[422] Ähnlich wie für die Feststellung des Vorliegens einer Arbeitnehmereigenschaft im Bereich der sog. Scheinselbständigkeit, die auf die tatsächlichen Verhältnisse abstellt,[423] kann mithin nicht vorrangig auf das Vorbringen einer Einrichtung abgestellt werden, nach dem sie beispielsweise der Karitas angehöre. Aus juristischer Sicht ist es vielmehr von entscheidender Bedeutung, ob vorgebrachte karitative oder religiöse Zwecke auch tatsächlich verfolgt werden.

128 Unter Rückgriff auf die Beweislastregeln bei der Feststellung des Vorliegens eines Arbeitsverhältnisses liegt es nah, zu verlangen, dass eine Einrichtung, die als karitative oder erzieherische Einrichtung im Sinne der Vorschrift anerkannt werden will, im Streitfall darlegen muss, dass sie tatsächlich kirchliche Zwecke verfolgt. Nicht als ausreichend anzusehen ist in diesem Zusammenhang die bloße Möglichkeit einer Einflussnahme auf die Einrichtung oder ihre Beschäftigten, etwa durch die Verhängung einer Kirchenstrafe.[424]

129 Ein Mindestmaß an Einflussmöglichkeiten ist **nicht gegeben,** wenn ein von einer privaten Stiftung betriebenes Krankenhaus als Mitglied in ein Diakonisches Werk der Evangelischen Kirche aufgenommen wird, ohne dass zugleich Einflussmöglichkeiten auf die religiöse Tätigkeit geschaffen werden. Diese Voraussetzung ist beispielsweise nicht erfüllt, wenn zwar ein Beirat geschaffen wird, der sich mit philanthropischen und konfessionellen Fragen befassen soll, dieser aber lediglich beratend tätig wird.[425] Gegen eine Einbindung in die Karitas spricht

---

414 *BAG* 3.4.97, NZA 97, 1240.

415 *BAG* 6.12.77, AP Nr. 10 zu § 118 BetrVG 1972; zur Kritik Rn. 31 ff.; Richardi-*Forst*, Rn. 196 ff.

416 *BAG* 21.11.75, a.a.O.

417 So aber *BVerfG* 11.10.77, AP Nr. 1 zu Art. 140 GG; ihm folgend *BAG* 6.12.77, AP Nr. 10 zu § 118 BetrVG 1972; anders 14.4.88, AP Nr. 36 zu § 118 BetrVG 1972; ähnlich nunmehr auch *Fitting*, Rn. 59; der wenigstens »ein Mindestmaß an Ordnungs- und Verwaltungstätigkeit« der Kirche für ihre Einrichtung verlangen, um sich in Fragen der Ausübung der religiösen Betätigung gegenüber der Einrichtung durchsetzen zu können; vgl. auch *LAG Hamm* a.a.O.; *ArbG Hamburg* 4.12.07 – 20 Ca 15/07, AuR 08, 109, nach dessen Auffassung das Selbstverständnis kein absoluter und abschließender Maßstab ist; wie hier GK-*Weber*, Rn. 232; *Herschel*, AuR 78, 172 ff.; *Otto*, AuR 80, 289 [298]; *Wieland*, DB 87, 1633.

418 *Fitting*, a.a.O.; *Herschel*, a.a.O.; *WW*, Rn. 54; *Wieland*, a.a.O.; a.A. *BVerfG*, a.a.O.; *BAG* 6.12.77, a.a.O.

419 *Löwisch*, AuR 79, Sonderheft, S. 33; offenbar auch *BAG* 14.4.88, a.a.O., wonach sichergestellt sein muss, dass die Kirche ihre Vorstellungen, z.B. zur Gestaltung der Erziehung, in der Einrichtung durchsetzen kann; bedenklich *BAG* 6.12.77, a.a.O., wonach nach dem Selbstverständnis der Religionsgemeinschaft die bloße organisatorische Anbindung ausreicht.

420 *BAG* 5.12.07 – 7 ABR 72/06, NZA 08, 653, das das Verfahren an das *LAG Düsseldorf* zurückgewiesen hat.

421 *BAG* 30.4.97 – 7 ABR 60/95, AuR 97, 408.

422 *BAG* a.a.O.

423 Vgl. hierzu grundlegend *BAG* 14.2.74 – 5 AZR 298/73, DB 74, 1487.

424 *Fitting*, Rn. 60; *Thüsing*, Anm. zu AP Nr. 70 zu § 118 BetrVG

425 *LAG Düsseldorf* 17.3.09 – 9 TaBV 74/07, n.v.

in diesem Zusammenhang zudem, wenn Mitglieder des Beirats jederzeit durch außerkirchliche Stellen abberufen und ersetzt werden können.[426]

130 Eine **arbeitsgerichtliche Kontrolle** des Vorliegens karitativer oder erzieherischer Ziele bzw. einer institutionellen, tatsächlichen Verbindung ist möglich.[427] Hierbei ist insbesondere zu prüfen, ob sich die Religionsgemeinschaft in religiösen Fragen gegenüber der Einrichtung durchsetzen kann.[428] Ist dies positiv festzustellen, liegt eine karitative oder erzieherische Einrichtung im Sinne der Vorschrift vor. Ein **Berufsbildungswerk** für Lernbehinderte ist als karitative Einrichtung der Kirche i. S. d. Abs. 2 **anerkannt** worden.[429] **Nicht anerkannt** wurde eine von der Kirche getragene **gemeinnützige GmbH,** die in gleicher Weise wie andere Träger und unter ausschließlicher Verwendung öffentlicher Mittel Arbeitslosenprojekte betreibt.[430]

131 Einrichtungen der Religionsgemeinschaften, die keinen karitativen oder erzieherischen Zwecken dienen, z. B. **Brauereien** oder **Druckereien,** werden von der Vorschrift nicht erfasst. Für sie gelten die Vorschriften des Gesetzes uneingeschränkt. Gleiches gilt für **wissenschaftliche Einrichtungen** der Religionsgemeinschaften. Sie sind ggf. Tendenz-UN i. S. d. Abs. 1.[431] Entsprechendes gilt für **Behinderten-Tagesstätten**[432] oder für eine als **GmbH** betriebene **Wohnungsbau- und Siedlungsgesellschaft,** deren einzige Gesellschafterin die katholische Kirche ist.[433]

132 **Religiöse und weltanschauliche Vereinigungen,** die nicht als Wesens- und Lebensäußerungen der Religionsgemeinschaft selbst aufgefasst werden können, fallen nicht unter Abs. 2, sie können aber konfessionellen Bestimmungen dienen, so dass ggf. auf sie Abs. 1 der Bestimmung anzuwenden ist. Dagegen soll auf einen rechtlich selbstständigen **evangelischen Presseverband** als Teil der evangelischen Kirche das BetrVG keine Anwendung finden, weil auch die Öffentlichkeitsarbeit mit publizistischen Mitteln als Teil kirchlicher Mission gelten soll.[434] Nicht als geschützte weltanschauliche Vereinigung ist ein **anthroposophischer Trägerverein eines Gemeinschaftskrankenhauses** anzusehen.[435] **Keine Religionsgemeinschaft** i. S. d. Art. 4, 140 GG, Art. 137 Abs. 3 WRV ist die **Scientology-Sekte,** da deren religiös gefärbte weltanschauliche Lehren nur ein Vorwand für die Verfolgung wirtschaftlicher Zwecke sind.[436]

133 **Übernimmt ein kirchlicher Träger durch Rechtsgeschäft** z. B. ein bisher von einem nichtkirchlichen Träger betriebenes Krankenhaus, um dort in Gestalt der in der Krankenpflege Tätigen Nächstenliebe zu üben, wird das Krankenhaus nach Auffassung des *BAG* allein durch diesen Trägerwechsel zu einer karitativen Einrichtung i. S. d. Abs. 2, auf die das BetrVG keine Anwendung findet.[437] Ob mehr als die Hälfte der dort tätigen AN ihre Bereitschaft erklärt hat, künftig im Sinne einer christlichen Dienstgemeinschaft zusammenwirken zu wollen, soll unerheblich sein.[438]

134 Die Vorschrift schließt nicht aus, dass sich Religionsgemeinschaften selbst freiwillig **Mitarbeitervertretungen** geben, wie dies im Bereich der evangelischen Landeskirchen und in der katholischen Kirche geschehen ist.[439] Das Mitarbeitervertretungsrecht der katholischen Kirche

---

426 *LAG Düsseldorf,* a. a. O.
427 *BAG* 23. 10. 02, AP Nr. 72 zu § 118 BetrVG 1972; *Fitting,* a. a. O.
428 *Fitting,* Rn. 60.
429 *BAG* 14. 4. 88, a. a. O.
430 *ArbG Hamburg* 10. 4. 06 – 21 BV 10/05, AuR 07, 137.
431 *LAG Hamm* 5. 12. 79, AuR 80, 181, Ls.; GK-*Weber,* Rn. 232; *Otto,* AuR 80, 289 [299]; enger Richardi-*Forst,* Rn. 209.
432 *BAG* 7. 4. 81, AP Nr. 16 zu § 118 BetrVG 1972.
433 Enger *BAG* 23. 10. 02, AP Nr. 72 zu § 118 BetrVG 1972, dass das Vorliegen karitativer Zweck nicht grundsätzlich für ausgeschlossen hält, wenn noch ein Mindestmaß an kirchlichen Einflussmöglichkeiten gegeben ist; ähnlich *Fitting,* Rn. 61.
434 So *BAG* 24. 7. 91 – 7 ABR 34/90, NZA 91, 977 = AuR 91, 348, Ls.
435 *LAG Hamm* 17. 5. 02 – 10 TaBV 140/01, NZA-RR 02, 625.
436 *BAG* 22. 3. 95 – 5 AZB 21/94, AP Nr. 21 zu § 5 ArbGG 1979; *Fitting,* Rn. 54; Richardi-*Forst,* Rn. 191; ErfK-*Kania,* Rn. 30; *Goerlich,* JZ 95, 955; *Zuck,* NJW 97, 697.
437 *BAG* 9. 2. 82, AP Nr. 24 zu § 118 BetrVG 1972; vgl. auch HWGNRH-*Hess,* Rn. 30.
438 *BAG,* a. a. O.; a. A. *LAG Düsseldorf* 27. 5. 80, AP Nr. 15 zu § 118 BetrVG 1972 [Vorinstanz].
439 Richardi-*Forst,* Rn. 185 ff.; GK-*Weber,* Rn. 241; *Münzel,* NZA 05, 449 zur Mitarbeitervertretungsordnung (MAVO) der katholischen Kirche.

gilt auf Grund des Selbstbestimmungsrechts der Kirche nach Art. 140 GG, Art. 137 Abs. 3 WRV nicht nur in den Einrichtungen der verfassten Kirche, sondern auch in privatrechtlichen Einrichtungen sonstiger kirchlicher Rechtsträger.[440] Wird die Mitarbeitervertretung vor Ausspruch einer Kündigung nicht ordnungsgemäß beteiligt, ist diese unheilbar nichtig.[441] Die Vorschrift befreit die Religionsgemeinschaften nicht von der **Einhaltung der übrigen arbeitsrechtlichen Schutzvorschriften und Bestimmungen.** Allerdings wird aus Art. 140 GG i. V. m. Art. 137 Abs. 3 WRV abgeleitet, dass die Anwendung der zwingenden staatlichen Arbeitsgesetze so erfolgen muss, dass in einer Güterabwägung sowohl das selbstständige Ordnen und Verwalten der eigenen Angelegenheiten durch die Kirchen als auch der soziale Schutz der AN gewährleistet ist.[442] Dies soll zu einer erhöhten Loyalitätspflicht der AN führen.[443] Im Rahmen ihrer verfassungsrechtlichen Autonomie kann die Kirche z. B. die **Vorschriften des BetrVG** in ihrem Bereich voll **für anwendbar erklären.**

Der Ausnahmetatbestand des Abs. 2 betrifft nur Religionsgemeinschaften sowie deren karitative und erzieherische Einrichtungen, die **privatwirtschaftlich organisiert sind.**[444] Hat die Einrichtung den Status einer **öffentlich-rechtlichen Körperschaft,** findet nach § 130 das BetrVG keine Anwendung.[445] 135

Gewerkschaftliche Werbung in kirchlichen Einrichtungen ist zulässig.[446] Der AG einer kirchlichen Einrichtung muss das Anbringen von Schriftgut zur Selbstdarstellung der Gewerkschaft, zur Information über ihre Leistungen und über arbeits- und tarifrechtliche Fragen sowie zur Aufforderung zum Erwerb der Mitgliedschaft bei der Gewerkschaft durch betriebsfremde Beauftragte der Gewerkschaft auf Bekanntmachungstafeln des Betriebs sowie das Verteilen entsprechenden Materials dulden, wenn es in dem Betrieb Mitglieder gibt.[447] Da das *BVerfG* die Entscheidung des *BAG* vom 14. 2. 78 hinsichtlich des Zugangs betriebsfremder Gewerkschaftsbeauftragter aufgehoben hat,[448] war auch das *BAG* gezwungen, ein entsprechendes Zutrittsrecht zu verneinen.[449] 136

IX. Streitigkeiten

Streitigkeiten über die Anwendbarkeit der Vorschrift, insbes. über den Umfang der Beteiligungsrechte, sind im **Beschlussverfahren** und ggf. **als Vorfrage** in einem einen anderen Gegenstand betreffenden Urteils- oder Beschlussverfahren (etwa über die Wirksamkeit einer Kündigung oder die Bestellung eines WV) zu entscheiden (§§ 2a, 80 ff. ArbGG).[450] Es muss sich aber dabei um einen **konkreten Streitfall** handeln.[451] Eine summarische und abstrakte Feststellung darüber, ob ein bestimmter Betrieb als Tendenzbetrieb anzusehen ist, kann im Beschlussverfahren nicht begehrt werden.[452] Wird die **Unterrichtungspflicht** nach § 99 Abs. 1 verletzt, kann der BR allein aus diesem Grund das Verfahren nach § 101 BetrVG betreiben (vgl. 137

440 *BAG* 10. 12. 92 – 2 AZR 271/92, DB 93, 1371.
441 *LAG Düsseldorf* 15. 1. 91 – 16 Sa 1416/90, NZA 91, 600, Ls.
442 *BVerfG* 25. 3. 80, AP Nr. 6 zu Art. 140 GG; *GL,* a. a. O.
443 Vgl. Richardi-*Forst,* Rn. 217 ff. m. w. N.; vgl. für die katholische Kirche die »Grundordnung des kirchlichen Dienstes im Rahmen kirchlicher Arbeitsverhältnisse«, NZA 94, 112 sowie *Klumpe-Auerbach,* AuR 95, 170; *Richardi,* NZA 94, 19; *Dütz,* NJW 94, 1369.
444 *BAG* 30. 7. 87, AP Nr. 3 zu § 130 BetrVG 1972.
445 *Fitting,* Rn. 57; Richardi-*Forst,* Rn. 194.
446 *BAG* 14. 2. 78, AP Nr. 26 zu Art. 9 GG; *Birk,* AuR 79, Sonderheft, S. 11; *Dütz,* AuR 79, Sonderheft, S. 6; *Naendrup,* AuR 79, Sonderheft, S. 37; *Noll,* S. 112; *G. Müller,* RdA 79, 71; a. A. *Richardi,* DB 78, 1736.
447 *BAG,* a. a. O.
448 *BVerfG* 17. 2. 81, AP Nr. 9 zu Art. 140 GG; zutreffend kritisch hierzu *Herschel,* AuR 81, 267; *Otto,* Anm. zu EzA Art. 9 GG Nr. 32.
449 *BAG* 19. 1. 82, AP Nr. 10 zu Art. 140 GG; zutreffend kritisch hierzu noch *Fitting* 22. Aufl., Rn. 62.
450 *BAG* 21. 11. 75, 3. 2. 76, 6. 12. 77, AP Nrn. 6, 8, 10 zu § 118 BetrVG 1972.
451 *BAG* 22. 7. 14 – 1 ABR 93/12, NZA 14, 1417; 13. 7. 55, AP Nr. 2 zu § 81 BetrVG; vgl. auch 18. 3. 75, AP Nr. 1 zu § 111 BetrVG 1972.
452 *BAG* 22. 7. 14 – 1 ABR 93/12, a. a. O.; 13. 7. 55, a. a. O.; Richardi-*Forst,* Rn. 169; *Fitting,* Rn. 63; *Staack,* AiB 16, Nr. 1, 62.

auch Rn. 103 ff.).[453] Entsprechendes gilt, wenn str. ist, ob eine personelle Maßnahme i. S. d. § 99 tendenzbedingt ist und der AG diese ohne Zustimmung des BR oder gerichtliche Ersetzung dieser Zustimmung durchführt.[454]

138 Im Streitfall trägt der AG die (objektive) **Beweislast** dafür, ob das UN unter die Tendenzbestimmung des Abs. 1 fällt, nach Abs. 2 das Gesetz keine Anwendung findet, ein AN sog. Tendenzträger (Rn. 56 ff.) ist und ob wegen des Tendenzcharakters einzelne Beteiligungsrechte des BR entfallen oder eingeschränkt sind.[455]

139 Nach der Rspr. ist der Rechtsweg zu den staatlichen Gerichten für Streitigkeiten aus dem **Mitarbeitervertretungsrecht** wegen deren angeblicher Unzuständigkeit ausgeschlossen.[456] Dies gilt jedoch nicht für Streitigkeiten zwischen AN und kirchlichem AG wegen ordnungsgemäßer Beteiligung der Mitarbeitervertretung bei einer Kündigung.[457]

453 *BAG* 1. 9. 87, AP Nr. 10 zu § 101 BetrVG 1972.
454 *BAG* 1. 9. 87, AP Nr. 11 zu § 101 BetrVG 1972.
455 *LAG Hamm* 17. 5. 02 – 10 TaBV 140/01, NZA-RR 02, 625; vgl. *Eisemann*, RdA 77, 336 [343 f.]; *Fitting*, Rn. 29; *Frey*, S. 86 ff.; GK-*Weber*, Rn. 248; *LAG Oldenburg*, NZA 89, 412 [413.
456 Vgl. *BAG* 11. 3. 86, 25. 4. 89, AP Nrn. 25, 34 zu Art. 140 GG.
457 *LAG Düsseldorf* 15. 1. 91 – 16 Sa 1416/90, NZA 91, 600, Ls.; hinsichtlich der **Schlichtungsausschüsse** nach dem Mitarbeitervertretungsrecht der evangelischen Kirche vgl. *Kammerer*, BB 85, 1986; *Kienitz*, NZA 96, 963; vgl. auch Beschluss der Bischöflichen Schlichtungsstelle Berlin 13. 3. 84, AP Nr. 22 zu Art. 140 GG; ferner Beschlüsse des Schlichtungsausschusses der Evangelischen Landeskirche Baden vom 3. 9. 87, NZA 88, 704; 4. 12. 87, NZA 88, 173.

Sechster Teil
Straf- und Bußgeldvorschriften

§ 119 Straftaten gegen Betriebsverfassungsorgane und ihre Mitglieder

(1) Mit Freiheitsstrafe bis zu einem Jahr oder mit Geldstrafe wird bestraft, wer

1. eine Wahl des Betriebsrats, der Jugend- und Auszubildendenvertretung, der Bordvertretung, des Seebetriebsrats oder der in § 3 Abs. 1 Nr. 1 bis 3 oder 5 bezeichneten Vertretungen der Arbeitnehmer behindert oder durch Zufügung oder Androhung von Nachteilen oder durch Gewährung oder Versprechen von Vorteilen beeinflusst,

2. die Tätigkeit des Betriebsrats, des Gesamtbetriebsrats, des Konzernbetriebsrats, der Jugend- und Auszubildendenvertretung, der Gesamt-Jugend- und Auszubildendenvertretung, der Konzern-Jugend- und Auszubildendenvertretung, der Bordvertretung, des Seebetriebsrats, der in § 3 Abs. 1 bezeichneten Vertretungen der Arbeitnehmer, der Einigungsstelle, der in § 76 Abs. 8 bezeichneten tariflichen Schlichtungsstelle, der in § 86 bezeichneten betrieblichen Beschwerdestelle oder des Wirtschaftsausschusses behindert oder stört oder

3. ein Mitglied oder ein Ersatzmitglied des Betriebsrats, des Gesamtbetriebsrats, des Konzernbetriebsrats, der Jugend- und Auszubildendenvertretung, der Gesamt-Jugend- und Auszubildendenvertretung, der Konzern-Jugend- und Auszubildendenvertretung, der Bordvertretung, des Seebetriebsrats, der in § 3 Abs. 1 bezeichneten Vertretungen der Arbeitnehmer, der Einigungsstelle, der in § 76 Abs. 8 bezeichneten Schlichtungsstelle, der in § 86 bezeichneten betrieblichen Beschwerdestelle oder des Wirtschaftsausschusses um seiner Tätigkeit willen oder eine Auskunftsperson nach § 80 Absatz 2 Satz 4 um ihrer Tätigkeit willen benachteiligt oder begünstigt.

(2) Die Tat wird nur auf Antrag des Betriebsrats, des Gesamtbetriebsrats, des Konzernbetriebsrats, der Bordvertretung, des Seebetriebsrats, einer der in § 3 Abs. 1 bezeichneten Vertretungen der Arbeitnehmer, des Wahlvorstands, des Unternehmers oder einer im Betrieb vertretenen Gewerkschaft verfolgt.

Inhaltsübersicht

I. Vorbemerkungen

1 Durch Art. 1 Nr. 77 des BetrVerf-ReformG v. 23.7.2001[1] ist als Folgeänderung zu den §§ 3, 73a ff., 80 Abs. 2 Satz 3 der **strafrechtliche Schutz erweitert** worden. In den Schutzbereich nach **Abs. 1 Nr. 1 (Wahlschutz)** sind auch die Wahlen der Vertretungen nach § 3 Abs. 1 Nrn. 1 bis 3 und Nr. 5 einbezogen worden. die deshalb in ihrer Zusammensetzung sowohl dem Zugriff des BR als auch des AG entzogen sind. Der **Tätigkeitsschutz nach Abs. 1 Nr. 2** wurde auf die durch §§ 73a ff. geschaffene KJAV und **sämtliche Vertretungen** der AN nach **§ 3 Abs. 1** erstreckt. Das **Benachteiligungs- und Begünstigungsverbot nach Abs. 1 Nr. 3** gilt auch zugunsten der Mitglieder der KJAV und sämtlicher AN-Vertretungen des § 3 Abs. 1. Außerdem ist auch die vom BR hinzugezogene Auskunftsperson i. S. d. § 80 Abs. 2 Satz 3 in den Schutzbereich einbezogen. Das **Strafantragsrecht** nach Abs. 2 steht auch allen **nach § 3 Abs. 1 gebildeten AN-Vertretun-**

1 BGBl. I S. 1852 [1862].

gen zu. Durch das Gesetz v. 21. 2. 17[2] (AÜG-ÄndG) ist u. a. auch § 80 Abs. 2 geändert worden, wodurch dessen bisheriger Abs. 2 Satz 3 zu Satz 4 aufgerückt ist. Dies bewirkt in § 119 Abs. 1 Nr. 3 eine entsprechende Folgeänderung, so dass die bisherige Angabe » § 80 Absatz 2 Satz 3« nun » § 80 Absatz 2 Satz 4« lautet.

1a Das am 29. 7. 2017 in Kraft getretene **Gesetz zur Einführung eines Wettbewerbsregisters** – WRegG«[3] hat die Abschreckung gegen die Begehung betriebsverfassungsrechtlicher Straftaten und Ordnungswidrigkeiten nicht verbessert (vgl. § 121 Rn. 1a). Das WReg dient u. a. auch dazu, solche UN von Vergabeverfahren gem. §§ 123, 124 GWB bei öffentlichen Aufträgen auszuschließen, die Verstöße gegen **Bestimmungen des Arbeitsstrafrechts** begangen haben. Auch § 119 BetrVG zählt zwar zum Arbeitsstrafrecht, allerdings wird gerade diese Norm nicht in § 2 WRegG als eintragungspflichtige Straftat genannt, während Straftaten nach dem Schwarzarbeitsbekämpfungsgesetz, dem SGB III, dem AÜG, dem MiLOG und dem AN-Entsendegesetz dort erfasst sind.

1b Der **DGB – Gesetzesvorschlag 2022**[4] sieht vor, (mit Ausnahme des Delikts nach Abs. 1 Nr. 3) die Tatbestände der Nrn. 1 und 2 jeweils zum sog. **Offizialdelikt** aufzuwerten, um Wahlbehinderungen/Wahlbeeinflussungen bzw. Behinderungen/Störungen der AN-Organe der Betriebsverfassung künftig auch ohne Strafantrag durch die Strafverfolgungsbehörden von Amts wegen verfolgen und anklagen zu können. Dies entspricht in etwa den – dort allerdings sehr allgemein gehaltenen – Ankündigungen im Koalitionsvertrag der **SPD-Grünen-FDP – Regierungskoalition 2021 – 2025**[5].

1c Auch ohne einen (nach noch geltendem Recht für die Strafverfolgung erforderlichen) Strafantrag lässt sich die Bedeutung des § 119 für die Funktionsfähigkeit der Betriebsverfassung dadurch verstärken, dass im Rahmen der Möglichkeiten des **Hinweisgeberschutzgesetzes**[6] (HinSchG) Verstöße gegen die Strafvorschriften des BetrVG zum Gegenstand einer Meldung gemacht werden, denn § 2 Abs. 1 Nr. 1 HinSchG lässt es genügen, dass gegen den Tatbestand einer Rechtsvorschrift verstoßen wurde, so dass in einem konkret vom Hinweisgeber gerügten Fall ein Strafantrag nach § 119 Abs. 2 nicht gestellt sein muss.[7]

2 Die Straftatbestände betreffen insbes. die Behinderung oder rechtswidrige Beeinflussung der nach dem Gesetz vorgesehenen **Wahlen,** die Störung oder Hinderung der Tätigkeit der Betriebsverfassungs**organe** und die Benachteiligung oder Begünstigung ihrer **Mitglieder.** Von besonderer Bedeutung ist außerdem das **eigenständige Strafantragsrecht der Gewerkschaften,** das es nach dem BetrVG 1952 nicht gab. Der bloße **Versuch,** eine der hier genannten Taten zu begehen, ist **nicht strafbar,** weil es sich lediglich um Vergehen handelt (§ 12 Abs. 2 StGB).[8] Bei Vergehen muss aber die Strafbarkeit ausdrücklich bestimmt sein (§ 23 Abs. 1 StGB), was hier jedoch nicht geschehen ist. Allerdings setzt die Strafbarkeit wiederum nicht voraus, dass der mit der Tathandlung möglicherweise verfolgte Zweck – etwa die Vereitelung einer BR-Wahl – auch tatsächlich eingetreten sein muss.[9] Es handelt sich vorliegend um sog. **schlichte Tätigkeitsdelikte und keine Erfolgsdelikte,** so dass die Tatvollendung bereits eintritt, wenn ein schlichtes aktives Tun feststellbar ist, das als Beeinflussung, Behinderung, Störung, Benachteiligung, Begünstigung usw. zu qualifizieren ist.[10]

3 Die Erfahrung der vergangenen Jahre hat gezeigt, dass entweder der gegebene **Strafschutz nicht ausreichend** ist oder aber zumindest die vorliegende Strafbestimmung von den zuständigen Stellen nicht so gehandhabt wird, wie es der Gesetzgeber gewollt hat. Verstöße gegen das BetrVG, auch solche grober Art, sind sehr häufig zu verzeichnen. Die Ermittlungsbehörden

2 BGBl. I S. 258.
3 BGBl. I S. 2739.
4 AuR Sonderausgabe April 2022, S. 71.
5 Laut SZ vom 15. 1. 22 will Arbeitsminister *Hubertus Heil* nur die Behinderung der Gründung eines BR, also die Wahlbehinderung, zum Offizialdelikt aufwerten.
6 BGBl. 2023 Teil I, Nr. 140 v. 2. 6. 23.
7 Vgl. *Bayreuther,* NZA 23, 666, 669.
8 Ebenso GK-*Oetker,* Rn. 65.
9 Vgl. insoweit auch *OLG Stuttgart* 9. 9. 88, AiB 89, 23 mit Anm. *Herbst.*
10 Vgl. zur Dogmatik der Tätigkeitsdelikte etwa *Tröndle/Fischer,* vor § 13 Rn. 13; für Erfolgsdelikt dagegen GK-*Oetker,* Rn. 25; Richardi-*Annuß,* Rn. 13; *Pasewaldt,* ZIS 07, 75, 77.

haben zumindest in der Vergangenheit die Verfahren regelmäßig eingestellt.[11] Auch nachfolgende Untersuchungen lassen insoweit keine Trendwende erkennen.[12] Hinzu kommt, dass nach in der Literatur teilweise vertretener Ansicht die strafantragsbefugte Gewerkschaft kein Recht haben soll, gegen den **Einstellungsbescheid** der Staatsanwaltschaft **Beschwerde** einzulegen (vgl. § 172 StPO) und ggf. das **Klageerzwingungsverfahren** zu betreiben.[13] Diese Auffassung ist jedoch abzulehnen und wird auch nicht von allen Generalstaatsanwaltschaften geteilt (näher dazu Rn. 30).[14] Es ist zu bedenken gegeben worden, ob die gerade von Gewerkschaften beklagte Ineffizienz der Vorschrift nicht auch ihren Grund darin haben könnte, dass das gewerkschaftliche Strafantragsrecht nur sehr zurückhaltend in Anspruch genommen werde.[15] Die **Strafprozesse gegen einen Arbeitsdirektor** und einen GBR-Vorsitzenden vor dem *LG Braunschweig*[16] haben unter dem Blickwinkel des »Kaufs von BR«, der **Vorteilsgewährung** usw. vor einiger Zeit bereits das öffentliche Interesse auf § 119 gelenkt.[17] Eine erneute Anklage gegen VW-Manager vom November 2019 – nun aber wegen Untreue (§ 266 StGB) – aufgrund der Zahlung überhöhter Gehälter und Boni an freigestellte BR-Mitglieder endete zunächst mit einem Freispruch mangels Nachweises des Vorsatzes (Irrtum hinsichtlich der Pflichtwidrigkeit ihres Handelns).[18] Der *BGH*[19] hob dieses Urteil auf, allerdings nicht aufgrund von materiellen betriebsverfassungsrechtlichen Fragen, sondern mangels ausreichender Feststellungen zu den objektiven Voraussetzungen des Untreuetatbestandes sowie einer fehlerhaften Beweiswürdigung zum Vorsatz durch das *LG Braunschweig*.[20] Vorteilsgewährungen an BR – Mitglieder sollen überdies nicht nur bei VW und Siemens (vgl. o., § 78 Rn. 13), sondern auch bei der Deutschen Bahn AG vorgekommen sein.[21] Die arbeitgebernahe Literatur widmete sich in jüngerer Zeit verstärkt der **Strafbarkeit von Betriebsräten**[22], stellte aber nur selten die Frage nach der Strafbarkeit des mandatserteilenden Arbeitgebers bei der Verhinderung der BR-Gründung auch mithilfe von hierauf besonders spezialisierten Arbeitgeber-Rechtsanwälten, die diese »Masche« zu einem besonderen Geschäftsmodell entwickelt haben. **Korruptionsbekämpfung** in der Betriebsverfassung ist zum Thema geworden.[23] Es ist allerdings anzumerken, dass gerade die typischen Aushandlungskompromisse (**Koppelungsgeschäfte**) zwischen BR und AG nicht als Tatbestand der Nötigung gem. § 240 StGB zu qualifizieren sind, selbst wenn ein BR Mitbestimmungsrechte einsetzt um andere, eventuell nicht der Mitbestimmung unterliegende Ziele zu erreichen (z. B. Überstundengenehmigungen im Tausch mit der Entfristung von Mitarbeitern).[24] Wenig hilfreich zur Verankerung des betriebsverfassungsrechtlichen Strafrechts im Bewusstsein der Akteure ist es freilich, wenn in einem scheinbar grundlegenden Werk[25] nicht einmal die betriebsverfassungsrechtlichen Strafbestimmungen bekannt zu sein scheinen. Immerhin zählt aber die Rspr. Kenntnisse über die betriebsverfassungsrechtlichen

---

11 Vgl. *Zachert*, Betriebliche Mitbestimmung, S. 54 unter Hinweis auf Untersuchungen des DGB; *Schneider/Rose*, BetrR 76, 407 [409].
12 Vgl. *Schlünder*, S. 198 f.; *Reinecke*, AuR 97, 139 [144].
13 *Le Friant*, S. 27.
14 Vgl. Generalstaatsanwaltschaft beim *OLG Hamm*, Az.: 2 Zs 78/88.
15 So etwa *Krumm-Mauermann*, S. 53 f.
16 25. 1. 07 – 6 KLs 48/06, CCZ 08, 32 bzw. 22. 2. 08 – 6 KLs 20/07, n. rk., juris; dazu *Schlösser*, NStZ 07, 562.
17 Vgl. z. B. *Süddeutsche Zeitung* v. 16. 11. 06, S. 1.
18 *LG Braunschweig* 28. 9. 21 – 16 KLs 85/19, BeckRS 21, 47174.
19 *BGH* 10. 1. 23 – 6 StR 133/22, NZA 23, 301.
20 *BGH* a. a. O., Rn. 25 ff. bzw. Rn. 31 ff., worauf *Rothballer*, NZA 23, 257, 258, zu Recht hinweist; vgl. ferner o., § 78 Rn. 13 m. w. N.
21 *Financial Times Deutschland* 28. 6. 07, S. 3.
22 Vgl. *Rieble/Klebeck*, NZA 06, 758, die sich vornehmlich mit der Strafbarkeit nach den allgemeinen Normen des StGB befassen, siehe aber auch *ebd.*, S. 767 mit Hinweisen zu § 119.
23 Vgl. *Fischer*, BB 07, 997 ff.; *Schemmel/Slowinski*, BB 09, 830 ff.; zur strafrechtlichen Verantwortung von Betriebsratsmitgliedern auch *Sparchholz/Trümner*, Arbeitspapier 173 der Hans Böckler Stiftung, 2009.
24 Vgl. auch *Schoof*, Anm. zu *LAG Düsseldorf* 12. 12. 07 – 12 TaBVGa 8/07, AuR 08, 270.
25 *Ignor/Rixen* [Hrsg.], Handbuch Arbeitsstrafrecht, 2002.

Strafvorschriften zum unabdingbaren Grundlagenwissen für BR und bejaht grundsätzlich die **Erforderlichkeit einer entsprechenden 3-tägigen Schulung** gem. § 37 Abs. 6.[26]

4 Der einschneidende Mangel der Vorschrift liegt darin, dass sie z. B. eine **eingetretene Störung** oder Behinderung voraussetzt, also grundsätzlich **nicht** unmittelbar vor einer **künftigen Beeinträchtigung** zu schützen vermag.[27] Aus diesem Grunde kann eine vorbeugende Unterlassung gemäß § 78 BetrVG i. V. m. § 85 Abs. 1 ArbGG und § 890 ZPO u. U. das probate Mittel sein, zumal der dortige Ordnungsgeldrahmen bis zu 250 000 Euro reicht.

II. Schutz der Wahl

5 Nach der Vorschrift der Nr. 1 werden die **Wahlbehinderung** und die **unzulässige Wahlbeeinflussung** unter Strafe gestellt.[28] Wahlbehinderung liegt bereits dann vor, wenn das allgemeine Behinderungsverbot nach § 20 Abs. 1 missachtet wird; insoweit dient § 119 Abs. 1 Nr. 1 dazu, die materielle Norm des § 20 durch Strafsanktion zu verstärken,[29] auch wenn beide Tatbestände nicht vollständig aufeinander abgestimmt sind.[30] Hierunter fällt jede Beeinflussung der Wahlen durch **Zufügung oder Androhung** von Nachteilen bzw. durch Gewährung oder Versprechen von Vorteilen.[31] Dadurch soll jede unmittelbare und mittelbare Beeinflussung des Wahlergebnisses ausgeschlossen und damit auch Vorteile erfasst werden, die sich nur mittelbar auf die Wahl auswirken, indem sie die innere Willensbildung der Wahlberechtigten erfassen.[32] Unter den Begriff Wahl fallen auch **vorbereitende Maßnahmen,** wie beispielsweise die Einberufung oder Durchführung einer Betriebsversammlung zur Wahl des WV oder sonstige der Wahl vorausgehende Beschlussfassungen oder Vorabstimmungen.[33] In diesem Zusammenhang erfüllt auch die Verweigerung des Zutrittsrechts eines Gewerkschaftsbeauftragten den Tatbestand der strafbaren Wahlbehinderung.[34] Das (für die Ahndung einer Straftat ohnehin nicht zuständige) *ArbG Solingen*[35] hatte in einer Nebenbemerkung zum Ausdruck gebracht, es könne offen bleiben, ob § 119 BetrVG erfüllt sei, **wenn der AG einem AN eine hohe Abfindungssumme anbietet,** weil dieser – wohl auch schon betriebsöffentlich – mitteilte, er wolle einen **BR gründen.**

6 Das Verbot der Wahlbehinderung richtet sich gegen **jedermann.** Es gilt nicht nur für den AG und Angehörige des Betriebs (z. B. auch Personen nach § 5 Abs. 2 und leitende Angestellte nach § 5 Abs. 3) oder UN, sondern auch für Außenstehende.[36]

7 Eine **Behinderung** der Wahl seitens des AG liegt **beispielsweise** vor, wenn er die zu ihrer Durchführung einschließlich ihrer Vorbereitung notwendigen **Räumlichkeiten, Unterlagen** oder sonstigen erforderlichen **Hilfsmittel** (Wahlräume, Wahlzettel, Wahlumschläge, Wahlurnen, Angaben für die Aufstellung von Wählerlisten) nicht zur Verfügung stellt.[37] Die Wahlbehinderung kann also nicht nur durch ein Tun, sondern **auch durch Unterlassen** begangen

---

26 *LAG Köln* 21.1.08 – 14 TaBV 44/08, AuR 08, 277 = dbr 08, Nr. 9, S. 7.
27 So *BAG* 12.11.97 – 7 ABR 14/97, EzA § 23 BetrVG 1972 Nr. 38.
28 Vgl. die Übersicht bei *Polzer/Helm,* AiB 00, 133 [135].
29 Vgl. *Reinecke,* AuR 97, 139 [142; Fn. 22]; *Trümner,* BetrR 89, 145 [148]; ähnlich *Schlünder,* S. 192; GK-*Oetker,* Rn. 24.
30 Näher zum Verhältnis von § 119 zu §§ 20, 78 *Dannecker,* FS Gitter, S. 167 [173 f.].
31 Bejaht durch *AG Emmendingen* 24.7.08 – 5 Cs 440 Js 26354 – AK 329/07, juris, bei Abnötigung einer Erklärung, an der Einführung eines BR im Betrieb des AG nicht mehr interessiert zu sein: Verurteilung zu 100 Tagessätzen je 80 €.
32 *BGH* 13.9.10 – 1 StR 220/09, NJW 11, 88.
33 *BayObLG* 29.7.80, AP Nr. 1 zu § 119 BetrVG 1972; *Fitting,* Rn. 4; GK-*Oetker,* Rn. 22.
34 *AG Aichach* 29.10.87 – Ds 506 Js 20042/87 [zu dieser Entscheidung *Polzer/Helm,* AiB 00, 133 f.]; ebenso *LG Siegen* 13.11.86, AiB 92, 41.
35 25.1.18 – 3 Ca 1081/17 Lev., AiB 18, Nr. 6, 61.
36 Vgl. *Fitting,* Rn. 1; GK-*Oetker,* Rn. 61; *Reinecke,* AuR 97, 139 [142].
37 So etwa *AG Bremen* 6.9.84, AiB 92, 42 für die Weigerung, Hilfestellung bei Erstellung der Wählerliste zu geben, sowie die Nutzungsverweigerung bezüglich des betrieblichen Fotokopierers und die Erteilung eines Hausverbots gegen den Vorsitzenden des WV. Aus der arbeitsgerichtlichen Rspr. sind aus jüngerer Zeit zu nennen *LAG Rheinland-Pfalz* 28.8.19 – 7 TaBV 25/18 und *ArbG Weiden* 18.12.20 – 3 BVGa 2/20, die bei der Verletzung der Unterstützungsverpflichtung des AG, die zur Anfertigung der Wählerliste nach § 2 Abs. 2 WO-BetrVG erforderlichen Angaben zur Verfügung

werden.[38] Als **Unterlassungstätigkeitsdelikt** bedarf es allerdings einer Garantenstellung des Täters. Diese kann sich insbes. im Zusammenhang mit Wahlen aus den gesetzlich normierten Duldungs-, Auskunfts- und Unterstützungspflichten des AG (vgl. dazu § 1 Rn. 2) ergeben.[39] Auch das Verbot, das Telefon für notwendig werdende Gespräche in Wahl- oder Abstimmungsangelegenheiten zu benutzen, stellt eine unzulässige Wahlbehinderung dar. Dasselbe gilt für die Weigerung, Mitgliedern des WV oder Wahlhelfern die zur Erledigung ihrer Aufgaben **erforderliche Freizeit** zu gewähren.[40] Eine Behinderung der Wahl kann auch in der **Beseitigung oder Verfälschung** von Wahlunterlagen liegen. Der Behinderungstatbestand erfordert nicht, dass es überhaupt nicht zur Wahl kommt;[41] es genügt die vorsätzliche **Erschwerung.**[42] Die **Bedrängung von WV-Mitgliedern** dergestalt, dass sie zunächst abgemahnt, sodann durch persönliche Gespräche »überzeugt« werden sollten, ein »so kleiner Betrieb brauche keinen BR«, und schließlich die Aufforderung des AG, die WV-Mitglieder sollten doch besser selbst kündigen, erfüllt den Tatbestand der Wahlbehinderung nach Abs. 1 Nr. 1.[43]

Wahlschutz genießt auch der einzelne **Wahlberechtigte** in der Ausübung seines aktiven oder passiven Wahlrechts. Verboten ist deshalb jede Handlung, die es dem Wahlberechtigten erschwert oder unmöglich macht, sein Wahlrecht auszuüben oder sich wählen zu lassen.[44] Hierzu gehört nicht nur die Hinderung am Betreten des Wahl- und Abstimmungsraums, sondern auch die **Kündigung** oder **Versetzung,** die eine Wahl des Kandidaten oder die Stimmabgabe eines Wahlberechtigten unmöglich machen soll.[45] Selbst wenn Zweifel an der ordnungsgemäßen Bestellung des WV bestehen, handelt es sich um eine unzulässige Behinderung der BR-Wahl, wenn AN durch Androhung von Nachteilen, Zuweisung schlechterer Arbeit oder den Ausspruch einer Kündigung unter Druck gesetzt werden, von einer vorgesehenen bzw. eingeleiteten BR-Wahl Abstand zu nehmen.[46] 8

Eine unzulässige **Wahlbeeinflussung** liegt vor, wenn nicht die Wahl als solche oder einzelne mit der Wahl notwendigerweise zusammenhängende Handlungen behindert werden, sondern lediglich versucht wird, das Wahlergebnis in eine ganz bestimmte Richtung zu lenken. Verboten ist dabei allerdings nicht jeder Versuch, auf das Wahlergebnis Einfluss zu nehmen. Nur die **sachwidrige Einflussnahme** ist strafbar. Unzulässig ist alles, was durch Zufügung oder Androhung von Nachteilen oder durch Gewährung oder Versprechen von Vorteilen die Stimmabgabe und das Wahlergebnis beeinflussen kann.[47] Als solche Nachteile kommen beispielsweise die **Androhung einer Kündigung,** die **Versetzung** auf einen schlechteren Arbeitsplatz oder der Entzug freiwilliger Leistungen in Betracht. Der AG verletzt das Wahlbeeinflussungsverbot etwa dann, wenn er in einer Betriebsversammlung offen oder unterschwellig beim Zuhörer **Angst** vor dem Verlust eines finanziellen Vorteils **erzeugt,** falls dieser bestimmte Kandidaten wählt.[48] Als Vorteile wären etwa eine **Beförderungszusage** oder besondere **Zuwendungen** denkbar.[49] Eine Androhung von Nachteilen kann auch darin liegen, dass der AG die Wahl eines bestimmten Kandidaten als einen Misstrauensbeweis ihm gegenüber bezeichnet und für diesen Fall Konsequenzen andeutet. Es ist allerdings nicht immer notwendig, dass konkrete Nachteile ausdrücklich angedroht werden. Häufig kann sich bei Einwirkungsversuchen des AG schon aus der Art und Weise seines Vorgehens ergeben, dass bei dessen Nichtbeachtung für den in einem **Abhängigkeitsverhältnis** zu ihm stehenden Beschäftigten nachteilige Auswirkungen, 9

zu stellen, bereits die Tatbestandsverwirklichung der Wahlbehinderung bejahen (ebenso bereits *AG Detmold* 28.4.78, BB 79, 783).

38 GK-*Oetker,* Rn. 56.
39 Näher zur Garantenpflicht bei Unterlassungsdelikten *Tröndle/Fischer,* § 13 Rn. 5 ff.
40 Richardi-*Thüsing,* § 20 Rn. 6.
41 GK-*Oetker,* Rn. 26.
42 Vgl. Richardi-*Annuß,* Rn. 13 m. w. N.
43 *LG Siegen* 13.11.86, AiB 92, 41.
44 Vgl. *Roos,* AiB 99, 490 [491].
45 Richardi-*Thüsing,* § 20 Rn. 10.
46 *OLG Hamm* 26.2.87 – 1 Ss 164/87.
47 *BAG* 8.3.57, AP Nr. 1 zu § 19 BetrVG.
48 Vgl. *ArbG Berlin* 8.8.84 – 18 BV 5/84.
49 Richardi-*Thüsing,* § 20 Rn. 14.

wenn auch nur in Bezug auf die bisherige Zusammenarbeit und das Vertrauensverhältnis, zu befürchten sind. So kann nach Lage des Falles eine unzulässige Wahlbeeinflussung schon gegeben sein, wenn der AG in Schreiben an Angestellte diese mit dem Hinweis, dass er sie als **leitende Angestellte** nach § 5 Abs. 3 ansehe, auffordert, gegen ihre Eintragung in die Wählerliste beim WV Einspruch zu erheben.[50] Eine **unzulässige Wahlbeeinflussung** liegt vor, wenn leitende Angestellte für eine Vorschlagsliste zur BR-Wahl Stützunterschriften sammeln.[51]

10 Anerkannt ist, dass sich der **Arbeitgeber** grundsätzlich nicht in die **Wahlpropaganda** einschalten, insbesondere nicht für einen Kandidaten **werben** darf. Eine unzulässige Wahlbeeinflussung liegt auch dann vor, wenn einer Gruppe von AN ein Vorteil zugesagt wird.[52] Soweit es um die Wahl der betrieblichen AN-Repräsentanten geht, hat der AG daher strikte **Neutralität** zu üben.[53] Zulässig ist allenfalls ein Hinweis des AG auf die Bedeutung der Wahl und darauf, dass Wahlrecht gleichbedeutend mit Wahlpflicht ist.[54] Daher stellt es einen Verstoß gegen § 20 Abs. 2 und somit eine u. U. strafbare Wahlbeeinflussung dar, wenn der AG eine Kandidatengruppe tatsächlich und finanziell bei der **Herstellung einer Wahlzeitung** unterstützt.[55] Auch verdeckte Bemühungen des AG, einen gültigen Wahlvorschlag in Konkurrenz zu einer anderen Liste zustande zu bringen, sind eine konkret auf die BR-Wahl orientierte Tätigkeit, welche den Bereich der Wahlbeeinflussung sogar noch überschreitet, ja sogar aktiv auf die Zusammensetzung des BR abzielt, wenn zusätzlich die wahre **Finanzierung der Gruppe** verschleiert wird.[56] Dabei ist nicht erforderlich, dass die gewollte Beeinflussung der BR Wahl auch zum Erfolg führt.[57]

11 Liegt kein persönliches und wirtschaftliches Abhängigkeitsverhältnis vor, ist die **Werbung für bestimmte Kandidaten** weder eine unzulässige Wahlbehinderung i. S. d. Abs. 1 noch eine verbotene Wahlbeeinflussung.

12 Eine strafbare Wahlbeeinflussung liegt auch dann vor, wenn mit wahrheitswidrigen Behauptungen über Wahlbewerber die Stimmabgabe der Wahlberechtigten beeinflusst werden soll, da auch die wahrheitswidrigen Behauptungen einen Nachteil darstellen können.[58] Ob im Falle wahrheitswidriger Propaganda möglicherweise zusätzlich eine Bestrafung nach allgemeinen strafgesetzlichen Vorschriften erfolgen kann, etwa wegen Beleidigung, soll hier dahinstehen. Unzulässig ist deshalb auch, wenn jemand durch **Androhung von Diffamierungen** dazu genötigt werden soll, von einer beabsichtigten Kandidatur Abstand zu nehmen. Keine unzulässige Wahlbehinderung oder Wahlbeeinflussung liegt vor, wenn die **Gewerkschaften** sich in die Wahlvorbereitungen einschalten, Wahlpropaganda betreiben und auf ihre Mitglieder, auch unter Androhung des Ausschlusses, dahin einwirken, dass diese keine **Listen konkurrierender** Gewerkschaften oder anderer politischer Gruppierungen unterstützen oder auf diesen kandidieren.[59] Soweit es sich um Vorgänge handelt, die sich bei **gewerkschaftlichen Vorwahlen** für die Aufstellung von Wahlvorschlägen ereignen, sind diese im Übrigen innergewerkschaftlicher Art und durch die den Gewerkschaften zustehende Verbandsautonomie gedeckt. Sie stellen keinen betriebsverfassungsrechtlichen Sachverhalt dar.[60]

13 Geschützt wird nicht nur die Wahl des BR, sondern auch die der JAV, der Bordvertretung, des See-BR und der Sondervertretungen i. S. d. § 3 Abs. 1 Nrn. 1 bis 3 und 5. Dagegen ist die **Wahl**

---

50 Siehe hierzu *LAG Hamm* 27.4.72, DB 72, 1298; *LAG Baden-Württemberg* 31.5.72, DB 72, 1392.
51 *LAG Hamburg* 12.3.98 – 2 TaBV 2/98, AiB 98, 701 m. Anm. *Brinkmeier; HessLAG* 23.8.01 – 12 TaBV 31/01.
52 *BGH* 13.9.10 – 1 StR 220/09, NJW 11, 88.
53 Richardi-*Thüsing*, § 20 Rn. 18; *Neumann-Duesberg*, Anm. zu AP Nr. 10 zu § 13 BetrVG.
54 *BAG* 2.2.62, AP Nr. 10 zu § 13 BetrVG.
55 *BAG* 4.12.86, AP Nr. 13 zu § 19 BetrVG 1972; anders jedoch, wenn zur Verteilung von Wahlwerbung die Nutzung eines Hauspostverteilungssystems gestattet wird und dies – auf entsprechendes Begehren – auch konkurrierenden Listen gestattet würde, vgl. *ArbG Essen* 7.9.10 – 2 BV 123/09, LAGE Nr. 1 zu § 20 MitbestG.
56 *BGH* 13.9.10 – 1 StR 220/09, NJW 11, 88, zur finanziellen Unterstützung der AUB durch Siemens.
57 *BGH* a. a. O.
58 Anders noch *12. Aufl., Rn. 10.*.
59 *BVerfG* 24.2.99, AuR 99, 406 m. Anm. *Sachse*, AuR 99, 387.
60 *BAG* 24.5.65, AP Nr. 14 zu § 18 BetrVG; einschränkend offenbar Richardi-*Thüsing*, § 20 Rn. 23 ff.

der AN-Vertreter zum AR nicht Schutzgegenstand dieser Vorschrift.[61] Jene Wahlen sind nicht besonders strafrechtlich geschützt.[62] Insoweit kommt jedoch z. B. § 240 StGB (Nötigung) in Betracht.[63] Nicht erfasst sind solche Organe, die sich nicht auf Grund einer **Wahl,** sondern durch **Entsendungsbeschlussfassungen** zusammensetzen, z. B. GBR, KBR[64] und KJAV. Aus diesem Grunde sind auch die Arbeitsgemeinschaften nach § 3 Abs. 1 Nr. 4 nicht in den Normbereich einbezogen. Der Wahlschutz des **SpA** richtet sich nach § 34 SprAuG, der **Schutz des EBR** nach § 44 Abs. 1 Nr. 2 i. V. m. § 42 EBRG.

III. Schutz der Amtsführung

Die Bestimmung der Nr. 2 **schützt die Tätigkeit der** in dieser Bestimmung genannten **Organe** 14
der Betriebsverfassung und stellt deren Behinderung oder Störung unter Strafe.[65] Sie dient der strafrechtlichen Verstärkung des § 78 Abs. 1. Der Straftatbestand kann sowohl in einem positiven Handeln liegen als auch in einer Unterlassung, sofern eine **Rechtspflicht zum Handeln** besteht.[66] So liegt beispielsweise eine unzulässige Behinderung oder Störung der BR-Tätigkeit vor, wenn der AG sich weigert, die zur ordnungsgemäßen Durchführung dieser Tätigkeit notwendigen **Kosten zu tragen** oder die tatsächlichen Mittel zur Verfügung zu stellen. Der Straftatbestand ist auch erfüllt, wenn der AG den AN verbietet, sich an den BR zu wenden,[67] oder der AG den **BR auffordert zurückzutreten,** widrigenfalls Zulagen gestrichen würden.[68] Nach dieser Vorschrift strafbar ist auch die Aufforderung eines Geschäftsführers an den BR-Vorsitzenden in einer Mitarbeiterversammlung, er müsse zurücktreten, weil mehrere leitende Angestellte dies forderten und mit ihrer eigenen Kündigung drohten; trete er nicht zurück, werde der »Betrieb liquidiert«, es müssten »Köpfe rollen«.[69] Eine strafbare Störung und Behinderung der BR-Arbeit liegt vor, wenn der AG die Belegschaft vor die Wahl stellt »Geld oder Mitbestimmung«.[70] Verknüpft der AG eine **Prämienzahlung für längere Ladenöffnungszeiten** mit der Bedingung, dass die zugrunde liegende befristete BV unbefristet abgeschlossen wird, so wird der BR in seiner Entscheidungsfreiheit unzulässig beeinträchtigt.[71] Ferner kann es strafbar sein, wenn der AG den AN in einem Aushang empfiehlt, eine **Betriebsversammlung nicht zu besuchen.**[72] Der Tatbestand der Nr. 2 ist erfüllt, wenn der AG einem bestehenden BR bzw. dessen Mitgliedern **Hausverbot** erteilt, weil diese(r) bei einem vorangegangenen Streit um die Gestaltung des BR-Büros mit Plakaten auf das Hausrecht des BR bezüglich der BR-Räume verwiesen hatte(n).[73] Dasselbe gilt für das Verhindern der Teilnahme von Gewerkschaftsvertretern an Sitzungen des BR, wenn ein Beschluss nach § 31 vorliegt.[74] Wird einem Vertreter der Gewerkschaft verboten, den Betrieb zu betreten, so liegt hierin dann eine Behinderung oder Störung i. S. d. Bestimmung, wenn der Besuch zur Wahrnehmung von im BetrVG **geregelten Aufgaben und Befugnissen** dienen soll.[75] Auch ist der Einsatz der **Polizei** zur unmittelbaren Durchsetzung des Zugangsrechts zu erwägen.[76] Strafbar ist auch die **beharrliche Weigerung,** überhaupt mit dem BR **zusammenzuarbeiten,**[77] die Öffnung von erkennbar an

---

61 *Fitting,* Rn. 5.
62 Vgl. *Fuchs/Köstler,* Handbuch zur AR-Wahl, Rn. 583.
63 Vgl. auch *Schlünder,* S. 194 m. w. N.
64 GK-*Oetker,* Rn. 19.
65 Vgl. dazu die Übersicht bei *Polzer/Helm,* AiB 00, 133 [137].
66 GK-*Oetker,* Rn. 56.
67 *Fitting,* Rn. 7.
68 *BayOLG* 29. 7. 80, AP Nr. 1 zu § 119 BetrVG 1972.
69 Vgl. *LAG Frankfurt* 8. 10. 92 – 12 TaBV 21/92, LAGE § 24 BetrVG 1972 Nr. 1, S. 7 f.
70 *AG Kempten* 6. 12. 99 – Cs 213/Js 5082/99.
71 *LAG Hamburg* 20. 12. 10 – 7 TaBV 4/10, LAGE § 78 BetrVG 2001 Nr. 6.
72 *OLG Stuttgart* 9. 9. 88, BB 88, 2245.
73 *AG Göttingen,* AiB 92, 41.
74 *Fitting,* Rn. 7.
75 So auch grundsätzlich *OLG Stuttgart* 21. 12. 77, DB 78, 592; GK-*Oetker,* Rn. 32.
76 Näher Rn. 35 und Widerspruchsbescheid der Polizeidirektion Schleswig-Holstein West, AiB 91, 200 f.
77 *Fitting,* Rn. 7.

den BR gerichteter Post[78] sowie die betriebsöffentliche **Bekanntgabe der vom BR verursachten Kosten.**[79] Schließlich unterfallen auch die Verhinderung und aktive **Unterbrechung von Telefongesprächen** des BR diesem Straftatbestand.[80] Dasselbe gilt für die Aufforderung an AN, ein Schreiben zu verfassen, um die Ablösung des BR zu verlangen.[81] Auch **Mitarbeiterversammlungen,** die der AG als bewusste Gegenveranstaltung zu einer Betriebsversammlung durchführt, können den Straftatbestand verwirklichen.[82]

15 Eine strafbare Behinderung oder Störung der Amtstätigkeit liegt nicht schon immer dann vor, wenn der AG es **pflichtwidrig versäumt,** den BR in mitbestimmungspflichtigen Angelegenheiten zu beteiligen. Notwendig ist hier vielmehr das **bewusste Beiseiteschieben** des BR, beispielsweise die bewusste Weigerung des AG, den BR bei Kündigungen anzuhören.[83] Zuzugeben ist, dass die »Beiseiteschieben-Formel« wenig präzise ist, zumal entsprechend § 78 Satz 1 eine Behinderung der Organtätigkeit bereits dann zu bejahen ist, wenn die Mitwirkungs- und **Mitbestimmungsrechte wiederholt und beharrlich missachtet** werden.[84] Dass nicht etwa schon jede Verletzung von Informationspflichten gegenüber einem betriebsverfassungsrechtlichen Gremium Strafcharakter hat, ergibt sich im Übrigen auch aus § 121, wonach derartige Tatbestände teilweise als Ordnungswidrigkeiten geahndet werden. Zutreffend ist allerdings im Ansatz, dass ein Verstoß gegen § 78 zugleich auch strafbar sein *kann* (aber nicht notwendig sein *muss*). So ist etwa das **Anbrüllen,** das **Versperren des Wegs** und die **Anwendung körperlicher Gewalt** eine massive Behinderung der BR-Tätigkeit, wenn diese Handlungen gegenüber einem BR-Mitglied in Ausübung seiner Amtspflichten begangen werden.[85] Vgl. zu weiteren Beispielen § 78 Rn. 17. Der AG muss mit Benachteiligungsvorsatz handeln oder die Benachteiligung zumindest billigend in Kauf nehmen.[86]

16 Die Strafvorschrift schützt nicht nur die Tätigkeit des BR, sondern auch die des GBR, des KBR, der JAV, der GJAV, der KJAV, der Bordvertretung, des See-BR, einer Sondervertretung i. S. d. § 3 Abs. 1, der ESt., einer tariflichen Schlichtungsstelle i. S. d. § 76 Abs. 8, einer betrieblichen Beschwerdestelle nach § 86 sowie des WA. Sie richtet sich allerdings **nicht gegen Mitglieder** der betriebsverfassungsrechtlichen Organe selbst, auch wenn diese in ihren eigenen Gremien Obstruktion betreiben;[87] in diesem Fall kann die Möglichkeit gegeben sein, ein Ausschlussverfahren nach § 23 Abs. 1 anzustrengen.[88]

IV. Tätigkeitsschutz

17 Die Bestimmung der **Nr. 3 schützt die Betätigung von Mitgliedern** der betriebsverfassungsrechtlichen Organe.[89] Diese dürfen nicht um ihrer Tätigkeit willen benachteiligt oder begünstigt werden.

18 **Benachteiligung** ist jede tatsächliche, persönliche oder wirtschaftliche Schlechterstellung einer in dieser Bestimmung genannten Person im Vergleich zu anderen AN, die nicht aus sachlichen oder in der Person des Betroffenen liegenden Gründen, **sondern um seiner Tätigkeit** innerhalb des betriebsverfassungsrechtlichen Organs willen erfolgt (vgl. § 78 Rn. 15 ff.).[90] Eine strafbare

78 *ArbG Stuttgart* 22.12.87, BetrR 3/88, S. 17.
79 Grundsätzlich bejahend *BAG* 12.11.97 – 7 ABR 14/97, EzA § 23 BetrVG 1972 Nr. 38; *ArbG Darmstadt* 20.11.86, AiB 87, 140; *ArbG Verden* 14.4.89, BetrR 89, 167.
80 *AG Passau,* AiB 92, 42.
81 *AG Passau,* a. a. O.
82 *ArbG Osnabrück* 25.6.97, AiB 98, 109; *ArbG Offenbach* 16.6.00, AiB 00, 689.
83 *BAG* 20.9.57, AP Nr. 34 zu § 1 KSchG; Richardi-*Annuß,* Rn. 21; *Fitting,* Rn. 6.
84 GK-*Oetker,* Rn. 37 f.
85 *ArbG Frankfurt/M.* 14.1.99, AiB 01, 178 m. Anm. *B. Fischer* und dem richtigen Hinweis, dass der Unterlassungsanspruch aus § 78 BetrVG i. V. m. § 85 Abs. 1 ArbGG und § 890 ZPO einen Ordnungsgeldrahmen bis zu 250 000 Euro zulässt.
86 *OLG Düsseldorf* 27.3.08, EzA § 119 BetrVG 2001 Nr. 1.
87 A. A. *Dannecker,* FS Gitter, S. 167 [192]; wohl auch *Rieble/Klebeck,* NZA 06, 758, 767).
88 Richardi-*Annuß,* Rn. 20; *Fitting,* Rn. 8; *Roos,* AiB 99, 490 [492]; für Strafbarkeit von Organmitgliedern aber GK-*Oetker,* Rn. 64.
89 Dazu die Übersicht bei *Polzer/Helm,* AiB 00, 133 [138].
90 *Fitting,* § 78 Rn. 9.

Benachteiligung der BR-Mitglieder liegt vor, wenn der AG durchsetzt, dass BR-**Sitzungen ohne Bezahlung in** der **Freizeit** durchgeführt werden.[91] Als **Beispiele** wären zu nennen etwa die Herabsetzung des Einkommens, die Zuweisung schlechterer Arbeit, die Versetzung auf einen geringer bezahlten Arbeitsplatz oder der Ausschluss von Zuwendungen. Eine Benachteiligung kann auch gegeben sein, wenn der AG einzelne Betriebsratsmitglieder mit anwaltlicher Hilfe mit vermeintlich »berechtigten« unangemessen hohen Schadensersatzansprüchen überzieht, um sie mürbe zu machen (vgl. zu weiteren Beispielen § 78 Rn. 17). Das *LAG Rheinland-Pfalz*[92] deutete an – musste aber offen lassen –, dass die **heimliche Observation** eines freigestellten BRV **durch** eine dazu vom AG beauftragte **Detektei** den Tatbestand des § 119 verwirklichen könne, sprach dem betroffenen BRM aber immerhin einen Schadenersatz i. H. v. 10 000 EURO wegen **Verletzung des Persönlichkeitsrechts** zu. Eine strafbare Benachteiligung bzw. Bevorzugung von Mitgliedern einer **Einigungsstelle** kann vorliegen, wenn dem Vorsitzenden einerseits und dem oder den externen Beisitzern andererseits **extrem unterschiedliche Vergütungen** gewährt werden und sich hierfür sachliche Gesichtspunkte i. S. d. § 76a Abs. 4 Sätze 3 bis 5 nicht finden lassen.[93]

Die **Begünstigung** kann vorliegen bei Gewährung unüblich günstiger Darlehn, Sonderurlaub und »Lustreisen«, nicht nachvollziehbaren Gehaltserhöhungen, Gewährung von Sonderboni ohne Gegenleistung usw. (näher zu weiteren Formen § 78 Rn. 33, 34).[94] Strafbar ist aber nur das Gewähren, i. d. R. also der AG, nicht jedoch das Nehmen. Ein **BR-Mitglied** kommt als Haupttäter nicht in Betracht, denn es handelt sich nicht um den vom Tatbestand beschriebenen »Wer«.[95] Allerdings kann eine **Anstiftung zur Untreue** gem. §§ 266, 26 StGB durch das BR-Mitglied in Betracht kommen, wenn das BR-Mitglied als geistiger Urheber einer nachfolgenden Begünstigung in Erscheinung tritt und den dann auf Seiten des AG handelnden Täter zur Vornahme der Begünstigung veranlasst. Die Grenze der Straffreiheit auf Seiten des Nehmers wird dann überschritten, wenn dieser nicht nur nimmt, sondern etwas Derartiges fordert. Auch eine **Beihilfe zur Untreue** gem. §§ 266, 27 StGB des Repräsentanten des AG ist zumindest nach Ansicht des *LG Braunschweig* möglich.[96] Dies ist jedoch umstritten, da das BR-Mitglied notwendig an der Begünstigung zur Erfüllung des Tatbestands der BR-Begünstigung nach § 119 Nr. 3 BetrVG beteiligt sein muss. Da der **Versuch der BR-Begünstigung** nach dieser Bestimmung aber **straflos** ist, ist der Eintritt der Begünstigung für das Delikt zwingend erforderlich. Deshalb wird in der Literatur vertreten, dass das BR-Mitglied »notwendiger Teilnehmer« der Straftat ist,[97] was eine Teilnahmestrafbarkeit des BR-Mitglieds nach § 119 Nr. 3 BetrVG schlechthin ausschließe. Möglich ist aber nach Ansicht des *LG Braunschweig*[98] eine **Beihilfe zur Untreue** (§ 266 StGB) durch das BR-Mitglied dann, wenn dessen Tatbeitrag das Maß des Notwendigen überschreitet. Dies soll dann der Fall sein, wenn sich das BR-Mitglied positiv über die Zuwendung äußert (psychische Beihilfe) und entsprechende Unterlagen zur Abrechnung der begünstigenden Zuwendung beibringt. Eine begünstigende Zusage ist sittenwidrig nach § 138 BGB, dies habe aber keine unmittelbaren Auswirkungen auf eine in diesem Zusammenhang geschlossene BV.[99] An letzterem müssen zumindest dann Zweifel geltend gemacht werden, wenn eine solchermaßen zustande gekommene BV eindeutig belastende Regelungen für die AN enthält, die unter gewöhnlichen Verhältnissen nicht abgeschlossen zu werden pflegen. In diese Richtung weist auch *ArbG München*,[100] das eine Kündigung des korrumpierten AN für treuwidrig erklärte, wenn der AG an der Entstehung des Kündigungsgrundes initiierend oder duldend mitwirkt und die Kündigung gerade damit begründet, das korrumptive Verhalten 19

91 *AG Kempten* 6.12.99 – Cs 213/Js 5082/99.
92 27.4.17 – 5 Sa 449/16, AuR 17, 417 (red. Ls.).
93 *LAG München* 11.1.91 – 2 TaBV 57/90, AiB 92, 49.
94 *Rieble/Klebeck*, NZA 06, 767.
95 *Zwiehoff*, jurisPR-ArbR 2/2009, Anm. 6.
96 22.2.08 – 6 KLs 20/07 – VW-Fall, juris.
97 *Schlösser*, NStZ 07, 562, 565.
98 22.2.08, a. a. O.
99 So *SächsLAG* 27.8.08 – 2 Sa 752/07, juris.
100 2.10.08 – 13 Ca 17197/07, NZA-RR 09, 134.

habe sein Vertrauen in den AN zerstört. Offen gelassen hat das *LG Essen*[101], ob die **Höhergruppierung eines BRV** durch den AG nur wegen dessen herausgehobener Amtsstellung zugleich auch gegen das strafbewehrte betriebsverfassungsrechtliche **Begünstigungsverbot** verstoße.

20 Auch zwischen der Begünstigung und der Amtstätigkeit des Mitglieds muss ein **ursächlicher Zusammenhang** bestehen, wenn die Strafbarkeit gegeben sein soll. Häufig wird allerdings eine tatsächliche Vermutung hierfür sprechen.[102]

21 Für die Strafbarkeit nach Nr. 3 reicht es nicht aus, dass wegen der Betätigung als Mitglied eines betriebsverfassungsrechtlichen Organs Nachteile lediglich angedroht oder Vorteile zugesagt werden. Insoweit handelt es sich lediglich um den hier straflosen **Versuch einer Straftat** (vgl. oben Rn. 2). Auch dann, wenn bei einer bloßen Nachteilsandrohung bzw. Begünstigungszusage der Straftatbestand nach Nr. 3 nicht erfüllt ist, kann gleichwohl eine strafrechtliche Sanktion nach Nr. 2 wegen Behinderung oder Störung der Tätigkeit des entsprechenden betriebsverfassungsrechtlichen Organs in Betracht kommen.

22 Strafrechtlich geschützt wird die **Tätigkeit** der **Mitglieder** oder **Ersatzmitglieder** des BR, des GBR, des KBR, der JAV, der GJAV, der KJAV, der Bordvertretung, des See-BR, einer Sondervertretung i. S. d. § 3 Abs. 1, der Auskunftsperson nach § 80 Abs. 2 Satz 4, der ESt., einer Schlichtungsstelle i. S. d. § 76 Abs. 8, einer betrieblichen Beschwerdestelle nach § 86 sowie des WA. Die **Tätigkeit** der betriebsverfassungsrechtlichen **Organe** ist nach **Nr. 2** geschützt.

V. Strafverfahren

23 Eine Strafverfolgung tritt **nur auf Antrag** ein.[103] Von besonderer Bedeutung ist, dass auch jede im **Betrieb vertretene Gewerkschaft** die Einleitung eines Strafverfahrens beantragen kann. Insoweit ist es allerdings erforderlich, dass das nach der Satzung vertretungsberechtigte Organ den Antrag stellt oder aber der antragstellende Gewerkschaftssekretär seine Bevollmächtigung durch Vorlage einer vom Vertretungsorgan ausgestellten Vollmacht nachweist. Andernfalls könnte es an einer ordnungsgemäßen Antragstellung fehlen. Soweit ein betriebsverfassungsrechtliches Organ antragsberechtigt ist, kann der Antrag nicht von einzelnen Mitgliedern, sondern **nur vom Organ** selbst gestellt werden, wozu es eines mit einfacher Stimmenmehrheit gefassten und auch im Übrigen formal wirksam zustande gekommenen Beschlusses bedarf.[104] Außerdem muss zur Wirksamkeit der Beschlussfassung dieser Punkt in einer ordnungsgemäß mitgeteilten Tagesordnung enthalten sein (vgl. § 29 Rn. 17, 26).[105] Die Beschlussfassung muss ausdrücklich darauf gerichtet sein, »Strafantrag zu stellen« bzw. damit einen Bevollmächtigten zu beauftragen, da es sonst u. U. am notwendigen Strafantragserfordernis mangeln könnte.[106] Sofern es rechtlich möglich ist, sollte ein BR stets neben der Strafantrag stellenden Gewerkschaft selbst den Antrag stellen, um wegen etwaiger Restriktionen hinsichtlich Beschwerde und Klageerzwingungsverfahren (vgl. Rn. 29) alle verfahrensförmigen Möglichkeiten offen zu halten.

24 Antragsberechtigt ist auch der BR, der nur die Amtsgeschäfte nach § 22 weiterführt.[107] Die **Rücknahme** eines Strafantrags ist jederzeit bis zum Ergehen eines Strafurteils möglich (vgl. § 77d StGB). Ein zurückgenommener Strafantrag kann nicht noch einmal gestellt werden. Zur Durchführung des Strafverfahrens sind nicht die ArbG, sondern die **ordentlichen Gerichte** (Strafgerichtsbarkeit) zuständig.

25 Die **Frist** zur Stellung eines Strafantrags, der bei der zuständigen Staatsanwaltschaft, dem Gericht oder einer Polizeidienststelle schriftlich oder zu Protokoll gestellt werden kann (§ 158

---

101 8.6.17 – 32 KLs 6/16, juris; siehe auch *Schmitt-Rolfes*, AuA 18, 79.
102 *Fitting*, Rn. 9.
103 Vgl. zu den Formalia eines ordnungsgemäßen Strafantrags auch *Polzer/Helm*, AiB 00, 133 [138]; Muster in DKWF-*Buschmann* §§ 119–121 Rn. 2.
104 GK-*Oetker*, Rn. 75.
105 Zum Tagesordnungserfordernis als unverzichtbarer Verfahrensregelung vgl. *BAG* 28.4.88, AP Nr. 2 zu § 29 BetrVG 1972.
106 So Einstellungsbescheid *StA Köln* 8.4.94 – 121 Js 897/93.
107 *OLG Düsseldorf* 30.12.54, AP Nr. 1 zu § 78 BetrVG; GK-*Oetker*, Rn. 68.

Abs. 2 StPO), beträgt **drei Monate.** Ohne rechtzeitigen Strafantrag entfällt eine Strafverfolgung. Der Strafantrag kann auch bei der Amtsanwaltschaft gestellt werden, deren Zuständigkeit sich aus § 142 Abs. 2 i. V. m. § 24 GVG ergibt. Die Frist **beginnt mit** dem Zeitpunkt, in dem der Antragsberechtigte **Kenntnis** von der Tat und der Person des Täters erlangt (§ 77b Abs. 2 StGB). Ist die **Gewerkschaft** Antragstellerin, kommt es für den Beginn der Antragsfrist i. d. R. auf die Kenntnis des vertretungsrechtlichen Organs an.[108] Dies entspricht den Erfordernissen über die Kenntniserlangung, falls der AG Antragsteller ist. Ist der AG eine **juristische Person** oder ein nicht rechtsfähiger **Personenverband** mit mehreren zur Einzelvertretung befugten Vertretern, so beginnt die Frist mit Kenntnis eines dieser Vertreter.[109] Soweit die Vertretung nur gemeinschaftlich erfolgen kann, ist Kenntnis der zur gemeinschaftlichen Vertretung berufenen Personen erforderlich.[110] Auch in Bezug auf die Gewerkschaft kommt es daher darauf an, dass die Kenntniserlangung durch die satzungsmäßig zur Vertretung berufene(n) Person(en) erfolgt ist. Soweit BR, GBR, KBR, Bordvertretung, See-BR, eine Vertretung nach § 3 Abs. 1 oder der WV als Antragsteller fungieren, kommt es für den Fristlauf auf die Kenntnis des jeweiligen Vorsitzenden an.[111]

Maßgeblich für die Antragsfrist ist also nicht der Zeitpunkt der Tat. Ohne Hinweise darauf, dass die Kenntniserlangung erst nach der Tat erfolgte, wird die StA aber häufig den Fristbeginn mit dem Datum der Tat gleichsetzen, so dass der Antrag Angaben darüber enthalten sollte, dass und warum die Kenntniserlangung später erfolgte.[112] Allerdings **verjährt** die strafbare Handlung **mit Ablauf von drei Jahren** (vgl. § 78 Abs. 3 Nr. 5 StGB) seit dem Tage ihrer Beendigung (§ 78a StGB). Danach ist eine Strafverfolgung ausgeschlossen.[113] **26**

Beauftragt der BR einen Rechtsanwalt mit der Stellung des Strafantrags, hat der AG die **Kosten gemäß § 40** zu tragen.[114] **27**

Wird das Ermittlungsverfahren von der Staatsanwaltschaft eingestellt, hat das betroffene betriebsverfassungsrechtliche Organ die Möglichkeit, hiergegen Beschwerde einzulegen und, sofern auch diese erfolglos ist, im Wege des **Klageerzwingungsverfahrens** eine gerichtliche Entscheidung zu beantragen.[115] Die zuletzt genannten Möglichkeiten stehen entgegen einigen Äußerungen im Schrifttum **auch** der im Betrieb vertretenen **Gewerkschaft** zu (vgl. Rn. 2).[116] Im Einzelnen gilt Folgendes: **28**

Die **Beschwerdeberechtigung** nach § 172 Abs. 1 StPO setzt zwar voraus, dass Strafantragsteller und Verletzter identisch sein müssen. Gleichwohl ist »verletzt« nicht nur derjenige, dessen Rechtsgut gerade durch die strafbare Handlung beeinträchtigt wurde, sondern darüber hinaus jeder, der eine unmittelbare Rechtsbeeinträchtigung geltend machen kann oder ein Genugtuungsinteresse hat. **29**

Schließlich spricht auch die **besondere betriebsverfassungsrechtliche Stellung** der im Betrieb vertretenen **Gewerkschaft** für die Annahme der Beschwerdeberechtigung nach § 172 Abs. 1 StPO jedenfalls immer dann, wenn es sich um das Delikt nach § 119 Abs. 1 Nr. 1 BetrVG (Wahlschutz) handelt.[117] Nach § 14 Abs. 5 hat die im Betrieb vertretene Gewerkschaft das Recht, eigene Wahlvorschläge zu machen; eine unzulässige Wahlbeeinflussung/-behinderung kann zudem einen Wahlanfechtungsgrund darstellen,[118] so dass selbst diejenige Gewerkschaft, die nicht einmal von ihrem Wahlvorschlagsrecht Gebrauch gemacht hat, die BR-Wahl **30**

---

108 Anders Richardi-*Annuß,* Rn. 32, wonach es auf die Kenntnis eines Gewerkschaftsbeauftragten ankommen soll.

109 So richtig Richardi-*Annuß,* Rn. 32.

110 So *RGSt* 68, 265 für den Fall einer juristischen Person.

111 Richardi-*Annuß,* Rn. 32; GK-*Oetker,* Rn. 79; HWGNRH-*Hess,* Rn. 14.

112 Vgl. nur Einstellungsbescheid der *StA Koblenz* 17. 3. 95 – 2102 Js 27 306/94.

113 Ebenso GK-*Oetker,* Rn. 90; Richardi-*Annuß,* Rn. 37 und *Fitting,* Rn. 18.

114 *LAG Düsseldorf* 12. 8. 93 – 14 TaBV 54/93, NZA 94, 1052.

115 Vgl. *Fitting,* Rn. 15; *GL,* Rn. 27.

116 Im hier vertretenen Sinne auch *Krumm-Mauermann,* S. 85 f.; *Fitting,* Rn. 15.

117 Weitergehend *Krumm-Mauermann,* S. 85, die der Gewerkschaft unabhängig vom konkreten Tatvorwurf der Nr. 1 in jedem Fall die Verletzteneigenschaft und damit die Beschwerdeberechtigung und Klageerzwingungsmöglichkeit zuerkennt.

118 *Fitting,* § 19 Rn. 22 und § 20 Rn. 31.

anfechten könnte. Im Übrigen lässt sich aus § 77 Abs. 1 StGB entnehmen, dass dann, wenn die Strafantragsberechtigung vorliegt, stets auch von der Verletzteneigenschaft des Antragstellers auszugehen ist.[119]

31 Hilft die Staatsanwaltschaft der Beschwerde nach § 172 Abs. 1 StPO nicht ab, kann die Gewerkschaft gegen den ablehnenden Bescheid entsprechend § 172 Abs. 2 StPO das **Klageerzwingungsverfahren** vor dem zuständigen OLG betreiben, sofern sie selbst den Strafantrag gestellt hatte. Trotz des Antragserfordernisses handelt es sich bei den Delikten aus § 119 BetrVG **nicht** um **Privatklagedelikte** (vgl. § 374 Abs. 1 StPO).

32 Der Strafantrag eines betriebsverfassungsrechtlichen Organs ist **kein Grund zur fristlosen Entlassung** der Mitglieder des Organs durch den angezeigten AG, es sei denn, es läge ein Rechtsmissbrauch vor.[120] Gleichwohl halten manche Gerichte auch trotz grundsätzlich berechtigtem Vorgehen gegen den rechtswidrig handelnden AG eine Kündigung für zulässig.[121] Ebenso berechtigt er nicht zur Stellung eines Auflösungsantrags i. S. d. § 23 Abs. 1.[122]

33 Da die Strafbarkeit wegen Fahrlässigkeit nicht ausdrücklich angeordnet ist, kann eine strafrechtliche Ahndung nur bei **vorsätzlicher** Begehung der Straftat erfolgen.[123] Jede **Tatform** kommt im Übrigen in Betracht, also Alleintäterschaft, Mittäterschaft, Anstiftung, mittelbare Täterschaft oder Beihilfe.[124] Da es sich bei § 119 Abs. 1 um ein Vergehen handelt (vgl. § 30 Abs. 1 StGB), bleibt die **versuchte Anstiftung straffrei.**

34 Die Tat kann mit **Freiheitsstrafe** von einem Monat bis zu einem Jahr oder mit Geldstrafe geahndet werden. Kommt eine Freiheitsstrafe unter sechs Monaten in Betracht, ist im Allgemeinen auf Geldstrafe zu erkennen. Die Höhe der Geldstrafe kann zwischen 5 und 360 vollen Tagessätzen festgelegt werden (siehe hierzu auch § 120 Rn. 18). Dabei sind die persönlichen und wirtschaftlichen Verhältnisse des Täters zu berücksichtigen. Liegt Bereicherung oder der Versuch einer Bereicherung vor, so können Geldstrafe und Freiheitsstrafe verhängt werden (§ 31 StGB). Die Verhängung einer Freiheitsstrafe ist bislang nur in einem Fall bekannt geworden, **niedrige Geldstrafen** prägen das Bild und lassen Zweifel an der Wirksamkeit der Bestimmung aufkommen: Das *AG Konstanz* hat einen AG wegen Behinderung einer BR-Wahl und wegen Behinderung der Tätigkeit des BR zu einer Geldstrafe von 25 Tagessätzen zu je 100 DM verurteilt.[125] Vom *AG Detmold*[126] wurde ein Firmeninhaber zu einer Geldstrafe von 30 Tagessätzen verurteilt, weil er dem WV zur Durchführung der BR-Wahl notwendige Unterlagen nicht zur Verfügung stellte. Im Fall des *AG Aichach*[127] sollen Geldstrafen i. H. v. 40 000 DM verhängt worden sein.[128] Wegen fortgesetzter Behinderung der BR-Tätigkeit in Tateinheit mit fortgesetzter Benachteiligung von BR-Mitgliedern (§ 119 Abs. 1 Nrn. 2 und 3) hat das *AG Hamburg-Harburg* den Geschäftsführer eines UN zur Höchststrafe von einem Jahr **Freiheitsentzug** verurteilt und nur unter großen Bedenken die Vollstreckung dieser Strafe noch zur Bewährung ausgesetzt.[129]

---

119 Vgl. *Krumm-Mauermann*, S. 86 m. w. N.

120 *LAG Baden-Württemberg* 25.10.57, AP Nr. 2 zu § 78 BetrVG; siehe aber auch *BAG* 5.2.59, AP Nr. 2 zu § 70 HGB und *Bychelberg*, DB 59, 1112.

121 Vgl. das als »Schandurteil« bekannt gewordene Urteil *LAG Baden-Württemberg* 20.10.76, EzA § 1 KSchG Verhaltensbedingte Kündigung Nr. 8 mit ablehnender Anm. *Weiss* = KJ 79, 323 mit ablehnender Anm. *Janzen;* anders aber *LAG Baden-Württemberg* 3.2.87, NZA 87, 756, das hierin keinen Kündigungsgrund sieht; vgl. auch *LAG Düsseldorf* 17.1.02, DB 02, 1612; *BVerfG* 2.7.01, NZA 01, 888 [890].

122 *Fitting*, Rn. 14; GK-*Oetker*, Rn. 83; *GL*, Rn. 28; HWGNRH-*Hess*, Rn. 17, bejaht den Antrag nach § 23 nur, wenn die Anzeige nicht im Zusammenhang mit der Betriebsverfassung steht.

123 Richardi-*Annuß*, Rn. 5; *Fitting*, Rn. 10; GK-*Oetker*, Rn. 51; *GL*, Rn. 5; a. A. offenbar *Wolmerath*, AiB 96, 609 f.

124 GK-*Oetker*, Rn. 62.

125 3.9.81, AiB 82, 34.

126 24.8.78, BB 79, 783.

127 29.10.87 – Ds 506 Js 20042/87.

128 Nach *Polzer/Helm*, AiB 00, 133 [134].

129 *AG Hamburg-Harburg* 18.12.89, AiB 90, 212 ff.

VI. Einschaltung der Polizei

Aufgrund der allgemeinen **polizeilichen Generalklausel** in den jeweiligen Landespolizeigesetzen ist die Polizei ermächtigt, ggf. auch zur Verhütung von Straftaten gemäß § 119 einzuschreiten (vgl. Rn. 14).[130] Der Vorteil polizeilichen Tätigwerdens kann darin liegen, dass es möglicherweise gar nicht erst zur Vollendung der Tat kommt, wenn das Eingreifen rechtzeitig ist. Der Eingriff darf bereits **bei objektiver Verwirklichung eines Straftatbestands** erfolgen, weil bereits hierin eine Störung der öffentlichen Sicherheit liegt; auf das Verschulden des Störers kommt es nicht an. So kommt z.B. die Einschaltung der Polizei in Betracht, wenn der Gewerkschaftsbeauftragte fünf Minuten vor Beginn der BR-Sitzung nicht in den Betrieb gelassen wird.[131] 35

§ 120 Verletzung von Geheimnissen

(1) Wer unbefugt ein fremdes Betriebs- oder Geschäftsgeheimnis offenbart, das ihm in seiner Eigenschaft als
1. Mitglied oder Ersatzmitglied des Betriebsrats oder einer der in § 79 Abs. 2 bezeichneten Stellen,
2. Vertreter einer Gewerkschaft oder Arbeitgebervereinigung,
3. Sachverständiger, der vom Betriebsrat nach § 80 Abs. 3 hinzugezogen oder von der Einigungsstelle nach § 109 Satz 3 angehört worden ist,
3a. Berater, der vom Betriebsrat nach § 111 Satz 2 hinzugezogen worden ist,
3b. Auskunftsperson, die dem Betriebsrat nach § 80 Absatz 2 Satz 4 zur Verfügung gestellt worden ist, oder
4. Arbeitnehmer, der vom Betriebsrat nach § 107 Abs. 3 Satz 3 oder vom Wirtschaftsausschuss nach § 108 Abs. 2 Satz 2 hinzugezogen worden ist,
bekannt geworden und das vom Arbeitgeber ausdrücklich als geheimhaltungsbedürftig bezeichnet worden ist, wird mit Freiheitsstrafe bis zu einem Jahr oder mit Geldstrafe bestraft.

(2) Ebenso wird bestraft, wer unbefugt ein fremdes Geheimnis eines Arbeitnehmers, namentlich ein zu dessen persönlichen Lebensbereich gehörendes Geheimnis, offenbart, das ihm in seiner Eigenschaft als Mitglied oder Ersatzmitglied des Betriebsrats oder einer der in § 79 Abs. 2 bezeichneten Stellen bekannt geworden ist und über das nach den Vorschriften dieses Gesetzes Stillschweigen zu bewahren ist.

(3) Handelt der Täter gegen Entgelt oder in der Absicht, sich oder einen anderen zu bereichern oder einen anderen zu schädigen, so ist die Strafe Freiheitsstrafe bis zu zwei Jahren oder Geldstrafe. Ebenso wird bestraft, wer unbefugt ein fremdes Geheimnis, namentlich ein Betriebs- oder Geschäftsgeheimnis, zu dessen Geheimhaltung er nach den Absätzen 1 oder 2 verpflichtet ist, verwertet.

(4) Die Absätze 1 bis 3 sind auch anzuwenden, wenn der Täter das fremde Geheimnis nach dem Tode des Betroffenen unbefugt offenbart oder verwertet.

(5) Die Tat wird nur auf Antrag des Verletzten verfolgt. Stirbt der Verletzte, so geht das Antragsrecht nach § 77 Abs. 2 des Strafgesetzbuches auf die Angehörigen über, wenn das Geheimnis zum persönlichen Lebensbereich des Verletzten gehört; in anderen Fällen geht es auf die Erben über. Offenbart der Täter das Geheimnis nach dem Tode des Betroffenen, so gilt Satz 2 sinngemäß.

Inhaltsübersicht

130 *Zabel*, AiB 89, 329 [330]; *ders.*, AuR 92, 335 f.
131 *Däubler*, Gewerkschaftsrechte, Rn. 732a.

I. Vorbemerkungen

1 Durch Art. 1 Nr. 78 des BetrVerf-ReformG v. 23. 7. 01[1] sind in Abs. 1 die Fallgruppen Nrn. 3a. und 3b. eingefügt worden. Damit wird der strafrechtliche Schutz der Betriebs- und Geschäftsgeheimnisse auf solche **Personen** ausgedehnt, die **im Zuge beratender Unterstützung des BR** mit solchen Geheimnissen in Berührung kommen können. Es handelt sich um eine Konsequenz aus § 111 Satz 2 zweiter Halbsatz i. V. m. § 80 Abs. 4 (Berater des BR bei Betriebsänderungen) bzw. § 80 Abs. 2 Satz 3 i. V. m. Abs. 4 (Auskunftsperson), womit die **Verschwiegenheitspflicht** nach § 79 auf den genannten Personenkreis ausgedehnt worden ist. Dem folgt der erweiterte Strafrechtsschutz nach dieser Bestimmung. Durch das Gesetz v. 21. 2. 17[2] (AÜG-ÄndG) ist u. a. auch § 80 Abs. 2 geändert worden, wodurch dessen bisheriger Abs. 2 Satz 3 zu Satz 4 aufgerückt ist. Dies bewirkt in § 120 Abs. 1 Nr. 3b eine entsprechende Folgeänderung, so dass die bisherige Angabe » § 80 Absatz 2 Satz 3« nun »§ 80 Absatz 2 Satz 4« lautet. Der **DGB-Gesetzesvorschlag 2022** will konsequenterweise die mögliche Strafbarkeit nach Abs. 1 Nr. 3 auf Sachverständige erweitern, die bei Beratungen zu Beschäftigungssicherungsmaßnahmen im Rahmen des ebenfalls neu eingefügten § 92a Abs. 2 *Satz 4* hinzugezogen werden.[3]

1a Durch Inkrafttreten des Gesetzes zum Schutz von Geschäftsgeheimnissen (**GeschGehG**) am 26. 4. 19[4] sind die gesetzlichen Tatbestände weder des § 79 noch des § 120 formal geändert worden. Jedoch ist § 1 des GeschGehG, der den Anwendungsbereich bestimmt, handwerklich weitgehend misslungen[5]: danach bleiben die Rechte und Pflichten aus dem Arbeitsverhältnis und die Rechte der Arbeitnehmervertretungen unberührt (§ 1 Abs. 3 Nr. 4 GeschGehG). Man kann dies so verstehen, dass § 120 als speziellere Strafbestimmung die z. T. sehr viel schärferen Strafvorschriften des § 23 GeschGehG verdrängt. Dafür spricht, dass mit dem GeschGehG zwar die bisherigen Strafbestimmungen der §§ 17, 18 UWG aufgehoben und in § 23 GeschGehG überführt wurden[6], während die weiteren speziellen Strafbestimmungen zum Geheimnisschutz in §§ 333 HGB, 85 GmbHG und 395 AktG – wie eben auch § 120 BetrVG – nicht geändert wurden. In dieser Differenzierung zwischen aufgehobenen und fortbestehenden Strafvorschriften liegt durchaus ein besonderer Sachgrund: Während § 23 GeschGehG »jedermann« als Täter unter Strafandrohung stellt, ist dies bei §§ 120 BetrVG, § 333 HGB, § 85 GmbHG und § 395 AktG gerade nicht der Fall, weil diese Strafvorschriften sog. **echte Sonderdelikte** i. S. d. § 28 StGB (dazu Rn. 4) sind, die nur von Tätern mit besonderen persönlichen Eigenschaften (z. B. als Mitglied des BR, als Abschlussprüfer, als Geschäftsführer, als Liquidatoren, als besonders betraute Personen) begangen werden können.

2 Die relativ unübersichtliche Vorschrift bezieht sich in **Abs. 1** auf die **Betriebs- und Geschäftsgeheimnisse** und damit auf die Geheimhaltungspflichten aus § 79,[7] während sie in **Abs. 2** die persönlichen **Geheimnisse von AN** vor Offenbarung schützt. **Abs. 3** enthält in Satz 1 zwei **Qualifizierungstatbestände** (Straferschwerungen bei Vorliegen zusätzlicher Tatumstände) und in Satz 2 mit der »Verwertung« eine **weitere Tathandlung** in Bezug auf die in Abs. 1 bzw. Abs. 2 angesprochenen Geheimnisverletzungen; in Abs. 1 bzw. 2 selbst ist nur die Tathandlung des »Offenbarens« enthalten.[8] **Abs. 4** bewirkt eine zeitliche **Verlängerung des Rechtsgüterschutzes** über den Tod des Betroffenen hinaus. Bei diesen Straftatbeständen handelt es sich um **Antragsdelikte** (Rn. 23)[9]; durch **Abs. 5** werden auch das **Strafantragsrecht** sowie dessen Modifikation geregelt.

---

1 BGBl. I 2001, S. 1852 [1862].
2 BGBl. I S. 258.
3 AuR Sonderausgabe April 2022, S. 71.
4 BGBl. I 2019, 466.
5 Den schon deswegen zum Gesetzentwurf unterbreiteten berechtigten Vorschlägen von *Karthaus*, NZA 18, 1180, 1181, 1185, ist der Gesetzgeber unverständlicherweise nicht gefolgt.
6 Dazu *Naber/Peukert/Seeger*, NZA 19, 583, 587.
7 GK-*Oetker*, Rn. 11.
8 Vgl. Richardi-*Annuß*, Rn. 11, 12.
9 Dagegen kann die Tat nach § 23 Abs. 8 GeschGehG wegen besonderen öffentlichen Interesses zum Offizialdelikt werden, so dass die Strafverfolgung dann auch ohne Antrag möglich ist.

Für alle hier geregelten Straftatbestände ist **vorsätzliches Handeln** erforderlich (§ 15 StGB).[10] Wegen des Fehlens einer entsprechenden ausdrücklichen Bestimmung und des Charakters dieser Straftatbestände als bloßes **Vergehen** bleibt der **Versuch straflos** (§ 23 Abs. 1 i. V. m. § 12 Abs. 2 StGB).[11] Dies gilt auch für die Qualifizierungstatbestände des Abs. 3 Satz 1. Als **Tatformen** kommen eigene Tat, Mittäterschaft, Anstiftung, mittelbare Täterschaft oder Beihilfe in Betracht. Bei den Formen der »Täterschaft« muss aber auch der Mittäter die besonderen persönlichen Merkmale des Abs. 1 bzw. 2 erfüllen (näher dazu Rn. 4); ist bei der Form der **Teilnahme** (Anstiftung, Beihilfe) der Teilnehmer kein zur Wahrung des Geheimnisses Mitverpflichteter, so gilt für ihn § 28 Abs. 1 StGB.[12] Die Vorschrift **spielt in der Justizpraxis** augenscheinlich **keine große Rolle.**[13] 3

II. Offenbarung von Betriebs- oder Geschäftsgeheimnissen

Nicht jede Person kommt im Rahmen des Abs. 1 als möglicher **Täter** in Betracht. Als **echtes Sonderdelikt** i. S. v. § 28 StGB kann der Straftatbestand vielmehr nur von Personen begangen werden, die jeweils die einschlägigen **persönlichen Merkmale** der Katalogtatbestände in Nrn. 1–4 erfüllen.[14] Dabei ist stets auch zu prüfen, ob die Voraussetzungen der betreffenden **Amtsstellung zum Tatzeitpunkt** vorgelegen haben. Der Täter muss die Kenntnis über das Geheimnis nämlich gerade in der Eigenschaft als besonderer Funktionsinhaber i. S. d. Nrn. 1 bis 4 haben – also taugliches Subjekt sein –, andernfalls scheidet die Strafbarkeit nach dieser Vorschrift aus (vgl. auch Rn. 9). 4

Teilweise wird davon ausgegangen, dass **der geheimnisverpflichtete Personenkreis** nach § 79 mit dem potentiellen Täterkreis in Abs. 1 Nrn. 1 bis 4 identisch ist.[15] Hieran sind jedoch Zweifel geltend zu machen.[16] Unter Berücksichtigung des **verfassungs- und strafrechtlichen Grundsatzes** »*nullum crimen, nulla poena sine lege*« (kein Verbrechen, keine Strafe ohne Gesetz; vgl. Art. 103 Abs. 2 GG, § 1 StGB) erscheint allerdings zweifelhaft, ob der Personenkreis des § 79 mit dem Täterkreis in Abs. 1 identisch ist.[17] Dies wäre nur der Fall, wenn in Abs. 1 Nr. 1 mit der Formulierung »Mitglied oder Ersatzmitglied … einer der in § 79 Abs. 2 bezeichneten **Stellen**« (Hervorhebung des Verfassers) sämtliche dort bezeichneten Personen erfasst wären (dasselbe Problem tritt beim Straftatbestand nach Abs. 2 auf). In **§ 79 Abs. 2** sind zusätzlich zu den bereits in § 79 Abs. 1 erwähnten Mitgliedern/Ersatzmitgliedern des BR geheimnisverpflichtet die Mitglieder/Ersatzmitglieder des GBR/KBR, der JAV/GJAV/KJAV, des WA der BordV, des See-BR, der Vertretungen gemäß § 3 Abs. 1, der ESt., der tariflichen Schlichtungsstelle, der betrieblichen Beschwerdestelle sowie Vertreter von Gewerkschaften bzw. AG-Vereinigungen. Demgegenüber ist aber zu bedenken, dass gerade bei einer **Strafnormauffüllung** durch die Technik des Rückbezugs auf andere Normen des Gesetzes (hier § 79 Abs. 2: »Stellen«) diese eindeutig vollziehbar sein muss, um dem **Gebot der Tatbestandsbestimmtheit** der Strafgesetze i. S. v. Art. 103 Abs. 2 GG zu genügen.[18] Der in Abs. 1 Nr. 1 enthaltene **Rückbezug** auf § 79 Abs. 2 vermittels 5

10 Vgl. GK-*Oetker*, Rn. 17.

11 Anders aber § 23 Abs. 5 GeschGehG, wonach bereits der Versuch strafbar ist.

12 Strafmilderung; vgl. Richardi-*Annuß*, Rn. 16; zur Frage des Sonderdelikts i. S. d. § 28 StGB *Krumm-Mauermann*, S. 114.

13 Vgl. den empirischen Befund bei *Krumm-Mauermann*, S. 110, 122; vgl. auch die Hinweise zur *juris*-Dokumentation bei *Reinecke*, AuR 97, 139 [144]; die einzige zu der Norm veröffentlichte Entscheidung [*LG Darmstadt*, DB 79, 111] betraf nur die Randfrage, ob die Schweigepflicht des Abs. 2 im Zivilprozess ein Zeugnisverweigerungsrecht begründet; dem Verfasser ist Ende 1991 ein Verfahren bei der *StA Kaiserslautern* bekannt geworden – Az: 3 Js 2209/90 [Wi] –, das mit Zustimmung des Gerichts gemäß § 153 Abs. 1 StPO wegen geringer Schuld eingestellt wurde.

14 Vgl. zur Qualifizierung als Sonderdelikt auch GK-*Oetker*, Rn. 28 m. w. N.

15 Vgl. *GL*, Rn. 6.

16 So bereits *Sahmer*, § 120 Anm. 2; ebenso bis zur *3. Aufl.* unter Rn. 2 insoweit, als auf die fehlende Strafbarkeit des Mitglieds/Ersatzmitglieds einer JAV hingewiesen wurde differenziert jetzt GK-*Oetker*, Rn. 31 ff.

17 Ebenso *Tag*, BB 01, 1578 [1580].

18 So schon *Sax*, S. 4, der freilich auf S. 51 den in § 120 angesprochenen Täterkreis ohne jede Problematisierung als »durch ausdrückliche Aufzählung klar umrissen« bezeichnet.

des Begriffs »Stelle« **ist** aber gerade **nicht eindeutig.** Der Begriff »Stelle« erscheint dort nur in Bezug auf die ESt., die tarifliche Schlichtungs**stelle** und die betriebliche Beschwerde**stelle** (die Gesetzgebungsmaterialien geben keinen näheren Aufschluss). Der heutige Text ist – ohne jede Erörterung der Sache – erst nach Abschluss der Beratungen im zuständigen Ausschuss in die Gesetzesvorlage gelangt.[19] Nur insoweit erscheint es zweifelsfrei, dass deren Mitglieder auch von der Strafvorschrift erfasst werden. Von den weiteren in § 79 Abs. 2 Genannten sind in Abs. 1 **Nr. 2** ausdrücklich nur die Vertreter der Gewerkschaften und AG-Vereinigungen in den potentiellen Täterkreis einbezogen. Bei den in Abs. 1 **Nrn. 3, 3a., 3b. und 4** Genannten handelt es sich dagegen um Personen, die zwar nicht unmittelbar durch § 79 geheimnisverpflichtet sind, wohl aber nach bestimmten, wiederum auf § 79 Bezug nehmenden Sondervorschriften (vgl. § 80 Abs. 4 für den in Nrn. 3, 3a., 3b. genannten Personenkreis; § 107 Abs. 3 Satz 4, § 108 Abs. 2 Satz 3 i. V. m. § 80 Abs. 4 für den in Nr. 4 genannten Personenkreis).

6 Danach ist im Ergebnis zu verneinen, dass die in **Nr. 1** nicht wörtlich genannten, in § 79 Abs. 2 jedoch geheimnisverpflichteten Mitglieder/Ersatzmitglieder des **GBR, KBR, der JAV, GJAV, KJAV, des WA, der BordV, des See-BR und der Vertretungen nach § 3 Abs. 1** gleichwohl als »Mitglieder … einer der in § 79 Abs. 2 bezeichneten Stellen« i. S. d. des Straftatbestands angesehen werden können.[20] Damit dem strengen Bestimmtheitserfordernis eines Straftatbestandes und damit dessen »Garantiefunktion« Genüge getan wird, findet die **Auslegung** eines Tatbestandsmerkmals im natürlichen Wortsinn ihre Grenze.[21] Hinzu kommt, dass eine extensive Auslegung aus strafrechtssystematischen Gründen ausscheiden muss, weil Abs. 1 als sog. Sonderdelikt konzipiert ist. Von diesen Vorgaben ausgehend, erscheint es als Überstrapazierung des Begriffs »Stelle«, darunter auch besondere Vertretungen (JAV/GJAV/KJAV; §-3-Vertretungen) und **Ausschüsse** (WA) verstehen zu wollen, zumal die Terminologie »Stelle« in der Gesetzessprache auch sonst an keiner Stelle zur Bezeichnung dieser Gremien verwendet wird (insofern eindeutiger die Verweisungstechnik der Vorläufernormen § 79 Abs. 1 i. V. m. §§ 55, 68 Abs. 1 Satz 2 und § 20 BetrVG 1952: »Vertreter« bzw. § 100 BRG 1920: »Angehöriger einer Betriebsvertretung«).[22] Demzufolge kommt die Strafverfolgung eines Mitglieds/Ersatzmitglieds der **JAV bzw. GJAV/KJAV** nach dieser Vorschrift ebenso wenig in Betracht[23] wie desjenigen einer **Vertretung nach § 3 Abs. 1.**[24] Nicht erfasst sind überdies mangels jeglicher Erwähnung Mitglieder einer **Vertretung des fliegenden Personals** i. S. v. § 117 Abs. 2.[25] Dagegen wird man die **Mitglieder eines GBR oder KBR** – obgleich nicht ausdrücklich in Abs. 1 genannt – über den allgemein als Sammelbezeichnung verwandten Begriff »Betriebsrat« (Nr. 1) als miterfasst ansehen müssen.[26] Ähnliches gilt wegen der auf die Rechtsstellung des BR-Mitglieds verweisenden §§ 115 Abs. 1 Satz 2 bzw. 116 Abs. 1 hinsichtlich der Mitglieder einer **Bordvertretung** bzw. des **See-BR.**[27] **Anders** verhält es sich mit den **Mitgliedern des WA.** Diese sind in Abs. 1 Nrn. 1 bis 4 nicht erwähnt, so dass sie nach hier vertretener Ansicht aus dem Täterkreis ausscheiden.[28] Wiederum anders verhält sich dies freilich, wenn WA-Mitglieder das Merkmal »Mitglied des BR« (Nr. 1) erfüllen und in dieser Eigenschaft Kenntnis von dem Geheimnis erhalten haben. Unter Berücksichtigung des Umstandes, dass nach Nr. 4 die entsprechend § 107 Abs. 3 Satz 3 bzw. § 108 Abs. 2 Satz 2 sogar nur von Fall zu Fall hinzugezogenen Beschäftigten dem potentiellen Täterkreis angehören, verbleibt eine – allerdings sinnwidrige – **Lücke im Strafschutz** bei Verletzung von Betriebs- und Geschäftsgeheimnissen. Während die Straflosigkeit von Mitgliedern der JAV/GJAV/KJAV wegen des i. d. R. geringen Alters durchaus

19 Vgl. BT-Drucks. VI/2729.
20 Ebenso jetzt *Tag,* BB 01, 1578 [1581].
21 Dazu schon *Baumann,* MDR 58, 394.
22 Ebenso *Tag,* a. a. O.
23 Zustimmend GK-*Oetker,* Rn. 32; a. A. *GL,* Rn. 6.
24 A. A. GK-*Oetker,* Rn. 31 betr. die Vertretungen nach § 3.
25 Vgl. zu entsprechenden rechtspolitischen Vorschlägen *Krumm-Mauermann,* S. 128; unentschieden GK-*Oetker,* Rn. 31.
26 Zustimmend GK-*Oetker,* Rn. 31.
27 Ebenso GK-*Oetker,* a. a. O.
28 Wie hier GK-*Oetker,* Rn. 32; anders *StA Kaiserslautern* in der in Fußn. 6 erwähnten Einstellungsverfügung.

auch rechtspolitisch wünschenswert erscheint (Entkriminalisierung), überzeugt es im Ergebnis nicht, dass z. B. eine den BR ersetzende Vertretung gemäß § 3 Abs. 1 privilegiert wird, ein BR aber der Strafsanktion ausgesetzt ist, obgleich der funktionelle Zuständigkeitsbereich beider Vertretungen u. U. identisch ist. Aus den genannten Gründen kommt jedoch eine Erweiterung des Straftatbestands durch Auslegung nicht in Frage. Eine Lückenschließung im Wege der Analogie scheitert am strafrechtlichen Analogieverbot.[29]

Die Bestrafung wegen einer unbefugten Offenbarung fremder Betriebs- oder Geschäftsgeheimnisse setzte bislang voraus, dass es sich **objektiv** um solche handelt und diese **ausdrücklich** vom AG als geheimhaltungsbedürftig **bezeichnet** worden sind (zum Begriff des Betriebs- oder Geschäftsgeheimnisses vgl. § 79 Rn. 11 ff.). Mit Inkrafttreten des Gesetzes zum Schutz von Geschäftsgeheimnissen (**GeschGehG**) am 26. 4. 19 (vgl. Rn. 1a)[30], ist fraglich geworden, inwieweit der **Begriff des Geschäftsgeheimnisses** i. S. d. § 2 GeschGehG mit dem des Betriebs- und Geschäftsgeheimnis nach § 79 BetrVG identisch ist,[31], weil insoweit eine Harmonisierung durch das GeschGehG ersichtlich unterblieben ist.[32] § 79 erfasst nämlich auch **Betriebs**geheimnisse, während sich § 2 Nr. 1 GeschGehG begrifflich nur auf **Geschäfts**geheimnisse bezieht. Geht man mit der hier vertretenen Ansicht (oben, Rn. 1a) davon aus, dass der Tatbestand des § 120 unberührt geblieben ist, lässt sich durchaus vertreten, das dies in gleicher Weise für den von dieser Bestimmung in Bezug genommenen Geheimnisbegriff des § 79 gilt und der richterrechtlich entwickelte **Betriebsgeheimnis**begriff durch das GeschGehG **nicht** nach der *lex posterior* – Regel **abgelöst** wurde, während dies für den Begriff des Geschäftsgeheimnisses nach § 2 GeschGehG wohl zu bejahen ist. Jedenfalls aber bleiben nach § 1 Abs. 3 Nr. 4 GeschGehG die Rechte der Arbeitnehmervertretungen unberührt und Arbeitnehmervertretungen erlangen Geschäftsgeheimnisse nach § 3 Abs. 1 i. V. m. § 5 nr. 3 GeschGehG im Rahmen der Ausübung von Mitwirkungs- und Mitbestimmungsrechten auf erlaubte Art und Weise, wodurch klargestellt ist, dass dann jedenfalls schon die Verbotstatbestände des § 4 GeschGehG nicht verwirklicht werden (vgl. dazu auch § 79 Rn. 6b). Die Offenbarung anderer – wenn auch möglicherweise vertraglicher – Angaben ist dagegen nach § 120 BetrVG nicht strafbar.[33] 7

Eine unbefugte Offenbarung eines Betriebs- oder Geschäftsgeheimnisses liegt nicht schon dann vor, wenn sie ohne Einwilligung des AG geschieht. **Unbefugt** bedeutet vielmehr **ohne Rechtfertigung,** da dieser Begriff nicht als Tatbestandsmerkmal i. S. v. »ohne Einwilligung« anzusehen ist,[34] sondern als Rechtfertigungsgrund im strafrechtsdogmatischen Sinne.[35] Für AN-Vertreter im AR gilt die Sondervorschrift des § 404 AktG.[36] 8

Das vom Täter offenbarte Geheimnis muss ihm **aus Anlass** einer der in dieser Bestimmung bezeichneten amtlichen Tätigkeiten bekannt geworden sein. Hat er es auf andere Weise, etwa in Erfüllung seiner arbeitsvertraglichen Pflichten, erlangt, greift diese Strafvorschrift nicht ein.[37] Allerdings kann dann möglicherweise ein Verstoß gegen die Verpflichtungen aus dem Arbeitsvertrag vorliegen und die Strafbarkeit sich u. U. aus § 23 GeschGehG (früher § 17 UWG) ergeben.[38] 9

---

29 Näher dazu *Fischer,* § 1 Rn. 10 ff.; für enge Interpretation wegen des Analogieverbots auch GK-*Oetker,* Rn. 33.

30 BGBl. I 2019, 466.

31 *Naber/Peukert/Seeger,* NZA 19, 583, 587; kritisch schon *Karthaus,* NZA 18, 1180, 1182 f.).

32 *Trebeck/Schulte-Wissermann,* NZA 18, 1175, 1180; zum inhaltlichen Auseinanderfallen der beiden Geheimnisbegriffe schon die berechtigten kritischen Hinweise von *Kartaaus,* NZA 18, 1180, 1183.

33 Richardi-*Annuß,* Rn. 10.

34 So aber *OLG Köln* 19. 10. 61, NJW 62, 686.

35 Vgl. GK-*Oetker,* Rn. 15, 21 m. w. N.; ErfK-*Kania,* Rn. 3; *Dreher,* MDR 62, 592; *Fischer,* § 203 Rn. 31 m. w. N.; *Krumm-Mauermann,* S. 112 f.; a. A. Richardi-*Annuß,* Rn. 13; *Fitting,* Rn. 3; *GL,* Rn. 5; *Schönke/Schröder/Lenckner,* § 203 Rn. 21 zu den vergleichbaren Tatbeständen der §§ 201–203 StGB; vgl. zur Relevanz der »richtigen« Bewertung hinsichtlich der Frage des Vorsatzausschlusses gem. § 16 StGB bzw. des Erlaubnistatbestandsirrtums [dazu *Fischer,* § 16 Rn. 20 ff. näher *Rieble/Klebeck,* NZA 06, 765.

36 Ebenso GK-*Oetker,* Rn. 36.

37 *GL,* Rn. 10.

38 Vgl. Richardi-*Annuß,* Rn. 29; zu Recht weist GK-*Oetker,* Rn. 75 auf die engeren Voraussetzungen in § 23 GeschGehG hin.

10 Ist die geheim zu haltende Tatsache zugleich eine sog. **Insidertatsache** (§ 13 Abs. 1 Nr. 3 WpHG) kann die Strafbarkeit auch aus § 38 Abs. 1 Nr. 2 i. V. m. § 14 Abs. 1 Nr. 2 WpHG folgen.[39]

11 Die in Abs. 1 geregelte Tathandlung ist die der »**Offenbarung**« des Betriebs- oder Geschäftsgeheimnisses. Dies setzt zunächst voraus, dass das Geheimnis dem Mitteilungsempfänger noch nicht bekannt war. Offenbarung bedeutet die Mitteilung an einen Dritten, der nicht dem Personenkreis angehört, vor dem der AG das Geheimnis mitgeteilt hat.[40]

12 Die Offenbarung ist nach wohl h. M. schon keine Tatbestandsverwirklichung[41], jedenfalls aber **nicht rechtswidrig** und damit im Ergebnis straflos, wenn entsprechende **Mitteilungsbefugnisse** bestehen.[42] Straflosigkeit besteht deshalb dann, wenn schon eine unbedingte Schweigepflicht nicht angenommen werden kann, weil – wie in den Fällen des § 79 Abs. 1 Sätze 3, 4 und Abs. 2 – die Mitteilung an andere Funktionsträger vom Gesetz erlaubt ist.[43] Nicht anders verhält es sich mit § 108 Abs. 4, der den WA nicht nur für berechtigt, sondern sogar für verpflichtet erklärt, dem BR unverzüglich und vollständig über die WA-Sitzung zu berichten, sofern man mit der hier (Rn. 6.) vertretenen Ansicht WA-Mitglieder nicht ohnehin aus dem Täterkreis ausschließt). Soweit nicht ausnahmsweise gemäß § 106 Abs. 2 die Gefährdung von Betriebs- und Geschäftsgeheimnissen zu befürchten ist (näher dazu § 106 Rn. 59 ff.), erstreckt sich die Unterrichtungspflicht des UN gegenüber dem WA nämlich auch auf die Betriebs- und Geschäftsgeheimnisse.[44] Wegen der aus § 108 Abs. 4 folgenden Pflicht zur »vollständigen« Berichterstattung darf der WA jedoch die ihm mitgeteilten Betriebs- und Geschäftsgeheimnisse nicht dem BR verschweigen, und zwar auch dann nicht, wenn nur an der betreffenden BR-Sitzung (und nicht auch bereits an der WA-Sitzung) ein Gewerkschaftsbeauftragter gemäß § 31 teilnimmt (der dann aber seinerseits gemäß § 79 Abs. 2 der Geheimhaltungspflicht unterliegt; vgl. zur Berichtspflicht § 108 Rn. 29 ff.)

13 Als weitere **Tathandlung** kommt gemäß Abs. 3 Satz 2 die **Verwertung** des Geheimnisses in Betracht. Darunter ist die wirtschaftliche Ausnutzung zum Zwecke der Gewinnerzielung zu verstehen.[45]

III. Offenbarung persönlicher Arbeitnehmer-Geheimnisse

14 Zum stärkeren Schutz der Intimsphäre der im Betrieb beschäftigten AN erstreckt sich die Strafandrohung nach Abs. 2 dieser Bestimmung auch auf die Weitergabe von Geheimnissen aus dem **persönlichen Lebensbereich** eines AN, soweit nach diesem Gesetz **insoweit ausdrücklich eine Verschwiegenheitspflicht** besteht (s. §§ 82 Abs. 2 Satz 3, 83 Abs. 1 Satz 3, 99 Abs. 1 Satz 3, 102 Abs. 2 Satz 5).

15 Was als Geheimnis aus dem persönlichen Lebensbereich i. S. d. Bestimmung anzusehen ist, ergibt sich aus dem Gesetz selbst nicht.[46] Man wird darunter solche Umstände verstehen müssen, die geheim, also nur einer beschränkten Personenzahl bekannt sind, deren Geheimhaltung der AN will und an der er ein berechtigtes Interesse hat.[47] Man wird auch Leistungsbeurteilungen und Angaben über die berufliche Entwicklung dazu zählen müssen.[48] § 42 BDSG ist neben

---

39 Vgl. GK-*Oetker*, Rn. 78; *Fitting*, Rn. 11; *Rieble/Klebeck*, NZA 06, 765.

40 Richardi-*Annuß*, Rn. 11.

41 Vgl. GK-*Oetker*, Rn. 15 m. w. N.: ein »Geheimnis«, das wegen Einverständnis mit der Offenbarung nicht mehr als geheimhaltungsbedürftig erklärt ist, ist kein Geheimnis mehr und kann deshalb auch nicht mehr »befugt« offenbart werden, so dass bereits die tatbestandsmäßige Voraussetzung der Strafbarkeit durch das Einverständnis entfällt.

42 Vgl. *Krumm-Mauermann*, S. 115.

43 Ebenso GK-*Oetker*, Rn. 26.

44 Vgl. § 106 Rn. 60 m. w. N.; *Taeger*, S. 122.

45 GK-*Oetker*, Rn. 55; vgl. dazu, ob es sich hierbei um einen Qualifizierungstatbestand oder einen eigenen Grundtatbestand handelt, Richardi-*Annuß*, Rn. 12 m. w. N.; vgl. zum erhöhten Strafrahmen die Erl. bei Rn. 19.

46 Näher dazu *Tag*, BB 01, 1578 [1582].

47 Richardi-*Annuß*, Rn. 17 und *Fitting*, Rn. 5 nennen beispielhaft Familienverhältnisse, Krankheiten, Vorstrafen.

48 So *Tag*, a. a. O.

§ 120 Abs. 2 BetrVG nicht anwendbar,[49] weil der AN-Datenschutz gegenüber dem BR in § 83 BetrVG besonders geregelt ist und insoweit die BDSG-Vorschriften verdrängt werden. Vgl. zur Frage der Idealkonkurrenz mit § 203 Abs. 1 Nr. 3 StGB **bei Rechtsanwälten in ESt.** näher GK-*Oetker,* Rn. 77; Richardi-*Annuß,* Rn. 32.

Neben dem Offenbaren kommt auch hier die **Verwertung** als Tathandlung in Betracht (vgl. Abs. 3 Satz 2; dazu Rn. 13). 16

Offenbart ein BR-Mitglied im Rahmen einer Zeugenaussage im Strafprozess ein AN-Geheimnis, so handelt es sich nicht um eine »unbefugte« Preisgabe, weil der **Zeugniszwang** (§ 53 StPO billigt BR-Mitgliedern kein Zeugnisverweigerungsrecht zu) materiell-rechtlich als Rechtfertigungsgrund anzusehen ist (vgl. Rn. 8).[50] Rechtspolitisch wäre allerdings eine Gleichstellung mit PR-Mitgliedern (§ 203 Abs. 2 Nr. 3 StGB) wünschenswert.[51] 17

IV. Strafrahmen/Straferschwerungen

Die Bestimmung des Abs. 1 droht **Freiheitsstrafe** bis zu einem Jahr oder **Geldstrafe** an. Das Mindestmaß der Freiheitsstrafe ist nach § 38 Abs. 2 StGB ein Monat. Eine Freiheitsstrafe unter sechs Monaten wird allerdings nur verhängt, wenn besondere Umstände in der Tat oder in der Persönlichkeit des Täters oder der Gedanke der zu verteidigenden Rechtsordnung dies erfordern (§ 47 StGB). Im Übrigen gilt für die Strafzumessung die Bestimmung des § 46 StGB. Geldstrafe wird nach einem **Tagessatzsystem** verhängt: Sie beträgt mindestens fünf und höchstens 360 volle Tagessätze (§ 40 Abs. 1 StGB). Die Höhe der Tagessätze wird vom Gericht in der Regel in Anlehnung an das Nettoeinkommen des Täters bestimmt; der Tagessatz wird auf mindestens einen und höchstens fünftausend Euro festgesetzt. 18

Strafverschärfend wirkt, wenn die Tat in der Absicht begangen wird, sich oder einen anderen zu bereichern oder einen anderen zu schädigen. Dasselbe gilt, wenn derjenige, der zur Geheimhaltung eines Betriebs- oder Geschäftsgeheimnisses nach den Abs. 1 oder 2 verpflichtet ist, dieses verwertet, also für eigene wirtschaftliche Zwecke ausnutzt. In diesen Fällen kann auf Freiheitsstrafe bis zu zwei Jahren oder Geldstrafe erkannt werden.[52] 19

V. Antragserfordernis/Verjährung

Die Bestimmung des Abs. 4 hält den Geheimnisschutz auch nach dem Tode des Betroffenen aufrecht. Hier ist in erster Linie an den Schutz des Intimbereichs des einzelnen AN (Abs. 2) gedacht. Im Interesse der Familienangehörigen sollen nicht für jeden bestimmte Fakten aus dem persönlichen Lebensbereich auch dann nicht an Außenstehende weitergegeben werden dürfen, wenn der betroffene AN selbst zwischenzeitlich verstorben ist. Deshalb räumt die Bestimmung des Abs. 5 auch den Angehörigen bzw. Erben anstelle des Verstorbenen ein Strafantragsrecht ein. 20

Abweichend von § 119 Abs. 2 tritt nach dieser Bestimmung eine Strafverfolgung **nur auf Antrag des Verletzten** ein.[53] Das ist im Falle des Abs. 1 lediglich der AG und im Fall des Abs. 2 der einzelne AN,[54] so dass auch nicht in einem vom AG betriebenen Verfahren nach § 23 Abs. 1 Tatumstände ins Feld geführt werden können, die allein den Geheimnisschutz von AN betreffen. Die Antragsfrist beträgt drei Monate; sie beginnt mit den Tag, an dem der Antragsberechtigte von der strafbaren Handlung und der Person des Täters Kenntnis erhalten hat. Zum Fristablauf, wenn der Antragsteller eine juristische Person oder ein Personenverband ist, vgl. § 119 Rn. 25. Stirbt der Verletzte, so geht das Antragsrecht unter den in dieser Bestimmung 21

---

49 Wie hier GK-*Oetker,* Rn. 76; *Fitting,* Rn. 11; *GL,* Rn. 14a.

50 Ebenso *Tag,* BB 01, 1578 [1583] m. w. N.

51 Vgl. dazu auch *Tag,* a. a. O.

52 Nach § 23 Abs. 1 bis 4 GeschGehG (vgl. oben, Rn. 1a und 7) gelten abweichende Strafmaße: schon die Grundfrist beträgt bis zu drei Jahre Freiheitsstrafe oder Geldstrafe, in den Sonderfällen des § 23 Abs. 4 sogar bis zu fünf Jahren Freiheitsstrafe oder Geldstrafe.

53 Nach § 23 Abs. 8 GeschGehG kann eine Straftat nach dessen Vorschriften in Ausnahmefällen auch Offizialdelikt sein, so dass dann die Strafverfolgung ohne Strafantrag möglich ist..

54 GK-*Oetker,* Rn. 71; zu Letzterem auch *»obiter dictu« ArbG Reutlingen* 7.3.96 – 1 BV 1/96.

genannten Voraussetzungen auf die Angehörigen oder Erben über. Eine Rücknahme des Strafantrags ist jederzeit möglich (siehe im Übrigen § 119 Rn. 24). Sie kann jedoch nur bis zur Verkündung eines auf Strafe lautenden Urteils erfolgen.

22 Die **Verjährungsfrist** beträgt bei Taten nach Abs. 1, 2 in Anwendung des § 78 Abs. 3 Nr. 5 StGB drei Jahre; bei Taten nach Abs. 3 beträgt sie fünf Jahre (§ 78 Abs. 3 Nr. 4 StGB). Die Frist beginnt mit der Tatbeendigung (§ 78a StGB).

§ 121 Bußgeldvorschriften

(1) Ordnungswidrig handelt, wer eine der in § 90 Abs. 1, 2 Satz 1, § 92 Abs. 1 Satz 1 auch in Verbindung mit Absatz 3, § 99 Abs. 1, § 106 Abs. 2, § 108 Abs. 5, § 110 oder § 111 bezeichneten Aufklärungs- oder Auskunftspflichten nicht, wahrheitswidrig, unvollständig oder verspätet erfüllt.

(2) Die Ordnungswidrigkeit kann mit einer Geldbuße bis zu zehntausend Euro geahndet werden.

Inhaltsübersicht Rn.

I. Vorbemerkungen

1 Durch Art. 1 Nr. 79 des BetrVerf-ReformG v. 23. 7. 01[1] ist in Abs. 1 der Hinweis auf § 92 Abs. 1 Satz 1 um die Einbeziehung des **§ 92 Abs. 3** erweitert worden, durch den der AG gemäß § 80 Abs. 1 Nrn. 2a und 2b auch zur Unterrichtung über Gleichstellungsmaßnahmen und solche, die die Vereinbarkeit von Familie und Beruf fördern, verpflichtet ist.

1a Vgl. wegen des am 29. 7. 2017 in Kraft getretene **Gesetzes zur Einführung eines Wettbewerbsregisters** – WRegG« zunächst § 119 Rn. 1a. Eine verbesserte Abschreckung gegen die Begehung von Ordnungswidrigkeiten nach § 121 wird damit jedoch nicht erreicht. Nach § 2 Abs. 1 Nr. 3 WRegG sind zwar in das neue Wettbewerbsregister auch gewisse Bußgeldentscheidungen i. S. v. § 30 OWiG einzutragen (vgl. zu § 30 OWiG unten Rn. 9). Dies gilt aber nur dann, wenn es sich um eine OWi handelt, die in § 2 Abs. 1 Nr. 2 WRegG erwähnt ist. Dort wird aber gerade der OWi-Tatbestand des § 121 BetrVG nicht genannt, sehr wohl aber die OWi-Tatbestände nach dem Schwarzarbeitsbekämpfungsgesetz, dem SGB III, dem AÜG, dem MiLOG und dem AN-Entsendegesetz.

1b Der **DGB-Gesetzesvorschlag 2022** sieht vor, dass auch der Verstoß des AG gegen die ebenfalls neu vorgeschlagene Verpflichtung nach § 17 Abs. 1c, einmal im Kalenderjahr die AN über die Möglichkeit der Wahl eines BR zu informieren, als Ordnungswidrigkeit ausgeprägt wird.[2] Außerdem soll der in Abs. 2 geregelte Bußgeldrahmen für die betriebsverfassungsrechtlichen Ordnungswidrigkeiten von 10 000 Euro auf 50 000 Euro angehoben werden.

1c **Das Hinweisgeberschutzgesetz** (HinSchG)[3] ermöglicht gem. § 2 Abs. 1 Nr. 2 auch Meldungen über Verstöße gegen bußgeldbewehrte Rechtsnormen, die dem Schutz der betrieblichen Vertretungsorgane dienen.[4] Insoweit kann – ähnlich wie bei § 119 (s. o., § 119 Rn. 1c) – auch die in der Praxis bisher schwache Wirkung des § 121 mittels des Meldewesens nach dem HinSchG unterstützt werden, etwa dann, wenn ein AG mit der Umsetzung einer BÄ beginnt, ohne den IA versucht zu haben.[5]

1 BGBl. I 2001, S. 1852 [1862].
2 AuR Sonderausgabe April 2022, S. 72.
3 BGBl. I 2023, Nr. 140 v. 2. 6. 23.
4 *Bayreuther*, NZA 23, 666, 669.
5 *Bayreuther*, a. a. O.

Die Vorschrift hatte den Umfang derjenigen Aufklärungs- oder Auskunftspflichten, deren Verletzung durch Verhängung eines Bußgeldes gegen den AG geahndet werden kann, gegenüber § 78 Abs. 1 Buchstabe d) BetrVG 1952 zwar erweitert. Sie bewertet aber diese Verstöße seit 1972 nur noch als **Ordnungswidrigkeiten.** Demgegenüber wurden die vergleichbaren Verstöße nach dem BetrVG 1952 sogar noch als **Straftaten** (Vergehen) angesehen und erfuhren damit eine schärfere rechtliche Missbilligung.[6] 2

Die **Aufzählung** der Unterrichtungspflichten, deren Verletzung ordnungswidrig ist und daher mit einer Geldbuße sanktioniert werden kann, ist **abschließend**[7] und kann wegen des auch im Ordnungswidrigkeitenrecht geltenden strafrechtlichen **Analogieverbots** (vgl. Art. 103 Abs. 2 GG) nicht im Wege erweiternder Auslegung auf die Verletzung anderer, in Abs. 1 nicht genannter betriebsverfassungsrechtlicher Informationspflichten des AG ausgedehnt werden.[8] Somit ist z. B. die Ahndung der Verletzung der Unterrichtungspflicht nach § 80 Abs. 2 als Ordnungswidrigkeit ausgeschlossen. Gleiches gilt in Bezug auf die umwandlungsrechtlichen Informationsverpflichtungen.[9] Es ist jedoch möglich, dass die Verletzung von in Abs. 1 nicht genannten Tatbeständen die **Strafvorschrift** des **§ 119 Abs. 1 Nr. 2** erfüllt, wenn in dem Verstoß eine Störung oder Behinderung der BR-Tätigkeit zu sehen ist.[10] 3

Die Sanktion ist vornehmlich für Informationsrechte vorgesehen, bei denen der BR kein nachfolgendes, erzwingbares Mitbestimmungsrecht hat oder der Unterrichtungsphase keine weiter gehenden Mitwirkungsrechte folgen und der BR somit in besonderem Maße auf ein rechtskonformes Verhalten des AG angewiesen ist.[11] Die Vorschrift dient damit auch dem **Schutz der** verfahrensrechtlich relativ schwach ausgestalteten **Beteiligungsrechte.**[12] Es darf aber nicht verkannt werden, dass die Bestimmung sich in der bisherigen Praxis häufig als wenig wirksam erwiesen hat,[13] was nicht zuletzt daran liegt, dass bei Schaffung der Vorschrift Bestrebungen im Vordergrund standen, eine Entkriminalisierung informationsrechtlicher Zuwiderhandlungen des AG zu bewirken.[14] Beide zu der Vorschrift durchgeführten empirischen Untersuchungen kommen zu dem nahezu übereinstimmenden Ergebnis, dass nur in ca. 10,5 % aller Verfahren ein Bußgeld verhängt wird.[15] 4

Die Vorschrift bietet dem BR selbst keine unmittelbare verfahrensrechtliche Möglichkeit, die an sich vom AG **geschuldete Information** zu erhalten, da sie als Ordnungswidrigkeitentatbestand darauf abzielt, gegenüber einem rechtswidrigen Verhalten **nachträglich** eine **staatliche Sanktion** zu verhängen. Dies dient im Rahmen der allgemeinen Strafzwecke der Einwirkung auf den Täter (Spezialprävention) und der Abschreckung der Allgemeinheit (Generalprävention) und soll ein künftig betriebsverfassungsrechtlich korrektes Verhalten sichern helfen. Empirische Untersuchungen haben gezeigt, dass es dem BR durchaus möglich ist, durch die **taktisch geschickte Handhabung der Anzeige** nach § 121 den AG zu einem künftig dauerhaft verbesserten Informationsverhalten zu zwingen,[16] wobei es allerdings für ein erfolgreiches Vorgehen darauf ankommt, dass sich der BR bei festgestellten Verstößen des AG nicht mit einem Verfahren nach § 121 begnügt (s. auch o., Rn. 1c). Zur aktuellen **Erfüllung seiner Aufklärungs- oder Auskunftspflichten** (z. B. Vorlage von Unterlagen) kann der säumige AG durch **Beschlussver-** 5

6 Vgl. Richardi-*Annuß*, Rn. 1; *GL*, Rn. 1; ausführlich *Wahsner/Borgaes*, S. 23 ff.; zur Geschichte auch *Le Friant*, S. 27; *Growe*, S. 41 f.; zu den Strafbestimmungen des BetrVG 1952 *Schnorr v. Carolsfeld*, RdA 62, 400.

7 Richardi-*Annuß*, Rn. 3; *Fitting*, Rn. 3; GK-*Oetker*, Rn. 10; *GL*, Rn. 5.

8 Vgl. zur Geltung des Analogieverbots im Ordnungswidrigkeitenrecht AK-GG-*Wassermann*, Art. 103 Rn. 46. 54 m. w. N.; wie hier GK-*Oetker*, a. a. O.

9 Zutreffend *Düwell*, NZA 96, 393 [397].

10 So auch Richardi-*Annuß*, Rn. 3; *Fitting*, Rn. 3; GK-*Oetker*, Rn. 10; *GL*, Rn. 5.

11 *Fitting*, Rn. 2; ErfK-*Kania*, Rn. 1; *GL*, Rn. 2.

12 GK-*Oetker*, Rn. 5.

13 *Borgaes*, BetrR 83, 402; *Denck*, RdA 82, 283; *Krumm-Mauermann*, S. 130 ff.; *Lipke*, DB 80, 2240; *Oberhofer*, BetrR 77, 280; *Schlünder*, S. 205 f.; *Schneider/Rose*, BetrR 76, 407. *Wahsner/Borgaes*, S. 77 ff., vgl. aber *Growe*, AiB 89, 285 und ausführlich mit praktischen Hinweisen für BR *ders.*, S. 245 ff., der durchaus wirksame Einsatzmöglichkeiten dieses Instruments festgestellt hat.

14 Vgl. BT-Drucks. VI/1786, S. 59.

15 Vgl. *Wahsner/Borgaes*, S. 95; *Krumm-Mauermann*, S. 154.

16 Vgl. *Growe*, AiB 89, 285; *ders.*, S. 22 ff. mit detaillierten Handlungsvorschlägen für BR.

fahren nach § 2a Abs. 1 Nr. 1 i. V. m. §§ 80 ff. ArbGG – notfalls auch im Wege **einstweiliger Verfügung**[17] gemäß § 85 Abs. 2 ArbGG – verpflichtet werden.[18] Daneben bleibt die Möglichkeit bestehen, nach § 23 Abs. 3 vorzugehen.[19]

II. Normadressaten

6 Die Vorschrift richtet sich gegen denjenigen, der die jeweils in Rede stehende, ihn treffende Aufklärungs- oder Auskunftspflicht verletzt. Der Verpflichtete ergibt sich zunächst aus den in Abs. 1 genannten Tatbeständen selbst.[20] Dies ist teils der **AG** (vgl. § 90 Abs. 1, § 90 Abs. 2, § 92 Abs. 1 Satz 1, § 99 Abs. 1), teils der **UN** (vgl. § 106 Abs. 2, § 108 Abs. 5, §§ 110, 111), wobei die unterschiedliche sprachliche Bezeichnung in den einzelnen Vorschriften ordnungswidrigkeitenrechtlich belanglos ist[21]. Der UN ist nämlich mit dem AG insoweit identisch. Daneben ist zur Bestimmung des Normadressaten (»wer« i. S. v. Abs. 1) der Täterbegriff des OWiG maßgeblich, so dass dann, wenn der AG/UN eine **juristische Person** ist (vgl. § 5 Rn. 154 ff.), die Mitglieder des Organs, das zur gesetzlichen Vertretung der juristischen Person berufen ist, als Täter in Betracht kommen (vgl. § 9 Abs. 1 Nr. 1 OWiG). Ist der AG/UN eine **Personenhandelsgesellschaft** (vgl. § 5 Rn. 169 ff.), kommen als Täter die vertretungsberechtigten Gesellschafter (vgl. § 9 Abs. 1 Nr. 2 OWiG), bei sonstigen Rechtsformen die gesetzlichen Vertreter (vgl. § 9 Abs. 1 Nr. 3 OWiG) in Frage.[22]

7 Neben dem in Rn. 6 genannten Personenkreis richtet sich die Vorschrift gemäß § 9 Abs. 2 OWiG jedoch **auch gegen die vom AG/UN** bzw. von dessen Organen oder vertretungsberechtigten Gesellschaftern mit der eigenverantwortlichen Wahrnehmung der sich aus den in Abs. 1 genannten Tatbeständen ergebenden Pflichten **beauftragten Personen,** wie z. B. Betriebsleiter oder leitende Angestellte.[23] Teilweise wird in der Literatur jedoch insoweit die Präventionswirkung des § 121 abgeschwächt, als verlangt wird, dass die Beauftragung kraft **allgemeiner** Vertretungsregelung erfolgt sein müsse und die Einzelfallbeauftragung nicht ausreiche, um jemanden der Sanktionsdrohung des § 121 auszusetzen.[24] Diese Einengung der Norm bezüglich des Adressatenkreises lässt sich zum einen jedoch nicht mit § 9 Abs. 2 OWiG vereinbaren, der eine »allgemeine« Beauftragung gerade nicht verlangt. § 9 Abs. 2 Nr. 2 OWiG lässt vielmehr den »ausdrücklichen« Auftrag genügen. Zum anderen würde der Umgehung des § 121 Tür und Tor geöffnet, wenn der AG/UN eine »Einzelfallbeauftragung« unwiderleglich behauptet.

8 Nach § 14 OWiG kommen als Normadressaten, die ordnungswidrig handeln können, auch mehrere **Beteiligte** in Betracht.[25] Beteiligung (d. h. in strafrechtlicher Terminologie: Anstiftung, Beihilfe, Mittäterschaft und mittelbare Täterschaft; vgl. §§ 25 ff. StGB) ist z. B. auch zwischen der Auftrag erteilenden Organperson (§ 9 Abs. 1 OWiG) und dem Beauftragten (§ 9 Abs. 2 OWiG) denkbar, wie § 14 Abs. 1 Satz 2 OWiG ausdrücklich klarstellt. Dies ist z. B. der Fall, wenn die Organperson mit einem tatbestandsmäßigen Handeln des Beauftragten einverstanden ist oder dieses billigend in Kauf nimmt.[26]

9 Wenig Beachtung findet in der Praxis § 30 OWiG.[27] Danach kann eine **Geldbuße** wegen einer OWi nach § 121 nicht nur gegen den eigentlichen Täter verhängt werden, sondern – wenn der AG/UN eine juristische Person oder Personenvereinigung ist – auch **gegen die juristische**

---

17 Vgl. *BAG* 17. 5. 83, AP Nr. 19 zu § 80 BetrVG 1972; *Fitting*, Rn. 3.
18 GK-*Oetker*, Rn. 4.
19 Vgl. § 23 Rn. 199; *GL*, Rn. 2; GK-*Oetker*, a. a. O.; § 23 Abs. 3 erfordert jedoch einen »groben« Verstoß des AG, während das allgemeine Beschlussverfahren nach § 2a i. V. m. §§ 80 ff. ArbGG auch bei »normalen« Pflichtverletzungen möglich ist.
20 Vgl. HWGNRH-*Hess*, Rn. 13.
21 *Wahsner/Borgaes*, S. 53.
22 Vgl. zum Handeln durch einen gesetzlichen Vertreter ausführlich *Wahsner/Borgaes*, S. 54; *Bezirksregierung Düsseldorf*, Bußgeldbescheid 25. 7. 96, AiB 97, 177 mit Anm. *Wolmerath*.
23 Vgl. *Fitting*, Rn. 5; GK-*Oetker*, Rn. 32; *GL*, Rn. 6.
24 Vgl. *GL*, Rn. 6, die darin eine Überdehnung der Vorschrift erblicken.
25 GK-*Oetker*, Rn. 32.
26 Vgl. *Wahsner/Borgaes*, S. 56.
27 Dazu mit anschaulichem Zahlenmaterial *Krumm-Mauermann*, S. 196.

Person bzw. Personenvereinigung selbst, sofern die Ordnungswidrigkeit durch ein Organ oder eine Organperson bzw. vertretungsberechtigte Geschäftsführer begangen wurde.[28] Diese Möglichkeit bleibt sogar dann bestehen, wenn gegen den letztgenannten Personenkreis, z. B. aus Opportunitätsgründen, ein Bußgeldverfahren nicht eingeleitet oder es eingestellt wird (§ 30 Abs. 4 OWiG).[29]

III. Tatbestände

Die Verhängung von Geldbußen gegen den AG/UN ist nach dieser Bestimmung nicht nur möglich, wenn dieser seine Aufklärungs-, Auskunfts- oder Unterrichtungspflichten **nicht** erfüllt, sondern auch, wenn dies in **wahrheitswidriger, unvollständiger** oder **verspäteter** Weise geschieht. 10

In welcher Weise der AG/UN seine jeweils geschuldete Pflicht zu erfüllen hat (z. B. hinsichtlich Zeitpunkt und Qualität bzw. Quantität), ergibt sich in erster Linie aus den in Abs. 1 genannten Vorschriften.[30] Es ist jedoch davon auszugehen, dass die Informationspflicht des AG/UN grundsätzlich seinem eigenen Informationsstand zu entsprechen hat, er also keine Information zurückhalten darf.[31] 11

Als Nichterfüllung der Informationspflicht i. S. d. Abs. 1 ist es auch anzusehen, wenn der AG/UN die geschuldeten Informationen **lediglich fremdsprachlich** erbringt und nicht alle Informationsadressaten der jeweiligen Sprache mächtig sind. Zwar bestimmt § 184 GVG nur, dass die **Gerichtssprache** deutsch ist (vgl. auch § 9 Abs. 2 ArbGG, § 8 FGG). Da es bei den im Rahmen des § 121 in Rede stehenden Informationstatbeständen aber um funktionell notwendige Informationen zur sachgerechten Ausübung von Beteiligungsrechten geht, würde das kontradiktorische Verhandlungssystem der Betriebsverfassung in gleicher Weise gestört wie in einem Prozess, in dem die Beteiligten sich in verschiedenen Sprachen verständigen wollen. 12

Die nach dieser Bestimmung vorgesehene Verhängung von Geldbußen kann in Betracht kommen, wenn der AG gegen die nachstehenden Verpflichtungen verstößt: 13

rechtzeitige Unterrichtung des BR unter Vorlage der erforderlichen Unterlagen über die **Planung von Neu-, Um- und Erweiterungsbauten** von Fabrikations-, Verwaltungs- und sonstigen betrieblichen Räumen, von **technischen Anlagen,** von **Arbeitsverfahren** und **Arbeitsabläufen** oder der Arbeitsplätze;[32] 14

so rechtzeitige Beratung der nach § 90 Abs. 1 vorgesehenen Maßnahmen und deren Auswirkungen auf die AN, dass Vorschläge und Bedenken des BR bei der Planung berücksichtigt werden können (§ 90 Abs. 2 Satz 1); 15

Unterrichtung des BR über die **Personalplanung,** insbesondere über den gegenwärtigen und künftigen Personalbedarf sowie über die sich daraus ergebenden personellen Maßnahmen und Maßnahmen der Berufsbildung anhand von Unterlagen.[33] Nach § 92 Abs. 3 erstreckt sich die Informationspflicht auch auf **Gleichstellungsmaßnahmen** i. S. v. § 80 Abs. 1 Nr. 2a sowie Maßnahmen zur Förderung der **Vereinbarkeit von Familie und Erwerbstätigkeit;** 16

Unterrichtung des BR vor einer **Einstellung, Eingruppierung, Umgruppierung oder Versetzung,** Vorlage der notwendigen Bewerbungsunterlagen, Auskunftserteilung über die Per- 17

---

28 Vgl. *Dannecker,* FS Gitter, S. 167 [168]; *Schlünder,* S. 201; GK-*Oetker,* Rn. 40; im Kartellrecht kommt die Vorschrift wohl häufiger zur Anwendung, vgl. *Krumm-Mauermann,* S. 197.

29 GK-*Oetker,* a. a. O.; vgl. zu den Einzelheiten *Wahsner/Borgaes,* S. 60 f.

30 Vgl. die Erl. jeweils dort; ebenso zutreffend auf die Akzessorietät zwischen dem jeweiligen Informationstatbestand und der Ordnungswidrigkeit hinweisend GK-*Oetker,* Rn. 12.

31 So *Regierungspräsidium Stuttgart,* Bußgeldbescheid 27. 10. 88, AiB 89, 22 für den Informationsanspruch nach § 99 Abs. 1.

32 § 90 Abs. 1; vgl. zu einem derartigen Fall *OLG Düsseldorf* 8. 4. 82, BB 82, 1113; *OLG Stuttgart* 22. 11. 84, CR 86, 414; *AG Nürtingen* 15. 2. 84, CR 86, 415.

33 § 92 Abs. 1 Satz 1; vgl. dazu *AG Arnsberg* 3. 3. 77, BetrR 77, 283; *OLG Hamm* 7. 12. 77, DB 78, 748; *Freie und Hansestadt Hamburg,* Bußgeldbescheid 2. 3. 90, Geschäftszeichen: AS 113 OWi 1147/88 – AS 221-B); *Regierungspräsidium Tübingen,* Bußgeldbescheid vom 8. 1. 92, AiB 92, 461 f. mit Anm. *Lang; Regierungspräsidium Darmstadt,* Bußgeldbescheid vom 31. 3. 93, Az.: V 32–70c 02/07 – E 141 –.

son der Beteiligten und über die Auswirkungen der geplanten Maßnahme auch auf andere AN;[34]

18 Unterrichtung des WA über die **wirtschaftlichen Angelegenheiten** des UN sowie die sich daraus ergebenden Auswirkungen auf die Personalplanung und Vorlage der erforderlichen Unterlagen (§ 106 Abs. 2). Der UN ist nach § 106 Abs. 2 verpflichtet, den WA von **geplanten unternehmerischen Entscheidungen** und sonstigen Maßnahmen so **frühzeitig zu unterrichten,** dass dieser sein Beratungsrecht gegenüber dem UN betriebswirtschaftlich sinnvoll ausüben kann. Eine Kritik oder sonstige Stellungnahme und eigene Vorschläge des WA und des BR sowie Initiativen des BR in sozialen Angelegenheiten müssen noch möglich sein.[35] Nach Ansicht des *OLG Karlsruhe*[36] soll keine Ordnungswidrigkeit vorliegen, solange über den Umfang der Auskunftspflicht eine Entscheidung der **ESt. nach § 109** nicht herbeigeführt ist und der UN sich bei der Auskunftsverweigerung auf die Gefährdung eines Geschäftsgeheimnisses berufen hat.[37] Diese Ansicht ist jedoch abzulehnen, da sie einen Vorrang der Entscheidungsbefugnis der ESt. über eine Rechtsfrage gegenüber den ordentlichen Gerichten behauptet, die über einen Ordnungswidrigkeitentatbestand zu entscheiden haben.[38] Im Übrigen verweist Abs. 1 nur auf § 106 Abs. 2, nicht aber auf § 109, so dass die Auffassung des *OLG Karlsruhe* schon im Gesetzeswortlaut keine Stütze findet;[39]

19 **Erläuterung des Jahresabschlusses** gegenüber dem WA unter Beteiligung des BR (§ 108 Abs. 5);

20 schriftliche oder mündliche **Berichterstattung** über die **wirtschaftliche Lage und Entwicklung** des UN gegenüber den AN;[40]

21 Unterrichtung des BR über **geplante Betriebsänderungen,** die wesentliche Nachteile für die Belegschaft oder erhebliche Teile der Belegschaft zur Folge haben können, und Beratung der geplanten Maßnahmen mit dem BR.[41]

22 Es wird **nur vorsätzliches** Handeln geahndet.[42] Allerdings ergänzt **§ 130 OWiG** den § 121 BetrVG, so dass die **fahrlässige Verletzung von Aufsichtspflichten** nach § 130 OWiG zur Verhängung von Geldbußen sogar gegenüber Vorstandsmitgliedern einer Konzernobergesellschaft führen kann.[43] Fehlendes Unrechtsbewusstsein schließt die Ordnungswidrigkeit nach § 121 nur aus, wenn der Irrtum nicht vorwerfbar ist (vgl. § 11 Abs. 2 OWiG). Dem AG aber wird regelmäßig die Unkenntnis der ihm obliegenden Aufklärungs- und Auskunftspflichten zum Vorwurf gemacht werden können.[44] Will der Täter sich mit Erfolg auf die **Unvermeidlichkeit eines Verbotsirrtums** berufen, trifft ihn eine vorangehende **Erkundigungspflicht.** Auskünfte eines Interessenverbandes rechtfertigen i. d. R. nicht die Annahme, der Verbotsirrtum sei unvermeidbar gewesen.[45]

23 Da die Vorschrift **keine Sanktion beim Versuch,** eine Aufklärungs- oder Auskunftspflicht zu verletzen, enthält, bleibt diese Begehungsform wegen § 13 Abs. 2 OWiG ohne Sühne.

---

34 § 99 Abs. 1; vgl. dazu *OLG Stuttgart* 21.12.77, DB 78, 592; *Regierungspräsidium Stuttgart,* Bußgeldbescheid 27.10.88, AiB 89, 22; *Landkreis Hannover,* Bußgeldbescheid 15.8.89, BetrR 90, 24; *Bezirksregierung Düsseldorf,* Bußgeldbescheid 25.7.96, AiB 97, 177.

35 *KG Berlin* 25.9.78, DB 79, 112; zu diesem Tatbestand auch *AG Arnsberg* 3.3.77, BetrR 77, 283; *OLG Hamburg* 4.6.85, DB 85, 1846; *Regierungspräsidium Tübingen,* Bußgeldbescheid vom 8.1.92, AiB 92, 461 f. mit Anm. *Lang; Regierungspräsidium Darmstadt,* Bußgeldbescheid vom 31.3.93, Az.: V 32–70c 02/07 – E 141 –.

36 7.6.85, NZA 85, 570.

37 Zustimmend GK-*Oetker,* Rn. 14; *SWS,* Rn. 4.

38 Ablehnend auch *Growe,* S. 71; wie hier *Dannecker,* FS Gitter, S. 167 [191] mit dem zusätzlichen Argument, dass die ordnungswidrigkeitenrechtliche Sanktion nicht von einer konkretisierenden Entscheidung einer nichtstaatlichen Stelle abhängen könne.

39 Ebenso *Dannecker,* a. a. O.

40 § 110; vgl. zu einem derartigen Fall *AG Arnsberg* 3.3.77, BetrR 77, 283.

41 § 111; vgl. dazu *OLG Hamburg* 4.6.85, DB 85, 1846; *AG Arnsberg* 3.3.77, BetrR 77, 283.

42 Vgl. § 10 OWiG; vgl. auch GK-*Oetker,* Rn. 24.

43 Näher zu § 130 OWiG; GK-*Oetker,* Rn. 44 ff.

44 Richardi-*Annuß,* Rn. 11; *Fitting,* Rn. 6; GK-*Oetker,* Rn. 28 nimmt dies nur an, wenn der Täter von fehlerhaften Rechtsansichten ausgegangen ist; *GL,* Rn. 8; so auch *Landkreis Hannover,* Bußgeldbescheid 15.8.89, BetrR 90, 24.

45 Vgl. GK-*Oetker,* Rn. 28.

IV. Verfahren

24 Die Ahndung einer Informationspflichtverletzung i. S. d. Abs. 1 ist nicht von einem Antrag des Geschädigten selbst (z. B. des BR) abhängig. Grundsätzlich können **Anzeigen** wegen einer Ordnungswidrigkeit **durch jedermann** erfolgen, also auch durch einzelne AN. Von Letzterem ist aber dringend abzuraten, weil Anzeigeerstattungen gegen den AG nach abzulehnender Ansicht der Rspr.[46] zur fristlosen Kündigung berechtigen können.[47] Stattdessen ist es ratsam, eine Anzeige durch die im Betrieb vertretene **Gewerkschaft** oder den **BR/GBR/KBR** zu erstatten.[48] Die **Hinzuziehung eines Rechtsanwalts** zwecks Erstattung der Ordnungswidrigkeitenanzeige kann nach pflichtgemäßer Würdigung des Einzelfalls durch den BR für erforderlich gehalten werden, so dass die **RA-Kosten gemäß § 40 Abs. 1** dem AG zur Last fallen.[49]

25 Die Verfolgung der Ordnungswidrigkeit erfolgt an sich **von Amts wegen** durch die zuständige Verwaltungsbehörde.[50] Die Praxis hat allerdings gezeigt, dass Verfolgungen ohne vorangegangene Anzeige (i. d. R. der Gewerkschaft), d. h. auf Grund behördlicher Eigeninitiative, nahezu nicht vorkommen.[51] Nicht Voraussetzung ist hierfür allerdings, dass die Anzeige auch bereits bei der zuständigen Verwaltungsbehörde erstattet wird. Die Anzeige kann auch bei der Polizei erstattet werden. Diese hat den Vorgang sodann an die zuständige Bußgeldbehörde weiterzuleiten.[52]

26 **Sachlich zuständig** sind für die Verfolgung der Ordnungswidrigkeit:[53]
- in *Berlin, Brandenburg, Bremen, Hamburg, Mecklenburg-Vorpommern,* im *Saarland,* in *Schleswig-Holstein* und *Thüringen* die Ministerien bzw. Senatoren für Arbeit bzw. die Behörde für Arbeit, Gesundheit und Soziales;
- in *Hessen, NRW, Rheinland-Pfalz* die Regierungspräsidien bzw. Bezirksregierungen (ggf. das Oberbergamt);
- in *Baden-Württemberg, Bayern, Niedersachsen, Sachsen-Anhalt* und *Sachsen* die selbstständigen Städte und Gemeinden, Landkreise, Kreisverwaltungsbehörden bzw. Landratsämter/Bürgermeisterämter (und ggf. die Bergämter).

Die **örtliche Zuständigkeit** richtet sich nach § 37 OWiG (Tatort oder Wohnort des Betroffenen).

27 Wird das **Verfahren eingestellt,** ist dies dem Anzeigenden mitzuteilen (§ 46 OWiG i. V. m. § 171 StPO). Die Einstellung kann nur mit einer **Aufsichtsbeschwerde** angegriffen werden.[54] Die Aufsichtsbeschwerde ist bei der Behörde einzulegen, der die Organaufsicht über die jeweilige Verfolgungsbehörde zusteht. Dies ist zumeist das jeweilige Innenministerium.

28 Abzulehnen ist die Ansicht, dass der Anzeigende keinen Anspruch auf **Mitteilung der Einstellungsgründe** habe.[55] Nach § 46 Abs. 1 OWiG findet § 171 StPO nämlich auf das Bußgeldverfahren sinngemäß Anwendung. Verweigert die Verwaltungsbehörde die Mitteilung der Einstellungsgründe, kann gegen diesen Verweigerungsbescheid wiederum eine gerichtliche Entscheidung gemäß § 62 Abs. 1 Satz 2 OWiG beantragt werden. Sodann hat das Amtsgericht, in dessen Bezirk die Verwaltungsbehörde ihren Sitz hat (§ 62 Abs. 2 Satz 1 i. V. m. § 68 Abs. 1 OWiG), darüber zu entscheiden, ob dem Anzeigenden die Gründe für die Verfahrensein-

---

46 Vgl. *BAG* 5. 2. 59, AP Nr. 2 zu § 70 HGB; *LAG Baden-Württemberg* 20. 10. 76, KJ 79, 323; vgl. auch § 89 Rn. 24 sowie § 119 Rn. 32.

47 Vgl. aber auch *LAG Frankfurt* 12. 2. 87, LAGE § 626 BGB Nr. 23, das nur völlig haltlose Vorwürfe für kündigungsrechtlich erheblich hält.

48 Vgl. auch *Fitting,* Rn. 7; ErfK-*Kania,* Rn. 6; Muster einer OWi-Anzeige in DKWF-*Buschmann,* §§ 119–121 Rn. 3.

49 *LAG Schleswig-Holstein* 14. 11. 00 – 1 TaBV 22a/00, BB 01, 1048.

50 A. A. *Roos,* AiB 99, 490 [493].

51 Vgl. die Ergebnisse bei *Krumm-Mauermann,* S. 147.

52 Vgl. *Göhler,* § 53 Rn. 13.

53 Vgl. auch GK-*Oetker,* Rn. 36 m. detaillierten Nachweisen.

54 *Fitting,* Rn. 8; GK-*Oetker,* Rn. 35; *Wahsner/Borgaes,* S. 71 f.; vgl. § 46 Abs. 3 Satz 3 OWiG, wonach das Klageerzwingungsverfahren nach § 172 StPO ausgeschlossen ist.

55 So aber z. B. *Fitting,* Rn. 8; wie hier auch GK-*Oetker,* Rn. 35 *Göhler,* vor § 59 Rn. 159 betont die Zweckmäßigkeit der Mitteilung.

stellung mitzuteilen sind.[56] Eine gerichtliche Entscheidung in der Sache selbst ist jedoch auf diesem Wege nicht erzwingbar.

29 Erlässt die Behörde einen **Bußgeldbescheid** und legt der Betroffene dagegen **Einspruch** ein, entscheidet ebenfalls das Amtsgericht, in dessen Bezirk die Verwaltungsbehörde ihren Sitz hat (§ 68 Abs. 1 OWiG), nunmehr jedoch über die Ahndung der Ordnungswidrigkeit selbst.

30 Die Verfolgung der Ordnungswidrigkeit **verjährt** zwei Jahre nach Begehen der Tat (§ 31 Abs. 2 Nr. 2 OWiG).

V. Geldbuße

31 Die Höhe der Geldbuße beträgt mindestens fünf Euro (§ 17 Abs. 1 OWiG) und höchstens zehntausend Euro (§ 121 Abs. 2 BetrVG). Das Höchstmaß kann jedoch nach Maßgabe von § 17 Abs. 4 OWiG auch überschritten werden,[57] wenn das gesetzliche Höchstmaß nicht dazu ausreicht, den aus der Ordnungswidrigkeit gezogenen wirtschaftlichen Vorteil zu übersteigen. Soweit es überhaupt zur Verhängung von Bußgeldern kommt, bewegt sich deren Höhe in der Regel am unteren Rand des zulässigen Rahmens.[58] Selbst die vom *Amtsgericht Arnsberg*[59] verhängte Geldbuße in Höhe von 6850 DM liegt noch relativ niedrig, wenn man bedenkt, dass sie fünf Ordnungswidrigkeiten betraf.[60]

32 Im Zusammenhang mit Verstößen gegen § 99 Abs. 1 kann es wegen der relativ niedrigen Geldbußen im OWi-Verfahren ggf. sinnvoller sein, zur Erzielung einer nachhaltig rechtstreuen Handlungsweise des AG anstelle des Verfahrens nach § 121 den Weg über § 101 zu gehen: das *ArbG Kaiserslautern*[61] hatte im Falle eines wiederholten Mehrfachverstoßes 12 500 € als Zwangsgeld festgesetzt.

33 Trotz der genannten Beispiele ist festzustellen, dass Staatsanwälte und Ordnungsbehörden in vielen Fällen, die an sich als Ordnungswidrigkeit oder sogar als Straftat nach § 119 zu ahnden wären, das Verfahren einstellen.[62] Gleichwohl sollte die relativ nüchterne Einschätzung der Wirksamkeit eines Ordnungswidrigkeitenverfahrens nicht zum Verzicht auf den Einsatz dieses Instruments führen. Neuere Untersuchungen belegen, dass bei taktisch richtigem Einsatz dieses Verfahrens durch Gewerkschaft und BR durchaus langfristig mit einer **Verbesserung des Informationsverhaltens** des AN/UN gerechnet werden kann.[63]

---

56 Vgl. *Wahsner/Borgaes,* S. 72.

57 Vgl. zur Bußgeldbemessungspraxis *Wahsner/Borgaes,* S. 98; *Krumm-Mauermann,* S. 154.

58 Vgl. *Regierungspräsidium Stuttgart,* Bußgeldbescheid 27.10.88, AiB 89, 22: 300 DM wegen Verstoßes gegen § 99 Abs. 1; *Landkreis Hannover,* Bußgeldbescheid 15.8.89, BetrR 90, 24: 200 DM wegen Verstoßes gegen § 99 Abs. 1; *Bezirksregierung Düsseldorf,* AiB 97, 177; 1000 DM wegen Verstoßes gegen § 99 Abs. 1; vgl. auch die Angaben bei *Wahsner/Borgaes,* S. 98, wonach das höchste festgestellte Bußgeld wegen eines Verstoßes gegen § 99 Abs. 12 000 DM betrug; vgl. aber auch *Freie und Hansestadt Hamburg,* Bußgeldbescheid 2.3.90 [Rn. 16] über 3000 DM wegen Verstoßes gegen § 92 Abs. 1; *Krumm-Mauermann,* S. 154, hat festgesetzte Geldbußen für Einzelverstöße von bis zu 9000 DM, bei Mehrfachverstößen von maximal 15 000 DM festgestellt.

59 3.3.77, BetrR 77, 283.

60 In der Berufungsinstanz *OLG Hamm* 7.12.77, DB 78, 748 verblieben hiervon auf Grund von Teilfreisprüchen noch 2350 DM für drei Verstöße; vgl. hierzu *Wahsner/Borgaes,* S. 132; wegen Verstoßes sowohl gegen § 92 Abs. 1 als auch § 106 Abs. 2 verhängte das *Regierungspräsidium Darmstadt* [vgl. o. Rn. 16 bzw. 18] ein Bußgeld i. H. v. jeweils 500 DM.

61 4.7.07 – 8 BV 32/07.

62 Zur Einstellungspraxis *Wahsner/Borgaes,* S. 96; bisweilen werden an sich zu sanktionierende Fälle durch ein von der Verfahrensordnung nicht vorgesehenes »Schlichtungsverfahren« ohne Verwarnung bzw. Bußgeld erledigt; dazu *dies.,* S. 99 f.; vgl. auch *Stadermann,* Die Quelle 78, 559 f., der aus verwaltungsbehördlicher Sicht ein derartiges »Schlichtungsverfahren« vorstellt.

63 Vgl. mit ausführlichen praktischen Hinweisen zum taktischen Vorgehen *Growe,* S. 22 ff., 233 ff.

Siebenter Teil
Änderung von Gesetzen

§§ 122–124

(vom Abdruck der §§ 122–124 wurde abgesehen; vgl. zur früheren Bedeutung aber die Erläuterungen in der 4. Aufl. 1994)

Achter Teil
Übergangs- und Schlussvorschriften

§ 125 Erstmalige Wahlen nach diesem Gesetz

(1) Die erstmaligen Betriebsratswahlen nach § 13 Abs. 1 finden im Jahre 1972 statt.

(2) Die erstmaligen Wahlen der Jugend- und Auszubildendenvertretung nach § 64 Abs. 1 Satz 1 finden im Jahre 1988 statt. Die Amtszeit der Jugendvertretung endet mit der Bekanntgabe des Wahlergebnisses der neu gewählten Jugend- und Auszubildendenvertretung, spätestens am 30. November 1988.

(3) Auf Wahlen des Betriebsrats, der Bordvertretung, des Seebetriebsrats und der Jugend- und Auszubildendenvertretung, die nach dem 28. Juli 2001 eingeleitet werden, finden die Erste Verordnung zur Durchführung des Betriebsverfassungsgesetzes vom 16. Januar 1972 (BGBl. I S. 49), zuletzt geändert durch die Verordnung vom 16. Januar 1995 (BGBl. I S. 43), die Zweite Verordnung zur Durchführung des Betriebsverfassungsgesetzes vom 24. Oktober 1972 (BGBl. I S. 2029), zuletzt geändert durch die Verordnung vom 28. September 1989 (BGBl. I S. 1795) und die Verordnung zur Durchführung der Betriebsratswahlen bei den Postunternehmen vom 26. Juni 1995 (BGBl. I S. 871) bis zu deren Änderung entsprechende Anwendung.

(4) Ergänzend findet für das vereinfachte Wahlverfahren nach § 14a die Erste Verordnung zur Durchführung des Betriebsverfassungsgesetzes bis zu deren Änderung mit folgenden Maßgaben entsprechende Anwendung:

1. Die Frist für die Einladung zur Wahlversammlung zur Wahl des Wahlvorstands nach § 14a Abs. 1 des Gesetzes beträgt mindestens sieben Tage. Die Einladung muss Ort, Tag und Zeit der Wahlversammlung sowie den Hinweis enthalten, dass bis zum Ende dieser Wahlversammlung Wahlvorschläge zur Wahl des Betriebsrats gemacht werden können (§ 14a Abs. 2 des Gesetzes).
2. § 3 findet wie folgt Anwendung:
   a) Im Fall des § 14a Abs. 1 des Gesetzes erlässt der Wahlvorstand auf der Wahlversammlung das Wahlausschreiben. Die Einspruchsfrist nach § 3 Abs. 2 Nr. 3 verkürzt sich auf drei Tage. Die Angabe nach § 3 Abs. 2 Nr. 4 muss die Zahl der Mindestsitze des Geschlechts in der Minderheit (§ 15 Abs. 2 des Gesetzes) enthalten. Die Wahlvorschläge sind abweichend von § 3 Abs. 2 Nr. 7 bis zum Abschluss der Wahlversammlung zur Wahl des Wahlvorstands bei diesem einzureichen. Ergänzend zu § 3 Abs. 2 Nr. 10 gibt der Wahlvorstand den Ort, Tag und Zeit der nachträglichen Stimmabgabe an (§ 14a Abs. 4 des Gesetzes).
   b) Im Fall des § 14a Abs. 3 des Gesetzes erlässt der Wahlvorstand unverzüglich das Wahlausschreiben mit den unter Buchstabe a genannten Maßgaben zu § 3 Abs. 2 Nr. 3, 4 und 10. Abweichend von § 3 Abs. 2 Nr. 7 sind die Wahlvorschläge spätestens eine Woche vor der Wahlversammlung zur Wahl des Betriebsrats (§ 14a Abs. 3 Satz 2 des Gesetzes) beim Wahlvorstand einzureichen.
3. Die Einspruchsfrist des § 4 Abs. 1 verkürzt sich auf drei Tage.
4. Die §§ 6 bis 8 und § 10 Abs. 2 finden entsprechende Anwendung mit der Maßgabe, dass die Wahl aufgrund von Wahlvorschlägen erfolgt. Im Fall des § 14a Abs. 1 des Gesetzes sind die Wahlvorschläge bis zum Abschluss der Wahlversammlung zur Wahl des Wahlvorstands bei diesem einzureichen; im Fall des § 14a Abs. 3 des Gesetzes sind die Wahlvorschläge spätestens eine Woche vor der Wahlversammlung zur Wahl des Betriebsrats (§ 14a Abs. 3 Satz 2 des Gesetzes) beim Wahlvorstand einzureichen.
5. § 9 findet keine Anwendung.
6. Auf das Wahlverfahren finden die §§ 21 ff. entsprechende Anwendung. Auf den Stimmzetteln sind die Bewerber in alphabetischer Reihenfolge unter Angabe von Familienname, Vorname und Art der Beschäftigung im Betrieb aufzuführen.

7. **§ 25 Abs. 5 bis 8 findet keine Anwendung.**
8. **§ 26 Abs. 1 findet mit der Maßgabe Anwendung, dass der Wahlberechtigte sein Verlangen auf schriftliche Stimmabgabe spätestens drei Tage vor dem Tag der Wahlversammlung zur Wahl des Betriebsrats dem Wahlvorstand mitgeteilt haben muss.**
9. **§ 31 findet entsprechende Anwendung mit der Maßgabe, dass die Wahl der Jugend- und Auszubildendenvertretung aufgrund von Wahlvorschlägen erfolgt.**

Die Bedeutung des **Abs. 1** liegt in der Festlegung des anfangs dreijährigen und mit den regelmäßigen BR-Wahlen 1990 dann vierjährigen Turnus für die BR-Wahlen (demnächst 2026, 2030 usw.).[1] Ferner wird in **Abs. 2** wie bisher der zweijährige Turnus für die regelmäßigen JAV-Wahlen im Zeitraum v. 1.10. – 30.11. des maßgeblichen Wahljahres festgelegt (demnächst in 2024, 2026 usw.). In **Abs. 3 und 4** sind Übergangsregelungen enthalten, die durch den Erlass der neuen Wahlordnungen nach der BetrVG-Reform 2001 jedoch für die heutige Praxis bedeutungslos geworden sind.[2]

§ 126 Ermächtigung zum Erlass von Wahlordnungen

Das Bundesministerium für Arbeit und Soziales wird ermächtigt, mit Zustimmung des Bundesrates Rechtsverordnungen zu erlassen zur Regelung der in den §§ 7 bis 20, 60 bis 63, 115 und 116 bezeichneten Wahlen über

1. **die Vorbereitung der Wahl, insbesondere die Aufstellung der Wählerlisten und die Errechnung der Vertreterzahl;**
2. **die Frist für die Einsichtnahme in die Wählerlisten und die Erhebung von Einsprüchen gegen sie;**
3. **die Vorschlagslisten und die Frist für ihre Einreichung;**
4. **das Wahlausschreiben und die Fristen für seine Bekanntmachung;**
5. **die Stimmabgabe;**

5a. **die Verteilung der Sitze im Betriebsrat, in der Bordvertretung, im Seebetriebsrat sowie in der Jugend- und Auszubildendenvertretung auf die Geschlechter, auch soweit die Sitze nicht gemäß § 15 Abs. 2 und § 62 Abs. 3 besetzt werden können;**

6. **die Feststellung des Wahlergebnisses und die Fristen für seine Bekanntmachung;**
7. **die Aufbewahrung der Wahlakten.**

Die Vorschrift ermächtigt lediglich zur näheren Regelung der Wahlen zum **BR**, zur **JAV**, zur **Bordvertretung** und zum **See-BR.** Daher kann nicht durch VO die Wahl von Mitgliedern der BR-Ausschüsse, der freigestellten BR-Mitglieder und der Mitglieder von GBR und KBR geregelt werden.[3] Durch Art. 1 Nr. 81 des BetrVerf-ReformG v. 23.7 2001[4] ist Nr. 5a. in den Katalog der durch RechtsVO regelbaren Gegenstände eingefügt worden. Die Bestimmung trägt der gesetzlichen Vorgabe in **§ 15 Abs. 2** und **§ 62 Abs. 3** Rechnung und will sicherstellen, dass z. B. der in § 9 vorgegebenen Größe eines BR auch dann entsprochen werden kann, wenn ein Geschlecht die ihm zustehenden BR-Sitze nicht besetzen kann – etwa wegen nicht ausreichender Kandidatenzahl.[5] 1

Vgl. zu den auf Grund der Bestimmung erlassenen VO im Einzelnen zunächst, *Anhang A*, Vorbem. vor § 1 WO Rn. 5 f., ferner *Fitting*, Rn. 5 ff; GK-*Weber*, Rn. 5. 2

1 Einzelheiten dazu in der *4. Aufl. 1994*, Anm. zu § 125.
2 *Fitting*, Rn. 3.
3 Vgl. *Fitting*, Rn. 4.
4 BGBl. I S. 1852 [1863].
5 Vgl. BT-Drucks. 14/5741, S. 53.

§ 127 Verweisungen

Soweit in anderen Vorschriften auf Vorschriften verwiesen wird oder Bezeichnungen verwendet werden, die durch dieses Gesetz aufgehoben oder geändert werden, treten an ihre Stelle die entsprechenden Vorschriften oder Bezeichnungen dieses Gesetzes.

Die Vorschrift ist im Zusammenhang mit der Ablösung des BetrVG 1952 durch das BetrVG 1972 zu sehen und stellt lediglich klar, dass, soweit andere Gesetze oder sonstige Vorschriften (z. B. RechtsVO) auf Bestimmungen des BetrVG 1952 verweisen, die durch das BetrVG 1972 aufgehoben wurden, an deren Stelle die vom inhaltlichen Gegenstand her entsprechenden Vorschriften des BetrVG 1972 gelten, ohne dass diese jedoch deckungsgleich sein müssen.[1]

§ 128 Bestehende abweichende Tarifverträge

Die im Zeitpunkt des Inkrafttretens dieses Gesetzes nach § 20 Abs. 3 des Betriebsverfassungsgesetzes vom 11. Oktober 1952 geltenden Tarifverträge über die Errichtung einer anderen Vertretung der Arbeitnehmer für Betriebe, in denen wegen ihrer Eigenart der Errichtung von Betriebsräten besondere Schwierigkeiten entgegenstehen, werden durch dieses Gesetz nicht berührt.

Das BetrVG 1972 (»dieses Gesetz« i. S. d. Bestimmung) ist am 19. 1. 1972 in Kraft getreten (vgl. die Erl. zu § 132). TV aus der Zeit des BetrVG 1952 (Errichtung einer anderen Vertretung gem. § 20 Abs. 3 BetrVG 1952) sind – soweit ersichtlich – nicht mehr vorhanden. Praktisch ist die Vorschrift daher überholt. Für die Weitergeltung von TV gem. § 3 BetrVG 1972 (a. F.), die vor dem In-Kraft-Treten des BetrVerf-ReformG am 28. 7. 2001 in Kraft waren, kommt eine entsprechende Anwendung dieser Vorschrift in Betracht (dazu auch § 3 Rn. 242),[1] so dass auch diese TV aus der Zeit vor dem 28. 7. 01 fortgelten,[2] sofern sie den materiellen Anforderungen des heutigen § 3 Stand halten (so die prüfungstechnische Vorgehensweise des *BAG*[3], wenngleich diese Frage dort offengelassen wurde), wovon im Regelfall wegen des gegenüber der alten Rechtslage erweiterten Regelungsspielraumes ausgegangen werden kann.[4]

§ 129 Sonderregelungen aus Anlass der Covid-19-Pandemie

(vom Abdruck des § 129 wurde abgesehen; vgl. zur früheren Bedeutung aber die Erläuterungen in der Online-Aufl. 2022)

§ 130 Öffentlicher Dienst

Dieses Gesetz findet keine Anwendung auf Verwaltungen und Betriebe des Bundes, der Länder, der Gemeinden und sonstiger Körperschaften, Anstalten und Stiftungen des öffentlichen Rechts.

Inhaltsübersicht

1 Vgl. zu den Einzelheiten GK-*Weber*, Rn. 1, 2.

1 Vgl. GK-*Weber*, Rn. 3.
2 *Fitting*, Rn. 2.
3 *BAG* 10. 11. 04, EzA § 3 BetrVG 2001 Nr. 1.
4 Vgl. GK-*Weber*, Rn. 3.

I. Abgrenzung zum Öffentlichen Dienst

Die Vorschrift dient neben § 1 BPersVG sowie den entsprechenden Regelungen der PersVG der Länder der **Abgrenzung des Geltungsbereichs** des BetrVG gegenüber dem PersVR. Das BetrVG ist nur auf einen Betrieb anwendbar, dessen Träger als Inhaber der betrieblichen Leitungsmacht dem Privatrecht angehört. Entscheidend für die Frage, ob eine Verwaltung oder ein Betrieb dem BetrVG oder PersVR untersteht, ist deshalb allein, **welchen formellen rechtlichen Charakter** der Inhaber hat (vgl. Einl. Rn. 154), also ob er dem privaten oder öffentlichen Recht (öR) angehört. Mit dem Begriff »**Betriebe des Bundes**« sind die vor allem in § 26 BHO bezeichneten Bundes-Eigenbetriebe gemeint, also Einheiten ohne eigene Rechtspersönlichkeit, die jedoch eine organisatorische Eigenständigkeit aufweisen (vgl. auch Rn. 3). 1

Auf Betriebe, deren Inhaber eine juristische oder natürliche **Person oder** eine **Gesellschaft des Privatrechts** ist (vgl. zu den inländischen Rechtsformen § 5 Rn. 154 ff.; 169 ff.), findet das BetrVG Anwendung.[1] Dies gilt auch dann, wenn eine juristische Person des öR (Körperschaft, Anstalt oder Stiftung des öR) sämtliche Geschäftsanteile oder Aktien am UN einer »Wasserwerk GmbH« oder »Gaswerk AG« hält (sog. **Eigengesellschaft**)[2] oder zwei KöR eine Gesellschaft bürgerlichen Rechts zur Führung eines Theaterbetriebs bilden,[3] weil es betriebsverfassungsrechtlich unerheblich ist, wer bei wirtschaftlicher Betrachtungsweise als Inhaber des Betriebs anzusehen ist.[4] Unbeachtlich ist ferner, ob auf den Betrieb ein TV für den öffentlichen Dienst anzuwenden ist.[5] Dagegen unterfallen sog. **Eigenbetriebe** (dazu Rn. 3) dem PersVR, da hier der Rechtsträger die juristische Person des öR selbst ist; das Gleiche gilt für sog. **Regiebetriebe** (dazu Rn. 4), aber auch für Betriebe von z. B. kommunalen **Zweckverbänden,** weil diese ihrerseits juristische Personen des öR sind. 2

Als **Eigenbetrieb** wird z. B. in den Kommunalordnungen der Länder ein ohne eigene Rechtspersönlichkeit ausgestattetes wirtschaftliches UN einer Gebietskörperschaft bezeichnet, das zwar rechtlich Teil der Körperschaft bleibt, von der sonstigen Verwaltung der Körperschaft aber deutlich abgesetzt ist (etwa durch besondere Namensgebung), ein (z. B. vom Kommunalhaushalt) **abgegrenztes Sondervermögen** hat und nach eigenem Wirtschaftsplan unter kaufmännischer Buchführung arbeitet.[6] Die Binnenorganisation des Eigenbetriebs richtet sich nach speziellen Eigenbetriebsverordnungen oder Eigenbetriebsgesetzen (z. B. in Berlin). Gleichwohl besitzt der Eigenbetrieb keine Rechtsfähigkeit, er ist also nicht Rechtsträger; Rechtsträger und damit AG der im Eigenbetrieb Beschäftigten bleibt die jeweilige Körperschaft des öR (Bund, Land, Gemeinde, Stadt, Kreis). **Eigenbetriebe** bilden nach dem jeweiligen Bundes- oder LandesPersVG meist eine eigene **Dienststelle.** 3

Als **Regiebetrieb** wird im Kommunalwirtschaftsrecht eine besondere Abteilung einer Kommunalverwaltung ohne eigene Rechtspersönlichkeit und **ohne** abgegrenztes **Sondervermögen** sowie ohne eigenen Wirtschaftsplan bezeichnet; er bleibt Teil des Gemeindehaushaltsplans und wird i. d. R. nach kameralistischen Haushaltsgrundsätzen als **Amt innerhalb der Dienststelle** geführt.[7] Regiebetriebe unterliegen daher dem PersVR, bilden i. d. R. aber **keine eigene Dienststelle** im personalvertretungsrechtlichen Sinne. 4

Auf die im Handelsregister eingetragene **Klosterbrauerei** einer Benediktinerabtei, welche den Status einer **KöR durch Königlich-Bayerischen Ministerialerlass** im Jahre 1850 zuerkannt bekam[8], soll das **BetrVG nicht anwendbar** sein, selbst wenn aufgrund dieses besonderen kirchen- 5

1 Grundlegend *BAG* 11.4.58, AP Nr. 1 zu § 6 BetrVG; 18.4.67, AP Nr. 3 zu § 63 BetrVG; 7.11.75, AP Nr. 1 zu § 130 BetrVG 1972.
2 Vgl. *BAG* 28.4.64, AP Nr. 3 zu § 4 BetrVG.
3 *BAG* 8.3.77, AP Nr. 1 zu § 43 BetrVG 1972; für die Betriebsführungs-BGB-Gesellschaft des Gemeinschaftsbetriebs einer Körperschaft des öffentlichen Rechts und eines e. V. auch *BAG* 24.1.96, NZA 96, 1110 [1113].
4 *Fitting*, Rn. 4.
5 *BAG* 3.12.85, AP Nr. 2 zu § 74 BAT.
6 Vgl. *Cronauge*, Rn. 147; *Schraffer*, S. 28.
7 *Cronauge*, Rn. 52; *Schraffer*, S. 53 f.; unzutreffend das Beispiel bei *Fitting*, Rn. 4, wo die kommunale Wasserwerk AG als Regiebetrieb bezeichnet wird, es handelt sich hierbei um eine Eigengesellschaft.
8 Dieser Erlass ist gem. Art. 182 der Bayerischen Verfassung i. V. m. Art. 2 Abs. 2 Satz 1 des »Konkordat zwischen dem Heiligen Stuhle und dem Staate Bayern vom 29.3.1924« noch heute wirksam.

rechtlichen Status gem. § 112 BPersVG sogar die Anwendung des PersVR entfällt.[9] Der *BayVGH*[10] hatte freilich auch die Anwendung des kirchlichen Mitarbeitervertretungsrechts (MAVO) abgelehnt, weil dieser **kirchliche Wirtschaftsbetrieb** nicht der Seelsorge diene und auch keine karitative Einrichtung sei, weshalb dort weder BetrVG, noch PersVR noch MAVO gilt.[11] § 130 sei keine Auffangbestimmung, die in solchen Fällen überhaupt ein Vertretungsrecht garantiere.[12]

6 **Betriebskrankenkassen** sind gem. § 29 Abs. 1 SGB IV stets KöR und unterliegen dem PersVR.[13] Gelegentlich wird das Personal der BKK durch den AG des privaten UN gestellt. Das dann auftretende Problem eines engen Nebeneinanders von BR und PR lässt sich ggf. dadurch entschärfen, dass der AG mit »seiner« BKK die **Führung eines Gemeinschaftsbetriebs** vereinbart (vgl. § 1 Rn. 112).[14]

II. Öffentlich-private Mischbetriebe und Mischkonzerne

7 Unter Zugrundelegung der Grundsätze, die bei Kooperationen zwischen öffentlich-rechtlichen UN und privatrechtlichen UN anzuwenden sind (vgl. dazu § 1 Rn. 109 ff.), ist es denkbar, dass ein als **städtischer Eigenbetrieb** geführtes Krankenhaus, das an sich dem PersVR unterliegen würde, und die dorthin Gastschwestern gestellende DRK-Schwesternschaft e. V. einen **Krankenhaus-GemB** haben, der dem **BetrVG** unterfällt (vgl. § 1 Rn. 113 f.).

8 Gleiches gilt, wenn ein als e. V. geführter **Forschungsbetrieb** mit einem zur Universität gehörenden Institut aufgrund einer als **BGB-Innengesellschaft** gem. § 705 BGB zu qualifizierenden gemeinsamen Betriebsführungsabrede unter einheitlichem Leitungsapparat als gemB zusammenwirken (dazu § 1 Rn. 109 ff.).

8a Ungeklärt ist, ob sich zwei öffentl.-rechtl. Verwaltungsträger auf Grundlage einer sog. Führungsvereinbarung zu einer **Betriebsführungs-Innengesellschaft bürgerlichen Rechts** (§ 705 ff. BGB) zusammenschließen können, um einen GemB nach § 1 Abs. 1 Satz 2 BetrVG zu führen und dann dem Geltungsbereich des BetrVG unterliegen (dazu näher § 1 Rn. 11).[15]

9 Für die Frage, ob die vor Ausgliederung auf eine städtische GmbH als Amt (Regiebetrieb) geführten Städtischen Bühnen nach Ausgliederung zusammen mit dem bei der Stadt verbliebenen Restamt **einen vermuteten GemB** bilden (§ 1 Abs. 2 Nr. 1), genügt es jedenfalls nicht, wenn dieselbe Person zugleich als Amtsleiter und GmbH-Geschäftsführer fungiert und die zivilrechtlich der GmbH zugeordneten Betriebsmittel allein von der GmbH genutzt werden. Es fehlt dann schon an dem von § 1 Abs. 2 Nr. 1 geforderten »gemeinsamen« Einsatz der Betriebsmittel und AN durch beide Rechtsträger.[16]

10 Infolge von Umstrukturierungen im öffentlichen Sektor entstehen häufig UN-Gruppen, bei denen **öff.-rechtl. Körperschaften** oder Anstalten die Funktionen einer konzernleitenden **Holding** gegenüber privatrechtlichen Tochtergesellschaften ausüben.[17] In solchen Fällen ist die Errichtung eines KBR für die privatrechtlich verfassten Teile eines derartigen Mischkonzerns zulässig, weil aus § 130 gerade nicht die Unanwendbarkeit der §§ 54 ff. hergeleitet werden kann.[18] Die öff.-rechtl. Dienststellen und deren PR sollen nach Ansicht des *BAG* in die KBR-Bildung dagegen nicht einzubeziehen sein[19].

---

9 *BAG* 30.7.87, AP Nr. 3 zu § 130 BetrVG 1972.
10 13.9.89, PersR 90, 72.
11 Näher dazu *Altvater u. a.*, § 112 Rn. 7a; vgl. auch BayVGH 16.6.99, PersR 00, 20.
12 *BAG* 30.7.87, a.a.O.
13 *BAG* 10.10.06, AP Nr. 85 zu § 75 BPersVG; *Fitting*, Rn. 4; ErfK-*Kania*, Rn. 4.
14 Vgl. *BAG* 24.1.96, NZA 96, 1110 [1113] für eine derartige privat-öffentliche Kooperation zweier AG; ähnlich HaKo-BetrVG/*Düwell*, Rn. 6.
15 Richardi-*Annuß*, § 130 Rn. 3 hält dies für unmöglich.
16 *BAG* 16.4.08, NZA-RR 08, 583.
17 Dazu bereits eingehend *Plander*, Mitbestimmung in öffentlich-privatrechtlichen Mischkonzernen, 1998.
18 *BAG* 27.10.10 – 7 ABR 85/09, NZA 11, 524; *BAG* 26.8.20 – 7 ABR 24/18, AP Nr. 21 zu § 54 BetrVG 1972, Rn. 45 ff.
19 Dagegen mit zutreffender Begründung noch HaKo-BetrVG/*Düwell*, 3. Aufl., Rn. 11, der mittels teleologischer Reduktion des § 130 eine Einbeziehung auch des PR in die konzernbezogene Interessenvertretung befürwortet [aufgegeben in 4. Aufl., Rn. 11].

III. Privatisierung öffentlicher Einrichtungen und Übergangsmandat

11 Lange Zeit fanden sich weder in den Personalvertretungsgesetzen des Bundes und der Länder noch im BetrVG ausdrückliche Vorschriften zur Vermeidung vertretungsloser Zeiten bzw. zur Wahrung der Vertretungskontinuität für den Fall, dass bei der **Privatisierung öffentlicher Einrichtungen** die bisherige Organisationseinheit aus dem Anwendungsbereich eines PersVG in den Anwendungsbereich des BetrVG wechselt.[20] In einer Vielzahl von Einzelfällen[21] – aber gerade nicht lückenlos – hat der Gesetzgeber in z. T. sehr unterschiedlicher Weise das Problem der Vertretungskontinuität und der Weitergeltung von Dienstvereinbarungen spezialrechtlich geregelt. Daraus wird in Teilen der Lit.[22] abgeleitet, in den nicht spezialrechtlich geregelten Fällen entfiele die bisherige Interessenvertretung.[23] Die Meinungen des Kommentarschrifttums sind gespalten.[24] Einschlägige höchstrichterliche Entscheidungen liegen bisher nicht vor[25], die Instanzgerichte entscheiden uneinheitlich.[26]

11a Infolge der **Neuregelung des BPersVG** mit Wirkung ab dem 15. 6. 21[27] gilt seither für privatisierende Umwandlungen im Geltungsbereich des BPersVG nach Maßgabe von § 29 Abs. 6 BPersVG ein Privatisierungs-Übergangsmandat, welches in seiner Grundstruktur an § 21a BetrVG angelehnt ist. Danach nimmt zwar der PR das Übergangsmandat wahr, muss dabei aber bereits das BetrVG anwenden. Die Kontinuität der Fortgeltung vormaliger Dienstvereinbarungen ist zeitlich auf längstens 12 Monate begrenzt.

12 Auch wenn mit § 29 Abs. 6 BPersVG (Rn. 11a) ein wichtiger Lückenschluss erfolgte, so bleiben doch viele PersVGe der Länder hinsichtlich des Privatisierungs-Übergangsmandats für PRe weiter lückenhaft. Aufgrund der fortbestehenden Unsicherheit ist daher **der Praxis anzuraten,** in den nicht spezialrechtlich geregelten Fällen, insbesondere der Fülle **kommunaler Privatisierungen,** vorrangig eine **tarifliche Regelung** herbeizuführen (vgl. aber auch Rn. 14 f.). Zur tariflichen Lückenbeseitigung ist von nachfolgenden, höchstrichterlich geklärten Grundüberlegungen auszugehen. Das *BAG*[28] hatte im Falle des nordrhein-westfälischen WestLB-Privatisierungsgesetzes v. 2. 7. 02[29] ausdrücklich festgestellt, dass das BetrVG gerade **keine Sperrwirkung** gegenüber einer landesrechtlichen Regelung kollektivrechtlicher Folgen einer Privatisierung (Übergangsmandat des PR als BR; Fortgeltung der DV als BV) entfalte. Der Übergang vom PersVR zum BetrVG werde überhaupt nicht durch das BetrVG erfasst. Ferner hat das *BAG*[30] in einer weiteren Entscheidung, gestützt auf **Art. 9 Abs. 3 GG, § 3 Abs. 2 TVG** und bereits unter Geltung des § 3 n. F. erkannt, dass die tarifliche Schaffung von Vertretungsstrukturen in einem vom Gesetz nicht geregelten Bereich zulässig ist (vgl. § 3 Rn. 21). § 3 n. F. erfasst diesen Sachverhalt gleichfalls nicht. Auch das Tarifverbot des § 3 BPersVG steht der Regelung durch TV nicht entgegen, weil mit Eintritt in den Geltungsbereich des BetrVG die jetzt privatisierte Einrichtung einen Betrieb i. S. v. §§ 1, 130 BetrVG darstellt, der überhaupt nicht mehr dem Geltungsbereich des PersVG unterliegt. Zudem verlangt Art. 2 der Schlussbestimmungen der

---

20 Näher dazu *Trümner,* in Blanke/Trümner [Hrsg.], Rn. 703 ff.; *Schubert,* AuR 03, 132.
21 Vgl. *Fitting,* Rn. 11–14; GK-*Weber,* Rn. 8.
22 Richardi-*Annuß,* Rn. 13; *Kast/Freihube,* DB 04, 2530 ff.; *Pawlak/Leydecker,* ZTR 08, 74 ff.
23 Überblick zum Meinungsstand bei GK-*Weber,* Rn. 9 ff.
24 **Dafür:** *Fitting,* Rn. 15 ff.; WPK-*Preis,* Rn. 6; ausführlich zu insbesondere den Umsetzungsdefiziten gegenüber der Betriebsübergangsrichtlinie HaKo-BetrVG/*Düwell,* § 21a Rn. 24 ff.; unentschieden ErfK-*Kania,* Rn. 3; de lege lata **dagegen,** wenngleich aus Schutzgründen bejahend GK-*Weber,* 11. Aufl., Rn. 11; grundsätzlich verneinend Richardi-*Annuß,* Rn. 13; HWGNRH-*Hess,* Rn. 4.
25 Wenngleich die Erwägungen in *BAG* 31. 5. 00, NZA 00, 1350, eher für die Annahme eines solchen Übergangsmandats auch bei Privatisierungen sprechen; unentschlossen insoweit noch *BAG* 22. 5. 00, NZA 00, 1115.
26 **Dafür** auf Grundlage von § 3 BetrVG a. F.: *LAG Bremen* 20. 12. 00, EzBAT Nr. 17 zu § 54 BAT BR- bzw. PR-Mitglieder; *ArbG Berlin* 19. 2. 01, NZA-RR 02, 92: PR fungiert als »Not-BR« mit längstens dreimonatigem Übergangsmandat; **dagegen:** *LAG Köln* 10. 3. 00, PersR 00, 380 und 11. 2. 00, PersR 00, 378.
27 BGBl. I S. 1614.
28 23. 11. 04, EzA § 75 BetrVG 2001, Nr. 1.
29 GVBl. NW 2002, S. 284.
30 24. 8. 04, AP Nr. 12 zu § 98 BetrVG 1972.

Richtlinie 98/50/EG[31] zu gewährleisten, dass ggf. auch die Sozialpartner die erforderlichen Vorschriften einführen.

13 Die inhaltliche Ausgestaltung eines **Übergangsmandats durch TV** sollte in Anlehnung an die **Privatisierungsfälle** betreffenden § 15 DBGrG, § 8 ENeuOG, § 25 PostPersRG, § 12 DSLBUmwG, § 7 BwKoopG, Art. 84 § 4 Abs. 4 RVOrgG, § 8 BMpVerwPG erfolgen. Eine Anlehnung an die rein privatrechtlichen Übergangsmandate im früheren § 321 UmwG[32], § 13 SpTrUG, § 6b Abs. 9 VermG sollte dagegen nur mit Vorsicht erfolgen, da sie nicht die Besonderheiten des PersVR berücksichtigen (vgl. Rn. 17).

14 **Gelingt** eine **tarifliche Lückenfüllung** dagegen **nicht,** besteht die Rechtsunsicherheit fort und es stellt sich die Frage, ob ein **generelles Übergangsmandat** bei Privatisierungen nicht schon aus anderen Gründen angenommen werden muss.[33] Dabei sind folgende Erwägungen zu beachten: Der Gesetzgeber des BetrVerf-ReformG 2001 suggeriert,[34] er habe mit § 21a BetrVG den Vorgaben der Richtlinie 98/50/EG des Rates vom 29. 6. 1998[35] entsprochen, wonach in Fällen unternehmensrechtlicher Umstrukturierungen ein **Übergangsmandat** der AN-Vertretung vorzusehen ist.[36] § 21a betrifft aber im Wortsinne nur das Übergangsmandat eines **BR, nicht** auch dasjenige eines **PR,** dessen Dienststelle etwa im Rahmen von §§ 168, 188, 190 UmwG privatisiert wird und sodann als Betrieb i. S. d. §§ 1, 130 BetrVG fortbesteht. Die Richtlinie und die aus ihr folgende Umsetzungsverpflichtung ist aber auch auf privatisierende Betriebsübergänge anzuwenden.[37] Somit ist der deutsche Gesetzgeber seinen gemeinschaftsrechtlichen Verpflichtungen zur fristgerechten Umsetzung der Richtlinie des Rates nicht nachgekommen, weil nach Art. 2 der Schlussbestimmungen der Richtlinie 98/50/EG vom 29. 6. 1998[38] diese Frist mit dem 16. 7. 01, 24 Uhr, abgelaufen war und seit dem 17. 7. 01 insoweit bezüglich des Übergangsmandats von PR bei Privatisierungen ein **gemeinschaftsrechtswidriger Zustand** besteht,[39] denn die Richtlinie gebietet jedenfalls, auch für PR ein Übergangsmandat vorzusehen, wenn anders die Vertretungskontinuität nicht gewahrt werden kann.[40] Dieser bereits lang anhaltende Verstoß gegen europäisches Arbeitsrecht ist deshalb von den deutschen Arbeitsgerichten im Wege **gemeinschaftsrechtskonformer Auslegung** des § 21a BetrVG zu überwinden.[41] Die Annahme der Gegenansicht[42], es fehle an der dafür erforderlichen plan*widrigen* Regelungslücke im nationalen Recht, unterstellt dem Gesetzgeber gleichsam, er hätte in § 21a BetrVG eine plan*volle* Lücke geschaffen. Wäre dem so, läge sogar ein bewusster Verstoß der Bundesrepublik Deutschland gegen das Europarecht vor, der in keinem Falle hinzunehmen ist, von der Gegenmeinung aber argumentativ sanktioniert wird.

15 Obgleich dem Bundesarbeitsministerium entsprechende **Gesetzgebungsvorschläge** zur Anpassung an das europäische Arbeitsrecht bekannt waren (z. B. § 118b des *DGB*-Vorschlags zur

---

31 NZA 98, 1211 ff.

32 Abgelöst durch § 21a BetrVG.

33 **Dafür** die ganz **h. M.:** *Altvater u. a.,* § 1 Rn. 9d – 9g; *Blanke,* PersR 00, 349 ff.; *ders.* ZfPR 01, 242 ff.; *Engels,* FS Wlotzke, S. 279 [287 ff.]; *Frohner,* PersR 95, 99 ff.; MünchArbR-*Germelmann,* § 368 Rn. 42; *Hammer,* PersR 97, 54; *Joost,* EWiR § 321 UmwG 1/2000, 1071; *Schlachter,* RdA 93, 313, 316; *Trümner,* PersR 93, 473, 480; *v. Roetteken,* NZA 01, 414, 422; *Widmaier,* ZfPR 01, 119 [123]; Wiedenfels, PersV, 110 ff.; *Wurm,* ZfPR 00, 307 [310]; **dagegen:** *Besgen/Langer,* NZA 03, 1239 ff.; *Kast/Freihube,* DB 04, 2530 ff.; *Pawlak/Leydecker,* ZTR 08, 74 ff.; *Schipp,* NZA 94, 865, 869; *Wollenschläger/v. Harbou,* NZA 05, 1081, 1091.

34 Vgl. Fn. 1 zu § 21a der Gesetzesbegründung, *BT-Drucks.* 14/5741, S. 9, 39.

35 Abdruck in NZA 98, 1211 ff.

36 Art. 5 der Betriebsübergangsrichtlinie, a. a. O., S. 1213; inhaltlich unverändert Art. 6 der Richtlinie 2001/23/EG v. 12. 3. 01 [ABl. EG Nr. L 82, S. 18].

37 HaKo-BetrVG/*Düwell,* § 21a Rn. 25; für die unionsrechtlich gebotene Anerkennung des Übergangsmandats auch *Fitting,* Rn. 16.

38 A. a. O., S. 1213; in Kraft belassen durch die Richtlinie v. 12. 3. 01, a. a. O.

39 So wohl auch im Ansatz die im Ergebnis wie in der Begründung allerdings unzutreffende Entscheidung des *LAG Köln* 10. 3. 00, PersR 00, 380.

40 Vgl. *Blanke,* PersR 00, 349 [355 f.]; *v. Roetteken,* NZA 01, 414 [421].

41 Ebenso HaKo-BetrVG/*Düwell,* § 21a Rn. 27.

42 Vgl. insbes. GK-*Weber,* 11. Aufl., Rn. 10.

Novellierung des BetrVG aus dem Jahre 1998[43]), hat es diese im Rahmen der BetrVG-Novellierung 2001 nicht aufgegriffen.[44] Die Gegner des Übergangsmandats gehen gerade auch deshalb sogar von einer »bewussten Regelungslücke« aus,[45] weshalb die analoge Anwendung anderer Bestimmungen (dazu Rn. 13) ausscheide.[46] Sie übersehen, dass sie selbst damit der Perpetuierung eines europarechtswidrigen Zustands das Wort reden. Zur Beseitigung der seit langem eklatant gemeinschaftsrechtswidrigen Situation bleibt somit entweder die gemeinschaftsrechtskonforme Auslegung des § 21a BetrVG (vgl. Rn. 14) oder die **unmittelbare Anwendung von Art. 6 der Betriebsübergangsrichtlinie,** um die Vertretungskontinuität eines PR zu wahren.[47] Auch das *BAG*[48] sah sich in der Lage, eine als korrekturbedürftig erachtete Rechtslage[49] bezüglich des Übergangsmandats für BR im Wege richterlicher Rechtsfortbildung zu ändern. Vor diesem Hintergrund handelt es sich bei den Judikaten des *LAG Köln*[50] um Akte der gemeinschaftsrechtswidrigen Ausübung deutscher Staatsgewalt nach Erlass der Richtlinie, was jedoch nach h. M. auch vor Ablauf der Richtlinienumsetzungsfrist nicht statthaft ist.[51]

16 Für den Inhalt **des anzuerkennenden allgemeinen Übergangsmandats** gilt folgendes[52]:

- Der bisherige PR »mutiert« in personell unveränderter Zusammensetzung zum BR und übt seine Rechte nunmehr nach dem BetrVG aus; etwa weiter gehende Beteiligungsrechte nach bisher anzuwendendem PersVG entfallen;
- Bei Beschlussfassungen der Übergangsvertretung gilt nicht mehr das gruppenbezogene Beschlussfassungsrecht des PersVG, sondern § 33 BetrVG;
- Das Übergangsmandat dauert analog § 21a BetrVG längstens sechs Monate[53];
- Der zum BR mutierte PR hat unverzüglich einen WV zu bestellen.[54]

IV. Inländische Betriebe internationaler/zwischenstaatlicher Organisationen

17 Die Vorschrift grenzt den Geltungsbereich des BetrVG gegenüber dem *deutschen* öffentlichen Dienst ohne Überschneidungen ab,[55] so dass **Betriebe ausländischer, internationaler oder zwischenstaatlicher Organisationen** oder ausländischer Staaten (Staatsbetriebe), die auf deutschem Staatsgebiet liegen, dem BetrVG unterfallen,[56] selbst wenn deren Rechtsträger eine ausländische juristische Person des dortigen öffentlichen Rechts ist. Sie sind eben nicht juristische Personen des **deutschen** öffentlichen Rechts, für die allein § 130 gilt.[57] Dasselbe folgt aus § 1 BPersVG, der nur die *inländischen* juristischen Personen des öff. Rechts der Geltung des PersVR unterwirft. Anders ist dies nur, wenn derartige Betriebe das Recht der Exterritorialität

43 *DGB-Bundesvorstand* (Hrsg.), Novellierungsvorschläge des DGB zum Betriebsverfassungsgesetz 1972, 1998.
44 Zu den möglichen Gründen *Blanke,* Die Privatisierung von Dienststellen [insbesondere Dienststellenteilen] und das Übergangsmandat von Personalräten – rechtspolitischer Handlungsbedarf?, Rechtsgutachten im Auftrag der Hans-Böckler-Stiftung, 2000.
45 Vgl. nur Richardi-*Annuß,* Rn. 13.
46 Dagegen *Blanke,* ZfPR 01, 242 ff.
47 Dazu schon *Blanke,* PersR 00, 349 [356 ff.]; ablehnend GK-*Weber*, 11. Aufl., Rn. 9; zweifelhaft kann bei Art. 6 nur sein, *wie* das Übergangsmandat beschaffen ist (z. B. hinsichtlich seiner Dauer), nicht aber, dass es *dem Grunde nach* zu bejahen ist; für sechs Monate *Fitting,* Rn. 17.
48 31. 5. 00, NZA 00, 1350.
49 Vgl. *BAG* 23. 11. 88, NZA 89, 433.
50 *LAG Köln* 10. 3. 00, PersR 00, 380 und 11. 2. 00, PersR 00, 378.
51 *Blanke,* PersR 00, 358 m. w. N.
52 Dazu *Fitting,* Rn. 17 ff.; HaKo-BetrVG/*Düwell,* § 21a Rn. 28.
53 Anders HaKo-BetrVG/*Düwell,* § 21a Rn. 28, der drei Monate für erforderlich aber auch ausreichend hält, dabei jedoch verkennt, dass selbst zur erforderlichen Wahleinleitung und Mandatsausübung nunmehr Kenntnisse des BetrVG und der WO erworben werden müssen.
54 Anders HaKo-BetrVG/*Düwell,* § 21a Rn. 29, der zwecks Vermeidung von Wahlfehlern zur gerichtlichen WV-Bestellung gem. § 16 Abs. 2 rät.
55 *Fitting,* Rn. 3.
56 *LAG Berlin* 31. 8. 92, BB 93, 141; Richardi-*Annuß,* Rn. 6; *Fitting,* Rn. 7; GK-*Weber,* Rn. 6; *GL,* Rn. 4; HWGNRH-*Hess,* Rn. 11.
57 Ebenso *LAG Berlin* 31. 8. 92, BB 93, 141.

genießen, also so angesehen werden, als ob sie Teil des ausländischen Staatsgebietes sind (z. B. Botschaften)[58] oder wenn Sonderregelungen bestehen (dazu die nachfolgende Erl.).

V. Inländische Einrichtungen der EU

18 Auf Betriebe/Verwaltungen der **EU** in Deutschland ist weder das BetrVG noch deutsches PersVR anzuwenden. Hier besteht vielmehr ein besonderes **gemeinschaftsrechtliches PersVR.**[59]

VI. Inländische Betriebe ausländischer Streitkräfte

19 Auf die zivilen Beschäftigten bei den ausländischen Truppen in Deutschland findet zwar grundsätzlich das BPersVG Anwendung, allerdings nur in sehr eingeschränkter Form.[60]

VII. Bundeswehr/Zivildienst/Freiwilligendienst

20 Vgl. zur Vertretung von Personen im Bereich der **Bundeswehr** die Erl. bei § 1 Rn. 18. **Zivildienstleistende** wählten bis zur Aussetzung der Wehrpflicht im Jahre 2012 einen **Vertrauensmann** (§ 37 ZDG i. V. m. § 2 ZDVG[61]). Personen, die den **Bundesfreiwilligendienst** leisten, vertreten ihre Interessen gegenüber der Einsatzstelle durch einen **Sprecher** (§ 10 BFDG)[62] nach Maßgabe der dazu erlassenen BFD-WahlVO v. 19. 3. 2013 (BGBl. I, S. 592).

§ 131 Berlin-Klausel

(gegenstandslos)[63]

§ 132 (Inkrafttreten)

1 Das Gesetz ist am 18. 1. 1972 im BGBl. I (S. 13 ff.) verkündet worden und somit in seiner ursprünglichen Fassung am 19. 1. 1972 in Kraft getreten (vgl. wegen der Besonderheiten in Bezug auf die **DDR** *4. Aufl. 1994*, Rn. 7 ff.; im Beitrittsgebiet [das Territorium der ehemaligen DDR] trat das Gesetz am 3. 10. 1990 in Kraft).

2 Vgl. zum Inkrafttreten der späteren, das BetrVG ändernden Gesetze Einl. Rn. 34 ff., 37 ff., 45e ff.

---

58 Vgl. zum autonomen Personalvertretungsrecht bei internationalen Organisationen, das vom Prinzip der Allzuständigkeit der Personalvertretung geprägt ist, *Ullrich*, ZBR 90, 337 ff.

59 Vgl. Richardi-*Annuß*, Rn. 7; GK-*Weber*, Rn. 6 mit Hinweis auf Art. 9 des Europäischen Beamtenstatuts v. 29. 2. 68; zu diesen gemeinschaftsrechtlichen Personalvertretungen *Rogalla*, Dienstrecht der Europäischen Gemeinschaften, 2. Aufl. 1992, S. 229 ff.;.

60 Näher dazu *Kissel*, NZA 96, 57 ff.; vgl. auch § 1 Rn. 21 ff.

61 Gesetz über den Vertrauensmann der Zivildienstleistenden v. 16. 1. 91, BGBl. I S. 47, 53.

62 Gesetz über den Bundesfreiwilligendienst v. 28. 4. 11, BGBl. I S. 687, in Kraft seit 3. 5. 11; Zivildienst- und Grundwehrdienstpflicht sind mit Wirkung seit dem 1. 7. 11 ausgesetzt. Wer gleichwohl freiwilligen Wehrdienst leistet, genießt gem. § 16 Abs. 7 ArbPlSchG n. F. (eingefügt durch Art. 6 WehrrechtsÄndG v. 28. 4. 11, BGBl. I S. 678) denselben Schutz wie seinerzeit Wehrpflichtige.

63 Vgl. Einigungsvertrag v. 31. 8. 1990 (BGBl. II, S. 889) und 6. Überleitungsgesetz v. 25. 9. 1990 (BGBl. I, S. 2106).

Anhang A

Erste Verordnung zur Durchführung des Betriebsverfassungsgesetzes (Wahlordnung – WO) – Kommentierung

In der Fassung vom 11. 12. 2001 (BGBl. I S. 3494n), zuletzt geändert durch Verordnung zur Änderung der Wahlordnung, der Wahlordnung Seeschifffahrt und der Verordnung zur Durchführung der Betriebsratswahlen bei den Postunternehmen vom 8. 10. 2021 (BGBl. I S. 4640)

Vorbemerkungen (Wahlordnung BetrVG)

Mit dem am 18. 6. 2021 in Kraft getreten Betriebsrätemodernisierungsgesetz (BRModG) sind nach dem am 28. 7. 2001 in Kraft getretenen **Gesetz zur Reform des Betriebsverfassungsgesetzes** (BetrVerf-ReformG) erneut die Rechtsgrundlagen zur Wahl des Betriebsrats und der Jugend- und Auszubildendenvertretung nach fast genau 20 Jahren grundlegend geändert worden. Die Wahlordnungen sind nach zustimmendem Beschluss des Bundesrates am 8. 10. 2021 ebenfalls angepasst worden. Sie sind am 15. 10. 2021 in Kraft getreten. Hervorzuheben ist zuvorderst, dass Hauptzweck der Änderungen eine Stärkung der Demokratie im Betrieb ist. So sagte der Bundesarbeitsminister Hubertus Heil in seiner Rede vor dem Bundestag zur ersten Lesung des Gesetzes am 6. 5. 2021: **»Demokratie sind nicht nur die Parlamente, sondern Demokratie sind auch Betriebsräte«**[1] 1

So soll mit den Änderungen in Gesetz und WO die Bildung von Betriebsräten erleichtert werden.[2]

Die am Tag nach ihrer Verkündung am 15. Oktober 2021 in Kraft getretene erste WO zum BRModG setzt die neuen Wahlvorschriften wahltechnisch um. Die neue erste WO ist auf der Grundlage des § 126 BetrVG vom Bundesminister für Arbeit und Soziales mit Zustimmung des Bundesrates erlassen worden.[3] Die WO 2001 i. d. F. vom 3. 10. 2021 hat die vorige Version gemäß § 43 WO abgelöst[4] (zur WO a. F. vgl. die vorherige 17. Auflage des DKW). Zu dem wesentlichen Inhalt der neuen WO gehört die Nachvollziehung der Absenkung des Wahlalters für das aktive Wahlrecht im Betrieb auf **16 Lebensjahre** in der Wählerliste. Für das passive Wahlrecht verbleibt es jedoch beim **18. Lebensjahr,** wenn man für den Betriebsrat kandidieren möchte. Dies wird zu mehr Wahlberechtigten im Betrieb führen. Es wird auf der Wählerliste in Zukunft eine weitere Gruppe geben, die wählen darf, aber nicht gewählt werden kann. 2

Durch die teilweise verpflichtende Ausweitung des vereinfachten Wahlverfahrens soll die Bildung von Betriebsräten vereinfacht werden. Das **vereinfachte Wahlverfahren,** das wesentlich zu einem Ansteigen der Zahl der BR in den Kleinbetrieben beitragen soll, ist trotz der Vorteile, 3

1 *https://www.bmas.de/DE/Service/Gesetze-und-Gesetzesvorhaben/betriebsraetemodernisierungsgesetz.html.*
2 Ebenda.
3 Vgl. BR-Drucks. 666/21.
4 Im weiteren Text kurz »WO 21«.

die es bringt, in vielen Wahlphasen nicht immer leicht anzuwenden. Trotzdem ist die verpflichtende Ausweitung des vereinfachten Verfahrens auf Betriebe mit bis zu 100 AN eine sinnvolle Erweiterung. Allerdings wird dies auch weiterhin die grundlegenden Probleme bei der BR-Gründung nicht beseitigen. So muss der in der ersten Wahlversammlung in einem bisher betriebsratslosen Betrieb gewählte WV noch in dieser Versammlung die Wählerliste erstellen, das Wahlausschreiben erlassen sowie Wahlvorschläge entgegennehmen und auf ihre Gültigkeit hin überprüfen. Das vereinfachte Wahlverfahren muss insgesamt unbürokratischer und einfacher handhabbar werden, um das ständige Schwinden von Betriebsräten in den Betrieben aufzuhalten. Wie sehr sich die Realitäten in Deutschland hier unterscheiden, zeigen zwei Zahlen: Während im Jahre 2019 89 % der Beschäftigten im öffentlichen Dienst durch einen Personalrat vertreten werden, sind dies in privaten Betrieben nur 46 % der Beschäftigten[5]. Insoweit wird man über neue Wege nachdenken müssen, um die Zahl der BR-Gründungen zu erhöhen.

4 Bei der Wahl kann sich der Wahlvorstand im Betrieb einer erweiterten Nutzung der vorhandenen **Informations- und Kommunikationstechnik (IuK-Technik)** im Betrieb bedienen, um etwa die Wählerliste und das Wahlausschreiben über das Intranet zusätzlich bekannt zu machen. Nutzt der WV z. B. das firmeninterne **Intranet,** um Bekanntmachungen auch dort durchzuführen, so muss er genauso darauf achten, dass diese Informationen immer korrekt sind. Andernfalls wird so die Wahl beeinflusst und wird in der Regel anfechtbar.

Die durch die Corona-Pandemie vorangetriebene Digitalisierung der Arbeit wird auch für den Wahlvorstand selbst umgesetzt. Bis auf wenige Ausnahmen wird der WV, sofern er das selbst möchte, in Zukunft mittels Video- oder Telefonkonferenz tagen können. So wird in die WO aufgenommen, was in vielen Betrieben schon längst an der Tagesordnung ist. Gerade wegen der vielen digitalen Neuerungen und Verbesserungen wird die verstärkte Nutzung der IuK-Technik zur Wahldurchführung und zur Wahlwerbung durch die Wahlbewerber zu neuartigen Auseinandersetzungen führen. Insbesondere die **Neutralitätspflicht**[6] des WV und des AG müssen im Netz mit seinen vielfältigen Veröffentlichungsmöglichkeiten strikt gewahrt werden. Schnell ist mit einem Twitter- oder **Facebook-Eintrag** eine große Anzahl von AN erreicht.

Trotz des vielfältigen Einsatzes von IuK-Technik ist der Tag der Wahl weiterhin analog. Der Einsatz von Wahlgeräten bei der Betriebsratswahl ist nach wie vor nicht gesetzlich geregelt und deren Einsatz damit weiterhin ohne gesetzliche Legitimation.[7] Gleiches gilt für die Durchführung der BR-Wahl im »online-Modus«.[8] Die sogenannte Online-Wahl ist somit weiterhin nicht möglich[9]. Trotzdem gibt es vermehrt Angebote auf dem Markt, die eine Durchführung der BR-Wahl mit einer Software als rein digitalen Ablauf anbieten[10]. Insoweit wird der Druck auf dem Gesetzgeber verbleiben, die Durchführung der BR-Wahl als digitale Wahl zu regeln und damit zu erlauben.

Mit der Änderung des Personenstandsgesetzes zum 1. 1. 2019 nach einer Entscheidung des Bundesverfassungsgerichtes[11] wurde das **dritte Geschlecht »divers«** anerkannt. Der Gesetzgeber hat jedoch nicht die Notwendigkeit einer Novelle des Betriebsverfassungsgesetzes gesehen. Es ist somit davon auszugehen, dass die von Literatur und Rechtsprechung gefundenen Lösungen der Auslegung des Gesetzestextes eine genügende rechtliche Klarstellung darstellen.

Durch die Änderungen des BRModG und der WO soll nicht zuletzt die BR-Wahl in vielen Betrieben leichter handhabbar werden und nicht mehr so anfechtungsträchtig wie vor der Novellierung. Dazu dient auch der neu eingefügte § 19 Abs. 3 BetrVG. Gleichwohl gibt es immer noch Betriebe, in denen die Betriebsleiter oder Eigentümer lieber keinen Betriebsrat sehen würden. Daher gilt nach wie vor, dass die **Wahlen sorgfältig vorzubereiten und durch-**

---

5 *https://www.destatis.de/DE/Themen/Arbeit/Arbeitsmarkt/Qualitaet-Arbeit/Dimension-5/arbeitnehmervertretungen.html.*

6 Zur Neutralitätspflicht des AG vgl. § 20 BetrVG Rn. 20.

7 *Homburg*, AiB 10/13, 577 ff.

8 *Homburg/Kopp*, AiB 02/18, *https://www.bund-verlag.de/zeitschriften/arbeitsrecht-im-betrieb/archiv/02-2018.*

9 *LAG Hamburg* vom 15. 2. 18 – 8 TaBV 5/17.

10 Die schwierige Wahl der Wahl, Magazin Mitbestimmung, Ausgabe 03/21.

11 Beschluss des *BVerfG* v. 10. 10. 17 – 1 BvR 2019/16.

zuführen sind. Das setzt wiederum gründliche Schulungen der WV-Mitglieder voraus, damit Wahlanfechtungen auch in Zukunft so häufig wie möglich unterbleiben.

Die WO 2021 findet grundsätzlich auch auf die Wahlen zu den BRen in den privatisierten Postunternehmen Anwendung. Abweichende Wahlregelungen ergeben sich aus der Verordnung zur Durchführung der Betriebsratswahlen bei den Postunternehmen (WahlO Post) in Artikel 3 des Gesetzes. Eine wesentliche Abweichung ist der Wegfall von Wahlumschlägen bei der Präsenzwahl, analog zu den Regelungen der erste WO. **5**

Für den Bereich der Seeschifffahrt und damit für die Wahl der Bordvertretung und des Seebetriebsrats (§§ 115, 116 BetrVG, § 42 WO) gilt die Zweite Verordnung zur Durchführung des Betriebsverfassungsgesetzes (Wahlordnung Seeschifffahrt – WOS –) mit den Änderungen gemäß Artikel 2 der neuen WO[12]. **6**

12 Vgl. BR-Drucks. 666/21.

Erster Teil
Wahl des Betriebsrats (§ 14 des Gesetzes)

Erster Abschnitt
Allgemeine Vorschriften

§ 1 Wahlvorstand

(1) Die Leitung der Wahl obliegt dem Wahlvorstand.

(2) Der Wahlvorstand kann sich eine schriftliche Geschäftsordnung geben. Er kann Wahlberechtigte als Wahlhelferinnen und Wahlhelfer zu seiner Unterstützung bei der Durchführung der Stimmabgabe und bei der Stimmenzählung heranziehen.

(3) Die Beschlüsse des Wahlvorstands werden mit einfacher Stimmenmehrheit seiner stimmberechtigten Mitglieder gefasst. Die Sitzungen des Wahlvorstands finden als Präsenzsitzung statt. Über jede Sitzung des Wahlvorstands ist eine Niederschrift aufzunehmen, die mindestens den Wortlaut der gefassten Beschlüsse enthält. Die Niederschrift ist von der oder dem Vorsitzenden und einem weiteren stimmberechtigten Mitglied des Wahlvorstands zu unterzeichnen.

(4) Abweichend von Absatz 3 Satz 2 kann der Wahlvorstand beschließen, dass die Teilnahme an einer nicht öffentlichen Sitzung des Wahlvorstands mittels Video- und Telefonkonferenz erfolgen kann. Dies gilt nicht für Sitzungen des Wahlvorstands

1. im Rahmen einer Wahlversammlung nach § 14a Absatz 1 Satz 2 des Gesetzes,
2. zur Prüfung eingereichter Vorschlagslisten nach § 7 Absatz 2 Satz 2,
3. zur Durchführung eines Losverfahrens nach § 10 Absatz 1.

Es muss sichergestellt sein, dass Dritte vom Inhalt der Sitzung keine Kenntnis nehmen können. Eine Aufzeichnung der Sitzung ist unzulässig. Die mittels Video- und Telefonkonferenz Teilnehmenden bestätigen ihre Teilnahme gegenüber der oder dem Vorsitzenden in Textform. Die Bestätigung ist der Niederschrift nach Absatz 3 beizufügen.

(5) Erfolgt die Sitzung des Wahlvorstands mit der zusätzlichen Möglichkeit der Teilnahme mittels Video- und Telefonkonferenz, gilt auch eine Teilnahme vor Ort als erforderlich.

Inhaltsübersicht Rn.

I. Aufgaben des Wahlvorstands

1 Die Wahlen des BR sind durch einen WV vorzubereiten und durchzuführen (vgl. insbes. § 18 Abs. 1 und 3 BetrVG). Jede BR-Wahl setzt somit die **Bildung eines WV** voraus (zur Bestellung des WV in einem Betrieb mit BR vgl. § 16; zur Bestellung des WV in einem Betrieb ohne BR vgl. § 17 und zur Bestellung des WV im vereinfachten Wahlverfahren vgl. § 17a BetrVG). Eine ohne Bildung eines WV durchgeführte BR-Wahl macht die Wahl anfechtbar, nach h. M. sogar nichtig (vgl. § 18 BetrVG Rn. 1). Aber auch Fehler bei der Bildung und Zusammensetzung des WV können zur Anfechtung führen (vgl. § 16 BetrVG Rn. 34). Bei einer erheblich fehlerhaften Zusammensetzung des WV muss allerdings nicht zwangsläufig die Durchführung der Wahl und ihr Abschluss abgewartet werden, damit die Wahlanfechtung betrieben werden kann. Unter bestimmten Voraussetzungen kann der fehlerhaften Zusammensetzung des WV, wenn die Gefahr einer Anfechtung wegen eines solchen Mangels besteht, mit einer **einstweiligen Verfügung** während des Wahlverfahrens begegnet werden (vgl. § 16 BetrVG Rn. 30). Ein Antrag

auf Ersetzung des WV ist aber erst dann gerechtfertigt, wenn sein Verhalten so unzweckmäßig oder unrechtmäßig ist, dass die Durchführung der Wahl insgesamt gefährdet ist.[1]

Das **Amt des WV beginnt mit der Mitteilung des BR** (ggf. des GBR oder des KBR, vgl. § 17 Abs. 1 BetrVG) an die Mitglieder des WV über ihre Bestellung. Sofern die Bestellung des WV durch die Betriebsversammlung erfolgt, beginnt das Amt mit dem Abschluss der Wahl durch die Versammlung. Nimmt das **ArbG** die Bestellung vor, tritt der Amtsbeginn mit der Benachrichtigung durch diese Stelle ein. Der WV ist von seiner Bestellung an **sofort handlungsfähig;** einer Konstituierung bedarf es nicht. 2

Das **Amt des WV endet** mit der **konstituierenden Sitzung** des neu gewählten BR (vgl. § 16 BetrVG Rn. 21). Die einzelnen WV-Mitglieder können aber auch nach Ablauf des Amtes noch **Abwicklungsarbeiten** vornehmen. So können z. B. Wahlakten, sofern sie nicht dem neu gewählten BR in der konstituierenden Sitzung übergeben worden sind, dem BR zugeleitet werden oder das Büro des WV abgewickelt werden. Solange der WV im Amt ist, ist er **Beteiligter eines Beschlussverfahrens,** das sich gegen die Einleitung oder Durchführung der BR-Wahl richtet. Nach Erlöschen des Amtes ist der WV nicht mehr berechtigt, Rechtsmittel gegen einen zu seinen Ungunsten zurzeit seiner Tätigkeit ergangenen Beschluss einzulegen.[2] 3

Entscheidungen und Maßnahmen des WV können vor Abschluss der BR-Wahl selbstständig angefochten werden. Antragsberechtigt ist jeder, der durch die Maßnahme des WV in seinem aktiven oder passiven Wahlrecht betroffen wird.[3] 4

Die Einleitung und Durchführung der Wahl sowie die Feststellung des Wahlergebnisses obliegt dem WV als **Kollegialorgan.** Bei seinen Maßnahmen handelt der WV im Rahmen des Gesetzes und der WO nach **pflichtgemäßem Ermessen.** Die einzelnen WV-Mitglieder sind zwar verpflichtet, unter Berücksichtigung der Interessen des Betriebes und ihrer individuellen Fähigkeiten die WV-Tätigkeit möglichst zügig und effektiv auszuführen. Der AG ist jedoch nicht berechtigt, den WV hinsichtlich der von ihm zu leistenden Tätigkeit ein Stundenkontingent vorzugeben.[4] 5

Bei ihrer Tätigkeit sind der WV und seine Mitglieder nach § 20 Abs. 1 und 2 BetrVG **umfassend geschützt.** Das gilt selbst dann, wenn der WV nicht rechtmäßig zustande gekommen ist. Der AG darf auch in einem solchen Falle die Arbeit des WV nicht eigenmächtig behindern. Er muss vielmehr durch das ArbG feststellen lassen, dass der WV nicht ordnungsgemäß zustande gekommen ist.[5] Zum Kündigungsschutz und Versetzungsschutz für WV-Mitglieder vgl. § 103 BetrVG Rn. 10ff., 64ff. und § 15 KSchG. Dieser Kündigungsschutz wurde mit dem BRModG ausgedehnt. So wurde in § 15 Abs. 3a KSchG die Zahl der Beschäftigten, die Kündigungsschutz erhalten, wenn sie zur Wahlversammlung oder Bestellung eines WV einladen, von drei Personen auf sechs Personen erhöht. Weiterhin wurde im § 15 KSchG der Absatz 3b eingefügt, der die Initiatoren einer BR-Gründung schon im Vorfeld schützen soll. 6

Für die Handlungsfähigkeit des WV ist ein **Vorsitzender** erforderlich. In den Fällen, in denen der BR (GBR oder KBR, vgl. § 17 Abs. 1 des Gesetzes) den WV bestellt, beruft er auch dessen Vorsitzenden (vgl. § 16 Abs. 1 BetrVG). In Betrieben ohne BR erfolgt die Bestellung des WV-Vorsitzenden entweder durch den GBR bzw. KBR (§ 17 Abs. 1 i. V. m. § 16 Abs. 1 Satz 1 des Gesetzes), die Betriebsversammlung (§ 17 Abs. 2 i. V. m. § 16 Abs. 1 Satz 1 des Gesetzes), die Wahlversammlung im vereinfachten Wahlverfahren (§ 17a Nr. 3 i. V. m. § 17 Abs. 2, § 16 Abs. 1 Satz 1 des Gesetzes) oder durch das ArbG (§ 16 Abs. 2 i. V. m. § 16 Abs. 1 Satz 1 des Gesetzes). Haben die genannten Gremien keinen Vorsitzenden bestellt, ist dieser durch den **WV selbst zu wählen.** Der WV kann einen **geschäftsführenden Ausschuss** bilden. Vor allem in größeren Betrieben mit einem entsprechend großen WV kann das zur Vorbereitung der Sitzungen und der für die Wahl einzusetzenden technischen Mittel sinnvoll sein. In kleineren Betrieben mit entsprechend zahlenmäßig kleinem WV wird dieser dagegen immer in voller Besetzung tätig 7

1 *LAG Niedersachsen* 20. 2. 04, NZA-RR 04, 640.
2 *BAG* 14. 11. 75, AP Nr. 1 zu § 19 BetrVG 1972.
3 *BAG* 15. 12. 72, AP Nr. 1 zu § 14 BetrVG 1972.
4 *LAG Schleswig-Holstein* 15. 12. 04 AuR 05, 77.
5 *LAG Hamm* vom 30. 3. 10 – 13 TaBVGa 8/10, hier im Streit um einen Zuordnungstarifvertrag; *ArbG Detmold* 24. 8. 78, BB 79, 783.

werden (vgl. etwa beim vereinfachten Wahlverfahren den Ausschluss von § 16 Abs. 1 Satz 2 mit der Folge, dass in diesem Verfahren der WV immer aus drei Mitgliedern besteht). Entscheidungen, insbes. die erforderlichen Beschlussfassungen, obliegen jedoch dem WV insgesamt.

8 Der Vorsitzende vertritt den WV im **Rahmen der gefassten Beschlüsse;** er ist Vertreter in der Erklärung, nicht im Willen.[6] Er vertritt ihn auch in Rechtsstreitigkeiten, bei denen der WV Beteiligter ist. Der **WV-Vorsitzende** kann schriftliche Erklärungen, sonstige Schreiben und E-Mails **grundsätzlich allein unterzeichnen.** Dies gilt jedoch nicht für das Wahlausschreiben (§ 3 WO), die Sitzungsniederschrift (§ 1 Abs. 3 WO) und die Niederschrift über das Wahlergebnis (§ 16 WO). Erklärungen gegenüber dem WV müssen nicht unbedingt gegenüber dem Vorsitzenden abgegeben werden, sondern sind auch wirksam, wenn sie anderen WV-Mitgliedern zugehen. Erklärungen gegenüber dem WV dürfen jedoch nicht an jedem beliebigen Ort abgegeben werden, sondern grundsätzlich nur an der **Betriebsadresse** des WV. Das gilt insbes. für Einsprüche und Wahlvorschläge.

II. Geschäftsführung und Beschlussfassung

9 Der WV kann sich eine **Geschäftsordnung** geben. Ihr Erlass ist nicht zwingend vorgeschrieben. In Anbetracht der neuen digitalen Tagungsmöglichkeiten per Video- und Telefonkonferenz nach Abs. 3, ist der Erlass einer solchen Geschäftsordnung anzuraten. Gibt sich der WV eine Geschäftsordnung, ist für ihre Wirksamkeit die Schriftform erforderlich.[7] Die Geschäftsordnung muss sich im Rahmen der Bestimmungen des BetrVG und der WO halten. Die Geschäftsordnung kann im Einzelnen etwa regeln: Form und Frist für die Einberufung zu Sitzungen des WV; Festlegung fester Sitzungstage; Form der Abstimmungen; Ordnung in den Sitzungen und die die Art und Form der Nutzung von Video- und Telefonkonferenzen.

10 Die **Sitzungen** des WV finden, soweit nicht die Geschäftsordnung nähere Regelungen trifft, **nach Bedarf statt.** Zu den Sitzungen lädt der Vorsitzende in entsprechender Anwendung des § 29 Abs. 2 BetrVG unter Mitteilung der Tagesordnung und der Form der Sitzung rechtzeitig ein. Zu den Sitzungen des WV innerhalb der ersten Wahlversammlung beim vereinfachten Wahlverfahren nach § 14a Abs. 1 Satz 2 BetrVG vgl. § 30 WO Rn. 7. An die Rechtzeitigkeit der Einladung sind allerdings nicht so hohe Anforderungen zu stellen wie beim BR. Das ergibt sich bereits daraus, dass der WV erforderlichenfalls sehr kurzfristig zusammentreten muss, wie beispielsweise wegen einer Entscheidung über die Gültigkeit von Wahlvorschlägen.

11 Die Sitzungen des WV finden grundsätzlich **innerhalb der Arbeitszeit** statt. Ein Entgeltausfall darf nicht eintreten. Durch das BRModG findet nunmehr eine Unterscheidung zwischen öffentlichen und nicht-öffentlichen Sitzungen des WV statt. Weder das Gesetz noch die WO hatten vorgeschrieben, dass die Sitzungen des WV nicht öffentlich sind. Insbesondere bei für den Ablauf der Wahl wichtigen Entscheidungen des WV kann es die Akzeptanz der Entscheidung des WV vergrößern, dass alle AN diese selbst durch Anwesenheit überprüfen können. Insoweit ist weiterhin möglich, dass der WV nach pflichtgemäßem Ermessen entscheiden kann, ob er eine Sitzung ganz oder teilweise bei wichtigen Entscheidungen öffentlich durchführen will (vgl. im Übrigen § 30 WO Rn. 7). Unstreitig ist, dass der WV zu seinen Sitzungen immer Sachverständige, Vertreter der im Betrieb vertretenen Gewerkschaften oder auch Listenvertreter einladen kann.[8] Dabei ist allerdings zu sehen, dass der Begriff der Öffentlichkeit nur den **Bereich des Betriebs** selbst umfasst, nicht aber gänzlich Außenstehende, wie z. B. Journalisten. Solchen Personen ist der Zutritt auch dann nicht gestattet, wenn der WV beschlossen hat, eine Sitzung ganz oder teilweise öffentlich durchzuführen. Im Übrigen ist die Sitzung, in der nach Abschluss der Wahl die Auszählung der Stimmen vorgenommen werden muss, immer öffentlich i. S. d. Betriebsöffentlichkeit (vgl. § 13 WO Rn. 4 ff.).

12 Eine Sitzung des WV wird deshalb nicht dadurch zu einer öffentlichen Sitzung, dass der WV andere Personen wie etwa Auskunftspersonen, Sachverständige oder Vertreter von Gewerk-

6 *Fitting,* Rn. 5; GK-*Jacobs,* Rn. 6.
7 *Fitting,* Rn. 3.
8 Teilweise a. A. *Fitting,* Rn. 6; Richardi-*Thüsing,* Rn. 13.

schaften hinzuzieht, weil nach Auffassung des WV die Hinzuziehung sachlich erforderlich ist.[9] Auch die Teilnahme einer Schreibkraft an den Sitzungen des WV führt nicht zur Herstellung der Öffentlichkeit.

13 Der WV trifft seine Entscheidungen durch **Beschluss.** Das gilt in erster Linie für die Fragen, die die **Vorbereitung und Durchführung** der Wahl betreffen, z. B. Entscheidungen über Einsprüche (§ 4 Abs. 2 WO), die Gültigkeit eines Wahlvorschlags (§ 7 Abs. 2 WO) oder die Gültigkeit von abgegebenen Stimmzetteln (§ 14 Abs. 1 WO). Beschlüsse können aber auch über **Geschäftsordnungsfragen** gefasst werden. Gehören dem WV Beauftragte der im Betrieb vertretenen Gewerkschaften nach § 16 Abs. 1 Satz 6 BetrVG an, sind diese nicht berechtigt, an Beschlussfassungen teilzunehmen (vgl. Rn. 15).[10]

14 Entscheidungen, die der **Vorsitzende des WV allein** treffen kann, z. B. die Einladung eines Ersatzmitglieds zu einer Sitzung, sind **keine Beschlüsse.** Beschlüsse sind vielmehr Entscheidungen, die der **WV durch Abstimmung** zu treffen hat. Eine Beschlussfassung des WV im **Umlaufverfahren** ist weiterhin unzulässig.[11] Dies ist jedoch von Beschlüssen mittels Video- und Telefonkonferenz zu unterscheiden und dürfte mit den neuen technischen Möglichkeiten nur noch selten ein Thema sein. Es ist nicht erforderlich, dass in einer Sitzung **alle** WV-Mitglieder anwesend sind. Sie müssen jedoch ordnungsgemäß geladen worden sein. Zur Anwesenheit bei Video- und Telefonkonferenzen und deren Erforderlichkeit siehe Rn. 25.

15 Für die Beschlüsse des WV reicht die **einfache Mehrheit** aus. **Stimmenthaltung** gilt als Ablehnung. Bei einem aus drei Mitgliedern bestehenden WV müssen somit mindestens zwei Mitglieder zustimmen, bei einem (erweiterten) aus fünf Mitgliedern bestehenden WV mindestens drei Mitglieder. An der Beschlussfassung dürfen sich nur die **stimmberechtigten WV-Mitglieder** beteiligen. Damit ist ausdrücklich klargestellt, dass der von einer im Betrieb vertretenen Gewerkschaft nach § 16 Abs. 1 Satz 6 BetrVG entsandte **nicht stimmberechtigte Beauftragte** an der Beschlussfassung des WV nicht teilnehmen darf. Zugleich wird deutlich, dass nicht nur die Beschlussfassung, sondern auch die Durchführung der Wahl weiterhin allein Aufgabe der stimmberechtigten Mitglieder des WV ist.

16 Über jede Sitzung des WV ist eine **Niederschrift** anzufertigen. Sie ist von dem Vorsitzenden und einem weiteren stimmberechtigten Mitglied, zweckmäßigerweise durch den Protokollführer, zu unterzeichnen. Mindestinhalt des Protokolls ist der Wortlaut der gefassten Beschlüsse. Das Fehlen einer Sitzungsniederschrift hat jedoch keinen Einfluss auf die Wirksamkeit der gefassten Beschlüsse.[12]

III. Wahlhelfer

17 Der WV kann zu seiner Unterstützung **Wahlhelfer** bestellen. Das gilt jedoch nur für die Durchführung der Stimmabgabe und der Stimmenzählung, also innerhalb des Bereichs der Wahlhandlung. Hilfskräfte zur Durchführung anderer Aufgaben, wie etwa Schreibkräfte zur Protokollierung, sind keine Wahlhelfer.

18 Der WV bestimmt allein, **wie viele** Wahlhelfer benötigt werden und wen er im Einzelnen heranziehen will. Ihre **Auswahl** und die **Anzahl**[13] steht somit im Ermessen des WV.[14] Eine quasi uferlose **Ausdehnung** der Anzahl der Wahlhelfer oder gar der Wahlvorstandmitglieder ist jedoch nicht möglich. Die Größe des Gremiums muss auch in Großbetrieben weiterhin verwaltbar sein[15]. Das **Einvernehmen** mit dem AG ist in der Regel nicht erforderlich. Dieser ist jedoch über die Bestellung der Wahlhelfer zu informieren, damit er sich darauf einrichten kann, dass diese für die Zeit der Wahlhandlung ihren Arbeitsplatz verlassen. Die **Kosten** für die

9 *Fitting,* Rn. 6; GK-*Jacobs,* Rn. 11; Richardi-*Thüsing,* Rn. 13.
10 *Fitting,* zu § 16 Rn. 52 ff.
11 *Fitting,* Rn. 5; Richardi-*Thüsing,* Rn. 7.
12 *Fitting,* Rn. 7; Richardi-*Thüsing,* Rn. 16.
13 Die Anzahl der Wahlhelfer ist gesetzlich nicht begrenzt, bemisst sich aber nach den Regelungen des § 12 WO für den Wahltag. Die Anzahl muss somit weiterhin überschaubar und handlungsfähig für den WV bleiben. Insoweit vgl. *LAG Niedersachsen* vom 11.9.19 – 13 TaBV 85/18.
14 *LAG Hamm* 29.9.61, DB 61, 1491; *Fitting,* Rn. 4; *Rudolph,* AiB 98, 67.
15 *LAG Niedersachsen* vom 11.9.19 – 13 TaBV 85/18.

Tätigkeit der Wahlhelfer, einschließlich der Fortzahlung des Arbeitsentgelts während ihrer Tätigkeit, trägt der AG nach § 20 Abs. 3 BetrVG. Für die Wahlhelfer gilt zwar nicht der besondere Kündigungsschutz nach § 15 Abs. 3 KSchG und § 103 BetrVG. Es findet jedoch der Wahlschutz nach § 20 Abs. 1 und 2 BetrVG Anwendung, wonach niemand die BR-Wahl behindern und durch Zufügung oder Androhung von Nachteilen oder durch Gewährung oder Versprechen von Vorteilen beeinflussen darf.[16]

19 Zu Wahlhelfern können nur **wahlberechtigte AN** des Betriebs bestellt werden. Es besteht keine zwingende Verpflichtung, das Amt als Wahlhelfer zu übernehmen.[17] Sie sind weder Mitglieder noch Ersatzmitglieder des WV. Deshalb können sie auch nicht für den WV handeln und für ihn Erklärungen abgeben oder entgegennehmen. An den Sitzungen des WV nehmen sie nur teil, wenn diese öffentlich abgehalten werden (vgl. Rn. 11) oder der WV ihnen die Anwesenheit gestattet hat. Das kann insbes. deswegen geschehen, damit sie über ihre Aufgaben bei der Wahlhandlung im Einzelnen informiert werden.

IV. Video- und Telefonkonferenzen

20 Der Verordnungsgeber der WO 2021 hat in den Text die Absätze 4 und 5 neu eingefügt, die die Durchführung der Sitzung des WV mittels Video- und Telefonkonferenz regeln.
Im Absatz 4 wurde die Möglichkeit eröffnet, rechtssicher die Sitzungen des WV bei nicht öffentlichen Sitzungen unter zu Hilfenahme von **Video- und Telefonkonferenzen** durchzuführen. Dies bedeutet eine erhebliche **Erleichterung** für die WV; insbesondere für die aktuelle Praxis in der noch nicht beendeten Pandemie, aber auch für die Zukunft, wenn z. B. Mitglieder des Wahlvorstandes mehrheitlich im »Homeoffice« arbeiten und extra für die Teilnahme an der Sitzung des WV ins Büro hätten fahren müssen.
Gleichwohl hat der Verordnungsgeber dem persönlichen Austausch der Mitglieder des WV den Vorrang eingeräumt. Denn die **Präsenzsitzung** des WV ist und bleibt die Regel (§ 1 Abs. 3 Satz 2 WO)[18]. Dies ist besonders beim Austausch über schwierige oder heikle Themen vor Beschlüssen des WV die weiterhin präferierte Methode der Sitzungsführung. Unter den Voraussetzungen des § 1 Abs. 4 und 5 WO kann die Sitzung des WV jedoch in Zukunft vollständig oder teilweise als Video- und Telefonkonferenz durchgeführt werden. Vollständig bedeutet in diesem Fall, dass alle Teilnehmer der Sitzung des WV mittels einer Videokonferenzsoftware, wie **Teams, Webex oder Zoom,** an der Sitzung teilnehmen. Teilweise bedeutet, dass einzelne Mitglieder mittels einer Videosoftware oder Telefon an der sonst in Präsenz stattfindenden Sitzung des WV teilnehmen. Voraussetzung für die Durchführung als Video- und Telefonkonferenz ist ein entsprechender Beschluss des WV (§ 1 Abs. 4 Satz 1 WO). Außerdem darf es sich nicht um eine der öffentlichen Sitzungen gemäß der Aufzählung in Abs. 4 handeln. Also **nicht** mittels Video- und Telefonkonferenz sind abhaltbar:

- Sitzungen des WV im Rahmen einer Wahlversammlung nach § 14a Absatz 1 Satz 2 WO,
- Sitzungen des WV zur Prüfung eingereichter Vorschlagslisten nach § 7 Absatz 2 Satz 2 WO,
- Sitzungen des WV zur Durchführung eines Losverfahrens nach § 10 Absatz 1. Selbstverständlich ist die **Stimmauszählung** (§§ 13 und 34 WO), das Bearbeiten der **Briefwahlunterlagen** (§§ 26 und 35 WO) und das Erstellen der **Wahlniederschrift** (§ 16 WO).[19]

21 Anders als bei den Video- und Telefonkonferenzen des BR ist jedoch der vorherige Abschluss einer **Geschäftsordnung** für den WV nicht erforderlich[20]. Möglicherweise ist es aber sinnvoll eine entsprechende Geschäftsordnung zu beschließen, um klare Abläufe für alle Mitglieder des WV zu vereinbaren. Ebenfalls besteht auch **kein** gesondertes Widerspruchsrecht für einzelne Mitglieder des WV. Die **Mehrheit der Mitglieder des WV** genügt, um einen entsprechenden Beschluss zu fassen. Dieser Beschluss sollte auch möglichst frühzeitig bei Start der Zusammen-

16 *Fitting,* Rn. 4; *Rudolph,* AiB 98, 68.
17 *Fitting,* Rn. 4.
18 Für den WV ist die Durchführung der Sitzungen als Videokonferenz erheblich unkomplizierter als für den BR. Insoweit vgl. *Wedde* in AiB 9/21, S. 21.
19 *Fitting* zu § 14, Rn. 1.
20 vgl. § 30 Rn. 1 ff.

arbeit gefasst werden, um darauf zurückgreifen zu können, wenn er benötigt wird; vorzugsweise in der ersten Sitzung des neuen WV. Denn die Beschlussfassung, dass man in Zukunft mittels Video- und Telefonkonferenz tagen möchte, muss natürlich in Präsenz vor dem ersten Videomeeting stattfinden.

Weiterhin muss sichergestellt sein, dass Dritte vom Inhalt der Sitzung keine Kenntnis nehmen können (§ 1 Abs. 4 Satz 3 WO). Diese selbstverständlich anmutende Regelung für nicht öffentliche Sitzungen, wird nicht immer ganz leicht umsetzbar sein. Nehmen Mitglieder des WV **zu Hause** mittels Videokonferenz an der Sitzung des WV teil, so wird man hoffentlich noch einen Raum finden können, der so weit von der übrigen Wohnung abgetrennt ist, dass nicht alle Familienmitglieder und Gäste mithören können. Es ist aber auch denkbar, dass in **öffentlichen Räumen** an der Sitzung des WV mittels Videokonferenz teilgenommen wird. Denkbar ist hier in einem **Zugabteil,** aber auch in einem **Gastraum eines Restaurants.** Hier wird es schon erheblich schwieriger sicher zu stellen, dass kein Dritter vom Inhalt der Sitzung Kenntnis nehmen kann. Es ist somit **Aufgabe eines jeden Mitglieds des WV** dafür Sorge zu tragen, dass kein Dritter Kenntnis von der nicht öffentlichen Sitzung nehmen kann. Ggfs. muss der **Ort gewechselt** werden oder man muss sich aus der Sitzung auswählen. Insoweit hat der Vorsitzende aber auch darauf zu achten, dass die Sitzungen auch weiterhin **nicht öffentlich** stattfinden, soweit dies der Gesetzgeber vorgegeben hat. Denn auch die übrigen Teilnehmer der Sitzung des WV müssen darauf vertrauen können, dass die angezeigten Teilnehmer der Sitzung anwesend sind und nicht weitere Personen. Sollten hieran Zweifel bestehen, so muss der Vorsitzende für Aufklärung sorgen, bevor die Sitzung fortgesetzt werden kann. 22

Ebenfalls aus gleichem Grunde ist eine Aufzeichnung der Sitzung unzulässig (§ 1 Abs. 4 Satz 4 WO). Auch hierauf wird der Vorsitzende achten müssen. Dazu geben die modernen Softwaresysteme auch entsprechende **Warnhinweise,** wenn aufgenommen wird. Nicht erkennbar ist, wenn externe Hilfsmittel zur Aufnahme genutzt werden. In solchen Fällen dürfte ein entsprechendes **Verwertungsverbot** auf Grund der klaren gesetzlichen Vorgaben bestehen.

Sollte eine Sitzung des WV teilweise oder vollständig als Video- und Telefonkonferenz durchgeführt werden, so ist vor der ersten Abstimmung die **Beschlussfähigkeit** festzustellen. Da Videokonferenzen nicht immer stabil laufen und auch nicht immer alle Teilnehmer der Videokonferenz gleich aufmerksam sind, ist **vor jeder Abstimmung** erneut die Anwesenheit abzufragen, wenn es nicht wegen Nutzung der Kameras für alle Teilnehmer offensichtlich ist. Nur so kann die Feststellung der Beschlussfähigkeit entsprechend für jede Abstimmung sichergestellt werden. 23

Die Bestätigung der Teilnahme ist auch gegenüber dem Vorsitzenden in Schriftform durchzuführen (§ 1 Abs. 4 Satz 5 WO).

Die **geheime Abstimmung** mittel Videokonferenz ist aktuell noch nicht möglich. Es gibt zwar Anbieter, die solche Werkzeuge zur Verfügung stellen. Doch ist bisher immer im Nachgang erkennbar, wie die einzelnen Teilnehmer abstimmt haben. Daher sind geheime Abstimmungen bis zu einem weiteren technischen Fortschritt der Präsenzsitzung vorbehalten.[21]

Die für Video- und Telefonkonferenzen notwendige **Hard- und Software** ist vom AG zu stellen. Es handelt sich hierbei und notwendige Kosten der BR-Wahl gemäß § 20 BetrVG. In vielen Fällen werden die Beschäftigten ohnehin für ihre tägliche Arbeit das notwendige Equipment besitzen, so dass sich hieraus keine Probleme ergeben werden Gleichwohl wird dies in einigen vor allem **kleineren Betrieben** nicht immer der Fall sein. Auch nicht alle **Berufsgruppen** haben die gleiche technische Ausstattung von ihrem Arbeitgeber erhalten. Hier kommt eine zeitweise Überlassung der Hard- und Software für die Dauer der Wahl in Betracht. In Ausnahmefällen wird auch auf **privates Equipment** zurückgegriffen werden. Dies ist nicht ganz bedenklich. Es muss auf jeden Fall anschlussfähig sein und das Mitglied des WV muss der Nutzung zugestimmt haben. Eine Erwartung des AG, dass privates Equipment eingesetzt werden kann, ist jedoch unzulässig. 24

Im Absatz 5 wird für die **Erforderlichkeit der Teilnahme** vor Ort nachvollzogen, wie es für BR-Sitzungen auch seit der Novelle des BRModG gilt. Sofern ein Mitglied des WV seine Teilnahme an der Sitzung persönlich vor Ort für erforderlich hält, so kann er diese Entscheidung 25

21 Vgl. § 33, Rn 12.

auch selbst treffen. Dies gilt auch dann, wenn die Sitzung die Möglichkeit der Teilnahme mittels Video- und Telefonkonferenz via Teams, Webex, Zoom oder ähnlichen Softwareanbietern vorsieht. Die durch die Teilnahme vor Ort anfallenden **Mehrkosten** sind erforderlich im Sinne des Gesetzes. Der AG kann die Zahlung der Fahrtkosten nicht deshalb verweigern, weil eine Teilnahme mittels Videokonferenz aus seiner Sicht genügt hätte und günstiger gewesen wäre.[22]

26 Streitigkeiten über die Tätigkeit und Zuständigkeit des WV werden vor dem ArbG im Beschlussverfahren ausgetragen (§§ 2a, 80 ff. ArbGG). Der WV ist Beteiligter des Beschlussverfahrens, solange er noch im Amt ist. Nach Durchführung der BR-Wahl kommt nur noch die Anfechtung oder die Geltendmachung der Nichtigkeit der Wahl in Betracht. Es ist jedoch grundsätzlich möglich, Entscheidungen und Maßnahmen des WV noch vor Abschluss der BR-Wahl selbstständig anzugreifen (vgl. § 19 BetrVG Rn. 16 ff.).

§ 2 Wählerliste

(1) Der Wahlvorstand hat für jede Betriebsratswahl eine Liste der Wahlberechtigten (Wählerliste), getrennt nach den Geschlechtern, aufzustellen. Die Wahlberechtigten sollen mit Familienname, Vorname und Geburtsdatum in alphabetischer Reihenfolge aufgeführt werden. Die nach Absatz 3 Satz 2 nicht passiv Wahlberechtigten sind in der Wählerliste auszuweisen.

(2) Der Arbeitgeber hat dem Wahlvorstand alle für die Anfertigung der Wählerliste erforderlichen Auskünfte zu erteilen und die erforderlichen Unterlagen zur Verfügung zu stellen. Er hat den Wahlvorstand insbesondere bei Feststellung der in § 5 Abs. 3 des Gesetzes genannten Personen zu unterstützen.

(3) Das aktive und passive Wahlrecht steht nur Arbeitnehmerinnen und Arbeitnehmern zu, die in die Wählerliste eingetragen sind. Wahlberechtigten Arbeitnehmerinnen und Arbeitnehmern, die am Wahltag nicht nach § 8 des Gesetzes wählbar sind, und wahlberechtigten Leiharbeitnehmerinnen und Leiharbeitnehmern (§ 14 Absatz 2 Satz 1 des Arbeitnehmerüberlassungsgesetzes) steht nur das aktive Wahlrecht zu.

(4) Ein Abdruck der Wählerliste und ein Abdruck dieser Verordnung sind vom Tage der Einleitung der Wahl (§ 3 Abs. 1) bis zum Abschluss der Stimmabgabe an geeigneter Stelle im Betrieb zur Einsichtnahme auszulegen. Der Abdruck der Wählerliste soll die Geburtsdaten der Wahlberechtigten nicht enthalten. Ergänzend können der Abdruck der Wählerliste und die Verordnung mittels der im Betrieb vorhandenen Informations- und Kommunikationstechnik bekannt gemacht werden. Die Bekanntmachung ausschließlich in elektronischer Form ist nur zulässig, wenn alle Arbeitnehmerinnen und Arbeitnehmer von der Bekanntmachung Kenntnis erlangen können und Vorkehrungen getroffen werden, dass Änderungen der Bekanntmachung nur vom Wahlvorstand vorgenommen werden können.

(5) Der Wahlvorstand soll dafür sorgen, dass ausländische Arbeitnehmerinnen und Arbeitnehmer, die der deutschen Sprache nicht mächtig sind, vor Einleitung der Betriebsratswahl über Wahlverfahren, Aufstellung der Wähler- und Vorschlagslisten, Wahlvorgang und Stimmabgabe in geeigneter Weise unterrichtet werden.

Inhaltsübersicht

I. Aufstellung der Wählerliste

1 Mit der **Aufstellung des Wählerverzeichnisses** (Wählerliste), dem für eine ordnungsgemäße Durchführung der Wahl wesentliche Bedeutung zukommt, hat der WV unverzüglich nach seiner Bestellung zu beginnen. Das Wählerverzeichnis muss **spätestens** bei Erlass des Wahl-

22 Zum weiteren Vergleich siehe § 33 Rn. 10 ff.

ausschreibens fertig sein, weil es von diesem Zeitpunkt an auszulegen ist. Zur Anfertigung der Wählerliste beim zweistufigen vereinfachten Wahlverfahren vgl. § 30 WO Rn. 1 ff. Zu dem ab dem 1. 1. 1989 geltenden **Abstimmungsverfahren nach § 18a BetrVG,** wie es zwischen dem WV für die Durchführung der BR-Wahl und dem WV für die Durchführung der Wahl für den SpA vor Erlass des Wahlausschreibens durchzuführen ist, vgl. Rn. 8.

In der Wählerliste sind alle **Wahlberechtigten** (vgl. § 7 BetrVG) aufzuführen. Dabei ist darauf hinzuweisen, dass die Leih-AN nach dem AÜG trotz ihrer Wahlberechtigung (vgl. § 7 Satz 2 des Gesetzes) und der dadurch erforderlichen Aufnahme in die Wählerliste nicht das passive Wahlrecht besitzen (vgl. § 14 Abs. 2 Satz 1 AÜG). Der Hinweis ist erforderlich, weil die Aufstellung von Wahlbewerbern ggf. auch anhand der Wählerliste erfolgt (vgl. auch Rn. 4). Hinsichtlich des aktiven Wahlrechts hat der WV bei einem noch nicht 3 Monate beschäftigten Leih-AN zu prüfen, ob die Beschäftigung **voraussichtlich länger als 3 Monate** dauert. Ist das der Fall, steht ihm das Wahlrecht ab dem 1. Tag der Beschäftigung im Entleiherbetrieb zu.[1] 2

Bei der Aufstellung der Wählerliste hat der WV, soweit nicht bereits geschehen, sorgfältig zu prüfen, ob **Betriebsteile** als selbstständige Betriebe i. S. d. § 4 BetrVG gelten oder ob ein Beschluss von AN eines Betriebsteils, in dem kein BR besteht, mit der Folge vorliegt, dass diese an der Wahl des BR zum Hauptbetrieb teilnehmen (§ 4 Abs. 1 Satz 2–4 BetrVG; danach kann der AG im Wege der einstweiligen Verfügung eine Korrektur der Wählerliste bzw. – wenn das Wahlausschreiben neu erlassen werden muss – einen Neuerlass des Wahlausschreibens mit der Folge einer Verschiebung des Wahltermins erreichen, wenn der WV den Begriff des selbstständigen Betriebes i. S. d. § 4 BetrVG verkannt und deshalb eine fehlerhafte Wählerliste aufgestellt hat, allerdings auch nur, wenn der Eintritt einer betriebsratslosen Zeit nicht zu befürchten ist).[2] Ebenfalls ist auf die Bildung anderer Betriebsratsstrukturen als gesetzlich vorgesehen durch Tarif oder BV gemäß § 3 BetrVG zu achten. Die Verkennung einer solchen Zuordnungsvereinbarung führt zur Anfechtbarkeit der BR-Wahl.[3] 3

In der Wählerliste sind die Wahlberechtigten mit **Familienname, Vorname und Geburtsdatum** getrennt nach Geschlechtern in **alphabetischer Reihenfolge** aufzuführen (die Angabe der Gruppenzugehörigkeit – Arbeiter oder Angestellter – erfolgt nicht mehr).[4] Die nach Gesetz erforderliche Trennung nach Geschlechtern kann durch die Erstellung von zwei verschiedenen Listen in alphabetischer Reihenfolge erfolgen. Es genügt aber auch jede andere erkennbare Trennung nach Geschlechtern, solange die notwendige Unterscheidung erfolgt. 4

Durch die Anerkennung des **dritten Geschlechtes** divers ist der Arbeitgeber grundsätzlich verpflichtet die Angehörigen dieses Geschlechtes getrennt aufzulisten oder entsprechend auf den übergebenen Listen zu kennzeichnen. Allerdings kann ihn diese Pflicht nur treffen, wenn diese Tatsache an sich auch bekannt ist. Eine Verpflichtung des Arbeitgebers oder des Wahlvorstandes hier aktive Recherche zu betreiben besteht nicht. Eine Möglichkeit für den WV von der Zugehörigkeit eines Beschäftigten zum dritten Geschlecht zu erfahren, wird auch der Einspruch gegen die Wählerliste sein[5]. 4a

Insgesamt handelt sich zwar bei all diesen Angaben nur um eine Soll-Vorschrift. Da aber die einzelnen AN in der Wählerliste hinreichend identifizierbar und voneinander zu unterscheiden sein müssen, ist die Angabe von Familienname, Vorname und Geburtsdatum notwendig. Der WV ist daher grundsätzlich verpflichtet, entsprechend zu verfahren.[6] Eine **andere Reihenfolge** der Wahlberechtigten ist jedoch **zulässig,** wenn sie nach den betrieblichen Gepflogenheiten zweckmäßiger ist, so z. B. eine Reihenfolge nach der Personalnummer oder der Schichtnummer.[7] Seit dem 1. 1. 1989 genügt es, dass nur noch das beim WV befindliche Original der Wählerliste die Geburtsdaten der Wahlberechtigten enthält, nicht aber der öffentlich einsehbare Abdruck der Wählerliste, vgl. Rn. 12.

---

1 *Fitting,* Rn. 1, 3 m. w. N.
2 Vgl. *ArbG Aachen* 14. 3. 94, AuA 94, 253.
3 *BAG* 13. 3. 13 – 7 ABR 70/11.
4 Vgl. BR-Drucks. 838/01, S. 28.
5 Siehe § 4 WO, Rn 14a.
6 Vgl. *Fitting,* Rn. 4.
7 *Fitting,* Rn. 5; GK-*Jacobs,* Rn. 5.

5 Die WO legt lediglich fest, dass bei den Leih-AN nach § 14 Abs. 2 Satz 1 AÜG anzugeben ist, dass sie nicht das passive Wahlrecht besitzen (Abs. 1 Satz 3). Die Regelung des Abs. 1 Satz 3 bezieht sich nur auf Leih-AN nach dem AÜG. Andere AN nach § 7 Satz 2 BetrVG, wie z.B. Leih-AN im Rahmen einer **Konzernleihe,** werden von dieser Vorschrift nicht erfasst.[8]

5a Mit dem BRModG 2021 hat der Gesetzgeber das Wahlalter für Beschäftigte für das aktive Wahlrecht auf das **16. Lebensjahr** abgesenkt. Diese Änderung wird mit der Veränderung des Textes vom Verordnungsgeber ebenfalls nachvollzogen. So sind nunmehr neben den Leiharbeitnehmern auch die 16- und 17-jährigen Beschäftigten, die in den Betrieb eingegliedert sind, wahlberechtigt.[9] Für den Wahlvorstand ist zu beachten, dass für alle Beschäftigten, die zwar aktiv wahlberechtigt sind, passiv jedoch nicht, eine **eindeutige Kennzeichnung** in der Wählerliste erfolgt. Dies ist notwendig, um das versehentliche Aufstellen von **ungültigen Vorschlagslisten** zu verhindern. Beim Aufstellen der Vorschlagslisten muss man sich entsprechend genau genug in der Wählerliste informieren können. Dies ist auch im Hinblick auf den neuen § 19 Abs. 3 BetrVG eine wichtige Voraussetzung.

Andererseits können Wahlberechtigung und Wählbarkeit durchaus auch aus anderen Gründen **auseinanderfallen** (vgl. §§ 7, 8 BetrVG), so dass die Wähler durch die Einsichtnahme in die Wählerliste in die Lage versetzt werden sollen, Wahlvorschläge aufzustellen. Daher kann eine entsprechende allgemeine Kennzeichnung **zweckmäßig** sein. Der WV kann dabei die wählbaren oder auch die nicht wählbaren AN kennzeichnen (zweckmäßig dürfte die Kennzeichnung letzterer sein, da sie regelmäßig die Minderzahl darstellen).

6 In der Wählerliste (zweckmäßigerweise in einer Kopie) ist auch zu vermerken, **welchen AN** Unterlagen für die schriftliche Stimmabgabe ausgehändigt bzw. übersandt worden sind (§ 24 WO). Benötigt der WV, insbes. im Zusammenhang mit der schriftlichen Stimmabgabe, die Privatadressen der wahlberechtigten AN, hat der AG diese im Rahmen seiner Unterstützungspflicht nach Abs. 2 (hierzu vgl. Rn. 15f.) an den WV herauszugeben.[10] **Datenschutzrechtliche Bedenken** bei der Weitergabe der privaten Adressen der Arbeitnehmer durch den AG an den WV bestehen nicht.[11] Die Herausgabe erforderlicher Privatadressen kann ggf. durch eine **einstweilige Verfügung** durchgesetzt werden.[12] Die Herausgabe aller erforderlichen Daten kann der Arbeitgeber nur verweigern, wenn die anstehende BR-Wahl droht nichtig zu sein[13] oder die Auskünfte nicht vom WV selbst abgefragt werden.[14] Hier hat der AG aber keinen weiten Ermessenspielraum, sondern muss im Zweifelsfall die Liste der Arbeitnehmer mit allen erforderlichen Daten herausgeben; nur bei besonders groben und offensichtlichen Fehlern kann eine Herausgabe von Informationen durch den AG verweigert werden[15].

7 Die Feststellung der Wahlberechtigung sowie die damit verbundene Abgrenzung zum Personenkreis nach § 5 Abs. 3 BetrVG nimmt **allein der WV** vor. Jede Beeinflussung des WV, insbes. durch den AG, hat zu unterbleiben. Zu den Pflichten des AG auf Erteilung der erforderlichen Auskünfte und Unterlagen vgl. Rn. 15f.

8 Der WV hat die Wählerliste von Amts wegen **laufend zu berichtigen und zu ergänzen.** Für bestimmte Ergänzungen gilt das auch noch nach Ablauf der Einspruchsfrist nach § 4 Abs. 1 WO (vgl. § 4 WO Rn. 22f.). Zur Möglichkeit des Einspruchs gegen die Wählerliste und der dann erforderlichen Entscheidung des WV vgl. § 4 WO und die dortigen Erl.

9 Liegen die **Voraussetzungen des § 18a BetrVG** vor, insbes. also in den Fällen der zeitgleichen Einleitung der Wahlen des BR und des SpA, haben sich beide WV unverzüglich nach Aufstellung der Wählerliste gegenseitig darüber zu unterrichten, welche Angestellten sie dem Personenkreis der leitenden Angestellten zugeordnet haben. Diese Abstimmung hat **spätestens**

8 *Fitting*, Rn. 5.
9 Zum Diskussionsstand beim Wahlalter bei demokratischen Wahlen vgl. § 7, Rn 5 mit weiteren Nachweisen.
10 *LAG Baden-Württemberg* 30.10.92 – 1 TaBV 2/92; *LAG Hamburg* 3.3.87 – 3 TaBV 1/87; *ArbG Leipzig* 24.02.06 – 3 BVGa 5/06.
11 *LAG Berlin* 28.6.84 – 12 TaBV 3/84, DB 1984, 1936ff.; *LAG Baden-Württemberg*, a.a.O.
12 *LAG Berlin*, a.a.O.
13 *LAG Hessen* 9. Kammer vom 20.2.14 – 9 TaBVGa 11/14.
14 *ArbG Berlin* 26.8.22 – 41 BVGa 7430/22.
15 *LAG Schleswig-Holstein* 3. Kammer vom 2.4.14 – 3 TaBVGa 2/14.

zwei Wochen vor Einleitung der Wahlen, somit vor dem Erlass des Wahlausschreibens, zu erfolgen (vgl. § 18a BetrVG und die dortigen Erl.).

Vom Tage der Einleitung der Wahl (Erlass des Wahlausschreibens; vgl. § 3 Abs. 1 WO) sind die Wählerliste und ein Abdruck der WO bis zum Abschluss der Stimmabgabe an geeigneter Stelle im Betrieb zur **Einsichtnahme auszulegen.** Die Auslegung sollte beim WV (Betriebsadresse) oder auch im BR-Büro vorgenommen werden. Es ergibt sich aus der Größe und Organisation des Betriebs, ob und inwieweit eine Auslegung der Wählerliste bzw. ein Abdruck der WO an weiteren Stellen des Betriebs (Pförtner, Meisterbüro, unselbstständige Nebenbetriebe, Großbaustellen u. Ä.) in Betracht kommt. Der WV hat darüber einen Beschluss zu fassen. 10

Nach Abs. 4 Satz 3, 4 können der Abdruck der Wählerliste und die WO **alternativ** oder **kumulativ** mittels der im Betrieb vorhandenen Informations- und Kommunikationstechnik (IuK-Technik) bekannt gemacht werden[16]. Der Begriff der IuK-Technik ist **weit auszulegen** und erfasst alle einschlägigen technischen Möglichkeiten. Es geht um die Gesamtheit der zur Informationsbe- und -verarbeitung zur Verfügung stehenden Geräte und Anlagen, der zur elektronischen Übermittlung von Daten und Informationen dienenden Leitungs- und Verbindungsnetze sowie der verschiedenen Übermittlungsdienste.[17] 11

Eine Bekanntmachung **ausschließlich** in elektronischer Form ist nur zulässig, wenn der WV sicherstellt, dass alle AN (nicht nur die in der Wählerliste eingetragenen AN)[18] von der Bekanntmachung Kenntnis erlangen können und Änderungen bzw. Ergänzungen ausschließlich vom WV vorgenommen werden können. Eine ausschließliche Bekanntmachung der Wählerliste und der WO in elektronischer Form kommt daher nur in Betracht, wenn jeder AN des Betriebs Zugriff auf einen PC mit betrieblichem Netzzugang (Intranet) hat.[19] Überdies muss sichergestellt sein, dass jede **Änderung und Ergänzung** (beispielsweise bei Eintritt eines AN in den Betrieb vor dem Wahltag) gleichfalls auf elektronischem Wege bekannt gemacht wird, und zwar ausschließlich durch den WV (Abs. 4 Satz 4: »Änderungen … nur vom Wahlvorstand«). Es ist daher mit Hilfe eines **Passwortes** zu gewährleisten, dass ausschließlich die Mitglieder des WV Zugriffs- und Änderungsrechte für die entsprechenden Intranet-Seiten haben.[20] Die ausschließliche Bekanntmachung der in Abs. 4 Satz 1 erwähnten Wahlunterlagen in elektronischer Form wird in der Praxis daher die **Ausnahme** sein. 12

Von der in der WO vorgesehenen Möglichkeit einer **ergänzenden Bekanntmachung** der Wählerliste und der WO in elektronischer Form wird dagegen in den Betrieben voraussichtlich zunehmend Gebrauch gemacht werden. Sie kommt in Betracht, wenn zwar nicht alle AN über die technischen Einrichtungen und Kenntnisse verfügen, aber die zusätzliche elektronische Bekanntmachung einer **Vereinfachung** dient.[21] Die zusätzliche elektronische Bekanntmachung kann sogar sicherstellen, dass bestimmte Arbeitnehmergruppen, wie **Außendienstmitarbeiter oder im Homeoffice Beschäftigte,** möglichst schnell, etwa durch E-Mail, von der Bekanntmachung erfahren und nicht erst die betrieblichen Stellen aufsuchen müssen, an denen die Wählerliste und WO ausliegen. In diesem Zusammenhang ist zu erwähnen, dass die elektronische Bekanntmachung die Möglichkeit der Kenntnisnahme in dem **gleichen Umfang** bieten muss wie eine herkömmliche Bekanntmachung.[22] Die Arbeitnehmer müssen somit dauerhaft oder doch zumindest regelmäßig und ungestört auf die elektronischen Bekanntmachungen zurückgreifen können.[23] Erforderlich ist aber immer neben der ergänzenden Bekanntmachung 13

16 *Fitting*, Rn. 11.

17 *Schneider/Wedde*, AuR 1–2/07, 27.

18 Vgl. *Schneider/Wedde*, AuR 1–2/07, 28.

19 *Fitting*, Rn. 11: alle AN müssen Zugang durch ihren eigenen PC haben oder zu einem für alle AN allgemein zugänglichen PC nebst Bedienungsanleitung; Richardi-*Thüsing*, Rn. 16: die gemeinsame Nutzungsmöglichkeit eines PC durch mehrere AN genügt.

20 Richardi-*Thüsing*, a. a. O., die darauf hinweisen, dass WV-Mitgliedern die erforderlichen technischen Kenntnisse fehlen können, so dass bei Änderungen bzw. Ergänzungen durch andere Personen als WV-Mitgliedern sicherzustellen sei, etwa durch einen doppelten Zugangscode, dass bei jedem ändernden Zugriff auf die Intranet-Seiten ein Mitglied des WV anwesend ist.

21 Vgl. dazu *Wedde*, CF 05, 35 [36], sowie CuA 4/09, 26 f.

22 *Janzen*, DB 06, 334 [335].

23 *Wedde*, CF 05, 35 [37].

in elektronischer Form das **Auslegen** der Wählerliste und der WO an allgemein zugänglichen Stellen im Betrieb, wobei in kleineren Betrieben eine entsprechende Stelle genügen kann. Auch bei der ergänzenden Bekanntmachung ist sicherzustellen, dass **kein Unbefugter** Änderungen an der Wählerliste vornehmen kann, sondern allein der WV.[24] Will der WV die (zusätzliche) Bekanntmachung der in Abs. 4 Satz 1 vorgesehenen Wahlunterlagen zusätzlich in elektronischer Form vornehmen, ist der Arbeitgeber verpflichtet, die im Betrieb vorhandene Informations- und Kommunikationstechnik **zur Verfügung zu stellen.** Davon werden grundsätzlich alle technischen Möglichkeiten erfasst, die dem WV ein rationelles Arbeiten bei der Einleitung und Durchführung der Wahl ermöglichen und deren Anwendung er als erforderlich ansieht (vgl. auch § 40 BetrVG Rn. 97).[25] Die in Abs. 2 Satz 1 zum Ausdruck kommende allgemeine Verpflichtung des Arbeitgebers, den WV bei der Erstellung der Wählerliste zu unterstützen, umfasst auch den Anspruch des WV, dass ihm die **Mailing-Liste** der AN des Betriebs zur Verfügung gestellt wird, es sei denn, der WV will die elektronische Bekanntmachung von vornherein auf bestimmte AN-Gruppen, wie etwa Außendienstmitarbeiter, begrenzen. In diesem Fall beschränkt sich der Anspruch des WV auf die Mailing-Adressen der entsprechenden AN. Die Entscheidung darüber, ob und inwieweit eine elektronische Bekanntmachung auf bestimmte AN-Gruppen beschränkt sein soll, obliegt **allein dem WV.** Er hat darüber einen Beschluss zu fassen. Die Verpflichtung des AG auf Zurverfügungstellung der im Betrieb vorhandenen Informations- und Kommunikationstechnik umfasst nicht nur das Recht des WV auf **ungestörten Zugang** zu dieser Technik, sondern verpflichtet den AG zugleich zu einer ggf. erforderlichen **Hilfestellung** durch eigene oder externe Techniker.[26]

14 Soweit Bekanntmachungen des WV nach Abs. 4 oder nach anderen Bestimmungen der WO (vgl. insbesondere § 3 Abs. 4 zur Bekanntgabe des Wahlausschreibens) in elektronischer Form erfolgen, setzt das zu ihrer Wirksamkeit **kein qualifiziert signiertes Dokument** i. S. d. § 126a Abs. 1 BGB, § 2 Nr. 3 SignaturG voraus.[27] Nach § 126a Abs. 1 BGB muss ein Dokument, bei dem die gesetzlich vorgeschriebene Form durch die **elektronische Form** ersetzt wird, mit einer qualifizierten elektronischen Signatur nach dem Signaturgesetz versehen werden (vgl. dazu Einleitung Rn. 162aff.). Die Vorschrift des § 126a Abs. 1 BGB steht im Zusammenhang mit § 125 BGB (Nichtigkeit wegen Formmangels) und § 126 BGB (eigenhändige Unterzeichnung bei gesetzlich vorgeschriebener Schriftform); insbesondere mit § 126 Abs. 3 BGB, wonach die Schriftform durch die elektronische Form ersetzt werden kann, wenn sich nicht aus dem Gesetz etwas anderes ergibt. Bereits die Vorschrift des § 126 BGB findet nach dem Normzweck **keine Anwendung** auf Bekanntmachungen des WV. Diese sind auf einen tatsächlichen Erfolg gerichtete Erklärungen, deren Rechtsfolgen **kraft Gesetzes** (VO) eintreten.[28] Aus diesen Gründen scheidet die Anwendung des § 126a Abs. 1 BGB für **Wahlhandlungen des WV,** wie die Bekanntgabe der Wählerliste oder des Wahlausschreibens, aus.

15 Die in der WO ausdrücklich angeführten Fälle der Anwendung der IuK-Technik sind nicht **abschließend.** Die WO nimmt bei folgenden Wahlhandlungen des WV Bezug auf diese Technik: Bekanntmachung der Wählerliste und der WO (§ 2 Abs. 4 Satz 3, 4); Bekanntmachung des Wahlausschreibens im normalen Wahlverfahren (§ 3 Abs. 4 Satz 3, 4); Einladung zur Wahlversammlung im vereinfachten Wahlverfahren (§ 28 Abs. 1 Satz 4); Bekanntmachung des Wahlausschreibens im vereinfachten Wahlverfahren (§ 31 Abs. 2 Satz 2, 3, § 36 Abs. 3 Satz 3 i. V. m. § 31 Abs. 2) und die entsprechenden Regelungen für die JAV (§ 38 Satz 1, § 40 Abs. 1 Satz 2). Diese Aufzählung bedeutet nicht, dass der WV bei anderen Wahlhandlungen von der IuK-Technik keinen Gebrauch machen darf.[29] So konnte der WV schon nach der WO 1972 zur Stimmauszählung unter bestimmten Voraussetzungen die EDV-Anlage des Betriebes be-

24 Richardi-*Thüsing*, Rn. 17.
25 *Schneider/Wedde*, AuR 1–2/07, 29.
26 A. A. Richardi-*Thüsing*, Rn. 18.
27 *Fitting*, Rn. 11.
28 Vgl. insoweit *BAG* 11.6.02 – 1 ABR 43/01 –, das die Zustimmungsverweigerung des BR nach § 99 Abs. 2, 3 BetrVG als eine lediglich **rechtsgeschäftsähnliche Handlung** qualifiziert, auf die die §§ 125, 126 BGB jedenfalls nicht unmittelbar Anwendung finden und deshalb die Frist nach § 99 Abs. 3 BetrVG auch durch eine rechtzeitig dem Arbeitgeber übermittelte E-Mail als gewahrt ansieht.
29 Vgl. *Wedde*, CF 05, 35 [36 f.].

nutzen (vgl. § 14 WO Rn. 4 m. w. N.). Es ist auch nicht zweifelhaft, dass der WV, wenn er das Wahlausschreiben zusätzlich zum Aushang in elektronischer Form bekannt gemacht hat, mit erforderlichen Berichtigungen oder Ergänzungen (vgl. § 3 WO Rn. 29 ff.) **in gleicher Weise** verfahren kann. Das gilt z. B. auch für eine erforderlich werdende **Nachfrist** nach § 9 WO. Mitteilungen an Wahlberechtigte, die mit besonderen **Wahlfunktionen** betraut sind, wie z. B. Listenvertreter, kann der WV dann in elektronischer Form vornehmen, wenn dadurch keine Benachteiligung, etwa in zeitlicher Hinsicht, eintritt. Wenn beispielsweise Listenvertretern der Zeitpunkt der **Einreichung der Vorschlagsliste** zu bestätigen ist (vgl. § 7 Abs. 1 WO) oder die Listenvertreter zu der **Losentscheidung** über die Reihenfolge der Vorschlagslisten einzuladen sind (vgl. § 10 Abs. 1 WO), darf das auf elektronischem Wege geschehen, wenn sichergestellt ist, dass **alle Listenvertreter** gleichermaßen auf diesem Wege (durch E-Mail) benachrichtigt werden und nicht Einzelne von ihnen durch die Art der Übermittlung einen **zeitlichen Vorsprung** erhalten.

Es kann somit festgestellt werden, dass die Verwendung der betrieblichen Informations- und Kommunikationstechnik bei der BR-Wahl auch außerhalb der von der WO ausdrücklich festgelegten Wahlhandlungen zulässig ist. Andererseits setzt die WO in der geltenden Fassung **Grenzen** für die Verwendung dieser Technik. Das gilt insbesondere für die **elektronische Stimmabgabe,** gewissermaßen die Stimmabgabe mit virtuellem Stimmzettel. Bei den Betriebsratswahlen der letzten Wahlperioden ist in einzelnen Betrieben eine solche Stimmabgabe, wenn auch in einer »Mischform« mit der konventionellen Stimmabgabe (Ausfüllen von Stimmzetteln in Papierform im Wahlraum), erfolgt. Eine virtuelle Stimmabgabe wird etwa in der Weise vorgenommen, dass die Wahlberechtigten ihre Stimme unmittelbar am Arbeitsplatz, der mit einem PC ausgestattet ist, abgeben. Über ihre persönlichen Signaturkarten identifizieren sich die Wähler, wobei die Karte zugleich den elektronischen Stimmzettel verschlüsselt. Das Programm prüft auch, ob die betreffende Person wahlberechtigt ist oder bereits gewählt hat. Erst dann erscheint auf dem Bildschirm der gültige Stimmzettel, auf dem die gewünschten Wahlbewerber durch Mausklick angekreuzt werden. Zusätzlich bei der Stimmabgabe und für den sicheren Versand des virtuellen Wahldokuments geben die Wähler ihren zur persönlichen Signaturkarte gehörenden Zugangscode (PIN) ein. Nach Ende des Wahltages schaltet der WV von einem der Abstimmungscomputer eine sichere Verbindung zum Wahlserver. Mit einem speziellen Schlüssel öffnet er die virtuelle Wahlurne und startet die Auszählung der Stimmzettel. Das System zählt die Stimmen innerhalb weniger Sekunden aus.[30] Auf eine wiederum andere Weise ist die BR-Wahl in einem Betrieb in Neubrandenburg erfolgt. Dort hatten die Wahlberechtigten ihren Fingerabdruck einscannen lassen. Ihre Stimme gaben sie am Wahltag per Knopfdruck über ein Lesegerät am Arbeitsplatz ab.[31] In beiden geschilderten Fällen hat allerdings ein Teil der Wähler, sofern am Arbeitsplatz kein PC bzw. kein Lesegerät zur Verfügung stand, im Wahlraum mit dem Stimmzettel gewählt bzw. die Stimmabgabe in der Form der Briefwahl vollzogen. 16

Die Verfahrensabläufe bei der geschilderten elektronischen Stimmabgabe machen es offensichtlich technisch möglich, bei einer entsprechenden Software den Grundsatz der **geheimen Stimmabgabe** zu beachten und Wahlmanipulationen, wie etwa eine mehrfache Stimmabgabe, zu verhindern. Es wird auch möglich sein, sicherzustellen, dass erfasste Wählerdaten für Zwecke **außerhalb des Wahlverfahrens** nicht verwendet werden. So war in dem Fall der Wahl mit Fingerabdruck und Knopfdruck (vgl. Rn. 9 e) sichergestellt, dass nur ein Teil der biometrischen Daten erfasst wurde. Es war auch sichergestellt, dass die auf diese Weise erfassten Wahldaten nicht außerhalb des Wahlverfahrens verwendet werden konnten, etwa durch Abgleich mit einem Polizeicomputer.[32] Gleichwohl bestehen gegen Stimmabgaben dieser Art im Rahmen von BR-Wahlen, ungeachtet dessen, dass praktische Vorteile nicht zu übersehen sind, erhebliche rechtliche und tatsächliche Einwände. Ein wesentlicher Einwand liegt darin, dass die Wahl **außerhalb des Wahlraumes** und damit nicht unter der Aufsicht des WV erfolgt. Die Überwachungs- und Kontrollpflicht des WV besteht nicht nur darin, sicherzustellen, dass die 17

30 Vgl. dazu AuR 03, 292 mit Hinweisen auf eine solche Wahl in einem bundesweit tätigen UN.
31 Vgl. dazu Mitbest. 03, 8.
32 Vgl. dazu Mitbest. 03, 8.

Wahl geheim erfolgen kann. Sie muss auch **unbeeinflusst** vorgenommen werden können. Das ist nicht garantiert, wenn die Wahl am Arbeitsplatz durchgeführt wird und quasi jeder Kollege beim Ausfüllen des »Wahlzettels« über die Schulter schauen kann. Dem kann nicht mit dem Einwand begegnet werden, auch bei der **Briefwahl** (§ 24 WO) erfolge die Stimmabgabe außerhalb des Wahlraumes. Die Briefwahl ist nur dadurch gerechtfertigt, dass das Wahlrecht das höherrangige Recht gegenüber der Sicherung der Wahl durch den sonst vorgeschriebenen Ablauf der Stimmabgabe ist. Der Wähler soll nur das Stimmrecht nicht dadurch verlieren, dass er am Wahltag nicht im Betrieb ist. Die schriftliche Stimmabgabe ist die **Ausnahmeregelung.**[33]

18 Ein weiterer Einwand besteht darin, dass es kaum einen Betrieb geben wird, in dem **ohne Ausnahme** sämtliche Wähler ihre Stimme am PC abgeben können. Auch in den oben erwähnten Fällen (vgl. Rn. 9 e) musste neben der Stimmabgabe auf elektronische Weise die Möglichkeit der »normalen« Stimmabgabe durch Wahlzettel im Wahlraum gegeben sein. Das bedeutet dann zugleich, dass bei einem Teil der Stimmen die Auswertung durch den **Rechner** erfolgt, bei dem anderen Teil auf **manuelle Weise,** wenn auch unter Zuhilfenahme von Taschenrechnern oder Rechenmaschinen. Es kann festgestellt werden, wie **beide Wählergruppen** abgestimmt haben: diejenigen, die ihre Stimme im Wahlraum abgegeben haben, und diejenigen, bei denen die Stimmabgabe über den PC erfolgte. Weiterhin wird diese Form der Abstimmung nicht den Anforderungen an eine Wahl gerecht, dass der Wähler die wesentlichen der Wahlhandlung ohne besondere Sachkenntnis überprüfen können muss (vgl. § 18 BetrVG Rn. 7 a). Es kommt hinzu, dass der vorgeschriebenen **öffentlichen Stimmauszählung** (§ 13 WO) bei den im Wahlraum abgegebenen Stimmen nachgekommen werden kann, und zwar einschließlich der durch Briefwahl abgegebenen Stimmen, weil diese vor der Auszählung in die Wahlurne geworfen werden müssen und somit beigemischt werden (vgl. § 26 Abs. 1 WO). Bei der elektronischen Stimmabgabe können die Wähler dagegen die Stimmauszählung nicht verfolgen.
Als Ergebnis ist somit festzuhalten, dass eine Anwendung der Informations- und Kommunikationstechnik bei der Stimmabgabe, und damit die Stimmabgabe auf elektronische Art, nach den derzeit geltenden Wahlgrundlagen zur **Anfechtung** der Wahl nach § 19 BetrVG führt.[34]
Neue Nahrung wird die Diskussion zur »Online-Wahl« durch die aktuelle Entscheidung des Arbeitsgerichtes Hamburg vom 7. 6. 17[35] bekommen. Das Gericht hat festgesellt, dass die elektronische Stimmabgabe zur Nichtigkeit der BR-Wahl führt. Gleichzeitig aber auch formuliert, dass eine Entscheidung über die Nutzung der »Online-Wahl« eine Aufgabe des Gesetzgebers ist. Dieser muss sich auch im Hinblick auf andere demokratische Wahlen bei einer rasant fortschreitenden Digitalisierung mit dieser Frage im Rahmen eines gesellschaftlichen Diskurses intensiv auseinandersetzen.

19 Im Wahlausschreiben ist darauf hinzuweisen, **wo und wann** das Wählerverzeichnis zur Einsichtnahme ausliegt bzw. bei einer elektronischen Form Kenntnis genommen werden kann (§ 3 Abs. 2 Nr. 2 WO). Sofern die Wahlberechtigten von ihrem Einsichtsrecht Gebrauch machen und dadurch ein Entgeltausfall eintritt, hat diesen der AG zu erstatten. Es handelt sich um Kosten der Wahl (§ 20 Abs. 3 BetrVG). Das Einsichtsrecht in die Wählerliste steht auch den Vertretern der im Betrieb vertretenen Gewerkschaft und dem AG zu, da sie auch das Anfechtungsrecht nach § 19 BetrVG haben.[36] Ein **Einspruchsrecht** gegen die Wählerliste steht dem **AG jedoch nicht zu** (vgl. § 4 WO Rn. 16).

20 Soweit vorgeschrieben wird, dass auch ein Abdruck der WO auszulegen ist, liegt lediglich eine **Ordnungsvorschrift** vor, bei deren Verletzung eine Anfechtung der Wahl des BR grundsätzlich nicht gerechtfertigt ist.[37]

21 Bei der Auslage der **Abdrucke der Wählerliste** ist zu beachten, dass sie **nicht die Geburtsdaten der Wahlberechtigten** enthalten sollen (Abs. 4 Satz 2). Durch diese Änderung gegenüber dem früheren Recht soll dem **Datenschutz** bei der Auslegung der Wählerliste verstärkt Rech-

---

33 Vgl. *BAG* 27. 1. 93, NZA 93, 949 zur Wahl der AN-Vertreter im AR.
34 Vgl. zur Problematik der elektronischen Stimmabgabe umfassend *Schneider/Wedde*, AuR 1–2/07, 31 f.
35 *ArbG Hamburg* 7. 6. 17 – 13 BV 13/16.
36 *Fitting*, Rn. 10; GK-*Jacobs*, Rn. 14.
37 A. A. GK-*Jacobs*, Rn. 13.

nung getragen werden. Es ist jedoch in Einzelfällen, um Namensverwechslungen zu vermeiden, durchaus zulässig, die Angabe des Geburtsdatums vorzunehmen.[38] Haben AN, beispielsweise bei der Aufstellung eines Wahlvorschlags, Zweifel, ob ein in der Wählerliste Eingetragener bereits das 18. Lebensjahr vollendet hat, können sie an den WV mit der Aufforderung herantreten, entsprechende Auskunft zu geben.[39]

II. Bedeutung der Eintragung für das Wahlrecht

Die Aufnahme in die Wählerliste ist **formelle Voraussetzung** für die Ausübung des aktiven und des passiven Wahlrechts. Die **materiellen Voraussetzungen** der Wahlberechtigung oder der Wählbarkeit werden durch die §§ 7 und 8 BetrVG festgelegt. Nur ein AN, der in die Wählerliste eingetragen ist, kann – wie sich aus Abs. 3 ergibt – von seinem Wahlrecht Gebrauch machen. Die Eintragung in die Wählerliste hat andererseits **keine konstitutive Bedeutung** dahingehend, dass sie das Wahlrecht oder die Wählbarkeit begründen würde, wenn die materiellen Voraussetzungen dazu fehlen.[40] Daher erlangt ein nicht wahlberechtigter AN (z. B. ein AN unter 18 Jahren) das aktive Wahlrecht auch dann nicht, wenn er versehentlich in die Wählerliste eingetragen worden ist. 22

Es kann auch der Fall eintreten, dass zum Zeitpunkt der Aufstellung der Wählerliste die Wahlberechtigung bestand, aber **vor** Durchführung der Wahl **weggefallen** ist, weil der AN z. B. aus dem Betrieb ausgeschieden ist oder die Stellung eines leitenden Angestellten nach § 5 Abs. 3 BetrVG erhalten hat. In solchen Fällen ist die Wählerliste zu berichtigen (vgl. § 4 Abs. 3 WO). 23

III. Pflichten des Arbeitgebers

Die Anfertigung einer ordnungsgemäßen Wählerliste wird regelmäßig nur möglich sein, wenn der AG dem WV **die erforderlichen Auskünfte** erteilt und die notwendigen Unterlagen zur Verfügung stellt.[41] Die 2. ÄnderungsVO vom 28. 9. 1989 hat die in Abs. 2 genannten Pflichten des AG als zwingendes Recht ausgestaltet. Die Unterstützungspflicht des AG bei der Aufstellung der Wählerliste ist somit eine ihm obliegende Rechtspflicht. Der WV kann diese Verpflichtung des AG im Wege des Beschlussverfahrens, ggf. auch durch einstweilige Verfügung, erzwingen.[42] Diese Verpflichtung besteht auch, wenn der AG rechtliche Zweifel gegen das Vorgehen des WV hat.[43] Der AG hat immer die notwendigen Unterlagen zur Verfügung zu stellen, denn wann kann man vor einer abschließenden Entscheidung sagen, ob eine Wahl nichtig ist. Daher kann es quasi nie zur Verweigerung des AG bei der Herausgabe von Unterlagen für den WV kommen.[44] Außerdem kann, wenn der AG diesen Pflichten nicht nachkommt, Strafbarkeit gemäß § 119 Abs. 1 Nr. 1 BetrVG gegeben sein.[45] 24

Der AG hat den WV nicht zuletzt bei der Feststellung des Personenkreises der **leitenden Angestellten** zu unterstützen. Der AG hat daher dem WV alle Unterlagen zu geben oder Auskünfte zu erteilen, aus denen sich für diesen zweifelsfrei ergibt, ob jemand dem Personenkreis nach § 5 Abs. 3 BetrVG angehört. Zu den notwendigen Unterlagen, die vom AG in diesem Zusammenhang vorzulegen sind, gehört insbes. eine eingehende Beschreibung der **Arbeitsaufgabe** des betreffenden Beschäftigten sowie – soweit vorhanden – ein **Organisationsplan** 25

38 *Fitting*, Rn. 7.
39 Vgl. *Fitting*, Rn. 9.
40 *BAG* 5. 3. 74, AP Nr. 1 zu § 5 BetrVG 1972; *Fitting*, Rn. 8; Richardi-*Thüsing*, Rn. 6.
41 Vgl. auch *LAG Baden-Württemberg* 30. 10. 92 – 1 TaBV 2/92, das darauf hinweist, die dem WV durch den AG gemachten Angaben müssten neben dem Familiennamen, dem Vornamen und dem Geburtsdatum auch das Datum des Eintritts in den Betrieb enthalten.
42 *LAG Düsseldorf* 14. 3. 05 – 10 TaBV 31/05; *LAG Hamm* 13. 5. 77, DB 77, 1269 [1271]; *LAG Berlin* 27. 7. 83 – 5 TaBV 7/83; *Fitting*, Rn. 6; GK-*Jacobs*, Rn. 10; Richardi-*Thüsing*, Rn. 11.
43 *LAG Hamm* 29. 3. 06 – 13 TaBV 26/06 sowie *LAG Hamm* vom 30. 03. 10 – 13 TaBVGa 8/10.
44 *LAG Hessen* 20. 2. 14 – 9 TaBVGa 19/14 das jedoch bei einer zu erwartenden Nichtigkeit der BR-Wahl bereits einen Verweigerungsgrund für den AG sieht.
45 *Fitting*, a. a. O.; *Richardi-Thüsing*, a. a. O.

des UN, aus dem sich ergibt, auf welcher Leitungsebene der Betreffende tätig ist. Der WV kann im Zweifel auch die Vorlage des **Dienst- bzw. Arbeitsvertrags** verlangen. Das ergibt sich schon aus der Formulierung des § 5 Abs. 3 BetrVG, wonach das Gesetz nur dann keine Anwendung auf leitende Angestellte findet, wenn sich auch aus ihrem Arbeitsvertrag ergibt, dass sie die in § 5 Abs. 3 Nr. 1–3 BetrVG angeführten Tätigkeiten wahrzunehmen haben. Eine entsprechende Unterstützungspflicht hat der AG, wenn der WV Feststellungen zur Abgrenzung des in § 5 Abs. 2 des Gesetzes genannten Personenkreises vornimmt.[46] Eine ebenfalls umfassende Auskunfts- und Darlegungspflicht trifft den AG auch bei der Frage, ob im Betrieb Beschäftigte als AN des Betriebes, als **freie Mitarbeiter** oder als **im Rahmen eines Werkvertrages** tätige AN anzusehen sind.[47] Auch insoweit hat der AG dem WV alle Auskünfte und Unterlagen zu geben, die diesen in die Lage versetzen, die entsprechenden Feststellungen zu treffen.[48] Eine besondere Auskunftspflicht des AG besteht hinsichtlich solcher Beschäftigter, die von einem anderen AG dem Betrieb zur Arbeitsleistung überlassen worden sind, da ihnen das BetrVerf-ReformG unter bestimmten Voraussetzungen das aktive Wahlrecht einräumt (vgl. § 7 Satz 2 BetrVG; zur AN-Überlassung und anderen Formen des sog. **drittbezogenen Personaleinsatzes** vgl. umfassend die Erl. zu §§ 5, 7 BetrVG). Der WV wird die Auskünfte der AG-Seite bzw. entsprechende Aufstellungen des AG im Rahmen des § 2 Abs. 2 WO nicht einfach übernehmen. Er hat eine eigenständige Prüfungspflicht. Die Entscheidung, ob ein Beschäftigter in die Wählerliste aufzunehmen ist oder nicht, trifft ohnehin allein der WV.[49]

IV. Unterrichtung der ausländischen Arbeitnehmer

26 Ausländische AN haben unter **denselben Voraussetzungen** wie deutsche Beschäftigte das aktive und passive Wahlrecht. Da sie aber die deutsche Sprache nicht immer ausreichend beherrschen, soll sie der WV über die in Abs. 5 genannten Grundzüge der Wahl informieren. Wegen der Kompliziertheit der Wahlgrundsätze und des Verfahrens ist im Zweifelsfall, insbes. bei einer größeren Zahl ausländischer AN, vom WV von unzureichenden deutschen Sprachkenntnissen ausgehen.[50] Eine **Nichtinformation** kann die **Anfechtung der Wahl** begründen, wenn festgestellt wird, dass die ausländischen AN nicht die erforderlichen Kenntnisse hatten, um sich an der Wahl des BR zu beteiligen,[51] und dadurch das Wahlergebnis beeinflusst werden konnte. Bei der Beurteilung der Frage, ob die im Betrieb beschäftigten ausländischen AN der deutschen Sprache i. S. v. § 2 Abs. 5 WO mächtig sind, kommt es darauf an, ob ihre **Deutschkenntnisse ausreichen,** um den Inhalt von Wahlvorschriften und des Wahlausschreibens verstehen zu können.[52]

27 Bei der Frage, in welcher Form die Unterrichtung erfolgen soll, hat der WV einen erheblichen **Ermessensspielraum.**[53] Da die Unterrichtung der ausländischen AN vor der Einleitung der Wahl zu erfolgen hat, ist es zweckmäßig, sie durch ein **Merkblatt** in der oder den notwendigen Sprachen oder durch einen Dolmetscher im Rahmen einer **Versammlung** der ausländischen AN vorzunehmen. Darüber hinaus wird es notwendig sein, die **wesentlichen Bekanntmachungen und die Aushänge des WV** in die jeweiligen Sprachen zu übersetzen.[54]

28 Ein Verstoß gegen die Soll-Vorschrift des Abs. 5 wird eine Wahlanfechtung dann rechtfertigen, wenn für den WV **offenkundig** ist, dass ausländische AN wegen der mangelnden Sprachkennt-

---

46 *Fitting,* Rn. 7.
47 *Fitting,* a. a. O.
48 Vgl. *BAG* 15. 12. 98, DB 99, 910, das dem BR einen umfassenden Anspruch auf Unterrichtung hinsichtlich der Beschäftigung freier Mitarbeiter gibt, damit er anhand der Angaben beurteilen kann, ob und inwieweit BR-Rechte berührt sind; so auch jetzt § 80 Abs. 2 Satz 1 zweiter Halbsatz BetrVG.
49 *ArbG Ludwigshafen* 28. 2. 74, BB 74, 1207; *Fitting,* Rn. 1, 7; GK-*Jacobs,* Rn. 12; Richardi-*Thüsing,* Rn. 6.
50 GK-*Jacobs,* Rn. 16.
51 *BAG* 13. 10. 04 – 7 ABR 5/04, AuR 05, 118; *Fitting,* Rn. 12; GK-*Jacobs,* Rn. 15; Richardi-*Thüsing,* Rn. 14.
52 *BAG* 13. 10. 04, a. a. O.
53 *Fitting,* Rn. 12.
54 Vgl. *LAG Hamm* 17. 5. 73, DB 73, 1403; *Fitting,* a. a. O.

nisse das Wahlverfahren nicht verstehen können[55]. Bei der Beurteilung der Frage, ob die ausländischen AN der deutschen Sprache i. S. v. § 2 Abs. 5 WO mächtig sind, kommt es darauf an, ob ihre Deutschkenntnisse ausreichen, um den Inhalt von Wahlvorschriften und eines Wahlausschreibens verstehen zu können. Wird im Betrieb eine Vielzahl ausländischer AN verschiedener Herkunftsländer im gewerblichen Bereich beschäftigt und versendet der AG wichtige Informationsschreiben an die Belegschaft nicht nur in deutscher Sprache, sondern auch in den ausländischen AN geläufigen Sprachen, muss der WV grundsätzlich davon ausgehen, dass die ausländischen AN der deutschen Sprache nicht i. S. v. § 2 Abs. 5 WO mächtig sind.[56] Dabei wird dem WV aber nicht zuzumuten sein, dass er jede im Betrieb vertretene Sprache ausfindig macht und entsprechende Übersetzungen anfertigen lässt, sondern er wird sich auf die gängigen Sprachen im Betrieb beschränken können. Sollte jedoch ein ausländischer AN dem WV zur Kenntnis geben, dass er Unterstützung braucht, wird der WV reagieren müssen. Die Anforderung an den WV kann jedoch nicht so weit gehen, dass er eigene »Ermittlungen« anstellen muss, welche Sprachen noch im Betrieb vertreten sind. Sonst wäre dies auf Grund der internationalen Beschäftigtenstruktur in vielen deutschen Betrieben ein regelmäßiger Grund für Wahlanfechtungen, wenn man sich nicht nur auf die hauptsächlich im Betrieb gesprochenen Sprachen als WV zurückzieht[57].

Das **Wahlausschreiben** wird wegen seiner Bedeutung für die Einleitung und Durchführung der Wahl stets in die Sprachen der im Betrieb vertretenen regelmäßig eingesetzten ausländischen AN übersetzt werden müssen.[58] Das hat unabhängig von den sonstigen Maßnahmen zu geschehen.[59] 29

Eine Übersetzung aller Handlungen des Wahlvorstandes in die regelmäßig genutzten Sprachen im Betrieb ist aber nicht erforderlich. So muss auch die Wahlversammlung nicht durch Dolmetscher in verschiedene Sprachen übersetzt werden.[60] Das würde den Ablauf der Veranstaltung und die Möglichkeiten vieler auch kleiner Betriebe überfordern. So können Mitteilungen des WV regelmäßig in deutscher Sprache erfolgen. So z. B. bei **Doppelunterzeichner** i. S. d. § 6 Abs. 6 WO dürfen vom WV in **deutscher Sprache** aufgefordert werden, sich für die eine oder andere Vorschlagsliste zu entscheiden.[61]

§ 3 Wahlausschreiben

(1) Spätestens sechs Wochen vor dem ersten Tag der Stimmabgabe erlässt der Wahlvorstand ein Wahlausschreiben, das von der oder dem Vorsitzenden und von mindestens einem weiteren stimmberechtigten Mitglied des Wahlvorstands zu unterschreiben ist. Mit Erlass des Wahlausschreibens ist die Betriebsratswahl eingeleitet. Der erste Tag der Stimmabgabe soll spätestens eine Woche vor dem Tag liegen, an dem die Amtszeit des Betriebsrats abläuft.

(2) Das Wahlausschreiben muss folgende Angaben enthalten:

1. das Datum seines Erlasses;

2. die Bestimmung des Orts, an dem die Wählerliste und diese Verordnung ausliegen, sowie im Fall der Bekanntmachung in elektronischer Form (§ 2 Abs. 4 Satz 3 und 4) wo und wie von der Wählerliste und der Verordnung Kenntnis genommen werden kann;

---

55 *LAG Rheinland-Pfalz* 22.7.15 – 7 TaBV 7/15.

56 *BAG* 13.10.04 – 7 ABR 5/04, AuR 05, 118.

57 *LAG Rheinland-Pfalz* 17.6.15 – 4 TaBV 14/14, das die Frage jedoch offen lässt.

58 *Fitting* Rn. 12; *Rudolph/Fuhrmann*, AiB 2014, 52 ff.

59 Vgl. *LAG Frankfurt* 5.7.65, DB 65, 1746; vgl. auch *LAG Hamm* 17.5.73, DB 73, 1403, das die Bekanntgabe des Wahlausschreibens in den entsprechenden Sprachen der im Betrieb tätigen ausländischen AN nur dann als erforderlich ansieht, wenn die ausländischen AN nicht in der Lage sind, den deutschen Text des Wahlausschreibens zu verstehen.

60 *LAG Düsseldorf* vom 12.10.18 – 6 TaBVGa 7/18, das sogar die Übersetzung der Einladung zur Wahlversammlung für nicht erforderlich gehalten hat.

61 *LAG Hamm*, a. a. O.

3. dass nur Arbeitnehmerinnen und Arbeitnehmer wählen oder gewählt werden können, die in die Wählerliste eingetragen sind, und dass Einsprüche gegen die Wählerliste (§ 4) nur vor Ablauf von zwei Wochen seit dem Erlass des Wahlausschreibens schriftlich beim Wahlvorstand eingelegt werden können, verbunden mit einem Hinweis auf die Anfechtungsausschlussgründe nach § 19 Absatz 3 Satz 1 und 2 des Gesetzes; der letzte Tag der Frist und im Fall des § 41 Absatz 2 zusätzlich die Uhrzeit sind anzugeben;
4. den Anteil der Geschlechter und den Hinweis, dass das Geschlecht in der Minderheit im Betriebsrat mindestens entsprechend seinem zahlenmäßigen Verhältnis vertreten sein muss, wenn der Betriebsrat aus mindestens drei Mitgliedern besteht (§ 15 Abs. 2 des Gesetzes);
5. die Zahl der zu wählenden Betriebsratsmitglieder (§ 9 des Gesetzes) sowie die auf das Geschlecht in der Minderheit entfallenden Mindestsitze im Betriebsrat (§ 15 Abs. 2 des Gesetzes);
6. die Mindestzahl von Wahlberechtigten, von denen ein Wahlvorschlag unterzeichnet sein muss (§ 14 Abs. 4 des Gesetzes);
7. dass der Wahlvorschlag einer im Betrieb vertretenen Gewerkschaft von zwei Beauftragten unterzeichnet sein muss (§ 14 Abs. 5 des Gesetzes);
8. dass Wahlvorschläge vor Ablauf von zwei Wochen seit dem Erlass des Wahlausschreibens beim Wahlvorstand in Form von Vorschlagslisten einzureichen sind, wenn mehr als fünf Betriebsratsmitglieder zu wählen sind; der letzte Tag der Frist und im Fall des § 41 Absatz 2 zusätzlich die Uhrzeit sind anzugeben;
9. dass die Stimmabgabe an die Wahlvorschläge gebunden ist und dass nur solche Wahlvorschläge berücksichtigt werden dürfen, die fristgerecht (Nr. 8) eingereicht sind;
10. die Bestimmung des Orts, an dem die Wahlvorschläge bis zum Abschluss der Stimmabgabe aushängen;
11. Ort, Tag und Zeit der Stimmabgabe sowie die Betriebsteile und Kleinstbetriebe, für die schriftliche Stimmabgabe (§ 24 Abs. 3) beschlossen ist;
12. den Ort, an dem Einsprüche, Wahlvorschläge und sonstige Erklärungen gegenüber dem Wahlvorstand abzugeben sind (Betriebsadresse des Wahlvorstands);
13. Ort, Tag und Zeit der öffentlichen Stimmauszählung.

(3) Sofern es nach Größe, Eigenart oder Zusammensetzung der Arbeitnehmerschaft des Betriebs zweckmäßig ist, soll der Wahlvorstand im Wahlausschreiben darauf hinweisen, dass bei der Aufstellung von Wahlvorschlägen die einzelnen Organisationsbereiche und die verschiedenen Beschäftigungsarten berücksichtigt werden sollen.

(4) Ein Abdruck des Wahlausschreibens ist vom Tage seines Erlasses bis zum letzten Tage der Stimmabgabe an einer oder mehreren geeigneten, den Wahlberechtigten zugänglichen Stellen vom Wahlvorstand auszuhängen und in gut lesbarem Zustand zu erhalten. Ergänzend kann das Wahlausschreiben mittels der im Betrieb vorhandenen Informations- und Kommunikationstechnik bekannt gemacht werden. § 2 Abs. 4 Satz 4 gilt entsprechend. Ergänzend hat der Wahlvorstand das Wahlausschreiben den Personen nach § 24 Absatz 2 postalisch oder elektronisch zu übermitteln; der Arbeitgeber hat dem Wahlvorstand die dazu erforderlichen Informationen zur Verfügung zu stellen.

Inhaltsübersicht Rn.

I. Bedeutung des Wahlausschreibens

1 Mit **Erlass des Wahlausschreibens** beginnt nach dem Stadium der Vorbereitungen das eigentliche **Wahlverfahren.** Ohne Wahlausschreiben kann eine BR-Wahl nicht wirksam durchgeführt werden. Ausschließlich der WV ist befugt, das Wahlausschreiben zu erlassen. Zwischen

dem Erlass des Wahlausschreibens und dem Wahltag (bei mehreren Wahltagen dem ersten Tag der Stimmabgabe) muss mindestens ein Zeitraum von **sechs Wochen** liegen. Dabei ist der Tag des Erlasses des Wahlausschreibens nicht mitzuzählen (vgl. § 187 Abs. 1 BGB). Zu der Frage der Berichtigung oder des Neuerlasses des Wahlausschreibens vgl. Rn. 29 ff.

2 Der Erlass des Wahlausschreibens erfolgt dadurch, dass es der WV im Betrieb **bekanntmacht.** Das geschieht grundsätzlich durch **Aushang.** Es ist zulässig, das Wahlausschreiben zusätzlich in **elektronischer Form,** z. B. durch **Intranet,** zu veröffentlichen. Seine ausschließliche Bekanntmachung in dieser Form ist nur zulässig, wenn alle AN davon Kenntnis erlangen können und sichergestellt ist, dass Änderungen des Wahlausschreibens nur vom WV vorgenommen werden können (Abs. 2 Nr. 2 i. V. m. § 2 Abs. 4 Satz 3 und 4 WO; vgl. ausführlich § 2 WO Rn. 9 ff.). Wird das Wahlausschreiben nach § 3 Abs. 4 Satz 2 WO lediglich **ergänzend** mittels der im Betrieb vorhandenen Informations- und Kommunikationstechnik bekannt gemacht, ist nur der **Aushang maßgeblich,** weil das Wahlausschreiben nur durch den Aushang wirksam erlassen werden kann, es sei denn, die Bekanntmachung auf elektronischem Weg entspricht den Anforderungen des § 3 Abs. 4 Satz 3 i. V. m. § 2 Abs. 4 Satz 4 WO.[1] Zum Einsatz der IuK-Technik bei BR-Wahlen vgl. *Pristin/Jenner.*[2]

3 Wird das Wahlausschreiben an **mehreren Stellen** ausgehängt, ist die Wahl erst mit dem **letzten Aushang** eingeleitet; bei einer (zusätzlichen) Bekanntmachung in elektronischer Form (zur Bekanntmachung in elektronischer Form vgl. § 2 WO Rn. 9 ff.) mit dem Zeitpunkt, zu dem die AN die Möglichkeit haben, vom Wahlausschreiben Kenntnis zu erlangen.[3] Das Datum des Aushangs an der letzten Stelle und das im Wahlausschreiben genannte Datum des Erlasses haben übereinzustimmen. Ist dies nicht der Fall, richten sich **Fristen,** die mit dem Erlass des Wahlausschreibens zusammenhängen, allein nach dem Tag des Aushangs.[4] Das gilt somit auch für die Frist zur Einreichung von Wahlvorschlägen. Sie beginnt erst zu laufen, wenn der letzte Aushang vollzogen ist. Das gilt auch für den Fall, dass das Wahlausschreiben in insgesamt 25 auswärtigen Geschäftsstellen einer Zeitungsvertriebs- und Anzeigengesellschaft ausgehängt wird.[5] Auch in einem Betrieb, der aus 84 Betriebsstätten an 24 Orten Deutschlands besteht, muss grundsätzlich in jeder Betriebsstätte ein Abdruck des Wahlausschreibens ausgehängt werden, damit alle Wahlberechtigten gleichermaßen die Möglichkeit haben, von dem Inhalt des Wahlausschreibens Kenntnis zu nehmen und von ihrem Wahlrecht Gebrauch zu machen.[6] Wegen der Bedeutung des Aushangs des Wahlausschreibens und den damit verbundenen Fristen sollte der Tag des Aushangs vom WV in den Wahlakten festgehalten werden.[7]

II. Zeitpunkt des Erlasses und Unterzeichnungen

4 Zwischen dem Erlass des Wahlausschreibens und dem Tag der Stimmabgabe (sofern mehrere Tage für die Stimmabgabe vorgesehen sind, ist der erste Tag der Stimmabgabe maßgebend) muss mindestens ein **Zeitraum von sechs Wochen** liegen (zu den Besonderheiten beim vereinfachten Wahlverfahren vgl. § 30 WO Rn. 1). Der Tag des Erlasses (Aushang) des Wahlausschreibens ist nicht mitzuzählen (§ 187 Abs. 1 BGB). Eine Verletzung dieser Mindestfrist stellt einen Verstoß gegen wesentliche Vorschriften über das Wahlverfahren dar, der die **Anfechtung der Wahl** nach § 19 BetrVG rechtfertigen kann.[8]

5 Die Regelung des Abs. 1 Satz 3, wonach der erste Tag der Stimmabgabe spätestens eine Woche vor dem Tag liegen soll, an dem die Amtszeit des bisherigen BR abläuft, ist **nicht zwingend.** Es soll allerdings erreicht werden, dass die Wahl möglichst so rechtzeitig durchgeführt wird, dass **keine betriebsratslose Zeit** eintritt. Wenn der WV trotz sachgerechter und zügiger Be-

1 *BAG* 5.5.04 – 7 ABR 44/03.
2 AiB 9/21, 266 ff. Grundlegend *Schneider/Wedde*, AuR 1–2/07, 25 ff.
3 Zur Einleitung der Wahl durch Aushang vgl. *LAG Hamm* 26.2.76, DB 76, 921; *Fitting*, Rn. 1; GK-*Jacobs*, Rn. 3.
4 *LAG Düsseldorf* 3.12.02, AiB 04, 114; *Fitting*, a. a. O.
5 *LAG Hamm*, a. a. O.
6 *BAG* 5.5.04, NZA 04, 1285 ff.
7 *Fitting*, a. a. O.
8 *ArbG Braunschweig* 18.6.21 – 2 BV 18/20; *Fitting*, Rn. 4; Richardi-*Thüsing*, Rn. 2.

arbeitung die Wahlvorbereitungen innerhalb dieser Zeit nicht abschließen kann, darf er das Wahlausschreiben später erlassen und damit den Tag der Stimmabgabe unter Nichtberücksichtigung des Abs. 1 Satz 3 festlegen.[9]

6 Betriebsratslose Zeiten werden sich nicht immer vermeiden lassen. Sie werden etwa eintreten, wenn eine Bestellung des WV durch das ArbG nach § 16 Abs. 2 BetrVG vorgenommen wird, weil acht Wochen vor Ablauf der Amtszeit des BR noch kein WV besteht (vgl. auch die Möglichkeit der Bestellung des WV unter bestimmten Voraussetzungen durch den GBR bzw. KBR nach § 16 Abs. 3 BetrVG). Auch dann muss der WV eine ausreichende **Vorbereitungszeit** zur Verfügung haben und die Mindestfrist von sechs Wochen zwischen dem Erlass des Wahlausschreibens und dem Tag der Stimmabgabe beachten.

7 Das Wahlausschreiben ist vom **Vorsitzenden** und mindestens einem **weiteren Mitglied des WV,** das stimmberechtigt sein muss, zu unterschreiben. Fehlt jegliche Unterschrift, ist das Wahlausschreiben nicht erlassen.[10] Die Unterschrift allein des Vorsitzenden ist ein Verfahrensmangel, der nicht die Nichtigkeit der Wahl nach sich zieht. Aber auch die Anfechtbarkeit ist in einem solchen Fall nicht gegeben, sofern eine **ordnungsgemäße Beschlussfassung des WV** über den Inhalt des Wahlausschreibens und den Tag seines Erlasses vorlag.[11]

III. Aushang

8 Während das Original des Wahlausschreibens in den Akten des WV verbleibt, ist mindestens eine **Abschrift oder ein Abdruck auszuhängen.** Der Aushang kann an mehreren Stellen des Betriebs erfolgen (vgl. Rn. 3). Er muss an einem Betriebspunkt (oder mehreren) vorgenommen werden, der den Wahlberechtigten nicht nur zugänglich ist, sondern von dem auch angenommen werden kann, dass er von ihnen mit einiger Wahrscheinlichkeit aufgesucht wird. Geeignet ist insbes. das »Schwarze Brett«.

9 Alle ausgehängten Abschriften oder Abdrucke des Wahlausschreibens müssen bis zum letzten Tag der Stimmabgabe in **gut leserlichem Zustand** sein. Der Sinn dieser Regelung liegt darin, dass die Angaben im Wahlausschreiben nicht nur im Zeitpunkt des Erlasses von Bedeutung sind, sondern auch für das gesamte Wahlverfahren bis zur Feststellung des Wahlergebnisses gelten und insbes. die wichtigen Termine anführen. Sind einem Betrieb mehrere Betriebsstätten zuzuordnen, so muss wegen der Bedeutung des Wahlausschreibens grundsätzlich in **jeder Betriebstätte** ein Abdruck des Wahlausschreibens ausgehängt werden; ansonsten ist die Wahl nach § 19 Abs. 1 BetrVG anfechtbar.[12]

IV. Inhalt

10 Das Wahlausschreiben muss **bestimmte Angaben** enthalten (Abs. 2). Fehlt eine notwendige Angabe, kann das die Wahlanfechtung nach § 19 BetrVG nach sich ziehen.[13]

11 Im Einzelnen legt Abs. 2 folgende Angaben zwingend fest:
Nr. 1: Aus dem Wahlausschreiben muss hervorgehen, an welchem Tag es erlassen worden ist. Der Tag des Erlasses muss angegeben werden, weil mit Erlass des Wahlausschreibens bestimmte Fristen zu laufen beginnen (z. B. Einsprüche gegen die Wählerliste [§ 4 WO] und Einreichung von Wahlvorschlägen [§ 6 Abs. 1 WO]). Eine Angabe der Uhrzeit ist nicht erforderlich.

12 Nr. 2: Das Wahlausschreiben hat anzugeben, an welcher betrieblichen Stelle (ggf. an welchen mehreren Stellen) das Wählerverzeichnis eingesehen werden kann. Dabei sollte zweckmäßigerweise ein Hinweis erfolgen, zu welchen Zeitpunkten die Einsichtnahme erfolgen kann. Durch die Auslage soll den AN die Nachprüfung der Richtigkeit der Wählerliste ermöglicht werden.

---

9 GK-*Jacobs*, Rn. 5.

10 Vgl. *ArbG Mannheim* 17.7.72 – 4 BV 1/72; *Fitting*, Rn 5.

11 Vgl. *ArbG Gelsenkirchen* 15.3.68, BB 68, 627; vgl. *Fitting*, Rn. 5; GK-*Jacobs*, Rn. 6; Richardi-*Thüsing*, Rn. 4.

12 *BAG* 5.5.04 – 7 ABR 44/03, zur Anfechtung einer Betriebsratswahl in einem Betrieb mit 84 Betriebsstätten in 24 Städten.

13 Vgl. *BAG* 11.3.60, AP Nr. 13 zu § 18 BetrVG; *BAG* 19.11.03, AP Nr. 54 zu § 19 BetrVG 1972; vgl. auch *Fitting*, Rn. 6; *GL*, Rn. 5; GK-*Jacobs*, Rn. 7.

Auch die WO ist auszulegen. Im Falle der Bekanntmachung in elektronischer Form ist anzugeben, wo und wie von der Wählerliste und der WO Kenntnis genommen werden kann (vgl. auch § 2 WO Rn. 9 ff.). Ebenfalls ist die ggfs. zusätzlich elektronisch veröffentlichte Wählerliste immer auf dem neusten Stand zu halten, weil andernfalls die Wahl anfechtbar sein kann.

Nr. 3: Die Wahlberechtigung eines Beschäftigten ist nicht von seiner Eintragung in das Wählerverzeichnis abhängig. Das Wahlrecht kann aber nur ausgeübt werden, wenn eine Aufnahme in das Wählerverzeichnis erfolgte (vgl. § 2 WO Rn. 13). Der Hinweis im Wahlausschreiben hat daher den Zweck, dass sich die Wahlberechtigten davon überzeugen, dass sie im Wählerverzeichnis eingetragen sind. Eine Korrektur bei fehlender Eintragung kann zwar durch den WV ohne einen ausdrücklichen Hinweis erfolgen (§ 4 Abs. 3 WO). Das Mittel des Einspruchs ermöglicht es jedoch den Wahlberechtigten, den WV auf die fehlende Eintragung hinzuweisen. Der Einspruch gegen die Wählerliste ist in Zukunft auch die notwendige Voraussetzung, wenn man aus diesem Grunde die BR-Wahl anfechten möchte. Im in der Novelle 2021 neu gefassten § 19 Abs. 3 Satz 1 und 2 wird der vorherige Einspruch zur zwingenden Vorhandlung gemacht. Damit sollen unnötige Fehler im Vorfeld der eigentlichen Wahl vermieden werden und die **Anzahl der Anfechtungen** verkleinert werden. Insbesondere sollen AG von der Anfechtung ausgeschlossen werden, wenn sie bewusst oder unbewusst **falsche Angaben** beim WV machen. Vgl. hierzu auch die Kommentierung zu § 19 BetrVG.[14] Aus gleichem Grunde soll neben dem letzten Tag der Frist zur Vornahme von Wahlhandlungen auch die Uhrzeit im Wahlausschreiben angegeben werden, um Rechtssicherheit herzustellen und damit Anfechtungen zu vermeiden. Zur weiteren Vertiefung siehe § 41 WO. 13

Einsprüche gegen die Wählerliste müssen innerhalb einer zweiwöchigen Frist seit Erlass des Wahlausschreibens schriftlich beim WV eingelegt werden. Damit Klarheit besteht, ist beim Wahlausschreiben der letzte Tag der Frist anzugeben (vgl. auch § 4 Rn. 11). 14

Nr. 4: Der WV ist verpflichtet, im Wahlausschreiben auf den zahlenmäßigen Anteil der Geschlechter im Betrieb hinzuweisen. Es hat zugleich ein Hinweis auf die Bestimmung des § 15 Abs. 2 BetrVG zu erfolgen, nach der das Geschlecht in der Minderheit im BR mindestens entsprechend seinem zahlenmäßigen Verhältnis vertreten sein muss, sofern der BR aus mindestens drei Mitgliedern besteht. 15

Der WV ist also dazu verpflichtet auf die zahlenmäßige **Verteilung der Geschlechter** nach männlich, weiblich und divers hinzuweisen. Die Angabe der Anzahl der Beschäftigten, die dem Geschlecht Divers angehören, kann natürlich nur soweit erfolgen, wie es dem WV bekannt ist. Eine Veränderung kann sich durchaus dadurch ergeben, dass sich Arbeitnehmer mit Einsprüchen gegen die Wählerliste wenden, weil sie mit dem falschen Geschlecht in der Wählerliste stehen. Das dritte Geschlecht Divers wäre dann unter Umständen erstmals einzufügen. Allerdings kann das dritte Geschlecht Divers nicht das Geschlecht in der Minderheit sein[15], so dass eine Korrektur des Geschlechtes in der Minderheit in der Regel nicht erforderlich sein wird. Das »Zuschlagen« der diversen Arbeitnehmer zu den Männern oder Frauen muss auf jeden Fall unterbleiben. So wird es ggfs. nur zu kleineren rechnerischen Korrekturen kommen. 15a

Nr. 5: Die Feststellungen über die Zahl der zu wählenden BR-Mitglieder (vgl. §§ 9 und 11 BetrVG und die dortigen Erl.) und die Mindestsitze, die auf das Geschlecht in der Minderheit entfallen (§ 15 Abs. 2 BetrVG; zur Berechnung der Mindestsitze für das Minderheitsgeschlecht vgl. § 15 Rn. 11 ff. des Gesetzes). Mit der Veröffentlichung im Wahlausschreiben stehen diese Zahlen fest[16]. Zur Zulässigkeit bzw. Unzulässigkeit von Berichtigungen des Wahlausschreibens vgl. Rn. 29 ff. 16

Nr. 6: Der WV hat die **Mindestzahl der AN,** die zur Unterzeichnung eines Wahlvorschlags erforderlich ist, für den konkreten Betrieb zu ermitteln und im Wahlausschreiben anzugeben. Diese Mindestzahl ergibt sich aus § 14 Abs. 4 BetrVG. Es reicht nicht aus, im Wahlausschreiben lediglich einen Hinweis auf die Art der Berechnung bzw. einen Hinweis auf Prozentsätze zu 17

---

14 § 19 BetrVG, Rn. 6 ff.
15 Vgl. § 15 BetrVG, Rn. 11.
16 *LAG Rheinland-Pfalz* 22.7.15 – 7 TaBV 7/15. Die Zahl muss auch stimmen, andernfalls ist die Wahl anfechtbar.

geben. Hat der WV die Mindestzahl der Stützunterschriften fehlerhaft ermittelt, so liegt hierin ein wesentlicher Fehler im Wahlverfahren gem. § 19 Abs. 1.[17] Ferner sollte ein Hinweis vorgenommen werden, dass ein AN, der einen Wahlvorschlag unterzeichnet und damit stützt, nicht zugleich weitere Wahlvorschläge unterzeichnen darf (vgl. § 6 WO Rn. 44 ff.).

18 Nr. 7: Die im Betrieb vertretene Gewerkschaft (zu der Frage, wann eine Gewerkschaft im Betrieb vertreten ist, vgl. § 2 BetrVG Rn. 29) hat ein **eigenständiges Wahlvorschlagsrecht,** das es ihr ermöglicht, einen Wahlvorschlag ohne die ansonsten notwendige Anzahl von Stützunterschriften aus der Mitte der Belegschaft beizubringen (vgl. § 14 Abs. 4 BetrVG). Im Wahlausschreiben muss darauf hingewiesen werden, dass ein solcher gewerkschaftlicher Wahlvorschlag der Unterschrift von **zwei Beauftragten** bedarf (zur Beauftragung vgl. § 14 BetrVG Rn. 31, vgl. auch § 27 WO Rn. 3).

19 Nr. 8: Mit Erlass des Wahlausschreibens läuft die **Frist von zwei Wochen** zur Einreichung von Wahlvorschlägen (Vorschlagslisten). Die Frist berechnet sich nach § 187 Abs. 1 BGB (vgl. § 6 WO Rn. 7). Der letzte Tag, an dem die Einreichung von Wahlvorschlägen möglich ist, ist anzugeben. Auch hier ist, wie schon in der Nummer drei, zur Rechtsklarheit neu auch die Uhrzeit anzugeben. Der WV hat dabei keinen Beurteilungsspielraum (vgl. § 6 Rn. 7). Zu der Frage, inwieweit bei der Angabe des letzten Tages der Frist auch ein Hinweis auf eine Uhrzeit erforderlich ist hat sich durch die Verordnungsänderung geklärt, vgl. § 4 WO Rn. 11 f. Zu der Frage der ggf. notwendig werdenden Nachfrist wegen Änderung des Wahlausschreibens oder einer neuen Frist wegen Neuerlasses des Wahlausschreibens vgl. Rn. 29 ff.; zur erforderlichen Nachfrist bei Nichteinreichung von Wahlvorschlägen vgl. § 9 WO. Ebenfalls geändert hat sich durch die Änderung des Verhältnisses von vereinfachtem[18] und normalem Wahlverfahren ab welcher Zahl von Mitgliedern des BR diese Vorschrift anzuwenden ist. Die ist nunmehr ab fünf BR Mitgliedern erst der Fall.

20 Nr. 9: Zu den ebenfalls nicht verzichtbaren Bestandteilen des Wahlausschreibens gehört der Hinweis, dass Stimmen nur für solche Bewerber abgegeben werden können, die in einem **gültigen Wahlvorschlag** benannt werden. Zu der Gültigkeit eines Vorschlags gehört ebenfalls unverzichtbar die Einreichung in der vorgeschriebenen Frist (§ 6 Abs. 1 Satz 2 WO), sofern nicht eine Nachfrist nach § 9 WO erfolgt.

21 Nr. 10: Die vom WV als gültig anerkannten **Wahlvorschläge sind auszuhängen** (§ 10 WO). Die Stellen, an denen der Aushang erfolgen soll, sind bereits im Wahlausschreiben zu bezeichnen. Diese Stellen müssen geeignet sein, allen Beschäftigten die Kenntnisnahme zu ermöglichen.

22 Nr. 11: Ort der Stimmabgabe ist der **Wahlraum** (ggf. die Wahlräume). Er ist so genau zu bezeichnen, dass er von den Wahlberechtigten ohne Schwierigkeiten gefunden werden kann. Wird es unterlassen, den Ort der Stimmabgabe anzugeben, begründet dies dann keine Wahlanfechtung, wenn die Bekanntgabe des betrieblichen Wahlraums zu einem späteren Zeitpunkt durch Aushang erfolgt. Es liegt dann eine ausreichende Berichtigung i. S. d. § 19 Abs. 1 BetrVG vor.[19]

23 Im Wahlausschreiben ist neben dem Wahlraum auch der **Tag und die Zeit der Stimmabgabe** anzugeben. Die Stimmabgabe kann sich über mehrere Tage hinweg erstrecken. Das kommt vor allem für größere Betriebe und solche Betriebe in Betracht, in denen in mehreren Schichten gearbeitet wird. Anzugeben sind auch die Betriebsteile und Kleinstbetriebe, für die der WV die schriftliche Stimmabgabe (§ 24 Abs. 3 WO) beschlossen hat. Sollte aus sachlichen Gründen Ort und Zeit der Stimmabgabe im Wahlausschreiben nicht angegeben werden können, genügt zunächst ein **Hinweis,** dass dazu ein besonderer Aushang erfolgt. Diese Angaben müssen in dem zusätzlichen Aushang aber so rechtzeitig und in gleicher Art und Weise wie beim Wahlausschreiben vorgenommen werden, dass für die Wahlberechtigten keine Einschränkung des Wahlrechts eintritt.[20]

---

17 Hess*LAG* 22. 3. 07 – 9 TaBV 199/06.
18 Zum vereinfachten Wahlverfahren siehe § 28 WO.
19 *BAG* 28. 4. 21 – 7 ABR 10/20, juris *BAG* 19. 9. 85, AP Nr. 12 zu § 19 BetrVG 1972.
20 Vgl. *BAG* 19. 9. 85, AP Nr. 12 zu § 19 BetrVG 1972; vgl. auch *Fitting,* Rn. 19.

Die Stimmabgabe erfolgt grundsätzlich **während der Arbeitszeit,** wie sich aus § 20 Abs. 3 Satz 2 BetrVG ergibt.[21] Der WV kann daher die Möglichkeit der Stimmabgabe auf einen **bestimmten Zeitraum** – wie auf die Arbeitszeit – beschränken. Die Zeit der Stimmabgabe muss allerdings nicht unbedingt mit der betrieblichen Arbeitszeit voll übereinstimmen. So ist es etwa zulässig, in einem Betrieb, der in zwei Schichten arbeitet, die Zeit der Stimmabgabe so zu legen, dass sie teilweise in beide Schichten fällt.[22] Wird die Wahl in auswärts liegenden Betriebsteilen (Filialen) nach einem »Tourenplan« durchgeführt, muss für jeden Betriebsteil die Zahl der Stimmabgabe konkret angegeben werden. Die Angabe von Rahmenzeiten reicht nicht aus.[23] Es ist grundsätzlich allen wahlberechtigten AN die Möglichkeit zu geben, innerhalb ihrer Arbeitszeit von ihrem Wahlrecht Gebrauch zu machen. 24

Zur schriftlichen Stimmabgabe vgl. die §§ 24–26 WO und die dortige Kommentierung. 25

Nr. 12: Der WV hat seine **Betriebsadresse** im Wahlausschreiben anzugeben. In größeren Betrieben wird diese das Arbeitszimmer des WV sein, in kleineren Betrieben – sofern nicht das BR-Büro in Betracht kommt – u. U. der Arbeitsplatz des WV-Vorsitzenden. Es kann aber auch eine andere Stelle bezeichnet werden.[24] Hat der WV **Bürostunden** eingerichtet, sind diese gleichfalls anzugeben. An der angegebenen Adresse und zur angegebenen Zeit muss zumindest ein Mitglied des WV anzutreffen sein. An Tagen eines Fristablaufes empfiehlt es sich auch zu zweit als WV anwesend zu sein. 26

An die Betriebsadresse des WV gelangte Erklärungen werden **wirksam,** wenn sie gegenüber einem dort befindlichen WV-Mitglied abgegeben werden. Der WV ist nicht verpflichtet, ihm gegenüber abzugebende Erklärungen an einer anderen Stelle als an der Betriebsadresse entgegenzunehmen. Das gilt insbes. für Einsprüche und Wahlvorschläge (vgl. aber auch § 6 Rn. 10).[25] 27

Nr. 13: Der WV hat Ort, Tag und Zeit der öffentlichen Stimmauszählung anzugeben. Die Wähler müssen diese Angaben erfahren, da die Stimmauszählung **öffentlich** erfolgt (§ 18 Abs. 3 BetrVG). Sie erfolgt regelmäßig unmittelbar nach Abschluss der Wahl, sie kann aber auch, wenn dafür Gründe vorliegen, am nächstfolgenden Arbeitstag durchgeführt werden. Zum Problem der nachträglichen Stimmabgabe beim vereinfachten Wahlverfahren vgl. § 35 WO und die dortigen Erl. 28

Während die in Abs. 2 Nr. 1–13 angeführten Angaben notwendiger Inhalt des Wahlausschreibens sind, bleibt es in das Ermessen des WV gestellt, ob er die in Abs. 3 genannten Angaben in das Wahlausschreiben aufnehmen will. Es soll damit darauf hingewirkt werden, dass Wahlvorschläge **möglichst** eine die Organisation des Betriebs und die Struktur der Arbeitnehmerschaft widerspiegelnde Zusammensetzung enthalten (vgl. § 15 BetrVG). Die Verletzung dieser Soll-Vorschrift begründet **keine Wahlanfechtung.**[26] Der WV kann nach seinem Ermessen **weitere Hinweise** in das Wahlausschreiben aufnehmen, falls das auf Grund der besonderen Umstände sachdienlich ist. Ein solcher sachdienlicher Hinweis könnte beispielsweise darin bestehen, dass die Wahl auch stattfindet, wenn sich kein Angehöriger oder nicht genügend Angehörige des Minderheitsgeschlechts zur Wahl stellen bzw. nicht vorgeschlagen wurden.[27] Solche Hinweise dürfen allerdings keine unmittelbare oder mittelbare Wahlbeeinflussung mit sich bringen und die **Neutralitätspflicht des WV** muss gewahrt bleiben.[28] 29

---

21 Vgl. *Fitting,* § 20 BetrVG Rn. 44; *GL,* § 20 BetrVG Rn. 28; GK-*Jacobs,* § 20 BetrVG Rn. 57; *Richardi-Thüsing* § 20 BetrVG Rn. 41.

22 *Fitting,* Rn. 21.

23 Vgl. *LAG Brandenburg* 27.11.98, NZA-RR 99, 418.

24 Vgl. *Fitting,* Rn. 25.

25 Vgl. ferner *Fitting,* Rn. 26, die es als fristwahrend ansehen, wenn gegenüber dem Vorsitzenden des WV auch außerhalb der Betriebsadresse Erklärungen abgegeben werden.

26 *Fitting,* Rn 28; GK-*Jacobs,* Rn 24.

27 *Fitting,* Rn. 6.

28 Richardi-*Thüsing,* Rn. 6.

V. Berichtigungen und Neuerlass des Wahlausschreibens

30 Das Wahlausschreiben legt Daten und Fristen mit **bindender Wirkung** fest. Es kann daher nur in engen Grenzen geändert werden. **Ergänzungen und Berichtigungen** des Wahlausschreibens sind grundsätzlich nur zulässig, soweit sie nicht zu einer Änderung der zwingend vorgeschriebenen Angaben nach Abs. 2 führen. Etwas anderes wird zu gelten haben, wenn die nachträgliche Ergänzung oder Berichtigung so **rechtzeitig** erfolgt, dass sich die Wähler noch darauf einstellen können. Auf keinen Fall darf eine Beeinträchtigung ihrer Wahlchancen vorgenommen werden. Unter Berücksichtigung dieser Grundsätze ist Folgendes zu beachten. Eine Ergänzung bzw. Berichtigung ist bei **Schreib- und Rechenfehlern und sonstigen offenbaren Unrichtigkeiten** zulässig. Eine **nicht** offenbare Unrichtigkeit liegt z. B. vor, wenn die Mindestanzahl der dem Geschlecht in der Minderheit zustehenden BR-Sitze unrichtig ermittelt worden ist. Eine nicht bloß offenbare Unrichtigkeit liegt ebenfalls vor, wenn die Zahl der erforderlichen Unterschriften unter den Wahlvorschlägen nachträglich geändert werden muss, weil die ursprüngliche Berechnung unzutreffend erfolgte.

31 In solchen Fällen (vgl. Rn. 29), in denen zwar für die Wahlvorschläge bedeutsame Angaben geändert werden müssen, ist gleichwohl nicht das bisherige Wahlausschreiben zurückzuziehen und ein neues zu erlassen, wenn sich die Wähler noch darauf einstellen können und eine Beeinträchtigung ihrer Wahlchancen nicht erfolgt. So können sich die Wähler auf die Änderung noch einstellen, ohne dass eine Beeinträchtigung ihrer Wahlchancen gegeben ist, wenn sie beispielsweise von einer unrichtigen Angabe über die dem Minderheitengeschlecht zustehenden Mindestsitze so rechtzeitig erfahren, dass noch ausreichend Gelegenheit gegeben ist, auf der nunmehr zutreffenden Grundlage Wahlvorschläge einzureichen. Dagegen wird es wahlrechtlich erheblich problematischer, wenn der Wahlvorstand eine unzutreffende Anzahl erforderlicher Stützunterschriften für einen Wahlvorschlag im Wahlausschreiben angibt. Eine entsprechende **Korrektur** setzt zwingend voraus, dass die Belegschaft darüber informiert wird.[29] Bei einer derartigen Änderung des Wahlausschreibens hat der WV grundsätzlich eine **Nachfrist von einer Woche** für die Einreichung neuer Wahlvorschläge zu setzen.[30] Vorher eingereichte Wahlvorschläge, die auf der Grundlage der unrichtigen Angaben eingereicht worden sind, verlieren ihre Gültigkeit. Der WV hat unabhängig von der Bekanntmachung des geänderten Wahlausschreibens die Listenvertreter entsprechend zu unterrichten.

32 Die Nachfrist, die der WV setzen muss, wenn es zur Änderung des Wahlausschreibens wegen einer nicht bloß offenbaren Unrichtigkeit kommt, beträgt in entsprechender Anwendung des § 9 Abs. 1 WO eine Woche.[31] Die Nachfrist ist nur dann nicht erforderlich, wenn zwischen der Bekanntmachung der vorgenommenen Änderung des Wahlausschreibens und dem Ablauf der Einreichungsfrist für Wahlvorschläge mindestens eine Woche liegt.[32] Die Berechnung der Nachfrist erfolgt in gleicher Weise wie nach § 9 Abs. 1 WO (vgl. § 9 WO Rn. 2).

33 Die Möglichkeit der Setzung einer Nachfrist **vermeidet den Erlass eines neuen Wahlausschreibens** und damit eine Verschiebung des Wahltermins, die eine betriebsratslose Zeit zur Folge hat, wenn der neue Wahltermin nach Ablauf der Amtszeit des bestehenden BR liegt.[33] Im Übrigen ist darauf hinzuweisen, dass der Verordnungsgeber selbst die Möglichkeit eröffnet hat, in bestimmten Fällen eine Nachfrist von einer Woche für die Einreichung neuer Wahlvorschläge zu setzen (§ 9 WO).

34 Es gibt jedoch auch Fälle, in denen eine Änderung des Wahlausschreibens nicht ausreicht und ein **Neuerlass des Wahlausschreibens** vorgenommen werden muss. Das betrifft z. B. die **Verlegung des Wahltermins.** Falls der Wahltermin verlegt werden muss, ist die Wahl regelmäßig neu auszuschreiben.[34] Eine **Änderung der Wahlstunden** innerhalb des gleich bleibenden

29 *HessLAG* 22.3.07 – 9 TaBV 199/06.
30 So prinzipiell auch *Fitting*, Rn. 14.
31 *Fitting*, Rn. 14; Richardi-*Thüsing*, Rn. 19 f., die grundsätzlich den Erlass eines neuen Wahlausschreibens für notwendig halten.
32 *Fitting*, a. a. O.
33 *Fitting*, Rn. 14, die zutreffend darauf hinweisen, dass eine betriebsratslose Zeit nach Möglichkeit zu verhindern ist.
34 Vgl. *LAG Hamm* 28.3.74, DB 74, 1241; *Blanke/Berg u. a.*, Rn. 316.

Wahltages wird dagegen nicht zu beanstanden sein, wenn zwingende Gründe vorliegen und die Änderung so rechtzeitig bekanntgemacht wird, dass alle AN des Betriebes zweifelsfrei davon Kenntnis nehmen können.[35] Einen die Wahlanfechtung begründenden Verstoß gegen wesentliche Wahlvorschriften stellt es jedoch dar, wenn die im Wahlausschreiben angegebene Zeit für die Stimmabgabe nachträglich geändert und die Änderung im Betrieb nur **mündlich** bekanntgemacht wurde.[36] Entsprechendes gilt, wenn die nachträgliche Änderung der Zeit für die Stimmabgabe in elektronischer Form erfolgte und nicht alle wahlberechtigten AN von dieser Änderung Kenntnis erlangen konnten (vgl. auch § 2 WO Rn. 9 ff.).

Das Wahlausschreiben muss ebenfalls **neu erlassen** werden, wenn sich nach seinem Erlass durch rechtskräftigen Beschluss des ArbG herausstellt, dass ein Betriebsteil entgegen der Ansicht des WV **unselbstständiger Teil** des Betriebs ist.[37] In einem solchen Fall muss ein neues Wahlausschreiben erfolgen, damit die in dem Betriebsteil beschäftigten AN sich an der Wahl beteiligen können. Mit dem Aushang des neuen Wahlausschreibens beginnen die in § 4 Abs. 1 und § 6 Abs. 1 Satz 2 WO vorgesehenen **Fristen neu zu laufen.**

Der Neuerlass des Wahlausschreibens kann, wie im Übrigen auch dessen Berichtigung, Ergänzung oder Änderung, durch **Beschluss des WV** zu erfolgen. 35

§ 4 Einspruch gegen die Wählerliste

(1) Einsprüche gegen die Richtigkeit der Wählerliste können mit Wirksamkeit für die Betriebsratswahl nur vor Ablauf von zwei Wochen seit Erlass des Wahlausschreibens beim Wahlvorstand schriftlich eingelegt werden.

(2) Über Einsprüche nach Absatz 1 hat der Wahlvorstand unverzüglich zu entscheiden. Der Einspruch ist ausgeschlossen, soweit er darauf gestützt wird, dass die Zuordnung nach § 18a des Gesetzes fehlerhaft erfolgt sei. Satz 2 gilt nicht, soweit die nach § 18a Abs. 1 oder 4 Satz 1 und 2 des Gesetzes am Zuordnungsverfahren Beteiligten die Zuordnung übereinstimmend für offensichtlich fehlerhaft halten. Wird der Einspruch für begründet erachtet, so ist die Wählerliste zu berichtigen. Die Entscheidung des Wahlvorstands ist der Arbeitnehmerin oder dem Arbeitnehmer, die oder der den Einspruch eingelegt hat, unverzüglich schriftlich mitzuteilen; die Entscheidung muss der Arbeitnehmerin oder dem Arbeitnehmer spätestens am Tage vor dem Beginn der Stimmabgabe zugehen.

(3) Nach Ablauf der Einspruchsfrist soll der Wahlvorstand die Wählerliste nochmals auf ihre Vollständigkeit hin überprüfen. Im Übrigen kann nach Ablauf der Einspruchsfrist die Wählerliste nur bei Schreibfehlern, offenbaren Unrichtigkeiten, in Erledigung rechtzeitig eingelegter Einsprüche oder bei Eintritt von Wahlberechtigten in den Betrieb oder bei Ausscheiden aus dem Betrieb bis zum Abschluss der Stimmabgabe berichtigt oder ergänzt werden.

Inhaltsübersicht Rn.

35 *Blanke/Berg u. a.,* a. a. O.; *Fitting,* Rn. 22; GK-*Jacobs,* Rn. 20.
36 *BAG* 11. 3. 60, AP Nr. 13 zu § 18 BetrVG.
37 Vgl. GK-*Jacobs,* Rn. 30.

I. Einlegung des Einspruchs

1. Umfang

1 Die Vorschrift will sicherstellen, dass das Wählerverzeichnis wegen seiner Bedeutung zutreffend aufgestellt und ständig auf dem neuesten Stand gehalten wird. Deshalb wird vorgesehen, wie Unrichtigkeiten beseitigt und eintretende Änderungen berücksichtigt werden können. Das Wählerverzeichnis hat durch die Änderung des § 19 Abs. 3 BetrVG erheblich an Bedeutung gewonnen. Die Auseinandersetzungen um das richtige Wählerverzeichnis werden durch die Änderung der Vorschrift an den Anfang der Wahl verlegt und im Wesentlichen als Grund für eine Anfechtung der BR-Wahl ausgeschlossen. Daher hat der WV auch ein entsprechend größeres Augenmerk auf die eingegangen Einsprüche zu richten. Zur Auslegung des geänderten § 19 Abs. 3 BetrVG siehe dort in den Rn 6 ff.

2 Einsprüche von AN haben sich gegen die Richtigkeit des Wählerverzeichnisses zu richten. Der Einspruch kann sich somit nicht gegen den Zeitpunkt, den Ort der Auslegung oder den Aufbau des Wählerverzeichnisses, z. B. die Art der Aufzählung der Wahlberechtigten, richten.

3 Das Wählerverzeichnis ist insbesondere unrichtig, wenn
- wahlberechtigte Beschäftigte nicht aufgeführt sind,
- nicht wahlberechtigte Beschäftigte aufgenommen wurden,
- es entgegen § 2 Abs. 3 Satz 2 WO bei den wahlberechtigten Leih-AN (vgl. § 7 Satz 2 BetrVG) nicht den Vermerk enthält, dass diesen AN nur das aktive Wahlrecht zusteht (§ 14 Abs. 2 Satz 1 AÜG),
- es entgegen § 2 Abs. 3 Satz 2 WO bei den wahlberechtigten Beschäftigten unter 18 Lebensjahren (vgl. § 8 BetrVG) nicht den Vermerk enthält, dass diesen AN nur das aktive Wahlrecht zusteht.

4 Das Wählerverzeichnis kann aber auch unrichtig sein, wenn eine andere Angabe unzutreffend ist oder wenn es sinnverzerrende Schreibfehler enthält. Der Einspruch muss den gerügten Fehler **möglichst genau** bezeichnen. Eine Begründung ist nicht erforderlich, aber sinnvoll.

5 Ein Einspruch gegen die Wählerliste ist dann **unzulässig,** wenn er darauf gestützt wird, dass die Zuordnung nach **§ 18a BetrVG fehlerhaft** erfolgt sei (Abs. 2 Satz 2).[1] Ein AN kann einen Einspruch daher nicht damit begründen, dass er nach dem Zuordnungsverfahren nach § 18a BetrVG (also bei übereinstimmender Festlegung durch den WV für die BR-Wahl und den WV für die Wahl des SpA oder bei Nichteinigung der WV durch den Spruch des Vermittlers) seiner Auffassung nach unzutreffender Weise nicht dem Personenkreis der leitenden Angestellten nach § 5 Abs. 3 BetrVG zugeordnet worden sei. Entsprechendes gilt, wenn der Einspruch darauf gestützt werden soll, dass die Zuordnung unrichtigerweise zur Einbeziehung in den Personenkreis nach § 5 Abs. 3 BetrVG geführt habe.

6 Der Einspruch ist jedoch zulässig, wenn die am Zuordnungsverfahren Beteiligten die Zuordnung übereinstimmend für **offenkundig fehlerhaft** halten. Als Beteiligte i. S. d. Abs. 2 Satz 3 sind offensichtlich die WV für die Wahl des BR und des SpA gemeint (zur »offensichtlichen« Fehlerhaftigkeit vgl. § 18a BetrVG Rn. 71 ff.). Der Vermittler kann i. S. d. Abs. 2 Satz 3 nicht als Beteiligter gemeint sein, da er im Falle seiner Anrufung die durch ihn getroffene Entscheidung wohl kaum selbst für »offensichtlich fehlerhaft« halten würde. Damit liefe aber die Möglichkeit des Einspruchs gegen die Wählerliste insoweit praktisch ins Leere. Eine »offensichtlich fehlerhafte« Zuordnung liegt auch vor, wenn sich **nach Erstellung der Wählerliste** die Tätigkeit und der Dienstvertrag in einer Weise ändern, dass der Betreffende nunmehr dem Personenkreis nach § 5 Abs. 3 BetrVG zuzuordnen ist. Auch eine rechtskräftige gerichtliche Entscheidung ermöglicht den Einspruch, wenn die Entscheidung im Widerspruch zu der Festlegung in der Wählerliste steht.[2] Ist die getroffene Zuordnungsentscheidung fehlerhaft, die Fehlerhaftigkeit jedoch **nicht offensichtlich,** ist zwar ein Einspruchsverfahren nach § 4 Abs. 1 und 2 nicht möglich. Gleichwohl können die WV im Rahmen ihrer allgemeinen Verpflichtung, die Wähler-

1 *Fitting*, Rn. 9.
2 *Fitting*, Rn. 10.

listen bis zum **Abschluss** der Stimmabgabe[3] laufend auf ihre Richtigkeit und Vollständigkeit zu überprüfen, ggf. Berichtigungen vornehmen.[4]

Nutzt der WV zur Veröffentlichung der Wählerliste die im UN vorhandene IuK-Technik, so muss auch diese Veröffentlichung immer aktuell und richtig geführt werden, weil es sonst zu einer Wahlbeeinflussung kommen kann. Insbesondere in Betrieben mit vielen Außendienstmitarbeitern wird sich kaum noch einer ins Büro des WV bewegen um die Wählerliste zu kontrollieren. AN die sich dann nicht auf der Wählerliste nicht wiederfinden, werden u. U. von der Wahl fernbleiben und so das Ergebnis beeinflussen.[5] Sollte sich der WV dazu entscheiden die Wählerliste im Intranet zu veröffentlichen, muss er also auch in der Lage sein, diese kurzfristig an Änderungen anzupassen. Sollte das nicht möglich sein, so sollte er von dieser Art der Veröffentlichung lieber Abstand nehmen. 7

Der Einspruch gegen die Wählerliste wegen einer unzutreffenden Zuordnung zum Personenkreis der leitenden Angestellten bzw. der Nichtzuordnung ist nach wie vor zulässig, wenn das Zuordnungsverfahren nach § 18a BetrVG, aus welchen Gründen auch immer, **nicht stattgefunden** hat oder nach seiner Einleitung **abgebrochen** worden ist (vgl. auch § 18a BetrVG Rn. 6 f.).[6] Im Übrigen bezieht sich der Ausschluss der Einspruchsmöglichkeit nur auf die Zuordnung zum Personenkreis der leitenden Angestellten, nicht dagegen auf andere Mängel, die in der Wählerliste vorhanden sind. 7a

Einsprüche sind **schriftlich** einzulegen, wobei der Einspruchsführer genau anzugeben hat, in welcher Hinsicht die Wählerliste unrichtig sein soll.[7] Die Einspruchsschrift muss von dem Einspruch Einlegenden (zur Einspruchsberechtigung vgl. Rn. 14) unterschrieben sein. Mündlich vorgetragene Einsprüche sind jedoch nicht einfach zurückzuweisen. Der WV hat vielmehr auf den Formzwang hinzuweisen.[8] Entsprechendes gilt, wenn der Einspruch durch E-Mail eingelegt worden ist. Aus Vereinfachungsgründen ist dem WV jedoch anzuraten **per E-Mail** eingelegte Einsprüche auch zu behandeln. Insbesondere dann, wenn dies das übliche Kommunikationsmittel im Betrieb ist. Gibt der WV also zu erkennen, dass er den auf elektronische Weise eingelegten Einspruch als solchen behandelt, kann der den Einspruch Einlegende auf die rechtzeitige und formgerechte Einlegung vertrauen. 8

Die Einsprüche sind **beim WV** einzulegen. Sie sind daher an den WV als solchen, nicht an ein einzelnes WV-Mitglied zu adressieren. Der Einspruch ist grundsätzlich an der **Betriebsadresse** des WV **oder, falls es diese gibt, an seine E-Mailadresse,** abzugeben. Der WV ist prinzipiell nicht verpflichtet, Erklärungen an einer anderen Stelle entgegenzunehmen (vgl. auch § 3 WO Rn. 27). Der WV kann jedoch bestimmte Vorkehrungen treffen (z. B. Briefkasten), damit es erleichtert wird, Einsprüche oder andere Erklärungen ihm gegenüber abzugeben. 9

2. Frist

Einsprüche müssen **innerhalb von zwei Wochen** nach Erlass des Wahlausschreibens eingelegt werden. Es handelt sich um eine **Ausschlussfrist.**[9] Sie berechnet sich nach § 187 Abs. 1 i. V. m. § 188 Abs. 2 erste Alternative BGB. **Sie beginnt nach Ablauf des Tages, an dem das Wahlausschreiben erlassen worden ist, und endet mit Ablauf von zwei Wochen am gleichen Wochentag wie dem des Erlasses des Wahlausschreibens.** Ist der letzte Tag des Fristablaufs ein Sonnabend, ein Sonntag oder ein in dem betreffenden Bundesland, in dem der Betrieb liegt, staatlich anerkannter allgemeiner Feiertag, läuft die Frist erst am nächsten Werktag ab (§ 193 BGB). 10

Der WV ist **nicht verpflichtet,** an dem Tage, an dem die Frist abläuft, bis 24.00 Uhr zur Verfügung zu stehen. Der Vorschrift des § 4 ist nicht zu entnehmen, dass die Frist erst um Mitter- 11

3 Dies wurde durch die Novelle 2021 geändert; mit dem Ziel alle AN – auch Neueinstellungen – am Wahltag noch berücksichtigen zu können.

4 Vgl. *Fitting*, Rn. 14.

5 *LAG Baden-Württemberg* 16.7.16 – 18 TaBV 1/15.

6 *Blanke/Berg u. a.*, Rn. 322.

7 *Fitting*, Rn. 7; GK-*Jacobs*, Rn. 7.

8 Vgl. *Fitting*, a. a. O.

9 *Fitting*, Rn. 4.

nacht ablaufen muss. Der WV ist vielmehr berechtigt, das **Ende der Einspruchsfrist** auf den Zeitpunkt der **Beendigung der täglichen Arbeitszeit** festzusetzen.[10] Im Wahlausschreiben ist nach § 41 Abs. 2 WO allerdings anzugeben, zu welchem Zeitpunkt die Frist abläuft. Dabei sind die besonderen Gegebenheiten des Betriebes (z.B Schichtarbeit) zu berücksichtigen.[11]

12 Auch in Schichtbetrieben kann der WV u. U. den Ablauf der Frist auf einen Zeitpunkt festsetzen, der vor 24.00 Uhr liegt. Voraussetzung ist dabei, dass der festgesetzte Fristablauf nicht vor dem Ende der Arbeitszeit der ganz überwiegenden Mehrheit der AN eintritt.[12] Das Ende der Arbeitszeit darf nicht für mehr als 20 v. H. der wahlberechtigten AN über den Fristablauf hinausreichen.[13] Zu der Frage des Fristbeginns in Schichtbetrieben vgl. auch § 6 WO Rn. 47.

13 Wird ein verspäteter Einspruch als unzulässig zurückgewiesen, obwohl er begründet ist, ist der WV trotz der zurückweisenden Entscheidung nicht gehindert, den Einspruch als Anregung für eine Berichtigung des Wählerverzeichnisses von Amts wegen zu behandeln (vgl. Rn. 22 ff.). Entsprechendes gilt auch für nicht formgerecht eingereichte Einsprüche.

3. Einspruchsberechtigte

14 Einspruchsberechtigt ist **jeder AN** des Betriebes. Es ist nicht erforderlich, dass der AN, der Einspruch einlegen will, selbst von der Unrichtigkeit betroffen ist.[14] Es kann jeder AN geltend machen, dass andere Beschäftigte nicht oder zu Unrecht in die Wählerliste aufgenommen worden sind. Das gilt jedoch nicht, soweit der Einspruch darauf gestützt wird, dass die Zuordnung eines AN nach § 18a BetrVG fehlerhaft erfolgt sei (vgl. Rn. 5 f.).

14a Möglich ist somit auch der Einspruch eines Arbeitnehmers, der zwar auf der Wählerliste steht, jedoch eine falsche Eintragung wegen seines Geschlechtes hat. Der WV hat sodann die Wählerliste zu korrigieren. Ggfs. ist sogar das Wahlausschreiben entsprechend nachträglich zu korrigieren[15].

15 Der Einspruch ist **schriftlich** einzulegen und zwar innerhalb einer **Frist von zwei Wochen** nach Erlass des Wahlausschreibens (zur Fristberechnung vgl. Rn. 10). Versäumen anspruchsberechtigte AN, gegen die Wählerliste Einspruch einzulegen, tritt dadurch ein Verlust der Anfechtungsberechtigung aus diesem Grunde ein. **Kein Verlust der Anfechtungsberechtigung** der BR-Wahl nach § 19 Abs. 3 Satz 2 BetrVG tritt nur dann ein, wenn er an der Einlegung des Einspruches gehindert war.

16 Nach einer älteren **Auffassung des BAG**[16] sind weder die im Betrieb vertretene Gewerkschaft noch der AG zur Einlegung eines Einspruchs gegen die Wählerliste berechtigt. Gegen diese Auffassung spricht, dass dem Wortlaut von Abs. 1 eine Begrenzung der Einspruchsberechtigung auf AN nicht zu entnehmen ist.[17] Die im **Betrieb vertretene Gewerkschaft** kann gegen die Wählerliste Einspruch einlegen.[18] Die gegenteilige Auffassung übersieht die umfassende betriebsverfassungsrechtliche Rechtsposition und die weitgehenden Unterstützungs- und Beratungsfunktionen der im Betrieb vertretenen Gewerkschaft. Dagegen ist der **AG** zur Einlegung eines Einspruchs **nicht berechtigt.**[19] Das Einspruchsrecht ist dem AG schon deshalb verwehrt, weil gerade seine Position ohnehin schon so stark ist. Er stellt dem WV die notwendigen Informationen zur Erstellung der Wählerliste zur Verfügung. Der AG ist daher in der Regel nicht darauf angewiesen, Maßnahmen und Entscheidungen des WV vor der Wahl gerichtlich an-

---

10 Vgl. *BAG* 4. 10. 77, AP Nr. 2 zu § 18 BetrVG 1972.
11 *Fitting* zu § 41 WO, Rn. 2.
12 Vgl. *BAG* 12. 2. 60, AP Nr. 11 zu § 18 BetrVG; 4. 10. 77, AP Nr. 2 zu § 18 BetrVG 1972; *Fitting,* § 41 WO Rn. 2 m. w. N.
13 Vgl. *BAG* 1. 6. 66, AP Nr. 2 zu § 6 WO.
14 *Fitting,* Rn. 2; GK-*Kreutz,* Rn. 2; Richardi-*Thüsing,* Rn. 4.
15 Siehe § 3 WO, Rn. 15a.
16 29. 3. 74, 25. 6. 74, AP Nrn. 2, 3 zu § 19 BetrVG 1972; 11. 3. 75, AP Nr. 1 zu § 24 BetrVG 1972.
17 GK-*Kreutz,* Rn. 3.
18 GK-*Kreutz,* a. a. O.; *HWGNRH-Huke/Nicolai,* § 19 BetrVG Rn. 8.
19 *Fitting,* Rn. 3; Richardi-*Thüsing,* Rn. 5; sie verneinen in Übereinstimmung mit dem *BAG* im Übrigen auch die Einspruchsberechtigung der im Betrieb vertretenen Gewerkschaft; für ein Einspruchsrecht des AG GK-*Jacobs,* Rn. 3.

zugreifen. Aus diesem Grunde ist der AG nach dem geänderten § 19 Abs. 3 Satz 3 BetrVG nach der Wahl gehindert, das Anfechtungsverfahren zu betreiben, wenn die Unrichtigkeit auf seinen Angaben beruht. Diese Regelung ist allerdings schwierig, wenn mehrere Betriebsratswahlen im UN betroffen sind. Insoweit muss der AG dann zumindest in allen Betrieben die gleiche Auffassung zur Wählbarkeit für die verschieden Beschäftigten und Beschäftigtengruppen vertreten und ggfs. bei der laufenden BR-Wahl im einstweiligen Verfügungsverfahren durchsetzen, wenn sich die Entscheidungen, der verschiedenen betroffenen WV, widersprechen.

II. Entscheidung des Wahlvorstands

Über Einsprüche hat der WV ohne **schuldhafte Verzögerung** (unverzüglich) zu entscheiden (zur Entscheidung des WV gegen Einsprüche zur Wählerliste im zweistufigen vereinfachten Wahlverfahren vgl. § 30 Rn. 6). Die zur tatsächlichen und rechtlichen Prüfung notwendige Zeit ist ihm aber zuzugestehen. Die Entscheidung ergeht durch **Mehrheitsbeschluss.** 17

Der Beschluss über den Einspruch ist in die Sitzungsniederschrift nach § 1 Abs. 3 Satz 2 WO aufzunehmen. Die Entscheidung des WV ist dem AN, der den Einspruch eingelegt hat, **schriftlich** mitzuteilen. Auch dies hat unverzüglich, d. h. ohne schuldhafte Verzögerung, zu geschehen. Der Hinweis auf den letzten Zeitpunkt der Mitteilung (Zugang spätestens am Tage vor dem Beginn der Stimmabgabe) bedeutet keinesfalls, dass der WV seiner Pflicht zur unverzüglichen Benachrichtigung nachgekommen ist, wenn die Mitteilung erst zu diesem Zeitpunkt beim AN eingeht. 18

Die Mitteilung an den AN, der den Einspruch eingelegt hat, sollte nach Möglichkeit im Betrieb erfolgen, und zwar zweckmäßigerweise gegen Empfangsbestätigung, damit erforderlichenfalls der rechtzeitige Zugang nachgewiesen werden kann. Eine Zustellung in die Wohnung des AN sollte nur in Ausnahmefällen geschehen. Sie kann aber notwendig werden, wenn der AN erkrankt ist und befürchtet werden muss, dass er nicht mehr rechtzeitig vor der Stimmabgabe in den Betrieb zurückkommt. Erforderlichenfalls kann die Unterrichtung des Einspruchsführers über die Behandlung seines Einspruchs auch telegrafisch erfolgen.[20] 19

Der WV ist **nicht** verpflichtet, seine Entscheidung zu **begründen.** Er sollte dies jedoch im Falle der Ablehnung des Einspruchs tun, um dem Einspruchsführer darzulegen, warum seinem Einspruch nicht entsprochen worden ist. Auch dann, wenn der WV den Einspruch für berechtigt erachtet, ist ein Einspruchsbescheid zu erteilen. Eine Begründung wird sich in diesem Fall vielfach erübrigen. 20

Hält der WV den Einspruch für begründet, ist er verpflichtet, die Wählerliste entsprechend zu berichtigen. Es ist jedes ausgelegte Exemplar zu berichtigen, auch dasjenige, das sich bei den Akten des Wahlvorstands befindet. Wird die Wählerliste **ergänzend** elektronisch geführt, ist sie auch insoweit zu berichtigen. Erfolgt die Führung der Wählerliste **ausschließlich** elektronisch, hat der WV Sorge dafür zu tragen, dass alle AN von der Berichtigung Kenntnis erlangen (§ 2 Abs. 4 Satz 4 WO). 21

III. Überprüfung nach Ablauf der Einspruchsfrist

Während der WV vor Ablauf der Einspruchsfrist durch Beschluss laufend alle Änderungen, die auf das Wahlrecht der AN Einfluss haben, in die Wählerliste einarbeiten kann, ist das **nach Ablauf der Einspruchsfrist** nur begrenzt zulässig. Deshalb wird in Abs. 3 vorgesehen, dass der WV nach Ablauf der Einspruchsfrist die Wählerliste **nochmals** auf ihre Vollständigkeit hin überprüfen soll. Wegen der Bedeutung der Wählerliste, insbes. wegen der damit verbundenen Möglichkeit der Ausübung des aktiven und passiven Wahlrechts, liegt in der Regelung des Abs. 3 trotz ihrer Konzipierung als Soll-Vorschrift eine zwingende Verpflichtung des WV.[21] Die Überprüfung wird sich dabei **insbesondere** darauf zu beziehen haben, ob alle wahlberechtigten AN des Betriebs in die Wählerliste aufgenommen worden sind, wie etwa neu eingetretene oder solche, die zwischenzeitlich das 18. Lebensjahr vollendet haben. Darüber hinaus kann sich die 22

20 *Fitting*, Rn. 8; GK-*Jacobs*, Rn. 8; Richardi-*Thüsing*, Rn. 9.
21 *Fitting*, Rn. 15.

Überprüfung auf die Richtigkeit aller Angaben des Wählerverzeichnisses erstrecken. Es handelt sich um die letzte umfassende Überprüfung, weil nach diesem Zeitpunkt das Wählerverzeichnis nur noch in den besonders aufgeführten Fällen zu berichtigen oder zu ergänzen ist.

23 Eine Berichtigung bzw. Ergänzung ist danach nur noch zulässig

- bei Schreibfehlern,
- bei offensichtlichen Unrichtigkeiten,
- in Erledigung rechtzeitig eingelegter Einsprüche,
- bei Neueintritt eines AN in den Betrieb.

24 Ein **Schreibfehler** liegt etwa dann vor, wenn ein Wort oder eine Zahl (z. B. ein Name oder die Zahlen des Geburtstags) nicht so geschrieben ist, wie der Schreibende es eigentlich wollte. Es ist dann eine Unstimmigkeit zwischen Wille und Ausführung gegeben. Dagegen handelt es sich nicht um einen Schreibfehler, wenn der Schreibende sich über die richtige Schreibweise (etwa des Namens) geirrt hat. In diesem Falle kann jedoch eine offensichtliche Unrichtigkeit vorliegen.

25 Eine **offensichtliche Unrichtigkeit** setzt eine Fehlerhaftigkeit voraus, die ohne weiteres erkennbar ist. Dem WV muss sich die Sach- und Rechtslage eindeutig darstellen.[22] Offenbar unrichtig ist die Wählerliste, wenn sie den Namen eines AN enthält, der bereits aus dem Betrieb ausgeschieden ist. Dasselbe gilt, wenn ein AN am letzten Tag der Stimmabgabe in Wahrheit noch nicht 16 Jahre alt oder wenn ein wahlberechtigter AN übersehen und deshalb nicht in die Liste aufgenommen worden ist. Offensichtlich unrichtig ist die Wählerliste auch dann, wenn die zuvor vom WV verneinte Wahlberechtigung eines AN durch rechtskräftigen Beschluss des ArbG festgestellt wird.
Die Berichtigung der Wählerliste ist jedoch bis zum Abschluss der Wahl zulässig. Am Wahltag selbst können Änderungen nach der Novelle 2021 immer noch nach Beschluss des WV vorgenommen werden. Trotzdem sollte jeder Wahlvorstand möglichst kurzfristig vor dem Wahltag überprüfen, ob auch alle Neueinstellungen und LeihAN auf der Wählerliste aufgeführt sind. Dies vermeidet zu großen Druck am Wahltag auf den WV, weitere Korrekturen durchzuführen.

26 Auch zur **Erledigung rechtzeitig eingelegter Einsprüche** kann die Wählerliste berichtigt werden. Ebenso kommt eine Ergänzung in Betracht, wenn nach Ablauf der Einspruchsfrist ein **AN in den Betrieb eintritt.** Die WO hebt diesen Fall besonders hervor, obwohl auch dann die Wählerliste offensichtlich unrichtig ist. Aufzunehmen sind auch Leih-AN oder andere, dem Personenkreis nach § 7 Satz 2 BetrVG zuzuordnende Beschäftigte, sofern sie vor der Wahl in den Betrieb eintreten und ihre Beschäftigung voraussichtlich länger als drei Monate betragen wird.[23]

27 Der Eintritt eines AN muss nicht allein auf eine Neueinstellung zurückzuführen sein. Er kann vielmehr auch dadurch erfolgen, dass ein AN von einem anderen Betrieb in den Betrieb versetzt wird, in dem die Wahl erfolgt. Der WV hat unabhängig davon, worauf der Eintritt des AN in den Betrieb zurückzuführen ist, zu prüfen, ob die Voraussetzungen der Wahlberechtigung (§ 7 BetrVG) vorliegen.

28 Jede **Berichtigung** der Wählerliste bedarf – somit auch in den Fällen des Abs. 3 – eines **Beschlusses des WV.** Das gilt auch bei der Berichtigung von bloßen Schreibfehlern.[24] Berichtigungen oder Ergänzungen nach Abs. 3 sind nur bis zum Tage vor Beginn der Stimmabgabe zulässig[25]. Erstreckt sich die Stimmabgabe über mehrere Tage, ist der erste Tag der Stimmabgabe maßgebend. Dies erfordert jedoch eine reibungslose Zusammenarbeit mit der Personalabteilung, die bis zum letzten Tag vor der Wahl den WV auf Laufenden halten muss.

---

22 GK-*Jacobs*, Rn. 14.
23 *Fitting*, § 2 WO Rn. 3.
24 *Fitting*, Rn. 15.
25 *BAG* 21.3.17 – 7 ABR 19/15.

IV. Streitigkeiten

Im Zusammenhang mit dem Einspruchsrecht können sich zwischen den AN und dem WV **Streitigkeiten** ergeben. So kann es sein, dass der WV den Einspruch als unbegründet zurückweist, während der AN auf der Begründetheit beharrt. Es kann auch der Fall eintreten, dass der WV seine Entscheidung nicht unverzüglich trifft und sie dem AN nicht **fristgerecht** zugehen lässt. Denkbar ist ferner, dass der WV nach Ablauf der Einspruchsfrist eine Unvollständigkeit oder eine offenbare Unrichtigkeit i. S. v. Abs. 3 festgestellt hat, eine Berichtigung aber unterblieben ist. In solchen und anderen berechtigten Fällen können die Entscheidungen des WV bereits vor Abschluss der BR-Wahl selbstständig im Wege des Beschlussverfahrens, in der Regel im einstweiligen Verfügungsverfahren, angegriffen werden (vgl. § 19 BetrVG Rn. 16 ff.). 29

§ 5 Bestimmung der Mindestsitze für das Geschlecht in der Minderheit

(1) Der Wahlvorstand stellt fest, welches Geschlecht von seinem zahlenmäßigen Verhältnis im Betrieb in der Minderheit ist. Sodann errechnet der Wahlvorstand den Mindestanteil der Betriebsratssitze für das Geschlecht in der Minderheit (§ 15 Abs. 2 des Gesetzes) nach den Grundsätzen der Verhältniswahl. Zu diesem Zweck werden die Zahlen der am Tage des Erlasses des Wahlausschreibens im Betrieb beschäftigten Frauen und Männer in einer Reihe nebeneinander gestellt und beide durch 1, 2, 3, 4 usw. geteilt. Die ermittelten Teilzahlen sind nacheinander reihenweise unter den Zahlen der ersten Reihe aufzuführen, bis höhere Teilzahlen für die Zuweisung der zu verteilenden Sitze nicht mehr in Betracht kommen.
(2) Unter den so gefundenen Teilzahlen werden so viele Höchstzahlen ausgesondert und der Größe nach geordnet, wie Betriebsratsmitglieder zu wählen sind. Das Geschlecht in der Minderheit erhält so viele Mitgliedersitze zugeteilt, wie Höchstzahlen auf es entfallen. Wenn die niedrigste in Betracht kommende Höchstzahl auf beide Geschlechter zugleich entfällt, so entscheidet das Los darüber, welchem Geschlecht dieser Sitz zufällt.

Die Vorschrift kommt zur Anwendung, wenn im Betrieb **beide Geschlechter** im Sinne von § 15 Abs. 2 BetrVG[1] vorhanden sind und der BR **mindestens aus drei Mitgliedern** besteht (zu den Fällen der Nichtanwendung des § 15 Abs. 2 BetrVG vgl. § 15 BetrVG Rn. 21). Im Gegensatz zu der Bestimmung des § 15 Abs. 2 BetrVG, in der von dem in der »Belegschaft« in der Minderheit befindlichen Geschlecht gesprochen wird, geht § 5 WO von dem Minderheitsgeschlecht im »Betrieb« aus. In beiden Fällen ist aber grundsätzlich auf die **Zahl aller AN im Betrieb** abzustellen, nicht allein auf die Zahl der wahlberechtigten AN. Mitzuzählen sind auch die AN, die in den Betrieb eingegliedert sind und dem Betriebszweck dienen, aber zum Betriebsinhaber (Beschäftigungs-AG) in keinen vertragsrechtlichen Beziehungen stehen.[2] Damit sind insbesondere auch die in § 7 Satz 2 BetrVG ausdrücklich erwähnten wahlberechtigten AN bei der Ermittlung des Anteils der Geschlechter mitzuzählen (vgl. dazu auch § 7 BetrVG Rn. 7, 11). Also auch Leih-AN, die noch nicht wahlberechtigt sind. Ebenfalls sind die Beschäftigten, die zwar wählen dürfen, aber nicht wählbar sind, mitzuzählen. Unberücksichtigt bleiben die Beschäftigten nach § 5 Abs. 2 und 3 BetrVG.[3] 1

Bei der Feststellung des Anteils der Geschlechter geht es, anders als etwa bei § 9 BetrVG, nicht um die **»in der Regel«** beschäftigten AN. Bei der Feststellung, wie hoch der Anteil der Geschlechter ist, kann daher grundsätzlich auf die entsprechenden AN-Zahlen abgestellt werden, wie sie sich bei Erstellung der Wählerliste ergeben. Von ihr ist allerdings **nicht ausschließlich** auszugehen, weil zu der vom BR vertretenen Belegschaft auch die **nicht wahlberechtigten AN** hinzugezählt werden müssen, wie insbesondere Auszubildende und jugendliche AN unter 16 Jahren. 2

Die Ausgangszahl der AN, die der Ermittlung zugrunde zu legen ist, wie viele Frauen und Männer im Betrieb beschäftigt sind, wird grundsätzlich mit der entsprechenden AN-Zahl 3

1 Vgl. § 15, Rn. 11.
2 *Schneider*, Das Minderheitsgeschlecht und die Mindestquote, S. 9 f.
3 *Fitting*, Rn. 2.

übereinzustimmen haben, wie sie § 9 BetrVG zur Feststellung der **zahlenmäßigen Größe des BR** verwendet. Bei § 9 BetrVG geht es um die Anzahl der Mandate insgesamt; bei § 15 Abs. 2 BetrVG bzw. § 5 WO um den Anteil des Minderheitsgeschlechts an diesen Mandaten. Zu beachten ist allerdings, dass § 9 BetrVG in den **ersten Stufen** von wahlberechtigten AN spricht, während es bei den größeren Betrieben um die AN insgesamt geht, ohne Rücksicht auf ihre Wahlberechtigung (vgl. auch § 9 BetrVG Rn. 12).

4 Hat der WV festgestellt, wie viele Frauen und Männer im Betrieb beschäftigt sind, ist zur Ermittlung des Mindestanteils des Minderheitsgeschlechts an BR-Sitzen das **Höchstzahlensystem** zu verwenden. Die Zahlen der Frauen und Männer werden nebeneinander gestellt und so lange durch 1, 2, 3, 4 usw. geteilt, bis die ermittelten Teilzahlen ausreichen, um die BR-Sitze auf die Geschlechter zu verteilen. Beschäftigte des **dritten Geschlechtes Divers** werden hierbei weder den Männern noch den Frauen »zugeschlagen«.

Beispiel zur Berechnung der Mindestsitze:
In einem Betrieb sind 150 AN beschäftigt, davon 110 Männer und 40 Frauen. Der BR erhält sieben Sitze (vgl. § 9 BetrVG). Die Zahlen 110 und 40 werden in einer Reihe nebeneinander gestellt und in der beschriebenen Weise geteilt, wobei die Teilzahlen in der zugehörigen Reihe untereinander geschrieben werden.

110 Männer	40 Frauen
: 1 = **110**	: 1 = **40**
: 2 = **55**	: 2 = **20**
: 3 = **36,6**	: 3 = 13,3
: 4 = **27,5**	: 4 = 10
: 5 = **22**	: 5 = 8
: 6 = 18,3	: 6 = 5,7

Die Frauen haben als Minderheitsgeschlecht **mindestens zwei BR-Sitze** zu erhalten. Wäre die letzte Teilzahl auf beide Geschlechter zugleich entfallen (bei den Männern und Frauen hätte sich als letzte Teilzahl 20 ergeben), so müsste durch **Losentscheid** eine Entscheidung darüber getroffen werden, welches Geschlecht den letzten Sitz erhält. Wäre in einem solchen Fall der Losentscheid zugunsten der Männer ausgegangen, würde sich der Mindestanteil der Frauen an den BR-Sitzen nur auf einen Sitz belaufen.
Der so ermittelte Mindestanteil des Geschlechts in der Minderheit an den BR-Sitzen ist im **Wahlausschreiben** bekanntzugeben. Er ist bei der Ermittlung der gewählten Wahlbewerber zugrunde zu legen (vgl. dazu die §§ 15 und 22 WO und die dort angeführten Beispiele).

5 Beschäftigte die dem **»dritten Geschlecht«** angehören, bleiben bei der Ermittlung das Austauschverhältnisses zwischen Männern und Frauen im Betrieb ohne Ansatz. Insbesondere können sie nicht das Geschlecht in der Minderheit i. S. v. § 15 Abs. 2 BetrVG sein.[4]

6 Auf Grund der Komplexität dieses Prozesses kann es sehr leicht zu Fehlern beim WV kommen. Eine bewusste Täuschung des WV oder von Mitgliedern des WV über die Wahlgrundätze ist grundsätzlich geeignet eine Kündigung zu begründen.[5] Daher ist große Sorgfalt bei der Berechnung angebracht.

4 Vgl. § 15, Rn. 11, vgl. auch *Fitting*, Rn. 11b.
5 *ArbG Köln* 4.9.20 – 19 Ca 1827/20, juris.

Zweiter Abschnitt
Wahl von mehr als fünf Betriebsratsmitgliedern (aufgrund von Vorschlagslisten)

Erster Unterabschnitt
Einreichung und Bekanntmachung von Vorschlagslisten

§ 6 Vorschlagslisten

(1) Sind mehr als fünf Betriebsratsmitglieder zu wählen, so erfolgt die Wahl aufgrund von Vorschlagslisten, sofern nicht die Anwendung des vereinfachten Wahlverfahrens vereinbart worden ist (§ 14a Absatz 5 des Gesetzes). Die Vorschlagslisten sind von den Wahlberechtigten vor Ablauf von zwei Wochen seit Erlass des Wahlausschreibens beim Wahlvorstand einzureichen.
(2) Jede Vorschlagsliste soll mindestens doppelt so viele Bewerberinnen oder Bewerber aufweisen, wie Betriebsratsmitglieder zu wählen sind.
(3) In jeder Vorschlagsliste sind die einzelnen Bewerberinnen oder Bewerber in erkennbarer Reihenfolge unter fortlaufender Nummer und unter Angabe von Familienname, Vorname, Geburtsdatum und Art der Beschäftigung im Betrieb aufzuführen. Die schriftliche Zustimmung der Bewerberinnen oder der Bewerber zur Aufnahme in die Liste ist beizufügen.
(4) Wenn kein anderer Unterzeichner der Vorschlagsliste ausdrücklich als Listenvertreter bezeichnet ist, wird die oder der an erster Stelle Unterzeichnete als Listenvertreterin oder Listenvertreter angesehen. Diese Person ist berechtigt und verpflichtet, dem Wahlvorstand die zur Beseitigung von Beanstandungen erforderlichen Erklärungen abzugeben sowie Erklärungen und Entscheidungen des Wahlvorstands entgegenzunehmen.
(5) Die Unterschrift eines Wahlberechtigten zählt nur auf einer Vorschlagsliste. Hat ein Wahlberechtigter mehrere Vorschlagslisten unterzeichnet, so hat er auf Aufforderung des Wahlvorstands binnen einer ihm gesetzten angemessenen Frist, spätestens jedoch vor Ablauf von drei Arbeitstagen, zu erklären, welche Unterschrift er aufrechterhält. Unterbleibt die fristgerechte Erklärung, so wird sein Name auf der zuerst eingereichten Vorschlagsliste gezählt und auf den übrigen Listen gestrichen; sind mehrere Vorschlagslisten, die von demselben Wahlberechtigten unterschrieben sind, gleichzeitig eingereicht worden, so entscheidet das Los darüber, auf welcher Vorschlagsliste die Unterschrift gilt.
(6) Eine Verbindung von Vorschlagslisten ist unzulässig.
(7) Eine Bewerberin oder ein Bewerber kann nur auf einer Vorschlagsliste vorgeschlagen werden. Ist der Name dieser Person mit ihrer schriftlichen Zustimmung auf mehreren Vorschlagslisten aufgeführt, so hat sie auf Aufforderung des Wahlvorstands vor Ablauf von drei Arbeitstagen zu erklären, welche Bewerbung sie aufrechterhält. Unterbleibt die fristgerechte Erklärung, so ist die Bewerberin oder der Bewerber auf sämtlichen Listen zu streichen.

Inhaltsübersicht Rn.

I. Vorschlagslisten und Vorschlagsberechtigte

Mit dem BRModG soll die Wahl von Betriebsräten vereinfacht und das Kandidieren selbst erleichtert werden. Deshalb wurde die Ausdehnung des vereinfachten Wahlverfahrens auf 1

Betriebe mit bis 100 AN obligatorisch (§ 14a Abs. 1 BetrVG) und bis 200 AN kann dessen Anwendung vereinbart werden (§ 14a Abs. 5 BetrVG). Daher finden die Regelungen für das normale Wahlverfahren erst ab 101 AN – also 5 Mitgliedern im Betriebsrat – Anwendung. Oder bis 200 AN kann die Anwendung mit dem AG vereinbart werden. Insoweit war § 6 WO entsprechend anzupassen.

1a Die WO verwendet den Begriff »**Vorschlagsliste**« für das normale Wahlverfahren (vgl. insbesondere die §§ 6–10 WO), den Begriff »**Wahlvorschlag**« dagegen für das vereinfachte Wahlverfahren (vgl. insbesondere die §§ 33, 34 WO). In beiden Fällen handelt es sich um Vorschläge, die einen Bewerberteil und Stützunterschriften enthalten. Die eigentliche Bedeutung des Begriffs »Vorschlagsliste« erschließt sich dann, wenn im normalen Wahlverfahren mehrere BR-Mitglieder zu wählen sind **und** mehrere Vorschläge eingereicht werden. Es erfolgt dann Listenwahl (Verhältniswahl). Die Wahl im vereinfachten Wahlverfahren wird dagegen immer nach den Grundsätzen der Mehrheitswahl durchgeführt.

2 Das Charakteristikum von Vorschlagslisten besteht darin, dass die **Reihenfolge der Wahlbewerber** entsprechend der Anzahl der auf die Liste entfallenden Stimmen **maßgebend** ist. Die Reihenfolge ist nach der Wahl dafür entscheidend, welche Bewerber in den BR kommen. Außerdem werden beim Vorliegen mehrerer Vorschlagslisten die eingereichten Listen nicht vollständig, sondern in abgekürzter Form auf die Stimmzettel gebracht (vgl. § 11 Abs. 2 WO). Es kommt hinzu, dass bei der Verhältniswahl der **Wähler** nur **eine Stimme** hat, die er für eine bestimmte Vorschlagsliste abgeben kann (zu dem Unterschied zwischen der Verhältniswahl und der Mehrheitswahl vgl. auch § 14 BetrVG Rn. 15 ff.).

3 Die Vorschlagsliste ist eine **gemeinsame Willenserklärung** der Unterzeichner und stellt eine Urkunde dar, die nicht nur von demjenigen stammt, der die Kandidaten aufgestellt hat bzw. als Listenvertreter benannt ist. Aussteller der Urkunde sind vielmehr diejenigen, die den **Vorschlag unterzeichnet** haben. Gegen oder auch nur ohne ihren Willen kann die Liste weder geändert noch ergänzt werden (zur Voraussetzung der Erstellung wirksamer Vorschlagslisten vgl. § 14 BetrVG Rn. 18 ff.). Eine Ergänzung oder eine Änderung wird daher auch nicht dadurch allein wirksam, dass die nach der Ergänzung bzw. Änderung geleisteten Unterschriften noch ausreichen, um die Vorschlagsliste nach § 14 Abs. 4 BetrVG abzudecken.

4 Vorschlagsberechtigt sind die **wahlberechtigten AN** des Betriebes. Jede Vorschlagsliste muss von einer **Mindestzahl** von Vorschlagsberechtigten unterzeichnet sein, sofern der Betrieb nicht so klein ist, dass dies nicht notwendig ist (vgl. § 14 Abs. 4 BetrVG n. F.). Die Einreichung von Vorschlagslisten muss **schriftlich** erfolgen. Das ergibt sich bereits daraus, dass in ihnen die Namen der Bewerber aufzuführen sind und die Unterzeichnung durch eine bestimmte Anzahl von AN erforderlich ist.

5 Die in § 5 Abs. 2 und 3 BetrVG genannten Personen sind ebenso wie der AG nicht berechtigt, Vorschlagslisten aufzustellen oder zu unterzeichnen.

5a Zu dem eigenständigen Vorschlagsrecht der im Betrieb vertretenen Gewerkschaften vgl. § 14 BetrVG Rn. 33 ff.

II. Frist zur Einreichung

6 Die für die Einreichung von Vorschlagslisten gesetzte Frist von zwei Wochen ist eine **Ausschlussfrist.**[1] Sie beginnt am Tage nach dem Aushang des Wahlausschreibens. Wird das Wahlausschreiben an mehreren Stellen im Betrieb ausgehängt, ist das Datum des **letzten Aushangs** maßgebend.[2]

7 Die Fristberechnung erfolgt nach § 187 Abs. 1 i. V. m. § 188 Abs. 2 BGB. Die Frist **endet** mit dem Ablauf desjenigen Tages der zweiten Woche, welcher durch seine Benennung dem Tage entspricht, an dem der (letzte) Aushang des Wahlausschreibens erfolgte. Ist z. B. das Wahlausschreiben am Montag, den 21. März 2022, ausgehängt worden, läuft die Frist am Montag, den 4. April 2022, ab. Fällt der letzte Tag der Frist auf einen Sonntag, einen Sonnabend oder auf einen in dem Bundesland, in dem der Betrieb liegt, staatlich anerkannten allgemeinen Feiertag,

1 *LAG Düsseldorf* 1. 7. 91 – 11 TaBV 66/91.
2 *LAG Hamm* 26. 2. 76, BB 76, 1075; *LAG Düsseldorf* 3. 12. 02, AiB 04, 114.

so tritt an die Stelle dieses Tages der nächste Werktag (§ 193 BGB). Der letzte Tag der Frist zur Einreichung von Vorschlagslisten muss im Wahlausschreiben angegeben werden (§ 3 Abs. 2 Nr. 8 WO). Die Angabe des letzten Tages der Einreichungsfrist dient einer zusätzlichen Klarstellung. Dem WV wird dadurch jedoch **kein Beurteilungsspielraum** eingeräumt.[3]

Innerhalb der Einreichungsfrist muss sich der WV bereithalten, Wahlvorschläge entgegenzunehmen. Das gilt insbes. für die Zeit, die **kurz vor dem Ablauf der Frist** liegt. Das kann bedeuten, dass Mitglieder des WV gerade in diesem Zeitraum ganz oder teilweise von ihrer beruflichen Tätigkeit unter Fortzahlung des Entgelts freizustellen sind. 8

Hat der WV zur Entgegennahme von Vorschlagslisten im Wahlausschreiben **bestimmte Bürostunden** angegeben, so müssen sie bis zum Ende dieser Bürostunden am letzten Tage der Frist bei ihm eingegangen sein. Das Fristende am letzten Tag muss mit dem Zeitpunkt zusammenfallen, der im Wahlausschreiben zur Nr. 8 angegeben worden ist (§ 3 Abs. 2 Nr. 8 WO). Im Wahlausschreiben ist zwingend anzugeben, zu welchem Zeitpunkt die Frist abläuft. Ist dies nicht geschehen, wird also im Wahlausschreiben nur der letzte Tag der Einreichungsfrist, nicht aber der Uhrzeitpunkt angegeben, so muss davon ausgegangen werden, dass 24:00h an diesem Tage Fristablauf ist. Der WV muss sich an dem betreffenden Tag auf jeden Fall bis zum Ende des Tages zur Empfangnahme von Wahlvorschlägen bereithalten, wenn er eine Anfechtung verhindern will.[4] 9

Die Einreichungsfrist ist **nur gewahrt,** wenn die Vorschlagsliste **vor ihrem Ablauf** beim WV eingeht. Rechtzeitige Absendung an den WV reicht nicht aus. Dagegen ist nicht erforderlich, dass die Vorschlagsliste beim WV persönlich abgegeben wird. Sie gelangt auch dadurch in seinen Zugriffsbereich, dass sie durch die Post übersandt oder durch einen Boten überbracht wird.[5] Eine Einreichung in elektronischer Form, etwa durch E-Mail, sieht die WO nach wie vor nicht vor. Eine Vorschlagsliste ist dem WV auch dann zugegangen, wenn sie – soweit vorhanden – rechtzeitig in den Briefkasten oder in das Postfach des WV gelangt ist. Der WV ist dagegen nicht verpflichtet, Vorschlagslisten an anderen Stellen des Betriebs entgegenzunehmen. Er kann vielmehr auf die Betriebsadresse und die Bürostunden verweisen (vgl. auch § 3 WO Rn. 27). Der WV wird allerdings berechtigt sein, im Wahlausschreiben stimmberechtigte WV-Mitglieder namentlich zu benennen, die Vorschlagslisten wirksam dergestalt entgegennehmen können, dass eine rechtzeitige und insoweit wirksame Einreichung vorliegt.[6] 10

Eine Vorschlagsliste kann schon **vor Erlass des Wahlausschreibens** und damit vor Beginn der Frist beim WV eingereicht werden. Der WV darf diesen Vorschlag nicht einfach als nicht vorhanden ansehen, weil er vermeintlich **verfrüht** eingegangen ist. Er kann ihn entweder als verfrüht eingereicht zurückgeben oder ihn bis zum Erlass des Wahlausschreibens aufbewahren und dann als an diesem Tag eingereicht behandeln.[7] Nach Erlass des Wahlausschreibens ist die **Zurückgabe** aus diesem Grunde nicht mehr möglich. 11

Die **Zurücknahme** einer Vorschlagsliste ist **nach ihrer Einreichung** auch dann nicht mehr möglich, wenn die Einreichungsfrist noch nicht abgelaufen ist.[8] Mit der Einreichung der Vorschlagslisten erlischt eine entsprechende Verfügungsbefugnis des Listenvertreters. Eine Zurücknahme wäre allenfalls denkbar, wenn **alle Unterzeichner gemeinsam** die Rückgabe begehren würden. Dagegen stellt die Vorschlagsliste **vor ihrer Einreichung** an den WV einen Entwurf dar, der mit Einverständnis der Unterzeichner jederzeit erneuert oder vernichtet werden kann.[9] 12

Nach Ablauf der Frist eingereichte Vorschlagslisten sind auch dann ungültig, wenn ihre Ungültigkeit lediglich auf der **verspäteten Einreichung** beruht und sonst keine gültige Vorschlags- 13

3 *BAG* 9.12.92, NZA 93, 765.
4 Vgl. insoweit die Entscheidungen zur alten Rechtslage: *BAG* 15.1.18 – 7 ABR 11/16; vgl. auch *LAG Frankfurt* 7.2.91, NZA 92, 78.
5 Vgl. *BVerwG* 3.2.69, PersV 70, 37.
6 Vgl. *LAG Hamm* 9.9.94, BB 95, 620.
7 Vgl. *BVerwG* 17.12.57, ZBR 58, 187.
8 Vgl. *BVerwG* 11.6.75, PersV 76, 185.
9 Vgl. *BVerwG* 5.2.71, ZBR 71, 247, das darauf hinweist, dass die Vorschlagsliste vor ihrer Einreichung keine rechtliche Wirkung hat.

liste beim WV eingegangen ist.[1] Verspätet eingegangene Vorschlagslisten hat der WV unter Angabe des Grundes zurückzugeben. **Rechtzeitig eingereichte,** aber fehlerhafte Vorschlagslisten können jedoch auch **nach Ablauf der Frist** des Abs. 1 Satz 2 berichtigt werden, wenn es sich um Mängel nach § 8 Abs. 2 WO handelt und die dort genannten Fristen berücksichtigt werden. Besondere Probleme werden auftreten, wenn während der Frist zur Einreichung von Wahlvorschlägen ein **Arbeitskampf** läuft. Den am Arbeitskampf teilnehmenden AN ist es zu ermöglichen, Wahlvorschläge bzw. Vorschlagslisten aufzustellen (vgl. § 18 BetrVG Rn. 7).

III. Inhalt der Vorschlagslisten

14 Die Anzahl der auf jeder Vorschlagsliste erscheinenden Bewerber **soll doppelt so hoch** sein, wie BR-Mitglieder insgesamt zu wählen sind. Es liegt eine **Soll-Vorschrift** vor, deren Nichteinhaltung die Vorschlagsliste nicht ungültig macht (h. M.). Eine Vorschlagsliste ist vielmehr selbst dann gültig, wenn weniger Kandidaten benannt sind, als BR-Mitglieder gewählt werden müssen. Die Gültigkeit ist auch gegeben, wenn das Geschlecht in der Minderheit eine Mindestanzahl von BR-Sitzen zu erhalten hat (§ 15 Abs. 2 BetrVG) und eine Liste **weniger Wahlbewerber** enthält, als dem Minderheitsgeschlecht Sitze zustehen; entsprechendes gilt, wenn die Liste überhaupt keine Angehörigen des Geschlechts in der Minderheit aufweist. Ebenso ist eine Vorschlagsliste gültig, die keine Wahlbewerber des Geschlechtes in der Mehrheit aufweist.

15 Nach der Rspr. des *BAG* (29. 6. 65, AP Nr. 11 zu § 13 BetrVG) ist sogar eine Liste mit nur einem **einzigen Bewerber** gültig sein. Die Nichtzulassung einer solchen Liste führt nach dieser Rspr. im Wahlanfechtungsverfahren zur Ungültigkeit der BR-Wahl.[2] Das *BAG* geht dabei erkennbar davon aus, dass mehrere Vorschlagslisten eingereicht werden, so dass insgesamt genügend Wahlbewerber zur Wahl stehen. Das ist aber auch beim normalen Wahlverfahren keineswegs immer der Fall.

16 Die Soll-Vorschrift will im Grunde sicherstellen, dass eine **ausreichende Anzahl von Ersatzmitgliedern** vorhanden ist, damit sich der BR bei vorübergehender Verhinderung oder beim Ausscheiden von Mitgliedern ergänzen kann und die Gesamtzahl der Mitglieder während der Amtszeit nicht geringer wird.

17 Es liegt aber im Interesse der Listeneinreicher, die Soll-Vorschrift zu beachten. Scheiden nämlich BR-Mitglieder im Laufe der Amtszeit aus und ist eine Liste erschöpft, rückt – unter Beachtung des § 15 Abs. 2 BetrVG – ein Ersatzmitglied derjenigen Vorschlagsliste nach, auf die nach den Grundsätzen der Verhältniswahl der nächste Sitz entfallen würde (vgl. § 25 Abs. 2 BetrVG).

18 Abs. 3 schreibt im Einzelnen vor, wie und mit welchen Angaben die Wahlbewerber in der Vorschlagsliste aufzuführen sind. Ihre **Namen** sind untereinander zu setzen und mit **laufenden Nummern** zu versehen. Die Bestimmung der Reihenfolge, die durch die Aufsteller der Vorschlagsliste geschieht, ist für den WV **bindend.** Er hat die Namen in dieser Reihenfolge auf den Stimmzettel zu übernehmen (anders bei dem vereinfachten Wahlverfahren: alphabetische Reihenfolge, vgl. § 34 Abs. 1 Satz 2 WO). Wird der Wahlgang nach den Grundsätzen der **Verhältniswahl** durchgeführt, erscheinen auf dem Stimmzettel allerdings nur die beiden an **erster Stelle** benannten Bewerber (vgl. § 11 Abs. 2 WO).

19 Die **Reihenfolge,** in der die Wahlbewerber auf der Vorschlagsliste aufgeführt werden, muss **erkennbar** sein. Die Vorschlagsliste ist ungültig, wenn die Reihenfolge der Wahlbewerber nicht eindeutig erkennbar ist. Der Mangel ist nicht heilbar (vgl. § 8 Abs. 1 WO). Die »erkennbare Reihenfolge« verlangt nicht, dass die Namen der Wahlbewerber ganz genau untereinanderstehen müssen. Es ist z. B. unschädlich, wenn bei einem Wahlbewerber zunächst der Familienname und dann der Vorname aufgeführt werden, während beim nächsten Bewerber umgekehrt verfahren worden ist. Bei der Prüfung der Frage, ob eine erkennbare Reihenfolge der Wahlbewerber vorliegt, ist weniger nach formalen Kriterien zu verfahren. Ausschlaggebend ist

---

1 Vgl. aber *Fitting*, § 9 WO Rn. 7 m. w. N., die im Falle einer Nachfrist nach § 9 WO davon ausgehen, dass eine vor Setzung der Nachfrist, aber verspätet eingereichte Vorschlagsliste wieder zu berücksichtigen und als gültig zu behandeln ist.

2 Vgl. *BAG*, a. a. O.

vielmehr, ob sich für einen unbefangenen und objektiven Dritten eine erkennbare Reihenfolge feststellen lässt.[3]

20 Außer dem Familiennamen und der fortlaufenden Nummer ist bei jedem Wahlbewerber der Vorname anzugeben. Dabei genügt es, wenn bei mehreren Vornamen der Rufname aufgeführt ist, wenn der Bewerber schon dadurch von anderen Beschäftigten gleichen Familiennamens unterschieden werden kann. Aus Gründen der **Unterscheidungsmöglichkeit** ist auch die Angabe des Geburtsdatums erforderlich (vgl. jedoch § 2 Abs. 4 Satz 2 WO; danach sollen die im Betrieb auszulegenden Abdrucke oder anderen Veröffentlichungen der Wählerliste die Geburtsdaten der Wahlberechtigten nicht enthalten). In besonderen Fällen kann auch die Angabe der Mitarbeiternummer im Betrieb oder Unternehmen helfen, die Verwechslungsgefahr auszuschließen. Ferner ist die Art der Beschäftigung im Betrieb aufzuführen. Die Angabe der Art der Beschäftigung im Betrieb dient in erster Linie der Unterscheidung der verschiedenen Wahlbewerber. Es ist daher im Sinne der Vorschrift, wenn die derzeitige Art der Beschäftigung angegeben wird und nicht eine schon längst nicht mehr ausgeübte Tätigkeit, für die man jedoch eingestellt worden war. Es kann insoweit zu Diskrepanzen zwischen der Art der Tätigkeit im Arbeitsvertrag und in der Vorschlagsliste kommen, ohne dass dies zu einer Anfechtbarkeit der Wahl führt. Nicht hinnehmbar sind jedoch kreative Beschreibungen der Art der Tätigkeit oder nur die Nennung des Berufsabschlusses, die auf eine Beeinflussung der Wähler abzielen[4].

21 Fehlen eine oder mehrere dieser Angaben, hat der WV nach § 7 Abs. 2 WO den **Listenvertreter unverzüglich schriftlich** unter Angabe der Gründe zu unterrichten. Es liegt ein Fall des § 8 Abs. 2 WO vor. Unterbleibt eine Richtigstellung, ist die Vorschlagsliste gleichwohl nicht immer ungültig (str.).[5] Es wird entscheidend darauf ankommen, dass eine **eindeutige Zuordnung** und Individualisierung des Bewerbers möglich ist.[6] Die Nichtberechtigung bzw. das Fehlen einer der Angaben ist ohnehin nur von Bedeutung, wenn der Verstoß geeignet war, das **Wahlergebnis zu ändern oder zu beeinflussen.** So werden die Wahlbewerber regelmäßig auch anderweitig identifizierbar sein, wenn z. B. der Vorname oder das Geburtsdatum fehlt.

22 Die Vorschlagsliste muss eine **einheitliche zusammenhängende Urkunde** sein.[7] Eine **feste körperliche Verbindung** des Bewerberteils mit dem Teil, der die Stützunterschriften enthält, ist nach der neueren Rechtsprechung des BAG allerdings nicht mehr notwendig, sofern erkennbar die erforderlichen **Stützunterschriften Teil der Vorschlagsliste** sind und der Vorschlags- und der Unterschriftenteil eine einheitliche Urkunde bilden (vgl. auch § 14 BetrVG, Rn. 19).[8] Das *BAG*[9] sieht es als ausreichend an, wenn **andere Merkmale** den Wahlvorschlag als **einheitliche Urkunde** ausweisen. Auch die Wiedergabe des Kennwortes auf den einzelnen Blättern, eine fortlaufende Paginierung oder Nummerierung sowie die einheitliche graphische Gestaltung oder der inhaltliche Zusammenhang des Textes können den Wahlvorschlag als eine einheitliche Urkunde ausweisen, wenn sich die Bewerberliste und die Stützunterschriften auf mehreren Blättern befinden.[10] Diese urkundliche Verbindung muss von der ersten bis zur letzten Stützunterschrift bestehen bleiben (vgl. auch § 14 BetrVG Rn. 19).[11]

23 Es ist zulässig, dass eine Vorschlagsliste in **mehreren gleichlautenden Ausfertigungen** zur Unterzeichnung im Betrieb umläuft. Das Erfordernis der einheitlichen und zusammenhängenden Urkunde zwingt also nicht dazu, nur ein Exemplar zur Unterschriftsleistung zu verwenden. Jeder einzelnen in den Umlauf gebrachten Unterschriftsliste muss (zur Einheitlichkeit der Liste als Urkunde vgl. Rn. 22) eine **Vervielfältigung der Vorschlagsliste,** also des Bewerberteils, vorliegen.[12] Dabei müssen **alle Ausfertigungen inhaltlich exakt übereinstimmen** und die in

---

3 *Fitting,* Rn. 8; *Heinze,* NZA 88, 570.
4 *LAG Hessen* 17.04.08 – 9 TaBV 163/07. Die Angabe »freigestellter Betriebsrat« für die Art der Beschäftigung führt nicht zu einer Wahlanfechtung.
5 Vgl. *Fitting,* Rn. 9 m. w. N.
6 Vgl. *Fitting,* a. a. O.; GK-*Jacobs,* Rn. 10; Richardi-*Thüsing,* Rn. 10.
7 *LAG Düsseldorf* 19.4.68, DB 68, 898.
8 Vgl. *BAG* 25.5.05, AuR 05, 425.
9 A. a. O.
10 *BAG,* a. a. O.; vgl. dazu *Schneider,* AiB 06, 51.
11 *LAG Frankfurt* 16.3.87, DB 87, 1204; *Blanke/Berg u. a.,* Rn. 337 f.
12 *HessLAG* 25.4.18 – 16 TaBVGa 83/18.

§ 6 Abs. 3 WO vorgeschriebenen Angaben enthalten.[13] Das Erfordernis der genauen Übereinstimmung bezieht sich dabei nicht nur auf die Person, sondern auch auf die Reihenfolge der Wahlbewerber, die ebenfalls gleich sein muss.[14] Ist auf einer der Ausfertigungen die **Reihenfolge verändert worden,** gilt sie, soweit möglich, als eigener Wahlvorschlag (Vorschlagsliste) und ist ungültig, wenn sie nicht die notwendige Anzahl von Unterschriften aufweist.

24 Jede Vorschlagsliste ist von einer **bestimmten Anzahl** von wahlberechtigten AN, mit der Ausnahme von Betrieben mit bis zu 20 Beschäftigten zu unterzeichnen (vgl. § 14 Abs. 4 BetrVG n. F.). Wird die Mindestzahl nicht erreicht, ist die Liste ungültig und nach ihrer Einreichung nicht mehr heilbar (vgl. § 8 Abs. 1 WO). Das schließt nicht aus, dass der Listenvertreter, sofern die Frist nach § 6 Abs. 1 Satz 2 und Abs. 5 Satz 2 WO noch nicht abgelaufen sind, erneut eine Vorschlagsliste mit denselben Wahlbewerbern einreichen kann, die die erforderliche Anzahl von Unterschriften trägt.

25 Jede im **Betrieb vertretene Gewerkschaft** kann, ohne Unterschriften aus der Mitte der Belegschaft beibringen zu müssen, eine Vorschlagsliste einreichen (§ 14 Abs. 3 i. V. m. Abs. 5 BetrVG). Eine solche Vorschlagsliste muss von **zwei Beauftragten** der betreffenden Gewerkschaft unterzeichnet sein (zu den Einzelheiten vgl. § 14 BetrVG Rn. 61 ff., § 27 WO Rn. 3; zum Gewerkschaftsbegriff vgl. § 2 BetrVG Rn. 10 ff.). Das Recht auf die Einreichung einer eigenständigen Vorschlagsliste nimmt einer Gewerkschaftsliste selbstverständlich nicht die Möglichkeit, Unterschriften aus der **Mitte der Belegschaft** unter einen Wahlvorschlag einzuholen, auf dem Kandidaten dieser Gewerkschaft stehen. Das ist sogar **empfehlenswert,** da Stützunterschriften von AN des Betriebs deutlich machen, dass die Vorschlagsliste einen **entsprechenden Rückhalt in der Belegschaft** hat.

26 Die Unterschriften müssen **persönlich** geleistet werden. Eine Stellvertretung ist nicht zulässig.[15] Zur Frage der Zulässigkeit der Unterzeichnung durch **WV-Mitglieder,** die zu bejahen ist, vgl. § 14 BetrVG Rn. 58.

27 Die Unterzeichnung muss so vollständig und so deutlich sein, dass der WV feststellen kann, ob es sich um einen wahlberechtigten AN handelt.[16] Es ist **grundsätzlich** eine klare und eindeutige Unterschrift mit Vor- und Zuname erforderlich. Auf die Lesbarkeit der Unterschrift kommt es aber dann nicht an, wenn diese noch Schriftzüge erkennen lässt und auf andere Weise die Identifikation des Unterzeichners hinreichend sichergestellt ist.[17]

28 Jede Unterschrift muss die **gesamte Vorschlagsliste** decken.[18] Das ergibt sich bereits daraus, dass die Vorschlagsliste ein Vorschlag derjenigen ist, die ihn unterzeichnet haben.[19] Nicht erforderlich ist die Unterschrift aller Einreicher auf derselben Urkunde. Es genügt die Unterzeichnung auf einer Ausfertigung (vgl. auch Rn. 23).

29 Eine **nachträgliche Rücknahme der Unterschrift** durch den Unterzeichner beeinträchtigt die Gültigkeit der Vorschlagsliste nicht (vgl. § 8 Abs. 1 Nr. 3 WO; *BAG* 1. 6. 66, AP Nr. 2 zu § 6 WO).[20] Zur Problematik der Doppelunterzeichnungen vgl. Rn. 39 ff.

30 Der Bewerber muss mit der Aufnahme in die Vorschlagsliste, also mit seiner Kandidatur, einverstanden sein. Deshalb ist seine **schriftliche und eigenhändig unterschriebene Zustimmung** beizufügen. Eine Unterschrift in der Form einer bloßen Paraphe ist unzureichend und kann zur Anfechtung der BR-Wahl führen.[21] Die Zustimmung kann – was in der Praxis oft geschieht – durch entsprechende Unterschrift auf der Vorschlagsliste gegeben werden. Einer gesonderten

13 *Fitting,* Rn. 13.
14 *ArbG Hamm* 23. 6. 72, DB 72, 1635; *LAG Baden-Württemberg* 8. 11. 76 – 1a TaBV 6/76.
15 Vgl. *BAG* 12. 2. 60, AP Nr. 11 zu § 18 BetrVG; *Fitting,* § 14 BetrVG Rn. 52; GK-*Jacobs,* Rn. 18; Richardi-*Thüsing,* § 14 BetrVG Rn. 56; a. A. *LAG Düsseldorf* 27. 9. 65, DB 65, 1823.
16 *ArbG Herne* 12. 4. 72, DB 72, 976.
17 *ArbG Herne,* a. a. O.
18 GK-*Jacobs,* Rn. 19.
19 *BAG* 15. 12. 72, AP Nr. 1 zu § 14 BetrVG 1972.
20 Vgl. aber *BVerwG* 1. 3. 84, AuR 84, 380, das die wirksame Rücknahme von Unterschriften auf einem Wahlvorschlag bis zur Einreichung des Vorschlags gegenüber dem WV zulässt, allerdings auch darauf hinweist, dass ein nicht heilbarer Mangel vorliegt, wenn dadurch die erforderliche Zahl von Unterschriften nicht mehr erreicht wird.
21 *LAG Düsseldorf* 20. 5. 05 – 10 TaBV 94/04.

Erklärung bedarf es dann nicht.[22] Die Zustimmung kann aber auch unabhängig von der Vorschlagsliste geschehen; sie muss jedoch zeitgleich mit der Einreichung der Vorschlagsliste dem WV zugehen. Es ist ausreichend, dass der Bewerber seine schriftliche Zustimmungserklärung unmittelbar beim WV einreicht.[23] Fehlt die Zustimmung und wird sie nicht innerhalb der Frist des § 8 Abs. 2 WO nachgereicht, ist der Vorschlag auch dann **ungültig,** wenn die mündliche Zustimmung schon vorlag und die schriftliche Zustimmung **außerhalb der Frist** nachgeholt wird.[24] Unabhängig von der Unterschrift, mit der die Bereitschaft zur Kandidatur erklärt wird, kann ein **Wahlbewerber** auch bei den **Stützunterschriften mitunterzeichnen.**[25] Liegt eine Unterschrift vor, ist aber nicht erkennbar, ob es sich um die Zustimmung des Bewerbers zu seiner Kandidatur handelt oder um die Stützunterschrift, ist im Zweifel davon auszugehen, dass mit der Unterschrift der Wahlvorschlag gestützt werden soll.[26]

Die Zustimmung des Wahlbewerbers ist gegenüber den **Erstellern der Vorschlagsliste** zu erklären. Eine Abgabe der Erklärung durch den Bewerber gegenüber dem WV ist weder erforderlich noch wirksam. Das ergibt sich bereits daraus, dass die schriftliche Zustimmung des Bewerbers bei der Einreichung der Vorschlagsliste an den WV vorliegen muss und für den Fall, dass sie fehlt, nicht der WV den Bewerber auffordern muss, seine schriftliche Zustimmung zu geben. Es ist vielmehr Aufgabe des **Listenvertreters,** die Beseitigung dieses Mangels herbeizuführen. 31

Liegt die schriftliche Zustimmung nicht vor, ist nach § 8 Abs. 2 WO zu verfahren. **Nach Ablauf** der in § 8 Abs. 2 WO genannten Frist von **drei Arbeitstagen** (zum Begriff der Arbeitstage vgl. Rn. 46 f.) ist eine Zustimmung **nicht mehr zulässig.** Wird das Verfahren nach § 8 Abs. 2 WO nicht durchgeführt, bleibt die Wahl anfechtbar, auch wenn die schriftliche Zustimmung des Bewerbers nach Ablauf der Frist zur Einreichung von Vorschlagslisten nachgeholt wird.[27] Eine gefälschte Unterschrift gilt als nicht geschrieben.[28] 32

Ebenfalls ist eine **eingescannte Unterschrift** nicht ausreichend, um als Wahlbewerber seinen Willen zur Kandidatur auf der eingereichten Vorschlagsliste zu dokumentieren.[29] Dies ist auf Grund der nicht unerheblichen Gefahr von Fälschungen notwendig. 32a

Der Wahlvorschlag ist kein Vorschlag des Listenvertreters, sondern **aller, die ihn unterzeichnet haben.** Daher ist die **ohne Einverständnis** der Unterzeichner vorgenommene Streichung einzelner oder mehrerer Kandidaten eine inhaltliche Änderung. Ein solcher Wahlvorschlag wird durch die Streichung unrichtig und ist kein Wahlvorschlag i. S. d. BetrVG.[30] Auch der WV ist nicht berechtigt, Vorschlagslisten durch Streichung von etwa nicht wählbaren AN zu korrigieren (vgl. aber § 8 WO Rn. 4). Eine solche Korrektur kann nur von den Wahlberechtigten vorgenommen werden, die mit ihrer Unterschrift die Vorschlagsliste unterstützt haben.[31] Die einmal gewählte Reihenfolge der Kandidaten kann also nicht mehr verändert werden. Es sei denn, man holt alle Stützunterschriften nach der Änderung der Kandidatenliste erneut ein.[32] 33

Eine **Rücknahme der Zustimmung zur Bewerbung** ist nicht zulässig.[33] Das gilt nicht nur für den Zeitraum nach der Einreichung der Vorschlagsliste beim WV, sondern auch dann, wenn die Liste noch nicht eingereicht worden ist, der Wahlbewerber seine Zustimmung aber be- 34

---

22 Vgl. *BAG* 12. 6. 60, AP Nr. 11 zu § 18 BetrVG.
23 *Fitting,* Rn. 10.
24 *BAG* 1. 6. 66, AP Nr. 15 zu § 18 BetrVG.
25 *LAG Hamm* 5. 1. 79 – 3 TaBV 116/78, das sogar davon ausgeht, die mit der Unterschrift erklärte Bereitschaft zur Kandidatur beinhalte auch die Erklärung, diesen Vorschlag zu unterstützen, so dass die sich auf die Bereitschaft zur Kandidatur beziehende Unterschrift des Bewerbers bei der Ermittlung der Zahl der für einen Wahlvorschlag abgegebenen Stützunterschriften mitzuzählen sei.
26 *Fitting,* a. a. O.
27 *BAG* 1. 6. 66, AP Nr. 15 zu § 18 BetrVG.
28 *BVerwG* 8. 3. 63, AP Nr. 5 zu § 10 WahlO zum PersVG.
29 *LAG Düsseldorf* 3. 7. 20 – 10 TaBV 71/18; *BAG* 20. 10. 21 – 7 ABR 34/20.
30 *BAG* 15. 12. 72, AP Nr. 1 zu § 14 BetrVG 1972.
31 *ArbG Gelsenkirchen* 1. 6. 75 – 2 BV 22/75.
32 *LAG Hamm* 15. 2. 16, 13 TaBV 70/16.
33 Vgl. *BVerwG* 30. 10. 64, AP Nr. 1 zu § 9 WahlO z. PersVG; *Fitting* Rn. 10; a. A. Richardi-*Thüsing,* Rn. 12, die die Rücknahme sogar noch nach Ablauf der Einreichungsfrist bis zum Beginn des Wahlvorgangs als zulässig ansehen.

reits gegenüber dem Listenvertreter erklärt hat. In beiden Fällen wäre nämlich eine Streichung des Wahlbewerbers auf der Vorschlagsliste unumgänglich. Damit würde der Wahlvorschlag inhaltlich verändert und die ursprünglich mit den Unterschriften verknüpfte Aussage, die sich auch auf den gestrichenen Kandidaten bezog, ihrem Inhalt nach unrichtig; zumindest ist diese Möglichkeit nicht auszuschließen.[34] Ein Wahlbewerber, der seine Kandidatur nicht mehr aufrechterhalten möchte, kann jedoch für den Fall der Wahl die Annahme des BR-Amts nach § 17 Abs. 1 WO ablehnen.[35]

IV. Listenvertreter

35 Die WO sieht, damit notwendige Äußerungen oder Erklärungen gegenüber dem WV nicht von allen Unterzeichnern abgegeben werden müssen, einen **Listenvertreter** vor. Die Unterzeichner können gemeinsam ihren Listenvertreter benennen, und zwar ausdrücklich auf der Liste oder in einem der Vorschlagsliste beigefügten Begleitschreiben. Listenvertreter kann nur **einer der Unterzeichner** sein (zur Listenvertretung bei dem eigenständigen gewerkschaftlichen Vorschlagsrecht vgl. Rn. 36). Daraus ergibt sich, dass es sich um einen **wahlberechtigten AN** handeln muss. Bis zum Ablauf der Einreichungsfrist nach § 6 Abs. 1 Satz 2 WO kann der Listenvertreter noch von den Unterzeichnern benannt werden, auch wenn die Liste bereits früher eingereicht worden ist.[36] Ist kein Listenvertreter benannt worden, gilt derjenige als Vertreter, der die Liste an **erster Stelle** unterzeichnet hat.

36 Eine Besonderheit gilt, wenn ein Wahlvorschlag von einer im Betrieb vertretenen Gewerkschaft nach § 14 Abs. 5 i. V. m. Abs. 8 BetrVG eingereicht worden ist. Dann gilt der gewerkschaftliche Beauftragte, der den Wahlvorschlag an **erster Stelle** unterzeichnet hat, als **Listenvertreter** (vgl. § 27 Abs. 3 Satz 1 WO). Weder dieser noch der andere Beauftragte, der den gewerkschaftlichen Wahlvorschlag unterzeichnet hat (vgl. § 14 Abs. 8 BetrVG), muss dem Betrieb angehören. Die Gewerkschaft kann jedoch einen AN des Betriebs, der Mitglied dieser Gewerkschaft ist, als Listenvertreter benennen (§ 27 Abs. 3 Satz 2 WO).

37 Der **Listenvertreter** allein ist **berechtigt**, gegenüber dem WV die Vorschlagsliste zu vertreten, also alle Willenserklärungen abzugeben, die sich auf diese beziehen. Er allein ist auch zur Entgegennahme von Erklärungen und Entscheidungen des WV berechtigt.

38 Die Maßnahmen des Listenvertreters **bedürfen nicht der Zustimmung** der anderen Unterzeichner der Vorschlagsliste. Die Vertretungsmacht steht nicht zur Disposition der Unterzeichner.[37] Die Vertreterstellung des Listenvertreters ist allerdings nicht so stark, dass er mit der Vorschlagsliste nach Belieben verfahren könnte. Er ist deshalb auch nicht befugt, einen beim WV eingereichten Wahlvorschlag zurückzunehmen[38] oder gar nicht erst abzugeben.[39] Der Listenvertreter hat vielmehr nach dem **bekannten oder vermuteten Willen der Unterzeichner** zu handeln. Gibt der WV eine getroffene Entscheidung einer anderen Person als dem Listenvertreter bekannt, so ist sie damit noch nicht wirksam zugegangen. Insbes. ist die Zurückgabe einer beanstandeten Vorschlagsliste an eine andere Person als den Listenvertreter unzulässig.[40]

V. Doppelunterzeichnungen

39 Abs. 5 Satz 1 legt fest, dass die Unterschrift eines Wahlberechtigten **nur auf einer Vorschlagsliste** zählt. Doppelunterzeichnungen führen jedoch nicht zur Ungültigkeit der Vorschlagslisten, auf denen sie vorgenommen worden sind. Sie können allerdings bewirken, dass infolge der not-

---

34 Vgl. *BAG* 15.12.72, AP Nr. 1 zu § 14 BetrVG 1972; vgl. aber *Richardi-Thüsing*, a. a. O., die für die Ordnungsmäßigkeit der Liste auf den Zeitpunkt der Einreichung abstellen.
35 *Fitting*, Rn. 19.
36 GK-*Jacobs*, Rn. 16.
37 GK-*Jacobs*, Rn. 17.
38 Vgl. BVerwGE 48, 317.
39 *HessLAG* 3.5.10 – 9 TaBVGa 82/10.
40 Vgl. *BVerwG* 17.12.57, ZBR 58, 290, ebenso *LAG Niedersachsen* 28.6.07 – 14 TaBV 5/07.

wendigen Streichungen gemäß Abs. 5 eine Vorschlagsliste nicht mehr die erforderliche Anzahl von Unterschriften aufweist (vgl. § 8 Abs. 2 WO).

Hat ein Wahlberechtigter mehrere **Vorschlagslisten unterzeichnet,** hat ihn der WV aufzufordern, spätestens **vor Ablauf von drei Arbeitstagen** zu erklären, welche Unterschrift er aufrechterhält. Aus der Aufforderung an den Doppelunterzeichner muss sich klar und eindeutig ergeben, wozu der angeschriebene Wahlberechtigte aufgefordert wird. Ebenso ist auf die Folgen hinzuweisen, die sich aus dem Schweigen ergeben.[41] Der Wahlberechtigte ist dabei auch darauf hinzuweisen, dass eine Erklärung nach Ablauf der Frist nicht zulässig ist. Das Fehlen eines entsprechenden Hinweises kann die Wahl anfechtbar machen, wenn der Verstoß geeignet ist, das Wahlergebnis zu beeinflussen.[42] Der WV verstößt gegen die WO, wenn er den Doppelunterzeichner – ohne Fristsetzung – lediglich auffordert, sich im Büro des WV zu melden.[43] Handelt es sich bei den Doppelunterzeichnern um **ausländische AN,** ist es nicht unbedingt erforderlich, die Aufforderung des WV nach Abs. 5 in der entsprechenden Sprache vorzunehmen. Vielmehr kann das Schreiben mit der Aufforderung, sich zu erklären, an ausländische AN auch in deutscher Sprache gerichtet werden.[44] **40**

Die Frist von drei Arbeitstagen **beginnt am Tage nach dem Zugang des Aufforderungsschreibens** des WV (§ 187 Abs. 1 BGB). »Arbeitstage« sind Tage, an denen der **ganz überwiegende Teil der Belegschaft** des Betriebs (nicht einer Betriebsabteilung) regelmäßig arbeitet.[45] Die Frist von drei Arbeitstagen muss so bemessen sein, dass sie erst endet, wenn für die ganz überwiegende Zahl der wahlberechtigten AN seit Fristbeginn drei Arbeitstage abgelaufen sind. Das ist immer dann der Fall, wenn der dritte Arbeitstag ein normaler Arbeitstag, also Montag bis Freitag, ist. **41**

Für Betriebe, die in **Schicht arbeiten,** ist zu beachten, dass die AN zwischen Beginn und Ende der Frist je drei volle Schichten gearbeitet haben müssen.[46] Aus Gründen der Rechtssicherheit kommt es dabei beim Fristbeginn auf den Kalendertag an.[47] Der Tag des Zugangs der Mitteilung des WV wird somit selbst dann nicht mitgerechnet, wenn für den betreffenden AN die Spät- bzw. Nachtschicht noch gar nicht begonnen hatte. **42**

Erklärt sich der Wahlberechtigte nicht oder nicht fristgerecht, gilt seine Unterschrift nur auf der **zuerst eingereichten Liste.** Die Unterschriften auf den anderen Listen werden vom WV **gestrichen.** Sind die von dem Wahlberechtigten unterschriebenen Vorschlagslisten gleichzeitig eingereicht worden, entscheidet das Los darüber, auf welcher Vorschlagsliste die Unterschrift gilt (§ 6 Abs. 5 Satz 3 WO). Erklärt der Wahlberechtigte, der mehrere Vorschlagslisten unterzeichnet hat, innerhalb der Frist des Abs. 5 Satz 2 WO, dass er **alle seine Unterschriften** zurücknimmt, so ist ebenso zu verfahren wie in dem Fall, dass die Erklärung nicht oder nicht fristgerecht eingereicht wurde.[48] **43**

Durch die Streichung von Doppelunterzeichnern kann es vorkommen, dass die Zahl der Stützunterschriften einer Vorschlagsliste unter die nach § 14 Abs. 4 BetrVG vorgeschriebene **Mindestzahl sinkt.** In diesem Falle ist nach § 8 Abs. 2 WO zu verfahren. Der WV hat den Listenvertreter aufzufordern, fehlende Unterschriften **binnen einer Frist von drei Arbeitstagen** beizuholen und so den Mangel zu beseitigen (vgl. § 8 WO Rn. 11 ff.). Gelingt dies nicht, ist der Wahlvorschlag ungültig.[49] **44**

---

41 *LAG Hamm* 12.11.65, DB 66, 37.
42 Vgl. *LAG Hamm,* a.a.O.; *Fitting,* Rn. 16; GK-*Jacobs,* Rn. 20; Richardi-*Thüsing,* Rn. 16.
43 Vgl. *LAG Hamm,* a.a.O., das die Einhaltung des förmlichen Verfahrens nach § 6 Abs. 5 Satz 2 WO verlangt.
44 *LAG Hamm* 17.5.73, DB 73, 1403.
45 *BAG* 12.2.60, AP Nr. 11 zu § 18 BetrVG.
46 *BAG* 1.6.66, AP Nr. 2 zu § 6 WO.
47 *BAG,* a.a.O.
48 *Fitting* Rn. 16; Richardi-*Thüsing,* Rn. 16.
49 Vgl. *ArbG Paderborn* 27.4.65, DB 65, 979.

VI. Kandidatur auf mehreren Listen

45 Jeder Bewerber kann nur auf einer Vorschlagsliste benannt werden. Ein Wahlbewerber, der mit seiner Zustimmung auf mehreren Listen aufgeführt ist, muss auf **sämtlichen Listen** gestrichen werden, wenn er nicht binnen drei Arbeitstagen erklärt (vgl. Rn. 41), welche Bewerbung er aufrechterhält. Die Erklärung ist auch dann abzugeben, wenn eine der Listen ungültig ist.[50] Eine Erklärung des Bewerbers nach Ablauf der Frist ist **nicht mehr wirksam.** Das gilt selbst dann, wenn die allgemeine Frist für die Einreichung von Wahlvorschlägen **noch nicht abgelaufen ist.** Das schließt nicht aus, dass der wegen seiner Nichterklärung auf allen Listen gestrichene Bewerber auf einer weiteren Vorschlagsliste erneut benannt wird, wenn die Einreichungsfrist noch läuft.

46 Werden nach Abs. 7 Streichungen von Kandidaten erforderlich, berührt das die Gültigkeit der Vorschlagslisten, auf denen die Streichung erfolgt, nicht. Andererseits darf der WV, wenn die Voraussetzungen des Abs. 7 nicht vorliegen, Kandidaten von einer eingereichten Vorschlagsliste auch dann nicht streichen, wenn sie es selbst wünschen (vgl. auch Rn. 38 f. und § 8 WO Rn. 4).[51]

47 Die Unzulässigkeit mehrfacher Benennungen nach Abs. 7 besteht nur für die **Verhältniswahl.** Die Bestimmung ist dann ohne Bedeutung, wenn nur ein aus einer Person bestehender BR zu wählen ist oder die Wahl nach den Grundsätzen des vereinfachten Wahlverfahrens erfolgt. Eine Mehrfachbenennung in diesen Fällen ist deshalb unschädlich, weil die Bewerber der verschiedenen Wahlvorschläge auf den Stimmzetteln ohnehin in alphabetischer Reihenfolge angeführt werden und somit nur einmal erscheinen (vgl. § 34 Abs. 1 WO).

VII. Unzulässige Verbindung von Vorschlagslisten

48 Eine **Verbindung von Vorschlagslisten** ist nach Abs. 7 **unzulässig.** Die Bestimmung hat nur bei der **Verhältniswahl** Bedeutung. Eine unzulässige Verbindung liegt vor, wenn unterschiedliche Vorschlagslisten vor oder nach ihrer Einreichung beim WV mit der Wirkung zusammengefasst werden sollen, dass die auf sie entfallenden Stimmen zusammengezählt werden. Es müssen selbstständige Listen sein, die verbunden werden sollen. **Keine Listenverbindung** liegt vor, wenn zum Zwecke der leichteren Unterschriftensammlung mehrere Exemplare einer Vorschlagsliste erstellt werden, die vor ihrer Einreichung zusammengefügt werden (vgl. Rn. 23).

§ 7 Prüfung der Vorschlagslisten

(1) Der Wahlvorstand hat bei Überbringen der Vorschlagsliste oder, falls die Vorschlagsliste auf eine andere Weise eingereicht wird, der Listenvertreterin oder dem Listenvertreter den Zeitpunkt der Einreichung schriftlich zu bestätigen.

(2) Der Wahlvorstand hat die eingereichten Vorschlagslisten, wenn die Liste nicht mit einem Kennwort versehen ist, mit Familienname und Vorname der beiden in der Liste an erster Stelle Benannten zu bezeichnen. Er hat die Vorschlagsliste unverzüglich, möglichst binnen einer Frist von zwei Arbeitstagen nach ihrem Eingang, zu prüfen und bei Ungültigkeit oder Beanstandung einer Liste die Listenvertreterin oder den Listenvertreter unverzüglich schriftlich unter Angabe der Gründe zu unterrichten.

Inhaltsübersicht

50 *LAG München* 25.1.07 – 2 TaBV 102/06.
51 *ArbG Paderborn* 27.4.65, DB 65, 979; *Fitting*, Rn. 19.

I. Bestätigung des Eingangs von Vorschlagslisten

Der Eingang jeder Vorschlagsliste ist vom WV **schriftlich** zu bestätigen. Das gilt **unabhängig** davon, ob bereits beim Eingang **Beanstandungen oder schwerwiegende Mängel** sichtbar sind, die die Liste ungültig machen. Die Bestätigung ist daher auch dann vorzunehmen, wenn die Einreichung der Vorschlagsliste nicht fristgemäß erfolgte.[1] Die Bestätigung gegenüber dem Listenvertreter hat so umgehend zu geschehen, dass dieser **baldmöglichst** von dem Eingang der Liste Kenntnis erhält. Am schnellsten geht es, wenn der Listenvertreter bei Überbringen der Vorschlagsliste die schriftliche Bestätigung ausgehändigt bekommt. Geht dies nicht, kann die Bestätigung auch auf andere Weise erfolgen, z. B. durch einen Boten oder die Werkspost, sofern sichergestellt ist, dass der Listenvertreter so schnell wie möglich die Bestätigung erhält.[2] Insoweit dürfte auch eine Bestätigung des Eingangs der Vorschlagsliste per E-Mail ausreichend sein, sofern die Nutzung von E-Mail im Betrieb üblich ist. Bei Mitteilungen des WV ist dies die schnellste Methode und die Fälschungsgefahr dürfte als gering angesehen werden. 1

2 Die Bestätigung ist **ohne Rücksicht** darauf zu geben, ob der **Einreicher** (Listenvertreter) sie **verlangt.**[3] Sie ist vom WV zu unterschreiben, wobei die Unterschrift eines Mitglieds des WV genügt.[4] Die Bestätigung dient auch einem evtl. notwendig werdenden Beweis, ob die Vorschlagsliste fristgerecht eingereicht worden ist.[5] Ist eine schriftliche Bestätigung unterblieben oder verlorengegangen, so kann der Nachweis für die rechtzeitige Einreichung auch auf **andere Weise,** z. B. durch Zeugen, geführt werden.[6] Es ist im Übrigen empfehlenswert, unabhängig von der vorgeschriebenen Bestätigung der Einreichung, auch auf der Liste selbst einen **Eingangsvermerk** anzubringen.

3 Zu bestätigen sind die **Tatsache des Eingangs und der Zeitpunkt,** und zwar sowohl der Tag als auch die genaue Uhrzeit.[7] Die Vorschlagsliste muss dem WV an seiner Betriebsadresse zugehen (vgl. § 3 WO Rn. 26 f.). Auch **Ergänzungen oder Berichtigungen** sind zu bestätigen.[8] Wird somit eine Vorschlagsliste nach Abs. 2 oder nach § 8 Abs. 2 WO von den Einreichern bzw. dem Listenvertreter berichtigt, ist auch Eingang und Zeitpunkt der Berichtigung schriftlich zu bestätigen.

II. Kennzeichnung der Vorschlagslisten

4 Eine Vorschlagsliste kann mit einem **Kennwort** versehen sein. Der Wähler wird dadurch in die Lage versetzt, auf dem Stimmzettel die Vorschlagslisten deutlich unterscheiden zu können. In der Regel sagt ein Kennwort aus, von welcher **Gruppierung oder Organisation** die Vorschlagsliste stammt. So dient in der betrieblichen Praxis meist der Name einer **Gewerkschaft** oder von der Gewerkschaft häufig genutzte Schlagworte als Kennwort. Es verfolgt dann den Zweck, die mit dieser Gewerkschaft sympathisierenden Wähler zu veranlassen, gerade dieser Liste ihre Stimme zu geben. Als Kennworte können aber **auch andere Begriffe** gewählt werden. So treten bei den BR-Wahlen mitunter Listen mit Kennworten wie z. B. »Unabhängige« oder »Freie Liste« auf. Dabei ist zu beachten, dass ein Kennwort **unzulässig** ist, wenn es den Wähler in die **Irre führen** kann.[9] Auf die Täuschungsabsicht kommt es dabei nicht an, sondern nur auf die **objektive Gefahr** der Irreführung.[10] So ist ein Kennwort irreführend, das **fälschlicherweise** den Eindruck erweckt, der Wahlvorschlag stamme von einer **bestimmten Gewerkschaft,** obwohl diese die Liste nicht oder nicht insgesamt unterstützt.[11] Das Kennwort **»Unabhängige«** ist

---

1 *Fitting*, Rn. 1.
2 *Fitting*, a. a. O.
3 Richardi-*Thüsing*, Rn. 1.
4 Vgl. *Fitting*, Rn. 1, der sogar die Unterschrift einer im Büro des WV tätigen Hilfskraft als ausreichend ansehen; GK-*Jacobs*, Rn. 3.
5 Richardi-*Thüsing*, a. a. O.
6 *Fitting*, a. a. O.; GK-*Jacobs*, Rn. 4.
7 *Fitting*, Rn. 1; GK-*Jacobs*, Rn. 1.
8 Richardi-*Thüsing*, Rn. 1.
9 Vgl. *BVerwG* 13. 5. 66, PersR 87, 234, zu § 8 Abs. 5 BPersVG.
10 *Fitting*, *Rn 2.*, GK-*Jacobs*, Rn. 6.
11 vgl. *Fitting*, Rn. 2.; vgl auch § 8 WO Rn. 2.

auch dann unzulässig, wenn sich hinter der Vorschlagsliste eine Gewerkschaft verbirgt. Eine Vorschlagsliste darf somit nur dann ein auf eine bestimmte Gewerkschaft hinweisendes Kennwort erhalten, wenn diese Gewerkschaft hinter dieser Liste steht[12] und das Recht hat, nach § 14 Abs. 3 i. V. m. Abs. 5 BetrVG zur Wahl des BR Vorschlagslisten einzureichen, andernfalls kann die Liste vom WV beanstandet und ggfs. sogar zurückgewiesen werden.[13] Nutzt eine Liste einen Gewerkschaftsnamen als Kennwort, so müssen auch die Wahlbeauftragten dieser Gewerkschaft die Liste durch Unterschrift als solche kenntlich machen.[14] Sollte ein fehlerhaftes Kennwort genutzt worden sein, so ist dieses durch den WV zu streichen und die beiden Namen der Bewerber an Listenplatz 1 und 2 zu ersetzen. Insoweit kann auch nur **eine Liste** im Betrieb ein gewerkschaftliches Kennwort einer bestimmten Gewerkschaft tragen.

5 Als Kennwort sind auch **gebräuchliche Abkürzungen,** z. B. von Gewerkschaften, deren Bedeutung allgemein als bekannt vorausgesetzt werden darf, zulässig.[15] Kennworte für neue Vorschlagslisten müssen sich jedoch von denen gebräuchlicher Gewerkschaftslisten **deutlich** unterscheiden.[16] Eine **Verwechslungsgefahr** darf durch das Kennwort **nicht eintreten.**[17]

6 Ein **parteipolitisches Kennwort** ist unzulässig, da es dem Grundsatz des Verbots der parteipolitischen Betätigung von AG und BR im Betrieb nach § 74 Abs. 2 Satz 3 BetrVG widersprechen würde.[18] Nicht statthaft sind ferner Kennworte, durch die Kandidaten oder Einreicher anderer Listen **diffamiert** werden, sowie **lächerlich machende** oder **grob anstößige Kennworte.**[19]

III. Prüfung und Beanstandung von Vorschlagslisten

7 Der WV hat **unverzüglich,** spätestens innerhalb von zwei Arbeitstagen nach Eingang einer Vorschlagsliste, zu prüfen, ob sie den vom Gesetz und der WO vorgeschriebenen Erfordernissen entspricht. In **Ausnahmefällen,** wie etwa bei besonderen Ermittlungen, kann eine Überschreitung der Frist in Betracht kommen. Der WV wird dabei den Sinn der Fristbestimmung zu berücksichtigen haben, der darin liegt, dass Einreicher einer ungültigen Vorschlagsliste diesen Umstand so rechtzeitig erfahren, dass innerhalb der Einreichungsfrist u. U. eine gültige Vorschlagsliste nachgereicht werden kann.[20] Daher reicht es in den Fällen, in denen am **letzten Tag der Einreichungsfrist mehrere Stunden** vor Fristablauf eine Vorschlagsliste eingereicht wird, nicht aus, wenn sich der WV erst am nächsten Tag mit der Frage der Gültigkeit der Liste befasst.[21] Vielmehr hat der WV am letzten Tag der Frist zur Einreichung von Wahlvorschlägen Vorkehrungen zu treffen, damit er eingehende Wahlvorschläge möglichst **sofort prüfen** und die Listenvertreter über etwaige Mängel informieren kann[22]. Verletzt er diese Pflicht, kann das zur Anfechtbarkeit der Wahl führen.[23] Es kann u. U. sogar in die laufende BR-Wahl eingegriffen werden, wenn das Versäumnis der Prüfung zu einer erfolgreichen Anfechtung führen kann; ggf. mit einer **einstweiligen Verfügung** (vgl. auch § 19 BetrVG Rn. 16 ff.).[24] Ein Verstoß gegen die Pflicht zur unverzüglichen Prüfung eines Wahlvorschlags führt dann nicht zur Anfechtbarkeit im Rahmen des § 19 Abs. 1 BetrVG, wenn in einer sofort einberufenen Sitzung des WV **keine Maßnahmen** mehr möglich waren oder getroffen werden konnten, die zu einer Behebung des festgestellten Mangels noch vor Ablauf der Einreichungsfrist geführt hätten.[25]

---

12 *Fitting,* a. a. O.; vgl. auch GK-*Jacobs,* Rn. 7.
13 *LAG Hamm* 18. 3. 11 – 13 TaBV 98/10.
14 *BAG* 15. 5. 13 – 7 ABR 40/11; *Homburg,* AiB 10/13, 572 ff.
15 *BAG* 3. 6. 69, AP Nr. 17 zu § 18 BetrVG.
16 Vgl. *BVerwG* 13. 5. 66, AP Nr. 3 zu § 21 PersVG.
17 Vgl. *BVerwG,* a. a. O.; *Fitting,* Rn. 2; GK-*Jacobs,* Rn. 6.
18 Vgl. *Blanke/Berg u. a.,* Rn. 350; Richardi-*Thüsing,* Rn. 2; *Fitting,* Rn. 2.
19 *Blanke/Berg u. a.,* a. a. O.; Richardi-*Thüsing,* a. a. O.; *Fitting,* a. a. O.; GK-*Jacobs,* Rn. 6.
20 *BAG* 25. 5. 05 – 7 ABR 39/04; *Fitting,* Rn. 4.
21 *BAG* 25. 5. 05, NZA 06, 116.
22 *BAG* 18. 7. 12 – 7 ABR 21/11, das eine unmittelbare Prüfung nach der Einreichung der Liste vorsieht.
23 *BAG* 25. 5. 05, a. a. O.
24 Vgl. *LAG Berlin* 7. 2. 06, NZA-RR 06, 509.
25 *LAG Nürnberg* 15. 3. 04, AuR 04, 477.

Bei einer Einreichung unmittelbar vor Arbeitsschluss liegt allerdings, vor allem in größeren Betrieben, kein fehlerhaftes Verhalten des WV vor, wenn er die Liste erst am nächsten Tag zurückweist, obwohl ein neuer Vorschlag dann nicht mehr eingereicht werden kann.[26] Bei der Prüfung handelt es sich um eine **Rechtspflicht** des WV, deren Verletzung ggf. eine Wahlanfechtung rechtfertigen kann.[27] Diese Rechtspflicht ist mit einer solchen Folge aber nur verletzt, wenn der WV jegliche Prüfung unterlässt oder bei einer sorgfältigen Prüfung erkennbare Mängel nicht beanstandet.[28] Über die Frage, ob eine Vorschlagsliste ungültig ist und ob sie unter einem heilbaren oder unheilbaren Mangel leidet (vgl. § 8 WO), entscheidet der WV durch Beschluss der stimmberechtigten Mitglieder.

Stellt der WV fest, dass eine Vorschlagsliste unheilbare Mängel (§ 8 Abs. 1 WO) oder heilbare Mängel (§ 8 Abs. 2 WO) enthält, ist der Listenvertreter **unverzüglich unter Angabe der Gründe schriftlich zu unterrichten.** Die WO legt nicht ausdrücklich fest, ob dem Listenvertreter dabei das **Original** der Vorschlagsliste zurückzugeben ist, damit – bei Mängeln nach § 8 Abs. 2 WO – auf diesem die Behebung der Beanstandungen erfolgen kann. In dieser Hinsicht ist von wesentlicher Bedeutung, dass in der WO zum BPersVG diese Frage durch entsprechende Regelungen sowohl hinsichtlich der unheilbaren als auch der heilbaren Mängel geklärt worden ist (vgl. § 10 Abs. 2 WO BPersVG: »Wahlvorschläge … gibt der Wahlvorstand … zurück« und § 10 Abs. 5 WO BPersVG: »Wahlvorschläge … hat der Wahlvorstand … zurückzugeben«). Es ist **kein zwingender Grund** ersichtlich, im Bereich des Betriebsverfassungsrechts anders zu verfahren und dem Listenvertreter statt des Originals eine Kopie der Vorschlagsliste auszuhändigen. Verschiedentlich wird darauf hingewiesen, dass die beanstandete Vorschlagsliste **aus Beweisgründen** dem Listenvertreter nicht im Original ausgehändigt werden sollte, sondern lediglich eine Kopie, auf der die beanstandeten Mängel behoben werden können.[29] Dabei wird jedoch übersehen, dass für einen Vergleich mit der nach Beseitigung der Mängel nach § 8 Abs. 2 WO an den WV zurückgegebenen Vorschlagsliste bzw. zum Zwecke der Beweissicherung eine **Kopie** der beanstandeten Liste, die bei den Unterlagen des WV verbleibt, durchaus ausreicht. Für den Fall der Ungültigkeit einer Vorschlagsliste nach § 8 Abs. 1 WO genügt die beim Wahlvorstand verbleibende Kopie für eventuelle Beweiszwecke ebenfalls. Es wird allerdings zweckmäßig sein, wenn in der Niederschrift der Sitzung des WV, in der durch Beschluss die Feststellung vorhandener Mängel einer Vorschlagsliste getroffen wurde, zugleich ein Hinweis auf die Ablichtung vor der Rückgabe der Liste an den Listenvertreter erfolgt. 8

Besteht der Verdacht, dass eine **Vorschlagsliste gefälscht** ist, z. B. weil Überklebungen, Streichungen oder Zusätze gegeben sind, hat der WV den Listenvertreter zur Stellungnahme aufzufordern.[30] Der WV kann auch weitergehende Prüfungen bei einem begründeten Verdacht durchführen.[31] Polizeiliche Möglichkeiten stehen dem WV hierzu jedoch nicht zur Verfügung. 9

Sollte sich im Rahmen der Prüfung ergeben, dass eine Vorschlagsliste gefälscht worden ist, insbesondere durch falsche oder nachträgliche Stützunterschriften, so ist die Liste zur Wahl nicht zuzulassen und dem Listenvertreter dies unverzüglich mitzuteilen. Diesem steht es sodann frei eine neue Liste einzureichen, sofern noch genügend Zeit bis zum Fristablauf hierzu besteht.[32]

26 *LAG Düsseldorf* 13.9.88 – 16 [17] TaBV 42/88.
27 Vgl. *BAG* 25.5.05, a. a. O.
28 Vgl. *BAG* 2.2.62, AP Nr. 10 zu § 13 BetrVG; Richardi-*Thüsing*, § 8 Rn. 8 *Fitting*, a. a. O.
29 Vgl. *Fitting*, Rn. 7 m. w. N.
30 *OVG Münster* 27.10.58, AP Nr. 1 zu § 21 PersVG; *Fitting*, Rn. 7.
31 *BAG* 15.1.18 – 7 ABR 11/16.
32 **A. A.** *LAG Köln* 25.7.29 – 7 TaBV 7/19. Das *LAG Köln* hält es in solchen Fällen für ausreichend nur die »gefälschten« Stützunterschriften zu streichen und die Vorschlagsliste im Übrigen für gültig erklärt. Dies ist zum einem vermutlich nicht feststellbar und zum anderen aus generalpräventiven Überlegungen abzulehnen.

10 Der WV hat den Listenvertreter auch dann zu unterrichten, wenn ein **unzulässiges Kennwort** verwandt worden ist. Wird das Kennwort nicht in ein solches berichtigt, das zulässig ist, ist die Vorschlagsliste mit einem heilbaren Mangel versehen. Der WV kann in einem solchen Fall die Vorschlagsliste nicht einfach mit Familiennamen und Vorname der beiden in der Liste an erster Stelle benannten Bewerber bezeichnen.[33] Das ergibt sich bereits daraus, dass das Kennwort **Bestandteil der Vorschlagsliste** ist und von den Einreichern mitgetragen wird. Er muss zunächst den Einreichern innerhalb der Frist die Möglichkeit zur Korrektur einräumen. Sollte jedoch bewusst getäuscht worden sein, so liegt ein **unheilbarer Mangel** vor[34]. Davon unabhängig darf der WV später in die Stimmzettel jedoch statt der verwendeten Kennworte gebräuchliche, sinngemäße Abkürzungen einsetzen, wenn dies wegen der Länge z. B. notwendig ist.[35]

11 Enthält eine Vorschlagsliste **kein Kennwort,** so hat sie der WV mit Familiennamen und Vorname der beiden in der Liste an **erster Stelle** genannten Bewerber zu bezeichnen (vgl. Abs. 2 Satz 1).

§ 8 Ungültige Vorschlagslisten

(1) Ungültig sind Vorschlagslisten,

1. die nicht fristgerecht eingereicht worden sind,

2. auf denen die Bewerberinnen oder Bewerber nicht in erkennbarer Reihenfolge aufgeführt sind,

3. die bei der Einreichung nicht die erforderliche Zahl von Unterschriften (§ 14 Absatz 4 Satz 2 und 3 des Gesetzes) aufweisen. Die Rücknahme von Unterschriften auf einer eingereichten Vorschlagsliste beeinträchtigt deren Gültigkeit nicht; § 6 Abs. 5 bleibt unberührt.

(2) Ungültig sind auch Vorschlagslisten,

1. auf denen die Bewerberinnen oder Bewerber nicht in der in § 6 Abs. 3 bestimmten Weise bezeichnet sind,

2. wenn die schriftliche Zustimmung der Bewerberinnen oder der Bewerber zur Aufnahme in die Vorschlagsliste nicht vorliegt,

3. wenn die Vorschlagsliste infolge von Streichung gemäß § 6 Abs. 5 nicht mehr die erforderliche Zahl von Unterschriften aufweist,

falls diese Mängel trotz Beanstandung nicht binnen einer Frist von drei Arbeitstagen beseitigt werden.

Inhaltsübersicht Rn.

I. Unheilbare Mängel

1 In Abs. 1 werden Mängel angeführt, die **nicht heilbar** sind und deshalb eine Vorschlagsliste von vornherein **ungültig** machen. Es handelt sich um Vorschlagslisten, bei denen die Einreichungsfrist versäumt wurde (§ 6 Abs. 1 Satz 2 WO), die Reihenfolge der Wahlbewerber nicht erkennbar ist (§ 6 Abs. 3 WO) oder die nicht genügend Stützunterschriften aufweisen (§ 14 Abs. 4 BetrVG). Der WV hat unter **Angabe der Gründe,** die zur Ungültigkeit führen, dem **Listenvertreter** unverzüglich Mitteilung zu machen (zur Mitteilungspflicht vgl. § 7 WO Rn. 7 ff.). Die unheilbare Mängel aufweisende Vorschlagsliste kann nicht korrigiert werden. Ist allerdings die Frist für die Einreichung von Vorschlagslisten noch nicht abgelaufen, kann

33 *Fitting,* Rn. 2; **a. A.** GK-*Jacobs,* Rn. 6.
34 Vgl. auch § 8 Rn. 2.
35 *BAG* 3. 6. 69, AP Nr. 17 zu § 18 BetrVG; *Fitting,* Rn. 2.

innerhalb der Frist eine **neue Liste** eingereicht werden.[1] Ist jedoch keine Korrektur, sondern nur eine Ergänzung erforderlich, wie im Falle des Absatz 1 Nr. 3 wegen nicht genügender Anzahl von Stützunterschriften, so kann innerhalb der Frist zur Einreichung von Listen, die Liste um die fehlende Anzahl von Stützunterschriften ergänzt werden und **erneut eingereicht** werden[2] (vgl. auch § 7, Rn. 8). Ebenso kann bei einem von der im Betrieb vertretenen **Gewerkschaft** eingereichten Wahlvorschlag eine fehlende Unterschrift oder die fehlende **Bevollmächtigung** nachgeholt werden und die Vorschlagsliste erneut eingereicht werden, solange die Frist zur Einreichung noch nicht abgelaufen ist.

Die in Abs. 1 genannten Gründe, die zur Ungültigkeit einer Vorschlagsliste führen können, sind **nicht abschließend.** So kann eine Vorschlagsliste ungültig sein, wenn sie von AN kommt, die nach § 7 BetrVG **nicht wahlberechtigt** sind, wie etwa von Personen, die zum Kreis der leitenden Angestellten nach § 5 Abs. 3 BetrVG gehören. Die Ungültigkeit kann auch dadurch eintreten, dass eine von einer im Betrieb vertretenen Gewerkschaft nach § 14 Abs. 3 i. V. m. Abs. 5 BetrVG eingereichte Vorschlagsliste **nicht von zwei Beauftragten** unterzeichnet worden ist oder eine Unterzeichnung zwar erfolgte, diese aber nicht auf Grund einer wirksamen Beauftragung vorgenommen wurde (vgl. auch § 14 BetrVG Rn. 61). Entsprechendes gilt, wenn ein Wahlvorschlag nach § 14 Abs. 3 i. V. m. Abs. 5 BetrVG eingereicht wird, es sich aber nicht um eine Gewerkschaft i. S. d. Gesetzes handelt (zum **Gewerkschaftsbegriff** vgl. § 2 BetrVG Rn. 10 ff.). Ist jedoch nur das gewerkschaftliche Kennwort streitig, so müssen zwei Bevollmächtigte der Gewerkschaft unterschrieben haben. Eine Liste mit gewerkschaftlichem Kennwort – es kommt in diesem Zusammenhang auf einen Wiedererkennungswert des Wortes an – ist hingegen heilbar mangelhaft. Dem Einreicher der Liste ist die Möglichkeit der Korrektur des Kennwortes einzuräumen, so lange die Frist zur Einreichung nicht abgelaufen ist. Eine Zurückweisung oder gar Ungültigkeit der Liste folgt jedoch daraus nicht. Ist eine Korrektur nicht mehr möglich, muss der WV dann das ungültige **Kennwort** streichen und durch die Familiennamen und Vornamen der beiden ersten Kandidaten ersetzen.[3] Problematischer ist jedoch, wenn mit einem falschen gewerkschaftlichen Kennwort bewusst getäuscht worden ist, um Stützunterschriften einsammeln zu können. Hier muss der WV prüfen, ob eine solche **Täuschung** vorliegt und gegebenenfalls die eingereichte Liste für **unheilbar** mangelhaft zu befinden. Daher kann eine im Betrieb vertretene Gewerkschaft auch nur **eine Liste** stützen, um Täuschungen und Verwechslungen vorzubeugen. 2

Eine Vorschlagsliste ist auch ungültig, wenn auf ihr **nicht wählbare Kandidaten** aufgeführt sind.[4] Der WV ist nicht berechtigt, den nicht wählbaren Kandidaten einfach zu streichen, da dies eine **materielle Änderung** des Wahlvorschlags darstellen würde, die grundsätzlich nur mit **Zustimmung aller Unterzeichner** zulässig ist.[5] Vielmehr ist auch in einem solchen Fall dem Listenvertreter die Vorschlagsliste zurückzugeben und damit – sofern die Einreichungsfrist noch läuft – Gelegenheit zu geben, eine Liste einzureichen, die den bzw. die nicht wählbaren Kandidaten nicht mehr enthält. 3

Besondere Probleme treten auf, wenn ein Kandidat **nach der Einreichung** einer gültigen Vorschlagsliste und **nach dem Ablauf der Einreichungsfrist** die Wählbarkeit verliert. Das kann z. B. dadurch geschehen, dass ein Wahlbewerber aus dem Betrieb ausscheidet oder verstirbt. Die Rückgabe der Vorschlagsliste (vgl. § 7 WO Rn. 8) an den Listenvertreter ist dann ausgeschlossen. Dieser hat ohnehin nicht mehr die Möglichkeit, eine entsprechende andere Liste einzureichen. In einem solchen Fall ist der **WV befugt,** den nicht mehr wählbaren Kandidaten auf der Liste zu streichen und die Liste im Übrigen zur Wahl zuzulassen.[6] Der WV ist aber 4

1 *Fitting,* Rn. 1.

2 *BAG* 25.5.05 – 7 ABR 39/04. Das BAG hat es ausdrücklich offen gelassen, ob dazu das Original der Vorschlagsliste durch den Wahlvorstand zurückgegeben werden kann, um weitere Unterschriften einzuholen.

3 *BAG* 26.10.2016 – 7 ABR 4/15.

4 *BAG* 26.9.96, AiB 97, 596; *LAG Frankfurt* 14.7.88, 2317; *Fitting,* Rn. 3; GK-*Jacobs,* Rn. 9; Richardi-*Thüsing* Rn. 4; **a. A.** *Heinze,* NZA 88, 573.

5 Vgl. *BAG* 15.12.72, AP Nr. 1 zu § 14 BetrVG 1972.

6 Vgl. *Fitting,* Rn. 4; GK-*Jacobs,* Rn. 9; zu der Frage, wie die Streichung je nach aktuellem Stand des Wahlverfahrens und nach der Art des Wahlverfahrens, also bei Durchführung der Wahl nach den

dann gehalten, an den betrieblichen Stellen, an denen die als gültig anerkannten Vorschlagslisten aushängen, durch Bekanntmachung auf den Grund der Streichung hinzuweisen. Es darf jedoch nicht dazu kommen, dass unterschiedliche Stimmzettel bei der Wahl genutzt werden, weil beispielsweise die Briefwahlunterlagen bereits versendet worden sind. In solchen Fällen ist eine nachträgliche Änderung **nicht** mehr möglich.

5 Ungültig kann eine Vorschlagsliste auch sein, wenn der Teil der Liste, in dem die **Namen der Bewerber aufgeführt** sind, **nicht mit dem Listenteil** fest verbunden ist, der die **Stützunterschriften** der AN enthält, sofern sich nicht aus anderen Merkmalen der Liste die Einheitlichkeit der Urkunde ergibt (vgl. auch § 14 BetrVG, Rn. 19).[7] Dagegen ist es unschädlich, wenn ein AN versehentlich die Vorschlagsliste einer Wählergruppierung unterschrieben hat, die er nicht unterstützen will, und nach Feststellung des Irrtums seine Unterschrift sofort wieder streicht. Hat der WV Zweifel, worauf die Streichung zurückzuführen ist, kann er den Listenvertreter zu einer Stellungnahme auffordern. Der **Verdacht einer Fälschung** der Vorschlagsliste berechtigt den WV allerdings nicht ohne weiteres, die Liste für ungültig zu erklären (vgl. auch § 7 WO Rn. 9).[8] Es muss zweifelsfrei feststehen, dass eine solche Fälschung vorliegt. Ist dies jedoch erwiesenermaßen der Fall, so ist die Liste nicht zur Wahl zuzulassen.[9]

6 Über die Ungültigkeit einer Vorschlagsliste entscheidet der WV durch **Beschluss** seiner **stimmberechtigten Mitglieder.** Ein einzelnes WV-Mitglied darf die Feststellung auch dann nicht treffen, wenn der Mangel auf den ersten Blick erkennbar ist.
Der WV muss bei Einreichung einer Liste immer auf heilbare sowie unheilbare Mängel hinweisen, um dem Listeneinreicher so die Möglichkeit zu geben, die Mängel zu heilen oder ggfs. eine neue Liste einzureichen.[10]

II. Rücknahme von Unterschriften

7 Die **Zurückziehung der Unterschrift** eines wahlberechtigten AN nach Einreichung der Vorschlagsliste ist **nicht wirksam.** Diese in Abs. 1 Satz 2 vorgesehene Regelung soll verhindern, dass AN, die bereits einen Wahlvorschlag unterzeichnet haben, beeinflusst werden, ihre Unterschrift zurückzuziehen, um so eine unerwünschte Vorschlagsliste zu Fall zu bringen.[11] Die Streichung der Unterschrift eines wahlberechtigten AN darf daher auch dann nicht erfolgen, wenn der AN selbst oder über den Listenvertreter die Erklärung abgibt, dass er die Unterschrift zurückzieht. Auch in einem solchen Fall ist das Verfahren nach § 6 Abs. 5 Satz 2 WO durchzuführen.[12]

8 § 6 Abs. 5 WO bleibt von der Regelung, dass die Rücknahme von Unterschriften auf einer eingereichten Liste deren Gültigkeit nicht beeinträchtigt, unberührt. Nach dieser Vorschrift hat ein Wahlberechtigter, der mehrere Vorschlagslisten unterzeichnet hat, auf Aufforderung des WV binnen einer bestimmten Frist zu erklären, auf **welcher Liste** er seine Unterschrift aufrechterhält. Unterbleibt die Erklärung, wird sein Name auf der **zuerst eingereichten Liste gezählt** und auf den übrigen Listen gestrichen (§ 6 Abs. 5 WO). Ebenso ist zu verfahren, also von einer unterbliebenen fristgerechten Erklärung auszugehen, wenn der AN seine Unterschriften auf allen Vorschlagslisten zurücknimmt.[13] Führen Streichungen von Stützunterschriften im Rahmen des § 6 Abs. 5 WO dazu, dass die Vorschlagsliste **nicht** mehr die **erforderliche Zahl** von Unterschriften aufweist, liegt ein **heilbarer Mangel** vor. Er kann, nachdem der Listenvertreter vom WV auf diesen Mangel hingewiesen wurde, binnen einer Frist von drei Arbeitstagen beseitigt werden (zum Begriff »Arbeitstage« vgl. § 6 WO Rn. 46 f.). Unterbleibt die Mitteilung

---

Grundsätzen der Mehrheitswahl oder der Verhältniswahl, zu erfolgen hat, vgl. eingehend *Schneider,* FS *Däubler,* S. 286 ff.

7 *BAG* 25.5.05 – 7 ABR 39/04.

8 Vgl. *OVG Münster* 27.10.58, AP Nr. 1 zu § 21 PersVG.

9 **A. A.** *LAG Köln* 25.7.19 – 7 TaBV 7/19, das eine Streichung der »gefälschten« Unterschriften für ausreichend hält. Siehe auch § 7WO, Rn. 9.

10 *LAG Hamburg* 7.3.16 – 8 TaBV 4/15.

11 Vgl. *BAG* 1.6.66, AP Nr. 2 zu § 6 WahlO; *Fitting,* Rn. 6.

12 *Fitting,* a. a. O.; vgl. auch *BAG,* a. a. O.

13 *Fitting,* Rn. 6; GK-*Jacobs,* § 6 Rn. 20; *Richardi-Thüsing,* § 6 Rn. 16.

des WV, in der der Listenvertreter auf die heilbaren Mängel hinzuweisen ist, so ist die Wahl anfechtbar.[14]

III. Heilbare Mängel

9 Im Gegensatz zu den Mängeln nach Abs. 1, die die Liste unheilbar ungültig machen, können **Mängel nach Abs. 2 behoben** werden. Die Nachbesserung darf jedoch grundsätzlich nicht durch den WV erfolgen, sondern muss durch den Listenvertreter vorgenommen werden.

10 Eine Vorschlagsliste kann nachgebessert werden, wenn

- die einzelnen Wahlbewerber nicht unter fortlaufender Nummer und unter Angabe von Familienname, Vorname, Geburtsdatum und Art der Beschäftigung im Betrieb aufgeführt werden (§ 6 Abs. 3 WO);
- die Liste eingereicht worden ist, ohne dass die schriftliche Zustimmung eines oder mehrerer Bewerber vorliegt (§ 6 Abs. 3 WO);
- die Liste ein Kennwort führt, das zu Verwechslungen beim Wähler führen kann[15];
- die Liste ein gewerkschaftliches Kennwort führt, das von der zuständigen Gewerkschaft nicht gestützt wird;[16]
- die Liste nach Streichung von Doppelunterschriften (§ 6 Abs. 5 WO) nicht mehr die erforderliche Zahl von Unterschriften aufweist (§ 14 Abs. 4 BetrVG).

11 Bei der Streichung von Doppelunterschriften braucht eine Nachbesserung nur vorgenommen zu werden, wenn die Zahl der verbleibenden Unterschriften **nicht ausreicht,** um die Liste zu stützen. Reicht sie noch aus, bleibt die Streichung der Doppelunterschriften unerheblich. Die Unterrichtung des Listenvertreters von den Streichungen ist in einem solchen Fall nicht erforderlich. Der WV hat lediglich kenntlich zu machen, **welche Unterschriften** er als Doppelunterschriften gestrichen hat.

12 Werden die beanstandeten Mängel nicht rechtzeitig behoben (zur Frist vgl. Rn. 14), ist die Liste **ungültig.** Das gilt auch für den Fall, dass der beanstandete Mangel zwar behoben, die ergänzte bzw. berichtigte Liste jedoch neue Mängel enthält, die eine Nachbesserung i. S. d. Abs. 2 erforderlich machen würden. Abermalige **Beanstandungen,** auch der ergänzten bzw. berichtigten Vorschläge unter einer nochmaligen Fristsetzung, sind nicht vorgesehen und unzulässig.[17] Der Listenvertreter hat lediglich die Möglichkeit, eine neue Vorschlagsliste einzureichen, sofern die Frist nach § 6 Abs. 1 Satz 2 WO noch nicht abgelaufen ist.

13 Soweit eine nach Abs. 2 Nr. 3 ergänzte Liste wiederum Unterschriften aufweist, die bereits unter anderen Vorschlagslisten stehen, sind diese **Doppelunterschriften** auf der ergänzten Liste **zu streichen.**[18] Führt die Streichung von Doppelunterschriften auf der ergänzten Liste wiederum dazu, dass die notwendige Anzahl von Stützunterschriften nicht erreicht wird, ist die Liste unheilbar ungültig (vgl. auch § 6 WO Rn. 44).

14 Die Frist von drei Arbeitstagen ist **zwingend.**[19] Sie kann vom WV weder verlängert noch verkürzt werden.[20] Die Frist wird ausgelöst, wenn die schriftliche Unterrichtung des WV den Listenvertreter erreicht. Der Tag, an dem die schriftliche Mitteilung des WV dem Listenvertreter zugeht, wird allerdings nicht mitgerechnet (§ 187 Abs. 1 BGB; zum Begriff des Arbeitstages vgl. § 6 WO Rn. 41 ff.). Der WV soll bei seiner Mitteilung an den Listenvertreter auf den **Ablauf der Frist** hinweisen.

15 Eine wegen Nichtbehebung der Mängel bis zum Fristablauf ungültig gewordene Vorschlagsliste darf – ebenso wie eine Liste, die Mängel nach Abs. 1 aufweist – im weiteren Wahlverfahren **nicht berücksichtigt** werden. Die Wahl wird sonst anfechtbar.

---

14 *LAG Frankfurt* 5. 7. 65, DB 65, 1746; *Fitting,* Rn. 7; GK-*Jacobs,* Rn. 12.

15 *LAG Hamm* 18. 3. 11 – 13 TaBV 98/10.

16 *Fitting,* § 7 Rn. 2.

17 *Fitting,* Rn. 8; GK-*Jacobs,* Rn. 7.

18 *ArbG Gelsenkirchen* 15. 3. 68, BB 68, 627; *Fitting,* Rn. 8; **a. A.** Richardi-*Thüsing,* Rn. 9, die eine erneute Nachfrist zur Mängelbeseitigung als notwendig ansehen, und zwar auch gegenüber dem Listenvertreter, dessen Liste zunächst nicht von der Doppelunterzeichnung betroffen war.

19 *BAG* 20. 10. 21 – 7 ABR 34/20.

20 *BAG* 1. 6. 66, AP Nr. 2 zu § 6 WahlO.

§ 9 Nachfrist für Vorschlagslisten

(1) Ist nach Ablauf der in § 6 Abs. 1 genannten Frist keine gültige Vorschlagsliste eingereicht, so hat dies der Wahlvorstand sofort in der gleichen Weise bekannt zu machen wie das Wahlausschreiben und eine Nachfrist von einer Woche für die Einreichung von Vorschlagslisten zu setzen. In der Bekanntmachung ist darauf hinzuweisen, dass die Wahl nur stattfinden kann, wenn innerhalb der Nachfrist mindestens eine gültige Vorschlagsliste eingereicht wird.

(2) Wird trotz Bekanntmachung nach Absatz 1 eine gültige Vorschlagsliste nicht eingereicht, so hat der Wahlvorstand sofort bekannt zu machen, dass die Wahl nicht stattfindet.

Inhaltsübersicht

I. Bedeutung der Nachfrist

1 Stellt der WV nach Ablauf der Frist des § 6 Abs. 1 oder Abs. 2 WO fest, dass keine oder keine gültige Vorschlagsliste eingereicht worden ist, hat er eine **Nachfrist** zu setzen.

2 Ist vor Ablauf der in § 6 Abs. 1 und 2 WO genannten Frist lediglich ein Wahlvorschlag eingegangen, der nach § 8 Abs. 2 WO **heilbare Mängel** enthält, ist vor der Setzung einer Nachfrist abzuwarten, ob die Mängel geheilt werden.[1] Soll die Reihenfolge der Wahlbewerber auf einer Liste wegen des Einreichens einer weiteren Liste geändert werden, so liegt hierin kein Grund für eine Nachfrist.[2] Wird die Nachfrist erforderlich, hat die Bekanntmachung sofort, also am **nächsten Arbeitstag** nach Ablauf der Einreichungsfrist bzw. im Falle der rechtzeitigen Einreichung einer mit heilbaren Mängeln behafteten Vorschlagsliste nach ergebnislosem Ablauf der Frist zur Behebung der Mängel, zu erfolgen. Die Nachfrist beträgt eine Woche und beginnt mit Ablauf des Tages zu laufen, an dem die Bekanntmachung über die Nachfrist erfolgt (§ 187 Abs. 1 BGB).[3] Ergeht also z. B. die Bekanntmachung an einem Mittwoch, läuft sie mit Ablauf des Mittwochs der folgenden Woche ab, es sei denn, dieser Mittwoch ist ein in dem Bundesland, in dem der Betrieb liegt, gesetzlich anerkannter Feiertag (§ 193 BGB). Ist im Wahlausschreiben für den letzten Tag der Einreichung ein Uhrzeitpunkt angegeben, ist dieser Hinweis auch in der Bekanntmachung über die Nachfrist vorzunehmen. Der **Wahltag** selbst **ändert sich** durch das Gewähren der Nachfrist **nicht.**

II. Inhalt der Bekanntmachung

3 Der Aushang über die Nachfrist erfolgt an den Stellen, an denen auch das **Wahlausschreiben aushängt.** Bekanntzumachen ist im Einzelnen, dass

- innerhalb der Einreichungsfrist (§ 6 Abs. 1 Satz 2 WO) keine gültige Vorschlagsliste eingegangen ist;
- eine Nachfrist von einer Woche gesetzt wird, wobei auf den Ablauf hinzuweisen ist;
- ein Wahlgang nur stattfindet, wenn innerhalb der Nachfrist mindestens eine gültige Vorschlagsliste eingeht.

4 Für die innerhalb der Nachfrist des § 9 WO eingehenden Vorschlagslisten gelten die Bestimmungen der §§ 6–8 WO. Deshalb können **heilbare Mängel** einer Vorschlagsliste, auf die der WV im Rahmen seiner Prüfungspflicht hinzuweisen hat, innerhalb der Frist des § 8 Abs. 2 WO noch beseitigt werden. Das gilt auch dann, wenn das Ende der Frist der drei Arbeitstage nach § 8 Abs. 2 WO nach dem Ende der Nachfrist des § 9 WO liegt, sofern die Liste selbst

1 *Fitting,* Rn. 1; GK-*Jacobs,* Rn. 1; Richardi-*Thüsing,* Rn. 1.
2 *LAG Mecklenburg-Vorpommern* 30.3.06 – 1 TaBV 2/06.
3 Vgl. auch *Glaubrecht/Halberstadt/Zander,* Gruppe 1, S. 647.

innerhalb der Nachfrist eingereicht wurde (zu dem Problem der Nachfrist beim **einstufigen vereinfachten Wahlverfahren** vgl. § 36 Rn. 3).

Eine Vorschlagsliste, die nach Ablauf der in § 6 Abs. 1 oder 2 WO genannten Frist eingereicht worden und damit **unheilbar ungültig** ist (§ 8 Abs. 1 Nr. 1 WO), muss – wenn es zu einer Nachfrist kommt – erneut eingereicht werden, wenn sie an der Wahl teilnehmen soll.[4] Der Fall wird allerdings kaum eintreten, wenn der WV seiner Verpflichtung, bei Nichtvorliegen gültiger Wahlvorschläge die in § 9 WO vorgesehene Nachfrist **»sofort«** zu setzen, nachkommt. 5

III. Nichtstattfinden des Wahlgangs

Unterbleibt mangels gültiger Wahlvorschläge die BR-Wahl, ist das vom WV sofort nach Ablauf der Nachfrist **bekanntzugeben.** Sofern die BR-Wahl insgesamt nicht durchgeführt werden kann, erlischt das Amt des WV. Der Betrieb wird mit Ablauf der Amtszeit des noch amtierenden BR **betriebsratslos.** Es kann jedoch durch rechtzeitige Bestellung eines neuen WV jederzeit ein **neues Wahlverfahren** begonnen werden.[5] 6

§ 10 Bekanntmachung der Vorschlagslisten

(1) Nach Ablauf der in § 6 Abs. 1, § 8 Abs. 2 und § 9 Abs. 1 genannten Fristen ermittelt der Wahlvorstand durch das Los die Reihenfolge der Ordnungsnummern, die den eingereichten Vorschlagslisten zugeteilt werden (Liste 1 usw.). Die Listenvertreterin oder der Listenvertreter sind zu der Losentscheidung rechtzeitig einzuladen.

(2) Spätestens eine Woche vor Beginn der Stimmabgabe hat der Wahlvorstand die als gültig anerkannten Vorschlagslisten bis zum Abschluss der Stimmabgabe in gleicher Weise bekannt zu machen wie das Wahlausschreiben nach § 3 Absatz 4 Satz 1 bis 3.

Inhaltsübersicht Rn.

I. Ermittlung der Ordnungsnummern

Den in dieser Vorschrift festgelegten Wahlhandlungen des WV muss die **Prüfung** vorausgegangen sein, ob die eingereichten **Vorschlagslisten gültig sind** (vgl. §§ 7, 8 WO und die dortigen Ausführungen). Die **Reihenfolge** der als gültig anerkannten Vorschlagslisten auf den Stimmzetteln wird durch **Ordnungsnummern** bestimmt, die durch **Losentscheid** ermittelt werden. Mit der Ermittlung der Ordnungsnummern hat der WV so lange zu warten, bis die in Abs. 1 genannten Fristen abgelaufen sind. Ordnungsnummern sind im Übrigen nur dann von Bedeutung, wenn mehrere Vorschlagslisten eingereicht worden sind. 1

Zu dem **Losentscheid** sind die **Listenvertreter** aller gültigen Listen rechtzeitig einzuladen. Eine Anwesenheitspflicht besteht für sie nicht. Rechtzeitig heißt so frühzeitig, dass die Listenvertreter in der Lage sind, sich termin- und arbeitsmäßig auf die Teilnahme am Losentscheid einzustellen. Die Einladung geschieht zweckmäßigerweise schriftlich. Eine Mitteilung per Mail ist ebenfalls ausreichend, wenn alle Listenvertreter eine betriebliche E-Mailadresse habe. Die schriftliche Einladung aller Listenvertreter empfiehlt sich schon aus Beweisgründen.[6] Versäumen Listenvertreter **Arbeitszeit,** ist ihnen das **Entgelt fortzuzahlen.** Es handelt sich um **Kosten der Wahl** (§ 20 Abs. 3 BetrVG). 2

Ein bestimmtes Verfahren bei dem Losentscheid ist nicht vorgesehen. Er erfolgt **formlos.**[7] Es ist somit jede Methode zulässig, die zu einem **Zufallsergebnis** führt und eine Beeinträchtigung 3

---

4 **A. A.** *Fitting,* Rn. 7; Richardi-*Thüsing,* Rn. 3.
5 *Fitting,* Rn. 9; GK-*Jacobs,* Rn. 8; Richardi-*Thüsing,* Rn. 5.
6 *Fitting,* Rn. 2.
7 *Fitting,* Rn. 2.

des Ergebnisses ausschließt.[8] Der Losentscheid kann z. B. durch das Ziehen von Losen aus einer Urne durchgeführt werden.[9]

4 Sind die Listenvertreter nicht ordnungsgemäß geladen worden oder ist die Bestimmung der Ordnungsnummern fehlerhaft erfolgt, liegt zwar die Verletzung einer **wesentlichen Vorschrift** über das Wahlverfahren vor. Die Anfechtbarkeit wird aber schon daran scheitern, dass es an einer **Kausalität** des Verstoßes für das Wahlergebnis **fehlt.**[10] Die Anfechtung wird jedoch durchgreifen, wenn der WV den Losentscheid über die Reihenfolge der Ordnungsnummern der Vorschlagslisten überhaupt **nicht vorgenommen** hat.

5 Es ist nicht ausdrücklich vorgeschrieben, dass die Art und Weise der Ermittlung der Ordnungsnummern in eine **Niederschrift** aufzunehmen ist. Das wird sich jedoch bereits aus Beweisgründen empfehlen.[11]

II. Bekanntgabe der gültigen Vorschlagslisten

6 Den in dieser Vorschrift festgelegten Wahlhandlungen des WV muss die **Prüfung** vorausgegangen sein, ob die eingereichten **Vorschlagslisten gültig sind** (vgl. §§ 7, 8 WO und die dortigen Erl.). Die **Reihenfolge** der als gültig anerkannten Vorschlagslisten auf den Stimmzetteln wird durch **Ordnungsnummern** bestimmt, die durch **Losentscheid** ermittelt werden. Mit der Ermittlung der Ordnungsnummern hat der WV so lange zu warten, bis die in Abs. 1 genannten Fristen abgelaufen sind. Ordnungsnummern sind im Übrigen nur dann von Bedeutung, wenn mehrere Vorschlagslisten eingereicht worden sind.

7 Zu dem **Losentscheid** sind die **Listenvertreter** rechtzeitig einzuladen. Eine Anwesenheitspflicht besteht für sie nicht. Rechtzeitig heißt so frühzeitig, dass die Listenvertreter in der Lage sind, sich termin- und arbeitsmäßig auf die Teilnahme am Losentscheid einzustellen. Die Einladung geschieht zweckmäßigerweise schriftlich. Das empfiehlt sich schon aus Beweisgründen.[12] Versäumen Listenvertreter **Arbeitszeit,** ist ihnen das **Entgelt fortzuzahlen.** Es handelt sich um **Kosten der Wahl** (§ 20 Abs. 3 BetrVG).

8 Ein bestimmtes Verfahren bei dem Losentscheid ist nicht vorgesehen. Er erfolgt **formlos.**[13] Es ist somit jede Methode zulässig, die zu einem **Zufallsergebnis** führt und eine Beeinträchtigung des Ergebnisses ausschließt.[14] Der Losentscheid kann z. B. durch das Ziehen von Losen aus einer Urne durchgeführt werden.[15]

9 Sind die Listenvertreter nicht ordnungsgemäß geladen worden oder ist die Bestimmung der Ordnungsnummern fehlerhaft erfolgt, liegt zwar die Verletzung einer **wesentlichen Vorschrift**

8 Vgl. *BVerwG* 1.8.58, PersV 58–59, 114; vgl. auch *BVerwG* 15.5.91, PersR 91, 411, zur Wahl zum PR-Vorstand nach § 32 Abs. 1 BPersVG, das allerdings erklärt, ein notwendiger Losentscheid könne nicht durch Streichholzziehen erfolgen, weil dieses Verfahren wenig transparent sei und die Gefahr der Manipulation mit sich bringe; vgl. ferner *BayVGH* 13.2.91, PersR 92, 79, der erklärt, gegen die Zulässigkeit des Münzwurfs als Losentscheid würden dann keine rechtlichen Bedenken bestehen, wenn die Münze genügend hoch geworfen und durch ihr Auftreffen auf eine harte Unterlage in mehrfache Umdrehung versetzt werde.

9 Vgl. auch *Fitting,* a. a. O., die vorschlagen, Zettel mit der Bezeichnung der einzelnen Listen in gleichartige Umschläge zu stecken, in ein Behältnis zu werfen, zu mischen und vom WV in der Reihenfolge des Wiederherausnehmens zu nummerieren.

10 GK-*Jacobs,* Rn. 4.

11 *Fitting,* Rn. 2.

12 *Fitting,* Rn. 2.

13 *Fitting,* Rn. 2.

14 Vgl. *BVerwG* 1.8.58, PersV 58–59, 114; vgl. auch *BVerwG* 15.5.91, PersR 91, 411, zur Wahl zum PR-Vorstand nach § 32 Abs. 1 BPersVG, das allerdings erklärt, ein notwendiger Losentscheid könne nicht durch Streichholzziehen erfolgen, weil dieses Verfahren wenig transparent sei und die Gefahr der Manipulation mit sich bringe; vgl. ferner *BayVGH* 13.2.91, PersR 92, 79, der erklärt, gegen die Zulässigkeit des Münzwurfs als Losentscheid würden dann keine rechtlichen Bedenken bestehen, wenn die Münze genügend hoch geworfen und durch ihr Auftreffen auf eine harte Unterlage in mehrfache Umdrehung versetzt werde.

15 Vgl. auch *Fitting,* a. a. O., die vorschlagen, Zettel mit der Bezeichnung der einzelnen Listen in gleichartige Umschläge zu stecken, in ein Behältnis zu werfen, zu mischen und vom WV in der Reihenfolge des Wiederherausnehmens zu nummerieren.

über das Wahlverfahren vor. Die Anfechtbarkeit wird aber schon daran scheitern, dass es an einer **Kausalität** des Verstoßes für das Wahlergebnis **fehlt**.[16] Die Anfechtung wird jedoch durchgreifen, wenn der WV den Losentscheid über die Reihenfolge der Ordnungsnummern der Vorschlagslisten überhaupt **nicht vorgenommen** hat.

10 Es ist nicht ausdrücklich vorgeschrieben, dass die Art und Weise der Ermittlung der Ordnungsnummern in eine **Niederschrift** aufzunehmen ist. Das wird sich jedoch bereits aus Beweisgründen empfehlen.[17]

11 Nach Ablauf der in Abs. 1 genannten Fristen und der vorgenommenen Losentscheidung über die Reihenfolge der Ordnungsnummern hat der WV die als **gültig anerkannten Vorschlagslisten bekanntzumachen.** Die Bekanntmachung hat unverzüglich, d. h. ohne schuldhaftes Zögern, zu erfolgen. Den Wahlberechtigten steht das Recht auf eine **möglichst frühzeitige Information** über die Wahlvorschläge und die darin aufgeführten Bewerber zu. Dementsprechend gilt die in Abs. 2 genannte Frist von »spätestens« einer Woche vor Beginn der Stimmabgabe nur als **letzte Möglichkeit.** Der Tag der Bekanntmachung zählt nicht mit. Ist daher z. B. der erste Tag der Stimmabgabe auf einen Dienstag festgesetzt, so muss die Bekanntmachung der als gültig anerkannten Vorschlagslisten spätestens am Montag der vorhergehenden Woche erfolgen. Eine Pflicht, die Vorschlagslisten vor dieser Frist geheimzuhalten, besteht nicht.[18]

12 Die Vorschlagslisten sind an den **gleichen Stellen** bekanntzumachen, an denen auch das Wahlausschreiben aushängt. Ein Aushang an anderen Stellen ist nicht zulässig. Sie müssen bis zum Ende der Stimmabgabe ausgehängt bleiben. Wird die Wahl an mehreren Tagen durchgeführt, haben die Listen bis zum Ende der Stimmabgabe des **letzten Tages** auszuhängen.

13 Die Vorschlagslisten sind in **vollständiger Form** in der Reihenfolge der ermittelten Ordnungsnummern bekanntzugeben. Sofern eine Vorschlagsliste kein Kennwort hat, treten an dessen Stelle die Familiennamen und Vornamen der beiden in der Liste an erster Stelle benannten Bewerber (§ 7 Abs. 2 Satz 1 WO). Die ausgehängten Vorschlagslisten müssen darüber hinaus alle Wahlbewerber mit Angabe ihres Familiennamens, Vornamens, Geburtsdatums und Art der Beschäftigung im Betrieb enthalten (vgl. § 6 Abs. 4 WO). Eine **Nennung der Unterzeichner** (Stützunterschriften) erfolgt jedoch **nicht.** Die eine Vorschlagsliste tragenden Unterschriften sind zwar für die Gültigkeit des Wahlvorschlags von Bedeutung, sie gehören aber nicht zu seinem Inhalt, der nach Abs. 2 bekanntzumachen ist.[19]

14 Die **rechtzeitige Bekanntmachung** der als gültig anerkannten Vorschlagslisten nach Abs. 2 ist eine **wesentliche Verfahrensvorschrift** i. S. d. § 19 BetrVG.[20] Ein Verstoß macht die Wahl aber nur dann anfechtbar, wenn das Wahlergebnis dadurch **beeinflusst** werden konnte.[21]

Zweiter Unterabschnitt Wahlverfahren bei mehreren Vorschlagslisten (§ 14 Abs. 2 Satz 1 des Gesetzes)

§ 11 Stimmabgabe

(1) Die Wählerin oder der Wähler kann ihre oder seine Stimme nur für eine der als gültig anerkannten Vorschlagslisten abgeben. Die Stimmabgabe erfolgt durch Abgabe von Stimmzetteln.

(2) Auf den Stimmzetteln sind die Vorschlagslisten nach der Reihenfolge der Ordnungsnummern sowie unter Angabe der beiden an erster Stelle benannten Bewerberinnen oder Bewerber mit Familienname, Vorname und Art der Beschäftigung im Betrieb untereinan-

16 GK-*Jacobs*, Rn. 4.
17 *Fitting*, Rn. 2.
18 *BAG* 4.11.60, AP Nr. 3 zu § 13 BetrVG.
19 *Fitting*, Rn. 4; Richardi-*Thüsing*, Rn. 2.
20 *Fitting*, Rn. 4; GK-*Jacobs*, Rn. 6; *Rewolle*, BB 62, 297; Richardi-*Thüsing*, Rn. 3.
21 GK-*Jacobs*, a. a. O.

der aufzuführen; bei Listen, die mit Kennworten versehen sind, ist auch das Kennwort anzugeben. Die Stimmzettel für die Betriebsratswahl müssen sämtlich die gleiche Größe, Farbe, Beschaffenheit und Beschriftung haben.

(3) Die Wählerin oder der Wähler kennzeichnet die von ihr oder ihm gewählte Vorschlagsliste durch Ankreuzen an der im Stimmzettel hierfür vorgesehenen Stelle und faltet ihn in der Weise, dass ihre oder seine Stimme nicht erkennbar ist.

(4) Stimmzettel, die mit einem besonderen Merkmal versehen sind oder aus denen sich der Wille der Wählerin oder des Wählers nicht unzweifelhaft ergibt oder die andere Angaben als die in Absatz 1 genannten Vorschlagslisten, einen Zusatz oder sonstige Änderungen enthalten, sind ungültig.

Inhaltsübersicht Rn.

I. Gestaltung der Stimmzettel

1 Werden **mehrere Vorschlagslisten** eingereicht, findet **Listenwahl** (Verhältniswahl) statt. Der Wähler kann nur eine bestimmte Liste wählen (zur Unterscheidung von Verhältnis- und Mehrheitswahl vgl. § 14 BetrVG).

2 Die Stimmabgabe darf **nur** durch die vom WV ausgegebenen **Stimmzettel** erfolgen. Eine Durchführung der Wahl in anderer Form, z B. durch Handaufheben, ist unzulässig. Auf dem Stimmzettel sind die Vorschlagslisten in der Reihenfolge ihrer Ordnungsnummern (vgl. § 10 Abs. 1 WO) und unter Angabe der ersten beiden Bewerber sowie ggf. des Kennworts (vgl. § 7 Abs 2 WO) untereinander aufzuführen.

3 Die **Stimmzettel** (und Wahlumschläge) müssen **gleich** sein. So kann z. B. ein stärkerer Aufdruck eines Stimmkreises oder eine andere drucktechnische Differenzierung die Wahl anfechtbar machen. Es kommt dabei nicht einmal darauf an, ob eine Wahlbeeinflussung beabsichtigt war. Entscheidend ist, dass sie **objektiv** möglich erscheint.[1]

4 Die gleiche Beschaffenheit bezieht sich insbes. auf die Papierart, die Größe, Farbe und Beschriftung.[2] Die einheitliche Gestaltung soll sicherstellen, dass nicht an äußerlichen Merkmalen erkennbar werden kann, wer einen bestimmten Stimmzettel abgegeben hat.[3]

5 Die Verwendung von Wahlumschlägen ist für die **Präsenzwahl nicht** mehr erlaubt gemäß den Änderungen aus der Novelle 2021[4]. Der Wahlumschlag sicherte das **Wahlgeheimnis,** welches nunmehr durch die **richtige Faltung,** wie bei Bundestagswahlen auch, ersetzt wird. Die richtige Faltung verdeckt ebenso die Sicht auf das Kreuz auf dem Stimmzettel nach dessen Kennzeichnung bis zum Einwurf in die Wahlurne.[5]

II. Kennzeichnung der Stimmzettel durch den Wähler

6 Die Kennzeichnung der Stimmzettel hat durch den Wähler persönlich zu erfolgen. Stellvertretung ist nicht zulässig (vgl. aber Rn. 7). Bei **Verhinderung des Wählers** z. B. wegen Krankheit, Urlaub oder Dienstreise sowie bei der Verhinderung Wahlberechtigter, die im Zeitpunkt der Wahl wegen der Eigenart ihres Beschäftigungsverhältnisses nicht im Betrieb anwesend sein werden, kann schriftliche **Stimmabgabe** erfolgen (vgl. §§ 24, 25 WO). Ebenso kann unter bestimmten Voraussetzungen für Betriebsteile und Kleinstbetriebe die schriftliche Stimmabgabe in Betracht kommen (vgl. § 24 Abs. 3 WO), wenn der WV dies beschließt.

---

1 Vgl. *BAG* 14. 1. 69, AP Nr. 12 zu § 13 BetrVG.
2 *Blanke/Berg u. a.*, Rn. 371.
3 *Carlson/Kummert*, AiB 9/21 275.
4 **Vgl. insgesamt zur Thematik § 12 WO, Rn. 7.**
5 *BAG* 20. 1. 21 – 7 ABR 3/20, das noch Anfang 2021 in der Nichtverwendung von Wahlumschlägen einen Verstoß gegen wesentliche Vorschriften des Wahlverfahren sah.

Ein Wähler, der durch **körperliche Gebrechen** bei der Stimmabgabe gehindert ist, kann sich einer **Person seines Vertrauens** bedienen (vgl. dazu § 12 Abs. 4 WO sowie Rn. 1 a). 7

Es ist nicht zulässig, dass ein deutscher AN einem ausländischen AN aus vermeintlich sprachlichen Gründen bei der Stimmabgabe behilflich ist.[6] Der WV soll auf andere Art und Weise dafür sorgen, dass die ausländischen AN in geeigneter Weise unterrichtet werden, damit sie die Stimmabgabe ordnungsgemäß vollziehen können (vgl. § 2 Abs. 2 WO). Das kann z. B. dadurch geschehen, dass Musterstimmzettel nebst einer Übersetzung in der Muttersprache der ausländischen AN im Wahlraum an gut sichtbarer Stelle aushängen (vgl. § 15 Abs. 2 Satz 4 WOPersVG). 8

Der Wähler stimmt ab durch Ankreuzen an der dafür vorgesehenen Stelle für eine bestimmte Vorschlagsliste. Es ist jedoch auch eine **sonstige Kenntlichmachung** der gewählten Liste zulässig, sofern der Wählerwille **unzweifelhaft** feststeht (vgl. auch Rn. 11 ff.). Da nicht die Form der Kennzeichnung das entscheidende Kriterium ist, kann auch eine **»maschinengerechte« Kennzeichnung** des Stimmzettels erfolgen, um etwa in größeren Betrieben eine entsprechende Auszählung der Stimmen (EDV-Anlage) zu ermöglichen.[7] Es muss allerdings sichergestellt sein, dass die Wähler in ausreichendem Maße mit dem Verfahren vertraut sind.[8] 9

Hat der Wähler einen Stimmzettel **verschrieben,** diesen oder seinen Wahlumschlag **versehentlich unbrauchbar** gemacht, tritt dadurch kein Verlust des Stimmrechts ein. Der Wähler kann vielmehr die unbrauchbar gewordenen Stimmzettel dem WV zurückgeben. Dieser **vernichtet** in Gegenwart des Wählers die unbrauchbar gewordene Unterlage, wobei – sofern die Stimmabgabe schon erfolgte – das Wahlgeheimnis zu wahren ist, und händigt dem Wähler einen neuen Stimmzettel aus (vgl. § 15 Abs. 6 WOPersVG).[9] 10

III. Ungültige Stimmzettel

Stimmzettel sind **ungültig,** wenn sich aus ihnen **nicht zweifelsfrei** der Wille des Wählers ergibt. Dabei muss der Wählerwille nicht unbedingt durch Ankreuzen der gewählten Vorschlagsliste erkenntlich werden (vgl. auch Rn. 9). Der Wählerwille kann auch durch eine andere Form der Kennzeichnung zum Ausdruck kommen, sofern sich der Wille des Wählers unzweifelhaft ergibt.[10] Deshalb ist ein Stimmzettel, auf dem der Wähler alle Vorschlagslisten bis auf eine durchgestrichen hat, gültig und die Stimme als für die nicht durchgestrichene Liste abgegeben anzusehen.[11] Der Wähler hat eindeutig zu erkennen gegeben, dass er seine Stimme für die nicht durchgestrichene Liste abgegeben hat. 11

Dagegen sind Stimmzettel ungültig, auf denen **mehr als eine Vorschlagsliste** gekennzeichnet wurden. Die Ungültigkeit tritt auch dadurch ein, dass der Wähler zwischen zwei zum Ankreuzen vorgesehenen Stellen ankreuzt, so dass nicht ersichtlich ist, welche der beiden Listen er wählen wollte.[12] Ungültig sind ferner solche Stimmzettel, die ein besonderes **Merkmal,** einen **Zusatz** oder eine sonstige **Bemerkung** enthalten. Schon das Aufbringen eines Smileys in Zusammenwirken mit anderen Umständen führt zur Ungültigkeit der Stimmabgabe, wenn daraus nach Ansicht des WV das Wahlgeheimnis nicht mehr gewahrt ist.[13] Ebenso führt das Hinzufügen von Namen und Anmerkungen zu Vorschlagslisten oder Bewerbern zur Ungültigkeit des Stimmzettels.[14] 12

Ein Stimmzettel, der ein besonderes Merkmal trägt, ist nicht erst dann ungültig, wenn es zweifelsfrei möglich ist, aus diesem Merkmal den Wähler (z. B. durch eine Unterschrift) zu identifizieren. 13

---

6 Vgl. *ArbG Bremen* 19.7.72, DB 72, 1831; *Fitting,* Rn. 5.
7 *Fitting,* Rn. 6; Richardi-*Thüsing,* Rn. 4.
8 *Fitting,* a. a. O.
9 Wie hier *Fitting,* Rn. 6, der das Wahlgeheimnis dadurch gewahrt wissen will, dass der verschriebene Stimmzettel beim Wähler verbleibt.
10 Richardi-*Thüsing,* Rn. 4.
11 GK-*Jacobs,* Rn. 4; Richardi-*Thüsing,* Rn. 4.
12 *Fitting,* Rn. 7.
13 *BAG* 28.4.21 – 7 ABR 20/20; die Entscheidung erging zu einer Aufsichtsratswahl.
14 *VG Freiburg* 29.5.64, RiA 65, 113; *Blanke/Berg u. a.,* Rn. 401; *Fitting,* Rn. 7 GK-*Jacobs,* Rn. 5.

14 Über die Gültigkeit der Stimmzettel entscheidet der WV **durch Beschluss.**[15] Hat der WV eine Entscheidung über die Gültigkeit von Stimmzetteln getroffen und in der Wahlniederschrift festgelegt, kann er seine einmal getroffene Sachentscheidung, ob ein Stimmzettel gültig ist oder nicht, von sich aus nicht mehr ändern, es sei denn, es handelt sich um offensichtliche Unrichtigkeiten.[16] Die Entscheidung des WV ist im Rahmen eines Wahlanfechtungsverfahrens oder bei Geltendmachung der Nichtigkeit der Wahl gerichtlich überprüfbar.[17]

§ 12 Wahlvorgang

(1) Der Wahlvorstand hat geeignete Vorkehrungen für die unbeobachtete Bezeichnung der Stimmzettel im Wahlraum zu treffen und für die Bereitstellung einer Wahlurne oder mehrerer Wahlurnen zu sorgen. Die Wahlurne muss vom Wahlvorstand verschlossen und so eingerichtet sein, dass die eingeworfenen Stimmzettel nicht herausgenommen werden können, ohne dass die Urne geöffnet wird.
(2) Während der Wahl müssen immer mindestens zwei stimmberechtigte Mitglieder des Wahlvorstands im Wahlraum anwesend sein; sind Wahlhelferinnen oder Wahlhelfer bestellt (§ 1 Abs. 2), so genügt die Anwesenheit eines stimmberechtigten Mitglieds des Wahlvorstands und einer Wahlhelferin oder eines Wahlhelfers.
(3) Die Wählerin oder der Wähler gibt ihren oder seinen Namen an und wirft den gefalteten Stimmzettel in die Wahlurne ein, nachdem die Stimmabgabe in der Wählerliste vermerkt worden ist.
(4) Wer infolge seiner Behinderung bei der Stimmabgabe beeinträchtigt ist, kann eine Person seines Vertrauens bestimmen, die ihm bei der Stimmabgabe behilflich sein soll, und teilt dies dem Wahlvorstand mit. Wahlbewerberinnen oder Wahlbewerber, Mitglieder des Wahlvorstands sowie Wahlhelferinnen und Wahlhelfer dürfen nicht zur Hilfeleistung herangezogen werden. Die Hilfeleistung beschränkt sich auf die Erfüllung der Wünsche der Wählerin oder des Wählers zur Stimmabgabe; die Person des Vertrauens darf gemeinsam mit der Wählerin oder dem Wähler die Wahlzelle aufsuchen. Sie ist zur Geheimhaltung der Kenntnisse verpflichtet, die sie bei der Hilfeleistung zur Stimmabgabe erlangt hat. Die Sätze 1 bis 4 gelten entsprechend für des Lesens unkundige Wählerinnen und Wähler.
(5) Nach Abschluss der Stimmabgabe ist die Wahlurne zu versiegeln, wenn die Stimmenzählung nicht unmittelbar nach Beendigung der Wahl durchgeführt wird. Gleiches gilt, wenn die Stimmabgabe unterbrochen wird, insbesondere wenn sie an mehreren Tagen erfolgt.

Inhaltsübersicht Rn.

I. Vorkehrungen für den Wahlvorgang

1 An den Grundsatz der geheimen Wahl sind **strenge Anforderungen** zu stellen.[1] Ist eine unbeobachtete Stimmabgabe nicht gesichert, liegt die Verletzung einer wesentlichen Verfahrensregelung vor. Das kann zur Anfechtung nach § 19 BetrVG führen.[2] Deshalb hat der WV geeignete Vorkehrungen zu treffen, damit der Wähler den Wahlakt persönlich und unbeobachtet vollziehen kann. Zu diesen Vorkehrungen gehört insbes. das Aufstellen von Wandschirmen, Trennwänden oder sonstigen geeigneten Maßnahmen, um die Stimme unbeobachtet abgeben

15 *Fitting*, Rn. 7; GK-*Jacobs*, Rn. 10; Richardi-*Thüsing*, Rn. 5.
16 *LAG Düsseldorf* 7.2.83 – 10 (4) TaBV 81/82; *Blanke/Berg u. a.*, Rn. 402.
17 *Fitting*, a. a. O.

1 *Fitting*, Rn. 1 f.; Richardi-*Thüsing*, Rn. 1.
2 *Fitting*, a. a. O.

zu können.[3] Es muss dem Wähler möglich sein, jederzeit seinen Stimmzettel **unbeobachtet auszufüllen** und anschließend abzugeben. Ein Wahlberechtigter, der durch ein körperliches Gebrechen in der Stimmabgabe gehindert ist, kann sich bei der Stimmabgabe einer Person seines Vertrauens bedienen. Eine Behinderung i. S. des Abs. 4 liegt vor, wenn der Wahlberechtigte außerstande ist, den Stimmzettel selbst zu kennzeichnen. Das kann z. B bei dem Fehlen der Hände oder bei Blindheit der Fall sein. Auch des Lesens unkundige Wählerinnen und Wähler können sich einer solchen Vertrauensperson bedienen. Wahlvorstandsmitglieder, Wahlbewerber und die sonstigen in Abs. 4 Satz 2 genannten Personen dürfen nicht zur Hilfestellung herangezogen werden. Die Auswahl der Vertrauensperson nimmt die Wählerin bzw. der Wähler selbst vor. Der Wahlvorstand hat jedoch zu prüfen, ob die Voraussetzungen des Abs. 4 vorliegen. Die Vertrauensperson darf die Ausfüllung des Stimmzettels nach Weisung der Wählerin oder des Wählers vornehmen. Sie ist verpflichtet, über die Stimmabgabe Stillschweigen zu bewahren.

Zu den Vorkehrungen für die Durchführung der Stimmabgabe gehört die Bereitstellung von 2
Wahlurnen. Sie müssen aus festem Material und so beschaffen sein, dass eine nachträgliche Herausnahme von Stimmzetteln ohne Öffnen der Wahlurne nicht möglich ist.[4] Vor Beginn der Stimmabgabe hat sich der WV davon zu überzeugen, dass die Wahlurnen in einwandfreiem Zustand und leer sind. Sie dürfen während des gesamten Wahlgangs **nicht unbeaufsichtigt bleiben**[5] oder während des Wahlgangs geöffnet werden, um vorzeitig mit der Stimmauszählung zu beginnen (vgl. auch Rn. 10).[6]

Vor Beginn der Stimmabgabe ist die Wahlurne **zu verschließen.** Der Verschluss kann durch 3
Siegellack, Plombe, ein Klebeband mit Markierung oder ein Schloss erfolgen. Während der Wahlhandlung darf die Wahlurne nicht geöffnet werden[7] und nicht unbeaufsichtigt bleiben.[8] Wird die Wahl an **mehreren Tagen** durchgeführt, so muss die Wahlurne zwischen den **einzelnen Wahlgängen versiegelt** werden. Vor jedem Wahlgang hat der WV festzustellen, ob die Siegel unversehrt sind (vgl. auch Rn. 9).

Wird wegen besonderer betrieblicher Verhältnisse die Wahl mit Hilfe **»mobiler Wahl-Teams«** 4
durchgeführt, wie das in einem Einzelhandelsunternehmen mit zahlreichen Filialen der Fall sein kann, so muss nach dem erstellten »Tourenplan« die konkrete Zeit, in der die Stimmabgabe möglich ist, festgelegt und in den **einzelnen Filialen bekanntgemacht** werden. Außerdem ist bei dem Transport für eine hinreichende **Versiegelung der Wahlurne** zu sorgen oder während des gesamten Transportes immer mindestens 2 Mitglieder des WV anwesend sind und die Urne beaufsichtigen.[9]

II. Durchführung der Stimmabgabe

Während der Durchführung der Stimmabgabe müssen **ständig zwei WV-Mitglieder** oder **ein** 5
WV-Mitglied und **ein Wahlhelfer** (vgl. § 1 Abs. 2 WO) im Wahlraum anwesend sein. Findet die Stimmabgabe – wie etwa bei größeren Betrieben oder beim Vorhandensein von Betriebsteilen – in mehreren auseinanderliegenden Wahlräumen statt, können somit äußerstenfalls, auch wenn Wahlhelfer herangezogen werden, so viele Wahlräume für die Stimmabgabe festgelegt werden, wie der WV Mitglieder hat. Bei dem Vorhandensein mehrerer Wahlräume ist sicherzustellen, dass **kein Wähler seine Stimme mehrfach abgeben** kann. Deshalb wird es als zulässig angesehen, dass für bestimmte Gruppen von AN (etwa für bestimmte Betriebsbereiche, Betriebsteile) ein bestimmter Wahlraum festgelegt wird oder der WV »Wahlscheine« ausgibt, die die AN zur Wahl in jedem Wahlraum berechtigen und die sie bei der Stimmabgabe dem anwesenden stimmberechtigten Mitglied des WV abzugeben haben.[10] Auch die Nutzung

3 *LAG Düsseldorf* 13.12.16 – 9 TaBV 85/16.
4 *LAG Hamm* 1.8.52, BB 53, 234; *Blanke/Berg u. a.*, Rn. 366; *Fitting*, Rn. 4; Richardi-*Thüsing*, Rn. 4.
5 *Fitting*, a. a. O. m. w. N.
6 Vgl. *ArbG Bochum* 15.6.72, DB 72, 1730.
7 *VGH Kassel* 7.3.57, AP Nr. 1 zu § 22 PersVG.
8 Vgl. *LAG Hamm* 1.8.52, BB 53, 234.
9 *ArbG Herford* 23.03.11, 2 BV 12/10, strenger *LAG Brandenburg* 27.11.98, NZA-RR 99, 418.
10 *Fitting*, Rn. 8; GK-*Kreutz*, Rn. 5.

einer **elektronischen Wählerliste** auf einem Server, die von allen Wahlräumen gleichzeitig genutzt werden kann, erfüllt diesen Zweck. Es muss jedoch auf jeden Fall sichergestellt werden, dass das in § 12 WO vorgesehene Verfahren zur Stimmabgabe ordnungsgemäß durchgeführt werden kann und überdies z. B. bei Verlust des **Wahlscheins** dem Wähler die Teilnahme an der Wahl noch möglich ist.[11]

6 Das Wahlverfahren muss so gestaltet sein, dass der Wähler seine Stimme **unbeeinflusst und unbeobachtet** abgeben kann.[12] Das gilt auch für die Gestaltung der Stimmzettel. So ist es ein Wahlanfechtungsgrund, wenn die Stimmzettel nicht einheitlich gestaltet sind.[13] Werden Stimmzettel verwendet, bei denen die Wahl durch Ankreuzen eines Kreises zu erfolgen hat, und ist einer der Kreise merklich stärker als der andere ausgedruckt, stellt dies einen Verstoß gegen den Grundsatz der freien Wahl dar (vgl. auch § 11 WO Rn. 3).[14] Die Nutzung von Wahlumschlägen bei der Präsenzwahl ist mit dem In-Kraft-treten des BRModG und der entsprechenden WO nicht mehr gestattet. Der Wahlumschlag diente dazu, das **Wahlgeheimnis zu sichern,** welches nunmehr durch die **richtige Faltung,** wie bei Bundestagswahlen auch, ersetzt wird. Die richtige Faltung verdeckt ebenso die Sicht auf das Kreuz auf dem Stimmzettel nach dessen Kennzeichnung bis zum Einwurf in die Wahlurne[15]

6a Die Grundsätze demokratischer Wahlen gemäß Art. 38 GG finden nach einhelliger Meinung auch Anwendung auf die BR-Wahlen.[16] Bei der Frage der Nutzung von Wahlumschlägen oder einer geeigneten Faltung des Stimmzettels sollen die beiden Grundsätze der geheimen Wahl und der Freiheit der Wahl sicher gestellt werden. Der **Grundsatz der geheimen Wahl** besagt, dass niemand Kenntnis davon erlangt, für welchen Wahlvorschlag eine Wählerin oder ein Wähler gestimmt hat. Der **Grundsatz der Freiheit der Wahl** soll die Wählerinnen und Wähler vor einer Beeinflussung bei ihrer eigenen Stimmabgabe schützen. Eine Verletzung des Wahlgeheimnisses ist grundsätzlich geeignet, die Wahl anfechtbar werden zu lassen.

6b Da der Grundsatz der geheimen Wahl die freie Wahlentscheidung sichert, ist die Wählerin oder der Wähler selbst grundsätzlich nicht verpflichtet, das Wahlgeheimnis zu wahren. Allerdings gilt dies nur vor und nach der Wahlhandlung. Dann darf das Stimmverhalten offenbart werden. Etwas anderes gilt für die Wahlhandlung selbst. Ein Wahlberechtigter darf nicht nur, sondern er **muss geheim wählen.** Deshalb müssen die zur Sicherung des Wahlgeheimnisses erlassenen Grundsätze und Vorschriften eingehalten werden und den Anordnungen des Wahlvorstands im Wahlraum ist Folge zu leisten.

Der Einhaltung des Wahlgeheimnisses dienen u. a.:

- das Aufstellen von Wahlkabinen oder sonstiger Sichtschutzvorrichtungen,
- ein Film- und Fotografierverbot in den Wahlkabinen,
- das Falten des Stimmzettels in der Weise, dass die Stimmabgabe nicht erkennbar ist,
- bei der Briefwahl die Verwendung eines Wahlumschlags.

Da der Verordnungsgeber sich bei der Begründung zum Entfall ausdrücklich auf die Bundestagswahl bezieht ist zur Auslegung noch § 56 Bundeswahlordnung anzuwenden. Nach § 56 Abs. 6 BundesWO hat der Wahlvorstand einen Wähler **zurückzuweisen,** der seinen Stimmzettel außerhalb der Wahlkabine gekennzeichnet oder gefaltet hat, seinen Stimmzettel so gefaltet hat, dass seine Stimmabgabe erkennbar ist, oder ihn mit einem äußerlich sichtbaren, das Wahlgeheimnis offensichtlich gefährdenden Kennzeichen versehen hat.

6c Bei der Auslegung des neuen § 12 WO sind diese Grundsätze und Vorschriften für demokratische Wahlen mitzudenken. Zumal eine genauere Beschreibung des Wahlablaufes selbst in der WO nicht niedergeschrieben ist.

Daher sind Stimmzettel, die so gefaltet sind, dass man von außen das **Stimmverhalten** des Wählers erkennen kann, vom WV zurückzuweisen. Pragmatisch sollte das Mitglied des WV

---

11 *Fitting,* a. a. O.
12 *BAG* 14. 1. 69, AP Nr. 12 zu § 13 BetrVG.
13 *ArbG Aachen* 8. 6. 72, BB-Beilage 3/73, S. 4.
14 *BAG,* a. a. O.
15 *BAG* 20. 1. 21 – 7 ABR 3/20, das noch Anfang 2021 in der Nichtverwendung von Wahlumschlägen einen Verstoß gegen wesentliche Vorschriften des Wahlverfahren sah.
16 *BVerfG* 23. 3. 82, 2 BVL 1/81 zum Personalvertretungsrecht des Landes Bremen; § 20 BetrVG, Rn. 1.

seine Abdeckung vom Schlitz der Urne nicht zurückziehen und den Wähler auf die Nichteinhaltung der sachgemäßen Faltung hinweisen. Dann sollte er dem Wähler anbieten, die Wahl mit einem neuen Stimmzettel zu wiederholen. Vor der Aushändigung des neuen Stimmzettels ist der alte Stimmzettel zu vernichten. Lehnt der Wähler dieses Vorgehen ab, so darf sein Stimmzettel nicht in die Urne gelangen und seine Stimme ist **ungültig.**[17]

Ein solcher Vorfall ist im **Wahlprotokoll** festzuhalten. Um Streitigkeiten im Vorfeld zu vermeiden, sollte der WV im Wahllokal deshalb auf das richtige Falten hinweisen und die Stimmzettel sollten im besten Falle eine entsprechende Vorfaltung haben. **6d**

Gelangt ein falsch gefalteter Stimmzettel doch in die Wahlurne, weil z. B. das Mitglied des Wahlvorstandes oder ein Wahlhelfer den Fehler nicht rechtzeitig bemerkt haben, so kann der Stimmzettel vor Abschluss der Wahl nicht mehr aus der Urne geholt werden. Bei den vielen Stimmzetteln wird der falsch gefaltete Stimmzettel bei der späteren Auszählung nicht zweifelsfrei identifizierbar sein. Er bleibt deshalb **gültig.** **6e**

Für Stimmzettel aus der Briefwahl, die nach Abschluss der Präsenzwahl in die Urne eingeworfen werden, gilt grundsätzlich das gleiche Vorgehen. Insoweit vergleiche dazu im Detail § 26 WO. **6f**

Der WV händigt dem Wähler den Stimmzettel aus. Der Wähler kennzeichnet den Stimmzettel und faltet ihn dann so, dass man seine Stimmabgabe beim Gang zur Urne von außen nicht erkennen kann[18]. Sodann gibt er, soweit er nicht persönlich bekannt ist, gegenüber dem mit der Entgegennahme beauftragten Mitglied des WV seinen Namen an. Grund für die Angabe des Namens, sofern der Wähler nicht persönlich bekannt ist, ist, dass Verwechslungen oder eine doppelte Stimmabgabe vermieden werden sollen. Sollte in einem Großbetrieb trotzdem eine Verwechslung nach Namensangabe möglich sein, so sollte der Wahlvorstand nach Geburtsdatum oder ggfs. Personalnummer fragen, um so eine eindeutige Klärung der Identität herbeizuführen. Zwar kann auch dieses Verfahren Betrugsversuche nicht vollständig verhindern, aber doch wenigstens versehentliche Fehler vermeiden helfen.[19] Der WV **vermerkt die Stimmabgabe in der Wählerliste.** Durch den Vermerk über die Stimmabgabe soll z. B. verhindert werden, dass ein Wähler seine Stimme zweimal abgibt. Nachdem die Stimmabgabe in der Wählerliste vermerkt ist, wirft der Wähler den Stimmzettel in die Wahlurne ein. Es ist unzulässig, die Stimmzettel zurückzuhalten oder sonst von dem zwingend vorgeschriebenen Einwurf des gefalteten Stimmzettels in die Wahlurne abzuweichen. Verstöße dagegen können die Wahl anfechtbar machen.[20] **7**

Die Stimmabgabe hat außer bei einer schriftlichen Stimmabgabe (Briefwahl) **persönlich und in dem Wahlraum** zu erfolgen.[21] Außerhalb des Wahlraums dürfen Stimmzettel nicht entgegengenommen werden, und zwar auch nicht von erkrankten Wahlberechtigten.[22] Zu der Hinzuziehung einer Vertrauensperson bei einem Wahlberechtigten, der bei der Stimmabgabe wegen seiner Behinderung beeinträchtigt ist, vgl. Rn. 1. **8**

Der Vermerk über die Stimmabgabe (vgl. Rn. 6) ist auch in einer **elektronisch** geführten Wählerliste vorzunehmen.[23] Wird in mehreren Wahlräumen gewählt, ist sicherzustellen, dass der Eintrag über die Stimmabgabe in der elektronisch geführten Wählerliste auch in den anderen Wahlräumen vermerkt wird.[24] **9**

Aus dem Grundsatz der Freiheit der Wahl folgt die Verpflichtung des WV, während der laufenden BR-Wahl Dritten **keine Einsichtnahme** in die mit den Stimmabgabevermerken versehene Wählerliste zu gestatten. Mit der Gewährung einer solchen Einsichtnahme kann der **10**

---

17 Bei der Bundestagswahl 2021 hätte somit der WV vor Ort dafür Sorge tragen müssen, dass der Stimmzettel des Herrn Laschet (Kanzlerkandidat der CDU) nicht in die Wahlurne hätte gelangen dürfen. Im Nachhinein war er nicht mehr auszusortieren.

18 Vgl. zum Ablauf bei falscher Faltung des Stimmzettels Rn. 6 ff.

19 Insoweit zu formal, weil generell die Abfrage des Geburtsdatums oder einer Personalnummer durch den WV in Großbetrieben verlangt wird *ArbG Berlin* 15. 10. 14 – 55 BV 6842/14.

20 *LAG Hamm* 7. 7. 76, EzA § 19 BetrVG 1972 Nr. 9.

21 Vgl. *LAG Düsseldorf* 27. 3. 75, DB 75, 937.

22 *ArbG Gelsenkirchen* 16. 4. 53, BB 53, 413.

23 Vgl. BR-Drucks. 838/01, S. 28 zu § 2.

24 *Fitting*, Rn. 9.

ungeschriebene Grundsatz der Chancengleichheit der Wahlbewerber vor allem dann verletzt sein, wenn die Einsichtnahme nur einzelnen Wahlbewerbern gestattet wird.[25] Diese sind dann exklusiv informiert, wen sie noch ansprechen müssen und zur Wahlbeteiligung auffordern können.

11 Der Wahlgang darf nur aus **wichtigem Grund** unterbrochen werden. Das ist etwa der Fall, wenn die Wahl an mehreren Tagen stattfindet. Wird die Wahlhandlung unterbrochen, hat der WV die **Einwurföffnung** der Wahlurne **zu versiegeln** oder in anderer geeigneter Form zu verschließen. Es reicht regelmäßig aus, wenn die Einwurföffnung zugeklebt und der Klebestreifen von den im Wahlraum anwesenden Mitgliedern des WV unterschrieben wird, so dass die Öffnung der Urne nicht ohne Beschädigung des Streifens frei gemacht werden kann.[26]

12 Der WV hat für die Zeit der Unterbrechung dafür zu sorgen, dass die Wahlurne **sicher** aufbewahrt wird (abgeschlossener Raum oder zumindest abschließbarer Schrank). Bevor die Stimmabgabe fortgesetzt wird, hat sich der WV davon zu überzeugen, dass der Verschluss **unversehrt** ist.

III. Abschluss der Stimmabgabe

13 Die Stimmabgabe ist abgeschlossen, wenn die im **Wahlausschreiben festgesetzte Zeit abgelaufen ist.** Sind für die Stimmabgabe mehrere Tage vorgesehen, ist der letzte Tag maßgebend. Es stellt grundsätzlich einen die **Wahlanfechtung** begründenden Verstoß gegen wesentliche Wahlvorschriften dar, wenn die im Wahlausschreiben angegebene Zeit für die Stimmabgabe nicht eingehalten wird (vgl. auch § 3 WO Rn. 31). Haben **vor Beendigung der Stimmabgabe** alle in der Wählerliste eingetragenen AN ihre Stimme abgegeben, muss mit der Stimmauszählung wegen der in § 13 WO vorgeschriebenen Öffentlichkeit gleichwohl bis zu dem Zeitpunkt abgewartet werden, der im Wahlausschreiben als Ende der Stimmabgabe vorgesehen ist.[27]

14 Wird die Stimmauszählung nicht unmittelbar nach Beendigung der Wahl durchgeführt, ist die Wahlurne zu **versiegeln** (vgl. Rn. 9). Zur Frage der Stimmauszählung vgl. § 13 WO und die dortigen Erl.

15 Sollte es zu Problemen mit dem Abschluss der Wahl zum im Wahlausschreiben angegeben Zeitpunkt kommen, weil z. B. kurz vor Schließung des Wahllokals so viele Beschäftigte noch eine Stimmabgabe durchführen wollen, so ist das Wahllokal pünktlich zu schließen. Dies ist notwendig, um Verzerrungen bei der Stimmabgabe wegen ungleicher Wahlchancen zu vermeiden. Die rechtzeitig erschienenen und noch wartenden Wähler müssen aber noch die Gelegenheit bekommen, im verschlossenen Wahllokal ihre Stimme abzugeben. Der Einwurf der Briefwahl-Stimmzettel und der öffentlichen Stimmauszählung verzögert sich entsprechend.[28]

§ 13 Öffentliche Stimmauszählung

Unverzüglich nach Abschluss der Wahl nimmt der Wahlvorstand öffentlich die Auszählung der Stimmen vor und gibt das aufgrund der Auszählung sich ergebende Wahlergebnis bekannt. Sofern eine schriftliche Stimmabgabe erfolgt ist, führt der Wahlvorstand vor Beginn der Stimmauszählung das Verfahren nach § 26 durch.

1 Durch die neue WO 2021, die am 15.10.2021 in Kraft getreten ist, wurde der Ablauf der Stimmabgabe und der Auszählung verändert. Nunmehr ist es so, dass die Stimmabgabe in Präsenz zunächst abgeschlossen wird. Danach werden die Stimmen der Briefwähler öffentlich in die Urne eingeworfen. Anschließend findet die öffentliche Stimmauszählung statt. Schon aus Gründen der Zweckmäßigkeit soll der Einwurf der Stimmzettel der Briefwähler und die

25 *BAG* 6.12.00.
26 *Fitting*, Rn. 15.
27 *Fitting*, Rn. 13.
28 Einen solchen Vorfall hat es bei der Bundestags- und Landtagswahl 2021 in Berlin gegeben. Die Wahl ist angefochten. Eine gerichtliche Entscheidung liegt aber noch nicht vor.

anschließende Stimmauszählung in den gleichen Räumen stattfinden. Siehe auch § 26 WO zum Ablauf, sofern auch eine Briefwahl erfolgt ist.

1a Die Auszählung der Stimmen hat unverzüglich nach Abschluss der Wahl zu erfolgen. Das bedeutet keineswegs, dass sich die Stimmauszählung **unmittelbar** an den Wahlgang anschließen muss. »Unverzüglich« bedeutet, dass in der Regel die Stimmen spätestens an dem auf den **letzten Wahltag folgenden Arbeitstag** ausgezählt werden.[1] Andererseits darf die Stimmauszählung nicht vor Ablauf des im Wahlausschreiben genannten Zeitpunkts beginnen. Das gilt auch, wenn die Stimmabgabe gegenüber dem im Wahlausschreiben genannten Zeitpunkt früher abgeschlossen worden ist, weil alle AN ihre Stimme abgegeben haben (vgl. § 12 WO Rn. 10).

2 Die Stimmauszählung erfolgt durch die **stimmberechtigten WV-Mitglieder,** wobei Wahlhelfer hinzugezogen werden können (§ 1 Abs. 2 Satz 2 WO). Der im WV nach § 16 Abs. 1 Satz 6 BetrVG ggf. vertretene Gewerkschaftsbeauftragte darf die Stimmauszählung nicht mit durchführen.

3 Es ist zulässig, die Auszählung der Stimmen der BR-Wahl mit **Hilfe einer EDV** durchzuführen.[2] Aber auch dann muss die **Verantwortlichkeit des WV** für den Auszählungsgang gewahrt sein, wie etwa bei der Prüfung der Gültigkeit der einzelnen Stimmzettel und der Wahrung der Öffentlichkeit bei der Stimmauszählung.[3] Die Verantwortlichkeit des WV für die Auszählung ist nicht gewährleistet, wenn sich während der im Rechenzentrum stattfindenden Datenerfassung der Stimmzettel nicht ständig Mitglieder des WV im Rechenzentrum aufhalten und den Verbleib der Stimmzettel beobachten.[4] Wird im Falle der Stimmauszählung durch EDV die Auszählung in die frühen Morgenstunden verlegt, weil andernfalls die EDV-Anlage nicht zur Verfügung steht, liegt darin allein noch kein Verstoß gegen das Gebot der öffentlichen Stimmauszählung.[5]

4 Die Auszählung der Stimmen hat **öffentlich** zu erfolgen.[6] Die Öffentlichkeit ist hergestellt, wenn den AN des Betriebs grundsätzlich die Möglichkeit gegeben wird, bei der Stimmauszählung anwesend zu sein. Ebenfalls ist den Vertretern der im Betrieb vertreten Gewerkschaften durch Einladung durch den WV die Möglichkeit zu geben, an der öffentlichen Auszählung der Stimmen anwesend zu sein[7]. Eine Stimmauszählung, die teilweise außerhalb des bekanntgemachten Auszählungsraums wegen der Auszählung durch EDV in einem anderen Raum (Rechenzentrum) stattfindet, ist nicht öffentlich, wenn interessierte Beobachter in das Rechenzentrum nur auf Klingelzeichen Einlass finden (vgl. auch Rn. 3).[8] Bei **Schichtbetrieben** wird der WV, damit die Öffentlichkeit in einem ausreichenden Maße hergestellt werden kann, die Auszählung der Stimmen zu einem Zeitpunkt vorzunehmen haben, in dem möglichst viele AN Gelegenheit zur Teilnahme haben.

4a Die Öffentlichkeit kann nicht hergestellt werden, in dem man die Stimmauszählung mit einer Kamera aufnimmt und das **(Life)Video** zeitgleich im Intranet veröffentlicht. Zum einen kann die Kamera nicht den ganzen Raum und alle Handlungen im Raum zeigen, zum anderen kann die Kamera vielleicht gerade nicht die entscheidende Handlung aufnehmen. Deshalb hat der WV die öffentlichen Stimmauszählung so zu organisieren, dass Beschäftigte aus dem Betrieb **im gleichen Raum** bei der Auszählung dabei sein können. Eine zusätzliche Übertragung des Videos von der Auszählung ins Intranet wäre denkbar, sofern der Andrang so groß ist, dass nicht alle in den Raum der Auszählung passen. Ein größerer Raum, um den möglichen Andrang zur Auszählung aufnehmen zu können, wäre aber die bessere Lösung.

1 *Fitting,* Rn. 1; GK-*Jacobs,* Rn. 2.
2 *ArbG Bremen* 19.7.72, DB 72, 1830; *LAG Hamm* 26.2.76, BB 73, 358.
3 Vgl. *LAG Berlin* 16.11.87, DB 88, 504.
4 *LAG Berlin* 16.11.87, a.a.O.; vgl. auch *LAG Hamm* 26.2.76, a.a.O.
5 Vgl. *LAG Hamm* 26.2.76, a.a.O.; *Fitting,* Rn. 6.
6 *BAG* 15.11.00, AP Nr. 10 in § 18 BetrVG 1972: Die vorgeschriebene Öffentlichkeit der Stimmauszählung erfordert, dass Ort und Zeitpunkt der Stimmauszählung vorher im Betrieb öffentlich bekanntgemacht werden.
7 *Fitting,* Rn. 4.
8 *LAG Berlin* 16.11.87, DB 88, 504.

5 Es ist aber nicht erforderlich, dass alle AN **gleichzeitig** in dem Raum anwesend sein können, in dem die Stimmauszählung erfolgt. Wird während der Stimmauszählung das Fassungsvermögen des Raumes erreicht und durch die dadurch entstehenden Verhältnisse die ordnungsgemäße Feststellung des Wahlergebnisses gefährdet, kann der WV weiteren Personen den Zutritt verweigern.[9] Das Prinzip der Öffentlichkeit wird dadurch nicht verletzt. Das gilt umso mehr, als die öffentliche Stimmauszählung voraussetzt, dass die anwesenden AN in der Lage sind, die Stimmauszählung zu verfolgen.[10] Das können sie allerdings auch dann, wenn der WV in dem Wahlraum (Zählraum) eine Tischreihe gebildet hat, hinter der die Öffentlichkeit Platz finden soll.[11]

6 Öffentlichkeit i. S. d. § 13 WO bedeutet nicht Öffentlichkeit schlechthin. Entsprechend dem internen betrieblichen Charakter der BR-Wahl ist darunter die **Betriebsöffentlichkeit** zu verstehen.[12] Andererseits beschränkt sich das Teilnahmerecht nicht nur auf die AN des Betriebes. Ein Teilnahmerecht haben vielmehr alle diejenigen, die ein **berechtigtes Interesse** an der BR-Wahl und ihrem Ausgang haben, somit insbes. die im Betrieb vertretenen Gewerkschaften.[13] Leitende Angestellte nach § 5 Abs. 3 BetrVG haben kein Teilnahmerecht, da sie nicht unmittelbar am Ausgang der BR-Wahl interessierte Personen sind. Soweit es sich um AN des Betriebs handelt, ist ihnen ein ggf. eintretender **Ausfall an Arbeitsentgelt** vom AG zu **erstatten,** da es sich um Kosten der Wahl nach § 20 Abs. 3 BetrVG handelt.[14]

7 Wird bei der Stimmauszählung gegen das Gebot der Öffentlichkeit verstoßen, liegt darin im Allgemeinen ein **erheblicher Verstoß** gegen eine wesentliche Verfahrensvorschrift i. S. d. § 19 BetrVG, der die Wahlanfechtung rechtfertigt.[15] Ein berechtigter Grund zur Anfechtung ergibt sich jedoch nicht allein dadurch, dass Personen, die kein Teilnahmerecht haben, der Stimmauszählung beigewohnt haben.

8 Bereits die **Öffnung der Wahlurnen,** nicht erst die Auszählung der Stimmen, erfolgt öffentlich.[16] Im Anschluss an die Stimmauszählung hat der WV das **Wahlergebnis bekanntzugeben.** Auch diese Bekanntgabe unterliegt dem Öffentlichkeitsgebot i. S. d. § 13 WO. Das Wahlergebnis ist auch dann bekanntzugeben, wenn es sich nur um das **vorläufige Ergebnis** handelt, weil z. B. noch nicht alle gewählten Kandidaten die Wahl angenommen haben.

9 Die Wahlniederschrift muss dagegen **nicht öffentlich** erfolgen (vgl. § 17 WO Rn. 2).[17]

§ 14 Verfahren bei der Stimmauszählung

(1) Nach Öffnung der Wahlurne entnimmt der Wahlvorstand die Stimmzettel und zählt die auf jede Vorschlagsliste entfallenden Stimmen zusammen. Dabei ist die Gültigkeit der Stimmzettel zu prüfen.

(2) Befindet sich in der Wahlurne ein Wahlumschlag mit mehreren gekennzeichneten Stimmzetteln (§ 26 Absatz 1 Satz 3, § 35 Absatz 4 Satz 3), so werden die Stimmzettel, wenn sie vollständig übereinstimmen, nur einfach gezählt, andernfalls als ungültig angesehen.

1 Durch die Änderungen im Ablauf der Wahl durch die WO 2021 sind die Wahlumschläge für die Präsenzwahl entfallen. Das Wahlgeheimnis wird nunmehr durch eine entsprechende

9 Vgl. *BAG* 15.11.00, AP Nr. 10 zu § 18 BetrVG 1972; vgl. auch *LAG Hamm* 29.9.61, DB 61, 1491; *Fitting,* Rn. 4.
10 *Fitting,* Rn. 5.
11 *VGH Baden-Württemberg* 2.7.91, PersR 92, 223.
12 *Fitting,* Rn. 4.
13 *BAG* 16.4.03, EzA § 20 BetrVG 2001 Nr. 1; vgl. auch *Fitting,* Rn. 4; vgl. ferner GK-*Jacobs,* § 18 BetrVG Rn. 33, die das Teilnahmerecht der im Betrieb vertretenen Gewerkschaften aus dem Wahlanfechtungsrecht nach § 19 Abs. 2 BetrVG ableiten.
14 A. A. *LAG Schleswig-Holstein* 26.7.89, NZA 90, 118.
15 *Fitting,* Rn. 6 m. w. N.; vgl. auch *ArbG Bochum* 20.6.75, DB 75, 1898; *ArbG Bochum* 15.6.72, DB 72, 1730, das u. U. die Nichtigkeit der Wahl annimmt.
16 *ArbG Bochum* 15.6.72, DB 72, 1730; *ArbG Bochum* 20.6.75, DB 75, 1898; *Fitting,* Rn. 5, a. a. O.
17 Für eine Einbeziehung auch der Wahlniederschrift in die öffentliche Stimmauszählung *ArbG Bochum* 20.6.75, a. a. O.; *Fitting,* a. a. O.; GK-*Jacobs,* § 18 BetrVG Rn. 32; Richardi-*Thüsing,* Rn. 4.

Faltung gesichert.[1] Nur bei der **Briefwahl** kann es noch zur Nutzung von Wahlumschlägen kommen. Diese sind nach § 26 WO eigentlich zu öffnen und nur der Stimmzettel ist in die Wahlurne zu werfen. Zu einem Einwerfen von Wahlumschlägen kann es somit nur noch im Sonderfall von mehreren Stimmzetteln in einem Wahlumschlag oder versehentlich kommen. Dies erscheint jedoch bedenklich, weil dieser Sonderfall vermutlich ganz selten vorkommt und damit das Wahlgeheimnis in Gefahr ist.

Die Öffnung der Wahlurne und die sich daran anschließende Stimmauszählung vollziehen sich **öffentlich** (vgl. § 13 WO und die dortigen Erl.) in Anwesenheit des gesamten WV, wobei die Öffnung der Wahlurne durch ein WV-Mitglied vorgenommen wird. Sobald die Wahlurne geöffnet und der Inhalt herausgenommen worden ist, entnehmen die WV-Mitglieder die Stimmzettel. Dabei ist zu prüfen, ob bereits die Stimmzettel[2] Fehler aufweisen, z. B. besonders gekennzeichnet sind. Diese und die weiteren Prüfungen sowie sonstige Wahlhandlungen dürfen nur durch die **stimmberechtigten WV-Mitglieder** vorgenommen werden. 1a

In Großbetrieben wird es häufiger zu Verwendung von mehreren Wahlurnen kommen. In diesen Fällen muss der Wahlvorstand selbstverständlich bei der Öffnung **aller** Wahlurnen anwesend sein und die Öffnung darf erst beginnen, wenn alle Wahlurnen aus dem Betrieb beim Wahlvorstand am Ort der öffentlichen Auszählung eingetroffen sind.

Der WV hat bei der Entnahme der Stimmzettel diese weiter zu prüfen, ob die Stimmzettel der vorher ausgegebenen Art entsprechen. Sind die Stimmzettel andersartig oder gekennzeichnet, so sind sie **auszusondern.** Über die Gültigkeit dieser Stimmzettel ist später einzeln zu entscheiden. Trägt z. B. ein Stimmzettel **Kennzeichen,** die Rückschlüsse auf die Person des Wählers zulassen,[3] oder enthält er mehrere Stimmzettel **mit abweichender Stimmabgabe** (Abs. 2), ist die Stimmabgabe **ungültig.** 2

Das sich an die Entnahme der Stimmzettel anschließende Verfahren der Prüfung und Auszählung bestimmt der WV **nach seinem Ermessen.** Zweckmäßigerweise sollten die Stimmzettel zunächst auf ihre Gültigkeit hin überprüft werden (zur Gültigkeit von Stimmzetteln vgl. Rn. 2 sowie § 11 WO Rn. 11 ff. und § 12 WO Rn. 6 ff.). Eine vom WV einmal getroffene Sachentscheidung über die Gültigkeit von Stimmzetteln kann nur noch bei **offenbaren Unrichtigkeiten** geändert werden.[4] 3

Bestehen über die Gültigkeit der Stimmzettel keine Zweifel, werden sie sofort gezählt. Die Verwendung einer **Datenverarbeitungsanlage** bei der Auszählung der Stimmen ist **zulässig.**[5] Dabei muss die Verantwortung des WV für eine ordnungsgemäße Stimmauszählung gesichert sein (vgl. § 13 WO Rn. 3). Delegiert der WV die Stimmauszählung an andere Personen, wie z. B. Datenerfassungskräfte, muss er eine Kontrolle dieser Personen und ihrer Tätigkeit sicherstellen.[6] 4

Bei der Stimmauszählung kann sich der WV der Hilfe von **Wahlhelfern** bedienen. Die Anzahl der Wahlhelfer muss jedoch für den WV überschaubar und bewältigbar bleiben. Über die Gültigkeit von Stimmzetteln haben jedoch **nicht** die Wahlhelfer zu entscheiden, sondern allein die stimmberechtigten WV-Mitglieder.[7] Das kann bereits in der öffentlichen Sitzung, in der die Stimmauszählung erfolgt, geschehen. Die Entscheidung kann aber auch einer besonderen **nicht öffentlichen Beratung** oder Beschlussfassung vorbehalten bleiben. 5

Der WV hat, wenn sich ausnahmsweise noch ein **Wahlumschlag** (siehe Rn. 1) in der Urne befindet und in diesem Wahlumschlag **mehrere übereinstimmende Stimmzettel** befinden, diese als **eine** gültige Stimme anzuerkennen. Ebenso liegt eine gültige Stimme vor, wenn sich in einem Wahlumschlag mehrere Stimmzettel befinden, aber **nur einer** gekennzeichnet ist.[8] Die Stimmzettel müssen sachgemäß gefaltet sein, um das Wahlgeheimnis zu wahren. Befinden sich dagegen in einem Wahlumschlag mehrere **unterschiedlich gekennzeichnete Stimmzettel,** so 6

1 Zum Ablauf der Stimmabgabe bei Präsenzwahl siehe § 12 Rn. 6 ff.
2 *BAG* 18.4.21 – 7 ABR 20/20: Anfechtung der Wahl wegen Smiley als Zusatz auf dem Stimmzettel.
3 Siehe auch § 12 Rn. 6 ff.
4 *LAG Düsseldorf* 7.2.83 – 10 (4) TaBV 81/82.
5 *ArbG Bremen* 19.7.72, DB 72, 1831; *LAG Hamm* 26.2.76, BB 78, 358; *Fitting*, Rn. 2; GK-*Jacobs*, Rn. 3.
6 Vgl. *LAG Berlin* 16.11.87, DB 88, 504; *Fitting*, a. a. O.
7 *Fitting*, Rn. 3.
8 *Fitting*, Rn. 4.

sind sie sämtlich **ungültig.** Zur Frage der Ungültigkeit von Stimmzetteln vgl. auch § 11 WO Rn. 11 ff und § 12 WO Rn. 6 ff.

7 Stimmzettel, die für ungültig erklärt worden sind, werden zweckmäßigerweise mit einer **fortlaufenden Nummer** versehen und **abgesondert** von den übrigen Stimmzetteln mit den Wahlunterlagen aufbewahrt (vgl. auch § 16 Abs. 1 Nr. 5 WO). Die Gründe, die zur Ungültigkeit führen, sind für jeden **einzelnen Stimmzettel** unter Nennung der fortlaufenden Nummer in der Wahlniederschrift anzugeben.

8 Ist die Stimmauszählung beendet, wird – ebenfalls öffentlich (vgl. § 13 WO) – die **Verteilung der BR-Sitze** vorgenommen (vgl. § 15 WO). Das **vorläufige Ergebnis** ist den anwesenden AN bekanntzugeben (vgl. § 13 WO). Es genügt die mündliche Verkündung.[9] Die Wahlniederschrift (§ 16 WO) kann dagegen gesondert erfolgen.[10]

§ 15 Verteilung der Betriebsratssitze auf die Vorschlagslisten

(1) Die Betriebsratssitze werden auf die Vorschlagslisten verteilt. Dazu werden die den einzelnen Vorschlagslisten zugefallenen Stimmenzahlen in einer Reihe nebeneinander gestellt und sämtlich durch 1, 2, 3, 4 usw. geteilt. Die ermittelten Teilzahlen sind nacheinander reihenweise unter den Zahlen der ersten Reihe aufzuführen, bis höhere Teilzahlen für die Zuweisung der zu verteilenden Sitze nicht mehr in Betracht kommen.

(2) Unter den so gefundenen Teilzahlen werden so viele Höchstzahlen ausgesondert und der Größe nach geordnet, wie Betriebsratsmitglieder zu wählen sind. Jede Vorschlagsliste erhält so viele Mitgliedersitze zugeteilt, wie Höchstzahlen auf sie entfallen. Entfällt die niedrigste in Betracht kommende Höchstzahl auf mehrere Vorschlagslisten zugleich, so entscheidet das Los darüber, welcher Vorschlagsliste dieser Sitz zufällt.

(3) Wenn eine Vorschlagsliste weniger Bewerberinnen oder Bewerber enthält, als Höchstzahlen auf sie entfallen, so gehen die überschüssigen Mitgliedersitze auf die folgenden Höchstzahlen der anderen Vorschlagslisten über.

(4) Die Reihenfolge der Bewerberinnen oder Bewerber innerhalb der einzelnen Vorschlagslisten bestimmt sich nach der Reihenfolge ihrer Benennung.

(5) Befindet sich unter den auf die Vorschlagslisten entfallenden Höchstzahlen nicht die erforderliche Mindestzahl von Angehörigen des Geschlechts in der Minderheit nach § 15 Abs. 2 des Gesetzes, so gilt Folgendes:

1. **An die Stelle der auf der Vorschlagsliste mit der niedrigsten Höchstzahl benannten Person, die nicht dem Geschlecht in der Minderheit angehört, tritt die in derselben Vorschlagsliste in der Reihenfolge nach ihr benannte, nicht berücksichtigte Person des Geschlechts in der Minderheit.**
2. **Enthält diese Vorschlagsliste keine Person des Geschlechts in der Minderheit, so geht dieser Sitz auf die Vorschlagsliste mit der folgenden, noch nicht berücksichtigten Höchstzahl und mit Angehörigen des Geschlechts in der Minderheit über. Entfällt die folgende Höchstzahl auf mehrere Vorschlagslisten zugleich, so entscheidet das Los darüber, welcher Vorschlagsliste dieser Sitz zufällt.**
3. **Das Verfahren nach den Nummern 1 und 2 ist so lange fortzusetzen, bis der Mindestanteil der Sitze des Geschlechts in der Minderheit nach § 15 Abs. 2 des Gesetzes erreicht ist.**
4. **Bei der Verteilung der Sitze des Geschlechts in der Minderheit sind auf den einzelnen Vorschlagslisten nur die Angehörigen dieses Geschlechts in der Reihenfolge ihrer Benennung zu berücksichtigen.**
5. **Verfügt keine andere Vorschlagsliste über Angehörige des Geschlechts in der Minderheit, verbleibt der Sitz bei der Vorschlagsliste, die zuletzt ihren Sitz zu Gunsten des Geschlechts in der Minderheit nach Nummer 1 hätte abgeben müssen.**

---

9 GK-*Jacobs,* Rn. 6.
10 *Blanke/Berg u. a.,* Rn. 425; a. A. *ArbG Bochum* 20. 6. 75, DB 75, 1898; *Fitting,* § 13 Rn. 5, m. w. N.

Die in den Abs. 1–4 enthaltenen Regelungen gehen von der **Anwendung der Verhältniswahl** 1
(Vorliegen mehrerer Vorschlagslisten) aus. Zur Ermittlung der auf die einzelnen Vorschlagslisten entfallenden Sitze wird das Höchstzahlenverfahren nach d'Hondt zugrunde gelegt. Es entspricht der in § 15 Abs. 2 des Gesetzes enthaltenen Regelung und stellt keinen Verstoß gegen höherrangiges Recht dar. Der ggfs. durchzuführende Austausch ohne Berücksichtigung des dritten Geschlechts stellt ebenso keinen Verstoß gegen höherrangiges Rechts dar.[1] Eine dem prozentualen Anteil entsprechende Anzahl von Mindestsitzen für das Geschlecht im Sinne von § 15 Abs. 2 BetrVG[2] in der Minderheit mit der Folge einer Aufrundung entstehender Bruchteilsergebnisse ist in § 15 Abs. 2 des Gesetzes nicht vorgeschrieben.[3] Das Höchstzahlensystem bedeutet, dass die den einzelnen Listen zugefallenen Stimmenzahlen in einer Reihe nebeneinandergestellt und so lange durch 1, 2, 3, 4 usw. geteilt werden, bis sich so viele höchste Teilzahlen ergeben, dass die nach § 9 BetrVG zu vergebenden BR-Sitze auf die Listen entsprechend ihrem Stimmanteil auf Grund des Wahlergebnisses verteilt sind.

Beispiel 1

Ein BR erhält nach § 9 BetrVG elf Sitze. Die abgegebenen 680 gültigen Stimmen verteilen sich wie folgt auf drei Vorschlagslisten: Liste 1: 510 Stimmen, Liste 2: 120 Stimmen, Liste 3: 50 Stimmen. Der WV errechnet die Verteilung der elf Sitze wie folgt:

Liste 1 = 510 Stimmen	**Liste 2 = 120 Stimmen**	**Liste 3 = 50 Stimmen**
: 1 = 510 (1)	: 1 = 120 (5)	: 1 = 50
: 2 = 255 (2)	: 2 = 60 (10)	
: 3 = 170 (3)	: 3 = 40	
: 4 = 127,5 (4)		
: 5 = 102 (6)		
: 6 = 85 (7)		
: 7 = 72,8 (8)		
: 8 = 63,7 (9)		
: 9 = 56,7 (11)		
: 10 = 51		

Die Liste 1 erhält von den elf zu vergebenden BR-Mandaten neun Sitze (durch die Höchstzahlen 510, 255, 170, 127, 5, 102, 85, 72, 8, 63, 7 und 56, 7). Die Liste 2 bekommt zwei Sitze (durch die Höchstzahlen 120 und 60), die Liste 3 erhält keinen Sitz.

Sollte der Fall eintreten, dass die niedrigste in Betracht kommende Höchstzahl auf mehrere 2
Vorschlagslisten **zugleich** entfällt, so wird durch **Los** darüber entschieden, welcher Vorschlagsliste dieser Sitz zufällt (zur Durchführung des Losentscheids vgl. § 10 WO Rn. 3).

Innerhalb der Vorschlagslisten sind die zu vergebenden Sitze in der Reihenfolge zu verteilen, in 3
der die Bewerber auf der Liste stehen. In dem Beispiel rücken somit die ersten neun Wahlbewerber von der Liste 1 in den BR ein, von der Liste 2 die an erster und zweiter Stelle stehenden Wahlbewerber. Diese Verteilung der BR-Sitze bleibt aber nur bestehen, wenn das **Minderheitsgeschlecht** die ihm nach § 15 Abs. 2 zustehenden **Mindestsitze** erhalten hat; andernfalls sind die in Abs. 5 vorgesehenen Grundsätze anzuwenden (vgl. Rn. 5 ff.).

Enthält eine Vorschlagsliste **weniger Wahlbewerber,** als Höchstzahlen auf sie entfallen, gehen 4
die Sitze, die diese Liste nicht besetzen kann, auf die **anderen Listen** entsprechend den folgenden Höchstzahlen über. Hätte beispielsweise die Liste 1 (im Beispiel 1) nur insgesamt acht Wahlbewerber, so ginge der ihr nach dem Höchstzahlensystem an sich zustehende weitere BR-Sitz an die Liste 3 mit der Höchstzahl 50. Auch bei einer solchen Konstellation kann der Fall eintreten, dass die in § 15 Abs. 2 BetrVG enthaltenen Grundsätze beachtet werden müssen.

Die in Abs. 5 enthaltenen Regelungen sollen die Anwendung des § 15 Abs. 2 BetrVG sicherstel- 5
len. Nach ihnen ist zu verfahren, wenn sich nach der Verteilung der auf die Listen entfallenden BR-Sitze zeigt, dass die nach § 15 Abs. 2 BetrVG vorgesehene Mindestanzahl von Sitzen für das

1 Siehe hierzu § 15 BetrVG, Rn. 11.
2 Vgl § 15 BetrVG, Rn. 11, sowie *Fitting*, § 15, Rn. 11.
3 *LAG Rheinland-Pfalz* 13.11.02, AiB 03, 694 = AuR 03, 237.

Minderheitsgeschlecht auch **listenübergreifend** nicht erreicht wurde. Die in Abs. 5 enthaltenen Regelungen sehen eine abgestufte Verfahrensweise vor. Sie sollen deshalb in dieser Reihenfolge abgehandelt werden, wobei zunächst auf die in ihnen enthaltenen Grundsätze eingegangen werden soll. Sodann erfolgt eine Vertiefung anhand konkreter Zahlenbeispiele.

6 **Nr. 1:** Hat das Wahlergebnis nicht die Mindestanzahl von Sitzen für das Minderheitsgeschlecht gebracht, hat der WV festzustellen, auf **welcher Liste** sich die **niedrigste Höchstzahl** befindet, auf die der letzte zu vergebende BR-Sitz entfallen ist. Es muss sich dabei aber um die Höchstzahl handeln, mit der zugleich der letzte Sitz an einen **Angehörigen des Mehrheitsgeschlechts** gefallen ist. Wird in einem Betrieb das Minderheitsgeschlecht beispielsweise von den Frauen gestellt, so ist nach Abs. 5 Nr. 1 die letzte Höchstzahl zu suchen, mit der der mit ihr vergebene letzte Sitz an einen **Mann** oder **Diversen** gegangen ist. Diese Liste hat diesen (letzten) Sitz an einen Angehörigen des Geschlechts in der Minderheit in derselben Liste abzugeben, in dem Beispiel also an eine Frau. Da der Sitz der Liste verbleibt, ist die Frau als Angehörige des Minderheitsgeschlechts zu suchen, die in der Reihenfolge in der Liste nach dem Mann oder Diversen steht, auf den der letzte Sitz (letzte Höchstteilzahl) entfallen ist.

7 Mit dieser Vorgehensweise wird sichergestellt, dass die Liste, die den Mann oder Diversen »abgeben muss«, den **Sitz nicht verliert.** Damit behält sie zugleich die Zahl der Mandate, die dieser Liste vom Wähler durch das Wahlergebnis zugeteilt worden ist und in der sich auch der Wählerauftrag an diese Gruppierung zur Wahrnehmung der betrieblichen Interessenvertretung und das Wählergewicht für diese Liste im BR ausdrückt.[4] Die Nr. 1 enthält somit das grundsätzliche Prinzip der **Umwandlung** (Abgabe des vom Mehrheitsgeschlecht besetzten letzten Sitzes an das Minderheitengeschlecht) unter gleichzeitiger Beibehaltung des Stimmgewichts für die umwandelnde Liste. Die anderen Regelungen sind lediglich Auffangregeln für den Fall, dass die Liste mit der auf einen Angehörigen des Mehrheitsgeschlechts entfallenen letzten Höchstzahl die Umwandlung nicht vornehmen kann.

8 **Nr. 2:** Der Wählerauftrag, wie er bei der Regelung nach der Nr. 1 noch beachtet wird, ist zu durchbrechen, wenn die Liste, die an sich einen (oder mehrere) Sitz(e) vom Mehrheitsgeschlecht zum Minderheitengeschlecht umwandeln müsste, **keinen Angehörigen des Minderheitsgeschlechts** (mehr) besitzt, um die Umwandlung vorzunehmen; sei es, dass von vornherein zu wenig Angehörige des Minderheitengeschlechts aufgestellt worden sind, sei es, dass diese Liste wegen der Mandate, die ihr vom Wähler zugesprochen wurden, alle Angehörigen des Minderheitengeschlechts bereits bei der »normalen« Auszählung, also bei der Verteilung der Mandate auf Grund der erzielten Stimmen, in den BR entsendet.

9 Stellt sich heraus, dass die Liste, die an sich umwandeln müsste, dies nicht vornehmen kann, weil sie keinen Angehörigen des Minderheitsgeschlechts (mehr) hat, so geht der Vorgang des Umwandelns an die Liste über, die nach der **folgenden nicht mehr berücksichtigten Höchstzahl** einen Sitz bekommen hätte, wenn nach dem Höchstzahlensystem weitergezählt worden wäre und die zugleich noch über einen Angehörigen des Minderheitsgeschlechts ohne einen bisher erhaltenen Sitz verfügt. Dabei geht der **Sitz an diese Liste** über. Sie hat die Umwandlung vorzunehmen. Sofern sich herausstellt, dass diese Höchstzahl auf mehrere Listen zugleich entfällt, entscheidet das Los, welcher Vorschlagsliste der zur Umwandlung vorgesehene Sitz zufällt.

10 Der Losentscheid kommt aber nur zur Anwendung, wenn diese Listen mit der gleichen Höchstzahl zugleich auch **Angehörige des Minderheitsgeschlechts** enthalten, auf die bisher kein Sitz entfallen ist. Steht für die Umwandlung nur noch eine Liste zur Verfügung, weil sie allein noch Angehörige des Minderheitengeschlechts hat, auf die bisher noch kein Sitz entfallen ist, so geht auf diese Liste der Sitz mit der Folge der Umwandlung über, ohne dass ein Losentscheid vorzunehmen ist.

11 **Nr. 3:** Die hier vorgesehene Regelung will sicherstellen, dass bei dem Verfahren nach den Nrn. 1 und 2 **so lange verfahren** werden muss, bis § 15 Abs. 2 BetrVG Rechnung getragen worden ist. Wenn die Liste nach der Nr. 1 die Umwandlung des Sitzes vom Mehrheitsgeschlecht auf das Minderheitsgeschlecht nicht vornehmen kann, ist – wie bereits erwähnt – auf die Liste mit der nächsten, noch nicht berücksichtigten Höchstzahl überzugehen. Hat diese Liste aber

4 *Schneider*, Das Minderheitsgeschlecht und die Mindestquote, S. 11.

auch keinen Angehörigen des Geschlechts in der Minderheit mehr als Wahlbewerber, in dem Beispiel also keine Frau mehr, so ist die Liste mit der nächsten Höchstzahl zu suchen, die noch eine Frau als Angehörige des Minderheitengeschlechts mit einem noch nicht besetzten BR-Sitz zur Verfügung hat. Gibt es eine solche Liste überhaupt nicht mehr, ist die Regelung der Nr. 5 anzuwenden (vgl. Rn. 13).

Nr. 4: Bei dem geschilderten Ablauf zur Erreichung des Mindestanteils für das Minderheiten- **12**
geschlecht darf immer nur das **Minderheitsgeschlecht** berücksichtigt werden. Zugleich ist innerhalb der Listen, die ggf. die Umwandlung vorzunehmen haben, die **Reihenfolge zu beachten,** in der die Angehörigen des Minderheitsgeschlechts auf der jeweiligen Liste stehen. Angehörige des Mehrheitsgeschlechts werden übersprungen bzw. nicht berücksichtigt.

Nr. 5: Mit dieser Regelung schließt sich gewissermaßen der Kreis bei der Vorgehensweise: Es **13**
kann vorkommen, dass die Liste, auf die der letzte vergebene und mit einem Angehörigen des Mehrheitsgeschlechts besetzte Sitz entfallen ist, nicht umwandeln kann, weil dieser Liste kein Angehöriger des Minderheitsgeschlechts mehr zur Verfügung steht, zugleich aber auch **andere Listen** mangels Angehöriger des Minderheitsgeschlechts die Umwandlung nicht vornehmen können. Der Sitz verbleibt dann konsequenterweise **bei der Liste, die an sich hätte umwandeln müssen.**[5] Damit behält diese Liste die Anzahl der BR-Sitze, die ihr durch das Wählervotum gegeben worden sind.

Im Folgenden sollen die vorstehend dargelegten Grundsätze anhand einiger Zahlenbeispiele **14**
verdeutlicht werden. Dabei soll das Zahlenbeispiel 1 (vgl. Rn. 1) zugrunde gelegt werden, dass die Grundsätze der Verhältniswahl ohne Berücksichtigung des § 15 Abs. 2 BetrVG darstellt, aber nunmehr unter Berücksichtigung des Mindestanteils von BR-Sitzen für das Minderheitsgeschlecht. In den folgenden Beispielen wird daher wie im Beispiel 1 von einem BR ausgegangen, dem elf Sitze zustehen, wobei drei Vorschlagslisten an der Wahl teilgenommen haben. Dabei hat die Liste 1 neun Sitze und die Liste 2 zwei Sitze erhalten. Auf die Liste 3 ist kein Sitz entfallen. In den nachstehenden Beispielen wird davon ausgegangen, dass die Frauen als Minderheitengeschlecht mindestens drei Sitze zu erhalten haben.

In dem folgenden Beispiel 2 wird aus Gründen der besseren Übersicht anstelle von Namen das Geschlecht in der Reihenfolge genannt, in der die Wahlbewerber innerhalb der jeweiligen Liste stehen.

Beispiel 2 **15**

Liste 1	**Liste 2**	**Liste 3**
Mann	**Mann**	Mann
Frau	**Frau**	Mann
Mann	Mann	Frau
Mann	Frau	Mann
Mann	Mann	
Mann	Mann	
Mann		
Mann		
Mann		
Frau		
Frau		
Mann		

Die in dem Beispiel unterstellte Mindestanzahl von drei BR-Sitzen für das Minderheitsgeschlecht ist nach der Verteilung der Sitze auf Grund des Stimmergebnisses (gewählte Wahlbewerber jeweils unterstrichen) **nicht erfüllt,** auch nicht listenübergreifend. Bei den neun Sitzen, die Liste 1 bekommen hat, befindet sich nur eine Frau; auf der Liste 2 ist unter den zugeteilten zwei Sitzen ebenfalls nur eine Frau. Damit sind die Regelungen des Abs. 5 anzuwenden, und zwar der **Nr. 1.** Es ist die zuletzt vergebene Höchstzahl festzustellen, die zu dem (letzten) Sitz führt, der an das Mehrheitsgeschlecht vergeben worden ist. Das ist die Höchstzahl 56, 7 in der

5 Vgl. *Schneider*, Das Minderheitsgeschlecht und die Mindestquote, S. 9 f.

Liste 1 (vgl. Beispiel 1). Bei dieser Höchstzahl ist der letzte Sitz auf einen Mann entfallen. Er muss diesen Sitz zugunsten der Frau abgeben, die in der **selben Liste** an nächster Stelle steht. Das ist die an zehnter Stelle stehende Frau in der Liste 1. Sie erhält den letzten BR-Sitz.

16 **Beispiel 3**

Liste 1	**Liste 2**	**Liste 3**
Mann	**Mann**	Mann
Frau	**Frau**	Mann
Mann	Mann	Frau
Mann	Frau	Mann
Mann	Mann	
Mann	Mann	
Mann		
Mann		
Mann		
Mann		
Mann		
Mann		

In dem Beispiel 3 würden nach der Zuteilung der Sitze auf Grund des Stimmergebnisses wiederum nur zwei Frauen in den BR kommen. Die Liste 1, die mit der letzten Höchstzahl (56, 7) an sich umwandeln müsste, kann dies aber in dem Beispiel 3 nicht. Auf ihrer Liste steht keine weitere Frau als Angehöriger des Minderheitsgeschlechts. Damit ist der Anwendungsfall der **Nr. 2** gegeben. Der Sitz geht auf die Liste mit der folgenden, noch nicht berücksichtigten Höchstzahl über, die noch Angehörige des **Geschlechts in der Minderheit** zu vergeben hat. Das ist die Liste 3 mit der Höchstzahl 50. Der Liste 3 fällt somit der von der Liste 1 nicht zu besetzende Sitz zu. Die an dritter Stelle stehende Frau der Liste 3 kommt in den BR. Wäre die Höchstzahl 50 zugleich auch auf die Liste 2 entfallen, die ebenfalls noch eine Frau ohne BR-Sitz hat (an vierter Stelle stehend), so müsste das Los entscheiden, ob den nach § 15 Abs. 2 BetrVG zu besetzenden letzten Sitz die Liste 2 oder die Liste 3 erhält.

17 **Beispiel 4**

Liste 1	**Liste 2**	**Liste 3**
Mann	**Mann**	Mann
Frau	**Frau**	Mann
Mann	Mann	Mann
Mann	Mann	Mann
Mann	Mann	
Mann	Frau	
Mann		
Mann		
Mann		
Mann		
Mann		
Mann		

Wiederum fehlt nach der Auszählung auf Grund des Stimmergebnisses dem Minderheitsgeschlecht ein Sitz und wie in dem Beispiel 3 kann die Liste 1 mit dem Mann auf dem zuletzt vergebenen Sitz die notwendige Umwandlung nicht vornehmen. Diesmal hat jedoch die Liste 3, auf die die nächste Höchstzahl (50) entfällt, keine Frau und damit keinen Wahlbewerber des Minderheitsgeschlechts. Sie hat nur Angehörige des Mehrheitsgeschlechts aufgestellt. Die Regelung der **Nr. 3** ist anzuwenden. Es ist nach der weiteren nächsten Höchstzahl zu suchen, die zugleich auf eine Liste entfällt, bei der das Minderheitsgeschlecht noch Sitze besetzen kann. Das ist jetzt die Liste 2 mit der Höchstzahl 40. Diese Liste bekommt den Sitz. Dabei spielt es keine Rolle, dass die auf dieser Liste stehende Frau an letzter Stelle in der Liste steht. Das Mehrheitsgeschlecht wird übergangen (**Nr. 4**). Mit der Übernahme des letzten BR-Sitzes durch diese Frau wird der von § 15 Abs. 2 BetrVG verlangte Mindestanteil des Minderheitsgeschlechts erfüllt.

Beispiel 5 18

Liste 1	Liste 2	Liste 3
Mann	**Mann**	Mann
Frau	**Frau**	Mann
Mann	Mann	Mann
Mann	Mann	Mann
Mann	Mann	
Mann	Mann	
Mann		
Mann		
Mann		
Mann		
Mann		
Mann		

Mit Beispiel 5 liegt ein Anwendungsfall der **Nr. 5** vor. Der dem Minderheitsgeschlecht noch zustehende Sitz kann von **keiner Liste** erfüllt werden. Es bleibt bei der ursprünglichen Zuteilung der neun Sitze an die Liste 1. In den BR kommen somit neun Männer und zwei Frauen.

Beispiel 6 19
Der BR erhält nach § 9 BetrVG 5 Sitze. Die abgebeben 60 Stimmen verteilen sich wie folgt auf die beiden Vorschlagslisten: Liste 1 40 Stimmen, Liste 2 20 Stimmen. Die Frauen sind im Betrieb das Geschlecht in der Minderheit. Ihnen steht nach d'Hondt ein Sitz als Minderheitengeschlecht zu.

Liste 1	Liste 2
Mann 40 : 1 = 40	**Mann 20 : 1 = 20**
Mann 40 : 2 = 20	**Frau 20 : 2 = 10**
Mann 40 : 3 = 13;33	Mann
Divers 40 : 4 = 10	Mann
Mann	Mann

In diesem Beispiel gehen zunächst die ersten 4 Sitze im BR an Männer. 3 Männer kommen von den ersten Plätzen der Liste 1 und ein Mann von Platz der Liste 2. Der 5. Listenplatz muss ausgelost werden, weil beide Listen die gleiche Höchstzahl haben. Fällt das Los an Liste 2, so bedarf es keiner weiteren Korrektur, weil dann das Geschlecht in der Minderheit den einen Ihm zustehenden Sitz erhalten würde. Fällt das Losglück auf Liste 1, so wäre keine Frau im BR. Folgerichtig muss Liste 1 einen Sitz an Liste 2 wieder abgeben. Aus dem BR würde jedoch der Mann auf Listenplatz 3 der Liste 1 nicht in den BR kommen, weil nach dieser Vorschrift das Minderheiten-geschlecht seinen Sitz immer zu Lasten des Mehrheitsgeschlechtes erhält. Gewählt wären somit die ersten beiden Plätze und Listenplatz 4 von Liste 1. Ebenfalls gewählt wären die ersten beiden Listenplätze von Liste 2.
Da »**Divers**« kein Geschlecht i. S. v. § 15 Abs. 2 BetrVG ist, bleibt es beim Ausgleich zwischen Mann und Frau insoweit außen vor, dass ihm kein Sitz als Vertreter des Minderheitengeschlechtes zugeordnet werden kann.[6] Gegenstand des Austausches kann der **Diverse** trotzdem werden. Bei dem beschriebenen Losglück für Liste 1 würde der Platz somit auch weiterhin an Liste 2 gehen, um das Geschlecht in der Minderheit entsprechend den gesetzlichen Vorgaben zu berücksichtigen.
Die Regelungen des § 15 WO wird ebenfalls angewendet, wenn in der laufenden Legislaturperiode Betriebsräte aus dem BR ausscheiden und eine Nachbesetzung unter Berücksichtigung des Minderheitengeschlechtes erfolgen muss.[7] 20

6 Vgl. § 15 BetrVG, Rn. 11, sowie *Fitting* § 15, Rn. 11b.
7 *LAG Berlin-Brandenburg* 25. 7. 17 – 7 TaBV 358/17.

§ 16 Wahlniederschrift

(1) Nachdem ermittelt ist, welche Arbeitnehmerinnen und Arbeitnehmer als Betriebsratsmitglieder gewählt sind, hat der Wahlvorstand in einer Niederschrift festzustellen:

1. **die Gesamtzahl der abgegebenen Stimmen und die Zahl der abgegebenen gültigen Stimmen;**
2. **die jeder Liste zugefallenen Stimmenzahlen;**
3. **die berechneten Höchstzahlen;**
4. **die Verteilung der berechneten Höchstzahlen auf die Listen;**
5. **die Zahl der ungültigen Stimmen;**
6. **die Namen der in den Betriebsrat gewählten Bewerberinnen und Bewerber;**
7. **gegebenenfalls besondere während der Betriebsratswahl eingetretene Zwischenfälle oder sonstige Ereignisse.**

(2) Die Niederschrift ist von der oder dem Vorsitzenden und von mindestens einem weiteren stimmberechtigten Mitglied des Wahlvorstands zu unterschreiben.

1 Nach der Feststellung des Wahlergebnisses fertigt der WV eine **Niederschrift** an. Sie ist ein wichtiges Beweismittel, das die Nachprüfung des Wahlergebnisses erleichtern soll, insbes. in einem Anfechtungsverfahren nach § 19 BetrVG.[1] Die Niederschrift ist daher zu den Wahlakten zu nehmen. Die Nichtanfertigung der Wahlniederschrift oder deren fehlerhafte Anfertigung berührt allerdings die Wirksamkeit der Wahl nicht.[2]

2 Die in Abs. 1 vorgesehenen Angaben, die die Niederschrift enthalten muss, hat der WV zwar bereits in der **öffentlichen Stimmauszählung** nach § 13 WO (vgl. dort) bzw. unmittelbar danach öffentlich zu treffen. Abgesehen von Abs. 1 Nr. 7 bilden diese Angaben nämlich die Grundlage für das Wahlergebnis, das der WV in der öffentlichen Sitzung nach § 13 WO bekanntzugeben hat. Gleichwohl ist der WV nicht gehalten, auch die Wahlniederschrift nach § 16 WO in der öffentlichen Sitzung nach § 13 WO vorzunehmen. Sie kann vielmehr in einer **nicht öffentlichen Sitzung** erstellt werden.[3]

3 In Abs. 1 wird im Einzelnen angeführt, was die **Niederschrift** zu enthalten hat. Soweit die Namen der in den BR gewählten Wahlbewerber anzuführen sind (Abs. 1 Nr. 6), geht es um das **vorläufige Wahlergebnis** nach § 13 WO. Die Namen der gewählten Bewerber kann der WV zum Zeitpunkt der Anfertigung der Wahlniederschrift als das endgültige Wahlergebnis, das auch die Wahlanfechtungsfrist nach § 19 BetrVG auslöst, noch nicht bekannt geben, sondern erst, wenn die **gewählten Bewerber die Wahl angenommen** bzw. nicht innerhalb der Frist des § 17 WO erklärt haben, dass sie die Wahl ablehnen.

4 Die **Zahl der abgegebenen Stimmen** ist ebenso wie die **Zahl der abgegebenen gültigen Stimmen** in der Wahlniederschrift anzugeben. Dabei kann die Zahl der gültigen Stimmen niedriger sein (zur Ungültigkeit von Stimmzetteln vgl. § 11 WO Rn. 11 ff. und § 12 WO Rn. 6 ff.). Ist die Wahl des BR nach den Grundsätzen der **Verhältniswahl** durchgeführt worden, sind auch die **berechneten Höchstzahlen** und ihre Verteilung auf die einzelnen Vorschlagslisten anzugeben. Hinsichtlich der Verteilung der Sitze bei erfolgter Durchführung der Wahl nach den Grundsätzen der Verhältniswahl ist auch anzugeben, ob eine Korrektur des Wahlergebnisses notwendig geworden ist, weil das **Geschlecht in der Minderheit** nicht die nach § 15 Abs. 2 des Gesetzes erforderliche Mindestanzahl von BR-Sitzen erreicht hat. Sofern eine entsprechende Korrektur erforderlich geworden ist, muss auch angegeben werden, wie die Zuweisung des fehlenden Sitzes bzw. der fehlenden Sitze nach dem in § 15 Abs. 5 WO festgelegten Verfahren vorgenommen wurde. Erfolgte die Wahl nach den Grundsätzen der Mehrheitswahl, sind die beiden Schritte aufzuzeigen nach denen zunächst die Zuweisung der Sitze an die dem Geschlecht in der Minderheit zustehenden Mindestsitze (§ 22 Abs. 1 WO) und sodann die Verteilung der weiteren Sitze im Übrigen vollzogen wurde (§ 22 Abs. 2 WO). Es soll durch die Art der Wahlniederschrift, wie etwa durch die Hinzufügung der vollständigen Ausrechnung als Anlage, sichergestellt werden, dass die Berechnungsvorgänge nachvollzogen werden können.

---

1 *Blanke/Berg u. a.*, Rn. 424; *Fitting*, Rn. 1.
2 *Blanke/Berg u. a.*, a. a. O.; *Fitting*, Rn. 2.
3 *Blanke/Berg u. a.*, Rn. 425; a. A. *ArbG Bochum* 20. 6. 75, DB 75, 1898; *Fitting*, Rn. 1; GK-*Jacobs*, Rn. 1.

In der Niederschrift sind ggf. besondere, während der Wahl eingetretene **Zwischenfälle** oder **Ereignisse** aufzuführen. Darunter kann z. B. verstanden werden: im Wahlausschreiben nicht vorgesehene Unterbrechungen der Wahlhandlung, gleich aus welchen Gründen; aufgetretene Störungen innerhalb des Wahlraumes oder in seiner unmittelbaren Nähe, z. B. wegen **unsachgemäßer Faltung** des Stimmzettels[4]; Beschwerden oder Beanstandungen wegen der Durchführung der Wahl; Zurückweisung von AN, die nicht in der Wählerliste eingetragen waren; vorzeitiger Abschluss der Stimmabgabe, weil sämtliche wahlberechtigten AN gewählt haben (vgl. aber § 12 WO Rn. 10). 5

Die Wahlniederschrift ist durch **Beschluss** des WV festzulegen. Sie ist vom Vorsitzenden des WV und von mindestens einem weiteren stimmberechtigten Mitglied zu unterschreiben; vorzugsweise vom gesamten WV. Eine Abschrift der Wahlniederschrift ist den im **Betrieb vertretenen Gewerkschaften** und dem **AG** zu übersenden (§ 18 Abs. 3 BetrVG). Zur Bekanntmachung des (vorläufigen) Wahlergebnisses vgl. § 13 WO und die dortigen Erl. 6

Bei **Unrichtigkeiten** kann die Niederschrift nachträglich berichtigt werden. Entscheidend ist nämlich allein, dass das Wahlergebnis auf der Grundlage der gültigen Stimmen sowie der richtigen Berechnung der Höchstzahlen erfolgte und damit die auf die einzelnen Vorschlagslisten entfallenden BR-Sitze zutreffend verteilt wurden.[5] Eine Berichtigung kann nur in einer Sitzung des WV und auf Beschluss des WV erfolgen. 7

Mit der Feststellung der Wahl eines Bewerbers greifen die **Schutzbestimmungen** für die gewählten BR-Mitglieder, wie etwa der besondere Kündigungsschutz nach § 103 BetrVG. Für diesen Schutz kommt es nicht auf die Feststellung des endgültigen Wahlergebnisses oder gar auf den Beginn der Amtszeit des betriebsverfassungsrechtlichen Organs an, dem der geschützte Funktionsträger angehört.[6] 8

§ 17 Benachrichtigung der Gewählten

(1) Der Wahlvorstand hat die als Betriebsratsmitglieder gewählten Arbeitnehmerinnen und Arbeitnehmer unverzüglich schriftlich von ihrer Wahl zu benachrichtigen. Erklärt die gewählte Person nicht binnen drei Arbeitstagen nach Zugang der Benachrichtigung dem Wahlvorstand, dass sie die Wahl ablehne, so gilt die Wahl als angenommen.
(2) Lehnt eine gewählte Person die Wahl ab, so tritt an ihre Stelle die in derselben Vorschlagsliste in der Reihenfolge nach ihr benannte, nicht gewählte Person. Gehört die gewählte Person dem Geschlecht in der Minderheit an, so tritt an ihre Stelle die in derselben Vorschlagsliste in der Reihenfolge nach ihr benannte, nicht gewählte Person desselben Geschlechts, wenn ansonsten das Geschlecht in der Minderheit nicht die ihm nach § 15 Abs. 2 des Gesetzes zustehenden Mindestsitze erhält. § 15 Abs. 5 Nr. 2 bis 5 gilt entsprechend.

Die **gewählten Wahlbewerber** sind vom WV **schriftlich** und **unverzüglich** nach der Erstellung der Wahlniederschrift (§ 16 WO) zu benachrichtigen. Dabei genügt die einfache schriftliche Mitteilung, sinnvollerweise auch zusätzlich per E-Mail an die betreffenden AN, dass sie als BR-Mitglieder gewählt sind.[1] Der WV sollte allerdings darauf hinweisen, dass der gewählte Bewerber seine Wahl nur **innerhalb von drei Arbeitstagen** ablehnen kann. Eine Benachrichtigung der Ersatzmitglieder ist nicht vorgeschrieben, aber zweckmäßig.[2] Die Mitteilung kann durch ein stimmberechtigtes Mitglied des WV oder durch einen vom WV beauftragten Boten am Arbeitsplatz übergeben werden oder auf sonst geeignete Weise (z. B. Hauspost des Betriebs) dem gewählten Wahlbewerber zugehen. Die Benachrichtigung ist nicht erforderlich, wenn der gewählte AN **unmittelbar nach Abschluss** der Stimmauszählung gegenüber dem WV erklärt, dass er die Wahl annimmt. Diese Erklärung ist in der Wahlniederschrift (§ 16 WO) anzuführen bzw., wenn sie schriftlich abgegeben worden ist, der Niederschrift beizufügen. 1

---

4 vgl. § 12 Rn. 6 ff.
5 *Fitting*, Rn. 2; GK-*Jacobs*, Rn. 5.
6 Vgl. *BAG* 22.9.83, AP Nr. 11 zu § 78a BetrVG 1972; vgl. auch *Fitting*, Rn. 5.

1 *Fitting*, Rn. 2.
2 *Blanke/Berg u. a.*, Rn. 430; *Fitting*, Rn. 1.

2 Die Frist beträgt drei Arbeitstage und beginnt vom Tage der Benachrichtigung an zu laufen (§ 187 Abs. 1 BGB). Geht somit z. B. dem gewählten AN die Benachrichtigung am Mittwoch zu, beginnt die Frist am Donnerstag zu laufen. Sie endet am Sonnabend aber nur, wenn an diesem Tage im Betrieb üblicherweise gearbeitet wird. Ist das nicht der Fall, so endet die Frist erst am Montag, sofern dieser Tag kein Feiertag ist (§ 193 BGB). Die Frist endet auch erst dann an diesem Tage, wenn am Sonnabend betriebsüblicherweise Arbeitszeit nicht geleistet wird, der gewählte AN aber aus besonderen Gründen (z. B. Reparaturarbeiten) Arbeit geleistet hat. Zum Begriff »Arbeitstage« vgl. im Übrigen § 6 WO Rn. 41 f.

3 Ist bis zum Ablauf der Frist eine Erklärung nicht eingegangen, gilt der betreffende AN als **endgültig gewählt.** Nach Ablauf der Erklärungsfrist kann das BR-Amt nur noch nach § 24 Abs. 1 Nr. 2 BetrVG niedergelegt werden. Das ist aber nicht gegenüber dem WV, sondern gegenüber dem BR zu erklären.[3] Hat der WV Bürostunden eingerichtet, so wird er bei der Benachrichtigung an die gewählten Bewerber darauf hinweisen müssen, sofern sich die Bürostunden nicht ohnehin aus dem Wahlausschreiben ergeben (vgl. § 3 WO Rn. 26). Die Ablehnungserklärung muss dann dem WV spätestens am letzten Tag der Frist vor Ablauf der Bürostunden zugegangen sein.[4] Die Ablehnungserklärung ist an die Betriebsadresse des WV (vgl. § 3 WO Rn. 27) zu richten. Geht dem WV die Erklärung eines gewählten Bewerbers, dass er die Wahl nicht annehme, erst nach Ablauf der Erklärungsfrist zu, ist er gleichwohl zur konstituierenden Sitzung nach § 29 Abs. 1 einzuladen. Er kann in dieser Sitzung, nachdem der BR-Vorsitzende und sein Stellvertreter gewählt worden sind, das Amt niederlegen.

4 Unterlässt der WV die Benachrichtigung, wird die Frist von drei Arbeitstagen **nicht in Lauf** gesetzt. Gleichwohl kann der gewählte Bewerber von sich aus gegenüber dem WV erklären, dass er die Wahl annimmt. Wird keine Erklärung abgegeben, so gilt die Wahl erst dann als angenommen, wenn die Mitgliedschaft im BR übernommen wird,[5] etwa durch die Teilnahme an der konstituierenden Sitzung.

5 Hat ein gewählter AN die Wahl fristgerecht abgelehnt, gilt er als nicht gewählt. An seine Stelle tritt der in derselben Vorschlagsliste folgende Bewerber, der als **erstes Ersatzmitglied** in Betracht kommt. Ist die Wahl nach den Grundsätzen der **Verhältniswahl** (Listenwahl) durchgeführt worden, ist der auf derselben Vorschlagsliste nächstfolgende Bewerber als von Anfang an gewählt anzusehen. Hat der Wahlgang nach den Grundsätzen der **Mehrheitswahl** (Personenwahl) stattgefunden, tritt an die Stelle des Ablehnenden das Ersatzmitglied mit der **nächsthöheren Stimmenzahl** (vgl. § 25 Abs. 2 Satz 3 BetrVG). Es ist allerdings zu prüfen, ob durch die Nichtannahme der Wahl durch einen Angehörigen des Minderheitsgeschlechts die diesem Geschlecht zustehende Mindestanzahl von BR-Sitzen unterschritten wird. Ist das der Fall, ist § 15 Abs. 2 des Gesetzes mit der Folge der Anwendung der in § 15 Abs. 5 WO bzw. § 22 Abs. 1 und 2 WO enthaltenen Grundsätze zu beachten. In einer Ergänzung zur Niederschrift nach § 16 WO ist festzuhalten, welcher gewählte Bewerber die Annahme der Wahl abgelehnt hat und welches Ersatzmitglied für ihn in den BR gekommen ist.

6 Der WV hat gegenüber dem nachrückenden AN erneut die Benachrichtigung nach § 17 WO vorzunehmen. Auch dieser hat eine Erklärungsfrist von drei Arbeitstagen zur Verfügung.[6] Dadurch kann sich die Bekanntmachung der endgültig gewählten BR-Mitglieder nach § 18 WO verzögern.

7 Lehnen gewählte AN die Übernahme des BR-Amtes ab und wird dadurch die gemäß § 9 BetrVG vorgesehene zahlenmäßige Stärke des BR nicht erreicht, ist § 11 BetrVG entsprechend mit der Maßgabe anzuwenden, dass für die Zahl der BR-Mitglieder die nächstniedrigere Größe des BR zugrunde zu legen ist.[7] Bei einer Ablehnung des BR-Amts durch gewählte Bewerber findet somit § 13 Abs. 2 Nr. 2 BetrVG keine Anwendung, da diese Vorschrift eine Veränderung der Mitgliederzahl innerhalb des **bestehenden BR** voraussetzt.[8]

---

3 *Fitting,* Rn. 4; *GL,* Rn. 1.
4 GK-*Jacobs,* Rn. 3.
5 Richardi-*Thüsing,* Rn. 3.
6 *Fitting,* Rn. 6.
7 Vgl. *LAG Schleswig-Holstein* 7.9.88, DB 89, 284, das die Regelung des § 11 BetrVG sogar dann zur Anwendung kommen lassen will, wenn nur noch ein BR-Mitglied als Vertretung der AN übrigbleibt.
8 *LAG Schleswig-Holstein,* a.a.O.

§ 18 Bekanntmachung der Gewählten

Sobald die Namen der Betriebsratsmitglieder endgültig feststehen, hat der Wahlvorstand sie durch zweiwöchigen Aushang in gleicher Weise bekannt zu machen wie das Wahlausschreiben nach § 3 Absatz 4 Satz 1 bis 3. Je eine Abschrift der Wahlniederschrift (§ 16) ist dem Arbeitgeber und den im Betrieb vertretenen Gewerkschaften unverzüglich zu übersenden.

Haben alle Wahlbewerber das BR-Mandat ausdrücklich angenommen oder wird wegen des Ablaufs der Ablehnungsfrist nach § 17 Abs. 1 Satz 2 WO die Annahme unterstellt, steht das **Wahlergebnis endgültig** fest. 1

Erklären alle gewählten Bewerber, dass sie die Wahl annehmen, kann der WV die vorgesehene Bekanntmachung bereits vornehmen, **bevor** die in § 17 Abs. 1 Satz 2 WO angeführte **Erklärungsfrist abgelaufen ist.** Andererseits kann auch der Fall eintreten, dass die Bekanntmachung der Gewählten **nicht unmittelbar** nach Ablauf der Erklärungsfrist vorgenommen werden kann. Das ist dann gegeben, wenn ein gewählter Bewerber seine Wahl nicht annimmt und das entsprechende Ersatzmitglied an seine Stelle treten soll. Solange das nachrückende Ersatzmitglied seinerseits die Annahme des Amts noch nicht erklärt hat bzw. die Frist von drei Tagen nach § 17 Abs. 1 Satz 2 WO noch nicht abgelaufen ist, stehen die Namen der gewählten BR-Mitglieder nicht endgültig fest. 2

Die Namen der **endgültig gewählten BR-Mitglieder** sind vom WV durch zweiwöchigen **Aushang** bekanntzugeben. Der Aushang ist an den gleichen Stellen anzubringen, an denen das Wahlausschreiben ausgehangen hat. Diese Bekanntmachung hat unverzüglich nach der Feststellung des endgültigen Wahlergebnisses zu erfolgen. Die Unterlassung bildet jedoch keinen Anfechtungsgrund (vgl. Rn. 7). 3

Die Bekanntmachung ist vom **Vorsitzenden** und mindestens einem **weiteren Mitglied zu unterzeichnen.** Es liegt im **Ermessen** des WV, ob er neben der Bekanntgabe der Namen der endgültig gewählten BR-Mitglieder auch eine Abschrift der Niederschrift über das Wahlergebnis im Einzelnen aushängt oder zur Einsichtnahme auslegt.[1] 4

Mit der Bekanntgabe der Namen der endgültig gewählten BR-Mitglieder und damit der Zusammensetzung des neu gewählten BR wird die **Zweiwochenfrist zur Anfechtung der Wahl** nach § 19 BetrVG in Lauf gesetzt (vgl. § 19 BetrVG Rn. 31). Erfolgt der Aushang der Bekanntmachung an verschiedenen Orten zu verschiedenen Zeiten, so ist für den Beginn der Anfechtungsfrist der **Zeitpunkt des letzten Aushangs** maßgebend.[2] Die Frist berechnet sich nach § 187 Abs. 1 BGB. Der Tag der Bekanntgabe selbst wird somit nicht mitgezählt. 5

Die Verpflichtung des WV, den BR zur **konstituierenden Sitzung** nach § 29 Abs. 1 BetrVG einzuberufen, bleibt von der Bekanntmachung der Gewählten unberührt. Die fristgemäße Einberufung der konstituierenden Sitzung (vor Ablauf einer Woche nach dem Wahltag; vgl. § 29 Abs. 1 BetrVG) kann zu Schwierigkeiten führen, wenn ein Gewählter die Wahl nicht angenommen hat und der Wahlbewerber, der an seiner Stelle nachrücken soll (vgl. § 17 WO Rn. 4), die Annahme der Wahl noch nicht erklärt hat und die Dreitagesfrist des § 17 Abs. 1 Satz 2 WO für ihn noch nicht abgelaufen ist. Tritt ein solcher Fall ein, wird der WV den nachrückenden Wahlbewerber zur konstituierenden Sitzung auch dann einzuladen haben, wenn für diesen zum Zeitpunkt der Einladung die Erklärungsfrist noch nicht abgelaufen ist. Im Übrigen ist zu beachten, dass die **Einladung** zur konstituierenden Sitzung nach § 29 Abs. 1 BetrVG zwar vor Ablauf einer Woche nach dem Wahltag zu erfolgen hat, die Sitzung selbst aber **nach diesem Zeitpunkt** stattfinden kann. 6

Wird das Wahlergebnis nicht bekanntgegeben, beginnt die Anfechtungsfrist nicht zu laufen[3]. Die Wahlanfechtung ist dann auch nach Ablauf der Zweiwochenfrist möglich (vgl. § 19 BetrVG Rn. 31). Andererseits kann ein Wahlanfechtungsverfahren **bereits vor der Bekanntgabe des Wahlergebnisses** eingeleitet werden. Die tatsächliche Bekanntgabe des Wahlergebnisses, die ohne oder gegen den Willen des WV erfolgt ist, setzt jedenfalls dann nicht den Lauf der Anfechtungsfrist in Gang, wenn nach den konkreten Umständen objektiv erkennbar ist, dass es 7

---

1 *Fitting*, Rn. 2; *GL*, Rn. 1.
2 *Fitting*, Rn. 3; *GL*, Rn. 2.
3 *LAG Nürnberg* 28.11.19 – 1 TaBV 18/19.

sich um keine offizielle Bekanntgabe durch den WV handelt.[4] Ein solcher Fall könnte etwa vorliegen, wenn die AN von dem Wahlergebnis dadurch erfahren, dass einzelne Beschäftigte mittels der im Betrieb vorhandenen Informations- und Kommunikationstechnik, etwa über das Intranet, das Wahlergebnis bekannt geben.

8 Der WV ist verpflichtet, dem AG und den im **Betrieb vertretenen Gewerkschaften** unverzüglich eine Abschrift der Wahlniederschrift zu übersenden. Eine Verletzung dieser Pflicht kann die Wahlanfechtung zwar nicht begründen.[5] Die Mitteilung ist aber ein Baustein, der sicherstellen soll, dass die Gewerkschaften auch in die Lage versetzt werden, ihre im BetrVG verankerten Rechte und Pflichten auszuüben. Der WV kann sich bei der Mitteilung des Wahlergebnisses an die Gewerkschaften der Berichtsbögen bedienen, die diese üblicherweise herausgeben. Der Weitergabe der notwendigen Informationen an die im Betrieb vertretene Gewerkschaft stehen auch **nicht datenschutzrechtliche Bedenken** entgegen. Die Übermittlung und Nutzung der Daten dient der Wahrung berechtigter Interessen i. S. d. BDSG, weil die Gewerkschaft im Rahmen ihrer betriebsverfassungsrechtlichen Aufgaben tätig wird.[6] Der WV ist im Übrigen gehalten, **den Gewerkschaften** die Wahlniederschrift zu übersenden, von denen er weiß, dass sie im Betrieb vertreten sind. Besondere Nachforschungen darüber hinaus braucht er nicht anzustellen.

§ 19 Aufbewahrung der Wahlakten

Der Betriebsrat hat die Wahlakten mindestens bis zur Beendigung seiner Amtszeit aufzubewahren.

1 Unter Wahlakten sind die **gesamten Wahlunterlagen** im weitesten Sinne einschließlich der Stimmzettel zu verstehen.[7] Gemeint sind somit alle Schrift- und Druckstücke sowie E-Mails, die der WV bei der **Vorbereitung und Durchführung der Wahl** gefertigt hat oder die ihm zugegangen sind. Dazu gehören z. B. das Wahlausschreiben, die erfolgten Aushänge, die Vorschlagslisten, die Bekanntmachungen des WV und seine Niederschriften, der Schriftwechsel des WV, die Stimmzettel und die Freiumschläge für die schriftliche Stimmabgabe.

2 Bei den Freiumschlägen für die schriftliche Stimmabgabe ist zu beachten, dass **verspätet eingegangene Briefumschläge** (vgl. § 26 WO Rn. 5 ff.) binnen vier Wochen nach Bekanntgabe des Wahlergebnisses **ungeöffnet** zu vernichtet werden können (vgl. § 26 Abs. 2 WO). Ist die Wahl angefochten worden, erfolgt die Vernichtung nach Rechtskraft des im Anfechtungsverfahren ergangenen rechtskräftigen Beschlusses.

3 Der WV hat die **Wahlunterlagen dem BR** zu übergeben, sobald dessen **konstituierende Sitzung** (vgl. § 29 Abs. 1 BetrVG) stattgefunden hat. Die Unterlagen können aber auch in der Sitzung übergeben werden, sobald die Wahl des BR-Vorsitzenden und dessen Stellvertreters erfolgt ist (vgl. § 29 BetrVG Rn. 10). Die Übergabe ist in der Niederschrift der Sitzung zu vermerken.

4 Der BR hat die Wahlakten mindestens bis zur **Beendigung seiner Amtszeit** (vgl. §§ 21, 22 BetrVG) sorgfältig aufzubewahren. Er hat den zur Wahlanfechtung Berechtigten (vgl. § 19 Abs. 2 BetrVG) die Einsichtnahme zu gestatten, soweit die Unterlagen für ein Wahlanfechtungsverfahren benötigt werden;[8] grundsätzlich aber nicht, soweit Bestandteile der Wahlakten Rückschlüsse auf das Wahlverhalten von Wahlberechtigten zulassen.[9] So können **Rückschlüsse auf das Wahlverhalten** einzelner wahlberechtigter AN aus den mit Stimmabgabevermerken vom WV versehenen Wählerlisten gezogen werden, aber auch etwa aus Briefwahlunterlagen oder persönlichen Schreiben sowie E-Mails einzelner Wahlberechtigter an den WV. Die Einsichtnahme in derartige Wahlunterlagen durch den AG ist **nur** zulässig, wenn gerade dies zur Überprüfung der Ordnungsmäßigkeit der Wahl erforderlich ist. Das hat der AG zuvor dem WV bzw. später dem BR darzulegen.[10]

---

4 *BayVGH* 24. 4. 91, PersR 92, 79.
5 *Fitting*, § 18 BetrVG Rn. 28 f.
6 *DKW*, § 2 Rn. 71 ff.
7 *Fitting*, Rn. 1.
8 *Fitting*, Rn. 2.
9 *BAG* 27. 7. 05, AuR 06, 38, zum Einsichtsrecht des AG.
10 *BAG* 27. 7. 05, a. a. O.

Dritter Unterabschnitt Wahlverfahren bei nur einer Vorschlagsliste (§ 14 Abs. 2 Satz 2 erster Halbsatz des Gesetzes)

§ 20 Stimmabgabe

(1) Ist nur eine gültige Vorschlagsliste eingereicht, so kann die Wählerin oder der Wähler ihre oder seine Stimme nur für solche Bewerberinnen oder Bewerber abgeben, die in der Vorschlagsliste aufgeführt sind.

(2) Auf den Stimmzetteln sind die Bewerberinnen oder Bewerber unter Angabe von Familienname, Vorname und Art der Beschäftigung im Betrieb in der Reihenfolge aufzuführen, in der sie auf der Vorschlagsliste benannt sind.

(3) Die Wählerin oder der Wähler kennzeichnet die von ihr oder ihm gewählten Bewerberinnen oder Bewerber durch Ankreuzen an der hierfür im Stimmzettel vorgesehenen Stelle und faltet ihn in der Weise, dass ihre oder seine Stimme nicht erkennbar ist; es dürfen nicht mehr Bewerberinnen oder Bewerber angekreuzt werden, als Betriebsratsmitglieder zu wählen sind. § 11 Abs. 1 Satz 2, Abs. 2 Satz 2, Abs. 4, §§ 12 und 13 gelten entsprechend.

Wird nur eine gültige Vorschlagsliste eingereicht, findet eine **Mehrheitswahl** statt. Die Bestimmung stellt somit darauf ab, dass nur ein gültiger Wahlvorschlag (Vorschlagsliste) vorhanden ist. 1

Die **Mehrheitswahl** wird auch als **Personenwahl** bezeichnet (zur Unterscheidung zwischen Mehrheitswahl [Personenwahl] einerseits und Verhältniswahl [Listenwahl] andererseits vgl. auch § 14 BetrVG Rn. 29 ff.). Anders als bei der Verhältniswahl werden bei der Mehrheitswahl nicht die einzelnen Vorschlagslisten gewählt, sondern die Wahlbewerber, die auf dem einen gültigen Wahlvorschlag aufgeführt sind. Bei der Mehrheitswahl kann der Wähler **so viele Bewerber** auf dem Stimmzettel ankreuzen, wie BR-Mitglieder insgesamt zu wählen sind. Die jeweilige Anzahl ergibt sich aus dem Wahlausschreiben. 2

Der Wähler kann somit bei der Mehrheitswahl auswählen, welchen auf der Vorschlagsliste stehenden Wahlbewerbern er seine Stimme geben will. Für Personen, die nicht auf der Vorschlagsliste aufgeführt sind, kann der Wähler seine Stimme nicht abgeben.[1] Kreuzt der Wähler **mehr Bewerber** an, als BR-Mitglieder zu wählen sind, wird der Stimmzettel **ungültig.** Es ist jedoch zulässig, **weniger Bewerber** anzukreuzen. Gibt der Wähler einem Bewerber mehrere Stimmen (Stimmhäufung), zählt dies nur als eine Stimme.[2] 3

Die Stimmabgabe erfolgt, wie auch bei der Verhältniswahl, durch Abgabe von Stimmzetteln (§ 11 Abs. 1 Satz 2 WO). Auf dem Stimmzettel sind die Namen sämtlicher auf der Vorschlagsliste stehenden Wahlbewerber mit Familienname, Vorname und Art der Beschäftigung im Betrieb anzuführen und zwar in der **Reihenfolge,** wie sie auch in dem **Wahlvorschlag** benannt sind. Eine andere Reihenfolge – auch in alphabetischer Reihenfolge – ist **unzulässig,** da sie zu einer Wahlbeeinflussung führen könnte.[3] Eine **Ausnahme** besteht lediglich bei der Wahl des BR im vereinfachten Wahlverfahren. Bei diesem Verfahren sind die Wahlbewerber immer in alphabetischer Reihenfolge auf dem Stimmzettel anzuführen (§ 34 Abs. 1 WO). 4

Im Gegensatz zur Listenwahl hat die Reihenfolge bei der Mehrheitswahl keine materiellrechtliche Bedeutung, da bei der Mehrheitswahl nicht die Reihenfolge auf dem Wahlvorschlag, sondern die Stimmenzahl entscheidet, die der jeweilige Wahlbewerber erhält. Die **Stimmzettel** müssen die **gleiche Beschaffenheit** wie Größe, Farbe und Beschriftung aufweisen (vgl. auch § 11 WO Rn. 3 f.). 5

Abs. 2 sieht vor, dass auf den Stimmzetteln neben dem Familiennamen und dem Vornamen auch die Art der Beschäftigung anzuführen ist. Der WV ist gehalten, diese Angaben aus der Vorschlagsliste zu übernehmen. Das gilt auch dann, wenn die Vorschlagsliste unvollständig ist, z. B. nicht die Art der Beschäftigung im Betrieb enthält. Zu der Frage, ob und inwieweit das 6

1 *Fitting,* Rn. 2.
2 *Fitting,* Rn. 4; GK-*Jacobs,* Rn. 5.
3 *Fitting,* Rn. 3; *GL,* Rn. 2; Richardi-*Thüsing,* Rn. 4.

Nichtvorhandensein dieser Angaben eine Vorschlagsliste ungültig machen kann, vgl. § 6 WO Rn. 21 ff.

7 Der Stimmzettel darf Angaben, die über die in Abs. 2 genannten hinausgehen, **nicht enthalten.** Es darf somit auch kein Hinweis auf die Zugehörigkeit zu einer bestimmten Organisation gegeben werden.[4] Dagegen ist ein Hinweis auf dem Stimmzettel, wie viele Bewerber der Wähler ankreuzen darf, nicht nur unschädlich,[5] sondern sogar zweckmäßig; ebenso wie Hinweise zur sachgemäßen Faltung der Stimmzettel.

§ 21 Stimmauszählung

Nach Öffnung der Wahlurne entnimmt der Wahlvorstand die Stimmzettel und zählt die auf jede Bewerberin und jeden Bewerber entfallenden Stimmen zusammen; § 14 Abs. 1 Satz 2 und Abs. 2 gilt entsprechend.

1 Die **Öffnung der Wahlurnen** und die sich daran anschließende **Stimmauszählung** vollzieht sich öffentlich (vgl. § 13 WO) in Anwesenheit des **gesamten WV.** Die Öffentlichkeit der Stimmauszählung ergibt sich, obwohl die Vorschrift nicht auf § 13 WO verweist, schon aus § 18 Abs. 3 Satz 1 BetrVG. Ein Verstoß gegen das Gebot der öffentlichen Stimmauszählung wird im Allgemeinen als ein erheblicher Verstoß gegen wesentliche Vorschriften des Wahlverfahrens angesehen, der im Normalfall eine Wahlanfechtung rechtfertigt.[6]

2 Die Stimmauszählung vollzieht sich grundsätzlich nach den Regelungen der §§ 14 und 26 WO. Der entscheidende Unterschied zu dieser Vorschrift (Stimmauszählung, der ein Wahlverfahren mit mehreren Vorschlagslisten zugrunde gelegen hat) besteht in der Ermittlung der gewählten BR-Mitglieder. Während der Ermittlung nach § 14 die Listenwahl zugrunde liegt und festzustellen ist, wie viele Stimmen auf die einzelnen Vorschlagslisten entfallen sind, woraus sich entsprechend der Reihenfolge auf den Listen die gewählten BR-Mitglieder ergeben, sind nach der Regelung des § 21 **unmittelbar** die auf die einzelnen Wahlbewerber **entfallenden Stimmen** maßgebend.

3 Zur Unterstützung bei der Stimmauszählung kann der WV **Wahlhelfer** hinzuziehen (§ 1 Abs. 2 Satz 2 WO). Sie sind jedoch bei der Beschlussfassung über die Gültigkeit oder Ungültigkeit eines Stimmzettels nicht zu beteiligen.

4 Der WV entscheidet durch **Beschluss,** wenn fraglich ist, ob ein Stimmzettel gültig ist (zur Ungültigkeit von Stimmzetteln vgl. § 11 WO Rn. 11 ff. und § 12 WO Rn. 6 ff.).[7] Der Beschluss kann bereits in der öffentlichen Sitzung erfolgen, in der die Stimmauszählung vorgenommen wird. Die Entscheidung kann aber auch einer **besonderen nicht öffentlichen Beratung und Beschlussfassung** vorbehalten bleiben.[8]

5 Auch das sich auf Grund der Auszählung **ergebende vorläufige Wahlergebnis** ist in der **öffentlichen Sitzung** den anwesenden AN bekanntzugeben. Es genügt die **mündliche Verkündung** (vgl. auch § 14 WO Rn. 8). Die **Wahlniederschrift** (§ 23 WO) kann dagegen gesondert in nicht öffentlicher Sitzung vorgenommen werden (vgl. auch § 23 WO Rn. 1).

---

4 Vgl. *OVG Lüneburg* 10. 1. 61, ZBR 61, 159.
5 *Fitting,* Rn. 7; GK-*Jacobs,* Rn. 5.
6 *BAG* 15. 11. 00 – 7 ABR 53/99: Die vorgeschriebene Öffentlichkeit der Stimmenauszählung erfordert, dass Ort und Zeitpunkt der Stimmauszählung vorher im Betrieb öffentlich bekanntgemacht werden; vgl. auch *Blanke/Berg u. a.,* Rn. 397; *Fitting,* § 13 WO Rn. 6; *Richardi,* § 13 WO Rn. 5; vgl. auch *ArbG Bochum* 20. 6. 75, DB 75, 1898, das darauf abstellt, dass es sich bei der öffentlichen Stimmauszählung um eine wesentliche Bestimmung über das Wahlverfahren handelt, durch die eine Manipulation der Wahl durch Änderung oder Austausch der Stimmzettel verhindert werden soll.
7 *Blanke/Berg u. a.,* Rn. 400.
8 Wie hier *Blanke/Berg u. a.,* Rn. 400; vgl. auch Richardi-*Thüsing,* § 14 WO Rn. 2, die davon ausgehen, dass die Entscheidung über die Gültigkeit der Stimmzettel zwar in einer getrennten Sitzung erfolgen könne, diese aber ebenfalls öffentlich sein müsse.

§ 22 Ermittlung der Gewählten

(1) Zunächst werden die dem Geschlecht in der Minderheit zustehenden Mindestsitze (§ 15 Abs. 2 des Gesetzes) verteilt. Dazu werden die dem Geschlecht in der Minderheit zustehenden Mindestsitze mit Angehörigen dieses Geschlechts in der Reihenfolge der jeweils höchsten auf sie entfallenden Stimmenzahlen besetzt.

(2) Nach der Verteilung der Mindestsitze des Geschlechts in der Minderheit nach Absatz 1 erfolgt die Verteilung der weiteren Sitze. Die weiteren Sitze werden mit Bewerberinnen und Bewerbern, unabhängig von ihrem Geschlecht, in der Reihenfolge der jeweils höchsten auf sie entfallenden Stimmenzahlen besetzt.

(3) Haben in den Fällen des Absatzes 1 oder 2 für den zuletzt zu vergebenden Betriebsratssitz mehrere Bewerberinnen oder Bewerber die gleiche Stimmenzahl erhalten, so entscheidet das Los darüber, wer gewählt ist.

(4) Haben sich weniger Angehörige des Geschlechts in der Minderheit zur Wahl gestellt oder sind weniger Angehörige dieses Geschlechts gewählt worden als ihm nach § 15 Abs. 2 des Gesetzes Mindestsitze zustehen, so sind die insoweit überschüssigen Mitgliedersitze des Geschlechts in der Minderheit bei der Sitzverteilung nach Absatz 2 Satz 2 zu berücksichtigen.

1 Die Vorschrift legt fest, wie bei der Stimmauszählung zu verfahren ist, wenn die Wahl auf der Grundlage der Mehrheitswahl (Personenwahl) erfolgte und die Ermittlung zugleich nach den Grundsätzen des § 15 Abs. 2 BetrVG vorgenommen werden muss.

Bei den weitaus meisten BR-Wahlen wird die Zuteilung der Sitze, weil die Grundsätze des § 15 Abs. 2 BetrVG anzuwenden sind, in der Weise zu erfolgen haben, wie sie § 22 WO vorschreibt (zu den Fällen der Nichtanwendung des § 22 WO vgl. Rn. 5). Es ist in **zwei Schritten** vorzugehen. Mit dem ersten Schritt werden die dem Geschlecht in der **Minderheit zustehenden BR-Sitze** zugeteilt, wobei die Reihenfolge der erreichten Stimmen maßgebend ist. Mit dem zweiten Schritt werden die weiteren Sitze verteilt, wiederum unter Zugrundelegung der von den einzelnen Wahlbewerbern erreichten Stimmenzahlen, aber diesmal **unabhängig von dem Geschlecht.**[1] Bei dem zweiten Schritt bleiben natürlich die Wahlbewerber unberücksichtigt, die bereits bei dem ersten Schritt auf Grund ihrer Zugehörigkeit zum Minderheitsgeschlecht Sitze erhalten haben.

2 Die Verfahrensweise soll anhand von zwei Beispielen deutlich gemacht werden (vgl. auch das Beispiel bei § 15 BetrVG Rn. 17).

Beispiel 1:
In einem Betrieb mit 150 AN sind 110 Männer und 40 Frauen. Der BR erhält sieben Sitze. Die Frauen bekommen als Minderheitsgeschlecht nach § 15 Abs. 2 BetrVG mindestens zwei Sitze (vgl. dazu die Berechnung bei § 5 WO Rn. 4). Die BR-Wahl hat folgendes Ergebnis gebracht, wobei in dem folgenden Beispiel aus Gründen der besseren Übersicht keine Namen angeführt werden, sondern unmittelbar das jeweilige Geschlecht.

Frau 1	**140 Stimmen**
Mann 1	128 Stimmen
Mann 2	119 Stimmen
Mann 3	118 Stimmen
Mann 4	111 Stimmen
Frau 2	109 Stimmen
Frau 3	102 Stimmen
Mann 5	83 Stimmen

Mit dem **ersten Schritt** hat die Verteilung der zwei Mindestmandate zu erfolgen:

Frau 1	**140** Stimmen
Frau 2	**109** Stimmen
Frau 3	102 Stimmen

1 Vgl. *Schneider*, Das Minderheitsgeschlecht und die Mindestquote, S. 14 f.

Die zwei Mindestsitze entfallen auf Frau 1 und Frau 2. Nachdem auf diese Weise die Mindestsitze verteilt worden sind, hat die Verteilung der übrigen fünf Sitze **unabhängig von dem Geschlecht** nur nach den erreichten Stimmenzahlen zu erfolgen. Bei diesem **zweiten Schritt** fallen die fünf Sitze an folgende Wahlbewerber:

Mann 1	**128** Stimmen
Mann 2	**119** Stimmen
Mann 3	**118** Stimmen
Mann 4	**111** Stimmen
Frau 3	**102** Stimmen
Mann 5	83 Stimmen

3 Die übrigen fünf Sitze entfallen somit auf Mann 1, Mann 2, Mann 3, Mann 4 und Frau 3. Entfällt der letzte zu vergebende Sitz auf zwei Wahlbewerber, so entscheidet das Los, wer gewählt ist und den letzten Sitz erhält. Das gilt sowohl für den ersten als auch den zweiten Schritt. Hätten z. B. Frau 2 und Frau 3 die gleiche Stimmenzahl erhalten, so hätte das Los bei dem ersten Schritt entscheiden müssen, wer an letzter Stelle den Minderheitensitz bekommt. Entsprechend hätte durch Los über die Zuteilung des letzten Sitzes entschieden werden müssen, wenn sich bei dem zweiten Schritt gezeigt hätte, dass Frau 3 und Mann 5 die gleiche Anzahl von Stimmen erhalten haben.

Beispiel 2:

4 In dem folgenden Beispiel wird davon ausgegangen, dass nur **eine Frau** kandidiert, obwohl den Frauen als **Minderheitengeschlecht zwei Sitze** zustehen. Die Wahl hat folgendes Ergebnis gebracht:

Frau 1	140 Stimmen
Mann 1	128 Stimmen
Mann 2	119 Stimmen
Mann 3	118 Stimmen
Mann 4	111 Stimmen
Mann 5	109 Stimmen
Mann 6	100 Stimmen

Mit dem ersten Schritt hat auch hier die Verteilung der Mindestsitze zu erfolgen. Da aber nur eine Frau kandidiert hat, kann den Frauen **nur ein Mindestsitz** zugeteilt werden.
Die übrigen Sitze entfallen entsprechend den erhaltenen Stimmen auf M 1, M 2, M 3, M 4, M 5 und M 6. Auch hier hätte das Los zu entscheiden, wenn auf M 5 und M 6 die gleiche Stimmenzahl entfallen wäre.

5 Es kann der Fall eintreten, dass die Grundsätze des § 15 Abs. 2 BetrVG **nicht zur Anwendung** kommen. Das ist etwa gegeben, wenn nur ein Geschlecht im Betrieb vorhanden ist oder in der Belegschaft zwar Frauen und Männer vertreten sind, aber keine Frauen als Vertreter des Minderheitsgeschlechts bereit sind, zu kandidieren. Es kann auch sein, dass die Belegschaft aus Männern und Frauen besteht, aber der Anteil des Minderheitsgeschlechts **unterhalb des zahlenmäßigen Schwellenwertes** liegt, der zur Erreichung eines Mindestsitzes erforderlich ist. Wenn beispielsweise in einem Betrieb mit 100 AN die Belegschaft aus 85 Männern und aus 15 Frauen besteht, erhalten die Männer durch die Auszählung nach § 5 WO auf Grund des Höchstzahlensystems alle fünf Sitze, die dem BR nach § 9 BetrVG bei dieser Belegschaftsgröße zustehen. Selbst der letzte, also der fünfte Sitz, fällt durch die Teilung 85: 5 = 17 an die Männer. Es würde aber auch hier dem in § 15 Abs. 2 BetrVG steckenden Grundgedanken der Frauenförderung entsprechen, Frauen als Wahlbewerber aufzustellen. Sie haben jedoch keinen Anspruch auf einen Mindestsitz, sondern können nur auf Grund der erhaltenen Wählerstimmen in den BR kommen. Zu weiteren Fällen der Nichtanwendung des § 15 Abs. 2 BetrVG vgl. *Schneider*, Das Minderheitsgeschlecht und die Mindestquote, S. 15.

6 Die WO *sieht für die Fälle, in denen* § 15 Abs. 2 BetrVG nicht zur Anwendung kommt, aber die Wahl nach den Grundsätzen der Mehrheitswahl erfolgte, **keine ausdrückliche Regelung** dazu vor, wie die Ermittlung der Gewählten zu erfolgen hat. Lediglich beim vereinfachten Wahlver-

fahren, wenn es um die Wahl des aus einer Person bestehenden BR geht, wird bestimmt, dass die Person gewählt ist, die die meisten Stimmen bekommen hat (§ 34 Abs. 4 WO). Nach diesem bei der **Mehrheitswahl allgemein anzuwendenden Grundsatz** ist zu verfahren. Es entfällt daher bei der Ermittlung der Gewählten, wenn § 15 Abs. 2 BetrVG nicht zur Anwendung kommt, der erste Schritt. Es ist von **vornherein** der zweite Schritt anzuwenden, wie er nach § 22 der geltenden WO durchzuführen ist, also Auszählung nach den höchsten Stimmenzahlen **unabhängig vom Geschlecht.**

Erhalten insgesamt weniger Wahlbewerber eine Stimme als BR-Sitze nach § 9 BetrVG zu vergeben sind, besteht der BR nur aus so vielen Mitgliedern, wie Kandidaten gewählt worden sind, und zwar in entsprechender Anwendung des § 11 BetrVG.[2] 7

Hinsichtlich des **dritten Geschlechtes »Divers«** vgl. § 15 BetrVG Rn. 11 und § 15 WO Rn. 4. 8

§ 23 Wahlniederschrift, Bekanntmachung

(1) Nachdem ermittelt ist, welche Arbeitnehmerinnen und Arbeitnehmer als Betriebsratsmitglieder gewählt sind, hat der Wahlvorstand eine Niederschrift anzufertigen, in der außer den Angaben nach § 16 Abs. 1 Nr. 1, 5 bis 7 die jeder Bewerberin und jedem Bewerber zugefallenen Stimmenzahlen festzustellen sind. § 16 Abs. 2, § 17 Abs. 1, §§ 18 und 19 gelten entsprechend.

(2) Lehnt eine gewählte Person die Wahl ab, so tritt an ihre Stelle die nicht gewählte Person mit der nächsthöchsten Stimmenzahl. Gehört die gewählte Person dem Geschlecht in der Minderheit an, so tritt an ihre Stelle die nicht gewählte Person dieses Geschlechts mit der nächsthöchsten Stimmenzahl, wenn ansonsten das Geschlecht in der Minderheit nicht die ihm nach § 15 Abs. 2 des Gesetzes zustehenden Mindestsitze erhalten würde. Gibt es keine weiteren Angehörigen dieses Geschlechts, auf die Stimmen entfallen sind, geht dieser Sitz auf die nicht gewählte Person des anderen Geschlechts mit der nächsthöchsten Stimmenzahl über.

Inhaltsübersicht Rn.

I. Anfertigung der Niederschrift

Nach der Ermittlung der vorläufig gewählten BR-Mitglieder hat der WV eine **Niederschrift** (vgl. § 16 WO) anzufertigen. Die erforderlichen Angaben für die Wahlniederschrift hat der WV bereits in der öffentlichen Stimmauszählung (§ 13 WO) bzw. unmittelbar danach öffentlich zu treffen. Der WV ist jedoch nicht verpflichtet, auch die Wahlniederschrift in der öffentlichen Sitzung durchzuführen zu beschließen.[1] 1

Die Niederschrift hat **zwingend** zu enthalten: 2

- die Gesamtzahl der abgegebenen Stimmen und die Zahl der jedem Wahlbewerber zugefallenen gültigen Stimmen;
- die Zahl der ungültigen Stimmzettel;
- die Namen der in den BR gewählten Wahlbewerber;
- ggf. besondere Zwischenfälle oder Ereignisse, die während der BR-Wahl eingetreten sind.

Die Niederschrift ist von der oder dem **Vorsitzenden des WV** sowie mindestens **einem weiteren stimmberechtigten Mitglied** zu unterschreiben (§ 16 Abs. 2 WO); vorzugsweise vom gesamten WV. Der WV hat je eine Abschrift der Niederschrift dem **AG** und den im **Betrieb vertretenen Gewerkschaften** unverzüglich zu übersenden (vgl. § 18 Satz 2 WO). 3

---

2 *Fitting*, Rn. 9.

1 *Blanke/Berg u. a.*, Rn. 425.

II. Ablehnung der Übernahme des Betriebsratsamtes durch gewählte Wahlbewerber

4 Der WV hat, wie auch beim Wahlverfahren mit mehreren Vorschlagslisten (vgl. § 17 Abs. 1 WO), die Gewählten von ihrer Wahl **unverzüglich schriftlich** zu benachrichtigen. Eine ergänzende Mitteilung per E-Mail ist sinnvoll und schneller. Die Wahl gilt als angenommen, wenn der gewählte Wahlbewerber nicht binnen **drei Arbeitstagen** erklärt, dass er die Wahl ablehnt.

5 Anders als bei dem Wahlverfahren mit mehreren Vorschlagslisten (vgl. § 18 Abs. 2 WO) tritt im Falle der Ablehnung der Wahl durch einen gewählten Wahlbewerber an seine Stelle der nicht gewählte Wahlbewerber mit der **nächsthöheren Stimmenzahl.** Dabei sind die Grundsätze des § 15 Abs. 2 BetrVG zu beachten. Führt somit die Ablehnung der Wahl durch einen gewählten Wahlbewerber zu einer **Unterschreitung** der dem Minderheitengeschlecht zustehenden Mindestsitze, so geht der durch die Ablehnung noch zu besetzende Sitz auf den **nicht gewählten** Angehörigen des **Minderheitsgeschlechts** über, der die nächsthöchste Stimmenzahl erhalten hat. Befindet sich unter den nicht gewählten Wahlbewerbern kein Angehöriger des Minderheitsgeschlechts mehr, wird der Sitz von dem Angehörigen des **Mehrheitsgeschlechts** eingenommen, der die nächsthöchste Stimmenzahl bekommen hat.

6 Sobald die Namen der Mitglieder des BR **endgültig feststehen** (vgl. auch § 18 WO Rn. 1 f.), hat sie der WV durch **zweiwöchigen Aushang** in gleicher Weise bekanntzumachen wie das Wahlausschreiben (vgl. § 18 Satz 1 WO).

7 Der WV hat die **Wahlunterlagen** dem **neugewählten BR zu übergeben,** der sie mindestens bis zur Beendigung seiner Amtszeit aufzubewahren hat (vgl. § 19 WO).

Dritter Abschnitt
Schriftliche Stimmabgabe

§ 24 Voraussetzungen

(1) Wahlberechtigten, die im Zeitpunkt der Wahl wegen Abwesenheit vom Betrieb verhindert sind, ihre Stimme persönlich abzugeben, hat der Wahlvorstand auf ihr Verlangen
1. das Wahlausschreiben,
2. die Vorschlagslisten,
3. den Stimmzettel und den Wahlumschlag,
4. eine vorgedruckte von der Wählerin oder dem Wähler abzugebende Erklärung, in der gegenüber dem Wahlvorstand zu versichern ist, dass der Stimmzettel persönlich gekennzeichnet worden ist, sowie
5. einen größeren Freiumschlag, der die Anschrift des Wahlvorstands und als Absender den Namen und die Anschrift der oder des Wahlberechtigten sowie den Vermerk »Schriftliche Stimmabgabe« trägt,

auszuhändigen oder zu übersenden. Die Wahlumschläge müssen sämtlich die gleiche Größe, Farbe, Beschaffenheit und Beschriftung haben. Der Wahlvorstand soll der Wählerin oder dem Wähler ferner ein Merkblatt über die Art und Weise der schriftlichen Stimmabgabe (§ 25) aushändigen oder übersenden. Der Wahlvorstand hat die Aushändigung oder die Übersendung der Unterlagen in der Wählerliste zu vermerken.

(2) Wahlberechtigte, von denen dem Wahlvorstand bekannt ist, dass sie
1. im Zeitpunkt der Wahl nach der Eigenart ihres Beschäftigungsverhältnisses, insbesondere im Außendienst oder mit Telearbeit Beschäftigte und in Heimarbeit Beschäftigte, oder
2. vom Erlass des Wahlausschreibens bis zum Zeitpunkt der Wahl aus anderen Gründen, insbesondere bei Ruhen des Arbeitsverhältnisses oder Arbeitsunfähigkeit,

voraussichtlich nicht im Betrieb anwesend sein werden, erhalten die in Absatz 1 bezeichneten Unterlagen, ohne dass es eines Verlangens der Wahlberechtigten bedarf. Der Arbeit-

geber hat dem Wahlvorstand die dazu erforderlichen Informationen zur Verfügung zu stellen.

(3) Für Betriebsteile und Kleinstbetriebe, die räumlich weit vom Hauptbetrieb entfernt sind, kann der Wahlvorstand die schriftliche Stimmabgabe beschließen. Absatz 2 gilt entsprechend.

Inhaltsübersicht Rn.

I. Grundsätze

1 Es soll erreicht werden, dass an der **persönlichen Stimmabgabe verhinderte AN** mitwählen können und auf diese Weise eine möglichst hohe Wahlbeteiligung erreicht wird. Die Vorschrift stellt damit eine Ausnahme von dem Grundsatz der persönlichen Stimmabgabe dar.[1] Dabei werden **bestimmte Voraussetzungen** für die schriftliche Stimmabgabe vorgesehen. Daraus ergibt sich zugleich, dass die schriftliche Stimmabgabe (Briefwahl) weder im Belieben des WV noch des einzelnen AN steht[2]. Deshalb darf der WV die BR-Wahl nicht allgemein im Wege der schriftlichen Stimmabgabe durchführen, z. B. aus Vereinfachungsgründen.[3]

2 Die Auslegung der Vorschrift eröffnet jedoch eine gewisse Spannbreite bei der Anwendung der Abs. 2, 3.[4] Es darf allerdings nicht die Regel der Urnenwahl zur Ausnahme werden.

3 Eine Durchführung der schriftlichen **Stimmabgabe auf elektronischem Weg,** etwa über ein im Betrieb vorhandenes Intranet, ist nicht zulässig. Dieser Weg verbietet sich schon deshalb, weil die schriftlich abgegebenen Stimmen zusammen mit den im Wahlraum abgegebenen Stimmen in die Wahlurne eingeworfen und mit diesen gemeinsam ausgezählt werden müssen (vgl. § 26 Abs. 1 WO; vgl. zur Problematik der elektronischen Stimmabgabe auch § 2 Rn. 9 ff.). Es spricht jedoch nichts dagegen die Briefwahlunterlagen per E-Mail zu versenden, wenn z. B. bei Monteuren im Ausland eine Versendung per Post nicht schnell genug wäre. Nur die elektronische Stimmabgabe bleibt bei der derzeit gültigen WO nicht mit dem Gesetz bzw. der WO vereinbar (vgl. auch § 2 Rn. 13 ff.).

4 Die schriftliche Stimmabgabe ist dann zulässig, wenn eine der in den Abs. 1, 2 oder 3 genannten Voraussetzungen vorliegt. Die Aushändigung der Wahlunterlagen zur Briefwahl an einen zu dieser Wahlform nicht berechtigten Wähler wird jedoch eine **Wahlanfechtung nur ausnahmsweise** begründen. Das Wahlergebnis wird dadurch regelmäßig nicht beeinflusst. Es ist auch unschädlich, wenn der WV Wahlberechtigten, die sich etwa in **Kurzarbeit** oder in der **Elternzeit** befinden, darauf hinweist, dass die schriftliche Stimmabgabe möglich ist, sofern er innerhalb der Gruppe der AN, die aus solchen Gründen am Wahltag nicht anwesend sein wird, nicht unsachlich differenziert.[5] Etwas anderes wird jedoch zu gelten haben, wenn sich der

1 Die Urnenwahl ist der Regelwahlmodus. Vgl. *LAG Hamm* 16.11.07 – 13 TaBV 109/09.

2 Zu besonderen Schwierigkeiten bei der Abgabe von mehr als 100 Briefwahlunterlagen per Boten vgl. *LAG München* 9. 6. 10 – 4 TaBV 105/09.

3 *BAG* 16.3.22 – 7 ABR 29/20; *ArbG Düsseldorf* 28. 11. 16, 2 BV 286/16; *Fitting*, Rn. 2, Richardi-*Thüsing*, Rn. 1.

4 *BAG* 20.2.91 – 7 ABR 85/89 zur AR-Wahl. Es genügt, wenn der WV die Abwesenheit von bestimmten Wählergruppen ernsthaft in Betracht ziehen muss.

5 Vgl. auch *BAG* 20. 2. 91 – 7 ABR 85/89, das die Vorschrift des § 19 Abs. 2 der Dritten WO zum MitbG großzügig ausgelegt haben will und erklärt, die Wahlunterlagen zur Wahl der Wahlmänner seien nicht nur den Abstimmungsberechtigten zuzustellen, von denen man sicher wisse, dass sie am Wahltag nicht im Betrieb anwesend sind.

WV in **grobem Maße** über die Voraussetzungen zur Briefwahl hinwegsetzt und sie allgemein ermöglicht (vgl. auch Rn. 1).[6]

5 Die für die schriftliche Stimmabgabe in Betracht kommenden AN können ihr Wahlrecht nur ausüben, wenn sie in die **Wählerliste** eingetragen sind (vgl. § 2 Abs. 3 WO). Die Tatsache der Eintragung hat der WV dem einzelnen Wahlberechtigten auf Anfrage mitzuteilen.[7] Insbesondere dann, wenn dieser die ausgelegten Wählerlisten nicht einsehen kann.

6 Die persönliche Abgabe der Stimme durch den Wähler am Wahltag bleibt allerdings, auch bei beantragter Briefwahl, vorrangig.[8] Die möglicherweise auftretenden Schwierigkeiten bei der Vermeidung von Doppelstimmabgabe kann der Wahlvorstand organisatorisch beherrschen. Er muss nur die gegebenenfalls schon eingegangen Briefwahlunterlagen nicht in die Wahlurne geben, sondern muss sie ungeöffnet und sicher vor Manipulation mit den übrigen Wahlunterlagen aufbewahren[9].

7 Die durch die schriftliche Stimmabgabe entstehenden Kosten sind Wahlkosten i. S. d. § 20 Abs. 3 BetrVG. Auch ansonsten hat der AG den WV zu unterstützen, damit die schriftliche Stimmabgabe ordnungsgemäß erfolgen kann. Dazu gehört, dass dem WV die **Adressen der wahlberechtigten AN** und alle weiteren notwendigen Informationen zur Verfügung gestellt werden.[10] Dies ist mit der WO 2021 auch gesetzlich in Absatz 2 Satz 2 normiert. Die Verweigerung der Weitergabe der Daten aus Datenschutzgründen ist somit rechtswidrig und eine Behinderung der BR-Wahl mit den entsprechenden rechtlichen Konsequenzen.

II. Übermittlung der Wahlunterlagen auf Verlangen

8 Einem wahlberechtigten AN, der im Zeitpunkt der Wahl wegen Abwesenheit vom Betrieb seine Stimme nicht persönlich abgeben kann, sind nach Abs. 1 **bestimmte Wahlunterlagen** zu übersenden (zu den notwendigen Unterlagen vgl. Rn. 17 ff.). Unter »Verhinderung im Zeitpunkt der Wahl« ist bei Wahlen, die sich über mehrere Tage erstrecken, in der Regel die Verhinderung für die **gesamte Zeit** der Stimmabgabe zu verstehen. Da die schriftliche Stimmabgabe die Ausnahme darstellt, ist ein Wahlberechtigter, der bei einer mehrtägigen Wahl mindestens an einem der Wahltage im Betrieb anwesend ist, gehalten, seine Stimme persönlich im Wahlraum abzugeben.[11] Die gegenteilige Auffassung übersieht, dass jedenfalls bei der BR-Wahl selbst die Briefwahl nicht als Regelfall gilt, sondern die Ausnahme darstellt (vgl. auch Rn. 1 f.).[12]
In jedem Fall der schriftlichen Stimmabgabe ist aber hierüber ein Beschluss des WV zu erwirken auch wenn die Briefwahlunterlagen von Amts wegen gemäß dem neuen § 24 Abs. 2 Nr. 2 versendet werden, da andernfalls die Wahl anfechtbar werden könnte.

9 Es ist als zulässig anzusehen, dass ein bereits vor der Wahl erkennbar an allen Wahltagen verhinderter Wahlberechtigter **erst während der Wahltage** sein Verlangen nach schriftlicher Stimmabgabe äußert und schriftlich wählt. Eine Wahlanfechtung ist jedoch nicht begründet, wenn in einem solchen Falle die Unterlagen **nicht mehr rechtzeitig** übermittelt werden können. Dabei wird der WV zu prüfen haben, ob ggf. die Übersendung durch einen Boten erfolgen kann (vgl. auch Rn. 22). Das Verlangen eines Wählers nach Briefwahl erst während der Wahltage kann **rechtsmissbräuchlich** sein, wenn der Wähler ausreichend Zeit gehabt hat, sich rechtzeitig an den WV zu wenden. Eine gesonderte Frist, die der WV bei der Versendung einzuhalten hätte, ist im Gesetz nicht vorgesehen.

10 Der **Grund der Abwesenheit** vom Betrieb während der Wahltage ist gleichgültig. Es können **betriebliche Gründe** sein (z. B. Dienstreise, Montagearbeit) oder **persönliche** (z. B. Arbeits-

6 Vgl. GK-*Jacobs*, Rn. 6.
7 *Fitting*, Rn. 1.
8 Vgl. *BVerwG* vom 3.3.03 – 6 P 14/02.
9 *Bachner*, NZA 12, 1266 ff.; *LAG Hessen* 3.5.12 – 9 TaBV 25/11.
10 *LAG Baden-Württemberg* 30.10.92 – 1 TaBV 2/92; *Fitting*, Rn. 15; *HessLAG* 10.8.20, 16 TaBVGa 75/20.
11 *Blanke/Berg u. a.*, Rn. 376; a. A. *Fitting*, Rn. 2; GK-*Jacobs*, Rn. 8.
12 Vgl. *BAG* 14.2.78, AP Nr. 7 zu § 19 BetrVG 1972.

befreiung, Urlaub, Krankheit[13]) oder solche, die auf einem **anderen Grund** beruhen, etwa die Erfüllung staatsbürgerlicher Pflichten (z. B. Tätigkeit als Arbeits- oder Sozialrichter, Ableistung des Wehr- oder Zivildienstes). Auch **gekündigte AN,** deren Kündigungsfrist abgelaufen ist, die jedoch die Kündigung erfolgreich gerichtlich angegriffen haben, zählen zu den AN i. S. v. Abs. 1, sofern zum Zeitpunkt der Wahl die **Rechtswirksamkeit der Kündigung** noch **nicht feststeht** (vgl. auch § 7 BetrVG Rn. 13).

Unerheblich ist die **Dauer der Verhinderung.** Es kommt nur darauf an, dass der Wahlberechtigte bei Beantragung der Briefwahl zum Zeitpunkt der Wahl **voraussichtlich** nicht im Betrieb sein wird. Sollte er doch anwesend sein, kann er seine Stimme auch **persönlich** abgeben (vgl. auch Rn. 25 f.).[14] 11

Das **Verlangen auf schriftliche Stimmabgabe** bzw. Übersendung der Unterlagen muss an den WV gerichtet werden, und zwar grundsätzlich an dessen Adresse, die auch für Einsprüche, Abgabe von Wahlvorschlägen und andere Erklärungen maßgebend ist (vgl. § 3 WO Rn. 25 f.). Eine **bestimmte Form** der Antragstellung ist **nicht vorgeschrieben.**[15] Das Verlangen kann daher nicht nur persönlich, sondern auch schriftlich, mündlich oder durch einen Boten an den WV gerichtet werden. 12

Der AN, der die schriftliche Stimmabgabe begehrt, hat lediglich darzulegen, dass er am Wahltag **voraussichtlich abwesend** sein wird. Der WV kann den angegebenen Grund nur sehr eingeschränkt überprüfen. Er ist dazu auch nicht verpflichtet.[16] 13
Es sind vom WV in diesem Zusammenhang keine Ermittlungen anzustellen, ob der Wähler möglicherweise doch im Betrieb anwesend sein könnte. Da die Gründe für eine **voraussichtliche** Abwesenheit am Wahltag vielartig sein können, obliegt es dem WV auch nicht, eine Überprüfung der Angaben des Wählers in Urlaubslisten oder Schichtplänen durchzuführen.

Der WV sollte vermeiden, AN, von denen er annimmt, dass sie zum Zeitpunkt der Wahl voraussichtlich wegen Abwesenheit vom Betrieb verhindert sind, ihre Stimme persönlich abzugeben, aufzusuchen und **auf schriftliche Stimmabgabe zu drängen.** Der WV darf von sich aus auch nicht die Wahlunterlagen zur schriftlichen Stimmabgabe an einen Wahlberechtigten übermitteln, ohne dass von diesem das Verlangen nach dieser Wahlform gestellt wurde (zur Übermittlung der Unterlagen von Amts wegen vgl. Rn. 13 ff.) oder die Voraussetzungen nach Absatz 2 für die Versendung von Amts wegen vorliegen. Dieser Verstoß kann jedoch nachträglich durch **Billigung des Wahlberechtigten** geheilt werden.[17] Zur Möglichkeit des WV, abwesende AN darauf hinzuweisen, dass die Stimme schriftlich abgegeben werden kann, vgl. Rn. 2. 14

III. Übermittlung der Wahlunterlagen von Amts wegen

1. Aufgrund der Eigenart des Beschäftigungsverhältnisses

Während nach Abs. 1 ein Antrag der wahlberechtigten AN erforderlich ist, hat der WV solchen Wahlberechtigten, von denen ihm bekannt ist, dass sie im Zeitpunkt der Wahl wegen der Eigenart ihres Arbeitsverhältnisses voraussichtlich nicht im Betrieb anwesend sein werden, die Unterlagen zu übersenden, **ohne dass es eines Verlangens bedarf.** Die Abwesenheit vom Betrieb wegen der Eigenart des Beschäftigungsverhältnisses ist dann gegeben, wenn der Wahlberechtigte auf Grund des Arbeitsvertrages regelmäßig oder doch überwiegend nicht im Betrieb anwesend ist.[18] In Abs. 2 werden dazu als Beispiele die in Heimarbeit Beschäftigten sowie Tele-AN und Beschäftigte im Außendienst genannt. Unter die Eigenart der Telearbeit ist auch die Beschäftigung im Homeoffice zu rechnen. Auch wenn der Begriff **Homeoffice** rechtlich noch nicht genau gefasst ist, sind alle AN dazu zu zählen, die vollständig im Homeoffice sind 15

---

13 *ArbG Berlin* 18.6.10 – 28 BV 6977/10, das sogar – zu weitgehend – eine Nichtigkeit im Falle der Nichtversendung der Briefwahlunterlagen an Langzeiterkrankte gesehen hat.
14 *Fitting,* Rn. 16.
15 *Blanke/Berg u. a.,* Rn. 378.
16 *Fitting,* Rn. 3; GK-*Jacobs,* Rn. 6.
17 *BVerwG* 14.8.59, PersV 58–59, 308.
18 GK-*Jacobs,* Rn. 10 m. w. N.

oder nur sporadisch im Betrieb sind. Eine Abfrage beim AG kann dem WV weiterhelfen, sofern dieser darüber informiert ist. Ist dies nicht der Fall wird dem WV ein weites Ermessen zur Seite stehen, wenn er den entsprechenden Beschluss fasst. Es geht somit um solche AN, die ihre Tätigkeit weit überwiegend oder gar ständig außerhalb des Betriebs ausüben, wie z. B. im Außendienst eingesetzte Techniker oder Zeitungszusteller.[19] Der genannte Personenkreis ist nicht abschließend angeführt. So sind die Unterlagen beispielsweise auch Altersteilzeitbeschäftigten, die die **Altersteilzeit** im sog. Blockmodell durchlaufen und nicht in der Freistellungsphase sind, (§ 2 Abs. 2 Nr. 1 ATG) zuzusenden, da sie die Wahlberechtigung besitzen (vgl. § 7 BetrVG Rn. 12). Eine besondere Schwierigkeit für den WV stellen regelmäßig AN im **Schichtbetrieb** dar. Abhängig von der Größe der Gruppe der AN im Schichtbetrieb wird man vom WV verlangen können, dass der Wahlraum auch zu den Schichtzeiten geöffnet ist. Sollte diese Gruppe im Verhältnis zur gesamten Beschäftigtenzahl gering sein, so wird der WV durch Versendung der Briefwahlunterlagen die Teilnahme erleichtern müssen. Insoweit muss dem WV aber ein **Ermessenspielraum** verbleiben, weil es auf die Umstände der konkreten Wahl ankommt. Vor besonderen Schwierigkeiten steht der WV auch bei der Berücksichtigung der **Leih-AN** im Entleiherbetrieb. In vielen Fällen sind die Leih-AN nicht bekannt oder wechseln häufig; zudem sind sie regelmäßig nicht in die betriebliche Kommunikation des Entleihers eingebunden. Hier kann, abhängig von den Umständen des Einzelfalls, eine **generelle Aufnahme** zur Briefwahl sinnvoll sein. Der Vorschrift auf Übersendung der Unterlagen zur schriftlichen Stimmabgabe an den Personenkreis nach Abs. 2 wird grundsätzlich nicht dadurch Genüge getan, dass der WV an einem bekannt gegebenen Tag diese Wahlberechtigten persönlich mit mobilen Wahllokalen aufsucht und ihnen so die Teilnahme an der Wahl ermöglicht.[20]

2. Langzeitabwesende

16 § 24 Abs. 2 Nr. 2 WO wurde 2021 neu in die Wahlordnung eingefügt. Die Regel legt fest, dass der WV auch denjenigen Wahlberechtigten die Briefwahlunterlagen von Amts wegen zukommen lassen muss, die vom Zeitpunkt des Erlasses des Wahlausschreibens bis zum Zeitpunkt der Wahl bei Ruhen des Arbeitsverhältnisses oder Arbeitsunfähigkeit voraussichtlich am Tag der Stimmabgabe nicht im Betrieb anwesend sein werden. Erfasst werden insbesondere Beschäftigte, die sich in einem Beschäftigungsverbot nach dem MuSchG befinden, in Elternzeit oder Pflegezeit sind oder z. B. ein Sabbatical-Jahr nehmen. Zur Gruppe der Briefwähler sind weiterhin AN zu zählen, die längerfristig arbeitsunfähig sind oder wegen eines länger andauernden **Urlaubes** zum Zeitpunkt der Wahl voraussichtlich abwesend sein werden.

16a Die neue Regelung der Nr. 2 setzt voraus, dass die ihr unterfallenden AN bereits zum Zeitpunkt des Erlasses des Wahlausschreibens nicht im Betrieb anwesend sind und nach Kenntnis des Wahlvorstands voraussichtlich bis zur Wahl nicht in den Betrieb zurückkehren werden. Entscheidend ist die **subjektive Kenntnis** des WV. Der WV hat die entsprechenden Informationen beim Arbeitgeber abzufragen. Der WV sollte seine Informationsabfrage beim AG so formulieren, dass der abgefragte Zeitraum für die abwesenden AN klar erkennbar ist.

16b Der AG ist gem. Abs. 2 Satz 2 zur Informationserteilung verpflichtet. Er kann sich nicht auf Datenschutzgründe zur Verweigerung der Weitergabe zurückziehen (vgl. auch Rn. 2). Der WV trifft seine Ermessensentscheidung per Beschluss auf Basis der vom AG erhaltenen Daten. Zu weiteren Ermittlungen oder einer wiederkehrenden Abfrage beim AG ist der WV nicht verpflichtet.

16c Sollten AN, die zum Zeitpunkt des Aushangs des Wahlausschreibens im Betrieb anwesend sind, sich beim WV zu einem späteren Zeitpunkt melden, um ihre Abwesenheit am Tag der Wahl mitzuteilen, müssen diese Beschäftigten somit einen Antrag nach Abs. 1 stellen, wenn sie noch per Briefwahl wählen wollen.

16d Der AG ist zur Auskunftserteilung gemäß § 24 Abs. 2 Satz 2 WO verpflichtet. Eine **besondere Nachforschungspflicht** darüber hinaus besteht für den WV jedoch nicht.[21] Andererseits ent-

19 Zu letzteren vgl. *BAG* 29. 1. 92, AP Nr. 1 zu § 7 BetrVG 1972.
20 *ArbG Bremen* 18. 7. 90, AiB 91, 125.
21 GK-*Jacobs*, a. a. O.

fällt die Übersendungspflicht des WV, wenn der WV mit Sicherheit weiß, dass der AN während der Stimmabgabe im Betrieb anwesend sein wird.[22] Insbesondere liegt kein **Anfechtungsgrund** vor, wenn diese erteilten Daten des AG nicht vollständig sind oder die tatsächlichen Gegebenheiten andere sind.

3. Betriebsteile und Kleinstbetriebe

17 Aus Gründen der Vereinfachung der Wahl und der Kostenersparnis kann der WV **nur** für **Betriebsteile und Kleinstbetriebe** (§ 4 BetrVG), die räumlich weit vom Hauptbetrieb entfernt sind, die schriftliche Stimmabgabe beschließen.[23] Voraussetzung ist, dass die Kleinstbetriebe oder Betriebsteile keinen eigenen BR wählen, sondern entweder nach der Regelung des § 4 BetrVG oder auf Grund einer tarifvertraglichen Zuordnung nach § 3 Abs. 1 BetrVG zum Hauptbetrieb gehören, für den die Wahl durchgeführt wird. Dabei ist der Begriff der räumlich weiten Entfernung i. S. d. § 24 Abs. 3 in einem **weiten Sinn** zu verstehen. Es geht darum, den AN die Beteiligung an der BR-Wahl zu erleichtern.[24] Es kommt entscheidend darauf an, ob den AN der Betriebsteile bzw. Kleinstbetriebe unter Berücksichtigung der gegebenen Umstände, insbes. der Verkehrsmöglichkeiten, zumutbar ist, ihre Stimme im Hauptbetrieb persönlich abzugeben.[25]

Ein Beschluss des WV aus Vereinfachungsgründen die Briefwahl vorzusehen ist deshalb an einem einheitlichen Standort nicht möglich, solange keine anderen Gründe für eine unterschiedliche Behandlung sprechen.[26]

18 Der WV hat einen entsprechenden Beschluss **grundsätzlich** bereits vor **Erlass des Wahlausschreibens** zu treffen. Zeit und Ort der Stimmabgabe sind nämlich im Wahlausschreiben bekannt zu geben (§ 3 WO Rn. 22 f.).

19 Beschließt der WV die schriftliche Stimmabgabe, hat er den wahlberechtigten AN, die im Betriebsteil bzw. Kleinstbetrieb beschäftigt sind, **von Amts wegen** die erforderlichen Unterlagen auszuhändigen oder zu übersenden (vgl. Rn. 17 ff.). Wird die schriftliche Stimmabgabe nicht beschlossen und ist es den AN der Betriebsteile bzw. Kleinstbetriebe nicht zumutbar, im Hauptbetrieb ihre Stimme persönlich abzugeben, hat der WV in diesen Bereichen einen **eigenen Wahlraum** einzurichten.[27] Der WV hat nach pflichtgemäßem Ermessen zu entscheiden, auf welche Weise die AN des Betriebsteils bzw. des Kleinstbetriebs an der Stimmabgabe teilnehmen.[28]

IV. Erforderliche Wahlunterlagen und die Art der Übermittlung

20 Den Wahlberechtigten, die ihre Stimme schriftlich abgeben, hat der WV folgende **Wahlunterlagen zu übersenden:**

- Abschrift oder Abdruck des Wahlausschreibens (§ 3 Abs. 3 WO);
- Abschrift oder Abdruck der Bekanntmachung der als gültig anerkannten Vorschlagslisten (§ 10 WO);
- den Stimmzettel, den Wahlumschlag und einen größeren Freiumschlag;
- Vordruck einer Erklärung, mit der der Wahlberechtigte gegenüber dem WV versichert, dass er den Stimmzettel persönlich gekennzeichnet hat.

21 Nachträgliche **Änderungen des Wahlausschreibens** sind denjenigen, die die Unterlagen zur schriftlichen Stimmabgabe erhalten haben, nachzusenden. Das ist beispielsweise der Fall, wenn sich die Zeit der Stimmabgabe und damit der Zeitpunkt ihres Abschlusses ändern. Ist

---

22 *Fitting,* Rn. 15; GK-*Jacobs,* a. a. O.
23 *BAG* 16.3.22 – 7 ABR 29/20.
24 Vgl. *Fitting,* Rn. 18, nach deren Auffassung der in Abs. 3 verwandte Begriff »vom Hauptbetrieb räumlich weit entfernt« sich nicht mit dem in § 4 BetrVG enthaltenen gleichlautenden Begriff deckt.
25 *Fitting,* a. a. O.; GK-*Jacobs,* Rn. 12.
26 *ArbG Krefeld* 1.8.18 – 3 BV 8/18.
27 Vgl. *Fitting,* Rn. 18; grundsätzlich auch GK-*Jacobs,* Rn. 12.
28 *Fitting,* a. a. O.; GK-*Kreutz,* a. a. O.

das Wahlausschreiben gemäß § 3 Abs. 4 Satz 2 und 3 WO ergänzend mittels der im Betrieb vorhandenen **Informations- und Kommunikationstechnik** bekannt gemacht worden, kann auch dessen Änderung zusätzlich auf diesem Wege bekannt gegeben werden.

22 Stimmzettel und Wahlumschlag dürfen **keine Kennzeichen** enthalten, die einen Rückschluss auf die Person des Wahlberechtigten zulassen.[29] Ein Hinweis auf die **sachgemäße Faltung des Stimmzettels** sollte immer im Anschreiben oder auf dem Merkblatt erfolgen. Der Freiumschlag, in den der Wahlberechtigte Stimmzettel und Wahlumschlag legt, hat dagegen als Absender den Namen und die Anschrift des Wahlberechtigten sowie die Anschrift des WV zu tragen. Es muss auf ihm ferner der Vermerk »Schriftliche Stimmabgabe« sein. Der Umschlag braucht nur als einfacher Brief freigemacht zu sein.

23 Der WV soll den Unterlagen für die schriftliche Stimmabgabe ein **Merkblatt beifügen,** das Auskunft über die Art und Weise der Briefwahl gibt. Die Verletzung dieser Soll-Vorschrift kann allerdings nur bei Vorliegen besonderer Umstände zur Anfechtung der Wahl führen.[30]

24 Die Unterlagen sollten dem schriftlich Abstimmenden nach Möglichkeit noch **vor seiner Abwesenheit** im Betrieb übergeben werden. Ist das nicht möglich, sind sie an die von ihm angegebene Anschrift zu senden. Dabei stellt der Postweg nicht die allein zulässige Art der Übermittlung dar.[31] Auch die Zusendung durch einen **Boten** ist möglich. Das gilt insbes. dann, wenn der Bote ein Mitglied des WV oder ein Wahlhelfer ist.[32] Die Übersendung durch Boten wird im Übrigen mitunter die einzige mögliche Übermittlungsart sein, so in den Fällen, wenn der Wahlberechtigte am Wahltage oder unmittelbar davor krank wird. Es bleibt ihm unbenommen, gleichwohl noch die Unterlagen für die schriftliche Stimmabgabe zu verlangen, etwa fernmündlich. Der WV muss einem solchem Verlangen grundsätzlich nachkommen, wenn noch **berechtigte Aussicht** auf eine Teilnahme an der Wahl besteht (vgl. auch Rn. 6).[33] In solchen Fällen kann es zweckmäßig sein, dass der Bote die vom schriftlich Abstimmenden ausgefüllten Wahlunterlagen gleich wieder mitnimmt. Gegen ein solches Verfahren bestehen prinzipiell keine Bedenken.[34] Selbstverständlich muss auch dabei sichergestellt sein, dass die Stimmabgabe geheim erfolgen kann.

25 Besondere Fristen sind hinsichtlich der schriftlichen Stimmabgabe – anders als bei der nachträglichen schriftlichen Stimmabgabe im vereinfachten Wahlverfahren (vgl. § 35 WO) – nicht zu beachten. Der WV muss jedoch die Unterlagen dem Wahlberechtigten so zuleiten, dass dieser Gelegenheit hat, sie auf postalischem oder anderem Wege **rechtzeitig** (vor Abschluss der Stimmabgabe) wieder zurückzusenden. Die Wahlunterlagen sollten **spätestens** im Laufe des Tages der Bekanntgabe der Vorschlagslisten (§ 10 Abs. 2 WO) übersandt werden. Andererseits kann der WV verpflichtet sein, das **Wahlausschreiben** schon unmittelbar nach dessen Erlass (§ 3 Abs. 1 WO) **vorab schriftlich oder auf elektronischem Wege** (vgl. § 3 Abs. 4 Satz 2 und 3 WO) **zu übersenden.** Das gilt insbes. dann, wenn der Wahlberechtigte darlegen kann, dass er ungeachtet einer längeren Abwesenheit vom Betrieb aktiv in das Wahlgeschehen eingreifen will – z. B. durch Mitwirkung bei der Erstellung einer Vorschlagsliste – und sich durch das Wahlausschreiben im Einzelnen informieren will.[35]

26 Die Aushändigung oder Übersendung der Unterlagen ist **im Wählerverzeichnis zu vermerken.** Der Vermerk soll verhindern, dass ein AN seine Stimme sowohl schriftlich als auch persönlich abgibt. Die Unterlassung wird **nicht** durch den späteren Vermerk der schriftlichen

---

29 *Blanke/Berg u. a.*, Rn. 389.

30 *Fitting*, Rn. 8; vgl. auch GK-*Jacobs*, Rn. 17, nach dessen Auffassung eine wesentliche Vorschrift über das Wahlverfahren vorliegt, die Anfechtbarkeit aber von den konkreten Umständen des Falles abhängt.

31 Vgl. auch *BVerwG* 6. 2. 59, PersV 59, 159.

32 *Fitting*, Rn. 6; GK-*Jacobs*, Rn. 18; Richardi-*Thüsing*, Rn. 16: gegen die Zuverlässigkeit des Boten dürfen keine Bedenken bestehen.

33 GK-*Kreutz*, a. a. O.

34 *BVerwG* 6. 2. 59, AP Nr. 1 zu § 17 WahlO z. PersVG.

35 *Fitting*, Rn. 15; GK-*Jacobs*, Rn. 20; vgl. auch *LAG Baden-Württemberg* 29. 11. 90, AiB 91, 276, das den WV bei beschlossener schriftlicher Stimmabgabe für räumlich weit vom Hauptbetrieb entfernte Betriebsteile als verpflichtet ansieht, den Wahlberechtigten das Wahlausschreiben so rechtzeitig zuzusenden, dass diesen die aktive Teilnahme an der Wahl ermöglicht wird.

Stimmabgabe nach § 26 Abs. 1 Satz 2 WO geheilt. Der Vermerk über die Aushändigung bzw. die Übersendung der Unterlagen gilt für **sämtliche Fälle** der schriftlichen Stimmabgabe, die in § 24 angesprochen sind, nicht nur für die des Abs. 1.

AN, die die Unterlagen für die schriftliche Stimmabgabe erhalten haben, können die Stimme gleichwohl **persönlich** abgeben, wenn sie am Wahltag im Betrieb sind. Sie müssen dann allerdings entweder den ihnen übersandten Stimmzettel und Wahlumschlag für die persönliche Stimmabgabe benutzen oder die Unterlagen dem WV zurückgeben, damit ihnen dieser Stimmzettel und Wahlumschlag aushändigt.[36] Werden Stimmzettel und Wahlumschlag zurückgegeben, ist die Rückgabe in der Wählerliste zu vermerken, ebenso die persönliche Stimmabgabe.[37] 27

Die persönliche Stimmabgabe kann auch dann noch erfolgen, wenn der Wahlberechtigte seine Stimme zwar bereits schriftlich abgegeben hat, sein Wahlumschlag aber noch **nicht in die Wahlurne** gelangt ist. Dabei ist positiv zu werten, dass der Einwurf der Briefwahlstimmen erst nach Abschluss der Präsenzwahl stattfindet. So kann es nicht zu zeitlichen Überschneidungen kommen. Somit kann sich nachträglich ein von demselben AN benutzter Freiumschlag nebst Wahlumschlag nicht mehr einfinden. 28

§ 25 Stimmabgabe

Die Stimmabgabe erfolgt in der Weise, dass die Wählerin oder der Wähler

1. **den Stimmzettel unbeobachtet persönlich kennzeichnet und so faltet und in dem Wahlumschlag verschließt, dass die Stimmabgabe erst nach Auseinanderfalten des Stimmzettels erkennbar ist,**
2. **die vorgedruckte Erklärung unter Angabe des Orts und des Datums unterschreibt und**
3. **den Wahlumschlag und die unterschriebene vorgedruckte Erklärung in dem Freiumschlag verschließt und diesen so rechtzeitig an den Wahlvorstand absendet oder übergibt, dass er vor Abschluss der Stimmabgabe vorliegt.**

Die Wählerin oder der Wähler kann unter den Voraussetzungen des § 12 Abs. 4 die in den Nummern 1 bis 3 bezeichneten Tätigkeiten durch eine Person des Vertrauens verrichten lassen.

Durch die Änderungen der WO 2021 ist die sachgemäße Faltung zur Wahrung des Grundsatzes der geheimen Wahl eingeführt worden. Dies ist notwendig geworden, weil die Wahlumschläge bei der Präsenzwahl entfallen sind. Daher sind Stimmzettel, die nicht sachgemäß gefaltet sind, grundsätzlich **ungültig.** Bei der Briefwahl kann die Ungültigkeit des unsachgemäß gefalteten Stimmzettels durch den Wahlablauf der Einbringung der Stimmzettel in die Urne vermieden werden. Zum genauen Ablauf siehe § 26 Rn. 12. Zur Ungültigkeit der Stimmzettel bei unsachgemäßer Faltung bei der Präsenzwahl siehe § 12 Rn. 6 ff. 1

Die Grundsätze der **geheimen** und unmittelbaren Wahl müssen auch bei der schriftlichen Stimmabgabe gewährleistet sein. Der **schriftlich Abstimmende** muss auf jeden Fall die Möglichkeit haben, bei der Kennzeichnung des Stimmzettels **allein und unbeobachtet** zu sein. Ein Ausfüllen am Arbeitsplatz kommt daher nur in Betracht, wenn dies gewährleistet ist. 1a

Für die Kennzeichnung des Stimmzettels finden § 11 Abs. 3, § 20 Abs. 3 WO Anwendung. Der schriftlich Abstimmende hat somit bei Vorliegen der Voraussetzungen der **Verhältniswahl** seine Stimme für eine der Vorschlagslisten abzugeben. Wird nach den Grundsätzen der **Mehrheitswahl** gewählt, so gibt er seine Stimmen entsprechend der Zahl der zu wählenden BR-Mitglieder ab. 2

Der AN, der schriftlich abstimmt, hat den ausgefüllten und sachgemäß gefalteten **Stimmzettel** in den **Wahlumschlag zu legen.** Der Wahlumschlag und der Stimmzettel darf keinerlei 3

36 *Fitting*, Rn. 16.
37 *Fitting*, a. a. O.

Kennzeichen enthalten, aus denen Rückschlüsse auf die Person gezogen werden können.[1] Der Wahlumschlag mit dem darin befindlichen sachgemäß gefalteten Stimmzettel braucht nicht zugeklebt zu werden. Er ist in den zu verschließenden Freiumschlag zu legen. Der Wahlumschlag ist nur dann zu verschließen, wenn der WV die Verschließung der Wahlumschläge generell vorgesehen und darauf hingewiesen hat. Ein Verschließen der Wahlumschläge ist allerdings, weil sich daraus bei der Stimmauszählung ein erheblicher Zeitverlust ergibt, unzweckmäßig.

4 Der schriftlich Abstimmende hat, nachdem er den ausgefüllten Stimmzettel in den Wahlumschlag gelegt hat, die vom WV mitübersandte vorgedruckte **Erklärung,** in der die **persönliche Kennzeichnung** des Stimmzettels versichert wird, unter Angabe des Ortes und des Datums zu unterschreiben. Die Erklärung ist sodann gemeinsam mit dem Wahlumschlag, aber getrennt von diesem in den größeren Freiumschlag zu legen. Der Freiumschlag ist zu verschließen. Bei einem offenen Freiumschlag besteht die Möglichkeit, dass der Wahlumschlag mit dem darin befindlichen Stimmzettel ausgetauscht wird.[2] Die schriftliche Stimmabgabe darf nicht berücksichtigt werden, wenn der **Freiumschlag nicht verschlossen** ist.[3] Ebenso ist die Stimme nicht zu berücksichtigen, wenn die vorgedruckte Erklärung zur persönlichen Kennzeichnung des Stimmzettels fehlt, vom Wähler nicht unterschrieben oder versehentlich in den Wahlumschlag mit dem Stimmzettel gelegt worden ist.[4] Die erwähnten Wahlhandlungen darf der Wahlberechtigte, sofern die Voraussetzungen des § 12 Abs. 4 WO vorliegen, durch eine Person seines Vertrauens verrichten lassen (vgl. auch § 12 Rn. 1a WO).

5 Der Freiumschlag mit den Unterlagen ist vom Wähler so rechtzeitig an den WV abzusenden bzw. zu übergeben, dass er **vor Abschluss der Stimmabgabe,** also vor Ablauf der im Wahlausschreiben festgesetzten Zeit (§ 3 Abs. 2 Nr. 11 WO), beim WV eingeht. Freiumschläge, die dem WV zu einem späteren Zeitpunkt zugehen, dürfen bei der Stimmauszählung **nicht mehr berücksichtigt werden.** Dies gilt auch dann, wenn mit der Stimmauszählung noch nicht begonnen worden ist.[5] Dagegen ist es zulässig, den Freiumschlag schon vor dem Wahltag dem WV zu übergeben oder zu übersenden, etwa aus Urlaubsgründen.[6]

6 Die **Versendungsart** bestimmt der schriftlich Abstimmende. Er kann die Unterlagen selbst beim WV abgeben, wobei jedes WV-Mitglied zur Entgegennahme der Freiumschläge berechtigt ist, das im Büro des WV oder im Wahlraum seiner Amtsausübung nachgeht.[7] Der Wähler kann die Unterlagen aber auch durch einen **Boten** oder die **Post** befördern lassen. Will er sich eines Boten bedienen, so darf ihm dieser nicht durch den WV aufgezwungen werden.[8] Sofern eine Sendung auf postalischem Wege erfolgt, ist es nicht erforderlich, sie durch **»Einschreiben«** zu vollziehen. Jedoch könnte der WV von vornherein vorsehen, dass die Übersendung durch »Einschreiben« geschieht.[9] Das Risiko für die rechtzeitige Ankunft der schriftlich abgegebenen Stimme trägt grundsätzlich der Wähler. Der WV hat sich allerdings unmittelbar vor Ablauf der Stimmabgabe zu vergewissern, ob noch Freiumschläge und damit schriftliche Stimmen an seine Betriebsadresse oder eine sonstige von ihm dafür bestimmte Stelle gegangen sind.[10]

7 Die eingegangenen Freiumschläge hat der WV mit einem Eingangsvermerk zu versehen und bis zum Wahltag sicher aufzubewahren. Das bedeutet insbes., dass die Freiumschläge **ungeöffnet aufbewahrt** und gegen **jede Veränderung gesichert** sein müssen. Eine Aufbewahrung in der verschlossenen Tischschublade oder in einem verschlossenen Schrank des WV-Büros wird dabei regelmäßig genügen.[11] Die genaue Aufbewahrungsart richtet sich nach der Größe

---

1 *Blanke/Berg u. a.,* Rn. 389.
2 *Fitting,* Rn. 4.
3 *Fitting,* a. a. O.; GK-*Jacobs,* Rn. 4 m. w. N.
4 *Blanke/Berg u. a.,* Rn. 289; *Fitting,* § 26 WO, Rn. 4; GK-*Jacobs,* a. a. O.
5 *Fitting,* Rn. 5.
6 *Fitting,* a. a. O.
7 *Fitting,* Rn. 5, die auch die Entgegennahme durch eine im Wahlbüro oder Wahlraum tätige Hilfskraft oder einen dort anwesenden Wahlhelfer als ausreichend ansehen.
8 *BVerwG* 14. 8. 59, PersV 58–59, 308.
9 *Fitting,* Rn. 6.
10 *Fitting,* Rn. 6; GK-*Jacobs,* Rn. 2.
11 *Homburg/Otto,* Anfechtung einer BR-Wahl, AuR 23, 11–16; *LAG Niedersachsen* 30.8.23 – 13 TaBV46/22. Das LAG hat die anderslautende Entscheidung des *ArbG Braunschweig* aufgehoben, aber

des Betriebs und der Anzahl der aufzubewahrenden Rückumschläge Wichtig ist, dass die Briefwahlunterlagen sicher aufbewahrt werden, allerdings auch so, dass einzelne Umschläge am Wahltag schnell zu finden sind, wenn ein Wähler doch noch von seinem vorrangigen Recht auf Urnenwahl Gebrauch macht. Insoweit steht dem WV auch ein Ermessensspielraum zu, wie er die sichere Aufbewahrung der Briefwahlrückläufer organisiert.[12] Zur weiteren Behandlung der Unterlagen der schriftlichen Stimmabgabe vgl. § 26 WO und die dortigen Erl.

§ 26 Verfahren bei der Stimmabgabe

(1) Zu Beginn der öffentlichen Sitzung zur Stimmauszählung nach § 13 öffnet der Wahlvorstand die bis zum Ende der Stimmabgabe (§ 3 Absatz 2 Nummer 11) eingegangenen Freiumschläge und entnimmt ihnen die Wahlumschläge sowie die vorgedruckten Erklärungen. Ist die schriftliche Stimmabgabe ordnungsgemäß erfolgt (§ 25), so vermerkt der Wahlvorstand die Stimmabgabe in der Wählerliste, öffnet die Wahlumschläge und legt die Stimmzettel in die Wahlurne. Befinden sich in einem Wahlumschlag mehrere gekennzeichnete Stimmzettel, werden sie in dem Wahlumschlag in die Wahlurne gelegt.
(2) Verspätet eingehende Briefumschläge hat der Wahlvorstand mit einem Vermerk über den Zeitpunkt des Eingangs ungeöffnet zu den Wahlunterlagen zu nehmen. Die Briefumschläge sind einen Monat nach Bekanntgabe des Wahlergebnisses ungeöffnet zu vernichten, wenn die Wahl nicht angefochten worden ist.

Inhaltsübersicht Rn.

I. Behandlung der schriftlich abgegebenen Stimmen

1 Die Öffnung der Freiumschläge, in denen sich die Unterlagen mit der schriftlichen Stimmabgabe befinden, erfolgt in einer **öffentlichen Sitzung** des WV. Freiumschläge, die auf **postalischem Wege beschädigt** wurden, sind gleichwohl als **ordnungsgemäß** eingegangen zu betrachten, sofern der Wahlvorstand zu der Überzeugung kommt, dass trotz der Beschädigung Manipulationen gleichsam ausgeschlossen waren.[1]

2 Die Öffnung der Freiumschläge hat »**direkt nach**« Abschluss der Stimmabgabe in öffentlicher Sitzung zu erfolgen. Die Regelungen des Abs. 1 sind nur dann konform durchführbar, wenn der Einwurf der Stimmzettel der Briefwähler in einem einzigen Wahlraum durchgeführt wird. Sind **mehrere Wahlräume** eingerichtet, müssen die Wahlurnen in einen vorher im Wahlausschreiben bezeichneten Raum verbracht werden, und es muss jeweils mindestens ein Mitglied des WV und mindestens ein Wahlhelfer beim Transport der versiegelten Urnen anwesend sein. Im Anschluss an den Transport kann der gesamte WV zur Öffnung der Freiumschläge zusammentreten. Es ist in besonderem Maße darauf zu achten, dass nur solche Freiumschläge geöffnet und berücksichtigt werden, die bis zum Ende der für die Stimmabgabe in Präsenz festgelegten Zeit beim WV eingegangen sind.[2] Zu spät eingegangene Freiumschläge sind nicht mehr zu berücksichtigen.[3] Es gilt das Erfordernis, dass die Stimmzettel der Briefwähler grundsätzlich **ohne** die Wahlumschläge in die **Wahlurne** gelegt sein müssen, bevor mit der

wegen grds. Bedeutung die Revision eröffnet. A. A. *ArbG Braunschweig* 13.7.22 – 3 BV 5/22. Im Rahmen der BR-Wahlanfechtung im Betrieb eines großen Autoherstellers in Wolfsburg war nach Ansicht des Arbeitsgerichtes ein eigens nur zu diesem Zweck zur Verfügung gestellter und abschließbarer Raum für die Briefwahl-Rückläufer nicht »sicher genug«, um ein potentielles Verschwinden von Umschlägen zu verhindern.

12 *Fitting*, Rn. 5.

1 *LAG Köln* 11.4.03 – 4 (13) TaBV 63/02.
2 *Fitting*, a. a. O.
3 *Fitting*, Rn. 7; Richardi-*Thüsing*, Rn 7 f.

Stimmauszählung begonnen wird.[4] Im Übrigen hat sich der WV unmittelbar nach Abschluss der Stimmabgabe in Präsenz noch einmal zu vergewissern, ob noch **rechtzeitig** eingegangene schriftliche Stimmen an seine Betriebsadresse oder eine sonstige von ihm dafür bestimmte Stelle gegangen sind.[5]

3 Der WV hat zu prüfen, ob die schriftliche Stimmabgabe **ordnungsgemäß** erfolgt ist. Das bedeutet insbesondere, dass die Freiumschläge **rechtzeitig** eingegangen sein und die vorgeschriebenen vorgedruckten Erklärungen **vorhanden und unterschrieben** sein müssen (vgl. § 25 WO). Dieses Vorgehen hat nach Abs. 1 in **öffentlicher Sitzung** zu geschehen. Dies geschieht insbesondere dann nicht mehr öffentlich, wenn die Freiumschläge **vor Abschluss** der Wahl geöffnet werden und die Stimmzettel in die Wahlurne eingebracht werden. So kann die Öffentlichkeit den Vorgang nicht überprüfen.[6] Dem Öffentlichkeitsgebot steht es ebenfalls entgegen, wenn ein Beschluss über die Gültigkeit bzw. Ungültigkeit der schriftlichen Stimmabgabe von dem WV in nichtöffentlicher Sitzung »vorbesprochen« und anschließend lediglich formal in der Öffentlichkeit verkündet wird.[7] Der WV hat nach Öffnung der Freiumschläge darauf zu achten, dass die Wahlumschläge und Stimmzettel **keine Kennzeichnung** tragen, hier genügt in kleinen Betrieben meist schon die Handschrift oder ein häufig verwendetes Zeichen zur Erkennung des Wählers. Wahlumschläge, die sich in einem **offenen Freiumschlag** befunden haben, bleiben unberücksichtigt, wenn nicht mit Sicherheit feststellbar ist, ob es sich hier tatsächlich um die Stimmabgabe des betreffenden Wählers handelt.[8] Dagegen ist es unschädlich, wenn der Wahlumschlag selbst nicht verschlossen ist (§ 25 WO Rn. 3). Zu der Frage, wie zu verfahren ist, wenn ein zur schriftlichen Abstimmung Berechtigter seine Stimme gleichwohl persönlich abgeben will, ist dies grundsätzlich möglich, vgl. § 24 WO Rn. 24f.

4 Die **Öffnung** der Freiumschläge ist von einem **Mitglied des WV** vorzunehmen. Der Wahlumschlag ist dem Freiumschlag zu entnehmen. Ein Beimischen der schriftlichen Stimmen nach Öffnen und Ausleeren der Wahlurne ist unzulässig. Die schriftliche vorgedruckte Erklärung, dass der Stimmzettel persönlich gekennzeichnet worden ist, nimmt der WV zu den Akten.

4a Durch die Änderung der Wahlvorschriften in der WO 2021 ist bei der Präsenzwahl der Wahlumschlag weggefallen. Daher wird nur noch bei der Briefwahl ein Wahlumschlag eingesetzt. Gleichwohl wird zur Wahrung des Wahlgeheimnisses und zur Verhinderung einer Beeinflussung der Wähler der gleiche Stimmzettel genutzt wie bei der Präsenzwahl. Daher ist auch bei der Briefwahl der **Stimmzettel sachgemäß gefaltet** in den Wahlumschlag einzustecken. Gemäß der neuen WO 21, sind zunächst die formalen Voraussetzungen für die Gültigkeit der Briefwahlstimme durch den WV zu prüfen (vgl. § 25 WO). Nunmehr ist der Stimmzettel dem Wahlumschlag zu entnehmen und in die Wahlurne zu werfen. Die Prüfung der Gültigkeit der Stimmzettel findet erst bei der Auszählung mit den Stimmzetteln der Präsenzwahl nach dem Entleeren der Urne statt. Um unnötig **ungültige Briefwahlstimmen** zu vermeiden, sollte die Prüfung der Briefwahl und das Einbringen der Stimmzettel in die Wahlurne in **zwei** Arbeitsgänge aufgeteilt werden. Zuerst findet die Prüfung der ordnungsgemäßen Abgabe der Briefwahl statt. Die Wahlumschläge sind dann auf einem Haufen zu sammeln und werden erst nach Abschluss des Öffnens aller Freiumschläge gemeinsam geöffnet. Sollte sich nun ein **unsachgemäß gefalteter Stimmzettel** in einem Wahlumschlag befinden, so kann er bei der Masse der Wahlumschläge nicht mehr einem Wähler zugeordnet werden und bleibt so gültig. Je weniger Briefwähler man hat, desto schwieriger wird es werden, sicher zu stellen, dass das Wahlgeheimnis gewahrt bleibt. Im Zweifel ist ein nicht sachgemäß gefalteter Stimmzettel also **ungültig,** wenn der WV den Wähler durch die unsachgemäße Faltung erkennen kann.[9]

4b In Absatz 1 Satz 3 führt die neue WO 2021 aus, dass sich in dem Fall, dass in einem Wahlumschlag mehrere gekennzeichnete Stimmzettel befinden, diese Stimmzettel wieder in den

4 GK-*Jacobs,* Rn. 3.
5 *Fitting,* Rn. 6.
6 *HessLAG* 24.9.18 – 60 TaBV 50/18.
7 *LAG Köln* 11.4.03 – 4(13) TaBV 63/02.
8 *Fitting,* Rn. 2; GK-*Jacobs,* Rn. 3.
9 A. A. *Fitting,* Rn. 5.

Wahlumschlag gelegt werden sollen und dann der Wahlumschlag in die Wahlurne eingebracht werden soll. Vermutlich wird dieser Fall nur ganz selten vorkommen und darf als Sonderfall bezeichnet werden. Diese Vorschrift ist insoweit schwer nachzuvollziehen, denn dieser Sonderfall wird so auffällig sein und nur äußerst selten vorkommen, so dass man immer Rückschlüsse auf den Wähler ziehen kann. Ist dies der Fall kann das Wahlgeheimnis[10] somit nicht gewahrt werden. So wird auch hier im Zweifel die Rechtsfolge der **Ungültigkeit** eintreten.

II. Verspätet eingegangene Umschläge

Freiumschläge, die nicht vor Ablauf der für die Stimmabgabe festgesetzten Zeit (§ 3 Abs. 2 Nr. 11 WO) den WV erreicht haben, sind **verspätet** eingegangen. Das Risiko einer verspäteten Übermittlung trägt grundsätzlich der Wähler. So hat z. B. der WV einen Freiumschlag als verspätet eingegangen zu betrachten, wenn dieser vom Wähler zwar rechtzeitig bei der Post abgegeben wurde, der Umschlag aus postalischen Gründen den WV jedoch erst nach Abschluss der Stimmabgabe erreicht. Die Nichtberücksichtigung der Stimmen wegen einer solchen Verzögerung rechtfertigt eine Anfechtung nicht.[11] 5

Auf den verspätet eingegangenen Freiumschlägen sind das Eingangsdatum sowie die Uhrzeit des Eingangs zu vermerken. Die Umschläge werden, obwohl sie den Wählern nicht zurückgereicht werden, im Ergebnis wie **nicht abgegebene** – also **nicht** wie ungültige – Stimmen behandelt. Es erfolgt daher auch **kein entsprechender Vermerk** der Stimmabgabe im Wählerverzeichnis. In der Wahlniederschrift ist jedoch die Anzahl der verspätet eingegangenen Freiumschläge festzuhalten. 6

Die verspätet eingegangenen Freiumschläge sind **ungeöffnet** aufzubewahren. Es ist sicherzustellen, dass bei der Aufbewahrung die Geheimhaltung gewährleistet wird und bleibt. 7

Sofern die Wahl nicht angefochten worden ist, sind die Freiumschläge einen Monat nach Bekanntgabe des Wahlergebnisses **ungeöffnet zu vernichten.** Die Frist beginnt mit der Bekanntgabe des Wahlergebnisses (§ 18 WO) zu laufen. Wird die Wahl angefochten, so sind die Freiumschläge bis zur rechtskräftigen Entscheidung aufzubewahren. Ihre Vernichtung hat in einem solchen Falle nach der rechtskräftigen Entscheidung zu erfolgen. Während des Gerichtsverfahrens dienen sie ggf. dem Nachweis über die Beteiligung des Wählers und über den Zeitpunkt des Eingangs des Freiumschlags beim WV. 8

Auch während des Anfechtungsverfahrens dürfen die Umschläge mit Rücksicht auf das Wahlgeheimnis **nicht geöffnet** werden.[12] Der Inhalt der Umschläge darf daher auch im Wahlanfechtungsverfahren gerichtlich nicht nachgeprüft werden. Dagegen kann das Gericht feststellen, ob die Freiumschläge rechtzeitig eingegangen sind. 9

Die **Vernichtung der verspätet eingegangenen Freiumschläge** hat, da das Amt des WV erloschen ist, der (neugewählte) BR vorzunehmen. Er hat darüber einen **Vermerk** anzufertigen. Die Vernichtung hat so gründlich zu erfolgen, dass **keinerlei Rückschlüsse** mehr auf die Stimmabgabe möglich sind, so etwa durch Verbrennung der Umschläge samt ihrem Inhalt oder durch die Vernichtung in einem Reißwolf. 10

Zu den Besonderheiten der schriftlichen Stimmabgabe im vereinfachten Wahlverfahren (nachträgliche schriftliche Stimmabgabe) vgl. § 35 WO u. die dortigen Erl. 11

10 Zum Wahlgeheimnis im Allgemeinen vgl. § 12 WO Rn. 6 ff.
11 *Fitting*, Rn. 7.
12 *Fitting*, Rn. 10; GK-Jacobs, Rn. 7.

Vierter Abschnitt
Wahlvorschläge der Gewerkschaften

§ 27 Voraussetzungen, Verfahren

(1) Für den Wahlvorschlag einer im Betrieb vertretenen Gewerkschaft (§ 14 Abs. 3 des Gesetzes) gelten die §§ 6 bis 26 entsprechend.

(2) Der Wahlvorschlag einer Gewerkschaft ist ungültig, wenn er nicht von zwei Beauftragten der Gewerkschaft unterzeichnet ist (§ 14 Abs. 5 des Gesetzes).

(3) Die oder der an erster Stelle unterzeichnete Beauftragte gilt als Listenvertreterin oder Listenvertreter. Die Gewerkschaft kann hierfür eine Arbeitnehmerin oder einen Arbeitnehmer des Betriebs, die oder der Mitglied der Gewerkschaft ist, benennen.

1 Nach § 14 Abs. 3 i. V. m. Abs. 5 BetrVG hat **jede im Betrieb vertretene Gewerkschaft** das Recht, einen Wahlvorschlag einzubringen, der nicht die notwendige Anzahl von Stützunterschriften der AN des Betriebs nach § 14 Abs. 4 BetrVG haben muss. Der Wahlvorschlag muss lediglich von **zwei Beauftragten** unterzeichnet sein (vgl. Rn. 3). Dadurch, dass auch mehr als eine Gewerkschaft im Betrieb vertreten sein kann, kann es auch mehr als eine Gewerkschaftsliste bei der BR-Wahl in einem Betrieb geben.[1] Ob die **gleiche Gewerkschaft** mehr als eine Liste im Betrieb einreichen kann, ist bisher noch nicht entschieden worden. Zu diesem Fragenfeld gibt es nur eine Entscheidung des *BAG* zur Frage der gewerkschaftlichen Kennworte.[2] Diese geht davon aus, dass man für die Nutzung eines gewerkschaftlichen Kennwortes die Unterschrift der beiden Bevollmächtigten der Gewerkschaft braucht. Da es also immer einer Unterschrift der beiden bevollmächtigten Gewerkschaftsvertreter nach Abs. 2 bedarf und bei analoger Anwendung der Regelung für Doppelstützer in § 6 Abs. 5 WO, kann man zu dem Ergebnis kommen, dass die gleiche Gewerkschaft nur **einen Wahlvorschlag im Betrieb** stützen kann.

1a Die Gewerkschaft ist nicht gehalten, von der Möglichkeit eines eigenständigen Wahlvorschlags Gebrauch zu machen, wobei dies aber aus besonderen Gründen, wie etwa bei betriebsratsfähigen, aber betriebsratslosen Betrieben, zweckmäßig sein kann. Die Gewerkschaft kann durchaus für einen von ihr aufgestellten Wahlvorschlag **Stützunterschriften der AN** nach § 14 Abs. 4 BetrVG aus der Mitte der Belegschaft sammeln. Das wird sogar regelmäßig zu empfehlen sein, da die Anzahl der Stützunterschriften der AN deutlich macht, welches Gewicht ein Wahlvorschlag innerhalb der Belegschaft hat. Auf einen gewerkschaftlichen Wahlvorschlag, der Stützunterschriften der AN nach § 14 Abs. 4 BetrVG trägt, finden die besonderen Regelungen dieser Vorschrift keine Anwendung.

Umgekehrt dürfen Wahlvorschläge, die nicht von einer Gewerkschaft eingereicht sind, keine gewerkschaftlichen Kennworte tragen. Diese Kennworte sind zu streichen, wenn die Liste nicht die beiden Unterschriften der Beauftragten tragen, aber genügend Stützunterschriften vorhanden sind.[3] Zum Weiteren vergleiche § 14 Rn. 34 f.

2 Macht eine Gewerkschaft von ihrem eigenständigen Wahlvorschlagsrecht Gebrauch und reicht sie beim WV einen entsprechenden Wahlvorschlag ein, hat dieser in **Zweifelsfällen** zu prüfen, ob es sich um eine **Gewerkschaft i. S. d. § 2 BetrVG** handelt (zum Gewerkschaftsbegriff vgl. § 2 BetrVG Rn. 10 ff.) und ob diese **im Betrieb vertreten** ist, also mindestens ein Mitglied im Betrieb hat[4] (vgl. § 2 BetrVG Rn. 29 f.); auf die Tarifzuständigkeit kommt es in diesem Zusammenhang nicht an[5]. Handelt es sich um eine Gewerkschaft, hat sie zur Wahrnehmung ihrer Rechte auf Erstellung einer Vorschlagsliste Zugang zum Betrieb nach § 2 Abs. 2 BetrVG.

3 Die Ausübung des eigenständigen Wahlvorschlagsrechts setzt voraus, dass der Wahlvorschlag von zwei Beauftragten der Gewerkschaft unterzeichnet ist. Es müssen **nicht AN des Betriebes**

1 § 14 Rn. 34; vgl. auch *Fitting* zu § 14 BetrVG Rn. 65.
2 *BAG* 26.10.16 – 7 ABR4/15.
3 Weitergehend das *ArbG Darmstadt* 8.6.22 – 1 BV 2/22, das eine BR-Wahl wegen der fehlenden Unterschriften der Gewerkschaftsbevollmächtigten auf einer ver.di-Liste für unwirksam erklärt hat.
4 *BAG* 25.3.92 – 7 ABR 65/90.
5 *BAG* 10.11.04 – 7 ABR 19/04.

sein. Vielmehr wird es sich regelmäßig um **ehrenamtliche Funktionäre** oder **hauptamtliche Angestellte** der Gewerkschaft handeln.[6] Die Beauftragten müssen zur Unterzeichnung entweder unmittelbar durch die **Satzung** oder durch eine **entsprechende Vollmacht** der satzungsgemäßen Organe legitimiert sein.[7] Der WV kann in Zweifelsfällen einen Nachweis der Beauftragung, z. B. durch Auszug aus der Satzung der Gewerkschaft oder durch das Vorlegen einer entsprechenden schriftlichen Vollmacht, verlangen.[8] Sollten die Unterschriften fehlen oder die notwendige Legitimation fehlen, so können die Unterschriften vor Abschluss des Einreichungszeitraumes nachgereicht werden.[9] Werden **mehrere Wahlvorschläge** nach § 14 Abs. 3 i. V. m. Abs. 5 BetrVG eingereicht, die auf die **gleiche Gewerkschaft** zurückgehen, hat sich der WV im Zweifel an das satzungsgemäße Organ der Gewerkschaft (etwa Vorstand) zu wenden, damit geklärt wird, welche Vorschlagsliste gültig sein soll. Liegt eine rechtsgültige Beauftragung nicht vor, hat der WV den **Wahlvorschlag zurückzugeben.**[10] Es ist jedoch auch möglich, dass es zwei Wahlvorschläge von unterschiedlichen Gewerkschaften gibt. Jeder dieser Wahlvorschläge muss dann gesondert den o. a. gesetzlichen Erfordernissen genügen.

Das Recht der Gewerkschaft, eigene Wahlvorschläge einzureichen, gilt auch für das vereinfachte Wahlverfahren nach § 14a BetrVG. Das bedeutet, dass in den Fällen, in denen innerhalb des zweistufigen Verfahrens zur Wahl des BR (§§ 28 bis 35 WO) in einer ersten Wahlversammlung ein WV zu wählen ist (§ 17a Nr. 3 BetrVG), der eigenständige Wahlvorschlag der Gewerkschaft nach der Wahl des WV bis zum Ende der Wahlversammlung bei diesem einzureichen ist (vgl. § 33 WO). 4

Die Gewerkschaft kann jeden **wählbaren AN** des Betriebes mit dessen Einverständnis als Wahlbewerber aufstellen. Sie kann den Wahlvorschlag auf bei ihr organisierte AN des Betriebs beschränken.[11] Der Gewerkschaftsbeauftragte, der den Wahlvorschlag an **erster Stelle** (bei nebeneinanderstehenden Unterschriften links und bei untereinander stehenden Unterschriften an oberer Stelle) **unterzeichnet** hat, gilt als Listenvertreterin bzw. als Listenvertreter i. S. d. § 6 Abs. 5 WO. Es kann auch ein anderer AN des Betriebes benannt werden, sofern er der Gewerkschaft als Mitglied angehört.[12] Für diese Funktion kann auch der Beauftragte, der die Liste an zweiter Stelle unterschrieben hat, bestimmt werden.[13] Die Bestimmung eines anderen Listenvertreters bzw. einer anderen Listenvertreterin als des Beauftragten, der an erster Stelle unterzeichnet hat, setzt voraus, dass die Bestimmung von einem **ermächtigten Vertreter** der betreffenden Gewerkschaft erklärt wird. Geschieht dies nur mündlich, sollte der WV die Bestimmung aktenkundig machen.[14] 5

Für das eigenständige Wahlvorschlagsrecht der im Betrieb vertretenen Gewerkschaften gelten bis auf die in **Abs. 2 und 3 vorgesehenen Besonderheiten** die Vorschriften der WO für die Aufstellung von Wahlvorschlägen, ihre Einbringung in den WV und die für die weitere Behandlung geltenden Bestimmungen (§§ 6–28 WO) entsprechend. Damit finden insbes. auch die Regelungen über die Fristen zur Einreichung von Wahlvorschlägen (vgl. § 6 Abs. 1 Satz 2, Abs. 2 Satz 1 und § 9 Abs. 1 Satz 1 WO), die Prüfung der Wahlvorschläge (vgl. § 7 Abs. 2 Satz 2 WO) und ihre Ungültigkeit (vgl. § 8 WO) Anwendung. 6

---

6 *Blanke/Berg u. a.*, Rn. 333; *Wlotzke*, DB 89, 111.

7 *Fitting*, Rn. 3.

8 *Blanke/Berg u. a.*, a. a. O. Das *LAG München* ist anderer Auffassung und sieht die Möglichkeit einer Unterbevollmächtigung durch die Gewerkschaft nicht. Sie würde zu einer Anfechtbarkeit der Wahl führen. *LAG München* 28. 1. 21 – 3 TaBV 55/20, juris.

9 Vgl. auch § 14 Rn. 35a.

10 Vgl. auch *Fitting*, a. a. O., die den Wahlvorschlag dann als gültig ansehen wollen, wenn die rechtsgültige Beauftragung bis zum Ablauf der Einreichungsfrist für Wahlvorschläge nachgeholt wird.

11 *Fitting*, Rn. 1; GK-*Jacobs*, Rn. 5.

12 Vgl. *Fitting*, Rn. 4, die es als zulässig ansehen, dass ein Wahlbewerber als Listenvertreterin bzw. als Listenvertreter benannt wird.

13 *Fitting*, a. a. O.

14 *Fitting*, a. a. O.

Zweiter Teil
Wahl des Betriebsrats im vereinfachten Wahlverfahren (§ 14a des Gesetzes)

Erster Abschnitt
Wahl des Betriebsrats im zweistufigen Verfahren (§ 14a Abs. 1 des Gesetzes)

Erster Unterabschnitt
Wahl des Wahlvorstands

§ 28 Einladung zur Wahlversammlung

(1) Zu der Wahlversammlung, in der der Wahlvorstand nach § 17a Nr. 3 des Gesetzes (§ 14a Abs. 1 des Gesetzes) gewählt wird, können drei Wahlberechtigte des Betriebs oder eine im Betrieb vertretene Gewerkschaft einladen (einladende Stelle) und Vorschläge für die Zusammensetzung des Wahlvorstands machen. Die Einladung muss mindestens sieben Tage vor dem Tag der Wahlversammlung erfolgen. Sie ist durch Aushang an geeigneten Stellen im Betrieb bekannt zu machen. Ergänzend kann die Einladung mittels der im Betrieb vorhandenen Informations- und Kommunikationstechnik bekannt gemacht werden; § 2 Abs. 4 Satz 4 gilt entsprechend. Die Einladung muss folgende Hinweise enthalten:

a) Ort, Tag und Zeit der Wahlversammlung zur Wahl des Wahlvorstands;

b) dass Wahlvorschläge zur Wahl des Betriebsrats bis zum Ende der Wahlversammlung zur Wahl des Wahlvorstands gemacht werden können (§ 14a Abs. 2 des Gesetzes);

c) dass Wahlvorschläge der Arbeitnehmerinnen und Arbeitnehmer zur Wahl des Betriebsrats von mindestens zwei Wahlberechtigten unterzeichnet sein müssen; in Betrieben mit in der Regel bis zu zwanzig Wahlberechtigten bedarf es keiner Unterzeichnung von Wahlvorschlägen;

d) dass Wahlvorschläge zur Wahl des Betriebsrats, die erst in der Wahlversammlung zur Wahl des Wahlvorstands gemacht werden, nicht der Schriftform bedürfen.

(2) Der Arbeitgeber hat unverzüglich nach Aushang der Einladung zur Wahlversammlung nach Absatz 1 der einladenden Stelle alle für die Anfertigung der Wählerliste erforderlichen Unterlagen (§ 2) in einem versiegelten Umschlag auszuhändigen.

1 Nach der Einführung des vereinfachten Wahlverfahrens durch das BetrVerf-ReformG ist die Bildung von BRen in Kleinbetrieben erleichtert werden. Der Gesetzgeber hat zu diesem Zweck das vereinfachte Wahlverfahren geschaffen. Dessen Bedeutung hat er nun erheblich vergrößert. Denn mit dem BRModG und der WO 2021 wird dieses erfolgreiche Modell erweitert. Mit der gleichen Zielsetzung wie in 2001 möchte der Gesetzgeber das Ziel der erleichterten Bildung von BRen weiterverfolgen und schreibt die Anwendung des vereinfachten Wahlverfahrens für mehr Betriebe vor.[1] Es kommt nunmehr in den Betrieben zwingend zur Anwendung, denen in der Regel fünf bis 100 wahlberechtigte AN angehören, und zwar unabhängig davon, ob es sich um betriebsratslose oder um Betriebe handelt, in denen bereits ein BR besteht. Darüber hinaus kann das vereinfachte Wahlverfahren in Betrieben mit in der Regel 101 bis 200 wahlberechtigten AN durch Vereinbarung zwischen dem AG und dem WV zur Anwendung kommen (§ 14a Abs. 5 BetrVG). Eine solche Vereinbarung setzt somit die Existenz eines WV voraus. Das Gesetz unterscheidet außerdem zwischen dem zweistufigen und dem einstufigen vereinfachten Wahlverfahren (vgl. § 14a Abs. 1 und 3 BetrVG). Der entscheidende Unterschied

1 Siehe auch Vorbemerkungen zur WO vor § 1.

liegt darin, dass bei dem **einstufigen Verfahren** bereits ein WV besteht, der die Wahl einleiten kann, während bei dem **zweistufigen Verfahren** in einer ersten Wahlversammlung zunächst ein WV zur Einleitung der Wahl zu wählen ist. Die WO befasst sich in den §§ 28 bis 34 WO mit dem zweistufigen vereinfachten Wahlverfahren, in § 36 WO mit dem einstufigen vereinfachten Wahlverfahren und in § 35 WO zusätzlich mit der beide Verfahren betreffenden nachträglichen Stimmabgabe.

Besteht in einem Betrieb, der seiner AN-Anzahl nach (vgl. Rn. 1) unter das vereinfachte Wahl- 2
verfahren fällt, kein WV, ist in einer ersten Wahlversammlung ein WV zu wählen. Der so gewählte WV hat noch in der ersten Wahlversammlung die Wahl einzuleiten und insgesamt folgende Wahlhandlungen vorzunehmen:

- Aufstellung der Wählerliste,
- Erlass des Wahlausschreibens,
- Entgegennahme und Prüfung von Wahlvorschlägen.

Die Einladung zur **ersten Wahlversammlung** hat mindestens **sieben Tage** vor dem Tag der 3
Versammlung stattzufinden. Soll somit die Versammlung an einem Mittwoch durchgeführt werden, hat die Bekanntmachung spätestens am Dienstag der vorangegangenen Woche zu erfolgen. Die Einladung kann durch drei wahlberechtigte AN des Betriebes oder durch die im Betrieb vertretene Gewerkschaft vorgenommen werden. Die Tarifzuständigkeit der Gewerkschaft für den Betrieb oder das UN des AG ist dazu nicht erforderlich.[2] Erfolgt die Einladung durch drei wahlberechtigte AN, haben diese den **besonderen Kündigungsschutz** nach § 15 Abs. 3a KSchG. Laden mehr als drei AN zur Wahlversammlung ein, so haben mit der Novelle aus 2021 nunmehr die ersten **sechs Einladenden** den Kündigungsschutz. Dieser Kündigungsschutz nach § 15 Abs. 3b KSchG wurde auch auf die **Initiatoren** im Vorfeld der Einladung zu einer BR-Wahl erweitert, sofern diese ihre Absicht vorher bei einem Notar beglaubigt hinterlegt haben. Der Kündigungsschutz entfällt nicht dadurch, dass die Einladung **formelle Mängel** enthält. Es muss aber der Ort und Zeitpunkt erkennbar sein und ferner, dass der Gegenstand der Tagesordnung die Wahl des WV ist. Außerdem muss erkennbar sein, wer die Einladenden sind.[3] Die für Betriebsratsmitglieder nach § 15 Abs. 4 KSchG und den sonstigen in § 15 Abs. 1 bis 3 KSchG genannten Personen gegebene Möglichkeit des AG, im Falle einer Betriebsstillegung eine ordentliche Kündigung auszusprechen, gilt allerdings auch für die **Initiatoren einer Betriebsratswahl** i. S. v. § 15 Abs. 3a und b KSchG. Die anfängliche Nichterwähnung des § 15 Abs. 3a KSchG in § 15 Abs. 4 KSchG beruht auf einem Redaktionsversehen des Gesetzgebers.[4] Die Einladung ist an geeigneten Stellen, etwa am Schwarzen Brett oder sonstigen, den AN allgemein zugänglichen Stellen bekannt zu machen. Der AG hat zu diesem Zweck der im Betrieb vertretenen **Gewerkschaft den Zugang** zu gestatten. Er ist verpflichtet, der Gewerkschaft die **Namen und Adressen** der AN zu offenbaren, damit diese ordnungsgemäß zu der Wahlversammlung zur Wahl eines WV einladen kann.[5] Der AG kann sich für die Nichtweitergabe der notwendigen Daten auch nicht auf Datenschutz als Grund berufen.[6] Die Nichtweitergabe der Daten durch den AG ist eine **Behinderung der BR-Wahl** mit allen rechtlichen Konsequenzen (vgl. Rn. 6). Nicht im Betrieb beschäftigten AN ist die Einladung durch Aushang am Einsatzort oder postalisch zur Kenntnis zu bringen. Der AG ist nach Aufforderung durch die einladende Stelle verpflichtet, diesen AN die Einladung zukommen zu lassen oder der einladenden Stelle die Adressen der auswärts beschäftigten AN mitzuteilen. Das gilt auch für Einladungsschreiben der Gewerkschaft.[7] Die Einladung kann zusätzlich in **elektronischer Form,** etwa durch **E-Mail,** erfolgen. Soll die Einladung ausschließlich in dieser Form vorgenommen werden, ist unbedingt erforderlich, dass alle AN von der Einladung Kenntnis erhalten können (vgl. um-

---

2 *BAG* 10.11.04, NZA 05, 426ff.
3 Vgl. *LAG Berlin* 25.06.03 – 17 S 531/03.
4 *BAG* 04.11.04, AuR 05, 236.
5 *LAG Hamburg* 16.6.92, AiB 93, 566.
6 *Hess. LAG* 10.8.20 – 16 TaBVGa 75/20.
7 *LAG Hamburg* 16.6.92, a.a.O.

fassend § 2 WO Rn. 9 ff.). Es genügt daher nicht, wenn von 59 wahlberechtigten AN lediglich 52 per E-Mail erreichbar sind.[8]

4 Neben der allgemeinen Mitteilung, dass zur Wahl eines WV eingeladen wird, hat die Einladung die in Abs. 1 angesprochenen Mindestinformationen zu enthalten. Die AN sollen neben dem Ort, dem Tag und der Uhrzeit erfahren, dass sie bis zum Ende der Versammlung Wahlvorschläge erstellen können, die von einer bestimmten Anzahl von AN unterstützt werden müssen (§ 14 Abs. 4 BetrVG), wobei Wahlvorschläge, die erst auf der Versammlung selbst gemacht werden, keiner Schriftform bedürfen. Sind im Betrieb ausländische AN beschäftigt, die der deutschen Sprache nicht ausreichend mächtig sind, sollte ihnen die Einladung und damit die angeführten Mindestinformationen in ihrer **jeweiligen Sprache** zugänglich gemacht werden; zumindest sollte im Rahmen der gegebenen Möglichkeiten eine entsprechende mündliche Information erfolgen.

4a Eine weitere Vereinfachung, mit dem Ziel die Gründung von BRen zu ermöglichen, ist das Herunternehmen des Erfordernisses der Stützunterschriften in Abs. 1 lit. c der Vorschrift. In Betrieben bis einschließlich 20 AN bedarf es keiner Stützunterschriften mehr, um zum Amt des BR zu kandidieren. In allen anderen Fällen der Anwendung des vereinfachten Wahlverfahrens genügen lediglich zwei Stützunterschriften für eine Kandidatur. Also man muss sich selbst stützen und man muss nur noch eine weitere Person finden, die den Wahlvorschlag ebenfalls stützt.

5 Der **AG** wird über seine **Mitwirkungspflicht** bei der Bekanntgabe der Einladung hinaus ausdrücklich verpflichtet, der **einladenden Stelle** (Abs. 1) unverzüglich nach dem Aushang der Einladung alle für die Anfertigung der Wählerliste **erforderlichen Unterlagen** auszuhändigen (zu den für die Wählerliste erforderlichen Angaben vgl. § 30 WO Rn. 1). Diese Unterlagen sind erforderlich, damit der WV nach seiner Wahl ohne weitere Verzögerung die Wählerliste erstellen kann. Der Umschlag darf daher von den Einladenden nicht geöffnet werden, sondern ist in der vom AG erstellten Form dem WV nach dessen Wahl zu überreichen (§ 30 Abs. 1 WO). Der Umschlag, in dem sich die vom AG erstellten Unterlagen befinden, ist von diesem zu versiegeln. Bei der Form der Versiegelung, etwa durch Klebeband mit einem darauf vorgenommenen Stempel, ist zu gewährleisten, dass der Umschlag vor der Übergabe an den WV nicht geöffnet werden kann, ohne dass dies sichtbar wird.

6 Verweigert oder verzögert der AG seine Mitwirkungspflicht bei der Einladung, bei der Erstellung der Unterlagen für die Wählerliste oder behindert er in sonstiger Weise die Vorbereitung und Durchführung der Versammlung zur Wahl des WV, so liegt ein Verstoß gegen das **Verbot der Behinderung der BR-Wahl** vor (§ 20 Abs. 1 BetrVG), die in bestimmten Fällen den Straftatbestand des § 119 Abs. 1 BetrVG erfüllen kann. Die einladende Stelle kann darüber hinaus erforderlichenfalls im Wege einer einstweiligen Verfügung den AG zwingen, seinen gesetzlichen Mitwirkungspflichten nachzukommen.

§ 29 Wahl des Wahlvorstands

Der Wahlvorstand wird in der Wahlversammlung zur Wahl des Wahlvorstands von der Mehrheit der anwesenden Arbeitnehmerinnen und Arbeitnehmer gewählt (§ 17a Nr. 3 Satz 1 des Gesetzes). Er besteht aus drei Mitgliedern (§ 17a Nr. 2 des Gesetzes). Für die Wahl der oder des Vorsitzenden des Wahlvorstands gilt Satz 1 entsprechend.

1 Die Vorschrift ist bei der Änderung der WO 2021 unverändert geblieben. Die Wahlversammlung zur Wahl des WV findet grundsätzlich im Betrieb statt. Ist dort kein geeigneter Raum vorhanden, kann auch ein Versammlungsraum außerhalb des Betriebes vorgenommen werden (vgl. § 42 BetrVG Rn. 8). Das kann vor allem dann sinnvoll sein, wenn erkennbar wird, dass der

8 Vgl. *BAG* 19.11.03, AP Nr. 54 zu § 19 BetrVG 1972.

AG die Versammlung stören oder beeinflussen will.[1] Es ist nicht möglich die Wahlversammlung, beispielsweise aus Platzgründen, in zwei »**Teil-Wahlversammlungen**« durchzuführen. Es wird bei einer derartigen Durchführung einer Manipulation des Wahlergebnisses Tür und Tor geöffnet. AN der ersten »Teil-Wahlversammlung« können andere AN entsprechend für die zweite »Teil-Wahlversammlung« vorbereiten, in dem sie z. B. durch einen Anruf zum Erscheinen aufrufen, weil es für einen gewünschten Bewerber nicht reichen könnte.

Die einladende Stelle übt im Versammlungsraum das Hausrecht aus. Die Einladenden eröffnen auch die Versammlung. Sie werden der Versammlung zweckmäßigerweise einen Vorschlag zur Wahl eines Versammlungsleiters unterbreiten und zur Abstimmung stellen. Die Mehrheit der anwesenden AN reicht zur Wahl eines Versammlungsleiters aus. Der Versammlungsleiter kann aber auch aus der Mitte der einladenden Stelle kommen, also etwa einer der einladenden AN oder der Beauftragte der einladenden Gewerkschaft. Teilnahmeberechtigt sind alle AN des Betriebs, nicht nur die wahlberechtigten. Sie sind zugleich abstimmungsberechtigt, auch die in § 7 Satz 2 BetrVG genannten AN.[2] Beschlüsse werden mit der Mehrheit der abgegebenen Stimmen gefasst. Vor dem Eintritt in die Wahl des WV sollte daher die Zahl der abstimmungsberechtigten AN festgestellt werden. 2

Vorschläge zur **Zusammensetzung des WV** können aus der Mitte der Versammlung gemacht werden. Es wird allerdings vielfach zweckmäßig sein, dass die Einladenden in Vorbereitung der Versammlung Vorschläge für die Zusammensetzung des WV erarbeiten und diese der Versammlung unterbreiten. Der WV hat aus **drei wahlberechtigten AN** zu bestehen. Eine Erhöhung dieser Zahl ist nicht vorgesehen. Die Regelung, die eine Erhöhung der Zahl der WV-Mitglieder erlaubt (§ 16 Abs. 1 Satz 2 und 3 BetrVG) wird bei der Bestellung des WV im vereinfachten Wahlverfahren nicht vorgesehen (vgl. § 17a BetrVG). Es ist jedoch zulässig und auch sinnvoll, Ersatzmitglieder zu wählen. Die Wahl erfolgt, wie auch die sonstigen Beschlüsse, durch die Mehrheit der anwesenden abstimmungsberechtigten AN. Die Wahl der WV-Mitglieder kann einzeln oder in Blockform erfolgen. Stehen allerdings mehr als drei Kandidatinnen/Kandidaten zur Verfügung, ist die Abstimmung einzeln vorzunehmen. Bei Stimmengleichheit entscheidet das Los. Die Wahl erfolgt in Übereinstimmung mit dem Grundsatz der Vereinfachung der Wahl in offener Abstimmung durch Handaufheben. Das gilt auch für die gesondert durchzuführende Wahl des Vorsitzenden des WV. Der Versammlungsleiter hat über die Wahl und deren Ergebnis ein Protokoll anzufertigen, das dem gewählten WV zuzuleiten ist. Dieser hat es nach der Wahl mit den weiteren Wahlunterlagen dem BR zuzuleiten, damit dieser die Aufbewahrung vornehmen kann (§ 19 WO) und die Unterlagen für den Fall zur Verfügung stehen, dass eine Anfechtung der Wahl erfolgt (§ 19 BetrVG). 3

Findet die Wahlversammlung zur Wahl des WV nicht statt oder wird auf ihr ein **WV nicht gewählt,** ist der Betrieb weiterhin nach den Grundsätzen eines **betriebsratslosen Betriebes** zu behandeln. Das bedeutet insbesondere, dass der WV **auf Antrag durch das ArbG** bestellt werden kann (§ 17a Nr. 4 i. V. m. § 17 Abs. 4 BetrVG). Antragsteller können mindestens drei wahlberechtigte AN oder die im Betrieb vertretene Gewerkschaft sein. Von besonderer Bedeutung ist, dass das ArbG in diesem Verfahren in den WV auch Mitglieder der im Betrieb vertretenen Gewerkschaft berufen kann, die nicht AN des Betriebs sind (§ 17 Abs. 4 Satz 2 i. V. m. § 16 Abs. 2 Satz 3 BetrVG). Die Bestellung nicht betriebsangehöriger WV-Mitglieder kann allerdings nur für Betriebe vorgenommen werden, die mehr als 20 wahlberechtigte AN haben. Bei der Wahl eines aus einer Person bestehenden BR besteht diese Möglichkeit nicht. 4

1 *ArbG Kiel* 13. 11. 03 – 1 BV 34d/03, das die Wahlversammlung auf einem Parkplatz für wirksam hält.
2 *Fitting*, Rn. 1.

Zweiter Unterabschnitt
Wahl des Betriebsrats

§ 30 Wahlvorstand, Wählerliste

(1) Unmittelbar nach seiner Wahl hat der Wahlvorstand in der Wahlversammlung zur Wahl des Wahlvorstands die Wahl des Betriebsrats einzuleiten. § 1 gilt entsprechend. Er hat unverzüglich in der Wahlversammlung eine Liste der Wahlberechtigten (Wählerliste), getrennt nach den Geschlechtern, aufzustellen. Die einladende Stelle hat dem Wahlvorstand den ihr nach § 28 Abs. 2 ausgehändigten versiegelten Umschlag zu übergeben. Die Wahlberechtigten sollen in der Wählerliste mit Familienname, Vorname und Geburtsdatum in alphabetischer Reihenfolge aufgeführt werden. § 2 Abs. 1 Satz 3, Abs. 2 bis 4 gilt entsprechend.

(2) Einsprüche gegen die Richtigkeit der Wählerliste können mit Wirksamkeit für die Betriebsratswahl nur vor Ablauf von drei Tagen seit Erlass des Wahlausschreibens beim Wahlvorstand schriftlich eingelegt werden. § 4 Abs. 2 und 3 gilt entsprechend.

1 Im zweistufigen vereinfachten Wahlverfahren hat der WV direkt nach seiner Wahl und damit noch in der Wahlversammlung, in der er gewählt worden ist, wesentliche Wahlvorbereitungen zu treffen. Diese Regelung dient der Beschleunigung des gesamten Wahlverfahrens. Sie ist im Übrigen schon deshalb erforderlich, weil die zweite Wahlversammlung, in der die Wahl des BR erfolgt, bereits eine Woche später stattfindet (§ 14a Abs. 1 Satz 3 und 4 BetrVG).

Mit dem Zeitpunkt seiner Wahl übernimmt der WV die **Leitung der Wahlversammlung.** Er hat insbesondere die in der Bestimmung des § 30 vorgesehenen Wahlhandlungen vorzunehmen. An erster Stelle steht dabei die Aufstellung der Wählerliste. Die einladende Stelle hat zu diesem Zweck den ihr vom AG zugeleiteten Umschlag mit den darin befindlichen Angaben (§ 28 Abs. 2 WO) zu übergeben. Fehlen diese Angaben oder sind sie unvollständig, hat der WV die **Versammlung zu unterbrechen** und den AG zur unverzüglichen Herausgabe bzw. zur Ergänzung der Angabe aufzufordern.[1] Kommt der AG dieser gesetzlich vorgeschriebenen Mitwirkung nicht unverzüglich nach, ist die Wahlversammlung zu vertagen. Der AG ist sodann im Wege der **einstweiligen Verfügung** zu verpflichten, die notwendigen Angaben vorzunehmen und die erforderlichen Unterlagen zur Verfügung zu stellen. In diesen Fällen braucht die Frist von einer Woche zur Durchführung der zweiten Wahlversammlung, in der der BR gewählt werden soll (§ 14a Abs. 1 Satz 3 und 4 BetrVG; § 28 Abs. 1 Satz 2 WO) nicht eingehalten zu werden.

2 Auch im vereinfachten Wahlverfahren fasst der WV die Beschlüsse mit **einfacher Stimmenmehrheit.** Über die Beschlüsse ist eine Niederschrift zu erstellen. Der WV kann für die zweite Wahlversammlung, in der der BR gewählt wird, zur Unterstützung bei der Stimmenabgabe und der Stimmenzählung Wahlhelfer bestellen (§ 1 Abs. 2 Satz 2 WO).[2]

3 Ohne eine **Wählerliste,** die den Anforderungen der WO entspricht, kann die Wahl nicht durchgeführt werden. Daher stellt die Verletzung der Mitwirkungspflichten des AG bei der Erstellung der Wählerliste einen eindeutigen Verstoß gegen die Vorschrift des § 20 Abs. 1 BetrVG dar **(Behinderung der BR-Wahl).** Überdies ist eine derartige Handlungsweise des AG **strafrechtlich relevant** (vgl. § 119 Abs. 1 Nr. 1 BetrVG). Die Aussetzung der Wahlversammlung wird nur dann nicht erforderlich sein, wenn der WV fehlende Angaben zur Wählerliste aus eigenem Wissen ergänzen oder sich die erforderlichen Informationen mit Hilfe der anwesenden AN oder auf andere Weise beschaffen kann.

4 In der Wählerliste sind die wahlberechtigten AN, getrennt nach allen drei Geschlechtern, mit Familienname, Vorname und Geburtsdatum alphabetisch aufzuführen. Dabei sind auch AN anzuführen, die von einem anderen AG dem Betrieb zur Arbeitsleistung überlassen worden sind. Auch diese AN sind wahlberechtigt, wenn sie länger als drei Monate im Betrieb eingesetzt werden (§ 7 Satz 2 BetrVG). Es ist nicht erforderlich, dass sie bei Einleitung der Wahl

---

1 Zur Zulässigkeit der Unterbrechung einer Betriebsversammlung vgl. DKW-*Berg,* § 44 Rn. 3.
2 *Fitting,* Rn. 2.

bereits diese Zeit tätig gewesen sind.[3] Soweit es die nach § 14 Abs. 2 Satz 1 AÜG überlassenen AN betrifft (Leih-AN nach dem AÜG), sind diese in der Wählerliste als nicht wählbare AN auszuweisen. Ebenso sind die AN aufzuführen, die 16 oder 17 Jahre alt sind (§ 7 Satz 1). Sie können ebenfalls wählen, aber nicht gewählt werden. Gewählt werden können nur AN, die schon 18 Jahre alt sind (§ 8 Abs. 1 Satz 1). Die Wahlberechtigten sollen damit darüber informiert werden, dass diese Beschäftigten zwar das aktive Wahlrecht haben, nicht aber als Wahlbewerber vorgeschlagen und gewählt werden können.

Die **Wählerliste** ist vom Zeitpunkt ihrer Aufstellung an im Betrieb **an geeigneten Stellen auszulegen.** Da die Wahlversammlung zugleich dazu dient, Wahlvorschläge entgegenzunehmen und die Wählerliste hierzu erforderliche Angaben liefern kann, sollte diese Liste zugleich auch in der Versammlung selbst ausgelegt werden, ggf. durch Anfertigung von Kopien. Einsprüche gegen die Richtigkeit der Wählerliste können allerdings noch später erfolgen und zwar innerhalb von drei Tagen seit Erlass des Wahlausschreibens. Durch die Änderung des § 19 Abs. 3 BetrVG ist der Einspruch noch mal wichtiger geworden. Wer keinen Einspruch gegen die Wählerliste einlegt, ist auch aus diesem Grunde an einer Wahlanfechtung gehindert. Dies trifft ebenso auf den AG zu, sofern der Fehler auf seinen Angaben beruht. Sind die Auslegung der Wählerliste und der Aushang des Wahlausschreibens z. B. an einem Montag erfolgt, läuft die Einspruchsfrist am Donnerstag ab, da der Tag der Auslegung nicht mitzählt (§ 187 Abs. 1 BGB). Auszulegen ist auch ein Abdruck der WO (§ 30 Abs. 1 Satz 5 i. V. m. § 2 Satz 1 WO). Wählerliste und WO können zusätzlich in **elektronischer Form** bekannt gemacht werden (vgl. dazu umfassend § 2 WO Rn. 9 ff.). 5

Stellt der WV bei der Anfertigung der Wählerliste fest, dass entgegen der Auffassung der einladenden Stelle in der Regel **mehr als 100 wahlberechtigte AN** im Betrieb beschäftigt sind, hat die weitere Durchführung der Wahl im vereinfachten zweistufigen Wahlverfahren zu unterbleiben. Der WV kann jedoch den Versuch machen, mit dem AG eine Einigung dahingehend zu erzielen, dass die Wahl nach den **Grundsätzen des einstufigen vereinfachten Wahlverfahrens** durchgeführt wird (§ 14a Abs. 5 BetrVG; § 37 WO). Wird diese Einigung erzielt, richtet sich die weitere Durchführung der Wahl nach § 36 WO (vgl. die Erl. dort). Kommt es zu keiner Vereinbarung mit dem AG, hat der WV die Wahl nach dem normalen Wahlverfahren durchzuführen und die Wahl nach § 18 Abs. 1 BetrVG einzuleiten. Eine Neuwahl des WV ist nicht erforderlich. Seine Wahl und Zusammensetzung entspricht den Anforderungen, wie sie auch im normalen Wahlverfahren bestehen. Eine Anfechtung nach § 19 BetrVG kann sich jedenfalls nicht darauf stützen, dass ein ordnungsgemäßer WV nicht besteht. 6

Einspruchsberechtigt ist jeder AN des Betriebes, auch die in § 7 Satz 2 genannten AN. Einsprüche sind schriftlich einzulegen. Nicht einspruchsberechtigt ist der AG.[4] 7

Über Einsprüche gegen die Wählerliste hat der WV **unverzüglich zu entscheiden.** Die Entscheidung des WV ist den AN, die Einspruch eingelegt haben, unverzüglich mitzuteilen; spätestens am Tage vor der zweiten Wahlversammlung, in der der BR gewählt werden soll (§ 30 Abs. 2 i. V. m. § 4 Abs. 2 WO). Nach Ablauf der Einspruchsfrist soll der WV die Wählerliste nochmals auf ihre Richtigkeit hin überprüfen. Sie darf danach nur unter bestimmten Voraussetzungen berichtigt oder ergänzt werden (vgl. § 4 Abs. 3 WO). 8

Es ist bei dem Verfahren, das die WO bei dem vereinfachten Wahlverfahren dem WV zur Vornahme der einzelnen Handlungen in der Wahlversammlung vorschreibt, unvermeidbar, dass entsprechende Beschlüsse in Gegenwart der AN, also **öffentlich** gefasst werden müssen. Auch darin liegt eine Besonderheit gegenüber dem normalen Wahlverfahren (zur Öffentlichkeit von WV-Sitzungen bei diesem Verfahren vgl. § 1 WO Rn. 11).[5] 9

3 Vgl. die Erl. zu § 7 BetrVG.
4 *Fitting*, Rn. 6.
5 Vgl. auch *Fitting*, § 1 WO Rn. 6.

§ 31 Wahlausschreiben

(1) Im Anschluss an die Aufstellung der Wählerliste erlässt der Wahlvorstand in der Wahlversammlung das Wahlausschreiben, das von der oder dem Vorsitzenden und von mindestens einem weiteren stimmberechtigten Mitglied des Wahlvorstands zu unterschreiben ist. Mit Erlass des Wahlausschreibens ist die Betriebsratswahl eingeleitet. Das Wahlausschreiben muss folgende Angaben enthalten:

1. **das Datum seines Erlasses;**
2. **die Bestimmung des Orts, an dem die Wählerliste und diese Verordnung ausliegen sowie im Fall der Bekanntmachung in elektronischer Form (§ 2 Abs. 4 Satz 3 und 4) wo und wie von der Wählerliste und der Verordnung Kenntnis genommen werden kann;**
3. **dass nur Arbeitnehmerinnen und Arbeitnehmer wählen oder gewählt werden können, die in die Wählerliste eingetragen sind, und dass Einsprüche gegen die Wählerliste (§ 30 Absatz 2 Satz 1) nur vor Ablauf von drei Tagen seit dem Erlass des Wahlausschreibens schriftlich beim Wahlvorstand eingelegt werden können, verbunden mit einem Hinweis auf die Anfechtungsausschlussgründe nach § 19 Absatz 3 Satz 1 und 2 des Gesetzes; der letzte Tag der Frist und im Fall des § 41 Absatz 2 zusätzlich die Uhrzeit sind anzugeben;**
4. **den Anteil der Geschlechter und den Hinweis, dass das Geschlecht in der Minderheit im Betriebsrat mindestens entsprechend seinem zahlenmäßigen Verhältnis vertreten sein muss, wenn der Betriebsrat aus mindestens drei Mitgliedern besteht (§ 15 Abs. 2 des Gesetzes);**
5. **die Zahl der zu wählenden Betriebsratsmitglieder (§ 9 des Gesetzes) sowie die auf das Geschlecht in der Minderheit entfallenden Mindestsitze im Betriebsrat (§ 15 Abs. 2 des Gesetzes);**
6. **die Mindestzahl von Wahlberechtigten, von denen ein Wahlvorschlag unterzeichnet sein muss (§ 14 Abs. 4 des Gesetzes) und den Hinweis, dass Wahlvorschläge, die erst in der Wahlversammlung zur Wahl des Wahlvorstands gemacht werden, nicht der Schriftform bedürfen (§ 14a Abs. 2 zweiter Halbsatz des Gesetzes);**
7. **dass der Wahlvorschlag einer im Betrieb vertretenen Gewerkschaft von zwei Beauftragten unterzeichnet sein muss (§ 14 Abs. 5 des Gesetzes);**
8. **dass Wahlvorschläge bis zum Abschluss der Wahlversammlung zur Wahl des Wahlvorstands bei diesem einzureichen sind (§ 14a Abs. 2 erster Halbsatz des Gesetzes);**
9. **dass die Stimmabgabe an die Wahlvorschläge gebunden ist und dass nur solche Wahlvorschläge berücksichtigt werden dürfen, die fristgerecht (Nr. 8) eingereicht sind;**
10. **die Bestimmung des Orts, an dem die Wahlvorschläge bis zum Abschluss der Stimmabgabe aushängen;**
11. **Ort, Tag und Zeit der Wahlversammlung zur Wahl des Betriebsrats (Tag der Stimmabgabe – § 14a Abs. 1 Satz 3 und 4 des Gesetzes);**
12. **dass Wahlberechtigten, die an der Wahlversammlung zur Wahl des Betriebsrats nicht teilnehmen können, Gelegenheit zur nachträglichen schriftlichen Stimmabgabe gegeben wird (§ 14a Abs. 4 des Gesetzes); das Verlangen auf nachträgliche schriftliche Stimmabgabe muss spätestens drei Tage vor dem Tag der Wahlversammlung zur Wahl des Betriebsrats dem Wahlvorstand mitgeteilt werden;**
13. **Ort, Tag und Zeit der nachträglichen schriftlichen Stimmabgabe (§ 14a Abs. 4 des Gesetzes) sowie die Betriebsteile und Kleinstbetriebe, für die nachträgliche schriftliche Stimmabgabe entsprechend § 24 Abs. 3 beschlossen ist;**
14. **den Ort, an dem Einsprüche, Wahlvorschläge und sonstige Erklärungen gegenüber dem Wahlvorstand abzugeben sind (Betriebsadresse des Wahlvorstands);**
15. **Ort, Tag und Zeit der öffentlichen Stimmauszählung.**

(2) Ein Abdruck des Wahlausschreibens ist vom Tage seines Erlasses bis zum letzten Tage der Stimmabgabe an einer oder mehreren geeigneten, den Wahlberechtigten zugänglichen Stellen vom Wahlvorstand auszuhängen und in gut lesbarem Zustand zu erhalten. Ergän-

zend kann das Wahlausschreiben mittels der im Betrieb vorhandenen Informations- und Kommunikationstechnik bekannt gemacht werden. § 2 Abs. 4 Satz 4 gilt entsprechend.

Mit der neuen WO 2021 ist auch der Text dieser Norm geändert worden. Insbesondere wurde ergänzt, dass auch im vereinfachten Wahlverfahren die Änderungen des § 19 Abs. 3 BetrVG zum Ausschluss von Anfechtungsgründen Anwendung finden. Für den WV bedeutet das, dass er den Gesetzestext als Hinweis auf dem Wahlausschreiben aufzuführen hat, damit jeder Wähler auf die Wichtigkeit der Wählerliste und möglicher Einsprüche hingewiesen wird. 1

Die betriebliche Mitbestimmung ist eine der Säulen der sozialen Marktwirtschaft in Deutschland. Dies gilt natürlich auch für Wahlen, die im vereinfachten Verfahren – also für kleinere Betriebe – durchgeführt werden. Deshalb soll mit der Einfügung des § 19 Abs. 3 die Rechtssicherheit der Betriebsratswahl durch die Einschränkung des Anfechtungsrechts gesteigert werden. Dort, wo der Grund für die Anfechtung die Unrichtigkeit der Wählerliste ist und zuvor nicht die rechtlich vorgesehene Möglichkeit zur Klärung eines solchen Verfahrenswahlfehlers genutzt wurde, soll insoweit das Anfechtungsrecht zu Gunsten der Rechtssicherheit eingeschränkt werden. Gleiches soll für den Arbeitgeber gelten, wenn die Unrichtigkeit der Wählerliste auf seinen Angaben beruht.[1]

Für anfechtende Wahlberechtigte gilt die Einschränkung insoweit, dass ein Einspruch gegen die Wählerliste eingelegt worden sein muss. Sofern der WV diesem nicht abhilft, steht die Anfechtung **aus diesem Grunde** nicht nur dem Einspruch einlegenden Wahlberechtigten zu, sondern jedem Wahlberechtigten und der im Betrieb vertetenen Gewerkschaft. 1a

Ein Arbeitgeber, der **falsche** oder **keine** Angaben an den WV herausgibt, kann sich richtiger Weise in einem anschließenden Anfechtungsverfahren nicht darauf berufen, dass die Wählerliste fehlerhaft sei.[2] Er hat schließlich den Grund für die fehlerhafte Wählerliste zu verantworten und kann sich dann später auch nicht darauf berufen. Eine andere Ausgangslage entsteht, wenn der WV bewusst eine andere Entscheidung trifft, als die mit der er zuvor vom AG informiert worden ist.[3] 1b

Das Wahlausschreiben, das im vereinfachten zweistufigen Wahlverfahren zu erlassen ist, unterscheidet sich sowohl von dem im normalen Wahlverfahren zu erlassenden Wahlausschreiben (vgl. § 3 WO) als auch von dem Wahlausschreiben, wie es im vereinfachten einstufigen Wahlverfahren erlassen werden muss (vgl. § 36 Abs. 3 WO). Die Änderungen, die sich durch die Anerkennung des **dritten Geschechtes** ergeben, sind allerdings genauso wie im normalen Wahlverfahren zu beachten.[4] 1c

Vor allem gegenüber dem Wahlausschreiben beim normalen Wahlverfahren sind **folgende Angaben erforderlich:**

- der Hinweis, dass die Frist für Einsprüche gegen die Wählerliste drei Tage beträgt (Nr. 3);
- der Hinweis, dass Wahlvorschläge, die in der Wahlversammlung gemacht werden, nicht der Schriftform bedürfen (Nr. 6);
- die Angabe, dass Wahlvorschläge bis zum Abschluss der ersten Wahlversammlung beim WV einzureichen sind (Nr. 8);
- Ort, Tag und Zeit der zweiten Wahlversammlung zur Wahl des BR (Nr. 11);
- der Hinweis auf die Möglichkeit der nachträglichen schriftlichen Stimmabgabe (Nr. 12);
- Ort, Tag und Zeit der nachträglichen schriftlichen Stimmabgabe (Nr. 13);
- Ort, Tag und Zeit der öffentlichen Stimmauszählung (Nr. 15).

Dementsprechend hat der WV in der Wahlversammlung eine Reihe von **Beschlüssen zu fassen,** insbesondere: 2

- die Bestimmung des Ortes, an dem die Wählerliste und die WO ausliegen (§ 31 Abs. 1 Satz 3 Nr. 2 WO);

---

1 Siehe sinngemäß in der Gesetzesbegründung für die Ergänzung des Abs. 3 im § 19 durch das Betriebsrätemodernisierungsgesetz, S. 12 f.

2 Insoweit auch zu weitgehend *Thüringer LAG* 24.6.20 – 4 TaBV 12/19.

3 Vgl. Insgesamt zum Thema § 19 BetrVG Rn. 6 ff.

4 Vgl. § 14a, Rn. 1a m.w.V.

- die Bestimmung des Ortes, an dem die Wahlvorschläge bis zum Abschluss der Stimmabgabe aushängen (§ 31 Abs. 1 Satz 3 Nr. 10 WO);
- die Festlegung des Ortes, des Tages und der Uhrzeit des Beginns der zweiten Wahlversammlung zur Wahl des BR (§ 31 Abs. 1 Satz 3 Nr. 11 WO);
- die Festlegung des Tages und der Uhrzeit des spätesten Einganges der Briefwahlunterlagen bei nachträglicher schriftlicher Stimmabgabe beim WV (§ 31 Abs. 1 Satz 3 Nr. 13 WO);
- die Entscheidung, ob für Betriebsteile und Kleinstbetriebe, die räumlich weit vom Hauptbetrieb entfernt sind, die nachträgliche schriftliche Stimmabgabe erfolgen soll (§ 35 Abs. 1 Satz 3 WO);
- die Bestimmung der Betriebsadresse als dem Ort, an dem Einsprüche, Wahlvorschläge und sonstige Erklärungen gegenüber dem WV abzugeben sind (§ 31 Abs. 1 Satz 3 Nr. 14 WO);
- die Bestimmung des Ortes, des Tages und der Uhrzeit der öffentlichen Stimmauszählung (§ 31 Abs. 1 Satz 3 Nr. 15 WO).

3 Nach Fassung der Beschlüsse und der Klärung über die inhaltliche Ausgestaltung des Wahlausschreibens ist dieses vom Vorsitzenden und einem weiteren Mitglied des WV **zu unterschreiben** und **zu erlassen.** Der Erlass hat ebenfalls in der Versammlung zu erfolgen und geschieht zweckmäßigerweise in der Form, dass das Wahlausschreiben – neben dem Aushang im Betrieb – in mehreren Abdrucken in der Versammlung ausgelegt und darüber hinaus verlesen wird. Auf jeden Fall muss sichergestellt werden, dass alle Teilnehmer an der Versammlung, aber auch andere AN, die an der Versammlung nicht teilnehmen, davon in der betriebsüblichen Weise Kenntnis erhalten können. Mit Erlass des Wahlausschreibens ist die Wahl eingeleitet. Die Wähler können noch in der ersten Wahlversammlung formlos, etwa durch Zuruf, Wahlvorschläge machen (vgl. § 33 WO).

4 Das Wahlausschreiben hat bis zum **Abschluss der Stimmabgabe** auszuhängen. Das ist an sich der Tag der Wahlversammlung zur Wahl des BR (zweite Wahlversammlung). Wird jedoch die nachträgliche schriftliche Stimmabgabe erforderlich (§ 35 WO), so ist das Wahlausschreiben bis zum Tag der nachträglichen schriftlichen Stimmabgabe auszuhängen.[5]

5 Das Wahlausschreiben, die Wählerliste und die WO können **ergänzend** mit Hilfe der im Betrieb vorhandenen IuK-Technik bekannt gemacht werden (vgl. dazu § 2 WO Rn. 9 ff.).

§ 32 Bestimmung der Mindestsitze für das Geschlecht in der Minderheit

Besteht der zu wählende Betriebsrat aus mindestens drei Mitgliedern, so hat der Wahlvorstand den Mindestanteil der Betriebsratssitze für das Geschlecht in der Minderheit (§ 15 Abs. 2 des Gesetzes) gemäß § 5 zu errechnen.

1 Die Regelung des **§ 15 Abs. 2 BetrVG,** nach der das im Betrieb in der Minderheit befindliche Geschlecht eine Mindestanzahl von BR-Sitzen zu bekommen hat, gilt auch für das vereinfachte Wahlverfahren, sofern der BR nicht nur aus einer Person besteht.

2 Die Angabe der Mindestanzahl der BR-Sitze für das Minderheitsgeschlecht im Wahlausschreiben ist – wie auch beim normalen Wahlverfahren – **zwingend.** Das Verfahren zur Bestimmung der Mindestsitze für das Minderheitsgeschlecht ist in § 5 WO geregelt (vgl. die Erl. dort).

3 Insbesondere die Kommentierung zum dritten Geschlecht zu § 15 BetrVG in Rn. 11 f. ist zu beachten.

§ 33 Wahlvorschläge

(1) Die Wahl des Betriebsrats erfolgt aufgrund von Wahlvorschlägen. Die Wahlvorschläge sind von den Wahlberechtigten und den im Betrieb vertretenen Gewerkschaften bis zum Ende der Wahlversammlung zur Wahl des Wahlvorstands bei diesem einzureichen. Wahlvorschläge, die erst in dieser Wahlversammlung gemacht werden, bedürfen nicht der Schriftform (§ 14a Abs. 2 des Gesetzes).

5 *Fitting*, Rn. 21.

(2) Für Wahlvorschläge gilt § 6 Abs. 2 bis 4 entsprechend. Im Fall des § 14 Absatz 4 Satz 1 des Gesetzes gilt § 6 Absatz 4 entsprechend mit der Maßgabe, dass Person im Sinne des § 6 Absatz 4 Satz 2 diejenige ist, die den Wahlvorschlag eingereicht hat. § 6 Abs. 5 gilt entsprechend mit der Maßgabe, dass ein Wahlberechtigter, der mehrere Wahlvorschläge unterstützt, auf Aufforderung des Wahlvorstands in der Wahlversammlung erklären muss, welche Unterstützung er aufrechterhält. Für den Wahlvorschlag einer im Betrieb vertretenen Gewerkschaft gilt § 27 entsprechend.
(3) § 7 gilt entsprechend. § 8 gilt entsprechend mit der Maßgabe, dass Mängel der Wahlvorschläge nach § 8 Abs. 2 nur in der Wahlversammlung zur Wahl des Wahlvorstands beseitigt werden können.
(4) Unmittelbar nach Abschluss der Wahlversammlung hat der Wahlvorstand die als gültig anerkannten Wahlvorschläge bis zum Abschluss der Stimmabgabe in gleicher Weise bekannt zu machen, wie das Wahlausschreiben (§ 31 Abs. 2).
(5) Ist in der Wahlversammlung kein Wahlvorschlag zur Wahl des Betriebsrats gemacht worden, hat der Wahlvorstand bekannt zu machen, dass die Wahl nicht stattfindet. Die Bekanntmachung hat in gleicher Weise wie das Wahlausschreiben (§ 31 Abs. 2) zu erfolgen.

Das Verfahren zur Einreichung von Wahlvorschlägen hat im zweistufigen vereinfachten Wahlverfahren die wesentliche Besonderheit, dass die Vorschläge, wenn sie in der Versammlung gemacht werden, nicht der Schriftform bedürfen. Eine Besonderheit, die sich auf die Wahlvorschläge auswirkt, liegt darin, dass – unabhängig von der Zahl der eingereichten Vorschläge – das vereinfachte Wahlverfahren immer nach den Grundsätzen der **Mehrheitswahl** durchgeführt wird. Ansonsten ist es in den Grundzügen dem Verfahren nachgebildet, wie es auch beim normalen Wahlverfahren zur Anwendung kommt. 1
Bereits vor der ersten Wahlversammlung zur Wahl des WV können Wahlvorschläge eingereicht werden. Sie bedürfen im Gegensatz zu den Wahlvorschlägen, die in der Versammlung gemacht werden, der Schriftform. Die Teilnahme an der Wahlversammlung zur Wahl des WV ist nicht Voraussetzung zur Einreichung von Wahlvorschlägen. Solche Wahlvorschläge können allerdings erst eingereicht werden, wenn der WV in der Versammlung wirksam gewählt worden ist. Es ist weiter Voraussetzung, dass sie die entsprechende Zahl von Stützunterschriften haben (vgl. § 14 Abs. 4 BetrVG) und bis zum Ende der Versammlung, in der der WV gewählt worden ist, bei diesem eingereicht sind.

1a Eine Vereinfachung durch das BRModG, mit dem Ziel, die Gründung von BRen zu ermöglichen, ist das Herunternehmen des Erfordernisses der Stützunterschriften in § 28 Abs. 1 lit. c der WO. In Betrieben bis einschließlich 20 AN bedarf es keiner Stützunterschriften mehr, um zum Amt des BR zu kandidieren. In allen anderen Fällen der Anwendung des vereinfachten Wahlverfahrens genügen lediglich zwei Stützunterschriften für eine Kandidatur. Also man muss sich selbst stützen und man muss nur noch eine weitere Person finden, die den Wahlvorschlag ebenfalls stützt.[1] Insoweit ist auch die Änderung in Absatz 2 Satz 2 dieser Vorschrift so zu verstehen, dass auf Platz eins der Kandidaten, die Person steht, die auch den Wahlvorschlag eingereicht hat. Dann kann der WV gegenüber dieser Person sämtliche Erklärungen abgeben.

1b Die Art der Einreichung von Wahlvorschlägen, etwa durch Boten oder durch AN, die an der Versammlung teilnehmen, bleibt denjenigen, die den Wahlvorschlag aufstellen, überlassen. Wesentlich ist, dass mit der Aufstellung des Wahlvorschlags der **besondere Schutz für Wahlbewerber** nach § 103 BetrVG einsetzt. Es ist nicht erforderlich, dass der Vorschlag bereits beim WV eingereicht worden ist, sofern der Wahlvorschlag ansonsten ordnungsgemäß aufgestellt worden ist und insbesondere die erforderliche Zahl von Stützunterschriften hat, sofern noch welche benötigt werden.

2 Hat ein vor der ersten Wahlversammlung schriftlich aufgestellter Wahlvorschlag nicht die erforderlichen Stützunterschriften, kann er in der Wahlversammlung selbst nicht einfach durch zustimmenden Zuruf ergänzt werden. Die **Versammlungsteilnehmer** können sich den Wahl-

1 Vgl. § 28 Rn. 4a.

vorschlag jedoch zu Eigen machen und ihm die erforderliche **mündliche Unterstützung** geben (vgl. auch Rn. 2).[2]

3 In der Wahlversammlung erfolgte Wahlvorschläge bedürfen **nicht der Schriftform.** Sie können durch **Zuruf** erfolgen, wobei die erforderliche Unterstützung durch wahlberechtigte AN durch Handaufheben erfolgen kann.[3] Die erforderliche Unterstützung hat in dem Umfang zu erfolgen, wie er auch nach § 14 Abs. 4 BetrVG beim normalen Wahlverfahren vorgeschrieben ist, allerdings ohne die bei diesem Verfahren vorgesehene Schriftform, sofern der Wahlvorschlag in der ersten Wahlversammlung gemacht wird. Auch ansonsten gelten für die in der Wahlversammlung gemachten Vorschläge weitgehend die Bestimmungen, die die WO für das normale Wahlverfahren vorsieht (vgl. insbesondere § 6 Abs. 2 bis 4 WO). Unterstützt ein wahlberechtigter AN mehrere Wahlvorschläge, hat er auf Aufforderung des WV in der Wahlversammlung zu erklären, für welchen Vorschlag er seine Unterstützung aufrechterhält.

4 Dem Grundsatz der Mündlichkeit der Wahlvorschläge in der Wahlversammlung entspricht es, dass die Vorgeschlagenen die Zustimmung zur Kandidatur ebenfalls mündlich erklären. Sind Wahlvorschläge schriftlich eingereicht worden (Rn. 1), bedarf die Zustimmung zur Bewerbung ebenfalls der Schriftform (Abs. 2 i. V. m. § 6 Abs. 3 Satz 2).

5 Die Wahlvorschläge hat der WV noch in der Wahlversammlung zu prüfen. Das gilt nicht nur für diejenigen, die in der Wahlversammlung selbst gemacht worden sind, sondern auch für die Vorschläge, die von AN bereits (schriftlich, vgl. Rn. 1) vor der Wahlversammlung angefertigt und dem WV nach dessen Wahl übergeben wurden. Die **Mängel** sind noch **in der Wahlversammlung zu beheben,** sofern der Mangel heilbar ist (vgl. § 8 Abs. 2 WO). Ein heilbarer Mangel liegt beispielsweise vor, wenn bestimmte Angaben zu den Wahlbewerbern fehlen, wie etwa die Beschäftigungsart im Betrieb oder das Geburtsdatum. Diese Mängel müssen im Laufe der Wahlversammlung beseitigt werden. In der Praxis kann ein besonderes Problem dadurch entstehen, dass ein in der Versammlung nicht anwesender AN als Wahlbewerber vorgeschlagen wird und somit nicht unmittelbar seine Zustimmung zur Kandidatur eingeholt werden kann; es sei denn, er hat sie bereits vorher einem der ihn vorschlagenden oder einem anderen AN in Schriftform gegeben, so dass sie dem WV vorgelegt werden kann. Ist das nicht der Fall, liegt also die Zustimmung nicht vor, bestehen keine Bedenken, die fehlende Zustimmung auf elektronischem Wege, auch telefonisch, einzuholen. Anderenfalls wäre ein AN, der nicht an der Wahlversammlung teilnehmen kann, gegenüber den Versammlungsteilnehmern benachteiligt, weil diese in der Versammlung mündlich ihre Zustimmung geben können, wenn sie vorgeschlagen werden.

6 Neben den **heilbaren Mängeln** gibt es auch **unheilbare** (§ 8 Abs. 1 WO). Ein solcher Mangel ist gegeben, wenn ein Vorschlag nicht die nach § 14 Abs. 4 BetrVG erforderliche Unterstützung findet. Ein Vorschlag, dem nicht genügend AN zustimmen, ist unheilbar ungültig (§ 8 Abs. 1 Nr. 3 WO). Ungültig ist auch ein Wahlvorschlag, der erst nach Schließung der Wahlversammlung dem WV zugeht (§ 8 Abs. 1 Nr. 1 WO).

7 Die als gültig anerkannten Wahlvorschläge hat der WV in gleicher Weise wie das Wahlausschreiben bekannt zu machen. Die gültigen Wahlvorschläge sind in der Versammlung nicht nur zu verlesen. Sie müssen auch am gleichen Tag im Betrieb an den Stellen zum **Aushang** kommen, an denen auch das Wahlausschreiben bekannt gemacht worden ist.

8 Sind in der Wahlversammlung keine oder keine gültigen Wahlvorschläge eingereicht worden, findet die BR-Wahl **nicht statt.** Eine Nachfristsetzung zur Einreichung von Wahlvorschlägen, wie sie nach § 9 WO beim normalen Wahlverfahren besteht, ist im vereinfachten Wahlverfahren nicht vorgesehen.[4] Es kann jedoch **jederzeit** erneut eine Einladung zu einer Wahlversammlung nach § 17a Nr. 3 BetrVG zur Wahl eines WV erfolgen.

---

2 Vgl. *Fitting,* Rn. 5; *Thüsing/Lambrich,* NZA-Sonderheft 01, 79 [90].
3 *Engels, Trebinger, Löhr-Steinhaus,* DB 01, 532 [535].
4 *Fitting,* Rn. 12.

§ 34 Wahlverfahren

(1) Die Wählerin oder der Wähler kann ihre oder seine Stimme nur für solche Bewerberinnen oder Bewerber abgeben, die in einem Wahlvorschlag benannt sind. Auf den Stimmzetteln sind die Bewerberinnen oder Bewerber in alphabetischer Reihenfolge unter Angabe von Familienname, Vorname und Art der Beschäftigung im Betrieb aufzuführen. Die Wählerin oder der Wähler kennzeichnet die von ihm Gewählten durch Ankreuzen an der hierfür im Stimmzettel vorgesehenen Stelle und faltet ihn in der Weise, dass ihre oder seine Stimme nicht erkennbar ist; es dürfen nicht mehr Bewerberinnen oder Bewerber angekreuzt werden, als Betriebsratsmitglieder zu wählen sind. § 11 Abs. 1 Satz 2, Abs. 2 Satz 2, Abs. 4 und § 12 gelten entsprechend.
(2) Im Fall der nachträglichen schriftlichen Stimmabgabe (§ 35) hat der Wahlvorstand am Ende der Wahlversammlung zur Wahl des Betriebsrats die Wahlurne zu versiegeln und aufzubewahren.
(3) Erfolgt keine nachträgliche schriftliche Stimmabgabe, hat der Wahlvorstand unverzüglich nach Abschluss der Wahl die öffentliche Auszählung der Stimmen vorzunehmen und das sich daraus ergebende Wahlergebnis bekannt zu geben. Die §§ 21, 23 Abs. 1 gelten entsprechend.
(4) Ist nur ein Betriebsratsmitglied zu wählen, so ist die Person gewählt, die die meisten Stimmen erhalten hat. Bei Stimmengleichheit entscheidet das Los. Lehnt eine gewählte Person die Wahl ab, so tritt an ihre Stelle die nicht gewählte Person mit der nächsthöchsten Stimmenzahl.
(5) Sind mehrere Betriebsratsmitglieder zu wählen, gelten für die Ermittlung der Gewählten die §§ 22 und 23 Abs. 2 entsprechend.

Der Wahlgang, der eine Woche nach der ersten Wahlversammlung stattfindet, ist im Wesentlichen dem normalen Wahlverfahren nachgestaltet. Es finden insbesondere die Grundsätze der geheimen und unmittelbaren Wahl Anwendung. 1
Deshalb sind auch beim vereinfachten Wahlverfahren die Gesetzesänderungen nachzuvollziehen. Insoweit ist die Nutzung von Wahlumschlägen bei der Präsenzwahl mit dem In-Kraft-treten des BRModG und der entsprechenden WO nicht mehr gestattet.[1] Der Wahlumschlag diente dazu das **Wahlgeheimnis zu sichern,** welches nunmehr durch die **richtige Faltung,** wie bei Bundestagswahlen auch, ersetzt wird. Die richtige Faltung verdeckt die Sicht auf das Kreuz auf dem Stimmzettel nach dessen Kennzeichnung bis zum Einwurf in die Wahlurne[2]

Eine Besonderheit ergibt sich dadurch, dass die Wahl im vereinfachten Wahlverfahren **immer als Mehrheitswahl** erfolgt, während das bei dem normalen Wahlverfahren nur der Fall ist, wenn lediglich ein gültiger Wahlvorschlag eingereicht wurde. Eine weitere Besonderheit besteht darin, dass auf den Stimmzetteln die Wahlbewerber immer in **alphabetischer Reihenfolge** anzuführen sind. 1a
Die **zweite Wahlversammlung,** in der die Wahl des Betriebsrats erfolgt, muss **eine Woche nach der ersten Wahlversammlung** stattfinden. Hat die erste Versammlung beispielsweise an einem Mittwoch stattgefunden, ist die Versammlung zur Wahl des BR am Donnerstag (Voraufl. noch Mittwoch) der nächsten Woche durchzuführen. Das ergibt sich daraus, dass der Tag der ersten Versammlung nicht mitgezählt wird (§ 187 Abs. 1 BGB). Eine zusätzliche Einladung ist nicht erforderlich, da der Wahltag im Wahlausschreiben bekannt zu geben ist (§ 31 Abs. 1 Satz 3 Nr. 11 WO). In der Zeit zwischen der ersten und zweiten Versammlung wird der WV die erforderlichen technischen Vorbereitungen treffen, wie (Aus)Druck der Stimmzettel, Beschaffung von Wahlurnen usw. Darüber hinaus hat er dafür Sorge zu tragen, dass – soweit erforderlich – die Unterlagen für die nachträgliche schriftliche Stimmabgabe (§ 35 WO) zur Verfügung stehen.

1 Vgl. zum Ablauf der Wahl ohne Wahlumschläge die Kommentierung zu § 12 WO Rn. 6 ff.
2 *BAG* 20.1.21 – 7 ABR 3/20, das noch Anfang 2021 in der Nichtverwendung von Wahlumschlägen einen Verstoß gegen wesentliche Vorschriften des Wahlverfahren sah.

2 Die zweite Wahlversammlung hat den ausschließlichen Zweck der Wahl des BR. Im **Wahlraum** übt der WV das **Hausrecht** aus. Er hat insbesondere dafür zu sorgen, dass die Wahl ungestört abläuft und die Wähler Gelegenheit haben, ihre Stimme geheim und ohne Beeinflussung abzugeben.

3 Abs. 1 führt mehrere Vorschriften an, die auch für die Stimmabgabe beim normalen Wahlverfahren von Bedeutung sind. Hervorzuheben ist, dass während der Wahl mindestens **zwei stimmberechtigte WV-Mitglieder** im Wahlraum anwesend sein müssen. Hat der WV Wahlhelfer bestellt (vgl. § 1 Abs. 2 Satz 2 WO), genügt bei Anwesenheit eines Wahlhelfers, dass zugleich ein WV-Mitglied im Wahlraum anwesend ist. Der Wähler kennzeichnet die von ihm Gewählten durch **Ankreuzen auf dem Stimmzettel.** Es dürfen nicht mehr Wahlbewerber angekreuzt werden, als BR-Mitglieder zu wählen sind; weniger ist aber möglich. Sind beispielsweise drei BR-Mitglieder zu wählen, so kann der Wähler einen, aber auch zwei oder drei Wahlbewerber ankreuzen. Werden mehr als drei angekreuzt, ist der Stimmzettel ungültig.

4 Ist ein Wähler infolge seiner **Behinderung** bei der Stimmabgabe beeinträchtigt, kann er eine **Person seines Vertrauens** zur Hilfeleistung bei Abgabe seiner Stimme hinzuziehen. Auf keinen Fall dürfen WV-Mitglieder oder Wahlhelfer zur Hilfeleistung herangezogen werden. Die Hilfeleistung hat sich im Übrigen auf die Erfüllung des Wunsches des Wählers, wie er abstimmen will, zu beschränken. Deshalb darf die Vertrauensperson gemeinsam mit dem Wähler die Wahlzelle aufsuchen (vgl. § 12 Abs. 4 WO; vgl. auch § 12 Rn. 1 a).

5 Haben die wahlberechtigten AN ihre Stimme abgegeben bzw. ist das Ende der Stimmabgabe erreicht, hat der WV die **Auszählung der Stimmen** vorzunehmen. Er darf dies aber nur tun, wenn **keine nachträgliche schriftliche Stimmabgabe** (vgl. dazu § 35 WO) vorgesehen ist. Im Fall der nachträglichen schriftlichen Stimmabgabe hat der WV die Wahlurne zu versiegeln und bis zur Beendigung der schriftlichen Stimmabgabe sicher aufzubewahren.

6 Erfolgt keine nachträgliche schriftliche Stimmabgabe, hat der WV die **Stimmauszählung öffentlich,** also in Anwesenheit von AN, **vorzunehmen.** Die für das normale Wahlverfahren anzuwendenden §§ 21, 22 und 23 WO gelten entsprechend. Das bedeutet insbesondere Folgendes: Der WV hat nach Öffnung der Wahlurne festzustellen, wie viele Stimmen auf jeden Wahlbewerber entfallen sind (vgl. die Erl. zu § 21 WO). Sodann werden in einem **ersten Schritt** die dem Geschlecht in der Minderheit zustehenden Sitze verteilt. Dabei sind innerhalb dieses Geschlechts die höchsten Stimmzahlen maßgebend. Sodann sind die weiteren Sitze zu verteilen, ebenfalls nach den erreichten Stimmenzahlen, aber bei diesem **zweiten Schritt** unabhängig vom Geschlecht (vgl. die Erl. zu § 22 WO). Nachdem ermittelt ist, wer gewählt ist, hat der WV das Wahlergebnis bekannt zu geben und eine Niederschrift anzufertigen (§ 23 WO). Die Gewählten sind unverzüglich schriftlich zu benachrichtigen. Sofern sie nicht innerhalb von drei Arbeitstagen erklären, dass sie die Wahl ablehnen, gilt die Wahl als angenommen (§ 17 WO). Sobald die Namen der BR-Mitglieder endgültig feststehen, hat sie der WV durch zweiwöchigen Aushang in gleicher Weise wie das Wahlausschreiben bekannt zu geben (§ 18 WO).

§ 35 Nachträgliche schriftliche Stimmabgabe

(1) Können Wahlberechtigte an der Wahlversammlung zur Wahl des Betriebsrats nicht teilnehmen, um ihre Stimme persönlich abzugeben, können sie beim Wahlvorstand die nachträgliche schriftliche Stimmabgabe beantragen (§ 14a Abs. 4 des Gesetzes). Das Verlangen auf nachträgliche schriftliche Stimmabgabe muss die oder der Wahlberechtigte dem Wahlvorstand spätestens drei Tage vor dem Tag der Wahlversammlung zur Wahl des Betriebsrats mitgeteilt haben. Die §§ 24, 25 gelten entsprechend.

(2) Wird die nachträgliche schriftliche Stimmabgabe aufgrund eines Antrags nach Absatz 1 Satz 1 erforderlich, hat dies der Wahlvorstand unter Angabe des Orts, des Tags und der Zeit der öffentlichen Stimmauszählung in gleicher Weise bekannt zu machen wie das Wahlausschreiben (§ 31 Abs. 2).

(3) Unmittelbar nach Ablauf der Frist für die nachträgliche schriftliche Stimmabgabe *nimmt der Wahlvorstand* in öffentlicher Sitzung die Auszählung der Stimmen vor.

(4) Zu Beginn der öffentlichen Sitzung nach Absatz 3 öffnet der Wahlvorstand die bis zu diesem Zeitpunkt eingegangenen Freiumschläge und entnimmt ihnen die Wahlumschläge

sowie die vorgedruckten Erklärungen. Ist die nachträgliche schriftliche Stimmabgabe ordnungsgemäß erfolgt (§ 25), so vermerkt der Wahlvorstand die Stimmabgabe in der Wählerliste, öffnet die Wahlumschläge und legt die Stimmzettel in die bis dahin versiegelte Wahlurne. Befinden sich in einem Wahlumschlag mehrere gekennzeichnete Stimmzettel, werden sie in dem Wahlumschlag in die Wahlurne gelegt.

(5) Nachdem alle ordnungsgemäß nachträglich abgegebenen Stimmzettel in die Wahlurne gelegt worden sind, nimmt der Wahlvorstand im Anschluss die Auszählung der Stimmen vor. § 34 Abs. 3 bis 5 gilt entsprechend.

Die in dieser Bestimmung vorgesehene nachträgliche schriftliche Stimmabgabe ermöglicht es wahlberechtigten AN, die – aus welchem Grunde auch immer – am Tage der zweiten Wahlversammlung, in der der BR gewählt wird, nicht anwesend sein können, auch beim vereinfachten Wahlverfahren ihre Stimme im Wege der schriftlichen Stimmabgabe (Briefwahl) abzugeben. Die Besonderheit gegenüber der schriftlichen Stimmabgabe beim normalen Wahlverfahren besteht darin, dass die schriftliche Stimmabgabe noch nach dem Wahltag, also **nach der zweiten Wahlversammlung,** erfolgen kann. Das ergibt sich daraus, dass beide Wahlversammlungen nur eine Woche auseinander liegen und es somit in der Praxis vielfach nicht möglich sein wird, innerhalb dieser Woche sowohl die Unterlagen für die schriftliche Stimmabgabe anzufordern als auch die Rücksendung der Unterlagen an den WV so vorzunehmen, dass sie bei diesem bis zur zweiten Wahlversammlung eingehen. 1

Die für das normale Wahlverfahren vorgesehenen Bestimmungen zur schriftlichen Stimmabgabe (§§ 24, 25 WO) sind **entsprechend** anzuwenden. Das bedeutet insbesondere: 2

- Wahlberechtigte, die im Zeitpunkt der zweiten Wahlversammlung im Betrieb nicht anwesend sind, haben das Recht auf schriftliche Stimmabgabe (vgl. § 24 Abs. 1 WO). Es ist unerheblich, aus welchen Gründen die Abwesenheit eintritt. Kranke oder sich im Urlaub befindende wahlberechtigte AN können die Unterlagen zur schriftlichen Stimmabgabe ebenso anfordern wie sich in Erziehungsurlaub/Elternzeit befindende oder den Wehrdienst ableistende AN.
- Wahlberechtigte, von denen dem WV bekannt ist, dass sie im Zeitpunkt der Wahl wegen der Eigenart ihres Beschäftigungsverhältnisses an der Wahl nicht teilnehmen können, haben die Unterlagen von Amts wegen zu erhalten (vgl. § 24 Abs 2 WO[1]). Diese Regelung bezieht sich insbesondere auf im Außendienst oder mit Telearbeit/Homeoffice Beschäftigte.
- AN in Betriebsteilen oder Kleinstbetrieben, die räumlich weit vom Betrieb entfernt liegen, können ebenfalls im Wege der Briefwahl wählen, sofern der WV die schriftliche Stimmabgabe beschlossen hat. Ist das der Fall, erhalten sie die Unterlagen vom WV, ohne dass sie sie anfordern müssen (§ 24 Abs. 3 WO).
- Es ist in jedem Fall ein Beschluss hierüber zu erwirken.

Die **Unterlagen,** die der WV auszuhändigen bzw. zu übersenden hat, bestehen auch beim vereinfachten Wahlverfahren aus dem Wahlausschreiben, den Wahlvorschlägen, dem Stimmzettel und dem Wahlumschlag sowie einer vorgedruckten Erklärung, mit der der Wähler versichert, dass der Stimmzettel persönlich gekennzeichnet worden ist. Außerdem muss den Unterlagen ein größerer und freigemachter Umschlag beigelegt werden, der zur Rücksendung der Briefwahlunterlagen benutzt werden kann und der die Anschrift des WV und als Absender die Anschrift des Wahlberechtigten sowie den Vermerk »Schriftliche Stimmabgabe« trägt (§ 24 Abs. 1 WO). Nicht zwingend vorgeschrieben, aber gerade beim vereinfachten Wahlverfahren sehr zweckmäßig ist, den Unterlagen ein Merkblatt beizulegen, mit dem der Wähler über die Art und Weise der schriftlichen Stimmabgabe informiert wird.

Der Antrag auf schriftliche Stimmabgabe – sofern die Unterlagen nicht von Amts wegen übersandt werden müssen – muss **spätestens drei Tage** vor der zweiten Wahlversammlung beim WV eingehen (§ 35 Abs. 1 Satz 2 WO). Findet beispielsweise die Wahlversammlung zur Wahl des BR an einem Freitag statt, so ist der Antrag bis zum Ablauf des Montags dieser Woche beim WV zu stellen (Ende der betriebsüblichen Arbeitszeit); bei Durchführung der zweiten 3

1 § 24 Abs. 2 WO ist neu gefasst worden und die AN, die von Amts wegen die Wahlunterlagen zugesendet bekommen, ist erweitert worden. Siehe dort in § 24 Rn. 15.

Wahlversammlung an einem Montag bis zum Donnerstag der Vorwoche (vgl. auch § 41 WO Rn. 3 a). Der Antrag kann auch mündlich gestellt werden.[2] Die Aushändigung bzw. die Übersendung der Unterlagen für die schriftliche Stimmabgabe hat der WV in der Wählerliste zu vermerken (§ 24 Abs. 1 Satz 3 WO).

4 Die nachträgliche schriftliche Stimmabgabe wird nach Abs. 2 auf Grund eines Antrags nach Abs. 1 Satz 1 ausgelöst. Geschieht dies, hat der WV die sich dadurch verschiebende öffentliche Stimmauszählung unter Angabe des Ortes, des Tages und der Zeit in gleicher Weise bekannt zu machen wie das Wahlausschreiben, also an denselben Stellen auszuhängen, an denen das Wahlausschreiben zum Aushang gekommen ist. Die Wähler erfahren auf diese Weise, dass die **Stimmauszählung** nicht unmittelbar im Anschluss an die Beendigung des Wahlgangs in der zweiten Wahlversammlung erfolgt, sondern **später vorgenommen wird.** Die WO legt keinen Zeitpunkt für die Frist fest, die bei der nachträglichen schriftlichen Stimmabgabe zu gelten hat. Dadurch ergibt sich auch kein konkreter Tag für die in Abs. 2 angesprochene öffentliche Stimmauszählung. Der WV hat insoweit einen **Ermessensspielraum.** Die Frist ist allerdings so zu bemessen, dass die nachträgliche Stimmabgabe unter Berücksichtigung der **betrieblichen Verhältnisse** im Betrieb und der **normalen Postlaufzeit** ordnungsgemäß erfolgen kann.[3] Es wird sich empfehlen, eine Frist von **vier Tagen** nach der zweiten Wahlversammlung zu nehmen. Die Frist würde somit am Dienstag enden, wenn die zweite Wahlversammlung am Freitag der Vorwoche stattgefunden hat. Ist die Wahl an einem Montag erfolgt, so würde die Frist am Freitag dieser Woche enden. Unmittelbar nach Ablauf der Frist, spätestens an dem auf das Fristende folgenden Arbeitstag hat die öffentliche Stimmauszählung zu erfolgen. Den schriftlich Abstimmenden stände damit zugleich die Frist von einer Woche zur Verfügung, da der Antrag auf Briefwahl bis drei Tage vor der zweiten Wahlversammlung gestellt werden kann.

5 Ist der Zeitpunkt der öffentlichen Stimmauszählung erreicht, prüft der WV, ob die schriftliche Stimmabgabe **ordnungsgemäß** erfolgt ist. Der in § 35 in Bezug genommene § 25 WO sieht insbesondere vor, dass der Stimmzettel nach seiner Ausfüllung in den Wahlumschlag zu legen ist. Die Erklärung, dass die Stimmabgabe persönlich erfolgt ist, muss getrennt von dem Wahlumschlag in den größeren Umschlag, der an den WV adressiert ist, gelegt werden. Ist die schriftliche Stimmabgabe ordnungsgemäß erfolgt, wirft der WV nur den Stimmzettel und nicht mehr den Wahlumschlag in die Wahlurne. Nur wenn mehrere Stimmzettel in einem Wahlumschlag sind, ist noch der Wahlumschlag mit den darin befindlichen Stimmzetteln in die Wahlurne zu legen. Hinsichtlich des Ablaufes vgl. § 25 WO. Wenn alle schriftlichen Stimmen auf diese Weise behandelt worden sind, hat mit der Öffnung der Wahlurne die Stimmauszählung zu erfolgen. Zur Feststellung des Wahlergebnisses vgl. § 34 Rn. 6.

Zweiter Abschnitt
Wahl des Betriebsrats im einstufigen Verfahren (§ 14a Abs. 3 des Gesetzes)

§ 36 Wahlvorstand, Wahlverfahren

(1) Nach der Bestellung des Wahlvorstands durch den Betriebsrat, Gesamtbetriebsrat, Konzernbetriebsrat oder das Arbeitsgericht (§ 14a Abs. 3, § 17a des Gesetzes) hat der Wahlvorstand die Wahl des Betriebsrats unverzüglich einzuleiten. Die Wahl des Betriebsrats findet auf einer Wahlversammlung statt (§ 14a Abs. 3 des Gesetzes). Die §§ 1, 2 und 30 Abs. 2 gelten entsprechend.

(2) Im Anschluss an die Aufstellung der Wählerliste erlässt der Wahlvorstand das Wahlausschreiben, das von der oder dem Vorsitzenden und von mindestens einem weiteren stimmberechtigten Mitglied des Wahlvorstands zu unterschreiben ist. Mit Erlass des Wahl-

---

2 *Berg* u. a., Rn. 301.
3 *Heilmann*, AiB, 01, 621, 623; *Thüsing/Lambrich*, NZA-Sonderheft 01, 79, 92.

ausschreibens ist die Betriebsratswahl eingeleitet. Besteht im Betrieb ein Betriebsrat, soll der letzte Tag der Stimmabgabe (nachträgliche schriftliche Stimmabgabe) eine Woche vor dem Tag liegen, an dem die Amtszeit des Betriebsrats abläuft.

(3) Das Wahlausschreiben hat die in § 31 Abs. 1 Satz 3 vorgeschriebenen Angaben zu enthalten, soweit nachfolgend nichts anderes bestimmt ist:

1. **Abweichend von Nummer 6 ist ausschließlich die Mindestzahl von Wahlberechtigten anzugeben, von denen ein Wahlvorschlag unterzeichnet sein muss (§ 14 Abs. 4 des Gesetzes).**
2. **Abweichend von Nummer 8 hat der Wahlvorstand anzugeben, dass die Wahlvorschläge spätestens eine Woche vor dem Tag der Wahlversammlung zur Wahl des Betriebsrats beim Wahlvorstand einzureichen sind (§ 14a Abs. 3 Satz 2 des Gesetzes); der letzte Tag der Frist und im Fall des § 41 Absatz 2 zusätzlich die Uhrzeit sind anzugeben.**

Für die Bekanntmachung des Wahlausschreibens gilt § 31 Abs. 2 entsprechend.

(4) Die Vorschriften über die Bestimmung der Mindestsitze nach § 32, das Wahlverfahren nach § 34 und die nachträgliche Stimmabgabe nach § 35 gelten entsprechend.

(5) Für Wahlvorschläge gilt § 33 Abs. 1 entsprechend mit der Maßgabe, dass die Wahlvorschläge von den Wahlberechtigten und den im Betrieb vertretenen Gewerkschaften spätestens eine Woche vor der Wahlversammlung zur Wahl des Betriebsrats beim Wahlvorstand schriftlich einzureichen sind (§ 14a Abs. 3 Satz 2 zweiter Halbsatz des Gesetzes). § 6 Abs. 2 bis 5 und die §§ 7 und 8 gelten entsprechend mit der Maßgabe, dass die in § 6 Abs. 5 und § 8 Abs. 2 genannten Fristen nicht die gesetzliche Mindestfrist zur Einreichung der Wahlvorschläge nach § 14a Abs. 3 Satz 2 erster Halbsatz des Gesetzes überschreiten dürfen. Nach Ablauf der gesetzlichen Mindestfrist zur Einreichung der Wahlvorschläge hat der Wahlvorstand die als gültig anerkannten Wahlvorschläge bis zum Abschluss der Stimmabgabe in gleicher Weise bekannt zu machen wie das Wahlausschreiben (Absatz 3).

(6) Ist kein Wahlvorschlag zur Wahl des Betriebsrats gemacht worden, hat der Wahlvorstand bekannt zu machen, dass die Wahl nicht stattfindet. Die Bekanntmachung hat in gleicher Weise wie das Wahlausschreiben (Absatz 3) zu erfolgen.

Das einstufige vereinfachte Wahlverfahren erfasst die Kleinbetriebe, in denen bereits ein WV besteht. In diesem Verfahren ist keine der Wahl des BR vorausgeschaltete Wahl des WV erforderlich. Im Übrigen gleicht das einstufige vereinfachte Wahlverfahren, bis auf bestimmte besondere Regelungen, der Struktur des zweistufigen Verfahrens. Auf die Besonderheiten ist jedoch insbesondere beim Wechsel vom zweistufigem zum einstufigem Verfahren zu achten, z. B. bei einer Vereinbarung nach § 14a Abs. 5 BetrVG. 1

Besteht in einem Betrieb mit bis zu 100 wahlberechtigten AN, der unter die Regelungen des § 14a fällt, ein WV, wird der BR in nur **einer Wahlversammlung** gewählt. Es ist dabei für die Anwendung des einstufigen vereinfachten Wahlverfahrens gleichgültig, auf welchem Wege die Bestellung des WV erfolgte. So kann es sein, dass in dem Betrieb bereits ein BR besteht, der die Bestellung vorgenommen hat, wobei die Einsetzung des WV entsprechend den Grundsätzen des vereinfachten Wahlverfahrens vier Wochen vor Ablauf der Amtszeit dieses BR zu erfolgen hatte (§ 17a Nr. 1 i. V. m. § 16 Abs. 1 Satz 1 BetrVG). In einem betriebsratslosen Betrieb, der unter § 14a BetrVG fällt, kann die Bestellung des WV durch den für das UN zuständigen GBR erfolgen; besteht ein solcher nicht, durch den KBR (§ 17a i. V. m. § 17 Abs. 1 BetrVG). Eine weitere Variante ist, dass in einem betriebsratslosen Betrieb, in dem dafür vorgesehenen zweistufigen Verfahren von den Einladungsberechtigten (§ 17a i. V. m. § 16 Abs. 3 BetrVG) zur ersten Wahlversammlung zur Wahl eines WV eingeladen wird, diese nicht zustande kommt oder zwar stattfindet, aber keinen WV wählt, und das ArbG danach den WV bestellt hat (§ 17a Nr. 4 i. V. m. § 16 Abs. 4 BetrVG). 2

Der WV hat nach seiner Bestellung, wie auch bei dem normalen bzw. dem zweistufigen vereinfachten Wahlverfahren, unverzüglich die erforderlichen Schritte zur Einleitung der Wahl vorzunehmen. Er wird zunächst durch Beschluss den **Tag der Wahlversammlung zur Wahl des BR** (Wahltag) festlegen. Ist der WV durch einen BR bestellt worden, sollte die Wahlversammlung spätestens zwei Wochen vor Ablauf von dessen Amtszeit stattfinden. Das ergibt sich bereits daraus, dass den Gewählten eine Überlegungsfrist von drei Arbeitstagen einzuräumen 3 ist, innerhalb derer die Wahl abgelehnt werden kann (§ 17 Abs. 1 WO), und darüber hinaus der WV die gewählten BR-Mitglieder vor Ablauf einer Woche zur konstituierenden Sitzung einzuladen hat (§ 29 Abs. 1 BetrVG). Ist der WV auf andere Weise bestellt worden (vgl. Rn. 1), sollte die Wahlversammlung in der Regel etwa zwei Wochen nach Erlass des Wahlausschreibens durchgeführt werden, damit entsprechend den Grundsätzen des vereinfachten Wahlverfahrens möglichst bald die betriebsratslose Zeit beendet ist. Nach der Festlegung des Wahltages ist die **Wählerliste** (§ 2 WO) aufzustellen. Die Einspruchsfrist gegen die Richtigkeit der Wählerliste, wie sie für das zweistufige Verfahren gilt, kommt auch hier zur Anwendung (vgl. § 30 Rn. 4). Mit dem nach Aufstellung der Wählerliste folgenden Erlass des Wahlausschreibens ist die Wahl eingeleitet. Das Wahlausschreiben hat die Angaben zu enthalten, wie sie in § 31 Abs. 1 Satz 3 WO zum einstufigen Verfahren erforderlich sind (zur Möglichkeit der elektronischen Bekanntgabe vgl. § 2 WO Rn. 9 ff.). Abweichend davon hat jedoch der **Hinweis zu unterbleiben,** dass Wahlvorschläge **nicht der Schriftform** bedürfen. Bei dem einstufigen Verfahren ist die Schriftform für Wahlvorschläge zwingend vorgesehen.[1] Darauf hinzuweisen ist jedoch, wie viele Stützunterzeichnungen erforderlich sind, um einen Wahlvorschlag wirksam zu machen (§ 14 Abs. 4 BetrVG). Die Änderungen der benötigten Stützunterschriften für einen Wahlvorschlag durch das BRModG sind zu beachten.[2] Ferner ist abweichend von dem Wahlausschreiben bei dem zweistufigen Verfahren anzugeben, dass die Wahlvorschläge spätestens eine Woche vor dem Tag der Wahlversammlung beim WV einzureichen sind. Im einstufigen Wahlverfahren sind Wahlvorschläge ausschließlich **schriftlich** einzureichen.[3] Der letzte Tag der Frist ist im Wahlausschreiben anzugeben. Soll somit die Wahlversammlung zur Wahl des BR an einem Mittwoch erfolgen, muss die Abgabe der Wahlvorschläge bis spätestens Dienstag (vgl. auch § 41 WO Rn. 3 a) der Vorwoche (Arbeitsschluss) vorgenommen werden.

4 Die Vorschriften über die Bestimmung der Mindestsitze für das **Minderheitsgeschlecht** (§ 32 WO), das Wahlverfahren und die nachträgliche schriftliche Stimmabgabe (§§ 34, 35 WO), wie sie für das zweistufige Verfahren gelten, sind auch beim einstufigen vereinfachten Wahlverfahren anzuwenden. Von besonderer Bedeutung ist, dass die in § 6 Abs. 5 und § 8 Abs. 2 WO genannten Fristen nicht dazu führen dürfen, dass die gesetzliche Mindestfrist zur Einreichung von Wahlvorschlägen (eine Woche vor der Wahlversammlung) **überschritten wird.** Der Verweis auf § 6 Abs. 5 WO bezieht sich auf die Erklärungsfrist von drei Arbeitstagen, die Wahlberechtigten einzuräumen ist, wenn der WV feststellt, dass sie mit ihrer Unterschrift mehrere Wahlvorschläge unterstützt haben. Bei § 8 Abs. 2 WO geht es um die den Listenvertretern zu gewährende Möglichkeit, einen bei dem Wahlvorschlag festgestellten heilbaren Mangel zu beseitigen und so den Vorschlag an dem Wahlgang teilnehmen zu lassen. Die Bestimmung, dass die Anwendung dieser Fristen nicht zu einer Überschreitung der Mindestfrist zur Einreichung von Wahlvorschlägen führen darf, bedeutet, dass sich die in § 6 Abs. 5 WO und § 8 Abs. 2 WO genannten **Fristen entsprechend verkürzen,** wenn Wahlvorschläge erst in den letzten drei Tagen vor Ablauf der Einreichungsfrist eingereicht werden. Der WV hat diese Fristen entsprechend abzukürzen und die betreffenden Stützunterzeichner bzw. den Listenvertreter auf die verkürzten Fristen hinzuweisen. Nach § 8 Abs. 2 WO festgestellte Mängel sind **innerhalb** der gesetzlichen Mindestfrist zur Einreichung der Wahlvorschläge zu beseitigen. Die als gültig anerkannten Wahlvorschläge hat der WV nach Ablauf der Mindestfrist zur Einreichung in alphabetischer Reihenfolge bekannt zu machen. Ist kein bzw. kein gültiger Wahlvorschlag eingereicht worden, hat der WV bekannt zu machen, dass die Wahlversammlung und damit die Wahl nicht stattfindet. Die Vorschrift des § 9 WO über die Setzung einer Nachfrist, wenn kein gültiger Wahlvorschlag eingereicht worden ist, findet im vereinfachten Wahlverfahren keine Anwendung.[4]

5 Sollte der WV früher mit der Stimmauszählung beginnen, weil er z. B. fälschlicherweise angenommen hat, dass keine Wählerinnen und Wähler mehr erscheinen, als er im Wahlausschreiben festgesetzt hat, so ist die Wahl anfechtbar. Dies sei jedoch nur dann der Fall, wenn

1 *Berg* u. a., Rn. 311.
2 Vgl. Erläuterungen zu § 28 WO.
3 *Fitting,* Rn. 7.
4 *Fitting,* Rn. 20.

sich nicht noch andere wahlberechtigte AN an der Wahl beteiligen wollten. Ist dies der Fall, so droht die **Nichtigkeit der Wahl.**[5] Eine solche Nichtigkeit kann jedoch nur ausnahmsweise in Betracht kommen, wenn der WV bewusst in Kauf genommen hat, dass einzelne Wähler oder Gruppen von der Wahl ausgeschlossen werden (sollten). Bei einem **reinen Versehen** des WV kann die Rechtsfolge nur die Anfechtbarkeit sein.

Dritter Abschnitt
Wahl des Betriebsrats in Betrieben mit in der Regel 101 bis 200 Wahlberechtigten (§ 14a Abs. 5 des Gesetzes)

§ 37 Wahlverfahren

Haben Arbeitgeber und Wahlvorstand in einem Betrieb mit in der Regel 101 bis 200 Wahlberechtigten die Wahl des Betriebsrats im vereinfachten Wahlverfahren vereinbart (§ 14a Abs. 5 des Gesetzes), richtet sich das Wahlverfahren nach § 36.

Durch **Vereinbarung** nach § 14a Abs. 5 BetrVG kann zwischen AG und WV für einen Betrieb, 1
der regelmäßig mehr als 101, aber weniger als 200 wahlberechtigte AN beschäftigt, vor einer BR-Wahl die Anwendung des vereinfachten Wahlverfahrens festgelegt werden. Sie setzt somit voraus, dass bereits ein WV besteht.

Mit der Anhebung der Möglichkeit, das vereinfachte Wahlverfahren für Betriebe bis 200 AN 1a
nutzen zu können, wird die Zahl der Betriebe, die in Zukunft dieses Verfahren nutzen, deutlich erhöht. Damit gewinnt durch das BRModG das vereinfachte Verfaren deutlich an Bedeutung und wird in manchen Gegenden das voherrschende Verfahren werden. Es bleibt zu hoffen, dass es dadurch auch mehr BRe geben wird, wie es Intention des Gesetzgebers ist.

Bei der Frage, ob die Beschäftigung der AN **»regelmäßig«** erfolgt, ist auf den Begriff »in der 2
Regel«, wie er auch den §§ 1 und 9 BetrVG zugrunde liegt, abzustellen. Die Vereinbarung ist nach dem Wortlaut des § 14a Abs. 5 BetrVG und der entsprechenden Regelung des § 37 WO in Betrieben möglich, die mehr als 200 AN haben, sofern sich unter diesen nur zwischen 101 und 200 wahlberechtigte AN befinden. Hat somit beispielsweise ein Betrieb insgesamt 210 AN, davon 200 wahlberechtigte AN und darüber hinaus 10 Auszubildende und jugendliche AN unter 16 Jahren oder 10 LeihAN, so beläuft sich die Zahl der BR-Mitglieder nach § 9 auf neun Mitglieder, so dass auch in einem Betrieb dieser Größenordnung die BR-Wahl nach dem vereinfachten Wahlverfahren zulässig ist.

Die in § 37 vorgesehene Vereinbarung ist nicht erzwingbar. Eine **bestimmte Form** für die 3
Vereinbarung sieht das Gesetz nicht vor. Es wird sich jedoch in aller Regel empfehlen, die **Schriftform** zu wählen bzw. bei einem mündlichen Einverständnis des AG eine entsprechende schriftliche Bestätigung vorzunehmen. Ist die Vereinbarung einmal getroffen worden, kann sie nicht widerrufen werden. Sie gilt allerdings nur für die bevorstehende BR-Wahl und hat somit keine Dauerwirkung.

Die Durchführung der BR-Wahl auf Grund einer Vereinbarung zwischen AG und WV nach 4
§ 37 richtet sich **ausschließlich** nach den Rechtsgrundlagen des vereinfachten Wahlverfahrens. Es finden insoweit die einschlägigen Bestimmungen des Gesetzes (§ 14a BetrVG) und der WO (§ 37) Anwendung; vgl. die dortigen Erl. Kommt eine Vereinbarung zwischen AG und WV nach § 37 WO nicht zustande, richtet sich die Wahl des BR nach den Wahlvorschriften, wie sie für Betriebe mit mehr als 100 AN gelten.

5 *LAG Düsseldorf* 19.12.08 – 9 TaBV 165/08.

Dritter Teil
Wahl der Jugend- und Auszubildendenvertretung

§ 38 Wahlvorstand, Wahlvorbereitung

Für die Wahl der Jugend- und Auszubildendenvertretung gelten die Vorschriften der §§ 1 bis 5 über den Wahlvorstand, die Wählerliste, das Wahlausschreiben und die Bestimmung der Mindestsitze für das Geschlecht in der Minderheit entsprechend. Dem Wahlvorstand muss mindestens eine nach § 8 des Gesetzes wählbare Person angehören.

Inhaltsübersicht Rn.

I. Grundsätze

1 Das Gesetz zur Bildung von Jugend- und Auszubildendenvertretungen in den Betrieben vom 13.7.1988[1] enthält als **Regelungsschwerpunkt** den Ausbau der früheren JV zu einer JAV. Die JAV ist wie die frühere JV kein selbstständiges und gleichberechtigtes Betriebsverfassungsorgan neben dem BR (vgl. § 60 BetrVG Rn. 7). Sie nimmt aber im Rahmen ihrer Aufgabenstellung nicht nur die Interessen der jugendlichen AN wahr, also derjenigen AN, die das 18. Lebensjahr noch nicht vollendet haben. Sie vertritt auch die zu ihrer **Berufsausbildung beschäftigten AN,** die bereits **18 Jahre und älter** sind. Gleichwohl kann eine JAV in einem Betrieb gegründet werden, wenn der BR (noch) nicht gewählt ist. Das Abhängigkeitsverhältnis zwischen JAV und BR kann nur angenommen werden, wenn auch ein BR besteht.

Die Altersgrenze von 25 Jahren ist für das aktive Wahlrecht weggefallen und wurde durch die zwingende Voraussetzung der Beschäftigung zur Berufsausbildung ersetzt. Dies ist sinnvoll, weil immer mehr ältere Personen zu ihrer Berufsausbildung im Betrieb beschäftigt sind und nun mitwählen können (zu den Einzelheiten vgl. § 60 Rn. 16).

2 Wird nur ein Wahlvorschlag eingereicht oder ist nur ein JAV-Vertreter zu wählen, finden die Grundsätze der **Mehrheitswahl** Anwendung; dies gilt auch, wenn die Wahl der JAV im vereinfachten Wahlverfahren erfolgt (vgl. § 40 WO). Die Regelwahl für die Bildung der JAV war bisher – wie beim BR – die **Verhältniswahl** (§ 63 Abs. 2 i. V. m. § 14 Abs. 2 BetrVG). Durch die Anhebung der Grenzwerte für die Nutzung des vereinfachten Wahlverfahrens (§ 40 WO) von 50 auf 100 AN i. S. d. § 60 Abs. 1 S. 1 BetrVG, also wahlberechtigten AN für die JAV, wird aber in Zukunft in aller Regel die Mehrheitswahl zur Anwendung kommen und die Verhältniswahl die faktische Ausnahme werden.

3 Neben den AN, die das 18. Lebensjahr noch nicht vollendet haben (jugendliche AN), sind auch solche AN zur JAV **aktiv** wahlberechtigt, die bereits älter sind **und** zu ihrer Berufsausbildung beschäftigt sind. Ein AN kann somit die JAV mitwählen, wenn er das Alter von 18 Jahren am **Wahltag** noch nicht erreicht hat **oder älter ist und nur** zu seiner Berufsausbildung beschäftigt ist. Erstreckt sich die Wahl über mehrere Tage, ist das Alter am letzten Wahltag entscheidend.[2]

4 Das **passive Wahlrecht** haben davon abweichend alle AN, die das 25. Lebensjahr noch nicht vollendet haben und alle AN, die nur zu ihrer Berufsausbildung beschäftigt sind. Für das Vorliegen dieser Voraussetzungen ist der **Beginn der Amtszeit** maßgeblich (vgl. § 61 Rn. 10).

---

1 BGBl. I S. 1034.
2 *Fitting*, § 61 BetrVG Rn. 6.

Insgesamt erscheinen die jetzigen Regelungen zum aktiven und passiven Wahlrecht zu kompliziert. Einfacher wäre es, allen jugendlichen AN bis 25 Jahren und allen AN, die zu ihrer Ausbildung beschäftigt sind – egal welchen Alters – das aktive und passive Wahlrecht zur JAV zu geben. 4a

Leih-AN sind weder aktiv noch passiv wahlberechtigt. In der Praxis ist die Problematik zumindest hinsichtlich der zur Berufsausbildung Beschäftigten wohl unterzugewichten. Trotzdem ist auffallend, dass es in § 61 Abs. 1 i. V. m. § 60 Abs. 1 BetrVG keinen Verweis auf die Ausnahmeregelung des § 7 Abs. 2 S. 2 i. V. m. Abs. 3 BetrVG für Leih-AN gibt. Das gilt ebenso für das passive Wahlrecht, was in § 61 Abs. 2 BetrVG lediglich einen Verweis auf § 8 Abs. 1 S. 3 BetrVG regelt. Auch unter den Wortlaut AN des Betriebs können Leih-AN nicht fallen, weil es sich bei Leih-AN gerade nicht um AN des Entleiher- sondern des Verleihbetriebes handelt (vgl. auch unter § 60 BetrVG Rn. 14 und § 61 BetrVG Rn. 7). 4b

Es kann zur Überschneidung der für die JAV und den BR wählbaren AN kommen, bei denjenigen die 18 Jahre oder älter sind.[3] Eine **Doppelmitgliedschaft** in beiden Betriebsverfassungsorganen ist jedoch **ausgeschlossen** (§ 61 Abs. 2 S. 2 BetrVG; vgl. § 61 BetrVG Rn. 14). 5

II. Wahlvorstand

Die Durchführung der Wahl der JAV obliegt einem **WV.** Er wird durch den **BR bestimmt** Dieser legt auch fest, wer den WV-Vorsitz übernimmt (§ 63 Abs. 2 BetrVG). Er muss bei der Bestellung auch darauf achten, dass mindestens **ein Mitglied** des WV nach § 8 BetrVG wählbar ist. 6

Falls der BR untätig bleibt, kann ersatzweise ein evtl. bestehender GBR bzw. in einer nächsten Stufe der KBR den WV bestellen (vgl. § 61 BetrVG Rn. 18).

Ist ein BR nicht vorhanden und liegen die Voraussetzungen für die Wahl einer JAV vor, wird der WV in entsprechender Anwendung des § 17 Abs. 4 BetrVG auf Antrag von mindestens **drei Wahlberechtigten** oder einer im **Betrieb vertretenen Gewerkschaft** durch das *ArbG* bestellt. Es ist umstritten, ob in einem Betrieb **ohne BR** eine JAV gewählt werden kann. Nach richtiger Auffassung ist das zu bejahen (vgl. § 63 BetrVG Rn. 24 f.). Bei der Bestellung des WV kann das *ArbG* abweichend von § 16 Abs. 2 Satz 3 BetrVG nur AN des Betriebs in den WV berufen (vgl. § 63 BetrVG Rn. 27). Eine Versammlung zur Wahl eines WV findet dagegen nicht statt (vgl. § 60 BetrVG Rn. 14). 7

Die **Zusammensetzung** des WV ist, mit Ausnahme der in § 63 Abs. 2 BetrVG in Bezug genommenen Regelungen des § 16 Abs. 1 S. 4 bis 6 BetrVG (Bestellung von Ersatzmitgliedern, Berücksichtigung der Geschlechter[4] im WV als Soll-Vorschrift und Entsendung nicht stimmberechtigter Mitglieder in den WV durch die im Betrieb vertretene Gewerkschaft unter bestimmten Voraussetzungen), **nicht ausdrücklich festgelegt.** Es ist jedoch davon auszugehen, dass § 16 BetrVG ansonsten entsprechend anzuwenden ist und der WV aus **mindestens drei Mitgliedern** zu bestehen hat (§ 63 BetrVG Rn. 19). Das ergibt sich im Übrigen aus § 63 Abs. 2 S. 1 BetrVG. Diese Vorschrift bestimmt, dass der WV einen Vorsitzenden haben muss; sie geht damit offensichtlich davon aus, dass der WV aus mehr als einer Person besteht. Die **Mitgliederzahl** muss – wie auch bei der Wahl des BR – stets eine **ungerade** sein. 8

Aus Satz 2 ergibt sich, dass dem WV sowohl **Jugendliche als auch sonstige AN** des Betriebes angehören können, sofern mindestens eine für den BR wählbare Person i. S. d. § 8 BetrVG vertreten ist. Dadurch soll sichergestellt werden, dass im WV eine **gewisse Betriebserfahrung** vorhanden ist.[5] Vorgeschrieben ist allerdings, dass dem WV ein Mitglied angehören muss, das das 18. Lebensjahr vollendet und dem Betrieb mindestens ein halbes Jahr angehört hat. Die reine Wählbarkeit zum BR lässt aber nicht darauf schließen, dass bereits Erfahrungen in der Interessenvertretung und der Durchführung einer Wahl im Betrieb bestehen. Gleichzeitig steckt in dieser Regelung die Unterstellung, dass jugendliche und zur Berufsausbildung Beschäftigte die Wahl zur JAV nicht selbständig händeln könnten. Man sollte den jungen Menschen unter 9

3 Zur Diskussion um das richtige **Wahlalter** vgl. insgesamt § 15 BetrVG Rn. 1.
4 Zur Berücksichtigung des »**dritten Geschlechtes**« vgl. § 15 Rn. 11.
5 *Fitting*, Rn. 2; zur Zusammensetzung des WV vgl. im Übrigen *Rudolph*, AiB 98, 491.

18 Jahren nicht die Möglichkeit und die Fähigkeit absprechen, sich zumindest in ihren eigenen Angelegenheiten selbst zu vertreten. Die jugendlichen AN sollten vielmehr durch ihre Einbindung auch in den WV das Gefühl bekommen, dass es sich um »ihre Wahl« handelt, bei der sie bereits an den Vorbereitungen beteiligt werden.

10 § 38 verweist im Übrigen auf die **§§ 1–5 WO.** Damit gelten insbesondere folgende Regelungen:

- Der WV kann sich eine schriftliche **Geschäftsordnung** geben und wahlberechtigte AN als **Wahlhelfer** zu seiner Unterstützung bei der Durchführung der Stimmabgabe und der Stimmenzählung heranziehen (§ 1 Abs. 2 WO). Als Wahlhelfer können auch jugendliche AN herangezogen werden.
- Die **Beschlüsse** des WV werden mit einfacher Stimmenmehrheit gefasst. Über jede Sitzung ist eine **Niederschrift** aufzunehmen (§ 1 Abs. 3 WO).
- Der WV hat eine **Wählerliste** anzufertigen (§ 2 Abs. 1 bis 4 WO).
- Der WV hat spätestens sechs Wochen vor dem ersten Tag der Stimmabgabe ein **Wahlausschreiben** zu erlassen (§ 3 WO).
- Der WV hat über rechtzeitig eingelegte Einsprüche gegen die **Richtigkeit der Wählerliste** (§ 4 Abs. 1 WO) zu entscheiden (§ 4 Abs. 2 und 3 WO).
- Der WV hat festzustellen, welches Geschlecht im Betrieb in der Minderheit ist und für dieses Geschlecht den Mindestanteil an Sitzen in der JAV festzulegen (§ 5 WO).
- Auch für den WV zur Wahl der JAV gibt es die Möglichkeit, sich per Video- und Telefonkonferenz zu treffen.[6] Dies dürfte für die Zielgruppe der JAV-Wahl besonders attraktiv sein. Ist die Nutzung der Online-Medien in der jüngeren Generation deutlich verbreiteter. Es gelten hierfür die Regelungen für den WV aus § 1 Abs. 4 WO.[7] Insoweit vgl. § 1 Rn. 20 ff.

III. Wählerliste

11 In entsprechender Anwendung des § 2 WO hat der WV eine **Wählerliste anzufertigen.**[8] Auf sie ist bereits in dem Wahlausschreiben hinzuweisen (§ 3 Abs. 2 Nr. 2 WO). Deshalb hat die Anfertigung der **Liste spätestens bis zum Erlass des Wahlausschreibens** zu geschehen. Die Wählerliste hat, wie auch bei der BR-Wahl, die Geschlechter getrennt zu erfassen.

12 In die Wählerliste sind alle AN des Betriebs aufzunehmen, die das **aktive Wahlrecht** haben (§ 61 Abs. 1 BetrVG). Das sind zunächst alle jugendlichen AN des Betriebs; darüber hinaus auch diejenigen, die das 18., aber noch nicht das 25. Lebensjahr vollendet haben **und** zu ihrer Berufsausbildung beschäftigt sind. Ohne Bedeutung für das aktive Wahlrecht ist, ob der jugendliche AN seine Tätigkeit als Vollzeit- oder Teilzeitkraft ausübt.[9]

13 Dagegen ist die Eintragung in die Wählerliste nicht **in jedem Falle Voraussetzung** für das **passive Wahlrecht.** Gemessen an den unterschiedlichen Voraussetzungen für die Wahlberechtigung nach § 61 Abs. 1 und 2 BetrVG kommt es zum Auseinanderfallen von der aktiven und passiven Wahlberechtigung. In die JAV können auch AN gewählt werden, die zwar das passive, aber nicht das aktive Wahlrecht haben. Es handelt sich dabei um die Personen, die noch nicht das 25. Lebensjahr vollendet haben und ältere AN, die nur zu ihrer Berufsausbildung beschäftigt werden. Der Eintrag in die Wählerliste ist somit lediglich für die Ausübung des Wahlrechts formelle Voraussetzung, nicht dagegen für die Wählbarkeit.[10] Zwar ist in § 2 Abs. 3 WO die Rede davon, dass sowohl die aktive als auch die passive Wahlberechtigung in der Wählerliste zu kennzeichnen ist. § 2 WO unterstellt aber, dass aktiv Wahlberechtigte nur ausnahmsweise nicht passiv wahlberechtigt sind. Bei den Wahlen zur JAV ist die Schnittmenge aber andersherum gelagert. Es gibt mehr passiv als aktiv Wahlberechtigte. Der Wortlaut passt damit nicht auf die JAV-Wahlen. Gleichfalls verweist § 38 WO auch auf § 2 WO, womit zu

---

6 Vgl. auch § 65 Rn. 37a-f.

7 Keine Anwendung finden die etwas einschränkenderen Regelungen für die Video- und Telefonkonferenzen für den BR. Siehe § 30 Rn. 17 ff.

8 Richardi-*Thüsing*, Rn. 4.

9 *Rudolph*, AiB 98, 492.

10 Vgl. *Fitting*, Rn. 4.

unterstellen ist, dass die Umkehrung des Verhältnisses von aktiv zu passiv Wahlberechtigten mitgedacht wurde. Eine schlichte Unanwendbarkeit ist daraus jedenfalls nicht abzuleiten. Das würde den Verweis in § 38 WO ignorieren. Aus Transparenzgründen ist daher eine Auflistung der nur passiv Wahlberechtigten in der Wählerliste oder zumindest als Anhang zur Wählerliste empfehlenswert.[11] Nur so kann die Wählerliste einen ausreichenden Überblick gewähren, um daraus Wahlvorschläge abzuleiten.

IV. Wahlausschreiben

Entsprechend anzuwenden ist auch § 3 WO, so dass der WV **spätestens sechs Wochen** vor dem ersten Tag der Stimmabgabe für die Wahl der JAV ein **Wahlausschreiben** zu erlassen hat. Der Inhalt bestimmt sich ebenfalls nach § 3 WO. Allerdings hat der WV darauf hinzuweisen, dass abweichend von § 3 Abs. 2 Nr. 3 WO nur solche AN gewählt werden können, die noch nicht das 25. Lebensjahr vollendet haben oder ältere AN, die nur zu ihrer Berufsausbildung beschäftigt sind (vgl. Rn. 5, 13). Das Wahlausschreiben und die Wählerliste sowie die WO können, wie auch bei der BR-Wahl, unter bestimmten Voraussetzungen mittels der im Betrieb vorhandenen **IuK-Technik** bekannt gemacht werden (vgl. dazu § 2 WO Rn. 9 ff.). Mit der Änderung der WO 2021 wird der WV zukünftig verpflichtet, alle Wahlberechtigten vor der Wahl gesondert zu informieren, die potentiell am Wahltag außer Haus oder an der persönlichen Stimmabgabe anderweitig verhindert sein könnten. Der Arbeitgeber muss dem WV, die notwendigen Informationen zur Verfügung stellen (§ 24 Abs. 2 WO; vgl. näher § 24 Rn. 16 ff.). Im Wahlausschreiben ist der letzte Tag und die genaue Uhrzeit des Fristendes bzgl. der Wahlteilnahme aufzuführen. Das Ende der Frist wird sich analog zu § 41 an der Mehrheit der Wahlberechtigten, also den Auszubildenden, orientieren (vgl. § 3 Rn. 13; § 41). 14

§ 39 Durchführung der Wahl

(1) Sind mehr als drei Mitglieder zur Jugend- und Auszubildendenvertretung zu wählen, so erfolgt die Wahl aufgrund von Vorschlagslisten, sofern die Wahl nicht im vereinfachten Wahlverfahren erfolgt (§ 63 Absatz 4 und 5 des Gesetzes). § 6 Abs. 1 Satz 2, Abs. 2 und 4 bis 7, die §§ 7 bis 10 und § 27 gelten entsprechend. § 6 Abs. 3 gilt entsprechend mit der Maßgabe, dass in jeder Vorschlagsliste auch der Ausbildungsberuf der einzelnen Bewerberinnen oder Bewerber aufzuführen ist.
(2) Sind mehrere gültige Vorschlagslisten eingereicht, so kann die Stimme nur für eine Vorschlagsliste abgegeben werden. § 11 Abs. 1 Satz 2, Abs. 3 und 4, die §§ 12 bis 19 gelten entsprechend. § 11 Abs. 2 gilt entsprechend mit der Maßgabe, dass auf den Stimmzetteln auch der Ausbildungsberuf der einzelnen Bewerberinnen oder Bewerber aufzuführen ist.
(3) Ist nur eine gültige Vorschlagsliste eingereicht, so kann die Stimme nur für solche Bewerberinnen oder Bewerber abgegeben werden, die in der Vorschlagsliste aufgeführt sind. § 20 Abs. 3, die §§ 21 bis 23 gelten entsprechend. § 20 Abs. 2 gilt entsprechend mit der Maßgabe, dass auf den Stimmzetteln auch der Ausbildungsberuf der einzelnen Bewerber aufzuführen ist.
(4) Für die schriftliche Stimmabgabe gelten die §§ 24 bis 26 entsprechend.

Inhaltsübersicht Rn.

11 So auch GK-*Jacobs*, Rn. 7 trotz Herleitung einer entsprechenden Anwendung des § 2 Abs. 3 WO, Hinweis auf separater Aufstellung passiv Wahlberechtigter.

I. Wahlvorschläge

1 Für die Vorschlagslisten zur Wahl der JAV gelten grundsätzlich dieselben Grundsätze wie für die Vorschläge zur BR-Wahl.[1] Besteht die JAV aus mehreren Personen und werden mehrere gültige Vorschlagslisten eingereicht, ist die Wahl als **Verhältniswahl** durchzuführen (vgl. § 63 BetrVG Rn. 5 f.). Die Grundsätze der Mehrheitswahl kommen somit zur Anwendung, wenn bei der Wahl mehrerer Personen nur eine gültige Vorschlagsliste eingereicht wird oder eine JAV zu wählen ist, die aus einer Person besteht; ebenso, wenn das vereinfachte Wahlverfahren anzuwenden ist (vgl. § 40 WO).

Durch die Anhebung der Grenzen für die obligatorische Nutzung des vereinfachten Wahlverfahrens auf bis zu **100 AN** wird das vereinfachte Wahlverfahren die Regel werden (§ 38 Rn. 2).

2 Da für die Wahlvorschläge (Vorschlagslisten) zur Wahl der JAV dieselben Regelungen wie für die Wahlvorschläge (Vorschlagslisten) zur BR-Wahl gelten, steht auch bei der Wahl der JAV den im Betrieb vertretenen Gewerkschaften ein **eigenständiges Wahlvorschlagsrecht** zu (§ 63 Abs. 2 Satz 2 BetrVG i. V. m. § 14 Abs. 5 und 8 BetrVG; zu dem Wahlvorschlagsrecht der Gewerkschaften vgl. § 14 BetrVG Rn. 60 ff.).

3 In den Wahlvorschlägen (Vorschlagslisten) muss auch der **Ausbildungsberuf** der Wahlbewerber angegeben werden. Steht ein Wahlbewerber in keinem Ausbildungsverhältnis und hat er auch keinen oder einen anderen Ausbildungsberuf erlernt, der seiner gegenwärtigen Tätigkeit entspricht, ist die **Beschäftigungsart** anzugeben, die derzeit ausgeübt wird.[2]

4 Bei der **Einreichung von Wahlvorschlägen** sind im Übrigen folgende Regelungen der WO entsprechend anzuwenden:

- Einreichung von Wahlvorschlägen vor Ablauf von zwei Wochen seit Erlass des Wahlausschreibens (§ 6 Abs. 1 Satz 2);
- Soll-Vorschrift, dass jeder Wahlvorschlag mindestens doppelt so viele Bewerber aufweisen soll, wie JAV-Mitglieder zu wählen sind (§ 6 Abs. 2);
- Angaben bestimmter Daten über die einzelnen Bewerber, wie der Ausbildungsberuf (vgl. Rn. 3) und Beifügung der schriftlichen Zustimmung der Kandidaten (§ 6 Abs. 3);
- Festlegung des Listenvertreters sowie seiner Aufgaben und Pflichten (§ 6 Abs. 4);
- Vermeidung von Doppelunterschriften auf Wahlvorschlägen (§ 6 Abs. 5);
- Prüfung der Wahlvorschläge durch den WV und Rügen mangelhafter Vorschläge gegenüber dem Listenvertreter (§ 7);
- Anwendung der Voraussetzungen für die Ungültigkeit von Wahlvorschlägen (§ 8);
- Setzung einer Nachfrist, wenn nach Ablauf der in § 6 Abs. 1 Satz 2 genannten Frist keine gültigen Vorschläge eingereicht sind, und Bekanntmachung, dass die Wahl der JAV nicht stattfindet, sofern trotz Setzung der Nachfrist gültige Vorschlagslisten nicht eingereicht werden (§ 9 Abs. 1 und 2);
- Bekanntmachung der als gültig anerkannten Wahlvorschläge spätestens eine Woche vor Beginn der Stimmabgabe (§ 10 Abs. 2).

5 Wahlvorschlagsberechtigt sind alle AN, die das **aktive Wahlrecht** haben. Das sind somit die jugendlichen AN, die das 18. Lebensjahr noch nicht vollendet haben und ältere AN, die nur zu ihrer Berufsausbildung beschäftigt sind. (vgl. § 63 Abs. 2 S. 2 BetrVG i. V. m. § 14 Abs. 3 und 4 BetrVG). Seit der Novellierung durch das Betriebsrätemodernisierungsgesetz muss jeder Wahlvorschlag nach den Regelungen für das vereinfachte Wahlverfahren je nach Größe (in Betrieben mit in der Regel bis zu 20 wahlberechtigten AN) von keinem oder (bei Betrieben mit in der Regel 21 bis 100 wahlberechtigten AN) von zwei vorschlagsberechtigten AN unterzeichnet sein.[3] Sollte das normale Wahlverfahren zur Anwendung kommen, ist die Unterzeichnung von einem Zwanzigstel der vorschlagsberechtigten AN erforderlich. Die Unterzeichnung durch **50 Vorschlagsberechtigte** genügt immer. Erforderlich ist die Unterzeichnung von **mindestens**

1 *Fitting*, Rn. 2.
2 *Fitting*, Rn. 3.
3 Eine Vereinbarung zur Anwendung des vereinfachten Wahlverfahrens bis zu 200 wahlberechtigten AN ist auch bei der JAV möglich.

drei Vorschlagsberechtigten (§ 63 Abs. 2 BetrVG i.V.m. § 14 Abs. 4 S. 1 BetrVG; vgl. § 63 Rn. 9).

II. Stimmzettel

Auch die für die **Stimmzettel** bei der BR-Wahl **maßgebenden Regelungen** sind bei der Wahl der JAV grundsätzlich anzuwenden. Das gilt insbesondere für die 6

- Kennzeichnung der Wahlbewerber, die der Wähler in die JAV entsenden will, wobei nicht mehr Kandidaten angekreuzt werden dürfen, als Vertreter zu wählen sind;
- Stimmabgabe durch Abgabe von Stimmzetteln;
- Beschaffenheit der Stimmzettel;
- Ungültigkeit der Stimmzettel in bestimmten Fällen; insbesondere auf die sachgemäße Faltung ist zu achten (vgl. § 12 Rn. 6 ff. u. § 26 Rn. 12);
- Durchführung des Wahlvorgangs, öffentliche Stimmauszählung sowie Ermittlung der Gewählten;
- Anfertigung der Wahlniederschrift und Bekanntmachung der gewählten Mitglieder der JAV;
- Verwendung von Wahlumschlägen nur bei Briefwahl (vgl. § 35 Rn. 5).

Mit der Änderung der WO 2021 soll eine Vereinfachung der Auszählung erreicht werden. Daher ist zukünftig vorgesehen, dass bei der persönlichen Stimmabgabe vor Ort auf den Wahlumschlag verzichtet wird. Es ist notwendig, dass die Stimmzettel derart gefaltet werden, dass die Wahl als solche für Dritte nach außen nicht sichtbar wird. Das Wahlgeheimnis wird damit gewahrt. Im Falle der Briefwahl sollen die Stimmzettel aus dem Wahlumschlag genommen werden, bevor sie in die Wahlurne gesteckt werden. Damit sind diese bei der Auszählung nicht von den anderen Stimmzetteln zu unterscheiden. Eine Ausnahme wird lediglich gemacht, wenn mehrere Stimmzettel in einem Wahlumschlag stecken. In diesem Fall werden die Stimmzettel ausnahmsweise mit dem Wahlumschlag in die Wahlurne gesteckt. Zur Kritik und zur Wertung vgl. § 25 und 26. 6a

Der WV ist verpflichtet, die Angaben über den Ausbildungsberuf, die in den Wahlvorschlägen gemacht worden sind, auch in die Stimmzettel zu übernehmen (vgl. auch Rn. 3).[4] Auf den Stimmzetteln sind die Wahlbewerber in der Reihenfolge aufzuführen, in der sie auf der **Vorschlagsliste** benannt sind (anders ist es bei der Wahl der JAV im vereinfachten Wahlverfahren; vgl. Rn. 8; vgl. auch § 40 Rn. 1). 7

Liegen die Voraussetzungen für die Anwendung des vereinfachten Wahlverfahrens vor (§ 63 Abs. 4 S. 1 BetrVG; vgl. auch § 40 Rn. 2), sind die Wahlbewerber auf den Stimmzetteln stets in **alphabetischer Reihenfolge** aufzuführen (vgl. § 34 Abs. 1 S. 2). Es ist daher unschädlich, wenn ein Wahlbewerber auf mehreren Vorschlägen steht. 8

III. Stimmabgabe

Der Wähler hat, wenn die Wahl als Mehrheitswahl erfolgt, **so viele Stimmen,** wie **Vertreter in die JAV zu wählen** sind. Er kann auch weniger Bewerber ankreuzen, aber nicht mehr. Wird die Wahl nach den Grundsätzen der Verhältniswahl durchgeführt, weil mehrere Vorschlagslisten eingereicht worden sind, kann der Wähler nur **eine Liste** ankreuzen. 9

Die **schriftliche Stimmabgabe** ist unter den Voraussetzungen des § 24 zulässig. Einem Wahlberechtigten, der im Zeitpunkt der Wahl wegen Abwesenheit vom Betrieb verhindert ist, seine Stimme persönlich abzugeben, hat daher der WV die in § 24 genannten Unterlagen zuzusenden, sofern dies der Wähler verlangt. Sind Wahlberechtigte im Zeitpunkt der Wahl nach der Eigenart ihres Beschäftigungsverhältnisses voraussichtlich nicht im Betrieb anwesend, so hat ihnen der WV die Unterlagen zuzusenden, ohne dass es eines Verlangens des Wahlberechtigten bedarf (§ 24 Abs. 2). Hat der WV für Betriebsteile oder Kleinstbetriebe die schriftliche Stimmabgabe beschlossen, so sind den dort beschäftigten Wählern ebenfalls die Unterlagen unaufgefordert zuzusenden (§ 24 Abs. 3). Vgl. im Übrigen zur schriftlichen Stimmabgabe die §§ 24, 10

4 *Fitting*, Rn. 3.

25 und 26 und die dortigen Erl. Die Änderungen der WO 2021 sind auch bei der JAV-Wahl zu berücksichtigen.

IV. Feststellung des Wahlergebnisses und Bekanntmachung der Gewählten

11 Ist die Wahl der JAV nach den Grundsätzen der Mehrheitswahl durchgeführt worden, sind diejenigen gewählt, die die **meisten Stimmen** erhalten haben. Bei Stimmengleichheit hat der WV durch Losentscheid zu ermitteln, welcher Wahlbewerber gewählt ist (zum Losentscheid vgl. § 10 Rn. 3). Die nichtgewählten Bewerber sind Ersatzmitglieder in der Reihenfolge, die sich durch die Höhe der erreichten Stimmenzahlen ergibt. Zu beachten ist jedoch, dass auch für die Wahl der JAV die Regelungen des § 15 Abs. 2 BetrVG Anwendung finden (zur Ermittlung des Wahlergebnisses bei Anwendung dieser Grundsätze vgl. §§ 15 und 22).

12 Der WV hat die gewählten JAV-Mitglieder unverzüglich schriftlich von ihrer Wahl zu benachrichtigen. Die Wahl gilt als angenommen, sofern der Gewählte **nicht binnen drei Arbeitstagen** nach Zugang der Benachrichtigung gegenüber dem WV erklärt, dass er die Wahl ablehnt (§ 18 Abs. 1). Für den Fall, dass ein Gewählter die Wahl ablehnt, rückt an seine Stelle der nichtgewählte Bewerber, der die nächsthöhere Stimmenzahl hat (Abs. 3; ggf. unter Beachtung der Grundsätze des § 15 Abs. 2 BetrVG).

13 Sobald feststeht, dass die gewählten Mitglieder der JAV die Wahl angenommen haben, sind ihre Namen durch **zweiwöchigen Aushang** bekanntzugeben (§ 18 S. 1). Außerdem hat der WV dem **AG** und den im **Betrieb vertretenen Gewerkschaften** unverzüglich eine **Abschrift der Wahlniederschrift** zu übersenden (§ 18 S. 2).

14 Der WV hat die gesamten Wahlakten dem BR (nicht der gewählten JAV) zur **Aufbewahrung** zu übergeben.[5] Der BR hat die Unterlagen **mindestens** bis **zum Ablauf der Amtszeit** der neugewählten JAV aufzubewahren (§ 19).

§ 40 Wahl der Jugend- und Auszubildendenvertretung im vereinfachten Wahlverfahren

(1) In Betrieben mit in der Regel fünf bis 100 der in § 60 Abs. 1 des Gesetzes genannten Arbeitnehmerinnen und Arbeitnehmern wird die Jugend- und Auszubildendenvertretung im vereinfachten Wahlverfahren gewählt (§ 63 Abs. 4 Satz 1 des Gesetzes). Für das Wahlverfahren gilt § 36 entsprechend mit der Maßgabe, dass in den Wahlvorschlägen und auf den Stimmzetteln auch der Ausbildungsberuf der einzelnen Bewerberinnen oder Bewerber aufzuführen ist. § 38 Satz 2 gilt entsprechend.
(2) Absatz 1 Satz 2 und 3 gilt entsprechend, wenn in einem Betrieb mit in der Regel 101 bis 200 der in § 60 Abs. 1 des Gesetzes genannten Arbeitnehmerinnen und Arbeitnehmern Arbeitgeber und Wahlvorstand die Anwendung des vereinfachten Wahlverfahrens vereinbart haben (§ 63 Abs. 5 des Gesetzes).

1 Auch für die Wahlen der JAV kommt unter den im Gesetz bestimmten Voraussetzungen das **vereinfachte Wahlverfahren** zur Anwendung.[1] Zu beachten ist jedoch der andere Personenkreis, der der Anwendung der Regelung zugrunde liegt. Es geht um die **AN i. S. d. § 60 Abs. 1 BetrVG.** Das sind die AN, die das 18. Lebensjahr noch nicht vollendet haben, zuzüglich der AN, die zu ihrer Berufsausbildung beschäftigt sind, unabhängig davon wie alt sie sind. Es sind zugleich die AN, die zur Wahl der JAV wahlberechtigt sind (vgl. § 61 Abs. 1 BetrVG). Sind somit im Betrieb regelmäßig (zum Begriff »in der Regel« vgl. § 9 BetrVG) 5 bis 100 solcher wahlberechtigter AN tätig, ist das vereinfachte Wahlverfahren anzuwenden. Die Regelungen des einstufigen Verfahrens nach § 36 WO sind **entsprechend** anzuwenden mit der Maßgabe, dass in den Wahlvorschlägen und auf den Stimmzetteln der Ausbildungsberuf der Wahlbewerber, sofern sie sich nicht in der Ausbildung befinden, die Art der Beschäftigung im Betrieb,

5 *Fitting*, Rn. 6.

1 Erklärungen zur JAV-Wahl 2022 *Berg/Heilmann*, AiB 22, Nr. 5, 36 ff.; Richardi-*Thüsing*, Rn. 1.

anzuführen ist. Es wird auf das einstufige vereinfachte Wahlverfahren nach § 36 WO Bezug genommen, weil davon ausgegangen wird, dass bei der Wahl der JAV der BR den WV bestellt hat (vgl. § 63 Abs. 2 BetrVG), so dass nicht – wie beim zweistufigen Wahlverfahren – zunächst eine (erste) Wahlversammlung zur Wahl des WV durchzuführen ist.

Auch im vereinfachten Wahlverfahren zur Wahl der JAV muss dem WV ein zum BR **wählbarer AN** angehören (vgl. § 38 S. 2 WO).[2] Die Wahlbewerber sind auf den Stimmzetteln stets in alphabetischer Reihenfolge aufzuführen (§ 34 Abs. 1 S. 2 WO). Es ist daher unschädlich, wenn ein Wahlbewerber auf mehreren Wahlvorschlägen vorgeschlagen wird.[3] 2

Werden im Betrieb in der Regel **101 bis 200** der in § 60 Abs. 1 genannten AN beschäftigt (zu dieser AN-Gruppe vgl. Rn. 1), so kann durch Vereinbarung zwischen WV und AG das einstufige vereinfachte Wahlverfahren bei der Durchführung der Wahl der JAV zugrunde gelegt werden. Auch bei diesem Verfahren ist § 36 WO entsprechend anzuwenden. 3

2 Zur Kritik vgl. § 38 WO Rn. 9.
3 *Fitting*, Rn. 3.

Vierter Teil
Übergangs- und Schlussvorschriften

§ 41 Berechnung der Fristen

(1) Für die Berechnung der in dieser Verordnung festgelegten Fristen finden die §§ 186 bis 193 des Bürgerlichen Gesetzbuchs entsprechende Anwendung.
(2) Mit der Bestimmung des letzten Tages einer Frist nach Absatz 1 kann der Wahlvorstand eine Uhrzeit festlegen, bis zu der ihm Erklärungen nach § 4 Absatz 1, § 6 Absatz 1 und 7 Satz 2, § 8 Absatz 2, § 9 Absatz 1 Satz 1, § 30 Absatz 2 Satz 1 sowie § 36 Absatz 5 Satz 1 und 2 zugehen müssen. Diese Uhrzeit darf nicht vor dem Ende der Arbeitszeit der Mehrheit der Wählerinnen und Wähler an diesem Tag liegen.

1 Bei der Anwendung der in dieser Vorschrift genannten Fristen des BGB ist zu beachten, dass die WO zwischen **Wochenfristen** (§ 3 Abs. 1 Satz 1, Abs. 2 Nr. 8, § 4, § 6 Abs. 1, § 9, § 10 Abs. 2, § 18 WO) und solchen Fristen unterscheidet, die nach **Arbeitstagen** (§ 6 Abs. 5 Satz 2 und Abs. 7, § 7 Abs. 2, § 8 Abs. 2 WO) berechnet werden.[1]

2 Besonders bedeutsam ist die Frist des **§ 187 Abs. 1 BGB,** und zwar sowohl für Wochenfristen, die den Beginn einer Frist auslösen, als auch für nach Arbeitstagen bemessene Fristen. Wenn der Beginn der Frist an ein bestimmtes Ereignis geknüpft ist, zählt der Tag, an dem das Ereignis stattfindet, **nicht** mit. Eine nach Wochen bemessene Frist endet daher mit **Ablauf des Tages** der letzten Woche, der durch seine Benennung dem Tage entspricht, an dem das Ereignis stattgefunden hat, das den Fristbeginn auslöste. Ist beispielsweise das Wahlausschreiben an einem Mittwoch bekanntgemacht worden (Aushang im Betrieb), so läuft die Frist für Einsprüche gegen die Wählerliste oder für die Einreichung von Wahlvorschlägen zwei Wochen später am Mittwoch ab.

3 Mit dem BRModG und der darauf nachfolgenden Änderung der WO ist der Absatz 2 neu in den Verordnungstext eingefügt worden. Der neue Absatz 2 soll eine Klarstellung bewirken bis zu welcher Uhrzeit die Frist am errechneten Tag des Fristablaufes abläuft. Dies klärt eine etwas unklare Rechtsprechungslage und gibt dem WV die Möglichkeit, die Frist früher am Tag des Fristablaufes zu beenden als 24:00h. Die Möglichkeit der Uhrzeitsetzung für den Fristablauf gilt im Prinzip für fast alle relevanten Wahlhandlungen im normalen wie im vereinfachten Wahlverfahren.
Das sind im Einzelnen:
- Einspruchsfrist gegen die Wählerliste nach § 4 Absatz 1,
- Einreichungsfrist für Wahlvorschläge nach § 6 Absatz 1 und 7 Satz 2,
- Mängelbeseitigungsfrist für ungültige Vorschlagslisten nach § 8 Absatz 2,
- Nachfrist für Vorschlagslisten nach § 9 Absatz 1 Satz 1,
- Einspruchsfrist gegen die Wählerliste im zweistufigen vereinfachten Wahlverfahren nach § 30 Absatz 2 Satz 1,
- Einspruchsfrist gegen die Wählerliste im einstufigen vereinfachten Wahlverfahren nach § 36 Absatz 5 Satz 1 und 2.

4 Der WV kann somit am letzten Tag der Frist (z. B. Einspruchsfrist gegen die Wählerliste nach § 4 Abs. 1 oder Einreichungsfrist für Wahlvorschläge nach § 6 Abs. 1 WO) den Fristablauf auf den Zeitpunkt der **Beendigung der täglichen Arbeitszeit** nach Absatz 2 Satz festsetzen, vorausgesetzt, dass es sich bei diesem Zeitpunkt um das Ende der Arbeitszeit der Mehrheit der

---

1 Zur Berechnung von Fristen nach dem Gesetz und der WO vgl. im Einzelnen *Glaubrecht/Halberstadt/Zander,* Gruppe 1, S. 643 ff.

AN des Betriebs handelt.[2] Das Ende der Arbeitszeit der Mehrheit der AN liegt in diesem Sinne vor, wenn die Arbeitszeit für **mehr als 51 v. H.** der wahlberechtigten AN abgelaufen ist.[3]
In Schichtbetrieben oder weit verzweigten großen Betrieben wird es nicht ganz einfach sein festzustellen, wann die Mehrheit der Beschäftigten ihr Arbeitszeitende hat. Dies wird in vielen Fällen ohne Unterstützung des AG nicht möglich sein. Kann der WV nicht herausfinden oder nicht wenigstens abschätzen, wann dieser Zeitpunkt ist, so wird Fristablauf an diesem Tag 24:00h sein und der WV muss bis zu diesem Zeitpunkt Erklärungen entgegen nehmen. Dem WV wird insoweit auch ein **Ermessen** zuzubilligen sein. Im umgekehrten Fall kann es aus Akzeptanzgründen für den WV durchaus sinnvoll sein, auch wenn schon die Mehrheit im Betrieb Feierabend hat, bis 24:00h anwesend zu sein. Sich also bewusst nicht auf Abs. 2 S. 2 zu berufen, wenn in einem 4000 AN großen Betrieb noch die Nachtschicht mit 700 AN anwesend ist. Die 700 AN werden es jedenfalls dem WV danken, dass sie persönlich noch ihre Erklärungen abgeben können. Insofern ist die Vorschrift **nicht bindend,** dass Fristablauf immer das Arbeitsende der Mehrheit der AN ist. Auch hier hat der WV ein Ermessen. Übt er dieses aus, kann es nicht Grund für eine Anfechtung sein.

Für den Ablauf einer Frist ist es unerheblich, dass der einzelne AN infolge Krankheit, Urlaub oder aus anderen Gründen an dem letzten Tag der Frist nicht arbeitet oder abwesend ist.[4] **5**

Der Begriff des Arbeitstages ist nicht mit dem des Werktages gleichzusetzen, dem Sonn- und Feiertage gegenüberstehen. Arbeitstag ist jeder Tag, an dem die AN arbeiten, und zwar ohne Rücksicht darauf, ob es sich um einen Werktag oder einen Sonn- oder Feiertag handelt.[5] Zu beachten ist allerdings, dass nur diejenigen Tage Arbeitstage sind, an denen die **Mehrheit** der Belegschaft regelmäßig der Arbeit im Betrieb nachgeht (vgl. dazu Rn. 3). Ist ein Arbeitstag in diesem Sinne gegeben, läuft – abweichend von den Vorschriften des BGB – eine Frist auch dann ab, sofern in der WO der Fristablauf auf Arbeitstage abgestellt wird.[6] Geht es dagegen um eine Wochenfrist und fällt der letzte Tag der Frist auf einen Sonnabend, Sonn- oder Feiertag (der Feiertag muss in dem Bundesland, in dem der Betrieb liegt, staatlich anerkannt sein), tritt an die Stelle dieses Tages immer der nächste Werktag (§ 193 BGB). **6**

Die §§ 187 ff. BGB sind auch bei den rückwärts zu berechnenden Fristen des vereinfachten Wahlverfahrens anzuwenden. Das bedeutet, dass nach § 187 Abs. 1 BGB der Tag, in den das (Wahl-)Ereignis fällt, nicht mitzurechnen ist und die zu berechnende Frist am Tag davor zu laufen beginnt. Geht es beispielsweise um den Antrag auf nachträgliche schriftliche Stimmabgabe, der bei dem zweistufigen vereinfachten Wahlverfahren spätestens drei Tage vor der zweiten Wahlversammlung zur Wahl des Betriebsrats beim Wahlvorstand eingehen muss (§ 35 Abs. 1 Satz 2 WO), so berechnet sich diese Frist nach dem nachstehenden Beispiel wie folgt: Findet die zweite Wahlversammlung am 8. 5. 2006, also an einem Montag statt, so ist der Antrag spätestens am 4. 5. 2006 (Donnerstag) zu stellen. **7**
Auch § 193 BGB kann zur Anwendung kommen: Findet beispielsweise die zweite Wahlversammlung am 5. 5. 2006 (Freitag) statt, läuft die rückwärts zu berechnende Frist von drei Tagen an sich am 2. 5. 2006 (Dienstag) 0 Uhr ab. Der davor liegende Tag ist jedoch ein Feiertag (1. Mai) und davor liegen ein Sonntag und ein Sonnabend. Das sind Tage, an denen die Frist nicht abläuft (§ 193 BGB). Der Antrag auf nachträgliche schriftliche Stimmabgabe ist spätestens am 28. 4. 2006 (Freitag) zu stellen.
Zu den rückwärts zu berechnenden Fristen des vereinfachten Wahlverfahrens vgl. im Einzelnen *Berg* u. a., Rn. 245 f.; 249; 278; 292; 300 ff.; 309; 311 ff.

Eine Frist ist **eingehalten,** wenn vor ihrem Ablauf **die erforderliche Handlung** vorgenommen wird oder die **erforderliche Erklärung** dem Empfänger – in der Regel der WV – **zugegangen** ist. **8**

---

2 zur alten Rechtslage: *BAG* 12. 2. 60, AP Nr. 11 zu § 18 BetrVG; 1. 6. 66, AP Nr. 2 zu § 6 WO; 4. 10. 77, AP Nr. 2 zu § 18 BetrVG 1972; *Fitting,* Rn. 5; GK-*Jacobs,* Rn. 5.
3 Zur alten Rechtslage: Vgl. etwa *BAG* 4. 10. 77, a. a. O.
4 *Fitting,* a. a. O., m. w. N.
5 *Fitting,* Rn. 2.
6 *Fitting,* Rn. 2; Richardi-*Thüsing,* Rn. 2.

§ 42 Bereich der Seeschifffahrt

Die Regelung der Wahlen für die Bordvertretung und den Seebetriebsrat (§§ 115 und 116 des Gesetzes) bleibt einer besonderen Rechtsverordnung vorbehalten.

Die Wahlregelungen für den Bereich der Seeschifffahrt sind als **Zweite Verordnung zur Durchführung des Betriebsverfassungsgesetzes** (Wahlordnung Seeschifffahrt – WOS) vom 25. 8. 2021[1] vorgeschlagen worden und ihnen ist am 8. 10. 2021 im Bundesrat zugestimmt worden. Die WOS ist am 15. 10. 2021 in Kraft getreten. Sie berücksichtigt die durch das BRModG vorgenommenen Änderungen auch für den Bereich der Seeschifffahrt.

§ 43 Inkrafttreten

(1) Diese Verordnung tritt am Tage nach der Verkündung in Kraft. Gleichzeitig tritt die Erste Verordnung zur Durchführung des Betriebsverfassungsgesetzes vom 16. Januar 1972 (BGBl. I S. 49), zuletzt geändert durch Verordnung vom 16. Januar 1995 (BGBl. I S. 43), außer Kraft.
(2) (*aufgehoben*)

1 Die WO vom 11. 12. 01 ist im BGBl. vom 14. 12. 01[1] verkündet worden und am 15. 12. 01 in Kraft getreten. Damit ist zugleich die Erste Verordnung zur Durchführung des Betriebsverfassungsgesetzes vom 16. 1. 72,[2] zuletzt geändert durch Verordnung vom 16. 1. 95,[3] außer Kraft getreten.

2 Die Vorschriften der **WO 1953** galten nur noch für die Wahlen der AN-Vertreter zum AR gemäß §§ 76 und 77 BetrVG 1952. Durch in Kraft treten des DrittelbG vom 18. 5. 2004 ist das BetrVG 1952 außer Kraft und § 43 Abs. 2 WO wurde aufgehoben.

1 Drucksache des Bundesrates 666/21, Blatt 6.

1 BGBl. I S. 3494.
2 BGBl. I S. 49.
3 BGBl. I S. 43.

Anhang B

Gesetz über Europäische Betriebsräte (EBRG) – Kommentierung

Neufassung vom 7. Dezember 2011 (BGBl. I S. 2650), zuletzt geändert durch Artikel 6f des Gesetzes vom 16. September 2022 (BGBl. I S. 1454)

Vorbemerkung (EBRG)

Inhaltsübersicht

I. Die EG-Richtlinie als Grundlage des EBRG

Das nationale Arbeitsrecht beschränkt sich traditionellerweise auf die Unternehmens- und Konzernteile, die auf dem eigenen nationalen Territorium gelegen sind. In Deutschland wird nach den Regeln des deutschen Arbeitsrechts, in Frankreich nach denen des französischen, in Dänemark nach denen des dänischen gearbeitet (Einl. Rn. 232 f.). Dies hat zur Folge, dass **die außerhalb des Landes der** Unternehmens- bzw. **Konzernspitze tätigen Belegschaften nicht einmal informiert** werden müssen, bevor über ihr Schicksal entschieden und beispielsweise die Stilllegung ihres Betriebs verfügt wird.[1] Von Rechts wegen müssen sie erst eingeschaltet werden, wenn es um die konkrete Umsetzung geht: Hat die Konzernzentrale in Detroit entschieden, 20 % der Arbeitsplätze in den deutschen Niederlassungen einzusparen, so muss zwar nach den §§ 111 ff. über Interessenausgleich und Sozialplan verhandelt werden, doch geht es der Sache nach notwendigerweise nur noch um Folgenbewältigung; das eigentliche **Entscheidungszentrum** wird **nicht** einmal **am Verhandlungstisch** auftauchen. Auch deutsche Unternehmensleitungen werden der Versuchung häufig nicht widerstehen, gegenüber den bei ausländischen Tochtergesellschaften tätigen Belegschaften vollendete Tatsachen zu schaffen.[2] 1

Die Gefahr, dass Interessenvertretung bei transnational tätigen Unternehmen und Konzernen weithin leer läuft, wurde bereits in den 60er Jahren eingehend diskutiert;[3] inzwischen hat 2

1 *Klinkhammer/Welslau*, AuR 94, 327; *Meissner*, AiB 12/18 S. 15.

2 Eingehend *Blank/Geissler/Jaeger*, S. 18 ff.; *Zügel*, S. 258 ff.

3 Nachweise bei *Däubler*, Grundrecht auf Mitbestimmung, S. 454 ff.

diese Problematik immer mehr an Bedeutung gewonnen.[4] Die **Internationalisierung** auch **der deutschen Wirtschaft** ist **weiter gewachsen** (s. die Angaben Einl. Rn. 231). Auch »mittelständische« UN versuchen verstärkt, sich die Kostenvorteile ausländischer Standorte zunutze zu machen, mehr Marktnähe zu erreichen, verbliebene Handelsschranken zu umgehen oder Währungsparitäten auszunutzen.[5]

3 Dieser **Trend** besteht **weltweit.** Nach Angaben des World Investment Report 2000 der Welthandelskonferenz UNCTAD war schon vor zwanzig Jahren bereits jeder fünfte Beschäftigte außerhalb der Landwirtschaft bei einem der 63 000 multinationalen UN (mit ca. 690 000 Tochtergesellschaften) oder seinen Zulieferern beschäftigt. Der Umsatz der Multis wurde für 1990 mit 5,5 Billionen Dollar, für 1999 auf 13,4 Billionen Dollar beziffert.[6] Sie produzieren in der Gegenwart mehr als ein Drittel des Weltsozialprodukts und bestreiten zwei Drittel des Welthandels.[7] Die wenigen Zahlen zeigen, dass es für BR und Gewerkschaften immer mehr zu einer **Überlebensfrage** wird, ihre **Arbeit zu internationalisieren** und die Beschränkung auf eine rein nationale Perspektive aufzugeben.

4 Im Rahmen der EU wurden erste Überlegungen für eine grenzüberschreitende Interessenvertretung im Zusammenhang mit der **Europäischen Aktiengesellschaft** angestellt.[8] Nach einem Anfang der 70er Jahre veröffentlichten Entwurf sollte diese einen »Europäischen Betriebsrat« besitzen, der stark am deutschen Recht orientiert war und in bestimmten wichtigen Angelegenheiten Vetorechte haben sollte.[9] Da die Europäische Aktiengesellschaft (aus guten Gründen)[10] bei den Mitgliedstaaten damals keine Zustimmung fand, blieb auch der zugehörige EBR Makulatur (zur Gegenwart s. Einl. Rn. 258 ff.).

5 Der zweite Anlauf schien aussichtsreicher. Der Entwurf der (nach dem zuständigen Kommissionsmitglied benannten) **Vredeling-Richtlinie** sah Informationsrechte gegenüber der in anderen Mitgliedstaaten ansässigen Unternehmens- oder Konzernleitung vor.[11] Heftiger Widerstand insbesondere amerikanischer Unternehmen führte jedoch dazu, dass das Vorhaben nicht weiterverfolgt wurde.[12]

6 Der dritte Versuch begann **Ende 1990** mit dem von der Kommission vorgelegten **Entwurf einer Richtlinie** »über die Einsetzung **Europäischer Betriebsräte** zur Information und Konsultation der Arbeitnehmer in gemeinschaftsweit operierenden Unternehmen und Unternehmensgruppen«,[13] der im Herbst 1991 in einigen kleineren Punkten modifiziert wurde.[14] Angesichts des englischen Widerstands bestand allerdings kaum Aussicht, die durch den damaligen Art. 100a Abs. 2 EGV gebotene Einstimmigkeit im Rat zu erreichen.

7 Die dadurch geschaffene Blockadesituation wurde beseitigt, nachdem der Maastrichter Vertrag einschließlich des **Abkommens über die Sozialpolitik** am 1. 11. 93 in Kraft getreten war.[15] In Letzterem war vorgesehen, dass die (damaligen) 11 Mitgliedstaaten (ohne Großbritannien) einstimmig oder mit Mehrheit Richtlinien zu weiten Bereichen der Sozialpolitik erlassen konnten.

8 Von dieser Möglichkeit machte die Kommission **erstmals im** Zusammenhang mit der Richtlinie über Europäische Betriebsräte (im Folgenden: EBR-Richtlinie) **Gebrauch.** Nachdem sich die europäischen Sozialpartner nicht verständigen konnten, verlief das weitere Verfahren ungewöhnlich schnell: Nach Einschaltung des Wirtschafts- und Sozialausschusses sowie des

---

4 S. schon *Platzer,* Gewerkschaftspolitik ohne Grenzen? Die transnationale Zusammenarbeit der Gewerkschaften im Europa der 90er Jahre, 1991.
5 *Klebe/Roth,* AiB 00, 749.
6 So schon *Klebe/Roth,* AiB 00, 749.
7 *Eylert/Gotthardt* RdA 07, 91.
8 Eingehende historische Aufarbeitung auch der Einflussnahme der Gemeinschaft auf die nationalen Systeme der Interessenvertretung bei *Wunsch-Semmler,* S. 51 ff. und *Zügel,* S. 37 ff.
9 Einzelheiten bei *Birk,* ZfA 74, 47, 63 ff.
10 S. *Däubler,* KJ 90, 14 ff.; *Wißmann,* RdA 92, 320 ff.
11 Letzte Fassung: ABlEG vom 12. 8. 1983, Nr. C 217/3.
12 *Kolvenbach,* DB 86, 1976 f.; *ders.,* DB 91, 805.
13 ABlEG vom 15. 2. 91, Nr. C 39/10.
14 ABlEG vom 31. 12. 91, Nr. C 336/11.
15 BGBl. 1992 II S. 1253, 1993 II S. 1947, abgedruckt auch bei *Däubler/Kittner/Lörcher* unter Nr. 401a.

Europäischen Parlaments beschloss der (aus den Vertretern von 11 Mitgliedstaaten bestehende) Rat am 18.7.94 einen sog. gemeinsamen Standpunkt,[16] der sich im Wesentlichen mit der verbindlich gewordenen Fassung deckte. Die vom Europäischen Parlament in zweiter Lesung verlangten Änderungen, insbesondere die Herabsetzung der »Grenzwerte« für die Errichtung, blieben weithin unberücksichtigt.[17] Am 22.9.94 wurde die Richtlinie bei Stimmenthaltung Portugals verabschiedet.[18]

Der Regierungswechsel in **Großbritannien** im Jahre 1997 führte dazu, dass sich auch dieser Mitgliedstaat wieder in die EG-Sozialpolitik einklinkte. Einstimmig wurde die Richtlinie 97/74/EG v. 15.12.97 verabschiedet,[19] die die EBR-Richtlinie auf Großbritannien ausdehnte.[20] Die Bestimmungen des Maastrichter Abkommens über die Sozialpolitik wurden in die Amsterdamer Fassung des EG-Vertrags aufgenommen (Art. 135 ff.) und gelten heute im Wesentlichen unverändert als Art. 151 AEUV weiter. Auf die spezifischen Fragen, die sich aus dem Beitritt neuer Mitgliedstaaten ergaben, ist gesondert einzugehen (u. Rn. 30). 9

Nach ihrem Art. 15 hätte die **Anwendung der EBR-Richtlinie** schon im September 1999 **überprüft** werden müssen, doch eröffnete die Kommission erst im April 2004 ein entsprechendes offizielles Verfahren.[21] Nachdem die Arbeitgeberseite erklärt hatte, keinen Reformbedarf zu sehen, wurde gleichwohl erst im Februar 2008 das offizielle Verfahren zum Erlass einer Änderungsrichtlinie eingeleitet. Die ambitionierten Vorstellungen der Kommission zugunsten einer Stärkung des EBR wurden »in wenigen Wochen pulverisiert«.[22] Die weitere Diskussion konzentrierte sich nur noch auf **punktuelle Verbesserungen;** von einem »großen Wurf« konnte und sollte nicht mehr die Rede sein.[23] Unter französischer Präsidentschaft kam es im Dezember 2008 im Rat zu einem sog. gemeinsamen Standpunkt, dem auch das Europäische Parlament zustimmte. Am 23. April 2009 verabschiedete der Rat die neu gefasste EBR-Richtlinie, die als »**Richtlinie 2009/38/EG** des Europäischen Parlaments und des Rats vom 6. Mai 2009 über die Einsetzung eines Europäischen Betriebsrats oder die Schaffung eines Verfahrens zur Unterrichtung und Anhörung der Arbeitnehmer in gemeinschaftsweit operierenden Unternehmen und Unternehmensgruppen« am 15. Mai 2009 im Amtsblatt der EU veröffentlicht wurde.[24] Sie trat nach ihrem Art. 18 am 6. Juni 2009 in Kraft und war von den Mitgliedstaaten innerhalb von zwei Jahren umzusetzen.[25] Gegenüber den ursprünglichen Plänen hatte sich eine Verspätung von rund zehn Jahren ergeben.[26] Die neu gefasste EBR-Richtlinie sollte ihrerseits **bis zum 5. Juni 2016 evaluiert** werden, doch wurde ein entsprechender Bericht erst zwei Jahre später vorgelegt. Dieser benannte zwar verschiedene Mängel, schlug jedoch keine Veränderung des Richtlinientextes vor.[27] Inzwischen hat sich das **Europäische Parlament** der Angelegenheit angenommen und durch **Beschluss vom 2. Februar 2023**[28] die Kommission aufgefordert, bis 31.1.2024 ein Gesetzgebungsverfahren zur Reform der EBR-Richtlinie einzuleiten. Dabei sollten eine Reihe von Streitfragen zugunsten des EBR geklärt werden: Möglichkeit der **einstweiligen Verfügung** bei nicht ausreichender Konsultation des EBR, Zuständigkeit des EBR auch dann, wenn die Entscheidung nur in einem Land Auswirkungen hat, aber in einem anderen Land getroffen wurde, jährlich zwei Sitzungen des EBR, scharfe Sanktionen bei Verletzung der Rechte des EBR. Die **Kommission** ist **rechtlich nicht verpflichtet,** diesen Vorstellungen Rechnung zu tragen. Das Parlament kann von sich aus kein Gesetzgebungsver- 10

16 Zu diesem *Klinkhammer/Welslau,* AuR 94, 327.
17 Einzelheiten bei *Wirmer,* DB 94, 2134.
18 EuroAS 10/1994, S. 3.
19 ABlEG v. 16.1.98, Nr. L 10/22.
20 Zu ihrer Umsetzung in GB s. *Kilian,* RdA 01, 166 ff.
21 *Blanke* AuR 09, 245.
22 *Gohde* dbr 3/09 S. 22. Zur rechtspolitischen Situation s. auch *Hayen,* AiB 03, 499 ff.
23 Vgl. *Franzen,* EuZA 10, 180, 197: »keine grundstürzenden Neuerungen«.
24 ABlEU Nr. L 122/28 ff.
25 Erste fundierte Analysen bei *Dorssemont/Blanke* (ed.), The Recast of the European Works Council Directive, Antwerp-Oxford-Portland 2010.
26 *Lorber,* in: Schlachter (ed.), EU Labour Law, S. 560.
27 S. EBR-News, 2/2018, abrufbar unter *http://www.ebr-news.de/022018.htm.*
28 *https://www.europarl.europa.eu/doceo/document/TA-9-2023-0028_EN.pdf.*

fahren beginnen. Ein Nationalstaat mit so gering entwickeltem Parlamentarismus, würde nicht in die EU aufgenommen.

11 Die (alte wie die neu gefasste) Richtlinie lässt die im nationalen Rahmen bestehende Struktur der Interessenvertretung unberührt.[29] Angesichts historisch gewachsener Verschiedenheiten wäre eine andere Vorgehensweise von vornherein zum Scheitern verurteilt gewesen.[30] Neben und **in Ergänzung der nationalen Systeme wird ein EBR errichtet,** der seiner Funktion nach besser als »Europäischer Wirtschaftsausschuss« bezeichnet worden wäre.[31] Allerdings wäre auch eine solche Terminologie ein wenig missverständlich, da es sich beim EBR nicht um ein Hilfsorgan für die »eigentliche« Interessenvertretung handelt, sondern um eine eigenständige Größe.[32] Die Trennung zwischen nationaler und europäischer Ebene bezieht sich auch auf die Befugnisse des EBR und der nationalen Interessenvertretungen; insoweit sieht die neu gefasste Richtlinie in Art. 12 eine Koordinierung vor. Für die Rechte des WA ist dies ausdrücklich vom *LAG Niedersachsen*[33] bestätigt worden.[34] Nach § 1 Abs. 7 ist der EBR **»spätestens« gleichzeitig** mit den nationalen Interessenvertretungen zu informieren; er kann also früher, aber nicht später als ein deutscher BR oder ein spanisches comité de empresa informiert und konsultiert werden.[35] Zu beachten ist, dass die Beteiligung des EBR auch das Ziel der Gleichbehandlung aller Beschäftigten in der Union verfolgt, so dass der EBR auch deshalb nicht später als einzelne nationale Interessenvertretungen unterrichtet werden darf.[36]

12 Für die SE kann in einem vergleichbaren Verfahren ein **SE-BR** errichtet werden (Einzelheiten unten Anhang D, Rn 6 ff.), der eine **etwas bessere Rechtsposition** als der EBR besitzt.[37] Nach § 47 Abs. 1 SEBG kann daneben kein EBR errichtet werden. Der **Vorrang des SEBG** kommt aber dann nicht zum Tragen, wenn auf die Errichtung eines SE-BR durch Beschluss des Besonderen Verhandlungsgremiums verzichtet wird oder wenn die SE abhängiges UN in einem gemeinschaftsweit tätigen Konzern ist. Durch das SCE-Beteiligungsgesetz v. 14. 8. 06[38] ist die Bildung eines **SCE-Betriebsrats** bei der Europäischen Genossenschaft ermöglicht worden, der in Bezug auf Errichtung und Befugnisse weithin dem SE-BR entspricht. Anders als beim EBR dauert die Verhandlungsphase nur sechs Monate und kann einvernehmlich auf 12 Monate erweitert werden. Läuft die Frist ergebnislos ab, ist nach §§ 22 ff. SCE-BG ein SCE-BR kraft Gesetzes zu errichten. Bei **grenzüberschreitender Verschmelzung** von zwei UN wird der nationale Rahmen nicht verlassen; § 29 MgVG sieht daher nur vor, dass die bisherigen betrieblichen Interessenvertretungen ihre Funktion weiter erfüllen können. Die am 1. März 2023 in Kraft getretenen §§ 305 bis 345 UmwG haben die grenzüberschreitende Spaltung und den grenzüberschreitenden Formwechsel einbezogen, lassen jedoch gleichfalls die Betriebsverfassung unberührt (näher Einl, Rn. 263a)

II. Das EBRG

1. Entstehungsgeschichte und wesentlicher Inhalt

13 Der Anfang 1996 fertig gestellte Referentenentwurf,[39] wurde mit einigen kleineren Veränderungen[40] zum Regierungsentwurf.[41] Im Rahmen des Gesetzgebungsverfahrens schlug

29 *B. Gaul,* NJW 95, 229.
30 *Weiss,* FS Stahlhacke, S. 657 f.
31 *B. Gaul,* NJW 95, 230; *Hromadka,* DB 95, 1125; *Funke* DB 09, 564.
32 BHKC-*Blanke/Kunz,* Einl. Rn. 35; etwas abweichend *Oetker,* DB-Beilage 10/96, S. 6.
33 1. 9. 04 – 1 TaBV 61/04.
34 *Zimmer,* AiB 05, 207; der Text des Beschlusses ist unter *www.euro-betriebsrat.de* abrufbar.
35 Vgl. *Blanke/Rose* RdA 08, 65 ff. Nach Art. 12 Abs. 2 der Richtlinie 2009/38/EG lässt sich durch Vereinbarung Abweichendes festlegen.
36 *Blanke/Rose* RdA 08, 65, 80.
37 *Blanke,* FS Nagel, S. 237.
38 BGBl. I 1911, 1917.
39 Zu diesem *Bachner/Kunz,* AuR 96, 81 ff.
40 BT-Drucks. 13/4520.
41 Dazu *Engels/Müller,* DB 96, 981.

insbesondere der Bundesrat erhebliche Veränderungen vor,[42] denen jedoch die Zustimmung des Bundestags versagt blieb.[43] Die in der Richtlinie vorgesehene Frist (22.9.96) konnte nicht ganz eingehalten werden; das **EBRG** trat **am 1.11.1996 in Kraft.**[44] In anderen Mitgliedstaaten der EU ist die Umsetzung zum Teil schneller, zum Teil langsamer erfolgt.[45] Schwierigkeiten ergaben sich insbes. beim EWR-Mitglied Liechtenstein und bei Luxemburg, dessen Untätigkeit zu einer Verurteilung durch den *EuGH*[46] führte. Wegen der Einbeziehung Großbritanniens wurde das **EBR-Anpassungsgesetz** v. 22.12.1999[47] erlassen, das auch einige kleinere inhaltliche Änderungen brachte. Zur Umsetzung in **Spanien** s. *Schnelle,* Der Europ. BR in Spanien, 1999; zur Umsetzung in **Frankreich** *Bachner,* Die Rechtsstellung des EBR nach französ. und deutschem Arbeitsrecht, Diss. Bonn 1998; *Glückert,* Die Implementierung der Richtlinie 94/95/EG über Europ. Betriebsräte in Deutschland und Frankreich, 2001 und *Herdecke,* Der Europäische Betriebsrat und das comité d´entreprise européen, 2018; zu **Großbritannien** *Kilian,* RdA 01, 166ff.

In Übereinstimmung mit der Richtlinie sieht das Gesetz alternativ einen EBR oder ein spezielles Verfahren zur Unterrichtung und Anhörung vor. Erfasst sind gemeinschaftsweit tätige Unternehmen und Konzerne einer bestimmten Größenordnung (§§ 2–4 EBRG). 14

Anders als ein BR des deutschen Rechts wird der EBR nicht einfach von den Beschäftigten gewählt, und auch das Unterrichtungs- und Anhörungsverfahren kann nicht von einem Tag auf den anderen begonnen werden. Vielmehr findet ein **Aushandlungsprozess zwischen** dem sog. **BVG** (= Besonderes Verhandlungsgremium) und der sog. **zentralen Leitung** statt, der zum Abschluss einer Vereinbarung führen soll, die dann Grundlage aller weiteren Aktivitäten ist. Kommt sie nicht zustande, tritt spätestens drei Jahre nach Stellung des Antrags auf Bildung des BVG ein »subsidiäres Modell« in Kraft, dessen Inhalt in den §§ 21–37 niedergelegt ist. Bestehende Vereinbarungen, die vor dem 22.9.1996 abgeschlossen wurden, die sich auf alle Beschäftigten eines gemeinschaftsweit tätigen UN erstrecken und die allen eine angemessene Beteiligung an der Unterrichtung und Anhörung ermöglichen, bleiben nach § 41 in Kraft und gehen der gesetzlichen Regelung vor. Fiel ein UN oder Konzern erst auf Grund der Einbeziehung Großbritanniens unter den Anwendungsbereich der Richtlinie, so waren entsprechende »Vorrang-Vereinbarungen« bis 15.12.1999 möglich (§ 41 Abs. 7 EBRG). 15

2. Das Änderungsgesetz

Durch Gesetz vom 14. Juni 2011[48] wurde die neu gefasste Richtlinie in deutsches Recht umgesetzt; es trat am **16. Juni 2011 in Kraft.** Damit wurde die gesetzte Frist nur vergleichweise geringfügig überschritten. Die wichtigsten Punkte sind die bessere Argumentationsmöglichkeiten eröffnende Definition der »Unterrichtung und Anhörung«, die Teilnahme der EBR-Mitglieder an Schulungs- und Bildungsveranstaltungen, das Recht zur Einschaltung von Sachverständigen sowie die Befugnis, bei **wesentlichen strukturellen Änderungen** im UN oder Konzern Verhandlungen über eine Anpassung der bestehenden Vereinbarung zu führen. Die Ausklammerung der »Altvereinbarungen« aus der Zeit vor 1996 bleibt bestehen; auch richten sich die zwischen dem 5. Juni 2009 und dem 5. Juni 2011 geschlossenen oder veränderten Vereinbarungen nach dem bisherigen Recht. Beides gilt jedoch bei »wesentlichen strukturellen Veränderungen« nicht. Für die sonstigen Vereinbarungen gilt grundsätzlich das neue Recht (näher § 41 Rn. 25ff.).[49] 16

42 BR-Drucks. 251/1/96.
43 Einzelheiten des Gesetzgebungsverfahrens bei *Müller,* Einl. Rn. 27ff.
44 BGBl. I S. 1548, 1556, Art. 3.
45 Vgl. *Kolvenbach,* NZA 00, 518.
46 21.10.99, AuR 00, 37.
47 BGBl. I S. 2809.
48 BGBl. I S. 1050.
49 Überblick über die Gesetzesänderungen bei *Altmeyer* dbr 6/11 S. 18ff.

3. Auslegung

17 Da das **EBRG** die EBR-Richtlinien ausführt, ist es **richtlinienkonform zu interpretieren,** soweit sein Wortlaut Spielräume lässt. Wenn es in einem gerichtlichen Verfahren daher auf den Inhalt einer einzelnen Richtlinienbestimmung ankommt, sind die Gerichte aufgerufen, den *EuGH* einzuschalten; bei letztinstanzlicher Zuständigkeit besteht gemäß Art. 267 Abs. 3 AEUV (früher: Art. 234 Abs. 3 EG) eine entsprechende Verpflichtung.[50] Scheidet wegen eindeutigen Wortlauts und Zwecks eine richtlinienkonforme Interpretation des EBRG aus, könnte ggf. die deutsche Norm außer Anwendung bleiben, doch wäre dies erst nach einer eindeutigen Entscheidung des *EuGH* praktisch vorstellbar.[51] Bei der Auslegung des EBRG wie der Richtlinie ist Art. 27 Grundrechtecharta zu beachten, wonach die AN oder ihre Vertreter ein Recht auf rechtzeitige Unterrichtung und Anhörung besitzen.[52]

4. Gerichtliche Durchsetzung

18 Nach § 2a Nr. 3b ArbGG sind die ArbG grundsätzlich für alle Angelegenheiten aus dem EBRG sachlich zuständig. § 82 Abs. 1 ArbGG regelt die örtliche Zuständigkeit im **Beschlussverfahren.** Nach seinem Satz 1 kommt es darauf an, in welchem Gerichtsbezirk der Betrieb liegt. In Angelegenheiten des GBR, des KBR, des WA und anderer Gremien wird nach Satz 2 auf den Sitz des UN abgestellt. Ändert sich dieser nach Einleitung des Verfahrens, hat das keine Auswirkungen auf die Zuständigkeit.[53] Nach § 82 Abs. 2 Satz 1 ist in Angelegenheiten des EBR das ArbG zuständig, in dessen Bezirk das UN oder das herrschende UN seinen Sitz hat. Bei Vereinbarungen nach § 41 EBRG wird auf den Sitz des vertragschließenden UN abgestellt. Aus diesen Regelungen lässt sich schließen, dass EBR, besonderes Verhandlungsgremium und durch Vereinbarungen nach § 41 geschaffene Einrichtungen beteiligtenfähig sind;[54] insoweit dürften keine anderen Grundsätze als in den gewohnten betriebsverfassungsrechtlichen Strukturen gelten (Einl. Rn. 205 ff.). Geht es um die Konzernzugehörigkeit eines UN, ist auch dieses beteiligt. Die Zuständigkeit erstreckt sich weiter auf Streitigkeiten im Zusammenhang mit der Entsendung deutscher Belegschaftsvertreter in einen ausländischen EBR; insoweit geht es um eine Angelegenheit des GBR bzw. des KBR.[55] Die Entsendung bzw. Wahl bestimmt sich gemäß § 2 Abs. 4 EBRG nach deutschem Recht, auch wenn der EBR selbst einer anderen Rechtsordnung unterliegt.

19 Besteht **Streit über die Gültigkeit einer Vereinbarung** nach § 17 (s. dort) und wird ihre Unwirksamkeit festgestellt, so muss ein neues besonderes Verhandlungsgremium gebildet werden. Das frühere tritt nicht mehr in Funktion, es sei denn, man hätte für einen derartigen Fall ausdrücklich Entsprechendes vorgesehen. Wird ein bestimmter Inhalt der Vereinbarung rechtskräftig festgestellt, wirkt dies für und gegen alle Beteiligten.

20 Erfüllt die zentrale Leitung bestimmte Pflichten nicht, ist gleichfalls ein Beschlussverfahren durchzuführen; der EBR bzw. die nationale Interessenvertretung im Falle des § 19 können insoweit **Erfüllung** beanspruchen. Praktische Bedeutung hat dies insbesondere für den Geschäftsbedarf des EBR einschließlich Dolmetscher- und Reisekosten sowie für das Recht, eine eigene Seite im konzernweiten Intranet zu bekommen, um so den Belegschaften über die eigenen Aktivitäten berichten zu können.[56] Auch die Ansprüche auf Information und Anhörung in Bezug auf die vertraglich fixierten Gegenstände können auf diesem Weg geltend gemacht werden.

---

50 Weitere Einzelheiten bei *Lörcher,* AuR 96, 301 f.

51 Vgl. BHKC-*Blanke/Hayen,* Einl. Rn. 115; *Hanau,* in: Hanau/Steinmeyer/Wank, § 19 Rn. 31.

52 Vgl. EuArbRK/*Schubert* GRC Art. 27; *Lorber* in: Schlachter, S. 559.

53 *ArbG Wiesbaden* 13.6.18 – 11BVGa518, NZA-RR 18, 444 Tz. 20 m. w. N. (»perpetuatio fori«).

54 BHKC-*Blanke/Hayen,* Einl. Rn. 116, die zu Recht auch die AN-Vertretung nach § 19 und den Ausschuss nach § 26 einbeziehen.

55 *BAG* 18.4.07 – 7 ABR 30/06, NZA 07, 1375; vgl. auch *Hanau,* in: Hanau/Steinmeyer/Wank, § 19 Rn. 41 sowie *LAG Düsseldorf,* 15.12.05 – 11 TaBV 47/05, AuR 06, 254 als Vorinstanz.

56 Ablehnend die (nicht rechtskräftige) Entscheidung des *ArbG Lörrach* (26.6.13 – 5 BV 7/12, AiB 2/14, 68) mit krit. Anmerkung *Meissner.* Gegen den Beschluss auch *Däubler,* NZA Heft 20/13 Editorial; *Wolmerath,* jurisPR-ArbR 38/2013 Anm. 6. Die Angelegenheit wurde später im Vergleichswege erledigt, wobei der EBR seine Position im Wesentlichen durchsetzte. Näher unten Fn. 74.

Besteht ein **EBR kraft Gesetzes,** kann dieser seine Rechte im Beschlussverfahren geltend 21
machen. Dieses ist auch das geeignete Mittel, um ggf. die Frage zu klären, ob überhaupt die Voraussetzungen für die Bildung des EBR vorlagen, weil z. B. die vom Gesetz verlangte Mindestbeschäftigtenzahl zweifelhaft ist oder weil die Existenz einer nach § 41 EBRG vorgehenden Vereinbarung behauptet wird.

Auch Gültigkeit, Inhalt und Befolgung von **Vereinbarungen nach § 41 Abs. 1 EBRG** können 22
Gegenstand eines Beschlussverfahrens sein. § 82 Abs. 2 Satz 2 ArbGG regelt dabei die örtliche Zuständigkeit und erklärt den Sitz des vertragschließenden Unternehmens für maßgebend.[57] Haben mehrere Unternehmen die Vereinbarung unterzeichnet, hat mangels Gerichtsstandsvereinbarung die AN-Seite die Wahl.[58]

Wird eine Maßnahme, über die die AN-Vertreter vorher hätten unterrichtet und angehört wer- 23
den müssen, ohne deren Einschaltung begonnen oder gar durchgeführt, so können sie einen sofortigen Stopp bzw. eine Rückgängigmachung der Maßnahme verlangen, bis das Verfahren ordnungsgemäß abgeschlossen ist. Geeignetes Mittel hierfür ist die **einstweilige Verfügung.** Das Tribunal de Grande Instance von Nanterre hat im **Fall *Renault/Vilvoorde*** am 4. 4. 1997 in diesem Sinne entschieden,[59] wobei eine freiwillige Vereinbarung i. S. d. Art. 13 der Richtlinie (= § 41 EBRG) zugrunde lag. Das Berufungsgericht Versailles hat dies mit Urteil vom 7. 5. 1997 bestätigt.[60] Beide Gerichte haben sich darauf gestützt, der rechtswidrige Zustand der Nichtbeteiligung müsse beseitigt werden.[61] In neuerer Zeit ist in gleichem Sinne im Fall **Gaz de France** und **Suez** entschieden worden, wo der Vollzug der Fusion durch einstweilige Verfügung so lange gestoppt wurde, bis die beteiligten EBRs jeweils ein Gutachten einer unabhängigen Beratungsfirma in Händen hatten und zehn Tage später darüber befinden konnten.[62] Eine ähnliche gerichtliche Intervention gab es, als die Firma **Thomson** ihre DVD-Produktion von Luxemburg und Großbritannien nach Polen verlagern[63] und die **British Airways** einen Teil ihrer Aktivitäten auf dem Flughafen Wien an die Fraport übertragen wollte.[64] Dasselbe widerfuhr der Firma **Tenneco in Spanien,** wo das Oberste Gericht von Asturien am 14. 2. 2014 eine von der US-Konzernmutter verfügte Betriebsschließung stoppte, weil der EBR nicht konsultiert worden war.[65]

Obwohl der Gang zum Arbeitsgericht für deutsche Betriebsräte nichts Ungewöhnliches ist und 23a
nicht selten Anträge gestellt werden, dem AG während schwebender Verhandlungen über einen Interessenausgleich die Vornahme von Kündigungen durch einstweilige Verfügung zu untersagen (dazu §§ 112, 112a Rn. 52 ff.), haben sich **deutsche EBRs** lange Zeit gescheut, in vergleichbarer Weise vorzugehen.[66] In einem einzigen ähnlich gelagerten Fall[67] kam es zu einer einvernehmlichen Regelung. Inzwischen wurden jedoch auch Gerichte wegen eines mangelhaften Informations- und Konsultationsverfahrens eingeschaltet. In einer Entscheidung vom 8. 9. 11 hat das *LAG Köln*[68] den Erlass einer **einstweiligen Verfügung abgelehnt.** Das EBRG sehe keine Vorschrift nach Art des § 23 Abs. 3 BetrVG vor, aus der sich ein Unterlassungsanspruch ergebe, der Grundlage für eine einstweilige Verfügung sein könne. Bei Gesetzesverstößen könne – so die Entscheidung des deutschen Gesetzgebers – lediglich ein Bußgeld verhängt werden. Ge-

57 ErfK-*Koch,* § 82 ArbGG Rn. 2.
58 *B. Gaul,* NJW 96, 3385.
59 Wiedergegeben bei *Kolvenbach/Kolvenbach,* NZA 97, 697.
60 AuR 97, 299 mit Anm. *Rudolph.*
61 Ähnlich im Fall Marks und Spencer auf der Grundlage des französischen Rechts *Tribunal de Grande Instance de Paris* 9. 4. 01, AuR 02, 32.
62 Dazu eingehend *Altmeyer* AiB 07, 504. Der Stopp dauerte eineinhalb Jahre: *Altmeyer,* dbr 6–7/11 S. 20. Zum Fall »Gaz de France« s. *Seifert,* EuZA 2009, 557 ff.
63 *Altmeyer* AiB 07, 504, dort sowie in AiB 07, 43 noch weitere Beispiele; s. weiter auch *Büggel* dbr 12/08 S. 18 ff.
64 Arbeitsgericht Brüssel (Arbeidsrechtbank van Brussel) 6. 12. 2006 (Angelegenheit No 73/06).
65 Tribunal Superior de Justicia Asturias, Sentencia 5/14, nachlesbar unter *http://blog.beck.de/2014/04/23/spanisches-gericht-stoppt-betriebsstilllegung-ohne-vorherige-konsultation.* In einer separaten Entscheidung wurde auch der Abtransport von Maschinen ausdrücklich verboten.
66 Kritisch dazu auch *Büggel* dbr 12/08 S. 20.
67 Dazu *Zimmer* AiB 05, 207 – Forbo.
68 *LAG Köln* 8. 9. 11 – 13 Ta 267/11, AiB 12, 126 mit krit. Anm. *Hayen.*.

nauso argumentierte am 10.12.2015 das *LAG Baden-Württemberg.*[69] Beide betonten, anders als der deutsche BR beim Interessenausgleich habe der EBR kein Mitwirkungsrecht. Dem ist entgegenzuhalten, dass sich vom verfahrensmäßigen Ablauf und von den Einwirkungsmöglichkeiten her »Unterrichtung und Anhörung« sehr wohl mit den Verhandlungen über einen Interessenausgleich vergleichen lassen, weil in beiden Fällen eine vollständige Information und ein vollständiger Austausch von Argumenten vom Gesetz her geboten sind. Auch sind **Unterrichtung und Anhörung sinnlos,** wenn zuvor **vollendete Tatsachen geschaffen** wurden.[70] Art. 11 Abs. 2 der Richtlinie verpflichtet die Mitgliedstaaten, durch geeignete Maßnahmen dafür zu sorgen, »dass Verwaltungs- oder Gerichtsverfahren vorhanden sind, mit deren Hilfe die Erfüllung der sich aus dieser Richtlinie ergebenden Verpflichtungen durchgesetzt werden kann«. Insoweit ist die Rechtslage noch eindeutiger als beim Parallelproblem der Vornahme einer Betriebsänderung ohne Einschaltung des BR (dazu §§ 112, 112a BetrVG Rn. 52 ff.).[71] Auch im EBRG haben die ausdrücklich vorgesehenen (bescheidenen) Sanktionen keinen abschließenden Charakter.[72] Dem hat das *LAG Baden-Württemberg*[73] mit Rücksicht darauf widersprochen, dass die damalige SPD-Opposition im Gesetzgebungsverfahren die ausdrückliche Aufnahme eines Unterlassungsanspruchs verlangt hatte, damit jedoch gescheitert war. Nicht bedacht ist dabei, dass es nicht allein um die »Vollständigkeit« des Sanktionsinstrumentariums und die Umsetzung des Art. 11 der Richtlinie geht. Vielmehr hat das *BAG* bei der Parallelfrage der Nichtbeachtung von Mitbestimmungsrechten des BR einen Unterlassungsanspruch als einklagbaren Nebenleistungsanspruch gesehen, der mit dem gesetzlichen Dauerschuldverhältnis zwischen BR und AG untrennbar verbunden ist. Warum sollte für das Verhältnis zwischen EBR und zentraler Leitung anderes gelten? Gerade die bloßen Informations- und Konsultationsrechte können nur dann ihr Ziel erreichen, wenn der AG nicht einseitig vollendete Tatsachen schaffen kann. Ohne Bedeutung ist, ob die Rechte auf Information und Anhörung auf einer Vereinbarung nach den §§ 17 ff. EBRG, auf den Rechten eines gesetzlichen EBR oder auf einer Vereinbarung i. S. d. § 41 EBRG beruhen.

23b Beide LAG-Beschlüsse führten **nicht** zu **rechtskräftigen Entscheidungen.** Im Falle des *LAG Köln* wurde die Hauptsache anhängig gemacht, doch hatte eine betriebliche Umstrukturierung zur Folge, dass es den fraglichen EBR gar nicht mehr gab und sich so die Hauptsache erledigte. Im Falle des *LAG Baden-Württemberg* wurde Rechtsbeschwerde beim BAG eingelegt. Bevor über sie entschieden wurde, erhielt der EBR von der zentralen Leitung ein recht großzügiges Angebot, das er verständlicherweise akzeptierte.[74] Damit war das gerichtliche Verfahren gegenstandslos geworden. Möglicherweise befürchtete die AG-Seite, dass das BAG die Angelegenheit dem EuGH vorlegen würde und so die »Gefahr« bestand, eine wenig »arbeitgeberfreundliche« Entscheidung zu bekommen. **Auch in Großbritannien** erwies sich die **Arbeitgeberseite** als **kompromissbereit:** Der EBR von Emerson Electric Europe (Tochter eines US-amerikanischen Konzerns) rief das in solchen Fällen zuständige »Central Arbitration Committee« (CAC) an und erwirkte eine Entscheidung, wonach der AG nicht ausreichend informiert und deshalb

---

69 12.10.15 – 9 TaBV 2/15, NZA-RR 16, 358.

70 *Büggel/Buschak,* AiB 00, 420; *Däubler,* Arbeitsrecht 1, Rn. 1226; *Lorenz/Zumfelde,* RdA 98, 171; anders MünchArbR-*Joost,* 2. Aufl., § 367 Rn. 73; HWK-*Giesen* EBRG Rn. 45.

71 Auf eine richtlinienkonforme Auslegung stützt auch *Forst* (ZESAR 13, 15, 21) den Unterlassungsanspruch und lehnt deshalb die Entscheidung des *LAG Köln* ab.

72 *Lorenz/Zumfelde,* RdA 98, 171; *Hayen* AiB 12, 127 ff.

73 S. oben Fn. 67.

74 Die »Informationen für Europäische Betriebsräte« der EWC-Akademie (Nr. 2/2016) teilen darüber Folgendes mit: »Nach Unterzeichnung eines Anhangs zur EBR-Vereinbarung zog der EBR im Mai 2016 alle laufenden Klagen zurück. Der Text enthält eine genauere Definition der ehemals strittigen »länderübergreifenden Zuständigkeit« des EBR und ein Prozedere für Konsultationsverfahren. Bei jeder geplanten Maßnahme finden künftig zwei Treffen mit dem Management und ein weiteres Treffen der Arbeitnehmervertreter mit einem Sachverständigen zur Überprüfung bzw. Vorbereitung der jeweiligen Konsultation statt. Darüber hinaus wurde die Einführung eines EBR-Wirtschaftsausschusses beschlossen, die Art und Weise der Berichterstattung über EBR-Sitzungen in den einzelnen Ländern geregelt und ein Schulungsanspruch festgeschrieben.« (*aktuell@euro-betriebsrat.de* – abgerufen am 26.6.17).

die EBR-Rechte verletzt hatte.[1] Da jedoch keine Sanktionen verhängt und andere Fragen zu Lasten des EBR entschieden wurden, legte dieser Berufung ein, über die das Employment Appeal Tribunal hätte entscheiden müssen. Dazu kam es jedoch nicht, da der EBR nach »Zugeständnissen« seitens des AG die Berufung zurücknahm.[2] Derzeit ist lediglich in Österreich ein Verfahren anhängig, dessen Ausgang nicht absehbar ist.[3] Die »**Rechtbank Rotterdam**« hat einen Antrag des EBR von Alcoa auf Erlass einer einstweiligen Verfügung wegen der beabsichtigten Schließung zweier spanischer Werke abgewiesen, weil die zentrale Leitung belegen konnte, noch gar keine definitive Entscheidung getroffen zu haben. Das Verfahren hatte aber zur Folge, dass ein »runder Tisch« unter Einbeziehung von Regierungsvertretern zustande kam.[4] Von Interesse ist schließlich, dass die Mehrzahl der Autoren beim **gleich liegenden Problem in der SE** einen Unterlassungsanspruch des SE-Betriebsrats bejaht[5] und dass der Evaluationsbericht der EU-Kommission beklagt, dass auch das deutsche Gesetz keine »wirksamen, verhältnismäßigen und abschreckenden Sanktionen« vorsieht.[6] In Frankreich wurde die staatliche Eisenbahngesellschaft (SNCF) vom Amtsgericht Bobigny zu einer **Geldstrafe von 15 000 €** verurteilt, weil sie den EBR nicht von dem geplanten Verkauf einer Tochtergesellschaft informiert hatte.[7] In Deutschland blieb demgegenüber der EBR der Telekom ohne Erfolg, obwohl die Tochter T-Systems mit Niederlassungen in verschiedenen EU-Mitgliedstaaten rund ein Drittel ihrer Belegschaft entlassen hatte und der EBR erst sechs Wochen später informiert wurde.[8] Aktuelle Entscheidungen finden sich häufig unter *https://www.ebr-news.de.*

24 Angesichts **fehlender Klärung** durch Entscheidungen höchster nationaler Arbeitsgerichte und den EuGH werden Besondere Verhandlungsgremien, die jedes Risiko ausschalten wollen, auf klare und **eindeutige Regelungen** drängen. So lässt sich ein Unterlassungsanspruch in der Vereinbarung zur Errichtung des EBR festschreiben, der dann Grundlage für den Erlass einer einstweiligen Verfügung auch in Deutschland sein könnte. Ein gewichtiger potentieller Streitpunkt ist immer wieder die verspätete Unterrichtung und »Anhörung« des EBR z. B. angesichts von Umstrukturierungsmaßnahmen. Schon aus dem Begriff der Unterrichtung in § 1 Abs. 4 n. F. folgt, dass der Austausch von Argumenten zu einem Zeitpunkt erfolgen muss, wo noch Einfluss auf den Entscheidungsprozess genommen werden kann.[9] Bisweilen kommt es auch zu einer **Informationsverweigerung** durch die zentrale Leitung, die sich **auf den** in § 35 EBRG niedergelegten **Schutz von Betriebs- und Geschäftsgeheimnissen** beruft. Die vergleichsweise sinnvolle Regelung des § 109 BetrVG, wonach in solchen Fällen zunächst eine betriebliche Einigungsstelle entscheidet, hat keine Aufnahme in das EBRG gefunden. Im Rahmen des gesetzlichen Modells kann sie daher nicht Platz greifen,[10] so dass insoweit sofort die ArbG zur Streitentscheidung berufen sind. Im Bereich einer freiwilligen Vereinbarung könnte man sich eine andere Regelung vorstellen. Dabei wäre allerdings ggf. auch daran zu denken, einen Schiedsgutachtervertrag mit einer neutralen Person zu schließen, die eine verbindliche Feststellung darüber trifft, ob durch die Preisgabe bestimmter Informationen Betriebs- oder Geschäftsgeheimnisse des Unternehmens oder der Unternehmensgruppe gefährdet werden.

---

1 Entscheidung vom 19. 1. 2016 – Case Number: EWC/13/2015, abrufbar unter *https://www.gov.uk/government/uploads/system/uploads/attachment-data/file/493348/Decision.pdf* (26. 6. 17).

2 Mitgeteilt in Nr. 2/2016 der »Informationen für Europäische Betriebsräte« der EWC-Akademie, abrufbar unter *aktuell@euro-betriebsrat.de* (26. 6. 17).

3 Zum letzten Stand Nr. 1/2017 der »Informationen für Europäische Betriebsräte« der EWC-Akademie, abrufbar unter *aktuell@euro-betriebsrat.de* (26. 6. 17). Die Angelegenheit führte ersichtlich nicht zu einer gerichtlichen Entscheidung.

4 Mitgeteilt in Nr. 4/2018 von EBR-News, Nr. 6 (abrufbar unter *http://www.ebr-news.de/042018.htm#6* – 19. 5. 19).

5 S. *Schmeisser/Ladenburger*, NZA 18, 761 ff. m. w. N.

6 Dazu *Hayen*, AuR 18, 449.

7 Mitgeteilt in EBR-News Nr. 1/2019, abrufbar unter *https://www.ebr-news.de/012019.htm* (30. 5. 2019).

8 Vgl. Nr. 3/2018 von EBR-News, abrufbar unter *http://www.ebr-news.de/032018.htm#4* und Nr. 1/2019, abrufbar unter *https://www.ebr-news.de/012019.htm* (30. 5. 2019).

9 S. statt aller *Blanke/Rose*, RdA 08, 67 ff.; *Büggel* dbr 12/08 S. 18 ff.

10 Kritisch *Lörcher*, AuR 96, 298; *Weiss*, in: Blanpain/Hanami, S. 160.

III. Die Praxis des EBR

1. Recht und Realität

25 Nach einer »Stellungnahme« des Europäischen Wirtschafts- und Sozialausschusses vom 24.9.2003[11] existierten Ende 2002 **639 EBR;** bis Juni 2005 war ihre Zahl **auf 784 angewachsen.**[12] Im April 2011 belief sie sich auf **978**[13] und ist seither nur noch leicht angestiegen.[14] Damit sind über 40 % der UN und Konzerne erfasst, die nach der Richtlinie bzw. den nationalen Ausführungsgesetzen einen EBR errichten müssten.[15] Da vorwiegend in Großunternehmen von den Möglichkeiten der Richtlinie und des jeweiligen Gesetzes Gebrauch gemacht wird, werden insgesamt ca. 14,5 Mio AN von einem EBR repräsentiert.[16] 431 Gremien waren bereits **vor dem 22. September 1996** errichtet worden, als die Beteiligten noch nicht an die Vorgaben der Richtlinie gebunden waren (s. § 41 Rn. 1 ff. EBRG).[17] Dies hatte insbesondere der Arbeitgeberseite einen erweiterten Gestaltungsspielraum eröffnet. Die seither gegründeten EBRs beruhen in der Regel auf einer Vereinbarung; das subsidiäre gesetzliche Modell greift nur in absoluten Ausnahmesituationen ein.[18] Das European Trade Union Institute (ETUI) hat die Texte vorhandener Vereinbarungen dokumentiert, abrufbar unter *http://www.ewcdb.eu/agreements.php*. Durch den Hinzutritt von 10 neuen Mitgliedstaaten im Jahre 2004 und von Rumänien, Bulgarien und Kroatien hat sich die potentielle Zahl der EBR nicht unwesentlich erhöht. Eine Auswertung bestehender Vereinbarungen findet sich auch bei Gohde.[19] Der Beschluss des Europäischen Parlaments vom 2. Februar 2023 ging von ca. 1200 EBRs aus.[20]

26 Die **Praxis** der bestehenden Gremien ist sehr **unterschiedlich.** Sie reicht von der bloßen Existenz eines E-Mail-Verteilers über inhaltslose Repräsentationsveranstaltungen bis hin zur Existenz eines Organs der Interessenvertretung mit eigener Identität.[21] Eine breit angelegte empirische Untersuchung hat ergeben, dass in einer so zentralen Frage wie der Umstrukturierung von UN der EBR nur in 19,9 % der Fälle konsultiert und um seine Meinung gefragt wurde, bevor eine endgültige Entscheidung gefallen war.[22]

27 Weshalb bleibt ähnlich wie im Bereich des BetrVG die **Realität weit hinter dem Recht zurück?** Soweit man dies derzeit beurteilen kann, sind hierfür **verschiedene Gründe** maßgebend.[23] Für die Arbeitnehmerseite stellt die Verhandlung über einen EBR einen Schritt in Neuland dar, der ein hohes Maß an Kompetenz und Engagement voraussetzt. Außerdem kann die Gefahr bestehen, dass ein gegen den Willen der zentralen Leitung errichteter EBR die informellen Regeln in Frage stellt, die sich im Umgang zwischen Interessenvertretung auf nationaler Ebene und Arbeitgeberseite herausgebildet haben. Im Einzelfall kann es sogar zu einer **Verweigerungs-**

---

11 Abrufbar unter *www.euro-betriebsrat.de.*
12 Abrufbar unter *www.euro-betriebsrat.de.*
13 *Altmeyer,* dbr 6/11 S. 19.
14 *http://www.ewcdb.eu/statistics-graphs.php* (1087 EBRs – abgerufen am 19.5.2015). Ende 2016 gab es 1116 EBRs in 1070 UN und Konzernen, zu denen 130 SE-Betriebsräte hinzu kamen – *Altmeyer,* Personal-Führung 3/2017 S. 42. Die geringere Zahl der UN und Konzerne ergibt sich daraus, dass manche Konzerne zwei (Sparten-) EBRs besitzen. *Heimann* (AiB 6/19 S. 19) spricht Mitte 2019 von 1050 Konzernen, die einen EBR haben.
15 Vgl. *Blanke,* AuR 09, 242, 244: 2169 UN und Konzerne unterfallen nach der Osterweiterung der Richtlinie.
16 *Blanke* AuR 09, 242, 244. *Heimann* (AiB 6/19 S. 19) schätzt die Zahl jetzt auf 18 Mio.
17 Zahlenangabe nach *Altmeyer,* dbr 6/11 S. 18.
18 *Büggel/Buschak,* AiB 00, 421; Beispiele bei *Altmeyer,* AiB 03, 310.
19 Betriebs- und Dienstvereinbarungen. Europäische Betriebsräte. Analyse und Handlungsempfehlungen, Frankfurt/M. 2004, abrufbar unter *https://www.boeckler.de/pdf/mbf_bvd_europaeische_betriebsraete.pdf* (17.6.21).
20 https:*//www.europarl.europa.eu/doceo/document/TA-9-2023-0028_EN.pdf.*
21 *Klebe/Roth,* AiB 00, 750; 4 Fallstudien bei *Eberwein/Tholen/Schuster,* 12 Fallstudien bei *Kotthoff.* Über praktische Schwierigkeiten informiert *M. Böhm* AiB 4/14, 29, Handlungsmöglichkeiten benennt *D. Meissner* AiB 4/14, 25.
22 *Waddington* WSI-Mitt. 06, 560, 564. Überblick über neuere Untersuchungen bei *Zimmer* EuZA 2013, 459, 461 ff. Recht optimistisch *Rosenbohm* im Interview mit *Klaus Heimann,* AiB 6/19 S. 20 f.
23 *Platzer u. a.,* Transfer 01, 97 ff.

strategie der Arbeitgeberseite kommen.[24] Daneben wird es Konstellationen geben, in denen die nationale Interessenvertretung durch zahlreiche Probleme im eigenen Land absorbiert wird, ohne dass Konflikte mit transnationaler Dimension absehbar wären. Eine französische Studie belegte erhebliche Defizite im Bereich Information und Kommunikation.[25] Schließlich können sich kulturelle Unterschiede in der Weise manifestieren, dass man nicht gerne »mit denen da« im selben Gremium sitzen will.[26]

2. Der EBR als Verhandlungspartner

In einer Reihe von Fällen gut funktionierender Europäischer Betriebsräte gelang es, **die bloße Beratungsfunktion zu verlassen** und mit gewerkschaftlicher Unterstützung zum effektiven Verhandlungspartner der Arbeitgeberseite zu werden. Voraussetzung ist die Herausbildung eines Vertrauensverhältnisses zwischen den Mitgliedern des EBR sowie die Entschlossenheit, sich **nicht der Standortkonkurrenz zu unterwerfen,** sondern sich um eine gleichmäßige Verteilung von Chancen und Risiken im Konzern zu bemühen. Der **EBR** der **General-Motors-Gruppe** hat insoweit Vorreiterfunktion erlangt: Koordinierte Abwehr eines Kostensenkungsprogramms im Jahre 1997,[27] europäische Flugblattaktion und Abschluss eines alle europäischen Niederlassungen umfassenden Rahmenvertrages anlässlich der Allianz GM – Fiat im Jahre 2000,[28] europaweiter Aktionstag am 25. 1. 2001, bei dem wegen der Umstrukturierungspläne der Konzernspitze, insbesondere wegen der geplanten Schließung eines englischen Werkes, ca. **40 000 Arbeitnehmer vorübergehend die Arbeit niederlegten.**[29] Ergebnis war ein weitreichender »Beschäftigungssicherungs- und Standortvertrag«.[30] Auch bei der Ausgliederung von **Visteon** aus dem **Ford-Konzern** kam es zu einer vertraglichen Abmachung mit dem EBR, die den betroffenen Beschäftigten einen Bestandsschutz verschaffte, der weit über § 613a BGB und die ihm zugrunde liegende EG-Richtlinie hinausging.[31] Besondere Erwähnung verdient auch die Arbeit des EBR bei Unilever.[32] Über weitere Abmachungen wird regelmäßig unter *www.euro-betriebsrat.de* berichtet.[33] Auch Diskriminierungsverbote sowie Sozialplanregeln sind zum Regelungsgegenstand geworden,[34] desgleichen Gesundheitsschutz sowie Aus- und Weiterbildung.[35] Themenbereiche dieser Art haben den Vorteil, dass es anders als bei Fragen der Standortkonkurrenz einheitliche AN-Interessen gibt. Der EBR von Unilever hat am 6. März 2019 mit der zentralen Leitung ein »Rahmenabkommen zur Zukunft der Arbeit« abgeschlossen. Es beinhaltet fünf Kapitel: (1) Lebenslanges Lernen, (2) Weiterbildung, (3) neue Beschäftigungsmodelle, (4) Übergänge innerhalb und Ausscheiden aus dem Berufsleben sowie (5) neue Formen der Zusammenarbeit zwischen EBR bzw. lokalen Arbeitnehmervertretungen und dem Management.[36] Die EU-Kommission hat eine Datenbank mit über 250 Abmachungen dieser Art angelegt, die allerdings auch Vereinbarungen über die Errichtung eines EBR enthält.[37] 28

24 S. den Fall *BAG* 27. 6. 00, NZA 00, 1330.
25 *Kollewe,* AiB 05, 577.
26 Dazu einige Andeutungen bei *Bobke,* AiB 1/15 S. 40.
27 *Eller-Braatz/Klebe,* WSI-Mitt 98, 442 ff.
28 *Klebe/Roth,* AiB 00, 753.
29 Schilderung bei *Röper,* EuroAS 01, 87 ff.
30 Wiedergegeben in AuR 01, 183; s. auch *Herber/Schäfer-Klug,* Mitb 9/02 S. 51 ff.
31 *Klebe/Roth,* AiB 00, 752; weitere Beispiele bei *Altmeyer,* AiB 03, 311, *Schiek,* RdA 01, 221 und *Zimmer* AiB 03, 624; Formulierungsvorschläge in DKWF-*Däubler,* EBRG Rn. 42 ff.
32 Dazu *Herrmann,* AiB 4/14, 64.
33 Weitere Beispiele bei *Marhold,* ZESAR 13, 251.
34 *Zimmer* AiB 07, 394.
35 *Waddington* WSI-Mitt. 06, 565. Überblick über die neueste Entwicklung mit Beispielen bei *Altmeyer,* Personal-Führung 3/2017 S. 44 f. Zu den Abmachungen des Bahn-EBR, der dafür einen BR-Preis erhielt, s. *Herrmann,* AiB 4/17, 42 f.
36 Mitgeteilt bei EBR-News 1/2019, abrufbar unter *https://www.ebr-news.de/012019.htm* (30. 5. 2019).
37 Die Datenbank ist abrufbar unter *http://ec.europa.eu/social/main.jsp?catId=978* (zuletzt aufgerufen am 14 6. 2013). Vgl. weiter *Rüb/Platzer/Müller,* Transnationale Unternehmensvereinbarungen, S. 17 ff. und *Zimmer* EuZA 2013, 459, 463 ff.

29 Die rechtliche Einordnung dieser **Abmachungen** hat bislang keine besondere Aufmerksamkeit erfahren, da ihre **Einhaltung** für alle Beteiligten **selbstverständlich** ist (zu gleichwohl angestellten juristischen Überlegungen s. § 18 Rn. 14). Immerhin hat das Europäische Parlament mit großer Mehrheit eine gesetzliche Klärung gefordert.[38] Die **»Charta der Grundrechte der EU«** – als Teil des Lissabon-Vertrages mittlerweile geltendes Recht – garantiert in Art. 28 den **Abschluss von Tarifverträgen und** die **Durchführung von Streiks,** die nicht von Gewerkschaften organisiert sein müssen.[39] Sie bindet die Gemeinschaftsorgane sowie die Mitgliedstaaten dann, wenn diese Unionsrecht umsetzen.[40] Soweit ein EBR aktiv wird, bewegt er sich – anders als nationale Interessenvertretungen – im Rahmen des Unionsrechts und kann sich daher auf Art. 28 der Charta berufen. Welche Folgen sich daraus ergeben, bedarf noch näherer Untersuchung. Werden Abmachungen mit der zentralen Leitung getroffen, so unterliegen diese normalerweise dem Recht, das auch für die Vereinbarung über die Errichtung des EBR maßgebend ist; zu diesem bestehen die engsten Verbindungen.[41] Ob und inwieweit die in Art. 16 garantierte **unternehmerische Freiheit** einzelnen besonders weitgehenden Forderungen Schranken zieht, ist derzeit nicht erkennbar; auch ist zweifelhaft, ob Art. 16 nur auf natürliche oder auch auf juristische Personen anwendbar ist.[42] Das eigentliche Problem liegt in der Interpretation der wirtschaftlichen Grundfreiheiten als Beschränkungsverbote mit absoluter Drittwirkung, was dazu führt, dass Tarifverträge und Arbeitsniederlegungen nur noch mit ganz bestimmten Gründen zu rechtfertigen sind, sofern sie die Ausübung der Niederlassungs- oder der Dienstleistungsfreiheit »weniger attraktiv« machen.[43] Dies würde wahrscheinlich auch für den Fall gelten, dass ein EBR eine Vereinbarung mit der zentralen Leitung schließt, wonach die bisherigen Standorte für fünf Jahre beibehalten werden. Inwieweit der EBR in solchen Fällen unter Berufung auf Art. 28 der Charta auch zum Streik aufrufen könnte, ist bislang noch kaum angesprochen und erst recht nicht geklärt.[44]

3. Zusammenlegung von EBR und KBR

29a In der Praxis gibt es Überlegungen, aus EBR und KBR ein einheitliches Gremium zu machen. Dies liegt insbesondere dann nahe, wenn der größere Teil der zum Konzern gehörenden UN im Inland angesiedelt ist und deshalb die KBR-Mitglieder einen großen Teil des EBR ausmachen. Voraussetzung ist, dass die EBR-Vereinbarung und die Vereinbarung über die Zusammensetzung des KBR nach § 55 Abs. 4 insoweit übereinstimmen, als dieselben Gremien dieselbe Anzahl von Personen entsenden können und sich faktisch für eine Personalunion entscheiden. Die **Einbeziehung** ausländischer Interessenvertreter **in den KBR** ist möglich und in Bezug auf Niederlassungen innerhalb der EU sogar geboten, da das LG Frankfurt[45] eine **unerlaubte Diskriminierung wegen der Staatsangehörigkeit** eines anderen EU-Mitgliedstaats dann annimmt, wenn die dort in einer abhängigen Gesellschaft beschäftigten AN aus der deutschen Unternehmensmitbestimmung ausgeklammert werden und nicht einmal bei der Bestimmung der Konzern- und UN-Größe mitzählen. Für die **Ausklammerung aus dem KBR** kann nichts anderes gelten. Soweit Einvernehmen mit der AG-Seite erzielt wird, dürfte auch die Einbeziehung von Vertretern aus Drittstaaten keine Probleme aufwerfen. Der Vertreter der ausländischen Niederlassungen könnten dann im Rahmen der Zuständigkeit des KBR mitbestimmen; die abgeschlossenen **KBVen** müssten **nach Maßgabe des** jeweiligen **ausländischen Rechts**

38 *Altmeyer,* Personal-Führung 3/2017 S. 45.
39 Text in: BlfdtuintPol 00, 1398 ff.
40 *Hanau* NZA 10, 1 ff.
41 Zu deren Bestimmung s. unten § 17 Rn 2 ff. Ebenso *Deinert,* Internationales Arbeitsrecht, § 17 Rn. 30. Diese Möglichkeit ist völlig übersehen bei *Rehberg,* NZA 13, 73, der stattdessen dafür plädiert, die Abmachung aufzuspalten und in jedem Land nach der dort bestehenden Rechtsordnung zu behandeln. Für das Abstellen auf die engsten Verbindungen *Zimmer* EuZA 2013, 459, 470 f.
42 *Däubler,* BlfdtuintPol 00, 1318.
43 Näher *Däubler* AuR 08, 409 ff.
44 Zu den Anwendungsfällen des Art. 28 GR-Charta s. Däubler-*Heuschmid,* Arbeitskampfrecht, § 11 Rn 166 ff.
45 16.2.15 – 316 O 1/14, 316 O 1/14, ZIP 15, 634.

vollzogen werden. Wie die Rechtsprechung des BAG[46] zeigt, ist dies weniger neu als es auf den ersten Blick erscheinen mag: Ist beispielsweise ein deutsches Unternehmen aufgrund der tariflichen Durchführungspflicht gehalten, den Inhalt eines Firmentarifs auch auf die bei einer ausländischen Tochtergesellschaft nach ausländischem Recht beschäftigten Arbeitnehmer zu erstrecken, so ist – wenn eine normative Wirkung deutscher Kollektivverträge nach dortigem Recht nicht in Betracht kommt – von den Möglichkeiten der Vertragsfreiheit Gebrauch zu machen und eine gleichwertige Regelung zu vereinbaren.[47] Inzwischen gibt es drei Praxisfälle, in denen KBR des nationalen Rechts und EBR zusammengelegt wurden (Rio Tinto, Total und Benvic Europe).[48]

IV. Probleme bei der EU-Erweiterung und beim Brexit

Am **1.5.2004** wurde der Beitritt von **10 neuen Mitgliedstaaten** wirksam. Die **EBR-Richtlinie erstreckte sich von da an auch auf sie,** da Ausnahmeregelungen oder Übergangsfristen nicht vorgesehen waren. Dieselbe Situation ergab sich beim Beitritt von **Bulgarien und Rumänien** am 1.1.2007 sowie beim Beitritt von **Kroatien** am 1.7.2013. Bei der Bildung neuer EBRs waren nunmehr auch die Standorte in den Beitrittsländern zu berücksichtigen, was auch für laufende Verhandlungen zwischen dem BVG und der zentralen Leitung galt. Bei bestehenden EBRs, die Vertreter aus den Beitrittsländern bereits als Vollmitglieder hatten, änderte sich nichts. In allen übrigen Fällen lag eine Veränderung der einzubeziehenden Niederlassungen vor, die nicht anders als der Hinzukauf von Unternehmen zu behandeln war.[49] 30

Der **Austritt Großbritanniens** aus der EU führt dazu, dass mit Wirkung vom 1.1.2021 ein **»Abkommen** über Handel und Zusammenarbeit zwischen der EU und der Europäischen Atomgemeinschaft einerseits und dem Vereinigten Königreich Großbritannien und Nordirland andererseits« geschlossen wurde, das **im Amtsblatt der EU rund 2500 Seiten** einnimmt.[50] Kapitel 6 trägt die Überschrift »Arbeits- und sozialrechtliche Normen« und umfasst die Art. 386 bis 389.[51] 31

Bezugspunkt der Regelungen ist das »Arbeits- und Sozialschutzniveau«, dessen Gegenstände in Art. 386 näher umschrieben sind. Erfasst sind dabei neben »grundlegenden Rechten bei der Arbeit« und »Gesundheit und Sicherheit bei der Arbeit« auch **»Informations- und Konsultationsrechte auf Unternehmensebene«.** Nach Art. 387 Abs. 2 des Vertrages darf **weder die EU noch das Vereinigte Königreich ihr Arbeits- und Sozialschutzniveau** in einer Weise **schwächen,** die sich auf den Handel oder die Investitionen zwischen beiden Seiten auswirkt. Die Schwächung darf auch nicht in der Weise erfolgen, dass eine Seite ihre Rechtsvorschriften und Standards nicht wirksam durchsetzt. Würden EBRs hinfällig, wenn die zentrale Leitung im Vereinigten Königreich angesiedelt ist, oder würden britische Vertreter in den EBRs, die einem anderen Recht unterliegen, ihre Mandate verlieren, so wäre Art. 387 Abs. 2 verletzt: Informations- und Konsultationsrechte im Unternehmen wären abgebaut, und zwar in einem Bereich, der sich auf Handel und Investitionen auswirkt. Dies bedeutet, dass Großbritannien sein bisheriges EBR-Recht beibehalten muss und die Rechtsordnungen der EU-Mitgliedstaaten die von britischen Niederlassungen entsandten EBR-Mitglieder weiterhin als volle EBR-Mitglieder mit allen Rechten und Pflichten behandeln müssen.[52] 32

Ob sich diese Interpretation effektiv durchsetzt, ist derzeit unklar.[53] Die britische Regierung vertritt den Standpunkt, das Central Arbitration Committee (CAC) könne nur noch über 33

46 11.9.91 – 4 AZR 71/91 AP Nr. 29 zu Internationales Privatrecht Arbeitsrecht.
47 *BAG* a.a O. unter III 2c.
48 Mitgeteilt bei EBR-News 1/2019 Nr. 7, abrufbar unter *http://www.ebr-news.de/012019.htm#7* (19.5.19).
49 Eingehend dazu die 14. Aufl. sowie *Franzen* BB 04, 939ff.
50 ABlEU 30.4.2021, L 149/10ff.
51 ABlEU L 149/494.
52 S. auch § 10 EBRG Rn. 3 bezüglich des besonderen Verhandlungsgremiums.
53 S. etwa den Beitrag von *Mayer/Manz*, BB 21,451, 457, der zwar das Rückschrittsverbot benennt, die Konsequenzen für den EBR aber nicht zum Thema macht. Bei *Steinau-Steinrück/Jöris* (NJW-Spezial 21, 242) bleiben die Art. 386ff. unerwähnt.

solche Streitigkeiten zwischen EBR und (britischer) zentraler Leitung entscheiden, die vor dem 1. 1. 2021 anhängig gemacht wurden.[54] Allerdings blieb das britische EBR-Recht erhalten; Konzernspitzen britischen Rechts mit EBR haben dieses weiter anzuwenden; aus »Mitgliedstaaten« sind »relevante Staaten« geworden. Wechselt die zentrale Leitung ihren Sitz (z. B.) nach Irland, so **verlieren** die **britischen Delegierten** im EBR nach der britischen Rechtsprechung ihr **Mandat.**[55] Vermutlich wird in der Praxis mit britischen Delegierten in EBRs nach deutschem Recht genauso verfahren, doch **verstößt** dies **gegen Art. 387** des Austrittsvertrags.[56] Solange dies nicht anerkannt ist, sollten bestehende EBR-Vereinbarungen in der Weise angepasst werden, dass zumindest hilfsweise von der Möglichkeit Gebrauch gemacht wird, Vertreter aus einem Drittstaat (hier: Großbritannien) als volle Mitglieder in den EBR aufzunehmen. Damit wäre ein rechtssicherer Weg beschritten.[57] Allerdings ergibt sich dabei das weitere Problem, ob dann, wenn ein Vorgang wie eine Betriebsänderung sich **ausschließlich in Großbritannien und in einem EU-Mitgliedstaat** abspielt, eine **transnationale Angelegenheit** vorliegt. Dies sollte in der Vereinbarung ausdrücklich klargestellt werden. Dennoch ergibt es sich auch ohne eine solche Bestimmung daraus, dass die Delegierten aus Drittstatten andernfalls nur zu Angelegenheiten konsultiert würden, die sie niemals selbst betreffen. Dies kann nicht Sinn einer solchen Ausdehnung sein.

54 *https://www.gov.uk/guidance/making-an-applocation-or-complaint--2.*
55 CAC, Entscheidung vom 22. Juni 2021, Case Number EWC/38/2021, abrufbar unter *https://www.gov.uk/government/publications/cac-outcome-hsbc-ewc-hsbc-continental-europe/application-progress.*
56 Oben Rn. 32.
57 Zum Ganzen s. auch HK-BetrVG/*Hayen*, Einl. Rn. 42 ff.

Erster Teil
Allgemeine Vorschriften

§ 1 Grenzübergreifende Unterrichtung und Anhörung

(1) Zur Stärkung des Rechts auf grenzübergreifende Unterrichtung und Anhörung der Arbeitnehmer in gemeinschaftsweit tätigen Unternehmen und Unternehmensgruppen werden Europäische Betriebsräte oder Verfahren zur Unterrichtung und Anhörung der Arbeitnehmer vereinbart. Kommt es nicht zu einer Vereinbarung, wird ein Europäischer Betriebsrat kraft Gesetzes errichtet.
(2) Der Europäische Betriebsrat ist zuständig in Angelegenheiten, die das gemeinschaftsweit tätige Unternehmen oder die gemeinschaftsweit tätige Unternehmensgruppe insgesamt oder mindestens zwei Betriebe oder zwei Unternehmen in verschiedenen Mitgliedstaaten betreffen. Bei Unternehmen und Unternehmensgruppen nach § 2 Absatz 2 ist der Europäische Betriebsrat nur in solchen Angelegenheiten zuständig, die sich auf das Hoheitsgebiet der Mitgliedstaaten erstrecken, soweit kein größerer Geltungsbereich vereinbart wird.
(3) Die grenzübergreifende Unterrichtung und Anhörung der Arbeitnehmer erstreckt sich in einem Unternehmen auf alle in einem Mitgliedstaat liegenden Betriebe sowie in einer Unternehmensgruppe auf alle Unternehmen, die ihren Sitz in einem Mitgliedstaat haben, soweit kein größerer Geltungsbereich vereinbart wird.
(4) Unterrichtung im Sinne dieses Gesetzes bezeichnet die Übermittlung von Informationen durch die zentrale Leitung oder eine andere geeignete Leitungsebene an die Arbeitnehmervertreter, um ihnen Gelegenheit zur Kenntnisnahme und Prüfung der behandelten Frage zu geben. Die Unterrichtung erfolgt zu einem Zeitpunkt, in einer Weise und in einer inhaltlichen Ausgestaltung, die dem Zweck angemessen sind und es den Arbeitnehmervertretern ermöglichen, die möglichen Auswirkungen eingehend zu bewerten und gegebenenfalls Anhörungen mit dem zuständigen Organ des gemeinschaftsweit tätigen Unternehmens oder der gemeinschaftsweit tätigen Unternehmensgruppe vorzubereiten.
(5) Anhörung im Sinne dieses Gesetzes bezeichnet den Meinungsaustausch und die Einrichtung eines Dialogs zwischen den Arbeitnehmervertretern und der zentralen Leitung oder einer anderen geeigneten Leitungsebene zu einem Zeitpunkt, in einer Weise und in einer inhaltlichen Ausgestaltung, die es den Arbeitnehmervertretern auf der Grundlage der erhaltenen Informationen ermöglichen, innerhalb einer angemessenen Frist zu den vorgeschlagenen Maßnahmen, die Gegenstand der Anhörung sind, eine Stellungnahme abzugeben, die innerhalb des gemeinschaftsweit tätigen Unternehmens oder der gemeinschaftsweit tätigen Unternehmensgruppe berücksichtigt werden kann. Die Anhörung muss den Arbeitnehmervertretern gestatten, mit der zentralen Leitung zusammenzukommen und eine mit Gründen versehene Antwort auf ihre etwaige Stellungnahme zu erhalten.
(6) Zentrale Leitung im Sinne dieses Gesetzes ist ein gemeinschaftsweit tätiges Unternehmen oder das herrschende Unternehmen einer gemeinschaftsweit tätigen Unternehmensgruppe.
(7) Unterrichtung und Anhörung des Europäischen Betriebsrats sind spätestens gleichzeitig mit der der nationalen Arbeitnehmervertretungen durchzuführen.

Inhaltsübersicht Rn.

I. Überblick

1 § 1 enthält in Abs. 1 bis 3 grundlegende Zielsetzungen und fügt in Abs. 4 bis 6 wichtige Definitionen hinzu. Abs. 7 betrifft das Verhältnis zu den Interessenvertretungen nach nationalem Recht.

II. Das Ziel des Gesetzes

2 Nach Abs. 1 Satz 1 verfolgt das Gesetz in Übereinstimmung mit der Einleitungsbestimmung der Richtlinie das Ziel, das **Recht** der AN **auf Unterrichtung und Anhörung** in »gemeinschaftsweit operierenden Unternehmen und Unternehmensgruppen« **zu stärken.** Dies setzt voraus, dass es bereits Rechte auf Einbeziehung der grenzüberschreitenden Dimension gibt (»Stärkung«), was im deutschen Recht etwa im Rahmen der Informationsansprüche des WA zu berücksichtigen ist (§ 106 BetrVG Rn. 49 ff.). Für den kraft Gesetzes entstehenden EBR sind die grenzübergreifenden Angelegenheiten in den §§ 29 ff. EBRG näher umschrieben; in den durch Vereinbarung geregelten Fällen entscheiden die Beteiligten über die Abgrenzung der Vorgänge, die »grenzübergreifenden« Charakter haben.

3 Abs. 1 enthält weiter die grundsätzliche Alternative zwischen EBR und Verfahren zur Unterrichtung und Anhörung; soweit die Beteiligten nicht zu einer Vereinbarung kommen, wird als »Auffanglösung« ein EBR kraft Gesetzes errichtet. Mit dem Vorrang vertraglicher Lösungen soll dem **Subsidiaritätsprinzip** Rechnung getragen werden.

III. Welche Angelegenheiten müssen einbezogen werden?

4 Abs. 2 Satz 1 umschreibt den grenzübergreifenden Charakter von Angelegenheiten, auf die sich das Gesetz bezieht. Notwendig ist danach, dass entweder das gemeinschaftsweit tätige UN oder die gemeinschaftsweit tätige UN-Gruppe insgesamt oder zumindest **zwei Betriebe** oder zwei Unternehmen **in verschiedenen EU-Ländern betroffen** sind. Umstritten ist dabei allein, ob es genügt, wenn **in einem Staat eine Entscheidung** getroffen wird, die ausschließlich **in einem andern Staat Auswirkungen** hat. Dies ist etwa der Fall, wenn die im Staat A ansässige Konzernspitze einen Betrieb im Staat B schließen will. Der Wortlaut spricht eher dafür, diesen Fall auszuklammern, da im Land des Entscheidungszentrums keine Auswirkungen eintreten.[1] Auf der anderen Seite geht die amtliche Begründung von einer Einbeziehung aus.[2] Letzteres entspricht dem Sinn der Richtlinie und des Gesetzes, da auch in solchen Fällen andere Niederlassungen typischerweise mittelbar betroffen sind.[3] Weiter bestünde bei der ersten Auffassung die Gefahr, dass die Belegschaft in dem betroffenen Land überhaupt nicht beteiligt würde, wenn das nationale Recht – was häufig der Fall ist – nur rein nationale Vorgänge erfasst.[4] Eine solche Lücke bestehen zu lassen, lässt sich nicht mit dem Gedanken der »Stärkung« der Arbeitnehmerbeteiligung rechtfertigen. In gleichem Sinn hat das **Arbeitsgericht Brüssel** (Arbeidsrechtbank van Brussel) am 6.12.2006 (Angelegenheit No 73/06) entschieden, als es der British Airways per einstweiliger Verfügung verbot, die in England getroffene Entscheidung, bestimmte Aufgaben am Flughafen Wien im Wege des Outsourcings an die Fraport zu vergeben, ohne Unterrichtung und Anhörung des EBR in die Realität umzusetzen. Davon wollte ersichtlich auch die neue Richtlinie nicht abweichen.[5] Dies entspricht der inzwischen auch in Deutschland herrschenden Auffassung.[6]

---

1 Ebenso *Thüsing/Forst* NZA 10, 408, 411.
2 BT-Drucksache 17/4808 S. 9 f.
3 *Hayen* AiB 11, 15; *Hohenstatt/Kröpelin/Bertke* NZA 11, 1314. Ebenso schon zum bisherigen Recht *Sandmann* S. 212.
4 Ebenso *Gohde* dbr 3/09 S. 22.
5 Vgl. auch Erwägungsgrund 16, der auch die betroffene Leitungsebene als zu berücksichtigendes Element nennt. Dazu *Hayen* AiB 09, 401 und in: Hako-BetrVG § 1 EBRG Rn. 4 (im Erg. wie hier).
6 *Maiß/Pauken* BB 13, 1589; GK-*Oetker* § 1 EBRG Rn. 5; *Sandmann*, S. 212; HK-BetrVG-*Hayen*, § 1 Rn. 4; a. A. AKRR-*Annuß* Rn. 6; *Thüsing/Forst* NZA 09, 408, 410.

Liegt die zentrale Leitung außerhalb der EU und des EWR, ist nach Abs. 2 Satz 2 ausschließlich auf die Auswirkungen innerhalb der Union abzustellen. Durch Vereinbarung kann aber ein größerer Geltungsbereich festgelegt werden. 5

IV. Wer muss einbezogen werden?

Nach Abs. 3 sind alle Betriebe und UN einzubeziehen, die sich in einem Mitgliedstaat (dazu § 2 Rn. 5) befinden. Selbst Kleinstbetriebe können deshalb nicht ausgeklammert bleiben. Einen Grenzwert wie in § 1 BetrVG gibt es nicht. Das EBRG hat genau wie die Richtlinie insoweit universelle Geltung.[7] 6

Betriebe und **Unternehmen in sog. Drittstaaten,** also in Ländern außerhalb des Geltungsbereichs der Richtlinie, können einvernehmlich in die Bildung des EBR bzw. des Verfahrens zur Unterrichtung und Anhörung sowie bereits in die Verhandlungen zwischen besonderem Verhandlungsgremium und zentraler Leitung einbezogen werden. Auf diese Weise lassen sich »Weltkonzernausschüsse« schaffen (s. weiter § 18 EBRG Rn. 5);[8] den globalen Aktivitäten des AG wird so eine globale Mitwirkungsstruktur gegenübergestellt. Nicht erörtert scheint die Frage, ob es bei der Einbeziehung von UN und Betrieben aus Drittstaaten einen **Grundsatz der Nichtdiskriminierung** gibt. In aller Regel wird es sich empfehlen, einzelne Niederlassungen nur dann auszunehmen, wenn hierfür einsichtige sachliche Gründe sprechen, die nicht mit rassischen oder politischen Erwägungen zu tun haben. 7

V. Der Begriff »Unterrichtung«

Abs. 4 gibt zum ersten Mal eine **gesetzliche Definition** der »Unterrichtung«. Gemeint ist damit die 8

- Übermittlung von Informationen (in Bezug auf die fragliche Angelegenheit)
- durch die zentrale Leitung oder eine andere geeignete Leitungsebene wie z. B. eine Spartenleitung
- an die AN-Vertreter, also den EBR oder die an einem Verfahren zur Unterrichtung und Anhörung Beteiligten,
- um ihnen **Gelegenheit zur Kenntnisnahme** (also: Information in verständlicher, nachvollziehbarer Form) und
- zur **Prüfung der behandelten Frage** zu geben (d. h. den Adressaten muss Zeit zur Verfügung stehen, um sich eine Meinung zu bilden und sich ggf. bei einem Experten Rat zu holen).

Der Zeitpunkt, die Art und Weise sowie die inhaltliche Ausgestaltung der Unterrichtung müssen dem Zweck angemessen sein – für die **Vermittlung komplexer Vorgänge** muss man mehr Zeit einplanen, die Darstellung muss sich besonders stark um Klarheit bemühen, sie muss inhaltlich ein vollständiges Bild zeichnen und darf nicht vergröbern oder wichtige Details weglassen. Die Arbeitnehmervertreter müssen dadurch in die Situation versetzt werden, die **möglichen Auswirkungen eingehend zu bewerten** und ggf. »Anhörungen« mit dem zuständigen Unternehmensorgan vorzubereiten. Sie müssen die Materie also voll durchdrungen haben, was Rückfragen bei der unterrichtenden Stelle, aber auch die weitere Einschaltung von Experten voraussetzt. »Gegenmodell« dazu ist ein Folienvortrag von zwei Stunden mit anschließender Möglichkeit, »alle erdenklichen« Fragen zu stellen.[9] Umgang und Art der Unterrichtung müssen sich immer an dem Ziel orientieren, dass der EBR die fragliche Maßnahme in jeder Hinsicht selbst beurteilen und zu ihr eine qualifizierte Stellungnahme abgeben kann.[10] 9

Ist die Unterrichtung zunächst lückenhaft oder missverständlich, so können diese **Mängel nachträglich beseitigt** werden. Dies hat allerdings eine Verlängerung des Verfahrens zur Folge, da die Anhörung i. S. des Abs. 5 erst auf der Grundlage einer korrekten Unterrichtung mög- 10

---

7 BHKC-*Blanke/Hayen,* Rn. 36.
8 BHKC-*Blanke/Hayen,* Rn. 36.
9 Vgl. *Finke,* DB 09, 564; *Hayen* AiB 09, 402.
10 AKRR-*Annuß* Rn. 12. Vgl. auch *Meissner,* AiB 12/18 S. 15 ff.

lich ist.[11] Die Vereinbarung nach §§ 17 ff. ist an die gesetzliche Definition der Unterrichtung gebunden und kann für einzelne Schritte lediglich Mindestfristen (aber keine Höchstfristen) festsetzen.

VI. Der Begriff »Anhörung«

11 Die in Abs. 5 gegebene Definition der »Anhörung« weicht vom überkommenen deutschen Sprachgebrauch ab. Von einem »Meinungsaustausch und der Einrichtung eines Dialogs« kann nicht die Rede sein, wenn Bedenken und Einwände von der Arbeitgeberseite lediglich kommentarlos zur Kenntnis genommen werden.[12] Vielmehr müssen in einem kommunikativen Prozess Gründe und Gegengründe in Bezug auf die erörterte Maßnahme abgewogen werden.[13] Besser hätte man deshalb von vornherein den Begriff »**Beratungsrecht**« gewählt;[14] auch der Ausdruck »Konsultation« hätte weniger Missverständnisse provoziert. Im Einzelnen gilt Folgendes:

12
- Es findet ein **Meinungsaustausch »und«** ein **Dialog** statt (was das Eingehen auf die geäußerten Meinungen der Gegenseite impliziert, also mehr ist als ein verbaler Schlagabtausch) und zwar
- zwischen den Arbeitnehmervertretern und der zentralen Leitung oder einer anderen geeigneten Leitungsebene. Diese muss entsprechend der Formulierung in Art. 2 Abs. 1 Buchst. g der Richtlinie »geeigneter« als die zentrale Leitung selbst sein, was im Wege richtlinienkonformer Auslegung auch bei Abs. 5 zu beachten ist.[15] Dieser Dialog muss zu einem Zeitpunkt, in einer Weise und in einer inhaltlichen Ausgestaltung erfolgen, dass
- die Arbeitnehmervertreter aufgrund der erhaltenen Informationen in der Lage sind, **innerhalb einer angemessenen Frist**
- zu den vorgeschlagenen Maßnahmen eine **Stellungnahme abzugeben,** die
- innerhalb des gemeinschaftsweit tätigen UN oder der gemeinschaftsweit tätigen UN-Gruppe **berücksichtigt werden kann.**

13 Auch hier ist Voraussetzung, dass die Arbeitnehmervertreter die **nötige Zeit** erhalten, um – in der Regel mit Hilfe von Experten – eine Stellungnahme zu den »vorgeschlagenen« Maßnahmen zu erarbeiten. Dass es sich um bloße »Vorschläge« handeln muss, macht deutlich, dass die **Entscheidung noch nicht gefallen** sein darf; andernfalls läge keine »Anhörung« im Sinne des Gesetzes vor. Mittelbar wird dies auch daran deutlich, dass die Stellungnahme noch »berücksichtigt« werden kann, was bei »vollendeten Tatsachen« nicht möglich wäre.[16]

14 Der Schlusssatz ergänzt dies um zwei weitere Verfahrensschritte:
- Die Arbeitnehmervertreter haben die Möglichkeit, **mit der zentralen Leitung zusammenzukommen;** diese kann die Gespräche mit den Arbeitnehmervertretern nicht auf den HR-Direktor oder eine nachgeordnete Ebene delegieren. Auch ist in diesem Zusammenhang nicht von einer »anderen geeigneten Leitungsebene« die Rede.
- Die Arbeitnehmervertreter müssen eine **mit Gründen versehene Antwort** auf ihre (etwaige) Stellungnahme erhalten. Dem Sinn der Regelung entsprechend muss sich die Antwort mit allen vorgebrachten Gründen auseinandersetzen. Würde dies unterbleiben und beispielsweise eine formelhafte Wendung (»aus übergeordneten Gründen notwendig«) benutzt, läge keine wirksame Anhörung vor.

15 Sind diese Voraussetzungen zunächst nicht erfüllt, so können sie **nachträglich geschaffen** werden.[17] Dies verlängert das Verfahren. Genau wie bei der Unterrichtung kann die Vereinbarung nach §§ 17 ff. auch hier nichts Abweichendes bestimmen, sondern lediglich **Mindestfristen** festsetzen, die von den Arbeitnehmervertretern überschritten werden können. So kann etwa

11 *Bobke* dbr 6/11 S. 21: Saubere Trennung von Informations- und Konsultationsphase.
12 *Müller,* Rn. 14.
13 BHKC-*Blanke/Hayen,* Rn. 53; *Oetker,* DB-Beilage 10/96, S. 8.
14 *Kohte,* EuroAS 96, 115; *Lörcher,* AuR 96, 299. Ebenso AKRR-*Annuß* Rn. 14.
15 Ebenso *Lörcher,* AuR 96, 300 und im Ergebnis *Müller,* Rn. 16.
16 Ebenso im Ergebnis *Gohde* dbr 3/09 S. 22; *Thüsing/Forst,* NZA 09, 409.
17 Vgl. auch *Gohde,* dbr 3/09 S. 22: Eine Untersuchung der Universität Manchester hat ergeben, dass nur jeder fünfte EBR in gesetzeskonformer Weise eingeschaltet wurde.

festgelegt werden, dass für die Stellungnahme mindestens vier Wochen zur Verfügung stehen, sofern nicht ein längerer Zeitraum erforderlich ist. Wie lange der EBR für seine Willensbildung benötigt, lässt sich nicht generell bestimmen; ihm steht insoweit – ähnlich wie dem deutschen BR im Rahmen des § 37 Abs. 2 BetrVG – ein Beurteilungsermessen zu.

Solange Unterrichtung und Anhörung nicht den gesetzlichen Vorgaben entsprechend durchgeführt sind, **darf** die in Aussicht genommene **Maßnahme nicht durchgeführt** werden. Geschieht dies dennoch, kann der EBR beim zuständigen Arbeitsgericht eine **einstweilige Verfügung** erwirken, wonach der zentralen Leitung die Durchführung untersagt wird, bis das Verfahren der Unterrichtung und Anhörung zum Abschluss gekommen ist (o. Vorbem. Rn. 23). 16

VII. Zentrale Leitung

Abs. 6 definiert die zentrale Leitung, die mit dem gemeinschaftsweit tätigen UN bzw. mit dem herrschenden UN einer gemeinschaftsweit tätigen UN-Gruppe identisch ist. Beide werden von ihren Organen (Vorstand, Geschäftsführung usw.) vertreten. 17

VIII. Form der Unterrichtung und Anhörung

In jüngster Zeit ist zweifelhaft geworden, ob die Unterrichtung auch in Form einer **Telefonkonferenz** stattfinden kann. Das englische Central Arbitration Committee (CAC) hielt dies nicht für ausreichend und verlangte eine Präsenzveranstaltung.[18] Das Arbeits- und Sozialgericht Wien urteilte im April 2018 im entgegengesetzten Sinne und hielt eine Videokonferenz für ausreichend, bezog sich allerdings auf eine freiwillige Vereinbarung aus der Zeit vor Inkrafttreten der Richtlinie.[19] Diese äußert sich zu der Frage nicht, so dass die Mitgliedstaaten hier freie Hand haben. Nach deutschem Recht ist eine **Videokonferenz** in § 41a nur für den Fall zugelassen, dass sich ein EBR-Mitglied auf einem Schiff befindet. Es liegt nahe, daraus den Schluss zu ziehen, dass in allen anderen Fällen von Angesicht zu Angesicht verhandelt werden muss. Dies gilt umso mehr als das Betriebsrätemodernisierungsgesetz anders als für den BR keine über § 41a hinausgehende Öffnung gebracht hat. Dabei muss allerdings für die EBR-Mitglieder die Möglichkeit bestehen, sich untereinander und mit den Beschäftigten auszutauschen. Dies ist nicht gegeben, wenn lediglich eine Veranstaltung von 10 Uhr Vormittags bis 0:30 Uhr in der Nacht stattfindet, nur eine halbe Stunde Pause gemacht und alle Informationen für »streng vertraulich« erklärt werden.[20] 18

IX. Verhältnis zu den nationalen Arbeitnehmervertretungen

Abs. 7 verbietet, dass die nationalen Interessenvertretungen früher als der EBR informiert werden. Dieser muss vielmehr »spätestens gleichzeitig« mit den nötigen Informationen versehen werden. Zu den nationalen Gremien zählt in Deutschland insbesondere der Wirtschaftsausschuss.[21] Warum die Arbeitnehmervertreter im Aufsichtsrat hier nicht auch zu berücksichtigen sein sollen, ist nicht erkennbar; der EBR muss auch insoweit gleichziehen.[22] Die Rechte der Interessenvertretungen nach nationalem Recht dürfen durch die rechtzeitige Einschaltung des EBR aber in keiner Weise verkürzt werden (s. u. § 18 Rn. 16). 19

---

18 Mitgeteilt in EBR-News 1/2018, abrufbar unter *http://www.ebr-news.de/012018.htm#5* (mit Link zum Wortlaut der Entscheidung).

19 Mitgeteilt bei EBR-News 2/2018, abrufbar unter *http://www.ebr-news.de/022018.htm#3.*

20 So im Fall Veruzon, Rechtswidrigkeit festgestellt durch das englische CAC, abrufbar unter *http://www.ewcdb.eu/docs/11080* (17.6.21).

21 AKRR-*Annuß,* Rn. 15.

22 Anders AKRR-*Annuß* Rn. 15; HWK-*Giesen* Rn. 16.

§ 2 Geltungsbereich

(1) Dieses Gesetz gilt für gemeinschaftsweit tätige Unternehmen mit Sitz im Inland und für gemeinschaftsweit tätige Unternehmensgruppen mit Sitz des herrschenden Unternehmens im Inland.

(2) Liegt die zentrale Leitung nicht in einem Mitgliedstaat, besteht jedoch eine nachgeordnete Leitung für in Mitgliedstaaten liegende Betriebe oder Unternehmen, findet dieses Gesetz Anwendung, wenn die nachgeordnete Leitung im Inland liegt. Gibt es keine nachgeordnete Leitung, findet das Gesetz Anwendung, wenn die zentrale Leitung einen Betrieb oder ein Unternehmen im Inland als ihren Vertreter benennt. Wird kein Vertreter benannt, findet das Gesetz Anwendung, wenn der Betrieb oder das Unternehmen im Inland liegt, in dem verglichen mit anderen in den Mitgliedstaaten liegenden Betrieben des Unternehmens oder Unternehmen der Unternehmensgruppe die meisten Arbeitnehmer beschäftigt sind. Die vorgenannten Stellen gelten als zentrale Leitung.

(3) Mitgliedstaaten im Sinne dieses Gesetzes sind die Mitgliedstaaten der Europäischen Union, sowie die anderen Vertragsstaaten des Abkommens über den Europäischen Wirtschaftsraum.

(4) Für die Berechnung der Anzahl der im Inland beschäftigten Arbeitnehmer (§ 4), den Auskunftsanspruch (§ 5 Absatz 2 und 3), die Bestimmung des herrschenden Unternehmens (§ 6), die Weiterleitung des Antrags (§ 9 Absatz 2 Satz 3), die gesamtschuldnerische Haftung des Arbeitgebers (§ 16 Absatz 2), die Bestellung der auf das Inland entfallenden Arbeitnehmervertreter (§§ 11, 23 Absatz 1 bis 5 und § 18 Absatz 2 in Verbindung mit § 23) und die für sie geltenden Schutzbestimmungen (§ 40) sowie für den Bericht gegenüber den örtlichen Arbeitnehmervertretungen im Inland (§ 36 Absatz 2) gilt dieses Gesetz auch dann, wenn die zentrale Leitung nicht im Inland liegt.

Inhaltsübersicht Rn.

I. Überblick

1 In Form einer einseitigen Kollisionsnorm bestimmt § 2, auf welche Sachverhalte das EBRG anwendbar ist.[1] Es stellt dabei auf den Sitz der zentralen Leitung ab (Abs. 1) und bestimmt im Einzelnen in Abs. 2, wann bei zentraler Leitung außerhalb der Gemeinschaft gleichwohl deutsches Recht Anwendung findet. Abs. 3 bezieht die Mitgliedstaaten des Europäischen Wirtschaftsraums mit ein, Abs. 4 regelt die Fälle, in denen an sich eine ausländische Rechtsordnung auf den Prozess der Unterrichtung und Anhörung anwendbar ist, bestimmte Fragen sich jedoch gleichwohl nach inländischem Recht bestimmen müssen.

II. Unternehmensbegriff

2 Das Gesetz hat den UN-Begriff **des Unionsrechts** übernommen, der auch die Erbringung von Dienstleistungen durch die öffentliche Hand miterfasst.[2] Damit sind beispielsweise auch Betätigungen der Gebietskörperschaften einbezogen, und zwar auch dann, wenn sie nicht in Form einer selbstständigen GmbH, sondern als Regiebetriebe organisiert sind.[3] Öffentlich-rechtlich verfasste Unternehmen wie Landesbanken und öffentlich-rechtliche Versicherungen sind ebenfalls erfasst.[4] Auch die **Bundesagentur für Arbeit** müsste einen EBR errichten, soweit sie

1 Zustimmend *Deinert*, Internationales Arbeitsrecht, § 17 Rn. 30.
2 *EuGH* 23.4.91, NZA 91, 447 zur Arbeitsvermittlung durch die Bundesagentur für Arbeit.
3 *Fiedler*, AuR 96, 180. Zustimmend für die Anstalt des öffentlichen Rechts AKRR-*Annuß* § 1 Rn. 8.
4 HK-BetrVG-*Siebens/Kunz*, § 2 Rn. 8.

die Voraussetzungen des § 3 erfüllt, also in einem anderen Mitgliedstaat eine Niederlassung mit mindestens 150 AN besitzt. Selbst das **Diakonische Werk,** die Caritas oder einzelne UN der Kirchen sind erfasst, da keine dem § 118 Abs. 2 BetrVG entsprechende Vorschrift existiert.[5] Insoweit kommt lediglich § 31 EBRG zur Anwendung.[6] Da von Art. 1 Abs. 7 der Richtlinie kein Gebrauch gemacht wurde, fallen auch Seeschifffahrts-UN unter das Gesetz.[7]

III. Zentrale Leitung in Drittstaaten

Hat die zentrale Leitung ihren Sitz nicht in einem Mitgliedstaat[8] (dazu u. Rn. 5), so wird das EBRG gleichwohl angewandt, wenn sich eine **»nachgeordnete Leitung« in Deutschland** befindet, die für in Mitgliedstaaten liegende Betriebe oder UN zuständig ist (»Europadirektion«). Die Bestimmung der nachgeordneten Leitung ist Sache der zentralen Leitung. Fehlt es an einer solchen »Europadirektion«, kann die zentrale Leitung nach Abs. 2 Satz 2 einen Vertreter im Inland benennen, der dann als »nachgeordnete Leitung« fungiert. Dieser muss allerdings ausreichende Kompetenzen und einen Informationsstand besitzen, der ihn zu einem die gesetzlichen Aufgaben erfüllenden Verhandlungspartner macht.[9] Unterbleibt die Benennung eines Vertreters, wird nach Abs. 2 Satz 3 darauf abgestellt, ob der Betrieb oder das UN im Inland liegt, in dem – verglichen mit anderen in den Mitgliedstaaten befindlichen Betrieben des UN oder UN der Unternehmensgruppe – die meisten AN beschäftigt sind. Bei der Bestimmung ihrer Zahl ist entsprechend § 4 das jeweilige nationale Recht maßgebend.[10] 3

Die Regelung erfasst nicht alle denkbaren Konstellationen. Möglich ist, dass **in verschiedenen Mitgliedstaaten »nachgeordnete Leitungen«** existieren (»Nordeuropa«, »Mitteleuropa«, »Südeuropa«); in diesem Fall ist entsprechend der Regelung in Satz 3 diejenige Leitung maßgebend, in deren Einzugsbereich der höchste Prozentsatz der in der EU tätigen AN beschäftigt ist.[11] Im Rahmen des Satzes 3 ist der Fall nicht bedacht, dass ein UN in einem Mitgliedstaat mehrere Betriebe bzw. eine **Unternehmensgruppe mehrere UN** besitzt, die zwar jeweils für sich allein nicht die höchste AN-Zahl besitzen, die jedoch das größte nationale Kontingent stellen. Hat etwa eine UN-Gruppe drei UN in Deutschland mit jeweils ca. 1000 AN, ein UN in Frankreich mit 1500 AN und ein UN mit 800 AN in Belgien, so ist davon auszugehen, dass die zentrale Leitung nicht in Frankreich, sondern in Deutschland liegt.[12] Entscheidend ist, wo sich die meisten Beschäftigten befinden; auf die Rechtsform, wie die Aktivitäten organisiert sind, kann es nicht ankommen. 4

IV. Der Begriff »Mitgliedstaaten«

Seit dem EBR-Anpassungsgesetz v. 22. 12. 1999 bezieht Abs. 3 alle Mitgliedstaaten ein. Konkret sind »Mitgliedstaat« i. S. d. Abs. 3 Belgien, Dänemark, Deutschland, Frankreich, Griechenland, Großbritannien, Irland, Italien, Luxemburg, die Niederlande, Portugal und Spanien. Dazu kommen Finnland, Österreich und Schweden sowie als EWR-Mitglieder Island, Liechtenstein und Norwegen. Am 1. 5. 2004 sind Polen, Tschechien, die Slowakei, Ungarn, Slowenien, Estland, Lettland, Litauen, Zypern und Malta, mit Wirkung vom 1. 1. 2007 Bulgarien und Rumänien Mitglied geworden. Am 1. 7. 2013 kam Kroatien als 28. Mitgliedstaat hinzu. Zum Brexit s. Vorbem. Rn. 31 ff. 5

5 Ebenso AKRR-*Annuß* § 1 Rn. 8.
6 Ebenso BHKC-*Blanke/Hayen,* § 1 Rn. 41.
7 *Müller,* Rn. 10; GK-BetrVG-*Siebens/Kunz,* § 2 Rn. 9.
8 Zahlenangeben bei HK-BetrVG-*Siebens/Kunz,* § 2 Rn. 6.
9 *Lerche,* S. 187.
10 HK-BetrVG-*Siebens/Kunz,* § 2 EBRG Rn. 4.
11 Zustimmend BHKC-*Blanke/Hayen,* Rn. 12; *Klebe/Kunz,* FS Däubler, S. 829; a. A. AKRR-*Annuß* Rn. 5.
12 Wie hier AKRR-*Annuß* Rn. 7; anders wohl *Müller,* Rn. 6.

V. Anwendung des EBRG bei zentraler Leitung in einem anderen Mitgliedstaat

6 Abs. 4 nennt die Bestimmungen, die auch dann Anwendung finden, wenn die zentrale Leitung i. S. d. Abs. 1 und 2 z. B. in Frankreich oder Schweden liegt. Wichtig ist dies insbesondere für den Auskunftsanspruch nach § 5 sowie für die Bestellung der inländischen AN-Vertreter und für die Berichtspflicht nach § 36 EBRG. In diesen Fällen wäre die Anwendung ausländischen Rechts wenig sachgerecht, da ein sehr enger Inlandsbezug besteht. Zur gerichtlichen Zuständigkeit bei Auseinandersetzungen über das Wahlverfahren s. *BAG* vom 18. 4. 07[13] und o. Vorbem. Rn. 18.

7 Wird die **zentrale Leitung,** also i. d. R. das herrschende UN im Konzern, von einem andern UN **aufgekauft,** so wird dieses automatisch zur zentralen Leitung. Dies führt dazu, dass über einen neuen EBR verhandelt werden muss; bis insoweit eine Einigung erreicht ist, steht dem bisherigen EBR ein **Übergangsmandat** zu.[14] Für den Fall einer wesentlichen Strukturänderung wie z. B. einer Fusion zweier zentraler Leitungen mit je einem EBR sieht 37 Abs. 3 EBRG ausdrücklich ein Übergangsmandat vor. Wie im Rahmen des Übergangsmandats verfahren wird, kann durch Abmachung zwischen EBR und zentraler Leitung festgelegt werden.[15] Ansprüche können nur gegenüber der neuen zentralen Leitung geltend gemacht werden.[16]

§ 3 Gemeinschaftsweite Tätigkeit

(1) Ein Unternehmen ist gemeinschaftsweit tätig, wenn es mindestens 1000 Arbeitnehmer in den Mitgliedstaaten und davon jeweils mindestens 150 Arbeitnehmer in mindestens zwei Mitgliedstaaten beschäftigt.

(2) Eine Unternehmensgruppe ist gemeinschaftsweit tätig, wenn sie mindestens 1000 Arbeitnehmer in den Mitgliedstaaten beschäftigt und ihr mindestens zwei Unternehmen mit Sitz in verschiedenen Mitgliedstaaten angehören, die jeweils mindestens je 150 Arbeitnehmer in verschiedenen Mitgliedstaaten beschäftigen.

Inhaltsübersicht Rn.

I. Grundsatz

1 Vom EBRG werden nur solche UN und UN-Gruppen erfasst, die ein **Mindestmaß an Europäisierung** aufweisen. Dabei sind für UN bestimmte Grenzwerte in Abs. 1, für UN-Gruppen in Abs. 2 niedergelegt worden. Die Größenordnungen sind identisch, was der berechtigten Erwägung Rechnung trägt, dass es aus Sicht der Beschäftigten für den grenzüberschreitenden Charakter ihres AG keine Rolle spielt, ob sie in einer Tochtergesellschaft oder einer rechtlich unselbstständigen Niederlassung tätig sind. Zur nachträglichen Unterschreitung der Grenzwerte des § 3 s. unten § 18 Rn. 22.

13 NZA 07, 1375.
14 *ArbG Wiesbaden* 13. 6. 18 – 11 BVGa 5/18, NZA-RR 18, 444 Tz. 24.
15 *ArbG Wiesbaden* 13. 6. 18 – 11 BVGa 5/18, NZA-RR 18, 444 Tz. 26.
16 *ArbG Wiesbaden* 13. 6. 18 – 11 BVGa 5/18, NZA-RR 18, 444 Tz. 28 ff.

II. Arbeitnehmerbegriff

2 Wer AN ist, bestimmt sich **nach nationalem Recht;** dies ist – soweit ersichtlich – mittlerweile allgemein anerkannt.[1] Der Gesetzgeber hat daraus in § 4 die Konsequenz gezogen und verweist insoweit auf den AN-Begriff des § 5 Abs. 1 BetrVG[2].

3 Soweit es darauf ankommt, dass eine bestimmte Anzahl von AN »in« einem Mitgliedstaat beschäftigt ist, ist auf den tatsächlichen Arbeitsort abzustellen.[3] **Entsandte Arbeitskräfte** sind daher am Einsatzort mitzuzählen, soweit ihre dortige Tätigkeit länger als drei Monate dauert (vgl. § 7 Satz 2 BetrVG) oder ein und derselbe Arbeitsplatz regelmäßig durch aus einem anderen Staat entsandte Personen besetzt wird.[4]

III. Sonderfälle

4 Denkbar ist, dass eine UN-Gruppe **in einem Mitgliedstaat** eine **Tochtergesellschaft, im anderen** jedoch nur eine rechtlich **unselbstständige Zweigniederlassung** besitzt (wobei die Steuerung des Arbeitseinsatzes ausreicht)[5] und gerade in diesen beiden der Schwellenwert von 150 überschritten ist. Bei einer engen, am Wortlaut des Gesetzes klebenden Interpretation wäre ein solcher Fall nicht erfasst. Vom Sinn des Gesetzes her (vgl. § 1 Abs. 1 EBRG) erscheint dies allerdings als unangemessener Formalismus. Wie gerade die Gleichstellung von UN und UN-Gruppe deutlich macht, soll es nicht auf die Organisationsform des AG, insbesondere nicht darauf ankommen, ob dieser als einheitliches UN oder als Gruppe organisiert ist. Von diesem Ansatzpunkt her müssen dann auch **Mischformen** wie im vorliegenden Fall erfasst werden.[6]

5 Denkbar ist weiter, dass die UN-Gruppe in zwei verschiedenen Mitgliedstaaten jeweils **mehrere UN** besitzt, die je für sich die 150-AN-Grenze nicht erreichen, die jedoch **in ihrer Gesamtheit darüber liegen.** Auch dieser Fall muss einbezogen werden, da das Ausmaß der Europäisierung nicht geringer ist, als wenn die UN zu einem einzelnen zusammengefasst wären. Die Beteiligung der Betroffenen und ihr Bedürfnis nach Transparenz der Vorgänge innerhalb des UN[7] ist hier nicht geringer als in den unmittelbar unter § 3 fallenden Konstellationen.[8]

6 Zu einer UN-Gruppe gehören auch **Enkel-UN** (§ 6 Rn. 5). Dies gilt auch dann, wenn sich die Tochtergesellschaft in einem Drittstaat befindet; andernfalls könnte durch Einschaltung von Zwischenholdings der Anwendungsbereich des Gesetzes nachhaltig und in einer nicht gewollten Weise beschränkt werden.[9]

7 Mit dem Wirksamwerden des **Brexit** müssen die in § 3 genannten **Grenzwerte in den verbleibenden Mitgliedstaaten** erfüllt sein. Ist dies bei einem bestehenden EBR nicht mehr der Fall, so verliert er seine Grundlage und hört als solcher zu bestehen auf. Lediglich auf freiwilliger Grundlage, d. h. mit Einverständnis der zentralen Leitung können Unterrichtung und Anhörung weiter praktiziert werden.

---

1 S. nur *Engels/Müller,* DB 96, 981; *M. Schmidt,* NZA 97, 181; *Sandmann,* S. 139; *Lorber,* in: Schlachter (ed.), S. 565; HK-BetrVG-*Siebens/Kunz,* § 3 Rn. 5.

2 AKRR-*Annuß* § 1 Rn. 4.

3 *Müller,* Rn. 8; vgl. auch BHKC-*Blanke/Kunz,* § 3 Rn. 11.

4 Zustimmend *Lerche,* S. 180.

5 *Hanau,* in: Hanau/Steinmeyer/Wank, § 19 Rn. 36.

6 Ebenso BHKC-*Blanke/Kunz,* Rn. 12; *Lerche,* S. 176; HK-BetrVG-*Siebens/Kunz,* § 3 EBRG Rn. 3.

7 Dazu *Wirmer,* DB 94, 2134.

8 Zustimmend *Klebe/Kunz,* FS Däubler, S. 830; *Kunz,* AiB 97, 271; AKRR-*Annuß* Rn. 6; für Addition mehrerer Betriebe eines UN in einem Mitgliedstaat BHKC-*Blanke/Kunz,* Rn. 12, *Lerche,* S. 176 und wohl auch *B. Gaul,* NJW 96, 3379; anders trotz rechtspolitischer Bedenken *Franzen,* BB 04, 938; *Müller-Bonanni/Jenner,* in: Preis/Sagan (Hrsg.), § 12 Rn. 13.

9 A. A. *Engels/Müller,* DB 96, 981, Fn. 43.

§ 4 Berechnung der Arbeitnehmerzahlen

In Betrieben und Unternehmen des Inlands errechnen sich die im Rahmen des § 3 zu berücksichtigenden Arbeitnehmerzahlen nach der Anzahl der im Durchschnitt während der letzten zwei Jahre beschäftigten Arbeitnehmer im Sinne des § 5 Absatz 1 des Betriebsverfassungsgesetzes. Maßgebend für den Beginn der Frist nach Satz 1 ist der Zeitpunkt, in dem die zentrale Leitung die Initiative zur Bildung des besonderen Verhandlungsgremiums ergreift oder der zentralen Leitung ein den Voraussetzungen des § 9 Absatz 2 entsprechender Antrag der Arbeitnehmer oder ihrer Vertreter zugeht.

1 Die Bezugnahme auf § 5 Abs. 1 BetrVG hat zur Folge, dass der dortige AN-Begriff auch hier gilt. Bedeutsam ist dies insbesondere für die volle Einbeziehung von **Teilzeitkräften,**[1] von Personen mit ruhendem Arbeitsverhältnis und von befristet Beschäftigten.[2] Auf die Ausführungen o. § 5 BetrVG Rn. 7–115 kann verwiesen werden. Dies gilt allerdings nur für die in Deutschland tätigen und die einem deutschen Betrieb zugerechneten (entsandten) Arbeitnehmer.[3] In Bezug auf **ausländische Betriebe** und UN bestimmt das **dortige Arbeitsrecht,** wer als AN zählt.[4] Gleichzeitig gilt § 4 – wie § 2 Abs. 4 EBRG deutlich macht – auch dann für deutsche Belegschaften, wenn diese zu einem UN oder einer UN-Gruppe mit zentraler Leitung in einem anderen Mitgliedstaat gehören.

2 § 4 weicht vom BetrVG insoweit ab, als nicht auf die »in der Regel«, sondern auf die **»durchschnittlich« Beschäftigten** abgestellt wird. Die maßgebende Zweijahresfrist bestimmt sich rückwirkend von dem Zeitpunkt an, in dem eine AN-Initiative i. S. d. § 9 Abs. 1 EBRG der zentralen Leitung zugegangen ist.[5] Ging die Initiative für den Verhandlungsprozess ausnahmsweise von der zentralen Leitung aus, kommt es auf den Zeitpunkt an, in dem einer AN-Vertretung ein entsprechender Antrag zugeht (vgl. u. § 9 Rn. 2). Soweit keine exakten Unterlagen bestehen, müssen ggf. Schätzungen erfolgen, die entsprechend § 1 BetrVG auf den »regelmäßigen« Personalbestand abstellen werden.[6] Die zentrale Leitung ist nach § 5 zur Auskunft verpflichtet.

3 Eine schematische Anwendung des § 4 führt dann zu unangemessenen Ergebnissen, wenn der **Erwerb oder Verkauf einzelner Betriebe** bevorsteht oder gerade erfolgt ist. Einen EBR zu errichten, obwohl die Grenzwerte mit Sicherheit in der Zukunft nicht mehr erreicht werden, oder erst zwei Jahre zu warten, bis ein Hinzuerwerb sich in der Durchschnittsberechnung niederschlägt, kann nicht gewollt sein.[7] Der Gesetzgeber hat insoweit eine **verdeckte Regelungslücke** gelassen.[8] Da der EBR grundsätzlich als Dauereinrichtung gedacht ist, kann bei Veräußerungen nur der Durchschnittswert des Rest-UN bzw. des Rest-Konzerns zugrunde gelegt werden. Werden neue Einheiten erworben, muss ihr durchschnittlicher Personalbestand aus den letzten zwei Jahren hinzuaddiert werden.

§ 5 Auskunftsanspruch

(1) Die zentrale Leitung hat auf Verlangen einer Arbeitnehmervertretung die für die Aufnahme von Verhandlungen zur Bildung eines Europäischen Betriebsrats erforderlichen Informationen zu erheben und an die Arbeitnehmervertretung weiterzuleiten. Zu den erforderlichen Informationen gehören insbesondere die durchschnittliche Gesamtzahl der

---

1 Wie hier *Hanau,* in: Hanau/Steinmeyer/Wank, § 19 Rn. 55; *Franzen,* BB 04, 939; MünchArbR-*Joost,* 2. Aufl., § 366 Rn. 24.
2 Vgl. *B. Gaul,* NJW 96, 3379; *U. Mayer,* BB 95, 1744; *Wienke,* EuroAS 96, 123.
3 AKRR-*Annuß* Rn. 4.
4 *Franzen,* BB 04, 939.
5 Zustimmend AKRR-*Annuß* Rn. 2. Ebenso HK-BetrVG-*Siebens/Kunz,* § 4 Rn. 1; *Hromadka,* DB 95, 1126 für Art. 5 Abs. 1 der ursprünglichen Richtlinie, der insoweit mit Art. 2 Abs. 2 der neuen Richtlinie übereinstimmt.
6 Vgl. auch *Lerche,* S. 183.
7 Hako-BetrVG/*Kunz,* § 4 EBRG Rn. 2.
8 A. A. AKRR-*Annuß* Rn. 3.

Arbeitnehmer und ihre Verteilung auf die Mitgliedstaaten, die Unternehmen und Betriebe sowie über die Struktur des Unternehmens oder der Unternehmensgruppe.
(2) Ein Betriebsrat oder ein Gesamtbetriebsrat kann den Anspruch nach Absatz 1 gegenüber der örtlichen Betriebs- oder Unternehmensleitung geltend machen; diese ist verpflichtet, die erforderlichen Informationen und Unterlagen bei der zentralen Leitung einzuholen.
(3) Jede Leitung eines Unternehmens einer gemeinschaftsweit tätigen Unternehmensgruppe sowie die zentrale Leitung sind verpflichtet, die Informationen nach Absatz 1 zu erheben und zur Verfügung zu stellen.

Inhaltsübersicht

I. Der Grundsatz

1 Das Recht, die Bildung eines BVG zu initiieren (§ 9 EBRG), würde weithin leer laufen, wären die Interessenvertretungen der AN nicht in der Lage, die nötigen Angaben über die in ausländischen Niederlassungen Beschäftigten und die Unternehmens- und Konzernstruktur zu bekommen. § 5 sieht deshalb zu beiden Bereichen einen umfassenden Auskunftsanspruch vor. Ihn geltend zu machen setzt lediglich voraus, dass das Eingreifen des EBRG den Umständen nach möglich ist; er hängt gerade nicht davon ab, dass der Antragsteller z. B. die Konzernvoraussetzungen nach § 6 belegt[1] oder bereits einen Antrag auf Bildung eines BVG gestellt hat.[2] Einen solchen **vorgelagerten Informationsanspruch** hat der *EuGH*[3] ausdrücklich bejaht.[4] **Muster eines Auskunftsersuchens** in DKWF-*Däubler,* EBRG Rn. 2.

II. Auskunftspflicht der deutschem Recht unterliegenden zentralen Leitung gegenüber AN-Vertretungen

1. Wer kann Auskunft verlangen?

2 Befindet sich die zentrale Leitung in Deutschland (o. § 2 Abs. 1 EBRG), so hat sie nach Abs. 1 »einer Arbeitnehmervertretung« die dort bezeichneten Auskünfte zu erteilen. **»AN-Vertretungen«** sind dabei nicht nur solche des deutschen Betriebsverfassungsrechts (BR, GBR, KBR);[1] **auch ein bei einer ausländischen Niederlassung** nach dortigem Recht **existierendes Gremium** kann die Rechte aus Abs. 1 geltend machen.[2] Dies gilt auch für Gewerkschaften, soweit sie in den fraglichen Niederlassungen vertreten sind.[3] Mittelbar wird dies auch aus § 9 Abs. 2 EBRG deutlich, wonach die Initiative zur Bildung eines BVG immer auch von AN oder ihrer Vertretung aus einem anderen Mitgliedstaat getragen sein muss. Ein spanisches comité de

---

1 Insoweit wohl etwas zu weitgehend *ArbG Wesel* 5. 8. 98, AiB 99, 166.
2 *BAG* 27. 6. 00, NZA 00, 1331.
3 29. 3. 01, NZA 01, 506.
4 Ebenso *Joost,* BB 01, 2214 ff.; *Junker,* RdA 02, 33.

1 Nicht erfasst sind Vertretungen einzelner AN-Gruppen wie JAV und SBV: AKRR-*Annuß* Rn. 5; auch der Sprecherausschuss soll insoweit keine Rechte haben: *Müller-Bonanni/Jenner,* in: Preis/Sagan § 12 Rn. 89.
2 Ebenso *BAG* 29. 6. 04, NZA 05, 120; *Junker,* RdA 02, 33.
3 BHKC-*Blanke/Kunz,* Rn. 10; Hako-BetrVG/*Kunz,* § 5 EBRG Rn. 2; a. A. AKRR-*Annuß* Rn. 5. Überblick über ausländische Gewerkschaftsstrukturen bei *Däubler/Lecher* [Hrsg.], Gewerkschaften.

empresa, ein französisches comité social et économique (CSE) sowie ein österreichischer Betriebsrat sowie ein englisches shop stewards committee können daher gleichfalls die Angaben nach Abs. 1 abfragen.[4]

2. Inhalt der Auskunft, insbesondere Konzernstruktur

3 Insbesondere die **Konzernstruktur** kann reichlich kompliziert sein.[5] Der BR bzw. eine andere Interessenvertretung musste nach bisheriger Rechtslage Anhaltspunkte wie eine ähnliche Firmierung darlegen, um Auskünfte über Beherrschungsverhältnisse zu erhalten.[6] **Wie detailliert** die **Auskunft** sein musste, hing davon ab, ob nach Ansicht der zentralen Leitung das Vorliegen eines Beherrschungsverhältnisses zweifelhaft war oder nicht.[7] Nach der heutigen Fassung des Abs. 1 erstreckt sich der Auskunftsanspruch ganz generell auf die »Struktur der Unternehmensgruppe«, so dass es eines Zusatzvorbringens bzw. solcher Modifikationen nicht mehr bedarf. Da die Auskünfte alles erfassen müssen, was für »für die Aufnahme von Verhandlungen« erforderlich ist, sind ggf. **Erläuterungen** zu geben, da z. B. nach § 6 EBRG schon die Möglichkeit einer Beherrschung genügt.[8] Die AN-Vertretung muss beurteilen können, ob die Bildung eines BVG möglich ist.[9] Auch das Überlassen von Unterlagen kann geboten sein,[10] da Abs. 2 dies ausdrücklich erwähnt. Ausländische Interessenvertretungen haben ein Recht darauf, in ihrer Sprache unterrichtet zu werden.[11] Ein Vorbehalt zugunsten von Betriebs- und Geschäftsgeheimnissen existiert nicht, da § 35 den Fall des § 5 nicht einbezieht.[12]

4 Der Auskunftsanspruch erstreckt sich auch auf **Namen und Anschriften der ausländischen Interessenvertretungen** innerhalb des Konzerns.[13] Andernfalls wäre nicht sichergestellt, dass von den Möglichkeiten der Antragstellung nach § 9 Abs. 2 EBRG in vollem Umfang Gebrauch gemacht werden könnte. Eine »mitwirkungsbereite« ausländische Interessenvertretung selbst zu ermitteln, ist nicht Sache der Antragsteller, da Art. 4 Abs. 1 der Richtlinie der **zentralen Leitung** die **volle Verantwortung** dafür überträgt, dass die Voraussetzungen für die Bildung eines BVG geschaffen werden.[14] Das *BAG*[15] hat ein solches Recht allerdings nur für den Fall anerkannt, dass die Bildung eines BVG an der Nicht-Kooperation der zentralen Leitung scheiterte und nunmehr ein EBR kraft Gesetzes zu bilden war.[16]

3. Lokale Geschäftsführung als Adressat

5 Für BR und GBR schafft Abs. 2 eine gewisse Arbeitserleichterung: Sie können sich statt an die Konzernspitze auch an die **örtliche Betriebs- oder Unternehmensleitung** wenden, die dann verpflichtet ist, die Auskünfte bei der zentralen Leitung einzuholen; insoweit besteht ein **freies Wahlrecht.**[17] Für den KBR erschien eine solche Sonderregelung nicht erforderlich; auch wenn er beispielsweise bei einem »Konzern im Konzern« gebildet wurde, kann und muss er sich direkt an die zentrale Leitung wenden.[18] **Bestreitet** das um Information gebetene **UN, von einem anderen abhängig zu sein,** so hat die Interessenvertretung auch insoweit einen An-

---

4 BHKC-*Blanke/Kunz,* Rn. 9.
5 S. den Fall *ArbG Wesel* 5. 8. 98, AiB 99, 165.
6 *BAG* 30. 3. 04, NZA 04, 863 [870].
7 *BAG* 29. 6. 04, NZA 05, 118 [122].
8 *Büggel/Buschak,* AiB 00, 420.
9 *EuGH* 29. 3. 01, NZA 01, 506 = BB 01, 2219; ebenso *Joost,* BB 01, 2214 ff.
10 BHKC-*Blanke/Kunz,* Rn. 5; *Müller,* Rn. 4; a. A. *B. Gaul,* NJW 96, 3379.
11 *Müller,* Rn. 4.
12 *Junker,* RdA 02, 34; HK-BetrVG-*Siebens/Kunz,* § 5 Rn. 6.
13 Vgl. *EuGH* 13. 1. 04, NZA 04, 160 [164]; *BAG* 29. 6. 04, NZA 05, 118; *LAG Hamburg* 30. 6. 99, AiB 00, 43 mit zust. Anm. *Kunz*; im Prinzip auch *BAG* a. a. O.
14 *LAG Hamburg* a. a. O.
15 29. 6. 04, NZA 05, 118.
16 Ebenso HK-BetrVG-*Siebens/Kunz,* § 5 Rn. 4.
17 *BAG* 30. 3. 04, NZA 04, 863 [868].
18 Anders BHKC-*Blanke/Kunz,* Rn. 13.

spruch auf Mitteilung aller einschlägigen Fakten.[19] Dies kann etwa dann zweifelhaft sein, wenn der Mehrheitskommanditist keine direkten Geschäftsführungsaufgaben in der AG-GmbH & Co. KG wahrnimmt.[20]

Der Auskunftsanspruch besteht nach Auffassung des *LAG Düsseldorf*[21] auch gegen ein UN, das nur möglicherweise herrschendes i. S. des § 6 EBRG ist. In gleichem Sinne hat auf seine Vorlage hin der *EuGH*[22] entschieden.[23] 6

4. Informationsdurchgriff?

Abs. 2 macht deutlich, dass ein Auskunftsersuchen **nicht** daran **scheitern** kann, dass die **zentrale Leitung** sämtliche **Informationen verweigert.** Die Betriebs- oder Unternehmensleitung kann sich ersichtlich nicht darauf berufen, die Konzernspitze versetze sie nicht in die Lage, ihren Verpflichtungen nachzukommen. Dasselbe muss auch dann gelten, wenn das deutsche Unternehmen nach § 2 Abs. 2 Satz 3 EBRG nur deshalb zentrale Leitung ist, weil es innerhalb der Gemeinschaft die größte Zahl von AN beschäftigt, und die **in einem Drittstaat gelegene Konzernspitze** alle Informationen zurückhält.[24] Ein solcher »**Informationsdurchgriff**« (Einl. Rn. 205) findet sich zwar nicht ausdrücklich in der EBR-Richtlinie, doch entspricht er ihrem Sinn und Zweck.[25] Auch sehen Art. 2 Abs. 4 der Massenentlassungsrichtlinie und Art. 7 Abs. 4 der Betriebsübergangsrichtlinie ausdrücklich eine entsprechende Regelung vor; daraus einen Gegenschluss zu ziehen,[26] verfehlt den **Zweck der EBR-Richtlinie** und unterstellt überdies einen systematischen Zusammenhang zwischen verschiedenen arbeitsrechtlichen Richtlinien, den es in Wirklichkeit mit Rücksicht auf ihren jeweiligen unterschiedlichen Entstehungszusammenhang nicht gibt. 7

Der Durchgriff stößt nicht auf praktische Schwierigkeiten, da die Nichterfüllung eines rechtskräftig zuerkannten Informationsanspruchs wirtschaftliche Konsequenzen hat, die letztlich auch die ausländische Spitze treffen.[27] Entsprechend wurde im Fall *Renault-Vilvoorde* verfahren, wo Sanktionen gegen den Präsidenten der belgischen Tochtergesellschaft verhängt wurden.[28] Insoweit kommt es nicht darauf an, ob die EBR-Richtlinie bei zutreffender Interpretation einen »horizontalen« Informationsanspruch gegen die in anderen Mitgliedstaaten ansässigen Schwestergesellschaften vorsieht. Diesen Weg ist allerdings auf Vorlage des *BAG*[29] der *EuGH*[30] gegangen; die nationalen Umsetzungsgesetze seien grundsätzlich so auszulegen, dass eine Auskunftspflicht gegenüber der fingierten zentralen Leitung bestehe. Nach der »Schlussentscheidung« des *BAG*[31] ist eine in Deutschland ansässige zentrale Leitung nach § 2 Abs. 2 Satz 3 EBRG ggf. verpflichtet, ihre **Schwestergesellschaften** in anderen Mitgliedstaaten **gerichtlich auf Auskunft in Anspruch zu nehmen,** sofern diese ihrer Pflicht nicht freiwillig nachkommen. Soweit das ausländische Recht keine richtlinienkonforme Auslegung ermöglicht, ist die Erteilung der Auskunft insoweit unmöglich. In der Praxis wird so ein »**Versteckspiel**« ermöglicht, das bei einer Durchgriffslösung von vornherein entfallen wäre.[32] Durch die Anfügung von Abs. 3 ist klargestellt worden, dass jede UN-Leitung und die zentrale Leitung verpflichtet sind, die notwendigen Informationen zu erheben und zur Verfügung zu stellen. 8

19 *BAG* 30.3.04, NZA 04, 863 [868].
20 S. den Fall *BAG* a. a. O.
21 21.1.1999, LAGE § 5 EBRG Nr. 1.
22 29.3.2001, NZA 01, 506.
23 Zustimmend *Joost,* BB 01, 2214ff.
24 *LAG Hamburg* 30.6.99, AiB 00, 43.
25 *Däubler,* BB 04, 446.
26 So *BAG* 29.6.04, NZA 05, 118 [120].
27 Einzelheiten bei *Däubler,* Betriebsverfassung in globalisierter Wirtschaft, S. 71.
28 *Coen,* AuR 99, 367.
29 27.6.00, NZA 00, 1330.
30 13.1.04, NZA 04, 160 [164].
31 29.6.04, NZA 05, 118.
32 Kritisch zur praktischen Wirksamkeit dieses Konzepts auch *Leder/Zimmer,* BB 05, 445f.

Insoweit kann von einem »Informationsverschaffungsanspruch« die Rede sein.[33] Dies ist so zu interpretieren, dass die Leitungen für ein Misslingen dieses Vorhabens einzustehen haben.

III. Auskunftspflicht einer zentralen Leitung, die ausländischem Recht unterliegt

9 Nach § 2 Abs. 4 EBRG findet Abs. 2 auch dann Anwendung, wenn sich die zentrale Leitung in einem anderen Mitgliedstaat befindet. Dies bedeutet, dass **BR und GBR** ihre jeweiligen Geschäftsleitungen um Auskunft ersuchen können, die sich dann ihrerseits die Informationen bei der zentralen Leitung im Ausland beschaffen müssen. Dies ist insbes. auch dann bedeutsam, wenn für die Interessenvertretungen unklar ist, wo sich die zentrale Leitung befindet.[34] Auch dem **KBR** steht in erweiternder Auslegung des Abs. 2 ein entsprechendes Recht zu; die Gründe, die bei inländischer zentraler Leitung für seine Ausklammerung sprachen, gelten hier nicht. Unberührt bleiben im Übrigen die **Auskunftsrechte,** die sich **nach ausländischem Recht** für deutsche Interessenvertretungen ergeben. Insoweit ist mit Regelungen zu rechnen, die der des Abs. 1 spiegelbildlich entsprechen.

IV. Gerichtliche Durchsetzung

10 Die Rechte nach § 5 können im arbeitsgerichtlichen Beschlussverfahren durchgesetzt werden.[35] Örtlich zuständig ist das ArbG am Sitz der zentralen Leitung (Abs. 1) bzw. das ArbG, in dessen Bezirk sich der Betrieb oder das UN befindet (Abs. 2). Der Erlass einer **einstweiligen Verfügung** ist nach allgemeinen Grundsätzen gem. § 85 Abs. 2 ArbGG zulässig.[36] Er ist unproblematisch, wenn der Auskunftsanspruch offensichtlich begründet ist: Dies ist dann der Fall, wenn das UN bzw. die UN-Gruppe möglicherweise die Voraussetzungen der §§ 3 und 4 EBRG erfüllt und die das Verfahren einleitende Interessenvertretung noch keine den Gegenstand des § 5 ausschöpfende Auskunft erhalten hat. Wird über Einzelheiten gestritten (Sind z. B. in Griechenland 100 oder 160 AN beschäftigt? Wie sind Beschäftigte mit einem Zweitjob zu behandeln, der den Finanzbehörden nicht bekannt wird?), versagt allerdings in der Regel dieser Weg. Zu beachten ist jedoch die Vorschrift des § 45 Abs. 1 Nr. 1 EBRG, die auch die nicht vollständige oder nicht rechtzeitige Auskunft mit einem Bußgeld von bis zu 15 000 Euro bedroht.

11 **Auch ausländische Interessenvertretungen,** denen ein Anspruch nach Abs. 1 zusteht, können ein **Beschlussverfahren** einleiten. Sie sind insoweit beteiligtenfähig; die sehr allgemeine Formulierung des § 2a Nr. 3b ArbGG (Angelegenheiten aus dem Gesetz über Europäische Betriebsräte) deckt auch diesen Fall.[37] Inwieweit eine deutsche Interessenvertretung ihre nach ausländischem Recht bestehenden Befugnisse geltend machen kann, bestimmt sich allein nach diesem.

§ 6 Herrschendes Unternehmen

(1) Ein Unternehmen, das zu einer gemeinschaftsweit tätigen Unternehmensgruppe gehört, ist herrschendes Unternehmen, wenn es unmittelbar oder mittelbar einen beherrschenden Einfluss auf ein anderes Unternehmen derselben Gruppe (abhängiges Unternehmen) ausüben kann.

(2) Ein beherrschender Einfluss wird vermutet, wenn ein Unternehmen in Bezug auf ein anderes Unternehmen unmittelbar oder mittelbar

1. mehr als die Hälfte der Mitglieder des Verwaltungs-, Leitungs- oder Aufsichtsorgans des anderen Unternehmens bestellen kann oder

---

33 AKRR-*Annuß* Rn. 2.
34 *ArbG Wesel* 5. 8. 98, AiB 99, 168.
35 *Kunz,* AiB 97, 272.
36 Dazu BHKC-*Blanke/Kunz,* Rn. 20; GK-*Oetker,* Anhang 7 zu Bd. I, § 5 EBRG Rn. 9; *Müller,* Rn. 7.
37 Ebenso AKRR-*Annuß* Rn. 10; Hako-BetrVG/*Kunz,* § 5 EBRG Rn. 6.

2. über die Mehrheit der mit den Anteilen am anderen Unternehmen verbundenen Stimmrechte verfügt oder
3. die Mehrheit des gezeichneten Kapitals dieses Unternehmens besitzt.
Erfüllen mehrere Unternehmen eines der in Satz 1 Nummer 1 bis 3 genannten Kriterien, bestimmt sich das herrschende Unternehmen nach Maßgabe der dort bestimmten Rangfolge.
(3) Bei der Anwendung des Absatzes 2 müssen den Stimm- und Ernennungsrechten eines Unternehmens die Rechte aller von ihm abhängigen Unternehmen sowie aller natürlichen oder juristischen Personen, die zwar im eigenen Namen, aber für Rechnung des Unternehmens oder eines von ihm abhängigen Unternehmens handeln, hinzugerechnet werden.
(4) Investment- und Beteiligungsgesellschaften im Sinne des Artikels 3 Absatz 5 Buchstabe a oder c der Verordnung (EG) Nr. 139/2004 des Rates vom 20. Januar 2004 über die Kontrolle von Unternehmenszusammenschlüssen (ABl. L 24 vom 29. 1. 2004, S. 1) gelten nicht als herrschendes Unternehmen gegenüber einem anderen Unternehmen, an dem sie Anteile halten, an dessen Leitung sie jedoch nicht beteiligt sind.

Inhaltsübersicht Rn.

I. Allgemeines

Die Vorschrift definiert das herrschende UN einer **UN-Gruppe,** bei dem die **zentrale Leitung für die gesamte Gruppe** (§ 2 Abs. 1 EBRG) angesiedelt ist. Damit wird Art. 3 der RL 2009/38/EG umgesetzt. Der »UN«-Begriff des EBRG entspricht dem des Gesellschafts- und Mitbestimmungsrechts (§ 2 EBRG Rn. 2; vgl. § 47 BetrVG Rn. 14 ff.). Eine »UN-Gruppe« besteht aus einem herrschenden UN und den von diesem abhängigen UN (Legaldefinition des Art. 2 Abs. 1 Buchstabe b RL 2009/38/EG; zu »Enkel«-UN vgl. Rn. 5) [1] Gleichgeordnete UN unter einer einheitlichen Leitung (vgl. den **»Gleichordnungskonzern«** i. S. d. § 18 Abs. 2 AktG) werden **nicht** erfasst. 1

II. Beherrschungstatbestand

Ein UN ist **»herrschendes UN«,** wenn es auf ein anderes UN der Gruppe, das »abhängige UN«, einen beherrschenden Einfluss ausüben kann (Abs. 1). Damit knüpft das EBRG die Bildung eines EBR an eine Verbindung **geringerer Intensität als** das **BetrVG** für die Bildung eines KBR und das **MitbestG** für die Wahl von AN-Vertretern im AR: § 54 Abs. 1 BetrVG und § 5 Abs. 1 MitbestG verlangen das Vorliegen eines Konzerns i. S. d. § 18 Abs. 1 AktG.[2] Das bedeutet, dass zur Abhängigkeit mit der Möglichkeit des beherrschenden Einflusses eine tatsächlich ausgeübte **einheitliche Leitung** kommen muss (vgl. Vor § 54 BetrVG Rn. 7). Das EBRG begnügt sich demgegenüber mit der Möglichkeit des beherrschenden Einflusses (Rn. 4).[3] 2

§ 5 Abs. 1 EBRG entspricht auf den ersten Blick § 17 Abs. 1 AktG. Dort ist für das deutsche Aktienrecht der vergleichbare **Abhängigkeitstatbestand** geregelt. Allerdings beziehen sich die RL 2009/38/EG und ihr folgend das EBRG **nicht** auf das **deutsche Konzernrecht.**[4] Das verbot sich zum einen wegen dessen in Europa singulären Charakters. Zum anderen wollte die Richtlinie erklärtermaßen keine künftige europaweite Konzerndefinition präjudizieren (17. Erwägungsgrund zur RL 2009/38/EG).[5] Das findet im Gesetz selbst insofern seinen Niederschlag, als Abs. 2 einen Vermutungstatbestand für das Vorliegen eines beherrschenden Einflusses enthält, der über den des § 17 Abs. 2 AktG hinausgeht (Rn. 8 ff.). Außerdem ist der Begriff der 3

1 Vgl. *Fiedler,* AuR 96, 180, 181.
2 Vgl. BHKC-*Blanke/Kunz,* Rn. 7 f.; *Däubler/Klebe,* AiB 95, 558, 563.
3 GK-*Oetker,* Rn. 2.
4 *Kohte,* EuroAS 7–8/96, 115.
5 Vgl. *Rademacher,* S. 85.

Abhängigkeit selbst nicht nach dem nationalen Recht des § 17 AktG auszulegen, sondern aus der **Legaldefinition in Art. 3 Abs. 1 der Richtlinie** zu gewinnen.[6]

4 »Abhängigkeit« eines UN vom anderen liegt vor, wenn es **»beherrschenden Einfluss ausüben kann«** (Abs. 1). Hierfür reichen jedenfalls die für § 17 Abs. 1 AktG erforderlichen Beherrschungstatbestände (vgl. Vor § 54 BetrVG Rn. 8 ff.). Für das deutsche Konzernrecht hat der *BGH* jedoch die vom AktG selbst nicht verlangte Einschränkung gemacht, dass der beherrschende Einfluss **gesellschaftsrechtlich bedingt** oder zumindest vermittelt sein muss (Vor § 54 BetrVG Rn. 14).[7] Diese Einschränkung machen die RL 2009/38/EG und ihr folgend das EBRG nicht. Der Abhängigkeitsbegriff des § 6 stimmt nicht mit demjenigen des § 17 AktG überein.[8] Art. 3 Abs. 1 der RL 2009/38/EG nennt ausdrücklich **»Eigentum, finanzielle Beteiligung oder** *sonstige* **Bestimmungen, die die Tätigkeit des Unternehmens regeln«** als Voraussetzungen für einen beherrschenden Einfluss, und zwar lediglich als **Beispiele.** Das geht ersichtlich über die Rspr. des *BGH* hinaus. Demgemäß können folgende, bereits für den Beherrschungstatbestand des § 17 Abs. 1 AktG diskutierte Konstellationen einen Abhängigkeitstatbestand i. S. d. Abs. 1 darstellen:

- **Zulieferverträge** mit der Möglichkeit der Einflussnahme auf Entwicklung und Produktionsabläufe;[9]
- **Franchiseverträge** mit umfassender auch unternehmerischer Abhängigkeit;
- **Darlehensverträge** mit Genehmigungsvorbehalten für die Geschäftsführung des Darlehensnehmers.[10]

5 Der herrschende Einfluss kann durch Vermittlung eines anderen UN ausgeübt werden. Sog. **Enkel-UN** (und darüber hinaus abhängige UN) gehören zur UN-Gruppe (zur Bildung nur eines EBR für die gesamte UN-Gruppe s. § 7 EBRG Rn. 1).[11]

6 Sowohl ein abhängiges als auch ein herrschendes UN kann **jede Rechtsform** haben.[12] Es kann Kapitalgesellschaft (AG, GmbH), Personengesellschaft (OHG, KG) oder Einzelkaufmann sein.[13] Das herrschende UN muss **keinen eigenen Geschäftsbetrieb** unterhalten.[14] Eine natürliche Person als Mehrheitsgesellschafter kann ebenfalls herrschendes UN sein, wenn es sich außerhalb des abhängigen UN unternehmerisch betätigt.[15] Gemäß Abs. 4 gelten **Investment- und Beteiligungsgesellschaften** i. S. d. EU-Fusionskontroll-Verordnung nicht als herrschendes UN. Voraussetzung ist jedoch, dass sie sich nicht an der Leitung des UN beteiligen, an dem sie Anteile halten.[16]

7 Ob **Gemeinschafts-UN** (»joint ventures«) abhängige UN in den UN aller ihrer Muttergesellschaften sein können, ist umstritten. Teils wird unter Berufung auf die Begründung des RegE (zu § 6)[17] die Auffassung vertreten, sie würden überhaupt nicht einbezogen, weil mangels der Notwendigkeit einer einheitlichen Leitung die Vermutung des § 18 Abs. 1 Satz 3 AktG nicht eingreife.[18] Diese Ansicht findet keinen Anhaltspunkt im Wortlaut und Normzweck des Gesetzes. Die Verweisung auf die fehlende Konzernleitungsvermutung geht insbesondere deshalb fehl, weil es für das Vorliegen einer Konzernbindung i. S. d. § 18 AktG um die ja viel höhere und für das Gemeinschafts-UN schwieriger herzuleitende Anforderung der einheitlichen Leitung

---

6 Vgl. *Kohte,* EuroAS 7–8/96, 115 f.; *Lörcher,* AuR 96, 297, 300; zur Richtlinie *Rademacher,* S. 85.
7 *BGH* – 26. 3. 84 II ZR 171/83, NJW 84, 1893.
8 Vgl. BHKC-*Blanke/Kunz,* Rn. 7; unklar bei *Rademacher,* S. 86, der die Richtlinie unvermittelt mit Kategorien der deutschen Literatur und Rspr. zu §§ 17, 18 AktG auslegt; ähnlich auch *Sandmann,* S. 145 f.
9 Vgl. *Nagel,* DB 88, 2292; *Däubler,* CR 88, 834.
10 Vgl. auch *Fiedler,* AuR 96, 180, 181; insgesamt *Hirte* [Hrsg.], Der qualifizierte faktische Konzern, 1993, S. 18 ff.
11 *Bachner/Nielebock,* AuR 97, 129, 130.
12 GK-*Oetker,* Rn. 12; BHKC-*Blanke/Kunz,* Rn. 18.
13 Vgl. *Fiedler,* AuR 96, 180.
14 *Rademacher,* S. 88; *Hromadka,* DB 95, 1126.
15 *ArbG Wesel* 5. 5. 98 – 3 BV 9/98, AuR 99, 72; *Däubler/Klebe,* AiB 95, 563; vgl. *BAG* 8. 3. 94, DB 94, 1780.
16 Vgl. BHKC-*Blanke/Kunz,* EBRG § 6 Rn. 19.
17 BT-Drs. 13/4520, S. 19 f.
18 *Engels/Müller,* DB 96, 983.

geht. In § 6 geht es nur um die **Möglichkeit** der Beherrschung, die auch für mehrere Muttergesellschaften sehr viel einfacher darzustellen ist. Demgemäß hat der *EGH* den Abhängigkeitsbegriff des § 17 AktG jedenfalls allgemein auf die **Mehrmütterherrschaft** erstreckt (zur Einbeziehung bei der Bildung mehrerer KBR s. Vor § 54 BetrVG Rn. 19).[19] Es gibt deshalb nicht den geringsten Anlass, ausgerechnet ein Gesetz, das einen europarechtlichen Beherrschungsbegriff mit geringeren Anforderungen enthält, sogar noch gegen eine deutsche Rechtstradition restriktiv auszulegen.[20] Das muss auch bei gleicher Kapitalbeteiligung gelten.[21] Die Richtlinie selbst spricht in ihrem Erwägungsgrund (10) dezidiert die Bildung von »joint ventures« als Anlass für die Notwendigkeit der Schaffung von EBR an.[22]

III. Abhängigkeitsvermutung

Für das Vorliegen des Beherrschungstatbestandes nennt Abs. 2 **drei Vermutungen:** 8
- die Möglichkeit der Bestellung von mehr als der Hälfte der maßgeblichen **UN-Organe** (Abs. 2 Satz 1 Nr. 1);
- die Mehrheit der **Stimmrechte** (Abs. 2 Satz 1 Nr. 2);
- die Mehrheit des **gezeichneten Kapitals** (Abs. 2 Satz 1 Nr. 3).

Nr. 1 und Nr. 2 gehen über § 17 Abs. 2 AktG hinaus und haben einen eigenständigen Regelungsgehalt.[23] Die Vermutung kann sowohl für die Beherrschung durch ein inländisches als auch durch ein ausländisches UN sprechen (RegE zu § 6)[24].

Die zur Erfüllung des Vermutungstatbestandes erforderlichen Einflussmöglichkeiten können **unmittelbar** oder **mittelbar** vorliegen. Ähnlich wie in § 16 Abs. 4 AktG, jedoch wegen der Tatbestände der Nr. 1 und 2 darüber hinausgehend, wird dem herrschenden UN jede Einflussmöglichkeit Dritter zugerechnet, über die es rechtlich und faktisch verfügen kann.[25] Hierzu sind gemäß Abs. 3 die **Stimm- und Ernennungsrechte** aller vom herrschenden UN abhängigen und für seine Rechnung tätigen juristischen und natürlichen Personen mitzurechnen. Das schließt **treuhänderisch** gehaltene Rechte ein.[26] Zweck der Regelung ist es, den gesamten das abhängige UN erfassenden Einfluss zu erfassen und Umgehungen zu unterbinden.[27] 9

Die Vermutung des Abs. 2 Satz 1 ist **widerlegbar.** Dazu ist erforderlich, dass die indizierte Beherrschung nicht möglich ist, was typischerweise nur durch den vertraglichen Ausschluss der an sich gegebenen Einflussmöglichkeiten belegt werden kann.[28] Die **Beweislast** für andere abhängigkeitsbegründende Tatbestände (Rn. 4) liegt bei den AN bzw. den BR-Gremien, die sie geltend machen. 10

Erfüllen **mehrere UN** die in Abs. 2 Satz 1 für Vermutungszwecke genannten **Kriterien,** so bestimmt sich das herrschende UN nach der dort vorgegebenen Reihenfolge (unabhängig davon, ob es sich um ein inländisches oder ein ausländisches UN handelt[29], RegE zu § 6). Steht danach die Eigenschaft eines UN als herrschendes fest, so brauchen andere UN, die ein rangniederes Kriterium erfüllen, keinen Gegenbeweis mehr anzutreten.[30] Gibt es für alle in Frage kom- 11

19 *BGH* 30.9.86 – KVR 8/85, NJW 87, 1639, 1640; vgl. *Säcker,* NJW 80, 801, 803 ff.; *Kohte,* RdA 92, 302, 306.
20 Ebenso BHKC-*Blanke/Kunz,* Rn. 17; GK-*Oetker,* Rn. 5; EU-ArbRK-Oetker, Art. 3 RL 2009/38/EG Rn. 4; *Däubler/Klebe,* AiB 95, 563; *Kohte,* EuroAS 7–8/96, 116; *Rademacher,* S. 88; *Fiedler,* AuR 96, 182; *Sandmann,* WiB 97, 394; a. A. *Fitting,* EBRG Rn. 30.
21 A. A. DKL-*Heckelmann/Wolff,* § 6 EBRG Rn. 5.
22 Vgl. *Bachner/Kunz,* AuR 96, 81, 84; *Fiedler,* AuR 96, 182.
23 Unklar *Sandmann,* S. 146 ff.
24 BT-Drs. 13/4520, S. 19.
25 Vgl. *Fiedler,* AuR 96, 182.
26 BHKC-*Blanke/Kunz,* Rn. 11.
27 *Däubler/Klebe,* AiB 95, 563.
28 Vgl. *Fiedler,* AuR 96, 182; dort auch zu der weiter gehenden, auf den Text der Richtlinie gestützten Ansicht, der deutsche Gesetzgeber hätte eine »Geltungsfiktion« übernehmen müssen, was zur Verlagerung der Prozesslast auf das UN geführt hätte; in diesem Sinne auch *Bachner/Kunz,* AuR 96, 84; *Lörcher,* AuR 96, 300.
29 RegE zu § 6, BT-Drs. 13/4520, S. 19 f.
30 *Rademacher,* S. 89.

menden UN nur eine Vermutung, kann aus Gründen der inneren Logik nicht anderes gelten.[31] Der Konflikt löst sich über ein Feststellungsverfahren nach § 2a Abs. 1 Nr. 3b ArbGG, bei dem alle in Frage kommenden UN als Beteiligte einzubeziehen sind (vgl. Vorbem. Rn. 18).

§ 7 Europäischer Betriebsrat in Unternehmensgruppen

Gehören einer gemeinschaftsweit tätigen Unternehmensgruppe ein oder mehrere gemeinschaftsweit tätige Unternehmen an, wird ein Europäischer Betriebsrat nur bei dem herrschenden Unternehmen errichtet, sofern nichts anderes vereinbart wird.

In einer UN-Gruppe gibt es **nur einen EBR** kraft Gesetzes beim herrschenden UN. Auch bei dezentraler Führungsstruktur (Sparten, »**Konzern im Konzern**«) werden eigene EBR bei den entsprechenden Unterkonzern-Leitungen nicht gebildet.[32] Derartige Gestaltungen können jedoch **freiwillig** vereinbart werden (§ 18 Rn. 7).[33]

31 A. A. *Rademacher,* a. a. O.

32 Vgl. BHKC-*Blanke/Kunz,* Rn. 2; GK-*Oetker,* Rn. 2; DKL-*Heckelmann/Wolff,* § 7 EBRG Rn. 1; *Engels/Müller,* DB 96, 983; *Däubler/Klebe,* AiB 95, 563; *Fiedler,* AuR 96, 183.

33 Vgl. BHKC-*Blanke/Kunz,* Rn. 3.

Zweiter Teil
Besonderes Verhandlungsgremium

§ 8 Aufgabe

(1) Das besondere Verhandlungsgremium hat die Aufgabe, mit der zentralen Leitung eine Vereinbarung über eine grenzübergreifende Unterrichtung und Anhörung der Arbeitnehmer abzuschließen.
(2) Die zentrale Leitung hat dem besonderen Verhandlungsgremium rechtzeitig alle zur Durchführung seiner Aufgaben erforderlichen Auskünfte zu erteilen und die erforderlichen Unterlagen zur Verfügung zu stellen.
(3) Die zentrale Leitung und das besondere Verhandlungsgremium arbeiten vertrauensvoll zusammen. Zeitpunkt, Häufigkeit und Ort der Verhandlungen werden zwischen der zentralen Leitung und dem besonderen Verhandlungsgremium einvernehmlich festgelegt.

Inhaltsübersicht

I. Vorbemerkungen

Die Vorschrift setzt Art. 2 Abs. 1i, 4 Abs. 1, 4 und 6 Abs. 1 der **EBR-RL** um. Die Aufgabe des besonderen Verhandlungsgremiums (BVG) wird festgelegt. Zudem werden Grundsätze über die Zusammenarbeit mit der zentralen Leitung geregelt. 1

II. Aufgabe des BVG

Das BVG hat die Aufgabe, entweder gem. § 18 EBRG eine Vereinbarung über die Errichtung eines EBR oder gem. § 19 EBRG über ein Verfahren zur Unterrichtung und Anhörung zu schließen. **Vertragspartner** ist die zentrale Leitung (vgl. § 1 Abs. 6 EBRG und hierzu § 1 EBRG Rn. 17). Nach Zielsetzung des Gesetzgebers sollen so **praxisnahe Verhandlungslösungen** der unmittelbar Beteiligten ermöglicht werden, die Vorrang vor der gesetzlichen Ausgestaltung (§§ 21 ff.) haben.[1] 2

Durch die Vorschrift wird nicht ausgeschlossen, dass das BVG – falls erforderlich – eine kleinere **Verhandlungsgruppe** bildet. Dies setzt allerdings einen entsprechenden Beschluss gemäß § 13 Abs. 3 EBRG bzw. eine Regelung in der Geschäftsordnung (§ 13 Abs. 1 EBRG) voraus. Das Einverständnis der zentralen Leitung ist nicht erforderlich. Das BVG kann in eigener Verantwortung entscheiden, welche Verhandlungsführung es für zweckmäßig hält, lediglich der **Abschluss** hat gemäß Abs. 1 durch das Gremium zu erfolgen. 3

III. Zusammenarbeit mit der zentralen Leitung

Die zentrale Leitung hat das BVG zu unterstützen, damit es seine Aufgaben erfüllen kann. **Die Informationspflicht** ist umfassend: Die zentrale Leitung hat alle erforderlichen **Auskünfte** zu erteilen und die erforderlichen **Unterlagen** zur Verfügung zu stellen. Hiermit soll erreicht werden, dass das BVG ein ebenbürtiger Verhandlungspartner ist.[2] Anders als nach § 5 Abs. 1 EBRG sind die Angaben nicht erst auf Verlangen, sondern **unaufgefordert**[3] zu machen. 4

---

1 BT-Drucks. 13/4520, S. 14.
2 Vgl. *Fitting*, Anhang 2 Rn. 58.
3 Ebenso Hako-BetrVG/*Siebens/Kunz*, § 8 EBRG Rn. 5.

Gleichwohl wird es in der Praxis so sein, dass das BVG teilweise selbst definiert, was es für seine Arbeit benötigt und daher die Informationen abfragt.

5 Die Auskünfte müssen **erforderlich** sein, um die gesetzlichen Aufgaben zu erfüllen. Was im Einzelfall erforderlich ist, wird sich nur anhand der konkreten Umstände beurteilen lassen. Hierbei kann auf die Auslegung vergleichbarer Vorschriften im BetrVG, wie § 80 Abs. 2, zurückgegriffen werden, da der Gesetzgeber sich bewusst eng an diesem Gesetz orientiert hat.[4] Bei der Frage, ob bestimmte Informationen und Unterlagen erforderlich sind, hat das BVG einen **Beurteilungsspielraum** (vgl. im Einzelnen auch die Erl. zu § 80 BetrVG).[5] Zu den erforderlichen Auskünften zählen z. B. Informationen über die Konzern- und UN-Strukturen und die Belegschaft (vgl. § 5 Abs. 1 EBRG; Art. 4 Abs. 4 EBR-RL), aus denen sich ergibt, wie viele Mitglieder der EBR für eine wirksame Arbeit benötigt sowie ob und ggf. mit wie vielen AN-Vertretern ein Land, eine bestimmte Region oder ein UN vertreten sein sollte, wie der Gesetzgeber in der Begründung des Entwurfs formuliert hat.[6] Auch eine Schilderung der **Weisungs-** und **Berichtswege,** der sachlich-technischen und informatorischen Kooperationsmodelle im UN bzw. der UN-Gruppe benötigt das BVG, um beurteilen zu können, welche Beteiligungsform (§§ 18, 19 EBRG) auf welcher Ebene den AN-Vertretern die von der RL[7] und dem Gesetz[8] angestrebte Partizipation und Beeinflussung von UN-Entscheidungen am besten ermöglicht.[9] Darüber hinaus wird die zentrale Leitung dem BVG Übersetzungen des Gesetzes zur Verfügung stellen müssen, damit seine Mitglieder die Basis für die Verhandlungen und die bei einem Scheitern geltenden Regelungen kennen. Auch eine Übersicht über die **nationalen Wahl- und Schutzvorschriften** zählt zu den erforderlichen Auskünften, damit für die Mitglieder nachvollziehbar ist, dass alle Vertreter ordnungsgemäß gewählt worden sind und welche Schutzregelungen im Einzelnen gelten. Dies ist schon deshalb erforderlich, weil das BVG im Rahmen einer etwaigen Vereinbarung auch für alle Mitglieder des EBR geltende Schutzvorschriften diskutieren und anstreben wird.[10]

6 Die Informationen sind **rechtzeitig** zu geben, d. h. sobald als möglich und so zeitig, dass das BVG seine Aufgaben erfüllen kann (vgl. z. B. die Erl. zu § 80 BetrVG Rn. 96 ff. und § 106 BetrVG Rn. 43 ff.). Darüber hinaus sind die erforderlichen Unterlagen **zur Verfügung zu stellen,** d. h. im Original, in Abschrift oder in Fotokopie zu überlassen.[11]

7 Die zentrale Leitung und das BVG werden verpflichtet, **vertrauensvoll zusammenzuarbeiten.** Anders als in § 2 Abs. 1 BetrVG wird allerdings ein Zusammenwirken mit den im Betrieb vertretenen Gewerkschaften und AG-Vereinigungen nicht erwähnt. Mit dem Grundsatz der vertrauensvollen Zusammenarbeit (vgl. auch § 2 BetrVG Rn. 4 ff.) ist in erster Linie der **Ausschluss von Arbeitskampfmaßnahmen** zum Durchsetzen der Vereinbarung gemeint.[12] Etwaige Konflikte sollen im Dialog mit dem ernsten Willen zur Einigung gelöst werden, der Umgang soll fair und ohne Schikane sein, ohne dass soziale Gegensätze geleugnet würden.[13]

8 Aus dem Grundsatz der vertrauensvollen Zusammenarbeit ergibt sich z. B., dass Informationspflichten der zentralen Leitung ebenso wie die Frage, welche **sächlichen Mittel** dem BVG zur Verfügung zu stellen sind, auch unter Beachtung des diesem zustehenden Beurteilungsspielraums i. d. R. **weit auszulegen** sind.[14]

9 Die Vorschrift sieht vor, dass Zeitpunkt, Häufigkeit und Ort der Verhandlungen **einvernehmlich** von zentraler Leitung und BVG festgelegt werden. Gemäß § 13 Abs. 2 gilt dies auch für die internen Sitzungen des BVG. Hiermit wird die Souveränität der AN-Vertreter nicht unerheb-

---

4 BT-Drucks. 13/4520, S. 15.
5 BHKC-*Blanke/Kunz,* Rn. 9; AKRR-*Rudolph*, Rn. 5.
6 BT-Drucks. 13/4520, S. 20; vgl. auch Erwägungsgrund 25 der RL.
7 Z. B. Erwägungsgründe 9, 11 und 12.
8 BT-Drucks. 13/4520, S. 14, 17.
9 Vgl. BHKC-*Blanke/Kunz,* Rn. 8; Hako-BetrVG *Siebens/Kunz,* § 8 EBRG Rn. 5.
10 Ebenso Hako-BetrVG/*Siebens/Kunz,* § 8 EBRG Rn. 5; AKRR-*Rudolph*, Rn. 8.
11 Vgl. *Fitting,* § 80 Rn. 69.
12 BT-Drucks. 13/4520, S. 20; *Fitting,* Anhang 2 Rn. 94; GK-*Oetker,* § 8 EBRG Rn. 8; *Müller,* Rn. 3; vgl. auch zu Art. 6 Abs. 1 der RL *Weiss,* AuR 95, 438 (439).
13 Vgl. auch *Fitting,* § 2 Rn. 21.
14 *Fitting,* § 2 Rn. 24.

lich eingeschränkt.[15] Dies wird der **eigenverantwortlichen Wahrnehmung** der Aufgaben bzw. der Rolle als gleichwertiger Verhandlungspartner, die Richtlinie und Gesetz vorsehen, kaum gerecht. Aus dem Grundsatz der vertrauensvollen Zusammenarbeit folgt daher für die jeweilige Festlegung, dass die zentrale Leitung konstruktiv auf die Vorschläge des BVG eingeht und diese nur mit nachvollziehbaren erheblichen Gründen abgelehnt werden können, die Ablehnung ansonsten unerheblich ist.[16]

Die **Sitzungszahl** wird im Gesetz nicht festgelegt. Im Hinblick auf die unterschiedlichen na- 10
tionalen Rechtsordnungen und Vorverständnisse und die hieraus notwendigerweise resultierenden internen Abstimmungsprobleme ergibt sich allerdings, dass eine Reihe von Sitzungen erforderlich sein wird. Dabei können Art. 7 Abs. 1 EBR-RL und § 21 Abs. 1 EBRG einen Hinweis für den zeitlichen Ablauf geben, wenn dort **sechs Monate** nach der Antragstellung aus der Nichtaufnahme der Verhandlungen geschlossen wird, dass die zentrale Leitung hierzu nicht bereit ist. Hierin lässt sich der äußerste Zeitrahmen sehen, der zwischen den Sitzungen liegen kann,[17] falls diese nicht bereits früher erforderlich sind. In der Regel wird dies mit der Konstituierung, der Abfassung eines eigenen Entwurfes[18] und der zielgerichteten Durchführung der Verhandlungen allerdings der Fall sein und auch wegen des Grundsatzes der vertrauensvollen Zusammenarbeit nicht abgelehnt werden können.

§ 9 Bildung

(1) Die Bildung des besonderen Verhandlungsgremiums ist von den Arbeitnehmern oder ihren Vertretern schriftlich bei der zentralen Leitung zu beantragen oder erfolgt auf Initiative der zentralen Leitung.
(2) Der Antrag ist wirksam gestellt, wenn er von mindestens 100 Arbeitnehmern oder ihren Vertretern aus mindestens zwei Betrieben oder Unternehmen, die in verschiedenen Mitgliedstaaten liegen, unterzeichnet ist und der zentralen Leitung zugeht. Werden mehrere Anträge gestellt, sind die Unterschriften zusammenzuzählen. Wird ein Antrag bei einer im Inland liegenden Betriebs- oder Unternehmensleitung eingereicht, hat diese den Antrag unverzüglich an die zentrale Leitung weiterzuleiten und die Antragsteller darüber zu unterrichten.
(3) Die zentrale Leitung hat die Antragsteller, die örtlichen Betriebs- oder Unternehmensleitungen, die dort bestehenden Arbeitnehmervertretungen sowie die in inländischen Betrieben vertretenen Gewerkschaften über die Bildung eines besonderen Verhandlungsgremiums und seine Zusammensetzung zu unterrichten.

Inhaltsübersicht

I. Vorbemerkungen

Die Vorschrift setzt **Artikel 5 Abs. 1** der EBR-RL um und regelt insbesondere die Vorausset- 1
zungen für einen wirksamen Antrag zur Bildung des BVG.

II. Wirksamer Antrag

Die Initiative zur Bildung des BVG kann von der zentralen Leitung oder von den AN und/oder 2
ihren Vertretern ausgehen. Für eine wirksame **Initiative der zentralen Leitung** werden im Ge-

15 Vgl. auch *Bachner/Kunz,* AuR 96, 81 (84); *Gaul,* NJW 96, 3378 (3380); a. A. GK-*Oetker,* § 8 EBRG Rn. 9.
16 Vgl. auch *Bachner/Nielebock,* AuR 97, 129 (131); *Klebe/Kunz,* FS Däubler, S. 823 (831).
17 Vgl. auch BHKC-*Blanke/Kunz,* § 13 Rn. 14; *Klebe/Kunz,* FS Däubler, S. 823 (831); a. A. AKRR-*Rudolph*, Rn. 14.
18 Vgl. hierzu z. B. die Checkliste von *Jaeger,* BetrR 97, 56 ff.

setz keine Voraussetzungen aufgestellt. Sie erfolgt durch entsprechende Mitteilung an eine bestehende AN-Vertretung.[1] Der Antrag der AN und/oder ihrer Vertreter:innen hat **schriftlich** bei der zentralen Leitung zu erfolgen (s. das **Musterschreiben** bei DKWF-*Däubler,* EBRG Rn. 6 und ein **Schreiben zur Koordinierung/Kontaktaufnahme** mit einer ausländischen Interessenvertretung in Rn. 4). Er muss von mindestens **100 AN** bzw. ihren Vertretern aus mindestens **zwei Mitgliedstaaten** unterzeichnet werden. Nach dieser Formel liegt selbst dann ein wirksamer Antrag vor, wenn z. B. ein Arbeitnehmer aus Frankreich und ein deutscher BR, der 99 AN vertritt, den Antrag unterzeichnen. Der **AN-Begriff** richtet sich dabei nach dem Recht des jeweiligen Mitgliedstaates, in Deutschland also nach § 5 Abs. 1 BetrVG (§ 4 Satz 1 EBRG). Leitende Angestellte werden daher nicht mitgerechnet.[2] **Leih-AN** sind in Deutschland gem. § 14 Abs. 2 Satz 4 AÜG einzubeziehen. Dies entspricht dem Sinn und Zweck der Norm, beim Schwellenwert auf die Beschäftigten abzustellen, für die die Interessenvertretung zuständig ist (vgl. auch § 87 Rn. 9).

3 Werden **mehrere Anträge** gestellt, sind die Unterschriften zusammenzuzählen. Ein wirksamer Antrag liegt dann mit Erreichen der 100 Unterschriften und **Zugang** bei der zentralen Leitung vor. Wird z. B. ein Antrag von einem deutschen GBR, der 430 AN vertritt, am 15. Oktober, von einem weiteren deutschen GBR mit 54 AN am 22. Oktober und am 7. Dezember der Antrag eines niederländischen BR, der 70 AN vertritt, gestellt, liegt ein wirksamer Antrag mit dem Zugang am 7. Dezember bei der zentralen Leitung vor.[3] Ein enger zeitlicher Zusammenhang ist nicht erforderlich.[4] Die **Kosten** für die Herbeiführung eines wirksamen Antrags, wie z. B. für ein Koordinierungstreffen des deutschen KBR mit dem niederländischen BR der gemeinschaftsweiten UN-Gruppe, sind nach § 16 (vgl. dort Rn. 1) vom AG zu tragen.[5]

4 Mit Stellung des Antrages laufen die **Fristen des § 21 Abs. 1.** Der Antrag kann auch bei einer im Inland liegenden Betriebs- oder UN-Leitung eingereicht werden. Diese hat ihn dann unverzüglich an die zentrale Leitung weiterzugeben und die **Antragsteller:innen** darüber zu unterrichten. Entscheidend ist auch hier der Zugang bei der zentralen Leitung, da die Vorschrift keine Zugangsfiktion enthält.[6]

III. Unterrichtungspflichten

5 Die zentrale Leitung hat neben den Antragsteller:innen die örtlichen Betriebs- oder UN-Leitungen, dort bestehende AN-Vertretungen sowie die in deutschen Betrieben vertretenen Gewerkschaften darüber zu informieren, ob ein BVG zu bilden ist und wie viele Sitze auf die jeweiligen Mitgliedstaaten entfallen. Hiermit soll erreicht werden, dass sich alle Betroffenen frühzeitig auf das Verfahren einstellen und die Mitglieder des BVG bestellen können.[7] Nach dem Wortlaut des Abs. 3 sind die auf Betriebs- und UN-Ebene bestehenden AN-Vertretungen zu informieren. Sinnvollerweise wird man im Hinblick auf die Zielsetzung und das Wahlverfahren Konzernleitungen und auf **Konzernebene** bestehende AN-Vertretungen ebenfalls einbeziehen. Die Mitteilungspflicht besteht auch, wenn die zentrale Leitung die Initiative ergriffen hat.[8]

§ 10 Zusammensetzung

(1) Für jeden Anteil der in einem Mitgliedstaat beschäftigten Arbeitnehmer, der 10 Prozent der Gesamtzahl der in allen Mitgliedstaaten beschäftigten Arbeitnehmer der gemeinschaftsweit tätigen Unternehmen oder Unternehmensgruppen oder einen Bruchteil davon

---

1 Vgl. BT-Drucks. 13/4520, S. 18; BHKC-*Blanke/Kunz,* Rn. 6 und § 4 Rn. 8; *Müller,* § 4 Rn. 6.
2 Vgl. BT-Drucks. 13/4520, S. 18; *Engels/Müller,* DB 96, 981; § 3 Rn. 2 f.
3 Vgl. auch *Kunz,* AiB 97, 267 (273 f.) mit dem Musterentwurf eines Antrags.
4 So aber AKRR-*Rudolph,* Rn. 10.
5 BHKC-*Blanke/Kunz,* Rn. 9 und § 16 Rn. 5; a. A. HWK-*Giesen,* EBRG Rn. 43; vgl. auch *ArbG Hamburg* 17. 4. 97, AiB 98, 164 ff. mit Anm. *Kunz,* das den Erstattungsanspruch auf § 40 BetrVG stützt.
6 Vgl. *Däubler/Klebe,* AiB 95, 558 (565); ebenso BHKC-*Blanke/Kunz,* Rn. 3 und Hako-BetrVG/*Siebens/Kunz,* § 9 EBRG Rn. 3.
7 Vgl. BT-Drucks. 13/4520, S. 21.
8 Vgl. auch Hako-BetrVG/*Siebens/Kunz,* § 9 EBRG Rn. 6.

beträgt, wird ein Mitglied aus diesem Mitgliedstaat in das besondere Verhandlungsgremium entsandt.
(2) Es können Ersatzmitglieder bestellt werden.

Inhaltsübersicht Rn.

I. Vorbemerkungen

Die Vorschrift regelt entsprechend Art. 5 Abs. 2b der EBR-RL die **Verteilung der Sitze** im BVG auf die einzelnen Länder. In der RL ist keine Mindest- und Höchstzahl der Mandate mehr vorgesehen. 1

II. Zusammensetzung des BVG

Pro Mitgliedsstaat besteht für jeden Anteil, der 10 % der Gesamtzahl der in allen Mitgliedstaaten beschäftigten **AN** – hierbei können je nach nationaler Regelung, wie z. B. in Deutschland gem. § 14 Abs. 2 Satz 4 AÜG, auch **Leih-AN** einzubeziehen sein – entspricht, ebenso Anspruch auf einen Sitz wie für einen Bruchteil dieser Tranche. Das liest sich kompliziert. Vereinfacht ausgedrückt gibt es ein Mandat in jedem Mitgliedsstaat für je angefangene 10 %.[1] Damit kann das BVG ohne Großbritannien maximal aus 39 Mitgliedern bestehen. Der Austritt Großbritannien (**Brexit**), der zum 31. 1. 2020 vollzogen wurde, ist während des Übergangszeitraums bis zum 31. 12. 2020 ohne Folgen geblieben. Das bedeutet z. B., dass in diesem Zeitraum Gründungsinitiativen unverändert unter Einschluss der beteiligten AN aus Großbritannien, auch im Hinblick auf die Schwellenwerte, zu beurteilen waren, zu Ende geführt werden konnten und diese auch UN in Großbritannien betrafen (**strittig**).[2] Für Aktivitäten ab dem 1. 1. 2021 ist dies nicht mehr der Fall.[3] Initiativen zur Gründung eines EBR können dann britische AN und UN nicht mehr erfassen. Eine Einbeziehung der britischen Beschäftigten ist allerdings möglich, wenn AN-Vertreter:innen aus Drittstaaten in einer EBR-Vereinbarung (§ 14) vorgesehen werden.[4] Eine Nichteinbeziehung britischer AN wirkt sich also zukünftig 2

---

1 Vgl. *Thüsing/Forst*, NZA 09, 408 (411); *Blanke*, AuR 09, 242 (244); Hako-BetrVG/*Siebens/Kunz*, § 10 EBRG Rn. 1.

2 Vgl. z. B. den Leitfaden der britischen Regierung durch das Department for Business, Energy & Industrial Strategy v. 31. 12. 20 als GOV.UK unter *https://www.gov.uk/guidance/participating-in-a-european-works-council* und demgegenüber die Mitteilung der Europäischen Kommission v. 21. 4. 20, REV 3.

3 Allerdings hat das Vereinigte Königreich u. a. britische Gesetze, durch die EU-Richtlinien, wie z. B. die über EBR (TICE-Verordnung in der Fassung des The Employment Rights [Amendment EU Exit] Regulations 2019), umgesetzt wurden, automatisch in das nationale Recht überführt (European Union [Withdrawal] Act 2019). Dies kann als Realisierung der Nichtrückschrittsklausel des Handels- und Kooperationsabkommens, mit dem die Beziehungen nach dem Brexit gestaltet werden, gesehen werden (Art. 387 Abs. 2 i. V. m. Art. 386 Abs. 1d, ABl EU v. 30. 4. 21 L 149/10 [493 f.]). Das bedeutet, das britische Vertreter:innen in EBR weiter ihr Mandat ausüben und auch EBR bei UN mit Sitz in Großbritannien in Funktion bleiben. Es ist allerdings davon auszugehen, dass für diesen Zweck dann während des Übergangszeitraums, schon wegen des anwendbaren Rechts, ein Sitz für die zentrale Leitung bzw. ihre Vertreter:innnen in der EU zu definieren war, anderenfalls wurde dies automatisch der Sitz des UN mit der höchsten Beschäftigtenzahl (vgl. Mitteilung der Europäischen Kommission v. 21. 4. 2020, REV3); vgl. auch HaKo-BetrVG/*Hayen*, Einl. Rn. 40 ff.; a. A. *Steinau-Seinrück/Jöris*, NZA 21, 897 (900), die davon ausgehen, dass die bestehenden Mandate am 1. 1. 2021 erloschen sind; ebenso GK-*Oetker*, vor § 1 EBRG Rn. 12 ff.; *Fitting*, Anhang 2 Rn. 2.

4 Vgl. auch *Häferer/Klare*, NZA 19, 352 ff.; *Schiek/Uddin*, NZA 19, 345 (350); BHKC-*Blanke/Kunz*, § 18 Rn. 15.

auch im Hinblick auf Schwellenwerte aus.[5] **Jedes Land** hat **mindestens einen Sitz,** gleich, wie viele AN dort beschäftigt sind. Für Länder mit einem größeren Anteil an der Gesamtbelegschaft des gemeinschaftsweit tätigen UN bzw. der UN-Gruppe werden die Sitze aufgestockt. Das Gesetz verbindet also den Grundsatz der Repräsentativität mit dem der Proportionalität. Dabei können pro Land maximal zehn Sitze im BVG anfallen. Wenn in einem Land 99 Prozent der Beschäftigten tätig sind und in den anderen z. B. 29 ohne Großbritannien zusammen nur 1 Prozent, bleibt das Verhältnis 10 zu 29.[6] [7]

3 Ändert sich die Struktur (z. B. Gründung / Kauf von Betrieben / UN in weiteren Ländern) des gemeinschaftsweit tätigen UN bzw. der UN-Gruppe während der Tätigkeit des BVG wesentlich, ist es entsprechend **neu zusammenzusetzen** Die **Kontinuität der Arbeit** wird dadurch nicht unterbrochen. § 37 Abs. 2, der Art. 13 der EBR-RL umsetzt, sieht zudem vor, dass jeder hiervon betroffene EBR aus seiner Mitte 3 weitere Mitglieder entsendet (vgl. § 37 und die dortigen Anm.).

III. Ersatzmitglieder

4 Das Gesetz stellt es in Abs. 2 den Bestellungsorganen frei, Ersatzmitglieder zu benennen, um eine kontinuierliche Arbeit sicherzustellen. Das Verfahren wird nicht festgelegt. Daher ist es möglich, für jedes ordentliche Mitglied jeweils ein zugeordnetes Ersatzmitglied zu wählen, wie es beispielsweise **§ 17 MitbestG** vorsieht, oder aber eine **Liste von Ersatzmitgliedern** zu bestellen, aus der bei Verhinderung die jeweiligen Vertreter und Vertreterinnen kommen, wie es eher § 25 BetrVG entspricht. Die Bestellung der Ersatzmitglieder kann gesondert in einem eigenen Wahlgang oder aber auch bei der Wahl der Mitglieder des BVG erfolgen. Hierbei wäre dann das Ersatzmitglied automatisch mit dem ordentlichen Mitglied gewählt oder die nichtgewählten Kandidaten und Kandidatinnen würden in der entsprechenden Reihenfolge Ersatzmitglieder.[8]

Die Ersatzmitglieder unterliegen ebenso wie die ordentlichen Mitglieder der Vertraulichkeitspflicht (§ 35 Abs. 3 Nr. 1). Bei den Schutzrechten in § 40 Abs. 2 werden sie demgegenüber nicht erwähnt. Hier gilt Folgendes: Scheidet ein ordentliches Mitglied aus, tritt das Ersatzmitglied in das BVG ein und hat alle Rechte und Pflichten. Bei einer vorübergehenden Verhinderung des ordentlichen Mitglieds gilt dies ebenfalls für die Zeit der Vertretung, also für §§ 103 BetrVG, 15 KSchG. Nach deren Ende hat das Ersatzmitglied den einjährigen nachwirkenden Schutz gegen eine ordentliche Kündigung (§ 15 Abs. 1 Satz 2 KSchG), wenn es tätig geworden ist, also Aufgaben im BVG wahrgenommen hat. Der Schutz wegen der Vertretung umfasst bereits die Vorbereitung auf die Sitzung.[9]

IV. Amtszeit des BVG

5 Die Amtszeit des BVG endet mit Abschluss der Vereinbarung.[10] Es ist, wie *Weiss*[11] formuliert hat, ein **Ad-hoc-Gremium.** Dies zeigen insbesondere §§ 15 und 20. Nach § 15 Abs. 2 ist das BVG nach dem Beschluss, keine Verhandlungen aufzunehmen oder diese zu beenden, neu zu bilden. § 20 sieht ebenfalls eine **Neubildung** vor und nicht das »Wiederaufleben« des ursprüng-

5 Vgl. auch *Wolff*, BB 16, 1784 ff.; BHKC-*Hayen*, Einleitung Rn. 130 nennt nach Berechnungen des Europäischen Gewerkschaftsinstituts ca. 850 britische EBR-Mitglieder in ca. 138 Gremien nach britischem Recht und ca. 1569 in ca. 730 Gremien nach anderem EU-Recht. Nach den Angaben auf der Homepage des Europäischen Gewerkschaftsinstituts (EGI bzw. ETUI) haben 95 UN ihren Sitz in Großbritannien (Mai 2023).

6 Zur Kritik vgl. *Bachner/Kunz*, AuR 96, 81 (84); *Gaul*, NJW 96, 3378 (3380).

7 Vgl. auch *Fitting*, Anhang 2 Rn. 46a; BHKC-*Blanke/Kunz*, Rn. 18; a. A. AKRR-*Rudolph*, Rn. 8. NK-GA/*Breitfeld*, §§ 8–16 EBRG Rn. 7.

8 Zustimmend BHKC-*Blanke/Kunz*, Rn. 13; AKRR-*Rudolph*, Rn. 10.

9 Vgl. ausführlich BHKC-*Blanke/Kunz*, Rn. 17 m. w. N.

10 *BAG* 23.3.23 – 1 ABR 43/18, juris Tz. 31; vgl. auch *LAG Berlin-Brandenburg* 10.2.17 – 6 TaBV 1585/16, juris (Tz. 55, 68).

11 AuR 95, 438 (441).

lichen Gremiums.[12] Die EBR-Vereinbarung muss daher von den einzelnen Mitgliedern oder dem EBR ggf. durchgesetzt werden, der im Übrigen auch das Antragsrecht nach § 20 ausüben kann.

V. Stellung der Mitglieder des BVG

6 Für die in Deutschland beschäftigten Mitglieder des BVG sind die §§ 38 bis 40 einschlägig, für im Ausland Beschäftigte §§ 38 f. und die im jeweiligen Land für AN-Vertreter geltenden Schutzvorschriften (vgl. Art. 10 der EBR-RL). Neben den **Kündigungsschutzvorschriften**[13] sind insbesondere die **Freistellungsregeln** von Bedeutung (vgl. die Anm. zu §§ 38, 39 und 40).

§ 11 Bestellung inländischer Arbeitnehmervertreter

(1) Die nach diesem Gesetz oder dem Gesetz eines anderen Mitgliedstaates auf die im Inland beschäftigten Arbeitnehmer entfallenden Mitglieder des besonderen Verhandlungsgremiums werden in gemeinschaftsweit tätigen Unternehmen vom Gesamtbetriebsrat (§ 47 des Betriebsverfassungsgesetzes) bestellt. Besteht nur ein Betriebsrat, so bestellt dieser die Mitglieder des besonderen Verhandlungsgremiums.
(2) Die in Absatz 1 Satz 1 genannten Mitglieder des besonderen Verhandlungsgremiums werden in gemeinschaftsweit tätigen Unternehmensgruppen vom Konzernbetriebsrat (§ 54 des Betriebsverfassungsgesetzes) bestellt. Besteht neben dem Konzernbetriebsrat noch ein in ihm nicht vertretener Gesamtbetriebsrat oder Betriebsrat, ist der Konzernbetriebsrat um deren Vorsitzende und um deren Stellvertreter zu erweitern; die Vorsitzenden und ihre Stellvertreter gelten insoweit als Konzernbetriebsratsmitglieder.
(3) Besteht kein Konzernbetriebsrat, werden die in Absatz 1 Satz 1 genannten Mitglieder des besonderen Verhandlungsgremiums wie folgt bestellt:

a) **Bestehen mehrere Gesamtbetriebsräte, werden die Mitglieder des besonderen Verhandlungsgremiums auf einer gemeinsamen Sitzung der Gesamtbetriebsräte bestellt, zu welcher der Gesamtbetriebsratsvorsitzende des nach der Zahl der wahlberechtigten Arbeitnehmer größten inländischen Unternehmens einzuladen hat. Besteht daneben noch mindestens ein in den Gesamtbetriebsräten nicht vertretener Betriebsrat, sind der Betriebsratsvorsitzende und dessen Stellvertreter zu dieser Sitzung einzuladen; sie gelten insoweit als Gesamtbetriebsratsmitglieder.**
b) **Besteht neben einem Gesamtbetriebsrat noch mindestens ein in ihm nicht vertretener Betriebsrat, ist der Gesamtbetriebsrat um den Vorsitzenden des Betriebsrats und dessen Stellvertreter zu erweitern; der Betriebsratsvorsitzende und sein Stellvertreter gelten insoweit als Gesamtbetriebsratsmitglieder. Der Gesamtbetriebsrat bestellt die Mitglieder des besonderen Verhandlungsgremiums. Besteht nur ein Gesamtbetriebsrat, so hat dieser die Mitglieder des besonderen Verhandlungsgremiums zu bestellen.**
c) **Bestehen mehrere Betriebsräte, werden die Mitglieder des besonderen Verhandlungsgremiums auf einer gemeinsamen Sitzung bestellt, zu welcher der Betriebsratsvorsitzende des nach der Zahl der wahlberechtigten Arbeitnehmer größten inländischen Betriebs einzuladen hat. Zur Teilnahme an dieser Sitzung sind die Betriebsratsvorsitzenden und deren Stellvertreter berechtigt; § 47 Absatz 7 des Betriebsverfassungsgesetzes gilt entsprechend.**

---

12 Vgl. *Däubler,* FS Schaub, S. 95 (102 f.); BHKC-*Blanke/Kunz,* § 8 Rn. 5; GK-*Oetker,* § 8 EBRG Rn. 3 f.; HWK-*Giesen,* EBRG Rn. 45; AKRR-*Rudolph,* § 8 Rn. 3; PS-*Müller-Bonanni/Jenner,* § 12 Rn. 73; vgl. demgegenüber *Weiss,* a. a. O., allerdings zu Art. 5, 6 der RL; abzulehnen ist die Entscheidung des *Employment Appeal Tribunal London* 15. 10. 18 Mr Gordon Lean v Manpower Group – UKEAT/0096/18/DA, die das BVG selbst nach Ablauf der Dreijahresfrist (in Deutschland § 21 Abs. 1 Satz 2) noch im Amt sieht und deshalb in der Lage, eine Vereinbarung abzuschließen; zu Recht **a. A.** *ArbG Berlin* 15. 7. 16 – 26 BV 4223/16, juris.

13 Vgl. für den Sonderkündigungsschutz eines BVG-Mitglieds in einer SE nach § 42 SEBG *ArbG Essen* 18. 3. 21 – 1 Ca 3015/20, DB 21, 1136 mit Anm. v. *Kühnreich.*

d) Besteht nur ein Betriebsrat, so hat dieser die Mitglieder des besonderen Verhandlungsgremiums zu bestellen.

(4) Zu Mitgliedern des besonderen Verhandlungsgremiums können auch die in § 5 Absatz 3 des Betriebsverfassungsgesetzes genannten Angestellten bestellt werden.

(5) Frauen und Männer sollen entsprechend ihrem zahlenmäßigen Verhältnis bestellt werden.

Inhaltsübersicht Rn.

I. Vorbemerkungen

1 Die Vorschrift regelt die Bestellung der **inländischen** AN-Vertreter:innen entsprechend Art. 5 Abs. 2a der EBR-RL. Sie ist ein Beispiel für die Anlehnung des EBR-Gesetzes an das BetrVG.[1] Eine Beteiligung der AN **BR-loser Betriebe** am Bestellungsverfahren ist nicht vorgesehen (s. aber auch Art. 5 Abs. 2a Unterabs. 2, 3 der EBR-RL und unten Rn. 8).[2]

II. Persönliche Wahlvoraussetzungen

2 Die Kandidaten und Kandidatinnen müssen, wie auch Abs. 4 zeigt, nicht Mitglied in einem der nationalen AN-Gremien sein. Eine richtlinienkonforme Auslegung ergibt, dass auch **Externe,** wie z. B. hauptamtliche Gewerkschaftsvertreter, in das BVG gewählt werden können. Art. 10 der Richtlinie sieht die Lohn- und Gehaltsfortzahlung an die Mitglieder vor, die Beschäftigte des gemeinschaftsweit operierenden UN/der UN-Gruppe sind. Dieser Zusatz wäre entbehrlich, wenn nur bei dem UN/der UN-Gruppe tätige AN gewählt werden könnten.[3] Demgegenüber wird im Anhang Nr. 1 b) klargestellt, dass sich der **EBR** nur aus AN des UN/der UN-Gruppe zusammensetzt (zur richtlinienkonformen Auslegung § 87 BetrVG Rn. 213 f.).[4] Das Gesetz trifft keine Regelung zum **Wahlverfahren.** Sind mehrere Mitglieder für das BVG zu wählen und werden z. B. zwei Listen eingereicht, könnte eine Parallele zur Bildung von Ausschüssen im BetrVG gezogen werden. Dabei ist beim BA, GBA und KBA die Verhältniswahl anzuwenden.

Ebenso ist dies bei weiteren Ausschüssen des BR der Fall, nicht aber bei denen des GBR und KBR, die mit der Mehrheitswahl besetzt werden.[5] Die Bestimmungen sind also nicht einheitlich. Aus diesem Grunde, aber vor allem, weil ebenfalls eine Regelung fehlt und der Entsendungsvorgang vergleichbarer erscheint, ist es näherliegend, die Grundsätze für die Entsendung in den GBR und KBR mit der **Mehrheitswahl** zur Anwendung zu bringen.

---

1 Vgl. *Bachner/Nielebock,* AuR 97, 129 (130) und *Klebe/Kunz,* FS Däubler, S. 823 (826) zur Frage, wie AN eines Landes beteiligt werden, das die EBR-Richtlinie nicht umgesetzt hat.

2 Vgl. hierzu Schaub-*Koch,* § 256 Rn. 13; *Müller,* Rn. 2; *Ruoff,* BB 97, 2478 (2480) und die Bedenken v. *Gaul,* NJW 96, 3378 (3380); BHKC-*Blanke/Kunz,* Rn. 4 f. und § 10 Rn. 5; PS-*Müller-Bonanni/Jenner,* § 12 Rn. 80 f. legen die Vorschrift richtlinienkonform ergänzend so aus, dass in den Fällen, in denen wegen fehlender rechtlicher Voraussetzungen kein BR gewählt werden kann, die AN eine Urwahlmöglichkeit haben.

3 Vgl. auch Hako-BetrVG/*Siebens/Kunz,* § 11 EBRG Rn. 6; HWK-*Giesen,* EBRG Rn. 44; a. A. AKRR-*Rudolph,* Rn. 4.

4 Zur Auslegung der Richtlinie vgl. auch *Däubler/Klebe,* AiB 95, 558 (566); zur entsprechenden Auslegung dieses Gesetzes: BHKC-*Blanke/Kunz,* EBRG Rn. 23; *Bachner/Kunz,* AuR 96, 81 (85); *Kohte,* EuroAS 96, 115 (117); *Müller,* § 10 Rn. 1; MünchArbR-*Joost,* § 274 Rn. 64.

5 Vgl. § 51 Rn. 39 und § 59 Rn. 15.

III. Wahl in gemeinschaftsweit tätigen UN

Die Bestellung der inländischen AN-Vertreter:innen erfolgt gem. Abs. 1 durch den **GBR** oder, falls es nur einen BR gibt, durch diesen. 3

IV. Wahl in UN-Gruppen mit KBR

Besteht in der gemeinschaftsweit tätigen UN-Gruppe ein **KBR**, so bestellt dieser die Mitglieder des BVG. Erfasst der KBR nicht alle UN, wird ein in ihm **nicht vertretener GBR** oder **BR** so beteiligt, dass deren Vorsitzende und Stellvertreter bzw. Stellvertreterinnen als KBR-Mitglieder gelten. Bei der Beschlussfassung haben sie dann jeweils die Hälfte der Stimmen des entsendenden GBR bzw. BR gemäß § 55 Abs. 3 BetrVG. 4

Nicht geregelt ist der Fall, dass bei einer gemeinschaftsweit tätigen UN-Gruppe mit Sitz in einem anderen Mitgliedstaat in Deutschland mehrere **KBR** bestehen. Hier bietet sich eine Lösung analog Abs. 3a an. Die Mitglieder des BVG werden also auf einer gemeinsamen Sitzung der KBR bestellt, zu welcher der/die Vorsitzende einlädt, dessen/deren Gremium die meisten wahlberechtigten AN vertritt.[6] 5

V. Wahl in UN-Gruppen ohne KBR

In diesem Falle unterscheidet das Gesetz vier Konstellationen. Bestehen **mehrere GBR**, so werden die Mitglieder des BVG auf einer gemeinsamen Sitzung aller GBR bestellt, zu der der oder die GBR-Vorsitzende des UN mit den meisten wahlberechtigten AN einlädt. Existiert ein weiteres UN mit nur einem Betrieb, sind zu dieser Sitzung auch der oder die BR-Vorsitzende und Stellvertreter:in einzuladen und gelten dann insoweit als GBR-Mitglieder. Dies bedeutet, dass sie mit dem **§ 47 Abs. 7 BetrVG** entsprechenden Stimmengewicht beteiligt werden.[7] 6

Falls nur **ein GBR** besteht, wählt dieser die Mitglieder des BVG gem. Abs. 3b. Ist ein Betrieb in diesem GBR nicht vertreten, weil er zu einem anderen UN gehört, werden der oder die BR-Vorsitzende und der Stellvertreter bzw. die Stellvertreterin wiederum wie GBR-Mitglieder behandelt. 7

Bestehen mehrere **BR**, findet eine Sitzung der BR-Vorsitzenden und deren Stellvertreter statt, zu der der oder die Vorsitzende des größten Betriebes einlädt. Die Teilnehmer werden dann wie GBR-Mitglieder mit der Folge des § 47 Abs. 7 BetrVG behandelt. Besteht nur ein BR, so wählt dieser die Mitglieder des BVG. Hält man den **gänzlichen Ausschluss** der AN BR-loser Betriebe vom Bestellungsverfahren jedenfalls dann für unzulässig, wenn die inländischen Beschäftigten mangels auch nur einer betriebsverfassungsrechtlichen Vertretung überhaupt nicht im BVG vertreten sind,[8] können die betroffenen AN ihre Vertreter in **Direktwahl** bestellen.[9] Die Wahl findet dann, entsprechend der Zahl der Betriebe, in einer oder mehreren Betriebsversammlungen statt, zu denen **analog § 17 Abs. 3 BetrVG** drei wahlberechtigte AN des Betriebs oder eine in ihm vertretene Gewerkschaft einladen können.[10] Etwaige Koordinationsprobleme sollten durch eine Vereinbarung zwischen UN-Leitung und Gewerkschaft gelöst werden, die bei mehreren Betrieben sinnvollerweise ein Entsendungsgremium, bestehend aus zwei Vertretern jedes Betriebes, vorsehen könnte.[11] 8

---

6 Zustimmend BHKC-*Blanke/Kunz,* Rn. 14; Hako-BetrVG/*Siebens/Kunz,* § 11 EBRG Rn. 4; AKRR-*Rudolph*, Rn. 10.

7 Vgl. auch zur entsprechenden Vorschrift in § 23 Abs. 3a für die Bestellung der AN-Vertreter im EBR: *BAG* 18.4.07 – 7 ABR 30/06, NZA 07, 1375 (1378).

8 So vor allem BHKC-*Blanke/Kunz,* Rn. 4f.; Hako-BetrVG/*Siebens/Kunz,* § 11 EBRG Rn. 2; a.A. GK-*Oetker,* § 11 EBRG Rn. 4; AKRR-*Rudolph*, Rn. 18.

9 BHKC-*Blanke/Kunz,* Rn. 5, 22 unter Hinweis auf Art. 5 Abs. 2a Unterabs. 2 der RL; Hako-BetrVG/*Siebens/Kunz,* § 11 EBRG Rn. 2.

10 Vgl auch BHKC-*Blanke/Kunz,* Rn. 22.

11 Vgl. auch NK-GA/*Breitfeld,* §§ 8–16 EBRG Rn. 9.

VI. Bestellung leitender Angestellter

9 **Leitende Angestellte** sind zwar keine AN im Sinne dieses Gesetzes, sie können allerdings wie beim WA (vgl. § 107 Abs. 1 Satz 2 BetrVG) zu Mitgliedern des BVG bestellt werden (vgl. auch § 23 Abs. 6 EBRG zur Bestellung von leitenden Angestellten als EBR-Mitglieder: § 23 Rn. 2).

VII. Vertretung von Frauen und Männern

10 Die Soll-Vorschrift lehnt sich an § 15 Abs. 2 BetrVG a. F. an. Hiermit soll eine angemessene **Beteiligung** von Männern und Frauen sichergestellt werden (zum EBR vgl. § 23 Abs. 5).

VIII. Streitigkeiten

11 Entsteht Streit über die **Wirksamkeit der Bestellung** ist § 19 Abs. 2 BetrVG analog anzuwenden, d. h., die Bestellung muss innerhalb von zwei Wochen beim ArbG angefochten werden (zur vergleichbaren Frage bei GBR und KBR § 47 BetrVG Rn. 165, § 55 BetrVG Rn. 24).[12] Anfechtungsberechtigt ist **jedes Mitglied** des entsendenden Gremiums und die **Gewerkschaft** (vgl. § 47 BetrVG Rn. 166; **str.**).[13] Der oder die Bestellte bleibt bis zur rechtskräftigen Entscheidung im Amt.[14] Die **Abberufung** von BVG-Mitgliedern ist anders als bei den Mitgliedern des EBR (§ 23 Abs. 4) nicht geregelt, auch hier bietet sich die entsprechende Anwendung der Wahlvorschriften in Abs. 1 bis 3 an (vgl. auch die Lösung zum früheren BetrVG in §§ 47 Abs. 2 Satz 4, 55 Abs. 1 Satz 4 BetrVG a. F.), da davon auszugehen ist, dass es sich um ein Redaktionsversehen des Gesetzgebers handelt. Die Abberufung kann, wie im Falle des § 23 Abs. 4 EBRG, jederzeit erfolgen, ohne dass hierfür besondere Voraussetzungen, wie z. B. eine Pflichtverletzung des BVG-Mitgliedes, vorliegen müssen.[15] Sie darf allerdings nicht diskriminierend sein. Die Einladung zu der Sitzung hat nach dieser Vorschrift und entsprechend §§ 29 Abs. 2 bis 4, 51 Abs. 2, 59 Abs. 2 BetrVG zu erfolgen.

§ 12 Unterrichtung über die Mitglieder des besonderen Verhandlungsgremiums

Der zentralen Leitung sind unverzüglich die Namen der Mitglieder des besonderen Verhandlungsgremiums, ihre Anschriften sowie die jeweilige Betriebszugehörigkeit mitzuteilen. Die zentrale Leitung hat die örtlichen Betriebs- oder Unternehmensleitungen, die dort bestehenden Arbeitnehmervertretungen sowie die in inländischen Betrieben vertretenen Gewerkschaften über diese Angaben zu unterrichten.

1 Die Vorschrift entspricht dem ersten Teil von **Art. 5 Abs. 2c** der EBR-RL.

2 Sobald die Mitglieder des BVG feststehen, sind ihre Namen, Anschriften sowie die jeweilige Betriebszugehörigkeit der **zentralen Leitung** mitzuteilen. Diese informiert entsprechend die örtlichen Betriebs- und UN-Leitungen, die dortigen AN-Vertretungen sowie die in deutschen Betrieben vertretenen Gewerkschaften. Ziel ist, dass sich die Beteiligten ein Bild von der personellen Zusammensetzung des BVG machen können.[1] Die Informationspflichten sind ggf. im Beschlussverfahren durchzusetzen.

3 Sinnvollerweise wird man auch **Konzernleitungen** und auf dieser Ebene bestehende AN-Vertretungen in die Information einbeziehen (vgl. § 9 Rn. 5).

---

12 So *BAG* 18.4.07 – 7 ABR 30/06, NZA 07, 1375 (1379) zur entsprechenden Vorschrift in § 23 Abs. 3a für die Bestellung der AN-Vertreter im EBR; vgl. zu § 11 BHKC-*Blanke/Kunz,* Rn. 29; HWK-*Giesen,* EBRG Rn. 45; *Müller,* Rn. 13.

13 Vgl. BHKC-*Blanke/Kunz,* a. a. O.; *Fitting,* Anhang 2 Rn. 51; Hako-BetrVG/*Siebens/Kunz,* § 11 EBRG Rn. 11; a. A. AKRR-*Rudolph,* Rn. 22.

14 *BAG,* a. a. O., S. 1380; *Müller,* Rn. 13 und § 47 BetrVG Rn. 165 m. w. N. zur *BAG*-Rspr.

15 Vgl. auch Hako-BetrVG/*Siebens/Kunz,* § 11 EBRG Rn. 11.

1 BT-Drucks. 13/4520, S. 22.

§ 13 Sitzungen, Geschäftsordnung, Sachverständige

(1) Die zentrale Leitung lädt unverzüglich nach Benennung der Mitglieder zur konstituierenden Sitzung des besonderen Verhandlungsgremiums ein und unterrichtet die örtlichen Betriebs- oder Unternehmensleitungen. Die zentrale Leitung unterrichtet zugleich die zuständigen europäischen Gewerkschaften und Arbeitgeberverbände über den Beginn der Verhandlungen und die Zusammensetzung des besonderen Verhandlungsgremiums nach § 12 Satz 1. Das besondere Verhandlungsgremium wählt aus seiner Mitte einen Vorsitzenden und kann sich eine Geschäftsordnung geben.
(2) Vor und nach jeder Verhandlung mit der zentralen Leitung hat das besondere Verhandlungsgremium das Recht, eine Sitzung durchzuführen und zu dieser einzuladen; § 8 Absatz 3 Satz 2 gilt entsprechend.
(3) Beschlüsse des besonderen Verhandlungsgremiums werden, soweit in diesem Gesetz nichts anderes bestimmt ist, mit der Mehrheit der Stimmen seiner Mitglieder gefasst.
(4) Das besondere Verhandlungsgremium kann sich durch Sachverständige seiner Wahl unterstützen lassen, soweit dies zur ordnungsgemäßen Erfüllung seiner Aufgaben erforderlich ist. Sachverständige können auch Beauftragte von Gewerkschaften sein. Die Sachverständigen und Gewerkschaftsvertreter können auf Wunsch des besonderen Verhandlungsgremiums beratend an den Verhandlungen teilnehmen.

Inhaltsübersicht

I. Vorbemerkungen

1 Die Vorschrift regelt entsprechend Art. 5 Abs. 4 der EBR-RL einige organisatorische Fragen für das BVG, wie z. B. Einladung und Inhalt der konstituierenden Sitzung, das Recht auf interne Sitzungen und die Einschaltung von Sachverständigen, sowie Informationspflichten nach Art 5 Abs. 2c.

II. Konstituierende Sitzung

2 Sobald die zentrale Leitung gemäß § 12 die Angaben über die Mitglieder des BVG erhalten hat, hat sie **unverzüglich,** also ohne schuldhaftes Zögern, zur **konstituierenden Sitzung** einzuladen. Hierüber sind die örtlichen Betriebs- und UN-Leitungen (vgl. auch § 9 Rn. 5) wiederum zu unterrichten, so dass sie in den Entstehungsprozess des BVG fortlaufend einbezogen sind. In anderen Mitgliedsländern sind teilweise Fristen von drei bzw. sechs Monaten für die Einladung festgelegt.[1] Darüber hinaus hat die zentrale Leitung die Pflicht, die Zusammensetzung des BVG und den Beginn der Verhandlungen den zuständigen **europäischen AN- und AG-Verbänden** mitzuteilen.[2] Dies sind die Verbände, die nach Art. 154 AEUV von der Kommission gehört werden.[3] Kommt die zentrale Leitung ihrer Verpflichtung nicht nach, können die Mitglieder des BVG eigenständig die Sitzung einberufen und durchführen.[4]

3 In der konstituierenden Sitzung wählt das BVG aus seiner Mitte einen **Vorsitzenden** oder eine Vorsitzende. Zudem kann es sich eine Geschäftsordnung geben. In der **Geschäftsordnung** kann beispielsweise geregelt werden, dass ein **stellvertretender Vorsitzender** oder eine Stellvertreterin gewählt, ein Vorstand gebildet oder ein **Verhandlungsausschuss** nominiert

1 Vgl. BHKC-*Blanke/Kunz*, Rn. 30.
2 Hierzu *Funke*, DB 09, 564 (565).
3 BR-Drucks. 848/10, S. 12; *Fitting*, Anhang 2 Rn. 55; GK-*Oetker*, § 13 EBRG Rn. 5.
4 Vgl. GK-*Oetker*, § 13 EBRG Rn. 4 m. w. N.; a. A. AKRR-*Rudolph*, Rn. 5.

wird.[5] Ebenso können z. B. Fristen für die Einladung zu den internen Treffen, Regeln für die Protokollführung, für die Aufstellung der Tagesordnung, das Abstimmungsverfahren und zum Anwesenheitsrecht Dritter festgelegt werden. Darüber hinaus können auch Grundsätze für die Kommunikation der Mitglieder des BVG zwischen den Sitzungen beschlossen werden (s. auch den vergleichbaren Entwurf einer Geschäftsordnung für den EBR bei DKWF-*Däubler,* EBRG Rn. 28 ff.).

4 Eine § 26 Abs. 2 BetrVG entsprechende Regelung fehlt. Will man nicht bereits aus allgemeinen Grundsätzen ein Vertretungsrecht **des Vorsitzenden** oder der Vorsitzenden des BVG annehmen,[6] wird man eine entsprechende Regelung in der Geschäftsordnung treffen können.[7]

5 Bei der konstituierenden Sitzung hat die zentrale Leitung kein Anwesenheitsrecht.[8] Anders als in § 27 Abs. 1 Satz 5 für den EBR ist keine Regelung zur **Nichtöffentlichkeit** der Sitzung des BVG vorgesehen. *Blanke/Kunz*[9] interpretieren die fehlende Anordnung so, dass es BVG und zentraler Leitung überlassen bleibt, hierüber gemeinsam zu befinden. Im Hinblick auf § 41a Abs. 2 ist zumindest jetzt davon auszugehen, dass die Regeln über die Nichtöffentlichkeit der Sitzungen anzuwenden sind. Dies entspricht auch §§ 30 Abs. 4, 51 Abs. 1, 59 Abs. 1 BetrVG sowie § 108 BetrVG.[10]

In § 41a wird für **Besatzungsmitglieder von Seeschiffen** in Umsetzung von Art. 2 Nr. 2 der Richtlinie (EU) 2015/1794 v. 6. 10. 2015 bzw. Art. 10 Abs. 3 der Richtlinie 2009/38/EG eine Sonderregelung für die **Teilnahme an Sitzungen** getroffen. Die Sitzungen sollen so angesetzt werden, dass die Teilnahme des Besatzungsmitglieds erleichtert wird. Zudem kann auch eine Teilnahme nicht nur, wie im Regelfall, durch physische Anwesenheit, sondern auch z. B. per Videokonferenz stattfinden, falls das Besatzungsmitglied auf See oder in einem anderen Land als dem Sitz der Reederei ist, dies in der Geschäftsordnung vorgesehen und sichergestellt ist, das der Grundsatz der Nichtöffentlichkeit gewahrt bleibt.[11] Auch allgemein können Videokonferenzen in der Arbeit des BVG sinnvoll und erforderlich sein, damit sich Mitglieder des BVG z. B. zur Vorbereitung einer Beschlussfassung besser austauschen können. Sitzungen und Beschlussfassungen können so allerdings, von der geschilderten Ausnahme abgesehen, nicht stattfinden.[12] Dies war wegen der Corona-Pandemie vorübergehend in einem § 41b geändert, der nicht mehr in Kraft ist.

III. Weitere Sitzungen mit zentraler Leitung

6 Im Gesetz ist weder die Zahl der weiteren **Sitzungen** noch deren Zeitabstand festgelegt. Zentrale Leitung und das BVG haben vielmehr die Modalitäten **einvernehmlich** festzulegen (vgl. hierzu vor allem § 8 Rn. 10: maximaler Abstand von sechs Monaten zwischen den Sitzungen).

IV. Interne Sitzungen

7 Gemäß Abs. 2 hat das BVG das Recht, vor und nach jeder Verhandlung mit der zentralen Leitung eine interne Sitzung durchzuführen. Hierzu lädt der oder die Vorsitzende ein.[13] Diese Sitzungen, die für die **interne Abstimmung** und die **Vorbereitung/Nachbereitung der Verhandlungen** besondere Bedeutung haben, sind gemäß § 8 Abs. 3 Satz 2 ebenfalls mit der zentralen Leitung einvernehmlich festzulegen.

---

5 Vgl. auch BT-Drucks. 13/4520, S. 22; *Fitting,* Anhang 2 Rn. 56; GK-*Oetker,* § 13 EBRG Rn. 6; AKRR-*Rudolph,* Rn. 24; NK-GA/*Breitfeld,* EBRG §§ 8–16 Rn. 2.

6 So *Müller,* Rn. 1.

7 Vgl. *Däubler,* FS Schaub, S. 95, (100); *Klebe/Kunz,* FS Däubler, S. 823 (833); BHKC- *Blanke/Kunz,* Rn. 12.

8 *Bachner/Nielebock,* AuR 97, 129 (131); Hako-BetrVG/*Siebens/Kunz,* § 13 EBRG Rn. 1.

9 BHKC, Rn. 18; ebenso HWK-*Giesen,* EBRG Rn. 49.

10 Vgl. auch § 30 BetrVG Rn. 12 und § 108 BetrVG Rn. 7; AKRR-*Rudolph,* Rn. 9.

11 Hierzu *Hayen,* AuR 17, 394 ff.; Hako-BetrVG/*Siebens/Kunz,* § 13 EBRG Rn. 7.

12 Vgl. auch Hako-BetrVG/*Siebens/Kunz,* § 13 EBRG Rn. 7.

13 Vgl. *Engels/Müller,* DB 96, 981 (984).

Im Hinblick auf die in EBR-Richtlinie und Gesetz vorgesehene **eigenverantwortliche Wahrnehmung** der Aufgaben und der Rolle als gleichwertiger Verhandlungspartner ist dem BVG zuzubilligen, dass seine Vorschläge von der zentralen Leitung nur abgelehnt werden können, wenn **nachvollziehbare erhebliche Gründe** dagegen sprechen. Ansonsten ist die Ablehnung im Hinblick auf die geschilderten Gesichtspunkte und auch § 8 Abs. 3, der eine vertrauensvolle Zusammenarbeit vorsieht, unbeachtlich (vgl. § 8 Rn. 10). 8

V. Beschlussfassung

Sofern das Gesetz nichts anderes bestimmt, fasst das BVG Beschlüsse mit der **Mehrheit der Stimmen** seiner Mitglieder (anders § 28 Satz 1 für den EBR: Mehrheit der Stimmen der anwesenden Mitglieder). Dies bedeutet, dass sich die Abwesenheit von Mitgliedern ebenso wie ihre Stimmenthaltung und Nichtteilnahme an Abstimmungen als **Nein-Stimme** auswirkt. Die **Beschlüsse** sind in **Sitzungen** zu fassen. Eine Willensbildung etwa durch Stillschweigen oder im Wege des Umlaufverfahrens ist auch dann unzulässig, wenn alle Mitglieder des BVG einverstanden sind.[14] Die Sonderregelung in § 41a für die Teilnahme v. Besatzungsmitgliedern v. Seeschiffen an Sitzungen ist oben in Rn. 5 angesprochen. 9

Das Gesetz enthält keine Vorschriften über das **Abstimmungsverfahren** (z. B. schriftliche oder mündliche Stimmabgabe, offene oder geheime Abstimmung, Feststellung des Abstimmungsergebnisses). Diese können in einer Geschäftsordnung gemäß Abs. 1 festgelegt werden. Hierin kann allerdings nicht die erforderliche Mehrheit verändert werden. Abs. 3 wird für Beschlüsse gemäß § 15 modifiziert: Für die Entscheidung, keine Verhandlungen aufzunehmen oder diese zu beenden, ist eine Zweidrittelmehrheit der Stimmen der Mitglieder des BVG erforderlich. Zur **Beschlussfähigkeit** enthält das Gesetz, anders als § 33 Abs. 2 BetrVG für den BR, keine Regelung. Teilweise wird aus § 15 abgeleitet, dass mindestens zwei Drittel der Mitglieder gem. § 10 an der Beschlussfassung teilnehmen müssen.[15] Diese Auffassung ist jedoch abzulehnen. § 15 regelt einen Sonderfall, ansonsten werden Beschlüsse mit absoluter Mehrheit gefasst. Daher reicht es aus, wenn ein Mitglied **mehr als die Hälfte** an der Beschlussfassung teilnimmt.[16] Hat das BVG nicht die gesetzliche Mitgliederzahl, z. B. weil eine Benennung unterblieben ist, so ist sowohl für die Beschlussfähigkeit, wie auch die Bestimmung der Mehrheit von der entsprechend geminderten Zahl auszugehen. Dies ergibt sich analog aus § 33 BetrVG i. V. m. §§ 11, 13 Abs. 2 Nr. 2 BetrVG (hierzu § 33 BetrVG Rn. 5; vgl. auch § 11 BetrVG Rn. 4).[17] Wegen § 15 muss allerdings ein Mitglied mehr als ein Drittel der in § 10 festgelegten Zahl an der Abstimmung teilnehmen. 10

VI. Unterstützung durch Sachverständige

Das BVG kann Sachverständige seiner Wahl hinzuziehen. Sachverständige sind Personen, die dem BVG fehlende Kenntnisse vermitteln.[18] Sie müssen nicht neutral sein, sondern können ihre Kompetenz interessenorientiert, parteiisch, zur Verfügung stellen.[19] Das BVG kann sie einschalten, sofern es zur **ordnungsgemäßen Erfüllung** der Aufgaben **erforderlich** ist. Diese Anforderungen gehen über die EBR-RL hinaus. Nach deren Art. 5 Abs. 4 Unterabs.3 ist die Einschaltung von Sachverständigen an keine besonderen Voraussetzungen gebunden. Eine **richtlinienkonforme Auslegung** ergibt daher, dass die Erforderlichkeit ohne weiteres angenommen werden kann und nicht weiter begründet werden muss: Die Einschaltung von Sachverständigen ist bei den Verhandlungen wegen der Schwierigkeit der Materie immer zur ordnungsgemäßen 11

---

14 BHKC-*Blanke/Kunz*, Rn. 22; AKRR-*Rudolph*, Rn. 19; GK-*Oetker*, § 13 EBRG Rn. 14.
15 *Lerche*, S. 211 f., 216.
16 BHKC-*Blanke/Kunz*, Rn. 22; *Müller*, Rn. 5.
17 *BAG* 18.8.82, DB 83, 288 f.; *Fitting*, § 33 Rn. 12; GK-*Raab*, § 33 Rn. 14.
18 Vgl. *Fitting*, § 80 Rn. 87; BHKC-*Blanke/Kunz*, Rn. 26.
19 *Fitting*, § 80 Rn. 87; AKRR-Rudolph, Rn. 29.

Aufgabenerfüllung erforderlich[1]. Das BVG muss sich lediglich im Rahmen vertrauensvoller Zusammenarbeit halten (§ 8 Abs. 3).[2]

12 Als Sachverständige können auch **Gewerkschaftsbeauftragte** hinzugezogen werden. Art. 5 Abs. 4 Unterabsatz 3 der EBR-RL nennt klarstellend ausdrücklich als Beispiel für Sachverständige Vertreter der »kompetenten anerkannten Gewerkschaftsorganisationen auf Gemeinschaftsebene«. Kompetente anerkannte Gewerkschaftsorganisationen sind solche, die nach Art. 154 AEUV von der Kommission gehört werden.[3] Aus dieser gegenüber dem EBRG engeren Definition ergibt sich keine Anpassungspflicht des deutschen Gesetzgebers, da die Richtlinie Mindestvorschriften beinhaltet.[4] Eine nähere Vereinbarung, wie in § 80 Abs. 3 BetrVG vorgesehen, ist für die Einschaltung der Experten generell nicht erforderlich. Diese Sachverständigen und Gewerkschaftsvertreter können auf Wunsch des BVG beratend an den **Verhandlungen** mit der zentralen Leitung **teilnehmen.**

13 Das BVG kann durchaus **mehrere Sachverständige** gleichzeitig einschalten. Grenze ist nur der Grundsatz der vertrauensvollen Zusammenarbeit in § 8 Abs. 3. Lediglich die Verpflichtung, die Sachverständigenkosten zu tragen, ist gemäß § 16 Abs. 1 Satz 2 auf eine Person beschränkt (vgl. dort Rn. 7 f.).

§ 14 Einbeziehung von Arbeitnehmervertretern aus Drittstaaten

Kommen die zentrale Leitung und das besondere Verhandlungsgremium überein, die nach § 17 auszuhandelnde Vereinbarung auf nicht in einem Mitgliedstaat (Drittstaat) liegende Betriebe oder Unternehmen zu erstrecken, können sie vereinbaren, Arbeitnehmervertreter aus diesen Staaten in das besondere Verhandlungsgremium einzubeziehen und die Anzahl der auf den jeweiligen Drittstaat entfallenden Mitglieder sowie deren Rechtsstellung festlegen.

1 Die Vorschrift greift die in **Art. 1 Abs. 6** der EBR-RL und § 1 Abs. 3 letzter Halbsatz angelegte Möglichkeit auf, auch **Betriebe und UN in Drittstaaten,** wie z. B. Japan, Schweiz, USA oder auch, falls nach einem Brexit erforderlich, Großbritannien einzubeziehen.[1]

2 Die Norm ermöglicht eine frühzeitige Beteiligung der **AN-Vertreter:innen aus Drittstaaten** im BVG. Da sich die Vereinbarung nach § 17 auf sie erstrecken wird, ist es auch angebracht, dass sie an der Regelung der späteren Handlungsbedingungen mitwirken.

3 Voraussetzung ist die **Vereinbarung** der Verhandlungspartner über den erweiterten Geltungsbereich sowie über die Einbeziehung der Vertreter:innen aus Drittstaaten in das BVG. Hierbei legen sie auch die Anzahl sowie die Rechtsstellung fest, die der der Mitglieder des BVG aus Mitgliedstaaten entsprechen kann.[2]

§ 15 Beschluss über Beendigung der Verhandlungen

(1) Das besondere Verhandlungsgremium kann mit mindestens zwei Dritteln der Stimmen seiner Mitglieder beschließen, keine Verhandlungen aufzunehmen oder diese zu beenden. Der Beschluss und das Abstimmungsergebnis sind in eine Niederschrift aufzunehmen, die vom Vorsitzenden und einem weiteren Mitglied zu unterzeichnen ist. Eine Abschrift der Niederschrift ist der zentralen Leitung zuzuleiten.

---

1 Vgl. insoweit auch die *BAG*- Rspr. zu regelmäßig erforderlichen Schulungen zu Grundkenntnissen des BetrVG: § 37 BetrVG Rn. 112.

2 Vgl. auch *Bachner/Nielebock,* AuR 97, 129 (131)); *Kunz,* AiB 97, 267 (278); *Sandmann,* WiB 97, 393 (395); *Harazim,* AiB 97, 632 (637 f.); BHKC-*Blanke/Kunz,* Rn. 27; Hako-BetrVG/*Siebens*/Kunz, § 13 EBRG Rn. 9; a. A. AKRR-*Rudolph,* Rn. 30; *Fitting,* Anhang 2 Rn. 59; GK-*Oetker,* § 13 EBRG Rn. 15 f.; HWK-*Giesen,* EBRG Rn. 49; *Müller,* Rn. 6; NK-GA/*Breitfeld,* §§ 8–16 EBRG Rn. 14.

3 Hierzu Erwägungsgrund 27 der RL und BR-Drucks. 848/10, S. 12; *Funke,* DB 09, 564 (565).

4 GK-*Oetker*, § 13 EBRG Rn. 18.

1 Vgl. auch *Häferer/Klare,* NZA 19, 352 ff.; *Schiek/Uddin,* NZA 19, 345 (350).

2 Vgl. auch Hako-BetrVG/*Siebens/Kunz,* § 14 EBRG Rn. 2.

(2) Ein neuer Antrag auf Bildung eines besonderen Verhandlungsgremiums (§ 9) kann frühestens zwei Jahre nach dem Beschluss gemäß Absatz 1 gestellt werden, sofern das besondere Verhandlungsgremium und die zentrale Leitung nicht schriftlich eine kürzere Frist festlegen.

Inhaltsübersicht

I. Vorbemerkungen

Die Vorschrift setzt **Art. 5 Abs. 5** der EBR-RL in deutsches Recht um. Sie regelt den zumindest zeitweisen Verzicht der AN auf die grenzübergreifende Unterrichtung und Anhörung. 1

II. Beendigung der Verhandlungen

Der Beschluss, keine Verhandlungen aufzunehmen oder diese zu beenden, kann nur mit mindestens **zwei Dritteln der Stimmen der Mitglieder** des BVG gefasst werden. Beschluss und Abstimmungsergebnis sind in einer **Niederschrift** zu erfassen und vom Vorsitzenden bzw. der Vorsitzenden und einem weiteren Mitglied zu unterzeichnen. Dies bedeutet, dass das BVG zunächst zusammenkommen und sich konstituieren muss. Ein entsprechender Beschluss z. B. im **Umlaufverfahren** wäre unzulässig. Eine Abschrift des Protokolls ist der zentralen Leitung zuzuleiten. Mit dem entsprechenden Beschluss wird das BVG **aufgelöst** (vgl. § 10 Rn. 5).[1] 2

III. Neue EBR-Initiative

Abs. 2 legt fest, dass der Antrag auf Bildung eines BVG **frühestens zwei Jahre** nach dem Beschluss gemäß Abs. 1 gestellt werden kann. Eine kürzere Frist kann allerdings zwischen dem BVG und der zentralen Leitung schriftlich vereinbart werden. 3

§ 16 Kosten und Sachaufwand

(1) Die durch die Bildung und Tätigkeit des besonderen Verhandlungsgremiums entstehenden Kosten trägt die zentrale Leitung. Werden Sachverständige nach § 13 Absatz 4 hinzugezogen, beschränkt sich die Kostentragungspflicht auf einen Sachverständigen. Die zentrale Leitung hat für die Sitzungen in erforderlichem Umfang Räume, sachliche Mittel, Dolmetscher und Büropersonal zur Verfügung zu stellen sowie die erforderlichen Reise- und Aufenthaltskosten der Mitglieder des besonderen Verhandlungsgremiums zu tragen.
(2) Der Arbeitgeber eines aus dem Inland entsandten Mitglieds des besonderen Verhandlungsgremiums haftet neben der zentralen Leitung für dessen Anspruch auf Kostenerstattung als Gesamtschuldner.

Inhaltsübersicht

1 *Kunz,* AiB 97, 267 (278); Hako-BetrVG/*Siebens/Kunz,* § 15 EBRG Rn. 1.

I. Vorbemerkungen

1 Die Vorschrift regelt die Kostentragung für das BVG und setzt damit **Art. 5 Abs. 6** der EBR-RL um, der dem Gremium eine **angemessene Erfüllung** der Aufgaben gewährleisten will. Die Regelung ist, wie schon die Überschrift zeigt, an § 40 BetrVG angelehnt. Die hierzu entwickelten Grundsätze können daher weitgehend angewendet werden.[1]

II. Kostentragung und Sachaufwand

2 Die zentrale Leitung hat die durch die Bildung (z. B. Wahlkosten) und die Tätigkeit des BVG entstehenden Kosten zu tragen. Das BVG hat keinerlei **Vermögen oder Einnahmemöglichkeiten.**

3 Die Vorschrift erfasst zunächst die in Zusammenhang mit den **Sitzungen** anfallenden Ausgaben wie die für die Einladung, **Übersetzungen** und die erforderlichen Reise- und Aufenthaltskosten der Mitglieder des BVG. Sie erfasst auch die Kosten für **Vorbereitungsmaßnahmen** zur Bildung des BVG.[2] Für die Treffen hat die zentrale Leitung im Übrigen Räume, **sachliche Mittel** wie z. B. Schreibmaterial, Telefonmöglichkeiten, **Fachliteratur,** Fotokopiergeräte und ggf. einen PC, **Dolmetscher** und **Büropersonal** in erforderlichem Umfang zur Verfügung zu stellen. BVG-Mitglieder haben auch gem. § 38 Abs. 2 einen Anspruch auf **Schulung und Fortbildung,** soweit dies für die EBR-Arbeit erforderlich ist (vgl. die dortigen Anm.)[3]. Die Kosten und die Entgeltfortzahlung hat der AG zu tragen (vgl. auch § 40 Abs. 2). Bei der Auswahl des Büropersonals hat das BVG ein Mitspracherecht, da die Tätigkeit i. d. R. ein Vertrauensverhältnis voraussetzt[4] (vgl. § 40 BetrVG Rn. 199).

4 Bei der **Auswahl der sachlichen Mittel** ist dem BVG wie dem BR gemäß § 40 BetrVG (vgl. dort z. B. Rn. 143. 163, 194) ein **Ermessensspielraum** zuzubilligen. Es muss im Rahmen der Erforderlichkeit selbst entscheiden können, mit welchen Mitteln es seine Aufgaben am besten erfüllen kann.[5]

5 Da die zentrale Leitung generell die durch die Bildung und Tätigkeit des BVG entstehenden Kosten zu tragen hat, werden auch die **außerhalb von Treffen** anfallenden erfasst. Dies sind z. B. Kosten für **Telefonate** zwischen den Mitgliedern, Videokonferenzen, Schriftverkehr, E-Mails, die **Übersetzung von Unterlagen**[6] und ggf. auch für einen zwischen den Treffen erforderlichen physischen Kontakt der Mitglieder, wenn sich z. B. der oder die Vorsitzende über für die Vereinbarung wichtige Probleme in einem beteiligten Unternehmen nur vor Ort ein Bild machen kann.[7] Die zentrale Leitung hat die für die Information der nationalen AN-Vertretungen erforderlichen Kosten zu übernehmen. Dies können auch **Flugblätter** des BVG oder elektronische Nachrichten in einem entsprechenden **E-Mail-System** sein. Im erforderlichen Umfang hat die zentrale Leitung dem BVG den entsprechenden Zugang einzuräumen.[8]

6 Die Vorschrift erfasst die Kosten von **Rechtsstreitigkeiten** einschließlich etwaiger **Anwaltskosten** des Gremiums und seiner Mitglieder[9] (vgl. auch § 40 BetrVG Rn. 26 ff., 76 ff.). Die Verfahren führenden Rechtsanwält:innen sind keine Sachverständigen (s. § 40 BetrVG Rn. 26, 44 ff.). Dies sind sie nur, falls sie gutachterlich für das BVG tätig werden.

---

1 BHKC-*Blanke/Kunz,* § 16 Rn. 2; *Fitting,* § 40 Rn. 5 ff.; § 40 BetrVG Rn. 3 ff.
2 Hako-BetrVG/*Siebens/Kunz,* § 16 EBRG Rn. 2; GK-*Oetker,* § 16 EBRG Rn. 3; vgl. demgegenüber *ArbG Hamburg* 17.4.97, AiB 98, 164 ff. mit Anm. *Kunz,* das den Erstattungsanspruch auf § 40 BetrVG stützt.
3 Vgl. auch Art. 10 Abs. 4 der Richtlinie: »... wie dies zur Wahrnehmung ihrer Vertretungsaufgaben in einem internationalen Umfeld erforderlich ist ...«.
4 BHKC-*Blanke/Kunz,* Rn. 6.
5 BHKC-*Blanke/Kunz,* Rn. 6; vgl. auch AKRR-*Rudolph,* Rn. 4.
6 BT-Drucks. 13/4520, S. 22; vgl. *Engels/Müller,* DB 96, 981 (984).
7 Vgl. auch BHKC-*Blanke/Kunz,* Rn. 7.
8 Vgl. auch *Müller,* Rn. 3.
9 Vgl. GK-*Oetker,* § 16 EBRG Rn. 4; AKRR-*Rudolph,* Rn. 6; *Müller,* Rn. 2.

III. Kosten für Sachverständige

In Abs. 1 Satz 2 wird von der in Art. 5 Abs. 6 Satz 3 der EBR-RL eingeräumten Möglichkeit Gebrauch gemacht, die Kostenübernahme auf **einen** Sachverständigen oder eine Sachverständige zu beschränken. Die zentrale Leitung muss daher die Kosten für einen **weiteren Sachverständigen** erst dann übernehmen, wenn der Erste seine Tätigkeit beendet hat.[10] Dabei ist es unerheblich, ob der neue Sachverständige zum selben Thema oder einem anderen tätig wird.[11] 7

Schaltet das BVG, was durchaus möglich ist (vgl. § 13 Rn. 12 f.), gleichzeitig mehrere Sachverständige ein, besteht für diese weiteren Experten **keine Kostentragungspflicht** der zentralen Leitung, es sei denn, die Verhandlungspartner haben eine entsprechende Regelung getroffen. 8

IV. Haftung

Abs. 2 sieht eine gesamtschuldnerische Haftung des deutschen AG zusammen mit der zentralen Leitung vor. Damit soll sichergestellt werden, dass das inländische Mitglied des BVG im Streitfall die Kosten vor **inländischen Gerichten** durchsetzen kann.[12] 9

10 Weitergehend *Bachner/Nielebock*, AuR 97, 129 (131); AKRR-*Rudolph*, Rn. 10; Hako-BetrVG/*Siebens/Kunz*, § 13 EBRG Rn. 10; BHKC-*Blanke/Kunz*, Rn. 9; a. A. NK-GA/*Breitfeld* §§ 8–16 EBRG Rn. 17.

11 *Klebe/Kunz,* FS Däubler, S. 823 (834); HaKo-BetrVG/*Siebens/Kunz*, § 13 Rn. 10 m. w. N.; a. A. *Boecken,* ZfA 00, 379 (425); *Fitting*, Anhang 2 Rn. 62 vertreten demgegenüber eine generelle Begrenzung der Kostentragungspflicht auf einen Sachverständigen.

12 BT-Drucks. 13/4520, S. 22; hierzu auch *LAG Nds* 15. 2. 23 – 8 TaBV 15/22, NZA-RR 23, 361 (363 Tz. 32 ff.): Die gesamtschuldnerische Haftung betrifft die persönlichen Reise- und Aufenthaltskosten der einzelnen Mitglieder.

Dritter Teil
Vereinbarungen über grenzübergreifende Unterrichtung und Anhörung

§ 17 Gestaltungsfreiheit

Die zentrale Leitung und das besondere Verhandlungsgremium können frei vereinbaren, wie die grenzübergreifende Unterrichtung und Anhörung der Arbeitnehmer ausgestaltet wird; sie sind nicht an die Bestimmungen des Vierten Teils dieses Gesetzes gebunden. Die Vereinbarung muss sich auf alle in den Mitgliedstaaten beschäftigten Arbeitnehmer erstrecken, in denen das Unternehmen oder die Unternehmensgruppe einen Betrieb hat. Die Parteien verständigen sich darauf, ob die grenzübergreifende Unterrichtung und Anhörung durch die Errichtung eines Europäischen Betriebsrats oder mehrerer Europäischer Betriebsräte nach § 18 oder durch ein Verfahren zur Unterrichtung und Anhörung der Arbeitnehmer nach § 19 erfolgen soll.

Inhaltsübersicht Rn.

I. Die Grundsatzentscheidung

1 Besonderes Verhandlungsgremium und in Deutschland ansässige zentrale Leitung i. S. d. § 2 Abs. 1 und 2 haben ein erhebliches Maß an **Vereinbarungsautonomie:** Sie können die Art und Weise der grenzübergreifenden Unterrichtung und Anhörung regeln, ohne dabei an die Bestimmungen über den EBR kraft Gesetzes (§§ 21 ff.) gebunden zu sein,[1] doch wird die AN-Seite schwerlich eine dahinter zurückbleibende Vereinbarung akzeptieren. Dem Einfallsreichtum der Parteien sind nur insoweit Schranken gesetzt, als sich die Vereinbarung auf alle in den Mitgliedstaaten beschäftigten AN erstrecken muss, in denen das Unternehmen oder die Unternehmensgruppe einen Betrieb hat. Weiter können sie zwischen der Einrichtung eines EBR und einem Verfahren nach § 19 wählen, sind also auch insoweit nicht auf einen bestimmten Weg beschränkt. Auch eine Kombination zwischen beiden kommt in Betracht (u. Rn. 15). Die Vereinbarung nach § 17 soll der Regeltatbestand für die Ausfüllung des EBRG sein. Für die AN-Seite ist sie attraktiv, weil sie schnell ein bislang nicht bestehendes Beratungsrecht schafft, für die AG-Seite ist sie zumindest das kleinere Übel, weil im Verhältnis zum kraft Gesetzes eintretenden Modell unternehmens- und konzernbezogene Besonderheiten berücksichtigt werden können. Wie weit die Gestaltungsfreiheit im Einzelnen reicht, ist im Zusammenhang mit § 18 (Rn. 5 ff.) und § 19 (Rn. 2 ff.) zu erörtern. Ein Formulierungsvorschlag für eine Errichtungsvereinbarung findet sich in DKWF-*Däubler,* EBRG Rn. 9 ff. Art. 6 Abs. 1 und 2 der EBR-Richtlinie 2009/38/EG haben an all dem nichts geändert; die §§ 17 bis 20 sind – abgesehen von einer Erweiterung des Katalogs an »Merkposten« nach § 18 Abs. 2 – unverändert geblieben.

1 *Dietzler,* AuA 01, 23.

II. Die anwendbare Rechtsordnung

1. Was gilt kraft Gesetzes?

Obwohl die Vereinbarung ein beträchtliches Maß an »Auslandsberührung« besitzt, gibt es weder in den EG-Richtlinien noch im alten oder im neuen EBRG Vorschriften über die anwendbare Rechtsordnung. Auch ein unmittelbarer Rückgriff auf **Art. 3 ff. Rom I-VO** (bzw. Art. 27 ff. EGBGB) erscheint **problematisch.** Sie regeln ausschließlich den Bereich »vertragliche Schuldverhältnisse«, denen die hier in Rede stehende Vereinbarung jedenfalls nicht bruchlos zuzuordnen ist. Zwar mag es bei ihr auch um Rechte und Pflichten von besonderem Verhandlungsgremium und zentraler Leitung gehen, doch steht eine organisatorische Frage, nämlich die Bildung des EBR bzw. die Installierung eines Verfahrens nach § 19, bei weitem im Vordergrund. Insbesondere das Erstere schafft eine Affinität zum internationalen Gesellschaftsrecht, das anderen Regeln als den Art. 3 ff. Rom I-VO/Art. 27 ff. EGBGB unterliegt. Weiter unterscheidet sich die Vereinbarung von einem normalen Schuldvertrag insoweit, als sie jedenfalls von ihrem Effekt her Ähnlichkeiten mit einem Tarifvertrag oder einer Betriebsvereinbarung aufweist; beide werden aber gleichfalls nicht als Schuldverträge im Sinne der genannten Vorschriften qualifiziert. 2

Mangels anderer Anhaltspunkte ist auf diejenige **Rechtsordnung** abzustellen, zu der die **engsten Verbindungen** bestehen. Dies läuft auf eine Rechtsanalogie zu Art. 4 Abs. 3 und 8 Abs. 4 Rom I-VO /Art. 28 Abs. 1 Satz 1 und Art. 30 Abs. 2 letzter Halbsatz EGBGB hinaus. Für einen dominierenden Bezug zum deutschen Recht spricht der **inländische Sitz der zentralen Leitung.**[2] Hier werden die Entscheidungen getroffen, um deren Beeinflussung es bei der Aushandlung der Vereinbarung und bei der Tätigkeit des EBR bzw. bei der Durchführung des Verfahrens nach § 19 geht. Diesem »Gravitationszentrum« steht auf AN-Seite nichts Vergleichbares gegenüber: inhaltlich nicht und auch nicht in puncto Einheitlichkeit, da die Belegschaften in ihrem Rechtsstatus dem jeweiligen Ortsrecht unterliegen. Dies spricht dafür, der herrschenden Auffassung zuzustimmen, wonach die Vereinbarung dem Recht des Landes unterliegt, in dem die zentrale Leitung angesiedelt ist.[3] EBRs können so durchaus nach unterschiedlichem Muster gestrickt sein.[4] 3

2. Wahl einer anderen Rechtsordnung?

Die Frage, ob die Beteiligten von diesem gesetzlichen Normalmodell abweichen können, hat – man möchte hinzufügen: selbstredend – gleichfalls keine Regelung erfahren. Immerhin enthielt Art. 6 Abs. 2 der Richtlinie 94/45/EG, der den Inhalt der Vereinbarungen mit der zentralen Leitung umschreibt, in seiner ursprünglichen Entwurfsfassung einen Hinweis, es könne auch das anwendbare Recht bestimmt werden.[5] Hieraus lässt sich jedoch weder ein Schluss für noch ein Schluss gegen die Freiheit zur Rechtswahl ziehen, da die genannten Gegenstände keinen abschließenden Charakter haben, sondern eher als Checkliste anzusehen sind. Auch hier bleibt daher nur der **Rückgriff auf allgemeine Erwägungen,** zumal auch die neue Richtlinie[6] das Problem nicht anspricht. 4

Für ein Wahlrecht spricht der **Grundgedanke der Richtlinie** wie des EBRG, den unmittelbar Beteiligten einen möglichst großen Spielraum zu eröffnen und eigene verbindliche Regeln nur für den Fall festzusetzen, dass der Verhandlungsprozess zu keinem Ergebnis führt.[7] Diesen Subsidiaritätsgrundsatz nur auf das materielle Recht, nicht aber auf Kollisionsnormen 5

2 Ob diese selbst einem ausländischen Recht unterliegt (was nach der Rechtsprechung des EuGH möglich ist), spielt keine Rolle, da dies den Schwerpunkt der Rechtsbeziehung nicht verändert. Anders *Forst* ZESAR 09, 472.

3 Ebenso AKRR-*Rupp* Rn. 2; BHKC-*Blanke/Kunz,* Rn. 26; *Deinert,* Internationales Arbeitsrecht, § 17 Rn. 30; *Horcher,* S. 242; *Koniaris,* in: Blanpain-Hanami (Ed.), S. 175; *Müller,* Rn. 2; *Müller-Bonanni/Jenner,* in: Preis/Sagan, § 12 Rn. 57, 58; *Rademacher,* S. 122.

4 *Rood,* in: Engels/Weiss, S. 400.

5 *Rademacher,* S. 121.

6 ABlEU v. 16.5.2009 L 122/28.

7 Ebenso im Ergebnis *Deinert,* Internationales Arbeitsrecht, § 17 Rn. 30.

zu beziehen, besteht keine Veranlassung: § 17 Satz 1 enthält ein umfassendes Bekenntnis zur Gestaltungsfreiheit.[8] Auch bei TV verfährt die mittlerweile herrschende Meinung in gleicher Weise.[9] Unterstützend kann weiter auf Art. 3 Abs. 1 Rom I-VO/Art. 27 Abs. 1 EGBGB verwiesen werden, der die Parteiautonomie für den Bereich vertraglicher Schuldverhältnisse garantiert und insoweit als Ausdruck eines allgemeineren Grundsatzes verstanden werden kann. Schließlich besteht ein praktisches Bedürfnis insbesondere dann, wenn in einem nach dem **Spartenprinzip** aufgebauten Konzern mehrere EBR errichtet werden, die Schwerpunkte der einzelnen Sparten aber in unterschiedlichen Ländern liegen.[10] Über eine konkrete Rechtswahlklausel in einer bestehenden Abmachung nach § 41 berichtet *Hanau,* FS Vieregge, S. 329.[11] Im Einzelfall ist also auch denkbar, dass deutsches Recht anwendbar ist, obwohl sich die **zentrale Leitung im Ausland** befindet.

III. Rechtswirkungen der Vereinbarung

6 Welche Wirkungen die Vereinbarung entfaltet,[12] bestimmt sich nach dem auf sie anwendbaren nationalen Recht. Im vorliegenden Zusammenhang ist also danach zu fragen, ob ihr das EBRG oder andere Vorschriften des deutschen Rechts normative Wirkung beilegen.

7 Die **Vereinbarung** ist ersichtlich **kein Tarifvertrag** im herkömmlichen Sinne. Zwar würden gegen einen Konzerntarif an sich keine durchschlagenden Bedenken bestehen,[13] doch beschränkt § 2 TVG die Tariffähigkeit auf AN-Seite auf Gewerkschaften und ihre Spitzenorganisationen. Dazu zählt das BVG nicht, da jedenfalls die dort tätig werdenden Repräsentanten der deutschen Belegschaften nach § 11 ausschließlich eine betriebsverfassungsrechtliche Legitimation besitzen.[14]

8 Die normative Wirkung lässt sich **auch nicht** mit dem Argument stützen, es liege eine **Betriebsvereinbarung** vor. Das BVG ist weder dem Einzel- noch dem Gesamt- oder dem Konzernbetriebsrat vergleichbar, was damit zusammenhängt, dass zu ihm ggf. auch Vertreter aus Ländern gehören, wo es nur eine gewerkschaftliche Interessenvertretung gibt und wo deshalb die Legitimationsbasis eine völlig andere ist (z. B. Schweden, Norwegen, Italien).[15]

9 Daraus den Schluss zu ziehen, die Vereinbarung habe nur schuldrechtliche, keine normative Wirkung,[16] geht nicht an. Dem Gesetzgeber steht es frei, neben Tarifvertrag und Betriebsvereinbarung auch **andere Kollektivverträge mit normativer Kraft** zu schaffen. Dies hat er durch das EBRG getan.[17]

10 Was den Wortlaut betrifft, so mag man es bedauern, dass eine dem § 4 Abs. 1 TVG bzw. dem § 77 Abs. 4 Satz 1 BetrVG entsprechende ausdrückliche Regelung fehlt. Dennoch ergeben sich zahlreiche Anhaltspunkte für eine normative Geltung. Nach § 17 Satz 2 muss sich die Vereinbarung auf alle in den Mitgliedstaaten beschäftigten AN **»erstrecken«.** § 18 Abs. 1 Satz 2 spricht davon, dass bestimmte Gegenstände in der Vereinbarung »geregelt« werden, und § 20 Satz 1 sieht eine »Fortgeltung« für den Fall vor, dass bei Auslaufen der Vereinbarung eine neue Initiative zur Schaffung eines BVG ergriffen wurde.

11 Was der Wortlaut nahelegt, wird durch die Erwägung untermauert, dass das **Ziel der Richtlinie** (vgl. § 1 Abs. 1) nicht erreicht werden könnte, hätte die Vereinbarung nur schuldrechtliche Wirkung. Anders als eine Gewerkschaft oder ein BR ist das BVG nämlich keine Dauerein-

---

8 Ebenso im Ergebnis AKRR-*Rupp* Rn. 2.
9 S. statt aller *Junker,* Internationales Arbeitsrecht, S. 423; Kempen/Zachert-*Kocher,* § 4 Rn. 45 ff. jeweils m. w. N.; ähnlich Wiedemann-*Thüsing,* § 1 Rn. 99, der klarstellende Regelungen zulassen möchte.
10 Wie hier BHKC-*Blanke/Kunz,* Rn. 27; HWK-*Giesen,* EBRG, Rn. 33; *Horcher,* S. 243; *Rademacher,* S. 122.
11 S. weiter *Schiek,* RdA 01, 235.
12 Zur Form s. § 18 Rn. 1.
13 *Däubler,* ZIAS 96, 525 ff. Das *BAG* (17.10.07 NZA 08, 713) verlangt allerdings eine Vollmacht aller Tochtergesellschaften.
14 Ebenso im Ergebnis *Horcher,* S. 245.
15 Ebenso im Ergebnis *Weiss,* in: *Blanpain-Hanami,* S. 157 f.
16 So im Prinzip *Hanau,* FS Vieregge, S. 354; *Rademacher,* S. 120.
17 Ebenso BHKC-*Blanke/Kunz,* EBRG Rn. 28; *Müller,* Rn. 3; AKRR-*Rupp* Rn. 5: a. A. *Horcher,* S. 250.

richtung: Mit dem Abschluss der Vereinbarung hat es seine Aufgabe erfüllt, sein Amt endet.[18] Insoweit ist es mit Wahlmännern vergleichbar. Damit entfällt die entscheidende Instanz, die für eine **Umsetzung des Vereinbarten** sorgen könnte. Dies ist vielmehr Sache des EBR bzw. seiner Mitglieder, was **nur auf der Basis einer normativen Geltung möglich** ist. Dass es insoweit keine prozessualen Hindernisse gibt, wird aus § 82 Satz 4 ArbGG deutlich, wonach das Arbeitsgericht in »Angelegenheiten eines Europäischen Betriebsrats« zuständig ist. Schließlich ist mit Recht darauf verwiesen worden, der auf Vereinbarung beruhende EBR dürfe keine geringeren Rechtsstatus als der nach erfolglosen Verhandlungen kraft Gesetzes gebildete besitzen.[19] Die Vereinbarung stellt also einen neben Tarifvertrag und Betriebsvereinbarung stehenden **neuen Typ von Kollektivvertrag** mit normativer Wirkung dar.[20] So ganz aus dem Rahmen fällt dies nicht, denkt man etwa daran, dass auch der Interessenausgleich nach § 112 BetrVG nicht in den Dualismus Tarifvertrag-Betriebsvereinbarung passt (o. §§ 112, 112a Rn. 23) und dass es schon bisher die Kategorie der »sonstigen Kollektivverträge« gibt, die eine mehr oder weniger große Affinität zum Tarifvertrag aufweisen, aber mit diesem keineswegs identisch sind.[21] Soweit es um gesetzlich nicht geregelte Einzelfragen geht, liegt es nahe, auf die Grundsätze zurückzugreifen, die gleichermaßen für Tarifverträge wie für Betriebsvereinbarungen gelten.[22]

IV. Inhaltliche Vorgaben

Die Vereinbarung muss sich auf »grenzübergreifende Unterrichtung und Anhörung« beziehen. 12
Der Begriff »Unterrichtung« ist in § 1 Abs. 4, der der **»Anhörung«** in § 1 Abs. 5 definiert (s. § 1 Rn. 8 ff., 11 ff.). Unterrichtung und Anhörung müssen sich auf »grenzübergreifende« Vorgänge beziehen, die in § 1 Abs. 2 umschrieben sind (s. § 1 Rn 4).

Der in Satz 2 angesprochene **universelle Geltungsbereich** der Vereinbarung (**»alle Arbeitnehmer«**) wirft einige Probleme auf. Unstrittig dürfte zunächst sein, dass auch hier das nationale Recht darüber bestimmt, wer als AN anzusehen ist (zu diesem Problem s. § 3 Rn. 2). Schwieriger ist jedoch die zweite Voraussetzung zu handhaben, wonach das UN bzw. die UN-Gruppe in dem betreffenden Mitgliedstaat mindestens einen **»Betrieb«** haben muss. Im Zusammenhang mit der sog. Massenentlassungsrichtlinie ist in einem Verfahren vor dem *EuGH* deutlich geworden, dass die Rechtsordnungen der Mitgliedstaaten insoweit nicht nur sprachlich, sondern vermutlich auch inhaltlich stark differieren.[23] Dies hatte zur Folge, dass ein relativ weiter Begriff zugrunde gelegt wurde, der aus der Systematik und dem Zweck der Richtlinie abgeleitet wurde. Ähnlich sollte man hier verfahren und die Schwelle angesichts des Universalitätsanspruchs der Richtlinie und des EBRG relativ niedrig bestimmen. So dürfte es sogar ausreichen, wenn eine UN-Gruppe in einem kleineren Mitgliedstaat durch eine einzige Person repräsentiert wird, die Angebote versendet und Bestellungen entgegennimmt, wobei sie sich zur Abwicklung der Korrespondenz eines Schreibbüros bedient. Auch darf nicht vergessen werden, dass § 1 Abs. 1 ganz allgemein vom Recht auf grenzüberschreitende Unterrichtung und Anhörung »der Arbeitnehmer« spricht, ohne auf irgendwelche organisatorischen Einheiten einer bestimmten Mindestgröße abzustellen.[24] 13

Die Einbeziehung aller dieser AN muss nicht zwangsläufig bedeuten, dass jede auch noch so kleine Einheit aus einem Mitgliedstaat selbst im EBR vertreten ist. Möglich und zur Vermeidung einer Überrepräsentation zu empfehlen ist die Zusammenfassung verschiedener Kleineinheiten zu einem **»Entsendungskreis«**, dem dann das Recht eingeräumt wird, in Urwahl 14

18 Ebenso *Hromadka,* DB 95, 1128; *Rademacher,* S. 108, 119; *Rood,* in: Blanpain-Hanami, S. 255; a. A. *Blanpain-Salas,* in: *Blanpain-Hanami,* S. 95.
19 *Rademacher,* S. 120.
20 Zustimmend *Klebe/Kunz,* FS Däubler, S. 835; MünchArbR-*Joost,* 2. Aufl., § 366 Rn. 98; Hako-BetrVG/*Kunz,* § 17 EBRG Rn. 10; AKRR-*Rupp* Rn. 7; a. A. GK-*Oetker,* § 17 EBRG Rn. 5.
21 Däubler-*Däubler,* TVG, Einl. Rn. 1162 ff.; für normative Wirkung auch *Schiek,* RdA 01, 232.
22 *Müller,* Rn. 10.
23 *EuGH,* 7. 12. 95, EuZW 96, 181.
24 Ebenso im Ergebnis AKRR-*Annuß* § 1 Rn. 7.

oder auf anderem Weg ein Mitglied des EBR zu bestimmen.[25] Soweit in bestimmten Ländern wie z. B. Schweden und Dänemark **nur eine gewerkschaftliche Interessenvertretung** besteht, ist deren Einschaltung ausreichend; § 17 Satz 2 kann und soll nicht die anderen Mitgliedstaaten veranlassen, eine zweite, unserer Betriebsverfassung vergleichbare Vertretungsstruktur zu schaffen, an der alle beteiligt sind.[26] Eine Vereinbarung besitzt deshalb auch dann die vom Gesetz verlangte Universalität, wenn die Rechtsordnung eines Mitgliedstaats auf dem Standpunkt steht, Teilhabe an der Unterrichtung und Anhörung sei nur auf dem Wege über einen Gewerkschaftsbeitritt möglich.

15 Keine bindende Vorgabe ergibt sich aus Satz 3: Möglich ist auch ein **Mischsystem,** bei dem beispielsweise alle größeren Betriebe in einem EBR vertreten sind, während in den kleineren Einheiten das Verfahren nach § 19 stattfindet.[27]

16 Wird den verbindlichen **Vorgaben nicht Rechnung getragen** (es wird beispielsweise nur eine Unterrichtung, jedoch kein Meinungsaustausch vorgesehen), so liegt **keine Vereinbarung im Sinne des § 17** vor.[28] Das BVG existiert weiter; spätestens nach drei Jahren ist ein EBR nach den §§ 21 ff. zu errichten. Die vorhandene Abrede wäre nicht unwirksam, würde aber nicht die im EBRG vorgesehenen Rechtswirkungen entfalten.[29] Dasselbe gilt dann, wenn einzelne Niederlassungen nicht einbezogen wurden. Ähnlich wie bei einer unvollständigen Wählerliste ist ein Schluss auf die Fehlerhaftigkeit aber nur dann gerechtfertigt, wenn sich der Mangel in der Zusammensetzung des EBR niederschlagen konnte. Die zentrale Leitung würde aber gegen Treu und Glauben verstoßen, wollte sie etwa eine Unterrichtungspflicht mit dem Argument bestreiten, die betroffenen Niederlassungen seien nicht in die Vereinbarung einbezogen worden. Durch Ergänzung der Vereinbarung können derartige Defizite jederzeit beseitigt werden; von diesem Zeitpunkt an bestimmen sich dann die Wirkungen nach dem EBRG.[30]

V. Auslegung und Lückenfüllung

17 Die Vereinbarung ist wie ein Tarifvertrag[31] und eine Betriebsvereinbarung (o. § 77 BetrVG Rn. 52) auszulegen. Soweit die Vereinbarung Lücken aufweist, sollen die Vorschriften über den gesetzlichen EBR keine Anwendung finden.[32] Dies ist nur dann zutreffend, wenn sich die Lücke aus dem Sinn der Vereinbarung heraus schließen lässt, doch gilt anderes, wenn es sich um ein auch nicht ansatzweise bedachtes Problem handelt: Hier wird die gesetzliche Regelung am ehesten eine sinnvolle Ersatzlösung bieten.[33]

18 Zu **Verfahrensfragen** s. Vorbem. Rn. 18 ff.

§ 18 Europäischer Betriebsrat kraft Vereinbarung

(1) Soll ein Europäischer Betriebsrat errichtet werden, ist schriftlich zu vereinbaren, wie dieser ausgestaltet werden soll. Dabei soll insbesondere Folgendes geregelt werden:

1. **Bezeichnung der erfassten Betriebe und Unternehmen, einschließlich der außerhalb des Hoheitsgebietes der Mitgliedstaaten liegenden Niederlassungen, sofern diese in den Geltungsbereich einbezogen werden,**
2. **Zusammensetzung des Europäischen Betriebsrats, Anzahl der Mitglieder, Ersatzmitglieder, Sitzverteilung und Mandatsdauer,**

---

25 *Bachner/Nielebock,* AuR 97, 132; *B. Gaul,* NJW 96, 3381; *Klinkhammer* in: Klinkhammer/Welslau, S. 89.
26 Zustimmend AKRR-*Rupp* Rn. 15. Ebenso im Ergebnis BHKC-*Blanke/Kunz,* EBRG Rn. 17 ff.
27 *M. Schmidt,* NZA 97, 182.
28 Ebenso in Bezug auf die entsprechende Problematik im schwedischen Recht *Nyström,* in: Blanpain-Hanami, S. 300.
29 Ebenso BHKC-*Blanke/Kunz,* EBRG Rn. 30.
30 Zustimmend Hako-BetrVG/*Kunz,* § 17 EBRG Rn. 11.
31 Dazu *Däubler,* Tarifvertragsrecht, Rn. 139 ff.
32 *Mozet,* ZEuP 94, 559; *Rademacher,* S. 115.
33 Ebenso HWK-*Giesen,* EBRG, Rn. 34; restriktiver AKRR-*Rupp* Rn. 26.

3. **Aufgaben und Befugnisse des Europäischen Betriebsrats sowie das Verfahren zu seiner Unterrichtung und Anhörung; dieses Verfahren kann auf die Beteiligungsrechte der nationalen Arbeitnehmervertretungen abgestimmt werden, soweit deren Rechte hierdurch nicht beeinträchtigt werden,**
4. **Ort, Häufigkeit und Dauer der Sitzungen,**
5. **die Einrichtung eines Ausschusses des Europäischen Betriebsrats einschließlich seiner Zusammensetzung, der Bestellung seiner Mitglieder, seiner Befugnisse und Arbeitsweise,**
6. **die für den Europäischen Betriebsrat zur Verfügung zu stellenden finanziellen und sachlichen Mittel,**
7. **Klausel zur Anpassung der Vereinbarung an Strukturänderungen, die Geltungsdauer der Vereinbarung und das bei ihrer Neuverhandlung, Änderung oder Kündigung anzuwendende Verfahren, einschließlich einer Übergangsregelung.**

(2) § 23 gilt entsprechend.

Inhaltsübersicht

I. Form

Nach Abs. 1 Satz 1 muss die Vereinbarung über die Errichtung und Ausgestaltung eines EBR »schriftlich« erfolgen. Will man Formfehler unter allen Umständen vermeiden, empfiehlt es sich, dass beide Seiten genau wie bei einer Betriebsvereinbarung dieselbe Urkunde unterschreiben (o. § 77 BetrVG Rn. 58).[1] An sich müsste es in entsprechender Anwendung von § 126 Abs. 2 Satz 2 BGB genügen, wenn jede Partei die für die andere bestimmte Urkunde unterzeichnet.[2] 1

Wer auf Seiten des BVG zu unterschreiben hat, ist nicht geregelt. Dieses wählt zwar nach § 13 Abs. 1 Satz 2 EBRG einen **Vorsitzenden,** doch fehlt eine dem § 26 Abs. 3 BetrVG entsprechende Bestimmung, wonach dieser das Gesamtgremium vertritt. Möglicherweise könnte Derartiges in der Geschäftsordnung festgelegt werden, zu deren Erlass § 13 Abs. 1 Satz 2 EBRG ermächtigt. Um ein Scheitern an Formfragen zu verhindern, sollten deshalb alle Mitglieder des BVG unterschreiben, die die Entscheidung für die Vereinbarung inhaltlich tragen. Dies ist auch im Wege einer nachträglichen Genehmigung möglich, wenn Zweifel an der Ermächtigung des Vorsitzenden bestehen.[3] Angesichts der Abstimmung nach Köpfen (o. § 13 Rn. 9) lässt sich damit auch sicher nachvollziehen, dass die entsprechende Mehrheit zustande gekommen ist. 2

In der Regel wird man sich der **deutschen Sprache** bedienen. Bei Wahl eines fremden Rechts kann es allerdings sinnvoll sein, in eine andere Sprache auszuweichen, doch sollte man es nach Möglichkeit vermeiden, zwei Sprachfassungen als gleichermaßen verbindlich anzuerkennen, da dies enorme Auslegungsprobleme zur Folge haben könnte. 3

1 Zustimmend BHKC-*Blanke/Kunz,* EBRG Rn. 7.
2 A. A. AKRR-*Rupp* § 17 Rn. 10.
3 AKRR-*Rupp* § 17 Rn. 9.

II. Möglicher Inhalt der Vereinbarung

4 Der zentralen Leitung und dem BVG steht es frei, das **gesetzliche Normalmodell** nach den §§ 21 ff. als für die Unternehmensgruppe verbindlich zu vereinbaren.[4] Häufig wird man dies allerdings nicht tun und spezifischen Wünschen der einen oder anderen Seite Rechnung tragen. Der in Abs. 1 Satz 2 aufgeführte Katalog hat die Funktion einer Check-Liste, doch stellt es keine Wirksamkeitsvoraussetzung dar, dass über alle diese Fragen Regelungen getroffen wurden.[5] Die wichtigsten Gestaltungsprobleme seien im Überblick angesprochen; Einzelfragen können auch in der Geschäftsordnung geregelt werden.[6]

1. Geltungsbereich

5 Nach Abs. 1 Satz 2 Nr. 1 sollen die erfassten Betriebe und UN bezeichnet werden. Dies ist schon zur Vermeidung von Streitigkeiten zu empfehlen und dann unabdingbar, wenn auch Niederlassungen in Drittstaaten einbezogen werden sollen. Vernünftigerweise wählt man eine allgemeine Formulierung; zählt man stattdessen die UN und Betriebe auf, entsteht für die Vereinbarung bei jeder Umstrukturierung Anpassungsbedarf. Fehlt eine Bestimmung über den Geltungsbereich, sind entsprechend § 17 Satz 2 alle in den Mitgliedstaaten beschäftigten Arbeitnehmer erfasst, in denen das UN oder die UN-Gruppe einen Betrieb hat.

2. Zusammensetzung des EBR und andere institutionelle Fragen

6 Nach Abs. 1 Satz 2 Nr. 2 soll in der Vereinbarung bestimmt werden, wie der EBR zusammengesetzt ist, **wie viele Mitglieder** und Ersatzmitglieder er hat, wer welches Mitglied bestimmt und wie lange das Mandat dauert. Die Wahl der deutschen EBR-Vertreter erfolgt nach Abs. 2 im Verfahren des § 23, doch ist auch dies keine zwingende Vorgabe.[7] Nicht ausgeschlossen wäre deshalb z. B., auch den SpA einzubeziehen[8] oder den gewerkschaftlichen Einfluss etwa durch ein Benennungsrecht zu verstärken.[9] Mitglieder können daher auch leitende Angestellte, Gewerkschaftsfunktionäre oder andere Externe wie z. B. Politiker sein.[10] Weiter wird man festlegen, dass die Vertreter ausländischer Niederlassungen nach ihrem jeweiligen Recht gewählt oder bestimmt werden. Sinnvoll und streitvermeidend kann es sein, ausdrücklich klarzustellen, dass der EBR das **Mandat** eines seiner Mitglieder **nur** mit dem Argument **in Frage stellen** kann, das Wahl- oder Benennungsverfahren leide an **offensichtlichen Fehlern,** die fragliche Person sei beispielsweise nicht gewählt, sondern von der lokalen Geschäftsleitung ausgesucht und entsandt werden. Auch ohne eine solche Regelung in der Vereinbarung oder in der Geschäftsordnung wird man vernünftigerweise so verfahren, doch bleibt dann immer ein gewisses Risiko, dass Gerichte im Ernstfall einen abweichenden Standpunkt einnehmen würden. Auch ohne ausdrückliche Ermächtigung kann ein EBR-Mitglied jederzeit **von seinem Amt zurücktreten;** soweit ein Nachrücker bestimmt ist, tritt dieser mit dem Wirksamwerden der Rücktrittserklärung an seine Stelle.

7 Wie § 17 Satz 3 ausdrücklich hervorhebt, kann eine Vereinbarung auch **mehrere EBR** vorsehen. Dies bietet sich insbesondere bei UN-Gruppen an, die nach **Sparten** organisiert sind.[11] Allerdings muss dabei Sorge getragen werden, dass auch bei den grenzübergreifenden Fragen, die nicht auf Spartenebene entschieden werden, der Dialog möglich bleibt. Notwendig ist da-

4 Statt aller *Asshoff/Bachner/Kunz,* S. 201.
5 Ebenso BHKC-*Blanke/Kunz,* EBRG, Rn. 4; *Müller,* Rn. 2; MünchArbR-*Joost,* 2. Aufl., § 366 Rn. 107. Bedenken im Hinblick auf Art. 6 Abs. 2 der EBR-Richtlinie bei AKRR-*Rupp* Rn. 3 und bei *Müller-Bonanni/Jenner* in: Preis/Sagan, § 12 Rn. 101.
6 Muster in DKWF-*Däubler,* EBRG Rn. 28 ff.
7 Ebenso im Wege europarechtskonformer Auslegung AKRR-*Rupp* Rn. 45.
8 *Engels/Müller,* DB 96, 981; vgl. auch GK-*Oetker,* Anhang 7, § 18 EBRG Rn. 14.
9 Hako-BetrVG/*Hayen,* § 18 EBRG Rn. 6.
10 AKRR-*Rupp* Rn. 7.
11 *Asshoff/Bachner/Kunz,* S. 201; *Engels/Müller,* DB 96, 985; *Rademacher,* S. 201; Schaub-*Koch* § 256 Rn. 15.

her, dass außer den Sparten-EBR auch bei der zentralen Leitung ein EBR existiert,[12] der sich allerdings aus Gründen der Praktikabilität und des besseren Informationsflusses aus Personen zusammensetzen sollte, die den Sparten-EBR angehören.[13] Liegt eine Spartenleitung außerhalb Deutschlands, ist immer zu prüfen, ob der entsprechende Teil der Vereinbarung nicht einer ausländischen Rechtsordnung unterstellt werden sollte (o. § 17 Rn. 4 f).

Eine Mehrzahl von EBR kommt auch dann in Betracht, wenn **zu einer UN-Gruppe** UN oder **andere UN-Gruppen** gehören, die ihrerseits gemeinschaftsweit tätig sind. § 7 sieht für solche Fälle vor, dass nur bei der Spitze ein EBR errichtet wird, lässt jedoch abweichende Vereinbarungen ausdrücklich zu. Sie sind insbesondere dann zweckmäßig, wenn die zweite Ebene eigene Entscheidungskompetenzen besitzt. 8

In Anlehnung an das französische Recht ist ein EBR in Form eines »gemischten Gremiums« zulässig, in dem auch die zentrale Leitung vertreten ist.[14] Eine entsprechende Praxis existierte schon vor 1996 im Rahmen freiwilliger Vereinbarungen,[15] doch ist darauf zu achten, dass die AN-Vertreter auch eigene (Vorbereitungs-) Sitzungen abhalten können. 9

3. Befugnisse des EBR, Verfahren zu seiner Unterrichtung und Anhörung und Koordinierung mit den nationalen Interessenvertretungen

Die Vereinbarung kann die Gegenstände festlegen, über die der EBR unterrichtet werden muss. Dabei kann der **Katalog des § 29 Abs. 2** erheblich **überschritten** werden, solange die erfassten Vorgänge noch eine mögliche grenzübergreifende Dimension haben. Wird etwa ein defizitärer Betrieb im Mitgliedstaat A geschlossen, um damit die wirtschaftliche Situation der UN-Gruppe insgesamt zu verbessern, so wäre diese Voraussetzung durchaus noch erfüllt.[16] Hinter § 32 zurückzubleiben und beispielsweise **nur einige** grenzübergreifende **Vorgänge** einzubeziehen, dürfte das **Anliegen der Richtlinie verfehlen;** in der Lit. wird konsequenterweise nur die Erweiterung des § 29 Abs. 2 diskutiert.[17] Auch würde die Einbeziehung aller AN nicht mehr einleuchten, wenn man gleichzeitig die Gegenstände der Unterrichtung und Anhörung entscheidend einschränken könnte. Der EBR ist im Übrigen gut beraten, wenn er sich Informationen auch von anderer Seite verschafft (zum vergleichbaren Problem beim BR s. § 80 BetrVG Rn. 122 ff.).[18] 10

Regelbar ist weiter, ob die zentrale Leitung schriftlich oder mündlich informiert. **Ausgeschlossen** ist jedoch, den Austausch der Argumente auf schriftliche Stellungnahmen zu beschränken; von einer Anhörung i. S. des § 1 Abs. 5 könnte dann nicht mehr die Rede sein.[19] Auch muss die Geheimhaltungspflicht nach § 35 gewahrt bleiben;[20] insoweit ist lediglich an Verfahren zu denken, durch die Meinungsverschiedenheiten über das Eingreifen des § 35 geklärt werden. 11

Dem EBR kann ausdrücklich das Recht eingeräumt werden, die **Unterlassung geplanter Maßnahmen** zu verlangen, bevor das Unterrichtungs- und Anhörungsverfahren abgeschlossen ist. Dies hätte jedoch lediglich verdeutlichenden Charakter (zur Situation bei Fehlen einer entsprechenden Regelung s. Vorbem. Rn. 18 ff.).[21] 12

Über den Rahmen der Richtlinie und des EBRG geht es an sich hinaus, wenn man dem EBR **Mitbestimmungsrechte** einräumt, doch verbietet die Richtlinie entsprechende Abmachungen nicht.[22] Sie bekennt sich vielmehr dezidiert zur Vereinbarungsautonomie und lässt deshalb 13

12 Vgl. BHKC-*Blanke/Kunz,* Rn. 24.
13 Vgl. *Asshoff/Bachner/Kunz,* S. 201.
14 *Asshoff/Bachner/Kunz,* S. 237; *Blanke,* 2. Aufl., EBRG Rn. 8; *Blanpain-Salas,* in: Blanpain-Hanami, S. 96.
15 S. die Beispiele bei *Müller,* Rn. 4.
16 Ebenso HWK-*Giesen,* EBRG Rn. 42.
17 BHKC-*Blanke/Kunz,* Rn. 27 ff.; *Müller,* Rn. 7.
18 Wie hier *Zimmer* AiB 03, 623.
19 BHKC-*Blanke/Kunz* Rn. 27; a. A. AKRR-*Rupp* Rn. 18.
20 *Engels/Müller,* DB 96, 988.
21 Vgl. weiter *Büggel/Buschak,* AiB 00, 421.
22 Wie hier HK-BetrVG-*Siebens/Kunz,* § 17 Rn. 8. Enger GK-*Oetker,* § 17 EBRG Rn. 9; MünchArbR-*Joost,* 2. Aufl., § 366 Rn. 103; *Rehberg,* NZA 13, 74 f.; *Thüsing/Forst* NZA 09, 408, 409; vgl. weiter *Dietzler,* AuA 01, 23.

auch stärkere Beteiligungsformen zu.[23] Dies macht mittelbar auch § 41 deutlich, der auch solche Vereinbarungen als vorrangig anerkennt, die zwar allen betroffenen AN Informations- und Konsultationsrechte einräumen, die aber dabei nicht stehen bleiben, sondern beispielsweise ein suspensives Vetorecht oder einzelne Mitbestimmungsrechte vorsehen. Auch ist zu bedenken, dass Art. 28 der EU-Grundrechtecharta (s. o. Vorbem. Rn. 29) den AN-Vereinigungen ein Verhandlungs- und Streikrecht einräumt, das auf eine andere Art »Mitbestimmung« hinausläuft und von dem notfalls auch im hier interessierenden Zusammenhang Gebrauch gemacht werden könnte. Eine andere Frage ist, ob der Ausbau von konzernbezogener Mitbestimmung gewerkschaftspolitisch wünschenswert ist, kann er doch leicht zum »Konzernsyndikalismus« führen und damit eine Aufspaltung der Interessenvertretung bewirken.[24]

14 Noch wenig geklärt ist die Frage, ob die Vereinbarung **verbindliche Abmachungen zwischen EBR und zentraler Leitung** zulassen darf, obwohl die Praxis zahlreiche Abkommen zwischen diesen beiden Akteuren kennt (o. Vorbem. Rn. 28 f). Das EBRG nennt lediglich in § 27 Abs. 1 Satz 3 und 4 den Zeitpunkt und Ort von Sitzungen als Gegenstand einer Absprache, doch wird man andere, die praktische Bedeutung der Unterrichtung und Anhörung betreffende Fragen in gleicher Weise behandeln können. Sind insoweit aber schon im Rahmen des gesetzlichen Modells Absprachen möglich, muss dasselbe erst recht dann gelten, wenn sich die Beteiligten bewusst einen EBR nach ihrem Gusto zusammenzimmern. So kann es etwa sinnvoll sein, bestimmte Zweifelsfragen der Geschäftsführung und insbesondere der Kostentragung nach § 39 nicht abschließend in der Vereinbarung zu regeln, sondern einer künftigen Einigung zwischen EBR und zentraler Leitung zu überlassen. Auch die Maßnahmen, auf die sich die Anhörung bezieht, können zum möglichen Gegenstand einer normativen Regelung gemacht werden; gegenüber der Mitbestimmung ist dies ein Minus. Wenn das BVG selbst Abmachungen mit normativer Wirkung schließen kann (o. § 17 Rn. 9), muss es eine solche Befugnis auch auf den EBR delegieren können.[25] Denkbar wäre insbes., die grenzüberschreitende Übermittlung von AN-Daten auf diese Weise mit einer Rechtsgrundlage zu versehen.[26]

15 Die **Rechtsfähigkeit** des EBR ist genauso wie die des BR zu beurteilen; sie ist aufgabenbezogen und nicht universell.[27] Eine vertragliche Verleihung umfassender Rechtsfähigkeit riskiert, mit dem Grundsatz des Numerus clausus der Gesellschaftsformen in Konflikt zu geraten.

16 Regelungen über das **Verhältnis zur Information und Konsultation** von Interessenvertretungen **auf nationaler Ebene** sind als möglicher Gegenstand erst seit der Novellierung 2011 erwähnt. Zu beachten ist dabei § 1 Abs. 7, wonach der EBR nicht später als die nationalen Interessenvertretungen unterrichtet und angehört werden darf. Auch dürfen deren Rechte nicht eingeschränkt werden. Praktisch laufen beide Rahmenbedingungen darauf hinaus, dass der EBR früher und auch über solche Vorgänge informiert werden sollte, für die nach den Rechtsordnungen einzelner Mitgliedstaaten möglicherweise keine Zuständigkeit der nationalen Instanzen besteht.

4. Sitzungen des EBR und Beschlüsse

17 Die Vereinbarung soll Ort, Häufigkeit und Dauer der EBR-Sitzungen festlegen.[28] Wichtig ist insbesondere, ob diese ein- oder zweimal pro Jahr und/oder aus besonderem Anlass stattfinden können. Auch sollten Vorbereitungs- und Auswertungstreffen näher geregelt werden. Beides

---

23 Eingehend *Blanke,* FS Nagel, S. 237, der auch eine Reihe von Beispielen aus der Praxis nennt.

24 Vgl. *Keller,* WSI-Mitt. 96, 476 f.

25 BHKC-*Blanke/Kunz,* Rn. 30 f.; *Büggel/Buschak,* AiB 00, 421; GK-*Oetker,* § 18 EBRG Rn. 7 – nur bei Verfahrensfragen; *Klebe/Kunz,* FS Däubler, S. 835; Hako-BetrVG/*Kunz,* § 17 EBRG Rn. 3; für rein obligatorische Regelungen *Horcher,* S. 267 ff.; MünchArbR-*Joost,* 2. Aufl., § 366 Rn. 114; für grundsätzliche Zulässigkeit auch *Zimmer* AiB 07, 394 und – ohne Rückgriff auf Unionsrecht – *Rehberg,* NZA 13, 73, 76.

26 Vgl. auch HK-BetrVG-*Hayen,* § 18 Rn. 3.

27 Ebenso für das niederländische Recht *Rood,* in: Engels/Weiss, S. 410; s. auch *Horcher,* S. 267 und *Thüsing/Forst,* NZA 09, 410 unter Hinweis auf Art. 10 Abs. 1 der Richtlinie 2009/38/EG.

28 AKRR-*Rupp* Rn. 22 ff.

findet sich in der Praxis immer häufiger.[29] In der Vereinbarung, aber auch in der Geschäftsordnung kann festgelegt werden, dass der EBR auch außerhalb seiner Sitzungen mit Hilfe von Video-Konferenzen oder E-Mails (u. Rn. 19) Beschlüsse fassen kann. Auf diese Weise bleibt er den Zielen der Richtlinie entsprechend handlungsfähig; die »Informalität« der Sitzungen muss in Kauf genommen werden, weil sonst – anders als beim deutschen BR – zwischen den jährlichen Sitzungen keine Interessenvertretung durch das ganze Gremium mehr möglich wäre. Die Sitzungen können aber nicht durch ein schriftliches Verfahren ersetzt werden.[30] So kann beispielsweise festgelegt werden, die Belegschaften aller (oder der betroffenen) Betriebe über ihre Einschätzung bestimmter geplanter Maßnahmen zu befragen.

5. Einrichtung eines Ausschusses

Die neue Nr. 5 greift eine verbreitete Praxis auf, wonach der EBR einen geschäftsführenden Ausschuss hat, der aus 3 bis 5 Mitgliedern besteht und ggf. innerhalb kürzester Frist zusammentreten und sich mit der zentralen Leitung treffen kann. Soweit dies nicht in der Geschäftsordnung geschieht, lässt sich die Auswahl der Mitglieder und Ersatzmitglieder regeln (etwa Wahl durch den EBR auf zwei Jahre), ebenso die wichtige Frage, ob Unterrichtung und Anhörung ausschließlich auf den Ausschuss delegiert werden können. Da es sich um die zentrale Aufgabe des EBR geht, wird eine solche Delegierung dem Anliegen der Richtlinie nicht gerecht. In dringenden Fällen, die keinen Aufschub dulden, könnte man sich eine Kompromisslösung in der Weise vorstellen, das der Ausschuss zusammen mit den aus den betroffenen Betrieben kommenden EBR-Mitgliedern tagt und die Unterrichtung entgegennimmt. Die Stellungnahme muss dann aber vom EBR als solchem erarbeitet und mit der zentralen Leitung diskutiert werden, wobei die Vorbereitung durch E-Mail und Videokonferenzen erfolgen kann. Die Bildung weiterer Ausschüsse – etwa zur Analyse besonders komplexer Umstrukturierungen – kann ebenfalls vorgesehen werden; dabei ist es sinnvoll, den EBR zu ermächtigen, bei entsprechendem Anlass einen Ausschuss einzusetzen.[31] 18

6. Geschäftsbedarf und Personalmittel

Nach Abs. 1 Satz 2 Nr. 6 soll die Vereinbarung bestimmen, welche finanziellen und sachlichen Mittel dem EBR zur Verfügung gestellt werden. Dazu gehört etwa ein Büro samt Einrichtung sowie Fax-, E-Mail- und Internetanschluss. Angesichts der neuen qualitativen und quantitativen Anforderungen an ein »EBR-Büro« sind **eigenes Büropersonal** und **moderne Kommunikationsmittel** bis hin zur Videokonferenz unabdingbar. Für Sitzungen wie für Vorbereitungsarbeiten muss – soweit erforderlich – die Einschaltung von **Dolmetschern** und Übersetzern auf Kosten der zentralen Leitung vorgesehen werden; weiter lässt sich die Übersetzung von Unterlagen regeln. Dass § 39 Abs. 1 Satz 2 nur für Sitzungen die Einschaltung von Dolmetschern vorsieht, bedeutet nicht, dass die sonstige Tätigkeit des EBR ohne sprachliche Unterstützung bleiben müsste. Wie die in § 39 Satz 3 erwähnten **Reise- und Aufenthaltskosten** im Einzelnen zu bestimmen sind, kann in der Vereinbarung gleichfalls festgelegt werden. Aus der Verwendung des Begriffs »Aufenthaltskosten« folgt, dass auch **Tagegelder** bezahlt werden können.[32] 19

7. Reaktion auf Strukturveränderungen

Abs. 1 Satz 2 Nr. 7 nennt die »Anpassung der Vereinbarung an Strukturänderungen« ausdrücklich als möglichen und sinnvollen Gegenstand einer Regelung.[33] Dabei ist an recht unterschiedliche Vorgänge zu denken. 20

---

29 *Altmeyer*, AiB 07, 44.
30 Anders AKRR-*Rupp* Rn. 18.
31 AKRR-*Rupp* Rn. 27.
32 Ebenso schon bisher *Müller*, Rn. 9 für den EBR kraft Gesetzes. Wie hier AKRR-*Rupp* Rn. 32.
33 Dazu auch *Engels/Müller*, DB 96, 985.

21 Möglich ist einmal, dass sich die **UN-Gruppe vergrößert,** indem sie neue UN gründet oder hinzuerwirbt. Geschieht dies beispielsweise in einem Land, wo sie bisher nicht vertreten war, ergeben sich eventuell Auswirkungen auf die Zusammensetzung des EBR. Dasselbe ist dann der Fall, wenn sich die Zahlenverhältnisse zwischen den Belegschaften verschieben, wenn etwa der für einen zusätzlichen Sitz notwendige Grenzwert nicht mehr im Land A, dafür aber im Land B erreicht wird. Die Vereinbarung sollte festlegen, ob in solchen Fällen sofort oder erst nach einiger Zeit reagiert wird. Fehlt eine Regelung, dürfte wohl § 32 Abs. 2 entsprechend anwendbar sein, der die zentrale Leitung verpflichtet, alle zwei Jahre zu prüfen, ob die Zusammensetzung des EBR noch den gesetzlichen Bestimmungen entspricht, und ggf. eine Veränderung in die Wege zu leiten.[34] Bei erheblichen Vergrößerungen kann ein Fall des § 37 vorliegen (s. dort).

22 **Geht die Zahl der Beschäftigten unter die** maßgebenden **Grenzwerte des § 3 zurück,** ist das Gesetz nicht mehr anwendbar. Die zentrale Leitung hat ein Recht zur fristlosen Kündigung der Vereinbarung.[35] Bei der Berechnung ist allerdings in entsprechender Anwendung des § 4 auf den Durchschnitt der letzten zwei Jahre abzustellen, so dass ein vorübergehendes Absacken ohne rechtliche Folgen bleibt. Weiter ist nicht zu jedem denkbaren Zeitpunkt eine Überprüfung vorzunehmen; entsprechend § 32 Abs. 2 darf dies nur alle zwei Jahre geschehen, da sonst ein verlässliches Arbeiten des EBR nicht gesichert wäre. Macht die zentrale Leitung von ihrem Kündigungsrecht keinen Gebrauch, existiert die Vereinbarung als freiwillige weiter.[36] Dasselbe gilt, wenn nur noch Niederlassungen in einem Land vorhanden sind.

23 Ist nicht nur ein EBR geschaffen worden, so können auch **Änderungen im internen Aufbau der Unternehmensgruppe** wie z. B. der Neuzuschnitt von Sparten eine Anpassung der Vereinbarung erfordern. **Fusionieren zwei UN** oder UN-Gruppen, die beide unter das Gesetz fallen und einen EBR besitzen, ist erst recht eine Neuregelung notwendig.[37] In allen diesen Fällen liegt eine wesentliche Strukturänderung nach § 37 vor. In der Vereinbarung kann geregelt werden, welche Auswirkungen sie auf den EBR hat und auf welche Weise eine Anpassung an die neue Struktur erfolgen soll.[38] Unterbleibt dies, muss ein BVG gegründet und in diesem »großen« Verfahren über eine Anpassung verhandelt werden. Solange keine neue Vereinbarung geschlossen ist, bleiben die bisherigen EBR im Amt.[39]

24 Bei UN-Gruppen, deren Spitze in einem Drittstaat angesiedelt ist, besteht die Besonderheit, dass sie bestimmen können, welche in der Gemeinschaft ansässige Unternehmensleitung »zentrale Leitung« i. S. d. Gesetzes ist (§ 2 Abs. 2 Satz 2). Unterbleibt dies, ist das Unternehmen mit der höchsten Beschäftigtenzahl nach § 2 Abs. 2 Satz 3 automatisch Ansprechpartner. Wird nach Abschluss der Vereinbarung eine **neue Instanz als zentrale Leitung** bestimmt, so kann dies am rechtlichen Status quo nichts ändern.[40] Auch die anwendbare Rechtsordnung bleibt dieselbe, könnte doch andernfalls durch häufigen Wechsel die Arbeit des EBR unangemessen erschwert werden. Wird im Falle des § 2 Abs. 2 Satz 3 die bisherige zentrale Leitung von der Zahl der Beschäftigten her durch ein anderes UN überholt, bleibt zunächst gleichfalls der Status quo erhalten, es sei denn, die Beteiligten hätten eine abweichende Regelung getroffen. In entsprechender Anwendung des § 32 Abs. 2 kann die neue zentrale Leitung nach zwei Jahren jedoch verlangen, dass sie nunmehr die Rolle des Ansprechpartners übernimmt. Hier kommt auch ein **Statutenwechsel** in Betracht, es sei denn, man hätte für einen solchen Fall ausdrücklich die Beibehaltung der bisherigen Rechtsordnung vereinbart.

8. Weitergeltung nach Kündigung

25 Wenn es zu Konflikten kommt, ist es wichtig, dass die zentrale Leitung dem EBR durch Kündigung der Vereinbarung nicht einfach die Handlungsgrundlage entziehen kann. Einzelheiten bei § 20.

---

34 Zustimmend HWK-*Giesen*, EBRG Rn. 48.
35 *Rademacher*, S. 120; HWK-*Giesen*, EBRG Rn. 48; *Müller-Bonnani/Jenner*, in: Preis/Sagan § 12 Rn. 21.
36 Dafür als generelle Lösung BHKC-*Blanke/Kunz*, Rn. 39.
37 Beispielsmaterial bei *Altmeyer*, AiB 07, 46.
38 AKRR-*Rupp* Rn. 36.
39 Hako-BetrVG/*Hayen*, § 18 EBRG Rn. 13.
40 Ebenso für die Sitzverlegung in ein anderes Land *Hanau*, in: Hanau/Steinmeyer/Wank, § 19 Rn. 54.

§ 19 Verfahren zur Unterrichtung und Anhörung

Soll ein Verfahren zur Unterrichtung und Anhörung der Arbeitnehmer eingeführt werden, ist schriftlich zu vereinbaren, unter welchen Voraussetzungen die Arbeitnehmervertreter das Recht haben, die ihnen übermittelten Informationen gemeinsam zu beraten und wie sie ihre Vorschläge oder Bedenken mit der zentralen Leitung oder einer anderen geeigneten Leitungsebene erörtern können. Die Unterrichtung muss sich insbesondere auf grenzübergreifende Angelegenheiten erstrecken, die erhebliche Auswirkungen auf die Interessen der Arbeitnehmer haben.

Inhaltsübersicht Rn.

I. Grundsätzliches

Der Fall des § 19 unterscheidet sich von dem des § 18 dadurch, dass kein neues Gremium geschaffen wird. Vielmehr steht das Unterrichtungs- und Anhörungsrecht nach näherer Maßgabe einer Vereinbarung den Interessenvertretungen des nationalen Rechts zu.[1] Dies entspricht dem Model der Vredeling-Richtlinie (o. Vorbem. Rn. 5). Die entsprechende Vereinbarung bedarf gleichfalls der Schriftform (dazu § 18 Rn. 1). Über § 17 hinaus muss sie bestimmten Mindestanforderungen entsprechen, da sonst die Gleichwertigkeit mit dem EBR-Modell nicht mehr gewährleistet wäre. 1

II. Mindestinhalt einer Vereinbarung

Die Vereinbarung muss den Gegenstand der Unterrichtung regeln und dabei insbesondere **»grenzübergreifende Angelegenheiten«** einbeziehen, **»die erhebliche Auswirkungen auf die Interessen der Arbeitnehmer haben«.** Der Begriff ist weiter als der in § 30 Abs. 1 verwandte, da dort von »außergewöhnlichen Umständen« die Rede ist, die erhebliche Auswirkungen auf die Interessen der AN haben. Bei dem in § 29 Abs. 2 aufgeführten Katalog dürfte dies praktisch immer der Fall sein.[2] 2

Die Vereinbarung muss weiter festlegen, unter welchen Voraussetzungen die nationalen Interessenvertretungen die ihnen übermittelten Informationen **gemeinsam beraten** dürfen. Damit ist implizit gesagt, dass eine solche gemeinsame Beratung möglich sein muss; sie entspricht der Vorbereitungssitzung eines EBR.[3] Wie viele Sitzungen man pro Jahr vorsieht, ist dem Ermessen der Beteiligten überlassen. 3

Zum Dritten ist die Art und Weise zu regeln, wie die AN-Vertreter ihre Vorschläge und Bedenken mit der zentralen Leitung oder einer anderen geeigneten Leitungsebene erörtern können. Dass die **Erörterungsmöglichkeit** gegeben sein muss, wird als selbstverständlich unterstellt. 4

Auch hier ergibt sich das Problem, dass ggf. **vollendete Tatsachen** geschaffen werden, bevor das Verfahren abgeschlossen ist. Dem ist in gleicher Weise wie bei dem Beteiligungsrecht des EBR zu begegnen (dazu Vorbem. Rn. 23). 5

Wird die Vereinbarung nach § 19 den gesetzlichen Vorgaben nicht gerecht, ist es zu keiner Einigung i. S. d. Gesetzes gekommen.[4] Spätestens drei Jahre nach Beginn der Verhandlungen muss daher ein **EBR kraft Gesetzes** errichtet werden.[5] Zur identischen Rechtsfolge, wenn den allgemeinen Vorgaben des § 17 nicht entsprochen wird, s. § 17 Rn. 16. 6

Über die Gültigkeit, den Inhalt und die Einhaltung der Vereinbarung entscheiden die Arbeitsgerichte im Beschlussverfahren. Ähnlich wie im Fall des § 5 (s. dort Rn. 11) können dabei auch Interessenvertretungen ausländischen Rechts ihre Rechte geltend machen. 7

1 *Goos,* FS 50 Jahre Arbeitsgerichtsbarkeit Rheinland-Pfalz, S. 86.
2 Ebenso BHKC-*Blanke/Kunz,* Rn. 5; MünchArbR-*Joost,* 2. Aufl., § 366 Rn. 126.
3 *Müller,* Rn. 5.
4 Für Anpassungspflicht Hako-BetrVG/*Kunz,* § 19 EBRG Rn. 5.
5 Vgl. *Bachner/Nielebock,* AuR 97, 133; *M. Schmidt,* NZA 97, 182.

§ 20 Übergangsbestimmung

Eine nach § 18 oder § 19 bestehende Vereinbarung gilt fort, wenn vor ihrer Beendigung das Antrags- oder Initiativrecht nach § 9 Absatz 1 ausgeübt worden ist. Das Antragsrecht kann auch ein auf Grund einer Vereinbarung bestehendes Arbeitnehmervertretungsgremium ausüben. Die Fortgeltung endet, wenn die Vereinbarung durch eine neue Vereinbarung ersetzt oder ein Europäischer Betriebsrat kraft Gesetzes errichtet worden ist. Die Fortgeltung endet auch dann, wenn das besondere Verhandlungsgremium einen Beschluss nach § 15 Absatz 1 fasst; § 15 Absatz 2 gilt entsprechend. Die Sätze 1 bis 4 finden keine Anwendung, wenn in der bestehenden Vereinbarung eine Übergangsregelung enthalten ist.

1 Die Vereinbarungen nach § 18 bzw. § 19 können auf bestimmte, aber auch auf unbestimmte Zeit abgeschlossen sein.

2 Ist das Erste der Fall, sollte unbedingt in der **Vereinbarung selbst** eine **Regelung** darüber getroffen werden, was nach Ablauf der vorgesehenen Frist geschehen soll. Rechtlich möglich ist ein ersatzloser Wegfall des Gremiums bzw. der Rechte auf Unterrichtung und Anhörung, aber auch eine Fortwirkung von einer bestimmten Dauer oder bis zum Wirksamwerden einer neuen Vereinbarung. Auch die Bildung eines EBR kraft Gesetzes kann vorgesehen werden. Eine neue Vereinbarung muss nicht notwendigerweise zwischen einem BVG und der zentralen Leitung abgeschlossen werden. Praktischer wäre es, den EBR selbst bzw. eine von den nationalen Interessenvertretungen bei einer Sitzung bestimmte Delegation die **Erneuerung der Vereinbarung aushandeln** zu lassen. Möglich, wenn auch immer noch umständlich, ist es, das alte BVG wieder in Funktion zu setzen, doch muss dieses ggf. an veränderte Strukturen angepasst werden.

3 **Fehlt es** in der Vereinbarung **an Regelungen** dieser Art (die nach Satz 5 immer den Vorrang haben), so werden die Sätze 1 bis 4 angewandt. Dies gilt auch dann, wenn lediglich ein Kündigungsrecht vorgesehen, aber nichts über die Rechtsfolgen gesagt ist, oder wenn nur einzelne Punkte der Verhandlungen angesprochen sind (Beispiel: Es verhandelt ein vom EBR gewählter Ausschuss von fünf Personen). Nach Satz 1 gilt die Vereinbarung fort, wenn vor ihrer Beendigung das Antrags- oder Initiativrecht zur Schaffung eines neuen BVG ausgeübt worden ist. Dieses Recht steht auch einem auf Grund der Vereinbarung geschaffenen Arbeitnehmervertretungsgremium wie dem EBR zu (Satz 2). In diesem Fall bestehen EBR und BVG nebeneinander. Wird ein entsprechender Antrag nicht gestellt, verliert die Vereinbarung nach Ende des vorgesehenen Zeitraums jede Verbindlichkeit. Tritt Fortgeltung ein (weil beispielsweise in der Vereinbarung über die Rechtsfolgen der Kündigung nichts gesagt ist), dauert diese so lange, bis die Vereinbarung durch eine neue ersetzt oder ein gesetzlicher EBR errichtet worden ist. Sie endet nach Satz 4, wenn das nunmehr installierte BVG nach § 15 Abs. 1 beschließt, die Verhandlungen erfolglos zu beenden.

4 Ist die **Vereinbarung auf unbestimmte Zeit** abgeschlossen, so ist jedenfalls eine Kündigung aus wichtigem Grund möglich. Praktische Beispiele hierfür gibt es nicht. Sollte ein solcher Fall gleichwohl einmal eintreten, so könnte der EBR oder eine Interessenvertretung nationalen Rechts die Einberufung eines BVG verlangen. Soweit sich kein gegenteiliger Wille der Beteiligten aus den Umständen ergibt, ist in Anlehnung an § 77 Abs. 5 BetrVG auch eine ordentliche Kündigung mit dreimonatiger Frist zulässig.[1] Die im Tarifrecht für solche Fälle zum Teil angenommene jederzeitige fristlose Kündigungsmöglichkeit[2] passt auf organisationsbezogene Normen wie im vorliegenden Fall nicht. Auch wäre es sinnwidrig, könnte die zentrale Leitung dem EBR (oder den informationsberechtigten nationalen Gremien) von einem Tag auf den anderen gewissermaßen den Boden unter den Füßen wegziehen. Ist mit dreimonatiger Frist gekündigt, ist mangels abweichender Regelung in der Vereinbarung nach den Sätzen 1–4 zu verfahren. Ist lediglich ein »Kündigungsrecht« vorgesehen, so steht dieses dem EBR zu.

5 Im Falle des Brexit kann die Situation eintreten, dass die **Vereinbarung nach §§ 17, 18** ihre **Wirksamkeit verliert,** weil die Grenzwerte des § 3 nicht mehr erreicht sind. In diesem Fall

---

1 Zustimmend GK-*Oetker,* Anhang 7 zu Bd. I, § 18 EBRG Rn. 12.
2 Nachweise bei *Däubler,* Tarifvertragsrecht, Rn. 1435.

kann der EBR nur noch auf freiwilliger Grundlage weiterexistieren (s. § 3 Rn. 7). Die bestehende Vereinbarung kann aber auch deshalb unwirksam werden, weil sie nach britischem Recht abgeschlossen wurde und ein EBR ersichtlich nicht nach dem Recht eines Drittstaats existieren kann. Auch wenn es umständlich erscheint, muss ein neues Besonderes Verhandlungsgremium gebildet werden, das mit der nunmehr maßgebenden zentralen Leitung eine Vereinbarung aushandelt. Während dieser Zeit ist im Interesse der **Kontinuität der EBR-Arbeit,** die auch in Satz 1 bis 3 zum Ausdruck kommt, weiter nach den bisherigen Regeln zu verfahren.

Vierter Teil
Europäischer Betriebsrat kraft Gesetzes

Erster Abschnitt
Errichtung des Europäischen Betriebsrats

§ 21 Voraussetzungen

(1) Verweigert die zentrale Leitung die Aufnahme von Verhandlungen innerhalb von sechs Monaten nach Antragstellung (§ 9), ist ein Europäischer Betriebsrat gemäß den §§ 22 und 23 zu errichten. Das gleiche gilt, wenn innerhalb von drei Jahren nach Antragstellung keine Vereinbarung nach § 18 oder § 19 zustande kommt oder die zentrale Leitung und das besondere Verhandlungsgremium das vorzeitige Scheitern der Verhandlungen erklären. Die Sätze 1 und 2 gelten entsprechend, wenn die Bildung des besonderen Verhandlungsgremiums auf Initiative der zentralen Leitung erfolgt.
(2) Ein Europäischer Betriebsrat ist nicht zu errichten, wenn das besondere Verhandlungsgremium vor Ablauf der in Absatz 1 genannten Fristen einen Beschluss nach § 15 Absatz 1 fasst.

Inhaltsübersicht Rn.

I. Grundsatz

1 Für den Fall, dass die Beteiligten sich nicht auf eine eigene Verhandlungslösung über eine grenzüberschreitende Unterrichtung und Anhörung einigen (aus welchem Grunde auch immer), ist ein **EBR kraft Gesetzes** zu bilden (§ 21 Abs. 1). Die §§ 21 bis 40 bedeuten die Umsetzung von Art. 7 und des Anhangs I der RL 2009/38/EG, welcher die Mindestinhalte einer solchen **subsidiären Lösung** festlegt.[1] Seiner Struktur nach ähnelt der EBR dem WA i. S. d. § 106.[2] Die Mindestinhalte nach § 21 binden die Verhandlungspartner allerdings bei der Verhandlungslösung selbst nicht.[3] Jedoch hat dieser Inhalt mittelbar Bedeutung, weil es eine Rückfallposition darstellt.[4] Mit dem Vorrang der Verhandlungslösung wird rechtsmethodisch der Weg der zweiseitig zwingenden Gesetzgebung zu Gunsten der Kontraktualisierung der Arbeitnehmerbeteiligung verlassen.[5] Bei Zweifelsfällen ist das Gesetz auch in dieser Hinsicht richtlinienkonform auszulegen.

2 Das Gesetz nennt **drei Fallkonstellationen,** in denen es zur Bildung des EBR kraft Gesetzes kommt:
1. Die zentrale Leitung verweigert die Aufnahme von Verhandlungen mit dem BVG (Rn. 3).
2. In Verhandlungen zwischen BVG und zentraler Leitung kommt innerhalb von drei Jahren seit Antragstellung keine Vereinbarung zustande (Rn. 4).
3. Das BVG und die zentrale Leitung erklären die Verhandlungen übereinstimmend für gescheitert (Rn. 6).

---

1 *Fitting*, EBRG Rn. 71.
2 GK-*Oetker*, Rn. 4.
3 *Bachner*, S. 72.
4 Vgl. Ales/Bell/Deinert/Robin-Olivier-*Senatori*, Dir. 2009/38/EC Rn. 51; HWK-*Giesen*, Rn. 1.
5 *Bachner*, S. 67 ff.; Hako-BetrVG/*Siebens*/*Kunz*, Rn. 1.

Dies ist jeweils unabhängig davon, ob die Bildung des BVG auf Initiative der Arbeitnehmer oder der zentralen Leitung (§ 9) erfolgt ist (Abs. 1 Satz 3). Die Beteiligten können auch autonom vereinbaren, dass die Regelungen über den EBR kraft Gesetzes gelten sollen.[6]

II. Zeitpunkt

Der EBR kraft Gesetzes ist zu bilden, wenn die zentrale Leitung die Aufnahme von **Verhandlungen** innerhalb von **sechs Monaten** nach Antragstellung (§ 9) **verweigert** (Abs. 1 Satz 1). Gemeint sind Verhandlungen der Sache nach. Die bloß formale Aufnahme von Verhandlungen bedeutet deren Verweigerung dann, wenn die zentrale Leitung entweder 3

- keinen Zweifel daran lässt, dass sie die Bildung eines EBR ablehnt (z. B. durch Verweigerung der Informationen gemäß § 8 Abs. 2),
- keinen vom gesetzlichen Modell abweichenden EBR zu akzeptieren gedenkt[7] oder
- schlicht untätig bleibt[8].

Ein gesetzlicher EBR ist weiterhin zu bilden, wenn innerhalb **von drei Jahren nach Antragstellung keine Vereinbarung** nach §§ 17 ff. zustande kommt (Abs. 1 Satz 2 Alt. 1). Die Frist kann aber einvernehmlich verlängert werden.[9] 4

Die **Fristberechnung** (sechs Monate bzw. drei Jahre) erfolgt gemäß §§ 188 Abs. 2 BGB. **Fristbeginn** ist der Tag des Zugangs des Antrags auf Bildung des BVG bei der zentralen Leitung (§ 9 Abs. 2 Satz 1). Wird das Verfahren auf Initiative der zentralen Leitung eingeleitet, beginnt die Frist mit dem Tag, an dem der Beschluss der zentralen Leitung bei der zuständigen Arbeitnehmervertretung eingeht.[10] 5

Ein EBR kraft Gesetzes kommt auch zustande, wenn BVG und zentrale Leitung **vor Ablauf von drei Jahren nach Verhandlungsbeginn übereinstimmend deren Scheitern** erklären (Abs. 1 Satz 2 Alt. 2) Damit wird Art. 7 Abs. 1 erster Spiegelstrich der RL 2009/38/EG verwirklicht. Die Erklärung des Scheiterns muss nicht zeitgleich oder gar im selben Dokument erfolgen. Es reicht aus, wenn zunächst eine Seite das Scheitern erklärt und sich die andere dem vor Ablauf der 3-Jahres-Frist anschließt[11] oder sich beide Seiten in gleichem Sinne erklären.[12] Erforderlich ist, dass der Wille, die Verhandlungen nicht fortsetzen zu wollen, eindeutig hervortritt.[13] Das Scheitern steht fest, wenn die zweite Erklärung beim Erklärungsgegner zugegangen ist. Auch wenn der EBR in diesem Falle auf Grund einvernehmlichen Handelns zustande gekommen ist, bleibt er doch ein solcher kraft Gesetzes, dessen Überleitung in ein Gremium kraft Vereinbarung erst nach Ablauf von vier Jahren gemäß § 33 möglich ist. 6

Mit der **Errichtung** des EBR kann ab dem **Tage nach der Feststellung des Scheiterns** begonnen werden (vgl. Rn. 6). Die Ansicht, dass in einem solchen Falle mit der Errichtung des EBR bis zum Ablauf der 3-Jahres-Frist zu warten sei,[14] lässt sich weder aus dem Wortlaut des Gesetzes noch seinem Zweck begründen. Vielmehr sprechen sowohl der Wortlaut der Richtlinie als auch der Vergleich mit dem Fall der Verhandlungsablehnung (Rn. 3) für die sofortige Errichtung des EBR.[15] 7

Der EBR kraft Gesetzes ist am Tag nach Ablauf der Frist (Rn. 5) bzw. der gemeinsamen Erklärung des Scheiterns der Verhandlungen (Rn. 7) **»zu errichten«.** Darunter sind die ersten formellen Schritte, beginnend mit der Bestellung der Mitglieder des EBR gemäß § 23, zu verstehen. Die Einladung zu der Sitzung (hierzu § 25 Rn. 2) mit dem entsprechenden Tagesord- 8

6 HWK-*Giesen*, Rn. 90.
7 Vgl. GK-*Oetker*, Rn. 7; *Däubler/Klebe*, AiB 95, 569; *Hromadka*, DB 95, 1125, 1128; *Rademacher*, S. 112; vgl. auch NK-GA/*Latzel*, §§ 21–24 EBRG Rn. 3.
8 *BAG* 29.6.04 – 1 ABR 32/99, AP EBRG § 5 Nr. 6.
9 GK-*Oetker*, Rn. 13.
10 BHKC-*Blanke/Kunz* Rn. 11; HWK-*Giesen*, Rn. 89.
11 BHKC-*Blanke/Kunz*, Rn. 15.
12 GK-*Oetker*, Rn. 14.
13 DKL-*Heckelmann/Wolff*, § 21 Rn. 5.
14 *Rademacher*, S. 112 f., 122; *Wuttke*, DB 95, 774, 776.
15 So auch BHKC-*Blanke/Kunz* Rn. 12; *Däubler/Klebe*, AiB 95, 569; *Hromadka*, DB 1995, 1128.

nungspunkt kann bereits vor Ablauf der Frist, die Bestellung selbst jedoch erst nach ihrem Ablauf erfolgen[16]. Eine **vorsorgliche Bestellung** vor Fristablauf ist **nicht möglich.**

III. Absehen von der Errichtung

9 Ein **EBR ist nicht zu errichten,** wenn das BVG einen entsprechenden **Beschluss gemäß § 15** fasst (s. dort).

IV. Amtsdauer

10 Der EBR ist – so wie der GBR und KBR – eine **Dauereinrichtung** ohne feste Amtszeit.[17] Die Amtszeit seiner Mitglieder beträgt vier Jahre (§ 32, s. dort).

11 Der EBR prüft **vier Jahre nach seiner Errichtung,** ob er **Verhandlungen** über eine Vereinbarung nach § 17 aufnimmt. Falls es zu einer solchen Vereinbarung kommt, endet das Amt des EBR (§ 33 Satz 3, s. dort).

12 Das **Amt** des EBR **endet,** sobald festgestellt werden kann, dass die Voraussetzung des § 4 nicht mehr erfüllt ist.[18]

§ 22 Zusammensetzung des Europäischen Betriebsrats

(1) Der Europäische Betriebsrat setzt sich aus Arbeitnehmern des gemeinschaftsweit tätigen Unternehmens oder der gemeinschaftsweit tätigen Unternehmensgruppe zusammen. Es können Ersatzmitglieder bestellt werden.

(2) Für jeden Anteil der in einem Mitgliedstaat beschäftigten Arbeitnehmer, der 10 Prozent der Gesamtzahl der in allen Mitgliedstaaten beschäftigten Arbeitnehmer der gemeinschaftsweit tätigen Unternehmen oder Unternehmensgruppen oder einen Bruchteil davon beträgt, wird ein Mitglied aus diesem Mitgliedstaat in den Europäischen Betriebsrat entsandt.

Inhaltsübersicht Rn.

I. Mitglieder

1 Der EBR kraft Gesetzes besteht ausschließlich aus **AN** des gemeinschaftsweit tätigen UN bzw. der UN-Gruppe (Abs. 1 Satz 1). Es ist nicht erforderlich, dass sie Mitglied eines BR sind.[1] Auch ein leitender Angestellter kann als AN zum (Voll-)Mitglied des EBR bestellt werden (zur Beteiligung eines leitenden Angestellten als Gast § 23 Rn. 2).[2] Nicht in den UN als AN-Beschäftigte können nur den Status eines Sachverständigen gemäß § 39 haben (s. dort). Es können **Ersatzmitglieder** bestellt werden (Abs. 1 Satz 2).[3]

II. Größe

2 Die Größe des EBR wird durch folgende Kriterien bestimmt:[4]

- **Repräsentativität:** Aus jedem Mitgliedsland wird mindestens ein Vertreter entsandt;

16 Hako-BetrVG/*Siebens/Kunz*, Rn. 4.
17 BHKC-*Blanke/Kunz* Rn. 8; *Däubler/Klebe*, AiB 95, 569; *Engels/Müller*, DB 96, 986.
18 MünchArbR-*Grau*, § 356 Rn. 72. Unklar *Schmidt*, NZA 97, 180, 182, hinsichtlich des Zeitpunkts des Wegfalls dieser Voraussetzung.

1 GK-*Oetker*, Rn. 6.
2 *Sandmann*, WiB 97, 396; a. A. BHKC-*Blanke/Kunz*, Rn. 3; GK-*Oetker*, Rn. 4; *Fitting*, EBRG Rn. 74.
3 GK-*Oetker*, Rn. 7.
4 Vgl. *Engels/Müller*, DB 96, 985.

- **Proportionalität:** Je nach Größe des UN bzw. der UN sowie der anteiligen Beschäftigtenzahl der einzelnen UN kommen zu den Grundmandaten zusätzliche Vertreter.

Seit dem Beitritt Großbritanniens zur alten EBR-Richtlinie 94/45/EG wurde die Begrenzung des EBR auf eine **Höchstzahl** von Sitzen **aufgegeben** (vgl. Gesetz vom 22.12.99, BGBl. I S. 2809). Im Übrigen bestimmt sich die **Sitzverteilung** im EBR **nach den für das BVG entwickelten Grundsätzen** (vgl. § 10 Rn. 2). Durch die Neuregelung der Sitzverteilung wird Anhang 1 Abs. 1 Buchst. c der RL 2009/38/EG umgesetzt.[5] AN aus Drittstaaten können nicht im EBR vertreten werden.[6] Für die Berechnung der Arbeitnehmerzahl werden leitende Angestellte berücksichtigt, der Verweis in § 4 auf § 5 Abs. 1 BetrVG bezieht sich nur auf die Zahlenermittlung nach § 3.[7] LeihAN werden im Hinblick auf § 14 Abs. 2 Satz 4 AÜG ebenfalls mitgezählt.[8] 3

Berechnungsbeispiel: Beschäftigt eine gemeinschaftsweit tätige Unternehmensgruppe insgesamt 6000 Arbeitnehmer, davon 2700 in Deutschland, 300 in Italien, 1050 in Spanien, 900 in Belgien, 450 in den Niederlanden und 600 in Polen, entfallen 45 Prozent auf Deutschland, 5 Prozent auf Italien, 17,5 Prozent auf Spanien, 15 Prozent auf Belgien, 7,5 Prozent auf die Niederlande und 10 Prozent auf Polen. Damit besteht der Europäische Betriebsrat aus insgesamt zwölf Mitgliedern, davon fünf aus Deutschland, eines aus Italien, zwei aus Spanien, zwei aus Belgien, eines aus den Niederlanden und eines aus Polen. 4

Fraglich ist, welche Konsequenzen der **Austritt des Vereinigten Königreichs** aus der EU für den EBR kraft Gesetzes hat. Nach § 22 Abs. 2 werden nur aus Mitgliedstaaten Arbeitnehmervertreter entsendet. Allerdings enthält das zwischenzeitlich vom EU-Parlament ratifizierte Handels- und Kooperationsabkommen zwischen dem UK und der EU[9] in Art. 387 Abs. 2 ein Rückschrittsverbot, das auch Informations- und Konsultationsrechte betrifft. Diese Klausel verbietet jedoch nur eine Reduzierung des Arbeitnehmerschutzes »in einer Weise, die sich auf den Handel oder die Investitionen zwischen den Vertragsparteien auswirkt«. Von daher ist zweifelhaft, ob es einer Aufrechterhaltung der Mandate der britischen Vertreter bedarf. Allerdings fallen auch, wenn diese Frage zu verneinen wäre, die britischen Vertreter nicht einfach weg.[10] Vielmehr folgt aus der Regelung des § 32 Abs. 2, dass die Mitgliedschaft im EBR grundsätzlich Bestand hat und alle zwei Jahre die Entsendungsvoraussetzungen überprüft werden.[11] Das spricht dafür, dass wegen der erforderlichen anderen Zusammensetzung der EBR den britischen Vertretern mitteilen muss, dass ihr Mandat endet. Zwar enthält § 32 Abs. 2 nur eine Regelung zur Neubestellung. Es spricht aber viel dafür, rechtsfortbildend auch eine Mandatsbeendigung im Sinne einer »Neubestellung null« anzunehmen. Auch die Regelung des § 32 Abs. 2 Satz 4 spricht hierfür. Dort ist zwar nur der Fall geregelt, dass neu vertretene Mitgliedstaaten neue Mitglieder bestellen können. An den Fortfall eines Mitgliedstaats ist ersichtlich nicht gedacht worden. Unter Fortdenken des Plans des Gesetzes kann dies nur darauf hinauslaufen, dass das Mandat der britischen Vertreter endet. Das lässt sich aber durch eine Vereinbarung abwenden. Aus eigener Kraft kann ein EBR kraft Gesetzes eine solche aber nur im Fall der Regelung des § 33 erreichen. Auch außerhalb des § 33 sind zentrale Leitung und EBR aber nicht gehindert, eine Vereinbarung zu treffen. 5

§ 23 Bestellung inländischer Arbeitnehmervertreter

(1) Die nach diesem Gesetz oder dem Gesetz eines anderen Mitgliedstaates auf die im Inland beschäftigten Arbeitnehmer entfallenden Mitglieder des Europäischen Betriebsrats werden in gemeinschaftsweit tätigen Unternehmen vom Gesamtbetriebsrat (§ 47 des Be-

5 Hako-BetrVG/*Siebens/Kunz*, Rn. 1.
6 GK-*Oetker*, Rn. 9.
7 A. A. GK-*Oetker*, Rn. 13.
8 GK-*Oetker*, Rn. 13.
9 V. 30.4.2021, ABl. 2021 L 149/10.
10 So aber v. *Steinau-Steinrück/Jöris*, NJW-Spezial 2021, 242 [243]; für den SE-BR ebenso *Häferer/Klare*, NZA 2019, 352 [354].
11 Ebenso i. E. HWK-*Giesen*, Rn. 5b; offenlassend *Krieger/Rudnik*, EuZW-Sonderausgabe 1/2020, S. 20 [24].

triebsverfassungsgesetzes) bestellt. Besteht nur ein Betriebsrat, so bestellt dieser die Mitglieder des Europäischen Betriebsrats.

(2) Die in Absatz 1 Satz 1 genannten Mitglieder des Europäischen Betriebsrats werden in gemeinschaftsweit tätigen Unternehmensgruppen vom Konzernbetriebsrat (§ 54 des Betriebsverfassungsgesetzes) bestellt. Besteht neben dem Konzernbetriebsrat noch ein in ihm nicht vertretener Gesamtbetriebsrat oder Betriebsrat, ist der Konzernbetriebsrat um deren Vorsitzende und um deren Stellvertreter zu erweitern; die Vorsitzenden und ihre Stellvertreter gelten insoweit als Konzernbetriebsratsmitglieder.

(3) Besteht kein Konzernbetriebsrat, werden die in Absatz 1 Satz 1 genannten Mitglieder des Europäischen Betriebsrats wie folgt bestellt:

a) Bestehen mehrere Gesamtbetriebsräte, werden die Mitglieder des Europäischen Betriebsrats auf einer gemeinsamen Sitzung der Gesamtbetriebsräte bestellt, zu welcher der Gesamtbetriebsratsvorsitzende des nach der Zahl der wahlberechtigten Arbeitnehmer größten inländischen Unternehmens einzuladen hat. Besteht daneben noch mindestens ein in den Gesamtbetriebsräten nicht vertretener Betriebsrat, sind der Betriebsratsvorsitzende und dessen Stellvertreter zu dieser Sitzung einzuladen; sie gelten insoweit als Gesamtbetriebsratsmitglieder.

b) Besteht neben einem Gesamtbetriebsrat noch mindestens ein in ihm nicht vertretener Betriebsrat, ist der Gesamtbetriebsrat um den Vorsitzenden des Betriebsrats und dessen Stellvertreter zu erweitern; der Betriebsratsvorsitzende und sein Stellvertreter gelten insoweit als Gesamtbetriebsratsmitglieder. Der Gesamtbetriebsrat bestellt die Mitglieder des Europäischen Betriebsrats. Besteht nur ein Gesamtbetriebsrat, so hat dieser die Mitglieder des Europäischen Betriebsrats zu bestellen.

c) Bestehen mehrere Betriebsräte, werden die Mitglieder des Europäischen Betriebsrats auf einer gemeinsamen Sitzung bestellt, zu welcher der Betriebsratsvorsitzende des nach der Zahl der wahlberechtigten Arbeitnehmer größten inländischen Betriebs einzuladen hat. Zur Teilnahme an dieser Sitzung sind die Betriebsratsvorsitzenden und deren Stellvertreter berechtigt; § 47 Absatz 7 des Betriebsverfassungsgesetzes gilt entsprechend.

d) Besteht nur ein Betriebsrat, so hat dieser die Mitglieder des Europäischen Betriebsrats zu bestellen.

(4) Die Absätze 1 bis 3 gelten entsprechend für die Abberufung.

(5) Eine ausgewogene Vertretung der Arbeitnehmer nach ihrer Tätigkeit sollte so weit als möglich berücksichtigt werden; Frauen und Männer sollen entsprechend ihrem zahlenmäßigen Verhältnis bestellt werden.

(6) Das zuständige Sprecherausschussgremium eines gemeinschaftsweit tätigen Unternehmens oder einer gemeinschaftsweit tätigen Unternehmensgruppe mit Sitz der zentralen Leitung im Inland kann einen der in § 5 Absatz 3 des Betriebsverfassungsgesetzes genannten Angestellten bestimmen, der mit Rederecht an den Sitzungen zur Unterrichtung und Anhörung des Europäischen Betriebsrats teilnimmt, sofern nach § 22 Absatz 2 mindestens fünf inländische Vertreter entsandt werden. § 35 Absatz 2 und § 39 gelten entsprechend.

Inhaltsübersicht

I. Bestellung der Mitglieder

1 Die **Bestellung** der Mitglieder des EBR erfolgt nach den gleichen Vorschriften wie für die Mitglieder des BVG. § 23 Absätze 1 bis 3 und 5 ist im Wesentlichen inhaltsgleich mit § 11 (s. dort).[1] Lediglich Abs. 5 weicht insofern ab, als nach dieser Regelung nicht nur Frauen und Männer entsprechend ihrem zahlenmäßigen Verhältnis bestellt werden sollen, sondern auch eine ausgewogene Vertretung der Arbeitnehmer nach ihrer Tätigkeit so weit als möglich berücksichtigt

1 Hako-BetrVG/*Siebens/Kunz*, Rn. 2; a. A. DKL-*Heckelmann/Wolff*, § 23 EBRG Rn. 3.

werden sollte. Diese Vorschriften beziehen sich sowohl auf einen in Deutschland angesiedelten EBR als auch auf Vertreter deutscher Betriebe in EBR in anderen EU-Mitgliedstaaten.

II. Vertreter der leitenden Angestellten

Für einen in Deutschland angesiedelten EBR mit mindestens fünf Mitgliedern aus inländischen Betrieben kann zusätzlich ein Vertreter der **leitenden Angestellten** bestimmt werden (Abs. 6). Er nimmt als **Gast mit Rederecht** an den Sitzungen zur Anhörung und Information des EBR teil. Dieses Teilnahmerecht bezieht sich auf die gemeinsamen Sitzungen von EBR und zentraler Leitung i. S. v. §§ 29 und 30, nicht dagegen auf Vor- und Nachbesprechungen des EBR i. S. d. § 27 Abs. 1.[2] Der Vertreter der leitenden Angestellten wird entweder vom KonzernSpA oder vom GesamtSpA oder vom SpA entsprechend der Regelung für die Betriebsverfassungsgremien in § 23 bestellt. Für ihn gelten die Vorschriften über Kosten und Sachaufwand (§ 39) und Vertraulichkeit (§ 35) entsprechend (Abs. 6 Satz 2; zur Berichterstattung gegenüber den SpA s. § 36 Abs. 2). Auf die Anzahl der aus inländischen Betrieben zu entsendenden EBR-Mitglieder wird er nicht angerechnet. Seine Beteiligung ist unabhängig davon, ob dem EBR bereits ein leitender Angestellter als (Voll-) Mitglied angehört. 2

III. Streitigkeiten

Beschlüsse über die Bestellung inländischer Arbeitnehmervertreter für den Europäischen Betriebsrat sind in entsprechender Anwendung des § 19 Abs 1 BetrVG einer gerichtlichen Überprüfung zugänglich.[3] Die Grundsätze zur Geltendmachung der Nichtigkeit betriebsratsinterner Wahlen sind auch auf die Beschlussfassung über die Bestellung inländischer Arbeitnehmervertreter im Europäischen Betriebsrat anzuwenden.[4] Einem Betriebsrat, der zugleich Mitglied des Gesamtbetriebsrats ist und bei der Bestellung der inländischen Arbeitnehmervertreter im Europäischen Betriebsrat durch den Gesamtbetriebsrat repräsentiert wurde, steht im Verfahren über die Wirksamkeit der Bestellung inländischer Arbeitnehmervertreter in den Europäischen Betriebsrat (Rn. 1) eine Antragsbefugnis zu.[5] 3

§ 24 Unterrichtung über die Mitglieder des Europäischen Betriebsrats

Der zentralen Leitung sind unverzüglich die Namen der Mitglieder des Europäischen Betriebsrats, ihre Anschriften sowie die jeweilige Betriebszugehörigkeit mitzuteilen. Die zentrale Leitung hat die örtlichen Betriebs- oder Unternehmensleitungen, die dort bestehenden Arbeitnehmervertretungen sowie die in inländischen Betrieben vertretenen Gewerkschaften über diese Angaben zu unterrichten.

Die Vorschrift regelt die unverzügliche **Information** der zentralen Leitung über die Bestellung der EBR-Mitglieder und die Weitergabe dieser Information an die örtlichen Betriebs- und UN-Leitungen sowie die dort bestehenden AN-Vertretungen im In- und Ausland[1]. Die soll auch dem Schutz der Mitglieder dienen, da die Schutzbestimmungen des § 40 ab der Bestellung eingreifen.[2] Allerdings ist der Schutz unabhängig von der Information kraft Gesetzes gewährleistet. 1

In Deutschland sind neben den Betriebsverfassungsgremien die in den Betrieben vertretenen **Gewerkschaften** zu unterrichten. Die Frage, ob eine Gewerkschaft in einem Betrieb vertreten ist und wie dies nachzuweisen ist, richtet sich nach den hierfür im Rahmen des BetrVG entwickelten Grundsätzen (vgl. § 2 BetrVG Rn. 79 ff.).[3] 2

2 Hako-BetrVG/*Siebens/Kunz*, Rn. 4; GK-*Oetker*, Rn. 12.
3 *BAG* 18.4.07 – 7 ABR 30/06, NZA 07, 1375.
4 *BAG* 18.4.07 – 7 ABR 30/06, NZA 07, 1375.
5 *LAG Düsseldorf* 31.10.07 – 11 TaBV 80/07.

1 Weitere Einzelheiten siehe BHKC-*Blanke/Kunz*, Rn. 3.
2 DKL-*Heckelmann/Wolff*, § 24 EBRG Rn. 1.
3 Ebenso GK-*Oetker*, Rn. 6.

Zweiter Abschnitt
Geschäftsführung des Europäischen Betriebsrats

§ 25 Konstituierende Sitzung, Vorsitzender

(1) Die zentrale Leitung lädt unverzüglich nach Benennung der Mitglieder zur konstituierenden Sitzung des Europäischen Betriebsrats ein. Der Europäische Betriebsrat wählt aus seiner Mitte einen Vorsitzenden und dessen Stellvertreter.
(2) Der Vorsitzende des Europäischen Betriebsrats oder im Falle seiner Verhinderung der Stellvertreter vertritt den Europäischen Betriebsrat im Rahmen der von ihm gefassten Beschlüsse. Zur Entgegennahme von Erklärungen, die dem Europäischen Betriebsrat gegenüber abzugeben sind, ist der Vorsitzende oder im Falle seiner Verhinderung der Stellvertreter berechtigt.

Inhaltsübersicht

I. Konstituierende Sitzung

1 Die **zentrale Leitung** ist verpflichtet, unverzüglich nach Benennung der Mitglieder des EBR zur **konstituierenden Sitzung** des EBR einzuladen (Abs. 1 Satz 1). Auf ihr werden der Vorsitz und Stellvertretung **gewählt** (Abs. 1 Satz 2). Dabei gibt es keine Bindung an die Herkunft aus einem bestimmten Mitgliedstaat. Die zentrale Leitung hat kein Teilnahmerecht.[1]

2 Kommt die zentrale Leitung ihrer Pflicht zur Einladung nicht nach, haben die Mitglieder des EBR das Recht, **selbst zur konstituierenden Sitzung einzuladen.** In dieser Hinsicht gilt das Gleiche wie für eine »Selbsteinladung« des BR (vgl. § 29 BetrVG Rn. 7).[2] Zweckmäßigerweise erfolgt dies in Anlehnung an § 51 Abs. 2 BetrVG durch Mitglieder aus dem Land, in dem die zentrale Leitung ihren Sitz hat. Bei deren Untätigkeit kann aber auch jedes andere EBR-Mitglied einladen. Es empfiehlt sich, der zentralen Leitung eine letzte Frist zu setzen, innerhalb derer sie zur Vermeidung der »Selbsteinladung« ihrer Einladungspflicht nachkommen kann.

II. Vorsitz

3 Abs. 2 regelt die Stellung d. Vorsitzenden bzw. der Stellvertretung als **Vertreter des EBR.** Die Vorschrift entspricht wörtlich § 26 Abs. 2 BetrVG (s. dort).

§ 26 Ausschuss

Der Europäische Betriebsrat bildet aus seiner Mitte einen Ausschuss. Der Ausschuss besteht aus dem Vorsitzenden und mindestens zwei, höchstens vier weiteren zu wählenden Ausschussmitgliedern. Die weiteren Ausschussmitglieder sollen in verschiedenen Mitgliedstaaten beschäftigt sein. Der Ausschuss führt die laufenden Geschäfte des Europäischen Betriebsrats.

Inhaltsübersicht

1 GK-*Oetker*, Rn. 3.
2 *ArbG Berlin* 15.7.16 – 26 BV 4223/16, Rn. 23; BHKC-*Blanke/Kunz*, Rn. 5; Hako-BetrVG/*Siebens/Kunz*, Rn. 2; GK-*Oetker*, Rn. 2; MünchArbR-*Grau*, § 356 Rn. 19; a. A. DKL-*Heckelmann/Wolff*, § 25 EBRG Rn. 1.

I. Zusammensetzung

§ 26 setzt Anhang I Absatz 1 Buchstabe d RL 2009/38/EG um. Eine Mindestgröße des EBR als Voraussetzung für die Bildung des Ausschusses legt das Gesetz nicht fest.[3] Die Bildung des Ausschusses ist zwingend.[4] Der Ausschuss besteht aus mindestens drei und höchstens fünf Mitgliedern. Der bzw. die Vorsitzende des EBR ist geborenes Mitglied des Ausschusses.[5] Der oder die stellvertretende Vorsitzende ist nicht automatisch Mitglied. Die Wahl auch der Stellvertretung in den Ausschuss empfiehlt sich jedoch um der Amtskontinuität willen. Die Ausschussmitglieder sollen in verschiedenen Mitgliedstaaten beschäftigt sein (Satz 3). 1

II. Aufgaben

Der Ausschuss hat zwei **Aufgaben:** 2
- Er führt die laufenden Geschäfte des EBR (Satz 4).
- Er tritt an die Stelle des EBR, wenn dieser über außergewöhnliche Umstände gemäß § 30 zu unterrichten und anzuhören ist (s. § 30 Rn. 8).

Die **laufenden Geschäfte** des EBR bestehen vor allem in der Vorbereitung der Treffen mit der zentralen Leitung, den Vorbesprechungen und den Sitzungen zur Nachbereitung des EBR (vgl. § 27 Rn. 1).[5] Das schließt hierzu dienende informatorische Kontakte (persönlich, erforderlichenfalls durch Reisen und durch geeignete Medien) zur zentralen Leitung wie zu Betriebsvertretungen und Gewerkschaften ein. Außerdem sollte der Ausschuss einen regelmäßigen Kontakt der Mitglieder des EBR zwischen den Sitzungen herstellen und pflegen, z. B. durch Weitergabe dienlicher Informationen. Der Ausschuss kann Sachverständige hinzuziehen (§ 39 Abs. 2). 3

§ 27 Sitzungen

(1) Der Europäische Betriebsrat hat das Recht, im Zusammenhang mit der Unterrichtung durch die zentrale Leitung nach § 29 eine Sitzung durchzuführen und zu dieser einzuladen. Das gleiche gilt bei einer Unterrichtung über außergewöhnliche Umstände nach § 30. Der Zeitpunkt und der Ort der Sitzungen sind mit der zentralen Leitung abzustimmen. Mit Einverständnis der zentralen Leitung kann der Europäische Betriebsrat weitere Sitzungen durchführen. Die Sitzungen des Europäischen Betriebsrats sind nicht öffentlich.
(2) Absatz 1 gilt entsprechend für die Wahrnehmung der Mitwirkungsrechte des Europäischen Betriebsrats durch den Ausschuss nach § 26.

Inhaltsübersicht

I. Grundsatz

Der EBR hat das Recht, »im Zusammenhang« mit turnusmäßiger und außerplanmäßiger Unterrichtung und Anhörung gemäß §§ 29 und 30 **interne Sitzungen** ohne Teilnahme von Vertretern der zentralen Leitung und des Vertreters der leitenden Angestellten durchzuführen und hierzu einzuladen (Abs. 1 Satz 1 und 2). Darunter sind sowohl Sitzungen zur Vorbereitung (Vorbesprechungen) als auch Nachbereitung der Besprechungen mit der zentralen Leitung 1

3 Vgl. DKL-*Heckelmann/Wolff*, § 26 EBRG Rn. 1.
4 GK-*Oetker*, Rn. 3.
5 GK-*Oetker*, Rn. 4.
6 BHKC-*Blanke/Kunz*, Rn. 11, 12.

gemäß §§ 29, 30 zu verstehen.[1] Letztere sind insbesondere erforderlich, um angesichts des typischerweise noch fehlenden Protokolls eine abgestimmte Unterrichtung der örtlichen Arbeitnehmervertreter sicherzustellen. Allerdings ist nur eine Sitzung möglich, weitere bedürfen der Abstimmung mit der zentralen Leitung nach Abs. 1 Satz 4. Dabei muss aber eine interne Vor- und Nachberatung möglich sein.[2]

II. Kosten

2 Soweit es in diesem Zusammenhang um die gemäß § 39 von der zentralen Leitung zu übernehmenden erforderlichen **Kosten** geht, ist auf Folgendes zu verweisen:

- Es kann notwendig sein, eine **Vorbesprechung** mit einem gewissen zeitlichen Zwischenraum[3] zur Besprechung mit der zentralen Leitung gemäß §§ 29, 30 anzuberaumen, um einen sich aus der Diskussion des schriftlichen Berichts der zentralen Leitung (§ 29 Rn. 4 f.) ergebenden Bedarf an Sachaufklärung und Rückkopplung zu gewährleisten. Dazu muss eine hierauf bezogene Besprechung in unmittelbarem zeitlichem Zusammenhang mit der Sitzung möglich sein.
- Eine **Nachbesprechung** kommt gerade wegen ihres Zweckes einer unmittelbaren Informationssicherung wohl nur unmittelbar im Anschluss an die Besprechung des EBR mit der zentralen Leitung in Betracht. Die Sitzungsdauer des EBR selbst darf nicht unter Hinweis hierauf eingeschränkt werden (Rn. 3).

III. Themen

3 Der EBR bestimmt selbst über die **Themen** der Sitzungen gemäß § 27. Sie müssen nur im Zusammenhang mit den Besprechungen gemäß §§ 29, 30 stehen. Das Gesetz sieht keine Obergrenze für deren **Dauer** vor. Sie ergibt sich aus den Gesichtspunkten des »Zusammenhangs« gemäß § 27 mit der »Erforderlichkeit« des § 39 (s. dort).

IV. Zeitpunkt und Ort

4 **Zeitpunkt** und **Ort** interner Sitzungen des EBR sind mit der zentralen Leitung **abzustimmen** (Abs. 1 Satz 3). Das bedeutet, wie ein Blick auf Satz 4 (»Einverständnis«) und § 8 Abs. 3 (»einvernehmlich«) zeigt, nicht, dass der EBR hierzu das Einverständnis der zentralen Leitung einholen muss. Er ist vielmehr im Rahmen des Erforderlichen frei. Wegen des internen Charakters dieser Sitzungen des EBR dient die Pflicht zur Abstimmung mit der zentralen Leitung nur dazu, die erforderliche technische und logistische Unterstützung sicherzustellen. Befristet bis Ende Juni 2021 war die Sitzungsteilnahme mittels **Video- oder Telefonkonferenz** nach § 41b möglich unter der Voraussetzung, dass Dritte vom Inhalt der Sitzung keine Kenntnis nehmen können. Eine Aufzeichnung war unzulässig. Die Regelung wurde als Parallelregelung zu § 129 BetrVG im Zuge des Gesetzes zur Förderung der beruflichen Weiterbildung im Strukturwandel und zur Weiterentwicklung der Ausbildungsförderung eingefügt und durch das Beschäftigungssicherungsgesetz verlängert. Zuletzt war eine entsprechende Regelung erneut befristet bis 19. 3. 2022, sodann nochmals verlängert, zuletzt bis 7. 4. 2023, durch das Gesetz zur Stärkung der Impfprävention eingeführt worden (vgl. Einleitung Rn. 45d).

5 Für Sitzungen, die in **keinem Zusammenhang** mit Besprechungen gemäß §§ 29, 30 stehen, benötigt der EBR das **Einverständnis** der zentralen Leitung (Abs. 1 Satz 4). Bei der Entscheidung hierüber haben sich beide Seiten vom Gebot der vertrauensvollen Zusammenarbeit gem. § 34 leiten zu lassen.[4] Die zentrale Leitung darf eine weitere Sitzung nur aus wichtigem Grund ablehnen.[5]

---

1 BHKC-*Blanke/Kunz*, Rn. 4, 5; vgl. *Harazim,* AiB 97, 633.
2 NK-GA/*Latzel*, §§ 25–28 EBRG Rn. 6.
3 Hako-BetrVG/*Siebens/Kunz*, Rn. 1.
4 *Engels/Müller,* DB 96, 986; MünchArbR-*Grau*, § 356 Rn. 33.
5 BHKC-*Blanke/Kunz*, Rn. 1; ähnlich GK-*Oetker*, Rn. 6: Pflicht, Zustimmung grundsätzlich zu erteilen.

V. Öffentlichkeit

Die Sitzungen des EBR gemäß § 27 sind **nicht öffentlich** (Abs. 1 Satz 5). Abgesehen von der sonstigen Öffentlichkeit schließt das insbesondere die Anwesenheit von Vertretern der zentralen Leitung und der leitenden Angestellten (§ 23 Rn. 2) aus. Wenn kein Mitglied des EBR widerspricht, können solche Personen jedoch zeitweise zugelassen werden. Vom Verbot der Öffentlichkeit unberührt bleibt die Teilnahme von Sachverständigen und Dolmetschern.[6] Auch ein nicht dem EBR angehörender Protokollführer (auf den sich EBR und zentrale Leitung verständigen müssen) gehört nicht zur Öffentlichkeit. 6

Ob und unter welchen Voraussetzungen **Gewerkschaftsbeauftragte** hinzugezogen werden können, ohne sie als Sachverständige zu deklarieren, ist im EBRG nicht geregelt. Im Hinblick auf Art. 9 Abs. 3 GG spricht viel für eine analoge Anwendung von § 31 BetrVG.[7] Jedenfalls kann dies mit einfacher Mehrheit beschlossen werden.[8] 7

VI. Ausschuss

Die gleichen Grundsätze gelten, wenn der **Ausschuss** (§ 26) gemäß § 30 Abs. 2 anstelle des EBR tätig wird (Abs. 2). 8

§ 28 Beschlüsse, Geschäftsordnung

Die Beschlüsse des Europäischen Betriebsrats werden, soweit in diesem Gesetz nichts anderes bestimmt ist, mit der Mehrheit der Stimmen der anwesenden Mitglieder gefasst. Sonstige Bestimmungen über die Geschäftsführung sollen in einer schriftlichen Geschäftsordnung getroffen werden, die der Europäische Betriebsrat mit der Mehrheit der Stimmen seiner Mitglieder beschließt.

Inhaltsübersicht

I. Beschlussfassung

Der EBR fasst seine **Beschlüsse** im Regelfall mit der Mehrheit der Stimmen der anwesenden Mitglieder, es sei denn, das Gesetz verlangt für bestimmte Beschlüsse eine andere Mehrheit (Satz 1). Eine andere Mehrheit fordert das Gesetz für Beschlüsse über 1

- die Geschäftsordnung gemäß Satz 2 und
- die Aufnahme von Vertragsverhandlungen mit der zentralen Leitung gemäß § 33.

Für diese Beschlüsse ist jeweils die Mehrheit der Stimmen aller EBR-Mitglieder (absolute Mehrheit) erforderlich. Jedes Mitglied hat eine Stimme; es gibt keine gewichteten Stimmen wie im GBR oder KBR.[1] Hinsichtlich der **Beschlussfähigkeit** gilt das zum BVG Gesagte (§ 13 Rn. 10). Bei Stimmengleichheit ist ein Antrag mangels abweichender Regelung in der Geschäftsordnung als abgelehnt anzusehen.[2] Die Beschlussfassung ist nicht im Umlaufverfahren möglich, sondern kann nur im Rahmen einer Sitzung erfolgen.[3] Dabei ist eine Beschlussfassung nur im Rahmen einer Präsenzsitzung (»anwesenden Mitglieder«) zulässig.[4] Befristet bis 7.4.2023 war

---

6 *Engels/Müller,* DB 96, 986; DKL-*Heckelmann/Wolff,* § 27 EBRG Rn. 4.
7 *Däubler,* AuR 96, 115; *Bachner/Kunz,* AuR 96, 81; *Kohte,* EuroAS 96, 115; *Bachner/Nielebock,* AuR 97, 129; a. A. *Gaul,* NJW 96, 3378, 3384.
8 *Blanke,* EBRG 27 Rn. 11; a. A. DKL-*Heckelmann/Wolff,* § 27 EBRG Rn. 4; wohl auch MünchArbR-*Grau,* § 336 Rn. 36.

1 GK-*Oetker,* Rn. 6.
2 GK-*Oetker,* Rn. 3.
3 GK-*Oetker,* Rn. 4.
4 GK-*Oetker,* Rn. 5.

zuletzt auch eine Beschlussfassung im Wege der **Video- oder Telefonkonferenz** nach § 41b möglich (vgl. zur Sitzung mittels Video- oder Telefonkonferenz § 27 Rn. 4).

II. Geschäftsordnung

2 Vom EBR wird erwartet, dass er sich eine – mit absoluter Mehrheit zu beschließende – **Geschäftsordnung** gibt (Satz 2). Ein Verzicht auf eine Geschäftsordnung kommt in richtlinienkonformer Auslegung nur in besonders gelagerten Fällen in Betracht, weil die Geschäftsordnung nach der Richtlinie uneingeschränkt vorgesehen ist.[5] In ihr können neben den üblichen Regularien (innere Ordnung des EBR, Berufung und Abberufung der Ausschussmitglieder, Festlegung der Sitzungstermine, Art und Weise der Einladung, Bekanntgabe der Tagesordnung etc.)[6] auch Grundsätze für die Information der örtlichen AN-Vertreter gemäß § 36 festgelegt werden. Von der Geschäftsordnung darf im Einzelfall nur abgewichen werden, wenn kein Mitglied des EBR widerspricht. Beschlüsse über die Geschäftsordnung sind mit der **Einladung** zur entsprechenden Sitzung zu versenden. Für die Einladung gilt das zum BVG Gesagte.

Dritter Abschnitt
Mitwirkungsrechte

§ 29 Jährliche Unterrichtung und Anhörung

(1) Die zentrale Leitung hat den Europäischen Betriebsrat einmal im Kalenderjahr über die Entwicklung der Geschäftslage und die Perspektiven des gemeinschaftsweit tätigen Unternehmens oder der gemeinschaftsweit tätigen Unternehmensgruppe unter rechtzeitiger Vorlage der erforderlichen Unterlagen zu unterrichten und ihn anzuhören.

(2) Zu der Entwicklung der Geschäftslage und den Perspektiven im Sinne des Absatzes 1 gehören insbesondere

1. **Struktur des Unternehmens oder der Unternehmensgruppe sowie die wirtschaftliche und finanzielle Lage,**
2. **die voraussichtliche Entwicklung der Geschäfts-, Produktions- und Absatzlage,**
3. **die Beschäftigungslage und ihre voraussichtliche Entwicklung,**
4. **Investitionen (Investitionsprogramme),**
5. **grundlegende Änderungen der Organisation,**
6. **die Einführung neuer Arbeits- und Fertigungsverfahren,**
7. **die Verlegung von Unternehmen, Betrieben oder wesentlichen Betriebsteilen sowie Verlagerungen der Produktion,**
8. **Zusammenschlüsse oder Spaltungen von Unternehmen oder Betrieben,**
9. **die Einschränkung oder Stilllegung von Unternehmen, Betrieben oder wesentlichen Betriebsteilen,**
10. **Massenentlassungen.**

Inhaltsübersicht

5 GK-*Oetker*, Rn. 8.
6 BHKC-*Blanke/Kunz*, Rn. 11.

I. Grundsatz

Die Vorschrift regelt das **Beteiligungsrecht des EBR.** Es ist kein Mitbestimmungsrecht, sondern lediglich ein Informations- und Konsultationsrecht.[1] »**Anhörung**« bedeutet in Umsetzung von Art. 2 Abs. 1 Buchst. g RL 2009/38/EG den **Meinungsaustausch** und die Einrichtung eines **Dialogs** zwischen zentraler Leitung und EBR (zu den Einzelheiten vgl. § 1 Rn. 11 ff.). Insoweit ist die Zielsetzung der Bestimmung mit § 74 Abs. 1 Satz 2 BetrVG vergleichbar und begründet deshalb eine gegenseitige Einlassungs- und Erörterungspflicht.[2] 1

Nachdem es immer wieder Verstöße gegen die Beteiligungsrechte des EBR gab – so z.B. die Schließung des Bochumer Nokia-Standorts, die ohne vorherige Unterrichtung und Anhörung des EBR bekanntgegeben wurde –, hat die Europäische Kommission reagiert und die Beteiligungsrechte des EBR in der **geänderten RL** 2009/38/EG vom 6.5.2009 (hierzu Vorbem. EBRG Rn. 41 ff.)[3] konkretisiert (zum Inhalt von Unterrichtung und Anhörung vgl. ausführlich § 1 Rn. 10, 16). In diesem Zusammenhang ist Art. 11 Abs. 2 RL 2009/38/EG bedeutsam. Diese Bestimmung sieht vor, dass jeder Mitgliedstaat für den Fall der Nichteinhaltung der Richtlinie geeignete, d.h. effektive und angemessene, Maßnahmen vorsehen muss, mit deren Hilfe die Erfüllung der sich aus der Richtlinie ergebenden Verpflichtungen auch tatsächlich durchgesetzt werden können.[4] Dies kann nur heißen, dass die Arbeitsgerichte einen entsprechenden **Unterlassungsanspruch des EBR** bei Verstoß gegen dessen Beteiligungsrechte anerkennen müssen.[5] Nur durch eine vorherige Unterrichtung und Anhörung des EBR kann dem Zweck der Richtlinie Rechnung getragen werden. Danach muss dem EBR die Gelegenheit eingeräumt werden, eine Stellungnahme zu der Maßnahme abzugeben, damit diese bei der Entscheidung noch berücksichtigt werden kann (vgl. auch § 1 Rn. 11 ff.). 2

Die Unterrichtung und Anhörung erfolgt einmal im **Kalenderjahr** (Abs. 1). Zwar liegt das Recht zur Terminierung formal bei der zentralen Leitung, jedoch ergibt sich aus § 27 Abs. 1 die Pflicht zur gegenseitigen **Abstimmung** hinsichtlich **Termin und Tagesordnung.** Der **Vorsitz** liegt, wie beim Wirtschaftsausschuss, beim Vorsitz des EBR.[6] 3

II. Gegenstand der Information

Die Pflicht der zentralen Leitung zur Unterrichtung bezieht sich auf die **Entwicklung der Geschäftslage** und die **Perspektiven** des UN bzw. der UN-Gruppe (Abs. 1). Sie wird in einer beispielhaften, nicht abgeschlossenen Aufzählung einzelner Tatbestände konkretisiert (Abs. 2)[7]. Der Katalog der Gegenstände der Unterrichtung des Abs. 2 entspricht einer **Kombination von § 106 Abs. 3 mit § 111 Satz 2 BetrVG** (vgl. bei §§ 106 und 111 BetrVG).[8] Diese Regelungen können, nachdem sie für die zugrundeliegende RL 2009/38/EG als Vorbild gedient haben, bei der Auslegung von § 29 herangezogen werden.[9] 4

Die zentrale Leitung hat zwar mit dem Bericht über Struktur sowie wirtschaftliche und finanzielle Lage (Abs. 2 Nr. 1) jeweils den **Status** des UN bzw. der UN-Gruppe darzustellen. Der Akzent ihrer Informationsverpflichtung liegt jedoch auf **künftigen Entwicklungen** (vgl. Abs. 2 Nr. 2, 3 und 4). Erwägungsgrund (42) RL 2009/38/EG verlangt, dass die Unterrichtung und Anhörung den EBR in die Lage versetzen soll, mögliche Auswirkungen auf die Interessen der AN abzuschätzen. Die AN sollen informiert und »konsultiert« werden, wenn Entscheidun- 5

1 Vgl. BHKC-*Blanke/Hayen*, Rn 1, 2; MünchArbR-*Grau*, § 356 Rn. 40; *Gamillscheg*, Kollektives Arbeitsrecht II, S. 1192.
2 *Bachner*, S. 209.
3 Vgl. zu den Umsetzungsbedarfen ausführlich *Blanke*, AuR 09, 242 ff.
4 Dazu ausf. Ales/Bell/Deinert/Robin-Olivier-*Senatori*, Dir. 2009/38/EC Rn. 61.
5 Hako-BetrVG/*Hayen*, Rn. 5; a. A. *LAG Köln* 8.9.11 – 13 Ta 267/11, ZIP 2011, 2121; *Fitting*, EBRG Rn. 90a; HWK-*Giesen*, Rn. 111; GK-*Oetker*, § 30 Rn. 11 ff.; DKL-*Heckelmann/Wolff*, § 29 EBRG Rn. 17.
6 BHKC-*Blanke/Hayen*, Rn 5.
7 Zu den Einzelheiten siehe BHKC-*Blanke/Hayen*, Rn 16 ff.
8 BHKC-*Blanke/Hayen*, Rn 13; Hako-BetrVG/*Hayen*, Rn. 4; *Harazim*, AiB 97, 633; *Engels/Müller*, DB 96, 987.
9 *Bachner*, S. 198.

gen getroffen werden, die sich auf sie auswirken. Noch deutlicher ist Erwägungsgrund (43): »Bevor bestimmte Beschlüsse mit erheblichen Auswirkungen auf die Interessen der AN ausgeführt werden, sind die AN-Vertreter unverzüglich zu unterrichten und anzuhören«. Das heißt: Die Information muss so rechtzeitig erfolgen, dass die Argumente der AN-Seite noch in die Entscheidung einfließen können.[10] Diesem auf der Richtlinie beruhenden Erfordernis trägt zwar insbesondere § 30 Rechnung, der wegen des langen, einjährigen Turnus der Regelunterrichtung erforderlich ist. Jedoch muss sich **auch die Regelunterrichtung** des § 29 davon leiten lassen, den EBR so früh wie möglich in die Diskussion um entsprechende Planungen einzubeziehen.

III. Unterlagen

6 Zur Vorbereitung der Information und Anhörung hat die zentrale Leitung rechtzeitig die **erforderlichen Unterlagen** vorzulegen (Abs. 1). Damit sind typischerweise **schriftliche** Unterlagen gemeint.[11] Sie müssen jedem EBR-Mitglied in geeigneter Weise zur Verfügung gestellt werden. »Erforderlich« heißt, dass der Informationsgegenstand so erschöpfend dargestellt wird, dass dem EBR auf dieser Grundlage – möglichst ohne eigene Nachforschungen – eine sachgerechte Erörterung möglich ist.[12] Die Unterlagen müssen in der jeweiligen **Landessprache** der EBR-Mitglieder abgefasst sein.[13]

7 Die **Unterlagen** müssen **rechtzeitig** übermittelt werden (Abs. 1). Das verlangt einen ausreichend großen Zeitraum für das Selbststudium der EBR-Mitglieder und die Möglichkeit einer Vorbesprechung in ausreichendem Abstand zum Zusammentreffen mit der zentralen Leitung (vgl. § 27 Rn. 1).[14] Ferner muss ausreichend Zeit für die eventuelle Konsultation von Sachverständigen bleiben.[15] Die schriftlichen Informationen sind erforderlichenfalls beim Zusammentreffen schriftlich zu **aktualisieren.**

§ 30 Unterrichtung und Anhörung

(1) Über außergewöhnliche Umstände oder Entscheidungen, die erhebliche Auswirkungen auf die Interessen der Arbeitnehmer haben, hat die zentrale Leitung den Europäischen Betriebsrat rechtzeitig unter Vorlage der erforderlichen Unterlagen zu unterrichten und auf Verlangen anzuhören. Als außergewöhnliche Umstände gelten insbesondere

1. die Verlegung von Unternehmen, Betrieben oder wesentlichen Betriebsteilen,
2. die Stilllegung von Unternehmen, Betrieben oder wesentlichen Betriebsteilen,
3. Massenentlassungen.

(2) Besteht ein Ausschuss nach § 26, so ist dieser anstelle des Europäischen Betriebsrats nach Absatz 1 Satz 1 zu beteiligen. § 27 Absatz 1 Satz 2 bis 5 gilt entsprechend. Zu den Sitzungen des Ausschusses sind auch diejenigen Mitglieder des Europäischen Betriebsrats zu laden, die für die Betriebe oder Unternehmen bestellt worden sind, die unmittelbar von den geplanten Maßnahmen oder Entscheidungen betroffen sind; sie gelten insoweit als Ausschußmitglieder.

Inhaltsübersicht Rn.

10 *Hromadka,* DB 95, 1130; MünchArbR-*Grau,* § 356 Rn. 57; vgl. *Sandmann,* WiB 97, 396, *Bachner,* S. 203 ff.
11 Vgl. GK-*Oetker,* Rn. 7.
12 *Gaul,* NJW 95, 228, 223; *Däubler/Klebe,* AiB 95, 567; vgl. GK-*Oetker,* Rn. 9.
13 Hako-BetrVG/*Hayen,* Rn. 3; GK-*Oetker,* Rn. 8; DKL-*Heckelmann/Wolff,* § 29 EBRG Rn. 5.
14 BHKC-*Blanke/Hayen,* Rn 10.
15 GK-*Oetker,* Rn. 11.

I. Grundsatz

Der EBR ist bei **außergewöhnlichen Anlässen,** die erhebliche Auswirkungen auf die Interessen der Arbeitnehmer haben, außerhalb des turnusmäßigen Termins gemäß § 29 in gleicher Weise zu unterrichten (Abs. 1). Daran schließt sich nicht automatisch ein Treffen zwischen zentraler Leitung und EBR an. Vielmehr muss der EBR dies ausdrücklich **verlangen** (wobei der Ausschuss gemäß Abs. 2 tätig wird). 1

II. Anlässe zur Information

Das Gesetz nennt drei, jedoch nicht abschließende[1] **Beispiele** für außergewöhnliche Anlässe[2]: 2

- **Verlegung oder**
- **Stilllegung von UN, Betrieben oder wesentlichen Betriebsteilen** und
- **Massenentlassungen.**

Die Begriffe »UN«, »Betrieb« und »Betriebsteil« entsprechen den im BetrVG verwendeten (vgl. § 47 BetrVG Rn. 14 ff.; § 111 BetrVG Rn. 49 ff., 63 ff.; vgl. auch § 1 BetrVG Rn. 33 ff.). Unter »Massenentlassung« sind anzeigepflichtige Entlassungen i. S. d. § 17 KSchG zu verstehen. Bei den Regelbeispielen werden erhebliche Auswirkungen auf die Interessen der Arbeitnehmer unwiderleglich vermutet.[3]

Als außergewöhnliche Anlässe kommen auch **Entscheidungen auf der Ebene des UN bzw. herrschenden UN** in Frage, die mit einer gewissen Zwangsläufigkeit Auswirkungen auf die AN haben werden (z. B. nicht im turnusmäßigen Termin angekündigte Investitionen oder Entscheidungen über Produktionsgestaltung oder -verlagerung).[4] 3

Unterrichtung und Anhörung beziehen sich nicht nur auf die unternehmerische Entscheidung selbst, sondern auch auf den **Ausgleich oder die Milderung der aus den Maßnahmen arbeitnehmerseitig entstehenden wirtschaftlichen Nachteile.** Dies folgt unzweideutig aus dem Wortlaut von § 31. 4

III. Zeitpunkt der Information

Die Information über die außergewöhnlichen Umstände muss **rechtzeitig** erfolgen. Das heißt: Die fraglichen Entscheidungen dürfen noch nicht abschließend getroffen, eine Berücksichtigung der Vorstellungen des EBR muss noch möglich sein (vgl. § 29 Rn. 2). Nicht zuletzt aus dem Gesichtspunkt der vertrauensvollen Zusammenarbeit ergibt sich, dass die zentrale Leitung informieren muss, sobald die Planungen sich hierfür so verdichten, dass mehr für als gegen die Maßnahme spricht.[5] 5

Auch über die außergewöhnlichen Umstände ist unter Vorlage der erforderlichen **Unterlagen** zu unterrichten (Abs. 1 Satz 1). Das Gesetz wiederholt hierzu nicht nur hierauf bezogen, dass deren Übermittlung **»rechtzeitig«** erfolgen muss. Dies entspricht dem etwas anderen Ablauf der Information gem. § 30 gegenüber der nach § 29: Die erste »rechtzeitige« Information liegt in der Übersendung der schriftlichen Unterlagen. Es liegt dann am EBR, ob er das **Verlangen** nach Anhörung stellt (Rn. 1). In dieser Hinsicht ist das Rechtzeitigkeitserfordernis dahingehend zu präzisieren, dass nach Übersendung der schriftlichen Information noch ausreichend Zeit für eine Vorbesprechung des EBR und ein anschließendes Treffen mit der zentralen Leitung bleibt.[6] Für den Fall, dass die zentrale Leitung die Pflicht zur rechtzeitigen Unterrichtung verletzt, ist sowohl ein **Bußgeld** nach § 45 Abs. 1 Nr. 2 (§ 45 Rn. 3) als auch ein **Unterlassungsanspruch** möglich (vgl. § 29 Rn. 2 und § 1 Rn. 16). Der Unterlassungsanspruch zielt nicht auf Verhinderung der Maßnahme selbst, sondern auf Absicherung des Anspruchs 6

1 GK-*Oetker*, Rn. 5.
2 Zu den Einzelheiten vgl. BHKC-*Blanke/Hayen*, Rn. 23. ff.
3 GK-*Oetker*, Rn. 4; HWK-*Giesen*, Rn. 109; DKL-*Heckelmann/Wolff*, § 30 EBRG Rn. 3.
4 Vgl. BHKC-*Blanke/Hayen*, Rn 4 ff.; *Harazim*, AiB 97, 633; Hako-BetrVG/*Hayen*, Rn. 3.
5 A. A. GK-*Oetker*, Rn. 7.
6 BHKC-*Blanke/Hayen*, Rn 10 ff.; Hako-BetrVG/*Hayen*, Rn. 4.

des EBR auf Anhörung vor Durchführung und damit auf Durchsetzung der Einlassungs- und Erörterungspflicht der Zentralen Leitung. Es geht allein um die Verwirklichung des Verhandlungsanspruchs des Europäischen Betriebsrats.[7]

7 Die Möglichkeit, außerhalb der turnusmäßigen Treffen eine Anhörung gemäß § 30 durchzuführen, ist **zahlenmäßig nicht beschränkt.** Entscheidend ist allein, ob ein außergewöhnlicher Umstand eintritt, dessen Behandlung nicht bis zur nächsten turnusmäßigen Sitzung aufgeschoben werden kann.

IV. Ausschuss

8 Besteht ein **Ausschuss** nach § 26, so tritt er an die Stelle des EBR (Abs. 2 Satz 1). Er kann in gleicher Weise wie dieser eine Vor- und Nachbesprechung durchführen (vgl. § 27 Rn. 8). Mitglieder des EBR, die für die von den Maßnahmen und Entscheidungen betroffenen Betriebe oder UN bestellt sind, sind zu der außerordentlichen Sitzung zu laden und gelten als Ausschussmitglieder (Abs. 2 Satz 3). Sie sind damit stimmberechtigt und werden bei der Ermittlung der notwendigen Mehrheit (§ 28 Rn. 1) mitgezählt.

§ 31 Tendenzunternehmen

Auf Unternehmen und herrschende Unternehmen von Unternehmensgruppen, die unmittelbar und überwiegend den in § 118 Absatz 1 Satz 1 Nummer 1 und 2 des Betriebsverfassungsgesetzes genannten Bestimmungen oder Zwecken dienen, finden nur § 29 Absatz 2 Nummer 5 bis 10 und § 30 Anwendung mit der Maßgabe, dass eine Unterrichtung und Anhörung nur über den Ausgleich oder die Milderung der wirtschaftlichen Nachteile erfolgen muss, die den Arbeitnehmern infolge der Unternehmens- oder Betriebsänderungen entstehen.

Inhaltsübersicht

I. Grundsatz

1 Unter Nutzung der in Art. 8 Abs. 3 der Richtlinie eröffneten Möglichkeit enthält § 31 einen Vorbehalt für **Tendenz-UN** i. S. des § 118 BetrVG. Zwar wird ein **EBR gebildet.** Jedoch erfolgen Information und Anhörung in Anlehnung an § 118 Abs. 1 Satz 2 BetrVG nur über Angelegenheiten gemäß § 29 Abs. 2 Nr. 5 bis 10 im Hinblick auf den **Ausgleich oder die Milderung der wirtschaftlichen Nachteile** der AN.[1]

II. Reichweite des Tendenzschutzes

2 Die Einschränkung des Beteiligungsrechts wegen Tendenzschutzes erfolgt für ein UN/herrschendes UN mit **mehreren Betrieben/Tochtergesellschaften im Inland** unter den gleichen Voraussetzungen wie im BetrVG:
- Das UN muss insgesamt und
- jeder Betrieb für sich muss

tendenzgeprägt sein (eingehend § 118 BetrVG Rn. 16, 17). Für Betriebe und Tochtergesellschaften, auf die dies nicht zutrifft, findet eine uneingeschränkte Beteiligung des EBR statt.

3 Da Art. 8 Abs. 3 der Richtlinie lediglich einen bei ihrem Erlass in einzelnen Mitgliedstaaten (nur Deutschland und Österreich) bereits vorhandenen Tendenzschutz aufgreift, führt dies

7 *Bachner*, S. 213 ff.; so auch Vorbem. EBRG, Rn. 23 ff.; a. A. *LAG Köln* 8.9.11 – 13 Ta 267/11, BB 12, 197, und *LAG Baden-Württemberg* 12.10.15 – 9 TaBV 2/15, NZA-RR 16, 358; DKL-*Heckelmann/Wolff*, § 30 EBRG Rn. 5.

1 Umfassend und krit. *Blanke*, FS Däubler, S. 841 ff.

bei Auslandsbeziehungen zu **Staaten ohne innerstaatlichen Tendenzschutz** zu keinen Beschränkungen der EBR-Tätigkeit.[2]

Das bedeutet:

- Die zentrale Leitung eines deutschen herrschenden UN – ob Tendenz-UN oder nicht – hat in Bezug auf ausländische Betriebe und UN eine uneingeschränkte Pflicht zur Unterrichtung und Anhörung, auch wenn diese nach deutschem Recht ein Tendenz-UN wären.
- Aus einem deutschen Tendenz-UN kommende AN unterliegen bei ihrer Betätigung in einem bei einer ausländischen zentralen Leitung gebildeten EBR keinen Beschränkungen.[3]

§ 31 statuiert einen weiter gehenden Tendenzschutz, als ihn Art. 8 Abs. 3 RL 2009/38/EG zulässt: Dort werden Ausnahmen nur für UN zugelassen, »die in Bezug auf **Berichterstattung** und **Meinungsäußerung** … eine bestimmte weltanschauliche Tendenz verfolgen« (sog. MedienUN).[4] Im Widerspruch zu diesem Wortlaut der Richtlinie wird im Ratsprotokoll zu Art. 8 Abs. 3 die Meinung geäußert, hierunter fielen auch UN, die »politische, berufsständische, konfessionelle, karitative, erzieherische, wissenschaftliche oder künstlerische Zwecke« verfolgen, also UN i. S. des § 118 Abs. 1 Nr. 1 BetrVG. Das ist mit dem eindeutigen Wortlaut der Richtlinie unvereinbar und für deren Interpretation unverbindlich.[5] Damit verstößt die in § 31 erfolgte Einbeziehung von UN i. S. des § 118 Abs. 1 Nr. 1 BetrVG in den Tendenzschutz gegen die RL 2009/38/EG.[6] In Bezug auf Medienunternehmen verstößt § 31 insofern gegen die Richtlinie, als dort das Hinzutreten einer **»weltanschaulichen Tendenz«** verlangt wird.[7] 4

Vierter Abschnitt Änderung der Zusammensetzung, Übergang zu einer Vereinbarung

§ 32 Dauer der Mitgliedschaft, Neubestellung von Mitgliedern

(1) Die Dauer der Mitgliedschaft im Europäischen Betriebsrat beträgt vier Jahre, wenn sie nicht durch Abberufung oder aus anderen Gründen vorzeitig endet. Die Mitgliedschaft beginnt mit der Bestellung.

(2) Alle zwei Jahre, vom Tage der konstituierenden Sitzung des Europäischen Betriebsrats (§ 25 Absatz 1) an gerechnet, hat die zentrale Leitung zu prüfen, ob sich die Arbeitnehmerzahlen in den einzelnen Mitgliedstaaten derart geändert haben, dass sich eine andere Zusammensetzung des Europäischen Betriebsrats nach § 22 Absatz 2 errechnet. Sie hat das Ergebnis dem Europäischen Betriebsrat mitzuteilen. Ist danach eine andere Zusammensetzung des Europäischen Betriebsrats erforderlich, veranlasst dieser bei den zuständigen Stellen, dass die Mitglieder des Europäischen Betriebsrats in den Mitgliedstaaten neu bestellt werden, in denen sich eine gegenüber dem vorhergehenden Zeitraum abweichende Anzahl der Arbeitnehmervertreter ergibt; mit der Neubestellung endet die Mitgliedschaft der bisher aus diesen Mitgliedstaaten stammenden Arbeitnehmervertreter im Europäischen Betriebsrat. Die Sätze 1 bis 3 gelten entsprechend bei Berücksichtigung eines bisher im Europäischen Betriebsrat nicht vertretenen Mitgliedstaates.

---

2 BHKC-*Blanke/Kunz*, Rn. 9 ff.

3 *Oetker*, DB-Beil, 10/96, S. 10.

4 Vgl. *Mayer*, BB 95, 1794, 1796; NK-GA/*Latzel*, §§ 29–31 EBRG Rn. 12.

5 BHKC-*Blanke/Kunz*, Rn. 14; *Blanke*, FS Däubler, S. 841 ff.; Hako-BetrVG-*Siebens/Kunz*, Rn. 1; *Rademacher*, S. 138 ff., 141; *Sandmann*, S. 224 f.; *ders.*, WiB 97, 396; *Kohte*, BB 99, 1110, 1115; *ders.*, EuroAS 7–8/96, 119; *Blanke*, AiB 96, 204; *Lörcher*, AuR 96, 300 f.; *Däubler/Klebe*, 571 f.; a. A. GK-*Oetker*, Rn. 6; HWK-*Giesen*, Rn. 113; *Müller*, EBRG § 34 Rn. 2; *Wirmer*, DB 94, 2134, 2136; vermittelnd *Mayer*, BB 96, 1795.

6 A. A. MünchArbR-*Grau*, § 356 Rn. 70.

7 *Kohte*, EuroAS 7–8/96, 118; *Lörcher*, AuR 96, 300; *Blanke*, AiB 96, 206; wohl auch *Rademacher*, S. 141; a. A. *Oetker*, DB 96, Beil. 10, 12.

Inhaltsübersicht Rn.

I. Dauer der Amtszeit

1 Die individuelle Mitgliedschaft im EBR dauert **vier Jahre** (Abs. 1 Satz 1). Sie beginnt mit der Bestellung, d.h. dem Tag des entsprechenden Beschlusses gem. § 23 (s. dort). Die Berechnung des 4-Jahres-Zeitraums kann wie bei § 21 BetrVG nach § 188 BGB vorgenommen werden: Die reguläre Amtszeit endet mit Ablauf desjenigen Kalendertages, der vier Jahre später dem Tag vorausgeht, an dem das EBR-Mitglied bestellt worden ist.[1]

II. Vorzeitige Beendigung

2 Die Amtszeit kann **vorzeitig enden,**[2] und zwar aus folgenden Gründen:

- Abberufung durch das Entsendungsgremium (Abs. 1 Satz 1); sie ist jederzeit ohne Gründe möglich;
- Neubestellung anderer EBR-Mitglieder auf Grund von Strukturveränderungen (Abs. 2; zum Beendigungszeitpunkt Rn. 4);
- Amtsniederlegung;
- Ausscheiden aus dem Arbeitsverhältnis bei dem UN oder einem UN der UN-Gruppe;
- Tod des EBR-Mitglieds;
- Ende der Amtszeit des EBR kraft Gesetzes gemäß § 33.

III. Veränderungen und Überprüfung

3 Um die Repräsentativität des EBR im Falle von Umstrukturierungen zu wahren, hat die zentrale Leitung **alle zwei Jahre** eine **Überprüfung der AN-Zahlen** daraufhin vorzunehmen, ob sich möglicherweise eine andere Zusammensetzung des EBR ergibt (Abs. 2 Satz 1). Das Ergebnis ist dem EBR mitzuteilen (Abs. 2 Satz 2).

4 Ist auf Grund veränderter AN-Zahlen eine **andere Zusammensetzung des EBR** erforderlich, veranlasst dieser bei den Entsendungsgremien (§ 23) in den betroffenen Mitgliedstaaten die entsprechende Neubestellung von EBR-Mitgliedern. Mit dem Neubestellungsbeschluss endet die Amtszeit der abzulösenden EBR-Mitglieder (Abs. 2 Satz 3, 2. Halbs.). Dies betrifft alle Fälle, in denen Betriebe oder Betriebsteile aus dem Vertretungskreis durch Ausgliederung oder Umwandlung ausscheiden und dadurch die AN-Zahlen beeinflusst werden. Bei **individuellem Ausscheiden** aus dem Arbeitsverhältnis mit dem UN bzw. einem UN der UN-Gruppe endet das Amt sofort mit diesem Zeitpunkt.

5 Nicht ausdrücklich geregelt ist, ob die Überprüfung der maßgeblichen Arbeitnehmerzahl sich auf den **Status am Tag der Überprüfung** oder wie bei § 4 Satz 1 auf den Durchschnitt der letzten zwei Jahre bezieht. Um nicht zwischenzeitlichen Schwankungen ohne Auswirkungen auf die Zukunft ausgesetzt zu sein, spricht viel dafür, auf die Arbeitnehmerzahl am Tag der Prüfung abzustellen.[3]

6 Ist ein bislang nicht im EBR vertretener Mitgliedstaat erstmals **im EBR** zu vertreten, ist in gleicher Weise zu verfahren (Abs. 2 Satz 4). Der umgekehrte Fall ist nicht geregelt, muss aber zur Beendigung des Mandats führen (§ 22 Rn. 5).

---

1 BHKC-*Blanke/Kunz*, Rn. 6ff.
2 Hako-BetrVG/*Siebens/Kunz*, Rn. 2.
3 Ebenso BHKC-*Blanke/Kunz*, Rn. 14; DKL-*Heckelmann/Wolff*, § 32 EBRG Rn. 3.

IV. Streitigkeiten

Streitigkeiten zwischen zentraler Leitung und EBR bzw. diesen und einzelstaatlichen Entsendungsgremien über die richtige Zusammensetzung des EBR werden gemäß § 2a Abs. 1 Nr. 3b ArbGG vor den deutschen Arbeitsgerichten ausgetragen (Vorbem. EBRG Rn. 18 ff.). 7

§ 33 Aufnahme von Verhandlungen

Vier Jahre nach der konstituierenden Sitzung (§ 25 Absatz 1) hat der Europäische Betriebsrat mit der Mehrheit der Stimmen seiner Mitglieder einen Beschluss darüber zu fassen, ob mit der zentralen Leitung eine Vereinbarung nach § 17 ausgehandelt werden soll. Beschließt der Europäische Betriebsrat die Aufnahme von Verhandlungen, hat er die Rechte und Pflichten des besonderen Verhandlungsgremiums; die §§ 8, 13, 14 und 15 Absatz 1 sowie die §§ 16 bis 19 gelten entsprechend. Das Amt des Europäischen Betriebsrats endet, wenn eine Vereinbarung nach § 17 geschlossen worden ist.

Der EBR kraft Gesetzes hat **einmal, vier Jahre** nach seiner konstituierenden Sitzung, die Möglichkeit, zu einer **Verhandlungslösung** überzuwechseln. Hierzu ist ein Beschluss mit der Mehrheit seiner Mitglieder nötig (Satz 1). Werden hierauf Verhandlungen mit der zentralen Leitung aufgenommen, nimmt er die Funktion des BVG wahr (Satz 2). Seine Stellung daneben als EBR ist dadurch nicht infrage gestellt.[1] Die Vierjahresfrist ist eine Mindestfrist, sodass es unschädlich ist, wenn der EBR später über die Aufnahme von Verhandlungen beschließt.[2] Überdies wird es für möglich gehalten, im Falle eines ablehnenden Beschlusses in analoger Anwendung von Satz 1 im Vier-Jahresturnus erneut einen Beschluss über die Aufnahme von Verhandlungen zu fassen.[3] 1

Kommt es in den Verhandlungen zu einer Vereinbarung nach § 17, **endet das Amt des EBR** kraft Gesetzes (Satz 3) und damit die persönliche Amtszeit seiner Mitglieder (§ 32 Rn. 2)[4]. Ein Übergangsmandat bis zur Neukonstituierung eines EBR kraft Vereinbarung ist nicht vorgesehen, kann (und sollte) aber in der EBR-Vereinbarung geregelt werden.[5] 2

Wenn der **Abbruch der Verhandlungen** nach § 15 Abs. 1 beschlossen wird, bleibt der kraft Gesetzes errichtete EBR ebenfalls im Amt.[6] 3

Die Vorschrift ist auch anzuwenden, wenn eine **Vereinbarung nach § 17 nicht erneuert** wird und ein EBR kraft Gesetzes ein auf Vereinbarung beruhendes Gremium ablöst.[7] 4

---

1 *Fitting*, EBRG Rn. 80; MünchArbR-*Grau*, § 356 Rn. 74.
2 GK-*Oetker*, Rn. 2; vgl. auch MünchArbR-*Grau*, § 356 Rn. 76; DKL-*Heckelmann/Wolff*, § 33 EBRG Rn. 3.
3 GK-*Oetker*, Rn. 5; a. A. wohl NK-GA-*Latzel*, §§ 32, 33 EBRG Rn. 6.
4 Zu weiteren Einzelheiten vgl. BHKC-*Blanke/Kunz*, Rn. 5 ff.
5 GK-*Oetker*, Rn. 9; HWK-*Giesen*, EBRG Rn. 121.
6 GK-*Oetker*, Rn. 6; HWK-*Giesen*, EBRG Rn. 121.
7 GK-*Oetker*, Rn. 1.

Fünfter Teil
Gemeinsame Bestimmungen

§ 34 Vertrauensvolle Zusammenarbeit

Zentrale Leitung und Europäischer Betriebsrat arbeiten vertrauensvoll zum Wohl der Arbeitnehmer und des Unternehmens oder der Unternehmensgruppe zusammen. Satz 1 gilt entsprechend für die Zusammenarbeit zwischen zentraler Leitung und Arbeitnehmervertretern im Rahmen eines Verfahrens zur Unterrichtung und Anhörung.

1 Die Vorschrift ist **§ 2 Abs. 1 BetrVG nachgebildet.** Die Auslegung des § 2 Abs. 1 BetrVG (§ 2 BetrVG Rn. 4 ff.) ist auch im Rahmen von § 34 zugrundezulegen.[1] Angesichts der fehlenden Mitbestimmungsrechte des EBR bedeutet sie insbesondere einen Appell an die zentrale Leitung zur möglichst **umfassenden und frühzeitigen Information** sowie zu einem **konstruktiven Dialog** i. S. d. § 1 Abs. 5.[2] Teils wird daraus auch ein Arbeitskampfverbot abgeleitet.[3]

2 Die Bestimmung greift sowohl für einen EBR **kraft Gesetzes** als auch für einen EBR **kraft Vereinbarung** oder die Arbeitnehmervertreter und zentrale Leitung im Rahmen eines dezentralen Unterrichtungs- und Anhörungsverfahren.[4] Sie ist nicht auf Arbeitnehmervertreter untereinander anwendbar.[5]

§ 35 Geheimhaltung, Vertraulichkeit

(1) Die Pflicht der zentralen Leitung, über die im Rahmen der §§ 18 und 19 vereinbarten oder die sich aus den §§ 29 und 30 Absatz 1 ergebenden Angelegenheiten zu unterrichten, besteht nur, soweit dadurch nicht Betriebs- oder Geschäftsgeheimnisse des Unternehmens oder der Unternehmensgruppe gefährdet werden.

(2) Die Mitglieder und Ersatzmitglieder eines Europäischen Betriebsrats sind verpflichtet, Betriebs- oder Geschäftsgeheimnisse, die ihnen wegen ihrer Zugehörigkeit zum Europäischen Betriebsrat bekannt geworden und von der zentralen Leitung ausdrücklich als geheimhaltungsbedürftig bezeichnet worden sind, nicht zu offenbaren und nicht zu verwerten. Dies gilt auch nach dem Ausscheiden aus dem Europäischen Betriebsrat. Die Verpflichtung gilt nicht gegenüber Mitgliedern eines Europäischen Betriebsrats. Sie gilt ferner nicht gegenüber den örtlichen Arbeitnehmervertretern der Betriebe oder Unternehmen, wenn diese auf Grund einer Vereinbarung nach § 18 oder nach § 36 über den Inhalt der Unterrichtungen und die Ergebnisse der Anhörungen zu unterrichten sind, den Arbeitnehmervertretern im Aufsichtsrat sowie gegenüber Dolmetschern und Sachverständigen, die zur Unterstützung herangezogen werden.

(3) Die Pflicht zur Vertraulichkeit nach Absatz 2 Satz 1 und 2 gilt entsprechend für

1. die Mitglieder und Ersatzmitglieder des besonderen Verhandlungsgremiums,
2. die Arbeitnehmervertreter im Rahmen eines Verfahrens zur Unterrichtung und Anhörung (§ 19),
3. die Sachverständigen und Dolmetscher sowie
4. die örtlichen Arbeitnehmervertreter.

(4) Die Ausnahmen von der Pflicht zur Vertraulichkeit nach Absatz 2 Satz 3 und 4 gelten entsprechend für

1. das besondere Verhandlungsgremium gegenüber Sachverständigen und Dolmetschern,

---

1 GK-*Oetker*, Rn. 1.
2 Vgl. BHKC-*Blanke/Hayen*, Rn. 2.
3 *Fitting*, EBRG Rn. 94; GK-*Oetker*, Rn. 2; *Gamillscheg*, Kollektives Arbeitsrecht II, S. 1193; DKL-*Heckelmann/Wolff*, § 34 EBRG Rn. 1; a. A. BHKC-*Blanke/Hayen* Rn. 5.
4 *Fitting*, EBRG Rn. 94.
5 GK-*Oetker*, Rn. 3.

2. **die Arbeitnehmervertreter im Rahmen eines Verfahrens zur Unterrichtung und Anhörung gegenüber Dolmetschern und Sachverständigen, die vereinbarungsgemäß zur Unterstützung herangezogen werden, und gegenüber örtlichen Arbeitnehmervertretern, sofern diese nach der Vereinbarung (§ 19) über die Inhalte der Unterrichtungen und die Ergebnisse der Anhörungen zu unterrichten sind.**

Inhaltsübersicht Rn.

I. Grundsatz

1 Die Vorschrift berechtigt die zentrale Leitung zur **Informationszurückhaltung,** wenn durch die Unterrichtung **Betriebs- oder Geschäftsgeheimnisse gefährdet** würden (Abs. 1). Sie entspricht § 106 Abs. 2 BetrVG.[1] Um mögliche Missbräuche der Berufung auf den Geheimnisschutz auszuschließen, sind hohe Anforderungen an das Merkmal der Gefährdung zu stellen und konkrete Anhaltspunkte für eine solche zu fordern.[2] Insbesondere bei Geheimhaltungspflichten von Mandatsträgern bedarf es objektiver Anhaltspunkte dafür, dass die Geheimhaltung gleichwohl nicht gewahrt wird.[3] Abweichend von § 109 BetrVG werden Streitigkeiten über die Berechtigung der Verweigerung einer Information nicht durch die ESt., sondern durch das ArbG gemäß § 2a Abs. 1 Nr. 3b ArbGG im Beschlussverfahren entschieden (Vorbem. EBRG Rn. 18 ff.).[4]

II. Umfang der Verschwiegenheitspflicht

2 Die Mitglieder des EBR sind zur **Vertraulichkeit** in Bezug auf Betriebs- oder Geschäftsgeheimnisse verpflichtet, die ihnen wegen ihrer Zugehörigkeit zum EBR bekannt geworden und die von der zentralen Leitung ausdrücklich als geheimhaltungsbedürftig bezeichnet worden sind (Abs. 2 Satz 1). Die Pflicht zur Vertraulichkeit gilt auch nach dem Ausscheiden aus dem EBR (Abs. 2 Satz 2). § 35 Abs. 2 entspricht § 79 BetrVG (s. dort). Da es kein dem § 23 BetrVG vergleichbares Verfahren gibt, wird die Möglichkeit eines Unterlassungsanspruchs der zentralen Leitung befürwortet.[5]

3 Die Pflicht zur Vertraulichkeit gilt nicht gegenüber dem Personenkreis, mit dem der EBR in **gesetzlich vorgesehenen Informationsbeziehungen** steht:

- andere Mitglieder des EBR (Abs. 2 Satz 3),
- örtliche AN-Vertreter (unter Einschluss der gemäß § 36 Abs. 2 zu informierenden Mitglieder des SpA),
- AN-Vertreter im AR,
- Dolmetscher und Sachverständige (Abs. 2 Satz 4).

III. Verschwiegenheitspflicht weiterer Personen

4 Die **Verschwiegenheitspflicht** trifft auch den **in Abs. 3 bezeichneten Personenkreis.** Abs. 4 regelt die wegen gesetzlich vorgesehener Informationsbeziehungen notwendigen **Ausnahmen.** Anders als für Mitglieder des EBR ist keine Ausnahme im Verhältnis zu **AN-Vertretern im AR** vorgesehen; dies ist jedoch unschädlich, weil diesen gegenüber im Hinblick auf die Informationspflicht des Vorstands gemäß § 90 Abs. 1 AktG kein Geheimhaltungsanspruch besteht und sie ihrerseits gemäß § 93 Abs. 1 AktG zur Verschwiegenheit verpflichtet sind.[6]

1 BHKC-*Blanke/Hayen*, Rn. 6; Hako-BetrVG/*Hayen*, Rn. 1 und zur engen Auslegung der Bestimmung Rn. 3; vgl. a. § 106 BetrVG Rn. 55 ff.; zur Kritik wegen fehlender Konformität mit der Richtlinie vgl. *Kohte*, EuroAS 7–8/96, 119.
2 GK-*Oetker*, Rn. 6.
3 GK-*Oetker*, Rn. 7.
4 Hako-BetrVG/*Hayen*, Rn. 5.
5 GK-*Oetker*, Rn. 17; BHKC-*Blanke/Hayen*, Rn. 21; DKL-*Heckelmann/Wolff*, § 7 EBRG Rn. 3.
6 Vgl. GK-*Oetker*, Rn. 15.

§ 36 Unterrichtung der örtlichen Arbeitnehmervertreter

(1) Der Europäische Betriebsrat oder der Ausschuss (§ 30 Absatz 2) berichtet den örtlichen Arbeitnehmervertretern oder, wenn es diese nicht gibt, den Arbeitnehmern der Betriebe oder Unternehmen über die Unterrichtung und Anhörung.
(2) Das Mitglied des Europäischen Betriebsrats oder des Ausschusses, das den örtlichen Arbeitnehmervertretungen im Inland berichtet, hat den Bericht in Betrieben oder Unternehmen, in denen Sprecherausschüsse der leitenden Angestellten bestehen, auf einer gemeinsamen Sitzung im Sinne des § 2 Absatz 2 des Sprecherausschussgesetzes zu erstatten. Dies gilt nicht, wenn ein nach § 23 Absatz 6 bestimmter Angestellter an der Sitzung zur Unterrichtung und Anhörung des Europäischen Betriebsrats teilgenommen hat. Wird der Bericht nach Absatz 1 nur schriftlich erstattet, ist er auch dem zuständigen Sprecherausschuss zuzuleiten.

Inhaltsübersicht

I. Grundsatz

1 Um die Kommunikation mit den Belegschaften des UN oder der UN-Gruppe sicherzustellen, wird der EBR bzw. sein Ausschuss dazu verpflichtet, die **örtlichen AN-Vertreter** über die Unterrichtung und Anhörung zu **informieren** (Abs. 1). Das sind in Deutschland die BR und im Ausland die nach den dortigen Rechtsvorschriften bzw. Gepflogenheiten vorgesehenen Vertreter der AN (Art. 2 Abs. 1 Buchst. d RL 2009/38/EG). Ihnen gegenüber gilt die Pflicht zur Vertraulichkeit nicht (§ 35 Rn. 3). Die hierdurch entstehenden **Kosten** hat die zentrale Leitung nach § 39 Abs. 1 zu tragen (vgl. dort). Die Unterrichtungspflicht trifft den EBR bzw. den Ausschuss gleichermaßen wie die Mitglieder, wie aus dem Wortlaut des Abs. 2 gefolgert werden kann.[1]

2 Der Wortlaut der Vorschrift könnte es nahelegen, dass damit die Unterrichtung **jedes einzelnen BR** unmittelbar gemeint ist. Das ist jedoch nicht zwingend. Vielmehr kann ein repräsentativer Aufbau der AN-Vertretungen, wie er in Deutschland mit GBR und KBR vorhanden ist und für die Bestellung der EBR-Mitglieder genutzt wird (vgl. § 23), auch in den Dienst der Information nach § 36 gestellt werden.[2] Das belegt auch Abs. 2 Satz 3, wonach die schriftliche Information der leitenden Angestellten »dem zuständigen SpA« zuzuleiten ist. Das bedeutet: Der EBR kann in Deutschland sowohl die BR direkt informieren als auch jeweils das **Gremium (GBR, KBR), das die EBR-Mitglieder bestellt hat.** Dessen Mitglieder berichten in ihren Entsendebereichen.[3] Im Ausland können die dortigen Strukturen genutzt werden. Das Verhältnis zwischen der Unterrichtung und Anhörung des Europäischen Betriebsrats und der Unterrichtung der national zuständigen AN-Vertretungen, bei Maßnahmen, die beide gleichermaßen betreffen, ist an anderer Stelle geregelt, nach § 1 Abs. 7 ist der EBR spätestens gleichzeitig mit der nationalen Arbeitnehmervertretungen zu unterrichten und anzuhören.

II. Modalitäten

3 Das Gesetz legt die **Modalitäten der Unterrichtung** nicht fest. Der EBR bzw. der Ausschuss kann dies **schriftlich oder mündlich** tun.[4] Im letzteren Falle kann der EBR einzelne seiner Mitglieder dazu bestimmen, einen Bericht bei den örtlichen AN-Vertretern persönlich zu erstatten (vgl. auch Abs. 2 Satz 1). Er wird dabei gut daran tun, hierbei die Herkunft und

---

1 GK-*Oetker*, Rn. 3.
2 Hako-BetrVG/*Hayen*, Rn. 2; GK-*Oetker*, Rn. 5.
3 BHKC-*Blanke/Hayen*, Rn. 3.
4 *Fitting*, EBRG Rn. 99; GK-*Oetker*, Rn. 10; DKL-*Heckelmann/Wolff*, § 36 EBRG Rn. 3; NK-GA-*Latzel*, §§ 34–37 EBRG Rn. 9.

Entsendestruktur zu berücksichtigen. Es ist auch eine Kombination von schriftlichem und mündlichem Bericht möglich. Das bietet sich insbesondere an, wenn mündlich gegenüber dem GBR bzw. KBR berichtet wird. Derartige Fragen können wegen der Besonderheit der Umstände in jedem UN bzw. in jeder UN-Gruppe nicht allgemein beantwortet werden. Sie werden zweckmäßigerweise in der Geschäftsordnung des EBR geregelt (vgl. § 28 Rn. 2). Ob eine Unterrichtung in Form einer Videokonferenz[5] möglich ist, ist vom EBR nach pflichtgemäßem Ermessen zu entscheiden.

In Betrieben oder UN ohne **AN-Vertretung** sind die **AN direkt** zu informieren (Abs. 1). Ob man dabei so weit gehen muss wie das *ArbG Lörrach*[6], das eine unmittelbare Unterrichtung der AN nur dann zulassen will, wenn ein BR in Deutschland nicht besteht, mag dahinstehen. Dabei ist aber in jedem Fall die Pflicht zur Vertraulichkeit zu wahren.[7] Wenn nicht schriftlich informiert wird, kann der EBR auf Kosten des AG die Einberufung einer **Versammlung** der AN verlangen.[8] 4

EBR-Mitglieder, die einen Bericht mündlich erstatten, haben zu diesem Zweck ein **Zutrittsrecht** zum jeweiligen Betrieb.[9] Ein solcher Anspruch ist erforderlich, weil andernfalls jedenfalls die mündliche Berichterstattung nicht möglich ist. 5

III. Leitende Angestellte

Die **leitenden Angestellten** sind gesondert zu informieren. Falls der nach § 23 Abs. 6 bestimmte Angestellte nicht an der Unterrichtung und Anhörung teilgenommen hat, erstattet das hierzu beauftragte Mitglied des EBR Bericht auf der **gemeinsamen Sitzung** des SpA mit dem BR i. S. des § 2 Abs. 2 SprAuG (Abs. 2 Satz 1). Dies ist auch auf einer gemeinsamen Sitzung auf UN- bzw. Konzernebene möglich. Wird der Bericht **schriftlich** erstattet, ist er dem zuständigen SpA zuzuleiten. Zuständig ist der SpA, der gemäß § 23 Abs. 6 den Vertreter der leitenden Angestellten bestimmt hat (vgl. § 23 Rn. 2). 6

§ 37 Wesentliche Strukturänderung

(1) Ändert sich die Struktur des gemeinschaftsweit tätigen Unternehmens oder der gemeinschaftsweit tätigen Unternehmensgruppe wesentlich und bestehen hierzu keine Regelungen in geltenden Vereinbarungen oder widersprechen sich diese, nimmt die zentrale Leitung von sich aus oder auf Antrag der Arbeitnehmer oder ihrer Vertreter (§ 9 Absatz 1) die Verhandlung über eine Vereinbarung nach § 18 oder § 19 auf. Als wesentliche Strukturänderungen im Sinne des Satzes 1 gelten insbesondere

1. **Zusammenschluss von Unternehmen oder Unternehmensgruppen,**
2. **Spaltung von Unternehmen oder der Unternehmensgruppe,**
3. **Verlegung von Unternehmen oder der Unternehmensgruppe in einen anderen Mitgliedstaat oder Drittstaat oder Stilllegung von Unternehmen oder der Unternehmensgruppe,**
4. **Verlegung oder Stilllegung von Betrieben, soweit sie Auswirkungen auf die Zusammensetzung des Europäischen Betriebsrats haben können.**

(2) Abweichend von § 10 entsendet jeder von der Strukturänderung betroffene Europäische Betriebsrat aus seiner Mitte drei weitere Mitglieder in das besondere Verhandlungsgremium.

(3) Für die Dauer der Verhandlung bleibt jeder von der Strukturänderung betroffene Europäische Betriebsrat bis zur Errichtung eines neuen Europäischen Betriebsrats im Amt (Übergangsmandat). Mit der zentralen Leitung kann vereinbart werden, nach welchen Bestimmungen und in welcher Zusammensetzung das Übergangsmandat wahrgenommen

---

5 Zu dieser Möglichkeit GK-*Oetker*, Rn. 10.
6 *ArbG Lörrach*, Kammer Radolfzell 26. 6. 13 – 5 BV 7/12; zust. HWK-*Gieser*, Rn. 112.
7 *Engels/Müller*, DB 96, 987.
8 Zu weiteren Einzelheiten siehe BHKC-*Blanke/Hayen*, § 36 Rn. 16.
9 *Bachner/Nielebock*, AuR 97, 136.

wird. Kommt es nicht zu einer Vereinbarung mit der zentralen Leitung nach Satz 2, wird das Übergangsmandat durch den jeweiligen Europäischen Betriebsrat entsprechend der für ihn im Unternehmen oder der Unternehmensgruppe geltenden Regelung wahrgenommen. Das Übergangsmandat endet auch, wenn das besondere Verhandlungsgremium einen Beschluss nach § 15 Absatz 1 fasst.

(4) Kommt es nicht zu einer Vereinbarung nach § 18 oder § 19, ist in den Fällen des § 21 Absatz 1 ein Europäischer Betriebsrat nach den §§ 22 und 23 zu errichten.

1 Die Regelung schafft in richtlinienkonformer Weise erstmals im Falle wesentlicher Strukturänderungen von Unternehmen oder Unternehmensgruppen ein **Übergangsmandat für EBR** (Abs. 3) und trägt so dafür Sorge, dass bis zum Abschluss der dadurch erforderlich werdenden Verhandlungen des (gleichfalls neu zu errichtenden) BVG über die neue Vertretungsstruktur für das künftige Unternehmen/Unternehmensgruppe die Vertretung der von der Strukturänderung betroffenen Arbeitnehmer gesichert bleibt. Jeder von der Strukturänderung betroffene Europäische Betriebsrat wird Träger eines Übergangsmandats.[1]

2 Die Bestimmung findet nach Abs. 1 nur dann Anwendung, wenn **in den bestehenden Vereinbarungen** über EBR bzw. sonstige Vertretungsstrukturen **keine Regelungen zur Behandlung von Strukturänderungen** enthalten sind oder wenn sich die vereinbarten Regelungen der von der Strukturänderung betroffenen Unternehmen/Unternehmensgruppen widersprechen. Die Bestimmung ist daher vom Grundsatz des Vorrangs der Verhandlungslösung beherrscht.[2] Voraussetzung ist darüber hinaus, dass die zentrale Leitung oder die Arbeitnehmer oder ihre Vertreter (§ 9 Absatz 1) einen **Antrag** auf Verhandlung über eine Vereinbarung nach § 18 oder § 19 stellen.

3 Bei den in Abs. 1 aufgeführten Beispielsfällen handelt es sich um **Regelbeispiele** (»insbesondere«)[3]. Bei ihnen wird die Wesentlichkeit der Strukturänderung unwiderleglich vermutet.[4] Durch die **nicht abschließende, lediglich kataloghafte Aufzählung** von gesetzlich fingierten Fällen »wesentlicher Strukturänderungen« ist daher nicht ausgeschlossen, dass die Wesentlichkeitsgrenze auch aus anderen Gründen überschritten wird und damit aus anderen als im Gesetz genannten Gründen eine wesentliche Strukturänderung vorliegt, die die Rechtsfolgen der Bestimmung auslöst.[5] Gradmesser hierfür sind allerdings die im Gesetz ausdrücklich genannten Strukturänderungen. Denkbar ist z. B., dass etwa auch eine erhebliche Änderung der Anzahl der im Unternehmen bzw. der Unternehmensgruppe Beschäftigten (beispielsweise durch Massenentlassungen) einen erheblichen Einfluss auf die Struktur des Unternehmens bzw. der Unternehmensgruppe haben kann. Dabei kommt es maßgeblich darauf an, ob der EBR nunmehr anders zusammenzusetzen wäre.[6] Der Brexit dürfte nicht als Strukturänderung anzusehen sein. Zwar ändert sich dadurch für die Belegschaften die Zugehörigkeit zu einem Mitgliedstaat, die Struktur des Unternehmens jedoch nicht.[7]

4 Abs. 2 der Bestimmung enthält **Sonderregelungen zur Zusammensetzung des BVG** im Falle einer Strukturänderung. Danach entsendet abweichend von § 10 jeder von der Strukturänderung betroffene Europäische Betriebsrat aus seiner Mitte drei weitere Mitglieder in das BVG.

5 Abs. 3 enthält Regelungen zum **Übergangsmandat** des EBR. Nach Satz 1 bleibt für die Dauer der Verhandlung jeder von der Strukturänderung betroffene Europäische Betriebsrat bis zur Errichtung eines neuen Europäischen Betriebsrats im Amt. Der EBR ist berechtigt, mit der zentralen Leitung Vereinbarungen zu Art und Weise, Inhalten und zeitlichen Abläufen der Tätigkeit des EBR im Übergangsmandat zu treffen. Ebenfalls können Vereinbarungen zur Zusammensetzung des übergangsweise mandatierten EBR getroffen werden. Mangels einer solchen

---

1 BHKC-*Blanke/Hayen*, Rn. 7.
2 GK-*Oetker*, Rn. 3.
3 Zum Begriff der Strukturänderung siehe auch BHKC-*Hayen*, Rn. 9 ff.
4 GK-*Oetker*, Rn. 4.
5 Vgl. Hako-BetrVG/*Hayen*, Rn. 4; ferner DKL-*Heckelmann/Wolff*, § 37 EBRG Rn. 2.
6 GK-*Oetker*, Rn. 6; *Fitting*, EBRG Rn. 101.
7 Vgl. für den SE-BR auch *Häferer/Klare*, NZA 2019, 352 [356].

Vereinbarung wird das Übergangsmandat in der gleichen Weise, mit den gleichen Inhalten und in gleicher Zusammensetzung vorgenommen, wie dies für die Tätigkeit im Normalfall – also ohne Strukturänderung – vorgesehen ist[8].

6 Das **Übergangsmandat endet** mit Abschluss einer neuen Vereinbarung zur Errichtung eines EBR oder mit Vereinbarung einer sonstigen Vertretungsregelung nach § 19. Es endet darüber hinaus auch, wenn das BVG einen Beschluss nach § 15 Abs. 1 fasst. Damit endet das Amt des bisherigen EBR.[9]

7 Nach Abs. 4 endet das Übergangsmandat auch, wenn ein **EBR kraft Gesetzes** nach den §§ 22, 23 zu errichten ist, wenn es also in den Verhandlungen mit dem BVG nicht zu einer Vereinbarung kommt. Anderenfalls würde die neueingefügte Bestimmung des § 37 leerlaufen, wenn die zentrale Leitung Anpassungen der getroffenen EBR-Vereinbarungen trotz wesentlicher struktureller Änderungen nach Antragstellung der Arbeitnehmerseite durch Verhandlungs- oder Vereinbarungsverweigerung verhindern könnte. Das Übergangsmandat endet erst, wenn der EBR kraft Gesetzes konstituiert ist.[10]

§ 38 Fortbildung

(1) Der Europäische Betriebsrat kann Mitglieder zur Teilnahme an Schulungs- und Bildungsveranstaltungen bestimmen, soweit diese Kenntnisse vermitteln, die für die Arbeit des Europäischen Betriebsrats erforderlich sind. Der Europäische Betriebsrat hat die Teilnahme und zeitliche Lage rechtzeitig der zentralen Leitung mitzuteilen. Bei der Festlegung der zeitlichen Lage sind die betrieblichen Notwendigkeiten zu berücksichtigen. Der Europäische Betriebsrat kann die Aufgaben nach diesem Absatz auf den Ausschuss nach § 26 übertragen.

(2) Für das besondere Verhandlungsgremium und dessen Mitglieder gilt Absatz 1 Satz 1 bis 3 entsprechend.

Inhaltsübersicht Rn.

I. Erforderliche Bildungsmaßnahmen

1 Die Bestimmung ist § 37 Abs. 6 BetrVG nachgebildet und setzt Art. 10 Abs. 4 der RL 2009/38/EG um, nachdem das EBRG bislang keinen (ausdrücklichen) Bildungsanspruch für Mitglieder von EBR vorsah. Die Vorschrift gestattet nunmehr den Besuch von Schulungen und Fortbildungsveranstaltungen, die zur ordnungsgemäßen Tätigkeit im EBR erforderlich sind. Es handelt sich um einen Individualanspruch nach entsprechender Beschlussfassung des EBR.[1] Soweit der EBR die Beschlussfassung nicht dem Ausschuss gem. Abs. 1 Satz 4 übertragen hat, ist er selber dafür zuständig.[2] Bei der Prüfung der Erforderlichkeit gelten dieselben Grundsätze wie bei § 37 Abs. 1 BetrVG.[3] Es ist dabei zu berücksichtigen, dass die Tätigkeit im EBR auch für erfahrene, langjährig tätige BR-Mitglieder eine völlig neue Aufgabenstellung darstellt, auf die sie durch ihre bisherige nationale Tätigkeit in keiner Weise vorbereitet sind.[4] Handelt sich um eine gemeinsame Schulung der Mitglieder des jeweiligen EBR, so zählen zu den erforderlichen Kosten auch die Dolmetscher-, Übersetzungs- und Reisekosten. Bei diesen Kosten handelt es sich um Folgekosten der globalen Tätigkeit der Unternehmensgruppe und sind

8 *ArbG Wiesbaden* 13.6.18, 11 BVGa 5/18, NZA-RR 18, 444.
9 A. A. GK-*Oetker*, Rn. 9.
10 GK-*Oetker*, Rn. 10.

1 GK-*Oetker*, Rn. 3; DKL-*Heckelmann/Wolff*, § 38 EBRG Rn. 2; NK-GA-*Latzel*, §§ 38–40 EBRG Rn. 2.
2 GK-*Oetker*, Rn. 5.
3 Vgl. GK-*Oetker*, Rn. 7.
4 Ebenso BHKC-*Hayen*, Rn. 2 ff.; vgl. *Harazim*, AiB 98, 500.

dieser Tätigkeit »immanent«; die Erforderlichkeit ergibt sich damit aus der »Natur der Sache«. Die Kostentragungspflicht der zentralen Leitung ergibt sich im Übrigen aus § 39 (vgl. dort), die Fortzahlung der Vergütung folgt aus § 40 Abs. 1 Satz 2 i. V. m. § 37 Abs. 6 und Abs. 2 BetrVG.

II. Beispiele

2 Die Bestimmung stellt klar, dass EBR-Mitglieder »in dem Maße, wie dies zur Wahrnehmung ihrer Vertretungsaufgaben in einem internationalen Umfeld erforderlich ist« (vgl. Art. 10 Abs. 4 RL 2009/38/EG), an Qualifizierungsmaßnahmen teilnehmen können. Eine Höchstdauer an Schulungswochen gibt es nicht, maßgeblich ist allein die Erforderlichkeit.[5] Jedenfalls für Grundlagenthemen ist eine Weiterbildung für alle Mitglieder des EBR erforderlich. Beispiele für solche Grundlagenthemen sind:[6]

- Aufgaben und Mitwirkungsrechte des EBR
- Grundlagen des Europäischen Arbeitsrechts
- AN-Vertretungssysteme in den Mitgliedstaaten der EU
- Kommunikation und Kooperation im EBR
- Förderung interkultureller Kompetenzen
- Inhalte Europäischer Sozialstandards
- Rechte und Pflichten des EBR bei Fusionen, Übernahmen und Verlagerungen
- Ausgleich wirtschaftlicher Nachteile durch Regelungen des EBR bei Fusion, Übernahme und Verlagerung
- Arbeits- und Gesundheitsschutz in der EU
- Transnationale wirtschaftliche Daten als strategisches Instrument des EBR
- Verhandlungsführung und Verhandlungskompetenz des EBR
- Fremdsprachenkurse

III. Ausschuss und Besonderes Verhandlungsgremium

3 Der EBR kann die Beschlussfassung zur Entsendung von EBR-Mitgliedern auch auf den **Ausschuss** nach § 26 übertragen. Damit wird sichergestellt, dass eine Bestimmung von Mitgliedern zur Schulungsteilnahme auch zwischen den Sitzungen des EBR erfolgen kann, da dieser i. d. R. nur einmal im Jahr beschlussfähig ist. Für das **BVG** und dessen Mitglieder gilt Absatz 1 Satz 1 bis 3 entsprechend (Abs. 2).

§ 39 Kosten, Sachaufwand und Sachverständige

(1) Die durch die Bildung und Tätigkeit des Europäischen Betriebsrats und des Ausschusses entstehenden Kosten trägt die zentrale Leitung. Die zentrale Leitung hat insbesondere für die Sitzungen und die laufende Geschäftsführung in erforderlichem Umfang Räume, sachliche Mittel und Büropersonal, für die Sitzungen außerdem Dolmetscher zur Verfügung zu stellen. Sie trägt die erforderlichen Reise- und Aufenthaltskosten der Mitglieder des Europäischen Betriebsrats und des Ausschusses. § 16 Absatz 2 gilt entsprechend.
(2) Der Europäische Betriebsrat und der Ausschuss können sich durch Sachverständige ihrer Wahl unterstützen lassen, soweit dies zur ordnungsgemäßen Erfüllung ihrer Aufgaben erforderlich ist. Sachverständige können auch Beauftragte von Gewerkschaften sein. Werden Sachverständige hinzugezogen, beschränkt sich die Kostentragungspflicht auf einen Sachverständigen, es sei denn, eine Vereinbarung nach § 18 oder § 19 sieht etwas anderes vor.

---

5 DKL-*Heckelmann/Wolff*, § 38 EBRG Rn. 3, wo allerdings ein Überschreiten von drei Wochen nur für Ausnahmefälle für erforderlich angesehen wird.
6 Weitere Beispiele vgl. Hako-BetrVG/*Hayen*, Rn. 2 und BHKC-*Hayen*, Rn. 8.

Inhaltsübersicht Rn.

I. Kosten des EBR

1 Die Regelung über **Kosten** und **Sachaufwand** des EBR entspricht der Regelung des § 16 für das BVG (zu den näheren Einzelheiten vgl. § 16 Rn. 2ff.) und ist im Übrigen § 40 BetrVG nachgebildet. Damit können die zu § 40 BetrVG entwickelten Grundsätze auch auf 39 EBRG übertragen werden (vgl. dort).

2 Die zentrale Leitung hat deshalb z. B. die folgenden erforderlichen Kosten zu übernehmen:
- Kosten erforderlicher **Bildungsmaßnahmen** (vgl. hierzu näher § 33),
- Kosten zur Erfüllung der Unterrichtungspflicht nach § 36 (Reise-, Übernachtungskosten etc.),
- die Kosten von **Fachliteratur,**
- die Kosten der Einrichtung einer **Homepage für den EBR** im bzw. in den Intranet(s) des Unternehmens bzw. der Unternehmensgruppe zum Zwecke der Kommunikation mit der »europäischen Belegschaft«,
- die **Nutzung elektronischer Kommunikationsmittel** zur Aufrechterhaltung der Kommunikation zwischen den Sitzungen.

Zur Reduzierung der Kosten wird von Seiten des Unternehmens an den EBR bzw. seine Ausschüsse häufig der Wunsch herangetragen, sich auf eine Sitzungssprache (zumeist Englisch) zu einigen. Hierdurch sollen die **Dolmetscherkosten** entfallen, jedenfalls aber stark reduziert werden. Hierauf braucht sich der EBR nicht einzulassen. In der Regel können die an Fachausdrücke anknüpfenden Diskussionen im EBR ohne die Tätigkeit von Dolmetschern nicht in der erforderlichen Tiefe geführt werden.

II. Hinzuziehung von Sachverständigen

3 Die Regelung über **Sachverständige** entspricht grundsätzlich der für das BVG getroffenen Regelung (§ 13 Abs. 4; vgl. § 13 Rn. 11ff.)[1]. Allerdings sieht das Gesetz nicht ausdrücklich vor, dass der Sachverständige auch an den Sitzungen teilnehmen kann. Dieser Anspruch ergibt sich jedoch aus der Natur der Sache. Die Praxis hat gezeigt, dass in Sitzungen des EBR häufig Bedarf an Beratung durch Sachverständige besteht, der zur Vermeidung von Verzögerungen bzw. Vertagungen am besten durch deren Teilnahmebefugnis auf Wunsch des EBR unmittelbar befriedigt werden kann.[2] Entsprechend der Themenstellungen des EBR ist hier neben Gewerkschaftsvertretern (Satz 2) vor allem an Personen mit speziellem juristischem, wirtschaftlichem, arbeits- und gesundheitsschutzbezogenem und technischem Sachverstand zu denken.[3]

4 Auch Beauftragte einer Gewerkschaft können an den Sitzungen des EBR oder seines Ausschusses als Sachverständige teilnehmen. Nach der hier vertretenen Auffassung ergibt sich das nicht an die Erforderlichkeit geknüpfte Teilnahmerecht von Gewerkschaftsbeauftragten auch aus einer Analogie zu § 31 BetrVG (vgl. § 27 EBRG Rn. 7).[4] Dabei ist vom einheitlichen Gewerkschaftsbegriff auszugehen (vgl. § 2 BetrVG Rn. 49ff.).[5] Soweit es um Beauftragte von Gewerkschaften anderer Mitgliedstaaten geht, ist eine Substitution[6] zu prüfen, sodass entscheidend ist, ob die Organisation im Ausland funktional einer Gewerkschaft nach deutschem Recht entspricht.

1 Siehe auch BHKC-*Blanke/Hayen*, Rn. 13ff.
2 In diesem Sinne i. E. auch GK-*Oetker*, Rn. 12; a. A. *LAG Baden-Württemberg* 23.12.14 – 11 TaBV 6/14.
3 Vgl. *Harazim*, AiB 97, 633.
4 A. A. *LAG Baden-Württemberg* 23.12.14 – 11 TaBV 6/14.
5 A. A. GK-*Oetker*, Rn. 10.
6 Vgl. zum Begriff *Deinert*, Internationales Arbeitsrecht, § 18 Rn. 17.

III. Kosten von Sachverständigen

5 Die **Kostentragung** ist für Sachverständige richtet sich nach der Erforderlichkeit (Abs. 2 Satz 1). Sie ist auf **einen Sachverständigen** begrenzt (Abs. 2 Satz 3). Die Vorschrift ist jedoch unter Berücksichtigung der unterschiedlichen Themenstellungen des EBR (bzw. des Ausschusses) in dem Sinne auszulegen, dass der EBR und der Ausschuss **gleichzeitig nicht mehr als einen Sachverständigen für dieselbe Themenstellung** beauftragen dürfen.[7] Für unterschiedliche, wechselnde Aufgaben können **nacheinander aber auch gleichzeitig auch mehrere Sachverständigenaufträge** erteilt werden[8]. Es kann sich um Aufträge an die gleichen, aber auch an verschiedene Personen handeln.

§ 40 Schutz inländischer Arbeitnehmervertreter

(1) Für die Mitglieder eines Europäischen Betriebsrats, die im Inland beschäftigt sind, gelten § 37 Absatz 1 bis 5 und die §§ 78 und 103 des Betriebsverfassungsgesetzes sowie § 15 Absatz 1 und 3 bis 5 des Kündigungsschutzgesetzes entsprechend. Für nach § 38 erforderliche Fortbildungen gilt § 37 Absatz 6 Satz 1 und 2 des Betriebsverfassungsgesetzes entsprechend.

(2) Absatz 1 gilt entsprechend für die Mitglieder des besonderen Verhandlungsgremiums und die Arbeitnehmervertreter im Rahmen eines Verfahrens zur Unterrichtung und Anhörung.

1 Die in Betrieben in Deutschland beschäftigten Mitglieder des EBR genießen den **gleichen Schutz wie BR-Mitglieder** (Abs. 1). Es handelt sich dabei um eine abschließende Aufzählung.[1] Dies gilt auch dann, wenn das Mitglied des EBR nicht zugleich Mitglied in einem Betriebsrat ist und bezieht sich auch auf Entgelt- und Tätigkeitsschutz, Schutz vor Behinderungen und Benachteiligungen sowie Kündigungsschutz. Es gelten die folgenden Bestimmungen (s. jeweils auch dort) entsprechend[2]:

- § 37 Abs. 1 BetrVG: Die Mitgliedschaft im EBR ist als Ehrenamt ausgestaltet.
- § 37 Abs. 2 BetrVG: Das EBR-Mitglied ist in erforderlichem Umfang von seiner beruflichen Tätigkeit unter Fortzahlung der Vergütung freizustellen.[3]
- § 37 Abs. 3 BetrVG: Für betriebsbedingte Tätigkeit außerhalb der Arbeitszeit ist das EBR-Mitglied in entsprechendem Umfang unter Fortzahlung der Vergütung freizustellen.
- § 37 Abs. 4 und 5 BetrVG: Der betriebsverfassungsrechtliche Entgelt- und Tätigkeitsschutz findet ebenfalls auf Mitglieder des EBR Anwendung.
- § 78 BetrVG: EBR-Mitglieder haben Anspruch auf freie und unbeeinflusste Amtsausübung.
- § 103 BetrVG: Eine außerordentliche Kündigung bedarf der Zustimmung. Dabei ist davon auszugehen, dass nicht der örtliche BR zuständig ist. Denn durch die Kündigung wird die Zusammensetzung des EBR beeinflusst.[4] Das spricht dafür, auf das jeweils bestellende Organ abzustellen.[5]
- § 15 Abs. 1 und 3 bis 5 KSchG[6]: Der besondere Kündigungsschutz von BR-Mitgliedern ist auf EBR-Mitglieder entsprechend anwendbar.

Werden nach § 38 Fortbildungen erforderlich, so gilt § 37 Absatz 6 Satz 1 und 2 des Betriebsverfassungsgesetzes entsprechend.

2 Für Mitglieder des **BVG** und **AN-Vertreter** im Rahmen des Verfahrens zur Unterrichtung und Anhörung gilt das Gleiche wie für Mitglieder des EBR (Abs. 2).

---

7 HWK-*Giesen*, EBRG Rn. 99.
8 Hako-BetrVG/*Hayen*, Rn. 6; a. A. DKL-*Heckelmann/Wolff*, § 39 EBRG Rn. 7.

1 GK-*Oetker*, Rn. 2.
2 Zu den näheren Einzelheiten siehe auch BHKC-*Blanke/Hayen*, Rn. 6 ff.
3 S. a. *LAG Rheinland-Pfalz* 16.7.15 – 5 TaBV 5/15, juris.
4 A. A. Hako-BetrVG/*Hayen*, Rn. 2.
5 So GK-*Oetker*, Rn. 6 f.
6 Vgl. DDZ-*Deinert*, § 15 KSchG Rn. 1 ff.

Sechster Teil
Bestehende Vereinbarungen

§ 41 Fortgeltung

(1) Auf die in den §§ 2 und 3 genannten Unternehmen und Unternehmensgruppen, in denen vor dem 22. September 1996 eine Vereinbarung über grenzübergreifende Unterrichtung und Anhörung besteht, sind die Bestimmungen dieses Gesetzes außer in den Fällen des § 37 nicht anwendbar, solange die Vereinbarung wirksam ist. Die Vereinbarung muss sich auf alle in den Mitgliedstaaten beschäftigten Arbeitnehmer erstrecken und den Arbeitnehmern aus denjenigen Mitgliedstaaten eine angemessene Beteiligung an der Unterrichtung und Anhörung ermöglichen, in denen das Unternehmen oder die Unternehmensgruppe einen Betrieb hat.
(2) Der Anwendung des Absatzes 1 steht nicht entgegen, dass die Vereinbarung auf Seiten der Arbeitnehmer nur von einer im Betriebsverfassungsgesetz vorgesehenen Arbeitnehmervertretung geschlossen worden ist. Das gleiche gilt, wenn für ein Unternehmen oder eine Unternehmensgruppe anstelle einer Vereinbarung mehrere Vereinbarungen geschlossen worden sind.
(3) Sind die Voraussetzungen des Absatzes 1 deshalb nicht erfüllt, weil die an dem in Absatz 1 Satz 1 genannten Stichtag bestehende Vereinbarung nicht alle Arbeitnehmer erfasst, können die Parteien deren Einbeziehung innerhalb einer Frist von sechs Monaten nachholen.
(4) Bestehende Vereinbarungen können auch nach dem in Absatz 1 Satz 1 genannten Stichtag an Änderungen der Struktur des Unternehmens oder der Unternehmensgruppe sowie der Zahl der beschäftigten Arbeitnehmer angepasst werden, soweit es sich nicht um wesentliche Strukturänderungen im Sinne des § 37 handelt.
(5) Ist eine Vereinbarung befristet geschlossen worden, können die Parteien ihre Fortgeltung unter Berücksichtigung der Absätze 1, 3 und 4 beschließen
(6) Eine Vereinbarung gilt fort, wenn vor ihrer Beendigung das Antrags- oder Initiativrecht nach § 9 Absatz 1 ausgeübt worden ist. Das Antragsrecht kann auch ein auf Grund der Vereinbarung bestehendes Arbeitnehmervertretungsgremium ausüben. Die Fortgeltung endet, wenn die Vereinbarung durch eine grenzübergreifende Unterrichtung und Anhörung nach § 18 oder § 19 ersetzt oder ein Europäischer Betriebsrat kraft Gesetzes errichtet worden ist. Die Fortgeltung endet auch dann, wenn das besondere Verhandlungsgremium einen Beschluss nach § 15 Absatz 1 fasst; § 15 Absatz 2 gilt entsprechend.
(7) Auf Unternehmen und Unternehmensgruppen, die auf Grund der Berücksichtigung von im Vereinigten Königreich Großbritannien und Nordirland liegenden Betrieben und Unternehmen erstmalig die in den §§ 2 und 3 genannten Voraussetzungen erfüllen, sind die Bestimmungen dieses Gesetzes außer in den Fällen des § 37 nicht anwendbar, wenn in diesen Unternehmen und Unternehmensgruppen vor dem 15. Dezember 1999 eine Vereinbarung über grenzübergreifende Unterrichtung und Anhörung besteht. Die Absätze 1 bis 6 gelten entsprechend.
(8) Auf die in den §§ 2 und 3 genannten Unternehmen und Unternehmensgruppen, in denen zwischen dem 5. Juni 2009 und dem 5. Juni 2011 eine Vereinbarung über die grenzübergreifende Unterrichtung und Anhörung unterzeichnet oder überarbeitet wurde, sind außer in den Fällen des § 37 die Bestimmungen dieses Gesetzes in der Fassung vom 28. Oktober 1996 (BGBl. I S. 1548, 2022), zuletzt geändert durch Artikel 30 des Gesetzes vom 21. Dezember 2000 (BGBl. I S. 1983), anzuwenden. Ist eine Vereinbarung nach Satz 1 befristet geschlossen worden, können die Parteien ihre Fortgeltung beschließen, solange die Vereinbarung wirksam ist; Absatz 4 gilt entsprechend.

Inhaltsübersicht

I. Die »vorgesetzliche« Vereinbarung

1 Nach Abs. 1 findet mit Ausnahme des § 37 das gesamte EBRG keine Anwendung, wenn in einem UN oder in einer UN-Gruppe bei Ablauf der Umsetzungsfrist der EG-Richtlinie eine Vereinbarung bestand, die bestimmten Mindestanforderungen genügte. Eine nur von einer Seite etablierte Praxis genügt auch dann nicht, wenn sie von der anderen Seite geduldet wurde.[1] Bei der gesetzlichen Regelung mag man von einer **doppelten Subsidiarität** sprechen: Das ganze Gesetz tritt hinter bestehenden Vereinbarungen zurück, findet es Anwendung, kommt sein »Normalmodell« nur dann zur Geltung, wenn nach § 17 keine andere Abmachung getroffen wurde. Eine entsprechende Regelung gilt nach Abs. 7, wenn die EBR-Fähigkeit eines UN oder Konzerns erst durch die Einbeziehung Großbritanniens erreicht wurde. Der 2011 neu geschaffene Abs. 8 erklärt das bisherige EBR-Gesetz für weiter anwendbar, sofern im Zeitraum zwischen 5. Juni 2009 und 5. Juni 2011 eine Vereinbarung neu abgeschlossen oder eine bestehende überarbeitet wurde.

2 Die Regelungen wollen für die UN einen Anreiz schaffen, ohne Bindung an das (neue) Gesetz eine ihnen zusagende Lösung zu vereinbaren, gewissermaßen das für sie geringere Übel zu wählen. **Von der Möglichkeit** des Abs. 1 wurde **in erheblichem Umfang Gebrauch gemacht** (s. Vorbem. Rn. 25),[2] während Abs. 7 nur geringe Bedeutung hatte und Abs. 8 – soweit ersichtlich – gleichfalls nur wenig genutzt wurde. Letzteres erklärt sich unschwer damit, dass die Unterschiede zwischen altem und neuem Recht nicht genügend Gewicht haben, um Anlass für eine »Vermeidungsstrategie« zu sein.

3 **Maßgebender Zeitpunkt** für den Fall des Abs. 1 ist der dort genannte 22. 9. 1996, nicht der Tag des Inkrafttretens des Gesetzes, d. h. der 1. 11. 1996.[3] Ob allerdings zwischen dem 22. September und dem 1. November 1996 überhaupt Vereinbarungen abgeschlossen wurden, ist nicht ersichtlich. Im Falle des Abs. 7 kommt es allein auf den dort genannten Stichtag an; auch das Zeitfenster nach Abs. 8 ist kalendermäßig bestimmt und bietet keinerlei Interpretationsspielraum.

4 Wurden die **Voraussetzungen** für die Bildung eines EBR **erst durch den Beitritt weiterer Mitgliedstaaten** am 1. 5. 2004 bzw. am 1. 1. 2007 erfüllt, so findet in Bezug auf schon vorher bestehende freiwillige Abmachungen § 41 keine entsprechende Anwendung.[4] Anders als bei der Einbeziehung von Großbritannien hat man – vermutlich mangels praktischer Bedeutung – insoweit keine »Vorrangbestimmung« geschaffen.

5 Kein Fall des § 41 liegt weiter dann vor, wenn ein Konzern, der die zahlenmäßigen Voraussetzungen der §§ 2 und 3 noch nicht erfüllt, eine **freiwillige Vereinbarung** schließt und **anschließend in** die Größenordnung des **EBRG »hineinwächst«**. Eine entsprechende Anwendung der Vorschrift scheidet gleichfalls aus, da sie singulären Charakter mit spezifischer rechtspolitischer Zielsetzung (oben Rn 2) hat.[5] Das normale Verfahren zur Bildung eines EBR wird allerdings deutlich erleichtert, wenn es lediglich darum geht, eine bewährte Praxis in eine Vereinbarung nach §§ 17, 18 zu übernehmen. Gegen die Gültigkeit einer Abmachung in UN und UN-grup-

1 AKRR-*Rupp* Rn. 8.
2 Angaben auch bei *Eckert*, Art. 13 der Richtlinie 94/45/EG, Diss. Bonn 1997.
3 Anders *Harazim*, BetrR 97, 29; GK-*Oetker* § 41 EBRG Rn. 2; wie hier BHKC-*Blanke/Kunz*, Einl. Rn. 28; *Klebe/Kunz*, FS Däubler, S. 826; *Müller*, § 41 Rn. 4; AKRR-*Rupp* § 41 Rn. 10.
4 *Franzen*, BB 04, 941.
5 *Rademacher*, S. 153.

pen, die nicht unter das Gesetz fallen, sprechen keinerlei Bedenken, zumal auch die von § 41 erfassten Vereinbarungen ursprünglich im »rechtsfreien« Raum geschlossen waren.

II. Inhaltliche Voraussetzungen für die Vereinbarung

1. Mindestinhalt

Die Vereinbarung im Sinne des Abs. 1 muss einen bestimmten Mindestinhalt haben: Sie muss eine »grenzübergreifende Unterrichtung und Anhörung« vorsehen, die sich auf alle in den Mitgliedstaaten beschäftigten AN erstreckt.[6] Dies entspricht wörtlich den Vorgaben des § 17, so dass auf die dort gemachten Ausführungen verwiesen werden kann (§ 17 Rn. 12 ff.). Die Ansicht von *Sandmann* (S. 169 ff.), die Anforderungen seien erheblich geringer, bezieht sich auf Art. 13 der (alten) Richtlinie, ist auch in Bezug auf diese nicht überzeugend und findet erst recht keine Grundlage im geltenden deutschen Gesetz. Inhaltlich muss die Vereinbarung ein **Äquivalent zu EBR** bzw. Unterrichtungs- und Anhörungsverfahren schaffen. Dies bedeutet zugleich, dass der Dialog in einem Zeitpunkt eröffnet werden muss, zu dem die endgültigen Entscheidungen noch nicht gefallen sind.[7] Mit Recht hat deshalb auch das Berufungsgericht Versailles[8] der zentralen Leitung von Renault eine Betriebsschließung untersagt, die diese ohne vorherige Einschaltung ihres EBR vornehmen wollte, der auf einer Vereinbarung i. S. d. Art. 13 der Richtlinie (= § 41) beruhte. Insoweit bedeuten Unterrichtung und Anhörung dasselbe wie bei einer unter dem Gesetz getroffenen Vereinbarung (§ 17 Rn. 12).[9] 6

Gleichwertige Unterrichtungs- und Anhörungsrechte liegen dann nicht vor, wenn die Mitglieder des durch Vereinbarung geschaffenen Gremiums keinen Sonderkündigungsschutz entsprechend § 40 genießen: Auch bei »unangenehmen« Fragen und Vorschlägen kann eine Konfrontationssituation mit der zentralen Leitung entstehen, die einen **Sonderschutz gegen Kündigungen** erfordert.[10] Wie nahe dieser Gedanke liegt, wird daran deutlich, dass in dem vom ArbG Hamburg entschiedenen Fall die Arbeitgeberseite selbst von einer solchen Analogie ausging. 7

Eine Vereinbarung dieser Art muss bei In-Kraft-Treten des EBRG gültig gewesen sein.[11] Daran fehlte es, wenn sie beispielsweise wegen arglistiger Täuschung angefochten oder wegen Kollusion zwischen der zentralen Leitung und dem »Arbeitnehmervertretungsgremium« unwirksam war. Auch dann, wenn sie bereits ausgelaufen oder noch nicht in Kraft getreten war, konnte sie dem Gesetz nicht vorgehen; dieses kam daher in vollem Umfang zur Anwendung.[12] 8

Weitere Voraussetzungen bestehen nicht. Die Einbeziehung von AN-Vertretern aus Drittstaaten ist genauso unschädlich wie bei Vereinbarungen nach § 17.[13] Auch gäbe es keine Hindernisse, über bloße Unterrichtung und Anhörung hinauszugehen und beispielsweise ein suspensives Veto vorzusehen. **Schriftform** ist gleichfalls **nicht zwingend** vorgeschrieben,[14] so dass ein Austausch von Briefen genügt[15] und sogar eine schlichte Praxis die Voraussetzungen erfüllt.[16] **Nicht ausreichend** wäre jedoch ein **Gentlemen's Agreement** oder ein einseitig von der zentralen Leitung erlassenes »Statut«.[17] Zulässig ist jedoch eine Rahmenvereinbarung, die durch eine Geschäftsordnung ausgefüllt wird.[18] 9

---

6 Vgl. *Wunsch-Semmler*, S. 116.
7 Ähnlich im Ergebnis *Hromadka*, DB 95, 1130; *Willemsen/Hohenstatt*, NZA 95, 402.
8 AuR 97, 299.
9 Wie hier Hako-BetrVG/*Hayen*, § 41 EBRG Rn. 5. Zurückhaltender *Hohenstatt/Kröpelin/Bertke*, NZA 11, 1317: »Neue Definitionen ergänzend zu berücksichtigen«. Dies schafft viel Rechtsunsicherheit.
10 Dies ist nicht bedacht bei *ArbG Hamburg*, 17.7.00, 8 Ga 3/00.
11 *Sandmann*, S. 174.
12 *B. Gaul*, NJW 96, 3385.
13 S. die Beispiele Schering und SKF bei *Hanau*, FS Vieregge, S. 327, 329.
14 *Rademacher*, S. 152.
15 *Sandmann*, S. 175.
16 *Lerche*, S. 190.
17 BHKC-*Bianke/Hayen*, § 41 Rn. 16.
18 *Rademacher*, S. 154.

10 Ohne Bedeutung ist, welcher Rechtsordnung die Vereinbarung unterliegt. In der Regel wird nicht anders als im Rahmen des § 17 (s. dort Rn. 3) das **Recht des Staates** anwendbar sein, **in dem** die **zentrale Leitung ihren Sitz** hat.[19] Aber auch eine Rechtswahl kommt in Betracht.[20] Das ganze Gesetz einschließlich seines § 2 Abs. 4 findet daher keine Anwendung mehr, wenn beispielsweise mit einer französischen Konzernspitze eine auch die deutschen Arbeitnehmer einbeziehende Abmachung getroffen wurde.

11 **Ohne Bedeutung** ist schließlich, **wer die Vereinbarung abgeschlossen** hat. Auf Arbeitgeberseite existierte vor Inkrafttreten des EBRG noch keine zentrale Leitung im Rechtssinne, so dass auch andere Personen mit Vertretungsbefugnis für eine (meist für die herrschende) Konzerngesellschaft zum Abschluss befugt waren.[21] Auf Arbeitnehmerseite muss es sich lediglich um eine vom Arbeitgeber unabhängige Arbeitnehmervertretung gehandelt haben,[22] so dass beispielsweise ein Sprecherausschuss leitender Angestellter ausscheiden würde.[23] Ob diese legitimiert war, für alle AN des UN bzw. der UN-Gruppe zu sprechen, spielt nach der gesetzlichen Konstruktion keine Rolle.[24] Abs. 2 hat dies für BR, GBR und KBR ausdrücklich klargestellt. Der berechtigte Hinweis, insoweit **fehle** es **an der demokratischen Legitimation,**[25] ist vom Gesetzgeber nicht aufgegriffen worden. Solange den inhaltlichen Anforderungen des Abs. 1 Rechnung getragen ist, mag man dies als unbedenklich betrachten, doch wird die Situation höchst problematisch, wenn es um die Veränderung der Abmachung geht und die Mehrheit der im UN bzw. in der UN-Gruppe beschäftigten AN keine Möglichkeit der Einflussnahme hat, weil der Vertrag von einer Minderheitenorganisation geschlossen wurde. Darauf ist zurückzukommen (u. Rn. 21).

12 Abs. 2 Satz 2 stellt weiter klar, dass es keine Rolle spielt, wenn **mehrere Vereinbarungen** geschlossen wurden, sofern nur den Anforderungen des Abs. 1 Satz 1 entsprochen ist.[26] Dies wird insbesondere in UN und Konzernen der Fall sein, die nach dem Spartenprinzip aufgebaut sind.[27]

2. Defizite und Nachbesserungsmöglichkeiten

13 Bezog die Vereinbarung nicht alle AN ein, so konnte sie nach Abs. 3 innerhalb einer Frist von sechs Monaten ab In-Kraft-Treten des Gesetzes **auf die bisher nicht erfassten AN erstreckt** werden. Lief diese Frist ergebnislos ab, ist nach dem EBRG zu verfahren und ein BVG einzusetzen.[28]

14 **Andere Mängel konnten nicht korrigiert** werden. Ist etwa nur eine Unterrichtung, aber keine Anhörung vorgesehen, tritt der in § 41 angeordnete Vorrang nicht ein.[29] Im Übrigen bleibt die Vereinbarung jedoch gültig, bis durch Bildung eines EBR oder Schaffung eines Verfahrens nach § 19 ihre Geschäftsgrundlage wegfällt.[30] Selbst wenn sie aus inhaltlichen Gründen unwirksam wäre, würde die Arbeitgeberseite gegen Treu und Glauben verstoßen, wollte sie sich auf die Unwirksamkeit gerade dann berufen, wenn es um eine Maßnahme geht, die der Unterrichtung und Anhörung unterliegt.

15 Die Vereinbarung ist nicht anders als sonstige Normenverträge **auszulegen** (dazu o. § 17 Rn. 17). Soweit es um die interne Ordnung des Arbeitnehmergremiums geht, ist nach den **Regeln der Geschäftsordnung** zu verfahren, die beispielsweise auch festlegen kann, von welchen

---

19 *Hanau,* FS Vieregge, S. 330; *Sandmann,* S. 164.
20 *Hanau* und *Sandmann,* a. a. O.
21 AKRR-*Rupp* Rn. 4; *Müller-Bonanni/Jenner,* in: Preis/Sagan § 12 Rn. 191.
22 Für die Möglichkeit eines Konzerntarifs *Schiek,* RdA 01, 231.
23 *Müller,* Rn. 5.
24 *B. Gaul,* NJW 96, 3385; *Harazim,* BetrR 97, 27; *Rademacher,* S. 152.
25 *Kohte,* EuroAS 96, 118 f.; Bedenken auch bei *Sandmann,* S. 166.
26 Dazu *Bachner/Nielebock,* AuR 97, 136.
27 *Harazim,* BetrR 97, 28.
28 *B. Gaul,* NJW 96, 3385.
29 *Bachner/Nielebock,* AuR 97, 136; *Harazim,* BetrR 97, 28; *Lerche,* S. 195; Hako-BetrVG/*Hayen,* § 41 EBRG Rn. 2; s. das Beispiel Grundig bei *Hanau,* FS Vieregge, S. 324.
30 Vgl. *Hanau,* in: Hanau/Steinmeyer/Wank, § 19 Rn. 73.

Voraussetzungen die Mitgliedschaft im EBR (oder einem anders genannten AN-gremium) abhängig ist und ob beispielsweise Beschlüsse auch außerhalb der (jährlichen) Sitzungen in Videokonferenzen oder per E-Mail gefasst werden können. Ist pauschal von »Unterrichtung« und »Anhörung« die Rede, so sind diese Begriffe im Sinne der neuen § 1 Abs. 4 und 5 zu verstehen; andernfalls wäre die von Abs. 1 gewollte Äquivalenz mit der gesetzlichen Regelung nicht mehr gesichert.

Fehlt eine Geschäftsordnung oder ist sie lückenhaft, sind **Lösungen** zu suchen, die **demokratischen Grundsätzen** entsprechen und von der **Funktion einer Arbeitnehmervertretung** her geboten sind. Beruft etwa das entsendende Gremium ein EBR-Mitglied vorzeitig ab, so ist dies auch dann wirksam, wenn der Fall einer Abberufung nirgends geregelt ist. Die Gültigkeit von Wahl und Abwahl bestimmt sich nach nationalen Rechtsgrundsätzen; der Rechtsgedanke des § 2 Abs. 4 muss auch hier Platz greifen, zumal die Anwendung fremder Wahlgrundsätze mit erheblichen Unsicherheiten belastet wäre. Im Interesse der Funktionsfähigkeit des EBR kann dieser allerdings nur überprüfen, ob einzelne seiner Mitglieder offensichtlich fehlerhaft gewählt (oder abgewählt) wurden. 16

III. Strukturänderungen des Unternehmens oder der Unternehmensgruppe

Ändert sich die Struktur des UN oder der UN-Gruppe oder die Zahl der beschäftigten AN, so kann die Vereinbarung nach Abs. 4 an diese veränderten Umstände angepasst werden, sofern nicht bereits eine entsprechende Klausel besteht. Zuständig hierfür ist auf AN-Seite der EBR, nicht der ursprüngliche Vertragspartner.[31] Die Anpassung wird relativ einfach und unproblematisch sein, wenn ein UN hinzuerworben oder verkauft wird und gleichzeitig die Regel besteht, dass jedes UN einen Vertreter in den EBR entsendet.[32] Richtet sich demgegenüber die Zahl der Vertreter nach dem Anteil der einzelnen betrieblichen Belegschaft an allen in der EU Beschäftigten, können sehr viel schwierigere Anpassungsverhandlungen erforderlich werden. Einigt man sich trotz längerer Verhandlungen nicht, so ist analog § 313 Abs. 3 Satz 2 BGB eine Kündigung möglich, die den Übergang zum gesetzlichen Modell zur Folge hätte. Bei einem Unterrichtungs- und Anhörungsverfahren in Anlehnung an § 19 versagt der Weg über den EBR allerdings; hier bleibt nur die Möglichkeit, auf das ursprünglich handelnde Gremium zurückzugreifen. 17

Liegt demgegenüber eine **»wesentliche Strukturänderung« im Sinne des § 37** vor, so ist ein besonderes Verhandlungsgremium einzusetzen, das mit der zentralen Leitung eine neue (dem Gesetz unterliegende) Vereinbarung aushandelt. Wann eine »wesentliche« (und nicht nur eine »einfache«) Strukturänderung vorliegt, wurde an anderer Stelle erläutert (§ 37 Rn. 2 ff.). Fraglich kann nur sein, ob eine generelle »Anpassungsklausel« in der Vereinbarung auch den Fall des § 37 erfasst. Dies ist abzulehnen, weil es sich um eine nicht voraussehbare Neuregelung handelt. Auch ist das in § 37 vorgesehene Verfahren immer dann unabdingbar, wenn sich zwei Unternehmensgruppen mit EBR ganz oder teilweise zusammenschließen: Hier benötigt man ein spezifisches Verfahren, das beide Ausgangseinheiten erfasst und das den Umständen nach die Bildung eines neuen BVG voraussetzt.[33] Während der Verhandlungen existiert der EBR bzw. existieren die EBRs nach Abs. 6 fort.[34] Bestehen in beiden Unternehmensgruppen Vereinbarungen nach § 41, käme allerdings eine einvernehmliche Anpassung an die neuen Umstände in Betracht. 18

31 *Bachner/Nielebock,* AuR 97, 136; *Harazim,* BetrR 97, 28; HK-BetrVG/*Hayen,* § 41 EBRG Rn. 13.

32 Verhandlungen sind in einem solchen Fall nur erforderlich, wenn nicht schon die Auslegung der Vereinbarung ergibt, dass auch neu hinzukommende UN jeweils eine Person in den EBR entsenden sollen.

33 Ebenso im Ergebnis *Büggel,* dbr 4/09 S. 20; *Hohenstatt/Kröpelin/Bertke* NZA 11, 1318.

34 HK-BetrVG-*Hayen,* § 18 Rn. 14.

IV. Einvernehmliche Verlängerungen und Änderungen; Rechtsdurchsetzung

19 Nach Abs. 5 kann eine befristete Vereinbarung einvernehmlich verlängert werden. Soweit ein EBR besteht, ist dieser Partei der **Verlängerungsabrede.**[35] Dies ergibt sich mittelbar daraus, dass Abs. 5 lediglich auf die Abs. 1, 3 und 4, nicht aber auf Abs. 2 verweist, der das »Abschlussmandat« von BR, GBR und KBR anerkennt.[36] Kommt **keine Einigung** zustande, wirkt die Vereinbarung gleichwohl weiter, wenn sie dies ausdrücklich vorsieht (»**Nachwirkung**«) oder wenn nach Abs. 6 vor ihrer Beendigung eine Initiative zur Bildung eines BVG nach § 9 ergriffen wurde. Auch steht es den Beteiligten frei, sich wegen langwieriger Verhandlungen auf eine befristete oder unbefristete Weiteranwendung zu verständigen. Sieht die ursprüngliche Vereinbarung ein **Kündigungsrecht** vor und wird von diesem Gebrauch gemacht, so ist die Situation ab Wirksamwerden der Kündigung dieselbe, als wenn die Vereinbarung auf diesen Zeitpunkt befristet worden wäre. Wurde eine Initiative zugunsten der Bildung eines BVG ergriffen, gilt die Vereinbarung fort, bis eine neue nach § 18 geschlossen wurde oder nach drei Jahren ein EBR kraft Gesetzes errichtet werden muss.

20 **Inhaltliche Änderungen,** die sich **nicht** auf den Fall der **Strukturanpassung** nach Abs. 4 beziehen, sind zwar möglich, doch verliert die Abmachung dadurch ihren Vorrang vor dem EBRG.[37] Die Regelung des § 41 bezieht sich nur auf vorhandene bzw. nach Abs. 3 und 4 weiterentwickelte, nicht auf sonstwie geänderte Vereinbarungen. Dies folgt aus dem spezifischen Zweck der Vorschrift (s. o. Rn. 2), die ein Dauerprivileg nur für bestimmte früh geschlossene Abmachungen, nicht aber für »Frühbucher« generell schaffen will. Auch wäre die Verweisung auf Abs. 4 nicht verständlich, würde bei einer Verlängerung generelle Gestaltungsfreiheit herrschen. Der AN-Seite sowie der zentralen Leitung steht es daher frei, in einem solchen Fall die **Bildung eines BVG zu betreiben.**[38] Ob sie davon effektiv Gebrauch machen will, steht angesichts des damit verbundenen zeitlichen und materiellen Aufwands auf einem anderen Blatt. Auch wird sich in Fällen, in denen dem EBR freiwillig zusätzliche Rechte (etwa nach §§ 38, 39) eingeräumt werden, niemand finden, der aus diesem Anlass den Übergang zum gesetzlichen Modell betreiben würde. Weiter ist die **Gültigkeit** der geänderten Abmachung ja **nicht in Frage gestellt.** Problematisch ist die Einfügung oder Änderung einer »Anpassungsklausel« für den Fall »wesentlicher Strukturveränderungen« nach § 37, da diese Vorschrift – wie sich aus Abs. 4 und 7 ergibt – zwingenden Charakter hat und deshalb nicht durch Vereinbarung unanwendbar gemacht werden kann.[39]

21 Ungeklärt ist, wer über eine Verlängerung einer Vereinbarung über ein Unterrichtungs- und Anhörungsverfahren auf AN-Seite verhandelt und entscheidet; da der Rückgriff auf das Ursprungsgremium wegen der unterbliebenen Verweisung auf Abs. 2 ausscheidet, kommt nur eine Absprache mit allen beteiligten nationalen Interessenvertretungen in Betracht. Sagt eine »nein«, ist die Verlängerung damit gescheitert.[40]

22 Abs. 6 trifft für eine gekündigte oder auslaufende Vereinbarung eine mit § 20 weithin identische Regelung; auf die dortigen Ausführungen kann verwiesen werden.

23 Hat die Vereinbarung den Anforderungen des Abs. 1 nur in der Weise Rechnung getragen, dass alle Arbeitnehmer in einen potentiellen Kommunikationszusammenhang mit dem EBR einbezogen sind, dass dieser jedoch von der Mehrheit nicht unmittelbar oder mittelbar gewählt wird, so **fehlt** ihm die **demokratische Legitimation für eine Verlängerung seines Mandats im Vereinbarungswege.** Dasselbe gilt erst recht, wenn die Vereinbarung von vornherein unbefristet war. In beiden Fällen muss es mit Rücksicht auf die Zielsetzung der Richtlinie und des Gesetzes sowie das Demokratieprinzip möglich sein, trotz bestehender Vereinbarung ein Verfahren zur Bildung eines BVG einzuleiten. Bisher sind kontroverse Fälle dieser Art nicht bekannt geworden.

---

35 *Harazim,* BetrR 97, 29; HK-BetrVG-*Hayen,* § 41 Rn. 14.
36 Zustimmend BHKC-*Blanke/Hayen,* § 41 Rn. 35.
37 Dies gilt nicht bei bloßen redaktionellen »Begradigungen« und anderen, den Inhalt nicht wesentlich berührenden Änderungen.
38 Zustimmend *Blanke,* 2. Aufl., § 41 Rn. 23.
39 Anders *Hohenstatt/Kröpelin/Bertke* NZA 11, 1318.
40 *Altmeyer,* AiB 07, 505.

Zur **Durchsetzung** der Rechte aus der Vereinbarung s. *Tribunal de Grande Instance de Paris* 19.9.01 AuR 02, 32 und Vorbem. Rn. 22; zur einstweiligen Verfügung s. dort Rn. 23. 24

V. Vereinbarungen nach dem bis 2011 geltenden Recht

Abs. 8 überträgt das Modell des Abs. 1 auf den Zeitraum vom 5. Juni 2009 bis zum 5. Juni 2011 mit der Maßgabe, dass die während dieses »Zeitfensters« geschlossenen oder überarbeiteten Vereinbarungen nicht etwa vom EBRG frei gestellt sind, aber **dessen bisher geltender Fassung unterliegen**. Man kann vermuten, dass davon nur selten Gebrauch gemacht wurde.[1] Für eine »EBR-unwillige« zentrale Leitung sind die Unterschiede zum neuen Recht nicht so groß, dass man allein deshalb die Gründung eines EBR ins Auge fassen würde. Bei anstehenden »Überarbeitungen« konnte wiederum die Arbeitnehmerseite durch Zuwarten nur gewinnen, da die Richtlinie in Art. 14 Abs. 1 Buchst. b eine identische Regelung enthielt. Kam es gleichwohl zu Vereinbarungen, so sind **Unterrichtung und Anhörung nach den bisherigen Grundsätzen** zu praktizieren; auch die Teilnahme an Schulungs- und Bildungsveranstaltungen sowie der Rückgriff auf Sachverständige bleibt nur in bisherigem Umfang möglich. Ob sich eine solche Schlechterstellung angesichts des § 34 auf Dauer wird halten können, mag man bezweifeln. Der **Begriff »Überarbeitung«** ist zudem nicht definiert; es dürfte sich um wesentliche, nicht nur Einzelpunkte betreffende Änderungen handeln.[2] Da es nicht um eine generelle Herausnahme aus dem gesetzlichen Modell geht, ist es auch nicht zu beanstanden, dass hier nicht zwischen Anpassung an Strukturänderungen und sonstigen inhaltlichen Änderungen unterschieden wird (dazu o. Rn. 20). 25

Auf **Vereinbarungen,** die **nach Inkrafttreten des EBRG** im Jahre 1996, aber **vor dem 5. Juni 2009** abgeschlossen wurden, findet nach der amtlichen Begründung zum Regierungsentwurf[3] das **neue Recht** Anwendung. Dies erklärt sich mit der spezifischen Zielsetzung des Abs. 8, der in der »Übergangszeit« einen Anreiz für die UN zum Abschluss von Vereinbarungen schaffen wollte (o. Rn. 2). Abweichende Auffassungen in der Literatur, die sich auf die Richtlinie bezogen,[4] sind damit überholt.[5] Inhaltlich geht es dabei keineswegs um eine echte Rückwirkung, da das neue Recht selbstredend erst ab 18. Juni 2011 Anwendung findet. 26

Anders als bei einer Änderung des BetrVG lässt sich das alte nicht einfach durch das neue Recht ersetzen, da im Regelfall eine Vereinbarung nach §§ 17, 18 geschlossen wurde, aus der sich die wesentlichen Rechte und Pflichten von EBR und zentraler Leitung ergeben. Diese **Vereinbarung** ist also **an die neue Situation anzupassen;** lediglich bei dem (seltenen) EBR kraft Gesetzes bewegt man sich in den gewohnten Strukturen. Nunmehr ist zu unterscheiden: 27

Nimmt die Vereinbarung lediglich auf bestimmte Begriffe wie »Unterrichtung und Anhörung« Bezug, so erhalten diese den vom neuen EBRG gewollten Inhalt. Dies entspricht Art. 17 Abs. 2 der Richtlinie 2009/38/EG, wonach Verweisungen auf die aufgehobene Richtlinie »als Verweisungen auf die vorliegende Richtlinie« gelten.[6] Unmittelbare Wirkung haben auch die »Gemeinsamen Bestimmungen« nach §§ 34 bis 40, da sie schon ihrer systematischen Stellung nach für alle EBRs gelten, ohne dass es auf den Inhalt der jeweiligen Vereinbarung ankäme.[7] 28

Enthält die Vereinbarung demgegenüber ausdrückliche Festlegungen, die sich nicht mit dem neuen Recht vereinbaren lassen, so sind Verhandlungen über eine Anpassung unabdingbar. Sie folgen denselben Regeln, die auch bei sonstigen Angleichungen an eine veränderte »Umwelt« 29

---

1 Zustimmend AKRR-*Rupp* Rn. 35.
2 Wie hier Hako-BetrVG/*Hayen,* § 41 EBRG Rn. 18.
3 BT-Drucksache 17/4808 S. 13.
4 *Franzen,* EuZA 10, 180, 193; *Forst,* ZESAR 09, 470; vgl. auch *Funke,* DB 09, 564 ff.
5 Wie hier im Ergebnis *Altmeyer,* dbr 6/11 S. 19; *Hayen,* AiB 09, 405; Hako-BetrVG/*Hayen,* Einl. EBRG Rn. 31; wohl auch *Büggel* dbr 4/09 S. 22.
6 Zustimmend Hako-BetrVG/*Hayen,* § 41 Rn. 5.
7 Ebenso *Hayen* AiB 09, 405 (für die entsprechenden Vorschriften der Richtlinie).

zu beachten sind (oben § 18 Rn. 20). Fälle dieser Art werden allerdings die Ausnahme sein.[8] Dies schließt nicht aus, dass man gleichwohl den Text z. B. an die §§ 34 bis 40 anpasst, um so künftige Streitigkeiten zu vermeiden.[9]

8 Ebenso im Ergebnis *Funke,* DB 09, 564, 567. Insoweit wird dem Erwägungsgrund 41 der Richtlinie Rechnung getragen, wonach für die zwischen dem 22. September 1996 und dem 5. Juni 2011 geschlossenen Vereinbarungen keine allgemeine Verpflichtung zur Neuverhandlung besteht.

9 *Altmeyer* dbr 6/11 S. 19.

Siebter Teil
Besondere Vorschriften, Straf- und Bußgeldvorschriften

§ 41a Besondere Regelungen für Besatzungsmitglieder von Seeschiffen

(1) Ist ein Mitglied des besonderen Verhandlungsgremiums, eines Europäischen Betriebsrats oder einer Arbeitnehmervertretung im Sinne des § 19 oder dessen Stellvertreter Besatzungsmitglied eines Seeschiffs, so sollen die Sitzungen so angesetzt werden, dass die Teilnahme des Besatzungsmitglieds erleichtert wird.

(2) Befindet sich ein Besatzungsmitglied auf See oder in einem Hafen, der sich in einem anderen Land als dem befindet, in dem die Reederei ihren Geschäftssitz hat, und kann deshalb nicht an einer Sitzung nach Absatz 1 teilnehmen, so kann eine Teilnahme an der Sitzung mittels neuer Informations- und Kommunikationstechnologien erfolgen, wenn

1. dies in der Geschäftsordnung des zuständigen Gremiums vorgesehen ist und

2. sichergestellt ist, dass Dritte vom Inhalt der Sitzung keine Kenntnis nehmen können.

Inhaltsübersicht

I. Entstehungsgeschichte und Inhalt

Die Vorschrift ist **durch Art. 5** des Gesetzes »zur Verbesserung der Leistungen bei Renten wegen verminderter Erwerbsfähigkeit und zur Änderung anderer Gesetze« (**EM-Leistungsverbesserungsgesetz**) vom 17. Juli 2017[1] **eingefügt** worden und ist gemäß Art. 8 Abs. 2 dieses Gesetzes am 10. Oktober 2017 in Kraft getreten. Gleichzeitig wurden durch Art. 4 des Gesetzes die Vorschriften über Massenentlassungen (§§ 17ff. KSchG) auf Besatzungsmitglieder von Seeschiffen erstreckt. Die Ausnahmestellung der Seeleute im Arbeitsrecht sollte auf diese Weise reduziert werden. Anlass hierfür war die sog. Seeleute-Richtlinie der EU,[2] die u. a. die Möglichkeit beseitigt hatte, das seefahrende Personal der Handelsmarine von der EBR-Richtlinie auszunehmen. Allerdings bestand keine unionsrechtliche Verpflichtung, die Möglichkeit von Videokonferenzen zuzulassen.[3] 1

Abs. 1 der Vorschrift betrifft die **Anberaumung von Sitzungen** des besonderen Verhandlungsgremiums, des EBR und einer Arbeitnehmervertretung i. S. des § 19 EBRG. Gehört einem dieser Gremien ein Besatzungsmitglied eines Seeschiffes an, so »sollen« die Sitzungen so gelegt werden, dass dieses möglichst teilnehmen kann. Ist dies den Umständen nach nicht möglich, weil die fragliche **Person auf See oder in einem ausländischen Hafen** ist, so kann eine Sitzungsteilnahme nach Abs. 2 »mittels neuer Informations- und Kommunikationstechnologien« erfolgen. Zu denken ist dabei insbesondere an eine **Videokonferenz.** Dafür sind allerdings zwei weitere Voraussetzungen zu erfüllen: Die Geschäftsordnung des fraglichen Gremiums muss etwas Derartiges vorsehen und außerdem muss sichergestellt sein, dass Dritte vom Inhalt der Sitzung keine Kenntnis nehmen können. 2

---

1 BGBl. I, 2509, 2512.

2 Richtlinie (EU) 2015/1794 des Europäischen Parlaments und des Rates vom 6.10.2015 zur Änderung der Richtlinien 2008/94/EG, 2009/38/EG und 2002/14/EG des Europäischen Parlaments und des Rates und der Richtlinien 98/59/EG und 2001/23/EG des Rates in Bezug auf Seeleute, ABl.EU v. 8.10.2015, L 263/3.

3 BHKC-*Hayen*, § 41a Rn. 9.

3 Auf **Alt-Vereinbarungen** aus der Zeit vor Inkrafttreten der EBR-Richtlinie sowie auf sog. Interimsverträge nach § 41 Abs. 8 EBRG ist die Neuregelung nicht anzuwenden.[4]

II. Bewertung der Vorschrift

4 Die Vorschrift des Abs. 2 ließ zum ersten Mal den Einsatz von Kommunikationstechniken im Rahmen eines quasi-betriebsverfassungsrechtlichen Gremiums zu. Dabei ist zu bedenken, dass die **Zuschaltung per Video nicht dieselben Partizipationsmöglichkeiten** wie die physische Anwesenheit bietet[5] und dass es schwierig sein kann, sich gegenüber einer Kenntnisnahme durch Dritte abzuschirmen, also die Nichtöffentlichkeit zu wahren. Die Regelung ist gleichwohl zu rechtfertigen, weil ohne sie das fragliche Mitglied überhaupt nicht an der Gremiensitzung teilnehmen könnte. Die heutige allgemeine Regelung für BRe (§§ 30, 33 BetrVG) geht über § 41a hinaus. Entsprechende Probleme können in der Tagesarbeit jedes **EBR** verstärkt auftreten: Da er nur eine, im günstigsten Fall zwei Sitzungen pro Jahr durchführen kann, muss er sich notwendigerweise auf eine Mehrheitsbildung per E-Mail oder auf Videokonferenzen einlassen, will er in dem großen Zeitraum **zwischen den Sitzungen handlungsfähig** bleiben und beispielsweise als Gesamtgremium eine Erklärung abgeben.[6] Rechtlich ist mangels gesetzlicher Vorgaben gegen eine solche Bestimmung in der Geschäftsordnung eines durch Vereinbarung zustande gekommenen EBR nichts einzuwenden. Bei einem EBR kraft Gesetzes könnten im Hinblick auf § 27 Abs. 1 EBRG Bedenken bestehen. Für eine Übertragung auf innerstaatliche betriebsverfassungsrechtliche Gremien besteht derzeit keinerlei Anlass.

§ 41b Sonderregelung aus Anlass der COVID-19-Pandemie

Bis zum Ablauf des 7. April 2023 können die Teilnahme an Sitzungen des besonderen Verhandlungsgremiums, eines Europäischen Betriebsrats oder einer Arbeitnehmervertretung im Sinne des § 19 sowie die Beschlussfassung auch mittels Video- und Telefonkonferenz erfolgen, wenn sichergestellt ist, dass Dritte vom Inhalt der Sitzung keine Kenntnis nehmen können. Eine Aufzeichnung ist unzulässig.

Die Vorschrift galt zunächst vom 1.3. bis 31. 12. 2020 und wurde dann bis 30. 6. 2021 verlängert. Sie übertrug die Regelung des § 129 Abs. 1 BetrVG auf die Sitzungen des Besonderen Verhandlungsgremiums, des Europäischen Betriebsrats und einer Arbeitnehmervertretung im Sinne des § 19. Eine Abweichung bestand nur insoweit, als die Teilnahme des einzelnen Mitglieds nicht in Textform bestätigt werden musste. Im Übrigen galten die an anderer Stelle erläuterten Grundsätze, die bei einer Beratung und Beschlussfassung im Wege der **Video- oder Telefonkonferenz** beachtet werden müssen (dazu *Däubler/Klebe*, NZA 20, 545 ff.). Das Betriebsrätemodernisierungsgesetz vom 14. Juni 2021[1] hat keine Regelung zum EBRG getroffen, so dass § 41b mit dem 30. 6. 2021 ausgelaufen ist. Es bleibe daher nur Präsenzsitzungen. Soweit ein EBR zwischen seinen vertraglich festgelegten (in der Regel jährlichen) Sitzungen Erklärungen abgeben will, kann er dies ohne Beachtung besonderer Formvorschriften jederzeit tun.[2]

§ 42 Errichtungs- und Tätigkeitsschutz

Niemand darf

1. **die Bildung des besonderen Verhandlungsgremiums (§ 9) oder die Errichtung eines Europäischen Betriebsrats (§§ 18, 21 Absatz 1) oder die Einführung eines Verfahrens zur Unterrichtung und Anhörung (§ 19) behindern oder durch Zufügung oder An-**

---

4 *Hayen*, AuR 2017, 394 ff.
5 *Hayen*, AuR 2017, 394 ff.
6 S. den Geschäftsordnungsentwurf bei DKWF-*Däubler*, EBRG Rn. 38, 40a.

1 BGBl I S. 1762.
2 S. den Entwurf einer Geschäftsordnung bei DKWF-*Däubler*, EBRG Rn. 38.

drohung von Nachteilen oder durch Gewährung oder Versprechen von Vorteilen beeinflussen,

2. **die Tätigkeit des besonderen Verhandlungsgremiums, eines Europäischen Betriebsrats oder der Arbeitnehmervertreter im Rahmen eines Verfahrens zur Unterrichtung und Anhörung behindern oder stören oder**
3. **ein Mitglied oder Ersatzmitglied des besonderen Verhandlungsgremiums oder eines Europäischen Betriebsrats oder einen Arbeitnehmervertreter im Rahmen eines Verfahrens zur Unterrichtung und Anhörung um seiner Tätigkeit willen benachteiligen oder begünstigen.**

Inhaltsübersicht

I. Vorbemerkungen

Die Regelung schützt die Errichtung und Tätigkeit der Gremien und ihrer Mitglieder. Sie setzt **Art. 11 Abs. 1** und auch **Art. 10 Abs. 3** der EBR-RL um und ist in Zusammenhang mit § 44 Abs. 1 Nr. 2 zu sehen. Die Vorschrift ist im Wesentlichen wortgleich den §§ 78, 119 Abs. 1 BetrVG nachgebildet. Insofern ist auf die dortigen Anm. zu verweisen. Die Verbote richten sich gegen jedermann.[1] 1

II. Errichtungsschutz

Nr. 1 schützt die Errichtung des BVG und des EBR, sowie die Einführung eines Verfahrens zur Unterrichtung und Anhörung. Hiermit ist insbesondere das Bestellungsverfahren und seine Vorbereitung gemeint. Die zentrale Leitung und die örtlichen Betriebs- und UN-Leitungen haben sich hierbei **strikt neutral** zu verhalten und jede Beeinflussung der Wahl zu unterlassen.[2] Ein Verstoß liegt auch dann vor, wenn z. B. die zentrale Leitung oder die örtlichen Leitungen die erforderlichen Räumlichkeiten und Hilfsmittel nicht zur Verfügung stellen (vgl. auch § 119 BetrVG Rn. 5 ff.). Die Behinderung kann durch ein **Tun** oder durch **Unterlassen** erfolgen. **Vorsatz** ist nicht erforderlich.[3] 2

Schutz genießen auch die einzelnen Wahlberechtigten in Ausübung ihres **aktiven und passiven Wahlrechts.** Eine unzulässige Beeinflussung liegt z. B. vor, wenn durch Benachteiligung oder Vorteilsgewährung sachwidrig die Bildung der Gremien beeinflusst wird. **Benachteiligung** ist jede tatsächliche, persönliche oder wirtschaftliche Schlechterstellung. Es genügt dabei, dass Nachteile angedroht werden (z. B. Androhung einer Kündigung, Versetzung auf einen schlechteren Arbeitsplatz usf.). Als **Vorteile** kommen z. B. eine Beförderungszusage oder besondere Zuwendungen in Betracht (vgl. auch § 119 BetrVG Rn. 9). 3

III. Schutz der Amtsführung

Nr. 2 schützt die Tätigkeit der Gremien. Eine **Behinderung** oder **Störung** kann durch positives Handeln wie auch Unterlassen erfolgen (vgl. auch § 119 BetrVG Rn. 14 ff.). So liegt z. B. eine unzulässige Störung vor, wenn die zentrale Leitung nicht die erforderlichen Sachmittel zur Verfügung stellt oder sich weigert, überhaupt mit dem EBR zusammenzuarbeiten.[4] Ebenfalls unter die Vorschrift fällt die Öffnung von erkennbar an den EBR gerichteter Post. Missachtet die zentrale Leitung **wiederholt und beharrlich** die Rechte der Gremien, erfüllt auch dies den Tatbestand der Nr. 2. 4

---

1 Vgl. auch GK-*Oetker*, § 42 EBRG Rn. 3.
2 BHKC-*Blanke/Hayen*, Rn. 4.
3 Vgl. auch AKRR-*Rupp*, Rn. 5 m. w. N.
4 BHKC-*Blanke/Hayen*, Rn. 5.

IV. Tätigkeitsschutz

5 In Nr. 3 wird die Betätigung der **einzelnen Mitglieder** geschützt. Die Benachteiligung oder Begünstigung muss **wegen der Tätigkeit** erfolgen. Sie darf nicht aus sachlichen oder in der Person der Betroffenen liegenden Gründen erfolgen. Die bloße Androhung von Nachteilen oder Zusage von Vorteilen reicht nicht aus, kann allerdings den Tatbestand der Nr. 2 erfüllen.

6 Verstöße gegen die Vorschrift werden durch § 44 Abs. 1 Nr. 2 erfasst.

§ 43 Strafvorschriften

(1) Mit Freiheitsstrafe bis zu zwei Jahren oder mit Geldstrafe wird bestraft, wer entgegen § 35 Absatz 2 Satz 1 oder 2, jeweils auch in Verbindung mit Absatz 3, ein Betriebs- oder Geschäftsgeheimnis verwertet.
(2) Die Tat wird nur auf Antrag verfolgt.

Inhaltsübersicht

I. Vorbemerkungen

1 Mit der Vorschrift soll **Art. 11 Abs. 3** der EBR-RL umgesetzt werden.[1] Der Gesetzgeber hat sich dabei an § 120 Abs. 3 Satz 2 BetrVG orientiert, so dass die dortigen Anm. auch hier zu berücksichtigen sind.

II. Täterschaft

2 Als Täter kommt **nicht jede Person** in Betracht. Der Tatbestand kann vielmehr lediglich von den **Mitgliedern und Ersatzmitgliedern des EBR,** auch nach ihrem Ausscheiden, sowie den in § 35 Abs. 3 genannten weiteren Personen wie den Mitgliedern und Ersatzmitgliedern des BVG, den Sachverständigen oder örtlichen AN-Vertretern und -Vertreterinnen verwirklicht werden.

3 Auch **mittelbare Täterschaft**[2] ist möglich. Gemäß §§ 26, 27 StGB kommen **Anstiftung** und **Beihilfe** in Betracht. Hierbei ist allerdings die Strafzumessungsregel des § 28 Abs. 1 StGB zu beachten, da die Wahrnehmung der genannten Funktionen persönliche Eigenschaft i. S. dieser Vorschrift ist.[3] Der **Versuch** ist nicht strafbar, da es sich um ein Vergehen handelt (§ 12 Abs. 2 StGB) und das Gesetz die Strafbarkeit nicht ausdrücklich bestimmt (§ 23 Abs. 1 StGB).

III. Tatbestand

4 Der Tatbestand setzt die **Verwertung** eines **Betriebs**- oder **Geschäftsgeheimnisses** voraus. Dieses muss von der zentralen Leitung auch ausdrücklich als geheimhaltungsbedürftig bezeichnet worden sein (vgl. im Einzelnen die Anm. zu § 35). Der Täter oder die Täterin verwertet das Betriebs- oder Geschäftsgeheimnis, das ihm/ihr wegen der Ausübung einer der in § 35 genannten Funktionen bekannt geworden sein muss, wenn er/sie es wirtschaftlich zum Zwecke der Gewinnerzielung ausnutzt (vgl. auch § 120 BetrVG Rn. 12). Die Vorschrift geht als

1 Vgl. BT-Drucks. 13/4520, S. 29.
2 Vgl. *T. Fischer,* § 25 Rn. 5 ff.
3 Vgl. auch GK-*Oetker,* § 120 Rn. 28 m. w. N.

lex specialis Regelungen, die auf der RL (EU) 2016/943 v. 8.6.2016 zum Schutz vertraulichen Know-hows und von Geschäftsgeheimnissen basieren, vor.[4]

IV. Rechtswidrigkeit und Schuld

Der Tatbestand muss rechtswidrig erfüllt sein, d. h., es dürfen keine allgemeinen **Rechtfertigungsgründe**[5] wie z. B. Notwehr (§ 32 StGB) oder Notstand (§ 34 StGB) vorliegen. Subjektiv ist **Vorsatz** vorausgesetzt, **Fahrlässigkeit** ist nicht mit Strafe bedroht (§ 15 StGB). Vorsatz erfordert, dass der Täter/die Täterin weiß, dass es sich um Betriebs- oder Geschäftsgeheimnisse handelt. 5

V. Strafantrag

Die Tat wird entsprechend Abs. 2 **nur auf Antrag** verfolgt. Antragsberechtigt ist nach § 77 Abs. 1 StGB derjenige, der durch die Handlung **unmittelbar verletzt** worden ist.[6] Dies ist hier die zentrale oder die örtliche UN-Leitung.[7] Die **Antragsfrist** beträgt **drei Monate** ab Kenntnis von der Tat und dem Täter/Täterin (§ 77b Abs. 1, 2 StGB).[8] Handelt es sich, wie es i. d. R. der Fall sein wird, bei der Antragstellerin um eine juristische Person, so beginnt die Frist mit Kenntnis eines ihrer Vertreter. Soweit die Vertretung nur gemeinsam erfolgen kann, ist Kenntnis der zur gemeinschaftlichen Vertretung berufenen Personen erforderlich (vgl. § 119 BetrVG Rn. 25). 6

VI. Verjährung

Die Tat verjährt gemäß § 78 Abs. 3 Nr. 4 in fünf Jahren. Die Verjährungsfrist beginnt mit der **Tatbeendigung** (§ 78a StGB). 7

§ 44 Strafvorschriften

(1) Mit Freiheitsstrafe bis zu einem Jahr oder mit Geldstrafe wird bestraft, wer

1. entgegen § 35 Absatz 2 Satz 1 oder 2, jeweils auch in Verbindung mit Absatz 3, ein Betriebs- oder Geschäftsgeheimnis offenbart oder

2. einer Vorschrift des § 42 über die Errichtung der dort genannten Gremien oder die Einführung des dort genannten Verfahrens, die Tätigkeit der dort genannten Gremien oder der Arbeitnehmervertreter oder über die Benachteiligung oder Begünstigung eines Mitglieds oder Ersatzmitglieds der dort genannten Gremien oder eines Arbeitnehmervertreters zuwiderhandelt.

(2) Handelt der Täter in den Fällen des Absatzes 1 Nummer 1 gegen Entgelt oder in der Absicht, sich oder einen anderen zu bereichern oder einen anderen zu schädigen, so ist die Strafe Freiheitsstrafe bis zu zwei Jahren oder Geldstrafe.

(3) Die Tat wird nur auf Antrag verfolgt. In den Fällen des Absatzes 1 Nummer 2 sind das besondere Verhandlungsgremium, der Europäische Betriebsrat, die Mehrheit der Arbeitnehmervertreter im Rahmen eines Verfahrens zur Unterrichtung und Anhörung, die zentrale Leitung oder eine im Betrieb vertretene Gewerkschaft antragsberechtigt.

Inhaltsübersicht

---

4 Vgl. Hako-BetrVG/*Hayen*, § 43 EBRG Rn. 1.
5 Vgl. *T. Fischer*, vor § 32 Rn. 2 ff.
6 Vgl. hierzu *T. Fischer*, § 77 Rn. 2 f.
7 Hako-BetrVG/*Hayen*, § 43 EBRG Rn. 3.
8 GK-*Oetker*, § 119 Rn. 79 ff.

I. Vorbemerkungen

1 Mit der Vorschrift soll **Art. 11 Abs. 2, 3** der EBR-RL umgesetzt werden.[1] Auch hier findet teilweise eine Anlehnung an das BetrVG statt, nämlich an § 120 Abs. 1 und 3, sowie § 119 BetrVG. Die dortigen Kommentierungen sind also hier zu berücksichtigen.

II. Tatbestand/Täterschaft

2 Der Tatbestand unterscheidet sich in Abs. 1 Nr. 1 von § 43 EBRG nur dadurch, dass die bloße Offenbarung des Betriebs- oder Geschäftsgeheimnisses ausreicht und keine Verwertung erforderlich ist. In Abs. 2 ist allerdings eine **Qualifizierung** des Grundtatbestandes vorgesehen. Nach § 11 Abs. 1 Nr. 9 StGB ist **Entgelt** »jede in einem Vermögensvorteil bestehende Gegenleistung«. Dabei kommt es nicht darauf an, ob eine Bereicherung angestrebt oder erreicht wird.[2] Die zweite Alternative setzt die **Absicht einer Bereicherung** oder **Schädigung** voraus. Hier ist also bedingter Vorsatz nicht ausreichend.

3 Während Abs. 1 Nr. 1 wie auch § 43 nur von den in § 35 Abs. 2 und 3 genannten Personen begangen werden kann (vgl. § 43 Rn. 2), handelt es sich bei Abs. 1 Nr. 2 um ein **Allgemeindelikt.** Als Täter/Täterin kommen auch externe Personen in Betracht (vgl. § 42 Rn. 1).

4 Bei Abs. 1 Nr. 1 gelten hinsichtlich **Täterschaft** und **Teilnahme** die zu § 43 gemachten Anm. (§ 43 Rn. 3) ebenso wie hinsichtlich der Spezialität der Vorschrift (§ 43 Rn. 4). Hinsichtlich Abs. 1 Nr. 2 kommt ebenfalls mittelbare Täterschaft in Betracht. **Anstiftung** und **Beihilfe** sind entsprechend §§ 26, 27 StGB möglich. Der **Versuch** ist ebenso wenig wie bei Nr. 1 strafbar, da es sich um ein Vergehen handelt und die Strafbarkeit nicht ausdrücklich bestimmt ist (§§ 12 Abs. 2, 23 Abs. 1 StGB).

III. Rechtswidrigkeit, Schuld

5 Der Tatbestand muss rechtswidrig erfüllt sein, d. h. es dürfen keine allgemeinen Rechtfertigungsgründe[3] wie z. B. Notwehr oder Notstand (vgl. §§ 32, 34 StGB) vorliegen. Subjektiv ist **Vorsatz**[4] erforderlich, **Fahrlässigkeit** ist nicht mit Strafe bedroht (§ 15 StGB).

IV. Strafantrag, Verjährung

6 **Antragsberechtigt** ist für Abs. 1 Nr. 1 und Abs. 2 die zentrale Leitung bzw. die örtliche UN-Leitung.

7 In den Fällen des Abs. 1 Nr. 2 wird in Abs. 3 eine **gesonderte Regelung der Antragsbefugnis** getroffen. Hier sind u. a. der EBR, das BVG, die zentrale Leitung und eine im Betrieb vertretene Gewerkschaft antragsberechtigt. Die **Antragsfrist** beträgt drei Monate (§ 77b Abs. 1 StGB) und beginnt mit Ablauf des Tages, an dem der/die Antragsberechtigte von der Handlung und der Person des Täters/der Täterin Kenntnis erlangt (§ 77b Abs. 2 StGB).[5]

8 Die **Verjährungsfrist** beträgt für Abs. 1 Nr. 1, 2 drei Jahre (§ 78 Abs. 3 Nr. 5 StGB), für den qualifizierten Tatbestand fünf Jahre (§ 78 Abs. 3 Nr. 4 StGB). Die Frist beginnt mit der **Tatbeendigung** (§ 78a StGB).

§ 45 Bußgeldvorschriften

(1) Ordnungswidrig handelt, wer

1. entgegen § 5 Absatz 1 die Informationen nicht, nicht richtig, nicht vollständig oder nicht rechtzeitig erhebt oder weiterleitet oder

---

1 BT-Drucks. 13/4520, S. 29.
2 *T. Fischer,* § 11 Rn. 31; AKRR-*Rupp*, Rn. 6.
3 Vgl. *T. Fischer,* vor § 32 Rn. 2 ff.
4 Hierzu im Rahmen von § 119 BetrVG aus Arbeitgebersicht *Meyer*, BB 16, 2421 ff.
5 Vgl. im Einzelnen auch GK-*Oetker,* § 119 Rn. 66 ff.

2. **entgegen § 29 Absatz 1 oder § 30 Absatz 1 Satz 1 oder Absatz 2 Satz 1 den Europäischen Betriebsrat oder den Ausschuss nach § 26 nicht, nicht richtig, nicht vollständig, nicht in der vorgeschriebenen Weise oder nicht rechtzeitig unterrichtet.**

(2) Die Ordnungswidrigkeit kann mit einer Geldbuße bis zu fünfzehntausend Euro geahndet werden.

Inhaltsübersicht Rn.

I. Vorbemerkungen

1 Die Vorschrift setzt **Art. 11 Abs. 2, 3** der EBR-RL in deutsches Recht um. Es ergeben sich eine Reihe von Parallelen zu § 121 BetrVG, so dass die dortigen Anm. auch hier Berücksichtigung finden müssen.

II. Tatbestände

2 Die Aufzählung der Unterrichtungspflichten ist **abschließend** und kann wegen des auch im Ordnungswidrigkeitenrecht geltenden strafrechtlichen **Analogieverbots** (vgl. auch § 121 BetrVG Rn. 3) nicht im Wege erweiternder Auslegung auf andere Informationspflichten ausgedehnt werden.

3 Mit der Vorschrift wird der Versuch unternommen, zentralen Regelungen des Gesetzes mehr Gewicht zu verschaffen. Die Informationspflicht gemäß Abs. 1 Nr. 1 ist für die Bildung des BVG von großer Bedeutung (vgl. § 5 Rn. 1), Abs. 1 Nr. 2 betrifft die **Mitwirkungsrechte des gesetzlichen EBR.** Werden diese in der in Nr. 2 beschriebenen Weise verletzt, wird das Gremium in seinem Kernbereich in Frage gestellt (vgl. zu den Unterrichtungspflichten die Anm. zu § 29 und § 30).

4 Die Vorschrift bietet den nationalen AN-Vertretungen bzw. dem EBR keine unmittelbare verfahrensrechtliche Möglichkeit, die von der zentralen Leitung geschuldeten Informationen zu erhalten. Sie zielt als Ordnungswidrigkeitentatbestand darauf ab, gegenüber einem rechtswidrigen Verhalten nachträglich eine **staatliche Sanktion** zu verhängen und hierdurch zukünftig ein korrektes Verhalten zu sichern. Die Durchsetzung des Informationsanspruchs muss im **Beschlussverfahren,** ggf. im Wege **einstweiliger Verfügung,** erfolgen (vgl. auch Vorbem. Rn. 18 ff., 23; § 5 Rn. 10; § 30 Rn. 5).

III. Täterschaft

5 Als Täter:innen kommen nur diejenigen in Betracht, denen das Gesetz die Auskunftspflicht auferlegt, also die **zentrale Leitung** bzw. ihre **Vertreter:innen.** Auch wenn der Anspruch gem. § 5 Abs. 2 gegenüber der örtlichen Betriebs- oder UN-Leitung geltend gemacht wird, kann nur die zentrale Leitung die Ordnungswidrigkeit begehen, da Abs. 2 in der Vorschrift nicht erwähnt wird. Handelt es sich um eine **juristische Person,** können die Mitglieder des gesetzlichen Vertretungsorgans die Ordnungswidrigkeit begehen, bei einer Personenhandelsgesellschaft die vertretungsberechtigten Gesellschafter und bei sonstigen Rechtsformen die gesetzlichen Vertreter (§ 9 Abs. 1 Nrn. 1–3 OWiG; vgl. § 121 BetrVG Rn. 6). Daneben kommen die mit der eigenverantwortlichen Wahrnehmung der in Abs. 1 geschilderten Verpflichtungen beauftragten Personen in Betracht (§ 9 Abs. 2 OWiG; vgl. § 121 BetrVG Rn. 7 ff.).[1] Schließlich kann nach § 30 OWiG eine Geldbuße auch **gegen die juristische Person** bzw. Personenvereinigung **selbst** verhängt werden, falls die Ordnungswidrigkeit durch ein Organ oder eine Organperson bzw. einen vertretungsberechtigten Geschäftsführer erfolgt (§ 121 BetrVG Rn. 9). Die Ordnungs-

1 GK-*Oetker,* § 121 Rn. 32; Göhler-*Gürtler/Thoma,* § 9 Rn. 16 ff.; AKRR-*Rupp,* Rn. 6.

widrigkeit muss **rechtswidrig** begangen werden (vgl. §§ 15, 16 OWiG). Darüber hinaus muss **vorsätzliches** Handeln vorliegen. Eine fahrlässige Begehung genügt wegen fehlender ausdrücklicher gesetzlicher Anordnung nicht (§ 10 OWiG). Der Versuch wird nicht verfolgt (§ 13 Abs. 2 OWiG).

IV. Verfahren

6 Für die **Verfolgung** gelten die allgemeinen Vorschriften des OWiG. Nach § 36 Abs. 1 ist danach die jeweilige oberste Landesbehörde, d. h. die Ministerien bzw. Senatoren für Arbeit bzw. in Hamburg die Behörde für Arbeit, Gesundheit und Soziales, zuständig (vgl. auch § 121 BetrVG Rn. 26), sofern sie die Verantwortung nicht gem. Abs. 2 weiter übertragen hat, wie es in einer Reihe von Bundesländern geschehen ist.[2] Die **örtliche Zuständigkeit** richtet sich nach § 37 OWiG.

7 Die Ahndung der Ordnungswidrigkeit ist nicht von einem Antrag des/der Geschädigten selbst abhängig. Grundsätzlich können **Anzeigen** durch jedermann erfolgen. Die **Verfolgung** der Ordnungswidrigkeit erfolgt von Amts wegen nach pflichtgemäßem Ermessen der Behörde (§ 47 Abs. 1 Satz 1 OWiG)[3].

8 Die Verfolgung **verjährt** in zwei Jahren nach Begehung der Tat (§ 31 Abs. 2 Nr. 2, Abs. 3 OWiG). Die Geldbuße kann bis zu **15 000 Euro** betragen, die Mindestbuße ist 5 Euro (§ 17 Abs. 1 OWiG).[4] Gegen einen Bescheid kann innerhalb von zwei Wochen **Einspruch** eingelegt werden (§ 67 OWiG).

2 GK-*Oetker*, § 121 Rn. 37; Göhler-*Gürtler/Thoma*, § 36 Rn. 11 ff.
3 Göhler-*Seitz/Bauer*, § 47 Rn. 1 ff.
4 Zur berechtigten Kritik an der unzureichenden Umsetzung der EBR-RL und der möglichen Höhe einer Geldbuße, die kaum abschreckend sein wird, Hako-BetrVG/*Hayen*, § 45 Rn. 3 ff.

Anhang C

Richtlinie 2002/14/EG des Europäischen Parlaments und des Rates

vom 11. März 2002 zur Festlegung eines allgemeinen Rahmens für die Unterrichtung und Anhörung der Arbeitnehmer in der Europäischen Gemeinschaft

DAS EUROPÄISCHE PARLAMENT UND DER RAT DER EUROPÄISCHEN UNION –

gestützt auf den Vertrag zur Gründung der Europäischen Gemeinschaft, insbesondere auf Artikel 137 Absatz 2,
auf Vorschlag der Kommission,
nach Stellungnahme des Wirtschafts- und Sozialausschusses,
nach Stellungnahme des Ausschusses der Regionen,
gemäß dem Verfahren des Artikels 251 des Vertrags, aufgrund des vom Vermittlungsausschuss am 23. Januar 2002 gebilligten gemeinsamen Entwurfs,
in Erwägung nachstehender Gründe:

(1) Gemäß Artikel 136 des Vertrags ist es ein besonderes Ziel der Gemeinschaft und der Mitgliedstaaten, den sozialen Dialog zwischen den Sozialpartnern zu fördern.

(2) Nach Nummer 17 der Gemeinschaftscharta der sozialen Grundrechte der Arbeitnehmer müssen unter anderem »Unterrichtung, Anhörung und Mitwirkung der Arbeitnehmer … in geeigneter Weise, unter Berücksichtigung der in den verschiedenen Mitgliedstaaten herrschenden Gepflogenheiten, weiterentwickelt werden«.

(3) Die Kommission hat die Sozialpartner auf Gemeinschaftsebene zu der Frage gehört, wie eine Gemeinschaftsaktion in den Bereichen Unterrichtung und Anhörung der Arbeitnehmer in den Unternehmen der Gemeinschaft gegebenenfalls ausgerichtet werden sollte.

(4) Die Kommission hielt nach dieser Anhörung eine Gemeinschaftsmaßnahme für zweckmäßig und hat die Sozialpartner erneut gehört, diesmal zum Inhalt des in Aussicht genommenen Vorschlags. Die Sozialpartner haben der Kommission ihre Stellungnahmen übermittelt.

(5) Nach Abschluss der zweiten Anhörungsphase haben die Sozialpartner der Kommission nicht mitgeteilt, dass sie den Prozess in Gang setzen wollen, der zum Abschluss einer Vereinbarung führen kann.

(6) Der auf Gemeinschaftsebene wie auch auf nationaler Ebene bestehende rechtliche Rahmen, durch den eine Einbeziehung der Arbeitnehmer in die Unternehmensabläufe und in Entscheidungen, die die Beschäftigten betreffen, sichergestellt werden soll, konnte nicht immer verhindern, dass Arbeitnehmer betreffende schwerwiegende Entscheidungen getroffen und bekannt gemacht wurden, ohne dass zuvor angemessene Informations- und Anhörungsverfahren durchgeführt worden wären.

(7) Die Stärkung des Dialogs und die Schaffung eines Klimas des Vertrauens im Unternehmen sind notwendig, um Risiken frühzeitig zu erkennen, bei gleichzeitiger Absicherung der Arbeitnehmer die Arbeitsorganisation flexibler zu gestalten und den Zugang der Arbeitnehmer zur Fortbildung im Unternehmen zu fördern, die Arbeitnehmer für die Notwendigkeit von Anpassungen zu sensibilisieren, die Bereitschaft der Arbeitnehmer zur Teilnahme an Maßnahmen

und Aktionen zur Verbesserung ihrer Beschäftigungsfähigkeit zu erhöhen, die Arbeitnehmer stärker in die Unternehmensabläufe und in die Gestaltung der Zukunft des Unternehmens einzubeziehen und dessen Wettbewerbsfähigkeit zu steigern.

(8) Es ist insbesondere notwendig, die Unterrichtung und Anhörung zu Beschäftigungssituation und wahrscheinlicher Beschäftigungsentwicklung im Unternehmen und – für den Fall, dass die vom Arbeitgeber vorgenommene Bewertung auf eine potentielle Bedrohung der Beschäftigung im Unternehmen schließen lässt – zu etwaigen geplanten antizipativen Maßnahmen, insbesondere in den Bereichen Ausbildung und Qualifizierung der Arbeitnehmer, zu fördern und zu intensivieren, um so mögliche negative Auswirkungen zu vermeiden oder ihre Konsequenzen abzumildern und die Beschäftigungsfähigkeit und Anpassungsfähigkeit der möglicherweise betroffenen Arbeitnehmer zu verbessern.

(9) Eine rechtzeitige Unterrichtung und Anhörung der Arbeitnehmer ist eine Vorbedingung für die erfolgreiche Bewältigung der Umstrukturierungsprozesse und für eine erfolgreiche Anpassung der Unternehmen an die im Zuge der Globalisierung der Wirtschaft – insbesondere durch die Entstehung neuer Formen der Arbeitsorganisation – geschaffenen neuen Bedingungen.

(10) Die Gemeinschaft hat eine Beschäftigungsstrategie entwickelt, die sie nun umsetzt und in deren Mittelpunkt die Begriffe »Antizipation«, »Prävention« und »Beschäftigungsfähigkeit« stehen, wobei diese zentralen Konzepte in sämtliche staatlichen Maßnahmen integriert werden sollen, mit denen positive Beschäftigungseffekte erzielt werden können, einschließlich der Maßnahmen einzelner Unternehmen; dies soll durch einen Ausbau des sozialen Dialogs geschehen, damit bei der Förderung des Wandels das übergeordnete Ziel der Beschäftigungssicherung im Auge behalten wird.

(11) Die weitere Entwicklung des Binnenmarktes muss sich harmonisch vollziehen, unter Wahrung der grundlegenden Werte, auf denen unsere Gesellschaften basieren, und in einer Art und Weise, die sicherstellt, dass die wirtschaftliche Entwicklung allen Bürgern gleichermaßen zugute kommt.

(12) Der Eintritt in die dritte Phase der Wirtschafts- und Währungsunion hat europaweit eine Verstärkung und Beschleunigung des Wettbewerbsdrucks bewirkt. Dies macht weitergehende begleitende Maßnahmen auf einzelstaatlicher Ebene erforderlich.

(13) Der auf Gemeinschaftsebene und auf nationaler Ebene bestehende Rechtsrahmen für Unterrichtung und Anhörung der Arbeitnehmer ist häufig allzu sehr darauf ausgerichtet, Wandlungsprozesse im Nachhinein zu verarbeiten, vernachlässigt dabei die wirtschaftlichen Implikationen von Entscheidungen und stellt nicht wirklich auf eine »Antizipation« der Beschäftigungsentwicklung im Unternehmen oder auf eine »Prävention« von Risiken ab.

(14) Die Gesamtheit der politischen, wirtschaftlichen, sozialen und rechtlichen Entwicklungen macht eine Anpassung des bestehenden Rechtsrahmens erforderlich, der das rechtliche und praktische Instrumentarium zur Wahrnehmung des Rechtes auf Unterrichtung und Anhörung vorsieht.

(15) Von dieser Richtlinie unberührt bleiben nationale Regelungen, wonach die konkrete Wahrnehmung dieses Rechts eine kollektive Willensbekundung vonseiten der Rechtsinhaber erfordert.

(16) Von dieser Richtlinie unberührt bleiben Regelungen, die Bestimmungen über die direkte Mitwirkung der Arbeitnehmer enthalten, solange diese sich in jedem Fall dafür entscheiden können, das Recht auf Unterrichtung und Anhörung über ihre Vertreter wahrzunehmen.

(17) Da die oben dargelegten Ziele der in Betracht gezogenen Maßnahmen auf der Ebene der Mitgliedstaaten nicht ausreichend erreicht werden können, weil es das Ziel ist, einen Rahmen für die Unterrichtung und Anhörung der Arbeitnehmer zu schaffen, der dem oben beschriebenen neuen europäischen Kontext gerecht wird, und da die Ziele daher wegen des Umfangs und der Wirkungen der geplanten Maßnahmen besser auf Gemeinschaftsebene verwirklicht werden können, kann die Gemeinschaft im Einklang mit dem in Artikel 5 des Vertrags niedergelegten Subsidiaritätsprinzip Maßnahmen ergreifen. Im Einklang mit dem in demselben *Artikel genannten* Verhältnismäßigkeitsprinzip geht diese Richtlinie nicht über das für die Erreichung dieser Ziele erforderliche Maß hinaus.

(18) Dieser allgemeine Rahmen zielt auf die Festlegung von Mindestvorschriften ab, die überall in der Gemeinschaft Anwendung finden, und er darf die Mitgliedstaaten nicht daran hindern, für die Arbeitnehmer günstigere Vorschriften vorzusehen.
(19) Dieser allgemeine Rahmen muss ferner auf administrative, finanzielle und rechtliche Auflagen verzichten, die die Gründung und Entwicklung kleiner und mittlerer Unternehmen behindern könnten. Daher erscheint es sinnvoll, den Anwendungsbereich dieser Richtlinie je nach Wahl der Mitgliedstaaten auf Unternehmen mit mindestens 50 Beschäftigten oder auf Betriebe mit mindestens 20 Beschäftigten zu beschränken.
(20) Dies gilt unter Berücksichtigung und unbeschadet anderer nationaler Maßnahmen und Praktiken zur Förderung des sozialen Dialogs in Unternehmen, die nicht unter diese Richtlinie fallen, und in öffentlichen Verwaltungen.
(21) Übergangsweise sollten jedoch Mitgliedstaaten, in denen keine gesetzliche Regelung über die Unterrichtung und Anhörung von Arbeitnehmern oder Arbeitnehmervertretungen besteht, die Möglichkeit haben, den Anwendungsbereich dieser Richtlinie im Hinblick auf die Anzahl der Arbeitnehmer weitergehend zu beschränken.
(22) Der gemeinschaftliche Rahmen für die Unterrichtung und Anhörung der Arbeitnehmer sollte die Belastung der Unternehmen oder Betriebe auf ein Mindestmaß begrenzen, zugleich aber auch die wirksame Ausübung der eingeräumten Rechte gewährleisten.
(23) Das mit der Richtlinie verfolgte Ziel soll durch Festlegung eines allgemeinen Rahmens erreicht werden, der die Grundsätze, Begriffe und Modalitäten der Unterrichtung und Anhörung definiert. Es obliegt den Mitgliedstaaten, diesen Rahmen auszufüllen, an die jeweiligen einzelstaatlichen Gegebenheiten anzupassen und dabei gegebenenfalls den Sozialpartnern eine maßgebliche Rolle zuzuweisen, die es diesen ermöglicht, ohne jeden Zwang auf dem Wege einer Vereinbarung Modalitäten für die Unterrichtung und Anhörung festzulegen, die ihren Bedürfnissen und ihren Wünschen am besten gerecht werden.
(24) Es empfiehlt sich, gewisse Besonderheiten, die in den Rechtsvorschriften einiger Mitgliedstaaten im Bereich der Unterrichtung und Anhörung der Arbeitnehmer bestehen, unberührt zu lassen; gedacht ist hier an spezielle Regelungen für Unternehmen oder Betriebe, die politischen, koalitionspolitischen, konfessionellen, karitativen, erzieherischen, wissenschaftlichen oder künstlerischen Bestimmungen oder Zwecken der Berichterstattung oder Meinungsäußerung dienen.
(25) Die Unternehmen oder Betriebe sollten vor der Verbreitung bestimmter besonders sensibler Informationen geschützt werden.
(26) Unternehmer sollten das Recht haben, auf eine Unterrichtung und Anhörung zu verzichten, wenn dies dem Unternehmen oder Betrieb schwerwiegenden Schaden zufügen würde oder wenn sie unverzüglich einer Anordnung nachkommen müssen, die von einer Kontroll- oder Aufsichtsbehörde an sie gerichtet wurde.
(27) Unterrichtung und Anhörung bringen Rechte und Pflichten für die Sozialpartner auf Unternehmens- oder Betriebsebene mit sich.
(28) Im Falle eines Verstoßes gegen die aus dieser Richtlinie folgenden Verpflichtungen müssen administrative oder rechtliche Verfahren sowie Sanktionen, die im Verhältnis zur Schwere des Vergehens wirksam, angemessen und abschreckend sind, angewandt werden.
(29) Von dieser Richtlinie unberührt bleiben sollten die spezifischen Bestimmungen der Richtlinie 98/59/EG des Rates vom 20. Juli 1998 zur Angleichung der Rechtsvorschriften der Mitgliedstaaten über Massenentlassungen und der Richtlinie 2001/23/EG des Rates vom 12. März 2001 zur Angleichung der Rechtsvorschriften der Mitgliedstaaten über die Wahrung von Ansprüchen der Arbeitnehmer beim Übergang von Unternehmen Betrieben oder Unternehmens- oder Betriebsteilen.
(30) Sonstige Unterrichtungs- und Anhörungsrechte einschließlich derjenigen, die sich aus der Richtlinie 94/ 45/EG des Rates vom 22. September 1994 über die Einsetzung eines Europäischen Betriebsrats oder die Schaffung eines Verfahrens zur Unterrichtung und Anhörung der Arbeitnehmer in gemeinschaftsweit operierenden Unternehmen und Unternehmensgruppen ergeben, sollten von der vorliegenden Richtlinie unberührt bleiben.

(31) Die Durchführung dieser Richtlinie sollte nicht als Rechtfertigung für eine Beeinträchtigung des allgemeinen Niveaus des Arbeitnehmerschutzes in dem von ihr abgedeckten Bereich benutzt werden -
HABEN FOLGENDE RICHTLINIE ERLASSEN:

Artikel 1 Gegenstand und Grundsätze

(1) Ziel dieser Richtlinie ist die Festlegung eines allgemeinen Rahmens mit Mindestvorschriften für das Recht auf Unterrichtung und Anhörung der Arbeitnehmer von in der Gemeinschaft ansässigen Unternehmen oder Betrieben.
(2) Die Modalitäten der Unterrichtung und Anhörung werden gemäß den einzelstaatlichen Rechtsvorschriften und den in den einzelnen Mitgliedstaaten geltenden Praktiken im Bereich der Arbeitsbeziehungen so gestaltet und angewandt, dass ihre Wirksamkeit gewährleistet ist.
(3) Die Modalitäten der Unterrichtung und Anhörung werden vom Arbeitgeber und von den Arbeitnehmervertretern im Geiste der Zusammenarbeit und unter gebührender Beachtung ihrer jeweiligen Rechte und gegenseitigen Verpflichtungen festgelegt bzw. durchgeführt, wobei sowohl den Interessen des Unternehmens oder Betriebs als auch den Interessen der Arbeitnehmer Rechnung zu tragen ist.

Artikel 2 Begriffsbestimmungen

Im Sinne dieser Richtlinie bezeichnet der Ausdruck
a) »Unternehmen« ein öffentliches oder privates Unternehmen, das eine wirtschaftliche Tätigkeit ausübt, unabhängig davon, ob es einen Erwerbszweck verfolgt oder nicht, und das im Hoheitsgebiet der Mitgliedstaaten ansässig ist;
b) »Betrieb« eine gemäß den einzelstaatlichen Rechtsvorschriften und Gepflogenheiten definierte Unternehmenseinheit, die im Hoheitsgebiet eines Mitgliedstaats ansässig ist und in der kontinuierlich unter Einsatz personeller und materieller Ressourcen eine wirtschaftliche Tätigkeit ausgeübt wird;
c) »Arbeitgeber« die natürliche oder juristische Person, die entsprechend den einzelstaatlichen Rechtsvorschriften und Gepflogenheiten Partei der Arbeitsverträge oder Arbeitsverhältnisse mit den Arbeitnehmern ist;
d) »Arbeitnehmer« eine Person, die in dem betreffenden Mitgliedstaat als Arbeitnehmer aufgrund des einzelstaatlichen Arbeitsrechts und entsprechend den einzelstaatlichen Gepflogenheiten geschützt ist;
e) »Arbeitnehmervertreter« die nach den einzelstaatlichen Rechtsvorschriften und/oder Gepflogenheiten vorgesehenen Vertreter der Arbeitnehmer;
f) »Unterrichtung« die Übermittlung von Informationen durch den Arbeitgeber an die Arbeitnehmervertreter, um ihnen Gelegenheit zur Kenntnisnahme und Prüfung der behandelten Frage zu geben;
g) »Anhörung« die Durchführung eines Meinungsaustauschs und eines Dialogs zwischen Arbeitnehmervertretern und Arbeitgeber.

Artikel 3 Anwendungsbereich

(1) Diese Richtlinie gilt je nach Entscheidung der Mitgliedstaaten:
a) für Unternehmen mit mindestens 50 Arbeitnehmern in einem Mitgliedstaat oder
b) für Betriebe mit mindestens 20 Arbeitnehmern in einem Mitgliedstaat.
Die Mitgliedstaaten bestimmen, nach welcher Methode die Schwellenwerte für die Beschäftigtenzahl errechnet werden.
(2) Die Mitgliedstaaten können – unter Einhaltung der in dieser Richtlinie festgelegten Grundsätze und Ziele – spezifische Bestimmungen für Unternehmen oder Betriebe vorsehen, die *unmittelbar und* überwiegend politischen, koalitionspolitischen, konfessionellen, karitativen, erzieherischen, wissenschaftlichen oder künstlerischen Bestimmungen oder Zwecken der Be-

richterstattung oder Meinungsäußerung dienen, falls das innerstaatliche Recht Bestimmungen dieser Art zum Zeitpunkt des Inkrafttretens dieser Richtlinie bereits enthält.
(3) Die Mitgliedstaaten können durch Erlass besonderer Bestimmungen für die Besatzung von Hochseeschiffen von dieser Richtlinie abweichen.

Artikel 4 Modalitäten der Unterrichtung und Anhörung

(1) Im Einklang mit den in Artikel 1 dargelegten Grundsätzen und unbeschadet etwaiger geltender einzelstaatlicher Bestimmungen und/oder Gepflogenheiten, die für die Arbeitnehmer günstiger sind, bestimmen die Mitgliedstaaten entsprechend diesem Artikel im Einzelnen, wie das Recht auf Unterrichtung und Anhörung auf der geeigneten Ebene wahrgenommen wird.
(2) Unterrichtung und Anhörung umfassen
a) die Unterrichtung über die jüngste Entwicklung und die wahrscheinliche Weiterentwicklung der Tätigkeit und der wirtschaftlichen Situation des Unternehmens oder des Betriebs;
b) die Unterrichtung und Anhörung zu Beschäftigungssituation, Beschäftigungsstruktur und wahrscheinlicher Beschäftigungsentwicklung im Unternehmen oder Betrieb sowie zu gegebenenfalls geplanten antizipativen Maßnahmen, insbesondere bei einer Bedrohung für die Beschäftigung;
c) die Unterrichtung und Anhörung zu Entscheidungen, die wesentliche Veränderungen der Arbeitsorganisation oder der Arbeitsverträge mit sich bringen können, einschließlich solcher, die Gegenstand der in Artikel 9 Absatz 1 genannten Gemeinschaftsbestimmungen sind.
(3) Die Unterrichtung erfolgt zu einem Zeitpunkt, in einer Weise und in einer inhaltlichen Ausgestaltung, die dem Zweck angemessen sind und es insbesondere den Arbeitnehmervertretern ermöglichen, die Informationen angemessen zu prüfen und gegebenenfalls die Anhörung vorzubereiten.
(4) Die Anhörung erfolgt
a) zu einem Zeitpunkt, in einer Weise und in einer inhaltlichen Ausgestaltung, die dem Zweck angemessen sind;
b) auf der je nach behandeltem Thema relevanten Leitungs- und Vertretungsebene;
c) auf der Grundlage der vom Arbeitgeber gemäß Artikel 2 Buchstabe f) zu liefernden Informationen und der Stellungnahme, zu der die Arbeitnehmervertreter berechtigt sind;
d) in einer Weise, die es den Arbeitnehmervertretern gestattet, mit dem Arbeitgeber zusammenzukommen und eine mit Gründen versehene Antwort auf ihre etwaige Stellungnahme zu erhalten;
e) mit dem Ziel, eine Vereinbarung über die in Absatz 2 Buchstabe c) genannten Entscheidungen, die unter die Leitungsbefugnis des Arbeitgebers fallen, zu erreichen.

Artikel 5 Unterrichtung und Anhörung auf der Grundlage einer Vereinbarung

Die Mitgliedstaaten können es den Sozialpartnern auf geeigneter Ebene, einschließlich Unternehmens- oder Betriebsebene, überlassen, nach freiem Ermessen und zu jedem beliebigen Zeitpunkt im Wege einer ausgehandelten Vereinbarung die Modalitäten für die Unterrichtung und Anhörung der Arbeitnehmer festzulegen. Diese Vereinbarungen und zu dem in Artikel 11 festgelegten Zeitpunkt bestehende Vereinbarungen sowie nachfolgende Verlängerungen derartiger Vereinbarungen können unter Wahrung der in Artikel 1 genannten Grundsätze und unter von den Mitgliedstaaten festzulegenden Bedingungen und Beschränkungen Bestimmungen vorsehen, die von den in Artikel 4 vorgesehenen Bestimmungen abweichen.

Artikel 6 Vertrauliche Informationen

(1) Die Mitgliedstaaten sehen vor, dass es gemäß den in den einzelstaatlichen Rechtsvorschriften festgelegten Bedingungen und Beschränkungen den Arbeitnehmervertretern und

den etwaigen sie unterstützenden Sachverständigen nicht gestattet ist, ihnen im berechtigten Interesse der Unternehmen oder Betriebe ausdrücklich als vertraulich mitgeteilte Informationen an Arbeitnehmer oder Dritte weiterzugeben. Diese Verpflichtung besteht unabhängig von ihrem Aufenthaltsort und auch noch nach Ablauf ihres Mandats. Ein Mitgliedstaat kann es Arbeitnehmervertretern oder sie unterstützenden Personen jedoch gestatten, vertrauliche Informationen an Arbeitnehmer und Dritte weiterzugeben, die zur Vertraulichkeit verpflichtet sind.

(2) Die Mitgliedstaaten sehen vor, dass der Arbeitgeber in besonderen Fällen und unter Beachtung der in den einzelstaatlichen Rechtsvorschriften festgelegten Bedingungen und Beschränkungen nicht verpflichtet ist, eine Unterrichtung vorzunehmen oder eine Anhörung durchzuführen, wenn diese Unterrichtung oder Anhörung nach objektiven Kriterien die Tätigkeit des Unternehmens oder Betriebs erheblich beeinträchtigen oder dem Unternehmen oder Betrieb schaden könnte.

(3) Unbeschadet bestehender einzelstaatlicher Verfahren sehen die Mitgliedstaaten Rechtsbehelfsverfahren auf dem Verwaltungsweg oder vor Gericht vor, falls gemäß den Absätzen 1 und 2 der Arbeitgeber Vertraulichkeit verlangt oder die Informationen verweigert. Sie können ferner Verfahren vorsehen, die dazu bestimmt sind, die Vertraulichkeit der betreffenden Informationen zu wahren.

Artikel 7 Schutz der Arbeitnehmervertreter

Die Mitgliedstaaten tragen dafür Sorge, dass die Arbeitnehmervertreter bei der Ausübung ihrer Funktion einen ausreichenden Schutz und ausreichende Sicherheiten genießen, die es ihnen ermöglichen, die ihnen übertragenen Aufgaben in angemessener Weise wahrzunehmen.

Artikel 8 Durchsetzung der Rechte

(1) Für den Fall der Nichteinhaltung dieser Richtlinie durch den Arbeitgeber oder durch die Arbeitnehmervertreter sehen die Mitgliedstaaten geeignete Maßnahmen vor. Sie sorgen insbesondere dafür, dass es geeignete Verwaltungs- und Gerichtsverfahren gibt, mit deren Hilfe die Erfüllung der sich aus dieser Richtlinie ergebenden Verpflichtungen durchgesetzt werden kann.

(2) Die Mitgliedstaaten sehen angemessene Sanktionen vor, die im Falle eines Verstoßes gegen diese Richtlinie durch den Arbeitgeber oder durch die Arbeitnehmervertreter Anwendung finden; die Sanktionen müssen wirksam, angemessen und abschreckend sein.

Artikel 9 Zusammenhang zwischen dieser Richtlinie und anderen gemeinschaftlichen und einzelstaatlichen Bestimmungen

(1) Diese Richtlinie lässt die in Artikel 2 der Richtlinie 98/59/EG und in Artikel 7 der Richtlinie 2001/23/EG vorgesehenen spezifischen Informations- und Konsultationsverfahren unberührt.

(2) Diese Richtlinie lässt die gemäß den Richtlinien 94/45/EG und 97/74/EG erlassenen Vorschriften unberührt.

(3) Diese Richtlinie lässt andere im einzelstaatlichen Recht vorgesehene Unterrichtungs-, Anhörungs- und Mitbestimmungsrechte unberührt.

(4) Die Durchführung dieser Richtlinie darf nicht als Rechtfertigung für Rückschritte hinter den bereits in den einzelnen Mitgliedstaaten erreichten Stand des allgemeinen Niveaus des Arbeitnehmerschutzes in den von ihr abgedeckten Bereichen benutzt werden.

Artikel 10 Übergangsbestimmungen

Ungeachtet des Artikels 3 kann ein Mitgliedstaat, in dem zum Zeitpunkt des Inkrafttretens dieser Richtlinie weder eine allgemeine und unbefristete gesetzliche Regelung über die Unterrichtung und Anhörung von Arbeitnehmern noch eine allgemeine und unbefristete gesetzliche

Regelung über die Arbeitnehmervertretung am Arbeitsplatz besteht, die es den Arbeitnehmern gestattet, sich für diesen Zweck vertreten zu lassen, die Anwendung der einzelstaatlichen Bestimmungen zur Umsetzung dieser Richtlinie

a) bis zum 23. März 2007 auf Unternehmen mit mindestens 150 Arbeitnehmern oder Betriebe mit mindestens 100 Arbeitnehmern beschränken und
b) während des Jahres nach dem in Buchstabe a) genannten Zeitpunkt auf Unternehmen mit mindestens 100 Arbeitnehmern oder Betriebe mit mindestens 50 Arbeitnehmern beschränken.

Artikel 11 Umsetzung

(1) Die Mitgliedstaaten erlassen die erforderlichen Rechts- und Verwaltungsvorschriften, um dieser Richtlinie spätestens zum 23. März 2005 nachzukommen, oder stellen sicher, dass die Sozialpartner bis zu diesem Zeitpunkt mittels Vereinbarungen die erforderlichen Bestimmungen einführen; dabei haben die Mitgliedstaaten alle notwendigen Maßnahmen zu treffen, um jederzeit gewährleisten zu können, dass die in dieser Richtlinie vorgeschriebenen Ergebnisse erreicht werden. Sie setzen die Kommission unverzüglich davon in Kenntnis.
(2) Wenn die Mitgliedstaaten derartige Vorschriften erlassen, nehmen sie in den Vorschriften selbst oder durch einen Hinweis bei der amtlichen Veröffentlichung auf diese Richtlinie Bezug. Die Mitgliedstaaten regeln die Einzelheiten der Bezugnahme.

Artikel 12 Überprüfung durch die Kommission

Spätestens am 23. März 2007 überprüft die Kommission im Benehmen mit den Mitgliedstaaten und den Sozialpartnern auf Gemeinschaftsebene die Anwendung dieser Richtlinie, um erforderlichenfalls entsprechende Änderungen vorzuschlagen.

Artikel 13 In-Kraft-Treten

Diese Richtlinie tritt am Tag ihrer Veröffentlichung im Amtsblatt der Europäischen Gemeinschaften in Kraft.

Artikel 14 Adressaten

Diese Richtlinie ist an alle Mitgliedstaaten gerichtet.
Geschehen zu Brüssel am 11. März 2002.
In Namen des Europäischen Parlaments In Namen des Rates
Der Präsident Der Präsident
P. COX J. PIQUÉ I CAMPS

Anhang D

Europäische Aktiengesellschaft

Inhaltsübersicht Rn.

I. Einführung

1 Die Europäische Aktiengesellschaft (societas europea: SE) kann auf eine **jahrzehntelange Entwicklung** zurückblicken. So heißt es schon im Grünbuch »Mitbestimmung der Arbeitnehmer und Struktur der Gesellschaften« der Kommission der EG aus dem Jahre 1975 hierzu: »In wachsendem Maße wird es als ein Gebot der Demokratie erkannt, diejenigen, die von Entscheidungen gesellschaftlicher und politischer Institutionen in erster Linie betroffen werden, in den Entscheidungsprozess einzubeziehen. Die Arbeitnehmer können ein ebenso großes und manchmal sogar noch größeres Interesse als die Anteilseigner am Betriebsgeschehen haben. Die Arbeitnehmer beziehen von dem Unternehmen, das sie beschäftigt, nicht nur ihr Einkommen; sie widmen darüber hinaus dem Betrieb den größten Teil ihres täglichen Lebens. Entscheidungen, die von oder im Unternehmen getroffen werden, können kurz- und langfristig beträchtliche Auswirkungen auf ihre wirtschaftlichen Verhältnisse haben; dies gilt auch für die Befriedigung, die ihnen ihre Arbeit verschafft, für ihre Gesundheit und körperliche Verfassung, für die Zeit und die Kraft, die sie ihren Familien und anderen Dingen als ihrer Arbeit widmen können. Es wird für sie darüber hinaus eine Frage der Menschenwürde und Selbstbestimmung. Daher überrascht es nicht, dass der Frage, wie und in welchem Ausmaß die Arbeitnehmer auf Entscheidungen der Unternehmen Einfluss nehmen sollten, immer mehr Beachtung geschenkt wird.«[1]

2 Ebenfalls im Jahr **1975** legte die Kommission einen ausführlichen und vollkommen revidierten **Vorschlag** für eine **Verordnung zum Statut für eine Europäische Aktiengesellschaft** vor. In den Erwägungsgründen hieß es zur Beteiligung der Arbeitnehmer am Entscheidungsprozess im Unternehmen: »Um eine harmonische Entwicklung des Wirtschaftslebens innerhalb der Gemeinschaft, eine größere Stabilität sowie eine Verbesserung der Lebens- und Arbeitsbedingungen der Arbeitnehmer zu fördern, ist es erforderlich, die Arbeitnehmer am Leben der europäischen Aktiengesellschaft zu beteiligen. Aus den besonderen rechtlichen und tatsächlichen Beziehungen der Arbeitnehmer zu den Unternehmen sind in allen Mitgliedstaaten konkrete Folgerungen gezogen worden. Bei allen Unterschieden der Ausgestaltung im Einzelnen liegt den Regelungen die gemeinsame Überzeugung zugrunde, dass den Arbeitnehmern eines Unternehmens die Möglichkeit der gemeinsamen Vertretung ihrer Interessen innerhalb des Unternehmens und der Mitwirkung an bestimmten Entscheidungen gegeben werden muss.«[2]

---

1 Kommission der Europäischen Gemeinschaften, Mitbestimmung der Arbeitnehmer und Struktur der Gesellschaft, Grünbuch, in: Bulletin der EG, Beilage 8/1975, S. 1–117, S. 9.

2 Kommission der Europäischen Gemeinschaften, Vorschlag einer Verordnung des Rates über das Statut für Europäische Aktiengesellschaften, in: Bulletin der EG, Beilage 4/1975, S. 1–200, S. 1313.

3 Erst mit der Verordnung des Rates vom 8.10.2001 über das Statut der SE (SE-VO)[3] – umgesetzt durch das »Gesetz zur Ausführung der Verordnung (EG) Nr. 2157/2001 des Rates vom 8.10.2001 über das Statut der Europäischen Gesellschaft (SE) (SE-Ausführungsgesetz: **SEAG) vom 22.12.2004**[4] – und der Richtlinie zur Ergänzung des Statuts hinsichtlich der Beteiligung der Arbeitnehmer (SE-RL)[5] – umgesetzt durch das »Gesetz über die Beteiligung der Arbeitnehmer in einer Europäischen Gesellschaft« (SE-Beteiligungs-Gesetz: **SEBG) vom 22.12.2004**[6] – ist diese Entwicklung zu einem vorläufigen Ende gekommen.

4 Die Verordnung über das Statut der Europäischen Aktiengesellschaft und das **SEAG** regeln neben den Gründungsformen vor allem die **Struktur der Gesellschaft.** Die zur Verordnung gehörige Richtlinie zur Arbeitnehmerbeteiligung und das diesbezügliche Umsetzungsgesetz – das **SEBG** – regeln die **Rechte der betroffenen Belegschaften,** insbesondere die Informations- und Anhörungsrechte, sowie die zwischen den Mitgliedstaaten über Jahrzehnte umstrittene Frage der Mitbestimmung für alle Unternehmen, die als »betroffene Tochtergesellschaften« i. S. v. § 2 Abs. 3 und 4 SEBG unter den herrschenden Einfluss (§ 6 Abs. 2–4 EBRG) der SE fallen.[7]

4a Neben Regelungen zum SE-Betriebsrat betrifft die SE-Beteiligung vor allem Fragen der Mitbestimmung auf Leitungsebene. Letzteres ist zudem Gegenstand der Richtlinie über bestimmte Aspekte des Gesellschaftsrechts[8], die ebenfalls eine europäische Dimension der Unternehmensmitbestimmung betrifft, indes nicht eine europäische Gesellschaftsform, sondern grenzüberschreitende Umwandlungen von Gesellschaften nationalen Rechts mit ihren mitbestimmungsrechtlichen Konsequenzen. Diese sind für Verschmelzungen im MgVG[9] und für Formwechsel und Spaltung im MgFSG[10] geregelt.

II. Gründungsformen

5 Gesellschaften aus jeweils verschiedenen Mitgliedstaaten können grenzübergreifend eine Europäische Aktiengesellschaft gründen in Form einer:

- **SE-Holding:**
  Aktiengesellschaften und Gesellschaften mit beschränkter Haftung, die nach dem Recht eines Mitgliedstaates gegründet worden sind und ihren Sitz sowie ihre Hauptverwaltung in der Union haben, können eine Holding-SE gründen.
- **SE-Tochtergesellschaft:**
  Gesellschaften und juristische Personen (öffentlichen und privaten Rechts), die nach dem Recht eines Mitgliedstaates gegründet worden sind und ihren Sitz sowie ihre Hauptverwaltung in der Union haben, können eine Tochter-SE gründen.
- **Durch Umwandlung eine SE gründen:**
  Eine Aktiengesellschaft, die nach dem Recht eines Mitgliedstaates gegründet worden ist und ihren Sitz sowie ihre Hauptverwaltung in der Union hat, kann in eine SE umgewandelt

---

3 S. Verordnung (EG) Nr. 2157/2001 des Rates v. 8.10.2001, ABl. EG Nr. L 294 v. 10.11.2001, S. 1–21; abgedruckt in Anhang I.

4 BGBl. 2004, 3675.

5 S. Richtlinie 2001/86/EG des Rates v. 8.10.2001, ABl. EG Nr. L 294 v. 10.11.2001, S. 22–32.

6 BGBl. 2004, 3686.

7 Vgl. hierzu instruktiv *ArbG Stuttgart* 29.4.08 – 12 BV 109/07 – zu der Frage, ob die VW AG eine betroffene Tochtergesellschaft der Porsche Automobil Holding SE ist.

8 Richtlinie (EU) 2017/1132 des Europäischen Parlaments und des Rates vom 14. Juni 2017 über bestimmte Aspekte des Gesellschaftsrechts, zuletzt geändert durch Richtlinie (EU) 2019/2121des Europäischen Parlaments und des Rates vom 27.11.2019 zur Änderung der Richtlinie (EU) 2017/1132 in Bezug auf grenzüberschreitende Umwandlungen, Verschmelzungen und Spaltungen, ABl. L 321/1; dazu *Deinert/Treber*, Europäische Arbeits- und Sozialordnung (2021) Einführung zu Nr. 73.

9 Dazu *Krause/Janko*, BB 07, 2194 ff.; *Lunk/Hinrichs*, NZA 07, 773 ff.; *Nagel*, NZG 07, 57 ff.; *Schubert*, ZIP 09, 791 ff.; *Teichmann*, Konzern 07, 89 ff.; *Kittner*, Arbeits- und Sozialordnung Einführung zu Nr. 26c.

10 Gesetz über die Mitbestimmung der Arbeitnehmer bei grenzüberschreitendem Formwechsel und grenzüberschreitender Spaltung v. 4.1.2023, BGBl. I Nr. 10; Gesetzentwurf der Bundesregierung: BR-Drs. 360/22; zum Referentenentwurf des BMAS v. 1.4.2022 vgl. *Mückl/Blunck*, DB 22, 1640.

werden, wenn sie seit mindestens zwei Jahren eine dem Recht eines anderen Mitgliedstaates unterliegende Tochtergesellschaft hat.

- **Durch Fusion/Verschmelzung eine SE gründen:**
  Aktiengesellschaften aus zwei Mitgliedstaaten gründen durch Verschmelzung eine SE.

Allen Gründungsformen gemeinsam ist ein grenzüberschreitendes Moment: mindestens zwei der Gründergesellschaften müssen dem Recht verschiedener Mitgliedstaaten unterliegen.
In der Satzung der SE ist neben einem Organ der Hauptversammlung der Aktionäre auch festzulegen, ob die SE entweder über ein Leitungsorgan und ein Aufsichtsorgan (dualistisches System) oder ein Verwaltungsorgan (monistisches Board-System) verfügt.

III. Arbeitnehmerbeteiligung in der SE

6 Aus Sicht der Beschäftigten von besonderer Bedeutung ist, dass eine SE erst registriert (d.h. rechtswirksam gegründet) werden kann, wenn eine **Regelung zur Beteiligung der Arbeitnehmer** gefunden wurde.

7 Wenn die Leitungs- oder Verwaltungsorgane der beteiligten Gesellschaften die Gründung einer SE planen, haben sie unverzüglich die notwendigen Schritte für die Einleitung von **Verhandlungen mit den Arbeitnehmervertretern** der einzelnen Gesellschaften für die Vereinbarung über die Beteiligung der Beschäftigten in der Europäischen Aktiengesellschaft, einzuleiten. Ob Verhandlungen auch aufgenommen werden müssen, wenn eine arbeitnehmerlos gegründete SE mitbestimmungsfrei ist und als Holding herrschendes Unternehmen über Tochtergesellschaften in mehreren Mitgliedstaaten mit AN wird, ist Gegenstand eines Vorabentscheidungsverfahrens beim *EuGH*.[11] Nach Ansicht des *LAG Nürnberg* müssen bei einer arbeitnehmerlosen SE keine Nachverhandlungen aufgenommen werden, wenn die SE sich als Komplementärin an einer KG beteiligt.[12]

8 Zur Regelung der Beteiligung der Arbeitnehmer ist zunächst wie bei der Errichtung eines Europäischen Betriebsrates ein **Besonderes Verhandlungsgremium** (BVG) einzurichten.[13] Das BVG hat die Aufgabe, mit den Organen der beteiligten Gesellschaften eine **Vereinbarung über die Beteiligung der Arbeitnehmer** auszuhandeln und festzulegen.[14] Die Regelung der Rechtsstellung der Organe der Arbeitnehmervertretung erfolgt also nicht vorrangig durch gesetzgeberischen Akt, sondern soll in freien Verhandlungen zwischen den Organen der beteiligten Unternehmen und den Vertretungen der Arbeitnehmer ausgehandelt und vereinbart werden. Die wesentlichen Verhandlungsgegenstände gibt das SEBG jedoch vor. Diese Vereinbarung soll nämlich nach § 21 SEBG im Wesentlichen folgende Punkte regeln:

- den Geltungsbereich der Vereinbarung
- Zusammensetzung und Rechtsstellung des SE-Betriebsrats
- die Unternehmensmitbestimmung der Arbeitnehmer im Aufsichtsrat oder Verwaltungsorgan der SE

9 Die **Verhandlungsdauer** ist auf **sechs Monate** begrenzt, kann jedoch durch Übereinkunft der beteiligten Parteien auf insgesamt ein Jahr verlängert werden. Dem besonderen Verhandlungsgremium können auch hauptamtliche Mitarbeiter von Gewerkschaften, die nicht im Unternehmen beschäftigt sind, angehören.

10 Erzielt das BVG innerhalb des Verhandlungszeitraumes mit den Organen der beteiligten Gesellschaften keine Einigung, findet – auch hier vergleichbar der Errichtung eines Europäischen Betriebsrats – eine **Auffangregelung für die Arbeitnehmerbeteiligung** Anwendung: die so genannte Beteiligung der Arbeitnehmer kraft Gesetzes. Diese enthält Regelungen insbesondere zum SE-Betriebsrat kraft Gesetzes und zur Unternehmensmitbestimmung kraft Gesetzes.

---

11 Vorabentscheidungsersuchen: *BAG* 17.5.22 – 1 ABR 37/20 (A), NZA 23, 44; dazu *Titze/Buschmann*, NZA 23, 341 ff.

12 *LAG Nürnberg* 1.9.22 – 3 TaBV 29/21, NZA 23, 292, n.rkr, Revision eingelegt: 7 ABR 3/23; *LAG Nürnberg* 1.9.22 – 1 TaBV 27/21, NZA 23, 288, n.rkr., Revision eingelegt: 7 ABR 6/23; dazu *Wiele/Wurmthaler*, NZA 23, 261 ff.

13 Zu Gewerkschaftsrechten dabei *Forst*, ZESAR 19, 271 [272 ff.].

14 Zum Ablauf *Jares/Vogt*, DB 20, 223 ff.

Für diese Auffangregelungen ist es von besonderer Bedeutung, ob in den beteiligten Gesellschaften **Mitbestimmungsregelungen** auf Unternehmensebene bestehen und wie viele Arbeitnehmer gemessen an allen Betroffenen dabei einbezogen sind. **11**

Die Auffangregelung findet bei der Gründung einer SE in Form einer **Holding** oder als gemeinsame **Tochtergesellschaft** Anwendung, wenn: **12**

- vor der Eintragung in einem Gründerunternehmen bereits Mitbestimmung bestand und sich auf mindestens fünfzig Prozent der ArbeitnehmerInnen der künftigen SE erstreckt oder
- vor der Eintragung Mitbestimmung bestand, die sich auf weniger als fünfzig Prozent der Arbeitnehmer erstreckte, und das BVG einen entsprechenden Beschluss fasst, wonach die Auffangregelung dennoch Anwendung finden soll.

Im Falle einer Umwandlung in eine SE muss die Vereinbarung gem. § 21 Abs. 6 SEBG in Bezug auf alle Komponenten der Arbeitnehmerbeteiligung zumindest das gleiche Ausmaß gewährleisten, das in der Gesellschaft besteht, die in eine SE umgewandelt werden soll. Nach Ansicht des *OLG Frankfurt/M.* kommt es im Fall eines fehlerhaft besetzten Aufsichtsrats nicht auf den Ist-, sondern auf den Soll-Zustand an.[1] Das hat der *BGH* jedenfalls für den Fall bestätigt, dass bereits vor Eintragung ein Statusverfahren eingeleitet worden war.[2] Das *OLG München* stellt darauf ab, ob ein Statutsverfahren jedenfalls hätte eingeleitet werden können wegen Streits oder Ungewissheit hinsichtlich der Zusammensetzung des Aufsichtsrats.[3] Im Übrigen ist das *LAG Baden-Württemberg* der Meinung, dass der Bestandsschutz der Mitbestimmung sich nicht auf das gewerkschaftliche Vorschlagsrecht erstrecke, sodass die Mitbestimmungsvereinbarung dieses beseitigen könne.[4] Dem ist das *BAG* zu Recht entgegengetreten, weil das gewerkschaftliche Vorschlagsrecht ein prägendes Element der Unternehmensmitbestimmung nach deutschem Recht darstellt und § 21 Abs. 6 SEBG den bisherigen Rechtszustand sichern will. Das *BAG* hat aber den *EuGH* um Vorabentscheidung ersucht, ob diese Auslegung mit der SE-RL vereinbar ist.[5] Das hat dieser bestätigt.[6]

Im Falle einer durch **Verschmelzung** gegründeten SE findet die Auffangregelung Anwendung, wenn: **13**

- vor der Eintragung in einem Gründerunternehmen bereits Mitbestimmung bestand und sich auf mindestens fünfundzwanzig Prozent der Arbeitnehmer der künftigen SE erstreckte oder
- vor der Eintragung Mitbestimmung bestand, die sich auf weniger als fünfundzwanzig Prozent der Arbeitnehmerinnen erstreckte, und das BVG einen entsprechenden Beschluss fasst, wonach die Auffangregelung dennoch Anwendung finden soll.

Verliert die SE ihre Mehrstaatlichkeit, weil sie nur noch Betriebe und Tochtergesellschaften in einem Mitgliedstaat hat, bleibt die Mitbestimmung gleichwohl aufrechterhalten, während für den SE-BR argumentiert wird, dass er wegen Fortfalls der Errichtungsvoraussetzungen entfalle (vgl. auch für den EBR § 21 EBRG Rn. 12).[7] **14**

1 *OLG Frankfurt/M.* 27.8.18 – 21 W 29/18, DB 18, 2488.
2 *BGH* 23.7.19 – II ZB 20/18, BB 19, 2300.
3 *OLG München* 26.3.20 – 31 Wx 280/18, DB 20, 943; dazu *Kurzböck/Caliebe*, BB 21, 244 ff.
4 *LAG Baden-Württemberg* 9.10.18 – 19 TaBV 1/18, ZIP 18, 2414.
5 *BAG* 18.8.20 – 1 ABR 43/18 (A), NZA 21, 297; zust. *Teichmann*, ZIP 21, 105 ff.
6 *EuGH* 18.10.22 – C-677/20, NZA 22, 1477 – SAP = ZESAR 23, 182, m. Anm. *Forst*; dazu *Grüneberg/Hay/Sick*, AuR 23, 118 ff.
7 *Schubert* AG 20, 205 ff.

Übersicht über das Verfahren zur Errichtung der Strukturen der Beteiligung der Arbeitnehmer in der SE[7]

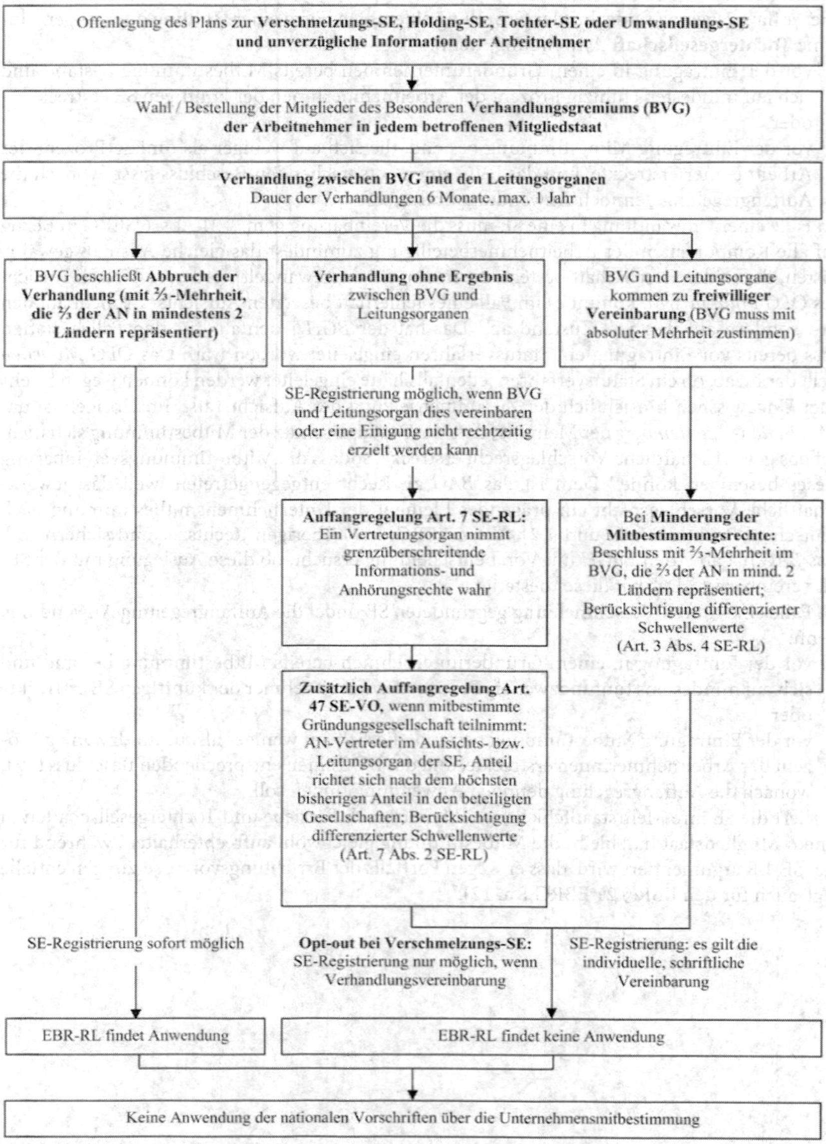

[7] Die Übersicht wurde entnommen aus *Keller,* B., Arbeitnehmerbeteiligung, 2002, S. 205.

Stichwortverzeichnis

Die fett gedruckten Ziffern beziehen sich auf die Paragraphen des Betriebsverfassungsgesetzes, die mager gedruckten Zahlen auf die Randnummern. Die Verweise auf die Einleitung, die Wahlordnung, auf die arbeitsrechtlichen Vorschriften der Insolvenzordnung (InsO), auf die und auf das Gesetz über Europäische Betriebsräte sind mit **Einl., WO Anh. zu §§ 111–113, Anh. zu §§ 106–110** und **EBRG** gekennzeichnet.